Beck'sches
Handbuch der AG

Beck'sches Handbuch der AG

Gesellschaftsrecht – Steuerrecht – Börsengang

Herausgegeben von

Prof. Dr. Florian Drinhausen
Rechtsanwalt in Frankfurt a. M.,
Honorarprofessor der EBS Universität
für Wirtschaft und Recht in Wiesbaden

Hans-Martin Eckstein
Rechtsanwalt und Steuerberater
in Frankfurt a.M.

Bearbeitet von

Dr. Klaus Beckmann, Wirtschaftsprüfer und Steuerberater in Hamburg; *Dr. Jens Berberich*, Rechtsanwalt, Wirtschaftsprüfer und Steuerberater in Frankfurt a. M.; *Dr. Christian Böing*, Rechtsanwalt und Steuerberater; *Prof. Dr. Florian Drinhausen*, Rechtsanwalt in Frankfurt a. M., Honorarprofessor der EBS Universität für Wirtschaft und Recht in Wiesbaden; *Hans-Martin Eckstein*, Rechtsanwalt und Steuerberater in Frankfurt; *Dr. Einiko Franz*, LL.M., Rechtsanwalt und Steuerberater in Köln; *Jan-Philip Gehlhaar*, Rechtsanwalt und Steuerberater in Stuttgart; *Dr. Jan Christian Giedinghagen*, Rechtsanwalt in Bonn; *Sebastian Goslar*, Rechtsanwalt in Düsseldorf; *Philipp Haaf*, Steuerberater in Mannheim; *Dr. Herbert Harrer*, Rechtsanwalt in Frankfurt a. M.; *Dr. Thorsten Helm*, Rechtsanwalt, Wirtschaftsprüfer und Steuerberater in Mannheim; *Dirk Horcher*, Rechtsanwalt in München; *Ulli Janssen*, Rechtsanwalt in Frankfurt a. M.; *Sebastian Klingen*, Rechtsanwalt in Düsseldorf; *Dr. Franz-Josef Kolb*, Rechtsanwalt und Notar in Frankfurt a. M.; *Dr. Martin Liebernickel*, Rechtsanwalt und Steuerberater in Frankfurt a. M.; *Dr. Thomas Liebscher*, Rechtsanwalt in Mannheim; *Dr. Klaus von der Linden*, Rechtsanwalt in Düsseldorf; *Dr. Silja Maul*, Rechtsanwältin in Stuttgart; *Dr. Welf Müller*, Rechtsanwalt, Wirtschaftsprüfer und Steuerberater in Frankfurt a. M.; *Stephan Oppenhoff*, Rechtsanwalt in Frankfurt a. M.; *Dr. Dominic Paschke*, Steuerberater in Frankfurt a.M.; *Dr. Carsten A. Paul*, LL.M, Rechtsanwalt in Düsseldorf; *Prof. Dr. Jochem Reichert*, Rechtsanwalt in Mannheim; *Martin Renz*, Steuerberater in Stuttgart; *Daniel Riehle, M.A.*, Steuerberater, Dipl.-Finanzwirt (FH) in Stuttgart; *Thomas Schmidt*, LL.M., Rechtsanwalt und Steuerberater in München; *Dr. Karsten Schmidt-Hern*, Rechtsanwalt in Frankfurt a. M.; *Dr. Florian Schultz*, Wirtschaftsprüfer und Steuerberater in Frankfurt a. M.; *Dr. Nicole Schwäbe*, Steuerberaterin in Frankfurt a. M.; *Dr. Elisabeth Strobl-Haarmann*, Wirtschaftsprüferin und Steuerberaterin in Frankfurt a. M.; *Dr. Michael Weiß*, Rechtsanwalt in Frankfurt a. M.; *Dr. Martin Weiss*, Steuerberater in Berlin

3. vollständig überarbeitete und ergänzte Auflage

Verlag C.H.BECK München 2018

Zitierweise: BeckHdB-AG/*Autor* § 1 Rn. 1

www.beck.de

ISBN 978-3-406-66651-3

© 2018 Verlag C.H.Beck oHG Wilhelmstraße 9, 80801 München
Druck: Druckerei C.H. Beck Nördlingen
(Adresse wie Verlag)
Satz: Fotosatz Buck,
Zweikirchener Str. 7, 84036 Kumhausen

Gedruckt auf säurefreiem, alterungsbeständigem Papier
(hergestellt aus chlorfrei gebleichtem Zellstoff)

Vorwort

Neun Jahre nach der – längst vergriffenen – zweiten Auflage des Beck'schen Handbuchs der AG scheint die Zeit mehr als reif für eine Neuauflage.

Seit 2009 mag das traditionell in stetem Wandel begriffene Recht der AG keine mit den vorigen Umwälzungen durch das UMAG, das MoMiG, das ARUG oder das BilMoG vergleichbaren Einschnitte erfahren haben. Modernisierungen, insbesondere Anpassungen an technische und gesellschaftliche Veränderungen unterlag es jedoch weiterhin. Genannt seien das Gesetz für die gleichberechtigte Teilhabe von Frauen und Männern an Führungspositionen in der Privatwirtschaft und im öffentlichen Dienst oder die Aktienrechtsnovelle 2016. Auch der Einfluss europäischen Rechts auf die deutsche AG riss nicht ab. Das Bilanzrichtlinie-Umsetzungsgesetz modifizierte vor allem, aber nicht nur für Kleine Kapitalgesellschaften die bilanziellen Vorgaben. Dass auch der steuerrechtliche Teil des Buches einer Überarbeitung bedurfte braucht bei seit 2009 mehr als 130 verabschiedeten Steuergesetzen, einer Vielzahl von neu erlassenen oder geänderten Verordnungen und sich ständig weiterentwickelnder Rechtsprechung wie Literatur kaum erwähnt zu werden.

Die Gliederung der ersten beiden Abschnitte – § 1 Rechtsform und § 2 Die AG und die KGaA – wurde gegenüber der Vorauflage beibehalten. Der dritte Abschnitt, in dem es um die börsennotierte AG geht, wurde einerseits gestrafft, andererseits mit drei neuen Kapiteln zum Squeeze out, zur Insiderüberwachung zum Corporate Governance Kodex angereichert. Der mit dem Handbuch vertraute Leser sollte sich daher sogleich wieder heimisch fühlen. Die Vorzüge einer auf einen einzigen Band komprimierten Darstellung von für AG und KGaA relevantem Gesellschafts- und Steuerrecht aus den Federn von Rechtsanwälten und Steuerberatern wurden so konserviert und auf den aktuellen Rechtsstand übertragen.

Für den dahinterstehenden Einsatz danken wir allen Autoren und dem Verlag. Darüber hinaus danken wir den Herausgebern der Vorauflage, Dr. Welf Müller und Prof. Dr. Thomas Rödder, von denen wir dieses Werk übernehmen durften.

Frankfurt a.M., im August 2018 *Florian Drinhausen*
Hans-Martin Eckstein

Vorwort zur 1. Auflage

Die Aktiengesellschaft hat als Rechtsform in den letzten Jahren in der deutschen Wirtschaft zunehmend Bedeutung erlangt. Der zwischenzeitliche Börsen-Boom, das Standing der AG, aber auch die Einführung formaler Erleichterungen für mittelständische Unternehmen haben dazu beigetragen. Was lag also näher, als die Reihe der im C.H. Beck Verlag bereits erschienenen Werke *Beck'sches Handbuch der GmbH* (3. Aufl.) und *Beck'sches Handbuch der Personengesellschaften* (2. Aufl.) durch ein *Beck'sches Handbuch der AG* zu komplettieren? Diese schon länger gehegte Überlegung ist mit dem vorliegenden Band verwirklicht worden.

Das Beck'sche Handbuch der AG enthält eine praxisorientierte, konzentrierte und integrierte Darstellung der wesentlichen gesellschafts- und steuerrechtlichen Fragestellungen der Aktiengesellschaft unter Einbeziehung der Kommanditgesellschaft auf Aktien. Von der Gründung bis zur Liquidation werden alle praxisrelevanten Themen eingehend erläutert. Zusätzlich und ausführlich werden im Beck'schen Handbuch der AG alle Fragen des Börsengangs (Going Public) und des Going Private behandelt.

Die Autoren dieses Handbuches, durchgängig praxiserfahrene Rechtsanwälte, Steuerberater und Wirtschaftsprüfer, sind im Zuge der ohnehin mühevollen Erstellung der Manuskripte vor besondere Herausforderungen gestellt worden. Nicht nur die Aktienmärkte, auch die Gesetzgebung ist im höchsten Maße volatil geworden. Dafür, dass sie die daraus resultierenden Probleme „geschultert" haben, aber auch für ihren unermüdlichen und geduldigen Einsatz schulden wir den (Mit-)Autoren einen ganz besonderen Dank.

Das Handbuch ist auf aktuellem Rechtsstand. WpÜG, TransPubG, 4. Finanzmarktförd G und StVergAbG sind berücksichtigt. Die Regierungsentwürfe des Gesetzes zur Umsetzung der Protokollerklärung der Bundesregierung zum Steuervergünstigungsabbaugesetz („Korb II") und der beabsichtigten Gewerbesteuerreform findet der geneigte Leser in einer losen Anlage erläutert, die dem Buch beigefügt ist. Den Beziehern des Handbuchs wird – falls erforderlich – nach In-Kraft-Treten der entsprechenden Gesetze eine aktualisierte Kommentierung der Gesetzesänderungen zum kostenlosen Bezug angeboten. Auch im Handelsrecht sind Reformvorhaben, die noch in der Diskussion sind, bereits mit dem jeweiligen Diskussionsstand eingearbeitet.

Wir danken dem Verlag, insbesondere in der Person von Herrn *Albert Buchholz*, der dieses Projekt angestoßen hat, sowie Frau *Stephanie Nöbauer* für ihre unermüdliche Energie, dieses Werk ans Licht der Welt zu bringen.

Die Herausgeber sind für jedwede Kritik und für jegliche Anregungen für die nächste Auflage dankbar.

Frankfurt/Bonn, im Oktober 2003

Welf Müller
Thomas Rödder

Inhaltsübersicht

Abkürzungs- und Literaturverzeichnis XI

1. Abschnitt: Rechtsform

§ 1 Erscheinungsformen und Rechtsformwahl (*Müller*) 1

2. Abschnitt: Die AG und die KGaA

§ 2 Die Gründung und die Entstehung durch Umwandlung (*Maul/Schwäbe*)... 43
§ 3 Die Aktie (*Maul/Eckstein*) 215
§ 4 Der Aktionär (*Maul/Strobl-Haarmann*) 281
§ 5 Die Hauptversammlung (*Reichert*) 371
§ 6 Vorstand (*Liebscher*) 487
§ 7 Der Aufsichtsrat (*Kolb*) 575
§ 8 Kapitalerhaltung und Gesellschafterfremdfinanzierung (*Drinhausen/Schmidt*) 647
§ 9 Kapitalmaßnahmen (*Weiß*).................................... 685
§ 10 Rechnungslegung und Aufstellung des Jahresabschlusses (*Helm/Haaf*) 757
§ 11 Prüfung und Feststellung des Jahresabschlusses sowie Ergebnis- und Gewinnverwendung (*Berberich/Haaf*) 805
§ 12 Besteuerung der AG (*Böing/Gehlhaar/Liebernickel*) 841
§ 13 Umwandlung der AG (*Beckmann/Weiss*) 911
§ 14 Konzernrecht (*Liebscher/Franz*) 1023
§ 15 Der Ausschluss von Minderheitsaktionären (*Goslar*) 1195
§ 16 Auslandsaktivitäten inländischer und Inlandsaktivitäten ausländischer AG/KGaA (*Schmidt/Renz*) 1237
§ 17 Die AG/KGaA in der Krise (*Schmidt-Hern/Paschke*) 1311
§ 18 Auflösung und Abwicklung der AG/KGaA (*Schmidt-Hern/Paschke*).. 1365
§ 19 Die Europäische Aktiengesellschaft (SE) (*Giedinghagen*)....... 1413

3. Abschnitt: Die börsennotierte AG

§ 20 Der Börsengang (*Harrer*) 1475
§ 21 WpHG- und MMVO-Meldepflichten (*Paul*) 1591
§ 22 Insiderüberwachung (*Horcher*) 1643
§ 23 Übernahmerecht (*Oppenhoff*) 1683
§ 24 Mitarbeiterbeteiligungen (*Janssen/Riehle*) 1767
§ 25 Corporate Governance Kodex (*von der Linden*) 1813
§ 26 Delisting (*Goslar/Klingen*) 1885
§ 27 German Real Estate Investmenttrust (G-REIT) (*Schultz/Harrer*) 1909

Stichworverzeichnis 1933

Abkürzungsverzeichnis

Verzeichnis der Abkürzungen und der abgekürzt zitierten Literatur

aA	anderer Ansicht
aaO	am angegebenen Ort
ABl. EG	Amtsblatt der Europäischen Gemeinschaften
ABl. EU	Amtsblatt der Europäischen Union
Abs.	Absatz
Abschn.	Abschnitt
ADHGB	Allgemeines Deutsches Handelsgesetzbuch vom 24.6.1861, Gesetz-Sammlung für die Preußischen Staaten, 1891, S. 528 ff.
ADR	American Depository Receipt
ADS	Adler/Düring/Schmaltz, Rechnungslegung und Prüfung der Unternehmen in 9 Bänden, 6. Aufl. Stuttgart 2001–2016
aE	am Ende
aF	alte Fassung
AfA	Absetzung für Abnutzung
AfaA	Absetzung für außergewöhnliche Abnutzung
AG	Aktiengesellschaft; auch Zeitschrift „Die Aktiengesellschaft"; mit Ortsbezeichnung: Amtsgericht
AGB FrV FWB	Allgemeine Geschäftsbedingungen für den Freiverkehr an der Frankfurter Wertpapierbörse
AIG	Auslandsinvestitionsgesetz
AK/HK	Anschaffungskosten/Herstellungskosten
AktG	Aktiengesetz
aM	anderer Meinung
AnfG	Anfechtungsgesetz
Anh.	Anhang
Anm.	Anmerkung
AntBewVO	Verordnung zur gesonderten Feststellung des gemeinen Wertes nicht notierter Anteile an Kapitalgesellschaften (Anteilsbewertungsverordnung) vom 19.7.1977 (BGBl. 1977 I 171)
AO	Abgabenordnung
ApothG	Apothekengesetz
AR	Aufsichtsrat
arg.	argumentum
Art.	Artikel
ARUG	Gesetz zur Umsetzung der Aktionärsrechterichtlinie vom 30.7.2009, BGBl. 2009 I 2479
Assmann/Pötzsch/Schneider/*Bearbeiter*	Assmann/Pötzsch/Schneider, Wertpapiererwerbs- und Übernahmegesetz, 2. Aufl. Köln 2013
Assmann/Schneider/*Bearbeiter*	Assmann/Schneider, Wertpapierhandelsgesetz, 6. Aufl. Köln 2012
AStG	Gesetz über die Besteuerung bei Auslandsbeziehungen (Außensteuergesetz)
Aufl.	Auflage

Abkürzungsverzeichnis

AuslInvestmG	Gesetz über den Vertrieb ausländischer Investmentanteile und über die Besteuerung der Erträge aus ausländischen Investmentanteilen (Auslandsinvestmentgesetz)
AuslInvG	Gesetz über steuerliche Maßnahmen bei Auslandsinvestitionen der deutschen Wirtschaft (Auslandsinvestitionsgesetz)
AWV	Arbeitsgemeinschaft für Wirtschaftliche Verwaltung
Az.	Aktenzeichen
BaFin	Bundesanstalt für Finanzdienstleistungsaufsicht
BAG	Bundesarbeitsgericht
BAGE	Entscheidungen des Bundesarbeitsgerichts
BAK	Bundesaufsichtsamt für das Kreditwesen (ehemals)
Baetge/Kirsch/Thiele	Baetge/Kirsch/Thiele, Konzernbilanzen, 11. Aufl. Düsseldorf 2015
Balser/Bokelmann/Ott/ Piorreck/*Bearbeiter*	Balser/Bokelmann/Ott/Piorreck, Die Aktiengesellschaft. Umfassende Erläuterungen, Beispiele und Musterformulare für die Rechtspraxis, 4. Aufl. Berlin 2002
Bank-BiRiLiG	Gesetz zur Durchführung der Richtlinie des Rates der Europäischen Gemeinschaften über den Jahresabschluss und den konsolidierten Abschluss von Banken und anderen Finanzinstituten (Bankbilanzrichtlinie-Gesetz)
BAnz	Bundesanzeiger
Baumbach/Hopt/*Bearbeiter*	Baumbach/Hopt, Handelsgesetzbuch, 38. Aufl. München 2018
Baumbach/Hefermehl/Casper	Baumbach/Hefermehl/Casper, Wechselgesetz und Scheckgesetz, Recht der kartengestützten Zahlungen, 23. Aufl. München 2008
Baumbach/Hueck/*Bearbeiter*	Baumbach/Hueck, GmbH-Gesetz, 21. Aufl. München 2017
Baums/Thoma/*Bearbeiter*	Baums/Thoma, WpÜG Kommentar (Loseblatt), Köln
BAWe	Bundesaufsichtsamt für den Wertpapierhandel (ehemals)
BayObLG	Bayerisches Oberstes Landesgericht
BB	Betriebs-Berater (Zeitschrift)
BBankG	Gesetz über die Deutsche Bundesbank
BBK	Buchhaltungsbriefe, Zeitschrift für Buchführung, Bilanz und Kostenrechnung
Bd.	Band
BdF	Bundesminister der Finanzen
BDI	Bundesverband der Deutschen Industrie
BdJ	Bundesminister der Justiz
BeBiKo/*Bearbeiter*	Beck'scher Bilanzkommentar, 11. Aufl. München 2018
BeckHdB GmbH/*Bearbeiter*	Beck'sches Handbuch der GmbH, 5. Aufl. München 2014
BeckHdB IFRS/*Bearbeiter*	Beck'sches IFRS-Handbuch, 5. Aufl. München 2016
Beck PersGes-HB/*Bearbeiter*	Beck'sches Handbuch der Personengesellschaften, 4. Aufl. München 2014
Beck HdR/*Bearbeiter*	Böcking/Castan/Heymann/Pfitzer/Scheffler (Hrsg.), Beck'sches Handbuch der Rechnungslegung (Loseblatt)
BeglG	Begleitgesetz zum Gesetz zur Umsetzung von EG-Richtlinien zur Harmonisierung bank- und wertpapieraufsichtsrechtlicher Vorschriften vom 22.12.1997 (BGBl. 1997 I 2567)
Begr.	Begründung
Kropff	Textausgabe des Aktiengesetzes 1965 mit Begründungen und Berichten, Düsseldorf 1965

Abkürzungsverzeichnis

Bem.	Bemerkungen
Ber.	Bericht
BerlinFG	Berlinförderungsgesetz
Betr., betr.	Betreff, betrifft
BetrAV	Betriebliche Altersversorgung; auch Mitteilungsblatt der Arbeitsgemeinschaft für betriebliche Altersversorgung
BetrAVG	Gesetz zur Verbesserung der betrieblichen Altersversorgung (= Betriebsrentengesetz)
BetrVG	Betriebsverfassungsgesetz
BestLex/*Bearbeiter*	Beck'sches Steuer- und Bilanzrechtslexikon
BewDV	Durchführungsverordnung zum Bewertungsgesetz
BewG	Bewertungsgesetz
BezG	Bezirksgericht
BFH	Bundesfinanzhof
BFHE	Sammlung der Entscheidungen des Bundesfinanzhofs, hrsg. von den Mitgliedern des Bundesfinanzhofs
BFH/NV	Sammlung amtlich nicht veröffentlichter Entscheidungen des Bundesfinanzhofs
BFinBl.	Amtsblatt des Bundesfinanzministeriums
BFuP	Betriebswirtschaftliche Forschung und Praxis (Zeitschrift)
BGB	Bürgerliches Gesetzbuch
BGBl.	Bundesgesetzblatt
BGH	Bundesgerichtshof
BGHZ	Amtliche Sammlung von Entscheidungen des Bundesgerichtshofs in Zivilsachen
BHO	Bundeshaushaltsordnung
BilMoG	Gesetz zur Modernisierung des Bilanzrechts v. 25.5.2009, BGBl. 2009 I 1102
BiRiLiG	Bilanzrichtlinien-Gesetz
Blümich/*Bearbeiter*	Blümich, Kommentar zu EStG, KStG, GewStG und Nebengesetze (Loseblatt)
BMF	Bundesminister(ium) der Finanzen
BMJ	Bundesminister(ium) der Justiz
BMWi	Bundesminister(ium) für Wirtschaft
BöGa	Börsengeschäftsabwicklung
BörsG	Börsengesetz
BörsO	Börsenordnung
BörsOFWB	Börsenordnung der Frankfurter Wertpapierbörse
BörsZulV	Börsenzulassungsverordnung
Boruttau/*Bearbeiter*	Boruttau, Grunderwerbsteuergesetz, 18. Aufl. München 2016
Bosch/Groß	Bosch/Groß, Das Emissionsgeschäft, Köln 2006
BPg	siehe StBp
BPO	Betriebsprüferordnung
BR	Bundesrat
BR-Drs.	Bundesrats-Drucksache
BReg.	Bundesregierung
BSG	Bundessozialgericht
bspw.	beispielsweise
BStBl.	Bundessteuerblatt
BT	Bundestag
BT-Drs.	Bundestags-Drucksache
Buchst.	Buchstabe
Bürgers/Körber/*Bearbeiter*	Bürgers/Körber, Heidelberger Kommentar zum Aktiengesetz, 4. Aufl. Heidelberg 2017

Abkürzungsverzeichnis

Bürgers/Fett KGaA/*Bearbeiter*	Bürgers/Fett, Handbuch zur Kommanditgesellschaft auf Aktien, 2. Aufl. München 2015
BVerfG	Bundesverfassungsgericht
BVerfGE	Amtliche Sammlung von Entscheidungen des BVerfG
BVerwG	Bundesverwaltungsgericht
BVerwGE	Entscheidungen des Bundesverwaltungsgerichts
BZRG	Gesetz über das Zentralregister und das Erziehungsregister (Bundeszentralregistergesetz) vom 21.9.1984 (BGBl. 1984 I 1229)
bzgl.	bezüglich
bzw.	beziehungsweise
CCZ	Corporate Compliance Zeitschrift
CGK	Corporate Governance Kodex
DB	Der Betrieb (Zeitschrift)
DBA	Doppelbesteuerungsabkommen
DCGK	Deutscher Corporate Governance Kodex
DDR-IG	DDR-Investitionsgesetz
ders.	derselbe
dh	das heißt
Diss.	Dissertation
DJP/*Bearbeiter*	Dötsch/Jost/Pung, Die Körperschaftsteuer: KSt, Online-Kommentar
DJZ	Deutsche Juristenzeitung
DM	Deutsche Mark
DMBilG	D-Markbilanzgesetz 1990 (Gesetz über die Eröffnungsbilanz in Deutscher Mark und die Kapitalneufestsetzung)
DNotZ	Deutsche Notarzeitung
DPM/*Bearbeiter*	Dötsch/Pung/Möhlenbrock (ehemals *Dötsch/Jost/Pung/Witt*), Die Körperschaftsteuer (Loseblatt)
DPPM/*Bearbeiter*	Dötsch/Patt/Pung/Möhlenbrock, Umwandlungssteuerrecht, 7. Aufl. Stuttgart 2012
DR	Deutsches Recht
Drs.	Drucksache
DRS	Deutscher Rechnungslegungs Standard
DStBl.	Deutsches Steuerblatt
DStJG, Bd.	Deutsche Steuerjuristische Gesellschaft, Band
DStPr	Deutsche Steuerpraxis (Zeitschrift)
DStR	Deutsches Steuerrecht (Zeitschrift)
DStZ	Deutsche Steuerzeitung
DSWR	Datenverarbeitung in Steuer, Wirtschaft und Recht (Zeitschrift)
DV, DVO	Durchführungsverordnung
DVFA	Deutsche Vereinigung für Finanzanalyse und Anlageberatung e. V.
DVR	Deutsche Verkehrsteuer-Rundschau (Zeitschrift)
DZWir	Deutsche Zeitschrift für Wirtschafts- und Insolvenzrecht
EAV	Ergebnisabführungsvertrag
EBJS/*Bearbeiter*	Ebenroth/Boujong/Joost/Strohn, Handelsgesetzbuch, Kommentar in zwei Bänden, 3. Aufl. München 2014
EFG	Entscheidungen der Finanzgerichte
eG	eingetragene Genossenschaft
EG	Europäische Gemeinschaft

Abkürzungsverzeichnis

EG AktG	Einführungsgesetz zum Aktiengesetz
EGBGB	Einführungsgesetz zum Bürgerlichen Gesetzbuch
EGHGB	Einführungsgesetz zum Handelsgesetzbuch
EHUG	Gesetz über elektronische Handelsregister und Genossenschaftsregister sowie das Unternehmensregister
einschl.	einschließlich
EK	Eigenkapital
Emmerich/Habersack/*Bearbeiter*	Emmerich/Habersack, Aktien- und GmbH-Konzernrecht, 8. Aufl. München 2016
Emmerich/Habersack Konzernrecht	Emmerich/Habersack, Konzernrecht, 10. Aufl. München 2013
entspr.	entsprechend
ErbSt	Erbschaftsteuer
ErbStG	Erbschaftsteuer- und Schenkungsteuergesetz
ErbStRG	Erbschaftsteuer-Reformgesetz
ErfVO	Erfinderverordnung
Erle/Sauter	Erle/Sauter, Heidelberger Kommentar zum Körperschaftsteuergesetz, 3. Aufl. Heidelberg 2010
Ernst & Young/*Bearbeiter*	Ernst & Young (Hrsg.), Körperschaftsteuergesetz (Loseblatt)
ESt	Einkommensteuer
EStDV	Einkommensteuer-Durchführungsverordnung
EStG	Einkommensteuergesetz
EStR	Einkommensteuer-Richtlinien
EuroBilG	Euro-Bilanzgesetz vom 10.12.2001 (BGBl. 2001 I 3414)
etc.	et cetera
EU	Europäische Union
EuGH	Europäischer Gerichtshof
EuroEG	Gesetz zur Einführung des Euro vom 9.6.1998 (BGBl. 1998 I 1242)
evtl.	eventuell
EWG	Europäische Wirtschaftsgemeinschaft
EWIR	Entscheidungen zum Wirtschaftsrecht (Entscheidungssammlung)
EWS	Europäisches Wirtschafts- und Steuerrecht (Zeitschrift)
f., ff.	folgend, folgende
FA, FÄ	Finanzamt, Finanzämter
FamFG	Gesetz über das Verfahren in Familiensachen und in den Angelegenheiten der freiwilligen Gerichtsbarkeit v. 17.12.2008, BGBl. 2008 I 2586
FFG	Finanzmarktförderungsgesetz
Ffm.	Frankfurt am Main
FG	Finanzgericht
FGG	Gesetz über die freiwillige Gerichtsbarkeit
FG/IDW	Fachgutachten des Instituts der Wirtschaftsprüfer in Deutschland e. V.
FGO	Finanzgerichtsordnung
FG Prax	Praxis der freiwilligen Gerichtsbarkeit. Vereinigt mit OLGZ (Zeitschrift)
FinAussch.	Finanzausschuss
FinMFöG	Viertes Finanzmarktförderungsgesetz vom 26. 6. 2002 (BGBl. 2002 I 2010)
FinMin/FM	Finanzminister(ium)

Abkürzungsverzeichnis

FinMin-NW	Finanzminister(ium) Nordrhein-Westfalen
FinVerw.	Finanzverwaltung
FESTL	Fitting/Engels/Schmidt/Trebinger/Linsenmaier, Betriebsverfassungsgesetz, 27. Aufl. München 2014
FKPG	Gesetz zur Umsetzung des Föderalen Konsolidierungsprogramms vom 23.6.1993
FWBS/*Bearbeiter*	Flick/Wassermeyer/Baumhoff/Schönfeld (Hrsg.), Außensteuerrecht (Loseblatt)
Fn.	Fußnote
FN/IDW	Fachnachrichten des Instituts der Wirtschaftsprüfer in Deutschland e. V. (internes Mitteilungsblatt)
FördergebietsG	Fördergebietsgesetz
FPW/*Bearbeiter*	Fischer/Pahlke/Wachter, ErbStG Kommentar, 6. Auflage Freiburg 2017
FR	Finanz-Rundschau (Zeitschrift)
Frodermann/Jannott	Frodermann/Janott, Handbuch des Aktienrechts, 9. Aufl. Heidelberg 2017
Frotscher/Maas	Frotscher/Maas, Kommentar zum Körperschaft-, Gewerbe- und Umwandlungssteuergesetz (Loseblatt)
FS	Festschrift
FSMA	Financial Services and Markets Act 2000
Fuchs/*Bearbeiter*	Fuchs (Hrsg.), Wertpapierhandelsgesetz, München 2009, 2. Aufl. München 2016
FVerlV	Funktionsverlagerungsverordnung vom 12.8.2008, BGBl. 2008 I 1680
FVG	Finanzverwaltungsgesetz
FWB	Frankfurter Wertpapierbörse
GAV	Gewinnabführungsvertrag
GBl.	Gesetzblatt
GBO	Grundbuchordnung
GbR	Gesellschaft bürgerlichen Rechts
gem.	gem.
GenG	Gesetz betreffend die Erwerbs- und Wirtschaftsgenossenschaften (Genossenschaftsgesetz)
GesVollstO	VO über die Gesamtvollstreckung (jetzt Gesamtvollstreckungsordnung) vom 6.6.1990 (GBl. I 1990, 285) in der Fassung des Einigungsvertrages (BGBl. 1990 II 885, 1153)
GewSt	Gewerbesteuer
GewStDV	Gewerbesteuer-Durchführungsverordnung
GewStG	Gewerbesteuergesetz
GewStR	Gewerbesteuer-Richtlinien
GG	Grundgesetz
ggf.	gegebenenfalls
ggü.	gegenüber
Gj.	Geschäftsjahr
GKG	Gerichtskostengesetz
Glanegger/Güroff/*Bearbeiter*	Glanegger/Güroff, Gewerbesteuergesetz, 9. Aufl. München 2017
GmbH	Gesellschaft mit beschränkter Haftung
GmbHÄndG	GmbH-Änderungsgesetz
GmbHG	Gesetz betreffend die GmbH
GmbH-Handbuch/*Bearbeiter*	Centrale für GmbH (Hrsg.), GmbH-Handbuch (Loseblatt)
GmbHR	GmbH-Rundschau (Zeitschrift)
GO	Gemeindeordnung

Abkürzungsverzeichnis

GoB	Grundsätze ordnungsmäßiger Buchführung
Godin/Wilhelmi	Godin/Wilhelmi, Aktiengesetz vom 6.9.1965, 4. Aufl. Berlin 1971
Gottwald/*Bearbeiter*	Gottwald (Hrsg.), Insolvenzrechts-Handbuch, 5. Aufl. München 2015
grds.	grundsätzlich
GrESt	Grunderwerbsteuer
GrEStG	Grunderwerbsteuergesetz
Grigoleit/*Bearbeiter*	Grigoleit, Aktiengesetz, München 2013
Groß	Groß, Kapitalmarktrecht, 5. Aufl. München 2012
Großkomm. AktG/*Bearbeiter*	Hopt/Wiedemann (Hrsg.), Großkommentar zum Aktiengesetz, 5. Aufl. Berlin/New York ab 2017
Großkomm. HGB/*Bearbeiter*	Staub (Hrsg.), Großkommentar zum Handelsgesetzbuch, 5. Aufl. Berlin/New York ab 2009
GrS	Großer Senat
Grundmann EuGesR	Grundmann, Europäisches Gesellschaftsrecht, 2. Aufl. Heidelberg 2011
GüKG	Güterkraftverkehrsgesetz vom 3.11.1993 (BGBl. 1993 I 1839)
GuV	Gewinn- und Verlustrechnung
GVBl., GVOBl.	Gesetz- und Verordnungsblatt
GVG	Gerichtsverfassungsgesetz
GWB	Gesetz gegen Wettbewerbsbeschränkungen
Habersack/Drinhausen	Habersack/Drinhausen (Hrsg.), Beck'scher Kurzkommentar zum SE-Recht, 2. Aufl. München 2016
Habersack/Mülbert/Schlitt Kapitalmarktinf-HdB/*Bearbeiter*	Habersack/Mülbert/Schlitt (Hrsg.), Handbuch der Kapitalmarktinformation, 2. Aufl. München 2013
Habersack/Mülbert/Schlitt/*Bearbeiter*	Habersack/Mülbert/Schlitt, Unternehmensfinanzierung am Kapitalmarkt, 3. Aufl. Köln 2013
Hachenburg/*Bearbeiter*	Hachenburg/Ulmer (Hrsg.), Gesetz betreffend die Gesellschaften mit beschränkter Haftung (Großkommentar in 3 Bänden), 8. Aufl. Berlin/New York 2014
Happ/Groß/*Bearbeiter*	Happ/Groß (Hrsg.), Aktienrecht. Handbuch – Mustertexte – Kommentar, 4. Aufl. Köln 2015
Haritz/Menner/*Bearbeiter*	Haritz/Menner, Umwandlungssteuergesetz (Kommentar), 4. Aufl. München 2015
HdR	Handbuch der Rechnungslegung (siehe Küting/Weber)
HdU	Handbuch der Unternehmensbesteuerung in zwei Bänden (Loseblatt), hrsg. vom IDW, 3. Aufl. 2001
Heinsius/Horn/Than DepotG	Heinsius/Horn/Than, Depotgesetz. Kommentar zum Gesetz über die Verwahrung und Anschaffung von Wertpapieren vom 4. Februar 1937, Berlin/New York 1975
Helios/Wewel/Wiesbrock/*Bearbeiter*	Helios/Wewel/Wiesbrock, REIT-G, München 2008
Henssler/Strohn/*Bearbeiter*	Henssler/Strohn, Gesellschaftsrecht, 2. Aufl. München 2014, 3. Aufl. München 2016
HFA	Hauptfachausschuss
HFR	Höchstrichterliche Finanzrechtsprechung
HGB	Handelsgesetzbuch
HGBE	Entwurf eines Dritten Buchs des Handelsgesetzbuchs

Abkürzungsverzeichnis

HGrG	Gesetz über die Grundsätze des Haushaltsrechts des Bundes und der Länder (Haushaltsgrundsätzegesetz)
HHR/*Bearbeiter*	Herrmann/Heuer/Raupach, Einkommensteuer- und Körperschaftsteuergesetz mit Nebengesetzen (Loseblatt)
HHS/*Bearbeiter*	Hübschmann/Hepp/Spitaler, Kommentar zur Abgabenordnung und Finanzgerichtsordnung (Loseblatt)
hM	herrschende Meinung
Hölters/*Bearbeiter*	Hölters, Aktiengesetz, 3. Aufl. München 2017
HR	Handelsregister
HRefG	Gesetz zur Neuregelung des Kaufmanns- und Firmenrechts vom 22.6.1998, BGBl. 1998 I 1474
HRR	Die Rechtsprechung (= Band 2 der Juristischen Rundschau), dann: Höchstrichterliche Rechtsprechung (Band 4, 1928 bis Band 18, 1942)
hrsg., Hrsg.	herausgegeben, Herausgeber
HRV	Verordnung über die Einrichtung und Führung des Handelsregisters (Handelsregisterverordnung) vom 12.8.1937 (Deutsche Justiz, 1251)
Hs.	Halbsatz
Hueck/Canaris WPR	Hueck/Canaris, Recht der Wertpapiere, 12. Aufl. München 1986
Hüffer AktG	Hüffer, Aktiengesetz, 10. Aufl. München 2012
Hüffer/Koch AktG	Hüffer/Koch, Aktiengesetz, 13. Aufl. München 2018
van Hulle/Maul/Drinhausen/ *Bearbeiter*	van Hulle/Maul/Drinhausen, Handbuch zur Europäischen Gesellschaft (SE), München 2007
HV	Hauptversammlung
HypBG	Hypothekenbankgesetz
idF	in der Fassung
idR	in der Regel
idS	in diesem Sinne
IDW	Institut der Wirtschaftsprüfer
IDW-EPS	Entwurf IDW Prüfungsstandard
IDW-ERS	Entwurf IDW Stellungnahme zur Rechnungslegung
IDW-FAMA	Stellungnahmen des Fachausschusses für moderne Abrechnungssysteme des IDW
IDW-FAR	Stellungnahmen des Fachausschusses Recht des IDW
IDW-HFA	Stellungnahmen des Hauptfachausschusses des IDW
IDW-PS	IDW Prüfungsstandard
IDW-RS	IDW Stellungnahme zur Rechnungslegung
IDW-SABI	Stellungnahmen des Sonderausschusses des IDW; Bilanzrichtlinien-Gesetz des IDW
ie (iE)	im Einzelnen
iHv/iHd	in Höhe von/in Höhe des
iL	in Liquidation
incl.	inklusive
INF	Die Information über Steuer und Wirtschaft (Zeitschrift)
insb.	insbesondere
InsO	Insolvenzordnung
InstFSt	Institut Finanzen und Steuern
Intertax	Europäische Steuer-Zeitung
InvG	Investmentgesetz
InvStG	Investmentsteuergesetz
InvZulG 1991	Investitionszulagengesetz 1991

Abkürzungsverzeichnis

IPR	Internationales Privatrecht (Zeitschrift)
iRd	im Rahmen des
iSd (e)	in Sinne des (eines, einer)
IStR	Internationales Steuerrecht (Zeitschrift)
iSv	im Sinne von
iVm	in Verbindung mit
IWB	Internationale Wirtschaftsbriefe
iwS	im weiteren Sinne
Janott/Frodermann/*Bearbeiter*	Janott/Frodermann, Handbuch der Europäischen Aktiengesellschaft, 2. Aufl. Heidelberg 2014
JbFfSt	Jahrbuch der Fachanwälte für Steuerrecht
JbDStJG	Jahrbuch der Deutschen Steuerjuristischen Gesellschaft e. V.
Jg.	Jahrgang
JR	Juristische Rundschau (Zeitschrift)
Just/Voß/Ritz/Becker/*Bearbeiter*	Just/Voß/Ritz/Becker (Hrsg.), Wertpapierhandelsgesetz, München 2015
JW	Juristische Wochenschrift (Zeitschrift)
JZ	Juristenzeitung
KAGG	Gesetz über Kapitalanlagegesellschaften (bis 2003)
Kallmeyer/*Bearbeiter*	Kallmeyer, Kommentar zum Umwandlungsgesetz, 6. Aufl. Köln 2017
KapCoRiLiG	Kapitalgesellschaften- und Co-Richtlinie-Gesetz vom 24.2.2000 (BGBl. 2000 I 154)
KapErhG	Gesetz über die Kapitalerhöhung aus Gesellschaftsmitteln und über die Verschmelzung von Gesellschaften mit beschränkter Haftung (Kapitalerhöhungsgesetz)
KapErhStG	Gesetz über steuerrechtliche Maßnahmen bei Erhöhung des Nennkapitals aus Gesellschaftsmitteln (Kapitalerhöhungs-Steuergesetz)
KapESt	Kapitalertragsteuer
KapMuG	Gesetz zur Einführung von Kapitalanleger-Musterverfahren
Keidel/Kuntze/Winkler	Keidel/Kuntze/Winkler, Freiwillige Gerichtsbarkeit, 15. Aufl. München 2003
KG	Kammergericht; Kommanditgesellschaft
KGaA	Kommanditgesellschaft auf Aktien
Kirchhof/Söhn/Mellinghoff/*Bearbeiter*	Kirchhof/Söhn/Mellinghof (Hrsg.), Einkommensteuergesetz. Kommentar in 12 Ordnern (Loseblatt)
KiSt	Kirchensteuer
Kj.	Kalenderjahr
Knopf/Tulloch/Söffing/*Bearbeiter*	Knopf/Tulloch/Söffing, Kommentar zum Umwandlungsrecht, Köln 1996
Kölner Komm./*Bearbeiter*	Zöllner (Hrsg.), Kölner Kommentar zum Aktiengesetz, 3. Aufl. Köln/Berlin/Bonn/München ab 2009
Kölner Komm. WpHG/*Bearbeiter*	Hirte/Möllers (Hrsg.), Kölner Kommentar zum WpHG, 2. Aufl. Köln 2014
Kölner Komm. WpÜG/*Bearbeiter*	Hirte/von Bülow (Hrsg.), Kölner Kommentar zum WpÜG, 2. Auflage Köln/Berlin/Bonn/München 2010

Abkürzungsverzeichnis

2. KoordG	Gesetz zur Durchführung der Zweiten Richtlinie des Rates der Europäischen Gemeinschaften zur Koordinierung des Gesellschaftsrechts vom 13.12.1978 (BGBl. 1978 I 1959)
KÖSDI	Kölner Steuerdialog (Zeitschrift)
KO	Konkursordnung
KonTraG	Gesetz zur Kontrolle und Transparenz im Unternehmensbereich vom 27.4.1998 (BGBl. 1998 I 786)
KoStO	Kostenordnung
Krafka/Kühn	Krafka/Kühn, Registerrecht, 10. Aufl. München 2017
Kropff	Textausgabe des Aktiengesetzes 1965 mit Begründungen und Berichten, Düsseldorf 1965
KSt	Körperschaftsteuer
KStDV	Körperschaftsteuer-Durchführungsverordnung
KStG	Körperschaftsteuergesetz
KStR	Körperschaftsteuer-Richtlinien
KStZ	Kommunale Steuer-Zeitschrift
KTS	Zeitschrift für Konkurs-, Treuhand- und Schiedsgerichtswesen
Kümpel/Wittig/*Bearbeiter*	Kümpel, Bank- und Kapitalmarktrecht, 4. Aufl. Köln 2011
Küting/Weber Konzern	Küting/Weber (Hrsg.), Handbuch der Konzernrechnungslegung, 2. Aufl. Stuttgart 1998
Küttner Personalbuch 2018/*Bearbeiter*	Küttner, Personalbuch 2018, 25. Aufl. München 2018
KVSt	Kapitalverkehrsteuer
KVStG	Kapitalverkehrsteuergesetz
KWG	Kreditwesengesetz
LB	Lehrbuch
Lenski/Steinberg/*Bearbeiter*	*Lenski*/Steinberg, Kommentar zum Gewerbesteuergesetz (Loseblatt)
lfd.	laufende
LG	Landgericht
LHO	Landeshaushaltsordnung
Littmann/Bitz/Pust/*Bearbeiter*	Littmann/Bitz/Pust, Kommentar zum Einkommensteuergesetz (Loseblatt)
LöschG	Löschungsgesetz
LSt	Lohnsteuer
LStDV	Lohnsteuer-Durchführungsverordnung
LStR	Lohnsteuer-Richtlinien
LSW	Lexikon des Steuer- und Wirtschaftsrechts
lt.	laut
Lutter/Hommelhoff/*Bearbeiter*	Lutter/Hommelhoff, GmbH-Gesetz, Kommentar, 19. Aufl. Köln 2016
Lutter/Hommelhoff/Teichman/*Bearbeiter*	Lutter/Hommelhoff/Teichman, SE-Kommentar, 2. Aufl. Köln 2015
Lutter/Krieger/Verse	Lutter/Krieger/Verse, Rechte und Pflichten des Aufsichtsrats, 6. Aufl. Köln 2014
Lutter/Scheffler/Schneider/*Bearbeiter*	Lutter/Scheffler/Schneider (Hrsg.), Handbuch der Konzernfinanzierung, Köln 1998
LZB	Landeszentralbank
MAH AktR	Schüppen/Schaub, Münchener Anwaltshandbuch Aktienrecht, 2. Auflage München 2010

Abkürzungsverzeichnis

Manz/Mayer/Schröder/ Bearbeiter	Manz/Mayer/Schröder, Die Europäische Aktiengesellschaft SE, 2. Aufl. München 2010
Marsch-Barner/Schäfer/ Bearbeiter	Marsch-Barner/Schäfer, Handbuch börsennotierte AG, 4. Aufl. Köln 2017
maW	mit anderen Worten
MDR	Monatsschrift für Deutsches Recht
mE	meines Erachtens
MiFID	Markets in Financial Instruments Directive (Finanzmarktrichtlinie)
MinBl.	Ministerialblatt
Mio.	Million/en
MitbestErgG	Mitbestimmungsergänzungsgesetz
MitbestG	Gesetz über die Mitbestimmung der Arbeitnehmer (Mitbestimmungsgesetz)
MoMiG	Gesetz zur Modernisierung des GmbH-Rechts und zur Bekämpfung von Missbräuchen vom 28.10.2008, BGBl. 2008 I 2026
MontanMitbestG	Montan-Mitbestimmungsgesetz
MHdB GesR I	Gummert/Weipert, Handbuch des Gesellschaftsrechts, Bd. 1: BGB-Gesellschaft, Offene Handelsgesellschaft, Partnerschaftsgesellschaft, Partenreederei, EWIV, 3. Auflage 2009
MHdB GesR II	Gummert/Weipert, Handbuch des Gesellschaftsrechts, Bd. 2: Kommanditgesellschaft, GmbH & Co. KG, Publikums-KG, Stille Gesellschaft, 3. Auflage 2009
MHdB GesR III	Priester/Mayer (Hrsg.), Münchener Handbuch des Gesellschaftsrechts, Bd. 3: Gesellschaft mit beschränkter Haftung, 4. Auflage 2012
MHdB GesR IV	Hoffmann-Becking (Hrsg.), Münchener Handbuch des Gesellschaftsrechts, Bd. 4: Aktiengesellschaft, 3. Auflage 2007
MünchKomm. AktG/Bd./ Bearbeiter	Münchener Kommentar zum Aktiengesetz in 7 Bänden, 4. Aufl. München ab 2014
MünchKomm. BGB/Bd./ Bearbeiter	Münchener Kommentar zum Bürgerlichen Gesetzbuch in 12 Bänden, 7. Aufl. München ab 2015, 6. Aufl. München ab 2012
mwN	mit weiteren Nachweisen
NaStraG	Gesetz zur Namensaktie und zur Erleichterung der Stimmrechtsausübung (Namensaktiengesetz) vom 18.1.2001 (BGBl. 2001 I 123)
nF	neue Fassung
NJW	Neue Juristische Wochenschrift (Zeitschrift)
Nr., Nrn.	Nummer, Nummern
nrkr.	nicht rechtskräftig
NRW	Nordrhein-Westfalen
NWB/F	Neue Wirtschaftsbriefe/Fach
NZG	Neue Zeitschrift für Gesellschaftsrecht
oÄ	oder Ähnliches
OECD-MA	OECD-Musterabkommen
OFD	Oberfinanzdirektion

Abkürzungsverzeichnis

og	oben genannt(e)
OHG	Offene Handelsgesellschaft
OLG	Oberlandesgericht
OLGE	Die Rechtsprechung des Oberlandesgerichts in Zivilsachen
OWiG	Ordnungswidrigkeitengesetz
Pahlke	Pahlke, Grunderwerbsteuergesetz, 6. Aufl. München 2018
Palandt/*Bearbeiter*	Palandt, Bürgerliches Gesetzbuch, 76. Aufl. München 2017
PartGG	Gesetz betr. die Partnerschaftsgesellschaften
phG	persönlich haftende(r) Gesellschafter
PIStB	Praxis Internationale Steuerberatung (= Zeitschrift)
Praxishandbuch Börsengang/ *Bearbeiter*	Deutsche Börse AG (Hrsg.), Praxishandbuch Börsengang, Wiesbaden 2006
PublG	Gesetz über die Rechnungslegung von bestimmten Unternehmen und Konzernen (Publizitätsgesetz)
RA	Rechtsanwalt
Raiser/Veil	Raiser/Veil, Recht der Kapitalgesellschaften, 6. Aufl. München 2015
Raiser/Veil/Jacobs MitbestG	Raiser/Veil/Jacobs, Mitbestimmungsgesetz und Drittbeteiligungsgesetz, 6. Aufl. Berlin 2015
RAO	Reichsabgabenordnung
RAP	Rechnungsabgrenzungsposten
RAussch.	Rechtsausschuss
rd.	rund
Rdvfg.	Rundverfügung
RefE	Referentenentwurf
RefE InsO	Referentenentwurf zum Gesetz zur Reform des Insolvenzrechts
RegE	Regierungsentwurf
resp.	respektive
Rev.	Revision
RFH	Reichsfinanzhof
RFHE	Entscheidungen des Reichsfinanzhofs
RG	Reichsgericht
RGBl.	Reichsgesetzblatt
RGZ	Amtliche Sammlung von Entscheidungen des Reichsgerichts in Zivilsachen
RiW	Recht der internationalen Wirtschaftspraxis (Zeitschrift)
rkr.	rechtskräftig
Rödder/Herlinghaus/ van Lishaut/*Bearbeiter*	Rödder/Herlinghaus/van Lishaut, Umwandlungssteuergesetz, Kommentar, 2. Aufl. Köln 2013
Rowedder/*Bearbeiter*	Rowedder/Schmidt-Leithoff, Gesetz betreffend die Gesellschaften mit beschränkter Haftung (GmbHG). Kommentar, 6. Aufl. München 2002
RPflG	Rechtspflegergesetz vom 5.11.1969 (BGBl. 1969 I 2065)
Rspr.	Rechtsprechung
RStBl.	Reichssteuerblatt
RwNM	Regelwerk Neuer Markt
RWP	Rechts- und Wirtschaftspraxis, Blattei-Handbuch (Zeitschrift)

Abkürzungsverzeichnis

s.	siehe
S.	Seite
s. a.	siehe auch
Sagasser/Bula/Brünger/*Bearbeiter*	Sagasser/Bula/Brünger, Umwandlungen, 35. Aufl. München 2017
SBV	Sonderbetriebsvermögen
Schäfer/*Bearbeiter* REITs	Schäfer, REITs Real Estate Investment Trusts, München 2007
Schäfer/Hamann	Schäfer/Hamann, Kapitalmarktgesetze (Loseblatt)
Schanz	Schanz, Börseneinführung, 3. Aufl. München 2007
Schaumburg/Rödder	Schaumburg/Rödder, Unternehmenssteuerreform 2008, München 2007
Schlegelberger/*Bearbeiter*	Schlegelberger, Handelsgesetzbuch. Kommentar in 6 Bänden, bearb. von Geßler/Hefermehl/Hildebrandt/Schröder/Martens/Schmidt, 5. Aufl. München ab 1973
Schlegelberger/Quassowski AktG 1937	Schlegelberger/Quassowski, Aktiengesetz vom 30. Januar 1937, 3. Aufl. Köln 1939
Schmidt/*Bearbeiter*	L. Schmidt, Kommentar zum Einkommensteuergesetz, 37. Aufl. München 2018
Schmidt GesR	K. Schmidt, Gesellschaftsrecht, Köln 4. Aufl. 2002
Schmidt/Lutter/*Bearbeiter*	K. Schmidt/Lutter, Aktiengesetz Kommentar in 2 Bänden, Köln München 2016
Schmitt/Hörtnagl/Stratz/*Bearbeiter*	Schmitt/Hörtnagl/Stratz, Umwandlungsgesetz, Umwandlungssteuergesetz, 7. Aufl. München 2016
Schnitger/Fehrenbacher/*Bearbeiter*	Schnitger/Fehrenbacher, Kommentar Körperschaftsteuer KStG, Berlin 2012
Schönke/Schröder/*Bearbeiter*	Schönke/Schröder, Strafgesetzbuch, 29. Aufl. München 2014
Scholz/*Bearbeiter*	F. Scholz, Kommentar zum GmbH-Gesetz, 12. Aufl. Köln 2018
Schürmann/Körfgen	Schürmann/Körfgen, Familienunternehmen auf dem Weg zur Börse, 3. Aufl. München 1997
Schwark/Zimmer/*Bearbeiter*	Schwark/Zimmer, Kapitalmarktrechts-Kommentar, 4. Aufl. München 2010
SchwbG	Schwerbehindertengesetz
Schwarz	Schwarz, Verordnung (EG) Nr. 2157/2001 des Rates über das Statut der Europäischen Gesellschaft (SE): SE-VO, München 2016
Schwintowski BankR	Schwintowski, Bankrecht, 5. Aufl. Köln 2017
SE	Societas Europaea
SEEG	Gesetz zur Einführung der Europäischen Gesellschaft vom 22.12.2004 (BGBl. 2004 I 3675)
Semler/Stengel/*Bearbeiter*	Semler/Stengel, Umwandlungsgesetz, 2. Aufl. München 2007
Semler/Volhard/Reichert/*Bearbeiter*	Semler/Volhard/Reichert, Arbeitshandbuch für die Hauptversammlung, 4. Aufl. München 2018

Abkürzungsverzeichnis

Bd./*Bearbeiter* Unternehmensübernahmen	Semler/Volhard, Arbeitshandbuch für Unternehmensübernahmen, Band 1: Unternehmensübernahme, Vorbereitung, Durchführung, Folgen. Ausgewählte Drittländer; Band 2: Das neue Übernahmerecht, München 2001
SE-RL	Richtlinie 2001/86 EG des Rates vom 8.10.2001 zur Ergänzung des Statuts der Europäischen Gesellschaft hinsichtlich der Beteiligung der Arbeitnehmer (ABl. L 294, S. 22)
SEVO	Verordnung über das Statut der Europäischen Aktiengesellschaft vom 8.10.2001 (ABl. L 294, S. 1)
Simon/*Bearbeiter*	Simon (Hrsg.), Spruchverfahrensgesetz, München 2007
s. o.	siehe oben
sog.	so genannte(r/s)
SolZ	Solidaritätszuschlag
SolZG	Solidaritätszuschlaggesetz
Sp.	Spalte
Spindler/Stilz/*Bearbeiter*	Spindler/Stilz, Kommentar zum Aktiengesetz in 2 Bänden, 3. Aufl. München 2015
SpTrUG	Gesetz über die Spaltung der von der Treuhandanstalt verwalteten Unternehmen (Spaltungsgesetz)
StÄndG	Steueränderungsgesetz
StandOG	Standortsicherungsgesetz
StAnpG	Steueranpassungsgesetz
Staub/*Bearbeiter* HGB	Staub, Kommentar zum Handelsgesetzbuch, 5. Aufl. Berlin ab 2009
Staudinger/*Bearbeiter*	J. v. Staudinger's Kommentar zum Bürgerlichen Gesetzbuch in ca. 41 Bänden, 13. Aufl. Berlin/New York ab 1993
StB	Der Steuerberater (Zeitschrift)
StBereinG 1999	Steuerbereinigungsgesetz 1999 vom 22.12.1999 (BGBl. 1999 I 2601)
StBerG	Steuerberatungsgesetz
Stbg.	Die Steuerberatung (Zeitschrift)
StbJb	Steuerberater-Jahrbuch
StBp	Steuerliche Betriebsprüfung (Zeitschrift)
StEK	Steuererlasse in Karteiform, hrsg. von Felix
StEntlG 1999/2000/2002	Steuerentlastungsgesetz 1999/2000/2002 vom 24.3.1999 (BGBl. 1999 I 402)
StGB	Strafgesetzbuch
StKongRep	Steuerberater-Kongress-Report
StMBG	Gesetz zur Bekämpfung des Missbrauchs und zur Bereinigung des Steuerrechts (Missbrauchsbekämpfungs- und Steuerbereinigungsgesetz) vom 21.12.1993 (BGBl. 1993 I 2310)
SpruchG	Spruchverfahrensgesetz
StQ	Die Quintessenz des steuerlichen Schrifttums (Zeitschrift)
str.	strittig
Streck/*Bearbeiter*	Streck, Körperschaftsteuergesetz (KStG), 9. Aufl. München 2018
StRefG	Steuerreformgesetz
StSenkG	Steuersenkungsgesetz vom 23.10.2000 (BGBl. 2000 I 1790)
StuW	Steuer und Wirtschaft (Zeitschrift)
StVergAbG	Gesetz zum Abbau von Steuervergünstigungen und Ausnahmeregelungen (Steuervergünstigungsabbaugesetz) vom 16.5.2003 (BGBl. 2003 I 660)
s. u.	siehe unten

Abkürzungsverzeichnis

Tipke/Kruse/*Bearbeiter*	Tipke/Kruse, Abgabenordnung/Finanzgerichtsordnung (Loseblatt-Kommentar)
TransPubG	Gesetz zur weiteren Reform des Aktien- und Bilanzrechts, zu Transparenz und Publizität (Transparenz- und Publizitätsgesetz) vom 19.7.2002 (BGBl. 2002 I 2681)
TransPubG-Entwurf	Entwurf Transparenz- und Publizitätsgesetz vom 26.11.2001 (BT-Drs. 14/8769, 22)
ua.	unter anderem; und andere
uÄ	und Ähnliches
uÄm	und Ähnliches mehr
uam	und anderes mehr
Ubg	Die Unternehmensbesteuerung (Zeitschrift)
UBGG	Gesetz über Unternehmensbeteiligungsgesellschaften (Unternehmensbeteiligungsgesellschaften-Gesetz) vom 9.9.1998 (BGBl. 1998 I 2765)
uE	unseres Erachtens
Ulmer/Habersack/Löbbe	Ulmer/Habersack/Löbbe (Hrsg.), GmbHG Großkommentar in 3 Bänden, Tübingen ab 2013
üM	überwiegende Meinung
UMAG	Gesetz zur Unternehmensintegrität und Modernisierung des Anfechtungsrechts vom 22.9.2005 (BGBl. 2005 I 2802)
UmwBerGE	Entwurf eines Gesetzes zur Bereinigung des Umwandlungsrechts (UmBerG)
UmwG	Umwandlungsgesetz
UmwStErl./UmwSt-Erlass	Schreiben betr. UmwStG vom 11.11.2011 (BStBl. 2011 I 1314)
UmwStG	Umwandlungssteuergesetz
UntStFG	Gesetz zur Fortentwicklung des Unternehmenssteuerrechts (Unternehmenssteuerfortentwicklungsgesetz) vom 20.12.2001 (BGBl. 2001 I 3858)
UR	Umsatzsteuer-Rundschau (Zeitschrift)
UrhWG	Gesetz über die Wahrnehmung von Urheberrechten und verwandten Schutzrechten (Urheberrechtswahrnehmungsgesetz) vom 9.9.1965 (BGBl. 1965 I 1294)
USt	Umsatzsteuer
UStDV	Umsatzsteuer-Durchführungsverordnung
UStG	Umsatzsteuergesetz
UStR	Umsatzsteuer-Richtlinien
usw.	und so weiter
uU	unter Umständen
UVR	Umsatz- und Verkehrsteuer-Recht (Zeitschrift)
v.	vom (von)
vEK	verwendbares Eigenkapital
vBP	vereidigte(r) Buchprüfer
VerkProspG	Wertpapier-Verkaufsprospektgesetz
VerkProspV	Wertpapier-Verkaufsprospekt-Verordnung
VermBG	Vermögensbildungsgesetz
Vfg.	Verfügung
vGA	verdeckte Gewinnausschüttung(en)
VGR	Gesellschaftsrechtliche Vereinigung (e. V.)
vgl.	vergleiche
vH	vom Hundert
VO	Verordnung

Abkürzungsverzeichnis

Vogel/Lehner/*Bearbeiter*	Vogel/Lehner, DBA, 6. Aufl. München 2015
VorstAG	Gesetz zur Angemessenheit der Vorstandsvergütung vom 31.7.2009 (BGBl. 2009 I 2509)
VRG	Vorruhestandsgesetz
VSt	Vermögensteuer
VStG	Vermögensteuergesetz
VStR	Vermögensteuer-Richtlinien
VwGO	Verwaltungsgerichtsordnung
VwVfG	Verwaltungsverfahrensgesetz
VwVG	Verwaltungsvollstreckungsgesetz
vT	von Tausend
VZ	Veranlagungszeitraum
Wassermeyer/Bearbeiter	Wassermeyer, Doppelbesteuerung: DBA (Loseblatt-Kommentar)
Wassermeyer/Andresen/Ditz	Wassermeyer/Andresen/Ditz, Betriebstätten Handbuch, Köln 2006
WIB	Wirtschaftliche Beratung (Zeitschrift)
Widmann/Mayer/Bearbeiter	Widmann/Mayer, Umwandlungsrecht (Loseblatt-Kommentar)
Winkeljohann/Förschle/ Deubert/*Bearbeiter*	Winkeljohann/Förschle/Deubert, Sonderbilanzen, 5. Aufl. 2016 München
WiPO	Wirtschaftsprüferordnung
Wj.	Wirtschaftsjahr
WM	Zeitschrift für Wirtschaft und Bankrecht – Wertpapiermitteilungen
WP	Wirtschaftsprüfer
WpAIV	Wertpapierhandelsanzeige- und Insiderverzeichnisverordnung
WPg.	Die Wirtschaftsprüfung (Zeitschrift)
WPH/Bd.	Wirtschaftsprüfer-Handbuch, Düsseldorf, Band I 13. Aufl. 2006, Band II 13. Aufl. 2007
WpHG	Wertpapierhandelsgesetz
WPK-Mitt	Mitteilungsblatt der Wirtschaftsprüferkammer Düsseldorf
WpÜG	Wertpapier-Übernahmegesetz vom 20.12.2001 (BGBl. 2001 I 3822)
WpÜGAngebV	WpÜG-Angebotsverordnung
Zacharias	Zacharias, Börseneinführung mittelständischer Unternehmen, 2. Aufl. Bielefeld 2000
zB	zum Beispiel
ZBB	Zeitschrift für Bankrecht und Bankbetriebswirtschaft
ZfB	Zeitschrift für Betriebswirtschaft
ZfbF	Zeitschrift für betriebswirtschaftliche Forschung
ZG	Zollgesetz
ZGR	Zeitschrift für Unternehmens- und Gesellschaftsrecht
ZHR	Zeitschrift für das gesamte Handels- und Wirtschaftsrecht
Ziff.	Ziffer
ZIP	Zeitschrift für Wirtschaftsrecht und Insolvenzpraxis
ZKW	Zeitschrift für das gesamte Kreditwesen
ZPO	Zivilprozessordnung
zT	zum Teil
zZ	zur Zeit
zzgl.	zuzüglich

1. Abschnitt: Rechtsform

§ 1 Erscheinungsformen und Rechtsformwahl

Bearbeiter: Dr. Welf Müller

Übersicht

	Rn.
A. Strukturtypus der AG und der KGaA	1–7
B. Erscheinungsformen nach dem Mitgliederkreis	8–65
I. Publikums-AG/KGaA	8–13
II. Börsennotierte AG/KGaA	14–23
III. Die AG/KGaA auf dem Weg zur Börseneinführung	24
IV. Die Familien-AG/KGaA	25–33
V. Kleine AG	34–39
1. Einpersonen-AG	36
2. Erweiterte Satzungsautonomie	37, 38
3. Vereinfachung der Hauptversammlung	39
VI. AG im Besitz der öffentlichen Hand	40–44
VII. Die AG/KGaA mit Auslandsbezug	45–51
1. Ausländische AG/KGaA mit Geschäftsleitung im Ausland	45
2. Ausländische AG/KGaA mit Geschäftsleitung im Inland	46–48
3. Ausländische Gesellschaft mit Tochter-AG in Deutschland	49, 50
4. Inländische Gesellschaft mit Tochter-AG im Ausland	51
VIII. Europäische Aktiengesellschaft – Societas Europaea	52–65
1. Geregelter Rahmen	54
2. Gründung der SE	55
3. Innere Organisation	56–58
a) Dualistisches System	57
b) Monistisches System	58
4. Arbeitnehmerbeteiligung	59–65
a) Verhandlungsvorrang	60
b) Auffangregelung	61–65
C. Erscheinungsformen nach der rechtlichen Ausstattung	66–80
I. Fungibilität der Aktien	66–68
II. Nebenleistungs-AG	69
III. Art der Vermögensbeteiligung	70, 71
IV. AG/KGaA im Unternehmensverbund	72–78
V. Mitbestimmung	79, 80
D. Sonderformen der AG	81–84
I. Externe Kapitalverwaltungsgesellschaft	81
II. Investmentaktiengesellschaft	82
III. Unternehmensbeteiligungsgesellschaft	83
IV. REIT-Aktiengesellschaft	84

E. Rechtsformwahl 85–145
  I. AG versus Personengesellschaft 85–111
     1. Personengesellschaft 85
     2. Haftungsbeschränkung versus unbeschränkte
        Haftung 86, 87
     3. Fremdorganschaft versus Selbstorganschaft 88–90
     4. Formstrenge versus Formfreiheit 91–93
     5. Finanzierungsflexibilität versus Finanzierungs-
        strenge 94, 95
     6. Kapitalschutz versus Entnahmefreiheit 96, 97
     7. Mitbestimmung versus Mitbestimmungsfreiheit 98, 99
     8. Bilanzstrenge versus Bilanzierungsfreiheit 100, 101
     9. Steuerliche Entscheidungskriterien 102–111
        a) Ertragsteuern 103–110
        b) Erbschaftsteuer 111
 II. AG versus GmbH 112–124
     1. Allgemeine Entscheidungskriterien 112–123
     2. Steuerliche Entscheidungskriterien 124
III. AG versus KGaA 125–137
     1. Allgemeine Entscheidungskriterien 125–132
     2. Steuerbelastungsunterschiede 133–137
 IV. AG versus Europäische Gesellschaft 138–145
     1. Allgemeine Entscheidungskriterien 138–143
     2. Steuerliche Entscheidungskriterien 144, 145

A. Strukturtypus der AG und der KGaA

1 Die Aktiengesellschaft ist von ihrer historischen Entwicklung und von ihrer wirtschaftlichen Bedeutung her die Organisationsform, die als **Kapitalsammelbecken** zur Erreichung wirtschaftlicher Zwecke geschaffen und gestaltet wurde. Besonders deutlich wird dies bei der börsennotierten AG und ihren börsenfähigen Komplementärorganismen (SE und KGaA), die sich an den anonymen Kapitalmarkt oder – mehr und mehr – an institutionelle Anleger zum Zweck der Kapitalbeschaffung wenden. Dabei hat sich für die börsennotierte AG in Teilen ein besonderes (strengeres) Regime als für die Normal-AG entwickelt. Der Zwecksetzung der AG entspricht eine im Wesentlichen gesetzlich festgelegte und nur sehr bedingt individuell gestaltbare gesellschaftsrechtliche Organisation und die weitgehende Unabhängigkeit von einem Wechsel der Gesellschafter. Ein wesentliches Merkmal ist die strikte **Trennung von Kapital und Management**. Die Unternehmensführung einschließlich des Bestimmungsrechts über Geschäftspolitik und Strategie obliegt dem Vorstand in eigener Verantwortung unter der Aufsicht eines Aufsichtsrats, der letztendlich über die Interessen der Kapitaleigner zu wachen hat. Gerade diese institutionelle Trennung zwischen Kapital und Management macht die AG auch für Unternehmen, die den Kapitalmarkt nicht in Anspruch nehmen, interessant. Häufig ist ein qualitativ hochwertiges Management nur in einer solchen Organisationsform zu gewinnen. Dies gilt zB für **Familienunternehmen**, deren Zusammensetzung oder schiere Größe eine familienunabhängige Unternehmensführung erfordern. Vielfach ist die AG auch das Instrument, um Familienunternehmen erforderliches Kapital von Dritten oder über den Kapitalmarkt zugänglich zu machen, den Familieneinfluss (ggf. über entsprechende Satzungsgestaltungen und schuldrechtliche Poolvereinbarungen) über eine gewisse Zeit zu erhalten und eine Überfremdung zu vermeiden. Insbesondere kann dafür die Rechtsform der KGaA interessant sein.

A. Strukturtypus der AG und der KGaA 2–4 § 1

Die AG ist nach dem gesetzlichen Leitbild eine Körperschaft, die inhaltlich in 2 großem Umfange abschließend gesetzlich geregelt ist. Ganz im Gegensatz zur Personengesellschaft und auch zur GmbH bleibt der Vertragsfreiheit und der Satzungsautonomie der Aktionäre nur ein sehr eingeschränkter Raum (zum Vergleich mit anderen Rechtsformen, insbesondere der Personengesellschaft, vgl. Rn. 85 ff.). Nach dem **Prinzip der formellen Satzungsstrenge** darf die Satzung von den Vorschriften des AktG nur abweichen, wenn dies im Gesetz ausdrücklich zugelassen ist (§ 23 Abs. 5 AktG). Auch die gesetzliche Regelung ergänzende Bestimmungen sind nur zulässig, soweit nicht das AktG eine abschließende Regelung enthält. Damit zeichnen sich Aktiengesellschaften durch eine weitgehend homogene Struktur aus. Insbesondere dies macht sie kapitalmarktfähig; jeder Marktteilnehmer kann sich auf eine grds. identische Organisationsstruktur verlassen. Die Merkmale dieser einheitlichen Struktur sind: eine auf der Satzung beruhende innere – gesetzlich weitgehend festgelegte – Ordnung (§§ 2, 23 AktG), Vorstand (§§ 76 ff. AktG), Aufsichtsrat (§§ 95 ff. AktG) und Hauptversammlung (§§ 118 ff. AktG) als Organe mit festgelegten Kompetenzen und schließlich die Mitgliedschaft (§§ 53a ff. AktG) mit grds. einheitlichem Rechte- und Pflichtenstandard.[1]

Zur Struktur der AG gehört auch die Arbeitnehmervertretung im Aufsichtsrat, es 3 sei denn die Gesellschaft beschäftigt weniger als 500 Arbeitnehmer und ist nach dem 9.8.1994 in das Handelsregister eingetragen (§ 1 Abs. 1 Nr. 1 DrittelbG, MitbestG 1976, Montan MitbestG 1951).[2]

Anders ist es bei der **Kommanditgesellschaft auf Aktien (KGaA)**. Die KGaA 4 hat ein doppeltes Gesicht: Für die Kommanditaktionäre untereinander und in ihrer Gesamtheit gegenüber Dritten gilt die Formenstrenge der AG (§ 278 Abs. 3 AktG). Für das Verhältnis der Komplementäre untereinander und zur Gesamtheit der Kommanditaktionäre gilt jedoch das Prinzip der Satzungsstrenge nicht. Die Organisationsverfassung der KGaA unterliegt der Gestaltungsfreiheit der Beteiligten im Rahmen der für die Kommanditgesellschaft geltenden Regelungen (§ 161 Abs. 2 iVm §§ 109 ff. HGB). Auch Grundlagengeschäfte können in gewissem Umfang durch die Satzung in die Zuständigkeit der Komplementäre gelegt werden.[3] Damit kann die KGaA ein – insb. für mittelständische Unternehmen – interessantes Instrument sein, das die Möglichkeit, den Kapitalmarkt zu nutzen, mit einer flexiblen am Personengesellschaftsrecht orientierten Organisationsverfassung verbindet und damit ggf. auf lange Sicht die Dominanz des oder der persönlich haftenden Gesellschafter sicherstellt.[4] Die Stellung des Komplementärs kann wiederum von einer Kapitalgesellschaft (idR GmbH, aber auch AG oder SE) wahrgenommen werden, so dass eine unmittelbare persönliche Haftung vermieden werden kann.[5] Hinzu kommen ggf. schenkungs- und erbschaftsteuerliche Vorteile für den Komplementär.[6]

---

[1] *Hüffer/Koch* AktG § 1 Rn. 2.
[2] Für AGs, die vor dem 10.8.1994 eingetragen waren, und die weniger als 500 Arbeitnehmer beschäftigen, gilt die Mitbestimmungsfreiheit nur, wenn sie Familiengesellschaften iSd § 1 Abs. 1 Nr. 1 Satz 3 DrittelbG sind.
[3] MünchKomm. AktG/Bd. 5/*Perlitt* § 285 Rn. 43.
[4] VGR/*Lorz* Gesellschaftsrecht in der Diskussion, VGR Bd. 1, 1999, S. 57, 63 ff.; *Reichert* ZIP 2014, 1957, (1960 ff.).
[5] BGH II ZB 11/96, NJW 1997, 1923 = DB 1997, 1219; aus den Ausführungen des BGH lässt sich schließen, dass nicht nur eine Kapitalgesellschaft, sondern jede Handelsgesellschaft, also auch eine GmbH & Co. KG, die Stellung des Komplementärs einnehmen kann. Die SE ist definitionsgemäß Kapitalgesellschaft, vgl. Art. 1 Abs. 2 und Abs. 3 SE-VO.
[6] Vgl. Rn. 144.

5 Eine Sonderform der AG ist die **Europäische Aktiengesellschaft** (Societas Europea: SE). Hat sie ihren Sitz in Deutschland, kommen die Bestimmungen des AktG zur Anwendung, soweit nicht die SE-Verordnung (und die durch sie zugelassenen Satzungsbestimmungen) oder das SEAG vorrangige Regelungen getroffen haben (vgl. Art. 9 Abs. 1 SE-Verordnung). Von der Struktur her ist die SE also eine Aktiengesellschaft; ihre Aktien sind an den Kapitalmärkten handelbar (§ 2 Abs. 1 Nr. 1 WpHG). Zum Anwendungsbereich und zur Struktur der SE vgl. Rn. 138 ff. und § 19.

6 Trotz der grundsätzlichen Formenstrenge und der daraus resultierenden Organisationshomogenität der AG lässt sich in der Wirtschaftswirklichkeit eine beachtliche Vielfalt von Erscheinungsformen feststellen.

7 Die AG (wie auch die KGaA und die SE) kann grundsätzlich jeden Tätigkeitsbereich und Unternehmenszweck verfolgen, soweit er nicht gegen ein gesetzliches Verbot (§ 134 BGB) oder die guten Sitten (§ 138 BGB) verstößt. Zu beachten ist allerdings, dass die AG unabhängig von ihrem Unternehmensgegenstand immer als „Handelsgesellschaft" gilt (§ 3 Abs. 1 AktG; Art. 1 Abs. 1 SE-VO). Sie ist damit Kaufmann kraft Rechtsform **(Formkaufmann)** mit der Konsequenz, dass für sie die entsprechenden Bestimmungen des HGB gelten, insbesondere die Vorschriften über die Handelsfirma und die Rechnungslegungsvorschriften. Sie ist idR auch „Unternehmer" iSd Verbraucherschutzvorschriften (§ 14 BGB).

B. Erscheinungsformen nach dem Mitgliederkreis

I. Publikums-AG/KGaA

8 Die Publikums-AG mit einem breiten Anlegerkreis (Streubesitz) entspricht dem Leitbild der AG am besten.

9 Die AG stellt traditionell die Rechtsform für große Unternehmen und dabei ein Sammelbecken für Kapitalbeiträge einer Vielzahl von Anlegern dar (Publikumsgesellschaft). Diese **Kapitalsammelfunktion** ermöglicht es, die Finanzkraft vieler Einzelner konzentriert für einen wirtschaftlichen Zweck einzusetzen, der wegen der Höhe des erforderlichen Kapitals ansonsten nicht realisierbar wäre. Die Aktien der Publikums AG sind typischerweise zum Börsenhandel zugelassen (vgl. Rn. 14 ff.). Damit die AG ihrer Kapitalsammelfunktion nachkommen kann, sind die an ihr begründeten Anteilsrechte grds. frei übertragbar (§§ 68, 41 Abs. 4 AktG) und vererblich. Insbesondere dieser Umstand sowie die kleine Stückelung der Aktiennennbeträge (mindestens 1 EUR: § 8 Abs. 2 und 3 AktG) und die formalisierten Regeln für die Willensbildung ermöglichen es, dass die AG problemlos über einen wechselnden Mitgliederbestand verfügen kann.

10 Die Kapitalsammelfunktion wird heute allerdings vielfach durch vorgeschaltete organisierte Kapitalsammelinstitutionen in Form von Investmentfonds in mannigfacher Ausgestaltung wahrgenommen (gesetzlich geregelt im Kapitalanlagegesetzbuch, KAGB). Dies führt einerseits zu einer Risikostreuung, aber auch zu einer Mediatisierung des Einflusses der Letztanleger, andererseits zu einer Bündelung nicht nur des Kapitals, sondern auch des Stimmrechts und damit des Einflusses auf professionelle und semiprofessionelle Intermediäre. Hinzu kommt, dass institutionelle Anleger mit breit gestreutem Portfolio die Wahrnehmung ihrer Stimmrechte (aus Praktikabilitäts- und Kostengründen oder auch aus mangelndem Interesse an der individuellen AG) auf Stimmrechtsberater (Proxy Advisors) übertragen, was

B. Erscheinungsformen nach dem Mitgliederkreis 11–13 § 1

ebenfalls zu einer Bündelung der Stimmrechte führt und den Advisors zu nicht unerheblichem Einfluss auch außerhalb der Hauptversammlung verhelfen kann.[7] Eine besondere Ausprägung zeigt diese Entwicklung in der Erscheinung sog. „**aktivistischer Aktionäre**", die vor allem durch Nutzung medialer Möglichkeiten Druck auf die Verwaltung auszuüben versuchen, um ihre aktionärsspezifischen Ziele zu erreichen (vgl. Rn. 20).[8]

Auf der anderen Seite führt die strikte Leitungskompetenz des Vorstands, verbunden mit einer breiten Publikumsstreuung des Aktienbesitzes zu einer starken Stellung des Vorstands, eingeschränkt lediglich durch die Kontrollfunktion des Aufsichtsrats. **11**

Die KGaA ist grds. ebenfalls als Publikumsgesellschaft geeignet, wenn auch ihre praktische Verbreitung nach wie vor verhältnismäßig gering ist. Eine gewisse Renaissance der KGaA ist nach dem bahnbrechenden Beschluss des BGH vom 24.2.1997 eingetreten,[9] wonach alleiniger Komplementär nicht etwa nur eine natürliche Person (so die bis dahin hM), sondern auch eine juristische Person (AG oder GmbH) oder eine Personengesellschaft in der Rechtsform einer GmbH & Co. KG oder auch eine SE & Co. KG sein kann. Nach Änderung der Rechtsprechung kann die KGaA für eine kapitalmarktwillige Familiengesellschaft oder Unternehmensträger-Stiftung, die Haftungsbeschränkung, Aufnahme von Eigenkapital über die Börse, steuerliche Vorteile der Personengesellschaft und eingeschränkte Arbeitnehmermitbestimmung kombinieren will, eine durchaus interessante Rechtsformalternative sein.[10] **12**

Die Zurückhaltung in der Praxis mag in der Stellung der Kommanditaktionäre begründet sein: Die KGaA ist ein relativ kompliziertes Gebilde; die Komplementärstellung ist noch stärker ausgestaltet als die des AG-Vorstands (so bedürfen bestimmte wichtige Hauptversammlungsbeschlüsse der Zustimmung der Komplementäre: § 285 Abs. 2 Satz 1 AktG). Dem Aufsichtsrat steht keine Personalkompetenz gegenüber dem Komplementär zu.[11] Der Komplementär wird durch die Satzung eingesetzt (§ 281 AktG). Aufnahme oder Ausscheiden der Komplementäre erfolgt durch Satzungsänderung oder – ohne Satzungsänderung – durch ein in der Satzung geregeltes Verfahren. Damit ist die Bestellung und Anstellung der Komplementäre auch der Mitwirkung der Arbeitnehmervertreter im Aufsichtsrat entzogen. Eine Besonderheit der KGaA besteht darin, dass durch die Satzung neben dem Aufsichtsrat ein weiteres Organ geschaffen werden kann (Aktionärs-/ Kommanditaktionärsausschuss, Verwaltungsausschuss), der seine Zulässigkeit nicht aus dem Aktienrecht, sondern aus dem Recht der Kommanditgesellschaft ableitet und die Rechte der Gesamtheit der Kommanditaktionäre gegenüber den Komple- **13**

---

[7] Hinzuweisen ist auf die Bestrebungen in der EU, das Verhalten von institutionellen Investoren, Finanzintermediären und Proxy Advisers transparent zu machen (Anlagestrategie) und gewissen Regeln zu unterwerfen (Verhaltenskodex); vgl. E Bericht Rechtsausschuss zum RLE einer RL zur Änderung der RL 2007/36/EG sowie der RL 2013/34/EU (2014/0121 (COD)). Inzwischen ist die RL EU 2017/828 zur Änderung der RL 2007/36/EG ergangen, die ua eine Ausweitung der Transparenzregeln für institutionelle Anleger, Vermögensverwalter und Stimmrechtsberater sowie eine Ausweitung der Aktionärstransparenz vorsieht. Die Mitgliedstaaten haben eine Frist bis zum 10.6.2019, um die Richtlinie in nationales Recht umzusetzen.

[8] Vgl. dazu *Schockenhoff* ZIP 2017, 1785.

[9] BGH II ZB 11/96, BGHZ 134, 392 = ZIP 1997, 1027.

[10] Vgl. zu den steuerlichen Besonderheiten Rn. 128 ff.; VGR/*Lorz* Gesellschaftsrecht in der Diskussion, Jahrestagung 1998, VGR Bd. 1, 1999, S. 57 ff.

[11] Vgl. *Kallmeyer* ZGR 1983, 57 (66); *ders.* DStR 1994, 977.

mentären umsetzt und wahrnimmt, ohne allerdings in die Aufsichtsfunktion des Aufsichtsrats eingreifen zu dürfen.[12]

II. Börsennotierte AG/KGaA

14 Die börsennotierte AG/KGaA ist der typische Anwendungsfall der Publikumskapitalgesellschaft. Die Börsennotierung im engeren Sinne definiert § 3 Abs. 2 AktG. Danach unterfallen diesem Begriff nur Gesellschaften, deren Aktien im amtlichen Handel oder geregelten Markt, nicht hingegen Gesellschaften, deren Aktien im Freiverkehr an einer deutschen oder – vergleichbaren – ausländischen Börse gehandelt werden. Da sich mit der Börseneinführung der Charakter der AG verändert – an die Stelle des vor der Börseneinführung idR überschaubaren Gesellschafterkreises tritt eine Vielzahl von Aktionären unterschiedlicher Interessenlage –, unterliegt sie mit der Börseneinführung einem Paradigmenwechsel. Die Aktie wird mit einer anonymen, gesteigerten Verkehrsfähigkeit ausgestattet. Diese „gesteigerte Verkehrsfähigkeit" stellt für den Verkehrswert der Aktie einen wertbildenden Faktor dar. Allerdings hat der Einzelaktionär keinen Anspruch auf eine „Börsenzulassung" und einen dadurch ggf. verursachten Wert-Zuwachs. Es handelt sich insoweit um eine geschäftspolitische Maßnahme der Gesellschaft bzw. ihrer Organe (idR in Abstimmung mit einem Mehrheitsgesellschafter). Ob im umgekehrten Falle der Gesellschafter (Minderheitsgesellschafter) bei einem Verzicht auf die Börsenzulassung (Delisting) einen Anspruch auf Entschädigung oder auf Ausscheiden aus der AG gegen Abfindung hat, war umstritten. Zunächst hatte der BGH für das Delisting neben dem Erfordernis eines Hauptversammlungsbeschlusses ein Pflichtangebot an die Minderheitsaktionäre zum vollen Wert postuliert (Macroton).[13] Das BVerfG[14] ist dieser Auffassung nicht gefolgt, weil der wertbildende Faktor „Verkehrsfähigkeit" nicht im Rahmen der Eigentumsgarantie geschützt werde (Art. 14 GG); es handle sich vielmehr um ein der Aktie inhärentes Risiko. Das führte zur Zulässigkeit des Delisting ohne Hauptversammlungsbeschluss und Pflichtangebot, also ohne Entschädigung (Frosta).[15] Dies wiederum hat den Gesetzgeber auf den Plan gerufen: Das Delisting wird nunmehr in § 39 BörsG geregelt und ist zwar ohne Hauptversammlungsbeschluss zulässig, bedarf aber (seit 7.9.2015) der Vorlage eines Erwerbsangebots nach WpÜG zu einem Übernahmekurs, der sich im Grundsatz nach dem gewichteten durchschnittlichen inländischen Börsenkurs der Aktien während der letzten sechs Monate vor Veröffentlichung der Entscheidung über das Delisting bemisst. Allerdings ist der Zusatznutzen einer Börsennotierung für Gesellschaft und Aktionäre mit einer Fülle von Bedingungen verbunden, die die kapitalmarktorientierte AG/KGaA zusätzlich zur Normal-AG erfüllen muss; Bedingungen, die einen durchaus nicht unerheblichen Mehraufwand auf Seiten der AG nach sich ziehen. Es geht um die Voraussetzungen und Mehraufwendungen, die sich zum einen aus der Börsenzulassung und zum anderen aus den Zulassungsfolgepflichten ergeben. Stichwortartig seien nur die Folgenden genannt (im Einzelnen vgl. §§ 19 ff.):

---

[12] Vgl. MünchKomm. AktG/Bd. 5/*Perlitt* § 278 Rn. 239 ff.; Kölner Komm./*Mertens/Cahn* § 278 Rn. 55.
[13] BGH II ZR 133/01, ZIP 2003, 387.
[14] BVerfG 1 BvR 3142/67, ZIP 2012, 1402.
[15] BGH II ZB 26/12, ZIP 2013, 2254.

B. Erscheinungsformen nach dem Mitgliederkreis   15, 16   § 1

Zulassungsvoraussetzungen: 15
- Prospekterstellung (§§ 1 ff. WpPG)
- Erweiterung des Rechnungswesens zusätzlich auf internationale Rechnungslegungsstandards (IFRS)
- Due Diligence (idR Analyse der wirtschaftlichen, finanziellen, rechtlichen und steuerlichen Verhältnisse), mit Comfort Letter (idR eines Wirtschaftsprüfers) an die Prospektverantwortlichen[16]
- Dokumentenerstellung für die Vertragsverhältnisse zwischen den an der Emission beteiligten Parteien; Antragsdokumentation[17]
- Börsenzulassung
- Vermarktung (inbes. Roadshow und Platzierung).

Zulassungsfolgepflichten: 16
- **im Aktienrecht:**
- der Aufsichtsrat muss zwingend zweimal im Kalenderhalbjahr zusammentreten (§ 110 Abs. 3 AktG);
- den Vorschlägen zur Wahl von Aufsichtsratsmitgliedern sind Angaben zu deren Mitgliedschaft in anderen gesetzlich zu bildenden Aufsichtsräten und Angaben zu ihrer Mitgliedschaft in vergleichbaren in- und ausländischen Kontrollgremien von Wirtschaftsunternehmen beizufügen (§ 125 Abs. 1 Satz 5 AktG);
- ehemalige Vorstandsmitglieder unterliegen einer Karenzzeit von zwei Jahren, ehe sie in den Aufsichtsrat eintreten können, es sei denn, die Wahl erfolgt mit einer Mehrheit von mehr als 25% der Stimmrechte (§ 100 Abs. 2 Nr. 4 AktG);
- es muss mindestens ein unabhängiges Aufsichtsratsmitglied geben, das über Sachverstand auf den Gebieten Rechnungslegung oder Abschlussprüfung verfügt (§ 100 Abs. 5 AktG);
- bei der paritätisch mitbestimmten, börsennotierten AG muss sich der Aufsichtsrat (Gesamtaufsichtsrat) zwingend aus mindestens 30% Frauen und 30% Männern zusammensetzen. Bei mitbestimmten (auch Drittelbeteiligung) oder börsennotierten AGs muss der Aufsichtsrat Zielgrößen für den Frauenanteil im Aufsichtsrat und im Vorstand festlegen, die – wenn erreicht – nicht mehr unterschritten werden dürfen, wenn der Frauenanteil unter 30% liegt (§ 96 Abs. 2 AktG);
- bei der börsennotierten oder mitbestimmten AG muss der Vorstand Zielgrößen für den Frauenanteil in den beiden Führungsebenen unterhalb des Vorstands festlegen, die – wenn erreicht – nicht mehr unterschritten werden dürfen, wenn der Frauenanteil unter 30% liegt (§ 76 Abs. 4 AktG);
- Beschlüsse der Hauptversammlung sind zwingend durch einen notarielle Niederschrift zu beurkunden (§ 130 Abs. 1 AktG);
- es kann kein Höchststimmrecht vereinbart werden (§ 134 Abs. 1 Satz 2 AktG);
- Vorstand und Aufsichtsrat müssen jährlich in einer den Aktionären dauerhaft zugänglichen Form (Website) erklären, dass den Empfehlungen des Deutschen Corporate Governance Kodex (DCGK) entsprochen wurde und wird oder welche Empfehlungen nicht angewendet wurden oder werden und zwar mit Begründung ihrer Nichtanwendung (§ 161 AktG);
- der Aufsichtsrat hat anzugeben, welche Ausschüsse gebildet worden sind und wie viele Sitzungen des Aufsichtsrats und der Ausschüsse stattgefunden haben (§ 171 Abs. 2 AktG);

---

[16] Vgl. *Lobe/Essler/Röder* WPg 2007, 468 ff.
[17] Vgl. Praxishandbuch Börsengang/*Harrer/Vaupel* S. 147 ff. und *Hutter/Kaulomo* S. 191 ff.

- behördliche Aufsicht über und Sanktion von Aufsichtsrat (Prüfungsausschuss) und Vorstand bei Pflichtverletzung bezüglich der Rechnungslegung;[18]
- wechselseitig beteiligte Unternehmen dürfen in der Hauptversammlung ihr Stimmrecht zur Wahl von Mitgliedern des Aufsichtsrats nicht ausüben (§ 328 Abs. 3 AktG).

- **Publizitätsanforderungen:**
- Jahresabschluss nach HGB und Konzernabschluss nach IFRS (§ 315a HGB; Art. 4 VO EG Nr. 1606/2002) mit Pflichtprüfung;
- Erklärung zur Unternehmensführung (§ 289a HGB) mit Angaben zu relevanten Unternehmensführungspolitiken sowie eine Beschreibung der Arbeitsweise von Vorstand und Aufsichtsrat und dessen Ausschüssen;
- Angaben zum internen Kontroll- und Risikomanagementsystem in Bezug auf den Rechnungslegungsprozess im Lagebericht (§ 289 Abs. 5 HGB);
- sog. Bilanzeid des Vorstands (§§ 264 Abs. 2 Satz 3, 289 Abs. 1 Satz 5 HGB);
- Halbjahresfinanzbericht ggf. mit prüferischer Durchsicht (§ 37w WpHG);
- Quartalsberichte je nach Börsenordnung;
- sog. Ad-hoc-Publizität von Insiderinformationen (§§ 13, 15 WpHG);
- Mitteilung von sog. Directors' Dealings (§ 15a WpHG);
- Mitteilung von Veränderungen von Stimmrechtsanteilen (§ 21 WpHG);
- jährliches zusammenfassendes Dokument über alle während des Jahres vorgenommenen Pflichtveröffentlichungen (§ 10 WpPG);
- ggf. besondere Veröffentlichungspflichten nach §§ 39 Abs. 1 Nr. 3, 41 Abs. 2 BörsG.

17 Weiter ist das Verbot des Insiderhandels zu beachten (§ 14 WpHG). Als Zusatzkosten ist – neben der Erstzulassungsgebühr der Börse – auch die jährliche Börsennotierungsgebühr zu erwähnen. Darüber hinaus unterliegen börsengehandelte Unternehmen – neben der obligatorischen Abschlussprüfung – einer besonderen Rechnungslegungsaufsicht durch die Deutsche Prüfstelle für Rechnungslegung (§§ 37n ff. WpHG; §§ 342b ff. HGB), die anlassbezogen und stichprobengesteuert tätig wird. Auch diese Kosten werden auf die Kapitalmarktteilnehmer umgelegt.

18 Die Zulassungsvoraussetzungen und die Zulassungsfolgepflichten unterscheiden sich im amtlichen und im geregelten Markt (Prime Standard und General Standard) nicht mehr wesentlich. Zwar kennt das BörsG für den geregelten Markt keine spezifischen Zulassungsfolgepflichten; diese werden aber idR durch die entsprechenden Börsenordnungen übernommen.[19] Lediglich der Freiverkehr (Entry Standard) ist kein organisierter Markt (§ 2 Abs. 11 WpHG). Hier gelten die Freiverkehrsrichtlinien mit wesentlich geringeren formalen Pflichten. Er ist insbesondere auf kleinere und mittlere Unternehmen ausgerichtet, um diese schnell, unkompliziert und kostengünstig in den Handel einzuführen.

19 Die Börsennotierung – vielleicht mit Nuancen im Prime-, General- und im Entry Standard – kann zu einer stärker betonten Ausrichtung der Unternehmensführung und der Unternehmensziele auf den Anleger, sei er nun privater oder institutioneller Natur, und auf die Börsenkapitalisierung **(Shareholder Value)** führen. Dann steht die ggf. auch kurzfristige Wertsteigerung der Anteile im Vordergrund. Dessen ungeachtet muss die Unternehmensführung zusammen mit dem Aufsichtsrat auch bei börsennotierten Unternehmen die schwierige Abwägung von Aktionärsinteressen und Interessen der anderen Unternehmensbeteiligten (Stakeholder: Arbeitnehmer, Gläubiger etc.) vornehmen und von Fall zu Fall neu lösen. Langfristig kann der Shareholder Value nur maximiert werden, wenn auch die Interessen der anderen

---

[18] Vgl. Art. 30a Abs. 1 RL 2014/56/EU.
[19] Vgl. Praxishandbuch Börsengang/*Rosen* S. 350.

B. Erscheinungsformen nach dem Mitgliederkreis

Stakeholder angemessen berücksichtigt werden. Je nach Größe, Leistungsfähigkeit und Stellung im Gemeinwesen ist auch die soziale Verantwortung (**Corporate Social Responsibility**) in die unternehmerischen Abwägungen einzubeziehen.

Nach der Konzeption des AktG werden Ausrichtung, Führung und Strategie der AG durch den Vorstand unter begleitender und beaufsichtigender Mitwirkung des Aufsichtsrats verwirklicht. Die Einflussnahme der Aktionäre als Kapitalgeber auf die Organe ist bzw. war insbesondere bei einer breit gestreuten anonymen Aktionärszusammensetzung eher bescheiden. Dass die breite Streuung der Idealvorstellung des Gesetzgebers entspricht, ergibt sich insbesondere aus den Meldepflichten des WpHG und der Verpflichtung zur Abgabe eines Übernahmeangebots bei einem Beteiligungsbesitz von 30% der Stimmrechte oder mehr. Zu beachten ist aber, dass neuerdings Aktionäre (insbesondere Hedge Fonds) mit Beteiligungen deutlich unter 30% Techniken zur Einflussnahme auf die Organe der AG entwickelt haben, um ihre – häufig auf kurzfristige Steigerung des Shareholder Value ausgerichtete – Strategie durchzusetzen. Neben der geschickten Nutzung aller durch das AktG eingeräumten Minderheitsrechte kann die Verwaltung auch durch medienwirksame Aktionen erheblich unter Druck gesetzt werden. Hinzu kommt die tatsächliche Nutzung von Aktionärsnetzwerken, die idR unter der Schwelle des Acting in Concert bleiben.[20] Der Erfolg solcher Strategien kann durchaus zur Auflösung verkrusteter Strukturen und zu einem Mehrwert für alle Beteiligten führen, kann aber auch sinnvolle Langfriststrategien zum Scheitern bringen.

Wenn Equity Fonds in den Aktionärskreis einsteigen, erwerben sie idR größere Aktienpakete, ggf. sogar mit dem Ziel einer 100%igen Beteiligung und eines Delisting der AG. Probleme können sich aus der regelmäßig angestrebten Überwälzung der Kaufpreisverbindlichkeit des Erwerbers (idR einer speziell gegründeten Zweckgesellschaft) auf das Zielunternehmen (die AG) zB im Wege der Verschmelzung ergeben.

Zu bemerken ist auch, dass die börsennotierte AG besonders im Blickpunkt des europäischen und nationalen Gesetzgebers steht, der idR zu einer Verschärfung und Erweiterung bestehender Regelungen neigt, sei es um auf aufgetretene Krisen zu reagieren, sei es um politische Ziele durchzusetzen. Dies kann aus der gesteigerten Sozialnützigkeit (wirtschaftliche und gesellschaftliche Verantwortung) insbesondere von börsennotierten Großunternehmen abgeleitet werden. Beispiele dafür sind etwa die zwingende Einführung einer Geschlechterquote (Frauenquote) für die Besetzung des Aufsichtsrats (mindestens 30% Frauen, mindestens 30% Männer) nebst einer (flexiblen) Zielplanung der Geschlechterquote für den Vorstand und die beiden Führungsebenen unterhalb des Vorstands, eine erweiterte Berichterstattung über Compliance (Compliance-Berichterstattung), möglichst weitgehende Transparenz der Organbezüge einschließlich eines Mitbestimmungsrechts der Hauptversammlung (Say-on-Pay-Ansatz), Transparenz und ggf. Mitbestimmung der Hauptversammlung bei Geschäften mit nahestehenden Unternehmen und Personen (Related Party Transactions). Auch diese laufenden Entwicklungen sind bei der Entscheidung, den Kapitalmarkt in Anspruch zu nehmen, zu bedenken.

Für die KGaA gelten für die Kapitalmarktfähigkeit keine Besonderheiten. Wegen der steuerlichen Besonderheiten der börsennotierten AG/KGaA vgl. § 12.

---

[20] Vgl. zum Kontrollerwerb iSv § 30 WpHG BGH II ZR 353/12, ZIP 2014, 1623 Rn. 45 ff.

III. Die AG/KGaA auf dem Weg zur Börseneinführung

24 Die AG/KGaA, die eine Platzierung von Aktien am Kapitalmarkt beabsichtigt (Initial Private Offering, IPO), befindet sich in einer Sondersituation auf dem Wege von einem idR geschlossenen zu einem marktoffenen Gesellschafterkreis. Die Vorbereitung der Kapitalmarktreife führt zu organisatorischen Veränderungen, insb. einer klaren Trennung von Unternehmens- und Gesellschaftersphäre. Je nachdem, welcher Markt in Anspruch genommen werden soll, sind Umstellungen des Rechnungswesens (insbesondere auf IFRS) erforderlich. Entscheidend ist die Herausarbeitung eines überzeugenden Emissionskonzepts bezüglich der Produkt- oder Dienstleistungspalette. Gegebenenfalls sind personelle Weichenstellungen vorzunehmen, die Vertrauen in ein überzeugendes Zukunftskonzept sicherstellen. Die AG/KGaA auf dem Wege zur Börseneinführung wird sich idR eines unternehmensfremden Projektmanagements bedienen (Emissionsbank, Rechtsanwälte, Wirtschaftsprüfer, Steuerberater). Die Verantwortung und Leitung muss aber beim Vorstand verbleiben.

IV. Die Familien-AG/KGaA

25 Die **Familiengesellschaft** ist ein unbestimmter und dehnbarer Begriff. Eine Definition findet sich nur in § 1 Abs. 1 Nr. 1 Satz 3 DrittelbG iVm § 15 AO, nämlich die Einmanngesellschaft oder Gesellschaften, deren Aktionäre untereinander verwandt oder verschwägert sind. Dies ist aber eine viel zu enge Umschreibung, die nur den Spezialfall der Begünstigung über den Wegfall der Arbeitnehmervertretung im Aufsichtsrat betrifft.

26 Als Familiengesellschaft nach allgemeinem Verständnis und in weiterem Sinne kann man deshalb Gesellschaften bezeichnen, die sich in der Hand von einer oder mehreren Familien (durchaus im Verständnis von § 15 AO) befinden, häufig abgeleitet von einer oder mehreren Gründerfamilien. Dabei schadet eine Beteiligung Dritter nicht, jedenfalls soweit sie keinen maßgeblichen Einfluss auf die Gesellschaft vermittelt. Solche Unternehmen können in der Rechtsform einer AG, SE oder KGaA geführt werden, wenn auch die AG nicht die typische Rechtsform der Familiengesellschaft ist; da stehen KG, GmbH & Co. KG oder GmbH im Vordergrund (vgl. Rn. 85 ff.).

27 Es können aber durchaus gute Gründe für die Familien-AG oder -KGaA sprechen, ua die folgenden:
- Übergang vom Familienmanagement zum gesellschafterunabhängigen Drittmanagement: Fähige Unternehmensführer sind für das Beziehungsgeflecht einer Familiengesellschaft eher zu gewinnen, wenn ihnen die Stellung eines im laufenden Geschäft unabhängigen Aktien-Vorstandes eingeräumt wird und die Familie sich in den Aufsichtsrat zurückzieht.
- leichtere Kooperationsfähigkeit mit Drittunternehmen (Aktientausch etc.)
- einfachere Fungibilität und Verwertbarkeit der Anteile (zB im Erbfalle)
- klare Kompetenzabgrenzungen
- gegebenenfalls Steuervorteile gegenüber der Personengesellschaft in der laufenden Besteuerung (niedriger Tarif für Thesaurierung: § 23 Abs. 1 KStG; Steuer-

freiheit von Dividendeneinkünften bei AG: § 8b KStG); dies gilt allerdings auch für die GmbH.[21]

28 Regelmäßig wird eine Familiengesellschaft – das zeigen auch die beispielhaft dargestellten Vorteile – erst dann in die Rechtsform der AG schlüpfen, wenn sie sich in einer Übergangsphase befindet: Sei es zum Fremdmanagement, zur Inanspruchnahme des Kapitalmarkts, zur Kooperation in der einen oder anderen Form mit Drittunternehmen oder in vergleichbaren Fällen.

29 Eine ausdrückliche Begünstigungsvorschrift für die Familien-AG im engeren Sinne enthält § 1 Abs. 1 Nr. 1 DrittelbG: Bei einer Familien-AG mit weniger als 500 Arbeitnehmern kann der Aufsichtsrat auch dann ausschließlich mit Vertretern der Aktionäre besetzt werden, wenn die AG schon vor dem 10.8.1994 bestand. Diese Privilegierung setzt jedoch voraus, dass alle Aktionäre miteinander verwandt oder verschwägert sind (vgl. Rn. 25). Das gilt entsprechend für die KGaA. Wenn auch das AktG keine ausdrücklichen (Begünstigungs-)Vorschriften für die Familien-AG kennt, so gibt es doch eine Reihe von Instrumenten, um die AG entsprechend den Bedürfnissen einer Familiengesellschaft auszugestalten:
– Begründung von vinkulierten Namensaktien, die nur mit Zustimmung der Gesellschaft übertragen werden können (vgl. § 3). Zusätzlich zur Vinkulierung der Aktien kann eine Zwangseinziehung (§ 237 AktG) vorgesehen werden. Sie greift in Fällen der nicht rechtsgeschäftlichen Übertragungen, die nicht von der Vinkulierungsklausel erfasst werden. So kann die Satzung beispielsweise vorsehen, dass die Aktien von Aktionären eingezogen werden können, die nicht zu einem bestimmten Familienstamm gehören;
– satzungsmäßige Stimmrechtsbegrenzung: Sie wird erreicht, indem die Satzung für Aktionäre, denen mehrere Aktien gehören (zB 10%, 25% etc.) einen Höchstbetrag für das Stimmrecht festsetzt (vgl. iE § 3);
– Ausgabe von Vorzugsaktien ohne Stimmrecht oder von Genussrechten zur Erhaltung des Familieneinflusses.

30 Als schuldrechtliche Instrumente zur Erhaltung des Charakters der Familiengesellschaft kommen Vorkaufs- und Rückkaufsrechte sowie Andienungspflichten in Betracht. Will ein Aktionär ausscheiden und seine Aktien veräußern, kann, um eine unerwünschte Ausweitung des Aktionärskreises zu verhindern, aufgrund individualrechtlicher Vereinbarung ein **Vorkaufsrecht** nach §§ 463 ff. BGB an den Aktien zugunsten eines oder mehrerer Aktionäre vereinbart werden.[22] Auch an vinkulierten Namensaktien kann ein Vorkaufsrecht begründet werden.[23] Eine solche Vereinbarung kann beispielsweise bestimmen, dass bestimmte oder alle Mitaktionäre eines Familienstamms ein Vorkaufsrecht an den Aktien haben. Zusätzlich zu dem Vorkaufsrecht, aber auch unabhängig hiervon, können sog. **Anbietungspflichten** vereinbart werden. Mit diesen wird eine Pflicht für veräußerungswillige Aktionäre begründet, soweit sie die Aktien verkaufen wollen, diese bestimmten Personen (insb. Mitgesellschaftern) anzubieten. Individualvertraglich ist die Vereinbarung von Anbietungspflichten in den Grenzen der §§ 138, 242 BGB ohne Weiteres zulässig.[24] Allerdings können solche Anbietungspflichten nicht in der Satzung festgelegt

---

[21] Zum steuerlichen Rechtsformvergleich auch mit Personengesellschaften vgl. Rn. 102 ff.
[22] BGH II ZR 272/85, NJW 1987, 890 = WM 1987, 10; LG Offenburg 2 O 220/88, AG 1989, 134; MünchKomm. AktG/Bd. 1/*Bayer* § 68 Rn. 41.
[23] LG Offenburg 2 O 220/88, AG 1989, 137; MünchKomm. AktG/Bd. 1/*Bayer* § 68 Rn. 41.
[24] *Friedwald* Die personalistische Aktiengesellschaft 1991, S. 77.

werden, da sie eine unzulässige Nebenpflicht der Aktionäre enthalten würden.[25] Möglich ist auch die Vereinbarung von **Rückkaufsrechten** (§§ 456 ff. BGB). Sie eröffnen dem Aktionär, der Aktien veräußert hat, unter den vertraglich festgelegten Umständen die Möglichkeit, die Aktien zurückzuerwerben. Auch insoweit ist eine schuldrechtliche Begründung von Rückkaufsrechten möglich, eine satzungsmäßige Ausgestaltung jedoch ausgeschlossen.

31 Eine weitere schuldrechtliche Gestaltungsmöglichkeit, von der in zahlreichen Familiengesellschaften Gebrauch gemacht wird, ist die Vereinbarung von Stimmbindungs- und Schutzgemeinschaftsverträgen. Bei dem **Stimmbindungsvertrag** handelt es sich um eine Gesellschaft bürgerlichen Rechts, deren Gesellschafter sich verpflichtet haben, ihre Stimmrechte gemeinschaftlich auszuüben. Hierdurch wird versucht, ein gleichgerichtetes Abstimmungsverhalten in der Hauptversammlung zu erreichen, mit anderen Worten eine Zersplitterung der Stimmrechte in der Familie zu verhindern. Durch den Stimmbindungsvertrag kann sich der Aktionär gegenüber anderen Aktionären oder Dritten verpflichten, das Stimmrecht in der Hauptversammlung in Bezug auf alle oder sachlich begrenzte Geschäfte in bestimmter, bereits inhaltlich festgelegter Weise abzugeben oder von einer Stimmabgabe abzusehen.[26] Das Stimmverhalten kann entweder von vornherein im Stimmbindungsvertrag konkretisiert oder vor Beschlussfassung in der Hauptversammlung unter den Vertragsparteien abgestimmt werden. Insoweit besteht weitgehende Gestaltungsfreiheit.[27] Die grundsätzliche Zulässigkeit, auch Nichtaktionäre in einen Stimmbindungsvertrag einzubeziehen,[28] eröffnet die Möglichkeit zB als Aktionäre schon ausgeschiedene Familienmitglieder (vorweggenommene Erbfolge) oder Nahestehende an der Meinungsbildung zu beteiligen. Ein **Verstoß** gegen die Stimmbindung hat lediglich schuldrechtliche Auswirkungen. Er führt nicht zur Unwirksamkeit der Stimmabgabe, sondern lediglich zu Schadensersatzansprüchen. Da es jedoch schwierig ist, den Schaden zu bemessen, ist es in der Praxis üblich, für den Fall eines Verstoßes gegen den Stimmbindungsvertrag Vertragsstrafen vorzusehen. Diese sind in der Regel in dem schuldrechtlichen GbR-Vertrag enthalten. Bei dem **Schutzgemeinschaftsvertrag** handelt es sich um einen Unterfall des Stimmbindungsvertrages. Für diesen ist charakteristisch, dass die Aktien aller betreffenden Aktionäre auf eine Gesellschaft übertragen werden. Häufig wird eine BGB-Gesellschaft gegründet, in deren Vermögen die Aktien eingebracht und ggf. in einem besonderen Depot gehalten und von einem gewählten Konsortialführer verwaltet werden. Gegenstand der BGB-Gesellschaft ist die Verwaltung der Aktien und die Wahrnehmung der Mitverwaltungsrechte. Hierdurch wird den Aktionären die Möglichkeit entzogen, selbstständig und ohne Zustimmung der übrigen Gesellschafter der Schutzgemeinschaft die Stimmrechte auszuüben sowie über die Aktien zu verfügen. Ist die AG allerdings schon an der Börse gehandelt, ist bei Abschluss von Stimmbindungs- oder Schutzgemeinschaftsverträgen zu beachten, dass dies zu einem Acting in Concert iSv §§ 30, 35 WpÜG mit der Verpflichtung zur Abgabe eines Übernahmeangebots führen kann.

32 Besonders geeignet für die Familiengesellschaft, die Zugang zum Kapitalmarkt sucht, den Familieneinfluss aber so lange wie möglich erhalten will, ist die KGaA. Der Familieneinfluss kann über den Komplementär, sei er nun natürliche Person, Personengesellschaft oder Kapitalgesellschaft, abgesichert und erhalten werden.

---

[25] Vgl. BayObLG BReg 3 Z 111/88, DB 1989, 215.
[26] MünchKomm. AktG/Bd. 4/*Schröer* § 136 Rn. 59 ff.
[27] Vgl. zB *Schröder* ZGR 1978, 578 (580).
[28] MünchKomm. AktG/Bd. 4/*Schröer* § 136 Rn. 70 ff.

Nach der Konzeption der KGaA ist der Komplementär der „geborene" Geschäftsführer und der Aufsichtsrat ist zum reinen Überwachungsorgan ohne Personalkompetenz reduziert. Die Geschäftspolitik des Unternehmens wird durch den Komplementär bestimmt, der Aufsichtsrat kann sich informieren und beraten, aber nicht korrigierend eingreifen.

33 De facto wird allerdings die KGaA nach wie vor als Rechtsform nur zurückhaltend genutzt. Dies mag mit einer gewissen Scheu bei der Aufnahme und Wertschätzung dieser Rechtsform durch die Anleger am Kapitalmarkt zusammenhängen (alle Vorteile für den Komplementär stellen sich als Nachteile für den Anleger dar).

V. Kleine AG

34 Mit dem Gesetz für kleine Aktiengesellschaften und zur Deregulierung des Aktienrechts vom 2.8.1994[29] („kleine-AG"-Reform) sind Gesetzesänderungen verabschiedet worden, die die Rechtsform der AG auch für mittelständische Unternehmen öffnen und ihr den Zugang zur Börse bzw. dem geregelten Markt, dem Freiverkehr oder dem Neuen Markt ermöglichen wollen. Damit sollte vor allem der Verwaltungsaufwand, den die normale AG verursacht, durch gewisse Erleichterungen dem der GmbH angepasst werden.

35 Anders als das Gesetz für kleine Aktiengesellschaften zunächst annehmen lässt, ist durch dieses keine weitere Rechtsform geschaffen worden. Vielmehr begnügt sich das Gesetz damit – unabhängig von der Größe der AG –, die Satzungsautonomie zu erweitern, die Abhaltung/Einberufung der Hauptversammlung zu vereinfachen und die Einpersonen-AG einzuführen. Zudem unterliegen Aktiengesellschaften, die nach dem 10.8.1994 eingetragen worden sind und weniger als 500 Arbeitnehmer beschäftigen, nicht mehr der Mitbestimmung nach § 1 Abs. 1 Nr. 1 DrittelbG; zu beachten ist aber die Zurechnung von Arbeitnehmern von beherrschungsvertraglich unterworfenen oder eingegliederten Gesellschaften nach § 2 Abs. 2 DrittelbG.

1. Einpersonen-AG

36 Die Einpersonen-Aktiengesellschaft ist juristische Person. Bei ihr handelt es sich nicht, wie teilweise angenommen wurde, um ein Sondervermögen ihres alleinigen Aktionärs. Zuordnungssubjekt des Vermögens ist ausschließlich die Einpersonen-AG. Die Gründung der Einpersonen-AG vollzieht sich ebenso wie diejenige der mehrgliedrigen AG durch Feststellung der Satzung (vgl. § 2). Als Gründer kommen neben natürlichen Personen auch juristische Personen oder Personengesellschaften in Betracht.[30] Mit ihrer Errichtung entsteht eine Einpersonen-Vor-AG, die vom sonstigen Vermögen des einzigen Aktionärs zu trennen und an die die Einlage zu leisten ist. Die AG entsteht dann mit der konstitutiven Eintragung im Handelsregister. Früher bestehende Restriktionen bezüglich der Kapitalaufbringung (Sicherheitsleistung) sind mit dem MoMiG (2008) entfallen.

2. Erweiterte Satzungsautonomie

37 Durch das Gesetz für kleine Aktiengesellschaften und zur Deregulierung des Aktienrechts vom 2.8.1994[31] ist die Satzungsautonomie erweitert worden. Nach § 58

---

[29] BGBl. 1994 I 1961.
[30] *Lutter* AG 1994, 429.
[31] BGBl. 1994 I 1961.

Abs. 2 AktG können Vorstand und Aufsichtsrat bis zur Hälfte des Jahresüberschusses in andere Gewinnrücklagen einstellen. Da die Aktionäre in einer personalistisch strukturierten Aktiengesellschaft meistens unternehmerisch stärker in die Belange der Gesellschaft eingreifen und auch eine größere Verantwortung für die Rückstellungs- und Ausschüttungspolitik übernehmen, sind die Möglichkeiten erweitert: Die Satzung kann Vorstand und Aufsichtsrat zur Einstellung eines größeren, aber auch nur eines kleineren Teils des Jahresüberschusses in die Rücklage ermächtigen (§ 58 Abs. 2 Satz 2 AktG).

38 Daneben hat das Gesetz zur kleinen Aktiengesellschaft mit § 10 Abs. 5 AktG die Möglichkeit eingeführt, den Anspruch des einzelnen Aktionärs auf Verbriefung seines Anteils auszuschließen oder einzuschränken. Dies ermöglicht es dem Unternehmen, der kostenträchtigen Herstellung und auch Ausgabe von Einzelurkunden zu entgehen.

3. Vereinfachung der Hauptversammlung

39 Wesentliche Erleichterungen hat das Gesetz für kleine Aktiengesellschaften im Hinblick auf die Einberufung und Abhaltung der Hauptversammlung gebracht: Gemäß § 121 Abs. 4 Satz 1 AktG kann bei Gesellschaften, deren Aktionäre der Verwaltung namentlich bekannt sind, die Hauptversammlung mittels eingeschriebenen Briefs einberufen werden (vgl. § 5). Auch die Mitteilungen (§ 124 AktG) und die Informationen für Aktionäre und Aufsichtsratsmitglieder (§ 125 AktG), die Bekanntmachung der Tagesordnung und das Minderheitsverlangen auf Ergänzung der Tagesordnung können mittels eingeschriebenen Briefes mitgeteilt werden. Zudem ist nunmehr eine Vollversammlung möglich: Wenn alle Aktionäre erschienen oder vertreten sind, kann die Hauptversammlung Beschlüsse ohne Einhaltung der gesetzlichen Einberufungsbestimmungen fassen (§ 121 Abs. 6 AktG). Unberührt bleiben allerdings die Vorschriften über die Teilnahme des Vorstands und des Aufsichtsrats. Auch bei Vollversammlungen sind ein Teilnehmerverzeichnis und ein Hauptversammlungsprotokoll zu erstellen. Bei nichtbörsennotierten Gesellschaften bedarf die Niederschrift jedoch keiner notariellen Beurkundung, sondern nur der Unterschrift des Aufsichtsratsvorsitzenden, es sei denn, es werden Beschlüsse gefasst, für die das Gesetz eine Dreiviertel- oder größere Mehrheit bestimmt (§ 130 Abs. 1 Satz 3 AktG), also bei Beschlüssen über Satzungsänderungen, Kapitalerhöhung und -herabsetzung uÄ.

VI. AG im Besitz der öffentlichen Hand

40 Die öffentliche Hand – Bund, Länder, Gemeinden – bedient sich ua der AG als Rechtsform für ihre wirtschaftlichen Unternehmungen. Dabei gelten eine Reihe von Sondervorschriften, wenn es sich um einen „Wirtschaftsbetrieb der öffentlichen Hand" handelt. Das sind Unternehmen, deren Eigenkapital sich mehrheitlich unmittelbar oder mittelbar im Eigentum von Gebietskörperschaften (Bund, Länder, Gemeinden, Gemeindeverbände) befindet.

41 Die Inanspruchnahme der privatrechtlichen Organisationsform der AG ist jedenfalls für Kommunen an bestimmte Voraussetzungen gebunden, die idR kumulativ erfüllt sein müssen (vgl. zB §§ 102 ff. Gemeindeordnung Baden-Württemberg).[32] Der öffentliche Zweck muss das Unternehmen rechtfertigen, an dem sich die Kom-

---

[32] Eine Zusammenstellung der einschlägigen Bundes-, Länder- und Kommunalvorschriften findet sich in WPH/Bd. I 2012, Abschn. L Rn. 3.

mune beteiligen will. Es reicht nicht aus, dass die Kommune den Ertrag, zB Dividende aus der Beteiligung, als allgemeines Deckungsmittel zur Aufgabenerfüllung einsetzen will. Das Beteiligungsunternehmen muss also eine öffentliche Aufgabe erfüllen, die unmittelbar im Wirkungskreis der Kommune liegt. Darüber hinaus muss das Beteiligungsunternehmen nach Art und Umfang in einem angemessenen Verhältnis zur Leistungsfähigkeit der Kommune und zum voraussichtlichen Bedarf stehen. Außerdem muss die Kommune diese Beteiligung finanziell verkraften können, sie darf sich also nicht unvertretbar verschulden oder andere wichtige Kommunalaufgaben vernachlässigen. Zudem darf der öffentliche Zweck nicht ebenso gut durch einen Eigenbetrieb erfüllt werden können. Schließlich muss die Einzahlungsverpflichtung und die Haftung der Kommune auf einen ihrer Leistungsfähigkeit angemessenen Betrag begrenzt werden. Dies ist in der Regel bei der AG kein Problem, da dort die Haftung auf die Einlage beschränkt ist.

Besonderheiten gelten für Rechnungslegung und Rechenschaftslegung für die AG, deren Mehrheit unmittelbar oder mittelbar Gebietskörperschaften gehört: **42**
- Jahresabschluss und Lagebericht sind ohne Rücksicht auf die Größenklasse der AG (§ 276 HGB) stets nach den Vorschriften des HGB für große Kapitalgesellschaften aufzustellen (§ 65 Abs. 1 Nr. 4 BHO und entsprechende Vorschriften in den jeweiligen LHO und GO).
- Neben dem Jahresabschluss sind idR ein Wirtschaftsplan sowie ein mehrjähriger Finanzplan zu erstellen.[33]
- Der Jahresabschluss und der Lagebericht sind nach den Vorschriften des HGB für große Kapitalgesellschaften zu prüfen.
- Gebietskörperschaften, denen die Mehrheit der Anteile oder mindestens 25% der Anteile und zusammen mit anderen Gebietskörperschaften wiederum die Mehrheit der Anteile gehören, können gem. § 53 HGrG verlangen, dass im Rahmen der Abschlussprüfung auch die Ordnungsmäßigkeit der Geschäftsführung überprüft wird. Darüber hinaus kann der Abschlussprüfer mit einer erweiterten Berichterstattung beauftragt werden (§ 53 Abs. 1 Nr. 2 HGrG).
- Während bei der Normal-AG der Prüfungsbericht des Abschlussprüfers nur dem Aufsichtsrat, nicht aber den Aktionären auszuliefern ist (§ 321 Abs. 5 HGB), kann eine Gebietskörperschaft als Aktionär Auslieferung des Prüfungsberichts verlangen (§ 53 Abs. 1 Nr. 3 HGrG).
- Unter den Voraussetzungen des § 54 HGrG hat die AG öffentlichen Prüfungseinrichtungen (Bundesrechnungshof, Landesrechnungshöfe, kommunale Prüfungsämter) unmittelbar Einsichtnahme in den Betrieb, die Bücher und die Schriften des Unternehmens zu gewähren.

Eine weitere privilegierende Besonderheit gilt für die Vertreter von Gebietskörperschaften im Aufsichtsrat und für Personen, die mit der Verwaltung des Beteiligungsbesitzes einer Gebietskörperschaft betraut sind. Die strikte **Verschwiegenheitspflicht**, die sonst für Aufsichtsratsmitglieder gilt (§§ 116, 93 AktG), wird für diesen Personenkreis durch die §§ 394, 395 AktG wesentlich modifiziert und gelockert. **43**

Sind an einer AG mehrheitlich Gebietskörperschaften und andere Aktionäre beteiligt, führen die genannten Sonderrechte zu einer formalen Ungleichbehandlung der Aktionäre; sie dürfte aber aufgrund der Sonderstellung der öffentlichen Hand gerechtfertigt sein (§ 53a AktG). **44**

---

[33] Vgl. zB § 103 Abs. 1 Nr. 5a GO Baden-Württemberg.

VII. Die AG/KGaA mit Auslandsbezug[34]

1. Ausländische AG/KGaA mit Geschäftsleitung im Ausland

45 Eine ausländische AG, die ihren effektiven Sitz (Geschäftsleitung) im Ausland hat und nach ihrem Heimatrecht rechtsfähig ist, wird auch in Deutschland als Rechtsperson (AG) anerkannt. Das ist unstreitig und unabhängig von den Auseinandersetzungen um Sitz- oder Gründungstheorie.[35] Sie kann im Inland Zweigniederlassungen errichten und sich nach näherer Maßgabe der §§ 13d bis f HGB in das Handelsregister eintragen lassen. Die Zweigniederlassung ist dann wie eine inländische Hauptniederlassung zu behandeln.[36]

2. Ausländische AG/KGaA mit Geschäftsleitung im Inland

46 Ist der effektive Sitz (Ort der Hauptverwaltung) einer im Ausland gegründeten AG im Inland, ist die rechtliche Behandlung derzeit umstritten, je nachdem, ob die Sitz- oder die Gründungstheorie zur Anwendung gebracht wird. Die in Deutschland bislang hM folgte der **Sitztheorie**.[37] Nach dieser richtet sich das auf eine Gesellschaft anwendbare Recht – also das Gesellschaftsstatut – nach dem Recht des Ortes, an dem die Gesellschaft ihren tatsächlichen Verwaltungssitz (Geschäftsleitung) hat. Dies gilt auch dann, wenn eine Gesellschaft nicht nach dem Recht des tatsächlichen Verwaltungssitzes gegründet wurde, also tatsächlicher Verwaltungs- und Gründungssitz auseinanderfallen. Befindet sich in einem solchen Fall der tatsächliche Verwaltungssitz in Deutschland, kann die Gesellschaft nur als rechtsfähig angesehen werden, wenn die deutschen Gründungsvorschriften erfüllt und die Gesellschaft (in Deutschland) in das Handelsregister eingetragen ist. Fehlt es hieran, so ist die Gesellschaft fehlerhaft gegründet; die Gesellschaft hat keine Rechtsfähigkeit erlangt. Soweit ein solches Gebilde im Rechtsverkehr auftritt, wird nach der derzeitigen Rechtsprechung des BGH[38] zumindest das Bestehen einer BGB-Außengesellschaft und – beim Betreiben eines Handelsgewerbes – einer oHG angenommen. Damit ist zwar die Rechts- und Parteifähigkeit eines solchen Gebildes sichergestellt, aber um den Preis einer Reihe anderer ungelöster und vielleicht sogar unlösbarer Probleme.[39]

47 Die **Gründungstheorie** (Herkunftslandprinzip) knüpft demgegenüber das Personalstatut der Gesellschaft an das Recht des Staates an, in dem die Gesellschaft gegründet wurde und ihren Satzungssitz hat.[40] Diese Theorie ermöglicht es, Gesellschaften nach dem Recht des Gründungsstaates zu inkorporieren und sie gleichzeitig am Ort der tatsächlichen Geschäftstätigkeit der dortigen Rechtsordnung zu unterstellen. Die Rechtssubjektivität nach dem Recht des Gründungsstaates wird also auch im Staat des effektiven Verwaltungssitzes anerkannt. Eine gewisse Zwit-

---

[34] Die steuerlichen Fragen des Auslandsbezugs werden in § 16 behandelt.
[35] Nach der Gründungstheorie richtet sich das Gesellschaftsstatut (Personalstatut) nach dem Recht des Gründungsstaats; nach der Sitztheorie richtet sich das Gesellschaftsstatut (Personalstatut) nach dem Recht des effektiven Sitzes (Ort der Hauptverwaltung).
[36] Baumbach/Hopt/*Hopt* HGB § 13d Rn. 5.
[37] Vgl. *Hüffer/Koch* AktG § 1 Rn. 25 ff. mwN.
[38] BGH II ZR 380/00, NJW 2002, 3539; OLG München 19 U 1844/02, ZIP 2002, 2132; OLG Hamburg 11 U 231/04, BB 2007, 1519.
[39] *Ebke* JZ 2003, 927; *Binz/Mayer* BB 2005, 2361; *ders.* BB 2007, 1522.
[40] MünchKomm. BGB/Bd. 12/*Kindler* IntGesR Rn. 359 ff.

B. Erscheinungsformen nach dem Mitgliederkreis

terlösung hat der EuGH mit der sog. **„Geschöpftheorie"** entwickelt.[41] Danach sind juristische Personen (Gesellschaften) Geschöpfe der nationalen Rechtsordnungen, die ihre Gründung und Existenz regeln; sie haben jenseits derselben keine Realität. Die Frage nach dem Geltungsbereich dieser gegensätzlichen Theorien und danach, ob die bislang in Deutschland herrschende Sitztheorie aufrechterhalten werden kann, ist durch die Rechtsprechung des EuGH zur Niederlassungsfreiheit (Art. 49 ff. AEUV) veranlasst: In der sog. „Centros"-Entscheidung des EuGH[42] ist, jedenfalls für den EU-Bereich, die Frage aufgeworfen worden, ob an der Sitztheorie noch festgehalten werden kann. In vorgenannter Entscheidung hat der EuGH die Pflicht zur Eintragung einer Zweigniederlassung einer in England und Wales eingetragenen, von zwei dänischen Staatsbürgern gegründeten Private Limited Company in Dänemark unter Hinweis auf Art. 49, 54 AEUV (früher Art. 43, 48 EGV) bejaht, obwohl diese Gesellschaft in England und Wales keine eigene Geschäftstätigkeit entfaltete und ihre Tätigkeit ausschließlich in Dänemark ausüben sollte.

Auf „Centros" folgte die sog. „Überseering"-Entscheidung des EuGH.[43] In diesem Verfahren entschied das Gericht, dass einer nach niederländischem Recht wirksam gegründeten BV, die ihren tatsächlichen Verwaltungssitz nach Deutschland – dem Wohnort ihrer beiden Gesellschafter – unter Beibehaltung ihres Satzungssitzes in den Niederlanden verlegt hatte, die Rechtsfähigkeit und damit die Partei- und Prozessfähigkeit in Deutschland nicht versagt werden darf. Beide Entscheidungen waren noch nicht zwangsläufig mit der Sitztheorie unvereinbar;[44] sie haben aber den Anhängern der Gründungstheorie erheblichen Auftrieb gegeben.[45]

Ein gewisser Durchbruch zugunsten der Gründungstheorie innerhalb der Europäischen Gemeinschaft ist durch das EuGH-Urteil vom 30.9.2003 **(Inspire Art)** erfolgt: Danach ist die in einem Mitgliedstaat gegründete Kapitalgesellschaft in einem anderen Mitgliedstaat anzuerkennen, auch wenn sie ihre Tätigkeit ausschließlich oder nahezu ausschließlich in dem anderen Mitgliedstaat ausübt. Eine Ausnahme besteht allenfalls dann, wenn im konkreten Fall ein Missbrauch nachgewiesen werden kann.[46] Andererseits hat der EuGH im Zusammenhang mit der Niederlassungsfreiheit deutlich darauf hingewiesen, dass die Berufung auf die Niederlassungsfreiheit eine tatsächliche Ausübung einer wirtschaftlichen Tätigkeit mittels einer festen Einrichtung im Gründungsstaat voraussetzt.[47] Das muss nicht als Bestätigung der Sitztheorie verstanden werden, steht jedoch der Gründung von Briefkastenfirmen entgegen.[48] In seiner neuesten Entscheidung **(Polbud)** lässt der EuGH die Sitzverlegung mit Umwandlung in die Rechtsform eines anderen Mit-

---

[41] EuGH Rs. 81/87, NJW 1989, 2186 (Daily Mail); C-208/00, ZIP 2002, 2037 (Überseering); C-378/10, ZIP 2012, 1394 (Vale).

[42] EuGH C-212/97, NJW 1999, 2027 = NZG 1999, 298 mit Anm. *Leible*; s. a. *Ebke* JZ 1999, 656; *Kindler* NJW 1999, 1993; *Lange* DNotZ 1999, 599 (604).

[43] EuGH C-208/00, NZG 2002, 1164 = ZIP 2002, 2037.

[44] BGH VII ZR 370/98, ZIP 2003, 718.

[45] *Ahrens* DNotZ 2003, 32; *Binz/Mayer* GmbHR 2003, 249; *Deininger* IStR 2003, 214; *Eidenmüller* ZIP 2003, 2233; *Forsthoff* DB 2002, 2471; *Großerichter* DStR 2003, 159; *von Halen* WM 2003, 571; *Heidenhain* NZG 2002, 1141; *Kallmeyer* DB 2002, 2521; *Kersting* NZG 2003, 9; *Kindler* NJW 2003, 1073; *Knapp* DNotZ 2003, 85; *Seible/Hoffmann* RiW 2002, 925; *dies.* ZGR 2003, 925; *Lutter* BB 2003, 7; *Paefgen* DB 2003, 30; *Schulze/Sester* EWS 2002, 545; *Zimmer* BB 2003, 1.

[46] EuGH C-167/01, NZG 2003, 1064.

[47] EuGH C-96/04, ZIP 2006, 1817; C-378/10, ZIP 2012, 1394.

[48] Vgl. *Roth* ZIP 2012, 1744.

gliedstaates – ohne Unterbrechung der Rechtspersönlichkeit – zu, auch wenn der tatsächliche Verwaltungssitz unverändert bleibt.[49]

48 Im Ergebnis ist festzuhalten, dass innerhalb der Europäischen Union die Sitztheorie ihre Existenzberechtigung zugunsten des Herkunftslandsprinzip (Gründungstheorie) mehr oder weniger verloren hat. Das gilt auch für die Staaten des Europäischen Wirtschaftsraums[50] (Island, Liechtenstein und Norwegen) und für durch bilaterale Verträge gleichgestellte Staaten (zB USA).[51] Für wesentliche Handelspartner Deutschlands kommt damit praktisch die Gründungstheorie zur Anwendung. Für Drittstaaten hält die Rechtsprechung dagegen nach wie vor an der Sitztheorie fest. Drittstaaten-AGs bzw. vergleichbare juristische Personen, die ihren Verwaltungssitz in Deutschland haben, werden derzeit als BGB-Außengesellschaft oder, soweit sie ein Handelsgewerbe betreiben, als oHG behandelt[52] (vgl. Rn. 46). Nicht zu verwechseln ist die Frage der Tätigkeit (Hauptsitztätigkeit) im Inland einer AG mit Satzungssitz im Ausland mit dem Wechsel des Satzungssitzes aus dem Ausland ins Inland. Innerhalb der EU gilt hier die „Geschöpftheorie" des EuGH (vgl. Rn. 47), dh für Gründung und Existenz einer juristischen Person gilt die jeweils nationale Rechtsordnung. Eine grenzüberschreitende „Umwandlung" innerhalb der EU ist jedoch durch die Niederlassungsfreiheit (Art. 49/54 AEUV) als grenzüberschreitende Rechtsnachfolge zu gewährleisten, wenn eine solche auch bei innerstaatlichen Umwandlungen vorgesehen ist und die entsprechenden nationalen Bestimmungen des Aufnahmemitgliedstaats eingehalten werden.[53]

3. Ausländische Gesellschaft mit Tochter-AG in Deutschland

49 Handelt es sich um eine Konzernverbindung, in der die Tochtergesellschaft ihren Sitz in Deutschland und die Muttergesellschaft ihren Sitz im Ausland hat, so stellt sich die Frage, welches Recht die Beziehung zwischen Mutter und Tochter regiert. Diese Frage ist nach den jeweils anwendbaren IPR-Regeln zu beurteilen. Die hM in der deutschen Rechtsprechung und Literatur geht insoweit davon aus, dass das Statut der Gesellschaft, bei der der **Gefahrenschwerpunkt des Konzernverhältnisses** liegt, die Beziehung zwischen Mutter und Tochter regiert. Der Gefahrenschwerpunkt liegt dieser Ansicht nach bei dem Tochterunternehmen. Begründet wird dies damit, dass für die abhängige Gesellschaft aus der Konzernrechtsbeziehung die Besorgnis nachteiliger Einflussnahmen seitens des herrschenden Unternehmens resultiert, so dass bei ihr der Gefahrenschwerpunkt liegt.[54] Dementsprechend richtet sich das anwendbare Recht nach dem auf die abhängige Gesellschaft anwendbaren Recht. Ist Sitz der abhängigen Gesellschaft Deutschland, so findet das deutsche Recht Anwendung. Ansprüche auf Schadensersatz der Tochtergesellschaft, ihrer Aktionäre oder Gläubiger gegenüber der ausländischen Muttergesellschaft

---

[49] EuGH C-106/16, EuZW 2017, 906 – Polbud; vgl. auch den Schlussantrag der Generalstaatsanwältin v. 4.5.2017 zu EuGH C-106/16, ZIP 2017, 1319; ob dies eine Vermeidungsstrategie für die Mitbestimmung eröffnet, bleibt abzuwarten; vgl. dazu auch *Ulrich* GmbHR 2017, R 358 (359); *Teichmann* GmbHR 2017, R 356; *Kovács* ZIP 2018, 253.
[50] BGH II ZR 372/03, ZIP 2005, 1869.
[51] BGH II ZR 389/02, NZG 2004, 1001; Deutschamerikanischer Handels-, Schiffahrts- und Freundschaftsvertrag v. 29.10.1954, BGBl. 1956 II 487.
[52] BGH II ZR 158/06, ZIP 2008, 2411 und II ZR 290/07, EWiR 2009, 357; AG Hagen 10 C 155/09, ZMR 2011, 728.
[53] EuGH C-378/10, ZIP 2012, 1394.
[54] OLG Frankfurt a. M. 9 U 80/84, AG 1988, 267 (272); *von Bahr* Internationales Privatrecht, Band II 1991, Rn. 646 ff.; *Maul* AG 1998, 404 (405).

sind daher im faktischen Konzern auf der Grundlage des § 317 AktG und ggf. nach den Grundsätzen der unerlaubten Handlung (BGH II ZR 3/04 v. 16.7.2007, NJW 2007, 2689) oder des existenzvernichtenden Eingriffs geltend zu machen.[55]

Ebenso wie bei den faktischen Unternehmensverbindungen geht die hM in der deutschen Rechtsprechung und Literatur davon aus, dass sich die **Rechtsfolgen** internationaler Beherrschungsverträge, die als zulässig angesehen werden,[56] nach dem **Recht der abhängigen Gesellschaft** richten, da diese im Hinblick auf das zwischen Mutter und Tochter bestehende Rechtsverhältnis die hauptbetroffene Gesellschaft ist. Sie hat gem. § 308 AktG die Weisung der Muttergesellschaft auszuführen und ihre Interessen hinter diejenigen des Konzerns zu stellen, während die Muttergesellschaft zum Verlustausgleich bzw. zur Zahlung von Abfindungs- und Ausgleichsansprüchen, also nur zur Erfüllung von Ansprüchen, die allesamt in Geldzahlungen bestehen können, verpflichtet ist.

4. Inländische Gesellschaft mit Tochter-AG im Ausland

Befindet sich demgegenüber die Tochtergesellschaft im Ausland und die Muttergesellschaft im Inland, so richtet sich die Frage, welches Recht die Beziehungen zwischen Mutter und Tochter regiert, nach ausländischem Recht. Nach den allgemeinen IPR-rechtlichen Grundsätzen ist davon auszugehen, dass jeweils das auf die Tochtergesellschaft anwendbare Recht die konzernrechtlichen Beziehungen regiert. Also beurteilt sich die Frage, ob beispielsweise eine französische Tochtergesellschaft Ausgleichsansprüche gegenüber ihrer Muttergesellschaft wegen nachteiliger Veranlassung hat, nach französischem Recht.

VIII. Europäische Aktiengesellschaft – Societas Europaea

Die europäische Rechtsform der AG, die Societas Europaea (SE), ist durch zwei Rechtsakte der EU, nämlich die SE-VO[57] und die SE-Beteiligungsrichtlinie (die Mitbestimmungsfragen regelt)[58] geschaffen worden. Die SE-VO (SEAG) und das Umsetzungsgesetz zur Beteiligung der Arbeitnehmer (SEBG) sind etwas zeitversetzt am 29.12.2004 in Kraft getreten. Der SE ist, insbesondere in Deutschland, beachtlicher Erfolg beschieden, wobei als Hauptgründe die Flexibilität der Organisation, die Gestaltungsmöglichkeiten bei der Mitbestimmung, die Vereinfachung von Konzernstrukturen, die Mobilität und ggf. auch das positive Image anzusehen sind. Immerhin haben in Deutschland Konzerne wie zB Allianz, BASF, E.ON, Fresenius, MAN diese Rechtsform gewählt. Zur SE im Einzelnen vgl. § 19. Nachfolgend nur ein Überblick:[59]

Die SE bietet vor allem für europaweit tätige Unternehmen (einschließlich EWR-Raum) Vorteile, da sie als supranationale Rechtsform Instrumente zur Verfügung stellt, um einen grenzüberschreitenden Unternehmens- und Konzernaufbau zu

---

[55] Vgl. BGH II ZR 300/00, NJW 2002, 3024; II ZR 206/02 ZIP 2005, 117 ff. und II ZR 256/02, ZIP 2005, 250.

[56] Stillschweigend vorausgesetzt in BGH II ZR 18/91, AG 1992, 450; II ZR 18/91, BGHZ 119, 1.

[57] AB1. EG L 294 v. 10.11.2001, S. 1; im Folgenden auch SEVO.

[58] AB1. EG L 294 v. 10.11.2001, S. 22 ff.; im Folgenden auch SERL.

[59] Zur SE ferner *Van Hulle/Maul/Drinhausen* Handbuch zur Europäischen Gesellschaft (2007); *Kalss/Hügel* Europäische Aktiengesellschaft (2004); *Theissen/Wenz* Die Europäische Aktiengesellschaft (2005).

erleichtern. Abgesehen davon, dass die SE-Verordnung für alle Mitgliedstaaten eine gemeinsame Rahmenregelung trifft, die durch Verweise auf nationales Recht aufgefüllt wird, erleichtert sie die Gründung von gemeinsamen Tochter- und Holdinggesellschaften. Zudem ermöglicht sie grenzüberschreitende Verschmelzungen und lässt grenzüberschreitende Sitzverlegungen zu, ohne dass damit eine Auflösung und Neugründung verbunden wäre. Die steuerlichen Fragen der Verschmelzung und Sitzverlegung (insb. die Versteuerung stiller Reserven) sowie der Besteuerung der SE sind durch das Gesetz über steuerliche Begleitmaßnahmen zur Einführung der Europäischen Gesellschaft und zur Änderung weiterer steuerlicher Vorschriften vom 13.12.2006 (SEStEG) geregelt worden: Das Umwandlungssteuerrecht ist auf EU- und EWR-Fälle erweitert worden. Die Fälle der sog. steuerlichen „Entstrickung" und „Verstrickung" sind gesetzlich geregelt worden (vgl. § 12). Ein weiterer Vorteil ist die Wahlmöglichkeit zwischen dem dualistischen System (Aufteilung in Vorstand und Aufsichtsrat) und dem monistischen System (Verwaltungsrat als einheitliches Organ; Rn. 58) sowie die Möglichkeit, die Wahlperiode der Organmitglieder auf sechs Jahre zu verlängern. Im Hinblick auf die Beteiligung der Arbeitnehmer bietet die SE ein hohes Maß an Flexibilität, da deren Beteiligungsform in einem ersten Schritt im Verhandlungswege festgelegt werden kann und erst nach dem Scheitern der Verhandlungen eine Auffangregelung zum Tragen kommt (Rn. 61).

1. Geregelter Rahmen

54 Die SE-Verordnung enthält nur zu gewissen Kernbereichen detaillierte Regelungen. Neben der rechtlichen Ausgestaltung der SE-Aktiengesellschaft mit einem Mindest-Grundkapital von 120.000 EUR, ihrer Firmierung, Gründung und Eintragung regelt sie insb. die Frage der Sitzverlegung und der inneren Verfassung. Im Übrigen verweist sie auf das Recht des Sitzstaates der SE, so dass in den verschiedenen EU-Mitgliedstaaten SE in unterschiedlichster Ausprägung existieren.

2. Gründung der SE

55 Die SE-Verordnung enthält in ihren Art. 2 und 3 insgesamt fünf verschiedene Gründungsformen. Hiernach kann eine SE durch
– Verschmelzung von Aktiengesellschaften mit Sitz in verschiedenen Mitgliedstaaten (Art. 2 Abs. 1 SEVO),
– Gründung einer Holding-SE durch AGs oder GmbHs mit Sitz in verschiedenen Mitgliedstaaten (Art. 2 Abs. 2 SEVO),
– Gründung einer gemeinsamen Tochtergesellschaft durch zwei oder mehrere Unternehmen, die entweder selbst oder über Tochtergesellschaften dem Recht verschiedener Mitgliedstaaten unterliegen (Art. 2 Abs. 3 SEVO),
– formwechselnde Umwandlung einer AG mit einer Tochtergesellschaft in einem anderen Mitgliedstaat in eine SE (Art. 2 Abs. 4 SEVO) und
– Ausgliederung einer Tochter-SE aus einer Mutter-SE (Art. 3 Abs. 2 SEVO) gegründet werden.

3. Innere Organisation

56 Für die Ausgestaltung der inneren Verfassung stellt die SE-Verordnung zwei verschiedene Verfassungen zur Verfügung: das dualistische und das monistische

B. Erscheinungsformen nach dem Mitgliederkreis

System. Zwischen ihnen entscheiden die Gründer, die in der Satzung festzulegen haben, über welches Verwaltungssystem die SE verfügt (Art. 38 Buchst. b SEVO).

a) Dualistisches System

Das dualistische System, das auf Vorbilder in Deutschland und Frankreich zurückgeht, ist durch eine dreigliedrige Organisation gekennzeichnet: **Leitungsorgan, Aufsichtsorgan** und **Hauptversammlung**. Das Leitungsorgan führt die Geschäfte der SE und vertritt sie nach außen. Es unterliegt der Kontrolle des Aufsichtsorgans, das die Mitglieder des Leitungsorgans bestellt und abberuft. Allerdings kann von den Mitgliedstaaten vorgeschrieben werden, dass die Bestellung und Abberufung der Mitglieder des Leitungsorgans durch die Hauptversammlung erfolgen soll (Art. 39 Abs. 2 Satz 2 SEVO). Die Hauptversammlung, das dritte Organ im dualistischen System, hat in den in der Verordnung ausdrücklich genannten Fällen zu entscheiden (zB Sitzverlegung; Bestellung, Abberufung von Mitgliedern des Aufsichtsorgans); im Übrigen richtet sich ihre Zuständigkeit nach dem Sitzstaatrecht.

b) Monistisches System

Das in den Ländern des Common Law sowie in Frankreich anzutreffende monistische System ist durch eine zweigliedrige Organisation in **Verwaltungsrat** und **Hauptversammlung** gekennzeichnet. Es weist eine einheitliche Verwaltungsspitze auf, der sowohl Führungs- als auch Überwachungsaufgaben übertragen sind. Allerdings soll der Verwaltungsrat aus seiner Mitte Geschäftsführer bestellen können, wenn im Aktienrecht eines Mitgliedstaats eine solche Leitungsautonomie vorgesehen ist und der Mitgliedstaat diese Autonomie auf die SE-Geschäftsführer erstreckt (Art. 43 Satz 2 SEVO). In Deutschland ist die Bestellung von „geschäftsführenden Direktoren" Pflicht, die auch Mitglieder des Verwaltungsrats sein können, vorausgesetzt die Mehrheit des Verwaltungsrats besteht weiterhin aus nicht geschäftsführenden Mitgliedern (§ 40 Abs. 1 SEAG). Mit dieser zwingenden Zweiteilung wird auch im monistischen System eine Funktionsteilung zwischen Geschäftsführung und Aufsicht gewährleistet. Darüber hinaus erteilt das SE-Statut dem Satzungsgeber den Auftrag, die Geschäftsarten festzulegen, für die ein Beschluss des gesamten Verwaltungsrates erforderlich ist. Den Mitgliedstaaten steht es frei, die Gegenstände dieser zustimmungspflichtigen Beschlüsse zu konkretisieren (Art. 48 Abs. 2 SEVO). Für die Hauptversammlung bestehen keine Sonderregelungen gegenüber dem dualistischen System.

4. Arbeitnehmerbeteiligung

Im Hinblick auf die äußerst umstrittene Frage der Beteiligung der Arbeitnehmer ist ein Kompromiss gefunden worden, der vorrangig auf **Verhandlungen** zwischen Unternehmensleitung und Arbeitnehmern abstellt und, falls die Verhandlungen scheitern, eine Auffangregelung zum Zuge kommen lässt. Für diese ist kennzeichnend, dass sie für bisher mitbestimmungsfreie Gesellschaften im Wesentlichen nur Anhörungs- und Unterrichtungsrechte einräumt, während sie bei mitbestimmten Unternehmen, die in eine SE-Gründung einbezogen werden, unter gewissen Umständen die Mitbestimmung fortsetzt. Bemerkenswert ist, dass das Mitbestimmungsstatut auf den Zeitpunkt der Gründung/Umwandlung eingefroren wird. Wird also ein Unternehmen mit weniger als 500 Arbeitnehmern in eine SE umgewandelt, bleibt es mitbestimmungsfrei, auch wenn später die Belegschaft über dieses Quorum wächst; ein Unternehmen mit über 500, aber unter 2000 Arbeitnehmern bleibt in der Drittelmitbestimmung, auch wenn die Belegschaft über die Zahl von 2000 wächst. Hier liegt ein bedeutsames Planungspotenzial für eine künftige Unternehmensstruktur.[60]

a) Verhandlungsvorrang

60 Konkretisiert sich die Gründung einer SE, haben die Leitungs- bzw. Verwaltungsorgane der zukünftigen SE Schritte einzuleiten, um mit den Arbeitnehmern über deren Beteiligung in der SE zu verhandeln. Dazu ist ein besonderes Verhandlungsgremium zu bilden (für Deutschland vgl. §§ 4 ff. SEBG). Das Verhandlungsgremium hat die Aufgabe, gemeinsam mit den Leitungs- bzw. Verwaltungsorgan eine schriftliche Vereinbarung abzufassen, die die Beteiligung der Arbeitnehmer sichert. Die Verhandlungsdauer ist auf sechs Monate begrenzt, kann jedoch durch Übereinkunft der Parteien auf insgesamt ein Jahr verlängert werden. Kann bis zum Ende des Verhandlungszeitraums keine Einigung erzielt werden, wird aber an dem Ziel der Gründung festgehalten, findet die sog. Auffangregelung Anwendung.

b) Auffangregelung

61 Je nachdem, ob in den an der SE-Gründung beteiligten Gesellschaften bereits Mitbestimmungsregelungen auf Unternehmensebene bestehen oder nicht, hat die Auffangregelung folgende Konsequenzen:

62 Waren die an der SE-Gründung beteiligten Gesellschaften schon **bislang mitbestimmungsfrei**, muss ein **Vertretungsorgan** eingesetzt werden, das sich aus Arbeitnehmern der SE, ihrer Tochtergesellschaften und Betriebe zusammensetzt (SE-Betriebsrat; §§ 22 ff. SEBG). Dem Vertretungsorgan sind Anhörungs- und Unterrichtungsrechte einzuräumen. Es kann auch verlangen, von den zuständigen Organen auf der Grundlage regelmäßig erstellter Berichte über die Entwicklung und die Perspektiven der SE unterrichtet und gehört zu werden und in diesem Zusammenhang einmal jährlich mit den anderen Organen zusammenzutreten. Treten außergewöhnliche Umstände ein (zB Unternehmensschließungen), hat das Vertretungsorgan das Recht, darüber unterrichtet und gehört zu werden.

63 Im Hinblick auf den **Fortbestand der Mitbestimmung** unterscheidet die Auffangregelung drei Fälle (vgl. § 34 SEBG):

64 Im ersten Fall, einer durch Umwandlung gegründeten SE, gilt grds. das bisherige Mitbestimmungsregime fort. Im zweiten und voraussichtlich wichtigsten Fall, der Gründung einer SE durch Verschmelzung, wird die Mitbestimmung auf die SE erstreckt, wenn

– vor der Eintragung in einem Gründungsunternehmen bereits Mitbestimmung bestand und sich auf mindestens 25% der Arbeitnehmer der künftigen SE erstreckt oder

– vor der Eintragung zwar Mitbestimmung bestand, sich diese aber auf weniger als 25% der Arbeitnehmer der zukünftigen SE erstreckt, und ein besonderes Verhandlungsgremium den Beschluss fasst, dass die Auffangregelung Anwendung finden soll.

65 Im dritten Fall, der Gründung einer Holding- oder Tochter-SE, finden die gleichen Grundsätze wie bei der Verschmelzung Anwendung. Allerdings kommt es nur dann zur Mitbestimmung, wenn sich das Mitbestimmungsregime auf 50% der Arbeitnehmer der zukünftigen SE erstreckt.

---

[60] Vgl. *Rieble* BB 2014, 2997.

C. Erscheinungsformen nach der rechtlichen Ausstattung

I. Fungibilität der Aktien

Aktien lauten grundsätzlich auf den Namen der Aktionäre (Namensaktien: § 10 Abs. 1 Satz 1 AktG). Sie können auf den Inhaber lauten, wenn die AG börsennotiert ist oder der Anspruch auf Einzelverbriefung ausgeschlossen und in einer Sammelurkunde verbrieft wird, die nach weiterer Maßgabe des § 10 Abs. 1 Satz 2 Nr. 2 AktG hinterlegt ist. Die Präferenz für die Namensaktie und die Einschränkung der Inhaberaktie[61] soll die Beteiligungsstruktur von AGs transparenter machen und einer wirksamen Bekämpfung der Geldwäsche dienen. Inhaberaktien sind Inhaberpapiere, die analog §§ 793 ff. BGB zu behandeln sind; die Namensaktien sind Orderpapiere. Auch wenn die Namensaktie die Führung eines Aktienregisters voraussetzt (§ 67 AktG), bestehen von der Fungibilität her kaum Unterschiede. Die Namensaktie hat für die AG den Vorteil, dass sie stets über die Zusammensetzung ihres Gesellschafterkreises informiert ist.

Die Übertragung der Namensaktie kann an die Zustimmung der Gesellschaft (Vorstand, Aufsichtsrat oder Hauptversammlung) gebunden werden. Damit wird die Verkehrsfähigkeit eingeschränkt und es kann einer Überfremdung vorgebeugt werden (Familien-Gesellschaft, Joint Venture uÄ).

Schuldrechtliche Verträge zwischen Aktionären und zwischen Aktionären und Dritten über Anbietungs-, Ankauf- und Verkaufsrechte und Pflichten sind möglich. Es handelt sich dabei nicht um gesellschaftsrechtlich-organisationsrechtliche Bindungen mit Außenwirkung, sondern um rein schuldrechtliche Absprachen unter den Vertragsparteien.

II. Nebenleistungs-AG

Den Aktionären kann durch Satzung neben der Einlageverpflichtung die Verpflichtung auferlegt werden, wiederkehrende nicht in Geld bestehende Leistungen zu erbringen (§ 55 AktG). Voraussetzung ist, dass vinkulierte Namensaktien ausgegeben sind. Damit können den Aktionären Lieferpflichten auferlegt und sie damit an die Gesellschaft gebunden werden. Diese Gestaltung war für die Rübenzuckerindustrie von Bedeutung; sie hat darüber hinaus kaum einen Anwendungsbereich gefunden.

III. Art der Vermögensbeteiligung

Die Vermögensbeteiligung des Aktionärs wird in der Aktie ausgedrückt. Das Grundkapital kann durch entsprechende Stückelung auf Aktien aufgeteilt werden. Daraus entsteht die **Nennbetragsaktie**, die auf einen bestimmten Geldbetrag (mindestens einen Euro) lautet. Die Aktiennennbeträge können auch unterschiedliche Höhe haben. In der Summe müssen die Aktiennennbeträge wiederum das Grundkapital ergeben.

---

[61] Eingeführt durch die Aktienrechtsnovelle 2014 durch Gesetz 22.12.2015, BGBl. 2015 I 2565.

71 Die Vermögensbeteiligung des Aktionärs kann aber auch durch notwendigerweise stets gleiche Anteile (Stücke) am Grundkapital ausgedrückt werden. Daraus entsteht die **Stückaktie**, die auf einen Geldbetrag ganz verzichtet. Der anteilig auf eine Stückaktie entfallende Betrag des Grundkapitals darf allerdings einen Euro nicht unterschreiten. Während die Nennbetragsaktie stets auf volle Euro lauten muss (§ 8 Abs. 2 Satz 4 AktG), gibt es für Stückaktien keine Betragsstufen. Darin liegt ein wesentlicher Vorteil der Stückaktie. Ein Anwendungsfall der Stückaktie ist die Investmentaktiengesellschaft, die wegen des flexiblen Grundkapitals (vgl. Rn. 82) nur Stückaktien begeben darf (§ 109 Abs. 1 Satz 3 KAGB).

IV. AG/KGaA im Unternehmensverbund

72 Der aktienrechtliche Normaltyp der AG/KGaA ist als unabhängige Gesellschaft konzipiert, die vom Vorstand ohne Drittbeeinflussung geleitet, vom Aufsichtsrat überwacht und von den Aktionären mit Eigenkapital ausgestattet wird. Dies trifft für eine Reihe von Gesellschaften, insb. auf die Konzernobergesellschaften zu. Es gilt vor allem für die KGaA, die aufgrund ihrer Ausgestaltung idR nur als unabhängige Gesellschaft oder als Ober-Gesellschaft im Konzern in Frage kommt.

73 Die Aktiengesellschaft steht oder gerät häufig in Mehrheitsbesitz, steht – unbeschadet der rechtlich strikten Kompetenzzuordnung an die Organe – unter dem beherrschenden Einfluss eines anderen Unternehmens oder ist schließlich mit anderen Unternehmen unter einheitlicher Leitung in einem Konzern zusammengefasst, wobei die Zusammenfassung nur tatsächlicher (**faktischer Konzern**) oder vertraglicher Natur (**Vertragskonzern**) sein kann. Solche Umstände verändern nicht nur den tatsächlichen, sondern auch den rechtlichen Status der beteiligten Gesellschaften. Um solche Veränderungen transparent zu machen, ordnet das AktG **Melde- und Mitteilungspflichten** an, sobald einem Unternehmen mehr als ein Viertel und mehr als die Hälfte der Aktien gehört oder nicht mehr gehört (§§ 20, 21 AktG). Bei börsennotierten AGs wird die Mitteilungs- und Veröffentlichungspflicht durch §§ 21 ff. WpHG wesentlich ausgedehnt auf die Über- oder Unterschreitung von Beteiligungsgrenzen von 3%, 5%, 10%, 15%, 20%, 25%, 30%, 50% oder 75%.

74 Die faktische Abhängigkeit führt zu einem besonderen Regime mit Berichtspflichten, Ausgleichspflichten und Verantwortlichkeiten der beteiligten Gesellschaften (§§ 311 ff. AktG; vgl. § 14). Ebenfalls einem besonderen Regime unterliegt der Vertragskonzern, der auf Basis von Unternehmensverträgen arbeitet, die substanzielle Statusveränderungen bei den beteiligten Gesellschaften nach sich ziehen (§§ 291 ff. AktG; vgl. § 14).

75 Der Konzern in der Definition des § 290 HGB (beherrschender Einfluss) hat eine selbstständige Rechnungslegungspflicht (Konzernabschluss und Konzernlagebericht, §§ 290 ff. HGB) zur Folge. Der Konzernabschluss wird als Informationsinstrument heute zunehmend wichtiger als der Einzelabschluss der AG, der allerdings für die Ausschüttungsbemessung (Dividende) nach derzeitiger Rechtslage unabdingbar ist.

76 Zu beachten ist, dass durch das Wertpapiererwerbs- und Übernahmegesetz (WpÜG) vom 20.12.2001 der stille Aufbau von Konzernstrukturen und Beteiligungen durch ein formalisiertes Verfahren ersetzt worden ist. Hat ein Aktionär eine Kontrollschwelle von 30% an der sog. Zielgesellschaft, das ist idR eine börsennotierte AG, erreicht, so hat er dies unverzüglich zu veröffentlichen (§ 35 Abs. 1 WpÜG) und in einer weiteren Frist allen übrigen Aktionären ein sog. **Pflichtan-**

C. Erscheinungsformen nach der rechtlichen Ausstattung   77–80 § 1

gebot zur Übernahme ihrer Aktien gegen eine angemessene Gegenleistung (Geld oder liquide Aktien, idR die des Übernehmers) zu machen. Dieses Angebot kann, muss aber nicht angenommen werden. Zum Übernahmeverfahren im Einzelnen vgl. § 23. Wichtig ist, dass durch das Pflichtangebot eine Konzerneingangskontrolle stattfindet, die sich zugunsten der Minderheitsaktionäre auswirkt. Für die Veräußerer größerer Pakete wird die Realisierung eines Paketzuschlags (für die Verschaffung einfacher oder qualifizierter Stimmrechtsmehrheiten) schwieriger, da nach Veröffentlichung des Pflichtangebots und drei Monate davor bezüglich der Preisfindung alle Aktionäre, also auch die Minderheitsaktionäre, gleich behandelt werden müssen (vgl. § 31 WpÜG).

Ist eine Kapitalschwelle von 95% durch den Hauptaktionär erreicht, wird die Konzernbildung erleichtert: Der Hauptaktionär kann die Anteile der Minderheitsaktionäre gegen angemessene Barabfindung im Wege des sog. **„Squeeze Out"** übernehmen (§§ 327a ff. AktG; bzw. nach einem Übernahme- oder Pflichtangebot nach § 39a ff. WpÜG; vgl. dazu § 15) und sich damit nach seinem Ermessen von den restlichen Minderheitsgesellschaftern trennen. Bei anderen Kapitalgesellschaften (GmbH) kann er dies nur nach einer formwechselnden Umwandlung in eine AG.

Auch das Steuerrecht kennt unter bestimmten Voraussetzungen die einheitliche Besteuerung eines Unternehmensverbunds im Rechtsinstitut der Organschaft (vgl. § 14). Darüber hinaus gibt es allerdings kein Konzernsteuerrecht im eigentlichen Sinne.   77

Für die **SE** gibt es keine eigenständigen Bestimmungen für das Konzernrecht. 78 Das bedeutet, dass für die abhängige SE mit Sitz in Deutschland deutsches Konzernrecht zur Anwendung kommt (§§ 15 ff., 291 ff. AktG). Für die herrschende SE mit Sitz in Deutschland kommt es für ihre Beziehungen zu abhängigen Gesellschaften auf deren Personalstatut an. Deutsches Konzernrecht kommt aber zur Anwendung, soweit es sich um Schutzvorschriften zugunsten der Obergesellschaft oder deren Gesellschafter handelt.[62]

V. Mitbestimmung

Die AG (und auch die KGaA) unterliegt grds. immer der Arbeitnehmer-Mitbestim- 79 mung im Aufsichtsrat, wenn sie mehr als 500 Arbeitnehmer beschäftigt, und zwar der Drittel-Mitbestimmung nach § 1 Abs. 1 Nr. 1 DrittelbG oder – bei Beschäftigung von in der Regel mehr als 2000 Arbeitnehmern – der paritätischen Mitbestimmung nach dem MitBestG. Beschäftigt sie weniger als 500 Arbeitnehmer und ist sie vor dem 10.8.1994 eingetragen worden, so unterliegt sie auch der Drittel-Mitbestimmung, es sei denn, es handelt sich um eine Familiengesellschaft iSd § 1 Abs. 1 Nr. 1 Satz 3 DrittelbG.

Auf die Vorteile der KGaA in diesem Zusammenhang ist bereits hingewiesen 80 worden (Rn. 25): Bei der KGaA hat der Aufsichtsrat keine Personalkompetenz; er hat auf die Bestellung des Komplementärs keinen Einfluss. Die Funktion des mitbestimmten Aufsichtsrats beschränkt sich auf die Überwachungsaufgabe. Auf die Besonderheiten in Bezug auf die Mitbestimmung in der SE ist bereits in Rn. 59 hingewiesen.

---

[62] Vgl. Habersack/Drinhausen/*Verse* SEAG Art. 49 Rn. 4 ff.

D. Sonderformen der AG

I. Externe Kapitalverwaltungsgesellschaft

81 Externe Kapitalverwaltungsgesellschaften sind Gesellschaften, deren Geschäftsbetrieb auf die Verwaltung von inländischen Investmentvermögen, EU-Investmentvermögen oder ausländischen alternativen Investmentfonds gerichtet ist (§ 17 KAGB). Sie dürfen neben GmbH und GmbH & Co. KG nur in der Rechtsform der AG betrieben werden (§ 18 Abs. 1 KAGB). Die Tätigkeit ist erlaubnispflichtig. Die Gesellschaft unterliegt neben dem AktG den Vorschriften des KAGB. Dazu gehören zB besondere Kapitalanforderungen, die von der Höhe des verwalteten Fondsvermögen abhängen (§ 25 KAGB), ein Nachweis der Zuverlässigkeit und fachlichen Eignung der Geschäftsleiter (§ 22 Abs. 1 Nr. 2 bis 4 KAGB), Besonderheiten im Vergütungssystem für Geschäftsleiter und Mitarbeiter (§ 37 KAGB), die Festlegung und Darstellung einer Anlage- und Risikostrategie (§ 22 Abs. 1 Nr. 10 KAGB) uÄ.

II. Investmentaktiengesellschaft

82 Die Investmentaktiengesellschaft ist eine Organisationsform des Finanzsektors als Kapitalsammelstelle für die gemeinsame Anlage von Wertpapieren iSd § 1 KAGB. Sie stellt eine Alternative zu den zumeist auf vertraglicher Grundlage konzipierten Sondervermögen für Wertpapiere als Konstrukt auf gesellschaftsrechtlicher Ebene dar. Als Kapitalgesellschaft mit veränderlichem Kapital kann sie nur als AG gegründet und geführt werden; das AktG selbst kommt jedoch nur eingeschränkt zur Anwendung, vorrangig sind die Bestimmungen des KAGB (§§ 108 ff.). Die hervorstechendste Besonderheit der Investmentaktiengesellschaft besteht darin, dass sie statt eines betragsmäßig fixen ein veränderliches Grundkapital hat, sodass Aktien nur als Stückaktien begeben werden können (vgl. Rn. 71). Das Grundkapital kann der Vorstand ohne Hauptversammlungsbeschluss innerhalb von in der Satzung festgelegten Mindest- und Höchstgrenzen durch Ausgabe neuer Aktien gegen Einlagen erhöhen oder gegen Rücknahme von Aktien herabsetzen. Die Investmentaktiengesellschaft kann ihr Vermögen in sog. „Teilgesellschaftsvermögen" aufspalten, die haftungs- und vermögensrechtlich als eigenständige Gesellschaftsvermögen behandelt und durch unterschiedliche Aktiengattungen repräsentiert werden (§ 117 KAGB). In Deutschland wird diese Sonderform der AG in der Praxis eher zurückhaltend genutzt.

III. Unternehmensbeteiligungsaktiengesellschaft

83 Unternehmensbeteiligungsgesellschaften sollen durch Beteiligung und Finanzierung mittleren und kleinen Unternehmen, die sich nicht an den Kapitalmarkt wenden können oder wollen (nicht-emissionsfähige Unternehmen), Beteiligungskapital von Drittinvestoren zur Verfügung stellen. Solche Unternehmensbeteiligungsgesellschaften können in der Rechtsform der AG geführt werden, wobei diese Rechtsform jedoch nicht ausschließlich ist (zulässig ist auch die GmbH, die KG, die KGaA). Erforderlich ist ein Mindestgrundkapital von 1 Mio. EUR, das voll einbezahlt sein muss (§ 2 Abs. 4 UBGG). Die Unternehmensbeteiligungsgesellschaft bedarf der Anerkennung durch die zuständige Behörde und unterliegt deren Aufsicht. Ihr Gegenstand ist auf Erwerb, Halten, Verwaltung und Veräußerung von

Unternehmensbeteiligungen und ggf. Darlehensgewährung an Beteiligungsgesellschaften beschränkt (§ 3 UBGG). Zu beachten sind die gesetzlichen Anlagegrenzen (§§ 3 ff. UBGG). Die Unternehmensbeteiligungsgesellschaften sind voll von der Gewerbesteuer befreit (§ 3 Nr. 23 GewStG). Eine weitere Steuerbefreiung besteht nicht; bei der AG sind jedoch Beteiligungserträge und Veräußerungsgewinne nach § 8b Abs. 1–3 KStG zu 95% körperschaftsteuerfrei.

IV. REIT-Aktiengesellschaft

Die REIT-AG ist eine Sonderform der AG, die in Deutschland die Schaffung von Real Estate Investment Trusts (REITs) ermöglicht. Es handelt sich um eine Immobiliengesellschaft, deren Unternehmensgegenstand auf die Vermögensanlage in Gebäude und Grundstücke, in Immobilienpersonengesellschaften und Auslandsobjektgesellschaften, deren Halten, Verwalten und Veräußern beschränkt ist. Die Gesellschaft muss zwingend eine Börsenzulassung haben. Das Mindestgrundkapital beträgt 15 Mio. EUR. Die REIT-AG unterliegt dem AktG, wobei jedoch eine Reihe von Sondervorschriften zu beachten sind (§ 1 Abs. 3 REITG). Dazu gehören insbesondere Vorschriften über die Streuung von Aktien (§ 4 REITG: jeder Aktionär darf nur mit weniger als 10% beteiligt sein) und Anlage- und Ausschüttungsvorschriften (§§ 12 bzw. 13 REITG). Die REIT-AG genießt eine steuerliche Sonderbehandlung und ist grundsätzlich von der Körperschaftsteuer und der Gewerbesteuer befreit (§§ 16 ff. REITG). Steuerliche Besonderheiten gelten auch für die Besteuerung der Anteilseigner (§§ 19 ff. REITG). In Deutschland spielt die REIT-AG als börsennotierte Gesellschaft keine nennenswerte Rolle.

E. Rechtsformwahl

I. AG versus Personengesellschaft

1. Personengesellschaft

Personengesellschaften, die als Alternative zur Kapitalgesellschaft in der besonderen Ausprägung der AG in Frage kommen, sind, als Grundform aller Personengesellschaften, die Gesellschaft bürgerlichen Rechts (GbR) in der Ausprägung einer rechtsfähigen Außengesellschaft und die Handelsgesellschaften oHG und KG. Die GbR in der Form einer Außengesellschaft besitzt Rechtsfähigkeit, ist aber keine juristische Person (wie etwa die AG).[63] Sie kann im Rechtsverkehr grundsätzlich alle Rechte und Pflichten einnehmen und eigene Rechte und Pflichten begründen; im Prozess ist sie parteifähig. Sie ist damit in ihrer rechtlichen Ausgestaltung der oHG angenähert; sie ist oHG, wenn sie ein Handelsgewerbe betreibt oder wenn sie als Firma in das Handelsregister eingetragen ist (§ 105 Abs. 1, Abs. 2 iVm § 2 Satz 2 und 3 HGB). Die oHG ist die Grundform der Handelsgesellschaften, ebenfalls rechtsfähig (teilrechtsfähig), aber kein von den Gesellschaftern losgelöstes Rechtssubjekt. Während die GbR im BGB geregelt ist (§§ 705 ff.), findet sich das Sonderrecht der oHG im HGB (§§ 105 ff.). Bei der KG schließlich ist die Haftung der Kommanditisten auf ihre Vermögenseinlage beschränkt (§§ 164 ff. HGB), während im Übrigen weitgehend oHG-Recht zur Anwendung kommt. Eine Sonderform der Personen-

---

[63] BGH II ZR 331/01, NJW 2001, 1056; II ZR 331/00, NJW 2002, 1207.

gesellschaft ist die Partnerschaftsgesellschaft und die Partnerschaftsgesellschaft mit beschränkter Berufshaftung für den Zusammenschluss von Angehörigen freier Berufe (§§ 1 ff. PartGG); auch sie kann für diesen qualifizierten Personenkreis eine Alternative zur Kapitalgesellschaft darstellen. Mitglieder einer Personengesellschaft können neben natürlichen Personen, Personengesellschaften (Außengesellschaften) auch juristische Personen (Körperschaften wie AG, SE und GmbH) sein. Die Mitgliedschaft einer Personengesellschaft kann auch ausschließlich aus juristischen Personen bestehen. Über die letzte Konstruktion kann eine vollständige Haftungsbeschränkung erreicht werden.

2. Haftungsbeschränkung versus unbeschränkte Haftung

86 Bei der AG haften Aktionäre den Gläubigern der Gesellschaft nicht; diese können sich nur an das Gesellschaftsvermögen halten. Wenn überhaupt Verpflichtungen der Aktionäre bestehen (Einlageverpflichtung; Haftung beim Empfang verbotener Leistungen): § 62 AktG; unzulässige Einflussnahme auf die Organe: § 117 AktG; existenzgefährdender Eingriff: § 826 BGB; Nebenleistungs-AG: § 55 AktG), so bestehen diese gegenüber der AG, nicht aber gegenüber den Gläubigern. Die AG folgt damit strikt dem **Trennungsprinzip**. Der Aktionär kann nicht für die Gesellschaft handeln und trägt damit auch keine finanzielle Verantwortung im Außenverhältnis. Die AG ist damit typisch für die Trennung von Eigenkapitalfinanzierung und Unternehmensführung und für die Verfügbarkeit über die Anteile ohne Rücksicht und ohne Auswirkungen auf die Fremdfinanzierung der Gesellschaft.

87 Bei den Personengesellschaften gilt als Grundsatz – wenn auch vielfach durchbrochen – die Gesamtschuldnerschaft als Pendant zur gesamthänderischen Vermögensbindung (akzessorische Gesellschafterhaftung in direkter oder in analoger Anwendung von § 128 HGB), also eine Haftung gegenüber Dritten (Gläubigern der Personengesellschaft). Dieser Grundsatz wird durchbrochen bei der KG, wo nur die Komplementäre, nicht aber die Kommanditisten einer Dritthaftung ausgesetzt sind, soweit sie ihre Einlage geleistet haben (§ 164 Abs. 1 HGB); er wird weiterhin durchbrochen, wenn bei der KG die Stellung des Komplementärs von einer juristischen Person (AG oder GmbH) eingenommen wird (GmbH/AG & Co. KG). Eine Ausnahme besteht auch für die freiberufliche Partnerschaftsgesellschaft, wo die Haftung für Berufsfehler auf den bearbeitenden Partner bzw. bei der Partnerschaftsgesellschaft mbH auf das Gesellschaftsvermögen beschränkt ist (§ 8 Abs. 2, Abs. 4 PartGG). Wegen der Existenz der KG und den Konstruktionen von GmbH/AG & Co. KG ist das Haftungskriterium als Abgrenzungsmerkmal etwas verwässert. Immerhin wird man anmerken müssen, dass der Personengesellschafter den Gläubigern idR näher steht als der Aktionär. Wegen der weniger ausgebildeten Kapitalerhaltungskonzeption bei Personengesellschaften und der Entnahmemöglichkeiten (§ 122 HGB) auch unabhängig von einem erwirtschafteten Gewinn, rücken die Gesellschafter ins Blickfeld der Gläubiger als Bürgen oder sonstige Sicherheitsgeber. Die Nutzung der Personengesellschaft mit gleichzeitiger Haftungstrennung lässt sich auch durch die Teilung des Unternehmens in eine Besitzpersonengesellschaft und in eine Betriebskapitalgesellschaft erreichen (Betriebsaufspaltung). Umgekehrt ist die KGaA konstruiert, bei der persönliche Haftung und Unternehmensführung dem Komplementär und Finanzierung ohne Haftung dem Kommanditaktionär zugeordnet sind.

E. Rechtsformwahl 88–91 § 1

3. Fremdorganschaft versus Selbstorganschaft

Die AG wird – wie alle Kapitalgesellschaften – vom Prinzip der sog. **Fremd-** 88
organschaft beherrscht. Das heißt, die Funktion des Organmitglieds (Vorstand, Aufsichtsrat) ist nicht an die Gesellschaftereigenschaft geknüpft. Organmitglieder können, müssen aber nicht Aktionäre sein. Dies hat zur Folge, dass auch die Laufzeit der Organstellung schlechthin nichts mit einer ggf. vorliegenden gleichzeitigen Aktionärseigenschaft zu tun hat (§§ 84 Abs. 1, 102 Abs. 1 AktG). Das mag dazu führen, dass das Fremdmanagement zwar professionell, aber weniger unternehmensgebunden und traditionsverbunden im Interesse aller Unternehmensbeteiligten geführt wird. Die Fremdorganschaft ist auch eng verbunden mit der Interessenbindung der Organmitglieder, insbesondere des Vorstands (Principal-Agent-Theorie). Nach wie vor wird diskutiert, ob der Vorstand vorrangig oder ausschließlich die Interessen der Aktionäre (Shareholder Value verstanden als strikte Gewinnmaximierung) oder gleichgewichtig oder nur nachrangig die Interessen anderer Unternehmensbeteiligter (Stakeholder: Arbeitnehmer, Gläubiger) zu berücksichtigen hat. Jedenfalls bei den Kapitalmarktunternehmen stehen de facto die Interessen und Bedürfnisse des Kapitalmarkts, also der Investoren und des Börsenkurses im Vordergrund, die idR einseitig auf eine Steigerung des Unternehmenswertes (der Börsenkapitalisierung) gerichtet sind. Die Personengesellschaft ist insoweit flexibler, Interessenzwänge dieser Art sind nicht institutionell eingebaut.

Personengesellschaften werden vom Prinzip der **Selbstorganschaft** bestimmt. 89
Das heißt, Geschäftsführungsbefugnis und Vertretungsmacht sind grundsätzlich an die Gesellschafterstellung und an die unbegrenzte Haftung gebunden (§§ 709, 714 BGB; §§ 114, 125, 170 HGB). Herrschaft und Haftung sollen grundsätzlich in einer Hand vereint sein. Mit der Bindung an die Gesellschafterstellung entfällt – wenn in der Satzung keine abweichende Regelung enthalten ist – die Beschränkung auf feste Amtszeiten wie bei Vorstand und Aufsichtsrat. Die Organstellung hat damit ein anderes und festeres Fundament als bei der Fremdorganschaft, was von Vorteil (Langfristigkeit), aber auch von Nachteil (Zementierung unfähiger Geschäftsführung) sein kann. Die Selbstorganschaft ist auch der Grund, dass eine unternehmerische Mitbestimmung entfällt, idR schon mangels eines mitbestimmungsfähigen Aufsichtsrats. Allerdings kann auch bei der Personengesellschaft, jedenfalls soweit es um eine Handelsgesellschaft geht, eine Drittorganschaftsorganisation hergestellt werden, wenn als Komplementär eine Körperschaft (AG oder GmbH) eintritt, die dann ihrerseits den Regeln über die Fremdorganschaft folgt; damit wird das System der Selbstorganschaft ausgehöhlt.

Dennoch bleibt festzuhalten, dass die Bindung des Managements an die Gesell- 90
schafterstellung, die damit verbundene Langfristigkeit und die Mitbestimmungsfreiheit unternehmerischen Wirkens signifikante Unterscheidungsmerkmale zur kurzfristiger angelegten Managementorganisation bei der AG sind. Individuelle Unternehmensziele lassen sich ggf. unproblematischer gestalten als in einer starren AG-Struktur. Managerwechsel bei der Personengesellschaft halten sich erfahrungsgemäß in viel engerem Rahmen als bei der AG.

4. Formstrenge versus Formfreiheit

Die AG wird von der Gründung bis zur Liquidation vom Prinzip der Formstren- 91
ge beherrscht. Nicht Vertrag oder Satzung, sondern gesetzliche Regelungen beherrschen das Leben der AG. Das beginnt bei der Satzung, die – neben ihrem gesetzlich vorgeschriebenen Inhalt – vom AktG nur abweichen darf, wenn dies

ausdrücklich zugelassen ist (§ 23 Abs. 5 AktG) und geht über die Organisation der Organe, die Abwicklung der Hauptversammlung, die Gewinnverwendung, die Kapitalmaßnahmen bis hin zur Auflösung. Ausfluss des Formzwangs sind auch die zahlreichen notariellen Beurkundungserfordernisse (zB für die Satzung, die Hauptversammlung, die Kapitalmaßnahmen usw.). Für individuelle Gestaltungen ist damit das Rechtskleid der AG weniger bis kaum geeignet; zumal ein Trend festzustellen ist, die Satzungsfreiheit bei der AG eher zu beschneiden (zB Abschaffung der Mehrstimmrechte; § 12 Abs. 2 AktG oder die Einschränkung der Ausgabe von Inhaberaktien: § 10 Abs. 1 AktG). Die Vorschriften über die sog. „Kleine AG" haben zwar gewisse Erleichterungen gebracht (Rn. 34 ff.), die aber für die Gesamtbeurteilung eher marginal bleiben.

92 Dagegen gilt im Bereich der Personengesellschaften grundsätzlich das Prinzip der Formfreiheit. Gesellschaftsverträge sind inhaltlich nicht beschränkt und grundsätzlich formfrei (sogar mündlich) wirksam. Dazu gibt es Ausnahmen, wenn einzelne Klauseln beurkundungspflichtig sind (zB die Einbringung von Grundstücken – § 311b BGB – oder von GmbH-Anteilen – § 15 Abs. 4 GmbHG – oder eine Schenkung oder die Übernahme einer Bürgschaft – §§ 518, 766 BGB). Nach dem beurkundungsrechtlichen Vollständigkeitsgebot kann dann der gesamte Vertrag beurkundungspflichtig werden. Das alles ändert aber am Grundsatz der Form- und Regelungsfreiheit nichts. Gleiches gilt für Vertragsänderungen: Sie erfordern zwar an sich Einstimmigkeit (§ 119 Abs. 1 HGB), der Gesellschaftsvertrag kann aber unter Beachtung des Minderheitenschutzes und der gesellschaftsrechtlichen Treuepflicht sogar bis zur einfachen Mehrheit heruntergehen.

93 Im Ergebnis ist die Personengesellschaft in Bezug auf gesellschaftsvertragliche Regelungen, deren Änderung und Formbedürftigkeit weitaus flexibler als die AG. Eine Kombination zwischen Formfreiheit der Personengesellschaft und Formstrenge der AG stellt die KGaA dar. Das Verhältnis der Komplementäre untereinander und zu den Kommanditaktionären richtet sich nach Personengesellschaftsrecht: Es gilt Gestaltungsfreiheit und Satzungsautonomie. Das Verhältnis der Kommanditaktionäre untereinander dagegen richtet sich nach Aktienrecht. Damit verbindet die KGaA die rechtlich flexible Struktur einer Personengesellschaft mit den Möglichkeiten der Kapitalaufbringung einer AG und der relativen starren aktienrechtlichen Struktur der Kommanditaktionäre untereinander. Dies stellt insbesondere für wachsende Familiengesellschaften, die Kapitalbedarf am Kapitalmarkt decken wollen ohne unternehmerischen Einfluss zu verlieren und ggf. nur abgemildert der Mitbestimmung unterliegen wollen, eine attraktive Gestaltungsform dar.[64]

5. Finanzierungsflexibilität versus Finanzierungsstrenge

94 Nur die AG ist in der Lage, sich Eigenkapital über die Börse zu verschaffen und damit über ein relativ flexibles, wenn auch aufwendiges (vgl. Rn. 14 ff.), Kapitalversorgungsreservoir zu verfügen. Zwar kann auch die Personengesellschaft bei entsprechender Größe und Ausstattung den Kapitalmarkt in Anspruch nehmen, aber nur über Fremdkapitalinstrumente (Schuldverschreibungen, Genussscheine, Optionsscheine, Zertifikate). Das ist aber wegen der damit verbundenen börsenspezifischen Voraussetzungen (Prospektpflicht, Veröffentlichungspflichten, Bilanzierung nach internationalen Rechnungslegungsgrundsätzen) eher ungewöhnlich. Die klassische Finanzierungsform der Personengesellschaft ist der Bankkredit, für

---

[64] Instruktiv *Reichert* ZIP 2014, 1957.

den je nach Lage und Bonität der Gesellschaft auch persönliche Sicherheiten der Gesellschafter eingesetzt werden müssen. Der Gesellschafter steht den Finanzierungsanforderungen damit näher als bei der AG.

Das entscheidende Kriterium bleibt aber die flexible Eigenkapitalfinanzierung bei der AG. Dabei spielt nicht nur die mögliche Inanspruchnahme des Kapitalmarkts eine Rolle, sondern auch die Eigenkapitalbildung durch Innenfinanzierung, insbesondere die zwingende oder optionale Rücklagenbildung und der starke Schutz gegen den Zugriff der Aktionäre in einmal aufgebautes Eigenkapital (zB Ausschüttungssperre des § 57 AktG). Dies und eine ausgeprägte Corporate Governance kann die Kreditwürdigkeit der AG gegenüber der Personengesellschaft (praktisch ohne Ausschüttungssperre) stärken.

6. Kapitalschutz versus Entnahmefreiheit

In der AG sind die Kapitalaufbringung und die Kapitalerhaltung streng reguliert. Es gibt ein Mindestkapital von 50.000 EUR (§ 7 AktG), das bei Sacheinlagen voll, bei Geldeinlagen zu mindestens einem Viertel vor Anmeldung zur Eintragung eingezahlt sein und zur freien Verfügung des Vorstands stehen muss (§§ 36 ff. AktG). Diese Voraussetzungen sind mehrfach sanktioniert (vgl. §§ 37 Abs. 1 Satz 3, 399 Abs. 1 Nr. 1 AktG). Ausgeschüttet werden darf an die Aktionäre ausschließlich der Bilanzgewinn (§ 57 Abs. 3 AktG). Vorab ist aber aus Jahresüberschuss und ggf. festgesetztem Agio eine gesetzliche Rücklage bis zu 10% des Grundkapitals zu bilden. Diese und gewisse Kapitalrücklagen (Agiorücklagen, § 272 Abs. 2 Nr. 1–3 HGB) stehen für Ausschüttungen nicht zur Verfügung. Vorstand und Aufsichtsrat haben die Befugnis in nicht unerheblichem Maße Gewinne im Unternehmen zurückzuhalten (§ 58 AktG). Der Kapitalschutz gilt mit Modifikationen auch im Vertragskonzern (§§ 301–303 AktG), im faktischen Konzern (§§ 311 Abs. 2, 317, 318 AktG) und bei der Eingliederung (§§ 322, 324 AktG). Diese Sicherungsmaßnahmen bewirken, dass bei der AG praktisch kein **Kapitalabzugsrisiko** besteht. Ein Umstand, der für die Aufnahme von Fremdkapital durchaus bedeutsam ist.

Bei der Personengesellschaft gibt es im Grundsatz keinen Kapitalschutz. Für den erwirtschafteten Gewinn gilt – mangels anderer Bestimmungen im Gesellschaftsvertrag – der Grundsatz der Vollausschüttung (§§ 121, 122 Abs. 1 HGB), darüber hinaus kann auch das Kapital teilweise (jährlich bis zu 4%: § 122 Abs. 1 HGB), im Einvernehmen aller Gesellschafter sogar ganz entnommen werden (§ 122 Abs. 2 HGB). Lediglich der Kommanditist kann grundsätzlich sein Kapital nicht wieder entnehmen (§ 169 Abs. 1 HGB); tut er es trotzdem, lebt seine Haftung gegenüber den Gläubigern der Gesellschaft wieder auf (§ 171 Abs. 2 HGB). Bei der Personengesellschaft besteht also aus Sicht der Gläubiger ein **Kapitalabzugsrisiko**, was durch die von vornherein bestehende oder wiederauflebende (Kommanditist) persönliche Haftung strukturimmanent kompensiert wird. Eine solche persönliche Haftung ist bei der AG gerade ausgeschlossen. Von der Mittelverfügbarkeit gesehen, ist die Personengesellschaft für die Gesellschafter weitaus flexibler, aus Haftungsgesichtspunkten aber auch weitaus anfälliger.

7. Mitbestimmung versus Mitbestimmungsfreiheit

Die AG unterliegt kraft Rechtsform der sog. Drittelbeteiligung der Arbeitnehmer im Aufsichtsrat, sofern sie in der Regel mehr als 500 Arbeitnehmer beschäftigt (§ 1 Abs. 1 Nr. 1 DrittelbG).[65] Beschäftigt die AG in der Regel mehr als 2000 Arbeitnehmer, so unterliegt sie der paritätischen (hälftigen) Mitbestimmung durch Arbeitnehmer im Aufsichtsrat (§ 1 Abs. 1 Nr. 1 und 2 MitbestG), wobei die Anzahl der Arbeitnehmer im Aufsichtsrat je nach Beschäftigungszahl von sechs bis zu zehn Arbeitnehmermitgliedern – immer paritätisch mit den Anteilseignervertretern – reichen kann (§ 7 MitbestG). Einer unternehmerischen Mitbestimmung im Aufsichtsrat – wie auch immer ausgestaltet – kann also nur eine AG mit in der Regel weniger oder bis zu 500 Arbeitnehmern entgehen.

99 Die Personengesellschaft ist grundsätzlich mitbestimmungsfrei. Das folgt schon daraus, dass sie institutionell keinen Aufsichtsrat hat und nicht gezwungen ist, durch Satzungsbestimmung ein solches Gremium zu bilden. Eine Ausnahme bildet nur die AG (GmbH) & Co. KG. Beim Komplementär (AG oder GmbH) ist ein paritätisch zu besetzender Aufsichtsrat zu bilden, wenn die Mehrheit der Kommanditisten dieser KG auch die Mehrheit der Stimmen oder Anteile am Komplementär halten und der Komplementär (AG oder GmbH) mit den zuzurechnenden Arbeitnehmern der KG in der Regel mehr als 2000 Beschäftigte hat (§§ 4, 1, Abs. 1 Nr. 1 MitbestG). Es gilt also der Grundsatz, dass die unbeschränkte Haftung zur Mitbestimmungsfreiheit, die beschränkte Haftung (wie sie bei der AG (GmbH) & Co. KG erreicht wird) zur Mitbestimmung führen, allerdings erst bei einer regelmäßigen Arbeitnehmerzahl von mehr als 2000. Die Mitbestimmung ist also durchaus ein valides Unterscheidungskriterium zugunsten der Personengesellschaft.

8. Bilanzstrenge versus Bilanzierungsfreiheit

100 Die AG hat – wie alle Kapitalgesellschaften – den Jahresabschluss (bestehend aus Bilanz und GuV) um einen Anhang zu erweitern und, sofern es sich nicht um eine kleine AG iSv § 267 Abs. 1 HGB handelt, einen Lagebericht aufzustellen. Damit werden Rechnungslegung und Berichterstattung über den gegenwärtigen und zukünftigen Geschäftsverlauf weitaus transparenter als dies bei Nichtkapitalgesellschaften der Fall ist. Ist eine AG Konzernmuttergesellschaft, hat sie überdies einen Konzernabschluss aufzustellen (§§ 290 ff. HGB), sofern nicht die größenabhängige Befreiung nach § 293 HGB zum Zuge kommt. Hinzu kommt, dass Jahresabschluss und Lagebericht, Konzernabschluss und Konzernlagebericht einer Pflichtprüfung durch Abschlussprüfer unterworfen sind, sofern es sich nicht wiederum um eine kleine AG handelt (§§ 316 ff. HGB). Die börsennotierte AG gilt stets als große Kapitalgesellschaft; für sie kommen keine Befreiungsmöglichkeiten in Betracht (§§ 267 Abs. 3 Satz 2, 293 Abs. 5 HGB). Sie hat darüber hinaus ihren Konzernabschluss nicht nach HGB, sondern nach den internationalen Rechnungslegungsvorschriften (IFRS) aufzustellen (§ 315a HGB; Art. 4 VO EG Nr. 1606/2002). Der Einzelabschluss der AG ist nach den Vorschriften des HGB aufzustellen, dem Handelsregister einzureichen und im Bundesanzeiger zu veröffentlichen. Für Veröffentlichungszwecke kann die AG auch einen Abschluss nach internationalen Standards (IFRS) benutzen, der dann aber auch zusätzlich geprüft sein muss (§ 325 Abs. 2a, 2b HGB).

101 Für Personengesellschaften gelten die stringenten Bilanzierungsregeln für Kapitalgesellschaften (§§ 264 ff. HGB) nur, wenn kein unmittelbar oder mittelbar persönlich haftender Gesellschafter eine natürliche Person ist (§ 264a HGB), wenn also auch die Personengesellschaft im Ergebnis nur beschränkt auf ihr Vermögen

---

[65] Eine Drittelmitbestimmung besteht auch für AGs mit in der Regel weniger als 500 Arbeitnehmern, sofern sie vor dem 10.8.1994 eingetragen wurden und keine Familiengesellschaft iSv § 1 Abs. 1 Nr. 1 Satz 3 DrittelbG, § 15 Abs. 1 Nr. 2 bis 8, Abs. 2 AO sind.

haftet (insbes. GmbH & Co. KG). Im Übrigen gelten für Personengesellschaften, sofern sie bilanzierungspflichtig sind (also insbesondere bei Personenhandelsgesellschaften), nur die allgemeinen, von allen Kaufleuten zu beachtenden Rechnungslegungsvorschriften (§§ 238–263 HGB); insbesondere brauchen sie weder einen Anhang noch einen Lagebericht zu erstellen oder den Abschluss einer Prüfung zu unterziehen, es sei denn im Gesellschaftsvertrag wird anderes vereinbart. Allerdings gibt es dazu wiederum eine Rückausnahme, wenn die Größenkriterien des PublG überschritten werden (Bilanzsumme: 65 Mio. EUR; Umsatzerlöse: 130 Mio. EUR; Arbeitnehmer: 5000). Dann ist eine Abschlussprüfung erforderlich und es sind die wesentlichen Vorschriften für Kapitalgesellschaften anwendbar. Anhang und Lagebericht müssen jedoch nicht aufgestellt werden und auch eine GuV braucht nicht veröffentlich zu werden (§§ 5 Abs. 4, 9 Abs. 2 PublG). Festzuhalten ist jedenfalls, dass der Personengesellschaft grundsätzlich eine geringere Rechnungslegungstransparenz zukommt als der Kapitalgesellschaft, insbesondere der AG (Ausnahme: die vollständig haftungsbeschränkte Personenhandelsgesellschaft). Entsprechend geringer ist der Rechnungslegungsaufwand. Dies gilt insbesondere im Vergleich zur börsennotierten AG, die neben der Rechnungslegung nach HGB und ggf. IFRS noch die Veröffentlichungen nach dem WpHG (§§ 37v ff.), insbesondere einen Halbjahresfinanzbericht, fertigen muss; hinzu kommen die für die Zulassung zum Börsenhandel erforderlichen Emissionsprospekte.

9. Steuerliche Entscheidungskriterien

Im Rahmen der Erörterung der Rechtsformwahl kann nur ein sehr allgemeiner Überblick über den Steuervergleich zwischen AG (Kapitalgesellschaft) und Personengesellschaft gegeben werden. Wegen der Einzelheiten und Besonderheiten wird auf die einzelnen Paragraphen, insbesondere auf § 12 (Besteuerung der AG) verwiesen.

a) Ertragsteuern

Ertragsteuerlich sind in einen Vergleich auf der Ebene der AG die Körperschaftsteuer und die Gewerbesteuer, auf der Ebene des Anteilseigners die Einkommensteuer einzubeziehen. Bei der Personengesellschaft, die einkommensteuerlich transparent ist (steuerpflichtig ist nur der Gesellschafter: § 15 Abs. 1 Nr. 2 EStG), sind die Einkommensteuer und – auf Ebene der Personengesellschaft – die Gewerbesteuer einzubeziehen. Zu unterscheiden ist bei beiden Rechtsformen, ob Gewinne an die Gesellschafter ausgeschüttet (entnommen) oder in der Gesellschaft thesauriert werden. Die Gewerbesteuer ist bei der Körperschaftsteuer/Einkommensteuer nicht als abzugsfähige Betriebsausgabe zugelassen (§ 4 Abs. 5b EStG). Gewinne unterliegen bei der Körperschaft (AG) einem linearen Körperschaftsteuersatz von 15% (§ 23 Abs. 1 KStG) zuzüglich Solidaritätszuschlag von 5,5% auf die festgesetzte Einkommen-/Körperschaftsteuer plus Gewerbesteuer. Bei der Personengesellschaft kann der nicht entnommene (thesaurierte) Gewinn auf Antrag statt mit dem individuellen Tarif (Höchstsatz 45%) mit einem begünstigten Satz von 28,25% zuzüglich Solidaritätszuschlag besteuert werden (§ 34a Abs. 1 EStG); wird der Gewinn später entnommen findet eine Nachversteuerung beim Gesellschafter mit 25% (§ 34a Abs. 4 EStG) plus Solidaritätszuschlag statt. Die nicht abzugsfähige Gewerbesteuer gilt dabei stets als Vollentnahme. Die Einkommensteuer wird nach näherer Maßgabe des § 35 EStG durch Gewerbesteueranrechnung ermäßigt. Bei der Kapitalgesellschaft (AG) unterliegen an die Gesellschafter ausgeschüttete Gewinne der sog. Abzugssteuer (§ 43 Abs. 1 EStG) in Höhe von 25% plus Solidaritätszuschlag in Höhe von 5,5% (insgesamt also 26,38%).

104 Vergleicht man nunmehr die Ertragsteuerbelastung zwischen AG und Personengesellschaft bei einem unterstellten Gewerbesteuersatz von 400% und einem individuellen Einkommensteuerhöchstsatz von 45%, so ergibt sich für Vollausschüttung und Thesaurierung folgendes Bild:

Kapitalgesellschaft (AG):[66]

Ebene Kapitalgesellschaft	
Ergebnis vor Steuern	100
Gewerbesteuer	-14
Bemessungsgrundlage für KSt	100
Körperschaftsteuer (15%)	-15
Solidaritätszuschlag	-0,82
Ergebnis nach Steuern	**70,18**
Ebene Gesellschafter-Vollausschüttung	
Dividende	70,18
Abgeltungssteuer (25%)	-17,54
Solidaritätszuschlag	-0,96
Gesamtsteuerbelastung	**-48,32**
Zufluss nach Steuern	51,68

Personenhandelsgesellschaft:

	Entnahmefall	Thesaurierungsfall
Ergebnis vor Steuern	100	100
Gewerbesteuer	-14	-14
Thesaurierung		
Begünstigungsbetrag (§ 34a Abs. 1 EStG)		86
darauf Thesaurierungsbelastung (28,25%) + SolZ = 29,8%		-25,63
Steuerbelastung Ebene Gesellschafter auf entnommenen Gewinn (= GewSt)		
– Einkommensteuer (45%)		-6,30
Solidaritätszuschlag auf festzusetzende ESt (5,5%)		-0,95
Gewerbesteueranrechnung (§ 35 EStG)		13,30
Gesamtsteuerbelastung – Thesaurierung		**-33,58**
Vollentnahme		
Nachversteuerungspflichtiger Betrag (§ 34a Abs. 3 EStG)		60,37
darauf Einkommensteuer (25%)		-15,09
Solidaritätszuschlag		-0,83
Einkommensteuer Gesellschafter (45%)	-45	
Gewerbesteueranrechnung (§ 35 EStG)	13,30	
Solidaritätszuschlag	-1,74	

---

[66] Die Tabellen sind entnommen aus Blumenberg/Benz/*Schaflitzl/Götz* Die Unternehmensteuerreform 2008, S. 4 ff.

	Entnahmefall	Thesaurierungsfall
Gesamtsteuerbelastung – Vollentnahme	-47,44	-49,50
Zufluss nach Steuern	52,56	50,50

Unter den genannten Prämissen ergibt ein Steuerbelastungsvergleich Folgendes:

	Kapitalgesellschaften (AG)	Personengesellschaften
Thesaurierung	29,82%	33,58%
Ausschüttung	48,32%	47,44% (Entnahmefall) 49,50% (Thesaurierungsfall mit Nachversteuerung)

Im Ergebnis erweist sich die AG als Kapitalgesellschaft für den Thesaurierungsfall nicht unerheblich günstiger, während für den Ausschüttungsfall nur marginale Unterschiede bestehen. Das gilt für den Personengesellschafter allerdings nur, solange er sich im höchsten Einkommensteuerprogressionssatz befindet. Sobald er darunter liegt, verschiebt sich die Grenze zugunsten der Personengesellschaft. Liegt der Einkommensteuersatz unter 28,25%, wird der Gesellschafter auch keinen Antrag auf Besteuerung des nicht entnommenen Gewinns nach § 24a EStG mit 28,25% stellen, sondern es bei der Normalversteuerung belassen. Da das Wahlrecht für den Begünstigungssatz jedem einzelnen Mitunternehmer individuell zusteht, und auch nur für Teile des thesaurierten Gewinns geltend gemacht werden kann, lässt sich eine generelle Aussage zur Günstigkeit der Rechtsformwahl in Bezug auf die Personengesellschaft praktisch nur im Einzelfall machen.[67]

In die Vorteilhaftigkeitsüberlegungen ist jedoch auch die Gewerbesteuer einzubeziehen. Liegt der Gewerbesteuerhebesatz unter 400%, so verbessert sich die relative Position der Kapitalgesellschaft. Sie wird durch die geringere Gewerbesteuer effektiv entlastet. Dagegen verändert sich die Gewerbesteuerbelastung des Personenunternehmens kaum, da sich das Anrechnungsvolumen nach § 35 EStG bei der Einkommensteuer entsprechend vermindert und die Gewerbesteuerersparnis durch eine erhöhte Einkommensteuerbelastung kompensiert wird. Für den mittel- bis langfristigen Thesaurierungsfall stellt sich deshalb und vor allem wegen des niedrigeren Thesaurierungssatzes bei der Körperschaftsteuer (15,83% einschließlich Solidaritätszuschlag gegen 29,8% einschließlich Solidaritätszuschlag bei der Personengesellschaft) die Kapitalgesellschaft (AG) wesentlich attraktiver als die Personengesellschaft dar. Dabei ist auch zu berücksichtigen, dass die thesaurierten Beträge wiederum Zusatzerträge erwirtschaften können und zwar zu einem niedrigeren Steuersatz als bei der Anlage durch den Gesellschafter.

Nachteile hat die Kapitalgesellschaft (AG) allerdings beim Abzug von Refinanzierungskosten beim Gesellschafter für den Erwerb der Anteile. Sind diese bei Personengesellschaften als Sonderbetriebsausgaben (allerdings im Rahmen der Zinsschranke: § 4h EStG) voll abzugsfähig, sind die Refinanzierungskosten für Kapitalgesellschaftsanteile bei Anwendung der Abgeltungssteuer (§ 32d EStG) mit Ausnahme der Pauschbeträge gar nicht (§ 20 Abs. 9 EStG), bei der ggf. möglichen Option zum Teilanrechnungsverfahren (§ 32d Abs. 2 Nr. 3 und Abs. 6 EStG) nur zu 60% abzugsfähig (§ 3c Abs. 2 EStG).

---

[67] Vgl. auch *Radewald/Pohl* DStR 2008, 724.

107 Nachteile hat die Kapitalgesellschaft (AG) auch bei der steuerlichen Verlustverwertung. Während laufende Verluste bei der Personengesellschaft einkommensteuerlich innerhalb der Grenzen von §§ 10d und 15a EStG unmittelbar auf die Gesellschafter durchschlagen und mit Einkünften aus anderen Quellen ausgeglichen werden können, sind sie bei der Kapitalgesellschaft in der Gesellschaft gefangen und können vom Gesellschafter nicht genutzt werden, es sei denn die Strukturierung einer steuerlichen Organschaft ist möglich. Ob und inwieweit bei einem sog. „schädlichen Beteiligungserwerb" Verlustvorträge (und Zinsschrankenvorträge) ganz oder teilweise verloren gehen (vgl. § 8c KStG; § 10a Satz 8 GewStG) ist nach dem BVerfG Urteil vom 29.3.2017, das jedenfalls die Grenze von mehr als 25% (bis 50%) als mit Art. 3 Abs. 1 GG unvereinbar und verfassungswidrig qualifiziert und dem Gesetzgeber eine Frist bis zum 1.1.2019 für eine verfassungskonforme Neuregelung gesetzt hat,[68] nicht zu beurteilen. Ggf. könnte sich eine Neuregelung an der fortführungsgebundenen Regelung des § 8d KStG orientieren. Die Veräußerung eines Mitunternehmeranteils führt zwar zum teilweisen oder vollständigen Untergang eines gewerbesteuerlichen (anteiligen) Verlustvortrags, nicht aber zum Untergang der einkommensteuerlichen Verlustvorträge.

108 Die häufig angeführten Vorteile der Kapitalgesellschaft (AG) in Bezug auf die steuerliche Abzugsfähigkeit von Leistungsvergütungen (Geschäftsführerbezüge, Darlehenszinsen) zur Gewerbesteuerersparnis muss man relativieren. Die Gewerbesteuerbelastung wird idR durch die Anrechnung der Gewerbesteuer auf die Einkommensteuer nach § 35 EStG kompensiert. In Verlustsituationen der Kapitalgesellschaft kann es sogar durch die Besteuerung der Leistungsvergütung beim Gesellschafter zu einer – im Vergleich zur Personengesellschaft – nachteiligen steuerlichen Situation kommen.

109 Erwähnenswert ist noch, dass die Personengesellschaft bei Umstrukturierungen ggf. eine größere Flexibilität als die Kapitalgesellschaft (AG) aufweist. Realteilungen oder Überführungen von Wirtschaftsgütern von einem Betriebsvermögen in ein anderes können nach näherer Maßgabe der §§ 16 Abs. 3, 6 Abs. 5 EStG ohne Gewinnrealisierungen durchgeführt werden. Im Übrigen wird auf die Ausführungen zur Umwandlung verwiesen (§ 13).

110 Zusammenfassend kann zum Rechtsformenvergleich im Ertragssteuerbereich festgehalten werden, dass im Thesaurierungsfall die Kapitalgesellschaft (AG) erhebliche Vorteile und im Ausschüttungsfall keine Nachteile gegenüber der Personengesellschaft aufweist. Das gilt aber nur sehr allgemein. Im Einzelnen kommt es auf die individuelle Steuersituation der Gesellschafter, auf die Gewerbesteuerhebesätze und auf die Ertragssituation der Gesellschaft (Verlustsituation) an.[69]

b) Erbschaftsteuer

111 Das Erbschafts- und Schenkungsteuerrecht hat, soweit Unternehmen und unternehmerische Beteiligungen betroffen sind, mit der Gesetzesneufassung vom 4.11.2016 (BGBl. 2016 I 2464) eine Neuordnung gefunden, nachdem das BVerfG mit seiner Entscheidung vom 17.12.2014[70] die Begünstigungsregeln der §§ 13a, 13b und die Tarifvorschrift des § 19 ErbStG aF wegen Verstoßes gegen den Gleichheitssatz (Art. 3 GG) für verfassungswidrig erklärt hatte. Die Neufassung gilt für Erwerbe,

---

[68] BVerfG 2 BvL 6/11, ZIP 2017, 1009.
[69] Einen sehr guten Überblick über die Rechtsformoptimierung nach der Unternehmenssteuerreform gibt *Förster* Ubg 2008, 185 und *Lüdicke/Fürwentsches* DB 2009, 12.
[70] BVerfG 1 BvL 21/12, DStR 2015, 31; *Piltz* DStR 2015, 97; *Stalleiken* DB 2015, 18.

E. Rechtsformwahl

für die die Steuer nach dem 30.6.2016 entsteht. Für Erwerbe zwischen dem 1.7.2016 und dem 4.11.2016 tritt damit eine Rückwirkung ein, die verfassungsrechtlich nicht ganz unproblematisch ist.[71] Auch darüber hinaus ist es nicht ganz zweifelsfrei, ob die Neufassung den Anforderungen des Gleichheitsgebots nach den Maßstäben der BVerfG-Entscheidung entspricht. Die bisherige Systematik wird auch in der Neufassung beibehalten: Sogenanntes „begünstigtes Vermögen" wird zu 85% grundsätzlich von der Steuer freigestellt (Verschonungsabschlag), wenn der Erwerb, ggf. nach Zusammenrechnung mit früheren Erwerben innerhalb einer 10-Jahresfrist den Betrag von 26 Mio. EUR nicht übersteigt (§ 13a Abs. 1 ErbStG).[72] „Begünstigtes Vermögen" ist das sog. „begünstigungsfähige Vermögen" (zB inländisches Betriebsvermögen, Anteile an Personengesellschaften, Mitunternehmerschaften, Anteile an Kapitalgesellschaften mit einer Mindestbeteiligung von mehr als 25%) abzüglich des darin enthaltenen nicht begünstigten sog. „Verwaltungsvermögens" (der Vermögensverwaltung dienendes Nettovermögen), dies alles grundsätzlich bewertet zum gemeinen Wert nach BewG (vgl. § 13b ErbStG). Allerdings verlangt die Verschonungsregelung die Einhaltung bestimmter Verschonungsvoraussetzungen innerhalb einer Frist von fünf Jahren (Behaltefrist), andernfalls findet eine gestufte Nachversteuerung statt (Aufrechterhaltung einer kumulierten Lohnsumme – gestuft – von grundsätzlich 400%; keine Betriebsaufgabe; keine Veräußerung von wesentlichen Betriebsgrundlagen; keine Beteiligungsveräußerung).

Die Regelung führt erbschaft- und schenkungsteuerlich zu einem gewissen Vorteil für die Personengesellschaft (Mitunternehmerschaft), weil – anders als bei der Kapitalgesellschaft – keine Mindestbeteiligung vorausgesetzt wird. Unterschiede können sich auch bei der Bewertung ergeben: Börsennotierte Wertpapiere (Aktien) sind ausnahmslos mit dem Börsenkurs anzusetzen (§ 11 Abs. 1 BewG); dabei kann die Ausklammerung von Verwaltungsvermögen bei der Gesellschaft kaum eine Rolle spielen. Im Übrigen sind Anteile an Kapital- wie Personengesellschaften entweder aus Parallelwerten aus Verkäufen an Dritte, andernfalls mit dem gemeinen Wert zu bewerten. Der gemeine Wert ist idR nach Maßgabe einer Ertragswertmethode (vereinfachtes Ertragswertverfahren) zu ermitteln, die im Einzelnen in einer Rechtsverordnung umschrieben ist (§§ 11 Abs. 2, 109 Abs. 2, 199 ff. BewG).[73] Mit Ausnahme der börsennotierten Aktie besteht Methodengleichheit bei der Bewertung von Kapital- und Personengesellschaftsanteilen.

II. AG versus GmbH

1. Allgemeine Entscheidungskriterien

Die GmbH ist (in Abgrenzung zur AG) die juristische Person **mit personalistischer Prägung**: Sie ist keine anonyme Gesellschaft. Im Falle einer Veränderung im Gesellschafterbestand ist eine Liste der Gesellschafter zum Handelsregister einzureichen. Als Gesellschafter gilt nur, wer als solcher in der im Handelsregister aufgenommenen Gesellschafterliste eingetragen ist. Die Anteile sind nur erschwert handelbar, da die Übertragung notariell zu beurkunden ist. Die Gesellschafterversammlung ist weisungsbefugt gegenüber der Geschäftsführung. Jeder Gesellschafter hat ein uneingeschränktes Informationsrecht über die Angelegenheiten der

---

[71] Vgl. Benz/Blumenberg/Crezelius/*Crezelius* Erbschaftsteuerreform 2016, S. 148 ff.
[72] Bei übersteigenden Erwerben enthält § 13c ErbStG eine antragsgebundene, abgestufte Verschonungsregelung.
[73] Vgl. Benz/Blumenberg/Crezelius/*Blumenberg* Erbschaftsteuerreform 2016, S. 141 ff.

Gesellschaft und ein entsprechendes Recht zur Einsicht der Bücher und Schriften. Bezeichnend für die starke Bindung der Gesellschafter untereinander ist auch die in bestimmten Fällen gegebene solidarische Haftung für die Kapitalaufbringung und -erhaltung. Der Gesellschaftsvertrag der GmbH kann in hohem Maße an die besonderen Verhältnisse der Gesellschafter und des Unternehmens angepasst werden. Die Mindestorganisation der GmbH ist einfach; so sind nur zwei Organe zwingend vorgeschrieben (Gesellschafter und Geschäftsführer), wenn die GmbH nicht mitbestimmungspflichtig ist.

113 Die **Gesellschafter** einer GmbH haften – wie auch die Aktionäre einer AG – den Gläubigern der Gesellschaft nicht für die Verbindlichkeiten der Gesellschaft (§ 13 Abs. 2 GmbHG). Zu Nachschüssen sind sie allenfalls verpflichtet, wenn der Gesellschaftsvertrag dies vorsieht (§§ 26 bis 28 GmbHG;[74] bei einer unbeschränkten Nachschusspflicht hat jeder Gesellschafter das Abandonrecht (unentgeltliche Zurverfügungstellung des Geschäftsanteils)). Wenn die Stammeinlage eines (anderen) Gesellschafters nicht eintreibbar ist und auch nicht durch den Verkauf dessen Geschäftsanteils gedeckt werden kann, ist § 24 GmbHG zu beachten. Auch für die Werthaltigkeit von Sacheinlagen haften die anderen GmbH-Gesellschafter (§§ 9, 24 GmbHG). Bei der AG gibt es dagegen keine solidarische Haftung der Aktionäre für die Grundkapitalaufbringung. §§ 30, 31 GmbHG schützen das Stammkapital vor einer Rückzahlung an die Gesellschafter (im Fall des § 31 Abs. 3 GmbHG solidarisch), § 57 AktG dagegen das gesamte Gesellschaftsvermögen (nicht solidarisch).

114 Ein **Haftungsdurchgriff** auf die GmbH-Gesellschafter ist nur in extremen von der Rechtsprechung entwickelten Ausnahmetatbeständen denkbar (insbesondere Vermögensmischung, Sphärenvermischung und beim sog. existenzvernichtenden Eingriff als sittenwidrige Schädigung iSv § 826 BGB). Bei der AG kommen vergleichbare Tatbestände zum Zuge.

115 Das **Nennkapital** (Stammkapital) einer GmbH muss mindestens 25.000 EUR betragen. Ehe die Anmeldung zum Handelsregister erfolgen kann, ist mindestens ein Viertel des Nennbetrags jedes Geschäftsanteils einschl. etwa vereinbarter Sacheinlagen (die stets voll zu leisten sind), mindestens aber die Hälfte des Mindeststammkapitals von den Gesellschaftern einzuzahlen. Darüber hinausgehende Pflichten, etwa durch Zurückbehaltung von Gewinnen in Form von Gewinnrücklagen zusätzliches Eigenkapital zu bilden, bestehen bei der GmbH gesetzlich nicht. Auch können – anders als bei der AG – Agiorücklagen zugunsten des Bilanzgewinns aufgelöst und ausgeschüttet werden.

116 Mit dem MoMiG hat der Gesetzgeber als Sonderform der GmbH die sog. **Unternehmergesellschaft** (haftungsbeschränkt) geschaffen (§ 5a GmbHG), für die ein Mindeststammkapital nicht erforderlich ist (Minimum 1 EUR). Die Gesellschaft muss eine gesetzliche Rücklage bilden, der jährlich ¼ des um einen Verlustvortrag verminderten Jahresüberschusses zuzuführen ist. Diese Rücklage darf nur zur Kapitalerhöhung aus Gesellschaftsmitteln verwendet werden. Die Verpflichtung zur Rücklagenbildung entfällt, wenn das Mindeststammkapital erreicht ist.

117 Die **Geschäftsanteile** der GmbH-Gesellschafter sind grundsätzlich frei veräußerlich: Sowohl das entsprechende Verpflichtungsgeschäft über die Abtretung von Geschäftsanteilen als auch die Abtretung selbst bedarf eines in notarieller

---

[74] Bei der AG gibt es die sog. Nebenleistungs-AG, wenn gem. § 55 AktG den Aktionären mit vinkulierten Namensaktien die Verpflichtung auferlegt ist, wiederkehrende Leistungen, die nicht in Geld bestehen, zu erbringen.

E. Rechtsformwahl

Form geschlossenen Vertrages. Demgegenüber sind Aktien im Normalfall formfrei veräußerbar.

Nach § 29 GmbHG besteht grundsätzlich ein Anspruch auf den in der GmbH-Bilanz ausgewiesenen Jahresüberschuss (wenn keine abweichenden gesellschaftsvertraglichen Regelungen existieren). Bei AGs gelten die für die Aktionäre restriktiveren Regeln des § 58 AktG (bis zu einer bestimmten Grenze 50%-Thesaurierung ohne Aktionärszustimmung möglich). Bei einer GmbH sind unterjährig Vorabausschüttungen möglich, bei einer AG nicht. **118**

Die Leitung der GmbH erfolgt durch ihre **Geschäftsführer**, die im Normalfall durch die Gesellschafterversammlung bestellt werden. Der Gesellschaftsvertrag sieht regelmäßig vor, dass für wichtige oder außergewöhnliche Geschäfte die Genehmigung der Gesellschafterversammlung eingeholt werden muss. Der Geschäftsführer ist im Grundsatz weisungsabhängig, anders als der das Unternehmen eigenverantwortlich leitende AG-Vorstand. **119**

Eine **Kontrolle der Geschäftsführung** der GmbH geschieht durch die Gesellschafterversammlung und/oder die von ihr freiwillig bzw. zwangsweise (Mitbestimmungsrecht) eingesetzten Aufsichtsorgane. Ferner hat jeder einzelne Gesellschafter nach § 51a GmbHG ein Auskunftsrecht gegenüber der Geschäftsführung und ein Recht auf Einsicht in die Bücher und Schriften der Gesellschaft. Dieses Informationsrecht geht deutlich weiter als das des Aktionärs (§ 131 AktG). **120**

Eine GmbH mit mehr als 500 Arbeitnehmern unterliegt der **unternehmerischen Mitbestimmung** (§ 1 Abs. 1 Nr. 3 DrittelbG). In einer AG ist dies bei vor dem 10.8.1994 eingetragenen Gesellschaften regelmäßig auch bei weniger als 500 Arbeitnehmern der Fall, sofern es sich nicht um eine Familienaktiengesellschaft handelt. Bei mehr als 2000 Arbeitnehmern greift sowohl bei GmbH als auch bei AG die im Grundsatz paritätische Mitbestimmung nach MitbestG ein. Der GmbH-Aufsichtsrat bestellt nur im Fall des MitbestG, nicht aber im Fall des DrittelbG die GmbH-Geschäftsführer (anders ist es bei der AG, dort wird der Vorstand stets vom Aufsichtsrat bestellt). **121**

Hinsichtlich Rechnungslegung, Prüfung und Publizität unterscheiden sich AG und GmbH im Grundsatz nicht (Ausnahmen sind aber bei Börsennotierung der AG denkbar). **122**

Die **passive Beherrschungsfähigkeit** einer GmbH kann durch Stimmrechtsbeschränkungen oder Einschränkungen in den Geschäftsanteils-Übertragungsmöglichkeiten im Gesellschaftsvertrag ausgeschlossen bzw. beschränkt werden. Dies unterscheidet sich zwar im Detail, nicht aber grundlegend von der AG. Börsenfähig ist die GmbH nicht. **123**

2. Steuerliche Entscheidungskriterien

Die AG und die GmbH werden ertragsteuerlich und erbschaftsteuerlich im Grundsatz identisch besteuert. **124**

Besteuerungsunterschiede im Detail können allerdings aus steuerlichen Folgewirkungen unterschiedlicher gesellschaftsrechtlicher Gegebenheiten resultieren (zB Annahme verbotener Einlagerückgewähr mit vGA-Konsequenzen, Trennbarkeit sperrfristbehafteter von nicht sperrfristbehafteten Anteilen, Anforderungen an einen wirksamen EAV zur Herstellung einer Organschaft, Zulässigkeit bzw. Unzulässigkeit von Vorabausschüttungen ua).

Auch kann naturgemäß die erbschaftsteuerliche Bemessungsgrundlage „Kurswert" nur für Aktien, nicht aber für GmbH-Anteile einschlägig sein.

III. AG versus KGaA

1. Allgemeine Entscheidungskriterien

125 Die KGaA ist eine juristische Person mit zwei Arten von Gesellschaftern, dem **Komplementär** und den **Kommanditaktionären**. Der Komplementär haftet persönlich unbeschränkt (kann aber selbst auch eine Kapitalgesellschaft sein), der Kommanditaktionär nicht. Die unbeschränkt haftenden Komplementäre sind den Komplementären einer KG weitgehend gleichgestellt, die Kommanditaktionäre den Aktionären einer AG. Ein Komplementär kann zugleich auch (neben anderen) Kommanditaktionär sein.

126 Die KGaA hat also ein doppeltes Gesicht: Für die Kommanditaktionäre untereinander und in ihrer Gesamtheit gegenüber Dritten gilt die Formenstrenge der AG. Für das Verhältnis der Komplementäre untereinander und zur Gesamtheit der Kommanditaktionäre gilt jedoch das Prinzip der Satzungsstrenge nicht. Die Organisationsverfassung der KGaA unterliegt mithin zum Teil der Gestaltungsfreiheit der Beteiligten im Rahmen der für die Kommanditgesellschaft geltenden Regelungen.

127 Die Komplementäre der KGaA müssen wegen ihrer unbeschränkten persönlichen Haftung nicht notwendig eine **Einlage** erbringen. Das **Grundkapital** ist von den Kommanditaktionären aufzubringen.

128 Der Komplementär ist als Ausfluss der persönlichen Haftung bei der KGaA das geborene Geschäftsführungs- und Vertretungsorgan (§ 278 Abs. 2 AktG); eine Bestellung durch den Aufsichtsrat erfolgt nicht. Der Komplementär repräsentiert die Leitung der KGaA, ist also Geschäftsführer und gesetzlicher Vertreter. Bestimmte Geschäftsführungsmaßnahmen können (im Wesentlichen aufgrund der Satzung) allerdings auch bei der KGaA zustimmungsbedürftig sein; Zustimmungsorgan ist dann entweder die Hauptversammlung oder der Aufsichtsrat.

129 In der Hauptversammlung haben nur die Kommanditaktionäre ein **Stimmrecht** (§ 285 AktG). Dies gilt auch für Kommanditaktionäre, die gleichzeitig Komplementäre sind (untersagt ist ihnen die Stimmrechtsausübung aus ihren Aktien nur bei bestimmten Beschlussfassungen, die ihre Position als Organe tangieren). Allerdings bedürfen Beschlüsse der Hauptversammlung, „für die bei einer Kommanditgesellschaft das Einverständnis der persönlich haftenden Gesellschafter und der Kommanditisten erforderlich ist" (§ 285 Abs. 2 AktG), der Zustimmung der Komplementäre (betr. vor allem strukturändernde Beschlüsse). Dem durch die Hauptversammlung zu bestimmenden Aufsichtsrat der KGaA dürfen nach § 287 Abs. 3 AktG keine persönlich haftenden Gesellschafter angehören.

130 Auch hinsichtlich der **unternehmerischen Mitbestimmung** gibt es – wegen der persönlichen Haftung der Komplementäre – eine wesentliche Abweichung gegenüber der AG: Der mitbestimmte Aufsichtsrat hat keinen Einfluss auf die „Bestellung" des Leitungsorgans, und es gibt auch keinen Arbeitsdirektor.

131 Hinsichtlich der Pflichten zur Aufstellung, Prüfung und Offenlegung des Jahresabschlusses ist die KGaA einer AG vergleichbar.

132 Die **passive Beherrschungsfähigkeit** einer KGaA ist nur dann gegeben, wenn auch der Komplementär als juristische Person beherrscht werden kann. Auch die KGaA ist börsenfähig.

2. Steuerbelastungsunterschiede

133 Steuerlich gesehen ist die KGaA ein Zwitter. Sie ist zwar als solche eine im Grundsatz normal körperschaft- und gewerbesteuerpflichtige Kapitalgesellschaft

(und insoweit einer AG vergleichbar), weshalb auch die Kommanditaktionäre steuerlich im Grundsatz wie normale Aktionäre behandelt werden (jedenfalls aus Sicht des deutschen Steuerrechts; aus Sicht ausländischer Steuerrechte mag das anders aussehen). Besonders ist allerdings der steuerliche Status des Komplementärs, woraus sich auch Besonderheiten für die Besteuerung der KGaA ergeben.

Der **Komplementär** wird im Grundsatz „wie ein Mitunternehmer" (also 134 ein Gesellschafter einer Personengesellschaft) besteuert (allerdings ohne dass eine wirkliche Mitunternehmerschaft mit einem zweiten Mitunternehmer besteht). Er erzielt mit seinem Gewinnanteil nebst Sondervergütungen Einkünfte gem. § 15 Abs. 1 Satz 1 Nr. 3 EStG. Damit korrespondiert, dass dieser Betrag nicht mehr bei der KGaA körperschaftsteuerpflichtig sein kann. Deshalb wird bei dieser das KSt-Einkommen gem. § 9 Abs. 1 Nr. 1 KStG um den Gewinnanteil des Komplementärs gekürzt. Die Sondervergütungen des Komplementärs sind bei der KGaA Betriebsausgabe, so dass es einer Kürzung insoweit nicht mehr bedarf – allerdings ist die genaue Abstimmung von § 15 Abs. 1 Satz 1 Nr. 3 EStG und § 9 Abs. 1 Nr. 1 KStG umstritten (die Vergütung für die Geschäftsführung des Komplementärs wird wie der Gewinnanteil des Komplementärs behandelt).

Gewerbesteuerlich wird dagegen der Gewinnanteil und die Geschäftsfüh- 135 rungsvergütung des Komplementärs gem. § 8 Nr. 4 GewStG dem Gewerbeertrag der KGaA wieder hinzugerechnet; die Besteuerung des Komplementärs „wie ein Mitunternehmer" gilt insoweit nicht (womit eine Kürzung des Gewinnteils aus dem Gewerbeertrag des Komplementärs gem. § 9 Nr. 2b GewStG korrespondiert).

Auch **erbschaftsteuerlich** wird der Komplementär wie ein Mitunternehmer 136 einer Personengesellschaft besteuert.

Soweit der Komplementär auch über Kommanditaktien verfügt, erfolgt die 137 steuerliche Behandlung getrennt; die Kommanditaktien sind auch kein Sonderbetriebsvermögen des Komplementärs.

Im Detail sind allerdings viele wesentliche Fragen der Besteuerung einer KGaA noch ungeklärt.[75] Insbesondere in den Fällen, in denen der Komplementär über eine nennenswerte vermögensmäßige Beteiligung an der KGaA verfügt, bestehen steuerliche Unsicherheiten. Es existiert wenig Rechtsprechung zur KGaA, auch gibt es kaum Verwaltungsanweisungen.

IV. AG versus Europäische Gesellschaft

1. Allgemeine Entscheidungskriterien

Die Europäische Gesellschaft (Societas Europea: SE) ist eine Handelsgesellschaft, 138 die auf einer in allen EU- und EWR-Mitgliedsstaaten gültigen Rechtsgrundlage (Verordnung (EG) Nr. 2157/2001 sowie RL 2001/186/EG über die Beteiligung der Arbeitnehmer) beruht. Sie gilt als AG und unterliegt, sofern sie ihren Sitz im Inland hat, (1) den Bestimmungen der EG-VO 2157/2001, (2) den Bestimmungen ihrer Satzung, (3) dem inländischen Ausführungsgesetz (SEAG), (4) den Vorschriften des AktG, soweit nicht die vorgenannten Sonderregelungen eingreifen (vgl. Art. 9 EG-VO 2157/86).

Die Wahl der Rechtsform der SE setzt voraus, dass im Inland bereits eine AG (für 139 einige Gründungsformen auch eine GmbH) besteht. Die Alternative SE stellt sich deshalb nur in einer zweiten Stufe. Weitere Voraussetzung ist, dass eine oder mehre-

---

[75] Näher § 12.

re im EU- oder EWR-Ausland ansässige gründungsgeeignete Handelsgesellschaften beteiligt sind, mit denen oder auf die eine Verschmelzung, eine gemeinsame Holdinggründung, Gründung einer gemeinsamen Tochter-SE durchgeführt werden kann (supranationaler Charakter). Bei Vorhandensein einer Tochtergesellschaft in einem anderen EU-Mitgliedsstaat kommt auch der Formwechsel einer inländischen AG in eine SE in Betracht (Art. 2 EG-VO 2157/2001).

140 Der wesentliche Unterschied zur AG liegt in der Organisationsstruktur: Die SE kann sich eine monistische (einheitliches Verwaltungsorgan: Verwaltungsrat-/Board-System) oder eine dualistische (Vorstand – Aufsichtsrat) Verwaltungsstruktur geben. Das vor allem im angelsächsischen Bereich, aber auch in Frankreich und in der Schweiz verbreitete monistische System vereint Geschäftsführungs- und Überwachungsaufgaben in einem Organ und gibt relativ große Gestaltungsfreiheit. Dies wird insbesondere für den Informationsfluss als Vorteil gewertet. Für die Überwachungsfunktion kann das monistische System dagegen zu institutionellen Defiziten führen (keine klare Funktionstrennung, Interessenkollision).

141 Ein wichtiges Entscheidungskriterium für die SE kann in der Arbeitnehmermitbestimmung liegen. Die unternehmerische Mitbestimmung wird im Grundsatz durch die RL 2001/86/EG und das SE-Beteiligungsgesetz (SEBG) sichergestellt. Im Vordergrund steht die Sicherung durch eine Verhandlungslösung (verhandelte Arbeitnehmerbeteiligung). Kommt eine Verhandlungslösung nicht zustande, kommt eine Auffangregelung zum Zuge, die sich nach dem höchsten Anteil an Arbeitnehmervertretern in den Organen der beteiligten Gesellschaften vor Eintragung der SE ausrichtet. Da es aber nur auf den prozentualen Anteil, nicht auf die absolute Zahl der Arbeitnehmervertreter ankommt, ist eine satzungsmäßige Verkleinerung des Aufsichts- oder Verwaltungsrats der SE möglich. Das ist insbesondere bei den zahlenmäßig überbordenden Aufsichtsräten nach dem MitbestG ein nicht unerheblicher Gesichtspunkt. Da auch alle Arbeitnehmer europaweit einbezogen werden, verändert (vermindert) sich gleichermaßen der Einfluss der Arbeitnehmer der einzelnen beteiligten Unternehmen.

142 Die Anwendbarkeit der Mitbestimmung auf betrieblicher Ebene (BetrVG) bleibt für die in Deutschland befindlichen Betriebe durch die Rechtsform der SE unberührt.

143 Die SE kann ihren Sitz identitätswahrend in einen anderen Mitgliedsstaat der EU verlegen. Sie bietet daher die rechtlich gesicherte Möglichkeit einer grenzüberschreitenden Sitzverlegung unter Beibehaltung der Rechtspersönlichkeit. Diese ist allerdings nach dem richtungsweisenden Urteil des EuGH v. 25.10.2017 (Polbud)[76] grundsätzlich auch für die AG gegeben.

2. Steuerliche Entscheidungskriterien

144 Bei der Gründung der SE sind die Steuerfolgen für übertragende und aufnehmende Gesellschaft sorgfältig zu analysieren. Es kann zu erheblichen Steuerfolgen führen, wenn Steuergut endgültig der deutschen Besteuerung entzogen wird (Entstrickung). Dies soll hier nicht weiter erörtert werden (vgl. § 19).

145 In der laufenden Besteuerung weist die SE keine Besonderheiten gegenüber der AG oder anderen inländischen Kapitalgesellschaften auf. Wie bei anderen Gesellschaften mit internationalem Bezug stellen sich Verrechnungspreisprobleme oder Themen des grenzübergreifenden Verlustausgleichs. Da es aber kein gesondertes EU-Besteuerungsregime für die SE gibt, ist die SE auch insoweit anderen inländischen Kapitalgesellschaften gleichgestellt.

---

[76] EuGH C-106/16, EuZW 2017, 906 – Polbud.

2. Abschnitt: Die AG und die KGaA

§ 2 Die Gründung und die Entstehung durch Umwandlung

Bearbeiter: Dr. Silja Maul/Dr. Nicole Schwäbe

Übersicht

		Rn.
A. Die Wege zur Aktiengesellschaft und zur Kommanditgesellschaft auf Aktien		1–4
I. Übersicht		1, 2
II. Aufbau dieses Kapitels		4
B. Gründung der AG nach AktG		8–427
I. Übersicht		8
II. Gründungsverfahren		9–67
1. Phasen der Gründung		9
2. Die Errichtung der Gesellschaft		10–14
a) Feststellung der Satzung		11, 12
b) Übernahme der Aktien		13
c) Folgen der Errichtung		14
3. Die Vorbereitung der Handelsregisteranmeldung		15–34
a) Bestellung des ersten Aufsichtsrats		15
b) Bestellung des ersten Abschlussprüfers		16
c) Bestellung des ersten Vorstands		17
d) Gründungsbericht		18–22
aa) Erstattung		18
bb) Inhalt		19
cc) Hergang der Gründung (§ 32 Abs. 1 AktG)		20
dd) Sonderbeziehungen zu Vorstands- und Aufsichtsratsmitgliedern (§ 32 Abs. 3 AktG)		21
ee) Sacheinlagen, Sachübernahmen		22
e) Prüfung durch Mitglieder des Vorstands und des Aufsichtsrats		23, 24
aa) Generelle Prüfungspflicht		23
bb) Gegenstand der Prüfung		24
f) Gerichtlich bestellte Gründungsprüfer		25–28
aa) Bestellungsgründe		25
bb) Bestellung		26
cc) Umfang der Gründungsprüfung		27
dd) Prüfungsbericht		28
g) Notar als Prüfungsbeauftragter		29
h) Vorbereitung der Kapitaleinlagen		30
i) Einforderung der Kapitaleinlagen		31, 32
aa) Geldeinlagen		31
bb) Sacheinlagen		32
j) Kapitalaufbringung		33
k) Staatliche Genehmigung		34
4. Anmeldung zum Handelsregister		35–50
a) Voraussetzungen		35
b) Anmeldepflichtige Personen		36

c)	Anmeldepflicht	37
d)	Vertretung bei der Anmeldung	38
e)	Form der Anmeldung	39
f)	Inhalt der Anmeldung	40–50
	aa) Übersicht	40
	bb) Antrag auf Eintragung	41
	cc) Kapitalaufbringung	42
	dd) Erklärungen bei Bareinlagen	43
	ee) Erklärungen bei Sacheinlagen	44
	ff) Versicherung der Vorstandsmitglieder	45
	gg) Inländische Geschäftsanschrift	46
	hh) Vertretungsbefugnisse	47
	ii) Zeichnung der Vorstandsmitglieder	48
	jj) Anlagen	49
	kk) Lage der Geschäftsräume	50
5.	Prüfung durch das Gericht	52–58
	a) Übersicht	52
	b) Ordnungsgemäße Errichtung und Anmeldung	53–55
	aa) Prüfung der Errichtung	54
	bb) Prüfung der Anmeldung	55
	c) Mangelhafte Berichte	56
	d) Unzureichender Wert von Sacheinlagen und Sachübernahmen	57
	e) Satzungsmängel	58
6.	Entscheidung des Gerichts	60–63
	a) Eintragungsverfügung	60
	b) Zwischenverfügung	61
	c) Ablehnung der Eintragung	62
	d) Rechtsmittel	63
7.	Inhalt der Eintragung	64
8.	Bekanntmachung der Eintragung	65
9.	Folgen der Eintragung	66
10.	Folgen des Scheiterns der Eintragung	67
III.	Beteiligte der Gründung	70–156
1.	Übersicht	70, 71
2.	Immer notwendige Gründungsbeteiligte	72–129
	a) Gründer	72–86
	aa) Funktion und Aufgaben	72
	bb) Gründerfähigkeit	73
	cc) Natürliche Personen	74
	dd) Juristische Personen	75, 76
	ee) Rechtsfähige Personengesellschaften	77
	ff) Gesellschaft bürgerlichen Rechts	78
	gg) Nicht rechtsfähiger Verein	79
	hh) Erbengemeinschaft	80
	ii) Alleinerbe	81
	jj) Eheleute	82
	kk) Ausländische Personengemeinschaften	83
	ll) Treuhänder	84
	mm) Qualifizierte Gründerfähigkeit	85, 86
	b) Erster Aufsichtsrat	90–106
	aa) Gründungshaftung	91
	bb) Zusammensetzung	92, 93
	cc) Amtszeit	94–97
	dd) Bestellung	98, 99

Übersicht §2

		ee) Abberufung, Ausscheiden, Ersatzbestellung	100, 101
		ff) Vergütung	102
		gg) Mitbestimmungsrecht	103–106
	c)	Erster Vorstand	107–112
		aa) Bestellung, Zusammensetzung	108
		bb) Aufgaben des ersten Vorstandes	109, 110
		cc) Überschreitung der notwendigen Gründungsaufgaben	111
		dd) Vergütung	112
	d)	Notar	113–124
		aa) Übersicht	113
		bb) Beurkundung mit Unterschrift der Beteiligten	114
		cc) Beurkundung ohne Unterschrift der Beteiligten	115
		dd) Zeichnung vor dem Notar	116
		ee) Anerkenntnis der Unterschrift	117
		ff) Beurkundung in Sonderfällen	118
		gg) Belehrung über unbeschränkte Auskunftspflicht	119
		hh) Notargebühren	120–123
		ii) Ausländischer Notar	124
	e)	Registergericht	125–129
		aa) Zuständigkeit	125
		bb) Aufgaben	126
		cc) Eintragungsverfahren	127
		dd) Rechtsbehelfe	128
		ee) Gerichtskosten	129
3.	Regelmäßig notwendige Gründungsbeteiligte		130–137
	a)	Kontoführendes Institut	130
	b)	Gründungsprüfer oder Notar als Prüfungsbeauftragter	131–133
	c)	Gericht in Angelegenheiten der Gründungsprüfer	134–137
4.	Im Sonderfall notwendige Gründungsbeteiligte		140–147
	a)	Vertreter von Gründern	140–143
		aa) Bevollmächtigte von Gründern	141, 142
		bb) Gesetzliche Vertreter von Gründern	143
	b)	Vormundschaftsgericht	144
	c)	Genehmigungsbehörde	145, 146
	d)	Industrie- und Handelskammer	147
5.	Mittelbar von der Gründung Betroffene		148–156
	a)	Bundesanzeiger und andere Bekanntmachungsmedien	148
	b)	Erster Abschlussprüfer	149
	c)	Finanzamt	150
	d)	Für die Gründung verantwortliche Dritte	151–156
		aa) Treugeber von Gründern	152
		bb) Empfänger einer Vergütung für nicht satzungsgemäßen Gründungsaufwand	153
		cc) Mitwirkende bei der Verheimlichung von Gründungsaufwand	154
		dd) Mitwirkende bei der Schädigung der Gesellschaft durch Einlagen oder Sachübernahmen	155
		ee) Emittenten	156

§ 2 Die Gründung und die Entstehung durch Umwandlung

IV. Das Grundkapital und seine Aufbringung 159–326
  1. Das Grundkapital und seine Zerlegung in Aktien 159–163
     a) Das Grundkapital 159
     b) Zerlegung in Aktien 160, 161
     c) Ausgabebetrag 162, 163
  2. Aufbringung des Grundkapitals (Übersicht) 164, 165
  3. Bareinlagen 171–184
     a) Begriff 171
     b) Zeitpunkt der Leistung 172–174
        aa) Gesetzliche Mindesteinzahlung 172
        bb) Fälligkeitsregelung im Gründungsprotokoll.. 173
        cc) Freiwillige Überzahlung 174
     c) Formen der Einzahlung 175–178
        aa) Übersicht 175
        bb) Gesetzliche Zahlungsmittel 176
        cc) Gutschrift bei kontoführendem Institut 177
        dd) Währung 178
     d) Zahlung zur freien Verfügung des Vorstands 179, 180
        aa) Voraussetzungen 179
        bb) Endgültigkeit 180
     e) Nachweis der Kapitalaufbringung gegenüber
        dem Gericht 181, 182
        aa) Erklärungen in der Handelsregister-
            anmeldung 181
        bb) Bestätigung des kontoführenden Instituts.... 182
     f) Prüfung durch das Gericht 183
     g) Verjährung der Einzahlungspflicht 184
  4. Sacheinlagen 190–225
     a) Übersicht 190, 191
     b) Einlagefähige Vermögensgegenstände 192
     c) Bedeutung der Aktivierungsfähigkeit 193
     d) Forderungen als Sacheinlagen 194–198
        aa) Übersicht 194
        bb) Geldforderungen gegen den Gründer selbst .. 195
        cc) Geldforderungen gegen andere Gründer 196
        dd) Forderungen auf sonstige Vermögens-
            gegenstände 197
        ee) Forderungen auf Dienstleistungen 198
     e) Unternehmen als Sacheinlage 199
     f) Festsetzung der Sacheinlage in der Satzung 200–205
        aa) Übersicht 200
        bb) Festsetzung des Gegenstandes 201
        cc) Regelung der Differenzhaftung 202
        dd) Folgen fehlender Satzungsfestsetzung 203
        ee) Eintragung trotz fehlender Satzungsfest-
            setzung 204
        ff) Heilung fehlender Satzungsfestsetzung 205
     g) Zeitpunkt der Einlage 206
     h) Sacheinlagevertrag 207, 208
        aa) Begriff 207
        bb) Inhalt 208
     i) Bewertung der Sacheinlage 209–212
        aa) Bedeutung 209
        bb) Wertangaben in der Handelsregister-
            anmeldung 210

			cc) Bedeutung des Ausgabebetrags	211
			dd) Bewertungsmethoden	212
		j)	Folgen einer Überbewertung	222–225
			aa) Zeitpunkt der Feststellung	222
			bb) Prüfung durch Gericht	223
			cc) Maßgeblicher Ausgabebetrag	224
			dd) Differenzhaftung	225
	5.	Sachübernahme		226–229
		a)	Begriff	226
		b)	Gewährung einer Vergütung	227
		c)	Abgrenzung der Sachübernahmen	228
		d)	Gesetzliche Regeln	229
	6.	Fingierte Sacheinlage		230
	7.	Gemischte Sacheinlage		231
	8.	Mischeinlage		232–235
		a)	Begriff	232
		b)	Festsetzung in der Satzung	233–235
			aa) Anforderungen	233
			bb) Rechtsverbindlichkeit	234
			cc) Schwierigkeiten in der Praxis	235
	9.	Trenneinlage		236
	10.	Verdeckte Sacheinlage		240–242
		a)	Überblick	240
		b)	Begriff	241
		c)	Rechtsfolgen	242
			aa) Rechtslage vor Eintragung	243
			bb) Rechtslage nach Eintragung	244
		d)	Übergangsrecht	246
	11.	Haftung für die Kapitalaufbringung		247–293
		a)	Übersicht	247
		b)	Gründungsphasen	248–257
			aa) Vorgründungszeit	248–250
			bb) Vorgesellschaft	251–256
			cc) Nachgründungszeit	257
		c)	Haftung der Gründer	258–272
			aa) Verpflichtung zu Einlagen auf die übernommenen Aktien	259–263
			bb) Nebenverpflichtungen nach Satzung	264
			cc) Haftung für Einlagen anderer Gründer	265
			dd) Haftung für die Verletzung sonstiger Gründerpflichten	266, 267
			ee) Haftung für Verbindlichkeiten der Vorgründungsgesellschaft	268
			ff) Haftung für Verbindlichkeiten der Vorgesellschaft	269–272
		d)	Haftung der Treugeber von Gründern	273
		e)	Haftung von für die Gründung verantwortlichen Dritten	274–279
			aa) Haftung für nicht satzungsgemäßen Gründungsaufwand	275, 276
			bb) Haftung bei der Verheimlichung von Gründungsaufwand	277
			cc) Haftung bei Schädigung der Gesellschaft durch Einlagen oder Sachübernahmen	278
			dd) Haftung der Emittenten	279

f)	Haftung des Vorstands	280–285
	aa) Haftung für Kapitalaufbringung	281
	bb) Handelndenhaftung	282–284
	cc) Allgemeine Vorstandshaftung	285
g)	Haftung des Aufsichtsrats	286
h)	Haftung der Gründungsprüfer	287
i)	Außenhaftung, Innenhaftung	288
j)	Verzicht und Vergleich auf Ansprüche und Ersatzansprüche	289, 290
k)	Verjährung von Ansprüchen und Ersatzansprüchen	291, 292
l)	Strafrechtliche Verantwortlichkeit	293
12. Einpersonengründung		300–304
a)	Zulässigkeit	300
b)	Bareinlage	301, 302
c)	Sacheinlage	303
d)	Haftungsfragen	304
13. Nachgründung		310–326
a)	Begriff und Bedeutung der Nachgründung......	310
b)	Vertragspartner	311, 312
c)	Vertragsgegenstand	313
d)	Vergütung	314, 315
e)	Verfahren..............................	316–319
f)	Rechtsfolgen bei Verstoß	320
g)	Schadensersatz bei Nachgründung...........	321
h)	Strafrechtliche Verantwortung für Nachgründung	322
V. Die Satzung		329–394
1. Übersicht		329, 330
2. Mindestinhalt der Satzung		331–344
a)	Firma	332, 333
	aa) Rechtsformzusatz	332
	bb) Allgemeines Firmenrecht	333
b)	Sitz	334–336
	aa) Bestimmung des Sitzes	334
	bb) Bedeutung des Sitzes...................	335
	cc) Steuerliche Bedeutung des Sitzes	336
c)	Gegenstand des Unternehmens	337–340
	aa) Bestimmung des Unternehmensgegenstandes	337
	bb) Abgrenzung vom Gesellschaftszweck	338
	cc) Bedeutung des Unternehmensgegenstandes ..	339
	dd) Steuerliche Bedeutung des Unternehmensgegenstandes	340
d)	Grundkapital und Aktien	341
e)	Zahl der Vorstandsmitglieder	342
f)	Bekanntmachungen	343
g)	Notwendiger Inhalt nach anderen Gesetzen	344
3. Gründungsbezogene Satzungsbestimmungen		345–351
a)	Übersicht	345
b)	Sondervorteile..........................	346
c)	Gründungsaufwand	347
d)	Prüfung von Sondervorteilen und Gründungsaufwand	348
e)	Folgen der Verletzung von § 26 AktG	349

Übersicht

f) Änderung und Beseitigung der Satzungsbestimmungen nach § 26 AktG 350
g) Besteuerung von Sondervorteilen und Gründungsaufwand 351
4. Vom AktG abweichende Bestimmungen 352, 353
   a) Übersicht 352
   b) Verzeichnis der Ermächtigungen zur Abweichung der Satzung von Vorschriften des AktG (§ 23 Abs. 5 Satz 1 AktG) 353
5. Das AktG ergänzende Bestimmungen 354–360
   a) Übersicht 354
   b) Beispiele zulässiger Ergänzung 355, 356
   c) Beispiele unzulässiger Ergänzung 357
   d) Unechte (formelle) Satzungsbestimmungen 358–360
6. Auslegung der Satzung 361–363
7. Mängel der Satzung 364–387
   a) Übersicht 364
   b) Phase bis Vollzugsbeginn 365
   c) Phase nach Vollzugsbeginn 366
   d) Gerichtliche Prüfung der Satzung 367–373
      aa) Übersicht 367
      bb) Inhaltliche Satzungsmängel 368–371
      cc) Formelle Satzungsmängel 372, 373
   e) Eintragung mit Satzungsmängeln 374–386
      aa) Übersicht 374
      bb) Heilung durch Eintragung 375, 376
      cc) Heilung nach Eintragung 377
      dd) Heilung durch Satzungsänderung 378
      ee) Heilung durch Zeitablauf nach Eintragung ... 379
      ff) Klage auf Nichtigerklärung von Satzungsbestimmungen 380
      gg) Klage auf Nichtigerklärung der Gesellschaft 381–383
      hh) Geltendmachung von Satzungsmängeln „auf andere Weise" 384
      ii) Löschung der Gesellschaft wegen Satzungsmängeln 385
      jj) Auflösung wegen Satzungsmängeln 386
   f) Löschung unzulässiger Eintragungen 387
8. Satzungsergänzende Nebenabreden 390–394
   a) Begriff 390
   b) Zulässigkeitsgrenzen 391–393
   c) Rechtsfolgen 394
VI. Die Publizität der Gründung 400–403
   1. Publizität des Handelsregisters 400, 401
      a) Information der Öffentlichkeit 400
      b) Rechtliche Publizitätswirkungen 401
   2. Publizitätspflichten betr. Beteiligungsverhältnisse ... 402, 403
      a) Konzernbildung 402
      b) Einpersonengründung 403
VII. Gründungskosten 404
VIII. Die Rechnungslegung der Gründung 408–416
   1. Eröffnungsbilanz 408–413
      a) Stichtag 409
      b) Ausweis des Eigenkapitals 410, 411

§ 2 Die Gründung und die Entstehung durch Umwandlung

	c) Bewertung von Sacheinlagen	412
	d) Gründungsaufwand, Ingangsetzungsaufwand	413
2.	Vermögensbilanzen wegen Unterbilanz- oder Differenzhaftung	414–416
	a) Unterbilanzhaftung	415
	b) Differenzhaftung	416
IX.	Die Gründung im Steuerrecht	417–427
1.	Entstehung der AG als Steuersubjekt	417–420
	a) Ertragssteuern	417, 418
	aa) Körperschaftsteuer	417
	bb) Gewerbesteuer	418
	b) Verkehrsteuern	419, 420
	aa) Umsatzsteuer	419
	bb) Grunderwerbsteuer	420
2.	Sacheinlagen im Steuerrecht	421–427
	a) Wertansatz bei der Gesellschaft	421–423
	aa) Teilwert	421
	bb) Anschaffungs- oder Herstellungskosten, Entnahmewert	422
	cc) Gemeiner Wert, Buchwert, Zwischenwert	423
	b) Besteuerung des einlegenden Gründers	424–426
	aa) Besteuerung eines Gewinns anlässlich der Sacheinlage	425
	bb) Besteuerung bei der späteren Veräußerung der erhaltenen bzw. eingebrachten Anteile	426

C. Die Entstehung der AG durch Umwandlung 430–468

I.	Übersicht	430–436
1.	Umwandlungsformen	430, 431
2.	Umwandlungsfähige Rechtsträger	432–434
3.	Besondere Voraussetzungen für die Umwandlungsfähigkeit von Rechtsträgern	435
4.	Anzahl der beteiligten Rechtsträger	436
II.	Anwendung der Gründungsvorschriften des AktG	437–457
1.	Gründer nach UmwG	438
2.	Gründungsverfahren nach UmwG	439–457
	a) Feststellung der Satzung	440
	b) Umwandlungsbedingter Satzungsinhalt	441–444
	aa) Sacheinlagen	442
	bb) Sondervorteile	443
	cc) Übernahme von Satzungsbestimmungen	444
	c) Zuteilung der Aktien	445
	d) Gründungsbericht	446
	e) Prüfung durch Vorstand und Aufsichtsrat	447
	f) Gründungsprüfung	448
	g) Registeranmeldungen	449
	h) Anmeldepflichtige Personen	450–453
	aa) Verschmelzung durch Neugründung	451
	bb) Spaltung zur Neugründung	452
	cc) Formwechselnde Umwandlung	453
	i) Entstehung der AG	454–457
	aa) Verschmelzung durch Neugründung	455
	bb) Spaltung durch Neugründung	456
	cc) Formwechselnde Umwandlung	457
III.	Nachhaftung für Verbindlichkeiten	458

Übersicht §2

 IV. Rechnungslegung der Entstehung durch Umwandlung .. 459–462
  1. Verschmelzung und Spaltung durch Neugründung .. 459, 460
   a) Schlussbilanz 459
   b) Eröffnungsbilanz 460
  2. Formwechselnde Umwandlung 461
  3. Vermögensbilanzen wegen Unterbilanz- oder Differenzhaftung 462
 V. Umwandlungssteuerrecht 463–466
  1. Übersicht 463
  2. Formwechsel von OHG, KG, PartG und KGaA in AG 464
  3. Verschmelzung von OHG, KG, PartG und KGaA auf neue AG 465
  4. Spaltung von nicht der KSt unterliegenden Rechtsträgern auf neue AG 466
 VI. Von der GmbH & Co. KG zur AG 467, 468
  1. Wege nach UmwG 467
  2. Anwachsung 468

D. Mantelverwendung statt Gründung und Umwandlung .. 469–483
 I. Übersicht 469
 II. Vorratsgesellschaft 470–478
  1. Zulässigkeit der Gründung 470
  2. Wirtschaftliche Neugründung 471
  3. Folgen der Vorratsgründung 472–477
   a) Aufbringung des Mindestgrundkapitals 473
   b) Gründungsbericht und Gründungsprüfung 474
   c) Anmeldung der Vorratsgründung, Prüfung durch das Gericht 475
   d) Auswirkung der AG-Rechtsprechung auf Altfälle? 476
   e) Wirtschaftliche Neugründung ohne Änderung des Unternehmensgegenstandes 477
  4. Haftung für wirtschaftliche Neugründung 478
 III. Verwendung „gebrauchter" Gesellschaftsmäntel 479–483
  1. Zulässigkeit 480
  2. Abgrenzung zu Umorganisation und Sanierung 481
  3. Folgen der Mantelgründung 482
  4. Steuerlicher Verlustvortrag 483

E. Die Gründung der KGaA und ihre Entstehung durch Umwandlung 490–513
 I. Gründung nach AktG 490–501
  1. Übersicht 490
  2. Die Gründer 491–494
   a) Persönlich haftende Gesellschafter 492
   b) Kommanditaktionäre 493
   c) Zahl der Gründer, Einpersonen-KGaA 494
  3. Gründungsverfahren 495
  4. Die Satzung der KGaA 496
  5. Die Gründung der KGaA in der Rechnungslegung .. 497
  6. Die Gründung der KGaA im Steuerrecht 498–501
   a) Sacheinlagen aus Privatvermögen des phG 499
   b) Sacheinlagen aus Betriebsvermögen des phG 500, 501

II. Die Entstehung der KGaA durch Umwandlung 510–513
  1. Formwechsel und Neugründung durch Verschmelzung und Spaltung 510–512
     a) Formwechsel in KGaA 511
     b) Verschmelzung und Spaltung durch Neugründung 512
  2. Umwandlungssteuerrecht 513

A. Die Wege zur Aktiengesellschaft und zur Kommanditgesellschaft auf Aktien

I. Übersicht

1 Viele Wege führen zur AG bzw. KGaA. Für die Praxis sind davon die wenigsten im AktG angelegt. Das Leitbild des AktG geht von einer Gesellschaftsgründung mit einzuzahlendem Geld aus und von der Geduld, bis zur Handelsregistereintragung nichts zu unternehmen, will man das Privileg der auf die Kapitaleinlage beschränkten Haftung uneingeschränkt genießen. In der Praxis ist die AG bzw. KGaA aber in erster Linie die Rechtsform zur Fortführung eines bereits etablierten Unternehmens, sei es um einen Börsengang durchzuführen oder um das mit der Rechtsform verbundene Ansehen am Markt zu nutzen. Zwar sieht auch das AktG die Gründung durch Einbringung eines Unternehmens vor, doch bestimmt oft das Steuerrecht den Weg zur AG bzw. KGaA über das Umwandlungsgesetz (UmwG). Um schneller zu einer AG bzw. KGaA zu gelangen, wird auch zunehmend der Weg über die Verwendung einer Vorabgesellschaft oder eines Gesellschaftsmantels beschritten. Wie immer man zu einer AG bzw. KGaA gelangt: Es bleibt unerlässlich, sich mit den Gründungsvorschriften des AktG und ihren Haftungsfolgen zu befassen, die zumeist auch für das Umwandlungsrecht gelten und durchaus auch für den Weg der Vorratsgründung Mantelverwendung zu beachten sind. Nachfolgend ein Wegweiser für die Hauptwege zur AG bzw. KGaA, zu denen es teilweise noch Nebenwege gibt.

A. Wege zur AG und zur KGaA

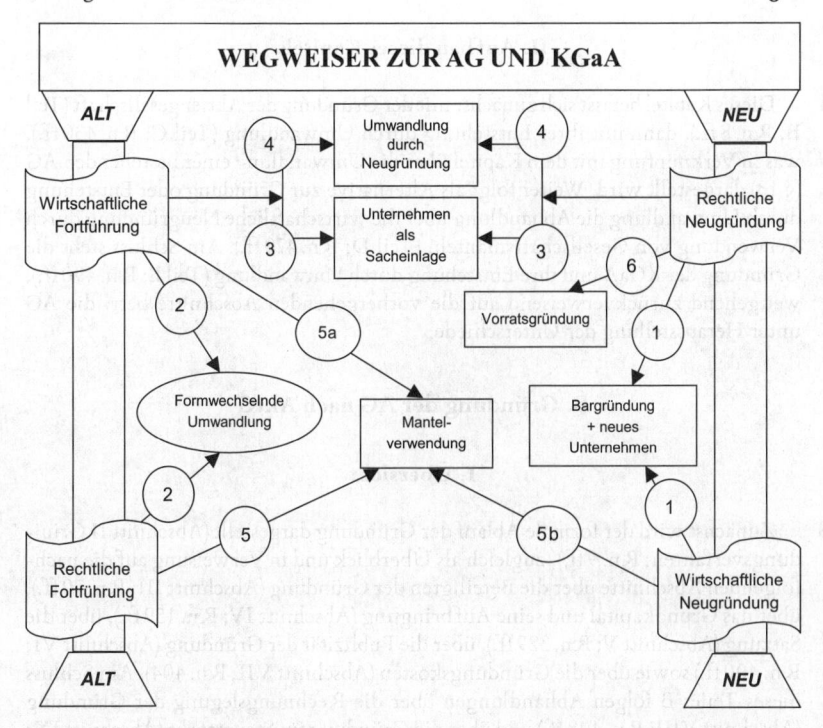

WEGWEISER ZUR AG UND KGaA

[Diagramm mit den Knoten: ALT (Wirtschaftliche Fortführung, Rechtliche Fortführung) – NEU (Rechtliche Neugründung, Wirtschaftliche Neugründung); zentrale Elemente: Umwandlung durch Neugründung, Unternehmen als Sacheinlage, Vorratsgründung, Formwechselnde Umwandlung, Mantelverwendung, Bargründung + neues Unternehmen; Verbindungen mit den Nummern 1, 2, 3, 4, 5, 5a, 5b, 6]

Legende:
(1) **Bargründung** zur Gründung eines neuen Unternehmens: Gesetzlicher Regelfall; s. Rn. 171 ff.
(2) **Formwechselnde Umwandlung** aus einer anderen Rechtsform in AG bzw. KGaA unter Wahrung der rechtlichen, wirtschaftlichen und teilweise der steuerlichen Identität; §§ 190 ff. UmwG; s. Rn. 430 ff.
(3) **Sachgründung** durch Einbringung eines Unternehmens; §§ 27, 31 AktG; s. Rn. 190 ff., 199.
(4) **Umwandlung durch Neugründung** einer AG bzw. KGaA nach UmwG in zwei Grundtypen:
a) **Verschmelzung durch Neugründung** unter Übertragung der Vermögen zweier oder mehrerer Rechtsträger jeweils als Ganzes auf die neue AG bzw. KGaA gegen Gewährung von deren Aktien an die Anteilsinhaber der dadurch ohne Abwicklung aufgelösten übertragenden Rechtsträger (Joint-Venture-Fusion); §§ 2 Nr. 2, 56 ff., 73 ff. UmwG; s. Rn. 430 ff.; § 13 Rn. 2 f.
b) **Spaltung durch Neugründung** in drei Untertypen:
aa) **Aufspaltung** des Vermögens eines Rechtsträgers zur Neugründung einer oder mehrerer anderer Rechtsträger durch gleichzeitige Übertragung der Vermögensteile jeweils als Gesamtheit auf die neuen Rechtsträger gegen Gewährung von Anteilen oder Mitgliedschaften dieser Rechtsträger (also Aktien bei einer hierbei neugegründeten AG) an die Anteilsinhaber des dadurch aufgelösten übertragenden Rechtsträgers; §§ 123 Abs. 1, 135 ff., 141 ff. UmwG; s. Rn. 430 ff., § 13 Rn. 251 ff.
bb) **Abspaltung** eines oder mehrerer Teile des Vermögens eines fortbestehenden Rechtsträgers durch Übertragung jeweils als Gesamtheit auf einen oder mehrere von ihm neugegründete(n) Rechtsträger gegen Gewährung von Anteilen oder Mitgliedschaften des/der neuen Rechtsträger(s) (also Aktien bei einer hierbei neugegründeten AG) an die Anteilseigner des übertragenden Rechtsträgers; §§ 123 Abs. 2, 135 ff., 141 ff. UmwG; s. Rn. 430 ff.
cc) **Ausgliederung** eines oder mehrerer Teile des Vermögens eines fortbestehenden Rechtsträgers durch Übertragung jeweils als Gesamtheit auf einen oder mehrere von ihm neugegründete(n) Rechtsträger gegen Gewährung von Anteilen oder Mitgliedschaften des/der neuen Rechtsträger(s) (also Aktien bei einer hierbei neugegründeten AG) an den übertragenden Rechtsträger; §§ 123 Abs. 3, 135 ff., 141 ff. UmwG; s. Rn. 430 ff.
(5) **Mantelverwendung**: Anstatt einer Neugründung wird eine wirtschaftlich inaktive AG bzw. KGaA verwendet, sei es eine eigens hierzu auf Vorrat gegründete bisher wirtschaftlich inaktive sog. Vorratsgesellschaft (Nr. 6), sei es eine AG bzw. KGaA, die ihren früheren Wirtschaftsbetrieb eingestellt hat. Die Mantelverwendung kann sowohl (5a) für eine Unternehmensgründung erfolgen als auch (5b) für die Einbringung eines bestehenden Unternehmens; zu beiden Rn. 480 ff.
(6) **Vorratsgründung**: Gründung für noch unbestimmten Zweck (s. a. Nr. 5); s. Rn. 471 ff.

II. Aufbau dieses Kapitels

4 Dieses Kapitel befasst sich zunächst mit der Gründung der Aktiengesellschaft (Teil B; Rn. 8 ff.), dann mit ihrer Entstehung durch Umwandlung (Teil C; Rn. 430 ff.), was in Verknüpfung mit dem Kapitel über die Umwandlung einer bestehenden AG (§ 13) dargestellt wird. Weiter folgt als Alternative zur Gründung oder Entstehung durch Umwandlung die Abhandlung über die wirtschaftliche Neugründung durch Verwendung von Gesellschaftsmänteln (Teil D; Rn. 470 ff.). Am Schluss steht die Gründung der KGaA und ihre Entstehung durch Umwandlung (Teil E; Rn. 490 ff.), weitgehend zurückverweisend auf die vorhergehenden Abschnitte betr. die AG unter Herausstellung der Unterschiede.

B. Gründung der AG nach AktG

I. Übersicht

8 Zunächst wird der formale Ablauf der Gründung dargestellt (Abschnitt II Gründungsverfahren; Rn. 9 ff.), zugleich als Überblick und in Verweisung auf die nachfolgenden Abschnitte über die Beteiligten der Gründung (Abschnitt III; Rn. 70 ff.), über das Grundkapital und seine Aufbringung (Abschnitt IV; Rn. 159 ff.), über die Satzung (Abschnitt V; Rn. 329 ff.), über die Publizität der Gründung (Abschnitt VI; Rn. 400 ff.) sowie über die Gründungskosten (Abschnitt VII; Rn. 404). Am Schluss dieses Teiles B folgen Abhandlungen über die Rechnungslegung der Gründung (Abschnitt VIII; Rn. 408 ff.) und über die Gründung im Steuerrecht (Abschnitt IX; Rn. 417 ff.).

II. Gründungsverfahren

1. Phasen der Gründung

9 Die Gründung verläuft regelmäßig in drei Phasen, dem Vorgründungsstadium, dem sich hieran anschließenden Gründungsstadium und dem Stadium der eingetragenen Aktiengesellschaft. Das **Vorgründungsstadium** beginnt mit der Vorbereitung der notwendigen Gründungshandlungen (s. Rn. 10). Dieses Stadium ist vom AktG weder organisations- noch haftungsrechtlich geregelt (s. Rn. 248), bereits in diesem Zeitpunkt kann es aber zu einer zwischen den späteren Gründern bestehenden Gesellschaft, der Vorgründungsgesellschaft kommen (s. Rn. 248 ff.). Die Phase der Vorgründungszeit endet mit der Errichtung der Gesellschaft durch Unterzeichnung des notariellen Gründungsprotokolls und der Übernahme der Aktien (§§ 23, 29 AktG; s. Rn. 10). Mit der Errichtung beginnt die **Gründungsphase** (s. Rn. 14 ff.), in der bereits eine Vorgesellschaft (Vor-AG) als eigenständiges und von den Gründern klar zu unterscheidendes Zuordnungssubjekt besteht (s. Rn. 251 ff.). Das Gründungsstadium und die Vor-AG enden mit der **Entstehung** der AG durch Eintragung im Handelsregister (§ 41 Abs. 1 Satz 1 AktG; s. Rn. 64). Obwohl an sich die Gründung mit der Eintragung der Gesellschaft erfolgreich beendet ist, umfassen die Gründungsbestimmungen (§§ 23-53 AktG) auch die Phase der **Nachgründung**, die zwei Jahre ab Eintragung dauert und während der bestimmte Anschaffungsverträge der Gesellschaft den Gründungsvorschriften unterliegen (§§ 52 f. AktG; s. Rn. 310 ff.).

B. Gründung der AG nach AktG   10–13 § 2

2. Die Errichtung der Gesellschaft

Die Gesellschaft wird durch einen oder mehrere Gründer (§§ 2, 28 AktG; **10**
s. Rn. 72 ff.) errichtet, indem durch notarielle Beurkundung (§ 23 Abs. 1 Satz 1
AktG; s. Rn. 114), bei Bevollmächtigten aufgrund notariell beglaubigter Vollmacht (§ 23 Abs. 1 Satz 2 AktG; s. Rn. 117, 141 f.) die Satzung festgestellt wird
(s. Rn. 11) und alle Aktien durch die Gründer übernommen werden (§ 23 Abs. 2
AktG; s. Rn. 13). Beides soll notwendig in einer Urkunde erfolgen müssen,[1] was
nicht überzeugt,[2] zumal getrennte Beurkundungen für die einzelnen Gründer
allgemein für zulässig gehalten werden.[3] **Änderungen** der Satzung und der Übernahmeerklärungen bedürfen bis zur Eintragung der Gesellschaft erneuter Beurkundung durch sämtliche Gründer (bei Ausscheiden eines Gründers auch durch
ihn), wobei sich völlige Wiederholung der den Änderungen angepassten Wortlaute
empfiehlt, zumindest eine notarielle Bescheinigung über den für die Eintragung
maßgebenden Wortlaut von Satzung und Übernahmeerklärungen analog § 181
Abs. 1 Satz 2 AktG.[4]

a) Feststellung der Satzung

Der Satzung ist ein besonderer Abschnitt gewidmet (Abschnitt V, Rn. 329 ff.). **11**
Der Mindestinhalt der Satzung ergibt sich aus § 23 Abs. 3 und 4 AktG (s. Rn. 331 ff.),
aber auch aus anderen Gesetzen (s. Rn. 344). Zusätzliche Bestimmungen der Satzung dürfen vom AktG nur abweichen, wenn es ausdrücklich gesetzlich zugelassen
ist (§ 23 Abs. 5 Satz 1 AktG; s. Rn. 352 ff.). Ergänzende Bestimmungen sind zulässig, es sei denn, das AktG enthält eine abschließende Regelung (§ 23 Abs. 1 Satz 2
AktG; s. Rn. 354 ff.). Zulässig sind auch unechte (formelle) Satzungsbestimmungen
(s. Rn. 358 ff.).
Gründungsbezogene Satzungsbestimmungen muss die Satzung in folgenden **12**
Fällen enthalten (auch Rn. 345 ff.):
– Sacheinlagen und Sachübernahmen (§ 27 Abs. 1 Satz 1 AktG; s. Rn. 200 ff.,
  226 ff.);
– Sondervorteile (§ 26 Abs. 1 AktG; s. Rn. 346);
– Gründungsaufwand (§ 26 Abs. 2 AktG; s. Rn. 347).

b) Übernahme der Aktien

In der notariellen Urkunde sind neben der Satzungsfeststellung folgende Anga- **13**
ben zu machen (§ 23 Abs. 2 AktG):

Nr. 1: die **Gründer** (§§ 2, 28 AktG; zur Gründerfähigkeit Rn. 73 ff.);
Nr. 2: bei **Nennbetragsaktien** (§ 8 Abs. 2 AktG; s. Rn. 160 f., 341, § 3 Rn. 6 ff.) der Nennbetrag, bei **Stückaktien** (§ 8 Abs. 3 AktG; s. Rn. 160 f., 341, § 4 Rn. 12 ff.) die Zahl, der Ausgabebetrag (§ 9 AktG; s. Rn. 162 f.) und, wenn mehrere **Gattungen** bestehen (§ 11 AktG; § 3 Rn. 66 ff.) die Gattung der Aktien, die jeder Gründer übernimmt (§ 29 AktG; § 3 Rn. 66 ff.);
Nr. 3: der **eingezahlte Betrag des Grundkapitals,** womit die vom Gesetz nicht geforderte, also freiwillige Einzahlung bis zur Beurkundung gemeint ist, nicht der bis zur Han-

---

[1] MünchKomm. AktG/Bd. 1/*Pentz* § 23 Rn. 28 mwN.
[2] Differenzierend Großkomm. AktG/*Röhricht* § 23 Rn. 36 ff., 40, 70.
[3] MünchKomm. AktG/Bd. 1/*Pentz* § 23 Rn. 29; *Hüffer/Koch* AktG § 23 Rn. 9 mwN; Großkomm. AktG/*Röhricht* § 23 Rn. 39.
[4] Großkomm. AktG/*Röhricht* § 23 Rn. 42.

delsregisteranmeldung einzufordernde und zu leistende Betrag[5] (§§ 36 Abs. 2 Satz 1, 36a Abs. 1 AktG; s. Rn. 172 ff.).

c) Folgen der Errichtung

14 Mit der Feststellung der Satzung (s. Rn. 11) und der Übernahme aller Aktien durch die Gründer (s. Rn. 13) ist die Gesellschaft errichtet (§§ 28 f. AktG). Als Folge der Errichtung entsteht nach der Rechtsprechung die **Vorgesellschaft** (s. Rn. 251 ff.), die die Gründer zur **Kapitalaufbringung** (§§ 36 Abs. 2 Satz 1, 36a AktG; s. Rn. 33, 164 ff.) und zur Förderung der Eintragung verpflichtet und für deren Kapitalbestand im Zeitpunkt der Eintragung der AG im Handelsregister bei vorheriger Geschäftsaufnahme sie haften (s. Rn. 269 ff.), bei Scheitern der Eintragung auch unbeschränkt (s. Rn. 271 f.). Zur **Bewirkung der Eintragung** haben die Gründer bestimmte gesetzliche Aufgaben (§§ 30–32, 35–37 AktG; s. Rn. 15 ff.), deren Verletzung zu Schadensersatz verpflichtet (§ 46 AktG; s. Rn. 265 ff.). Gleiches gilt für die ersten Mitglieder von Aufsichtsrat (§§ 30 Abs. 4, 33 f., 36 ff. AktG; s. Rn. 17 ff., 90 ff.) und Vorstand (§§ 33 f., 36 ff. AktG; s. Rn. 23 ff.) sowie für die Gründungsprüfer (§§ 33 ff. AktG; s. Rn. 27 f.) bei allen bestehen Schadensersatzrisiken (§§ 48 f. AktG; s. Rn. 280 ff., 286 f.). Alle diese Beteiligten der Gründung können auch bei Pflichtverletzungen im Gründungsverfahren besonderen strafrechtlichen Sanktionen unterliegen (§ 399 AktG; s. Rn. 293).

3. Die Vorbereitung der Handelsregisteranmeldung

a) Bestellung des ersten Aufsichtsrats

15 Die Gründer haben den ersten Aufsichtsrat (s. Rn. 90 ff.) in notarieller Urkunde zu bestellen (§ 30 Abs. 1 AktG; Rn. 98 ff.), was üblicherweise – aber nicht zwingend – in einer Urkunde mit der Satzungsfeststellung (zu dieser § 23 AktG; s. Rn. 10 ff.) erfolgt.[6] Die vollständige Besetzung des ersten Aufsichtsrats (s. Rn. 92 f.) ist zwingende Voraussetzung für die Eintragung der Gesellschaft im Handelsregister (s. Rn. 53; zu den Pflichten des ersten Aufsichtsrats im Gründungsverfahren Rn. 17, 23 f., 36 f.). Sind sich die Gründer nicht einig über die Besetzung des ersten Aufsichtsrats, ist dieser zu wählen (§ 101 Abs. 1 AktG analog; s. Rn. 98 f.). Sieht die Satzung ein **Entsendungsrecht** vor (§ 101 Abs. 2 AktG, § 7 Rn. 211 f.), gilt dies auch schon für den ersten Aufsichtsrat (s. Rn. 93).

b) Bestellung des ersten Abschlussprüfers

16 Falls unabhängig von einer gesetzlichen Prüfungspflicht die Satzung die Abschlussprüfung vorschreibt oder atypischerweise bereits für den ersten Abschlussstichtag mit einer gesetzlichen Prüfungspflicht zu rechnen ist (§ 316 Abs. 1 HGB; s. Rn. 149), haben die Gründer zu notarieller Urkunde den Abschlussprüfer für das erste Voll- oder Rumpfgeschäftsjahr zu bestellen (§ 30 Abs. 1 AktG). Für das Bestellungsverfahren gelten im Übrigen die Grundsätze für die Bestellung des ersten Aufsichtsrates (s. Rn. 15, 53 ff.), jedoch mit dem Unterschied, dass bei Unterlassen der Bestellung das Gericht die Gesellschaft gleichwohl eintragen muss (s. Rn. 149).

---

[5] *Hüffer/Koch* AktG § 23 Rn. 19 mwN.
[6] *Hüffer/Koch* AktG § 30 Rn. 3.

c) Bestellung des ersten Vorstands

Der von den Gründern bestellte erste Aufsichtsrat (s. Rn. 15) hat den ersten Vorstand (s. Rn. 17 ff.) als zwingende Voraussetzung für die Eintragung der Gesellschaft zu bestellen (§ 30 Abs. 4 AktG; s. Rn. 53 ff.). Die Besetzung und Vertretungsbefugnis des ersten Vorstandes bestimmt sich nach den allgemeinen Regelungen von Gesetz und Satzung für die Zeit nach Eintragung der Gesellschaft, wenn die Satzung nichts Abweichendes für die Gründungsgesellschaft regelt (s. Rn. 107 ff.). **17**

d) Gründungsbericht

aa) Erstattung. Die Gründer haben persönlich (keine Vertretung möglich)[7] über den Hergang der Gründung einen Gründungsbericht schriftlich zu erstatten (§ 32 Abs. 1 AktG), der Gegenstand der Gründungsprüfung ist (§§ 33 ff. AktG; s. Rn. 27) und der Handelsregisteranmeldung als Eintragungsvoraussetzung beizufügen ist (§§ 37 Abs. 4 Nr. 4, 38 Abs. 1 AktG). Die offensichtliche Unrichtigkeit oder Unvollständigkeit des Berichtes oder ein Verstoß gegen gesetzliche Vorschriften (zB fehlende Unterschriften der Gründer; § 126 BGB) führen ebenfalls zur Ablehnung der Eintragung (§ 38 Abs. 2 Satz 1 AktG; s. Rn. 53), wenn die Mängel nicht behoben werden (§ 382 Abs. 4 FamFG; s. Rn. 61). Für die Richtigkeit und Vollständigkeit des Gründungsberichts haften die Gründer der Gesellschaft auf Schadensersatz (§ 46 AktG; s. Rn. 266 f.) und sind hierfür auch strafrechtlich verantwortlich (§ 399 Abs. 1 Nr. 2 AktG; s. Rn. 293). Der **Zeitpunkt** für die Erstattung des Gründungsberichtes bestimmt sich nach seinem Inhalt (s. Rn. 19 ff.), dh es müssen alle Tatsachen vorliegen, über die zu berichten ist. Ein **Nachtrag** zum Gründungsbericht ist zu erstatten, wenn sich vor Eintragung der Gesellschaft Änderungen ergeben, die den ursprünglichen Gründungsbericht unrichtig oder unvollständig machen.[8] **18**

bb) Inhalt. Zum Inhalt des Gründungsberichts[9] gehören immer die allgemeinen Angaben über den Hergang der Gründung (§ 32 Abs. 1 AktG; s. Rn. 20) und Angaben, ob und welche Sonderbeziehungen der Gesellschaft zu Vorstands- und Aufsichtsratsmitgliedern iSv § 32 Abs. 3 AktG bestehen (s. Rn. 21). Spezielle Angaben sind im Falle von Sacheinlagen oder Sachübernahmen erforderlich (§ 32 Abs. 2 AktG; s. Rn. 22). **19**

cc) Hergang der Gründung (§ 32 Abs. 1 AktG). Hierzu sind folgende Angaben zu machen, auch wenn sie sich bereits aus der Feststellungsurkunde (s. Rn. 10), insb. aus der Satzung ergeben:[10] **20**

– Tag der Errichtung der Gesellschaft und Hinweis auf die Errichtungsurkunde (§§ 23, 29 AktG; s. Rn. 10 ff.);
– Angaben über die Satzungsbestimmungen zu Firma und Sitz (§ 23 Abs. 3 Nr. 1 AktG; s. Rn. 332 ff.) und Höhe und Zerlegung des Grundkapitals (§ 23 Abs. 3 Nr. 3 und 4 AktG; s. Rn. 341);
– Angaben nach § 23 Abs. 2 AktG zu den Aktien (s. Rn. 13);[11] zu dem in der Aktienrechtsnovelle 2016 grundsätzlich vorgesehenen Zwang für nichtbörsennotierte Gesellschaften, Namensaktien auszugeben, s. § 3 Rn. 22 s. a. § 34 Abs. 1 Nr. 1 AktG (s. Rn. 24);

---

[7] Einhellige Meinung, vgl. *Hüffer/Koch* AktG § 32 Rn. 2; MünchKomm. AktG/Bd. 1/*Pentz* § 32 Rn. 6 mwN.
[8] *Hüffer/Koch* AktG § 32 Rn. 2 mwN; MünchKomm. AktG/Bd. 1/*Pentz* § 32 Rn. 37 mwN.
[9] Siehe auch die Muster in den Formularbüchern *Happ/Mulert* Aktienrecht, Abschnitt 2.01.
[10] *Hüffer/Koch* AktG § 32 Rn. 3; MünchKomm. AktG/Bd. 1/*Pentz* § 32 Rn. 12.
[11] Ebenso Großkomm. AktG/*Röhricht* § 32 Rn. 7; *Hüffer/Koch* AktG § 32 Rn. 3; MünchKomm. AktG/Bd. 1/*Pentz* § 32 Rn. 13.

- Angaben über Einlagen auf das Grundkapital (§ 34 Abs. 1 Nr. 1 AktG; s. Rn. 24), soweit diese bereits geleistet sind;[12]
- Angaben über die Bestellung einer Sicherung bei Einpersonengründung (§ 36 Abs. 2 Satz 2 AktG; s. Rn. 302);
- Angaben über die Festsetzungen in der Satzung betr. Sondervorteile (§ 26 Abs. 1 AktG; s. Rn. 346) und Gründungsaufwand (§ 26 Abs. 2 AktG; s. Rn. 347); Negativerklärung ist nicht zwingend erforderlich (anders in den Fällen von § 32 Abs. 3 AktG; s. Rn. 21), aber im Hinblick auf § 34 Abs. 1 Nr. 1 AktG (s. Rn. 24) zu empfehlen;
- Angaben über Mitglieder des ersten Aufsichtsrats und des ersten Vorstands und den Tag[13] und das Verfahren ihrer Bestellung (§§ 30 f. AktG; s. Rn. 15, 17, 90 ff., 107 ff.).

21 **dd) Sonderbeziehungen zu Vorstands- und Aufsichtsratsmitgliedern (§ 32 Abs. 3 AktG).** Hierüber ist immer zu berichten und zwar auch durch Negativerklärung, falls solche nicht vorliegen. Der Gründungsbericht muss daher Angaben betreffend diese Organmitglieder enthalten,

- ob und in welchem Umfang bei der Gründung Aktien für Rechnung der Organmitglieder übernommen worden sind (wegen Gründungsprüfungspflicht nach § 33 Abs. 2 Nr. 2 AktG; s. Rn. 25; s. a. § 46 Abs. 5 AktG; s. Rn. 273);
- ob und in welcher Weise die Organmitglieder sich einen Sondervorteil (§ 26 Abs. 1 AktG; s. Rn. 346) oder sich für die Gründung oder ihre Vorbereitung eine Entschädigung oder Belohnung ausbedungen haben (als Gründungsaufwand iSv § 26 Abs. 2 AktG; s. Rn. 347; im Unterschied zur Satzungsfestsetzung genügt hier nicht die Angabe des Gesamtaufwandes, vielmehr ist die Art der Gründungsleistung und die ausbedungene Gegenleistung für jedes betroffene Organmitglied aufzuschlüsseln).

22 **ee) Sacheinlagen, Sachübernahmen.** Sind diese in der Satzung festgesetzt (§ 27 Abs. 1 Satz 1 AktG; s. Rn. 200 ff., 226 ff., 345), hat der Gründungsbericht die wesentlichen Umstände darzulegen, von denen die Angemessenheit der Leistungen abhängt (§ 32 Abs. 2 Satz 1 AktG); gemeint sind damit vor allem Angaben als Grundlage für die Überprüfung der Werthaltigkeit der Leistungen durch die Gründungsprüfung (§ 34 Abs. 3 Nr. 2 AktG; s. Rn. 24) und durch das Registergericht (§ 38 Abs. 2 Satz 2 AktG; s. Rn. 55).[14] Dabei sind anzugeben (§ 32 Abs. 2 Satz 2 Nr. 1 bis 3 AktG),

Nr. 1: die **vorausgegangenen Rechtsgeschäfte** zum Erwerb der Leistungsgegenstände, falls diese bereits mit dem Ziel[15] der nachfolgenden Übertragung auf die Gesellschaft erworben worden sind;

Nr. 2: die **Anschaffungs- und Herstellungskosten** (§ 255 HGB; § 11 Rn. 501 ff.) der Leistungsgegenstände, falls diese in den letzten beiden Jahren erworben worden sind;

Nr. 3: beim **Übergang eines Unternehmens** auf die Gesellschaft die Betriebserträge aus den letzten beiden Geschäftsjahren; anzugeben ist unabhängig von der Rechtsform des Unternehmens das Jahresergebnis[16] (Jahresüberschuss/Jahresfehlbetrag iSv §§ 266 Abs. 3 A. V., 275 Abs. Nr. 20 HGB) und die Angabe des außerordentlichen Ergebnisses[17] (§ 275 Abs. 2 Nr. 17 HGB).

Zu Nr. 1 und 2 sind ggf. Negativerklärungen abzugeben.[18] Die Frist nach Nr. 2 bezieht sich auf den Tag der Satzungsfeststellung (§§ 23 Abs. 1, 27 Abs. 1 Satz 1 AktG;

---

[12] Großkomm. AktG/*Röhricht* § 34 Rn. 5; MünchKomm. AktG/Bd. 1/*Pentz* § 34 Rn. 12.
[13] *Hüffer/Koch* AktG § 32 Rn. 3; Großkomm. AktG/*Röhricht* § 32 Rn. 7; MünchKomm. AktG/Bd. 1/*Pentz* § 32 Rn. 13.
[14] MünchKomm. AktG/Bd. 1/*Pentz* § 32 Rn. 15.
[15] *Hüffer/Koch* AktG § 32 Rn. 5.
[16] MünchKomm. AktG/Bd. 1/*Pentz* § 32 Rn. 25; Großkomm. AktG/*Röhricht* § 32 Rn. 16.
[17] Großkomm. AktG/*Röhricht* § 32 Rn. 16; abweichend MünchKomm. AktG/Bd. 1/*Pentz* § 32 Rn. 25: um außerordentliches Ergebnis bereinigtes Jahresergebnis.
[18] Allgemeine Meinung; *Hüffer/Koch* AktG § 32 Rn. 5; Großkomm. AktG/*Röhricht* § 32 Rn. 9.

B. Gründung der AG nach AktG 23, 24 § 2

s. Rn. 200 ff., 226 ff.),[19] bei Nr. 3 ist auf die beiden letzten abgeschlossenen Geschäftsjahre abzustellen.[20] Wichtig ist die Frage, an welchem Ausgabebetrag (§ 9 AktG; s. Rn. 162 f.) der dafür gewährten Aktien sich der Bericht über die Werthaltigkeit der Sacheinlagen auszurichten hat, ob wie früher am geringsten Ausgabebetrag (§ 9 Abs. 1 AktG, so noch §§ 34 Abs. 1 Nr. 2, 38 Abs. 2 Satz 2 AktG) oder nunmehr am höheren Ausgabebetrag (§ 9 Abs. 2 AktG; so der später in das Gesetz eingefügte § 36a Abs. 2 Satz 3 AktG; s. Rn. 24, 55, 209 ff.).

e) Prüfung durch Mitglieder des Vorstands und des Aufsichtsrats

aa) Generelle Prüfungspflicht. Die Vorstands- und Aufsichtsratsmitglieder haben den Hergang der Gründung zu prüfen (§ 33 Abs. 1 AktG). Diese Prüfungspflicht besteht uneingeschränkt auch, wenn außerdem eine Prüfung durch den Gründungsnotar im Auftrag der Gründer in den Fällen des § 33 Abs. 2 Nr. 1 f. AktG (s. Rn. 29) oder durch gerichtlich bestellte(n) Gründungsprüfer in den Fällen des § 33 Abs. 2 AktG (s. Rn. 25 ff.) stattzufinden hat (§ 33 Abs. 3 idF des TransPubG[21]). Der Prüfungsbericht muss schriftlich ergehen (§ 34 Abs. 2 Satz 1 AktG) und ist von allen Vorstands- und Aufsichtsratsmitgliedern zu unterzeichnen (§ 126 BGB). Er muss der Handelsregisteranmeldung als Anlage beigefügt werden (§ 37 Abs. 4 Nr. 4 AktG) und unterliegt seinerseits der gerichtlichen Überprüfung auf offensichtliche Mängel (§ 38 Abs. 2 Satz 1 AktG; s. Rn. 53). 23

bb) Gegenstand der Prüfung. Da die Prüfung den Hergang der Gründung umfasst (§ 34 Abs. 1 AktG), ist sie im Gegenstand gleich mit dem Gründungsbericht der Gründer (§ 32 Abs. 1), so dass die Prüfung des Gründungsberichts der eigentliche Prüfungszweck ist.[22] Die Prüfung hat sich namentlich darauf zu erstrecken (§ 34 Abs. 1), 24

Nr. 1: ob die **Angaben der Gründer** über die Übernahme der Aktien (§ 32 iVm § 23 Abs. 2 AktG; s. Rn. 20), über die (bereits geleisteten[23]) Einlagen auf das Grundkapital (s. Rn. 20) und über die Festsetzungen nach §§ 26 f. AktG (s. Rn. 21 f.) richtig und vollständig sind;

Nr. 2: ob der **Wert der Sacheinlagen** oder Sachübernahmen den maßgeblichen Ausgabebetrag der dafür zu gewährenden Aktien bzw. den Wert der Gegenleistungen erreicht; soweit § 34 Abs. 1 Nr. 2 AktG auf den geringsten Ausgabebetrag der Aktien als Prüfungsmaßstab abstellt, ist dies bei Festsetzung eines höheren Ausgabebetrags (Agio) durch den jüngeren § 36a Abs. 2 Satz 3 AktG überholt (s. Rn. 22, 55, 209 ff.).

In dem Bericht ist der Gegenstand jeder Sacheinlage oder Sachübernahme zu beschreiben sowie anzugeben, welche Bewertungsmethoden bei der Ermittlung des Wertes angewandt worden sind (§ 34 Abs. 2 Satz 2 AktG; s. Rn. 212). Davon kann, ebenso wie von Anführungen zu Abs. 1 Nr. 2 abgesehen werden, soweit nach dem Inkrafttreten des AktG v. 30.7.2009 (BGBl. 2009 I 2479) gem. § 33a AktG von einer externen Gründungsprüfung abgesehen wird (s. Rn. 25).

---

[19] Herrschende Meinung; *Hüffer/Koch* AktG § 32 Rn. 5; MünchKomm. AktG/Bd. 1/*Pentz* § 32 Rn. 15, 23 mwN.
[20] MünchKomm. AktG/Bd. 1/*Pentz* § 32 Rn. 26 mwN.
[21] Gesetz zur weiteren Reform des Aktien- und Bilanzrechts, zu Transparenz und Publizität (Transparenz- und Publizitätsgesetz) v. 25.7.2002, BGBl. 2002 I 2681.
[22] S. MünchKomm. AktG/Bd. 1/*Pentz* § 34 Rn. 5.
[23] Großkomm. AktG/*Röhricht* § 34 Rn. 5; MünchKomm. AktG/Bd. 1/*Pentz* § 34 Rn. 12.

f) **Gerichtlich bestellte Gründungsprüfer**

25 **aa) Bestellungsgründe.** Zusätzlich zur Prüfung des Gründungshergangs durch die Vorstands- und Aufsichtsratsmitglieder (§ 33 Abs. 1 AktG; s. Rn. 23 f.) hat eine Prüfung durch einen oder mehrere gerichtlich zu bestellende (§ 33 Abs. 3; s. Rn. 26) Gründungsprüfer oder, soweit Nr. 1 und Nr. 2 betroffen sind, auch durch einen Gründungsnotar (§ 33 Abs. 3 AktG; dazu Rn. 29), stattzufinden (§ 33 Abs. 2 AktG), wenn

Nr. 1: ein Mitglied des Vorstands oder des Aufsichtsrats zu den Gründern gehört oder
Nr. 2: bei der Gründung für Rechnung eines Vorstands- oder Aufsichtsratsmitglieds Aktien übernommen worden sind (s. a. § 32 Abs. 3 AktG; s. Rn. 21) oder
Nr. 3: ein Vorstands- oder Aufsichtsratsmitglied sich einen Sondervorteil (§ 26 Abs. 1 AktG; s. Rn. 346) oder für die Gründung oder ihre Vorbereitung eine Entschädigung oder Belohnung ausbedungen hat (als Gründungsaufwand iSv § 26 Abs. 2 AktG; s. Rn. 347; s. a. § 32 Abs. 3 AktG; s. Rn. 21) oder
Nr. 4: eine Gründung mit Sacheinlagen oder Sachübernahmen vorliegt (§ 27 Abs. 1 AktG; s. Rn. 22, 200, 226 ff.).

Nach § 33a AktG[24] kann in zwei Fällen von einer solchen Prüfung durch einen Gründungsprüfer nach § 33 Abs. 2 Nr. 4 AktG abgesehen werden: Dies ist zunächst nach § 33a Abs. 1 Nr. 1 AktG dann möglich, wenn Wertpapiere oder Geldmarktinstrumente iSd § 2 Abs. 1 Satz 1 und Abs. 2 WpHG eingebracht werden, soweit diese mit dem gewichteten Durchschnittspreis bewertet werden, zu dem sie während der letzten drei Monate vor dem Tag ihrer tatsächlichen Einbringung auf einem oder mehreren organisierten Märkten im Sinne von § 2 Abs. 11 WpHG gehandelt worden sind. Erfasst von dieser neuen Einbringungsregelung sind – wie sich aus § 2 Abs. 1 Satz 1 und Abs. 2 WpHG ergibt – ua Aktien, Schuldverschreibungen, Genussrechte und Geldmarktinstrumente. Der erforderliche 3-Monatszeitraum, zu dem die Papiere gehandelt werden müssen, beginnt mit der tatsächlichen Einbringung. Unter der tatsächlichen Einbringung ist der Zeitpunkt der Bewirkung der Sacheinlage, mithin die Erfüllung der Sacheinlageverpflichtung, zu verstehen.[25] Die dreimonatige Frist ist nach §§ 187 Abs. 1 und 188 Abs. 2 und 3 BGB zu berechnen. Der Regelung des § 33a Abs 1 Nr. 1 AktG ist in Zusammenschau mit § 37a AktG zu entnehmen, dass die Wertpapiere, wenn auf die Prüfung durch den Gründungsprüfer verzichtet wird, auch zu dem gewichteten Durchschnittswert, der sich innerhalb der drei Monate ergibt, einzubringen sind. Unter dem gewichteten Durchschnittswert ist der nach Umsätzen gewichtete Durchschnittskurs der Wertpapiere oder Geldmarktinstrumente zu verstehen.[26] Von Bedeutung ist insoweit, dass nach der DAT/Altana-Rechtsprechung des BVerfG[27] und des BGH[28] der anteilige Wert, den die Aktie widerspiegelt, nicht allein durch eine Unternehmensbewertung bestimmt wird, bei der der Börsenkurs lediglich als Untergrenze zu berücksichtigen ist, so dass der Wert für die Einbringung solcher Wertpapiere durchaus höher liegen kann. Sollen die Wertpapiere zu einem über dem durchschnittlichen Drei-Monatsbörsenkurs liegenden Wert eingelegt werden, muss eine Prüfung durch einen Gründungsprüfer nach § 33 AktG erfolgen. Die Regelung des § 33a Abs. 1 Nr. 1 AktG kann indessen nicht

---

[24] § 33a AktG ist durch das ARUG eingefügt worden; Inkrafttreten des ARUG (BGBl. 2009 I 2479) zum 1.9.2009.
[25] MünchKomm. AktG/Bd. 1/*Pentz* § 34 Rn. 24; *C. Schäfer* Der Konzern 2009, 407, 409.
[26] *Hüffer/Koch* AktG § 33a Rn. 3; MünchKomm. AktG/Bd. 1/*Pentz* § 33a Rn. 20.
[27] BVerfG 1 BvR 1613/94, BVerfGE 100, 289 (305 ff.) = NJW 1999, 3769.
[28] BGH II ZB 15/00, BGHZ 147, 108 (115) = NJW 2001, 2080.

B. Gründung der AG nach AktG

angewendet werden, wenn der gewichtete Durchschnittspreis der Wertpapiere oder Geldmarktinstrumente durch außergewöhnliche Umstände erheblich beeinflusst worden ist (§ 33a Abs. 2 AktG). Dies ist insbesondere der Fall bei einer Marktenge oder einem geringen Handelsvolumen.[29] Gleiches gilt bei einem Abweichen des Marktpreises wegen Kursmanipulation. Insoweit werden Abweichungen zT ab 5%[30] und zT ab 10% als relevant angesehen.[31]

Der zweite Fall, in dem aufgrund des § 33a AktG von einer Prüfung durch einen Gründungsprüfer nach § 33 Abs. 2 Nr. 4 AktG abgesehen werden kann, liegt vor, wenn andere als die in § 33a Abs. 1 Nr. 1 AktG genannten Vermögensgegenstände eingebracht werden und ein früheres Sachverständigengutachten vorliegt und der Bewertungsstichtag nicht mehr als sechs Monate vor dem Tag der tatsächlichen Einbringung liegt. Im Hinblick auf das Sachverständigengutachten ist erforderlich, dass ihm eine Bewertung zugrunde liegt, die den Wert nach den allgemein anerkannten Bewertungsgrundsätzen mit dem beizulegenden Zeitwert ermittelt.[32] Außerdem muss es sich bei dem Prüfer um einen unabhängigen, ausreichend vorgebildeten und erfahrenden Sachverständigen handeln; er muss also die gleiche fachliche Qualifikation aufweisen wie der Gründungsprüfer nach § 33 Abs. 4, 5 AktG (Rn. 132).[33] Eine gerichtliche Bestellung ist nicht erforderlich. Im Hinblick auf den längst möglichen Zeitpunkt, zu dem das Sachverständigengutachten erstellt worden sein kann, stellt die neue Regelung auf einen solchen von sechs Monaten vor dem Tag der tatsächlichen Einbringung ab. Auch insoweit wird der Zeitpunkt der tatsächlichen Einbringung nicht weiter definiert. Hier ist ebenfalls davon auszugehen, dass der Zeitpunkt gemeint ist, zu dem der Nutzen und die Wirkungen auf die Gesellschaft übergehen.[34] Die sechsmonatige Frist ist nach §§ 187 Abs. 2 und 188 Abs. 2 und 3 BGB zu berechnen. Die Regelung des § 33a Abs. 1 Nr. 2 AktG kann indessen nicht angewendet werden, wenn anzunehmen ist, dass der beizulegende Zeitwert am Tag ihrer tatsächlichen Einbringung aufgrund neuer oder neu bekannt gewordener Umstände erheblich niedriger ist als der vom Sachverständigen angenommene Wert. In diesem Fall muss der Vorstand, soll der Gegenstand gleichwohl eingebracht werden, eine Neubewertung und Prüfung durch den Gründungsprüfer veranlassen.

bb) Bestellung. Das Gericht (zur Zuständigkeit Rn. 134) bestellt Gründungsprüfer nur auf Antrag (zur Antragsberechtigung Rn. 136), der wegen der Bestellungskriterien unter Einreichung der Errichtungsurkunde gestellt werden sollte (s. Rn. 135). Die fachlichen Voraussetzungen für die Bestellung regelt § 33 Abs. 4 AktG (s. Rn. 132), die persönlichen **Ausschließungsgründe** § 33 Abs. 5 AktG (dazu und zur Problematik der Bestellung des ersten Abschlussprüfers auch zum Gründungsprüfer Rn. 133). Das Gericht setzt auch die Vergütung des Gründungsprüfers fest (§ 35 Abs. 3 AktG). Gegen die Entscheidungen des Gerichts über die Bestellung sowie über die Vergütung ist die **sofortige Beschwerde** zulässig (§§ 33 Abs. 3 Satz 3, 35 Abs. 3 Satz 2 AktG; s. Rn. 137).

cc) Umfang der Gründungsprüfung. Der Gegenstand der Prüfung durch die Gründungsprüfer ist mit dem Umfang der Prüfung durch die Vorstands- und

---

[29] *Maul* BB Special Nr. 9, 2005, 2 (12); Stellungnahme der Arbeitsgruppe Europäisches Gesellschaftsrecht, ZIP 2003, 863 (872); *C. Schäfer* Der Konzern 2007, 407 (408).
[30] *Zetsch* Der Konzern 2008, 321 (330).
[31] *Bayer/Lieder* GWR 2010, 3.
[32] S. MünchKomm. AktG/Bd. 1/*Pentz* § 33a Rn. 27.
[33] MünchKomm. AktG/Bd. 1/*Pentz* § 33a Rn. 29.
[34] *Seibert* ZIP 2008, 906.

Aufsichtsratsmitglieder identisch (§ 34 Abs. 1 und 2 Satz 2 AktG; s. Rn. 24);[35] er ist also nicht auf die Prüfung der Tatsachen beschränkt, die den Bestellungsgrund ergeben (§ 33 Abs. 2 AktG; s. Rn. 25). Dabei haben die Gründungsprüfer auch den Prüfungsbericht der Vorstands- und Aufsichtsratsmitglieder auf seine formelle und inhaltliche Ordnungsmäßigkeit zu überprüfen, wie sich aus § 38 Abs. 2 Satz 1 AktG (s. Rn. 54) ergibt. Die Gründungsprüfer können von den Gründern alle **Aufklärungen und Nachweise** verlangen, die für eine sorgfältige Prüfung notwendig sind (§ 35 Abs. 1 AktG), was dann auch eine Ergänzung des Gründungsberichtes (§ 32 AktG; s. Rn. 18 ff.) zur Folge haben kann (§ 38 Abs. 2 Satz 1 AktG). Kommt es hierbei zu Meinungsverschiedenheiten zwischen Gründern und Gründungsprüfern, entscheidet hierüber das Gericht unanfechtbar mit Sperrwirkung für die Erteilung des Prüfungsberichtes, falls die Gründer der Entscheidung nicht nachkommen (§ 35 Abs. 2 AktG; s. Rn. 134 ff.).

28   dd) **Prüfungsbericht.** Je ein Exemplar des Berichts der Gründungsprüfer ist dem Gericht und dem Vorstand einzureichen; bei Gericht kann ihn jedermann einsehen (§ 34 Abs. 3 AktG). Um eine doppelte Einreichung bei Gericht zu vermeiden, entfällt dann die Pflicht zur Einreichung als Anlage der Handelsregisteranmeldung (§ 37 Abs. 4 Nr. 4 AktG), in der Praxis wird dies auch vermieden, indem die Gründungsprüfer den Notar mit der Einreichung als Anlage der Handelsregisteranmeldung beauftragen.

g) Notar als Prüfungsbeauftragter

29   In den Fällen der rechtlichen oder wirtschaftlichen Personenidentität von Gründern und Gründungsorganen (§ 33 Abs. 2 Nr. 1 und 2 AktG; s. Rn. 25) kann seit Inkrafttreten des TransPubG die zusätzliche Gründungsprüfung in erster Linie durch den von den Gründern beauftragten Gründungsnotar (§ 23 Abs. 1 Satz 1 AktG; s. Rn. 10) erfolgen, wofür die Bestimmungen über die Gründungsprüfung (§§ 33 ff. AktG; s. Rn. 27 f.) sinngemäße Anwendung finden (§ 33 Abs. 3 Satz 1 AktG). Gemeint sind damit nur die Fälle, in denen nicht zusätzlich die Bestellungsgründe für Gründungsprüfer nach § 33 Abs. 2 Nr. 3 oder 4 AktG vorliegen (s. Rn. 25).[36] Die Prüfung des Notars beschränkt sich nicht nur auf die Gründe für seine Bestellung (§ 33 Abs. 2 Nr. 1 und 2 AktG), sondern umfasst den gesamten **Prüfungsbereich** der Prüfung durch Vorstand und Aufsichtsrat (§§ 33 Abs. 1, 34 Abs. 1 Nr. 1 Fälle 1 und 2 AktG) einschließlich der formellen und inhaltlichen Prüfung des Gründungsberichts (§ 32 AktG; s. Rn. 18 ff.) und des Prüfungsberichts von Vorstand und Aufsichtsrat (§ 33 Abs. 1 AktG; s. Rn. 23 f.), wie aus § 33 Abs. 3 Satz 1 Hs. 2 iVm § 38 Abs. 2 Satz 1 AktG zu schließen ist. Wie sich aus dem Gesetzeswortlaut („kann") ergibt, besteht **keine Amtspflicht** des Gründungsnotars zur Übernahme des Prüfungsauftrags.[37] Weigert sich der Notar, einen Auftrag anzunehmen, hat eine Prüfung durch die gerichtlich zu bestellenden Gründungsprüfer stattzufinden. Weiter ist auch die **Rücknahme des Prüfungsauftrags** durch die Gründer mit Antrag auf gerichtliche Bestellung von Gründungsprüfern zulässig. Kommt es nicht zur Rücknahme des Prüfungsauftrags, findet das gerichtliche Verfahren bei Meinungsverschiedenheiten zwischen Gründern und dem Notar als Prüfungsbeauftragtem sinngemäß Anwendung (§ 33 Abs. 3 Satz 1 Hs. 2 iVm § 35 Abs. 2 AktG; s. Rn. 27). Kostenschuldner sind die Gründer als Auftraggeber des Notars; die Kos-

---

[35] Großkomm. AktG/*Röhricht* § 34 Rn. 3; MünchKomm. AktG/Bd. 1/*Pentz* § 34 Rn. 7.
[36] MünchKomm. AktG/Bd. 1/*Pentz* § 33 Rn. 27a.
[37] *Papmehl* MittBayNot 2003, 187 (190); MünchKomm. AktG/Bd. 1/*Pentz* § 33 Rn. 27b.

B. Gründung der AG nach AktG 30–32 § 2

ten können jedoch nach § 26 Abs. 2 AktG auf die Gesellschaft abgewälzt werden.[38] Der Geschäftswert richtet sich nach § 123 GNotKG, wobei die Summe der Einlagen maßgeblich ist; der Höchstwert beträgt 10 Mio. EUR.[39] Die Höhe der Gebühr bestimmt sich nach Nr. 25206 KVGNotKG.[40] Eine Gebührenhäufung ist zulässig, da es sich bei der Gründungsprüfung nicht nur um ein Nebengeschäft handelt.[41]

h) Vorbereitung der Kapitaleinlagen

Um den Gründern die Kapitalaufbringung (s. Rn. 33, 164 ff.) zu ermöglichen, muss der Vorstand die rechtlichen und sachlichen Voraussetzungen hierfür vorbereiten. Für **Geldeinlagen** hat er ein Konto bei einem hierfür zugelassenen kontoführenden Institut einzurichten (§§ 37 Abs. 2 Satz 2, 54 Abs. 3 AktG; s. Rn. 130, 177). Sind **Sacheinlagen** in der Satzung festgesetzt (§ 27 Abs. 1 AktG; s. Rn. 200 ff.), hat der Vorstand für die Vorbereitung der hierüber nötigen Verträge und die Rechtshandlungen zu ihrer Ausführung zu sorgen (§ 27 Abs. 3 Satz 1 AktG; s. Rn. 207 f.) sowie tatsächliche Vorkehrungen zum sachgerechten Übergang der Gegenstände auf und deren Unterhalt durch die Gesellschaft zu treffen.

30

i) Einforderung der Kapitaleinlagen

aa) Geldeinlagen. Falls nicht bereits in der Gründungsurkunde eine Fälligkeitsregelung für die Einlagen getroffen ist (s. Rn. 172 f.), hat der Vorstand Geldeinlagen durch Einforderung fällig zu stellen, was formlos geschehen kann (§ 63 Abs. 1 Satz 2 AktG gilt vor Eintragung erst bei Zahlungssäumnis; s. Rn. 173). Der eingeforderte Betrag muss mindestens ein **Viertel des geringsten Ausgabebetrags** (§ 9 Abs. 1 AktG; s. Rn. 162; zur Frage der Befugnis des Vorstandes, mehr als diesen Mindestbetrag bereits vor Eintragung einzufordern, Rn. 173) und bei Ausgabe der Aktien für einen höheren Ausgabebetrag (§ 9 Abs. 2 AktG; s. Rn. 162) auch den Mehrbetrag (Agio) umfassen (§§ 36 Abs. 2, 36a Abs. 1 AktG; s. Rn. 172 f.).

31

bb) Sacheinlagen. Die Einforderung von Sacheinlagen liegt regelmäßig im Angebot des Vorstandes an den einlageverpflichteten Gründer, die hierzu vorbereiteten Verträge abzuschließen und durchzuführen (§ 27 Abs. 3 Satz 1 AktG; s. Rn. 22, 207 f.). Zu welchem Zeitpunkt sie zu leisten sind, ist aufgrund der unverständlichen Regelung des § 36a Abs. 2 AktG streitig. Nach zT vertretener Auffassung sind Sacheinlagen vor Handelsregisteranmeldung vollständig einzufordern und zu leisten; wobei dies auch gelte, wenn die Sacheinlage in einem schuldrechtlichen Anspruch auf Übertragung des Vermögensgegenstandes bestehe; dieser sei vorher zu begründen und die dingliche Übertragung sei innerhalb von fünf Jahren nach der Eintragung der Gesellschaft in das Handelsregister zu bewirken.[42] Nach zutreffender Ansicht, für die insbesondere die Entstehungsgeschichte des § 36a AktG spricht, ist wie folgt zu unterscheiden: Ist die Sacheinlage durch ein dingliches Geschäft zu bewirken, muss dies innerhalb eines Zeitraums von fünf Jahren ab der Eintragung der Gesellschaft in das Handelsregister erfolgen; eine Leistung vor der Eintragung der Gesellschaft in das Handelsregister ist zulässig, aber nicht erforderlich.[43] Soweit

32

---

[38] *Hüffer/Koch* AktG § 33 Rn. 6.
[39] MünchKomm. AktG/Bd. 1/*Pentz* § 33 Rn. 27c.
[40] MünchKomm. AktG/Bd. 1/*Pentz* § 33 Rn. 27c.
[41] *Hüffer/Koch* AktG § 33 Rn. 6; MünchKomm. AktG/Bd. 1/*Pentz* § 33 Rn. 27c.
[42] Kölner Komm./*Arnold* § 36a Rn. 17; *Mayer* ZHR 1990, 535 (542 ff.).
[43] MünchKomm. AktG/Bd. 1/*Pentz* § 36a Rn. 19; *Hüffer/Koch* AktG § 36a Rn. 4; Großkomm. AktG/*Röhricht* § 36a Rn. 6 ff.

die Satzung einen früheren Zeitpunkt vorsieht, ist dieser maßgeblich. Ist hingegen zur Bewirkung der Sacheinlageverpflichtung keine dingliche Übertragung eines Vermögensgegenstandes erforderlich (zB bei der Gebrauchsgewährung von Betriebsanlagen oder Nutzung von Grundstücken), muss die Gesellschaft schon vor der Anmeldung in die Lage versetzt sein, das Objekt tatsächlich zu gebrauchen oder zu nutzen, was regelmäßig eine Besitzeinräumung erfordert (s. a. Rn. 197, 206).[44]

j) Kapitalaufbringung

33   Sobald der erste Vorstand bestellt ist (§ 30 Abs. 4 AktG; s. Rn. 17) und soweit die Einlagen auf die übernommenen Aktien fällig sind (s. Rn. 31 f.), werden die Einlagen als Hauptverpflichtung der Gründer (Überschrift § 54 AktG) der Vorgesellschaft geschuldet. Die Leistung der Einlagen ist Voraussetzung für die Handelsregisteranmeldung (§ 37 AktG; n35) und damit auch Eintragungsvoraussetzung (§ 38 Abs. 1 AktG; s. Rn. 53).

k) Staatliche Genehmigung

34   Bis zum Inkrafttreten des MoMiG[45] war es erforderlich, eine Genehmigungsurkunde der Handelsregisteranmeldung beizufügen, wenn der Gegenstand des Unternehmens oder eine andere Satzungsbestimmung[46] einer staatlichen Genehmigung bedurft hatte (wegen der damit verbundenen qualifizierten Gründerfähigkeit s. Rn. 85 f.). Ohne die Genehmigungsurkunde durfte nicht eingetragen werden. Dieses Erfordernis ist durch das MoMiG aufgegeben worden, um die Handelsregisteranmeldung zu beschleunigen.[47] Das Registergericht hat die Aktiengesellschaft daher ohne Rücksicht auf Genehmigungserfordernisse in das Handelsregister einzutragen. Die Rechtsfolgen einer fehlenden Genehmigung richten sich nur nach dem einschlägigen (öffentlichen) Recht. Eine Ausnahme von diesem Grundsatz gilt indessen, wenn andere Vorschriften außerhalb des AktG die Eintragung von der Vorlage bestimmter Anlagen/Genehmigungen abhängig machen. So darf etwa nach § 43 Abs. 1 KWG in den Fällen, in denen nach § 32 KWG das Betreiben eines Bankgeschäfts oder das Erbringen von Finanzdienstleistungen einer Erlaubnis bedarf, die Eintragung in das Register nur vorgenommen werden, wenn die Erlaubnis nachgewiesen wird (Aufzählung der wichtigsten Fälle in Rn. 146).[48]

4. Anmeldung zum Handelsregister

a) Voraussetzungen

35   Die ordnungsgemäße Anmeldung der Gesellschaft ist neben ihrer ordnungsgemäßen Errichtung (§ 29 AktG; s. Rn. 10 ff.) die Voraussetzung für die Eintragung der Gesellschaft (§ 38 Abs. 1 AktG; s. Rn. 53). Die Handelsregisteranmeldung selbst setzt neben der Errichtung der Gesellschaft voraus:

---

[44] MünchKomm. AktG/Bd. 1/*Pentz* § 36a Rn. 21; *Hüffer* NJW 1979, 1065 (1068); Großkomm. AktG/*Röhricht* § 36a Rn. 11.

[45] Inkrafttreten des MoMiG am 28.10.2008.

[46] Ein Fall der Genehmigungspflicht „anderer Satzungsbestimmungen" als des Unternehmensgegenstandes ist durch das ausnahmslose Verbot der Mehrstimmrechtsaktien mit Streichung von § 12 Abs. 2 Satz 2 AktG durch das KonTraG weggefallen.

[47] *Knapp* DStR 2008, 2371.

[48] *Hüffer/Koch* AktG § 37 Rn. 14; *Leitzen* GmbHR 2009, 480 (481).

B. Gründung der AG nach AktG 36 §2

- Bestellung sämtlicher von Gesetz oder Satzung geforderter **Mitglieder des ersten Aufsichtsrats** (§ 30 Abs. 1 AktG; s. Rn. 15, 98 ff.) und des ersten **Vorstands** (§ 30 Abs. 4 AktG; s. Rn. 17, 107 ff.);
- Erstattung des **Gründungsberichts** (§ 32 AktG; s. Rn. 18 ff.), der **Prüfungsberichte** der Vorstands- und Aufsichtsratsmitglieder (§§ 33 Abs. 1, 34 AktG; s. Rn. 23 f.) und falls vom Gesetz gefordert des oder der Gründungsprüfer (§§ 33 Abs. 2 ff., 34 AktG; s. Rn. 28) oder des anstelle eines Gründungsprüfers mit der Prüfung beauftragten Gründungsnotars (§§ 33 Abs. 3, 34 AktG; s. Rn. 29);
- bei **Geldeinlagen** die ordnungsgemäße Einzahlung (§ 54 Abs. 3 AktG; s. Rn. 30, 175 ff.) des auf jede Aktie eingeforderten Betrags, wobei die Einforderung nicht niedriger als die gesetzliche Mindesthöhe sein darf (§§ 36 Abs. 2, 36a Abs. 1 AktG; s. Rn. 31, 172 f.);
- bei **Sacheinlagen** ist erstens zu erklären, dass der Wert der Sacheinlage dem geringsten Ausgabebetrag und, bei einer Ausgabe der Aktien zu einem höheren Betrag, auch dem Mehrbetrag entspricht. Zweitens ist eine Erklärung über die Leistung des Sacheinlagegegenstands erforderlich. Insoweit ist zu unterscheiden: Ist die Sacheinlage gem. § 36a Abs. 2 S. 1 AktG bereits vor der Anmeldung zu bewirken (s. Rn. 32), ist zu versichern, dass die Sacheinlage endgültig zur freien Verfügung des Vorstands steht; handelt es sich um eine Gebrauchs- oder Nutzungsüberlassung, ist außerdem zu versichern, dass der betreffende Gegenstand von der Gesellschaft genutzt werden kann.[49] Entsprechendes gilt, wenn die Sacheinlage bereits bewirkt worden ist. Ist die Sacheinlage nach § 36a Abs. 2 S. 2 AktG erst innerhalb von fünf Jahren nach der Eintragung der Gesellschaft zu bewirken (Rn. 32), kommt es darauf an, ob sich der Gründer verpflichtet hat, die Sacheinlage zu einem bestimmten Zeitpunkt zu bewirken. Ist dies der Fall, muss in der Erklärung hierauf hingewiesen werden. Sonst genügt die Erklärung, dass sich der Gründer verpflichtet hat, die Sacheinlageverpflichtung spätestens in fünf Jahren nach der Eintragung der Gesellschaft zu erfüllen.[50]
- die Vorlage der Genehmigungsurkunde bei Erfordernis staatlicher Genehmigung ist durch das MoMiG entfallen; eine Ausnahme von diesem Grundsatz gilt aber, wenn andere Vorschriften außerhalb des AktG die Eintragung von der Vorlage bestimmter Anlagen/Genehmigungen abhängig machen (s. Rn. 34, 146).

b) Anmeldepflichtige Personen

Die Gesellschaft muss von allen Gründern und allen Mitgliedern von Vorstand und Aufsichtsrat zum Handelsregister angemeldet werden (§ 36 Abs. 1 AktG). Melden nicht alle erforderlichen Personen die Gesellschaft an oder sind nicht alle von Gesetz oder Satzung geforderten Mitglieder von Vorstand und Aufsichtsrat (Ausnahme: § 31 AktG; s. Rn. 104 f.) bestellt, ist die Anmeldung nicht ordnungsgemäß und die Gesellschaft nicht eintragungsfähig (§ 38 Abs. 1 AktG; s. Rn. 53).[51] Diese allgemeine Mitwirkungspflicht ist im Zusammenhang der haftungs- und strafrechtlichen Verantwortung[52] aller dieser Personen zu sehen (§§ 46 ff., 399 AktG; s. Rn. 265 ff., 281, 286, 293). Anmeldepflichtig sind auch **stellvertretende**

36

---

[49] MünchKomm. AktG/Bd. 1/*Pentz* § 37 Rn. 41.
[50] MünchKomm. AktG/Bd. 1/*Pentz* § 37 Rn. 41.
[51] *Hüffer/Koch* AktG § 36 Rn. 35 mwN.
[52] BGH II ZB 17/91, BGHZ 117, 323 = NJW 1992, 1824.

Vorstandsmitglieder (§ 94 AktG; § 6 Rn. 20), nicht aber noch nicht nachgerückte Ersatzmitglieder des Aufsichtsrats (§ 101 Abs. 3 AktG; s. Rn. 93, § 7 Rn. 213 ff.).[53]

c) Anmeldepflicht

37   Die Verpflichtung zur Anmeldung ergibt sich für die Gründer aus der Errichtung der Gesellschaft (§ 29 AktG; s. Rn. 14) und für Vorstands- und Aufsichtsratsmitglieder aus ihrer Organstellung.[54] Sie kann im Klagewege durchgesetzt werden,[55] wobei sowohl jeder Gründer einzeln[56] als auch die Vorgesellschaft[57] Kläger sein können. Es besteht aber **keine öffentlich-rechtliche Verpflichtung** zur Anmeldung, dh das Registergericht kann die Anmeldung weder erzwingen (§ 407 Abs. 2 AktG) noch die Rücknahme der Anmeldung übergehen.[58]

d) Vertretung bei der Anmeldung

38   Die Anmeldung ist wegen der aus ihr folgenden haftungs- und strafrechtlichen Verantwortung (s. Rn. 36) persönlich vorzunehmen, so dass entgegen § 12 Abs. 2 HGB eine Anmeldung durch Bevollmächtigte unzulässig ist (s. Rn. 141 f.). Dies ist zu unterscheiden von der Anmeldung durch gesetzliche Vertreter von Gründern, die mangels eigener Handlungsfähigkeit geboten ist (s. Rn. 143).

e) Form der Anmeldung

39   Nach dem durch das EHUG[59] abgeänderten § 12 Abs. 2 HGB ist die Anmeldung elektronisch[60] in öffentlich beglaubigter Form vorzunehmen (§ 129 Abs. 1 BGB, §§ 39, 39a 40 BeurkG). Das heißt, es ist eine elektronische Übermittlung der Erklärung der Anmeldung unter elektronischer Beglaubigung der Unterschriften[61] durch einen Notar[62] vorzunehmen (§ 40 Abs. 1 BeurkG; s. Rn. 117). Nach § 39a BeurkG muss das Dokument mit einer qualifizierten elektronischen Signatur nach dem Signaturgesetz versehen werden. Die nach bisherigem Recht erforderlichen Zeichnungen (Unterschriftsproben) sind entfallen (Rn. 48).[63]

---

[53] *Hüffer/Koch* AktG § 36 Rn. 9a mwN.
[54] MünchKomm. AktG/Bd. 1/*Pentz* § 36 Rn. 14 f. mwN.
[55] *Hüffer/Koch* AktG § 36 Rn. 17 mwN.
[56] So Großkomm. AktG/*Röhricht* § 36 Rn. 12, jedoch nach Rn. 13 mit Ausnahme der Klage gegen Vorstandsmitglieder, die nur die Vorgesellschaft (vertreten durch den Aufsichtsrat) erheben können soll; aA MünchKomm. AktG/Bd. 1/*Pentz* § 36 Rn. 17, 19: nur gegen Gründer, sonst Vorgesellschaft.
[57] MünchKomm. AktG/Bd. 1/*Pentz* § 36 Rn. 17, 19; Großkomm. AktG/*Röhricht* § 36 Rn. 12, jedoch nach Rn. 13 mit Ausnahme der Klage gegen Aufsichtsratsmitglieder, die nur Gründer erheben können sollen.
[58] *Hüffer/Koch* AktG § 36 Rn. 12 mwN.
[59] Gesetz über elektronische Handelsregister und Genossenschaftsregister sowie das Unternehmensregister vom 10.11.2006, BGBl. 2006 I 2553.
[60] EBJS/*Schaub* HGB § 12 Rn. 1.
[61] EBJS/*Schaub* HGB § 12 Rn. 58.
[62] Im Hinblick auf die virtuellen Poststellen der Länder s. www.justiz.de; zur Anmeldung über das elektronische Gerichts- und Verwaltungspostfach und den angeschlossenen Registergerichten s. www.egvp.de.
[63] EBJS/*Schaub* HGB § 12 Rn. 61.

f) Inhalt der Anmeldung

aa) Übersicht. § 37 AktG befasst sich entsprechend seiner Überschrift mit dem Inhalt der Anmeldung, der nach dem wechselnden Gesetzeswortlaut „zu erklären" (§ 37 Abs. 1 Satz 1 Hs. 1 AktG), „zu versichern" (§ 37 Abs. 2 AktG), „anzugeben" (§ 37 Abs. 1 Satz 1 Hs. 2, Abs. 3 AktG) oder „nachzuweisen" (§ 37 Abs. 1 Sätze 2 und 5 AktG) ist. Zwischen den geforderten Erklärungen, Versicherungen und Angaben besteht kein sachlicher Unterschied; alle drei Begriffe betreffen keine Willenserklärungen, sondern die Mitteilung von Tatsachen (Wissenserklärung) an das Gericht,[64] für deren Richtigkeit im Zeitpunkt der Anmeldung (Eingang bei Gericht)[65] die Anmeldenden die haftungs- und strafrechtliche Verantwortung[66] tragen (§§ 46 ff., 399 AktG; s. Rn. 266 f., 271, 286, 293). Bei den geforderten Nachweisen handelt es sich dagegen um Beweisurkunden, die zusätzlich zu den in § 37 Abs. 4 AktG genannten Anlagen der Anmeldung (s. Rn. 49) beizufügen sind. Inhaltlich ist die Anmeldung in drei sachliche Bereiche aufgeteilt: Die Anmeldung als Antrag auf Eintragung (§ 36 Abs. 1 AktG, § 11 FGG ersetzt durch FamFG; s. Rn. 41); die Mitteilungen und Nachweise über die Kapitalaufbringung (§ 37 Abs. 1 AktG; s. Rn. 42 ff.), über die Vorstandsmitglieder (§ 37 Abs. 1 und 2 AktG; s. Rn. 42 f.) und die Aufsichtsratsmitglieder (§ 37 Abs. 1 und 2 AktG; s. Rn. 49).

bb) Antrag auf Eintragung. Die Gesellschaft ist von allen Gründern und Mitgliedern des Vorstands und Aufsichtsrats zur Eintragung in das Handelsregister anzumelden (§ 36 Abs. 1 AktG). Die Anmeldung stellt einen Verfahrensantrag[67] an das Gericht auf Eintragung der Gesellschaft dar, ohne den das Gericht nicht tätig wird (s. a. § 11 FGG ersetzt durch FamFG). Einen bestimmten Wortlaut für diesen Antrag schreibt das Gesetz nicht vor; es reicht, wenn das Begehren der Eintragung erkennbar ist, was am besten durch die Erklärung gem. Gesetzeswortlaut zum Ausdruck kommt: „Wir melden die Gesellschaft zur Eintragung in das Handelsregister an."

cc) Kapitalaufbringung. In der Anmeldung ist zu erklären, dass die Voraussetzungen der §§ 36 Abs. 2, 36a AktG erfüllt sind; dabei sind der Betrag, zu dem Aktien ausgegeben werden, und (im Falle von Bareinlagen) der darauf eingezahlte Betrag anzugeben (§ 37 Abs. 1 Satz 1 AktG). Die Erklärungen unterscheiden sich im Einzelnen danach, ob Bareinlagen vereinbart sind (s. Rn. 43) oder Sacheinlagen (s. Rn. 44); bei Bareinlagen gibt es außerdem besondere **Nachweispflichten** (s. Rn. 43).

dd) Erklärungen bei Bareinlagen. Im Einzelnen ist Folgendes zu erklären:
- **Ausgabebetrag** der Aktien (§§ 37 Abs. 1 Satz 1, 9 AktG; s. Rn. 31, 162 f.);
- der auf jede Aktie **eingeforderte Betrag** (§§ 36 Abs. 2 Satz 1; s. Rn. 31) und ergänzend, dass der eingeforderte Betrag mindestens ein Viertel des geringsten Ausgabebetrags und bei höherem Ausgabebetrag auch den Mehrbetrag umfasst (§ 36a Abs. 1 AktG; s. Rn. 31, 162 f.);
- der auf jede Aktie ordnungsgemäß eingezahlte Betrag (§§ 37 Abs. 1 Satz 1 Hs. 2, 36 Abs. 2 Satz 1, 54 Abs. 3 AktG; s. Rn. 31, 35, 175 ff.);
- **endgültige freie Verfügung** des Vorstands über die eingezahlten Beträge (§§ 36 Abs. 2 Satz 1, 54 Abs. 3 AktG; s. Rn. 179 ff.), soweit sie nicht bereits zur Bezahlung der bei der Gründung angefallenen (und in der Satzung festgesetz-

---

[64] Ähnlich *Hüffer/Koch* AktG § 37 Rn. 2: „Tatsachenbehauptung".
[65] MünchKomm. AktG/Bd. 1/*Pentz* § 37 Rn. 14 mwN.
[66] BGH II ZB 17/91, BGHZ 117, 323 = NJW 1992, 1824.
[67] Baumbach/Hopt/*Hopt* HGB § 12 Rn. 1.

ten; § 26 Abs. 2 AktG; s. Rn. 12, 347) Steuern und Gebühren verwandt wurden (s. Rn. 179); Letztere sind dann nach Art und Höhe der Beträge durch Belege nachzuweisen (§ 37 Abs. 1 Satz 5 AktG). Eine Nachweispflicht besteht auch für die endgültige freie Verfügbarkeit über den eingezahlten Betrag seitens des Vorstands (§ 37 Abs. 1 Satz 2 AktG), die im Regelfall der Einzahlung durch Gutschrift auf ein Konto gem. § 54 Abs. 3 AktG (s. Rn. 177 ff.) durch eine Bestätigung des kontoführenden Instituts zu erfüllen ist, für deren Richtigkeit das Institut der Gesellschaft verantwortlich ist (§ 37 Abs. 1 Sätze 3 und 4; s. Rn. 130, 182);
– die Pflicht, bei Einpersonengründung die Art und Höhe der für den nicht eingeforderten Teil des Ausgabebetrags bestellten **Sicherung** anzugeben (§ 36 Abs. 2 Satz 2 AktG; s. Rn. 202), ist durch das MoMiG entfallen; § 36 Abs. 2 S. 2 AktG ist gestrichen worden.[68]

44   ee) **Erklärungen bei Sacheinlagen.** Im Einzelnen ist Folgendes zu erklären:
– **Ausgabebetrag** der Aktien (§§ 37 Abs. 1 Satz 1, 36a Abs. 2 Satz 3, 9 AktG; s. Rn. 31, 162 f.);
– zu der vom Sacheinlagegegenstand und dem Leistungszeitpunkt abhängigen Erklärung über die **Leistung** der Sacheinlagen (§ 36a Abs. 2 Satz 1 und 2 AktG) s. Rn. 32, 35, 166, 169 ff. Soweit von der Sachgründung ohne externe Gründungsprüfung Gebrauch gemacht wird, die nach Inkrafttreten des ARUG möglich ist (s. Rn. 25), muss in der Anmeldung erklärt werden, dass nach § 33a AktG von einer externen Gründungsprüfung abgesehen wird (§ 37a Abs. 1 AktG). Der Gegenstand der Sacheinlage oder Sachübernahme ist zu beschreiben. Zudem muss die Anmeldung die Erklärung enthalten, dass der Wert der Sacheinlagen oder Sachübernahmen den geringsten Ausgabebetrag der dafür zu gewährenden Aktien oder den Wert der dafür zu gewährenden Leistungen erreicht (§ 37a Abs. 1 Satz 3 AktG).[69] Insoweit ist darauf hinzuweisen, dass die dem ARUG zugrunde liegende Richtlinie in ihrem Art. 10b Angaben nicht nur dazu verlangt, dass der Wert mindestens der Anzahl und dem Nennbetrag bzw. dem rechnerischen Wert der ausgegebenen Aktien entspricht, sondern auch dem ggf. vorhandenen Mehrbetrag (Agio). Anders als im AktG vorgesehen ist nach der Richtlinie daher auch der Mehrbetrag (Agio) anzugeben; insoweit ist die Richtlinie nicht korrekt umgesetzt worden.[70] Weiter sind anzugeben der Wert, die Quelle der Bewertung sowie die angewandte Bewertungsmethode (§ 37a Abs. 1 Satz 4 AktG). Zu der insoweit erforderlichen Versicherung s. Rn. 45 und den erforderlichen Anlagen s. Rn. 49.

45   ff) **Versicherung der Vorstandsmitglieder.** In der Anmeldung haben die Vorstandsmitglieder (nur diese und jedes für sich[71]) einschließlich der Stellvertreter (§ 94 AktG) zu versichern (s. Rn. 40), dass
– keine Umstände vorliegen, die ihrer Bestellung nach § 76 Abs. 3 Satz 2 Nr. 2 und 3 sowie Satz 3 AktG (siehe § 6 Rn. 23) entgegenstehen, wobei die Gerichte zu-

---

[68] *Hüffer/Koch* AktG § 36 Rn. 13 mwN.
[69] Richtlinie 2006/68/EG v. 6.9.2006 zur Änderung der RL 77/91/EWG, ABl. L 264/32 v. 25.9.2006.
[70] Vgl. zu dem Problem auch die Diskussion um die korrekte Umsetzung von Art. 10 Abs. 2 RL; *Bayer* in FS Ulmer 2001, 33 ff.; *Grundmann* EuGesR § 10 Rn. 337; *Habersack* EuGesR § 6 Rn. 26; *Hirte* DB 1995, 1113 (1114); *Baldamus* Reform der Kapitalrichtlinie 2002, 95 f.
[71] *Hüffer/Koch* AktG § 37 Rn. 6.

B. Gründung der AG nach AktG   46 § 2

meist ein pauschales Zitat dieser Bestimmung nicht genügen lassen, sondern eine an ihrem Wortlaut im Einzelnen ausgerichtete Versicherung verlangen,[72] also
- keine Verurteilung wegen des Unterlassens des Antrags auf Eröffnung des Insolvenzverfahrens, einer Insolvenzstraftat nach §§ 283–283d StGB, falscher Angaben nach § 399 AktG oder § 83 GmbHG, der unrichtigen Darstellung nach § 400 AktG, § 331 HGB, § 313 UmwG oder § 17 PublG, §§ 265, 266, 266a StGB zu einer Freiheitsstrafe von mindestens einem Jahr, wobei die Strafe innerhalb von fünf Jahren – ohne Berücksichtigung der Zeit, in der der Täter auf behördliche Anordnung in einer Haftanstalt verwahrt worden ist – vor Anmeldung rechtskräftig geworden sein muss (§ 76 Abs. 3 Satz 2 Nr 3 AktG);
- keine Verurteilung im Ausland wegen einer Tat, die mit den in § 76 Abs. 3 Satz 2 Nr. 3 AktG genannten Taten vergleichbar ist, zu einer Freiheitsstrafe von mindestens einem Jahr, wobei die Strafe innerhalb von fünf Jahren – ohne Berücksichtigung der Zeit, in der der Täter auf behördliche Anordnung in einer Haftanstalt verwahrt worden ist – vor Anmeldung rechtskräftig geworden sein muss (§ 76 Abs. 3 Satz 3 AktG);
- und keine Untersagung der Ausübung eines mit dem Unternehmensgegenstand der Gesellschaft (§ 23 Abs. 3 Nr. 2 AktG; s. Rn. 337 ff.) ganz oder teilweise übereinstimmenden Berufs, Gewerbes oder Zweiges eines von beiden durch vollziehbare(s) und zeitlich noch bei Anmeldung wirksame(s) Gerichtsurteil oder Behördenentscheidung besteht (§ 76 Abs. 3 Satz 2 Nr. 2 AktG); und
- kein Vorliegen eines Einwilligungsvorbehalts als Betreuer bei der Besorgung von Vermögensangelegenheiten (§ 76 Abs. 3 Satz 2 Nr. 1 AktG);
- sie durch das Gericht, einen Notar, einen im Ausland bestellten Notar, den Vertreter eines vergleichbaren rechtsberatenden Berufs oder einen Konsularbeamten (§ 37 Abs. 2 Satz 2 AktG; s. Rn. 119) über ihre diesbezügliche unbeschränkte Auskunftspflicht gegenüber dem Gericht belehrt worden sind (§ 37 Abs. 2 AktG iVm § 53 Abs. 2 BZRG[73]). Sind Sacheinlagen oder Sachübernahmen nach Inkrafttreten des ARUG (BGBl. 2009 I 2479) ohne externe Gründungsprüfung nach § 33a AktG eingebracht worden, haben die Vorstandsmitglieder zudem zu versichern, dass ihnen außergewöhnliche Umstände, die den gewichteten Durchschnittspreis der einzubringenden Wertpapiere oder Geldmarktinstrumente iSv § 33a Abs. 1 Nr. 1 AktG während der letzten drei Monate vor dem Tag ihrer tatsächlichen Einbringung erheblich beeinflusst haben könnten, oder Umstände, die darauf hindeuten, dass der beizulegende Zeitwert der Vermögensgegenstände iSv § 33a Abs. 1 Nr. 2 AktG am Tag ihrer tatsächlichen Einbringung aufgrund neuer oder neu bekanntgewordener Umstände erheblich niedriger ist als der von dem Sachverständigen angenommene Wert, nicht bekannt geworden sind (§ 37a Abs. 2 AktG).

Das Unterlassen dieser Versicherungen führt (nach erfolgloser Fristsetzung durch Zwischenverfügung, § 382 Abs. 4 FamFG; s. Rn. 61) zur Ablehnung der Eintragung (§ 38 Abs. 1 AktG; s. Rn. 62). Falsche oder erhebliche Umstände verschweigende Angaben sind strafbar (§ 399 Abs. 1 Nr. 6 AktG; s. Rn. 40, 293).

gg) Inländische Geschäftsanschrift. In der Anmeldung ist anzugeben, wie 46 die inländische Geschäftsanschrift der Gesellschaft lautet (§ 37 Abs. 3 Nr. 1 AktG), was als Grundlage der entsprechenden Handelsregistereintragung dient (§ 39 Abs. 1

---

[72] So zur GmbH (§ 8 Abs. 3 GmbHG) BayObLG 1 Z 184/81, BayObLGZ 1981, 396 = WM 1982, 168; *Hüffer/Koch* AktG § 37 Rn. 6 mwN.
[73] *Hüffer/Koch* AktG § 37 Rn. 7.

Satz 2 AktG; s. Rn. 62). Diese Pflicht zur Angabe der inländischen Geschäftsanschrift ist durch das MoMiG eingefügt worden. Hierdurch soll – ähnlich wie für natürliche Personen – sichergestellt werden, dass eine im öffentlichen Register einsehbare Anschrift existiert. Regelmäßig wird die inländische Geschäftsanschrift mit der Anschrift des Geschäftslokals übereinstimmen. Besteht ein solches nicht, ist eine andere Anschrift anzugeben. Dies kann bspw. der Fall sein, wenn die Gesellschaft ihren Verwaltungssitz über eine Zweigniederlassung im Ausland hat. In Betracht kommt der inländische Wohnsitz des Geschäftsführers oder eines oder des alleinigen Gesellschafters, sofern er sich hierzu bereit erklärt. Möglich ist auch die inländische Anschrift eines als Zustellungsbevollmächtigten eingesetzten Vertreters unter Nutzung eines c/o-Zusatzes (zB Steuerberater, Rechtsberater, Insolvenzverwalter), soweit sie die Zustellungsmöglichkeit verbessert und nicht vortäuscht oder verschleiert.[74] Anzugeben sind Straße, Hausnummer, Postleitzahl und Ort.[75] Nach der Übergangsvorschrift des § 18 EGAktG besteht die Pflicht zur Benennung einer inländischen Geschäftsanschrift auch für bereits bestehende Gesellschaften, wenn die inländische Geschäftsanschrift dem Gericht nicht bereits nach § 24 Abs. 2 HRV mitgeteilt worden ist (Rn. 49) oder sich geändert hat.[76] In diesen Fällen ist die inländische Geschäftsanschrift mit der ersten die Gesellschaft betreffenden Anmeldung zum Handelsregister ab dem 1.11.2008 (Inkrafttreten des MoMiG), spätestens aber ab dem 31.3.2009 anzumelden.

47   hh) **Vertretungsbefugnisse.** In der Anmeldung ist anzugeben, welche Vertretungsbefugnis die Vorstandsmitglieder haben (§ 37 Abs. 3 AktG), was als Grundlage der entsprechenden Handelsregistereintragung dient (§ 39 Abs. 1 Satz 2 AktG; s. Rn. 53). Die Neuformulierung hinsichtlich der Angaben zu der Vertretungsbefugnis (nun: Art und Umfang der Vertretungsbefugnis; bisher: Angabe, welche Vertretungsbefugnis die Mitglieder haben) führt zu keinen inhaltlichen Änderungen hinsichtlich des Anzugebenden.[77] Die Vertretungsbefugnis wird in der Regel, aber nicht zwingend, in der Satzung geregelt, sonst ergibt sie sich vollständig oder ergänzend aus dem Gesetz (§ 78 Abs. 2 und 3 AktG; § 6 Rn. 11). Anzumelden und einzutragen ist die **abstrakte** Vertretungsbefugnis,[78] die generell für alle Vorstandsmitglieder gilt; nur wenn davon abweichend einzelnen Vorstandsmitgliedern eine besondere Vertretungsbefugnis zusteht (zB Einzelvertretung bei sonst genereller Gesamtvertretung oder Befreiung vom Verbot des § 181 BGB in den Schranken des § 112 AktG[79]), ist diese **konkrete** Vertretungsbefugnis unter namentlicher Zuordnung anzugeben. Die abweichende konkrete Vertretungsbefugnis kann unmittelbar in der Satzung einer bestimmten Person erteilt werden (§ 78 Abs. 3 Satz 1 AktG), wird aber in der Regel durch Aufsichtsratsbeschluss bestimmt, wenn die Satzung dies vorsieht (§ 78 Abs. 3 Satz 2 AktG). Eine solche Ermächtigung durch die Satzung zählt dann ebenfalls zu den anzumeldenden und einzutragenden Angaben über die abstrakte Vertretungsbefugnis.[80]

48   ii) **Zeichnung der Vorstandsmitglieder.** Die bisher erforderliche Zeichnung der Namensunterschrift durch die Vorstandsmitglieder (§ 37 Abs. 5 AktG aF) ist

---

[74] OLG Hamm 31 Wx 162/10, FGPrax 2011, 139.
[75] *Hüffer/Koch* AktG § 37 Rn. 7
[76] OLG München 31 Wx 5/09, NZG 2009, 304.
[77] Begründung zum MoMiG BT-Drs. 16/6140, 125.
[78] *Hüffer/Koch* AktG § 37 Rn. 8; MünchKomm. AktG/Bd. 1/*Pentz* § 37 Rn. 54.
[79] *Hüffer/Koch* AktG § 78 Rn. 8.
[80] *Hüffer/Koch* AktG § 37 Rn. 8.

B. Gründung der AG nach AktG 49, 50 § 2

entfallen. Die Unterschriftsprobe und deren Aufbewahrung sind durch das EHUG abgeschafft worden, da sie nicht zur elektronischen Registerführung passen.

jj) Anlagen. Der Anmeldung sind folgende Anlagen zur Prüfung durch das Gericht (§ 38 AktG; s. Rn. 52 ff.) und zur öffentlichen Einsichtnahme bei Gericht (§ 9 HGB) in Urschrift, Ausfertigung oder öffentlich beglaubigter Abschrift beizufügen (§ 37 Abs. 4 und 6 AktG): **49**

Nr. 1: die Satzung und die Urkunden über die Feststellung der Satzung (§ 23 Abs. 1 AktG; s. Rn. 11 f.) und über die Übernahme der Aktien (§ 23 Abs. 2 AktG; s. Rn. 13);

Nr. 2: bei Festsetzungen in der Satzung von Sondervorteilen und Gründungsaufwand (§ 26 AktG; s. Rn. 346, 347) sowie bei Sacheinlagen und Sachübernahmen (§ 27 AktG; s. Rn. 22, 200 ff., 226 ff., 345) die zugrunde liegenden oder zur Ausführung geschlossenen Verträge; gesondert beizufügen ist eine Berechnung des Gründungsaufwands[81] zu Lasten der Gesellschaft, in der die Vergütungen einzeln nach Art, Höhe und Empfängern aufzugliedern sind;

Nr. 3: die Urkunden über die Bestellung des Aufsichtsrats und Vorstands (§ 30 Abs. 1 und 4; s. Rn. 15, 17);

Nr. 3a: eine Liste der Mitglieder des Aufsichtsrats, aus welcher Name, Vorname, ausgeübter Beruf und Wohnort der Mitglieder ersichtlich ist;

Nr. 4: der Gründungsbericht (§ 32 AktG; s. Rn. 18 ff.) und die Prüfungsberichte von Vorstand und Aufsichtsrat (§ 33 Abs. 1 AktG; s. Rn. 23 f.) und der Gründungsprüfer (§§ 33 Abs. 2 ff., 34 AktG; s. Rn. 25 ff.) sowie von Sacheinlagen und Sachübernahmen (§ 33 Abs. 3 Satz 1 AktG idF v. Art. 1 Nr. 2 TransPubG; s. Rn. 29), jeweils „nebst ihren urkundlichen Unterlagen (gemeint sind damit Anlagen der Berichte oder darin in Bezug genommene Unterlagen, die nicht ohnehin zu den Anlagen der Anmeldung gehören;[82] zur Vermeidung von Doppeleinreichung des Gründungsprüfungsberichts wegen § 34 Abs. 3 AktG Rn. 28);

Nr. 5: die Pflicht zur Einreichung der Genehmigungsurkunde, wenn der Gegenstand des Unternehmens oder eine andere Satzungsbestimmung der staatlichen Genehmigung bedarf, ist weggefallen; soweit andere Vorschriften außerhalb des AktG die Eintragung von der Vorlage bestimmter Anlagen/Genehmigungen abhängig machen, sind diese einzureichen (s. Rn. 34, 146).

Zudem sind der Anmeldung, soweit eine Sachgründung ohne externe Gründungsprüfung nach § 33a AktG (s. Rn. 25) durchgeführt worden ist, beizulegen:

– Unterlagen über die Ermittlung des gewichteten Durchschnittspreises, zu dem die einzubringenden Wertpapiere oder Geldmarktinstrumente während der letzten drei Monate vor dem Tag ihrer tatsächlichen Einbringung auf einem organisierten Markt gehandelt worden sind,

– jedes Sachverständigengutachten, auf das sich die Bewertung in den Fällen des § 33a Abs. 1 Nr. 2 AktG stützt.

kk) Lage der Geschäftsräume. Nach § 24 Abs. 2 Satz 1 HRV[83] ist in der Anmeldung die Lage der Geschäftsräume, dh die Adresse anzugeben; unterbleibt dies, kann die Mitteilung auch ohne notarielle Beglaubigung (§ 12 HGB) nachgeholt werden.[84] Hat die Vorgesellschaft noch keine Geschäftsräume (an sich der gesetzliche Idealfall iSd unbelasteten Kapitalaufbringung), ist dies mitzuteilen, verbunden mit der Er- **50**

---

[81] Zum Gründungsaufwand bei wirtschaftlicher Neugründung OLG Stuttgart 8 W 218/12, AG 2013, 95.

[82] MünchKomm. AktG/Bd. 1/*Pentz* § 37 Rn. 68.

[83] § 24 Abs. 2 Satz 1 HRV (Handelsregisterverordnung; früher Handelsregisterverfügung) idF des HRefG v. 22.6.1998, BGBl. 1998 I 1474, und Verordnung zur Erleichterung der Registerautomation v. 11.12.2001, BGBl. 2001 I 3688; HRV in bereinigter Fassung: BGBl. III Gliederungs-Nr. 315–20.

[84] MünchKomm. AktG/Bd. 1/*Pentz* § 37 Rn. 12.

klärung der Absicht, diese nach Eintragung am Sitz der Gesellschaft einzurichten (wegen der gerichtlichen Überprüfung des realen Sitzes; §§ 14, 23 Abs. 3 Nr. 1 AktG; s. Rn. 334). Praktikabel ist auch die Mitteilung der **vorläufigen Adresse** bei einem Gründer oder Organmitglied. Siehe zur Pflicht der Angabe einer inländischen Geschäftsanschrift Rn. 46.

5. Prüfung durch das Gericht

a) Übersicht

52 Das Gericht hat die Anmeldung (§§ 36 ff. AktG; s. Rn. 35 ff.) auf die Eintragungsfähigkeit der Gesellschaft zu prüfen (§ 38 AktG). Die Prüfung hat unter vier Gesichtspunkten zu erfolgen: (1) Ob die Gesellschaft ordnungsgemäß errichtet und angemeldet ist (§ 38 Abs. 1 Satz 1 AktG; s. Rn. 53 ff.); (2) ob die Berichte der Gründer und der Organmitglieder ordnungsgemäß sind (§ 38 Abs. 2 Satz 1 AktG; s. Rn. 56); (3) ob sich dem Gericht eine Überbewertung von Sacheinlagen oder Sachübernahmen aufdrängt (§ 38 Abs. 2 Satz 2 AktG; s. Rn. 57); (4) ob die Satzung eintragungsfähig ist (§ 38 Abs. 3 AktG; s. Rn. 58). Dabei sind die zu (2) bis (4) aufgeführten Prüfungspunkte Ergänzungen und teilweise Einschränkung (4) der allgemeinen Prüfung zu (1). Die Prüfung muss zu einer Entscheidung des Gerichts führen (s. Rn. 60 ff.).

b) Ordnungsgemäße Errichtung und Anmeldung

53 Das Gericht hat zu prüfen, ob die Gesellschaft ordnungsgemäß errichtet (§§ 23, 29 AktG; s. Rn. 10 ff.) und angemeldet (§§ 36 ff. AktG; s. Rn. 35 ff.) ist (§ 38 Abs. 1 Satz 1 AktG). Die Prüfung hat sich dabei auf alle formellen und materiellen Eintragungsvoraussetzungen zu erstrecken.[85]

54 **aa) Prüfung der Errichtung.** Für die Prüfung der Errichtung der Gesellschaft bedeutet dies **formell** die Kontrolle der Beachtung der notariellen Formvorschriften für die Erklärungen und Vollmachten dazu (§ 23 Abs. 1 AktG; s. Rn. 10) und **materiell** die Überprüfung der Vollständigkeit und inhaltlichen Eignung der vom Gesetz geforderten Erklärungen (§ 23 Abs. 2 ff. AktG; s. Rn. 11 ff.) und Festsetzungen (§§ 26 f. AktG; s. Rn. 12); hierzu gehört insbesondere auch die Überprüfung der Gründerfähigkeit (s. Rn. 73 ff.) und der gesetzlichen Vertretung von Gründern (s. Rn. 143).

55 **bb) Prüfung der Anmeldung.** Im Vergleich mit der Prüfung der Errichtung (s. Rn. 54) ist die Prüfung der Anmeldung der Gesellschaft komplexer: **Formell** umfasst sie neben der Beglaubigungsform der Anmeldung (§ 12 HGB; s. Rn. 39) die Kontrolle der Vollständigkeit der Anmelder (§ 36 Abs. 1 AktG; s. Rn. 36) und ihrer formgerechten Bestellung (§ 30 Abs. 1 und 4 AktG; s. Rn. 15, 17) sowie die Vollständigkeit der Anlagen (§ 37 Abs. 4 AktG; s. Rn. 49). Eher **materiell** orientiert ist die Prüfung der inhaltlichen Vollständigkeit und des am Gesetzestext auszurichtenden Wortlauts der Erklärungen der Anmelder über die Kapitalaufbringung und der dazu einzureichenden Nachweise (§ 37 Abs. 1 AktG; s. Rn. 42 ff.) sowie der Versicherungen der Vorstandsmitglieder über das Fehlen von Bestellungshindernissen und der Belehrung über die unbeschränkte Auskunftspflicht hierüber (§ 37 Abs. 2 AktG; s. Rn. 45). Eine Überprüfung der Richtigkeit dieser Erklärungen und

---

[85] BGH II ZR 277/95, BGHZ 131, 325 = NJW 1996, 850; MünchKomm. AktG/Bd. 1/ *Pentz* § 38 Rn. 17.

B. Gründung der AG nach AktG 56–58 § 2

Versicherungen findet nur bei begründeten Zweifeln des Gerichts statt,[86] da falsche Angaben unter Strafe gestellt sind (§ 399 Abs. 1 Nr. 1 und 6 AktG; s. Rn. 293).

c) Mangelhafte Berichte

Wird im Bericht der Gründungsprüfer (§ 34 Abs. 2 AktG; s. Rn. 28) erklärt oder ist es offensichtlich (dh zweifelsfrei, evtl. nach Ermittlungen des Gerichts, § 12 FamFG[87]), dass der Gründungsbericht (§ 32 AktG; s. Rn. 18 ff.) oder der Prüfungsbericht der Vorstands- und Aufsichtsratsmitglieder (§ 33 Abs. 1 AktG; s. Rn. 23 ff.) unrichtig oder unvollständig ist oder den gesetzlichen Vorschriften nicht entspricht, kann (dies bedeutet kein Ermessen[88]) das Gericht die Eintragung ablehnen (§ 38 Abs. 2 Satz 1 AktG), wenn nicht der Mangel aufgrund einer Zwischenverfügung behoben wird (§ 382 Abs. 4 FamFG;[89] s. Rn. 61). Dies muss entsprechend auch bei Mängeln des Berichts der Gründungsprüfer gelten. Enthält die Anmeldung die Erklärung nach § 37a Abs. 1 AktG, dass von einer externen Gründungsprüfung abgesehen worden ist (s. Rn. 44, 25), hat das Gericht hinsichtlich der Werthaltigkeit der Sacheinlagen oder Sachübernahmen ausschließlich zu prüfen, ob die Voraussetzungen des § 37a AktG erfüllt sind.[90] Lediglich bei einer offenkundigen und erheblichen Überbewertung kann das Gericht die Eintragung ablehnen (§ 38 Abs. 3 AktG). 56

d) Unzureichender Wert von Sacheinlagen und Sachübernahmen

Wird im Bericht der Gründungsprüfer (§ 34 Abs. 2 AktG; s. Rn. 28) erklärt oder ist das Gericht selbst der Auffassung, dass der Wert der Sacheinlagen oder Sachübernahmen (§ 27 Abs. 1 Satz 1 AktG; s. Rn. 200 ff., 226 ff., 345) nicht unwesentlich (s. Rn. 224) hinter dem geringsten Ausgabebetrag (§ 9 Abs. 1 AktG; s. Rn. 162 f.) der dafür zu gewährenden Aktien oder Gegenleistung zurückbleibt, ist die Eintragung abzulehnen (§ 38 Abs. 2 Satz 2 AktG). Ist für die Sacheinlage ein höherer Ausgabebetrag (§ 9 Abs. 2 AktG) festgesetzt, ist streitig, ob dann nicht entgegen dem Wortlaut von § 38 Abs. 2 Satz 2 AktG die Eintragung von der Deckung auch des Mehrwerts abhängt, wie dies der durch das Zweite KoordG eingefügte § 36a Abs. 2 Satz 3 AktG[91] als Voraussetzung der Anmeldung verlangt (s. Rn. 209 ff.). 57

e) Satzungsmängel

Seit dem Jahre 1998 darf das Registergericht materielle Satzungsmängel nur noch eingeschränkt als Eintragungshindernis behandeln (§ 38 Abs. 3 AktG idF Art. 8 Nr. 2 HRefG[92]). Hierüber wird in Abschnitt V dieses Kapitels (Die Satzung) gesondert berichtet (Rn. 367 ff.). 58

---

[86] *Hüffer/Koch* AktG § 38 Rn. 2 mwN.
[87] MünchKomm. AktG/Bd. 1/*Pentz* § 38 Rn. 57 mwN.
[88] *Hüffer/Koch* AktG § 38 Rn. 16 mwN.
[89] HRV (Handelsregisterverordnung; früher Handelsregisterverfügung) idF der Verordnung zur Erleichterung der Registerautomation v. 11.12.2001, BGBl. 2001 I 3688; HRV in bereinigter Fassung BGBl. III Gliederungs-Nr. 315–20.
[90] *Hüffer/Koch* AktG § 38 Rn. 10a.
[91] Eingefügt mit Wirkung zum 1.7.1979 durch das Zweite KoordG, BGBl. 1978 I 1959.
[92] HRefG v. 22.6.1998, BGBl. 1998 I 1474.

6. Entscheidung des Gerichts

a) Eintragungsverfügung

60 Ergibt die gerichtliche Prüfung, dass die Gesellschaft ordnungsgemäß errichtet und angemeldet ist (s. Rn. 53 ff.), besteht ein Anspruch auf Eintragung (§ 38 Abs. 1),[93] den der Richter durch Eintragungsverfügung erfüllt (§ 25 HRV[94]) und den der Urkundsbeamter der Geschäftsstelle durch Eintragung (§ 39 AktG; s. Rn. 64) und deren Bekanntmachung (§ 10 HGB; s. Rn. 65) vollzieht (§ 27 HRV). Der Inhalt der Eintragungsverfügung muss den Eintragungswortlaut und den zusätzlichen Wortlaut der Bekanntmachung vorgeben (§ 27 HRV). Ein Rechtsmittel gegen die Eintragungsverfügung und ihren Vollzug besteht nicht.[95]

b) Zwischenverfügung

61 Ergibt die gerichtliche Prüfung **behebbare Eintragungshindernisse**, so hat das Gericht zur Behebung eine Frist zu setzen (Zwischenverfügung; § 382 Abs. 4 FamFG;[96] das Wort „kann" dort bedeutet nur für die Fristdauer ein Ermessen; s. Rn. 127). Regelmäßig wird das Gericht hierbei auch den richtigen Weg zur Beseitigung des Mangels aufzeigen, was auch zu seinen Amtspflichten zählt.[97] Gegen die Zwischenverfügung besteht ein Rechtsmittel (s. Rn. 63). Nach Behebung des Mangels hat dann die Eintragungsverfügung (s. Rn. 60) zu erfolgen, sonst erfolgt nach Fristablauf die Ablehnung der Eintragung (§ 38 Abs. 1 Satz 2 AktG; s. Rn. 62).

c) Ablehnung der Eintragung

62 Sind die **Eintragungsmängel nicht behebbar** oder verläuft die durch Zwischenverfügung gesetzte Behebungsfrist nsiehe Rn fruchtlos, ergeht die Verfügung über die Ablehnung der Eintragung (§ 38 Abs. 1 Satz 2 AktG). Die Entscheidung ist zu begründen und unterliegt dem Rechtsmittel der Beschwerde (§ 58 FamFG; s. Rn. 63).

d) Rechtsmittel

63 Gegen die Ablehnung der Eintragung (§ 38 Abs. 1 Satz 2 AktG; s. Rn. 62) oder eine Zwischenverfügung (§ 382 Abs. 4 FamFG; s. Rn. 61) ist Beschwerde zum Oberlandesgericht zulässig (§§ 382 Abs. 4 Satz 2, 58 FamFG, § 119 Abs. 1 Nr. 1 Buchst. b GVG), das wie das Registergericht dem Amtsermittlungsprinzip verpflichtet ist (§ 26 FamFG; s. Rn. 127) und daher auch neue Tatsachen berücksichtigen muss. Die gegen die Entscheidung des Oberlandesgerichtes zulässige weitere Beschwerde zum Bundesgerichtshof (§ 70 Abs. 2 FamFG, § 133 GVG) setzt voraus, dass sie durch das Beschwerdegericht zugelassen wurde, was nur dann zu erfolgen hat, wenn die Rechtssache grundsätzliche Bedeutung hat oder die Zulassung zur Fortbildung des

---

[93] *Hüffer/Koch* AktG § 38 Rn. 17 mwN.
[94] HRV (Handelsregisterverordnung; früher Handelsregisterverfügung) idF der Verordnung zur Erleichterung der Registerautomation v. 11.12.2001, BGBl. 2001 I 3688; HRV in bereinigter Fassung: BGBl. III Gliederungs-Nr. 315–20.
[95] BGH II ZR 69/87, BGHZ 104, 61 = NJW 1988, 1840.
[96] *Hüffer/Koch* AktG § 38 Rn. 16.
[97] *Zätzsch* Zur Heilung von Verschmelzungsmängeln in FS Bezzenberger 2000, S. 473 (478 f.).

B. Gründung der AG nach AktG 64, 65 § 2

Rechts oder zur Sicherung einer einheitlichen Rechtsprechung erforderlich ist (§ 70 Abs. 2 FamFG).[98] Aus Zeitgründen hat das Rechtsmittelverfahren in der Praxis keine große Bedeutung (s. Rn. 128). Ein Rechtsmittel gegen die Eintragungsverfügung und ihren Vollzug besteht nicht (s. Rn. 60).

7. Inhalt der Eintragung

Die Eintragung der Gesellschaft erfolgt entsprechend dem Wortlaut der richterlichen Eintragungsverfügung (§ 25 HRV[99]; s. Rn. 60) in Abteilung B des Handelsregisters (§ 43 HRV) unter einer mit dem Buchstaben B eingeleiteten Registernummer (§ 80 Abs. 1 Satz 1 AktG) sowie Angabe des Eintragungsdatums (Rechtsfolgen: zB § 51 AktG; s. Rn. 291 f.; § 52 AktG; s. Rn. 310 ff.), versehen mit der Unterschrift des Urkundsbeamten der Geschäftsstelle und ist den Beteiligten bekannt zu geben, soweit hierauf nicht verzichtet wurde (§ 383 FamFG, §§ 14 f. HRV). Der Inhalt bestimmt sich nach § 39 AktG, der folgende Angaben vorschreibt: **64**

– Für **jede Gesellschaft** (§ 39 Abs. 1 AktG): Firma und Sitz (§ 23 Abs. 3 Nr. 1 AktG; s. Rn. 332 f., 334 ff.); inländische Geschäftsanschrift (§§ 39 Abs. 1 Satz 1, 37 Abs. 3 Nr. 1 AktG; s. Rn. 46); soweit angemeldet, inländische Anschrift einer Person, die für Zustellungen empfangsbedürftig ist (§ 39 Abs. 1 Satz 2 AktG; s. Rn. 46); Unternehmensgegenstand (§ 23 Abs. 3 Nr. 2 AktG; s. Rn. 337 ff.); die Höhe des Grundkapitals (§ 23 Abs. 3 Nr. 3 AktG; s. Rn. 159, 341); Tag der Feststellung der Satzung (§ 23 Abs. 1 AktG; s. Rn. 11 f.); Vorstandsmitglieder (§§ 30 Abs. 4; 76 ff. AktG; s. Rn. 17, 107 ff.) einschließlich von stellvertretenden (§ 94); einzutragen sind Vor- und Familienname, Geburtsdatum und Wohnort (§ 43 Nr. 4 HRV[100]), die sich zumeist aus dem Beglaubigungsvermerk der Anmeldung ergeben; Vertretungsbefugnis der Vorstandsmitglieder sowohl abstrakt als auch konkret, wenn sich Abweichungen für bestimmte Vorstandsmitglieder von der abstrakten Vertretungsbefugnis ergeben (so wie in der Anmeldung, § 37 Abs. 3 AktG; s. Rn. 46).

– In **Sonderfällen** (§ 39 Abs. 2 AktG): Satzungsbestimmungen über die Dauer der Gesellschaft (§ 262 Abs. 1 Nr. 1 AktG; § 18 Rn. 2) und über ein genehmigtes Kapital (§ 202 Abs. 1 AktG; § 9 Rn. 76 ff.).

8. Bekanntmachung der Eintragung

Die Eintragung ist durch das jeweilige Gericht elektronisch über www.handelsregister.de bekanntzumachen (§ 10 Abs. 1 Satz 1 HGB). Bis Ende 2008 hatten Bekanntmachungen zudem noch in Papierform zu erfolgen, wobei dies in einer Tageszeitung oder einem sonstigen Blatt zu geschehen hatte (Art. 61 Abs. 4 EGHGB; s. Rn. 148). Der Inhalt bestimmt sich nach der Eintragungsverfügung (§ 28 HRV;[101] s. Rn. 60). Er umfasst den gesamten Inhalt der Eintragung, die nach altem Recht **65**

---

[98] *Krafka* WZG 2009, 650 (654); s. die Neuregelung durch das Gesetz zur Reform des Verfahrens in Familiensachen und in Angelegenheiten der freiwilligen Gerichtsbarkeit (FGG-Reformgesetz) v. 17.12.2008, BGBl. 2008 I 2586.

[99] HRV (Handelsregisterverordnung; früher Handelsregisterverfügung) idF der Verordnung zur Erleichterung der Registerautomation v. 11.12.2001, BGBl. 2001 I 3688; HRV in bereinigter Fassung: BGBl. III Gliederungs-Nr. 315-20.

[100] § 43 Nr. 4 HRV (Handelsregisterverordnung; früher Handelsregisterverfügung) idF des Handelsrechtsreformgesetzes v. 22.6.1998, BGBl. 1998 I 1474, und Verordnung zur Erleichterung der Registerautomation v. 11.12.2001, BGBl. 2001 I 3688; HRV in bereinigter Fassung: BGBl. III Gliederungs-Nr. 315-20.

[101] HRV (Handelsregisterverordnung; früher Handelsregisterverfügung) idF der Verordnung zur Erleichterung der Registerautomation v. 11.12.2001, BGBl. 2001 I 3688; HRV in bereinigter Fassung: BGBl. III Gliederungs-Nr. 315-20.

notwendige Bekanntmachung zusätzlicher Angaben ist mit der Aufhebung des § 40 AktG weggefallen, nachdem sich der Rechtsverkehr nunmehr online unterrichten kann.

Die Bekanntmachung hat keine Rechtswirkung für die Entstehung der Gesellschaft, für welche allein die Eintragung maßgebend ist (§ 41 Abs. 1 Satz 1 AktG; s. Rn. 66). Sie begründet nur die Publizitätswirkung des Handelsregisters, jedoch nur für die eingetragenen Angaben, nicht für die ergänzend zur Eintragung bekannt gemachten Tatsachen (§ 15 HGB; s. Rn. 401).

9. Folgen der Eintragung

66 Mit der Eintragung in das Handelsregister entsteht die Aktiengesellschaft als solche (Umkehrschluss aus § 41 Abs. 1 Satz 1 AktG).[102] Dadurch wird die Vorgesellschaft (s. Rn. 251 ff.) ohne Liquidation beendet, indem ihre Rechte und Pflichten, insbesondere ihr aktives und passives Vermögen, auf die Aktiengesellschaft im Wege der **Gesamtrechtsnachfolge** übergehen (s. Rn. 255). Nach der Rechtsprechung wird damit auch die Handelndenhaftung des Vorstandes (§ 41 Abs. 1 Satz 2 AktG; s. Rn. 282 ff.) für im Rahmen seiner Vertretungsmacht begründete Verbindlichkeiten der Vorgesellschaft beendet (s. Rn. 282). Stattdessen entsteht die Unterbilanzhaftung der Gründer für die Gewährleistung des Grundkapitals am Stichtag der Eintragung (s. Rn. 269 ff.). Ansonsten ist die Haftung der Gründer (nunmehr vom Gesetz Aktionäre genannt; §§ 53a ff. AktG) nach Eintragung auf ihre noch ausstehenden Einlagen beschränkt (§§ 1 Abs. 1 Satz 2, 63 ff. AktG; § 4 Rn. 9 ff.), abgesehen von Schadensersatzpflichten wegen Pflichtverletzungen bei der Gründung (§ 46 AktG; s. Rn. 265 ff.). Mit der Eintragung beginnen folgende gesetzliche **Fristen** zu laufen:

Für Satzungsänderungen betr. die Festsetzungen nach §§ 26 f. AktG (§ 26 Abs. 4 und 5 AktG; s. Rn. 346 f.; § 27 Abs. 5 AktG; s. Rn. 201); für besondere Bekanntmachungen bei Sitzverlegung (§ 45 Abs. 3 AktG), für Verzicht, Vergleich, Verjährung betr. Ersatzansprüche (§§ 50 f. AktG; s. Rn. 289 ff.); für die Nachgründung (§§ 52 f. AktG; s. Rn. 310 ff.), für Klagen wegen Nichtigkeit von Satzungsbestimmungen (§§ 242 Abs. 2 analog, 275 ff. AktG; s. Rn. 379 ff.).

Die Eintragung kann ferner Bedeutung haben für die Rechnungslegung (s. Rn. 408 ff.) und Besteuerung der Gesellschaft (s. Rn. 417 ff.). So wie die Eintragung das Entstehen der Gesellschaft bewirkt, kann die Beendigung ihres Bestehens nur wieder durch Eintragung im Handelsregister bewirkt werden. Abgesehen von den gesetzlichen Auflösungsgründen (§ 262 AktG; § 18 Rn. 2 ff.) kann dies durch Klage auf Nichtigerklärung (§ 275 AktG; s. Rn. 381 ff.) oder bei gravierenden Mängeln der Errichtung oder Anmeldung, insbesondere bei Satzungsmängeln, durch das Gericht von Amts wegen (§§ 142, 144 f. FGG; s. Rn. 385 ff.) erreicht werden.

10. Folgen des Scheiterns der Eintragung

67 Scheitert die Eintragung der Gesellschaft, weil die gerichtliche Ablehnungsverfügung rechtskräftig wird (s. Rn. 62 f.) oder weil die Anmeldung auch von nur einem der Anmeldeverpflichteten (§ 36 Abs. 1 AktG; s. Rn. 36) zurückgenommen wird,[103] ist der Zweck der Vorgesellschaft (s. Rn. 252) entfallen. Die Haftungsstruktur für die Beteiligten der Gründung hängt davon ab, ob die Vorgesellschaft unverzüglich

---

[102] Ähnlich *Hüffer/Koch* AktG § 41 Rn. 1.
[103] *Hüffer/Koch* AktG § 36 Rn. 5 mwN.

B. Gründung der AG nach AktG　　　　　　　　　　70–72　§ 2

liquidiert wird – so der Normalfall (s. Rn. 271) – oder zu anderem Zweck, also nicht mehr als Vorgesellschaft einer AG, fortgeführt wird (s. Rn. 272).

III. Beteiligte der Gründung

1. Übersicht

An jeder Gründung einer Aktiengesellschaft müssen mehrere Personen und Institutionen unmittelbar mitwirken, teils als immer notwendige Gründungsbeteiligte, teils als regelmäßig oder im Sonderfall notwendig an der Gründung Beteiligte. Hinzu kommen mittelbar von der Gründung betroffene Personen und Institutionen. Diese an der Gründung Beteiligten oder von ihr Betroffenen werden hier zunächst in der Übersicht vorgestellt: 70

1. Immer notwendige Gründungsbeteiligte
    a) Gründer (§§ 2, 23 Abs. 2, 28 AktG), Rn. 72 ff.;
    b) Erster Aufsichtsrat (§§ 30 Abs. 1, 31 AktG), Rn. 90 ff.;
    c) Erster Vorstand (§ 30 Abs. 4 AktG), Rn. 107 ff.;
    d) Notar (§§ 23 Abs. 1, 30 Abs. 1 Satz 2 AktG, § 36 AktG iVm § 12 HGB), Rn. 113 ff.;
    e) Registergericht (§§ 14, 36 Abs. 1, 38 AktG; § 8 HGB; § 23a Abs. 1 Nr. 3 GVG iVm § 374 Nr. 1 FamFG), Rn. 125 ff.;
2. Regelmäßig notwendige Gründungsbeteiligte
    a) Kontoführendes Institut (§§ 54 Abs. 3, 37 Abs. 1 Satz 3 ff. AktG), Rn. 130;
    b) Gründungsprüfer oder Notar als Prüfungsbeauftragter (§ 33 Abs. 2 ff. AktG), Rn. 131 ff.;
    c) Gericht in Angelegenheiten der Gründungsprüfer (§§ 14, 33 Abs. 2, 35 Abs. 2 f. AktG; § 375 Abs. 3 Nr. 3 FamFG); Rn. 134 ff.;
3. Im Sonderfall notwendige Gründungsbeteiligte
    a) Vertreter von Gründern, Rn. 140 ff.: Bevollmächtigte (§ 23 Abs. 1 Satz 2 AktG), Rn. 141 f.; gesetzliche Vertreter, Rn. 143;
    b) Vormundschaftsgericht (§§ 1822 Nr. 3, 1643 Abs. 1 BGB), Rn. 144;
    c) Genehmigungsbehörde (§ 37 Abs. 4 Nr. 5 AktG), Rn. 145 f.;
    d) Industrie- und Handelskammer, Rn. 147;
4. Mittelbar von der Gründung Betroffene
    a) Bundesanzeiger und andere Bekanntmachungsmedien (§§ 10 f. HGB; §§ 23 Abs. 4, 25, 40 AktG); Rn. 148;
    b) Erster Abschlussprüfer (§ 30 Abs. 1 AktG), Rn. 149;
    c) Finanzamt (§ 54 EStDV; § 18 GrEStG), Rn. 150;
    d) Für die Gründung verantwortliche Dritte (§§ 46 f. AktG), Rn. 151 ff.

Die vorstehenden Beteiligten und Betroffenen des Gründungsverfahrens finden nachfolgend eine jeweils auf sie bezogene Abhandlung ihrer Funktion bei der Gründung mit entsprechenden Verweisen auf die allgemeine Darstellung der Gründung, wo entsprechend durch Verweise Rückbezug genommen wird. 71

2. Immer notwendige Gründungsbeteiligte

a) Gründer

aa) Funktion und Aufgaben. Als Gründer der Gesellschaft bezeichnet das AktG deren erste Aktionäre, was sowohl die Mitwirkung bei der Feststellung der Satzung voraussetzt als auch die Übernahme von Aktien (§§ 2, 23 Abs. 2, 28 AktG; s. Rn. 11 ff.). Daraus ergeben sich im Vergleich zu späteren Aktionären besondere **Gründerpflichten** (§§ 23 ff., 30 f., 36 ff. AktG; s. Rn. 14 ff.), für deren Verletzung 72 sie die Gründerhaftung tragen (§ 46 AktG; s. Rn. 258 ff.) und auch der strafrechtlichen Ahndung unterliegen können (§ 399 Abs. 1 AktG; s. Rn. 293). Das AktG geht als Regelfall von mehreren Gründern aus, lässt aber auch die Einpersonengründung zu (§ 2 AktG; s. Rn. 300).

73 **bb) Gründerfähigkeit.** Gründer können natürliche und juristische Personen (s. Rn. 74 ff.) sowie rechtsfähige Personengesellschaften (s. Rn. 77) sein, während die Gründerfähigkeit sonstiger Personengemeinschaften (s. Rn. 78 ff.) von ihrer Eignung für das Aktienrecht abhängt. Für bestimmte Aktiengesellschaften, deren Unternehmensgegenstand im besonderen öffentlichen Aufsichtsinteresse steht (zB Kreditinstitute), ist eine qualifizierte Gründerfähigkeit geboten (s. Rn. 85 f.). Ausgeschlossen ist die Übernahme eigener Aktien durch die zu gründende AG selbst (§ 56 Abs. 1 AktG). Ebenso verboten ist die Aktienübernahme durch ein bei der Gründung auf die Gesellschaft übergehendes Unternehmen (zB im Falle von § 31 AktG; s. Rn. 104 ff.), falls dieses dadurch von der Gründungsgesellschaft abhängig wird oder in deren Mehrheitsbesitz gelangt (§ 56 Abs. 2 AktG). Soweit § 56 Abs. 2 Satz 2 AktG die Übernahme trotz Verstoßes dinglich für wirksam erklärt, ändert dies nichts daran, dass das Gericht diesen Fall nicht dulden darf und deshalb die Eintragung ablehnen muss (§ 38 Abs. 1 AktG).[104] Anders ist dies im Falle der ebenfalls verbotenen **Aktienübernahme durch Dritte** für Rechnung der Gründungsgesellschaft (§ 56 Abs. 3 AktG); hier ist nur die verbotene Treuhandvereinbarung unwirksam, während der vermeintliche Treuhänder entgegen der Vereinbarung nicht nur rechtlich, sondern auch wirtschaftlich voll in die Gründerpflichten einbezogen ist.[105] Im Einzelnen gilt zur Gründerfähigkeit:

74 **cc) Natürliche Personen** (§§ 1 ff. BGB). Für ihre Gründerfähigkeit kommt es weder auf die Geschäftsfähigkeit noch auf die Staatsangehörigkeit oder einen inländischen Wohnsitz an. Geschäftsunfähige (§ 104 BGB) und beschränkt Geschäftsfähige (§ 106 BGB) können die Gründungshandlungen aber nur durch ihre **gesetzlichen Vertreter** (§ 107 BGB) vornehmen, die hierzu der Genehmigung des Vormundschaftsgerichtes bedürfen (§§ 1822 Nr. 3, 1643 Abs. 1 BGB).[106] Bonität ist für die Gründerfähigkeit keine rechtliche Voraussetzung;[107] allerdings kann die Gründung an der fehlenden Bonität scheitern (§§ 36 f. AktG; s. Rn. 172 ff.) oder sich eine Ausfallhaftung von bösgläubigen Mitgründern ergeben (§ 46 Abs. 4 AktG; s. Rn. 265). Gerichtliches oder behördliches Berufs- oder Gewerbeverbot hindert die Teilnahme an der Gründung nicht (anders als die Bestellung zum Vorstand, § 76 Abs. 3 AktG). **Ausländer** können auch ohne Wohnsitz im Inland Gründer sein,[108] abgesehen von Beschränkungen durch ihr Heimatrecht. Weiter gilt nach dem seit dem 30.7.2004 geltenden Zuwanderungsgesetz, dass ein ausländischer Staatsangehöriger für die Beteiligung an einer inländischen Aktiengesellschaft keines Aufenthaltstitels bedarf. Enthält der Aufenthaltstitel keine Erlaubnis zur Ausübung einer Beschäftigung oder selbstständigen Tätigkeit, kann der ausländische Staatsan-

---

[104] HM; *Hüffer/Koch* AktG § 56 Rn. 10 mwN.
[105] *Hüffer/Koch* AktG § 56 Rn. 14.
[106] Allgemeine Meinung, str. ist nur, ob der Genehmigungsvorbehalt ausnahmslos gilt (so MünchKomm. AktG/Bd. 1/*Heider* § 2 Rn. 11 mwN) oder im Ausnahmefall einer nicht zum Betrieb eines Erwerbsgeschäftes bestimmten AG entfällt (so *Hüffer/Koch* AktG § 2 Rn. 6 mwN).
[107] Großkomm. AktG/*Brändel* § 2 Rn. 16.
[108] Allgemeine Meinung; *Hüffer/Koch* AktG § 2 Rn. 7; MünchKomm. AktG/Bd. 1/*Heider* § 2 Rn. 12; Großkomm. AktG/*Brändel* § 2 Rn. 18 mwN.

B. Gründung der AG nach AktG 75–77 § 2

gehörige sich an der Gründung der AG mit Kapital beteiligen, für diese aber nicht als Vorstand oder Angestellter tätig sein.[109]

dd) Juristische Personen (§ 21 ff. BGB) können Gründer sein. Neben den Kapitalgesellschaften (AG, KGaA, GmbH und SE), Genossenschaften und dem eingetragenen Verein (§ 21 BGB)[110] im Allgemeinen und Versicherungsverein auf Gegenseitigkeit (§ 15 VAG) im Besonderen gilt dies auch für juristische Personen des öffentlichen Rechts (§ 89 BGB; zB Gebietskörperschaften, Anstalten, Stiftungen). Ein wichtiges Indiz für die Gründerfähigkeit als juristische Person ist im Zweifelsfall die Körperschaftsteuerpflicht (§ 1 KStG). Im eigenen Gründungsstadium können zukünftige Kapitalgesellschaften selbst Gründer einer anderen AG sein, wenn sie den Status der Vorgesellschaft erreicht haben (also zB die Vor-AG, s. Rn. 251 ff.).[111] Eine Überschuldung oder das Liquidationsverfahren berühren die Gründerfähigkeit einer juristischen Person nicht.[112] Die Gründerfähigkeit von **Institutionen des ausländischen Rechts** richtet sich nach ihrer Vergleichbarkeit mit inländischen juristischen Personen.[113] Im Zweifelsfall kann das Vorliegen einer beschränkten Körperschaftsteuerpflicht (§ 2 KStG) als Indiz für die Gründerfähigkeit dienen. Die Haftung für die Kapitaleinlageverpflichtung (§ 54 AktG, s. Rn. 259 ff.) ist auf das Vermögen der juristischen Person beschränkt (so zB für eine AG als Gründer § 1 Abs. 1 AktG), nicht zu verwechseln mit der Gründerhaftung (§ 46 AktG; s. Rn. 258 ff.), für die neben der juristischen Person mindestens durch Regress auch ihre für sie im Gründungsverfahren (s. Rn. 9 ff.) handelnden Vertretungsorgane einstehen, welche auch die strafrechtliche Verantwortung für die Gründung (§ 399 Abs. 1 AktG; s. Rn. 293) tragen. 75

Gesetzliche oder **satzungsgemäße Beteiligungsverbote** aus dem Recht der gründungswilligen juristischen Person (nicht zu verwechseln mit der aufgrund des Unternehmensgegenstandes der zu gründenden AG erforderlichen qualifizierten Gründerfähigkeit, s. Rn. 45) sind wie folgt zu beurteilen: Stellt die Teilnahme einer inländischen juristischen Person des Privatrechts an einer AG-Gründung einen Verstoß gegen den eigenen Unternehmensgegenstand (s. Rn. 337 ff.) dar oder sogar gegen den eigenen Unternehmenszweck (s. Rn. 338), hat dies wegen der Unbegrenzbarkeit der Vertretungsbefugnis ihrer gesetzlichen Vertreter im Außenverhältnis (§ 6 Rn. 11) keinen Einfluss auf das Gründungsverfahren, dh, die Eintragung der Gesellschaft im Handelsregister darf deshalb nicht abgelehnt werden. Anders kann dies bei Gründung durch eine Institution des ausländischen Rechtes zu beurteilen sein, falls in diesem die Vertretungsbeschränkung nach der sog. Ultra-Vires-Lehre gilt.[114] 76

ee) Rechtsfähige Personengesellschaften. Personenhandelsgesellschaften, OHG (§ 105 HGB) und KG (§ 161 HGB) und damit auch die GmbH & Co. KG und die AG & Co. KG sind als rechtsfähige Personengesellschaft (§ 14 Abs. 2 BGB) gründerfähig (§§ 124 Abs. 1, 161 Abs. 2 HGB). Dies ist heute ebenso unstreitig wie die Zulässigkeit der Übernahme von zusätzlichen Gründeraktien durch deren 77

---

[109] MünchKomm. AktG/Bd. 1/*Heider* § 2 Rn. 12; Großkomm. AktG/*Brändel* § 2 Rn. 18 mwN.
[110] Großkomm. AktG/*Brändel* § 2 Rn. 23 mit Hinweis auf BGH I ZR 88/80, BGHZ 85, 84 (88).
[111] *Hüffer/Koch* AktG § 2 Rn. 10.
[112] MünchKomm. AktG/Bd. 1/*Heider* § 2 Rn. 15 mwN; Großkomm. AktG/*Brändel* § 2 Rn. 24 mwN.
[113] *Hüffer/Koch* AktG § 2 Rn. 8; Großkomm. AktG/*Brändel* § 2 Rn. 25.
[114] Zur Ultra-Vires-Lehre *Hüffer/Koch* AktG § 1 Rn. 4, § 82 Rn. 1.

Gesellschafter. Für die Kapitaleinlage auf die von der Personenhandelsgesellschaft übernommenen Aktien (§ 54 AktG) und die darüber hinausgehende besondere Gründerhaftung (§ 46 AktG; s. Rn. 208 ff.) stehen neben dem Gesellschaftsvermögen die persönlich haftenden Gesellschafter ein (§ 128 HGB); die Haftung von Kommanditisten ist, wie allgemein, auf ihre Kommanditeinlage beschränkt (§ 171 Abs. 1 HGB).

78 **ff) Gesellschaft bürgerlichen Rechts.** Die Gründerfähigkeit der GbR (§§ 705 ff. BGB) steht heute in keinem Fall mehr in Frage (siehe auch § 14 Abs. 2 BGB). Die einschränkende Rechtsprechung des BGH für den Fall von Haftungsbeschränkungen der GbR[115] ist gegenstandslos, seitdem der BGH die generelle Haftungsbeschränkung der GbR für unwirksam erklärt hat.[116] Die Gesellschafter der GbR haften als Gesamtschuldner für die Einlageverpflichtung (§ 69 Abs. 2 AktG).

79 **gg) Nicht rechtsfähiger Verein** (§ 54 BGB). Die wohl noch herrschende Meinung verneint die Gründerfähigkeit wegen der Haftungsbeschränkung auf das Vereinsvermögen.[117] Mit ähnlich guten Gründen wie für den Meinungswandel bei der GbR (s. Rn. 78) wird der nicht rechtsfähige Verein zunehmend als Gründer anerkannt.[118] Bisher behilft sich die Praxis mit Treuhändern als Gründer.[119]

80 **hh) Erbengemeinschaft** (§ 2032 BGB). Heute wohl unbestritten ist die Gründerfähigkeit der Erbengemeinschaft, falls der Erblasser noch selbst als Gründer die Gesellschaft errichtet hat (§ 29 AktG) und dann vor Eintragung der Gesellschaft im Handelsregister (§ 41 Abs. 1 AktG) verstirbt.[120] Die Erbengemeinschaft tritt im Wege der Gesamtrechtsnachfolge in die Gründerposition des Erblassers ein. Dabei kann die Haftung auf das Nachlassvermögen beschränkt werden (§ 2059 BGB).[121] Umstritten ist jedoch, ob sich die Erbengemeinschaft als solche – ohne vom Erblasser überkommene Gründerstellung – an einer Gründung beteiligen kann.[122] Die Gründerfähigkeit ist auch insoweit mit und aufgrund der Maßgabe anzunehmen, dass eine Haftungsbeschränkung auf das Nachlassvermögen dann nicht möglich ist, die Erben vielmehr unbeschränkt als Gesamtschuldner haften (§ 69 Abs. 2 AktG).[123]

81 **ii) Alleinerbe.** Anders als bei der Erbengemeinschaft (s. Rn. 80) kann an der persönlichen Gründerfähigkeit aufgrund der Erbschaft kein Zweifel aufkommen.[124] Fraglich ist nur, ob der Gründer die Gründung unter Haftungsbeschränkung auf den Nachlass ausüben kann. Die **Haftungsbeschränkung** ist wie bei der Erbengemeinschaft zuzulassen, wenn der Erblasser nach Errichtung aber vor Eintragung der Gesellschaft stirbt. Abzulehnen ist die Haftungsbeschränkung aber bei Errichtung durch den Erben selbst, auch wenn er damit einer Auflage des Erblassers folgt.[125]

---

[115] BGH II ZB 1/79, BGHZ 78, 311 (316 f.) = NJW 1981, 682; II ZR 277/99, BGHZ 118, 83 (100) = NJW 1992, 2222; II ZR 38/93, BGHZ 126, 226 (243) = NJW 1994, 2536.
[116] BGH II ZR 371/98, BGHZ 142, 315 = NJW 1999, 3483; II ZR 331/00, NJW 2001, 1056.
[117] Kölner Komm./*Kraft*, 2. Aufl. 2014 § 2 Rn. 30 mwN.
[118] *Hüffer/Koch* AktG § 2 Rn. 10; MünchKomm. AktG/Bd. 1/*Heider* § 2 Rn. 18 mwN; Großkomm. AktG/*Brändel* § 2 Rn. 31 mwN.
[119] Großkomm. AktG/*Brändel* § 2 Rn. 31.
[120] *Hüffer/Koch* AktG § 2 Rn. 11; MünchKomm. AktG/Bd. 1/*Heider* § 2 Rn. 19 mwN; Großkomm. AktG/*Brändel* § 2 Rn. 29 mwN.
[121] MünchKomm. AktG/Bd. 1/*Heider* § 2 Rn. 19 mwN; Großkomm. AktG/*Brändel* § 2 Rn. 29 mwN.
[122] Zum Meinungsstand Großkomm. AktG/*Brändel* § 2 Rn. 29 mwN.
[123] *Hüffer/Koch* AktG § 2 Rn. 11.
[124] Großkomm. AktG/*Brändel* § 2 Rn. 21.
[125] AA Großkomm. AktG/*Brändel* § 2 Rn. 21.

B. Gründung der AG nach AktG 82–85 § 2

jj) Eheleute. Die Ehe behindert die Gründerfähigkeit des einzelnen Ehegatten grundsätzlich nicht. Dies gilt uneingeschränkt bei ehevertraglicher Gütertrennung (§ 1414 BGB). Im gesetzlichen Güterstand der Zugewinngemeinschaft (§ 1363 BGB) bedarf der Gründer der **Zustimmung** des Ehegatten, wenn seine Kapitaleinlage sein ganzes oder nahezu ganzes Vermögen darstellt (§ 1365 BGB), es sei denn, dieses Zustimmungsbedürfnis ist ehevertraglich ausgeschlossen.[126] Im Falle der ehevertraglichen Gütergemeinschaft (§ 1415 BGB) mit gemeinschaftlicher Verwaltung des Gesamtgutes durch die Ehegatten bedarf der Gründer immer der Zustimmung des anderen Ehegatten (§ 1450 BGB). Gemeinschaftliche Übernahme der Gründerfunktion durch die Ehegatten ist im Rechtsrahmen des Güterstandes ausgeschlossen für die Zugewinngemeinschaft und die Gütertrennung,[127] zu Unrecht bestritten für die Gütergemeinschaft.[128] Die Praxis kann sich durch eine GbR der Eheleute behelfen (s. Rn. 78). Bei ausländischen Gründern (s. Rn. 74) können sich Beschränkungen aus dem heimatlichen Eherecht ergeben. 82

kk) Ausländische Personengemeinschaften. Gesellschaften und sonstige Gemeinschaften des ausländischen Rechts ohne eigene Rechtsfähigkeit haben nach hM keine Gründerfähigkeit,[129] was so undifferenziert weder vom AktG gefordert wird, noch den Bedürfnissen des internationalen Rechtsverkehrs entspricht. Maßgebend ist die Beurteilung jedes Einzelfalles hinsichtlich der Vergleichbarkeit mit den Anforderungen an inländische Gründer. 83

ll) Treuhänder. Ein Bedürfnis zur Versagung der Gründerfähigkeit für Treuhänder wird heute allgemein nicht mehr gesehen, selbst wenn man bei verdeckter Treuhandschaft vom „Strohmann" spricht.[130] Das Gesetz geht vielmehr selbst von Treuhändern als Gründer aus (§§ 46 Abs. 5, 47, 56 Abs. 3 AktG). Unzulässig ist eine Gründung durch Treuhänder bei Gesellschaften, die eine qualifizierte Gründerfähigkeit erfordern, jedenfalls wenn der Treuhänder nicht diese Qualifikation besitzt (s. Rn. 85). 84

mm) Qualifizierte Gründerfähigkeit. Außerhalb des AktG schreiben Spezialgesetze für bestimmte Unternehmensgegenstände von Gesellschaften die staatliche Genehmigung vor (§ 37 Abs. 4 Nr. 5 AktG; s. Rn. 34, 145 f.). Während sich hieraus in der Regel besondere persönliche Voraussetzungen für die Vorstände ergeben (s. Rn. 107), bestehen ausnahmsweise auch spezialgesetzliche Anforderungsprofile für die Gesellschafter, die von den Gründern als Genehmigungsvoraussetzung zu erfüllen sind. Dies gilt bei Gründungen, deren Eintragung einer Erlaubnis nach dem Kreditwesengesetz (§ 32 KWG) oder nach dem Versicherungsaufsichtsgesetz (§ 5 VAG) bedarf, für Gründer, die Aktien übernehmen (§ 23 Abs. 2 Nr. 2 AktG), die für sich oder mit zuzurechnenden weiteren Gründern eine bedeutende Beteiligung darstellen (mindestens 10%: § 1 Abs. 9 KWG; § 7a Abs. 2 VAG). Hier wird von den Gründern bzw. deren Gesellschaftern und Vertretungsorganen eine besondere **branchenspezifische Zuverlässigkeit** gefordert (§ 33 Abs. 1 Nr. 3 KWG; § 7a VAG). Rechtsanwaltsgesellschaften (§§ 59 ff. BRAO analog[131]), Steuerberatungsgesellschaften (§ 49 Abs. 1 StBerG) und Wirtschaftsprüfungsgesellschaften (§ 27 85

---

[126] Großkomm. AktG/*Brändel* § 2 Rn. 33 mwN.
[127] MünchKomm. AktG/Bd. 1/*Heider* § 2 Rn. 20; Großkomm. AktG/*Brändel* § 2 Rn. 33.
[128] *Hüffer/Koch* AktG § 2 Rn. 11 mwN; Großkomm. AktG/*Brändel* § 2 Rn. 33 mwN.
[129] Nachweise zur hM mit eigener aA Großkomm. AktG/*Brändel* § 2 Rn. 34.
[130] MünchKomm. AktG/Bd. 1/*Heider* § 2 Rn. 22 ff.; Großkomm. AktG/*Brändel* § 2 Rn. 35 ff.
[131] Die in § 59c BRAO nur für die GmbH vorgesehene Zulassung als Rechtsanwaltsgesellschaft wird in der Praxis auch für die AG gewährt.

Abs. 1 WPO) können nur von entsprechenden Berufsträgern oder, wenn die entsprechenden Berufsträger insgesamt die Kapital- und Stimmenmehrheit erhalten, mit sozietätsfähigen Angehörigen verwandter Berufe gegründet werden (§ 59e BRAO; § 50a StBerG; § 28 Abs. 4 WPO). Wirtschaftsprüfungsgesellschaften können Gründer einer anderen Wirtschaftsprüfungsgesellschaft sein (§ 28 Abs. 4 Nr. 1 WPO); Entsprechendes gilt zwischen Steuerberatungsgesellschaften (§ 50a Abs. 1 Nr. 1 StBerG), während Gründer einer Rechtsanwaltsgesellschaft nur die vorgenannten natürlichen Personen sein können (§ 59e Abs. 1 BRAO).

86 Auch eine **qualifizierte Gründerfähigkeit kraft Satzung** kann sich ergeben, falls die von den Gründern festzustellende Satzung (§ 28 AktG) persönliche Voraussetzungen für die Aktionärseigenschaft vorschreibt, beispielsweise eine bestimmte Berufs- oder Gewerbeangehörigkeit. Solche Satzungsbeschränkungen sind grundsätzlich zulässig und als Gründungsalternative zu einer Genossenschaft zumeist mit der Ausgabe von vinkulierten Namensaktien verknüpft (§ 4 Rn. 39 ff.). Die Grenzen solcher Beschränkungen können sich insbesondere aus öffentlichem Recht ergeben (zB Kartellrecht, Diskriminierungsverbot).

b) Erster Aufsichtsrat

90 Die Gründer haben im Zusammenhang mit der Errichtung der Gesellschaft (§ 29 AktG; s. Rn. 10 ff.) als zwingende Voraussetzung für die Eintragung der Gesellschaft im Handelsregister[132] durch notarielle Beurkundung den ersten Aufsichtsrat zu bestellen (§ 30 Abs. 1 AktG; s. Rn. 15), der zur Bestellung des ersten Vorstandes (§ 30 Abs. 4 AktG; s. Rn. 17), zur Gründungsprüfung (§§ 33 Abs. 1 und 2, 34 AktG; s. Rn. 23 f.) sowie zur Mitwirkung bei der Anmeldung der Gesellschaft zur Eintragung in das Handelsregister (§ 36 Abs. 1 AktG) notwendig ist und aus mindestens drei Mitgliedern bestehen muss (§ 95 Abs. 1 AktG). Es gelten die allgemeinen Bestimmungen für den Aufsichtsrat (§§ 95 ff. AktG; § 7 dieses Handbuchs), jedoch mit folgenden Besonderheiten:

91 aa) **Gründungshaftung.** Neben den allgemeinen Sorgfaltspflichten eines Aufsichtsrates mit der daraus folgenden Haftung (§ 116 AktG; § 7 Rn. 272 ff.) trifft den ersten Aufsichtsrat die gesamtschuldnerische Verantwortung für die sorgfältige Gründungsprüfung und für wahrheitsgemäße Erklärungen in der Anmeldung zum Handelsregister (§ 48 AktG; s. Rn. 286), bei Strafbarkeit von vorsätzlicher Pflichtverletzung (§ 399 Abs. 1 Nr. 1 und 2 AktG; s. Rn. 293). Dies und Besonderheiten für die Aufsichtsratsvergütung (s. Rn. 102) schränken die Zumutbarkeit der Mitgliedschaft im ersten Aufsichtsrat und die Bereitschaft hierzu ein und führt nicht selten zu Verzögerungen der Eintragung, was zu Ausweichgestaltungen wie vorläufige Besetzung (s. Rn. 92) und verkürzte Amtszeit (s. Rn. 95) greifen lässt.

92 bb) **Zusammensetzung.** Auf die Zusammensetzung des ersten Aufsichtsrats sind die Vorschriften über die Beteiligung von Aufsichtsratsmitgliedern von Arbeitnehmern nicht anwendbar (§ 30 Abs. 2 AktG; s. Rn. 103). Eine solche Ausnahme sieht das AktG indessen nicht für die Beteiligung von Frauen vor (§ 96 Abs. 2 AktG). Jedoch wird dieses Erfordernis in der Regel keine Anwendung finden, da die Pflicht zur Besetzung von 30% des Aufsichtsrats mit Frauen nur für börsennotierte Gesellschaften, die der Mitbestimmung unterliegen, gilt. Hinsichtlich der Anzahl schreibt das Gesetz für den Aufsichtsrat allgemein und damit auch für den ersten Aufsichtsrat drei Mitglieder vor, lässt aber die Festsetzung einer höheren Zahl durch die Satzung

---

[132] *Hüffer/Koch* AktG § 30 Rn. 2.

B. Gründung der AG nach AktG   93–95 § 2

zu, wobei eine Teilbarkeit durch drei nach den neuen Regelungen der Aktienrechtsnovelle 2016 nur zur Erfüllung mitbestimmungsrechtlicher Vorgaben erforderlich ist (§ 95 Satz 1-3 AktG; zu den begrenzten Auswirkungen des Mitbestimmungsrechtes auf die Besetzung des ersten Aufsichtsrates Rn. 103 ff.). Da eine höhere Festsetzung durch die Satzung auch für den ersten Aufsichtsrat gilt (Ausnahme: Sonderfall des § 31 AktG; s. Rn. 104 ff.), empfiehlt sich aus den vorgenannten Gründen (Rn. 91) eine **satzungsmäßige Differenzierung** der Mitgliedszahl des ersten Aufsichtsrates vom zweiten Aufsichtsrat, dh die höhere Mitgliedszahl laut Satzung ausdrücklich für den ersten Aufsichtsrat auszuschließen[133] (Gleiches gilt auch für den Fall der späteren Mitgliedschaft von Arbeitnehmervertretern; s. Rn. 104 ff.).

Satzungsmäßige **Entsendungsrechte** (§ 101 Abs. 2 AktG; § 7 Rn. 211 f.) gelten 93
auch schon für den ersten Aufsichtsrat,[134] weshalb auch hier ein satzungsmäßiger Beginn des Entsendungsrechtes erst für den zweiten Aufsichtsrat zu bedenken ist. Eine Verringerung des für die Gründung notwendigen Personenkreises im Interesse einer beschleunigten Eintragung ergibt sich auch durch Personenidentität von Gründern und Mitgliedern des ersten Aufsichtsrates. Dies kann jedoch die Notwendigkeit der gerichtlichen Bestellung eines Gründungsprüfers mit entsprechenden Kosten und Verzögerungen zur Folge haben (§ 33 Abs. 2 Nr. 1 AktG; s. Rn. 25), also auch bei der sog. Bargründung (s. Rn. 171 ff.), die sonst keinen Gründungsprüfer erfordert. Eine Verzögerung kann jedoch seit der Neufassung von § 33 Abs. 3 AktG durch das TransPubG[135] durch Beauftragung des die Satzungsfeststellung beurkundenden Notars (§ 23 Abs. 1 Satz 1 AktG; s. Rn. 29) mit der Prüfung eher vermieden werden. **Ersatzmitglieder** können auch schon für den ersten Aufsichtsrat bestellt werden (§ 101 Abs. 3 Sätze 2 bis 4 AktG; § 7 Rn. 213 ff.).

cc) **Amtszeit.** Die Mitglieder des ersten Aufsichtsrates können nicht für längere 94
Zeit bestellt werden als bis zur Beendigung der Hauptversammlung, die über die Entlastung für das erste Voll- oder Rumpfgeschäftsjahr beschließt (§ 30 Abs. 3 Satz 1 AktG). In der Regel ist dies die erste sog. ordentliche Hauptversammlung (Überschrift vor § 175 AktG), die sowohl für die Entgegennahme oder Feststellung des ersten Jahresabschlusses und ggf. für den ersten Gewinnverwendungsbeschluss (§ 175 AktG) als auch für die Entlastungen von Vorstand und Aufsichtsrat für das erste Geschäftsjahr (§ 120 AktG) zuständig ist und längstens acht Monate nach Ablauf des ersten Geschäftsjahres stattzufinden hat (§§ 120 Abs. 1 Satz 1, 175 Abs. 1 Satz 2 AktG). Die Amtszeit umfasst daher nach dem zeitlich unbestimmten Teil von der Bestellung bis zur Eintragung der Gesellschaft eine weitere theoretische **Höchstdauer** von zwanzig Monaten ab Eintragung, die aber in der Regel aufgrund eines Rumpfgeschäftsjahres verkürzt und ausnahmsweise durch Verzögerung der Entlastung verlängert wird.

Obwohl sich das Gesetz ausdrücklich nur mit einer Höchstdauer der Amtszeit 95
befasst, ergibt der Gesetzeszweck auch eine **Mindestdauer**: Der erste Aufsichtsrat muss aufgrund der Pflichten im Gründungsverfahren (s. Rn. 9 ff., 90) für einen längeren Zeitraum als bis zur Eintragung der Gesellschaft bestellt werden;[136] da

---

[133] *Hüffer/Koch* AktG § 30 Rn. 5; MünchKomm. AktG/Bd. 1/*Pentz* § 30 Rn. 20; Großkomm. AktG/*Röhricht* § 30 Rn. 8 mwN.
[134] MünchKomm. AktG/Bd. 1/*Pentz* § 30 Rn. 15.
[135] Gesetz zur weiteren Reform des Aktien- und Bilanzrechts, zu Transparenz und Publizität (Transparenz- und Publizitätsgesetz) v. 25.7.2002, BGBl. 2002 I 2681.
[136] HM; MünchKomm. AktG/Bd. 1/*Pentz* § 30 Rn. 26; *Hüffer/Koch* AktG § 30 Rn. 7; Großkomm. AktG/*Röhricht* § 30 Rn. 12; Kölner Komm./*Arnold* § 30 Rn. 17; aA Geßler/Hefermehl/Eckardt/Kropff/*Eckardt* AktG § 30 Rn. 23.

die Eintragung selbst nur dem Kalendertag nach bestimmt ist, ist jede nachfolgende zeitliche Fixierung als Amtsende zulässig, frühestens der Ablauf des Tages der Eintragung. Eine Verkürzung dieser Mindestdauer in der Bestellung führt zu deren Nichtigkeit. Abgesehen von dieser Mindestdauer ist die Bestellung für eine kürzere Amtsdauer als die gesetzliche Höchstdauer für alle oder einzelne Mitglieder des ersten Aufsichtsrates auch ohne entsprechende Satzungsbestimmung zulässig,[137] soweit sich nicht aus der Satzung etwas anderes ergibt.

96 Erfolgt die **Bestellung ohne Festsetzung der Amtszeit** und trifft die Satzung auch keine diesbezügliche Regelung für den ersten Aufsichtsrat, gilt die gesetzliche Höchstdauer.[138] Eine Bestellung für länger als die Höchstdauer ist wirksam, sie endet aber mit Ablauf der gesetzlichen Frist.[139] Maßgebend für die Beendigung der Amtszeit ist die Verkündung eines Hauptsammlungsbeschlusses über die Entlastung durch den Versammlungsleiter, gleichgültig ob die Entlastung damit erteilt oder versagt wird.[140] Mit Ablauf dieser Hauptversammlung läuft auch die Amtszeit für die vom Beschluss betroffenen Mitglieder ab. Unklar ist die Rechtslage bei Mängeln des Entlastungsbeschlusses: Bei bloßer Anfechtbarkeit sollte im Interesse klarer Aufsichtsratsverhältnisse die Amtszeit enden, selbst wenn der Beschluss auf Anfechtungsklage durch Urteil für nichtig erklärt wird (§ 241 Nr. 5 AktG).[141] Ob dies auch für eine generelle Nichtigkeit (§ 241 Nr. 1–4 AktG) gelten kann, ist fraglich.[142]

97 Eine **Vertagung der Entlastung** oder eine Nichtbefassung mit ihr führt nicht zur Beendigung der Amtszeit, obwohl damit die gesetzlich vorgesehene Höchstdauer überschritten wird.[143] Vertagt die Hauptversammlung die Entlastung des ersten Aufsichtsrates und soll sie zugleich trotzdem den zweiten Aufsichtsrat wählen, empfiehlt sich zunächst ein Beschluss über die Abberufung der Mitglieder des ersten Aufsichtsrates (§ 103 Abs. 1 AktG), was tunlichst bereits in der Einberufung vorzusehen ist (§ 124 AktG), aber wohl auch durch die Tagesordnungspunkte Entlastung und Neuwahl abgedeckt ist. Gleichwohl dürfte aber auch eine Vertagung und Neuwahl ohne Abberufungsbeschluss zulässig sein, wenn der Beschluss über die Neuwahl den Mehrheitserfordernissen von Gesetz oder Satzung für eine Abberufung (§ 124 AktG) genügt und damit zugleich inzidenter als Abberufung gewertet werden kann. Ein Normkonflikt ergibt sich bei der **Einmann-AG**, falls der Alleinaktionär Mitglied des ersten Aufsichtsrates ist und daher seine Entlastung nicht stattfinden kann (§ 136 Abs. 1 AktG),[144] mithin nach dem Gesetzeswortlaut seine Amtszeit unbegrenzt wäre. Die Lösung findet sich, wenn man als Wirksamkeitsvoraussetzung der Bestellung von dieser oder der Satzung eine Festsetzung der Beendigung der Amtszeit des Einmannaktionärs im ersten Aufsichtsrat verlangt,

---

[137] *Hüffer/Koch* AktG § 30 Rn. 7; MünchKomm. AktG/Bd. 1/*Pentz* § 30 Rn. 26.
[138] MünchKomm. AktG/Bd. 1/*Pentz* § 30 Rn. 23 f.; Großkomm. AktG/*Röhricht* § 30 Rn. 14; *Hüffer/Koch* AktG § 30 Rn. 7.
[139] *Hüffer/Koch* AktG § 30 Rn. 7; MünchKomm. AktG/Bd. 1/*Pentz* § 30 Rn. 23; Großkomm. AktG/*Röhricht* § 30 Rn. 14.
[140] *Hüffer/Koch* AktG § 30 Rn. 7; MünchKomm. AktG/Bd. 1/*Pentz* § 30 Rn. 24; Großkomm. AktG/*Röhricht* § 30 Rn. 11.
[141] Ebenso Großkomm. AktG/*Röhricht* § 30 Rn. 11.
[142] Für eine Beendigung der Amtszeit in jedem Fall wohl Großkomm. AktG/*Röhricht* § 30 Rn. 11.
[143] MünchKomm. AktG/Bd. 1/*Pentz* § 30 Rn. 25; Großkomm. AktG/*Röhricht* § 30 Rn. 11.
[144] *Hüffer/Koch* AktG § 120 Rn. 5.

die nicht auf seine Entlastung abstellt, zB auf den Ablauf der ersten ordentlichen Hauptversammlung (§ 175 AktG).

dd) Bestellung. Die Gründer bestellen den ersten Aufsichtsrat in notarieller **98** Urkunde (§ 30 Abs. 1 Satz 2 AktG) oder durch satzungsgemäße Entsendung (§ 101 Abs. 2 AktG; s. Rn. 15); die Bestellungserklärung der Entsendeberechtigten ist ebenfalls beurkundungspflichtig (analog § 30 Abs. 1 Satz 2 AktG).[145] Die Bestellung bedarf einer Annahmeerklärung jedes Aufsichtsratsmitgliedes, die keiner notariellen Form bedarf und auch mit schlüssigem Verhalten durch die Wahrnehmung der Amtsgeschäfte erklärt werden kann.[146] Eine Bestellung durch das Gericht (§ 104 AktG) ist vor Eintragung der Gesellschaft unzulässig.[147] In der Regel erfolgt die Bestellung durch die Gründer in derselben Urkunde wie die Satzungsfeststellung (§ 23 Abs. 1 AktG), normalerweise durch einheitliche Erklärung in einer gemeinsamen Urkunde aller Gründer. Zulässig ist aber auch die einheitliche Erklärung der Gründer in getrennten Urkunden.[148] Unproblematisch ist auch die Erklärung der Satzungsfeststellung und der Bestellung des ersten Aufsichtsrates in getrennten Urkunden, soweit alle Gründer mitwirken und übereinstimmende Erklärungen abgeben.[149] Problematisch wird es nur, falls die Gründer sich zwar über die Satzungsfeststellung einig sind und diese auch notariell beurkunden, aber keine Einigkeit über die Besetzung des ersten Aufsichtsrates besteht. Dann finden die Bestimmungen über die Wahl des Aufsichtsrates durch die Hauptversammlung sinngemäße Anwendung,[150] was folgende Auswirkungen hat: Die Wahl findet mit einfacher Mehrheit entsprechend den satzungsmäßigen Stimmrechtsanteilen der Gründer statt (analog § 133 Abs. 1 AktG).[151]

Sind sich alle Gründer über das **Wahlverfahren** einig und nehmen auch an der **99** Wahl teil, kann die Wahlversammlung ohne analoge Beachtung der Form- und Fristvorschriften für die Einberufung einer Hauptversammlung (§§ 121 ff. AktG) ablaufen, vorausgesetzt es wird zunächst ein Versammlungsleiter gewählt oder ist von der Satzung bereits für einen solchen Fall bestimmt und dieser stellt den Wahlbeschluss zur notariellen Niederschrift fest (§ 30 Abs. 1 Satz 2 iVm § 130 Abs. 2 analog AktG). Bei Teilnahme aller Gründer dürfte die Wahl auch ohne Versammlung zulässig sein, wenn alle Gründer ihre Stimme zu notarieller Urkunde abgeben und hierbei einheitlich eine Person bestimmen, welche die einzelnen Abstimmungsurkunden auswertet und das Beschlussergebnis zu notarieller Niederschrift unter Beifügung der Bezugsurkunden feststellt. Nehmen nicht alle Gründer an einer Wahlversammlung teil,[152] die ohne analoge Beachtung der Form- und Fristvor-

---

[145] MünchKomm. AktG/Bd. 1/*Pentz* § 30 Rn. 15; *Hüffer/Koch* AktG § 30 Rn. 3; Großkomm. AktG/*Röhricht* § 30 Rn. 4.
[146] *Hüffer/Koch* AktG § 30 Rn. 2 mwN.
[147] Großkomm. AktG/*Röhricht* § 30 Rn. 3; *Hüffer/Koch* AktG § 30 Rn. 2.
[148] MünchKomm. AktG/Bd. 1/*Pentz* § 30 Rn. 13.
[149] Großkomm. AktG/*Röhricht* § 30 Rn. 3; *Hüffer/Koch* AktG § 30 Rn. 3.
[150] *Hüffer/Koch* AktG § 30 Rn. 2; MünchKomm. AktG/Bd. 1/*Pentz* § 30 Rn. 11; Großkomm. AktG/*Röhricht* § 30 Rn. 4.
[151] MünchKomm. AktG/Bd. 1/*Pentz* § 30 Rn. 11; *Hüffer/Koch* AktG § 30 Rn. 2; Großkomm. AktG/*Röhricht* § 30 Rn. 4.
[152] Nach heute ganz hM ist die Teilnahme aller Gründer an der Wahl des ersten Aufsichtsrates nicht zwingend: Kölner Komm./*Arnold* § 30 Rn. 6; *Hüffer/Koch* AktG § 30 Rn. 2; MünchKomm. AktG/Bd. 1/*Pentz* § 30 Rn. 11; Großkomm. AktG/*Röhricht* § 30 Rn. 4; aA jedoch noch Balser/Bokelmann/Ott/*Bokelmann* S. 63 Rn. 94, sich auf „Kölner Komm./*Arnold* § 30 Rn. 6" berufend, der dort aber das Thema nicht behandelt, sondern wie zitiert in Rn. 9 die hM teilt.

schriften für die Einberufung einer Hauptversammlung (§§ 121 ff. AktG) durchgeführt werden soll, dürfte im Hinblick auf die Einberufungsmängel zur Gültigkeit der Wahl ein Teilnahmeverzicht zu notariellem Protokoll notwendig sein.

100   ee) **Widerruf der Bestellung, Ausscheiden, Ersatzbestellung.** Bei dem Widerruf der Bestellung, dem Ausscheiden durch Tod oder Amtsniederlegung und Ersatzbestellung gelten auch für den ersten Aufsichtsrat die allgemeinen Bestimmungen (§ 7 Rn. 200 ff.), jedoch mit folgenden Besonderheiten für die Zeit bis zur Eintragung der Gesellschaft im Handelsregister: Anstatt der Hauptversammlung beschließt mit den entsprechenden Mehrheitserfordernissen die Gründerversammlung über den Widerruf (§ 30 Abs. 1 iVm § 103 Abs. 1 AktG; § 7 Rn. 228 ff.)[153] und die Ersatzbestellung (§ 30 Abs. 1 iVm § 101 Abs. 1 AktG; § 7 Rn. 205 ff.).[154] Auch ein Entsendungsberechtigter kann abberufen und ersetzen (§ 103 Abs. 2 AktG).[155] Während die Ersatzbestellung durch Gründer oder Entsendungsberechtigten immer notariell beurkundet werden muss (s. Rn. 98),[156] gilt dies nicht für die Amtsniederlegung.

101   Der Widerruf der Bestellung unterliegt nach hM der **Beurkundungspflicht**; wobei auf den Gesichtspunkt der Rechtssicherheit verwiesen wird,[157] was wegen des Formzwanges für die Ersatzbestellung nicht überzeugt.[158] Vielmehr reicht für den Widerruf der Bestellung durch die Gründerversammlung die vom Aufsichtsratsvorsitzenden unterzeichnete privatschriftliche Niederschrift analog § 130 Abs. 1 Satz 3 AktG aus, weil die Gesellschaft vor ihrer Eintragung mangels Aktien (§ 41 Abs. 4 AktG) nicht börsennotiert (§ 3 Abs. 2 AktG) sein kann und § 103 Abs. 1 Satz 2 AktG keine die Beurkundung erzwingende qualifizierte Mehrheit des Kapitals, sondern nur der abgegebenen Stimmen verlangt.[159] Eine gerichtliche Abberufung (§ 103 Abs. 3 AktG) oder Ersatzbestellung (§ 104 AktG) ist vor Eintragung der Gesellschaft unzulässig (s. Rn. 98). Nach Eintragung der Gesellschaft gelten die allgemeinen Bestimmungen uneingeschränkt auch für den ersten Aufsichtsrat, dh die Zuständigkeit der Hauptversammlung für Abberufung und Bestellung tritt an die Stelle der Gründerversammlung und notfalls kann auch das Gericht auf Antrag abberufen (§ 103 Abs. 3 AktG) oder bestellen (§ 104 AktG).[160]

102   ff) **Vergütung.** Die Mitglieder des ersten Aufsichtsrates haben keinen gesetzlichen Anspruch auf Vergütung; frühestens die Hauptversammlung, die über ihre Entlastung für das erste Geschäftsjahr beschließt, kann – muss aber nicht – eine Vergütung bewilligen (§ 113 Abs. 2 AktG), also rückwirkend am Tage der Beendigung ihrer Amtszeit (§ 30 Abs. 3 Satz 1 AktG; s. Rn. 96). Vorherige Zusagen der Gründer oder des Vorstandes binden die Gesellschaft nicht (§ 26 Abs. 3 AktG, § 134 BGB).[161] Will man trotzdem unabhängige Persönlichkeiten für den ersten Aufsichtsrat mit seinen besonderen Pflichten und Haftungsrisiken (s. Rn. 91) gewinnen und eine Vergütung durch die Gründer vermeiden, deren Gründungshandlungen schließlich

---

[153] *Hüffer/Koch* AktG § 30 Rn. 4; MünchKomm. AktG/Bd. 1/*Pentz* § 30 Rn. 29.
[154] MünchKomm. AktG/Bd. 1/*Pentz* § 30 Rn. 30; *Hüffer/Koch* AktG § 30 Rn. 4.
[155] So für Ersatzbestellung Großkomm. AktG/*Röhricht* § 30 Rn. 17.
[156] Großkomm. AktG/*Röhricht* § 30 Rn. 17.
[157] MünchKomm. AktG/Bd. 1/*Pentz* § 30 Rn. 29; *Hüffer/Koch* AktG § 30 Rn. 4; Kölner Komm./*Arnold* § 30 Rn. 18.
[158] Kölner Komm./*Kraft* § 30 Rn. 26.
[159] *Hüffer/Koch* AktG § 30 Rn. 4; insoweit auch MünchKomm. AktG/Bd. 1/*Pentz* § 30 Rn. 29, der den Formzwang für die Abberufung aber aus § 30 Abs. 1 Satz 2 AktG ableitet.
[160] Großkomm. AktG/*Röhricht* § 30 Rn. 17; MünchKomm. AktG/Bd. 1/*Pentz* § 30 Rn. 30.
[161] *Hüffer/Koch* AktG § 30 Rn. 8.

der erste Aufsichtsrat prüfen soll (§ 33 Abs. 1 AktG), bleibt nur eine **Festsetzung** der Vergütung **in der Satzung** (§ 26 AktG; s. Rn. 347),[162] was frühestens 30 Jahre nach Eintragung der Gesellschaft aus der Satzung beseitigt werden darf (§ 26 Abs. 5 AktG).

gg) Mitbestimmungsrecht. Das sonst für die Besetzung des Aufsichtsrates aufgrund mehrerer Gesetze bedeutsame Mitbestimmungsrecht (§ 96 AktG; § 7 Rn. 18 ff.), gilt für den ersten Aufsichtsrat grundsätzlich nicht (§ 30 Abs. 2 AktG). Das heißt, eine Mitgliedschaft von Arbeitnehmervertretern kommt erst für den zweiten Aufsichtsrat in Betracht (§ 30 Abs. 3 Satz 2 AktG), ausgenommen im Sonderfall des § 31 AktG (s. Rn. 104). Für den gesetzlichen Regelfall des Aufsichtsrates mit drei Mitgliedern (§ 95 Abs. 1 Satz 1 AktG) bedeutet dies, dass ein Mitglied des von den Gründern zu bestellenden ersten Aufsichtsrates nicht für den zweiten Aufsichtsrat zur Verfügung stehen kann. Entsprechendes würde für mehrere Mitglieder gelten, falls die Satzung schon mit Wirkung für den ersten Aufsichtsrat mehr als drei Mitglieder im Hinblick auf eine erst nach dem Ablauf der Amtszeit des ersten Aufsichtsrates (§ 30 Abs. 2 Satz 1 AktG; s. Rn. 94 ff.) wirksame Mitgliedschaft von Arbeitnehmervertretern vorsehen würde. Auch dies spricht für eine satzungsmäßige Differenzierung der Mitgliedszahl des ersten Aufsichtsrates vom zweiten Aufsichtsrat, zusätzlich zu den oben genannten anderen Gründen (Rn. 92).

Die Mitbestimmung im Fall einer **Sachgründung** durch Einbringung (§ 27 Abs. 1 Alt. 1 AktG) oder Übernahme (§ 27 Abs. 1 Alt. 2 AktG) eines Unternehmens ist gesetzlich gesondert geregelt (§ 31 AktG). Hier kann die Bestellung der Arbeitnehmervertreter bei zügiger Durchführung des Bestellungsverfahrens früher als nach Ende der Amtszeit der Mitglieder des ersten Aufsichtsrates erfolgen (§ 31 Abs. 3 Satz 1, 2 AktG). In aller Regel werden aber die Arbeitnehmervertreter wegen der Dauer des Bestellungsverfahrens erst nach Eintragung der Gesellschaft im Handelsregister bestellt sein, was sie dann auch von der Teilnahme am Gründungsverfahren (s. Rn. 90) und damit von der Gründungshaftung (s. Rn. 91) ausschließt. § 31 AktG führt regelmäßig zu einem Aufsichtsrat mit unterschiedlicher Amtsdauer der Mitglieder, einerseits der Vertreter der Aktionäre (längstens bis zur Beendigung der ersten ordentlichen Hauptversammlung, § 30 Abs. 3 Satz 1 AktG; s. Rn. 94) und andererseits der Arbeitnehmervertreter (normale Amtszeit, § 102 AktG; § 7 Rn. 220 ff.).[163]

Die **Bedeutung des § 31 AktG** für die Amtsdauer der von den Gründern bestellten Mitglieder des ersten Aufsichtsrat beschränkt sich durch den regelmäßigen Beginn der Gesellschaft mit einem Rumpfgeschäftsjahr (s. Rn. 94), insbesondere wenn dieses kurz ist und die erste Hauptversammlung bald folgt, sowie durch Verzögerung der Arbeitnehmerbestellung aufgrund eines gerichtlichen Statusverfahrens (§ 31 Abs. 3 Satz 2 iVm §§ 97 ff. AktG; § 7 Rn. 39 ff.). Im Übrigen ist die Anwendung von § 31 AktG zeitlich auch durch die sog. Statusbekanntmachung des Vorstandes beschränkt (§ 31 Abs. 4 iVm § 30 Abs. 3 Satz 2 AktG).

Für den gesetzlichen Regelfall des Aufsichtsrates mit drei Mitgliedern (§ 95 Abs. 1 Satz 1 AktG) ordnet das Gesetz an, dass die Amtszeit aller drei von den Gründern zu bestellenden Mitglieder (§ 31 Abs. 1 Satz 2 AktG) vorzeitig endet (§ 31 Abs. 3 Satz 3 AktG), obwohl nur für einen Arbeitnehmervertreter Platz zu machen ist. Die dadurch gebotene **Neu- bzw. Wiederbestellung** von zwei Aktionärsvertretern kann nur vermieden werden, indem bereits bei Bestellung durch die Gründer für

---

[162] MünchKomm. AktG/Bd. 1/*Pentz* § 30 Rn. 32; *Hüffer/Koch* AktG § 30 Rn. 8.
[163] *Hüffer/Koch* AktG § 31 Rn. 14; MünchKomm. AktG/Bd. 1/*Pentz* § 31 Rn. 48.

eines der drei Mitglieder bestimmt wird, dass es in diesem Falle allein ausscheidet.[164] Dieses Problem des vorzeitigen Ausscheidens vermeidet § 31 Abs. 1 Satz 1 AktG für den Fall, dass nach Ansicht der Gründer der Aufsichtsrat auch mit Arbeitnehmern zu besetzen ist und gesetzlich (nicht nur aufgrund der Satzung; dann s. Rn. 95) aus mehr als drei Mitgliedern zu bestehen hat (§ 31 Abs. 1 Satz 2 AktG); gemeint ist ein gesetzlicher Aufsichtsrat von mindestens sechs Mitgliedern (§ 95 Abs. 1 Sätze 1 bis 3 AktG) mit mindestens vier Aktionärsvertretern und mindestens zwei Vertretern der Arbeitnehmer (§ 96 Abs. 1 AktG iVm § 76 BetrVG 1952): Hier dürfen die Gründer zB im Falle von sechs Mitgliedern nur vier Aufsichtsräte bestellen. Die mit der Bestellung des ersten Aufsichtsrats seitens der Gründer zum Ausdruck gebrachte Rechtsansicht über dessen Besetzung ist für das Registergericht verbindlich,[165] ausgenommen sie steht im Widerspruch zu einer gesetzlich zulässigen Regelung in der von den Gründern selbst festzustellenden Satzung (§§ 23, 28 AktG; zu differenzierenden Satzungsregeln für den ersten und zweiten Aufsichtsrat s. Rn. 92).

c) Erster Vorstand

107 Der erste Aufsichtsrat muss als zwingende Voraussetzung für die Eintragung der Gesellschaft den ersten Vorstand bestellen (§ 30 Abs. 4 AktG). Versäumt er diese Pflicht, kann die Eintragung nur durch Auswechslung des ersten Aufsichtsrats seitens der Gründer erreicht werden (s. Rn. 100 f.);[166] eine Bestellung durch das Gericht (§ 85 AktG) ist bis zur Eintragung ausgeschlossen.[167] Für die persönlichen Voraussetzungen der Mitglieder des ersten Vorstands gelten die allgemeinen Bestimmungen (§ 76 Abs. 3 AktG; § 6 Rn. 23). Setzt der Gegenstand der Gesellschaft eine staatliche Genehmigung voraus (§ 37 Abs. 4 Nr. 5 AktG; s. Rn. 34, 145 f.), ist dies regelmäßig mit besonderen Anforderungen an die Qualifikation der Vorstandsmitglieder verbunden.

108 **aa) Bestellung, Zusammensetzung.** Es gelten die allgemeinen Vorschriften für die Bestellung und Zusammensetzung des Vorstandes nach Gesetz und Satzung (§§ 23 Abs. 2 Nr. 6, 84 AktG; dazu Rn. 342, § 6 Rn. 8 ff.); eine zeitliche Beschränkung der Amtsdauer wie für den ersten Aufsichtsrat (§ 30 Abs. 3 Satz 1 AktG) besteht nicht, maßgeblich für den Beginn der demnach gültigen Höchstdauer von fünf Jahren (§ 84 Abs. 1 Satz 1 AktG) ist die Amtsaufnahme, nicht die Eintragung der Gesellschaft.[168] Dem Registergericht ist mit der Anmeldung der Gesellschaft die Niederschrift über den Bestellungsbeschluss des ersten Aufsichtsrats zu übermitteln (§ 37 Abs. 4 Nr. 3 iVm § 107 Abs. 2 AktG), die privatschriftlich sein kann (anders als für die Bestellung des ersten Aufsichtsrates, § 30 Abs. 1 Satz 2 AktG) und mindestens vom Aufsichtsratsvorsitzenden zu unterzeichnen ist (§ 107 Abs. 2 Satz 1 AktG; § 7 Rn. 165 f.), im Verhinderungsfall von seinem Stellvertreter (§ 107 Abs. 1 Satz 3 AktG). Wirksam wird die Bestellung jedoch nicht erst mit dieser Unterzeichnung

---

[164] *Hüffer/Koch* AktG § 31 Rn. 11; MünchKomm. AktG/Bd. 1/*Pentz* § 31 Rn. 39; Großkomm. AktG/*Röhricht* § 31 Rn. 19 mwN; Kölner Komm./*Arnold* § 31 Rn. 21.

[165] *Hüffer/Koch* AktG § 31 Rn. 4; MünchKomm. AktG/Bd. 1/*Pentz* § 31 Rn. 16; Großkomm. AktG/*Röhricht* § 31 Rn. 7.

[166] MünchKomm. AktG/Bd. 1/*Pentz* § 30 Rn. 37; *Hüffer/Koch* AktG § 30 Rn. 12; Kölner Komm./*Arnold* § 30 Rn. 32.

[167] MHdB GesR IV/*Hoffmann-Becking* § 3 Rn. 32; OLG Frankfurt a. M. 20 W 580/94, NJW-RR 1996, 290 = WM 1996, 123: keine Bestellung von Liquidatoren bei gescheiterter Eintragung; aA nach Einbringung eines Unternehmens MünchKomm. AktG/Bd. 1/*Pentz* § 41 Rn. 33.

[168] *Hüffer/Koch* AktG § 30 Rn. 12.

B. Gründung der AG nach AktG   109–112 § 2

sondern bereits mit der Beschlussfassung[169] (§ 108 AktG; § 7 Rn. 149 ff.) und der Annahmeerklärung des bestellten Vorstandsmitgliedes,[170] die auch konkludent erfolgen kann und dem Registergericht durch die Mitwirkung bei der Handelsregisteranmeldung dokumentiert wird.

bb) Aufgaben des ersten Vorstandes. Sie bedeuten für die Zeit bis zur Eintragung 109 der Gesellschaft die Beschränkung auf die Herbeiführung der Eintragung. Hierunter fallen zunächst die Gründungsprüfung (§ 33 Abs. 1 AktG; s. Rn. 23 f.) und die Anmeldung der Gesellschaft zur Eintragung in das Handelsregister (§ 36 AktG; s. Rn. 36) als ausdrücklich im Gesetz aufgeführte Gründungspflichten des ersten Vorstandes. Mittelbar ergeben sich aus den Gründungsvorschriften noch weitere gesetzliche Aufgaben vor der Eintragung: Einrichtung eines Bankkontos für die Entgegennahme der Geldeinlagen (§§ 36 Abs. 2, 37 Abs. 1 AktG; s. Rn. 30), Abschluss der satzungsgemäßen Verträge über Sacheinlagen und Sachübernahmen (§ 27 AktG; s. Rn. 32), anfallenden Steuern und Gebühren (§ 36 Abs. 2 AktG) sowie Leistung der satzungsgemäßen Sondervorteile und Gründungsaufwendungen (§ 26 Abs. 1 und 2 AktG; s. Rn. 346 f.).

Hinzu kommen noch **Obliegenheiten** des ersten Vorstandes betreffend die 110 Mitbestimmung im Aufsichtsrat, die teils schon vor der Eintragung anfallen können (§ 31 Abs. 3 AktG, s. Rn. 104 ff.), teils der Sache nach erst nach Eintragung (§ 30 Abs. 3 Satz 2 AktG, s. Rn. 104 ff.). Für alle diese Aufgaben zur Erlangung der Eintragung hat der Vorstand auch entsprechend der satzungsmäßigen Vertretungsregelung Dritten gegenüber Vertretungsbefugnis.[171] Bei Beachtung der Sorgfaltspflichten eines Vorstandes (§ 93 Abs. 1 Satz 3 AktG; § 6 Rn. 130) haften sie hieraus nicht, auch falls die Gesellschaft nicht zur Eintragung gelangt, es sei denn sie sind zugleich Gründer. Im Übrigen gelten auch schon für die Zeit bis zur Eintragung die allgemeinen Bestimmungen über den Vorstand, soweit sich aus den Sonderregelungen für diesen Zeitraum nichts anderes ergibt (§§ 76 bis 83, 88, 90 bis 94 AktG; § 6 dieses Handbuchs).

cc) Überschreitung der notwendigen Gründungsaufgaben. Handelt der 111 erste Vorstand vor Eintragung der Gesellschaft über die notwendigen Gründungsaufgaben hinaus, besteht für ihn ein Haftungsrisiko (§ 41 Abs. 1 AktG; s. Rn. 282 f.), das aber durch das Einverständnis der Gründer rechtlich und wirtschaftlich reduziert ist, insbesondere falls die Gesellschaft danach eingetragen wird oder die Bonität der Gründer außer Frage steht (§ 41 Abs. 2 AktG; s. Rn. 282 f.).[172] Bedenkt man die Schwierigkeiten in der Abgrenzung der notwendigen Gründungsaufgaben von den Aufgaben der wirtschaftlichen Begründung des Unternehmens, die oft in der Praxis verkannt werden, stellt sich noch mehr als beim ersten Aufsichtsrat (s. Rn. 90 ff.) die Frage nach der Zumutbarkeit der Amtsübernahme für andere Personen als die Gründer, zumal im Hinblick auf die Vergütungsproblematik für den Zeitraum bis zur Eintragung (sogleich Rn. 112).

dd) Vergütung. Von der hM wird heute die Zahlung einer Vergütung auch ohne 112 die Festsetzung einer solchen in der Satzung für zulässig angesehen. Die Auffassung, wonach § 26 Abs. 2 AktG dem entgegenstehe,[173] da hiernach die Gesellschaft

---

[169] *Hüffer/Koch* AktG § 107 Rn. 13.
[170] *Hüffer/Koch* AktG § 84 Rn. 3.
[171] MünchKomm. AktG/Bd. 1/*Pentz* § 41 Rn. 34; MHdB GesR IV/*Hoffmann-Becking* § 3 Rn. 42, allerdings ist insoweit streitig, ob die Vertretungsmacht des Vorstands auf die im Rahmen der Gründung erforderlichen Maßnahmen beschränkt ist oder er bereits über die volle Vertretungsmacht verfügt.
[172] *Maul* NZG 2014, 251 (253).
[173] Kölner Komm./*Kraft* § 30 Rn. 43 mwN; Großkomm. AktG/*Röhricht* § 30 Rn. 34 mwN

nicht mit anderen als den festgesetzten Verbindlichkeiten belastet werden könne, überzeugt nicht, da § 26 Abs. 2 AktG nach seinem Wortlaut nur die Handlungen des Vorstands erfasst, die im tatsächlichen Zusammenhang mit der Gründung stehen.[174] Auch scheint der BGH auf einem großzügigen Standpunkt zu stehen und die Vergütung des Vorstands insgesamt aus § 26 Abs. 2 AktG ausnehmen zu wollen.[175]

d) Notar

113   aa) Übersicht. Die Mitwirkung eines Notars ist für die Eintragung der Gesellschaft bei mehreren Gründungsakten geboten. Dafür ist teils die Form der Beurkundung mit Unterzeichnung der Urkunde durch die Personen, die vor dem Notar die zu beurkundenden Erklärungen abgeben, und durch den Notar erforderlich (§ 13 BeurkG), teils Beurkundung mit Unterzeichnung nur durch den Notar (§§ 36 ff. BeurkG) und teils nur die notarielle Unterschriftsbeglaubigung, die wiederum danach zu unterscheiden ist, ob die Unterschriftszeichnung vor dem beglaubigenden Notar erforderlich ist (§ 41 Satz 1 BeurkG) oder ob das Anerkenntnis der Unterschrift gegenüber dem Notar ausreicht (§ 40 Abs. 1 BeurkG). Neben der zwingenden Mitwirkung des Notars bei Gründungsakten ist seit Inkrafttreten des TransPubG in bestimmten Fällen die Beauftragung des Gründungsnotars mit der Prüfung der Gründung anstatt des Gründungsprüfers zulässig (§ 33 Abs. 3 Satz 1 AktG idF v. Art. 1 Nr. 2 TransPubG;[176] s. Rn. 29, 131 ff.).

114   bb) **Beurkundung mit Unterschrift der Beteiligten.** Diese notarielle Form (s. Rn. 113) ist zwingend für die Feststellung der Satzung (§ 23 Abs. 1 Satz 1 AktG; s. Rn. 11 f.) und die Erklärung der sonstigen Gründungsangaben (§ 23 Abs. 2 AktG; s. Rn. 13) durch alle Gründer erforderlich (§§ 2, 28 AktG; s. Rn. 4 ff.). Diese Handlungen erfolgen im Regelfall gemeinsam durch alle Gründer vor einem Notar in einer Urkunde, was nicht durch alle Gründer zur selben Zeit geschehen muss. Die Satzungsfeststellung und die Beurkundung der sonstigen Gründungsangaben sind aber auch wirksam, wenn sie die Gründer vor verschiedenen Notaren in getrennten Urkunden erklären (so § 37 Abs. 4 Nr. 1 AktG), vorausgesetzt der Inhalt der Erklärungen ist übereinstimmend; dies löst natürlich mehrfache Notargebühren aus (zu den Gebühren Rn. 120 ff.).

115   cc) **Beurkundung ohne Unterschrift der Beteiligten.** Diese erleichterte notarielle Beurkundungsform (s. Rn. 113), die vor allem bei der Hauptversammlung angewandt wird (§ 130 Abs. 4 AktG), genügt analog zur Hauptversammlung für die vorgeschriebene Beurkundung der Bestellung des ersten Aufsichtsrates und des ersten Abschlussprüfers durch die Gründer (§ 30 Abs. 1 AktG; s. Rn. 15 f.); in der Regel sind sie aber Bestandteil der Urkunde über die Satzungsfeststellung.

116   dd) **Zeichnung vor dem Notar.** Nach § 37 Abs. 5 AktG mussten die Vorstandsmitglieder bisher ihre Namensunterschrift zur Aufbewahrung beim Registergericht zeichnen, was der notariellen Beglaubigung bedurft hat (§ 12 Abs. 1 HGB, § 41 Satz 1 BeurkG). Diese Pflicht ist durch das EHUG entfallen (s. Rn. 48).

117   ee) **Anerkenntnis der Unterschrift.** Bei den übrigen zur Eintragung notwendigen Unterschriftsbeglaubigungen genügt das Anerkenntnis der Unterschrift

---

[174] MünchKomm. AktG/Bd. 1/*Pentz* § 30 Rn. 41; Kölner Komm./*Arnold* § 30 Rn. 37; *Hüffer/Koch* AktG § 30 Rn. 12.
[175] BGH II ZR 47/02, NJW 2004, 2519 (2520); *Bayer* LMK 2004, 209; *Pentz* BB 2005, 1397 (1398).
[176] Gesetz zur weiteren Reform des Aktien- und Bilanzrechts, zu Transparenz und Publizität (Transparenz- und Publizitätsgesetz) v. 25.7.2002, BGBl. 2002 I 2681.

B. Gründung der AG nach AktG   118–121   § 2

vor dem Notar (s. Rn. 113). Es handelt sich um die Unterzeichnung der Handelsregisteranmeldung durch sämtliche Gründer und Mitglieder des Vorstandes und Aufsichtsrates (§ 36 Abs. 1 AktG iVm § 12 Abs. 1 HGB, s. Rn. 39). Ebenso gilt dies für die gebotene Beglaubigung einer Vollmacht für die Vertretung bei der Satzungsfeststellung (§ 23 Abs. 1 Satz 2 AktG; s. Rn. 10). Geboten wäre auch eine Beglaubigung der Vollmacht für die Handelsregisteranmeldung (§ 12 Abs. 2 HGB), die aber wenig Sinn hat, weil die in der Anmeldung notwendig enthaltenen Erklärungen aller Anmeldenden über die Leistung der Kapitaleinlagen (§ 37 Abs. 1 AktG; s. Rn. 42) und die Versicherung der Vorstandsmitglieder nach § 37 Abs. 2 AktG (s. Rn. 45) höchstpersönlich abzugeben sind, mithin separat in beglaubigter Form dem Gericht einzureichen wären.

ff) Beurkundung in Sonderfällen. Zusätzlich kann für die Eintragung eine 118 notarielle Beurkundung im Falle von Sacheinlagen oder Sachübernahmen (§ 27 AktG; s. Rn. 190 ff., 226 ff.) notwendig sein, wenn deren Gegenstand diesen Formzwang auslöst, zB ein Grundstück (§§ 311b, 925 BGB) oder ein GmbH-Geschäftsanteil (§ 15 Abs. 3, 4 GmbHG). Aus Kostengründen empfiehlt sich nach Möglichkeit die Integration des obligatorischen Grundgeschäftes in die Satzung und des dinglichen Vollzugsgeschäftes in die Feststellungsurkunde.

gg) Belehrung über unbeschränkte Auskunftspflicht. Nach § 37 Abs. 2 119 AktG haben die Vorstandsmitglieder in der Handelsregisteranmeldung dem Gericht zu versichern, dass ihrer Bestellung keine der in § 76 Abs. 3 Satz 2 Nr. 2 und 3 AktG genannten Vorstrafen und Tätigkeitsverbote entgegenstehen (s. Rn. 45; § 6 Rn. 23) und sie über ihre unbeschränkte Auskunftspflicht hierüber belehrt worden sind (§ 53 Abs. 2 BZRG; s. Rn. 45). Für diese Belehrung sind neben dem Registergericht auch die Notare zuständig. Der Notar benötigt hierzu einen Auftrag, der nicht ohne Weiteres aus der Unterschriftsbeglaubigung folgt,[177] in der Regel aber aus dem Auftrag zur Erstellung des Entwurfes der Handelsregisteranmeldung. Die Gerichte erkennen zumeist eine Belehrung durch einen ausländischen Notar nicht an, weshalb bei Unterschriftsbeglaubigung im Ausland die schriftliche Belehrung durch einen deutschen Notar üblich ist, die mit einem Empfangsbekenntnis des Belehrten dem Gericht eingereicht wird.[178]

hh) Notargebühren. Für die Beurkundung der Satzungsfeststellung (s. Rn. 10 ff.) 120 richtet sich die Gebühr nach dem Grundkapital zuzüglich bei der Gründung übernommenes Agio (§ 9 Abs. 2 AktG) sowie ein genehmigtes Kapital (§ 202 Abs. 1 AktG), insgesamt begrenzt auf einen Höchstwert von 10.000.000 EUR (§ 97, 107 GNotKG), worauf bei Mehrpersonengründung das Doppelte der vollen Gebühr (Nr. 21100 KV GNotKG) erhoben wird, bei Einpersonengründung nur eine volle Gebühr (Nr. 21200 KV GNotKG).[179]

Der Geschäftswert ist nach § 107 Abs. 1 GNotKG zu bestimmen. Hiernach ist 121 nicht zwingend der Nennbetrag bzw. der anteilige Nennbetrag, sondern die Summe der Werte aller Einlagen maßgebend. Diese kann höher sein als die Nennwerte, etwa wenn ein Aufgeld vereinbart wird. Der Betrag eines genehmigten Kapitals ist hinzuzurechnen.[180] Der Höchstwert beträgt gem. § 107 Abs. 1 GNotKG 10.000.000 EUR siehe Rn. 29.

---

[177] *Hüffer/Koch* AktG § 37 Rn. 7.
[178] Siehe insoweit auch MünchKomm. AktG/Bd. 1/*Pentz* § 37 Rn. 50.
[179] *Hüffer/Koch* AktG § 23 Rn. 44 mwN; MünchKomm. AktG/Bd. 1/*Pentz* § 23 Rn. 193 mwN.
[180] *Diehn/Volpert* Praxis des Notarkostenrechts, Rn. 125.

122 Die **Bestellung des ersten Aufsichtsrates** (s. Rn. 15) und Abschlussprüfers (s. Rn. 16) zählen zwar zum Gründungsvorgang, sie sind aber nicht Teil der Satzungsfeststellung. Dies stellt § 110 Nr. 1 GNotKG nunmehr ausdrücklich klar. Für den Beschluss fällt eine 2,0-Gebühr nach Nr. 21100 KV GNotKG an.[181] Der Geschäftswert dieses Beschlusses beträgt 1% des Grundkapitals, mindestens aber 30.000 EUR, jedoch nicht mehr als 5.000.000 EUR (§§ 105 Abs. 4 Nr. 1, 108 Abs. 5 GNotKG). Bei gleichzeitiger Bestellung von Aufsichtsrat und Abschlussprüfer liegt ein einheitlicher Beschluss vor, so dass keine gesonderte Bewertung erfolgt (§ 109 Abs. 2 Nr. 4 Buchst. d GNotKG). Die Geschäftswerte der Satzungsfeststellung und des Beschlusses sind bei einer Mehrpersonengründung zusammenzurechnen und es ist eine 2,0-Gebühr anzusetzen.[182]

123 Für die **Unterschriftsbeglaubigung** einer Gründungsvollmacht (§ 23 Abs. 1 Satz 2 AktG; s. Rn. 10) wird eine 0,2-Gebühr, mindestens aber 20 EUR und höchstens 70 EUR erhoben (Nr. 25100 KV). Wenn der Notar die Urkunde für die Vollmacht selbst entworfen hat, erhält er für den Entwurf einschließlich der Beglaubigung der Vollmacht eine volle Gebühr (Nr. 24101 KV). Der Geschäftswert für beide Fälle bestimmt sich nach § 98 Abs. 1 GNotKG – Hälfte des Geschäftswertes für die Beurkundung. Hat der Notar die Handelsregisteranmeldung selbst angefertigt, so erhält er eine 0,5-Gebühr nach Nr. 24102 KV iVm Nr. 21201 Nr. 5 KV. Insoweit sind die Belehrung und Anmeldung des Vorstandes nicht gesondert anzusetzen. Der Geschäftswert für die Anmeldung richtet sich nach dem Grundkapital der Gesellschaft (§ 105 Abs. 1 Nr. 1 GNotKG). Der Höchstwert beträgt 1.000.000 EUR.

124 ii) **Ausländischer Notar.** Ob die bei der Gründung vorgeschriebenen Beurkundungen im Ausland erfolgen dürfen, ist wie die Auslandsbeurkundung aller gesellschaftsrechtlichen Strukturmaßnahmen umstritten.[183] Nach hM ist für die Wirksamkeit einer ausländischen Beurkundung erforderlich, dass die im Ausland vorgenommene Beurkundung in persönlicher und verfahrensrechtlicher Hinsicht einer Beurkundung im Inland gleich gestellt werden kann.[184] Die Praxis vermeidet Gründungen (wie auch Satzungsänderungen) durch Auslandsbeurkundungen, weil eine schnelle Eintragung im Handelsregister in aller Regel Vorrang vor Kosteneinsparung im Ausland hat, zumal diese für die Satzungsfeststellung angesichts des Höchstwertes begrenzt ist (s. Rn. 121). Letztlich ist derzeit aber jeder Registerrichter in seiner Entscheidung frei, eine Eintragung trotz Auslandsbeurkundung zuzulassen; man sollte ihn aber vorher fragen. Die Eintragung heilt den eventuellen Formfehler einer Auslandsbeurkundung (s. Rn. 66).

e) **Registergericht**

125 aa) **Zuständigkeit.** Die AG entsteht als solche erst mit der Eintragung in das Handelsregister (§ 41 Abs. 1 AktG; s. Rn. 66). Sachlich zuständig für die Führung des Handelsregisters ist das Amtsgericht (§ 8 HGB, §§ 374 Nr. 1, 376, 377 Fam-

---

[181] Happ/Bahns/*Schmitz* Abschn. 2.01 Rn. 77.4.
[182] Happ/Bahns/*Schmitz* Abschn. 2.01 Rn. 77.4; *Hüffer/Koch* § 30 Rn. 3; *Pfeiffer* NZG 2013, 244 (246).
[183] Zum Meinungsstreit mit umfassenden Nachweisen: *Hüffer/Koch* AktG § 23 Rn. 10 f.; MünchKomm. AktG/Bd. 1/*Pentz* § 23 Rn. 30–36.
[184] BGH II ZB 8/80, BGHZ 70, 76 (78) = NJW 1981, 1160; II ZR 211/88, NJW-RR 1989, 1259 (1269); Kölner Komm./*Arnold* § 23 Rn. 37 ff.; ablehnend *Goette* in FS Boujong 1996, S. 131; nicht so grds. ablehnend aber mit hohen Anforderungen an die Qualität des Beurkundungsverfahrens: Großkomm. AktG/*Röhricht* § 23 Rn. 55 f.

B. Gründung der AG nach AktG   126, 127   § 2

FG, § 23a I Nr. 2, II Nr. 3 GVG). Die örtliche Zuständigkeit bestimmt sich nach dem Sitz der Gesellschaft (§ 14 iVm § 5 AktG; s. Rn. 334 ff.), wobei häufig einem Amtsgericht die Führung des Handelsregisters für mehrere Amtsgerichtsbezirke zugeteilt ist (§ 376 FamFG). Funktionell zuständig für die Ersteintragung ist der Richter (nicht der Rechtspfleger: § 17 Nr. 1 Buchst. a RPflG), der die Eintragung verfügt, die dann vom Urkundsbeamten der Geschäftsstelle vollzogen wird (§§ 27 f. HRV;[185] s. Rn. 60).

bb) Aufgaben. Das Registergericht hat zu prüfen, ob die Gesellschaft ordnungsgemäß errichtet und angemeldet ist (§ 38 Abs. 1 Satz 1 AktG; s. Rn. 52 ff.). Ist dies der Fall, muss es – vorbehaltlich der Bezahlung eines angeforderten Gerichtskostenvorschusses (s. Rn. 129) – die Eintragung vornehmen (§ 39 AktG; s. Rn. 60) und bekannt machen (§ 10 HGB iVm § 40 AktG; s. Rn. 65). Für den Fall, dass die gerichtliche Prüfung keine ordnungsmäßige Errichtung und Anmeldung feststellt, ordnet § 38 Abs. 1 Satz 2 AktG die Ablehnung der Eintragung an. Dies gilt aber nur bei unbehebbaren oder nach gerichtlicher Aufforderung unbehobenen Eintragungshindernissen, wie aus den verfahrensrechtlichen Amtspflichten des Gerichtes folgt (§ 382 Abs. 3, 38, 39 FamFG; s. Rn. 61). Im Übrigen ist die Prüfungsaufgabe des Gerichtes bei Satzungsmängeln eingeschränkt (§ 38 Abs. 3 AktG; s. Rn. 58, 367 ff.). Neben diesen eigentlichen die Eintragung betreffenden Aufgaben ist dem Registerrichter regelmäßig auch die Zuständigkeit für Entscheidungen in Angelegenheiten der Gründungsprüfer zugewiesen (§§ 14, 33 Abs. 2, 35 Abs. 2 f. AktG; s. Rn. 134 ff.). 126

cc) Eintragungsverfahren. Für die Ersteintragung einer AG wird das Registergericht nur auf Antrag tätig, der in Form der Handelsregisteranmeldung erfolgt[186] (§ 36 AktG; s. Rn. 41). Über diesen Eintragungsantrag hat das Gericht nach dem Amtsermittlungsverfahren zu befinden (§ 26 FamFG). Dies ergibt bei behebbaren Mängeln der Errichtung oder Anmeldung die Amtspflicht, den Anmeldenden durch sog. Zwischenverfügung (§ 382 Abs. 4 FamFG[187]) unter angemessener Fristsetzung Gelegenheit zur **Mangelbeseitigung** zu gewähren.[188] Regelmäßig wird das Gericht hierbei auch den richtigen Weg zur Beseitigung des Mangels aufzeigen, was auch zu seinen Amtspflichten zählt.[189] Die Eintragung der Gesellschaft kann nur vollständig verfügt oder abgelehnt werden, dh eine teilweise Eintragung gibt es nicht;[190] dies gilt aber nicht für in der Anmeldung enthaltene selbstständige Eintragungsgegenstände, die nicht für die Eintragung der Gesellschaft zwingend sind,[191] zB eine Prokura. Abgesehen von der ohnehin eingeschränkten Prüfungsbefugnis des Gerichtes bei Satzungsmängeln (§ 38 Abs. 3 AktG; s. Rn. 58, 367 ff.), kann das Gericht auch nicht von sich aus einen beanstandeten Satzungsteil „streichen" und die Gesellschaft ohne diese Satzungsbestimmung eintragen;[192] hier muss den 127

---

[185] HRV (Handelsregisterverordnung; früher Handelsregisterverfügung) idF der Verordnung zur Erleichterung der Registerautomation v. 11.12.2001, BGBl. 2001 I 3688; HRV in bereinigter Fassung: BGBl. III Gliederungs-Nr. 315–20.
[186] MünchKomm. AktG/Bd. 1/*Pentz* § 36 Rn. 6; Großkomm. AktG/*Röhricht* § 36 Rn. 2.
[187] HRV (Handelsregisterverordnung; früher Handelsregisterverfügung) idF der Verordnung zur Erleichterung der Registerautomation v. 11.12.2001, BGBl. 2001 I 3688; HRV in bereinigter Fassung: BGBl. III Gliederungs-Nr. 315–20.
[188] *Hüffer/Koch* AktG § 38 Rn. 16; MünchKomm. AktG/Bd. 1/*Pentz* § 38 Rn. 12; Großkomm. AktG/*Röhricht* § 38 Rn. 43.
[189] *Zätzsch* in FS Bezzenberger 2000, S. 473 (478 f.).
[190] MünchKomm. AktG/Bd. 1/*Pentz* § 38 Rn. 13; Großkomm. AktG/*Röhricht* § 38 Rn. 43.
[191] *Keidel/Kuntze/Winkler* § 127 Rn. 12 aE; s. *Bumiller/Hardens* FamFG § 381 Rn. 3.
[192] MünchKomm. AktG/Bd. 1/*Pentz* § 38 Rn. 13.

Anmeldenden durch Zwischenverfügung die Gelegenheit zur Satzungsänderung gegeben werden. Bei für die Eintragung maßgeblichen Streitigkeiten unter den Anmeldenden, zB über die Befolgung einer Zwischenverfügung, kann das Gericht das Eintragungsverfahren aussetzen und Frist zur Klageerhebung im Zivilprozess setzen (§§ 21, 381 FamFG).

128 dd) **Rechtsbehelfe.** Gegen die Eintragung der Gesellschaft gibt es keinen Rechtsbehelf[193] (wegen der anderen Möglichkeiten, die Löschung der Gesellschaft im Handelsregister zu bewirken, wird auf § 16 dieses Handbuches verwiesen). Eine Zwischenverfügung (s. Rn. 61) kann nach § 382 Abs. 4 Satz 2 FamFG mit der Beschwerde angegriffen werden. Gegen die Ablehnung der Eintragung (§ 38 Abs. 1 Satz 2 AktG; s. Rn. 62) ist **Beschwerde** gem. 458 FamFG zulässig, das wie das Registergericht dem Amtsermittlungsprinzip verpflichtet ist (§ 26 FamFG; s. Rn. 127) und daher auch neue Tatsachen berücksichtigen muss. Die Beschwerde ist binnen einer Frist von einem Monat und bei dem Gericht einzulegen, dessen Beschluss angefochten wird (§§ 63 Abs. 1, 64 Abs. 1 FamFG). Gegen die ablehnende Entscheidung des angerufenen Gerichtes ist unter den Voraussetzungen des § 70 FamFG die Rechtsbeschwerde zulässig (§ 70 Abs. 2 FamFG, § 133 GVG).[194] In der Praxis finden Beschwerden im Gründungsverfahren selten statt. Wenn es zur Verwirklichung des Gründungszieles nur irgendwie möglich ist, wird man im Interesse einer zügigen Eintragung abweichend vom eigenen Rechtsstandpunkt auf die Auffassungen des Registergerichtes eingehen und einer Zwischenverfügung entsprechend die Beanstandungen beheben.

129 ee) **Gerichtskosten.** Nach § 58 Abs. 1 GNotKG ist die Handelsregistereintragung gebührenpflichtig. Der zugrundezulegende Geschäftswert richtet sich nach § 105 Abs. 1 Nr. 1 GNotKG. Für die Eintragung der Gesellschaft verweist die vorrangige Bestimmung des § 58 Abs. 1 GNotKG jedoch auf die Handelsregistergebührenverordnung vom 30.9.2004. Hiernach sind die Gebühren nach Aufwand zu berechnen. Dies resultiert aus den Vorgaben der Gesellschaftsrechtsteuerrichtlinie[195] und der Rechtsprechung des EuGH.[196] Nach dem Gebührenverzeichnis sind für die Eintragung 300 EUR zu zahlen (Nr. 2102); im Fall einer Sacheinlage erhöht sich diese Gebühr auf 660 EUR (Nr. 2103). Die Fälligkeit der Gebühren bestimmt sich nach § 9 GNotKG. In aller Regel macht das Gericht die Eintragung von der Zahlung eines Gerichtskostenvorschusses abhängig (§ 13 GNotKG), der auch die Kosten der Bekanntmachung der Eintragung umfasst (§§ 10 f. HGB iVm § 40 AktG; s. Rn. 65, 148). Wird die Eintragung abgelehnt, sind nach § 4 HRegGebV 170% der für die Eintragung fälligen Gebühr zu zahlen; wird der Antrag zurückgenommen, fallen die in § 3 HRegGebV niedergelegten Gebühren an.

3. Regelmäßig notwendige Gründungsbeteiligte

a) Kontoführendes Institut

130 Der gesetzliche Regelfall, die Gründung mit Geldeinlagen (sog. Bargründung; s. Rn. 171 ff.), wird gewöhnlich nicht durch Bareinzahlung von gesetzlichen Zah-

---

[193] *Hüffer/Koch* AktG § 38 Rn. 17 mwN; MünchKomm. AktG/Bd. 1/*Pentz* § 38 Rn. 11 mwN.
[194] Siehe *Krafka* NZG 2009, 650 (654); s. das FGG-Reformgesetz v. 17.12.2008, BGBl. 2008 I 2586.
[195] EU-RL 69/335/EWG v. 17.7.1969, ABl. EG Nr. L 245 v. 3.10.1969, S. 25.
[196] EuGH C-188/95, NZG 1998, 274.

lungsmitteln in die Kasse der Gesellschaft erfüllt (§ 54 Abs. 3 Satz 1 Alt. 1 AktG; s. Rn. 176), sondern durch Gutschrift auf einem Konto der Gesellschaft oder des Vorstandes für Rechnung der Gesellschaft bei einem kontoführenden Institut (§ 54 Abs. 3 Satz 1 Alt. 2 AktG; s. Rn. 177). Für die Eintragung der Gesellschaft ist in diesem Regelfall zwingend eine für das Registergericht bestimmte Bestätigung des kontoführenden Institutes geboten, aus der sich der Nachweis der Einzahlung zur freien Verfügung des Vorstandes ergibt (§ 37 Abs. 1 Satz 3 iVm Satz 2 AktG; s. Rn. 182); für die Richtigkeit der Bestätigung haftet das Institut der Gesellschaft (§ 37 Abs. 1 Satz 4 AktG; s. Rn. 182). Welche Anforderungen für die Eignung als kontoführendes Institut bestehen, ergibt sich aus § 54 Abs. 3 AktG iVm dem Kreditwesengesetz (KWG). Danach sind anerkannt: inländische Kreditinstitute (§§ 1 Abs. 1, 2 Abs. 1 KWG); als Kreditinstitut geltende inländische Zweigstellen ausländischer Unternehmen (§ 53 Abs. 1 Satz 1 KWG); ausländische Unternehmen mit Sitz im EWR ohne eine solche Zweigstelle im Inland, wenn sie den Anforderungen von § 53b Abs. 1 Satz 1 oder Abs. 7 KWG unterliegen.[197] Unternehmen mit Sitz in Drittstaaten scheiden daher aus, es sei denn, die Einzahlung erfolgt bei ihrer als Kreditinstitut geltenden inländischen Zweigstelle.

b) Gründungsprüfer oder Notar als Prüfungsbeauftragter

Die als Eintragungsvoraussetzung vorgeschriebene Prüfung des Hergangs der Gründung durch den ersten Vorstand und den ersten Aufsichtsrat (§ 33 Abs. 1 AktG; s. Rn. 23 f.) muss durch eine zusätzliche Gründungsprüfung ergänzt werden, wenn diese Gründungsorgane zugleich Gründer oder Treugeber eines Gründers sind (§ 33 Abs. 2 Nr. 1, 2 AktG; s. Rn. 84), ihnen Sondervorteile, Entschädigungen oder Belohnungen im Zusammenhang mit der Gründung ausbedungen sind (§ 33 Abs. 2 Nr. 3 iVm § 26 Abs. 1 f. AktG; s. Rn. 21) oder wenn eine Gründung mit Sacheinlagen oder Sachübernahmen vorliegt (§ 33 Abs. 2 Nr. 4 iVm § 27 AktG; s. Rn. 22, 190 ff., 226 ff.). Diese zusätzliche Gründungsprüfung dürfte seit Inkrafttreten des TransPubG in den Fällen der rechtlichen oder wirtschaftlichen Personenidentität von Gründern und Gründungsorganen (§ 33 Abs. 2 Nr. 1, 2 AktG) in erster Linie durch den von den Gründern beauftragten Gründungsnotar erfolgen (§ 33 Abs. 3 Satz 1 AktG idF v. Art. 1 Nr. 2 TransPubG; s. Rn. 29). Stattdessen kann, wie bis zum Inkrafttreten des TransPubG zwingend, auch ein gerichtlich bestellter Gründungsprüfer tätig werden, der in den vorgenannten übrigen Fällen der zusätzlichen Gründungsprüfung auch nach Inkrafttreten des TransPubG erforderlich ist (§ 33 Abs. 3 Satz 2 AktG idF v. Art. 1 Nr. 2 TransPubG; s. Rn. 25 ff.).

Die sachliche Eignung für die gerichtliche Bestellung als Gründungsprüfer setzt, wenn die Prüfung keine anderen Kenntnisse fordert (zB Bewertung eines Patentes oder Grundstückes), grundsätzlich Vorbildung und Erfahrung in der Buchführung voraus (§ 33 Abs. 4 Nr. 1, 2 AktG). Die **sachlichen Anforderungen** an die Qualifikation sind geringer als für die Abschlussprüfung (§ 319 Abs. 1 HGB);[198] in der Praxis werden gleichwohl zumeist Wirtschaftsprüfer bestellt. Treffen Anforderungen des Rechnungswesens und an spezielle wirtschaftliche oder technische Bewertungskenntnisse auf die Gründungsprüfung gemeinsam zu, tritt der vom Gesetz – ausnahmsweise – vorgesehene Fall der Bestellung mehrerer Prüfer ein (§ 33 Abs. 4 Hs. 1 AktG).[199]

---

[197] Siehe im Einzelnen MünchKomm. AktG/Bd. 1/*Pentz* § 54 Rn. 61.
[198] *Hüffer/Koch* AktG § 33 Rn. 8; MünchKomm. AktG/Bd. 1/*Pentz* § 33 Rn. 36 ff. mwN.
[199] MünchKomm. AktG/Bd. 1/*Pentz* § 33 Rn. 39 mwN.

133 Persönlicher Ausschluss von der Gründungsprüfung ist gegeben, wenn eine Bestellung zum Sonderprüfer oder Abschlussprüfer der Gesellschaft ausgeschlossen wäre (§ 33 Abs. 5 Satz 1 iVm § 143 Abs. 2 AktG und § 318 Abs. 2 und 3 HGB). Hinzu tritt ausdrücklich der – schon weitgehend wie zuvor ausgeschlossene – Fall eines Gründungsprüfers, der maßgebendem Einfluss von rechtlichen oder wirtschaftlichen Gründern unterliegen würde (§ 33 Abs. 5 Satz 2 AktG), was weit auszulegen ist.[200] In der Praxis ist zunehmend eine Zurückhaltung mancher Wirtschaftsprüfer zu beobachten, Gründungsprüfungen zu übernehmen, wofür die Sorge vor dem Ausschluss von der Abschlussprüfung geltend gemacht wird (§ 319 Abs. 2 Nr. 5 HGB). Zur **Beschleunigung der Bestellung** empfiehlt sich, in dem Bestellungsantrag einen Vorschlag für die Person des Gründungsprüfers zu machen (s. Rn. 135 f.) und zugleich dessen Erklärung über sein Einverständnis und das Nichtvorliegen von persönlichen Ausschlussgründen einzureichen.

c) Gericht in Angelegenheiten der Gründungsprüfer

134 Neben dem Eintragungsverfahren kann gerichtliche Mitwirkung bei der Gründung sowohl für die Bestellung der Gründungsprüfer gefordert sein (§ 33 Abs. 3 Satz 2 AktG idF v. Art. 1 Nr. 2 TransPubG; s. Rn. 25 ff., 131 ff.) als auch für die Entscheidung von Meinungsverschiedenheiten zwischen Gründern und Gründungsprüfern über den Umfang der vom Gründungsbericht (§ 32 AktG; s. Rn. 27) zu fordernden Aufklärung und Nachweise (§ 35 Abs. 2 AktG; s. Rn. 27) sowie über die Vergütung für die Gründungsprüfung (§ 35 Abs. 3 AktG). Zuständig ist das Amtsgericht (§ 375 Abs. 3 Nr. 3 FamFG iVm § 23a I Nr. 2 GVG), das dem Sitz der Gesellschaft nach Gründungssatzung zugeordnet ist (§ 14 AktG), in aller Regel sachlich und funktional mit dem Registergericht identisch (s. Rn. 125), dessen Verfahrensregeln auch hier grundsätzlich gelten (s. Rn. 125 ff.).[201]

135 Der **Antrag auf Bestellung** des Gründungsprüfers kann erst nach Errichtung der Gesellschaft (§ 29 AktG; s. Rn. 10 ff.) unter Einreichung der Gründungsurkunde (§ 23 AktG; s. Rn. 10) gestellt werden, da sich hieraus die Bestellungskriterien ergeben. In komplizierten Fällen wird das Gericht auch den Gründungsbericht der Gründer (§ 32 AktG; s. Rn. 18 ff.) sowie den Gründungsprüfungsbericht der ersten Gesellschaftsorgane (§ 33 Abs. 1 AktG; s. Rn. 23 f.) vor der Bestellung verlangen können.

136 In aller Regel folgen die Gerichte auch einem Vorschlag im Bestellungsantrag zur Person des Prüfers. Da streitig ist, wer die **Antragsberechtigung** für die Bestellung hat,[202] empfiehlt es sich, den Antrag im Gründungsprotokoll gemeinsam durch alle Gründer zu stellen, evtl. mit einem Vorschlag für die Person des Gründungsprüfers, und den Antrag mit einem sich anschließenden privatschriftlichen Antrag des Vorstandes durch den Gründungsnotar einreichen zu lassen (wegen der erforderlichen Erklärungen eines vorgeschlagenen Prüfers Rn. 133).

---

[200] *Hüffer/Koch* AktG § 33 Rn. 9 mwN; MünchKomm. AktG/Bd. 1/*Pentz* § 33 Rn. 56 ff. mwN.; Kölner Komm./*Arnold* § 33 Rn. 31.

[201] MünchKomm. AktG/Bd. 1/*Pentz* § 33 Rn. 29 mwN.

[202] Richtig ist die Annahme eines eigenen Antragsrechtes sowohl des ersten Vorstandes im Namen der Vorgesellschaft als auch jedes einzelnen Gründers, wobei aber in jedem Falle alle Gründer und auch die Vorgesellschaft Beteiligte des Bestellungsverfahrens werden; so MünchKomm. AktG/Bd. 1/*Pentz* § 33 Rn. 30 mwN; aA *Hüffer/Koch* AktG § 33 Rn. 7: Gründer nur gemeinsam, aber auch der erste Vorstand.

B. Gründung der AG nach AktG 137–142 § 2

Für die Bestellung der Gründungsprüfer ist seit Inkrafttreten des TransPubG die 137
Anhörung der Industrie- und Handelskammer[203] nicht mehr vorgeschrieben (§ 33
Abs. 3 Satz 2 AktG idF v. Art. 1 Nr. 2 TransPubG). Abweichend vom Eintragungsverfahren (s. Rn. 63, 128) sind die **Rechtsbehelfe** geregelt, die für die sachlichen
Meinungsverschiedenheiten ausgeschlossen sind (§ 35 Abs. 2 Satz 2, 3 AktG) und für
die Prüferbestellung und den Vergütungsstreit die sofortige Beschwerde vorsehen
(§§ 33 Abs. 3 Satz 3,[204] 35 Abs. 2 Satz 3 AktG iVm §§ 58, 63 FamFG), jedoch unter
Ausschluss der weiteren Beschwerde für die Vergütung (§ 35 Abs. 2 Satz 4 AktG).

4. Im Sonderfall notwendige Gründungsbeteiligte

a) Vertreter von Gründern

Hier ist zu unterscheiden zwischen rechtlich notwendiger Vertretung bei den 140
Gründungshandlungen (s. Rn. 8 ff.), die sich aus der Person des Gründers ergibt
(gesetzliche Vertretung; s. Rn. 142), und der Vertretung durch Bevollmächtigte
(s. Rn. 141).

aa) Bevollmächtigte von Gründern. Die Zulässigkeit der Vertretung eines 141
Gründers aufgrund rechtsgeschäftlicher Vollmacht (iSv § 166 Abs. 2 BGB) ist für die
einzelnen Gründungshandlungen unterschiedlich zu sehen. **Unzulässig** ist sie bei
den höchstpersönlichen Gründungshandlungen, nämlich bei der privatschriftlichen
Unterzeichnung (§ 126 Abs. 1 BGB) des Gründungsberichtes (§ 32 Abs. 1 AktG;
s. Rn. 18 ff.)[205] und der notariell zu beglaubigenden Handelsregisteranmeldung
(§ 36 Abs. 1 AktG; s. Rn. 35 ff.);[206] unzulässig ist hier auch die Vertretung durch
Prokuristen von Gründern. **Zulässig** ist die rechtsgeschäftliche Vertretung bei
den übrigen Gründungshandlungen, nämlich für die Feststellung der Satzung
(§ 23 Abs. 1 Satz 2 AktG; s. Rn. 11 ff.) aufgrund notariell beglaubigter Vollmacht
(s. Rn. 10, 117), für die Bestellung des ersten Aufsichtsrates und Abschlussprüfers
(§ 30 Abs. 1 Satz 1 AktG; s. Rn. 15 f.) aufgrund privatschriftlicher Bevollmächtigung (§ 134 Abs. 3 AktG analog),[207] obwohl die Bestellung selbst beurkundungspflichtig ist (§ 30 Abs. 1 Satz 2 AktG; s. Rn. 16), und für den Antrag auf Bestellung
eines Gründungsprüfers (§ 33 Abs. 3 Satz 2 AktG;[208] s. Rn. 26, 136), ebenfalls mit
privatschriftlicher Vollmacht.

Streitig ist, ob für **Prokuristen** von Gründern eine Vollmacht nach § 23 Abs. 1 142
Satz 2 AktG zu fordern ist[209] oder ob entspr. der hM[210] der Nachweis ihrer Vertretungsberechtigung durch das Handelsregister genügt (§ 9 Abs. 3 Satz 2 HGB);
die Streitfrage hat beschränkte praktische Bedeutung, da der Gründer oder sein
gesetzlicher Vertreter in jedem Falle die Handelsregisteranmeldung persönlich

---

[203] So § 33 Abs. 3 Satz 1 AktG aF.
[204] IdF v. Art. 1 Nr. 2 TransPubG.
[205] Allgemeine Meinung; *Hüffer/Koch* AktG § 32 Rn. 2; MünchKomm. AktG/Bd. 1/*Pentz* § 32 Rn. 6. mwN.
[206] HM; BayObLG 3 Z 29/86, NJW 1987, 136; 3 Z 134/86, DB 1987, 215; *Hüffer/Koch* AktG § 36 Rn. 4 mwN; MünchKomm. AktG/Bd. 1/*Pentz* § 36 Rn. 26 mwN; aA mit unterschiedlichen Ausnahmen OLG Köln 2 Wx 53/86, NJW 1987, 135; KG 1b X 232/32, JW 1932, 2620.
[207] Allgemeine Meinung; *Hüffer/Koch* AktG § 30 Rn. 2; MünchKomm. AktG/Bd. 1/*Pentz* § 30 Rn. 12 mwN.
[208] IdF v. Art. 1 Nr. 2 TransPubG.
[209] So überzeugend MünchKomm. AktG/Bd. 1/*Pentz* § 23 Rn. 18.
[210] *Hüffer/Koch* AktG § 23 Rn. 12 mwN; Kölner Komm./*Arnold* § 23 Rn. 46.

unter notarieller Beglaubigung vornehmen muss, was im Zusammenhang mit der Einreichung des persönlich zu unterzeichnenden Gründungsberichtes dem Schutzzweck von § 23 Abs. 1 Satz 2 AktG genügt. **Fehlt die Vollmacht** in der vorgeschriebenen Form, ist die gleichwohl beurkundete Feststellung der Satzung schwebend unwirksam,[211] es sei denn sie existiert bereits formgerecht im Zeitpunkt der Beurkundung und wird der Gründungsurkunde nachträglich beigefügt.[212] Der ohne wirksame Vollmacht vertretene Gründer kann die Feststellungserklärung aber in notariell beglaubigter Form genehmigen[213](§ 182 Abs. 2 BGB trifft nicht zu[214]); dies gilt aber nicht im Falle einer Einpersonengründung (s. Rn. 300 ff.), bei der die vollmachtlose Vertretung die Satzungsfeststellung nicht nur schwebend unwirksam, sondern nichtig macht (§ 180 Satz 1 BGB), weshalb die Beurkundung der Satzungsfeststellung nach Ausstellung einer formwirksamen Vollmacht zu wiederholen ist (§ 141 Abs. 1 BGB).[215]

143 bb) **Gesetzliche Vertreter von Gründern.** Für Gründer, die keine natürlichen Personen sind, oder als natürliche Personen für die Gründung nicht geschäftsfähig sind (s. Rn. 73), können nur deren gesetzliche Vertreter (bzw. Organe) handeln bzw. sich hierzu – soweit für die einzelnen Gründungshandlungen zulässig (s. Rn. 142) – durch Bevollmächtigte vertreten lassen. Wer gesetzlicher Vertreter ist, ergibt sich aus den für den Gründer geltenden Bestimmungen des privaten oder öffentlichen Rechts, ggf. auch des Auslandes (auch Rn. 74 f.). Ihre Vertretungsmacht weisen sie dem Notar und dem Gericht zB durch beglaubigte Auszüge aus Handelsregistern oder anderen öffentlichen Registern, durch Bestellungsurkunden oder sonstigen Legitimationsurkunden nach; die Form bestimmt sich nach dem jeweiligen Vertretungsrecht und nicht nach § 23 Abs. 1 Satz 2 AktG.[216] Die Vertretung einer Gesellschaft des bürgerlichen Rechtes (zur Gründerfähigkeit Rn. 78) wird mangels öffentlichem Register regelmäßig durch den Gesellschaftsvertrag nachgewiesen.[217]

b) Familiengericht

144 Für Geschäftsunfähige (§ 104 BGB) und Minderjährige (§ 106 BGB) können nur ihre gesetzlichen Vertreter (§ 107 BGB) die Gründungshandlungen vornehmen, die hierzu der Genehmigung des Familiengerichts bedürfen (§§ 1822 Nr. 3, 1643 Abs. 1 BGB). Die Genehmigung ist Eintragungsvoraussetzung, deren Vorliegen vom Registergericht zu überprüfen ist (§ 38 Abs. 1 AktG), inhaltlich aber bindend ist, ebenso wie ein Negativtestat des Vormundschaftsgerichtes, wonach eine Genehmigung nicht erforderlich ist.[218]

---

[211] MünchKomm. AktG/Bd. 1/*Pentz* § 23 Rn. 16.
[212] MünchKomm. AktG/Bd. 1/*Pentz* § 23 Rn. 17.
[213] *Hüffer/Koch* AktG § 23 Rn. 12.
[214] MünchKomm. AktG/Bd. 1/*Pentz* § 23 Rn. 16.
[215] MünchKomm. AktG/Bd. 1/*Pentz* § 23 Rn. 176 mwN; Baumbach/Hueck/*Fastrich* § 2 Rn. 28.
[216] *Hüffer/Koch* AktG § 23 Rn. 13; MünchKomm. AktG/Bd. 1/*Pentz* § 23 Rn. 22.
[217] So MünchKomm. AktG/Bd. 1/*Pentz* § 23 Rn. 24, wo der Praxis gleichwohl die Vorlage von Vollmachten aller übrigen Gesellschafter in der Form von § 23 Abs. 1 Satz 2 AktG empfohlen wird.
[218] So für den ähnlich gelagerten Fall der Genehmigungen nach § 37 Abs. 4 Nr. 5 AktG *Hüffer/Koch* AktG § 37 Rn. 13 mwN.

c) Genehmigungsbehörde

Wenn der Gegenstand des Unternehmens (§ 23 Abs. 3 Nr. 2 AktG; s. Rn. 337 f.) **145** oder eine andere Satzungsbestimmung[219] einer staatlichen Genehmigung bedarf (wegen damit verbundener qualifizierter Gründerfähigkeit s. Rn. 85 f.), musste bisher die Genehmigungsurkunde der Handelsregisteranmeldung beigefügt werden; dieses Erfordernis ist durch das MoMiG entfallen (s. Rn. 34, 48). Dennoch verbleibt es zum Betrieb des Unternehmens bei der Notwendigkeit der Genehmigung. Wird sie nicht eingeholt, richten sich die Folgen nach Spezialgesetzen (Rn. 146) und können bis zur Untersagung des Betriebes des Unternehmens führen. Adressat der Genehmigung kann nur die (Vor-)Gesellschaft sein, nicht jedoch die Gründer oder Organe, auch wenn es auf deren subjektive Voraussetzungen ankommt.[220] Welche Behörde für die Erteilung der Genehmigung zuständig ist, ergibt sich aus den für folgende Unternehmensgegenstände geltenden Bestimmungen (alphabetisch):

Arzneimittelherstellung (§ 13 ArzneimittelG); Baubetreuer, Bauträger (§ 34c **146** GewO); Bewachungsgewerbe (§ 34a GewO); Gast- und Schankwirtschaften als konkretes Objekt (§ 2 GastG), nicht allgemein „Betrieb von Gaststätten" (§ 3 Abs. 1 GastG);[221] Güterbeförderung (gewerbl.) durch KFZ (§ 3 GüKG); Handwerk (Eintragung in Handwerksrolle; § 1 Abs. 1 HandwerksO);[222] Kreditinstitut (§ 32 KWG); Luftfahrzeugbetrieb zur gewerbl. Personen- oder Güterbeförderung (§ 20 LuftverkehrsG); Makler (§ 34c GewO); Patentanwaltsgesellschaft (§§ 59 ff. BRAO analog,[223] s. Rn. 85); Personenbeförderung (§ 2 PersBefG); Pfandleihgewerbe (§ 34 GewO); Privatkrankenanstalt (§ 30 GewO); Rechtsanwaltsgesellschaft (§§ 59 ff. BRAO analog, s. Rn. 85); Spielbank, Spielhalle (§§ 33h f. GewO; Landesrecht); Steuerberatungsgesellschaft (§ 49 Abs. 1 StBerG); Versicherungsunternehmen (§ 5 VAG); Versteigerungsunternehmen (§ 34b GewO); Waffengeschäfte (§§ 7, 27 WaffenG); Wahrnehmung von Urheberrechten und verwandten Schutzrechten (§§ 1, 2 UrhWG); Wirtschaftsprüfungsgesellschaft (§ 27 Abs. 1 WPO).

d) Industrie- und Handelskammer

Die Rolle der früher im Gründungsverfahren immer eingeschalteten IHK ist **147** in letzter Zeit schrittweise gesetzlich gemindert worden.[224] Heute kommt nur noch ausnahmsweise eine Anhörung auf Initiative des Registergerichts in Frage,

---

[219] Ein Fall der Genehmigungspflicht „anderer Satzungsbestimmungen" als des Unternehmensgegenstandes ist durch das nunmehr ausnahmslose Verbot der Mehrstimmrechtsaktien mit Streichung von § 12 Abs. 2 Satz 2 AktG durch KonTraG weggefallen.
[220] *Hüffer/Koch* AktG § 37 Rn. 14 mwN.
[221] OLG Ffm. 20 W 49/79 1979, OLGZ 1979, 493 = WM 1980, 22; *Hüffer/Koch* AktG § 37 Rn. 14; MünchKomm. AktG/Bd. 1/*Pentz* § 37 Rn. 84 mwN.
[222] BGH II ZB 49/87 1987, NJW 1988, 1087; *Hüffer/Koch* AktG § 37 Rn. 15 mwN; MünchKomm. AktG/Bd. 1/*Pentz* § 37 Rn. 85.
[223] Nach dem BVerfG, Beschluss v. 14.2.2014, 1 BvR 2998/11 und 1 BvR 236/12, ist die Regelung des § 59f Abs. 1 BRAO, wonach Rechtsanwaltsgesellschaften von Rechtsanwälten verantwortlich geführt sein müssen, nichtig.
[224] Bis zum Inkrafttreten des TransPubG, Gesetz zur weiteren Reform des Aktien- und Bilanzrechts, zu Transparenz und Publizität (Transparenz- und Publizitätsgesetz) v. 25.7.2002, BGBl. 2002 I 2681 war die IHK noch zwingend bei der Bestellung von Gründungsprüfern einzuschalten, bis zum HRefG v. 22.6.1998 auch zwingend bei jeder Gründung anzuhören, insbes. zu Fragen der Firma und des Gegenstandes.

zB wegen Zulässigkeit oder Verwechslungsgefahr der Firma. Das Registergericht benachrichtigt aber die IHK von der Eintragung der Gesellschaft.[225]

5. Mittelbar von der Gründung Betroffene

a) Bundesanzeiger und andere Bekanntmachungsmedien

148 Das Registergericht hat die Eintragung der Gesellschaft in das Handelsregister durch den elektronischen BAnz bekanntzumachen. Bis Ende 2008 war Papierform erforderlich, wobei die Bekanntmachung in einer Tageszeitung oder einem sonstigen Blatt zu erfolgen hatte (Art. 61 Abs. 4 EGHGB, s. Rn. 65). Neben dem gesamten Inhalt der Eintragung umfasst die Bekanntmachung die in § 39 AktG aufgeführten weiteren Angaben (s. Rn. 64). Die gerichtliche Bekanntmachung erfolgt von Amts wegen, die Kosten sind gering: Die elektronische Bekanntmachung kostet pauschal 1 EUR (§ 137 Abs. 1 KostO; s. Rn. 129). Soll die Gesellschaft wie üblich die Bekanntmachungskosten tragen, müssen sie in der Satzung – auch wenn sie gering sind – festgesetzt werden (§ 26 Abs. 2 AktG; s. Rn. 347). Ausnahmsweise kann es vor der Eintragung der Gesellschaft auch zu Bekanntmachungspflichten der Vorgesellschaft kommen, nämlich betreffend die Zusammensetzung des Aufsichtsrates im Hinblick auf Mitbestimmungsfragen (§§ 30 Abs. 3 Satz 2, 31 Abs. 3 Satz AktG, s. Rn. 105) und nach hM,[226] falls sie bereits im Gründungsstadium eine Mitteilung nach § 20 Abs. 1 oder 4 AktG über das Bestehen von unternehmerischer Beteiligung auf Gründerseite von mehr als 25% bzw. 50% erhält (§ 20 Abs. 6 Akt). Diese Bekanntmachungen der Vorgesellschaft müssen im elektronischen Bundesanzeiger veröffentlicht werden. Die vom Gesetz vorgegebenen und freiwillig durch die Satzung ergänzbaren Gesellschaftsblätter für die Pflichtmitteilungen nach Gesetz und Satzung dürfen nicht verwechselt werden einerseits mit dem vorstehend behandelten gerichtlichen Bekanntmachungsblättern (§§ 10 f. HGB) und andererseits mit den seltenen sog. freiwilligen Bekanntmachungen der Gesellschaft, für welche die Satzung zwingend „Bestimmungen über die Form der Bekanntmachungen" enthalten muss (§ 23 Abs. 4 AktG; s. Rn. 343).

b) Erster Abschlussprüfer

149 Die Gründer haben zu notarieller Urkunde den Abschlussprüfer für das erste Voll- oder Rumpfgeschäftsjahr zu bestellen (§ 30 Abs. 1 AktG), falls die Satzung unabhängig von einer gesetzlichen Prüfungspflicht die Abschlussprüfung vorschreibt oder bereits für diesen Zeitraum mit einer gesetzlichen Prüfungspflicht zu rechnen ist, weil für den ersten Abschlussstichtag das Überschreiten der Kriterien einer kleinen Kapitalgesellschaft zu erwarten ist (§ 316 Abs. 1 iVm § 267 Abs. 1, 4 Satz 2 HGB), was die Ausnahme sein dürfte. Für das Bestellungsverfahren gelten im Übrigen die Grundsätze wie für die Bestellung des ersten Aufsichtsrats (s. Rn. 15, 98 f.), jedoch mit dem Unterschied, dass bei Unterlassen der Bestellung das Gericht die Gesellschaft gleichwohl eintragen muss, da sich die Bedeutung der Bestellung durch die Gründer auf die Ersparnis einer Hauptversammlung eigens hierfür beschränkt.[227] Nach Eintragung der Gesellschaft kann in diesem Fall das Gericht die

---

[225] Balser/Bokelmann/Ott/Piorreck/*Piorreck* S. 63 Tz. 2c.
[226] *Hüffer/Koch* AktG § 20 Rn. 2 mwN; MünchKomm. AktG/Bd. 1/*Bayer* § 20 Rn. 10 mwN; MünchHdB GesR IV/*Hoffmann-Becking* § 3 Rn. 29 mwN.
[227] *Hüffer/Koch* AktG § 30 Rn. 10; MünchKomm. AktG/Bd. 1/*Pentz* § 30 Rn. 47 mwN.

Bestellung auf Antrag vornehmen (§ 318 Abs. 4 HGB), falls nicht doch noch eine Hauptversammlung zur Bestellung einberufen wird (die Bestellungskompetenz der Gründer ist mit der Eintragung beendet).

c) Finanzamt

Von der Gründungsurkunde (§ 23 AktG; s. Rn. 10) hat der Notar binnen zwei 150 Wochen und vor der Ausgabe von Ausfertigungen oder beglaubigten Abschriften an die Beteiligten dem für die KSt. der Gesellschaft zuständigen Finanzamt (§ 20 AO) eine beglaubigte Abschrift zu übersenden (§ 54 EStDV). Von der Eintragungsverfügung benachrichtigt das Gericht dieses Finanzamt von Amts wegen.[228] Ebenso hat der Notar bei der Beurkundung über Sacheinlagen oder Sachübernahmen (§ 27 AktG; s. Rn. 12, 200 ff., 226 ff.), die ein inländisches Grundstück betreffen, hiervon Anzeige unter Übersendung einer Urkundenabschrift an das für die Grunderwerbsteuer zuständige Finanzamt zu erstatten (§ 18 GrEStG).

d) Für die Gründung verantwortliche Dritte

Neben den im AktG aufgeführten Schadenersatzpflichten der Gründer (§ 46 151 Abs. 1 bis 4 AktG; s. Rn. 266 f.), von Vorstand und Aufsichtsrat (§ 48 AktG; s. Rn. 281, 286) und der Gründungsprüfer (§ 49 AktG; s. Rn. 287) bestimmt das AktG folgende weitere Personen mit Verantwortlichkeit und gesamtschuldnerischer Ersatzpflicht an die Gesellschaft für Schäden aus Anlass der Gründung:

aa) Treugeber von Gründern. Neben den Gründern sind in gleicher Weise wie 152 diese (§ 46 Abs. 1 bis 4 AktG; s. Rn. 266 f.) Personen verantwortlich und schadenersatzpflichtig, für deren Rechnung jemand als Gründer Aktien übernommen hat (§ 46 Abs. 5 AktG; s. Rn. 273). Dies macht das Vorschieben eines sog. Strohmannes als Gründer für den Treugeber zu einem riskanten Unterfangen, wenn es sich beim Treuhänder um eine zweifelhafte Person in Bonität, Erfahrung oder charakterlicher Zuverlässigkeit handelt.

bb) Empfänger einer Vergütung für nicht satzungsgemäßen Gründungs- 153 **aufwand.** Nach § 26 Abs. 2 AktG (s. Rn. 347) ist der Gesamtaufwand für Gründungskosten, die – abweichend vom Grundsatz der persönlichen Haftung der im Namen der Vorgesellschaft Handelnden (§ 41 Abs. 1 Satz 2 AktG; s. Rn. 282 ff.) – von der Gesellschaft getragen werden sollen, in der Satzung festzusetzen. Ohne diese Festsetzung sind Verträge über Gründungsaufwand und die Rechtshandlungen zu ihrer Ausführung der Gesellschaft gegenüber unwirksam (§ 26 Abs. 3 Satz 1 AktG; s. Rn. 349). Wer gleichwohl von der Gesellschaft eine nicht in den satzungsmäßigen Gründungsaufwand aufgenommene Vergütung empfängt, ist ihr zum Schadenersatz verpflichtet, wenn er wusste oder nach den Umständen annehmen musste, dass die Verheimlichung beabsichtigt war oder erfolgt war (§ 47 Nr. 1 Alt. 1 AktG; s. Rn. 276).

cc) Mitwirkende bei der Verheimlichung von Gründungsaufwand. Der 154 Gesellschaft haftet auch, wer nicht ordnungsgemäß in der Satzung festgesetzten Gründungsaufwand zwar nicht selbst von der Gesellschaft empfängt, aber bei Verheimlichung einer solchen Vergütung an einen Dritten wissentlich mitgewirkt hat (§ 47 Nr. 1 Alt. 2 AktG; s. Rn. 277). Hier ist an mindestens bedingt vorsätzlich handelnde Ratgeber zu denken.[229]

---

[228] Balser/Bokelmann/Ott/Piorreck/*Piorreck* S. 63 Tz. 2c.
[229] MünchKomm. AktG/Bd. 1/*Pentz* § 47 Rn. 18.

155 **dd) Mitwirkende bei der Schädigung der Gesellschaft durch Einlagen oder Sachübernahmen.** Ebenso haftet als Gesamtschuldner der Gesellschaft, wer im Fall einer vorsätzlichen oder grobfahrlässigen Schädigung der Gesellschaft durch Einlagen oder Sachübernahmen an der Schädigung wissentlich mitgewirkt hat (§ 47 Nr. 2 AktG; s. Rn. 278).

156 **ee) Emittenten.** Mit der sog. Emittentenhaftung (§ 47 Nr. 2 AktG) wird erfasst, wer vor Eintragung der Gesellschaft oder innerhalb von zwei Jahren danach die Aktien öffentlich ankündigt, um sie am Markt einzuführen,[230] wenn er wusste oder bei Anwendung der Sorgfalt eines ordentlichen Geschäftsmannes wissen musste, dass die Angaben, die zur Gründung der Gesellschaft gemacht worden sind (§ 46 Abs. 1 AktG; s. Rn. 279), unrichtig oder unvollständig sind oder die Gesellschaft durch Einlagen oder Sachübernahmen geschädigt ist (§ 46 Abs. 2 AktG; s. Rn. 279).

IV. Das Grundkapital und seine Aufbringung

1. Das Grundkapital und seine Zerlegung in Aktien

a) Das Grundkapital

159 Die AG ist eine Gesellschaft mit eigener Rechtspersönlichkeit, für deren Verbindlichkeiten den Gläubigern nur das Gesellschaftsvermögen haftet (§ 1 Abs. 1 AktG). Die Rechtspersönlichkeit wird vom Gericht durch die Eintragung in das Handelsregister verliehen, durch welche die AG als solche entsteht (§ 41 Abs. 1 Satz 1 AktG). Als Voraussetzung für das Haftungsprivileg der Aktionäre muss die AG ein in Aktien zerlegtes Grundkapital haben (§ 1 Abs. 2 AktG), das auf einen Nennbetrag in Euro lauten und mindestens 50.000 EUR betragen muss (§ 7 AktG), falls nicht aufgrund eines anderen Gesetzes wegen des Unternehmensgegenstandes ein höheres Grundkapital gefordert ist (zB § 2 Abs. 4 UBGG, §§ 1 Abs. 3, 2 Abs. 2 KAGG).[231] Die Gründer müssen in der Satzung das Grundkapital festsetzen, auch wenn es nicht höher als der Mindestbetrag sein soll (§ 23 Abs. 3 Nr. 3 AktG; s. Rn. 341).

b) Zerlegung in Aktien

160 Das Grundkapital muss in der Satzung in mindestens so viele Aktien zerlegt werden (§ 23 Abs. 3 Nr. 4 AktG), dass jeder Gründer eine Aktie übernehmen kann (§ 23 Abs. 2 Nr. 2 AktG); bei der Einpersonengründung (§ 2 AktG; s. Rn. 300 ff.) genügt also eine Aktie. Die Gründer können auch mehrere Aktien übernehmen, was die Regel ist (§ 23 Abs. 2 Nr. 2 AktG). Die Zahl der Aktien ist nach oben begrenzt durch den Mindestnennbetrag von einem Euro für die Nennbetragsaktien (§ 8 Abs. 2 Satz 1 AktG) und den entsprechenden Mindestanteil der Stückaktien am Grundkapital (§ 8 Abs. 3 Satz 3 AktG). Im Falle einer Gründung mit dem Mindestgrundkapital von 50.000 EUR kann dieses also in höchstens 50.000 Aktien zerlegt werden.

161 Werden **Nennbetragsaktien** als Aktienform in der Satzung festgelegt und ist ihr Nennbetrag höher als ein Euro, beschränkt sich hierdurch die Zahl der Aktien ebenfalls, da die Summe der Aktiennennbeträge dem Nennbetrag des Grundkapitals (§ 6 AktG) entsprechen muss (§ 8 Abs. 4 AktG). Bei einem Grundkapital von 50.000 EUR und einem Nennbetrag sämtlicher Aktien von 10 EUR ergeben sich

---

[230] *Hüffer/Koch* AktG § 47 Rn. 9.
[231] Weitere Sonderbestimmungen Großkomm. AktG/*Brändel* § 7 Rn. 22 ff.; MünchKomm. AktG/Bd. 1/*Heider* § 7 Rn. 15 ff.

B. Gründung der AG nach AktG 162–164 § 2

also zwingend 5.000 Aktien. Da das Grundkapital in der Satzung auch in Aktien mit unterschiedlichen Nennbeträgen zerlegt werden kann (§ 23 Abs. 3 Nr. 4 AktG), bestimmt sich auch hierdurch zwingend die Zahl der Aktien; zB bei der Zerlegung eines Grundkapitals von 50.000 EUR je zur Hälfte in Aktiennennbeträge von einem Euro und zehn Euro ergeben sich 25.000 Aktien im Nennbetrag von einem Euro und 2.500 von 10 EUR. Ein Nebeneinander der beiden Aktienformen Nennbetragsaktien und Stückaktien ist unzulässig (§ 8 Abs. 1 AktG: „entweder ... oder") und wäre sinnwidrig (im Übrigen wird zum Unterschied zwischen den beiden Aktienformen auf § 3 Rn. 4 ff. verwiesen).

c) Ausgabebetrag

Um die Übereinstimmung des Grundkapitals mit der Summe der auf die einzel- **162** nen Aktien zu leistenden Einlagen der Gründer (Ausgabebetrag; §§ 23 Abs. 2 Nr. 2, 54 Abs. 1 AktG) zu gewährleisten, dürfen Aktien für einen geringeren Betrag als den Nennbetrag oder den auf die einzelnen Stückaktien entfallenden anteiligen Betrag des Grundkapitals nicht ausgegeben werden (geringster Ausgabebetrag, § 9 Abs. 1 AktG). Für einen höheren Betrag ist die Ausgabe zulässig (§ 9 Abs. 2 AktG). Der den geringsten Ausgabebetrag übersteigende Teil wird auch Aufgeld oder Agio genannt. Er wird nicht Teil des Grundkapitals, sondern ist als Kapitalrücklage unter dem Hauptposten Eigenkapital der Bilanz auszuweisen (§ 266 Abs. 3 A. II. iVm § 272 Abs. 2 Nr. 1 HGB; s. Rn. 412 f., § 11 Rn. 186). Der Ausgabebetrag muss in der Gründungsurkunde neben der Feststellung der Satzung bestimmt werden (§ 23 Abs. 2 Nr. 2 AktG; s. Rn. 13).

Bei der **rechtlichen Behandlung** eines höheren Ausgabebetrages sind die Fällig- **163** keitsregeln (bei Bareinlage: § 36a Abs. 1 AktG; s. Rn. 172 ff.; bei Sacheinlage: § 36a Abs. 1 Sätze 1, 3 AktG; s. Rn. 209 ff.) und bei Sacheinlagen auch die Frage nach der Auswirkung von Überbewertungen von Bedeutung (Normkonflikt zwischen § 36a Abs. 2 Satz 3 und § 38 Abs. 2 Satz 2 AktG; s. Rn. 209 ff.). Zudem spielen der vom Grundkapital abweichende Bilanzausweis (s. Rn. 162) und die anderen Bestimmungen zur Kapitalerhaltung (§ 150 AktG; § 8 Rn. 9 ff.) eine Rolle. Die **wirtschaftliche Bedeutung** des Agio im Rahmen der Kapitalaufbringung liegt neben den Folgen der vorgenannten Rechtsauswirkungen und der aus dem Bilanzausweis folgenden Bilanzoptik (Ausweis von offenen Reserven) vor allem in der Möglichkeit, durch unterschiedliche Ausgabebeträge zwischen den Einlageleistungen der einzelnen Gründer zu differenzieren. Wichtigste Fälle sind das Zusammentreffen von unterbewerteten Sacheinlagen (zumeist aus steuerlichen Gründen; s. Rn. 422) mit Bareinlagen anderer Gründer oder von unterschiedlich bewerteten Sacheinlagen. Hier gebieten die in den unterbewerteten Sacheinlagen steckenden stillen Reserven wirtschaftlich einen höheren Ausgabebetrag für die übrigen Gründer. Aber auch zwischen Gründern mit Bareinlagen kann ein unterschiedlicher Ausgabebetrag wirtschaftlich naheliegen, wenn zB einer der Gründer sich zu nicht als Sacheinlage zugelassenen Dienstleistungen (§ 27 Abs. 2 Hs. 2 AktG; s. Rn. 198) verpflichten oder nur schwer einer Bewertung zugängliches Know-how einbringen soll.

2. Aufbringung des Grundkapitals (Übersicht)

Die Festsetzung des Grundkapitals und seiner Zerlegung in Aktien in der Sat- **164** zung und die Bestimmung des Ausgabebetrages sowie die Übernahme der Aktien durch die Gründer in der Gründungsurkunde ist nur die rechtliche Grundvoraussetzung für die Eintragungsfähigkeit der AG. Zusätzlich trifft das Gesetz vielfältige Vorkehrungen dafür, dass die Einlagen auf das Grundkapital auch zur Zeit der Eintragung tatsächlich wirtschaftlich vollwertig und endgültig erbracht oder wenigstens rechtlich sichergestellt sind (Kapitalaufbringung) und nach Eintragung nicht wieder an die Einleger zurückfließen (Kapitalerhaltung; siehe § 8). Die gesetzlichen Vorkehrungen für die Kapitalaufbringung umfassen neben der eigentlichen Einlageverpflichtung besondere Sorgfalts- und Prüfungspflichten der für die Gründung Verantwortlichen, die durch Haftungsbestimmungen und auch strafrechtlich abgesichert sind. Dabei unterscheidet das Gesetz bei seiner Vorsorge für die Kapitalaufbringung in vielen Punkten zwischen den beiden Grundformen der Einlage auf den Ausgabebetrag der von den Gründern übernommenen Aktien, nämlich zwischen der Geldeinlage (sog. Bareinlage) und der Sacheinlage, zu denen Sonderformen der Sacheinlage und Kombinationen von Bareinlage und Sacheinlage treten. Außerdem gibt es zur Sicherung der realen Kapitalaufbringung Regelungen, die systematisch eher zur Kapitalerhaltung gehören, aber als Sicherung vor Umgehung der strengen Trennung in den Anforderungen an Bareinlagen und Sacheinlagen und deren Offenlegung zu verstehen sind. Es sind dies die gesetzlichen Bestimmungen über die Sachübernahme und über die Nachgründung sowie das von der Rechtsprechung entwickelte Verbot der verdeckten Sacheinlage.

Diese Bestimmungen zur Kapitalaufbringung und zur Vermeidung von Umgehungen werden vorab zur Übersicht in einem Schaubild dargestellt.

B. Gründung der AG nach AktG 165, 171 §2

165

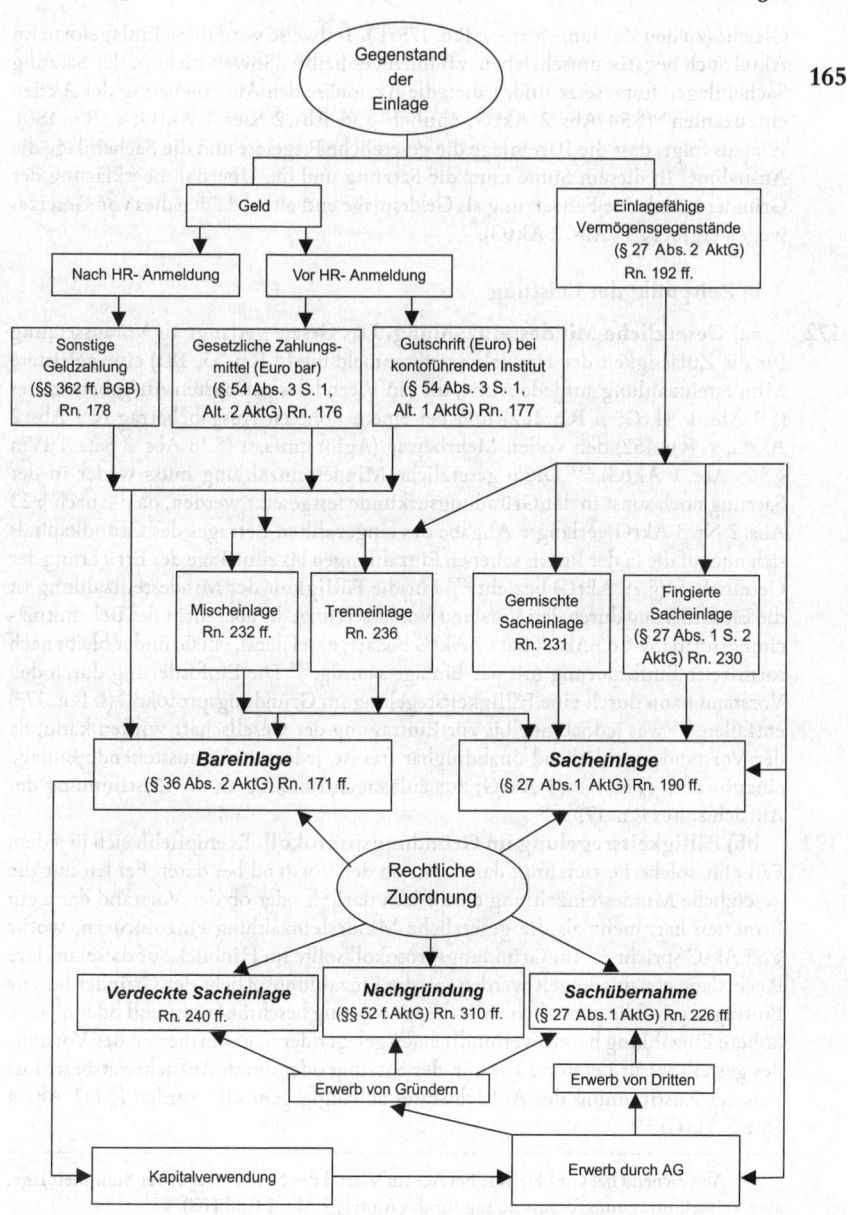

```
                    Gegenstand
                       der
                     Einlage
                   /          \
                Geld         Einlagefähige
                             Vermögensgegenstände
                             (§ 27 Abs. 2 AktG)
                             Rn. 192 ff.
         /              \
  Nach HR-Anmeldung   Vor HR-Anmeldung
         |              /        \
   Sonstige      Gesetzliche      Gutschrift (Euro) bei
   Geldzahlung   Zahlungs-        kontoführendes Institut
   (§§ 362 ff. BGB)  mittel (Euro bar)  (§ 54 Abs. 3 S. 1,
   Rn. 178       (§ 54 Abs. 3 S. 1,     Alt. 1 AktG) Rn. 177
                 Alt. 2 AktG) Rn. 176
```

```
   Mischeinlage    Trenneinlage    Gemischte       Fingierte
   Rn. 232 ff.     Rn. 236         Sacheinlage     Sacheinlage
                                   Rn. 231         (§ 27 Abs. 1 S. 2
                                                   AktG) Rn. 230

         Bareinlage                    Sacheinlage
         (§ 36 Abs. 2 AktG) Rn. 171 ff. (§ 27 Abs. 1 AktG) Rn. 190 ff.

                     Rechtliche
                     Zuordnung

   Verdeckte Sacheinlage   Nachgründung        Sachübernahme
   Rn. 240 ff.             (§§ 52 f. AktG)     (§ 27 Abs. 1 AktG) Rn. 226 ff
                           Rn. 310 ff.

              Erwerb von Gründern    Erwerb von Dritten

   Kapitalverwendung              Erwerb durch AG
```

3. Bareinlagen

a) Begriff

Wenn das Gesetz teilweise von Geldeinlage spricht (§ 36 Abs. 2 Satz 2 AktG; **171**
s. Rn. 301), teils weniger modern, aber dem überwiegenden juristischen Sprachgebrauch folgend, von Bareinlage (§ 36a Abs. 1 AktG; s. Rn. 172), meint es das

Maul

105

Gleiche (zu den Zahlungsformen Rn. 175 ff.). Teilweise wird diese Einlageform im AktG auch negativ umschrieben, zB indem es heißt: „Soweit nicht in der Satzung Sacheinlagen festgesetzt sind, haben die Aktionäre den Ausgabebetrag der Aktien einzuzahlen" (§ 54 Abs. 2 AktG; ähnlich § 36 Abs. 2 Satz 1 AktG; s. Rn. 180). Hieraus folgt, dass die Bareinlage die gesetzliche Regel ist und die Sacheinlage die Ausnahme. In diesem Sinne muss die Satzung und die Übernahmeerklärung der Gründer auch keine Festsetzung als Geldeinlage enthalten, da sich dies von Gesetzes wegen ergibt (§ 54 Abs. 2 AktG).

b) Zeitpunkt der Leistung

172 aa) **Gesetzliche Mindesteinzahlung.** Das Gesetz verlangt als Voraussetzung für die Zulässigkeit der Handelsregisteranmeldung (s. Rn. 35, 181) eine geleistete Mindesteinzahlung auf jede Aktie, die ein Viertel des geringsten Ausgabebetrages (§ 9 Abs. 1 AktG; s. Rn. 162) und bei einem höheren Ausgabebetrag (§ 9 Abs. 2 AktG; s. Rn. 162) den vollen Mehrbetrag (Agio) umfasst (§ 36 Abs. 2 Satz 1 iVm § 36a Abs. 1 AktG).[232] Diese gesetzliche Mindesteinzahlung muss weder in der Satzung noch sonst in der Gründungsurkunde festgesetzt werden, da die nach § 23 Abs. 2 Nr. 3 AktG verlangte Angabe des eingezahlten Betrages des Grundkapitals sich nur auf die in der Praxis seltenen Einzahlungen bis zum Tage der Errichtung der Gesellschaft (§ 29 AktG) bezieht.[233] Für die **Fälligkeit** der Mindesteinzahlung ist die Einforderung durch den Vorstand Voraussetzung, die aber nicht der Bekanntmachungsform iSv § 63 Abs. 1 Satz 2 AktG bedarf, es sei denn, ein Gründer bleibt nach formfreier Einforderung mit der Einlage säumig.[234] Die Einforderung durch den Vorstand kann durch eine Fälligkeitsregelung im Gründungsprotokoll (s. Rn. 173) entfallen,[235] was jedoch nur bis zur Eintragung der Gesellschaft wirken kann, da der Vorstand anschließend unabdingbar frei ist, jederzeit die ausstehende Einlage einzufordern (§ 63 Abs. 1 AktG; zur zulässigen Bindung an die Zustimmung des Aufsichtsrates Rn. 173).[236]

173 bb) **Fälligkeitsregelung im Gründungsprotokoll.** Es empfiehlt sich in jedem Fall eine solche Festsetzung, da str. ist, ob der Vorstand bei deren Fehlen nur die gesetzliche Mindesteinzahlung einfordern darf,[237] oder ob der Vorstand dann ein Ermessen hat, mehr als die gesetzliche Mindesteinzahlung einzufordern, wofür § 63 AktG spricht.[238] Im Gründungsprotokoll sollte im Hinblick auf diese unklare Rechtslage genau geregelt werden, ob die Einzahlungspflicht der Gründer bis zur Eintragung auf die gesetzliche Mindesteinzahlung beschränkt sein soll oder ob eine höhere Einzahlung bereits verbindlich festgelegt oder in das Ermessen des Vorstandes gestellt wird; Letzteres kann in der Satzung oder durch Aufsichtsratsbeschluss von der Zustimmung des Aufsichtsrates abhängig gemacht werden (§ 111 Abs. 4 Satz 2 AktG).[239]

---

[232] Abweichend bei GmbH: Wie bei AG ein Viertel des Nennbetrages der Stammeinlage, aber keine Eintragungsvoraussetzung für das Agio (§ 7 Abs. 2 GmbHG).
[233] HM; so MünchKomm. AktG/Bd. 1/*Pentz* § 23 Rn. 62 unter Hinweis auf die EG-Kapitalrichtlinie mwN.
[234] *Hüffer/Koch* AktG § 63 Rn. 6 mwN.
[235] MHdB GesR IV/*Hoffmann-Becking* § 3 Rn. 13 f.
[236] *Hüffer/Koch* AktG § 63 Rn. 5 mwN.
[237] S. MHdB GesR IV/*Rieckers* § 16 Rn. 9 mwN.
[238] So MünchKomm. AktG/Bd. 1/*Pentz* § 36 Rn. 43; Großkomm. AktG/*Röhricht* § 36 Rn. 45.
[239] MünchKomm. AktG/Bd. 1/*Pentz* § 36 Rn. 43; Großkomm. AktG/*Röhricht* § 36 Rn. 45.

cc) Freiwillige Überzahlung. Wird mehr als der eingeforderte Betrag eingezahlt, wirkt dies für den noch nicht eingeforderten Teil des Ausgabebetrages schuldbefreiend, was seit der Anerkennung der Unterbilanzhaftung für die AG (s. Rn. 269 ff.) hM ist.[240] Durch Überzahlung auf eine Aktie kann aber nicht eine Unterzahlung auf eine andere Aktie dieses oder eines anderen Gründers ausgeglichen werden; da § 36 Abs. 2 AktG die Einzahlung auf jede Aktie verlangt, kann die Anmeldung nicht erfolgen. 174

c) Formen der Einzahlung

aa) Übersicht. Die Einzahlung des vor Anmeldung der Gesellschaft (§§ 36 ff. AktG; s. Rn. 35, 172, 181) eingeforderten Betrages kann nach § 54 Abs. 3 Satz 1 AktG entweder durch gesetzliche Zahlungsmittel (s. Rn. 176) oder durch Gutschrift auf ein Konto bei einem hierzu zugelassenen Institut (s. Rn. 177) erbracht werden, beides zur freien Verfügung des Vorstandes (s. Rn. 179 f.). Diese Vorschrift unterstellt nach dem Wortlaut die ordnungsgemäße Einforderung und Einzahlung vor Eintragung, muss aber entsprechend dem Schutzzweck auch für pflichtwidrig nach der Anmeldung, aber noch vor der Eintragung eingegangene Einlagen gelten.[241] Einzahlungen nach Eintragung, insbesondere der später eingeforderte Teil des Ausgabebetrages, unterliegen nicht der besonderen Formstrenge des § 54 Abs. 3 AktG.[242] Dann gelten für die Schuldbefreiung die allgemeinen Bestimmungen des Schuldrechts (§§ 362 ff. BGB);[243] zB Zahlung auf Auslandskonto der AG außerhalb des EWR wird anders als vor Eintragung (s. Rn. 177) zulässig.[244] Sämtliche Einzahlungsverpflichtungen unterliegen einem Aufrechnungsverbot (§ 66 Abs. 1 Satz 2 AktG). 175

bb) Gesetzliche Zahlungsmittel. Dies sind ausschließlich Banknoten und Münzen der Europäischen Zentralbank (Euro). Andere Währungen und Scheckzahlung fallen nicht hierunter, können aber durch Gutschrift bei einem kontoführenden Institut nach den dafür geltenden Regeln schuldbefreiend wirken (s. Rn. 178).[245] 176

cc) Gutschrift bei kontoführendem Institut. Nach § 54 Abs. 3 Satz 1 AktG kann die Einlage – als der praktische Regelfall einer Bareinlage – auch durch Gutschrift auf ein Konto bei einem Kreditinstitut oder einem nach § 53 Abs. 1 Satz 1 oder § 53b Abs. 1 Satz 1 oder Abs. 7 KWG tätigen Unternehmen eingezahlt werden (in § 37 Abs. 1 Satz 3 AktG „kontoführendes Institut" genannt; s. Rn. 130). Das Konto kann entweder auf den Namen der Vorgesellschaft (heute aufgrund der anerkannten Kontofähigkeit der Vorgesellschaft die Regel[246]) oder auch des Vorstandes lauten; im letzteren Fall, mit dem nicht ein Privatkonto eines Vorstandsmitgliedes gemeint ist,[247] gilt die Forderung des Vorstandes aus der Gutschrift als Forderung der Gesellschaft (§ 54 Abs. 3 Satz 2 AktG). 177

dd) Währung. Das Gesetz schreibt im Gegensatz zur Barzahlung keine bestimmte Währung für die Gutschrift vor. Befreiungswirkung tritt jedenfalls ein, wenn die Gutschrift im Inland in Euro vorgenommen wird. Zudem sind Gutschrif- 178

---

[240] Großkomm. AktG/*Röhricht* § 36 Rn. 42; *Hüffer/Koch* AktG § 36a Rn. 3 mwN.
[241] Unstr.; *Hüffer/Koch* AktG § 54 Rn. 11 mwN.
[242] Großkomm. AktG/*Henze* § 54 Rn. 83 mwN.
[243] *Hüffer/Koch* AktG § 54 Rn. 11.
[244] Kölner Komm./*Drygala* § 54 Rn. 60.
[245] *Hüffer/Koch* AktG § 54 Rn. 13.
[246] *Hüffer/Koch* AktG § 54 Rn. 19.
[247] Kölner Komm./*Drygala* § 54 Rn. 69.

ten auf gesetzlich zugelassenen Auslandskonten[248] in der dort geltenden Währung zulässig.[249]

d) Zahlung zur freien Verfügung des Vorstands

179 aa) Voraussetzungen. Die Zahlung nach § 54 Abs. 3 Satz 1 AktG muss zur freien Verfügung des Vorstandes erfolgen. Freie Verfügbarkeit tritt ein, wenn die Einlage aus dem tatsächlichen und rechtlichen Verfügungsbereich des Einlegers in denselben des Vorstandes uneingeschränkt so übergeht, dass dieser darüber im Rahmen seiner Vorstandspflichten unwiderruflich frei verfügen kann.[250] Das Gesetz stellt hierzu klar, dass **Minderungen der Einlage** insoweit unschädlich sind, als sie bereits zur Bezahlung der bei der Gründung angefallenen Steuern und Gebühren verwandt wurden (§ 36 Abs. 2 Satz 1; auch Rn. 43), was in der Anlage zur Handelsregisteranmeldung nach Art und Höhe der Beträge nachzuweisen ist (§ 37 Abs. 1 Satz 5 AktG; auch Rn. 43). Als Steuer kann bei der Gründung Grunderwerbsteuer anfallen (s. Rn. 425 f.); bei einer Bargründung zB durch Sachübernahme eines Grundstücks (§ 27 Abs. 1 Satz 1 AktG; s. Rn. 226 ff.). Zu den Gründungsgebühren zählen die Notarkosten (s. Rn. 120 ff.) und die Gerichtskosten, denen auch die Kosten der Bekanntmachung der Eintragung (§ 40 AktG; s. Rn. 64, 148) und die Kosten des gerichtlich bestellten Gründungsprüfers (§ 33 Abs. 3; s. Rn. 25 ff., 131 ff.) zuzurechnen sind.[251] Voraussetzung der Unschädlichkeit dieses Gründungsaufwands ist aber immer die Festsetzung der Übernahme durch die Gesellschaft in der Satzung (§ 26 Abs. 2 AktG; s. Rn. 347). Nicht übernahmefähig sind dagegen beispielsweise Druckkosten für Aktienurkunden, Vermittlungsprovisionen und andere privatrechtliche Verbindlichkeiten.[252] Zu den Auswirkungen der Festsetzung im Zusammenhang mit der Unterbilanzhaftung s. Rn. 183, 269 ff.

180 bb) Endgültigkeit. Die Forderung nach freier Verfügung in § 54 Abs. 3 AktG stimmt teilweise mit dem Wortlaut von § 36 Abs. 2 Satz 1 AktG überein, der die Handelsregisteranmeldung für Bareinlagen erst erlaubt, wenn „auf jede Aktie … der eingeforderte Betrag ordnungsgemäß eingezahlt worden ist (§ 54 Abs. 3) und endgültig zur freien Verfügung des Vorstands steht". Der Unterschied liegt also in dem Wort „endgültig".[253] Was noch bei der Einzahlung durch einen Gründer zur freien Verfügung stand, kann bei der Anmeldung inzwischen gebunden sein,[254] aber auch umgekehrt, wenn eine zunächst gebundene Einzahlung zunächst unwirksam ist, aber noch vor der Anmeldung von der Bindung befreit wird, darf angemeldet werden. Die **Bedeutung der freien Verfügbarkeit** nach § 54 Abs. 3 AktG richtet sich daher vor allem auf die Freiheit von Verfügungsbeschränkungen im Verhältnis des einzahlenden Gründers zur Gesellschaft. Außerdem ist sie für den inhaltlichen Gehalt der Bestätigung des kontoführenden Institutes und dessen Haftung nach § 37 Abs. 1 Satz 3 und 4 AktG (s. Rn. 182) maßgebend, die naturgemäß auf den begrenzten Kenntnisstand aufgrund der Kontoführung zu konzentrieren und nicht auf eine Stufe zu stellen ist mit der umfassenderen Verantwortlichkeit von Vorstand,

---

[248] § 54 Abs. 3 AktG idF v. Art. 4 Nr. 1 des Gesetzes v. 22.10.1997 (BGBl. 1997 I 2667).
[249] MünchKomm. AktG/Bd. 1/*Bungeroth* § 54 Rn. 66 mwN.
[250] *Hüffer/Koch* AktG § 36 Rn. 7 mwN.
[251] *Hüffer/Koch* AktG § 36 Rn. 10 mwN.
[252] *Hüffer/Koch* AktG § 36 Rn. 10 mwN; MünchKomm. AktG/Bd. 1/*Pentz* § 36 Rn. 78 mwN.
[253] Hierauf ebenso abstellend Kölner Komm./*Lutter* § 54 Rn. 81
[254] Großkomm. AktG/*Röhricht* § 36 Rn. 61.

B. Gründung der AG nach AktG 181–183 § 2

Aufsichtsrat und den Gründern bei ihrer Erklärung über die endgültig freie Verfügung.[255] Im Zusammenhang mit dem Gebot der freien Verfügbarkeit steht auch das Aufrechnungsverbot für die Einzahlungsverpflichtungen der Gründer (§ 66 Abs. 1 Satz 2 AktG; s. Rn. 289).

e) Nachweis der Kapitalaufbringung gegenüber dem Gericht

aa) Erklärungen in der Handelsregisteranmeldung. Liegen die Voraussetzungen für eine Anmeldung nach § 36a Abs. 1 iVm § 36 Abs. 2 AktG vor (s. Rn. 35, 172 ff.), kann die Anmeldung der Gesellschaft zur Eintragung in das Handelsregister erfolgen (s. Rn. 35 ff.). Anzumelden haben sämtliche Gründer und Mitglieder des Vorstands und Aufsichtsrats (§ 36 Abs. 1 AktG). In der Anmeldung ist zu erklären, dass die Voraussetzungen des § 36 Abs. 2 und des § 36a AktG erfüllt sind; dabei sind der Betrag, zu dem die Aktien ausgegeben werden, und der darauf eingezahlte Betrag anzugeben (§ 37 Abs. 1 Satz 1 AktG). Diese Erklärungen sind Tatsachenbehauptungen und für die Prüfung der Eintragungsvoraussetzungen durch das Gericht (s. Rn. 183) von zentraler Bedeutung.[256] Sie erhalten ihr besonderes Gewicht durch die Strafbarkeit unrichtiger Erklärungen (§ 399 Abs. 1 Nr. 1 und 6 AktG) und durch Schadensersatzpflichten (§§ 46, 48 AktG). Es ist wegen ihrer Bedeutung üblich, die Erklärungen weitgehend entsprechend dem Wortlaut der zugrunde liegenden Bestimmungen auszurichten. Insbesondere die Erklärung, dass der eingezahlte Betrag „endgültig zur freien Verfügung des Vorstands steht", ist unverzichtbar. Daneben haben die Anmeldenden diese freie Verfügbarkeit nachzuweisen. Für den Regelfall der Kontogutschrift ist dieser Nachweis durch eine Bestätigung des kontoführenden Instituts zu erbringen (s. Rn. 182). 181

bb) Bestätigung des kontoführenden Instituts. Die Anforderungen an diese Bestätigung, die Eintragungsvoraussetzung ist (§ 37 Abs. 1 Satz 3 und 4 AktG), sind umstritten,[257] aber weniger wegen des Inhalts der Erklärung, der sich zumeist am Gesetzeswortlaut ausrichtet, als hinsichtlich der **Schadensersatzfolgen** für das Institut, das ohne Verschulden für die Richtigkeit der Erklärung einsteht (§ 37 Abs. 1 Satz 4 AktG); dabei geht es um die Frage, ob die Bestätigung das gleiche Anforderungsprofil hat wie die Erklärung der Anmeldenden nach § 37 Abs. 1 Satz 1 AktG (auch Rn. 180). 182

f) Prüfung durch das Gericht

Das Gericht hat zu prüfen, ob die Gesellschaft ordnungsgemäß errichtet (§§ 23, 29 AktG; s. Rn. 10 ff., 54) und angemeldet (§§ 36 ff. AktG; s. Rn. 35 ff., 55) ist (§ 38 Abs. 1 Satz 1 AktG; s. Rn. 53 ff.). Zur ordnungsgemäßen Handelsregisteranmeldung gehören die Erklärungen über die Kapitalaufbringung in der Anmeldung (s. Rn. 181) und die dazu geforderten Nachweise in deren Anlage (s. Rn. 181 f.), die neben dem Gründungsbericht (§ 32 AktG; s. Rn. 18 ff.) und den Gründungsprüfungsberichten (§§ 33 ff. AktG; s. Rn. 23–29) die eigentlichen Prüfungsgegenstände des Gerichts über die Kapitalaufbringung sind, welche daher in der Regel nur mittelbar vom Gericht zu prüfen ist (§ 38 Abs. 2 Satz 1 AktG; s. Rn. 56). Zum Prüfungsumfang des Gerichts gehört dabei die Feststellung, dass zum Zeitpunkt 183

---

[255] Streitig; ebenso *Hüffer/Koch* AktG § 37 Rn. 3a mwN über den Meinungsstand.
[256] *Hüffer/Koch* AktG § 37 Rn. 3.
[257] *Hüffer/Koch* AktG § 37 Rn. 3a mwN.

der Anmeldung[258] keine Unterbilanz (s. Rn. 270, 415) besteht; dies folgt auch aus dem Gebot der endgültigen freien Verfügbarkeit der Mindesteinlagen (§§ 36 Abs. 2 Satz 1, 36a Abs. 1, 37 Abs. 1 AktG; s. Rn. 172 ff.). Eine Unterbilanz im Zeitpunkt der Anmeldung ist jedoch unschädlich, soweit sie auf ordnungsgemäß in der Satzung festgesetztem Gründungsaufwand beruht (§ 26 AktG; s. Rn. 347).[259] Dies ist aber nicht zu verwechseln mit dem Verbot der Bezahlung von Gründungsaufwand vor Anmeldung, für das es nur eine Ausnahme für bei der Gründung angefallene Steuern und Gebühren gibt (§§ 36 Abs. 2 Satz 1, 37 Abs. 1 Satz 5 AktG; s. Rn. 179). Ergibt die gerichtliche Prüfung demnach keine ordnungsgemäße und ausreichende Kapitalaufbringung, so hat das Gericht die Eintragung abzulehnen (§ 38 Abs. 1 Satz 2 AktG; s. Rn. 62), falls nicht dem Mangel aufgrund in der Regel zu erlassender Zwischenverfügung fristgemäß abgeholfen wird (§ 382 Abs. 4 FamFG; s. Rn. 61).

g) Verjährung der Einzahlungspflicht

184 Der Anspruch der Gesellschaft auf Leistung der Einlagen verjährt nach dem Verjährungsanpassungsgesetz[260] in zehn Jahren von seiner Entstehung an (§ 54 Abs. 4 AktG).[261] Mit der Entstehung ist dabei die Fälligkeit des Einlageanspruchs gemeint.[262] Streitig ist die Frage der Verjährung in der Zeit zwischen dem 1.1.2002 und dem 14.12.2004.[263] Nach dem Urteil des BGH vom 11.2.2008[264] zur GmbH ist das einschlägige Übergangsrecht des Art. 229 § 12 Abs. 2 Satz 2 EGBGB so zu verstehen, dass auf die zehnjährige Verjährungsfrist nur die seit dem 1.1.2002 verstrichene Zeit einzurechnen ist. Dies wird man im Ergebnis dahin zu verstehen haben, dass die Zehnjahresfrist für Altansprüche am 1.1.2002 zu laufen begonnen hat und mit dem Ablauf des 31.12.2011 endete, sofern nicht die alte dreißigjährige Verjährungsfrist früher geendet hätte.

4. Sacheinlagen

a) Übersicht

190 Das Gesetz definiert die Sacheinlage als Einlage, die nicht durch Einzahlung des Ausgabebetrages der Aktien zu leisten ist (§ 27 Abs. 1 Satz 1 Alt. 1 AktG), dh alles was nicht Bareinlage ist, gilt als Sacheinlage,[265] vorausgesetzt, es handelt sich um einen einlagefähigen Gegenstand (§ 27 Abs. 2 AktG; s. Rn. 192 ff.). Dabei ist für die Abgrenzung zur Bareinlage zusätzlich § 54 Abs. 3 AktG zu beachten, der für den vor Handelsregisteranmeldung eingeforderten Geldbetrag besondere Zahlungsfor-

---

[258] BGH II ZR 263/91, BGHZ 119, 177 = NJW 1992, 3300; *Hüffer/Koch* AktG § 38 Rn. 9 mwN.
[259] Großkomm. AktG/*Röhricht* § 26 Rn. 37; MünchKomm. AktG/Bd. 1/*Pentz* § 26 Rn. 36.
[260] Art. 11 Nr. 2 des Gesetzes zur Anpassung von Verjährungsvorschriften an das Gesetz zur Modernisierung des Schuldrechts vom 9.12.2004, BGBl. 2004 I 3214.
[261] §§ 194 ff. BGB mit Übergangsvorschrift in Art. 229 § 6 EGBGB jeweils idF des Gesetzes zur Modernisierung des Schuldrechts v. 26.11.2001, BGBl. 2002 I 42.
[262] MünchKomm. AktG/Bd. 1/*Bungeroth* § 54 Rn. 86 mwN
[263] MünchKomm. AktG/Bd. 1/*Bungeroth* § 54 Rn. 81 f. mwN; *Pentz* GmbHR 2002, 225 (228 ff.); *Brinkmann* NZG 2002, 855 (858); *Altmeppen* DB 2002, 514 (516).
[264] BGH II ZR 171/06, NZG 2008, 311 (312 f. Rn. 17 ff.); vgl. auch MünchKomm. AktG/Bd. 1/*Pentz* § 27 Rn. 104.
[265] *Hüffer/Koch* AktG § 27 Rn. 3.

men verlangt (s. Rn. 175 ff.); sollen abweichende Zahlungsformen für diesen Zeitraum vereinbart werden, gelten diese Geldzahlungen als Sacheinlagen (s. Rn. 178).

Für die Einlagefähigkeit von Vermögensgegenständen ist zumeist, aber nicht immer, die Aktivierungsfähigkeit von Bedeutung (s. Rn. 193). Große praktische Bedeutung hat die Sacheinlage von Forderungen (s. Rn. 194 ff.), ebenso von Unternehmen (s. Rn. 199). Jede Sacheinlage bedarf zu ihrer Wirksamkeit der Festsetzung in der Satzung (s. Rn. 200 ff.). Ein Unterfall der Sacheinlage ist die fingierte Sacheinlage (§ 27 Abs. 1 Satz 2 AktG; s. Rn. 230), die im Grenzbereich der Sacheinlage zur Sachübernahme liegt (§ 27 Abs. 1 Satz 1 Alt. 2 AktG; s. Rn. 226 ff.), deren auf die ersten zwei Jahre nach Eintragung der Gesellschaft ausgedehnter Unterfall die Nachgründung (§§ 52 f. AktG; s. Rn. 310 ff.) ist. Zu beachten sind noch **Kombinationsfälle**, nämlich zwischen Bar- und Sacheinlage mit der Mischeinlage (Rn. 232 ff.) und der Trenneinlage (Rn. 236) sowie zwischen Sacheinlage und Sachübernahme, der gemischten Sacheinlage (Rn. 231). Schließlich gilt es die verdeckte Sacheinlage zu vermeiden (Rn. 240 ff.).

b) Einlagefähige Vermögensgegenstände

Sacheinlagen können nur Vermögensgegenstände sein, deren wirtschaftlicher Wert feststellbar ist (§ 27 Abs. 2 Hs. 1 AktG). Der Begriff des Vermögensgegenstandes entstammt dem Bilanzrecht (§§ 240 f., 246 ff., 252 ff. HGB), taugt aber nur bedingt zur Beurteilung, was Vermögensgegenstand iSe Sacheinlage sein kann. Zwar sind grundsätzlich alle aktivierungsfähigen Gegenstände (ausgenommen Rechnungsabgrenzungsposten, § 250 Abs. 1 Satz 3 HGB[266]) auch als Sacheinlage geeignet;[267] hiervon macht aber § 27 Abs. 2 Hs. 2 AktG eine Ausnahme, indem er Verpflichtungen zu Dienstleistungen als Sacheinlage generell ausschließt (s. Rn. 198), obwohl und weil es Fälle der Aktivierungspflicht beim Erwerb von Ansprüchen auf solche Dienstleistungen gibt.

c) Bedeutung der Aktivierungsfähigkeit

Während nicht alle aktivierungsfähigen Vermögensgegenstände auch einlagefähig sind (Ausschluss der Dienstleistungen; § 27 Abs. 2 Hs. 2 AktG; s. Rn. 198), ist umgekehrt str., ob auch nicht aktivierungsfähige Vermögensgegenstände einlagefähig sein können.[268] Allgemein anerkannt ist, dass das Aktivierungsverbot für nicht entgeltlich erworbene immaterielle Vermögensgegenstände (§ 248 Abs. 2 HGB) für Sacheinlagen nicht gilt, auch wenn der Inferent selbst nicht aktivieren durfte.[269] Die wohl hM[270] lässt darüber hinaus nicht aktivierungsfähige Vermögensgegenstände als Sacheinlage unter folgenden Voraussetzungen zu: Der Gegenstand muss einen messbaren Vermögenswert für die Gesellschaft haben und auf diese zur freien Verfügung des Vorstandes seitens des Inferenten übertragbar sein, während es auf die Weiterübertragbarkeit durch die Gesellschaft und die Pfändbarkeit bei dieser nicht ankommt.[271] Hierunter fallen beschränkt dingliche[272] und obligatorische

---

[266] MünchKomm. AktG/Bd. 1/*Pentz* § 27 Rn. 20.
[267] *Hüffer/Koch* AktG § 27 Rn. 21.
[268] Zum Streitstand *Hüffer/Koch* AktG § 27 Rn. 22.
[269] Großkomm. AktG/*Röhricht* § 27 Rn. 24 mwN.
[270] BGH II ZR 22/58 1959, BGHZ 29, 300 = NJW 1959, 934; Großkomm. AktG/*Röhricht* § 27 Rn. 22 ff. mwN, *Hüffer/Koch* AktG § 27 Rn. 22 mwN.
[271] Großkomm. AktG/*Röhricht* § 27 Rn. 28 ff., 31 mwN.
[272] *Hüffer/Koch* AktG § 27 Rn. 24.

Nutzungsrechte, wenn die Besitzübertragung erfolgt, eine feste Vertragszeit vereinbart und die vorzeitige Kündigung durch den Inferenten ausgeschlossen ist.[273] Das Nutzungsrecht kann sich auch auf geschützte und ungeschützte gewerbliche Rechte (Know-how, Kundenstamm, Vertreterorganisation) sowie auf Kapitalnutzung beziehen.[274] Die Voraussetzung eines messbaren Vermögenswertes ist zunächst eine Bewertungsfrage (s. Rn. 212), kann sich aber zu einem grundsätzlichen Einlageverbot für Vermögensgegenstände verdichten, die in ihrer Verfügbarkeit und Bewertung stark gefährdet oder spekulativ sind, weil hier der wirtschaftliche Wert nur sehr schwer feststellbar ist (§ 27 Abs. 2 AktG).[275]

d) Forderungen als Sacheinlagen

194 **aa) Übersicht.** Forderungen sind grundsätzlich als Sacheinlage geeignet, gleichgültig ob sie auf Zahlung von Geld (s. Rn. 195 f.) oder auf Übertragung von sonstigen Vermögensgegenständen (s. Rn. 197 f.) gerichtet sind. Dies gilt auch für Forderungen gegen die Gesellschaft selbst, was im Rahmen der Sacheinlage eines Unternehmens oder eines Erstattungsanspruches auf Gründungskosten (§ 26 AktG; s. Rn. 347) vorkommen kann[276] (Entsprechendes gilt für die Freistellung der Gesellschaft von einer solchen Verbindlichkeit).

195 **bb) Geldforderungen gegen den Gründer selbst.** Ob Geldforderungen gegen den Gründer selbst einlagefähig sind, ist differenziert zu betrachten: Unzulässig ist jedenfalls die Einlage durch Begründung einer unverzinslichen und ungesicherten Geldforderung gegen den Inferenten in Höhe des Ausgabebetrages der Aktien, weil es hier nur zu einem Forderungstausch käme.[277] Abweichendes gilt, wenn die Forderung durch dingliche Rechte (Pfandrecht, Grundpfandrecht, Sicherungsübereignung oÄ) gesichert ist.[278]

196 **cc) Geldforderungen gegen andere Gründer.** Ob diese möglich sind, ist streitig. Nach teilweise vertretener Auffassung sind sie grundsätzlich wie Forderungen gegen Dritte zu behandeln und daher einlagefähig.[279] Nach zutreffender Ansicht ist die Einlagefähigkeit einer gegen einen Mitgründer gerichteten Forderung grundsätzlich zu verneinen, da es den Gründern sonst offenstünde, gegeneinander gerichtete Forderungen als Sacheinlage einzubringen, was auf einen unzulässigen Forderungstausch hinausliefe.[280]

197 **dd) Forderungen auf sonstige Vermögensgegenstände.** Forderungen, die keine Geldzahlung betreffen (nicht dagegen Forderungen auf Dienstleistungen; § 27 Abs. 2 Hs. 2 AktG; s. Rn. 198), können als Ansprüche auf Übertragung von Sachen oder Rechten oder auf Nutzungsrechte an Sachen oder Rechten (s.a. Rn. 193) Sacheinlagen sein. Die Einfügung von § 36a Abs. 2 in das AktG[281] hat insoweit in der Literatur Verwirrung ausgelöst für die Frage, ob wie bei Geldforderungen (s. Rn. 195) eine Verbindlichkeit des Inferenten selbst auf Übertragung einer Sache oder eines Rechtes einlagefähig ist oder ob sich dies im Hinblick auf den Grund-

---

[273] MünchKomm. AktG/Bd. 1/*Pentz* § 27 Rn. 31.
[274] MünchKomm. AktG/Bd. 1/*Pentz* § 27 Rn. 25 mwN.
[275] MünchKomm. AktG/Bd. 1/*Pentz* § 27 Rn. 34.
[276] MünchKomm. AktG/Bd. 1/*Pentz* § 27 Rn. 29.
[277] BGH II ZR 120/07, BGHZ 180, 32 = NJW 2009, 2375 – Quivive; II ZR 173/08, NJW 2010, 1747 – Eurobike.
[278] Großkomm. AktG/*Röhricht* § 27 Rn. 69; MünchKomm. AktG/Bd. 1/*Pentz* § 27 Rn. 26.
[279] Großkomm. AktG/*Röhricht* § 27 Rn. 73.
[280] MünchKomm. AktG/Bd. 1/*Pentz* § 27 Rn. 27; Kölner Komm./*Arnold* § 27 Rn. 61.
[281] Mit Wirkung zum 1.7.1979 durch das Zweite KoordG, BGBl. 1978 I 1959.

B. Gründung der AG nach AktG 198, 199 § 2

satz der realen Kapitalaufbringung nur auf entsprechende Forderungen an Dritte richten kann.[282] Aufgrund des eigentlich klaren Wortlautes von § 36a Abs. 2 Satz 2 AktG und seiner Entstehungsgeschichte nimmt die hM[283] zu Recht und insoweit abweichend von Geldforderungen gegen den Inferenten (s. Rn. 195) die Einlagefähigkeit des obligatorischen Anspruches auf dingliche Übertragung auch seitens eines Gründers an. Der Vollzug des dinglichen Übertragungsgeschäftes muss dann von Gesetzes wegen innerhalb von fünf Jahren erfolgen (§ 36a Abs. 2 Satz 2 AktG), was nicht ausdrücklich in der Satzungsfestsetzung der Sacheinlage (§ 27 Abs. 1 AktG; s. Rn. 201) geregelt werden muss und in der Durchführung auch nicht mehr der Kontrolle des Registergerichtes unterliegt.[284]

ee) **Forderungen auf Dienstleistungen.** Diese sind nicht einlagefähig (§ 27 **198** Abs. 2 Hs. 2 AktG). Dies gilt unstreitig für Dienstleistungen des Gründers und wird allgemein wegen des nicht abschätzbaren Risikos auch für Dienstleistungsverpflichtungen Dritter angenommen.[285] Die Verpflichtung zur Erstellung eines Werks ist ebenfalls kein tauglicher Sacheinlagegegenstand, wenn sich der Anspruch gegen den Inferenten richtet. Ansonsten ist danach zu unterscheiden, ob es sich um eine vertretbare oder unvertretbare Sache handelt; Letztere ist wegen des damit verbundenen Risikos nicht sacheinlagefähig.[286]

e) **Unternehmen als Sacheinlage**

Sacheinlagen können nicht nur als einzelne Vermögensgegenstände eingebracht **199** werden, sondern auch als Sachgesamtheiten, zB durch Einbringung eines Unternehmens oder Unternehmensteils (§§ 31 Abs. 1, 32 Abs. 2 Nr. 3 AktG). Dies kann entweder unmittelbar durch Übertragung sämtlicher aktiven und passiven Vermögensgegenstände sowie der Vertragsverhältnisse geschehen oder mittelbar durch Abtretung von allen oder maßgeblichen Anteilen einer das Unternehmen betreibenden Gesellschaft. In beiden Fällen handelt es sich um Einräumung von **Einzelrechtsnachfolge** an den Einzelteilen des Unternehmens oder an den Anteilen der Unternehmensgesellschaft, die im Gegensatz zu der **Gesamtrechtsnachfolge** steht, wie sie das UmwG verschafft (s. Rn. 430 ff.). Für die Sacheinlage eines Unternehmens durch Einzelrechtsnachfolge sind besondere Anforderungen an die Bestimmtheit der Festsetzungen in der Satzung (§ 27 Abs. 1 Satz 1 AktG; s. Rn. 201) und im Sacheinlagevertrag (§ 27 Abs. 3 Satz 1 AktG; s. Rn. 207 f.) gestellt, insbesondere für den dinglichen Vollzug der Einzelrechtsübertragungen (s. Rn. auch 118). Im Gegensatz dazu erfolgt der Übergang der einzelnen Vermögensgegenstände bei der Gesamtrechtsnachfolge nach UmwG automatisch (§ 20 Abs. 1 Nr. 1 UmwG). Einen **Mittelweg** zwischen Einzel- und Gesamtrechtsnachfolge an einem Unternehmen stellt die Sacheinlage sämtlicher Anteile einer Personengesellschaft dar, durch welche die Personengesellschaft mangels eines weiteren Gesellschafters erlischt, wodurch das Unternehmen auf die Gesellschaft in Gesamtrechtsnachfolge anwächst (sog. Anwachsung; s. Rn. 468). Besonderheiten bestehen auch für die

---

[282] S. *Eekkenga* ZHR 1997, 599 (618 ff.); vgl. Kölner Komm./*Arnold* § 36 Rn. 62.
[283] Großkomm. AktG/*Röhricht* § 36a Rn. 3 ff., 10; MünchKomm. AktG/Bd. 1/*Pentz* § 36a Rn. 10 ff., 18 f.
[284] *Hüffer/Koch* AktG § 36a Rn. 4.
[285] BGH II ZR 120/07, BGHZ 180, 38 = NJW 2009, 2375; Kölner Komm/*Arnold* § 27 Rn. 66; MünchKomm. AktG/Bd. 1/*Pentz* § 27 Rn. 26, 33; *Hüffer/Koch* AktG § 27 Rn. 29 mwN.
[286] MünchKomm. AktG/Bd. 1/*Pentz* § 27 Rn. 35.

Bewertung eines Unternehmens als Sacheinlage (s. Rn. 212) sowie für die Unterbilanzhaftung aller Gründer, die bei Sacheinlage eines Unternehmens ausgeschlossen ist (s. Rn. 270) und von der Differenzhaftung des einlegenden Gründers ersetzt wird (s. Rn. 225).

f) Festsetzung der Sacheinlage in der Satzung

200 **aa) Übersicht.** Wirksamkeitsvoraussetzung einer Sacheinlage ist deren Festsetzung in der Satzung durch Bezeichnung des Gegenstandes der Sacheinlage, der Person, von der die Gesellschaft den Gegenstand erwirbt, und des Nennbetrages, bei Stückaktien der Zahl der dafür zu gewährenden Aktien (§ 27 Abs. 1 Satz 1 AktG). Das Gesetz fordert keine Wertfestsetzung für die Sacheinlage; hierfür ergibt sich nur mittelbar ein Mindestwert aus der Satzungsfestsetzung über die für die Sacheinlage zu gewährenden Aktien iVm dem in der Gründungsurkunde, aber nicht zwingend in der Satzung festzulegenden Ausgabebetrag (§ 23 Abs. 2 Nr. 2 AktG; s. Rn. 13, 162). Im Hinblick auf die schwerwiegenden Folgen einer fehlenden oder fehlerhaften Festsetzung (s. Rn. 203 f.) empfiehlt sich größtmögliche Bestimmtheit der Angaben, jedenfalls für die Bezeichnung der einbringenden Person (die nicht mit dem Gründer identisch sein muss, vielmehr auch für dessen Rechnung leisten kann) und der zu gewährenden Aktien.

201 **bb) Festsetzung des Gegenstandes.** Hierfür genügt im Gegensatz zur Festsetzung des Inferenten und der zu gewährenden Aktien (s. Rn. 200) die Bestimmbarkeit, was insbesondere für die Einbringung eines Unternehmens Erleichterung für die Formulierung schafft, wo die genaue Kennzeichnung des Unternehmens und der Hinweis „mit allen Aktiva und Passiva" ausreicht.[287] Die **Änderung** einer rechtswirksamen Festsetzung ist bis zur Eintragung nur im Einvernehmen aller Gründer möglich; danach nicht vor fünf Jahren (§ 27 Abs. 5 Alt. 1 iVm § 26 Abs. 4 AktG), was aber dann nur noch für den Wechsel von der Sacheinlage zur Geldeinlage zulässig ist und nicht umgekehrt.[288] Eine Beseitigung der Festsetzung ist auch nach vollständiger Erfüllung der Sacheinlage erst 30 Jahre nach Eintragung zulässig (§ 27 Abs. 5 Alt. 2 iVm § 26 Abs. 5 AktG). Die Festsetzung des Einlagegegenstandes in der Satzung ist zu unterscheiden vom Sacheinlagevertrag (s. Rn. 207 f.).

202 **cc) Regelung der Differenzhaftung.** Empfehlenswert ist eine Satzungsfestsetzung der Differenzhaftung des Gründers für den Fall, dass die von ihm zu leistende Sacheinlage aufgrund der Gründungsprüfung nicht den festgesetzten Ausgabebetrag der dafür zu gewährenden Aktien erreicht,[289] s. Rn. 23 ff.

203 **dd) Folgen fehlender Satzungsfestsetzung.** Ohne ordnungsgemäße Satzungsfestsetzung (§ 27 Abs. 1 Satz 1 AktG; s. Rn. 200 f.) sind Verträge über Sacheinlagen und die Rechtshandlungen zu ihrer Ausführung der Gesellschaft gegenüber unwirksam (§ 27 Abs. 3 Satz 1 AktG). Bei den weiteren Folgen dieser Unwirksamkeit ist zu unterscheiden für die Zeit vor der Eintragung der Gesellschaft und danach. Erfährt das Gericht von dem Mangel, darf es nicht eintragen (§ 38 Abs. 1 Satz 2 AktG), solange nicht der Mangel aufgrund zu erlassender Zwischenverfügung

---

[287] MünchKomm. AktG/Bd. 1/*Pentz* § 27 Rn. 70; MHdB GesR IV/*Hoffmann-Becking* § 4 Rn. 6.
[288] MünchKomm. AktG/Bd. 1/*Pentz* § 27 Rn. 130 mwN.
[289] Zur allgemeinen Differenzhaftung des Gründers bei Feststellung der Überbewertung erst nach Eintragung der Gesellschaft: § 9 GmbHG analog, s. Rn. 225; zur Feststellung der Überbewertung durch das Registergericht vor Eintragung § 38 Abs. 2 Satz 2 AktG, s. Rn. 223 f.

B. Gründung der AG nach AktG 204–207 § 2

(§ 382 Abs. 4 FamFG; s. Rn. 61) behoben wird. Streitig ist, ob auch der Gründungsakt im Verhältnis der Gründer bis zur Eintragung unwirksam ist[290] oder ob nur ein Kündigungsrecht für die Vorgesellschaft in Frage steht (§ 723 BGB).[291] Vorzugswürdig erscheint Letzteres.

ee) Eintragung trotz fehlender Satzungsfestsetzung. In diesem Fall bleibt 204 die Wirksamkeit der Satzung (und damit der Gründung) unberührt (§ 27 Abs. 3 Satz 2 AktG); der davon betroffene Gründer ist nunmehr zur Geldeinzahlung des Ausgabebetrages der hierfür gewährten Aktien verpflichtet (§ 27 Abs. 3 Satz 3 AktG). Der Zahlungsanspruch der Gesellschaft verjährt in zehn Jahren (§ 54 Abs. 4 AktG, s. Rn. 184, 291). Eine bereits geleistete Sacheinlage kann zurückverlangt werden (§§ 985, 812 ff. BGB), jedoch erst nach erfolgter Geldeinzahlung; ein Zurückbehaltungsrecht (§ 273 BGB) kann also nur die Gesellschaft bis zur Geldeinzahlung, nicht jedoch der Gründer ausüben.[292]

ff) Heilung fehlender Satzungsfestsetzung. Vor der Eintragung der Gesell- 205 schaft ist eine Heilung der verdeckten Sacheinlage im Wege einer Satzungsänderung der Vorgesellschaft dergestalt möglich, dass die verlautbarte Sacheinlagepflicht durch eine Bareinlagepflicht ersetzt wird.[293] Nach Eintragung der Gesellschaft in das Handelsregister ist aufgrund der Neufassung des § 27 Abs. 4 AktG durch Art. 1 Nr. 1 ARUG eine Heilung nach den für die zunächst für die GmbH entwickelten Grundsätzen möglich.[294] Vor Anrechnung gem. § 27 Abs. 3 Satz 3 AktG kann als Sacheinlage der auf die Rückzahlung der Bareinlage gerichtete Bereicherungsanspruch eingebracht werden. Nach der Anrechnung ist eine „Heilung" nur noch auf die Feststellung der Eintragung des verdeckt eingelegten Vermögensgegenstands und des Erlöschens des Einlageanspruchs durch die bereits erfolgte Anrechnung gerichtet.[295] Bewertungsstichtag ist der Zeitpunkt der vorgeblichen Bargründung.[296]

g) Zeitpunkt der Einlage

Während bei Bareinlagen nur ein Mindestbetrag vor Anmeldung zum Handels- 206 register geleistet sein muss (§§ 36 Abs. 2 iVm 36a Abs. 1 AktG; s. Rn. 172), ist bei Sacheinlagen vor Anmeldung vollständige Leistung gefordert (§ 36a Abs. 2 Satz 1 AktG). Ist die Sacheinlage ohne sofortigen dinglichen Vollzug zulässig (s. Rn. 197), muss das Verpflichtungsgeschäft vor Anmeldung wirksam werden; § 36a Abs. 2 Satz 2 AktG schafft insoweit keine Ausnahme von Satz 1 dieser Vorschrift, sondern regelt nur die Höchstdauer von fünf Jahren für den dinglichen Vollzug der als Sacheinlage geltenden Verpflichtung (s. Rn. 197). Die Verjährungsfrist für die Sacheinlagepflicht beträgt zehn Jahre (§ 54 Abs. 4 AktG; s. Rn. 184, 204, 291).

h) Sacheinlagevertrag

aa) Begriff. Von der Festsetzung der Sacheinlage in der Satzung (§ 27 Abs. 1 207 Satz 1 AktG; s. Rn. 200 ff.) zu unterscheiden sind Verträge, die den Festsetzungen

---

[290] So Großkomm. AktG/*Röhricht* § 27 Rn. 145.
[291] So MünchKomm. AktG/Bd. 1/*Pentz* § 27 Rn. 48 mwN unter Hinweis auf die hM zur GmbH.
[292] MünchKomm. AktG/Bd. 1/*Pentz* § 27 Rn. 76 mwN.
[293] MünchKomm. AktG/Bd. 1/*Pentz* § 27 Rn. 161.
[294] BGH II ZB 8/95, BGHZ 132, 141 (150 ff.) = NJW 1996, 1473.
[295] MünchKomm. AktG/Bd. 1/*Pentz* § 27 Rn. 164.
[296] *Hüffer/Koch* AktG § 27 Rn. 46; Kölner Komm./*Arnold* § 27 Rn. 125; MünchKomm. AktG/Bd. 1/*Pentz* § 27 Rn. 164.

zugrunde liegen oder zu ihrer Ausführung geschlossen werden (§§ 27 Abs. 3 Satz 1, 37 Abs. 4 Nr. 2 AktG). Die Rechtsnatur solcher Sacheinlageverträge ist str., aber für die Praxis nicht sehr bedeutsam.[297] Bei den der Festsetzung zugrunde liegenden Verträgen handelt es sich um vor der Satzungsfestsetzung oder zeitgleich mit ihr abgeschlossene Vereinbarungen, die Bezug zur Festsetzung haben. Dies können Vorverträge oder Ergänzungen und Erläuterungen der in sich selbst ausreichenden Festsetzung der Sacheinlageverpflichtung in der Satzung sein, nicht aber Ersatzregelungen für in der Festsetzung fehlende Bestimmungen; auch vorher oder zeitgleich geschlossene Vollzugsvereinbarungen betr. die Festsetzung fallen hierunter.

208 **bb) Inhalt.** Gegenstand des Sacheinlagevertrages können insbesondere sein: Fälligkeit des Vollzuges der Einlageverpflichtung (§ 36a Abs. 2 Satz 2 AktG; s. Rn. 206), Übergang von Gefahr, Nutzungen und Lasten, Sach- und Rechtsmängel, Bilanzierung nach Handels- und Steuerrecht. In aller Regel dient der Vertrag zur **Ausführung der Sacheinlage**, also zu ihrem dinglichen Vollzug. Er unterliegt einem für den Gegenstand geltenden Formzwang, also zB für Grundstücke der notariellen Beurkundung (s. Rn. 118); aus Kostengründen kann sich die Beurkundung gemeinsam mit der Satzungsfeststellung empfehlen (s. Rn. 118, 121). Sacheinlageverträge sind als Anlage zur Handelsregisteranmeldung dem Gericht einzureichen (§ 37 Abs. 4 Nr. 2 AktG; s. Rn. 49).

i) Bewertung der Sacheinlage

209 **aa) Bedeutung.** Der Wert der Sacheinlage muss dem Ausgabebetrag (§§ 9, 23 Abs. 2 Nr. 2 AktG; s. Rn. 162 f.) der laut ihrer Satzungsfestsetzung dafür zu gewährenden Aktien (§ 27 Abs. 1 Satz 1 AktG; s. Rn. 200) entsprechen (§ 36a Abs. 2 Satz 3 AktG). Der Gesamtnennbetrag oder die Stückzahl der auf die Sacheinlage entfallenden Aktien muss sich demnach aus der Satzung ergeben, der daraus resultierende Gesamtausgabebetrag aus der mit der Satzung verbundenen Übernahmeerklärung. Der notwendige **Wert der Sacheinlage** muss mithin nicht ausdrücklich anlässlich der Festsetzung der Sacheinlage festgesetzt werden, weil er sich von selbst errechnet. Soweit § 36a Abs. 2 Satz 3 AktG den geringsten Ausgabebetrag (§ 9 Abs. 1 AktG) als Mindestwert und den Mehrbetrag aufgrund eines höheren Ausgabebetrages (§ 9 Abs. 2 AktG) als maßgeblich für die Bewertung feststellt, handelt es sich nur um eine Klarstellung der umfassenden Gültigkeit von § 9 AktG auch für den Wert der Sacheinlage.[298] Gleichwohl löst der erst nach Inkrafttreten des AktG eingefügte § 36a Abs. 2 Satz 3 AktG[299] über diese Klarstellung hinaus sehr erhebliche Fragen über die Bedeutung des **höheren Ausgabebetrages** für die Gründungsprüfung und Eintragungsfähigkeit (s. Rn. 210 f.) und auch haftungs- und strafrechtliche Wirkungen (§§ 37 Abs. 1, 46 ff., 399 Abs. 1 Nr. 1 und 2 AktG; s. Rn. 266 f., 280 ff., 286, 293) aus. Dies ist bisher in der Literatur nur teilweise angemessen beleuchtet worden und wird dementsprechend wenig in der Praxis beachtet. In der Praxis besteht aber bei der Gründung regelmäßig auch kein Anlass zur Festsetzung eines höheren Ausgabebetrages.

210 **bb) Wertangaben in der Handelsregisteranmeldung.** In der Anmeldung haben sämtliche Gründer und Vorstands- sowie Aufsichtsratsmitglieder (§ 36 Abs. 1 AktG) auch die Beachtung von § 36a AktG zu erklären (§ 37 Abs. 1 AktG), also auch dass der Wert der Sacheinlage einem festgesetzten höheren Ausgabebetrag

---

[297] *Hüffer/Koch* AktG § 27 Rn. 4 mwN.
[298] MünchKomm. AktG/Bd. 1/*Pentz* § 36a Rn. 27.
[299] Mit Wirkung zum 1.7.1979 durch das Zweite KoordG, BGBl. 1978 I 1959.

entspricht. Andererseits erstreckt sich nach dem **Gesetzeswortlaut** die Prüfung der Werthaltigkeit durch Gründungsprüfer (§ 34 Abs. 1 Nr. 2 AktG; s. Rn. 24) und Gericht (§ 38 Abs. 2 Satz 2 AktG; s. Rn. 55) nur auf die Deckung des geringsten Ausgabebetrages. Zu Recht wird deshalb ein Redaktionsversehen des Gesetzgebers bei Schaffung des § 36a AktG angenommen, indem er die Notwendigkeit einer gleichlautenden Anpassung der Prüfungspflicht auch auf den höheren Ausgabebetrag übersehen hat.[300]

cc) **Bedeutung des Ausgabebetrags.** Unklar sind die Folgen des zuvor behandelten Redaktionsversehens des Gesetzgebers (s. Rn. 210): Ändert sich nichts daran, dass sich die Prüfung durch Gründungsprüfer und Gericht entsprechend dem trotz § 36a Abs. 2 Satz 3 AktG fortbestehenden Wortlaut des Gesetzes in §§ 34 Abs. 1 Nr. 2, 38 Abs. 2 Satz 2 AktG in erster Linie nur auf den geringsten Ausgabebetrag bezieht mit der Folge, dass nur bei sich aufdrängender Wertdifferenz zum höheren Ausgabebetrag ein Eintragungshindernis besteht,[301] oder muss zwingend bereits die Prüfung auf den höheren Ausgabebetrag ausgerichtet sein? Für Letzteres spricht die europarechtliche Vorgabe (Art. 27 Abs. 2 Satz 3 iVm Art. 10 Abs. 2 der Zweiten (Kapital-)Richtlinie 77/91 EWG[302]). Im Übrigen stellt sich bei prüfungspflichtigen Gesellschaften (§ 316 Abs. 1 HGB; s. Rn. 16, 149) die Bewertungsfrage gewiss bei der Prüfung des ersten Jahresabschlusses (zur Frage des Interessenkonflikts nach § 319 Abs. 2 Nr. 5 HGB bei Identität von Gründungsprüfer und Abschlussprüfer Rn. 133). Angesichts dieser offenen Frage und der ohne Zweifel bestehenden haftungs- und strafrechtlichen Konsequenzen einer die höhere Ausgabe betreffenden falschen Angabe in der Handelsregisteranmeldung (§§ 37 Abs. 1, 46 ff., 399 Abs. 1 Nr. 1 und 2 AktG; s. Rn. 266 f., 280 ff., 286, 293; zur Erstreckung der Differenzhaftung auch auf das Agio Rn. 225 und § 4 Rn. 18) ist im Interesse der Gründungsbeteiligten dringend zu raten, ggf. auch den **Prüfungsauftrag** auf die Deckung des höheren Ausgabebetrages zu erstrecken. Da der Prüfungsauftrag vom Gericht erteilt wird (§ 33 Abs. 3 AktG; s. Rn. 26), sollte das Gericht ersucht werden, den Auftrag ausdrücklich entsprechend zu formulieren. Unterlässt dies das Gericht, empfiehlt sich ein unmittelbarer Ergänzungsauftrag seitens des Vorstands an den Gründungsprüfer.

dd) **Bewertungsmethoden.** Im Gründungsprüfungsbericht ist der Gegenstand jeder Sacheinlage zu beschreiben sowie anzugeben, welche Bewertungsmethoden bei der Ermittlung des Wertes angewandt worden sind (§ 34 Abs. 2 Satz 2 AktG; s. Rn. 24). Der maßgebliche Wert bestimmt sich nach der bilanzrechtlichen Einordnung bei der Gesellschaft: **Anlagevermögen** ist mit dem Wiederbeschaffungswert, **Umlaufvermögen** mit dem Einzelveräußerungswert zu bemessen.[303] In erster Linie sind dafür die Marktpreise maßgebend; fehlen solche, muss nach betriebswirtschaftlichen Bewertungsmethoden ermittelt werden. So ist ein Unternehmen als Sacheinlage (s. Rn. 199), wenn sich nicht ausnahmsweise ein Marktpreis durch einen Bieterwettbewerb ergibt, nach einem der anerkannten Ertragswertverfahren

---

[300] Großkomm. AktG/*Röhricht* § 27 Rn. 100; Großkomm. AktG/*Wiedemann* § 183 Rn. 82, 85.

[301] *Herchen* Agio S. 128 ff., 134; Großkomm. AktG/*Hirte* § 205 Rn. 16; s. auch MHdB GesR IV/*Scholz* § 57 Rn. 46 mwN.

[302] ABl. EG Nr. L 26 v. 31.1.1977, S. 1, 24; abgedr. auch bei Großkomm. AktG/*Wiedemann* § 183 Rn. 5, der die Prüfungspflicht auch betreffend das Aufgeld ua hieraus herleitet (§ 183 Rn. 82, 85); im Ergebnis ebenso (Eintragungshindernis) Großkomm. AktG/*Röhricht* § 27 Rn. 100; MünchKomm. AktG/Bd. 1/*Pentz* § 34 Rn. 12; *Hüffer/Koch* AktG § 183 Rn. 16.

[303] MünchKomm. AktG/Bd. 1/*Pentz* § 27 Rn. 37 mwN.

zu bewerten.³⁰⁴ Die str. Frage, ob eine Unterbewertung der Sacheinlage in der Eröffnungsbilanz (s. Rn. 412) zulässig ist,³⁰⁵ wird zu Recht in der Weise beantwortet, dass eine solche jedenfalls dann nicht gestattet ist, wenn es sich um eine willkürliche, durch das Vorsichtsprinzip nicht mehr gedeckte Unterbewertung handelt (s. aber auch § 24 UmwG; s. Rn. 459).

j) Folgen einer Überbewertung

224 **aa) Zeitpunkt der Feststellung.** Es ist zu unterscheiden, wann und zu welchem Stichtag die Überbewertung festgestellt wird. Bei Feststellung vor Handelsregisteranmeldung muss diese unterbleiben, da die Werthaltigkeit in der Anmeldung zu versichern ist (§ 37 Abs. 1 Satz 1 iVm § 36a Abs. 2 Satz 3 AktG); wird gleichwohl angemeldet, machen sich die Anmeldenden (§ 36 Abs. 1 AktG; s. Rn. 36) strafbar (§ 399 Abs. 1 Nr. 1 AktG; s. Rn. 293) und haften der Gesellschaft als Gesamtschuldner (§§ 46, 48 AktG; s. Rn. 266 f., 280 ff., 286). Die Errichtung der Gesellschaft (§ 29 AktG, s. Rn. 10 f.) ist unwirksam;³⁰⁶ anderes im Sinne einer Barausgleichverpflichtung des Inferenten wird bei von den Gründern zugelassener Geschäftstätigkeit der Vorgesellschaft angenommen³⁰⁷ sowie im Sinne einer Heilung der Unwirksamkeit bei freiwilliger Barausgleichzahlung im Einvernehmen mit allen Personen, die zur Handelsregisteranmeldung nötig sind (§ 36 Abs. 1 AktG, s. Rn. 36) und dies durch Erklärung der ordnungsgemäßen Bareinzahlung der Wertdifferenz in der Anmeldung zum Ausdruck bringen.³⁰⁸

226 **bb) Prüfung durch Gericht.** Wird angemeldet und stellt das Gericht die Überbewertung fest, erhebt sich zunächst die Frage, auf welchen Zeitpunkt das Gericht seine Prüfung (§ 38 Abs. 2 Satz 2 AktG) zu beziehen hat; hier wird teilweise auf die Anmeldung abgestellt (§ 9 Abs. 1 GmbHG analog),³⁰⁹ teilweise wird – zutreffend – eine Bewertungsprognose des Gerichtes für den Tag der Eintragung verlangt.³¹⁰ Die Folge einer vom Gericht festgestellten Überbewertung ist die Ankündigung des Gerichtes durch **Zwischenverfügung** (§ 382 Abs. 4 FamFG, s. Rn. 61), die Eintragung abzulehnen, falls dem Errichtungsmangel nicht abgeholfen wird (§ 38 Abs. 1 Satz 2 AktG). Die Abhilfe kann durch Änderung der Festsetzung in der Errichtungsurkunde (§ 23 AktG; Rn. 10 f.) oder durch Zuzahlung der Überbewertungsdifferenz seitens des Inferenten im Einvernehmen mit den übrigen Gründungsbeteiligten geschehen (s. Rn. 222).

---

³⁰⁴ Großkomm. AktG/*Röhricht* § 22 Rn. 92.

³⁰⁵ Kölner Komm./*Arnold* § 27 Rn. 68; *Hüffer/Koch* AktG § 27 Rn. 20; MünchKomm. AktG/Bd. 1/*Pentz* § 27 Rn. 39; teilweise wird aber eine Unterbewertung aufgrund eines insoweit bestehenden Bewertungswahlrechtes zugelassen; so MHdB GesR IV/*Hoffmann-Becking* § 4 Rn. 9 mwN; Spindler/Stilz/*Heidinger/Benz* AktG § 27 Rn. 43; Kölner Komm./*Claussen* HGB § 255 Rn. 33.

³⁰⁶ Ganz hM; *Hüffer/Koch* AktG § 9 Rn. 5; Großkomm. AktG/*Röhricht* § 27 Rn. 99 mwN; Großkomm. AktG/*Brändel* § 9 Rn. 20; aA MünchKomm. AktG/Bd. 1/*Pentz* § 27 Rn. 41 f., der bei Mehrpersonengründung eine wirksame Vorgesellschaft mit Differenzhaftung des Inferenten annimmt, aber allgemein bei Festsetzungsmängeln für Sacheinlagen ein Kündigungsrecht der Gründer nach § 723 BGB annimmt (MünchKomm. AktG/Bd. 1/*Pentz* § 27 Rn. 48); Kölner Komm./*Arnold* § 27 Rn. 73.

³⁰⁷ *Hüffer/Koch* AktG § 9 Rn. 5; Großkomm. AktG/*Röhricht* § 27 Rn. 99 mwN.

³⁰⁸ Großkomm. AktG/*Röhricht* § 27 Rn. 99; *Hüffer/Koch* AktG § 27 Rn. 28.

³⁰⁹ Großkomm. AktG/*Röhricht* § 38 Rn. 13 mwN.

³¹⁰ MünchKomm. AktG/Bd. 1/*Pentz* § 38 Rn. 23 ff., 25 mwN; *Hüffer/Koch* § 38 Rn. 12; BGH II ZR 54/80, BGHZ 80, 129 (136 f.) = NJW 1981, 1373.

B. Gründung der AG nach AktG   224–227   § 2

cc) **Maßgeblicher Ausgabebetrag.** Es ist fraglich, ob für das Gericht bei der   224
Bewertung nur der geringste Ausgabebetrag maßgeblich ist (so § 38 Abs. 2 Satz 2
AktG) oder ob insoweit ein Normkonflikt seit Einführung von § 36a Abs. 2 Satz 3
AktG (höherer Ausgabebetrag maßgeblich) besteht (s. Rn. 209 ff.). Unbestimmt ist
der Begriff „nicht unwesentlich", den § 38 Abs. 2 Satz 2 AktG[311] als Voraussetzung
für das Ausmaß der Überbewertung mit der Folge der Unzulässigkeit der Eintragung benutzt: Eine Bestimmbarkeit iSe zulässigen Abweichungsprozentsatzes
ist hiermit nicht gemeint. Vielmehr ergibt sich ein **Beurteilungsspielraum**, der
seinen Umfang aus dem betriebswirtschaftlichen Schwierigkeitsgrad einer exakten
Bewertung von Fall zu Fall herleitet;[312] das Korrektiv bei zu hohen Bewertungs-
schwankungen von Tag zu Tag besteht in der Untauglichkeit solcher kaum mess-
barer Vermögensgegenstände als Sacheinlage (s. Rn. 193).

dd) **Differenzhaftung.** Wird die Überbewertung erst nach Eintragung fest-   225
gestellt (zumeist erst durch den Insolvenzverwalter), tritt die Differenzhaftung
des Inferenten ein für den Unterschiedsbetrag zwischen dem tatsächlichen Wert
der Sacheinlage am Stichtag der Anmeldung zum Handelsregister und dem in der
Satzung festgesetzten Wert; die Verjährung beträgt fünf Jahre ab Eintragung (§ 9
GmbHG analog).[313] Von der Differenzhaftung umfasst wird auch das Agio bei
einem höheren Ausgabebetrag, jedenfalls seit Geltung von § 36a Abs. 2 Satz 3 AktG
(s. Rn. 209 ff. und § 4 Rn. 18 mwN). Die Differenzhaftung des die Sacheinlage
leistenden Gründers darf nicht verwechselt werden mit der **Unterbilanzhaftung** aller Gründer bei Geschäftstätigkeit der Gesellschaft vor der Eintragung (die
gelegentlich irreführend ebenfalls so oder auch Vorbelastungshaftung genannt
wird; s. Rn. 269 ff.); besonders ist auf diese Abgrenzung bei der Sacheinlage durch
Einbringung eines Unternehmens (§ 31 AktG; s. Rn. 199) zu achten, wo die Unterbilanzhaftung durch die Differenzhaftung für die Überbewertung des Unternehmens verdrängt wird (s. Rn. 270, 414 ff.).

5. Sachübernahme

a) Begriff

Der Übernahme von Aktien durch die Gründer gegen Sacheinlagen (s. Rn. 190 ff.)   226
sind in Voraussetzungen und Verfahren gleichgestellt die Sachübernahmen, die nach
§ 27 Abs. 1 Satz 1 AktG bei Übernahme von vorhandenen oder herzustellenden Anlagen oder anderen Vermögensgegenständen durch die Gesellschaft aus Anlass der
Gründung gegen Gewährung einer Vergütung vorliegen. Als Voraussetzung für die
Zulässigkeit von Sachübernahmen ordnet diese Gesetzesregelung zugleich parallel
zu den Sacheinlagen an (s. Rn. 200 ff.), dass in der Satzung festgesetzt werden müssen: Der Gegenstand der Sachübernahme, die Person, von der die Gesellschaft den
Gegenstand erwirbt, und die bei der Sachübernahme zu gewährende Vergütung.

b) Gewährung einer Vergütung

In der Leistung einer Vergütung als Gegenleistung liegt der entscheidende Unter-   227
schied zur Sacheinlage, bei der den Gründern stattdessen Aktien gewährt werden.
Hieraus folgt, dass der für Sachübernahmen in Frage kommende Personenkreis

---
[311] Entsprechend § 183 Abs. 3 Satz 2 AktG für Kapitalerhöhungen gegen Sacheinlagen.
[312] *Hüffer/Koch* AktG § 38 Rn. 9 mwN.
[313] BGH II ZR 277/99, BGHZ 118, 83 (100) = NJW 1992, 2222; MünchKomm. AktG/
Bd. 1/*Pentz* § 27 Rn. 44 mwN.

nicht auf die Gründer beschränkt ist, die neben Sacheinlagen gegen Aktien auch zusätzlich Sachübernahmen gegen Vergütung vereinbaren können, sondern ebenso für Dritte gilt, die nicht zu den Gründern zählen.[314] Der Zwang zur Satzungsfestsetzung der Sachübernahme und die praktische Durchführbarkeit deren Wertprüfung durch die Gründungsprüfer (§§ 3 Abs. 2 Nr. 4, 34 Abs. 1 Nr. 2 AktG; s. Rn. 25 ff.) setzt gedanklich voraus, dass im Zeitpunkt der Feststellung der Satzung (§ 23 AktG) allen Gründern und in der Regel auch den Personen, von denen der Gegenstand übernommen werden soll, eine gewisse Wahrscheinlichkeit der Durchführung der Sachübernahme bewusst sein muss,[315] die begrifflich zwischen bloßen Planvorstellungen und rechtsverbindlichen Vereinbarungen anzusiedeln ist;[316] die Rechtsverbindlichkeit als Voraussetzung scheitert schon an deren Unwirksamkeit bis zur Satzungsfestsetzung (§ 27 Abs. 3 Satz 1 AktG). Es liegt auf der Hand, in der Praxis diese Wahrscheinlichkeitsschwelle für Sachübernahmen von Gründern niedriger anzusetzen als bei Sachübernahmen von Dritten.

c) Abgrenzung der Sachübernahmen

228 Sachübernahmen sind zu unterscheiden von der fingierten Sacheinlage (s. Rn. 230), von der gemischten Sacheinlage (s. Rn. 231), von der Nachgründung (s. Rn. 310 ff.) und von Vorstandsgeschäften mit Dritten. Von Letzteren spricht man in diesem Zusammenhang bei Geschäften der Vorgesellschaft (s. Rn. 251 ff.) mit Dritten, die einerseits allgemein im Rahmen einer von den Gründern gebilligten Geschäftsaufnahme liegen, jedoch andererseits nicht bereits konkret zum Zeitpunkt der Satzungsfeststellung von den Gründern vorbestimmt sind; solche Vorstandsgeschäfte mit Dritten sind nicht als Sachübernahme anzusehen.[317] Schließlich bestehen Berührungspunkte der Sachübernahme zur verdeckten Sacheinlage (s. Rn. 240 ff.).

d) Gesetzliche Regeln

229 Für die Sachübernahme gelten zumeist unmittelbar die gesetzlichen Regeln wie für Sacheinlagen, soweit sich aus dem Unterschied der Gegenleistung der Gesellschaft durch Gewährung von Aktien bei der Sacheinlage nichts anderes ergibt. Dies gilt insbesondere für die Zulässigkeit von Vermögensgegenständen als Sacheinlage bzw. Sachübernahme (§ 27 Abs. 2 AktG; s. Rn. 192 ff.); die Nennung von „vorhandenen und herzustellenden Anlagen" als Sachübernahme (§ 27 Abs. 1 Satz 1 AktG) ist nur beispielhaft.[318] Gesetzliche Fälligkeitsregeln gibt es für die Sachübernahme anders als für die Sacheinlage (§ 36a Abs. 1 Satz 1 AktG) nicht. Unterbleibt die gebotene **Festsetzung** einer Sachübernahme in der Satzung oder ist die Festsetzung unzureichend und ist die Sachübernahme mit einem Gründer beabsichtigt, greifen die Regelungen des § 27 Abs. 3 AktG zumindest entsprechend (s. s. Rn. 203).[319]

---

[314] MünchKomm. AktG/Bd. 1/*Pentz* § 27 Rn. 61; *Hüffer/Koch* AktG § 27 Rn. 5.
[315] RGH II 126/40, RGZ 167, 99 (108).
[316] In der Literatur wird aufgrund der Gesetzesbegründung zu § 209b ADHGB auf eine „verbindlich gemachte" Abrede mit dem Dritten abgestellt: MünchKomm. AktG/Bd. 1/*Pentz* § 27 Rn. 62 mwN.
[317] *Hüffer/Koch* AktG § 27 Rn. 5a; MünchKomm. AktG/Bd. 1/*Pentz* § 27 Rn. 61a.
[318] MünchKomm. AktG/Bd. 1/*Pentz* § 27 Rn. 61.
[319] *Hüffer/Koch* AktG § 27 Rn. 12a; Kölner Komm./*Arnold* § 27 Rn. 128; MünchKomm. AktG/Bd. 1/*Pentz* § 27 Rn. 88.

Handelt es sich um eine Sachübernahme mit einem Dritten, verbleibt es bei der Anwendung der §§ 46 ff., 399 Abs. 1 Nr. 1 AktG.[320]

6. Fingierte Sacheinlage

Soll die Gesellschaft einen Vermögensgegenstand übernehmen, für den eine Vergütung gewährt wird, die auf die Einlage eines Gründers angerechnet werden soll, so gilt dies als Sacheinlage (sog. fingierte Sacheinlage;[321] § 27 Abs. 1 Satz 2 AktG). Das Gesetz behandelt mithin bei einer Kombination von Bareinlage und Sachübernahme den Gesamtvorgang einheitlich als Sacheinlage. Da für Bareinlagen ohnehin ein Aufrechnungsverbot besteht (§ 66 Abs. 1 Satz 2 AktG; s. Rn. 175, 289), beschränkt sich die Bedeutung der fingierten Sacheinlage auf die sofortige Fälligkeit von Sacheinlagen (§ 36a Abs. 1 Satz 1 AktG; s. Rn. 206), während Sachübernahmen keiner gesetzlichen Fälligkeitsanforderung unterliegen (s. Rn. 229).[322] Fingierte Sacheinlagen sind von Mischeinlagen und gemischten Sacheinlagen zu unterscheiden (s. Rn. 231 ff.).

7. Gemischte Sacheinlage

Soll eine Sacheinlage geleistet werden, deren Wert den Ausgabebetrag der dafür zu gewährenden Aktien übersteigt, und soll für diese Wertdifferenz eine Vergütung (in Geld oder anderer Form) gewährt werden, spricht man von einer gemischten Sacheinlage.[323] Sachlich handelt es sich um eine Mischform von Sacheinlage und Sachübernahme, die von Mischeinlagen zu unterscheiden sind (Mischform von Bareinlage und Sacheinlage; s. Rn. 232 ff.),[324] ferner von fingierten Sacheinlagen (s. Rn. 230). Die gemischte Sacheinlage soll nach hM einheitlich als Sacheinlage zu behandeln sein, unabhängig davon, ob der Gegenstand der Sacheinlage unteilbar (dann unstr.[325]) oder teilbar (hM[326]) ist. Nach der zu der Frage der Kapitalerhöhung ergangenen Rechtsprechung ist von einer unterschiedlichen Behandlung im Fall der Teilbarkeit auszugehen.[327] In der Satzung ist die gemischte Sacheinlage durch Bezeichnung sowohl des einzubringenden Vermögensgegenstandes als auch der zusätzlich neben der Ausgabe von Aktien zu gewährenden Vergütung festzusetzen.

8. Mischeinlage

a) Begriff

Soll ein Gründer auf jede einzelne von ihm übernommene Aktie (§ 23 Abs. 2 Nr. 2 AktG; s. Rn. 13) sowohl Bareinlagen als auch Sacheinlagen leisten, handelt es sich um eine zulässige Mischeinlage (teilweise auch gemischte Einlage genannt), auf die

---

[320] MünchKomm. AktG/Bd. 1/*Pentz* § 27 Rn. 88; Kölner Komm./*Arnold* § 27 Rn. 128; Spindler/Stilz/*Heidinger/Benz* AktG § 27 Rn. 112.
[321] *Hüffer/Koch* AktG § 27 Rn. 7.
[322] MünchKomm. AktG/Bd. 1/*Pentz* § 27 Rn. 66 mwN.
[323] *Hüffer/Koch* AktG § 27 Rn. 8 mwN.
[324] MünchKomm. AktG/Bd. 1/*Pentz* § 27 Rn. 68 mwN.
[325] Bei Unteilbarkeit des Gegenstandes unstr. einheitliche Sacheinlage; MünchKomm. AktG/Bd. 1/*Pentz* § 27 Rn. 68 mwN; BGH II ZR 176/05, BGHZ 170, 47 = NJW 2007, 765; II ZR 62/06, BHGZ 173, 145 = NJW 2007, 3425; II ZR 137/08, AG 2009, 493 (494).
[326] Bei Teilbarkeit des Gegenstandes nach hM einheitliche Sacheinlage; MünchKomm. AktG/Bd. 1/*Pentz* § 27 Rn. 68 mwN.
[327] BGH II ZR 149/10, BGHZ 191, 364 = AG 2012, 87.

parallel die für diese beiden Einlageformen geltenden Bestimmungen anzuwenden sind.[328] Solche Mischeinlagen sind von gemischten Sacheinlagen zu unterscheiden (Mischform von Sacheinlage und Sachübernahme; s. Rn. 231), ferner von fingierten Sacheinlagen (s. Rn. 230); schließlich ist der Unterschied der Mischeinlage zu Bareinlagen und Sacheinlagen zu beachten, die ein Gründer getrennt auf zu unterschiedlichen Einlagefestsetzungen übernommene Aktien leistet (hier Trenneinlage genannt; s. Rn. 236).

b) Festsetzung in der Satzung

233   **aa) Anforderungen.** Fraglich ist, welche Anforderungen bei einer Mischeinlage an die Festsetzung in der Satzung (§ 27 Abs. 1 Satz 1 AktG; s. Rn. 200ff.) zu stellen sind. Soweit als Voraussetzung für die Zulassung einer Mischeinlage die Bezifferung des Wertes der Sacheinlage gefordert wird,[329] kann dem nicht gefolgt werden: Das Gesetz fordert für Sacheinlagen keine Wertfestsetzung in der Satzung (s. Rn. 200). Es genügt daher als Festsetzung in der Satzung, die Sacheinlage zu bestimmen und gleichzeitig den Gründer zur **Bareinzahlung** einer sich möglicherweise oder in noch unbestimmter Höhe ergebenden Wertdifferenz zu verpflichten;[330] dies wird aus dem Vergleich mit dem Fall einer normalen Sacheinlage deutlich: Wenn dort bei Handelsregisteranmeldung die Wertdifferenz zwischen Sacheinlage und Ausgabebetrag eingezahlt wird, muss das Gericht eintragen; bei fehlender Einzahlung ist hingegen die Eintragung abzulehnen (s. Rn. 222).

234   **bb) Rechtsverbindlichkeit.** Der Unterschied des vorstehenden Falles (Rn. 233) einer freiwilligen Zuzahlung zur Sacheinlage im Vergleich zur Mischeinlage mit unbestimmter Bareinzahlungsverpflichtung liegt in deren Rechtsverbindlichkeit für die Gründer. Ist bei einer solchen unbestimmten Festsetzung des Bareinlageteils der Mischeinlage in der Satzung keine Fälligkeitsregelung getroffen, verbleibt es bei der Mindesteinforderung von einem Viertel des geringsten Ausgabebetrages (§ 36a Abs. 1 AktG; s. Rn. 172), bezogen auf den Bareinlageanteil,[331] sowie bei dem in jedem Fall sofort fälligen Agio (§ 36a Abs. 1 und 2 AktG). Aufgrund praktischer Schwierigkeiten bei dieser Aufteilung empfiehlt sich in der Regel bei Mischeinlagen auch deren **Wertfestsetzung** (s. Rn. 233) bei der Festsetzung der Sacheinlage, falls nicht der Weg der Trenneinlage begangen wird (s. Rn. 236).

235   **cc) Schwierigkeiten in der Praxis.** Falls bei der Festsetzung einer Mischeinlage die Wertfestsetzung für die Sacheinlage unterbleibt (zur Zulässigkeit dieser Unterlassung Rn. 233) und zugleich ein höherer Ausgabebetrag (§ 9 Abs. 2 AktG; s. Rn. 162f.) festgesetzt wird und außerdem für den Barantail nur der Mindestbetrag von 25% eingefordert werden soll (§ 36a Abs. 1 AktG; s. Rn. 172), ergeben sich in der Praxis Schwierigkeiten für die Verteilung von Bar- und Sacheinlage auf das sofort in voller Höhe fällige Agio und für die Berechnung der Mindestbareinforderung.[332] Dieses Problem kann durch eine Wertfestsetzung für die Sacheinlage in der Errichtungsurkunde (nicht notwendig in der Satzung; § 23 Abs. 2 Nr. 2 AktG;

---

[328] Heute hM; *Hüffer/Koch* AktG § 36 Rn. 12 mwN.
[329] So *Hüffer/Koch* AktG § 36 Rn. 12.
[330] MünchKomm. AktG/*Pentz* § 27 Rn. 68; Kölner Komm./*Arnold* § 27 Rn. 35; s. a. OLG Stuttgart 8 W 295/81 GmbHR 1982, 109 (110ff.).
[331] *Hüffer/Koch* AktG § 36 Rn. 12.
[332] Zur Aufteilung und dem früher hierzu bestehenden Meinungsstreit MünchKomm. AktG/Bd. 1/*Pentz* § 36 Rn. 99 mwN; Großkomm. AktG/*Röhricht* § 36 Rn. 127 mwN.

B. Gründung der AG nach AktG   236–241   § 2

s. Rn. 200) und dort zugleich durch eine Bestimmung gelöst werden, inwieweit die Sacheinlage auf das Agio anzurechnen ist; es bestehen zB keine Bedenken, das Agio allein durch die Sacheinlage abzudecken.

9. Trenneinlage

Die praktischen Schwierigkeiten in der Abgrenzung von Bar- und Sacheinlage **236** bei einer Mischeinlage (s. Rn. 232 ff.) lassen sich zumeist einfacher lösen, indem der Inferent für jede dieser Einlageformen getrennte Aktien (hier Trenneinlagen genannt) übernimmt (§ 23 Abs. 2 Nr. 2 AktG; s. Rn. 13). Die Zulässigkeit dieser Gestaltung steht außer Frage.[333] Aus steuerlichen Gründen kann die Trenneinlage zB bei Buchwertfortführung von Sacheinlagen praktisch sogar geboten sein, um den unterschiedlichen Anschaffungskosten der Aktien Rechnung zu tragen (s. Rn. 425).

10. Verdeckte Sacheinlage

a) Überblick

Das Recht der verdeckten Sacheinlage befasst sich mit der rechtlichen Erfassung **240** von Gestaltungen, in denen die gesetzliche Unterscheidung zwischen der Bar- und der Sacheinlage unterlaufen wird. Nach Inkrafttreten des ARUG (BGBl. 2009 I 2479) wird die verdeckte Sacheinlage in § 27 Abs. 3 AktG – zumindest zum Teil – geregelt. Die neue Definition der verdeckten Sacheinlage (§ 27 Abs. 3 AktG),[334] die darauf abstellt, dass eine Geldeinlage bei wirtschaftlicher Betrachtung eine Sacheinlage darstellt, entspricht nicht der bisherigen Definition der Rechtsprechung, die diese als Aufspaltung eines wirtschaftlichen Vorgangs in einen oder mehrere Vorgänge beschreibt. Dennoch verbleibt es bei der Definition der verdeckten Sacheinlage bei den bisherigen Grundsätzen (zB auch der 6-Monatsfrist, s. Rn. 241). Im Ergebnis wollte der Gesetzgeber das Phänomen der verdeckten Sacheinlage daher lediglich insoweit regeln, als dass er – aufsetzend auf dem bisherigen Rechtsstand – nur die Rechtsfolgen neu bestimmt.[335] Neu im Vergleich zu den von der Rechtsprechung zuvor entwickelten Grundsätzen ist die Anrechnungslösung, die unter Rn. 245a dargestellt wird.

b) Begriff

Die neue Definition der verdeckten Sacheinlage (§ 27 Abs. 3 AktG),[336] die darauf **241** abstellt, dass eine Geldeinlage bei wirtschaftlicher Betrachtung eine Sacheinlage darstellt, entspricht nicht der bisherigen Definition der Rechtsprechung; denn diese definiert sie als ein Umgehen der Unterscheidung zwischen Bar- und Sacheinlage durch die Aufspaltung eines wirtschaftlichen Vorgangs in ein oder mehrere Vorgänge. Dennoch verbleibt es bei der Definition der verdeckten Sacheinlage bei den bisherigen Rechtsprechungsgrundsätzen. Denn der BGH hat zurecht auch nach Inkrafttreten der Neuregelung des Rechts der verdeckten Sacheinlage nicht auf die gesetzliche Umschreibung abgestellt. Vielmehr geht er – entsprechend seiner bisherigen Definition davon aus, dass eine verdeckte Sacheinlage dann vorliegt, wenn die

---

[333] MünchKomm. AktG/Bd. 1/*Pentz* § 36 Rn. 83.
[334] Beschlussempfehlung und Bericht des Rechtsausschusses, Drs. 16/13098, 5 f.
[335] *Pentz* in FS K. Schmidt 2009, S. 1265, 1273; *ders.* GmbHR 2009, 127; *Gesell* BB 2007, 2241 (2245 f.); aA *Maier-Reimer/Wenzel* ZIP 2008, 1449 (1452).
[336] Beschlussempfehlung und Bericht des Rechtsausschusses, Drs. 16/13098, 5 f.

gesetzlichen Regeln für Sacheinlagen dadurch unterlaufen werden, dass zwar eine Bareinlage beschlossen/verlautbart wird, die Gesellschaft aber bei wirtschaftlicher Betrachtung von dem Einleger aufgrund der im Zusammenhang mit der Übernahme der Einlage getroffenen Verwendungsabsprache einen Sachwert erhalten soll.[337]

Weiter erforderlich für den Tatbestand der verdeckten Sacheinlage nach ARUG ist – wie auch nach der bisherigen Rechtsprechung des BGH – die wirtschaftliche Entsprechung, dh, dass der Gesellschaft bei wirtschaftlicher Betrachtung von dem Einleger aufgrund einer im Zusammenhang mit der Übernahme der Einlage getroffenen Verwendungsabsprache einen Sachwert erhalten soll. Entscheidend ist, dass der Gründer vor dem Hintergrund des Sinn und Zwecks der Sacheinlagevorschriften die Form der offenen Sacheinlage hätte wählen können und auch hätte wählen müssen.[338] Vor diesem Hintergrund stellt sich insbesondere die Frage, ob der Tatbestand der verdeckten Sacheinlage das Vorliegen eines sacheinlagefähigen Vermögensgegenstandes verlangt, was von der Rechtsprechung und der hM bejaht wird.[339]

Schließlich verlangt § 27 Abs. 3 Satz 1 AktG ausdrücklich das Vorliegen einer Abrede unter den Beteiligten. Die Gründer müssen sich also einig dahin sein, dass im wirtschaftlichen Ergebnis keine zum Verbleib bei der Gesellschaft bestimmte Bareinlage, sondern eine andere Leistung (Bareinlage) erbracht werden soll, die der Gesellschaft auch über Dritte zugeführt werden kann.[340] Eine in diesem Zusammenhang notwendige Abrede wird tatsächlich vermutet, wenn die Durchführung des Erwerbsgeschäftes in **tatsächlichem und zeitlichem Zusammenhang** mit der Kapitalaufbringung steht,[341] wobei die Grenze für den zeitlichen Zusammenhang in der Regel, also nicht ausnahmslos, bei sechs Monaten angenommen wird; für Vorgänge nach acht Monaten besteht eine solche tatsächliche Vermutung nach der Rechtsprechung des BGH jedenfalls nicht mehr.[342] Der tatsächliche Zusammenhang erschließt sich in der Regel aus der Möglichkeit, den Gegenstand offen als Sacheinlage festzusetzen. Eine Widerlegung der tatsächlichen Vermutung (Beweislastumkehr) ist in der Praxis selten möglich.

c) Rechtsfolgen

242 Die Folgen der verdeckten Sacheinlage vor Inkrafttreten des ARUG wurden teilweise als „katastrophal" für den Inferenten bezeichnet. Der Inferent musste in Höhe

---

[337] BGH II ZR 12/08, NJW 2010, 1948 – Adcocom mit Hinweis auf BGH II ZR 273/07, BGHZ 182, 103 = NJW 2009, 3091 – Cash Pool II; II ZR 120/07, BGHZ 180, 38= NJW 2009, 2375 – Qivive; II ZR 132/06, BGHZ 175, 265 = NZG 2008, 425 – Rheinmöve; II ZR 62/06, BGHZ 173, 145 = NJW 2007, 3425 – Lurgi I; II ZR 176/05, BGHZ 170, 47 = NJW 2007, 765; II ZR 173/08, BGHZ 184, 158 = NJW 2010, 1747 – Eurobike; MünchKomm. AktG/Bd. 1/*Pentz* § 27 Rn. 89.
[338] MünchKomm. AktG/Bd. 1/*Pentz* § 27 Rn. 91.
[339] BGH II ZR 140/04, BGHZ 165, 116 = NJW 2006, 509; II ZR 72/05, BGHZ 165, 352 = NJW 2006, 906; II ZR 120/07, BGHZ 180, 38 = NJW 2009, 2375 – Qivive; II ZR 173/08 NJW 2010, 1747 – Eurobike; II ZR 17/10, NZG 2011, 667; *Habersack* in FS Priester 2007, 157 (164 ff.); MünchKomm. AktG/Bd. 1/*Pentz* § 27 Rn. 92 mwN.
[340] OLG Köln 22 U 272/89 ZIP 1990, 717 (718); OLG Hamm 8 U 179/93, GmbHR 1994, 472 (473); Scholz/*H.P. Westermann* GmbHG § 5 Rn. 79.
[341] BGH II ZR 60/93, BGHZ 125, 141 (143 f.) = NJW 1994, 1477; II ZR 89/95, BGHZ 132, 133 (139) = NJW 1996, 1286; II ZR 101/02, BGHZ 153, 107, 109 = NJW 2003, 825; II ZR 263/06, NZG 2008, 511; *Hüffer/Koch* AktG § 27 Rn. 34; MünchKomm. AktG/Bd. 1/ *Pentz* § 27 Rn. 104.
[342] BGH II ZR 1/00, BGHZ 152, 37 (45 f.) = NJW 2002, 2347.

B. Gründung der AG nach AktG 243 § 2

der im Erwerbsgeschäft erhaltenen Gegenleistung die **Bareinlage wiederholen** (genauer: erstmals erbringen, § 27 Abs. 3 Satz 2 AktG aF), weil seine vermeintliche erste Zahlung mangels Leistung zur endgültigen freien Verfügung des Vorstands keine Befreiungswirkung hatte. Das schuldrechtliche Geschäft (regelmäßig ein Kaufvertrag) war der Gesellschaft gegenüber unwirksam, ebenso die dinglichen Ausführungshandlungen (§ 27 Abs. 3 AktG aF). Eine Aufrechnung oder Zurückbehaltung war dem Gründer dabei verwehrt (zum Übergangsrecht s. Rn. 184). Dies hat sich grundlegend geändert.

aa) Rechtslage vor Eintragung. Vor Eintragung der Gesellschaft in das Handelsregister gilt hinsichtlich der vermeintlichen Bareinlageleistung des Gründers, dass dieser keine Erfüllungswirkung zukommt, da sie entgegen § 36 Abs. 2 AktG nicht zur freien Verfügung des Vorstands geleistet worden ist. Die Einlageforderung der Gesellschaft bleibt bestehen und verjährt in zehn Jahren (§ 54 Abs. 4 AktG).[343] Eine Heilung ist in diesem Stadium leicht durch Herbeiführung einer Satzungsänderung unter Mitwirkung aller Gründer möglich.[344] In der Insolvenz ist eine Heilung indessen nicht mehr möglich.[345] Mangels Leistung zur endgültigen freien Verfügung bleibt die Einlageverbindlichkeit des Gründers bestehen; zudem schuldet der Gründer Verzugszinsen.[346] Der Gründer kann die Einlagepflicht in diesem Fall später erfüllen. Indessen ist nach der Rechtsprechung erforderlich, dass sich die Zuflüsse objektiv und zweifelsfrei der bestehenden Einlageverpflichtung zuordnen lassen.[347] Der Gründer kann sich bei einer falschen Versicherung der freien Verfügung strafbar nach § 399 Abs. 1 Nr. 1 AktG machen. Der Gründer kann gem. § 812 Abs. 1 Satz 1 BGB die zur vermeintlichen Erfüllung der Bareinlage geleisteten Mittel von der Gesellschaft zurückverlangen.[348] Im Vermögensstatus der Gesellschaft befindet sich zu diesem Zeitpunkt auf der Aktivseite eine gegen den Gründer gerichtete, noch offene Einlageforderung sowie die von diesem ohne Befreiungswirkung geleisteten Barmittel, denen auf der Passivseite eine Verbindlichkeit in gleicher Höhe aus § 812 Abs. 1 Satz 1 BGB gegenüber steht.[349] Nachdem § 27 Abs. 3 Satz 2 AktG die Wirksamkeit der schuldrechtlichen und dinglichen Rechtsgeschäfte anordnet, sind diese auch auszuführen. Für eine Rückabwicklung nach altem Recht ist kein Raum mehr; auch kann § 134 BGB nicht mehr zur Anwendung gelangen. Vielmehr ist es so, dass nach Eintragung die Anrechnungslösung zur Anwendung gelangt (s. Rn. 242c). Soweit das Registergericht im Rahmen des Eintragungsverfahrens eine verdeckte Sacheinlage feststellt, hat es die Eintragung abzulehnen (§ 38 Abs. 1 Satz 2 AktG). Auf den Umstand, dass nach Eintragung die Anrechnungslösung zur Anwendung kommen kann, kommt es insoweit nicht an.[350]

---

[343] MünchKomm. AktG/Bd. 1/*Pentz* § 27 Rn. 111.
[344] MünchKomm. AktG/Bd. 1/*Pentz* § 27 Rn. 161.
[345] BGH II ZR 82/07, BeckRS 2008, 995.
[346] MünchKomm. GmbH/*Schwandtner* § 19 Rn. 263.
[347] BGH II ZR 12/08, NJW 2010, 1948 – Adcocom; II ZR 76/04, BGHZ 166, 8 = NJW 2006, 1736 – Cash Pool I; BGH, II ZR 263/06, NJW-RR 2008, 1067; II ZR 140/04, BGHZ 165, 113 (117) = NJW 2006, 509.
[348] *Maier/Reimer/Wenzel* ZIP 2008, 1449 (1452); *W. Müller* NZG 2009 2162; *Pentz* GmbHR 2009, 126 (127); MünchKomm. AktG/Bd. 1/*Pentz* § 27 Rn. 113.
[349] *Pentz* GmbHR 2010, 673 (680).
[350] MünchKomm. GmbHG/*Schwandtner* § 19 Rn. 226; Münch Komm. AktG/Bd. 1/*Pentz* § 27 Rn. 116.

244 **bb) Rechtslage nach Eintragung.** Hinsichtlich des Zeitraums nach Eintragung der Gesellschaft ist zwischen der Rechtslage vor und nach Überlassung des Vermögensgegenstandes zu unterscheiden.

245 **(1) Rechtslage vor Überlassung des Vermögensgegenstandes.** Ist der Vermögensgegenstand noch nicht seitens des Gründers überlassen worden, die Gesellschaft aber schon eingetragen worden, bleibt der Gründer zur Einlage verpflichtet; die Ansprüche der Gesellschaft verjähren in zehn Jahren (§ 54 Abs. 4 AktG). Hat er schon die vermeintliche Bareinlage geleistet, kann der Gründer diesen Betrag nach § 812 BGB zurückverlangen; die Aufrechnung mit diesem Anspruch gegen die Bareinlageforderung ist ihm wegen § 66 Abs. 1 Satz 2 AktG verwehrt. Soweit die Gesellschaft den Bereicherungsanspruch erfüllt, ist für die Anwendung von § 27 Abs. 3 Satz 3 AktG kein Raum mehr. § 27 Abs. 3 Satz 3 ist teleologisch zu reduzieren, da die Gesellschaft in diesem Fall aus eigenen Mitteln den Vermögensgegenstand erwirbt.[351] Die in dem Zusammenhang mit der Erbringung abgeschlossenen schuldrechtlichen Geschäfte sind wirksam und müssen durchgeführt werden. Im Vermögensstatus der Gesellschaft befindet sich zu diesem Zeitpunkt auf der Aktivseite eine gegen den Gründer gerichtete, noch offene Einlageforderung sowie die von diesem ohne Befreiungswirkung geleisteten Barmittel, denen auf der Passivseite eine Verbindlichkeit in gleicher Höhe aus § 812 Abs. 1 Satz 1 BGB gegenüber steht.[352] Im Insolvenzverfahren bleibt der Gründer mangels Erfüllungswirkung zur Einlageleistung (Bareinlage) verpflichtet. Zur Möglichkeit der Heilung s. Rn. 245a.

245a **(2) Rechtslage nach Überlassung – Anrechnung.** Ist der Vermögensgegenstand der Gesellschaft überlassen worden, so kommt die Anrechnungslösung zur Anwendung. Sie legt in Abweichung von den bisherigen Grundsätzen zunächst fest, dass die Verträge über die verdeckte Sacheinlage (gemeint ist: der verdeckt eingelegte Vermögensgegenstand) und die Rechtshandlungen zu ihrer Ausführung nicht unwirksam sind. Die Bareinlage des Gesellschafters, die er in Verdeckung der Sacheinlage zunächst leistet, muss aber nach wie vor zur endgültigen freien Verfügung des Vorstands geleistet werden (§ 36 Abs. 2 AktG), was zur Folge hat, dass diese Zahlung des Gesellschafters keine Erfüllungswirkung mit sich bringt. Auch sind diese Zahlungen – wie bisher – an den Gesellschafter gem. § 812 BGB zurückzuerstatten und der Gesellschafter kann sich bei Versicherung der freien Verfügung strafbar nach § 399 Abs. 1 Nr. 1 AktG machen. Die Anrechnungslösung des § 27 Abs. 3 AktG baut auf diese Situation – Wirksamkeit der schuldrechtlichen und dinglichen Geschäfte und Unwirksamkeit der vermeintlichen Einlageleistung in bar – auf, indem sie anordnet, dass auf die mangels Erfüllung weiter bestehende Geldeinlagepflicht des Gesellschafters der Wert des Vermögensgegenstandes im Zeitpunkt der Anmeldung der Gesellschaft zur Eintragung in das Handelsregister, oder wenn die Übertragung erst später stattfindet, im Zeitpunkt seiner Überlassung an die Gesellschaft angerechnet wird.

Nicht klar gestellt hat der Gesetzgeber indessen, wie hinsichtlich der Zahlung des Gesellschafters auf die geschuldete Einlage zu verfahren ist, die mangels Leistung zur endgültigen freien Verfügung keine Befreiungswirkung gehabt hat. Insoweit ist davon auszugehen, dass es wie nach altem Recht dabei verbleibt, dass dem Gesellschafter insoweit ein Bereicherungsanspruch gem. § 812 Abs. 1 BGB zusteht, an dessen Bestehen sich auch nichts ändert, wenn die Gesellschaft mit dem Eingezahlten den Vermögensgegenstand – wie geplant – erwirbt, da es hier nur

---

[351] MünchKomm. AktG/Bd. 1/*Pentz* § 27 Rn. 118.
[352] MünchKomm. AktG/Bd. 1/*Pentz* § 27 Rn. 118.

B. Gründung der AG nach AktG

zu einem Aktivtausch (Kasse gegen vom Gesellschafter erworbenen Gegenstand) kommt. Kommt die Verrechnungslösung nach Eintragung in das Handelsregister zur Anwendung, wird der Wert des erworbenen Gegenstandes auf den noch offenen Bareinlageanspruch angerechnet, was dazu führt, dass der Einlageanspruch erlischt, aber der Rückzahlungsanspruch aus § 812 BGB noch fortbesteht und im Rahmen eines Vermögensstatus nun den eingebrachten Vermögenswert neutralisiert. Dies würde dazu führen, dass die Gesellschaft kein Nettoaktivvermögen hätte. Diese mit dem neuen Recht verbundene Problematik ist dadurch zu lösen, dass von einer Entreicherung der Gesellschaft (§ 818 Abs. 3 BGB) in Höhe des Wertes des verdeckt eingelegten Gegenstandes auszugehen ist, da die Gesellschaft den durch die Anrechnungslösung gleichsam doppelt zahlt: einmal durch die Leistung des Kaufpreises mittels des bar Eingelegten und einmal durch die gesetzliche Anrechnung.[353] Hat die Gesellschaft den Bereicherungsanspruch des Gesellschafters hingegen schon erfüllt, ist § 27 Abs. 3 AktG dahingehend teleologisch zu reduzieren, dass die vorgesehene Anrechnung unterbleibt.

Im Ergebnis kommt es nach Überlassung des Vermögensgegenstandes durch den Gründer zur Anrechnung seines Wertes (objektiver Wert – nicht entscheidend gezahlter Kaufpreis seitens der Gesellschaft und nicht zu berücksichtigen: Umsatzsteuer[354]) auf die offene Einlageverbindlichkeit des Gründers gem. § 27 Abs. 3 Satz 3 AktG und befreit diesen in der entsprechenden Höhe von der noch offenen Einlageverbindlichkeit der Gesellschaft. Die Anrechnung erfolgt kraft Gesetzes und unabhängig von dem Willen der Beteiligten. Gegenständlich beschränkt sich die Anrechnung nicht auf den Nennbetrag der Einlageverbindlichkeit; vielmehr wird auch ein offenes Agio umfasst, wenn der Wert des verdeckt eingelegten Vermögensgegenstandes nach der Anrechnung auf die Einlageverbindlichkeit hierfür noch ausreicht (streitig).[355] Bei Mangelhaftigkeit des verdeckt eingelegten Vermögensgegenstandes kann die Anrechnung nur unter Abzug für den Mangel erfolgen. Ist die Einlageforderung der Gesellschaft nicht durch Anrechnung erloschen, besteht sie fort. Die Verjährung richtet sich nach § 54 Abs. 4 AktG. War der Vermögensgegenstand bereits vor der Eintragung überlassen worden, kommt es mit der Eintragung zur Anrechnung. Wird der Vermögensgegenstand erst nach der Eintragung übertragen, ist dieser Zeitpunkt maßgeblich. Dabei ist zu berücksichtigen, dass die mit der Anrechnung verbundene Vernichtung der Einlageforderung der Gesellschaft zur Folge hat, dass sich die Anrechnung auch auf die Zinsforderung auswirkt.[356] Ist angerechnet worden, fehlt es an einer offenen Einlageverbindlichkeit und damit an der Grundlage für das Entstehen der Zinsen. Die bis zum Zeitpunkt der Anrechnung entstandenen Zinsansprüche bleiben bestehen. Eine Heilung der verdeckten Sacheinlage erfolgt nach Eintragung durch einen mit satzungsändernder Mehrheit gefassten Beschluss. Dabei kann vor der Anrechnung als Sacheinlage der auf die

---

[353] *Pentz* GmbHR 2009, 126 (128 f.); *ders.* in FS K. Schmidt 2009, S. 1265 ff.; aA *Bormann/Urlichs* GmbHR-Sonderheft MoMiG 2008, 37 (39); *Ulmer* ZIP 2009, 293 (298) (Sperrung bzw. Verdrängung des Kondiktionsanspruchs durch das neue Recht); *Maier-Reimer/Wenzel* ZIP 2008, 1449; *dies.* ZIP 2009, 1185; zust. *Veil/Werner* GmbHR 2009, 729 (733 ff.) („Ausblenden" des Geschäfts), jeweils zur parallelen Rechtslage im GmbHG, s. zum Meinungsstand hinsichtlich der Wirkungen der Anrechnung ausführlich MünchKomm. AktG/Bd. 1/*Pentz* § 27 Rn. 121 ff. mwN.

[354] Lutter/Hommelhoff/*Bayer* GmbHG § 19 Rn. 67.

[355] *Maier-Reimer/Wenzel* ZIP 2008, 1449 (1451); MünchKomm. AktG/Bd. 1/*Pentz* § 27 Rn. 119; aA *Koch* ZHR 2011, 55 (62 ff.).

[356] BGH II ZR 12/08, NJW 2010, 1948 – Adcocom.

Rückzahlung der ohne Befreiungswirkung eingebrachten vermeintlichen Bareinlage gerichtete Bereicherungsanspruch eingeschränkt werden. Die Einbringung kann im Wege eines Erlassvertrages oder im Wege der Übertragung des Anspruchs auf die Gesellschaft und der hiermit verbundenen Konfusion erfolgen.[357] In der Insolvenz ist die Heilung ausgeschlossen.[358] Nach der Anrechnung kann sich die Heilung nur noch auf die Feststellung der Einbringung des verdeckt eingelegten Vermögensgegenstandes und des Erlöschens des Einlageanspruchs durch die erfolgte Anrechnung beziehen.[359]

c) Übergangsrecht

246 Die neue Regelung des § 27 Abs. 3 AktG gilt nach § 20 Abs. 7 EGAktG idF des ARUG auch für Einlageleistungen, die vor dem Inkrafttreten des ARUG[360] (BGBl. 2009 I 2479) zum 1.9.2009 bewirkt worden sind, soweit sie nach altem Recht wegen der Grundsätze der verdeckten Sacheinlage keine Erfüllung der Einlagepflicht bewirkt haben. Eine Ausnahme hiervon gilt nur, soweit über die aus der Unwirksamkeit der schuldrechtlichen und dinglichen Rechtsgeschäfte resultierenden Ansprüche zwischen der Gesellschaft und dem Gesellschafter bereits vor dem Inkrafttreten des ARUG (BGBl. 2009 I 2479) zum 1.9.2009 ein rechtskräftiges Urteil ergangen oder eine wirksame Vereinbarung zwischen der Gesellschaft und dem Gesellschafter getroffen wurde. Folge dieser verfassungsrechtlich zweifelhaften Anordnung[361] ist, dass eine auf die bisherigen Grundsätze der verdeckten Sacheinlage gestützte Klage bei einem Inkrafttreten des ARUG vor Schluss der mündlichen Verhandlung unbegründet wird; der Kläger also gezwungen ist, die zuvor möglicherweise begründete Klage für erledigt zu erklären. Ist die mündliche Verhandlung bereits vor dem Inkrafttreten des ARUG geschlossen worden, muss das Gericht die mündliche Verhandlung wieder eröffnen, um den Parteien Gelegenheit zu geben, sich der neuen Lage prozessual anzupassen (ggf. also eine Erledigungserklärung abzugeben).[362]

11. Haftung für die Kapitalaufbringung

a) Übersicht

247 Anknüpfend an die Übersicht über die Aufbringung des Grundkapitals (s. Rn. 165) wird hier vorab ein Überblick auf die Haftungsstruktur des AktG für die Kapitalaufbringung gegeben. Zunächst ist zwischen den zeitlich aufeinander folgenden Phasen der Gründung von der Vorgründungsphase bis zur Nachgründung (gesondert Rn. 310 ff.) zu unterscheiden, aus denen sich unterschiedliche Haftungstatbestände ergeben (s. Rn. 248 ff.). Dann sind die unterschiedlichen Haftungsgründe nach Art und Schuldner zu trennen, die von der originären Einlageverpflichtung der Gründer bis zu verschiedenen Haftungsformen der an der Gründung Beteiligten reichen (s. Rn. 258 ff.). Wichtig auch die Unterscheidung hinsichtlich der Person des Gläubigers dieser Verpflichtungen nach der sog. In-

---

[357] MünchKomm. AktG/Bd. 1/*Pentz* § 27 Rn. 163.
[358] BGH II ZR 82/07, BeckRS 2008, 995.
[359] MünchKomm. AktG/Bd. 1/*Pentz* § 27 Rn. 164.
[360] Beschlussempfehlung und Bericht des Rechtsausschusses, Drs. 16/13098, 5 f.
[361] *Pentz* GmbHR 2009, 126.
[362] Vgl. hierzu und zu weiteren prozessualen Fragestellungen *Pentz* GmbHR 2009, 126 (130 f.).

nenhaftung (Gesellschaft als Gläubiger) und der sog. Außenhaftung (Anspruch der Gläubiger der Gesellschaft; s. Rn. 288). Schließlich ist ein Blick zu werfen auf die unterschiedlichen Verjährungsfristen (s. Rn. 291 f.), auf die Konkurrenzen zu Haftungstatbeständen aus dem BGB (s. Rn. 288) sowie auf strafrechtliche Bestimmungen (s. Rn. 293).

b) Gründungsphasen

aa) **Vorgründungszeit.** Hierunter ist die Zeit bis zur Errichtung der Gesellschaft (Übernahme aller Aktien durch die Gründer, § 29 AktG; s. Rn. 10 ff.) zu verstehen.[363] Das AktG regelt diesen Zeitraum nur mittelbar, indem es die regelmäßig unverbindliche Verabredung[364] der Gründer zur Errichtung der Gesellschaft stillschweigend und das Vorliegen einer notariell beglaubigten Vollmacht im Falle der Vertretung bei der Errichtung ausdrücklich (§ 23 Abs. 1 Satz 2 AktG; s. Rn. 10) voraussetzt. Wollen sich die Gründer verbindlich zur Errichtung der Gesellschaft vorab verpflichten, ist hierzu ein notarieller Gründungsvorvertrag erforderlich,[365] woraus eine sog. **Vorgründungsgesellschaft**[366] entsteht (nicht zu verwechseln mit der Vorgesellschaft; s. Rn. 251 ff.), in der Regel als Gesellschaft des bürgerlichen Rechts (§§ 705 ff. BGB),[367] und zwar als Innengesellschaft, falls auf das Gründungsziel beschränkt,[368] aber auch als Außengesellschaft, falls zur Vorbereitung der Gründung Gesamthandsvermögen von Dritten erworben oder Rechtsgeschäfte getätigt werden, woraus im Falle von Handelsgeschäften auch eine OHG entstehen kann (§ 105 HGB).[369]

Erwerben Gründungswillige Gesamthandseigentum zwecks Einbringung nach Errichtung der Gesellschaft ohne notariellen Vorvertrag, so gelten die Grundsätze einer **fehlerhaften GbR** (ggf. OHG),[370] falls der Formzwang irrtümlich verkannt wird, ansonsten entsteht eine Gesellschaft, deren Zweck sich auf die Vorbereitung der noch offenen Errichtung einer AG beschränkt. Die **Haftung** für Verbindlichkeiten der Vorgründungsgesellschaft ist – wie deren Rechtsverhältnisse insgesamt – nicht im AktG geregelt, sondern richtet sich nach BGB oder ggf. nach HGB.

Mit der **Errichtung der AG** (§ 29 AktG; s. Rn. 10 ff.) tritt das Ende der Vorgründungsgesellschaft aufgrund Zweckerreichung ein; soweit Aktiva und/oder Passiva vorhanden sind, gehen diese nicht automatisch auf die durch die Errichtung entstehende Vorgesellschaft (s. Rn. 251 ff.) über.[371] Soll der Übergang auf die Vorgesellschaft erreicht werden, bedarf es hierfür im Falle von Aktiva oder von Aktiva und Passiva der Festsetzung in der Satzung als Sacheinlage oder Sachübernahme (§ 27 Abs. 1 Satz 1 AktG; s. Rn. 200 ff. und 229) und zum Vollzug der entsprechenden Übertragungsgeschäfte. Der eleganteste Weg hierfür ist die Festsetzung der Anteile an der Vorgründungsgesellschaft als Sacheinlage bzw. Sachübernahme, was mit deren Übertragung zur Anwachsung der Aktiva und Passiva bei der Vorgesellschaft führt (s. Rn. 199, 468). Hat die Vorgründungsgesellschaft nur Verbindlichkeiten, ist

---

[363] MünchKomm. AktG/Bd. 1/*Pentz* § 41 Rn. 8 f.
[364] *Hüffer/Koch* AktG § 23 Rn. 14; MünchKomm. AktG/Bd. 1/*Pentz* § 41 Rn. 10.
[365] MünchKomm. AktG/Bd. 1/*Pentz* § 41 Rn. 14 mwN; *Hüffer/Koch* AktG § 23 Rn. 14.
[366] *Hüffer/Koch* AktG § 23 Rn. 15 mwN.
[367] MünchKomm. AktG/Bd. 1/*Pentz* § 41 Rn. 9; *Hüffer/Koch* AktG § 23 Rn. 15.
[368] MünchKomm. AktG/Bd. 1/*Pentz* § 41 Rn. 9.
[369] *Hüffer/Koch* AktG § 23 Rn. 15 mwN.
[370] MünchKomm. AktG/Bd. 1/*Pentz* § 41 Rn. 11.
[371] BGH II ZR 276/83, BGHZ 91, 148 = NJW 1984, 2164; *Hüffer/Koch* AktG § 23 Rn. 15.

dies bei der Festsetzung der Einlagepflichten (zusätzliche Bareinlagepflichten zum Ausgleich) zu berücksichtigen.

251 **bb) Vorgesellschaft.** Mit der Errichtung der AG (§ 29 AktG; s. Rn. 10 ff.) entsteht die sog. Vorgesellschaft (auch Gründungsgesellschaft[372] oder Vor-AG[373] genannt, nicht zu verwechseln mit der Vorgründungsgesellschaft; s. Rn. 248 ff.), es sei denn, es handelt sich um eine Einpersonengründung (s. Rn. 300 ff.). Wo das AktG für Vorgänge vor der Eintragung von der Gesellschaft spricht, ist zumeist die Vorgesellschaft gemeint. Sie ist eine Gesamthandsgesellschaft eigener Art (§ 14 Abs. 2 BGB[374]), mit einem Sonderrecht,[375] „das aus den in Gesetz oder im Gesellschaftsvertrag gegebenen Gründungsvorschriften und dem Recht der rechtsfähigen Gesellschaft, soweit es nicht die Eintragung voraussetzt, besteht."[376] So muss sie bereits die Organe einer Aktiengesellschaft haben, nämlich den ersten Aufsichtsrat (§ 30 Abs. 1 bis 3 AktG; s. Rn. 15, 90 ff.) und den ersten Vorstand (§ 30 Abs. 3 AktG; s. Rn. 17, 107 ff.); an die Stelle der Hauptversammlung tritt die Versammlung der Gründer zwecks Bestellung des ersten Aufsichtsrates und des ersten Abschlussprüfers (§ 30 Abs. 1 AktG; s. Rn. 15 f.). Die Vorgesellschaft ist namensfähig (§ 12 BGB),[377] dh, sie kann die Firma laut Satzung (§§ 4, 23 Abs. 3 Nr. 1 AktG; s. Rn. 332 f.) bereits führen, muss aber zur Vermeidung einer Irreführung einen entsprechenden Zusatz führen, zumeist „in Gründung" oder abgekürzt „i. G.".[378]

252 Der **Zweck der Vorgesellschaft** beschränkt sich im gesetzlichen Normalfall (Ausnahme Rn. 253 f.) auf das Bewirken der Eintragung im Handelsregister, wozu der Vorstand alle Rechtsgeschäfte vornehmen darf und regelmäßig auch muss, die nach Gesetz und den Gründungsfestsetzungen in der Satzung notwendig oder zugelassen sind,[379] namentlich den Abschluss von Verträgen und die Vor- und Entgegennahme von Rechtshandlungen betreffend die Satzungsfestsetzungen über den Gründungsaufwand (§ 26 Abs. 2 AktG; s. Rn. 347) und über die Einlagen (§ 36a AktG; s. Rn. 30 ff.) und Sachübernahmen (§ 27 Abs. 1 Satz 1 AktG; s. Rn. 226 ff.). Auf diesen Zweck der Vorgesellschaft beschränkt sich im Regelfall (Ausnahme Rn. 253 f.) die Geschäftsführungsbefugnis des Vorstandes[380] und nach hM auch die Vertretungsbefugnis,[381] während teilweise bereits die satzungsmäßige Vertretungsmacht wie nach Eintragung der Gesellschaft für maßgebend gehalten wird.[382]

253 Der auf die Gründungsfunktion beschränkte Zweck der Vorgesellschaft und demnach die gegenüber der Satzung eingeschränkte Vertretungsbefugnis des Vorstandes galt früher unabdingbar unter dem sog. Vorbelastungsverbot,[383] nach dem Minderungen des Grundkapitals durch Eingehung von über die Gründungsnotwendigkeiten hinausgehenden Verbindlichkeiten unzulässig waren und zur Ablehnung

---

[372] MünchHdB GesR IV/*Hoffmann-Becking* § 3 Rn. 32.
[373] *Hüffer/Koch* AktG § 41 Rn. 2.
[374] § 14 Abs. 2 BGB idF der Bekanntmachung v. 2.1.2002, BGBl. 2002 I 42.
[375] *Hüffer/Koch* AktG § 41 Rn. 4 mwN.
[376] BGH II ZR 218/54, BGHZ 21, 141 = NJW 1956, 1435.
[377] LG Düsseldorf 4 O 359/85 1986, NJW-RR 1987, 874.
[378] MünchKomm. AktG/Bd. 1/*Pentz* § 41 Rn. 51.
[379] BGH II ZR 54/80, BGHZ 80, 129 (139) = NJW 1981, 1373.
[380] MünchKomm. AktG/Bd. 1/*Pentz* § 41 Rn. 34.
[381] BGH II ZR 54/80, BGHZ 80, 129 (139) = NJW 1981, 1373; *Hüffer/Koch* AktG § 41 Rn. 11 mwN.
[382] MünchKomm. AktG/Bd. 1/*Pentz* § 41 Rn. 34 mwN.
[383] BGH II ZR 219/63, BGHZ 45, 338 = NJW 1966, 1311; *Hüffer/Koch* AktG § 41 Rn. 12 mwN.

B. Gründung der AG nach AktG 254–257 § 2

der Eintragung führten. Der BGH hat diese Rechtsprechung aufgegeben und durch den **Grundsatz der Unterbilanzhaftung** ersetzt,[384] wonach der Zweck der Vorgesellschaft über die notwendige Gründungsfunktion hinaus ausgedehnt werden darf und der Vorstand dann bereits entsprechend vertretungsbefugt ist und eine sich daraus ergebende Vorbelastung des Grundkapitals kein Eintragungshindernis mehr ist, vielmehr die Kapitalaufbringung dadurch sichergestellt werden soll, dass die Gründer für diesen Unterbilanzbetrag im Zeitpunkt der Eintragung kapitalanteilig der Gesellschaft haften (s. Rn. 269 ff.).

Voraussetzung des erweiterten Zweckes der Vorgesellschaft und damit der erweiterten Geschäftsführungs- und Vertretungsbefugnis (zur Beschränkung im Regelfall: Rn. 252) ist das **Einverständnis aller Gründer**.[385] Dies kann sich bereits aus der Satzung ergeben, insbesondere bei Sachgründung durch Einbringung oder Übernahme eines Unternehmens (§ 31 AktG; s. Rn. 103 ff., 199). Nach der hM zur GmbH-Vorgesellschaft[386] genügt formloses Einverständnis,[387] es wird aber auch Satzungsform für erforderlich gehalten,[388] was die Praxis im Interesse der Rechtssicherheit befolgen sollte. 254

Das **Ende der Vorgesellschaft** tritt ohne Liquidation mit der Eintragung der Gesellschaft im Handelsregister ein,[389] durch welche die AG „als solche" entsteht (§ 41 Abs. 1 Satz 1 AktG; s. Rn. 66). Die AG übernimmt unter Kontinuität des Rechtsträgers die Rechte und Pflichten der Vorgesellschaft;[390] sie wird Rechtsträger der Ansprüche aus Unterbilanzhaftung der Gründer (s. Rn. 269 ff.). 255

Bei **Scheitern der Eintragung** endet damit der Zweck der Vorgesellschaft mit folgenden möglichen Konsequenzen: Liquidation oder Insolvenzverfahren, falls die Gesamthandsgemeinschaft (s. Rn. 251) abgewickelt werden soll oder muss, sonst Fortführung als GbR oder OHG bzw. KG oder auch Umwidmung in eine Vor-GmbH (zur Haftung der Gründer in diesen Fällen Rn. 271 f.). Eine Umwandlung der Vorgesellschaft ist unmittelbar nicht möglich, da sie kein umwandlungsfähiger Rechtsträger nach UmwG ist,[391] mittelbar aber nach Eintragung zunächst als OHG, KG oder GmbH. 256

cc) **Nachgründungszeit.** Nach der Eintragung der AG besteht für zwei Jahre der Zeitraum, für das Gesetz von Nachgründung spricht, wenn Erwerbsgeschäfte in einem Volumen von jeweils mehr als 10% des Grundkapitals mit Gründern oder mit mehr als 10% am Grundkapital beteiligten Neuaktionären stattfinden (§ 52 Abs. 1 AktG; s. Rn. 310 ff.). Hieraus ergeben sich für Vorstand und Aufsichtsrat Haftungsrisiken (§ 53 AktG; s. Rn. 321) und strafrechtliche Verantwortung (s. Rn. 322). 257

---

[384] BGH II ZR 54/80, BGHZ 80, 129 = NJW 1981, 1373; II ZR 176/88, BGHZ 105, 300 (302 f.) = NJW 1989, 710; KG 1 W 7349/00, NZG 2004, 826; *Hüffer/Koch* AktG § 41 Rn. 8 mwN.

[385] BGH II ZR 54/80, BGHZ 80, 129 = NJW 1981, 1373; MünchKomm. AktG/Bd. 1/*Pentz* § 41 Rn. 35 mwN; *Hüffer/Koch* AktG § 41 Rn. 6 mwN.

[386] BGH II ZR 54/80, BGHZ 80, 129 = NJW 1981, 1373; mwN *Hüffer/Koch* AktG § 41 Rn. 6.

[387] So auch für AG MünchHdB GesR IV/*Hoffmann-Becking* § 3 Rn. 38; Kölner Komm./*Arnold* § 41 Rn. 31.

[388] *Hüffer/Koch* AktG § 41 Rn. 6 mwN.

[389] *Hüffer/Koch* AktG § 41 Rn. 3.

[390] MünchKomm. AktG/Bd. 1/*Pentz* § 41 Rn. 107 f. mwN; für Übernahme der Rechte und Pflichten im Wege der Gesamtrechtsnachfolge BGH II ZR 54/80, BGHZ 80, 129 = NJW 1981, 1373; *Hüffer/Koch* AktG § 41 Rn. 16 mwN.

[391] MünchKomm. AktG/Bd. 1/*Pentz* § 41 Rn. 82.

c) Haftung der Gründer

258 Für die Gründer ergeben sich folgende Leistungspflichten und Haftungskriterien:

259 **aa) Verpflichtung zu Einlagen auf die übernommenen Aktien.** Die Hauptverpflichtung (§ 54 AktG) der Gründer besteht in der Leistung der Einlage auf die übernommenen Aktien (§ 23 Abs. 2 Nr. 2 AktG; s. Rn. 10 ff.), von der keine Befreiung möglich und gegen die eine Aufrechnung unzulässig ist (§ 66 Abs. 1 AktG; s. Rn. 289).

260 Für **Bareinlagen** kann die Fälligkeit vor der Eintragung auf ein Viertel des geringsten Ausgabebetrages begrenzt werden, während der Mehrbetrag bei höherer Ausgabe der Aktien als der geringste Ausgabebetrag sofort voll zu leisten ist (§ 36a AktG; s. Rn. 172). In diesem Falle dürfen nur Namensaktien ausgegeben werden, auf denen der Betrag der Teilleistung zu vermerken ist (§ 10 Abs. 2 AktG; § 3 Rn. 22 f.). Für einen solchen Teilbetrag der Einlage, der erst nach der Eintragung und einer Veräußerung der Namensaktie fällig wird, unterliegt der Gründer als sog. Vormann nur noch einer **subsidiären Haftung**, soweit dieser Betrag von den sog. Nachmännern nicht mehr zu erlangen ist (§ 65 Abs. 1 AktG), und dies nur, falls die Einforderung (§ 63 AktG) binnen zwei Jahren nach Anmeldung der Übertragung zum Aktienregister erfolgt (§ 63 Abs. 2 AktG). Der Gründer bleibt jedoch primär in voller Höhe der Einlage verpflichtet, falls pflichtwidrig trotz Teileinzahlung entgegen § 10 Abs. 2 AktG Inhaberaktien oder Namensaktien mit zu hoher Angabe der Einzahlung ausgegeben und diese an gutgläubige Erwerber übertragen werden (§ 4 Rn. 10).

261 Die Haftung für **verdeckte Sacheinlagen** ist in Rn. 240 ff. dargestellt.

262 Die **Fälligkeit der Einzahlungen** kann sich entweder aus der Satzung ergeben oder ist durch Zahlungsaufforderung vom Vorstand in den Gesellschaftsblättern bekannt zu machen (§ 63 Abs. 1 AktG), also mindestens im elektronischen Bundesanzeiger (§ 25 AktG; s. Rn. 148). Bei nicht rechtzeitiger Einzahlung besteht Verzinsungspflicht mit 5% und ggf. weiterer Schadensersatzanspruch der Gesellschaft; die Satzung kann auch eine Vertragsstrafe festsetzen (§ 63 Abs. 2, 3 AktG). Für einen nachhaltig mit der Einzahlung säumigen Aktionär kann das Ausschlussverfahren nach § 64 AktG betrieben werden, indem er seiner Aktien und der bereits geleisteten Teilbeträge für verlustig erklärt wird. Für den Ausfall von Einforderungen auf die ersatzweise auszugebenden neuen Aktienurkunden haftet der ausgeschlossene Aktionär subsidiär weiter (§ 64 Abs. 4 AktG).

263 Für **Sacheinlagen** lässt das Gesetz keine Teilleistungen zu (§ 36a Abs. 2 Satz 1 AktG; s. Rn. 206). Deshalb gelten hier nicht die Grundsätze für die teilweise Übertragbarkeit der primären Einlageverpflichtung von Bareinlagen durch den Gründer auf den Erwerber von Namensaktien (§ 65 AktG; s. Rn. 260). Vielmehr schuldet der Gründer die Sacheinlage persönlich, was aber die Sacheinlage durch Abtretung der Forderung an Dritte auf dingliche Übertragung einer Sache nicht ausschließt; ebenso stellt es keine Teilleistung auf die Sacheinlage dar, wenn sich der Gründer persönlich zum dinglichen Vollzug innerhalb von fünf Jahren verpflichtet (§ 36a Abs. 2 Satz 2 AktG; s. Rn. 197). Bei **Leistungsstörungen** in der Sacheinlage ergibt sich in der Regel eine ersatzweise Bareinlagepflicht. Die wichtigsten Fälle sind die nicht ordnungsgemäß in der Satzung festgestellten Sacheinlagen (§ 27 Abs. 3 Satz 3 AktG; s. Rn. 203 f.) und die überbewertete Sacheinlage (§ 9 GmbHG analog; s. Rn. 225). Wegen sonstiger Leistungsstörungen bei Sacheinlagen wird auf § 4 Rn. 13, 15 ff. verwiesen.

B. Gründung der AG nach AktG   264–268 § 2

bb) Nebenverpflichtungen nach Satzung. Den Gründern und später hinzu- 264
tretenden Aktionären kann die Satzung bei vinkulierten Namensaktien neben den
Einlagen auf das Grundkapital wiederkehrende, nicht in Geld bestehende Leistungen auferlegen (§ 55 AktG; § 4 Rn. 26 f.).

cc) Haftung für Einlagen anderer Gründer. Anders als bei der GmbH, deren 265
Gründungsgesellschafter über die eigene Einlageverpflichtung hinaus subsidiär
für das gesamte Stammkapital bei Zahlungsausfall auf Seiten von Mitgründern
auch ohne persönliches Verschulden haften (§ 24 GmbHG), trifft den Gründer der
AG eine solche Verpflichtung nur, wenn er bei der Festsetzung der Übernahmeverpflichtung des ausfallenden Gründers (§ 23 Abs. 2 Nr. 2 AktG; s. Rn. 10 ff.) die
Zahlungsunfähigkeit bzw. bei Sacheinlage die Leistungsunfähigkeit kannte (§ 46
Abs. 4 AktG). Es ist positive Kenntnis dieser Umstände auf Seiten des Gründers oder
seines Vertreters erforderlich; auch grob fahrlässige Unkenntnis reicht nicht aus.[392]
Liegt die Kenntnis bei mehreren Gründern vor, haften sie als Gesamtschuldner.

dd) Haftung für die Verletzung sonstiger Gründerpflichten. Zu den we- 266
sentlichen Gründerpflichten zählen als Folgen der Errichtung der Gesellschaft
(§§ 23, 28 f. AktG; s. Rn. 10 ff.) neben der eigenen Einlagepflicht (s. Rn. 259 f.) die
Erstattung des Gründungsberichtes (§ 32 AktG; s. Rn. 18 ff.) und die Anmeldung
der Gesellschaft zum Handelsregister (§ 36 AktG; s. Rn. 35 ff.). Für die Richtigkeit und Vollständigkeit von Gründungsbericht und Anmeldung sowie sonstiger
gründungsrelevanter Angaben durch sie selbst oder Dritte[393] haften die Gründer
der Gesellschaft als Gesamtschuldner auf den hieraus entstandenen Schaden, insbesondere auf fehlende Einlagen oder den Ersatz von nicht ordnungsgemäß in der
Satzung festgesetztem Gründungsaufwand (§ 26 Abs. 2 AktG; s. Rn. 247), aber auch
auf den darüber hinausgehenden Schaden (§ 46 Abs. 1 AktG).[394] Diese Haftung setzt
Verschulden des Gründers voraus, wobei aber in **Beweislastumkehr** Vorsatz (positive Tatsachenkenntnis) oder Fahrlässigkeit (Kennenmüssen „bei Anwendung der
Sorgfalt eines ordentlichen Geschäftsmannes") vermutet wird (§ 46 Abs. 3 AktG).

Grobe Fahrlässigkeit ist hingegen als Mindestverschulden seitens mindestens 267
eines Gründers erforderlich, falls die Gründer als Gesamtschuldner dafür haften
sollen, dass die Gesellschaft mit solchem Verschulden von Gründern durch Einlagen, Sachübernahmen oder Gründungsaufwand geschädigt wird (§ 46 Abs. 2 AktG).
Die Beweislast für dieses Verschulden trägt die Gesellschaft; die Beweislastumkehr nach § 46 Abs. 3 AktG (s. Rn. 266) gilt hierfür nicht. Die nicht selbst diesen
Schaden verursachenden Gründer haften hingegen schon bei geringerer als grober
Fahrlässigkeit hinsichtlich des Kennenmüssens der Schadensverursachung, wobei
sie die Beweislastumkehr nach § 46 Abs. 3 AktG trifft.[395] Beispiele für Haftung aus
§ 46 Abs. 2 AktG sind verdeckte Sacheinlagen (s. Rn. 240 ff.), Überbewertung von
Sacheinlagen (s. Rn. 225) und Überzahlung von Gründungsaufwand,[396] die nicht
zwingend mit falschen Angaben iSv § 46 Abs. 1 AktG (s. Rn. 266) einhergehen
müssen, was aber zumeist der Fall sein dürfte.[397]

ee) Haftung für Verbindlichkeiten der Vorgründungsgesellschaft. Soweit 268
vor der Errichtung der Gesellschaft (§ 29 AktG; s. Rn. 10 ff.) eine Vorgründungs-

---

[392] *Hüffer/Koch* AktG § 46 Rn. 16.
[393] *Hüffer/Koch* AktG § 46 Rn. 6.
[394] MünchKomm. AktG/Bd. 1/*Pentz* § 46 Rn. 31 mwN; Kölner Komm./*Arnold* § 46
Rn. 26; *Hüffer/Koch* AktG § 46 Rn. 10 mwN.
[395] *Hüffer/Koch* AktG § 46 Rn. 12.
[396] *Hüffer/Koch* AktG § 46 Rn. 11.
[397] MünchKomm. AktG/Bd. 1/*Pentz* § 46 Rn. 42 mwN.

gesellschaft bestand, haften die Gründer für deren Verbindlichkeiten als Gesamtschuldner persönlich (s. Rn. 249), wenn nicht in der Satzung die AG damit belastet wird, womit sie zunächst Verbindlichkeiten der Vorgesellschaft werden (s. Rn. 250). Im letzteren Falle gelten die Grundsätze der Haftung für Verbindlichkeiten der Vorgesellschaft (s. Rn. 269 ff.).

269   ff) **Haftung für Verbindlichkeiten der Vorgesellschaft** (Unterbilanzhaftung, Verlustdeckungshaftung). Ist die Vorgesellschaft im Einverständnis aller Gründer bereits Verbindlichkeiten eingegangen, können die Gründer hieraus haften, und zwar sowohl bei Scheitern der Eintragung der AG als auch nach deren Entstehung.

270   Mit Eintragung entsteht die **Unterbilanzhaftung**, falls im Eintragungszeitpunkt das Aktivvermögen die Passiva nicht mindestens um das Grundkapital übersteigt,[398] wobei aber stille Reserven einschließlich eines Geschäftswertes zu berücksichtigen sind.[399] Bei Unternehmen sind Fortführungswerte zugrunde zu legen, sofern von der Fortführung des Unternehmens auszugehen ist, ansonsten sind Zerschlagungswerte anzusetzen.[400] Die Unterbilanzhaftung ist um den ordnungsgemäß in der Satzung festgesetzten Gründungsaufwand zu kürzen[401] (§ 26 Abs. 2 ff. AktG; s. Rn. 347). Falls Anhaltspunkte für eine solche Unterbilanz bestehen, muss der Vorstand den Haftungsbetrag durch eine Vermögensbilanz auf den Eintragungsstichtag ermitteln (s. Rn. 415). Die Haftung ist durch den Betrag des Grundkapitals nicht begrenzt, dh, im Falle der Überschuldung muss das Grundkapital und der Überschuldungsbetrag ersetzt werden.[402] Die Haftung besteht unabhängig von einem Verschulden und trifft jeden Gründer quotal entsprechend dem von ihm übernommenen Anteil am Grundkapital.[403] Eine Ausfallhaftung der Gründer untereinander entsprechend § 24 GmbHG besteht nicht.[404] Der Anspruch kann nur von der Gesellschaft gegen die Gründer geltend gemacht werden, nicht durch Gläubiger der Gesellschaft (Innenhaftung; s. Rn. 288).[405] Bis zur Eintragung können die Gläubiger der Vorgesellschaft ebenfalls nur gegen diese klagen, nicht gegen die Gründer.[406]

271   Nach **Scheitern der Eintragung** ist für die Haftung der Gründer danach zu unterscheiden, ob die Geschäftstätigkeit der Vorgesellschaft unverzüglich beendet und die Abwicklung erfolgt oder ob die Geschäfte in der Rechtsform einer Personengesellschaft fortgeführt werden (s. Rn. 256). Bei sofortiger Beendigung haften die Gründer wie im Falle der Eintragung ebenfalls nur im Innenverhältnis gegenüber der Gesellschaft in ihrem durch das Scheitern begründeten Rechtsstatus (s. Rn. 272), an den sich die Gläubiger halten müssen.

272   Diese sog. **Verlustdeckungshaftung**[407] ist wie die Unterbilanzhaftung (s. Rn. 269 ff.) auf die Beteiligungsquote des Gründers beschränkt,[408] nicht jedoch

---

[398] *Hüffer/Koch* AktG § 41 Rn. 8.
[399] *Hüffer/Koch* AktG § 41 Rn. 9; MünchKomm. AktG/Bd. 1/*Pentz* § 41 Rn. 119.
[400] MünchKomm. AktG/Bd. 1/*Pentz* § 41 Rn. 119.
[401] Großkomm. AktG/*Röhricht* § 26 Rn. 37; MünchKomm. AktG/Bd. 1/*Pentz* § 26 Rn. 36.
[402] *Hüffer/Koch* AktG § 41 Rn. 9; MünchKomm. AktG/Bd. 1/*Pentz* § 41 Rn. 122.
[403] BGH II ZR 123/94, BGHZ 134, 333 (339) = NJW 1997, 1507; zur AG LG Heidelberg 8 O 97/96, AG 1998, 197 (198 f.).
[404] OLG Karlsruhe 1 U 170/97, ZIP 1998, 1961; aA *Hüffer/Koch* AktG § 41 Rn. 9b.
[405] *Hüffer/Koch* AktG § 41 Rn. 9 a; aA MünchKomm. AktG/Bd. 1/*Pentz* § 41 Rn. 55 ff.
[406] BGH II ZR 123/94, BGHZ 134, 333 = NJW 1997, 1507.
[407] BGH II ZR 204/00, BGHZ 152, 290 (293 ff.) = NJW 2003, 429; *Hüffer/Koch* AktG § 41 Rn. 9a.
[408] BGH II ZR 123/94, BGHZ 134, 333 = NJW 1997, 1507.

B. Gründung der AG nach AktG　　　　　　　　　　　　　　　273–276　§ 2

auf den Nennbetrag oder den höheren Ausgabebetrag der übernommenen Aktien, wobei jedoch anders als bei der Unterbilanzhaftung das Grundkapital selbst nicht wiederherzustellen, sondern nur die Überschuldung auszugleichen ist.[409] Wird hingegen die Geschäftstätigkeit nach Scheitern der Eintragung fortgesetzt, entfällt das Privileg der Innenhaftung, dh die Gläubiger können die Gründer unmittelbar als Gesamtschuldner in Anspruch nehmen.[410] Wird die Vorgesellschaft in eine Vor-GmbH umgewidmet (s. Rn. 256), dürfte die Innenhaftung nach der auch für die GmbH gültigen Unterbilanzhaftung (bei Eintragung der GmbH) bzw. Verlustdeckungshaftung (bei Scheitern auch der Eintragung als GmbH und sofortiger Beendigung der Geschäftstätigkeit) gelten.

d) Haftung der Treugeber von Gründern

Neben den Gründern sind in gleicher Weise wie diese (§ 46 Abs. 1 bis 4 AktG; s. Rn. 265 ff.) Personen verantwortlich und schadenersatzpflichtig, für deren Rechnung jemand als Gründer Aktien übernommen hat (§ 46 Abs. 5 AktG; auch Rn. 84). Dies gilt sowohl für eine den übrigen Gründungsbeteiligten bekannte offene Treuhandschaft als auch bei einer sog. Strohmanngründung für den verdeckten sog. Hintermann als Treugeber. Kommt es auf die Kenntnis oder das Kennenmüssen von haftungsbegründenden Umständen an, so ist dem Hintermann die Kenntnis oder Unkenntnis des Gründers zuzurechnen (§ 46 Abs. 5 Satz 2 AktG).[411] 273

e) Haftung von für die Gründung verantwortlichen Dritten

Neben den im AktG aufgeführten Schadenersatzpflichten der Gründer und Treugeber von Gründern (§ 46 Abs. 1 bis 5 AktG; s. Rn. 265 ff.), von Vorstand und Aufsichtsrat (§ 48 AktG; s. Rn. 280 ff., 286) und des Gründungsprüfer (§ 49 AktG; s. Rn. 287) bestimmt das AktG folgende weitere Personen mit gesamtschuldnerischer Ersatzpflicht an die Gesellschaft für Schäden aus Anlass der Gründung: 274

aa) Haftung für nicht satzungsgemäßen Gründungsaufwand. Nach § 26 Abs. 2 AktG (s. Rn. 347) ist der Gesamtaufwand für Gründungskosten, der – abweichend vom Grundsatz der persönlichen Haftung der im Namen der Vorgesellschaft Handelnden (§ 41 Abs. 1 Satz 2 AktG; s. Rn. 282 ff.) – von der Gesellschaft getragen werden soll, in der Satzung festzusetzen. Ohne diese Festsetzung sind Verträge über Gründungsaufwand und die Rechtshandlungen zu ihrer Ausführung der Gesellschaft gegenüber unwirksam (§ 26 Abs. 3 Satz 1 AktG; s. Rn. 349). Wer gleichwohl von der Gesellschaft eine nicht in den satzungsmäßigen Gründungsaufwand aufgenommene Vergütung empfängt und nicht zu den Gründern oder Hintermännern gehört, ist ihr gesamtschuldnerisch zum Schadenersatz verpflichtet, wenn er wusste oder nach den Umständen annehmen musste, dass die Verheimlichung beabsichtigt oder erfolgt war (§ 47 Nr. 1 Alt. 1 AktG). 275

Die subjektive Haftungsvoraussetzung kann nur jemanden treffen, der die Satzung kennt oder kennen muss. Allerdings wird diese Person mangels einer in der Satzung erforderlichen Aufgliederung des Gesamtaufwandes in Einzelposten nur haften, wenn in der Satzung kein Gründungsaufwand oder dieser offensichtlich im Hinblick auf seine Vergütung zu niedrig festgesetzt ist. Eher wird sich eine Haftung für den ergeben, der die als Anlage zur Handelsregisteranmeldung erforderliche 276

---
[409] *Hüffer/Koch* AktG § 41 Rn. 9a.
[410] BGH II ZR 204/00, BGHZ 152, 290 (293 ff.) = NJW 2003, 429.
[411] *Hüffer/Koch* AktG § 46 Rn. 18; MünchKomm. AktG/Bd. 1/*Pentz* § 46 Rn. 61.

Berechnung des Gründungsaufwandes der Gesellschaft kennt oder kennen muss, aus der sich eine Aufgliederung der Vergütungen nach Art, Umfang und Empfänger ergeben muss (§ 37 Abs. 4 Nr. 2 AktG; s. Rn. 48), also zB die Rechtsberater der Gründung, der Notar, die Gründungsprüfer[412] oder das Gericht betr. die Gerichtskosten.

277 **bb) Haftung bei der Verheimlichung von Gründungsaufwand.** Der Gesellschaft haftet auch, wer nicht ordnungsgemäß in der Satzung festgesetzten Gründungsaufwand zwar nicht selbst von der Gesellschaft empfängt, bei Verheimlichung einer solchen Vergütung an einen gut- oder bösgläubigen Dritten (s. Rn. 276) aber wissentlich mitgewirkt hat (§ 47 Nr. 1 Alt. 2 AktG). Der Mitwirkende muss mindestens bedingt vorsätzlich gehandelt haben.[413]

278 **cc) Haftung bei Schädigung der Gesellschaft durch Einlagen oder Sachübernahmen.** Ebenso haftet als Gesamtschuldner der Gesellschaft, wer im Fall einer vorsätzlichen oder grobfahrlässigen Schädigung der Gesellschaft durch Einlagen oder Sachübernahmen an der Schädigung wissentlich mitgewirkt hat (§ 47 Nr. 2 AktG). Gemeint ist eine Mithaftung für die Haftungsfälle der Gründer (§ 46 Abs. 1 AktG; s. Rn. 266 f.; der dort mit aufgeführte Fall der Gründerhaftung für Gründungsaufwand ist hinsichtlich der Mitwirkungshaftung in § 47 Nr. 1 Alt. 2 AktG geregelt; s. Rn. 277) und ihrer Treugeber (§ 46 Abs. 5 AktG; s. Rn. 273) durch vorsätzliche Mitwirkung Dritter, wobei zumeist von Beratern die Rede ist.[414] Naheliegend ist auch die wissentliche Mitwirkung durch Sachübergeber (§ 27 Abs. 1 Satz 1 Alt. 2 AktG; s. Rn. 226 ff.) oder durch Erbringer von Sacheinlagen für Rechnung eines Gründers. Hier sind sogar Fälle einer **Regelungslücke** im AktG denkbar, in denen es bei der Sachbewertung den Gründern an der groben Fahrlässigkeit fehlt, der Erbringer der Sachleistung aber in Kenntnis einer aktienrechtlichen Überbewertung für sich einen hohen Preis erzielt, der im Rahmen eines „normalen" Kaufvertrages aber noch nicht sittenwidrig wäre.

279 **dd) Haftung der Emittenten.** Mit der sog. Emittentenhaftung (§ 47 Nr. 3 AktG) wird erfasst, wer vor Eintragung der Gesellschaft oder innerhalb von zwei Jahren danach die Aktien öffentlich ankündigt, um sie am Markt einzuführen,[415] wenn er kannte oder bei Anwendung der Sorgfalt eines ordentlichen Geschäftsmannes kennen musste, dass die Angaben, die zur Gründung der Gesellschaft gemacht worden sind (§ 46 Abs. 1 AktG; s. Rn. 266 f.), unrichtig oder unvollständig sind oder die Gesellschaft durch Einlagen oder Sachübernahmen geschädigt ist (§ 46 Abs. 2 AktG; s. Rn. 267). Während der Emittent nur bei Vorsatz oder Fahrlässigkeit haftet, kommt es für ihn auf ein Verschulden der Gründer oder deren Treugeber (§ 46 Abs. 5 AktG; s. Rn. 273) im Gegensatz zu deren eigenen Haftung (§ 46 Abs. 3 AktG; s. Rn. 267) nicht an, dh der Emittent hat eine eigene Prüfungspflicht.[416] Die Vorschrift richtet sich an Kreditinstitute und Vermittler, kann aber Gründer und Mitglieder von Vorstand und Aufsichtsrat treffen.[417] Gläubiger des Ersatzanspruches ist allein die Gesellschaft (Innenhaftung; s. Rn. 288); Ansprüche von Aktionären (Außenhaftung; s. Rn. 288) können sich aus § 823 Abs. 2 BGB iVm § 399 Abs. 1 Nr. 3 AktG ergeben (s. Rn. 288) und aus § 44 BörsG (§ 23 Rn. 128 ff.).[418]

---

[412] MünchKomm. AktG/Bd. 1/*Pentz* § 47 Rn. 16; Großkomm. AktG/*Ehricke* § 47 Rn. 15.
[413] MünchKomm. AktG/Bd. 1/*Pentz* § 47 Rn. 18.
[414] *Hüffer/Koch* AktG § 47 Rn. 8; MünchKomm. AktG/Bd. 1/*Pentz* § 47 Rn. 20.
[415] *Hüffer/Koch* AktG § 47 Rn. 9.
[416] *Hüffer/Koch* AktG § 47 Rn. 10; MünchKomm. AktG/Bd. 1/*Pentz* § 47 Rn. 29 mwN.
[417] *Hüffer/Koch* AktG § 47 Rn. 9.
[418] *Hüffer/Koch* AktG § 47 Rn. 11.

f) Haftung des Vorstands

Der Vorstand kann für Handlungen und Unterlassungen in der Zeit bis zur Eintragung der Gesellschaft in dreifacher Hinsicht haften, wobei die Haftung nicht auf die Gewährleistung der Kapitalaufbringung beschränkt ist:

aa) Haftung für Kapitalaufbringung. Neben der primären Haftung der Gründer für die Kapitalaufbringung (s. Rn. 259 ff.) sind die Mitglieder des Vorstandes als Gesamtschuldner der Gesellschaft zum Ersatz eines Schadens verpflichtet, der aus der Verletzung ihrer Pflichten bei der Gründung entsteht (§ 48 AktG). Als Haftungsbeispiele nennt § 48 AktG das Auswahlverschulden für die Eignung der Kapitaleinzahlungsstelle (§ 54 Abs. 3 AktG; s. Rn. 130) und falsche Angaben zur freien Verfügung des Vorstandes über die Kapitaleinzahlungen (§ 36 Abs. 2 AktG; s. Rn. 43, 179 ff.). Hinzu kommen Pflichtverletzungen bei der Gründungsprüfung (§ 33 ff. AktG; s. Rn. 23 f.). Die Haftung erfordert zwar Verschulden des Vorstandes, das aber iSv Beweislastumkehr vermutet wird (Nachweis der Anwendung der Sorgfalt eines ordentlichen und gewissenhaften Geschäftsleiters; § 48 Satz 2 iVm § 93 Abs. 2 AktG; § 6 Rn. 128 ff.). Zur primären Innenhaftung gegenüber der Gesellschaft (s. Rn. 288) tritt die Ausfallhaftung gegenüber deren Gläubigern nach § 48 Satz 2 iVm § 93 Abs. 5 AktG sowie die Außenhaftung aus unerlaubter Handlung (§ 823 Abs. 2 BGB iVm § 399 Abs. 1 Nr. 1, 2 AktG; s. Rn. 288).

bb) Handelndenhaftung. Nach § 41 Abs. 1 Satz 2 AktG haften Vorstandsmitglieder persönlich als Gesamtschuldner, wenn sie vor Eintragung der Gesellschaft in deren Namen handeln. Die Rechtsprechung lässt jedoch den Wortlaut des Gesetzes einschränkend diese Haftung erlöschen, wenn die Gesellschaft eingetragen wird und die Verbindlichkeiten der Vorgesellschaft auf die AG übergehen, weil sie im Einverständnis aller Gründer begründet waren (s. Rn. 252 ff., 269 f.).[419] Nach Eintragung kann der Handelnde daher nur noch in Anspruch genommen werden, wenn er seine Vertretungsmacht für die Vorgesellschaft überschritten hat.[420] Scheitert die Eintragung jedoch, haftet der handelnde Vorstand unbeschränkt im Außenverhältnis zu den Gläubigern und ist auf den Rückgriff auf das Gesellschaftsvermögen und auf die auch hier nur gegebene Innenhaftung der Gründer[421] und damit letztlich auf deren Bonität angewiesen.

Unklar ist, was unter **Handeln im Namen der Gesellschaft** zu verstehen ist. Unstreitig ist heute zwar, dass ein Handeln vor Errichtung der Gesellschaft (§ 29 AktG; s. Rn. 10 ff.), also für die Vorgründungsgesellschaft (s. Rn. 248 ff.) nicht ausreicht;[422] für die Vorgründungsgesellschaft gibt es auch noch keinen Vorstand (§ 30 Abs. 4 AktG, s. Rn. 17). In der früheren (inzwischen überholten) Rechtsprechung und Teilen der Literatur ist vertreten worden, dass für § 41 Abs. 1 Satz 2 AktG ein Handeln im Namen der künftigen, durch Eintragung als solche entstehenden Aktiengesellschaft vorliegen müsse;[423] ein Handeln im Namen der Vorgesellschaft erfülle hingegen die Bestimmungen nicht, sofern sich nicht aus der Auslegung des

---

[419] BGH II ZR 59/80, BGHZ 80, 182 = NJW 1981, 1452; *Hüffer/Koch* AktG § 41 Rn. 11 mwN.
[420] MünchHdB GesR IV/*Hoffmann-Becking* § 3 Rn. 41.
[421] *Hüffer/Koch* AktG § 41 Rn. 26 mwN.
[422] OLG Köln 11 U 95/94, WM 1996, 261; *Hüffer/Koch* AktG § 41 Rn. 23; ebenso für § 11 Abs. 2 GmbHG BGH II ZR 276/83, BGHZ 91, 148 = NJW 1984, 2164 unter Aufgabe der früheren Rspr., zuletzt BGH II ZR 31/81, NJW 1982, 932.
[423] BGH II ZR 111/71, NJW 1974, 1284; II ZR 205/76, BGHZ 72, 45 (47) = NJW 1978, 1978.

Rechtsverhältnisses ergebe, dass zugleich im Namen der künftigen juristischen Person habe gehandelt werden sollen.[424] Nach zutreffender Ansicht greift aber § 41 Abs. 1 Satz 2 AktG auch dann, wenn nur für die Vorgesellschaft gehandelt wurde.[425] Will ein Vorstand die Haftung aus § 41 Abs. 1 Satz AktG vermeiden, sollte er sich zunächst der Ermächtigung zum Handeln vor Eintragung durch alle Gründer (s. Rn. 10 ff., 72 ff.) und der schnellen Eintragung der Gesellschaft sicher sein, bei Zweifeln hieran der Bonität der Gründer zur Sicherung seines Regressanspruches gegen die Vorgesellschaft gewiss sein (s. Rn. 271 f.) und ansonsten das vorzeitige Handeln vermeiden oder mit dem Gläubiger vereinbaren, dass das Geschäft unter der Bedingung der Eintragung steht bzw. seine persönliche Haftung ausgeschlossen ist. **Ungeschriebenes Tatbestandsmerkmal** der Handelndenhaftung ist, dass der Handelnde gegenüber gesellschaftsfremden Dritten gehandelt haben muss. Gründern, Aufsichtsrats- oder Vorstandsmitgliedern gegenüber greift die Haftung deshalb nicht ein.[426]

284 Erlischt die Haftung aus § 41 Abs. 1 Satz 2 AktG trotz Eintragung nicht, weil der Handelnde nicht zum Handeln befugt war (s. Rn. 282), besteht die Möglichkeit zur Enthaftung durch **befreiende Schuldübernahme** seitens der Gesellschaft ohne Zustimmung des Gläubigers, wenn dies dem Gläubiger binnen drei Monaten nach Eintragung der Gesellschaft mitgeteilt wird (§ 41 Abs. 2 AktG).[427]

285 cc) **Allgemeine Vorstandshaftung.** Neben der speziellen Gründungshaftung des Vorstandes (§ 48 AktG; s. Rn. 281 und § 41 Abs. 1 Satz 2 AktG; s. Rn. 282 ff.), besteht dessen allgemeine Sorgfaltshaftung bereits für die Vorgesellschaft (§ 93 AktG; s. Rn. 281, § 6 Rn. 128 ff.).

g) **Haftung des Aufsichtsrats**

286 Der Aufsichtsrat haftet für Pflichtverletzungen im Zusammenhang mit der Kapitalaufbringung ebenso wie der Vorstand (§ 48 AktG; s. Rn. 281). Eine Handelndenhaftung wie für den Vorstand (§ 41 Abs. 1 Satz 2 AktG; s. Rn. 282 ff.) kommt nur in den ausnahmsweisen Fällen einer Vertretungsmacht des Aufsichtsrats in Betracht (Vertretung gegenüber Vorstandsmitgliedern, § 112 AktG; Prüfungsaufträge, § 111 Abs. 2 Sätze 2 und 3 AktG). Daneben gilt bereits vor Eintragung die allgemeine Sorgfaltshaftung (§ 116 AktG; § 7 Rn. 272 ff.).

h) **Haftung der Gründungsprüfer**

287 Die Gründungsprüfer (§ 33 Abs. 2 AktG; s. Rn. 25 ff., 13 1 ff.) haften der Gesellschaft für die schuldhafte Verletzung ihrer Verpflichtung zur gewissenhaften und unparteiischen Gründungsprüfung (§ 49 AktG iVm § 323 Abs. 1 HGB). Die Haftung ist bei Fahrlässigkeit auf 1 Mio. EUR beschränkt, kann aber vertraglich weder ausgeschlossen noch weiter beschränkt werden (§ 323 Abs. 2 Satz 1, Abs. 4 HGB).

---

[424] BGH II ZR 205/76, BGHZ 72, 45 (47) = NJW 1978, 1978.
[425] MünchKomm. AktG/Bd. 1/*Pentz* § 41 Rn. 136 mwN.
[426] MünchKomm. AktG/Bd. 1/*Pentz* § 41 Rn. 141; s. auch BGH 47/02, NZG 2004, 773 (774): Keine Haftung der Aufsichtsratsmitglieder gegenüber einem Vorstandsmitglied aus dessen Anstellungsvertrag.
[427] *Hüffer/Koch* AktG § 41 Rn. 27 f. mwN.

i) Außenhaftung, Innenhaftung

Unter Außenhaftung wird im Gesellschaftsrecht die Haftung des Schuldners **288** unmittelbar den Gläubigern gegenüber verstanden, wobei zu den Gläubigern wie auch zu den Schuldnern Aktionäre und damit Gründer zählen können. Im Gegensatz hierzu wird von Innenhaftung gesprochen,[428] wenn die Gesellschaft selbst Gläubigerin des Anspruches ist, so dass die Gläubiger der Gesellschaft nur diese verklagen können und allenfalls aus dem Urteil den Anspruch der Gesellschaft aus Innenhaftung gegen deren Schuldner pfänden können. Ganz überwiegend handelt es sich bei den durch das Gründungsrecht der AG geregelten Schuldverhältnissen (Zweiter Teil, §§ 23–53 AktG) um Innenhaftung. Dies gilt natürlich für die primären Kapitaleinlagepflichten der Gründer (§§ 36a, 63 AktG; s. Rn. 259 ff.) und die Folgen für deren fehlerhafte Erfüllung (Differenzhaftung, s. Rn. 225 und Haftung aus verdeckter Sacheinlage, s. Rn. 240 ff.), aber ebenso für die sekundären Einstandspflichten für die Kapitalaufbringung aus §§ 46 ff. AktG (s. Rn. 258 bis 288) und aus der Verlustdeckungshaftung (s. Rn. 272) sowie aus Unterbilanzhaftung (s. Rn. 269 ff.). Ausnahmen als Außenhaftung sind die Handelndenhaftung (§ 41 Abs. 1 Satz 2 AktG; s. Rn. 282 ff.) und die Inanspruchnahme von Vorstand und Aufsichtsrat durch die Gläubiger wegen Forderungsausfall gegenüber der Gesellschaft in den Fällen des § 48 iVm §§ 93 Abs. 5, 116 AktG (§ 6 Rn. 144). Außenhaftung im Zusammenhang mit der Gründung kann sich auch aus dem allgemeinen Schadensersatzrecht nach §§ 823 ff. BGB ergeben, insbesondere aus § 823 Abs. 2 BGB in Verbindung mit den Strafrechtsnormen von §§ 399 ff. AktG, soweit sie nicht nur den Schutz der Gesellschaft bezwecken (dann Innenhaftung hieraus).[429]

j) Verzicht und Vergleich auf Ansprüche und Ersatzansprüche

Für die Fälle der **primären Kapitaleinlagepflichten** der Gründer (§§ 36a, 54 **289** Abs. 2, 63 AktG; s. Rn. 259 ff.) ist bis zum Eintritt der Verjährung (s. Rn. 291) ein Vergleich oder Verzicht zeitlich unbegrenzt unzulässig (§ 66 Abs. 1 AktG), gleichgültig ob für Geldeinlage oder Sacheinlage;[430] dies gilt auch für das Agio bei einem höheren Ausgabebetrag (§ 36a AktG) und zwar auch für Sacheinlagen (§§ 36a Abs. 2 Satz 3 AktG; s. Rn. 225).[431] Dies muss auch gelten für die Einstandspflichten der Gründer für die Kapitalaufbringung aus Differenzhaftung (§ 9 GmbHG analog; s. Rn. 225)[432] und aufgrund des weit angelegten Gesetzeszweckes[433] auch für die Unterbilanzhaftung (s. Rn. 269 ff.) und Bareinlagepflicht bei verdeckter Sacheinlage (s. Rn. 240 ff.).

In den Fällen der **sekundären Einstandspflichten** für die Kapitalaufbringung **290** nach §§ 46–48 AktG (s. Rn. 258–288) kann die Gesellschaft binnen drei Jahren nach ihrer Eintragung auf die Ersatzansprüche weder verzichten noch sich über sie vergleichen; auch später ist ein Verzicht und Vergleich nur mit Zustimmung der Hauptversammlung gültig und auch dann nur, falls nicht eine Minderheit Widerspruch zur Niederschrift erhebt, deren Anteile zusammen den zehnten Teil des

---

[428] Zur Unterscheidung Innenhaftung und Außenhaftung: BGH II ZR 123/94, BGHZ 134, 333 = NJW 1997, 1507; II ZR 204/00, NZG 2003, 79 mwN.
[429] *Hüffer/Koch* AktG § 66 Rn. 4 mwN.
[430] *Hüffer/Koch* AktG § 66 Rn. 2.
[431] Ebenso jedenfalls für Geldeinlagen Großkomm. AktG/*Gehrlein* § 66 Rn. 3.
[432] Großkomm. AktG/*Gehrlein* § 66 Rn. 5.
[433] Großkomm. AktG/*Gehrlein* § 66 Rn. 2.

Grundkapitals erreichen (§ 50 AktG). Eine Ausnahme besteht bei Zahlungsunfähigkeit des Ersatzpflichtigen bei einem Vergleich mit den Gläubigern zur Abwendung des Insolvenzverfahrens oder bei einer Regelung durch Insolvenzplan (§ 50 Satz 2 AktG). § 50 AktG gilt nicht für die Haftung der Gründungsprüfer (§ 49 AktG; s. Rn. 287); hier ist nur die vertragliche Haftungsbeschränkung vorher verboten (§ 323 Abs. 4 HGB), während nachher Verzicht und Vergleich im Rahmen der Sorgfaltspflichten des Vorstandes (§ 93 Abs. 1 AktG; § 6 Rn. 128 ff.) zulässig sind.[434]

k) Verjährung von Ansprüchen und Ersatzansprüchen

291   Die Verjährung der **primären Kapitaleinlagepflichten** der Gründer (§§ 36a, 54 Abs. 2, 63 AktG; s. Rn. 172 f.) ist nicht im AktG geregelt. Sie verjähren daher nach BGB, in der bis Ende 2001 gültigen Fassung des § 195 BGB nach 30 Jahren.[435] Nach der seit Anfang 2002 gültigen Fassung des § 195 BGB[436] beträgt die Regelverjährung nur noch drei Jahre, beginnend nach dem ebenfalls neu gefassten § 199 Abs. 1 BGB mit dem Schluss des Jahres, in dem der Anspruch entstanden ist und der Gläubiger hiervon Kenntnis hat oder haben musste. Der Anspruch entsteht mit der Errichtung der Gesellschaft nach § 29 AktG, nicht mit Fälligkeit der Einlage gem. §§ 36a, 63 AktG. Diese kurze Verjährung verträgt sich nicht mit der Strenge, die das AktG der Kapitalaufbringung zumisst,[437] insbesondere ist sie nicht mit der für die subsidiären Ersatzpflichten gültigen fünfjährigen Verjährungsfrist ab Eintragung (§ 51 AktG; s. Rn. 292) und für die Differenzhaftung (§ 9 GmbHG analog; s. Rn. 225) vereinbar. § 51 AktG sollte daher für die primäre Kapitaleinlagepflicht der Gründer entsprechend gelten, ebenso wie für die Unterbilanzhaftung (s. Rn. 269 ff.).

292   **Sekundäre Ersatzansprüche** für die Kapitalaufbringung (§§ 46–49 AktG; s. Rn. 258–288) verjähren in fünf Jahren, beginnend mit der Eintragung der Gesellschaft oder mit einer späteren zum Ersatz verpflichtenden Handlung (§ 51 AktG).

l) Strafrechtliche Verantwortlichkeit

293   Das AktG unterstellt die Beteiligten der Gründung auch einer speziellen strafrechtlichen Verantwortung:

Es werden mit Freiheitsstrafe bis zu drei Jahren oder mit Geldstrafe bestraft,

(1) Gründer und Mitglieder des Vorstands oder Aufsichtsrats
– die zum Zweck der Eintragung der Gesellschaft über die in § 46 Abs. 1 Satz 1 AktG genannten Angaben (s. Rn. 266) sowie über den Ausgabebetrag der Aktien (§ 37 Abs. 1 Satz 1 AktG; s. Rn. 43) und über Sicherungen für nicht voll einbezahlte Geldeinlagen (§ 36 Abs. 2 Satz 2 AktG; s. Rn. 302); § 399 Abs. 1 Nr. 1 AktG;
– die im Gründungsbericht (§ 32 AktG; s. Rn. 18 ff.); § 399 Abs. 1 Nr. 2 iVm;
– die in der öffentlichen Erklärung nach § 47 Nr. 3 AktG (Emissionsankündigung); s. Rn. 279); § 399 Abs. 1 Nr. 3 AktG;

(2) Mitglieder des Vorstands
– die in der nach § 37 Abs. 2 Satz 1 AktG abzugebenden Erklärung (s. Rn. 45); § 399 Abs. 1 Nr. 6 AktG;

---

[434] *Hüffer/Koch* AktG § 50 Rn. 2 mwN.
[435] *Hüffer/Koch* AktG § 66 Rn. 3; Großkomm. AktG/*Gehrlein* § 66 Rn. 27 mwN.
[436] § 194 ff. BGB mit Übergangsvorschrift in Art. 229 § 6 EGBGB jeweils idF des Gesetzes zur Modernisierung des Schuldrechts v. 26.11.2001, BGBl. 2002 I 42.
[437] Ebenso kritisch MünchKomm. AktG/Bd. 2/*Bayer* § 65 Rn. 49 mwN; *Pentz* GmbHR 2002, 225; *Altmeppen* DB 2002, 514; *Schockenhoff/Fliege* ZIP 2002, 917.

B. Gründung der AG nach AktG   300, 301 § 2

(3) Dritte
- die in der öffentlichen Erklärung nach § 47 Nr. 3 AktG (Emmissionsankündigung; s. Rn. 279); § 399 Abs. 1 Nr. 3 AktG;
falsche Angaben machen oder erhebliche Umstände verschweigen (§ 399 Abs. 1 AktG),

(4) Gründer
- die in Aufklärungen oder Nachweisen nach § 35 Abs. 1 AktG (s. Rn. 27) einem Gründungsprüfer falsche Angaben machen oder erhebliche Umstände verschweigen (§ 400 Abs. 2 AktG);

(5) Gründungsprüfer und deren Gehilfen
- die über das Ergebnis der Prüfung falsch berichten oder erhebliche Umstände im Bericht (§ 34 Abs. 2 AktG; s. Rn. 28) verschweigen; § 403 Abs. 1 AktG; die Freiheitsstrafe beträgt bis zu fünf Jahren, falls der Täter gegen Entgelt oder in der Absicht handelt, sich oder einen anderen zu bereichern oder einen anderen zu schädigen (§ 403 Abs. 2 AktG).

12. Einpersonengründung

a) Zulässigkeit

Erst seit 1994 ist die Gründung einer AG durch nur einen Gründer zulässig (§ 2 AktG),[438] wenn auch mit besonderen Anforderungen an die Kapitalaufbringung (§ 36 Abs. 2 Satz 2 AktG; s. Rn. 302f.) und die Publizität (§ 42 AktG; s. Rn. 403). Zuvor waren mindestens fünf Gründer erforderlich (§ 2 AktG aF; mindestens fünf Personen für die Gründung einer KGaA verlangt nach wie vor § 280 Abs. 1 Satz 1 AktG, wohl aufgrund eines Redaktionsversehens des Gesetzgebers; s. Rn. 494). Die Zulässigkeit einer Vereinigung aller Aktien in einer Hand nach Eintragung der Gesellschaft hat das Gesetz schon früher unterstellt (§ 319 Abs. 1 AktG), ebenso die Duldung einer Umgehung bei Gründung durch Einschaltung mehrerer Personen als Treuhänder eines einzigen Treugebers (§ 46 Abs. 5 AktG; s. Rn. 273). Besonderheiten der Einmanngründung bestehen auch durch niedrigere Notargebühren für die Gründung (s. Rn. 120) und strengere Folgen einer Feststellung der Satzung durch einen Vertreter des Alleingründers ohne formgültige Vollmacht (§ 23 Abs. 1 Satz 2 AktG; Nichtigkeit nach § 180 Satz 1 BGB; s. Rn. 142).

300

b) Bareinlage

§ 54 Abs. 3 AktG, der die Anforderungen für eine wirksame Einzahlung des vor der Anmeldung der Gesellschaft eingeforderten Einlagebetrages aufstellt (s. Rn. 175 ff.), ist anlässlich der Zulassung der Alleingründung (s. Rn. 300) nicht deren Besonderheiten angepasst worden. Diese Vorschrift geht von der Einzahlung durch die Gründer in die Vorgesellschaft als gesamthänderischen Vermögensrechtsträger (§ 14 Abs. 2 BGB) aus,[439] was bei der Alleingründung schon begrifflich ausgeschlossen ist. Die damit verbundene Streitfrage nach der Rechtsnatur und Vermögenszuordnung der **Einpersonengründung** vor Eintragung der Gesellschaft wird teilweise iSe Sondervermögens des Alleingründers[440] beantwortet, während andererseits von einem „eigenständigen Vermögenszuordnungsobjekt"[441]

301

---

[438] § 2 AktG idF des Gesetzes für kleine Aktiengesellschaften und zur Deregulierung des Aktienrechts v. 2.8.1994, BGBl. 1994 I 1961.
[439] Kölner Komm./*Lutter* § 54 Rn. 39.
[440] *Hüffer/Koch* AktG, 10. Aufl., § 41 Rn. 17c; *Ulmer/Ihrig* GmbHR 1983, 373 (376 ff.).
[441] HM OLG Dresden GmbHR 1997, 215 (217); MünchKomm. AktG/Bd. 1/*Pentz* § 41 Rn. 79 mwN; Kölner Komm./*Arnold* § 41 Rn. 96 mwN.

§ 2   302–304   Die Gründung und die Entstehung durch Umwandlung

gesprochen wird. Für die Praxis folgt aus beiden Ansichten die Notwendigkeit, das Registergericht durch eine hinreichend dokumentierte Trennung der Einzahlung vom übrigen Vermögen des Alleingründers von der endgültigen Verfügungsmacht des Vorstandes zu überzeugen. Besonders wenn der Alleingründer zugleich einziger Vorstand ist, scheiden hierfür die Einzahlung in eine Kasse oder auf ein Konto des Vorstandes (§ 54 Abs. 3 Satz 1, Alt. 1 und 3 AktG; s. Rn. 177) aus.

302   Der Alleingründer war aufgrund § 36 Abs. 2 Satz 2 AktG zur **Bestellung einer Sicherung** für den nicht eingeforderten Teil des Grundkapitals verpflichtet (§ 36 Abs. 2 Satz 2 AktG).[442] Diese Regelung ist durch Art. 5 Nr. 2 MoMiG aufgehoben worden. Bei der Einmanngründung besteht daher keine Sicherungspflicht mehr.

c) Sacheinlage

303   Die zur Bareinlage aufgeworfenen Fragen der Vermögenszuordnung der Alleingründung vor Eintragung der Gesellschaft (s. Rn. 301) bestehen nicht weniger bei Sacheinlagen, da es keine Vorgesellschaft als gesamthänderischen Vermögensrechtsträger (§ 14 Abs. 2 BGB) gibt, auf die eine Übertragung vor Eintragung wirksam werden kann. Soll die Übertragung des Gegenstandes der Sacheinlage mit der Eintragung wirksam werden, sind entsprechende rechtliche und organisatorische Vorkehrungen hierfür zu treffen und zu dokumentieren, um die Trennung vom Vermögen des Alleingründers sicherzustellen und dies vor allem nachzuweisen.[443] Besteht die Sacheinlage in der Verpflichtung des Alleingründers zur späteren Übertragung eines Vermögensgegenstandes (§ 36a Abs. 2 Satz 2 AktG; s. Rn. 197), stellen sich diese Zuordnungsfragen nicht.

d) Haftungsfragen

304   Das Fehlen einer Vorgesellschaft als gesamthänderischer Vermögensrechtsträger führt bei der Einmanngründung bis zur Eintragung auch zu besonderen Haftungsrisiken. Mehrere Gründer, die einer Geschäftstätigkeit bereits vor Eintragung zugestimmt haben, haften hierfür nur im Innenverhältnis gegenüber der Gesellschaft, sei es durch Unterbilanzhaftung im Falle der Eintragung (s. Rn. 269 ff.) oder durch Verlustdeckungspflicht bei Scheitern der Eintragung (s. Rn. 271 f.). Eine unmittelbare Inanspruchnahme durch die Gläubiger der Vorgesellschaft ist in beiden Fällen ausgeschlossen. Letzteres wird zu Recht für den Alleingründer anders gesehen, weil es an einem gesamthänderischen Vermögensrechtsträger fehlt.[444] Erst mit Eintragung sind die Gläubiger auf das Gesellschaftsvermögen verwiesen, unbeschadet einer Unterbilanzhaftung des Alleingründers im Innenverhältnis. Eine Einmanngründung sollte daher bei Geschäftsaufnahme vor Eintragung vermieden werden.[445] Als weiteres Risiko einer langwierigen Einmanngründung ist die Möglichkeit der Privatgläubiger des Alleingründers, in das Gründungsvermögen zu vollstrecken, zu bedenken.[446]

---

[442] § 36 AktG idF des Gesetzes für kleine Aktiengesellschaften und zur Deregulierung des Aktienrechts v. 2.8.1994, BGBl. 1994 I 1961.
[443] Großkomm. AktG/*Röhricht* § 36 Rn. 122.
[444] *Hüffer/Koch* AktG § 41 Rn. 17e mwN.
[445] *Hüffer/Koch* AktG § 41 Rn. 17e.
[446] *Hüffer/Koch* AktG § 41 Rn. 17f. mwN.

13. Nachgründung

a) Begriff und Bedeutung der Nachgründung

Unter den Begriff Nachgründung fallen Verträge der Gesellschaft, die in den 310 ersten zwei Jahren seit Handelsregistereintragung mit Gründern oder mit zu mehr als 10% am Grundkapital beteiligten neuen Aktionären geschlossen werden und den Erwerb von vorhandenen oder herzustellenden Anlagen oder anderen Vermögensgegenständen gegen eine 10% des Grundkapitals übersteigende Vergütung betreffen (§ 52 Abs. 1 Satz 1 AktG[447]), wenn der Erwerb nicht im Rahmen der laufenden Geschäfte der Gesellschaft, in der Zwangsvollstreckung oder an der Börse erfolgt (§ 52 Abs. 9 AktG;[448] s. Rn. 313). Solche Nachgründungsverträge werden nur mit Zustimmung der Hauptversammlung und durch Eintragung in das Handelsregister wirksam (§ 52 Abs. 1 Satz 1 AktG); Gleiches gilt für Rechtshandlungen zu ihrer Ausführung (§ 52 Abs. 1 Satz 2 AktG), wobei nicht diese Rechtshandlungen selbst der Zustimmung und Eintragung bedürfen, sondern nur der zugrundeliegende Verpflichtungsvertrag.[449] Das Rechtsinstitut der Nachgründung dient hauptsächlich dem Umgehungsschutz der strengen Gründungsvorschriften für die Kapitalaufbringung, daneben der Unabhängigkeit des Vorstandes in der Nachgründungszeit.[450] Sachlich ist die Nachgründung eine teilweise Fortgeltung der Vorschriften für die Sachübernahme (§ 27 Abs. 1 Satz 1 AktG; s. Rn. 226 ff.) über die eigentliche Gründungszeit hinaus.

b) Vertragspartner

Seit dem 1.1.2000[451] gilt die Nachgründung nur noch für Verträge mit Gründern 311 oder Aktionären mit quantifizierter Beteiligung, vorher auch für Verträge mit Dritten;[452] die Unwirksamkeit eines vorher geschlossenen Nachgründungsgeschäftes mit einem Dritten konnte nur noch bis Ende 2001 geltend gemacht werden (§ 11 EGAktG[453]), dh die bis dahin bestehende Unwirksamkeit ist von Gesetzes wegen seitdem mangels Geltendmachung geheilt. Gründer sind die Aktionäre, die die Satzung festgestellt haben und hierbei ihre Aktien übernommen haben (§ 28 iVm § 23 Abs. 2 Nr. 2 AktG). Ändert sich der Gründerkreis vor Eintragung der Gesellschaft, was nur durch Änderung der Errichtungsurkunde möglich ist (§ 23 iVm § 41 Abs. 4 AktG),[454] gelten nur die zuletzt noch beteiligten Personen als Gründer.[455] **Gesamtrechtsnachfolger von Gründern** fallen nach dem Normzweck unter 312 § 52 AktG. Nicht erforderlich ist, dass der Gründer zur Zeit des Vertragsschlusses noch Aktionär ist. Umgekehrt betrifft § 52 AktG aber einen Aktionär, der kein Gründer ist, wenn er bei Vertragsschluss mit mehr als 10% am Grundkapital der Gesellschaft beteiligt ist. Der nach neuem Recht bestehende Ausschluss von

---

[447] § 52 Abs. 1 Satz 1 AktG idF v. Art. 1 Nr. 3 des NaStraG v. 18.1.2001, BGBl. 2001 I 123.
[448] § 52 Abs. 9 AktG idF v. Art. 1 Nr. 3 NaStraG v. 18.1.2001, BGBl. 2001 I 123.
[449] *Hüffer/Koch* AktG § 52 Rn. 9.
[450] *Hüffer/Koch* AktG § 52 Rn. 1.
[451] Inkrafttreten des durch Art. 1 Nr. 3 des NaStraG v. 18.1.2001 (BGBl. 2001 I 123) geänderten § 52 Abs. 1 Satz 1 AktG aufgrund Art. 7 NaStraG.
[452] Zu Nachgründungsverträgen mit Dritten nach altem Recht *Hüffer/Koch* AktG § 52 Rn. 3a.
[453] § 11 EGAktG idF NaStraG v. 18.1.2001, BGBl. 2001 I 123.
[454] *Hüffer/Koch* AktG § 41 Rn. 30 mwN.
[455] *Hüffer/Koch* AktG § 52 Rn. 3 mwN; MünchKomm. AktG/Bd. 1/*Pentz* § 52 Rn. 14.

Drittgeschäften als Nachgründung lädt zu Umgehungen seitens Gründern und quantifiziert beteiligten Aktionären durch Einschaltung Dritter ein. Dem wird in der Literatur durch Zurechnung solcher Geschäfte entsprechend den Grundsätzen bei der verdeckten Sacheinlage (s. Rn. 240 ff.) und dem eigenkapitalersetzenden Gesellschafterdarlehen (§ 32a GmbHG analog) begegnet.[456] Aber auch auf Seiten der Gesellschaft als notwendiger Vertragspartner eines Nachgründungsgeschäftes kommt unzulässige Umgehung durch Vorschieben einer anderen Person in Betracht, namentlich bei Erwerb für Rechnung der Gesellschaft durch Treuhänder, aber auch bei Erwerb seitens einer Tochtergesellschaft.[457]

c) Vertragsgegenstand

313 Für die Nachgründung kommen alle Vermögensgegenstände in Betracht, die Gegenstand einer Sacheinlage sein können (s. Rn. 192 ff.); die aufgeführten „Anlagen" sind wie im insoweit gleich lautenden § 27 Abs. 1 Satz AktG nur beispielhaft genannt.[458] Streitig ist, ob darüber hinaus auch **Dienstleistungen** Gegenstand der Nachgründung sein können, obwohl diese als Sacheinlage ausgeschlossen sind (§ 27 Abs. 2 Hs. 2 AktG; s. Rn. 198); aufgrund des Schutzzweckes von § 52 AktG spricht viel für die Einbeziehung.[459] Ebenfalls str. ist, ob eine Nachgründung vorliegen kann, wenn sich die Gesellschaft gemeinsam mit einem Gründer oder maßgeblichen Aktionär an der Gründung oder Kapitalerhöhung einer anderen Gesellschaft beteiligt.[460] Keine Nachgründung liegt vor, wenn der Erwerb im Rahmen der laufenden Geschäfte der Gesellschaft, in der Zwangsvollstreckung[461] oder an der Börse erfolgt (§ 52 Abs. 9 AktG[462]). Mit Wirkung ab 1.1.2000 ist der Begriff der „laufenden Geschäfte" an die Stelle des bisherigen Befreiungstatbestandes getreten, der galt, „wenn der Erwerb der Vermögensgegenstände den Gegenstand des Unternehmens bildet". Sachlich hat sich durch die Gesetzesänderung wenig für die Abgrenzung geändert.[463] Geeignetes Kriterium für laufenden Geschäftserwerb ist nach wie vor die Zulässigkeit einer Bilanzierung des Gegenstandes als Umlaufvermögen (§ 266 Abs. 2 B HGB) im Gegensatz zum Anlagevermögen (§§ 247 Abs. 2, 266 Abs. 2 A HGB), dessen Erwerb grundsätzlich der Nachgründung unterliegt.[464]

d) Vergütung

314 Die Vergütung muss höher als 10% des Grundkapitals sein, wofür das bei Wirksamwerden des Vertrages eingetragene Grundkapital[465] maßgebend ist. Bedingungen und Befristungen des Vertrages, die dessen Wirksamkeit oder Erfüllung über

---

[456] *Pentz* NZG 2001, 346 (351).
[457] Allgemeine Meinung; *Hüffer/Koch* AktG § 52 Rn. 12 mwN.
[458] *Hüffer/Koch* AktG § 52 Rn. 4.
[459] MünchKomm. AktG/Bd. 1/*Pentz* § 52 Rn. 17 mwN; *Hüffer/Koch* AktG § 52 Rn. 4 mwN; Kölner Komm./*Arnold* § 52 Rn. 18 mwN; aA *Diekmann* ZIP 1996, 2149.
[460] Zu Recht ablehnend *Hüffer/Koch* AktG § 52 Rn. 12; mit Unterschieden im Einzelnen MünchKomm. AktG/Bd. 1/*Pentz* § 52 Rn. 18 mwN.
[461] MünchKomm. AktG/Bd. 1/*Pentz* § 52 Rn. 55; Kölner Komm./*Arnold* § 52 Rn. 48; *Hüffer/Koch* AktG § 52 Rn. 19.
[462] § 52 Abs. 9 AktG idF v. Art. 1 Nr. 3 des NaStraG v. 18.1.2001, BGBl. 2001 I 123.
[463] *Hüffer/Koch* AktG § 52 Rn. 18 mwN.
[464] Im Ergebnis ähnlich MünchKomm. AktG/Bd. 1/*Pentz* § 52 Rn. 55 mwN.
[465] Eingetragenes Grundkapital zuzüglich des Nennbetrags ausgegebener Bezugsaktien aus bedingtem (§ 200 AktG) oder genehmigtem Kapital (§ 203 AktG); *Hüffer/Koch* AktG § 52 Rn. 5.

B. Gründung der AG nach AktG   315–317 § 2

die Zweijahresgrenze hinaus verschieben, können die Nachgründungsvorschriften nicht umgehen.[466] Auch ist die willkürliche Aufteilung von Verträgen zwecks Unterschreitung der Vergütungsgrenze für die Einzelverträge eine untaugliche Umgehung.[467] In der Literatur wird teilweise die Überschreitung der Grundkapitalgrenze als unschädlich angesehen, wenn der Erwerb durch das übrige Eigenkapital (§ 272 Abs. 2 und 3 HGB) gedeckt ist; dem kann angesichts des Wortlautes und des Zweckes des Gesetzes nicht gefolgt werden;[468] der str. Weg ist übrigens auch für die Praxis angesichts der drohenden Nichtigkeit zu gefährlich.

Die **Form** der Vergütung ist ohne Bedeutung, muss also nicht in Geld erfolgen, 315 sondern kann auch durch Sachleistungen als Tauschgeschäft bedungen werden. Die **Gegenleistung** kann auch in der Gewährung von Aktien im Rahmen einer Kapitalerhöhung mit Sacheinlage bestehen, was zur parallelen Anwendung der Vorschriften über die Sacheinlage und der Nachgründung führt.[469] Die Sacheinlage auf genehmigtes Kapital verliert dadurch in der Nachgründungszeit an praktischer Bedeutung, abgesehen von den Beschränkungen aus § 206 AktG (s. Rn. 345).

e) Verfahren

Liegt ein Fall der Nachgründung vor, bedarf der Vertrag hierüber der Schrift- 316 form, soweit nicht aufgrund des Erwerbsgegenstandes notarielle Beurkundung geboten ist (§ 52 Abs. 2 AktG). Zur Vorbereitung der notwendigen Zustimmung durch die Hauptversammlung ist der Vertrag bekannt und den Aktionären zugänglich zu machen, indem er von der Einberufung der Hauptversammlung an in dem Geschäftsraum der Gesellschaft auszulegen ist und den Aktionären auf Verlangen eine Abschrift zu erteilen ist (§ 52 Abs. 2 S. 2 und 3 iVm § 124 Abs. 2 Satz 2 AktG). Diese Verpflichtungen entfallen nach Inkrafttreten des ARUG seit dem 1.9.2009, wenn der Vertrag für denselben Zeitraum über die Internetseite der Gesellschaft zugänglich ist (vgl. § 52 Abs. 2 Satz 4 AktG idF des ARUG).[470] Außerdem hat der Aufsichtsrat den Vertrag zu prüfen und einen Nachgründungsbericht entsprechend einem Gründungsbericht (§ 32 Abs. 2 f. AktG; s. Rn. 18 ff.) zu erstatten (§ 52 Abs. 3 AktG). Zwingend ist auch die zusätzliche Prüfung durch einen gerichtlich bestellten Gründungsprüfer in entsprechender Anwendung der Gründungsprüfung (§ 52 Abs. 4 AktG iVm §§ 33 Abs. 3 ff., 34 f. AktG; s. Rn. 25 ff.). Von dieser Prüfung kann nach Inkrafttreten des ARUG unter den Voraussetzungen des § 33a AktG (s. Rn. 25) abgesehen werden.

Der **Beschluss der Hauptversammlung** bedarf einer Mehrheit, die mindestens 317 3/4 des vertretenen Grundkapitals umfasst (§ 52 Abs. 5 Satz 1 AktG); bei Abschluss des Nachgründungsvertrages im ersten Jahr nach Eintragung der Gesellschaft müssen in der zustimmenden Mehrheit mindestens 1/4 des gesamten Grundkapitals enthalten sein (§ 52 Abs. 5 Satz 2 AktG). Die Satzung kann für beide Fälle größere Mehrheiten und weitere Erfordernisse bestimmen (§ 52 Abs. 5 Satz 3 AktG). Der Vertragspartner ist für die Zustimmung stimmberechtigt.[471]

---

[466] MünchKomm. AktG/Bd. 1/*Pentz* § 52 Rn. 20 mwN.
[467] MünchKomm. AktG/Bd. 1/*Pentz* § 52 Rn. 24 mwN.
[468] Ablehnend und den Meinungsstand wiedergebend: MünchKomm. AktG/Bd. 1/*Pentz* § 52 Rn. 23 mwN; differenzierend *Hüffer/Koch* AktG § 52 Rn. 5 f. mwN.
[469] Entsprechende Anwendung von § 52 AktG; hM; *Hüffer/Koch* AktG § 52 Rn. 11, § 183 Rn. 5 mwN; MünchKomm. AktG/Bd. 1/*Pentz* § 52 Rn. 73 ff. mwN.
[470] *Hüffer/Koch* AktG § 52 Rn. 13.
[471] MünchKomm. AktG/Bd. 1/*Pentz* § 52 Rn. 35 mwN.

318 Der nach Zustimmung der Hauptversammlung vom Vorstand zur Eintragung in das Handelsregister anzumeldende Vertrag (§ 52 Abs. 6 AktG) ist vom Gericht einzutragen, wenn nach den Feststellungen der Gründungsprüfer und des Gerichts der Nachgründungsbericht des Aufsichtsrates ordnungsgemäß ist und die Vergütung für die zu erwerbenden Vermögensgegenstände angemessen ist (§ 52 Abs. 7 AktG). Wird nach § 52 Abs. 4 AktG idF des ARUG von einer externen Gründungsprüfung abgesehen, gelten § 37a AktG und § 38 Abs. 3 AktG nach Inkrafttreten des ARUG entsprechend (s. §§ 44 und 56 AktG). Als Inhalt der Eintragung genügt die Bezugnahme im Handelsregister auf die eingereichten Urkunden (§ 52 Abs. 8 Satz 1 AktG); in der **Bekanntmachung** der Eintragung sind dann aber neben deren Wortlaut aufzunehmen: Tag des Vertragsschlusses und der Zustimmung der Hauptversammlung, der zu erwerbende Vermögensgegenstand, die Person, von der die Gesellschaft ihn erwirbt, und die Vergütung dafür (§ 52 Abs. 8 Satz 2 AktG).

319 Erst mit der **Eintragung** werden der Vertrag und die Rechtshandlungen zu seiner Ausführung wirksam (§ 52 Abs. 1 Sätze 1 und 2 AktG); bis dahin sind sie mithin schwebend unwirksam, ohne dass jedoch der Vertragspartner ein Widerrufsrecht iSv § 178 BGB hat, solange die Gesellschaft in angemessener Zeit die Hauptversammlung über die Zustimmung durchführt.[472] Versagt die Hauptversammlung die Zustimmung oder das Gericht die Eintragung, wird der Vertrag endgültig unwirksam; jedoch ist der Vorstand nicht gehindert, nach Ablauf der Zweijahresfrist den Vertrag erneut abzuschließen, ohne dass dann noch eine Nachgründung vorliegt.[473] Ansonsten müssten bereits durchgeführte Vollzugsgeschäfte rückabgewickelt werden (§§ 812 ff. BGB).[474]

f) Rechtsfolgen bei Verstoß

320 Werden die Formvorschriften der Nachgründung von den Parteien verkannt oder missachtet, ist wie folgt zu unterscheiden: Bei Verletzung der Schriftform oder einer sachlich gebotenen notariellen Form (§ 52 Abs. 2 Satz 1 AktG) ist der Vertrag nichtig (§ 125 BGB). Wird die Hauptversammlung aufgrund gemeinschaftlichen Vorsatzes nicht eingeschaltet, liegt ebenfalls Nichtigkeit vor (§ 134 BGB). Bei beiderseitiger Unkenntnis von der Zustimmungspflicht ist schwebende Unwirksamkeit mit Widerrufsrecht des anderen Vertragsteils im Falle der späteren besseren Erkenntnis anzunehmen (entsprechend § 178 BGB). Ob der Vorstand mit Ablauf der Zweijahresfrist den Vertrag einseitig genehmigen kann (§§ 182 Abs. 1, 184 BGB), ist streitig, wegen des Schutzzwecks des § 52 AktG aber zu verneinen.[475]

g) Schadensersatz bei Nachgründung

321 Für Pflichtverletzungen bei einer Nachgründung haften die Beteiligten auf Schadensersatz entsprechend den Gründungsvorschriften (§ 53 iVm §§ 46 ff. AktG; s. Rn. 266 ff.). Ausgenommen hiervon sind die Gründer, an deren Stelle anders als bis zur Eintragung (§ 46 AktG; s. Rn. 266 f.) Vorstand und Aufsichtsrat die alleinige Verantwortung für die Nachgründung tragen (§ 53 Satz 2 AktG), wobei sie die Sorgfalt eines ordentlichen und gewissenhaften Geschäftsleiters anzuwenden haben (§ 53 Satz 3 AktG). Eine Haftung der Gründer kann abweichend von § 53

---

[472] *Hüffer/Koch* AktG § 52 Rn. 8 mwN.
[473] MünchKomm. AktG/Bd. 1/*Pentz* § 52 Rn. 61.
[474] *Hüffer/Koch* AktG § 52 Rn. 9; MünchKomm. AktG/Bd. 1/*Pentz* § 52 Rn. 64.
[475] Für eine Genehmigungsmöglichkeit *Hüffer/Koch* AktG § 52 Rn. 7 mwN; aA (Neuvornahme erforderlich): MünchKomm. AktG/Bd. 1/*Pentz* § 52 Rn. 61.

B. Gründung der AG nach AktG 322–329 § 2

Satz 2 AktG durch die entsprechende Anwendung von § 46 Abs. 5 AktG in Betracht kommen, wenn ein Verwaltungsmitglied als **Treuhänder** eines Gründers das Nachgründungsgeschäft mit der Gesellschaft abschließt, ebenso wie nach dieser Vorschrift auch ein als Treugeber des Nachgründungsgeschäftes fungierender Aktionär mit mehr als 10% Anteil am Grundkapital haften kann.[476] Soweit **Fristen** nach §§ 46 ff. AktG mit der Eintragung der Gesellschaft in das Handelsregister beginnen (dh in den Fällen von §§ 47 Nr. 3, 50 Satz 1 und 51 Satz 1 AktG), gilt als Fristbeginn stattdessen die Eintragung des Nachgründungsvertrages (§ 53 Satz 4 AktG).

h) Strafrechtliche Verantwortung für Nachgründung

Pflichtverletzungen bei einer Nachgründung sind nach folgenden Vorschriften strafbar: Falsche Angaben oder Verschweigen erheblicher Umstände durch Mitglieder des Aufsichtsrats im Nachgründungsbericht (§ 399 Abs. 1 Nr. 2 iVm § 52 Abs. 3 AktG); unrichtige Wiedergabe oder Verschleierung des Nachgründungsvertrages durch den Vorstand in der Hauptversammlung (§ 400 Abs. 1 Nr. 1 iVm § 52 Abs. 2 Satz 5 AktG); falsche Angaben usw über die Nachgründung gegenüber dem Nachgründungsprüfer von Vorstand oder Aufsichtsrat (§ 400 Abs. 1 Nr. 2 iVm §§ 52 Abs. 4, 35 Abs. 1 AktG) sowie von Gründer oder Aktionär als Partei des Nachgründungsvertrages (§ 400 Abs. 2 iVm §§ 52 Abs. 4, 35 Abs. 1 AktG); Pflichtverletzungen des Nachgründungsprüfers (§ 403 AktG). **322**

i) „Heilung" unwirksamer Sachgründung durch Nachgründung

Der frühere § 52 Abs. 10 AktG, der eine siehe RnHeilungsmöglichkeit für rechtlich verunglückte Sachgründungen beinhaltete, ist durch das ARUG gestrichen worden, nachdem Abs. 10 im Zusammenhang mit der Regelung des § 27 Abs. 3 und 4 AktG aF stand und infolge des Wegfalls dieser Regelungen obsolet geworden ist. **323**

V. Die Satzung

1. Übersicht

Das Gesetz schreibt für die Gründung die Feststellung einer Satzung (vom Gesetz zugleich auch Gesellschaftsvertrag genannt, § 2 AktG) zwingend als Eintragungsvoraussetzung (§§ 37 Abs. 4 Nr. 1, 38 Abs. 1 AktG; s. Rn. 54) vor, wofür notarielle Beurkundung erforderlich ist (§ 23 Abs. 1 AktG; s. Rn. 10). Da das AktG bereits eine umfassende Regelungsdichte vorgibt, ist der Mindestinhalt der Satzung (s. Rn. 331 ff.) auf wenige Bestimmungen beschränkt, die durch gesetzliche Vorschriften außerhalb des AktG ergänzt werden (s. Rn. 344). Der Mindestinhalt wird als Eintragungsvoraussetzung durch gründungsbezogene Satzungsbestimmungen erweitert, falls Sacheinlagen, Sachübernahmen, Sondervorteile oder Gründungsaufwand vereinbart werden sollen (s. Rn. 345 ff.). Vom AktG abweichende Satzungsbestimmungen bedürfen der ausdrücklichen gesetzlichen Zulassung (§ 23 Abs. 5 Satz 1 AktG; s. Rn. 352 f.). Ergänzende Bestimmungen der Satzung sind zulässig, es sei denn das AktG enthält eine abschließende Regelung (§ 23 Abs. 5 Satz 2 AktG; s. Rn. 354 ff.). Satzungen können auch sog. unechte (formelle) Satzungsbestimmungen enthalten (s. Rn. 358 ff.), die entweder ohne Regelungscharakter nur **329**

---

[476] Zur Anwendbarkeit von § 46 Abs. 5 AktG im Rahmen der Nachgründung: MünchKomm. AktG/Bd. 1/*Pentz* § 53 Rn. 6 mwN.

deklaratorischen Inhalt haben (s. Rn. 358) oder schuldrechtliche Nebenabreden betreffen, wie sie zumeist außerhalb der Satzungsurkunde geregelt werden (dann satzungsergänzende Nebenabreden genannt; s. Rn. 390 ff.). Für die Auslegung der Satzung gelten besondere objektivierende Grundsätze (s. Rn. 361 ff.). Mängel der Satzung (s. Rn. 364 ff.) können unbeschadet ihrer Nichtigkeit nur eingeschränkt zur Ablehnung der Eintragung führen (§ 38 Abs. 3 AktG; s. Rn. 367 ff.); nach Eintragung stellt sich die Frage der Heilung der Nichtigkeit (s. Rn. 374 ff.).

330 Satzungsänderungen bedürfen nach Eintragung der Gesellschaft eines Beschlusses der Hauptversammlung (§ 179 Abs. 1 Satz 1 AktG; Ausnahme für Fassungsanpassungen durch Aufsichtsrat: § 179 Abs. Satz 2 AktG), der sowohl der einfachen Stimmenmehrheit (§ 133 AktG) als auch der qualifizierten Kapitalmehrheit (§ 179 Abs. 2 AktG) bedarf, von Sonderfällen abgesehen (§§ 97 Abs. 2 Satz 4, 98 Abs. 4 Satz 2, 113 Abs. 1 Satz 4, 237 Abs. 4 Satz 2 AktG, §§ 4 Abs. 1 und 2, 5 Abs. 2 Satz 2 EGAktG). Der Beschluss wird erst mit Eintragung im Handelsregister wirksam (§ 181 AktG).

2. Mindestinhalt der Satzung

331 Da das AktG weitgehend abschließende Regelungen vorgibt, ist der Mindestinhalt der Satzung (s. Rn. 332 ff.) auf wenige Bestimmungen beschränkt, die durch gesetzliche Vorschriften außerhalb des AktG ergänzt werden (s. Rn. 344). Der Mindestinhalt wird als Eintragungsvoraussetzung durch gründungsbezogene Satzungsbestimmungen erweitert, falls Sacheinlagen, Sachübernahmen, Sondervorteile oder Gründungsaufwand oder die Durchführung von genehmigtem Kapital vor Eintragung vereinbart werden sollen (s. Rn. 345 ff.). Ohne die in § 23 Abs. 3 und 4 AktG aufgeführten und wie folgt erläuterten Mindestinhalte ist keine AG eintragungsfähig:

a) Firma

332 **aa) Rechtsformzusatz.** Nach § 23 Abs. 2 Nr. 1 AktG muss die Satzung die Firma der Gesellschaft bestimmen. Hinsichtlich der Anforderungen an die Firmierung beschränkt sich das AktG darauf, dass die Firma die Bezeichnung „Aktiengesellschaft" oder eine allgemein verständliche Abkürzung dieser Bezeichnung enthalten muss (§ 4 AktG).[477] Heute ist die Abkürzung „AG" allgemein verständlich und daher zulässig, während andere Abkürzungen nicht verkehrsüblich sind; nur die Abkürzung „AG" wird den Anforderungen des § 4 AktG gerecht.[478] Nicht ausreichend sind auch Wortkombinationen unter alleiniger Verwendung des Wortteils Aktien wie bspw. „Baugesellschaft auf Aktien",[479] zulässig ist hingegen die Wortkombination „Bauaktiengesellschaft".[480] Fremdsprachliche Übersetzungen des Rechtsformzusatzes reichen nicht aus.[481] Wo der Rechtsformzusatz in der Firma steht, ist gleichgültig. Verfügt die Gesellschaft über eine Zweigniederlassung, deren Firma von der Hauptfirma abweicht, so ist auch diese Firma in der Satzung anzugeben.[482]

---

[477] § 4 AktG seit 1.7.1998 idF des Art. 8 Nr. 1 HRefG v. 22.6.1998, BGBl. 1998 I 1474.
[478] MünchKomm. AktG/Bd. 1/*Heider* § 4 Rn. 19.
[479] MünchKomm. AktG/Bd. 1/*Heider* § 4 Rn. 19.
[480] MünchHdB GesR IV/*Sailer-Coceani* § 7 Rn. 5.
[481] MünchKomm. AktG/Bd. 1/*Heider* § 4 Rn. 18.
[482] BFH VIII K 4/91, BayObLGZ 1992, 59, 63 = NJW 1992, 1062.

B. Gründung der AG nach AktG 333, 334 § 2

bb) Allgemeines Firmenrecht. Abgesehen vom Rechtsformzusatz (§ 4 AktG; 333
s. Rn. 332) überlässt das AktG die Firmierung den allgemeinen Regeln des Handelsrechts (§§ 17ff. HGB). Die früher in § 4 AktG geforderte Entnahme der Firma aus dem Gegenstand der Gesellschaft ist entfallen,[483] aber als sog. Sachfirma selbstverständlich noch zulässig.[484] Daneben kommt die sog. Personenfirma durch Verwendung von Gründernamen, eingeschränkt auch der Namen von Dritten, in Frage.[485] Außerdem sind heute auch Fantasiebezeichnungen[486] erlaubt sowie Mischformen aus Sach-, Personen- und Fantasiebestandteilen.[487] Insgesamt sind die Grundsätze der **Kennzeichnungsfähigkeit** und der Unterscheidungskraft zu beachten (§ 18 Abs. 1 HGB)[488] sowie das **Irreführungsverbot** (§ 18 Abs. 2 HGB[489])[490] und das Gebot der lokalen Ausschließlichkeit, das verlangt, sich von allen anderen vor Ort eingetragenen Firmen „deutlich (zu) unterscheiden" (§ 30 HGB), wozu allein der Rechtsformzusatz (§ 4 AktG; s. Rn. 332) nicht ausreicht.[491] Der Rechtsformzusatz genügt auch nicht zur Abwendung der Haftung bei Firmenfortführung bei Erwerb eines Geschäfts durch die AG (§ 25 HGB).[492]

b) Sitz

aa) Bestimmung des Sitzes. In der Satzung muss der Sitz der Gesellschaft 334
bestimmt werden (§§ 5, 23 Abs. 3 Nr. 1 AktG). Bis zur MoMiG-Reform hatte die Satzung als Sitz den Ort, wo die Gesellschaft einen Betrieb hat, oder den Ort zu bestimmen, wo sich die Geschäftsleitung befindet oder die Verwaltung geführt wird (§ 5 Abs. 2 AktG), wobei der Sitz im **Inland** liegen musste.[493] Diese Vorgaben sind durch das MoMiG geändert worden. Die neue Regelung des MoMiG verlangt noch die Bestimmung des Sitzes in der Satzung. Die Pflicht, den Satzungssitz nur nach dem im Inland belegenen Ort des Betriebes, der Geschäftsleitung oder der Verwaltung zu bestimmen, ist durch die Streichung des bisherigen § 5 Abs. 2 AktG jedoch weggefallen. Dies zieht in den meisten Fällen keine wesentlichen Änderungen nach sich. Denn auch nach der Neuregelung kann und wird der Satzungssitz in den meisten Fällen weiterhin anhand des Ortes des Betriebes, der Geschäftsleitung oder der Verwaltung festgelegt werden. Neu hinzukommen soll die Möglichkeit, einen effektiven Verwaltungssitz zu wählen, der nicht notwendig mit dem Satzungssitz übereinstimmt. Das soll nach den Gesetzesmaterialien[494] deutschen Aktiengesellschaften ermöglichen, ihre Geschäftstätigkeit auch ausschließlich im Rahmen einer Zweigniederlassung außerhalb des deutschen Hoheitsgebiets zu entfalten, damit gleiche Ausgangsbedingungen für deutsche Aktiengesellschaften hergestellt

---

[483] § 4 AktG seit 1.7.1998 idF des Art. 8 Nr. 1 HRefG v. 22.6.1998, BGBl. 1998 I 1474.
[484] *Hüffer/Koch* AktG § 4 Rn. 11.
[485] MünchKomm. AktG/Bd. 1/*Heider* § 4 Rn. 30 mwN.
[486] *Hüffer/Koch* AktG § 4 Rn. 16.
[487] *Hüffer/Koch* AktG § 4 Rn. 11; BayObLG 3Z BR 331/99, BayObLGZ 2000, 83 (85).
[488] *Hüffer/Koch* AktG § 4 Rn. 12.
[489] § 18 Abs. 2 seit 1.7.1998 idF des Art. 8 Nr. 1 HRefG v. 22.6.1998, BGBl. 1998 I 1474.
[490] *Hüffer/Koch* AktG § 4 Rn. 13.
[491] BGH II ZR 4/66 1966, BGHZ 46, 7 = NJW 1966, 1813.
[492] *Hüffer/Koch* AktG § 4 Rn. 9; BGH II ZR 166/81, NJW 1982, 1647 (1648).
[493] BGH II ARZ 1/55 1955, BGHZ 19; 102 = NJW 1956, 183; II ZR 22/58 1959, BGHZ 29, 320 = NJW 1959, 1126.
[494] BT-Drs. 16/6140, 68, 125.

werden, wie sie nach der EuGH-Rechtsprechung[495] für Auslandsgesellschaften mit Verwaltungssitz in Deutschland gelten. Ob die Änderung des § 5 AktG hierzu tatsächlich genügt, ist noch nicht gänzlich geklärt. Teilweise wird § 5 AktG als spezielle Kollisionsregel verstanden, die etwa entgegenstehende allgemeine Grundsätze verdrängt.[496] Dies erscheint aber zweifelhaft, da der Bestimmung kein international privatrechtlicher Charakter zukommt und insoweit eine ausdrückliche Regelung im EGBGB erforderlich gewesen wäre.[497] In der Satzung anzugeben ist als Sitz der Name der deutschen **politischen Gemeinde**. Bestehen mehrere gleichnamige Gemeinden ist ein individualisierender Zusatz erforderlich. Bestimmt die Satzung zwei Orte als Sitz (Doppelsitz), so gelten die Anforderungen für jeden der Orte.[498]

335   bb) **Bedeutung des Sitzes.** An den Sitz der Gesellschaft knüpfen vorwiegend Zuständigkeiten der Gerichte im Verfahren nach dem FamFG an, nämlich des Amtsgerichtes als Registergericht (§ 14 AktG iVm §§ 23a Abs. 1 Nr. 2 GVG, 376 FamFG; s. Rn. 125) und in Streitsachen des FamFG des Landgerichtes (§§ 98 Abs. 1, 132 Abs. 1, 260 Abs. 1, 304 Abs. 3 iVm §§ 306, 320b Abs. 2 Satz 2 AktG), in der Zivilprozessgerichtsbarkeit nach AktG des Landgerichts in Anfechtungs-, Nichtigkeits- und Auflösungsklagen (§§ 246 Abs. 3 Satz 1, 249 Abs. Satz 1, 251 Abs. 3, 254 Abs. 2 Satz 1, 255 Abs. 3, 257 Abs. 2, 275 Abs. 4, 396 Abs. 1 Satz 2 AktG) und für allgemeine Zivilprozesse nach § 17 ZPO. Für das materielle Aktienrecht beschränkt sich die Bedeutung des Sitzes auf den **Ort der Hauptversammlung**, wenn die Satzung nichts anderes bestimmt (§ 121 Abs. 5 Satz 1 AktG). Für zum amtlichen Handel an einer deutschen Börse zugelassene Gesellschaften wird die Bedeutung des Sitzes noch zusätzlich durch die Möglichkeit beschränkt, die Hauptversammlung an den Sitz der Börse einzuberufen, wenn die Satzung nichts anderes bestimmt (§ 121 Abs. 5 Satz 2 AktG). Für das internationale Gesellschaftsrecht ist der Sitz von Bedeutung, da sich nach ihm – verbreiteter Meinung zufolge – das Personalstatut der Gesellschaft, dh die für die Rechtsverhältnisse der Gesellschaft maßgebliche Rechtsordnung bestimmt.[499]

336   cc) **Steuerliche Bedeutung des Sitzes.** § 11 AO knüpft für den Sitz einer Körperschaft an deren Satzung an, was auf Grund des zwingenden Inlandssitzes nach Aktienrecht (s. Rn. 334) immer zur unbeschränkten Steuerpflicht führt (§ 1 Abs. 1 KStG; § 11 Rn. 2); nach § 137 AO ist die Änderung des Sitzes dem Finanzamt anzuzeigen. Ansonsten kommt dem Sitz im Steuerrecht nur ausnahmsweise eine Bedeutung zu. Primär ist für die Ertragsteuern einer AG das Finanzamt am Ort der Geschäftsleitung zuständig (§ 20 Abs. 1 AO); nur wenn sich die Geschäftsleitung im Ausland befindet, richtet sich die Zuständigkeit nach dem Sitz (§ 20 Abs. 2 AO). Vereinzelte Doppelbesteuerungsabkommen knüpfen subsidiär an den Sitz für das Besteuerungsrecht an.[500]

---

[495] EuGH C-212/97, Slg. I 1999, 1459 (1484) – Centros; C-208/00, Slg. I 2002, 9919 (9934) – Überseering; C-167/01, NJW 2003, 3331 – Inspire Art; s. *Maul/Schmidt* BB 2003, 2297.
[496] Spindler/Stilz/*Drescher* AktG § 15 Rn. 10; *Hüffer/Koch* AktG § 5 Rn. 3.
[497] *Fingerhuth/Rumpf* IPRax 2008, 90 (92); *Hoffmann* ZIP 2007, 1581 (1584); *Paefgen* WM 2009, 529 (530).
[498] MünchKomm. AktG/Bd. 1/*Pentz* § 23 Rn. 66.
[499] Schmidt/Lutter/*Zimmer* AktG § 5 Rn. 4.
[500] MHdB GesR IV/*Sailer-Coceani/Kraft* § 8 Rn. 16 mwN.

c) Gegenstand des Unternehmens

aa) Bestimmung des Unternehmensgegenstandes. Nach § 23 Abs. 3 Nr. 2 **337**
AktG muss die Satzung den Gegenstand des Unternehmens bestimmen; namentlich ist bei Industrie- und Handelsunternehmen die Art der Erzeugnisse und Waren, die hergestellt und gehandelt werden sollen, näher anzugeben. Wie weit die Beschreibung des Unternehmensgegenstandes zu gehen hat, richtet sich nach den mit dieser Vorschrift verfolgten Zwecken, die interessierte Öffentlichkeit in groben Zügen über den Tätigkeitsbereich des Unternehmens zu informieren und das Tätigkeitsfeld der Geschäftsführer zu begrenzen.[501] Hierfür ausreichend ist die Angabe des Schwerpunkts der Geschäftstätigkeit, wodurch Aktivitäten in Randbereichen nicht ausgeschlossen werden. Als ausreichend anzusehen sind daher bspw. „Betrieb von Gaststätten" oder „Herstellung und Vertrieb von Bier". Weitreichende Formulierungen wie bspw. „Handel mit Waren aller Art" oder „Verwaltung von Vermögen und Beteiligung an anderen Unternehmen" sind nur zulässig, wenn eine weitere Präzisierung nicht möglich ist.[502] Bei vielfältiger Geschäftstätigkeit sind alle Geschäftsbereiche aufzuführen und zu individualisieren.[503] Die Beteiligung an anderen Unternehmen gehört in den Unternehmensgegenstand, wobei auch die Umschreibung des Unternehmensgegenstandes des Beteiligungsunternehmens erforderlich ist; dies gilt insbesondere auch für Holdinggesellschaften.[504]

bb) Abgrenzung vom Gesellschaftszweck. Das AktG befasst sich nicht ausdrücklich mit dem Zweck der Gesellschaft (anders § 1 GmbHG, §§ 21 f., 705 BGB), der gleichwohl begrifflich auch für die AG gilt und vom Gegenstand des Unternehmens abzugrenzen ist.[505] Gesellschaftszweck ist das eigentliche Ziel der Gesellschaft, idR die Gewinnerzielung, möglich ist aber auch der gegenteilige Zweck der Gemeinnützigkeit (§ 52 AO). Im Gegenstand des Unternehmens definiert die Satzung das Mittel, mit dem das Ziel erreicht werden soll („Mittel-Zweck-Relation").[506] Die Übergänge zwischen beiden Begriffen sind fließend. In der Satzung sollte, wenn überhaupt eine Aufführung des Zwecks erfolgt, auf saubere Trennung geachtet werden, nicht zuletzt weil der Zweck in der Satzung nur mit Zustimmung aller Aktionäre geändert werden kann (§ 33 Abs. 1 Satz 2 BGB; hM).[507] **338**

cc) Bedeutung des Unternehmensgegenstandes. Neben der Information **339**
der Öffentlichkeit durch das Handelsregister hat der Unternehmensgegenstand vor allem Bedeutung für die Geschäftsführungsbefugnis des Vorstandes (§ 82 Abs. 2 AktG; § 6 Rn. 7), bei deren Überschreitung dieser der Gesellschaft schadenersatzpflichtig werden kann (§ 93 Abs. 2 AktG). Ohne Einfluss ist dies auf die Vertretungsbefugnis des Vorstandes (§ 82 Abs. 1 AktG; § 6 Rn. 11 f.). Einfluss hat der Unternehmensgegenstand auf den Umfang des Wettbewerbsverbotes für den Vorstand (§ 88 Abs. 1 Satz 1, 2. Fall AktG; § 6 Rn. 126 f.).

dd) Steuerliche Bedeutung des Unternehmensgegenstandes. Der Unter- **340**
nehmensgegenstand ist grundsätzlich nicht von besonderer steuerlicher Relevanz. Für ertragsteuerliche Zwecke kann der Unternehmensgegenstand jedoch ein Indiz

---

[501] MünchKomm. AktG/Bd. 1/*Pentz* § 23 Rn. 69.
[502] BayObLGZ 1994, 224 (226); BayObLG 3Z BR 225/02, NZG 2003, 482.
[503] *Hüffer/Koch* AktG § 23 Rn. 24a.
[504] *Hüffer/Koch* AktG § 23 Rn. 24a.
[505] MünchKomm. AktG/Bd. 1/*Pentz* § 23 Rn. 70 ff. mwN.
[506] *Hüffer/Koch* AktG § 23 Rn. 22 mwN.
[507] MünchKomm. AktG/Bd. 1/*Pentz* § 23 Rn. 70 ff. mwN; aA *Hüffer/Koch* AktG § 23 Rn. 22.

für etwaige verdeckte Gewinnausschüttungen und verdeckte Einlagen im Unternehmensverbund (§ 8 Abs. 3 Satz 2 ff. KStG) sein, falls die jeweiligen unternehmerischen Tätigkeitsbereiche nicht abgegrenzt sind.[508] Zudem können Unternehmen mit einem spezifischen Unternehmensgegenstand besonderen steuerlichen Vorschriften unterliegen.[509]

d) Grundkapital und Aktien

341 Die Satzung muss die Höhe des Grundkapitals sowie dessen Zerlegung in Aktien bestimmen (§ 23 Abs. 3 Nr. 3 AktG; s. Rn. 160 f.). Die Zerlegung in Aktien muss entweder in Nennbetragsaktien (§ 8 Abs. 2 AktG; § 3 Rn. 6 ff.) oder in Stückaktien (§ 8 Abs. 2 AktG; § 3 Rn. 12 ff.) erfolgen (§ 8 Abs. 1 AktG; dazu und zu den Entscheidungskriterien § 3 Rn. 4 f.). Für Nennbetragsaktien sind deren Nennbeträge und für beide Aktienarten ist die Zahl der Aktien zu bestimmen, bei Nennbetragsaktien mit unterschiedlichen Nennbeträgen die Zahl der Aktien jeden Nennbetrags. Wenn mehrere Aktiengattungen bestehen (§ 11 AktG; § 3 Rn. 66 ff.), zB Stamm- und Vorzugsaktien (§ 12 AktG; § 3 Rn. 47 ff.), müssen die Gattungen und die Zahl der Aktien jeder Gattung bestimmt werden (§ 23 Abs. 3 Nr. 3, letzter Fall AktG). Schließlich muss in der Satzung bestimmt sein, ob Inhaberaktien und/oder Namensaktien ausgestellt werden (§ 23 Abs. 3 Nr. 4 iVm § 10 AktG; dazu und zu den Entscheidungskriterien § 3 Rn. 16 f.); die Zahl dieser beiden Aktienarten muss nicht angegeben werden (§ 3 Rn. 16), insbesondere da sie aufgrund eines in der Satzung einräumbaren Umwandlungsrechtes eines Aktionärs variabel sein kann (§ 24 AktG; § 3 Rn. 36, 38).

e) Zahl der Vorstandsmitglieder

342 In der Satzung muss die Zahl der Vorstandsmitglieder oder die Regeln, nach denen diese Zahl festgelegt wird, bestimmt werden (§ 23 Abs. 3 Nr. 6 iVm § 76 Abs. 2 AktG; dazu und zu den Entscheidungskriterien § 6 Rn. 8 ff.). Dagegen müsse keine Angaben über die Vertretungsbefugnis der Vorstandsmitglieder in der Satzung stehen, da sich dies aus dem Gesetz ergibt (§ 78 Abs. 2 AktG; § 6 Rn. 11). Soll oder muss (§ 76 Abs. 1 und 2 AktG; § 6 Rn. 8) der Vorstand aus mehr als zwei Personen bestehen, ist aber angesichts der gesetzlichen Gesamtvertretung durch alle Mitglieder eine Vertretungsregelung in der Satzung üblich und von der Praxis geboten (§ 78 Abs. 2 AktG; § 6 Rn. 11).

f) Bekanntmachungen

343 Nach § 23 Abs. 4 AktG muss die Satzung Bestimmungen über die Form der Bekanntmachungen der Gesellschaft enthalten. Gemeint sind damit die sog. freiwilligen Bekanntmachungen (zB Zwischenberichte an die Aktionäre) in Abgrenzung zu den Pflichtbekanntmachungen nach Gesetz und Satzung in den Gesellschaftsblättern (dh dem Bundesanzeiger, § 25 AktG, s. Rn. 148), für welche die Satzung zusätzliche Regelungen treffen kann, aber nicht muss. In der Form der freiwilligen Bekanntmachungen ist die Satzung frei, sie kann auch Briefform oder elektronische Medien bestimmen.[510]

---

[508] MHdB GesR IV/*Sailer-Coceani/Kraft* § 9 Rn. 25 mwN.
[509] So zB Kredit- und Finanzdienstleistungsinstitute (§ 8b Abs. 7 KStG) oder Lebens- und Krankenversicherungsunternehmen (§ 8b Abs. 8 KStG), MHdB GesR IV/*Sailer-Coceani/Kraft* § 9 Rn. 22.
[510] *Hüffer/Koch* AktG § 23 Rn. 32.

g) Notwendiger Inhalt nach anderen Gesetzen

Der Mindestinhalt der Satzung kann auch durch Gesetz außerhalb des AktG **344** erweitert sein, zB nach §§ 6f. UrhWG.[511] Das Fehlen einer solchen Satzungsbestimmung ist Genehmigungs- und Eintragungshindernis für die Gesellschaft (§ 3 Abs. 1 Nr. 1 UrhWG, § 38 Abs. 1 AktG).[512] Häufiger sind Vorschriften außerhalb des AktG, die nicht den Mindestinhalt der Satzung erweitern, sondern notwendige behördliche Genehmigungen verlangen, wobei sich die Folgen eines mangelnden Vorliegens einer solchen Genehmigung regelmäßig nur nach dem einschlägigen (öffentlichen) Recht richten (§ 37 Abs. 4 Nr. 5 AktG; s. Rn. 34, 145 f.).

3. Gründungsbezogene Satzungsbestimmungen

a) Übersicht

Der Mindestinhalt der Satzung (§ 23 Abs. 3 und 4 AktG; s. Rn. 331 ff.) erweitert sich für besondere Fallgestaltungen der Gründung, bei deren tatsächlichem **345** Eintreten die Aufnahme in die Satzung rechtlich und bei Kenntnis des Registergerichtes auch faktisch zur Eintragungsvoraussetzung wird (§ 38 Abs. 1 AktG). Es sind dies die Fälle der Sacheinlage und Sachübernahme (§ 27 Abs. 1 Satz 1 AktG; s. Rn. 200 ff., 229) sowie der Einräumung von Sondervorteilen (s. Rn. 346) und der Übernahme von Gründungsaufwand durch die Gesellschaft (s. Rn. 347). Ein Sonderfall der gründungsbezogenen Satzungsbestimmungen ist das genehmigte Kapital in der Gründungssatzung (§ 202 Abs. 1 AktG) mit der Ermächtigung zur Ausgabe von Aktien gegen Sacheinlagen (§ 205 AktG; § 9 Rn. 84); wenn schon vor Eintragung der Gesellschaft Verträge betr. diese Sacheinlagen geschlossen werden; dann muss die Satzung abweichend von § 205 Abs. 2 AktG bereits die Festsetzungen enthalten, die für Sacheinlagen auf das Gründungskapital gelten (§ 206 AktG).[513]

b) Sondervorteile

In der Satzung muss jeder einem einzelnen Aktionär oder einem Dritten eingeräumte besondere Vorteil unter Bezeichnung des Berechtigten festgesetzt werden **346** (§ 26 Abs. 1 AktG). Begriff und Zulässigkeitsgrenzen von Sondervorteilen sind unklar.[514] Allgemein anerkannt ist nur, dass die Einräumung aus Anlass der Gründung erfolgen muss und es sich nicht um ein an die Aktie gebundenes Mitgliedschaftsrecht handelt, sondern um ein allgemeines Gläubigerrecht („einem Dritten"; § 26 Abs. 1 AktG).[515] Richtig ist, das Wesen des einem Aktionär zulässig durch Satzung gewährten Sondervorteils im Dispens vom Gleichbehandlungsgebot zu sehen (§ 53a AktG), dessen Grenze in der Kapitalerhaltung liegt (§ 57 AktG).[516] Bei Dritten eingeräumten Sondervorteilen steht die Warnfunktion an die Gläubiger durch die Satzung im Vordergrund, während der Kapitalschutz insoweit angesichts der Dif-

---

[511] Gesetz über die Wahrnehmung von Urheberrechten und verwandten Schutzrechten v. 9.9.1965, BGBl. 1965 I 1294.
[512] *Hüffer/Koch* AktG § 23 Rn. 33.
[513] *Hüffer/Koch* AktG § 206 Rn. 1 ff. mwN.
[514] Ausführliche Darstellung Großkomm. AktG/*Röhricht* § 26 Rn. 3 ff.
[515] *Hüffer/Koch* AktG § 26 Rn. 6.
[516] MHdB GesR IV/*Hoffmann-Becking* § 3 Rn. 10.

ferenzhaftung der Gründer (s. Rn. 225) zurücktritt.[517] Wegen der Rechtsunklarheit sollten Sondervorteile vermieden werden, wie es die Praxis auch tut, allenfalls mit größtmöglicher Bestimmtheit in der Satzung geregelt werden. Verträge, die den Sondervorteilen zugrunde liegen oder zu ihrer Ausführung geschlossen worden sind, sind dem Gericht als Anlage zur Handelsregisteranmeldung einzureichen (§ 37 Abs. 4 Nr. 2 AktG). Die Satzungsfestsetzungen können binnen fünf bzw. dreißig Jahren seit Eintragung der Gesellschaft weder geändert noch beseitigt werden (§ 26 Abs. 4 und 5 AktG).

c) Gründungsaufwand

347 In der Satzung gesondert festzusetzen ist auch der Gesamtaufwand, der zu Lasten der Gesellschaft an Aktionäre oder andere Personen als Entschädigung oder Belohnung für die Gründung oder ihre Vorbereitung gewährt wird (§ 26 Abs. 2 AktG). Hierunter sind die nicht aktivierungsfähigen Gründungskosten, zB Notar- und Gerichtskosten, Bankspesen, zu verstehen (§ 248 Abs. 1 HGB), im Gegensatz zum Aufwand für die Ingangsetzung des eigentlichen Geschäftsbetriebs (§ 269 HGB), der nicht unter § 26 Abs. 2 AktG fällt;[518] im Zweifel sollte man jedoch wegen der Sanktionen (s. Rn. 349) Gründungsaufwand annehmen. Unter den in die Satzung einzustellenden Gründungsaufwand fällt auch die Vergütung des Vorstandes bis zur Eintragung (s. Rn. 112). Überhöhter Gründungsaufwand, soweit überhaupt zulässig, ist als **Sondervorteil** iSv § 26 Abs. 1 AktG zu behandeln (s. Rn. 346). Festzusetzen ist in der Satzung nur der Gesamtbetrag der notfalls zu schätzenden Einzelposten.[519] Eine **Aufstellung sämtlicher Einzelposten** unter Angabe von jeweils Art des Aufwands sowie Höhe und Empfänger der Vergütung ist jedoch dem Gericht als Anlage zur Handelsregisteranmeldung einzureichen (§ 37 Abs. 4 Nr. 2 AktG). Für die Änderung oder Beseitigung der Satzungsfestsetzungen gelten die Sperrfristen für Sondervorteile ebenfalls (§ 26 Abs. 4 und 5 AktG; s. Rn. 346). Ordnungsgemäß in der Satzung festgesetzter Gründungsaufwand ist im Rahmen der Unterbilanzhaftung auf den Eintragungsstichtag nicht zu berücksichtigen (s. Rn. 269 ff.), anders jedoch bei Scheitern der Eintragung für die Verlustdeckungshaftung der Gründer (s. Rn. 271 f.).

d) Prüfung von Sondervorteilen und Gründungsaufwand

348 Zum schriftlichen Bericht der Gründer über den Hergang der Gründung sollte auch die allgemeine Feststellung gehören, ob § 26 AktG beachtet ist (§ 32 Abs. 1 AktG; s. Rn. 19), insbesondere muss aber angegeben werden, ob und in welcher Weise Mitglieder des Vorstands oder Aufsichtsrats Gläubiger von Sondervorteilen oder im Zusammenhang mit Gründungsaufwand sind (§ 32 Abs. 3 AktG; s. Rn. 20). Ebenso gehört die Einhaltung von § 26 AktG zur Gründungsprüfung (§ 34 Abs. 1 Nr. 1 AktG; s. Rn. 25 ff.).

---

[517] MünchKomm. AktG/Bd. 1/*Pentz* § 26 Rn. 14; aA Großkomm. AktG/*Röhricht* § 26 Rn. 15.
[518] *Hüffer/Koch* AktG § 26 Rn. 5.
[519] BayObLG BReg. 3 Z 109/88, BayObLGZ 1988, 293 (296 ff.); OLG Düsseldorf Wx 80/86 GmbHR 1987, 59.

e) Folgen der Verletzung von § 26 AktG

Ohne die Festsetzung in der Satzung sind Verträge über Sondervorteile und Gründungsaufwand und die Rechtshandlungen zu ihrer Ausführung der Gesellschaft gegenüber unwirksam (§ 26 Abs. 3 Satz 1 AktG), dh die Gesellschaft darf daraus nicht leisten. Ist dies dem Registergericht bekannt, hat es durch Zwischenverfügung (§ 382 Abs. 4 FamFG; s. Rn. 61) entweder auf Festsetzung in der Satzung oder auf Sicherstellung der Nichtdurchführung der nichtigen Vereinbarung hinzuwirken und bei Nichtabhilfe die Eintragung abzulehnen (§ 38 Abs. 1 AktG).[520] Wird die Gesellschaft trotz Verstoßes gegen § 26 AktG eingetragen, kann die Unwirksamkeit nicht durch Satzungsänderung geheilt werden (§ 26 Abs. 3 Satz 2 AktG). Es kommt für Gründer Schadensersatzpflicht an die Gesellschaft in Betracht (§ 46 AktG; s. Rn. 266 f.), wobei ein Mitverschulden des Begünstigten zu berücksichtigen sein wird, Mitglieder von Vorstand und Aufsichtsrat (§ 46 AktG; s. Rn. 280 ff., 286) sowie für Gründungsprüfer bei Verletzung der Prüfungspflichten (§ 49 AktG; s. Rn. 287). Strafrechtlich können Gründer, Vorstand und Aufsichtsrat nach § 399 Abs. 1 und 2 AktG belangt werden (s. Rn. 293).

f) Änderung und Beseitigung der Satzungsbestimmungen nach § 26 AktG

Die Festsetzungen in der Satzung nach § 26 AktG können erst geändert werden, wenn die Gesellschaft fünf Jahre im Handelsregister eingetragen ist (§ 26 Abs. 4 AktG). Auch dies ist nicht im Sinne einer Änderung zum Nachteil der Gesellschaft zu verstehen, wie aus § 26 Abs. 3 Satz 2 AktG (s. Rn. 229) folgt, vielmehr kann die Änderung nur zugunsten der Gesellschaft erfolgen, was wiederum die Zustimmung des betroffenen Gläubigers voraussetzt.[521] Schließlich darf eine Satzungsbestimmung durch Satzungsänderung erst beseitigt werden, wenn die Gesellschaft dreißig Jahre im Handelsregister eingetragen ist und wenn die Rechtsverhältnisse, die den Festsetzungen zugrunde liegen, seit mindestens fünf Jahren abgewickelt sind.[522]

g) Besteuerung von Sondervorteilen und Gründungsaufwand

Werden Gründern geldwerte Sondervorteile von der Gesellschaft ohne eine Festsetzung in der Satzung eingeräumt, liegt immer eine verdeckte Gewinnausschüttung vor (§ 8 Abs. 3 Satz 2 KStG); auch bei Satzungsfestsetzung liegt sie nahe, jedoch kommt es auf die Umstände des Einzelfalls an. In der Satzung festgesetzter Gründungsaufwand stellt Betriebsausgaben der Gesellschaft dar. Erfolgt keine Festsetzung, ist eine verdeckte Gewinnausschüttung an die Gründer anzunehmen.[523]

4. Vom AktG abweichende Bestimmungen

a) Übersicht

Das AktG bietet ein in sich weitgehend abgeschlossenes und detailliertes Regelwerk, zu dessen Änderung die Vertragsfreiheit weitgehend eingeschränkt ist. In diesem Sinne kann die Satzung vom AktG nur abweichen, wenn es ausdrücklich zugelassen ist (§ 23 Abs. 5 Satz 1 AktG; zu den Zulassungsfällen s. das Verzeichnis

---

[520] *Hüffer/Koch* AktG § 26 Rn. 7.
[521] *Hüffer/Koch* AktG § 26 Rn. 9 mwN.
[522] Kritisch *Hüffer/Koch* AktG § 26 Rn. 9, die eine Beseitigung nach zehn Jahren fordern.
[523] BFH I R 12/87, BStBl. II 1990, 89.

in Rn. 353). Ausdrückliche Zulassung bedeutet, dass sich dies eindeutig aus dem Gesetz (AktG) ergeben muss.[524] Für Auslegung, ob das Gesetz eine solche Zulassung meint, besteht wenig Raum.[525] Keinesfalls kann Schweigen des Gesetzes als Zulassung einer Abweichung gedeutet werden.[526] Bei Zweifeln an der Aussage des Gesetzes ist vielmehr von der Unzulässigkeit der Abweichung auszugehen. Die Abweichung (§ 23 Abs. 5 Satz 1 AktG) ist abzugrenzen von das Gesetz ergänzenden Bestimmungen, die im Zweifel zulässig sind (§ 23 Abs. 5 Satz 2 AktG; s. Rn. 354 ff.). Lässt das Gesetz eine Abweichung der Satzung zu, sind die der Zulassung innewohnenden Grenzen streng zu beachten, ebenso die Vereinbarkeit der abweichenden Satzungsbestimmung mit anderen Grundsätzen des Gesetzes;[527] zu den Folgen von Verstößen der Satzung gegen zwingende Regeln Rn. 374 ff.

353 **b) Verzeichnis der Ermächtigungen zur Abweichung der Satzung von Vorschriften des AktG (§ 23 Abs. 5 Satz 1 AktG)**

Betroffene Teile und Abschnitte des AktG	Art der Abweichung		
	Erfordernisse für Beschlüsse der Hauptversammlung		Sonstige Abweichungen
	Erschwernis	Erleichterung	
Erstes Buch: Allgemeine Vorschriften			§§ 9 Abs. 2, 10 Abs. 5, 11 Abs. 1 Satz 1, 12 Abs. 1 Satz 2 AktG
Zweiter Teil: Gründung der Gesellschaft	§ 52 Abs. 5 Satz 3 AktG		§ 31 Abs. 2 AktG
Dritter Teil: Rechtsverhältnisse der Gesellschaft und der Gesellschafter	§ 71 Abs. 1 Nr. 8 Satz 5 iVm § 186 Abs. 3 Satz 3 AktG		§§ 24, 58 Abs. 1 Satz 1, 58 Abs. 2 Satz 2, 58 Abs. 3 Satz 2, 58 Abs. 4 Satz 1, 59 Abs. 1, 60 Abs. 3, 63 Abs. 1 Satz 2, 68 Abs. 2 AktG
Vierter Teil: Verfassung Erster Abschnitt: Vorstand			§§ 76 Abs. 2 Satz 2 Hs. 2, 77 Abs. 1 Satz 2, 77 Abs. 2 Satz 1 Hs. 2, 77 Abs. 2 Satz 2, 78 Abs. 2, 78 Abs. 3 AktG
Zweiter Abschnitt: Aufsichtsrat	§ 103 Abs. 1 Satz 3 AktG	§ 103 Abs. 1 Satz 3 AktG	§§ 95 Abs. 1 Satz 2, 101 Abs. 2, 108 Abs. 2 Satz 1, 108 Abs. 4, 109 Abs. 3, 111 Abs. 4 Satz 2[526] AktG

---

[524] MünchKomm. AktG/Bd. 1/*Pentz* § 23 Rn. 156.
[525] Großkomm. AktG/*Röhricht* § 23 Rn. 170; MünchKomm. AktG/Bd. 1/*Pentz* § 23 Rn. 156.
[526] HM; *Hüffer/Koch* AktG § 23 Rn. 35, Großkomm. AktG/*Röhricht* § 23 Rn. 170 mwN; MünchKomm. AktG/Bd. 1/*Pentz* § 23 Rn. 156 ff.
[527] Großkomm. AktG/*Röhricht* § 23 Rn. 171.
[528] § 111 Abs. 4 Satz 2 AktG idF des Gesetzes zur weiteren Reform des Aktien- und Bilanzrechts, zu Transparenz- und Publizitätsgesetz) v. 25.7.2002, BGBl. 2002 I 2681.

B. Gründung der AG nach AktG   353   § 2

Betroffene Teile und Abschnitte des AktG	Art der Abweichung		
	Erfordernisse für Beschlüsse der Hauptversammlung		Sonstige Abweichungen
	Erschwernis	Erleichterung	
Vierter Abschnitt: Hauptversammlung	§ 133 Abs. 2 AktG	§§ 133 Abs. 1, 133 Abs. 2 AktG	§§ 118 Abs. 2 Satz 2,[527] 121 Abs. 5 Sätze 1 f., 122 Abs. 1 Satz 2, 122 Abs. 2, 123 Abs. 2, 134 Abs. 1 Sätze 2 ff., 134 Abs. 2 Satz 2, 139 Abs. 1, 140 Abs. 3 AktG
Fünfter Teil: Rechnungslegung. Gewinnverwendung			§ 150 Abs. 2 ff. AktG
Sechster Teil: Erster Abschnitt: Satzungsänderung	§§ 179 Abs. 2 Satz 2 Hs. 1, 179 Abs. 3 AktG	§§ 179 Abs. 2 Satz 2 Hs. 2 AktG; 179a Abs. 1 Satz 1 iVm 179 Abs. 2 Satz 2, 3 AktG	
Zweiter Abschnitt: Maßnahmen zur Kapitalbeschaffung: 1. Kapitalerhöhung gegen Einlagen	§§ 182 Abs. 1 Satz 2 Hs. 1, 182 Abs. 1 Satz 3, 186 Abs. 3 Satz 3 AktG	§ 182 Abs. 1 Satz 2 Hs. 2 AktG	§ 182 Abs. 4 Satz 2 AktG
2. Bedingte Kapitalerhöhung	§ 193 Abs. 1 Satz 2 AktG		
3. Genehmigtes Kapital	§ 202 Abs. 2 Satz 3 AktG		§§ 202 Abs. 4, 203 Abs. 3 Satz 2 AktG
5. Wandel-/Gewinnschuldverschreibungen	§§ 221 Abs. 1 Satz 3, 221 Abs. 4 Satz 2 iVm § 186 Abs. 3 Satz 3 AktG	§ 221 Abs. 1 Satz 3 AktG	
Dritter Abschnitt: Kapitalherabsetzung	§§ 222 Abs. 1 Satz 2, 222 Abs. 2 Satz 3, 229 Abs. 3, 237 Abs. 4 Satz 3 AktG		
Achter Teil, Erster Abschnitt: Auflösung	§§ 262 Abs. 1 Nr. 2, 274 Abs. 1 Satz 3 AktG		§§ 265 Abs. 2 Satz 1, 269 Abs. 2 f. AktG

---

[529] § 118 Abs. 2 Satz 2 AktG idF des Gesetzes zur weiteren Reform des Aktien- und Bilanzrechts, zu Transparenz- und Publizität v. 25.7.2002, BGBl. 2002 I 2681.

Betroffene Teile und Abschnitte des AktG	Art der Abweichung		
	Erfordernisse für Beschlüsse der Hauptversammlung		Sonstige Abweichungen
	Erschwernis	Erleichterung	
Zweites Buch: Kommanditgesellschaft auf Aktien	§ 289 Abs. 4 Satz 4 AktG		§§ 287 Abs. 1, 289 Abs. 5, 290 AktG
Drittes Buch: Verbundene Unternehmen	§§ 293 Abs. 1 Satz 3, 293 Abs. 2 Satz 2, 295 Abs. 1 Satz 2, 295 Abs. 1 Satz 2, 296 Abs. 2 Satz 2, 319 Abs. 2 Satz 3, 320 Abs. 1 Satz 3 AktG		§ 300 Nr. 1 AktG
2. Eingliederung	§§ 319 Abs. 2 Satz 3, 320 Abs. 1 Satz 3		

5. Das AktG ergänzende Bestimmungen

a) Übersicht

354 Während Abweichungen von den Vorschriften des AktG nur erlaubt sind, wenn es ausdrücklich zugelassen ist (§ 23 Abs. 5 Satz 1 AktG; s. Rn. 352 f.), sind das Gesetz ergänzende Bestimmungen der Satzung zulässig, es sei denn, das AktG enthält eine abschließende Regelung (§ 23 Abs. 5 Satz 2 AktG). Im Zweifel an der Abgeschlossenheit der Regelung des AktG ist die Ergänzung durch die Satzung zuzulassen[530] (zur gegenteiligen Auslegungsregel für Abweichungen Rn. 352). Eine Ergänzung kann in zwei Grundfällen vorliegen, einmal, wenn das AktG den Inhalt der Satzungsbestimmung überhaupt nicht regelt, zum anderen, wenn eine gesetzliche Regelung zwar besteht, die Satzung diese aber im Sinne einer Erweiterung des geregelten Grundtatbestandes ergänzt.[531] Nachfolgend werden Beispiele für Ergänzungen durch die Satzung aufgeführt, die zulässig (s. Rn. 355) oder unzulässig sind (Rn. 357; zu den Folgen von Verstößen der Satzung gegen abschließende Regeln s. Rn. 364 ff.). Die das AktG ergänzenden Satzungsbestimmungen sind abzugrenzen von sog. unechten (formellen) Satzungsbestimmungen (s. Rn. 358 ff.) und den sog. satzungsergänzenden Nebenabreden (s. Rn. 390 ff.).

b) Beispiele zulässiger Ergänzung

355 Unproblematisch sind zunächst die Regelungsbereiche, für die das AktG ausdrücklich Ergänzungen für zulässig erklärt, wie durch folgende Bestimmungen:

---

[530] HM; Großkomm. AktG/*Röhricht* § 23 Rn. 189; *Hüffer/Koch* AktG § 23 Rn. 37; aA wohl MHdB GesR IV/*Sailer-Coceani* § 6 Rn. 11 („erkennbar keine abschließende Regelung").
[531] *Hüffer/Koch* AktG § 23 Rn. 37.

B. Gründung der AG nach AktG 356, 357 § 2

§§ 9 Abs. 2, 11, 25 Satz 2,[532] 39 Abs. 2 iVm 262 Abs. 1 Nr. 1, 55, 58 Abs. 5[533] (Sachdividende; § 4 Rn. 73 ff.), 63 Abs. 3, 68 Abs. 2, 100 Abs. 4, 107 Abs. 1 Satz 1,[534] 113 Abs. 1 Satz 2, 118 Abs. 3,[535] 119 Abs. 1, 121 Abs. 1, 2 Satz 3, 134 Abs. 4, 237 Abs. 1 Satz 2 AktG.

Die **Rechtsprechung** hatte bisher wenig Gelegenheit, über die Zulässigkeit 356
von Ergänzungen des AktG durch die Satzung zu entscheiden.[536] Von der Literatur werden folgende Ergänzungsregeln für zulässig gehalten: persönliche Voraussetzungen für Mitglieder von **Vorstand** und **Aufsichtsrat** (zB Alter, berufliche Qualifikation), soweit das Wahlermessen von Aufsichtsrat bzw. Hauptversammlung hierdurch nicht zu stark eingeengt wird, wobei das satzungsfeste für den Vorstand geltende Benachteiligungsverbot für den Zugang und beruflichen Aufstieg gem. §§ 6 Abs. 3, 7 ff. AGG[537] zu berücksichtigen ist;[538] Bestimmung des Amtes eines **Vorstandssprechers** oder eines **Ehrenvorsitzenden** des Aufsichtsrates;[539] Bildung zusätzlicher **Gremien** wie Beirat, Verwaltungsrat, soweit die Kompetenz der gesetzlichen Organe nicht eingeschränkt wird;[540] erweitertes **Auskunftsrecht** der Aktionäre unter Beachtung ihrer Gleichbehandlung (§ 131 iVm § 53a AktG).[541] Des Weiteren die generelle Ermächtigung des Aufsichtsrats zur **Anpassung der Satzungsfassung** (Ergänzung von § 179 Abs. 1 Satz 2 AktG);[542] **Gerichtsstandsvereinbarungen** für Rechtsstreitigkeiten der Aktionäre mit der Gesellschaft oder deren Organe[543] (zB aus § 117 Abs. 1 Satz 2 AktG), soweit kein ausschließlicher Gerichtsstand besteht (zB § 246 Abs. 3 Satz 1 AktG);[544] unter ähnlichen Einschränkungen steht auch die Festlegung eines **Schiedsgerichtes**;[545] zusätzliche **Publizitätspflichten**.[546]

c) Beispiele unzulässiger Ergänzung

Nach der Rechtsprechung sind wegen abschließender Regeln des AktG Ergän- 357
zungen zu folgenden Bestimmungen unzulässig: § 107 Abs. 3 Satz 1 AktG (keine

---

[532] § 25 Satz 2 AktG idF des TransPubG.
[533] § 58 Abs. 5 AktG idF des TransPubG.
[534] Gilt auch für die Zahl der Stellvertreter: BGH II ZR 123/81, BGHZ 83, 106 = NJW 1982, 1525.
[535] § 118 Abs. 3 AktG idF des TransPubG.
[536] Siehe Entscheidungen in den Fußnoten zu Rn. 355, 357.
[537] Allgemeines Gleichbehandlungsgesetz v. 14.6.2006, BGBl. 2006 I 1897; zur Anwendung auf Organmitglieder BGH II ZR 163/10, NJW 2012, 2346.
[538] HM; *Hüffer/Koch* AktG § 23 Rn. 38 mwN; MünchKomm. AktG/Bd. 1/*Pentz* § 23 Rn. 169; einschränkend iSe Ermessensvorgabe Kölner Komm./*Mertens/Cahn* § 76 Rn. 116.
[539] *Hüffer/Koch* AktG § 23 Rn. 38 mwN; MünchKomm. AktG/Bd. 1/*Pentz* § 23 Rn. 169.
[540] Großkomm. AktG/*Röhricht* § 23 Rn. 190 mwN; MünchKomm. AktG/Bd. 1/*Pentz* § 23 Rn. 169; *Hüffer/Koch* AktG § 23 Rn. 38 mwN.
[541] Kölner Komm./*Arnold* § 23 Rn. 152; Großkomm. AktG/*Röhricht* § 23 Rn. 190; *Hüffer/Koch* AktG § 23 Rn. 38.
[542] HM; Großkomm. AktG/*Wiedemann* § 179 Rn. 108 mwN; *Hüffer/Koch* AktG § 23 Rn. 38, 179 Rn. 11 mwN.
[543] BGH II ZR 155/92, BGHZ 123, 347 = NJW 1994, 51; *Hüffer/Koch* AktG § 23 Rn. 38; Großkomm. AktG/*Röhricht* § 23 Rn. 190.
[544] *Hüffer/Koch* AktG § 246 Rn. 19 mwN.
[545] MünchKomm. AktG/Bd. 1/*Pentz* § 23 Rn. 169 mwN; *Hüffer/Koch* AktG § 246 Rn. 19 mwN.
[546] Großkomm. AktG/*Röhricht* § 23 Rn. 190 mwN; MünchKomm. AktG/Bd. 1/*Pentz* § 23 Rn. 169 mwN.

Einschränkung des Ermessens des Aufsichtsrats, Ausschüsse zu bestellen);[547] § 130 Abs. 4 Satz 1 AktG (alleinige Unterzeichnung der HV-Niederschrift durch den Notar);[548] § 134 Abs. 3 AktG (Stimmrechtsvollmacht nur an andere Aktionäre).[549] Auch eine allgemeine Veröffentlichung des Abhängigkeitsberichts ist nicht zulässig.[550] Nicht abschließend geklärt ist der Umfang, in dem die Satzung das Verfahren des nach dem Mitbestimmungsrecht gebildeten Aufsichtsrats regeln darf.[551] Zu beachten sind auch die Einschränkungen, die für grundsätzlich zulässige Ergänzungen im Einzelfall gelten (s. Rn. 356).

d) Unechte (formelle) Satzungsbestimmungen

358 Nicht alles, was in einer Satzungsurkunde (§ 23 Abs. 1 Satz 1 AktG; s. Rn. 10) steht, gehört zu den echten Satzungsbestimmungen, die aus dem Mindestinhalt der Satzung bestehen (§ 23 Abs. 3 und 4 AktG; s. Rn. 331 ff.) sowie aus den vom AktG zulässig abweichenden Satzungsbestimmungen (§ 23 Abs. 5 Satz 1 AktG; s. Rn. 352 f.) und den zulässig das AktG ergänzenden Satzungsbestimmungen (§ 23 Abs. 5 Satz 1 AktG; s. Rn. 354 ff.). Jeder zusätzliche Satzungsinhalt zählt zu den unechten Satzungsbestimmungen, die nur der äußeren Form nach Teil der Satzung sind.[552]

359 Hinzu kommen die unechten Satzungsbestimmungen mit **schuldrechtlichen Regelungen**. Hierunter sind Regelungen ohne gesellschaftsrechtlichen Inhalt zu verstehen, die zwar im Zusammenhang mit der Gesellschaft getroffen werden, aber nur Rechtsbeziehungen regeln innerhalb der Aktionäre (zB Stimmrechtspooling), zwischen der Gesellschaft und den Aktionären (zB Vereinbarungen über Sondervorteile und Gründungsaufwand; § 26 AktG; s. Rn. 346 f.; diese sind zwar aus Publizitätsgründen formelle Satzungsbestandteile, betreffen aber inhaltlich schuldrechtliche Ansprüche)[553] oder der Gesellschaft und/oder der Aktionäre mit Dritten.

360 Das AktG zieht keine Grenzen für die Zulässigkeit von unechten Satzungsbestimmungen, insbesondere unterliegen sie nicht der richterlichen Überprüfung der Eintragungsfähigkeit der Gesellschaft, zumal diese Mängel selbst von echten Satzungsbestandteilen nur eingeschränkt umfasst werden (§ 38 Abs. 3 AktG; s. Rn. 368 ff.). Hieraus folgt als Kehrseite die Behandlung der Regelungen nicht nach dem AktG, sondern nach dem allgemeinen Schuldrecht, was die Auslegung nach den Grundsätzen für Willenserklärungen bedeutet (§§ 133, 157 BGB) und nicht nach den objektiven Maßstäben der Auslegung echter Satzungsbestimmungen (s. Rn. 361 ff.).[554] Änderung (und Aufhebung) der unechten Satzungsbestimmungen bedürfen der Zustimmung der inhaltlich Betroffenen; allerdings ist zusätzlich auch ein Hauptversammlungsbeschluss erforderlich (§ 179 Abs. 1 AktG), nämlich

---

[547] BGH II ZR 123/81, BGHZ 83, 106 = NJW 1982, 1525.
[548] RG I 546/01, RGZ 65, 91; *Hüffer/Koch* AktG § 23 Rn. 38.
[549] OLG Stuttgart 8 W 203/90, NJW-RR 1990, 1316 = AG 1991, 69 = WM 1990, 1159; Kölner Komm./*Zöllner* § 134 Rn. 73 ff.; aA die üM: MünchHdB GesR IV/*Sailer-Coceani* § 6 Rn. 11 mwN, *Hüffer/Koch* AktG § 23 Rn. 38, § 134 Rn. 26 mwN; offen Großkomm. AktG/*Röhricht* § 23 Rn. 190 mwN.
[550] MünchKomm. AktG/Bd. 1/*Pentz* § 23 Rn. 169.
[551] S. im Einzelnen MünchKomm. AktG/Bd. 1/*Pentz* § 23 Rn. 169 mwN.
[552] Großkomm. AktG/*Röhricht* § 23 Rn. 21 ff.
[553] Großkomm. AktG/*Röhricht* § 23 Rn. 23.
[554] Großkomm. AktG/*Röhricht* § 23 Rn. 8.

B. Gründung der AG nach AktG 361, 362 §2

als Folge der Wahl der Satzungsform, wobei in der Regel aber einfache Mehrheit genügt, es sei denn, die Notwendigkeit des Hauptversammlungsbeschlusses ist ausdrücklich für die Änderung der unechten Satzungsbestimmung ausbedungen, woraus im Zweifel auf die Vereinbarung einer qualifizierten Mehrheit zu schließen ist.[555] Es empfiehlt sich aus Gründen klarer Rechtsgestaltung, unechte Satzungsbestimmungen zu vermeiden, es sei denn, die Publizität der Satzung ist erwünscht (s. Rn. 400 ff.). Gerade zur Vermeidung dieser Publizität werden zumeist separate Regelungen bevorzugt, die dann als **satzungsergänzende Nebenabreden** bezeichnet werden (s. Rn. 390 ff.).

6. Auslegung der Satzung

Für die Auslegung der Satzung ist der Unterschied zwischen echten und unechten (formellen) Satzungsbestimmungen (s. Rn. 358 ff.) maßgebend.[556] Bis zur Eintragung sollen nach der hM in der Literatur die allgemeinen Grundsätze der Auslegung von Willenserklärungen (§§ 133, 157 BGB) für den gesamten Satzungsinhalt gelten.[557] Jedenfalls nach der Eintragung unterliegen die echten Bestandteile der Satzung einer von den allgemeinen Grundsätzen des BGB abweichenden besonderen Auslegung nach dem **objektiven Erklärungswert**,[558] die mit der Auslegung von Gesetzen vergleichbar ist.[559] Maßgebend für die Auslegung ist demnach in erster Linie der Wortlaut unter Berücksichtigung von üblichem Sprachgebrauch und Verkehrssitte (insbesondere Handelsbrauch) sowie des erkennbaren Zwecks der Bestimmung und deren Sinnzusammenhang und systematischer Bezug zu anderen Vorschriften der Satzung und zum Gesetz.[560] Dabei kann auf allgemein zugängliche Unterlagen zurückgegriffen werden, insbesondere auf die Handelsregisterakten.[561]

361

Ausgeschlossen für die Auslegung sind subjektive Kriterien wie Absichten und Erwägungen der Gründer, die Dritten nicht erkennbar sind,[562] und dies auch dann, wenn die Auslegung nur zwischen den Gründern streitig ist,[563] ausgenommen die missbräuchliche Berufung auf misslungene Satzungsbestimmungen.[564] Mehrdeutige Satzungsbestimmungen sind ggf. gesetzeskonform und einschränkend auszulegen.[565] Satzungslücken können im Wege der ergänzenden Auslegung geschlossen werden, falls aus dem übrigen Satzungsinhalt auf den Regelungswillen der Gründer geschlossen werden kann, der bei Kenntnis der Lücke zum Ausdruck gekommen

362

---

[555] Großkomm. AktG/*Wiedemann* § 179 Rn. 51.
[556] Ständige Rspr. des BGH; zB BGH II ZR 70/53, BGHZ 14, 25 = NJW 1954, 1401; II ZR 155/92, BGHZ 123, 347 = NJW 1994, 51.
[557] So *Hüffer/Koch* AktG § 23 Rn. 40 mwN; MünchKomm. AktG/Bd. 1/*Pentz* § 23 Rn. 48; aA Großkomm. AktG/*Röhricht* § 23 Rn. 33, der keinen Unterschied zwischen der Auslegung vor und nach Eintragung sieht, weil auf die Vorgesellschaft bereits weitgehend das AktG anzuwenden ist.
[558] BGH II ZB 5/85, BGHZ 96, 245; II ZR 155/92, BGHZ 123, 347 = NJW 1994, 51; *Hüffer/Koch* AktG § 23 Rn. 39 mwN.
[559] MHdB GesR IV/*Sailer-Coceani* § 6 Rn. 4 mwN.
[560] Großkomm. AktG/*Röhricht* § 23 Rn. 30 mwN.
[561] *Hüffer/Koch* AktG § 23 Rn. 39 mwN.
[562] BGH II ZR 155/92, BGHZ 123, 347 = NJW 1994, 51.
[563] *Hüffer/Koch* AktG § 23 Rn. 39.
[564] Großkomm. AktG/*Röhricht* § 23 Rn. 31; *Hüffer/Koch* AktG § 23 Rn. 39; aA *Grunewald* ZGR 1995, 68 (84 f.).
[565] *Hüffer/Koch* AktG § 23 Rn. 39.

wäre.[566] Die Auslegung der echten Satzungsbestimmungen ist von dem Revisionsgericht uneingeschränkt nachprüfbar.[567]

363 **Unechte** (formelle) **Satzungsbestimmungen** (s. Rn. 358 ff.) unterliegen anders als die echten Satzungsbestimmungen (s. Rn. 361) nicht der objektiven Auslegung, sondern ausnahmslos den allgemeinen Grundsätzen der Auslegung von Willenserklärungen (§§ 133, 157 BGB).[568] Die Auslegung der unechten Satzungsbestimmungen ist in der Revisionsinstanz nur eingeschränkt nachprüfbar.[569]

7. Mängel der Satzung

a) Übersicht

364 Satzungsmängel haben unterschiedliche Rechtsfolgen für die einzelnen Phasen der Gründung. Die wichtigste Abgrenzung betrifft die Zeit nach Eintragung (s. Rn. 374 ff.) von der vorhergehenden Zeit zwischen Errichtung und Eintragung, die unter sich zeitlich wiederum abzugrenzen ist in die Phasen bis zum Vollzugsbeginn der Vorgesellschaft (s. Rn. 365) und nach Beginn des Vollzuges (s. Rn. 366) und sachlich abzugrenzen ist von der gerichtlichen Satzungsprüfung (s. Rn. 367 ff.). Der richterlichen Prüfung unterliegen sowohl Formfehler der Satzungsfeststellung (s. Rn. 372 f.) als auch eingeschränkt inhaltliche Satzungsmängel (s. Rn. 368 ff.).

b) Phase bis Vollzugsbeginn

365 Hierunter wird die Zeit zwischen der förmlichen Errichtung der Gesellschaft (§ 29 AktG; s. Rn. 10 ff.) und dem Zeitpunkt verstanden, in dem die Vorgesellschaft (s. Rn. 251 ff.) in Vollzug gesetzt wird,[570] worunter in erster Linie die Entgegennahme der Kapitaleinlagen zu verstehen ist, aber auch schon jedes Geschäft der Vorgesellschaft mit Dritten[571] (ausgenommen die Beauftragung des Notars mit der Beurkundung der Errichtung). In dieser Zeit können Satzungsmängel von den Gründern nach den allgemeinen Bestimmungen über **Mängel von Willenserklärungen** geltend gemacht werden (§§ 104 ff., 116–118, 119 ff., 134, 138 BGB;[572] streitig ist die Anwendbarkeit von § 139 BGB).[573]

c) Phase nach Vollzugsbeginn

366 Ist die Vorgesellschaft in Vollzug gesetzt (s. Rn. 251 ff.), gelten für sie bei Satzungsmängeln die **Regeln der fehlerhaften Gesellschaft**, mit der Folge, dass die

---

[566] BGH II ZR 67/82, WM 1983, 835 = AG 1983, 312; OLG Düsseldorf 6 W 61/81, BB 1982, 1574; Großkomm. AktG/*Röhricht* § 23 Rn. 31; *Hüffer/Koch* AktG § 23 Rn. 39; Kölner Komm./*Arnold* § 23 Rn. 24; aA iSe grundsätzlichen Ablehnung der ergänzenden Satzungsauslegung noch Kölner Komm./*Kraft* § 23 Rn. 102.

[567] Ständige Rspr. des BGH; zB BGH II ZR 72/53 1953, BGHZ 9, 279 = NJW 1953, 1021; II ZR 155/92, BGHZ 123, 347 = NJW 1994, 51.

[568] *Hüffer/Koch* AktG § 23 Rn. 40; MünchKomm. AktG/Bd. 1/*Pentz* § 23 Rn. 48; Großkomm. AktG/*Röhricht* § 23 Rn. 35.

[569] BGH II ZR 331/53, WM 1955, 65; IX ZR 33/90, WM 1991, 495.

[570] *Hüffer/Koch* AktG § 23 Rn. 41.

[571] Großkomm. AktG/*Röhricht* § 23 Rn. 208; MünchKomm. AktG/Bd. 1/*Pentz* § 23 Rn. 175.

[572] *Hüffer/Koch* AktG § 23 Rn. 41 mwN.

[573] Gegen die Anwendbarkeit von § 139 BGB: MünchKomm. AktG/Bd. 1/*Pentz* § 23 Rn. 175 mwN; *Hüffer/Koch* AktG § 23 Rn. 41 mwN; aA Großkomm. AktG/*Röhricht* § 23 Rn. 212.

B. Gründung der AG nach AktG   367–370 § 2

Gründer nicht mehr wie zuvor uneingeschränkt Mängel von Willenserklärungen geltend machen können, sondern nur noch die Auflösung und Abwicklung der Vorgesellschaft (Recht der fehlerhaften Gesellschaft).[574] In der Regel sind die Gründer dann aber nicht verpflichtet, die Eintragung der Gesellschaft durch Heilungsmaßnahmen zu betreiben, es sei denn, dies ist unter Berücksichtigung der Gesamtumstände aufgrund Treuepflicht anzunehmen.[575]

d) Gerichtliche Prüfung der Satzung

aa) Übersicht. Das Registergericht hat die ordnungsgemäße Errichtung (§ 29 AktG; s. Rn. 10 ff., 54) und Anmeldung der Gesellschaft (§§ 36 ff. AktG; s. Rn. 55) zu prüfen und bei Mängeln nach Fristsetzung zwecks Heilung (§ 382 Abs. 4 FamFG; s. Rn. 61) die Eintragung abzulehnen (§ 38 Abs. 1 AktG; s. Rn. 62). Der richterlichen Prüfung unterliegen sowohl Formfehler der Satzungsfeststellung (s. Rn. 372 f.) als auch eingeschränkt inhaltliche Satzungsmängel (s. Rn. 368 ff.). 367

bb) Inhaltliche Satzungsmängel. Seit dem Jahr 1998 darf das Registergericht materielle Satzungsmängel nur noch eingeschränkt als Eintragungshindernis behandeln (§ 38 Abs. 3 AktG idF Art. 8 Nr. 2 HRefG).[576] Nach § 38 Abs. 3 AktG hat das Gericht wegen einer mangelhaften, fehlenden oder nichtigen Bestimmung der Satzung die Eintragung abzulehnen, soweit diese Bestimmung, ihr Fehlen oder ihre Nichtigkeit 368

(Nr. 1) Tatsachen oder Rechtsverhältnisse betrifft, die nach § 23 Abs. 3 AktG (s. Rn. 331 ff.) oder aufgrund anderer zwingender gesetzlicher Vorschriften (§ 23 Abs. 4 AktG; s. Rn. 343; §§ 26, 27 AktG; s. Rn. 345 ff.; § 3 Abs. 1 Nr. 1 UrhWG; s. Rn. 344) in der Satzung bestimmt sein müssen oder die in das Handelsregister einzutragen (§ 39 Abs. 1 Satz 2, Abs. 2 AktG) oder von dem Gericht bekannt zu machen (§ 40 Abs. 1 Nr. 1 iVm §§ 24, 25 Satz 2; § 40 Abs. 1 Nr. 2 AktG) sind,
(Nr. 2) Vorschriften verletzt, die ausschließlich oder überwiegend zum Schutze der Gläubiger der Gesellschaft oder sonst im öffentlichen Interesse gegeben sind, oder
(Nr. 3) die Nichtigkeit der Satzung zur Folge hat.

Das Verhältnis dieser drei Fälle des § 38 Abs. 3 AktG zueinander ist unklar. Klar ist nur, dass bei Fehlen der zwingenden Satzungsbestimmungen iSv Nr. 1 dies allein schon ein **Eintragungshindernis** ist.[577] Bei inhaltlicher Mangelhaftigkeit der zwingenden Satzungsbestimmungen wird teils angenommen, dass die Voraussetzung der Nr. 2 kumulativ zu Nr. 1 hinzutreten müsse und Nr. 2 nur für diesen Fall zutreffe, nicht für fakultative Satzungsbestimmungen.[578] Anderseits werden fakultative Satzungsbestimmungen iSv § 23 Abs. 5 AktG (s. Rn. 352 ff.) als der eigentliche Anwendungsbereich von Nr. 2 gesehen.[579] 369

Inhalt und Grenzen von § 38 Abs. 3 Nr. 2 AktG erschließen sich aus dem Vergleich mit den materiellen Nichtigkeitsgründen für Beschlüsse der Hauptversamm- 370

---

[574] Allgemeine Meinung für Vor-GmbH: BGH II ZR 167/53, BGHZ 13, 320 = NJW 1954, 1562; für Anwendung auf Vor-AG: Großkomm. AktG/*Röhricht* § 23 Rn. 208 ff.; *Hüffer/Koch* AktG § 23 Rn. 41, § 275 Rn. 8; MünchKomm. AktG/Bd. 1/*Pentz* § 23 Rn. 175 f.; aA noch zum Teil das ältere Schrifttum, etwa Kölner Komm./*Kraft* § 23 Rn. 108 f.
[575] Großkomm. AktG/*Röhricht* § 23 Rn. 214.
[576] HRefG v. 22.6.1998, BGBl. 1998 I 1474.
[577] *Hüffer/Koch* AktG § 38 Rn. 13; MünchKomm. AktG/Bd. 1/*Pentz* § 38 Rn. 75 ff.; Großkomm. AktG/*Röhricht* § 38 Rn. 51.
[578] *Hüffer/Koch* AktG § 38 Rn. 14.
[579] Großkomm. AktG/*Röhricht* § 38 Rn. 53 f.; aiSe Nichtanwendbarkeit von § 38 Abs. 3 Nr. 2 auf fakultative Satzungsbestimmungen: MünchKomm. AktG/Bd. 1/*Pentz* § 38 Rn. 76.

lung (§ 241 Nr. 3 und 4 AktG; auch § 5 Rn. 285). Von den dort bestimmten Fällen der materiellen Nichtigkeit übernimmt § 38 Abs. 3 Nr. 2 AktG nur die zweite und dritte Alternative in § 241 Nr. 3 AktG (Gläubigerschutz und sonstiges öffentliches Interesse), während die übrigen Nichtigkeitsgründe kein Eintragungshindernis darstellen, also weder die Unvereinbarkeit einer Satzungsbestimmung mit dem Wesen der Aktiengesellschaft (§ 241 Nr. 3 Alt. 1 AktG) noch ihr inhaltlicher Verstoß gegen die guten Sitten (§ 241 Nr. 4 AktG). Dieser Wertungswiderspruch zwischen Beschlussnichtigkeit und Eintragungsfähigkeit wird vom Gesetz iSe Beschleunigung der Eintragung in Kauf genommen.[580]

371 Der Fall der **Nichtigkeit** der gesamten Satzung als Folge eines Satzungsmangels (§ 38 Abs. 3 Nr. 3 AktG) kann sowohl zwingende als auch fakultative Satzungsbestimmungen betreffen.[581] Als typisches Beispiel gilt der von den Gründern gewollt vereinbarte sittenwidrige Unternehmensgegenstand (§ 138 BGB),[582] der zwar kein Fehlen, sondern nur den Mangel eines Mindestbestandteils darstellt, andererseits nicht unter § 38 Abs. 3 Nr. 2 AktG fällt (s. Rn. 368), aber ein Eintragungshindernis nach Nr. 3 dieser Bestimmung ergibt.

372 cc) **Formelle Satzungsmängel.** Neben der richterlichen Prüfung des Satzungsinhaltes mit den Einschränkungen nach § 38 Abs. 3 AktG (s. Rn. 368 ff.) besteht uneingeschränkte Prüfungspflicht der formellen Ordnungsmäßigkeit der Satzungsfeststellung (§§ 23 Abs. 1, 28 AktG; s. Rn. 10 ff., 54). Hierzu sind die Satzung und die Urkunden über ihre Feststellung und die Aktienübernahme der Gründer (§§ 23 Abs. 2, 29 AktG; s. Rn. 10 ff.), in der Regel in einer Urkunde zusammengefasst (s. Rn. 10), als Anlage der Handelsregisteranmeldung beizufügen (§ 37 Abs. 4 Nr. 1 AktG; s. Rn. 49). Formelle Feststellungsmängel iwS können sich aus folgenden Gründen ergeben:
1. Die Feststellung und/oder die Aktienübernahme der Gründer sind nicht durch einen Notar beurkundet (§ 23 Abs. 1 Satz 1, Abs. 2 AktG; s. Rn. 10, 114; zur Beurkundung durch einen ausländischen Notar Rn. 124).
2. Die Beurkundung durch den Notar ist wegen Verstoßes gegen zwingende Beurkundungsvorschriften nichtig (§§ 6–9, 13–14, 16, 22–26 BeurkG; § 125 BGB).
3. Die beurkundeten Erklärungen sind wegen Geschäftsunfähigkeit (§§ 104 f. BGB), beschränkter Geschäftsfähigkeit (§§ 106 ff. BGB) oder Willensmängeln (§§ 116–118 BGB) von Beteiligten nichtig bzw. wirksam angefochten (§§ 119 bis 121, 123 f. BGB).
4. Vertretung eines Gründers bei der Beurkundung durch einen Vertreter ohne Vertretungsmacht (§§ 177 f. BGB) entweder mangels notwendiger Befugnis als gesetzlicher Vertreter (s. Rn. 143) oder wegen gänzlich fehlender oder formungültiger Vollmacht mangels notarieller Beglaubigung (§ 23 Abs. 1 Satz 2 AktG; s. Rn. 141 f.).
5. Nichtteilnahme einer als Gründer angegebenen Person (§ 23 Abs. 2 Nr. 1 AktG) an der notariellen Feststellung der Satzung (§§ 23 Abs. 1, 28 AktG; s. Rn. 10 ff.) und/oder der Übernahme der für ihn bestimmten Aktien (§§ 23 Abs. 2, 29 AktG; s. Rn. 13).

373 Bei allen vorgenannten formellen Feststellungsmängeln muss das Gericht die **Eintragung** der Gesellschaft **ablehnen** (§ 38 Abs. 1 AktG; s. Rn. 62), falls dem

---

[580] Großkomm. AktG/*Röhricht* § 38 Rn. 57.
[581] Großkomm. AktG/*Röhricht* § 38 Rn. 55; MünchKomm. AktG/Bd. 1/*Pentz* § 38 Rn. 76.
[582] MünchKomm. AktG/Bd. 1/*Pentz* § 38 Rn. 76; zustimmend *Hüffer/Koch* AktG § 38 Rn. 14.

Mangel nicht nach Fristsetzung abgeholfen wird (§ 382 Abs. 4 FamFG; s. Rn. 61; zu den Folgen einer trotzdem vorgenommenen Eintragung Rn. 66, 374 ff.).

e) Eintragung mit Satzungsmängeln

aa) Übersicht. Gelangt die Gesellschaft zur Eintragung trotz mangelhafter Satzung, sei es weil es sich um nicht eintragungshindernde Mängel handelt (§ 38 Abs. 1 AktG; s. Rn. 368 ff.), sei es aus richterlicher Nichtbeachtung von Eintragungshindernissen, entsteht sie gleichwohl als vollgültige Aktiengesellschaft (Folgerung aus §§ 41 Abs. 1 Satz 1, 275 Abs. 1 AktG; s. Rn. 66).[583] Formelle Feststellungsmängel werden durch die Eintragung geheilt (s. Rn. 375). Materielle Satzungsmängel können nach Eintragung nur noch eingeschränkt geltend gemacht werden. Für die Geltendmachung ist dabei zu unterscheiden nach der Art des Mangels (s. Rn. 375 f.), dem Ergebnis der erfolgreichen Geltendmachung (Auflösung der Gesellschaft, s. Rn. 381 ff., oder Feststellung der Nichtigkeit der Satzungsbestimmung, s. Rn. 380), der hierzu befugten Personen (s. Rn. 380 f.) bzw. dem Gericht (s. Rn. 385 f.), den zeitlichen Grenzen der Geltendmachung (s. Rn. 379) sowie dem dafür vorgesehenen Verfahren (s. Rn. 380 f., 385 f.).

bb) Heilung durch Eintragung. Hier besteht ein Unterschied zwischen förmlichen Feststellungsmängeln und inhaltlichen Satzungsmängeln. Alle **formellen Feststellungsmängel** (s. Rn. 372) heilen durch Eintragung, ausgenommen den Fall der sog. Scheingesellschaft.[584] So tritt bei fehlender oder unwirksamer Beurkundung der Satzungsfeststellung oder Fehlen einer notariell beglaubigten Vollmacht (§ 23 Abs. 1 AktG; s. Rn. 372 Fälle 1, 2 und 4) mit der Eintragung Heilung ein,[585] wie aus § 242 Abs. 1 AktG analog folgt. Auch Erklärungs- und Willensmängel bei der Satzungsfeststellung (s. Rn. 372 Fall 3) werden durch die Eintragung geheilt, so dass die Satzung gültig wird. Keine Heilung durch Eintragung erfahren inhaltliche Satzungsmängel (s. Rn. 377); hier kann es aber zur Heilung durch Satzungsänderung (§§ 179 ff., 276 AktG; s. Rn. 378; ergänzend § 399 FamFG; s. Rn. 386) kommen oder zur Heilung durch Zeitablauf (analog §§ 242 Abs. 2, 275 Abs. 3 AktG; s. Rn. 379).

Unberührt von der Heilung der Satzung durch Eintragung bei Feststellungsmängeln (s. Rn. 375) bleiben die damit verbundenen **Erklärungs- und Willensmängel** bei der Übernahme von Aktien (§ 23 Abs. 2 Nr. 2 AktG; s. Rn. 13). Hier tritt die Heilung durch Eintragung auch für die Übernahme ein, falls die Übernahme dem Gründer aufgrund des erzeugten Rechtsscheins zurechenbar ist, was der Regelfall ist.[586] Besteht keine Zurechenbarkeit der nichtigen Übernahmeerklärung, zB mangels Geschäftsfähigkeit, bewirkt die Eintragung keine Heilung, dh diese Person wird unbeschadet der Existenz der Gesellschaft kein Gründer.[587] Sinkt

---

[583] BGH II ZB 11/56, BGHZ 21, 378 = NJW 1957, 19.
[584] Eine Scheingesellschaft liegt vor, wenn die Gesellschaft keine rechtswirksamen Gründer hat, zB wegen Geschäftsunfähigkeit (§§ 104 f. BGB), und hierfür auch keine anderen Personen ersatzweise in die Stellung eines Gründers einzutreten haben (zB nach §§ 46 ff. AktG oder § 179 BGB); die Scheingesellschaft ist trotz Eintragung nichtig und von Amts wegen zu löschen (§ 397 Satz 2 FamFG); hM zur GmbH: Baumbach/Hueck/*Fastrich* GmbHG § 2 Rn. 41 mwN.
[585] Heute ganz hM Großkomm. AktG/*Röhricht* § 23 Rn. 221 mwN.
[586] Großkomm. AktG/*Röhricht* § 23 Rn. 225 ff. mwN; MünchKomm. AktG/Bd. 1/*Pentz* § 23 Rn. 176 mwN.
[587] MünchKomm. AktG/Bd. 1/*Pentz* § 23 Rn. 188. mwN; Großkomm. AktG/*Röhricht* § 23 Rn. 229 ff. mwN.

hierdurch der übernommene Anteil am Grundkapital unter den Mindestnennbetrag des Grundkapitals (§ 7 AktG; s. Rn. 159) und kann dies nicht durch Einvernehmen der übrigen Gründer oder Eintrittspflicht in die Gründerposition (zB nach §§ 46 ff. AktG oder § 179 BGB) behoben werden,[588] verbleibt als Lösung nur die Auflösung durch das Gericht[589] (§§ 395, 397 FamFG analog; s. Rn. 385 ff.), oder aber aufgrund einer Klage auf Nichtigerklärung der Gesellschaft (analog § 275 Abs. 1 AktG; s. Rn. 381 ff.).

377 **cc) Heilung nach Eintragung.** Anders als formelle Mängel bei der Feststellung der Satzung (s. Rn. 375) werden inhaltliche Satzungsmängel nicht durch die Eintragung geheilt.[590] Das AktG regelt nur die nachfolgende Heilung durch Satzungsänderung (s. Rn. 378) sowie den Ausschluss der Nichtigkeitsklage durch Zeitablauf nach Eintragung (§ 275 Abs. 3 AktG; s. Rn. 382). Eine Heilung durch Zeitablauf nach Eintragung regelt das Gesetz für die mangelhafte Gründungssatzung nicht ausdrücklich, anders als für mangelhafte Satzungsänderungen (Dreijahresfrist nach § 242 Abs. 2 AktG; zur Analogie für Gründungssatzungen Rn. 379).

378 **dd) Heilung durch Satzungsänderung.** Dies sollte der normale Weg für die Heilung von Mängeln der Gründungssatzung nach Eintragung der Gesellschaft sein (§§ 179 ff., 276 AktG; s. Rn. 382; ergänzend §§ 397 f. FamFG; s. Rn. 385 f.). Diese Fälle dürften nicht mehr so selten vorkommen, nachdem das Gesetz ausdrücklich die Eintragung trotz mangelhafter Gründungssatzung im Interesse eines beschleunigten Entstehens der Gesellschaft in Kauf nimmt (§ 38 Abs. 3 AktG idF Art. 8 Nr. 2 HRefG; s. Rn. 368 ff.). Man wird es zu den Pflichten von Vorstand und Aufsichtsrat zählen müssen, auf eine Satzungsänderung zur Heilung durch die Hauptversammlung hinzuwirken (§ 121 Abs. 1 bzw. § 111 Abs. 3 AktG). Insbesondere für die Gründer wird sich aufgrund ihrer Verantwortung für die Feststellung der Satzung (§§ 23, 28 AktG; s. Rn. 10 ff.) auch eine Treuepflicht ergeben, der heilenden Satzungsänderung in der Hauptversammlung zuzustimmen;[591] dies kann aber auch für neue Aktionäre gelten.

379 **ee) Heilung durch Zeitablauf nach Eintragung.** Das AktG sieht für die mangelhafte Gründungssatzung keine Heilung durch Zeitablauf nach Eintragung vor, anders als für nichtige Satzungsbestimmungen, die aufgrund von Satzungsänderung trotz der Nichtigkeit eingetragen werden, die nach **Dreijahresfrist** seit Eintragung nicht mehr geltend gemacht werden können (§ 242 Abs. 2 AktG; § 5 Rn. 287). Die entsprechende Anwendung dieser Heilung auch auf Mängel der Gründungssatzung ist zwar str.,[592] jedoch spätestens geboten seit der Einführung der beschränkten richterlichen Kontrolle der Gründungssatzung, durch die von Gesetzes wegen die Eintragung nichtiger Satzungsbestimmungen geduldet wird (§ 38 Abs. 3 AktG idF Art. 8 Nr. 2 HRefG; s. Rn. 368 ff.; s. a. zuvor schon § 275 Abs. 3 AktG; s. Rn. 382). Der BGH wendet § 242 Abs. 2 AktG jedenfalls für die

---

[588] Zu den Maßnahmen zur Behebung der Disparität zwischen Grundkapital und übernommenen Anteilen daran: Großkomm. AktG/*Röhricht* § 23 Rn. 233 ff. mwN; MünchKomm. AktG/Bd. 1/*Pentz* § 23 Rn. 188 mwN.

[589] Großkomm. AktG/*Brändel* § 2 Rn. 93 mwN; Großkomm. AktG/*Röhricht* § 23 Rn. 235 mwN.

[590] *Hüffer/Koch* AktG § 23 Rn. 42 f.; *Schmidt* GesR § 27 III 2.; Großkomm. AktG/*Röhricht* § 23 Rn. 202.

[591] Zur Mitwirkungspflicht von Gründern vor Eintragung Großkomm. AktG/*Röhricht* § 23 Rn. 214.

[592] Zum Meinungsstreit *Hüffer/Koch* AktG § 23 Rn. 43 mwN.

B. Gründung der AG nach AktG 380–382 § 2

mangelhafte Gründungssatzung einer GmbH entsprechend an,[593] was angesichts der Analogie aus dem AktG erst recht für eine AG gelten muss.[594] Die Heilung betrifft alle Satzungsmängel, unabhängig von der Schwere des Gesetzesverstoßes (s. a. § 275 Abs. 3 AktG; s. Rn. 382). Gemildert wird diese Rechtsfolge durch das zeitlich unbefristet zugelassene **Einschreiten des Gerichtes von Amts wegen** (§§ 397 f. FamFG; s. Rn. 385 f.). Man kann daher insoweit nur von einer beschränkten Heilungswirkung sprechen.

ff) **Klage auf Nichtigerklärung von Satzungsbestimmungen.** Soll die Heilungswirkung von Mängeln der Gründungssatzung durch Ablauf von drei Jahren nach Eintragung vermieden werden (§ 242 Abs. 2 AktG analog; s. Rn. 379), kann der Satzungsmangel auch nicht einvernehmlich durch Satzungsänderung behoben werden (s. Rn. 378) und will man sich auch nicht auf ein Einschreiten des Gerichtes von Amts wegen verlassen (§§ 397 f. FamFG; s. Rn. 385 f.), bleibt nur die Geltendmachung im Klagewege. Ausdrücklich regelt dies das Gesetz nur für die besonders schwerwiegenden Mängel der Gründungssatzung, die zur Klage auf Nichtigerklärung der Gesellschaft berechtigen (fehlende Festsetzung des Grundkapitals; fehlende oder nichtige Bestimmung des Unternehmensgegenstandes; § 275 AktG; s. Rn. 381). In entsprechender Anwendung der für Satzungsänderungen zugelassenen Nichtigkeitsklage (§ 249 AktG; § 5 Rn. 285 ff.) kann jeder Aktionär, der Vorstand oder ein Mitglied des Vorstands oder Aufsichtsrats (nicht der Aufsichtsrat als Gesamtorgan) bis zum Ablauf von drei Jahren nach Eintragung der Gesellschaft (§ 242 Abs. 2 Satz 2 AktG analog; s. Rn. 379) Klage auf Feststellung der Nichtigkeit einer Bestimmung der Gründungssatzung erheben. Hat die Klage rechtskräftig Erfolg, ist die Nichtigkeit der Satzungsbestimmung zum Handelsregister anzumelden und dort einzutragen (§ 249 analog iVm § 248 AktG).

gg) **Klage auf Nichtigerklärung der Gesellschaft.** Ist die Gesellschaft pflichtwidrig vom Gericht eingetragen worden, obwohl die Satzung keine Bestimmungen über die Höhe des Grundkapitals hat oder keine oder aber nichtige Bestimmungen über den Unternehmensgegenstand, so kann jeder Aktionär und jedes Vorstands- und Aufsichtsratsmitglied darauf klagen, dass die Gesellschaft für nichtig erklärt wird; andere Nichtigkeitsgründe sind ausdrücklich vom Gesetz von der Klage ausgeschlossen (§ 275 Abs. 1 AktG). Die Klage wegen fehlenden oder nichtigen Unternehmensgegenstandes ist erst zulässig, nachdem ein Klageberechtigter die Gesellschaft zur Beseitigung des Mangels aufgefordert hat und seitdem drei Monate ergebnislos verlaufen sind (§ 275 Abs. 2 AktG).

Die Beseitigung kann durch **Satzungsänderung** erfolgen (§ 276 iVm § 179 AktG; § 5 Rn. 249), bei welcher der Klageberechtigte in besonderen Fällen auch zur Zustimmung aufgrund Treuepflicht[595] gehalten sein kann, will er nicht seine Klagebefugnis in Frage stellen. Bei fehlender Satzungsbestimmung des Grundkapitals bedarf es für die Zulässigkeit der Klage einer solchen Aufforderung mit Beseitigungsfrist nicht (§ 275 Abs. 2 AktG im Umkehrschluss).[596] Die Klage muss

---

[593] BGH II ZR 73/99 2000, BGHZ 144, 265 = NJW 2000, 2819.
[594] *Henze* Höchstrichterliche Rechtsprechung zum Aktienrecht Rn. 29.
[595] So iSe Mitwirkungspflicht zur Behebung von Satzungsmängeln vor Eintragung der Gesellschaft Großkomm. AktG/*Röhricht* § 23 Rn. 214; ebenso zur GmbH nach Eintragung *Baumbach/Hueck/Haas* GmbHG § 76 Rn. 8 mwN; zur Mitwirkungspflicht bei Satzungsänderungen allgemein *Hüffer/Koch* AktG § 179 Rn. 30 mwN.
[596] Hieraus die Unheilbarkeit des in der Satzung fehlenden Grundkapitals im Umkehrschluss aus § 276 AktG zu folgern, geht zu weit (so aber *Hüffer/Koch* AktG § 275 Rn. 9); für eine Heilbarkeit nun Scholz/K. *Schmidt* GmbHG § 76 Rn. 5; Heilung muss zB möglich sein,

binnen drei Jahren nach Eintragung der Gesellschaft erhoben werden (§ 275 Abs. 3 Satz 1 AktG); anschließend ist eine Löschung von Amts wegen durch das Gericht möglich (§ 275 Abs. 3 Satz 2 AktG iVm § 397 FamFG; s. Rn. 385 f.).

383 Hat die Klage rechtskräftig Erfolg, ist die Nichtigkeit der Gesellschaft im Handelsregister einzutragen (§ 275 Abs. 4 Satz 3 AktG), was aber keine Nichtigkeit mit Rückwirkung auf die Eintragung der Gesellschaft bedeutet, sondern vielmehr die Abwicklung der Gesellschaft wie bei einer Auflösung (§ 277 Abs. 1 iVm §§ 264 ff. AktG; § 18 Rn. 24 ff.). Die Wirksamkeit der im Namen der Gesellschaft vorgenommenen Rechtsgeschäfte bleibt unberührt (§ 277 Abs. 2 AktG); die Gesellschafter haben die ausstehenden Einlagen zu leisten, soweit es zur Erfüllung der Verbindlichkeiten nötig ist (§ 277 Abs. 3 AktG).

384 **hh) Geltendmachung von Satzungsmängeln „auf andere Weise".** Bis zum Ablauf von drei Jahren nach Eintragung (Heilung nach § 242 Abs. 2 Satz 2 AktG analog; s. Rn. 379) können die Aktionäre und Organe der Gesellschaft die Nichtigkeit von Bestimmungen der Gründungssatzung auch „auf andere Weise" geltend machen als durch Erhebung der Klage (§ 249 Abs. 1 Satz 2 AktG analog). Ist zB eine Nebenverpflichtung der Aktionäre (§ 55 AktG) unwirksam in der Satzung festgesetzt, kann die Erfüllung verweigert werden.

385 **ii) Löschung der Gesellschaft wegen Satzungsmängeln.** Besteht in den Fällen besonders schwerwiegender Mängel der Gründungssatzung ein Recht zur Klage auf Nichtigerklärung der Gesellschaft (fehlende Festsetzung des Grundkapitals; fehlende oder nichtige Bestimmung des Unternehmensgegenstandes; § 275 AktG, s. Rn. 381), so ist das Registergericht befugt, von Amts wegen die Löschung der Gesellschaft zu betreiben (§§ 397, 395 FamFG).[597] Die Amtslöschung ist auch nach Ablauf von drei Jahren seit Eintragung zulässig (§ 275 Abs. 3 Satz 2 AktG), aber auch schon vorher. Die Heilungsmöglichkeiten wie zur Abwendung der Nichtigkeitsklage bestehen auch hier (s. Rn. 382).[598]

386 **jj) Auflösung wegen Satzungsmängeln.** § 399 FamFG[599] befasst sich mit dem Fehlen oder der Nichtigkeit von Bestimmungen, die zum Mindestinhalt der Satzung zählen (§ 23 Abs. 3 AktG; s. Rn. 331 ff.), aber nicht unter § 275 AktG (s. Rn. 381) und damit unter die Amtslöschung nach § 397 FamFG fallen (s. Rn. 385). In diesen Fällen hat das Registergericht die Gesellschaft aufzufordern, innerhalb einer gesetzten Frist eine Satzungsänderung zur Behebung des Mangels zur Eintragung in das Handelsregister anzumelden oder das Unterlassen der Satzungsänderung durch Widerspruch gegen die Verfügung zu rechtfertigen. Dabei ist auf die Rechtsfolgen des Unterlassens und der Zurückweisung des Widerspruchs hinzuweisen, die in der gerichtlichen Feststellung des Satzungsmangels mit der Folge der Auflösung der Gesellschaft bestehen (§ 262 Abs. 1 Nr. 5 AktG). Das Verfahren nach § 399 FamFG ist auch nach Ablauf von drei Jahren seit Eintragung zulässig (§ 242 Abs. 2 Satz 3 AktG analog).[600]

---

wenn die Festsetzung nach § 23 Abs. 2 AktG in der Gründungsurkunde enthalten und nur die Bestimmung des Grundkapitals in der Satzung vergessen worden ist (allein dies dürfte ein für die Praxis vorstellbarer Fall von § 275 Abs. 1 erste Alternative sein); hier dürfte sogar die Treuepflicht zur Mitwirkung bei der Heilung geboten sein (s. Fn. 593).

[597] Zum FGG-Reformgesetz s. Fn. 96.
[598] *Hüffer/Koch* AktG § 275 Rn. 33.
[599] Zum FGG-Reformgesetz s. Fn. 84.
[600] BGH II ZR 73/99, BGHZ 144, 265 = NJW 2000, 2819.

B. Gründung der AG nach AktG 387–391 § 2

f) Löschung unzulässiger Eintragungen

Gelangt die Gesellschaft trotz schwerwiegender Mängel der Errichtung 387
(s. Rn. 10 ff.) oder Anmeldung (s. Rn. 35 ff.) zur Eintragung und handelt es sich
dabei nicht um Satzungsmängel (dann § 397 FamFG; s. Rn. 385 f.), kann das Gericht von Amts wegen die Löschung der Eintragung vornehmen (§ 395 FamFG).[601]
Ein Beispiel wäre die Eintragung einer nur von geschäftsunfähigen Personen (zur
grundsätzlichen Gründerfähigkeit Rn. 73, 143) gegründeten Gesellschaft, wenn
die Genehmigung des Familiengerichts (s. Rn. 144) nicht vorliegt und auch nicht
nachträglich erteilt wird (s. a. das Beispiel einer nichtigen Übernahmeerklärung in
Rn. 376). Das Gericht muss den Beteiligten der Gründung von der beabsichtigten
Löschung benachrichtigen und eine Frist zur Einleitung des Widerspruchverfahrens
bestimmen (§ 395 Abs. 2 und 3 FamFG).

8. Satzungsergänzende Nebenabreden

a) Begriff

Unter satzungsergänzenden Nebenabreden werden schuldrechtliche Vereinba- 390
rungen zwischen Aktionären außerhalb der Satzungsurkunde (§ 23 Abs. 1 AktG;
s. Rn. 10) verstanden,[602] die sich zwar auf die Gesellschaft beziehen, aber keine gesellschaftsrechtliche Bindungswirkung zu Lasten (möglicherweise aber zugunsten,
§ 328 BGB[603]) der Gesellschaft oder deren Organe[604] haben können, vielmehr nur
für die an ihnen beteiligten Aktionäre gegenseitig obligatorisch sind (nicht für deren
Rechtsnachfolger; s. Rn. 394). Abzugrenzen sind die satzungsergänzenden Nebenabreden einerseits von Bestimmungen in notwendiger Satzungsform (s. Rn. 329
bis 357), andererseits von den unechten Satzungsbestimmungen (s. Rn. 358 ff.),
zu denen sie gehören, falls sie formell in die Satzung aufgenommen werden, was
unbeschränkt zulässig ist.[605]

b) Zulässigkeitsgrenzen

Begrenzt wird die Zulässigkeit der satzungsergänzenden Nebenabreden von 391
Bestimmungen, die **notwendiger Satzungsform** unterliegen, weil sie den Bereich
der nur schuldrechtlichen Vereinbarung verlassen und – zumindest teilweise – zum
Gesellschaftsrecht gehören. Die Grenzen liegen mithin im Regelungsbereich von
§ 23 Abs. 3 ff. AktG, also dem Mindestinhalt der Satzung (§ 23 Abs. 3 und 4 AktG;
s. Rn. 331 ff.), den vom AktG abweichenden Satzungsbestimmungen (§ 23 Abs. 5
Satz 1 AktG; s. Rn. 352 f.) und den satzungsergänzenden Bestimmungen (§ 23 Abs. 5
Satz 2 AktG; s. Rn. 354 ff.). Auch kann sich ein von der Satzung abweichender
Beschluss nicht gegenüber der Satzung durchsetzen (Satzungsverstoß).[606] Ferner
bestehen Grenzen zu den gründungsbezogenen Satzungsbestimmungen (§§ 26 f.

---

[601] *Hüffer/Koch* AktG § 39 Rn. 5.
[602] Großkomm. AktG/*Röhricht* § 23 Rn. 238; MünchKomm. AktG/Bd. 1/*Pentz* § 23
Rn. 195 mwN.
[603] *Hüffer/Koch* AktG § 23 Rn. 46.
[604] Großkomm. AktG/*Röhricht* § 23 Rn. 263.
[605] Großkomm. AktG/*Röhricht* § 23 Rn. 266.
[606] LG Frankfurt a. M. 3-05 O 47/14, NZG 2015, 482 (483 f.) = EWiR 2015, 345 mit
zust. Anm. *Wachter*; MünchKomm. AktG/Bd.1/*Pentz* § 23 Rn. 196, aA *Koch* AG 2015, 213.

AktG; s. Rn. 345 ff.); klassischer Fall einer Unzulässigkeit ist hier eine Vereinbarung über verdeckte Sacheinlagen (s. Rn. 240 ff.).

392 Fällt eine Vereinbarung auch nur teilweise in diese Regelungsbereiche mit notwendiger Satzungsform, so ist sie regelmäßig unwirksam (möglich ist aber Umdeutung in eine auf die schuldrechtliche Wirkung beschränkte Teilwirksamkeit; § 140 BGB).[607] Außerdem besteht bei einer hieraus folgenden Unterlassung des Mindestinhaltes der Satzung oder der gründungsbezogenen Satzungsbestimmungen ein Errichtungsmangel, der ein **Eintragungshindernis** ist (§ 38 Abs. 1 und 3 AktG; s. Rn. 368, 372). Bei Zweifeln, ob eine Vereinbarung auch nur teilweise zum Gesellschaftsrecht gehört, empfiehlt sich die förmliche Aufnahme in die Satzung; die schuldrechtlichen Teile der Vereinbarung werden dann zu unechten Satzungsbestimmungen (s. Rn. 358 ff.).

393 Im Übrigen besteht weiter Raum für die Zulässigkeit[608] von satzungsergänzenden **Nebenabreden**, soweit sie auf das Schuldrecht beschränkt sind.[609] **Erlaubte Beispiele** sind Vereinbarungen, die über die nach § 55 AktG erlaubten Nebenverpflichtungen der Aktionäre hinaus Verpflichtungen der vertragschließenden Aktionäre begründen, etwa zusätzliche Finanzierungspflichten[610] (zB Zuschüsse, Gesellschafterdarlehen, Verlustübernahmen), Förderpflichten (zB Belieferung der Gesellschaft oder Abnahmeverpflichtungen) oder Verhaltenspflichten (zB Wettbewerbsverbot von Aktionären, Abstimmung in der Hauptversammlung, Stimmbindungen)[611] oder sonstige Rechte, wie etwa Vorhand- und Vorkaufsrechte[612] oder Abreden über die Besetzung von Aufsichtsrats- oder Vorstandsposten[613] oder die Durchsetzung einer bestimmten Geschäftspolitik.[614] Solche Vereinbarungen werden auch nicht dadurch unzulässig, dass sie von allen Aktionären getroffen werden.[615] Sie sind aber unzulässig, wenn die Bindungswirkung auch auf die Sonderrechtsnachfolger der vertragschließenden Aktionäre ausgedehnt werden soll (also auf Erwerber von Aktien), da dies gesellschaftsrechtlicher Natur wäre.[616]

c) **Rechtsfolgen**

394 Die satzungsergänzenden Nebenabreden unterliegen ihrer schuldrechtlichen Natur entsprechend nicht dem AktG, sondern für Auslegung und Behandlung von Willensmängeln und den Folgen von Leistungsstörungen den Regeln des BGB.[617] Da die Einbeziehung der Erwerber von Aktien in die Bindungswirkung unzulässig ist (s. Rn. 393), gehen die Pflichten aus der Nebenabrede selbst dann nicht auf den

---

[607] Großkomm. AktG/*Röhricht* § 23 Rn. 260.
[608] Vgl. BGH II ZR 240/85, NJW 1987, 1890 (1891); II ZR 81/92, BGHZ 123, 15 (20) = NJW 1993, 2246; XII ZB 135/10, NJW 2010, 3718; II ZR 80/10, AG 2013, 224, s. im Einzelnen MünchKomm. AktG/*Pentz* § 23 Rn. 196.
[609] Großkomm. AktG/*Röhricht* § 23 Rn. 256 f.
[610] BGH II ZR 167/68, AG 1970, 86 = WM 1969, 1346; *Hüffer/Koch* AktG § 23 Rn. 45.
[611] BGH II ZR 105/66, BGHZ 48, 163 (169 ff.) = NJW 1967, 1963; *Baumann/Reiß* ZGR 1989, 157 (183 ff.); MünchKomm. AktG/Bd. 1/*Pentz* § 23 Rn. 186 mwN; Großkomm. AktG/*Röhricht* § 23 Rn. 249.
[612] OLG Karlsruhe nAG 1990, 499.
[613] *Baumann/Reiß* ZGR 1989, 157 (183 ff.).
[614] BGH II ZR 243/81, NJW 1983, 1910.
[615] BGH II ZR 243/81, NJW 1983, 1910; II ZR 240/85 1986, NJW 1987, 1890.
[616] Großkomm. AktG/*Röhricht* § 23 Rn. 270; *Hüffer/Koch* AktG § 23 Rn. 46.
[617] *Hüffer/Koch* AktG § 23 Rn. 46.

B. Gründung der AG nach AktG 400, 401 § 2

Erwerber über, wenn er sie beim Erwerb kennt.[618] Übergang auf den Erwerber setzt daher Vereinbarung mit allen übrigen Beteiligten der Nebenabrede voraus.[619] Die Verletzung von satzungsergänzenden Nebenabreden kann Schadensersatzpflichten begründen.[620] Umstritten ist die Auswirkung der Verletzung einer Stimmbindungsvereinbarung zwischen allen Aktionären auf die Gültigkeit des Beschlusses der Hauptversammlung; der BGH nimmt für die GmbH die Anfechtbarkeit eines solchen Beschlusses an.[621]

VI. Die Publizität der Gründung

1. Publizität des Handelsregisters

a) Information der Öffentlichkeit

Die Öffentlichkeit erfährt von der Gründung in erster Linie durch die elektronische Bekanntmachung der Eintragung (s. Rn. 65). Am bedeutendsten ist die Einsichtnahme via Internet über das gemeinsame zentrale Länderportal (www.handelsregister.de). Auch nach der Novellierung besteht weiterhin die Möglichkeit der Einsichtnahme bei der Geschäftsstelle des Registergerichts. Die Einsicht in das elektronische Registerblatt erfolgt dabei über ein Datensichtgerät oder durch Einsicht in einen aktuellen oder chronologischen Ausdruck. Gleiches gilt für die Einsicht in den Inhalt des Registerordners. Für Altdokumente in Papierform besteht eine Ausnahme im Hinblick auf die elektronische Einsichtnahme und Übermittlung. Nach § 9 Abs. 2 HGB kann die elektronische Übermittlung nur für solche Schriftstücke verlangt werden, die weniger als 10 Jahre vor dem Zeitpunkt der Antragstellung beim Handelsregister eingereicht worden sind. Für ältere Dokumente besteht für den Interessierten das Recht zur Einsichtnahme bei Gericht; außerdem hat der Einsichtnehmende das Recht auf Anfertigung von Papierkopien.[622] Die Übereinstimmung der übermittelten Daten mit dem Inhalt des Handelsregisters und den zum Handelsregister eingereichten Dokumenten wird auf Antrag durch das Gericht beglaubigt (§ 9 Abs. 3 HGB). Eine Einschränkung wegen Verletzung von Geschäftsgeheimnissen ist nicht vorgesehen; dies sollte insbesondere bei der Abfassung des Berichts der Gründungsprüfer (§ 34 Abs. 2 AktG; s. Rn. 28) über die Sacheinlage von Unternehmen (s. Rn. 199) in Abstimmung mit dem Gericht bedacht werden.

400

b) Rechtliche Publizitätswirkungen

Abgesehen davon, dass die Eintragung für das Entstehen der Gesellschaft konstitutiv ist (§ 41 Abs. 1 Satz 1 AktG; s. Rn. 66), ohne dass es hierfür der Bekanntmachung bedarf (s. Rn. 65), gelten für die Eintragung der Gründung die allgemeinen Bestimmungen über die Publizitätswirkungen des Handelsregisters (§ 15 HGB),[623]

401

---

[618] HM; *Hüffer/Koch* AktG § 23 Rn. 46 mwN; MünchKomm. AktG/Bd. 1/*Bungeroth* § 54 Rn. 41.
[619] *Hüffer/Koch* AktG § 23 Rn. 46; MünchKomm. AktG/Bd. 1/*Pentz* § 23 Rn. 198 mwN.
[620] *Hüffer/Koch* AktG § 23 Rn. 46.
[621] BGH II ZR 243/81, NJW 1983, 1910; II ZR 240/85, NJW 1987, 1890; anders BGH II ZR 81/92, BGHZ 123, 15 = NJW 1993, 2246; aA MünchKomm. AktG/Bd. 1/*Pentz* § 23 Rn. 202 mwN; *Hüffer/Koch* AktG § 23 Rn. 47.
[622] EBJS/*Schaub* § 9 Rn. 12.
[623] Baumbach/Hopt/*Hopt* HGB § 15 Rn. 1 ff.

also über die grundsätzliche negative Publizität (§ 15 Abs. 1 HGB)[624] und die ausnahmsweise positive Publizität (§ 15 Abs. 3 HGB).[625] Diese Publizitätswirkungen setzen neben der Eintragung grundsätzlich auch deren Bekanntmachung voraus. Umgekehrt gelten sie aber nicht für die nur bekannt zu machenden, aber nicht einzutragenden Tatsachen (s. Rn. 65).

2. Publizitätspflichten betr. Beteiligungsverhältnisse

a) Konzernbildung

402 Zur Transparenz von Konzernbildungen müssen Unternehmen der Gesellschaft unverzüglich schriftlich mitteilen, wenn ihnen mehr als der vierte Teil der Aktien gehören oder zuzurechnen sind. Entsprechendes gilt für das Erreichen einer Mehrheitsbeteiligung; in beiden Fällen muss dies die Gesellschaft unverzüglich im Bundesanzeiger (§ 25 AktG; s. Rn. 148) bekannt machen (§ 20 Abs. 6 AktG; § 15 Rn. 38). Diese Pflichten gelten auch schon für die Zeit vor Eintragung der Gesellschaft, auch wenn sich die mitzuteilenden Angaben bereits aus der Errichtungsurkunde (§ 23 AktG; s. Rn. 10 ff.) ergeben und bereits durch die Bekanntmachung der Eintragung (§ 40 AktG; s. Rn. 65) im Bundesanzeiger veröffentlicht sind.[626]

b) Einpersonengründung

403 Gehören alle Aktien allein (oder neben eigenen Aktien; §§ 71 ff. AktG; § 3 Rn. 143 ff., diese sind bis zur Eintragung verboten; § 56 AktG; s. Rn. 73) einem Aktionär (Einpersonengesellschaft; s. Rn. 300 ff.), ist von der Gesellschaft[627] unverzüglich eine entsprechende Mitteilung unter Angabe der persönlichen Daten des alleinigen Aktionärs zum Handelsregister einzureichen (§ 42 AktG). Diese Mitteilungspflicht wird auch schon bei der Einpersonengründung angenommen,[628] dh sie soll bei der Handelsregisteranmeldung durch ausdrücklichen Hinweis auf die Alleingründung erfüllt werden, auch wenn dies ansonsten bereits durch die Anmeldung offenkundig ist.

VII. Gründungskosten

404 Hier soll nur zusammenfassend mit Verweisungen der Aufwand aufgeführt werden, der zur Herbeiführung der Eintragung der Gesellschaft notwendig ist, gleichgültig ob die Gesellschaft diesen dann als in der Satzung festzusetzenden Gründungsaufwand trägt (§ 26 Abs. 2 AktG; s. Rn. 347) oder andere Personen. Zwingend sind dies die Notarkosten für Errichtung und Anmeldung der Gesellschaft (s. Rn. 120 ff.) und die Gerichtskosten für die Eintragung (s. Rn. 129), zu denen die Bekanntmachungskosten (s. Rn. 148) kommen. Müssen Gründungsprüfer vom Gericht bestellt werden (s. Rn. 25 ff.), fallen die zumeist geringfügigen Gerichtsgebühren für die Bestellung sowie die vom Gericht festzusetzende Vergütung des Gründungsprüfers an, die wiederum von Umfang und Bedeutung der Gründungsprüfung abhängt. Aus der Einbringung von Sacheinlagen, insbesondere von Grundstücken, können sich zu-

---

[624] Baumbach/Hopt/*Hopt* HGB § 15 Rn. 4 ff.
[625] Baumbach/Hopt/*Hopt* HGB § 15 Rn. 18 ff.
[626] Herrschende Meinung; *Hüffer/Koch* AktG § 20 Rn. 2 mwN.
[627] MünchKomm. AktG/Bd. 1/*Pentz* § 42 Rn. 23.
[628] *Hüffer/Koch* AktG § 42 Rn. 3 mwN; aA (überzeugend) MHdB GesR IV/*Hoffmann-Becking* § 3 Rn. 22.

B. Gründung der AG nach AktG   408–410 § 2

sätzliche Notargebühren (s. Rn. 121) und Grundbuchkosten ergeben, ebenso Grunderwerbsteuer (s. Rn. 427). Die Gründungskosten sind zumeist die ersten Buchungsvorfälle der Gesellschaft, die damit in die Eröffnungsbilanz eingehen (s. Rn. 413).

VIII. Die Rechnungslegung der Gründung

1. Eröffnungsbilanz

Jeder Kaufmann hat zu Beginn seines Handelsgewerbes (s. Rn. 411) eine das Verhältnis seines Vermögens und seiner Schulden darstellende Eröffnungsbilanz aufzustellen (§ 242 Abs. 1 Satz 1 HGB), die zugleich den Beginn und die Grundlage seiner Buchführungspflicht (§§ 238 ff. HGB) bedeutet und auf welche die bilanzbezogenen Vorschriften über den Jahresabschluss (§§ 243 ff., 264 ff. HGB) entsprechend anzuwenden sind (§ 242 Abs. 1 Satz 2 HGB). Die wichtigsten Fragen für die Erstellung der Eröffnungsbilanz sind der Stichtag für ihre Erstellung (s. Rn. 409), der Ausweis des Eigenkapitals (s. Rn. 410), die Bewertung von Sacheinlagen (s. Rn. 412) und die Behandlung des Gründungsaufwands (s. Rn. 413). **408**

a) Stichtag

Da die Aktiengesellschaft vor ihrer Eintragung „als solche" nicht besteht (§ 41 Abs. 1 Satz 1 AktG; s. Rn. 66), wäre bei Beschränkung auf den Gesichtspunkt der Rechtsform der Eintragungstag der vorgegebene Stichtag für die Eröffnungsbilanz (§§ 6 Abs. 1, 242 Abs. 1 Satz 1 HGB iVm § 3 AktG). Richtig und praktikabler ist es aber, die Vorgesellschaft (s. Rn. 14, 251 ff.) und die AG für das Rechnungswesen als Einheit zu sehen und die Eröffnungsbilanz auf den **Tag der Errichtung**[629] der Gesellschaft (§ 29 AktG; s. Rn. 10 ff.) zu erstellen, da von diesem Zeitpunkt an die Gründer gegenseitig verpflichtet sind, die Anmeldung und Eintragung der Gesellschaft zu fördern (§ 36 Abs. 1 AktG; s. Rn. 37) und mit der Eintragung ohnehin das Vermögen der Vorgesellschaft auf die AG durch Gesamtrechtsnachfolge übergeht (s. Rn. 255); außerdem entsteht regelmäßig mit Festsetzung der Beurkundungskosten als Gründungsaufwand der Gesellschaft (§ 26 Abs. 2 f. AktG; s. Rn. 347) die erste buchungspflichtige Verbindlichkeit[630] (zur Frage der Aktivierung von Gründungsaufwand Rn. 413). Die Errichtung als Stichtag der Eröffnungsbilanz entspricht auch der steuerrechtlichen Praxis (s. Rn. 417). Besteht ausnahmsweise vor Errichtung eine Vorgründungsgesellschaft (s. Rn. 248), die mit dem Handelsgewerbe begonnen hat, darf diese nicht in das Rechnungswesen der AG einbezogen werden; für sie ist ein eigenständiges Rechnungswesen mit Eröffnungsbilanz und Schlussbilanz auf den Tag der Errichtung der AG zu erstellen (§ 242 Abs. 1 HGB). Ebenso ist die steuerliche Behandlung der Vorgründungsgesellschaft (s. Rn. 417). **409**

b) Ausweis des Eigenkapitals

Das Grundkapital ist in der Bilanz auf der Passivseite innerhalb des Hauptpostens „Eigenkapital" als „Gezeichnetes Kapital" auszuweisen (§ 152 Abs. 1 iVm §§ 266 Abs. 3 A. I., 272 Abs. 1 Satz 1 HGB). Dies gilt für die auf einen Stichtag vor der Ein- **410**

---

[629] HM; Großkomm. HGB/*Pöschke* § 242 Rn. 35 ff.; Baumbach/Hueck/*Haas* GmbHG § 41 Rn. 14 mwN.
[630] Zur Buchführungspflicht der Vorgesellschaft (unabhängig von der Kaufmannseigenschaft) *Hüffer/Koch* AktG § 41 Rn. 10 mwN.

tragung aufgestellte Eröffnungsbilanz (s. Rn. 409) entsprechend, obwohl das Grundkapital als solches erst mit der Eintragung besteht;[631] in diesem Fall wird zur Klarstellung der Ausweis als „Zur Durchführung der Gründung gezeichnetes Kapital" vorgeschlagen.[632] Im Hinblick auf die ausstehenden Einlagen auf das Grundkapital besteht nach den Änderungen durch das BilMoG v. 25.5.2009 eine Bilanzierungspflicht für den Nettoausweis, dh die eingeforderten ausstehenden Einlagen sind von dem Posten „Gezeichnetes Kapital" offen abzusetzen; der verbleibende Betrag ist als Posten „Eingefordertes Kapital" in der Hauptspalte der Passivseite auszuweisen; der eingeforderte, aber noch nicht eingezahlte Betrag ist unter den Forderungen auszuweisen und entsprechend zu bezeichnen (§ 272 Abs. 1 Satz 3 HGB). Werden Aktien zu einem höheren Ausgabebetrag ausgegeben und ist daher der Mehrbetrag in voller Höhe einzufordern (§§ 9 Abs. 2, 36a Abs. 1 AktG; s. Rn. 172), ist der Mehrbetrag als Kapitalrücklage auszuweisen (§§ 270 Abs. 1 Satz 1, 272 Abs. 2 Nr. 1 HGB); auch hier empfiehlt sich in der Eröffnungsbilanz für den noch nicht eingezahlten Mehrbetrag ein Ausweis entsprechend den Vorschriften für das gezeichnete Kapital (§ 272 Abs. 1 Sätze 2 und 3 HGB), allerdings in davon getrennten Posten.[633]

411 Nachfolgend wird das Eigenkapital einer Bargründung in der Eröffnungsbilanz auf den Tag der Errichtung der Gesellschaft (s. Rn. 419) in den Alternativen Brutto- und Nettoausweis (s. Rn. 410) dargestellt, ausgehend von einem Grundkapital von 100.000 EUR zu einem Ausgabebetrag von insgesamt 150.000 EUR, wobei die Mindesteinzahlung von einem Viertel des Grundkapitals und dem vollen Mehrbetrag (§ 36a Abs. 1 AktG; s. Rn. 172, 410) bereits durch Fälligkeitsregelung in der Errichtungsurkunde (s. Rn. 173) eingefordert ist:

Bruttoausweis (§ 272 Abs. 1 Satz 2 HGB)

A. Ausstehende Einlagen			A. Eigenkapital	
I. auf bei Gründung gezeichnetes Kapital			I. Bei Gründung gezeichnetes Kapital	
– eingefordert	25.000			100.000
– nicht eingefordert	75.000	100.000	II. Kapitalrücklagen aus bei Gründung übernommenem und eingefordertem Mehrbetrag zum gezeichneten Kapital	
II. auf bei Gründung übernommenen und eingeforderten Mehrbetrag zum gezeichneten Kapital		50.000		50.000

---

[631] Deubert/*Winkeljohann*/Winkeljohann/Förschle/*Schellhorn* Sonderbilanzen, Kap. D Rn. 74.

[632] Deubert/*Winkeljohann*/Winkeljohann/Förschle/*Schellhorn* Sonderbilanzen, Kap. D Rn. 231.

[633] BeBiKo/*Förschle/Hoffmann* HGB § 272 Rn. 51; Winkeljohann/Förschle/Deubert/ *K. Hoffmann* Sonderbilanzen, Kap. D Rn. 175 f.

B. Gründung der AG nach AktG

Nettoausweis (§ 272 Abs. 1 Satz 3 HGB)

B. Umlaufvermögen		A. Eigenkapital	
II. Forderungen und sonstige Vermögensgegenstände		I. Bei Gründung gezeichnetes Kapital	100.000
4. Eingefordertes, noch nicht eingezahltes Kapital	25.000	Absetzung nicht eingeforderter ausstehender Einlagen	75.000
5. Eingeforderter, noch nicht eingezahlter, bei Gründung übernommener Mehrbetrag zum gezeichneten Kapital	50.000	Eingefordertes Kapital	25.000
		II. Kapitalrücklagen aus bei Gründung übernommenem und eingefordertem Mehrbetrag zum gezeichneten Kapital	50.000

c) Bewertung von Sacheinlagen

Regelmäßig ist in der Eröffnungsbilanz auf den Tag der Errichtung der Gesellschaft (s. Rn. 409) die Sacheinlage noch nicht vollzogen, sondern als Einlageanspruch gegenüber dem Inferenten anzusehen und zu aktivieren, nämlich als eingeforderte (§ 36a Abs. 2 Satz 1 AktG) ausstehende Einlagen auf das gezeichnete Kapital.[634] Der Wert der Einlageforderung richtet sich nach dem Ausgabebetrag der dafür übernommenen Aktien.[635] Ist die Sacheinlage bereits mit der Errichtung vollzogen, zB durch Beurkundung der Auflassung eines als Sacheinlage festgesetzten Grundstücks (§ 27 Abs. 1 Satz 1 AktG) in der Errichtungsurkunde, ist das Grundstück bereits in der Eröffnungsbilanz zu aktivieren. Die Aktivierung hat auch hier mindestens zum Ausgabebetrag der dafür übernommenen Aktien zu erfolgen, es sei denn, die Sacheinlage erweist sich nachträglich als überbewertet (s. Rn. 222 ff.). Streitig ist, wie zu bilanzieren ist, wenn der Wert der Sacheinlage höher ist als der dafür festgesetzte Ausgabebetrag der Aktien. Teilweise wird vertreten, es müsse der höhere Zeitwert angesetzt werden (Verbot der Unterbewertung aus § 279 HGB);[636] konträr dazu wird von der hM[637] ein **Wahlrecht** zwischen Ausgabebetrag und höherem Zeitwert eingeräumt, davon wieder teilweise auch ein Wahlrecht für Zwischenwerte,[638] woran sich die Praxis orientiert, häufig durch ausdrückliche Bilanzierungsanweisung in der Errichtungsurkunde. Wird demnach ein höherer Wert des Gegenstandes der Sacheinlage aktiviert als der entsprechende Ausgabebetrag der Aktien, ist der Mehrbetrag in die Kapitalrücklage einzustellen (§ 272 Abs. 2 Nr. 1 HGB).

d) Gründungsaufwand, Ingangsetzungsaufwand

Bis 2009 konnten „Aufwendungen für die Ingangsetzung des Geschäftsbetriebes und dessen Erweiterung" unter dieser Bezeichnung vor dem Anlagevermögen als Bilanzierungshilfe aktiviert werden, soweit sie (sonst) nicht bilanzierungsfähig waren; in Höhe des Ansatzes bestand dann eine modifizierte Ausschüttungssperre

---

[634] Winkeljohann/Förschle/Deubert/*Winkeljohann/Schellhorn* Sonderbilanzen, Kap. D Rn. 193.
[635] Winkeljohann/Förschle/Deubert/*Winkeljohann/Schellhorn* Sonderbilanzen, Kap. D Rn. 203.
[636] Großkomm. AktG/*Röhricht* § 27 Rn. 88 f.
[637] HFA 1/1991 Abschn. 2, WPg. 1991, 334; *ADS* HGB § 255 Rn. 93.
[638] BeBiKo/*Schubert/Gadek* § 255 Rn. 146; Beck HdR/*Scheffler* Kap. B 213 Rn. 111; MünchHdB GesR IV/*Hoffmann-Becking* § 4 Rn. 17 mwN.

(§ 269 HGB). Durch das BilMoG v. 25.5.2009 (BGBl. 2009 I 1102) wurde diese Bilanzierungshilfe ersatzlos gestrichen. Für den Gründungsaufwand anlässlich der rechtlichen Entstehung der Gesellschaft (§ 26 Abs. 2 AktG; s. Rn. 347) besteht im Gegenteil ein ausdrückliches Aktivierungsverbot nach bisherigem (§ 248 Abs. 1 HGB) und nach neuem Recht (§ 248 Nr. 1 HGB idF des BilMoG).

2. Vermögensbilanzen wegen Unterbilanz- oder Differenzhaftung

414 Ergeben sich nach Eintragung der Gesellschaft Anhaltspunkte für Differenzhaftung von Gründern wegen Überbewertung ihrer Sacheinlage im Zeitpunkt der Handelsregisteranmeldung (s. Rn. 225) oder für Unterbilanzhaftung aller Gründer wegen Minderung des Grundkapitals im Zeitpunkt der Eintragung aufgrund von Verbindlichkeiten der Vorgesellschaft (s. Rn. 269 ff.), können diese nicht allein aus der Eröffnungsbilanz oder dem ersten Jahresabschluss begründet werden. Für Zwecke der Unterbilanzhaftung wird immer eine Vermögensbilanz zu erstellen sein (s. Rn. 476), wegen der Differenzhaftung nur im Falle der Sacheinlage eines überbewerteten Unternehmens (s. Rn. 417).

a) Unterbilanzhaftung

415 Die Vermögensbilanz ist auf den Tag der Eintragung der Gesellschaft unter Berücksichtigung von stillen Reserven sowie eines Geschäftswerts zu erstellen (s. Rn. 270). Ergibt sich die Unterbilanz allein aus Verlusten eines als Sacheinlage eingebrachten Unternehmens (§ 31 AktG; s. Rn. 199), die sich aus einer (erst nach Eintragung festgestellten; wenn vorher festgestellt: keine Eintragung, s. Rn. 222 ff.) Überbewertung des Unternehmens zum Zeitpunkt der Anmeldung ergeben oder die bei zutreffender Unternehmensbewertung unvorhersehbar in der Zeit nach Anmeldung entstanden sind, entfällt eine Unterbilanzhaftung (s. Rn. 270) und damit die Notwendigkeit einer Vermögensbilanz zu ihrer Ermittlung. Jedoch kann sich daraus die Notwendigkeit einer Vermögensbilanz zur Feststellung der Differenzhaftung ergeben (s. Rn. 416).

b) Differenzhaftung

416 Zur Ermittlung der Differenzhaftung von Gründern wegen Überbewertung ihrer Sacheinlage im Zeitpunkt der Handelsregisteranmeldung (s. Rn. 225) ist regelmäßig keine besondere Vermögensbilanz erforderlich. Eine Ausnahme besteht für den Fall der Sacheinlage durch Einbringung eines überbewerteten Unternehmens (s. Rn. 417). Hier haftet der einbringende Gründer für die Wertdifferenz zwischen tatsächlichem Unternehmenswert und dem dafür festgesetzten Ausgabebetrag der Aktien (Differenzhaftung; § 9 GmbHG analog; §§ 9 Abs. 2, 36a Abs. 2 Satz 3 AktG; s. Rn. 225). Diese Haftung kann zumeist nur durch eine Vermögensbilanz auf den Tag der Anmeldung der Gesellschaft unter Berücksichtigung von stillen Reserven sowie eines Geschäftswerts ermittelt werden.

IX. Die Gründung im Steuerrecht

1. Entstehung der AG als Steuersubjekt

a) Ertragsteuern

aa) Körperschaftsteuer. Die KSt-Pflicht beginnt spätestens mit Erlangung der Rechtsfähigkeit, dh mit Eintragung der AG ins Handelsregister. Die KSt-Pflicht kann jedoch bereits mit Errichtung der AG, dh mit notarieller Beurkundung der Satzung (sog. **Vorgesellschaft**, vgl. Rn. 251), begründet werden.[639] Dies setzt voraus, dass die Vorgesellschaft mit der Gesellschaft zum Zeitpunkt der Erlangung der Rechtsfähigkeit identisch ist. In diesem Fall bilden die Vorgesellschaft und die spätere rechtsfähige AG ein einheitliches KSt-Subjekt.[640] Die steuerliche Eröffnungsbilanz ist erstmalig zum Zeitpunkt der Errichtung der AG aufzustellen. Sollte die tatsächliche Eintragung im Handelsregister letztlich unterbleiben (sog. **unechte Vorgesellschaft**), qualifiziert die Vorgesellschaft mangels Erlangung der Rechtsfähigkeit grundsätzlich als GbR.[641] Die Einkünfte der GbR sind einheitlich und gesondert festzustellen und unterliegen auf Ebene der Beteiligten der ESt (§ 15 Abs. 1 Nr. 2 EStG).

Die sog. **Vorgründungsgesellschaft** (vgl. Rn. 248), die sich auf den Zeitraum vor notarieller Beurkundung der Satzung bezieht, stellt kein KSt-Subjekt dar. Die Vorgründungsgesellschaft, deren Zweck in der gemeinsamen Errichtung einer AG besteht, ist grundsätzlich eine GbR.[642] Die einheitlich und gesondert festzustellenden Einkünfte der GbR unterliegen bei den Beteiligten der ESt (§ 15 Abs. 1 Nr. 2 EStG). Die Vorgründungsgesellschaft ist weder mit der Vorgesellschaft noch mit der später eingetragenen AG identisch.[643]

bb) Gewerbesteuer. Die GewSt-Pflicht der AG beginnt spätestens mit Eintragung ins Handelsregister (R 2.5 Abs. 2 GewStR). Die Tätigkeit der AG gilt ab diesem Zeitpunkt in vollem Umfang als Gewerbebetrieb kraft Rechtsform (§ 2 Abs. 2 Satz 1 GewStG). Tritt die **Vorgesellschaft** bereits vor diesem Zeitpunkt mit einer Geschäftstätigkeit nach außen in Erscheinung, beginnt die GewSt-pflicht bereits zu diesem früheren Zeitpunkt. Die Vorgesellschaft bildet in diesem Fall für gewerbesteuerliche Zwecke einen einheitlichen Steuergegenstand mit der später eingetragenen AG.[644] Der Gründungsvorgang oder die Verwaltung des eingezahlten Nennkapitals lösen noch keine GewSt-Pflicht aus.[645]

Die **Vorgründungsgesellschaft** und die „**unechte Vorgesellschaft**" unterliegen als Mitunternehmerschaften ab dem Zeitpunkt der Aufnahme einer geschäftlichen Tätigkeit der GewSt.

b) Verkehrsteuern

aa) Umsatzsteuer. Die AG unterliegt ab Beginn der Unternehmereigenschaft, dh ab dem Zeitpunkt der Aufnahme einer nachhaltigen, auf Einnahmeerzielung

---

[639] Vgl. DPM/*Graffe* KStG § 1 Rn. 103 f.
[640] BFH I R 172/72, BStBl. II 1973, 568; I R 174/86, BStBl. II 1990, 91.
[641] BFH VII R 206/85, GmbHR 1988, 404.
[642] BFH I R 174/86, BStBl. II 1990, 91; vgl. auch DPM/*Graffe* KStG § 1 Rn. 106.
[643] Vgl. DPM/*Graffe* KStG § 1 Rn. 106; BFH I R 174/86, BStBl. II 1990, 91.
[644] BFH I R 244/74, BStBl. II 1977, 561; Blümich/*Drüen* GewStG § 2 Rn. 241.
[645] BFH I R 98/87, BStBl. II 1990, 1073.

gerichteten Tätigkeit, der Umsatzsteuerpflicht und ist zum Vorsteuerabzug berechtigt. Dies ist bereits mit dem ersten nach außen erkennbaren, auf eine Unternehmertätigkeit gerichteten Tätigwerden der Fall, sofern die spätere Ausführung entgeltlicher Leistungen beabsichtigt ist und die Ernsthaftigkeit dieser Absicht nachgewiesen wird (Abschn. 2.6 Abs. 1 Satz 1 UStAE). Somit ist die **Vorgesellschaft** umsatzsteuerpflichtig. Es besteht insoweit Identität zwischen der Vorgesellschaft und der AG. Auch die **Vorgründungsgesellschaft** kann bereits der Umsatzsteuer unterliegen.[646]

Unterbleibt die Eintragung der Vorgesellschaft im Handelsregister, kann die **unechte Vorgesellschaft** bei Nachweis der beabsichtigten Ausübung einer wirtschaftlichen Tätigkeit zum Vorsteuerabzug berechtigt sein, obwohl keine entgeltlichen Leistungen ausgeführt werden. Die Unternehmereigenschaft entfällt nicht rückwirkend (Abschn. 2.6 Abs. 1 Satz 2 UStAE).[647]

420   **bb) Grunderwerbsteuer.** Der GrESt unterliegen Erwerbsvorgänge, die auf die Übertragung von inländischen Grundstücken (§ 1 Abs. 1 GrEStG) oder die Übertragung von Anteilen an grundbesitzenden Gesellschaften (§ 1 Abs. 2–3a GrEStG) gerichtet sind. Grundsätzlich können die eingetragene AG, die Vorgesellschaft sowie Vorgründungsgesellschaft derartige Erwerbsvorgänge vollziehen und somit der GrESt-Pflicht unterliegen.[648] Die **Vorgesellschaft** und die eingetragene AG bilden für grunderwerbsteuerliche Zwecke ein einheitliches Steuersubjekt.[649] Wird der Vorgesellschaft ein Grundstück übertragen, fällt mit der Eintragung ins Handelsregister somit keine erneute GrESt auf Ebene der AG an.[650] Hingegen ist die **Vorgründungsgesellschaft** weder mit der Vorgesellschaft noch mit der später eingetragenen AG identisch. Damit stellt die Übertragung eines Grundstücks von der Vorgründungsgesellschaft auf die Vorgesellschaft bzw. AG einen GrESt-pflichtigen Vorgang dar.[651] Bei der Übertragung eines Grundstücks auf eine Vorgesellschaft, deren spätere Eintragung im Handelsregister unterbleibt **(unechte Vorgesellschaft)**, stellt die Liquidation dieser Gesellschaft und der damit verbundene Vermögensübergang des Grundstücks auf den Alleingesellschafter einen GrESt-pflichtigen Vorgang dar.[652]

2. Sacheinlagen im Steuerrecht

a) Wertansatz bei der Gesellschaft

421   **aa) Teilwert.** Die Bewertung der Sacheinlage erfolgt grundsätzlich mit dem Teilwert im Zeitpunkt der Zuführung (§ 6 Abs. 1 Nr. 5 Satz 1 Hs. 1 EStG). Der Teilwert ist der Betrag, den ein Erwerber des ganzen Betriebs im Rahmen eines Gesamtkaufpreises für das einzelne Wirtschaftsgut ansetzen würde, wobei davon auszugehen ist, dass der Erwerber den Betrieb fortführt (§ 6 Abs. 1 Nr. 1 Satz 3 EStG).[653]

---

[646] Vgl. Bunjes/*Korn* UStG § 2 Rn. 163.
[647] Vgl. Bunjes/*Korn* UStG § 2 Rn. 164 und 170.
[648] Vgl. Happ/Groß/*Bahns* AktG § 23 Rn. 101.62.
[649] BFH II 71/56 U, BStBl. III 1957, 28.
[650] Vgl. Boruttau/*Fischer* GrEStG § 1 Rn. 264 f.
[651] Vgl. Boruttau/*Fischer* GrEStG § 1 Rn. 271.
[652] BFH II R 43/99, BStBl. II 2002, 210; MünchKomm. AktG/Bd. 1/*Pentz* AktG § 41 Rn. 102.
[653] Vgl. HHR/*Gabert* EStG § 6 Rn. 420 ff. mwN.

bb) Anschaffungs- oder Herstellungskosten, Entnahmewert. Sacheinlagen **422** sind nach § 6 Abs. 1 Nr. 5 Satz 1 Hs. 2 EStG jedoch höchstens mit den Anschaffungs- oder Herstellungskosten anzusetzen, wenn das zugeführte Wirtschaftsgut
a) innerhalb der letzten drei Jahre vor dem Zeitpunkt der Zuführung angeschafft bzw. hergestellt oder entnommen worden ist oder
b) ein Anteil an einer Kapitalgesellschaft ist und der Steuerpflichtige an dieser Gesellschaft wesentlich iSd § 17 EStG[654] beteiligt ist oder
c) ein Wirtschaftsgut iSd § 20 Abs. 2 EStG (zB Aktien) ist.[655]

Ist die Einlage ein abnutzbares Wirtschaftsgut, so sind die (höchstens anzusetzenden) Anschaffungs- oder Herstellungskosten um die Absetzungen für Abnutzungen zu kürzen, die auf den Zeitraum zwischen der Anschaffung oder Herstellung des Wirtschaftsguts und der Einlage entfallen (§ 6 Abs. 1 Nr. 5 Satz 2 EStG). Unerheblich ist, ob sich die Absetzungen für Abnutzungen beim Steuerpflichtigen steuerlich ausgewirkt haben.[656] Ist die Sacheinlage ein Wirtschaftsgut, das vor der Zuführung aus einem Betriebsvermögen des Steuerpflichtigen entnommen worden ist, so tritt an die Stelle der (höchstens anzusetzenden) Anschaffungs- oder Herstellungskosten der Wert, mit dem die Entnahme angesetzt worden ist, und an die Stelle des Zeitpunkts der Anschaffung oder Herstellung der Zeitpunkt der Entnahme (§ 6 Abs. 1 Nr. 5 Satz 3 EStG). Der Entnahmewert ist grundsätzlich der Teilwert im Zeitpunkt der Entnahme.[657]

cc) Gemeiner Wert, Buchwert, Zwischenwert. Wird ein Betrieb, Teilbetrieb **423** oder Mitunternehmeranteil in eine AG eingebracht und erhält der Einbringende dafür neue Anteile (Aktien) an der AG (Sacheinlage), hat die übernehmende AG das eingebrachte Betriebsvermögen grundsätzlich mit dem gemeinen Wert anzusetzen (§ 20 Abs. 1 iVm Abs. 2 Satz 1 UmwStG). Der gemeine Wert wird durch den Preis bestimmt, der im gewöhnlichen Geschäftsverkehr nach der Beschaffenheit des Wirtschaftsguts unter Außerachtlassung ungewöhnlicher und persönlicher Verhältnisse bei einer Veräußerung zu erzielen wäre (§ 9 Abs. 2 BewG).[658] Demgegenüber kann die übernehmende AG nach § 20 Abs. 2 Satz 2 UmwStG das eingebrachte Betriebsvermögen auf Antrag einheitlich mit dem Buchwert oder einem Zwischenwert, höchstens jedoch mit dem gemeinen Wert, ansetzen, soweit
– das übernommene Betriebsvermögen bei der übernehmenden AG der KSt unterliegt,
– die Passivposten des eingebrachten Betriebsvermögens die Aktivposten ohne Berücksichtigung des Eigenkapitals nicht übersteigen,[659]

---

[654] Eine wesentliche Beteiligung liegt vor, wenn der Steuerpflichtige innerhalb der letzten fünf Jahre am Kapital der Gesellschaft unmittelbar oder mittelbar zu mindestens 1% beteiligt war (§ 17 Abs. 1 Satz 1 EStG).
[655] Vgl. HHR/*Eckstein* EStG § 6 Rn. 870 ff.
[656] BFH X R 53/04, BStBl. II 2005, 698. Zur Berücksichtigung der Abnutzungen für Absetzungen, soweit diese auf die Zeit der Nutzung des Wirtschaftsguts außerhalb der Einkunftssphäre entfallen, vgl. auch HHR/*Eckstein* EStG § 6 Rn. 860, 885 mwN.
[657] Vgl. HHR/*Schober* EStG § 6 Rn. 790.
[658] Vgl. DPM/*Patt* UmwStG § 20 Rn. 199 ff. mwN.
[659] Sind im eingebrachten Betriebsvermögen stille Reserven vorhanden, die das negative Eigenkapital übersteigen (Passivposten übersteigen Aktivposten des eingebrachten Betriebsvermögens), ist eine Buchwertfortführung ausgeschlossen. Die übernehmende AG hat die stillen Reserven soweit aufzudecken, dass die Aktivposten den Passivposten betragsmäßig entsprechen. Vgl. DPM/*Patt* UmwStG § 20 Rn. 216.

– das Besteuerungsrecht Deutschlands am Veräußerungsgewinn des eingebrachten Betriebsvermögens bei der übernehmenden AG nicht eingeschränkt ist und
– für den Fall, dass sonstige Gegenleistungen neben den neuen Aktien gewährt werden, der gemeine Wert dieser Gegenleistungen nicht mehr beträgt als
  (a) 25% des Buchwerts des eingebrachten Betriebsvermögens (relative Wertgrenze) oder
  (b) 500.000 EUR, höchstens jedoch den Buchwert des eingebrachten Betriebsvermögens (absolute Wertgrenze).[660]

Übersteigt der gemeine Wert der sonstigen Gegenleistung insgesamt den sich nach § 20 Abs. 2 Satz 2 UmwStG ergebenden Wertansatz, ist das eingebrachte Betriebsvermögen mindestens mit dem gemeinen Wert der sonstigen Gegenleistungen anzusetzen (§ 20 Abs. 2 Satz 4 UmwStG). Durch diesen Mindestansatz soll vermieden werden, dass sich negative Anschaffungskosten der gewährten Anteile für den Einbringenden nach § 20 Abs. 3 Satz 3 UmwStG ergeben.[661]

Der Wert, mit dem die übernehmende AG das eingebrachte Betriebsvermögen ansetzt, gilt für den einlegenden Gründungsgesellschafter als Veräußerungspreis des Betriebs, Teilbetriebs bzw. Mitunternehmeranteils und als Anschaffungskosten der erhaltenen Aktien (§ 20 Abs. 3 Satz 1 UmwStG).[662] Hingegen gilt der gemeine Wert des eingebrachten Betriebsvermögens im Einbringungszeitpunkt als Anschaffungskosten der erhaltenen Aktien, sofern das Besteuerungsrecht Deutschlands am Veräußerungsgewinn des eingebrachten Betriebsvermögens im Zeitpunkt der Einbringung ausgeschlossen ist und dieses auch nicht durch die Einbringung begründet wird (§ 20 Abs. 3 Satz 2 UmwStG).[663] Werden neben den neuen Aktien noch andere Gegenleistungen (zB Darlehen) gewährt, so ist deren gemeiner Wert von den Anschaffungskosten der Anteile abzuziehen (§ 20 Abs. 3 Satz 3 UmwStG). Hierdurch erhöhen sich die in den erhaltenen Aktien vorhandenen stillen Reserven um den Wert der zusätzlich gewährten Gegenleistungen.[664]

Sind in dem eingebrachten Betrieb auch Anteile an Kapitalgesellschaften enthalten, stellen diese grundsätzlich einen unselbstständigen Bestandteil der Sacheinlage

---

[660] Die sonstige Gegenleistung kann von der übernehmenden AG, aber auch von Dritten gewährt werden, vgl. DPM/*Patt* UmwStG § 20 Rn. 224 f. Übersteigt der gemeine Wert der sonstigen Gegenleistung nicht die absolute Wertgrenze von 500.000 EUR oder übersteigt bei höheren Gegenleistungen deren Wert nicht die relative Wertgrenze von 25% des Buchwerts des eingebrachten Betriebsvermögens, ist die Gewährung der sonstigen Gegenleistung unschädlich und führt nicht zu einer Einschränkung der Bewertung zum Buchwert- oder Zwischenwert. Im umgekehrten Fall (gemeiner Wert der sonstigen Gegenleistung übersteigt die genannten Wertgrenzen) wird die Bewertung unter dem gemeinen Wert eingeschränkt. Der Buchwert- oder Zwischenwertansatz ist im Verhältnis des Überhangs der die Wertgrenzen überschreitenden Gegenleistung zum Gesamtwert der Sacheinlage ausgeschlossen. Vgl. DPM/*Patt* UmwStG § 20 Rn. 224q ff. mwN.

[661] Vgl. DPM/*Patt* UmwStG § 20 Rn. 224u.

[662] Aus der sog. doppelten Buchwertverknüpfung resultiert eine Verdoppelung der stillen Reserven, da die im eingebrachten Betriebsvermögen vorhandenen stillen Reserven sowohl auf Ebene der übernehmenden AG als auch auf Ebene des einbringenden Gesellschafters enthalten sind. Vgl. DPM/*Patt* UmwStG Vor §§ 20–23 Rn. 29 ff.

[663] Mit dieser Regelung soll sichergestellt werden, dass auf Ebene des Einbringenden in den im Zuge der Sacheinlage erhaltenen Anteilen keine stillen Reserven im Inland steuerlich erfasst werden, die vor der Einbringung außerhalb Deutschlands entstanden sind. Vgl. Schmitt/Hörtnagl/Stratz/*Schmitt* UmwStG § 20 Rn. 395; DPM/*Patt* UmwStG § 20 Rn. 296.

[664] Die Anschaffungskosten der neuen Aktien können unter gewissen Voraussetzungen negativ werden, vgl. Schmitt/Hörtnagl/Stratz/*Schmitt* UmwStG § 20 Rn. 396.

B. Gründung der AG nach AktG

„Betrieb" iSd § 20 Abs. 1 UmwStG dar. Dies gilt auch für die zum Betriebsvermögen eines Betriebs gehörende 100%ige Beteiligung an einer Kapitalgesellschaft.[665] Werden jedoch die Anteile an Kapitalgesellschaften isoliert und damit losgelöst von der Sacheinlage eines Betriebs in eine AG eingebracht, sind die Regelungen des § 21 UmwStG anzuwenden.[666] Die übernehmende AG hat die eingebrachten Anteile an Kapitalgesellschaften (Sacheinlage) grundsätzlich mit dem gemeinen Wert anzusetzen (§ 21 Abs. 1 Satz 1 UmwStG). Auf Antrag kann die übernehmende AG die eingebrachten Anteile hingegen mit dem Buchwert oder einem Zwischenwert, höchstens jedoch mit dem gemeinen Wert,[667] ansetzen, soweit

– die übernehmende AG nach der Einbringung aufgrund ihrer (bereits bestehenden) Beteiligung einschließlich der eingebrachten Anteile nachweisbar unmittelbar die Mehrheit der Stimmrechte an der erworbenen Gesellschaft hat (**qualifizierter Anteilstausch**) und
– für den Fall, dass sonstige Gegenleistungen neben den neuen Aktien gewährt werden, der gemeine Wert dieser Gegenleistungen nicht mehr beträgt als
  (a) 25% des Buchwerts der eingebrachten Anteile (relative Wertgrenze) oder
  (b) 500.000 EUR, höchstens jedoch den Buchwert der eingebrachten Anteile (absolute Wertgrenze).[668]

Übersteigt der gemeine Wert der sonstigen Gegenleistung insgesamt den sich nach § 21 Abs. 1 Satz 2 UmwStG ergebenden Wertansatz, ist das eingebrachte Betriebsvermögen mindestens mit dem gemeinen Wert der sonstigen Gegenleistungen anzusetzen (§ 21 Abs. 1 Satz 4 UmwStG). Durch diesen Mindestansatz soll vermieden werden, dass sich negative Anschaffungskosten der gewährten Anteile für den Einbringenden nach § 21 Abs. 2 Satz 6 iVm § 20 Abs. 3 Satz 3 UmwStG ergeben.[669]

Der Wert, mit dem die übernehmende AG die eingebrachten Anteile ansetzt, gilt für den einlegenden Gründungsgesellschafter als Veräußerungspreis der eingebrachten Anteile und als Anschaffungskosten der erhaltenen Aktien (Wertverknüpfung iSd § 21 Abs. 2 Satz 1 UmwStG). Losgelöst vom Wertansatz auf Ebene der übernehmenden AG gilt für den einlegenden Gründungsgesellschafter ausnahmsweise der gemeine Wert der eingebrachten Anteile als Veräußerungspreis der eingebrachten Anteile und als Anschaffungskosten der erhaltenen Aktien, wenn das Besteuerungsrecht Deutschlands am Veräußerungsgewinn entweder der eingebrachten Anteile oder der erhaltenen Aktien ausgeschlossen oder beschränkt ist (§ 21 Abs. 2 Satz 2 UmwStG).[670] Abweichend hiervon kann bei einem grenzüberschreitenden qualifizierten Anteilstausch der einlegende Gründungsgesellschafter nach § 21 Abs. 2 Satz 3 UmwStG auf Antrag die Buchwerte oder Zwischenwerte, höchstens

---

[665] Vgl. DPM/*Patt* UmwStG § 20 Rn. 30 mwN; Schmitt/Hörtnagl/Stratz/*Schmitt* UmwStG § 20 Rn. 8.
[666] Vgl. DPM/*Patt* UmwStG § 20 Rn. 33 mwN; Schmitt/Hörtnagl/Stratz/*Schmitt* UmwStG § 20 Rn. 8.
[667] Liegt der gemeine Wert der Beteiligung zum Stichtag unter dem Buchwert, ist ein Antrag auf Buchwertfortführung ausgeschlossen. Vgl. DPM/*Patt* UmwStG § 20 Rn. 50 mwN.
[668] Zu den Rechtsfolgen bei Über- und Unterschreiten der relevanten Wertgrenzen für die Gewährung sonstiger Gegenleistungen siehe DPM/*Patt* UmwStG § 21 Rn. 51l ff. mwN sowie Fn. 715658.
[669] Vgl. DPM/*Patt* UmwStG § 21 Rn. 51n, 51q.
[670] Mit dieser Ausnahmeregelung soll die Besteuerung der in den eingebrachten und erhaltenen Anteilen vorhandenen stillen Reserven in Deutschland sichergestellt werden. Vgl. Schmitt/Hörtnagl/Stratz/*Schmitt* UmwStG § 21 Rn. 84 ff. mwN.

Schwäbe

die gemeinen Werte, als Veräußerungspreis der eingebrachten Anteile und als Anschaffungskosten der erhaltenen Aktien ansetzen, wenn
- das Besteuerungsrecht Deutschlands am Veräußerungsgewinn der erhaltenen Aktien nicht ausgeschlossen oder beschränkt ist oder
- die Besteuerung des Anteilstauschs aufgrund Art. 8 Fusionsrichtlinie[671] unzulässig ist; in diesem Fall wird der Gewinn bei Veräußerung der erhaltenen Aktien so besteuert, wie die Veräußerung der eingebrachten Anteile zu besteuern gewesen wäre.[672]

b) Besteuerung des einlegenden Gründers

424 Hinsichtlich der Besteuerung des einlegenden Gründungsgesellschafters ist zwischen dem Gewinn aus der Sacheinlage und dem Gewinn aus der späteren Veräußerung der eingebrachten Anteile bzw. erhaltenen Aktien[673] zu differenzieren.

425 **aa) Besteuerung eines Gewinns anlässlich der Sacheinlage.** Die Sacheinlage von einzelnen Wirtschaftsgütern aus dem **Privatvermögen** des einlegenden Gründungsgesellschafters in das Betriebsvermögen der AG wird aus steuerlicher Sicht als tauschähnlicher Vorgang (Tausch des Sacheinlagegegenstands gegen die erhaltenen Aktien) und damit als Veräußerung angesehen.[674] Bei Wirtschaftsgütern des Privatvermögens sind Wertänderungen grundsätzlich nicht steuerbar. Bei der Einlage bestimmter Wirtschaftsgüter des Privatvermögens in das Betriebsvermögen der AG erzielt der Gründungsgesellschafter jedoch einen steuerpflichtigen Gewinn. Der Veräußerungsgewinn entspricht dem Unterschiedsbetrag zwischen den Anschaffungskosten des Wirtschaftsguts und dem gemeinen Wert der erhaltenen Aktien.[675] Ein steuerpflichtiger Veräußerungsgewinn wird in folgenden Fällen realisiert: (a) Bei Einlage von Wirtschaftsgütern, bei denen die Behaltefrist von zehn Jahren (Grundstücke und grundstücksgleiche Rechte) bzw. einem Jahr (andere Wirtschaftsgüter mit Ausnahme von solchen des täglichen Bedarfs) noch nicht abgelaufen ist, oder bei denen die Veräußerung früher erfolgt als der Erwerb (sog. private Veräußerungsgeschäfte), wird ein steuerpflichtiger Veräußerungsgewinn erzielt, der beim Gründungsgesellschafter vollumfänglich der ESt unterliegt (§ 23 Abs. 1 Sätze 1 und 5 EStG). (b) Bei der Einlage von im Privatvermögen gehaltenen Anteilen an einer Kapitalgesellschaft, an der der Gründungsgesellschafter in den letzten fünf Jahren unmittelbar oder mittelbar zu mindestens 1% beteiligt ist (§ 17 EStG). Der resultierende Veräußerungsgewinn unterliegt beim Gründungsgesellschafter zu 60% der ESt (Teileinkünfteverfahren, § 17 iVm § 3 Nr. 40 EStG).[676] (c) Bei der Einlage von privat gehaltenen Aktien, die nach dem 31.12.2008 angeschafft wor-

---

[671] Richtlinie 2009/133/EG des Rates v. 19.10.2009 über das gemeinsame Steuersystem für Fusionen, Spaltungen, Abspaltungen, die Einbringung von Unternehmensteilen und den Austausch von Anteilen, die Gesellschaften verschiedener Mitgliedstaaten betreffen, sowie für die Verlegung des Sitzes einer Europäischen Gesellschaft oder einer Europäischen Genossenschaft von einem Mitgliedstaat in einen anderen Mitgliedstaat, ABl. EU Nr. L 310/34.

[672] Hiermit wird die Sicherstellung der ungeminderten Besteuerung von Veräußerungsgewinnen aus Anteilen in Deutschland mittels einer vergleichenden Betrachtung beabsichtigt. Vgl. DPM/*Patt* UmwStG § 21 Rn. 60 ff.

[673] Für vor dem SEStEG eingebrachte Anteile konnte eine Steuerpflicht vermieden werden. Vgl. die Ausführungen in der 1. Auflage zu § 3 Rn. 427.

[674] Vgl. die Ausführungen in der 1. Auflage zu § 3 Rn. 427.

[675] Vgl. die Ausführungen in der 1. Auflage zu § 3 Rn. 427.

[676] Unter bestimmten Voraussetzungen kann der Gründungsgesellschafter den Freibetrag nach § 17 Abs. 3 EStG in Anspruch nehmen (§ 21 Abs. 3 Satz 1 UmwStG).

den sind,[677] unterliegt der Veräußerungsgewinn in vollem Umfang der 25%igen Abgeltungsteuer zuzüglich SolZ (§ 20 Abs. 2 iVm § 32d EStG).[678]

Die Sacheinlage von einzelnen Wirtschaftsgütern aus dem **Betriebsvermögen** des Gründungsgesellschafters in das Betriebsvermögen der AG führt zur Realisierung eines steuerpflichtigen Veräußerungsgewinns aus dem tauschähnlichen Vorgang. Der resultierende Veräußerungsgewinn ermittelt sich als Unterschied zwischen dem Buchwert des eingelegten Wirtschaftsguts und dem gemeinen Wert der erhaltenen Aktien (§ 6 Abs. 6 Satz 1 EStG). Der Veräußerungsgewinn unterliegt in der Regel vollumfänglich der ESt und der GewSt. Bei Einlage von im Betriebsvermögen gehaltenen Anteilen an Kapitalgesellschaften durch den Gründungsgesellschafter oder eine Personengesellschaft unterliegt der Veräußerungsgewinn zu 60% der Besteuerung mit ESt (Teileinkünfteverfahren, § 3 Nr. 40 EStG). Dies gilt auch für die GewSt, sofern der Gewinn aus dem Tauschvorgang nicht im Zusammenhang mit der Veräußerung oder Aufgabe des Betriebs steht und mithin als Teil des laufenden Gewinns für Zwecke der Gewerbesteuer anzusehen ist.[679] Demgegenüber unterliegt der Gewinn aus der Sacheinlage eines Betriebs, Teilbetriebs oder eines gesamten Mitunternehmeranteils nicht der GewSt, soweit dieser auf eine natürliche Person entfällt (§ 7 Abs. 1 Satz 2 GewStG).

bb) Besteuerung bei der späteren Veräußerung der erhaltenen bzw. eingebrachten Anteile. Nach der Konzeption des § 22 Abs. 1 und 2 UmwStG sind die im Wege der Einbringung unter dem gemeinen Wert erhaltenen Aktien sowie die im Wege der Einbringung oder des Anteilstauschs unter dem gemeinen Wert eingebrachten Anteile an Kapitalgesellschaften mit einer siebenjährigen Sperrfrist behaftet. Die Veräußerung der Anteile oder die Realisierung eines Veräußerungsersatztatbestands innerhalb der Sperrfrist hat den rückwirkenden Ansatz zum gemeinen Wert zur Folge. Es kommt somit zu einer nachträglichen Besteuerung der zum Einbringungszeitpunkt vorhandenen stillen Reserven auf Ebene des Einbringenden.[680] 426

(1) Einbringungsgewinn I. Erfolgt die Sacheinlage unter dem gemeinen Wert und **veräußert der Einbringende** die im Wege der Einbringung **erhaltenen Anteile** (Aktien) innerhalb eines Zeitraums von sieben Jahren nach dem Einbringungszeitpunkt, ist der Gewinn aus der Einbringung als Gewinn des Einbringenden rückwirkend im Wirtschaftsjahr der Einbringung anteilig zu versteuern (**Einbringungsgewinn I**, § 22 Abs. 1 Satz 1 1. HS UmwStG). Der Einbringungsgewinn I ermittelt sich als Unterschiedsbetrag zwischen dem gemeinen Wert des eingebrachten Betriebsvermögens im Einbringungszeitpunkt abzüglich der Kosten des Vermögensübergangs und dem Wert, mit dem die übernehmende AG das eingebrachte Betriebsvermögen angesetzt hat. Der Einbringungsgewinn I vermindert sich jeweils um ein Siebtel für jedes volle Zeitjahr, das seit dem Einbringungszeitpunkt abgelaufen ist (§ 22 Abs. 1 Satz 3 UmwStG).[681] Der Einbringungsgewinn I 426a

---

[677] Zur Übergangsregelung siehe die Ausführungen in der 2. Auflage zu § 4 Rn. 128.
[678] Hält der einlegende Gesellschafter eine unternehmerische Beteiligung an der Kapitalgesellschaft, deren Anteile eingelegt werden, kann der Gründungsgesellschafter zum Teileinkünfteverfahren optieren (§ 32d Abs. 2 Nr. 3 EStG). Bei bestimmten Kapitalmaßnahmen (Tausch inländischer und ausländischer Anteile an Kapitalgesellschaften, Ausübung von Andienungs- oder Bezugsrechten und Abspaltungen) sind für steuerliche Zwecke Vereinfachungen vorgesehen (§ 20 Abs. 4a EStG). Siehe Blümich/*Ratschow* EStG § 20 Rn. 428 ff. mwN.
[679] BFH III R 23/89, BStBl. II 1994, 709.
[680] Vgl. DPM/*Patt* UmwStG § 22 Rn. 54; BeckHdB GmbH/*Otto/Scholz* § 14 Rn. 205.
[681] Vgl. DPM/*Patt* UmwStG § 22 Rn. 54a ff.

gilt für den Einbringenden als nachträgliche Anschaffungskosten der erhaltenen Anteile (§ 22 Abs. 1 Satz 4 UmwStG).[682] Der Gewinn aus der Veräußerung der erhaltenen Anteile reduziert sich somit um den Betrag des Einbringungsgewinns I.[683] Auf Ebene der übernehmenden Gesellschaft hat die rückwirkende Besteuerung des Einbringungsgewinns I eine entsprechende Aufstockung der Wertansätze des eingebrachten Betriebsvermögens zur Folge. Hierzu muss der Einbringende jedoch die auf den Einbringungsgewinn I entfallende Steuer entrichtet haben und dies durch eine Bescheinigung des Finanzamts nachweisen (§ 23 Abs. 2 Satz 1 iVm § 22 Abs. 5 UmwStG).[684]

Bezüglich des Anwendungsbereichs des § 22 Abs. 1 UmwStG ist zu beachten, dass der Einbringungsgewinn I grundsätzlich nicht auf erhaltene Anteile (Aktien) anzuwenden ist, die als Gegenleistung für die Einbringung von Anteilen an einer anderen Kapitalgesellschaft gewährt worden sind. Hierfür gelten die Regelungen des § 22 Abs. 2 UmwStG.[685] Enthält die Sacheinlage aber auch Anteile an einer Kapitalgesellschaft, sind die erhaltenen Anteile aufgrund des Konkurrenzverhältnisses zwischen § 22 Abs. 1 und 2 UmwStG aufzuteilen und zwar in Anteile, die im Wege der Einbringung von anderen Kapitalgesellschaftsanteilen erworben wurden, und solche Anteile, die im Wege der Einbringung von übrigem Betriebsvermögen gewährt wurden. (§ 22 Abs. 1 Satz 5 Hs. 1 UmwStG).[686] Sofern in diesen Fällen das Besteuerungsrecht Deutschlands am Veräußerungsgewinn der erhaltenen Anteile, die im Wege der Einbringung von anderen Kapitalgesellschaftsanteilen erworben wurden, ausgeschlossen oder beschränkt ist, finden daneben die Vorschriften zum Einbringungsgewinn I Anwendung (§ 22 Abs. 1 Satz 5 Hs. 2 UmwStG).[687]

426b **(2) Einbringungsgewinn II.** Während der Einbringungsgewinn I im Wege der Einbringung eines Betriebs, Teilbetriebs oder Mitunternehmeranteils (Sacheinlage iSd § 20 Abs. 1 UmwStG) entstehen kann, stellt der Tatbestand des § 22 Abs. 2 UmwStG auf die Einbringung von Anteilen an Kapitalgesellschaften im Wege der Sacheinlage (§ 20 Abs. 1 UmwStG) oder des Anteilstauschs (§ 21 Abs. 1 UmwStG) ab.[688]

Erfolgt die Sacheinlage oder der Anteilstausch unter dem gemeinen Wert und **veräußert die übernehmende AG** die **eingebrachten Anteile** mittelbar oder unmittelbar innerhalb eines Zeitraums von sieben Jahren nach dem Einbringungszeitpunkt, ist der Gewinn aus der Einbringung als Gewinn des Einbringenden rückwirkend im Wirtschaftsjahr der Einbringung anteilig zu versteuern (sog. **Einbringungsgewinn II**, § 22 Abs. 2 Satz 1 Hs. 1 UmwStG). Der Einbringungsgewinn II ist nur bei Einbringung durch natürliche Personen und Personengesellschaften anzuwenden, denen die Begünstigung des § 8b Abs. 2 KStG nicht zusteht.[689] Der Einbringungsgewinn II entspricht dem Unterschiedsbetrag zwischen dem gemeinen Wert der eingebrachten Anteile im Einbringungszeitpunkt nach Abzug der Kosten für den Vermögensübergang und dem Wert, mit dem der Einbringende die erhaltenen Anteile (Aktien) angesetzt hat. Der Einbringungsgewinn II vermindert

---

[682] Ein besonderer Nachweis des Einbringenden ist hierfür nicht erforderlich. Vgl. DPM/Patt UmwStG § 22 Rn. 61.
[683] Vgl. BeckHdB GmbH/*Otto/Scholz* § 14 Rn. 205.
[684] Vgl. DPM/*Patt* UmwStG § 22 Rn. 62.
[685] Vgl. DPM/*Patt* UmwStG § 22 Rn. 53.
[686] Vgl. DPM/*Patt* UmwStG § 22 Rn. 53.
[687] Vgl. DPM/*Patt* UmwStG § 22 Rn. 53a.
[688] Vgl. BeckHdB GmbH/*Otto/Scholz* § 14 Rn. 212.
[689] Vgl. DPM/*Patt* UmwStG § 22 Rn. 72 ff.

B. Gründung der AG nach AktG   426c   § 2

sich jeweils um ein Siebtel für jedes volle Zeitjahr, das seit dem Einbringungszeitpunkt abgelaufen ist (§ 22 Abs. 2 Satz 3 UmwStG).[690] Der Einbringungsgewinn II gilt für den Einbringenden als nachträgliche Anschaffungskosten der erhaltenen Anteile (§ 22 Abs. 2 Satz 4 UmwStG).[691] Auf Ebene der übernehmenden AG führt die rückwirkende Besteuerung des Einbringungsgewinns II zu einer Erhöhung der Anschaffungskosten der eingebrachten Kapitalgesellschaftsanteile, soweit der Einbringende die auf den Einbringungsgewinn II entfallende Steuer entrichtet hat und dies durch eine Bescheinigung des Finanzamts nachweist (§ 23 Abs. 2 Satz 3 iVm Satz 1 UmwStG).[692]

Zu einer Besteuerung nach § 22 Abs. 2 UmwStG kommt es nicht, wenn der Einbringende bereits vor Veräußerung der eingebrachten Anteile durch die übernehmende AG seine erhaltenen Anteile veräußert hat (§ 22 Abs. 2 Satz 5 UmwStG).[693] Da beim Einbringungsgewinn II die Person, die die Steuerlast zu tragen hat (= Einbringender), und die Person, die den die Besteuerung auslösenden Tatbestand verwirklicht (= übernehmende AG), nicht identisch sind, sind entsprechende vertragliche Regelungen zum Schutz des Einbringenden zu treffen.[694]

(3) **Veräußerungsersatztatbestände.** Neben der Veräußerung der erhaltenen   426c
Aktien durch den Einbringenden und/oder der Veräußerung der eingebrachten Anteile durch die übernehmende AG entsteht ein Einbringungsgewinn I und II auch bei Verwirklichung eines Veräußerungsersatztatbestands (§ 22 Abs. 1 Satz 6, Abs. 2 Satz 6 UmwStG). Diese Ersatztatbestände umfassen insbesondere folgende Vorgänge:[695]
– unentgeltliche Übertragung der erhaltenen Anteile (§ 22 Abs. 1 Satz 6 Nr. 1 UmwStG);
– entgeltliche Übertragung der erhaltenen Anteile, soweit kein Nachweis erbracht wird, dass die Übertragung zu Buchwerten erfolgte und keine sonstigen schädlichen Gegenleistungen gewährt wurden (§ 22 Abs. 1 Satz 6 Nr. 1 UmwStG);
– Auflösung oder Abwicklung der Kapitalgesellschaft, an der die Anteile bestehen, oder Kapitalherabsetzung oder Auszahlung aus dem steuerlichen Einlagekonto iSd § 27 KStG (§ 22 Abs. 1 Satz 6 Nr. 1 UmwStG);
– Buchwerteinbringung mit anschließender Anteilsveräußerung, soweit kein Nachweis erbracht wird, dass die Übertragung zu Buchwerten erfolgte und keine sonstigen schädlichen Gegenleistungen gewährt wurden (§ 22 Abs. 1 Satz 6 Nr. 4, 5 UmwStG);
– Verlust der Ansässigkeitsvoraussetzungen (§ 22 Abs. 1 Satz 6 Nr. 6 UmwStG).

Werden stille Reserven von erhaltenen oder eingebrachten Anteilen (oder auf diesen Anteilen beruhende andere Anteile) im Zuge einer Gesellschaftsgründung oder Kapitalerhöhung auf andere Anteile verlagert, gelten diese neu erhaltenen Anteile auch als erhaltene oder eingebrachte Anteile iSd § 22 Abs. 1 bzw. 2 UmwStG (sog. Mitverstrickung von Anteilen, § 22 Abs. 7 UmwStG).[696]

Der Einbringende hat in den auf den Einbringungszeitpunkt folgenden sieben Jahren jährlich bis spätestens zum 31. Mai nachzuweisen, wem die erhaltenen An-

---

[690] Vgl. DPM/*Patt* UmwStG § 22 Rn. 78 ff.
[691] Vgl. DPM/*Patt* UmwStG § 22 Rn. 81.
[692] Vgl. DPM/*Patt* UmwStG § 22 Rn. 82 mwN.
[693] Vgl. DPM/*Patt* UmwStG § 22 Rn. 75 ff.
[694] Vgl. Rödder/Herlinghaus/van Lishaut/*Stangl* UmwStG § 22 Rn. 2, Rn. 11.
[695] Vgl. DPM/*Patt* UmwStG § 22 Rn. 39 ff.
[696] Die Mitverstrickung verursacht keine neue siebenjährige Sperrfrist. Vgl. DPM/*Patt* UmwStG § 22 Rn. 109 ff.

teile bzw. die eingebrachten Anteile (und auf diesen Anteilen beruhende Anteile) zuzurechnen sind. Wird dieser Nachweis nicht erbracht, gelten die Anteile als an dem Tag, der auf den Einbringungszeitpunkt folgt oder der in den Folgejahren diesem Kalendertag entspricht, als veräußert (§ 22 Abs. 3 UmwStG).[697]

426d **(4) Besteuerung des Einbringungsgewinns beim Einbringenden.** Die Besteuerung des Einbringungsgewinns I und II erfolgt rückwirkend. Der Einbringungsgewinn I unterliegt beim Einbringenden als Gewinn iSd § 16 EStG der ESt nach den allgemeinen Regelungen für die Veräußerung von Betriebsvermögen.[698] Der Einbringungsgewinn II unterliegt als Gewinn aus der Veräußerung von Anteilen an Kapitalgesellschaften der ESt, wenn der Einbringende einkommensteuerpflichtig ist. Das Teileinkünfteverfahren nach § 3 Nr. 40 EStG ist anzuwenden.[699] Der Freibetragsregelung nach § 16 Abs. 4 EStG sowie die Tarifermäßigung nach § 34 Abs. 1 und 3 EStG finden hingegen keine Anwendung (§ 22 Abs. 1 Satz 1 Hs. 2, Abs. 2 Satz 1 Hs. 2 UmwStG). Der Einbringungsgewinn I unterliegt der KSt, wenn der Einbringende eine körperschaftsteuerpflichtige Person ist. Der Einbringungsgewinn II unterliegt grundsätzlich nicht der KSt, da vom Anwendungsbereich des § 22 Abs. 2 UmwStG nur einkommensteuerpflichtige Personen erfasst werden, denen die begünstigte Besteuerung iSd § 8b Abs. 2 KStG nicht zusteht.[700] Eine GewSt-Pflicht für den Einbringungsgewinn I und II besteht nur, wenn die Einbringung zum gemeinen Wert selbst gewerbesteuerpflichtig gewesen wäre.[701]

c) Grunderwerbsteuer auf Sacheinlagen

427 Wenn bei der Gründung einer AG ein Grundstück gegen Gewährung von Aktien in das Betriebsvermögen der AG eingebracht wird, fällt auf diesen Erwerbsvorgang GrESt an (§ 1 Abs. 1 Nr. 1 GrEStG). Der GrESt können auch die Einlage von Anteilen an einer inländischen Grundbesitz haltenden Gesellschaft gem. § 1 Abs. 2a–3a GrEStG unterliegen.[702]

Für ertragsteuerliche Zwecke wird die GrESt, falls die AG sie entrichtet, in der Regel als Anschaffungsnebenkosten des Grundstücks aktiviert (§ 255 Abs. 1 Satz 2 HGB iVm § 5 Abs. 1 Satz 1 EStG). Ein sofortiger Abzug als Betriebsausgabe scheidet somit aus. Dies soll nach Auffassung der Finanzverwaltung grundsätzlich auch für GrESt gelten, die im Rahmen einer Umwandlung anfällt.[703] Die Finanzverwaltung verweist jedoch für Erwerbsvorgänge iSd § 1 Abs. 3 GrEStG (Anteilsvereinigung) auf die jüngere BFH-Rechtsprechung, nach der die im Rahmen einer Anteilsvereinigung anfallende GrESt nicht zu den Anschaffungskosten der erworbenen Anteile bei der übernehmenden Gesellschaft zählt und mithin als Betriebsausgabe

---

[697] Vgl. DPM/*Patt* UmwStG § 22 Rn. 84 ff.
[698] Es handelt sich nicht um einen Gewinn aus der Veräußerung von Anteilen an einer Kapitalgesellschaft. Dies gilt unabhängig davon, ob die sperrfristbehafteten Anteile im Privat- oder Betriebsvermögen des Einbringenden gehalten worden sind. Vgl. DPM/*Patt* UmwStG § 22 Rn. 59.
[699] Vgl. DPM/*Patt* UmwStG § 22 Rn. 80.
[700] Der Einbringungsgewinn II unterliegt nur dann der KSt, wenn der Einbringende selbst körperschaftsteuerpflichtig ist, aber zugleich die Begünstigung iSd § 8b Abs. 2 KStG nicht beanspruchen kann. Dies ist der Fall bei Kredit- und Finanzdienstleistungsinstituten iSd § 8b Ab. 7 KStG und bei Lebens- und Krankenversicherungsunternehmen iSd § 8b Abs. 8 KStG.
[701] Vgl. DPM/*Patt* UmwStG § 22 Rn. 67.
[702] Vgl. die Ausführungen in der 1. Auflage zu § 3 Rn. 428.
[703] Vgl. BMF 11.11.2011, BStBl. I 2011, 1314 Rn. 23.01.

sofort abziehbar ist.[704] Gleichermaßen hat der BFH für die durch einen Wechsel im Gesellschafterbestand einer grundbesitzenden Personengesellschaft iSd § 1 Abs. 2a GrEStG entschieden. Die durch diesen Erwerbsvorgang ausgelöste GrESt stellt keine Anschaffungsnebenkosten der erworbenen Kommanditanteile oder des vorhandenen Grundbesitzes der Personengesellschaft dar.[705]

C. Die Entstehung der AG durch Umwandlung

I. Übersicht

1. Umwandlungsformen

Wie in der Einleitung dieses Kapitels ausgeführt (s. Rn. 1), ist die AG in erster **430** Linie die Rechtsform zur Fortführung eines bereits etablierten Unternehmens, sei es, um für einen Börsengang wenigstens rechtlich vorbereitet zu sein oder um das mit der Rechtsform verbundene Ansehen am Markt zu nutzen. Zwar sieht auch das AktG die Gründung durch Einbringung eines Unternehmens vor (§ 31 AktG; s. Rn. 103 ff.; s. a. Rn. 2 f., 199), doch bestimmt oft das Umwandlungssteuergesetz (UmwStG; s. Rn. 463 ff.) den Weg in die AG über das Umwandlungsgesetz (UmwG). Der Weg zur AG über das UmwG bietet aufgrund des damit verbundenen Übergangs von Unternehmen durch Gesamtrechtsnachfolge (Verschmelzung; §§ 2 ff. UmwG; s. Rn. 433 ff.) bzw. von Unternehmensteilen durch partielle Gesamtrechtsnachfolge (Spaltung; §§ 123 ff. UmwG; s. Rn. 433 ff.) im Gegensatz zur Einzelrechtsnachfolge durch Sacheinlagen auch erhebliche praktische Vereinfachungen für die Vertragsgestaltung und vor allem auch für das Rechnungswesen (§§ 20, 24 UmwG; s. Rn. 459 ff.). Einen Mittelweg zwischen Einzel- und Gesamtrechtsnachfolge an einem Unternehmen stellt außerhalb des UmwG die Sacheinlage sämtlicher Anteile einer Personengesellschaft dar, durch welche die Personengesellschaft mangels eines weiteren Gesellschafters erlischt, wodurch das Unternehmen auf die Gesellschaft in Gesamtrechtsnachfolge anwächst (sog. Anwachsung; § 738 BGB; s. Rn. 468). Ohne Rechtsnachfolge verläuft die formwechselnde Umwandlung (§§ 190 ff. UmwG; s. Rn. 433 ff.), da sich hier an der rechtlichen Identität des Rechtsträgers eines Unternehmens nichts ändert.

Die vorgenannten Umwandlungsformen des UmwG werden ausführlich in § 14 **431** dieses Handbuchs vorgestellt (Umwandlung der AG), das die Wege aus der AG nach UmwG aufzeigt. Darauf kann allgemein verwiesen werden, was die Grundzüge der Umwandlungsformen betrifft. Hier werden nachfolgend nur Besonderheiten aufgezeigt, die sich durch Neugründung einer AG im Wege der Verschmelzung (§§ 36 ff., 73 ff. UmwG) oder Spaltung (§§ 135 ff., 141 ff. UmwG) bzw. durch formwechselnde Umwandlung in AG (§§ 197 ff. UmwG) ergeben.

---

[704] Nach Auffassung des BFH ist Besteuerungsobjekt nicht der Erwerb der Anteile, sondern der fiktive Erwerb der Grundstücke. Es fehlt somit an einem inhaltlichen finalen Bezug zum Vorgang des Anteilserwerbs für eine Aktivierung der GrESt als Anschaffungsnebenkosten der Anteile. Vgl. BFH I R 2/10, BStBl. II 2011, 761.
[705] BFH IX R 50/13, BStBl. II 2015, 260.

2. Umwandlungsfähige Rechtsträger

432 Vorab werden hier die Rechtsträger vorgestellt, aus denen die neue AG aufgrund Verschmelzung durch Neugründung (§ 3 UmwG), Spaltung durch Neugründung (§ 124 UmwG) oder durch formwechselnde Umwandlung (§ 191 Abs. 1 UmwG) entstehen kann. Dazu dient folgendes Schaubild, das auch die für eine Anwachsung (§ 738 BGB; s. Rn. 468) in Frage kommenden Personengesellschaften zeigt.

C. Die Entstehung der AG durch Umwandlung

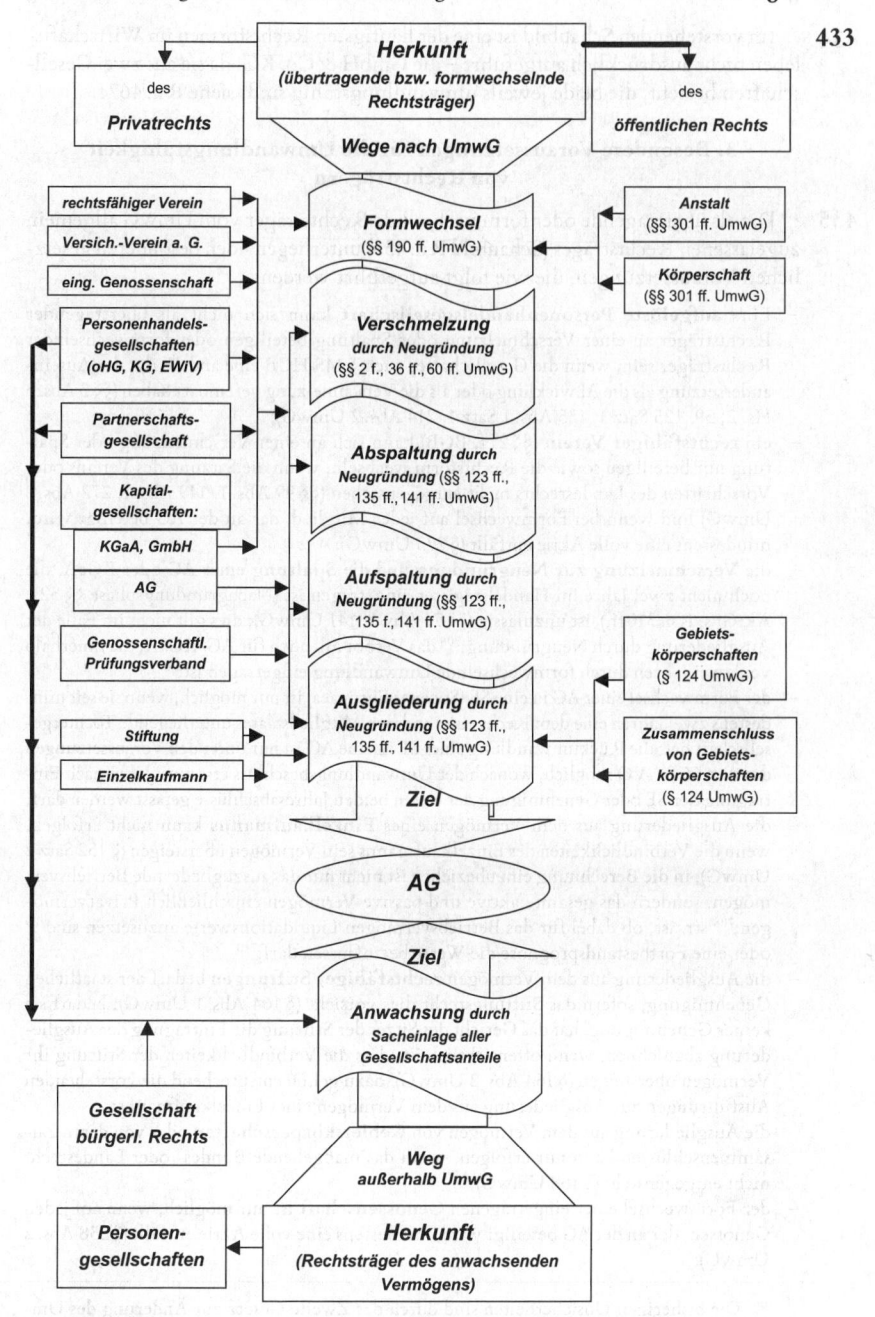

Herkunft
(übertragende bzw. formwechselnde Rechtsträger)

- des **Privatrechts**
- des **öffentlichen Rechts**

Wege nach UmwG

Formwechsel (§§ 190 ff. UmwG)
- rechtsfähiger Verein
- Versich.-Verein a. G.
- eing. Genossenschaft
- Anstalt (§§ 301 ff. UmwG)
- Körperschaft (§§ 301 ff. UmwG)

Verschmelzung durch Neugründung (§§ 2 f., 36 ff., 60 ff. UmwG)
- Personenhandelsgesellschaften (oHG, KG, EWiV)

Abspaltung durch Neugründung (§§ 123 ff., 135 ff., 141 ff. UmwG)
- Partnerschaftsgesellschaft

Aufspaltung durch Neugründung (§§ 123 ff., 135 f., 141 ff. UmwG)
- Kapitalgesellschaften: KGaA, GmbH
- AG

Ausgliederung durch Neugründung (§§ 123 ff., 135 ff., 141 ff. UmwG)
- Genossenschaftl. Prüfungsverband
- Stiftung
- Einzelkaufmann
- Gebietskörperschaften (§ 124 UmwG)
- Zusammenschluss von Gebietskörperschaften (§ 124 UmwG)

Ziel: AG

Ziel:

Anwachsung durch Sacheinlage aller Gesellschaftsanteile
- Gesellschaft bürgerl. Rechts

Weg außerhalb UmwG

Herkunft (Rechtsträger des anwachsenden Vermögens)
- Personengesellschaften

Maul

434 Im vorstehenden Schaubild ist eine der häufigsten Rechtsformen im Wirtschaftsleben nicht ausdrücklich aufgeführt – die GmbH & Co. KG, da sie aus zwei Gesellschaften besteht, die beide jeweils umwandlungsfähig sind; siehe Rn. 467 f.

3. Besondere Voraussetzungen für die Umwandlungsfähigkeit von Rechtsträgern

435 Die als übertragende oder formwechselnde Rechtsträger vom UmwG allgemein zugelassenen Rechtsträger (Schaubild Rn. 433) unterliegen noch besonderen gesetzlichen Voraussetzungen, die wie folgt aufgeführt werden:

- Eine **aufgelöste Personenhandelsgesellschaft** kann sich nicht als übertragender Rechtsträger an einer Verschmelzung oder Spaltung beteiligen oder formwechselnder Rechtsträger sein, wenn die Gesellschafter nach § 145 HGB eine andere Art der Auseinandersetzung als die Abwicklung oder als die Verschmelzung vereinbart haben (§§ 3 Abs. 3 Hs. 2, 39, 125 Satz 1, 135 Abs. 1 Satz 1, 214 Abs. 2 UmwG);
- ein **rechtsfähiger Verein** (§§ 21 f. BGB) kann sich an einer Verschmelzung oder Spaltung nur beteiligen sowie die Rechtsform wechseln, wenn die Satzung des Vereins oder Vorschriften des Landesrechts nicht entgegenstehen (§§ 99 Abs. 1, 149 Abs. 1, 272 Abs. 2 UmwG) und wenn bei Formwechsel auf jedes Mitglied, das an der AG beteiligt wird, mindestens eine volle Aktie entfällt (§ 273 UmwG);
- die **Verschmelzung zur Neugründung** und die **Spaltung** einer AG oder KGaA, die noch nicht zwei Jahre im Handelsregister eingetragen ist (Nachgründungsphase §§ 52 f. AktG; s. Rn. 310 ff.), ist unzulässig (§§ 76 Abs. 1, 141 UmwG); dies gilt nicht im Falle der Ausgliederung durch Neugründung;[706] das Verbot gilt auch für AG/KGaA, die innerhalb von zwei Jahren durch formwechselnde Umwandlung eingetragen ist;[707]
- der Formwechsel einer AG in eine SE (Societas Europaea) ist nur möglich, wenn sie seit mindestens zwei Jahren eine dem Recht eines anderen Mitgliedstaates unterliegende Tochtergesellschaft hat; die Rückumwandlung einer SE in eine AG ist nur unter den Voraussetzungen des Art. 66 SE-VO möglich, wonach der Umwandlungsbeschluss erst zwei Jahre nach Eintragung der SE oder Genehmigung der ersten beiden Jahresabschlüsse gefasst werden darf;
- die Ausgliederung aus dem Vermögen eines **Einzelkaufmanns** kann nicht erfolgen, wenn die Verbindlichkeiten des Einzelkaufmanns sein Vermögen übersteigen (§ 152 Satz 2 UmwG); in die Berechnung einzubeziehen ist nicht nur das auszugliedernde Betriebsvermögen, sondern das gesamte aktive und passive Vermögen einschließlich Privatvermögen;[708] str. ist, ob dabei für das Betriebsvermögen Liquidationswerte anzusetzen sind[709] oder eine Fortbestandsprognose die Werte beeinflussen darf;[710]
- die Ausgliederung aus dem Vermögen **rechtsfähiger Stiftungen** bedarf der staatlichen Genehmigung, sofern das Stiftungsrecht dies vorsieht (§ 164 Abs. 1 UmwG); bedarf sie keiner Genehmigung, hat das Gericht des Sitzes der Stiftung die Eintragung der Ausgliederung abzulehnen, wenn offensichtlich ist, dass die Verbindlichkeiten der Stiftung ihr Vermögen übersteigen (§ 164 Abs. 2 UmwG), dazu gelten entsprechend die vorstehenden Ausführungen zur Ausgliederung aus dem Vermögen eines Einzelkaufmanns;
- die Ausgliederung aus dem Vermögen von **Gebietskörperschaften** oder von deren Zusammenschlüssen kann nur erfolgen, wenn das maßgebende Bundes- oder Landesrecht nicht entgegensteht (§ 168 UmwG);
- der Formwechsel einer eingetragenen **Genossenschaft** ist nur möglich, wenn auf jeden Genossen, der an der AG beteiligt wird, mindestens eine volle Aktie entfällt (§ 258 Abs. 2 UmwG);

---

[706] Die bisherigen Unsicherheiten sind durch das Zweite Gesetz zur Änderung des Umwandlungsgesetzes behoben worden; s. Semler/Stengel/*Diekmann* UmwG § 141 Rn. 6.
[707] Schmitt/Hörtnagl/Stratz/*Hörtnagl* UmwG § 141 Rn. 1 mwN.
[708] Schmitt/Hörtnagl/Stratz/*Hörtnagl* UmwG § 152 Rn. 24.
[709] Lutter/*Karollus* UmwG § 152 Rn. 45 mwN.
[710] Semler/Stengel/*Seulen* UmwG § 152 Rn. 77.

C. Die Entstehung der AG durch Umwandlung 436–438 § 2

- der Formwechsel eines **Versicherungsvereins aG** ist nur möglich, wenn auf jedes Mitglied, das an der AG beteiligt wird, mindestens eine volle Aktie entfällt (§ 291 Abs. 2 UmwG);
- der Formwechsel einer **Körperschaft oder Anstalt des öffentlichen Rechts** ist nur möglich, wenn diese rechtsfähig ist und das maßgebende Bundes- oder Landesrecht einen Formwechsel vorsieht oder zulässt (§ 301 Abs. 2 UmwG).

4. Anzahl der beteiligten Rechtsträger

Für die Entstehung der AG nach UmwG ist die Anzahl der beteiligten Rechtsträger von der Art der Umwandlung abhängig. Eine Verschmelzung durch Neugründung einer AG (§§ 36 ff., 73 ff. UmwG) bedarf neben der dadurch neu gegründeten AG der Beteiligung von mindestens zwei übertragenden Rechtsträgern (§ 2 Nr. 2 UmwG); diese können unterschiedlicher Rechtsform sein (§ 3 Abs. 4 UmwG), vorausgesetzt jede beteiligte Rechtsform ist als übertragender Rechtsträger verschmelzungsfähig (§ 3 Abs. 1 bis 3 UmwG). Steht nur ein übertragender Rechtsträger zur Verfügung, scheidet daher eine Verschmelzung durch Neugründung aus; hier kommt stattdessen nur die formwechselnde Umwandlung (§§ 190 ff. UmwG) in Frage, die wegen der Identitätswahrung (s. Rn. 457) nur einen beteiligten Rechtsträger zulässt. An der Spaltung durch Neugründung (§§ 135 ff. UmwG) kann nur ein übertragender Rechtsträger beteiligt sein (§ 123 UmwG); jedoch kommen mehrere übernehmende Rechtsträger in Betracht, die auch teils dadurch neu gegründete Rechtsträger, teils bestehende Rechtsträger sein können (§ 123 Abs. 4 UmwG), und dies auch in unterschiedlicher für die Übernahme spaltungsfähiger Rechtsform (§§ 3 Abs. 4, 125 UmwG). 436

II. Anwendung der Gründungsvorschriften des AktG

Auf die Umwandlung durch Neugründung einer AG im Wege der Verschmelzung oder Spaltung sowie die formwechselnde Umwandlung in eine AG sind die Gründungsvorschriften des AktG anzuwenden (§§ 23 ff. AktG; s. Rn. 8 ff.), soweit sich aus dem UmwG nichts anderes ergibt (§§ 36 Abs. 2, 135 Abs. 2, 197 AktG). 437

1. Gründer nach UmwG

An die Stelle der Gründer (§§ 2, 28 AktG; s. Rn. 10 ff.) treten bei Neugründung durch Verschmelzung und Spaltung die übertragenden Rechtsträger (§§ 36 Abs. 2 Satz 2, 135 Abs. 2 Satz 2 AktG), also nicht deren Anteilseigner. Dies ist anders bei der formwechselnden Umwandlung, deren Gründer grundsätzlich die Anteilsinhaber des formwechselnden Rechtsträgers sind (§ 197 UmwG),[711] jedoch mit folgenden Ausnahmen: 438

- bei Formwechsel einer KGaA treten deren **persönlich haftende Gesellschafter** an die Stelle der Gründer (§ 245 Abs. 3 UmwG), jedoch nur, soweit sie bei satzungsgemäßer Mehrheitsentscheidung (§ 240 Abs. 3 Satz 2 UmwG) für den Formwechsel gestimmt haben (§§ 219 Satz 2, 225c, 245 Abs. 1 UmwG analog);[712]
- bei Formwechsel von Personenhandelsgesellschaften und PartnerG (jeweils, falls der Gesellschaftsvertrag hierfür Mehrheitsentscheidung zulässt; §§ 217 Abs. 1 Satz 2, 225c UmwG) und von GmbH gelten nur die **zustimmenden Gesellschafter** als Gründer (§§ 219 Satz 2, 225c, 245 Abs. 1 UmwG);

---

[711] Semler/Stengel/*Bärwald* UmwG § 197 Rn. 37.
[712] HM; Semler/Stengel/*Scheel* UmwG § 245 Rn. 31 mwN.

- bei Formwechsel von eingetragener Genossenschaft, rechtsfähigem Verein und Versicherungsverein aG sind die **Gründerpflichten beschränkt** (Nichtanwendung von §§ 32, 35 Abs. 1 und 2, 46 AktG durch §§ 264 Abs. 3 Satz 2, 277, 295 UmwG);
- bei Formwechsel von Körperschaft und Anstalt des öffentlichen Rechts richtet sich die **Gleichstellung als Gründer** nach dem maßgebenden Bundes- oder Landesrecht; §§ 28 f. AktG sind nicht anzuwenden (§ 302 UmwG).

2. Gründungsverfahren nach UmwG

439 An die Stelle der Errichtung durch Feststellung der Satzung und Übernahme der Aktien (§§ 23, 29 AktG; s. Rn. 10 ff.) treten abweichende Bestimmungen nach UmwG:

a) Feststellung der Satzung

440 An Stelle der Feststellung der Satzung in der Errichtungsurkunde tritt die Satzungsfeststellung im Verschmelzungsvertrag bei Verschmelzung durch Neugründung (§ 37 iVm §§ 4 ff. UmwG), im Spaltungsplan bei Spaltung durch Neugründung (§ 136 iVm § 126 UmwG) und im Umwandlungsbeschluss für die formwechselnde Umwandlung (§§ 218, 243, 263, 276, 294, 302 UmwG). Dafür ist wie bei der Errichtung jeweils notarielle Beurkundung geboten (§ 23 Abs. 1 AktG, §§ 6, 125, 193 Abs. 3 UmwG); das Gleiche gilt für die Zustimmungsbeschlüsse der Anteilsinhaber der übertragenden Rechtsträger bei Verschmelzung und Spaltung zur Neugründung der AG (§ 13 Abs. 3 iVm §§ 26 bzw. 125).

b) Umwandlungsbedingter Satzungsinhalt

441 Das UmwG sieht keine Einschränkungen für die sonst bei der Gründung einer AG vorgeschriebenen Satzungsbestimmungen vor, erweitert sie vielmehr um bestimmte Festsetzungen (s. Rn. 442 ff.). Insbesondere gelten die Vorschriften über die gründungsbezogenen Satzungsbestimmungen (s. Rn. 345 ff.), nämlich über Festsetzung von Sacheinlagen und Sachübernahmen (§ 27 AktG; s. Rn. 190 ff., 226 ff.) sowie von Sondervorteilen und Gründungsaufwand (§ 26 AktG; s. Rn. 346 f.), die aber teilweise aufgrund der umwandlungsbedingten Gründung inhaltlich einer Anpassung bedürfen (s. Rn. 442 ff.):

442 **aa) Sacheinlagen.** Jede Entstehung einer AG nach UmwG stellt eine Gründung mit Sacheinlagen dar, auch die formwechselnde Umwandlung trotz der dort fehlenden Vermögensübertragung. § 27 AktG ist daher in jedem Fall bei der Feststellung der Satzung zu beachten.[713] Dies kann jedoch in einer dem UmwG angemessenen Form vereinfacht geschehen, indem der Umwandlungsvorgang rechtlich präzise unter Bezeichnung des übertragenden oder formwechselnden Rechtsträgers in der Satzung als Sacheinlage festgesetzt wird, am besten unter Wiedergabe des Wortlautes der Bestimmungen im Verschmelzungsvertrag oder Spaltungsplan über den Vermögensübergang und die dafür zu gewährenden Aktien bzw. des Wortlautes der einschlägigen Bestimmungen des Umwandlungsbeschlusses.

443 **bb) Sondervorteile.** Aus Anlass eines Umwandlungsvorgangs gewährte Sondervorteile sind im Verschmelzungsvertrag, Spaltungsplan oder Umwandlungsbeschluss aufzuführen, insbesondere die baren Zuzahlungen und die besonderen Vorteile (§§ 3 Abs. 1 Nr. 3, 7, 8, 126 Abs. 1 Nr. 3, 7, 8, 194 Abs. 1 Nr. 5 UmwG). Diese Angaben müssen auch in der Satzung enthalten sein (§ 26 AktG; s. Rn. 346). Eine

---

[713] Semler/Stengel/*Bärwald* UmwG § 197 Rn. 43.

C. Die Entstehung der AG durch Umwandlung

Verweisung der Satzung auf Verschmelzungsvertrag oder Spaltungsplan ist wegen der Satzungspublizität unzulässig (insbesondere wegen § 26 Abs. 4 und 5 AktG).

cc) Übernahme von Satzungsbestimmungen. Hat eine übertragende oder formwechselnde AG, KGaA oder GmbH in ihrer Satzung Festsetzungen nach §§ 26 und 27 AktG, so müssen diese von der aus der Umwandlung entstehenden AG in deren Satzung fortgeführt werden, am besten unter Angabe der Herkunftsgesellschaft und deren Eintragungsdatum, da die Bestimmungen und Fristen über das Verbot der Änderung und Beseitigung dieser Festsetzungen (§§ 26 Abs. 4, 5, 27 Abs. 5 AktG; s. Rn. 350) auch für die Satzung der neuen AG fortgelten (§§ 74, 125, 135, 243 Abs. 1 UmwG).

c) Zuteilung der Aktien

Eine Übernahme der Aktien (§§ 23, 29 AktG; s. Rn. 10 ff.) durch die den Gründern (§ 28 AktG) nach UmwG gleichgestellten Personen (s. Rn. 438) findet nicht statt. An die Stelle der Übernahme der Aktien in der Errichtungsurkunde (§§ 23 Abs. 2, 29 AktG; s. Rn. 13) tritt deren Zuteilung an die Aktionäre, was (wie bei der Feststellung der Satzung; s. Rn. 440) durch Festsetzung im Verschmelzungsvertrag (§§ 5 Abs. 1 Nr. 3 und 4, 36 UmwG), im Spaltungsplan (§§ 126 Abs. 1 Nr. 3 und 4, 135 UmwG) oder im Umwandlungsbeschluss (§ 194 Abs. 1 Nr. 3–5 UmwG) erfolgt.

d) Gründungsbericht

Der Gründungsbericht (§ 32 AktG; s. Rn. 18 ff.) ist für Umwandlungen, die zur Entstehung einer AG führen, zwingend geboten (§§ 36 Abs. 2 Satz 1, 75 Abs. 1, 144, 159 Abs. 1, 165, 170, 197 Satz 1, 220 Abs. 2, 245 Abs. 1 Satz 2, Abs. 3 Satz 2, 264 Abs. 3 Satz 1, 277, 295, 303 Abs. 1 UmwG). In folgenden Fällen ist der Gründungsbericht ausnahmsweise nicht erforderlich:
– **Verschmelzung durch Neugründung**, soweit übertragender Rechtsträger eine Kapitalgesellschaft oder eine eingetragene Genossenschaft ist (§ 75 Abs. 2 UmwG);
– **Formwechsel** einer eingetragenen Genossenschaft, eines rechtsfähigen Vereins oder eines Versicherungsvereins aG (§§ 264 Abs. 3 Satz 2, 277, 295 UmwG; zu den sonstigen Einschränkungen der Gründerpflichten in diesen Fällen Rn. 438).

Die Erstattung des Gründungsberichts obliegt den Personen, die nach UmwG als Gründer gelten (s. Rn. 438), also nicht in jedem Falle wie bei der Gründung nach AktG deren erste Aktionäre (§ 28 AktG; s. Rn. 10, 72 ff.). Im Gründungsbericht sind zusätzlich zum Inhalt nach § 32 AktG (s. Rn. 18 ff.) der Geschäftsverlauf und die Lage der übertragenden oder formwechselnden Rechtsträger darzustellen (§§ 75 Abs. 1, 125, 135 Abs. 2 Satz 1, 159 Abs. 1, 165, 170, 220 Abs. 2, 245 Abs. 1 Satz 2, Abs. 3 Satz 2, 303 Abs. 1 UmwG).

e) Prüfung durch Vorstand und Aufsichtsrat

Die Prüfung des Hergangs der Gründung durch die Mitglieder des Vorstands und des Aufsichtsrats (§ 33 Abs. 1 AktG; s. Rn. 23 f.) ist ausnahmslos für alle Umwandlungen, die zur Entstehung einer AG führen, zwingend geboten (§§ 36 Abs. 2 Satz 1, 125, 135, 159 Abs. 2, 197 Satz 1, 303 Abs. 1 UmwG). Im Falle der Ausgliederung aus dem Vermögen eines Einzelkaufmanns (§ 152 UmwG; s. Rn. 435) zur Neugründung einer AG hat die Prüfung durch die Organmitglieder sich auch darauf zu erstrecken, ob die Verbindlichkeiten des Einzelkaufmanns sein Vermögen übersteigen (§ 159 Abs. 2 UmwG).

f) Gründungsprüfung

448 Die Gründungsprüfung (§ 32 Abs. 2 AktG; s. Rn. 25 ff.) ist für Umwandlungen, die zur Entstehung einer AG führen, zwingend geboten (§§ 36 Abs. 2 Satz 1, 75 Abs. 1, 144, 159 Abs. 1, 165, 170, 197 Satz 1, 220 Abs. 2, 245 Abs. 1 Satz 2, Abs. 3 Satz 2, 264 Abs. 3 Satz 1, 277, 295, 303 Abs. 1 UmwG), ausgenommen die **Verschmelzung durch Neugründung**, soweit übertragender Rechtsträger eine Kapitalgesellschaft oder eine eingetragene Genossenschaft ist (§ 75 Abs. 2 UmwG).

g) Registeranmeldungen

449 Die Gründung einer AG nach AktG ist zur Eintragung in das Handelsregister anzumelden (§ 36 Abs. 1 AktG; s. Rn. 35 ff.). Bei der Entstehung einer AG im Wege der **Verschmelzung** oder Spaltung durch Neugründung sind mehrere Anmeldungen erforderlich, nämlich sowohl die Verschmelzung bzw. Spaltung zur Eintragung im Handelsregister eines jeden übertragenden Rechtsträgers als auch die Neugründung zur Eintragung beim dafür zuständigen Registergericht (§§ 38, 125 UmwG). Bei der formwechselnden **Umwandlung** in eine AG ist dann nur eine Anmeldung nötig, nämlich zum Register des formwechselnden Rechtsträgers, wenn dieser im Handelsregister eingetragen ist (§ 198 Abs. 1 UmwG), oder zum für die neue AG zuständigen Registergericht, wenn der formwechselnde Rechtsträger in keinem Register eingetragen ist (§ 198 Abs. 2 Satz 1 UmwG). Eine doppelte Anmeldung zu beiden Registern ist geboten, wenn der formwechselnde Rechtsträger in einer anderen Art von Register (zB Genossenschaftsregister; nicht eine andere Abteilung des Handelsregisters)[714] eingetragen ist oder durch eine mit dem Formwechsel verbundene Sitzverlegung ein anderes Handelsregistergericht zuständig wird (§ 198 Abs. 2 Satz 2 UmwG).

h) Anmeldepflichtige Personen

450 Die Gründung einer AG nach AktG ist von allen Gründern und allen Vorstands- und Aufsichtsratsmitgliedern anzumelden (§ 36 Abs. 1 AktG; s. Rn. 35 ff.), was zivil- und strafrechtliche Verantwortung auslöst (§§ 46 ff., 399 AktG; s. Rn. 36, 265 ff., 281, 286, 293). Für die Entstehung einer AG durch Umwandlung sind die Anmeldepflichten nach UmwG weitgehend anders geregelt:

451 **aa) Verschmelzung durch Neugründung.** Die Anmeldung erfolgt ausschließlich durch die Vertretungsorgane der übertragenden Rechtsträger, die sowohl die Verschmelzung zu dessen Register (§ 38 Abs. 1 UmwG) als auch die neue AG zum Handelsregister ihres Sitzes anzumelden haben (§ 38 Abs. 1 iVm §§ 16 ff. UmwG). Für die Anmeldung der neuen AG gelten grundsätzlich die allgemeinen Bestimmungen (§§ 36 ff. AktG; s. Rn. 35 ff.), jedoch mit den sich aus der Natur der Sacheinlage durch Verschmelzung ergebenden Modifikationen (s. Rn. 441). In jedem Falle ist die Deckung des Ausgabebetrags der neuen Aktien durch das übertragene Vermögen zu erklären (§ 37 Abs. 1 Satz 1 iVm § 36a Abs. 2 Satz 3 AktG; s. Rn. 24, 44, 171 ff.). Anzumelden sind auch die Vorstandsmitglieder und die Vertretungsverhältnisse (§ 37 Abs. 3 AktG; s. Rn. 47); die Versicherung über das Fehlen von

---

[714] Semler/Stengel/*Schwanna* UmwG § 198 Rn. 4.

C. Die Entstehung der AG durch Umwandlung   452–455   § 2

Bestellungshindernissen (§ 37 Abs. 2 AktG; s. Rn. 45) haben diese persönlich zu erklären (§ 37 Abs. 5 AktG; s. Rn. 48).

bb) Spaltung zur Neugründung. Die Anmeldung erfolgt ausschließlich durch die Vertretungsorgane des übertragenden Rechtsträgers, die sowohl die Spaltung zu dessen Register (§ 137 Abs. 2 UmwG) als auch die neue AG zum Handelsregister ihres Sitzes anzumelden haben (§ 137 Abs. 1 UmwG). Für die Anmeldung der neuen AG gelten grundsätzlich die allgemeinen Bestimmungen (§§ 36 ff. AktG; s. Rn. 39 ff.), jedoch mit den sich aus der Natur der Sacheinlage durch Spaltung ergebenden Modifikationen (s. Rn. 441; wegen der Erklärung der Werthaltigkeit des übertragenen Vermögens und der Anmeldung der Vorstandsmitglieder und deren Vertretungsverhältnisse sowie der von diesen abzugebenden Versicherungen s. Rn. 451). Im Falle der **Ausgliederung** aus dem Vermögen eines Einzelkaufmanns zur Neugründung einer AG erfolgt die Anmeldung der neuen AG sowohl durch den Einzelkaufmann als auch durch die Vorstands- und Aufsichtsratsmitglieder (§ 160 Abs. 1 iVm § 137 Abs. 1 UmwG). Die Erklärung über die Vermögensverhältnisse des Einzelkaufmanns (§ 152 Satz 2 UmwG; s. Rn. 435) ist nicht Teil der Anmeldung, sondern seines Gründungsberichts (§ 159 Abs. 1 UmwG iVm § 32 AktG; s. Rn. 446) und damit Gegenstand der Prüfung durch Vorstand und Aufsichtsrat (§ 159 Abs. 2 UmwG; s. Rn. 447). 452

cc) Formwechselnde Umwandlung. Die anmeldepflichtigen Personen, die den Formwechsel in eine AG anzumelden haben, bestimmen sich unterschiedlich jeweils nach der alten Rechtsform wie folgt: 453

– **Personenhandelsgesellschaften:** alle Mitglieder von Vorstand und Aufsichtsrat der aus dem Formwechsel hervorgehenden AG (§ 222 Abs. 1 UmwG) sowie auch alle den Gründern gleichstehenden Gesellschafter (§ 222 Abs. 2 iVm § 219; s. Rn. 438);
– **andere Kapitalgesellschaften** (GmbH, KGaA): das Vertretungsorgan der formwechselnden Gesellschaft in vertretungsberechtigter Zahl (§ 246 Abs. 1 UmwG); zugleich haben die Vorstandsmitglieder der neuen AG ihre Versicherung über das Fehlen von Bestellungshindernissen (§ 37 Abs. 2 AktG; s. Rn. 45) persönlich zu erklären;
– **eingetragene Genossenschaften:** alle Mitglieder von Vorstand und Aufsichtsrat der aus dem Formwechsel hervorgehenden AG (§ 265 iVm § 222 Abs. 1 UmwG);
– **rechtsfähige Vereine:** alle Mitglieder von Vorstand und Aufsichtsrat der aus dem Formwechsel hervorgehenden AG (§ 278 Abs. 1 iVm § 222 Abs. 1 UmwG);
– **Versicherungsverein a.G.:** der Vorstand des VVaG in vertretungsberechtigter Zahl (§ 296 iVm § 246 Abs. 1 UmwG); zugleich haben die Vorstandsmitglieder der neuen AG ihre Versicherung über das Fehlen von Bestellungshindernissen (§ 37 Abs. 2 AktG; s. Rn. 45) persönlich zu erklären;
– **Körperschaften, Anstalten des öffentlichen Rechts:** alle Mitglieder von Vorstand und Aufsichtsrat der aus dem Formwechsel hervorgehenden AG (§ 197 Satz 1 UmwG iVm § 36 Abs. 1 AktG), nicht hingegen die ersten Aktionäre (§§ 28 f. AktG sind nach § 302 Abs. 2 UmwG nicht anzuwenden).

i) Entstehung der AG

Ähnlich wie die AG bei Gründung nach AktG mit ihrer Eintragung entsteht (§ 41 Abs. 1 Satz 1 AktG; s. Rn. 66), entsteht sie bei Verschmelzung oder Spaltung zur Neugründung oder durch Formwechsel durch die Eintragung dieser Rechtsvorgänge. Soweit mehrere Handelsregisteranmeldungen geboten sind (s. Rn. 449) und damit Eintragungen in mehreren Registern, ist eine **Reihen- und Rangfolge** dieser Eintragungen für die Entstehung maßgebend: 454

aa) Verschmelzung durch Neugründung. Zunächst ist die Verschmelzung im Register jedes übertragenden Rechtsträgers mit dem Vermerk einzutragen, dass die 455

§ 2 456, 457 Die Gründung und die Entstehung durch Umwandlung

Verschmelzung erst mit Eintragung der neuen AG im dafür zuständigen Register wirksam wird, erst dann darf die neue AG eingetragen werden (§ 36 Abs. 1 iVm § 19 Abs. 1 UmwG). Mit der Eintragung der neuen AG entsteht diese (§ 36 Abs. 2 UmwG iVm § 41 Abs. 1 Satz 1 AktG) ua mit folgenden weiteren Rechtswirkungen (§ 36 Abs. 1 iVm § 20 Abs. 1 Nr. 1 bis 5 UmwG):

- Nr. 1: Das Vermögen der übertragenden Rechtsträger geht mit den Verbindlichkeiten auf die neue AG über (**Gesamtrechtsnachfolge**).
- Nr. 2: Die übertragenden **Rechtsträger erlöschen** ohne das Erfordernis weiterer Löschungsakte; der weitere Eintragungsvermerk im Register der übertragenden Rechtsträger (§ 19 Abs. 2 Satz 2 UmwG) ist deklaratorisch.
- Nr. 3: Die **Anteilsinhaber** der übertragenden Rechtsträger werden **Aktionäre** der neuen AG; Rechte Dritter an ihren untergehenden Anteilen oder Mitgliedschaften bestehen an ihren Aktien weiter.
- Nr. 4: Beurkundungsmängel der Verschmelzung werden geheilt.

456 bb) **Spaltung durch Neugründung.** Die Reihen- und Rangfolge der Eintragungen in den Registern der beteiligten Rechtsträger ist umgekehrt im Vergleich zur Verschmelzung durch Neugründung: Zunächst ist die neue AG im für sie zuständigen Register mit dem Vermerk einzutragen, dass die Eintragung erst mit Eintragung der Spaltung im Register des übertragenden Rechtsträgers wirksam wird, erst dann darf die Spaltung im Register des übertragenden Rechtsträgers eingetragen werden (§ 135 Abs. 1 iVm § 130 Abs. 1 UmwG). Mit der Eintragung der Spaltung im Register des übertragenden Rechtsträgers entsteht die neue AG (§ 135 Abs. 2 Satz 1 UmwG iVm § 41 Abs. 1 Satz 1 AktG). Der in ihrem Register einzutragende Vermerk des Tages der Eintragung der Spaltung im Register des übertragenden Rechtsträgers (§ 135 Abs. 1 iVm § 130 Abs. 2 UmwG) ist nur deklaratorisch. Die **Rechtsfolgen** der Spaltung sind im Übrigen unterschiedlich nach den drei Typen der Spaltung (§ 135 Abs. 1 iVm § 131; § 14 Rn. 251 ff.).

457 cc) **Formwechselnde Umwandlung.** Falls nur eine Anmeldung erforderlich ist (§ 198 Abs. 1 oder Abs. 2 Satz 1 UmwG; s. Rn. 449), wird der Formwechsel in die AG mit der daraus folgenden Eintragung wirksam. Ist eine Anmeldung zu zwei Registern geboten, weil der formwechselnde Rechtsträger in einer anderen Art von Register eingetragen ist oder durch eine mit dem Formwechsel verbundene Sitzverlegung ein anderes Handelsregistergericht zuständig wird (§ 198 Abs. 2 Sätze 2 und 3 UmwG; s. Rn. 449), muss der Formwechsel zuerst im Register des formwechselnden Rechtsträgers mit dem Vermerk eingetragen werden, dass die Umwandlung erst mit Eintragung der neuen AG im dafür zuständigen Register wirksam wird, erst dann darf die neue AG eingetragen werden (§ 198 Abs. 2 Satz 2 ff. UmwG). Die Eintragung der neuen Rechtsform hat folgende Wirkungen (§ 202 Abs. 1 Nr. 1 bis 3, Abs. 2 UmwG):

- Nr. 1: Der formwechselnde **Rechtsträger** besteht in der Rechtsform der AG weiter.
- Nr. 2: Die **Anteilsinhaber** der übertragenden Rechtsträger werden Aktionäre der neuen AG, soweit ihre Beteiligung nicht nach UmwG entfällt, also für persönlich haftende Gesellschafter einer formwechselnden KGaA (§ 247 Abs. 3 UmwG) und für neue Mitglieder eines formwechselnden VVaG (§ 194 Abs. 1 Satz 2 UmwG); Rechte Dritter an ihren untergehenden Anteilen oder Mitgliedschaften bestehen an ihren Aktien weiter.
- Nr. 3: **Beurkundungsmängel** der Verschmelzung werden geheilt.

III. Nachhaftung für Verbindlichkeiten

Mit der Entstehung der AG nach UmwG gehen mit dem Vermögensübergang **458** insbesondere auch die Verbindlichkeiten der übertragenden Rechtsträger auf die AG über bzw. werden aufgrund des Formwechsels fortgeführt (s. Rn. 454 ff.). Soweit ein übertragender oder formwechselnder Rechtsträger persönlich haftende Gesellschafter hat, haften diese für solche Verbindlichkeiten nach, wenn sie vor Ablauf von fünf Jahren nach Entstehen der AG fällig und gerichtlich geltend gemacht werden (§§ 45, 224, 249 UmwG; dies gilt auch analog für die KGaA als übertragenden Rechtsträger).[715] Dies gilt ebenso für die Nachhaftung des ausgliedernden Einzelkaufmanns (§ 157 UmwG) sowie für die Nachhaftung der beteiligten Rechtsträger (also auch der neuen AG selbst) aufgrund Spaltung (§ 133 UmwG).

IV. Rechnungslegung der Entstehung durch Umwandlung

1. Verschmelzung und Spaltung durch Neugründung

a) Schlussbilanz

Voraussetzung für die Eintragung der Umwandlungsvorgänge durch Neugründung **459** ist die Erstellung einer Schlussbilanz jedes übertragenden Rechtsträgers, die der Anmeldung der Umwandlung zu seinem Register als Anlage beizufügen ist; für diese Bilanz, die auf einen höchstens acht Monate vor der Anmeldung liegenden Stichtag aufzustellen ist,[716] gelten die Vorschriften über die Jahresbilanz[717] (§§ 242 ff. HGB) und deren Prüfung (§§ 316 Abs. 1 iVm 164a, 340k, 341k HGB; § 53 Abs. 2 GenG; §§ 1, 6 PublG) entsprechend, jedoch braucht sie nicht bekannt gemacht zu werden (§§ 17 Abs. 2, 36, 125 UmwG). Die Schlussbilanz wird in der Regel auf einen Stichtag aufgestellt, der dem **Verschmelzungs- bzw. dem Spaltungsstichtag** (§§ 5 Abs. 1 Nr. 6, 126 Abs. 1 Nr. 6 UmwG) unmittelbar vorausgeht, also dem Zeitpunkt, von dem an die Handlungen des/der übertragenden Rechtsträger(s) als für Rechnung der übernehmenden neuen AG vorgenommen gelten. Um den Jahresabschluss zugleich als Schlussbilanz verwenden zu können, wird der Verschmelzungs- bzw. Spaltungsstichtag auf den Beginn des neuen Geschäftsjahrs gelegt, häufig also auf den 1. Januar. Auf diesen Stichtag wird auch am zweckmäßigsten die Eröffnungsbilanz der durch Verschmelzung oder Spaltung neu gegründeten AG erstellt.[718] Ergeben die Buchwerte der Schlussbilanz(en) für das auf die neue AG übertragene Vermögen ein **geringeres Eigenkapital** als das für diese festgesetzte Grundkapital zuzüglich des Mehrwertes zu einem höheren Ausgabebetrag (§§ 9 Abs. 2, 36a Abs. 2 Satz 3 AktG; s. Rn. 211), ist die Umwandlung durch Neugründung der AG nur zulässig, wenn diese Differenz durch stille Reserven auf das Grundkapital ausgeglichen wird (zur Frage der Zulässigkeit einer

---

[715] Semler/Stengel/*Ihrig* UmwG § 45 Rn. 5.
[716] Wegen der Bedeutung der Achtmonatsfrist: *Zätzsch* Zur Heilung von Verschmelzungsmängeln in FS Bezzenberger 2000, S. 473 (480 ff.).
[717] Eine vollständige Schlussbilanz (Gesamtbilanz) ist auch für die Spaltung geboten, nicht nur eine Teilschlussbilanz für den abzuspaltenden oder auszugliedernden Vermögensteil: Schmitt/Hörtnagl/Stratz/*Hörtnagl* UmwG § 17 Rn. 51 mwN.
[718] Winkeljohann/Förschle/Deubert/*Klingberg* Sonderbilanzen Kap. I Rn. 55; Schmitt/Hörtnagl/Stratz/*Hörtnagl* UmwG § 24 Rn. 8 mwN.

Buchwertfortführung nach § 24 UmwG in diesem Falle Rn. 460) oder entsprechende Zuzahlungen die Differenz ausgleichen.

b) Eröffnungsbilanz

460 In der Eröffnungsbilanz der AG (§ 242 HGB; s. Rn. 408 ff.) können als Anschaffungskosten (§ 253 Abs. HGB) auch die in der Schlussbilanz eines übertragenden Rechtsträgers angesetzten Werte angesetzt werden (§ 24 UmwG). Dieses **Wahlrecht zur Buchwertfortführung**, das sowohl ein Bewertungs- als auch Ansatzwahlrecht ist,[719] lässt als Wahlalternative die allgemeinen Grundsätze für den Ansatz und die Bewertung von Sacheinlagen in der Eröffnungsbilanz offen (s. Rn. 413). Das Wahlrecht kann nur einheitlich für alle Vermögensgegenstände von einem übertragenden Rechtsträger ausgeübt werden, jedoch unterschiedlich für verschiedene übertragende Rechtsträger.[720] Es ist streitig ob eine Maßgeblichkeit der Handelsbilanz für die Ausübung der entsprechenden steuerlichen Wahlrechte besteht (s. Rn. 465 f.); nach hM[721] besteht keine Maßgeblichkeit; die Finanzverwaltung war jedoch früher mit Einschränkungen aA.[722] Ergeben die Buchwerte der Schlussbilanz ein geringeres Eigenkapital als für die neue AG festgesetzt, wird das Eigenkapital aber aufgrund stiller Reserven gedeckt (zur Zulässigkeit der Umwandlung in diesem Falle Rn. 459), ist die Zulässigkeit der Buchwertfortführung streitig.[723] Folgt man der Zulassung einer Buchwertfortführung, so ist ein als Ausschüttungssperre dienender Korrekturposten zum Eigenkapital[724] oder ein entsprechender Aktivposten[725] anzusetzen, die aus zukünftigen Jahresüberschüssen zu tilgen sind.

2. Formwechselnde Umwandlung

461 Da der formwechselnde Rechtsträger in der neuen Rechtsform der AG weiter besteht (Identitätswahrung; § 202 Abs. 1 Nr. UmwG; s. Rn. 457), ist anlässlich der Umwandlung (anders als bei den übertragenden Umwandlungen; §§ 17 Abs. 2, 45 UmwG; s. Rn. 459 f.) weder eine Schlussbilanz erforderlich noch eine Eröffnungsbilanz. Die **Fortführung des Rechnungswesens** unter der neuen Rechtsform als AG tritt erstmals in Erscheinung im Jahresabschluss zum Ende des Geschäftsjahres, in dem die Eintragung erfolgt ist, und zwar weniger deutlich (zumeist nur aufgrund §§ 150 ff. AktG), falls der formwechselnde Rechtsträger eine Kapitalgesellschaft war (GmbH oder KGaA; §§ 264 ff. HGB) oder schon vorher wie eine solche Rechnung legte, sei es pflichtgem. (§§ 264a, 336 ff., 340 ff. HGB, § 5 PublG)

---

[719] Allgemeine Meinung; Schmitt/Hörtnagl/Stratz/*Hörtnagl* UmwG § 24 Rn. 62 mwN.
[720] Allgemeine Meinung; Schmitt/Hörtnagl/Stratz/*Hörtnagl* UmwG § 24 Rn. 82 mwN.
[721] Schmitt/Hörtnagl/Stratz/*Schmitt* UmwStG § 12 Rn. 13 mwN.
[722] An den UmwStErl. v. 25.3.1998, BStBl. I 1998, 268 Rn. 11.02 hält sich die Steuerverwaltung offenbar nicht mehr, s. BMF 11.11.2011, BStBl. I 2011, 314 Rn. 12.02 iVm 12.04; s. insoweit auch Schmitt/Hörtnagel/Stratz/*Schmitt* UmwStG § 12 Rn. 13 mwN.
[723] Zulässigkeit nach der wohl hM: Winkeljohann/Förschle/Deubert/*Klingberg* Sonderbilanzen Kap I Rn. 91 mwN; Schmitt/Hörtnagl/Stratz/*Hörtnagl* UmwG § 24 Rn. 71 mwN; aA Kallmeyer/*Lanfermann* UmwG § 24 Rn. 18.
[724] So zum mit der Umwandlung zur Neugründung insoweit vergleichbaren Formwechsel (§ 220 UmwG): Winkeljohann/Förschle/Deubert/*Deubert/Hoffmann* Sonderbilanzen, Kap. K Rn. 91 mwN.
[725] *Widmann/Mayer* UmwG § 24 Anm. 486; Schmitt/Hörtnagl/Stratz/*Stratz* UmwG § 220 Rn. 11 mwN.

oder freiwillig. Deutlicher werden die Unterschiede zur Rechnungslegung unter alter Rechtsform, falls Bilanzansätze und deren Werte nicht den Anforderungen für Kapitalgesellschaften genügten, sowie regelmäßig beim Ausweis des Eigenkapitals (§ 272 HGB), für den folgende Besonderheiten gelten: Ergeben der letzte vor Formwechsel aufgestellte Jahresabschluss oder die Geschäftsentwicklung bis zur Eintragung ein **geringeres Eigenkapital** als das in der Satzung der AG festgesetzte Grundkapital (bei Formwechsel einer GmbH oder KGaA in AG muss das gezeichnete Kapital fortgeführt werden; Änderungen sind nur durch gleichzeitige förmliche Kapitalmaßnahmen möglich;[726] § 247 Abs. 1 UmwG), darf der Formwechsel nur eingetragen werden, wenn diese formelle Unterdeckung materiell durch stille Reserven[727] oder durch Einlagen[728] ausgeglichen wird (§§ 220 Abs. 1, 245 Abs. 1, 3, 264 Abs. 1, 277, 295, 303 Abs. 1 UmwG). Besteht diese zulässige formelle Unterbilanz noch am Ende des Geschäftsjahres, in dem die Eintragung erfolgt ist, fort, so gilt Folgendes: Nach hM[729] ist eine Buchwertaufstockung zwecks Ausgleich der formellen Unterbilanz unzulässig;[730] stattdessen ist nach dieser hM ein als Ausschüttungssperre dienender **Korrekturposten** zum Eigenkapital[731] oder als entsprechender Aktivposten[732] anzusetzen, die aus zukünftigen Jahresüberschüssen zu tilgen sind.

3. Vermögensbilanzen wegen Unterbilanz- oder Differenzhaftung

Da das UmwG die Gründungsvorschriften des AktG für die Neugründung durch Verschmelzung (s. Rn. 430 ff.) oder die Entstehung durch Formwechsel (s. Rn. 430 ff.) weitgehend übernimmt (s. Rn. 437 ff.), finden grundsätzlich auch dessen Haftungsvorschriften für die Kapitalaufbringung Anwendung (s. Rn. 247 ff.). Hieraus ergibt sich grundsätzlich auch die Notwendigkeit für die Erstellung von Vermögensbilanzen zur Feststellung der Haftungsgrundlagen (s. Rn. 414 ff.), allerdings mit der Einschränkung, dass es für die Entstehung der AG durch Umwandlung aus den gleichen Gründen wie für die Sacheinlage eines Unternehmens (§ 31 AktG; s. Rn. 199) keine Unterbilanzhaftung gibt, soweit die für diese Haftung maßgebende Kapitalverminderung zwischen Anmeldung und Eintragung durch Wertminderung des eingebrachten Unternehmens verursacht ist. Die Unterbilanzhaftung aller Gründer wird in diesem Falle durch die Differenzhaftung des/der einzelnen für die Umwandlung als Gründer geltenden Personen (s. Rn. 438) ersetzt. Diese Differenzhaftung entfällt allerdings ebenfalls bei Verschmelzung durch Neugründung, da hier die übertragenden Rechtsträger als Gründer gelten (§ 36 Abs. 2 Satz 2 AktG; s. Rn. 438) und durch die Verschmelzung erlöschen (§ 36 Abs. 1 iVm § 20 Abs. 1 Nr. 2 UmwG; s. Rn. 455). Kommt demnach eine Differenzhaftung der als Gründer geltenden Personen wegen Überbewertung des Umwandlungsvermögens in Betracht, ist eine Vermögensbilanz für das übertragene

---

[726] Schmitt/Hörtnagl/Stratz/*Stratz* UmwG § 247 Rn. 3.
[727] Schmitt/Hörtnagl/Stratz/*Stratz* UmwG § 220 Rn. 6 f. mwN.
[728] HM; Schmitt/Hörtnagl/Stratz/*Stratz* UmwG § 220 Rn. 3 mwN.
[729] Winkeljohann/Förschle/Deubert/*Deubert/Hoffmann* Sonderbilanzen, Kap. L Rn. 152 mwN; Schmitt/Hörtnagl/Stratz/*Stratz* UmwG § 220 Rn. 11 mwN.
[730] AA *Priester* DB 1995, 915, der dies im Rahmen einer hierfür zu erstellenden Eröffnungsbilanz auf den Tag der Eintragung fordert.
[731] So zum mit der Umwandlung zur Neugründung insoweit vergleichbaren Formwechsel (§ 220 UmwG): Winkeljohann/Förschle/Deubert/*Deubert/Hoffmann* Sonderbilanzen, Kap. L Rn. 152 mwN.
[732] Vgl. *Widmann/Mayer* UmwG § 24 Anm. 486; Schmitt/Hörtnagl/Stratz/*Stratz* UmwG § 220 Rn. 11 mwN.

bzw. vom Formwechsel betroffene Vermögen auf den Tag der Handelsregisteranmeldung aufzustellen, in der stille Reserven und ein Geschäftswert aufzudecken sind (s. Rn. 416). Eine Vermögensbilanz zur Feststellung der Unterbilanzhaftung kommt ausnahmsweise dann in Betracht, wenn in der Zeit zwischen Anmeldung und Eintragung Verbindlichkeiten im Rahmen der Begründung eines weiteren Unternehmens (neben dem durch Umwandlung übernommenen bzw. fortgeführten Unternehmen) eingegangen werden.

V. Umwandlungssteuerrecht

1. Übersicht

463 Im Folgenden werden die wesentlichen steuerlichen Besonderheiten aufgezeigt, die bei der Umwandlung von Rechtsträgern, die keine Kapitalgesellschaft sind, in eine AG zu beachten sind. Den Ausführungen werden vergleichend die wesentlichen steuerlichen Besonderheiten bei Umwandlung einer Kapitalgesellschaft in eine AG kurz vorangestellt. Für eine ausführliche Darstellung der steuerlichen Folgen bei der Umwandlung von Kapitalgesellschaften in eine AG wird auf § 13 (Umwandlung der AG) verwiesen.

2. Formwechsel von OHG, KG, PartG und KGaA in AG

464 Der Formwechsel von einer Kapitalgesellschaft in eine AG wird aus steuerlicher Sicht als identitätswahrender Vorgang angesehen, der keine Vermögensübertragung darstellt. Der Vorgang ist sowohl auf Ebene der Gesellschaft als auch auf Ebene des Gesellschafters steuerneutral zu behandeln.[733]

Beim Formwechsel eines nicht der KSt unterliegenden Rechtsträgers in eine AG liegt aus steuerlicher Sicht ein Rechtsträgerwechsel und damit eine Vermögensübertragung vor. Hierfür gelten die Regelungen für die Einbringung von Unternehmensteilen in Kapitalgesellschaften entsprechend (§ 25 iVm §§ 20–23 UmwStG). Die Gesellschafter einer Personenhandelsgesellschaft und die Partner einer freiberuflichen Partnerschaftsgesellschaft sind steuerlich als Mitunternehmer anzusehen (§ 15 Abs. 1 Nr. 2 und 3 iVm § 18 Abs. 4 Satz 2 EStG), so dass der Formwechsel in eine AG zu einem Wechsel des Besteuerungsregimes führt (Übergang von der Einkommensteuerpflicht der Mitunternehmer zur Körperschaftsteuerpflicht der AG).[734] Dies gilt auch für den persönlich haftenden Gesellschafter einer KGaA im Rahmen eines Formwechsels in eine AG. Demgegenüber liegt in Bezug auf das in Aktien zerlegte Grundkapital der KGaA bei einem Formwechsel in eine AG ein identitätswahrender Vorgang zwischen Kapitalgesellschaften vor, der steuerneutral zu behandeln ist (§§ 11–13 UmwStG).[735]

3. Verschmelzung von OHG, KG, PartG und KGaA auf neue AG

465 Bei der Verschmelzung einer Kapitalgesellschaft auf eine AG handelt es sich grundsätzlich um einen gewinnrealisierenden Vorgang (§§ 11–13 UmwStG). Die übergehenden Wirtschaftsgüter sind unter Aufdeckung der stillen Reserven mit

---

[733] Vgl. DPM/*Möhlenbrock* UmwStG § 1 Rn. 38.

[734] Vgl. DPM/*Möhlenbrock* UmwStG § 1 Rn. 38. Zur Frage der Einbringung des Bruchteils einer Mitunternehmerschaft siehe DPM/*Möhlenbrock* UmwStG § 20 Rn. 142 ff.

[735] Vgl. DPM/*Möhlenbrock* UmwStG Vor §§ 11–13 Rn. 43; Widmann/Mayer/*Widmann* UmwStG § 20 Rn. 476.

C. Die Entstehung der AG durch Umwandlung

dem gemeinen Wert anzusetzen. Auf Antrag können die übergehenden Wirtschaftsgüter unter bestimmten Voraussetzungen (zB keine Einschränkung und kein Ausschluss des Besteuerungsrechts Deutschlands an den stillen Reserven der übergehenden Wirtschaftsgüter) mit dem Buchwert oder einem höheren Zwischenwert angesetzt werden (§§ 11 Abs. 2 UmwStG).

Bei der Verschmelzung eines nicht der KSt unterliegenden Rechtsträgers auf eine AG sind die Regelungen über die Einbringung von Unternehmensteilen in eine Kapitalgesellschaft anzuwenden (§§ 20–23 UmwStG). Die eingebrachten Unternehmensteile (Betrieb, Teilbetrieb oder Mitunternehmeranteil) sind grundsätzlich zum gemeinen Wert anzusetzen. Auf Antrag ist unter bestimmten Voraussetzungen der Ansatz zum Buchwert oder einem höheren Zwischenwert möglich (§ 20 Abs. 2 UmwStG). Der für das eingebrachte Betriebsvermögen auf Ebene der übernehmenden AG festgesetzte Wert gilt als Veräußerungspreis des Betriebsvermögens und zugleich als Anschaffungskosten der erhaltenen Aktien (§ 20 Abs. 3 Satz 1 UmwStG).[736]

4. Spaltung von nicht der KSt unterliegenden Rechtsträgern auf neue AG

Die Spaltung von Kapitalgesellschaften auf eine AG ist steuerlich in § 15 UmwStG geregelt und wird für steuerliche Zwecke wie eine Teilverschmelzung behandelt. Die Spaltung hat grundsätzlich zum gemeinen Wert zu erfolgen und ist nur unter bestimmten Voraussetzungen steuerneutral möglich (zB sog. doppeltes Teilbetriebserfordernis).

Die Spaltung eines nicht der KSt unterliegenden Rechtsträgers auf eine AG ist als Einbringung von Unternehmensteilen in eine Kapitalgesellschaft zu werten. Hierauf sind die Regelungen des §§ 20–23 UmwStG anzuwenden.[737] Das eingebrachte Betriebsvermögen ist grundsätzlich zum gemeinen Wert anzusetzen, sofern kein Antrag auf Buchwertfortführung oder Ansatz eines Zwischenwerts erfolgt (§ 20 Abs. 2 UmwStG). Der bei der übernehmenden AG festgesetzte Wert gilt als Veräußerungspreis des Betriebsvermögens und zugleich als Anschaffungskosten der erhaltenen Aktien (§ 20 Abs. 3 Satz 1 UmwStG).

VI. Von der GmbH & Co. KG zur AG

1. Wege nach UmwG

Die Besonderheit der GmbH & Co. KG ist, dass sie aus zwei Gesellschaften besteht, der Personengesellschaft KG und der Kapitalgesellschaft GmbH als persönlich haftendem Gesellschafter der KG. Es liegen also zwei Rechtsträger iSd UmwG vor (§§ 1, 2 ff., 126 ff., 190 ff. UmwG). Nach UmwG gibt es folgende Wege von der GmbH & Co. KG zur AG:

1. Verschmelzung durch Neugründung der AG mit GmbH und KG als übertragenden Rechtsträgern (§§ 36 ff., 39 ff., 46 ff., 73 ff. UmwG); dies wird als kompliziertester und in den Umwandlungskosten teuerster Weg seltener praktiziert als die nachfolgenden Wege, die Formwechsel mit einer Verschmelzung kombinieren;
2. Verschmelzung der KG auf die GmbH mit nachfolgender formwechselnder Umwandlung der GmbH in AG; dies ist notwendig mit einer Kapitalerhöhung der GmbH zur Durch-

---

[736] Weitergehend vgl. Rn. 423.
[737] Siehe auch Rn. 465.

führung der Verschmelzung (§§ 53 f. UmwG; § 13 Rn. 12) verbunden, was die gesamte Abwicklung zumeist unnötig kompliziert;
3. Formwechselnde Umwandlung der GmbH in AG mit nachfolgender Verschmelzung der KG auf die AG; auch hier ist wie zu 2. eine Kapitalerhöhung zwingend;
4. Verschmelzung der GmbH auf die KG mit nachfolgender formwechselnder Umwandlung der KG in AG; dies ist nur möglich, wenn ein zweiter persönlich haftender Gesellschafter vorhanden ist oder die Gesellschaft für die Zeit zwischen Eintragung der Verschmelzung und dem Formwechsel als OHG fortgeführt wird, und daher kaum praktikabel;
5. Formwechselnde Umwandlung der KG mit nachfolgender Verschmelzung der GmbH auf die nunmehr AG; eine Kapitalerhöhung zur Durchführung der Verschmelzung (wie zu 2. bis 4.) ist dann nicht erforderlich, wenn der KG sämtliche Geschäftsanteile der Komplementär-GmbH gehören (sog. Einheitsgesellschaft) oder aus diesem Anlass abgetreten werden.

Wenn vorstehend von „nachfolgender" Verschmelzung bzw. formwechselnder Umwandlung die Rede ist, ist damit die Reihenfolge der Eintragungen im Handelsregister gemeint, die oft am gleichen Tage erfolgt. Bei der Wahl des Weges dominieren neben Fragen der Praktikabilität zumeist steuerliche Interessen. In der Praxis hat die GmbH zumeist kein betriebsnotwendiges Vermögen und auch keinen bewahrenswerten Verlustvortrag, die KG aber Grundbesitz, für den durch die Umwandlung möglichst keine Grunderwerbsteuer anfallen soll. Weil alle übertragenden Umwandlungen Grunderwerbsteuer für die Übertragung von Grundbesitz auslösen (§ 14 Rn. 111 ff.), ist die Grunderwerbsteuer nur durch Formwechsel der KG in die AG zu vermeiden, da die Identität des Rechtsträgers gewahrt bleibt (§ 202 Abs. 1 Nr. 1 UmwG; § 14 Rn. 234).[738] Der vorstehend aufgezeigte Weg nach Ziffer 5 ist daher die gebotene Gestaltung zur Vermeidung von Grunderwerbsteuer. Auch ertragsteuerlich kann dieser Weg grundsätzlich steuerneutral gestaltet werden.

2. Anwachsung

468 Falls die Vermeidung von Grunderwerbsteuer nicht relevant ist, wird in der Praxis oft ein einfacherer und zumeist kostengünstigerer Weg beschritten, der teilweise außerhalb des UmwG liegt: Dieser sechste Weg (zu Weg 1 bis 5 Rn. 467) besteht in der formwechselnden Umwandlung der GmbH in die AG unter Ausscheiden sämtlicher anderen Gesellschafter der KG (zumeist nur Kommanditisten) aus dieser. Letzteres führt zur Auflösung der KG mangels mehrerer Gesellschafter und Anwachsung ihres Vermögens durch Gesamtrechtsnachfolge auf die GmbH oder AG,[739] je nachdem ob das Ausscheiden mit Wirkung vor oder nach dem Formwechsel erfolgt (§ 738 BGB, §§ 105 Abs. 3, 161 Abs. 2 HGB). Besteht Beteiligungsidentität für die GmbH und die KG, ist eine Kapitalerhöhung bei der GmbH/AG zum Ausgleich von Beteiligungsungleichheiten nicht notwendig.

Allerdings ist dieser Weg aus ertragsteuerlichen Gründen verbaut, wenn in den Kommanditanteilen stille Reserven vorhanden sind (Realisation durch Annahme einer verdeckten Einlage in die Kapitalgesellschaft).[740] Dann kann als Alternative die sog. **erweiterte Anwachsung** in Frage kommen (Einbringung der Kommanditanteile in die Kapitalgesellschaft im Wege der Sachkapitalerhöhung). Dadurch

---

[738] BFH II B 116/96, BStBl. II 1997, 661; BeckHdB GmbH/*Orth* § 14 Rn. 112, 334 mwN.
[739] BeckHdB GmbH/*Orth* § 14 Rn. 241 mwN.
[740] Vgl. Schmidt/*Wacker* EStG § 16 Rn. 513 mwN. Auf das sog. einfache Anwachsungsmodell sind die Regelungen des § 20 UmwStG nicht anzuwenden, da die Kommanditisten keine neuen Gesellschaftsanteile erhalten, BFH IV R 121/91, BFH/NV 1993, 525; BMF 11.11.2011, BStBl. I 2011, 1314 Rn. E 20.10.

vereinigen sich alle Anteile an der KG bei der GmbH, was die Anwachsung des Vermögens der KG auf die GmbH/AG zur Folge hat. Im Allgemeinen wird vertreten, dass das erweiterte Anwachsungsmodell durch die Gewährung neuer Gesellschaftsrechte in den Anwendungsbereich des § 20 UmwStG fällt.[741]

D. Mantelverwendung statt Gründung und Umwandlung

I. Übersicht

Unter Mantelverwendung versteht sich die wirtschaftliche Neugründung einer Kapitalgesellschaft unter Vermeidung von deren rechtlicher Neugründung durch Fortführung einer bereits durch Eintragung im Handelsregister rechtlich bestehenden Gesellschaft (§ 41 Abs. 1 AktG), die keinen unternehmerischen Inhalt besitzt (Gesellschaftsmantel). Hierbei kann es sich um einen „gebrauchten" Gesellschaftsmantel[742] (s. Rn. 479 ff.) handeln, wenn die Gesellschaft seit der Gründung bereits wirtschaftlich genutzt worden ist, ihre unternehmerische Tätigkeit jedoch eingestellt hat und nunmehr einen neuen wirtschaftlichen Inhalt erhalten soll. Häufiger kommt seit dem Jahre 1992 die Verwendung einer sog. Vorratsgesellschaft (s. Rn. 470 ff.) vor, die zunächst bewusst ohne Aufnahme einer unternehmerischen Tätigkeit gegründet wird, um später bei Bedarf einem unternehmerischen Zweck zugeführt zu werden. Beiden Verwendungsfällen ist die **Ersparnis von Zeit** gemeinsam, die sonst bis zur Eintragung einer rechtlichen Neugründung unvermeidlich ist. Bei Vorratsgesellschaften ist die Zeitersparnis der Hauptgrund ihrer Verwendung, weshalb in den letzten Jahren eine Bestandshaltung von Vorratsmänteln in Konzernen und durch Beratungsunternehmen für deren Klienten üblich geworden, aber auch ein gewerblicher Handel mit Vorratsgesellschaften entstanden ist. Bei der Verwendung „gebrauchter" Mäntel steht heute die Sicherung einer attraktiven Firmierung und gelegentlich die Absicht, sich einer Kapitalgesellschaft zu bedienen, ohne das dafür erforderliche Mindestkapital aufzubringen, im Vordergrund (s. Rn. 479). Die früher mögliche Nutzung eines steuerlichen Verlustvortrages durch die Verwendung eines gebrauchten Gesellschaftsmantels besteht heute nicht mehr (s. Rn. 483).

II. Vorratsgesellschaft

1. Zulässigkeit der Gründung

Die Gründung von Vorratsgesellschaften ist mit der neueren Rechtsprechung[743] als zulässig anzusehen, falls die Vorratsgründung offengelegt wird (offene Vorratsgründung) und sich der Unternehmensgegenstand auf die tatsächlich beabsichtigte

---

[741] Ein Fall des § 20 UmwStG soll für das erweiterte Anwachsungsmodell demgegenüber nicht vorliegen, wenn Mitunternehmer über funktional wesentliches Sonderbetriebsvermögen verfügen, das von der Vermögensübertragung im Wege der Anwachsung grundsätzlich nicht erfasst ist. Dazu müsste eine zusätzliche Übertragung des Sonderbetriebsvermögens auf die GmbH erfolgen. Vgl. DPM/*Patt* UmwStG § 20 Rn. 160 mwN.

[742] *Altmeppen* NZG 2003, 145.

[743] Zunächst BGH II ZB 17/91, BGHZ 117, 323 (330 ff.); OLG Stuttgart 8 W 73/91, ZIP 1992, 250 (251); BGH II ZB 12/02, BGHZ 153, 158; zur Frage der Verwendung eines gebrauchten Mantels BGH II ZB 4/02, BGHZ 155, 318 (321 ff.).

Tätigkeit der Gesellschaft (etwa „**Verwaltung eigenen Vermögens**") bezieht.[744] In diesem Fall kann die Vorratsgründung durch das Registergericht kontrolliert werden und können daher auch keine Einwände gegen die Vorratsgründung erhoben werden. Ein Scheingeschäft iSv § 117 BGB liegt nicht vor, da die Verwirklichung des angegebenen Unternehmensgegenstandes tatsächlich gewollt ist. Auch von einer Umgehung des § 23 Abs. 3 Nr. 2 AktG kann wegen der Offenlegung der Verhältnisse keine Rede sein.[745] Anderes gilt nur, wenn ein fiktiver oder ernstlich nicht gewollter Unternehmensgegenstand angegeben und die Vorratsgründung nicht offengelegt wird (verdeckte Vorratsgründung).[746]

2. Wirtschaftliche Neugründung

471 Soll eine auf Vorrat gegründete Gesellschaft (s. Rn. 470) Verwendung für operative Zwecke finden,[747] liegt nach der Rechtsprechung eine wirtschaftliche Neugründung vor, auf welche die **Gründungsvorschriften analog anzuwenden** sind.[748] Folge der wirtschaftlichen Neugründung in diesem Sinne ist die entsprechende Anwendung der der Kapitalausstattung dienenden Gründungsvorschriften einschließlich der Vorschriften über die registergerichtliche Kontrolle (Rn. 473, 475). In diesem Rahmen haben die Geschäftsführungsorgane zu versichern, dass die Mindesteinlagen geleistet worden sind und die Einlagen sich weiterhin in ihrer freien Verfügung befinden.[749] Die Gesellschafter unterliegen der Vorbelastungshaftung (Rn. 478, 66), wobei der maßgebliche Stichtag abweichend von den sonstigen Grundsätzen dem Tag der Anmeldung der wirtschaftlichen Neugründung beim Handelsregister entspricht.[750] Hinzu kommt nach der Ansicht des BGH eine entsprechende Anwendung der Handelndenhaftung in den Fällen in Betracht, in denen die Gesellschafter der Geschäftsaufnahme vor der Offenlegung der wirtschaftlichen Neugründung gegenüber dem Handelsregister nicht zugestimmt haben (Rn. 478).[751]

3. Folgen der Vorratsgründung

472 Anlass für das Registergericht, eine wirtschaftliche Neugründung anzunehmen, ist gegeben, wenn eine aufgrund ihres einschlägigen Unternehmensgegenstandes ersichtlich auf Vorrat gegründete Gesellschaft (s. Rn. 470) eine Satzungsänderung anmeldet, aus der sich die **Verwendung für operative Zwecke** ergibt, zumeist also eine Änderung des Unternehmensgegenstandes (zu einer wirtschaftlichen Neugründung ohne Änderung des Unternehmensgegenstandes Rn. 477). Dies wird aber auch schon für den Notar Anlass sein, auf die notwendigen Maßnahmen zur Erfüllung der richterlichen Prüfungskriterien bei einer wirtschaftlichen Neugründung hinzuwirken (s. Rn. 473 ff.).

---

[744] BGH II ZB 17/91, BGHZ 117, 323 (330 ff.); *Priester* DB 1983, 2291 (2298); *Hüffer/Koch* AktG § 23 Rn. 26; MünchKomm. AktG/Bd. 1/*Pentz* § 23 Rn. 91.
[745] MünchKomm. AktG/Bd. 1/*Pentz* § 23 Rn. 91; aA *Scholz/Emmerich* GmbHG § 3 Rn. 19a.
[746] MünchKomm. AktG/Bd. 1/*Pentz* § 23 Rn. 91 mwN.
[747] *Goette* DStR 2003, 300.
[748] Für AG BGH II ZB 17/91, BGHZ 117, 323 (330 ff.); für GmbH: BGH II ZB 12/02, BGHZ 153, 158 (162); II ZB 4/02, BGHZ 155, 318 (326).
[749] BGH II ZB 12/02, BGHZ 153, 158; II ZB 4/02, BGHZ 155, 318 (326).
[750] BGH II ZB 12/02, BGHZ 153, 158 (326).
[751] BGH II ZB 12/02, BGHZ 153, 158 (327).

a) Aufbringung des Mindestgrundkapitals

Die an der Vorratsgründung beteiligten Gesellschafter trifft die Pflicht zur **473** Aufbringung des Mindestgrundkapitals (§ 36a Abs. 1 AktG analog). Ausgelöst wird diese durch den der Satzungsfeststellung vergleichbaren, auf die Vorratsgründung gerichteten und den Unternehmensgegenstand ändernden Beschluss. Maßgeblich für die Höhe der Einlageverbindlichkeiten ist das satzungsmäßig ausgewiesene Grundkapital und nicht der Mindestnennbetrag des § 7 AktG.[752] Die Zahlungspflicht muss gem. § 54 Abs. 3 AktG erfüllt werden und verjährt ab dem Zeitpunkt der wirtschaftlichen Neugründung.[753] Auch die Zahlungspflicht des Vormannes gem. § 65 AktG ist anwendbar.[754] Der Mehrbetrag (Agio) ist hingegen bei der Berechnung der Einlageverbindlichkeit nicht zu berücksichtigen, da es insoweit an der Vergleichbarkeit mit den Fällen fehlt, die unmittelbar durch § 23 AktG geregelt werden.[755] Verfügt die Gesellschaft über Vermögen, ist es auf die Einlageverpflichtung anzurechnen; ist sie hingegen überschuldet, wirkt sich dies erhöhend auf die Einlageverpflichtung aus.[756] Bareinlagen sind mindestens zu einem Viertel zu leisten (§§ 36 Abs. 2, 36a AktG analog). Bei Sacheinlagen sind die Bestimmungen der §§ 27, 32, Abs. 2, 33 Abs. 2 Nr. 4, 36a Abs. 2, 38 Abs. 2 AktG zu beachten. Im Übrigen gelten die Bestimmungen über das Neugründungsverfahren entsprechend, allerdings unter der Voraussetzung, dass der Beschluss über die Satzungsänderung an die Stelle der Satzungsänderung nach § 23 AktG und die Anmeldung der Satzungsänderung an die Stelle der Anmeldung nach § 37 AktG tritt. Über ihren Wortlaut hinaus sind zudem die Nachgründungsvorschriften (§ 52 AktG) anzuwenden, wenn die Nachgründung innerhalb von zwei Jahren seit Eintragung des für die Mantelverwendung erforderlichen Beschlusses erfolgt.[757]

b) Gründungsbericht und Gründungsprüfung

Die Gesellschafter haben über die Mantelverwendung einen Gründungsbericht **474** zu erstellen, der sich insbesondere auf die Vermögensdeckung zu beziehen hat (§ 32 AktG analog, s. im Einzelnen Rn. 18).[758] Gegebenenfalls kann eine weitere Prüfung nach § 34 Abs. 4 AktG erforderlich sein (s. im Einzelnen Rn. 22).[759]

c) Anmeldung der Vorratsgründung, Prüfung durch das Gericht

Der auf die Mantelverwendung gerichtete Beschluss, der den Unternehmens- **475** gegenstand ändert, ist entsprechend den §§ 36 ff. AktG bei dem zuständigen Registergericht unter Beifügung der Unterlagen und Nachweise nach § 37 AktG anzumelden. Die Anmeldung hat durch alle Gründer und Verwaltungsmitglieder

---

[752] BGH II ZB 12/02, BGHZ 153, 158 (326); MünchKomm. AktG/Bd. 1/*Pentz* § 23 Rn. 101.
[753] LG München 5 HK O 5699/11, ZIP 2012, 2152 (2154, 2156).
[754] LG München 5 HK O 5699/11, ZIP 2012, 2152 (2153 f.).
[755] MünchKomm. AktG/Bd. 1/*Pentz* § 23 Rn. 101.
[756] MünchKomm. AktG/Bd. 1/*Pentz* § 23 Rn. 101; Großkomm. AktG/*Röhricht* § 23 Rn. 137.
[757] MünchKomm. AktG/Bd. 1/*Pentz* § 23 Rn. 102.
[758] *Hüffer/Koch* AktG § 23 Rn. 27; MünchKomm. AktG/Bd. 1/*Pentz* § 23 Rn. 103; s. a. BGH II ZB 12/02, BGHZ 153, 158 (162 ff.).
[759] MünchKomm. AktG/Bd.1/*Pentz* § 23 Rn. 103; *Hüffer/Koch* AktG § 23 Rn. 27a; s. a. BGH II ZB 12/02, BGHZ 153, 158 (162 ff.) = NJW 2003, 892.

unter Offenlegung der Mantelgründung zu erfolgen.[760] Das Gericht muss auf einer erneuten Erklärung in öffentlich beglaubigter Form (§ 12 Abs. 1 HGB) bestehen, die inhaltlich der Erklärung in der Anmeldung der Vorratsgründung entspricht (§ 37 Abs. 1 Satz 1 Hs. 1 iVm §§ 36 Abs. 2 Satz 1, 36a AktG; s. Rn. 42 f.), also einmal die Bestätigung der ursprünglichen Erklärung über die ordnungsgemäße Einzahlung des in ausreichender Höhe (§ 36a Abs. 1 AktG) eingeforderten Betrages (§ 36 Abs. 2 Satz 1 AktG), zum anderen dass dieser Betrag weiterhin[761] endgültig zur freien Verfügung des Vorstandes steht.[762] Das Registergericht hat entsprechend § 38 AktG zu prüfen, ob die Vorratsgründung den zuvor aufgezeigten Kriterien entspricht (insbesondere Prüfung, ob das Anfangskapital im Zeitpunkt der Anmeldung durch Vorbelastungen gemindert ist).[763] Nicht entschieden durch den BGH ist bisher die Frage, ob die Anmeldung zu einer Eintragung in das Handelsregister führt oder nur zu den Registerakten zu nehmen ist. Aufgrund der Nähe zur Gründung sprechen die besseren Gründe für erstere Ansicht.

d) Auswirkung der BGH-Rechtsprechung auf Altfälle?

476 In der Zeit zwischen den beiden Entscheidungen über Vorratsgesellschaften sind Satzungsänderungen über wirtschaftliche Neugründungen in wohl den meisten Fällen ohne einen erneuten Kapitalnachweis eingetragen worden. An der Wirksamkeit dieser Eintragungen besteht kein Zweifel. Dies ändert aber nichts an den Haftungsfragen, die sich aus einer wirtschaftlichen Neugründung ergeben können (s. Rn. 478).

e) Wirtschaftliche Neugründung ohne Änderung des Unternehmensgegenstandes

477 Die Aufnahme einer operativen Tätigkeit ohne Anpassung des Unternehmensgegenstandes wäre jedenfalls als Umgehung der Gründungsvorschriften zu betrachten, die im Übrigen wegen des unrichtig werdenden Unternehmensgegenstandes auch der Auflösungsklage (§ 275 AktG; s. Rn. 381 ff.) und deshalb auch der Löschung von Amts wegen (§ 397 FamFG; s. Rn. 385) ausgesetzt ist.[764]

4. Haftung für wirtschaftliche Neugründung

478 Im Hinblick auf die materiell-rechtliche Haftung für die Fälle der Mantelverwendung ist zwischen der Unterbilanzhaftung der Gründer (s. Rn. 269 ff.) und der Handelndenhaftung (§ 41 Abs. 1 Satz 2 AktG; s. Rn. 282 ff.; § 11 Abs. 2 GmbHG) zu unterscheiden.[765] Da die Gesellschaft bei der Mantelverwendung über das erforderliche Mindestreinvermögen verfügen muss, haften die Gesellschafter auf den Betrag, um den das tatsächliche Gesellschaftsvermögen zu diesem Zeitpunkt hinter

---

[760] BGH II ZB 4/02, BGHZ 155, 318 (323); II ZR 56/10, BGHZ 192, 341 = NJW 2012, 1875; MünchKomm. AktG/Bd. 1/*Pentz* § 23 Rn. 104; *Goette* DStR 2004, 461 (463); s. zu den Anforderungen an die Offenlegung *Melchior* AG 2013, R 223.

[761] Das Wort „weiterhin" steht ausdrücklich nur im amtlichen Leitsatz c) des BGH-Beschlusses v. 9.12.2002, entspricht aber dem Sinn der Begründung und sollte daher von der Praxis verwendet werden.

[762] Für GmbH BGH II ZB 12/02 2002, NZG 2003, 170 = DStR 2003, 298.

[763] MünchKomm. AktG/Bd. 1/*Pentz* § 23 Rn. 104.

[764] Großkomm. AktG/*Röhricht* § 23 Rn. 144.

[765] *Goette* DStR 2003, 300.

D. Mantelverwendung statt Gründung und Umwandlung   479–481 § 2

dem Betrag des Nennkapitals zurückbleibt (Unterbilanzhaftung).[766] Dabei setzt der BGH für das Eingreifen der Haftung die Zustimmung der Mantelverwender für die Aufnahme der geschäftlichen Tätigkeit durch den Vorstand voraus.[767] Streitig ist die Handelndenhaftung entsprechend § 41 Abs. 1 Satz 2 AktG bis zur Offenlegung der wirtschaftlichen Neugründung.[768] Zudem besteht eine Haftung entsprechend §§ 46 ff. AktG (s. Rn. 258–292; s. Rn. 474).[769]

III. Verwendung „gebrauchter" Gesellschaftsmäntel

Im Gegensatz zur Verwendung einer sog. Vorratsgesellschaft (s. Rn. 470 ff.) spricht man von der Verwendung eines „gebrauchten" Gesellschaftsmantels,[770] wenn die Gesellschaft seit der Gründung bereits wirtschaftlich genutzt worden ist, ihre unternehmerische Tätigkeit jedoch eingestellt hat und nunmehr einen neuen wirtschaftlichen Inhalt erhalten soll.[771] Bei der Verwendung „gebrauchter" Mäntel steht aber im Gegensatz zur Verwendung einer Vorratsgesellschaft zumeist weniger der Zeitfaktor, sondern eher die Sicherung einer attraktiven Firmierung und leider aber auch die Absicht, sich einer Kapitalgesellschaft zu bedienen, ohne das dafür erforderliche Mindestkapital aufzubringen. Letzterem ist aber durch die neue Rechtsprechung des BGH ein Riegel vorgeschoben worden, soweit das zunächst vorhandene Kapital verbraucht ist.[772]   479

1. Zulässigkeit

Der Erwerb eines „gebrauchten" Gesellschaftsmantels zwecks wirtschaftlicher Wiederbelebung wird heute von der hM der Literatur als zulässig angesehen[773] und ist durch den BGH kürzlich bestätigt worden.[774]   480

2. Abgrenzung zu Umorganisation und Sanierung

Für die Abgrenzung der Mantelverwendung von der Umorganisation oder Sanierung ist auf den Einzelfall abzustellen. Ein klarer Fall der Mantelverwendung liegt vor, wenn der Betrieb eines ursprünglich vorhandenen Unternehmens mittlerweile eingestellt bzw. endgültig aufgegeben worden ist und sodann der gleichsam als inhaltslose Hülle fortbestehenden juristischen Person ein neues Unternehmen implantiert wird.[775] Für eine Mantelverwendung spricht es weiter, wenn der Ge-   481

---

[766] BGH II ZB 12/02, BGHZ 153, 158 (162 ff.); ausdrücklich für Anwendung der Unterbilanzhaftung Großkomm. AktG/*Röhricht* § 23 Rn. 142.
[767] BGHZ 155, 318, 326; MünchKomm. AktG/*Pentz* § 23 Rn. 105 mwN.
[768] Offen lassend BGH n AG 2011, 75; dafür KG 21 U 5505/97, NZG 1998, 731; LG Hamburg 2 S 199/84, NJW 1985, 2426; dagegen: OLG Koblenz nWM 1989 304, 305; MünchKomm. AktG/*Pentz* § 23 Rn. 112; *Hüffer/Koch* AktG § 23 Rn. 27c mwN.
[769] Für Anwendbarkeit von §§ 46 ff.: Großkomm. AktG/*Röhricht* § 23 Rn. 137; MünchKomm. AktG/Bd. 1/*Pentz* § 23 Rn. 104.
[770] BGH II ZB 12/02, BGHZ 153, 158 = NZG 2003, 170 = DStR 2003, 298.
[771] S. iE MünchKomm. AktG/Bd. 1/*Pentz* § 23 Rn. 98.
[772] BGH II ZB 4/02, BGHZ 155, 318 (326).
[773] BGH II ZB 4/02, BGHZ 155, 318 (321 ff.); Großkomm. AktG/*Röhricht* § 23 Rn. 132 mwN.
[774] BGH II ZB 4/02, BGHZ 155, 318 (324); s. a. Rn. 470.
[775] BGH II ZB 4/02, BGHZ 155, 318, 322, s. zur Abgrenzung auch BGH II ZR 61/09, NJW 2010, 1459.

genstand des Unternehmens neu formuliert wird (Branchenwechsel). Sonstige Veränderungen wie Gesellschafterwechsel, Firmenänderung oder Austausch der Geschäftsführung sind für sich alleine genommen irrelevant, können dem Registergericht aber Anlass geben, weitere Nachforschungen anzustellen.[776]

3. Folgen der Mantelgründung

482 Auf die Mantelgründung mittels eines gebrauchten Gesellschaftsmantels sind die zur Vorratsgesellschaft entwickelten Grundsätze anzuwenden.[777] Dies ist durch den BGH[778] klargestellt worden, der die Verwendung eines gebrauchten Mantels wirtschaftlich als Neugründung einstuft. Im Ergebnis hat diese zur Folge, dass auf die Ausführungen zur Vorratsgründung, insbesondere auf diejenigen des Mindestkapitals, der Gründungsprüfung, der registergerichtlichen Kontrolle und der Haftung (Rn. 473 ff.) verwiesen werden kann.

4. Steuerlicher Verlustvortrag

483 Nach der Verlustabzugsbeschränkung des § 8c Abs. 1 KStG gehen nicht genutzte steuerliche Verluste (Verlustvorträge, laufende Verluste oder bis zum Beteiligungserwerb nicht ausgeglichene oder abgezogene negative Einkünfte) in Abhängigkeit vom Umfang der Anteilsübertragung entweder anteilig oder vollständig unter.[779] Dies gilt gleichermaßen für Zinsvorträge[780] (§ 8a Abs. 1 Satz 3 KStG) sowie für gewerbesteuerliche Verlustvorträge (§ 10a Satz 10 GewStG).[781] Für weitere Einzelheiten sowie zu Ausnahmen von der Verlustabzugsbeschränkung (Stille-Reserven-Klausel, Konzernklausel, fortführungsgebundener Verlustvortrag iSd § 8d KStG, Sanierungsklausel[782]) vgl. weitergehend § 12 Rn. 55 ff.

---

[776] MünchKomm. AktG/Bd. 1/*Pentz* § 23 Rn. 98.
[777] MünchKomm. AktG/Bd. 1/*Pentz* § 23 Rn. 96.
[778] BGH II ZB 4/02, BGHZ 155, 318 (321 ff.).
[779] Das BVerfG hat den anteiligen Verlustuntergang bei einem schädlichen Beteiligungserwerb von mehr als 25% bis 50% in der Gesetzesfassung bis zum 31.12.2015 als verfassungswidrig erklärt und den Gesetzgeber aufgefordert, bis zum 31.12.2018 eine auf den 1.1.2008 rückwirkende Neuregelung zu treffen. Vgl. BVerfG 2 BvL 6/11, DStR 2017, 1094. Zur Frage der Verfassungswidrigkeit eines vollständigen Verlustuntergangs bei einem schädlichen Beteiligungserwerb von mehr als 50% siehe anhängige BFH-Verfahren unter I R 31/11 sowie I R 79/11.
[780] Der BFH hat dem BVerfG die Frage vorgelegt, ob die Zinsschranke verfassungswidrig ist, vgl. BFH 14.10.2015, I R 20/15, BFH/NV 2016, 475.
[781] Dies gilt auch für den Fehlbetrag einer Mitunternehmerschaft, soweit dieser einer Kapitalgesellschaft unmittelbar zuzurechnen ist (§ 10a Satz 10 GewStG).
[782] Nach der Sanierungsklausel iSd § 8c Abs. 1a KStG sollte beim Kauf wirtschaftlich angeschlagener Unternehmen ein Verlustuntergang unterbleiben, wenn sich der Erwerber zu konkreten Sanierungsmaßnahmen verpflichtete. Die Regelung wurde von der EU-Kommission als unzulässige staatliche Beihilfe bewertet. Mit Beschluss v. 26.01.2011 hat die EU-Kommission die Rechtswidrigkeit der Sanierungsklausel festgestellt. Die hiergegen eingelegten Rechtsmittel Deutschlands wurden zurückgewiesen, vgl. EuGH C-102/13 P, BeckRS 2014, 81187 (Bundesrepublik Deutschland/Europäische Kommission). Das Europäische Gericht hat die angestrengten Klagen zweier betroffener Unternehmen abgelehnt, vgl. EuG T-287/11, BeckRS 2016, 80234 (Heitkamp BauHolding/Kommission) sowie T-620/11, DStR 2016, 390 (GFKL Financial Services/Kommission). Hiergegen wurden Rechtsmittel vor dem Europäischen Gerichtshof eingelegt, siehe anhängige EuGH-Verfahren unter Az. C-209/16P (GFKL Financial Services/Kommission) sowie Az. C-203/16P (Heitkamp BauHolding/Kommission).

E. Die Gründung der KGaA und ihre Entstehung durch Umwandlung

I. Gründung nach AktG

1. Übersicht

Das AktG verweist in den Bestimmungen über die KGaA weitgehend auf die 490 Regeln für die AG (§ 278 Abs. 3 AktG), insbesondere auch auf deren Gründungsvorschriften (§§ 23 ff. AktG), und stellt nur einige besondere Vorschriften für die Gründung der KGaA auf (§§ 279–283 AktG). Zur Vermeidung von Wiederholungen wird auch hier allgemein auf die Gründung der AG verwiesen (s. Rn. 8 ff.) und werden nur die Besonderheiten der KGaA aufgeführt.

2. Die Gründer

Gründer der KGaA sind die Gesellschafter, welche die Satzung festgestellt haben 491 (§ 280 Abs. 3 AktG). Mindestens einer dieser Gründer muss persönlich haftender Gesellschafter (phG) sein (§ 278 Abs. 1 AktG; s. Rn. 492). Sind mehrere phG laut Satzung vorgesehen (§ 281 Abs. 1 AktG), müssen sie sich alle an der Feststellung der Satzung beteiligen (§ 280 Abs. 2 Satz 1 AktG). Außerdem müssen an der Feststellung die Personen als Gründer mitwirken, die als Kommanditaktionäre Aktien gegen Einlagen übernehmen (§ 280 Abs. 2 Satz 2 iVm § 23 Abs. 2 AktG; s. Rn. 493). Da die phG auch selbst Aktien übernehmen können,[783] kann die Gründung auch nur durch phG erfolgen, wenn mindestens einer auch Aktien übernimmt. Insgesamt sind fünf Personen als Gründer vorgeschrieben (§ 280 Abs. 1 Satz 2 AktG; zur Frage, ob dies nach Zulassung der Einpersonengründung für die AG durch § 2 AktG noch anzuwenden ist, Rn. 494).

a) Persönlich haftende Gesellschafter

Als phG können sich alle Personen beteiligen, die phG einer Personengesell- 492 schaft sein können (§ 278 Abs. 2 AktG), also natürliche Personen (auch beschränkt geschäftsfähige, jedenfalls wenn von der Geschäftsführung oder Vertretung ausgeschlossen, §§ 114 Abs. 2, 161 Abs. 2 HGB[784]) und juristische Personen (so nunmehr § 279 Abs. 2 AktG).

b) Kommanditaktionäre

Die Gründerfähigkeit als Kommanditaktionär unterscheidet sich nicht von der 493 Gründerfähigkeit für die AG (s. Rn. 72 ff.). Ein phG kann auch zugleich Kommanditaktionär sein (s. Rn. 491). Da die KGaA keine natürliche Person als phG haben muss (§ 279 Abs. 2 AktG), kann es zur Beteiligung nur von juristischen Personen an ihr auch schon bei der Gründung kommen.

c) Zahl der Gründer, Einpersonen-KGaA

Es ist heute anerkannt, dass eine KGaA nur eine Person als Gesellschafter haben 494 kann,[785] die auch juristische Person sein kann (s. Rn. 493). In seiner Neufassung

---

[783] HM; *Hüffer/Koch* AktG § 278 Rn. 5 mwN.
[784] *Hüffer/Koch* AktG § 278 Rn. 7 mwN.
[785] Ganz hM; *Hüffer/Koch* AktG § 278 Rn. 5 mwN.

durch das UMAG verzichtet § 280 Abs. 1 Satz 1 AktG auf eine Gründerzahl, womit die Anpassung an § 2 AktG nachgeholt wird.

3. Gründungsverfahren

495 Die phG haben im Gründungsverfahren eine **Doppelfunktion** als Gründer (§ 280 Abs. 2) und als Ersatz für den Vorstand, dessen Vorschriften sinngemäß für den phG gelten (§ 283 AktG). Deshalb treffen die Pflichten beider Funktionen auf den phG zu (s. Rn. 15 ff.). Die phG haben als Gründer an dem Gründungsbericht mitzuwirken (§ 32 AktG; s. Rn. 18 ff.) Es ist streitig, ob zum Gegenstand des Gründungsberichts die Einlageleistung des phG zählt, wogegen die Anwendung des Rechts der Personenhandelsgesellschaften auf den phG spricht (§ 278 Abs. 2 AktG).[786] Auch ist der phG an der Prüfung des Hergangs der Gründung beteiligt (§ 33 Abs. 1 AktG; s. Rn. 23 f.). Immer muss eine Gründungsprüfung stattfinden (§ 33 Abs. 2 Nr. 1 AktG; s. Rn. 25 ff.), die aber durch den Gründungsnotar als Prüfungsbeauftragten erfolgen kann (§ 33 Abs. 3 Satz 1 AktG; s. Rn. 29), wenn nicht die Gründe der Bestellung eines Gründungsprüfers durch das Gericht vorliegen (§ 33 Abs. 3 Satz 2 iVm § 33 Abs. 2 Nr. 3 und 4 AktG). Bei der **Eintragung** (§ 39 AktG; s. Rn. 60 ff.) sind statt der Vorstandsmitglieder die phG und ihre Vertretungsbefugnis anzugeben (§ 282 AktG).

4. Die Satzung der KGaA

496 Die Satzung unterliegt nur in vier Punkten besonderen Anforderungen gegenüber der AG (§ 23 Abs. 3 bis 5 AktG; s. Rn. 329 ff.):
– Die **Firma** muss die Bezeichnung „Kommanditgesellschaft auf Aktien" oder eine allgemein verständliche Abkürzung (durchgesetzt hat sich KGaA[787]) enthalten (§ 279 Abs. 1 AktG).
– Hat die KGaA keine natürliche Person als phG, muss die Firma eine Bezeichnung enthalten, welche die **Haftungsbeschränkung** kennzeichnet (§ 279 Abs. 2 AktG); dieser Anforderung genügt zB bei einer GmbH oder GmbH und Co. KG als phG in beiden Fällen die Firma „Muster GmbH & Co. KGaA".
– Jeder phG muss mit **Namen, Vornamen** und **Wohnort** in der Satzung enthalten sein (§ 281 Abs. 1 AktG).
– **Vermögenseinlagen der phG**, wenn sie nicht auf das Grundkapital geleistet werden (dann § 23 Abs. 2 AktG; s. Rn. 13), müssen nach Höhe und Art in der Satzung festgesetzt werden (§ 281 Abs. 2 AktG); die Leistung von Vermögenseinlagen ist aber keine Voraussetzung für die Stellung als phG; sie wird aber durch die Feststellung in der Satzung verbindlich.

5. Die Gründung der KGaA in der Rechnungslegung

497 Für die Eröffnungsbilanz der KGaA gelten die gleichen Regeln wie für die AG (s. Rn. 410 ff.), insbesondere zum Stichtag (s. Rn. 411). Die „Kapitalanteile der persönlich haftenden Gesellschafter" sind mit dieser Bezeichnung unter dem Eigenkapital nach dem Posten „Gezeichnetes Kapital" (§ 152 Abs. 1 iVm §§ 266 Abs. 3 A. I., 272 Abs. 1 Satz 1 HGB; s. Rn. 412) auszuweisen (§ 286 Abs. 2 Satz 1 HGB). Voraussetzung ist die Festsetzung von Vermögenseinlagen in der Satzung (§ 281 Abs. 2 AktG; s. Rn. 496). Für ausstehende Einlagen der phG gelten die

---

[786] So MHdB GesR IV/*Herfs* § 77 Rn. 3 mwN auf den Meinungsstand.
[787] *Hüffer/Koch* AktG § 279 Rn. 2 mit Skepsis gegenüber anderen Abkürzungen.

Ausweisregeln des gezeichneten Kapitals entsprechend (§ 272 Abs. 1 Sätze 2 und 2 HGB; s. Rn. 411 f.).[788] Die Kapitalanteile mehrerer phG können in einem Posten zusammengefasst werden.[789]

6. Die Gründung der KGaA im Steuerrecht

Die Mischform der KGaA aus personengesellschaftsrechtlichen und kapital- **498** gesellschaftsrechtlichen Elementen (sog. hybride Gesellschaftsform) ist auch für steuerliche Zwecke zu beachten: Die laufende Besteuerung der KGaA folgt den für Kapitalgesellschaften geltenden Besteuerungsprinzipien (§ 1 Abs. 1 Nr. 1 KStG). Die Kommanditaktionäre unterliegen den für Aktionäre geltenden Besteuerungsprinzipien.[790] Gewinnanteile der Kommanditaktionäre, die ihre Anteile im Privatvermögen halten, unterliegen der Abgeltungsteuer (§ 20 Abs. 1 Satz 1 Nr. 2 iVm § 32d EStG). Halten die Kommanditaktionäre die Anteile im Betriebsvermögen, unterliegen die Gewinnanteile hingegen dem Teileinkünfteverfahren (§ 3 Nr. 40 Satz 1 Buchst. d iVm Satz 2, § 3c Abs. 2 EStG). Demgegenüber wird der phG der KGaA steuerlich „wie ein Mitunternehmer" behandelt.[791] Die Gewinnanteile und Sondervergütungen des phG werden als gewerbliche Einkünfte erfasst.[792]

Von dieser Besteuerungskonzeption der KGaA und ihrer Gesellschafter ausgehend ist für Zwecke der Gründung der KGaA zwischen Sacheinlagen der Kommanditaktionäre sowie Sacheinlagen des phG in die KGaA im Rahmen ihrer Vermögenseinlage zu unterscheiden. Für Sacheinlagen der Kommanditaktionäre in die KGaA sind die für Sacheinlagen der Gründungsgesellschafter in eine AG geltenden Regelungen anzuwenden (vgl. Rn. 424 ff.). Hingegen sind für Sacheinlagen des phG auf sein Komplementärkapital die Regelungen des EStG und des UmwStG über Einlagen in das Betriebsvermögen einer Mitunternehmerschaft analog zu berücksichtigen.

a) Sacheinlagen aus Privatvermögen des phG

Sacheinlagen aus dem Privatvermögen des phG sind grundsätzlich mit dem **499** **Teilwert** für den Zeitpunkt der Zuführung anzusetzen (§ 6 Abs. 1 Nr. 5 Satz 1 EStG). Nach § 6 Abs. 1 Nr. 5 Satz 1 2. HS EStG sind Sacheinlagen jedoch höchstens mit den Anschaffungs- oder Herstellungskosten anzusetzen, wenn das zugeführte Wirtschaftsgut
a) innerhalb der letzten drei Jahre vor dem Zeitpunkt der Zuführung angeschafft bzw. hergestellt oder entnommen worden ist oder
b) ein Anteil an einer Kapitalgesellschaft ist und der Steuerpflichtige an dieser Gesellschaft wesentlich iSd § 17 EStG[793] beteiligt ist oder
c) ein Wirtschaftsgut iSd § 20 Abs. 2 EStG (zB Aktien) ist.[794]

---

[788] MünchKomm. AktG/Bd. 8/*Semler/Perlitt* § 280 Rn. 3 mwN.
[789] *Hüffer/Koch* AktG § 286 Rn. 3.
[790] Dies gilt ebenfalls für den phG, sofern dieser auch Kommanditaktionär ist. Die Kommanditaktien des phG sind weder Sonderbetriebsvermögen noch Betriebsvermögen, vgl. BFH X R 14/88, BStBl. II 1989, 881.
[791] Vgl. BFH I R 235/81, BStBl. II 1986, 72.
[792] Vgl. Schmidt/*Wacker* EStG § 6 Rn. 890 f. mwN.
[793] Eine wesentliche Beteiligung liegt vor, wenn der Steuerpflichtige innerhalb der letzten fünf Jahre am Kapital der Gesellschaft unmittelbar oder mittelbar zu mindestens 1% beteiligt war (§ 17 Abs. 1 Satz 1 EStG).
[794] Vgl. HHR/*Eckstein* EStG § 6 Rn. 870 ff.

b) Sacheinlagen aus Betriebsvermögen des phG

500 Die Sacheinlage eines einzelnen Wirtschaftsguts aus dem Betriebsvermögen des phG erfolgt grundsätzlich unter Buchwertfortführung, sofern die Besteuerung der stillen Reserven bei der übernehmenden KGaA sichergestellt ist (§ 6 Abs. 5 Satz 1 EStG). Weitere Voraussetzung hierfür ist jedoch, dass der phG an dem eingebrachten Wirtschaftsgut vermögensmäßig beteiligt ist und das eingebrachte Wirtschaftsgut durch die übernehmende KGaA nicht innerhalb einer Sperrfrist veräußert oder entnommen wird (§ 6 Abs. 5 Sätze 3 und 4 EStG).[795]

501 Wird eine Sachgesamtheit (Betrieb, Teilbetrieb oder Mitunternehmeranteil) in das Grundkapital der KGaA gegen Gewährung von Kommanditaktien eingebracht, sind die Vorschriften des § 20 UmwStG analog anzuwenden. Dies gilt auch, wenn dem Einbringenden neben den neuen Anteilen an der KGaA die Stellung als phG eingeräumt wird.[796] Bringt der phG die Sachgesamtheit hingegen als Vermögenseinlage in die KGaA ein, ist fraglich, ob die Sacheinlage in den Anwendungsbereich des § 20 UmwStG (Einbringung in einer Kapitalgesellschaft) oder des § 24 UmwStG (Einbringung in einer Personengesellschaft) fällt. Der phG ist zwar aus zivilrechtlicher Sicht an einer Kapitalgesellschaft beteiligt, jedoch stellt die im Wege der Einbringung gewährte vermögensmäßige Beteiligung des phG keine Beteiligung an einer Kapitalgesellschaft dar. Da der phG für steuerliche Zwecke „wie ein Mitunternehmer" zu behandeln ist, wird nach überwiegender Auffassung in der Literatur befürwortet, auf die als Vermögenseinlage eingebrachte Sachgesamtheit § 24 UmwStG analog anzuwenden.[797]

Nach jüngster BFH-Rechtsprechung war der Beitritt eines neuen phG in eine KGaA nicht wie eine Einbringung nach § 24 UmwStG zu behandeln.[798] Eine (negative) Ergänzungsbilanz könne für den eintretenden phG nicht aufgestellt werden, da es sich bei der KGaA nicht um eine Mitunternehmerschaft handelt.[799] Die weitere Entwicklung bleibt abzuwarten.

II. Die Entstehung der KGaA durch Umwandlung

1. Formwechsel und Neugründung durch Verschmelzung und Spaltung

510 Sämtliche Umwandlungsformen, durch die eine AG entstehen kann (s. Rn. 430 ff.), gelten auch für die Entstehung der KGaA durch Umwandlung (dazu insbesondere das Schaubild über die in eine AG umwandlungsfähigen Rechtsträger in Rn. 433; beim Formwechsel ist die KGaA als formwechselnder Rechtsträger durch die AG zu ersetzen; der Formwechsel eines VVaG in eine KGaA ist ausgeschlossen; § 291 Abs. 1 UmwG). Im Einzelnen ergeben sich die nachfolgenden Abweichungen (Rn. 511 f.).

---

[795] Nach Auffassung des BFH sind die die Einlage eines phG einer KGaA übersteigenden Anschaffungskosten in einer Ergänzungsbilanz zu erfassen. Dies ist jedoch bei Beitritt eines neuen phG nur bedingt zulässig. Im Urteilsfall wurde die Aufstellung einer negativen Ergänzungsbilanz verneint, da es sich bei der KGaA nicht um eine Mitunternehmerschaft handelt. Vgl. BFH I R 41/169, BFH/NV 2017, 1548; I R 57/14, BFH/NV 2017, 423.
[796] Vgl. Widmann/Mayer/*Widmann* UmwStG § 20 Rn. 476.
[797] Vgl. DPM/*Patt* UmwStG § 20 Rn. 185 mwN.
[798] BFH I R 57/14, BFH/NV 2017, 423; Widmann/Mayer/*Fuhrmann* UmwStG § 24 Rn. 116.
[799] Die Aufstellung einer Ergänzungsbilanz bedeutet jedoch, nicht nur den phG, sondern auch die Beteiligung der Kommanditaktionäre als einbringende Mitunternehmer iSd § 24 UmwStG einer mitunternehmerischen Beteiligung gleichzustellen, was der steuerlichen Behandlung der KGaA als Kapitalgesellschaft widerspricht. BFH I R 57/14, BFH/NV 2017, 423.

E. Die Gründung der KGaA

a) Formwechsel in KGaA

Der Beschluss über den Formwechsel in eine KGaA muss vorsehen, dass sich **511** an der KGaA mindestens ein Gesellschafter des formwechselnden Rechtsträgers als phG beteiligt oder dass der KGaA außer den bisherigen Teilhabern mindestens ein phG beitritt (§§ 218 Abs. 2, 243 Abs. 1 Satz 1, 263 Abs. 1, 276 Abs. 1, 303 Abs. 2 UmwG). Der im Beschluss über den Formwechsel vorgesehene Beitritt eines phG, welcher dem formwechselnden Rechtsträger nicht angehört (§ 218 Abs. 2 UmwG), muss notariell beurkundet werden; außerdem ist die Satzung der KGaA von jedem beitretenden phG in notarieller Form[800] zu genehmigen (§ 221 UmwG).

b) Verschmelzung und Spaltung durch Neugründung

Die Vorschriften über die Neugründung einer AG durch Verschmelzung oder **512** Spaltung (s. Rn. 437 ff.) finden auf die KGaA Anwendung, soweit sich aus den Gründungsbestimmungen der KGaA nichts Abweichendes ergibt (s. Rn. 490 ff.). Das UmwG regelt nicht den Fall, dass sich keiner der Anteilsinhaber eines durch Verschmelzung oder Aufspaltung übertragenden Rechtsträgers oder der übertragende Rechtsträger selbst bei Abspaltung und Ausgliederung bereitfindet, phG der neuen KGaA zu werden. Hier kann die Neugründung der KGaA nur erfolgen, wenn eine andere Person als phG beitritt (analog §§ 218 Abs. 2, 221 UmwG; s. Rn. 511).

2. Umwandlungssteuerrecht

Das UmwStG enthält keine expliziten Regelungen für die Besteuerung von Um- **513** wandlungsvorgängen unter Beteiligung einer KGaA als hybride Gesellschaftsform zwischen Personen- und Kapitalgesellschaft. Auch die Finanzverwaltung hat hierzu keine Stellung bezogen. So sind dem Umwandlungssteuererlass v. 11.11.2011,[801] der ursprünglich eine Regelung zur steuerlichen Behandlung von Umwandlungen unter Beteiligung einer KGaA enthalten sollte, keine klarstellenden Ausführungen zu entnehmen.

Die herrschende Meinung in der Literatur geht davon aus, dass die kapitalgesellschaftsrechtlichen und personengesellschaftsrechtlichen Elemente der KGaA auch auf das Umwandlungssteuerrecht zu übertragen sind. Die Umwandlung unter Beteiligung einer KGaA ist somit für Zwecke des UmwStG als sog. „**Mischumwandlung**" zu behandeln.[802] Demnach sind insbesondere Umwandlungen unter Beteiligung einer KGaA mit einem vermögensmäßig beteiligten Komplementär von verschiedenen Fallgruppen des UmwStG erfasst, die zu kombinieren sind: Wirkt sich ein solcher Umwandlungsvorgang auf das Grundkapital der KGaA aus, sind die Regelungen des UmwStG für Kapitalgesellschaften anzuwenden. Hat der Umwandlungsvorgang hingegen Auswirkungen auf die vermögensmäßige Beteiligung des phG, sind die Vorschriften des UmwStG für Mitunternehmeranteile analog zu berücksichtigen.[803] Für umwandlungssteuerliche Zwecke sollte im Vorhinein zu einer geplanten Umwandlung unter Beteiligung einer KGaA mit vermögensmäßig beteiligtem Komplementär aufgrund der bestehenden Rechtsunsicherheit eine verbindliche Auskunft eingeholt werden.

---

[800] So MünchKomm. AktG/Bd. 7/*Semler/Perlitt* § 222 Rn. 11.
[801] Vgl. BMF 11.11.2011, BStBl. I 2011, 314.
[802] Vgl. *Haritz* DStR 1996, 1192; *Schaumburg* DStZ 1998, 525 (539 ff.); Schmitt/Hörtnagl/ Stratz/*Hörtnagl* UmwStG § 1 Rn. 140 f.
[803] Vgl. Schmitt/Hörtnagl/Stratz/*Hörtnagl* UmwStG § 1 Rn. 141 mwN.

§ 3 Die Aktie

Bearbeiter: Dr. Silja Maul/Hans-Martin Eckstein

Übersicht

	Rn.
A. Aktienformen	1–58
I. Nennbetrags- und Stückaktien	4–15
1. Gründe zur Wahl von Nennbetrags- bzw. Stückaktien	5
2. Nennbetragsaktien	6–11
a) Höhe des Nennbetrags	7, 8
b) Rechtsfolgen bei Unterschreitung des Mindestnennbetrags	9
c) Festlegung von Zwischenbeträgen	10
d) Änderung der Nennbeträge	11
3. Stückaktien	12–14
a) Höhe des rechnerischen Betrags	13
b) Zwischenbeträge	14
4. Umstellung von Nennbetrags- auf Stückaktien	15
II. Inhaber- und Namensaktien	16–46
1. Gründe zur Wahl von Inhaber- bzw. Namensaktien	17
2. Inhaberaktie	18, 19
a) Allgemeines	18
b) Verbriefung	19
c) Eingeschränkte Wahl der Namensaktie	19a
3. Namensaktie	20–34
a) Allgemeines	20
b) Verbriefung	21
c) Zwang zur Namensaktie vor vollständiger Einlageleistung	22, 23
d) Aktienregister	24–34
aa) Erhalt der Daten	25
bb) Spätere Übertragungen	26
cc) Inhalt der Eintragung	27
dd) Wirkung der Eintragung	28, 29
ee) Kosten	30
ff) Auskunftsrecht	31, 32
gg) Löschung von Daten	33
hh) Berichtigung von Daten	34
4. Umstellung von Inhaber- auf Namensaktien	35–38
a) Umstellung aufgrund von Satzungsänderung	36, 37
b) Umstellung auf Antrag des Aktionärs	38
5. Vinkulierte Namensaktien	39–46
a) Anlass zur Wahl vinkulierter Namensaktien	40
b) Einführung der Vinkulierung	41
c) Erfasste Rechtsgeschäfte	42
d) Zustimmung	43, 44
e) Sonderfall: Umstellung von Inhaberaktien auf vinkulierte Namensaktien	45
f) Aufhebung der Vinkulierung	46
III. Stamm- und Vorzugsaktien	47–57
1. Stimmrechtslose Vorzugsaktien	48–54
a) Zweck	49

§ 3

b) Vorzug auf den Bilanzgewinn	50, 51
c) Nachzahlungsrecht	52
d) Höchstgrenze	53
e) Rechtsfolgen bei Verstoß	54
2. Vorzugsaktien mit Stimmrecht	55
3. Umstellung von Vorzugsaktien auf Stammaktien	56, 57
IV. Mehrstimmrechtsaktien	58
B. Aktiengattungen	66–68
C. Aktienurkunde	73–87
I. Einzelurkunde	76–81
1. Anspruch auf Einzelverbriefung	76
2. Voraussetzungen der Verbriefung	77
3. Inhalt der Aktienurkunde	78, 79
4. Fehlen von zwingenden Voraussetzungen	80
5. Zeitpunkt der Ausgabe der Urkunde	81
II. Globalurkunde	82, 83
1. Rechtsnatur	82
2. Rechtswirkungen	83
III. Entmaterialisierung der Aktien durch Girosammelverwahrung	84–87
1. Allgemeines	84
2. Girosammel- und Sonderverwahrung	85, 86
3. Herausgabeanspruch	87
D. Euro-Umstellung	94, 95
E. Teilung von Aktien	106
F. Übertragung von Aktien	110–119
I. Übertragung durch Rechtsgeschäft	111–118
1. Inhaberaktien	111
2. Namensaktien	112–114
3. Vinkulierte Namensaktien	115, 116
4. Übertragung nach dem DepotG	117, 118
II. Übertragung durch Tod	119
G. Kraftloserklärung und Umtausch von Urkunden	126–130
I. Kraftloserklärung von Aktien im Aufgebotsverfahren	126
II. Kraftloserklärung von Aktien durch die Gesellschaft	127–130
H. Andere aktienrechtliche Wertpapiere und Nebenpapiere	135–142
I. Zwischenscheine	136, 137
II. Gewinnanteilscheine und Erneuerungsscheine	138–142
1. Gewinnanteilscheine	138–140
2. Erneuerungsscheine	141
3. Jungscheine	142
J. Eigene Aktien	143–176
I. Erwerbsverbot	144
II. Ausnahmen vom Erwerbsverbot	146–167
1. Erwerb zur Schadensabwehr	146, 147
2. Belegschaftsaktien	148, 149
3. Abfindung von Aktionären	150
4. Unentgeltlicher Erwerb/Einkaufskommission	151, 152
5. Gesamtrechtsnachfolge	153
6. Einziehung zur Kapitalherabsetzung	154
7. Wertpapierhandel	155

	8.	Ermächtigung zum Eigenerwerb	156–164
	9.	Einziehungsermächtigung	165
	10.	Erwerb eigener Aktien und Übernahmerecht	166
	11.	Erwerb eigener Aktien und Kapitalmarktrecht	167
III.		Bilanz- und steuerrechtliche Behandlung	168, 169
IV.		Rechtsfolgen von Verstößen gegen das Erwerbsverbot	170–172
V.		Rechte und Pflichten aus eigenen Aktien	173
VI.		Umgehungsgeschäfte	174, 175
VII.		Inpfandnahme eigener Aktien	176
K.		**Die Besteuerung der Aktie**	177–194
I.		Aktien im Privatvermögen	178–187
	1.	Aktiengewinne als Einkünfte aus Kapitalvermögen	179–182
	2.	Abgeltungssteuer	183–186
	3.	Ausnahmen von der Abgeltungssteuer	187
II.		Erträge aus Aktien bei einer anderen Einkunftsart	187a–190
III.		Aktiengewinne mit Auslandsbezug	191–193
	1.	Ausländische Aktien eines Steuerinländers	192
	2.	Inländische Aktien eines Steuerausländers	193

A. Aktienformen

Die Aktie verkörpert die Mitgliedschaft des einzelnen Aktionärs, die er durch Übernahme einer Quote des Grundkapitals erwirbt.

Die Aktie kann als Nennbetrags- oder Stückaktie ausgestaltet sein (Rn. 4 ff.). Bis dato hatten die Erwerber weiter die Wahl, ob sie die Aktien als Inhaber- oder Namensaktie ausgestalten wollten. Dies hat sich mit der Aktienrechtsnovelle 2016[1] für Aktiengesellschaften geändert, deren Satzung nach dem 31.12.2015 festgestellt wurde bzw. wird. Für diese Gesellschaften sind im Grundsatz Namensaktien vorgeschrieben. Ausnahmen gelten aber insoweit, als es sich um börsennotierte Gesellschaften handelt oder der Anspruch auf Einzelverbriefung ausgeschlossen ist und die Sammelurkunde bei einer Wertpapiersammelbank, einem zugelassenen Zentralverwahrer oder einem Drittland-Zentralverwahrer oder einem sonstigen ausländischen Verwahrer hinterlegt ist (siehe im Einzelnen Rn. 16 ff.). Die Aktien können weiter als Stamm- oder Vorzugsaktie (Rn. 47 ff.) ausgestaltet sein. Aktien mit verschiedenen Rechten und Pflichten bilden unterschiedliche Gattungen (Rn. 66 ff.). Dem einzelnen Aktionär steht grds. ein Anspruch auf Einzelverbriefung seiner Mitgliedschaft in einem Wertpapier, der Aktienurkunde, zu. Dieser Anspruch auf Einzelverbriefung kann allerdings durch die Satzung eingeschränkt oder ausgeschlossen werden, was zur Folge hat, dass Aktienurkunden insbesondere bei börsennotierten Aktiengesellschaften nur noch in Form von Globalurkunden ausgegeben werden (Rn. 74, 82 ff.). Bei Kapitalmaßnahmen, die seit dem 1.1.2002 durchgeführt worden sind, müssen die Nennbeträge der Aktien auf Euro lauten (Rn. 94). Die Aktien können übertragen und vererbt werden. Handelt es sich um vinkulierte Namensaktien, bedarf die Übertragung der Zustimmung der Gesellschaft (Rn. 39 ff., 115 ff.). Die Aktien können, wenn dies in der Satzung für zulässig erklärt wird, eingezogen werden. Möglich ist auch, dass ein Mehrheitsaktionär, der 95 % des Grundkapitals hält, die übrigen Aktionäre gegen Abfindung aus der Gesellschaft ausschließt („squeeze out" § 15 Rn. 41; zu den Steuerfolgen vgl. § 13

---

[1] Gesetz zur Änderung des Aktiengesetztes (Aktienrechtsnovelle 2016) v. 22.12.2015, BGBl. 2015 I 2565.

Rn. 656). Eine Teilung von Aktien ist nicht zulässig (Rn. 106). Aktien können für kraftlos erklärt werden, wenn sie beispielsweise abhanden gekommen oder unrichtig geworden sind (Rn. 125 ff.). Neben den Aktien bestehen weitere aktienrechtliche Wertpapiere, wie etwa Zwischen-, Gewinnanteils- und Jungscheine (Rn. 135 ff.). Der Gesellschaft ist es möglich, unter gewissen Umständen eigene Aktien zu erwerben (Rn. 143 ff.).

2 Die Aktie verkörpert als Mitgliedschaftsrecht zahlreiche Rechte und Pflichten des Aktionärs (§ 4 Rn. 7 ff.). Sie ist **subjektives Recht**, das es dem Mitglied erlaubt, die Mitgliedschaft vor bestandsgefährdenden Eingriffen seitens Dritter und der Gesellschaft zu schützen (§ 4 Rn. 90 ff.).

3 Aktien sind für Gesellschaften, deren Satzung nach dem 31.12.2015 notariell beurkundet wird, grundsätzlich als Namensaktien auszugestalten; Ausnahmen gelten für bestimmte börsennotierte Gesellschaften (siehe Rn. 16 ff.). Zusätzlich besteht die Möglichkeit die Inhaber- bzw. Namensaktie als Stamm- oder Vorzugsaktie auszugestalten (Rn. 47 ff.), wobei die Begründung von Mehrstimmrechtsaktien unzulässig ist (Rn. 58).

I. Nennbetrags- und Stückaktien

4 Gemäß § 8 Abs. 1 AktG können Aktiengesellschaften ihre Anteilsrechte entweder als Nennbetragsaktien oder als Stückaktien[2] ausgestalten. Nennbetrags- und Stückaktien können nicht nebeneinander bestehen. Dies ergibt sich eindeutig aus dem Wortlaut des § 8 Abs. 1 AktG („entweder ... oder"). Die Satzung muss festlegen, welche Art von Aktien die Gesellschaft gewählt hat.

1. Gründe zur Wahl von Nennbetrags- bzw. Stückaktien

5 Nennbetrags- und Stückaktien unterscheiden sich in formaler Hinsicht dadurch, dass sich Letzteren nur ein fiktiver Nennbetrag zuordnen lässt, sie also nicht wie die Nennbetragsaktien ausdrücklich auf einen Nennbetrag lauten. Dieses Fehlen eines ausdrücklichen Nennbetrages bei den Stückaktien war und ist noch von Vorteil bei der Euro-Umstellung, weil Letztere in diesem Fall keine Änderung des Grundkapitals voraussetzt und Kapitalmaßnahmen zur Glättung der bei der Umrechnung in Euro entstehenden gebrochenen Nennbeträge oder ein Umtausch der Aktienurkunden nicht nötig sind (Rn. 96 ff.). Ansonsten reduzieren sich die Unterschiede zwischen Nennbetrags- und Stückaktien darauf, dass bei Stückaktien ein Ausgleich von Spitzenbeträgen nicht mehr erforderlich ist – der fiktive Nennbetrag der Aktie kann auf einen krummen Betrag lauten –, im Rahmen einer Kapitalerhöhung aus Gesellschaftsmitteln die Ausgabe junger Aktien verzichtbar (§ 207 Abs. 2 Satz 2 AktG) und bei einer Kapitalherabsetzung die Anpassung der Stückaktien an die geänderte Kapitalziffer weder möglich noch erforderlich ist (§ 222 Abs. 4 AktG).

---

[2] Zur Einführung dieser Aktienform vgl. Gesetz über die Einführung von Stückaktien vom 25.3.1998, BGBl. 1998 I 590.

2. Nennbetragsaktien

Sie müssen auf einen ziffernmäßig festgelegten Betrag (Nennbetrag) lauten, 6
zB 100 EUR (§ 6 AktG; zum Verhältnis zu Stückaktien vgl. Rn. 4). Der Nennbetrag der Aktie bezeichnet den Anteil am Grundkapital, der auf die einzelne Aktie entfällt. Der Anteil des Grundkapitals und damit der Umfang der Mitgliedschaftsrechte, der durch die Nennbetragsaktie verkörpert wird, ergibt sich aus dem Verhältnis des Nennbetrages einer Aktie zum Nennbetrag des Grundkapitals. Bei einem Grundkapital von 100.000 EUR und einer Aktie mit dem Nennbetrag von 100 EUR verkörpert die Aktie einen Anteil von $1/_{1000}$ (§§ 8 Abs. 4, 1 Abs. 2 AktG).

a) Höhe des Nennbetrags

Die Aktien müssen seit dem 1.1.1999 einen **Mindestnennbetrag** von einem 7
Euro aufweisen (§ 8 Abs. 2 Satz 1 AktG nF) und auf einen vollen Euro lauten, zB 1 EUR, 2 EUR, 3 EUR.

Ist die jeweilige Gesellschaft vor dem 1.1.1999 gegründet und in das Handelsregister eingetragen oder bis dahin zwar angemeldet, aber bis zum 31.12.2001 eingetragen worden, können die Aktiennennbeträge weiterhin in DM bestehen; gem. § 8 Abs. 2 AktG aF müssen die Aktien dann auf einen Mindestnennbetrag von 5 volle DM lauten. Ist die Gesellschaft nach dem 31.12.1998 gegründet und bis zum 31.12.2001 in das Handelsregister eingetragen worden, besteht kein Zwang zur Angabe des Nennbetrages in Euro. Die Nennbeträge können noch auf DM lauten, die allerdings wertmäßig den Betragsstufungen des § 8 Abs. 2 AktG entsprechen müssen. In beiden Fällen besteht eine Notwendigkeit der Umstellung der Nennbeträge auf Euro erst dann, wenn eine Kapitaländerung beschlossen und nach dem 1.1.2002 eingetragen worden ist bzw. noch zukünftig eingetragen wird (zur Euro-Umstellung vgl. Rn. 94).

Eine **Stückelung** in unterschiedliche Nennbeträge ist im Rahmen des § 8 Abs. 2 8
AktG möglich (§ 23 Abs. 3 Nr. 4 AktG). Die Aktien einer AG können mithin über verschieden ausgestaltete Nennbeträge verfügen (zB 100 Aktien zu 100 EUR; 100 Aktien zu 1 EUR etc.). Die Nennbeträge sowie die Zahl der Aktien jeden Nennbetrages sind in der Satzung festzulegen (§ 23 Abs. 3 Nr. 4 AktG). Zu einem geringeren Betrag als dem Mindestnennbetrag bzw. dem festgesetzten höheren Nennbetrag darf die Aktie nicht ausgegeben werden. Dem steht im ersten Fall § 8 Abs. 2 AktG und im zweiten das Verbot der **Unterpariemission** entgegen (§ 9 Abs. 1 AktG). Die Gründer bzw. Inferenten haben eine Einlage zu leisten, die diesen festgesetzten Betrag abdeckt. Bleibt die geleistete Einlage hinter dem festgesetzten Nennbetrag zurück, haften sie (§ 4 Rn. 9 ff.). Eine Ausgabe zu einem höheren Betrag als dem Nennbetrag ist möglich (**Überpariemission**, § 9 Abs. 2 AktG). Der überschießende Betrag ist **Agio**. Ein solches wird häufig gewählt, da das Agio, das in die Kapitalrücklage einzustellen ist (§ 272 Abs. 2 Nr. 1 HGB), anders als die Nennbeträge der Aktien nicht Teil des Grundkapitals ist und daher unter den Bedingungen des § 150 Abs. 3 und 4 AktG verwendet werden kann. Der Betrag des Agios ist von den Gründern/Inferenten mit ihrer Einlageleistung in vollem Umfang zu erbringen (zu den haftungsrechtlichen Folgen vgl. § 4 Rn. 9 f., 15).[3] Bei der Gründung der Gesellschaft ist das Agio in der Satzung festzusetzen.[4] Bei Sacheinlagen erfolgt die Überpariemission durch eine ausdrücklich über den

---

[3] MünchKomm. AktG/Bd. 1/*Pentz* § 36a Rn. 6, 26.
[4] MünchKomm. AktG/Bd. 1/*Heider* § 9 Rn. 34.

geringsten Ausgabebetrag der Aktien hinausgehende Bewertung der Einlage in der Satzung. Im Rahmen einer Kapitalerhöhung muss das Agio im Erhöhungsbeschluss vorgesehen sein.[5] Zudem muss der Zeichnungsschein, der ein auf den Erwerb junger Aktien gerichtetes Angebot enthält, den Einzahlungsbetrag (mindestens ein Viertel des geringsten Ausgabebetrages) und das Agio gesondert angeben.[6] Notwendig ist die Festsetzung eines solchen Agios jedoch nicht. Grundsätzlich können die Aktien auch dann zum Nennbetrag ausgegeben werden, wenn der eingebrachten Einlage ein höherer bilanzieller Wert beigemessen wird (zu den haftungsrechtlichen Folgen vgl. § 4 Rn. 9 ff.).[7]

b) Rechtsfolgen bei Unterschreitung des Mindestnennbetrags

9   Eine Unterschreitung des Mindestnennbetrages verstößt gegen § 8 Abs. 2 Satz 1 AktG. Im Hinblick auf die Rechtsfolgen eines solchen Verstoßes ist zwischen der Nichtigkeit der Gesellschaft und derjenigen der Aktien, dem zivilrechtlichen Schadensersatz und der strafrechtlichen Verantwortlichkeit zu unterscheiden: Ein Verstoß gegen § 8 Abs. 2 Satz 1 AktG führt zur Nichtigkeit der Satzung und der Übernahmeerklärungen, sodass die **AG** – ist sie nicht bereits in Vollzug gesetzt –, nicht wirksam entsteht.[8] Kommt es nach der Invollzugsetzung zu einem Verstoß gegen § 8 Abs. 2 Satz 1 AktG, besteht die AG als Vorgesellschaft, ist jedoch fehlerhaft.[9] Das Registergericht hat in beiden Fällen die Eintragung abzulehnen (§ 38 Abs. 1 AktG). Trägt es dennoch ein, ist die AG wirksam entstanden. Das Registergericht hat die AG in diesem Fall allerdings aufzufordern, eine den Mangel behebende Satzungsänderung innerhalb angemessener Frist anzumelden (§ 399 FamFG).[10] Nach Verstreichen der Frist hat das Registergericht den Mangel festzustellen. Mit Rechtskraft der Feststellung ist die AG aufgelöst (§ 266 Abs. 1 Nr. 5 AktG). Ein Nichtigkeitsgrund nach § 275 Abs. 1 AktG liegt hingegen nicht vor. Im Hinblick auf die **Aktien** kommt es vor Eintragung der AG bereits wegen § 41 Abs. 4 Satz 2 AktG zur Nichtigkeit der Aktien. Nach Eintragung sind die Aktien wirksam entstanden; sie begründen Rechte an einer fehlerhaften AG. Bei einer Ausgabe von Aktien, die den Mindestnennbetrag unterschreiten, **haften die Ausgeber** den Inhabern gegenüber gesamtschuldnerisch für den entstandenen Schaden. Ausgeber sind die für die AG selbstständig und verantwortlich Handelnden, insbesondere die Mitglieder des Vorstands und in den Fällen des § 111 Abs. 4 Satz 2 AktG auch die Mitglieder des Aufsichtsrats.[11] Die Haftung setzt kein Verschulden voraus. Zu ersetzen ist der durch die Ausgabe der mangelhaften Aktien adäquat verursachte Schaden gem. §§ 249 ff. BGB. Hierzu kann insbesondere der entgangene Gewinn zählen. Zudem stellt die Ausgabe von Aktien, die den Nennbetrag unterschreiten, eine **Ordnungswidrigkeit** dar (§ 405 Abs. 1 Nr. 3 AktG). Sieht ein Hauptversammlungsbeschluss (Kapitalerhöhung oder -herabsetzung) Aktien mit einem unzulässigen Mindestnennbetrag vor, ist der Beschluss nichtig (§ 241 Nr. 3 AktG).

---

[5] BGH II ZR 150/58, BGHZ 33, 175 (178) = NJW 1961, 26.
[6] LG Frankfurt a. M. 311 T 7/91, AG 1992, 240.
[7] MHdB GesR IV/*Hoffmann-Becking* § 4 Rn. 15.
[8] MünchKomm. AktG/Bd. 1/*Heider* § 8 Rn. 63 ff.
[9] *Hüffer/Koch* AktG § 8 Rn. 7.
[10] Neuregelung durch das Gesetz zur Reform des Verfahrens in Familiensachen und in Angelegenheiten der freiwilligen Gerichtsbarkeit (FGG-Reformgesetz v. 17.12.2008, BGBl. 2008 I 2586).
[11] Zur Parallelvorschrift des § 191 Satz 3 vgl. BGH II ZR 49/76, AG 1977, 295 (296).

c) Festlegung von Zwischenbeträgen

Bei einer Festlegung von Zwischenbeträgen (zB 1,50 EUR) liegt ein Verstoß **10** gegen die Mussvorschrift des § 8 Abs. 2 Satz 4 AktG vor. Das Registergericht hat die Eintragung abzulehnen (§ 38 Abs. 1 AktG). Trägt das Registergericht dennoch ein, kann weder eine Nichtigkeitsklage (§ 275 AktG) noch ein Amtsauflösungsverfahren (§ 399 FamFG)[12] eingeleitet werden. Auch führt dies nicht zur Nichtigkeit der Aktien. § 8 Abs. 2 Satz 2 bezieht sich nicht auf § 8 Abs. 2 Satz 4 AktG.[13] Bei Kapitalerhöhungen oder -herabsetzungen käme allerdings eine Anfechtung des Beschlusses (§§ 243 Abs. 1, 246 AktG) in Betracht.

d) Änderung der Nennbeträge

Die Änderung der in der Satzung festgelegten Aktiennennbeträge setzt zunächst **11** einen satzungsändernden Beschluss der Aktionäre voraus (§ 23 Abs. 3 Nr. 4 AktG). Dieser Hauptversammlungsbeschluss bedarf neben der einfachen Mehrheit der abgegebenen Stimmen (§ 133 Abs. 1 AktG) grundsätzlich einer Mehrheit, die mindestens 3/4 des bei der Beschlussfassung vertretenen Grundkapitals umfasst (§ 179 Abs. 2 Satz 1 AktG). Zudem sind die bisherigen Nennbeträge zu ändern. Dies kann durch eine Neustückelung des Grundkapitals – ohne Änderung der Grundkapitalziffer – geschehen. Möglich ist aber auch, das Grundkapital nach § 222 Abs. 4 AktG herabzusetzen. Die **Neustückelung** des Grundkapitals kann durch eine Teilung oder Zusammenlegung der bereits vorhandenen Aktien oder eine Kombination von Teilung und Zusammenlegung erfolgen.[14] Diese Neustückelung der Aktien ist in den Grenzen des § 8 Abs. 2 AktG zulässig und verstößt nicht gegen § 8 Abs. 5 AktG.[15] Sie bedarf nicht der Zustimmung der Aktionäre, da durch die Teilung der Aktien der Umfang der Beteiligung nicht verändert, sondern lediglich in einer höheren Zahl von Aktien verkörpert wird.[16] Demgegenüber bedarf eine Zusammenlegung der Aktien der Zustimmung der betroffenen Aktionäre, da die Zusammenlegung die Fungibilität der Anteile verringert.[17] Hat die Gesellschaft Aktienurkunden ausgegeben, werden die betreffenden Aktienurkunden unrichtig. Sie sind zu berichtigen oder einzuziehen, damit neue Urkunden ausgegeben werden können.[18] Eine weitere Möglichkeit zur Änderung der Nennbeträge ist die **Kapitalherabsetzung** nach § 222 Abs. 4 AktG. Bei dieser wird das Grundkapital der Gesellschaft durch eine Herabsetzung der Nennbeträge der Aktien herabgesetzt. Da nach dem Grundsatz der gleichmäßigen Behandlung die Nennbeträge aller Aktien herabgesetzt werden müssen, verringert sich zwar das Grundkapital der Gesellschaft, jedoch wird die Quote, mit der die einzelne Aktie am Grundkapital beteiligt ist, durch die Herabsetzung der Nennbeträge nicht berührt.[19] Auch bei

---

[12] Neuregelung durch das Gesetz zur Reform des Verfahrens in Familiensachen und in Angelegenheiten der freiwilligen Gerichtsbarkeit (FGG-Reformgesetz v. 17.12.2008, BGBl. 2008 I 2586).
[13] MünchKomm. AktG/Bd. 1/*Heider* § 8 Rn. 78.
[14] Vgl. *Zöllner* AG 1985, 19 (24 f.).
[15] Allg. Meinung *Hüffer/Koch* AktG § 8 Rn. 27; *Zöllner* AG 1985, 19 (20).
[16] Herrschende Meinung MünchKomm. AktG/Bd. 1/*Heider* § 8 Rn. 95; *Zöllner* AG 1985, 19 (20); differenzierend Großkomm. AktG/*Brändel* § 8 Rn. 51; aA Baumbach/Hueck/*Fastrich* AktG § 8 Rn. 7.
[17] *Seibert* AG 1993, 315 (318); MünchKomm. AktG/Bd. 1/*Heider* § 8 Rn. 55.
[18] Vgl. im Einzelnen Rn. 125 ff.
[19] MünchKomm. AktG/Bd. 4/*Oechsler* § 222 Rn. 43 f.

dieser Variante werden die bisherigen Aktienurkunden unrichtig, sodass die Urkunden zu berichtigen bzw. neue auszugeben sind. Eine Kapitalerhöhung durch Anhebung der Aktiennennbeträge ist unzulässig. Insoweit müssen stets neue Aktien ausgegeben werden (§ 182 Abs. 1 Satz 4 AktG).[20]

3. Stückaktien

12   Anders als die Nennbetragsaktie lautet die Stückaktie (zum Verhältnis zu Nennbetragsaktien vgl. Rn. 4) nicht auf einen ziffernmäßig festgelegten Euro-Betrag oder einen bestimmten Bruchteil (zB 1 zu 1000). Vielmehr lässt sich ihr nur ein **fiktiver Nennbetrag** zuordnen, indem das Grundkapital der AG, das gem. § 8 Abs. 3 Satz 2 AktG in gleich große Stückaktien zerlegt ist, durch die Anzahl der Stückaktien dividiert wird. Die von den Gründern/Aktionären geschuldete Einlage bzw. der Umfang ihrer Mitgliedschaftsrechte kann daher – anders als bei der Nennbetragsaktie – nicht direkt aus der Urkunde, sondern nur im Wege der Division bestimmt werden: Bei einer AG mit 100.000 EUR Grundkapital und 1000 Aktien entfällt auf jede Aktie ein rechnerischer Betrag von 100 EUR. Der anteilige Betrag des Grundkapitals, der auf die einzelnen Stückaktien entfällt, wird nicht in der Satzung festgesetzt. Die Satzung hat lediglich die Zahl der Stückaktien festzuschreiben.

a) Höhe des rechnerischen Betrags

13   Bei der Bestimmung der Zahl der Stückaktien bzw. des anteilig auf sie entfallenden Betrags ist § 8 Abs. 3 Satz 3 AktG zu beachten, dh der anteilige auf eine Stückaktie entfallende Betrag darf 1 EUR nicht unterschreiten. Wird hiergegen verstoßen, findet § 8 Abs. 2 Satz 2 und 3 AktG Anwendung. Insoweit ist auf das in Rn. 9 Ausgeführte zu verweisen. Wird für die Aktien ein höherer als der geringste Ausgabebetrag von 1 EUR festgesetzt, dürfen die Aktien nicht unter dem auf die einzelne Stückaktie entfallenden anteiligen Betrag des Grundkapitals ausgegeben werden. Dem steht das Verbot der Unterpariemission entgegen (§ 9 Abs. 1 AktG). Ebenso wie bei den Nennbetragsaktien können die Aktien mit einem **Agio** ausgegeben werden (vgl. Rn. 8).

b) Zwischenbeträge

14   Hingegen sind bei den Stückaktien keine bestimmten Zwischenbeträge einzuhalten. Der auf eine Stückaktie entfallende rechnerische Betrag kann sich daher auch auf zB 1,57 EUR belaufen. Dies ist bei der Umstellung auf Euro von Vorteil, vgl. Rn. 96.

4. Umstellung von Nennbetrags- auf Stückaktien

15   Der Umstellung von Nennbetrags- auf Stückaktien ist vor allem im Zuge der Euro-Umstellung Bedeutung zugekommen; vereinzelt spielt sie auch heute – neben den anderen Gründen (s. Rn. 5) – noch eine Rolle (vgl. im Einzelnen Rn. 94 zu den Steuerfolgen vgl. § 11 Rn. 180). Wegen des krummen Umrechnungskurses wären bei einer Euro-Umstellung, verbliebe es bei den Nennbetragsaktien, zusätzlich

---

[20] Anderes gilt insoweit für Gesellschaften mit Stückaktien, die ihr Grundkapital ohne Ausgabe von neuen Aktien im Wege der Kapitalerhöhung aus Gesellschaftsmitteln erhöhen (§ 207 Abs. 2 Satz 2 AktG).

zur Glättung der Nennbeträge Kapitalerhöhungen bzw. -herabsetzungen erforderlich. Diese fallen beim Vorhandensein von Stückaktien weg. Zur Umstellung des Nennbetragssystems auf ein Stückaktiensystem ist in einem ersten Schritt das Grundkapital der Gesellschaft in Aktien gleichen Nennbetrages zu stückeln, soweit sie nicht bereits über Aktien mit gleichen Nennbeträgen verfügt (zB AG mit Aktien iHv 10 EUR und 100 EUR: Aktien zu 100 EUR sind in 10 Aktien zu 10 EUR zu teilen). Anschließend sind die Nennbetragsaktien in Stückaktien umzuwandeln, wobei diese Maßnahme nur einheitlich für alle Aktien beschlossen werden darf. Beide Maßnahmen bedürfen eines Hauptversammlungsbeschlusses und der Satzungsänderung (§ 23 Abs. 3, 4 AktG) und werden mit Eintragung ins Handelsregister wirksam (§ 181 Abs. 3 AktG). Nach der Eintragung bestehen die Aktien in Form von Stückaktien fort. Durch die Umstellung auf die Stückaktien werden die ausgegebenen Aktienurkunden (Nennbetragsaktien) unrichtig. Es liegt im pflichtgemäßen Ermessen des Vorstandes, ob die Aktien umgetauscht oder berichtigt werden sollen (vgl. im Einzelnen Rn. 125 ff.).

II. Inhaber- und Namensaktien

Die Anteilsrechte, unabhängig davon, ob es sich bei ihnen um Nennbetrags- oder Stückaktien handelt, konnten bis dato nach freier Wahl als Inhaber- oder Namensaktien begründet werden (§ 10 AktG). Dies hat sich mit der Aktienrechtsnovelle 2016[21] für Aktiengesellschaften geändert, deren Satzung nach dem 31.12.2015 festgestellt wurde bzw. wird. Für diese Gesellschaften sind aufgrund des geänderten Aktiengesetzes im Grundsatz Namensaktien vorgeschrieben. Ausnahmen gelten aber insoweit, als es sich um börsennotierte Gesellschaften handelt oder der Anspruch auf Einzelverbriefung ausgeschlossen ist und die Sammelurkunde bei einer Wertpapiersammelbank, einem zugelassenen Zentralverwahrer oder einem Drittland-Zentralverwahrer oder einem sonstigen ausländischen Verwahrer hinterlegt ist. Grund der Neuregelung ist nach dem Regierungsentwurf die Erhöhung der Transparenz der Beteiligungsstrukturen sowie die Eindämmung der Geldwäsche und der Terrorismusfinanzierung.[22] Sind Inhaberaktien zugelassen, ist ein Nebeneinander von Inhaber- und Namensaktien möglich, sodass eine AG in diesem Fall über Aktien verfügen kann, die zum Teil auf den Inhaber und zum Teil auf den Namen lauten. Die Satzung muss festlegen, ob die Aktien auf den Inhaber (soweit zulässig) oder den Namen ausgestellt werden (§ 23 Abs. 3 Nr. 5 AktG). Die Zahl der einzelnen Aktien muss nicht angegeben werden.

1. Gründe zur Wahl von Inhaber- bzw. Namensaktien

Bis vor einigen Jahren waren Inhaberaktien wegen ihrer leichten Übertragbarkeit in der Praxis absolut vorherrschend. Insbesondere der Umstand ihrer Einbeziehung in die **Girosammelverwahrung**, womit Übertragungen der Aktie als Umbuchungsvorgänge im Sammelbestand der Clearstream Banking AG (zuvor Deutsche Börse Clearing AG) erfolgen können, veranlasste börsennotierte Unternehmen, die Inhaberaktie zu wählen. Dies wird sich durch die Aktienrechtnovelle 2016 nicht wesentlich ändern, da börsennotierte Gesellschaften ebenso wie solche Gesellschaf-

---

[21] Gesetz zur Änderung des Aktiengesetztes (Aktienrechtsnovelle 2016) v. 22.12.2015, BGBl. 2015 I 2565.
[22] BT-Drs. 18/4349 zu Art. 1 Nr. 1, S. 13.

ten, bei denen die Einzelverbriefung ausgeschlossen und die Sammelurkunde bei einer Wertpapiersammelbank, einem zugelassenen Zentralverwahrer oder einem Drittland-Zentralverwahrer oder einem sonstigen ausländischen Verwahrer hinterlegt ist, weiterhin Inhaberaktien verwenden können. Namensaktien waren in früheren Zeiten grundsätzlich nur bei Familiengesellschaften und nahezu ausnahmslos bei Versicherungsgesellschaften anzutreffen. Aufgrund der Aktienrechtsnovelle 2016 mit ihrer Zwangsverpflichtung zur Namensaktie wird die Zahl an Gesellschaften mit Namensaktien naturgemäß zunehmen. Dies gilt vor allem für solche, die nicht börsennotiert sind bzw. die keine Dauerurkunde in die Girosammelverwahrung geben. Inwieweit dies für börsennotierte Gesellschaften oder solche, die den Anspruch auf Einzelverbriefung ausgeschlossen haben, gilt, wird abzuwarten sein, nachdem diese weiterhin zu Inhaberaktien greifen können. Unabhängig davon hatten in den letzten Jahren zahlreiche börsennotierte Aktiengesellschaften auf Namensaktien umgestellt oder aber bei der Neuemission von Aktien die Form der Namensaktie gewählt. Dieses vermehrte Vorkommen der Namensaktie hängt vor allem damit zusammen, dass die Namensaktie seit 1997 in die Girosammelverwahrung einbezogen wird (zu den Voraussetzungen vgl. Rn. 85 f.), also zum Eigentumsübergang der Aktie keine Übertragung der Urkunde mehr erforderlich ist. Aufgrund des Betriebes des Abwicklungssystems CASCADE-RS[23] durch die Clearstream Banking AG sowie die Möglichkeit, vollelektronische Aktienbücher zu führen, können heute Bewegungen im Aktienbestand in kurzer Zeit (in der Regel 1–4 Tage) in das Aktienregister eingetragen werden. Ein Umstand, der die Namensaktie attraktiv für börsennotierte Gesellschaften macht. Neben der internationalen Handelbarkeit[24] besitzt die Namensaktie vor allem den Vorzug, dass sie, da ihre Aktionäre mit Namen, Geburtsdatum und Anschrift in das Aktienregister eingetragen sind, zu einer erhöhten **Transparenz der Aktionärsstruktur** und damit zu einer Erleichterung der Aktionärspflege führt.[25] Da die Aktionäre jedoch über die Möglichkeit verfügen, Banken als **Fremdbesitzer** eintragen zu lassen, wovon vor allem von ausländischen Aktionären Gebrauch gemacht wird, beläuft sich die Prozentzahl der namentlich eingetragenen Aktionäre bei Aktiengesellschaften mit ausländischen Aktionären erfahrungsgemäß auf nur 40–60% und bei Gesellschaften mit ausschließlich inländischen Aktionären auf 70–90%. Dies soll sich jedoch durch die Änderungen des Risikobegrenzungsgesetzes ändern (Rn. 24 ff.). Auch wenn die Namensaktie heute durchaus für viele Unternehmen attraktiv ist, haben dieser Umstand sowie die mit der Umstellung und der Führung des Aktienregisters verbundenen Kosten und Mühen dazu geführt, dass die Inhaberaktie bis zum Ende des Jahres 2015 noch die am häufigsten vorkommende Aktienform war; der anfängliche Trend zur Namensaktie hat stagniert.[26]

---

[23] Central Application for Settlement, Clearing and Depositary Receipts – Registered Shares; vgl. *Maul* NZG 2001, 585 (587).
[24] Vgl. *Meyer-Sparenberg* WM 1996, 1117; *Noack* in FS Bezzenberger 2000, S. 291, 294.
[25] Vgl. insoweit *Noack* DB 1999, 306.
[26] Bericht *BMJ* NZG 2004, 948 (949).

A. Aktienformen 18–20 §3

2. Inhaberaktie

a) Allgemeines

Die Inhaberaktie (zu ihrer Zulässigkeit s. Rn. 16) beurkundet, dass der Inhaber 18
der Urkunde mit einem bestimmten Betrag oder Bruchteil als Aktionär an der AG
beteiligt ist (zum Verhältnis zu Namensaktien vgl. Rn. 16). Anders als bei den Namensaktien ist der AG der Aktionär daher grundsätzlich nicht bekannt. Die Inhaberaktie ist Inhaberpapier, sodass die §§ 793 ff. BGB entsprechende Anwendung finden.
Sie ist deklaratives Wertpapier, denn die Mitgliedschaft in der AG entsteht durch
die Handelsregistereintragung der AG als solcher, ohne dass es einer Ausstellung
und Aushändigung einer Aktienurkunde bedürfte. Die Inhaberaktie ist depot- und
börsenfähig.

b) Verbriefung

Werden die Inhaberaktien verbrieft (vgl. im Einzelnen Rn. 73 ff.), so hat dies 19
folgende Rechtswirkungen: Der Besitz der Aktienurkunde begründet gegenüber
der AG und Dritten die widerlegliche Vermutung, dass der Besitzer auch Inhaber
des materiellen Mitgliedschaftsrechts ist (§§ 793 Abs. 1, 1006 Abs. 1 Satz 1 BGB).
Dies erleichtert es dem Aktionär, sich gegenüber einem Dritten zu legitimieren
(**Legitimationswirkung**). Darüber hinaus ist die Übertragung für einen Erwerber
mit weniger Risiken verbunden, da – anders als bei unverbrieften Rechten – gutgläubiger Erwerb nach §§ 935, 936 BGB möglich ist, auch wenn die Inhaberaktie
zuvor gestohlen worden, verloren gegangen oder sonst abhanden gekommen ist
(**Rechtsscheinwirkung**).

c) Eingeschränkte Wahl der Inhaberaktie

Nach der Aktienrechtsnovelle 2016 dürfen Gesellschaften, deren Satzung nach 19a
dem 31.12.2015 festgestellt wurde, die Mitgliedschaftsrechte ihrer Aktionäre nur
dann in Inhaberaktien verbriefen, wenn es sich bei der Gesellschaft um eine börsennotierte Gesellschaft handelt oder die Gesellschaft die Einzelverbriefung ausgeschlossen hat und die Sammelurkunde bei einer Wertpapiersammelbank, einem
zugelassenen Zentralverwahrer oder einem Drittland-Zentralverwahrer oder einem sonstigen ausländischen Verwahrer hinterlegt ist (§ 10 Abs. 1 AktG). § 10 Abs. 1
Satz 2 Nr. 2 AktG ermöglicht dabei auch nach dem Stichtag eine Neugründung mit
Inhaberaktien, wobei verschiedene Voraussetzungen eingehalten werden müssen.
Dazu muss die Gesellschaft in ihrer Ursprungssatzung bestimmen, dass Inhaberaktien ausgestellt werden, und dass der Anspruch des Aktionärs auf Verbriefung seines
Anteils ausgeschlossen ist. Nach ihrer Eintragung in das Handelsregister – zuvor
ist die Ausgabe von Aktien ausgeschlossen – muss die Gesellschaft die ausgestellte
Sammelurkunde bei einer Wertpapierbank oder einem der bezeichneten ausländischen Verwahrer hinterlegen lassen. Auch ermöglicht die Regelung einen Zugang
zum Freiverkehr mit Inhaberaktien oder einen Börsengang mit Inhaberaktien. Zu
Verstößen gegen den Zwang zur Namensaktie s. Rn. 23.

3. Namensaktie

a) Allgemeines

Die Namensaktie beurkundet, dass eine mit bestimmten Namen bezeichnete 20
Person mit einem bestimmten Betrag oder Bruchteil an der AG beteiligt ist (zum

Maul 225

Verhältnis zur Inhaberaktie vgl. Rn. 16). Der Inhaber der Namensaktie ist in das Aktienregister einzutragen (Rn. 24 ff.). Er ist daher der AG von Person bekannt, wenn nicht von der Möglichkeit Gebrauch gemacht wird, beispielsweise eine Bank als Fremdbesitzer in das Aktienregister eintragen zu lassen. Die Namensaktie ist ein geborenes Orderpapier und deklaratives Wertpapier. Sie ist depot-[27] und börsenfähig[28] (§ 26 der Bedingungen für Geschäfte an den deutschen Wertpapierbörsen[29]), wenn sie blanko indossiert ist.

b) Verbriefung

21 Im Hinblick auf die **Legitimationswirkung** ist bei der AG zwischen dem Verhältnis des Aktionärs gegenüber der AG und Dritten zu unterscheiden: Gegenüber der AG beruht die Legitimationswirkung auf der Eintragung in das Aktienregister. Aus dieser resultiert gegenüber der AG die unwiderlegliche Vermutung, dass der Besitzer der Aktie auch Inhaber der Mitgliedschaftsrechte ist (§ 67 Abs. 2 AktG). Dritten gegenüber ergibt sich die Legitimationswirkung nicht aus § 67 Abs. 2 AktG. Ihnen gegenüber kommt es nicht auf die Eintragung, sondern auf den Besitz der Urkunde an. Allerdings ist der Besitzer der Urkunde nur legitimiert, wenn er in der Urkunde als Berechtigter benannt ist.[30] Auch im Hinblick auf die **Rechtsscheinwirkung** ist zwischen dem Verhältnis zur AG und zu Dritten zu unterscheiden. Soweit das Verhältnis zur AG betroffen ist, geht sie über die wertpapiermäßige Rechtsscheinwirkung hinaus, da guter Glaube der AG an die Mitgliedschaft des im Aktienregister Eingetragenen nicht erforderlich ist. Ist der Aktionär im Aktienregister eingetragen, wird unwiderleglich vermutet, dass ihm die Mitgliedschaftsrechte zustehen (§ 67 Abs. 2 AktG).[31] Gegenüber Dritten kommt dem Rechtsscheinsgedanken vor allem beim gutgläubigen Erwerb Bedeutung zu. Dieser ist möglich, wenn der Nichtberechtigte die Aktie in Händen hält und durch eine ununterbrochene Kette von Indossamenten die Übertragung nachweist (§ 68 Abs. 1 AktG, s. Rn. 112).

c) Zwang zur Namensaktiea

22 Im Grundsatz sind aufgrund der Aktienrechtsnovelle 2016[32] für Aktiengesellschaften, deren Satzung nach dem 31.12.2015 festgestellt wurde, Namensaktien vorgeschrieben. Ausnahmen gelten aber insoweit, als es sich um börsennotierte Gesellschaften handelt oder der Anspruch auf Einzelverbriefung ausgeschlossen ist und die Sammelurkunde bei einer Wertpapiersammelbank, einem zugelassenen Zentralverwahrer oder einem Drittland-Zentralverwahrer oder einem sonstigen ausländischen Verwahrer hinterlegt ist (§ 10 Abs. 1 AktG).

Des Weiteren dürfen die Mitgliedschaften an einer Aktiengesellschaft – abgesehen von der zulässigen Ausgabe von Zwischenscheinen – vor der **vollständigen Leistung des Ausgabebetrages** nur durch Namensaktien verbrieft werden, selbst

---

[27] *Einsele* Wertpapierrecht als Schuldrecht S. 23; *Heinsius/Horn/Than* DepotG § 5 Rn. 30; *Kümpel* WM-Sonderbeil. 1983/8, S. 4 ff.; zum Blankoindossament vgl. Rn. 89.
[28] *Hüffer/Koch* AktG § 68 Rn. 5; MHdB GesR IV/*Wiesner* § 14 Rn. 9; *Kümpel* WM-Sonderbeil. 1983/8, S. 4.
[29] *Kümpel/Ott* Kapitalmarktrecht Nr. 450.
[30] MünchKomm. AktG/Bd. 1/*Heider* § 10 Rn. 29.
[31] Kölner Komm./*Lutter/Drygala* § 67 Rn. 42 ff.
[32] Gesetz zur Änderung des Aktiengesetzes (Aktienrechtsnovelle 2016) v. 22.12.2015, BGBl. 2015 I 2565.

A. Aktienformen   23 § 3

wenn nach § 10 Abs. 1 AktG eine Ausnahme vorliegt (§ 10 Abs. 2 AktG). Dies gilt unabhängig davon, ob Bar- oder Sacheinlagen geschuldet werden.[33] Werden solche teileingezahlten Namensaktien ausgegeben, wie dies zB in der Versicherungsbranche üblich ist, ist zudem der Betrag der Teilleistung in der Urkunde zu vermerken. Dies ist erforderlich, um den guten Glauben des Erwerbers an der Volleinzahlung auszuschließen.[34]

Wird gegen diesen Zwang zur Namensaktie nach § 10 Abs. 1 AktG verstoßen, **23** ist wie folgt zu unterscheiden: Bestimmt die Satzung einer nicht börsennotierten Gesellschaft die Ausstellung von Inhaberaktien (§ 23 Abs. 3 Nr. 5 AktG), ohne dass die Satzung den Einzelverbriefungsanspruch ausgeschlossen hat, fehlt es an einer zwingenden Voraussetzung für die Ausstellung von Inhaberaktien. In diesem Fall ist die Satzungsbestimmung über die Ausstellung von Inhaberaktien nichtig. Das Registergericht hat die Eintragung der Gesellschaft abzulehnen (§ 38 Abs. 4 Nr. 1 AktG). Wird dennoch eingetragen, droht ein Zwangsauflösungsverfahren gem. § 399 FamFG. Sollen bei einer nicht börsennotierten Gesellschaft die bislang ausgegebenen Namensaktien auf Inhaberaktien umgestellt werden, oder soll das Grundkapital durch Ausgabe junger Inhaberaktien erhöht werden, ohne dass in der Satzung der Einzelverbriefungsanspruch ausgeschlossen wird, so ist der zugrunde liegende Beschluss der Hauptversammlung gem. § 241 Nr. 3 Fall 3 AktG nichtig. Denn der Ausschluss des Einzelverbriefungsanspruchs ist zwingende Voraussetzung dafür, dass den Ermittlungsbehörden etwa bei Geldwäscheverdachtsfällen eine dauerhafte Ermittlungsspur zur Verfügung steht. Der Beschluss ist aufgrund seiner Nichtigkeit nicht in das Handelsregister einzutragen. Die Nichtigkeit kann zudem im Wege der Klage gem. § 249 AktG festgestellt werden. Ist bei einer nicht börsennotierten Aktiengesellschaft die Ausgabe von Inhaberaktien, nachdem der Einzelverbriefungsanspruch ausgeschlossen worden ist, vonstatten gegangen, verzögert aber der Vorstand die Verbriefung in einer Sammelurkunde bei einer Wertpapiersammelbank oder einem vergleichbaren Verwahrer, wird über den neuen § 10 Abs. 1 Satz 2 Nr. 2 Satz 3 AktG die Vorschrift des § 67 AktG für entsprechend anwendbar erklärt, indem eine Pflicht zur Führung des Aktienregisters auch für Inhaberaktien vorgesehen wird. Die Vorschrift gilt ebenso für die nachträgliche Aufhebung der Sammelverwahrung.[35] Verliert eine börsennotierte Gesellschaft, die Inhaberaktien ausgegeben hat, ihre Börsennotierung **(Delisting)** und liegen auch nicht die Voraussetzungen des § 10 Abs. 1 Satz 2 Nr. 2 AktG vor, ist die Gesellschaft gezwungen, auf Namensaktien umzustellen. Hierzu bedarf es eines satzungsändernden Hauptversammlungsbeschlusses (§ 23 Abs. 3 Nr. 5, § 179 Abs. 1 Satz 1 AktG). Unabhängig davon werden die zuvor ausgestellten Aktien gem. § 73 AktG unrichtig. Sie müssen berichtigt bzw. umgetauscht oder in dem Verfahren nach § 73 AktG für kraftlos erklärt werden.

Wird gegen § 10 Abs. 2 AktG verstoßen, werden also, obwohl die Einlageleistung noch nicht voll erbracht ist, Inhaber- statt Namensaktien oder Namensaktien ohne Angabe des Betrages der Teilleistung ausgegeben, entsteht die wertpapiermäßige Verbriefung des Mitgliedschaftsrechts dennoch in wirksamer Weise. Der Inhaber einer solchen Aktie wird durch den Besitz legitimiert, und ein gutgläubiger Erwerb ist möglich. Vorstand und Aufsichtsrat können sich mit der Ausgabe solcher Aktien

---

[33] Für eine Reduktion des Geltungsbereichs des § 10 Abs. 2 auf Bareinlagen Kölner Komm./*Lutter* § 10 Rn. 26; Großkomm. AktG/*Brändel* § 10 Rn. 16; *Hüffer/Koch* AktG § 10 Rn. 6; Schmidt/Lutter/*Ziemons* AktG § 10 Rn. 11.

[34] RG II 225/33, RGZ 144, 138 (145).

[35] BT-Drs. 18/4349, zu Art. 1, S. 16

nach §§ 93 Abs. 3 Nr. 4, 116 AktG **schadensersatzpflichtig** machen. Der Schaden kann insbesondere darin bestehen, dass der gutgläubige Erwerber nicht für die rückständige Einlage haftet. Darüber hinaus handeln Vorstand und Aufsichtsrat ordnungswidrig und können mit einer Geldbuße belegt werden (§ 405 Abs. 1 Nr. 1 AktG).

d) Aktienregister

24 Werden Namensaktien ausgegeben, sind die Aktionäre in das Aktienregister einzutragen (§ 67 AktG), dessen Zweck es ist, den jeweiligen Aktionär ersichtlich zu machen, da entsprechend den Zielen der Aktienrechtsreform 2016 nur so hinreichende Informationen über die Identität des Aktionärs zwecks Verfolgung von Straftaten (zB Geldwäsche) zur Verfügung stehen. Zudem wird durch das Aktienregister – wie bisher – das Ziel verfolgt, denjenigen identifizieren zu können, der auf den noch nicht voll eingezahlten Einlagebetrag haftet. Die Pflicht zur Führung des Aktienregisters besteht auch bei einer fehlenden Verbriefung der Anteile (§ 67 Abs. 1 Satz 1 AktG), wie durch die Aktienrechtsreform 2016 klar gestellt worden ist. Damit ist zugleich der Ansicht der Boden entzogen, wonach die Pflicht zur Führung des Aktienregisters die Verbriefung der Anteile in einer Sammelurkunde voraussetzt.[36] Das Aktienregister kann in elektronischer Form oder jeder sonstigen handelsrechtlich zugelassenen Form, zB Buchform, Kartei (§ 239 HGB), geführt werden. Als Ordnungskriterien kommen die Personen der Aktionäre oder die einzelnen Aktien mit ihren Stücknummern in Betracht; Letzteres ist jedoch als veraltet anzusehen und bei sammelverwahrten oder global verbrieften Aktien nicht praktikabel.[37] Insbesondere bei börsennotierten Gesellschaften wird auf vollelektronisch geführte Aktienregister zurückgegriffen, die mit dem EDV-System CASCADE-RS der Clearstream Banking AG direkt verbunden sind. Dieses EDV-System ermöglicht es, dass die Übertragungsvorgänge aus dem Börsenhandel an das Aktienregister in kürzester Zeit (in der Regel tagegleich) übertragen werden. Verpflichtet zur Führung ist der Vorstand in seiner Gesamtheit als Kollegialorgan.[38] Bei börsennotierten Gesellschaften wird er sich in der Regel der Hilfe von Angestellten oder Dritten bedienen. Häufig werden auch externe Dienstleister eingeschaltet.[39] Wird das Aktienregister durch Dritte geführt, ist es am Sitz der Gesellschaft zur Einsichtnahme durch die Aktionäre bereitzuhalten. Auch darf die Führung des Registers nicht gänzlich auf Angestellte oder Dritte übertragen werden. Dem Vorstand muss ein Weisungsrecht verbleiben, das ihm jederzeit erlaubt, das zur Verfügungstellen der Daten zu verlangen.[40] Jeder Aktionär hat einen klagbaren Anspruch auf Errichtung des Aktienregisters. Das Aktienregister ist entsprechend den Grundsätzen ordnungsgemäßer Buchführung zu führen, seine Angaben müssen also vollständig, richtig, zeitgerecht und geordnet sein (§ 239 Abs. 4 Satz 3 HGB) und die in ihm enthaltenen Angaben müssen zehn Jahre aufbewahrt werden, § 273 Abs. 2 AktG.

---

[36] BT-Drs. 18/4349, zu Art. 1 Nr. 6, S. 18

[37] Schmidt/Lutter/*Bezzenberger* AktG § 67 Rn. 6; *Müller-von Pilchau* in von Rosen/Seifert Die Namensaktie, S. 97, 112.

[38] OLG München 233 U 5121/04, NZG 2005, 756 (757).

[39] Zum Beispiel aM Gold-Zack GmbH; ADEUS Aktienregister-Service GmbH, Registrar Service GmbH, Deutsche Börse Systems AG; vgl. *Maul* NZG 2001, 585 (587 f.).

[40] *Diekmann* DB 1999, 1985; *Noack* DB 1999, 1306 (1307); *Happ* in FS Bezzenberger 2000, S. 111, 117; *Huep* WM 2000, 1623 (1626); Schmidt/Lutter/*Bezzenberger* AktG § 67 Rn. 8.

A. Aktienformen

aa) Erhalt der Daten. Die Eintragungspflicht des Vorstands beginnt mit der Ausgabe der Namensaktien bzw. mit der Einbuchung der Aktien in das Depot des Aktionärs.[41] Er erhält die in das Aktienregister einzutragenden Angaben – handelt es sich um nicht börsennotierte Aktionäre – von den Aktionären. Diese sind nach dem durch das Risikobegrenzungsgesetz neu eingefügten § 67 Abs. 1 Satz 2 AktG verpflichtet, der Gesellschaft die Angaben nach § 67 Abs. 1 Satz 1 AktG (s. Rn. 27) zu machen. Handelt es sich um börsennotierte Gesellschaften, erhält er die erforderlichen Daten in der Regel über die Depotbanken, die berechtigt sind, die von ihnen übermittelten Daten über das bei der Clearstream Banking AG geführte Abwicklungssystem CASCADE-RS zur Eintragung in das Aktienregister zu melden, wenn sie ihre Kunden zuvor darüber informiert haben, dass die Daten weitergegeben werden. Auch insoweit muss die Pflicht zur Weitergabe der Aktionäre nach Satz 1 gelten. 25

Zudem ist durch das Risikobegrenzungsgesetz die Pflicht eingeführt worden, dass der Eingetragene der Gesellschaft auf ihr Verlangen hin innerhalb einer angemessenen Frist mitzuteilen hat, inwieweit ihm die Aktien, als deren Inhaber er im Aktienregister eingetragen ist, auch gehören (§ 67 Abs. 4 Satz 2 AktG). Hinsichtlich der Frage, was unter einer angemessenen Frist zu verstehen ist, geht die Begründung des Referentenentwurfs von mindestens 14 Tagen aus.[42] Soweit dem Eingetragenen die Aktien nicht gehören, hat er die in § 67 Abs. 1 Satz 1 AktG (Rn. 27) genannten Angaben zu demjenigen zu übermitteln, für den er die Aktien hält. Dies gilt entsprechend für weitere mittelbare Besitzer. Die notwendigen Kosten sind von der Gesellschaft zu erstatten (§ 67 Abs. 4 Satz 4 AktG). Wenn die Mitteilungen des Abs. 4 nicht oder nicht richtig erfolgen werden, zieht dies eine Ordnungswidrigkeit nach sich (§ 405 Abs. 2a AktG). Gleiches gilt im Hinblick auf Mitteilungen von mittelbaren Besitzern.

Übersicht über das Aktienregister-Buchungsverfahren:

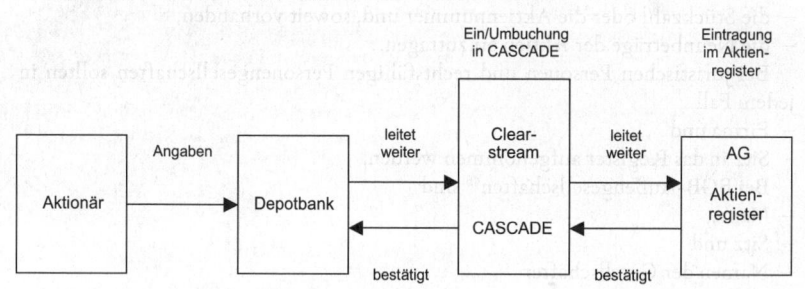

bb) Spätere Übertragungen. Auch ein späterer Übergang der Namensaktien durch Rechtsgeschäft oder von Todes wegen oder sonstige Vorfälle, die die Existenz der Namensaktie betreffen (Umwandlungen in Inhaberaktien, Kaduzierungen, Zusammenlegungen und Einziehungen), ist in das Aktienregister einzutragen. Die späteren Eintragungen erfolgen aufgrund einer Mitteilung nach § 67 Abs. 3 AktG. Diese kann sowohl durch den Veräußerer als auch den Erwerber an die AG übermittelt werden. Handelt es sich um Publikumsgesellschaften, die über elektronisch geführte Aktienregister verfügen, erfolgt die Mitteilung faktisch durch Datenabgleich der Clearstream Banking AG über das EDV-System CASCADE-RS 26

---

[41] *Diekmann* DB 1999, 1985.
[42] Siehe Begründung zum Referentenentwurf des Risikobegrenzungsgesetzes S. 18.

mit dem jeweiligen elektronischen Aktienregister. Gemäß § 67 Abs. 4 AktG sind die bei der Übertragung mitwirkenden Kreditinstitute verpflichtet, der Gesellschaft die für die Führung des Aktienregisters erforderlichen Angaben gegen Erstattung der Kosten zu übermitteln. Diese Verpflichtung zur Übermittlung von Daten bezieht sich nur auf die zur Führung des Aktienregisters erforderlichen Daten (vgl. Rn. 27). Zum Nachweis des Übergangs ist es nicht mehr erforderlich, dass die Aktie vorgelegt wird. Zwar verbleibt es bei der Nachweispflicht des Übergangs (§ 67 Abs. 3 AktG). Insoweit genügt es aber bei Gesellschaften, die ihre Daten von der Clearstream Banking AG beziehen, wenn sie die Umschreibungsmitteilungen einer automatisierten Plausibilitätsprüfung unterziehen. Bei über die Clearstream Banking AG laufenden Umschreibungen ist es ausreichend, dass die Verwahrerin ihren Besitzmittlungswillen hinsichtlich der betroffenen Aktie vom Verkäufer auf den Erwerber hin verändert hat, was bei einer Belastung des Kontos der Verkäuferbank und dem Eingang der Gutschrift bei der Erwerberbank zu vermuten ist.[43] Die Gesellschaft ist zur Eintragung des Übergangs verpflichtet, sie kann hierzu notfalls durch Klage des Aktionärs gezwungen werden.

27   cc) **Inhalt der Eintragung.** In das Aktienregister müssen
– Name, Vorname,
– Adresse und
– Geburtsdatum

des Aktionärs eingetragen werden (§ 67 Abs. 1 AktG). Unter der Bezeichnung Adresse ist die postalische Anschrift zu verstehen. Der Aktionär kann aber auch eine Büroadresse, einen Zustellungsbevollmächtigten oder eine E-Mail-Adresse angeben, soweit nicht eine zustellungsfähige Adresse erforderlich ist (zB bei teileingezahlten Aktien). Die früher erforderliche Angabe des Berufs ist nach Inkrafttreten des NaStraG[44] durch das Geburtsdatum ersetzt worden.

Darüber hinaus sind
– die Stückzahl oder die Aktiennummer und, soweit vorhanden,
– die Nennbeträge der Aktien einzutragen.

Bei juristischen Personen und rechtsfähigen Personengesellschaften sollten in jedem Fall
– Firma und
– Sitz in das Register aufgenommen werden.

Bei BGB-Außengesellschaften[45] sind
– Name,
– Sitz und
– Namen der Gesellschafter

einzutragen. Letzteres ist wegen der fehlenden Registerpublizität aus Gründen der Rechtssicherheit erforderlich. Sollen Mitteilungen an den Aktionär versendet werden, sollte auch die Geschäftsadresse aufgenommen werden.

Hinsichtlich der Frage, unter welchen Voraussetzungen Eintragungen im eigenen Namen für Aktien, die einem anderen gehören, zulässig sind, kann die Satzung nach dem neu durch das Risikobegrenzungsgesetz eingefügten § 67 Abs. 1 Satz 3 AktG Näheres bestimmen. Möglich ist insoweit beispielsweise eine Regelung, nach der entsprechende Eintragungen ab einem bestimmten Schwellenwert nicht mehr zuläs-

---

[43] *Noack* ZIP 1999, 1993 (1996); s. a. *Einsele* Bank- und Kapitalmarktrecht § 9 Rn. 26 ff.

[44] Gesetz zur Namensaktie und zur Erleichterung der Stimmrechtsausübung, BGBl. 2001 I 123.

[45] Zur Anerkennung der Rechts- und Parteifähigkeit der BGB-Außengesellschaft vgl. BGH II ZR 331/00 2001, NJW 2001, 1056.

sig sind. Weiter könnte die Satzung für die Eintragung von Ermächtigten ab einem bestimmten Schwellenwert Eintragungsvoraussetzungen vorsehen.[46] Nach den Erfahrungen der Schweiz sind die Schwellenwerte erst ab 0,5% bis 2% praktikabel.

Ist Investmentvermögen betroffen, ist bei der Eintragung zu unterscheiden: Handelt es sich um Aktien, die zu einem in- oder ausländischen Investmentvermögen nach dem Investmentgesetz gehören, dessen Anteile nicht ausschließlich von Anlegern, die nicht natürliche Personen sind, gehalten werden, so gelten sie als Aktien des in- oder ausländischen Investmentvermögens, auch wenn sie im Miteigentum der Anleger stehen. Soweit das Investmentvermögen nicht über eine eigene Rechtspersönlichkeit verfügt, gelten sie als Aktien der Verwaltungsgesellschaft des Investmentvermögens.

dd) Wirkung der Eintragung. Die Eintragung hat zur Folge, dass der Eingetragene gegenüber der Gesellschaft als Aktionär gilt, seine Aktionärseigenschaft wird im Verhältnis zur AG **unwiderleglich vermutet**.[47] Dementsprechend kann nur der Eingetragene die Aktionärsrechte ausüben, worauf sich die Gesellschaft aber auch der Aktionär berufen können (zur davon zu unterscheidenden Übertragung des Eigentums an den Aktien vgl. Rn. 112).[48] Der eingetragene Aktionär kann seine Teilnahme- und Auskunftsrechte sowie seine Minderheitenrechte (§ 122 AktG)[49] wahrnehmen. Gleiches gilt für seine Stimmrechte, soweit nicht die Ausnahmen des Risikobegrenzungsgesetzes einschlägig sind. Die zunächst vorgesehene Neuregelung des Nachweisstichtags ist nicht Gesetz geworden.

Nach § 67 Abs. 2 Satz 2 AktG bestehen Stimmrechte aus Eintragungen aber nicht, wenn eine durch die Satzung bestimmte Höchstgrenze (§ 67 Abs. 1 Satz 3 AktG), die Eintragungen im eigenen Namen für fremde Aktien regelt, überschritten wird. Weiter bestehen keine Stimmrechte aus der Eintragung, wenn eine satzungsmäßige Pflicht zur Offenlegung, dass die Aktien einem anderen gehören, nicht erfüllt wurde. Außerdem bestehen keine Stimmrechte aus den Aktien, wenn ein Auskunftsverlangen nach § 67 Abs. 4 Satz 2 oder Satz 3 nach Fristablauf nicht erfüllt ist. Demgegenüber kann die Wahrnehmung des Teilnahmerechts nicht von der Hinterlegung der Aktien abhängig gemacht werden, da § 123 Abs. 2 und 3 AktG bei Namensaktien nur noch die Anmeldung als Satzungserfordernis zulässt.[50] Darüber hinaus steht dem Aktionär aufgrund der Eintragung im Aktienregister das Recht zu, die Auszahlung der Dividende und die Ausübung von Bezugsrechten zu verlangen. In der Praxis werden diese Rechte jedoch nicht nach der Eintragung im Aktienregister, sondern – wie bei den Inhaberaktien – unabhängig davon über die Depotbanken abgewickelt. Ob diese Vorgehensweise indessen mit § 67 Abs. 2 AktG vereinbar ist, ist zweifelhaft. Neben den Rechten resultieren aus der Eintragung im Aktienregister auch die mitgliedschaftlichen Pflichten. Insbesondere hat der eingetragene Aktionär seiner Einlagepflicht nachzukommen. Für die Entstehung

---

[46] Siehe Begründung zum Referentenentwurf des Risikobegrenzungsgesetzes, S. 17.
[47] OLG Jena 2 U 635/03, AG 2004, 268 (269); OLG Hamburg 11 W 30/03, AG 2003, 694; OLG Zweibrücken 3 W 171/96, AG 1997, 140; die dogmatische Erfassung der gesetzlichen Regelung ist streitig, s. MünchKomm. AktG/Bd. 1/*Bayer* § 67 Rn. 39; *Schmidt/Lutter/ Bezzenberger* AktG § 67 Rn. 12; Kölner Komm./*Lutter/Drygala* § 67 Rn. 46; RG II 332/28, RGZ 123, 279 (281) (für Legitimationswirkung); Baumbach/Hueck/*Haas* AktG § 67 Rn. 10 (für Fiktion).
[48] OLG Celle 9 U 34/83, AG 1984, 266 (268); LG Köln 67 Akt 1/79, AG 1981, 81.
[49] OLG Zweibrücken 3 W 171/96, AG 1997, 140.
[50] *Hüffer/Koch* AktG § 67 Rn. 14; *Butzke* WM 2005, 1981 (1982 f.); *Heidinger/Blath* DB 2006, 2275.

der Mitteilungspflichten nach §§ 20, 21 AktG und §§ 33, 34 WpHG kommt es hingegen nicht auf die Eintragung an. Die Mitteilungspflichten entstehen bereits mit dem Erwerb der Aktie.

29 Wer mit seinem Wollen eingetragen worden ist, kann nicht einwenden, dass er die Aktie nicht rechtswirksam erworben habe. Anderes gilt nach hM nur, wenn er ohne seinen Willen eingetragen worden ist oder seine Zustimmung, etwa wegen Geschäftsunfähigkeit, nichtig war.[51] Da die Eintragung auch den zu Unrecht Eingetragenen nicht zum Aktionär macht, bestehen zwischen dem fälschlich Eingetragenen und dem wirklichen Aktionär Ausgleichsansprüche nach den §§ 677 ff., 812 ff. BGB. Bei **Gesamtrechtsnachfolge** gilt die Besonderheit, dass der Erbe des Eingetragenen auch ohne Umschreibung im Aktienregister als Aktionär gilt. Er kann daher von der Gesellschaft in Anspruch genommen werden, sich aber auf die Beschränkung der Erbenhaftung berufen. Nach seiner Eintragung in das Aktienregister kann er die Beschränkung der Erbenhaftung nicht mehr geltend machen.[52] Die Eintragung in das Aktienregister ist selbstständiger Verpflichtungsgrund.

30 **ee) Kosten.** Das Anlegen und Führen eines Aktienregisters ist mit Kosten verbunden. Werden externe Dienstleister eingeschaltet, sollten mindestens 50.000 EUR für die erstmalige Einrichtung des Registers und mindestens 45.000 EUR (bei 2000 Aktionären) für die jährliche Führung des Registers veranschlagt werden. Die Führung beinhaltet dabei in der Regel neben der Übernahme der Daten von der Clearstream Banking AG eine Datenprüfung (Plausibilitätskontrolle, Vereinheitlichung etc.), die Erledigung von Publizitätspflichten sowie die Einladung zur Hauptversammlung (Erstellung des Hauptversammlungs-Stichtagsbestandes) nebst Rücklaufbearbeitung. Zusätzlich fallen Kosten für die Nutzung von CASCADE-RS und dem elektronischen Aktienregister an. Diese sollen sich nach einer Analyse aus dem Jahr 2000 auf 34.750 EUR (bei 15.000 Aktionären und 150 Umschreibungen täglich an 260 Handelstagen) belaufen. Hinzu kommt eine Lizenzgebühr von 10.000 EUR und Wartungskosten von 7.500 EUR pro Jahr.[53]

31 **ff) Auskunftsrecht.** Das bisherige umfassende Einsichtsrecht des Aktionärs, das eine Einsichtnahme in alle Daten der übrigen Aktionäre ermöglichte, ist durch das NaStraG aufgrund von datenschutzrechtlichen Aspekten erheblich eingeschränkt worden. Nach der geänderten Regelung des § 67 Abs. 6 AktG hat der Aktionär nur noch ein Auskunftsrecht bezüglich seines **eigenen Datenbestandes**. Nur bei nichtbörsennotierten Gesellschaften kann die Gesellschaft in der Satzung Abweichendes vorsehen und etwa jedem Aktionär ein umfassendes Einsichtsrecht in die Daten aller Aktionäre einräumen.[54] Die Erteilung der Auskunft über die Aktionärsdaten kann am Sitz der Gesellschaft – etwa im Wege der Einsicht in die eigenen Daten – vorgenommen werden. In Betracht kommt aber auch eine Online-Auskunft über das Internet, also eine Auskunft im Wege eines automatisierten Abrufverfahrens. Zur Sicherung der Auskunft können Kontrollnummern, Aktionärsnummern oÄ verwendet werden. Auch kann die Auskunft mit entsprechender Identifikation telefonisch erfolgen.

32 Die Gesellschaft darf die Registerdaten der Aktionäre sowie die nach § 67 Abs. 4 Satz 2 und 3 AktG mitgeteilten Daten zudem für ihre Aufgaben im Verhältnis zu den Aktionären verwenden (§ 67 Abs. 6 Satz 3 AktG). Zu diesen zählt neben der

---

[51] MünchKomm. AktG/Bd. 1/*Bayer* § 67 Rn. 39; zweifelnd Großkomm. HGB/*Hüffer* § 15 Rn. 55.
[52] Kölner Komm./*Lutter/Drygala* § 67 Rn. 55; *Hüffer/Koch* AktG § 67 Rn. 15.
[53] AG 2000, R 83.
[54] *Hüffer/Koch* AktG § 67 Rn. 30.

Aktienregisterführung die Pflicht, den Aktionären die Mitteilungen nach § 125 AktG zukommen zu lassen. Daneben kann die Gesellschaft die Daten für Investor-Relations-Maßnahmen verwenden, um etwa eine Aktionärsdemographie zu erstellen und auf deren Grundlage bestimmte Aktionäre nach deren Interesse an der Zeichnung neuer Anteile oder – im Falle eines Übernahmeangebots – deren Einstellung zu dem Übernahmeangebot zu befragen.[55] Eine Nutzung der Aktionärsdaten zur Bewerbung eigener Produkte ist nach § 67 Abs. 6 Satz 4 AktG zulässig, soweit die betroffenen Aktionäre – nachdem sie über ihr Widerspruchsrecht in angemessener Weise informiert worden sind – nicht widersprochen haben.[56] Was unter einer angemessenen Belehrung zu verstehen ist, regelt das Aktiengesetz nicht. Um späteren Beweisproblemen vorzubeugen, sollte die Belehrung in schriftlicher Form an den einzelnen Aktionär gerichtet werden. Ein allgemeiner Hinweis, etwa auf der Webseite des Unternehmens, wird nicht ausreichen.[57]

gg) Löschung von Daten. Die AG kann ein Löschungsverfahren einleiten, **33** wenn ihr Vorstand der Ansicht ist, dass jemand zu Unrecht in das Aktienregister eingetragen ist. Dies ist der Fall, wenn das Eintragungsverfahren nicht ordnungsgemäß oder die Eintragung im Zeitpunkt ihres Zustandekommens inhaltlich unrichtig war (zB Fehlen der Aktionärseigenschaft). Der Vorstand hat zur Löschung ein Widerspruchsverfahren einzuleiten; er muss die Beteiligten von der Löschung benachrichtigen und ihnen eine angemessene Frist zum Widerspruch setzen. Aus der Benachrichtigung muss die Löschungsabsicht unzweifelhaft hervorgehen. Eine bestimmte Form ist nicht erforderlich; aus Beweisgründen sollte jedoch Schriftform gewählt werden. Beteiligt sind in erster Linie der eingetragene Aktionär und sein unmittelbarer Vormann, da dessen Eintragung mit der Löschung des Aktionärs wieder auflebt. Nach hM können auch die mittelbaren Vormänner wegen ihrer Haftung nach § 65 AktG Beteiligte sein, soweit ihre Haftung nicht bereits verjährt ist (2-Jahres-Frist).[58] Auch können als Beteiligte die Inhaber eines Nießbrauchs- oder Pfandrechts in Betracht kommen, wenn diese Rechte der AG mitgeteilt worden sind. Widerspricht ein Beteiligter innerhalb der Frist, so hat die Löschung zu unterbleiben, bis der Widersprechende rechtskräftig zur Erteilung seiner Zustimmung bzw. zur Zurückziehung des Widerspruchs verurteilt worden ist. Jeder Beteiligte kann die AG zu dem in § 67 Abs. 3 AktG vorgesehenen Verfahren auffordern und sie ggf. verklagen.[59] Folge der Löschung ist die Vernichtung der jetzigen Eintragung, als ob sie nie erfolgt wäre. Dementsprechend lebt die frühere Eintragung des Vormannes auf; er wird daher wieder Schuldner der rückständigen Einlage.

hh) Berichtigung von Daten. Die Gesellschaft kann offenbare Schreibfehler **34** (zB bei der Namensangabe) oder andere offenbare Unrichtigkeiten (zB Nichtbeseitigung des Erbenvermerks) ohne vorherige Benachrichtigung der Beteiligten verbessern.[60]

---

[55] *Noack* BB 2001, 27 (28); *Hüffer/Koch* AktG § 67 Rn. 31; Schmidt/Lutter/*Bezzenberger* AktG § 67 Rn. 44.
[56] Vgl. im Einzelnen *Noack* BB 2001, 27 (29); die Regelung als fragwürdig einstufend: *Hüffer/Koch* AktG § 67 Rn. 31.
[57] *Noack* BB 2001, 27 (29).
[58] *Hüffer/Koch* AktG § 67 Rn. 23.
[59] *Hüffer/Koch* AktG § 67 Rn. 25; s. a. OLG Jena 2 U 635/03, AG 2004, 268 (270).
[60] *Hüffer/Koch* AktG § 67 Rn. 23.

4. Umstellung von Inhaber- auf Namensaktien

35 Die Umstellung von Inhaber- auf Namensaktien kann aufgrund eines satzungsändernden Beschlusses oder gem. § 24 AktG auf einzelne Anträge der Aktionäre hin erfolgen (zu den Steuerfolgen vgl. § 13 Rn. 646 f.). Ersterer Weg ist vorgezeichnet, wenn die Gesellschaft sämtliche Aktien umstellen will, ohne hierauf auf die einzelnen Anträge der Aktionäre angewiesen zu sein. Soll von Namens- auf Inhaberaktien umgestellt werden, sind die Regelungen der Aktienrechtsreform 2016, die die Verwendung von Inhaberaktien nur noch eingeschränkt zulässt, zu beachten (s. Rn. 16 ff.).

a) Umstellung aufgrund von Satzungsänderung

36 Eine AG, die über Inhaberaktien verfügt, kann diese ohne weiteres auf Namensaktien umstellen (zu den Gründen vgl. Rn. 17). Die Umstellung von Inhaber- auf Namensaktien setzt einen satzungsändernden Beschluss der Aktionäre voraus (§ 23 Abs. 3 Nr. 5 AktG). Diskutiert wird zudem, ob mit der Umstellung von Inhaber- auf Namensaktien ein Eingriff in eine Aktiengattung, ein Individualrecht oder Sonderrecht verbunden ist. Dies ist im Ergebnis allerdings nicht der Fall. Die Umstellung von Inhaber- auf Namensaktien stellt keinen Eingriff in eine Aktiengattung dar, denn Inhaber- und Namensaktien führen zu keinerlei Unterschieden bei der Ausübung von Vermögens- und Verwaltungsrechten.[61] Auch ist für die Umstellung auf Namensaktien nicht – wie in der Literatur aber vereinzelt angenommen wird – die Zustimmung jedes einzelnen Aktionärs wegen eines Eingriffs in sein Individualrecht oder in ein Sonderrecht erforderlich.[62] Bei der Umstellung ist indessen der **Gleichbehandlungsgrundsatz** (§ 53a AktG) zu beachten. Soll nur ein Teil der vorhandenen Inhaberaktien auf Namensaktien umgestellt werden, muss daher ein sachlich rechtfertigender Grund für die unterschiedliche Behandlung der Aktionäre vorliegen.[63]

37 Ist auf Namensaktien umgestellt worden (zu den Einschränkungen s. Rn. 19a), so können ggf. noch vorhandene Aktienurkunden eingezogen bzw. für **kraftlos erklärt werden**. Die Umwandlung der Inhaber- in Namensaktien führt dazu, dass die bisherigen Urkunden unrichtig werden. Der Vorstand, dem insoweit Ermessen zukommt,[64] kann sie daher für kraftlos erklären lassen. Zuvor wird die AG indessen versuchen, die unrichtig gewordenen Aktien, ohne auf das Mittel der Kraftloserklärung zurückzugreifen, zum Umtausch zu erhalten, indem die Aktionäre (formlos) aufgefordert werden, die unrichtig gewordenen Aktienurkunden bei der AG bzw. einem Kreditinstitut ihrer Wahl einzureichen.[65] Bei börsennotierten Gesellschaften hat diese Aufforderung durch die Gesellschaftsblätter zu erfolgen. Führt dies nicht zum nötigen Erfolg, kann die AG, vertreten durch ihre Vorstandsmitglieder in vertretungsberechtigter Zahl, die Kraftloserklärung der nicht eingereichten Urkunden

---

[61] *Zätzsch* Die Namensaktie S. 257, 261; *Noack* in FS Bezzenberger 2000, S. 291, 305 ff.; MünchKomm. AktG/Bd. 1/*Pentz* § 24 Rn. 12; Großkomm. AktG/*Röhricht* § 24 Rn. 11.

[62] Im Ergebnis ebenso: MünchKomm. AktG/Bd. 1/*Pentz* § 24 Rn. 12; *Hüffer/Koch* AktG § 24 Rn. 6; Großkomm. AktG/*Röhricht* § 24 Rn. 11; *Noack* in FS Bezzenberger 2000, S. 291, 305 f.; *Zätzsch* Die Namensaktie S. 291, 302; *Maul* NZG 2001, 585 (588).

[63] Großkomm. AktG/*Röhricht* § 24 Rn. 9.

[64] Kölner Komm./*Lutter/Drygala* § 73 Rn. 3.

[65] Vgl. Kölner Komm./*Lutter* § 73 Rn. 4; vgl. zB Siemens, Bekanntmachung vom 31.7.1999; Deutsche Bank, Bekanntmachung vom 14.8.1999.

betreiben (vgl. im Einzelnen Rn. 125 ff.). Soweit das Recht auf Einzelverbriefung nicht ausgeschlossen wurde, sind neue Aktien auszugeben (Rn. 76). Die Aktionäre sind in das Aktienregister einzutragen.[66]

b) Umstellung auf Antrag des Aktionärs

Nach dem bisherigen § 24 AktG konnte die Umstellung von Inhaber- auf Namensaktien auch auf Verlangen des Aktionärs erfolgen, wenn die Satzung ihm dieses Recht eingeräumt hat. Diese Möglichkeit ist durch die Aktienrechtsreform 2016 entfallen, nachdem in der Praxis von der Gestaltung kaum Gebrauch gemacht wurde.[67] **38**

5. Vinkulierte Namensaktien

Die Gesellschaft kann die Anteilsrechte oder Teile davon auch, soweit sie Namensaktien nutzt bzw. nutzen darf, als vinkulierte Namensaktien ausgeben. In diesem Fall ist die Übertragung von Namensaktien an die Zustimmung der Gesellschaft gebunden (§ 68 Abs. 2 AktG). Die vinkulierte Namensaktie ist wie die einfache Namensaktie Orderpapier (vgl. Rn. 20 ff.) und begründet ebenso wie diese keine Aktiengattung. Vinkulierte Namensaktien können – wie zahlreiche Beispiele belegen – zum Börsenhandel zugelassen werden.[68] Voraussetzung hierfür ist allerdings neben einem Blankoindossament, dass das Zustimmungserfordernis nicht zu einer Störung des Börsenhandels führt. Eine solche Störung des Börsenhandels wird in der Praxis dadurch vermieden, dass durch die Gesellschaft bei der Clearstream Banking AG eine Erklärung hinterlegt wird, die sichert, dass sie von der Möglichkeit der Zustimmungsverweigerung keinen oder nur in außerordentlichen Fällen Gebrauch machen wird.[69] **39**

a) Anlass zur Wahl vinkulierter Namensaktien

Die Wahl vinkulierter Namensaktien empfiehlt sich, wenn der Kreis der Aktionäre übersichtlich gehalten und das unbemerkte Eindringen gesellschaftsfremder Dritter vermieden werden soll. Darüber hinaus können vinkulierte Namensaktien eingesetzt werden, um Übernahmen zu erschweren, indem etwa Teile des Aktienbestandes nicht notiert und mit einer Vinkulierung versehen werden. Vinkulierte Namensaktien sind zwingend auszugeben, wenn Nebenleistungspflichten vereinbart werden (§ 55 Abs. 1 Satz 1 AktG), Entsendungsrechte in den Aufsichtsrat vorgesehen sind (§ 101 Abs. 2 Satz 2 AktG) oder es sich um Aktien von Wirtschaftsprüfungs- und Buchführungsgesellschaften (§§ 28 Abs. 5 Satz 2, 130 Abs. 2 WPO), Steuerberatungsgesellschaften (§ 50 Abs. 5 Satz 2 StBerG), Kapitalanlagegesellschaften (§ 1 Abs. 3 KAGG), börsennotierten Luftverkehrsgesellschaften (§ 2 Abs. 1 LuftNaSiG) oder gemeinnützigen Wohnungsbaugesellschaften (§ 3 Abs. 5 WGGDV) handelt. **40**

---

[66] Zu Übergangsproblemen vgl. *Maul* NZG 2001, 589.
[67] BT-Drs. 18/4349, 16 zu Art. 1 Nr. 2.
[68] Zum Beispiel Allianz AG, Lufthansa AG, Mannheimer AG Holding, Stada Arzneimittel AG; vgl. DAI-Kurzstudie 1/2001, Namensaktien bei deutschen börsennotierten Gesellschaften.
[69] *Kümpel/Wittig* Bank- und Kapitalmarktrecht, 9.116; *Heißel/Kienle* WM 1993, 1909; im Einzelnen streitig.

b) Einführung der Vinkulierung

41 Die Vinkulierung muss durch die Satzung begründet werden (zu den Steuerfolgen vgl. § 13 Rn. 646 f.). Die Bestimmung kann in der ursprünglichen Satzung enthalten sein oder nachträglich durch Satzungsänderung eingeführt werden. In letzterem Fall bedarf sie der Zustimmung aller betroffenen Aktionäre (§ 180 Abs. 2 AktG). Sieht die Satzung die Vinkulierung für alle Aktien vor, so ist die Zustimmung der Gesellschaft auch für die Übertragung von Aktien aus einer Kapitalerhöhung erforderlich, ohne dass der Kapitalerhöhungsbeschluss nochmals eine Vinkulierung vorsehen muss.[70] Ist hingegen nur ein Teil der Aktien vinkuliert, so muss im Kapitalerhöhungsbeschluss festgelegt werden, ob und in welchem Umfang die jungen Namensaktien vinkuliert sein sollen. Zudem ist die Zustimmung der Aktionäre erforderlich, die aufgrund nicht vinkulierter Altaktien vinkulierte Aktien erhalten sollen,[71] da die jungen Aktien eine Abspaltung der alten Mitgliedschaftsrechte sind. Die Satzung kann den **Umfang** der Vinkulierung bestimmen. Möglich ist zB, die Vinkulierung dahingehend zu beschränken, dass Übertragungen auf Aktionäre, Familienmitglieder (Abkömmlinge, Ehegatte) oder Personen mit bestimmter Berufsqualifikation zustimmungsfrei sind. Umgekehrt kann die Satzung auch einzelne Verweigerungsgründe vorsehen, zB Familienfremdheit und Branchennähe. Die Übertragbarkeit der Aktie überhaupt kann demgegenüber nicht ausgeschlossen werden, ebenso wenig kann die Satzung zwingend ein Zustimmungsverbot statuieren.

c) Erfasste Rechtsgeschäfte

42 Nach § 68 Abs. 2 AktG hat die Vinkulierung zur Folge, dass alle **rechtsgeschäftlichen Übertragungen** von Namensaktien an die Zustimmung der Gesellschaft gebunden werden. Der Rechtsgrund der Übertragung (zB Erfüllung eines Kaufvertrages, einer Schenkung, eines Vermächtnisses oder einer Auseinandersetzungsvereinbarung,[72] einer Treuhandübertragung oder einer Legitimationsübertragung) ist unerheblich. Neben der Übertragung können auch die Verpfändung und die Nießbrauchsbestellung gebunden werden; sie werden der Übertragung gleichgestellt.[73] Fälle der Gesamtrechtsnachfolge (zB Erbfall, Verschmelzung, Spaltung, Begründung einer Gütergemeinschaft) werden hingegen nicht von der Vinkulierung erfasst.[74] Die Zustimmungspflicht der Gesellschaft bezieht sich stets allein auf den dinglichen Übertragungsakt, das zugrundeliegende schuldrechtliche Geschäft bleibt hiervon unberührt und ist gesondert abzuwickeln. Zu beachten ist darüber hinaus, dass Rechtsgeschäfte, die zwar keinen verfügenden Charakter haben, aber einen ähnlichen Erfolg anstreben (zB Vollmachten, Stimmbindungen und Treuhandverhältnisse), im Einzelfall unzulässige Umgehungen darstellen, wenn die Gesellschaft durch die Stimmrechtsvollmacht oder die Stimmbindung entgegen dem

---

[70] LG Bonn 11 O 3/69, AG 1970, 18 (19); Geßler/Hefermehl/Eckardt/Kropff/*Bungeroth* AktG § 68 Rn. 13; *Hüffer/Koch* AktG § 68 Rn. 13; aA Großkomm. AktG/*Barz* § 68 Rn. 6.
[71] MünchKomm. AktG/Bd. 1/*Bayer* § 68 Rn. 47; *Hüffer/Koch* AktG § 68 Rn. 13.
[72] OLG Düsseldorf 7 U 244/865, ZIP 1987, 227.
[73] Kölner Komm./*Lutter* § 68 Rn. 22.
[74] Heute unstreitig, vgl. MünchHdB GesR IV *Wiesner* § 14 Rn. 21.

Zweck der Vinkulierung einem unerwünschten Fremdeinfluss ausgesetzt wird.[75] In diesem Fall werden diese Rechtsgeschäfte ebenfalls von der Vinkulierung erfasst.[76]

d) Zustimmung

Für die Erteilung der Zustimmung ist intern grundsätzlich der Vorstand zuständig. Die Satzung kann die Zuständigkeit jedoch auf den Aufsichtsrat oder die Hauptversammlung übertragen (§ 68 Abs. 2 Satz 3 AktG). Nicht möglich ist es, die Entscheidung Aktionären, Dritten, einem Ausschuss oder gleichzeitig zwei oder drei Organen der Gesellschaft zu übertragen. Zulässig ist es hingegen, eine gestaffelte Zustimmung vorzusehen, wonach bei der Versagung der Zustimmung durch ein Organ ein anderes überprüfend zu entscheiden hat.[77] Die Entscheidung über die Zustimmung fällt auch nicht per Gesetz der Hauptversammlung zu, wenn die Aktienübertragung zu einer Konzernabhängigkeit der Gesellschaft führt.[78] Die Frage, ob das zur Entscheidung berufene Organ die Zustimmung erteilt oder nicht, hängt in erster Linie von der Satzung ab. Enthält sie keine Regelungen, hat das zuständige Organ nach pflichtgemäßem, durch den Gleichbehandlungsgrundsatz (§ 53a AktG) gebundenem Ermessen zu entscheiden. Die Ermessensausübung hat sich in erster Linie an den Gesellschaftsinteressen zu orientieren, hat aber auch die Interessen des übertragungswilligen Aktionärs miteinzubeziehen.[79] Zulässig ist es aber, das Ermessen des entscheidenden Organs für bestimmte Fälle zu binden, also vorzusehen, dass die Zustimmung bei manchen Übertragungen erklärt werden muss.

Extern ist die – empfangsbedürftige – Zustimmung der Gesellschaft nach § 68 Abs. 2 Satz 2 AktG durch den Vorstand (genauer: durch Vorstandsmitglieder in vertretungsberechtigter Zahl) gegenüber dem Veräußerer oder dem Erwerber zu erklären, auch wenn Aufsichtsrat oder Hauptversammlung zur internen Willensbildung berufen waren. Die Zustimmung der Gesellschaft kann sowohl vor als auch nach der Übertragung erklärt werden. Liegt die Zustimmung im Übertragungszeitpunkt bereits vor, kann die Aktie sofort wirksam übertragen werden. Erfolgt die Übertragung der Aktie zunächst ohne die Zustimmung der Gesellschaft, ist sie zunächst schwebend unwirksam. Mit der Erteilung der Zustimmung wird die Übertragung wirksam. Wird die Zustimmung von vornherein versagt, kann die Aktie nicht wirksam übertragen werden. Wird sie erst nach der Übertragung der Aktie versagt, wird aus der schwebenden Unwirksamkeit die endgültige Unwirksamkeit. In beiden Fällen ist die dingliche Übertragung unwirksam. Das Grundgeschäft zwischen dem Aktionär und dem Erwerber ist jedoch nur dann unwirksam, wenn es unter einer entsprechenden Bedingung abgeschlossen worden ist.[80] Liegt eine solche Bedingung nicht vor, kommt es im Hinblick auf die Rechte des Erwerbers maßgeblich auf die Kenntnis des Erwerbers an. Ohne Kenntnis von der Vinkulierung kann der Erwerber gem. §§ 433, 437 BGB von dem Kaufvertrag zurücktreten

---

[75] BGH II ZR 96/86, WM 1987, 70 (71); RGH II 222/30, RGZ 132, 149 (159); LG Berlin 98 AktE 10/89, WM 1990, 978 (980) – Viktoria; s. zur Umgehungsresistenz von Vinkulierungsklauseln auch *Liebscher* ZIP 2003, 825 (827 ff.).
[76] *Hüffer/Koch* AktG § 68 Rn. 12.
[77] MünchKomm. AktG/Bd. 1/*Bayer* § 68 Rn. 66.
[78] *Hüffer/Koch* AktG § 68, Rn. 15; Schmidt/Lutter/*Bezzenberger* AktG § 68 Rn. 28; aA MünchKomm. AktG/Bd. 1/*Bayer* § 68 Rn. 64; *K. Schmidt* in FS Beusch 1993, S. 759, 768 ff.; *Lutter* AG 1992, 369 (374 f.).
[79] BGH II ZR 287/85, NJW 1987, 1019 (1020); vgl. auch LG Aachen 41 O 30/92, AG 1992, 410 (411); MHdB GesR IV/*Sailer-Coceani* § 14 Rn. 26.
[80] *Hüffer/Koch* AktG § 180 Rn. 60; Kölner Komm./*Lutter* § 68 Rn. 41.

oder Schadensersatz verlangen, mit Kenntnis von der Vinkulierung können von ihm gem. §§ 433, 442 BGB lediglich bereits erbrachte Leistungen zurückverlangt werden. Wird die Zustimmung der Gesellschaft zu Unrecht versagt, kann der Aktionär auf Erteilung der Zustimmung klagen, muss jedoch nach erfolgreicher Klage den – wegen der versagten Zustimmung unwirksamen – Übertragungsakt dann nachholen. Der Erwerber hat nach herrschender Meinung keinen eigenen Anspruch auf Erteilung der Zustimmung. Abweichendes muss jedoch dann gelten, wenn der Erwerber bereits selbst Aktionär ist; in diesem Falle kann er, gestützt auf seine Mitgliedschaft, von der Gesellschaft ebenfalls die Zustimmung verlangen.

e) Sonderfall: Umstellung von Inhaberaktien auf vinkulierte Namensaktien

45   Bei der Umstellung von Inhaberaktien auf vinkulierte Namensaktien ist nach § 180 Abs. 2 AktG neben dem satzungsändernden Hauptversammlungsbeschluss die Zustimmung des betroffenen Aktionärs erforderlich, da die Aktien nach der Umstellung nicht mehr frei veräußerbar sind, es also zu einem erheblichen Eingriff in die Rechte des Aktionärs kommt.[81]

f) Aufhebung der Vinkulierung

46   Die Vinkulierung kann durch satzungsändernden Beschluss aufgehoben oder gelockert werden (zu den Steuerfolgen vgl. § 13 Rn. 646 f.). Die Vinkulierung entfällt ebenfalls, soweit die vinkulierten Namensaktien in Inhaberaktien umgewandelt werden, da hierdurch die Vinkulierung ohne Weiteres entfällt.[82]

III. Stamm- und Vorzugsaktien

47   Die Anteilsrechte können als Stamm- oder Vorzugsaktien begründet werden, und zwar unabhängig davon, ob es sich bei ihnen um Nennbetrags- oder Stückaktien, Inhaber- oder Namensaktien handelt. Während Stammaktien Stimm- und Dividendenrechte entsprechend dem Anteil der Aktionäre am Grundkapital gewähren, sind Vorzugsaktien in irgendeiner Weise mit einem Vorrecht ausgestattet, wobei dies sowohl unter Ausschluss des Stimmrechts (§ 139 AktG, Rn. 48 ff.) als auch unter Beibehaltung des Stimmrechts zulässig ist (Rn. 55). Die Einräumung solcher Vorrechte ist für einen Teil des Aktienbestandes und unabhängig davon möglich, ob es sich bei den Aktien um Nennbetrags- oder Stückaktien, Inhaber- oder Namensaktien handelt. Stamm- und Vorzugsaktien bilden verschiedene **Gattungen**, die in der **Satzung** festgelegt werden müssen (Rn. 68).

1. Stimmrechtslose Vorzugsaktien

48   Vorzugsaktien nach § 139 AktG waren bis dato zwingend mit einem Vorzug bei der Verteilung des Bilanzgewinns und einem Recht auf Nachzahlung der in den Vorjahren ausgefallenen Dividende unter gleichzeitigem Ausschluss des Stimmrechts ausgestattet. Dies hat sich durch die Aktienrechtsnovelle 2016 geändert.[83] Nach dem durch sie neu gefassten § 139 AktG ist ab dem 31.12.2015 (Inkrafttreten

---

[81] Kölner Komm./*Zöllner* § 180 Rn. 9.
[82] OLG Hamburg 11 U 29/70, AG 1970, 230.
[83] Gesetz zur Änderung des Aktiengesetzes (Aktienrechtsnovelle 2016) v. 22.12.2015, BGBl. 2015 I 2565.

A. Aktienformen

der Aktienrechtsnovelle) das Recht auf Nachzahlung des Vorzugs nicht mehr als zwingendes Ausstattungsmerkmal stimmrechtsloser Stimmrechtsaktien anzusehen, was bis dato nur im Ausnahmefall des § 5 Abs. 1 Satz 3 FMStBG möglich war. Zwar ordnet § 139 Abs. 1 Satz 3 AktG weiterhin die Nachzahlung des in Form einer Vorabdividende gewährten Vorzugs an, lässt aber ausdrücklich eine abweichende Satzungsbestimmung zu. Wird eine solche abweichende Satzungsregel nicht gewählt, bleibt es bei dem Nachzahlungsanspruch (§ 139 Abs. 1 Satz 2 AktG).[84] Es können auch beide Arten von Vorzugsaktien nebeneinander ausgegeben werden.[85] Daher können neu gegründete Aktiengesellschaften ohne Weiteres in ihrer Satzung Vorzugsaktien ohne Nachzahlungspflicht vorsehen. Bereits bestehende Aktiengesellschaften, die in ihrer Satzung Vorzugsaktien nach dem alten Recht vorsehen, müssten für die Aufhebung der Nachzahlungspflicht eine Satzungsänderung herbeiführen, für die neben einem Beschluss der Hauptversammlung mit einer Mehrheit von mindestens ¾ des bei der Beschlussfassung vertretenen Grundkapitals die Zustimmung aller betroffenen Aktionäre erforderlich ist.[86] Des Weiteren kommt es zu Änderungen des § 140 Abs. 2 AktG, der sich mit dem Wiederaufleben des Stimmrechts bei mangelnder Vorzugszahlung befasst (s. Rn. 52b).

Bei Vorzugsaktien mit Nachzahlungsrecht handelt es sich um eine Besonderheit des deutschen Rechts. Ausländische Aktionäre, vor allem institutionelle Anleger, haben bislang vielfach an Vorzugsaktien kein Interesse gezeigt. Gleichwohl sind Vorzugsaktien verbreitet.[87] Allerdings berücksichtigt die Frankfurter Wertpapierbörse seit einigen Jahren im Hinblick auf die Marktkapitalisierung eines Unternehmens nur noch die Aktiengattung einer Gesellschaft, die den höchsten Börsenumsatz und -wert hat, also in der Praxis die Stammaktien.[88] Unter anderem auch deshalb waren Vorzugsaktien daher eher auf dem Rückzug.[89] Es wird abzuwarten sein, ob die Lockerungen durch die Aktienrechtsreform 2016 zu Änderungen insoweit führen.[90]

a) Zweck

Aus Sicht der Gesellschaft dienen die stimmrechtslosen Vorzugsaktien in erster Linie dazu, die **Eigenfinanzierung** zu erleichtern. Sie sind für die Gesellschaft vorteilhafter als eine Schuldverschreibung, da sie nur beim Vorhandensein eines entsprechenden Bilanzgewinns zur Zahlung verpflichten und nicht wie die Schuldverschreibung eine Zahlungspflicht unabhängig vom Gewinn begründen. Zudem bestehen bilanzrechtliche Vorteile aufgrund des Umstandes, dass die auf die stimmrechtslosen Vorzugsaktien entfallenden Gewinne nicht wie die Zinsen der Schuldverschreibungen zu den Passivposten der Bilanz zählen. Seitens der Gesellschaft stellen stimmrechtslose Vorzugsaktien zudem ein beliebtes Mittel der Mitarbeiterbeteiligung (**Belegschaftsaktien**)[91] und in letzter Zeit auch ein

49

---

[84] Vgl. *Paschos/Goslar* NJW 2016, 359 (361); *Stöber* DStR 2016, 611 (613).
[85] BT-Drs. 18/4349, zu Nr. 16, S. 23; s. a. *Paschos/Goslar* NJW 2016, 359 (361); *Stöber* DStR 2016, 611 (613).
[86] S. BGH II ZR 136/76, BGHZ 70, 117 (122) – Mannesmann; s. a. *Hüffer/Koch* AktG § 139 Rn. 12.
[87] Vgl. AG 2001, R 115.
[88] *Jung/Wachtler* AG 2001, 513; Schmidt/Lutter/*Spindler* AktG § 139 Rn. 2.
[89] *Hüffer/Koch* AktG § 139 Rn. 3; *Pellens/Hillebrandt* AG 2001, 57.
[90] BT-Drs. 18/4349, zu Nr. 16, S. 23.
[91] *Reckinger* AG 1983, 216 (220) mwN.

Instrument dar, mit dem feindliche Übernahmen erschwert werden sollen.[92] Von Mehrheitsgesellschaftern (insbesondere **Familiengesellschaften**) werden stimmrechtslose Vorzugsaktien genutzt, um beim Börsengang oder sich anschließenden Kapitalerhöhungen ihren beherrschenden Einfluss aufrechterhalten zu können, ohne selbst Kapital einbringen zu müssen.[93] Aus Sicht der Kleinanleger ist mit ihnen der Vorteil verbunden, dass sie in der Regel eine höhere und konstantere Dividende gewährleisten als Stammaktien derselben Gesellschaft. Allerdings werden die „Vorzüge" überwiegend zu geringeren Kursen als die Stammaktien derselben Gesellschaft gehandelt. Ein Nachteil, der durch das Dividendenvorrecht nur teilweise ausgeglichen wird.[94]

b) Vorzug

50 Die Aktienrechtsnovelle 2016 stellt in § 139 Abs. 1 Satz 1 AktG klar, dass der Vorzug nicht nur in einem auf die Aktie entfallenden Gewinnanteil (Vorabdividende), sondern auch in einem erhöhten Gewinnanteil (zB Mehrdividende) bestehen kann. Dies ist insoweit nicht neu, als es auch bisher möglich war, dass die Satzung über die Vorabdividende hinaus eine Mehrdividende vorsieht. Eine Neuregelung liegt aber in dem Umstand, dass die Satzung die Nachzahlung ausschließen kann.[95]
Stimmrechtslose Vorzugsaktien in der Form des § 139 Abs. 1 AktG können zunächst mit einem Gewinnvorzug als solchem ausgestattet sein, dh die den Vorzugsaktionären zustehende Dividende ist an diese auszuschütten, bevor eine Ausschüttung an die übrigen Aktionäre erfolgen darf.[96] Dieser Vorzug hat mithin eine Priorität der Vorzugsaktionäre gegenüber den Stammaktionären bei der Ausschüttung des Bilanzgewinns zur Folge. Er bedeutet hingegen nicht, dass die Vorzugsaktionäre den festgelegten Prozentsatz bzw. Betrag mehr erhalten als die Stammaktionäre, wenn der Gewinn ausreichend hoch ist. Der Gewinnvorzug des § 139 AktG wirkt sich daher nur aus, wenn der Gewinn nicht ausreicht, um alle Aktionäre in dieser Höhe zu bedenken.[97] Die Höhe des Vorzugs muss objektiv bestimmbar sein. Üblich ist, den Vorzugsaktien einen festen Prozentsatz (idR 4 bis 6%) des Aktiennennbetrages der stimmrechtslosen Vorzugsaktien als Dividende vorweg zukommen zu lassen. Möglich ist aber auch die Festlegung eines festen Euro-Betrages (zB 0,10 EUR je 5 EUR Nennwert). Sind die Vorzugsaktien in Form von Stückaktien ausgegeben worden, so wird der Vorzug regelmäßig mit einem festen Betrag oder mit einem auf alle Vorzugsaktien zu verteilenden Gesamtbetrag bestimmt (zB Verwendung eines Vorausgewinnanteils von 1 Mio. EUR auf die stimmrechtslosen Vorzugsaktien).

51 Neben der Priorität bei der Gewinnverteilung kann die Satzung auch eine **Mehrdividende**, dh eine zusätzliche Dividendenberechtigung der Aktionäre vorsehen,[98] wovon Gebrauch gemacht wird, um die Aktien bei ihrer Emission und im Börsenhandel attraktiv zu machen. Beispielsweise kann ein Gesamtbetrag (zB 1 Mio. EUR) als Vorausgewinn an die Vorzugsaktionäre und der dann verbleibende Betrag auf

---

[92] Hüffer/Koch AktG § 139 Rn. 3.
[93] Binz/Sorg BB 1987, 1996 (1997).
[94] Großkomm. AktG/Bezzenberger § 139 Rn. 8; Recking AG 1983, 216 (220 f.); Kruse/Berg/Weber ZBB 1993, 23.
[95] BT-Drs. 18/4349 zu Nr. 16, S. 24; s. a. Stöber DStR 2016, 611 (613).
[96] BGH II ZR 313/51, BGHZ 7, 263 (264) = NJW 1953, 1370.
[97] Kölner Komm./Zöllner § 139 Rn. 11.
[98] BT-Drs. 18/4349 zu Nr. 16, S. 24.

A. Aktienformen 52–52b §3

alle Vorzugs- und Stammaktien gleichmäßig verteilt werden.[99] Darüber hinaus kann die Satzung neben dem Gewinnvorzug etwa auch einen Vorzug bei der Verteilung des **Liquidationsüberschusses** vorsehen (§ 271 Abs. 2 AktG). Vorzugsaktien ohne Stimmrecht können auch als Aktien unterschiedlicher Gattung mit **verschiedenen Vorzugsdividenden** oder anderen Vorrechten ausgegeben werden. Die Satzung muss dann bestimmen, welchen Rang die Vorzugsdividenden untereinander haben sollen.[100]

c) Nachzahlungsrecht

Der Gewinnvorzug war bis zum Inkrafttreten der Aktienrechtsnovelle 2016 **52** zwingend nachzuzahlen. Wie bereits ausgeführt, hat die Aktienrechtsnovelle 2016 dazu geführt, dass das Recht auf Nachzahlung des Vorzugs nicht mehr als zwingendes Ausstattungsmerkmal stimmrechtsloser Stimmrechtsaktien gilt. § 139 Abs. 1 Satz 3 AktG lässt nunmehr die Möglichkeit einer Satzungsbestimmung zu, die für Vorzugsaktien keine Nachzahlungspflicht vorsieht (s. Rn. 48). Fraglich ist, ob daneben auch eine andere Beschränkung des Nachzahlungsanspruchs etwa auf einen gewissen Zeitraum oder einen gewissen Betrag möglich ist.

Sieht die Satzung der AG keine abweichende Satzungsregelung vor, verbleibt es **52a** bei dem Nachzahlungsrecht, so dass – wie bisher – nicht oder nicht vollständig gezahlte Vorzugsdividenden (kumuliert) aus dem Ausschüttungsbetrag späterer Jahre nachgezahlt werden müssen, bevor eine Dividende auf andere Aktien ausgezahlt werden darf. Hierdurch wird die Vorzugsdividende langfristig gesichert und verhindert, dass die Organe durch eine entsprechende Gestaltung der Jahresabschlüsse bzw. der Mehrheitsaktionär durch eine Verweigerung der Gewinnausschüttung die Zahlung der Vorzugsdividende verhindert. Das Nachzahlungsrecht ist ein mit der Vorzugsaktie verbundenes Mitgliedschaftsrecht. Durchsetzbar ist ein solcher Anspruch auf Zahlung aber erst mit Fassung eines Gewinnverwendungsbeschlusses, der den nachzuzahlenden Betrag einschließt.[101] Die Satzung kann indessen den Nachzahlungsanspruch als selbstständiges Recht in Gestalt eines schuldrechtlichen Zahlungsanspruchs ausgestalten, der mit dem Ausfall der Vorzugsdividende entsteht, allerdings unter der aufschiebenden Bedingung eines späteren Gewinnausschüttungsbeschlusses der Hauptversammlung.[102] Das Nachzahlungsrecht muss – soweit die Satzung keine Ausnahme vorsieht – so lange bestehen, bis die rückständige Dividende nachgezahlt ist. Es darf daher nicht durch die Satzung beschränkt werden. Wird der Vorzugsbetrag nicht oder nicht vollständig ausgezahlt und der Rückstand im nächsten Jahr nicht neben dem vollen Vorzug dieses Jahres ausgezahlt, tragen die Aktien wieder Stimmrechte bis zur vollen Nachzahlung (§ 140 Abs. 2 AktG). Solange das Stimmrecht besteht, sind die Vorzugsaktien auch bei der Berechnung einer nach Gesetz oder Satzung erforderlichen Kapitalmehrheit zu berücksichtigen.

Ist der Nachzahlungsanspruch gem. § 139 Abs. 1 Satz 3 AktG durch die Satzung **52b** ausgeschlossen worden, besteht ein Anspruch auf Nachzahlung nicht. Gemäß § 140 Abs. 2 Satz 2 AktG, der durch die Aktienrechtsnovelle neu eingefügt worden ist, verfügen die Aktien in dem Fall, dass der Vorzugsbetrag in einem Jahr nicht oder

---

[99] Zu weiteren Gestaltungsmöglichkeiten vgl. Großkomm. AktG/*Bezzenberger* § 139 Rn. 19 mwN.
[100] Großkomm. AktG/*Bezzenberger* § 139 Rn. 20.
[101] BGH II ZR 313/51, BGHZ 7, 263 (264) = NJW 1953, 1370.
[102] Großkomm. AktG/*Bezzenberger* § 139 Rn. 23.

nicht vollständig gezahlt wird, erstmals oder wieder über das Stimmrecht bis der Vorzug in einem Jahr voll ausgezahlt ist. Solange das Stimmrecht besteht, sind die Vorzugsaktien auch bei der Berechnung einer nach Gesetz oder Satzung erforderlichen Kapitalmehrheit zu berücksichtigen.

d) Höchstgrenze

53 Stimmrechtslose Vorzugsaktien dürfen nur bis zur **Hälfte des Grundkapitals** ausgegeben werden. Das Verhältnis von 1:1 muss zur Zeit der Ausgabe der stimmrechtslosen Aktien gewahrt sein. Eine Erhöhung der stimmberechtigten Aktien führt daher zu einer Erhöhung des für die stimmrechtslosen Vorzugsaktien bestehenden Höchstbetrages. Gleiches gilt nach ganz hM im Ergebnis auch, wenn das Kapital herabgesetzt wird.[103]

e) Rechtsfolgen bei Verstoß

54 Sieht die Satzung die Ausgabe von stimmrechtslosen Vorzugsaktien vor, ohne den Vorzug in entsprechender Weise zu regeln, so hat das Registergericht die Eintragung abzulehnen (§ 38 Abs. 1 Satz 2, Abs. 3 Nr. 2 AktG). Wird trotzdem eingetragen, ist die AG zwar wirksam entstanden, der Stimmrechtsausschluss ist aber nichtig. Gleiches gilt, wenn die Satzung nicht die erforderliche Regelung über den Nachzahlungsanspruch beinhaltet,[104] soweit nicht die Satzung das Nachzahlungsrecht ausgeschlossen hat (s. Rn. 52). Hauptversammlungsbeschlüsse, die das Stimmrecht ohne Gewährung eines entsprechenden Vorzuges am Gewinn bzw. eines Nachzahlungsanspruchs – soweit Letzterer nicht durch die Satzung zugelassen ist – ausschließen wollen, sind nichtig (§ 241 Nr. 3 AktG).

2. Vorzugsaktien mit Stimmrecht

55 Zulässig ist auch die Ausgabe von Vorzugsaktien mit Stimmrechten, die Vorrechte bei der Verteilung des Gewinnes (zB Vorrecht bei der Verteilung des Gewinns, Mehrdividende) oder des Liquidationsüberschusses (§ 271 Abs. 2 AktG) gewähren. Sie bilden eine besondere **Aktiengattung**, unterliegen jedoch nicht den §§ 139 ff. AktG.[105]

3. Umstellung von Vorzugsaktien auf Stammaktien

56 Für die Aufhebung oder Beschränkung des Vorzuges (zu den Steuerfolgen vgl. § 13 Rn. 646 f.) bedarf es zunächst eines satzungsändernden Hauptversammlungsbeschlusses, an dessen Fassung die Vorzugsaktionäre nicht teilnehmen, da ihre Aktien erst mit Eintragung in das Handelsregister das Stimmrecht gewähren (§ 181 Abs. 3 AktG). Zudem bedarf der Hauptversammlungsbeschluss zu seiner Wirksamkeit der Zustimmung der Vorzugsaktionäre durch einen Sonderbeschluss (§ 141 Abs. 1, 2 AktG), wobei der Sonderbeschluss in gesonderter Versammlung zu fassen ist (§ 141 Abs. 3 AktG). Soweit mehrere Gattungen von Vorzugsaktien bestehen, hat jede Gattung einen eigenen Sonderbeschluss zu fassen. Zudem ist nach hM ein Sonderbeschluss der Stammaktionäre erforderlich, da durch die Umstellung auf stimmberechtigte Aktien die Stimmanteile der Stammaktionäre verwässert werden.

---

[103] Kölner Komm./*Zöllner* § 139 Rn. 26; *Hüffer/Koch* AktG § 139 Rn. 18.

[104] Großkomm. AktG/*Bezzenberger* § 139 Rn. 42; teilweise wird davon ausgegangen, dass das Nachzahlungsrecht als gesetzliche Nebenfolge entsteht; vgl. Kölner Komm./*Zöllner* § 139 Rn. 18 f.

[105] Großkomm. AktG/*Bezzenberger* § 139 Rn. 14; *Hüffer/Koch* AktG § 139 Rn. 4.

A. Aktienformen 57, 58 § 3

Insoweit ist indessen nicht eine Beschlussfassung in gesonderter Versammlung erforderlich; ausreichend ist eine gesonderte Beschlussfassung in der Hauptversammlung. Die Aufhebung oder Beschränkung des Vorzuges bedarf der Zustimmung der Vorzugsaktionäre durch einen Sonderbeschluss (§ 141 Abs. 1, 2 AktG).[106]

Im umgekehrten Fall – der Umstellung von Stamm- auf Vorzugsaktien – ist zunächst ein satzungsändernder Hauptversammlungsbeschluss erforderlich, da durch die Umstellung das Stimmrecht der Aktionäre ausgeschlossen und nachzahlbare Vorzüge eingeräumt werden. Wegen des Eingriffs in Mitgliedschaftsrechte ist für die Wirksamkeit des Hauptversammlungsbeschlusses zusätzlich die Zustimmung der betroffenen Aktionäre erforderlich. Ob der Umwandlung außerdem die nicht betroffenen Aktionäre zustimmen müssen, ist streitig, wird aber von der ganz hM bejaht, weil sie von der Umwandlungsmöglichkeit ausgeschlossen und daher ungleich behandelt werden (§ 53a AktG).[107] Werden die stimmrechtslosen Vorzugsaktien hingegen mittels Kapitalerhöhung eingeführt, ist ein Beschluss mit satzungsändernder Mehrheit, aber nicht die Einzelzustimmung der bereits vorhandenen Aktionäre erforderlich, weil nicht in bestehende Mitgliedschaftsrechte eingegriffen wird. Zu beachten sind jedoch die Bezugsrechte der Altaktionäre nach § 186 AktG. 57

IV. Mehrstimmrechtsaktien

Die Begründung von Mehrstimmrechtsaktien, dh Aktien, die ihrem Inhaber mehr Stimmen geben als es ihrer auf das Grundkapital bezogenen Beteiligungsquote entspricht, ist gem. § 12 Abs. 2 AktG unzulässig. Die bisherige Regelung des § 12 Abs. 2 Satz 2 AktG, durch die mit einer besonderen staatlichen Genehmigung Mehrstimmrechtsaktien begründet werden konnten, ist durch das Gesetz zur Kontrolle und Transparenz in Unternehmen (KonTraG) gestrichen worden.[108] Mehrstimmrechtsaktien, die vor Streichung des § 12 Abs. 2 Satz 2 AktG begründet worden sind, sind gem. § 5 Abs. 1 Satz 1 EGAktG am 1.6.2003 erloschen, wenn nicht zuvor die Hauptversammlung mit einer Mehrheit von 3/4 des bei der Beschlussfassung vertretenen Grundkapitals ihre Fortgeltung beschlossen hat. Die Mehrstimmrechtsaktionäre haben bei der Beschlussfassung darüber, ob die Mehrstimmrechte fortgelten sollen, kein Stimmrecht (§ 5 Abs. 1 Satz 2 EGAktG). Sollen die Mehrstimmrechte nicht fortgelten, so kann die Hauptversammlung auch unabhängig von § 5 Abs. 1 EGAktG durch Beschluss die Beseitigung der Mehrstimmrechte mit einfacher Kapitalmehrheit beschließen (§ 5 Abs. 2 Satz 2 EGAktG). Bei dem Beschluss dürfen die Inhaber der Mehrstimmrechtsaktien mitstimmen; jedoch können sie ihre überproportionale Stimmkraft, da es insoweit auf die Kapitalmehrheit der Hälfte des vertretenen Grundkapitals ankommt, nicht zur Geltung bringen. Erlöschen die Mehrstimmrechte, bleiben die Aktien mit einfachem Stimmrecht bestehen. Darüber hinaus ist die Gesellschaft gegenüber dem jeweiligen Inhaber der Mehrstimmrechtsaktien gem. § 5 Abs. 3 EGAktG ausgleichspflichtig, wobei der zu leistende Ausgleich den besonderen Wert der Mehrstimmrechte zu berücksichtigen hat.[109] 58

---

[106] Vgl. Großkomm. AktG/*Bezzenberger* § 139 Rn. 32.
[107] Großkomm. AktG/*Bezzenberger* § 139 Rn. 41; *Hüffer/Koch* AktG § 139 Rn. 12; Spindler/Stilz/*Bormann* AktG § 139 Rn. 36, jeweils mwN.
[108] Zu verfassungsmäßigen Bedenken vgl. *Zöllner/Hanau* AG 1997, 206.
[109] *Hüffer/Koch* AktG § 12 Rn. 13; vgl. zur Berechnung der Abfindung in dem besonderen Fall, dass die Mehrstimmrechtsaktien nicht gehandelt werden BayObLG 3 Z BR 362/01, BB 2003, 66; s. a. *Arnold* DStR 2003, 784 (787 f.).

Soweit die Aktien nach § 5 Abs. 1 EGAktG mit Eintritt des 1.6.2003 erlöschen, muss der Anspruch innerhalb von zwei Monaten ab Eintragung gerichtlich geltend gemacht werden (§ 5 Abs. 3 Satz 2 EGAktG). Nach § 5 Abs. 4 EGAktG ist dieser Anspruch im Rahmen eines Spruchstellenverfahrens geltend zu machen. Werden die Mehrstimmrechte durch Beschluss beseitigt und erscheint dem betroffenen Aktionär die Abfindung nicht als angemessen, kann er Widerspruch zur Niederschrift erklären und im Rahmen des Spruchstellenverfahrens einen Antrag auf angemessenen Ausgleich stellen. Erlöschen die Mehrstimmrechte durch Beschluss der Hauptversammlung, hat die Hauptversammlung den Ausgleich mitzubeschließen (§ 5 Abs. 3 Satz 2 AktG). Demgegenüber ist auch eine einverständliche Lösung, die vor dem Stichtag wirksam wird, zulässig, soweit sie zur Aufhebung der Mehrstimmrechte führt und im Übrigen nicht gegen die gesetzlichen Vorgaben verstößt.[110]

B. Aktiengattungen

66   Werden Aktien mit unterschiedlichen Mitgliedschaftsrechten bzw. -pflichten ausgestattet, so bilden die Aktien mit gleichen Rechten bzw. Pflichten eine Gattung (§ 11 Satz 2 AktG). Dies ist zum einen von Bedeutung, wenn es um die Anwendung des § 23 Abs. 3 Nr. 4 AktG geht – in der Satzung muss die Gattung der Aktien und die Zahl der Aktien jeder Gattung bestimmt werden (§ 23 Abs. 3 Nr. 4 AktG). Zum anderen, weil die Aktionäre der einzelnen Gattungen in den Fällen der §§ 179 Abs. 3, 182 Abs. 2 und 222 Abs. 2 AktG Sonderbeschlüsse fassen müssen.

67   Aktiengattungen werden in der Praxis vornehmlich durch Einräumung unterschiedlicher Rechte in Bezug auf die Gewinnverteilung begründet. Gattungsbegründend wirken zB die Schaffung von stimmrechtslosen Vorzugsaktien nach § 139 AktG mit einem Vorzug auf den Bilanzgewinn, wobei wiederum zwischen solchen mit und ohne Nachzahlungsrecht zu unterscheiden ist (vgl. Rn. 50 f.), oder stimmberechtigten Vorzugsaktien, die etwa Vorrechte bei der Gewinnverteilung (vgl. Rn. 55) oder des Liquidationserlöses gewähren (§ 271 Abs. 2 AktG). Gattungsbegründend wirken ebenfalls noch ausnahmsweise bestehende Mehrstimmrechte (zur Zulässigkeit von Mehrstimmrechtsaktien und der Möglichkeit, solche Aktien über den 1.6.2003 aufrechtzuerhalten, vgl. Rn. 58). Aktiengattungen können ebenfalls durch die Auferlegung unterschiedlicher Pflichten, zB von Nebenverpflichtungen nach § 55 AktG begründet werden. Nicht gattungsbegründend wirken hingegen die Verbriefung als Stück- oder Nennbetragsaktie bzw. als Inhaber- oder (vinkulierte) Namensaktie, die Festsetzung verschiedener Nenn- oder Ausgabebeträge oder Einlagearten, unterschiedlich hohe Einzahlungen auf die Aktien, das Halten einer bestimmten Zahl von Anteilen des Grundkapitals, die Minderheitenrechte gem. §§ 122 Abs. 1 Satz 1, 138 Satz 3, 142 Abs. 2, 147 Abs. 1 Satz 1 AktG, eigene Aktien der Gesellschaft, Höchststimmrechte, die Einräumung von Entsendungsrechten oder Börsenzulassung (§ 101 Abs. 2 Satz 3 AktG).[111]

68   Die Satzung muss die Gattungen und die Zahl der gewährten Aktien jeder Gattung festschreiben (§ 23 Abs. 3 Nr. 4 AktG). Die Schaffung von Aktiengattungen bei Gründung der Gesellschaft ist unproblematisch, da die Gründer die Gattungen notwendig einstimmig festlegen müssen. Erfolgt die Einführung der Vorrechte/ Pflichten gleichmäßig für alle Aktionäre durch nachträgliche Satzungsänderung,

---

[110] BT-Drs. 13/10.038, 28.
[111] *Hüffer/Koch* AktG § 11 Rn. 7.

bedarf der Beschluss nur der satzungsändernden Mehrheit; ein Sonderbeschluss nach § 179 Abs. 3 AktG ist nicht erforderlich.[112] Werden die Aktionäre hingegen unterschiedlich behandelt, so ist zu unterscheiden: Gewähren die Aktien der neuen Gattung geringere Rechte als die bereits bestehenden, so ist für die Schaffung der neuen Gattung lediglich ein satzungsändernder Beschluss und, soweit zuvor bereits mehrere Gattungen vorhanden waren, ein Sonderbeschluss jeder vorhandenen Gattung erforderlich. Gewähren die Aktien der neuen Gattung hingegen mehr Rechte als die bisher bestehenden Aktien, so ist neben dem satzungsändernden Beschluss und dem ggf. erforderlichen Sonderbeschluss die Zustimmung aller Aktionäre, die den Vorteil nicht erhalten, erforderlich. Eine **Beseitigung oder Beschränkung** des Vorrechts bedarf nach § 179 Abs. 3 AktG eines zustimmenden Sonderbeschlusses der betroffenen Aktionäre mit 3/4-Mehrheit (zu den Vorzugsaktien vgl. Rn. 56 f.). Nur soweit das Vorrecht dem einzelnen Aktionär unentziehbar eingeräumt wurde, ist seine eigene Zustimmung nötig.

C. Aktienurkunde

Hinsichtlich der Mitgliedschaft und der diese verbriefenden Aktienurkunde **73** ist klar zu unterscheiden; die Mitgliedschaft ist von ihrer Verbriefung in einer Urkunde nicht abhängig, Letztere hat lediglich deklaratorischen Charakter.[113] Die Mitgliedschaft in der (Vor-)Gesellschaft wird im Falle der Beteiligung als Gründer mit der Errichtung der Gesellschaft durch die Feststellung der Satzung nach § 23 AktG erworben. Eine die Mitgliedschaft verbriefende Aktienurkunde kann in diesem Stadium nach § 41 Abs. 4 Satz 1 und 2 AktG aus Gründen des Verkehrsschutzes nicht wirksam ausgegeben werden; gleichwohl ausgegebene Aktienurkunden oder Zwischenscheine sind nichtig. Die Ausgabe von Aktienurkunden ist erst nach der Eintragung der Aktiengesellschaft in das Handelsregister und ihrem damit verbundenen Entstehen als juristische Person zulässig. Die Urkunden verbriefen dann die Mitgliedschaft als Aktionär, weshalb die Mitgliedschaft durch Übereignung der Urkunde übertragen werden kann (zu anderen Übertragungsformen s. Rn. 110 ff.). Im Falle einer Kapitalerhöhung wird die Mitgliedschaft erst mit der Eintragung der Durchführung der Kapitalerhöhung im Handelsregister erworben (vgl. § 189 AktG). Vor diesem Zeitpunkt gibt es keine der Mitgliedschaft in der Vorgesellschaft entsprechende Rechtsposition des Zeichners und auch Aktienurkunden oder Zwischenscheine dürfen aus Gründen des Verkehrsschutzes nicht ausgegeben werden; unter Verstoß hiergegen ausgegebene Papiere sind nichtig (§§ 191, 203 Abs. 1 Satz 1 AktG; zu den Sonderbestimmungen bei der bedingten Kapitalerhöhung und der Kapitalerhöhung aus Gesellschaftsmitteln vgl. §§ 197, 219 AktG).

Die Verbriefung der Mitgliedschaften dient in der Regel dazu, die Verkehrsfä- **74** higkeit der Aktien zu steigern. Sie erleichtert es dem Aktionär, sich gegenüber Dritten und der AG zu legitimieren, und ermöglicht dem Erwerber einen Gutglaubenserwerb (vgl. Rn. 19, 21). Die Verbriefung ist daher die Regel, von ihr wird nur in Ausnahmefällen, etwa bei Familiengesellschaften abgesehen.[114] Auch bei den börsennotierten Gesellschaften wird an der Verbriefung der Mitgliedschaften festgehalten. Zwar wird idR der Anspruch auf Einzelverbriefung des Aktionärs

---

[112] Streitig, vgl. MünchKomm. AktG/Bd. 1/*Heider* § 11 Rn. 45.
[113] LG Berlin 85 O 140/93, AG 1994, 378 (379).
[114] Großkomm. AktG/*Brändel* § 10 Rn. 10.

ausgeschlossen (vgl. Rn. 76). Jedoch verbleibt es bei einer Verbriefung in einer Globalurkunde, die bei der Deutsche Börse Clearing AG hinterlegt wird. Dadurch werden die Aktien verkehrsfähig und können im Wege der Girosammelverwahrung auf ein anderes Depot übertragen werden (wegen der Steuerfolgen der Girosammelverwahrung vgl. § 13 Rn. 659 f.).[115]

I. Einzelurkunde

1. Anspruch auf Einzelverbriefung

76 Dem einzelnen Aktionär steht grundsätzlich ein Anspruch auf Einzelverbriefung seiner Mitgliedschaft zu. Gemäß § 10 Abs. 5 AktG kann dieser Anspruch durch die Satzung **ausgeschlossen oder eingeschränkt** werden (zB Beschränkung auf Mehrfachurkunde 100 Aktien = 1 Urkunde, Abhängigmachung von Kostenübernahme; Vorsehen von Globalurkunde und Ausstellung von Mehrfachurkunde gegen Kostenübernahme). Von § 10 Abs. 5 AktG wird indessen nicht der Anspruch des Aktionärs auf Verbriefung seiner Mitgliedschaft in einer Globalurkunde und deren Hinterlegung nach Maßgabe der §§ 2, 5, 9a DepotG berührt (str.).[116] Dieser Anspruch ist unverzichtbar. Dementsprechend hinterlegen Gesellschaften, die den Einzelverbriefungsanspruch zum Zeitpunkt der Börseneinführung bereits ausgeschlossen haben, idR lediglich eine Globalurkunde bei der Deutsche Börse Clearing AG entsprechend §§ 2 ff., 5 und 9a DepotG (vgl. Rn. 74 f.). Der Ausschluss bzw. die Beschränkung des Einzelverbriefungsanspruchs kann in der Gründungssatzung erfolgen. Dies kann auch nachträglich im Wege der Satzungsänderung geschehen. Nach hM ist hierfür nicht die Zustimmung jedes einzelnen Aktionärs erforderlich, da § 10 Abs. 5 AktG keine Einschränkung erkennen lässt.[117]

2. Voraussetzungen der Verbriefung

77 Die wertpapiermäßige Verbriefung setzt neben der Ausstellung einer Aktienurkunde (zum Inhalt vgl. Rn. 78) den Abschluss eines **Begebungsvertrages** voraus, in dem sich die Parteien darüber einigen, dass das Papier künftig die Mitgliedschaft verkörpern und der Aktionär Eigentümer des Papiers sein soll.[118]

3. Inhalt der Aktienurkunde

78 Die Aktienurkunde hat entsprechend den an sie gestellten wertpapier- und aktienrechtlichen Anforderungen Folgendes zu beinhalten:
– den Nennbetrag (nicht den Ausgabebetrag) bei Nennbetragsaktien;
– die Zahl der Aktien bei Stückaktien; der auf die einzelne Aktie entfallende anteilige Betrag ist nicht anzugeben;
– den Hinweis, ob es sich um Inhaber- oder Namensaktien handelt, soweit mehrere Arten von Aktien ausgegeben werden;

---

[115] MünchKomm. AktG/Bd. 1/*Heider* § 10 Rn. 9.
[116] *Seibert* DB 1999, 267 (269); *Hüffer/Koch* AktG § 10 Rn. 11; MHdB GesR IV/*Sailer-Coceani* § 12 Rn. 5; aA Schmidt/Lutter/*Ziemons* AktG § 10 Rn. 33; MünchKomm. AktG/Bd. 1/ *Heider* § 13 Rn. 57.
[117] *Seibert* DB 1999, 267 (268); MHdB GesR IV/*Sailer-Coceani* § 12 Rn. 6; Schmidt/Lutter/ *Ziemons* AktG § 10 Rn. 34; *Hüffer/Koch* AktG § 10 Rn. 12.
[118] MünchKomm. AktG/Bd. 1/*Heider* § 10 Rn. 8; Kölner Komm./*Lutter* § 67 Rn. 3 mwN; aA *Hueck/Canaris* WPR § 25.

C. Aktienurkunde

- besondere Zeichen bei Inhaberaktien, etwa Angabe der Serie und der Nummer – damit sie voneinander unterschieden werden können;[119]
- den Namen des Berechtigten bei Namensaktien (ohne diese Angabe ist die Aktie Inhaberaktie);
- die Verpflichtung und ihren Umfang (§ 55 Abs. 1 Satz 3 AktG), soweit Nebenverpflichtungen eingegangen wurden;
- den Betrag der Teilleistung, soweit die Aktie vor der vollen Leistung des Nennbetrages oder höheren Ausgabebetrages ausgegeben wird (§ 10 Abs. 2 AktG);
- die Gattung der Aktie, soweit bei der Gesellschaft verschiedene Aktiengattungen bestehen;
- den Aussteller: die Gesellschaft ist mit ihrer Firma zu bezeichnen (§ 17 HGB iVm § 4 AktG);
- und den Hinweis, dass sie ein Mitgliedschaftsrecht verbrieft, das Wort Aktie muss nicht verwendet werden, ist jedoch in der Praxis absolut üblich;
- Unterschrift durch die Vorstandsmitglieder in einer zur Vertretung berufenen Anzahl, soweit die Satzung nichts Abweichendes vorsieht. Prokuristen und Handlungsbevollmächtigte sind zur Unterzeichnung nur aufgrund besonderer Vollmacht befugt. Eine eigene Namensunterschrift ist ausreichend, aber nicht erforderlich; es genügt eine vervielfältigte Unterschrift (Faksimile). Die Gültigkeit der Unterzeichnung kann von der Beachtung weiterer Formerfordernisse abhängig gemacht werden, zB der zusätzlichen Unterschrift durch einen Kontrollbeamten oder der eines Aufsichtsratsmitglieds (§ 13 Satz 2 AktG). Solche Erfordernisse sind in der Satzung oder durch Beschluss der Hauptversammlung vorzusehen.
- Ausstellungsort und -datum sind nicht notwendigerweise in der Urkunde anzugeben; enthält sie ein Ausstellungsdatum, so kann dies zeitlich vor der Eintragung der Gesellschaft liegen.

Eine Abfassung der Urkunde in deutscher Sprache ist nicht erforderlich.[120] Zum **Börsenhandel** zugelassene Aktien müssen zusätzlich den Richtlinien für den Druck von Wertpapieren entsprechen, die von den Börsenvorständen und den Zulassungsstellen herausgegeben worden sind (abgedruckt in WM 1956 Sonderbeilage Nr. 11; WM 1963, 21). **79**

4. Fehlen von zwingenden Voraussetzungen

Fehlt es an einer der oben genannten zwingenden Voraussetzungen, kann der Aktionär die Urkunde zurückweisen. Nach Annahme der Urkunde hat er das Recht, die Auslieferung einer ordnungsgemäßen Urkunde Zug um Zug gegen Rückgabe der mangelhaften zu verlangen. Wurden die **Teilleistungen** nicht vermerkt, so ist die wertpapiermäßige Verbriefung dennoch wirksam. Jedoch machen sich Vorstand und Aufsichtsrat **schadensersatzpflichtig** (§§ 93 Abs. 3 Nr. 4, 116 AktG) und begehen eine Ordnungswidrigkeit (§ 405 Abs. 1 Nr. 1 AktG). Gleiches gilt bis auf die Anwendbarkeit des § 405 AktG bei dem Unterlassen der nach § 55 Abs. 1 Satz 3 AktG anzugebenden **Nebenpflichten**. **80**

5. Zeitpunkt der Ausgabe der Urkunde

Aktienurkunden dürfen erst ausgegeben werden, wenn die AG eingetragen ist. Vorher ausgegebene Aktien sind nichtig (§ 41 Abs. 4 AktG); gutgläubiger Erwerb ist **81**

---

[119] Herrschende Meinung vgl. MünchKomm. AktG/Bd. 1/*Heider* § 13 Rn. 14.
[120] MünchKomm. AktG/Bd. 1/*Heider* § 13 Rn. 14.

ausgeschlossen. Durch eine solche Ausgabe begehen die Ausgeber eine Ordnungswidrigkeit (§ 405 Abs. 1 Nr. 2 AktG) und haften für den Schaden aus der Ausgabe als Gesamtschuldner (§ 41 Abs. 4 Satz 3 AktG). Entsprechendes gilt gem. § 191 Satz 1, 2 AktG bei Kapitalerhöhungen vor deren Eintragung.

II. Globalurkunde

1. Rechtsnatur

82   Globalurkunden sind aufgrund ihres Rationalisierungseffekts ein häufig gebrauchtes Instrument zur Eindämmung des Wertpapiervolumens. Sie können entweder eine ganze oder zumindest einen größeren Teil einer Emission umfassen, als solche börsenmäßig nicht lieferbar, dh nicht für den Umlauf bestimmt, und nicht vertretbar sein. Sie haben nicht die Druckrichtlinien der Wertpapierbörsen zu erfüllen und können daher auf Papier schreibmaschinengeschrieben emittiert werden.[121] Denkbar sind auch Sammelurkunden, die eine größere Zahl von Einzelstücken (zB 100) verbriefen, börsenmäßig lieferbar und vertretbar sind und daher auch den Druckrichtlinien der Wertpapierbörsen entsprechen müssen. Bei der Globalurkunde handelt es sich mithin nicht um eine dritte Art von Aktien, die neben den Inhaber- und Namensaktien existiert. Vielmehr ist die Globalurkunde eine Zusammenfassung von mehreren Mitgliedschaftsrechten gleicher Art (§ 10 Abs. 1 AktG) und gleicher Gattung (§ 11 AktG) in einer einheitlichen Aktienurkunde, die die rechtliche Selbständigkeit der einzelnen Anteilsrechte unangetastet lässt.[122] Die Globalurkunde ist je nachdem, welche Art von Aktien sie zusammenfasst, eine Namens- oder Inhaberaktie in Form einer Sammelurkunde iSd § 9a DepotG. Die Globalurkunde kann die Mitgliedschaftsrechte eines Aktionärs zusammenfassen. Möglich ist aber auch, dass sie die Mitgliedschaftsrechte unterschiedlicher Aktionäre zusammenfasst. Von dieser Möglichkeit machen insbesondere börsennotierte Gesellschaften, die den Einzelverbriefungsanspruch ausgeschlossen haben, Gebrauch, um der kostspieligen Pflicht der Herstellung neuer Urkunden zu entgehen. Sie hinterlegen idR lediglich eine Globalurkunde mit einer bestimmten Kennnummer bei der Deutsche Börse Clearing AG entsprechend §§ 2 ff., 5 und 9a DepotG.

2. Rechtswirkungen

83   Die mit einer Globalaktie verbundenen Rechtswirkungen, insbesondere die Legitimations- und die Rechtsscheinwirkung, richten sich je nachdem, ob in der Globalurkunde Inhaber- oder Namensaktien verbrieft werden, nach den Grundsätzen, die für die verschiedenen Aktienarten aufgezeigt worden sind (vgl. Rn. 18 ff.). Wird für verschiedene Gesellschafter nur eine Urkunde ausgegeben, entsteht an der Aktienurkunde Miteigentum nach Bruchteilen, wobei die Regelungen der Gemeinschaft auf die Verwaltung des gemeinsamen Gegenstandes Anwendung finden (§§ 741 ff. BGB).[123] Eine Verfügung über die eigenen Anteile an der Globalurkunde setzt einen vorherigen Umtausch in Einzelurkunden voraus. Hierauf hat der Berechtigte einen Anspruch, es sei denn, die Satzung schließt den Anspruch

---

[121] *Delorme* ZKW 90, 276; *Einsele* Wertpapierrecht als Schuldrecht S. 14.
[122] MHdB GesR IV/*Sailer-Coceani* § 12 Rn. 19 ff.; MünchKomm. AktG/Bd. 1/*Heider* § 10 Rn. 39.
[123] MünchKomm. AktG/Bd. 1/*Heider* § 10 Rn. 41 ff.; ähnlich Großkomm. AktG/*Brändel* § 10 Rn. 38.

auf Einzelverbriefung aus. Allerdings erfolgt heutzutage weder bei der Wertpapierverwaltung noch bei der Übertragung der Papiere (s. Rn. 117 f.) die Legitimation des Inhabers durch Vorlage der Aktie.[124]

III. Entmaterialisierung der Aktien durch Girosammelverwahrung

1. Allgemeines

Die Bedeutung der Einzelurkunde als Sache für Bestand, Ausübung und Übertragung des Rechts ist durch die tatsächlichen und rechtlichen Entwicklungen im Hinblick auf börsennotierte Gesellschaften erheblich modifiziert worden. Die Kreditinstitute, die den Effektenhandel und die Verwahrung der Wertpapiere wahrnehmen, haben verschiedene Formen der Rationalisierung entwickelt, um die Übertragung und die Verwaltung der Massenpapiere zu bewerkstelligen. Bei börsennotierten Gesellschaften findet der Handel daher nicht mehr mit effektiven Stücken, sondern im Rahmen des stückelosen Effektengiroverkehrs statt, bei dem die Wertpapiere ohne körperliche Übergabe allein durch Umbuchungen übertragen werden. Hierzu ist es erforderlich, dass die Wertpapiere in die Girosammelverwahrung genommen werden. 84

2. Girosammel- und Sonderverwahrung

Die Wertpapiere (zB Aktien, Zwischenscheine, Zins-, Gewinnanteils- und Erneuerungsscheine, Schuldverschreibungen und andere vertretbare Wertpapiere, § 1 Abs. 1 DepotG) können bei der Clearstream Banking AG – der einzigen Institution, die die Aufgaben einer Wertpapiersammelbank iSd DepotG wahrnimmt – in zwei verschiedenen Formen verwahrt werden: der Sonderverwahrung und der Sammelverwahrung. Bei der Sonderverwahrung werden die eingelieferten Wertpapiere gesondert von den eigenen Beständen des Verwahrers und von denen Dritter aufbewahrt (§ 2 Satz 1 DepotG). Im Rahmen dieser zweiten Variante erfolgt die Verwahrung der Papiere in sog. Streifbändern, die mit dem Namen des Hinterlegers gekennzeichnet sind, damit das Eigentum des Hinterlegers an den eingelieferten Stücken erhalten bleibt. Aufgrund des hiermit verbundenen Aufwands und der anfallenden Kosten werden Wertpapiere jedoch nur dann in der Sonderverwahrung aufbewahrt, wenn sie nicht zur Sammelverwahrung zugelassen sind oder der Hinterleger dies ausdrücklich verlangt.[125] 85

Bei der Sammelverwahrung, die den Regelfall darstellt,[126] werden Wertpapiere derselben Art ungetrennt voneinander in einem einheitlichen Bestand, dem Sammelbestand, aufbewahrt (§ 5 Abs. 1 DepotG). Möglich ist auch, dass keine einzelnen Stücke, sondern lediglich eine **Global- oder Sammelurkunde** (vgl. Rn. 82) über die gesamte Emission oder einen Teil davon hinterlegt wird (§ 9a DepotG). Mit der Einlieferung des Papiers in die Sammelverwahrung verliert der bisherige Eigentümer sein Eigentum (§ 6 Abs. 1 Satz 1 DepotG). Er wird Miteigentümer nach Bruchteilen und mittelbarer Besitzer an den zum Sammelbestand gehörenden Urkunden, wobei für die Bestimmung des Bruchteils der Nennbetrag, bei Wertpapieren ohne Nennbetrag die Stückzahl maßgeblich ist (§ 6 Abs. 1 DepotG). Es kommt zu einem gestuften Verwahrungsverhältnis: An der Spitze steht die Clearstream Banking 86

---

[124] Einsele Wertpapierrecht als Schuldrecht 1995, S. 37, 199.
[125] Kümpel Bank- und Kapitalmarktrecht, 11.20; Schwintowski/Schäfer BankR § 17 Rn. 31.
[126] Schwintowski/Schäfer BankR § 17 Rn. 22.

AG. Auf der nächsten Stufe stehen – als Depotinhaber der Clearstream Banking AG – die der gesetzlichen Depotprüfung unterliegenden Kreditinstitute und Wertpapiermakler. Auf der dritten Stufe sind schließlich die Privat- und Geschäftskunden ihrerseits als Depotinhaber anzutreffen. Da der Aktionär durch die Übernahme in die Sammelverwahrung auch nicht mehr über den Besitz an den eingelieferten Wertpapieren verfügt, kann der Einlieferer sich nicht mehr anhand der Urkunde legitimieren. Für die Geltendmachung der Rechte aus dem Papier ist es daher ausreichend, eine Hinterlegungsbescheinigung der Bank vorzulegen (vgl. zB § 123 Abs. 3 Satz 2 AktG). Anstatt durch das Wertpapier wird der Gläubiger somit durch die Hinterlegungsbescheinigung legitimiert.

3. Herausgabeanspruch

87   Gemäß § 7 Abs. 1 DepotG kann der Hinterleger keine Rückgabe der eingelieferten Papiere verlangen, da er sein Eigentum an diesen verloren hat. Er kann aber verlangen, dass ihm aus dem Sammelbestand Wertpapiere in Höhe des Nennbetrages, bei Stückaktien in Höhe der Stückzahl der für ihn in Verwahrung genommenen Wertpapiere ausgeliefert werden. Ist nur eine Global- oder Sammelurkunde eingeliefert worden und ist der Anspruch der Aktionäre auf Einzelverbriefung ihrer Rechte nach § 10 Abs. 5 AktG ausgeschlossen worden, so besteht kein Herausgabeanspruch (§ 9a Abs. 3 Satz 2 DepotG).

D. Euro-Umstellung

94   Nach § 1 Abs. 2 Satz 3 EGAktG dürfen seit dem 1.1.2002 Aktiengesellschaften nur noch in Euro gegründet und Kapitalmaßnahmen nur noch in Euro durchgeführt werden. Es besteht daher keine generelle Verpflichtung für bis zum 31.12.2001 gegründete Aktiengesellschaften, ab dem 1.1.2002 die Nennbeträge des Grundkapitals und diejenigen der Aktien in Euro zu bezeichnen. Vielmehr besteht nur dann die Pflicht einer solchen Bezeichnung in Euro und daher ein Handlungszwang auf Euro umzustellen, wenn bei einer solchen Gesellschaft nach dem 31.12.2001 Kapitalerhöhungen bzw. -herabsetzungen durchgeführt werden sollen.

95   Die Umstellung auf Euro kann
– unter Nutzung von Stückaktien,
– mittels Kapitalerhöhung aus Gesellschaftsmitteln oder
– durch Kapitaländerung mit Nennbetragsglättung
erfolgen.[127]

E. Teilung von Aktien

106   Nach § 8 Abs. 5 AktG sind Aktien unteilbar. Weder die AG noch der einzelne Aktionär können daher eine Aktienurkunde (zB 100) in zwei Urkunden (je 50) aufteilen (Realteilung) oder einzelne Verwaltungsrechte (Stimmrecht) von der Mitgliedschaft abtrennen. Dies gilt auch für das mitgliedschaftliche Recht auf Teilhabe am Gewinn. Abgetreten werden können nur bereits entstandene oder künftige Dividendenzahlungsansprüche (vgl. § 4 Rn. 73). § 8 Abs. 5 AktG steht indessen nicht einer Neustückelung des Grundkapitals entgegen. Bei dieser handelt es sich nicht

---

[127] Siehe Vorauflage Rn. 95 ff.

um eine Teilung iSv § 8 Abs. 5 AktG, sondern vielmehr um eine Neufestsetzung des Verhältnisses zwischen Aktie und Grundkapital, wobei dies bei Nennbetragsaktien durch eine Herabsetzung der Nennbeträge und einer Ausgabe entsprechend vieler neuer Aktien geschieht (zB anstelle einer Aktie zu 5 EUR: 5 Aktien zu je 1 EUR). Bei der Neustückelung sind die vorgesehenen Mindestbeträge einzuhalten (Rn. 7). Die Neustückelung der Aktien bedarf eines satzungsändernden Beschlusses (§ 23 Abs. 3 Nr. 4 AktG), nicht jedoch der Zustimmung aller Aktionäre (wegen der Steuererfolgen einer Neustückelung vgl. § 13 Rn. 648 f.). Nach hM werden diese durch die Neustückelung der Aktien nicht benachteiligt.[128]

F. Übertragung von Aktien

Die Übertragung von Aktien unterscheidet sich, je nachdem, ob es sich bei ihnen um Inhaber- oder Namensaktien handelt bzw. sich die Aktien in Girosammelverwahrung befinden oder nicht (zu den steuerlichen Folgen vgl. § 13 Rn. 659 f. und § 13 Rn. 450 ff.). **110**

I. Übertragung durch Rechtsgeschäft

1. Inhaberaktien

Inhaberaktien werden gem. § 929 BGB durch **Einigung und Übergabe** der Urkunde, wenn eine solche vorhanden ist, bzw. durch Übergabesurrogat (§§ 930, 931 BGB) übertragen. Bei Inhaberaktien als Inhaberpapier folgt das Recht aus dem Papier dem Recht an dem Papier. Der Schutz des gutgläubigen Erwerbers ist durch die §§ 935 Abs. 2 BGB, 366 HGB erweitert. Er wird beim Erwerb vom Nichteigentümer geschützt, auch wenn die Urkunde abhanden gekommen war (§§ 932 ff., 935 Abs. 2 BGB, 366, 367 HGB). Daneben können die Inhaberaktien, was insbesondere von Bedeutung ist, wenn sie nicht verbrieft worden sind, nach den Grundsätzen der Zession durch **Abtretung der Mitgliedschaft** übertragen werden (§§ 398 ff., 413 BGB).[129] Verpflichtungs- und Abtretungsvertrag bedürfen keiner besonderen Form. Jedoch empfiehlt es sich, eine Abtretungsurkunde auszustellen, da die AG den Erwerber nur bei Vorlage der Urkunde als Gläubiger anerkennen muss (§ 410 BGB). Eine Übertragbarkeit der Aktien kann nicht durch die Satzung ausgeschlossen werden.[130] **111**

2. Namensaktien

Namensaktien können entsprechend dem Leitbild des § 68 Abs. 1 AktG durch **Indossament und Übergabe** der Aktienurkunde übertragen werden. Bei dem Indossament handelt es sich um eine schriftliche Übertragungserklärung, die zum Ausdruck bringen muss, dass die Mitgliedschaft zukünftig einem Dritten zustehen soll. Das Indossament, das keinen besonderen Wortlaut aufweisen muss, muss auf die Namensaktie oder auf ein mit der Urkunde verbundenes Blatt gesetzt und vom Indossanten unterschrieben werden (§ 68 Abs. 1 Satz 2 AktG iVm § 13 Abs. 1 WG). Überdies setzt der Rechtsübergang die Übertragung **des Eigentums an** **112**

---

[128] *Hüffer/Koch* AktG § 8 Rn. 27.
[129] Baumbach/Hefermehl/Casper WPR Rn. 31; MHdB GesR IV/*Sailer-Coceani* § 14 Rn. 5.
[130] BayObLG 3 Z 11/88, AG 1989, 173.

der indossierten Urkunde durch formlose (auch konkludente) Einigung und Übergabe (§ 929 BGB) oder eines der Übergabesurrogate voraus (§§ 929 Satz 2, 930, 931 BGB). Gutgläubiger Erwerb ist nach Art. 16 Abs. 2 WG iVm § 58 Abs. 1 Satz 2 möglich. Bei vollständiger Indossamentenkette wird die Mitgliedschaft auch dann auf den gutgläubigen Erwerber übertragen, wenn die Aktie „einem früheren Inhaber irgendwie abhanden gekommen ist". Der Begriff des Abhandenkommens umfasst neben dem unfreiwilligen Besitzverlust (§ 935 BGB) auch Tatbestände, durch die die Urkunde ohne rechtswirksame Übereignung in fremde Hände gelangt ist (zB Verfügungen Dritter ohne entsprechende Befugnis und Erwerb vom Geschäftsunfähigen).[131] Zur Legitimationsfunktion vgl. Rn. 21. Die Eintragung im Aktienregister ist hingegen nicht Voraussetzung für den Rechtsübergang; sie dient nur der Legitimation (Rn. 28).

113 Die Namensaktie kann auch mittels **Blankoindossament** übertragen werden (§ 68 Abs. 1 Satz 2, 5 AktG iVm § 13 Abs. 2 WG). Eine Variante, der in der Praxis eine bedeutende Rolle zukommt, da nur Namensaktien mit Blankoindossament depot- und börsenfähig sind.[132] Das Blankoindossament unterscheidet sich vom Vollindossament dadurch, dass es den Indossatar nicht namentlich bezeichnet. Obwohl § 68 Abs. 1 Satz 2 AktG nicht auf Art. 14 WG verweist, steht dem Erwerber einer blankoindossierten Urkunde die Möglichkeit zu, die Namensaktien entsprechend § 14 Abs. 2 Nr. 3 WG durch Übereignung gem. §§ 929 ff. BGB zu übertragen, sodass er gem. § 14 Abs. 2 Nr. 3 WG die blankoindossierte Namensaktie weiterübertragen kann, ohne das Indossament auszufüllen oder eine neues Indossament hinzuzufügen. Die blankoindossierte Namensaktie wird daher durch formlose Übereignung der Urkunde übertragen und nähert sich damit der Übertragung der Inhaberaktien an. Abgesehen davon sind Sonderformen zulässig, zB das Vollmachts- oder Prokuraindossament (Art. 18 WG) und das Pfandindossament (Art. 19 WG).

114 Die Übertragung der Namensaktie kann ebenso wie diejenige der Inhaberaktien durch **Abtretung** des Mitgliedschaftsrechts nach den §§ 398, 413 BGB erfolgen.[133] Dabei bedarf es für die Wirksamkeit des Rechtsübergangs nicht der Übergabe der Aktienurkunde oder eines Übergabesurrogats (streitig).[134] Das Eigentum an der Aktienurkunde geht vielmehr nach § 952 BGB auf den neuen Inhaber des Rechts über; diesem steht ein Herausgabeanspruch nach § 985 BGB gegenüber dem Besitzer der Urkunde zu. Auch wenn sich die Abtretung des Mitgliedschaftsrechts ohne gleichzeitige Übergabe der Urkunde vollziehen kann, **empfiehlt sich ihre Übergabe**, da der Erwerber die Urkunde zu verschiedenen Anlässen benötigt, zB für die Anmeldung des Rechtsübergangs zur Eintragung in das Aktienregister, soweit diese nicht vom Veräußerer vorgenommen wird, für eine spätere Weiterübertragung durch Indossament sowie die Eintragung des Dritterwerbers in das Aktienregister. Bei der Übertragung durch Abtretung ist kein gutgläubiger Erwerb möglich, weder Art. 16 Abs. 2 WG noch § 405 BGB finden Anwendung.[135] Auch unterbricht ein Rechtsübergang durch Abtretung die Indossamentenkette, sodass ein gutgläubiger Erwerb auch bei späteren Weiterveräußerungen durch Indossament ausgeschlossen ist. Die Satzung kann die Übertragung durch Abtretung nicht ausschließen.

---

[131] *Hüffer/Koch* § 65 Rn. 6; BGH II ZR 11/50, NJW 1951, 402.

[132] Vgl. im Einzelnen Fn. 21, 22.

[133] BGH II ZR 288/02, ZIP 2004, 2093 (2094); KG 14 U 5141/00, NZG 2003, 226 (227 f.); MHdB GesR IV/*Sailer-Coceani* § 14 Rn. 13.

[134] MünchKomm. AktG/Bd. 1/*Bayer* § 48 Rn. 30; Kölner Komm./*Lutter/Drygala* § 68 Rn. 35; aA BGH II ZR 43/57, NJW 1958, 302 (303); KG 14 U 5141/00, AG 2003, 568.

[135] MünchKomm. AktG/*Bayer* § 68 Rn. 33.

3. Vinkulierte Namensaktien

Die Übertragung von vinkulierten Namensaktien setzt entweder ein Indossament (Rn. 112 f.) oder deren Abtretung (Rn. 114) voraus. Zudem bedarf es zur Wirksamkeit ihrer Übertragung der Zustimmung der AG (vgl. im Einzelnen Rn. 43). Nach § 68 Abs. 2 AktG hat der **Vorstand** über die Erteilung der Zustimmung zu entscheiden. Die Satzung kann Abweichendes vorsehen und zB Aufsichtsrat oder Hauptversammlung für zuständig erklären (Rn. 43). Die Zustimmungserklärung hat sich in erster Linie nach den in der Satzung aufgestellten Kriterien und, soweit diese solche nicht enthält, nach pflichtgemäßem, die Gesellschaftsinteressen und die Interessen des übertragungswilligen Aktionärs abwägenden, durch den Gleichbehandlungsgrundsatz gebundenen Ermessen zu richten.[136] Die Zustimmungserklärung wird vom Vorstand mitgeteilt, auch wenn die Entscheidung durch ein anderes Organ erfolgt ist. Erforderlich ist Handeln des Vorstandes in vertretungsberechtigter Zahl. Die Zustimmungserklärung ist empfangsbedürftig (§ 130 BGB), sie kann formlos erfolgen. 115

Die Übertragung der Aktien wird mit der Zustimmung wirksam. Wird die Zustimmung der AG verweigert, so führt dies zur endgültigen der bis dahin schwebenden Unwirksamkeit der Verfügung, jedoch nicht zur Unwirksamkeit des Verpflichtungsgeschäfts.[137] Dieses bleibt wirksam und führt bei einem Verkauf zur Haftung nach den Unmöglichkeitsregeln, soweit der Verkäufer nicht erfüllen kann. Wurde die Zustimmung in missbräuchlicher Weise verweigert, etwa weil ein satzungsmäßiges Zustimmungsgebot oder die Grenzen der Ermessensausübung missachtet worden sind, kann es zur **Schadensersatzpflicht** der AG kommen (zum Gleichbehandlungsgrundsatz vgl. § 4 Rn. 86 ff.). Zudem kann eine solche missbräuchlich versagte Zustimmung durch rechtskräftiges Urteil nach § 894 ZPO ersetzt werden.[138] 116

4. Übertragung nach dem DepotG

Befinden sich die Aktien in Girosammelverwahrung, werden die Miteigentumsanteile an den sammelverwahrten Aktien im Regelfall rechtsgeschäftlich nach §§ 929 ff. BGB übertragen. Wie diese Übereignung im Einzelnen zu konstruieren ist, ist äußerst umstritten.[139] Mit einer teilweise vertretenen Auffassung ist davon auszugehen, dass die erforderliche Einigung entweder direkt zwischen Veräußerer und Erwerber oder aber unter Mitwirkung des Verwahrers (der Clearstream Banking AG) als Vertreter des Veräußerers und/oder des Erwerbers zustande kommt. Erteilt der Hinterleger (idR die mit dem Verkauf beauftragte Geschäftsbank) dem Verwahrer den Auftrag, bestimmte Sammelbestandteile auf den Erwerber zu übertragen, so liegt darin das erforderliche Angebot nach § 929 Satz 1 BGB. Die Annahme dieser Erklärung vollzieht sich durch die Buchungen der Clearstream Banking 117

---

[136] BGH II ZR 286/85, NJW 1987, 1019 (1020).
[137] MHdB GesR IV/*Sailer-Coceani* § 14 Rn. 28; RGH II 222/30 RGZ 132, 149 (157); LG Düsseldorf AG 1989, 332.
[138] MünchKomm. AktG/Bd. 1/*Bayer* § 68 Rn. 107 ff.
[139] *Einsele* WM 2001, 7 (12 mwN).

AG als Stellvertreter des Erwerbers.[140] Die Besitzübergabe vollzieht sich durch eine Umstellung des Besitzmittlungsverhältnisses durch Umbuchung des Verwahrers.[141]

118 Daneben bestehen die allgemeinen Übertragungsvorschriften nach § 24 DepotG. Diese kommen jedoch nur zur Anwendung, wenn das Eigentum nicht schon vorher nach den Bestimmungen des Bürgerlichen Rechts übergegangen ist.[142] Die Übertragung nach dem DepotG stellt mithin den spätesten Zeitpunkt des Miteigentumserwerbs an dem Girosammelbestand dar. Der Erwerb von Miteigentum am Sammelbestand gem. § 24 Abs. 2 DepotG erfordert die Eintragung des Übertragungsvermerks im Verwahrungsbuch des Einkaufskommissionärs. Namensaktien müssen in letzterem Fall jedoch mit einem Blankoindossament versehen sein, da sonst die für die Sammelverwahrung erforderliche Vertretbarkeit (§ 5 Abs. 1 DepotG) nicht gegeben ist.

II. Übertragung durch Tod

119 Ist ein Aktionär verstorben, so rückt sein Erbe in vollem Umfang in seine Rechtsstellung ein und wird dadurch Aktionär (§§ 1922, 1967 BGB; vgl. im Einzelnen § 13 Rn. 469). Handelt es sich um Namensaktien, die vererbt werden, gilt der durch die Eintragung in das Aktienregister begründete Rechtsschein auch für den Erben. Er kann mithin, ohne dass eine Umschreibung erforderlich wäre, die aus der Aktie fließenden Mitgliedschaftsrechte geltend machen und ist zur Erfüllung der aus der Mitgliedschaft fließenden Pflichten (Einlagepflichten, Nebenleistungspflichten etc.) verpflichtet. Die Erben eines Aktionärs können sich gegenüber den mit der Aktie verbundenen Pflichten auf die Beschränkung der Erbenhaftung berufen (§§ 1975, 2059 BGB). Dies gilt unabhängig davon, ob die Umschreibung im Aktienregister erfolgt ist oder nicht.[143] Die Satzung kann die Vererbbarkeit als solche nicht ausschließen, jedoch eine Einziehung der Aktien nach § 237 AktG vorsehen. Mehrere Erben (**Erbengemeinschaft**) werden gesamtberechtigt; sie bilden eine Rechtsgemeinschaft (§ 69 Abs. 1 AktG). Ihre Rechte können nur über einen gemeinsamen Vertreter ausgeübt werden. Ein solcher muss daher durch die Miterben bestellt werden, soweit dies noch nicht geschehen ist. Bis zur Bestellung ruhen die Aktionärsrechte. **Vermächtnisnehmern** stehen nur schuldrechtliche Ansprüche gegenüber dem Erben auf Übertragung der Aktien zu.

G. Kraftloserklärung und Umtausch von Urkunden

I. Kraftloserklärung von Aktien im Aufgebotsverfahren

126 Nach § 72 AktG ist die gerichtliche Kraftloserklärung von Aktien und für Zwischenscheine im Aufgebotsverfahren möglich, wenn sie abhandengekommen oder vernichtet oder der wesentliche Inhalt und die Unterscheidungsmerkmale nicht

---

[140] Vgl. insoweit auch Nr. 8 Abs. 1 AGB der Clearstream Banking AG, wonach mit Umbuchung Clearstream das Besitzmittlungsverhältnis vom Kunden 1 auf den Kunden 2 umstellt; BGH III ZR 56/98, WM 1999, 484; *Einsele* Bank- und Kapitalmarktrecht § 9 Rn. 26.

[141] Im Einzelnen sehr streitig, vgl. *Einsele* Wertpapierrecht als Schuldrecht 1995, S. 96; *Habersack* WM 2000, 1678 (1682) mwN.

[142] *Heinsius/Horn/Than* DepotG § 24 Rn. 20.

[143] MünchKomm. AktG/Bd. 1/*Bayer* § 67 Rn. 61; Kölner Komm./*Lutter* § 67 Rn. 34.

mehr sicher erkennbar sind. Voraussetzung für die Kraftloserklärung ist ein Aufgebotsverfahren (§§ 946 ff. ZPO). Bei dessen erfolgreicher Durchführung kann der Kläger auf seine Kosten die Aktionärsrechte aus der Urkunde geltend machen (§ 1018 ZPO) und die Ausstellung einer neuen Urkunde sowie ggf. Eintragung in das Aktienregister verlangen.

II. Kraftloserklärung von Aktien durch die Gesellschaft

Darüber hinaus kann die Gesellschaft Aktienurkunden nach § 73 AktG für kraftlos erklären lassen – dem Vorstand kommt insoweit Ermessen zu[144] –, wenn der Inhalt der Urkunde durch eine Veränderung der rechtlichen Verhältnisse unrichtig geworden ist (Änderung der Firma, Umwandlung von Stamm- in Vorzugsaktien oder von Inhaber- in Namensaktien, Beseitigung von Vorzugsrechten, Aufhebung von Nebenpflichten).

Vor Einleitung des förmlichen Verfahrens nach § 73 AktG wird die Gesellschaft in aller Regel versuchen, die Aktionäre zur freiwilligen Berichtigung oder zum Umtausch der Urkunden zu bewegen, indem die Aktionäre (formlos) aufgefordert werden, die unrichtig gewordenen Aktienurkunden bei der AG bzw. einem Kreditinstitut ihrer Wahl einzureichen.[145] Führt dies nicht zum nötigen Erfolg, kann die AG, vertreten durch ihre Vorstandsmitglieder in vertretungsberechtigter Zahl, die Kraftloserklärung der nicht eingereichten Urkunden betreiben. Im Rahmen dieses Verfahrens hat die Gesellschaft beim Amtsgericht (Registergericht) des Sitzes der Gesellschaft (§ 14 AktG) die Genehmigung des Gerichts einzuholen. Das Gericht prüft nach, ob ein rechtfertigender Grund für die Kraftloserklärung besteht, und ob der Vorstand sein Ermessen ordnungsgemäß ausgeübt hat.

Liegt die gerichtliche Genehmigung vor, hat die Gesellschaft die Aufforderung, die unrichtig gewordenen Aktien einzureichen, und die Androhung der Kraftloserklärung dreimal in den Gesellschaftsblättern bekannt zu machen, wobei auf die Genehmigung des Gerichts hinzuweisen ist (§§ 73 Abs. 2, 64 AktG). Die erste Bekanntmachung muss mindestens drei Monate und die letzte mindestens einen Monat vor Fristablauf erfolgen. Zwischen den Aufforderungen müssen mindestens drei Wochen liegen (§ 64 Abs. 2 AktG). Bei vinkulierten Namensaktien genügt demgegenüber eine einmalige Aufforderung innerhalb Monatsfrist (§ 64 Abs. 2 Satz 4 AktG). Die Kraftloserklärung der nicht rechtzeitig eingereichten Aktien erfolgt durch eine neuerliche Veröffentlichung in den Gesellschaftsblättern (§ 73 Abs. 2 Satz 3 AktG). Die betroffenen Aktien müssen eindeutig bezeichnet sein, etwa durch Stücknummern (§ 73 Abs. 2 Satz 4 AktG).

Nach Durchführung des Verfahrens haben die Aktionäre – vorbehaltlich einer Satzungsregelung gem. § 10 Abs. 5 AktG – Anspruch auf Ausgabe neuer Aktienurkunden, die ihnen auszugeben oder zu hinterlegen sind (§ 73 Abs. 3 Satz 1 AktG). Die Kosten des Verfahrens und der neuen Aktien trägt die AG. Schließlich können die Aktionäre nach § 74 AktG auf ihre Kosten den Umtausch beschädigter oder verunstalteter Aktienurkunden in neue verlangen. Bei börsennotierten Gesellschaften sind die „Richtlinien für die Lieferbarkeit beschädigter, amtlich notierter Wertpapiere" anzuwenden.[146]

---

[144] Kölner Komm./*Lutter* § 73 Rn. 3; *Hüffer/Koch* AktG § 23 Rn. 4.
[145] Vgl. Kölner Komm./*Lutter* § 73 Rn. 4; vgl. zB Siemens Bekanntmachung vom 31.7.1999; Deutsche Bank, Bekanntmachung vom 14.8.1999.
[146] *Bruns/Rodrian* Wertpapier und Börse Nr. 250.

H. Andere aktienrechtliche Wertpapiere und Nebenpapiere

135 Andere aktienrechtliche Wertpapiere von Bedeutung sind unter anderem Zwischenscheine (Rn. 136 ff.), Gewinnanteil- und Erneuerungsscheine (Rn. 138 ff.) und Jungscheine (Rn. 142).

I. Zwischenscheine

136 Zwischenscheine (früher Interimsscheine) sind Anteilscheine, die die AG den Aktionären vor der Ausgabe der Aktien ausstellt. Sie verbriefen das Mitgliedschaftsrecht des Aktionärs in vorläufiger Weise. Zwischenscheine werden vor allem ausgegeben, wenn die Aktien auf den Inhaber lauten sollen, die volle Zahlung der Einlage aber noch nicht geleistet worden und deshalb die Ausstellung von Inhaberaktien noch nicht möglich ist (§ 10 Abs. 2 Satz 1 AktG). Doch steht auch der Ausstellung von Zwischenscheinen trotz Volleinzahlung bis zur Fertigstellung der Aktienurkunden nichts entgegen. Der Zwischenschein ist eine vorläufige Aktie und wie sie ein Wertpapier, sodass die Geltendmachung der Aktionärsrechte von seinem Innehaben abhängt. Zwischenscheine müssen stets auf den Namen lauten (§ 10 Abs. 3 AktG). Scheine auf den Inhaber sind nichtig, auch wenn die volle Einlage bezahlt ist (§ 10 Abs. 4 Satz 1 AktG). Teileinzahlungen brauchen auf ihnen nicht angegeben zu werden. Für die Zwischenscheine gelten die Vorschriften des § 8 Abs. 1 bis 5 AktG. Bei Nennbetragsaktien darf der Nennbetrag eines Zwischenscheines und bei Stückaktien der rechnerische Anteil am Grundkapital somit 1 EUR nicht unterschreiten (§ 8 Abs. 2 Satz 1, Abs. 3 Satz 2 AktG; vgl. iE Rn. 7). Vor Eintragung der Gesellschaft bzw. einer Kapitalerhöhung dürfen Zwischenscheine nicht ausgegeben werden (§§ 41 Abs. 4 Satz 1, 191, 203 Abs. 1 Satz 1, 219 AktG); ein Verstoß hiergegen stellt eine Ordnungswidrigkeit dar, § 405 Abs. 1 Nr. 2 und 3 AktG.

137 Einen Anspruch auf Ausgabe von Zwischenscheinen haben die Aktionäre nur, wenn die Satzung dies vorsieht. Ansonsten steht ihre Ausgabe im Ermessen des Vorstandes.[147] Werden Zwischenscheine ausgegeben, ist der Inhaber des Zwischenscheins in das Aktienregister einzutragen (§ 67 Abs. 7 AktG; vgl. im Einzelnen Rn. 24 ff.). Der Zwischenschein wird nach denselben Grundsätzen wie die Namensaktie übertragen und kann ebenso wie diese für kraftlos erklärt werden (§§ 72 ff. AktG; vgl. Rn. 112 ff., 126 ff.).

II. Gewinnanteilscheine und Erneuerungsscheine

1. Gewinnanteilscheine

138 Der Anspruch des Aktionärs auf die festgestellte Dividende kann in einem besonderen Wertpapier, dem Gewinnanteil- bzw. Dividendenschein (Coupon) verbrieft werden. Wenn die Satzung nichts anderes bestimmt, steht den Aktionären nach hM ein Anspruch auf eine entsprechende Verbriefung zu.[148] Üblicherweise verbindet die Gesellschaft eine Reihe von Dividendenscheinen (10–20 einzeln abtrennbare Scheine) und einen Erneuerungsschein als „Bogen" mit der Aktienurkunde als „Mantel". Allerdings werden diese Scheine in der Praxis, insbesondere bei Publikumsgesellschaften, nicht mehr abgetrennt versandt und der Hauptzahlstelle

---

[147] *Hüffer/Koch* AktG § 8 Rn. 28; MünchKomm. AktG/*Heider* § 8 Rn. 100.
[148] Großkomm. AktG/*Henze* § 58 Rn. 105; *Hüffer/Koch* AktG § 58 Rn. 29.

H. Andere aktienrechtliche Wertpapiere und Nebenpapiere

vorgelegt, sondern geblockt, dh verpackt und verplombt und durch eine Bestätigung der Wertpapiersammelbank über die Höhe des Bestandes ersetzt, wobei dem Emittenten gegenüber die Gewähr dafür übernommen wird, dass die Gewinnanteilscheine nicht in den Verkehr gelangen.[149] Dasselbe gilt zunehmend für die dazugehörigen Bögen. Die Gewinnanteilscheine enthalten keine Fälligkeitstermine, sondern unterscheiden sich durch Nummern. Sie können daher in der Praxis nicht nur für das Bezugsrecht, sondern auch für das Bezugsrecht bei Kapitalerhöhungen und für die Nachzahlung rückständiger Ausgleichszahlungen nach Abschluss eines Spruchstellenverfahrens verwandt werden. Erst mit dem Aufruf der Gesellschaft zur Empfangnahme gegen einen mit einer bestimmten Nummer versehenen Gewinnanteilschein erfolgt daher die Verkörperung des Zahlungsanspruchs in dieser Urkunde als Wertpapier. Fehlen die Dividendenscheine, ist die Dividende gegen Vorlegung der Aktie zu beziehen. Der Gewinnanteilschein ist **Wertpapier**, da die AG nur gegen Zahlung des Scheins zur Auszahlung verpflichtet ist, und sie ist **Inhaberpapier**, da der Inhaber die Auszahlung des in dem Schein verbrieften Gewinnanteils verlangen kann, wenn die AG nicht seine Nichtberechtigung beweist (vgl. § 793 Abs. 1 Satz 2 BGB). Zum Bezug der Dividende muss die Aktienurkunde zur Legitimation nicht selbst vorgelegt werden. Der Gewinnanteilschein ist ohne Aktie übertragbar. Hinsichtlich der Übertragung gelten die §§ 929 ff. BGB, insbesondere die Vorschriften über den gutgläubigen Erwerb (§§ 932, 933, 936 BGB, 366, 367 HGB). Darüber hinaus gilt § 935 Abs. 2 BGB, sodass ein Abhandenkommen des Scheins einen gutgläubigen Erwerb nicht hindert.

Da Gewinnanteilscheine weder Zubehör noch Bestandteil der Aktien sind, erfassen Rechtsgeschäfte über die Aktie nicht ohne Weiteres auch die Gewinnanteilscheine.[150] Obligatorische Rechtsgeschäfte beziehen sich im Zweifel jedoch auch auf sie, dh der Veräußerer der Aktie ist im Zweifel auch zur Übereignung der Gewinnanteilscheine an den Erwerber verpflichtet, sofern die Dividendenzahlung auf einen bestimmten Gewinnanteilschein nicht bereits fällig ist.

Der Inhaber des Gewinnanteilscheins muss die Einwendungen des § 796 BGB gegen sich gelten lassen, dh alle Einwendungen, die der Gesellschaft unmittelbar gegen den Inhaber zustehen, sowie diejenigen Einwendungen, die die Gültigkeit der Ausstellung des Gewinnanteilscheins betreffen oder die sich aus dem Gewinnanteilschein selbst ergeben. Darüber hinaus können dem Inhaber auch solche Einwendungen entgegengehalten werden, die sich aus der Mitgliedschaft selbst ergeben. Dazu gehören der Einwand der Kraftloserklärung vor Fälligkeit, der Einwand einer vor dem Verteilungsbeschluss erfolgten Kaduzierung oder der Einwand der Einziehung der Aktie.[151] Bei Verlust des Scheins kann der Inhaber nach § 804 BGB vorgehen und den Verlust der Gesellschaft anzeigen. Im Übrigen erlischt mit der Kraftloserklärung der Aktienurkunde auch der Anspruch aus den noch nicht fälligen Gewinnanteilscheinen, hingegen nicht der mitgliedschaftliche Zahlungsanspruch.[152]

2. Erneuerungsscheine

Der „Bogen" enthält in der Regel auch einen Erneuerungsschein (Talon), welcher den Inhaber zur Entgegennahme eines neuen Bogens mit Gewinnanteilscheinen

---

[149] *Einsele* Wertpapierrecht als Schuldrecht 1995, S. 153; *Zöllner* in FS Raiser S. 260.
[150] MünchKomm. AktG/Bd. 1/*Bayer/Tichy* § 58 Rn. 129; Kölner Komm./*Lutter* § 58 Rn. 117.
[151] Großkomm. AktG/*Henze* § 58 Rn. 112.
[152] MünchKomm. AktG/Bd. 1/*Bayer* § 58 Rn. 130.

ermächtigt. Der Anspruch auf Ausgabe neuer Dividendenscheine erfolgt aus der Aktie selbst. Der Erneuerungsschein ist daher ein **einfaches Legitimationspapier** und nicht ein echtes Wertpapier, selbst wenn er, wie in der Regel, auf den Inhaber ausgestellt ist.[153] Der Erneuerungsschein hat Legitimationsfunktion zugunsten der Gesellschaft: sie kann an den Inhaber des Erneuerungsscheines mit befreiender Wirkung neue Gewinnanteilscheine ausgeben, ohne die Berechtigung des Inhabers nachprüfen zu müssen. Allerdings dürfen nach § 75 AktG neue Erneuerungsscheine an den Inhaber des Erneuerungsscheins nicht ausgegeben werden, wenn der Besitzer der Aktien der Ausgabe widerspricht.[154] Der Anspruch auf den Bezug neuer Gewinnanteilscheine bleibt somit im Hauptpapier verbrieft. Der Erneuerungsschein verkörpert daher kein selbstständiges Recht und kann daher auch nicht selbstständig veräußert werden. Andererseits verpflichtet die Veräußerung der Aktie zugleich zur Mitübergabe von Gewinnanteilscheinen und Erneuerungsscheinen, ohne dass es einer besonderen Einigung bedarf.[155] Fallen Besitz an der Aktie und dem Erneuerungsschein auseinander, gilt § 75 AktG. Infolge dieser Bindung an die Mitgliedschaft verliert der Erneuerungsschein seine Wirkungen, wenn der Aktionär seine Mitgliedschaft durch Ausschluss oder Einziehung der Aktie verliert oder die Aktienurkunde für kraftlos erklärt wird. Der Erneuerungsschein selbst kann nicht für kraftlos erklärt werden.

3. Jungscheine

142 Als Jungschein wird das von dem führenden Emissionshaus einzureichende Schreiben verstanden, das die **Verpflichtung zu der Einlieferung von neu auszugebenden Wertpapieren** oder eines Teils von ihnen nach Erscheinen für Rechnung des führenden Emissionshauses bei einer Wertpapiersammelbank zum Inhalt hat (vgl. Nr. 45 der AGB der Deutsche Börse Clearing AG). Sie werden von der emittierenden Gesellschaft ausgegeben, damit schon vor Erscheinen der effektiven Stücke (Aktien oder Obligationen) über die zu verbriefenden Rechte verfügt werden kann. Dieser Giroverkehr in noch unverbrieften Rechten ist weitgehend durch die Globalurkunde abgelöst worden.

J. Eigene Aktien

143 Aus § 71 Abs. 1 AktG folgt, dass der Erwerb eigener Aktien – abgesehen von den enumerativ aufgezählten Ausnahmen – verboten ist (wegen der Steuerfolgen eines verbotenen Erwerbs eigener Aktien und der damit verbundenen Einlagenrückgewähr vgl. § 13 Rn. 623). Dieses Verbot geht auf die zweite EU-Richtlinie zurück, die durch die Richtlinie 2006/68/EG dereguliert worden ist.[156] Bislang hat der deutsche Gesetzgeber von der durch die Änderungsrichtlinie eingeräumten Möglichkeit, die Anforderungen an den Erwerb eigener Aktien zu lockern,

---

[153] Vgl. statt aller Kölner Komm./*Lutter* § 58 Rn. 133 mwN.
[154] *Hüffer/Koch* AktG § 58 Rn. 30.
[155] MünchKomm. AktG/Bd. 1/*Bayer* § 58 Rn. 132.
[156] Richtlinie 2006/68/EG des Europäischen Parlaments und des Rats vom 6.9.2006 zur Änderung der Richtlinie 77/91/EWG des Rates in Bezug auf die Gründung von Aktiengesellschaften und die Erhaltung und Änderung ihres Kapitals, ABl. EU Nr. L 264 v. 25.9.2006, S. 32–36, s. *Maul* BB 2005, Beilage 2, S. 2 ff., *Drygala* Der Konzern 2007, 391; *Arbeitsgruppe Europäisches Gesellschaftsrecht* ZIP 2003, 863 (873).

keinen Gebrauch gemacht. Es verbleibt daher bei der bisherigen Regelung, so dass der Erwerb eigener Aktien mit Ausnahme bestimmter Fälle verboten bleibt. Das Verbot des Erwerbs eigener Aktien dient in erster Linie der Kapitalaufbringung und -erhaltung. Handelt es sich bei den zurückzuerwerbenden Aktien um solche, die noch nicht voll eingezahlt sind, liegt die Schutzfunktion des Erwerbsverbots des § 71 AktG in der Kapitalaufbringung, da es durch den Rückkauf der eigenen Aktie zu einem Verzicht auf die noch offene Einlage kommen würde. In dem weitaus häufiger anzutreffenden Fall der voll eingezahlten Aktien steht demgegenüber die Kapitalerhaltung im Vordergrund. Denn durch den Erwerb eigener Aktien würden die veräußernden Aktionäre ihre Einlage in Form des von der Gesellschaft gezahlten Kaufpreises zurückerhalten, sodass es im Ergebnis zu einer Einlagenrückgewähr an den veräußernden Aktionär käme (§ 57 AktG; vgl. § 8 Rn. 23 ff.). Dies soll durch die Vorschrift des § 71 AktG verhindert werden. Ist Ziel des Aktienrückkaufs die Kurspflege, so kommt die zusätzliche Gefahr hinzu, dass die verbleibenden Aktionäre durch manipulierte Kurse über den wahren Wert ihrer Mitgliedschaft getäuscht werden. Auch diese Gefahr wollen die Regelungen des § 71 AktG eindämmen. Trotz dieser Gefahren kann der Erwerb eigener Aktien in gewissen Situationen wünschenswert sein. Dem wird durch § 71 Abs. 1 Nr. 1–8 AktG Rechnung getragen, die Ausnahmen von dem Erwerbsverbot zulassen.

I. Erwerbsverbot

Verboten ist – von den noch zu behandelnden Ausnahmen abgesehen, vgl. **144** Rn. 145 ff. – jeder abgeleitete Erwerb, der die AG auf Dauer oder vorübergehend zum Inhaber oder Mitinhaber der Aktie macht oder einen schuldrechtlichen Titel für einen solchen Erwerb schafft, also Übereignung nach §§ 398 ff., 413 BGB. Ob dem ein Kauf, ein Tausch, eine Schenkung, eine Sicherungs- oder sonstige Treuhandabrede, eine unregelmäßige Verwahrung oder Kommission oder ein Zuschlag in der Zwangsversteigerung zugrunde liegt, ist ohne Belang. Ein Erwerb eigener Aktien ist hingegen nicht gegeben, wenn die AG nur die Verfügungsbefugnis über die Aktie erlangen soll, etwa im Falle der Verwaltungstreuhand oder der Legitimationsübertragung. Bei der Kaduzierung wird § 71 AktG durch die §§ 64, 65 AktG verdrängt; eine Ausnahme hiervon gilt für den Erwerb der kaduzierten Aktien durch die AG nach § 65 Abs. 3 AktG.[157] Ebenfalls kein Erwerb eigener Aktien liegt beim Erwerb von Schuldverschreibungen (auch bei Wandel- oder Gewinnobligationen), von Optionsscheinen, von Genussscheinen, von Dividendenscheinen oder Bezugsrechten auf Aktien vor. Zur Gesamtrechtsnachfolge vgl. Rn. 153.

II. Ausnahmen vom Erwerbsverbot

1. Erwerb zur Schadensabwehr

Die erste Ausnahme von dem Erwerbsverbot eigener Aktien wird durch § 71 **146** Abs. 1 Nr. 1 AktG im Falle des Erfordernisses eines Erwerbes zur Schadensabwehr zugelassen. Dieser ist jedoch nur in seltenen Fällen zulässig, denn er muss das notwendige – und nicht nur geeignete – Mittel sein, um einen schweren unmittelbar bevorstehenden Schaden von der Gesellschaft abzuwenden (§ 71 Abs. 1 Nr. 1

---

[157] *Hüffer/Koch* AktG § 71 Rn. 6; MünchKomm. AktG/Bd. 1/*Bayer* § 65 Rn. 95.

AktG).¹⁵⁸ Vor diesem Hintergrund kommt ein Erwerb eigener Aktien insbesondere in Betracht, wenn Aktien eines Schuldners der AG übernommen werden müssen (zB durch Pfändung bzw. Verwertung), weil dieser auf andere Weise nicht leisten kann¹⁵⁹ oder gegen die AG ein gezielter Baisseangriff geführt wird, der eine Kreditgefährdung zur Folge hat.¹⁶⁰ Dies gilt auch, wenn der Baisseangriff in der Verschmelzungsphase gegen die aufnehmende AG gerichtet wird und daraus für sie ein schlechtes Umtauschverhältnis resultiert.¹⁶¹ Inwieweit weitere irreguläre Einflüsse auf den Kursverlauf den Erwerb eigener Aktien rechtfertigen, ist wenig geklärt. Jedenfalls kann dies bei Einflüssen, die auf die wirtschaftliche Lage der Gesellschaft zurückgehen, und sonstigen allgemeinen Verschlechterungen des Börsenkurses nicht der Fall sein.¹⁶² Streitig ist, ob eine drohende Überfremdung (feindliche Übernahme) den Erwerb eigener Aktien generell rechtfertigt¹⁶³ oder in dem Ausnahmefall, dass ein Aufkauf der Aktien zwecks Schädigung (zB Verdrängung vom Markt durch einen Wettbewerber) erfolgt.¹⁶⁴ Unzulässig ist ein Erwerb eigener Aktien zur Kurspflege,¹⁶⁵ zur Ausnutzung von Kursgewinnen, als Finanzanlage oder zwecks Abkaufs von Anfechtungsklagen; selbst dann, wenn die Klage missbräuchlich ist.¹⁶⁶

147 Ein Erwerb eigener Aktien zur Schadensabwehr setzt weiterhin voraus, dass die **10%-Grenze** und die **Kapitalgrenze** eingehalten werden (§ 71 Abs. 2 Satz 1 und 2 AktG). Die zum Zweck der Schadensabwehr erworbenen Aktien dürfen daher zusammen mit bereits erworbenen Aktien, die die AG noch besitzt, 10% des Grundkapitals nicht übersteigen. Für die Berechnung der 10%-Grenze kommt es einerseits auf die Grundkapitalziffer an, wie sie sich aus der Bilanz ergibt (§ 266 Abs. 3 A.I. HGB) und andererseits auf den Gesamtbestand der eigenen Aktien der AG, unabhängig davon, zu welchem Zweck sie erworben worden sind. Mitzurechnen sind eigene und in Pfand genommene Aktien (§ 71c Abs. 1 AktG) der AG und von ihr abhängiger oder in ihrem Mehrheitsbesitz stehender Unternehmen (§ 71d Satz 2 AktG) sowie von Dritten, sofern die Zurechnungsvoraussetzungen des § 71d AktG erfüllt sind. Der Erwerb ist außerdem nur zulässig, wenn die in § 71 Abs. 2 Satz 2 AktG statuierte **Kapitalgrenze** eingehalten wird. Nach der neuen Regelung des BilMoG ist insoweit erforderlich, dass die AG im Zeitpunkt des Erwerbs eine Rücklage in Höhe der Aufwendungen für den Erwerb bilden könnte, ohne das Grundkapital oder eine nach Gesetz oder Satzung zu bildende Rücklage zu mindern, die nicht zur Zahlung an die Aktionäre verwandt werden darf (s. Rn. 168). Zudem muss es sich bei den Aktien, die erworben werden sollen, um solche handeln, auf die der Ausgabebetrag voll geleistet worden ist.

Gemäß § 71 Abs. 3 Satz 1 AktG hat der Vorstand schließlich die nächste Hauptversammlung über die Zahl und den Nennbetrag der erworbenen Aktien, deren

---

¹⁵⁸ Vgl. im Einzelnen *Hüffer/Koch* AktG § 71 Rn. 7.
¹⁵⁹ *Hüffer/Koch* AktG § 71 Rn. 9.
¹⁶⁰ MünchKomm. AktG/Bd. 1/*Oechsler* § 71 Rn. 127 mwN.
¹⁶¹ *Hüffer/Koch* AktG § 71 Rn. 9.
¹⁶² MHdB GesR IV/*Rieckers* § 15 Rn. 11.
¹⁶³ Großkomm. AktG/*Barz* § 71 Rn. 7; ablehnend Kölner Komm./*Lutter* § 71 Rn. 24; *Hüffer/Koch* AktG § 71 Rn. 9; MünchKomm. AktG/Bd. 1/*Oechsler* § 71 Rn. 115 ff.
¹⁶⁴ *Hüffer/Koch* AktG § 71 Rn. 9; nicht eindeutig BGH II ZR 150/58, BGHZ 33, 175 (186) = NJW 1961, 26.
¹⁶⁵ Allg. Meinung vgl. MHdB GesR IV/*Rieckers* § 15 Rn. 11 mwN.
¹⁶⁶ *Hüffer/Koch* AktG § 71 Rn. 9.

J. Eigene Aktien 148–150 §3

Anteil am Grundkapital und über den Gegenwert der Aktien zu unterrichten. Diese Angaben sind nach § 160 Abs. 1 Nr. 2 AktG auch im Anhang zu machen.[167]

2. Belegschaftsaktien

Der Erwerb von eigenen Aktien ist zulässig, wenn sie den Arbeitnehmern der AG **148** oder eines mit ihr verbundenen Unternehmens angeboten werden sollen (§ 71 Abs. 1 Nr. 2 AktG). Ausreichend ist ein früheres Arbeitsverhältnis, sodass Aktien auch Betriebsrentnern oder Ruheständlern angeboten werden können.[168] Dementsprechend ist eine statutarische Regelung zur Rückübertragung der Belegschaftsaktien mit Beendigung des Dienstverhältnisses als nichtig anzusehen.[169] Der Erwerb von eigenen Aktien zum Zwecke des Angebots an Organmitglieder ist demgegenüber nicht von § 71 Abs. 1 Nr. 2 AktG erfasst, da sie nicht zu den Arbeitnehmern zählen (vgl. jedoch § 192 Abs. 2 Nr. 3 AktG, § 9 Rn. 54).[170] Neben dieser Zweckbindung setzt der Erwerb eigener Aktien die Einhaltung der 10%-Grenze und der Kapitalgrenze nach § 71 Abs. 2 Satz 1 und 2 AktG voraus (vgl. Rn. 147). Zudem muss es sich bei den zu erwerbenden Aktien um voll eingezahlte handeln (vgl. Rn. 147).

Für die Zulässigkeit des Erwerbes genügt, dass der Vorstand die ernsthafte Absicht hat, die Aktien den Arbeitnehmern anzubieten. Sie sollte sich in einem Vorstandsbeschluss mit realistischen Angebotskonditionen äußern. Kommt es entgegen der Absichten nicht zu einer Ausgabe der eigenen Aktien, so macht dies den Erwerb nicht im Nachhinein unzulässig.[171] Gemäß § 71 Abs. 3 Satz 2 AktG sind die Aktien innerhalb eines Jahres nach ihrem Erwerb an die Arbeitnehmer auszugeben. Auch nach Ablauf der Frist können die Aktien noch ausgegeben werden. Jedoch begehen die Vorstandsmitglieder bei schuldhafter Überschreitung der Frist eine Pflichtverletzung und können nach § 93 AktG ersatzpflichtig sein. Gibt der Vorstand seine Absicht auf, die Aktien den Arbeitnehmern zu überlassen, so ist er entsprechend § 71c Abs. 1 AktG verpflichtet, die eigenen Aktien innerhalb eines Jahres nach ihrem Erwerb zu veräußern.[172] Zur 10%-Grenze vgl. Rn. 147. **149**

3. Abfindung von Aktionären

Der Erwerb eigener Aktien ist nach § 71 Abs. 1 Nr. 3 AktG zulässig, wenn er der **150** Abfindung an ausscheidende Aktionäre einer Untergesellschaft bei Abschluss eines Beherrschungs- oder Gewinnabführungsvertrages (§ 305 Abs. 2 AktG) oder bei deren Eingliederung (§ 320b Abs. 1 AktG) dienen soll. Als weitere Erwerbsfälle sind § 29 Abs. 1, § 125 Satz 1, 207 Abs. 1 Satz 1 UmwG vorgesehen, damit die AG in der Lage ist, sich eigene Aktien zu beschaffen, um sie bei Verschmelzung, Formwechsel, Auf- und Abspaltung anzubieten. Für die Zulässigkeit ist genügend, dass Aktien angeboten werden sollen. Auch hier genügt die Verwendungsabsicht des Vorstandes. Nach hM ist hierfür grundsätzlich erforderlich, dass die notwendigen Zustimmungsbeschlüsse der Hauptversammlungen vorliegen (vgl. auch Rn. 149).[173] Zudem ist die 10%-Grenze und die Kapitalgrenze des § 71 Abs. 2 AktG einzuhalten. Die Abfindung

---

[167] Vgl. BeBiKo/*Ellrott* HGB § 284 Rn. 41 ff.
[168] RegBegr. BT-Drs. 12/6679, 83; *Butzke* WM 1995, 1389.
[169] BayObLG BReg. 3 Z 11/88, ZIP 1989, 638.
[170] Zur Möglichkeit von Wandelschuldverschreibungen in diesem Fall vgl. OLG Braunschweig 3 U 75/98, NZG 1998, 814; OLG Stuttgart 20 U 11/97, NZG 1998, 822.
[171] *Hüffer/Koch* AktG § 71 Rn. 13.
[172] Kölner Komm./*Lutter/Drygala* § 71 Rn. 85; *Hüffer/Koch* AktG § 71 Rn. 23.
[173] Kölner Komm./*Lutter/Drygala* § 71 Rn. 51.

kann in diesem Fall ua im Wege des Erwerbs eigener Aktien durch die Gesellschaft geleistet werden, wobei die Grenzen der §§ 71 f. AktG zu beachten sind.[174] Des Weiteren wird eine entsprechende Anwendung des § 71 Abs. 1 Nr. 3 AktG im Fall der Konzernverschmelzung ohne Hauptversammlungsbeschluss[175] und der kapitalmarktrechtlichen Schadensersatzhaftung der Gesellschaft gegenüber getäuschten Anlegern (zB Prospekthaftung) befürwortet.[176] Entfallen ist die analoge Anwendung des § 71 Abs. 1 Nr. 3 AktG beim Rückzug der Gesellschaft von der Börse (Delisting), nachdem § 39 Abs. 2 BörsenG für diesen Fall ein Erwerbsangebot in bar vorsieht.

4. Unentgeltlicher Erwerb/Einkaufskommission

151 Nach § 71 Abs. 1 Nr. 4 AktG ist der Erwerb eigener Aktien zulässig, wenn er unentgeltlich erfolgt oder wenn die Gesellschaft als Kreditinstitut in Ausführung einer Einkaufskommission handelt. In beiden Fällen muss es sich um voll eingezahlte Aktien handeln (Rn. 147). Die erste Variante kommt in Betracht, wenn der Aktionär der AG seine Aktien schenkt oder testamentarisch vermacht (zB Vermächtnis), wobei eine Belastung mit Schenkungsteuer bzw. Erbschaftsteuer die Unentgeltlichkeit nicht ausschließt.[177] Praktisch wichtiger dürfte der Fall einer Schenkung zu Sanierungszwecken sein, in denen die Aktionäre der AG ihre Aktien unentgeltlich zur Verfügung stellen, um einen Kapitalschnitt zu ermöglichen. In diesem Fall dürfte aber bereits § 71 Abs. 1 Nr. 6 AktG eingreifen.[178]

152 Führt eine Gesellschaft als Kreditinstitut eine Einkaufskommission aus, kommt es zum Durchgangserwerb der Anteile durch die Aktiengesellschaft, weil diese im eigenen Namen erwirbt. Dies wird seit jeher als zulässig angesehen, um den Handel nicht unnötig zu erschweren. Scheitert das Geschäft (zB Kommittent nimmt die Aktien nicht ab), verbleiben die Aktien bei der AG. Der Aktienerwerb wird dadurch – sofern der Kommissionsvertrag zum Erwerbszeitpunkt rechtswirksam war – nicht im Nachhinein unzulässig. Auch eine Pflicht zur Veräußerung der Aktien besteht vorbehaltlich § 71c Abs. 2 AktG nicht.[179]

5. Gesamtrechtsnachfolge

153 Der Erwerb eigener Aktien im Wege der Gesamtrechtsnachfolge ist zulässig (§ 71 Abs. 1 Nr. 5 AktG), damit die Nachfolge nicht am Erwerb eigener Aktien scheitert. Erfasst werden die Fälle des § 1922 BGB, der Verschmelzung und des Vermögensübergangs (zB werden alle Anteile einer Personengesellschaft, die Aktien an der AG hält, auf die AG übertragen).[180]

6. Einziehung zur Kapitalherabsetzung

154 Bei einer Kapitalherabsetzung (§§ 237 ff. AktG) durch Einziehung von Aktien ist der im Zuge der Einziehung erfolgende Erwerb der eigenen Aktien zulässig (§ 71

---

[174] BGH II ZR 133/01, BGHZ 153, 47 (56 ff.).
[175] MünchKomm. AktG/Bd. 1/*Oechsler* § 71 Rn. 157.
[176] MünchKomm. AktG/Bd. 1/*Oechsler* § 71 Rn. 161; Schmidt/Lutter/*Bezzenberger* § 71 Rn. 67; *Hüffer/Koch* AktG § 71 Rn. 15a. *Hüffer/Koch* AktG § 71 Rn. 15a; zur Rechtslage vor Macroton *Martens* in FS Boujong 1996, S. 335, 336 ff., 339 ff.
[177] MünchKomm. AktG/Bd. 1/*Oechsler* § 71 Rn. 166.
[178] *Hüffer/Koch* AktG § 71 Rn. 16.
[179] MünchKomm. AktG/Bd. 1/*Oechsler* § 71 Rn. 169.
[180] Kölner Komm./*Lutter/Drygala* § 71 Rn. 230.

J. Eigene Aktien 155, 156 § 3

Abs. 1 Nr. 6 AktG). Die Kapitalerhaltungsvorschriften treten insoweit hinter die Einziehungsvorschriften zurück.

7. Wertpapierhandel

Eine AG darf auch dann eigene Aktien erwerben, um laufend bis zu 5% ihrer Aktien als Handelsbestand vorzuhalten, wenn sie ein Kredit- (§§ 1 Abs. 1, 2 Abs. 1 KWG) oder Finanzinstitut (§ 1 Abs. 3 Nr. 6 und 7 KWG) ist, sich auf einen Hauptversammlungsbeschluss stützt und mit dem Erwerb den Wertpapierhandel bezweckt (§ 71 Abs. 1 Nr. 7 AktG).[181] Der Beschluss der Hauptversammlung bedarf, soweit die Satzung nichts Abweichendes bestimmt, der einfachen Stimmenmehrheit (§ 133 Abs. 1 AktG). Er muss zum einen den Erwerbszweck („zum Zwecke des Wertpapierhandels") und die Dauer der Ermächtigung angeben, innerhalb derer die Verwaltung zum Erwerb ermächtigt ist. Die Ermächtigung durfte früher nur für höchstens 18 Monate (idR seit Beschlussfassung) erteilt werden und musste also praktisch jedes Jahr in der Hauptversammlung herbeigeführt werden. Mit Inkrafttreten des ARUG (BGBl. 2009 I 2479) zum 1.9.2009 ist die Ermächtigungsdauer auf fünf Jahre verlängert worden. Die Ermächtigung darf während des Fristlaufs erneuert werden. Die Ermächtigung kann während des Fristablaufs verlängert werden, darf aber die fünf Jahre nicht übersteigen.[182] Darüber hinaus muss der Beschluss bestimmen, dass der Handelsbestand der zu diesem Zweck zu erwerbenden Aktien **5% des Grundkapitals** am Ende jeden Tages nicht überschreiten darf und zu welchem niedrigsten und höchsten Gegenwert die Aktien erworben bzw. veräußert werden dürfen. Bei der Berechnung der 5%-Grenze ist auf die Höhe des Grundkapitals bei Beschlussfassung abzustellen. Sie ist nur am Ende eines jeden Tages (24 Uhr deutscher Zeit) einzuhalten, während des Laufs des Tages sind auch höhere Bestände möglich.[183] Allerdings muss, da § 71 Abs. 2 AktG Anwendung findet, in jedem Fall die 10%-Grenze und die Kapitalgrenze eingehalten werden (vgl. Rn. 147). Zudem muss es sich um voll eingezahlte Aktien handeln (§ 71 Abs. 2 Satz 3 AktG).

8. Ermächtigung zum Eigenerwerb

§ 71 Nr. 8 AktG erlaubt der AG, eigene Aktien auf der Grundlage einer Ermächtigung der Hauptversammlung zu erwerben, ohne dass einer der Zwecke des § 71 Abs. 1 Nr. 1 bis 7 AktG erfüllt sein müsste. Diese durch das KonTraG eingeführte Lockerung des Erwerbsverbots bezweckt vor allem mehr Flexibilität bei der Eigenkapitalfinanzierung. Sie kann zB bei überkapitalisierten Gesellschaften genutzt werden, um das Eigenkapital zulasten der freien Rücklagen (nicht dauerhaft) zu mindern.[184] Zudem kann der Rückerwerb eigener Aktien zur Vorbereitung der Einziehung (§ 71 Abs. 1 Nr. 8 Satz 6 AktG) und zur Bedienung von Aktienoptionen (§ 71 Abs. 1 Nr. 8 Satz 4 iVm 193 Abs. 2 Nr. 4 AktG) durchgeführt werden, wobei Letzteres sinnvoll ist, wenn der Verwässerungseffekt eingedämmt werden soll.[185]

---

[181] Zum wirtschaftlichen und rechtspolitischen Hintergrund vgl. *Butzke* WM 1995, 1389 (1390 ff.).
[182] *Hüffer/Koch* AktG § 71 Rn. 19b.
[183] *Hüffer/Koch* AktG § 71 Rn. 19b.
[184] RegBegr. BT-Drs. 13/9712, 13.
[185] *Peltzer* WM 1998, 322 (331); *Hüffer/Koch* AktG § 71 Rn. 19c.

Genutzt werden kann der Erwerb eigener Aktien zudem zur Abwehr von Übernahmeangeboten[186] und zum Hochtreiben des Aktienkurses (Kurspflege, s. Rn. 160).[187]

157 Der Erwerb der eigenen Aktien bedarf eines **Ermächtigungsbeschlusses** der Hauptversammlung, der dem Erwerb vorangehen muss. Einfache Stimmenmehrheit ist ausreichend, soweit die Satzung nichts Abweichendes festlegt (§ 133 Abs. 1 AktG) oder sich nicht aus der Regelung eines besonderen Verwendungszweckes für die eigenen Aktien das Erfordernis einer 3/4-Mehrheit ergibt (§ 71 Abs. 1 Nr. 8 Satz 5 iVm § 186 Abs. 3 Satz 2 AktG; Rn. 163). Eine Eintragung des Beschlusses in das Handelsregister erfolgt nicht. Die AG hat aus eigenen Aktien kein Stimmrecht (§ 71b AktG). Der Beschluss muss den in § 71 Nr. 8 AktG festgelegten Mindestinhalt haben. Er muss zunächst seine eigene Geltungsfrist, die sich früher höchstens auf **18 Monate** belaufen durfte, festlegen. Mit Inkrafttreten des ARUG zum 1.9.2009 (BGBl. 2009 I 2479) ist die Geltungsfrist auf fünf Jahre verlängert worden. Die Berechnung der Frist richtet sich nach den §§ 187 ff. BGB. Beginn und Ende der Frist sind mithin so bestimmt festzusetzen, dass sich der Verlauf durch einen außenstehenden Dritten ermitteln lässt (zB bis 31.10.2000 oder vom Tag der Beschlussfassung an für fünf Jahre). Fehlt es hieran, ist der Ermächtigungsbeschluss nichtig (§ 241 Nr. 3 AktG); eine Auslegung, die auf eine Höchstfrist hinausläuft, ist nicht möglich.[188] Eine **Kettenbefristung** ist möglich. Die Ermächtigung darf also während des Fristlaufs erneuert werden;[189] die Frist darf aber insgesamt nicht fünf Jahre übersteigen. Der unverbrauchte Rest der Frist ist also bei der Bestimmung der neuen Frist abzuziehen. Die zeitmäßige Befristung gilt nur für den Erwerb der Aktien; die Wiederveräußerung kann daher zu einem späteren Zeitpunkt erfolgen, was für die Bedienung von Aktienoptionsplänen von Bedeutung ist.[190]

158 Der Beschluss hat zudem den **niedrigsten** und den **höchsten Gegenwert** festzulegen. Dies muss in einer Weise geschehen, dass ein Dritter den höchsten und niedrigsten Gegenwert anhand des Beschlusses feststellen kann. Allerdings bedeutet dies nicht, dass die Festlegung betragsmäßig erfolgen muss. Vielmehr kann sie durch eine Anbindung an einen künftigen Börsenkurs innerhalb eines im Beschlusszeitpunkt festgelegten Beobachtungszeitraums bestimmt werden.[191] Möglich ist daher etwa der Bezug zum aktuellen Börsenkurs oder zu einem Kurs, der innerhalb einer Referenzperiode von einigen Tagen besteht (zB 3–5 Tage).[192] Bei einem Rückkauf über die Börse liegt der Preisrahmen in der Regel 5 oder 10% über bzw. unter dem Börsenkurs, wenn ein Durchschnittskurs von 3 bis 5 Börsentagen zugrunde gelegt wird.[193] Erfolgt der Rückkauf demgegenüber im Wege eines Tenderverfahrens – Angebot an alle Anteilseigner zu gleichen Konditionen, je nach der Höhe des Aktienbesitzes[194] – liegt der Preisrahmen höher. In der Regel liegt er 20 bis 30% über bzw. unter dem Börsenkurs.[195] Allerdings rechtfertigt § 71 Abs. 1 Nr. 8 AktG nur die Festsetzung einer marktüblichen Gegenleistung; andernfalls kommt ein Verstoß

---

[186] Schmidt/Lutter/*Bezzenberger* § 71 Rn. 32; *Berrar/Schnorbus* ZGR 2003, 59 (100 ff.).
[187] MünchKomm. AktG/Bd. 1/*Oechsler* § 71 Rn. 1 ff.
[188] *Hüffer/Koch* AktG § 71 Rn. 19e.
[189] RegBegr. BT-Drs. 13/9712, 84; *Hüffer/Koch* AktG § 71 Rn. 19b.
[190] MünchKomm. AktG/Bd. 1/*Oechsler* § 71 Rn. 198.
[191] RegBegr. BT-Drs. 13/9712, 13.
[192] *Butzke* WM 1995, 1389 (1392).
[193] *DAI* Der Erwerb eigener Aktien in Deutschland 1999 S. 11; vgl. LG Berlin 99 O 83/99, DB 2000, 765.
[194] *Posner* AG 1994, 312 (316).
[195] *DAI* Der Erwerb eigener Aktien in Deutschland 1999, S. 12.

J. Eigene Aktien 159, 160 § 3

gegen § 57 Abs. 1 Satz 1 AktG in Betracht.[196] Aus steuerrechtlicher Sicht kann es bei einer überhöhten Gegenleistung zudem zu einer **verdeckten Gewinnausschüttung** kommen. Nur soweit die Aktien über die Börse oder im Tenderverfahren erworben werden, soll regelmäßig keine verdeckte Gewinnausschüttung vorliegen (zur verdeckten Gewinnausschüttung wegen des Erwerbs eigener Aktien zum überhöhten Preis vgl. § 13 Rn. 624).[197] Der Gegenwert ist vollständig festzusetzen.[198]

Der Beschluss hat ferner das **Erwerbsvolumen** festzuschreiben, das 10% des **159** Grundkapitals nicht überschreiten darf. Diese Volumenbegrenzung stellt anders als die Kapitalgrenze des § 71 Abs. 2 Satz 1 AktG, die allerdings auch eingehalten werden muss, nicht auf den jeweiligen Bestand, sondern auf die insgesamt zu erwerbenden Aktien ab.[199] Bezugsgröße zur Errechnung der 10%-Grenze ist die zum Zeitpunkt des Ermächtigungsbeschlusses festgesetzte Grundkapitalziffer. Kapitalerhöhungen sind nur zu berücksichtigen, wenn sie im Zeitpunkt des Beschlusses bereits wirksam geworden sind. Allerdings kann der Ermächtigungsbeschluss aufschiebend bedingt mit einer Kapitalerhöhung getroffen werden. Auch Kapitalherabsetzungen sind mit ihrem Wirksamwerden zu berücksichtigen. Nach § 224 AktG wird daher mit dem Wirksamwerden der Kapitalherabsetzung eine Ermächtigung, die dann die 10%-Grenze überschreitet, kraft Gesetzes angepasst, da dies § 71 Abs. 1 Nr. 8 Satz 1 AktG zwingend gebietet.[200]

Schließlich kann der **Zweck** des Erwerbs im Beschluss angegeben werden; **160** grundsätzlich ist die Angabe eines Zweckes aber nicht erforderlich. Fehlt eine solche Festlegung, bestimmt der Vorstand im Rahmen seiner Leitungsbefugnis den Zweck.[201] § 71 Abs. 1 Nr. 8 AktG enthält im Hinblick auf den Zweck das Verbot, **mit eigenen Aktien** zu handeln, da dies keine sinnvolle Unternehmensfinanzierung darstellt (billig kaufen und teuer verkaufen).[202] Es ist daher untersagt, eigene Aktien planmäßig und auf Dauer zu erwerben. Eine weitere Ausnahme gilt, gem. § 71 Abs. 1 Nr. 8 Satz 5 iVm § 193 Abs. 2 Nr. 4 AktG, wenn der Rückerwerb der Aktien der Unterlegung eines Aktienoptionsprogramms dienen soll, da hier im Ermächtigungsbeschluss bereits die Aufteilung der Bezugsrechte, die Erfolgsziele des Erwerbs und die Ausübungszeiträume und die Wartezeit festzusetzen sind.[203] Ansonsten enthält § 71 Abs. 1 Nr. 8 AktG keine beschränkenden Vorgaben. Eigene Aktien können daher zu verschiedensten Zwecken erworben werden. In Betracht kommt ein Erwerb eigener Aktien
– um das Eigenkapital zulasten der Rücklagen zu verringern, also Aktien vom Markt zu nehmen, wenn das Eigenkapital vorübergehend oder dauerhaft zu hoch ist. Eine Vorgehensweise, die bei börsennotierten Gesellschaften auch im Hinblick auf den Kurs von Vorteil sein kann, da sie zu Kurssteigerungen führen kann.[204]

---

[196] *Joost* ZHR 1985, 419 (431); *Martens* AG 1988, 118 (121).
[197] BMF 2.12.1998, DStR 1998, 2011 Tz. 17.
[198] *Butzke* WM 1995, 1389 (1392).
[199] RegBegr. BT-Drs. 13/9712, 13.
[200] MünchKomm. AktG/Bd. 1/*Oechsler* § 71 Rn. 204.
[201] OLG Hamburg 11U 98/04, ZIP 2005, 1074 (1079); *Hüffer/Koch* AktG § 71 Rn. 19 f.; MünchKomm. AktG/Bd. 1/*Oechsler* § 71 Rn. 206; MHdB GesR IV/*Rieckers* § 15 Rn. 21; aA für zwingende Festlegung des Beschlusses; noch *Bosse* NZG 2000, 923; *Seibert* WM 1997, 1 (9).
[202] *Huber* in FS Kropff 1997, S. 101, 120 f.
[203] MHdB GesR IV/*Rieckers* § 15 Rn. 21.
[204] *Seibert* WM 1996, 1 (9).

– zur **Bedienung von Aktienoptionen**, soweit bedingtes Kapital hierfür nicht eingesetzt werden soll oder kann. Gem. § 71 Abs. 1 Nr. 8 Satz 5 AktG ist hierzu ein gesonderter Hauptversammlungsbeschluss erforderlich.
– zur späteren **Einziehung** der Aktien nach § 237 Abs. 1, 2. Fall AktG. Anders als bei § 71 Abs. 1 Nr. 6 AktG muss dem Erwerb der eigenen Aktien noch kein Einziehungsbeschluss zugrunde liegen. Ein solcher muss bei einer entsprechenden Ermächtigung (§ 71 Abs. 1 Nr. 8 Satz 6 AktG) auch später nicht vorliegen. Der Vorstand kann in diesem Fall nach pflichtgemäßem Ermessen entscheiden, ob er von der Einziehungsermächtigung Gebrauch macht oder nicht.
– Abschaffung einer Aktiengattung (zB Vorzugsaktien).[205]
– im Rahmen von Umwandlungen, wenn § 71 Abs. 1 Nr. 3 AktG nicht einschlägig ist, wie etwa im Falle der **Ausgliederung**.
– zur Abwehr von Übernahmeangeboten, da der Rückerwerb der Aktien die prozentuale Stimmenmacht der in der Gesellschaft verbleibenden Aktionäre erhöht, was von Vorteil ist, wenn vor allem von den Aktionären Anteile zurückerworben worden sind, die ohnehin zur Veräußerung bereit waren.[206] Zudem wird es für den Bieter schwieriger aufgrund der mit dem Rückerwerb verbundenen Abschmelzung der Liquiditätsreserven, die Kosten der Übernahme aus der Liquidität der Zielgesellschaft zu finanzieren. Bei börsennotierten Gesellschaften greift § 33 WpÜG ein. Eine vor dem Angebot erteilte allgemeine Ermächtigung kann daher nicht durch den Vorstand genutzt werden. Vielmehr ist zur Abwehr eine für diesen Zweck durch die Hauptversammlung gefasste Ermächtigung oder eine Ad-hoc-Zustimmung der Hauptversammlung zu der Abwehrmaßnahme (Rückkauf) erforderlich.[207]
– nach hM auch zur Einwirkung und Stabilisierung des Kurses **(Kurspflege)**.[208] Die Regierungsbegründung spricht lediglich davon, dass ein Aktienerwerb nicht zur kontinuierlichen Kurspflege dienen dürfe, mithin also ein fortlaufender Kauf und Verkauf zur Erzielung von Trading-Gewinnen ausscheide.[209] Dies steht aber einem Erwerb zur Kurspflege nicht entgegen, da es bei einer solchen einmaligen Maßnahme bereits an einem planmäßigen und auf Dauer angelegten Erwerbsgeschäft, wie es zum Handel in eigenen Aktien erforderlich wäre, fehlt.

161 Auch im Rahmen der Ermächtigung des Eigenerwerbs dürfen nur voll eingezahlte Aktien erworben werden und ist die 10%-Grenze und die Kapitalgrenze des § 71 Abs. 2 AktG zu beachten (Rn. 147). Zudem war früher die Bundesanstalt für Finanzdienstleistungsaufsicht unverzüglich von der Ermächtigung zu informieren (§ 71 Abs. 3 Satz 3 AktG). Mit Inkrafttreten des ARUG (BGBl. 2009 I 2479) zum 1.9.2009 ist diese Informationspflicht entfallen.

162 Die Verwaltung muss bei dem **Erwerb der Aktien** den **Gleichbehandlungsgrundsatz** beachten. Hierzu ist es bei börsennotierten Gesellschaften ausreichend, wenn der Erwerb bzw. der Verkauf über die Börse erfolgt (§ 71 Abs. 1 Nr. 8 Satz 4 AktG). Die Chancengleichheit wird durch den allgemeinen Zugang zum Aktienhandel gewahrt.[210] Die Gesellschaft, auch wenn sie börsennotiert ist, muss diesen

---

[205] *Hüffer/Koch* AktG § 71 Rn. 19g.
[206] MünchKomm. AktG/Bd. 1/*Oechsler* § 71 Rn. 10.
[207] Kölner Komm./*Lutter/Drygala* § 71 Rn. 148; *Hüffer/Koch* AktG § 71 Rn. 19g; Schmidt/Lutter/*Bezzenberger* AktG § 71 Rn. 25 (streitig).
[208] *Martens* AG-Sonderheft 1997, 51; *Kraft/Altvater* NZG 1997, 448 (450); *Claussen* DB 1998, 117 (180).
[209] BT-Drs. 13/9712, 13.
[210] Kritisch *Huber* in FS Kropff 1997, S. 101, 113 ff.

Weg aber nicht gehen. Sie kann die Aktien auch außerhalb der Börse erwerben. In diesem Fall muss, damit der Gleichbehandlungsgrundsatz gewahrt bleibt, allen Aktionären die Möglichkeit eingeräumt werden, ihre Aktien an die AG zu veräußern. Den Aktionären steht daher ein Anspruch auf **Andienung** gegenüber der AG dergestalt zu, dass die AG von jedem Aktionär pro rata in Höhe der jeweiligen Kapitalbeteiligung Aktien abzunehmen hat (**umgekehrtes Bezugsrecht**).[211] Erwirbt sie die Aktien außerhalb der Börse, kann sie ein öffentliches Erwerbsangebot in Form eines Festpreises, einer Auktion oder übertragbarer Andienungsrechte abgeben. Zunächst kann die Gesellschaft über ein öffentliches Festpreisangebot (sog. Tenderverfahren) anbieten, eine bestimmte Zahl von Aktien zu einem Festpreis zu erwerben. Wenn zu viele Verkaufsangebote eingehen, muss die Gesellschaft diese repartieren, dh gegenüber jedem Aktionär proportional kürzen, was entsprechend dem Verhältnis der Beteiligungsquoten geschieht.[212] Möglich ist der Erwerb eigener Aktien auch aufgrund von übertragbaren Verkaufsoptionen („transferable put rights"), die die Gesellschaft an die Aktionäre entsprechend der Höhe ihrer jeweiligen Beteiligung und der Zahl der zurückzuerwerbenden Aktien ausgibt (gleichsam umgekehrte Bezugsrechte). Die Aktionäre, die ihre Aktien behalten wollen, können in diesem Fall ihre Andienungsrechte an die Aktionäre verkaufen, die mehr Aktien zurückgeben wollen, mit der Folge, dass auch die verbleibenden Aktionäre an der Rückkaufsprämie teilhaben.[213] Zweifelhaft ist indessen, ob sog. Preisspannenangebote (Dutch Auctions) möglich sind. Bei diesem erstmals 1981 in den USA durchgeführten Verfahren[214] legt die Gesellschaft neben der Zahl der zu erwerbenden Aktien und der Angebotsdauer eine Preisspanne fest, innerhalb derer sich die Angebote und Aktionäre bewegen müssen.[215] Die verkaufswilligen Aktionäre müssen ihrerseits bestimmte Mengen von Aktien anbieten und dabei erklären, welchen Preis sie für die Aktien haben wollen. Die Gesellschaft kauft die von ihr angekündigte Zahl von Aktien einheitlich zu dem Preis zurück, zu dem sie die gewollte Anzahl der Aktien bekommen kann. Fraglich ist bereits, ob bei dieser Form des Rückerwerbs der Gleichbehandlungsgrundsatz[216] und Grundsatz des Andienungsrechts gewahrt wird; zudem wird von der Auffassung, die das WpÜG auf den Rückerwerb eigener Aktien anwendet (Rn. 166), angeführt, dass dem Verfahren § 17 WpÜG entgegensteht, der es verbietet, den Aktionär zum Angebot aufzufordern.[217] Entgegen teilweise vertretener Auffassung[218] besteht **Andienungsrecht** auch dann, wenn die Gesellschaft die Anteile etwa im Wege des Tendererwerbes und nicht über die Börse zurückwirbt, obwohl sie börsennotiert

---

[211] RegBegr. v. 28.1.1998 BT-Drs. 13/9712, 14; *Paefgen* AG 1999, 67 (69); *Hüffer/Koch* AktG § 71 Rn. 19k.

[212] Spindler/Stilz/*Cahn* AktG § 71 Rn. 123 mwN; Schmidt/Lutter/*Bezzenberger* AktG § 71 Rn. 26 mwN.

[213] Schmidt/Lutter/*Bezzenberger* AktG § 71 Rn. 29; Spindler/Stilz/*Cahn* AktG § 71 Rn. 125.

[214] 1981 durchgeführt für Todd Shipyards, vgl. *Fried* University of Chicago Law Review 2000, 421 (432).

[215] RegE 1998 für das KontraG, BT-Drs. 13/9712, Anlage 1, Begründung zu Art. 1 Nr. 4–5, S. 13.

[216] *Huber* in FS Kropff 1997, S. 101, 115; aA MünchKomm. AktG/Bd. 1/*Oechsler* § 71 Rn. 241; Spindler/Stilz/*Cahn* AktG § 71 Rn. 124.

[217] MünchKomm. AktG/Bd. 1/*Oechsler* § 71 Rn. 223, 236.

[218] Spindler/Stilz/*Cahn* AktG § 71 Rn. 120; Schmidt/Lutter/*Bezzenberger* AktG § 71 Rn. 29.

ist.[219] Der Anspruch auf Andienung ist übertragbar, kann also auch an einen Dritten veräußert werden.[220] Ein Ausschluss dieses Andienungsrechts ist möglich. Hierfür reicht die einfache Mehrheit des § 133 Abs. 1 AktG. Nicht erforderlich ist demgegenüber die 3/4-Mehrheit des § 186 Abs. 3, da § 71 Abs. 1 Nr. 8 Satz 5 AktG nur im Hinblick auf die Veräußerung, nicht aber den Erwerb auf § 186 AktG verweist.[221]

163 Bei einer späteren **Veräußerung** der eigenen Aktien ist der Gleichbehandlungsgrundsatz (§ 71 Abs. 1 Nr. 8 Satz 3 AktG) und die Verweisung auf § 186 Abs. 3 und 4 AktG zu beachten, die den Aktionären bei der Veräußerung ein Bezugsrecht wie im Rahmen einer Kapitalerhöhung einräumt (§ 71 Abs. 1 Nr. 8 Satz 5 AktG). Werden die Aktien über die Börse veräußert, ist diesen beiden Erfordernissen Rechnung getragen: Dass der Gleichbehandlungsgrundsatz gewahrt ist, wird durch § 71 Abs. 1 Nr. 8 Satz 4 AktG klargestellt. Dass die Regelungen des Bezugsrechtsausschlusses nicht zu beachten sind, ergibt sich aus § 71 Abs. 1 Nr. 8 Satz 5 AktG. Diese Vorschrift ordnet die Beachtung von § 186 Abs. 3 und 4 AktG nur bei einer anderen Veräußerung, also bei einer Abweichung von der Gleichbehandlung der Aktionäre an. In materieller Hinsicht ist eine sachliche Rechtfertigung der Ausschließung des Bezugsrechtes erforderlich; formell bedarf der Ermächtigungsbeschluss für den Erwerb der eigenen Aktien in einem solchen Fall – abweichend von der Regel der einfachen Mehrheit (Rn. 157) – der 3/4-Mehrheit (§ 71 Abs. 1 Nr. 8 Satz 5 iVm § 186 Abs. 3 Satz 2 AktG). Eine sachliche Rechtfertigung ist insbesondere dann gegeben, wenn der Veräußerungsbetrag den Börsenkurs nicht wesentlich unterschreitet und die Veräußerung 10% des Grundkapitals nicht übersteigt (§ 71 Abs. 1 Nr. 6 Satz 5 iVm § 186 Abs. 3 Satz 4 AktG).[222]

164 Werden die eigenen Aktien zur Bedienung von Aktienoptionsprogrammen eingesetzt (vgl. Rn. 160), kommt neben der Vorschrift des § 186 Abs. 3 und 4 AktG diejenige des § 193 Abs. 2 Nr. 4 AktG sinngemäß zur Anwendung.[223] Hierdurch wird sichergestellt, dass die Bedienung von Aktienoptionen aus eigenen Aktien nicht zum Leerlaufen der Anforderungen führt, die bei der Begründung von Bezugsrechten durch bedingtes Kapital gelten.[224]

9. Einziehungsermächtigung

165 Nach § 71 Abs. 1 Nr. 8 Satz 6 AktG kann die Hauptversammlung den Vorstand neben dem Erwerb der eigenen Aktien auch zu deren Einziehung ermächtigen. In diesem Fall ist ein Hauptversammlungsbeschluss nach § 222 iVm § 237 Abs. 2 Satz 1 AktG oder nach § 237 Abs. 4 Satz 1 AktG nicht erforderlich. Vielmehr kann der Vorstand nach pflichtgemäßem Ermessen entscheiden, soweit er nicht durch Auflagen gebunden ist. Ob für den Ermächtigungsbeschluss zudem die Voraussetzungen des § 222 AktG eingehalten werden müssen, ist unklar. Jedenfalls ist ein Sonderbeschluss nach § 222 Abs. 2 AktG empfehlenswert, der nicht zur Benachteiligung einer Aktiengattung führen darf.

---

[219] *Habersack* ZIP 2004, 1121 (1127); MünchKomm. AktG/Bd. 1/*Oechsler* § 71 Rn. 223, 228; *Paefgen* AG 1999, 67 (68f.).

[220] *Paefgen* AG 1999, 67 (69).

[221] MünchKomm. AktG/Bd. 1/*Oechsler* § 71 Rn. 224.

[222] Vgl. im Einzelnen *Reichert/Harbarth* ZIP 2001, 1441 (1442f.).

[223] MünchKomm. AktG/Bd. 1/*Oechsler* § 71 Rn. 258; BT-Drs. 13/9712, 14; aA *Weiß* WM 1999, 353 (362).

[224] *Hüffer/Koch* AktG § 71 Rn. 19k mwN.

J. Eigene Aktien   166, 167   § 3

10. Erwerb eigener Aktien und Übernahmerecht

Die Anwendbarkeit des ersten bis dritten Abschnitts des WpÜG auf den Erwerb   **166**
eigener Aktien ist umstritten. Im Ergebnis bestehen drei Meinungen. Nach einer
ersten Auffassung findet das WpÜG keine Anwendung.[225] Nach einer zweiten
Auffassung wird die Anwendung des WpÜG auf den Erwerb eigener Aktien zwar
im Grundsatz verneint, es wird jedoch eine Analogie zu einzelnen Vorschriften
gezogen.[226] Nach einer dritten Ansicht sind nur diejenigen Vorschriften, die eine
Personenverschiedenheit von Bieter und Zielgesellschaft voraussetzen, im Wege
der teleologischen Reduktion von der Anwendung des WpÜG auszunehmen.[227]
Dies wurde zunächst auch durch die BaFin vertreten, die aber zwischenzeitlich
verlautbart hat, dass sie daran nach der Umsetzung der Übernahmerichtlinie nicht
mehr festhält und nunmehr von der Unanwendbarkeit des WpÜG ausgeht.[228] Dem
ist zuzustimmen.

11. Erwerb eigener Aktien und Kapitalmarktrecht

Rückkaufprogramme werden in einer europäischen Verordnung geregelt, die   **167**
Transparenz gewährleisten und irreführende Signale an die Märkte verhindern
will.[229] Soweit die Anforderungen dieser Verordnung erfüllt werden, sind die
Vorgänge von der europäischen Marktmissbrauchsrichtlinie[230] ausgenommen und
insoweit auch nach deutschem Recht nicht zu beanstanden. Soweit die Anforderungen nicht erfüllt sind, kann eine Ad-hoc-Mitteilung erforderlich sein (§ 15 WpHG);
zudem können solche Geschäfte verbotene Insidergeschäfte (Art. 14 MAR) oder
Marktmanipulation darstellen (Art. 12 MAR).[231] Nach der Streichung des § 71
Abs. 3 Satz 3 AktG durch das ARUG ist eine Mitteilung an die BaFin über eine gem.
§ 71 Abs. 1 Nr. 8 AktG von der Hauptversammlung beschlossene Ermächtigung
nicht mehr erforderlich. Indessen geht die BaFin davon aus, dass der Ausschluss des
Bezugsrechts als „Vereinbarung von Bezugsrechten" iSd § 30b Abs. 1 Nr. 2 WpHG
anzusehen ist.[232] Demzufolge sind Beschlüsse im Bundesanzeiger zu veröffentlichen, wenn der Vorstand zur Wiederveräußerung der Aktien unter Ausschluss des
Bezugsrechts ermächtigt wird. Nach Durchführung der Einziehung ist eine weitere
Veröffentlichung gem. § 30b Abs. 1 Nr. 2 WpHG erforderlich.[233] Eine europaweite

---

[225] *Hüffer/Koch* AktG § 71 Rn. 19k; *Süßmann* AG 2002, 424; Kölner Komm. WpÜG/
Versteegen § 1 Rn. 22; Spindler/Stilz/*Cahn* AktG § 71 Rn. 159.
[226] *Baums/Stöcker* in FS Wiedemann S. 703 ff.; *Baums/Thoma* § 1 Rn. 93 ff.
[227] *Assmann/Pötzsch/Schneider* WpÜG § 2 Rn. 37 ff.; *Paefgen* ZIP 2002, 1509 (1514 ff.);
MünchKomm. AktG/Bd. 1/*Oechsler* § 71 Rn. 228 ff.
[228] Schreiben der BaFin vom 9.6.2006, abrufbar unter http://www.bafin.de/bekanntmachungen/060809.htm; s. auch *Pluskat* NZG 2005, 719.
[229] Verordnung (EG) Nr. 2273/2003 der Kommission vom 22. 12. 2003 zur Durchführung
der Richtlinie 2003/6/EG des Europäischen Parlaments und des Rates – Ausnahmeregelungen für Rückkaufprogramme und Kursstabilisierungsmaßnahmen, ABl. EU Nr. L 336
v. 23.12.2003, S. 33 ff.
[230] Richtlinie 2003/6/EG des Europäischen Parlaments und des Rates vom 28. Januar
2003 über Insider-Geschäfte und Marktmanipulationen (Marktmissbrauch), ABl. EU Nr. L
96 v. 12.4.2003, S. 16 ff.
[231] Verordnung Nr. 596/2014 v. 16.4.2016.
[232] *BaFin* Emittentenleitfaden (Stand: 22.7.2013), S. 169; MHdB GesR IV/*Rieckers* § 15
Rn. 35.
[233] *BaFin* Emittentenleitfaden (Stand 22.7.2013), S. 170.

Bekanntmachung ist gem. § 26 Abs. 1 Satz 2 WpHG vorzunehmen, wenn der Erwerb eigener Aktien die Schwellen von 3% (soweit Emittenten mit Herkunftsland Deutschland), 5% und 10% erreicht, überschreitet oder unterschreitet.

III. Bilanz- und steuerrechtliche Behandlung

168 Nach den durch das BilMoG geänderten Regelungen sind die eigenen Anteile auf der Aktivseite der Bilanz bei den „sonstigen Wertpapieren" unter § 266 Abs. 2 B III Nr. 2 HGB aufzuführen; die bisherige Rubrik der „eigenen Aktien" ist aufgegeben worden. Auch hinsichtlich der weiteren Behandlung der eigenen Aktien gilt aufgrund des BilMoG – zumindest teilweise – anderes. Vor dem BilMoG war unterschieden worden: Für erworbene eigene Aktien, die von der Gesellschaft weiterhin gehalten wurden, mussten eigene Anteile unter gleichzeitiger Bildung einer Rücklage zur Neutralisierung aktiviert werden. Bei erworbenen eigenen Aktien, die zur Einziehung bestimmt waren, kam es hingegen zu einer Abschreibung des Nennbetrages in der Vorspalte auf der Passivseite sowie einer Verrechnung des darüber hinausgehenden Erwerbspreises mit verwendbaren Rücklagen. Letzteres Konzept wird seit dem Inkrafttreten des BilMoG nun auf alle Aktien angewendet. Nach dem seit dem BilMoG geänderten § 272 Abs. 2 HGB ist auf der Passivseite der Nennbetrag oder, falls ein solcher nicht vorhanden ist, der rechnerische Wert von erworbenen eigenen Anteilen in der Vorspalte offen von dem Posten gezeichnetes Kapital als Kapitalrückzahlung abzusetzen sowie der Unterschiedsbetrag zwischen dem Nennbetrag oder dem rechnerischen Wert und den Anschaffungskosten der eigenen Anteile mit den frei verfügbaren Rücklagen zu verrechnen. Mit dieser Regelung wird verdeutlicht, dass der Erwerb eigener Aktien wirtschaftlich zu einer Kapitalrückzahlung an die Gesellschafter führt. Werden entgegen der ursprünglichen Absicht die Anteile nicht eingezogen, sondern wieder veräußert, ist in der Veräußerung bilanzrechtlich eine Kapitalerhöhung zu sehen, so dass der Differenzbetrag ergebnisneutral in die Kapitalrücklage einzustellen ist.[234]

169 Steuerrechtlich sind eigene Aktien, die weiterhin gehalten werden, erfolgsneutral in der Steuerbilanz auszuweisen. Diese Erfolgsneutralität besteht auch für einen Gewinn oder Verlust aus der Wiederveräußerung solcher Aktien (§ 8b Abs. 2 und 3 KStG, zur steuerlichen Behandlung eigener Aktien vgl. auch § 11 Rn. 168 ff.). Aktien, die zur Einziehung erworben worden sind oder zu deren Veräußerung es eines Hauptversammlungsbeschlusses bedürfte, sind nicht in der Steuerbilanz auszuweisen. Dies läuft im Ergebnis auf eine Verringerung des Betriebsvermögens hinaus, wobei dieser Vorgang gesellschaftsrechtlich veranlasst ist und sich nicht auf den steuerlichen Gewinn der Gesellschaft auswirken darf (vgl. § 13 Rn. 625).[235]

IV. Rechtsfolgen von Verstößen gegen das Erwerbsverbot

170 Wird gegen die dargestellten Beschränkungen verstoßen, ist zu unterscheiden: Das **dingliche Geschäft** ist nicht unwirksam (§ 71 Abs. 4 Satz 1 AktG).[236] Allerdings muss die Aktiengesellschaft die Anteile innerhalb eines Jahres nach ihrem

---

[234] *Winnefeld* Bilanz-HB, Kap. M Rn. 761.
[235] BMF 2.12.1998, DStR 1998, 2011, Tz. 4 ff., 16 ff.; vgl. *Wiese* DStR 1999, 188.
[236] Zur Nichtigkeit wegen Verstoßes gegen allgemeine Vorschriften (Sittenwidrigkeit, Geschäftsunfähigkeit etc.) vgl. MHdB GesR IV/*Rieckers* § 15 Rn. 31.

J. Eigene Aktien 171–174 § 3

Erwerb wieder veräußern (§ 71c AktG). Handelt es sich um einen Fall, in dem die Aktien lediglich die 10%-Grenze übersteigen, beträgt die Veräußerungsfrist drei Jahre. Werden die Aktien nicht innerhalb dieser Fristen veräußert, sind sie entsprechend § 237 AktG einzuziehen (§ 71c Abs. 3 AktG). Scheitert die Einziehung, muss der Vorstand die Aktien unverzüglich veräußern.[237]

Das **schuldrechtliche Geschäft** ist grundsätzlich (Ausnahme gilt für §§ 29 Abs. 1 Satz 1 Hs. 2, 125 Satz 1, 207 Abs. 1 Satz 1 Hs. 2 UmwG) anders als das dingliche Geschäft nichtig, soweit der Erwerb nicht erfolgen durfte.[238] Dementsprechend hat die Gesellschaft die Aktien an den Veräußerer nach Bereicherungsgrundsätzen zurückzugewähren. Hat die Gesellschaft für den Erwerb eigener Aktien einen Kaufpreis gezahlt, so liegt darin eine verbotene Einlagenrückgewähr, die nach § 62 AktG rückabzuwickeln ist (vgl. im Einzelnen § 8 Rn. 53 ff.). Zurückbehaltungsrechte können nicht geltend gemacht werden. **171**

Die Mitglieder des Vorstands und des Aufsichtsrats können sich ersatzpflichtig machen, wenn die Aktien nicht innerhalb der gesetzlichen Fristen veräußert oder eingezogen worden sind (§§ 93, 116 AktG); außerdem liegt eine Ordnungswidrigkeit vor (§ 405 Abs. 1 Nr. 4 Buchst. b oder c AktG).[239] **172**

V. Rechte und Pflichten aus eigenen Aktien

Aus den eigenen Aktien stehen der Gesellschaft gem. § 71b AktG keine Rechte zu (kein Teilnahme- und Stimmrecht; kein Recht auf Dividende, Liquidationserlös etc.). Dies gilt dabei unabhängig davon, ob sie in zulässiger oder unzulässiger Weise erworben worden sind. Eigene Aktien nehmen lediglich an den Kapitalerhöhungen aus Gesellschaftsmitteln teil (§ 215 Abs. 1 AktG). **173**

VI. Umgehungsgeschäfte

Finanzierungs- und Hilfsgeschäfte, mit denen die AG einem Dritten ermöglicht, ihre Aktien zu erwerben oder mit denen sie eigene Aktien durch einen Dritten erwirbt, werden vom Gesetz als Umgehungsgeschäfte eingeordnet. Gem. § 71a AktG sind schuldrechtliche Geschäfte, durch die sich die AG verpflichtet, einem Dritten einen Vorschuss, ein Darlehen oder eine Sicherheit (Hypothek, Grundschuld, Bürgschaft etc.) zum Erwerb der eigenen Aktien zu gewähren, nichtig. Hingegen wird das Verfügungsgeschäft nicht von der Nichtigkeitsfolge erfasst. Erfolgte Leistungen sind daher nach §§ 812 ff. BGB rückabzuwickeln. **174**

Von diesem Verbot werden zwei Fallgruppen herausgenommen, nämlich Finanzierungsgeschäfte und Sicherheitsleistungen, die durch ein Kreditinstitut im Rahmen des laufenden Geschäfts vorgenommen werden oder dem Erwerb von Belegschaftsaktien (AG oder verbundenes Unternehmen) dienen. Wird von diesen **Ausnahmefällen** Gebrauch gemacht, ist die Kapitalgrenze des § 71 Abs. 2 Satz 2 AktG einzuhalten (§ 71a Abs. 1 Satz 2 AktG; vgl. Rn. 147). Die AG braucht die Rücklagen aber nicht tatsächlich zu bilden. Vielmehr ist es ausreichend, wenn die AG die für eigene Anteile vorgeschriebenen Rücklagen bilden könnte, wenn sie

---

[237] *Hüffer/Koch* AktG § 71c Rn. 8.
[238] OLG Stuttgart 20 U 5/09, WM 2010, 120 (125).
[239] OLG Frankfurt 10 U 90/07, NZG 2008, 836; s. a. *Kort* NZG 2008, 823 (824 f.).

die Aktien selbst erwerben würde. Sie müsste also in der Lage sein, die Mittel selbst aufzubringen.

175   Zudem sind Rechtsgeschäfte nach § 71a Abs. 2 AktG zwischen der AG und einem Dritten nichtig, nach denen dieser berechtigt oder verpflichtet sein soll, Aktien der Gesellschaft für Rechnung der Gesellschaft zu erwerben (**mittelbare Stellvertretung**), soweit der Erwerb gegen § 71 Abs. 1 oder 2 AktG verstoßen würde. Gleiches gilt, wenn die Aktien nicht für Rechnung der AG, sondern für ein von ihr abhängiges oder in Mehrheitsbesitz stehendes Unternehmen erworben werden sollten. Die Nichtigkeit des schuldrechtlichen Geschäfts hat zur Folge, dass der mittelbare Stellvertreter keinen Aufwendungsersatz verlangen kann.

In engem Zusammenhang mit dieser Vorschrift, die sich gegen die Einschaltung Dritter wendet, die eigene Aktien der AG erwerben sollen, steht § 71d AktG, der sich mit dem Erwerb von Aktien der AG durch für deren Rechnung handelnde Dritte befasst. Nach dieser Vorschrift darf ein im eigenen Namen aber für Rechnung der AG handelnder Dritter Aktien der Gesellschaft nur erwerben oder besitzen, wenn dies der Gesellschaft selbst gestattet wäre (§ 71d Satz 1, § 71 Abs. 1 Nr. 1–5, § 71 Abs. 1 Nr. 7 und 8, § 71 Abs. 2 AktG). Diese Regelungen über die mittelbare Stellvertretung gelten auch für die von der AG abhängigen oder in deren Mehrheitsbesitz stehenden Gesellschaften, da die Tochtergesellschaft wie ein mittelbarer Stellvertreter der herrschenden AG angesehen wird. Schließlich unterfällt dieser Regelung des § 71d AktG auch die mittelbare Stellvertretung für die Tochtergesellschaft.

VII. Inpfandnahme eigener Aktien

176   Die Inpfandnahme eigener Aktien wird durch § 71e AktG dem Erwerb eigener Aktien gleichgestellt. Eigene Aktien sollen als Sicherungsmittel ausscheiden, da in einer Krisensituation ansonsten die Gefahr besteht, dass die Forderungen der AG uneinbringlich sind und die als Sicherung erhaltenen eigenen Aktien infolge Kursverlustes wertlos werden. Von § 71e AktG wird nur die rechtsgeschäftliche Bestellung von Pfandrechten erfasst, nicht hingegen die gesetzliche Inpfandnahme und das Pfändungspfandrecht. Damit Pfandrechte bestellt werden dürfen, müssen also die Voraussetzungen des § 71 Abs. 1 und 2 AktG erfüllt sein. Zusätzlich sind diejenigen der §§ 71a und 71d AktG einzuhalten.[240] Eine Ausnahme besteht indessen für Kreditinstitute oder Finanzdienstleistungsinstitute: Sie dürfen im Rahmen der laufenden Geschäfte eigene Aktien bis zu einem Anteil von 10% am Grundkapital in Pfand nehmen. Werden eigene Aktien, ohne dass die Voraussetzungen des § 71e iVm § 71 Abs. 1, 2 AktG eingehalten werden, erworben, führt dies grundsätzlich nicht zur Unwirksamkeit des Erwerbs. Anderes gilt nur, wenn es sich um nicht voll eingezahlte Aktien handelt (§ 71e Abs. 2 AktG). In jedem Fall nichtig ist allerdings das der Inpfandnahme zugrunde liegende schuldrechtliche Geschäft. Der Vertrag, der die Forderung begründet, bleibt gültig, wenn sich aus § 139 BGB nichts anderes ergibt.

K. Die Besteuerung der Aktie

177   Erträge aus Aktien sind grundsätzlich zu versteuern. Die für die Besteuerung maßgeblichen Regelungen können hierbei allerdings sehr unterschiedlich ausgestal-

---

[240] Vgl. Hüffer/Koch AktG § 71e Rn. 6, 9.

K. Die Besteuerung der Aktie

tet sein, je nachdem ob die Aktien Teil eines Betriebs- oder des Privatvermögens des Aktionärs sind. Bei in einem Betriebsvermögen gehaltenen Aktien ist zudem weiter danach zu differenzieren, ob es sich um das Betriebsvermögen einer natürlichen Person, einer Personengesellschaft oder das einer Kapitalgesellschaft handelt. Zusätzliche Besonderheiten gelten, sofern die Erträge einen Auslandsbezug aufweisen. Hier müssen stets die speziellen – sowohl uni- als auch bilateralen – Regelungen zur Vermeidung einer Doppelbesteuerung beachtet werden.

I. Aktien im Privatvermögen

Werden die Aktien im Privatvermögen gehalten, gelten die durch sie vermittelten Einkünfte – sofern kein Fall des § 17 Abs. 1 Satz 1 EStG vorliegt – steuerlich als Einkünfte aus Kapitalvermögen (s. Rn. 179 ff.). Diese Einkünfte werden grundsätzlich nach dem sog. Teileinkünfteverfahren (§ 3 Nr. 40 Satz 1 Buchst. a, d, e und f EStG) besteuert. Nach diesem Verfahren werden lediglich 60% der Einkünfte der Einkommensteuer unterworfen, wobei Grundlage für die Besteuerung der persönliche Steuersatz des jeweiligen Aktionärs ist. Die verbleibenden 40% sind steuerfrei. Für Privatanleger wird die Steuer aus dem Teileinkünfteverfahren allerdings regelmäßig über die sog. Abgeltungsteuer abgedeckt (s. Rn. 183 ff.). Von der Anwendbarkeit der Abgeltungsteuer auf private Kapitaleinkünfte bestehen allerdings auch mehrere Ausnahmeregelungen, deren Anwendung teils zwingend ist, teils aber auch zur Disposition des Steuerpflichtigen steht (s. Rn. 186). Die An- bzw. Nichtanwendbarkeit der Abgeltungsteuer kann sich ua auf die Abzugsfähigkeit von Werbungskosten (s. Rn. 184) sowie die Berücksichtigungsfähigkeit von Verlusten auswirken (s. Rn. 185).

1. Aktiengewinne als Einkünfte aus Kapitalvermögen

§ 2 Abs. 1 Satz 1 Nr. 5 EStG bestimmt, dass Einkünfte aus Kapitalvermögen der Einkommensteuer unterliegen. Welche Einkünfte hierzu im Einzelnen zählen, ergibt sich aus dem Katalog des § 20 EStG. Im Zusammenhang mit den hier behandelten Aktien lassen sich die steuerbaren Einkünfte in zwei Gruppen unterteilen:

Erfasst werden zunächst die laufenden Einnahmen der Aktionäre in Form von Dividenden sowie dividendenähnlichen Erträgen (§ 20 Abs. 1 Nr. 1 EStG), wobei zu Letzteren auch, wie in § 20 Abs. 1 Nr. 1 Satz 2 EStG klargestellt ist, verdeckte Gewinnausschüttungen gehören, die damit den offenen Ausschüttungen steuerlich gleichgestellt sind.

Weiterhin werden gem. § 20 Abs. 1 Nr. 2 sowie Abs. 2 Satz 1 Nr. 1 EStG auch bestimmte Zahlungen anlässlich der Auflösung oder Kapitalherabsetzung der Gesellschaft sowie Erträge aus der Veräußerung der Aktien unter die Einkünfte aus Kapitalvermögen gefasst:
– Zahlungen anlässlich der Auflösung oder Kapitalherabsetzung der AG stellen steuerpflichtige Kapitalerträge dar, soweit diese nicht in der Rückzahlung von Nennkapital oder früheren zusätzlichen Einlagen (zB Aufgeld bei Aktienausgabe, freiwillige Leistungen oder Zuzahlungen in die Kapitalrücklage) bestehen.
– Bei Veräußerungserträgen kommt es nicht darauf an, über welchen Zeitraum die Aktien zuvor gehalten wurden. Maßgeblich für die Besteuerung ist gem. § 20 Abs. 4 Satz 1 EStG der Veräußerungserlös abzüglich der im unmittelbaren sachlichen Zusammenhang mit dem Veräußerungsgeschäft stehenden Aufwendungen (etwa Transaktionskosten) sowie abzüglich der Anschaffungskosten. Dieser

unterfällt allerdings nicht allein schon deshalb dem Anwendungsbereich des § 20 Abs. 2 Satz 1 Nr. 1 EStG. Hinzukommen muss vielmehr, dass es sich bei den veräußerten Aktien um sogenannte Streubesitzanteile handelt. Diese sind gegeben, wenn eine Gesamtbeteiligung von weniger als 1% am Vermögen der AG bzw. KGaA besteht, und in den fünf Jahren vor Verkauf auch nicht bestanden hat, da andernfalls nach der Vorschrift des § 17 Abs. 1 Satz 1 EStG das erzielte Ergebnis den Einkünften aus Gewerbebetrieb (§ 2 Abs. 1 Satz 1 Nr. 2 EStG) zuzurechnen ist und als solches dem Teileinkünfteverfahren unterläge (s. zu diesem Verfahren Rn. 187 ff.). Der Vorrang des § 17 Abs. 1 Satz 1 EStG vor dem – seinem Wortlaut nach ebenfalls einschlägigen – § 20 Abs. 2 Satz 1 Nr. 1 EStG ist Ausfluss des in § 20 Abs. 8 EStG verankerten sog. Subsidiaritätsprinzips, wonach Kapitalerträge, die zugleich zu einer anderen Einkunftsart (den Gewinneinkünften[241] oder den Einkünften aus Vermietung und Verpachtung) gehören, vorrangig dieser anderen Einkunftsart und gerade nicht den Einkünften aus Kapitalvermögen zuzurechnen sind. Vom Anwendungsbereich des § 20 Abs. 2 Satz 1 Nr. 1 EStG ausgenommen ist daneben auch die Veräußerung solcher Aktien, die vor dem 1.1.2009 erworben wurden (§ 52 Abs. 28 Satz 10 EStG). Insoweit verbleibt es bei der in § 23 Abs. 1 Satz 1 Nr. 2 EStG aF normierten Steuerfreiheit für Gewinne aus Veräußerungsgeschäften, die nach Ablauf einer einjährigen Haltefrist getätigt werden.

182 § 20 Abs. 3 EStG ergänzt die in § 20 Abs. 1 und 2 EStG getroffenen Bestimmungen dergestalt, dass er auch solche besonderen Entgelte oder Vorteile den Einkünften aus Kapitalvermögen zurechnet, die neben den in § 20 Abs. 1 und 2 EStG bezeichneten Einnahmen oder an deren Stelle gewährt werden.

2. Abgeltungsteuer

183 Nach § 32d Abs. 1 Satz 1 EStG werden im Regelfall sämtliche privaten Kapitaleinkünfte einem einheitlichen Einkommensteuersatz von 25% (zzgl. 5,5% Solidaritätszuschlag und ggf. Kirchensteuer) unterworfen, wobei § 32d Abs. 1 Satz 3 EStG eine Ermäßigung für den Fall der Kirchensteuerpflicht vorsieht. Der Steuersatz von 25% ist vereinfacht aus dem Spitzensteuersatz (grundsätzlich 42%–60% von 42% sind rd. 25%) abgeleitet worden.

184 Bei den oben aufgeführten Kapitalerträgen (vgl. § 43 Abs. 1 Satz 1 Nr. 1, Abs. 1 Satz 1 Nr. 9 und Abs. 1 Satz 2 EStG) wird die so berechnete Steuer dabei nicht im Rahmen des normalen Veranlagungsverfahrens erhoben. Stattdessen unterliegen diese Erträge der Kapitalertragsteuer, bei der es sich um eine besondere Erhebungsform der Einkommensteuer handelt. Die Besonderheit besteht darin, dass gem. § 44 Abs. 1 Satz 3 EStG die Steuer im Wege des Abzugs vom Kapitalertrag direkt an der Quelle erhoben wird, aus der die Erträge fließen. Entweder ist die Gesellschaft als Schuldner der Kapitalerträge dazu verpflichtet (§ 43 Abs. 1 Satz 1 Nr. 1 EStG) oder die die Kapitalerträge auszahlende Stelle (in der Regel die depotführende Bank) in den Fällen des § 43 Abs. 1 Satz 1 Nr. 9 und Abs. 1 Satz 2 EStG. Die Bezeichnung der so ausgestalteten Kapitalertragsteuer als Abgeltungsteuer rührt daher, dass gem. § 43 Abs. 5 Satz 1 EStG die Einkommensteuer mit dem Steuerabzug abgegolten ist und somit Kapitalerträge, die der Kapitalertragsteuer unterlegen haben, dem Finanzamt grundsätzlich nicht mehr erklärt werden müssen.

---

[241] Dies sind die in § 2 Abs. 1 Satz 1 Nr. 1–3 EStG genannten Einkünfte aus Land- und Forstwirtschaft, Gewerbebetrieb und selbstständiger Arbeit.

K. Die Besteuerung der Aktie

Im Anwendungsbereich der Abgeltungsteuer ist der Abzug von Werbungskosten durch § 20 Abs. 9 EStG weitgehend ausgeschlossen. Abzugsfähig ist allein der Sparer-Pauschbetrag von derzeit (2017) bis zu 801 EUR für einzeln veranlagte Aktionäre und 1.602 EUR für zusammen zu veranlagende Paare. Der Sparer-Pauschbetrag ist auf die (positive) Höhe der Einkünfte begrenzt, kann also nicht zu einem Verlust führen (§ 20 Abs. 9 Satz 4 EStG).

Durch § 20 Abs. 6 EStG wird ferner auch die Berücksichtigungsfähigkeit von Verlusten eingeschränkt. Verluste aus Kapitalvermögen dürfen danach nicht mit Einkünften aus anderen Einkunftsarten[242] verrechnet werden. Stammen die Verluste aus Aktienveräußerungsgeschäften, so gelten nach § 20 Abs. 6 Satz 4 EStG weitere Einschränkungen: Hier ist eine Verrechnung nur mit solchen positiven Einkünften möglich, die ihrerseits aus Aktienveräußerungsgeschäften stammen.[243] Ist eine Verrechnung im Jahr der Entstehung des Verlusts nicht möglich, können solche Verluste separat vorgetragen werden und in folgenden Jahren gegen Gewinne aus Aktienveräußerungsgeschäften verrechnet werden

3. Ausnahmen von der Abgeltungsteuer

In den folgenden Konstellationen findet trotz des Vorliegens von privaten Kapitaleinkünften – entweder zwingend oder wahlweise – eine normale Veranlagung statt:
– War der Aktionär im Veranlagungszeitraum, für den der Antrag erstmals gestellt wird, unmittelbar oder mittelbar entweder zu mindestens 25% beteiligt oder zu mindestens 1% an der Kapitalgesellschaft beteiligt und zugleich für diese beruflich tätig, sieht § 32d Abs. 2 Nr. 3 EStG für Kapitalerträge iSd § 20 Abs. 1 Nr. 1 und Nr. 2 EStG eine optionale Veranlagung zum Teileinkünfteverfahren vor. Liegen diese Voraussetzungen vor und übt der Aktionär sein Wahlrecht für den Wechsel ins Veranlagungsverfahren aus, gelten die in Rn. 184 f. dargestellten Beschränkungen des Werbungskostenabzugs sowie der Verlustberücksichtigung nicht (§ 32d Abs. 2 Nr. 3 Satz 2 EStG).
– Insbesondere Erträge aus der Veräußerung von sog. wesentlichen Beteiligungen (§ 17 Abs. 1 Satz 1 EStG) unterliegen nicht der Abgeltungsteuer. Der Veräußerungsgewinn wird dabei nicht vollständig, sondern nur abzüglich des in § 17 Abs. 3 EStG gewährten Freibetrages dem Teileinkünfteverfahren unterworfen.
– Eine Veranlagungspflicht besteht gem. § 32d Abs. 3 EStG allgemein für solche Kapitalerträge, die nicht der Kapitalertragsteuer unterlegen haben.[244] Diese müssen dem Finanzamt erklärt werden, unterliegen aber im Übrigen demselben Steuersatz wie die abgeltend besteuerten Kapitalerträge.
– Nach § 32d Abs. 4 EStG kann der Aktionär über eine Veranlagung die Berücksichtigung solcher steuermindernder Umstände erreichen, die im Rahmen des Abzugsverfahrens außer Acht gelassen wurden. Diese Möglichkeit kann etwa in den Fällen eines nicht vollständig ausgeschöpften Sparer-Pauschbetrages sowie

---

[242] S. zu den verschiedenen Einkunftsarten § 2 Abs. 1 EStG.
[243] S. hierzu und zu den Besonderheiten, die für die Verrechnung von Altverlusten gelten, http://www.pwc.de/de/privatpersonen/verlustverrechnung-nach-einfuehrung-der-abgeltungsteuer.html.
[244] Dies trifft etwa auf von ausländischen Banken ausgezahlte Kapitalerträge zu, da für jene die nach deutschem Recht bestehende Abzugspflicht nicht gilt.

der mangelnden Berücksichtigung von Verlusten und ausländischen Steuern[245] relevant werden.
- Ebenfalls den Wechsel ins Veranlagungsverfahren ermöglicht die sog. Günstigerprüfung (§ 32 Abs. 6 Satz 1 EStG). Danach kann der Aktionär beantragen, auf der Grundlage seines persönlichen Steuersatzes veranlagt zu werden, sofern dieser unterhalb von 25 % liegt.[246]

II. Erträge aus Aktien bei einer anderen Einkunftsart

187a Hält der Aktionär seine Aktien in einem land- oder forstwirtschaftlichen Betrieb, einem gewerblichen Betrieb oder im Rahmen einer freiberuflichen Tätigkeit oder einer Vermietung bzw. Verpachtung, greift das oben bereits erwähnte Subsidiaritätsprinzip, die Erträge aus diesen Aktien sind im Rahmen der jeweils anderen Einkunftsart zu erfassen. Dies gilt auch, wenn die Aktien einer Personengesellschaft gehören, die die vorstehend bezeichneten Einkünfte erwirtschaftet, allerdings nur insoweit, als an der Personengesellschaft natürliche Personen beteiligt sind.

188 Erträge aus solchermaßen zugeordneten Aktien sind gem. § 32d Abs. 1 EStG vom Anwendungsbereich der Abgeltungsteuer ausgenommen. Zur Anwendung kommt in diesen Fällen stattdessen das oben beschriebene Teileinkünfteverfahren.

189 Das Teileinkünfteverfahren kennt keine Beschränkung des Verlustausgleichs, wie sie in § 20 Abs. 6 EStG vorgesehen ist. Überdies sind auch Betriebsausgaben und Werbungskosten zu 60 % – insoweit korrespondierend zu der anteiligen Freistellung der Einnahmen – abzugsfähig, sofern sie mit den zu versteuernden Erträgen aus den Aktien in wirtschaftlichem Zusammenhang stehen (§ 3c Abs. 2 Satz 1 EStG).

190 Nach § 43 Abs. 4 EStG ist der Kapitalertragsteuerabzug auch dann vorzunehmen, wenn die Kapitalerträge zu einer der anderen Einkunftsarten rechnen und somit dem Teileinkünfteverfahren unterliegen. Die Kapitalertragsteuer hat in diesen Fällen allerdings keine abgeltende Wirkung (§ 43 Abs. 5 Satz 2 EStG) und lässt daher eine Veranlagung nicht entbehrlich werden. Sie nimmt in derartigen Fällen somit den Charakter einer Steuervorauszahlung an, die im Rahmen der späteren Veranlagung auf die Einkommensteuerschuld angerechnet wird.

III. Aktiengewinne mit Auslandsbezug

191 In Fällen mit Auslandsbezug sind neben den unter I. und II. dargestellten Grundsätzen ferner die besonderen Regelungen des sog. internationalen Steuerrechts[247] in den Blick zu nehmen, die darauf abzielen, den mehrfachen Besteuerungszugriff auf in wirtschaftlicher Hinsicht ein und dasselbe Steuersubstrat zu verhindern.

1. Ausländische Aktien eines Steuerinländers

192 Da Steuerinländer (natürliche Personen mit Wohnsitz oder gewöhnlichem Aufenthalt im Inland) nach § 1 Abs. 1 Satz 1 EStG unbeschränkt einkommensteuerpflichtig sind, werden sie mit ihren sämtlichen Einkünften unabhängig von deren

---

[245] S. zur Anrechenbarkeit ausländischer Steuern § 32d Abs. 1 Satz 2 und Abs. 5 EStG sowie Rn. 192.
[246] S. zur Ermittlung des persönlichen Steuersatzes § 32a EStG.
[247] Verstanden als solche Regelungen des nationalen (hier: deutschen) Steuerrechts, die sich mit grenzüberschreitenden Sachverhalten beschäftigen.

K. Die Besteuerung der Aktie 192 §3

geographischer Herkunft zur Einkommensteuer herangezogen (sog. Welteinkommensprinzip). Somit haben sie etwa auch solche Einkünfte im Inland zu versteuern, die ihnen aus ausländischen Aktien zufließen.[248] Zur Vermeidung einer Doppelbesteuerung gilt dabei allerdings Folgendes:

- Gewinne aus der Veräußerung der Aktien unterliegen – vom Ausnahmefall des Haltens in einer ausländischen Betriebsstätte abgesehen – bei Bestehen eines Doppelbesteuerungsabkommen (DBA) in der Regel der deutschen Besteuerungshoheit, da abkommensrechtlich in den meisten Fällen[249] nur der Ansässigkeitsstaat des Veräußerers ein Besteuerungsrecht besitzt (Art. 13 Abs. 5 DE-VG).
- Anders verhält es sich bei der Dividendenbesteuerung, für welche in den DBA keine ausschließliche Zuweisung des Besteuerungsrechts an nur einen der betroffenen Staaten vorgesehen ist. Stattdessen sind grundsätzlich beide Staaten zur Besteuerung berechtigt, jedoch mit der Einschränkung, dass im Ansässigkeitsstaat der ausschüttenden Gesellschaft die Steuer bei sog. Portfolio- oder Streubesitz der Höhe nach regelmäßig auf 15% begrenzt ist (Art. 10 Abs. 2 Satz 1 Buchst. b DE-VG), während in Deutschland die ausländische Steuer angerechnet wird (Art. 22 Abs. 1 Buchst. c Satz 1 Doppelbuchst. aa DE-VG). Sollte ausnahmsweise vereinbart sein, dass anstelle der Anrechnung die Dividende in Deutschland freigestellt wird, greift üblicherweise der Progressionsvorbehalt nach § 32b Abs. 1 Satz 1 Nr. 2 und Abs. 2 Nr. 2 EStG.
- Hat Deutschland mit dem Staat, in dem die Gesellschaft ansässig ist, kein DBA abgeschlossen, kann der Quellenstaat die Erträge aus der Gesellschaft nach seinem nationalen Recht ohne Einschränkung besteuern. Auch in diesen Fällen sieht das deutsche Steuerrecht die Vermeidung der Doppelbesteuerung durch eine Anrechnung der im Ausland erhobenen Steuer auf die deutsche Einkommensteuer vor.
- Die Anrechnung ausländischer Steuer auf die deutsche Einkommensteuer erfolgt nach den Vorschriften § 32d Abs. 5 EStG respektive § 34c Abs. 1 EStG. Dabei betrifft § 32d Abs. 5 EStG diejenigen Fälle, in denen die ausländischen Einkünfte in Deutschland der Abgeltungssteuer unterliegen (§ 34c Abs. 1 Satz 1 Hs. 2 EStG). Bei allen anderen Einkünften erfolgt die Anrechnung der ausländischen Steuer nach Maßgabe des § 34c Abs. 1 EStG. Beiden Vorschriften ist gemein, dass sie die Anrechnung nur bei einer der deutschen Einkommensteuer entsprechenden Steuer zulassen.[250] Auch der Höhe nach ist in beiden Fällen die Anrechnung ausländischer Steuern auf die Einkommensteuer begrenzt, die auf die ausländischen Einkünfte (also ggf. abzüglich zugehöriger Betriebsausgaben bzw. Werbungskosten) entfällt. Je nach Höhe der ausländischen Steuer oder der steuerlich

---

[248] Eine Einschränkung erfährt dieser Grundsatz insoweit, als nach Art. 7 Abs. 1 (iVm Art. 10 Abs. 4) bzw. Art. 13 Abs. 2 der deutschen Verhandlungsgrundlage für Doppelbesteuerungsabkommen (DE-VG), welche dem OECD-Musterabkommen zur Vermeidung der Doppelbesteuerung von Einkommen und Vermögen (OECD-MA) inhaltlich weitgehend entspricht, die Gewinne der deutschen Besteuerungshoheit idR entzogen sind, sofern die Aktien in einer ausländischen Betriebsstätte gehalten werden und mit dem Belegenheitsstaat der Betriebsstätte ein Doppelbesteuerungsabkommen besteht. Hier liegt das Besteuerungsrecht beim Betriebsstättenstaat, wobei in § 20 Abs. 2 AStG wiederum eine Rückausnahme für solche Fälle vorgesehen ist, in denen die Gründung der Betriebsstätte zu Missbrauchszwecken erfolgt.

[249] Ausnahmsweise kann der Quellenstaat, also der Staat, in dem die Gesellschaft ansässig ist, in dem DBA ein in der Regel begrenztes Besteuerungsrecht zugewiesen bekommen.

[250] In den von Deutschland ausgehandelten DBA werden die deutschen Anrechnungsvorschriften regelmäßig in Bezug genommen, so dass auch in DBA-Fällen eine Anrechnung der ausländischen Steuer idR nur bis zu dem nach §§ 32d Abs. 5, 34c Abs. 1 EStG zu berechnenden Anrechnungshöchstbetrag erfolgt.

abzugsfähigen Kosten kann es also zu sog. Anrechnungsüberhängen kommen, die die Gesamtsteuerbelastung auf die Erträge aus den Aktien erhöhen, da ein Vortrag oder sonst anderweitige Verwendung dieser Anrechnungsüberhänge im deutschen Steuerrecht derzeit nicht vorgesehen ist.

2. Inländische Aktien eines Steuerausländers

193 § 1 Abs. 4 EStG bestimmt, dass Steuerausländer (natürliche Personen ohne Wohnsitz oder gewöhnlichen Aufenthalt im Inland) im Unterschied zu Steuerinländern lediglich beschränkt einkommensteuerpflichtig sind und somit nur dann und insoweit zur deutschen Einkommensteuer herangezogen werden können, als sie inländische Einkünfte iSd § 49 EStG beziehen.

– Daraus folgt zunächst, dass Gewinne aus der Veräußerung inländischer Aktien in Deutschland grundsätzlich nicht steuerpflichtig sind, sofern sie von einem Steuerausländer erzielt werden und es sich bei den veräußerten Aktien lediglich um Streubesitzanteile von weniger als 1% handelt. Nach § 49 Abs. 1 Nr. 5 Buchst. d EStG iVm § 43 Abs. 1 Nr. 9, § 20 Abs. 2 Satz 1 Nr. 1 EStG werden solche Gewinne nämlich nur dann von der beschränkten Steuerpflicht erfasst, wenn die Veräußerung im Rahmen eines sog. Tafelgeschäfts stattgefunden hat.[251]
– Anders ist es im Fall der Veräußerung sog. wesentlicher Beteiligungen (§ 17 Abs. 1 EStG). Die daraus resultierenden Gewinne unterliegen nach § 49 Abs. 1 Nr. 2 Buchst. e Doppelbuchst. aa EStG iVm § 17 Abs. 1 Satz 1 EStG der beschränkten Steuerpflicht. Zu beachten ist allerdings, dass sich die Bedeutung dieser Vorschrift in der Regel auf Fälle beschränkt, in denen Deutschland mit dem Staat, in dem der Aktionär ansässig ist, kein DBA abgeschlossen hat. Denn regelmäßig wird über Art. 13 Abs. 5 DE-VG bei Bestehen eines DBA das Besteuerungsrecht nicht Deutschland, sondern dem Ansässigkeitsstaat des Veräußerers zustehen, sofern nicht der Betriebsstättenvorbehalt nach Art. 13 Abs. 2 DE-VG eingreift.
– Dividenden, die einem Steuerausländer aufgrund seiner Beteiligung an einer inländischen AG zufließen, rechnen nach § 49 Abs. 1 Nr. 5 Buchst. a EStG ebenfalls zu den beschränkt steuerpflichtigen Einkünften, wobei im Rahmen eines DBA der Steuersatz in Deutschland in den meisten Fällen von 25% auf 15% gesenkt wird (Art. 10 Abs. 2 Satz 1 Buchst. b DE-VG). Eine mögliche Anrechnung der deutschen Quellensteuer wäre dann nach dem Steuerrecht des Ansässigkeitsstaates des Anteilseigners zu prüfen.[252]
– In verfahrensrechtlicher Hinsicht gilt, dass die auf die Aktiengewinne entfallende inländische Steuer genau wie bei den Steuerinländern im Wege des Kapitalertragsteuerabzugs erhoben wird, dem nach § 50 Abs. 2 Satz 1 EStG abgeltende Wirkung zukommt, sofern nicht die Gewinne einer inländischen Betriebsstätte zuzurechnen sind und daher dem Teileinkünfteverfahren unterliegen (§ 50 Abs. 2 Satz 1 Nr. 1 EStG). Dabei ist es für die Höhe des Abzugs zunächst ohne Belang, ob in einem DBA für den beschränkt Steuerpflichtigen eine Steuerermäßigung vorgesehen ist. § 50d Abs. 1 Satz 1 EStG bestimmt, dass die Kapitalertragsteuer gleichwohl in voller Höhe einzubehalten ist. Der ausländische Anteilseigner ist nach § 50d Abs. 1 Satz 2 und Satz 3 EStG darauf verwiesen, beim Bundeszen-

---

[251] S. zum Begriff des Tafelgeschäfts auch BT-Drs. 220/07, 113.
[252] S.a. Art. 23A Abs. 2 OECD-MA sowie die Ausführungen unter Rn. 192 zur spiegelbildlichen Situation eines Steuerinländers mit ausländischen Dividendeneinkünften.

K. Die Besteuerung der Aktie

tralamt für Steuern einen Antrag auf Erstattung der zuviel einbehaltenen Steuer zu stellen.[253]
– Die ausschüttende Gesellschaft beziehungsweise eine deutsche auszahlende Stelle haftet zur Sicherung des deutschen Steueraufkommens für die Steuer des Aktionärs.[254] Soweit diese im Wege der Kapitalertragsteuer einbehalten wird, greift diese Haftung natürlich nicht. Wird aber die Kapitalertragsteuer – aus welchen Gründen auch immer – nicht einbehalten, ist die Haftung zu beachten. Vor allem bei einer verdeckten Gewinnausschüttung, die in der Regel ja erst im Nachhinein, zB durch eine Betriebsprüfung, festgestellt wird kommt die Haftung häufig zur Anwendung.

---

[253] Ausnahmsweise kann in den in § 50d Abs. 2 EStG bestimmten Fällen über die Beantragung einer sogenannten Freistellungsbescheinigung, für deren Ausstellung ebenfalls das Bundeszentralamt für Steuern zuständig ist, erreicht werden, dass der Kapitalertragsteuerabzug von vornherein nur in der Höhe erfolgt, wie es dem in dem einschlägigen DBA festgelegten Steuersatz entspricht.
[254] § 44 Abs. 5 Satz 1 EStG.

§ 4 Der Aktionär

Bearbeiter: Dr. Silja Maul/Dr. Elisabeth Strobl-Haarmann

Übersicht

	Rn.
A. Rechte und Pflichten der Aktionäre	1–179a
I. Die Mitgliedschaft	1
II. Erwerb und Verlust der Mitgliedschaft	2
III. Mitgliedschaftsrechte und -pflichten	3–6
1. Mitgliedschaftsrechte	3–5
a) Verwaltungsrechte	4
b) Vermögensrechte	5
2. Mitgliedschaftspflichten	6
IV. Einzelne Rechte und Pflichten	7–108
1. Pflicht zur Einlage	8–25
a) Inhalt	9
b) Schuldner der Einlageleistung	10
c) Leistungszeitpunkt	11, 12
d) Mängel der Einbringung	13–25
aa) Verspätete Leistung der Einlage	14, 15
bb) Mangelhafte Festsetzung der Sacheinlage	16
cc) Untaugliche Sacheinlage	17
dd) Überbewertung der Sacheinlage	18
ee) Verdeckte Sacheinlage	19
ff) Unmöglichkeit	20–23
gg) Sach- und Rechtsmängel	24, 25
2. Pflicht zur Erbringung von Nebenleistungen	26–28
3. Einsichtsrecht	29–32
a) Unterlagen der ordentlichen Hauptversammlung	30
b) Verträge	31
c) Teilnehmerverzeichnis	32
4. Recht auf Abschriften	33
5. Recht auf Mitteilungen	34, 35
6. Recht zur Teilnahme an der Hauptversammlung	36–38
7. Stimmrecht	39–47
a) Stimmkraft	40–42
b) Unvollständige Einlageleistung	43, 44
c) Übertragbarkeit	45
d) Zustimmungspflicht	46
e) Verletzung	47
8. Gegenanträge/Antragsrecht zu Beschlussvorlagen	48
9. Aktionärsforum	49, 50
10. Auskunftsanspruch	51–69
a) Schuldner der Auskunft	53
b) Auskunftsverlangen	54
c) Gegenstand der Auskunft	55–60
aa) Angelegenheiten der Gesellschaft	55–58
bb) Verbundene Unternehmen	59, 60
d) Inhalt der Auskunft	61
e) Auskunftsverweigerungsgründe	62–64
f) Niederschrift zu Protokoll	65

g) Verstoß 66
h) Auskunftserzwingungsverfahren 67–69
   aa) Antrag 68
   bb) Verfahren 69
11. Anspruch auf Aushändigung von Tonbandprotokollen 70
12. Recht auf Dividende 71–78
    a) Anspruch auf Fassung eines Gewinnverwendungsbeschlusses 72
    b) Zahlungsanspruch/Anspruch auf Sachausschüttung 73
    c) Höhe des konkreten Anspruchs 74–78
13. Bezugsrecht junger Aktien bei Kapitalerhöhung 79, 80
14. Treupflicht 81–85
    a) Treupflicht zwischen der Gesellschaft und ihren Gesellschaftern 82
    b) Treupflicht zwischen den Gesellschaftern 83, 84
    c) Rechtsfolgen 85
15. Gleichbehandlungsgrundsatz 86–89
    a) Gleichbehandlungsmaßstab 87
    b) Verstoß gegen den Gleichbehandlungsgrundsatz . 88
    c) Folgen eines Verstoßes 89
16. Klagerechte 90–104
    a) Individual- und Minderheitenrechte 91, 92
    b) Inhalt der Aktionärsklagen 93–104
       aa) Individuelle Mitgliedschaftsklage gegenüber der AG 94, 95
       bb) Abwehrklage gegenüber der AG 96
       cc) Klagezulassungsverfahren 97–101
       dd) Actio pro socio 102
       ee) Klage gegenüber Mitgesellschaftern 103
       ff) Klage gegenüber Dritten 104
17. Recht auf den Liquidationsüberschuss 105–107
    a) Anspruchsinhalt 106
    b) Geltendmachung 107
18. Einsicht in die Unterlagen der aufgelösten AG 108
V. Besteuerung der Dividendeneinkünfte und der Gewinne aus Veräußerungsgeschäften 120–179
1. Einleitung 120–125
    a) Abgeltungssteuer 123
    b) Teileinkünfteverfahren 124
    c) Steuerfreiheit für Dividenden und Veräußerungsgewinne bei Kapitalgesellschaften 125
2. Natürliche Person als Aktionär 126–159
    a) Dividenden 126–148
       aa) Aktien im Privatvermögen 126–140
       bb) Aktien im Betriebsvermögen 141, 142
       cc) Verdeckte Gewinnausschüttung aus Sicht des 143
       dd) Sachdividende 144
       ee) Gewerbesteuer 145
       ff) Abgrenzung von Dividende und Kapitalrückzahlung 146
       gg) Sachverhalt mit Auslandsbezug 147, 148
    b) Veräußerungsgeschäfte 149–159
       aa) Aktien im Privatvermögen 149, 150

		bb) Aktien im Betriebsvermögen	151

bb) Aktien im Betriebsvermögen 151
cc) Bemessungsgrundlage, § 20 Abs. 4 EStG 152
dd) Verlustverrechnung, § 20 Abs. 6 EStG 153
ee) Depotübertragung 154–156
ff) Gewerbesteuer 157
gg) Sachverhalte mit Auslandsbezug 158, 159
3. Personengesellschaft als Aktionär 160–171
   a) Laufende Erträge der Personengesellschaft 161, 162
   b) Veräußerungsgeschäfte durch die Personengesellschaft 163
   c) Gewerbesteuer 164
   d) Thesaurierungsbegünstigung nach § 34a EStG ... 165
   e) Veräußerung von Anteilen an einer Personengesellschaft 166
   f) Besonderheiten bei Fondsstrukturen/Investitionsgesellschaften............................ 167, 168
   g) Sachverhalte mit Auslandsbezug 169–171
      aa) Ausländische natürliche Person als Gesellschafter einer inländischen Personengesellschaft 169
      bb) Ausländische Personengesellschaft, insbesondere ausländische Spezialfonds 170
      cc) Auslandserträge durch einen inländischen Investmentfonds 171
4. Kapitalgesellschaft als Aktionär 172–179
   a) Laufende Erträge der Kapitalgesellschaft 172–175
   b) Veräußerungsgeschäfte durch die Kapitalgesellschaft 176
   c) Gewerbesteuer 177
   d) Investmentfonds in der Rechtsform einer Kapitalgesellschaft 178
   e) Sachverhalt mit Auslandsbezug 179, 179a
      aa) Ausländische Kapitalgesellschaft als Anteilseigner einer inländischen Körperschaft 179
      bb) Auslandserträge einer inländischen Kapitalgesellschaft 179a

B. Rechte und Pflichten der Gesellschafter einer KGaA 180–218
  I. Komplementär 181–203d
    1. Erwerb und Verlust der Mitgliedschaft 182, 183
    2. Mitgliedschaftsrechte und -pflichten 184–202
       a) Einlagen 184
       b) Haftung 185
       c) Geschäftsführung 186
       d) Teilnahme- und Stimmrecht 187–190
          aa) Gesellschafterversammlungen der Komplementäre 188
          bb) Hauptversammlung 189, 190
       e) Informationsrechte 191
       f) Recht auf anteiligen Jahresgewinn 192
       g) Pflicht zur Verlusttragung 193
       h) Entnahmerecht 194–197
          aa) § 122 HGB als Grundlage des Entnahmerechts 195, 196
          bb) Beschränkungen 197
       i) Recht auf Aufwendungsersatz und Pflicht zur Herausgabe des Erlangten 198

	j)	Kündigungs- und Ausschließungsrecht	199
	k)	Anspruch auf Auseinandersetzungs- und Abfindungsguthaben	200
	l)	Treupflicht/Wettbewerbsverbot	201, 202
3.	Besteuerung	203–203d
II.	Kommanditaktionär	204–218
1.	Begründung und Beendigung der Mitgliedschaft	205
2.	Mitgliedschaftsrechte und -pflichten	206–217
	a)	Einlage	206
	b)	Nebenverpflichtungen	207
	c)	Stimm- und Teilnahmerecht	208
	d)	Auskunfts- und Informationsrechte	209
	e)	Widerspruchsrecht	210
	f)	Feststellungskompetenz des Jahresabschlusses	211
	g)	Gewinnanspruch	212
	h)	Auseinandersetzungsguthaben	213
	i)	Minderheitenrechte	214
	j)	Klagerechte	215
	k)	Treupflicht	216
	l)	Gleichbehandlung	217
3.	Besteuerung	218

A. Rechte und Pflichten der Aktionäre

I. Die Mitgliedschaft

1   Die Mitgliedschaft an einer Aktiengesellschaft bezeichnet die Rechtsstellung des einzelnen Aktionärs, die auf der Zugehörigkeit zu der jeweiligen Gesellschaft beruht. Diese ist durch verschiedene Rechte und Pflichten gekennzeichnet (vgl. im Einzelnen Rn. 7 ff.), deren Ausgestaltung sich sowohl aus dem Gesetz als auch der Satzung ergibt. Ihrer Rechtsnatur nach verkörpert die Mitgliedschaft ein subjektives Recht, da sie anders als ein gewöhnliches Schuldverhältnis die mitgliedschaftlichen Befugnisse und Rechte zu einer in sich geschlossenen Position bündelt, die sich nicht in ihre einzelnen Bestandteile zerlegen lässt. Diese subjektivrechtliche Position des Mitglieds erlaubt es, die Mitgliedschaft zum Gegenstand rechtsgeschäftlicher Verfügungen zu machen und vor bestandsgefährdenden Eingriffen seitens Dritter und der Gesellschaft zu schützen.[1]

II. Erwerb und Verlust der Mitgliedschaft

2   Der Erwerb der Mitgliedschaft erfolgt entweder durch die Beteiligung bei der Gründung der AG, im Zuge einer Kapitalerhöhung und der hiermit verbundenen Aktienübernahme (originärer Erwerb; § 2 Rn. 13 ff.) oder durch den späteren Erwerb der Mitgliedschaft (derivativer Erwerb; § 3 Rn. 111 ff.). Die **Beendigung** der Mitgliedschaft kann – wie der Erwerb – auf verschiedene Weise geschehen: Durch Vollbeendigung der Gesellschaft im Zuge der Auflösung (§§ 262 ff. AktG, § 18 Rn. 75), durch Einziehung (§§ 237 ff. AktG, § 9 Rn. 161 ff.), durch Ausschluss des Aktionärs im Falle der Säumnis gem. § 64 AktG, durch Ausschluss des Aktionärs

---

[1] *Habersack* Mitgliedschaft – Subjektives und „sonstiges" Recht, Tübingen 1996, S. 92, 98.

A. Rechte und Pflichten der Aktionäre 3–5 § 4

durch einen Mehrheitsaktionär gem. § 327a AktG („squeeze out" § 15 Rn. 39 f.) oder durch rechtsgeschäftlichen bzw. gesetzlichen Übergang der Aktie auf einen Dritten (§ 3 Rn. 111 ff.).

III. Mitgliedschaftsrechte und -pflichten

1. Mitgliedschaftsrechte

Die Mitgliedschaftsrechte werden, was vor allem für die Frage ihrer Abtretbarkeit von Bedeutung ist, in Verwaltungs- und Vermögensrechte aufgeteilt. 3

a) Verwaltungsrechte

Aus der Mitgliedschaft resultieren verschiedene Verwaltungsrechte, die das 4 Recht auf Teilhabe an der Gestaltung der gesellschaftsrechtlichen Verhältnisse sichern sollen. Zu ihnen zählen unter anderem das Einsichtsrecht gem. § 175 Abs. 2 AktG (Rn. 29 ff.), das Recht auf Mitteilung gem. § 125 AktG (Rn. 34 ff.), das Recht auf Teilnahme an der Hauptversammlung gem. § 118 AktG (Rn. 36 ff.), das Rederecht (Rn. 36), das Stimmrecht gem. §§ 133 ff. AktG (Rn. 34 ff.), das Auskunftsrecht gem. § 131 AktG (Rn. 51 ff.), das Recht zur Erhebung von Anfechtungs- und Nichtigkeitsklagen gem. § 245 Nr. 1–3 AktG (Rn. 93 ff., § 5 Rn. 255 ff.), die Geltendmachung von Ersatzansprüchen der Gesellschaft durch eine Aktionärsminderheit über das Klagezulassungsverfahren (Rn. 97 ff.) und die allgemeine Aktionärsklage gegen kompetenzüberschreitende Maßnahmen der Verwaltung der AG.[2] Zu diesen Verwaltungsrechten zählen auch verschiedene Minderheitenrechte: etwa die Bestellung eines Sonderprüfers nach § 142 Abs. 2 AktG oder die Einberufung einer Hauptversammlung nach § 122 AktG (§ 5 Rn. 78). Die Verwaltungsrechte können nicht isoliert unter Trennung von der Aktie an andere Aktionäre oder Dritte abgetreten werden. Eine Abtrennung würde gegen das **Abspaltungsverbot** verstoßen, das die Gesellschaft vor allem gegen Mitspracherechte Dritter schützen will. Die Unübertragbarkeit der Verwaltungsrechte ist zwingend. Festlegungen in der Satzung oder in Einzelvereinbarungen, die zu Umgehungen führen würden, etwa in Form einer unwiderruflichen verdrängenden Vollmacht, sind unwirksam. Zulässig sind demgegenüber Vollmachten (§ 5 Rn. 146, 213 ff.), Stimmbindungsverträge (§ 5 Rn. 212) oder Legitimationsübertragungen (§ 5 Rn. 214).

b) Vermögensrechte

Neben den Verwaltungsrechten begründet die Mitgliedschaft verschiedene Vermögensrechte der Aktionäre. Hierzu zählen der Anspruch auf den Bilanzgewinn gem. § 58 Abs. 4 AktG (Rn. 71 ff.), der Anspruch auf Vergütung von Nebenleistungen gem. §§ 55, 61 AktG (Rn. 26 f.), das Bezugsrecht bei Kapitalerhöhungen gem. § 183 Abs. 1 AktG (Rn. 79 f., § 9 Rn. 36 ff.), der Anspruch auf den Liquidationserlös gem. § 271 AktG (Rn. 105, § 18 Rn. 65 ff.) sowie die Ansprüche auf Abfindung und Ausgleich gem. §§ 304, 305 AktG (§ 14 Rn. 146 ff.). Diesen Vermögensansprüchen ist gemeinsam, dass sie nach ihrer Konkretisierung unabhängig davon, ob sie bereits fällig sind, selbstständig übertragen werden können. Im Gegensatz dazu ist es ausgeschlossen, die **Vermögensstammrechte**, also die generellen Rechte auf 5

---

[2] Zu Letzterer BGH II ZR 174/80, BGHZ 83, 122 = NJW 1982, 1703 – Holzmüller; II ZR 155/02, NJW 2004, 1860 – Gelatine.

Teilhabe an der Dividende und dem Liquidationsguthaben etc. unter Aufspaltung von der Mitgliedschaft abzutreten.

2. Mitgliedschaftspflichten

6 Aus der Mitgliedschaft resultieren neben den Rechten auch Pflichten. Zu diesen zählt insbesondere die Einlagepflicht (Rn. 8 ff.). Nachschusspflichten existieren bei der AG nicht. Die Satzung kann jedoch den Aktionären die Verpflichtung auferlegen, wiederkehrende, nicht in Geld bestehende Leistungen (Nebenleistungen, vgl. Rn. 26 ff.) zu erbringen. Daneben bestehen im Verhältnis zwischen den Aktionären und der AG sowie in demjenigen der Aktionäre untereinander Treupflichten (vgl. Rn. 81 ff.).

IV. Einzelne Rechte und Pflichten

7 Die einzelnen Rechte stehen den Aktionären, soweit es sich um Hauptrechte handelt (zB Stimmrecht, Bezugsrecht, Recht auf Dividende und Liquidationserlös) nach dem Verhältnis ihrer Beteiligung am Grundkapital zu. Die Hilfsrechte (zB Teilnahmerecht an der Hauptversammlung, Rederecht, Auskunftsrecht, Einsichtsrecht und Anfechtungsbefugnis) stehen den Aktionären pro Kopf zu. Die Rechte und Pflichten des Aktionärs stellen sich im Einzelnen wie folgt dar:

1. Pflicht zur Einlage

8 Die Einlageverpflichtung verpflichtet die Aktionäre an der Kapitalaufbringung mitzuwirken, und zwar durch Leistung einer Bareinlage, Sacheinlage oder gemischten Bar- und Sacheinlage, je nach den Festlegungen in der Satzung. Die Einlagepflicht gegenüber der Gesellschaft entsteht mit der Übernahme der Aktien bei der Gründung, durch die Zeichnung junger Aktien oder mit dem Erwerb einer nicht volleingezahlten Aktie (zum Leistungszeitpunkt vgl. Rn. 11 f., § 2 Rn. 172 f., 206).

a) Inhalt

9 Die Einlageverpflichtung ergibt sich ihrer Art und Höhe nach aus der Satzung (vgl. im Einzelnen unter § 3 Rn. 8, § 2 Rn. 159 ff., 200 ff.). Die mitgliedschaftliche Einlageverpflichtung des Aktionärs beläuft sich, unabhängig davon, ob es sich um Bar- oder um Sacheinlagen handelt, zwingend auf den Nennbetrag (bei Nennbetragsaktien) bzw. den geringsten Ausgabebetrag (bei Stückaktien) der von dem Aktionär übernommenen bzw. gezeichneten Aktien (§ 54 Abs. 1 AktG).[3] Werden die Aktien für einen höheren als den geringsten Ausgabebetrag, also mit einem Aufgeld (sog. **Agio**) ausgegeben (vgl. im Einzelnen § 3 Rn. 8), so ist von den Aktionären auch dieses Aufgeld zu leisten. Die mitgliedschaftliche Einlageverpflichtung erfasst demgegenüber nicht **schuldrechtliche Verträge**, die die Aktionäre zu beliebigen Leistungen gegenüber der AG verpflichten können (zB Darlehen).[4] Die Rechtsfolgen solcher schuldrechtlicher Vereinbarungen richten sich nur nach den Vorschriften des BGB, nicht nach Aktienrecht. Nicht erfasst von der mitgliedschaft-

---

[3] Zu freiwilligen Mehrleistungen, dh Leistungen, die der Aktionär ohne eine entsprechende Aufforderung des Vorstandes oder entsprechende Satzungsgrundlage von sich aus auf die Einlageverbindlichkeit erbringt, vgl. MünchKomm. AktG/Bd. 1/*Pentz* § 36 Rn. 73.

[4] RG II 73/12, RGZ 79, 332; *Hüffer/Koch* AktG § 54 Rn. 7.

A. Rechte und Pflichten der Aktionäre

lichen Einlageverpflichtung werden ferner **freiwillige Zusatzleistungen**.[5] Auch ihre Rechtsfolgen richten sich nach den Vorschriften des BGB.

b) Schuldner der Einlageleistung

Schuldner der Leistung ist zunächst der Aktionär, der die Aktie bei der Gründung oder der Kapitalerhöhung originär übernommen hat. Bei einem **späteren**, derivativen **Erwerb** nicht volleingezahlter Aktien ist zu unterscheiden. Handelt es sich um eine noch ausstehende **Bareinlage**, so geht die Einlageverpflichtung als nicht isolierbarer Teil der Mitgliedschaft auf den Erwerber über. Anderes gilt nur insoweit, als eine AG entgegen § 10 Abs. 2 AktG Inhaberaktien vor der vollen Leistung des Nennbetrages bzw. des anteiligen Betrages (ggf. zuzüglich Agio) ausgegeben hat bzw. auf Namensaktien überhöhte Teilleistungen angegeben worden sind. Ist nämlich in diesen Fällen der Erwerber gutgläubig, so ist er nicht zur Erbringung der noch ausstehenden Einlage verpflichtet, die Einlagepflicht trifft weiter den bisherigen Aktionär.[6] Sind die Aktien gegen Sacheinlagen ausgegeben worden, geht die Verpflichtung zur Erbringung der Sacheinlage nicht auf den späteren Erwerber über. Schuldner der Sacheinlage bleibt der bisherige Aktionär. Jedoch ist der Erwerber zur Erbringung einer entsprechenden Bareinlage verpflichtet, wenn die Sacheinlage nicht geleistet wird.[7] Im Hinblick auf den Schutz des gutgläubigen Erwerbers vor dieser Eventualverbindlichkeit bei einem Verstoß gegen § 10 Abs. 2 AktG gelten dieselben Regelungen wie bei Bareinlagen.

c) Leistungszeitpunkt

Im Hinblick auf den Leistungszeitpunkt ist zwischen Bar- und Sacheinlagen zu unterscheiden:
Bareinlagen sind nach §§ 36 Abs. 2, 36a Abs. 1 AktG vor der Anmeldung der Gesellschaft oder einer Kapitalerhöhung mindestens in Höhe von einem Viertel des geringsten Ausgabebetrages nebst dem gesamten Mehrbetrag (**Agio**) zu leisten (§ 2 Rn. 172). Die Einforderung der Bareinlage obliegt dem Vorstand, der insoweit für die Vorgesellschaft handelt; § 63 Abs. 1 AktG findet bereits im Gründungsstadium Anwendung.[8] Erst mit dieser Einforderung werden die Einlageverbindlichkeiten unter Einschluss des Agios fällig.
Der Leistungszeitpunkt von **Sacheinlagen** wird durch § 36a Abs. 2 AktG geregelt. Der Wortlaut dieser Vorschrift ist missverständlich. Nach hM ist diese Vorschrift dergestalt auszulegen, dass es bei der Übertragung von Vermögensgegenständen zur Erfüllung der Einlageschuld bzw. des Agios ausreicht, wenn der Inferent zum Zeitpunkt der Anmeldung eine schuldrechtliche Übertragungspflicht gegenüber der Gesellschaft begründet hat, die dingliche Übertragung des Gegenstandes aber erst innerhalb von 5 Jahren ab Eintragung der Gesellschaft erfolgt (§ 36a Abs. 2 Satz 2 AktG; vgl. § 2 Rn. 206).[9] Dies hindert aber nicht, den Vermö-

---

[5] Liegt der Wert der Einlage über dem Nennbetrag oder dem anteiligen Betrag des Grundkapitals, wie dies häufig bei Sacheinlagen der Fall ist, muss der überschießende Betrag nicht zwingend als Agio festgesetzt werden; er kann ebenso als freiwillige Zahlung in die Rücklage nach § 272 Abs. 2 Nr. 4 HGB eingestellt werden. Als Grenze ist die Vorschrift des § 255 Abs. 2 AktG zu beachten, vgl. MHdB GesR IV/*Hoffmann-Becking* § 4 Rn. 16 f.
[6] MünchKomm. AktG/Bd. 1/*Bungeroth* § 54 Rn. 14, 17; MHdB GesR IV/*Rieckers* § 16 Rn. 4.
[7] MünchKomm. AktG/Bd. 1/*Bungeroth* § 54 Rn. 20; MHdB GesR IV/*Rieckers* § 16 Rn. 3.
[8] MünchKomm. AktG/Bd. 1/*Pentz* § 36 Rn. 42.
[9] MünchKomm. AktG/Bd. 1/*Pentz* § 36a Rn. 13 ff.

gensgegenstand – wie dies in der Regel geschieht – schon vor der Anmeldung an die Gesellschaft zu übertragen. In den anderen Fällen, in denen die Sacheinlagepflicht nicht durch Übertragung eines Vermögensgegenstandes zu erfüllen ist (zB Einlage von Gebrauchs- und Nutzungsrechten), verbleibt es bei dem Satz 1 dieses Absatzes, dh die Einlage nebst Agio ist vor der Anmeldung zu leisten.

d) Mängel der Einbringung

13 Im Hinblick auf die Mängel der Einbringung ist zwischen der verspäteten Einlageerbringung (Rn. 14 f.), der mangelhaften festgesetzten Sacheinlage (Rn. 16), der untauglichen Sacheinlage (Rn. 17), der überbewerteten Sacheinlage (Rn. 18), der verdeckten Sacheinlage (Rn. 19) und den Leistungsstörungen bei der Einlageerbringung (Rn. 20 ff.) zu unterscheiden:

14 **aa) Verspätete Leistung der Einlage.** Bei Bareinlagen ist der Nennbetrag bzw. der geringste Ausgabebetrag der Einlage nebst Agio bei nicht rechtzeitiger Zahlung (zum Zeitpunkt vgl. Rn. 11) des eingeforderten Betrages mit 5% p.a. zu verzinsen (§ 63 Abs. 2. Satz 2 AktG). Darüber hinaus können säumige Aktionäre entschädigungslos aus der Gesellschaft ausgeschlossen werden (§ 64 AktG; **Kaduzierung**). Nach dem Ausschluss des Aktionärs ist die Aktie zu verwerten, indem sie von den Vormännern des ausgeschlossenen Aktionärs gegen Zahlung des noch ausstehenden Betrages erworben oder an Dritte veräußert wird (§ 65 AktG).

15 Wird die **Sacheinlage** nebst Agio nicht innerhalb der Fristen des § 36a Abs. 2 AktG (Rn. 12) bzw. auf eine Anforderung des Vorstands hin geleistet, kann der jeweilige Aktionär in Verzug gesetzt und auf Leistung der Einlage verklagt werden. Einen Verzögerungsschaden kann die Gesellschaft nach § 280 Abs. 1 und 2, § 286 BGB geltend machen. Verlangt die Gesellschaft Schadensersatz statt der Leistung gem. §§ 280 Abs. 1, 3, 4, 281 BGB, ist der Aktionär entsprechend § 27 Abs. 3 Satz 3 AktG verpflichtet, den Ausgabebetrag in bar zu zahlen; die §§ 62 ff. AktG sind im Hinblick auf Sacheinlagen nicht einschlägig. Erweist sich die Vereinbarung über die Erbringung einer Sacheinlage als unwirksam (zu den einzelnen Gestaltungen vgl. Rn. 16 ff.) und ist der Aktionär nach § 27 Abs. 3 Satz 3 AktG verpflichtet, den Betrag in Geld zu leisten,[10] so sind die §§ 63 ff. AktG auf diese Bareinlagepflicht anwendbar. Gleiches gilt, wenn sich die Sacheinlagepflicht aufgrund einer Leistungsstörung in eine Geldeinlagepflicht verwandelt (zu den einzelnen Leistungsstörungen vgl. Rn. 20 ff.).[11]

16 **bb) Mangelhafte Festsetzung der Sacheinlage.** Mängel der Sacheinlagevereinbarung können sich zunächst daraus ergeben, dass die nach § 27 Abs. 3 Satz 1 AktG vorgeschriebene **Form** – Gegenstand der Sacheinlage, verpflichtete Person und Nennbetrag bzw. Zahl der zu gewährenden Aktien – nicht eingehalten worden ist. In diesem Fall sind die Sacheinlagevereinbarung und ihr Vollzugsgeschäft unwirksam. Bei Kenntnis hiervon hat das Registergericht die Eintragung abzulehnen (§ 38 Abs. 2 Satz 1 AktG), muss jedoch zuvor Gelegenheit zur ordnungsgemäßen Festsetzung geben (§ 26 Satz 2 HRV). Die Aktionäre können daher den Mangel vor Eintragung durch eine Satzungsänderung beheben. Nach der Eintragung der Gesellschaft können ggf. die Regeln der verdeckten Sacheinlage eingreifen oder es kann eine Heilung durch einen mit satzungsändernder Mehrheit gefassten Beschluss der Hauptversammlung erfolgen (s. Rn. 245).[12]

---

[10] MünchKomm. AktG/Bd. 1/*Pentz* § 27 Rn. 13 f.
[11] Großkomm. AktG/*Gehrlein* § 63 Rn. 7.
[12] MünchKomm. AktG/Bd. 1/*Pentz* § 27 Rn. 48.

A. Rechte und Pflichten der Aktionäre　　　　　　　　　　17–19　§ 4

cc) Untaugliche Sacheinlage. Haben die Gründer eine untaugliche Sacheinlage 17
vereinbart (zB Dienstleistungen, höchst spekulative Inhaberschuldverschreibungen), gilt vor der Eintragung grundsätzlich das Gleiche wie bei der mangelhaften Festsetzung der Einlage. Allerdings geht hier der Anspruch des Aktionärs auf Vereinbarung einer der untauglichen Sacheinlage möglichst nahe kommenden tauglichen Einlage. Nach der Eintragung der Gesellschaft ist der Aktionär gegenüber der Gesellschaft – nach den gleichen Grundsätzen wie in Rn. 16 dargestellt – zur Leistung einer entsprechenden Barzahlung in Höhe der Einlageverpflichtung ggf. nebst Agio verpflichtet.

dd) Überbewertung der Sacheinlage. Ist die Sacheinlage **überbewertet** wor- 18
den, und wird die Gesellschaft gleichwohl eingetragen, so trifft den Aktionär in Analogie zu § 9 Abs. 1 GmbHG für die Lücke in der Kapitalausstattung eine verschuldensunabhängige Bardeckungspflicht (§ 2 Rn. 222). Der Aktionär hat die Differenz zwischen dem tatsächlichen Wert der Sacheinlage und dem höheren Nennwert der übernommenen Aktien durch Barzahlung auszugleichen (**Differenzhaftung**).[13] Das gilt auch für den im Wege eines **Aufgeldes** zu leistenden Betrag (str.).[14]

ee) Verdeckte Sacheinlage. Im Hinblick auf die verdeckte Sacheinlage ist 19
zwischen der Rechtslage vor und nach Inkrafttreten des ARUG zu unterscheiden. Vor Inkrafttreten des ARUG wurde die verdeckte Sacheinlage – der Gesellschafter leistet als Einlage formal Bargeld, welches ihm aber gegen Zuführung eines anderen Gegenstandes von der Gesellschaft wieder zurückgezahlt wird (vgl. § 2 Rn. 240) – wie folgt behandelt: Hinsichtlich der angeblich geleisteten Bareinlage fehlt es an der Erfüllungswirkung bezüglich der Einlageforderung, da die geleisteten Mittel nicht endgültig zur freien Verfügung des Vorstandes geleistet worden sind (§ 36 Abs. 2 Satz 1 AktG) und der Aktionär bleibt zur Bareinlage verpflichtet. Zinsen sind gem. § 63 Abs. 2 Satz 1 AktG von Fälligkeit an in Höhe von 5% zu leisten. Einer Aufrechnung des Aktionärs gegenüber der noch offenen Einlageforderung steht § 66 Abs. 1 Satz 2 AktG entgegen. Das Geschäft, durch das der Gegenstand verdeckt eingelegt worden ist, ist hinsichtlich seines schuldrechtlichen und seines dinglichen Teils nichtig (§ 27 Abs. 3 AktG). Der Aktionär kann die unwirksam übereigneten Sachen gem. § 985 BGB herausverlangen. Der Gesellschaft steht gegenüber diesem Anspruch wegen der noch offenen Einlageforderung ein Zurückbehaltungsrecht nach § 273 BGB zu.[15] Soll die Gesellschaft den Vermögensgegenstand trotz der missglückten Sacheinlagevereinbarung erhalten, kann eine Nachgründung gem. § 52 AktG durchgeführt werden.[16] Nach Inkrafttreten des ARUG (BGBl. 2009 I 2479) zum 1.9.2009 kommt es zur Anrechnungslösung.

Die neu eingeführte Anrechnungslösung legt in Abweichung von den bisherigen Grundsätzen zunächst fest, dass die Verträge über die verdeckte Sacheinlage (gemeint ist: der verdeckt eingelegte Vermögensgegenstand) und die Rechtshandlungen zu ihrer Ausführung nicht unwirksam sind. Die Bareinlage des Gesellschafters,

---

[13] BGH II ZR 302/05 DB 2007, 1241; *Hüffer/Koch* AktG § 183 Rn. 21.
[14] MünchKomm. AktG/Bd. 1/*Pentz* § 27 Rn. 44; MHdB GesR IV/*Hoffmann-Becking* § 4 Rn. 28; Großkomm. AktG/*Röhricht* § 27 Rn. 105; *Herchen* Agio und verdecktes Agio im Recht der Kapitalgesellschaften 2004, S. 139 ff.; Kölner Komm./*Arnold* § 27 Rn. 74; aA Kölner Komm./*Lutter* § 183 Rn. 66, der darlegt, dass die Einlageverbindlichkeit bezüglich des Agio als rechtsgeschäftliche Wertgarantie zu verstehen sein könnte; MünchKomm. AktG/Bd. 1/*Pfeifer* § 183 Rn. 72 f.; *Hüffer/Koch* AktG § 183 Rn. 21; *Habersack* in FS Huber 2006, S. 179, 183 f.
[15] MünchKomm. AktG/Bd. 1/*Pentz* § 27 Rn. 76.
[16] MünchKomm. AktG/Bd. 1/*Pentz* § 27 Rn. 48.

die er in Verdeckung der Sacheinlage zunächst leistet, muss aber nach wie vor zur endgültigen freien Verfügung des Vorstands geleistet werden (§ 36 Abs. 2 AktG), was zur Folge hat, dass diese Zahlung des Gesellschafters keine Erfüllungswirkung mit sich bringt. Auch sind diese Zahlungen – wie zuvor – an den Gesellschafter gem. § 812 BGB zurückzuerstatten und kann sich der Gesellschafter bei Versicherung der freien Verfügung strafbar nach § 399 AktG machen. Aufbauend auf die Situation – Wirksamkeit der schuldrechtlichen und dinglichen Geschäfte und Unwirksamkeit der vermeintlichen Einlageleistung in bar – ordnet die Anrechnungslösung an, dass auf die mangels Erfüllung weiter bestehende Geldeinlagepflicht des Gesellschafters der Wert des Vermögensgegenstandes im Zeitpunkt der Anmeldung der Gesellschaft zur Eintragung in das Handelsregister, oder wenn die Übertragung erst später stattfindet, im Zeitpunkt seiner Überlassung an die Gesellschaft angerechnet wird. Zur Frage der Behandlung des Bereicherungsanspruchs des Gesellschafters s. im Einzelnen unter § 2 Rn. 324 und zu Fragen des Übergangsrechts s. im Einzelnen unter § 2 Rn. 246.

20 **ff) Unmöglichkeit.** Weniger klar gestaltet sich die Lage bei Leistungsstörungen, insbesondere wenn die Einlage nicht in Geld besteht. Deren Behandlung war bereits in der Vergangenheit umstritten und in der Rechtsprechung nur teilweise geklärt. Die hM unter Einschluss der Rechtsprechung wendete die kaufrechtlichen Bestimmungen mit gewissen, durch das Recht der Kapitalaufbringung veranlassten Modifikationen an,[17] während nach anderen auf die allgemeinen Grundsätze der Leistungsstörung und damit auf die Unmöglichkeitsregeln sowie ergänzend hierzu auf die Grundsätze der Kapitalaufbringung zurückgegriffen werden soll.[18] Mit der Schuldrechtsreform, die zum 1.1.2002 in Kraft getreten ist, ist das Recht der Leistungsstörungen im Wesentlichen auf eine neue Grundlage gestellt worden. Es empfiehlt sich dringend, in der Satzung oder sonstigen Vereinbarungen die Rechtsfolgen der Leistungsstörungen im Einzelnen festzulegen. Ohne eine solche Festlegung kommt es zu den folgenden Ergebnissen:

21 Rechtsprechung und Literatur stehen einer Anwendbarkeit der §§ 320 ff. BGB auf Einlageleistungen wegen Fehlens eines Gegenseitigkeitsverhältnisses überwiegend ablehnend gegenüber. Dem ist – auch nach neuem Schuldrecht – zuzustimmen, da die Satzung, aus der sich die Verpflichtung der Gesellschafter zur Einlageleistung ergibt, kein synallagmatisches Austauschverhältnis begründet, weil der einzelne Gesellschafter seine Leistung nicht erbringt, um im Gegenzug Leistungen seiner Mitgesellschafter oder der Gesellschaft zu erlangen. Er erbringt sie allein zur Erfüllung des gemeinsamen Zweckes. Vor diesem Hintergrund erscheint es sachgerecht, auf die allgemeinen schuldrechtlichen Grundsätze und Vorschriften und die speziellen gesellschaftsrechtlichen Mittel zurückzugreifen. Im Einzelnen gilt Folgendes: Anstelle der Einrede des nicht erfüllten Vertrages (§ 320 BGB) und derjenigen der Leistung Zug um Zug (§ 322 BGB) können sich die Gesellschafter auf den Gleichbehandlungsgrundsatz (§ 53a AktG) und ausnahmsweise den Missbrauchseinwand berufen, wenn die Beiträge ohne sachlichen Grund von den Mitgesellschaftern nicht eingezogen werden.[19] Bei einer Vermögensverschlechterung der AG besteht kein Leistungsverweigerungsrecht nach § 321 BGB.

---

[17] Vgl. BGH II ZR 219/63, BGHZ 45, 338 (345) = NJW 1966, 1311; RG I 230/07, RGZ 68, 271 (274); II 380/14, RGZ 86, 210 (215); Kölner Komm./*Kraft* § 27 Rn. 76.

[18] MünchKomm. AktG/Bd. 1/*Pentz* § 27 Rn. 50 ff.; Hachenburg/*Ulmer* GmbHG § 5 Rn. 94 ff. sowie *Ulmer/Habersack/Winter* GmbHG § 5 Rn. 109.

[19] Vgl. Großkomm. HGB/*Ulmer* § 105 Rn. 149 f.; vgl. im Einzelnen Beck PersGes-HB/ *Müller* § 4 Rn. 59.

A. Rechte und Pflichten der Aktionäre   22–25 § 4

Ist die Erbringung der Sacheinlage für den Gesellschafter von Anfang an unmöglich oder wird sie nachträglich unmöglich, so wird der Gesellschafter bei Anwendung der neuen Regelungen von seiner primären Leistungspflicht frei (§ 275 BGB) und die Gesellschaft kann Schadensersatz verlangen, da der Wegfall der primären Leistungspflicht der Wirksamkeit des Schuldverhältnisses nicht entgegensteht (§§ 311a Abs. 2, 283 iVm § 281 Abs. 1 Satz 2, 3 und Abs. 5 BGB).[20] **22**

Problematisch an dieser Lösung ist insoweit jedoch, dass dieser Schadensersatzanspruch der Gesellschaft nicht dem gleichen Schutz wie die Einlageforderung unterliegt (zB im Hinblick auf Verjährung, Aufrechnung). Mit Blick hierauf und der insoweit vergleichbaren Interessenlage bei § 27 Abs. 3 Satz 3 AktG ist es daher vorzugswürdig, die allgemeinen Grundsätze der Kapitalaufbringung heranzuziehen und entsprechend § 27 Abs. 3 Satz 3 AktG von einer Verpflichtung des Aktionärs auszugehen, die Einlage zzgl. Aufgeld in bar zu erbringen.[21] Hat der Gründer die Unmöglichkeit zu vertreten, kann Schadensersatz verlangt werden. **23**

gg) Sach- und Rechtsmängel. Umstritten ist die Behandlung von Sach- und Rechtsmängeln. Nach überwiegender Auffassung sollen bei Sach- und Rechtsmängeln die kaufrechtlichen Bestimmungen mit gewissen durch das Recht der Kapitalaufbringung veranlassten Modifikationen auf der Rechtsfolgenseite anwendbar sein. Bei Übertragung dieser Ansicht auf das neue Schuldrecht würde bei unvertretbaren Sachen der Rücktritt gem. § 437 Nr. 2 BGB, der an die Stelle der Wandlung getreten ist, zur Verpflichtung zur Erbringung der Bareinlage führen. Bei der Minderung nach §§ 437 Nr. 2, 441 BGB wäre der Differenzbetrag in bar zu zahlen.[22] Bei vertretbaren Sachen wäre von einer Nachlieferungspflicht nach § 439 Nr. 1 BGB auszugehen. Das Fehlen einer zugesicherten Eigenschaft oder das arglistige Verschweigen eines Mangels würde zum Schadensersatz führen (§§ 280, 281 BGB).[23] Auf Rechtsmängel würden nach dieser Auffassung § 435 iVm §§ 437–441 BGB Anwendung finden.[24] **24**

Die analoge Anwendung von Kaufrecht ist mit der im Vordringen befindlichen Auffassung abzulehnen. Der Beitritt zur AG und die hiermit verbundene Übernahme der Einlageverpflichtung ist weder ein kaufrechtlicher noch ein kaufrechtsähnlicher Vorgang; die Bestimmungen des Kaufrechts sind auf den Beitritt – wie insbesondere die von der hM vorgenommenen Anpassungen zeigen – nicht zugeschnitten. Zudem spricht gegen die Anwendung der kaufrechtlichen Bestimmungen der stärkere Schutz des § 27 Abs. 3 AktG.[25] Insoweit können daher auch die Argumente der hM nicht überzeugen, wonach durch das neue Schuldrecht aufgrund der einheitlichen Regelung für Sach- und Rechtsmängel und der Angleichung der kaufrechtlichen Bestimmungen an das allgemeine Verjährungsrecht die wesentlichen Einwendungen gegen das Eingreifen des kaufrechtlichen Gewährleistungsrechts entkräftet seien.[26] Vor diesem Hintergrund ist deshalb auf die allgemeinen **25**

---

[20] Vgl. im Einzelnen Beck PersGes-HB/*Müller* § 4 Rn. 60; MünchKomm. AktG/Bd. 1/*Pentz* § 27 Rn. 51.
[21] MünchKomm. AktG/Bd. 1/*Pentz* § 27 Rn. 51; Kölner Komm./*Arnold* § 27 Rn. 19; Spindler/Stilz/*Heidinger/Benz* § 27 Rn. 99.
[22] Kölner Komm./*Kraft* § 27 Rn. 77; Baumbach/Hueck/*Fastrich* AktG § 27 Rn. 7.
[23] Baumbach/Hueck/*Fastrich* AktG § 27 Rn. 7, anders RG II 94/38, RGZ 159, 321 (322).
[24] Vgl. BGH II ZR 219/63, BGHZ 45, 338 (345) = NJW 1966, 1311; vgl. auch *Grunewald* NZG 2003, 372 (373).
[25] Vgl. im Einzelnen MünchKomm. AktG/Bd. 1/*Pentz* § 27 Rn. 55.
[26] *Ulmer/Habersack/Winter* GmbHG § 5 Rn. 109; Schmidt/Lutter/*Bayer* AktG § 27 Rn. 47; Kölner Komm./*Arnold* § 27 Rn. 22 f.

Grundsätze der Leistungsstörung und ergänzend hierzu auf die Grundsätze der realen Kapitalaufbringung zurückzugreifen. Für die Behandlung von Mängeln ergibt sich hiernach das Folgende:
- Ist die Einlage einer **vertretbaren Sache** geschuldet, bleibt der Inferent zur Leistung einer Sache in mittlerer Art und Güte verpflichtet (§ 243 BGB).
- Bei einer **unvertretbaren Sache** ist zu unterscheiden: Führt der Mangel der eingelegten Sache zu einer Wertminderung, ist der Inferent zur baren Zuzahlung der Differenz verpflichtet. Dies ergibt sich aus dem Grundsatz der realen Kapitalaufbringung und dem hieraus folgenden Verbot der Unterpariemission. War vereinbart, dass der Inferent auf seine Einlageverpflichtung einen Gegenstand erbringen soll, dessen Wert den Einlagegegenstand übersteigt, gilt Abweichendes, je nachdem, ob der Mehrbetrag förmlich als **Aufgeld** (Agio) in der Satzung festgesetzt worden ist oder nicht. Ist er als Aufgeld festgesetzt worden, erstreckt sich die Pflicht zur baren Zuzahlung auch auf diesen Betrag (vgl. auch Rn. 16). Fehlt es an einer solchen Festsetzung und ist auch keine sonstige Vereinbarung vorhanden (zB schuldrechtliche Zuzahlung in der Satzung), scheidet die Zuzahlung im Hinblick auf § 54 Abs. 1 AktG grundsätzlich aus. Hat die Mangelhaftigkeit der Sache demgegenüber zur Folge, dass die Funktionstauglichkeit der Sache nicht nur unerheblich beeinträchtigt und es der Gesellschaft nicht zumutbar ist, auf den Sacheinlagegegenstand verwiesen zu werden, ist entsprechend den allgemeinen Grundsätzen Unmöglichkeit (§ 275 BGB) zu bejahen. Die ursprünglich auf die Erbringung einer Sache gerichtete Leistungspflicht wandelt sich als Folge des Grundsatzes der realen Kapitalaufbringung in eine Geldleistungspflicht um, die dem Ausgabebetrag und einem ggf. zusätzlich vereinbarten **Aufgeld** entspricht.
- Liegt eine **zugesicherte Eigenschaft** nicht vor, ergibt sich der Ersatzanspruch der Gesellschaft aus der gesellschafterlichen Einbringungspflicht. Gleiches gilt beim arglistigen Verschweigen eines Mangels.

Eine Befreiung des Inferenten von seinen hiernach bestehenden Verpflichtungen ist nach § 66 Abs. 1, 2 AktG unzulässig.

2. Pflicht zur Erbringung von Nebenleistungen

26 Aktionäre können neben der Einlagepflicht die Pflicht zur Erbringung wiederkehrender Leistungen übernehmen (Nebenleistungen). Die Übernahme einer solchen Verpflichtung, der in der Praxis kaum Bedeutung zukommt, ist nur zulässig, wenn die Übertragung der Aktien an die Zustimmung der Gesellschaft gebunden ist, also vinkulierte Namensaktien ausgegeben werden (§ 55 Abs. 1 Satz 1 und 2 AktG). Hierdurch wird der Gesellschaft die Möglichkeit eröffnet, einen Erwerber der Aktie als neuen Schuldner abzulehnen, wenn er nicht die nötige Sicherheit bietet. Die Nebenleistungspflicht muss in der Satzung festgelegt werden. Das entspricht ihrem mitgliedschaftlichen Charakter. Änderungen der Satzung, die die Nebenleistungsverpflichtungen neu einführen oder sie verschärfen, sind nur mit Zustimmung des betroffenen Aktionärs zulässig.

27 **Inhalt der Pflicht** muss die Erbringung wiederkehrender, nicht in Geld bestehender Leistungen sein. Die Leistung kann entgeltlich oder unentgeltlich sein. Dies ist in der Satzung festzulegen. Zur Pflicht, die Nebenleistungen und den Umfang der Leistungen in den Aktien und Zwischenscheinen zu vermerken (vgl. § 3 Rn. 78). Bei Leistungsstörungen kommen die einschlägigen Regelungen des BGB entsprechend zur Anwendung.[27] Bei einer **Übertragung** der Aktie geht die

---

[27] Vgl. im Einzelnen *Hüffer/Koch* AktG § 55 Rn. 6.

A. Rechte und Pflichten der Aktionäre

Nebenverpflichtung als mitgliedschaftliche Pflicht auf den Erwerber über. Der bisherige Aktionär wird frei, soweit die Nebenleistungen nicht bereits fällig waren.[28] Die Verpflichtung zur Erbringung von Nebenleistungen kann durch einen Aufhebungsbeschluss der Hauptversammlung, der nur als satzungsändernder Beschluss wirksam wird, insgesamt beendet werden.[29] Die Nebenverpflichtung des Aktionärs endet hingegen nicht durch Verschmelzung oder Formwechsel; entsprechende Ansprüche werden zu solchen des neuen Rechtsträgers.

Verstöße gegen § 55 Abs. 1 Satz 1 und 2 AktG – dh gegen die Knüpfung der Nebenleistung an vinkulierte Namensaktien und Festlegung der Verpflichtung in der Satzung – führen zur Unwirksamkeit der Nebenverpflichtung. Abweichendes gilt hingegen bei einem Verstoß gegen Satz 3 – Angabe der Verpflichtung in den Aktien –. Die Verpflichtung entsteht wirksam, kann jedoch auf den Erwerber der Aktien im Fall seines guten Glaubens nur insoweit übergehen, als sie sich aus der Urkunde ergibt (sog. gutgläubiger lastenfreier Erwerb).[30]

3. Einsichtsrecht

Dem Aktionär stehen verschiedene aus der Mitgliedschaft resultierende Einsichtsrechte zu, die vor oder während der Hauptversammlung ausgeübt werden können (zum Einsichtsrecht in das Aktienregister vgl. § 3 Rn. 31). Bei ihnen handelt es sich um Verwaltungsrechte, die nicht unter Abspaltung von der Aktie übertragen werden können. Die Einsichtsrechte stehen dem Aktionär pro Kopf, also unabhängig von der Beteiligungshöhe an der AG zu.

a) Unterlagen der ordentlichen Hauptversammlung

Nach § 175 Abs. 2 AktG sind der Jahresabschluss, ggf. der Jahresabschluss nach IAS, der Lagebericht, der Aufsichtsratsbericht und der Gewinnverwendungsvorschlag des Vorstandes zur Einsichtnahme der Aktionäre ab dem Zeitpunkt der Einberufung der Hauptversammlung (§ 121 Abs. 3 AktG) am Ort der Hauptverwaltung der Gesellschaft auszulegen (vgl. im Einzelnen § 5 Rn. 196). Der Bericht zur Erläuterung verschiedener Angaben der §§ 289 und 315 HGB ist, wie durch die Aktienrechtsnovelle 2016 klargestellt wurde, nicht auszulegen.[31] Nach dem durch das EHUG eingefügten § 172 Abs. 2 S. 4 AktG besteht diese Pflicht zur Auslegung nicht, wenn die genannten Dokumente von der Einberufung an über die Internetseite der AG zugänglich sind.[32] Der Aktionär kann auf eigene Kosten einen Sachverständigen beiziehen. Wird dieses Einsichtsrecht der Aktionäre verletzt, kann ein Zwangsgeldverfahren nach § 407 AktG eingeleitet werden. Daneben besteht die Möglichkeit, die Einsicht in die Unterlagen mittels Leistungsklage oder einstweiliger Verfügung geltend zu machen (str.).[33] Darüber hinaus kann eine Verletzung dieser Auslegungspflichten ggf. zur Anfechtbarkeit des Beschlusses führen (vgl. § 5 Rn. 255 ff.).[34] Eine Nichtbeachtung von § 175 Abs. 2 AktG ist indessen kein Anfech-

---

[28] *Hüffer/Koch* AktG § 55 Rn. 7.
[29] Vgl. im Einzelnen *Hüffer/Koch* AktG § 55 Rn. 8.
[30] RG II 608/12, RGZ 82, 72 (73), str.
[31] Siehe insoweit BT-Drs. 18/4349, 24 zu Nr. 19.
[32] *Hüffer/Koch* AktG § 125 Rn. 8.
[33] Vgl. *Hüffer/Koch* AktG § 175 Rn. 6; Großkomm. AktG/*Brönner* § 175 Rn. 18; Kölner Komm./*Ekkenga* § 175 Rn. 25.
[34] BGH II ZR 225/99, ZIP 2002, 172 (174 mwN) – Sachsenmilch III.

b) Verträge

31 Den Aktionären steht im Hinblick auf bestimmte Verträge, die von der Gesellschaft nur mit Zustimmung der Hauptversammlung geschlossen werden können, ein Recht zur Einsichtnahme in den vollen Vertragswortlaut zu; der Vertrag ist von der Einberufung der Hauptversammlung an in ihren Geschäftsräumen und in der Hauptversammlung selbst auszulegen (Übersendung auf Verlangen des Aktionärs). Zu den insoweit relevanten Verträgen gehören vor allem Nachgründungs- (§ 52 Abs. 2 AktG), Unternehmens- (§ 293f Abs. 1 Nr. 1, § 293g Abs. 1 AktG) und Verschmelzungsverträge (§ 63 Abs. 1 Nr. 1, § 64 Abs. 1 Satz 1 UmwG) sowie auf Vermögensübertragungen gerichtete Verträge (§§ 174 ff. UmwG). Darüber hinaus kann ein solches Einsichtsrecht aber auch dann bestehen, wenn der Vorstand von der Hauptversammlung nach § 119 Abs. 2 AktG eine Entscheidung über eine Geschäftsführungsmaßnahme verlangt. Nach der Rechtsprechung ist hierfür – mangels einer einheitlichen gesetzlichen Regelung über die weitergehenden Informationsrechte der Aktionäre – eine Einzelfallprüfung erforderlich, um festzustellen, ob eine den im Gesetz ausdrücklich genannten Fällen entsprechende Fallkonstellation vorliegt. Bejaht wurde dies bisher etwa bei einer Entscheidung über die Veräußerung einer Tochtergesellschaft, die einen wesentlichen Geschäftsbereich darstellt,[36] und einer solchen über den Erwerb sämtlicher Aktien einer ausländischen Gesellschaft.[37] Die Vorlage von Verträgen in ausländischer Sprache ist nicht als ausreichend anzusehen.[38] Die Verträge sind bei börsennotierten Gesellschaften gem. § 124a AktG alsbald nach der Einberufung der Hauptversammlung über die Internetseite der Gesellschaft zugänglich zu machen.

c) Teilnehmerverzeichnis

32 Das Teilnehmerverzeichnis ist vor der ersten Abstimmung allen Teilnehmern zugänglich zu machen (§ 129 Abs. 4 AktG). Diese Pflicht ist erfüllt, wenn die teilnehmenden Aktionäre die Möglichkeit zur Kenntnisnahme erhalten. Eine Auslegung des Verzeichnisses ist nicht mehr erforderlich; ausreichend ist das Sichtbarmachen auf einem Computer.[39] Die Papierform und die Möglichkeit der Kenntnisnahme vor der ersten Abstimmung ist aber noch zulässig. Die Kenntnisnahme muss während der Hauptversammlung ohne wesentlichen Zeitaufwand möglich sein. Eine Verletzung des Einsichtsrechts kann zur Anfechtbarkeit von Beschlüssen führen, sofern der Verstoß für das Beschlussergebnis nicht ohne Bedeutung war.[40]

---

[35] *Hüffer/Koch* AktG § 175 Rn. 8.
[36] BGH II ZR 124/99, ZIP 2001, 416 (418) – Altana/Milupa.
[37] LG München 5 HKO 23950/00, ZIP 2001, 1148 (1150 f.) – Direkt Anlage Bank/Self Trade.
[38] LG München 5 HKO 23950/00, ZIP 2001, 1148 (1150 f.) – Direkt Anlage Bank/Self Trade.
[39] *Hüffer/Koch* AktG § 129 Rn. 13.
[40] OLG Hamburg 11 U 62/89, NJW 1990, 1120 (1121); BGH II ZR 225/99, ZIP 2002, 172 (174 mwN) – Sachsenmilch III.

A. Rechte und Pflichten der Aktionäre

4. Recht auf Abschriften

Jedem Aktionär steht unter anderem ein Anspruch zu auf Erteilung von Abschriften 33
– des Jahresabschlusses, des Lageberichtes, des Aufsichtsratsberichtes und des Gewinnverwendungsvorschlages (§ 175 Abs. 2 AktG), des Konzernabschlusses (§ 337 Abs. 3 AktG) und
– der Bilanz, die einer Kapitalerhöhung aus Gesellschaftsmitteln anstelle der letzten Jahresbilanz zugrunde gelegt wird (§ 209 Abs. 6 AktG).
Nach dem durch das EHUG eingefügten § 172 Abs. 2 S. 4 AktG besteht dieser Anspruch auf Erteilung von Abschriften nicht, wenn die genannten Dokumente von der Einberufung an über die Internetseite der AG zugänglich sind. Die Kosten sind von der AG zu tragen (str. für Versendungskosten).[41]
Weiter steht jedem Aktionär ein Anspruch auf Erteilung von Abschriften
– des Sonderprüfungsberichtes über die Überprüfung der Geschäftsführung oder Gründung (§ 145 AktG)[42] und des Sonderprüfungsberichts nach § 315 AktG (Beziehungen des abhängigen zum herrschenden Unternehmen)[43] sowie
– von Verträgen wie etwa Unternehmens-, Verschmelzungs- und Nachgründungsverträgen sowie auf Vermögensübertragung gerichtete Verträge (siehe Rn. 31)
zu. Diese Informationen bezüglich des Sonderprüfungsberichts können jedenfalls nicht durch eine Veröffentlichung im Internet ersetzt werden. Das Verlangen nach einer Abschrift kann auf Wunsch des Aktionärs durch elektronische Übermittlung erfüllt werden.[44] Die Kosten sind von der AG zu tragen (s. oben).

5. Recht auf Mitteilungen

Die AG hat – durch ihren Vorstand – die Kreditinstitute und Aktionärsvereini- 34
gungen rechtzeitig vor der Hauptversammlung über die Einberufung der Hauptversammlung und die Bekanntmachung der Tagesordnung zu informieren. Die Mitteilung muss den Text der in den Gesellschaftsblättern bekannt gemachten Einberufung nebst Tagesordnung und Beschlussvorlagen sowie etwaigen weiteren freiwillig gemachten Angaben enthalten.[45] Der Vorstand hat die Mitteilung mindestens einundzwanzig Tage vor der Versammlung zu übermitteln (§ 125 Abs. 1 Satz 1 AktG). Soweit es sich um börsennotierte AGs handelt, haben diese die geänderte, ggf. um Aktionärsverlangen gem. § 122 Abs. 2 AktG ergänzte Tagesordnung, mitzuteilen (§ 125 Abs. 1 Satz 3 AktG). Bei diesen Gesellschaften erlaubt es das Fristensystem, das Verlangen auf Ergänzung aufzunehmen.[46] Börsenferne AGs müssen nur die für die Einberufung verwendete Tagesordnung mitteilen, da davon auszugehen ist, dass diese die Privateinberufung gem. § 121 Abs. 4 S. 2 AktG nutzen. Vorgenannte AGs sollten indessen die geänderte Tagesordnung mitteilen, wenn sie zeitig genug vorher davon erfahren. Die Mitteilung muss auf die Möglichkeit der Stimmrechtsausnutzung durch einen Bevollmächtigten bzw. eine Vereinigung von Aktionären hinweisen (§ 125 Abs. 1 Satz 4 AktG). Die Mitteilung hat in diesem Fall schriftlich zu erfolgen, soweit sichergestellt ist, dass die gewählte Übermittlungsform Zugang erwarten lässt und die Möglichkeit zur Weitergabe nach § 128

---

[41] *Hüffer/Koch* AktG § 175 Rn. 5.
[42] MünchKomm. AktG/Bd. 3/*Schröer* § 145 Rn. 36.
[43] *Hüffer/Koch* AktG § 315 Rn. 7.
[44] *Noack* NZG 2003, 241 (244 f.).
[45] Schmidt/Lutter/*Ziemons* AktG § 125 Rn. 6.
[46] Kölner Komm./*Noack/Zetsche* § 125 Rn. 28.

AktG eröffnet.[47] Börsennotierte Gesellschaften haben bei Vorschlägen über die Wahl von Aufsichtsratsmitgliedern zudem Angaben zu deren Mitgliedschaften in anderen Aufsichtsräten beizufügen (§ 125 Abs. 1 Satz 5 AktG). Im Hinblick auf **Gegenanträge und Wahlvorschläge** von Aktionären sowie ggf. vorliegende Stellungnahmen der Verwaltung ist es ausreichend, wenn diese den Aktionären zugänglich gemacht werden, wobei sich die Parteien auch auf die elektronische Übertragungsform einigen können (zum Beispiel Mitteilung über SWIFT; § 126 Abs. 1 Satz 1 AktG).[48] Dies kann insbesondere (ausschließlich) auf der Website der Gesellschaft erfolgen (vgl. auch Rn. 48).[49] Sind der AG die Aktionäre nicht bekannt, weil sie über Inhaberaktien verfügen oder ein Kreditinstitut als Fremdbesitzer in das Aktienregister eingetragen ist, sind die Informationen nach Maßgabe des § 126 Abs. 1 AktG von den Depotbanken an die Aktionäre weiterzugeben (§ 128 AktG). Zudem können die Aktionäre verlangen, dass ihnen die in der Hauptversammlung gefassten Beschlüsse mitgeteilt werden (§ 125 Abs. 4 AktG). Dies kann schriftlich oder in elektronischen Übertragungsformen erfolgen, wenn sichergestellt ist, dass die Mitteilung den Interessenten erreicht.[50]

35 Die gleiche Mitteilung, wie sie nach § 125 Abs. 1 AktG zu erfolgen hat, ist an bestimmte Aktionäre zu richten. Hierzu zählen jeder Aktionär, der die Mitteilung verlangt, und jeder Namensaktionär, der bis zwei Wochen vor dem Tag der Hauptversammlung in das Aktienregister eingetragen ist (§ 125 Abs. 2 AktG). Es handelt sich um einen nicht unter Abspaltung von der Mitgliedschaft übertragbaren Anspruch (Rn. 4), der den Aktionären unabhängig von der Höhe ihrer Beteiligung am Grundkapital zusteht.

6. Recht zur Teilnahme an der Hauptversammlung

36 Den Aktionären steht das Recht auf Teilnahme an der Hauptversammlung als mitgliedschaftliches Recht zu. Seinem Inhalt nach umfasst das Teilnahmerecht neben dem Recht auf Anwesenheit das Recht, sich zu den Gegenständen der Tagesordnung zu äußern **(Rederecht)**, insbesondere auf Stellung von Anträgen (vgl. im Einzelnen § 5 Rn. 171 ff.). Das Rederecht dient dem Austausch der Aktionäre untereinander und dem Austausch der Aktionäre mit der Verwaltung über Angelegenheiten der Gesellschaft. Die zulässigen Inhalte der Redebeiträge werden durch den jeweiligen Gegenstand der Hauptversammlung beschränkt.

37 Das Recht auf Teilnahme steht den Aktionären auch dann zu, wenn sie vom Stimmrecht ausgeschlossen sind (vgl. § 5 Rn. 142 f.), aufgrund eines Stimmverbots nicht mitstimmen dürfen (§ 136 Abs. 1 AktG) oder die Aktie nicht voll eingezahlt ist (§ 134 Abs. 2 AktG). Nur soweit die Rechte aus der Aktie überhaupt nicht ausgeübt werden dürfen, was bei der Verletzung der Mitteilungspflichten (§ 20 Abs. 7 AktG), dem Halten eigner Aktien (§ 71b AktG) und wechselseitiger Beteiligung (§ 328 AktG) der Fall ist, besteht kein Teilnahmerecht. Das Teilnahmerecht ist in seinem Kern **unentziehbar** (zu Beschränkungen vgl. § 5 Rn. 145).[51] Es ist nicht höchstpersönlicher Natur und kann durch **Vertreter** oder besondere **Bevollmächtige** ausgeübt werden (vgl. § 5 Rn. 146 f.). Kein Teilnahmerecht steht hingegen **Bera-**

---

[47] MünchKomm. AktG/Bd. 3/*Kubis* § 125 Rn. 20; Spindler/Stilz/*Willamowski* AktG § 129 Rn. 9.
[48] Kölner Komm./*Noack/Zetsche* § 126 Rn. 55 ff.; vgl. *Noack* NZG 2003, 241 (244).
[49] Vgl. Regierungsbegründung, NZG 2002, 213 (224).
[50] *Hüffer/Koch* AktG § 125 Rn. 8.
[51] BGH II ZR 18/88, WM 1989, 63 (64 f.).

A. Rechte und Pflichten der Aktionäre   38–41 § 4

tern oder **Beiständen** (zB Rechtsanwälten, Wirtschaftsprüfern) des Aktionärs zu. Anderes gilt nur, soweit der Versammlungsleiter ihre Anwesenheit gestattet oder dies durch die Satzung zugelassen ist. Zudem wird man annehmen müssen, dass die Treuepflicht ausnahmsweise ein solches Teilnahmerecht begründen kann (zB bei Notwendigkeit eines sachverständigen Dritten und Nichtzumutbarkeit der Hilfe eines Mitgesellschafters).

Kommt es trotz der Verletzung des Teilnahmerechts (etwa wegen nicht ord- 38 nungsgemäßer Ladung) zu einem Gesellschafterbeschluss, so kann der betreffende Aktionär den Beschluss anfechten (§ 243 Abs. 1 AktG, s. im Einzelnen § 5 Rn. 264 ff.). Das Teilnahmerecht kann außerdem auf dem Prozesswege über eine einstweilige Verfügung eingeklagt werden. Eine mitgliedschaftliche Teilnahmepflicht gibt es nicht.

7. Stimmrecht

Den Aktionären steht als mitgliedschaftliches Recht das Stimmrecht zu.[52] Das 39 Stimmrecht ist ein wesentliches Mitgliedschaftsrecht, da es dem Aktionär ermöglicht, unmittelbar Einfluss auf das Handeln der Gesellschaft zu nehmen.

a) Stimmkraft

Unter der Prämisse, dass die Einlage vollständig erbracht ist (Geld- oder Sach- 40 einlage einschließlich Aufgeld), bestimmt sich die Stimmkraft wie folgt: Bei **Nennbetragsaktien** wird das Stimmrecht nach Aktiennennbeträgen ausgeübt, dh dass Aktien mit mehrfachem Nennbetrag ein der kleinsten Aktie entsprechendes mehrfaches Stimmrecht haben.

Beispiel: Ist das Grundkapital in Nennbetragsaktien mit gleich großen Nennbeträgen eingeteilt, gewährt jede Aktie eine Stimme. Bei unterschiedlichen Nennbeträgen entspricht die Stimmzahl dem Multiplikator, wenn höhere Nennbeträge ein Mehrfaches des niedrigsten ausmachen. Aktien mit 2.000 EUR haben zwei Stimmen gegenüber denen zu 1.000 EUR und vier Stimmen gegenüber denen zu 500 EUR.

Bei **Stückaktien** wird das Stimmrecht nach der Anzahl der Aktien, die gleich 41 große anteilige Beträge des Grundkapitals verkörpern, ausgeübt. Eine abweichende Vervielfältigung der Stimmkraft durch Mehrstimmrechte ist hingegen grundsätzlich nicht mehr (zur Übergangsregelung vgl. § 3 Rn. 58) und eine Beschränkung derselben durch **Höchststimmrechte** nur noch bei nicht börsennotierten Gesellschaften zulässig (§ 134 Abs. 1 Satz 2 AktG). Eine solche Beschränkung der Stimmkraft hat durch die Satzung zu erfolgen. Dies kann durch Festsetzung eines **Höchstbetrages** erfolgen. Üblich sind 5% oder 10% sowie 3% des Grundkapitals. Sie kann aber auch dadurch erreicht werden, dass im Ergebnis nach Köpfen abgestimmt wird. Möglich ist darüber hinaus eine Ausgestaltung des Höchststimmrechts durch das Einziehen von **Abstufungen** (zB ab 5.000 EUR Nennbetrag höchstens 5 Stimmen, bis höchstens 10 Stimmen). Auch ist eine Verbindung von **Höchstbetrag und Abstufung** möglich (zB ab 5.000 EUR Nennbetrag höchstens 5 Stimmen; insgesamt höchstens 2.000 Stimmen). Das Höchststimmrecht kann auf bestimmte Beschlussgegenstände beschränkt werden, etwa um bei Satzungsänderungen, insbesondere Veränderungen des Grundkapitals eine Majorisierung

---

[52] Nach § 118 AktG können Gesellschaften künftig über eine entsprechende Satzungsregelung eine Teilnahme an der Hauptversammlung auf elektronischem Weg sowie eine Stimmabgabe per Brief ermöglichen, (s. im Einzelnen § 5 Rn. 5).

zu verhindern. Um zu verhindern, dass ein Aktionär durch die Verteilung seiner Aktien auf verschiedene Personen die Beschränkungen seines Stimmrechts umgeht, kann die Satzung zudem bestimmen, dass
- zu den einem Aktionär gehörenden Aktien auch diejenigen Aktien hinzuzurechnen sind, die ein Dritter für seine Rechnung besitzt (§ 134 Abs. 1 Satz 3 AktG);
- zu den einem Unternehmen gehörenden Aktien diejenigen Aktien hinzuzurechnen sind, die einem von diesem abhängigen oder dieses beherrschenden oder einem mit diesem konzernverbundenen Unternehmen oder für Rechnung solcher Unternehmen einem Dritten gehören (§ 134 Abs. 1 Satz 4 AktG).

42 Die aufgezeigten Stimmkraftbeschränkungen dürfen nicht für **einzelne Aktionäre** angeordnet werden, da sie ansonsten als Ersatz für ein unzulässiges Mehrstimmrecht missbraucht werden könnten. Zulässig ist die Beschränkung der Stimmkraft jedoch zulasten einer Aktiengattung.[53] Zu beachten ist zudem, dass das Höchststimmrecht nur eine Rolle bei der Berechnung einer Stimmenmehrheit, nicht aber einer **Kapitalmehrheit** spielen kann (§ 133 Abs. 1 AktG).

b) Unvollständige Einlageleistung

43 Die Ausübung des Stimmrechts nach Aktiennennbeträgen oder Aktienzahl ist zwar die Regel, setzt aber als solche die vollständige Leistung der Einlage voraus. Ist die Einlageleistung nur **bei einem Teil der Aktien vollständig** erbracht worden, so besteht das Stimmrecht nur im Hinblick auf die voll eingezahlten Aktien.

Beispiel: Bei vollständiger Einzahlung auf eine 50 EUR-Aktie besteht das Stimmrecht, nicht aber bei einer Zahlung von 50 EUR auf eine 100 EUR-Aktie.

44 Ist hingegen die Einlageleistung **bei allen Aktien unvollständig**, lässt § 134 Abs. 2 Satz 4 AktG das Stimmrecht trotz der Teilleistungen entstehen, da ansonsten keine Beschlüsse gefasst werden könnten. Die Stimmkraft richtet sich nach der Höhe der geleisteten Einlagen, wobei die Leistung der gesetzlichen Mindesteinzahlung ohne Agio (bei Geldeinlagen 1/4; bei Sacheinlagen voller Betrag) eine Stimme gewährt. Wurde mehr als die Mindesteinlage eingebracht, sind die Stimmbruchteile zu berücksichtigen, soweit sie volle Stimmen ergeben. Die Satzung kann von dem Erfordernis der vollen Leistung der Einlagen abweichen und bestimmen, dass die gesetzliche oder die höhere satzungsmäßige Mindesteinlage bereits das Stimmrecht entstehen lässt (§ 134 Abs. 2 Satz 2 AktG).

c) Übertragbarkeit

45 Das Stimmrecht kann entsprechend seiner Natur als Mitverwaltungsrecht nicht auf einen Dritten übertragen oder auf Dauer zur Ausübung überlassen werden (zum Abspaltungsverbot s. Rn. 4). Demgegenüber kann es durch **Bevollmächtigte** auch Gesamtbevollmächtigte ausgeübt werden (vgl. im Einzelnen § 5 Rn. 234). Die Satzung darf bestimmte Voraussetzungen an den Bevollmächtigten stellen (Aktionär, Familienmitglied etc.), soweit dies nicht zu einer unzumutbaren Einschränkung der Entscheidungsfreiheit des Aktionärs führt.[54] Auch setzt § 134 Abs. 3 Satz 5 AktG sog. Proxy Voting voraus. Indessen sind Voraussetzungen an diesen mangels inhaltlicher Regelung im Gesetz nicht ausschließlich geklärt (s. im Einzelnen § 5 Rn. 216).

---

[53] MünchKomm. AktG/Bd. 3/*Volhard* § 134 Rn. 13; MHdB GesR IV/*Semler* § 38 Rn. 13; aA Kölner Komm./*Zöllner* § 134 Rn. 46.
[54] Streitig, vgl. *Hüffer/Koch* AktG § 134 Rn 25.

A. Rechte und Pflichten der Aktionäre

d) Zustimmungspflicht

Eine Zustimmungspflicht der Aktionäre zu einzelnen Beschlüssen kann sich **46** im Einzelfall aus Treupflicht ergeben (Rn. 84). Dies kann insbesondere bei einer **Satzungsänderung** der Fall sein, wenn diese im dringenden Interesse der AG liegt und den Aktionären zumutbar ist.[55] Kommt der Aktionär seiner Stimmpflicht nicht nach, kann er zur Stimmabgabe mittels einer **Leistungsklage** über § 894 ZPO gezwungen werden, ggf. ist er auch gegenüber der AG bzw. den Mitgesellschaftern zum Schadensersatz aus Treupflichtverletzung verpflichtet (Rn. 85). Zum **Stimmverbot** und **Stimmbindungsvertrag** vgl. § 5 Rn. 217 ff., 212.

e) Verletzung

Soweit ein Aktionär mit mehr Aktien das Stimmrecht ausübt, als ihm nach der **47** Satzung gestattet ist, ist der Hauptversammlungsbeschluss **anfechtbar** (§ 243 Abs. 1 AktG). Versucht ein Aktionär die Stimmrechtsbeschränkungen durch Überlassung eines Teils der Aktien zur Ausübung des Stimmrechts auf einen anderen zu umgehen, so begeht er eine **Ordnungswidrigkeit** (§ 405 Abs. 3 Nr. 5 AktG).

8. Gegenanträge/Antragsrecht zu Beschlussvorlagen

Dem Aktionär steht das Recht zu, Gegenanträge zu Beschlussvorschlägen der **48** Verwaltung zu stellen. Die Anträge können in der Hauptversammlung oder zuvor gestellt werden. Zwar spricht das Gesetz noch von „übersenden", was herkömmlich die Übermittlung eines Schriftstücks bedeutet, jedoch kann ein solcher Gegenantrag auch in elektronischer Form per E-Mail angekündigt werden, wenn die Gesellschaft eine diesbezügliche Zugangsmöglichkeit geschaffen hat.[56] Soll der Gegenantrag gem. §§ 125, 126 AktG zugänglich gemacht werden, wozu insbesondere eine Veröffentlichung auf der Website der Gesellschaft ausreicht (s. Rn. 34), muss er begründet sein und spätestens zwei Wochen[57] vor dem Tag der Hauptversammlung der Gesellschaft an die hierfür mitgeteilte Adresse übermittelt worden sein (§ 126 Abs. 1 Satz 1 AktG).[58] Nach § 126 Abs. 2 AktG bestehen bestimmte Ausnahmen von der Pflicht zum Zugänglichmachen. Wahlvorschläge zur Wahl von Aufsichtsratsmitgliedern oder Abschlussprüfern können nach § 127 AktG gestellt werden. Sollen sie zugänglich gemacht werden, gelten die oben genannten Voraussetzungen. Allerdings braucht dieser Antrag nicht begründet zu werden (§ 127 AktG).

9. Aktionärsforum

Als Reaktion auf den Streubesitz und die Internationalisierung der Aktionärs- **49** struktur ist beim elektronischen Bundesanzeiger[59] ein **Aktionärsforum** einge-

---

[55] BGH II ZR 262/85, BGHZ 98, 276, (279 ff.) – zu einem Kapitalerhöhungsbeschluss bei der GmbH.
[56] MünchKomm. AktG/Bd. 3/*Kubis* § 126 Rn. 17.
[57] Nach Inkrafttreten des ARUG (BGBl. 2009 I 2479) zum 1.9.2009 wurde die 2-Wochen-frist durch eine Frist von 14 Tagen ersetzt, wobei der Tag des Zugangs nicht mitzurechnen ist; § 126 AktG idF des ARUG ist erstmals anzuwenden auf Hauptversammlungen, zu denen nach dem 31.10.2009 einberufen wurde (vgl. § 20 Abs. 1 EGAktG idF des ARUG).
[58] *Noack* NZG 2003, 241 (244); eingehend *ders.* BB 2003, 1393.
[59] Siehe unter www.bundesanzeiger.de; das Forum kann auch über die Adressen www.aktionaersforum.de und www.unternehmensregister.de aufgerufen werden.

Maul

richtet worden (§ 127a AktG). Über die Internetplattform können Aktionäre oder Aktionärsvereinigungen andere Aktionäre auffordern, gemeinsam
- einen Antrag oder ein Verlangen nach dem AktG zu stellen, zB einen Antrag auf Einzelentlastung (§ 120 Abs. 1 AktG), ein Einberufungsverlangen (§ 122 Abs. 1 AktG), einen Ergänzungsantrag (§ 122 Abs. 2 AktG), die Abstimmung über Wahlvorschläge von Aktionären (§ 137 AktG), eine Sonderprüfung (§ 142 AktG), einen Antrag auf Austausch von Sonderprüfern (§ 142 Abs. 4 AktG), einen Antrag auf Bestellung von besonderen Vertretern (§ 147 Abs. 2 AktG), ein Klagezulassungsverfahren (§ 148 AktG) oder ein Verlangen nach § 62 Abs. 2 UmwG (Hauptversammlung bei Mutter-Tochter-Verschmelzung, da Letzteres als Minderheitsverlangen iSd § 122 AktG einzustufen ist).[60]
- in der Hauptversammlung das Stimmrecht auszuüben (§ 127a Abs. 1 AktG).

50 Der Antrag oder das Verlangen kann gemeinsam oder in Vertretung erfolgen, womit gemeint ist, dass auch Stimmrechtsvollmachten bzw. Vollmachten eingeworben werden können. Für eine Eintragung im Aktionärsforum muss sich der Aktionär bzw. die Aktionärsvereinigung zunächst registrieren lassen und seine Mitgliedschaft bzw. ihre Eigenschaft als Aktionärsvereinigung versichern (§ 135 Abs. 8 Satz 1 Nr. 1 AktG). Zur Formulierung des Antrags oder des Verlangens stehen maximal 500 Zeichen (einschließlich Leerzeichen) Freitext zur Verfügung (§ 3 Abs. 3 Satz 3 AktFoV). Die Aufforderung muss Namen bzw. Firma, Postanschrift des Wohnsitzes oder Sitzes sowie die E-Mail-Adresse des Aktionärs bzw. der Aktionärsvereinigung enthalten (§ 127a Abs. 2 Nr. 1 AktG iVm § 3 Abs. 3 AktFoV). Außerdem sind die Firma der betroffenen AG, der Gegenstand der Aufforderung und ggf. der Tag der relevanten Hauptversammlung anzugeben. Die Aufforderung darf keine Begründung enthalten. Zulässig ist aber eine Verlinkung mit der Internetseite des Auffordernden. Aufforderungen im Aktionärsforum sind entgeltlich (20 EUR). Aufforderungen dürfen nicht missbräuchlich sein (zB über den gesetzlich vorgesehenen Mindestinhalt hinausgehende Angaben oder Meinungsäußerungen, nicht von Aktionären oder Aktionärsvereinigungen stammende Aufforderungen, irreführende oder strafbare Angaben, Werbung für Produkte oder Dienstleistungen, die nicht mit der Aufforderung verbunden sind). Missbräuchliche Aufforderungen werden durch den Betreiber des Aktionärsforums, der Bundesanzeiger Verlagsgesellschaft mbH, gelöscht. Wird eine veröffentlichte Eintragung gelöscht, kann der Betroffene die Vorhaltung seiner Aufforderung entsprechend § 6 Abs. 3 Satz 1 AktFoV einklagen, wobei der Zivilrechtsweg eröffnet ist.[61] Auch kommt ein einstweiliges Verfügungsverfahren in Betracht (§ 935 ZPO). Die durch das Aktionärsforum ermöglichte Kontaktaufnahme findet unmittelbar zwischen den Aktionären statt; die Gesellschaft wirkt hieran nicht mit. Sie kann jedoch im Aktionärsforum über einen Link auf ihre Stellungnahme zur Aufforderung hinweisen (§ 127a Abs. 4 AktG).

10. Auskunftsanspruch

51 Den Aktionären steht das Recht zu, in der Hauptversammlung Auskünfte über die Angelegenheiten der Gesellschaft vom Vorstand zu verlangen (§ 131 AktG). Dieses Auskunftsrecht soll dem Aktionär die Informationen zugänglich machen, die er für eine sinnvolle Ausübung seines Mitgliedschaftsrechts benötigt.[62] Der Auskunftsanspruch steht dem Aktionär unabhängig von der Höhe seiner Beteiligung

---

[60] Schmidt/Lutter/*Ziemons* AktG § 127a Rn. 5.
[61] Kölner Komm./*Noack/Zetsche* § 127a Rn. 54.
[62] BayObLG 3 Z BR 161/93, NJW 1996, 1904 = AG 1996, 180 (181).

A. Rechte und Pflichten der Aktionäre

und der Stimmkraft seines Anteils zu. Er ist auch auskunftsberechtigt, wenn er über stimmrechtslose Aktien verfügt, im Einzelfall nicht mitstimmen darf oder von seinem Stimmrecht keinen Gebrauch machen kann, weil er seiner Einlagepflicht nicht nachgekommen ist. Neben dem Auskunftsanspruch besteht kein sonstiger Rechenschaftsanspruch des Aktionärs (zB aus §§ 666, 27 Abs. 3 BGB); insbesondere kann er nicht aus der Eigenschaft der Aktionäre als Kapitalanleger abgeleitet werden.[63]

Bei dem Auskunftsrecht handelt es sich um ein mitgliedschaftliches **Mitverwaltungsrecht**; es kann daher nicht unter Abspaltung von der Aktie übertragen werden (Rn. 4). Das Auskunftsrecht ist ein eigennütziges Recht. Der Aktionär muss es also nicht in den vorrangigen Dienst der AG stellen. Allerdings sind bei seiner Ausübung die durch die Treupflicht gesetzten Grenzen zu beachten (Rn. 82). Das Auskunftsrecht ist nicht höchstpersönlicher Natur und kann durch **Vertreter** oder besondere **Bevollmächtigte** ausgeübt werden, soweit diese für den Aktionär an der Hauptversammlung teilnehmen. Eine Stimmrechtsvollmacht und die Legitimationsübertragung werden in aller Regel zur Ausübung des Auskunftsrechts ausreichen.[64] Die Reichweite kann zweifelhaft sein; sie sollte aber im Hinblick auf Tagesordnungspunkte, die im Sachzusammenhang stehen, nicht eng beurteilt werden.[65]

a) Schuldner der Auskunft

Zur Auskunft verpflichtet ist die AG; für sie wird der Vorstand organschaftlich tätig. Die Auskunft ist für den Vorstand Geschäftsführungsmaßnahme. Gemäß § 77 AktG hat er daher grundsätzlich einstimmig zu beschließen, ob und mit welchem Inhalt die Auskunft erteilt wird. Satzung und Geschäftsordnung können Abweichendes vorsehen.[66] Nur der Vorstand kann Auskunft erteilen; Auskünfte durch den Hauptversammlungsleiter oder den Aufsichtsrat sind keine Auskünfte iSv § 131 AktG. Anderes gilt nur, soweit sich der Vorstand die Auskünfte der Vorgenannten zu eigen macht.[67] Für den Vorstand kann im Einvernehmen seiner Mitglieder der Vorsitzende oder das zuständige Vorstandsmitglied sprechen.[68]

b) Auskunftsverlangen

Auskunft ist nur auf Verlangen der Aktionäre zu erteilen. Erforderlich ist eine entsprechende Frage gegenüber dem Vorstand oder dem Hauptversammlungsleiter, die nur in der Hauptversammlung gestellt werden kann. Dies kann in mündlicher oder schriftlicher Weise geschehen. Der neu eingeführte § 131 Abs. 2 Satz 2 AktG verbietet aber dem Aktionär nicht, wie teilweise angenommen,[69] Fragen in schriftlicher Form einzureichen,[70] wobei sie den übrigen Aktionären vor ihrer Beantwortung mitzuteilen sind.[71] Die Satzung darf das Stellen von mündlichen Anträgen

---

[63] *Hüffer/Koch* AktG § 131 Rn. 2; aA KG 2 W 55/95, WM 1995, 1927 (1928).
[64] LG Heilbronn KfH AktE 1/67, AG 1967, 81; MünchKomm. AktG/Bd. 3/*Kubis* § 131 Rn. 12.
[65] LG Köln AG 1991, 38; *Hüffer/Koch* AktG § 131 Rn. 4.
[66] MHdB GesR IV/*Semler* § 37 Rn. 5; s. aber BGH II ZR 4/60, BGHZ 36, 121 (129) = NJW 1962, 104, nach der ein einstimmiger Beschluss entbehrlich sein soll. Diese Entscheidung erging noch zum AktG 1937 und ist daher überholt.
[67] OLG Düsseldorf 19 W 6/87, NJW 1988, 1033 (1034).
[68] Spindler/Stilz/*Siems* AktG § 131 Rn. 16; *Hüffer/Koch* AktG § 131 Rn. 7.
[69] *Hüffer/Koch* AktG § 131 Rn. 8; OLG Frankfurt 5 U 229/05 AG 2007, 672 (675).
[70] Schmidt/Lutter/*Spindler* AktG § 131 Rn. 21.; Großkomm. AktG/*Decher* § 131 Rn. 93.
[71] LG Köln 91 O 132/89, AG 1991, 38 – „ddp".

nicht ausschließen. Eine vorherige Ankündigung ist grundsätzlich nicht erforderlich; anderes gilt, wenn die sachgemäße Beantwortung eine gewisse Vorbereitungszeit erfordert.[72] Nach § 131 Abs. 2 S. 2 AktG kann der Hauptversammlungsleiter durch die Satzung oder Geschäftsordnung ermächtigt werden, das Frage- und Rederecht des Aktionärs zeitlich angemessen zu beschränken. Eine satzungsmäßige Beschränkung der Rede- und Fragezeit auf 15 Minuten je Wortmeldung sowie eine zeitliche Begrenzung der zeitlichen Höchstdauer der Hauptversammlung auf sechs Stunden bei einer gewöhnlichen Tagesordnungsgestaltung bzw. zehn Stunden bei außergewöhnlichen Tagesordnungspunkten wird als angemessen angesehen (s. im Einzelnen § 5 Rn. 173).[73] Der Versammlungsleiter kann auch gesonderte Zeitkontingente für Rede- und Fragezeit vorsehen. Selbst wenn keine Ermächtigung iSd § 131 Abs. 2 AktG vorliegt, ist nach einhelliger Auffassung davon auszugehen, dass Beschränkungen des Rede- und Fragrechts zulässig sind (s. im Einzelnen § 5 Rn. 176). Hat der Vorstand einem Aktionär **außerhalb der Hauptversammlung** Auskünfte erteilt, so muss der Vorstand diese Auskünfte in der Hauptversammlung wiederholen, wenn ein anderer Aktionär dies verlangt (§ 131 Abs. 4 AktG), und zwar auch dann, wenn die Auskunft zur sachgemäßen Beurteilung eines Gegenstandes der Tagesordnung nicht erforderlich ist. Auch kann sich der Vorstand nicht auf die Verweigerungsgründe des § 131 Abs. 3 Nr. 1–4 AktG stützen, wenn er sich ihrer zugunsten eines anderen Aktionärs begeben hat. Die Pflicht zur erweiterten Auskunftserteilung besteht indessen nicht, wenn ein Tochterunternehmen, Gemeinschaftsunternehmen oder ein assoziiertes Unternehmen einem Mutterunternehmen Auskünfte gegeben hat, damit die Gesellschaft diese in den Konzernabschluss miteinbeziehen kann (§ 131 Abs. 4 Satz 3 AktG).

c) Gegenstand der Auskunft

55 **aa) Angelegenheiten der Gesellschaft.** Gegenstand der Auskunft sind alle Angelegenheiten der Gesellschaft, die zur Beurteilung eines Gegenstandes der Tagesordnung erforderlich sind (§ 131 Abs. 3 AktG). Der Begriff der Angelegenheiten der Gesellschaft ist weit auszulegen. Zu ihnen zählt alles, was sich auf die AG und ihre Angelegenheiten bezieht. Hierzu gehören etwa Kunden- und Geschäftsbeziehungen, Geschäftspläne, bilanzierungspflichtige Tatbestände sowie Informationen über die Gewinnsituation, die zukünftige Gewinnerwartung, die Anlage des Gesellschaftsvermögens, die Art und Höhe der Gesellschafts- und Steuerschulden sowie öffentlich-rechtliche Verpflichtungen der Gesellschaft.

56 Weiter muss die Auskunft zur **sachgemäßen Beurteilung eines Tagesordnungspunktes** erforderlich sein. Insoweit hat sich in der Rechtsprechung die Formel durchgesetzt, es komme auf den Standpunkt eines objektiv denkenden Aktionärs an, der die Geschäftsverhältnisse nur aufgrund allgemeiner Tatsachen kennt; für ihn muss die begehrte Auskunft ein für seine Urteilsfindung wesentliches Element sein:[74] Ein loser Zusammenhang mit der Tagesordnung ist nicht ausreichend.

Beispiele:

57 1. Informationen über den **Jahresabschluss** dürfen erfragt werden, selbst wenn die Hauptversammlung hierüber nicht beschließt. Insbesondere sind Positionen der Bilanz und der

---

[72] BGH II ZR 143/58, BGHZ 32, 159 (165) = NJW 1960, 1150.
[73] LG Frankfurt a. M. 3–05 O 93/06, NZG 2007, 155; *Hüffer/Koch* AktG § 131 Rn. 22.
[74] Allgemeine Meinung, vgl. BGH II ZR 250/02, NZG 2005, 77 (78); BayObLG 3 Z BR 161/93, AG 1996, 180 (181); OLG Frankfurt a. M. 20 W 295/90, AG 1994, 39; KG 2 W 6111/92, AG 1994, 83.

A. Rechte und Pflichten der Aktionäre

GuV auf Frage hin zu erläutern, soweit sie nach den Zahlenverhältnissen nicht völlig unbedeutend sind.[75] Auch ein Vergleich mit dem Vorjahresergebnis und die Gründe für einen Rückgang des Jahresüberschusses zählen hierzu.[76]

2. Fragen zu Entwicklungskosten und **Forschungstätigkeiten** sind grundsätzlich zulässig. Anderes kann gelten, wenn Rückschlüsse auf geheimzuhaltende Projekte gezogen werden können.

3. Vorgänge, die **besondere Geschäftsvorfälle** des laufenden Geschäftsjahres direkt oder indirekt betreffen, können erfragt werden. Anderes gilt aber für länger zurückliegende, nicht direkt in das Geschäftsjahr hineinwirkende Vorgänge.[77]

4. Die Existenz und der Inhalt von **Verträgen** kann grundsätzlich Gegenstand des Auskunftsverlangens sein (im Einzelnen streitig). Eine Auskunftsverweigerung ist möglich, wenn der Gesellschaft aus der Offenbarung ein erheblicher Schaden erwachsen würde, zB wenn Rückschlüsse auf die durchschnittlichen Lizenzgebühren möglich sind und dies zu Nachteilen für schwebende Lizenzverhandlungen führt.[78] Auch kein Auskunftsanspruch soll bestehen, wenn die Verträge bereits in einer vorangegangenen Hauptversammlung erörtert worden sind.[79] Eine **Verlesung von Verträgen** und sonstigen Urkunden kann grundsätzlich verlangt werden. Anderes gilt, wenn die Länge der dafür benötigten Zeit unzumutbar ist oder Geheimhaltungsinteressen entgegenstehen.

5. Zulässig sind Fragen über Konzernverrechnungspreise und Konzernumlagen oder die Vermögensverhältnisse einer Gesellschaft, die die AG übernehmen will.[80]

6. Die Zulässigkeit von Fragen zur Existenz und zum Umfang von **Minderheitsbeteiligungen** wird teilweise bejaht, wenn sie mindestens 10% der Stimmrechte ausmachen oder 10% des Grundkapitals überschreiten, ferner, wenn die Beteiligung nach der Bilanzrelation wesentlich ist – 100 Mio. DM für Beteiligung eines Großunternehmens –.[81]

7. Die Beantwortung von Fragen zum Erwerb und zur Veräußerung **eigener Aktien** kann grundsätzlich verlangt werden.[82]

8. Spenden dürfen zumindest im Hinblick auf ihre Gesamthöhe erfragt werden. Nach der Person des Empfängers kann allenfalls gefragt werden, soweit sich die Aufwendungen in ungewöhnlicher Höhe bewegen.

9. Vorgänge von **Aufsichtsratssitzungen** können nicht Gegenstand von Auskunftsansprüchen sein; sie sind geheim.[83]

10. Vorstands- und Aufsichtsratsbezüge können nicht einzeln erfragt werden (str.).[84] Anderes gilt nur, wenn eine Pflichtverletzung bei der Bemessung der Bezüge in Betracht kommt. Auch die Nennung des Gesamtbetrages der Bezüge ist nicht erforderlich, wenn sich dieser bereits aus dem Geschäftsbericht ergibt.[85] Hingegen können die Gesamtbezüge von Aufsichtsratsmitgliedern in Tochterunternehmen erfragt werden.[86] Als zulässig wur-

---

[75] OLG Düsseldorf 19 W 2/91, WM 1991, 2148 (2154).
[76] Vgl. BGH II ZR 1543/58, BGHZ 32, 159 (163) = NJW 1960, 1150.
[77] OLG Zweibrücken 3 W 148/89, AG 1990, 496.
[78] LG Heilbronn KfH AktE 1/67, AG 1967, 81.
[79] OLG Düsseldorf 19 W 2/67, AG 1968, 23.
[80] OLG Hamburg 11 W 18/70, AG 1970, 372; OLG Karlsruhe 11 W 57/89, AG 1990, 82; vgl. Rn. 198.
[81] KG 2 W 6111/92, AG 1994, 83; aA LG Frankfurt a. M. 3/3 O 83/92, WM 1994, 1929 (1931).
[82] OLG 20 W 201/80, AG 1981, 232 (233); BGH II ZR 119/86, AG 1987, 344 (346).
[83] OLG Karlsruhe 15 W 42/83, GmbHR 1985, 59.
[84] Vgl. aber die Empfehlung im Deutschen Corporate Governance Kodex (abrufbar unter: www.bundesanzeiger.de), die Angaben zu den Vorstandsbezügen individualisiert offenzulegen.
[85] OLG Düsseldorf 19 W 2/91, WM 1991, 2148 (2153); s. aber BGH X ZR 54/83, BGHZ 93, 327 (329) = NJW 1986, 1693.
[86] OLG Düsseldorf 19 W 6/87, NJW 1988, 1033 (1034).

de es auch angesehen, die Gesamtvergütung von Mitgliedern eines Group Executive Committees zu erfragen.[87]

11. **Persönliche Angelegenheiten** der Verwaltungsmitglieder (zB Gesundheitszustand, Vorbildung, Nebenbeschäftigungen, insbesondere andere Verwaltungsmandate, Beteiligungen an Konkurrenzunternehmen, Vorstrafen, Alter) können erfragt werden, soweit sie zur Beurteilung der Eignung/Pflichterfüllung von wesentlicher Bedeutung sind. Nach Nebentätigkeiten kann hingegen nicht gefragt werden, soweit keine Anhaltspunkte für eine Überlastung bestehen.[88]

12. Im Zusammenhang mit dem Entlastungsverfahren darf nach **Verbindlichkeiten von Organmitgliedern** gegenüber der Gesellschaft gefragt werden. Gleichfalls kann nach Verträgen gefragt werden, zumindest soweit diesen eine gewisse Erheblichkeit zukommt. Zur Entlastung der Organmitglieder einer durch Verschmelzung gegründeten neuen AG gehören Fragen, in denen der Aktionär Fehler geltend macht, die den neuen Organmitgliedern bei der Verschmelzung unterlaufen sein sollen, wenn sie weitgehend schon bei der Verschmelzung im Amt waren.[89]

58 Macht die Gesellschaft von den Erleichterungen für kleine Kapitalgesellschaften bei der Gliederung der Bilanz und der Gewinn- und Verlustrechnung sowie beim Anhang Gebrauch (§§ 266 Abs. 1 Satz 3, 276, 288 HGB), so kann jeder Aktionär verlangen, dass ihm der **Jahresabschluss** in der Form vorgelegt wird, die er ohne diese Erleichterungen hätte. Dass die Vorlage für die Beurteilung eines Tagesordnungspunktes erforderlich ist, wird nicht vorausgesetzt. Daneben bestehen besonders gesetzlich festgelegte Auskunftsrechte für **Unternehmensverträge** (§ 293g Abs. 3 AktG) und für **Verschmelzungen** (§ 64 Abs. 2 UmwG).

59 bb) **Verbundene Unternehmen.** Die Auskunftspflicht erstreckt sich auch auf die Angelegenheiten **verbundener Unternehmen** (§ 131 Abs. 1 Satz 2 AktG). Die Vorschrift hat nach hM nur klarstellende Bedeutung, da die Beziehungen zu einem verbundenen Unternehmen notwendigerweise Gesellschaftsangelegenheiten sind. Der Begriff der verbundenen Unternehmen bestimmt sich im Prinzip nach §§ 15 ff. AktG (§ 15 Rn. 18 ff.). Schuldrechtliche Verhältnisse genügen daher nicht. Eine Mehrheitsbeteiligung iSv § 16 AktG ist nicht erforderlich. Auch eine Minderheitsbeteiligung kann ausreichen, wenn die Beziehungen zu dem Unternehmen oder seine Verhältnisse für die Gesellschaft erheblich sind.[90] Es ist über die rechtlichen und geschäftlichen Beziehungen Auskunft zu geben, soweit dies für die Beurteilung eines Tagesordnungspunktes erforderlich ist. Zu diesen Beziehungen zählen beispielsweise die Höhe des Beteiligungsbesitzes (vgl. Rn. 57 für Minderheitsbeteiligungen), personelle Verflechtungen, Abschluss und Inhalt von Unternehmensverträgen, Zahlung von Konzernumlagen,[91] vom herrschenden Unternehmen berechnete Vertriebskosten,[92] Ausgleichsansprüche nach § 317 AktG, Einzelheiten zum Abhängigkeitsbericht hingegen nicht, soweit Geheimhaltungsinteressen entgegenstehen.

60 Darüber hinaus unterfallen Vorgänge in verbundenen Unternehmen, die von solcher Bedeutung sind, dass es sich bei ihnen auch um **Angelegenheiten der Muttergesellschaft** handelt, dem Auskunftsrecht.[93] Sie müssen zur Beurteilung eines Tagesordnungspunkts erforderlich sein. Hierzu zählen etwa Fragen der Ge-

---

[87] OLG Frankfurt a. M. 20 W 56/05, AG 2006, 460.
[88] LG Frankfurt a. M. 3/3 O 83/92, WM 1994, 1929 (1931).
[89] BGH II ZR 250/02, NZG 2005, 77 (78 f.).
[90] Herrschende Meinung vgl. *Hüffer/Koch* AktG § 131 Rn. 14.
[91] OLG Karlsruhe 11 W 57/89, AG 1990, 82.
[92] OLG Stuttgart 20 U 3/04, AG 2005, 94 (96).
[93] OLG Düsseldorf 19 W 6/87, AG 1988, 53 f.

A. Rechte und Pflichten der Aktionäre 61, 62 § 4

schäftsführung, insbesondere die Überwachung von Konzerngesellschaften durch den Vorstand der Muttergesellschaft, sowie die Dotierung und Bestellung der Aufsichtsratsmitglieder. Hinsichtlich Letzterer ist der Gesamtbetrag der Bezüge anzugeben, nicht aber Einzelbezüge (Rn. 57). Schließlich können die Aktionäre verlangen, dass sie über die Lage des Konzerns und der in den Konzernabschluss einbezogenen Unternehmen unterrichtet werden (§ 131 Abs. 1 Satz 4 AktG).[94] Welche Unternehmen einzubeziehen sind, ergibt sich aus §§ 294–296 HGB.

d) Inhalt der Auskunft

Der Vorstand hat nicht nur Fragen zu beantworten, deren Beantwortung ihm **61** aus dem Stegreif möglich ist. Vielmehr hat er auch solche zu beantworten, zu deren Beantwortung die Einsicht in Unterlagen erforderlich ist, sofern deren Beischaffung möglich ist. Deshalb müssen in der Hauptversammlung Personal- und Hilfsmittel zur Verfügung stehen, die den Vorstand in die Lage versetzen, sich kurzfristig sachkundig zu machen.[95] Kann der Vorstand, obwohl er ordnungsgemäß vorbereitet ist, eine Frage nicht beantworten (zB weil sie sehr speziell ist und nicht zu erwarten war oder nicht angekündigt wurde), so ist die Auskunftspflicht nicht verletzt, wenn der Vorstand die Frage entsprechend seinem Kenntnisstand beantwortet und im Übrigen die Antwort schuldig bleibt.[96] Die Auskünfte müssen **vollständig und sachlich** zutreffend sein. Dies ergibt sich aus dem Grundsatz der gewissenhaften und getreuen Rechenschaft (§ 131 Abs. 2 AktG). Will der Vorstand etwas verschweigen, so muss er die Auskunft ausdrücklich verweigern. Die Auskunft durch den Vorstand muss nicht unmittelbar an die Frage anschließen, sondern kann auch blockweise gegeben werden. Die Auskunft hat grundsätzlich **mündlich** zu erfolgen. Eine Ersetzung der mündlichen Auskunft durch Einsichtnahme in schriftliche Unterlagen ist ausnahmsweise möglich, wenn sie während der Hauptversammlung erfolgt und das Informationsinteresse des Aktionärs besser befriedigt.[97] Pauschale Fragen brauchen grundsätzlich auch nur pauschal beantwortet zu werden. Wenn der Aktionär mit der Antwort unzufrieden ist, muss er nachfragen.[98]

e) Auskunftsverweigerungsgründe

Der Vorstand darf die Auskunft nur unter den in § 131 Abs. 3 AktG genannten **62** Gründen verweigern. Die Verweigerung ist ebenso Geschäftsführungsmaßnahme wie die Erteilung. Der Vorstand muss nach § 77 AktG vorgehen, dh grundsätzlich einen einstimmigen Beschluss fassen. Allerdings kann der Vorstandsbeschluss konkludent gefasst werden, indem sich der Vorstand die Ablehnung des Hauptversammlungsleiters zu eigen macht.[99] Der Vorstand muss seine Entscheidung

---

[94] Eingeführt durch das Transparenz- und Publizitätsgesetz v. 19.7.2002 (BGBl. I, 2681); die Vorschrift entspricht § 337 Abs. 4 AktG aF.
[95] BGH II ZR 143/58, BGHZ 32, 159 (165 f.) = NJW 1960, 1150; OLG Düsseldorf 19 W 2/91, WM 1991, 2148 (2152).
[96] BGH II ZR 143/58, BGHZ 32, 159 (165 f.) = NJW 1960, 1150; *Hüffer/Koch* AktG § 131 Rn. 10.
[97] BGH II ZR 119/86, BGHZ 101, 1 (15) = NJW 1987, 3186.
[98] LG Braunschweig 22 O 97/89, AG 1991, 36 (37).
[99] BGH II ZR 119/86, BGHZ 101, 1 (5 f.) = NJW 1987, 3186.

begründen.[100] An die Intensität der Begründung wird man jedoch keine allzu hohen Anforderungen stellen dürfen.

63 § 131 Abs. 3 AktG gestattet die Auskunftsverweigerung, wenn
- die Auskunft geeignet ist, der AG oder einem verbundenen Unternehmen einen **nicht unerheblichen Nachteil** zuzufügen (§ 131 Abs. 3 Nr. 1 AktG). Insoweit handelt es sich nicht um eine Ermessensentscheidung des Vorstandes; die Eignung[101] muss sich aus dem objektiven und voll nachprüfbaren Maßstab der kaufmännischen Beurteilung ergeben. Erforderlich ist insoweit eine Gesamtwürdigung der Vor- und Nachteile für die Gesellschaft, die Aufdeckung von Pflichtverletzungen kann zB ein dominierender Vorteil sein. Die Gesellschaft trägt die Darlegungslast für die Nachteiligkeit. Nicht erforderlich ist aber, dass die Gesellschaft den sicheren Nachweis der Nachteiligkeit erbringt. Insoweit ist „einige Plausibilität" ausreichend, nicht aber der pauschale Hinweis auf Konkurrenzgründe.[102] Vor diesem Hintergrund ist eine Auskunftsverweigerung insbesondere dann möglich, wenn die Auskünfte nachteiligen Einfluss auf Prozesse oder Verhandlungen haben können, Geheimhaltungsinteressen zuwiderlaufen, oder sonst Betreibern eines Konkurrenzunternehmens zugutekommen.
- sich die Frage auf **steuerliche Wertansätze** oder die **Höhe einzelner Steuern** bezieht (§ 131 Abs. 3 Nr. 2 AktG). Steuerliche Wertansätze, bezüglich derer die Auskunft verweigert werden kann, treffen in erster Linie Auskünfte zur Steuerbilanz und zu Ansätzen bei der Einheitsbewertung nach dem BewG. Auskünfte können auch zur Höhe einzelner Steuern verweigert werden. Erfasst sind alle Steuern und steuerlichen Nebenleistungen iSv § 3 AO. Das Auskunftsverweigerungsrecht erstreckt sich auch auf Angaben zu steuerlichen Wertansätzen und Steuern bei verbundenen Unternehmen.[103] Ein Auskunftsverweigerungsrecht wurde etwa in folgenden Fällen bejaht: Frage nach
  - den stillen versteuerten Reserven und Verlustvorträgen einer Bank;[104]
  - der Tarifbelastung des im Jahresabschluss ausgewiesenen Eigenkapitals;[105]
  - der anfallenden Körperschaftsteuer bei Vollausschüttung;[106]
  - dem steuerlichen Einheitswert der Gesellschaft.[107]
- sich die Auskunftserteilung auf die **stillen Reserven** bezieht (§ 131 Abs. 3 Nr. 3 AktG). Das Auskunftsverweigerungsrecht greift jedoch nicht ein, wenn die Hauptversammlung den Jahresabschluss feststellt. Das ist der Fall, wenn Vorstand und Aufsichtsrat es beschließen oder der Aufsichtsrat den vom Vorstand gebilligten Jahresabschluss nicht billigt (§ 173 Abs. 1 AktG), außerdem in den Fällen des § 234 Abs. 2 Satz 1 und des § 270 Abs. 2 Satz 1 AktG. Da die Hauptversammlung bei der KGaA stets über den Jahresabschluss beschließt, greift der Verweigerungsgrund bei dieser nicht ein (§ 286 Abs. 1 Satz 1 AktG).
- die Auskunftserteilung **Bilanzierungs- und Bewertungsmethoden** betrifft (§ 131 Abs. 3 Nr. 4 AktG). Allerdings besteht dieses Verweigerungsrecht nur, soweit der Anhang ausreichende Angaben über die Bewertungs- und Abschrei-

---

[100] Streitig, vgl. *Hüffer*/Koch AktG § 131 Rn. 23; offenlassend BGH II ZR 119/86, BGHZ 101, 1 (8 f.) = NJW 1987, 3186.
[101] LG Saarbrücken 7 I O 24/04, NZG 2004, 1012 (1013).
[102] OLG Düsseldorf 19 W 2/91, WM 1991, 2148 (2152).
[103] Großkomm. AktG/*Decher* § 131 Rn. 309.
[104] OLG Düsseldorf 6 U 2/93, WM 1994, 337.
[105] *Hüffer*/Koch AktG § 131 Rn. 28.
[106] LG Dortmund 18 AktE 3/86, AG 1987, 190 (191).
[107] LG München 7 HKO 7427/79, AG 1981, 79 (80).

A. Rechte und Pflichten der Aktionäre

bungsmethoden im Sinne der §§ 264 Abs. 2, 284 Abs. 2 Nr. 1 HGB enthält. Auch kommt dieses Verweigerungsrecht nicht zur Anwendung, wenn die Hauptversammlung den Jahresabschluss feststellt (§ 131 Abs. 3 Nr. 4 AktG).
– sich der Vorstand durch die Auskunftserteilung **strafbar** machen würde (§ 131 Abs. 3 Nr. 5 AktG). In Betracht kommt dies bei der Preisgabe von Staatsgeheimnissen (bei Unternehmen der Rüstungsindustrie), übler Nachrede (§ 186 StGB) oder Geheimnisverrat (§ 404 Abs. 1 Nr. 1 AktG).
– wenn es um Angaben über Bilanzierungs- und Bewertungsmethoden sowie vorgenommene Verrechnungen geht, die im Einzel- oder Konzernabschluss nicht gemacht zu werden brauchen (§ 131 Abs. 3 Nr. 6 AktG). Diese Sonderregelung für Aktienbanken wurde durch das BankBiRiLiG vom 30.11.1990 (geändert durch Art. 4 BeglG v. 22.10.1997) eingeführt und übernimmt die bisher in § 26a Abs. 3 KWG aF vorgesehene Regelung. Sie stellt klar, dass die Auskunftspflicht nicht weiter geht als die Pflicht zu Angaben im Jahresabschluss, also keine Fragen zu der nach §§ 340 ff. HGB zulässigen Bildung außerordentlicher stiller Reserven sowie Saldierungen beantwortet werden müssen.
– soweit die Auskunft auf der Internetseite der Gesellschaft über mindestens sieben Tage vor Beginn und in der Hauptversammlung durchgängig zugänglich ist (§ 131 Abs. 3 Nr. 7 AktG). Dies ermöglicht es dem Vorstand, Informationen zu erwartbaren Standardfragen vorab zu geben sowie tatsächlich gestellte Vorabfragen auch vorab zu beantworten. Zusatz- und Vertiefungsfragen, die in der Hauptversammlung gestellt werden, müssen noch beantwortet werden.[108] Die Regelung setzt ein durchgängiges Zugänglichmachen auf der Internetseite der Gesellschaft voraus, und zwar über mindestens sieben Tage vor Beginn der Hauptversammlung und auch während ihrer gesamten Dauer.[109]

Abgesehen von den ausdrücklich normierten Fällen des § 131 Abs. 3 AktG kann die Auskunft nach hM auch mit dem Einwand des **Rechtsmissbrauchs** verweigert werden.[110] Seine Rechtfertigung findet diese Ausweitung des Auskunftsverweigerungsrechts in der Treupflicht der Aktionäre gegenüber der AG. Zu unterscheiden ist insoweit zwischen übermäßiger Rechtsausübung und widersprüchlicher Rechtsausübung. Der ersten Fallgruppe unterfallen etwa Fragenkataloge von mehreren DIN-A 4-Seiten, die in der Hauptversammlung beantwortet werden sollen. Die zweite umfasst zB das Handeln eines Aktionärs, der eine Vielzahl von Fragen stellt, später einen Teil seiner Fragen auf ein Tonband diktiert und fehlende Auskunft auf nicht diktierte Fragen rügt.[111] Will sich der Aktionär eine auf eine Auskunftsverweigerung gestützte Anfechtungsklage abkaufen lassen, so ist nicht die Auskunftsverweigerung, sondern die Anfechtung missbräuchlich. Nicht missbräuchlich ist es, wenn der Aktionär mit seiner Frage nur für eine Opposition werben will.[112]

f) Niederschrift zu Protokoll

Nach § 131 Abs. 4 AktG kann ein Aktionär, dem die Erteilung einer Auskunft in der Hauptversammlung verweigert worden ist, verlangen, dass seine Frage und die Verweigerung der Auskunft nebst Begründung in die Niederschrift über die

---

[108] *Hüffer/Koch* AktG § 131 Rn. 32a.
[109] *Hüffer/Koch* AktG § 131 Rn. 32a.
[110] OLG Frankfurt a. M. 20 W 843/82, AG 1984, 25 (26); BayObLG 2 Z 73/73, NJW 1974, 2094.
[111] LG Mainz 10 HO 141/86, AG 1988, 169 (170).
[112] OLG Düsseldorf 19 W 2/86, AG 1987, 21 (22 f.).

Hauptversammlung aufgenommen wird. Dies gilt auch dann, wenn der Vorstand die Verweigerung ohne Grund abgelehnt hat. Die Protokollierung dient lediglich Beweiszwecken. Ein Auskunftserzwingungsverfahren (§ 132 AktG) kann auch durchgeführt werden, wenn es an einer Protokollierung fehlt. Gegebenenfalls muss die Frage und der Grund der Auskunftsverweigerung durch eine Beweisaufnahme geklärt werden.

g) Verstoß

66 Bei Verstößen gegen die Auskunftspflicht kann der Aktionär den Beschluss nach § 243 Abs. 1 AktG **anfechten** (vgl. § 5 Rn. 255 ff.)[113] und, unabhängig davon, ein Auskunftserzwingungsverfahren nach § 132 AktG einleiten. Daneben können **Schadensersatzansprüche** gegen den Vorstand wegen schuldhafter Verletzung der Auskunftspflicht erhoben werden. Im Hinblick auf den Aktionär resultieren sie aus § 823 BGB; § 131 AktG ist Schutzgesetz iSd Vorschrift.[114] Gegenüber der Gesellschaft resultieren sie aus § 93 AktG. Die Erteilung einer unrichtigen Auskunft kann nach § 400 Nr. 1 AktG strafbar sein.

h) Auskunftserzwingungsverfahren

67 Hat ein Aktionär vom Vorstand eine Auskunft verlangt, diese aber nicht erhalten, so kann er ein Auskunftserzwingungsverfahren einleiten (§ 132 AktG). Eine unberechtigte Auskunftsverweigerung ist zugleich Anfechtungsgrund nach § 243 AktG; eine Anfechtungsklage kann ohne Vorschaltung eines Auskunftserzwingungsverfahrens durchgeführt werden.[115] Auch bindet die Entscheidung nach § 132 AktG nicht im Anfechtungsprozess und umgekehrt. Im Verfahren nach § 132 AktG ist nur die Frage zu entscheiden, ob der Vorstand die vom Aktionär verlangte Auskunft zu erteilen hat, ob also die Voraussetzungen des § 131 Abs. 1 AktG vorliegen und kein Grund zur Verweigerung der Auskünfte gegeben ist (§ 131 Abs. 2 AktG).

68 **aa) Antrag.** Das Verfahren findet nur auf Antrag statt (§ 132 Abs. 1 AktG). Der Antrag ist binnen zwei Wochen beginnend mit dem Tag der Hauptversammlung zu stellen. Die Fristberechnung erfolgt nach §§ 187 Abs. 1, 188 Abs. 2 BGB. Die **Frist** ist eine materielle Ausschlussfrist; verspätete Anträge sind unbegründet.[116] **Antragsberechtigt** ist jeder Aktionär, dem die begehrte Auskunft nicht erteilt wurde; ob seine Frage in der Niederschrift festgehalten wurde, ist gleichgültig. Ausreichend ist, dass eine teilweise Verweigerung oder eine unvollständige Beantwortung der Frage vorliegt. Demgegenüber steht das Verfahren nicht zur Verfügung, wenn der Aktionär eine unrichtige Auskunft erhalten hat.[117] Antragsberechtigt ist auch jeder sonstige Aktionär, soweit über den Tagesordnungspunkt, zu dem die Auskunft begehrt wurde, Beschluss gefasst worden ist, und er selbst oder durch seinen Vertreter Widerspruch zu Protokoll erhoben hat. Kein Antragsrecht hat hingegen, wer an der Hauptversammlung nicht teilgenommen hat und nicht vertreten war. Auch derjenige, der während des Verfahrens seine Aktionärsstellung verliert (zB durch Veräußerung), ist nicht antragsberechtigt. Die Antragsberechtigung geht insoweit

---

[113] BGH II ZR 18/91, BGHZ 119, 1 (13 ff.) = NJW 1992, 2760 – ABB I.
[114] Streitig, vgl. *Hüffer/Koch* AktG § 131, 44.
[115] BGH II ZR 88/81, BGHZ 86, 1 (3) = NJW 1983, 878.
[116] BayObLG 3 Z BR 87/94, AG 1995, 328.
[117] LG Dortmund 20 AktE 8/98, AG 1999, 133; LG Köln 91 O 132/89, AG 1991, 38; aA *Hüffer/Koch* AktG § 132 Rn. 4a mwN.

A. Rechte und Pflichten der Aktionäre § 4

nicht auf den Erwerber der Aktien über. **Antragsgegner** ist die Gesellschaft, vertreten durch den Vorstand (§ 78 Abs. 1 AktG).

bb) Verfahren. Zu entscheiden hat das zuständige Landgericht, in dessen Bezirk 69 die AG ihren Sitz hat. Das Gericht hat von Amts wegen zu ermitteln (§ 26 FamFG iVm § 99 Abs. 1 AktG). Die Beteiligten sind allerdings zur Unterstützung des Gerichts verpflichtet; die Gesellschaft kann sich daher nicht auf ihr Auskunftsverweigerungsrecht unter Hinweis auf Konkurrenzgründe berufen.[118] Das Landgericht entscheidet durch Beschluss, der mit Gründen versehen sein muss. Der Beschluss wird erst mit Eintritt der Rechtskraft wirksam (§ 99 Abs. 5 Satz 1 AktG). Gegen den Beschluss findet die Beschwerde statt, die an das Oberlandesgericht zu richten ist (§ 99 Abs. 3 Satz 2 FamFG, § 132 Abs. 3 Satz 2 AktG). Die Beschwerde kann nur auf eine Verletzung des Rechts gestützt werden; §§ 72 Abs. 1 Satz 2 und 74 Abs. 2, 3 FamFG sowie § 547 ZPO gelten sinngemäß (§ 99 Abs. 3 Satz 3 AktG). Die Beschwerde ist innerhalb einer Frist von einem Monat (§ 433 FamFG) durch Einreichung einer von einem Rechtsanwalt beim Landgericht (§ 64 FamFG) unterzeichneten Beschwerdeschrift einzulegen (§ 63 Abs. 1 FamFG, § 99 Abs. 3 S. 4 AktG). Fristbeginn ab schriftlicher Bekanntgabe des Beschlusses an den Beteiligten (§ 63 Abs. 3 FamFG). Mit **Rechtskraft der Entscheidung** ist sie vom Vorstand zum Handelsregister einzureichen (§ 132 Abs. 3 Satz 1 iVm § 99 Abs. 5 Satz 3 AktG). Überdies ist der Vorstand im Falle einer stattgebenden Entscheidung verpflichtet, die Auskunft zu erteilen. Dies kann auch außerhalb der Hauptversammlung (schriftlich) geschehen. Dies hat allerdings zur Folge, dass jeder Aktionär nach § 131 Abs. 4 AktG die Wiederholung der Auskunft in der Hauptversammlung verlangen kann. Vollstreckt wird die Erteilung der Auskunft nach § 888 ZPO. Die **Kosten** richten sich nach der KostO (§ 132 Abs. 5 AktG). Der Geschäftswert ist regelmäßig auf 5.000 EUR zu bemessen. Er wird von Amts wegen festgesetzt (§ 132 Abs. 5 Satz 5 AktG). Das Gericht bestimmt nach billigem Ermessen, welcher Partei die Kosten aufzuerlegen sind. Für außergerichtliche Kosten gilt § 81 FamFG.[119] Anwaltskosten sind gem. § 91 Abs. 2 ZPO erstattungsfähig.

11. Anspruch auf Aushändigung von Tonbandprotokollen

Es besteht keine Verpflichtung der AG, neben der Niederschrift ein Protokoll 70 zu führen. Fertigt sie ein solches mittels Tonbandaufnahmen an, muss der Hauptversammlungsleiter die Zustimmung der Teilnehmer einholen. Auch in diesem Fall haben die Aktionäre keinen Anspruch auf Aushändigung einer vollständigen Protokollabschrift oder Tonbandaufnahme.[120] Anderes gilt bei **Protokollteilen**, die eigene Fragen, Redebeiträge und entsprechende Antworten und Stellungnahmen umfassen,[121] da ihre Aushändigung zur Verfolgung der mitgliedschaftlichen Rechte erforderlich ist. Die Kosten sind vom Aktionär zu tragen. Auch Aktionäre, die keinen Redebeitrag geleistet, aber Widerspruch zur Niederschrift erklärt haben, steht ein Anspruch auf Protokollauszug zu.[122] Durchgesetzt werden kann dieser Anspruch mittels Leistungsklage. Heimliche Tonbandaufnahmen sind nicht zu-

---

[118] OLG Düsseldorf 19 W 2/91, WM 1991, 2148 (2152).
[119] BayObLG 3 ZBR 32/95, BayObLGZ 1995, 92 (95).
[120] BGH II ZR 248/92, NJW 1994, 3094.
[121] BGH II ZR 248/92, NJW 1994, 3094 (3096 f.).
[122] Offengelassen durch BGH II ZR 248/92, NJW 1994, 3094, bejahend *Max* AG 1991, 77 (84).

Maul

lässig. Sie verletzen das Persönlichkeitsrecht der übrigen Hauptversammlungsteilnehmer.

12. Recht auf Dividende

71 Aus der Mitgliedschaft resultiert für den Aktionär der Anspruch auf Teilhabe an dem Bilanzgewinn nach Maßgabe des Gewinnverwendungsbeschlusses und der rechtlichen Ausgestaltung der Aktie (§ 58 Abs. 4 AktG).

a) Anspruch auf Fassung eines Gewinnverwendungsbeschlusses

72 Solange der Anspruch sich aufgrund eines Gewinnverwendungsbeschlusses der Hauptversammlung noch nicht konkretisiert hat, gewährt er dem Aktionär nicht einen unmittelbaren Zahlungsanspruch bzw. nach Maßgabe von § 58 Abs. 5 AktG einen unmittelbaren Anspruch auf Sachausschüttung. Vielmehr resultiert aus ihm das Recht auf **Herbeiführung eines Gewinnverwendungsbeschlusses**. Dieser Anspruch entsteht mit der Feststellung des Jahresabschlusses, soweit dieser einen Bilanzgewinn ausweist.[123] Er ist als das generelle Recht aus der Mitgliedschaft – wie die übrigen Verwaltungsrechte – nicht selbstständig übertragbar (Rn. 4). Einklagbar ist der Anspruch auf Herbeiführung eines Gewinnverwendungsbeschlusses mit Ablauf der Frist des § 175 Abs. 1 Satz 2 AktG. Die Klage kann nur auf die Fassung eines Gewinnverwendungsbeschlusses, nicht aber auf einen mit bestimmtem Inhalt gerichtet sein. Bei einem obsiegenden Urteil ist nach § 888 ZPO zu vollstrecken. Zum Zahlungsanspruch vgl. Rn. 73 ff.

b) Zahlungsanspruch/Anspruch auf Sachausschüttung

73 Mit Wirksamwerden des Gewinnverwendungsbeschlusses steht dem Aktionär grundsätzlich ein Zahlungsanspruch gegenüber der Gesellschaft zu (§ 58 Abs. 4 Satz 1 AktG iVm dem Beschluss). Nach dem durch die Aktienrechtsnovelle neu eingefügten Satz 2 des § 58 Abs. 4 AktG ist der Anspruch am dritten auf den Hauptversammlungsbeschluss folgenden Geschäftstag fällig, wobei aber im Hauptversammlungsbeschluss oder in der Satzung eine spätere Fälligkeit festgelegt werden kann. Möglich ist jedoch auch ein Anspruch auf eine **Sachausschüttung**, wenn dies in der Satzung festgelegt ist und die Hauptversammlung eine solche beschließt (§ 58 Abs. 5 AktG). Inhaltlich muss der Beschluss Art und Höhe der Sachausschüttung festlegen. Hierzu hat die Verwaltung Vorschläge zu unterbreiten (§ 124 Abs. 3 Satz 1 AktG). Der Hauptversammlungsbeschluss bedarf der einfachen Mehrheit.[124] Anderes gilt nur, soweit die Satzung etwas Abweichendes vorsieht. Bei der Sachdividende wird es sich regelmäßig um Wertpapiere aus dem Anlagevermögen der AG, um eigene Aktien oder Anteile an einer Tochtergesellschaft handeln.[125] Zu beachten ist jedoch, dass sich aus dem Grundsatz der Treupflicht ein schutzwürdiges Vertrauen des Aktionärs auf Barzahlung ergeben kann. Das kann insbesondere der Fall sein, wenn nicht fungible Werte, etwa Aktien nicht börsennotierter Gesellschaften als Sachdividende ausgegeben werden sollen.[126] Ein solcher Treupflichtverstoß ermöglicht nicht nur die Anfechtung des satzungsändernden Beschlusses, sondern

---

[123] BGH IX ZR 21/93, BGHZ 124, 27 (31) = NJW 1994, 323.
[124] *Hüffer/Koch* AktG § 58 Rn. 32; Spindler/Stilz/*Cahn/Senger* AktG § 58 Rn. 105; MHdB GesR IV/*Hoffmann-Becking* § 46 Rn. 8; Schmidt/Lutter/*Fleischer* AktG § 58 Rn. 59.
[125] Zur Ausschüttung anderer Vermögensgegenstände vgl. *Seibert* NZG 2002, 608 (609).
[126] Vgl. Regierungsbegründung, NZG 2002, 213 (218 f.).

muss auch die Anfechtung des Ausschüttungsbeschlusses ermöglichen.[127] Die Eindeutigkeit der Satzungsbestimmung kann die Anfechtungsrisiken minimieren.[128] Sowohl der Zahlungsanspruch als auch der Anspruch auf Sachausschüttung ist seinem Inhalt nach ein reines Gläubigerrecht und kann daher durch die Gesellschaft ohne Zustimmung des einzelnen Aktionärs nicht mehr geändert werden. Der Zahlungs- bzw. Sachausschüttungsanspruch wird mangels abweichender Vereinbarung in der Satzung oder im Gewinnverteilungsbeschluss sofort fällig (§ 271 BGB). Während der zur Auszahlung bzw. Auskehrung benötigten Zeit (in aller Regel 1–2 Tage) kann die Gesellschaft jedoch nicht in Verzug geraten (§ 286 BGB). Anders als das mitgliedschaftliche Recht auf Teilhabe am Bilanzgewinn ist der Zahlungs- bzw. Sachausschüttungsanspruch **selbstständig übertragbar**, und zwar unabhängig davon, ob er bereits fällig ist oder nicht. Auch können zukünftige Ansprüche übertragen werden. **Einzuklagen** sind die Ansprüche gegenüber der Gesellschaft, und zwar im Wege der Leistungsklage.

c) Höhe des konkreten Anspruchs

Sie ergibt sich aus dem jeweiligen Bilanzgewinn und Verteilungsschlüssel (§ 60 AktG bzw. Satzung). Unter dem Bilanzgewinn ist der positive Überschuss der Aktiv- über die Passivposten der Bilanz nach etwaiger Auflösung von Rücklagen und nach Bildung der vorgeschriebenen oder erlaubten Rücklagen zu verstehen. Der Bilanzgewinn ist mithin ein in Geld ausgedrückter Rechnungsposten. Wird an den Aktionär eine **Sachdividende** ausgeschüttet, besteht die Besonderheit, dass keine Identität von Verteilungsmaßstab und Verteilungsgegenstand besteht. In diesem Fall muss daher eine Bewertung des Ausschüttungsgegenstandes vorgenommen werden. Insoweit stellt sich insbesondere die Frage, wie der ausgeschüttete Gegenstand zu bewerten ist: nach dem **Buchwert**, dem **Verkehrswert** oder einem anderen (Mittel-)Wert. Teilweise wird insoweit die Ansicht vertreten, dass neben dem Ansatz der tatsächlichen Werte ein solcher nach Buchwerten möglich sein sollte.[129] Dies hätte handelsrechtlich zur Folge, dass eine ggf. im Buchwert gebundene stille Reserve still an die Aktionäre weitergegeben werden könnte, so dass im Ergebnis an den Aktionär mehr ausgeschüttet werden könnte, als es dem in Geld ausgedrückten Bilanzgewinn entspricht (zB Sache mit einem Buchwert von 100 und einem Zeitwert von 1000 wird bei einem Bilanzgewinn von 100 ausgeschüttet). Steuerrechtlich würde eine solche Ausschüttung stiller Reserven für die Gesellschaft jedenfalls in Höhe der Differenz zwischen Buchwert und Verkehrswert eine verdeckte Gewinnausschüttung darstellen, die ggf. (bei Nichterfüllung der Voraussetzungen des § 8b Abs. 2 KStG) bei der Gesellschaft versteuert werden müsste.[130] Damit würde bei der Gesellschaft ein zusätzlicher Steueraufwand entstehen, der entweder im Jahresabschluss zurückgestellt werden müsste, wenn ein entsprechender Gewinnverwendungsvorschlag der Verwaltung vorliegen würde, oder im Gewinnverwendungsbeschluss aus dem Bilanzgewinn als zusätzlicher Aufwand aufgrund des Beschlusses (§ 174 Abs. 2 Nr. 5 AktG) ausgewiesen werden müsste.[131]

---

[127] Die Regierungsbegründung will demgegenüber die Inhaltskontrolle auf den Zeitpunkt der Fassung des satzungsändernden Beschlusses vorverlagern, vgl. NZG 2002, 213 (219).
[128] *Holzborn/Bunnemann* AG 2003, 671 (673).
[129] *Lutter/Leinekugel/Rödder* ZGR 2002, 204 (215 ff.); MünchKomm. AktG/Bd. 1/*Bayer* § 58 Rn. 110; *Holzborn/Bunnemann* AG 2003, 671, (674 f.).
[130] *Lutter/Leinekugel/Rödder* ZGR 2002, 204 (229); s. a. § 11 Rn. 184.
[131] *W. Müller* NZG 2002, 752 (758 f.).

Gesellschaftsrechtlich bestehen gegen diese Auffassung Bedenken (s. § 8 Rn. 35). Ausgangspunkt der Ermittlung des ausschüttungsfähigen Bilanzgewinns ist die Jahresbilanz mit den in ihr enthaltenen fortgeführten Buchwerten, ohne Berücksichtigung der stillen Reserven.[132] Dass diese Kapitalbindungsgrundsätze durch die Zulassung der Sachdividende durchbrochen werden sollten, ist nicht ersichtlich. Insbesondere spricht die Zulassung der Sachdividende als solche nicht für eine derartige Durchbrechung, da der Gesetzgeber – wie sich aus den Materialien ergibt[133] – sich hierzu ausdrücklich einer Aussage enthalten hat. Darüber hinaus führt die gegenteilige Auffassung auch zu Unstimmigkeiten insofern, als bei einem entsprechenden Wert der ausgeschütteten stillen Reserven der gesamte Bilanzgewinn oder sogar mehr durch den höheren Steueraufwand aufgezehrt werden würde. Deshalb sprechen die besseren Gründe dafür, nicht vom Buchwert, sondern vom **tatsächlichen Wert** auszugehen.[134]

Ist ein solcher Bilanzgewinn tatsächlich erzielt und festgestellt worden, so haben die Aktionäre auf diesen grundsätzlich einen Anspruch, es sei denn, der Bilanzgewinn ist durch Gesetz, Satzung, Beschluss der Hauptversammlung oder als zusätzlicher Aufwand oder kraft Rechtsgeschäfts von der Verteilung an die Aktionäre ausgeschlossen.

75 **Beispiele:** Der Gewinnanspruch kann ausgeschlossen oder beschränkt sein:
- von Gesetzes wegen, insbesondere im Zusammenhang mit Maßnahmen der Kapitalherabsetzung: Gewinne, die aus der Kapitalherabsetzung resultieren, dürfen während der ersten sechs Monate nicht und danach erst nach Befriedigung oder Sicherstellung aller Gläubiger ausgeschüttet werden (§§ 225 Abs. 2, 230, 233 AktG);
- durch die Satzung, soweit Gründervorteile (§ 26 AktG) bzw. Genussrechte (§ 221 Abs. 3 AktG) vorgesehen sind oder ein Ausschluss oder Teilausschluss der Aktionäre vom Gewinn vereinbart ist;
- durch den Gewinnverwendungsbeschluss der Hauptversammlung, und zwar bei Einstellung in die offenen Gewinnrücklagen, Einstellung als Gewinnvortrag oder Verwendung für andere Zwecke (§ 58 Abs. 3 Satz 1 AktG), sowie Verwendung für den zusätzlichen Aufwand, der sich aufgrund der Beschlüsse ergibt;
- durch eine wirksame Verfügung über den Gewinnanspruch, etwa bei Gewinnabführungsverträgen oder Gewinngemeinschaften (§§ 291 Abs. 1, 292 Abs. 1 Nr. 2 AktG).

76 Auf diesen so zu ermittelnden Bilanzgewinn ist der Verteilungsanspruch des Aktionärs gerichtet, der sich je nach Verteilungsschlüssel wie folgt bestimmt: Nach dem **gesetzlichen Verteilungsschlüssel** ist zu unterscheiden: Sind die **Einlagen** auf alle Aktien in **gleichmäßigem Umfang** erbracht worden, so bestimmt sich der Gewinnanspruch nach dem Anteil der Aktionäre am Grundkapital (vgl. auch § 10 Rn. 87). Die Aktionäre sind also nach ihrer quotalen Beteiligung am Kapital zu bedienen. Die auf den Anteil geleisteten Einzahlungen sowie ein etwaiges Aufgeld sind nicht zu berücksichtigen. Im zweiten Fall, bei **ungleichmäßiger Erbringung der Einlagen** auf das Grundkapital, erhält jeder Aktionär eine Vorabdividende von 4% auf die geleistete Einlage. Reicht der Gewinn nicht aus, erhält der Aktionär einen entsprechend niedrigeren Satz. Im Laufe des Geschäftsjahres erfolgte Einlageleistungen sind von ihrer Leistung an verhältnismäßig zu berücksichtigen. Ein

---

[132] Rowedder/*Schmidt-Leithoff*/*Pentz* GmbHG § 30 Rn. 10 zum GmbH-Recht mwN.
[133] BR-Drs. 109/02, 27.
[134] *W. Müller* NZG 2002, 752 (759) mit eingehender Begründung; so auch Schmidt/Lutter/*Fleischer* AktG § 58 Rn. 60; Spindler/Stilz/*Cahn/Senger* AktG § 58 Rn. 110; *Hüffer*/*Koch* AktG § 58 Rn. 33; *Ihrig/Wagner* BB 2002, 789 (796); *Orth* WPg 2004, 777 (782); *Prinz/Schürner* DStR 2003, 181 (183); WP-Handbuch 2006, Bd. I, F Rn. 321.

A. Rechte und Pflichten der Aktionäre 77–79 § 4

nach Verteilung der Vorabdividende noch verbleibender Gewinn wird nach den Grundsätzen des § 60 Abs. 1 AktG verteilt. Junge Aktien aus Kapitalerhöhungen, die im Laufe des Geschäftsjahres durchgeführt worden sind, erhalten eine Vorausdividende von 4% für die Zeit seit der Leistung der Einlage.

Die gesetzlichen Regelungen sind **abdingbar**; in der Satzung können abweichende Regelungen festgelegt werden. Die Satzung kann 77
- Vorzugsaktien einführen, die unterschiedliche Rechte bei der Gewinnverteilung gewähren (§ 3 Rn. 50 ff., 55);
- einen anderen Verteilungsschlüssel vorsehen, etwa bestimmen, dass sich der Gewinnanteil nach den Lieferungen der Aktionäre im letzten Geschäftsjahr richten soll (bei Nebenleistungs-AG);
- eine Gewinnverteilung nach der Inanspruchnahme von Leistungen durch die Aktionäre vorsehen (bei genossenschaftlich strukturierten Gesellschaften);
- die Gewinnbeteiligung für einzelne oder alle Aktien vollständig ausschließen;
- die Gewinnbeteiligung nur für diejenigen Aktien ausschließen, auf die die Einlage nicht voll eingezahlt ist;
- den gesamten Gewinn nach dem Verhältnis der Einlage und ihrer Leistungszeit berechnen.

Diese Regelungen können auch im Wege der **Satzungsänderung** angeordnet 78 werden. Soweit hierdurch die Gewinnverteilung zu Ungunsten eines Aktionärs geändert wird, bedarf es seiner Zustimmung; ein Beschluss nach § 179 AktG ist nicht ausreichend. Eine solche Neuordnung des Gewinnbezugsrechts kann ebenfalls im Rahmen eines Kapitalerhöhungsbeschlusses, der satzungsändernden Charakter hat, angeordnet werden. Insoweit sind Regelungen zulässig, die die jungen Aktien im Vergleich zu den Regeln des § 60 Abs. 1 und 2 AktG und damit gegenüber den alten Aktien bevorzugen. Die Zustimmung der Altaktionäre ist hierzu nach hM nicht erforderlich, da sie durch das Bezugsrecht geschützt sind.

13. Bezugsrecht junger Aktien bei Kapitalerhöhung

Den Aktionären steht bei ordentlichen Kapitalerhöhungen und Kapitalerhö- 79 hungen unter Verwendung von genehmigtem Kapital ein aus der Mitgliedschaft resultierendes Bezugsrecht zu (§§ 186, 202 AktG). Es ist für die Aktionäre von wesentlicher Bedeutung, da es ihnen die Möglichkeit eröffnet, ihr bisheriges prozentuales Beteiligungsrecht beizubehalten. Die Zuteilung der neuen Aktien an den einzelnen Aktionär erfolgt regelmäßig auf dessen Verlangen hin, und zwar in Höhe des Anteils an der Erhöhungstranche, der dem bisherigen Anteil dieses Aktionärs am Grundkapital entspricht. Anderes gilt bei einer Kapitalerhöhung aus Gesellschaftsmitteln; dort findet eine automatische Teilnahme statt. Das mitgliedschaftliche Bezugsrecht verschafft dem Aktionär das gegen die AG gerichtete Recht auf Abschluss eines Zeichnungsvertrages, dh auf Aufnahme einer vom Berechtigten abzugebenden Zeichnungserklärung. Der mitgliedschaftliche Anspruch entsteht mit dem Kapitalerhöhungsbeschluss, erfüllbar ist er allerdings erst, wenn auch die sonstigen Voraussetzungen für die Kapitalmaßnahme erfüllt sind, dh das Bezugsrecht ausgeübt, die Zeichnungserklärung abgegeben und die Durchführbarkeit nach § 188 AktG eingetragen ist.[135] Das Bezugsrecht als generelles Recht auf die Beteiligung am Neubezug junger Aktien ist nicht unter Abspaltung von der Mitgliedschaft übertragbar (Rn. 4). Anderes gilt hingegen für den konkreten Bezugsanspruch, der mit Wirksamwerden des Kapitalerhöhungsbeschlusses entsteht.

---

[135] MünchKomm. AktG/Bd. 4/*Pfeifer* § 186 Rn. 14.

Er ist als selbstständiges Recht übertragbar und kann gepfändet und verpfändet werden. Die Übertragung des Bezugsanspruchs erfolgt grundsätzlich nach den §§ 413, 398 BGB. Kann das Bezugsrecht nur durch Vorlage des Dividendenscheins ausgeübt werden, sind die §§ 929 ff. BGB maßgeblich. Zum Verfahren des Bezugs junger Aktien und Bezugsrechtsausschluss vgl. § 9 Rn. 36 ff., 41 ff.

80 **Kein Bezugsrecht** besteht bei einer bedingten Kapitalerhöhung, die auf einen bestimmten Personenkreis zielt. Kein Bezugsrecht besteht auch für die AG an eigenen Aktien (§ 71b AktG), für Aktien, die von Dritten für Rechnung der AG gehalten werden, für abhängige oder in Mehrheitsbesitz stehende Unternehmen oder Dritte, die für diese Unternehmen Aktien halten. Pfandrechtsinhaber und Nießbraucher verfügen ebenfalls nicht über ein Bezugsrecht.[136] Zudem ist ihre Zustimmung bei dem Bezug junger Aktien durch die Aktionäre nicht erforderlich.[137]

14. Treupflicht

81 Die Treupflicht ist heute als verbandsrechtliches Prinzip in der AG anerkannt[138] und als richterliche Generalklausel etabliert. Sie resultiert aus dem Umstand, dass die Aktionäre einer Aktiengesellschaft Partner unter einem gemeinsam verfolgten Zweck sind (§ 705 BGB) und es der Mehrheit der Aktionäre aufgrund ihrer Rechtsstellung möglich ist, durch ihre Beschlüsse oder den von ihnen ausgeübten Einfluss auf die Geschäftsführung in die Rechte der Minderheit einzugreifen.[139] Die Treupflicht ist Oberbegriff für verschiedene Hauptpflichten der Gesellschafter. Im Verhältnis zur Gesellschaft verpflichtet sie die Gesellschafter zur Förderung und Verwirklichung des gemeinsamen Zwecks und zum Unterlassen schädlicher Eingriffe[140] und im Verhältnis untereinander zur Rücksichtnahme auf die mitgliedschaftlichen Interessen der Mitgesellschafter.[141] Sie bildet eine allgemeine Verhaltensregel für die Gesellschafter und Mitgesellschafter bei der Ausübung ihrer Rechte und sonstigen Einflussnahmen. Die Intensität und die Tragweite der Treubindungen sind je nach den Verhältnissen des Einzelfalls unterschiedlich ausgestaltet. Insbesondere die Funktion des auszuübenden Rechts ist von Bedeutung. Allgemein wird zwischen uneigennützigen (gesellschaftsbezogenen) Rechten (zB Stimmrecht) und eigennützigen Rechten (Dividendenrecht) unterschieden. Im Hinblick auf gesellschaftsbezogene Rechte verpflichtet die Treupflicht zur Förderung des gemeinsamen Zwecks und zum Unterlassen schädlicher Einflussnahmen. Die Treupflicht kann hier also Handlungs- und Unterlassungspflichten, regelmäßig also positive und negative Stimmpflichten zur Folge haben. Bei eigennützigen Rechten ist eine Berücksichtigung der Gesellschaftsinteressen grundsätzlich nur erforderlich, wenn die Rechtsausübung durch den Gesellschafter willkürlich und ohne Rücksicht

---

[136] BGH II ZR 143/69, BGHZ 58, 316 = NJW 1972, 1755.
[137] *Hüffer/Koch* AktG § 186 Rn. 9.
[138] LG München I AG 2007, 255 (257 f.); Großkomm. AktG/*Henze/Notz* Anh. § 53a Rn. 13 ff.
[139] BGH II ZR 75/87, BGHZ 103, 184 = NJW 1988, 1579 – Linotype; II ZR 178/90, NJW 1992, 3167 (3171) – IBH/Scheich Kamel; II ZR 248/92, BGHZ 127, 107 (111) = NJW 1994, 3094 – BMW; II ZR 205/94, BGHZ 129, 136 (142) = NJW 1995, 1739 – Girmes; *Lutter* ZHR 1989, 446 (454); ausführlich zuletzt Rowedder/*Schmidt-Leithoff/Pentz* § 13 Rn. 35 ff.
[140] BGH II ZR 70/53, BGHZ 14, 25 (38) = NJW 1954, 1401.
[141] BGH II ZR 75/87, BGHZ 103, 184 = NJW 1988, 1579 – Linotype; II ZR 178/90, NJW 1992, 3167 (3171) – IBH/Scheich Kamel; II ZR 205/94, BGHZ 129, 136 (142) = NJW 1995, 1739 – Girmes.

A. Rechte und Pflichten der Aktionäre 82–84 §4

auf die Gesellschaft bzw. die Gesellschafter oder in unverhältnismäßiger Weise erfolgt. Insoweit kommt der Treupflicht vor allem eine Schrankenfunktion zu.

a) Treupflicht zwischen der Gesellschaft und ihren Gesellschaftern

Aus der Treupflicht lassen sich verschiedene Loyalitäts- und Unterlassungspflichten ableiten, die den Gesellschaftern eine Schädigung der Gesellschaft und umgekehrt der Gesellschaft eine Schädigung der Gesellschafter verbietet. Daneben fließen aus der Treupflicht Förderungspflichten, die die Gesellschafter insbesondere bei der Stimmrechtsausübung zu beachten haben. Eine Verletzung dieser Pflichten ist insbesondere denkbar, wenn 82
– ein Mehrheitsgesellschafter herrschenden Einfluss zum Nachteil der Gesellschaft ausübt, indem er Leistungen auf nicht gerechtfertigte Konzernumlagen veranlasst.[142] Kommt dem Mehrheitsaktionär Unternehmenseigenschaft zu, ist dieser Fall über die §§ 291 ff. AktG, insbesondere § 317 AktG zu regeln;
– eine Minderheit in eine kontrollbedürftige Einflussposition gelangt ist und zB ein mehrheitlich befürwortetes und sinnvolles Sanierungskonzept aus eigennützigen Motiven scheitern lässt;[143]
– Gesellschafter die Gesellschaft gegenüber Dritten diskreditieren und zB kreditgefährdende Äußerungen abgeben;
– Gesellschafter die Kündigung eines Gesellschafterdarlehens durchsetzen, obwohl dies zur Liquiditätskrise führt;[144]
– Gesellschafter als außenstehende Dritte Forderungen gegenüber der Gesellschaft erworben haben und geltend machen, die Verhältnisse der Gesellschaft aber ein Zuwarten erfordern und der Anspruch nicht ernstlich gefährdet ist;
– Auskunftsrechte in einer Weise ausgeübt werden, die eine Behinderung der Geschäftsführung nach sich ziehen.

b) Treupflicht zwischen den Gesellschaftern

Die zwischen den Gesellschaftern bestehende Treupflicht erfordert eine angemessene Rücksichtnahme auf die Interessen der Mitgesellschafter. Diese konkretisiert sich dahin gehend, dass willkürliche Schädigungen zu unterlassen sind und bei der Rechtsausübung das schonendste Mittel zu wählen ist. Dieser Verhaltensregel kommt gegenüber der Treupflicht zwischen der Gesellschaft und den Gesellschaftern eigenständige Bedeutung zu, soweit nicht gleichzeitig die Interessen der Gesellschaft betroffen sind. Dies ist ua der Fall, wenn ein Verhalten eines Aktionärs zu einer Schädigung der Gesellschaft führt – zB bei der Veranlassung von überhöhten Rücklagen oder des Scheiterns eines Sanierungskonzepts (Rn. 82) –, und einem anderen Aktionär ein über die Wertminderung seines Anteils hinausgehender Schaden entsteht.[145] 83

Darüber hinaus ist von einer Treupflichtverletzung auszugehen, wenn 84
– ein Aktionär einer Satzungsänderung nicht zustimmt, obwohl diese Maßnahme dringend geboten ist und die Belange des betroffenen Aktionärs nicht in

---

[142] BGH II ZR 23/74, BGHZ 65, 15 (18) = NJW 1976, 191 – ITT.
[143] BGH II ZR 205/94, BGHZ 129, 136 (142) = NJW 1995, 1739 – Girmes.
[144] RG II 200/36, JW 1937, 1986; BGH II ZR 11/84, WM 1985, 195 (196); II ZR 262/85, BGHZ 98, 276 (279) = NJW 1987, 189.
[145] BGH II ZR 23/74, BGHZ 65, 15 (19) = NJW 1976, 191 – ITT; II ZR 75/87, BGHZ 103, 184 (194) = NJW 1988, 1579.

unzumutbarer Weise beeinträchtigt werden. Denn insoweit kann sich aus der Treupflicht eine Zustimmungspflicht ergeben;[146]
- ein Treuhandverhältnis nicht aufgedeckt wird;[147]
- die Zustimmung zur Übertragung von vinkulierten Anteilen willkürlich oder aus sachfremden Erwägungen unterbleibt;[148]
- ein Aktionär ausgeschlossen wird, obwohl der Zustand durch weniger einschneidende Maßnahmen erreicht werden kann;
- Erwerbsrechte an Anteilen geltend gemacht werden, obwohl der Erwerbsberechtigte den Erwerbsgrund treuwidrig herbeigeführt hat;[149]
- gegen Gesellschafterbeschlüsse in missbräuchlicher Weise vorgegangen wird, etwa indem sich ein Gesellschafter die Klagerücknahme abkaufen lässt;[150]
- ein Aktionär bereits vor dem Auflösungsbeschluss mit dem Vorstand eine Vereinbarung über den Erwerb des Gesellschaftsvermögens trifft und somit den Mitgesellschaftern die Möglichkeit raubt, sich um die Fortführung des Unternehmens zu bemühen.[151]

c) Rechtsfolgen

85   Treupflichtverletzungen können je nach Lage des Falls verschiedene, sich teilweise überlagernde und ergänzende Rechtsfolgen auslösen: Eine treuwidrige Ausübung des **Auskunftsanspruchs** ist unzulässig. Die AG bzw. ihre Vorstandsmitglieder können daher die Auskunftsgewährung verweigern.[152] Eine die Treupflicht verletzende **Stimmrechtsausübung** ist unwirksam, sodass die Stimmabgabe bei der Beschlussfassung nicht mitzählt.[153] Ist die treuwidrige Stimme abgegeben worden, kann der Beschluss angefochten werden (§ 243 Abs. 1 AktG).[154] Ergibt sich aus der Treupflicht eine Zustimmungspflicht, so kann diese etwa bei Satzungsänderungen durch die Mitgesellschafter im Wege der Leistungsklage durchgesetzt werden.[155] Daneben ist es möglich, dass eine Treupflichtverletzung **Schadensersatzansprüche** auslöst. Bei einer Schädigung der Gesellschaft kann der Ersatz des Schadens auch durch die Aktionäre im Wege der actio pro socio (Rn. 102 f.) geltend gemacht werden. Weiter ist es den Aktionären möglich, gegenüber ihren Mitgesellschaftern oder der Gesellschaft aus eigenem Recht Schadensersatzansprüche geltend zu machen, soweit der Schaden über einen Reflexschaden der Gesellschaft hinausgeht. Schließlich kann eine Treupflichtverletzung bei gewisser Intensität einen Ausschluss des Aktionärs rechtfertigen (str.).

---

[146] BGH II ZR 81/59, NJW 1960, 434.
[147] OLG Hamburg 11 W 13/93, BB 1993, 1030; Lutter/Hommelhoff/*Lutter/Bayer* AktG § 14 Rn. 254.
[148] *Scholz/Winter* AktG § 14 Rn. 58.
[149] RG II 126/39, RGZ 162, 388 (394); BGH II ZR 44/58, BGHZ 30, 195 (201).
[150] *Schmidt* GesR § 20 IV 3.
[151] BGH II ZR 124/78, BGHZ 76, 352 (355) = NJW 1980, 1278; II ZR 75/87, BGHZ 103, 184 (193 ff.) = NJW 1988, 1579.
[152] *Winter* Treubindungen 1988, S. 123.
[153] MünchKomm. BGB/Bd. 5/*Ulmer/Schäfer* § 705 Rn. 239; *Winter* Treubindungen 1988, S. 123.
[154] *Hüffer/Koch* AktG § 243 Rn. 19; vgl. auch § 5 Rn. 284 ff.
[155] BGH II ZR 16/73, BGHZ 64, 253 (258) = NJW 1975, 1410; II ZR 98/75, BHGZ 68, 81 (82) = NJW 1977, 1013.

15. Gleichbehandlungsgrundsatz

Der Grundsatz der Gleichbehandlung gehört zu den wesentlichen Grundsätzen 86
des Gesellschaftsrechts und ist eng mit der Treupflicht verbunden. Der Gleichbehandlungsgrundsatz ist ein Korrelat gegen die Ausübung der Verbandsmacht. Er beinhaltet einerseits das Gebot, Aktionäre unter gleichen Voraussetzungen gleich zu behandeln (§ 53a AktG), und andererseits das Verbot, Aktionäre ohne genügende sachliche Rechtfertigung unterschiedlich zu behandeln. Adressat des Gleichbehandlungsgrundsatzes ist allein die Gesellschaft, sodass sich die Aktionäre nur ihr gegenüber, nicht aber gegenüber ihren Mitgesellschaftern auf eine Verletzung desselben berufen können. Es gibt aber keinen Grundsatz der Gleichberechtigung aller Aktionäre, vielmehr kann die Satzung, wie sich bereits aus §§ 11, 12, 55 AktG ergibt, Aktien mit unterschiedlichen Rechten und Pflichten ausstatten (§ 3 Rn. 66 f.). Allerdings muss bei der Gestaltung dieser Vorrechte der Grundsatz der Gleichbehandlung berücksichtigt werden, dh es muss allen Aktionären die Möglichkeit geboten werden, unter den gleichen Bedingungen die Vorrechte zu erwerben. Schließlich kann der einzelne Aktionär auf die Gleichbehandlung **verzichten**, indem er dem Hauptversammlungsbeschluss zustimmt, der ihm sein Mitgliedschaftsrecht entzieht.

a) Gleichbehandlungsmaßstab

Im Hinblick auf die Hauptrechte (Stimmrecht, Bezugsrecht, Recht auf Divi- 87
dende und Liquidationserlös) richtet sich die Gleichbehandlung der Aktionäre nach dem Verhältnis ihrer Beteiligung am Grundkapital; die Aktionäre sind gleichmäßig im Verhältnis ihrer Beteiligung zu berücksichtigen. Für die Hilfsrechte (Recht auf Teilnahme an der Hauptversammlung, Rederecht, Auskunftsrecht und Anfechtungsbefugnis) richtet sich die Gleichbehandlung nach Köpfen, dh. jedem Aktionär stehen diese Rechte ohne Rücksicht auf die Höhe seiner Beteiligung zu.

b) Verstoß gegen den Gleichbehandlungsgrundsatz

Von einer Ungleichbehandlung ist auszugehen, wenn die vom Vorstand vorge- 88
schlagene Maßnahme oder der Hauptversammlungsbeschluss nicht dem jeweils anzuwendenden Gleichbehandlungsmaßstab entspricht und auch kein abweichender Maßstab durch die Satzung vorgeschrieben oder zugelassen ist. Diese Ungleichbehandlung führt indessen nur zu einem Verstoß gegen § 53a AktG, wenn sie willkürlich, also **sachlich nicht gerechtfertigt** ist. Sachliche Rechtfertigung ist gegeben, wenn der Eingriff in die Mitgliedschaft geeignet und erforderlich ist, ein bestimmtes Interesse der AG zu wahren, und auch unter Berücksichtigung der Aktionärsinteressen als verhältnismäßig erscheint.[156] Keine Willkür liegt zB vor, wenn die AG die Zustimmung zur Übertragung vinkulierter Namensaktien versagt, weil der Erwerb eine Sperrminorität begründen würde[157] oder Kleinaktionäre vom Genussrechtsbezug ausgeschlossen werden, soweit die Ertragslage der Gesellschaft schlecht ist und der auf die Genussrechte auszuschüttende Betrag nachrangig gegenüber dem garantierten Gewinnanteil der außenstehenden Aktionäre ist.[158]

---

[156] BGH II ZR 142/76, BGHZ 71, 40 (43 ff.) = NJW 18978, 1316 – Kali und Salz; II ZR 75/87, BGHZ 103, 184 (189 f.) = NJW 1988, 1579.
[157] LG Aachen 41 O 30/92, AG 1992, 410 (412).
[158] BGH II ZR 230/91, BGHZ 120, 141 (151 f.) = NJW 1993, 400.

c) Folgen eines Verstoßes

89 Beschlüsse, die gegen den Gleichbehandlungsgrundsatz verstoßen, sind nach § 243 Abs. 1 AktG anfechtbar. Bei der Verletzung des Gleichbehandlungsgrundsatzes durch andere Maßnahmen kann dies zur Unwirksamkeit der betreffenden Handlung führen oder ihre Rechtswirkungen beeinträchtigen. So steht dem Aktionär bei einer ungleichen Einforderung der Einlagen ein **Leistungsverweigerungsrecht** zu. Ist die Verletzung des Gleichbehandlungsgrundsatzes nicht durch Anfechtung oder aufgrund der Unwirksamkeit der betreffenden Handlung behoben worden, steht dem Aktionär ein **Anspruch auf nachträgliche Herstellung** der Gleichbehandlung zu. Beispielsweise kann der Aktionär die Zustimmung zur Übertragung von vinkulierten Namensaktien verlangen, wenn diese willkürlich verweigert wurde. Wurde durch die AG unter Verstoß gegen das Gleichbehandlungsgebot ein **geldwerter Vorteil** zugewandt, so kann von einem benachteiligten Aktionär nicht die Zuwendung eines entsprechenden Vorteils verlangt werden; dem stünde § 57 AktG entgegen. Vielmehr hat die AG Rückgewähransprüche nach § 62 AktG zu verfolgen; hierauf haben die Aktionäre aber keinen Rechtsanspruch. **Schadensersatz** kann bei einer Pflichtverletzung der Verwaltung (§ 93 AktG) verlangt werden, nicht aber auf der Grundlage von § 823 Abs. 1 oder 2 BGB.

16. Klagerechte

90 Bei den Klagerechten ist zunächst danach zu unterscheiden, ob die Ansprüche dem Aktionär unabhängig von seinem Beteiligungsumfang oder erst ab Erreichen eines gewissen Beteiligungsumfangs – ggf. auch gemeinsam mit anderen Aktionären – zustehen (Rn. 91 ff.). Darüber hinaus ist nach dem Inhalt der Aktionärsklagen zu unterscheiden, die einen unterschiedlichen Inhalt je nach Streitgegenstand und Beklagtem aufweisen können (Rn. 93 ff.).

a) Individual- und Minderheitenrechte

91 Das Aktiengesetz weist dem einzelnen Aktionär unabhängig von der Höhe seiner Beteiligung verschiedene Klagerechte gegenüber der Gesellschaft zu (**Individualrechte**). Zu nennen sind neben der gerichtlichen Geltendmachung des Auskunftsrechts (§ 132 Abs. 1 AktG) das Recht auf Herbeiführung einer Entscheidung über die Zusammensetzung des Aufsichtsrats (§ 98 Abs. 2 Satz 1 Nr. 3 AktG) und Bestellung eines Aufsichtsratsmitglieds, wenn dem Aufsichtsrat nicht die zur Beschlussfähigkeit erforderliche Anzahl von Mitgliedern angehört (§ 104 AktG). Hinzu treten im Vertragskonzern das wichtige Recht der Aktionäre, eine gerichtliche Entscheidung über die Frage der Angemessenheit von Ausgleich und Abfindung herbeizuführen (§ 304 Abs. 4 Satz 1, § 305 Abs. 1 AktG) und, im faktischen Konzern, das Antragsrecht auf Bestellung eines Sonderprüfers (§ 315 Satz 1 Nr. 1–3 AktG). Daneben steht jedem Aktionär das Recht auf Ersatz der Schäden zu, die er aufgrund einer Schädigung der Gesellschaft durch Benutzung von Einfluss auf deren Organe erleidet (§ 117 Abs. 1 Satz 1 AktG). Darüber hinaus hat jeder Aktionär das Recht, gegen Beschlüsse der Hauptversammlung eine **Nichtigkeitsfeststellungsklage** nach §§ 241, 249 AktG und eine **Anfechtungsklage** nach §§ 243, 245 AktG (vgl. § 5 Rn. 255 ff.) zu erheben. Die Pläne, Nichtigkeitsklagen zu befristen, sind bis dato nicht umgesetzt worden.

92 Neben den Individualrechten sieht das Aktienrecht zahlreiche **Minderheitenrechte** vor, die regelmäßig an einen gewissen Beteiligungsumfang (1–25% des

A. Rechte und Pflichten der Aktionäre 93 § 4

Grundkapitals) anknüpfen. In der Praxis sind vor allem die folgenden Minderheitenrechte von Bedeutung:
- das Recht auf **Einberufung der Hauptversammlung** (§ 122 AktG, 5% des Grundkapitals), Aufnahme von Tagesordnungspunkten (§ 122 Abs. 2 AktG, 5% des Grundkapitals oder 500.000 EUR);
- das Recht auf gesonderte Abstimmung über die **Entlastung** eines **Vorstands**- oder **Aufsichtsrats**mitglieds (§ 120 Abs. 1 Satz 2 AktG, 10% oder 1 Mio. EUR), Abberufung eines entsandten Aufsichtsratsmitglieds (§ 103 Abs. 3 AktG; 10% des Grundkapitals oder 1 Mio. EUR), auf vorrangige Abstimmung über Aktionärsvorschläge bei der Aufsichtsratswahl (§ 137 AktG, 10% des vertretenen Grundkapitals);
- Bestellung eines **Sonderprüfers** zur Überprüfung von Vorgängen bei der Geschäftsführung, wegen Verdachts der unzulässigen Unterbewertung von Bilanzposten oder der geschäftlichen Beziehungen zum herrschenden Unternehmen (§§ 142 Abs. 2 Satz 1, 260 AktG: 1% des Grundkapitals oder 100.000 EUR bzw. 5% und 500.000 EUR) bzw. zur Überprüfung der Beziehungen zum herrschenden Unternehmen (§ 315 Satz 2 AktG, 1% des Grundkapitals oder 100.000 EUR) soweit sonstige Tatsachen vorliegen, die den Verdacht einer pflichtwidrigen Nachteilszufügung rechtfertigen. Unter den Bedingungen des § 315 Satz 1 Nr. 1–3 AktG kann zudem jeder einzelne Aktionär einen Antrag auf Sonderprüfung stellen;
- das Recht, die Geltendmachung von **Ersatzansprüchen** wegen Gesellschaftsschädigung zu erzwingen (§ 147 Abs. 1 AktG), Sperre gegen **Verzicht auf Ersatzansprüche** gegenüber Vorstands- und Aufsichtsratsmitgliedern wegen Verletzung von Sorgfaltspflichten, gegenüber Dritten wegen missbräuchlicher Einflussnahme (§§ 93 Abs. 4, 116, 117, Abs. 4 AktG, alle 10% des Grundkapitals), gegenüber herrschendem Unternehmen und seiner gesetzlichen Vertretern (faktischer Konzern, §§ 317 Abs. 4, 318 Abs. 4 AktG, 10% des vertretenen Grundkapitals), gegenüber herrschendem Unternehmen (Vertragskonzern, § 309 Abs. 3 AktG) 10% des vertretenen Grundkapitals), gegenüber Gründern, Verwaltungsmitgliedern und den neben diesen haftenden Personen (§ 50 Satz 1 AktG, 10% des Grundkapitals) und den bei der Nachgründung haftenden Personen (§ 53 Satz 1 AktG, 10% des Grundkapitals);
- das Recht, beim Gericht die Bestellung von Vertretern zur **Geltendmachung** von **Ersatzansprüchen** zu verlangen (§ 147 Abs. 2 AktG, 10% oder 1 Mio. EUR);
- das Recht, die Zulassung zu beantragen, im eigenen Namen Ersatzansprüche der Gesellschaft geltend zu machen (Klagezulassungsverfahren, § 148 Abs. 1 AktG, 1% oder 100 000 EUR, s. Rn. 97 ff.).

b) Inhalt der Aktionärsklagen

Bei der AG lassen sich folgende Arten von Ansprüchen und Verpflichtungen 93 in der Folge ihrer Durchsetzung unterscheiden: individuelle Aktionärsklagen gegenüber der AG, mit der die aus der Mitgliedschaft resultierenden Rechte geltend gemacht werden (Rn. 92 f.), Abwehrklagen der Gesellschafter gegenüber der AG bei Geschäftsführungsmaßnahmen ohne Einholung eines Hauptversammlungsbeschlusses (Rn. 94), Klagen einer Aktionärsminderheit auf Geltendmachung der Ersatzansprüche der Gesellschaft über den Weg des Klagezulassungsverfahrens (Rn. 97 ff.), Klagen des Aktionärs im Wege der actio pro socio (Rn. 102), Klagen des Aktionärs gegenüber Mitgesellschaftern (Rn. 103) und Dritten (Rn. 104 ff.).

94 **aa) Individuelle Mitgliedschaftsklage gegenüber der AG.** Mit der individuellen Mitgliedschaftsklage macht der Aktionär eigene aus der Mitgliedschaft resultierende Ansprüche gegenüber der AG geltend.[159] Solche eigenen Ansprüche des Aktionärs gegenüber der AG bestehen beispielsweise im Rahmen von **Gewinn- und Auseinandersetzungsansprüchen.** Gleiches gilt etwa für einen Anspruch auf **Genehmigung der Übertragung von Anteilen** (bei vinkulierten Aktien). Einklagbar ist auch das **Teilnahmerecht** des Gesellschafters an Gesellschafterversammlungen.[160] Die genannten Ansprüche sind im Wege der Leistungsklage geltend zu machen. Darüber hinaus bestehen Rechte auf **Auskunft** (§ 131 AktG) oder **Abfindung** (§ 305 AktG), die mittels eines Antrages im Rahmen eines FamFG-Verfahrens bzw. Spruchverfahrens durchzusetzen sind (vgl. Rn. 69.).

95 Problematisch erscheint demgegenüber die Klagbarkeit der Ansprüche gegenüber der AG auf **Unterrichtung über hauptversammlungsrelevante Umstände** (zB Bekanntmachung der Tagesordnung und der Anträge und Wahlvorschläge von Aktionären vgl. Rn. 34). Zumindest wird es in der Regel an dem erforderlichen Rechtsschutzinteresse fehlen, da dem Gesellschafter die Beschlussmängelklage zur Verfügung steht. Ebenfalls als problematisch stellt sich auch die Einklagbarkeit des Dividendenanspruches dar, wenn noch eine Beschlussfassung über die **Feststellung des Jahresabschlusses** fehlt und verschiedene Bilanzposten streitig sind, bezüglich derer ein gewisser Spielraum besteht. Nach hM soll in diesen Fällen jedem Gesellschafter das Recht zustehen, gegen die Gesellschaft in entsprechender Anwendung von § 315 Abs. 3 BGB auf Feststellung des Jahresabschlusses nach billigem Ermessen durch den Richter zu klagen.[161] Das Urteil ersetzt den Beschluss gem. § 894 ZPO. Entsprechendes gilt für den Beschluss über die Ergebnisverwendung. Auch hier hat der Richter anstelle der Gesellschaft die entsprechende Willenserklärung zu formulieren.

96 **bb) Abwehrklage gegenüber der AG.** Darüber hinaus stehen den Aktionären in gewissem Rahmen Unterlassungsansprüche gegenüber der Gesellschaft nach den Grundsätzen der „Holzmüller"- bzw. „Gelatine"-Rechtsprechung[162] zu. Paradebeispiel dieser Fallgruppen ist die Untersagung einer Geschäftsführungsmaßnahme, durch die der wertvollste Betriebsteil in eine 100%ige Tochtergesellschaft ohne den erforderlichen Beschluss der Gesellschafterversammlung eingebracht werden soll.[163] Gleichzustellen sind insoweit, wenn die maßgeblichen Schwellenwerte erreicht werden, die „Ausgliederung" von der Tochter- auf eine Enkelgesellschaft.[164] Streitig sind die Fälle des Unternehmensverkaufs und der Veräußerung von Unternehmensbeteiligungen sowie der Erwerb von Beteiligungen.[165] Für die Praxis ist insoweit zu beachten, dass der BGH inzwischen augenscheinlich nur noch auf den Aspekt

---

[159] *Wiedemann* Organverantwortung und Gesellschafterklagen in der Aktiengesellschaft S. 49 ff.
[160] Kölner Komm./*Zöllner* § 118 Rn. 21.
[161] *Zöllner* ZGR 1988, 392 (417); Baumbach/Hueck/*Zöllner/Noack* GmbHG § 46 Rn. 12 mwN; Rowedder/Schmidt-Leithoff/*Pentz* § 29 Rn. 66 ff. mwN; aA vor allem die ältere Auffassung: RG I 208/01, RGZ 49, 141; Hachenburg/*Hüffer* GmbHG § 46 Rn. 17.
[162] BGH II ZR 174/80, BGHZ 83, 122 = NJW 1982, 1703 – Holzmüller; II ZR 154/02, NZG 2004, 575 (578 f.) – Gelatine I; II ZR 155/02, NJW 2004, 1860 – Gelatine II.
[163] BGH II ZR 174/80, BGHZ 83, 122 = NJW 1982, 1703 – Holzmüller.
[164] BGH II ZR 155/02, NJW 2004, 1860 (1864 f.) – Gelatine II.
[165] Vgl. hierzu *Zimmermann/Pentz* in FS Welf Müller S. 150, 155; *Fleischer/Pentz* § 17 Rn. 165 (bejahend), aA insbes. *Emmerich/Habersack* Konzernrecht, Vor § 311 Rn. 39.

A. Rechte und Pflichten der Aktionäre 97, 98 § 4

der Mediatisierung abstellt,[166] womit diese Fälle aus dem Anwendungsbereich der „Holzmüller"- bzw. „Gelatine"-Grundsätze herausfallen. Ansatzpunkt für das Klagerecht des Aktionärs auf Unterlassung der Geschäftsführungsmaßnahme ist nach der Ansicht des Bundesgerichtshofes der verbandsrechtliche Anspruch des Aktionärs darauf, dass die Gesellschaft seine Mitgliedschaftsrechte achtet und alles unterlässt, was sie über das durch Gesetz und Satzung gedeckte Maß hinaus beeinträchtigt. Erforderlich für die Geltendmachung des Unterlassungsanspruchs ist daher ein Eingriff in die ausschließliche Zuständigkeit der Hauptversammlung. Ist ein solcher Fall gegeben, kann der Aktionär **Feststellungsklage** gegen die Gesellschaft mit dem Inhalt erheben, dass für die Durchführung der angestrebten Maßnahme die Zustimmung der Hauptversammlung erforderlich ist.[167] Ferner hat der Bundesgerichtshof in der Holzmüller-Entscheidung auch die grundsätzliche Zulässigkeit einer Leistungsklage anerkannt, durch die der Aktionär die **Rückgängigmachung** der Maßnahme erzwingen kann.[168] Der Anspruch ist nach der Entscheidung „ohne unangemessene Verzögerung" geltend zu machen. Wie dies im Einzelnen auszulegen ist, ist streitig. Vorzugswürdig erscheint die Ansicht, wonach die Klagefrist nicht allgemeingültig in Analogie zu § 246 Abs. 1 AktG, sondern einzelfallbezogen unter Aspekten des allgemeinen Verwirkungsgedankens unter Berücksichtigung der Treupflicht zu bestimmen ist.[169] Möglich erscheint auf der Grundlage dieser Rechtsprechung auch die Geltendmachung einer vorbeugenden **Unterlassungsklage**, mit der solche rechtswidrigen Geschäftsführungsmaßnahmen verhindert werden können. Um die vorgenannten Klagen nicht an dem hohen Prozesskostenrisiko scheitern zu lassen, wird vorgeschlagen, die Streitwertbegrenzungsregelung des § 247 AktG in entsprechender Weise auf die Abwehrklage anzuwenden.[170]

cc) Klagezulassungsverfahren. Durch den durch das UMAG eingeführten 97 § 148 AktG wird einer Aktionärsminderheit das Recht eingeräumt, Ersatzansprüche der Gesellschaft im eigenen Namen klageweise durchzusetzen (§ 148 Abs. 4 und 5 AktG). Der von den Aktionären zu erhebenden Klage ist das in § 148 Abs. 1 und 2 AktG regulierte Zulassungsverfahren vorgeschaltet. Das Zulassungsverfahren und die Klage sind subsidiär gegenüber einer Rechtsverfolgung durch die AG selbst (§ 148 Abs. 3 AktG). Die im Rahmen des Klagezulassungsverfahrens erfolgreichen Aktionäre können Ersatzansprüche der Gesellschaft iSd § 147 Abs. 1 AktG im eigenen Namen auf Leistung an die Gesellschaft einklagen. Den Aktionären steht mithin die Möglichkeit einer actio pro socio zu (s. zu Abgrenzungsfragen Rn. 102), die wegen des zu erreichenden Quorums aber an einen bestimmten Anteilsbesitz gebunden ist.

Die Aktionäre können über das Klagezulassungsverfahren die in § 147 Abs. 1 98 Satz 1 AktG geregelten Ansprüche durchsetzen. Erfasst werden Ansprüche aus der Gründung und Nachgründung gem. §§ 46 bis 48, 53 AktG, aus unzulässiger Einflussnahme (§ 117 AktG) sowie aus der Geschäftsführung gegen die Mitglieder des Vorstandes und des Aufsichtsrats gem. §§ 93, 116 AktG und §§ 823 ff. AktG. Zudem werden nach hM Herausgabe- und Ausgleichsansprüche sowie Ansprüche

---

[166] Nichtannahmebeschluss BGH II ZB 226/05, NZG 2007, 234, wonach die Veräußerung (Aufgabe) von Beteiligungen nicht unter diese Grundsätze fallen.
[167] BGH II ZR 174/80, BGHZ 83, 122 (125) = NJW 1982, 1703, Klageantrag unter 3b.
[168] BGH II ZR 174/80, BGHZ 83, 122 (135) = NJW 1982, 1703; vgl. auch MHdB GesR IV/ Rieckers § 18 Rn. 10; zum Klageantrag vgl. *Zimmermann/Pentz* in FS Welf Müller S. 151, 179.
[169] So *Zimmermann/Pentz* in FS Welf Müller S. 151, 172 ff.; zust. *Seiler/Singhof* Der Konzern 2003, 313 (317 f.).
[170] *Knobbe-Keuk* in FS Ballerstedt S. 254.

auf Auskunft und Rechnungslegung[171] erfasst[172] und können Ansprüche aus dem Konzernverhältnis (§§ 309 Abs. 4, 310 Abs. 4, 317 Abs. 4, 318 Abs. 4 AktG, zur Einzelklagebefugnis s. Rn. 102) geltend gemacht werden. Die Zulassung können Aktionäre, deren Anteile im Zeitpunkt der Antragstellung zusammen 1% des Grundkapitals oder einen anteiligen Betrag von 100.000 EUR erreichen, beim Landgericht beantragen. Der Antrag kann von einer Aktionärsminderheit gestellt werden. Bei ihr handelt es sich regelmäßig um eine BGB-Innengesellschaft, so dass die Aktionäre im Zulassungsverfahren als einfache Streitgenossen auftreten.[173] Weiter kann der Antrag von einem Aktionär oder mehreren Aktionären gemeinsam gestellt werden, die bereits jeder für sich das Quorum aufbringen. Diesen Aktionären können weitere Aktionäre zur Seite treten, ua um das Kostenrisiko zu senken.[174] Zuständig für die Entscheidung ist das Landgericht am Sitz der Gesellschaft (Kammer für Handelssachen) oder das kraft landesgesetzlicher Regelung für mehrere Landgerichtsbezirke zuständige Landgericht. Der Antrag ist nicht an besondere Formerfordernisse gebunden. Vielmehr ist lediglich der Ersatzanspruch der Gesellschaft nach dem zugrunde liegenden Lebenssachverhalt und der Ersatzpflichtige bestimmt zu bezeichnen. Für den Antrag besteht Anwaltszwang (§ 78 Abs. 1 ZPO).

99 Das Gericht lässt die Klage der Aktionärsminderheit zu, wenn
– die Aktionäre nachweisen, dass sie die Aktien vor dem Zeitpunkt erworben haben, in dem sie von den behaupteten Pflichtverstößen oder dem behaupteten Schaden aufgrund einer Veröffentlichung Kenntnis erlangen mussten (§ 148 Abs. 1 Nr. 1 AktG). Nicht möglich ist daher ein Zukauf weiterer Aktien nach der Veröffentlichung, soweit das Quorum zuvor noch nicht erreicht war. Unter Veröffentlichung sind dabei Berichte in den Breitenmedien (Rundfunk, Fernsehen etc.), der Wirtschaftspresse und von online-Diensten zu verstehen.[175] Zudem reichen Ad-hoc-Mitteilungen aus.[176] Vereinzelte Berichte in einzelnen Medien genügen noch nicht. Hinsichtlich des Erwerbszeitpunktes trifft den Aktionär die Darlegungs- und Beweislast, wobei bloße Glaubhaftmachung nicht genügt.
– sie nachweisen, dass die Aktionäre die AG vergeblich unter Fristsetzung zur Geltendmachung der Ansprüche aufgefordert haben (§ 148 Abs. 1 Nr. 2 AktG). Die Verwendung des Begriffs „die Aktionäre" deutet darauf hin, dass das Quorum schon bei Fristsetzung bestanden haben muss, wobei eine Identität von fristsetzenden und antragstellenden Aktionären nicht erforderlich ist (str.).[177] Die Aufforderung, die Ersatzansprüche selbst einzuklagen, ist an die Gesellschaft zu richten. Ein Zugang der Aufforderung bei dem Organ, dem die Anspruchsverfolgung obliegt, ist ausreichend (bei Ersatzansprüchen gegen Mitglieder des Vorstands: Zugang beim Aufsichtsrat).[178] Hinsichtlich der Länge der Frist soll nach den Gesetzesmaterialien eine solche von zwei Monaten ausreichen.[179] Soweit der Aufsichtsrat zuständig ist, kann diese Frist von zwei Monaten als zu knapp erscheinen, da der Aufsichtsrat bei der Willensbildung systembedingt gewisse

---

[171] *Hüffer/Koch* AktG § 147 Rn. 2.
[172] *Hüffer/Koch* AktG § 147 Rn. 2; Schmidt/Lutter/*Spindler* AktG § 147 Rn. 3.
[173] Spindler/Stilz/*Mock* AktG § 148 Rn. 36 f.
[174] Begründung RegE UMAG, BT-Drs. 15/5092, 21.
[175] Begründung RegE UMAG, BT-Drs. 15/5092, 21.
[176] Schmidt/Lutter/*Spindler* AktG § 148 Rn. 15.
[177] *Hüffer/Koch* AktG § 148 Rn. 6; aA Schmidt/Lutter/*Spindler* AktG § 148 Rn. 18, der davon ausgeht, dass das Quorum bei Fristsetzung erreicht sein muss.
[178] *Hüffer/Koch* AktG § 148 Rn. 6; *Paschos/Neumann* DB 2005, 1779 (1780).
[179] Begründung RegE UMAG, BT-Drs. 15/5092, 43.; s. auch *Hüffer/Koch* AktG § 148 Rn. 7.

A. Rechte und Pflichten der Aktionäre

Schwerfälligkeiten aufweist.[180] Die Darlegungs- und Beweislast für die erfolglose Aufforderung zur Klageerhebung und zur Fristsetzung tragen die Aktionäre.

- Tatsachen vorliegen, die den Verdacht rechtfertigen, dass der Gesellschaft durch Unredlichkeit oder durch grobe Verletzung des Gesetzes oder der Satzung ein Schaden entstanden ist (§ 148 Abs. 1 Nr. 3 AktG). Unter Unredlichkeit fallen bspw. strafbare Handlungen und Verstöße gegen die organschaftliche Treupflicht (zB Untreue, § 266 StGB, Verstöße gegen Wettbewerbsverbote § 88 AktG, oder die Ausnutzung organschaftlicher Befugnisse zum eigenen Vorteil).[181] Grob sind Gesetzes- und Satzungsverletzungen, wenn es sich um evidente und auch ihrer Art nach für verantwortlich handelnde Unternehmensleiter um nicht hinnehmbare Verstöße handelt. Hierzu zählen insbesondere schuldhafte[182] Verstöße gegen die Sorgfaltspflichten bei der Unternehmensführung (§§ 93, 116 AktG).[183] Ausgeschlossen sind leichteste oder leichte Verstöße gegen das Gesetz oder die Satzung.[184] Für die verdachtsbegründenden Tatsachen tragen die Antragsteller die Darlegungslast.
- der Geltendmachung des Anspruchs keine überwiegenden Gründe des Gesellschaftswohls entgegenstehen (§ 148 Abs. 1 Nr. 4 AktG). Diese Formulierung geht weiter als die durch den BGH[185] zu § 147 AktG entwickelten Grundsätze, da nicht nur gewichtige, sondern überwiegende Gründe des Gemeinwohls erforderlich sind. Dies zeigt, dass es im Normalfall für die Zulassung der Klage reichen wird, wenn die Voraussetzungen der Nr. 1–3 erfüllt sind.[186] Das Gericht hat die Existenz solcher entgegenstehenden Gründe des Gesellschaftswohls von Amts wegen zu prüfen.

Das Gericht entscheidet im Klagezulassungsverfahren durch Beschluss, gegen den eine sofortige Beschwerde möglich ist. Die Gesellschaft ist im Zulassungsverfahren und im Klageverfahren beizuladen. Hat das Gericht dem Antrag auf Klagezulassung stattgegeben, können die Aktionäre die Ersatzansprüche der Gesellschaft selbst einklagen (§ 148 Abs. 4 AktG). Zu ihrer weiteren Information können sie, soweit die Voraussetzungen vorliegen, das Instrument der Sonderprüfung nutzen (§ 142 AktG); weitere Befugnisse zur Erleichterung ihrer Informationslast stehen ihnen nicht zur Verfügung.[187] Die Klage ist gegen die in § 147 Abs. 1 AktG genannten Personen zu richten. Die Klage muss binnen drei Monaten nach Eintritt der Rechtskraft des Zulassungsbeschlusses erhoben werden. Die Aktionäre müssen die Gesellschaft zuvor nochmals unter Setzung einer angemessenen Frist vergeblich aufgefordert haben, selbst Klage zu erheben. Dabei muss das Zulassungsquorum nicht mehr bei Klageerhebung vorhanden sein.[188] Ein im Klageverfahren ergangenes Urteil wirkt für und gegen die Gesellschaft und die übrigen Aktionäre (§ 147 Abs. 5 Satz 1 AktG).

---

[180] So *Hüffer/Koch* AktG § 148 Rn. 7; aA *Spindler* NZG 2005, 865 (867).
[181] Schmidt/Lutter/*Spindler* AktG § 148 Rn. 22.
[182] Nach Spindler/Stilz/*Mock* AktG § 148 Rn. 54; *Wilsing* ZIP 2004, 1082 (1088); *Weiss/Buchner* WM 2005, 162 (169) sollen auch die Fälle einfacher Fahrlässigkeit erfasst werden; nach *Schroer* ZIP 2005 2081 (2085) soll zumindest grobe Fahrlässigkeit erforderlich sein.
[183] Großkomm. AktG/*Bezzenberger* § 142 Rn. 60; *Seibt* WM 2004, 2137 (2140).
[184] Begründung RegE UMAG, BT-Drs. 15/5092, 22.
[185] BGH II ZR 175/95, BGHZ 135, 244 (255).
[186] Begründung RegE UMAG, BT-Drs. 15/5092, 45.
[187] *Seibt* WM 2004, 2137 (2142); *Semler* AG 2005, 321 (331).
[188] *Hüffer/Koch* AktG § 148 Rn. 16; *Seibt* WM 2004, 2137 (2142).

101 Die Kosten eines erfolglosen Klagezulassungsverfahrens tragen die antragstellenden Aktionäre, es sei denn die Abweisung beruht auf ihnen nicht mitgeteilten Gründen des Gesellschaftswohls (§ 148 Abs. 6 Satz 1 und 2 AktG). Bei einem erfolgreichen Klagezulassungsverfahren hat das Gericht in seinem Endurteil über die Kosten zu entscheiden (§ 148 Abs. 6 Satz 3 AktG). Übernimmt die Gesellschaft ein anhängiges Klageverfahren, hat sie die bis dahin entstandenen Kosten der Antragsteller zu tragen (§ 148 Abs. 6 Satz 4 AktG). Wird die Klage ganz oder teilweise abgewiesen, hat die Gesellschaft die den Antragstellern auferlegten Kosten zu erstatten (§ 148 Abs. 6 Satz 5 AktG). Gemeinsam handelnde Aktionäre können nur die Kosten für einen Bevollmächtigten verlangen (§ 148 Abs. 6 Satz 7 AktG). Nach Zulassung der Klage sind bei börsennotierten Aktiengesellschaften der Zulassungsantrag und die Verfahrensbeendigung in den Gesellschaftsblättern bekannt zu machen.

102 **dd) Actio pro socio.** Aktionäre können in bestimmten Fällen – auch ohne das Erreichen eines Minderheitenquorums – Ersatzansprüche der Gesellschaft im eigenen Namen auf Leistung an die Gesellschaft einklagen (actio pro socio). Soweit die **Einlageleistungen** betroffen sind, ist allgemein anerkannt, dass die Einforderung ausschließlich Sache des Vorstandes ist (§ 63 Abs. 1 AktG) und der einzelne Gesellschafter diese Verpflichtung nicht geltend machen kann, da die im Personengesellschaftsrecht gängige Begründung, jeder Gesellschafter habe sich gegenüber den übrigen Gesellschaftern zu dieser Einbringung verpflichtet, nicht trägt.[189] Gleiches gilt im Ergebnis für die Nebenleistungsansprüche (§§ 55, 180 Abs. 1 AktG). Ebenfalls besteht keine Möglichkeit über § 148 AktG hinaus eine actio pro socio zur Geltendmachung von durch **Organmitglieder verursachten Schäden** durchzuführen.[190] Demgegenüber besteht eine solche Klagebefugnis des einzelnen Aktionärs[191] über das Klagezulassungsverfahren hinaus[192] bei Schäden am Gesellschaftsvermögen wegen schädigender Einflussnahmen durch ein herrschendes Unternehmen nach §§ 309 Abs. 4, 317 Abs. 4 AktG.[193] Ebenfalls wird von der hM ein Klagerecht des Aktionärs angenommen, wenn der Vorstand bei der Nichtgeltendmachung von Ansprüchen (zB Einlageansprüche, Rückforderungen unberechtigter Zuwendungen) den Gleichbehandlungsgrundsatz oder die Treupflicht verletzt, da in diesem Fall der Verstoß zugleich eine Verletzung von Mitgliedschaftsrechten darstellt.[194] Die Klageerhebung des Aktionärs hindert nicht die Klageerhebung durch die Gesellschaft (keine Einrede der Rechtshängigkeit). Ein klageabweisendes Urteil hat keine Rechtskraftwirkung gegenüber der Gesellschaft. Kostenschuldner ist in diesem Fall der Kläger-Aktionär; er hat in der Regel keinen Aufwendungsersatzanspruch gegenüber seiner Gesellschaft.[195]

103 **ee) Klage gegenüber Mitgesellschaftern.** Klagen wegen eigener Ansprüche eines Gesellschafters kommen auch gegen Mitgesellschafter in Frage, insbesondere bei Schäden (zB aus Treupflichtverletzung), die nur dem klagenden Gesellschafter

---

[189] Zöllner ZGR 1988, 392 (402 f.); MHdB GesR IV/*Wiesner* § 18 Rn. 5.

[190] *Hüffer/Koch* AktG § 147 Rn. 5 mwN; aA *Wellkamp* DZWiR 1994, 221 (223); vgl. auch OLG Köln 22 U 72/92, WM 1993, 644 (649).

[191] Insoweit ist streitig, ob es sich bei der actio pro socio um ein eigenes – aus der Mitgliedschaft des Aktionärs fließendes – Recht des klagenden Gesellschafters oder um einen Fall der Prozessstandschaft handelt.

[192] Schmidt/Lutter/*Spindler* AktG § 148 Rn. 6.

[193] *Hüffer/Koch* AktG § 317 Rn. 16; s. Schmidt/Lutter/*Spindler* AktG § 147 Rn. 4.

[194] Zöllner ZGR 1988, 391 (405); vgl. auch *Raiser* ZHR 1989, 1 (25).

[195] Zum Personengesellschaftsrecht s. MünchKomm. BGB/Bd. 5/*Ulmer/Schäfer* § 705 Rn. 175.

A. Rechte und Pflichten der Aktionäre 104–106 § 4

entstanden sind, also nicht mittelbar zu einer Schädigung des Gesellschaftsvermögens geführt haben.[196]

ff) Klage gegenüber Dritten. Die Mitgliedschaft verkörpert ihrer Rechtsnatur nach ein subjektives Recht. Diese subjektivrechtliche Position erlaubt es, die Mitgliedschaft gestützt auf § 823 Abs. 1 BGB vor bestandsgefährdenden Eingriffen seitens Dritter und der Gesellschaft[197] zu schützen, indem der Aktionär Feststellungs- oder Unterlassungsklage erhebt.[198] 104

17. Recht auf den Liquidationsüberschuss

Den Aktionären steht als weiteres Vermögensrecht der Anspruch auf den Abwicklungsüberschuss zu (§ 271 AktG). Seiner Rechtsnatur nach handelt es sich um ein zukünftiges Recht, das sich erst mit der Auflösung der Gesellschaft und dem Eintritt der Verteilungsvoraussetzungen realisiert. Der Anspruch auf den Abwicklungsüberschuss wandelt sich mit Eintritt dieser Voraussetzungen in einen **Zahlungsanspruch** um. Dieser Anspruch ist vorbehaltlich der Zustimmung des Aktionärs **unentziehbar**. Hingegen kann das generelle Recht auf den Liquidationserlös vor seiner Konkretisierung durch die ursprüngliche Satzung oder mit Zustimmung aller Aktionäre ausgeschlossen werden. Der Zahlungsanspruch ist **selbstständig übertragbar**, unabhängig davon, ob er bereits fällig ist oder nicht. Im Gegensatz dazu ist es ausgeschlossen, den generellen Anspruch auf den Liquidationserlös unter Abspaltung von der Mitgliedschaft zu übertragen (Rn. 5). 105

a) Anspruchsinhalt

Seinem Inhalt nach umfasst der Anspruch das nach Berichtigung aller Gesellschaftsschulden verbleibende Gesellschaftsvermögen. Um dieses zu ermitteln, ist von den Abwicklern eine Schlussbilanz nebst Verteilungsplan zu erstellen. Mit der Verteilung darf frühestens nach Ablauf des Sperrjahres begonnen werden (§ 272 Abs. 1 AktG). Zulässigkeitsvoraussetzung ist weiter, dass zu diesem Zeitpunkt die Verbindlichkeiten berichtigt oder, soweit das nicht möglich ist, der geschuldete Betrag hinterlegt oder dem Gläubiger Sicherheit geleistet ist. Zum Verteilungsverfahren vgl. § 187 Rn. 65 ff. Im Hinblick auf den **Verteilungsschlüssel** ist zu unterscheiden: Bei **gleichmäßiger Einlageleistung** ist das Vermögen nach den Anteilen am Grundkapital zu verteilen. Eigene Aktien der Gesellschaft bleiben außer Ansatz. Auch ein Agio sowie Nebenleistungen bleiben unberücksichtigt; Letztere sind getrennt zu vergüten. Aktien, die bei der Verteilung des Gesellschaftsvermögens mit Vorrechten ausgestattet sind, gehen den übrigen Aktien bei der Verteilung des Liquidationserlöses vor. Bei **unterschiedlicher Einlageleistung** werden zunächst die auf das Grundkapital geleisteten Einlagen erstattet und ein Überschuss nach dem Verhältnis der Einlagen verteilt. Reicht das Vermögen zur Erstattung der Einlagen nicht aus, so haben die Aktionäre den Verlust nach dem Verhältnis der Aktiennennbeträge bzw. der anteiligen Beträge des Grundkapitals zu tragen und erhalten entsprechend geringere Zahlungen. Soweit nötig, sind die noch ausstehenden Einlagen einzuziehen. Bestehen Aktien mit Vorrechten bei der Verteilung des Überschusses, so gehen diese der Erstattung der geleisteten Einlagen vor. 106

---

[196] BGH II ZR 23/74, BGHZ 65, 15 (18) = NJW 1976, 191 – ITT.
[197] BGH II ZR 179/89, BGHZ 110, 323 (337 ff.) = NJW 1990, 2877 – zum Verein.
[198] *Habersack* Die Mitgliedschaft – Subjektives und „sonstiges" Recht, Tübingen 1996, S. 92, 98; RG II 183/37, RGZ 158, 248 (255); Palandt/*Thomas* BGB § 823 Rn. 12.

b) Geltendmachung

107 Der Zahlungsanspruch ist gegenüber der Gesellschaft, und zwar im Wege der Leistungsklage geltend zu machen. Einstweiliger Rechtsschutz ist möglich. Wegen seines Zahlungsanspruchs kann der Aktionär das Arrestverfahren und wegen seines Anspruchs auf Unterlassung einer gesetzwidrigen Vermögensverteilung ein einstweiliges Verfügungsverfahren betreiben. Bei unrichtiger Verteilung kann der Aktionär die Gesellschaft auf Zahlung verklagen. Der Anspruch besteht in Höhe der Differenz, die sich aus einem Vergleich der richtig berechneten Quote mit der tatsächlich gewährten Leistung ergibt.

18. Einsicht in die Unterlagen der aufgelösten AG

108 Ist die Gesellschaft abgewickelt worden, steht Aktionären, die ein berechtigtes Interesse nachweisen, das Recht zu, in die zehn Jahre lang an einem vom Gericht bestimmten Ort verwahrten Bücher und Schriften der Gesellschaft Einsicht zu nehmen (§ 273 Abs. 3 AktG). Der Aktionär kann einen neutralen Sachverständigen hinzuziehen.[199] Dem Aktionär ist es gestattet, Notizen und Abschriften sowie Fotokopien zu machen, soweit der zeitliche Aufwand angemessen ist. Dagegen enthält § 273 AktG keinen Anspruch auf Aushändigung der Bücher und Schriften oder auf Erteilung von Abschriften.[200]

V. Besteuerung der Dividendeneinkünfte und der Gewinne aus Veräußerungsgeschäften

1. Einleitung

120 Die Besteuerung der AG als selbstständiges Steuersubjekt der Körperschaftsteuer erfolgt unabhängig von der ihrer Gesellschafter (Trennungsprinzip). Zu einer Berührung der steuerlichen Sphäre des Gesellschafters (Aktionärs) kommt es grds. nur, wenn die AG Gewinnausschüttungen an ihre Aktionäre vornimmt oder wenn der Aktionär Anteile an der AG veräußert.

121 Dabei gehören sowohl offene Gewinnausschüttungen (Dividenden) als auch verdeckte Gewinnausschüttungen (vGA)[201] der AG gem. § 20 Abs. 1 Satz 1 Nr. 1 EStG beim Aktionär zu den Einkünften aus Kapitalvermögen.[202] Auch der Gewinn oder Verlust aus der Veräußerung von Anteilen an der AG gehört gem. § 20 Abs. 2 Satz 1 Nr. 1 EStG zu den Einkünften aus Kapitalvermögen. Soweit der Veräußerer innerhalb der letzten fünf Jahre zu mindestens 1% unmittelbar oder mittelbar am Kapital der Gesellschaft beteiligt war oder die jeweiligen Einkünfte des Aktionärs nicht im Privatvermögen, sondern in einem gewerblichen Betriebsvermögen (Einzelunternehmen, gewerbliche Personengesellschaft oder Kapitalgesellschaft) anfallen, werden sie den Einkünften aus Gewerbebetrieb (Gewinn) zugerechnet.[203]

---

[199] BGH II ZR 54/56, BGHZ 25, 115 (123) = NJW 1957, 1555.
[200] *Hüffer/Koch* AktG § 273 Rn. 11 f.
[201] Vgl. zur verdeckten Gewinnausschüttung § 8 Rn. 95.
[202] Nicht jedoch, soweit die Bezüge aus Ausschüttungen stammen, für die Beträge aus dem steuerlichen Einlagekonto iSd § 27 KStG als verwendet gelten, § 20 Abs. 1 Nr. 1 Satz 3 EStG (vgl. Rn. 146).
[203] Diese Subsidiarität der Einkünfte aus Kapitalvermögen gem. § 20 Abs. 8 Satz 1 EStG gilt überdies auch gegenüber den Einkünften aus Land- und Forstwirtschaft, aus selbstständiger Arbeit oder aus Vermietung und Verpachtung.

A. Rechte und Pflichten der Aktionäre   122–124   § 4

122 Für die steuerliche Behandlung von (offenen oder verdeckten) Gewinnausschüttungen bzw. Einkünften aus der Veräußerung von Anteilen an einer AG im Rahmen der Einkünfteermittlung eines in Deutschland unbeschränkt oder beschränkt steuerpflichtigen Aktionärs ist insoweit zwischen natürlichen Personen, Personengesellschaften und Kapitalgesellschaften zu differenzieren und danach, ob die betreffenden Anteile in einem steuerlichen Betriebsvermögen gehalten werden oder nicht.

Vor diesem Hintergrund wird nachfolgend die Besteuerung bei Gewinnausschüttungen aus einer inländischen AG sowie bei der Veräußerung von Anteilen an einer solchen AG für den inländischen Aktionär getrennt nach dessen jeweiliger Rechtsform dargestellt. Darüber hinaus wird auf einzelne Konstellationen mit Auslandsbezug (Inbound/Outbound) eingegangen.[204]

a) Abgeltungsteuer

123 Für die Besteuerung von Kapitaleinkünften privater Anleger fand mit der Einführung der Abgeltungsteuer im Rahmen der Unternehmensteuerreform 2008[205] ein grundlegender Systemwechsel statt. Danach unterfallen natürliche Personen ab dem Veranlagungszeitraum (VZ) 2009 mit den von ihnen bezogenen Kapitaleinkünften grds. der **Abgeltungsteuer** mit einem einheitlichen Steuersatz von 25% (vgl. Rn. 126 ff.). Die Einführung der Abgeltungsteuer auf Grundlage einer einheitlichen Besteuerung der Kapitaleinkünfte mithilfe einer attraktiven Besteuerung durch einen niedrigen Steuersatz hatte die Zielsetzung, die Attraktivität und Wettbewerbsfähigkeit des Finanzplatzes Deutschland zu stärken und den Transfer von Kapitalvermögen ins Ausland zu verhindern.[206] Dem stehen allerdings eine Versagung des Abzugs von Werbungskosten, eine Beschränkung der Verlustrechnung und eine Verbreiterung der Bemessungsgrundlage für Kapitaleinkünfte durch eine umfassende Besteuerung der Veräußerungsgewinne gegenüber.

b) Teileinkünfteverfahren

124 Des Weiteren wurde durch die Unternehmensteuerreform 2008 das für betriebliche Kapitaleinkünfte und bestimmte Ausnahmetatbestände geltende Halbeinkünfteverfahren durch das sog. **Teileinkünfteverfahren (TEV)** ersetzt, bei dem 60% der Einkünfte der individuellen Besteuerung mit dem persönlichen Steuersatz des Aktionärs unterworfen werden. Die mit diesen Einkünften in wirtschaftlichem Zusammenhang stehenden Werbungskosten bzw. Betriebsausgaben sind korrespondierend nur zu 60% steuerlich abzugsfähig, § 3c Abs. 2 EStG. Das Werbungskostenabzugsverbot und die Verlustausgleichsbeschränkung nach § 20 Abs. 6 EStG finden keine Anwendung. Bei **Dividenden** kommt das Teileinkünfteverfahren zur Anwendung, wenn die Anteile in einem Betriebsvermögen gehalten werden (vgl.

---

[204] Auf Einzelheiten der Investmentbesteuerung und deren Neukonzeption durch die Neufassung des Investmentsteuergesetzes mit Wirkung zum 1.1.2018 durch das Gesetz zur Reform der Investmentbesteuerung v. 19.7.2016 (InvStRefG), BGBl. 2016 I 1730, wird im Rahmen dieser Darstellung nicht gesondert eingegangen. Vgl. zur Investmentbesteuerung § 168.
[205] Unternehmensteuerreformgesetz 2008 v. 14.8.2007, BGBl. 2007 I 1912.
[206] Das System der Abgeltungsteuer sollte zudem zu einer Vereinfachung des Besteuerungsverfahrens und einem damit verbundenen Bürokratieabbau führen.

Rn. 141) oder – auf entsprechenden Antrag – wenn der Aktionär ein wesentlich beteiligter Gesellschafter iSd § 32d Abs. 2 Nr. 3 EStG ist (vgl. Rn. 137).[207]
Im Rahmen von Veräußerungsgewinnen findet das TEV Anwendung, wenn die veräußerten Anteile in einem Betriebsvermögen gehalten werden (vgl. Rn. 151) oder eine wesentliche Beteiligung iSd § 17 Abs. 1 EStG vorliegt (vgl. Rn. 150).

c) Steuerfreiheit für Dividenden und Veräußerungsgewinne bei Kapitalgesellschaften

125 Für die Besteuerung von Kapitaleinkünften iSd § 20 Abs. 1 Nr. 1, 2, 9 und 10 Buchst. a, Abs. 2 Nr. 1 und Nr. 2 EStG von Körperschaften gelten die Regelungen des § 8b KStG, wonach Gewinnausschüttungen und Veräußerungsgewinne grds. steuerfrei gestellt werden (§ 8b Abs. 1–3 KStG). Dabei werden jedoch 5% als **nicht-abzugsfähige Betriebsausgaben** fingiert.

In Reaktion auf die Entscheidung des EuGH in der Rechtssache C-284/09[208] hat der Gesetzgeber in § 8b Abs. 4 KStG jedoch eine Steuerverschärfung für sog. Streubesitzdividenden geschaffen, wonach Dividenden, die nach dem 28.2.2013 an einen zu weniger als 10% beteiligten körperschaftsteuerpflichtigen Anteilseigner gezahlt werden, nicht mehr unter die Steuerbefreiung fallen (vgl. Rn. 172). Darüber hinaus wurde durch das Amtshilferichtlinie-Umsetzungsgesetz v. 26.6.2013[209] mit Blick auf grenzüberschreitende hybride Gestaltungen das bisher auf vGA beschränkte materielle Korrespondenzprinzip für Wirtschaftsjahre ab dem 1.1.2014 auch auf Dividenden ausgedehnt. Danach liegen nur noch dann begünstigte Dividendenbezüge vor, soweit sie das Einkommen der leistenden Körperschaft nicht gemindert haben (§ 8b Abs. 1 Satz 2 KStG; vgl. entsprechend §§ 3 Nr. 40 Buchst. d Satz 2, 32d Abs. 2 Nr. 4 EStG).

2. Natürliche Person als Aktionär

a) Dividenden

126 **aa) Aktien im Privatvermögen. (1) Grundsatz.** Werden Aktien an einer AG von natürlichen Personen im Privatvermögen gehalten, so unterliegen nach dem 31.12.2008 zugeflossene Dividenden iSd § 20 Abs. 1 Nr. 1 EStG gem. § 32d Abs. 1 Satz 1 EStG der **Abgeltungsteuer in Höhe von 25% zzgl. SolZ** mit grds. abgeltender Wirkung. Der Steuereinbehalt erfolgt im Wege des Kapitalertragsteuerabzugs. **Werbungskosten** sind nach § 20 Abs. 9 EStG mit Ausnahme des Sparer-Pauschbetrags in Höhe von derzeit 801 EUR (bei zusammenveranlagten Ehegatten 1602 EUR) nicht abzugsfähig.[210]

127 Mit Einführung der Abgeltungsteuer wurden zudem die auszahlenden Stellen in die Erhebung der **Kirchensteuer (KiSt)** als Zuschlagsteuer eingebunden. Bis einschließlich VZ 2014 hatte der Aktionär das Wahlrecht, ob die KiSt mit Abgeltungswirkung auf Antrag bereits durch den Schuldner der Kapitalerträge einzubehalten

---

[207] Des Weiteren ermöglichen § 32d Abs. 4 und 6 EStG („Günstigerprüfung") einem Aktionär bei Dividendeneinkünften, die der Kapitalertragsteuer mit grds. abgeltender Wirkung unterlegen haben, unter bestimmten Voraussetzungen ein Veranlagungswahlrecht (vgl. Rn. 134f.).

[208] EuGH C-284/09, DStR 2011, 2038 – Kommission/Deutschland

[209] Amtshilferichtlinie-Umsetzungsgesetz v. 26.6.2013, BGBl. 2013 I 1809.

[210] Bei nicht vollständiger Ausschöpfung des Sparer-Pauschbetrags besteht eine Veranlagungsoption nach § 32d Abs. 4 EStG (vgl. Rn. 134).

A. Rechte und Pflichten der Aktionäre 128–130 § 4

war oder ob eine individuelle Veranlagung mit der KiSt erfolgte. Seit dem 1.1.2015 wird die KiSt auf abgeltend besteuerte Kapitalerträge automatisch einbehalten und an die steuererhebende Religionsgemeinschaft abgeführt. Damit die einbehaltenden Stellen (idR Banken und Kapitalgesellschaften) wissen, welche ihrer Kunden bzw. Gesellschafter einer kirchensteuerpflichtigen Religionsgemeinschaft angehören, haben sie einmal im Jahr eine Abfrage beim Bundeszentralamt für Steuern (BZSt) vorzunehmen. Sofern der Aktionär als Gläubiger der Kapitalerträge verhindern möchte, dass die einbehaltende Stelle Kenntnisse über seine Religionszugehörigkeit erhalten, kann er auf amtlich vorgeschriebenem Vordruck widersprechen, § 51a Abs. 2e EStG (sog. Sperrvermerk). In diesem Fall erfolgt die Abführung der KiSt über die Einkommensteuerveranlagung.

Im Rahmen der Abgeltungsteuer ist die KiSt als Sonderausgabe pauschal steuermindernd zu berücksichtigen – unabhängig davon, ob der Abzug an der Quelle stattfindet oder eine Veranlagung[211] durchgeführt wird. Daher bestimmt § 32d Abs. 1 Satz 3 EStG, dass sich die Abgeltungsteuer um ¼ der auf die Kapitalerträge entfallenden KiSt ermäßigt. Zur Verhinderung eines „Selbstminderungseffekts"[212] wird die ESt wie folgt ermittelt: **128**

$$\frac{e-4q}{4+k}$$

wobei „e" die nach § 20 EStG ermittelten Einkünfte, „q" die anrechenbare ausländische Quellensteuer nach § 32d Abs. 5 EStG und „k" der KiSt-Satz der erhebenden Religionsgemeinschaft sind (vgl. § 32d Abs. 1 Satz 4 f. EStG). Die Formel ist die Berechnungsgrundlage der Abgeltungsteuer für alle Kapitaleinkünfte. Unerheblich ist, ob tatsächlich KiSt oder ausländische Quellensteuer zu berücksichtigen ist.

Der Aktionär ist Schuldner der auf die Dividende entfallenden **Kapitalertragsteuer (KapESt)**, § 44 Abs. 1 Satz 1 EStG.[213] Die Entrichtung der KapESt in Höhe von 25% an das Finanzamt (KapESt-Abzug) durch den jeweiligen Abzugsverpflichteten erfolgt für Rechnung des Aktionärs als Gläubiger der Kapitalerträge.[214] **129**

Der **KapESt-Abzug** bei Dividendeneinkünften aus privat gehaltenen Aktien hat nach § 43 Abs. 5 Satz 1 EStG grundsätzlich abgeltende Wirkung.[215] Nach § 43 **130**

---

[211] Bei einer individuellen Veranlagung hat der Steuerpflichtige den Nachweis über die einbehaltene Abgeltungsteuer zu führen. Hierzu hat der Abzugsverpflichtete dem Kirchensteuerpflichtigen auf Anforderung eine Bescheinigung über die einbehaltene Abgeltungsteuer abzugeben (§ 51a Abs. 2d Satz 2 EStG).

[212] Ein „Selbstminderungseffekt" tritt ein, weil Bemessungsgrundlage der KiSt die ESt iSd § 32d Abs. 1 EStG ist (vgl. § 51a Abs. 2b EStG). Durch vorherige Herabsetzung der ESt aufgrund der KiSt würde sich die KiSt insoweit selbst mindern.

[213] Die KapESt entsteht gem. § 44 Abs. 1 Satz 2 EStG mit Zufluss der Dividende beim Aktionär. Der Zufluss gilt nach § 44 Abs. 2 Satz 1 EStG als an dem Tag erfolgt, der im Ausschüttungsbeschluss als Tag der Auszahlung bestimmt worden ist bzw. wenn die Ausschüttung ohne Beschluss über den Zeitpunkt der Auszahlung festgesetzt ist, der Tag nach Beschlussfassung. Die Abführung der einbehaltenen KapESt an das Finanzamt hat bei Dividenden – abweichend von der Grundregel (bis zum 10. des folgenden Kalendermonats) – zum Zeitpunkt des Zuflusses zu erfolgen (vgl. § 44 Abs. 1 Satz 5 EStG).

[214] Die Bestimmung des Abzugsverpflichteten richtet sich nach der Art der Kapitaleinkünfte. Bei inländischen Dividenden ist jeweils der Schuldner der Kapitalerträge verpflichtet, während dies bei sammelverwahrten Aktien und ausländischen Dividenden die auszahlende Stelle (va inländische Kreditinstitute) ist.

[215] Die Abgeltungswirkung tritt nicht ein, wenn der Gläubiger der Kapitalerträge nach § 44 Abs. 1 Satz 8 und 9 EStG und § 44 Abs. 5 EStG in Anspruch genommen werden kann.

Abs. 5 Satz 2 EStG greift die Abgeltungswirkung jedoch nicht ein in Fällen des § 32d Abs. 2 EStG (vgl. Rn. 137) oder wenn die Kapitalerträge gem. § 20 Abs. 8 EStG zu einer anderen Einkunftsart gehören. In diesen Fällen wird die KapESt bei der Veranlagung angerechnet. Eine abgeltende Wirkung tritt darüber hinaus nicht ein, wenn die Kapitalerträge nach § 32d Abs. 4 EStG (vgl. Rn. 134) oder § 32d Abs. 6 EStG (vgl. Rn. 135) in die individuelle Veranlagung einbezogen werden (vgl. § 43 Abs. 5 Satz 3 EStG).

131 Eine Abstandnahme vom Steuerabzug bzw. die Erstattung kann gem. § 44a Abs. 1 EStG und § 44b EStG in Fällen erfolgen, in denen die Kapitalerträge, die einem unbeschränkt einkommensteuerpflichtigen Gläubiger zufließen, zusammen mit den Kapitalerträgen, für die die Kapitalertragsteuer nach § 44b EStG zu erstatten ist oder nach § 44 Abs. 10 EStG kein Steuerabzug vorzunehmen ist, den Sparer-Pauschbetrag nach § 20 Abs. 9 EStG nicht übersteigen. Nach § 45a Abs. 2 EStG kann der Aktionär vom Schuldner der Kapitalerträge – auch nach gestelltem Erstattungsanspruch – eine Bescheinigung über alle für § 32d EStG erheblichen Angaben verlangen.

132 Kapitalerträge, die nicht dem KapESt-Abzug unterliegen (zB Dividendeneinkünfte aus ausländischen Wertpapieren, die bei einer ausländischen Depotbank verwaltet werden), müssen nach § 32d Abs. 3 EStG in der ESt-Erklärung angegeben werden und fallen grundsätzlich unter den einheitlichen Steuersatz in Höhe von 25%.

133 Zur **Anrechnung ausländischer Steuern** bei der KapESt vgl. Rn. 148.

134 Nach § 32d Abs. 4 EStG kann auf Antrag für eine individuelle Veranlagung optiert und die Abgeltungswirkung durchbrochen werden, um gesetzlich geregelte Tatbestände, die beim KapESt-Abzug nicht berücksichtigt werden können, wie zB ein Verlustvortrag nach § 20 Abs. 6 EStG, steuermindernd geltend zu machen und hierdurch eine zutreffende Besteuerung unabhängig von der einbehaltenen Kapitalertragsteuer zu gewährleisten. Die Kapitaleinkünfte unterliegen trotz der Veranlagung dem einheitlichen Abgeltungsteuersatz (sog. „**Wahlveranlagung zum pauschalen Steuersatz**"[216]).

In Betracht kommt eine Antragsveranlagung nach § 32d Abs. 4 EStG insbesondere in den folgenden Fällen:[217]

- Der Sparer-Freibetrag nach § 20 Abs. 9 EStG wurde nicht vollständig ausgeschöpft.
- Die KiSt wurde nicht entsprechend berücksichtigt.
- Die tatsächlichen Anschaffungskosten im Rahmen einer Veräußerung sind höher als die Ersatzbemessungsgrundlagen nach § 43a Abs. 2 EStG.
- Verrechnungsfähige Verluste wurden bei der KapESt nicht berücksichtigt.
- Der Verlustvortrag nach § 20 Abs. 6 EStG wurde nicht berücksichtigt.
- Anrechenbare ausländische Quellensteuer wurde nicht abgezogen.
- Die KapESt soll sowohl dem Grunde als auch der Höhe nach kontrolliert werden.

135 Zur Vermeidung steuerlicher Verwerfungen ermöglicht darüber hinaus **§ 32d Abs. 6 Satz 1 EStG** abweichend von § 32d Abs. 1 EStG eine individuelle Veranlagung der Dividenden nach der tariflichen Einkommensteuer, wenn der persönliche Steuersatz des Aktionärs niedriger ist als der einheitliche Abgeltungsteuersatz von 25%. Der Antrag auf Veranlagung kann nur einheitlich für sämtliche Kapitalerträge

---

[216] Hötzel Arbeitsbuch zur Jahrestagung der FAfStR 2007, S. 77.
[217] Vgl. auch Schmidt/*Weber-Grellet* EStG § 32d Rn. 16.

A. Rechte und Pflichten der Aktionäre 136, 137 §4

gestellt werden (vgl. § 32d Abs. 6 Satz 3 EStG).[218] Das Finanzamt prüft im Rahmen der Steuerfestsetzung von Amts wegen, ob die Anwendung der allgemeinen Regelungen (insbesondere unter Berücksichtigung des Grundfreibetrags und des Altersentlastungsbetrags) zu einer niedrigeren Steuerfestsetzung führt (sog. **Günstigerprüfung**).[219] Ist dies der Fall, werden die Kapitalerträge dem persönlichen Steuertarif des Aktionärs unterworfen, wobei die tatsächlichen Werbungskosten neben dem Sparer-Pauschbetrag gem. § 20 Abs. 9 EStG nicht berücksichtigt werden und das Teileinkünfteverfahren nicht angewandt wird.[220]

Bei individueller Veranlagung hat die KapESt lediglich den Charakter einer Steuervorauszahlung: Die KapESt wird nach § 36 Abs. 2 Nr. 2 EStG auf die festzusetzende Einkommensteuer angerechnet. 136

(2) Wesentlich beteiligter Gesellschafter. In bestimmten Fällen einer „typischerweise unternehmerischen Beteiligung"[221] kann auf Antrag des Aktionärs für Dividendeneinkünfte iSd § 20 Abs. 1 Nr. 1 und 2 EStG statt der Abgeltungsteuer für das Teileinkünfteverfahren optiert werden. Nach **§ 32d Abs. 2 Nr. 3 EStG** ist eine solche Option möglich, wenn der Aktionär im maßgeblichen VZ, für den der Antrag gestellt wird, unmittelbar oder mittelbar an der betreffenden Aktiengesellschaft 137
- **zu mindestens 25% beteiligt** ist oder
- **zu mindestens 1% beteiligt** und **beruflich**[222] für diese Aktiengesellschaft tätig ist.

Es ist ausreichend, dass die notwendige Beteiligungsquote zu irgendeinem Zeitpunkt in dem Veranlagungszeitraum, für den der Antrag erstmals gestellt wird, vorliegt.[223] Der Antrag des Aktionärs kann nur einheitlich gestellt werden. Dies gilt auch beim Erwerb weiterer Aktien.[224] Der Antrag muss spätestens mit der ESt-Erklärung für den entsprechenden VZ eingereicht werden. Er wirkt längstens fünf Jahre und kann für künftige Veranlagungszeiträume jederzeit widerrufen werden. Der Widerruf muss spätestens mit der ESt-Erklärung für den entsprechenden VZ, für den er gelten soll, eingelegt werden. Nach Widerruf ist ein erneuter Antrag des Aktionärs für die betreffende AG unzulässig, § 32d Abs. 2 Nr. 3 Satz 6 EStG.[225]

---

[218] Ebenso können zusammen veranlagte Ehegatten nur einen einheitlichen Antrag stellen, vgl. § 32d Abs. 6 Satz 4 EStG.
[219] Ist dies nicht der Fall, gilt der Antrag als nicht gestellt, vgl. BMF 18.1.2016, BStBl. I 2016, 85 Rn. 150; Schmidt/*Weber-Grellet* EStG § 32d Rn. 22; aA Blümich/*Werth* EStG § 32d Rn. 164.
[220] *Schaumburg/Rödder/Schönfeld* S. 657: „Dies folgt aus § 32d Abs. 6 Satz 1 EStG, der die Veranlagungsoption auf die ‚*nach § 20 EStG ermittelten Kapitaleinkünfte*' beschränkt."; vgl. zum Werbungskostenabzug auch BFH VIII R 13/13, BStBl. II 2015, 393.
[221] Vgl. BT-Drs. 16/7036, 20.
[222] Hierbei sollen unter den Begriff der beruflichen Tätigkeit sowohl nichtselbstständig als auch selbstständig ausgeübte Tätigkeiten fallen, unabhängig davon, ob es sich um eine gewerbliche, freiberufliche oder um eine andere unter die Gewinneinkünfte fallende Tätigkeit handelt, vgl. BMF 18.1.2016, BStBl. I 2016, 85 Rn. 138. Der Gesetzeswortlaut stellt hinsichtlich der beruflichen Tätigkeit des Anteilseigners keine (weiteren) Anforderungen qualitativer oder quantitativer Art, vgl. BFH VIII R 3/14, BStBl. II 2015, 892.
[223] Wird die Beteiligungsquote in einem auf die erstmalige Antragstellung folgenden Jahr nicht mehr erreicht, entfaltet die vorher ausgeübte Option keine Wirkung mehr, vgl. BMF 18.1.2016, BStBl. I 2016, 85 Rn. 139.
[224] Vgl. BT-Drs. 16/7036, 21; BMF 18.1.2016, BStBl. I 2016, 85 Rn. 139.
[225] Das Veranlagungswahlrecht kann der Aktionär erst wieder nach vollständiger Veräußerung und späterem erneuten Erwerb der Aktien ausüben (vgl. BT-Drs. 16/7036, 21).

138 Im Fall der wirksamen Option unterliegen die zugeflossenen Einkünfte dem **Teileinkünfteverfahren nach § 3 Satz 1 Nr. 40 Buchst. d Satz 1 EStG.** Hiernach sind **60%** der **Dividenden** einkommensteuerpflichtig und unterliegen dem persönlichen Steuersatz des Aktionärs; 40% der Einkünfte bleiben ohne Progressionsvorbehalt steuerfrei. Die mit diesen Einkünften in wirtschaftlichem Zusammenhang stehenden Werbungskosten bzw. Betriebsausgaben sind im Gegenzug (nur) zu 60% steuerlich abzugsfähig (vgl. § 3c Abs. 2 EStG). Das Werbungskostenabzugsverbot nach § 20 Abs. 9 EStG und die Verlustausgleichsbeschränkung nach § 20 Abs. 6 EStG finden keine Anwendung.

139 Die im Teileinkünfteverfahren besteuerten Einkünfte unterliegen ebenfalls der **KiSt.** Nach § 51a Abs. 2 Satz 2 EStG iVm LandesKiStG werden bei der Bemessungsgrundlage der KiSt die durch das Teileinkünfteverfahren befreiten Einkünfte wieder hinzugerechnet, während die Betriebsausgaben vollständig abgezogen werden.

140 Die **KapESt** ist auch im Rahmen des Teileinkünfteverfahrens in voller Höhe von 25% zu erheben (§ 43 Abs. 1 Satz 3 EStG). Sie hat allerdings nach § 43 Abs. 5 Satz 2 EStG keine abgeltende Wirkung und somit nur Steuervorauszahlungscharakter (Anrechnung nach § 36 Abs. 2 Satz 2 EStG). Nach § 45a EStG hat der Aktionär einen Anspruch auf Bescheinigung der für § 32d EStG erheblichen Angaben gegen den Schuldner der KapESt.

141 **bb) Aktien im Betriebsvermögen.** Wenn der Aktionär seine Anteile in einem Betriebsvermögen hält,[226] werden die Dividenden, die dem Grunde nach Einkünfte aus Kapitalvermögen darstellen, als Einkünfte aus Gewerbebetrieb qualifiziert, § 20 Abs. 8 Satz 1 EStG. Nach dem 31.12.2008 zugeflossene Einkünfte unterliegen somit dem **Teileinkünfteverfahren** nach § 3 Satz 1 Nr. 40 Buchst. d Satz 2 EStG (zur Systematik des Teileinkünfteverfahrens vgl. Rn. 138).

Die im Teileinkünfteverfahren besteuerten Einkünfte aus Gewerbebetrieb unterliegen der **KiSt** (vgl. Rn. 139). Die Anrechnung des Gewerbesteuermessbetrags auf die ESt nach Maßgabe des § 35 EStG bleibt unberücksichtigt, vgl. § 51a Abs. 2 Satz 3 EStG iVm LandesKiStG).[227] Zur **KapESt** vgl. Rn. 140.

142 Im Hinblick auf die **GewSt** wird auf Rn. 145 verwiesen.

143 **cc) Verdeckte Gewinnausschüttung aus Sicht des Aktionärs.**[228] Auch verdeckte Gewinnausschüttungen (vGA)[229] sind als sonstige Bezüge nach **§ 20 Abs. 1 Satz 2 EStG** Einkünfte aus Kapitalvermögen. Es erfolgt eine Umqualifizierung der Einkünfte des Aktionärs in Kapitalerträge.[230] Die vGA unterliegen daher grundsätzlich der Abgeltungsteuer,[231] soweit nicht die Veranlagungsoption nach § 32d Abs. 2 Nr. 3 EStG möglich ist (vgl. Rn. 137).

---

[226] Die Gestaltung als gewerbliche Einzelperson ist in der Praxis problematisch, da nach Rechtsprechung des BFH der Aktionär sich hierfür wie ein Händler verhalten und entsprechende Transaktionen durchführen muss.

[227] Vgl. *Homburg* FR 2008, 153.

[228] Die verdeckt ausschüttende AG unterliegt aufgrund der Umqualifizierung der Betriebsausgaben in eine vGA durch deren Hinzurechnung bei der Einkommensermittlung einer erhöhten Gewerbe- und Körperschaftsteuer (vgl. § 8 Abs. 3 Satz 2 KStG).

[229] Zur Begriffsbestimmung, vgl. § 12 Rn. 95.

[230] Eine vGA kann zB bei einem unangemessen hohen Zinssatz bei einem Gesellschafterdarlehen vorliegen. Der unangemessen hohe Anteil des Darlehenszinses unterliegt in diesem Fall grds. der Abgeltungsteuer und nicht der individuellen Veranlagung gem. § 32d Abs. 2 Nr. 1 Buchst. a EStG.

[231] Soweit die vGA das Einkommen der leistenden Körperschaft gemindert hat, § 32d Abs. 2 Nr. 4 EStG. Entsprechende Regelungen finden sich in § 3 Nr. 40 Buchst. d EStG und § 8b Abs. 1 Satz 2 KStG.

A. Rechte und Pflichten der Aktionäre 144, 145 § 4

Die vGA unterliegt grundsätzlich dem **KapESt**-Abzug (vgl. § 43 Abs. 1 Satz 1 Nr. 1 EStG). Auch für diese KapESt gilt grundsätzlich die Abgeltungswirkung gem. § 43 Abs. 5 Satz 1 EStG. Da die vGA aber in der Regel erst zu einem späteren Zeitpunkt, zB im Rahmen einer Betriebsprüfung, festgestellt wird, wird der Schuldner der Kapitalerträge in der Regel keine KapESt einbehalten haben. Die vGA wird grundsätzlich im Rahmen der Veranlagung des Aktionärs zu berücksichtigen sein. Die Haftung des Schuldners der Kapitalerträge nach § 44 Abs. 5 Satz 1 EStG kommt somit nur in Betracht, wenn besondere Gründe vorliegen (Vorrang des Veranlagungs- vor dem Abzugsverfahren).[232] Ein solcher Grund liegt insbesondere vor, wenn der Aktionär nicht ertragsteuerlich veranlagt wird (zB bei vGA an einen beschränkt steuerpflichtigen Aktionär als inländische Einkünfte).

dd) Sachdividende. Eine Sachdividende[233] ist als ordnungsgemäße Gewinnausschüttung anzusehen, die bei den Aktionären zu Einkünften aus Kapitalvermögen nach § 20 Abs. 1 Nr. 1 EStG führt und der Abgeltungsteuer unterliegt. Der Schuldner der Kapitalerträge hat grundsätzlich **KapESt** einzubehalten, die nach § 43 Abs. 5 Satz 1 EStG abgeltende Wirkung hat. Der Aktionär als Gläubiger der Kapitalerträge hat dem zum Steuerabzug Verpflichteten den zur Entrichtung der KapESt erforderlichen Betrag zur Verfügung zu stellen. Kommt der Aktionär dieser Pflicht nicht nach, hat der zum Steuerabzug Verpflichtete dies dem für den Aktionär zuständigen Finanzamt anzuzeigen, damit das Finanzamt die nicht erhobene KapESt beim Aktionär nachfordern kann (vgl. § 44 Abs. 1 Satz 7–9 EStG).[234]

Zur Vermeidung von Veranlagungsfällen sind nach dem JStG 2009 Aktien, die ohne eine gesonderte Gegenleistung an den Aktionär übertragen worden sind (zB Gratis-Aktien oder Spin-Off-Vorgänge), mit einem Ertrag von 0 EUR und mit Anschaffungskosten von 0 EUR einzubuchen, wenn die Ermittlung der Kapitalerträge unmöglich ist (vgl. § 20 Abs. 4a Satz 5 EStG).[235] Diese Vereinfachung, die iÜ nur bei privat gehaltenen Aktien gilt (vgl. § 20 Abs. 8 Satz 2 EStG) führt zur Nichtbesteuerung der laufenden Erträge. Allerdings ist bei Veräußerung der erhaltenen Aktien der Gewinn vollständig abgeltungsteuerpflichtig.

ee) Gewerbesteuer.[236] Die GewSt-Pflicht besteht für jedes stehende Gewerbe,[237] soweit es im Inland betrieben wird (§ 2 Abs. 1 Satz 1 GewStG). Die Ermittlung

---

[232] Der Sinn der KapESt als Erhebungsform der ESt zum sofortigen Einzug eines Teils der Steuerschuld ist aufgrund der zeitlichen Verlagerung bei vGA idR nicht mehr gegeben, da die Steuerschuld ebenso durch die Veranlagung des Aktionärs berücksichtigt werden kann.

[233] Sachdividenden sind Kapitalerträge, die dem Aktionär unbar zufließen. Der Beschluss der Ausschüttung einer solchen Sachdividende ist zulässig, sofern die Satzung dies vorsieht, § 58 Abs. 5 AktG.

[234] Problematisch ist die Bewertung der Sachdividende (Buchwert oder gemeiner Wert, vgl. hierzu *Hüffer/Koch* AktG § 58 Rn. 33). Des Weiteren ist auch strittig, welcher Bewertungszeitpunkt – Verwendungsbeschluss oder tatsächliche Auskehrung – maßgeblich ist (vgl. hierzu *Bareis/Siegel* BB 2008, 479). Zu weiteren Einzelheiten der steuerlichen Folgen einer Sachdividende vgl. *Lutter/Leinekugel/Rödder* ZGR 2008, 205.

[235] Diese Vereinfachung soll der Tatsache Rechnung tragen, dass die Kreditinstitute nicht erkennen können, ob die Einbuchung zusätzlicher Anteile eine sofort steuerwirksame Sachausschüttung oder lediglich eine Kapitalrückgewährung darstellt.

[236] Vgl. zur GewSt § 12 Rn. 137ff.

[237] Ein Gewerbebetrieb ist gegeben, wenn eine selbstständige und nachhaltige Tätigkeit mit Gewinnerzielungsabsicht unter Beteiligung am allgemeinen Rechtsverkehr vorliegt, die keine Land- und Forstwirtschaft, selbstständige Tätigkeit oder bloße Vermögensverwaltung darstellt.

des Gewerbeertrags geht von dem nach den Vorschriften des EStG und KStG zu ermittelnden Gewinn aus Gewerbebetrieb aus.

Werden Aktien in einem gewerbesteuerpflichtigen Betriebsvermögen gehalten, sind Dividendenerträge aufgrund einer Hinzurechnung der im Rahmen des Teileinkünfteverfahrens steuerfreien 40% der Einkünfte (vgl. Rn. 138) gem. § 8 Nr. 5 GewStG in voller Höhe gewerbesteuerpflichtig,[238] es sei denn, die Voraussetzungen einer Kürzung nach § 9 Nr. 2a GewStG liegen vor, dh die Beteiligung des Aktionärs zu Beginn des Erhebungszeitraums beträgt mindestens 15% des Grund- oder Stammkapitals (sog. **„gewerbesteuerliches Schachtelprivileg"**). In diesem Fall erfolgt keine Hinzurechnung nach § 8 Nr. 5 GewStG; vielmehr erfolgt eine Kürzung nach § 9 Nr. 2a GewStG, so dass die Dividende im Ergebnis zu 100% steuerbefreit ist. Gewinnausschüttungen aus ausländischen Kapitalgesellschaften sind nach § 9 Nr. 7 GewStG zu kürzen, wenn diese aktiv (iSd § 8 Nr. 1–6 AStG) tätig ist und die Beteiligung am Nennkapital seit Beginn des Erhebungszeitraums ununterbrochen mind. 15% betragen hat bzw. die AG eine Gesellschaft iSd EU-Mutter-Tochter-Richtlinie ist, an deren Nennkapital das dividendenempfangende Unternehmen zu Beginn des Erhebungszeitraums zu mind. 10% beteiligt ist, oder im Fall einer DBA-Schachtelvergünstigung (vgl. § 9 Nr. 8 GewStG).

Wurde der Aktienerwerb fremdfinanziert, sind im Rahmen der gewerbesteuerlichen Hinzurechnungen nach § 8 Nr. 1 Buchst. a GewStG ein Viertel aller **Schuldzinsen** dem Gewerbeertrag hinzuzurechnen (soweit die Summe der Hinzurechnungen nach § 8 Nr. 1 GewStG insgesamt den Betrag von 100.000 EUR übersteigt)

146 **ff) Abgrenzung von Dividende und Kapitalrückzahlung.** Um Dividenden von Kapitalrückzahlungen (steuerliche Einlagenrückgewähr)[239] unterscheiden zu können, regelt § 27 Abs. 1 KStG die sog. **Verwendungsreihenfolge.** Danach gilt zuerst der ausschüttbare Gewinn iSd § 27 Abs. 1 Satz 5 KStG und dann erst das Einlagekonto als ausgekehrt. Auf § 12 Rn. 97–112 wird verwiesen.

Liegt danach eine Ausschüttung aus dem steuerlichen Einlagekonto vor, ist diese grds. steuerfrei.[240] Da insoweit kein Kapitalertrag vorliegt, ist nach § 43 Abs. 1 Nr. 1 EStG auch keine KapESt einzubehalten. Beim Gesellschafter erfolgt eine erfolgsneutrale Kürzung der Anschaffungskosten bzw. eine Verrechnung mit dem steuerlichen Buchwert der Anteile.[241]

---

[238] Da die vollständigen Einkünfte der GewSt unterliegen, sind dementsprechend auch die gesamten Betriebsausgaben gewerbesteuerlich abzugsfähig.

[239] Die Rückgewähr von Einlagen unterliegt beim Aktionär grundsätzlich keiner Ertragsteuer, da diese Rückgewähr kein Nutzungsentgelt für das überlassene Kapital darstellt. Nach § 20 Abs. 1 Nr. 1 Satz 3 EStG ist eine Einlagenrückgewähr nicht als Kapitalertrag erfasst, soweit sie aus Ausschüttungen einer Körperschaft stammt, für die der Betrag aus dem steuerlichen Einlagekonto iSd § 27 KStG als verwendet gilt. § 20 Abs. 1 Nr. 1 Satz 3 EStG findet seine Anwendung sowohl bei Privataktionären als auch bei Aktionären, die ihre Anteile im Betriebsvermögen halten (vgl. *Kirchhof/Söhn/Mellinghoff* § 20 Rn. C 105).

[240] Hierfür ist eine Bescheinigung über die Verwendung des Einlagekontos iSd § 27 Abs. 3 KStG erforderlich. Auch ausländische EU-Kapitalgesellschaften können nach der Finanzverwaltung gem. § 27 Abs. 8 KStG eine steuerfreie Einlagenrückgewähr durchführen, wenn der als Einlagenrückgewähr zu behandelnde Teil entsprechend § 27 Abs. 1–6 KStG ermittelt wurde, vgl. BMF 4.4.2016, DStR 2016, 812. Nach dem BFH kann eine Einlagenrückgewähr dagegen auch von einer Gesellschaft getätigt werden, die in einem Drittstaat ansässig ist und für die kein steuerliches Einlagekonto iSd § 27 KStG geführt wird, vgl. BFH VIII R 47/13, DStR 2016, 2395; vgl. hierzu auch *Endert* IStR 2017, 185.

[241] Übersteigt die Einlagenrückgewähr die Anschaffungskosten der betreffenden Anteile, so führt dies bei Anteilen im Privatvermögen iSd § 17 EStG nach § 17 Abs. 4 EStG zu einem

A. Rechte und Pflichten der Aktionäre 147 §4

gg) Sachverhalt mit Auslandsbezug. (1) Ausländische natürliche Person als 147
Anteilseigner mit Depot im Inland. Dividendeneinkünfte einer ausländischen natürlichen Person aus Anteilen an einer deutschen AG, die **nicht einer inländischen Betriebsstätte der ausländischen Person zuzuordnen** sind, gehören zu den inländischen Einkünften gem. § 49 Abs. 1 Nr. 5 EStG und unterliegen ab VZ 2009 der Abgeltungsteuer in Höhe von 25% zzgl. SolZ. Im Rahmen eines DBA zwischen Deutschland und dem Ansässigkeitsstaat ist (ggf. in Abhängigkeit von bestimmten Mindestbeteiligungsquoten oder sonstigen Voraussetzungen) in der Regel ein niedrigerer Quellensteuersatz bestimmt (grds. max. 15%).[242]

Die Einkünfte unterliegen grds. ungeachtet etwaiger Regelungen im Rahmen eines DBA dem KapESt-Abzug in Höhe von 25% zzgl. SolZ, der grds. abgeltende Wirkung hat (vgl. § 50 Abs. 2 Satz 1 EStG). Auf Antrag des Steuerpflichtigen beim BZSt werden im Fall der Anwendbarkeit eines DBA die einbehaltenen Steuerabzugsbeträge jedoch (ganz oder teilweise) erstattet (vgl. § 50d Abs. 1 Satz 2 ff. EStG). Alternativ kann der Schuldner der Kapitalerträge beim BZSt unter den entsprechenden Voraussetzungen vorab auch eine **Freistellungsbescheinigung** beantragen, wonach ein KapESt-Abzug unterbleibt bzw. nur nach dem im DBA vorgesehenen niedrigeren Quellensteuersatz vorgenommen wird (vgl. § 50d Abs. 2 EStG).[243]

Werden die Anteile an einer inländischen AG von einer ausländischen natürlichen Person in einer **inländischen Betriebsstätte** gehalten, unterliegen die Dividendeneinkünfte aus der Beteiligung des ausländischen Anteilseigners als inländische Betriebsstätteneinkünfte dem Teileinkünfteverfahren. Daher kann im Einzelfall das Zwischenschalten einer inländischen Betriebsstätte vorteilhaft sein, wobei die Belastung mit der Gewerbesteuer zu berücksichtigen ist. Zur steuerlichen Behandlung von im Betriebsvermögen gehaltenen Aktien vgl. Rn. 141 und zur Systematik des Teileinkünfteverfahrens vgl. Rn. 138.

Eine **verdeckte Gewinnausschüttung** an einen beschränkt steuerpflichtigen Anteilseigner löst die Haftung der AG für die KapESt als Schuldnerin der Kapital-

---

veräußerungsähnlichen Gewinn (vgl. BFH IX R 24/12, BStBl. II 2013, 484. Bei Anteilen im steuerlichen Betriebsvermögen unterliegt der den steuerlichen Buchwert übersteigende Teil der Einlagenrückgewähr dem TEV nach § 3 Nr. 40 Satz 1 Buchst. a EStG, vgl. Streck/*Streck*/*Binnewies* KStG Beratungs-ABC „Einlagekonto" Rn. 3. Bei Anteilen im Betriebsvermögen einer Körperschaft sind die den Buchwert übersteigenden Leistungen aus dem steuerlichen Einlagekonto nach Auffassung der Verwaltung als steuerfreie Veräußerungsgewinne nach § 8b Abs. 2 KStG zu behandeln (vgl. BMF 28.4.2003, BStBl. I 2003, 292 Rn. 6); ausdrücklich offen gelassen BFH I R 116/08, BStBl. II 2011, 898; s. zum Ganzen DPM/*Dötsch* KStG § 8b Anm. 137; Gosch/*Bauschatz* KStG § 27 Anm. 20.

[242] Vgl. auch Art. 10 Abs. 2 OECD-Musterabkommen.
[243] Daneben existiert mit dem sog. **Kontrollmeldeverfahren** iSd § 50d Abs. 5, 6 EStG bei Dividenden, auf die § 50d Abs. 2 EStG nicht anwendbar ist (insb. Schachteldividenden) in Fällen von geringer steuerlicher Bedeutung (bis jährlich 40.000 EUR pro Zahlungsempfänger) ein vereinfachtes Freistellungsverfahren, wenn sich im Zeitpunkt der Zahlung des Kapitalertrags der Anspruch auf Besteuerung nach einem niedrigeren Steuersatz ohne nähere Ermittlung feststellen lässt. In diesem Fall kann der Steuerschuldner aufgrund einer ihm vom BZSt auf seinen Antrag hin erteilten Ermächtigung den KapESt-Abzug unterlassen bzw. nach einem geringeren Steuersatz vornehmen. Das Kontrollmeldeverfahren ist nur auf Dividendenzahlungen auf Namensaktien, nicht aber auf Dividendenzahlungen auf Inhaberaktien oder Geschäftsanteile einer Gesellschaft mit beschränkter Haftung oder auf Kapitalerträge aus der Veräußerung oder der Abtretung von Dividendenansprüchen anzuwenden, vgl. BMF 20.5.2009, BStBl. I 2009, 645.

erträge nach § 44 Abs. 5 Satz 1 EStG aus, da der ausländische Anteilseigner nicht im Rahmen einer Veranlagung herangezogen werden kann (vgl. Rn. 132).

148 (2) **Auslandsdividende unbeschränkt Steuerpflichtiger.** Aufgrund des Welteinkommensprinzips unterliegen grundsätzlich alle Einkünfte aus Kapitalvermögen eines unbeschränkt Steuerpflichtigen der deutschen ESt, es sei denn, die Anteile an einer ausländischen Kapitalgesellschaft werden in einer ausländischen Betriebsstätte gehalten. In diesem Fall sind die ausgeschütteten Gewinne im Rahmen eines DBA der deutschen Besteuerung grundsätzlich entzogen ("Betriebsstättenprivileg").[244] Im Übrigen sind **ausländische Steuern** auf ausländische Einkünfte aus Kapitalvermögen[245] zur Vermeidung einer Doppelbesteuerung grundsätzlich bei der deutschen ESt anzurechnen (vgl. § 32d Abs. 1 Satz 2, Abs. 5 EStG).[246]

Durch das JStG 2009 wurde in § 32d Abs. 5 EStG ein eigenständiges **Anrechnungsverfahren** außerhalb von § 34c Abs. 1 EStG eingeführt, welches aus Vereinfachungsgründen keine „per country limitation"[247] vorsieht. Gemäß § 32d Abs. 5 EStG erfolgt eine Anrechnung der ausländischen Steuer maximal in Höhe von 25% auf den einzelnen Kapitalertrag und ist zusätzlich auf die deutsche Steuer begrenzt, die im jeweiligen VZ auf die betroffenen ausländischen Kapitalerträge entfällt. Dies entspricht entweder 25% oder der tariflichen ESt, wenn eine individuelle Veranlagung stattgefunden hat. Ein Anrechnungsüberhang wegen höherer ausländischer Steuern ist weder abzugsfähig noch mit dem aus einer niedrigeren Besteuerung ausländischer Dividenden entstehenden Anrechnungspotential verrechenbar.

Die Anrechnung ausländischer Steuern erfolgt nach § 32d Abs. 5 Satz 1 EStG in Nicht-DBA-Fällen nur, wenn die ausländische Steuer der deutschen ESt entspricht. Gemäß § 32d Abs. 5 Satz 2 EStG gilt dies sinngemäß, wenn im Rahmen eines DBA die Anrechnung vorgesehen ist.[248] Wählt das DBA hingegen die Freistellung statt der Anrechnung der ausländischen Steuer, ist der Progressionsvorbehalt nach § 32b Abs. 1 Nr. 2 EStG zu berücksichtigen.

Bei fehlender Berücksichtigung besteht eine Veranlagungsoption nach § 32d Abs. 4 EStG (vgl. Rn. 134).

Werden die ausländischen Aktien in einem **inländischen Depot** gehalten und ist die auszahlende Stelle ein inländisches Kredit- oder Finanzdienstleistungsinstitut, unterliegen die ausländischen Kapitalerträge grundsätzlich der deutschen **KapESt** (vgl. § 43 Abs. 1 Nr. 6 EStG), die abgeltende Wirkung nach § 43 Abs. 5 Satz 1 EStG hat. Nach § 43a Abs. 3 Satz 1 EStG sind im Rahmen der KapESt die gezahlten ausländischen Steuern zu berücksichtigen. Daher verrechnen inländische Kredit- oder Finanzdienstleistungsinstitute bei Auslandspapieren grundsätzlich die ausländische Steuer sofort mit 15% und führen 10% ab. Der Aktionär kann hierzu eine KapESt-Bescheinigung nach § 45a Abs. 2 EStG verlangen. Mithilfe eines Freistellungsauftrags kann von Erhebung der KapESt Abstand genommen

---

[244] Nach Art. 7 Abs. 1 DBA-MA unterliegen Gewinne einer ausländischen Betriebsstätte nicht der deutschen Besteuerungshoheit. Allerdings ist ein möglicher Treaty Override nach § 20 Abs. 2 AStG zu beachten.

[245] Ausländische Einkünfte aus Kapitalvermögen liegen vor, wenn der Schuldner der Kapitalerträge Wohnsitz, Geschäftsleitung oder Sitz in einem ausländischen Staat hat oder das Kapitalvermögen durch im Ausland belegenen Grundbesitz gesichert ist (vgl. § 34d Nr. 6 EStG).

[246] Weiterhin ist die Kürzung um den entstandenen Ermäßigungsanspruch zu berücksichtigen. Vgl. auch § 32d Abs. 5 EStG.

[247] Vgl. hierzu *Schönfeld* IStR 2007, 850.

[248] Fiktive ausländische Steuern sollen bei der deutschen KapESt weiterhin berücksichtigt werden.

A. Rechte und Pflichten der Aktionäre 149, 150 § 4

werden.[249] Zudem ist der KapESt-Abzug ausgeschlossen, wenn die ausländischen Kapitalerträge Betriebseinnahmen eines inländischen Betriebs sind.[250] Werden die Aktien in einem **ausländischen Depot** gehalten, greift die KapESt nicht ein und der Aktionär muss seine Veranlagung zur Abgeltungsteuer erklären (vgl. § 32d Abs. 3 EStG).[251]
Im Hinblick auf die **GewSt** wird auf Rn. 145 und § 12 Rn. 137 ff. verwiesen.

b) Veräußerungsgeschäfte

aa) Aktien im Privatvermögen. (1) Unwesentliche Beteiligung. Durch § 20 Abs. 2 EStG wird die Bemessungsgrundlage für Einkünfte aus Kapitalvermögen erheblich erweitert. Die Gewinne aus der Veräußerung von **nach dem 31.12.2008** angeschafften Aktien im Privatvermögen unterliegen – unabhängig von der Haltedauer – grundsätzlich der Abgeltungsteuer in Höhe von 25% zzgl. SolZ (ggf. KiSt), soweit keine wesentliche Beteiligung iSd § 17 EStG (vgl. Rn. 150) vorliegt. Die **Werbungskosten** sind nach § 20 Abs. 9 EStG mit Ausnahme eines Sparer-Pauschbetrags in Höhe von 801 EUR (bei zusammenveranlagten Ehegatten 1602 EUR) nicht abzugsfähig. Allerdings sind die Kosten des Veräußerungsgeschäfts gewinnmindernd bei der Ermittlung des Veräußerungsgewinns anzusetzen (zur Ermittlung des Veräußerungsgewinns nach § 20 Abs. 4 EStG vgl. Rn. 152).

Bei Veräußerungsgeschäften sind die Beschränkungen im Rahmen der **Verlustverrechnung** nach § 20 Abs. 6 EStG zu beachten (vgl. Rn. 153). Im Hinblick auf die **KiSt** wird auf vorherige Ausführungen (vgl. Rn. 127) verwiesen. Außerdem sind die Veranlagungsoptionen nach **§ 32d Abs. 4 EStG** und die Günstigerprüfung nach **§ 32d Abs. 6 EStG** zu berücksichtigen (vgl. Rn. 134 f.).

Die KapESt hat auch im Rahmen von Veräußerungsgewinnen grundsätzlich abgeltende Wirkung und wird von der auszahlenden Stelle einbehalten. Zu weiteren Einzelheiten wird auf die vorherigen Ausführungen unter Rn. 129 f. verwiesen. Im Rahmen des KapESt-Abzugs sind **Ersatzbemessungsgrundlagen** des § 43a Abs. 2 EStG heranzuziehen, wenn die Anschaffungskosten bzw. die Einnahmen aus der Veräußerung nicht nachgewiesen werden. Fragen zum **Depotwechsel** sind unter der Rn. 154 ff. erörtert.

Gewinne aus der Veräußerung von privat gehaltenen Aktien, die **vor dem 1.1.2009** erworben worden sind und keine wesentliche Beteiligung iSd § 17 EStG darstellen, sind nach Ablauf der einjähriger Spekulationsfrist (§ 23 Abs. 1 Satz 1 Nr. 2 EStG aF) steuerfrei. Bei unentgeltlichem Erwerb von Aktien, die der Rechtsvorgänger noch vor dem 1.1.2009 erworben hat, wird der Anschaffungszeitpunkt dem Rechtsnachfolger zugerechnet.[252]

(2) Wesentliche Beteiligung. Die Gewinne aus der Veräußerung einer im Privatvermögen gehaltenen wesentlichen Beteiligung iSd § 17 Abs. 1 Satz 1 EStG[253]

149

150

---

[249] Vgl. § 44a Abs. 1 und 2 EStG.
[250] Vgl. § 43 Abs. 2 Satz 3 ff. EStG.
[251] Die Veranlagung muss auch zur Berücksichtigung des Sparer-Pauschbetrags und der gezahlten ausländischen Steuer durchgeführt werden. Dies macht ggf. eine interne Buchführung beim Aktionär notwendig. Trotz der Veranlagung besteht allerdings kein Werbungskostenabzug.
[252] § 20 Abs. 4 Satz 6 EStG stellt dies für die Einzelrechtsnachfolge klar.
[253] Eine wesentliche Beteiligung iSd § 17 Abs. 1 Satz 1 EStG liegt vor, wenn der Veräußerer in den letzten fünf Jahren am Kapital der Gesellschaft unmittelbar oder mittelbar zu mindestens 1% beteiligt war. Hat der Veräußerer den veräußerten Anteil innerhalb der letzten fünf Jahre vor der Veräußerung unentgeltlich erworben, gilt dies auch, wenn der Veräußerer zwar

werden als gewerbliche Einkünfte qualifiziert. Daher ist bei der Veräußerung von Anteilen das **Teileinkünfteverfahren (TEV)** nach §§ 3 Nr. 40 Buchst. c, 3c Abs. 2 EStG anzuwenden. Dh der nach § 17 Abs. 2 EStG zu ermittelnde Veräußerungsgewinn (bzw. Veräußerungsverlust) ist nur zu 60% anzusetzen.[254] Zur **KiSt** und zur **KapESt** vgl. Rn. 139 f.

151 bb) **Aktien im Betriebsvermögen.** Wenn der Aktionär seine Anteile in einem Betriebsvermögen hält,[255] sind die Veräußerungsgewinne aus diesen Aktien den Einkünften aus Gewerbebetrieb zuzurechnen (vgl. § 20 Abs. 8 EStG). Die Gewinne bzw. Verluste unterliegen somit dem **Teileinkünfteverfahren** nach §§ 3 Nr. 40 Buchst. a, 3c Abs. 2 EStG (Berücksichtigung zu 60%). Durch das JStG 2009 wurde die Regelung eingeführt, dass abweichend von § 43 Abs. 4 EStG kein **KapESt**-Abzug vorzunehmen ist, wenn die Veräußerungsgewinne Betriebseinnahmen eines inländischen Betriebs des Aktionärs sind und er dies gegenüber der auszahlenden Stelle nach amtlich vorgeschriebenen Muster[256] erklärt, § 43 Abs. 2 Satz 3 ff. EStG. Zur **KiSt** vgl. Rn. 127.

152 cc) **Bemessungsgrundlage, § 20 Abs. 4 EStG.** Der **Veräußerungsgewinn** nach § 20 Abs. 4 Satz 1 EStG ist der Unterschiedsbetrag zwischen den Einnahmen aus der Veräußerung nach Abzug der Aufwendungen, die im unmittelbaren sachlichen Zusammenhang mit dem Veräußerungsgeschäft stehen, und den Anschaffungskosten (zzgl. Anschaffungsnebenkosten).

Realisierte **Währungsgewinne** bei nach dem 31.12.2008 in einer Fremdwährung erworbenen Aktien fallen unter die Bemessungsgrundlage für den Veräußerungsgewinn, da nach § 20 Abs. 4 Satz 1 2.HS EStG) bei nicht in Euro getätigten Geschäften sowohl die Anschaffungskosten als auch die Einnahmen aus der Veräußerung mit den Umtauschkursen zu den jeweiligen Zeitpunkten in Euro umzurechnen sind.

Die Veräußerungsreihenfolge bei Aktien in Girosammelverwahrung bestimmt sich nach der **Fifo-Methode** (vgl. § 20 Abs. 4 Satz 7 EStG), wonach die zuerst erworbenen Aktien als zuerst veräußert gelten. Aufgrund des Wegfalls der einjährigen Haltefrist ist die Methode vor allem für Aktien im Privatvermögen relevant, die vor dem 1.1.2009 erworben worden sind und damit nach Ablauf der Spekulationsfrist weiterhin steuerfrei veräußert werden können.

Die **verdeckte Einlage** der Aktien in eine Kapitalgesellschaft gilt nach § 20 Abs. 2 Satz 2 EStG als eine Veräußerung der Aktien. Daher ist für den VZ der verdeckten Einlage ein Gewinn beim einlegenden Aktionär anzusetzen. Anstelle der Veräußerungseinnahmen wird der gemeine Wert der verdeckt eingelegten Anteile festgesetzt (vgl. § 20 Abs. 4 Satz 2 EStG).

---

nicht selbst, aber der Rechtsvorgänger innerhalb der letzten fünf Jahre iSv § 17 Abs. 1 Satz 1 EStG beteiligt war (§ 17 Abs. 1 Satz 4 EStG).

[254] Ein Veräußerungsverlust ist nach § 17 Abs. 2 Satz 6 EStG nicht zu berücksichtigen, wenn der Steuerpflichtige den Anteil innerhalb der letzten fünf Jahre unentgeltlich erworben hatte (es sei denn, der Rechtsvorgänger hätte den Veräußerungsverlust geltend machen können) oder wenn es sich um Anteile handelt, die entgeltlich erworben worden sind und nicht innerhalb der gesamten letzten fünf Jahre zu einer Beteiligung des Steuerpflichtigen iSv § 17 Abs. 1 Satz 1 EStG gehört haben. Letzteres gilt nicht für innerhalb der letzten fünf Jahre erworbene Anteile, deren Erwerb zur Begründung einer Beteiligung des Steuerpflichtigen iSv § 17 Abs. 1 Satz 1 EStG geführt hat oder die nach Begründung einer solchen Beteiligung erworben worden sind.

[255] Zur Problematik des Haltens der Aktien im Betriebsvermögen vgl. Rn. 141.

[256] Vgl. Anlage 1 zu BMF 18.1.2016, BStBl. I 2016, 85.

A. Rechte und Pflichten der Aktionäre   153 § 4

Die Anschaffungskosten der Aktien, die aufgrund einer **Entnahme oder Betriebsaufgabe** in das Privatvermögen überführt worden sind, sind mit dem nach § 6 Abs. 1 Nr. 4 EStG oder § 16 Abs. 3 EStG bei der Entnahme oder Betriebsaufgabe festgesetzten Wert anzusetzen. Damit soll sichergestellt werden, dass nur der Wertzuwachs in der Privatsphäre der Besteuerung unterliegt.

Beim **unentgeltlichen Erwerb** der Aktien sind die Gegebenheiten des Rechtsvorgängers – wie zB die Anschaffungskosten – zur Ermittlung des Veräußerungsgewinns dem Rechtsnachfolger zuzurechnen („Fußstapfen-Theorie", vgl. § 20 Abs. 4 Satz 6 EStG).[257]

Mit Einführung des § 20 Abs. 4a EStG durch das JStG 2009 wurde eine Vereinfachung bei bestimmten gesellschaftsrechtlich veranlassten Kapitalmaßnahmen erreicht. Danach wird keine Gewinnrealisierung bei einem Tausch von Anteilen einer Kapitalgesellschaft mit Sitz außerhalb der Bundesrepublik Deutschland gegen Anteile einer ebenfalls nicht in Deutschland ansässigen Körperschaft angenommen, da die Anschaffungskosten der hingegebenen Anteile in den neuen Anteilen fortgeführt werden und die stillen Reserven weiterhin steuerlich verstrickt sind. Durch das JStG 2010 wurde diese Regelung auf den Tausch von Anteilen unter Beteiligung von inländischen Kapitalgesellschaften erstreckt (vgl. § 20 Abs. 4a Satz 1 EStG).[258]

dd) Verlustverrechnung, § 20 Abs. 6 EStG. Aufgrund der Verselbstständigung   153
der Abgeltungsteuer dürfen Verluste aus Kapitalvermögen nicht mit Einkünften aus anderen Einkunftsarten verrechnet und nicht nach § 10d EStG abgezogen werden, § 20 Abs. 6 Satz 1.[259] Verluste, die seit der Einführung der Abgeltungsteuer entstanden sind, können in die folgenden Jahre ohne Einschränkungen vorgetragen werden. Ein Verlustrücktrag ist allerdings nicht möglich. Ausländische Verluste aus Kapitalvermögen können nur auf Antrag im Rahmen einer Veranlagung nach § 32d Abs. 4 EStG (vgl. Rn. 134) mit inländischen Kapitaleinkünften verrechnet werden.[260]

Zur Vermeidung möglicher Steuerausfälle wurde eine zusätzliche Beschränkung der Verlustverrechnung für die Veräußerung von **Aktien**[261] eingeführt. Danach findet lediglich eine Verrechnung von Verlusten aus Aktienveräußerung mit Gewinnen aus der Veräußerung von Aktien statt, § 20 Abs. 6 Satz 4 EStG. Allerdings können Gewinne aus Aktienveräußerungen mit anderen Verlusten aus Kapitalvermögen verrechnet werden.

Zur Berücksichtigung der Verluste im Rahmen der KapESt werden von den jeweiligen Kreditinstituten **Verlustverrechnungstöpfe** gebildet.[262] Bestehende

---

[257] Problematisch ist in diesem Zusammenhang, dass das Kapitalvermögen sowohl der Substanzbesteuerung der ErbSt als auch der Wertzuwachsbesteuerung der ESt unterliegen kann, soweit eine Anrechnung der ErbSt auf die ESt nicht erfolgt.

[258] Bei Aktienanleihen wird die Steuerneutralität erreicht, indem die Anleihe zu den Anschaffungskosten als veräußert gilt, und die erhaltenen Aktien gelten zu dem entsprechenden Preis als angeschafft.

[259] Bei Veranlagung mit dem individuellen ESt-Satz ist die Verlustverrechnung nicht anzuwenden. Problematisch ist die Verlustverrechnung bei Erbschaftsfällen, da nach BFH-Rechtsprechung die Verluste grundsätzlich nicht auf den Erben übergehen, vgl. Beschluss BFH GrS 2/04, BStBl. II 2008, 608; weiterführend *Witt* BB 2008, 1199.

[260] *Oho/Hagen/Lenz* DB 2007, 1322.

[261] Dies gilt nur für Aktien. Bei Veräußerungen von Aktienzertifikaten oder Bezugsrechten auf Aktien ist nur die allgemeine Verlustverrechnungsbeschränkung für Kapitalerträge zu beachten.

[262] Wenn der Aktionär mehrere Depots bei verschiedenen Banken hat, ist ein Abgleich zwischen den Banken nicht möglich. Der Aktionär muss die Veranlagung mithilfe einer Verlustbescheinigung beantragen.

Verluste werden mit entsprechenden Erträgen aus Kapitalvermögen verrechnet und am Jahresende wird der Verlustverrechnungstopf jahresübergreifend fortgeführt. Aufgrund des selbstständigen Verlustverrechnungskreises bei Aktien müssen die Kreditinstitute für Aktienveräußerungen eigene Verlustverrechnungstöpfe einrichten.[263]

Altverluste aus Veräußerungsgeschäften nach § 23 EStG aF, die vor dem 1.1.2009 entstanden sind, waren mit Kapitalerträgen iSd § 20 Abs. 2 EStG nur bis zum 31.12.2013 verrechenbar.[264] Wegen der zeitlichen Beschränkung sind Altverluste bei der Verrechnung vorrangig zu berücksichtigen. Da sie nicht beim Verlustverrechnungstopf (bzw. bei der KapESt) berücksichtigt werden können, müssen die Altverluste im Wege der Veranlagung geltend gemacht werden.

Der Verlustvortrag im Rahmen des Verlustverrechnungstopfs kann zum Jahresende durch eine **Verlustbescheinigung** vom Kreditinstitut beendet werden (vgl. § 43a Abs. 3 Satz 4 EStG).[265] Der Verlust ist dann durch eine individuelle Veranlagung geltend zu machen.

154   ee) **Depotübertragung.** Die Regelungen zur Depotübertragung wurden mit Einführung der Abgeltungsteuer ab dem 1.1.2009 vollständig überarbeitet.

155   (1) **Ohne Gläubigerwechsel.** Der Depotübertrag ohne Gläubigerwechsel und **ohne Grenzüberschreitung** verpflichtet das übertragende Kreditinstitut, die Anschaffungskosten der Aktien der übernehmenden Depotstelle mitzuteilen (vgl. § 43a Abs. 2 Satz 3 EStG). Außerdem müssen die notwendigen Daten übermittelt werden, um eine Trennung zwischen Alt- und Neuaktien zu ermöglichen. Im Rahmen einer vollständigen[266] Übertragung kann auf Antrag des Aktionärs der Verlusttopf beim alten Depot mithilfe einer Bescheinigung nach § 43a Abs. 3 Satz 6 EStG auf das neue Depot übergehen.[267]

Beim Depotwechsel **mit Grenzüberschreitung** ist zu differenzieren:[268] Wenn das übertragende Kreditinstitut seinen Sitz in der EU bzw. im EWR-Raum hat, kann der Aktionär den Nachweis über die Anschaffungskosten mithilfe einer

---

[263] Problematisch ist wegen des eigenständigen Verlustverrechnungskreises für Aktien die Vorgehensweise, wenn der Aktienveräußerungsgewinn zunächst mit anderen Verlusten aus Kapitalvermögen verrechnet wird und zum späteren Zeitpunkt im selben VZ ein Verlust aus Aktienveräußerungen entsteht. Nach *Behrens* DStR 2007, 1998, muss der Verlust aus anderem Kapitalvermögen wieder in den Verlustverrechnungstopf aufgenommen sowie der Gewinn und der Verlust aus Aktienveräußerung miteinander verrechnet werden.

[264] Mit Urteil vom 6.12.2016, BFH IX R 48/15, DStR 2017, 377 hat der BFH die auf fünf Jahre befristete Übergangsregelung zur Verrechnung von sog. Altverlusten mit Aktiengewinnen, die der Abgeltungsteuer unterliegen, als verfassungsgemäß erachtet. Die Verrechnung mit Gewinnen aus privaten Veräußerungsgeschäften iSd § 23 EStG nF ist zeitlich unbegrenzt möglich.

[265] Wegen möglicher Doppelberücksichtigung der Verluste ist beim Depotübertrag ohne Gläubigerwechsel keine Verlustbescheinigung auszustellen.

[266] Bei einer teilweisen Übertragung ist keine verhältnismäßige Aufteilung zwischen altem und neuem Depot vorgesehen, sondern der Verlust bleibt beim bisherigen Depot bestehen. Daher kann bei Verteilung der Aktien auf verschiedene Depots mit gleichzeitiger Schließung des bisherigen Depots der Untergang des Verlustverrechnungstopfes nur durch Antrag auf Bescheinigung der Verluste für die Veranlagung (vgl. § 43a Abs. 3 Satz 4 EStG) verhindert werden.

[267] Zur Vermeidung einer doppelten Verlustverrechnung darf keine Bescheinigung iSd § 43a Abs. 3 Satz 4 EStG zusätzlich ausgehändigt werden, welche die Berücksichtigung eines Verlustverrechnungstopfes im Rahmen der individuellen Veranlagung ermöglichen würde.

[268] Weiterführende Darstellung mit Beispielen bei *Ebner* NWB F 3 S. 15139.

A. Rechte und Pflichten der Aktionäre 156, 157 § 4

Bescheinigung nach § 43a Abs. 2 Satz 5 EStG gegenüber dem übernehmenden inländischen Kreditinstitut führen.[269] Bei übertragenden Kreditinstituten außerhalb der EU und des EWR-Raums entfällt die Möglichkeit eines Nachweises durch Bescheinigung (vgl. § 43a Abs. 2 Satz 6 EStG).[270] Die Ersatzbemessungsgrundlage nach § 43a Abs. 2 Satz 7 EStG in Höhe von 30% der Einnahmen aus der späteren Veräußerung kann der Aktionär nur im Wege der Veranlagung korrigieren (vgl. Rn. 134 f.).

(2) Mit Gläubigerwechsel. Für Zwecke der KapESt gilt die Übertragung von Aktien iSd § 20 Abs. 2 Nr. 1 EStG auf einen anderen Gläubiger grundsätzlich als Veräußerung, § 43 Abs. 1 Satz 4 EStG).[271] Beim **entgeltlichen Depotwechsel** hat das übertragende Kreditinstitut den Börsenpreis am Ausbuchungstag als Veräußerungserlös zugrunde zu legen (vgl. § 43a Abs. 2 Satz 8 EStG).[272] Wenn kein Börsenkurs existiert, ist die Ersatzbemessungsrundlage nach § 43a Abs. 2 Satz 10 EStG in Höhe von 30% der Anschaffungskosten heranzuziehen. Die tatsächlichen Anschaffungskosten können im Rahmen einer individuellen Veranlagung nach § 32d Abs. 4 EStG (vgl. Rn. 134) geltend gemacht werden. Wird im Rahmen eines Depotwechsels der Veräußerungserlös nicht über das bisher verwaltende Kreditinstitut geleistet, muss der Veräußerer die KapESt beim übertragenden Kreditinstitut vorleisten. Ansonsten hat das übertragende Kreditinstitut das Finanzamt des Veräußerers zu informieren und dieses muss die KapESt beim Veräußerer nachträglich erheben.[273]

Ein **unentgeltlicher Depotwechsel** liegt bei Schenkung und Erbschaft vor. Die Veräußerungsfiktion nach § 43 Abs. 1 Satz 4 EStG tritt nicht ein, wenn dem übertragenden Kreditinstitut die Unentgeltlichkeit mitgeteilt worden ist (vgl. § 43 Abs. 1 Satz 5 EStG).[274] Das übertragende Kreditinstitut hat dem Finanzamt dies anzuzeigen und das übernehmende Kreditinstitut über die Anschaffungskosten des Rechtsvorgängers zu informieren. Da in diesen Fällen dem Grunde nach eine Verpflichtung zur Anzeige unmittelbar an das zuständige Erbschaftsteuerfinanzamt nach § 33 ErbStG besteht, ist eine Meldung nach § 43 Abs. 1 Satz 6 EStG nicht erforderlich.[275]

ff) Gewerbesteuer. Der Gewinn aus der Veräußerung von Aktien unterliegt der GewSt, wenn die Aktien in einem gewerbesteuerpflichtigen Betriebsvermögen

---

[269] Da Währungsgewinne zur Bemessungsgrundlage der Kapitalerträge gehören (vgl. Rn. 152), sind sowohl der Verkaufs- als auch der Ankaufspreis in Euro umzurechnen.

[270] Vgl. BMF 18.1.2016, BStBl. I 2016, 85, Rn. 193.

[271] Auch hier gilt die Übergangsregelung des § 52 Abs. 28 EStG, so dass bei einem Verkauf von privat gehaltenen Aktien, die vor dem 1.1.2009 erworben worden sind, kein Veräußerungstatbestand nach § 43 Abs. 1 Satz 4 EStG anzunehmen ist, vgl. BMF 18.1.2016, BStBl. I 2016, 85, Rn. 163.

[272] Das übernehmende Kreditinstitut hat den Börsenkurs entsprechend als Anschaffungskosten festzusetzen (vgl. § 43a Abs. 2 Satz 11 EStG). Problematisch ist allerdings, dass der Ausbuchungs- und der Einbuchungstermin nicht identisch sein werden. Vgl. hierzu *Ebner* NWB F 3 S. 15139.

[273] Dies folgt aus entsprechender Anwendung von § 44 Abs. 1 Satz 7–9 EStG, vgl. BMF 18.1.2016, BStBl. I 2016, 85, Rn. 164.

[274] Auch eine Übertragung von Aktien vom Einzeldepot eines Ehegatten/Lebenspartners auf ein Gemeinschaftsdepot der Ehegatten/Lebenspartner (oder umgekehrt) oder auf ein Einzeldepot des anderen Ehegatten/Lebenspartners gilt für Zwecke des KapESt-Abzugs als unentgeltliche Übertragung. Erforderlich ist jedoch die Angabe der steuerlichen Identifikationsnummern der Ehegatten/Lebenspartner, vgl. BMF 18.1.2016, BStBl. I 2016, 85, Rn. 168.

[275] Vgl. BMF 18.1.2016, BStBl. I 2016, 85, Rn. 165.

gehalten werden. Die Bemessungsgrundlage der GewSt richtet sich grundsätzlich nach den Vorschriften des EStG und KStG.

Die Steuerfreiheit der Veräußerungsgewinne im Rahmen des Teileinkünfteverfahrens[276] in Höhe von 40% ist auch für die GewSt zu berücksichtigen. Korrespondierend zur Steuerfreiheit bleiben die nichtabzugsfähigen Betriebsausgaben in Höhe von 40% auch im Rahmen der GewSt unberücksichtigt. Weitergehend zur GewSt vgl. Rn. 145 und § 12 Rn. 137 ff.

158 **gg) Sachverhalte mit Auslandsbezug.** (1) Veräußerung von Anteilen an einer inländischen Körperschaft durch eine ausländische Person. Bei der Veräußerung von Anteilen einer AG mit Sitz in Deutschland, die nicht einer inländischen Betriebsstätte des Aktionärs zuzuordnen sind, ist nach Beteiligungshöhe des beschränkt Steuerpflichtigen zu differenzieren: Veräußerungsgewinne aus einer **unwesentlichen Beteiligung** iSd § 17 EStG (< 1%; vgl. Rn. 150) unterliegen in Deutschland nicht der Besteuerung.[277]

Die Veräußerung einer **wesentlichen Beteiligung** iSd § 17 EStG (mind. 1%) an einer AG mit Sitz oder Geschäftsleitung im Inland[278] unterliegt nach § 49 Abs. 1 Nr. 2 Buchst. e Doppelbuchst. aa EStG der beschränkten Steuerpflicht.[279] Im Rahmen eines DBA besteht in der Regel kein deutsches Besteuerungsrecht bei der Veräußerung einer wesentlichen Beteiligung, da die Besteuerung von Veräußerungsgewinnen grds. dem Ansässigkeitsstaat des Veräußerers zugewiesen ist (vgl. Art. 13 Abs. 5 OECD-MA).[280] Werden die Anteile einer **inländischen Betriebsstätte** zugeordnet, unterliegt der Veräußerungsgewinn grundsätzlich der deutschen Besteuerung (vgl. § 49 Abs. 1 Nr. 2 Buchst. a EStG).

159 (2) **Veräußerung von Anteilen an einer ausländischen Körperschaft durch eine inländische natürliche Person.** Aufgrund des Welteinkommensprinzips unterliegt der im Inland unbeschränkt Steuerpflichtige mit sämtlichen, auch ausländischen Veräußerungsgewinnen grundsätzlich der deutschen Besteuerung. In **Nicht-DBA**-Fällen wird eine mögliche Doppelbesteuerung bei Kapitalerträgen, die der Abgeltungsteuer unterliegen, nach Maßgabe von § 32d Abs. 5 EStG (vgl. Rn. 148) und bei anderen Kapitaleinkünften nach § 34c EStG vermieden. Bei Bestehen eines **DBA** ist grundsätzlich Deutschland als Ansässigkeitsstaat des Veräußerers berechtigt, die Steuer auf den Veräußerungsgewinn zu erheben (vgl. Art. 13

---

[276] Zur Systematik des Teileinkünfteverfahrens vgl. Rn. 138 f.
[277] Vgl. § 49 Abs. 1 Nr. 2 Buchst. e EStG und § 49 Abs. 1 Nr. 5 Buchst. d EStG e contrario. Nach der Neufassung in § 49 Abs. 1 Nr. 5 Buchst. d EStG besteht nur eine beschränkte Steuerpflicht für Einkünfte aus Kapitalvermögen im Rahmen von Aktienveräußerungen, wenn die Veräußerung im Wege eines Tafelgeschäfts stattgefunden hat (vgl. BT-Drs. 220/07, 113).
[278] Die beschränkte Steuerpflicht besteht auch, wenn die Anteile an einer ausländischen Kapitalgesellschaft durch die Einbringung einer wesentlichen Beteiligung an einer inländischen Kapitalgesellschaft erworben worden sind (vgl. § 49 Abs. 1 Nr. 2 Buchst. e Doppelbuchst. bb EStG).
[279] Aufgrund der sog. isolierenden Betrachtungsweise (§ 49 Abs. 2 EStG) ist dabei unerheblich, ob die Anteile im Ausland im Betriebs- oder Privatvermögen gehalten werden, vgl. Schmidt/*Loschelder* EStG § 49 Rn. 48.
[280] Nach Art. 13 Abs. 2 OECD-MA hat ausnahmsweise der andere Staat ein Besteuerungsrecht, wenn die Anteile als bewegliches Vermögen im Betriebsvermögen einer Betriebsstätte im anderen Staat veräußert werden. Ein Besteuerungsrecht im Quellenstaat kann ebenfalls gegeben sein bei der Veräußerung von Anteilen an einer Immobiliengesellschaft (vgl. Art. 13 Abs. 4 OECD-MA).

A. Rechte und Pflichten der Aktionäre

Abs. 5 OECD-MA).[281] Die Ermittlung des Veräußerungsgewinns und die Art der Besteuerung erfolgen nach deutschem Steuerrecht. Nach § 20 Abs. 4a Satz 1 EStG ist ein Tausch von Anteilen an in Deutschland nicht ansässigen AGs steuerneutral (vgl. Rn. 152).

3. Personengesellschaft als Aktionär

Die steuerliche Behandlung von Dividendeneinkünften und Veräußerungsgewinnen bei Aktien, die von einer Personengesellschaft gehalten werden, ist von der Rechtsform des jeweiligen Gesellschafters der Personengesellschaft abhängig und davon, ob es sich um eine gewerbliche Personengesellschaft handelt. **160**

Bei einer **Kapitalgesellschaft** als Gesellschafter der Personengesellschaft ist § 8b KStG zu beachten (vgl. Rn. 172 ff.), da die Steuerfreistellungen auch für zugerechnete Gewinne bzw. Verluste gelten.[282] Zur Gewerbesteuer vgl. Rn. 161.

Wenn der Gesellschafter der Personengesellschaft eine **natürliche Person** ist, gilt Folgendes:

a) Laufende Erträge der Personengesellschaft

Die Ermittlung und Feststellung der Einkünfte der Gesellschafter/Mitunternehmer aus der Personengesellschaft erfolgt auf Ebene der Personengesellschaft. Falls die aktienhaltende Personengesellschaft **eine gewerbliche Tätigkeit, Infizierung oder Prägung iSd § 15 EStG** aufweist[283] unterliegen die von der Personengesellschaft bezogenen Dividendeneinkünfte aufgrund der Zurechnung beim Mitunternehmer dem Teileinkünfteverfahren. Zur Systematik des Teileinkünfteverfahrens vgl. Rn. 138, zur KiSt und zur KapESt vgl. Rn. 127 ff. **161**

Für Zwecke der **Gewerbesteuer** sind die von der gewerblichen Personengesellschaft bezogenen Dividenden aus einer inländischen AG gem. § 7 S. 4 GewStG iVm §§ 8 Nr. 5 und 9 Nr. 2a GewStG steuerfrei, wenn die Beteiligung zu Beginn des Erhebungszeitraums (Kalenderjahr)[284] mindestens 15% des Grund- oder Stammkapitals betragen hat (gewerbesteuerliches Schachtelprivileg).[285] Dabei kommt es auf die Beteiligung der Personengesellschaft (einschließlich des Sonderbetriebsvermögens) an.

---

[281] Zu Ausnahmen vgl. Fn. 80.

[282] Vgl. § 8b Abs. 6 KStG. Gleiches gilt für vermögensverwaltende Personengesellschaften, vgl. § 39 Abs. 2 Nr. 2 AO.

[283] Ein Gewerbebetrieb liegt vor bei eigener gewerblicher Tätigkeit iSd § 15 Abs. 2 EStG oder fiktiv, wenn die Personengesellschaft zumindest auch eine gewerbliche Tätigkeit ausübt oder gewerbliche Einkünfte, zB als Mitunternehmerin einer weiteren gewerblichen Personengesellschaft, bezieht (§ 15 Abs. 3 Nr. 1 EStG) oder die Personengesellschaft gewerblich geprägt iSd § 15 Abs. 3 Nr. 2 EStG ist.

[284] Beginnt die Steuerpflicht des beteiligten Unternehmens im Laufe des Kalenderjahrs, kommt es für den ersten Erhebungszeitraum auf die Höhe der Beteiligung zu Beginn der Steuerpflicht an (Beginn des abgekürzten Erhebungszeitraums, vgl. R 9.3 Satz 5 GewStR).

[285] Gewinnausschüttungen aus ausländischen Kapitalgesellschaften sind nach § 9 Nr. 7 GewStG zu kürzen, wenn die Beteiligung am Nennkapital der aktiv tätigen (iSd § 8 Nr. 1–6 AStG) AG seit Beginn des Erhebungszeitraums ununterbrochen mind. 15% betragen hat bzw. die AG eine Gesellschaft iSd EU-Mutter-Tochter-Richtlinie ist, an deren Nennkapital das dividendenempfangende Unternehmen zu Beginn des Erhebungszeitraums zu mind. 10% beteiligt ist, oder im Fall einer DBA-Schachtelvergünstigung (§ 9 Nr. 8 GewStG).

162 Bei Dividendenbezug durch eine rein **vermögensverwaltende** Personengesellschaft erfolgt die Qualifikation der Einkünfte auf Ebene des Gesellschafters (Transparenzprinzip). Die Einkünfte unterliegen bei diesem der Abgeltungsteuer bzw. (ggf. auf Antrag) dem Teileinkünfteverfahren.[286]

b) Veräußerungsgeschäfte durch die Personengesellschaft

163 Gewinne aus der Veräußerung von Aktien durch eine gewerblich tätige, infizierte oder geprägte Personengesellschaft iSd § 15 EStG unterliegen beim Mitunternehmer dem Teileinkünfteverfahren (zur Systematik des Teileinkünfteverfahrens vgl. Rn. 138, zur KiSt und zur KapESt vgl. Rn. 127 ff.). Das Teileinkünfteverfahren (Ansatz zu 60%) ist nach § 7 Satz 4 GewStG auch für GewSt-Zwecke zu beachten.

Bei einer rein **vermögensverwaltenden** Personengesellschaft unterliegen die Gesellschafter mit ihren Veräußerungsgewinnen bei nach dem 31.12.2008 erworbenen Aktien der Abgeltungsteuer (zur Systematik der Abgeltungsteuer vgl. Rn. 126 f., zur KiSt und zur KapESt vgl. Rn. 127 f.) bzw. soweit beim jeweiligen Gesellschafter aufgrund der Bruchteilsbetrachtung (vgl. § 39 Abs. 2 Nr. 2 AO) eine wesentliche Beteiligung iSd § 17 EStG vorliegt, dem Teileinkünfteverfahren (vgl. Rn. 138).[287]

c) Gewerbesteuer

164 Eine gewerblich tätige oder geprägte Mitunternehmerschaft unterliegt selbst der GewSt.[288] Die Steuerfreiheit des § 3 Nr. 40 EStG bzw. die Steuerfreistellung des § 8b KStG sind bei der Ermittlung des Gewerbeertrags einer Mitunternehmerschaft zu berücksichtigen.

Zur GewSt vgl. § 12 Rn. 137 ff.

d) Thesaurierungsbegünstigung nach § 34a EStG

165 Mit der UntStRef 2008 wurde mit § 34a EStG die sog. **Thesaurierungsbegünstigung** bei gewerblichen Personengesellschaften eingeführt, um die Steuersatzspreizung zwischen KSt und ESt abzumildern.[289] Die ESt-Belastung für nicht entnommene Gewinne reduziert sich danach auf 28,25% zzgl. SolZ. Allerdings unterliegen die thesaurierten Gewinne bei einer späteren Entnahme einer Nachversteuerung in Höhe von 25% zzgl. SolZ.

Wird die Thesaurierungsbegünstigung beantragt, ist zu beachten, dass bei Dividenden und Veräußerungsgewinnen nur 60%[290] der Einkünfte in die Bemessungsgrundlage für den Thesaurierungssteuersatz fallen und somit eine Begünstigung gegenüber dem einheitlichen Abgeltungssteuersatz in Höhe von 25% zzgl. SolZ

---

[286] Das Teileinkünfteverfahren kommt insbesondere auch dann zur Anwendung, wenn die AG-Beteiligung beim Gesellschafter zu einem steuerlichen Betriebsvermögen gehört und die Einkünfte daher als gewerbliche Einkünfte gelten (vgl. § 20 Abs. 8 EStG).

[287] Bei der Prüfung, ob der Gesellschafter iSd § 17 EStG beteiligt ist, sind die ihm allein gehörenden Anteile und die ihm anteilig zuzurechnenden Anteile im Gesamthandsvermögen der Personengesellschaft zusammenzurechnen, vgl. BFH VIII R 15/94, BStBl. II 1996, 312.

[288] Vgl. §§ 2 Abs. 1 Satz 2, 5 Abs. 1 Satz 3 GewStG.

[289] Grundlegende Darstellung bei *Thiel/Sterner* DB 2007, 1099.

[290] Steuerfreie Einnahmen können zudem Entnahmen und nicht abziehbare Betriebsausgaben ausgleichen und somit den thesaurierungsfähigen Betrag erhöhen. Vgl. *Husken/Schmidt* BB 2008, 1204.

vorliegen könnte. Trotz der Nachversteuerung könnte ein Steuervorteil entstehen, wenn eine gewisse Thesaurierungsdauer möglich ist und dauerhaft auf die vollständige Entnahme verzichtet werden kann.[291]

e) Veräußerung von Anteilen an einer Personengesellschaft

Die Veräußerung von Anteilen an einer aktienhaltenden **gewerblich tätigen, infizierten oder geprägten Personengesellschaft** (Mitunternehmerschaft) unterfällt § 16 EStG. Soweit hierbei der Veräußerungsgewinn auf im Betriebsvermögen gehaltene Anteile an Kapitalgesellschaften entfällt, ist das Teileinkünfteverfahren anzuwenden (vgl. § 3 Nr. 40 Buchst. a und b EStG). Der Gewinn aus der Veräußerung einer Mitunternehmerschaft unterliegt im Fall der Veräußerung durch eine unmittelbar beteiligte natürliche Person nicht der GewSt (vgl. § 7 Satz 2 GewStG).

Nach § 20 Abs. 2 Satz 3 EStG gilt die Veräußerung einer unmittelbaren oder mittelbaren Beteiligung an einer **vermögensverwaltenden** Personengesellschaft als Veräußerung der anteiligen Wirtschaftsgüter. Die Abgeltungsteuer bzw. ggf. das Teileinkünfteverfahren ist anwendbar, soweit zu dem veräußerten Wirtschaftsgut Anteile einer Kapitalgesellschaft gehören.

f) Besonderheiten bei Fondsstrukturen/Investitionsgesellschaften

Die Regelungen des InvStG wurden in der jüngsten Vergangenheit mehrfach überarbeitet bzw. neugefasst. So erfolgte mit dem AIFM-Steueranpassungsgesetz vom 18.12.2013[292] eine Anpassung des InvStG an die Ablösung des Investmentgesetzes (InvG) durch das Kapitalanlagebuch (KAGB).[293] In diesem Zusammenhang wurden zwei gesonderte Besteuerungsregimes für Investmentfonds und Investitionsgesellschaften (unterschieden in Kapital- und Personen-Investitionsgesellschaften) eingeführt.[294] Das Besteuerungssystem für Personen-Investitionsgesellschaften (§ 18 InvStG) entspricht danach der transparenten Besteuerung von Personengesellschaften über eine einheitlich und gesonderte Gewinnfeststellung nach allgemeinen steuerrechtlichen Regelungen (vgl. Rn. 160 ff.), das Besteuerungsregime für Kapital-Investitionsgesellschaften (§ 19 InvStG) einer ertragsteuerlich intransparenten Besteuerung von Körperschaften (vgl. Rn. 178).

Das Besteuerungsregime für **Investmentfonds** idF AIFM-Steueranpassungsgesetzes vom 18.12.2013 entspricht grds. der vorherigen (semi-)transparenten Besteuerung von Investmentvermögen unter gewissen Modifikationen. Danach sind Investmentfonds auf Fondsebene von der Körperschaft- und Gewerbesteuer befreit (§ 11 Abs. 1 Satz 2 InvStG).

Auf der **Fonds-Ebene** fließen die Erträge ohne Belastung mit KapESt zu.

---

[291] Zum Belastungsvergleich und den Voraussetzungen für einen Steuervorteil vgl. *Lothmann* DStR 2008, 945.

[292] Gesetz zur Anpassung des Investmentsteuergesetzes und anderer Gesetze an das AIFM-Umsetzungsgesetz (AIFM-StAnpG), BGBl. 2013 I 4318.

[293] Vom Anwendungsbereich des InvStG wurden danach grds. alle Strukturen erfasst, die dem KAGB unterfallen, dh alle Organismen für gemeinsame Anlagen in Wertpapiere (OGAW) und Alternative Investmentfonds (AIF), sowie Anteile an ihnen.

[294] Vgl. eingehend *Haisch/Helios* BB 2013, 1687.

§ 4 168   Der Aktionär

Die **ausgeschütteten** und **ausschüttungsgleichen Erträge** iSd §§ 35, 36 InvStG[295] werden den Anlegern steuerlich zugerechnet. Die **Erträge** aus im Privatvermögen[296] gehaltenen Fondsanteilen unterliegen auf **Anleger-Ebene** unmittelbar der Abgeltungsteuer.[297] Dividendeneinkünfte des Investmentfonds sind unabhängig von der Ausschüttung als ausschüttungsgleiche Erträge beim Anleger steuerpflichtig. Allerdings unterliegen die Gewinne des Investmentfonds aus der Veräußerung von Aktien nicht der Thesaurierungsbesteuerung und sind erst bei Ausschüttung an den Anleger steuerpflichtig.

Wenn die Fondsanteile im Betriebsvermögen gehalten werden, unterliegen die Gewinne aus der **Rückgabe bzw. Veräußerung der Investmentfondsanteile** dem Teileinkünfteverfahren.[298] Der Gewinn aus der Rückgabe bzw. Veräußerung der Fondsanteile ist beim Privatanleger unabhängig von einer Haltefrist abgeltungsteuerpflichtig (vgl. § 8 Abs. 5 InvStG aF).[299] Zur Vermeidung einer Doppelbesteuerung wird der Gewinn um die während der Besitzzeit als zugeflossen geltenden ausschüttungsgleichen Erträge verringert (vgl. § 8 Abs. 5 Satz 3 InvStG aF).[300]

168 Durch das Investmentsteuerreformgesetz vom 19.7.2016[301] tritt mit Wirkung ab dem 1.1.2018[302] eine grundlegende Reform der Investmentbesteuerung in Kraft, deren Kernelement ua die Abschaffung des „transparenten" Besteuerungssystems bei Publikums-Investmentfonds durch eine getrennte Besteuerung von Investmentfonds und Anlegern (in Verbindung mit einer pauschalen Besteuerung auf Anlegerebene, sog. Vorabpauschale) ist.[303] Darüber hinaus fallen Personen-Investitionsgesellschaften[304] grds. aus dem Anwendungsbereich des InvStG nF heraus und sind nach den allgemeinen Grundsätzen für gewerbliche Personengesellschaften zu besteuern.

---

[295] Ausschüttungsgleiche Erträge sind insb. Dividenden, Zinsen und Vermietungseinkünfte, grds. jedoch nicht Wertpapierveräußerungsergebnisse.

[296] Beim Halten der Fondsanteile im Betriebsvermögen ist das Teileinkünfteverfahren einschlägig. Zur Systematik des Teileinkünfteverfahrens vgl. Rn. 138.

[297] Die Erträge unterliegen auch der **KiSt** und nach § 7 Abs. 3 Satz 1 InvStG der **KapESt** in Höhe von 25% – ausgenommen der steuerfreien Veräußerungsgewinne bei vor dem 1.1.2009 erworbenen Aktien durch den Fonds.

[298] Zur Systematik des **Teileinkünfteverfahrens** vgl. Rn. 138. Der Rückgabe- bzw. Veräußerungsgewinn unterliegt bei betrieblichen Anlegern nicht der **KapESt** (vgl. § 8 Abs. 6 Satz 3 InvStG aF).

[299] Zur **KiSt** vgl. Rn. 129. Der Rückgabe- bzw. Veräußerungsgewinn unterliegt der **KapESt** (vgl. § 8 Abs. 6 Satz 1 InvStG). Bei unmittelbarer Rückgabe an den Investmentfonds hat dieser anstelle der auszahlenden Stelle den Steuerabzug vorzunehmen.

[300] Diese „Bereinigung" unterbleibt, wenn die ausschüttungsgleichen Erträge später während der Besitzzeit tatsächlich ausgeschüttet worden sind (vgl. § 8 Abs. 5 Satz 4 InvStG aF).

[301] Gesetz zur Reform der Investmentbesteuerung (InvStRefG) vom 19.7.2016, BGBl. 2016 I 1730, vgl. hierzu *Buge/Bujotzek/Steinmüller* DB 2016, 1594; *Behrens* SWI 2016, 460; *Jansen/Greger* BB 2018, 407; *Burwitz* NZG 2017, 851.

[302] Einen Bestandsschutz ieS gibt es nicht. Die Umstellung auf das neue Besteuerungssystem erfolgt durch eine Veräußerungs- und Anschaffungsfiktion der betreffenden Investmentanteile, wobei der daraus resultierende Gewinn/Verlust erst bei tatsächlicher Veräußerung zu erfassen ist (vgl. § 56 Abs. 2 und 3 InvStG nF). Darüber hinaus gibt es Sonderregeln für bestandsgeschützte Alt-Anteile, die vor dem 1.1.2009 erworben wurden.

[303] Für sog. Spezial-Investmentfonds (§§ 25 ff. InvStG nF) verbleibt es dagegen – mit einigen Modifikationen – bei der bisherigen semi-transparenten Besteuerung, vgl. auch *Patzner/Nagler* IStR 2016, 725; zu Einzelheiten vgl. *Buge/Bujotzek/Steinmüller* DB 2016, 1594, *Burwitz* NZG 2017, 851.

[304] Mit Ausnahme der in der Praxis seltenen OGAW in der Rechtsform einer Personengesellschaft und der Altersvorsorgevermögensfonds nach § 53 InvStG nF.

A. Rechte und Pflichten der Aktionäre

Der **Investmentfond** iSd § 1 Abs. 2 InvStG nF[305] unterliegt mit seinen inländischen Einkünften aus Beteiligungseinnahmen (insb. Dividenden aus inländischen Kapitalgesellschaften),[306] Immobilienerträgen und sonstigen inländischen Einkünften der Körperschaftsteuer.[307] § 8b KStG ist nicht anwendbar (§ 6 Abs. 6 InvStG nF). Der Fond hat KapESt iHv § 15% (inkl. SolZ) auf der Kapitalertragsteuer unterliegenden inländische Einnahmen abzuführen. Die KapESt hat abgeltende Wirkung (§ 7 Abs. 2 InvStG nF).

Auf **Anlegerebene** kommt die Pauschalbesteuerung zur Anwendung. Die **Investmenterträge** iSd § 16 Abs. 1 InvStG nF (Ausschüttungen, Vorabpauschale[308] und Gewinne aus der Veräußerung von Investmentanteilen gem. § 19 InvStG nF) gehören bei Privatanlegern zu den Einkünften aus Kapitalvermögen (§ 20 Abs. 1 Nr. 3 EStG) und unterliegen der Abgeltungsteuer; bei betrieblichen Anlegern gehören die Investmenterträge zu den Betriebseinnahmen. § 3 Nr. 40 EStG und § 8b KStG sind auf Investmenterträge aus Investmentfonds nicht anwendbar (§ 16 Abs. 3 InvStG nF). Damit unterliegen insb. vom Investmentfonds erzielte Veräußerungsgewinne auf Aktien auf Anlegerebene grds. vollständig der Besteuerung. Es gelten jedoch nach § 20 InvStG nF besondere **Teilfreistellungen** in Abhängigkeit vom jeweiligen Fondstyp (Aktienfonds, Mischfonds und Immobilienfonds) und der Rechtsform des Anlegers.[309]

Die Investmenterträge unterliegen grds. der KapESt von 25% zzgl. SolZ, dh insgesamt 26,375% (§§ 43 Abs. 1 Nr. 5 und 9, 43a Abs. 1 Satz 1 Nr. 1 EStG).

g) Sachverhalte mit Auslandsbezug

aa) Ausländische natürliche Person als Gesellschafter einer inländischen Personengesellschaft. Ist die inländische Personengesellschaft **gewerblich tätig**, ist abkommensrechtlich von einer inländischen Betriebsstätte auszugehen, bei der das Besteuerungsrecht der Erträge nach dem jeweiligen DBA grundsätzlich Deutschland zugewiesen ist (vgl. Art. 7 Abs. 2 OECD-MA). Dies setzt jedoch vor-

---

[305] Inländische Investmentfonds gelten als Zweckvermögen nach § 1 Abs. 1 Nr. 5 KStG; ausländische Investmentfonds als Vermögensmassen nach § 2 Nr. 1 KStG (§ 6 Abs. 1 InvStG).

[306] Nicht jedoch Gewinne aus der Veräußerung von Anteilen an Kapitalgesellschaften, die auf Fondsebene steuerfrei bleiben, vgl. *Behrens* SWI 2016, 460; Entsprechendes gilt grds. für inländische Zinseinkünfte, vgl. *Stadler/Bindl* DStR 2016, 1953.

[307] Daneben kann – bei aktiver unternehmerischer Bewirtschaftung – Gewerbesteuer anfallen, vgl. hierzu *Buge/Bujotzek/Steinmüller* DB 2016, 1594; *Stadler/Bindl* DStR 2016, 1953.

[308] Die Vorabpauschale iSd § 18 InvStG nF ist der Betrag, um den die Ausschüttungen eines Investmentfonds innerhalb eines Kalenderjahres den sog. Basisertrag für dieses Kalenderjahr unterschreiten. Der Basisertrag wird ermittelt durch Multiplikation des Rücknahmepreises des Investmentanteils zu Beginn des Kalenderjahres mit 70% des aus der langfristig erzielbaren Rendite öffentlicher Anleihen abzuleitenden Basiszinses. Der Basisertrag ist auf den Mehrbetrag begrenzt, der sich zwischen dem ersten und dem letzten im Kalenderjahr festgesetzten Rücknahmepreis zuzüglich der Ausschüttungen innerhalb des Kalenderjahres ergibt. Wird kein Rücknahmepreis festgesetzt, so tritt der Börsen- oder Marktpreis an die Stelle des Rücknahmepreises. Nach der Gesetzesbegründung soll durch die Vorabpauschale eine dauerhafte Thesaurierungsbegünstigung mit Stundungseffekt vermieden werden, vgl. BR-Drs. 119/16, 98 f.

[309] Vgl. hierzu *Buge/Bujotzek/Steinmüller* DB 2016, 1594. Entsprechend der Höhe der Teilfreistellung besteht ein korrespondierendes Abzugsverbot hinsichtlich der im Zusammenhang mit den Einnahmen stehenden Aufwendungen (§ 21 InvStG nF). Änderungen bei der Teilfreistellung führen des Weiteren zur fiktiven Veräußerung des Investmentanteils und einer fiktiven Anschaffung am Folgetag, § 22 InvStG nF.

aus, dass die betreffende AG-Beteiligung der Betriebsstätte funktional zuzuordnen ist.[310] Bei einer **vermögensverwaltend tätigen** Personengesellschaft unterliegt der ausländische Gesellschafter der gleichen steuerlichen Behandlung wie eine ausländische natürliche Person als Direktanleger. Dies gilt auch für den Fall, dass die Personengesellschaft gewerblich geprägt oder gewerblich infiziert iSd § 15 Abs. 3 EStG ist.

Darüber hinaus unterliegt ungeachtet etwaig entgegenstehender Vorschriften eines DBA (Treaty Override) im Fall, dass (i) Wirtschaftsgüter des Betriebsvermögens oder Anteile an Kapitalgesellschaften iSd § 17 EStG,[311] (ii) vor dem 29.6.2013 in das Betriebsvermögen einer gewerblich geprägten oder in den vermögensverwaltenden Bereich einer gewerblich infizierten Personengesellschaft iSd § 15 Abs. 3 EStG übertragen oder überführt worden sind[312] und (iii), eine Besteuerung der stillen Reserven dieser Wirtschaftsgüter oder Anteile im Übertragungs-, Überführungs- oder Einbringungszeitpunkt unterblieben ist, und das Recht der Bundesrepublik Deutschland hinsichtlich der Besteuerung des Gewinns aus der Veräußerung oder Entnahme dieser Wirtschaftsgüter oder Anteile ungeachtet der Anwendung dieses Absatzes vor dem 1.1.2017 ausgeschlossen oder beschränkt worden ist (zB durch Wegzug), ein nach dem Stichtag erzielter Gewinn aus der Veräußerung oder Entnahme dieser Wirtschaftsgüter der deutschen Besteuerung (**§ 50i Abs. 1 Satz 1 EStG**).[313] Auch die laufenden Einkünfte aus den betreffenden Wirtschaftsgütern oder Anteilen unterliegen, ungeachtet entgegenstehender Vorschriften eines DBA, der deutschen Besteuerung (§ 50i Abs. 1 Satz 3 EStG).

170 bb) Ausländische Personengesellschaft Bei einer ausländischen Personengesellschaft ist zu prüfen, ob sie vermögensverwaltend oder gewerblich tätig ist. Erträge einer gewerblich tätigen Personengesellschaft sind idR als Einkünfte einer ausländischen Betriebsstätte iSd OECD-MA in Deutschland nicht steuerpflichtig. Dabei ist § 50d Abs. 9 EStG zu beachten. Die Freistellung der ausländischen Betriebsstätteneinkünfte (Freistellungsmethode) wird hierbei verdrängt durch die Steuerpflicht der ausländischen Betriebsstätteneinkünfte unter Anrechnung der ausländischen Steuer (Anrechnungsmethode), wenn die Erträge im Quellenstaat entweder aufgrund eines Qualifikationskonflikts (Switch-over-Klausel) oder wegen der beschränkten Steuerpflicht des Anlegers (Subject-to-tax-Klausel) nicht der dortigen Steuer unterliegen.[314]

Ist die ausländische Personengesellschaft dagegen nicht gewerblich tätig, sondern lediglich gewerblich geprägt oder infiziert, vermittelt sie ihren Gesellschafter abkommensrechtlich keine unternehmerische Betriebsstätte. Laufende Einkünfte

---

[310] Vgl. BMF 26.9.2014, BStBl. I 2013, 1258 Tz. 2.2.4.1.

[311] Zu den Anteilen iSd § 17 EStG gehören nach der Finanzverwaltung auch sog. alteinbringungsgeborene Anteile iSd § 21 UmwStG aF und sperrfristbehaftete Anteile nach § 22 UmwStG, vgl. BMF 26.9.2014, BStBl. I 2013, 1258 Tz. 2.3.3; aA zu einbringungsgeborenen Anteilen *Liekenbrock* IStR 2013, 280.

[312] Als Übertragung oder Überführung von Anteilen iSd § 17 EStG in das Betriebsvermögen einer Personengesellschaft gilt auch die Gewährung neuer Anteile an eine Personengesellschaft, die bisher auch eine Tätigkeit iSd § 15 Abs. 1 Nr. 1 EStG ausgeübt hat oder gewerbliche Einkünfte iSd 15 Abs. 1 S. 1 Nr. 2 EStG im Rahmen der Einbringung eines Betriebs oder Teilbetriebs oder eines Mitunternehmeranteils dieser Personengesellschaft in eine Körperschaft nach § 20 UmwStG (§ 50i Abs. 1 Satz 2 EStG).

[313] Vgl. BMF 26.9.2014, BStBl. I 2013, 1258 Tz. 2.3.3; vgl. allgemein zu § 50i EStG Blümich/*Pohl* EStG § 50i mwN; *Liekenbrock* DStR 2016, 2609; *Lüdicke* FR 2015, 128.

[314] Aufgrund dieser Umstellung würden die im Quellenstaat steuerfreien Erträge der inländischen Abgeltungsteuer vollständig unterliegen.

A. Rechte und Pflichten der Aktionäre 171, 172 §4

der Personengesellschaft aus Anteilen an Kapitalgesellschaften sind danach abkommensrechtlich nicht als Unternehmensgewinne iSd Art. 7 OECD, sondern als Dividendeneinkünfte zu betrachten. Bei Veräußerung einzelner Wirtschaftsgüter der Personengesellschaft oder des Anteils an der Personengesellschaft ist grundsätzlich Deutschland als Ansässigkeitsstaat des Veräußerers berechtigt, die Steuer auf den Veräußerungsgewinn zu erheben (vgl. Art. 13 Abs. 5 OECD-MA).[315]

cc) **Auslandserträge durch einen inländischen Investmentfonds.** Das InvStG in der Fassung bis 31.12.2017 sieht einige Sonderregelungen für ausländische Erträge eines inländischen Investmentfonds vor. Die **KapESt** (Abgeltungsteuer) wird bei ausgeschütteten ausländischen Dividenden durch die inländische Zahlstelle erhoben (vgl. § 7 Abs. 1 Nr. 1 InvStG). Die Anrechnung der ausländischen Quellensteuer erfolgt nach Maßgabe des § 4 Abs. 2 und 3 InvStG).[316] 171

Nach dem InvStG nF ist mit Wirkung ab dem 1.1.2018 **KapESt auf Fondsebene** nur noch auf kapitalertragsteuerpflichtige inländische Einkünfte iSd § 6 Abs. 2 InvStG nF zu erheben; im Übrigen ist gegenüber Investmentfonds keine KapESt zu erheben (vgl. § 7 Abs. 1 InvStG nF).

4. Kapitalgesellschaft als Aktionär

a) Laufende Erträge der Kapitalgesellschaft

Nach § 8b Abs. 1 Satz 1 KStG bleiben (offene und verdeckte) **Gewinnausschüttungen**[317] als Bezüge iSd § 20 Abs. 1 Nr. 1 EStG bei der Einkommensermittlung einer unbeschränkt steuerpflichtigen Kapitalgesellschaft grds. außer Acht.[318] Die **Dividendenfreistellung** soll eine kumulative KSt-Belastung bei mehrstufigen Beteiligungsverhältnissen verhindern. Bei zwischengeschalteten Personengesellschaften bleibt die Freistellung nach § 8b Abs. 6 KStG bestehen. 172

Die Freistellung gilt nach § 8b Abs. 1 Satz 2 KStG jedoch nur, soweit die jeweiligen Bezüge das Einkommen der leistenden AG nicht gemindert haben **(Korrespondenzprinzip).**[319] Der Sinn und Zweck der Freistellung – Vermeidung einer kumulativen Steuerbelastung – ist nicht mehr gegeben, wenn keine steuerliche Vorbelastung bei der ausschüttenden AG stattgefunden hat, weil die eigentliche

---

[315] Zu Ausnahmen vgl. Fn. 80.

[316] Aus Vereinfachungsgründen kann die nach § 4 Abs. 2 InvStG beim Anleger anrechenbare oder abziehbare ausländische Steuer auf Ebene des Investmentfonds als Werbungskosten abgezogen werden; in diesem Fall hat der Anleger jedoch keinen Anspruch auf Anrechnung oder Abzug dieser Steuern (vgl. § 4 Abs. 4 InvStG).

[317] Sachdividenden (vgl. BMF 28.4.2003, BStBl. I 2003, 292 Tz. 22) und Gewinne aus der Veräußerung von Dividendenscheinen (vgl. § 8b Abs. 1 Satz 5 KStG) unterliegen ebenfalls der Freistellung. Nicht zu den Bezügen iSd § 20 Abs. 1 Nr. 1 EStG zählen dagegen Ausschüttungen, für die Beträge aus dem steuerlichen Einlagekonto iSd § 27 KStG als verwendet gelten (vgl. § 20 Abs. 1 Nr. 1 Satz 3 EStG). Sie werden erfolgsneutral mit dem Buchwert der Beteiligung verrechnet, vgl. BFH I R 51/09, BStBl. II 2014, 937. Wenn und soweit der Beteiligungsbuchwert überstiegen werden sollte, erfolgt die Besteuerung nach BFH nicht nach § 8b Abs. 1 KStG, vgl. BFH I R 116/08, BStBl. II 2011, 89 (zweifelnd auch im Hinblick auf § 8b Abs. 2 KStG).

[318] Zu beachten ist aber eine mögliche Nachsteuer in den Fällen von § 37 Abs. 3 KStG und § 34 Abs. 12 Satz 2 ff. KStG.

[319] Die Ausdehnung des vormalig allein auf vGA beschränkten materiellen Korrespondenzprinzips ua auf Dividenden erfolgte mit Wirkung für Veranlagungszeiträume ab 2014. Entsprechende Regelungen finden sich in den §§ 3 Nr. 40 Buchst. d Satz 2, 32d Abs. 2 Nr. 4 EStG.

Gewinnausschüttung als Betriebsausgabe abgezogen worden ist. Zur Wahrung des Korrespondenzprinzips muss die empfangende Kapitalgesellschaft die Gewinnausschüttung in voller Höhe versteuern.[320] Zur Vermeidung einer Doppelbesteuerung greift die Freistellung nach § 8b Abs. 1 Satz 4 KStG wieder ein, wenn in sog. „Dreiecksfällen" die verdeckte Gewinnausschüttung das Einkommen einer nahestehenden Person der empfangenden Kapitalgesellschaft erhöht hat und keine Korrektur möglich ist.[321]

Werbungskosten im Zusammenhang mit den Anteilen bleiben steuerlich voll abzugsfähig.[322] Gemäß § 8b Abs. 5 Satz 1 KStG sind jedoch pauschal 5% der Bezüge aus Dividendenausschüttungen als **nichtabzugsfähige Betriebsausgaben** zu berücksichtigen. Bemessungsgrundlage sind die Bruttobezüge. Im Ergebnis besteht daher für die empfangende Kapitalgesellschaft *aus wirtschaftlicher Sicht eine Steuerfreiheit in Höhe von 95%*.[323]

Trotz der Freistellung nach § 8b Abs. 1 Satz 1 KStG unterliegen die inländischen Dividendeneinkünfte einer Kapitalgesellschaft vollständig der **KapESt** in Höhe von 25% (vgl. § 43 Abs. 1 Satz 3 EStG).[324] Die KapESt hat bei unbeschränkt Steuerpflichtigen keine abgeltende Wirkung und somit nur einen Steuervorauszahlungscharakter.

173 Handelt es sich bei dem ausschüttungsempfangenden Aktionär um eine **Organgesellschaft** iSd §§ 14, 17 KStG, so sind §§ 8b Abs. 1–6 KStG auf Ebene der Organgesellschaft nicht anzuwenden (Bruttomethode); die §§ 8b KStG, 3 Nr. 40 und 3c EStG sind erst bei der Ermittlung des Einkommens des Organträgers in Abhängigkeit von dessen Rechtsform anzuwenden, § 15 Satz 1 Nr. 2 KStG (zur Gewerbesteuer vgl. Rn. 177).

174 Sind die Aktien bei Kreditinstituten und Finanzdienstleistungsinstituten dem Handelsbuch zuzurechnen, werden die Anteile ihrer Natur nach nur kurzfristig zum Zwecke des Eigenhandelserfolges gehalten. Die Erträge dieser Geschäftstätigkeit sollen nicht privilegiert werden, daher sind auch Gewinnausschüttungen in diesem Fall vollständig steuerpflichtig (vgl. § 8b Abs. 7 Satz 1 KStG). Nach § 8b Abs. 7 Satz 2 KStG gilt dies auch für Anteile, die von Finanzunternehmen iSd KWG mit dem Ziel der kurzfristigen Erzielung eines Eigenhandelserfolges erworben worden sind. Da hierunter grds. auch Holding- und Beteiligungsgesellschaften (deren Haupttätigkeit unter eine der Katalogtätigkeiten des § 1 Abs. 3 KWG fällt)

---

[320] Zur verfahrensrechtlichen Umsetzung wurde mit § 32a Abs. 1 Satz 1 KStG eine eigenständige Änderungsvorschrift eingefügt, wonach der KSt-Bescheid der ausschüttenden AG Grundlagenbescheid ist, welcher die entsprechende Änderung des KSt-Bescheids der empfangenden Kapitalgesellschaft (Folgebescheid) bewirkt.

[321] Diese Rückausnahme soll die eine ansonsten wegen § 8b Abs. 1 Satz 2 KStG drohenden Doppelbesteuerungen vermeiden.

[322] Zur Verhinderung von Missbrauch in Fällen der Wertpapierleihe ist die Abzugsfähigkeit von Betriebsausgaben nach § 8b Abs. 10 KStG ausgeschlossen, wenn bestimmte Finanztransaktionen lediglich die ungerechtfertigte Umgehung der vollständigen Steuerpflicht beabsichtigen.

[323] Der effektive Steuersatz beträgt damit 0,75% (15% KSt auf 5% nichtabzugsfähige BA). Nachteilig ist das pauschale 5%-ige Abzugsverbot bei mehrstufigen Ausschüttungen wegen des sich ergebenden Kaskadeneffekts.

[324] Die Erhebung der KapESt wird durch die Gesetzessystematik begründet. § 8b Abs. 1 KStG stellt die Erträge nicht steuerfrei, sondern ordnet nur die Außerachtlassung bei der Einkommensermittlung an. Die Bemessungsgrundlage für die KapESt knüpft allerdings nicht an das ermittelte Einkommen, sondern an den Kapitalertrag an.

A. Rechte und Pflichten der Aktionäre §4

zählen können,[325] wurde der Anwendungsbereich der Regelung des § 8b Abs. 7 S. 2 KStG (und entsprechend § 3 Nr. 40 S. 3 EStG) für Anteile, die nach dem 31.12.2016 zugehen, durch das BEPS-Umsetzungsgesetz[326] dahingehend eingeschränkt, dass nur noch diejenigen Finanzunternehmen erfasst sind, an denen wiederum Kreditinstitute oder Finanzdienstleistungsinstitute unmittelbar oder mittelbar zu mehr als 50% beteiligt sind (maßgebend sind die Verhältnisse zum Zeitpunkt des Zugangs der Anteile).[327] Für die Beurteilung der Absicht, einen kurzfristigen Eigenhandelserfolg zu erzielen, ist auf den Zeitpunkt des Anteilserwerbs abzustellen.[328]

Mit Einfügung des § 8b Abs. 4 KStG nF durch das EuGHDivUmsG vom 21.3.2013 wurde darüber hinaus die Steuerfreiheit für nach dem 28.2.2013 zugeflossene **Streubesitzdividenden** ausgeschlossen, so dass diese der vollen Körperschaftsteuerpflicht unterliegen.[329]

Die Ausnahme von der Steuerfreistellung des § 8b Abs. 1 Satz 1 KStG greift ein, wenn die betreffende Beteiligung zu Beginn des Kalenderjahrs unmittelbar weniger als 10% des Grund- oder Stammkapitals betragen hat (vgl. § 8b Abs. 4 Satz 1 KStG).[330] Die Betrachtung der maßgeblichen Beteiligungsverhältnisse erfolgt „zu Beginn des Kalenderjahres" (Stichtagsprinzip).[331] Durch die Stichtagsbetrachtung sind spätere Veränderungen der Beteiligungsverhältnisse, zB durch unterjährige Veräußerungen von Anteilen oder eine Aufstockung der Beteiligung, grds. unbeachtlich. Zur Verhinderung von Härtefallen gilt abweichend hiervon nach § 8b

---

[325] Vgl. BFH I R 36/08, BStBl. II 2009, 671; BMF 25.7.2002, BStBl. I 2002, 712; *Haisch/Bindl* Ubg 2009, 680; DPM/*Pung* KStG § 8b Rn. 443 mwN; aA noch HHR/*Watermeyer* KStG § 8b Rn. 165.

[326] Gesetzes zur Umsetzung der Änderungen der EU-Amtshilferichtlinie und von weiteren Maßnahmen gegen Gewinnkürzungen und -verlagerungen v. 20.12.2016, BGBl. 2016 I 3000.

[327] Dadurch erreicht der Gesetzgeber eine bankenspezifische Ausrichtung dieser Regelung (BT-Drs. 18/9536 v. 5.9.2016, S. 55).

[328] Der Erwerb von Anteilen iSd § 8b Abs. 7 Satz 2 KStG ist in erster Linie ein solcher, der auf einen Veräußerungsvorgang zurückzuführen ist, so dass im Fall der Gesellschaftsgründung mangels Übertragungsakt von einem Dritten kein abgeleiteter (derivativer) Erwerb iSd § 8b Abs. 7 KStG vorliegt (anders im Fall des Erwerbs einer Vorratsgesellschaft, vgl. BFH I R 1005/05, BStBl. II 2007, 60; vgl. auch zur Einbeziehung einzelner Umwandlungsvorgänge DPM/*Pung* KStG § 8b Rn. 449; *Breuninger/Winkler* Ubg 2011, 13; Frotscher/Maas/*Frotscher* KStG § 8b Rn. 111b ff.)

[329] § 8b Abs. 4 KStG ist auf unbeschränkt und beschränkt körperschaftsteuerpflichtige Gesellschaften (ohne eine Differenzierung von EU/EWR- oder Drittstaaten-Gesellschaften) anzuwenden. Die Vorschrift erfasst auch Auslandsbeteiligungen; die ausländischen Quellensteuern sind jedoch nach § 26 KStG iVm § 34c EStG anrechenbar, vgl. Gosch/*Gosch* KStG § 8b Rn. 288a.

[330] Eine Beteiligung über eine zwischengeschaltete Mitunternehmerschaft wird dem Mitunternehmer anteilig zugerechnet und gilt für die Anwendung des § 8b Abs. 4 KStG als unmittelbare Beteiligung (vgl. § 8b Abs. 4 Satz 4 und 5 KStG). Eine über eine vermögensverwaltende Personengesellschaft vermittelte Beteiligung ist aufgrund der Bruchteilsbetrachtung (vgl. § 39 Abs. 2 Nr. 2 AO) ebenfalls einer unmittelbaren Beteiligung gleichzustellen, vgl. Blümich/*Rengers* KStG § 8b Rn. 117c mwN.

[331] Dies gilt auch bei einem vom Kalenderjahr abweichenden Wirtschaftsjahr. Zur Anwendung des Stichtagsprinzips iZ mit Umwandlungsvorgängen vgl. Gosch/*Gosch* KStG § 8b Rn. 288e ff.

Abs. 4 Satz 6 KStG der Erwerb einer Beteiligung von mindestens 10% als zu Beginn des Kalenderjahrs erfolgt.[332]

§ 8b Abs. 4 Satz 3 KStG enthält eine Regelung zur Verhinderung von Missbräuchen durch eine kurzfristig veränderte Zuordnung von Beteiligungen in Fällen der Wertpapierleihe.

Zur Gewerbesteuer bei Streubesitzdividenden vgl. Rn. 177.

b) Veräußerungsgeschäfte durch die Kapitalgesellschaft

176 Die Gewinne aus der Veräußerung von Aktien bleiben bei der Einkommensermittlung einer unbeschränkt steuerpflichtigen Kapitalgesellschaft gem. § 8b Abs. 2 Satz 1 KStG außer Ansatz.[333] Veräußerungsgewinn ist der Betrag, um den der Veräußerungspreis oder der an dessen Stelle tretende Wert nach Abzug der Veräußerungskosten den Wert übersteigt, der sich nach den Vorschriften über die steuerliche Gewinnermittlung im Zeitpunkt der Veräußerung ergibt (Buchwert), vgl. § 8b Abs. 2 Satz 2 KStG. Die **Freistellung der Veräußerungsgewinne** – als steuerliche Gleichbehandlung mit den Dividenden – wird damit begründet, dass der Veräußerungsgewinn die bestehenden bzw. zukünftigen Ausschüttungspotenziale beinhaltet.

Bei zwischengeschalteten Personengesellschaften bleibt die Freistellung nach § 8b Abs. 6 KStG bestehen. Handelt es sich bei dem veräußernden Aktionär um eine Organgesellschaft iSd §§ 14, 17 KStG, so sind § 8b KStG bzw. §§ 3 Nr. 40 und 3c EStG erst bei der Ermittlung des Einkommens des Organträgers in Abhängigkeit von dessen Rechtsform anzuwenden, § 15 Satz 1 Nr. 2 KStG (Bruttomethode). Die **Verluste** einer Kapitalgesellschaft aus der Veräußerung von Aktien oder aus der niedrigeren Ansetzung des Teilwerts sind aufgrund der Gesetzessystematik ebenfalls nicht zu berücksichtigen, da die Steuerfreistellung eines Gewinns mit der Unbeachtlichkeit des Verlusts korrespondiert (vgl. § 8b Abs. 3 Satz 3 KStG). Seit dem VZ 2008[334] sind darüber hinaus auch Verluste im Zusammenhang mit Gesellschafterdarlehensforderungen und deren Sicherheiten nicht mehr abzugsfähig, wenn der gewährende Gesellschafter an der Körperschaft wesentlich beteiligt[335] ist oder die Darlehensgewährung durch eine diesem Gesellschafter nahestehende Person erfolgt (vgl. § 8b Abs. 3 Satz 4 und 5 KStG). Eine Ausnahme besteht, wenn

---

[332] Streitig ist, ob damit auch Erwerbe von mehreren Anteilen, die nur zusammengenommen die Mindestquote von 10% erreichen, erfasst sind (so *Adrian* GmbHR 2014, 407; *Bolik/Zöller* DStR 2014, 782; aA OFD Frankfurt a. M. 2.12.2013, DStR 2014, 427; *Gosch/Gosch* KStG § 8b Rn. 289b). Fraglich ist darüber hinaus, ob bei einer unterjährigen Aufstockung von mind. 10% auch eine bereits zum Stichtag vorhandene Streubesitzquote von dem Hinzuerwerb profitiert (so zB DPM/*Pung* KStG § 8b Rn. 288; *Kamphaus/Weihmann/Sauer* Ubg 2014, 258; aA OFD Frankfurt a. M. 2.12.2013, DStR 2014, 427; Gosch/*Gosch* KStG § 8b Rn. 289d).

[333] Neben Veräußerungsgewinnen sind auch Gewinne aus der Auflösung der Kapitalgesellschaft oder der Herabsetzung ihres Nennkapitals, Gewinne aufgrund der Wertaufholung einer Beteiligung durch Ansatz des in § 6 Abs. 1 Satz 1 Nr. 2 Satz 3 EStG bezeichneten Wertes und Gewinne aus der verdeckten Einlage von Anteilen von der Steuerfreistellung erfasst. Der Gewinn durch Aufdeckung stiller Reserven bei Ausschüttung von Anteilen an einer anderen Kapitalgesellschaft (Sachdividenden) unterliegt auf der Ebene der ausschüttenden Kapitalgesellschaft ebenfalls § 8b Abs. 2 KStG (vgl. BMF 28.4.2003, BStBl. I 2003, 292 Tz. 22).

[334] Entscheidend ist, dass der Verlust im VZ 2008 eingetreten ist. Der Zeitpunkt der Darlehensgewährung ist irrelevant.

[335] Eine wesentliche Beteiligung liegt vor, wenn unmittelbar oder mittelbar 25% des Grund- oder Stammkapitals der Körperschaft gehalten werden.

A. Rechte und Pflichten der Aktionäre

nachgewiesen wird, dass auch ein fremder Dritter das Darlehen bei sonst gleichen Umständen gewährt oder noch nicht zurückgefordert hätte; dabei sind nur die eigenen Sicherungsmittel der Gesellschaft zu berücksichtigen (vgl. § 8b Abs. 3 Satz 6 KStG).[336]

Nach § 8b Abs. 3 Satz 1 KStG sind pauschal 5% des Gewinns aus der Veräußerung von Aktien als **nichtabzugsfähige Betriebsausgaben** zu berücksichtigen. Die Bemessungsgrundlage ist der Gewinn aus der Veräußerung, dh Betriebsausgaben, die in unmittelbarem Zusammenhang mit der Veräußerung stehen, sind steuermindernd anzusetzen.

Anders als für Dividendenbezüge durch die Regelung des **§ 8b Abs. 4 KStG** (vgl. Rn. 162) wurde die gesetzliche Steuerfreiheit nach § 8b Abs. 2 KStG auch für die Veräußerung von Streubesitzdividenden bislang nicht abgeschafft. KapESt wird – im Unterschied zu den Dividendenerträgen – bei Veräußerungsgewinnen, die einer unbeschränkt oder beschränkt steuerpflichtigen Kapitalgesellschaft zufließen, nicht erhoben (vgl. § 43 Abs. 2 Satz 3 EStG).

c) Gewerbesteuer

Die Tätigkeit von Kapitalgesellschaften ist stets und in vollem Umfang als gewerblich anzusehen (vgl. § 2 Abs. 2 Satz 1 GewStG).

Die Steuerfreistellungen des § 8b KStG bei Ausschüttungen aus Kapitalgesellschaften oder bei der Veräußerung von Anteilen an einer Kapitalgesellschaft sind auch bei der Ermittlung des Gewerbeertrags zu berücksichtigen (gewerbesteuerliches Schachtelprivileg). Danach verbleiben im Ergebnis die nichtabzugsfähigen Betriebsausgaben in Höhe von 5% als steuerpflichtiger Gewerbeertrag.[337]

Die Steuerfreistellung gilt jedoch nicht für Dividenden aus Streubesitzanteilen an inländischen Kapitalgesellschaften, die nach § 8 Nr. 5 GewStG wieder hinzuzurechnen sind, wenn die Voraussetzungen des § 9 Nr. 2a GewStG nicht erfüllt sind, dh wenn die Beteiligung zu Beginn des Erhebungszeitraums nicht mindestens 15% des Grund- oder Stammkapitals betragen hat.[338]

Da die gewerbesteuerlich relevante Schachtelgrenze von 15% insofern von § 8b Abs. 4 KStG (vgl. Rn. 175) abweicht, ist für Dividenden aus **Streubesitzbeteiligungen** an inländischen Kapitalgesellschaften wie folgt zu unterscheiden:
(1) Beteiligung unter 10%: keine Gewerbesteuerkürzung nach § 9 Nr. 2a GewStG (volle Körperschaft- und Gewerbesteuerpflicht).

---

[336] § 8b Abs. 3 Sätze 4–6 KStG gelten entsprechend für Forderungen aus Rechtshandlungen, die einer Darlehensgewährung wirtschaftlich vergleichbar sind (§ 8b Abs. 3 Satz 7 KStG).

[337] Handelte es sich bei der dividendenempfangenden Gesellschaft um eine Organgesellschaft iSd §§ 14, 17 KStG, so kam es nach dem BFH weder auf Ebene der Organgesellschaft noch auf Ebene des Organträgers zu einer gewerbesteuerlichen Hinzurechnung von nicht abziehbaren Betriebsaufgaben gem. § 8b Abs. 5 KStG iHv 5%, vgl. BFH I R 39/14, BStBl. II 2015, 1052. Der Gesetzgeber hat hierauf reagiert und mit dem BEPS-Umsetzungsgesetz mit der Einführung des § 7a GewStG eine Rechtsgrundlage für die gewerbesteuerliche Hinzurechnung nach § 8b Abs. 5 KStG mit Wirkung ab dem 1.1.2017 geschaffen.

[338] Dividenden aus ausländischen Kapitalgesellschaften werden hinzugerechnet, wenn die Voraussetzungen von § 9 Nr. 7 GewStG nicht vorliegen, dh die Beteiligung am Nennkapital (einer aktiv iSd § 8 Nr. 1–6 AStG tätigen) Kapitalgesellschaft seit Beginn des Erhebungszeitraums nicht ununterbrochen mind. 15% betragen hat bzw. die ausschüttende AG keine Gesellschaft iSd EU-Mutter-Tochter-Richtlinie ist, an deren Nennkapital das dividendenempfangende Unternehmen zu Beginn des Erhebungszeitraums zu mind. 10% beteiligt ist.

(2) Beteiligung zwischen 10% und 15%: körperschaftsteuerbefreit (95%); aber gewerbesteuerliche Hinzurechnung nach § 8 Nr. 5 GewStG (Voraussetzungen des § 9 Nr. 2a GewStG liegen nicht vor), dh volle Gewerbesteuerpflicht. Zur GewSt allgemein vgl. § 12 Rn. 137.

d) Investmentfonds in der Rechtsform einer Kapitalgesellschaft

178 Im Rahmen des bisherigen Besteuerungsregimes sind die Steuerfreistellungen aus § 8b KStG auch im Rahmen von Investmentfondsbeteiligungen anzuwenden. Die Dividendenfreistellung ist bei Einnahmen aus der Rückgabe oder der Veräußerung von Investmentanteilen zu berücksichtigen, soweit sie auf bereits realisierte oder noch nicht realisierte Gewinn aus der Beteiligung des Investmentfonds an Körperschaften entfallen (vgl. § 8 Ab. 1 Satz 2 InvStG).[339] Die Verluste im Zusammenhang mit Einkünften, die aufgrund eines DBA im Inland nicht steuerpflichtig sind, dürfen das Einkommen nicht mindern (negativer Aktiengewinn, vgl. § 8 Abs. 2 Satz 1 InvStG).

Kapital-Investitionsgesellschaften werden bis 31.12.2017 gem. § 19 InvStG als Körperschaft- und Gewerbesteuersubjekt fingiert; bei der Anlegerbesteuerung wird zwischen laufender Besteuerung und Schlussbesteuerung unterschieden (§ 19 Abs. 2 und 3 InvStG idF vom 18.12.2013):

Bei Anlegern, die ihren Anteil im Privatvermögen halten, gelten die Ausschüttungen als Kapitaleinkünfte iSd § 20 Abs. 1 Nr. 1 EStG und unterliegen der Abgeltungsteuer. Bei Anteilen im Betriebsvermögen hängt die Anwendung von § 3 Nr. 40 EStG bzw. § 8b KStG von der Steuerbelastung der Kapital-Investitionsgesellschaft ab.[340] Darüber hinaus ist bei körperschaftlichen Anlegern die Streubesitzregelung des § 8b Abs. 4 KStG zu beachten.

Die inländische auszahlende Stelle hat Kapitalertragsteuer einzubehalten und abzuführen.

Gewinne und Verluste aus der Rückgabe oder Veräußerung von Kapital-Investitionsgesellschaftsanteilen im Privatvermögen gehören zu den Einkünften iSd § 20 Abs. 2 Satz 1 Nr. 1 EStG. Auf Gewinne und Verluste aus Anteilen im Betriebsvermögen finden § 3 Nr. 40 EStG und § 8b KStG Anwendung.

Weitergehende Ausführungen zur Besteuerung von Investmentfonds unter dem Regime des InvStG nF ab 1.1.2018 vgl. Rn. 168.

e) Sachverhalt mit Auslandsbezug

179 **aa) Ausländische Kapitalgesellschaft als Anteilseigner einer inländischen Körperschaft.** Der **Veräußerungsgewinn** aus dem Verkauf von Anteilen an einer inländischen AG durch eine beschränkt steuerpflichtige Körperschaft ist gem. § 49 Abs. 1 Nr. 2 Buchst. e EStG für den Fall einer wesentlichen Beteiligung (§ 17 EStG) oder der Zuordnung der Anteile zu einer inländischen Betriebsstätte in Deutschland steuerpflichtig. Falls ein Besteuerungsrecht für Deutschland besteht, ist allerdings zu beachten, dass die Steuerfreistellung des § 8b Abs. 2 KStG (vgl. Rn. 176) auch bei beschränkt steuerpflichtigen Körperschaften Anwendung findet[341] und keine

---

[339] Ebenso bei der Beteiligung eines Investmentvermögens an einem anderen und beim Ansatz des in § 6 Abs. 1 Nr. 2 Satz 3 EStG bezeichneten Werts.

[340] Weist der Anleger nach, dass die Kapital-Investitionsgesellschaft dem allgemeinen Unternehmenssteuersatz eines EU- oder EWR-Staates oder bei einer Ansässigkeit in einem Drittstaat einem Unternehmenssteuersatz von mindestens 15% unterliegt, sind auf die Ausschüttungen § 8b KStG und § 3 Nr. 40 EStG anzuwenden.

[341] Vgl. BMF 28.4.2003, BStBl. I 2003, 292 Tz. 13.

A. Rechte und Pflichten der Aktionäre 179a § 4

KapESt erhoben wird (vgl. § 43 Abs. 2 Satz 3 EStG). Im Rahmen eines DBA wird das Besteuerungsrecht in der Regel dem Ansässigkeitsstaat des Veräußerers zugewiesen (vgl. hierzu Rn. 148).

Die **Dividenden**, die eine inländische AG an eine ausländische Körperschaft ausschüttet, unterliegen der beschränkten Steuerpflicht (vgl. § 49 Abs. 1 Nr. 5 Buchst. a EStG). Die KapESt hat grundsätzlich abgeltende Wirkung und stellt somit eine definitive Belastung der ausländischen Kapitalgesellschaft dar (vgl. § 32 Abs. 1 Nr. 2 KStG).[342] Die Steuerfreistellung nach § 8b Abs. 1 KStG ist im Rahmen der KapESt nicht anzuwenden (vgl. § 43 Abs. 1 Satz 3 EStG). Der KapESt-Satz beträgt grundsätzlich 25% (vgl. § 43a Abs. 1 Satz 1 Nr. 1 EStG). Allerdings werden bei einer beschränkt steuerpflichtigen Körperschaft als Dividendenempfänger 2/5 der Steuer unter den Voraussetzungen des § 50d EStG zurückerstattet (vgl. § 44a Abs. 9 Satz 1 EStG).[343] Der KapESt-Satz wird in der Regel durch ein DBA reduziert (vgl. Art. 10 Abs. 2 OECD-MA); Ausschüttungen an EU-Muttergesellschaften unterliegen nicht der KapESt (sog. Mutter-Tochter-Richtlinie; vgl. § 43b EStG).[344] Diese Entlastung ist der ausländischen Kapitalgesellschaft aber nur zu gewähren, wenn die Voraussetzungen des § 50d EStG erfüllt sind.[345]

Die Rechtslage verändert sich, wenn die Anteile einer **inländischen Betriebsstätte** zugeordnet sind. Die Erträge sind nach § 49 Abs. 1 Nr. 2 Buchst. a EStG beschränkt steuerpflichtig, wobei die Steuerfreistellung der Dividenden (§ 8b Abs. 1 KStG, vgl. Rn. 172) bzw. der Veräußerungsgewinne (§ 8b Abs. 2 KStG, vgl. Rn. 176) zu beachten ist.[346] Allerdings gilt die Abgeltungswirkung einer einzubehaltenden KapESt nicht (vgl. § 50 Abs. 2 Satz 2 Nr. 1 EStG), da aufgrund der Veranlagung des beschränkt Steuerpflichtigen infolge der inländischen Betriebsstätte von einer Bruttobesteuerung abgesehen werden kann.

bb) **Auslandserträge einer inländischen Kapitalgesellschaft.** Die unbeschränkt steuerpflichtige Körperschaft unterliegt aufgrund des Welteinkommensprinzips mit sämtlichen, auch ausländischen Einkünften der deutschen Steuerhoheit. 179a

Auch die **ausländischen Dividenden** einer unbeschränkt steuerpflichtigen Körperschaft unterliegen der Steuerfreistellung nach § 8b Abs. 1 KStG.[347] Entsprechendes gilt für eine verdeckte Gewinnausschüttung. Die Steuerfreistellung besteht nur, wenn das Einkommen der leistenden – ausländischen oder inländischen – Körperschaft nicht gemindert worden ist (vgl. § 8b Abs. 1 Satz 2 KStG).[348] Ebenso wie die Freistellung ist auch die Fiktion der nichtabzugsfähigen Betriebsausgaben in

---

[342] Vgl. BMF 28.4.2003, BStBl. I 2003, 292 Tz. 11.
[343] Die Dividenden einer ausländischen Körperschaft werden somit insgesamt nur mit einem Steuersatz in Höhe von 15% belastet.
[344] Die empfangende Muttergesellschaft im EU-Ausland muss bei Ausschüttungen ab VZ 2009 mindestens zu 15% an der ausschüttenden inländischen Tochtergesellschaft beteiligt sein (vgl. § 43b Abs. 2 Satz 1 EStG).
[345] Zur Vermeidung von Missbrauch durch Zwischenschalten einer ausländischen Körperschaft ohne eigene Substanz stellt § 50d Abs. 3 EStG verschiedene Anforderungen an die ausländische Dividendenempfängerin wie wirtschaftliche Gründe für die Zwischenschaltung, eigene Wirtschaftlichkeit oder einen angemessenen eingerichteten Geschäftsbetrieb.
[346] Ebenso bei einer inländischen Personengesellschaft (vgl. § 8b Abs. 6 KStG).
[347] Dies ist unabhängig vom Vorliegen eines DBA. Wenn ein DBA in Abhängigkeit von einer bestimmten Mindestbeteiligung ein Schachtelprivileg vorsieht, ist die Freistellung nach § 8b Abs. 1 KStG ohne Mindestbeteiligung vorrangig, vgl. Gosch/*Gosch*, KStG § 8b Rn. 40.
[348] Die Vorschrift soll die Entstehung „weißer" Einkünfte vermeiden. Sogar bei einer Steuerfreistellung durch ein DBA ist eine Gewinnausschüttung im Wege eines Treaty Over-

Höhe von 5% nach § 8b Abs. 5 KStG unabhängig von der Herkunft der Dividenden anwendbar (vgl. Rn. 172).

Auch bei der GewSt wird die Steuerfreistellung des § 8b Abs. 1 KStG berücksichtigt (vgl. Rn. 177). Allerdings sind die steuerfreien Dividenden bei der Gewerbeertragsermittlung nach § 8 Nr. 5 GewStG hinzuzurechnen, außer die Voraussetzungen des gewerbesteuerlichen Schachtelprivilegs nach § 9 Nr. 7 GewStG sind einschlägig.[349] Im Falle einer Hinzurechnung sind die gesamten im unmittelbaren Zusammenhang stehenden Aufwendungen bei der Gewerbebetragsermittlung anzusetzen.[350]

Die KapESt wird bei ausländischen Dividenden nicht erhoben, wenn der Gläubiger der Kapitalerträge eine unbeschränkt steuerpflichtige Körperschaft ist (vgl. § 43 Abs. 2 Satz 3 Nr. 1 EStG).

Bei **Gewinnen aus Veräußerung** von Aktien einer ausländischen Kapitalgesellschaft steht im Rahmen eines DBA grundsätzlich dem Ansässigkeitsstaat des Veräußerers die Besteuerungshoheit zu (vgl. Art. 13 Abs. 5 OECD-MA).[351] Die Besteuerung der Veräußerungsgewinne entspricht der bei inländischen Sachverhalten (vgl. Rn. 176). Wenn kein DBA vorliegt, wird eine mögliche Doppelbesteuerung im Wege der Anrechnung nach § 26 Abs. 1 KStG vermieden.

Die Einkünfte, die einer **ausländischen Betriebsstätte** zugeordnet werden können, unterliegen grundsätzlich auch der beschränkten Steuerpflicht im Ausland. In DBA-Fällen wird die Doppelbesteuerung zumeist durch die Freistellung der Auslandserträge von der deutschen Steuer erreicht. Ansonsten – vor allem bei Nicht-DBA-Fällen – erfolgt eine Anrechnung nach § 26 Abs. 1 KStG.[352]

B. Rechte und Pflichten der Gesellschafter einer KGaA

180 Die KGaA als Mischform zwischen AG und Kommanditgesellschaft verfügt über zwei unterschiedliche Arten von Gesellschaftern: den bzw. die persönlich haftenden Gesellschafter (Komplementäre) und die Kommanditaktionäre. Die Komplementäre sind wie die persönlich haftenden Gesellschafter einer OHG das geschäfts-

---

ride nach § 8b Abs. 1 Satz 3 KStG vollständig steuerpflichtig, wenn sie das Einkommen der ausschüttenden ausländischen Kapitalgesellschaft gemindert hat.

[349] Hiernach muss unter anderem die empfangende inländische Kapitalgesellschaft seit Beginn des Erhebungszeitraums ununterbrochen mindestens zu 15% (innerhalb der EU zu 10%, vgl. § 9 Nr. 7 Satz 1 Hs. 2 GewStG) am Nennkapital der leistenden ausländischen Körperschaft beteiligt gewesen sein. Wenn ein DBA eine höhere Schachtelgrenze festlegt, sind für die gewerbesteuerliche Kürzung trotzdem die Mindestbeteiligungen in Höhe von 15% bzw. 10% maßgebend (vgl. § 9 Nr. 8 GewStG). Zu den weiteren Voraussetzungen des § 9 Nr. 7 Satz 1 GewStG wie Erzielung aktiver Einkünfte iSd § 8 Abs. 1 Nr. 1–6 AStG durch die ausländische Kapitalgesellschaft vgl. § 16 Rn. 84.

[350] Vgl. § 9 Nr. 7 Satz 2 GewStG iVm § 9 Nr. 2a Satz 3 GewStG.

[351] Nach Art. 13 Abs. 2 OECD-MA hat ausnahmsweise der andere Staat ein Besteuerungsrecht, wenn die Anteile als bewegliches Vermögen im Betriebsvermögen einer Betriebsstätte im anderen Staat veräußert werden. Ein Besteuerungsrecht im Quellenstaat kann ebenfalls gegeben sein bei der Veräußerung von Anteilen an einer Immobiliengesellschaft (vgl. Art. 13 Abs. 4 OECD-MA).

[352] Neben der Anrechnung besteht auch die Möglichkeit, dass auf Antrag die ausländische Steuer bei der Einkunftsermittlung abgezogen wird (vgl. § 34c Abs. 2 EStG). Bei Verlusten aus der ausländischen Betriebsstätte können diese nur mit positiven Einkünften derselben Art und aus demselben Staat verrechnet werden (vgl. § 2a Abs. 1 Satz 1 Nr. 2 EStG).

führende Organ der Gesellschaft und haften mit ihrem gesamten Vermögen für Verbindlichkeiten der Gesellschaft. Die Rechtsstellung der Kommanditaktionäre entspricht im Wesentlichen derjenigen der Aktionäre einer AG (Rn. 7 ff.): Sie sind an dem in Aktien zerlegten Grundkapital beteiligt, ohne persönlich für die Gesellschaftsschulden zu haften oder zur Geschäftsführung berufen zu sein. Aufgrund der unterschiedlichen Rechtsstellung der Komplementäre und Kommanditaktionäre unterscheiden sich ihre jeweiligen aus der Mitgliedschaft (zum Begriff vgl. Rn. 1) resultierenden Rechte und Pflichten in ganz erheblicher Weise:

I. Komplementär

Die Rechte und Pflichten der Komplementäre bestimmen sich, soweit ihre Geschäftsführungs- und Vertretungstätigkeit betroffen ist, grundsätzlich nach den Vorschriften, die auf Kommanditgesellschaften zur Anwendung kommen (§ 278 AktG iVm §§ 161 ff., §§ 114, 125 ff. HGB). Ergänzend kommen über § 283 AktG Vorschriften des Aktienrechts zur Anwendung, um den mit diesen Bestimmungen verfolgten Schutz der Öffentlichkeit und der Aktionäre auch bei der KGaA zur Geltung zu bringen. Das Verhältnis der Komplementäre untereinander richtet sich nach der Satzung und, soweit sich dieser nichts entnehmen lässt, nach den Vorschriften der Personenhandelsgesellschaften (§ 161 Abs. 2 iVm §§ 110–122 HGB). Im Verhältnis der Komplementäre zu der Gesamtheit der Kommanditaktionäre gilt ebenfalls das Recht der Personenhandelsgesellschaften (§§ 163–165 HGB). Gleiches gilt im Ergebnis im Verhältnis zu Dritten (§§ 125 ff., 128 ff., 159 f. HGB).

1. Erwerb und Verlust der Mitgliedschaft

Die Mitgliedschaft als Komplementär kann auf verschiedene Weise erworben werden. Zunächst ist es möglich, sie originär durch die **Beteiligung am Gründungsvorgang** der KGaA zu erwerben (§ 280 Abs. 2 AktG, § 3 Rn. 491). Weiter kann dies in originärer Weise durch **nachträglichen Beitritt** oder in derivativer Weise durch **Übertragung der Mitgliedschaft** nach §§ 413, 398 BGB[353] erfolgen. In beiden Fällen ist eine Satzungsänderung erforderlich, da die Angaben über die Identität des persönlich haftenden Gesellschafters zwingender Bestandteil der Satzung sind (§ 281 AktG). Für die Satzungsänderung ist abweichend vom Aktiengesetz neben dem mit satzungsändernder Mehrheit gefassten Beschluss der Kommanditaktionäre die Zustimmung aller persönlich haftenden Gesellschafter erforderlich.[354] Die Aufnahme neuer Aktionäre kann in der Satzung abweichend von diesen gesetzlichen Regelungen ausgestaltet werden.[355] Sie kann zB besondere persönliche Eigenschaften verlangen und von den gesetzlichen Normen abweichende Auswahl-, Vorschlags- und Bestellungsrechte festlegen.[356]

Die **Beendigung** der Mitgliedschaft kann – wie der Erwerb – auf verschiedene Art und Weise herbeigeführt werden. Dies kann zunächst durch **Vollbeendigung der Gesellschaft** geschehen (§ 289 AktG, vgl. § 17 Rn. 84); in diesem Fall erlischt die Mitgliedschaft des Komplementärs. Des Weiteren kann die Mitgliedschaft nur

---

[353] Zum Mitgliederwechsel durch Kombination von Ein- und Austritt vgl. Beck PersGes-HB/*Sauter* § 2 Rn. 201 ff.
[354] *Hüffer/Koch* AktG § 285 Rn. 2; MHdB GesR IV/*Herfs* § 76 Rn. 4.
[355] *Geßler/Hefermehl/Semler* AktG § 278 Rn. 67; Kölner Komm./*Mertens/Cahn* § 278 Rn. 19, 22.
[356] MünchKomm. AktG/Bd. 5/*Semler/Perlitt* § 278 Rn. 67 f.

einzelner Mitglieder ihr Ende finden. Möglich ist etwa ein **freiwilliger Austritt** des Komplementärs. Dies setzt allerdings voraus, dass die Satzung ein solches Ausscheiden billigt bzw. zugleich mit der Regelung über das Ausscheiden eine entsprechende Regelung in die Satzung aufgenommen wird.[357] Möglich ist auch eine Ausschließung des Komplementärs durch Ausschließungsklage nach handelsrechtlichen Grundsätzen (§ 289 Abs. 1 AktG iVm § 162 Abs. 2 iVm § 140 HGB).[358] Zur Übertragung der Mitgliedschaft vgl. § 3 Rn. 110 ff.

2. Mitgliedschaftsrechte und -pflichten

Die Rechte und Pflichten der Komplementäre stellen sich im Einzelnen wie folgt dar:

a) Einlagen

184   Die Komplementärstellung ist dadurch gekennzeichnet, dass sich die Komplementäre durch die Übernahme der persönlichen Haftung am Unternehmensrisiko beteiligen. Eine Beteiligung kann darüber hinaus – ohne dass dies zwingend erforderlich wäre – durch eine **Vermögenseinlage**, durch eine **Übernahme** oder einen **Erwerb von Aktien** und ggf. zudem durch die Übernahme von **Nebenleistungsverpflichtungen** (Rn. 26 ff.) erfolgen. Vermögenseinlagen, die sich in der Praxis wachsender Bedeutung erfreuen, werden nicht auf das Grundkapital der Gesellschaft erbracht.[359] Sie gehen in das Eigentum der Gesellschaft über, der Gesellschafter behält lediglich einen bedingten Auseinandersetzungsanspruch (§ 17 Rn. 93). Die Folgen einer unzureichenden oder mangelhaften Einlage richten sich nach den Vorschriften des HGB bzw. BGB.[360]

Möglich ist auch eine Einlage auf das Grundkapital durch Übernahme von Aktien, wodurch der jeweilige Komplementär gleichzeitig Kommanditaktionär wird. Hat sich der Komplementär zur Erbringung einer solchen Einlage auf das Grundkapital verpflichtet, kommen die aktienrechtlichen Bestimmungen zur Anwendung. Leistet er nicht oder nicht ausreichend, unterliegt er der aktienrechtlichen Haftung (Rn. 13 ff.). Nebenleistungsverpflichtungen können von Komplementären übernommen werden, soweit sie gleichzeitig Kommanditaktionäre sind. Die Ausgestaltung der Nebenverpflichtungen richtet sich nach § 55 AktG (Rn. 26).

b) Haftung

185   Die Komplementäre haften den Gläubigern der KGaA gegenüber unbeschränkt, unmittelbar und persönlich mit ihrem gesamten Vermögen (§§ 128 ff. HGB iVm § 161 Abs. 2 HGB). Damit kann ein Gläubiger auch ohne vorherige Inanspruchnahme der KGaA vom Komplementär die Erfüllung seiner Verbindlichkeiten verlangen. Mehrere Komplementäre haften als Gesamtschuldner; die Regressansprüche der Komplementäre untereinander bestimmen sich nach § 426 BGB. Im Verhältnis zwischen der KGaA und dem Komplementär bestimmen sie sich nach § 110 HGB, sodass dem in Anspruch genommenen Komplementär ein **Ausgleichsanspruch** in Höhe seiner Leistung gegenüber der KGaA zusteht. Ausgeschiedene Komplementäre haften für die Dauer von fünf Jahren fort (§ 160 HGB). Ihnen steht gegenüber

---

[357] MHdB GesR IV/*Herfs* § 77 Rn. 40.
[358] Vgl. im Einzelnen Beck PersGes-HB/*Müller* § 4 Rn. 146.
[359] Zu Inhalt und Bewertung der Einlage vgl. § 3 Rn. 499 sowie MünchKomm. AktG/ Bd. 5/*Semler/Perlitt* § 278 Rn. 44 ff.
[360] Vgl. hierzu im Einzelnen Beck PersGes-HB/*Müller* § 4 Rn. 57 ff.

B. Rechte und Pflichten der Gesellschafter einer KGaA

der KGaA ein **Regressanspruch** aus §§ 670, 683 Satz 1 BGB zu sowie aus der übergegangenen Forderung des Gesellschaftsgläubigers auf den ausgeschiedenen Komplementär.[361] Gegenüber den anderen Komplementären besteht die Möglichkeit des Gesamtschuldnerregresses. Soll in das Privatvermögen des Komplementärs vollstreckt werden, bedarf es eines gegen den Komplementär gerichteten Titels (§ 129 Abs. 4 HGB).

c) Geschäftsführung

Den Komplementären steht das Recht auf Geschäftsführung und Vertretung zu, welches sich im Grundsatz nach den Vorschriften über Kommanditgesellschaften richtet (§ 278 Abs. 2 AktG iVm §§ 164, 161 HGB). Da diese beiden Rechte der Mitgliedschaft entspringen, bedarf es zu ihrer Begründung weder des Abschlusses eines Dienstvertrages noch der Bestellung als Organ. Vielmehr verfügen die Komplementäre über diese Rechte kraft ihrer Gesellschafterstellung. Das Gesetz weist als Regelfall jedem einzelnen Komplementär das Geschäftsführungsrecht zu, während den anderen geschäftsführungsbefugten Komplementären ein Widerspruchsrecht zusteht.[362] Die Satzung kann Gesamtgeschäftsführung anordnen. Die Ausgestaltung der Geschäftsführungs- und Vertretungsbefugnisse richtet sich neben den für Personenhandelsgesellschaften geltenden Regelungen (§ 278 AktG iVm §§ 161 ff., §§ 114, 125 ff. HGB) auch nach aktienrechtlichen Bestimmungen. Über § 283 AktG kommen Regelungen zur Anwendung, die den Komplementären bestimmte organschaftliche Befugnisse, Pflichten und Verhaltensanforderungen auferlegen (vgl. hierzu im Einzelnen § 6 Rn. 163). Aufgrund der Einstufung der Geschäftsführung und Vertretung ergibt sich, dass diese nur aus **wichtigem Grund** und auf der Grundlage eines gerichtlichen Urteils **entzogen** werden können (§§ 117, 127 HGB).[363] Die Komplementäre sind nicht nur berechtigt, sondern auch **verpflichtet**, die Geschäfte der KGaA zu führen und diese zu vertreten (§ 114 HGB). Von dieser Pflicht sind die Komplementäre nur befreit, wenn sie im Gesellschaftsvertrag von der Geschäftsführung und Vertretung ausgeschlossen oder durch Umstände gehindert sind, die sie nicht zu vertreten haben.

d) Teilnahme- und Stimmrecht

Bei den Stimm- und Teilnahmerechten der Komplementäre ist zwischen den Gesellschafterversammlungen der Komplementäre und den Hauptversammlungen der KGaA zu unterscheiden:

aa) Gesellschafterversammlungen der Komplementäre.
Gesellschafterbeschlüsse bzw. -versammlungen der Komplementäre sind vor allem erforderlich, wenn die Satzung der Gesellschaft geändert werden soll oder es um außergewöhnliche Geschäfte (§ 116 Abs. 2 HGB) oder Grundlagenentscheidungen geht.[364] Werden solche Gesellschafterversammlungen abgehalten, steht den Komplementären das mitgliedschaftliche Recht auf **Teilnahme** an diesen Versammlungen zu.[365] Neben dem Teilnahmerecht steht den Komplementären das **Stimmrecht** im Rahmen dieser Gesellschafterversammlungen zu. Grundsätzlich verfügt jeder Gesellschafter

---

[361] So BGH II ZR 35/77, WM 1978, 114 (115); *Büscher/Klusmann* ZIP 1992, 1 (17); im Einzelnen streitig.
[362] Kölner Komm./*Mertens/Cahn* § 278 Rn. 60.
[363] MünchKomm. AktG/Bd. 5/*Semler/Perlitt* § 278 Rn. 187.
[364] Siehe MünchKomm. AktG/Bd. 5/*Semler/Perlitt* § 278 Rn. 187.
[365] Vgl. hierzu im Einzelnen Beck PersGes-HB/*Müller* § 4 Rn. 87 ff.

(pro Kopf) über ein einheitlich auszuübendes Stimmrecht; abweichende Vereinbarungen sind zulässig. Das Stimmrecht ist entsprechend seiner Natur als Mitverwaltungsrecht nicht übertragbar und kann nicht auf Dauer zur Ausübung überlassen werden (Rn. 4). Durch Bevollmächtigte kann es demgegenüber grundsätzlich ausgeübt werden, wenn dies in der Satzung vorgesehen ist oder die Mitgesellschafter eine solche Ausübung billigen.

189 **bb) Hauptversammlung.** Das Gesetz enthält zwar keine besondere Regelung zur Frage der Teilnahmeberechtigung der Komplementäre an der Hauptversammlung. Da die Komplementäre in der Hauptversammlung die Jahresabschlussvorlagen vorzulegen und Auskunft zu erteilen haben, wird ganz allgemein angenommen, dass ihnen nicht nur ein **Teilnahmerecht** zusteht,[366] sondern ihre Anwesenheit vielmehr rechtlich geboten ist.

190 Die Komplementäre verfügen aus ihrer Rechtsstellung heraus über keine **Stimmrechte** in der Hauptversammlung der KGaA. Nur wenn sie zugleich Kommanditaktionäre sind, verfügen sie über ein Stimmrecht.[367] Ist das der Fall, richtet sich ihr Stimmrecht grundsätzlich nach den aktienrechtlichen Vorschriften. Anderes gilt nur insoweit als die Komplementäre, um möglichen Interessengegensätzen von Komplementären und Kommanditaktionären Rechnung zu tragen, besonderen Stimmverboten unterliegen (§ 285 AktG; vgl. im Einzelnen § 5 Rn. 319).

e) Informationsrechte

191 Die Mitgliedschaft der Komplementäre begründet des weiteren Informationsrechte. Ihnen steht nach § 118 HGB iVm § 161 Abs. 2 iVm § 278 Abs. 2 AktG das Recht zu, sich persönlich über die Angelegenheiten der KGaA zu unterrichten, in die Geschäfts- bzw. Handelsbücher Einsicht zu nehmen und sich aus ihnen eine Übersicht über den Stand des Gesellschaftsvermögens anzufertigen.[368] Dieses Recht kann für den einzelnen Komplementär insbesondere dann von Bedeutung sein, wenn er von der **Geschäftsführung ausgeschlossen ist**.[369] Die Satzung kann insoweit aber anderes vorsehen.

f) Recht auf anteiligen Jahresgewinn

192 Den Komplementären steht das Recht auf Teilhabe an dem durch die KGaA erwirtschafteten Gewinn zu. Der Gewinnanspruch zählt zu den Vermögensrechten und ist nach seiner Konkretisierung daher selbstständig übertragbar (Rn. 5). Er ist gegenüber der Gesellschaft geltend zu machen. Der Anspruch auf Gewinnauszahlung entsteht mit der Feststellung des Jahresabschlusses.[370] In Ermangelung anders lautender Satzungsvorschriften ist von einem Gewinn auszugehen, der nach den Vorschriften des Personengesellschaftsrechts zu ermitteln ist (sog. dualistische Gewinnermittlung).[371] Nach aA soll der aktienrechtliche Jahresabschluss für die Ermittlung des Komplementärgewinns maßgeblich sein und das Recht der KG erst für die Gewinnverteilung gelten.[372] Im Hinblick auf den ermittelten Gewinn

---

[366] Großkomm. AktG/*Barz* § 285 Rn. 2.
[367] MünchKomm. AktG/Bd. 5/*Semler/Perlitt* § 285 Rn. 9.
[368] Zu den Einzelheiten vgl. Baumbach/Hopt/*Roth* HGB § 118 Rn. 4 ff.
[369] Zum Ausschluss von der Geschäftsführung vgl. MünchKomm. AktG/Bd. 5/*Semler/Perlitt* § 278 Rn. 31.
[370] Vgl. BGH II ZR 186/80, BGHZ 80, 357 (358) = NJW 1981, 2563.
[371] MünchKomm. AktG/Bd. 5/*Semler/Perlitt* § 286 Rn. 22.
[372] Kölner Komm./*Mertens/Cahn* § 286 Rn. 10, 13.

B. Rechte und Pflichten der Gesellschafter einer KGaA

sehen die zur Anwendung gelangenden handelsrechtlichen Vorschriften vor (§ 121 iVm § 168 Abs. 1 HGB iVm § 278 Abs. 2 AktG), dass jeder Gesellschafter vorab einen Anteil von 4% erhält; reicht der Gewinn dazu nicht aus, ist ein entsprechend niedrigerer Satz anzuwenden. Bezugsgröße ist der zum Ende des Geschäftsjahres festgestellte Kapitalanteil; für die Berechnung von im Laufe des Jahres schwankenden Kapitalanteilen gilt das HGB (§ 121 Abs. 2 HGB). Der nach der Kapitalverzinsung verbleibende Betrag wird unter die Komplementäre in einem angemessenen Verhältnis – in der Regel nach Kapitalanteilen[373] – verteilt (§ 168 Abs. 2 HGB). Der den Gesellschaftern auf diese Weise zukommende Gewinn ist dem Kapitalkonto zuzuschreiben. Diese gesetzlichen Regelungen sind indessen häufig nicht interessengerecht. Da sie abdingbar sind, können in der **Satzung** abweichende Regelungen vorgesehen werden.[374] Interne Abreden zwischen den Komplementären können lediglich schuldrechtliche Wirkung unter ihnen entfalten.[375]

g) Pflicht zur Verlusttragung

Ergibt sich ein Bilanzverlust, so entfällt auf den Komplementär, soweit die Satzung nichts anderes bestimmt, ein nach den Umständen angemessener Anteil, dh der Verlust wird in der Regel nach Kapitalanteilen verteilt.[376] Die Verluste sind in entsprechender Weise vom Kapitalanteil abzuschreiben. Reicht der Kapitalanteil des Komplementärs nicht aus, um den Verlust zu decken, so ist der Restbetrag einem besonderen Konto „Einzahlungsverpflichtungen persönlich haftender Gesellschafter" zu belasten (§ 286 Abs. 2 AktG).

h) Entnahmerecht

Den Gesellschaftern steht ein Entnahmerecht zu, welches sich nach handelsrechtlichen und – soweit es um Entnahmebeschränkungen geht – aktienrechtlichen Regelungen richtet (§ 122 HGB, § 288 AktG). Bei dem Entnahmerecht handelt es sich um ein **Vermögensrecht** des Gesellschafters. Es ist anders als die übrigen Vermögensrechte jedoch nicht ohne Weiteres, sondern nur übertragbar, wenn die Entnahme durch einen Gewinnausschüttungsbeschluss gedeckt ist.

aa) § 122 HGB als Grundlage des Entnahmerechts. Nach dieser Vorschrift ist jeder Komplementär, der eine Kapitaleinlage geleistet hat, berechtigt, 4% seines für das letzte Geschäftsjahr festgestellten (positiven) Kapitalanteils zu entnehmen (**Grundentnahme**), und zwar auch dann, wenn die Gesellschaft Verluste erwirtschaftet hat. Wenn die Kapitaleinlage durch Verlustbelastungen und Entnahmen aufgezehrt ist, dürfen Grundentnahmen nicht mehr getätigt werden. Grund hierfür ist, dass eine weitere Entnahme in diesen Fällen wirtschaftlich eine Kreditinanspruchnahme wäre, die nur mit Zustimmung des Aufsichtsrats erfolgen dürfte und die unter den in § 288 Abs. 1 Satz 2 AktG genannten Voraussetzungen überhaupt unzulässig wäre.[377]

Darüber hinaus darf jeder Komplementär den Betrag entnehmen, um den der Gewinn des Vorjahres das Grundentnahmerecht des laufenden Jahres übersteigt (**Gewinnentnahme**), soweit dies nicht offensichtlich der Gesellschaft zum Schaden gereicht (§ 122 Abs. 1 Hs. 2 HGB). Dieses Gewinnentnahmerecht steht im Gegen-

---

[373] Beck PersGes-HB/*Müller* § 4 Rn. 115.
[374] Beck PersGes-HB/*Müller* § 4 Rn. 117 ff.
[375] Kölner Komm./*Mertens/Cahn* § 288 Rn. 14.
[376] Röhricht/*Graf v. Westphalen*/v. *Gerkan* HGB § 168 Rn. 13.
[377] Großkomm. AktG/*Barz* § 288 Rn. 8; Kölner Komm./*Mertens/Cahn* § 288 Rn. 29.

satz zum Grundentnahmerecht auch Komplementären zu, die keine Kapitaleinlage geleistet haben. § 122 HGB ist dispositiv. Beispielsweise kann die Satzung einen höheren Prozentsatz als 4% festlegen.[378]

197 **bb) Beschränkungen.** Diese Regelungen des HGB werden durch die zwingenden, der Kapitalerhaltung dienenden Entnahmebeschränkungen ergänzt. Nach § 288 AktG sind Entnahmen verboten, solange
– der Verlustanteil des Komplementärs seinen Kapitalanteil übersteigt oder
– die Summe aus Bilanzverlust, Einzahlungsverpflichtungen, Verlustanteilen persönlich haftender Gesellschafter und Forderungen aus Krediten an persönlich haftende Gesellschafter und deren Angehörige die Summe aus Gewinnvortrag, Kapital- und Gewinnrücklagen sowie Kapitalanteilen der persönlich haftenden Gesellschafter übersteigt.

Für die Bildung dieser Summen aus Aktiva und Passiva kommt es nicht auf den einzelnen Komplementär, sondern die Gesamtbeträge aller Komplementäre an. Gesetzeswidrige Entnahmen begründen einen aktienrechtlichen Rückerstattungsanspruch. Daneben ist eine Schadensersatzpflicht möglich.[379] Demgegenüber dürfen Tätigkeitsvergütungen, die nicht vom Gewinn abhängen, auch in Verlustphasen ausgezahlt werden, können aber gem. § 87 Abs. 2 Satz 1 AktG iVm § 288 Abs. 3 Satz 2 AktG herabgesetzt werden.

i) Recht auf Aufwendungsersatz und Pflicht zur Herausgabe des Erlangten

198 Den Komplementären steht ein vermögensrechtlicher Anspruch auf Aufwendungsersatz (§ 110 HGB iVm §§ 667, 670 BGB iVm § 278 Abs. 2 AktG) und Vorschuss (§ 669 BGB), der gegenüber der Gesellschaft durchzusetzen ist, zu.[380] Dem steht die Pflicht gegenüber, alles, was sie aus der Geschäftsführung erlangt haben, herauszugeben (§ 667 BGB), und zwar auch Sonderprovisionen und Schmiergelder.

Ebenso haben die Komplementäre die Vorteile, die sie aus der Verwertung von Geschäftschancen erlangt haben, herauszugeben, da diese der Gesellschaft und nicht ihnen persönlich zustehen.

j) Kündigungs- und Ausschließungsrecht

199 Den Komplementären steht das Recht zu, ihre Mitgliedschaft zu **kündigen** (§ 131 Abs. 3 Nr. 3 HGB). Dem steht § 289 Abs. 5 AktG nicht entgegen.[381] Im Falle einer solchen Kündigung scheidet der betreffende Komplementär aus der Gesellschaft aus, soweit in der Satzung nichts anderes festgelegt ist.[382] Darüber hinaus kann ein Komplementär auf Antrag der übrigen Gesellschafter bei Vorliegen eines wichtigen Grundes durch Gerichtsentscheidung ausgeschlossen werden (§ 289 Abs. 1 AktG iVm § 140 HGB).[383] Zur Möglichkeit, die Auflösung der Gesellschaft zu betreiben, vgl. § 17 Rn. 84, 86.

---

[378] Zu den Einzelheiten vgl. MünchKomm. AktG/Bd. 5/*Semler/Perlitt* § 288 Rn. 39 ff.
[379] *Hüffer/Koch* AktG § 288 Rn. 4.
[380] MünchKomm. AktG/Bd. 5/*Semler/Perlitt* § 278 Rn. 57.
[381] MünchKomm. AktG/Bd. 5/*Semler/Perlitt* § 289 Rn. 9.
[382] MünchKomm. AktG/Bd. 5/*Semler/Perlitt* § 278 Rn. 156, 289.
[383] Vgl. im Einzelnen MünchKomm. AktG/Bd. 5/*Semler/Perlitt* § 289 Rn. 119; Beck PersGes-HB/*Müller* § 4 Rn. 146.

k) Anspruch auf Auseinandersetzungs- und Abfindungsguthaben

Je nachdem, ob die Komplementäre eine **Vermögenseinlage** oder eine **Einlage auf das Grundkapital** (Rn. 126) geleistet haben, ist zu unterscheiden: Haben sie eine Vermögenseinlage geleistet, richten sich ihre Ansprüche im Falle der Liquidation der Gesellschaft nach dem Recht der Kommanditgesellschaft. Ihnen steht gegenüber der Gesellschaft ein Anspruch auf das Auseinandersetzungsguthaben zu; sie können also die Verteilung des verbleibenden Vermögens der Gesellschaft verlangen (§ 155 HGB). Ist das Auseinandersetzungsguthaben negativ, so sind die Komplementäre verpflichtet, es nach § 735 BGB auszugleichen (**Nachschusspflicht im Liquidationsstadium**). Soweit der Komplementär zuvor aus der Gesellschaft ausscheidet, steht ihm ein Abfindungsanspruch zu. Liegt keine vertragliche Regelung vor, erhält er das, was er bei der Auseinandersetzung zu bekommen hätte. Haben die Komplementäre hingegen eine **Einlage auf das Grundkapital** geleistet, steht ihnen ein Anspruch auf den Abwicklungsüberschuss nach den aktienrechtlichen Regelungen zu (§ 271 AktG).

l) Treupflicht/Wettbewerbsverbot

Die Komplementäre unterliegen Treubindungen in unterschiedlichen Verhältnissen. Sie bestehen zunächst zwischen den Komplementären untereinander, darüber hinaus zwischen den Komplementären und den Kommanditaktionären und schließlich zwischen den Komplementären und der Gesellschaft. Das Verhältnis der **Komplementäre untereinander** ist durch besonders starke Treupflichten geprägt, die über diejenigen der Kommanditaktionäre (vgl. Rn. 212) hinausgehen. Dies resultiert aus der Verpflichtung zur gemeinsamen Geschäftsführung und der gemeinsamen Haftung, welche ein notwendigerweise hohes Maß an Vertrauen fordert. Dies wiederum bedingt, dass jeder Komplementär seine Rechte und Pflichten unter Berücksichtigung der Belange seiner Mitgesellschafter auszuüben hat.[384] Auch im Verhältnis der **Komplementäre zu den Kommanditaktionären** besteht eine solche Treupflicht. Sie ergibt sich neben dem Umstand, dass sowohl Komplementäre als auch Kommanditaktionäre Partner einer vom Recht getragenen Organisation sind, ua auch aus der Möglichkeit, durch den Einfluss auf die Geschäftsführung und die teilweise bestehende Zustimmungspflicht im Rahmen von Beschlüssen die Interessen der Aktionäre zu berühren. Auch in diesem Verhältnis bestehen daher Rücksichtnahmeverpflichtungen, die allerdings wegen der geringeren persönlichen Bindung nicht so stark ausgeprägt sind wie diejenigen zwischen den Komplementären. Die im Verhältnis zwischen den **Komplementären und der Gesellschaft** bestehende Treupflicht verpflichtet die Komplementäre zur Förderung und Verwirklichung des gemeinsamen Zwecks und zur Unterlassung schädlicher Eingriffe.

Für die Intensität der Treubindungen ist die Funktion des auszuübenden Rechts von herausragender Bedeutung. Bei **Geschäftsführungsvorgängen** besteht eine ausschließliche Bindung der Komplementäre an das Gesellschaftsinteresse, da dem Gesellschaftsinteresse bei diesen Maßnahmen der absolute Vorrang vor den Interessen der Komplementäre zukommt. Eine solche Bindung existiert demgegenüber bei den eigennützigen Rechten nicht (zB Vermögensrecht, Informations- und Stimmrechte), bei denen eine Abwägung der Privat- und Gesellschaftsinteressen vorzunehmen ist. Zu den Rechtsfolgen eines Treupflichtverstoßes vgl. Rn. 85. Zur Wahrung der den

---

[384] MünchKomm. AktG/Bd. 5/*Semler/Perlitt* § 278 Rn. 102; vgl. Großkomm. HGB/*Schäfer* § 105 Rn. 236 ff.

Komplementären gegenüber der Gesellschaft und ihren Mitgesellschaftern obliegenden Treupflicht verbietet § 284 AktG den Komplementären, zur KGaA in Wettbewerb zu treten (zum **Wettbewerbsverbot** siehe im Einzelnen unter § 6 Rn. 163).

3. Besteuerung[385]

203   Der **persönlich haftende Gesellschafter (Komplementär)** einer KGaA ist steuerlich wie ein Mitunternehmer zu behandeln.[386] Nach § 15 Abs. 1 Satz 1 Nr. 3 EStG sind die Gewinnanteile des Komplementärs (soweit sie nicht auf Anteile am Grundkapital entfallen) sowie Vergütungen, die der Komplementär von der KGaA für seine Tätigkeit im Dienst der Gesellschaft oder für die Hingabe von Darlehen oder für die Überlassung von Wirtschaftsgütern bezieht, **Einkünfte aus Gewerbebetrieb**.[387]

Der Gewinnanteil des Komplementärs einschließlich seiner Sondervergütungen, Sonderbetriebseinnahmen und Sonderbetriebsausgaben ist durch Betriebsvermögensvergleich zu ermitteln und unterliegt bei diesem der EStG/KStG. Soweit der Komplementär der Einkommensteuer unterliegt, ermäßigt sich die zu entrichtende Einkommensteuer wegen der von der KGaA auf den Gewinnanteil des Komplementärs zu entrichtenden Gewerbesteuer (§ 35 Abs. 1 Satz 1 Nr. 2, Abs. 2 Satz 1 EStG).

203a   Im Zusammenhang mit der Gewinnermittlung und der Gewinnverteilung sind im Einzelnen viele Fragen nicht abschließend geklärt, wobei grundsätzlich zwischen zwei Besteuerungskonzepten (intransparent/transparent) unterschieden wird.[388] Diese Unterscheidung hat ua Bedeutung für die Berücksichtigung von steuerfreien Einnahmen der KGaA zB aus Dividenden oder Anteilsveräußerungen:[389] Nach der früher von der Finanzverwaltung[390] bevorzugten intransparenten Betrachtung entfallen diese steuerfreien Einkünfte vollständig auf die KGaA. Die Literatur[391] und der BFH[392] hingegen stellen auf die Systematik der transparenten Besteuerung ab. Hiernach sollen die steuerfreien Einnahmen „an der Wurzel" von der Körper-

---

[385] Vgl. grundlegend zur Besteuerung der KGaA *Hageböke* Das „KGaA-Modell", Düsseldorf 2008; *Krebbers/van Heek* Die mitunternehmerische Besteuerung der Komplementäre der KGaA, 2016.

[386] Vgl. BFH X R 14/88, BStBl. II 1989, 881; H 15.8 Abs. 4 EStH. Der Komplementär kann daher auch wie ein Mitunternehmer Sonderbetriebsvermögen (SBV) haben. Des Weiteren sind die Einlage eines persönlich haftenden Gesellschafters einer KGaA übersteigende Anschaffungskosten in einer Ergänzungsbilanz zu erfassen, vgl. BFH I R 41/16, DStR 2017, 1976.

[387] Es handelt sich bei § 15 Abs. 1 Nr. 3 EStG um eine Zurechnungs- und Qualifikationsnorm, vgl. BFH X R 6/05, BStBl. II 2008, 363.

[388] Grundlegend zur Problematik *Kessler* in FS Korn 2005, S. 307 ff.; sowie Übersicht bei *Suttorp* Haarmann Jahrbuch Steuern 2010, S. 157 ff. Vgl. zur unterschiedlichen Belastung Beispiele bei *Drüen/van Heek* DStR 2012, 541, *Rohrer/Orth* BB 2007, 1594 und *Kusterer* DStR 2008, 484.

[389] Entsprechendes gilt zB für steuerbilanzielle Mehr-/Minderergebnisse iSd § 60 Abs. 2 EStDV und nicht abziehbare Betriebsausgaben.

[390] Vgl. *Hageböke/Koetz* DStR 2006, 293; *Rohrer/Orth* BB 2007, 2266. Mittlerweile soll auch die Finanzverwaltung der transparenten Betrachtung folgen, vgl. HHR/*Drüen* KStG § 9 Rn. 25.

[391] *Kusterer* DStR 2008, 484; *Rohrer/Orth* BB 2007, 1594; *Hageböke/Koetz* DStR 2006, 293; *Kollruss* BB 2012, 3178.

[392] BFH X R 14/88, BStBl. II 1989, 881. Aufgrund fehlender Entscheidungserheblichkeit wurden leider nicht alle Grundsatzfragen durch den BFH beantwortet.

B. Rechte und Pflichten der Gesellschafter einer KGaA

schaftsbesteuerung der KGaA abgespalten und dem persönlich haftenden Gesellschafter unmittelbar zugerechnet werden. Die steuerfeien Einnahmen entfallen anteilig auf die KGaA und den Komplementär, bei dem § 8b KStG bzw. §§ 3 Nr. 40, 3c EStG Anwendung finden kann.

Auch der Gewinn aus der Veräußerung des gesamten Anteils des Komplementärs gehört nach § 16 Abs. 1 Satz 1 Nr. 3 EStG zu den Einkünften aus Gewerbebetrieb.[393] Handelt es sich bei dem Komplementär um eine natürliche Person, so ist der Veräußerungsgewinn nach §§ 16 Abs. 4, 34 EStG begünstigt und unterliegt dem Teileinkünfteverfahren (§ 3 Nr. 40b EStG).[394]

203b

Soweit von einer KGaA erhaltene ausländische Dividenden nach deutschem Steuerrecht dem Komplementär zuzurechnen sind, kann dieser die Freistellung nach einem abkommensrechtlichen Schachtelprivileg in Anspruch nehmen, wenn die Dividenden bei ihm als Zahlungsempfänger nach Maßgabe des DBA auch freigestellt sein würden (§ 50d Abs. 11 Satz 2 EStG).[395]

203c

Ist der Komplementär gewerbesteuerpflichtig, so sind die auf Ebene der KGaA nach § 8 Nr. 4 GewStG dem Gewerbeertrag hinzugerechneten Gewinnanteile bei ihm wieder zu kürzen, wenn sie bei der Ermittlung des Gewinns (§ 7 GewStG) angesetzt worden sind, § 9 Nr. 2b GewStG.[396]

203d

II. Kommanditaktionär

Die Rechtsstellung der Kommanditaktionäre bestimmt sich im Verhältnis zu der Gesellschaft und den Mitaktionären nach den Vorschriften des Aktiengesetzes (§ 278 Abs. 3 AktG). Dem Kommanditaktionär kommt insoweit keine andere Stellung als dem Aktionär in einer AG zu. Das Verhältnis der Gesamtheit der Kommanditaktionäre zu den Komplementären richtet sich nach den Vorschriften der Kommanditgesellschaft, soweit in den Vorschriften der KGaA nichts Abweichendes geregelt ist. Dies hat ua zur Folge, dass der Vorrang der Satzungsautonomie gilt, der Satzung damit vor allem die Disposition über die Zuständigkeitsverteilung in den Grenzen der §§ 278 Abs. 3, 283, 287 Abs. 2 AktG eingeräumt ist.[397]

204

1. Begründung und Beendigung der Mitgliedschaft

Der Erwerb der Mitgliedschaft erfolgt entweder durch die Beteiligung bei der Gründung der KGaA (§ 280 AktG), im Zuge einer Kapitalerhöhung und der hiermit

205

---

[393] Ein begünstigter Veräußerungsgewinn iSd § 16 Abs. 1 Satz 1 Nr. 3 EStG wird nur erzielt, wenn der „gesamte" Anteil des Komplementärs veräußert wird. Insoweit ist neben der Beteiligung an der KGaA auch etwaig vorhandenes wesentliches Sonderbetriebsvermögen des Komplementärs mit zu veräußern, vgl. HHR/Patt EStG § 16 Rn. 371. Bei der Veräußerung nur eines Teils der Beteiligung handelt es sich nach § 16 Abs. 1 Satz 2 EStG um laufenden Gewinn.

[394] Entsprechendes gilt für den im Rahmen der einheitlichen und gesonderten Gewinnfeststellung einer Personengesellschaft festgestellten Veräußerungsgewinn iSd § 16 Abs. 1 Satz 1 Nr. 3 EStG, soweit natürliche Personen an der Personengesellschaft als Mitunternehmer beteiligt sind.

[395] Der KGaA wird insoweit eine Freistellung nach einem abkommensrechtlichen Schachtelprivileg aufgrund des jeweiligen DBA für Dividenden, die nach deutschem Steuerrecht einer anderen Person zuzurechnen sind, nicht gewährt (§ 50d Abs. 11 Satz 1 EStG).

[396] Hierdurch wird sichergestellt, dass die Gewinnanteile nur einmal (auf Ebene der KGaA) der Gewerbesteuer unterliegen, vgl. BFH X R 6/05, BStBl. II 2008, 363.

[397] Kölner Komm./*Mertens/Cahn* § 278 Rn. 46.

verbundenen Aktienübernahme (originärer Erwerb; § 3 Rn. 495) oder durch den späteren Erwerb der Mitgliedschaft (derivativer Erwerb; § 3 Rn. 87 ff.). Die Beendigung der Mitgliedschaft kann durch Vollbeendigung der Gesellschaft im Zuge der Auflösung (§§ 289 AktG; § 17 Rn. 82 ff.), durch Einziehung der Anteile (§§ 237 ff. AktG; § 9 Rn. 161 ff.), durch Ausschluss im Falle der Säumnis gem. § 64 AktG, durch Ausschluss des Aktionärs durch einen Mehrheitsaktionär gem. § 327a AktG (Squeeze Out, § 14 Rn. 41) oder durch rechtsgeschäftlichen bzw. gesetzlichen Übergang der Aktie auf einen Dritten (§ 3 Rn. 111 ff.) erfolgen.

2. Mitgliedschaftsrechte und -pflichten

a) Einlage

206 Die an der Gründung mitwirkenden Kommanditaktionäre haben – wie die Aktionäre der AG – Geldeinlagen in Höhe des eingeforderten Betrages und Sacheinlagen in vollständigem Umfang zu leisten (Rn. 8 ff.). Mit der Leistung der Einlage haben die Kommanditaktionäre ihre gegenüber der Gesellschaft bestehenden Verbindlichkeiten erfüllt. Sie haften Dritten gegenüber mithin nicht für die Verbindlichkeiten der Gesellschaft. Das unterscheidet sie von den Kommanditisten einer KG, die Dritten gegenüber in Höhe ihrer Einlage unmittelbar haften, soweit die Einlage noch nicht erbracht ist. **Ausstehende Einlagen** werden von den Komplementären eingefordert. Rückständige Zahlungen sind zu verzinsen (§ 63 Abs. 2 AktG, Rn. 14). Die Bestimmungen über die Differenzhaftung, den Ausschluss säumiger Aktionäre, die Zahlungspflicht der Vormänner und das Verbot einer Befreiung von den Leistungspflichten (§§ 64 bis 66 AktG) gelten auch bei den Kommanditaktionären.

b) Nebenverpflichtungen

207 Die Kommanditaktionäre können entsprechend § 55 AktG Nebenverpflichtungen übernehmen (Rn. 26 f.). Weitere Verpflichtungen können ihnen nicht auferlegt werden.[398]

c) Stimm- und Teilnahmerecht

208 Die Kommanditaktionäre üben ihre Mitverwaltungsrechte in der Hauptversammlung der KGaA aus. Der einzelne Kommanditaktionär hat in der Hauptversammlung alle Rechte, die das Gesetz einem einzelnen Aktionär zur Verfügung stellt. Der Kommanditaktionär ist berechtigt, an der Hauptversammlung teilzunehmen und sein Stimmrecht auszuüben. Ein Kommanditaktionär, der zugleich Komplementär ist, unterliegt jedoch den Stimmverboten des § 285 AktG (vgl. § 5 Rn. 319). Weiter ist insoweit zu beachten, dass bestimmte Beschlüsse (zB Satzungsänderungen und sonstige Grundlagenbeschlüsse) der Zustimmung der Komplementäre bedürfen (§ 285 Abs. 3 AktG).

d) Auskunfts- und Informationsrechte

209 Den Kommanditaktionären steht das Auskunftsrecht nach § 131 Abs. 1 AktG zu (vgl. Rn. 51 ff.). Im Hinblick auf die Auskunftsverweigerungsrechte können sich die Komplementäre nicht auf § 131 Abs. 3 Nr. 3 und 4 AktG berufen, da die Hauptver-

---

[398] MünchKomm. AktG/Bd. 5/*Semler/Perlitt* § 278 Rn. 102.

sammlung der KGaA den Jahresabschluss feststellt (§ 286 Abs. 1 Satz 1 AktG). Den Kommanditaktionären ist dementsprechend beispielsweise auch Auskunft über stille Reserven und Bewertungs- und Abschreibungsmethoden zu geben. Gleiches gilt im Ergebnis für den Gewinnanteil des persönlich haftenden Gesellschafters, soweit sich dieser nicht aus dem Jahresabschluss bzw. der Gewinnverteilung zwischen den Komplementären und den Kommanditaktionären ergibt.[399] Im Hinblick auf die **sonstigen Informations- und Mitverwaltungsrechte** (Rn. 29 ff., 33 ff., 51, 71, 105) gilt das zur Aktiengesellschaft Ausgeführte.

e) Widerspruchsrecht

Der Gesamtheit der Kommanditaktionäre steht gem. § 278 Abs. 2 AktG iVm § 164 HGB ein Widerspruchsrecht gegen **außergewöhnliche Geschäftsführungsmaßnahmen** zu. Dieses Recht hat nach überwiegender Meinung den Charakter eines Zustimmungserfordernisses der Aktionäre bzw. der Hauptversammlung als Organ der Kommanditaktionäre. Bei außergewöhnlichen Maßnahmen muss daher ein zustimmender Beschluss der Hauptversammlung eingeholt werden.[400] Damit die Kommanditaktionäre dieses Widerspruchsrecht ausüben können, bedarf es der Unterrichtung der Aktionäre. Denn ein Widerspruchsrecht ist für die Kommanditaktionäre wertlos, wenn die Komplementäre nicht verpflichtet sind, diese über die beabsichtigte Handlung in Kenntnis zu setzen.[401] In der Satzung kann allerdings Abweichendes festgelegt werden, etwa das Widerspruchsrecht ausgeschlossen werden.

f) Feststellungskompetenz des Jahresabschlusses

Ebenfalls abweichend von der AG ist die Feststellungskompetenz bezüglich des Jahresabschlusses geregelt. Gemäß § 286 AktG stellt die Hauptversammlung den Jahresabschluss fest, allerdings mit Zustimmung der Komplementäre.

g) Gewinnanspruch

Den Kommanditaktionären steht ein Anspruch auf den – nach dem Gewinnverwendungsbeschluss – auf sie jeweils entfallenden Anteil des auszuschüttenden Gewinns zu (§ 278 Abs. 3 iVm § 271 AktG, Rn. 71 ff.). Die Aufteilung des Gewinns im Verhältnis zwischen den Kommanditaktionären und den Komplementären richtet sich nach den handelsrechtlichen Vorschriften (§ 168 HGB).

h) Auseinandersetzungsguthaben

Nach Auflösung der KGaA kann der Kommanditaktionär seine Einlage nicht zurückverlangen. Vielmehr steht ihm ein Anspruch auf das anteilige Auseinandersetzungsguthaben des verbleibenden Vermögens nach § 271 Abs. 2 AktG zu.[402]

i) Minderheitenrechte

Minderheitenrechte für eine im Gesetz vorgesehene Aktionärsminderheit gelten auch für die Kommanditaktionäre.

---

[399] *Sethe* DB 1988, 1044 (1045).
[400] *Kallmeyer* DStR 1994, 977 (978).
[401] Allg. Meinung vgl. Großkomm. AktG/*Barz* § 278 Rn. 21.
[402] Vgl. § 17 Rn. 93.

j) Klagerechte

215 Dem **einzelnen Kommanditaktionär** steht die Möglichkeit zu, Hauptversammlungsbeschlüsse anzufechten bzw. für nichtig erklären zu lassen. Auch stehen ihm Klagemöglichkeiten gegenüber der Gesellschaft bzw. den übrigen Kommanditaktionären bei Verletzung seiner Mitgliedschaftsrechte zu.[403] Handelt es sich um Rechtsstreitigkeiten zwischen den Kommanditaktionären und den Komplementären (zB Klage der Komplementäre gegenüber den Kommanditaktionären auf Feststellung des Jahresabschlusses), so weist § 287 Abs. 2 S. 1 AktG die Prozessvertretung dem Aufsichtsrat zu. Nach dem gedanklichen Konzept der hM[404] und des historischen Gesetzgebers liegt die Parteirolle bei der Gesamtheit der Aktionäre, die daher als parteifähig anerkannt wird. Nach der hier vertretenen Auffassung muss die Vorschrift des § 287 Abs. 2 AktG aber dahingehend verstanden werden, dass die Parteirolle nicht der Gesamtheit der Aktionäre, sondern der KGaA zuzuweisen ist, und § 287 Abs. 2 AktG, der festlegt, dass der Aufsichtsrat die Gesamtheit der Aktionäre in Rechtsstreitigkeiten vertritt, als reine Kompetenznorm anzusehen ist.[405]

k) Treupflicht

216 Die Kommanditaktionäre unterliegen zunächst Treupflichten im Verhältnis gegenüber der KGaA und den übrigen Kommanditaktionären. Im Hinblick auf Inhalt und Umfang der Treupflichten kommen die zur AG herausgearbeiteten Grundsätze zur Anwendung (vgl. die Ausführungen unter Rn. 81 ff.). In diesen Verhältnissen treffen die Kommanditaktionäre nur dann intensiver ausgeprägte Treupflichten, wenn sie an der Geschäftsführung beteiligt sind, da die Treupflichten umso weitgehender sind, je weiter die Einflussmöglichkeiten reichen.[406] Darüber hinaus bestehen im Verhältnis zwischen der Gesamtheit der Kommanditaktionäre und den Komplementären Treupflichten. Sie rühren daher, dass beide Gesellschaftergruppen Partner unter einem gemeinsam verfolgten Zweck sind (§ 705 BGB) und die Kommanditaktionäre durch die teilweise bestehende Zustimmungspflicht im Rahmen von Beschlüssen die Interessen der Komplementäre berühren können.[407] Auch in diesem Verhältnis besteht daher das Gebot der Rücksichtnahme auf die Interessen der Mitgesellschafter.

l) Gleichbehandlung

217 Kommanditaktionäre sind unter gleichen Umständen gleich zu behandeln. Dieser im Aktiengesetz niedergelegte Grundsatz gilt auch für die Kommanditaktionäre der KGaA (Rn. 86 ff.).

---

[403] Vgl. Rn. 233 ff.
[404] RG I 80/10, RGZ 74, 301 (302); Großkomm. AktG/*Barz* § 287 Rn. 8.
[405] *Hüffer/Koch* AktG § 287 Rn. 2; Kölner Komm./*Mertens/Cahn* § 287 Rn. 20 mwN; s. aber für Gesellschafter als Partei MünchKomm. AktG/Bd. 5/*Semler/Perlitt* § 287 Rn. 73, 74; MHdB GesR IV/*Herfs* § 77 Rn. 57.
[406] Allg. Ansicht, vgl. *Geßler/Hefermehl/Semler* AktG § 278 Rn. 108 ff.; MünchKomm. AktG/Bd. 5/*Semler/Perlitt* § 278 Rn. 128.
[407] Vgl. auch MünchKomm. AktG/Bd. 5/*Semler/Perlitt* § 278 Rn. 133.

3. Besteuerung

Die Kommanditaktionäre unterliegen der allgemeinen Besteuerung eines Aktionärs. Sie erzielen aus den von ihnen gehaltenen Aktien Einkünfte aus Kapitalvermögen iSd § 20 Abs. 1 Nr. 1 EStG (vgl. im Einzelnen Rn. 120ff.). Dies gilt auch für zusätzlich vom persönlich haftenden Gesellschafter gehaltene Kommanditaktien.

Die Ausschüttungen auf die Kommanditaktien sind im Zeitpunkt des Zuflusses als Einnahmen aus Kapitalvermögen zu erfassen.

§ 5 Die Hauptversammlung

Bearbeiter: Prof. Dr. Jochem Reichert

Übersicht

		Rn.
A.	**Einleitung**	1–5
B.	**Die Aktiengesellschaft**	6–301
	I. Die Zuständigkeit der Hauptversammlung	6–55
	1. Überblick	6
	2. Gesetzliche Zuständigkeiten der Hauptversammlung	7–22
	a) Regelmäßig wiederkehrende Befassungen und Entscheidungen	8–15
	aa) Entgegennahme des von Vorstand und Aufsichtsrat aufgestellten Jahresabschlusses	9
	bb) Verwendung des Bilanzgewinns	10, 11
	cc) Entlastung	12, 13
	dd) Wahl der Aufsichtsratsmitglieder	14
	ee) Bestellung des Abschlussprüfers	15
	b) Grundlagenentscheidungen	16–21
	aa) Satzungsänderungen	17, 18
	bb) Maßnahmen der Kapitalbeschaffung und Kapitalherabsetzung	19
	cc) Auflösung	20
	dd) Weitere gesetzlich geregelte Grundlagenentscheidungen	21
	c) Sonderfälle	22
	3. Satzungsgemäße Zuständigkeiten	23, 24
	4. Ungeschriebene Zuständigkeiten	25–52
	a) Die Holzmüller-Entscheidung	25–29
	b) Rechtsgrundlage ungeschriebener Hauptversammlungszuständigkeiten	30
	c) Übersicht über hauptversammlungspflichtige Maßnahmen in der Muttergesellschaft/Konzernbildungskontrolle	31–44
	aa) Ausgliederung auf Tochtergesellschaften	31
	bb) Beteiligungserwerb	32
	cc) Abgabe eines Übernahmeangebots	33–35
	dd) Beteiligungsveräußerung	36–38
	ee) Going Public, IPO	39
	ff) Delisting	40
	gg) Zustimmungserfordernisse in der Zielgesellschaft bei Unternehmensübernahmen	41, 42
	hh) Übertragung vinkulierter Aktien	43
	ii) Fremdkapitalaufnahme	44
	d) Konzernleitungskontrolle	45
	e) Maßgebliche Schwellenwerte der Konzernbildungs- und Konzernleitungskontrolle	46–48
	f) Mehrheitserfordernis	49
	g) Möglichkeit eines „Konzeptbeschlusses"	50, 51
	h) Informationspflichten und Rechtsfolgen/Rechtsschutz	52

	5. Gesonderte Zuständigkeiten	53–55
II.	Die Vorbereitung der Hauptversammlung	56–141
	1. Technische Vorbereitungen	56–68
	a) Langfristige Planung	57–60
	aa) Termin der Hauptversammlung	57
	bb) Besucherzahlen	58, 59
	cc) EDV-Unterstützung	60
	b) Kurzfristige Planung	61–68
	aa) Bekanntmachung	62
	bb) Detaillierte Vorbereitung des Ablaufs	63, 64
	cc) Mitteilungen	65–67
	dd) Hinzuziehung des Notars	68
	2. Einberufung der Hauptversammlung	69–114
	a) Gründe für die Einberufung	69–75
	aa) Gesetzliche Einberufungsgründe	70–72
	bb) Statutarische Einberufungsgründe	73
	cc) Wohl der Gesellschaft	74
	dd) Fakultative Einberufung	75
	b) Einberufungsberechtigung	76–83
	aa) Vorstand	76
	bb) Aufsichtsrat	77
	cc) Minderheitsverlangen	78–83
	c) Art und Weise der Einberufung	84–98a
	aa) Einberufungsfrist	84–84b
	bb) Verlängerung der Einberufungsfrist	85–89
	cc) Mindestangaben der Einberufung	90–94
	dd) Bekanntmachung	95–98
	ee) Veröffentlichung im Internet	98a
	d) Tagesordnung	99–104
	aa) Zweck und Inhalt	99–102
	bb) Bekanntmachungsfreie Gegenstände	103
	cc) Rechtsfolgen bei Verstoß	104
	e) Mitteilungspflichten	105–108
	f) Gegenanträge der Aktionäre	109–112
	aa) Zulässige Gegenanträge	109
	bb) Formalien und Frist	110
	cc) Unzulässige Gegenanträge	111, 112
	g) Wahlvorschläge der Aktionäre	113
	h) Rechtsfolgen der unterbliebenen Einberufung	114
	3. Berichtspflichten	115–141
	a) Gesetzliche Berichtspflichten des Vorstands	116–132
	aa) Bezugsrechtsausschluss	121
	bb) Bezugsrechtsausschluss bei genehmigtem Kapital	122, 123
	cc) Bezugsrechtsausschluss bei Veräußerung eigener Aktien	124, 125
	dd) Verschmelzung	126
	ee) Spaltung	127–129
	ff) Formwechselnde Umwandlung	130
	gg) Unternehmensverträge	131
	hh) Eingliederung	132
	b) Berichtspflichten des Aufsichtsrats	133
	c) Berichtspflicht bei Squeeze Out	134
	d) Prüfungsberichte Dritter	135
	e) Ungeschriebene Berichtspflichten	136

		f) Rechtsfolgen bei Verstoß	137–141
		aa) Anfechtung	137
		bb) Sonderfall der Informationspflichtverletzung bei Bewertungsfragen	138
		cc) Heilung	139
		dd) Eintragung; Registersperre; Freigabeverfahren	140
		ee) Strategie der Risikoverminderung	141
III.	Die Teilnahme an der Hauptversammlung		142–163
	1. Aktionäre		142–145
		a) Teilnahmeberechtigte Personen	142, 143
		b) Inhalt	144–144b
		c) Beschränkung	145
	2. Aktionärsvertreter		146, 147
	3. Vorstands- und Aufsichtsratsmitglieder		148
	4. Sonstige Teilnehmer		149–152
	5. Teilnehmerverzeichnis		153–163
		a) Zuständigkeit	154
		b) Inhalt	155–159
		c) Zugänglichmachung	160
		d) Änderung...............................	161
		e) Rechtsfolgen bei Verstoß	162, 163
IV.	Die Durchführung der Hauptversammlung		164–207
	1. Leitung der Hauptversammlung		164–195
		a) Eröffnung der Hauptversammlung	165
		b) Verfahrensleitung	166–181
		aa) Erledigung der Tagesordnung	168, 169
		bb) Behandlung von Anträgen	170
		cc) Wortmeldungen	171, 172
		dd) Beschränkung des Rederechts	173–177
		ee) Beschränkung des Auskunfts- und Fragerechts	178–180
		ff) Ordnungsmaßnahmen	181
		c) Abstimmungsleitung	182–193
		aa) Abstimmungsverfahren	183
		bb) Auszählung	184–190
		cc) Verkündung des Ergebnisses	191
		dd) Rechtsfolgen bei Verstoß	192, 193
		d) Beendigung der Hauptversammlung	194, 195
	2. Die Pflichten des Vorstands in der Hauptversammlung		196–207
		a) Vorlage und Erläuterung der Abschlussunterlagen	196–201
		b) Auskunftspflichten	202–206
		c) Nachgelagerte Pflichten	207
V.	Die Beschlussfassung in der Hauptversammlung		208–241
	1. Stimmrechte		208–225
		a) Stimmberechtigung	209
		b) Umfang des Stimmrechts	210, 211
		c) Stimmbindungsverträge	212
		d) Bevollmächtigte	213–216
		e) Stimmrechtsverbote	217–225
		aa) Gesetzliche Stimmrechtsverbote	217–221
		bb) Satzungsgemäße Stimmrechtsverbote	222–224
		cc) Rechtsfolge bei Verstoß	225

Reichert

2. Mehrheitserfordernisse 226–235
   a) Einfache Stimmenmehrheit 226
   b) Kapitalmehrheit 227–230
   c) Qualifizierte Stimmenmehrheit; weiterer Schutz
      der Minderheit............................. 231, 232
   d) Satzungsgemäße Mehrheitserfordernisse 233–235
3. Wahlen von Aufsichtsratsmitgliedern 236–241
VI. Die Dokumentation der Hauptversammlung 242–254
  1. Niederschrift 242–252
   a) Form der Niederschrift 243, 244
   b) Inhalt der Niederschrift 245–249
   c) Erstellung und Einreichung der Niederschrift.... 250
   d) Veröffentlichung im Internet 250a
   e) Mängel der Niederschrift 251, 252
  2. Sonstige Dokumentation 253, 254
VII. Anfechtungsklagen 255–284
  1. Anfechtungsbefugnis 255–262
   a) Aktionäre................................. 256–260
   b) Vorstand 261
   c) Mitglieder des Vorstands und des Aufsichtsrats... 262
  2. Voraussetzungen der Anfechtung 263–275
   a) Verfahrensfehler 264–267
   b) Kausalität/Relevanz 268, 269
   c) Inhaltsfehler 270–275
  3. Bestätigungsbeschluss 276
  4. Verfahren 277–281
  5. Rechtsfolge 282–284
VIII. Nichtigkeitsklage 285–288
IX. Freigabeverfahren 289–294
X. Spruchverfahren 295–301

Schrifttum: *Adolff/Tieves* Über den rechten Umgang mit einem entschlusslosen Gesetzgeber: Die aktienrechtliche Lösung des BGH für den Rückzug von der Börse, BB 2003, 797; *Arnold* Aktionärsrechte und Hauptversammlung nach dem ARUG, Der Konzern 2009, 88; *Baetge/Brüggemann/Haenelt* Erweiterte Offenlegungspflichten in der handelsrechtlichen Lageberichterstattung – Übernahmerechtliche Angaben und Erläuterungen nach § 315 Abs. 4 HGB und E-DRS 23, BB 2007, 1887; *Baums* (Hrsg.), Bericht der Regierungskommission Corporate Governance 2001; *Bayer* Kapitalerhöhung mit Bezugsrechtsausschluß und Vermögensschutz der Aktionäre nach § 255 Abs. 2 AktG, ZHR 163 (1999), 505; *ders.* Aktionärsklagen de lege lata und de lege ferenda, NJW 2000, 2609; *ders.* Aktionärsrechte und Anlegerschutz: Kritische Betrachtung der lex lata und Überlegungen de lege ferenda vor dem Hintergrund des Berichts der Regierungskommission Corporate Governance und des Entwurfs eines 4. Finanzmarktförderungsgesetzes, ZHR-Beiheft 71 (2002), 137; *ders.* Empfehlen sich besondere Regelungen für börsennotierte und für nichtbörsennotierte Gesellschaften, Beilage zu NJW 2008, 21; *Bayer/Scholz/Weiß* Die Absage der Hauptversammlung durch den Vorstand im Kontext des § 122 AktG, ZIP 2014, 1; *Besse* Online-Hauptversammlung und Versammlungsleitung – welche rechtlichen Fragen gilt es zu klären?, AG 2012, R 358; *Bergmann* Schiedsfähigkeit von Beschlußmängelklagen – Gestaltungsmöglichkeiten in der Satzung (GmbH), RWS-Forum Gesellschaftsrecht 2001, S.227; *Biehler* Multinationale Konzerne und die Abhaltung einer Hauptversammlung nach deutschem Recht im Ausland, NJW 2000, 1243; *Blank/Zetzsche* Software für die virtuelle Hauptversammlung, K&R 2000, 486; *Borges* Selbstregulierung im Gesellschaftsrecht – zur Bindung an Corporate Governance-Kodizes, ZGR 2003, 508; *Busch/Groß* Vorerwerbsrechte der Aktionäre bei Verkauf von Tochtergesellschaften über die Börse?, AG 2000, 503; *Butzke* Die Hauptversammlung der Aktiengesellschaft 5. Aufl. 2011; *Bürgers* Aktienrechtlicher Schutz beim Delisting?, NJW 2003, 1642; *Casper* Die geplante Neuregelung der Nachgründungsvorschriften durch das NaStraG, StuB 2000, 538; *Decher* Rechtsfragen des grenzüberschreitenden Merger of Equals in FS Lutter 2000, S. 1209; *ders.* Die Überwindung der Registersperre nach § 16 Abs. 3 UmwG, AG 1997, 388; *Döll* Das Votum zum Vergütungssystem nach § 120 Abs. 4 AktG, WM 2010, 103; *Dreher* Der Abschluß von D&O-Versicherungen und die aktienrechtliche Zuständigkeitsordnung, ZHR 165 (2001), 293; *Drinhausen* Regierungsentwurf eines Zweiten Gesetzes zur Änderung des Umwandlungsgesetzes – ein Gewinn für die Praxis, BB 2006, 2313; *Drinhausen/Keinath* Regierungsentwurf eines Gesetzes zur Umsetzung der Aktionärsrechterichtlinie (ARUG) – Überblick über die Änderungen gegenüber dem Referentenentwurf, BB 2009, 64; *Ehricke/Roth* Squeeze-out im geplanten deutschen Übernahmerecht, DStR 2001, 1120; *Feddersen* Neue gesetzliche Anforderungen an den Aufsichtsrat, AG 2000, 385; *Fischbach* Hauptversammlungsvorlagen des Aufsichtsrats, ZIP 2013, 1153; *Fleischer* Rechtsprobleme des Delisting, ZHR 165 (2001), 141; *ders.* Das Gesetz zur Angemessenheit der Vorstandsvergütung (VorstAG), NZG 2009, 801; *Fleischer/Bedkowski* „Say on Pay" im deutschen Aktienrecht – das neue Vergütungsvotum der Hauptversammlung nach § 120 Abs. 4 AktG, AG 2009, 677; *Florstedt* Die Reform des Beschlussmängelrechts durch das ARUG, AG 2009, 465; *Fuchs* Der Schutz der Aktionäre beim Börsengang der Tochtergesellschaft, RWS-Forum Gesellschaftsrecht 2001, S. 259; *Goette* Organisation und Zuständigkeit im Konzern, AG 2006, 522; *Goj* Ungeschriebenes Hauptversammlungserfordernis beim Beteiligungserwerb 2017; *Groß* Vorbereitung und Durchführung von Hauptversammlungsbeschlüssen zu Erwerb oder Veräußerung von Unternehmensbeteiligungen, AG 1996, 111; *Grumann/Soehlke* Namensaktie und Hauptversammlung, DB 2001, 576; *Grüner* Zeitliche Einschränkung des Rede- und Fragerechts auf Hauptversammlungen, NZG 2000, 770; *Grunewald* Die neue Squeeze-out-Regelung, ZIP 2002, 18; *Gubitz/Nikoleyczik* Erwerb der Dresdner Bank durch die Commerzbank – Ein „Holzmüller"-Fall?, NZG 2010, 539; *Habersack* „Holzmüller" und die schönen Töchter, WM 2001, 545; *ders.* Mitwirkungsrechte der Aktionäre nach Macrotron und Gelatine, AG 2005, 137; *ders.* „Macrotron" – was bleibt?, ZHR 2012, 463; *Habersack/Mülbert* Zur Einberufung der Hauptversammlung durch die nach § 122 Abs. 3 AktG ermächtigte Aktionärsminderheit, ZGR 2014, 1; *Halberkamp/Gierke* Das Recht der Aktionäre auf Einberufung einer Hauptversammlung, NZG 2004, 494; *Heeg* Zum Verlangen einer Aktionärsminderheit auf Einberufung einer Hauptversammlung, NZG 2012, 1056; *Heider/Hirte* Rechtsfolgen fehlerhafter Angaben zur Stimmrechtsvertretung in Hauptversammlungseinberufungstexten vor Inkrafttreten des ARUG, GWR 2011, 485; *Heidel/Lochner* Delisting und Eigentumsgarantie, AG 2012, 169; *Heinrich/Theusinger* Anfechtung wegen Informationsmängeln und Freigabeverfahren nach dem UMAG – ein ungeklärtes Verhältnis, BB 2006, 449; *Heller/Sadeghi/Dretzki/Ruhe* Die Online-Hauptversammlung, CR 2002, 592; *Hemeling* Stimmrechtsausübung in der Hauptversammlung im Lichte des Namensaktiengesetzes (NaStraG), RWS-Forum Gesellschaftsrecht 2001, S. 79; *Henssler* D&O-Versicherung in Deutschland, RWS-Forum Gesellschaftsrecht 2001, S. 131; *Henze* Holzmüller vollendet das 21. Lebensjahr in FS Ulmer 2003, S. 211; *ders.* Sachsenmilch: Ordnungsgemäße Besetzung eines nach zwingender gesetzlicher Vorgabe zweigliedrigen Vorstands bei Wegfall eines Mitglieds, BB 2002, 847; *Hirte* Bezugsrechtsausschluss und Konzernbildung 1986; *Hoffmann-Becking* Der Einfluß schuldrechtlicher Gesellschaftervereinbarungen auf die Rechtsbeziehungen in der Kapitalgesellschaft, ZGR 1994, 442; *ders.* Der Aufsichtsrat der AG und sein Vorsitzender in der Hauptversammlung, NZG 2017, 281; *Hohaus/Weber* Die Angemessenheit der Vorstandsvergütung gem. § 87 AktG nach dem VorstAG, DB 2009, 1515; *Hohenstatt* Das Gesetz zur Angemessenheit der Vorstandsvergütung, ZIP 2009, 1349; *Hüttemann* Börsenkurs und Unternehmensbewertung, ZGR 2001, 454; *Kästner* Aktienrechtliche Probleme der D&O-Versicherung, AG 2000, 113; *Kiefner* Beteiligungserwerb und ungeschriebene Hauptversammlungszuständigkeit, ZIP 2011, 545; *Kiefner/Gillessen* Die Zukunft von „Macrotron" im Lichte der jüngsten Rechtsprechung des BVerfG, AG 2012, 645; *Kiem* Das neue Übernahmegesetz: „Squeeze-out", RWS-Forum Gesellschaftsrecht 2001, S. 329; *Kiethe* Der Bestätigungsbeschluß nach § 244 AktG – Allheilmittel oder notwendiges Korrektiv?, NZG 1999, 1086; *ders.* Anfechtbarer Beschluss über die Entlastung des Aufsichtsrats der AG durch unzureichende Berichterstattung, NZG 2006, 888; *Kleinhenz/Leyendecker* Voraussetzungen und Reichweite der Haftungsbefreiung nach § 93

Abs. 4 S. 1 AktG bei M&A-Transaktionen, BB 2012, 861; *Kort* Die Außenhaftung des Vorstands bei der Abgabe von Erklärungen nach § 161 AktG in FS Raiser 2005, S. 203; *Krieger* Aktionärsklage zur Kontrolle des Vorstands- und Aufsichtsratshandelns, ZHR 163 (1999), 343; *Kubis* Die Entlastung nach rechtswidrigem Organhandeln in der Aktiengesellschaft, NZG 2005, 791; *Joost* „Holzmüller 2000" vor dem Hintergrund des Umwandlungsgesetzes, ZHR 163 (1999), 164; *Lange* Zulässigkeitsvoraussetzungen einer gesellschaftsfinanzierten Aufsichtsrats-D&O-Versicherung, ZIP 2001, 1524; *Liebscher* Konzernbildungskontrolle 1995; *ders*. Ungeschriebene Hauptversammlungszuständigkeiten im Lichte von Holzmüller, Macroton und Gelatine, ZGR 2005, 1; *Löbbe/Fischbach* Das Vergütungsvotum der Hauptversammlung nach § 120 Abs. 4 AktG n. F., WM 2013, 1625; *Ludewig* KonTraG – Aufsichtsrat und Abschlussprüfer, DB 2000, 634; *Lüders/Wulff* Rechte der Aktionäre der Muttergesellschaft beim Börsengang des Tochterunternehmens, BB 2001, 1209; *Lunk/Hinrichs* Die Mitbestimmung der Arbeitnehmer bei grenzüberschreitenden Verschmelzungen nach dem MgVG, NZA 2007, 773; *Lutter* Der Erwerb der Dresdner Bank durch die Commerzbank – ohne ein Votum der Hauptversammlung?, ZIP 2012, 351; *ders*. Gesellschaftsrecht und Kapitalmarktrecht in FS Zöllner Bd. I 1998, S. 363; *Lutter/Leinekugel* Kompetenzen von Hauptversammlung und Gesellschafterversammlung beim Verkauf von Unternehmensteilen, ZIP 1998, 225; *Martens* Leitfaden für die Leitung der Hauptversammlung einer Aktiengesellschaft, 3. Aufl. 2003; *Martens/Martens* Rechtsprechung und Gesetzgebung im Kampf gegen missbräuchliche Aktionärsklagen, AG 2009, 173; *Merkner/Schmidt-Bendun* Keine Nichtigkeit von Hauptversammlungsbeschlüssen wegen fehlerhafter Hinweise zur Bevollmächtigung in der Einberufung, NZG 2011, 1097; *Mertens* Bedarf der Abschluß einer D & O Versicherung durch die Aktiengesellschaft der Zustimmung der Hauptversammlung?, AG 2000, 447; *Max* Rechtsprobleme des Delisting, ZHR 165 (2001), 104; *Mutter* ARUG: Das neue „zugänglich machen" in der Hauptversammlung, AG 2009, R100; *Nagel* Das Gesetz über die Mitbestimmung der Arbeitnehmer bei grenzüberschreitenden Verschmelzungen (MgVG), NZG 2007, 57; *Noack* Hauptversammlung und Neue Medien, BB 1998, 2533; *ders*. Der elektronische Bundesanzeiger im Aktienrecht, BB 2002, 2025; *Odersky* Stimmbindungen in Pool und Unterpool in FS Lutter 2000, S. 557; *Paschos/Goslar* Der Regierungsentwurf des Gesetzes zur Umsetzung der Aktionärsrechterichtlinie (ARUG), AG 2009, 14; *Paschos/Johannsen-Roth* Freigabeverfahren und Bestandsschutz bei aktien- und umwandlungsrechtlichen Strukturmaßnahmen, NZG 2006, 327; *Pentz* Zur beabsichtigten Änderung des § 52 AktG im RefE des Gesetzes zur Namensaktie und zur Erleichterung der Stimmrechtsausübung – Namensaktiengesetz (NaStrG), NZG 2000, 225; *Priester* Neue Regelungen zur Nachgründung, DB 2001, 467; *ders*. Aktionärsentscheid zum Unternehmenserwerb, AG 2011, 654; *Reichert* Ausstrahlungswirkungen der Ausgliederungsvoraussetzungen nach UmwG auf andere Strukturänderungen, ZHR-Beiheft 68 (1999), 25; *ders*. Probleme der Nachgründung nach altem und neuem Recht, ZGR 2001, 554; *ders*. Aktionärsrechte und Anlegerschutz – Stellungnahme zu den Vorschlägen der Corporate Governance Kommission, ZHR-Beiheft 71 (2002), 165; *ders*. Mitwirkungsrecht und Rechtsschutz der Aktionäre nach Macrotron und Gelatine, AG 2005, 150; *ders*. Beschlussmängelstreitigkeiten und Schiedsgerichtsbarkeit – Gestaltungs- und Reaktionsmöglichkeiten in FS Ulmer 2003 S. 511; *Reichert/Harbarth* Veräußerung und Einziehung eigener Aktien, ZIP 2001, 1441; *dies*. Stimmrechtsvollmacht, Legitimationszession und Stimmrechtsausschlussvertrag in der AG, AG 2001, 447; *Reichert/Senger* Berichtspflicht des Vorstands und Rechtsschutz der Aktionäre gegen Beschlüsse der Verwaltung über die Ausnutzung eines genehmigten Kapitals im Wege der allgemeinen Feststellungsklage, Der Konzern 2006, 338; *Reichert/Weller* Haftung von Kontrollorganen, ZRP 2002, 49; *Rose* Anträge auf Abwahl des durch die Satzung bestimmten Versammlungsleiters, NZG 2007, 241; *Rottnauer* Konstituierung der HV durch einen „unterbesetzten Vorstand", NZG 2000, 414; *Rousseau/Wasse* Der Beschluss der Hauptversammlung oder über die Verwendung eines Bilanzverlustes, NZG 2010, 535; *J. Schmidt* Die Änderung der umwandlungsrechtlichen Informationspflichten durch das ARUG, NZG 2008, 734; *K. Schmidt* Macrotron oder: weitere Ausdifferenzierung des Aktionärsschutzes durch den BGH, NZG 2003, 601; *ders*. „Schutzgemeinschaftsvertrag II" – ein gesellschaftsrechtliches Lehrstück über Stimmrechtskonsortien, ZIP 2009, 737; *Schüppen* Vorstandsvergütung – (K)ein Thema für die Hauptversammlung?, ZIP 2010, 905; *Schüppen/*

Schrifttum

Tretter Hauptversammlungssaison 2009 – Satzungsgestaltung in Zeiten des Trommelfeuers, ZIP 2009, 493; *Schwab* Zum intertemporalen Anwendungsbereich des § 243 IV 2 AktG, NZG 2007, 521; *Seibt* Deutscher Corporate Governance Kodex und Entsprechens-Erklärung (§ 161 AktG-E), AG 2002, 249; *Seibert* Das „TransPuG", NZG 2002, 608; *ders.* Aktionärsforum und Aktionärsforumsverordnung nach § 127a AktG, AG 2006, 16; *ders.* Berufsopponenten – Anfechtungsklage – Freigabeverfahren – Haftungsklage – Das UMAG, eine Rechtsfolgenanalyse, NZG 2007, 841; *Seibert/Florstedt* Der Regierungsentwurf des ARUG – Inhalt und wesentliche Änderungen gegenüber dem Referentenentwurf, ZIP 2008, 2145; *Selter* Absage der Hauptversammlung nach Einberufung auf Grund Aktionärsverlangens, NZG 2013, 1133; *Siepelt* Das Rederecht des Aktionärs und dessen Beschränkung, AG 1995, 254; *Simon/Zetzsche* Aktionärslegitimation und Satzungsgestaltung, NZG 2005, 369; *Spindler* Die Reform der Hauptversammlung und der Anfechtungsklage durch das UMAG, NZG 2005, 825; *Steiner* Die Hauptversammlung der Aktiengesellschaft 1995; *Stilz* Börsenkurs und Verkehrswert, ZGR 2001, 875; *Stöber* Die Zukunft der Macrotron-Regeln zum Delisting nach den jüngsten Entscheidungen des BVerfG und des BGH, BB 2014, 9; *Thomale* Minderheitenschutz gegen Delisting – die MACROTRON-Rechtsprechung zwischen Eigentumsgewähr und richterlicher Rechtsfortbildung, ZGR 2013, 686; *Tielmann* Der Beschlussvorschlag des Aktionärs an die Hauptversammlung für Wahlen zum Aufsichtsrat kraft Verlangens nach § 122 Abs. 1 oder 2 AktG – Inhalt und Grenzen, AG 2013, 704; *Trapp/Schick* Die Rechtsstellung des Aktionärs der Obergesellschaft beim Börsengang von Tochtergesellschaften, AG 2001, 381; *Ulmer* Die Aktionärsklage als Instrument zur Kontrolle des Vorstands- und Aufsichtsratshandelns, ZHR 163 (1999), 290; *ders.* Der deutsche Corporate Governance Kodex – ein neues Regulierungsinstrument für börsennotierte Aktiengesellschaften, ZHR 166 (2002), 150; *Verse* Regulierung der Vorstandsvergütung – mehr Macht für die Aktionäre?, NZG 2013, 921; *Vetter* Aktienrechtliche Probleme der D & O Versicherung, AG 2000, 453; *ders.* Begrenzung der Vorstandsbezüge durch Hauptversammlungsbeschluss?, ZIP 2009, 1308; *Vollmer* Die Verteilung der Finanzierungskompetenzen bei der Aktiengesellschaft, AG 1991, 94; *von den Steinen*, Die verweigerte Organentlastung in der Aktiengesellschaft, 2009; *Wackerbarth* Die Begründung der Macrotron-Rechtsfortbildung nach dem Delisting-Urteil des BVerfG, WM 2012, 2077; *Weber* Absage einer auf ein Aktionärsverlangen einberufenen Hauptversammlung und Abhaltung einer Hauptversammlung durch die Aktionäre, NZG 2013, 890; *Weiler/Meyer* Heranziehung des Börsenkurses zur Unternehmensbewertung bei Verschmelzungen, ZIP 2001, 2153; *Weisner/Heins* Das Schriftformerfordernis in § 122 AktG, AG 2012, 706; *Weißhaupt* Informationsmängel in der Hauptversammlung – Die Neuregelungen durch das UMAG, ZIP 2005, 1766; *Werner* Zum Anwendungsbereich von § 52 AktG nach der Neufassung durch das NaStraG, ZIP 2001, 1403; *Wettich* Gewinnverwendungsvorschlag bei unbestimmter Zahl der gewinnberechtigten Aktien, NZG 2010, 767; *Wicke* Die Leitung der Hauptversammlung einer Aktiengesellschaft, NZG 2007, 771; *Winter* Mitgliedschaftliche Treuebindung im GmbH-Recht, 1988; *ders.* Die Reform des Beschlussanfechtungsrechts: eine Zwischenbilanz in liber amicorum Happ 2006 S. 363; *Winter/Harbarth* Verhaltenspflichten von Vorstand und Aufsichtsrat der Zielgesellschaft bei feindlichen Übernahmeangeboten nach dem WpÜG, ZIP 2002, 1.

A. Einleitung

Der Hauptversammlung der Aktiengesellschaft obliegt die Wahrnehmung der Rechte der Aktionäre in solchen Angelegenheiten, die nicht kraft Gesetzes außerhalb der Hauptversammlung wahrzunehmen sind. Sie dient der Willensbildung der Aktionäre der Gesellschaft. Die durch die Hauptversammlung wahrzunehmenden Rechte sind ihr durch Gesetz ausdrücklich zugewiesen; darüber hinaus wurden von Schrifttum und Rechtsprechung weitere Kompetenzen entwickelt, die ihrem

Wesensgehalt nach den gesetzlich definierten Kompetenzen der Hauptversammlung entsprechen.[1]

2 Aufgrund ihres Verhältnisses zu den anderen Gesellschaftsorganen wird die Hauptversammlung mit Recht als **oberstes Organ** der Aktiengesellschaft bezeichnet.[2] Denn die Hauptversammlung bestimmt gem. § 119 Abs. 1 Nr. 1 AktG den Aufsichtsrat, der wiederum nach § 84 Abs. 1 AktG den Vorstand bestellt. Zudem obliegen der Hauptversammlung grundlegende Entscheidungen in der Gesellschaft, insbesondere die Ausformung des Gesellschaftsstatuts (vgl. § 119 Abs. 1 Nr. 5 AktG).

3 Neben der eigentlichen Aufgabenzuweisung spielt die Hauptversammlung bei großen Publikumsgesellschaften auch deswegen eine große Rolle, weil sie der Unternehmensführung die Möglichkeit eröffnet, das Unternehmen der Öffentlichkeit zu präsentieren. Andererseits werden die Hauptversammlungen – gerade bei Publikumsgesellschaften – häufig auch durch Minderheitsaktionäre dominiert, die sie entweder als Plattform für weltanschauliche Äußerungen nutzen oder ihre Minderheitsrechte in extensiver, teils auch missbräuchlicher Weise ausüben.

4 Eine wichtige Quelle für das Recht der Hauptversammlung stellt neben dem AktG der **Deutsche Corporate Governance Kodex (DCGK)**[3] dar. Dieser gibt wesentliche Vorschriften zur Leitung und Überwachung deutscher börsennotierter Gesellschaften wider und enthält international und national anerkannte Standards guter und verantwortungsvoller Unternehmensführung. Nach § 161 Satz 1 AktG haben Vorstand und Aufsichtsrat der börsennotierten Gesellschaft jährlich zu erklären, dass den Empfehlungen der „Regierungskommission Deutscher Corporate Governance Kodex" entsprochen wurde und wird bzw. welche Empfehlungen nicht angewendet wurden oder werden.[4] Die Erklärung ist den Aktionären dauerhaft zugänglich zu machen, namentlich auf der Internetseite der Gesellschaft zu veröffentlichen (§ 161 Satz 2 AktG).[5]

5 Am 3.9.2007 ist die **Richtlinie 2007/36/EG** des Europäischen Parlaments und des Rates vom 11.7.2007 über die Ausübung bestimmter Rechte von Aktionären in börsennotierten Gesellschaften („Aktionärsrechterichtlinie) in Kraft getreten, die bis zum 3.8.2009 in deutsches Recht umzusetzen war. Am 29.5.2009 beschloss der Deutsche Bundestag einen von der Bundesregierung eingebrachten Entwurf eines **Gesetzes zur Umsetzung der Aktionärsrechterichtlinie (ARUG)**.[6] Das Gesetz wurde am 4.8.2009 im Bundesgesetzblatt verkündet und trat zum 1.9.2009

---

[1] Vgl. Rn. 25 ff.

[2] MHdB GesR IV/*Semler*, 3. Aufl. 2007, § 34 Rn. 4; aA Schmidt/Lutter/*Spindler* AktG § 119 Rn. 3 aufgrund der Beschränkung der Hauptversammlungskompetenzen auf „im Gesetz und in der Satzung genannte Fälle".

[3] Der Kodex wurde von der im September 2001 von der Bundesministerin der Justiz berufenen Regierungskommission Deutscher Corporate Governance Kodex ausgearbeitet und am 26.2.2002 übergeben. Die jeweils aktuelle Version des Kodex kann abgerufen werden unter http://www.dcgk.de.

[4] Zur Haftung bei unrichtiger Entsprechenserklärung vgl. *Ulmer* ZHR 2002, 150 (166 ff.); *Seibt* AG 2002, 249 (254 ff.); *Borges* ZGR 2003, 508 (532 ff.); *Kort* in FS Raiser S. 203, 207 ff., 218 ff. Zur Anfechtbarkeit bei unrichtiger oder unrichtig gewordener Entsprechenserklärung BGH II ZR 185/07, BB 2009, 796 = DStR 2009, 537; II ZR 174/08, BGHZ 182, 272 (280 ff.) = DStR 2009, 2207.

[5] Vgl. § 6 Rn. 106d.

[6] Gesetzesbeschluss des Deutschen Bundestages v. 29.5.2009, BR-Drs. 512/09; Beschlussempfehlung und Bericht des Rechtsausschusses v. 20.5.2009, BT-Drs. 16/13098; Regierungsentwurf zum ARUG v. 21.1.2009, BT-Drs. 16/11642.

in Kraft.⁷ Durch das ARUG ergaben sich Änderungen zB in Bezug auf die Präsenz in der Hauptversammlung und die Stimmabgabe, da Gesellschaften ihren Aktionären die Teilnahme an der Hauptversammlung nunmehr auch auf elektronischem Wege gestatten sowie die Möglichkeit der Briefwahl (auch in elektronischer Form) einräumen können, um Aktionären die Wahrnehmung ihrer Rechte zu erleichtern und das bei der Hauptversammlung vertretene Grundkapital weiter zu stärken. Außerdem wurde die Bedeutung der Internetpräsenz der Unternehmen weiter gesteigert. Änderungen in Bezug auf die Stimmrechtsvertretung sollten das Verfahren der Bevollmächtigung grundlegend flexibilisieren. Schließlich nahm der deutsche Gesetzgeber im Rahmen der Umsetzung auch die Möglichkeit wahr, missbräuchliche Aktionärsklagen weiter einzudämmen. Im Zuge dessen wurde insbesondere das Freigabeverfahren grundlegend reformiert.⁸

B. Die Aktiengesellschaft

I. Die Zuständigkeit der Hauptversammlung

1. Überblick

Die Kompetenzen der Hauptversammlung lassen sich einerseits nach den Verhandlungsformen, andererseits nach den Verhandlungsgegenständen gliedern. Die **Verhandlungsgegenstände** ergeben sich aus den im Gesetz geregelten und teilweise durch Schrifttum und Rechtsprechung erweiterten Hauptversammlungskompetenzen.

Als **Verhandlungsformen** sind die Entgegennahme von Informationen, die Vorbereitung von Entscheidungen, die Beschlussfassungen selbst sowie die Beratung der Verwaltung durch die Aktionäre zu unterscheiden. Beispiele für die Entgegennahme von Informationen sind etwa die Kenntnisnahme von den Abschlussunterlagen,⁹ die Kenntnisnahme von einer Verlustanzeige¹⁰ sowie die Kenntnisnahme von Strukturberichten,¹¹ Auskünften oder Nachauskünften.¹²

Die sicherlich wichtigste Kompetenz der Hauptversammlung liegt in der Beschlussfassung,¹³ die nicht selten durch entsprechende Berichte und Erläuterungen des Vorstandes, die von der Hauptversammlung entgegenzunehmen sind, vorzubereiten ist.

Der Hauptversammlung kommt nicht die Aufgabe zu, die Verwaltungsorgane der Gesellschaft zu beraten. Dies ändert indessen nichts daran, dass es den Aktionären in der Hauptversammlung unbenommen ist, Ratschläge zu Gegenständen der

---

⁷ BGBl. 2009 I 2479.
⁸ Vgl. zum Regierungsentwurf des ARUG zB *Arnold* Der Konzern 2009, 88; *Seibert/Florstedt* ZIP 2008, 2145; *Drinhausen/Keinath* BB 2009, 54; *Paschos/Goslar* AG 2009, 14.
⁹ Vgl. Rn. 196 ff.
¹⁰ Vgl. Rn. 54.
¹¹ Vgl. dazu Rn. 115 ff.
¹² § 131 Abs. 4 Satz 1 AktG verpflichtet den Vorstand, Aktionären auf deren Verlangen solche Informationen mitzuteilen, die anderen Aktionären außerhalb der Hauptversammlung gegeben wurden.
¹³ Vgl. Rn. 208 ff.

Tagesordnung zu erteilen, im Rahmen des § 131 AktG weitere Auskünfte zu den anstehenden Tagesordnungspunkten einzuholen und hierzu Stellung zu nehmen.[14]

2. Gesetzliche Zuständigkeiten der Hauptversammlung

7   § 119 Abs. 1 AktG enthält einen Katalog wesentlicher Zuständigkeiten der Hauptversammlung. Die dort aufgelisteten Befugnisse sind zwingend; sie können weder auf ein anderes Organ der Gesellschaft noch auf Dritte übertragen werden.[15] Die in § 119 Abs. 1 AktG sowie an anderer Stelle geregelten **Entscheidungsbefugnisse** der Hauptversammlung lassen sich in regelmäßig wiederkehrende Entscheidungen (dazu a), Grundlagenentscheidungen (man spricht auch von Entscheidungen über Strukturmaßnahmen; dazu b) und Sonderfälle (dazu c) unterteilen.[16]

a) Regelmäßig wiederkehrende Befassungen und Entscheidungen

8   Die Hauptversammlung ist regelmäßig jedes Jahr innerhalb der ersten acht Monate dazu berufen, sich auf Grundlage der Abschlussunterlagen[17] mit den folgenden Angelegenheiten zu befassen (sog. Regularien):

9   **aa) Entgegennahme des von Vorstand und Aufsichtsrat aufgestellten Jahresabschlusses.** Die Feststellung des Jahresabschlusses obliegt regelmäßig gerade nicht der Hauptversammlung, sondern dem Vorstand und dem Aufsichtsrat. Der vom Vorstand aufzustellende Jahresabschluss ist mit Billigung durch den Aufsichtsrat festgestellt, sofern Vorstand und Aufsichtsrat nicht beschließen, die Feststellung der Hauptversammlung zu überlassen (§ 172 AktG). Nur im Falle einer solchen konkreten Ermächtigung, die immer nur für das betreffende Jahr und nicht für Folgejahre gilt,[18] oder für den Fall, dass der Aufsichtsrat den Jahresabschluss nicht gebilligt hat (§ 173 Abs. 1 AktG; siehe diesbezüglich auch die Fiktion des § 171 Abs. 3 Satz 3 AktG), ist die Hauptversammlung zur Feststellung des Jahresabschlusses befugt. Liegt keiner dieser – in der Praxis seltenen – Ausnahmefälle vor, nimmt die Hauptversammlung den Jahresabschluss lediglich entgegen. Der Vorstand hat ihr den Jahresabschluss, den Lagebericht und den Bericht des Aufsichtsrats vorzulegen, bei einem Mutterunternehmen weiterhin den Konzernabschluss und den Konzernlagebericht (§§ 176 Abs. 1 Satz 1, 175 Abs. 2 AktG). Der Hauptversammlung bleibt dann lediglich die Kompetenz, über die Verwendung des Bilanzgewinns zu beschließen (§ 174 Abs. 1 Satz 1 AktG).

10   **bb) Verwendung des Bilanzgewinns.** Die Hauptversammlung beschließt, sofern die Satzung keine höhere Mehrheit vorsieht, mit einfacher Stimmenmehrheit über die Verwendung des Bilanzgewinns (§ 119 Abs. 1 Nr. 2 AktG).[19] Sie ist indessen bei der Beschlussfassung über die Verwendung des Bilanzgewinns an den Jahresabschluss gebunden (§ 174 Abs. 1 Satz 2 AktG). In der Bilanz ist die gesetzliche Rücklage in Höhe von 5% des um einen Verlustvortrag aus dem Vorjahr geminderten Jahresüberschusses zu dotieren, bis diese – einschließlich der Rücklagen nach § 272 Abs. 2 Nr. 1 bis 3 HGB – den zehnten oder einen in der Satzung bestimmten höheren

---

[14] Vgl. näher hierzu Rn. 202 ff. und § 4.
[15] MHdB GesR IV/*Bungert* § 35 Rn. 10.
[16] *Hüffer/Koch* AktG § 119 Rn. 5 ff.; Schmidt/Lutter/*Spindler* AktG § 119 Rn. 7 ff.
[17] Vgl. hierzu nachfolgend Rn. 196 ff. sowie im Einzelnen § 11.
[18] *Hüffer/Koch* AktG § 172 Rn. 7.
[19] Zum Gewinnverwendungsvorschlag bei unbestimmter Zahl der gewinnberechtigten Aktien *Wettich* NZG 2010, 767; zur Beschlusszuständigkeit der Hauptversammlung über Verwendung des Bilanzverlustes *Rousseau/Wasse* NZG 2010, 535.

B. Die Aktiengesellschaft   11, 12 §5

Teil des Grundkapitals erreicht haben (§ 150 Abs. 2 AktG). Bei dieser gesetzlichen Rücklage handelt es sich um eine Unterform der **Gewinnrücklagen** (§ 266 Abs. 3 A. III Nr. 1 HGB). Vorstand und Aufsichtsrat können darüber hinaus einen Teil des Jahresüberschusses, höchstens jedoch die Hälfte, in andere Gewinnrücklagen einstellen (§ 58 Abs. 2 Satz 1 AktG). Die Satzung kann indessen diese Ermächtigung einschränken oder erweitern (§ 58 Abs. 2 Satz 2 AktG). Aufgrund einer solchen **Satzungsbestimmung** dürfen Vorstand und Aufsichtsrat jedoch keine Beträge in die Rücklage einstellen, wenn die anderen Rücklagen – ggf. unter Berücksichtigung dieser Dotierung – die Hälfte des Grundkapitals übersteigen (§ 58 Abs. 2 Satz 3 AktG). Das gesetzliche Regelmodell geht mithin – vorbehaltlich anderer Satzungsregelungen – davon aus, dass die Verwaltung die Hälfte des Jahresüberschusses zur Rücklagenbildung heranziehen kann, während der verbleibende Teil zur Disposition der Hauptversammlung steht, die den Bilanzgewinn ausschütten,[20] in die Gewinnrücklage einstellen oder als Gewinnvortrag vortragen kann. Der der Hauptversammlung zu unterbreitende **Gewinnverwendungsvorschlag** hat sich entsprechend zu gliedern in den Bilanzgewinn, den an die Aktionäre auszuschüttenden Betrag, die in die Gewinnrücklage einzustellenden Beträge, den Gewinnvortrag sowie den zusätzlichen Aufwand, den der Gewinnverwendungsbeschluss auslöst (§ 174 Abs. 2 AktG). Die bilanziellen Auswirkungen des Gewinnverwendungsbeschlusses sind erst im nächsten Jahresabschluss zu zeigen (§ 174 Abs. 3 AktG); demgemäß ist der veränderte Aufwand im Gewinnverwendungsbeschluss anzugeben.[21]

Im Ergebnis führen diese Regelungen dazu, dass der Hauptversammlung nur ein **11 eingeschränkter Entscheidungsspielraum** verbleibt: Der Bilanzgewinn wird im Jahresabschluss unter Berücksichtigung der vorgesehenen Ausschüttung ausgewiesen; ein Entscheidungsspielraum bleibt nur insoweit, als die Hauptversammlung weitere Beträge der Rücklage zuführen oder als Gewinn vortragen kann, ohne insoweit an die der Verwaltung obliegenden Schranken gebunden zu sein.[22]

cc) **Entlastung.** Die Hauptversammlung beschließt ferner über die Entlastung **12** der Vorstands- und Aufsichtsratsmitglieder gem. § 119 Abs. 1 Nr. 3 AktG. § 120 Abs. 1 AktG sieht als gesetzlichen Regelfall vor, dass über die Entlastung der Mitglieder des Vorstands und des Aufsichtsrats jeweils insgesamt abgestimmt wird (Gesamtentlastung). Die Hauptversammlung kann jedoch mit einfacher Mehrheit beschließen, dass über die Entlastung einzelner Mitglieder gesondert abgestimmt wird (§ 120 Abs. 1 Satz 2 Alt. 1 AktG; Einzelentlastung). Ferner kann eine Minderheit, deren Anteile zusammen den zehnten Teil des Grundkapitals oder den anteiligen Betrag von einer Million Euro erreichen (§ 120 Abs. 1 Satz 2 Alt. 2 AktG), Einzelentlastung verlangen. Über einen Antrag auf Einzelentlastung ist vor der Beschlussfassung über die Entlastung abzustimmen. Die Entscheidung, ob über die Entlastung des Aufsichtsrats für alle Mitglieder insgesamt oder für jedes Aufsichtsratsmitglied einzeln abzustimmen ist, steht, wie der BGH nunmehr klargestellt hat,[23] im **Ermessen des Versammlungsleiters**, sofern die Satzung keine Regelung enthält, es sei denn, die Hauptversammlung beschließt, oder eine

---

[20] Nach § 58 Abs. 5 AktG kann die Hauptversammlung auch eine Sachausschüttung beschließen, sofern die Satzung dies vorsieht.
[21] Vgl. zum bilanzergänzenden Charakter des nach § 325 HGB offen zu legenden Beschlusses *Hüffer/Koch* AktG § 174 Rn. 8.
[22] Vgl. Semler/Volhard/Reichert/*Pöschke/Vogel* § 15 Rn. 7.
[23] BGH II ZR 174/08, BGHZ 182, 272 (278 ff.); II ZR 63/08, NZG 2010, 618 (619).

Reichert   381

qualifizierte Minderheit verlangt die Einzelentlastung.[24] Zu beachten ist, dass die jeweiligen **Organmitglieder**, soweit es um ihre Entlastung geht, **vom Stimmrecht ausgeschlossen** sind (§ 136 AktG). Gleiches gilt, wenn die Organmitglieder einen Aktionär bei dem Entlastungsbeschluss vertreten oder auf die Stimmrechtsausübung des Aktionärs – etwa als alleiniger gesetzlicher Vertreter einer juristischen Person – einen maßgeblichen Einfluss haben.[25] Eine Rechtswirkung – etwa in Form eines Verzichts auf Ersatzansprüche der Gesellschaft – hat die Entlastung nicht (§ 120 Abs. 2 Satz 2 AktG).[26] Die Entlastung bringt lediglich eine Billigung der Tätigkeit der Verwaltung zum Ausdruck. Die Verweigerung der Entlastung eines Vorstandsmitglieds als solche begründet auch nicht ohne Weiteres einen wichtigen Grund für den Widerruf der Bestellung des betreffenden Vorstandsmitglieds.[27] Insoweit ist die Entlastung streng von dem Vertrauensentzug gegenüber dem Vorstand nach § 84 Abs. 3 Satz 2 AktG zu unterscheiden; ein solcher stellt regelmäßig einen wichtigen Grund zur Abberufung des Vorstands dar, es sei denn, er erfolgt aus offensichtlich unsachlichen Gründen.[28]

13 Der Hauptversammlung, die über die Entlastung zu beschließen hat, sind der Jahresabschluss, der Lagebericht sowie der Bericht des Aufsichtsrats, bei börsennotierten Gesellschaften auch ein Erläuterungsbericht zu den Angaben nach §§ 289 Abs. 4, 315 Abs. 4 HGB inklusive der Entsprechenserklärung zum Corporate Governance Kodex gem. § 161 AktG zugänglich zu machen (§ 176 Abs. 1 Satz 1 AktG). Bei einem Mutterunternehmen sind weiterhin auch der Konzernabschluss und der Konzernlagebericht (vgl. § 176 Abs. 1 Satz 1 iVm § 175 Abs. 2 Satz 3 AktG) zugänglich zu machen.[29] Die damit gelegte **Rechenschaft der Verwaltung** ist Voraussetzung für einen Entlastungsbeschluss. Eine Verletzung dieser Informationspflichten führt zur Anfechtbarkeit des Entlastungsbeschlusses.[30] Ein Beschluss der Hauptversammlung über die Entlastung des Vorstands und des Aufsichtsrats ist ferner dann nach

---

[24] Ebenso die hM im Schrifttum Spindler/Stilz/*Hoffmann* AktG § 120 Rn. 15; MünchKomm. AktG/Bd. 3/*Kubis* § 120 Rn. 12; MHdB GesR IV/*Bungert* § 35 Rn. 24, 26; § 34 Rn. 24; ähnlich *Hüffer/Koch* AktG § 120 Rn. 10, der eine Anordnung durch den Versammlungsleiter jedenfalls auf Antrag eines Hauptversammlungsteilnehmers für zulässig hält; *Butzke* Kap. I Rn. 29. Von Relevanz ist die Einzelabstimmung auf Anordnung des Versammlungsleiters insbesondere dann, wenn abzusehen ist, dass die Entlastung ansonsten scheitert.

[25] *Butzke* Kap. I Rn. 35 f.; Kölner Komm./*Tröger* § 136 Rn. 59; *Hüffer/Koch* AktG § 136 Rn. 6 ff.; nach der hM genügt bei juristischen Personen jedoch eine lediglich tatsächliche Beherrschung nicht, um ein Stimmrechtsverbot zu begründen, vielmehr muss ein rechtlich gesicherter Einfluss auf die Stimmrechtsausübung vorliegen, vgl. OLG Karlsruhe 8 U 233/99, ZIP 2000, 1578; bei Personengesellschaften soll demgegenüber ein tatsächlicher maßgeblicher Einfluss bereits zum Stimmrechtsausschluss führen.

[26] Semler/Volhard/Reichert/*Pöschke/Vogel* § 16 Rn. 3; *Butzke* Kap. I Rn. 2; *v. d. Steinen* Die verweigerte Organentlastung in der Aktiengesellschaft 2009, S. 105.

[27] MHdB GesR IV/*Bungert* § 35 Rn. 36; Spindler/Stilz/*Hoffmann* AktG § 120 Rn. 32; Kölner Komm./*Zöllner* § 120 Rn. 42; *Butzke* Kap. I Rn. 43; aA Großkomm. AktG/*Kort* § 84 Rn. 165.

[28] *Hüffer/Koch* AktG § 84 Rn. 37; aA *v. d. Steinen* Die verweigerte Organentlastung in der Aktiengesellschaft, 2009, S. 136.

[29] *Hüffer/Koch* AktG § 120 Rn. 15.

[30] BGH II ZR 89/72, BGHZ 62, 163, (194) = NJW 1974, 855 (Seitz). Vgl. zur Anfechtung von Entlastungsbeschlüssen wegen unzureichender Berichterstattung auch *Kiethe* NZG 2006, 888.

§ 243 Abs. 1 AktG anfechtbar, wenn damit ein Verhalten gebilligt wird, das einen schwerwiegenden und eindeutigen Gesetzes- oder Satzungsverstoß darstellt.[31]

dd) Wahl der Aufsichtsratsmitglieder. Zu den Entscheidungen der Hauptversammlung gehört die Wahl der Aufsichtsratsmitglieder gem. §§ 119 Abs. 1 Nr. 1, 101 Abs. 1 AktG,[32] sofern die Mitglieder dieses Gremiums nicht in den Aufsichtsrat zu entsenden oder von den Arbeitnehmern nach dem Mitbestimmungsgesetz zu wählen sind, sowie deren Abberufung (§ 103 Abs. 1 AktG). In diesem Zusammenhang ist weiterhin eine Zuständigkeit der Hauptversammlung zur **Festsetzung der Vergütung** für die Aufsichtsratstätigkeit begründet, soweit diese nicht in der Satzung festgesetzt ist (§ 113 AktG). In der Literatur umstritten und höchstrichterlich bislang noch nicht entschieden ist,[33] ob auch die **Finanzierung einer D&O-Versicherung** zugunsten der Mitglieder des Aufsichtsrats als Vergütung anzusehen ist und deshalb einer Zustimmung der Hauptversammlung bedarf;[34] nach richtiger Ansicht ist dies abzulehnen, da die Finanzierung der Versicherung nicht im Gegenseitigkeitsverhältnis zu der Aufsichtsratstätigkeit steht, sondern Teil der dienstlichen Fürsorge ist und daher nicht unter den Begriff der „Vergütung" iSd § 113 Abs. 1 AktG fällt.[35] Sofern die Gesellschaft für Vorstand und Aufsichtsrat eine D&O-Versicherung abschließt, ist jedoch nach dem durch das VorstAG[36] eingefügten § 93 Abs. 2 Satz 3 AktG zu Lasten der Organmitglieder ein Selbstbehalt von mindestens 10% des Schadens bis mindestens zur Höhe des Eineinhalbfachen der festen jährlichen Vergütung des Vorstandsmitglieds vorzusehen. Soweit Aufsichtsratsmitglieder außerhalb ihrer ihnen als Aufsichtsrat obliegenden Aufgaben tätig werden, bedarf die entsprechende Vereinbarung sowie die dafür gewährte Vergütung der Zustimmung des Aufsichtsrats, § 114 Abs. 1 AktG.[37]

ee) Bestellung des Abschlussprüfers. Die Hauptversammlung hat ferner gem. § 119 Abs. 1 Nr. 4 AktG, § 318 Abs. 1 Satz 1 HGB jährlich über die Bestellung des Abschlussprüfers zu entscheiden.[38] Ein Vorschlag ist insoweit nicht von Vorstand und Aufsichtsrat, sondern ausschließlich vom Aufsichtsrat vorzulegen (§ 124 Abs. 3

---

[31] BGH II ZR 48/11, DStR 2012, 1973 („Fresenius"); OLG Köln 18 U 21/12, NZG 2013, 548 (549) – Solarworld.
[32] Näher Rn. 236 ff.
[33] Ausdrücklich offen gelassen in BGH II ZR 280/07, NZG 2009, 550 (552).
[34] Soweit die Satzung die Vergütung regelt, wird von den Vertretern eines Zustimmungserfordernisses sogar eine statutarische Regelung oder zumindest eine „Öffnungsklausel" verlangt, vgl. *Kästner* AG 2000, 113 (117); *Feddersen* AG 2000, 385 (394).
[35] MHdB GesR IV/*Hoffmann-Becking* § 33 Rn. 19; MünchKomm. AktG/Bd. 2/*Habersack* § 113 Rn. 13; *Lange* ZIP 2001, 1524 (1526 ff.); *Vetter* AG 2000, 453 (457); *Dreher* ZHR 2001, 293 (322); im Ergebnis ebenso *Mertens* AG 2000, 447 (452); *Hüffer/Koch* AktG § 113 Rn. 2a; aA *Kästner* AG 2000, 113 (118); *Henssler* RWS-Forum Gesellschaftsrecht 2001, 131 (144 ff.); *Feddersen* AG 2000, 385 (394); differenzierend nach Ausgestaltung der D&O-Versicherung Spindler/Stilz/*Spindler* AktG § 113 Rn. 15 f.
[36] Gesetz zur Angemessenheit der Vorstandsvergütung v. 31.7.2009, BGBl. 2009 I 2509. Eine generelle Pflicht zum Abschluss einer solchen Versicherung besteht dagegen nicht, vgl. Beschlussempfehlung des Rechtsausschusses des Deutschen Bundestages, BT-Drs. 16/13433, 17. Vgl. dazu *Fleischer* NZG 2009, 801 (806); *Hohaus/Weber* DB 2009, 1515.
[37] Vgl. hierzu MHdB GesR IV/*Hoffmann-Becking* § 33 Rn. 44 ff.
[38] Gleiches gilt für den Widerruf der Wahl, § 318 Abs. 1 Satz 5 HGB; Ausnahmen sieht etwa § 341k Abs. 2 HGB vor, wonach bei Versicherungsunternehmen die Wahl des Wirtschaftsprüfers durch den Aufsichtsrat erfolgt.

Satz 1 AktG), dem auch die Erteilung des Prüfungsauftrags obliegt (§ 111 Abs. 2 Satz 3 AktG, § 318 Abs. 1 Satz 4 HGB).[39]

b) Grundlagenentscheidungen

16 Die Grundlagen der Aktiengesellschaft sind durch die Satzung geregelt. § 119 Abs. 1 Nr. 5, 6 und 8 AktG regeln Änderungen dieser Grundlagen, die ebenfalls in die Zuständigkeit der Hauptversammlung fallen.

17 aa) **Satzungsänderungen.** Nach § 119 Abs. 1 Nr. 5 AktG können Satzungsänderungen nur von der Hauptversammlung beschlossen werden. Voraussetzung einer ordentlichen Satzungsänderung ist, dass diese zunächst als Tagesordnungspunkt angekündigt und der volle Wortlaut der neuen Fassung der Satzung veröffentlicht wird.[40] Nach den gesetzlichen Vorgaben ist für den Beschluss grds. die **einfache Stimmenmehrheit und** – nach dem insoweit dispositiven Regelungsmodell – eine Mehrheit von **drei Vierteln** des bei der Beschlussfassung vertretenen **Grundkapitals** erforderlich (§ 133 Abs. 1, § 179 Abs. 2 Satz 1 AktG). In Sonderfällen, wie zB der Herabsetzung der in der Satzung festgesetzten Vergütung der Aufsichtsratsmitglieder, weicht das Gesetz jedoch von diesen Erfordernissen ab und lässt die einfache Stimmenmehrheit für die Satzungsänderung ausreichen.[41] Die Satzung kann grds. eine größere oder kleinere Kapitalmehrheit für Satzungsänderungen bestimmen sowie weitere Erfordernisse aufstellen (§ 179 Abs. 2 Satz 2 AktG). Für die Änderung des Unternehmensgegenstandes,[42] für bestimmte satzungsändernde Kapitalmaßnahmen,[43] bei der Zustimmung zu Beherrschungs- und Ergebnisabführungsverträgen[44] sowie bei Strukturänderungen nach dem UmwG[45] kann allerdings nur eine größere Kapitalmehrheit vorgesehen werden.[46] Die Satzungsänderung wird gem. § 181 Abs. 3 AktG erst wirksam, wenn sie in das Handelsregister eingetragen ist.

18 Von den Satzungsänderungen sind die so genannten bloßen **Fassungsänderungen** zu unterscheiden, die nicht den materiellen Gehalt, sondern lediglich die sprachliche Fassung der Satzung betreffen. Die Abgrenzung kann im Einzelfall schwierig sein.[47] Die Befugnis zur Fassungsänderung kann dem Aufsichtsrat übertragen werden (§ 179 Abs. 1 Satz 2 AktG). Nach nicht ganz unbestrittener Auffassung ist hierfür aber ebenfalls gem. § 179 Abs. 2 AktG die einfache Stimmenmehrheit sowie die Mehrheit von drei Vierteln des vertretenen Grundkapitals erforderlich.[48]

---

[39] Bis zur Einführung des KonTraG (BGBl. 1998 I 786) oblag diese Aufgabe dem Vorstand; zur Detaillierung der Auftragserteilung vgl. *Hüffer/Koch* AktG § 111 Rn. 27 f.; Schmidt/Lutter/*Drygala* AktG § 111 Rn. 39 ff.; *Ludewig* DB 2000, 634 (635 f.).

[40] § 124 Abs. 2 Satz 3 AktG; Semler/Volhard/Reichert/*Schröer/Heusel* § 19 Rn. 14.

[41] § 113 Abs. 1 Satz 4 AktG; vgl. weiterhin §§ 97 Abs. 2 Satz 4, 98 Abs. 4 Satz 2 und 237 Abs. 4 Satz 2 AktG.

[42] § 179 Abs. 2 Satz 2 AktG.

[43] Vgl. Rn. 19.

[44] § 293 Abs. 1 Satz 3 AktG.

[45] Vgl. insbes. § 65 Abs. 1 Satz 2 UmwG, ggf. iVm § 73, § 125 Satz 1 UmwG, sowie § 240 Abs. 1 Satz 2 UmwG, der allerdings wiederum eine Gegenausnahme für den Formwechsel von einer KGaA in eine AG enthält.

[46] Näher Rn. 227 ff.

[47] Vgl. näher hierzu Großkomm. AktG/*Wiedemann* § 179 Rn. 106 f.

[48] MünchKomm. AktG/Bd. 4/*Stein* § 179 Rn. 167; *Butzke* Kap. L Rn. 43; *Hüffer/Koch* AktG § 179 Rn. 11; aA Schmidt/Lutter/*Seibt* AktG § 179 Rn. 9.

B. Die Aktiengesellschaft   19, 20   § 5

bb) Maßnahmen der Kapitalbeschaffung und Kapitalherabsetzung. Maß- 19
nahmen der Kapitalbeschaffung und Kapitalherabsetzung jeglicher Art sind Satzungsänderungen und stellen daher ebenfalls **Grundlagenentscheidungen** dar, die von der Hauptversammlung zu treffen sind (§ 119 Abs. 1 Nr. 6 AktG). Zu diesen Kapitalmaßnahmen gehören die Kapitalerhöhung gegen Einlagen mit Bezugsrecht oder unter Ausschluss des Bezugsrechts (§§ 182 ff. AktG), die Schaffung bedingten Kapitals (§§ 192 ff. AktG), die Schaffung genehmigten Kapitals (§§ 202 ff. AktG), die Kapitalerhöhung aus Gesellschaftsmitteln (§§ 207 ff. AktG), die ordentliche und vereinfachte Kapitalherabsetzung (§§ 222 ff. respektive §§ 229 ff. AktG), die Kapitalherabsetzung durch Einziehung von Aktien (§§ 237 ff. AktG) sowie die Ausgabe von Wandel- und Gewinnschuldverschreibungen (§ 221 AktG).[49] Für diese Entscheidungen ist, da es sich bei diesen Maßnahmen der Sache nach um **Satzungsänderungen** handelt, nach dem Gesetz eine einfache Stimmenmehrheit sowie eine Mehrheit von drei Vierteln des bei der Beschlussfassung vertretenen Grundkapitals erforderlich.[50] In allen Fällen können weitere Erfordernisse, insbesondere höhere Mehrheiten in der Satzung angeordnet werden; bei Kapitalerhöhungen mit Bezugsrecht kann das Mehrheitserfordernis herabgesetzt werden, sofern nicht Vorzugsaktien geschaffen werden (arg. e contrario § 182 Abs. 1 Satz 2 AktG); Gleiches gilt für Kapitalerhöhungen aus Gesellschaftsmitteln (§ 207 Abs. 2 AktG). Die Kapitalherabsetzung durch die Einziehung von Aktien gem. § 237 Abs. 4 Satz 2 iVm Abs. 3 AktG bedarf nur einer einfachen Stimmenmehrheit, wenn die Aktien der Gesellschaft unentgeltlich zur Verfügung gestellt oder zulasten des Bilanzgewinns oder einer entsprechend verwendbaren Gewinnrücklage eingezogen werden; Entsprechendes gilt für die Einziehung von Stückaktien, wenn sich der Anteil der übrigen Aktien am Grundkapital entsprechend erhöht, das Grundkapital also unverändert bleibt (§ 237 Abs. 3 Nr. 3 AktG).

cc) Auflösung. Schließlich nennt der Katalog des § 119 Abs. 1 AktG in Nr. 8 die 20
Auflösung der Gesellschaft als eine in die Zuständigkeit der Hauptversammlung fallende Grundlagenentscheidung. Der Auflösungsbeschluss bedarf gem. § 262 Abs. 1 Nr. 2 AktG der einfachen Stimmenmehrheit sowie einer Mehrheit von drei Vierteln des bei der Beschlussfassung vertretenen Grundkapitals, sofern die Satzung keine größere Kapitalmehrheit und keine weiteren Erfordernisse bestimmt. Die Auflösung der Gesellschaft hat zur Folge, dass sie ihre werbende Tätigkeit einstellt und in eine **Abwicklungsgesellschaft** umfunktioniert wird. Im Rahmen der Abwicklung bestehen weitere Kompetenzen der Hauptversammlung, so für die Bestellung anderer Abwickler als der Vorstandsmitglieder (§ 265 Abs. 2 Satz 1 Var. 2 AktG), für die Abberufung der Abwickler[51] (§ 265 Abs. 5 Satz 1 AktG), für die Regelung der Vertretungsmacht mehrerer Abwickler durch die Hauptversammlung als „sonst zuständige Stelle"[52] (§ 269 Abs. 2 Satz 1, Abs. 3 Satz 1 AktG) bzw. die Ermächtigung des Aufsichtsrats zur Regelung der Vertretungsmacht einzelner Abwickler (§ 269 Abs. 3 Satz 2 Var. 2 AktG), für die Feststellung der Liquidationseröffnungsbilanz und des Jahresabschlusses während der Abwicklung (§ 270 Abs. 2 Satz 1 AktG) sowie für die Entlastung der Abwickler und der Auf-

---

[49] Semler/Volhard/Reichert/*Schröer/Heusel* § 20 Rn. 3, § 22 Rn. 3, § 27 Rn. 4.
[50] Vgl. §§ 182 Abs. 1 Satz 1, 193 Abs. 1 Satz 1, 202 Abs. 2 Satz 2, 207 Abs. 2 Satz 1, 221 Abs. 1 Satz 2, 222 Abs. 1 Satz 1, 229 Abs. 3 AktG; näher Rn. 227 ff.
[51] Vgl. BGH II ZA 9/08, NZG 2009, 664: Ohne eine Entscheidung der Hauptversammlung über die Abberufung kann der Aufsichtsrat den Dienstvertrag eines Abwicklers nicht kündigen.
[52] Vgl. *Hüffer/Koch* AktG § 269 Rn. 5.

sichtsratsmitglieder während der Abwicklung (§ 270 Abs. 2 Satz 1 AktG). Zudem ist die Hauptversammlung zur Entscheidung über eine Fortsetzung der aufgelösten Gesellschaft (§ 274 AktG) berufen.[53]

21   dd) **Weitere gesetzlich geregelte Grundlagenentscheidungen.** Weitere, im Katalog des § 119 Abs. 1 AktG nicht genannte Kompetenzen der Hauptversammlung bei Grundlagengeschäften bestehen in der Zustimmung zum **Abschluss und zur Änderung eines Unternehmensvertrages** (§§ 293 Abs. 1, 295 Abs. 1 AktG) sowie in der Zustimmung der Hauptversammlung der zukünftigen Hauptgesellschaft zur **Eingliederung einer Tochtergesellschaft** (§§ 319 Abs. 2, 320 Abs. 1 Satz 3 AktG).[54] Auch diese Beschlüsse bedürfen neben der einfachen Stimmenmehrheit einer Mehrheit von drei Vierteln des vertretenen Grundkapitals (§§ 293 Abs. 1 Satz 2, 319 Abs. 2 Satz 2 AktG), wobei wiederum in der Satzung nur eine höhere Kapitalmehrheit vorgesehen werden kann. Gemäß § 327a Abs. 1 Satz 1 AktG kann die Hauptversammlung weiterhin auf Verlangen eines Aktionärs, dem Aktien in Höhe von 95% des Grundkapitals gehören, die Übertragung der Aktien der übrigen Aktionäre auf den Hauptaktionär beschließen (sog. Squeeze Out).[55]

Für die Zustimmung zu Verträgen, durch die sich die Gesellschaft zur **Übertragung ihres gesamten Vermögens** verpflichtet, ohne dass die Übertragung dem Umwandlungsgesetz unterfällt, besteht ebenfalls ein Zustimmungserfordernis der Hauptversammlung; auch dieser Beschluss erfordert zumindest die Dreiviertelkapitalmehrheit (§ 179a AktG).

Weiterhin bedarf es in sog. **Nachgründungsfällen**[56] eines mit mindestens drei Vierteln des vertretenen Kapitals zu fassenden Hauptversammlungsbeschlusses.[57] Seit der Entschärfung durch das NaStraG[58] unterliegen dem Nachgründungsrecht nur noch solche Verträge der Gesellschaft, die mit Gründern oder Aktionären, die mit mehr als 10% des Grundkapitals beteiligt sind, abgeschlossen werden (§ 52 Abs. 1 AktG). Ausgenommen ist ferner der Erwerb von Vermögensgegenständen im Rahmen der laufenden Geschäfte der Gesellschaft, in der Zwangsvollstreckung oder über die Börse (§ 52 Abs. 9 AktG).

Auch das **Umwandlungsgesetz** begründet eine Reihe von Kompetenzen der Hauptversammlung; sie betreffen die Zustimmung zur Verschmelzung (§§ 65, 73 UmwG), zur Spaltung oder Ausgliederung (§ 125 iVm §§ 65, 73 UmwG), zur Vermögensübertragung im Wege der Gesamtrechtsnachfolge nach dem Umwand-

---

[53] Zu den Einzelheiten einer Auflösung siehe § 18.
[54] Ebenso beschließt die Hauptversammlung der Tochtergesellschaft über die Eingliederung und deren Beendigung (§§ 319 Abs. 1, 320 Abs. 1 Satz 3, 327 Abs. 1 Nr. 1 AktG). Diese Beschlüsse bedürfen jedoch nur der einfachen Mehrheit, vgl. *Hüffer/Koch* AktG § 320 Rn. 5 und § 327 Rn. 3; sie erweisen sich letztlich angesichts der erforderlichen Mehrheitsverhältnisse als Entschluss des Vorstands der Hauptgesellschaft. Die Beendigung der Eingliederung unterliegt in der Hauptgesellschaft keiner Zustimmungspflicht der Hauptversammlung, vgl. *Hüffer/Koch* AktG § 327 Rn. 3.
[55] Näher hierzu etwa *Grunewald* ZIP 2002, 18; *Ehricke/Roth* DStR 2001, 1120; *Kiem* RWS-Forum Gesellschaftsrecht 2001, S. 329 ff.; vgl. auch Rn. 138, 298 ff.
[56] Vgl. zur Nachgründung § 2 Rn. 310 ff.
[57] Für Nachgründungsverträge, die im ersten Jahr seit Eintragung der AG in das Handelsregister geschlossen werden, ist weiterhin die Zustimmung von 25% des gesamten Grundkapitals erforderlich; auch insoweit kann lediglich ein größeres Quorum in der Satzung vorgesehen werden (§ 52 Abs. 5 Satz 2 und 3 AktG).
[58] Näher hierzu *Reichert* ZGR 2001, 504; Semler/Volhard Unternehmensübernahmen Bd. 1/*Reichert* § 17 Rn. 25 ff.; *Pentz* NZG 2000, 225; *Casper* StuB 2000, 538; *Priester* DB 2001, 467; *Werner* ZIP 2001, 1403.

lungsgesetz (§ 176 iVm §§ 65, 73 UmwG) sowie die Zustimmung zum Formwechsel (§§ 233, 240 UmwG). Auch hierbei gilt als Mindesterfordernis eine Mehrheit von drei Vierteln des vertretenen Grundkapitals.[59]

c) Sonderfälle

Die Hauptversammlung ist weiterhin in einer ganzen Reihe von Sonderfällen zuständig. Diese betreffen insbesondere:[60]
- die Bestellung von Sonderprüfern zur Prüfung von Vorgängen bei der Gründung oder der Geschäftsführung (§§ 119 Abs. 1 Nr. 7, 142 Abs. 1 Satz 1 AktG) sowie die Verwendung des Ertrags aufgrund höherer Bewertung als Folge einer Sonderprüfung (§ 261 Abs. 3 Satz 2 AktG),
- den Verzicht oder Vergleich über Ersatzansprüche gegen Gründer, Organmitglieder und sonstige Schädiger (§§ 50 Satz 1, 93 Abs. 4 Satz 3, 116, 117 Abs. 4, 309 Abs. 3 Satz 1, 310 Abs. 4, 317 Abs. 4, 318 Abs. 4, 323 Abs. 1 Satz 2 AktG),
- die Entscheidung über die Geltendmachung von Ersatzansprüchen gegen Gründer und Verwaltungsmitglieder (§ 147 Abs. 1 Satz 1 AktG) sowie die Bestellung besonderer Vertreter für die Geltendmachung dieser (§ 147 Abs. 2 Satz 1 AktG),[61]
- Beschlüsse über vorbereitende Maßnahmen des Vorstands (§ 83 Abs. 1 AktG),
- die Zustimmung zu Geschäften auf Verlangen des Vorstands nach verweigerter Aufsichtsratszustimmung (§ 111 Abs. 4 Satz 3 AktG),
- die Festsetzung einer Geschäftsordnung mit Regeln für die Vorbereitung und Durchführung in der Hauptversammlung (§ 129 Abs. 1 Satz 1 AktG),
- die Feststellung des Jahresabschlusses in Sonderfällen (§§ 173 Abs. 1, 234 Abs. 2 AktG),
- die Ermächtigung des Vorstands zum Erwerb oder zur Einziehung eigener Aktien (vgl. insbesondere § 71 Abs. 1 Nr. 6, 7, 8 AktG)[62] und
- die Ermächtigung des Vorstands zu Abwehrmaßnahmen gegen eine Übernahme (§ 33 Abs. 2 WpÜG bzw. § 33a Abs. 2 Satz 2 Nr. 1 WpÜG).[63]

3. Satzungsgemäße Zuständigkeiten

Nach § 119 Abs. 1 AktG beschließt die Hauptversammlung auch in den in der Satzung ausdrücklich bestimmten Fällen. Der praktische Anwendungsbereich dieser Bestimmung ist indessen sehr eingeschränkt. Denn nach § 23 Abs. 5 AktG kann die Satzung nur in den ausdrücklich durch das Gesetz zugelassenen Fällen von den Vorschriften des Gesetzes abweichen. Insbesondere das Verhältnis zwischen Vorstand und Aufsichtsrat kann nicht durch die Satzung abgeändert werden. Der Hauptversammlung kann jedoch die **Einrichtung weiterer Gremien** wie zB eines

---

[59] Höhere Kapitalmehrheits- und sonstige Erfordernisse können sich einerseits – wie auch in den sonstigen Fällen – aus der Satzung ergeben; sie können sich aber auch aus dem Gesetz ergeben; insbesondere bei der Umwandlung in eine Personenhandelsgesellschaft ist nach der gesetzlichen Regelung regelmäßig die Zustimmung aller Gesellschafter erforderlich, sofern die Satzung keine geringere Mehrheit zulässt, vgl. etwa § 43 UmwG.
[60] Weiterführend hierzu Semler/Volhard/Reichert/Ott § 40 Rn. 1 ff.
[61] Siehe hierzu auch das Klagezulassungsverfahren nach den jetzigen §§ 148 f. AktG, das durch das UMAG vom 22.9.2005 eingeführt wurde. Der Gesetzgeber reagierte hiermit auf die Kritik an dem Verfolgungsrecht des § 147 AktG aF, vgl. nur *Ulmer* ZHR 1999, 290; *Krieger* ZHR 1999, 343; *Reichert* ZHR-Beiheft 71 (2002), 165, 194 f.; *Reichert/Weller* ZRP 2002, 49.
[62] Eingehend hierzu *Reichert/Harbarth* ZIP 2001, 1441 ff.; vgl. dazu auch Rn. 125.
[63] Vgl. auch Rn. 41.

Beirats oder eines Aktionärsausschusses und die Auswahl von deren Mitgliedern übertragen werden, sofern diese Gremien keine Funktionen wahrnehmen, die zwingend anderen Organen zugewiesen sind. Regelmäßig können solchen Gremien daher nur beratende Funktionen zukommen.[64]

24 Die Satzung kann die Ausgabe von vinkulierten Namensaktien vorsehen (§ 68 Abs. 2 Satz 1 AktG). Die Erteilung der Zustimmung zur Übertragung obliegt in diesen Fällen zwingend dem Vorstand (§ 68 Abs. 2 Satz 2 AktG). Die Satzung kann jedoch vorsehen, dass die Hauptversammlung (oder der Aufsichtsrat) über die Erteilung der Zustimmung zu beschließen haben (§ 68 Abs. 2 Satz 3 AktG).[65]

4. Ungeschriebene Zuständigkeiten

a) Die Holzmüller-Entscheidung

25 Der gesetzliche Schutzrahmen, wonach die Aktionäre an Satzungsänderungen sowie an anderen Grundlagenentscheidungen, wie etwa der Übertragung des Vermögens als Ganzem, im Umwandlungsgesetz geregelten Umstrukturierungsvorgängen oder auch dem Abschluss von Unternehmensverträgen, zu beteiligen sind, wurde durch die bekannte „Holzmüller-Entscheidung" erweitert.[66] Im Holzmüller-Fall ging es darum, dass der Kernbereich der unternehmerischen Tätigkeit der Gesellschaft, der etwa 80% des Betriebsvermögens ausmachte, auf eine Tochtergesellschaft ausgegliedert werden sollte. Die vom BGH diskutierte **Frage, ob** eine **faktische Satzungsänderung** vorlag und die Hauptversammlung bereits deswegen zu beteiligen gewesen wäre, wurde **verneint**, weil sich der Unternehmensgegenstand in seiner geschichtlichen Prägung nicht geändert habe und die Satzung darüber hinaus ausdrücklich gestatte, den Betrieb ganz oder teilweise anderen Gesellschaften zu überlassen. Die in Betracht kommende erweiternde Auslegung oder analoge Anwendung des § 361 AktG aF (also der Sache nach des heutigen § 179a AktG) lehnte der BGH ab. Er stützte sich vielmehr auf die Erwägung, dass es grundlegende Entscheidungen gebe, die zwar durch die Außenvertretungsbefugnis des Vorstands gedeckt seien, andererseits jedoch so tief in die Mitgliedschaftsrechte der Aktionäre eingriffen, dass der Vorstand vernünftigerweise nicht annehmen könne, er dürfe sie unter ausschließlich eigener Verantwortung treffen.

26 Darüber hinaus führte der BGH aus, dass die Einholung der Zustimmung der Hauptversammlung der Muttergesellschaft zu konzernleitenden Maßnahmen dann erforderlich sei, wenn in einer durch Ausgliederung wesentlicher Betriebsteile entstandenen Tochtergesellschaft das Kapital erhöht werden sollte. Dies begründet der BGH damit, dass derartige **Kapitalmaßnahmen** die besondere Gefahr in sich bergen, „dass die Mitgliedschaft [der Gesellschafter der Konzernspitze] beeinträchtigt, der Wert ihrer Beteiligung verwässert und ihre Bezugsrechte ausgehöhlt werden"; denn den Gesellschaftern gehe die „Chance (verloren), ihre Beteiligung qualitativ und wertmäßig dadurch zu verbessern, dass sie selbst weiteres Kapital in ihrem Unternehmen anlegen" (**Mediatisierung** des Gesellschaftereinflusses).[67]

---

[64] Großkomm. AktG/*Mülbert* § 119 Rn. 190, Vor § 118 Rn. 28; MHdB GesR IV/*Bungert* § 35 Rn. 45.
[65] Zur Frage einer Hauptversammlungspflichtigkeit der Zustimmung zur Übertragung vinkulierter Namensaktien nach Holzmüller/Gelatine-Grundsätzen vgl. Rn. 43.
[66] BGH II ZR 174/80, BGHZ 83, 122 ff. Vgl. hierzu auch § 14 Rn. 46 ff.
[67] BGH II ZR 174/80, BGHZ 83, 122 (142, 143).

B. Die Aktiengesellschaft 27–29 § 5

Als **weitere Beispiele** nennt der BGH den Abschluss von Unternehmensverträgen mit solchen Tochtergesellschaften, die Weiterübertragung des Gesellschaftsvermögens gem. § 361 AktG aF (heute § 179a AktG) und einen Auflösungsbeschluss (vgl. §§ 262 Abs. 1 Nr. 2, 289 Abs. 4 AktG).[68]

Der BGH hat schließlich ausgesprochen, dass den Aktionären der betreffenden Gesellschaft die Möglichkeit offensteht, im Falle einer pflichtwidrig unterlassenen Einholung der Zustimmung die Verpflichtung der Verwaltung zur Unterlassung oder Rückgängigmachung der Maßnahme gerichtlich feststellen zu lassen.[69] 27

Die Auswirkungen der Holzmüller-Entscheidung auf die Instanzgerichte waren sehr unterschiedlich. Diese setzten sich in einer Vielzahl von Entscheidungen mit den Grundsätzen des BGH auseinander.[70] Auch im gesellschafts- und konzernrechtlichen Schrifttum rief sie eine ungeheure Resonanz hervor. Während die Befürworter der Rechtsprechungsgrundsätze die Holzmüller-Entscheidung zunächst teilweise extensiv auslegten und bereits bei niedrigen Schwellenwerten eine ungeschriebene Hauptversammlungszuständigkeit annahmen, wurde im Schrifttum zunehmend ein restriktiver, auf gravierende Fälle begrenzter Umgang mit ungeschriebenen Hauptversammlungszuständigkeiten vertreten.[71] 28

Letzterer Tendenz hat sich der BGH mit den beiden **Gelatine-Entscheidungen** aus dem Jahr 2004 angeschlossen.[72] Einige Streitfragen konnten hierdurch gelöst werden. Dies betrifft insbesondere die Frage nach der dogmatischen Anknüpfung sowie der Schwelle für das Eingreifen ungeschriebener Hauptversammlungskompetenzen. Hinsichtlich Letzterer hat der BGH klargestellt, dass die Überschreitung eines Schwellenwertes von 50% noch nicht ausreicht. Die wirtschaftliche Bedeutung der Maßnahme müsse vielmehr in etwa „die Ausmaße" des „Holzmüller"-Falles erreichen.[73] In diesem Fall mache, wie erwähnt, der ausgeglichene Betriebsanteil rund 80% der Aktiva der Gesellschaft aus. An dieser Größenordnung wird man sich zu orientieren haben. Keine abschließende Klärung hat dagegen die Frage erfahren, ob ungeschriebene Hauptversammlungszuständigkeiten allein in Fällen der Ausgliederung greifen. Die Gelatine-Entscheidungen betrafen eben solche Fälle; nämlich die Umstrukturierungen von Tochter- in Enkelgesellschaften. Der BGH hat aber immerhin verdeutlicht, dass der Aspekt der Mediatisierung für seine Beurteilung von entscheidender Bedeutung ist.[74] Wiederbelebt wurde die Diskussion durch die Übernahme der **Dresdner Bank** durch die **Commerzbank**. Nach Ansicht eines Teils der Literatur sind die „Holzmüller"-Grundsätze auch auf den **Beteiligungserwerb** (dazu Rn. 32) anwendbar, sofern die erwerbende und die erworbene Gesellschaft ihrem Volumen nach vergleichbar sind.[75] Das OLG Frankfurt hingegen hat die Anwendbarkeit der „Holzmüller"-Grundsätze bei Vorhandensein einer so genannten Konzernöffnungsklausel verneint (unabhängig von der wirt- 29

---

[68] BGH II ZR 174/80, BGHZ 83, 122 (142, 143).
[69] BGH II ZR 174/80, BGHZ 83, 122 (142, 143).
[70] Vgl. die Nachweise in MHdB GesR IV/*Bungert* § 35 Rn. 49.
[71] Vgl. den Überblick bei *Reichert* AG 2005, 150.
[72] BGH II ZR 155/02, BGHZ 159, 30 ff. – Gelatine I; II ZR 154/02, ZIP 2004, 1001 – Gelatine II.
[73] BGH II ZR 155/02, NJW 2004, 1860 (1864).
[74] Vgl. *Reichert* AG 2005, 150 (154 f.).
[75] Explizit zu „Dresdner Bank/Commerzbank" *Priester* AG 2011, 654; *Lutter* ZIP 2012, 351; vgl. auch Emmerich/Habersack/*Habersack* Vor § 311 Rn. 42; *Goj* Ungeschriebenes Hauptversammlungserfordernis beim Beteiligungserwerb?, 2017, S. 137 ff.; aA *Kiefner* ZIP 2011, 545; *Gubitz/Nikoleyczik* NZG 2010, 539; vgl. bereits *Reichert* AG 2005, 150 (156 f.).

schaftlichen Bedeutung des Beteiligungserwerbs).[76] Der BGH hat diese Position in seinem Beschluss aus dem Jahr 2012 zumindest nicht als offenkundig fehlerhaft qualifiziert, so dass im Ergebnis der Anfechtung der Entlastung von Vorstand und Aufsichtsrat der Commerzbank kein Erfolg beschieden war.[77] Der BGH erkennt an, dass „umstritten und nicht geklärt ist, ob und unter welchen Voraussetzungen der Beteiligungserwerb zu einer ungeschriebenen, auf einer richterlichen Rechtsfortbildung beruhenden Hauptversammlungszuständigkeit führt."[78]

b) Rechtsgrundlage ungeschriebener Hauptversammlungszuständigkeiten

30 Die dogmatische Grundlage ungeschriebener Hauptversammlungszuständigkeiten war seit jeher streitig. Der BGH hat in den Gelatine-Urteilen entschieden, dass keiner der beiden hierzu bisher vertretenen Lösungsansätze[79] der richtige sei, sondern die Zuständigkeit der Hauptversammlung in diesem Fall auf einer offenen Rechtsfortbildung beruhe.[80]

c) Übersicht über hauptversammlungspflichtige Maßnahmen in der Muttergesellschaft/Konzernbildungskontrolle

31 **aa) Ausgliederung auf Tochtergesellschaften.** Originäres Anwendungsgebiet der Holzmüller/Gelatine-Grundsätze ist der Fall der Ausgliederung einer unternehmerischen Aktivität aus einem bestehenden Unternehmen in eine Tochtergesellschaft. Dass insoweit eine **ungeschriebene Hauptversammlungszuständigkeit** in Betracht kommt, ist im Schrifttum **unbestritten** und wurde durch die Gelatine-Entscheidungen bestätigt.[81] Daneben ist jeweils zu prüfen, ob ggf. die Einschaltung der Hauptversammlung auch wegen des Erfordernisses einer **Änderung des Unternehmensgegenstandes**[82] erforderlich ist. Allerdings gebietet der Unternehmensgegenstand nach richtiger Auffassung – zumindest in aller Regel – nicht, mit welchem Gewicht und in welcher wirtschaftlichen Intensität die in der Satzung enthaltenen Tätigkeitsbereiche ausgefüllt werden. Es bedarf daher regelmäßig keiner Änderung des Unternehmensgegenstandes, wenn der Unternehmensgegenstand nicht mehr unmittelbar, sondern nur noch mittelbar über eine Tochtergesellschaft ausgeübt wird, sofern die Muttergesellschaft über das Beteiligungsunternehmen weiterhin unternehmerisch tätig bleibt und sich nicht auf die bloße Beteiligungsverwaltung beschränkt (**Einheitsbetrachtung**).[83]

---

[76] OLG Frankfurt a. M. 5 U 29/10, NZG 2011, 62.
[77] BGH II ZR 253/10, WM 2012, 546.
[78] BGH II ZR 253/10, WM 2012, 546.
[79] Vgl. § 14 Rn. 49.
[80] Vgl. BGH II ZR 155/02, BGHZ 159, 30 – Gelatine I; II ZR 154/02, ZIP 2004, 1001 – Gelatine II.
[81] Vgl. zur Umstufung auf tieferen Konzernebenen § 14 Rn. 49 ff.
[82] Vgl. auch § 14 Rn. 44.
[83] *Götz* AG 1984, 85 (90); *Hommelhoff* Die Konzernleitungspflicht 1982, S. 269 ff.; *Hübner* in FS Stimpel S. 791, 794; *Mülbert* Aktiengesellschaft, Unternehmensgruppe und Kapitalmarkt, S. 379. Die Gegenauffassung, die die Tätigkeit über Tochter- und Beteiligungsgesellschaften der Muttergesellschaft nicht zurechnen will, setzt sich darüber hinweg, dass durch die Schaffung einer Gruppenstruktur eine wirtschaftliche Einheit entsteht, die dem Wettbewerb gegenüber im Wege des arbeitsteiligen Zusammenwirkens zwischen den verschiedenen Konzernmitgliedern als solche in Erscheinung tritt und operiert.

bb) Beteiligungserwerb. Die Auffassung, auch ein Beteiligungserwerb unterfalle – unter der Voraussetzung, dass er die qualitativen Kriterien erfüllt – den Holzmüller/Gelatine-Grundsätzen,[84] wird unter anderem auf die Erwägung gestützt, die Holzmüller-Entscheidung sei Ausfluss einer **generellen Konzernbildungskontrolle** bei der Obergesellschaft. Es mache keinen Unterschied, ob der Mediatisierungseffekt, der letztlich für die Holzmüller-Entscheidung leitend gewesen sei, nachträglich im Wege der Ausgliederung eintrete oder originär herbeigeführt werde, indem die Aktivitäten nicht unmittelbar bei der Muttergesellschaft, sondern mit deren Mitteln bei einer Tochtergesellschaft angesiedelt werden. 32

Richtigerweise ist eine **Hauptversammlungspflichtigkeit** für den Fall bloßen Beteiligungserwerbs indessen **abzulehnen** (zum Fall „Dresdner Bank/Commerzbank" Rn. 29).[85] Der Unterschied des Beteiligungserwerbs zur Veräußerung liegt darin, dass sich mit einer Ausgliederung wesentlicher Unternehmensteile eine spätere Mediatisierung der Mitverwaltungsrechte der Aktionäre hinsichtlich dieser Unternehmensteile verbindet, wohingegen dies bei einem reinen Beteiligungserwerb nicht in vergleichbarer Weise der Fall ist. Soweit man im Beteiligungserwerb eine Möglichkeit der Mediatisierung des Aktionärseinflusses eingeräumt sieht, erreicht diese jedenfalls regelmäßig nicht das erforderliche Maß, um als „schwerwiegender Eingriff" in das „rechtliche Substrat der Mitgliedschaft" qualifiziert werden zu können. Vielmehr ist dem **Schutzbedürfnis der Aktionäre** mit dem Erfordernis einer satzungsmäßigen Ermächtigung zum Beteiligungserwerb hinreichend Rechnung getragen. Entscheidend ist schließlich, dass es an einem rechtlich fundierten Einfluss der Aktionäre auf Investitionsentscheidungen fehlt. Der Fall des Beteiligungserwerbs ist sachlich nicht anders zu beurteilen als die Finanzierung anderer Investitionen mit erheblichem finanziellen Aufwand, bei denen ebenfalls keine ungeschriebene Hauptversammlungszuständigkeit in Betracht kommt. Das Erfordernis einer Einschaltung der Hauptversammlung kann sich indessen dann ergeben, wenn die über die Beteiligungsgesellschaft entfaltete Tätigkeit nicht im Unternehmensgegenstand verankert ist und auch nicht vorgesehen ist, dass sich die Gesellschaft an Gesellschaften mit dem jeweiligen Unternehmensgegenstand beteiligen kann.[86]

cc) Abgabe eines Übernahmeangebots. Verfehlt ist auch die Auffassung, dass die Abgabe öffentlicher Übernahmeangebote „holzmüllerpflichtig" sei;[87] dies deshalb, da es im Ergebnis keinen Unterschied macht, wie sich ein Beteiligungserwerb vollzieht, dh ob ein Aktienpaket von einem Großinvestor erworben wird 33

---

[84] So etwa *Priester* AG 2011, 654; *Lutter* ZIP 2012, 351; *Geßler* in FS Stimpel S. 771, 786 f.; Spindler/Stilz/*Hoffmann* AktG § 119 Rn. 30b; Schmidt/Lutter/*Spindler* AktG § 119 Rn. 34; Emmerich/Habersack/*Habersack* Vor § 311 Rn. 42; *Hirte* Bezugsrechtsausschluss und Konzernbildung 1986, S. 162 ff.; *Liebscher* Konzernbildungskontrolle, 1995, S. 86; *Lutter* in FS Stimpel S. 825, 853 ff.; *Raiser/Veil* § 16 Rn. 14; *Seydel* Konzernbildungskontrolle bei der Aktiengesellschaft, 1995, S. 389; *Wahlers* Konzernbildungskontrolle durch die Hauptversammlung der Obergesellschaft, 1994, S. 94 ff.; *Habersack* AG 2005, 137 (144).

[85] Vgl. OLG Frankfurt a. M. 5 U 29/10, NZG 2011, 62; *Kiefner* ZIP 2011, 545; *Gubitz/Nikoleyczik* NZG 2010, 539; *Reichert* AG 2005, 150 (156 f.); MHdB GesR IV/*Krieger* § 70 Rn. 10; aus der älteren Literatur: *Assmann/Bozenhardt* Übernahmeangebote, 1990, S. 1, 64 f.; *Ebenroth/Daum* DB 1991, 1105 (1109); *Groß* AG 1994, 266 (271); Kölner Komm./*Mertens*, 2. Aufl. 2004, § 76 Rn. 51; *Timm* ZIP 1993, 114 (117); *Werner* ZHR 1983, 429 (447).

[86] MHdB GesR IV/*Krieger* § 70 Rn. 7; vgl. auch Rn. 25.

[87] So aber *Seydel* Konzernbildungskontrolle bei der Aktiengesellschaft, 1995, S. 438; aA *Assmann/Bozenhardt* Übernahmeangebote, 1990, S. 1, 63 ff.; *Ebenroth/Daum* DB 1991, 1105 (1107 ff.), *Reichert* AG 2005, 150 (157).

oder ob breit auf dem Kapitalmarkt Aktien der Zielgesellschaft von einer Vielzahl von Investoren erworben werden. Ein hinreichender Sachgrund, beide Fälle unterschiedlich zu behandeln, ist nicht ersichtlich.

34 Auch die zusätzlichen Voraussetzungen, die die Bietergesellschaft aufgrund des Übernahmegesetzes erfüllen muss, rechtfertigen nicht per se das Erfordernis eines Hauptversammlungsbeschlusses. Sie betreffen die Konditionen der intendierten Mehrheitsübernahme, führen indessen nicht zu einem „**tiefgreifenden Eingreifen**" **in die Mitgliedschaft der Aktionäre**. Das Übernahmegesetz sieht demgemäß keine Einschaltung der Hauptversammlung der Bietergesellschaft vor Abgabe des Angebots vor. Dies ist auch sachgerecht, da eine frühzeitige Veröffentlichung der Erwerbspläne durch Einbeziehung der Hauptversammlung vor Abgabe des öffentlichen Übernahmeangebots den Erfolg der Maßnahme erschweren, wenn nicht gar unmöglich machen würde.[88]

35 Aus diesem Grund hat der BGH in der Siemens/Nold-Entscheidung[89] dem **Geheimhaltungsinteresse** der Gesellschaft und der **Erhaltung der Flexibilität** des Vorstands maßgebende Bedeutung beigemessen. In dieser Entscheidung hat der BGH die Anforderungen an den Bezugsrechtsausschluss im Rahmen eines genehmigten Kapitals letztlich aus Praktikabilitätsgründen abgemildert, um dem Unternehmen bzw. der Geschäftsleitung zu ermöglichen, auf dem nationalen und internationalen Markt rasch, flexibel und erfolgreich auf vorteilhafte Angebote oder sich bietende Gelegenheiten und Möglichkeiten zur Unternehmenserweiterung reagieren zu können. Dieses Anliegen des BGH würde durch eine Pflicht, vor Abgabe eines Übernahmeangebots stets einen zustimmenden Beschluss der Hauptversammlung herbeizuführen, konterkariert werden.

36 dd) **Beteiligungsveräußerung.** Der Fall der Beteiligungsveräußerung ist der actus contrarius der Konzernbildung und gehört daher eher zur Rubrik der „**Konzernleitungskontrolle**". Er soll gleichwohl an dieser Stelle behandelt werden, weil er engen Bezug zu den Fällen der Ausgliederung hat. Auf den ersten Blick mag man Fälle der Beteiligungsveräußerung in Anknüpfung an Ausgliederungsfälle – entsprechende Schwellenwerte vorausgesetzt – aufgrund eines argumentum a fortiori für hauptversammlungspflichtig halten: Gilt das Zustimmungserfordernis für die bloße Mediatisierung der Beteiligung, müsse dies erst recht für die vollständige Aufgabe im Wege der Beteiligungsveräußerung gelten.[90]

Dem ist indessen entgegenzuhalten, dass auslösendes Element der Holzmüller-Grundsätze die Gefahr der Konzernbildung, insbesondere der Mediatisierung des Gesellschaftereinflusses, ist. Durch einen Beteiligungsverkauf entfällt eine solche Gefahr; die an die Stelle der Beteiligung tretende **Gegenleistung** unterliegt vielmehr nunmehr der unmittelbaren Kontrolle der Konzernorgane.[91]

---

[88] Vgl. hierzu auch *Assmann/Bozenhardt* Übernahmeangebote, 1990, S. 1, 63.
[89] Vgl. BGH II ZR 132/93, BGHZ 136, 133 ff. – Siemens/Nold.
[90] So noch *Reichert* ZHR 1999, Beiheft 68, 25 (68 f.); diese Auffassung wurde aufgegeben; vgl. eingehend *Reichert* AG 2005, 150 ff.; vgl. auch *Henze* in FS Ulmer S. 211, 230 f.; *Hirte* Bezugsrechtsausschluss und Konzernbildung, 1986, S. 182 ff.; *Hommelhoff* Die Konzernleitungspflicht, 1982, S. 447; *Lutter* in FS Stimpel S. 825, 851; *Lutter/Leinekugel* ZIP 1998, 225 (229 ff.); Großkomm. AktG/*Wiedemann* § 179 Rn. 75; einschränkend *Wollburg/Gehling* in FS Lieberknecht, S. 133, 152 ff.
[91] Im Ergebnis ebenso OLG Stuttgart 20 U 1/05, AG 2005, 693 sowie der Beschluss über die Nichtzulassungsbeschwerde hiergegen: BGH II ZR 226/05, DStR 2007, 586; *Joost* ZHR 1999, 164 (185 ff.); *Groß* AG 1994, 266 (271 f.); *Seydel* Konzernbildungskontrolle bei der AG, 1995, S. 441; *Sünner* AG 1983, 169 (170); *Werner* ZHR 1983, 429 (447); Emmerich/

B. Die Aktiengesellschaft

Daraus folgt indessen nicht, dass es in solchen Fällen generell keiner Zustimmung der Hauptversammlung bedarf. Ein Zustimmungserfordernis wird sich ergeben, wenn durch die Veräußerung die Voraussetzungen des § 179a AktG erfüllt werden. Ferner bedarf es, wenn das Unternehmen mit der Veräußerung eine seiner im Unternehmensgegenstand verankerten Tätigkeiten aufgibt, einer **Satzungsänderung**. Nach früher herrschender Auffassung war der Vorstand nicht verpflichtet, die im Unternehmensgegenstand vorgeschriebene Tätigkeit auszuschöpfen.[92] Heute herrscht die Tendenz vor, in einer vollständigen, auf Dauer angelegten Aufgabe eines unternehmensgegenständlichen Tätigkeitsbereichs eine faktische Satzungsänderung zu sehen. Damit ist gemeint, dass es zur Einleitung einer darauf gerichteten Maßnahme einer formalen Änderung des Unternehmensgegenstandes bedarf.[93] Eine Verpflichtung zur **Fortführung der im Unternehmensgegenstand vorgesehenen Aktivitäten** ist allerdings nur dann zu bejahen, wenn mit der endgültigen und dauerhaften Einstellung eines den Kernbereich der unternehmerischen Tätigkeiten betreffenden Bereichs eine abrupte nachhaltige Veränderung des Gepräges der Gesellschaft verbunden ist. Insofern scheidet das Erfordernis einer Änderung des Unternehmensgegenstandes schon immer dann aus, wenn dieser – sei es auch in verringerter Form – nach wie vor unmittelbar ausgefüllt wird.[94] Der Unternehmensgegenstand gebietet nämlich – zumindest in aller Regel – nicht, mit welchem Gewicht und in welcher wirtschaftlichen Intensität die in der Satzung enthaltenen Tätigkeitsbereiche ausgefüllt werden. Darüber hinaus ist jeweils sehr genau zu prüfen, ob einzelne Elemente des Unternehmensgegenstandes in der Satzung nicht nur beispielhaft aufgeführt sind, sodass eine Auslegung der Satzungsbestimmung insgesamt ergibt, dass nicht sämtliche Elemente dieses Unternehmensgegenstandes erfüllt werden müssen.[95]

Die Ablehnung der Anwendung der Holzmüller-Grundsätze auf eine Beteiligungsveräußerung mag zu überdenken sein, wenn die Beteiligung nicht in toto veräußert wird, sondern **nur eine wesentliche Drittbeteiligung** begründet wird.[96] Denn nur bei einer Veräußerung als Ganzes entfällt – wie dargelegt – der Effekt der Mediatisierung des Gesellschaftereinflusses. Demgegenüber kann die Einräumung einer Drittbeteiligung an einer Tochtergesellschaft zu einer noch stärkeren Verwässerung des Gesellschaftereinflusses führen, als dies bei den Fällen der Ausgliederung der Fall ist. Indessen kann man einwenden, dass der Mediatisierungseffekt dann in den Hintergrund tritt, wenn die Maßnahme im Wesentlichen auf ein Deinvestment gerichtet ist und nur eine Minderheitsbeteiligung aufrechterhalten wird.[97]

Habersack/*Habersack* Vor § 311 Rn. 43; Semler/Volhard Unternehmensübernahmen Bd. 1/ *Reichert* § 17 Rn. 64; MHdB GesR IV/*Krieger* § 70 Rn. 10; *Reichert* AG 2005, 150 (155); *Liebscher* ZGR 2005, 1 (24); *Habersack* AG 2005, 137 (145 f.); *Goette* AG 2006, 522 (527).

[92] *Kropff* in FS Geßler S. 111, 119.
[93] *Hommelhoff* Die Konzernleitungspflicht 1982, S. 70; *Wollburg/Gehling* in FS Liebknecht, S. 133, 138 ff.; *Lutter/Leinekugel* ZIP 1998, 225 (227); Schmidt/Lutter/*Seibt* AktG § 179 Rn. 11; Großkomm. AktG/*Wiedemann* § 179 Rn. 60; MHdB GesR IV/*Sailer-Coceani* § 9 Rn. 20 f.
[94] *Reichert* ZHR 1999, Beiheft 68, 25 (40).
[95] *Lutter/Leinekugel* ZIP 1998, 225 (227); *Wollburg/Gehling* in FS Lieberknecht S. 133, 141.
[96] Ebenso *Liebscher* ZGR 2005, 1 (24); aA *Habersack* AG 2005, 137 (147), mwN.
[97] Spindler/Stilz/*Hoffmann* AktG § 119 Rn. 30g nimmt eine Zustimmungspflichtigkeit der Hauptversammlung für den Fall an, wenn der veräußerte Teil mindestens 50% einer Beteiligung und im Wesentlichen das gesamte Vermögen der AG ausmacht.

38 Unter diesem Gesichtspunkt ist auch die viel diskutierte **Veräußerung von Tochtergesellschaften über die Börse** zu prüfen. Erfolgt die Veräußerung als Ganzes, können sich Zustimmungspflichten lediglich unter dem Gesichtspunkt des § 179a AktG oder wegen der Notwendigkeit einer Änderung des Unternehmensgegenstandes ergeben. Eine Zustimmung der Hauptversammlung nach Holzmüller/ Gelatine-Grundsätzen ist demgegenüber – nach oben dargelegter, jedoch streitiger Ansicht – nur dann erforderlich, wenn die Tochter nicht vollständig veräußert wird, sondern der Einfluss auf die Tochter infolge einer über die Börse herbeigeführten Drittbeteiligung verwässert wird.[98] Freilich ist auch in diesen Fällen richtigerweise nur dann auf die Holzmüller-Grundsätze zurückzugreifen, wenn der Tochtergesellschaft ein ganz **wesentliches Gewicht im Gesamtkonzern** zukommt, also die maßgeblichen Schwellenwerte[99] überschritten sind, was eher selten der Fall sein dürfte.[100] Soweit nach diesen Grundsätzen die Hauptversammlung beteiligt wurde, bleibt für die generelle Forderung eines Vorerwerbs- oder Bezugsrechts[101] oder eines Zuteilungsprivilegs[102] der Aktionäre der Muttergesellschaft kein Raum. Aber auch dann, wenn die Hauptversammlung nicht zu beteiligen ist, ist die generelle Annahme eines Bezugsrechts oder Zuteilungsprivilegs abzulehnen. Vielmehr hat darüber der Vorstand der Muttergesellschaft nach pflichtgemäßem Ermessen zu entscheiden.

39 ee) **Going Public, IPO.** Nach verbreiteter Auffassung soll die Börseneinführung (Going Public; IPO) einer Aktiengesellschaft einen Hauptversammlungsbeschluss erfordern.[103] Begründet wird dies damit, dass mit der Börsennotierung erweiterte Pflichten nicht nur für die Gesellschaft, sondern auch für die Aktionäre entstehen. Angeführt werden insbesondere die Mitteilungspflichten bei Erreichen oder Unterschreiten einer bestimmten Beteiligungshöhe nach §§ 33 ff. WpHG und das Insiderhandelsverbot nach Art. 14 MAR. Diese und weitere gesetzliche Differenzierungen zwischen dem Recht börsennotierter und nicht börsennotierter Gesellschaften ließen die **Börsenzulassung als eine Strukturänderung** erscheinen. Sie rücke damit in die Nähe eines umwandlungsrechtlichen Formwechsels. Schließlich werde durch die Börsenzulassung der Eintritt neuer Gesellschafter erleichtert, wodurch sich auch die Gefahr einer Übernahme erhöhe.

Solchen Annahmen ist entgegenzuhalten, dass die erhöhten Pflichten, die die Gesellschaft treffen, gerade dem Schutz der Anleger und damit auch der Aktionäre dienen. Gleiches gilt für die Pflichten, die die Aktionäre einer börsennotierten Gesellschaft im Verhältnis zu ihren Mitaktionären treffen. Mit der Börsennotierung tritt **primär ein Zuwachs an Rechten** ein. Demgegenüber erweisen sich die den Aktionären obliegenden Pflichten kaum als schwerwiegender Eingriff in die Mit-

---

[98] Ähnlich *Lüders/Wulff* BB 2001, 1209 (1214).
[99] Vgl. Rn. 46 ff.
[100] Ebenso *Trapp/Schick* AG 2001, 381 (387 f.); *Fuchs* RWS-Forum Gesellschaftsrecht 2001, S. 259, 271.
[101] Für ein solches *Lutter* AG 2000, 342; einschränkend *Lüders/Wulff* BB 2001, 1209 (1214); ablehnend *Trapp/Schick* AG 2001, 381; *Habersack* WM 2001, 545 (549); *Fuchs* RWS-Forum Gesellschaftsrecht 2001, S. 259, 271 ff.; *Busch/Groß* AG 2000, 503 (507 ff.).
[102] Für ein solches *Becker/Fett* WM 2001, 549 (555); ablehnend *Fuchs* RWS-Forum Gesellschaftsrecht 2001, S. 259, 277.
[103] Befürwortend *Lutter* in FS Zöllner, Band I, S. 363, 376 ff.; *Lutter/Drygala* in FS Raisch S. 239, 240; *Lutter/Leinekugel* ZIP 1998, 805 (806); *Vollmer/Grupp* ZGR 1995, 459, (466 f.); Schmidt/Lutter/*Spindler* AktG § 119 Rn. 38; tendenziell aA *Hopt* in FS Drobnig S. 525, 536 f.; *Reichert* AG 2005, 150 (157); MünchKomm. AktG/Bd. 3/*Kubis* § 119 Rn. 84.

B. Die Aktiengesellschaft

gliedschaftsrechte der Aktionäre. Angesichts der Tatsache, dass ein Insiderhandel im außerbörslichen Verkehr nicht möglich sein wird, erweist sich dessen Verbot lediglich als Einschränkung einer hinzugewonnenen Handlungsmöglichkeit, während die Mitteilungspflicht gegenüber der Gesellschaft eine nur **geringfügige Pflichtenerweiterung** darstellt. Zudem ist der Aktiengesellschaft – auch nach der Einführung der Erleichterungen für die sog. „kleine Aktiengesellschaft" – eine „Börseneintrittstendenz" nicht abzusprechen. Auch in der nicht börsennotierten AG besteht kein genereller Schutz vor einer Veränderung des Aktionärskreises; ein solcher lässt sich nur über eine – regelmäßig börsenschädliche[104] – Vinkulierung der Anteile bewirken. Im Übrigen bleiben die Herrschaftsrechte der Aktionäre von einem Börseneintritt und der Änderung der Zusammensetzung des Aktionärskreises unberührt. Eine Mediatisierung erfolgt im Rahmen einer Börseneinführung allenfalls im Zusammenhang mit einer Kapitalerhöhung unter Bezugsrechtsausschluss; diese unterliegt indessen im Rahmen einer Börseneinführung keinen anderen Regeln als in anderen Fällen.

ff) Delisting. Das Delisting (Going Private) einer Aktiengesellschaft, also deren Börsenaustritt, ist zwar actus contrarius der Börseneinführung, unterliegt aber hinsichtlich der rechtlichen Bewertung umgekehrten Vorzeichen. Der BGH hatte in der sog. **„Macrotron"-Entscheidung** zwar die Anwendbarkeit der Holzmüller/Gelatine-Grundsätze verneint, dennoch aber das Erfordernis der Zustimmung der Hauptversammlung angenommen.[105] Der Schutz des mitgliedschaftlichen Vermögenswertes liege nicht in den Händen der Geschäftsleitung, sondern der Hauptversammlung. Da kein Holzmüller/Gelatine-Fall vorliege, genüge die einfache Mehrheit; einer sachlichen Rechtfertigung bedürfe es nicht. Zudem sei ein Pflichtangebot zum Kauf der Aktien durch die Gesellschaft oder den Großaktionär abzugeben, welches im Rahmen eines Spruchverfahrens überprüft werden könne.

Dieser Argumentation des BGH ist durch die Feststellung des BVerfG, dass der Widerruf der Börsenzulassung für den regulierten Markt auf Antrag des Emittenten grundsätzlich nicht den Schutzbereich des Eigentumsgrundrechts des Aktionärs berühre,[106] die Grundlage entzogen worden. Der BGH hat daraufhin die in der „Macrotron"-Entscheidung vertretene Position ausdrücklich aufgegeben („Frosta"/„Macrotron II"). Nunmehr gilt, dass es bei einem Widerruf der Zulassung auf Veranlassung der Gesellschaft weder eines Beschlusses der Hauptversammlung noch eines Pflichtangebots bedarf.[107] Der BGH hat zudem noch einmal bestätigt, dass „die mitgliedschaftsrechtliche Stellung des Aktionärs ... durch den Rückzug von der Börse nicht wie bei einer Mediatisierung seiner Mitwirkungsrechte geschwächt" werde.[108]

An dieser Rechtslage hat die Neuregelung des § 39 BörsG (in Gestalt von Art. 2 Nr. 1 des Gesetzes zur Umsetzung der Transparenzrichtlinie-Änderungsrichtlinie) im Grundsatz nichts geändert.[109] Vielmehr hat der Gesetzgeber im Zuge dieser Neuregelung noch einmal klargestellt, dass „erweiterte Mitentscheidungsrechte für die Aktionäre, wie sie die Rechtsprechung bislang durch den von ihr geforder-

---

[104] Ausnahmen sind zB die Versicherungsunternehmen sowie die Lufthansa AG.
[105] Krit. zu diesem Ansatz *K. Schmidt* NZG 2003, 601 (603); *Liebscher* ZGR 2005, 1 (31); *Habersack* AG 2005, 137 (140); *Bürgers* NJW 2003, 1642 (1643).
[106] BVerfG 1 BvR 3142/07, 1 BvR 1569/08, NJW 2012, 3081.
[107] BGH II ZB 26/12, NZG 2013, 1342; ablehnend *Stöber* BB 2014, 9.
[108] BGH II ZB 26/12, NZG 2013, 1342 f. Zur Unstatthaftigkeit der Durchführung eines Spruchverfahrens vgl. OLG Stuttgart 20 W 7/14, NZG 2015, 629.
[109] Zu dieser Gesetzesänderung *Bayer* NZG 2015, 1169; *Harnos* ZHR 2015, 750; *Goetz* BB 2015, 2691; *Groß* AG 2015, 812.

ten Hauptversammlungsbeschluss verlangte, vor dem Hintergrund der nunmehr vorgesehenen umfassenden kapitalmarktrechtlichen Schutzbestimmungen nicht geboten" seien.[110] Dennoch hat die Gesetzesänderung für die Praxis erhebliche Bedeutung. Nach der vom Gesetzgeber implementierten „kapitalmarktrechtlichen Lösung" ist nämlich ein Delisting nur noch in zwei Fällen zulässig: Entweder wurde bei Antragstellung eine Unterlage über ein Angebot zum Erwerb aller Wertpapiere, die Gegenstand des Antrags sind, nach WpÜG-Vorschriften veröffentlicht (§ 39 Abs. 2 Satz 3 Nr. 1 BörsG), oder die Wertpapiere sind weiterhin im Inland (an einer anderen Börse) oder im EU-/EWR-Ausland mit vergleichbarem Schutzniveau notiert (§ 39 Abs. 2 Satz 3 Nr. 2 BörsG). Erfolgt ein Erwerbsangebot (iSd § 39 Abs. 2 Satz 3 Nr. 1 BörsG), darf dieses nicht bedingt sein (§ 39 Abs. 3 Satz 1 BörsG) und nur auf eine bare Abfindung lauten. Deren Höhe richtet sich grundsätzlich nach dem Sechs-Monats-Durchschnittskurs vor Veröffentlichung der Angebotsunterlagen (§ 39 Abs. 3 Satz 2 BörsG). Bei Vorliegen der Voraussetzungen des § 39 BörsG muss die betroffene Wertpapierbörse dem Widerrufsantrag stattgeben.[111]

41 **gg) Zustimmungserfordernisse in der Zielgesellschaft bei Unternehmensübernahmen.** Der Vorstand kann nach § 33 WpÜG[112] von der Hauptversammlung für den Fall einer Unternehmensübernahme zu Abwehrmaßnahmen ermächtigt werden, im Rahmen deren er seine Neutralitätspflicht aufgibt. Bedeutung und Reichweite dieser Ermächtigungsmöglichkeit sind umstritten, da der Vorstand nach § 33 Abs. 1 Satz 2 Var. 3 WpÜG derartige Abwehrmaßnahmen auch allein mit Zustimmung des Aufsichtsrats ergreifen kann.[113] Eine solche Vorratsermächtigung, die für höchstens 18 Monate erteilt werden kann, bedarf einer Mehrheit, die mindestens drei Viertel des bei der Beschlussfassung vertretenen Grundkapitals umfasst, wobei die Satzung eine größere Kapitalmehrheit und weitere Erfordernisse bestimmen kann; die Ermächtigung muss zudem die zulässigen Abwehrmaßnahmen der Art nach bestimmen (§ 33 Abs. 2 Satz 1–3 WpÜG). Möglich ist nicht nur eine Vorab-Ermächtigung, sondern auch eine Ad-hoc-Entscheidung der Hauptversammlung über die Ergreifung von Abwehrmaßnahmen.[114] Eine zu solchen oder anderen Zwecken im Zusammenhang mit dem Übernahmeangebot einberufene Hauptversammlung der Zielgesellschaft kann nach § 16 Abs. 4 WpÜG – in Abweichung von den allgemeinen aktienrechtlichen Regeln[115] – mit einer verkürzten Einberufungsfrist von

---

[110] BT-Drs. 18/6220, 86.

[111] MünchKomm. AktG/Bd. 3/*Kubis* § 119 Rn. 91; *Hüffer/Koch* AktG § 119 Rn. 38.

[112] § 33 WpÜG kann durch Satzungsregelung außer Kraft gesetzt werden (§ 33a Abs. 1 WpÜG). Es gelten dann die speziellen Regelungen des § 33a Abs. 2 WpÜG.

[113] Nach zutreffender Ansicht können durch einen Ermächtigungsbeschluss nach § 33 Abs. 2 WpÜG nur solche Hauptversammlungskompetenzen auf den Vorstand verlagert werden, für die bereits nach allgemeinen aktienrechtlichen Regeln eine Ermächtigungsmöglichkeit besteht (aA aber *Steinmeyer* WpÜG § 33 Rn. 35 ff.). Dies gilt etwa für den Erwerb eigener Aktien und für die Schaffung eines genehmigten Kapitals, aber auch für nach Holzmüller-Grundsätzen hauptversammlungspflichtige Maßnahmen. Während diesbezüglich einerseits vertreten wird, eine Ermächtigung zu solchen Maßnahmen müsse, um in einer Übernahmesituation vom Vorstand ausgenutzt werden zu können, zusätzlich den Anforderungen des § 33 Abs. 2 WpÜG genügen (so Kölner Komm. WpÜG/*Hirte* § 33 Rn. 95 ff.), kann nach anderer Ansicht der Vorstand auch eine allgemeine Ermächtigung zur Abwehr einer Übernahme nutzbar machen, sofern der Aufsichtsrat dem nach § 33 Abs. 1 Satz 2 Alt. 3 WpÜG zustimmt (*Winter/Harbarth* ZIP 2002, 1, 12).

[114] Vgl. hierzu MünchKomm. AktG/Bd. 6/*Schlitt* WpÜG § 33 Rn. 193 ff.; *Winter/Harbarth* ZIP 2002, 1 (13 f.).

[115] Vgl. Rn. 84 ff.

mindestens 14 Tagen vor der Hauptversammlung sowie an einen beliebigen Versammlungsort einberufen werden; zudem gelten weitere Ausnahmeregelungen.[116] Die gesetzgeberischen Entscheidungen in § 33 Abs. 1 Satz 2, Abs. 2 WpÜG haben die zuvor diskutierte Frage, ob sich ein Zustimmungserfordernis der Hauptversammlung in Fortschreibung der Holzmüller-Grundsätze ergibt,[117] obsolet gemacht.

Vereinzelt wird die Initiierung oder Mitwirkung an einem Übernahmeangebot **42** durch den Vorstand der Zielgesellschaft für mitwirkungspflichtig erachtet. Die Annahme eines Zustimmungserfordernisses ist in solchen Fällen indessen nicht gerechtfertigt. Ein Übernahmeangebot führt nicht zu einer Änderung der Struktur der Zielgesellschaft, sondern nur zu einer **Änderung der Zusammensetzung ihres Aktionärskreises**. Es handelt sich damit ausschließlich um eine **Maßnahme auf Aktionärsebene** und nicht auf Gesellschaftsebene, über die folgerichtig jeder Aktionär individuell zu entscheiden hat, indem er das Übernahmeangebot annimmt oder nicht.[118] Hierfür hat die Hauptversammlung keine Kompetenz; vielmehr steht die Entscheidung im Belieben eines jeden Aktionärs. Der Hauptversammlung ist insoweit gerade keine Zuständigkeit zugewiesen; die AG ist nach dem Willen des Gesetzgebers konzernoffen angelegt.[119]

hh) Übertragung vinkulierter Aktien. Nach § 68 Abs. 2 AktG können Na- **43** mensaktien vinkuliert werden. Die Zustimmung erteilt der Vorstand. Die Satzung kann jedoch bestimmen, dass der Aufsichtsrat oder die Hauptversammlung über die Erteilung der Zustimmung zu beschließen hat. Fraglich ist, ob der Vorstand dann, wenn seine Entscheidung über die Erteilung der Zustimmung nicht an ein Hauptversammlungszustimmungserfordernis gebunden ist, unter bestimmten Voraussetzungen gleichwohl eine Zustimmung der Hauptversammlung einzuholen hat. Ein solches Erfordernis kommt in Betracht, wenn sich durch den Eintritt des Aktionärs die Struktur der Gesellschaft in einer Weise verändert, dass der Vorstand nicht annehmen kann, dass die Entscheidung von seinem Entscheidungsermessen gedeckt ist. Denkbar sind hier insbesondere Fälle, in denen ein **Wettbewerber eine maßgebliche Beteiligung erwirbt**. *Karsten Schmidt* nimmt das Erfordernis einer Zustimmung durch die Hauptversammlung regelmäßig an, wenn der Erwerber die Schwellenwerte von 25%, 50% oder 75% des Grundkapitals erreicht.[120]

ii) Fremdkapitalaufnahme. Abzulehnen ist schließlich eine Hauptversamm- **44** lungszuständigkeit bei einer Änderung der Kapitalstruktur der Gesellschaft durch Fremdkapitalaufnahme.[121] Hierbei handelt es sich um eine **reine Geschäftsführungsmaßnahme**, die Dritten keinen gesellschaftsrechtlich relevanten Einfluss auf Entscheidungen der Gesellschaft einräumt.

---

[116] Vgl. im Einzelnen § 16 Abs. 3, 4 WpÜG; zur nunmehr einheitlichen Fristenregelung im AktG nach dem ARUG vgl. Rn. 84 ff. Zur Unstatthaftigkeit der Durchführung eines Sprachverfahrens vgl. OLG Stuttgart 20 W 7/14, NZG 2015, 629.

[117] So *Krieger* ZHR 1999, 343 (358); *Ebenroth/Daum* DB 1991, 1157 (1158); *Mülbert* IStR 1999, 83 (89 ff.).

[118] Semler/Volhard Unternehmensübernahmen Bd. 1/*Reichert* § 18 Rn. 62; *Reichert* AG 2005, 150 (157).

[119] *Decher* in FS Lutter S. 1209, 1223; Semler/Volhard Unternehmensübernahmen Bd. 1/ *Reichert* § 18 Rn. 62.

[120] *K. Schmidt* in FS Beusch S. 759, 768 ff. – aA *Seydel* Konzernbildungskontrolle bei der Aktiengesellschaft, 1995, S. 108 ff.

[121] Für wesentliche Kapitalstrukturänderungen befürwortend Lutter/Scheffler/Schneider/*Baums/Vogel* Rn. 9.27; *Vollmer* AG 1991, 94 (100 f.); speziell für die Aufnahme von Aktionärsdarlehen auch *Brunkhorst* Verteilung der Finanzierungskompetenzen bei der bestehenden Aktiengesellschaft, 1995, S. 155 ff.

d) Konzernleitungskontrolle

45 Ungeschriebene Hauptversammlungszuständigkeiten im Zusammenhang mit der Konzernleitung sind in § 14 Rn. 52 behandelt.

e) Maßgebliche Schwellenwerte der Konzernbildungs- und Konzernleitungskontrolle

46 Es besteht im Grundsatz Einigkeit, dass eine Konzernbildungs- und -leitungskontrolle nicht bei jeder unbedeutenden Transaktion innerhalb eines weit verzweigten Konzerns in Betracht kommen kann. Es muss sich vielmehr um eine – gemessen am Gesamtkonzern – wesentliche, bedeutende Maßnahme handeln.

47 Im Schrifttum wurde ein breites Spektrum von Aufgreifkriterien und darauf bezogenen Aufgreifschwellen[122] vertreten. Auch die instanzgerichtliche Rechtsprechung ließ kein einheitliches Bild erkennen.[123] Im Rahmen der Gelatine-Entscheidungen hat der BGH nunmehr zu Recht den im Schrifttum und teilweise in der untergerichtlichen Rechtsprechung vertretenen zu niedrigen Schwellenwerten eine Absage erteilt: Die Maßnahme müsse in ihrer Intensität und Bedeutung die Ausmaße des der Holzmüller-Entscheidung zugrunde liegenden Sachverhalts erreichen. Streitgegenständlich war dort die Ausgliederung von ca. 80% der in den Kernbereich der Unternehmenstätigkeit fallenden Aktiva. Dies kann allerdings nur als Richtgröße dienen;[124] letztlich hat stets eine Analyse des Einzelfalls im Wege einer Gesamtabwägung zu erfolgen.[125]

48 Hierbei stellt sich zunächst die Frage nach der maßgeblichen Aufgreifschwelle und sodann, worauf sich diese zu beziehen hat. Die in der Holzmüller-Entscheidung genannte Schwelle von 80% ist ein wichtiger Indikator; dies bedeutet aber nicht, dass eine Hauptversammlungszuständigkeit nicht auch schon bei 75% in Betracht käme.[126] Als Anknüpfungspunkt wird dem Wert der betroffenen Aktiva im Rahmen dieser Gesamtabwägung richtigerweise eine erhebliche Bedeutung zukommen, wobei dieser regelmäßig den Grundsätzen der allgemeinen Unternehmensbewertung entsprechend anhand der Ertragswertmethode ermittelt werden sollte. Daneben sollten jedoch auch die Bilanzsumme oder die bilanzmäßigen Aktiva, der Anteil

---

[122] Vgl. etwa *Lutter* in FS Stimpel S. 825, 850; *ders.* in FS Fleck S. 169, 180, der etwa 20%–25% der bilanzmäßigen Aktiva oder 10% der Bilanzsumme oder des Umsatzes als wesentliche Maßnahme ansieht; *Hirte* Bezugsrechtsausschluss und Konzernbildung, 1986, S. 181, der auf 25% des Vermögens berechnet nach steuerlichen Teilwerten abstellt; *Geßler* in FS Stimpel S. 771, 787; *Seydel* Konzernbildungskontrolle bei der Aktiengesellschaft, 1995, S. 431 ff., die auf 10% des Gesellschaftsvermögens oder des Eigenkapitals abstellen; deutlich restriktiver demgegenüber etwa *Reichert* ZHR 1999, Beiheft 68, 25 (45); *Veil* ZIP 1998, 361 (369); die jeweils auf mehr als 50% des Vermögens abstellen.

[123] Vgl. LG Frankfurt a. M. 3/14 O 25/92, ZIP 1993, 830 (832), Hornblower-Fischer AG, welches etwa eine Hauptversammlungszuständigkeit bei einer Maßnahme annahm, die 50% des Umsatzes und 10% der Aktiva betraf; das OLG Köln 22 U 72/92, ZIP 1993, 110 (114), Winterthur/Nordstern, verneinte die Wesentlichkeitsschwelle bei einer Ausgliederungsmaßnahme, die 8,25% des Beitragsaufkommens betraf. Das LG Düsseldorf 31 O 133/96, AG 1999, 94 (95), W. Rau Neusser Öl und Fett AG, hat eine ungeschriebene Hauptversammlungszuständigkeit bei einer Maßnahme abgelehnt, die weniger als 50% der Aktiva der Gesellschaft betraf.

[124] OLG Stuttgart 20 U 1/05, ZIP 2005, 1415; MHdB GesR IV/*Krieger* § 70 Rn. 11.

[125] OLG Stuttgart 20 U 1/05, ZIP 2005, 1415; *Liebscher* ZGR 2005, 1 (15 f.).

[126] *Reichert* AG 2005, 150 (153); *Liebscher* ZGR 2005, 1 (7).

B. Die Aktiengesellschaft 49–51 § 5

am Grundkapital, der Umsatz sowie die Mitarbeiterzahl berücksichtigt werden.[127] Letztlich ist anhand all dieser Kriterien eine wertende Betrachtung über die Wesentlichkeit des betroffenen Unternehmensteils anzustellen. Maßgebend sollten dabei nicht die Kennzahlen der einzelnen Gesellschaft, sondern die des gesamten Konzerns sein, da sich so das wirtschaftliche Gewicht der Maßnahme für die Aktionäre besser reflektieren lässt.[128] Sofern mehrere Einzelmaßnahmen zeitlich zusammentreffen, sollte man diese, soweit ein wirtschaftlicher Zusammenhang zwischen ihnen besteht, zusammenrechnen, um die Wesentlichkeit zu bestimmen.[129]

f) Mehrheitserfordernis

Bejaht man das Vorliegen einer ungeschriebenen Hauptversammlungskompetenz, stellt sich noch die Frage, welche Mehrheit für die Beschlussfassung durch die Hauptversammlung erforderlich ist. Dies war früher außerordentlich streitig, da die unterschiedliche dogmatische Herleitung[130] zu verschiedenen Mehrheitserfordernissen führte. Der BGH geht nunmehr – wie dargelegt – von einer offenen Rechtsfortbildung aus und hat festgelegt, dass der Beschluss der Hauptversammlung zwingend einer Mehrheit von 75% des vertretenen Grundkapitals bedarf.[131] Hieran wird sich die Praxis zu orientieren haben. 49

g) Möglichkeit eines „Konzeptbeschlusses"

Die Legitimation einer Transaktion im Wege einer Billigung des Gesamtkonzeptes setzt voraus, dass es im Rahmen von Holzmüller-Beschlüssen zulässig ist, nicht für die konkrete Maßnahme – etwa den Abschluss eines bestimmten Vertrages – die Zustimmung der Hauptversammlung einzuholen, sondern das der Gesamttransaktion zugrunde liegende unternehmerische Konzept in Form eines sog. **Konzeptbeschlusses** genehmigen und den Vorstand zu dessen Durchführung ermächtigen zu lassen.[132] 50

In der Literatur besteht weitgehend Einigkeit darin, dass im Grundsatz nicht nur eine konkrete Restrukturierungsmaßnahme von der Hauptversammlung gebilligt werden kann, sondern dass es auch möglich ist, einen entsprechenden Ermächtigungsbeschluss im Vorfeld der Durchführung der Transaktion zu fassen.[133] 51

In der Aktiengesellschaft besteht von Gesetzes wegen **kein Verbot**, gewisse **Entscheidungsbefugnisse** auf Vorstand (und Aufsichtsrat) **zu delegieren**. Bereits im Rahmen gesetzlich geregelter Strukturentscheidungen mit einschneidender Bedeutung für die Gesellschaft und die Aktionäre erlaubt das Aktiengesetz die Ermächtigung des Vorstandes, eine Strukturmaßnahme durchzuführen und deren Einzelheiten auszugestalten (vgl. § 58 Abs. 2 Satz 2 AktG – Ermächtigung zur

---

[127] MHdB GesR IV/*Krieger* § 70 Rn. 11; *Reichert* AG 2005, 150 (154).
[128] MHdB GesR IV/*Krieger* § 70 Rn. 11; *Reichert* AG 2005, 150 (154); *Liebscher* ZGR 2005, 1 (16) – aA Emmerich/Habersack/*Habersack* AktG Vor § 311 Rn. 46.
[129] Emmerich/Habersack/*Habersack* AktG Vor § 311 Rn. 47; MHdB GesR IV/*Krieger* § 70 Rn. 11.
[130] Vgl. hierzu § 14 Rn. 49.
[131] Vgl. BGH II ZR 155/02, BGHZ 159, 30 ff. – Gelatine I.
[132] Vgl. hierzu auch § 14 Rn. 58.
[133] *Groß* AG 1996, 111 (114 f.); MHdB GesR IV/*Krieger* § 70 Rn. 12; *Lutter* in FS Fleck S. 169, 175 ff.; *Lutter/Leinekugel* ZIP 1998, 805 (815 f.); *Reichert* ZHR-Beiheft 68 (1999), 25, 59; Emmerich/Habersack/*Habersack* AktG Vor § 311 Rn. 51; Semler/Volhard/*Reichert/Reichert/Balke* § 5 Rn. 126 ff.; Semler/Volhard Unternehmensübernahmen Bd. 1/*Reichert* § 17 Rn. 61.

Einstellung in Gewinnrücklagen; §§ 202 Abs. 2, 204 Abs. 1 Satz 2 AktG – Ermächtigung zur Erhöhung des Grundkapitals im Rahmen eines genehmigten Kapitals; § 221 Abs. 2 AktG – Ermächtigung zur Ausgabe von Wandelschuldverschreibungen).[134] Erst recht kann daher im Bereich ungeschriebener Hauptversammlungszuständigkeiten ein entsprechender Ermächtigungsbeschluss nicht als unzulässige Selbstentmachtung der Hauptversammlung qualifiziert werden, zumal auch der BGH in der Siemens/Nold-Entscheidung[135] dem Gesichtspunkt der **Erhaltung der Flexibilität der Geschäftsleitung** maßgebende Bedeutung beigemessen hat.

In dieser Entscheidung hat der BGH die Anforderungen an einen Bezugsrechtsausschluss im Rahmen eines genehmigten Kapitals letztlich aus Praktikabilitätsgründen abgemildert, um dem Unternehmen bzw. der Geschäftsleitung zu ermöglichen, auf den nationalen und internationalen Märkten rasch, flexibel und erfolgreich auf vorteilhafte Angebote oder sich bietende Gelegenheiten zur Unternehmenserweiterung – insbesondere durch den Erwerb von Unternehmen oder Unternehmensbeteiligungen – reagieren zu können.

Diesem Anliegen des BGH ist im Bereich ungeschriebener Hauptversammlungszuständigkeiten durch die Zulässigkeit eines „Konzeptbeschlusses" im vorstehend erörterten Sinne Rechnung zu tragen.[136] Voraussetzung ist indessen, dass sowohl die Essentialia der entsprechenden Transaktionen als auch die wesentlichen zur Umsetzung notwendigen Maßnahmen zum Zeitpunkt des Ermächtigungsbeschlusses feststehen, sodass Inhalt und Grenzen der Ermächtigung entsprechend determiniert werden können.[137] Strittig ist indes, ob in Ausgliederungsfällen der Hauptversammlung analog §§ 125, 63 UmwG der Vertrag zur Zustimmung vorzulegen ist.[138]

h) Informationspflichten und Rechtsfolgen/Rechtsschutz

52 Die Verpflichtung zur angemessenen Information der Hauptversammlung und die Rechtsfolgen einer unterbliebenen Beteiligung der Hauptversammlung werden in § 14 Rn. 60 ff. behandelt.

5. Gesonderte Zuständigkeiten

53 Neben den vorerwähnten Entscheidungszuständigkeiten bestehen noch weitere gesonderte Zuständigkeiten der Hauptversammlung. Hierzu gehören etwa die Entgegennahme des festgestellten Jahresabschlusses, des Lageberichts – bei einem Mutterunternehmen auch des Konzernabschlusses und des Konzernlageberichts –, des Aufsichtsratsberichts sowie des Gewinnverwendungsvorschlags des Vorstands (§ 175 Abs. 1 und 2, § 176 Abs. 1 AktG). Durch das Zweite Gesetz zur Änderung des UmwG[139] ist zudem der Bericht des Vorstands zu den Angaben nach §§ 289

---

[134] Vgl. *Lutter/Leinekugel* ZIP 1998, 805 (812).

[135] Vgl. BGH II ZR 132/93, DStR 1997, 1460.

[136] Ebenso MHdB GesR IV/*Krieger* § 70 Rn. 12; Emmerich/Habersack/*Habersack* AktG Vor § 311 Rn. 51; *Lutter/Leinekugel* ZIP 1998, 805 (813).

[137] Vgl. *Groß* AG 1996, 111 (114 f.); MHdB GesR IV/*Krieger* § 70 Rn. 12; *Lutter* in FS Fleck S. 169, 175 ff.; *Lutter/Leinekugel* ZIP 1998, 805 (815 f.); *Reichert* ZHR 1999, Beiheft 68, 25 (59); Emmerich/Habersack/*Habersack* Vor § 311 Rn. 51; Semler/Volhard/Reichert/*Reichert/Balke* § 5 Rn. 127 – kritisch *Zeidler* NZG, 1998, 91 (92 f.). Siehe zu den Informationspflichten des Vorstands in Zusammenhang mit Holzmüller-Beschlüssen § 14 Rn. 60 ff.

[138] Siehe hierzu § 14 Rn. 59.

[139] Gesetz v. 19.4.2007, BGBl. I, S. 542 ff.

B. Die Aktiengesellschaft 54, 55 § 5

Abs. 4, 315 Abs. 4 HGB zugänglich zu machen (vgl. § 176 Abs. 1 Satz 1 AktG). Hinzu kommt die durch das BilMoG geschaffene Verpflichtung börsennotierter Gesellschaften, eine Erklärung zur Unternehmensführung in den Lagebericht aufzunehmen und zugänglich zu machen, die auch die Entsprechenserklärung zum Corporate Governance Kodex gem. § 161 Satz 1 AktG beinhalten muss (§ 289a HGB). Um den Aktionären die Möglichkeit zu geben, diese Unterlagen bereits vor der Hauptversammlung einzusehen, sind diese Unterlagen vom Zeitpunkt der Einberufung der Hauptversammlung auf der Internetseite der Gesellschaft zugänglich zu machen (§§ 124a Abs. 1 Nr. 3 iVm 176 AktG). Ein Auslegen der genannten Unterlagen in den Geschäftsräumen der Gesellschaft zur Einsichtnahme nach § 175 Abs. 2 Satz 1 AktG können börsennotierte Gesellschaften nach den Neuregelungen durch das ARUG nunmehr nicht mehr alternativ (vgl. § 175 Abs. 2 Satz 4 AktG), sondern nur „freiwillig" und zusätzlich anbieten.[140] Anfechtungsrisiken wegen Gesetzesverstoßes nach § 243 Abs. 1 AktG bei Auslegungsfehlern (zB Auslegung am falschen Ort) bestehen daher aufgrund der Neuregelung nicht mehr; stattdessen jedoch bei fehlender oder fehlerhafter Zugänglichmachung. Jeder Aktionär, auch der Inhaber stimmrechtsloser Vorzugsaktien, kann zudem eine Abschrift der Vorlagen verlangen (§ 175 Abs. 2 Satz 2 AktG). Die vorstehenden Verpflichtungen der Gesellschaft nach § 175 Abs. 2 Satz 1 bis 3 AktG entfallen jedoch, wenn die darin bezeichneten Dokumente für denselben Zeitraum über die Internetseite der Gesellschaft zugänglich sind (§ 175 Abs. 2 Satz 4 AktG).

Ergibt sich bei der Aufstellung der Jahresbilanz oder einer Zwischenbilanz ein **Verlust in Höhe der Hälfte des Grundkapitals** (oder darüber), so hat der Vorstand gem. § 92 Abs. 1 AktG unverzüglich eine Hauptversammlung einzuberufen und ihr dies anzuzeigen. Gleiches gilt, sofern bei der Ausübung pflichtgemäßen Ermessens anzunehmen ist, dass ein Verlust in dieser Höhe besteht. Tagesordnungspunkte bei der Einberufung der Hauptversammlung sind dabei die Verlustanzeige selbst sowie die vom Vorstand und Aufsichtsrat vorgeschlagenen Maßnahmen zur Beseitigung des Bilanzverlusts (§ 124 Abs. 3 Satz 1 AktG).[141] Andernfalls kann die Hauptversammlung keine Beschlüsse hierüber fassen (§ 124 Abs. 4 AktG). 54

Durch das Gesetz zur Angemessenheit der Vorstandsvergütung (VorstAG)[142] wurde in § 120 Abs. 4 AktG bestimmt, dass die Hauptversammlung bei börsennotierten Gesellschaften zur Verbesserung der Kontrollmöglichkeiten der Aktionäre ein unverbindliches **Votum zum System der Vorstandsvergütung** abgeben kann.[143] Es handelt sich dabei nicht um einen in regelmäßigen Zeitabständen wiederkehrenden Beschlussgegenstand.[144] Zwar besteht für die Verwaltung keine 55

---

[140] Vgl. Begründung des Regierungsentwurfs zum ARUG v. 21.1.2009, BT-Drs. 16/11642, 35; der Ort der Auslegung (Geschäftsräume) ist dabei nicht zwingend identisch mit dem Sitz der Gesellschaft, teilweise wird auf den Ort der Hauptverwaltung oder den Ort, an dem der Vorstand Geschäftsräume unterhält, abgehoben (vgl. *Hüffer/Koch* AktG § 175 Rn. 6; Spindler/Stilz/*Euler/Klein* AktG § 175 Rn. 26).

[141] MünchKomm. AktG/Bd. 2/*Spindler* § 92 Rn. 18.

[142] BGBl. 2009 I 2509; s. auch Gesetzesbeschluss des Deutschen Bundestages v. 19.6.2009, BR-Drs. 592/09; durch die Gesetzesänderung werden keine Hauptversammlungen betroffen, die bei Inkrafttreten am 5.8.2009 bereits einberufen waren (§ 23 Abs. 3 EGAktG iVm Art. 6 VorstAG). Zur (vorerst) gescheiterten Reform des § 120 Abs. 4 AktG *Löbbe/Fischbach* WM 2013, 1625; *Verse* NZG 2013, 921.

[143] So ausdrücklich Beschlussempfehlung und Bericht des Rechtsausschusses v. 17.6.2009, BT-Drs. 16/13433, 7; vgl. auch *Fleischer* NZG 2009, 801 (805); *Hohenstatt* ZIP 2009, 1349 (1355 f.).

[144] *Döll* WM 2010, 103 (111); *Schüppen* ZIP 2010, 905 (907 f.).

Verpflichtung, den Gegenstand auf die Tagesordnung zu setzen. Durch die ausdrückliche Hauptversammlungskompetenz soll den Aktionären indessen ein Instrument zur Kontrolle des bestehenden Vergütungssystems an die Hand gegeben werden; gleichzeitig verspricht sich der Gesetzgeber, dass Vorstand und Aufsichtsrat aufgrund einer möglichen Bewertung durch die Hauptversammlung bei der Festlegung der Vorstandsvergütung nach dem ebenfalls geänderten § 87 AktG besonders gewissenhaft vorgehen. Eine direkte Einwirkung der Hauptversammlung auf die Höhe der Vergütung des Vorstands bleibt jedoch ausgeschlossen; auch durch das VorstAG soll der Aufsichtsrat richtigerweise nicht durch einen Hauptversammlungsbeschluss von seiner Verantwortung für die Höhe der Vergütung des Vorstands befreit werden.[145] Durch den Wortlaut der Neuregelung in § 120 Abs. 4 AktG wird klargestellt, dass der Beschluss der Hauptversammlung über die Billigung oder Missbilligung des Vergütungssystems rechtlich nicht verbindlich ist. Die Vorschrift ähnelt der auf den Entlastungsbeschluss bezogenen Vorschrift des § 120 Abs. 2 Satz 2 AktG, jedoch wird der Beschluss über die Billigung des Vergütungssystems gem. § 243 AktG unanfechtbar gestellt (§ 120 Abs. 4 Satz 3 AktG).[146]

II. Die Vorbereitung der Hauptversammlung

56 Sowohl aus organisatorischer als auch aus rechtlicher Sicht ist die Vorbereitung einer Hauptversammlung anspruchsvoll. Häufig wird bereits kurz nach Beendigung einer Hauptversammlung mit den Planungen für die nächste Hauptversammlung zu beginnen sein.

1. Technische Vorbereitungen

Zunächst sollte ein detaillierter Terminplan erstellt werden, der ausgehend vom Veranstaltungstag unter Zurückrechnung die jeweils maßgeblichen Zeitpunkte für die zu erledigenden Aufgaben ermittelt und festlegt. In der Praxis gibt es zahlreiche Checklisten, die die Berücksichtigung aller erforderlichen Aufgaben in dem Terminplan erleichtern.[147]

a) Langfristige Planung

57 **aa) Termin der Hauptversammlung.** Zu Beginn der Planungen ist ein Zeitpunkt für die Hauptversammlung festzulegen, wobei zu beachten ist, dass die ordentliche Hauptversammlung gem. § 175 Abs. 1 Satz 2 AktG innerhalb der ersten acht Monate des Geschäftsjahres der Gesellschaft stattzufinden hat. Es muss berücksichtigt werden, ob die Organmitglieder des Vorstands und des Aufsichtsrats zu diesem Termin verfügbar sind und ob eine geeignete Räumlichkeit (ggf. eine Ausweichmöglichkeit) für die Abhaltung der Hauptversammlung an diesem Termin zur Verfügung steht. Angelegenheiten wie zB die Koordination der Anreisemög-

---

[145] Vgl. *Vetter* ZIP 2009, 1308; *Fleischer/Bedkowski* AG 2009, 677 (684).

[146] Vgl. Beschlussempfehlung und Bericht des Rechtsausschusses v. 17.6.2009, BT-Drs. 16/13433, 7; die Vergütungen der Organmitglieder müssen jedoch nach dem Vorstandsvergütungs-Offenlegungsgesetz (VorstOG; BGBl. 2005 I 2267) ohnehin im Detail aufgedeckt werden.

[147] Vgl. die Checkliste bei *Steiner* S. 212 ff. (jedoch noch ohne Berücksichtigung der Neuregelungen durch das ARUG) sowie bei Schaaf/*Herdina/Ruppert/Schaaf* S. 393 ff.; vgl. auch Ringleb/Kremer/Bachmann/Lutter/v. Werder/*v. Werder* DCGK, Rn. 2011.

lichkeiten, die Verpflegung sowie die Versendung bzw. Zugänglichmachung von Aktionärsinformationen gem. §§ 125, 126 AktG bedürfen ebenso der frühzeitigen Planung.

bb) Besucherzahlen. Eine möglichst zuverlässige Prognose der Besucherzahlen ist wichtig, da hiervon zahlreiche Entscheidungen abhängen, wie zB die Wahl des Ortes der Hauptversammlung, die erforderlichen audiovisuellen Hilfsmittel sowie die Art und Anzahl an Geräten zur Einsichtnahme in die zugänglich zu machenden Unterlagen[148] bzw. die Druckmengen für auszulegendes Material bei der Hauptversammlung. Hilfestellung bei der Schätzung der Besucherzahlen geben Erfahrungswerte der vorherigen Hauptversammlungen.

Als zusätzliche besondere Faktoren sind insbesondere die wirtschaftliche Entwicklung und das allgemeine öffentliche Interesse an der Aktiengesellschaft im Zeitraum vor der Hauptversammlung sowie die Zahl der in räumlicher Nähe ansässigen Aktionäre, insbesondere solche aus dem Mitarbeiterkreis, mit einzubeziehen. Darüber hinaus kann die Attraktivität der Gesamtveranstaltung für die Aktionäre (anspruchsvolle Verpflegung, touristischer Ort, Geschenke für Teilnehmer etc.) eine Rolle spielen.

cc) EDV-Unterstützung. Ohne eine zuverlässige EDV ist die Hauptversammlung einer Publikums-AG nicht oder nur unter sehr großem Personalaufwand durchzuführen. Dies beginnt bei der Versendung der Eintrittskarten und der Erfassung der Anmeldungen. Während der Hauptversammlung sind die erschienenen und vertretenen Aktionäre zu erfassen und gem. § 129 Abs. 1 Satz 2 AktG in ein Teilnehmerverzeichnis aufzunehmen. Dieses Verzeichnis muss nach § 129 Abs. 4 AktG vor der ersten Abstimmung allen Teilnehmern zugänglich gemacht werden. Eine Vorlage in Papierform ist nicht mehr erforderlich, wodurch die elektronische Führung des Verzeichnisses durch den Gesetzgeber zusätzlich erleichtert worden ist. Ohne EDV-Unterstützung wäre diese Aufgabe in großen Publikumsgesellschaften kaum innerhalb vertretbarer Zeit zu erledigen. Auch die Abstimmungsergebnisse lassen sich bei entsprechender Vorbereitung (zB durch codierte Abstimmungskarten) EDV-gestützt schnell und zuverlässig ermitteln.

b) Kurzfristige Planung

In den letzten beiden Monaten vor der Hauptversammlung sind insbesondere die rechtlichen Vorgaben für die Durchführung einer Hauptversammlung zu erledigen.

aa) Bekanntmachung. Nach § 121 Abs. 4 Satz 1 AktG ist die Tagesordnung der Hauptversammlung mit der Einberufung in den Gesellschaftsblättern bekannt zu machen und gem. § 121 Abs. 4a AktG bei börsennotierten Gesellschaften, die nicht ausschließlich Namensaktien ausgegeben haben und die Einberufung den Aktionären nicht unmittelbar zusenden (§ 121 Abs. 4 Satz 2 und 3 AktG), spätestens zum gleichen Zeitpunkt solchen Medien zur Veröffentlichung zuzuleiten, bei denen davon ausgegangen werden kann, dass sie die Information in der gesamten Europäischen Union verbreiten. Diese Verpflichtung basiert auf Art. 5 Abs. 2 der Aktionärsrechterichtlinie und kann auch durch Veröffentlichung in den Gesellschaftsblättern iSd § 121 Abs. 4 Satz 1 AktG, also insbesondere im elektronischen Bundesanzeiger erfüllt werden, sofern die geforderte Verbreitung damit erreicht

---

[148] Näheres zur Zugänglichmachung unter Rn. 196; vgl. auch *J. Schmidt* NZG 2008, 734 (735).

wird.¹⁴⁹ Die Hauptversammlung ist gem. § 123 Abs. 1 AktG mindestens 30 Tage vor dem Tage der Versammlung einzuberufen, wobei der Tag der Einberufung nicht mitzurechnen ist (vgl. zur Berechnung der Frist Rn. 84). Es muss daher für die rechtzeitige Übermittlung der Tagesordnung an den elektronischen Bundesanzeiger (§ 25 AktG) sowie an die in § 121 Abs. 4a AktG genannten Medien zur EU-weiten Verbreitung der Information gesorgt werden. Bei der Fristberechnung ist darauf zu achten, dass, soweit **Fristen für eine Anmeldung oder einen Berechtigungsnachweis** zu beachten sind, die Monatsfrist ab Ablauf dieser Fristen einzuhalten ist, sodass sich die Einberufungsfrist entsprechend verlängert.¹⁵⁰

63 bb) **Detaillierte Vorbereitung des Ablaufs.** Um dem Versammlungsleiter die Durchführung der Hauptversammlung zu erleichtern, wird regelmäßig ein Leitfaden¹⁵¹ erstellt, der den gesamten Verlauf der Hauptversammlung darstellt. Als Hilfestellung und zur Vermeidung von Fehlern sollte der Verlauf so detailliert wie möglich und insbesondere der Text zum Procedere von Abstimmungen und zur Feststellung von Abstimmungsergebnissen vollständig ausformuliert sein. Je nach Bedarf können auch Formulierungen für voraussichtliche Gegenanträge, Redezeitbeschränkungen etc. mit aufgenommen werden.

64 Da Aktionäre in der Hauptversammlung vom Vorstand Auskunft gem. § 131 Abs. 1 AktG über die Angelegenheiten der Gesellschaft und ggf. des Konzerns verlangen können, ist schon vorab sicherzustellen, dass der Vorstand in der Lage ist, alle Fragen der Aktionäre zu beantworten. Es müssen daher die **wesentlichen unternehmens- und ggf. konzernbezogenen Informationen** vorliegen. Üblicherweise wird für die Fragenbeantwortung ein Stab bestehend aus Mitarbeitern, Rechtsanwälten, Wirtschaftsprüfern und Investmentbankern im so genannten Back Office gebildet, der die Fragen der Aktionäre sammelt und einen Antwortvorschlag vorbereitet. Dabei muss gewährleistet sein, dass zuständige Mitarbeiter – im Konzern auch von wesentlichen Tochtergesellschaften – erreichbar sind und über die notwendigen Informationen verfügen.

Zu Fragen, die bereits vor der Hauptversammlung durch die Aktionäre eingereicht wurden oder die voraussichtlich in der Hauptversammlung gestellt werden, sollte bereits vorab ein Antwortvorschlag ausgearbeitet werden, auf den der Vorstand in der Hauptversammlung dann zurückgreifen kann. Zu Recht geht die Tendenz dahin, die Bedeutung der Informationserteilung durch Berichte oder Informationen im Vorfeld der Hauptversammlung auszudehnen, um einer Lähmung der Hauptversammlungen von Publikumsgesellschaften entgegenzuwirken. Gestärkt wird dieses Anliegen durch die Einführung des § 131 Abs. 3 Satz 1 Nr. 7 AktG durch das UMAG; hiernach darf der Vorstand in der Hauptversammlung die Auskunft verweigern, soweit die Auskunft auf der Internetseite der Gesellschaft über mindestens sieben Tage vor Beginn und in der Hauptversammlung durchgängig zugänglich ist.¹⁵²

65 cc) **Mitteilungen.** Mindestens 21 Tage vor der Hauptversammlung – der Tag der Mitteilung wird ebenfalls nicht mitgerechnet (§ 125 Abs. 1 Satz 2 AktG) – hat der Vorstand gem. § 125 Abs. 1 Satz 1 AktG den Kreditinstituten und den Aktionärsvereinigungen, die in der letzten Hauptversammlung Stimmrechte für Aktio-

---

[149] Vgl. Begründung des Regierungsentwurfs zum ARUG v. 21.1.2009, BT-Drs. 16/11642, 28.
[150] Vgl. Rn. 85 ff.
[151] Vgl. etwa die Muster bei Schaaf/*Herdina/Ruppert/Schaaf* S. 451 ff.; *Butzke* Anh. 3 S. 569; Ringleb/Kremer/Bachmann/Lutter/v. Werder/*Kremer* DCGK Rn. 2006.
[152] Vgl. hierzu *Spindler* NZG 2005, 825 (826).

näre ausgeübt oder die Mitteilung verlangt haben, die **Einberufung** mitzuteilen. Die **Tagesordnung** ist gem. § 121 Abs. 3 AktG in der Einberufung anzugeben. Ist die Tagesordnung nach § 122 Abs. 2 AktG zu ändern, so ist bei börsennotierten Gesellschaften die geänderte Tagesordnung mitzuteilen (§ 125 Abs. 1 Satz 3 AktG). Die Unterlagen werden von den Kreditinstituten an die Aktionäre der Gesellschaft weitergeleitet, deren Inhaberaktien sie verwahren oder an deren Stelle sie im Aktienregister eingetragen sind (§ 128 Abs. 1 Satz 1 AktG). Die Übermittlung der Mitteilung an die Aktionäre sowie an die Kreditinstitute kann durch die Satzung der Gesellschaft auf den Weg elektronischer Kommunikation beschränkt werden (§ 125 Abs. 2 Satz 2 AktG bzw. § 128 Abs. 1 Satz 2 AktG). Ist dies nicht der Fall, kann die Mitteilung in Schriftform erfolgen; zulässig ist aber auch jede andere Form, die den Zugang erwarten lässt und die Möglichkeit der Weitergabe an die Aktionäre (§ 128 AktG) eröffnet.[153] Eine entsprechende Mitteilung ist an Aufsichtsratsmitglieder und Aktionäre zu machen, die dies verlangen, sowie an Aktionäre, die spätestens zu Beginn des 14. Tages vor dem Tage der Hauptversammlung als Aktionär im Aktienregister eingetragen sind (§ 125 Abs. 2 und 3 AktG). Keine Pflicht zur Mitteilung, sondern nur eine Pflicht zur Zugänglichmachung besteht bezüglich Gegenanträgen und Wahlvorschlägen von Aktionären.[154] Die Zugänglichmachung hat gem. § 126 Abs. 1 Satz 3 AktG bei börsennotierten Gesellschaften zwingend über deren Internetseite zu erfolgen.

Wegen des erheblichen Umfangs an Druckmaterial bei Aktiengesellschaften mit großem Aktionärskreis ist rechtzeitig für eine rasche Anfertigung und Versendung der Unterlagen innerhalb der kurzen Frist Sorge zu tragen. Für die Wahrung der Frist kommt es allerdings nach der herrschenden Meinung auf die **Absendung der Unterlagen** und nicht auf den Zugang beim Empfänger an.[155] Dem kommt die durch das ARUG in §§ 128 Abs. 1 Satz 3 und 125 Abs. 2 Satz 2 AktG neu geschaffene Möglichkeit für die Gesellschaft entgegen, wonach die Übermittlung statutarisch auf den Weg der elektronischen Kommunikation beschränkt werden kann. Der zu betreibende Aufwand lässt sich dadurch erheblich reduzieren, da die elektronische Übermittlung gegenüber dem Versand in materialisierter Form deutlich kostengünstiger und effizienter ist. Die elektronische Übermittlung kann zB per E-Mail oder durch Bereitstellen der Unterlagen im Online-Postfach des Depotkunden beim E-Banking erfolgen.[156]

Die **Verletzung der Mitteilungspflichten** sowohl gegenüber den in § 125 Abs. 1 AktG genannten Kreditinstituten und Vereinigungen als auch gegenüber den in § 125 Abs. 2 und 3 AktG erwähnten Aktionären und Aufsichtsratsmitgliedern kann zur Anfechtbarkeit der in der Hauptversammlung gefassten Beschlüsse führen.[157] Indes sind die aus denkbaren Verfahrensfehlern im Rahmen der Mitteilungspflichten resultierenden Anfechtungsrisiken dadurch verringert worden, dass nach der Neufassung durch das TransPuG Gegenanträge und Wahlvorschläge von

---

[153] *Hüffer/Koch* AktG § 125 Rn. 7 f.; Spindler/Stilz/*Rieckers* AktG § 125 Rn. 23.
[154] Vgl. Rn. 109.
[155] *Hüffer/Koch* AktG § 125 Rn. 10; MünchKomm. AktG/Bd. 3/*Kubis* § 125 Rn. 17.
[156] Vgl. Begründung des Regierungsentwurfs zum ARUG v. 21.1.2009, BT-Drs. 16/11642, 31.
[157] MünchKomm. AktG/Bd. 3/*Kubis* § 125 Rn. 39. Allerdings bleibt der Verstoß gegen die Angaben nach § 125 Abs. 1 Satz 5 Hs. 2 AktG zu weiteren Mitgliedschaften von zur Wahl vorgeschlagenen Aufsichtsratsmitgliedern in vergleichbaren in- und ausländischen Kontrollgremien (nicht also in anderen Aufsichtsräten, § 125 Abs. 1 Satz 5 Hs. 1 AktG) sanktionslos: *Hüffer/Koch* AktG § 125 Rn. 19; Spindler/Stilz/*Rieckers* AktG § 125 Rn. 22.

Aktionären nunmehr nicht mehr mitgeteilt, sondern nur noch auf der Internetseite der Gesellschaft zugänglich zu machen sind.[158] Denkbar ist auch ein Schadensersatzanspruch der Gesellschaft gegen den Vorstand nach § 93 AktG, wenn aufgrund einer erfolgreichen Anfechtungsklage eine neue Hauptversammlung stattfinden muss und hierdurch der Gesellschaft zusätzliche Kosten entstehen.[159] Der einzelne Aktionär hat hingegen keinen eigenen Schadensersatzanspruch gegen den Vorstand, wenn ihm die Mitteilungen nicht oder nicht rechtzeitig übermittelt werden.[160]

68   dd) Hinzuziehung des Notars. Jeder Beschluss der Hauptversammlung ist gem. § 130 Abs. 1 Satz 1 AktG durch eine über die Verhandlung notariell aufgenommene Niederschrift zu beurkunden; eine Ausnahme gilt lediglich für Beschlüsse einer Hauptversammlung einer nicht börsennotierten AG, in der keine Beschlüsse gefasst werden, die nach dem Gesetz einer Dreiviertel- oder größeren Mehrheit bedürfen; hier genügt eine vom Aufsichtsratsvorsitzenden zu unterzeichnende Niederschrift (vgl. § 130 Abs. 1 Satz 3 AktG). Gemäß § 130 Abs. 1 Satz 2 AktG ist zudem auch jedes Verlangen einer Minderheit nach § 120 Abs. 1 Satz 2 AktG (gesonderte Abstimmung bei der Entlastung) oder § 137 AktG (Vorab-Abstimmung über Aufsichtsrats-Wahlvorschläge von Aktionären) notariell zu beurkunden. Die Beurkundungspflicht wird allein durch das Begehren ausgelöst; es kommt mithin nicht darauf an, ob das Quorum erfüllt wird und es tatsächlich zu einer Abstimmung in der Sache kommt.[161]

Zur Vermeidung einer Verzögerung der Hauptversammlung durch Rückfragen des beurkundenden Notars sollte dieser einige Tage vor dem Termin der Hauptversammlung über die Tagesordnung, den geplanten Ablauf, eventuelle Gegenanträge, das Abstimmungsverfahren usw. informiert werden.[162] Diese Informationen erleichtern die Erstellung eines Rohentwurfs des Protokolls vor der Hauptversammlung, sodass die Niederschrift nach der Hauptversammlung schneller fertiggestellt werden kann.[163] Die Fertigstellung des notariellen Hauptversammlungsprotokolls nach § 130 Abs. 1 Satz 1 AktG muss dabei nicht in der Hauptversammlung selbst erfolgen, sondern kann auch noch danach im Einzelnen ausgearbeitet und unterzeichnet werden. Urkunde iSd Gesetzes ist demnach erst die vom Notar autorisierte, unterzeichnete und in den Verkehr gegebene Endfassung. Der Grund dafür liegt im Charakter des Hauptversammlungsprotokolls als Bericht des Notars über seine Wahrnehmung. Zwar setzt § 130 Abs. 1 AktG eine Beurkundung der Beschlüsse durch eine „über die Verhandlung notariell aufgenommene Niederschrift" voraus, nicht aber deren endgültige Fertigstellung noch in der Hauptversammlung. Dem entspricht auch das Vorgehen in der Praxis.[164] Gleichwohl muss die Fertigstellung so zeitnah nach der Hauptversammlung erfolgen, dass der Vorstand seiner Pflicht nach § 130 Abs. 5 AktG nachkommen und die Niederschrift unverzüglich zum Handelsregister einreichen kann.[165]

---

[158] Vgl. *Seibert* NZG 2002, 608 (611) sowie Rn. 113.
[159] MünchKomm. AktG/Bd. 3/*Kubis* § 125 Rn. 47.
[160] MünchKomm. AktG/Bd. 3/*Kubis* § 125 Rn. 47.
[161] *Hüffer/Koch* AktG § 130 Rn. 3; MünchKomm. AktG/Bd. 3/*Kubis* § 130 Rn. 5.
[162] Vgl. Semler/Volhard/Reichert/*Höreth* § 3 Rn. 98 ff.
[163] Entsprechendes gilt auch für die frühzeitige Hinzuziehung eines sonstigen Protokollführers, wenn eine notarielle Niederschrift nach § 130 Abs. 1 Satz 3 AktG nicht erforderlich ist.
[164] Vgl. BGH II ZR 185/07, DStR 2009, 537 – Kirch/Deutsche Bank.
[165] Schmidt/Lutter/*Ziemons* AktG § 130 Rn. 64.

2. Einberufung der Hauptversammlung

a) Gründe für die Einberufung

Die Hauptversammlung ist in den durch Gesetz oder Satzung geregelten Fällen sowie dann einzuberufen, wenn es das Wohl der Gesellschaft erfordert (§ 121 Abs. 1 AktG).

aa) Gesetzliche Einberufungsgründe. Unverzüglich nach Eingang des Berichts des Aufsichtsrats (vgl. § 171 AktG) über die Prüfung des Jahresabschlusses, des Lageberichts, des Gewinnverwendungsbeschlusses sowie ggf. des Konzernabschlusses und des Konzernlageberichts ist eine Hauptversammlung zur Entgegennahme dieser sowie zur Beschlussfassung über den Bilanzgewinn einzuberufen (§ 175 Abs. 1 Satz 1 AktG). Diese Hauptversammlung, die in den ersten acht Monaten des Geschäftsjahres stattzufinden hat (§ 175 Abs. 1 Satz 2 AktG), wird als **ordentliche Hauptversammlung** bezeichnet, auch wenn weitere zusätzliche Beschlüsse gefasst werden sollen. Die Verhandlung über die Entlastung soll gem. § 120 Abs. 3 AktG mit der Verhandlung über die Verwendung des Bilanzgewinns verbunden werden. Regelmäßig wird in der ordentlichen Hauptversammlung auch die Wahl des Abschlussprüfers durchgeführt.

Von einer **außerordentlichen Hauptversammlung** spricht man, wenn nicht die in § 175 Abs. 1 AktG genannten Zuständigkeiten der Hauptversammlung sowie die Entlastung der Mitglieder der Verwaltung Gegenstand der Tagesordnung sind.[166] Für die Einberufung und Durchführung einer außerordentlichen Hauptversammlung gelten keine besonderen Vorschriften, es sind vielmehr die allgemeinen Bestimmungen anwendbar.

Weitere gesetzliche Gründe für die Einberufung einer Hauptversammlung sind gegeben, wenn
- ein Verlust in Höhe der Hälfte des Grundkapitals besteht (§ 92 Abs. 1 AktG),
- Aufsichtsratsmitglieder zu bestellen sind (§§ 101, 102 AktG),
- eine Aktionärsminderheit, deren Anteil am Grundkapital mindestens 5% beträgt, eine Einberufung verlangt (§ 122 AktG),
- im Fall einer Konzernverschmelzung Aktionäre, die 5% des Grundkapitals der übernehmenden Gesellschaft auf sich vereinigen, die Einberufung verlangen (§ 62 Abs. 2 UmwG),[167]
- zur Fassung eines Sonderbeschlusses berechtigte Aktionäre die Einberufung einer gesonderten Versammlung beantragen (§ 138 Satz 3 AktG),
- die letzte Hauptversammlung selbst die Einberufung einer neuen Hauptversammlung beschlossen hat (Rechtsgedanke aus § 124 Abs. 4 Satz 2 AktG) oder
- in der Kredit- und Versicherungswirtschaft auch auf Verlangen von Aufsichtsbehörden (§ 44 Abs. 5 KWG, § 3 Abs. 1 BauSparkG, § 83 Abs. 1 Nr. 6 VAG).

bb) Statutarische Einberufungsgründe. Aufgrund der im Aktienrecht geltenden Satzungsstrenge (§ 23 Abs. 5 AktG) ist für die Schaffung statutarischer Einberufungsgründe nur wenig Raum. Zu erwähnen ist etwa die Möglichkeit einer Satzungsbestimmung, wonach die Hauptversammlung bei einer beabsichtigten Übertragung von vinkulierten Namensaktien zur Entscheidung über die Zustimmung einzuberufen ist (§ 68 Abs. 2 Satz 3 AktG).[168] Eine Erweiterung der

---

[166] Semler/Volhard/Reichert/*Reichert/Balke* § 4 Rn. 9.
[167] In einem solchen Fall besteht eine Pflicht zur Bekanntmachung eines Hinweises auf diese Möglichkeit gem. § 62 Abs. 3 Satz 3 UmwG.
[168] Vgl. Spindler/Stilz/*Rieckers* AktG § 121 Rn. 9; Großkomm. AktG/*Butzke* § 121 Rn. 11.

gesetzlichen Einberufungsgründe ist auch in solchen Fällen möglich, in denen die Pflicht zur Einberufung der Hauptversammlung an ein bestimmtes Quorum anknüpft, das durch Satzungsbestimmungen herabgesetzt werden kann (vgl. § 122 Abs. 1 Satz 2 AktG).[169]

74 **cc) Wohl der Gesellschaft.** §§ 111 Abs. 3, 121 Abs. 1 AktG verlangen die Einberufung der Hauptversammlung, wenn es das Wohl der Gesellschaft erfordert. Es handelt sich mithin ebenfalls um einen gesetzlichen Einberufungsgrund. Die Verpflichtung trifft sowohl den Vorstand (§ 121 Abs. 1 AktG) als auch den Aufsichtsrat (§ 111 Abs. 3 AktG).[170] In der Praxis spielt dieser Einberufungsgrund indes keine bedeutende Rolle, da die übrigen gesetzlichen Einberufungsgründe schon weit gefasst sind. Eine Hauptversammlung ist zum Wohl der Gesellschaft – nach pflichtgemäßem Ermessen[171] – einzuberufen, wenn eine Beschlussfassung, für die die Hauptversammlung zuständig ist, im dringenden Interesse der Gesellschaft liegt.[172] In Betracht kommen etwa die Vornahme dringend erforderlicher Kapitalmaßnahmen,[173] die Änderung der Unternehmensstrategie,[174] die Abberufung eines untragbar gewordenen Aufsichtsratsmitglieds[175] oder die Vorbereitung einer Abberufung eines Vorstandsmitglieds durch den Aufsichtsrat mittels Vertrauensentzugs.[176]

75 **dd) Fakultative Einberufung.** Schließlich ist es der Unternehmensleitung unbenommen, freiwillig eine Hauptversammlung einzuberufen, wenn dies zweckmäßig und aus Kostengründen vertretbar ist. Im Falle des § 119 Abs. 2 AktG kann die Hauptversammlung vom Vorstand zur Entscheidung über Fragen der Geschäftsführung einberufen werden.[177] Nach den von der Rechtsprechung entwickelten Grundsätzen im Anschluss an die „Holzmüller"-Entscheidung ist eine Einberufung der Hauptversammlung für Maßnahmen der Geschäftsführung jedoch zwingend erforderlich, wenn durch die geplanten Maßnahmen die Mitgliedsrechte oder die **Rechtsstellung der Aktionäre** nach den oben (Rn. 25 ff.) dargestellten Grundsätzen **maßgeblich betroffen** werden. Ob eine Hauptversammlung auch bloß zur Unterrichtung der Aktionäre über bestimmte Maßnahmen und Projekte einberufen werden kann, wird in der Literatur unterschiedlich beurteilt.[178] Eine Hauptversammlung zur reinen Information der Aktionäre wird in aller Regel nicht dem Wohl der Gesellschaft entsprechen. Etwas anderes kann allerdings gelten, wenn die Gesellschaft einen nur sehr begrenzten und kleinen Aktionärskreis hat oder in der Hauptversammlung eine später zu treffende Beschlussfassung vorbereitet wird. **Hauptversammlungsvorlagen des Aufsichtsrats** sind grundsätzlich unzulässig. Allerdings kommt eine analoge Anwendung des § 119 Abs. 2 AktG in Betracht,

---

[169] Vgl. *Butzke* Kap. B Rn. 35.
[170] Semler/Volhard/Reichert/*Reichert/Balke* § 4 Rn. 15; *Butzke* Kap. B Rn. 42.
[171] MünchKomm. AktG/Bd. 3/*Kubis* § 121 Rn. 9; MHdB GesR IV/*Bungert* § 36 Rn. 5
[172] Vgl. Semler/Volhard/Reichert/*Reichert/Balke* § 4 Rn. 16; *Hüffer/Koch* AktG § 111 Rn. 30.
[173] *Steiner* § 1 Rn. 4.
[174] Schmidt/Lutter/*Ziemons* AktG § 121 Rn. 12.
[175] MHdB GesR IV/*Bungert* § 36 Rn. 5; Semler/Volhard/Reichert/*Reichert/Balke* § 4 Rn. 17.
[176] MHdB GesR IV/*Bungert* § 36 Rn. 5; Semler/Volhard/Reichert/*Reichert/Balke* § 4 Rn. 16.
[177] Vgl. *Kleinhenz/Leyendecker* BB 2012, 861 ff.
[178] Zum Meinungsstand Semler/Volhard/Reichert/*Reichert/Balke* § 4 Rn. 19 sowie *Huber* ZIP 1995, 1740.

sofern der Aufsichtsrat ausnahmsweise über Geschäftsführungskompetenzen verfügt.[179]

b) Einberufungsberechtigung

aa) Vorstand. In der Regel wird die Hauptversammlung vom Vorstand einberufen, der darüber mit einfacher Mehrheit beschließt (§ 121 Abs. 2 Satz 1 AktG). Der Vorstand ist zur Einberufung als Gesamtorgan zuständig. Eine Übertragung der Einberufungszuständigkeit auf einzelne Vorstandsmitglieder ist deshalb nicht zulässig.[180] Die Durchführung bzw. Umsetzung der Einberufung kann demgegenüber einem einzelnen Vorstandsmitglied übertragen werden.[181]

bb) Aufsichtsrat. Eine Einberufungszuständigkeit des Aufsichtsrats[182] besteht gem. § 111 Abs. 3 Satz 1 AktG, wenn es das Wohl der Gesellschaft erfordert. Auch der Aufsichtsrat hat hierüber als Gesamtorgan mit einfacher Mehrheit zu beschließen. Praktische Bedeutung erlangt diese Kompetenz regelmäßig nur, wenn der Aufsichtsrat die Abberufung eines Vorstandsmitglieds über einen **Vertrauensentzug** durch die Hauptversammlung vorbereiten möchte (§ 84 Abs. 3 Satz 2 AktG). In Betracht kommt sie zB allerdings auch dann, wenn der Vorstand pflichtwidrig die Herbeiführung eines sog. Holzmüller-Beschlusses[183] unterlässt.[184] Der Aufsichtsrat hat auch die für die Durchführung der Hauptversammlung erforderlichen Maßnahmen zu treffen, wenn er die Einberufung der Hauptversammlung beschließt.[185]

cc) Minderheitsverlangen. Auf Verlangen von Aktionären, deren Anteil zusammen 5% des Grundkapitals erreicht, hat der Vorstand eine Hauptversammlung einzuberufen. Gem. § 122 Abs. 1 Satz 1 AktG muss das Verlangen schriftlich[186] unter Angabe des Zwecks und der Gründe an den Vorstand gerichtet werden. Inhaltlich muss sich das Verlangen im Rahmen der Zuständigkeit der Hauptversammlung bewegen.[187] Kann den Antragstellern ein Zuwarten bis zur nächsten (ordentlichen) Hauptversammlung ohne Weiteres zugemutet werden, kann das Verlangen als rechtsmissbräuchlich angesehen werden.[188] Es besteht allerdings umgekehrt keine

---

[179] Dazu im Einzelnen *Fischbach* ZIP 2013, 1153.

[180] Vgl. auch BGH II ZR 225/99, DStR 2002, 1312; LG Münster 21 O 161/97, DB 1998, 665; *Steiner* § 1 Rn. 10.

[181] MünchKomm. AktG/Bd. 3/*Kubis* § 121 Rn. 15; Großkomm. AktG/*Butzke* § 121 Rn. 23; *Butzke* Kap. B Rn. 33; *Rottnauer* NZG 2000, 414 (415).

[182] Ist die Wahl des Aufsichtsrats nichtig (§ 250 AktG), kann er auch nicht wirksam eine Hauptversammlung einberufen; ist die Wahl dagegen nur anfechtbar, kann der Aufsichtsrat bis zur Nichtigerklärung für die Gesellschaft handeln und folglich auch eine Hauptversammlung einberufen. Vgl. MHdB GesR IV/*Butzke* § 36 Rn. 13 f.

[183] Vgl. Rn. 25 ff.

[184] Dagegen kommt eine Beschlussfassung über andere Geschäftsführungsmaßnahmen auf Initiative des Aufsichtsrats wegen § 119 Abs. 2 AktG nicht in Betracht; nur deren Erörterung kann im Einzelfall eine Einberufung durch den Aufsichtsrat begründen. Vgl. MHdB GesR IV/*Butzke* § 36 Rn. 12.

[185] Semler/Volhard/Reichert/*Reichert/Balke* § 4 Rn. 32.

[186] Dazu *Weisner/Heins* AG 2012, 706 ff.

[187] Schmidt/Lutter/*Ziemons* AktG § 122 Rn. 18; Großkomm. AktG/*Butzke* § 122 Rn. 24; *Halberkamp/Gierke* NZG 2004, 494 (497).

[188] OLG Stuttgart 8 W 370/08, AG 2009, 169; OLG Frankfurt a. M. 20 W 1/05, NZG 2005, 558; zu den Anforderungen an eine etwaige Rechtsmissbräuchlichkeit vgl. auch KG 25 W 63/11, NZG 2011, 1429 (1431); *Heeg* NZG 2012, 1056.

Pflicht des Vorstands gesetz- oder satzungswidrige Verlangen auf Einberufung einer Hauptversammlung abzulehnen.[189]

79 Die maßgebliche **Höhe des Grundkapitals** bemisst sich nach dem im Zeitpunkt des Verlangens im Handelsregister eingetragenen Grundkapital. Auch stimmrechtslose Vorzugsaktien oder erst teilweise eingezahlte Aktien sind daher zu berücksichtigen.[190] Aktien aus einem bedingten Kapital, die während des Geschäftsjahres ausgegeben wurden, sind bei der Berechnung mit einzubeziehen, selbst wenn die Eintragung der Ausgabe noch nicht in das Handelsregister erfolgt ist, da die Erhöhung des Grundkapitals in diesen Fällen bereits mit der Ausgabe der Bezugsaktien eintritt (vgl. § 200 AktG).[191]

80 Die Aktionäre müssen (de lege lata seit der Aktienrechtsnovelle 2016) nachweisen, dass sie seit mindestens 90 Tagen vor dem Tag des Zugangs des Verlangens Inhaber der Aktien sind und dass sie die Aktien bis zur Entscheidung des Vorstands über den Antrag halten (§ 122 Abs. 1 Satz 3 AktG). Für den Antrag auf gerichtliche Entscheidung (§ 122 Abs. 3 Satz 1 und 2 AktG) in dem Fall, dass der Vorstand dem Einberufungsverlangen nicht entspricht (Rn. 81), sieht § 122 Abs. 3 Satz 5 AktG den Nachweis durch die Antragsteller vor, dass sie die Aktien bis zur Entscheidung des Gerichts halten.

Umstritten ist, ob der Vorstand, der nicht aus eigenem Antrieb, sondern auf Verlangen einer Aktionärsminderheit die Hauptversammlung einberufen hat, diese auch wieder absagen kann (obwohl das Minderheitsverlangen nicht zurückgenommen wurde). Nach einer in Rechtsprechung und Literatur vertretenen Ansicht soll dies nicht möglich sein.[192] Dem hat der BGH in einer neueren Entscheidung widersprochen: Der Umstand, dass eine Hauptversammlung auf Grund eines Verlangens von Aktionären gem. § 122 Abs. 1 AktG einberufen worden sei, ändere an der grundsätzlichen Kompetenz des Vorstands bzw. des für die Einberufung gem. § 283 Nr. 6 AktG zuständigen persönlich haftenden Gesellschafters zur **Zurücknahme der Einberufung** nichts.[193]

81 Lehnt der Vorstand die Einberufung ab oder kommt er ihr nicht[194] oder nicht unverzüglich (regelmäßig innerhalb von zwei bis vier Wochen)[195] nach, können die Aktionäre, die das Verlangen erhoben haben,[196] auf Antrag durch das zuständige Amtsgericht ermächtigt werden, die Hauptversammlung einzuberufen (§ 122 Abs. 3 AktG).[197] Die „Kann-Vorschrift" des § 122 Abs. 3 AktG legt die Annahme nahe,

---

[189] OLG Düsseldorf I-6 U 69/11, NZG 2013, 546 (547).
[190] Semler/Volhard/Reichert/*Reichert/Balke* § 4 Rn. 34.
[191] *Steiner* § 1 Rn. 14; Semler/Volhard/Reichert/*Reichert/Balke* § 4 Rn. 34.
[192] LG Frankfurt 3-05 O 114/12, NZG 2013, 748; *Selter* NZG 2013, 1133 (1135); *Weber* NZG 2013, 890 (892); aA *Bayer/Scholz/Weiß* ZIP 2014, 1 (2).
[193] BGH II ZR 142/14, NZG 2015, 1227 (1229).
[194] Zur Bekanntgabe eines Termins ohne Tagesordnung OLG München 31 Wx 134/09, WM 2010, 517.
[195] Vgl. BGH II ZR 79/84, WM 1985, 567 (568): nach sieben Wochen keine Unverzüglichkeit mehr; vgl. auch *Hüffer/Koch* AktG § 122 Rn. 7.
[196] Wenn das Quorum durch bisher nicht beteiligte Aktionäre aufgefüllt wird, muss das Verlangen zunächst neu an den Vorstand gerichtet werden, vgl. LG Duisburg 21 T 6/02, ZIP 2004, 76, *Hüffer/Koch* AktG § 122 Rn. 10; aA *Halberkamp/Gierke* NZG 2004, 494 (500). Gesamtrechtsnachfolger stehen den bisher beteiligten Aktionären gleich; ob dies auch für rechtsgeschäftliche Erwerber gilt, ist str. – vgl. *Hüffer/Koch* AktG § 122 Rn. 10; Semler/Volhard/Reichert/*Reichert/Balke* § 4 Rn. 50, jeweils mwN.
[197] Zur Hauptsacheerledigung bei zwischenzeitlich einberufener Hauptversammlung BGH II ZB 17/11, NJW-RR 2012, 997; KG 25 W 63/11, NZG 2011, 1429 ff.

B. Die Aktiengesellschaft 82–84 §5

das Gericht habe bei seiner Entscheidung einen Ermessensspielraum. Es ist jedoch allgemein anerkannt, dass das Gericht dem Antrag stattgeben muss, wenn die Voraussetzungen – insbes. das Quorum – hierfür vorliegen.[198] Ist darüber hinaus zu befürchten, dass der nach dem Gesetz oder der Satzung vorgesehene Versammlungsleiter eine neutrale Versammlungsleitung nicht gewährleistet, kann das Amtsgericht einen Vorsitzenden der Versammlung bestimmen (§ 122 Abs. 3 Satz 2 AktG).

Gibt das Amtsgericht dem Antrag statt, haben die Aktionäre die Einberufung innerhalb eines angemessenen Zeitraums durchzuführen. Hierbei sind die allgemeinen Vorschriften insbesondere zur Bekanntmachung zu beachten. Die Aktionäre sind auch für die technische Organisation der Hauptversammlung verantwortlich.[199] Die Kosten der Hauptversammlung trägt allerdings die Gesellschaft (§ 122 Abs. 4 AktG). Umstritten ist, ob die Angabe einer nicht mit der Gesellschaft abgestimmten **Zugangsadresse** in der Einberufung nach § 122 Abs. 3 AktG zulässig ist.[200] 82

Durch das UMAG[201] wurde ein sog. **Aktionärsforum** eingerichtet (§ 127a AktG).[202] Hierbei handelt es sich um eine Rubrik im elektronischen Bundesanzeiger; sie dient der Kommunikation der Aktionäre entsprechend der Ausgestaltung in § 127a AktG.[203] Auf diese Weise können sich die Aktionäre – insbesondere zur Erreichung des Quorums nach § 122 Abs. 1 Satz 1 AktG – koordinieren.[204] 83

c) Art und Weise der Einberufung

aa) Einberufungsfrist. Durch das ARUG wurde das Fristenregime im Vorfeld der Hauptversammlung neu geordnet und vereinheitlicht.[205] Nunmehr ist nach § 121 Abs. 7 AktG bei sämtlichen Fristen und Terminen, die von der Versammlung zurückberechnet werden, der Tag der Versammlung nicht mitzurechnen. Die einzelnen Vorschriften, die die jeweiligen Fristen enthalten, sehen sodann einheitlich vor, dass auch der Tag, an dem die entsprechende Handlung vorgenommen oder der betreffende Erfolg bewirkt sein muss – etwa der Tag der Einberufung (§ 123 Abs. 1 Satz 2 AktG) oder der Tag des Zugangs der Anmeldung zur Hauptversammlung (§ 123 Abs. 2 Satz 3 AktG) – ebenfalls nicht mitzurechnen ist. Mithin wurden durch das neue Berechnungskonzept die bisher bestehenden rechtlichen Unsicherheiten und Streitigkeiten hinsichtlich der Fristberechnung ausgeräumt und einer klaren Regelung zugeführt.[206] Darüber hinaus wird der Begriff des „Termins" iSd Aktienrechts eingeführt. Termine sind demnach juristische Sekunden, die auf den Beginn des errechneten Tages, also auf 0:00 Uhr, fallen. Solche Termine sind für den Nachweis der Aktionärslegitimation nach § 123 Abs. 3 Satz 3 AktG, für die Mitteilung nach § 125 Abs. 2 AktG sowie die Mitteilung nach § 128 Abs. 1 AktG vorgesehen. Im Zuge der Modernisierung des deutschen Aktienrechts, deren Ziel es auch ist, die Rechte ausländischer Investoren zu stärken, wurde der bestehende 84

---

[198] Semler/Volhard/Reichert/*Reichert/Balke* § 4 Rn. 54 mwN.
[199] Vgl. hierzu Semler/Volhard/Reichert/*Reichert/Balke* § 4 Rn. 57 ff.
[200] Unzulässig: *Bayer/Scholz/Weiß* AG 2013, 742; aA *Habersack/Mülbert* ZGR 2014, 1.
[201] BGBl. 2005 I 2802.
[202] Ergänzt wird § 127a AktG durch die aufgrund § 127a Abs. 5 AktG erlassene Aktionärsforumsverordnung (AktFoV) v. 22.11.2005, BGBl. 2005 I 3193.
[203] Schmidt/Lutter/*Ziemons* AktG § 127a Rn. 3; *Hüffer/Koch* AktG § 127a Rn. 2.
[204] Vgl. *Seibert* AG 2006, 16; *Spindler* NZG 2005, 825 (827 f.).
[205] Vgl. Begründung des Regierungsentwurfs zum ARUG v. 21.1.2009, BT-Drs. 16/11642, 28 f.
[206] Vgl. zum neuen Fristensystem zB *Arnold* Der Konzern 2009, 88 (91); *Seibert/Florstedt* ZIP 2008, 2145 (2148 f.); *Drinhausen/Keinath* BB 2009, 64 (65 f.); *Paschos/Goslar* AG 2009, 14 (15).

Feiertags- und Freizeitschutz als nicht mehr zeitgemäß erachtet.[207] Da das notwendige Verfahren zur Berechnung der Frist nunmehr vollständig im Aktiengesetz geregelt ist, und um jede Verschiebung von Fristenden oder Terminen zu verhindern, wird die Anwendung der §§ 187 bis 193 BGB klarstellend ausgeschlossen. Fristenden oder Termine können damit auch auf einen Sonnabend, Sonntag oder Feiertag fallen.[208]

85   bb) **Verlängerung der Einberufungsfrist.** Insbesondere Aktiengesellschaften mit größerem Aktionärskreis und börsennotierte Aktiengesellschaften machen in der Satzung die Teilnahme an der Hauptversammlung oder die Ausübung des Stimmrechts von dem Nachweis der Berechtigung oder einer Anmeldung der Aktionäre abhängig. Dies erleichtert die Feststellung der Teilnehmer der Hauptversammlung.

86   Das Erfordernis einer **Anmeldung** kann sowohl bei Inhaber- als auch bei Namensaktien begründet werden (Gegenschluss aus § 123 Abs. 3 Satz 1 AktG); im letzteren Fall ist dies jedoch allenfalls dann zweckmäßig, wenn die Namensaktien infolge Blankoindossaments umlauffähig geworden sind.[209] Sie muss der Gesellschaft mindestens sechs Tage vor der Versammlung unter der in der Einberufung genannten Adresse zugehen (§ 123 Abs. 2 Satz 2 AktG). Für die Berechnung gilt grundsätzlich dasselbe wie für die Einberufungsfrist (vgl. Rn. 85 ff.). Allerdings kann nach der ausdrücklichen Regelung des § 123 Abs. 2 Satz 3 AktG in der Satzung eine kürzere, in Tagen zu bemessende Frist vorgesehen werden.

87   Bei Inhaberaktien eröffnet § 123 Abs. 3 Satz 1 AktG zudem die Möglichkeit, statutarisch das Erfordernis eines **Nachweises der Berechtigung** vorzusehen; bei Namensaktien ist ein Legitimationsnachweis hingegen nicht erforderlich, da nach § 67 Abs. 2 Satz 1 AktG nur derjenige als Aktionär im Verhältnis zur Gesellschaft gilt, der auch im Aktienregister eingetragen ist. Für nicht börsennotierte Gesellschaften besteht weitgehend Satzungsfreiheit. Es kann daher insbesondere auch die Hinterlegung der entsprechenden Inhaberaktien verlangt werden; fehlt es an einer Verbriefung, muss der Nachweis allerdings auch durch eine Bescheinigung des depotführenden Kreditinstituts erbracht werden können. Ein in Textform (§ 126b BGB) erstellter besonderer Nachweis des depotführenden Kreditinstituts reicht gem. § 123 Abs. 3 Satz 2 AktG bei börsennotierten Gesellschaften dagegen stets aus.[210] Der Nachweis hat sich bei börsennotierten Gesellschaften auf den Beginn des 21. Tages vor der Versammlung zu beziehen. Der bisherige Streit bezüglich der Berechnung dieses Stichtages hat sich aufgrund der klarstellenden Neuregelung des aktienrechtlichen Fristensystems durch das ARUG erledigt. Bei dem Nachweisstichtag gem. § 123 Abs. 3 Satz 3 AktG handelt es sich nunmehr ausdrücklich um einen Termin iSd § 121 Abs. 7 Satz 1 AktG – damit ist eindeutig, dass das sog. „record date" auch auf einen Sonnabend, Sonn- oder Feiertag fallen kann. Der Nachweis muss der Gesellschaft mindestens sechs Tage vor der Versammlung unter der in der Einberufung genannten Adresse zugehen, wenn die Satzung keine kürzere Frist vorsieht (§ 123 Abs. 3 Satz 3 und 4 AktG). Für die Berechnung dieser

---

[207] Vgl. Begründung des Regierungsentwurfs zum ARUG v. 21.1.2009, BT-Drs. 16/11642, 29.
[208] Berechnungsbeispiel in der Begründung des Regierungsentwurfs zum ARUG v. 21.1.2009, BT-Drs. 16/11642, 29: Hauptversammlung am Samstag, den 24.4.2010. Die sechs Tage der Anmeldefrist sind der 23., 22., 21., 20., 19. und Sonntag, der 18.4. Die Anmeldung ist also bis spätestens Samstag, den 17.4 vorzunehmen; und die Einberufung hat bis spätestens Donnerstag, den 18.3 zu erfolgen.
[209] *Hüffer/Koch* AktG § 123 Rn. 6.
[210] Ob stattdessen auch alternative Formen der Legitimation vorgesehen werden können, ist str. – Dafür: *Hüffer/Koch* AktG § 123 Rn. 11 – aA *Spindler* NZG 2005, 825 (827).

B. Die Aktiengesellschaft

Frist gilt dasselbe wie für die Anmeldefrist (Rn. 88 ff.) – auch hier ist der Tag des Zugangs nicht mitzurechnen (§ 123 Abs. 3 Satz 5 AktG). Wird der Nachweis nicht erbracht, ist der Aktionär gem. § 123 Abs. 3 Satz 6 AktG nicht zur Teilnahme und/ oder Stimmrechtsausübung berechtigt.[211] Umgekehrt kann auch derjenige teilnehmen und abstimmen, der zum Stichtag zwar Aktien besitzt und dies nachweist, diese aber noch vor der Hauptversammlung veräußert („record date").[212]

Im Falle eines Anmeldungs- oder Legitimationserfordernisses erfolgt die **Berechnung der Einberufungsfrist** nach § 123 Abs. 2 Satz 5 AktG, wonach die Mindestfrist gem. § 123 Abs. 1 AktG sich um die Tage der Anmeldefrist, also um sechs Tage verlängert. Im Ergebnis verlängert sich damit die Einberufungsfrist auf 37 Tage. Auch hier sind weder der Tag der Versammlung noch der Tag des Zugangs mitzurechnen (§§ 121 Abs. 7, 123 Abs. 2 Satz 4 AktG).[213] Die Minderheit hat folglich mindestens die Tageszahl der Anmeldefrist zur Antragsvorbereitung.[214]

Eine Kumulierung beider Voraussetzungen (Anmeldung und Nachweisberechtigung) ist ebenfalls möglich.[215] Eine abweichende Fristenregelung ist insoweit nicht praktikabel; bei dennoch abweichenden Fristen muss der frühere der beiden Zeitpunkte zur Berechnung der Einberufungsfrist maßgeblich sein.

cc) Mindestangaben der Einberufung. Die Einberufung muss gem. § 121 Abs. 3 Satz 1 AktG die Firma, den Sitz der Gesellschaft sowie Zeit und Ort der Hauptversammlung enthalten. Zudem ist nach § 121 Abs. 3 Satz 2 AktG die Tagesordnung anzugeben. Bei börsennotierten Gesellschaften hat das einberufende Organ gem. § 121 Abs. 3 Satz 3 AktG in der Einberufung ferner die folgenden Angaben zu machen:

– die Bedingungen für Teilnahme und Stimmrechtsausübung sowie das Datum und die Bedeutung des Legitimationsstichtags bei Inhaberaktien (Nr. 1);
– das Verfahren für die Stimmabgabe, insbesondere durch Bevollmächtigte, durch Briefwahl und als Online-Teilnehmer (Nr. 2);
– eine Erläuterung der Begleitrechte der Aktionäre, wobei sich die Angaben auf die Fristen für die Ausübung dieser Rechte beschränken können, wenn in der Einberufung im Übrigen auf weitergehende Erläuterungen auf der Internetseite der Gesellschaft hingewiesen wird (Nr. 3);
– die Internetseite der Gesellschaft mit den Pflichtangaben nach § 124a AktG (Nr. 4).[216] Daneben besteht auch ohne gesetzliche Anordnung die Pflicht, die Einberufenden zu benennen, damit die Aktionäre überprüfen können, ob die Hauptversammlung durch ein zuständiges Gremium (Vorstand oder Aufsichtsrat bzw. gerichtlich hierzu ermächtigte Aktionäre)[217] einberufen wurde.[218] Bei der Bezeichnung der Firma schaden kleine Unrichtigkeiten oder Schreibversehen nicht, solange die Gesellschaft eindeutig identifizierbar bleibt.[219]

---

[211] Vgl. dazu OLG Frankfurt a. M. 5 U 139/08, NZG 2009, 1068.
[212] Vgl. hierzu *Spindler* NZG 2005, 825 (826 f.).
[213] Vgl. das Beispiel zur Fristberechnung in Fn. 208.
[214] In der Satzungspraxis variieren die Anmeldefristen hauptsächlich zwischen vier und sieben Tagen. Vgl. auch *Seibert/Florstedt* ZIP 2008, 2145 (2149).
[215] *Simon/Zetzsche* NZG 2005, 369 (373).
[216] Vgl. Rn. 98a zu den Angaben nach § 124a AktG.
[217] Vgl. Rn. 76 ff.
[218] Semler/Volhard/*Reichert/Reichert*/Balke § 4 Rn. 111; Schmidt/Lutter/*Ziemons* AktG § 121 Rn. 69.
[219] OLG Düsseldorf 6 U 20/96, ZIP 1997, 1153 (1159 f.); einschränkend *Butzke* Kap. B Rn. 72 f. mwN; ebenfalls Großkomm. AktG/*Butzke* § 121 Rn. 49.

91 Hinsichtlich der **Zeit** der Hauptversammlung ist darauf zu achten, dass es sich um übliche Uhrzeiten handelt (Beginn frühestens ab 8.00 Uhr;[220] üblich ist bei börsennotierten Gesellschaften 10.00 bis 11.00 Uhr[221]), da gesetzliche und in der Regel auch satzungsgemäße Vorgaben fehlen. Bei der Festlegung des Beginns der Hauptversammlung ist zu berücksichtigen, dass die Hauptversammlung nach herrschender Auffassung noch am selben Tag abgeschlossen sein muss.[222] Da insbesondere in großen, börsennotierten Gesellschaften immer wieder die Tendenz einzelner Aktionäre zu bemerken ist, durch eine Vielzahl detaillierter Fragen gegen Ende der Hauptversammlung eine Ausdehnung der Hauptversammlung auf über 24 Uhr hinaus zu provozieren, um so einen Anfechtungsgrund für Beschlüsse zu schaffen,[223] ist zu überlegen, ob die Hauptversammlung nicht von vornherein auf zwei Tage einberufen wird. Dies ist nach herrschender Meinung zulässig,[224] erschwert allerdings die Teilnahme für viele Aktionäre, da sie einen zweiten Tag einplanen und ggf. Übernachtungsmöglichkeiten in Anspruch nehmen müssen. Nach Möglichkeit sollte daher durch eine straffe Organisation und entsprechende Vorbereitungen die Durchführung der Hauptversammlung an einem Tag angestrebt werden.

92 Der **Ort**, an dem die Hauptversammlung stattzufinden hat, bestimmt sich nach der Satzung der Gesellschaft; enthält diese keine Bestimmung, soll die Hauptversammlung am **Sitz der Gesellschaft** stattfinden, bei der Zulassung der Aktien der Gesellschaft zum amtlichen Markt kann sie auch am Sitz der Börse stattfinden (§ 121 Abs. 5 AktG).[225] Die Einberufung einer Hauptversammlung an einem Ort im Ausland ist nach neuerer Auffassung zulässig, wenn die Satzung dies zulässt.[226] Problematisch dabei ist allerdings, ob nach § 130 Abs. 1 AktG erforderliche Beurkundungen von Beschlüssen im Ausland durch einen deutschen Notar oder durch einen ausländischen, mit einem deutschen Notar gleichwertigen Notar vorgenommen werden können.[227] In jedem Fall ist es zulässig, dass die Protokollierung durch Beamte des Auswärtigen Amtes erfolgt (§ 10 Abs. 2 KonsularG);[228] wobei zu beachten ist, dass in der Regel nur sehr wenige Beamte im Konsularbezirk zur deutschen Beurkundung ermächtigt sind und es daher nicht selbstverständlich ist,

---

[220] *Hüffer/Koch* AktG § 121 Rn. 17; *Semler/Volhard/Reichert/Reichert/Balke* § 4 Rn. 115; einschränkend wohl LG Stuttgart 7 KfH O 122/93, AG 1994, 425, welches obiter ausführt, ein Beginn vor 10 Uhr sei Aktionären mit längerer Anreise nicht zuzumuten.

[221] *Semler/Volhard/Reichert/Reichert/Balke* § 4 Rn. 111; *Schmidt/Lutter/Ziemons* AktG § 121 Rn. 33.

[222] *Kölner Komm./Noack/Zetzsche* § 121 Rn. 70; *Hüffer/Koch* AktG § 121 Rn. 17; LG Stuttgart 7 KfH O 122/93, AG 1994, 425 (426); vgl. zur Kritik hieran *Semler/Volhard/Reichert/Reichert/Balke* § 4 Rn. 111; *Butzke* Kap. D Rn. 57 mwN.

[223] Vgl. zur Anfechtbarkeit von Beschlüssen, die zur Unzeit gefasst werden *Happ/Freitag* AG 1998, 493 (495 f.) sowie Rn. 173 ff.

[224] *Hüffer/Koch* AktG § 121 Rn. 17a; *Butzke* Kap. B Rn. 69.

[225] Frei ist die Gesellschaft bei der Wahl des Ortes der Hauptversammlung allerdings dann, wenn sie Zielgesellschaft eines öffentlichen Übernahmeangebots ist (vgl. § 16 Abs. 4 WpÜG), vgl. hierzu *Hüffer/Koch* AktG § 121 Rn. 16a.

[226] BGH II ZR 330/13, DStR 2015, 131 (mit Einschränkungen hinsichtlich der Bestimmtheit); *Semler/Volhard/Reichert/Reichert/Balke* § 4 Rn. 121 ff.; *Hüffer/Koch* AktG § 121 Rn. 15; MHdB GesR IV/*Bungart* § 36 Rn. 50 ff.

[227] Vgl. BGH II ZB 8/80, NJW 1981, 1160, der für einen Schweizer Notar die Gleichwertigkeit annimmt, ebenso OLG Frankfurt a. M. 11 U 8/04 (Kart), ZIP 2005, 2069; vgl. außerdem Bamberger/Roth/*Mäsch* EGBGB Art. 11 Rn. 36.

[228] Zum Streitstand sowie zu Lösungsansätzen s. *Semler/Volhard/Reichert/Reichert/Balke* § 4 Rn. 123; MHdB GesR IV/*Bungart* § 36 Rn. 50 ff.; vgl. auch *Biehler* NJW 2000, 1243 (1245).

B. Die Aktiengesellschaft   93, 94 § 5

dass zum Zeitpunkt der Hauptversammlung an deren ausländischem Ort auch ein deutscher Konsul zur Verfügung steht.[229]

Schließlich sind in der Einladung auch die **Bedingungen** anzugeben, von denen die Teilnahme an der Hauptversammlung und die Ausübung der Stimmrechte abhängen. Diese Pflicht wurde nunmehr im Gesetz verankert (§ 121 Abs. 3 Satz 3 Nr. 1 und 2 AktG) und gelten auch und vor allem für eine evtl. satzungsgemäß mögliche Online-Teilnahme bzw. Stimmabgabe per Briefwahl iSv § 118 Abs. 1 und 2 AktG sowie für die Stimmabgabe durch einen Bevollmächtigten. Es genügt hierbei die sinngemäße Wiedergabe der Bedingungen. Eine wörtliche Wiedergabe ist nicht erforderlich. Die in der Satzung enthaltene Regelung über den Inhalt der Anmeldung oder des Berechtigungsnachweises und die Frist, innerhalb derer dies zu erfolgen hat, sind dabei wiederzugeben.[230] Zweckmäßig ist zudem, den Tag, an dem der Nachweis bzw. die Anmeldung spätestens zu erfolgen hat, konkret zu benennen. 93

Die **falsche oder fehlende Angabe** über die Firma (mit Ausnahme kleiner Unrichtigkeiten oder Schreibversehen),[231] den Sitz der Gesellschaft sowie Zeit und Ort der Hauptversammlung führt grundsätzlich zur **Nichtigkeit der** auf dieser Hauptversammlung **gefassten Beschlüsse** (§ 241 Nr. 1 AktG iVm § 121 Abs. 3 Satz 1 AktG).[232] Nach Ablauf von drei Jahren nach Eintragung der Beschlüsse in das Handelsregister kann die Nichtigkeit eines dennoch gefassten Beschlusses allerdings nicht mehr geltend gemacht werden (§ 242 Abs. 2 Satz 1 AktG). Auf der Grundlage der alten Rechtslage (§ 241 Nr. 1 AktG iVm § 121 Abs. 3 Satz 2 AktG aF) – vor Inkrafttreten des ARUG – war lange Zeit umstritten, welche Rechtsfolgen **fehlerhafte Angaben zu den Modalitäten der Bevollmächtigung** in den Teilnahmebedingungen von Hauptversammlungseinladungen haben. Insbesondere das OLG Frankfurt hat in einer Reihe von Entscheidungen („Leica-Rechtsprechung")[233] die Auffassung vertreten, dass fehlerhafte Hinweise in der Ladung hinsichtlich der Voraussetzung der Vollmachtserteilung die Nichtigkeit der in der Hauptversammlung gefassten Beschlüsse zur Folge haben, und dadurch in der Praxis für erhebliche Verunsicherung gesorgt. In einer Entscheidung aus dem Jahr 2011 hat der **BGH** diese Ansicht verworfen und festgestellt, dass „die Modalitäten der Bevollmächtigung eines Stimmrechtsvertreters ... nicht unter die nach § 121 Abs. 3 Satz 2 AktG aF anzugebenen Bedingungen" fallen,[234] und folglich eine Nichtigkeit wegen Einladungsmängel nicht in Betracht kommt. Damit gelten jetzt für Altfälle die gleichen Rechtsfolgen bei fehlerhaften Angaben zu den Modalitäten der Stimmrechtsvertretung wie nach der neuen Rechtslage: Seit Inkrafttreten des ARUG scheidet bei solchen Mängeln Nichtigkeit aus, da § 241 Nr. 1 AktG nur auf § 121 Abs. 3 Satz 1 und nicht auch auf Satz 3 Nr. 2 Buchst. a AktG (Stimmabgabe durch einen Bevollmächtigten) verweist. 94

---

[229] *Biehler* NJW 2000, 1243 (1245).
[230] *Butzke* Kap. B Rn. 70.
[231] Vgl. bereits Rn. 90.
[232] *Hüffer/Koch* AktG § 121 Rn. 11; Spindler/Stilz/*Rieckers* AktG § 121 Rn. 104; *Butzke* Kap. B Rn. 72 f.
[233] OLG Frankfurt a. M. 5 W 15/08, NZG 2008, 796; 5 U 14/09, NZG 2010, 1306; 5 U 144/09, NZG 2010, 1271; aA OLG München 7 W 1432/08, BB 2008, 2117; KG 23 U 46/09, NZG 2009, 1389;
[234] BGH II ZR 124/10, NZG 2011, 1105; bestätigt durch BGH II ZR 122/10, NZG 2012, 1222; zustimmend *Merkner/Schmidt-Bendun* NZG 2011, 1097 (1099); *Heider/Hirte* GWR 2011, 485 (486).

95 **dd) Bekanntmachung.** Die ordnungsgemäße Einberufung der Hauptversammlung setzt voraus, dass sie in den Gesellschaftsblättern bekannt gemacht wird (§ 121 Abs. 4 Satz 1 AktG). Eine Bekanntmachung „in den Gesellschaftsblättern" ist im elektronischen Bundesanzeiger durchzuführen (§ 25 AktG).[235] Im elektronischen Bundesanzeiger wird regelmäßig von montags bis freitags, mit Ausnahme gesetzlicher Feiertage, publiziert. Die Texte zur Veröffentlichung sollten rechtzeitig (mindestens fünf Tage vor dem Erscheinungsdatum) übersandt werden.[236] Die Einberufung ist nach dem durch das ARUG neu eingefügten § 121 Abs. 4a AktG bei börsennotierten Gesellschaften, die nicht ausschließlich Namensaktien ausgegeben haben und die Einberufung den Aktionären nicht unmittelbar zusenden (§ 121 Abs. 4 Satz 2 und 3 AktG), spätestens zum gleichen Zeitpunkt solchen Medien zur Veröffentlichung zuzuleiten, bei denen davon ausgegangen werden kann, dass sie die Information in der gesamten Europäischen Union verbreiten.[237]

96 Anstelle der Bekanntmachung in den Gesellschaftsblättern kann die Einberufung durch **eingeschriebenen Brief** erfolgen, wenn alle Aktionäre der Gesellschaft namentlich bekannt sind (§ 121 Abs. 4 Satz 2 AktG). Diese Form der Einladung kommt insbesondere bei kleinen Aktiengesellschaften mit überschaubarem Aktionärskreis und solchen Aktiengesellschaften in Betracht, die Namensaktien ausgegeben haben. Denn für Namensaktien gilt die Vermutung, dass nur die im Aktienregister eingetragenen Aktionäre im Verhältnis zur Gesellschaft Aktionäre sind (§ 67 Abs. 2 Satz 1 AktG).

97 Als Tag der Bekanntmachung gilt der Tag der Absendung des Briefs und nicht derjenige des Zugangs beim Empfänger. Inhaltlich muss die Einberufung per Einschreibebrief den Anforderungen an die Einberufung in den Gesellschaftsblättern entsprechen.

98 Ist die Einberufung nicht in den Gesellschaftsblättern oder – soweit zulässig – durch eingeschriebenen Brief bekannt gemacht worden, sind die in der Hauptversammlung gefassten Beschlüsse nichtig, soweit nicht sämtliche Aktionäre anwesend bzw. vertreten sind und auf die entsprechenden Förmlichkeiten verzichtet haben (§ 241 Nr. 1 iVm § 121 Abs. 3 Satz 1, Abs. 4 und 6 AktG).[238]

98a **ee) Veröffentlichung im Internet.** Nach § 124a AktG sind börsennotierte Gesellschaften verpflichtet, „alsbald" nach der Einberufung der Hauptversammlung die vom Gesetz für die Versammlung verlangten Berichte und Unterlagen einschließlich des Geschäftsberichts leicht zugänglich auf der Internetseite der Gesellschaft zusammen mit der Tagesordnung zu veröffentlichen. Durch die Regelung soll die Internetpräsenz börsennotierter Gesellschaften zum „zentralen Medium des Informationsaustauschs zwischen Gesellschaft und Aktionär" ausgebaut werden.[239] Das Zugänglichmachen dient der Aufgabe der bisherigen Medienfestlegung auf Papier und damit zugleich dem Abbau des Bürokratie- und Kostenaufwandes im Rahmen der Hauptversammlung. Die Regelung erhebt die Empfehlung des deutschen Corporate Governance Kodex, Fassung vom 18.6.2009, Ziff. 2.3.1 zur gesetzlichen Verpflichtung. Die Angabe „alsbald" wird dabei nicht näher präzisiert, jedoch soll für das Einstellen der Informationen auf die Unternehmenswebsite „eine

---

[235] Vgl. Spindler/Stilz/*Limmer* AktG § 25 Rn. 1; *Noack* BB 2002, 2025.
[236] Vgl. die AGB des elektronischen Bundesanzeigers, abrufbar unter https://publikations-plattform.de sowie AnwKomm. AktG/*Müller* § 123 Rn. 7.
[237] Vgl. Rn. 62.
[238] *Hüffer/Koch* AktG § 121 Rn. 11; § 241 Rn. 8 ff., 12.
[239] Vgl. Begründung des Regierungsentwurfs zum ARUG v. 21.1.2009, BT-Drs. 16/11642, 30.

B. Die Aktiengesellschaft   99, 100 § 5

gewisse Zeit" zugestanden werden.²⁴⁰ Ein Pflichtverstoß ist nach § 405 Abs. 3a Nr. 2 AktG mit einem Bußgeld, nicht jedoch mit einer Beschlussanfechtung bedroht (§ 243 Abs. 3 Nr. 2 AktG). Dies gilt allerdings nicht für Fehler beim Zugänglichmachen der Aktionärsanträge nach § 126 Abs. 1 Satz 1 AktG und der Vorschläge nach § 127 AktG. Nach § 124a AktG hat die Gesellschaft die folgenden Informationen zugänglich zu machen:
- den Inhalt der Einberufung sowie die Erläuterung zu Tagesordnungspunkten, hinsichtlich derer kein Beschluss der Hauptversammlung herbeigeführt werden soll (Nr. 1 und 2);
- die Pflichtunterlagen (Nr. 3);
- die Gesamtzahl der Aktien und der Stimmrechte im Zeitpunkt der Einberufung; bestehen verschiedene Aktiengattungen, sind die Gesamtzahlen getrennt anzugeben; eigene Aktien sind einzurechnen (Nr. 4);
- ggf. die Formulare, die bei Stimmabgabe durch Vertretungen oder mittels Briefwahl zu verwenden sind (Nr. 5);
- ggf. das Ergänzungsverlangen von Minderheitsaktionären nach § 122 Abs. 2 AktG (§ 124a Satz 2 AktG).

d) Tagesordnung

aa) Zweck und Inhalt. Die Tagesordnung ist nunmehr nach § 121 Abs. 3 Satz 2 **99** AktG zwingend mit der Einberufung anzugeben. Sie ist daher gem. § 121 Abs. 4 Satz 1, Abs. 4a AktG mit der Einberufung in den Gesellschaftsblättern bekannt zu machen und Medien zur EU-weiten Verbreitung zuzuleiten, und zwar durch das Organ, das die Einberufung der Hauptversammlung bewirkt.²⁴¹ Diese durch das ARUG eingefügte Änderung trägt der bisherigen Praxis Rechnung, wonach die Einberufung und die Bekanntmachung der Tagesordnung regelmäßig in einem Text zusammengefasst wurden.²⁴² Durch die Tagesordnung werden der **zeitliche Ablauf** der Hauptversammlung und zugleich alle **Verhandlungsgegenstände** festgelegt. Die einzelnen Tagesordnungspunkte sind zur Vorbereitung der Aktionäre auf die Hauptversammlung so konkret zu bezeichnen, dass sich der Gegenstand der Verhandlung hinreichend klar und unmissverständlich erkennen lässt.²⁴³ Der Aktionär muss aufgrund der Angaben in der Tagesordnung in der Lage sein, einem Vertreter konkrete Weisungen für das Abstimmungsverhalten zu erteilen.²⁴⁴

Die **Beschlussvorschläge der Verwaltung** zu den einzelnen Tagesordnungs- **100** punkten sind ebenfalls bekannt zu machen (§ 124 Abs. 3 Satz 1 AktG). Soll die Hauptversammlung über eine Satzungsänderung oder über einen Vertrag beschließen, der nur mit Zustimmung der Hauptversammlung wirksam wird, ist der Wortlaut der vorgeschlagenen Satzungsänderung bzw. der wesentliche Inhalt des Vertrags bekannt zu machen (§ 124 Abs. 2 Satz 2 AktG). Beispiele sind etwa Unternehmensverträge, Verschmelzungs- oder Spaltungsverträge. In der Praxis werden diese – anstelle einer oft schwierigen inhaltlichen Zusammenfassung – häufig in

---
²⁴⁰ Vgl. Begründung des Regierungsentwurfs zum ARUG v. 21.1.2009, BT-Drs. 16/11642, 30.
²⁴¹ Semler/Volhard/Reichert/*Schlitt* § 4 Rn. 159.
²⁴² *Steiner* § 1 Rn. 35.
²⁴³ OLG Düsseldorf 6 U 20/96, DB 1997, 1170 (1171); MünchKomm. AktG/Bd. 3/*Kubis* § 121 Rn. 44, 46 ff.; MHdB GesR IV/*Bungert* § 36 Rn. 63.
²⁴⁴ Zu den Einzelheiten bei den bekanntmachungsbedürftigen Gegenständen s. Semler/Volhard/Reichert/*Schlitt/Becker* § 4 Rn. 169 ff.; MHdB GesR IV/*Bungert* § 36 Rn. 69 ff.

toto wiedergegeben. Eine Erläuterungs- oder Begründungspflicht besteht hingegen nicht.[245]

101 Eine **Bekanntmachungspflicht** besteht auch dann, wenn der Vorstand die Zustimmung der Hauptversammlung zu einem nach dem Gesetz nicht zustimmungspflichtigen Vertrag einholt.[246] Zudem spricht vieles dafür, § 124 Abs. 2 Satz 2 AktG auch dann entsprechend anzuwenden, wenn nicht (oder nicht nur) die Zustimmung zu einzelnen Verträgen, sondern zu einer Gesamtmaßnahme bzw. einem Gesamtkonzept eingeholt wird. Es ist dringend zu raten, auch deren/dessen Essentialia analog § 124 Abs. 2 Satz 2 AktG bekannt zu machen.[247]

102 Aktionäre, deren Anteile zusammen mindestens 5% des Grundkapitals oder zusammen einen anteiligen Betrag von 500.000 EUR erreichen, können gem. § 122 Abs. 2 Satz 1 AktG eine **Ergänzung der Tagesordnung** durch Aufnahme von neuen Tagesordnungspunkten und deren Bekanntmachung verlangen.[248] Gemäß § 122 Abs. 2 Satz 2 AktG muss das Ergänzungsverlangen begründet werden oder mit einer beiliegenden Beschlussvorlage versehen werden. Das Verlangen iSd § 122 Abs. 2 Satz 1 AktG muss der Gesellschaft mindestens 24 Tage, bei börsennotierten Gesellschaften mindestens 30 Tage vor der Hauptversammlung zugehen (§ 122 Abs. 2 Satz 3 AktG). Auch hier gelten die neuen einheitlichen Fristbestimmungen des AktG,[249] sowohl der Tag des Zugangs als auch der Tag der Versammlung sind nicht mitzurechnen. Nach der Berechnungsmethode des § 121 Abs. 7 AktG müssen solche Anträge also spätestens bis zum 25. bzw. 31. Tag vor der Versammlung zugehen, auch wenn dieser Tag ein Sonnabend, Sonn- oder Feiertag ist.[250] Ein für die bevorstehende Hauptversammlung nicht rechtzeitig geltend gemachtes Ergänzungsverlangen ist für die auf die Hauptversammlung folgende nächste Hauptversammlung zu berücksichtigen.[251]

103 **bb) Bekanntmachungsfreie Gegenstände.** Das Gesetz sieht für bestimmte Verhandlungsgegenstände eine Ausnahme von der Pflicht zur Bekanntmachung vor (§ 124 Abs. 4 Satz 2 AktG). So ist eine Beschlussfassung über einen erst in der Hauptversammlung gestellten Antrag auf Einberufung einer neuen Hauptversammlung trotz fehlender Bekanntmachung rechtsfehlerfrei. Des Weiteren bedarf es keiner Bekanntmachung zu Anträgen, die zu Gegenständen der Tagesordnung gestellt werden, sowie zu Verhandlungsgegenständen, über die kein Beschluss gefasst wird. Letzteres ist eng auszulegen: Es betrifft Verhandlungsgegenstände, deren Diskussion in der Versammlung gewünscht wird. Die Vorlage des Jahresabschlusses gem. § 175 Abs. 1 AktG und auch die Verlustanzeige gem. § 92 Abs. 1 AktG fallen daher, auch wenn hierüber keine Beschlussfassung stattzufinden hat, nicht in den Anwendungsbereich von § 124 Abs. 4 Satz 2 AktG und sind deshalb bekannt zu machen.[252]

---

[245] Großkomm. AktG/*Werner* § 124 Rn. 33.
[246] BGH II ZR 124/99, ZIP 2001, 416 (417 f.) – Altana/Milupa.
[247] Vgl. die insoweit vorbildliche Einladungsbekanntmachung der Daimler-Benz AG betr. des Zusammenschlusskonzeptes mit Chrysler in Bundesanzeiger Nr. 146 vom 8.8.1998, S. 11685.
[248] Dazu *Tielmann* AG 2013, 704.
[249] Vgl. Rn. 84 ff.
[250] Vgl. Begründung des Regierungsentwurfs zum ARUG v. 21.1.2009, BT-Drs. 16/11642, 29.
[251] Großkomm. AktG/*Butzke* § 122 Rn. 59 tendenziell ablehnend; „im Zweifel" wie hier MünchKomm AktG/Bd. 3/*Kubis* § 122 Rn. 30.
[252] Semler/Volhard/Reichert/*Schlitt/Becker* § 4 Rn. 162; MHdB GesR IV/*Bungert* § 36 Rn. 64.

cc) **Rechtsfolgen bei Verstoß.** Wird die Tagesordnung oder ein Tagesordnungspunkt nicht ordnungsgemäß bekannt gemacht, führt dies nicht zur Nichtigkeit, sondern lediglich zur **Anfechtbarkeit** der trotzdem gefassten Beschlüsse (§ 243 Abs. 1 iVm § 124 Abs. 4 Satz 1 AktG).[253] Anfechtungsberechtigt sind auch solche Aktionäre, die bei der Hauptversammlung nicht anwesend waren (vgl. § 245 Nr. 2 AktG). Bei nur unwesentlichen Verstößen gegen die Bekanntmachungspflicht darf der Versammlungsleiter, sofern das Anfechtungsrisiko als nur gering eingestuft werden kann, den Vorschlag gleichwohl zur Abstimmung stellen.[254]

e) **Mitteilungspflichten**

Der Vorstand ist gem. § 125 AktG verpflichtet, Mitteilungen an institutionelle Aktionärsvertreter und an Aktionäre im Vorfeld der Hauptversammlung zu machen.[255] Hierdurch soll gewährleistet werden, dass Aktionäre, die die Publikationen im elektronischen Bundesanzeiger nicht verfolgen, über hauptversammlungsbezogene Informationen unterrichtet werden. Inhaltlich bezieht sich die Mitteilungspflicht auf die Einberufung der Hauptversammlung und die Bekanntmachung der Tagesordnung (§ 125 Abs. 1 Satz 1 AktG). Ist die Tagesordnung nach § 122 Abs. 2 AktG zu ändern, so ist bei börsennotierten Gesellschaften die geänderte Tagesordnung mitzuteilen (§ 125 Abs. 1 Satz 3 AktG). Daneben ist in der Mitteilung auf die Möglichkeit der Ausübung des Stimmrechts durch einen Bevollmächtigten, auch durch eine Vereinigung von Aktionären[256] hinzuweisen (§ 125 Abs. 1 Satz 4 AktG). Zusätzlich sind bei börsennotierten Gesellschaften einem Vorschlag zur Wahl eines Aufsichtsratsmitglieds Angaben zu dessen Mitgliedschaft in anderen gesetzlich zu bildenden Aufsichtsräten beizufügen (§ 125 Abs. 1 Satz 5 AktG). Angaben zu Mitgliedschaften der Aufsichtsratskandidaten in vergleichbaren in- und ausländischen Kontrollgremien sollen – müssen aber nicht – mitgeteilt werden.

Empfänger der Mitteilungen sind nach § 125 Abs. 1 Satz 1 AktG die Kreditinstitute und Aktionärsvereinigungen, die in der letzten Hauptversammlung Stimmrechte für Aktionäre ausgeübt oder die die Mitteilung verlangt haben.[257] Ersteres ist von der Gesellschaft anhand des Teilnehmerverzeichnisses der letzten Hauptversammlung zu ermitteln. Ein Kreditinstitut, das zu Beginn des 21. Tages vor dem Tage der Hauptversammlung für Aktionäre Inhaberaktien verwahrt oder für Namensaktien, die ihm nicht gehören, im Aktienregister eingetragen ist, hat die Mitteilungen nach § 125 Abs. 1 AktG unverzüglich an die Aktionäre weiterzugeben (§ 128 Abs. 1 AktG). Nach § 128 Abs. 1 Satz 2 AktG kann die Satzung der Gesellschaft die Übermittlung auf den Weg elektronischer Kommunikation beschränken; in diesem Fall ist das Kreditinstitut auch aus anderen Gründen (zB Sonderbedingungen, Auftragsrecht)[258] nicht zu mehr verpflichtet. Einzelnen Aktionären hat der

---

[253] *Hüffer/Koch* AktG § 124 Rn. 27.
[254] *Hüffer/Koch* AktG § 124 Rn. 28; Großkomm. AktG/*Butzke* § 124 Rn. 101.
[255] Im Falle eines öffentlichen Übernahmeangebots kann die Zusendung gem. § 16 Abs. 4 Satz 6 WpÜG unterbleiben, wenn zur Überzeugung des Vorstands mit Zustimmung des Aufsichtsrats der Eingang bei den Aktionären vor der Hauptversammlung nicht wahrscheinlich ist.
[256] Zu den verschiedenen Möglichkeiten der Aktionärsvertretung, auch zu der durch das NaStraG eingeführten Möglichkeit der Benennung von Stimmrechtsvertretern durch die Gesellschaft vgl. Rn. 157 ff. sowie Rn. 213 ff.
[257] Näher Semler/Volhard/Reichert/*Schlitt/Becker* § 4 Rn. 256 f.; *Butzke* Kap. B Rn. 137.
[258] Vgl. Begründung des Regierungsentwurfs zum ARUG v. 21.1.2009, BT-Drs. 16/11642, 31.

Vorstand die Mitteilung zu machen, wenn diese es verlangen oder zu Beginn des 14. Tages vor dem Tage der Hauptversammlung als Aktionäre im Aktienregister der Gesellschaft eingetragen sind (§ 125 Abs. 2 Satz 1 AktG).[259] Schließlich können auch die Mitglieder des Aufsichtsrats die Übersendung der in § 125 Abs. 1 Satz 1 AktG genannten Mitteilungen verlangen (§ 125 Abs. 3 AktG) und dies auch für die gesamte Dauer ihrer Amtszeit durch einmalige Erklärung.[260]

107 Eine bestimmte **Form** ist für die Mitteilungen nach dem Gesetz nicht vorgeschrieben. Die bereits vor dem ARUG angenommene[261] Zulässigkeit der Übermittlung auf elektronischem Wege wird nunmehr ausdrücklich durch § 128 Abs. 1 Satz 2 AktG ermöglicht, wonach die Satzung der Gesellschaft die Übermittlung auf den Weg elektronischer Kommunikation beschränken kann. Gleiches gilt nach § 125 Abs. 2 Satz 2 AktG für die Mitteilung unmittelbar gegenüber den Aktionären. Nach überwiegender Auffassung ist die rechtzeitige Absendung der Mitteilung fristwahrend.[262] Aufgrund der Preisgabe des Feiertagsschutzes gem. § 121 Abs. 7 Satz 2 und 3 AktG muss daher die Absendung der Mitteilung spätestens an dem das Fristende darstellenden Tag erfolgen, gleich ob dies ein Werktag, Sonnabend, Sonn- oder Feiertag ist. Wird die Übermittlung auf den elektronischen Weg beschränkt, ist dies unproblematisch. Ist eine entsprechende Satzungsregelung nicht vorhanden, sollte die Absendung jedoch sicherheitshalber am letzten Werktag vor dem auf einen Sonnabend, Sonn- oder Feiertag fallenden Fristende veranlasst werden, weil ansonsten das Risiko besteht, dass eine Absendung erst am nächsten Werktag aufgrund des ausdrücklichen Ausschlusses der Anwendung der §§ 187–193 BGB als verspätet gilt. Für die Mitteilungen unmittelbar gegenüber den Aktionären iSd § 125 Abs. 2 Satz 1 AktG gilt keine bestimmte Frist. Dennoch hat die Übersendung der Mitteilung unverzüglich, dh ohne schuldhaftes Zögern, zu erfolgen.[263]

108 **Verstöße** gegen die Mitteilungspflicht führen zur **Anfechtbarkeit** der gefassten Beschlüsse (§ 243 Abs. 1 AktG). Dies gilt jedoch nicht für die Verletzung der „Soll-Vorschrift" der Mitteilung über die Angaben zu Mitgliedschaften der Aufsichtsratskandidaten in vergleichbaren in- und ausländischen Kontrollgremien.[264] Die Gesellschaft kann zur Vermeidung der Anfechtbarkeit den Nachweis führen, dass der Beschluss nicht auf dem Verfahrensfehler beruht. Bei einer Versäumung der Frist sollte die Mitteilung deshalb noch nachträglich erfolgen, um ggf. das „Beruhen" widerlegen zu können.

f) Gegenanträge der Aktionäre

109 **aa) Zulässige Gegenanträge.** Den in § 125 Abs. 1 bis 3 AktG genannten Berechtigten sind unter den dortigen Voraussetzungen nach § 126 Abs. 1 AktG auch Gegenanträge der Aktionäre einschließlich des Namens des Aktionärs, der Begründung und einer etwaigen Stellungnahme der Verwaltung „zugänglich zu machen". Die Gegenanträge müssen mithin nicht schriftlich entsprechend § 125 AktG versandt werden. In § 126 Abs. 1 Satz 3 AktG wird nunmehr zwischen börsennotierten und nicht börsennotierten Gesellschaften differenziert. Bei börsennotierten

---

[259] Hierbei handelt es sich um einen Termin gem. § 121 Abs. 7 AktG; vgl. dazu Rn. 84 ff.
[260] *Butzke* Kap. B Rn. 142.
[261] *Goedecke/Heuser* BB 2001, 369 (371); *Grumann/Soehlke* DB 2001, 576 (578).
[262] Vgl. *Hüffer/Koch* AktG § 125 Rn. 10; Semler/Volhard/Reichert/*Schlitt* § 4 Rn. 268 mwN.
[263] *Butzke* Kap. B Rn. 139; Schmidt/Lutter/*Ziemons* AktG § 125 Rn. 43.
[264] *Hüffer/Koch* AktG § 125 Rn. 19; *Butzke* Kap. J Rn. 28.

Gesellschaften hat das Zugänglichmachen zwingend über die Internetseite der Gesellschaft zu erfolgen. Dies entspricht der Neuregelung in § 124a AktG. Nicht börsennotierte Gesellschaften haben ebenso die Möglichkeit des Zugänglichmachens der Gegenanträge auf ihrer Internetseite, jedoch genügt bei ihnen jede Art der Mitteilung. Durch die Veröffentlichung der Gegenanträge (ausschließlich) auf der Website der Gesellschaft werden die mit der Mitteilung von Gegenanträgen verbundenen Kosten deutlich verringert.

Die Pflicht zur Zugänglichmachung setzt voraus, dass der Aktionär seinen begründeten Gegenantrag an die in der Einberufung hierfür mitgeteilte Adresse übersandt hat (§ 126 Abs. 1 Satz 1 AktG). Die Adresse, die in der Einberufung der Hauptversammlung mitzuteilen ist, muss nicht notwendigerweise eine postalische Hausanschrift, ein Postfach oder dergleichen sein; ausreichend ist auch die Angabe einer Fax-Nummer oder einer E-Mail-Adresse, wobei bei der Angabe einer E-Mail-Adresse Probleme bei der Prüfung der Legitimation des Aktionärs entstehen könnten. Die in der Einberufung anzugebende Adresse muss konkret als eine solche zum Einreichen von Gegenanträgen bezeichnet werden. Der Gegenantrag ist auf einen konkreten und im Antrag zu nennenden („bestimmten") Tagesordnungspunkt zu beziehen und muss sich als Oppositionsantrag gegen einen Verwaltungsvorschlag richten.

bb) Formalien und Frist. Der Gegenantrag des Aktionärs ist schriftlich zu formulieren und zu begründen.[265] Die Anforderungen an die Begründung sind allerdings nicht zu hoch zu stellen. Eine **knappe stichwortartige Darlegung** der Argumente ist ausreichend. Es kommt nicht darauf an, ob die Argumente überzeugend und schlüssig sind.[266] Nur wenn der Aktionär mindestens 14 Tage vor dem Tage der Hauptversammlung seinen Gegenantrag mitteilt, ist der Vorstand verpflichtet, den Gegenantrag nach Maßgabe des § 126 AktG den übrigen Aktionären zugänglich zu machen. Auch hier sind gem. §§ 126 Abs. 1 Satz 2, 121 Abs. 7 Satz 1 AktG weder der Tag der Hauptversammlung noch der Tag des Zugangs des Gegenantrags mitzurechnen; die bisherigen Unklarheiten bezüglich der Fristbestimmung wurden auch hier beseitigt.

cc) Unzulässige Gegenanträge. Die Gesellschaft muss allerdings nicht jeden Gegenantrag des Aktionärs zugänglich machen. Im Katalog des § 126 Abs. 2 AktG sind Ausnahmetatbestände von dieser Pflicht formuliert. Sinn und Zweck dieser Bestimmung ist es, der Gesellschaft nicht die Zugänglichmachung von unzulässigen und rechtsmissbräuchlichen Gegenanträgen zuzumuten. Daher entfällt die Pflicht zur Zugänglichmachung
– soweit sich der Vorstand durch das Zugänglichmachen strafbar machen würde (§ 126 Abs. 2 Satz 1 Nr. 1 AktG),
– wenn der Gegenantrag zu einem gesetzes- oder satzungswidrigen Beschluss der Hauptversammlung führen würde (§ 126 Abs. 2 Satz 1 Nr. 2 AktG),
– wenn die Begründung in wesentlichen Punkten offensichtlich falsche oder irreführende Angaben oder Beleidigungen enthält (§ 126 Abs. 2 Satz 1 Nr. 3 AktG),
– wenn ein auf denselben Sachverhalt gestützter Gegenantrag des Aktionärs bereits zu einer Hauptversammlung der Gesellschaft nach § 125 AktG zugänglich gemacht worden ist (§ 126 Abs. 2 Satz 1 Nr. 4 AktG),

---

[265] Zum Teil bestritten, vgl. Spindler/Stilz/*Rieckers* AktG § 126 Rn. 11a.
[266] Vgl. Spindler/Stilz/*Rieckers* AktG § 126 Rn. 12; Großkomm. AktG/*Butzke* § 126 Rn. 20.

- wenn derselbe Gegenantrag des Aktionärs mit wesentlich gleicher Begründung in den letzten fünf Jahren bereits zu mindestens zwei Hauptversammlungen der Gesellschaft nach § 125 AktG zugänglich gemacht worden ist und in der Hauptversammlung weniger als 5% des vertretenen Grundkapitals für ihn gestimmt hat (§ 126 Abs. 2 Satz 1 Nr. 5 AktG),
- wenn der Aktionär zu erkennen gibt, dass er an der Hauptversammlung nicht teilnehmen und sich nicht vertreten lassen will (§ 126 Abs. 2 Satz 1 Nr. 6 AktG), oder
- wenn der Aktionär in den letzten zwei Jahren in zwei Hauptversammlungen einen von ihm mitgeteilten Gegenantrag nicht gestellt hat oder nicht hat stellen lassen (§ 126 Abs. 2 Satz 1 Nr. 7 AktG).

112 Darüber hinaus braucht eine Begründung nicht zugänglich gemacht zu werden, wenn sie insgesamt mehr als 5000 Zeichen beträgt (§ 126 Abs. 2 Satz 2 AktG). Der Gegenantrag selbst muss gleichwohl zugänglich gemacht werden. Dem Vorstand steht es jedoch frei, die zu lange Begründung mitzuteilen oder den Text entsprechend zu kürzen, wenn dadurch die Kernaussage des Textes unverändert bleibt.[267] In § 126 Abs. 3 AktG wird dem Vorstand die Möglichkeit eingeräumt, Gegenanträge der Aktionäre und deren Begründungen zusammenzufassen, wenn diese denselben Gegenstand der Beschlussfassung betreffen. Auch voneinander abweichende Gegenanträge können zusammengefasst werden, so sie nur denselben Beschlussgegenstand betreffen. Allerdings müssen in der Zusammenfassung die Anträge und die sie tragenden wesentlichen Begründungselemente erhalten bleiben.[268]

g) Wahlvorschläge der Aktionäre

113 Für Vorschläge des Aktionärs zur Wahl von Aufsichtsratsmitgliedern oder von Abschlussprüfern gilt § 126 AktG sinngemäß (§ 127 Satz 1 AktG). Abweichend von der Regelung zu den Gegenanträgen von Aktionären brauchen Wahlvorschläge jedoch nicht begründet zu werden (§ 127 Satz 2 AktG). Enthält der Vorschlag dennoch eine Begründung, so ist diese nach den zu § 126 AktG geltenden Grundsätzen zugänglich zu machen. Über die Ausnahmetatbestände des § 126 Abs. 2 AktG hinaus besteht auch dann keine Pflicht zur Zugänglichmachung, wenn der Vorschlag nicht die erforderlichen Angaben des Namens, ausgeübten Berufs und Wohnorts des Vorgeschlagenen enthält (§ 127 Satz 3 iVm § 124 Abs. 3 Satz 3 AktG). Die Pflicht zur Zugänglichmachung entfällt ebenfalls, wenn bei börsennotierten Gesellschaften der Wahlvorschlag ohne die erforderlichen Angaben zu Mitgliedschaften der vorgeschlagenen Aufsichtsratsmitglieder in anderen gesetzlich zu bildenden Aufsichtsräten gemacht wird (§ 127 Satz 3 iVm § 125 Abs. 1 Satz 3 AktG). Eine Pflicht des Vorstands, dem Antragsteller durch einen Hinweis die Nachholung der fehlenden Angaben zu ermöglichen, wird zu Recht überwiegend abgelehnt.[269]

h) Rechtsfolgen der unterbliebenen Einberufung

114 Wird eine Hauptversammlung vom Vorstand oder Aufsichtsrat nicht einberufen, obwohl eine Verpflichtung zur Einberufung besteht, machen sich der Vorstand

---

[267] Großkomm. AktG/*Butzke* § 126 Rn. 83; *Butzke* Kap. B Rn. 162; abw. Schmidt/Lutter/*Ziemons* AktG § 126 Rn. 28: zu einer Straffung des Textes ist die Gesellschaft weder berechtigt noch verpflichtet.
[268] MünchKomm. AktG/Bd. 3/*Kubis* § 126 Rn. 43; Großkomm. AktG/*Butzke* § 126 Rn. 87.
[269] Semler/Volhard/Reichert/*Schlitt/Becker* § 4 Rn. 335; *Butzke* Kap. B Rn. 164.

oder der Aufsichtsrat gegenüber der Gesellschaft **schadensersatzpflichtig** (§§ 93 Abs. 2 Satz 1, 116 AktG).[270] Der einzelne Aktionär kann die Einberufung einer Hauptversammlung nur über das Minderheitsverlangen gem. § 122 Abs. 1 AktG oder im Wege der gerichtlichen Ermächtigung zur Einberufung der Hauptversammlung nach § 122 Abs. 3 AktG,[271] wofür allerdings ein Grundkapitalquorum von 5% erforderlich ist, erreichen. Er kann hingegen den Vorstand oder den Aufsichtsrat nicht auf die Einberufung einer Hauptversammlung gerichtlich in Anspruch nehmen. Ein Druckmittel steht dem Aktionär gegen Vorstandsmitglieder jedoch insofern zu, als er beim Registergericht die **Festsetzung eines Zwangsgelds** gem. § 407 Abs. 1 AktG wegen unterlassener Einberufung der ordentlichen Hauptversammlung anregen kann.

3. Berichtspflichten

Zusätzlich zu der bloßen Ankündigung der in der Hauptversammlung zu fassenden Beschlüsse hat der Gesetzgeber Berichtspflichten des Vorstands statuiert, um den Aktionären eine sachgerechte Stimmrechtsausübung, auch durch Bevollmächtigte, aufgrund ausreichender Informationen zu ermöglichen. Daneben sind durch Rechtsprechung und Schrifttum weitere ungeschriebene Berichtspflichten entwickelt worden.

a) Gesetzliche Berichtspflichten des Vorstands

Die durch Gesetz festgelegten Berichtspflichten des Vorstands betreffen insbesondere die Berichte über
- den Ausschluss des Bezugsrechts (§ 186 Abs. 4 Satz 2 AktG), auch bei der Veräußerung eigener Aktien außerhalb der Börse gem. § 71 Abs. 1 Nr. 8 iVm § 186 Abs. 3, 4 AktG,
- die Verschmelzung (§ 8 UmwG),
- Spaltungsvorgänge (§ 127 UmwG),
- die formwechselnde Umwandlung (§ 192 UmwG),
- den Abschluss von Unternehmensverträgen (§ 293a AktG),
- die Eingliederung (§ 319 Abs. 3 Satz 1 Nr. 3 AktG).

Die vorerwähnten Berichte sind **schriftlich** zu erstellen und vom Zeitpunkt der Einberufung der Hauptversammlung an, die über diese Berichtsgegenstände Beschluss fassen soll, in den Geschäftsräumen der Gesellschaft **auszulegen** (vgl. exemplarisch §§ 293f Abs. 1 Nr. 3, 319 Abs. 3 Satz 3 AktG sowie § 63 Abs. 1 Nr. 4 UmwG). Nach den durch das ARUG neu eingefügten Vorschriften ist es jedoch ausreichend, wenn die genannten Unterlagen für denselben Zeitraum über die Internetseite der Gesellschaft zugänglich sind (§§ 293f Abs. 3, 319 Abs. 3 Satz 4 AktG sowie § 63 Abs. 4 UmwG). Für den Bericht über den Ausschluss des Bezugsrechts im Rahmen einer Kapitalerhöhung besteht nach herrschender Meinung über die insoweit – trotz fehlender gesetzlicher Anordnung – auch bestehende Pflicht zum Zugänglichmachen[272] hinaus die Pflicht, den Bericht vollständig oder zumindest

---

[270] MünchKomm. AktG/Bd. 3/*Kubis* § 121 Rn. 13; Schmidt/Lutter/*Ziemons* AktG § 121 Rn. 17.
[271] Vgl. Rn. 78 ff.
[272] Hüffer/Koch AktG § 186 Rn. 23; Semler/Volhard/Reichert/*Reichert/Balke* § 5 Rn. 12.

seinem wesentlichen Inhalt nach in analoger Anwendung des § 124 Abs. 2 Satz 2 AktG in den Gesellschaftsblättern bekannt zu machen.[273]

118 Für die übrigen gesetzlichen Berichtspflichten, die nach herrschender Meinung nicht bekannt zu machen sind, empfiehlt es sich jedoch, zumindest bei der Einberufung der Hauptversammlung auf das Auslegen der Berichte bei der Gesellschaft bzw. deren Zugänglichmachen auf der Internetseite der Gesellschaft sowie die Möglichkeit der Anforderung der Berichte hinzuweisen.[274]

Zudem müssen die Berichte als der Versammlung zugänglich zu machende Unterlagen bei börsennotierten Gesellschaften auch alsbald nach der Einberufung auf der Internetseite der Gesellschaft veröffentlicht werden (§ 124a AktG).[275]

119 In den Bericht zu den vorerwähnten Strukturmaßnahmen nach dem UmwG sowie zum Abschluss eines Unternehmensvertrages müssen keine Tatsachen aufgenommen werden, deren Bekanntwerden geeignet ist, einem der beteiligten Unternehmen einen nicht unerheblichen Nachteil zuzufügen, wobei die Gründe für die **Geheimhaltungsbedürftigkeit** angegeben werden müssen.[276] Für die Eingliederung enthält das Gesetz keine entsprechende Bestimmung; richtigerweise wird man jedoch die entsprechenden Bestimmungen analog anwenden können.[277] Für den Bericht über den Bezugsrechtsausschluss ergibt sich Ähnliches daraus, dass er inhaltlich einem Auskunftsverweigerungsrecht analog § 131 Abs. 3 AktG unterliegt.[278]

120 Für die Umwandlung und den Abschluss eines Unternehmensvertrags ist weiterhin die **Entbehrlichkeit** des Berichts vorgesehen, wenn alle Anteilsinhaber auf die Erstattung eines solchen verzichten; der **Verzicht** bedarf allerdings der notariellen Beurkundung.[279] Auch hier spricht alles für die analoge Erstreckung dieser Bestimmungen auf die Eingliederung.[280] Auch der Bericht über den Bezugsrechtsausschluss ist bei Zustimmung aller Aktionäre entbehrlich, allerdings ist hierzu ein Verzichtsbeschluss einer Vollversammlung erforderlich.[281]

Im Einzelnen gilt das Folgende:

121 aa) **Bezugsrechtsausschluss.** Der Bericht des Vorstands[282] hat den Grund für den Ausschluss des Bezugsrechts und den vorgeschlagenen Ausgabebetrag darzulegen und zu begründen (§ 186 Abs. 4 Satz 2 AktG). Der Bericht muss somit umfassend und konkret die Tatsachen enthalten, die für die **materielle Rechtfertigung** des Bezugsrechtsausschlusses erforderlich sind.[283] Der Bericht kann daher zugleich als Grundlage für die Überprüfung der sachlichen Rechtfertigung im Rahmen eines Anfechtungsprozesses dienen. Zweck des Berichts ist es, der Hauptversammlung die für eine sachgerechte Entscheidung notwendigen Informationen zu vermitteln.[284]

---

[273] BGH II ZR 230/91, ZIP 1992, 1728 (1732); MHdB GesR IV/*Scholz* § 57 Rn. 132 f. Kölner Komm./*Lutter* § 186 Rn. 57; *Steiner* § 1 Rn. 56 f.; Großkomm. AktG/*Werner* § 124 Rn. 39; Semler/Volhard/Reichert/*Reichert/Balke* § 5 Rn. 13.

[274] *Steiner* § 1 Rn. 57; vgl. auch *Butzke* Kap. B Rn. 95.

[275] Vgl. Rn. 98a.

[276] Vgl. §§ 8 Abs. 2, 127 Satz 2, § 192 Abs. 1 Satz 2 UmwG, § 293a Abs. 2 AktG.

[277] Semler/Volhard/Reichert/*Reichert/Balke* § 5 Rn. 76; vgl. *Hüffer/Koch* AktG § 319 Rn. 12.

[278] Semler/Volhard/Reichert/*Reichert/Balke* § 5 Rn. 14.

[279] Vgl. § 8 Abs. 3, ggf. iVm § 127 Satz 2 UmwG, § 192 Abs. 2 UmwG, § 293a Abs. 3 AktG.

[280] MünchKomm. AktG/Bd. 5/*Grunewald* § 319 Rn. 24.

[281] *Hüffer/Koch* AktG § 186 Rn. 23 mwN; eher zurückhaltend OLG München 7 U 4355/90, AG 1991, 210 (211).

[282] Vgl. auch § 9 Rn. 52.

[283] BGH II ZR 55/81, BGHZ 83, 319 – Holzmann.

[284] BGH II ZR 55/81, BGHZ 83, 319 (326) – Holzmann.

Auch wenn die Gründe für den Bezugsrechtsausschluss offensichtlich sind, ist der Bericht nicht entbehrlich. Der Bericht ist auch bei Barkapitalerhöhungen, bei der die Bareinlage 10% des Grundkapitals nicht übersteigt und der Ausgabebetrag den Börsenkurs nicht wesentlich unterschreitet, erforderlich, obgleich der Gesetzgeber in § 186 Abs. 3 Satz 4 AktG unter diesen Voraussetzungen von der grundsätzlichen Zulässigkeit des Bezugsrechtsausschlusses ausgeht.[285] Der Ausgabebetrag ist unter Darlegung der Berechnungsgrundlagen und der Bewertungskriterien zu begründen, da eine Anfechtungsklage auch auf einen zu niedrigen Ausgabekurs gestützt werden kann (vgl. § 255 Abs. 2 AktG).[286]

bb) Bezugsrechtsausschluss bei genehmigtem Kapital. Für die Praxis von ganz besonderer Bedeutung ist die Schaffung eines genehmigten Kapitals, im Rahmen dessen das Bezugsrecht ausgeschlossen wird oder zumindest der Vorstand mit Zustimmung des Aufsichtsrats zum Ausschluss des Bezugsrechts ermächtigt wird.[287] Soweit es **Sachkapitalerhöhungen** betrifft, kann das Bezugsrecht ggf. bis zur vollen Höhe der Zulässigkeit genehmigten Kapitals (50% des Grundkapitals; vgl. § 202 Abs. 3 Satz 1 AktG) ausgeschlossen werden.[288] Hinsichtlich **Barkapitalerhöhungen** kommt der Bezugsrechtsausschluss im Rahmen der 10%-Grenze des § 186 Abs. 3 Satz 4 AktG in Betracht. Die erhebliche Relevanz des genehmigten Kapitals mit Ausschluss des Bezugsrechts ist auf die Siemens/Nold-Entscheidung zurückzuführen.[289] In der Siemens/Nold-Entscheidung hat der BGH entgegen der bis dahin herrschenden Ansicht für den Bezugsrechtsausschluss im Rahmen des genehmigten Kapitals einen Bericht für ausreichend gehalten, in dem die beabsichtigte **Maßnahme nur abstrakt umschrieben** wird; es genüge die Darlegung, dass die Maßnahme im Interesse der Gesellschaft liege.[290] Hierdurch wird dem Vorstand die Flexibilität gewährt, die erforderlich ist, auf Entwicklungen des Marktes rasch zu reagieren, und dem Geheimhaltungsinteresse der Gesellschaft Rechnung getragen.[291] Gebrauch machen darf der Vorstand von dem genehmigten Kapital nach Auffassung des BGH allerdings nur dann, wenn das konkrete Vorhaben seiner abstrakten Umschreibung entspricht, in Übereinstimmung mit dem Unternehmensgegenstand steht und nach wie vor im Interesse der Gesellschaft liegt. Offen gelassen hat der BGH in der Siemens/Nold-Entscheidung, ob der Vorstand vor Ausübung des genehmigten Kapitals einen schriftlichen Vorabbericht an die Aktionäre gem. §§ 203 Abs. 2 Satz 2, 186 Abs. 4 Satz 2 AktG über die Verwendung des Kapitals sowie die Gründe für den Bezugsrechtsausschluss zu erstatten habe. Diese in der Literatur streitige Frage, hat der BGH inzwischen in der Mangusta/Commerzbank I-Entscheidung verneint;[292] der Vorstand ist danach lediglich gehalten, auf der nächsten ordentlichen Hauptversammlung nach der Ausübung über die Einzelheiten zu berichten. Die Beschlüsse der Verwaltung über die Ausübung

---

[285] Semler/Volhard/Reichert/Reichert/Balke § 5 Rn. 15; Hüffer/Koch AktG § 186 Rn. 39 f.
[286] Hüffer/Koch AktG § 186 Rn. 24; Butzke Kap. L Rn. 19 f.
[287] Vgl. § 9 Rn. 80 ff.
[288] Vgl. etwa Beschluss der Hauptversammlung der Allianz AG zu TOP 9 der Hauptversammlung 2001, Bundesanzeiger Nr. 102 vom 2.6.2001, S. 11053 ff.
[289] BGH II ZR 132/93, DStR 1997, 1460.
[290] Zu den Mindestinhalten eines solchen Berichts: LG München I 5HK O 12702/00, BB 2001, 748 (749); dazu Bungert BB 2001, 742.
[291] BGH II ZR 132/93, BGHZ 136, 133 (137 f.).
[292] BGH II ZR 148/03, NZG 2006, 18 – Mangusta/Commerzbank I. Zur Gegenauffassung vgl. etwa MünchKomm. AktG/Bd. 4/Bayer § 203 Rn. 155 ff. Siehe auch den Überblick bei Reichert/Senger Der Konzern 2006, 338 (341, mwN für beide Auffassungen).

des genehmigten Kapitals sind nach Auffassung des BGH in der parallel ergangenen Mangusta/Commerzbank II-Entscheidung nicht analog der aktienrechtlichen Vorschriften über die Anfechtungs- oder Nichtigkeitsfeststellungsklage (§§ 241 ff. AktG) gerichtlich überprüfbar; richtiges Kontrollinstrument sei vielmehr die allgemeine Feststellungsklage (§ 256 ZPO).[293]

123 Die Form genehmigten Kapitals eignet sich für **Publikumsgesellschaften** für die Einbringung von Unternehmen im Rahmen von Sachkapitalerhöhungen, wie sie gerade bei Unternehmensübernahmen oder Unternehmenszusammenschlüssen, im Rahmen derer die Aktie eine wichtige Akquisitionswährung ist, üblich sind. Entscheidet sich das Unternehmen für eine Sachkapitalerhöhung mit Bezugsrechtsausschluss, so geht dies – nicht nur wegen des Bezugsrechtsausschlusses, sondern auch wegen des zu erwartenden Streites über den Ausgabekurs – mit erheblichen Anfechtungsrisiken einher, bei deren Realisierung eine Blockade der Transaktion entstehen kann, auch wenn die durch § 246a AktG eingeführte Möglichkeit, eine Freigabeentscheidung herbeizuführen, die Chancen einer Überwindung der Blockade erhöht hat.[294] [295] Von daher greift die **Praxis** heute auf genehmigte Kapitalia mit Bezugsrechtsausschluss zurück; sind diese beschlossen, nicht angefochten und im Handelsregister eingetragen, kann der Vorstand mit Zustimmung des Aufsichtsrats die vorgesehene Transaktion unter Rückgriff auf diese Ermächtigung – ohne weitere Einschaltung der Hauptversammlung und damit auch ohne Anfechtungsrisiken – vollziehen.[296]

124 **cc) Bezugsrechtsausschluss bei Veräußerung eigener Aktien.** Seit der Erleichterung des Erwerbs und der Veräußerung eigener Aktien durch das KonTraG spielen eigene Aktien als Akquisitionswährung ebenfalls eine ganz erhebliche Rolle. Auch insoweit ist es möglich, das Bezugsrecht der Aktionäre bei der Verwertung eigener Aktien bereits im Ermächtigungsbeschluss auszuschließen. Soweit dies bei einer Veräußerung gegen bar erfolgt, ist ebenfalls die 10%-Grenze des § 186 Abs. 3 Satz 4 AktG einzuhalten, wobei der Ausschluss unter Berücksichtigung der Ausnutzung anderer Ermächtigungen (etwa der Ermächtigung aufgrund genehmigten Kapitals) jeweils anzurechnen ist.[297] Was einen Ausschluss des Bezugsrechts bei einer Verwendung eigener Aktien als Währung für Sacheinlagen (also insbesondere als Akquisitionswährung für die Übernahme von Unternehmen) anbelangt, ist hingegen keine Anrechnung auf die 50%-Grenze, wie sie für genehmigtes Kapital gilt, vorgesehen.[298]

---

[293] BGH II ZR 90/03, NZG 2006, 20 – Mangusta/Commerzbank II. Siehe hierzu *Reichert/Senger* Der Konzern 2006, 338.

[294] Vgl. Rn. 140 und ausführlich 289 ff. zum Freigabeverfahren, das durch das UMAG auch für andere Maßnahmen eingeführt wurde und dessen Voraussetzungen durch das ARUG reformiert und erleichtert wurden; vgl. auch eingehend zum UMAG *Winter* in Liber amicorum Happ, S. 363 sowie zum ARUG die Stellungnahmen des Handelsrechtsausschusses des DAV zum Referentenentwurf, NZG 2008, 534 (541 f.), sowie zum Regierungsentwurf, NZG 2009, 96, 98.

[295] Zu den Folgen vgl. *Zöllner/Winter* ZHR 158 (1994), 59; zur rechtspolitischen Diskussion vgl. *Baums* (Hrsg.), Bericht der Regierungskommission Corporate Governance, Rn. 152 sowie dazu *Reichert* ZHR 2002, Beiheft 71, 165 (190 f.).

[296] Zur Frage, inwieweit sich hier eine Schutzlücke von Minderheitsaktionären auftut: *Bayer* ZHR 2002, Beiheft 71, 137 (153 f.); denkbar ist der Versuch, die Ausnutzung des genehmigten Kapitals durch einstweilige Verfügung zu verhindern; de facto wird von dieser Möglichkeit im Hinblick auf die Schadensersatzdrohung des § 945 ZPO kaum Gebrauch gemacht.

[297] Vgl. dazu eingehend *Reichert/Harbarth* ZIP 2001, 1441 (1443 ff.).

[298] Vgl. *Reichert/Harbarth* ZIP 2001, 1441 (1444 f.); aA: *Huber* in FS Kropff S. 101, 119.

B. Die Aktiengesellschaft 125–127 § 5

Auch im Rahmen des Ermächtigungsbeschlusses zum Erwerb eigener Aktien, **125**
der eine Ermächtigung zum Ausschluss des Bezugsrechts bei der Verwendung der
Aktien enthält, ist ein Bericht zu erstatten (§ 71 Abs. 1 Nr. 8 iVm § 186 Abs. 3, 4
AktG). Inhaltlich hat sich dieser an den Anforderungen der Siemens/Nold-Entscheidung zu orientieren.[299]

dd) Verschmelzung. Der Gesetzgeber schreibt vor, dass in dem Verschmel- **126**
zungsbericht die Verschmelzung, der Verschmelzungsvertrag oder sein Entwurf im
Einzelnen und insbesondere das Umtauschverhältnis der Anteile oder die Angaben
über die Mitgliedschaft bei dem übernehmenden Rechtsträger sowie die Höhe einer
anzubietenden Barabfindung rechtlich und wirtschaftlich zu erläutern und zu begründen sind (§ 8 Abs. 1 Satz 1 UmwG).[300] Bezüglich der Angaben zur Verschmelzung sind die **rechtlichen und wirtschaftlichen Gründe** auszuführen, welche
die Verschmelzung als das geeignete Mittel zur weiteren Verfolgung des Unternehmenszwecks erscheinen lassen.[301] Im Einzelnen ist dabei über die wirtschaftliche
Ausgangslage der beteiligten Gesellschaften zu berichten, sind die wirtschaftlichen
Auswirkungen der Verschmelzung zu erläutern und sodann die Vor- und Nachteile
abzuwägen.[302] Die Erläuterung des Verschmelzungsvertrags soll der Verständlichmachung der einzelnen Klauseln für den juristisch nicht vorgebildeten Aktionär
dienen.[303] Des Weiteren ist das **Umtauschverhältnis der Anteile** zu erläutern.
Hierauf liegt ein Schwerpunkt der Berichtspflicht, denn es ist für jeden Aktionär
von entscheidender Bedeutung, in welchem Verhältnis sich seine Beteiligung in dem
neuen Rechtsträger fortsetzt. Das Gesetz ordnet darüber hinaus an, dass auf besondere Schwierigkeiten bei der Bewertung der Rechtsträger sowie auf die Folgen für
die Beteiligung der Anteilsinhaber hinzuweisen ist (§ 8 Abs. 1 Satz 2 UmwG). Im
Rahmen der Angaben über die **Methode der Unternehmensbewertung** ist daher
auch anzugeben, wie die Schwierigkeiten der Unternehmensbewertung berücksichtigt wurden.[304] Der Verschmelzungsbericht ist außer in Fällen des Verzichts aller
Anteilseigner auch entbehrlich, wenn der übernehmende Rechtsträger 100% der
Anteile am übertragenden Rechtsträger hält (§ 8 Abs. 3 Satz 1 UmwG).

ee) Spaltung. Der Inhalt des Spaltungsberichts[305] ist vergleichbar mit dem **127**
Inhalt des Verschmelzungsberichts. Die Vertretungsorgane jedes an der Spaltung
beteiligten Rechtsträgers haben die Spaltung, den Vertrag oder seinen Entwurf im
Einzelnen und bei Aufspaltung und Abspaltung insbesondere das Umtauschverhältnis der Anteile oder die Angaben über die Mitgliedschaften bei den übernehmenden
Rechtsträgern, den Maßstab für ihre Aufteilung sowie die Höhe einer anzubietenden Barabfindung rechtlich und wirtschaftlich zu erläutern und zu begründen
(§ 127 Satz 1 UmwG). Die Regelungen für den Spaltungsbericht verweisen im
Wesentlichen auf die für die Verschmelzung geltenden Bestimmungen (§ 127 Satz 2
UmwG). Daher gilt auch für den Spaltungsbericht, dass er die für das Treffen
einer sachgerechten Entscheidung erforderlichen Informationen enthalten muss.

---

[299] Vgl. *Reichert/Harbarth* ZIP 2001, 1441 (1444); beispielhaft die Berichte der Allianz AG
zur Hauptversammlung 2001, Bundesanzeiger Nr. 102 v. 2.6.2001, S. 11053, und der MVV
Energie AG zur Hauptversammlung 2001, Bundesanzeiger Nr. 5 v. 9.1.2001, S. 326.
[300] Vgl. auch § 13 Rn. 7 f.
[301] *Lutter/Drygala* UmwG § 8 Rn. 13.
[302] *Lutter/Drygala* UmwG § 8 Rn. 14 ff.
[303] *Lutter/Drygala* UmwG § 8 Rn. 17.
[304] Vgl. hierzu iE *Semler/Volhard/Reichert/Reichert/Balke* § 5 Rn. 27 ff.
[305] Vgl. auch § 13 Rn. 279.

Zunächst ist das Spaltungsvorhaben in seiner Gesamtheit darzulegen.[306] Hieran anschließend sind die **Ausgangslage** sowie die durch die Spaltung **angestrebte Zielstruktur** darzustellen. Besonders bedeutsam ist zudem die Darstellung der sich bei der Spaltung ergebenden konkreten **Einstands- und Haftungsrisiken**.[307] Die Vertragserläuterung hat ebenso wie beim Verschmelzungsvertrag in der Weise zu erfolgen, dass juristisch nicht vorgebildeten Adressaten der Inhalt des Vertrags verständlich gemacht wird.[308]

128 Nur bei der **Auf- und Abspaltung** ist das Umtauschverhältnis der Anteile zu erläutern, da bei diesen Spaltungsformen die Anteilsinhaber ganz oder teilweise neue Anteile erhalten. Bei der **Ausgliederung** sind Angaben zum Umtauschverhältnis aufgrund gesetzlicher Anordnung entbehrlich.[309]

129 Der Spaltungsbericht hat zudem die Anteilsinhaber über die Mitgliedschaften bei den übernehmenden Rechtsträgern zu informieren, dh es ist über die **Ausgestaltung der Mitgliedschaftsrechte** zu berichten. Schließlich ist noch darzulegen, wie sich die Beteiligungsquoten der einzelnen Anteilsinhaber verändern. Kommt es zu keiner **Quotenveränderung** (verhältniswahrende Auf- oder Abspaltung zur Neugründung), kann der Hinweis auf die Folgen für die Beteiligung mangels Relevanz entfallen, sofern nicht sonstige Veränderungen der Mitgliedschaft mit der Spaltung verbunden sind.[310]

Aufgrund der Verweisung des § 127 Satz 2 UmwG auf § 8 Abs. 3 Satz 1 UmwG ist ein Spaltungsbericht entbehrlich, wenn eine 100%ige Tochtergesellschaft auf die Mutter abgespalten wird. Ob dies auch gilt, wenn eine Ausgliederung oder Abspaltung auf eine 100%ige Tochtergesellschaft erfolgt, ist umstritten.[311]

130 **ff) Formwechselnde Umwandlung.** Der vom Vertretungsorgan des formwechselnden Rechtsträgers zu erstellende Umwandlungsbericht[312] enthält drei Teile: einen Erläuterungs- und Begründungsteil, den Entwurf des Umwandlungsbeschlusses sowie eine beizufügende Vermögensaufstellung (§ 192 Abs. 1 UmwG). Im Erläuterungs- und Begründungsteil sind die **rechtlichen und wirtschaftlichen Gründe** für den Formwechsel ausführlich darzulegen und die Vor- und Nachteile zu erörtern.[313] Anschließend sind der Formwechsel selbst und dessen rechtliche und wirtschaftliche Folgen ausführlich zu erläutern. Im zweiten Teil des Umwandlungsberichts ist der **Entwurf des Umwandlungsbeschlusses** zu erläutern. Da der Umwandlungsbeschluss für den Formwechsel die Funktion des Verschmelzungsvertrages übernimmt, reicht die bloße Wiedergabe des Umwandlungsbeschlusses nicht aus. Es bedarf vielmehr der näheren Erläuterung der Bestandteile des Umwandlungsbeschlusses.[314] Das nach § 192 Abs. 2 UmwG aF bestehende Erfordernis, eine Vermögensaufstellung beizufügen, ist durch Gesetz vom 19.4.2007 ersatzlos entfallen.[315]

---

[306] Lutter/*Schwab* UmwG § 127 Rn. 18.
[307] Ausführlich Lutter/*Schwab* UmwG § 127 Rn. 21.
[308] Eingehend Lutter/*Schwab* UmwG § 127 Rn. 27.
[309] Lutter/*Schwab* UmwG § 127 Rn. 29.
[310] Lutter/*Schwab* UmwG § 127 Rn. 37.
[311] Gegen eine Anwendung des § 8 Abs. 3 Satz 1 Alt. 2 UmwG: Schmitt/Hörtnagl/Stratz/*Hörtnagl* UmwG § 127 Rn. 21; dafür: Sagasser/Bula/Brünger/*Sagasser* § 18 Rn. 162.
[312] Vgl. auch § 13 Rn. 204 f.
[313] Semler/Volhard/Reichert/*Reichert/Balke* § 5 Rn. 54.
[314] Lutter/*Decher/Hoger* UmwG § 192 Rn. 28.
[315] Zweites Gesetz zur Änderung des Umwandlungsgesetzes, BGBl. 2007 I 542. Vgl. hierzu *Drinhausen* BB 2006, 2313.

gg) Unternehmensverträge. Hat die Hauptversammlung über einen Unternehmensvertrag zu entscheiden, so ist der Vorstand jeder an dem Unternehmensvertrag beteiligten Aktiengesellschaft verpflichtet, einen ausführlichen schriftlichen Bericht zu erstatten, der Erläuterungen und Begründungen zum Abschluss des Unternehmensvertrages im Einzelnen und insbesondere zur Art und Höhe des Ausgleichs und der Abfindung an außenstehende Aktionäre enthält (§ 293a Abs. 1 Satz 1 AktG). Zunächst ist also der **Vertragsabschluss** zu erläutern, wobei in Anknüpfung an den Bericht über den Ausschluss des Bezugsrechts darzulegen ist, welche rechtlichen und wirtschaftlichen Gründe den Unternehmensvertrag als geeignetes Mittel zur Verfolgung des Unternehmenszwecks erscheinen lassen.[316] Hieran anschließend ist der **Vertragsinhalt** zu erläutern. Schließlich ist in Fällen, in denen Ausgleichs- und Abfindungspflichten gem. §§ 304 und 305 AktG bestehen, die **Art und Höhe des Ausgleichs** rechtlich und wirtschaftlich zu erläutern. Die Höhe des Ausgleichs und der Abfindung bestimmt sich nach der Verschmelzungswertrelation, die ihrerseits eine **Unternehmensbewertung** voraussetzt.[317] Die Angaben zur Unternehmensbewertung gehören daher zum notwendigen Berichtsinhalt.

hh) Eingliederung. Bei einer geplanten Eingliederung einer Aktiengesellschaft in eine andere Aktiengesellschaft ist ein ausführlicher schriftlicher Bericht des Vorstands der zukünftigen Hauptgesellschaft zu erstellen, in dem die Eingliederung rechtlich und wirtschaftlich erläutert und begründet wird (§ 319 Abs. 3 Nr. 3 AktG). Berichtsgegenstand ist nur die Eingliederung. In dem Bericht sind der **Zweck** der Eingliederung offen zu legen, andere Möglichkeiten anzusprechen und **Vor- und Nachteile** der vorgesehenen Maßnahme im Vergleich zu in Betracht kommenden Alternativen abzuwägen. Daneben sind die **Folgen** der Eingliederung und hierbei insbes. die Haftung für Altverbindlichkeiten nach § 322 AktG zu erläutern. Die Aktionäre müssen sich ein Bild davon machen können, ob und in welchem Umfang ihre Aktien von Verwässerung bedroht sind.[318]

b) Berichtspflichten des Aufsichtsrats

Das Gesetz sieht neben den Berichtspflichten des Vorstands in bestimmten Fällen auch Berichtspflichten des Aufsichtsrats vor. So hat der Aufsichtsrat beispielsweise vor der Beschlussfassung der Hauptversammlung über die Zustimmung zu einem Nachgründungsvertrag diesen Vertrag zu prüfen und einen schriftlichen Bericht zu erstatten (Nachgründungsbericht; § 52 Abs. 3 Satz 1 AktG). Ebenso besteht eine Berichtspflicht über die Prüfung des Jahresabschlusses, des Lageberichts, ggf. auch des Konzernabschlusses und des Konzernlageberichts und des Vorschlags über die Verwendung des Bilanzgewinns (§ 171 Abs. 2 AktG).[319]

c) Berichtspflicht bei Squeeze Out

In den §§ 327a ff. AktG ist die Möglichkeit des Ausschlusses von Minderheitsaktionären (sog. Squeeze Out) geregelt, wonach ein mit 95% am Grundkapital beteiligter Aktionär Minderheitsaktionäre aus der Gesellschaft zwangsweise gegen Barabfindung durch Übernahme von deren Aktien ausschließen kann. Zur

---

[316] *Hüffer/Koch* AktG § 293a Rn. 12; *Schmidt/Lutter/Langenbucher* AktG § 293a Rn. 12.
[317] Vgl. *Hüffer/Koch* AktG § 293a Rn. 14.
[318] *Hüffer/Koch* AktG § 319 Rn. 11; *Schmidt/Lutter/Ziemons* AktG § 319 Rn. 17 ff.
[319] Eingehend hierzu BGH I ZR 24/09, DStR 2010, 1681 (Feststellung durch förmlichen Beschluss und Unterschrift zumindest durch den Aufsichtsratsvorsitzenden); *Butzke* Kap. H Rn. 6, 40 f.

Vorbereitung des hierzu erforderlichen Beschlusses der Hauptversammlung hat der den Ausschluss beabsichtigende Hauptaktionär – nicht der Vorstand – der Hauptversammlung einen schriftlichen Bericht zu erstatten, in dem die Erfüllung der gesetzlichen Voraussetzungen des Ausschlusses und die Angemessenheit der angebotenen Barabfindung dargelegt werden (§ 327c Abs. 2 AktG). Dieser Bericht ist durch einen schriftlichen Prüfungsbericht, in dem die Angemessenheit der Abfindung überprüft wird, zu ergänzen (§ 327c Abs. 2 Satz 2 AktG), für dessen Inhalt weitgehend auf die Vorschriften zu dem Bericht über den Abschluss eines Unternehmensvertrages verwiesen wird (vgl. § 327c Abs. 2 Satz 3 und 4 AktG). Diese Berichte sind gemeinsam mit dem Entwurf des Übertragungsbeschlusses und den Jahresabschlüssen und Lageberichten für die letzten drei Geschäftsjahre von der Einberufung der Hauptversammlung an in dem Geschäftsraum der Gesellschaft zur Einsicht der Aktionäre auszulegen und auf Verlangen jedem Aktionär unverzüglich und kostenlos zu übermitteln (§ 327c Abs. 3 und 4 AktG). Die Verpflichtungen gem. § 327c Abs. 3 und 4 AktG entfallen, wenn die genannten Unterlagen für denselben Zeitraum auf der Internetseite der Gesellschaft zugänglich sind. Obgleich das Gesetz in § 327c Abs. 2 Satz 1 AktG nur von einem schriftlichen Bericht des Hauptaktionärs spricht, wohingegen etwa bei Abschluss eines Unternehmensvertrages ein ausführlicher schriftlicher Bericht verlangt wird, was nahelegt, dass hier nicht den weit reichenden Anforderungen dieser Berichtspflicht zu entsprechen ist, bedarf es jedenfalls einer eingehenden Darlegung derjenigen Angaben, deren Kenntnis für die Beschlussfassung der Aktionäre erforderlich ist. Es sollte die wirtschaftliche und rechtliche Ausgangslage der Gesellschaften, das Zustandekommen der 95%igen Beteiligung sowie das Vorliegen der nach § 327b Abs. 3 AktG erforderlichen Erklärung eines Kreditinstituts, durch die dieses die Gewährleistung für die Erfüllung der Barabfindungsverpflichtung des Hauptaktionärs übernimmt, dargelegt werden. Der Schwerpunkt des Berichts liegt regelmäßig in der Darlegung und Erläuterung der Angemessenheit der Barabfindung und der zu ihrer Ermittlung herangezogenen Bewertungsmethode. Besonderer Begründung bedarf insbesondere eine Unterschreitung des durchschnittlichen Börsenkurses innerhalb der letzten drei Monate vor der Beschlussfassung.[320] Indessen brauchen Tatsachen, deren öffentliches Bekanntwerden der Gesellschaft oder dem Hauptaktionär einen nicht unerheblichen Nachteil zufügen würde, nicht aufgenommen zu werden.

Ebenso ist wie in solchem Falle ein Bericht dann nicht erforderlich, wenn alle Aktionäre in öffentlich beglaubigter Form auf ihn verzichten (vgl. § 327c Abs. 2 Satz 4 iVm § 293a Abs. 2 Satz 1, Abs. 3 AktG).

d) Prüfungsberichte Dritter

135 Des Weiteren sind in bestimmten Fällen auch Prüfungsberichte Externer angeordnet. Hierbei handelt es sich um durch Wirtschaftsprüfer zu erstellende Prüfungsberichte etwa bei Sachkapitalerhöhungen (§§ 183 Abs. 3, 194 Abs. 4 AktG), Nachgründungsverträgen (§ 52 Abs. 4 AktG), Verschmelzungen (§§ 9, 12 UmwG), Spaltungen mit Ausnahme der Ausgliederung (§ 125 UmwG), Eingliederungen (§ 320 Abs. 3 AktG) und bei Unternehmensverträgen (§ 293e AktG). Diese Berichte

---

[320] Vgl. BGH II ZB 15/00, ZIP 2001, 734 (737) im Anschluss an BVerfG 1 BvR 1613/94, NJW 1999, 3769 – DAT/Altana; dies gilt trotz der Bedenken, die zu Recht dagegen erhoben wurden, auf diesen durch den Squeeze Out beeinflussten Zeitraum abzuheben; vgl. hierzu *Hüffer/Koch* AktG § 327c Rn. 3, § 305 Rn. 24 e; *Stilz* ZGR 2001, 875 (887 ff.); *Hüttemann* ZGR 2001, 454 (461 f.); *Weiler/Meyer* ZIP 2001, 2153 (2158); *Wilken* ZIP 1999, 1443 (1444).

sind in der Hauptversammlung auszulegen bzw. zugänglich zu machen (vgl. etwa §§ 293 f, 320 Abs. 4 Satz 3 iVm 319 Abs. 3 Satz 3 AktG, § 64 UmwG).

e) Ungeschriebene Berichtspflichten

Die Frage, ob auch ungeschriebene Berichtspflichten bestehen, setzt notwendigerweise die Beantwortung der Vorfrage voraus, ob die in Rede stehende Maßnahme einer Mitwirkung der Hauptversammlung bedarf. Ist – etwa nach den Holzmüller/Gelatine-Grundsätzen[321] – von einer solchen auszugehen, spricht vieles dafür, zur sachgerechten Vorbereitung einer Entscheidungsfindung der Aktionäre das Erfordernis eines **Strukturberichts** zu bejahen.[322] In der Praxis sollte man, um unnötige Anfechtungsrisiken zu vermeiden, in jedem Fall einen solchen Strukturbericht erstellen, zumal er im Hinblick auf die darin bereits enthaltenen Informationen die Vorbereitung und Durchführung der Hauptversammlung erleichtert. Auch hinsichtlich der Ankündigungs- und Auslegungspflichten sollte man sich an den vorstehend behandelten gesetzlichen Leitbildern orientieren.[323] **136**

f) Rechtsfolgen bei Verstoß

aa) Anfechtung. Es ist von dem Grundsatz auszugehen, dass jede Unrichtigkeit bzw. Unvollständigkeit eines Berichts, der zur Vorbereitung einer Beschlussfassung in der Hauptversammlung erforderlich ist, ein erhebliches Anfechtungsrisiko in sich trägt.[324] Gemäß § 243 Abs. 4 Satz 1 AktG[325] kann wegen unrichtiger, unvollständiger oder verweigerter Erteilung von Informationen letztlich nur dann angefochten werden, wenn ein objektiv urteilender Aktionär die Erteilung der Information als wesentliche Voraussetzung für die sachgerechte Wahrnehmung seiner Teilnahme- und Mitgliedschaftsrechte angesehen hätte. Es geht also nicht darum, dass die richtige Information das Verhalten tatsächlich beeinflusst hätte (iE Kausalität), sondern darum, dass der Fragegegenstand so gewichtig ist, dass er das Verhalten potenziell beeinflussen konnte, der Aktionär ohne die Information daher eine Abstimmung verweigert hätte.[326] „Wesentliche Voraussetzung" für die Entscheidung sind demnach alle Informationen, die für einen objektiv urteilenden Aktionär für eine sachgerechte Beurteilung erforderlich sind,[327] nicht bloß die Informationen, denen im Rahmen des Gesamtbündels ein erhebliches Gewicht zukommt.[328] Der objektiv urteilende Aktionär wird im Regierungsentwurf als der vernünftig und im Unternehmensinteresse handelnde Aktionär, der keine kurzfristigen Ziele verfolgt, definiert.[329] **137**

---

[321] Vgl. Rn. 25 ff.
[322] Semler/Volhard/Reichert/*Reichert/Balke* § 5 Rn. 96 ff.
[323] *Reichert* ZHR 1999, Beiheft Nr. 6, 25 (59 ff.); Semler/Volhard/Reichert/*Reichert/Balke* § 5 Rn. 105.
[324] Semler/Volhard/Reichert/*Reichert/Balke* § 5 Rn. 131; *Butzke* Kap. O Rn. 21 f.
[325] § 243 Abs. 4 Satz 1 AktG wurde neu eingeführt durch das UMAG v. 22.9.2005 (BGBl. 2005 I 2802) und sollte die sog. Relevanzrechtsprechung kodifizieren, vgl. BGH II ZR 206/88, DB 1989, 1664 (1665); II ZR 18/91, BGHZ 119, 1 (18 ff.); vgl. auch Rn. 268 f. – nach verbreiteter Auffassung unterscheidet sich die Kodifikation gleichwohl von der Rechtsprechung des BGH, vgl. Schmidt/Lutter/*Schwab* AktG § 243 Rn. 34 ff. mwN.
[326] Vgl. RegE zum UMAG, BT-Drs. 15/5092, 26.
[327] Schmidt/Lutter/*Schwab* AktG § 243 Rn. 34 ff.
[328] So aber *Weißhaupt* ZIP 2005, 1766 (1771).
[329] Vgl. RegE zum UMAG, BT-Drs. 15/5092, 26.

138 **bb) Sonderfall der Informationspflichtverletzung bei Bewertungsfragen.** Rechtspolitisch war bereits lange darüber diskutiert worden, für Informationspflichtverletzungen das Anfechtungsrecht in den Fällen auszuschließen, bei denen sich die Informationspflichtverletzung auf Bewertungsfragen bezieht. Durch das UMAG[330] wurde daher § 243 Abs. 4 Satz 2 AktG[331] eingeführt. Hiernach kann auf unrichtige, unvollständige oder unzureichende Informationen in der Hauptversammlung über die Ermittlung, Höhe oder Angemessenheit von Ausgleich, Abfindung, Zuzahlung oder über sonstige Kompensationen eine Anfechtungsklage nicht gestützt werden, wenn das Gesetz für Bewertungsrügen ein Spruchverfahren vorsieht. § 243 Abs. 4 Satz 2 AktG gilt seinem Wortlaut nach nur für Informationspflichten „in der Hauptversammlung". Es wird daher verbreitet der Umkehrschluss gezogen, dass schriftliche Berichte im Vorfeld der Hauptversammlung nicht von dem Anfechtungsausschluss profitieren,[332] obwohl dies von der ratio her zu begrüßen wäre. Ausgeschlossen ist die Anfechtung dagegen, soweit sie sich gegen eine Informationspflichtverletzung in der Hauptverhandlung richtet und die Information bewertungsrelevante Tatsachen betrifft, soweit die Bewertung als solche im Spruchverfahren überprüft werden kann.[333] Demgegenüber ist § 243 Abs. 4 Satz 2 AktG teleologisch zu reduzieren für den Fall, dass die Information total verweigert wird; hier ist eine Anfechtung also statthaft.[334]

139 **cc) Heilung.** Vorenthaltene, unrichtige oder unvollständige Informationen in den schriftlichen Berichten können in der Hauptversammlung im Allgemeinen nicht mehr korrigiert werden.[335] Eine **Nachholung** der fehlenden Informationen in der Hauptversammlung kann aber dann erfolgen, wenn sich die Informationen auf später eingetretene Veränderungen beziehen, die noch nicht in den ursprünglichen Bericht mit aufgenommen werden konnten. Diskussionswürdig erscheint die Korrektur darüber hinaus auch dann, wenn es sich um versehentliche Unrichtigkeiten handelt, die nicht den Kern der Information als Entscheidungsgrundlage berühren und die Nachholung die Relevanz des Verstoßes entfallen lässt.[336] Wenn dabei zugleich eine Bekanntmachungspflicht verletzt wird, ist eine Heilung jedoch zu verneinen.[337]

140 **dd) Eintragung; Registersperre; Freigabeverfahren.** Durch die Anfechtung von Hauptversammlungsbeschlüssen kann die Durchführung im Unternehmensinteresse liegender Maßnahmen verzögert oder blockiert werden. Soweit nicht die nachfolgend behandelten Sonderregelungen eingreifen, hat das Registergericht im Falle eintragungsbedürftiger Beschlüsse nach pflichtgemäßem Ermessen zu prüfen, ob eine Eintragung trotz Anfechtung erfolgen kann, oder ob das Verfahren auszusetzen ist (§ 381 FamFG). In Fällen der Umwandlung, der Verschmelzung, der Spaltung, eines Rechtsformwechsels sowie bei der Eingliederung und dem Squeeze Out ist eine **Registersperre** angeordnet; eine Eintragung kann nur dann erfolgen,

---

[330] BGBl. 2005 I 2802.
[331] Zum intertemporalen Anwendungsbereich vgl. eingehend *Schwab* NZG 2007, 521.
[332] Schmidt/Lutter/*Schwab* AktG § 243 Rn. 38; *Heinrich/Theusinger* BB 2006, 449 (450 f.); Hüffer/Koch AktG § 243 Rn. 47c; vgl. auch den RegE zum UMAG, BT-Drs. 15/5092, 26.
[333] Vgl. hierzu Rn. 295 ff.
[334] RegE zum UMAG, BT-Drs. 15/5092, 26; siehe auch Schmidt/Lutter/*Schwab* AktG § 243 Rn. 38; *Heinrich/Theusinger* BB 2006, 449 (451); *Spindler* NZG 2005, 825 (829).
[335] OLG München 7 U 4355/90, AG 1991, 210 (211); Hüffer/Koch AktG § 186 Rn. 24; Schmidt/Lutter/*Schwab* AktG § 243 Rn. 38.
[336] Spindler/Stilz/*Würthwein* AktG § 243 Rn. 136.
[337] BGH II ZR 49/01, NJW 2003, 970; Spindler/Stilz/*Würthwein* AktG § 243 Rn. 136.

B. Die Aktiengesellschaft

wenn auf das Recht der Anfechtung verzichtet wurde oder die Anfechtungsfrist ergebnislos abgelaufen ist. Diese Registersperre ist allerdings mit zwei Vorzügen verbunden: Zum einen führt sie dazu, dass die Maßnahme mit ihrer Eintragung im Handelsregister unabhängig vom Ausgang eines etwaigen Beschlussanfechtungsverfahrens Bestandskraft erhält. Andererseits wird der Gefahr, dass durch von vornherein unbegründete Anfechtungsverfahren Blockaden herbeigeführt werden, durch das in § 16 Abs. 3 UmwG bzw. §§ 319 Abs. 6, 327e Abs. 2 AktG vorgesehene **Freigabeverfahren** entgegengewirkt.[338] Danach kann das für die Klage zuständige Gericht auf Antrag des beklagten Rechtsträgers feststellen, dass die Klagerhebung der Eintragung der Maßnahme ins Handelsregister nicht entgegensteht. Voraussetzung für eine solche Feststellung ist, dass die Klage unzulässig oder offensichtlich unbegründet ist oder dass das Zuwarten der Gesellschaft auf eine Entscheidung über die Anfechtungsklage unverhältnismäßig wäre.[339] Durch das **UMAG**[340] wurde auch ein entsprechendes Freigabeverfahren für Maßnahmen der Kapitalbeschaffung, der Kapitalherabsetzung (§§ 182–240 AktG) sowie für Unternehmensverträge (§§ 291–307 AktG) eingeführt (§ 246a AktG).[341] Für diese Fälle ist eine Negativerklärung nicht abzugeben; eine formale Registersperre besteht daher nicht.[342] Gleichwohl sahen sich die Registergerichte infolge schwebender Prozesse oftmals außerstande, die konstitutive Eintragung in das Handelsregister vorzunehmen.[343] Diese faktische Registersperre kann durch den neu eingeführten § 246a Abs. 3 Satz 5 AktG überwunden werden, der eine Bindungswirkung der Freigabeentscheidung des Prozessgerichts gegenüber dem Registergericht anordnet.[344] Das Freigabeverfahren wurde durch das ARUG gestrafft und in verschiedener Hinsicht präzisiert und ergänzt. Die bisher von der Rechtsprechung entwickelten Grundsätze zur Interessenabwägung, die die Gerichte bei der Freigabeentscheidung treffen müssen, wurden im Gesetz verankert (§§ 246a Abs. 2 Nr. 3, 319 Abs. 2 Satz 3 Nr. 3 AktG und § 16 Abs. 3 Satz 2 Nr. 3 UmwG). Dadurch sollen die Gerichte eine klare Entscheidungslinie erhalten. Für das Freigabeverfahren sind seither in erster und einziger Instanz die Oberlandesgerichte zuständig, während die Hauptsache bei den Kammern für Handelssachen bleibt; ein Beschluss ist unanfechtbar (§ 246a Abs. 1 Satz 3, Abs. 3 Satz 1 und 3 AktG, § 319 Abs. 6 Satz 7 bis 9 AktG, § 16 Abs. 3 Satz 7 bis 9 UmwG). Dies soll der Beschleunigung des Freigabeverfahrens ebenso dienen wie die Ermöglichung der frühzeitigen Akteneinsicht durch die beklagte Gesellschaft bereits vor der Zustellung der Klage (§ 246 Abs. 3 Satz 5 AktG). Zudem wurde eine Bagatellgrenze eingeführt, so dass Aktionäre mit geringem Aktienbesitz unter 1.000 EUR Nennbetrag, die weniger gravierende Gesetzes- oder Satzungsverstöße geltend machen, gegen die überwiegende Mehrheit der anderen Aktionäre

---

[338] Ausführlich hierzu Rn. 289 ff.
[339] § 16 Abs. 3 Satz 2 UmwG spricht davon, dass „das alsbaldige Wirksamwerden der Verschmelzung nach freier Überzeugung des Gerichts unter Berücksichtigung der Schwere der mit der Klage geltend gemachten Rechtsverletzungen zur Abwendung der vom Antragsteller dargelegten wesentlichen Nachteile für die an der Verschmelzung beteiligten Rechtsträger und ihre Anteilsinhaber vorrangig erscheint".
[340] BGBl. 2005 I 2802.
[341] Vgl. dazu eingehend *Winter* in Liber amicorum Happ, S. 363 ff.
[342] Vgl. *Seibert* NZG 2007, 841 (844); *Paschos/Johannsen-Roth* NZG 2006, 327 (328).
[343] *Spindler* NZG 2005, 825 (829).
[344] Spindler/Stilz/*Dörr* AktG § 246a Rn. 5.

Hauptversammlungsbeschlüsse nicht mehr aufhalten können (§§ 246a Abs. 2 Nr. 2, 319 Abs. 2 Satz 3 Nr. 2 AktG und § 16 Abs. 3 Satz 2 Nr. 2 UmwG).[345]

141 ee) **Strategie der Risikoverminderung.** Zwar hat sich durch den Ausschluss der Anfechtung in den Fällen des § 243 Abs. 4 Satz 2 AktG eine Entschärfung der Anfechtungsproblematik ergeben. Dennoch sollte – gerade bei der Abfassung der Berichte und der Auskunftserteilung – stets größter Wert darauf gelegt werden, Informationsmängel zu vermeiden. Im Zweifel sollten die Berichte eher zu ausführlich als zu knapp abgefasst werden; Fragen sollten im Zweifel eher beantwortet als zurückgewiesen werden.

III. Die Teilnahme an der Hauptversammlung

1. Aktionäre

a) Teilnahmeberechtigte Personen

142 Das Teilnahmerecht der Aktionäre an der Hauptversammlung gem. § 118 Abs. 1 AktG ist das fundamentale Recht der Aktionäre, da sie ihre Rechte in den Angelegenheiten der Gesellschaft in der Hauptversammlung ausüben. Das Teilnahmerecht steht daher grundsätzlich jedem Aktionär zu. Da das Teilnahmerecht an der Hauptversammlung nicht mit dem Stimmrecht (vgl. hierzu Rn. 208 ff.) identisch ist,[346] sind auch Inhaber stimmrechtsloser Vorzugsaktien zur Teilnahme an der Hauptversammlung berechtigt. Dagegen steht Inhabern von Optionsscheinen oder von Schuldverschreibungen kein Teilnahmerecht zu.[347]

143 Noch nicht abschließend geklärt ist das Teilnahmerecht nicht sonderabstimmungsberechtigter Aktionäre bei einer gesonderten Versammlung nach § 138 AktG, in der im Gesetz oder in der Satzung vorgesehene **Sonderbeschlüsse** nur durch bestimmte Aktionäre gefasst werden.[348] Die Frage, ob auch den bei der gesonderten Versammlung nicht stimmberechtigten Aktionären ein Teilnahmerecht zusteht, wird in der aktienrechtlichen Literatur kontrovers diskutiert. Da nach § 138 Satz 2 AktG die Vorschriften über die Teilnahme an der Hauptversammlung für die gesonderte Versammlung nur sinngemäß gelten und zudem ein Interesse der sonderabstimmungsberechtigten Aktionäre bestehen kann, unter sich zu sein, sprechen die besseren Argumente für eine Beschränkung des Teilnahmerechts an einer gesonderten Versammlung auf die sonderabstimmungsberechtigten Aktionäre.[349]

b) Inhalt

144 Inhaltlich umfasst das Teilnahmerecht der Aktionäre neben dem Recht auf Anwesenheit auch das Recht, durch Redebeiträge aktiv an der Hauptversammlung teilzunehmen (Anwesenheits- und Rederecht). Ebenso ist das Recht, Anträge zu

---

[345] Ausführlich zu den durch das ARUG eingefügten Neuregelungen des Freigabeverfahrens Rn. 291a ff.; vgl. auch die Stellungnahmen des Handelsrechtsausschusses des DAV zum Referentenentwurf, NZG 2008, 534 (541 f.) sowie zum Regierungsentwurf, NZG 2009, 96 (98); *Arnold* Der Konzern 2009, 88 (94 ff.) sowie kritisch *Florstedt* AG 2009, 465.

[346] Kölner Komm./*Zöllner* § 118 Rn. 17; MünchKomm. AktG/Bd. 3/*Kubis* § 118 Rn. 38.

[347] Großkomm. AktG/*Mülbert* § 118 Rn. 91.

[348] Vgl. zB §§ 141 Abs. 3, 179 Abs. 3, 295 Abs. 2, 302 Abs. 3 Satz 3 AktG sowie MünchKomm. AktG/Bd. 3/*Arnold* § 138 Rn. 1 ff.

[349] Ebenso: MünchKomm. AktG/Bd. 3/*Arnold* § 138 Rn. 26; Großkomm. AktG/*Bezzenberger* § 138 Rn. 24; aA *Steiner* § 17 Rn. 16.

den Gegenständen der Tagesordnung zu stellen (Antragsrecht), Bestandteil des Teilnahmerechts.

Durch das ARUG wurde der gestalterische Spielraum der Satzung hinsichtlich **144a** der Teilnahmeregelungen erweitert und an die Möglichkeiten moderner Kommunikation angepasst. Nunmehr wird Aktiengesellschaften in § 118 Abs. 1 Satz 2 AktG die Möglichkeit gegeben, in der Satzung vorzusehen oder den Vorstand dazu zu ermächtigen vorzusehen, dass bei der Durchführung der Hauptversammlung moderne Medien in größerem Umfang genutzt werden. Durch die Implementierung der neuen Medien soll die Mitwirkungsmöglichkeit der Aktionäre am Entscheidungsprozess der Hauptversammlung verbessert und „Zufallsmehrheiten" verhindert werden.[350] So sollen die Aktionäre an der Hauptversammlung auch ohne Anwesenheit an deren Ort und ohne einen Bevollmächtigten teilnehmen und sämtliche oder einzelne ihrer Rechte ganz oder teilweise im Wege elektronischer Kommunikation ausüben können. Dies soll insbesondere der Stärkung der Rechte ausländischer Investoren dienen. Der Aktionär soll also insbesondere sein Stimm- und/oder Fragerecht – je nach Ausgestaltung der Satzung – wie ein physisch anwesender Teilnehmer der Hauptversammlung wahrnehmen können. Die Aktionäre sollen nicht nur passiv über das Internet zuschauen, sondern online an der Hauptversammlung „teilnehmen" und ihre Aktionärsrechte in Echtzeit ausüben können.[351] Zwar soll dadurch nicht die „virtuelle Hauptversammlung", also eine Versammlung, die in keinem physischen Raum mehr stattfindet, eingeführt werden, da die Präsenzhauptversammlung immer noch als Basis für die Online-Zuschaltung vorgesehen ist. Jedoch besteht die theoretische Möglichkeit, dass alle Aktionäre online zugeschaltet sind, so dass die Regelung im Ergebnis der „virtuellen Hauptversammlung" sehr nahe kommt.[352] Hinsichtlich der technischen Umsetzung der Online-Teilnahme gibt die Begründung des Regierungsentwurfs keine konkreten Hinweise. Jedoch hat der Vorstand schon aufgrund der allgemeinen Sorgfaltspflicht nach § 93 AktG bei der Nutzung der elektronischen Kommunikationsmedien im Rahmen der Hauptversammlung die Sicherheit der eingesetzten technischen Systeme mit Maßnahmen zu gewähren, die dem jeweiligen Stand der Technik entsprechen. Eine Verwendung elektronischer Signaturen nach dem Signaturgesetz sei jedoch nicht erforderlich.[353] Im Einzelnen bleibt es daher der Gesellschaft überlassen, das Verfahren und die Anforderungen der sicheren Durchführung einer Online-Teilnahme an der Hauptversammlung auszugestalten.[354]

Die satzungsmäßige Kompetenzverlagerung auf den Vorstand erscheint dabei **144b** schon aus dem Grunde sinnvoll, weil die Entscheidung über die Erschaffung der Möglichkeit der Online-Teilnahme nicht zuletzt davon abhängig sein wird, wie dies technisch umsetzbar sein wird. Starre Satzungsregelungen könnten hier hinderlich

---

[350] Vgl. Begründung des Regierungsentwurfs zum ARUG v. 21.1.2009, BT-Drs. 16/11642, 26.

[351] Vgl. *Noack* BB 1998, 2533 (2535): „Zweck der Versammlung ist es, dass jeder mit Auge und Ohr dabei sein kann".

[352] Zur „virtuellen Hauptversammlung" vgl. zB *Heller/Sadeghi/Dretzki/Ruhe* CR 2002, 592; vgl. auch Begründung des Regierungsentwurfs zum ARUG v. 21.1.2009, BT-Drs. 16/11642, 26.

[353] Vgl. Begründung des Regierungsentwurfs zum ARUG v. 21.1.2009, BT-Drs. 16/11642, 27.

[354] Vgl. zu den sinnvollerweise zu stellenden Anforderungen an eine Software für die Online-Hauptversammlung *Blank/Zetzsche* K&R 2000, 486.

sein.³⁵⁵ Online zugeschaltete Aktionäre gelten dabei als „erschienen" iSd §§ 121 Abs. 6, 129 Abs. 1 Satz 2, 132 Abs. 2, 243 und 245 AktG und zählen zur Präsenz, so dass es auch künftig möglich ist, bei der Stimmabgabe das Subtraktionsverfahren anzuwenden, indem man die Gegenstimmen und Enthaltungen aller physisch anwesenden und online zugeschalteten Aktionäre von der Gesamtpräsenz abzieht.³⁵⁶

c) Beschränkung

145 In engen Grenzen ist die Beschränkung des Teilnahmerechts durch die Satzung der Gesellschaft zulässig. In der Satzung kann die Teilnahme an der Hauptversammlung an die Einhaltung gewisser formeller Voraussetzungen gebunden werden. Es ist möglich, die Ausübung des Teilnahmerechts an den Nachweis einer Legitimation des Aktionärs zu binden (vgl. § 123 Abs. 3 AktG) bzw. von einer Anmeldung abhängig zu machen (§ 123 Abs. 2 AktG).³⁵⁷ Eine inhaltliche Beschränkung des Teilnahmerechts kommt nur in engen Grenzen und insbes. in Bezug auf das Rederecht des einzelnen Aktionärs in Betracht.³⁵⁸

Anderes gilt für die Online-Teilnahme an der Hauptversammlung. Im Rahmen der fakultativen Ermöglichung einer derartigen Teilnahme durch die Satzung wurde der Gesellschaft ein weiter Gestaltungsspielraum bezüglich der Beteiligungsrechte der online teilnehmenden Aktionäre eingeräumt. Nach § 118 Abs. 1 Satz 2 AktG können ihnen sämtliche oder auch nur einzelne Rechte eingeräumt werden. So ist es möglich, dem online zugeschalteten Aktionär sowohl die aktive Teilnahme durch Redebeiträge oder Fragen als auch die Abstimmung zu gestatten. Ebenso ist es zulässig, zwar das Stimmrecht zur Online-Ausübung zu gewähren, nicht aber das Recht auf Rede oder Auskunft. Auch eine teilweise Eröffnung der Rechte für die Online-Teilnahme ist zulässig, zB in Form eines Fragerechts ohne Recht auf Antwort. Die möglichen Differenzierungen zwischen physisch präsenten und nur virtuell anwesenden Aktionären sind gesetzlich ausdrücklich zugelassen, so dass hierin kein Verstoß gegen das Gleichbehandlungsgebot nach § 53a AktG zu sehen ist.³⁵⁹ Dies entspricht Art. 4 der Aktionärsrechterichtlinie, der die Sicherstellung der Gleichbehandlung nur für solche Aktionäre vorschreibt, die sich „in der Hauptversammlung in der gleichen Lage befinden". Dies gilt auch für die Anfechtungsbefugnis. Da auch online zugeschaltete Aktionäre nach dem Verständnis des ARUG als „in der Hauptversammlung erschienen" gelten, ist die Anfechtungsbefugnis zwar grundsätzlich gegeben (§ 245 AktG). Jedoch kann das Recht der Online-Teilnehmer zulässigerweise dahingehend beschränkt werden, dass die Erklärung eines Widerspruchs zur Niederschrift gegen einen Beschluss nur präsenten Aktionären vorbehalten sein soll.³⁶⁰ Ausdrücklich ausgeschlossen ist

---

³⁵⁵ Vgl. Begründung des Regierungsentwurfs zum ARUG v. 21.1.2009, BT-Drs. 16/11642, 26; Stellungnahme des Handelsrechtsausschusses des DAV zum Referentenentwurf des ARUG, NZG 2008, 534 (535 f.).

³⁵⁶ Vgl. Rn. 161 zur Bedeutung der Präsenzliste sowie Rn. 186 ff. zum Subtraktionsverfahren; vgl. auch Begründung des Regierungsentwurfs zum ARUG v. 21.1.2009, BT-Drs. 16/11642, 26 f.

³⁵⁷ Siehe Rn. 85 ff.

³⁵⁸ Vgl. Rn. 173 ff.

³⁵⁹ Vgl. Begründung des Regierungsentwurfs zum ARUG v. 21.1.2009, BT-Drs. 16/11642, 26.

³⁶⁰ So bereits die Begründung des Regierungsentwurfs zum ARUG v. 21.1.2009, BT-Drs. 16/11642, 26; vgl. auch *Seibert/Florstedt* ZIP 2008, 2145, 2146; *Paschos/Goslar* AG 2009, 14, 19 sowie *Arnold* Der Konzern 2009, 88 (92), der die berechtigte und vom RegE nicht

nach § 243 Abs. 3 Nr. 1 AktG schließlich die Anfechtung bei einer auf technischen Störungen beruhenden Verletzung von Aktionärsrechten, die auf dem Wege der elektronischen Kommunikation wahrgenommen worden sind (wie die Online-Teilnahme und die Briefwahl nach § 118 AktG sowie die Übermittlung des Nachweises der Bevollmächtigung nach § 134 Abs. 3 AktG). Die Anfechtung in anderen Fällen der Online-Teilnahme ist von dem Ausschluss nach § 243 Abs. 3 Nr. 1 AktG dagegen nicht umfasst.[361] Durch diese Risikoverteilung zugunsten der Gesellschaft in Kombination mit der Möglichkeit, das Widerspruchsrecht auf die Präsenzteilnehmer am Ort der Hauptversammlung zu beschränken, entstehen durch die Öffnung der Hauptversammlung für die Wege elektronischer Kommunikation keine neuen Anfechtungsrisiken, so dass eventuellen Bedenken gegenüber den neuen Kommunikationsformen bereits in der gesetzlichen Regelung Rechnung getragen wurde.[362]

2. Aktionärsvertreter

Da das Teilnahmerecht kein höchstpersönliches Recht des Aktionärs ist, kann auch ein rechtsgeschäftlich bestellter Vertreter (Aktionärsvertreter) für den Aktionär an der Hauptversammlung teilnehmen. Das Gesetz sieht in einigen Vorschriften ausdrücklich die Möglichkeit der Stimmrechtsausübung durch Bevollmächtigte vor; der Bevollmächtigte kann daher auch das Teilnahmerecht des Aktionärs unter Einschluss des Rede- und Antragsrechts wahrnehmen.[363]

Steht eine Aktie mehreren Berechtigten gemeinsam zu, so können sie die Rechte aus der Aktie nur durch einen **gemeinschaftlichen Vertreter** ausüben (§ 69 Abs. 1 AktG). Diese Vorschrift hat insbesondere praktische Bedeutung für Erben-, Güter- oder Bruchteilsgemeinschaften.[364] Für die Gesellschaft bürgerlichen Rechts (GbR) findet § 69 Abs. 1 AktG keine Anwendung; die Teilnahme an der Hauptversammlung richtet sich nach Maßgabe der für die GbR geltenden Vertretungsregeln.[365]

3. Vorstands- und Aufsichtsratsmitglieder

Das Gesetz ordnet an, dass die Mitglieder des Vorstands und des Aufsichtsrats an der Hauptversammlung teilnehmen „sollen" (§ 118 Abs. 3 Satz 1 AktG).[366] Aus diesem Gesetzeswortlaut leitet die herrschende Meinung nicht nur ein Teilnah-

---

beantwortete Frage anspricht, wie ein nur virtuell anwesender Aktionär Widerspruch zur Niederschrift erklären kann, wenn dieses Recht auch dem Online-Teilnehmer gewährt wird; vgl. auch *Blank/Zetzsche* K&R 2000, 486 (491), die einen virtuell teilnehmenden Aktionär eher mit einem gem. §§ 128, 135 AktG vertretenen Aktionär vergleichen und schon deshalb eine rechtswidrige Benachteiligung verneinen.

[361] So soll zB die Verwässerung der Präsenzstimmen durch Überbewertung der elektronisch abgegebenen Stimmen anfechtbar bleiben; vgl. *Seibert/Florstedt* ZIP 2008, 2145 (2146; dort Fn. 12).

[362] Vgl. *Paschos/Goslar* AG 2009, 14 (19); *Seibert/Florstedt* ZIP 2008, 2145 (2146).

[363] Großkomm. AktG/*Mülbert* § 118 Rn. 71.

[364] *Hüffer/Koch* AktG § 69 Rn. 2 f.

[365] Der frühere Meinungsstand ist durch die Rechtsprechung des BGH zur GbR geklärt, vgl. BGH II ZR 331/00, ZIP 2001, 330; bereits früher zu Recht: Großkomm. AktG/*Mülbert* § 118 Rn. 58, jeweils mwN.

[366] Nach § 118 Abs. 3 Satz 2 AktG kann die Satzung jedoch bestimmte Fälle vorsehen, in denen die Teilnahme von Mitgliedern des Aufsichtsrats im Wege der Bild- und Tonübertragung erfolgen darf.

merecht, sondern auch eine **Teilnahmepflicht** dieser Personen ab.[367] Da die Teilnahmepflicht der Vorstands- und Aufsichtsratsmitglieder eine höchstpersönliche ist, können sich diese nicht vertreten lassen. Aus der Wortwahl des Gesetzgebers lässt sich jedoch entnehmen, dass bei wichtigen Gründen ein Fehlen entschuldigt ist. Die Teilnahmepflicht erstreckt sich nur auf gegenwärtige Organmitglieder, nicht hingegen auf ehemalige Vorstands- oder Aufsichtsratsmitglieder.[368]

4. Sonstige Teilnehmer

149 Ein Teilnahmerecht steht auch dem **Notar** zu, der gem. § 130 Abs. 1 AktG die Beschlüsse der Hauptversammlung notariell beurkundet, sofern nicht § 130 Abs. 1 Satz 3 AktG eingreift.

150 Der **Abschlussprüfer** hat ein Teilnahmerecht, wenn der Jahresabschluss zu prüfen ist und dessen Feststellung der Hauptversammlung überlassen wurde (§ 176 Abs. 2 AktG). Sonderprüfer haben dagegen weder ein Teilnahmerecht noch eine Teilnahmepflicht.[369]

151 Des Weiteren bestehen Teilnahmerechte **aufsichtsbehördlicher Vertreter**. Die BaFin ist beispielsweise berechtigt, einen oder mehrere Vertreter zu den Hauptversammlungen von Kreditinstituten und Finanzdienstleistungsinstituten zu entsenden (§ 44 Abs. 4 KWG). Die jeweils zuständigen Versicherungsaufsichtsbehörden können Vertreter zu den Hauptversammlungen von Versicherungsunternehmen entsenden (§ 83 Abs. 1 Satz 1 Nr. 5 VAG).

152 Gäste und Vertreter der **Medien** haben keinen Anspruch auf Teilnahme. Insbesondere Medienvertretern wird aber regelmäßig ein Recht auf Teilnahme an der Hauptversammlung eingeräumt; darüber hinaus werden an Personen, die mit dem Unternehmen verbunden sind, regelmäßig auch Gästekarten ausgegeben.[370]

5. Teilnehmerverzeichnis

153 Durch die Erstellung eines Verzeichnisses der erschienenen oder vertretenen Aktionäre und der Vertreter von Aktionären in der Hauptversammlung gem. § 129 Abs. 1 Satz 2 AktG wird die Durchführung der Hauptversammlung insoweit erleichtert, als es dazu dient, vor einer Beschlussfassung die vorhandene Präsenz zu ermitteln.

a) Zuständigkeit

154 Das Gesetz enthält keine Bestimmung darüber, wer für die Erstellung des Teilnehmerverzeichnisses verantwortlich ist. In der Literatur werden hierzu verschiedene Auffassungen vertreten, die von der Zuständigkeit des Versammlungsleiters über die Zuständigkeit der Gesellschaft, vertreten durch den Vorstand, bis zur Zuständigkeit des beurkundenden Notars neben dem Versammlungsleiter reichen.[371]

---

[367] Kölner Komm./*Zöllner* § 118 Rn. 23; *Hüffer/Koch* AktG § 118 Rn. 21; Schmidt/Lutter/*Spindler* AktG § 118 Rn. 38 f.; Spindler/Stilz/*Hoffmann* AktG § 118 Rn. 20, 22 f.

[368] Im Einzelfall kann eine Teilnahmepflicht aber als Nachwirkung des Organ- und Anstellungsverhältnisses bestehen. Ein Teilnahmerecht besteht – ohne Aktionärseigenschaft – ebenfalls nicht. Vgl. *Hüffer/Koch* AktG § 118 Rn. 21.

[369] Semler/Volhard/*Reichert/Bärwaldt* § 8 Rn. 80, 84; MünchKomm. AktG/Bd. 3/*Kubis* § 118 Rn. 105 (entgegen *Eckardt* in der Vorauflage Rn. 33).

[370] Zur Zulassung von Gästen eingehend *Hoffmann-Becking* NZG 2017, 281 (287 ff.).

[371] Vgl. *Steiner* § 5 Rn. 11 mwN; Spindler/Stilz/*Wicke* AktG § 129 Rn. 20 ff.

Schon aus Zweckmäßigkeitsgründen wird man jedoch davon ausgehen müssen, dass die Pflicht zur Vorbereitung und Durchführung der Erstellung des Teilnehmerverzeichnisses bei der **Gesellschaft selbst** liegt, da nur die Gesellschaft durch die Hinterlegung und/oder die Anmeldung oder aus dem Aktienregister über die zur Erstellung des Verzeichnisses erforderlichen Vorinformationen verfügt. Die Gesellschaft wird hierbei durch den Vorstand vertreten.[372] Ebenso ist es sachgerecht, dem Versammlungsleiter – im Rahmen seiner beschränkten Überprüfungsmöglichkeiten – die Verantwortung für das ordnungsgemäße Führen des Teilnehmerverzeichnisses während der Versammlung zu übertragen.[373]

b) Inhalt

In das Teilnehmerverzeichnis sind die erschienenen oder vertretenen Aktionäre und die Vertreter von Aktionären mit Angabe ihres Namens und Wohnorts sowie bei Nennbetragsaktien des Betrags, bei Stückaktien der Zahl der von jedem vertretenen Aktien unter Angabe ihrer Gattung aufzunehmen (§ 129 Abs. 1 Satz 2 AktG; sog. Eigenbesitz). Dazu zählen auch die online zugeschalteten Aktionäre, sofern die Satzung der Gesellschaft die Online-Teilnahme ermöglicht.[374]

Für sog. **Legitimationsaktionäre** – also Personen, die das Stimmrecht für Aktien kraft Ermächtigung im eigenen Namen ausüben, ohne Eigentümer der Aktien zu sein – müssen die gleichen Angaben gemacht werden wie für die erschienenen Aktionäre. Der Name des Eigentümers der Aktie muss hierbei allerdings nicht angegeben werden (§ 129 Abs. 3 AktG; sog. Fremdbesitz).[375]

Handelt der Vertreter im Wege der **verdeckten Stellvertretung**, dh der Vertreter handelt zwar im fremden Namen, deckt aber die Person des Vertretenen nicht auf (sog. Vollmachtsbesitz), braucht gem. § 129 Abs. 2 AktG der Name des Vertretenen ebenfalls nicht in das Teilnehmerverzeichnis aufgenommen zu werden. Im Übrigen sind die gleichen Angaben in das Verzeichnis aufzunehmen. Die Möglichkeit der verdeckten Stellvertretung steht jedoch nur für Kreditinstitute, Aktionärsvereinigungen sowie solche Personen zur Verfügung, die sich geschäftsmäßig gegenüber Aktionären zur Ausübung des Stimmrechts in der Hauptversammlung erbieten. Vertritt eine dieser vorgenannten Vertretergruppen mehrere Aktionäre, genügt bei Nennbetragsaktien die Angabe des Gesamtbetrags und bei Stückaktien die Zahl der von ihr vertretenen Aktien.[376]

Nimmt ein Kreditinstitut oder eine sonst zur verdeckten Stellvertretung berechtigte Person auch als Aktionär mit **„Eigenbesitz"** an der Hauptversammlung teil, ist der Betrag der vertretenen Nennbetragsaktien und die Zahl der vertretenen Stückaktien vom Betrag und der Zahl der eigenen Nennbetrags- bzw. Stückaktien im Teilnehmerverzeichnis gesondert auszuweisen.[377] Gleiches gilt für den Legitimationsaktionär, der neben dem „Fremdbesitz" auch mit eigenen Aktien an der Hauptversammlung teilnimmt.

---

[372] HM; vgl. Spindler/Stilz/*Wicke* AktG § 129 Rn. 20; *Hüffer/Koch* AktG § 129 Rn. 6; aA MünchKomm. AktG/Bd. 3/*Kubis* § 129 Rn. 16.
[373] Ebenso *Hüffer/Koch* AktG § 129 Rn. 7; *Butzke* Kap. C Rn. 65 f., der den Notar ebenfalls als zuständig ansieht.
[374] Vgl. Rn. 144a f.
[375] Vgl. MünchKomm. AktG/Bd. 3/*Kubis* § 129 Rn. 36; *Butzke* Kap. C Rn. 56.
[376] MünchKomm. AktG/Bd. 3/*Kubis* § 129 Rn. 33 f.
[377] MünchKomm. AktG/Bd. 3/*Kubis* § 129 Rn. 34.

159 Die Kennzeichnung, ob die Stimmrechtsmacht auf Eigenbesitz, Vollmachtsbesitz oder Fremdbesitz beruht, wird regelmäßig durch einen Vermerk im Teilnehmerverzeichnis vorgenommen.[378]

c) Zugänglichmachung

160 Nach § 129 Abs. 4 AktG ist das Teilnehmerverzeichnis vor der ersten Abstimmung allen Teilnehmern lediglich zugänglich zu machen. Durch diese Neufassung wird von dem Erfordernis der Führung des Teilnehmerverzeichnisses in Papierform Abstand genommen, sodass das Verzeichnis auch als Datei elektronisch geführt werden kann.[379] Aus diesem Grund ist auch die Unterzeichnung durch den Vorsitzenden nicht mehr erforderlich. Die Möglichkeit, das Recht der Hauptversammlungsteilnehmer auf Einsichtnahme des Teilnehmerverzeichnisses durch mehrere aufgestellte Computerbildschirme zu gewährleisten,[380] stellt nunmehr die Grundregel des AktG dar, dass die erforderlichen Unterlagen nicht mehr ausgelegt, sondern lediglich zugänglich gemacht werden müssen.

d) Änderung

161 Nach Beginn der Hauptversammlung erscheinende Aktionäre sowie solche, die die Hauptversammlung vor deren Beendigung verlassen, sind im Teilnehmerverzeichnis mit der entsprechenden Uhrzeit zu vermerken.[381] Zu- und Abgänge während der Hauptversammlung sind von der Gesellschaft zu kontrollieren, weil sonst bei der Aufnahme der nachträglichen Änderungen in das Teilnehmerverzeichnis Zufallsergebnisse entstehen würden. Die genaue Kontrolle ist auch erforderlich, um die exakte Präsenz vor jeder einzelnen Beschlussfassung feststellen zu können. Wird durch die Satzung die Möglichkeit zur Online-Teilnahme gewährt, ist daher genau zu dokumentieren, welche Aktionäre sich zu welchem Zeitpunkt online zugeschaltet haben sowie ggf. ob und wann die Internetseite, über die die Teilnahme an der Hauptversammlung ermöglicht wird, von diesen wieder verlassen wurde.

e) Rechtsfolgen bei Verstoß

162 Wenn das Teilnehmerverzeichnis nicht oder nicht ordnungsgemäß geführt wird, liegt eine Gesetzesverletzung vor, die zur Anfechtbarkeit von dennoch gefassten Beschlüssen führen kann.[382] Die Anfechtung setzt voraus, dass der Verstoß kausal für das Beschlussergebnis war. Die Gesellschaft kann daher den Nachweis führen, dass der Verstoß für das Beschlussergebnis ohne Bedeutung war.[383] Wenn zB feststeht, dass das Teilnehmerverzeichnis für das Beschlussergebnis bedeutungslos war oder der Fehler sich nach der Stimmenanzahl nicht ausgewirkt haben kann, ist der Kausalitätsgegenbeweis durch die Gesellschaft geführt.[384]

---

[378] Eine Kennzeichnung „E" für Eigenbesitz, „F" für Fremdbesitz und „V" für Vollmachtsbesitz ist üblich.
[379] *Goedecke/Heuser* BB 2001, 369 (372).
[380] Vgl. bereits Rn. 58 ff.
[381] HM, MHdB GesR IV/*Hoffmann-Becking* § 37 Rn. 28; *Hüffer/Koch* AktG § 129 Rn. 10; *Butzke* Kap. C Rn. 67.
[382] Spindler/Stilz/*Wicke* AktG § 129 Rn. 36; *Hüffer/Koch* AktG § 129 Rn. 16; *Butzke* Kap. C Rn. 74.
[383] Vgl. Kölner Komm./*Zöllner*, 2. Aufl. 2004, § 129 Rn. 33 ff.; MünchKomm. AktG/ Bd. 3/*Kubis* § 129 Rn. 44; Spindler/Stilz/*Wicke* AktG § 129 Rn. 36.
[384] Vgl. Rn. 268 f.; vgl. auch OLG Hamburg 11 U 62/89, NJW 1990, 1120 (1121).

B. Die Aktiengesellschaft 163–165 § 5

Um sicherzustellen, dass die erschienenen Aktionäre und Stimmrechtsvertreter 163
zutreffende Angaben für das Teilnehmerverzeichnis machen, erklärt § 405 Abs. 2
AktG einen vorsätzlichen Verstoß gegen die Angabepflicht zur Ordnungswidrigkeit.

IV. Die Durchführung der Hauptversammlung

1. Leitung der Hauptversammlung

Das Gesetz regelt nicht, wer die Hauptversammlung zu leiten hat. Es setzt 164
allerdings in verschiedenen Bestimmungen voraus, dass es einen **Vorsitzenden**
für die Hauptversammlung gibt (vgl. zB §§ 122 Abs. 3 Satz 2, 130 Abs. 2 Satz 1
und 3 AktG). Aufgrund des Fehlens einer diesbezüglichen Gesetzesbestimmung
sehen die Satzungen oder Geschäftsordnungen (vgl. § 129 Abs. 1 Satz 1 AktG) der
Gesellschaften regelmäßig eine Bestimmung über den Vorsitz in der Hauptversammlung vor. Überwiegend wird dabei der Aufsichtsratsvorsitzende als Vorsitzender vorgesehen.[385] Trifft weder die Satzung noch die Geschäftsordnung eine
Bestimmung darüber, wer die Versammlungsleitung zu übernehmen hat, wird der
Versammlungsleiter durch die Hauptversammlung mit einfacher Stimmenmehrheit gewählt.[386] Bis die Hauptversammlung einen Versammlungsleiter gewählt
hat, sollte der Vorstandsvorsitzende die Sitzungsleitung übernehmen.[387] Für den
Fall der Verhinderung des satzungsgemäß vorgesehenen Versammlungsleiters (zB
durch Krankheit) sollte die Satzung oder Geschäftsordnung auch eine Regelung zur
Vertretung des Versammlungsleiters vorsehen. Fasst die Hauptversammlung Beschlüsse, obwohl weder ein gewählter noch satzungsgemäß bestellter Vorsitzender
die Versammlung geleitet hat, sind diese Beschlüsse nichtig (§ 241 Nr. 2 AktG).[388]
Das Ergebnis der Beschlussfassung ist dann nicht durch einen Vorsitzenden festgestellt und kann daher auch nicht ordnungsgemäß protokolliert werden (vgl. § 130
Abs. 2 Satz 1 und 3 AktG).[389]

a) Eröffnung der Hauptversammlung

Die Hauptversammlung beginnt stets mit der Eröffnung durch den Vorsitzenden. 165
Regelmäßig werden die Erschienenen begrüßt sowie die anwesenden Vertreter
des Vorstands und des Aufsichtsrats und (sofern dieser benötigt wird, § 130 Abs. 1
Satz 3 AktG) der beurkundende Notar vorgestellt. Zunächst muss der Vorsitzende
unter Bezugnahme auf die Bekanntmachung im elektronischen Bundesanzeiger und
eventuell in sonstigen Gesellschaftsblättern feststellen, dass die Hauptversammlung
ordnungsgemäß einberufen wurde (vgl. § 130 Abs. 3 AktG). Sodann kann der
Versammlungsleiter Erläuterungen über das Verfahren bei Wortmeldungen und
Abstimmungen machen oder aber das Verfahren jeweils im Zusammenhang mit
den betreffenden Verhandlungsgegenständen erläutern.

---

[385] *Steiner* § 6 Rn. 1.
[386] Semler/Volhard/Reichert/*Gehling*/*R. Pickert* § 9 Rn. 14.
[387] MünchKomm. AktG/Bd. 3/*Kubis* § 119 Rn. 111; MHdB GesR IV/*Hoffmann-Becking*
§ 37 Rn. 35 mwN; aA Schmidt/Lutter/*Ziemons* AktG § 129 Rn. 54 (ältester anwesender Aktionär oder Aktionärsvertreter).
[388] Zur Ein-Personen-AG vgl. OLG Köln 18 U 3/08 v. 28.2.2008, NJOZ 2008, 1492.
[389] Vgl. Großkomm. AktG/*Mülbert* § 130 Rn. 146, 148.

Reichert 441

b) Verfahrensleitung

166 Eine wesentliche Aufgabe des Versammlungsleiters ist es, für eine ordnungsgemäße Durchführung der Hauptversammlung zu sorgen.[390] Hieraus folgt, dass jeder Tagesordnungspunkt in einem geordneten und zügigen Verfahren ausreichend zu erörtern ist und entsprechende Beschlüsse zur Tagesordnung herbeizuführen sind. Der Versammlungsleiter hat bei allen Maßnahmen, die er zur Erfüllung seiner Aufgaben ergreift, den Grundsatz der gleichmäßigen Behandlung aller Aktionäre zu beachten.[391] Im Rahmen des daneben geltenden Verhältnismäßigkeitsgrundsatzes ist der Versammlungsleiter verpflichtet, nur solche Maßnahmen zu treffen, die zur Durchführung der Hauptversammlung geeignet und erforderlich sind. Grundsätzlich sind daher zunächst mildere Maßnahmen zu treffen; erst nachdem diese erfolglos geblieben sind, dürfen auch schwerwiegendere Maßnahmen getroffen werden.

167 Die Verfahrensleitung übt der Versammlungsleiter kraft originärer Zuständigkeit aus. Er handelt dabei aus eigenem Recht.[392] Dennoch kann es im Einzelfall für den Versammlungsleiter empfehlenswert sein, die Zustimmung der Hauptversammlung zu einer verfahrensleitenden Maßnahme einzuholen, um sicherzustellen, dass die Mehrheit der Versammlungsteilnehmer mit der Maßnahme einverstanden ist. Im Einzelnen gilt bei der Verfahrensleitung Folgendes:

168 aa) **Erledigung der Tagesordnung.** Bei der Behandlung der Tagesordnungspunkte ist es dem Versammlungsleiter gestattet, von der ursprünglich festgelegten Reihenfolge in der Tagesordnung abzuweichen, wenn hierfür ein sachlicher Grund vorliegt.[393] Diese Entscheidung über die Änderung der Reihenfolge der Tagesordnung ist selbst gegenüber einem entgegenstehenden Mehrheitsbeschluss der Aktionäre endgültig und bindend, wenn die Satzung – wie regelmäßig – dem Leiter ein entsprechendes Recht ausdrücklich zubilligt. Trifft die Satzung demgegenüber hierzu keine Regelung, kann nach überwiegender Auffassung die Hauptversammlung die Entscheidung des Leiters widerrufen und ihn durch Beschluss anweisen, die Tagesordnung nach einer bestimmten Reihenfolge zu behandeln.[394] Zulässig ist auch die **Wiederaufnahme** bereits erledigter Tagesordnungspunkte durch den Versammlungsleiter. Von diesem Recht wird der Leiter allerdings nur in Ausnahmefällen Gebrauch machen. Angelegenheiten, die nicht Gegenstand der Tagesordnung sind, können durch den Leiter zur Erörterung zugelassen werden. Wegen der fehlenden Bekanntmachung solcher Angelegenheiten darf die Hauptversammlung hierzu jedoch keine Beschlüsse fassen (§ 124 Abs. 4 Satz 1 AktG), sofern es sich nicht um eine Vollversammlung handelt und alle Aktionäre auf die Einhaltung der Förmlichkeiten verzichten.

169 Die **Vertagung und Absetzung** von Tagesordnungspunkten bzw. der gesamten Hauptversammlung ist keine reine verfahrensleitende Maßnahme, sondern betrifft

---

[390] Kölner Komm./*Zöllner* § 119 Rn. 57.
[391] BGH II ZR 122/63, BGHZ 44, 245 (255).
[392] Vgl. Semler/Volhard/Reichert/*H.-P. Fischer/R. Pickert* § 9 Rn. 71.
[393] OLG Frankfurt a. M. 23 U 121/08, AG 2011, 36 (41); OLG Hamburg 11 U 185/09, AG 2011, 677 (678); LG Hamburg 405 O 203/94, AG 1996, 233; *Butzke* Kap. D Rn. 29; Schmidt/Lutter/*Ziemons* AktG § 129 Rn. 51 f.; einschränkend MünchKomm. AktG/Bd. 3/*Kubis* § 119 Rn. 137.
[394] MHdB GesR IV/*F.-J. Semler* § 36 Rn. 43.

unmittelbar den Gegenstand der Hauptversammlung; daher kann nur die Hauptversammlung selbst hierüber beschließen.[395]

bb) Behandlung von Anträgen. Die Abstimmung über einen Antrag setzt **170** voraus, dass dieser vom Versammlungsleiter zur Abstimmung zugelassen wird. Nicht zuzulassen sind Anträge, die von einer nicht antragsbefugten Person eingebracht werden oder unter das Schikaneverbot des § 226 BGB fallen.[396] Über die Behandlung der **Reihenfolge** der Anträge entscheidet der Versammlungsleiter nach pflichtgemäßem Ermessen. Die Reihenfolge muss sachdienlich sein.[397] So ist zB über den Antrag auf gesonderte Abstimmung über die Entlastung einzelner Vorstands- oder Aufsichtsratsmitglieder grundsätzlich vor der Beschlussfassung über die Entlastung abzustimmen.[398] Bei verschiedenen Anträgen zu einem Verhandlungsgegenstand gilt der Grundsatz, dass zuerst derjenige Antrag zur Abstimmung zu stellen ist, für den eine Mehrheit erwartet werden darf.[399] Richtet sich der Antrag gegen den Versammlungsleiter (zB Abwahl), ist über diesen Antrag sofort abzustimmen.[400] Nach Entscheidungen des LG Frankfurt a. M. und des LG Köln sollen sämtliche Beschlussfassungen einer Hauptversammlung nichtig sein, wenn ein Antrag zur Abwahl des Versammlungsleiters, der auf substantiierte Behauptungen gestützt wird, es liege ein wichtiger Grund vor, nicht zur Abstimmung gestellt wird.[401] Da aber auch die zu Unrecht erfolgte Abberufung eines Versammlungsleiters einen Anfechtungsgrund darstellen kann,[402] sollte der Versammlungsleiter daher durch klare Vorgaben auf die Behandlung von Abwahlanträgen vorbereitet werden.[403]

cc) Wortmeldungen. Bei dem Aufruf der Wortmeldungen ist der Versamm- **171** lungsleiter nicht an die zeitliche Reihenfolge des Eingangs der Wortmeldungen gebunden, sondern kann den Aufruf der Wortmeldungen nach **sachlichen Kriterien** ordnen.[404] Es entspricht der ordnungsgemäßen Versammlungsleitung, wenn zunächst denjenigen Aktionären das Wort erteilt wird, deren Beiträge von der überwiegenden Zahl der Teilnehmer als zur Erledigung der Tagesordnung besonders wichtig und informativ beurteilt werden. Insbesondere in größeren Publikumsgesellschaften kommen daher regelmäßig zuerst die Vertreter von Aktionärsvereinigungen und Depotbanken zu Wort. Da diese Aktionärsvertreter in der Regel bereits diejenigen Angelegenheiten ansprechen, die für den Großteil der Teilnehmer besonders bedeutsam sind, kann so verhindert werden, dass zahlreiche Einzelaktionäre gleich lautende Wortbeiträge leisten. Gleichzeitig wird eine Straffung der Durchführung der Hauptversammlung erreicht.

---

[395] MünchKomm. AktG/Bd. 3/*Kubis* § 119 Rn. 141; MHdB GesR IV/*Hoffmann-Becking* § 37 Rn. 46.
[396] MHdB GesR IV/*Austmann* § 40 Rn. 13.
[397] OLG Frankfurt a. M. 23 U 121/08, WM 2011, 221 (227 f.); LG Hamburg 405 O 203/94, AG 1996, 233.
[398] MHdB GesR IV/*F.-J. Semler* § 39 Rn. 10.
[399] LG Hamburg 405 O 203/94, AG 1996, 233; MHdB GesR IV/*F.-J. Semler* § 39 Rn. 10; Schmidt/Lutter/*Ziemons* AktG § 129 Rn. 74.
[400] Vgl. MHdB GesR IV/*Austmann* § 40 Rn. 16.
[401] LG Frankfurt a. M. 3–5 O 100/04, AG 2005, 892 (894); LG Köln 82 O 150/04, AG 2005, 696 (701); aA (Anfechtbarkeit) MünchKomm. AktG/Bd. 3/*Kubis* § 119 Rn. 115 mwN.
[402] MünchKomm. AktG/Bd. 3/*Kubis* § 119 Rn. 115.
[403] *Rose* NZG 2007, 241.
[404] OLG München 7 U 711/11, AG 2011, 840 (843); Semler/Volhard/Reichert/*Gehling*/ *R. Pickert* § 9 Rn. 138 ff.; MünchKomm. AktG/*Kubis* § 119 Rn. 144.

172 Aus Gründen der Gleichbehandlung der Aktionäre ist auch darauf zu achten, dass kritischen Aktionären und Opponenten das Wort in einer zeitlich angemessenen Reihenfolge erteilt wird.[405]

173 **dd) Beschränkung des Rederechts.** Liegen zu viele Redemeldungen vor, kann der Versammlungsleiter das Rederecht beschränken, um eine Durchführung der Hauptversammlung in angemessener Zeit zu gewährleisten.[406] Einer satzungsmäßigen Ermächtigung bedarf es hierzu nicht.[407] Dies gilt auch nach Einführung des § 131 Abs. 2 Satz 2 AktG durch das UMAG,[408] der bestimmt, dass Satzung oder Geschäftsordnung den Versammlungsleiter ermächtigen können, das Frage- und Rederecht des Aktionärs zeitlich angemessen zu beschränken.[409] Dies ist zutreffenderweise so zu interpretieren, dass durch Satzung oder Geschäftsordnung eine vorgelagerte Entscheidung über die generelle Beschränkung des Rede- und Fragerechts getroffen werden kann, während eine Beschränkung des Rede- oder Fragerechts kraft eigener Befugnis des Versammlungsleiters auch ohne Satzungsermächtigung zulässig bleiben soll.[410] Eine allgemeine Redezeitbeschränkung durch den Versammlungsleiter schon zu **Beginn der Hauptversammlung** kommt allerdings nur in größeren Publikumsgesellschaften und in Ausnahmefällen in Betracht, wenn andernfalls die Durchführung der Hauptversammlung in einem angemessenen zeitlichen Umfang nicht erwartet werden kann.[411, 412] Die Regierungsbegründung zum UMAG geht davon aus, dass eine normale Hauptversammlung in vier bis sechs Stunden abgewickelt sein sollte. In den übrigen Fällen kommt eine allgemeine Redezeitbeschränkung erst **nach einer längeren Versammlungsdauer** in Betracht, wenn ernsthaft zu befürchten ist, dass ohne die Beschränkung eine rechtzeitige Be-

---

[405] *Butzke* Kap. D Rn. 35.

[406] Vgl. BVerfG 1 BvR 636/95, AG 2000, 74 (75); Vorinstanz: OLG Stuttgart 3 U 118/94, AG 1995, 234.

[407] MHdB GesR IV/*Hoffmann-Becking* § 37 Rn. 60; *Hüffer/Koch* AktG § 131 Rn. 22d.

[408] BGBl. 2005 I 2802.

[409] Vgl. OLG Frankfurt a. M. 5 U 24/14, NZG 2015, 1357 (1359). Nach dem LG Frankfurt a. M. 3–5 O 93/06, NZG 2007, 155 stellt das dem Versammlungsleiter durch die Satzung eingeräumte Recht, das Frage- und Rederecht der Aktionäre zu beschränken, eine angemessene Beschränkung gem. § 131 Abs. 2 Satz 2 AktG dar, wenn die Beschränkung dazu führen soll, dass die Hauptversammlung bei gewöhnlichen Tagesordnungspunkten sechs, bei außergewöhnlichen Tagesordnungspunkten zehn Stunden nicht überschreitet. Nicht beanstandet wurde ferner eine Begrenzung der maximalen Rede- und Fragezeit des einzelnen Aktionärs auf 10 bis 15 Minuten.

[410] Vgl. *Spindler* NZG 2005, 825; *Hüffer/Koch* AktG § 131 Rn. 22d mwN.

[411] BGH II ZR 94/08, NJW 2010, 1604 Rn. 22; OLG Frankfurt a. M. 23 U 121/08, WM 2011, 221 (228); *Wicke* NZG 2007, 771 (773); aA (unzulässig): MünchKomm. AktG/Bd. 3/*Kubis* § 119 Rn. 165.

[412] Als angemessen wird vom LG Frankfurt a. M. 3–05 O 93/06, NZG 2007, 155 die satzungsmäßige Beschränkung der Rede- und Fragezeit auf 15 Minuten je Wortmeldung eines Aktionärs sowie eine Begrenzung der Maximaldauer der Hauptversammlung auf sechs Stunden bei gewöhnlicher bzw. zehn Stunden bei außergewöhnlicher Gestaltung der Tagesordnung gesehen. Beachtenswert ist in diesem Zusammenhang auch eine Entscheidung des LG München I 5 HK O 15201/08, AG 2009, 382, nkr.: Das Gericht sah einen Anfechtungsgrund darin, wenn der Versammlungsleiter einer Hauptversammlung ohne Rücksicht auf die konkreten Umstände des Ablaufs die Redezeit bereits zu Beginn der Versammlung beschränkt, auch wenn die Satzung der Gesellschaft eine entsprechende Beschränkung vorsieht, da hierin eine Verletzung des Auskunftsrechts der Aktionäre nach § 131 Abs. 1 AktG liege. Im konkreten Fall wurde die Redezeit bereits zu Beginn der Hauptversammlung auf fünf Minuten beschränkt, wobei lediglich Wortmeldungen von zwei Teilnehmern vorlagen.

endigung der Hauptversammlung wegen Zeitablaufs nicht zu gewährleisten ist.⁴¹³ Üblich ist, dass die allgemeine Redezeit in mehreren Schritten auf zunächst zehn Minuten pro Redner, und sodann, wenn dies später erforderlich sein sollte, auf fünf Minuten pro Redner beschränkt wird. Kürzere Redezeiten sollten nicht angeordnet werden, da sonst nicht gewährleistet ist, dass der Aktionär seinen Standpunkt auch ausreichend gegenüber den Zuhörern vertreten kann.⁴¹⁴

Auch wenn einem früheren Redner eine längere Redezeit gewährt wird als einem Redner, der erst zu einem späteren Zeitpunkt das Wort erhält, liegt darin kein Verstoß gegen das aktienrechtliche Gleichbehandlungsgebot.⁴¹⁵ Im Rahmen der Gleichbehandlung ist lediglich darauf zu achten, dass alle Redner, die nach einer zeitlichen Beschränkung das Wort erhalten, gleichermaßen von dieser Beschränkung betroffen werden.⁴¹⁶

Bietet eine allgemeine Redezeitbeschränkung allein keine hinreichende Gewähr dafür, dass die Hauptversammlung zeitgerecht durchgeführt werden kann, hat der Versammlungsleiter die Möglichkeit, die **Rednerliste zu schließen**. Dies bedeutet, dass kein neuer zusätzlicher Redner mehr auf die Rednerliste gesetzt wird. Weitere Wortmeldungen werden also nicht mehr entgegengenommen. Als spätester Zeitpunkt, die Rednerliste zu schließen, wird im Schrifttum häufig 21.00 Uhr genannt.⁴¹⁷ Hintergrund dieser Vorgabe ist die Annahme, dass der Ablauf eines Tages als absolute zeitliche Grenze für die Hauptversammlung gilt und nach 24.00 Uhr gefasste Beschlüsse anfechtbar oder sogar nichtig sein sollen.⁴¹⁸ Die Rechtsprechung hat hierzu allerdings noch nicht eindeutig Stellung beziehen können.⁴¹⁹ In der Praxis sollte man nicht auf einen starren Zeitpunkt zur Schließung der Rednerliste fixiert sein, andererseits sollte man darauf bedacht sein, dass die Hauptversammlung zu einem noch zumutbaren Zeitpunkt beendet wird. Auch wenn es bedenklich ist, dafür auf den Tagesablauf abzustellen, sollte man – mangels höchstrichterlicher Stellungnahme – jedenfalls diese Obergrenze nicht überschreiten, wenn nicht von vornherein auf zwei Tage geladen wurde.⁴²⁰

Von der Schließung der Rednerliste ist der **Schluss der Debatte** zu unterscheiden. Die Anordnung des Schlusses der Debatte kommt – sofern noch Wortmeldungen vorliegen bzw. erfolgen – nur als letztes Mittel zur zeitgerechten Abwicklung der Hauptversammlung in Betracht. Die Schließung der Debatte hat zur Folge, dass keine Redebeiträge mehr zugelassen werden und selbst Aktionäre, die auf der Rednerliste verzeichnet waren, ihres Rederechts beschnitten werden. Trotz fortbestehender Wortmeldungen kommt eine Schließung der Debatte regelmäßig nur in den

---

⁴¹³ Semler/Volhard/Reichert/*Gehling*/R. *Pickert* § 9 Rn. 152 ff.
⁴¹⁴ MHdB GesR IV/*F.-J. Semler*, 3. Aufl. 2007, § 36 Rn. 48.
⁴¹⁵ LG Köln 82 O 150/04, AG 2005, 696; *Siepelt* AG 1995, 254 (257 f.).
⁴¹⁶ OLG Frankfurt a. M. 23 U 121/08, WM 2011, 221 (230); LG München I 5 HKO 18800/09, AG 2011, 211 (217 f.); *Butzke* Kap. D Rn. 60; *Siepelt* AG 1995, 254 (257 f.); zweifelnd OLG Stuttgart 3 U 118/94, AG 1995, 234.
⁴¹⁷ *Steiner* § 10 Rn. 9; Semler/Volhard/Reichert/*H.-P. Fischer*/R. *Pickert* § 11 Rn. 156.
⁴¹⁸ Kölner Komm./*Zöllner* § 119 Rn. 70; Schmidt/Lutter/*Ziemons* AktG § 121 Rn. 35 mwN; *Happ/Freitag* AG 1998, 493, (495 f.); für Nichtigkeit: *Max* AG 1991, 77 (90).
⁴¹⁹ Nach dem LG Düsseldorf 36 O 99/06, AG 2007, 797 zB sollen nach 24 Uhr gefasste Beschlüsse nichtig sein, wenn die Einladung zur Hauptversammlung den Folgetag nicht zumindest fakultativ vorsieht.
⁴²⁰ *Butzke* Kap. D Rn. 57.

späten Abendstunden und nach vorheriger Ankündigung in Betracht, wenn nach der Debatte noch Zeit für die Durchführung von Abstimmungen benötigt wird.[421]

177 Neben der allgemeinen Redezeitbeschränkung kann der Versammlungsleiter auch eine **individuelle Redezeitbeschränkung** anordnen, wenn der Redner sich nicht zu dem Gegenstand der Tagesordnung äußert, weitschweifende oder wiederholende Ausführungen macht oder sogar beleidigend wird.[422] Eine Beschränkung der Redezeit setzt eine vorherige Ankündigung voraus.[423] Kommt der Redner der Redezeitbeschränkung nicht nach, kommt, in der Regel nach entsprechender Abmahnung, eine Wortentziehung in Betracht. Ebenso kommt eine **Wortentziehung** in Betracht, wenn ein Redner – nach entsprechender Mahnung – beleidigende Äußerungen fortsetzt.

178 ee) **Beschränkung des Auskunfts- und Fragerechts.** Neben dem Rederecht steht jedem Aktionär gem. § 131 Abs. 1 AktG das Recht zu, vom Vorstand in der Hauptversammlung Auskünfte über Angelegenheiten der Gesellschaft zu verlangen, soweit sie zur sachgemäßen Beurteilung des Gegenstands der Tagesordnung erforderlich sind.[424] Die Einschränkbarkeit dieses Informationsrechts der Aktionäre ist von der Einschränkbarkeit des Rederechts zu unterscheiden. Das Informationsrecht der Aktionäre gem. § 131 AktG lässt sich grds. zeitlich nicht in demselben Maße einschränken wie das Rederecht; deshalb darf eine Beschränkung der Redezeit nicht zu einer Einschränkung des Fragerechts des Aktionärs führen, und die für die Fragestellung verwendete Zeit darf nicht auf die Redezeit angerechnet werden.[425] Durch § 131 Abs. 2 Satz 2 AktG kann die Satzung oder die Geschäftsordnung den Versammlungsleiter aber zu einer behutsamen generellen Beschränkung des Fragerechts ermächtigen.[426]

179 Der Versammlungsleiter hat im Übrigen das Recht, die **missbräuchliche Ausübung des Fragerechts** zu unterbinden. Die Annahme eines Rechtsmissbrauchs des Fragerechts des Aktionärs kommt allerdings nur in sehr engen Grenzen in Betracht. Das Verfolgen eigener, eventuell sogar gesellschaftsfremder Interessen reicht für die Annahme von Rechtsmissbrauch regelmäßig allein nicht aus.[427] Auch wenn der Aktionär die Antwort schon kennt oder sein Abstimmungsverhalten schon vor dem Auskunftsverlangen feststeht, kann daraus allein nicht ohne Weiteres der Vorwurf rechtsmissbräuchlichen Verhaltens abgeleitet werden. Dagegen kann eine rechtsmissbräuchliche Ausübung des Fragerechts vorliegen, wenn der Aktionär einen **umfangreichen Fragenkatalog** mit fünfzig oder mehr Fragen vorträgt, da eine solche Zahl von Fragen zur ordnungsgemäßen Behandlung des Tagesordnungspunktes regelmäßig nicht notwendig ist.[428]

Die restriktive Haltung des Gesetzes und der Rechtsprechung gegenüber einer extensiven Nutzung des Fragerechts führt bei großen Publikumsgesellschaften zu erheblichen praktischen Problemen. Es ist daher zu begrüßen, dass durch das

---

[421] *Butzke* Kap. D Rn. 64.
[422] BGH II ZR 122/63, BGHZ 44, 245; Semler/Volhard/Reichert/*H.-P. Fischer/R. Pickert* § 9 Rn. 133.
[423] *Grüner* NZG 2000, 770 (774).
[424] Vgl. zum Auskunftsrecht des Aktionärs § 4 Rn. 51 ff.
[425] BGH II ZR 122/63, BGHZ 44, 245 (252); *Butzke* Kap. G Rn. 22 ff.
[426] Vgl. auch *Hüffer/Koch* AktG § 131 Rn. 22a; vgl. auch Rn. 180.
[427] MHdB GesR IV/*F.-J. Semler*, 3. Aufl. 2007 § 37 Rn. 40.
[428] MünchKomm. AktG/Bd. 3/*Kubis* § 131 Rn. 62 ff.: Indikation eines Missbrauchs bei 20, Obergrenze bei 50 Fragen; abw. AnwKomm. AktG/*Heidel* § 131 Rn. 42: Obergrenze bei 100 Fragen (mwN).

UMAG für den Fall, dass die Auskunft mindestens sieben Tage vor Beginn der Hauptversammlung auf der Internetseite der Gesellschaft und später in der Hauptversammlung durchgängig zugänglich war, ein Auskunftsverweigerungsrecht des Vorstandes geschaffen wurde (§ 131 Abs. 3 Satz 1 Nr. 7 AktG).[429] Von der Möglichkeit der Vorabveröffentlichung sollte die Gesellschaft Gebrauch machen, um den Fragenkatalog in der Hauptversammlung zu begrenzen.

Da die Schließung der Debatte nicht nur das Rederecht, sondern auch das Fragerecht der Aktionäre beschneidet, sollte von dieser Möglichkeit nur als letztes Mittel Gebrauch gemacht werden. Verstöße gegen das Auskunftsrecht der Aktionäre führen zur **Anfechtbarkeit** der dennoch gefassten Beschlüsse, wenn nicht auszuschließen ist, dass ein objektiv urteilender Aktionär zu dem Ergebnis kommen würde, dass diese für die Meinungsbildung relevant sind, und sich dies auf das Beschlussergebnis ausgewirkt haben könnte.[430] Auf die Kausalität der Auskunftsrechtsverletzung für die Beschlussfassung kommt es dabei nicht an, da ansonsten die Verletzung der Auskunftsrechte von Minderheitsaktionären regelmäßig sanktionslos bleiben würde. 180

ff) Ordnungsmaßnahmen. Neben den bereits erwähnten Maßnahmen der Abmahnung, der Beschränkung der Redezeit oder der Entziehung des Wortes stehen dem Versammlungsleiter weitere Ordnungsmaßnahmen gegen einzelne Teilnehmer der Hauptversammlung zur Verfügung. Personen, denen das Wort entzogen worden ist, können zum **Verlassen des Rednerpults** aufgefordert werden. Das äußerste Ordnungsmittel des Versammlungsleiters ist die **Verweisung** des Aktionärs aus dem Saal.[431] Die Verweisung kann notfalls zwangsweise durch Saalordner oder die Polizei durchgesetzt werden.[432] Aus Gründen der Verhältnismäßigkeit ist zunächst das mildeste Ordnungsmittel anzuwenden, bevor stufenweise – jeweils nach erfolgter Abmahnung und Androhung – das nächstschärfere Ordnungsmittel angewandt wird. Bei formalbeleidigenden Äußerungen von Aktionären oder Aktionärsvertretern zB kann ein Saalverweis jedenfalls dann geboten sein, wenn der störende Aktionär trotz mehrerer Ordnungsrufe nebst der Androhung des Saalverweises durch den Versammlungsleiter ohne Entschuldigung sein Verhalten ungestört fortsetzt und es dadurch nicht mehr möglich ist, die Hauptversammlung geordnet durchzuführen.[433] Der aus dem Saal entfernte Aktionär kann seine Rechte in der Hauptversammlung wahren, indem er einen Dritten zur Ausübung seiner Rede-, Auskunfts- und Stimmrechte bevollmächtigt. Hierzu sollte ihm vor Entfernung aus dem Saal Gelegenheit gegeben werden. 181

c) Abstimmungsleitung

Enthält weder die Satzung (§ 134 Abs. 4 AktG) noch eine Geschäftsordnung der Hauptversammlung (§ 129 Abs. 1 Satz 1 AktG) eine Regelung zur Art und Weise der Abstimmungen, trifft der Versammlungsleiter diese Entscheidungen.[434] Die 182

---

[429] Vgl. hierzu *Spindler* NZG 2005, 825 (826).
[430] BGH II ZR 146/89, ZIP 1990, 1560 (1562); II ZR 225/99, AG 2002, 241 (242 f.); vgl. auch Rn. 268 f.
[431] Zu den hohen Voraussetzungen eines Hausverbots vgl. LG Köln 82 O 150/04, AG 2005, 696 (699 f.).
[432] Vgl. zur Rechtmäßigkeit dieser Maßnahme: BVerfG 1 BvR 636/95, ZIP 1999, 1798; offen gelassen in OLG Stuttgart 3 U 118/94, AG 1995, 234 – Wenger/Daimler-Benz.
[433] OLG Bremen 2 U 113/06, NZG 2007, 468.
[434] *Hüffer/Koch* AktG § 134 Rn. 34.

Hauptversammlung kann jedoch in diesen Fällen auf Antrag über die Art und Weise der Abstimmung beschließen lassen mit der Folge, dass der Versammlungsleiter an die Entscheidung der Hauptversammlung gebunden ist.[435] Zur Vermeidung einer Zuständigkeit der Hauptversammlung enthält die Satzung der Gesellschaft üblicherweise eine Bestimmung, wonach dem Versammlungsleiter die Entscheidung über die Art und Weise der Abstimmung übertragen wird. Grundsätzlich besteht keine Verpflichtung zur Verlesung von Beschlussanträgen, die den Aktionären schriftlich vorliegen. Nicht entschieden ist die Frage, ob eine solche Pflicht besteht, wenn ein Aktionär die Verlesung ausdrücklich beantragt. Richtigerweise besteht auch in einem solchen Falle keine Pflicht zur Verlesung des Antrags.[436]

183   aa) **Abstimmungsverfahren.** Das Abstimmungsverfahren sollte vom Versammlungsleiter unter Berücksichtigung einer möglichst einfachen und sicheren Feststellung des Abstimmungsergebnisses und einer möglichst zügigen Abwicklung des Abstimmungsvorgangs ausgewählt werden.

Bei **kleineren Hauptversammlungen** kommt deshalb eine Abstimmung durch Handzeichen, Aufstehen oder Zuruf in Betracht. In **großen Versammlungen** erfolgt die Abstimmung mittels Stimmkarten. Bei diesem Verfahren werden den teilnehmenden Aktionären bei der Einlasskontrolle die Stimmkarten ausgegeben. Diese lassen die Stimmenzahl entweder durch Stückelung nach Nennbeträgen oder nach der Aktienzahl unmittelbar erkennen oder durch Nummerierung der Stimmkarten entsprechend der Nummerierung der Aktionäre im Teilnehmerverzeichnis ermitteln.[437] Die Stimmkarte ist regelmäßig in mehrere Stimmabschnitte unterteilt, sodass der Versammlungsleiter zu jedem Punkt, über den abzustimmen ist, einen bestimmten farblich oder durch sonstige Kennzeichnung unterscheidbaren Stimmabschnitt aufrufen kann.[438] Die Stimmkarten werden dann eingesammelt und ausgezählt. Neben der Verwendung von Stimmkarten zur Abstimmung kommt auch die Durchführung eines Abstimmungsverfahrens mithilfe elektronischer Geräte in Betracht. Dabei wird entweder das gewünschte Abstimmungsergebnis von Helfern, die die Gesellschaft einsetzt, nach Angabe eines Aktionärs in ein elektronisches Gerät eingegeben; stattdessen kann auch jeder Aktionär mit einem entsprechenden Abstimmungsgerät ausgestattet werden.[439]

184   bb) **Auszählung.** Für die Auszählung der Stimmen haben sich in der Praxis zwei Verfahren durchgesetzt, die sog. Additions- und die sog. Subtraktionsmethode. Sofern die Satzung oder eine etwaige Geschäftsordnung keine abweichende Regelung enthalten, bestimmt der Versammlungsleiter auch das Auszählungsverfahren. Er ist zugleich zuständig für die Auszählung der Stimmen, jedoch ist die Hinzuziehung von Hilfspersonen und technischen Hilfsmitteln zulässig und bei größeren Versammlungen in der Praxis unerlässlich.[440]

185   Bei der Anwendung der **Additionsmethode** werden sowohl die Ja-Stimmen als auch die Nein-Stimmen getrennt ausgezählt. Die Zahl der abgegebenen Stimmen errechnet sich aus der Addition der Ja- und Nein-Stimmen. Stimmenthaltungen

---

[435] *Hüffer/Koch* AktG § 134 Rn. 34; MünchKomm. AktG/Bd. 3/*Arnold* § 134 Rn. 87.
[436] Ebenso auch *Martens* S. 86, der jedoch aus Vorsichtsgründen eine Verlesung empfiehlt, sofern es sich nicht um ein eindeutig schikanöses Verhalten des beantragenden Aktionärs handelt.
[437] *Butzke* Kap. E Rn. 114.
[438] Vgl. *Steiner* § 13 Rn. 46.
[439] *Butzke* Kap. E Rn. 113 ff.
[440] Kölner Komm./*Tröger* § 133 Rn. 81; Semler/Volhard/Reichert/Gehling/R. Pickert § 9 Rn. 104.

werden dagegen nicht ermittelt. Beim Additionsverfahren wird die Stimmenthaltung rechtlich wie die Nichtteilnahme an der Abstimmung behandelt.[441]

Dagegen wird beim **Subtraktionsverfahren** neben den Enthaltungen nur die Abstimmungsgruppe ausgezählt, die voraussichtlich am kleinsten ist und daher den geringsten Zeitaufwand erfordert. In der Praxis sind dies regelmäßig die Nein-Stimmen. Die Ja-Stimmen werden dann durch Subtraktion der gezählten Nein-Stimmen und der Enthaltungen von der Gesamtzahl der in der Hauptversammlung vertretenen Stimmen ermittelt. Konsequenz dieses Auszählungsverfahrens ist, dass alle Teilnehmer, die sich weder bei der Ermittlung der Stimmenthaltungen noch bei der Ermittlung der Nein-Stimmen gemeldet haben, so behandelt werden, als ob sie mit Ja gestimmt hätten.

Trotz vereinzelter Gegenstimmen wird das Subtraktionsverfahren von der herrschenden Meinung als zulässig erachtet und in der Praxis auch häufig angewendet.[442] Unerlässlich für die sichere Feststellung des Abstimmungsergebnisses durch das Subtraktionsverfahren ist es, die Teilnehmerliste unter Berücksichtigung zwischenzeitlicher Zu- und Abgänge stets auf den neuesten Stand zu bringen.[443] Ebenso sind gesetzliche oder satzungsgemäße **Stimmrechtsverbote oder -beschränkungen**[444] in das Teilnehmerverzeichnis einzutragen, damit diese bereits bei der Bestimmung der Anzahl präsenter Stimmen berücksichtigt werden können.[445] Denn die durch das Teilnehmerverzeichnis ermittelte Gesamtzahl der in der Hauptversammlung vertretenen Stimmen ist die Ausgangsgröße bei der Anwendung des Subtraktionsverfahrens. Findet die Hauptversammlung in mehreren Räumlichkeiten statt, so muss entweder gewährleistet werden, dass die Stimmabgabe in sämtlichen Räumlichkeiten möglich ist oder der Versammlungsleiter muss vor der Abstimmung anordnen, dass die Stimmkarten zB nur in dem Hauptraum abgegeben werden können. Unterbleibt diese Anordnung und wird Aktionären, die sich in Nebenräumen aufhalten, eine Stimmabgabe nicht ermöglicht, so ist es unzulässig, deren Stimmen im Rahmen des Subtraktionsverfahrens als Ja-Stimmen zu unterstellen;[446] sie müssen vielmehr als Enthaltungen gewertet werden.

Aus den vorstehenden Ausführungen ergibt sich schon, dass das Additionsverfahren die **zuverlässigere Methode** ist, die Gesamtzahl der abgegebenen Stimmen und die Anzahl der Ja-Stimmen zu ermitteln. Der große Vorteil des Subtraktionsverfahrens besteht jedoch darin, dass insbesondere bei Abstimmungen in großen Versammlungen, bei denen mit einer großen Mehrheit gerechnet werden kann, die Auszählung der Enthaltungen und Nein-Stimmen erheblich zügiger erfolgen kann.

Zur Vermeidung der ständigen exakten Präsenzfeststellung im Verlauf der Hauptversammlung kann es sich empfehlen, zunächst sämtliche oder zumindest einige sachlich zusammenhängende Tagesordnungspunkte zu erörtern und die erforderlichen **Abstimmungen zum Schluss** gebündelt durchzuführen. Hierbei wird auch über jeden Beschluss einzeln abgestimmt, lediglich die Einsammlung der Stimmkarten und Auszählung der Stimmergebnisse wird unmittelbar hinter-

---

[441] *Steiner* § 13 Rn. 47; MHdB GesR IV/*F.-J. Semler* § 39 Rn. 35.
[442] OLG Frankfurt a. M. 21 U 166/97, NZG 1999, 119; Schmidt/Lutter/*Spindler* AktG § 133 Rn. 24.
[443] OLG Hamm 27 U 106/02, AG 2004, 38; Schmidt/Lutter/*Spindler* AktG § 133 Rn. 24; MHdB GesR IV/*Austmann* § 40 Rn. 36.
[444] Vgl. Rn. 217 ff.
[445] *Martens* S. 91; *Steiner* § 13 Rn. 53.
[446] Vgl. OLG Karlsruhe 15 U 256/89, ZIP 1991, 101 (107).

einander durchgeführt.[447] In den großen Publikumsgesellschaften hat sich diese Vorgehensweise weitgehend durchgesetzt.

190 Von dieser Zusammenfassung der Abstimmung ist die **zusammengefasste Abstimmung über mehrere Beschlusspunkte** zu unterscheiden.[448] Bei Letzterer werden mehrere Beschlusspunkte zusammengefasst, sodass die Aktionäre entweder nur für oder gegen sämtliche Beschlüsse stimmen können. Die Zulässigkeit einer solchen Abstimmung setzt einen engen sachlichen Zusammenhang zwischen den zusammengefassten Beschlüssen voraus.[449] Der Versammlungsleiter muss dabei auf die Besonderheit der Abstimmung hinweisen. Findet der Gesamtbeschluss nicht die erforderliche Mehrheit, muss anschließend über jeden einzelnen Antrag nochmals getrennt abgestimmt werden.

191 cc) **Verkündung des Ergebnisses.** Ein Beschluss der Hauptversammlung kann erst wirksam werden, wenn er durch den Versammlungsleiter in der Hauptversammlung verkündet wird.[450] Der Versammlungsleiter muss also feststellen, dass der Beschluss angenommen ist. Daneben gibt er auch das zahlenmäßige Ergebnis der Abstimmung bekannt (vgl. § 130 Abs. 2 AktG). Besonders bedeutsame Beschlüsse bedürfen zum Wirksamwerden zusätzlich der **Eintragung** ins Handelsregister (so zB Satzungsänderungen, § 181 Abs. 3 AktG oder Kapitalerhöhungen, § 189 AktG).

192 dd) **Rechtsfolgen bei Verstoß.** Unterlaufen bei der Ermittlung des Abstimmungsergebnisses der Stimmen Fehler, etwa weil Stimmen nicht stimmberechtigter Personen mitgezählt werden[451] oder weil bei der Anwendung des Subtraktionsverfahrens die Präsenz unzutreffend festgestellt wurde, kann dies zur **Anfechtbarkeit** der gefassten Beschlüsse führen.[452] Allerdings muss der Mangel für die Beschlussfassung ursächlich gewesen sein.[453] Insbesondere wenn große Mehrheiten erreicht werden, wirken sich geringfügige Fehler bei der Stimmenauszählung oder der Präsenzfeststellung regelmäßig nicht aus, sodass eine Anfechtung hierauf nicht gestützt werden kann.[454]

193 Stellt der Versammlungsleiter das **Beschlussergebnis unrichtig** fest und wird dieses unrichtige Ergebnis in der Niederschrift gem. § 130 Abs. 2 AktG angegeben, kann der Beschluss ebenfalls nur mit der Anfechtungsklage beseitigt werden.[455] Unterbleibt die Beschlussfeststellung allerdings ganz, kann die Feststellung nicht in die Niederschrift aufgenommen und daher nicht beurkundet werden. Die unrichtige Beurkundung der Niederschrift gem. § 130 Abs. 2 AktG führt zwingend zur Nichtigkeit des gefassten Beschlusses (§ 241 Nr. 2 AktG).[456]

---

[447] MHdB GesR IV/*Austmann* § 40 Rn. 22; Semler/Volhard/Reichert/*Gehling/R. Pickert* § 9 Rn. 271.
[448] Vgl. Rn. 239 zur Zulässigkeit der Listenwahl von Aufsichtsratsmitgliedern.
[449] Semler/Volhard/Reichert/*Gehling/R. Pickert* § 9 Rn. 273 f.; *Max* AG 1991, 77 (89).
[450] Vgl. MünchKomm. AktG/Bd. 3/*Schröer* § 133 Rn. 73; *Hüffer/Koch* AktG § 130 Rn. 22 f.
[451] BGH II ZR 308/87, BGHZ 104, 66 (69).
[452] MünchKomm. AktG/Bd. 4/*Hüffer/Schäfer* § 243 Rn. 41.
[453] Vgl. Rn. 268 f.
[454] Semler/Volhard/Reichert/*Gehling/R. Pickert* § 9 Rn. 309; MünchKomm. AktG/Bd. 4/ *Hüffer/Schäfer* § 243 Rn. 41; vgl. auch OLG Karlsruhe 15 U 256/89; ZIP 1991, 101 (107).
[455] Ganz hM: *Hüffer/Koch* AktG § 130 Rn. 22; MHdB GesR IV/*Austmann* § 40 Rn. 50, § 39 Rn. 38; MünchKomm. AktG/Bd. 4/*Hüffer/Schäfer* § 243 Rn. 41.
[456] Semler/Volhard/Reichert/*Pöschke/Vogel* § 13 Rn. 9; Großkomm. AktG/*Mülbert* § 130 Rn. 144.

d) Beendigung der Hauptversammlung

Nachdem sämtliche Tagesordnungspunkte ordnungsgemäß abgehandelt und 194
erledigt sind, ist es ausschließlich Aufgabe des Versammlungsleiters, die Hauptversammlung zu schließen.[457] Die Hauptversammlung kann gegen den Willen des Versammlungsleiters nicht die eigene Beendigung beschließen.

Ausnahmsweise kann der Versammlungsleiter bereits vor Erledigung der Tages- 195
ordnung die Hauptversammlung schließen, wenn sich herausstellt, dass die Einberufung mangelhaft war oder die erforderliche satzungsmäßige Beschlussfähigkeit nicht gegeben ist.[458]

2. Die Pflichten des Vorstands in der Hauptversammlung

a) Vorlage und Erläuterung der Abschlussunterlagen

Der Vorstand hat gem. §§ 176 Abs. 1 Satz 1, 175 Abs. 2 AktG den Jahresabschluss, 196
den Lagebericht, ggf. Konzernabschluss und Konzernlagebericht, den Bericht des Aufsichtsrats sowie den Vorschlag des Vorstands für die Verwendung des Bilanzgewinns zugänglich zu machen. Börsennotierte Gesellschaften sind zudem zum Zugänglichmachen eines erläuternden Berichts zu den Angaben nach §§ 289 Abs. 4, 315 Abs. 4 HGB in der Hauptversammlung verpflichtet (§ 176 Abs. 1 Satz 1 AktG). Börsennotierte Aktiengesellschaften haben in ihrem Lagebericht eine Erklärung zur Unternehmensführung aufzunehmen, die dort einen gesonderten Abschnitt bildet (§ 289a Abs. 1 Satz 1 HGB). Die Erklärung kann auch auf der Internetseite der Gesellschaft öffentlich zugänglich gemacht werden; hier ist in den Lagebericht eine Bezugnahme auf die entsprechende Internetseite aufzunehmen (§ 289a Abs. 1 Satz 2 und 3 HGB). Die Erklärung zur Unternehmensführung muss die Erklärung nach § 161 AktG zum Corporate Governance Kodex, relevante Angaben zu Unternehmensführungspraktiken, die über die gesetzlichen Anforderungen hinaus angewendet werden, sowie eine Beschreibung der Arbeitsweise von Vorstand und Aufsichtsrat und der Zusammensetzung und Arbeitsweise von deren Ausschüssen enthalten (§ 289a Abs. 2 HGB). Das Zugänglichmachen bedeutet, dass Gerätschaften wie zB PC-Terminals oder bereitgestellte Monitore[459] in ausreichender Zahl vorhanden sind, auf denen die Unterlagen abgerufen werden können bzw. dass die Unterlagen schriftlich in den Räumlichkeiten der Hauptversammlung in einer ausreichenden Anzahl zugänglich gemacht werden, so dass jeder Aktionär in angemessener Zeit Einsicht nehmen kann.[460] Im Einzelnen ist dabei noch unklar, wie das „Zugänglichmachen" während der Hauptversammlung gerade mit elektronischen Mitteln erfolgen kann,[461] so dass fraglich ist, wie zügig die beabsichtigte Aufgabe der bisherigen, dahingehenden Medienfestlegung und dem damit verbundenen Abbau des Bürokratieaufwandes im Rahmen der Hauptversammlung von den Gesellschaften umgesetzt wird. Die Vorlagen müssen bis zum Abschluss der Verhandlungen, dh in der Regel bis zum Beschluss über die Entlastung, zugänglich bleiben.[462]

---

[457] Kölner Komm./*Zöllner* § 119 Rn. 69; *Steiner* § 24 Rn. 1.
[458] *Steiner* § 24 Rn. 2; *Butzke* Kap. D Rn. 51.
[459] Vgl. Begründung des Regierungsentwurfs zum ARUG v. 21.1.2009, BT-Drs. 16/11642, 35.
[460] *Hüffer/Koch* AktG § 176 Rn. 2.
[461] Vgl. *J. Schmidt* NZG 2008, 734 (735); *Mutter* AG 2009, R 100.
[462] *Hüffer/Koch* AktG § 176 Rn. 2; Spindler/Stilz/*Euler/Klein* AktG § 176 Rn. 9.

197 Der Konzernabschluss ist stets auf den Stichtag des Jahresabschlusses des Mutterunternehmens aufzustellen, so dass Jahresabschluss und Konzernabschluss für dasselbe Geschäftsjahr derselben Hauptversammlung vorzulegen sind (vgl. § 299 Abs. 1 HGB). Zudem hat der Aufsichtsrat den Konzernabschluss nicht nur zu prüfen, sondern auch zu billigen (vgl. § 171 Abs. 2 Satz 5 AktG). Billigt der Aufsichtsrat den Konzernabschluss nicht, greift die Billigungszuständigkeit der Hauptversammlung ein (§ 173 Abs. 1 Satz 2 AktG). Indes finden § 173 Abs. 2 und Abs. 3 AktG keine entsprechende Anwendung auf den Konzernabschluss, da sich die Gewinnverwendung nicht nach dem Konzern-, sondern nach dem Einzelabschluss richtet und die Rechtsstellung der Aktionäre durch den Konzernabschluss mithin nicht berührt wird.[463]

198 Der Bericht über die Angaben nach §§ 289 Abs. 4, 315 Abs. 4 HGB betrifft nur börsennotierte Aktiengesellschaften. Die Vorschriften statuieren die Pflicht, im Lage- und ggf. Konzernlagebericht Angaben zu den dort genannten Umständen zu machen, die eine Übernahme verhindern können.[464]

199 Neben der Vorlagepflicht statuiert § 176 Abs. 1 Satz 2 AktG auch eine **Erläuterungspflicht** durch den Vorstand. Insbesondere hat der Vorstand bei seiner Erläuterung zu einem Jahresfehlbetrag oder zu einem Verlust Stellung zu nehmen, der das Jahresergebnis wesentlich beeinträchtigt hat (§ 176 Abs. 1 Satz 3 AktG). In der Literatur wird insoweit eine 10%ige Beeinflussung des Jahresergebnisses als maßgebliche Grenze für die Erläuterungspflicht vorgeschlagen, die zumindest als Richtschnur in der Praxis herangezogen werden kann.[465] Weil das Gesetz in § 176 Abs. 1 Satz 3 AktG zwischen dem Jahresfehlbetrag und sonstigen Verlusten unterscheidet, sind auch solche Verluste erläuterungspflichtig, die noch nicht zu einem Fehlbetrag geführt haben, etwa weil sie anderweitig ausgeglichen werden konnten.[466]

200 Des Weiteren sind bei den Erläuterungen der Vorlagen insbesondere der **Gewinnverwendungsvorschlag** und sonstige außergewöhnliche bilanzwirksame Maßnahmen zu begründen.[467]

201 Die **Verletzung** der Vorlagepflicht ist ein Anfechtungsgrund gem. § 243 Abs. 1 AktG. Anfechtbar sind die zu den einschlägigen Tagesordnungspunkten gefassten Beschlüsse.[468] Dagegen wird die Erläuterungspflicht von der herrschenden Meinung lediglich als eine Ordnungsvorschrift angesehen, deren Verstoß nicht zur Anfechtbarkeit der trotzdem gefassten Beschlüsse führt.[469] Hält der Aktionär weitere Erläuterungen zu den Vorlagen für erforderlich, kann er von seinem Auskunftsrecht gem. § 131 AktG Gebrauch machen.

---

[463] Vgl. auch die RegBegr. zum TransPuG-Entwurf, BT-Drs. 14/8769, 22.

[464] Vgl. zu den Angaben nach §§ 289 Abs. 4, 315 Abs. 4 HGB auch *Baetge/Brüggemann/Haenelt* BB 2007, 1887.

[465] Kölner Komm./*Korth/Claussen*, 2. Aufl. 2004, § 176 Rn. 7; explizit anders Neubearbeitung Kölner Komm./*Ekkenga* § 176 Rn. 11.

[466] *Hüffer/Koch* AktG § 176 Rn. 5.

[467] Vgl. Semler/Volhard/Reichert/*Rodewig/Schlitt* § 10 Rn. 77 ff.

[468] *Hüffer/Koch* AktG § 176 Rn. 6; MünchKomm. AktG/Bd. 3/*Hennrichs/Pöschke* § 176 Rn. 21; Schmidt/Lutter/*Drygala* AktG § 176 Rn. 14.

[469] *Hüffer/Koch* AktG § 176 Rn. 6; MünchKomm. AktG/Bd. 3/*Hennrichs/Pöschke* § 176 Rn. 22 f.; aA Schmidt/Lutter/*Schwab* AktG § 257 Rn. 3.

b) Auskunftspflichten

Macht ein Aktionär von seinem Auskunftsrecht Gebrauch,⁴⁷⁰ obliegt es dem Vorstand, die Auskunftsverpflichtung der Gesellschaft zu erfüllen (vgl. § 131 Abs. 1 Satz 1 AktG). Zuständig innerhalb der Gesellschaft ist der Vorstand als Gesamtorgan, der über die Erteilung von Auskünften einstimmig (§ 77 Abs. 1 AktG) entscheidet, soweit nicht die Satzung oder die Geschäftsordnung etwas anderes vorsieht. Auch wenn ein Aktionär eine Frage unmittelbar an ein Vorstandsmitglied richtet, ist nicht dieses Vorstandsmitglied Auskunftsverpflichteter.⁴⁷¹ In der Praxis werden die Fragen der Aktionäre entweder durch den Vorstandsvorsitzenden oder durch das zur Auskunftserteilung ressortmäßig zuständige Vorstandsmitglied beantwortet. Die Beantwortung kann aber auch einem sonstigen Mitarbeiter oder sogar externen Sachverständigen überlassen werden, sofern der Vorstand sich den Inhalt der Auskunft zu eigen macht und die Verantwortung für die Richtigkeit und Vollständigkeit der gegebenen Antwort übernimmt.⁴⁷²

Zur **Beantwortung der Fragen** der Aktionäre bedient sich der Vorstand größerer Publikumsgesellschaften regelmäßig eines sog. „back office", das aus Mitarbeitern der Gesellschaft und externen Beratern zusammengesetzt ist und im Hintergrund die Beantwortung der Fragen vorbereitet. Eine unmittelbare Beantwortung der an den Vorstand gerichteten Fragen ist nicht erforderlich, sodass der Vorstand mehrere Fragen sammeln und das „back office" einen Antwortvorschlag vorbereiten lassen kann. Daneben bedient sich der Vorstand zudem häufig bereits im Vorfeld gefertigter Antworten auf Fragen, deren Stellung in der Hauptversammlung antizipiert wurde.⁴⁷³

In **formaler Hinsicht** ist dem Aktionär nur eine mündliche Auskunft zu erteilen.⁴⁷⁴ Es besteht weder ein Anspruch des Aktionärs auf schriftliche Beantwortung der Fragen noch auf Einsichtnahmen bestimmter Urkunden oder Schriftstücke.⁴⁷⁵ Auch eine Verlesung von bestimmten Schriftstücken kann der Aktionär grundsätzlich nicht verlangen. Lediglich wenn es auf den genauen Inhalt eines Vertrags bei der Auskunftserteilung ankommt, kann der Aktionär die Verlesung des Vertragsinhalts verlangen.⁴⁷⁶

Inhaltlich hat die Auskunftserteilung den Grundsätzen einer gewissenhaften und getreuen Rechenschaft zu entsprechen (§ 131 Abs. 2 Satz 1 AktG). Hieraus folgt, dass der Vorstand einerseits keine unrichtigen oder unvollständigen Angaben machen darf, andererseits aber auch nicht jedes noch so kleine Detail wiedergeben muss. Die unrichtige Darstellung der Verhältnisse der Gesellschaft in Auskünften in der Hauptversammlung ist zudem mit Freiheitsstrafe bis zu drei Jahren strafbewehrt (§ 400 Abs. 1 Nr. 1 AktG).

Eine **Verweigerung** der Auskunftserteilung darf nur bei Vorliegen eines Verweigerungsgrunds erfolgen.⁴⁷⁷ Eine unbefugte Verweigerung kann zur Anfechtbar-

---

⁴⁷⁰ Vgl. § 4 Rn. 51 ff.
⁴⁷¹ *Butzke* Kap. G Rn. 26.
⁴⁷² Semler/Volhard/*Reichert*/Rodewig/Schlitt § 10 Rn. 119; Schmidt/Lutter/*Spindler* AktG § 131 Rn. 16; MünchKomm. AktG/Bd. 3/*Kubis* § 131 Rn. 21.
⁴⁷³ Vgl. auch Rn. 64, 179.
⁴⁷⁴ BGH II ZR 238/91, DB 1994, 1074 (1080).
⁴⁷⁵ BGH II ZR 238/91, DB 1994, 1074 (1080).
⁴⁷⁶ Ebenso *Steiner* § 11 Rn. 13; Kölner Komm./*Zöllner*, 2. Aufl. 2004, § 131 Rn. 84.
⁴⁷⁷ Vgl. § 4 Rn. 62 ff.

keit des betreffenden Beschlusses führen,[478] sofern nicht das Spruchverfahren greift (vgl. Rn. 138, 295 ff.). Es bedarf deshalb einer eingehenden Prüfung, ob tatsächlich ein Verweigerungsgrund vorliegt. Diese Prüfung gestaltet sich indes nicht immer einfach. Bei Verweigerung der Auskunft kann der betroffene Aktionär ein Auskunftserzwingungsverfahren einleiten, um die gewünschte Auskunft zu erlangen (§ 132 AktG).

c) Nachgelagerte Pflichten

207 Nach Beendigung der Hauptversammlung hat der Vorstand dafür Sorge zu tragen, dass die von der Hauptversammlung im Rahmen ihrer Zuständigkeit beschlossenen Maßnahmen, insbesondere also die Beschlüsse, ausgeführt werden (§ 83 Abs. 2 AktG). Wesentlicher Bestandteil dieser nachgelagerten Pflicht ist es, anmeldepflichtige Beschlüsse zum Handelsregister der Gesellschaft anzumelden. Die **Anmeldepflicht** besteht etwa bei beschlossenen Satzungsänderungen (§ 181 Abs. 1 Satz 1 AktG), Kapitalerhöhungen (§ 184 AktG), Umwandlungen (vgl. zB § 16 UmwG) und dem Abschluss von Unternehmensverträgen (§ 294 Abs. 1 Satz 1 AktG). Neben der Anmeldepflicht hat der Vorstand auch eine öffentlich beglaubigte Abschrift der notariellen Niederschrift und ihrer Anlagen unverzüglich nach der Hauptversammlung zum für die Gesellschaft zuständigen Handelsregister einzureichen (§ 130 Abs. 5 AktG). Soweit Zweigniederlassungen bestehen, sind neuerdings keine gesonderten Abschriften mehr einzureichen.[479] Hinzu kommt die geschaffene Verpflichtung für börsennotierte Gesellschaften nach § 130 Abs. 6 AktG, innerhalb von sieben Tagen nach der Versammlung die festgestellten Abstimmungsergebnisse einschließlich der Angaben nach § 130 Abs. 2 Satz 2 AktG auf ihrer Internetseite zu veröffentlichen. Zu diesen Angaben gehören die Zahl der Aktien, für die gültige Stimmen abgegeben wurden, der Anteil des durch sie vertretenen Grundkapitals sowie die Zahl der für einen Beschluss abgegebenen Stimmen, Gegenstimmen und ggf. die Zahl der Enthaltungen.

V. Die Beschlussfassung in der Hauptversammlung

1. Stimmrechte

208 Die Aktionäre entscheiden über die Beschlussanträge durch Ausübung ihres Stimmrechts im Rahmen einer Abstimmung. Das Gesetz selbst stellt keine Mindestanforderungen an die Beschlussfähigkeit auf. Sofern die Satzung keine abweichende Regelung enthält, was grundsätzlich zulässig und in der Praxis auch weit verbreitet ist,[480] ist die Hauptversammlung auch dann beschlussfähig, wenn nur eine Aktie mit einer Stimme vertreten ist.[481] Allerdings können sich aus Mehrheitserfordernissen Anforderungen an die Beschlussfähigkeit der Hauptversammlung ergeben (vgl. zur Nachgründung § 52 Abs. 5 Satz 2 AktG). Das Stimmrecht

---

[478] Vgl. Rn. 276.
[479] Dies folgt aus der Aufhebung des § 13c HGB durch das EHUG v. 10.11.2006 (BGBl. 2006 I 2553). Das frühere Erfordernis, an jedem Sitz einer Zweigniederlassung eine Abschrift einzureichen, ist entfallen, da nach § 13 Abs. 1 HGB nF Zweigniederlassungen nur beim Gericht der Hauptniederlassung zu registrieren sind; vgl. Regierungsentwurf zum EHUG, BT-Drs. 16/960, 46.
[480] MHdB GesR IV/*Austmann* § 40 Rn. 46, 5; *Butzke* Kap. F Rn. 40.
[481] Semler/Volhard/Reichert/*Pöschke/Vogel* § 12 Rn. 2.

B. Die Aktiengesellschaft   209, 210   § 5

kann dem Aktionär als Mitgliedschaftsrecht grundsätzlich nicht entzogen werden. Ausnahmen gelten insofern aber für stimmrechtslose Vorzugsaktien (§ 139 Abs. 1 AktG), bei einer Beschränkung des Stimmrechts durch Einführung eines Höchststimmrechts in nicht börsennotierten Gesellschaften (§ 134 Abs. 1 Satz 2 AktG) oder bei sonstigen gesetzlichen oder satzungsgemäßen Stimmrechtsverboten.[482]

a) Stimmberechtigung

Zur Ausübung des Stimmrechts berechtigt ist der Aktionär, sein Bevollmächtigter oder der sog. Legitimationsaktionär.[483] Der bloße Besitz einer Aktie berechtigt nicht zur Stimmrechtsausübung. Daher steht auch bei einer Verpfändung oder Pfändung das Stimmrecht dem betroffenen Aktionär und nicht dem Pfandgläubiger zu.[484] Die Satzung kann das Stimmrecht des einzelnen Aktionärs einschränken, indem sie die Ausübung des Stimmrechts an die Anmeldung vor der Versammlung oder einen Berechtigungsnachweis anknüpft (§ 123 Abs. 2 und 3 AktG; vgl. Rn. 85 ff., 145). 209

Durch die Regelungen des ARUG kann den Aktionären in der Satzung der Gesellschaft nunmehr gestattet werden, ihre Stimmrechte im Wege der Online-Teilnahme auszuüben (§ 118 Abs. 1 Satz 2 AktG).[485] Den Gesellschaften wurde gleichzeitig die Möglichkeit geschaffen, ihren Aktionären die Stimmabgabe im Wege der Briefwahl einzuräumen (§ 118 Abs. 2 AktG). Diese kann – je nach Ausgestaltung der Satzung – sowohl auf schriftlichem als auch auf elektronischem Wege erfolgen. Der entscheidende Unterschied zur online zugeschaltet erfolgenden Stimmabgabe nach § 118 Abs. 1 Satz 2 AktG liegt darin, dass der Erklärende bei der Briefwahl nicht als „erschienen" oder als „Teilnehmer der Hauptversammlung" qualifiziert wird. Bei der Briefwahl kann die Stimme, anders als bei der Online-Teilnahme, schon im Vorfeld der Versammlung abgegeben werden. Aufgrund der fehlenden Teilnehmereigenschaft kann der Aktionär keinen Widerspruch zur Niederschrift erklären; folglich ist eine Beschlussanfechtung im Falle der Briefwahl nicht möglich. Briefwahlstimmen gelten als „abgegebene Stimmen" iSv § 133 AktG und gehören zum vertretenen Grundkapital. Auch bei Stimmabgabe per Briefwahl ist die Anwendung des Subtraktionsverfahrens nicht ausgeschlossen.[486]

b) Umfang des Stimmrechts

Das Stimmrecht des einzelnen Aktionärs bestimmt sich bei Nennbetragsaktien nach dem Nennbetrag, bei Stückaktien nach der Zahl der Aktien (§ 134 Abs. 1 Satz 1 AktG). Hierdurch wird erreicht, dass Aktionäre mit gleichen Aktiennennbeträgen bzw. mit gleichen Stückzahlen bei Stückaktien gleiche Stimmrechte haben. Satzungsregelungen, nach denen einzelne Aktionäre mehr Stimmen haben, als es ihrer Kapitalbeteiligung entspricht (sog. Mehrstimmrecht), sind unzulässig (§ 12 Abs. 2 AktG).[487] 210

---

[482] Vgl. Rn. 217 ff.
[483] Vgl. zu diesem Begriff Rn. 156.
[484] *Steiner* § 13 Rn. 8; *Hüffer/Koch* AktG § 118 Rn. 27; Schmidt/Lutter/*Spindler* AktG § 134 Rn. 7.
[485] Vgl. dazu Rn. 144 a f.
[486] Vgl. Begründung des Regierungsentwurfs zum ARUG v. 21.1.2009, BT-Drs. 16/11642, 27.
[487] Jedoch behalten bestehende Mehrstimmrechte auch nach dem 1.6.2003 ihre Geltung (§ 5 EGAktG), sofern die Hauptversammlung dies mit Dreiviertelkapitalmehrheit beschlossen

211 Im Falle einer **wechselseitigen Beteiligung** zwischen einer Aktiengesellschaft und einem anderen Unternehmen besteht nach § 328 Abs. 1 AktG eine Stimmrechtsbeschränkung auf höchstens 25% der gesamten Stimmrechte des anderen Unternehmens. Durch diese Bestimmung soll gewährleistet werden, dass auch bei wechselseitigen Beteiligungen die Kontrollbefugnisse der Hauptversammlung durch die Kapitalgeber ausgeübt werden können.

c) Stimmbindungsverträge

212 Durch sog. Stimmbindungsverträge oder Poolverträge verpflichten sich Aktionäre, ihr Stimmrecht in der Hauptversammlung in einem bestimmten Sinne abzugeben. Solche Verträge sind grundsätzlich zulässig[488] und werden häufig in Familiengesellschaften zur Sicherung des Einflusses der Familie abgeschlossen. Stimmbindungsverträge haben keine Außenwirkung, sodass auch vertragswidrig abgegebene Stimmen im Außenverhältnis gültig sind.[489] Unzulässig ist es dagegen, sich zu einer bestimmten Stimmabgabe gegen Bezahlung oder zur Stimmabgabe nach Weisung des Vorstands oder des Aufsichtsrats der Gesellschaft zu verpflichten.[490] Problematisch ist darüber hinaus, wie sich statutarische Mehrheitserfordernisse für die Beschlussfassung in der Hauptversammlung auf die Stimmabgabe im Konsortium auswirken. In zwei grundlegenden Entscheidungen des BGH wurden wegweisende Regeln für die Praxis von Stimmrechtskonsortien und Schutzgemeinschaften aufgestellt. Danach schlagen Mehrheitserfordernisse in der Hauptversammlung grundsätzlich nicht auf das Konsortium durch; im Einzelfall kann sich jedoch auf einer zweiten Prüfungsstufe wegen Verstoßes gegen die gesellschafterliche Treuepflicht etwas anderes ergeben, insbesondere wenn die gesellschaftsvertraglichen Grundlagen des Konsortiums berührt oder in den „Kernbereich" der Mitgliedschaftsrechte eingegriffen wird.[491]

d) Bevollmächtigte

213 Der Aktionär kann sein Stimmrecht auch durch Bevollmächtigte ausüben lassen, da es kein höchstpersönliches Recht des Aktionärs ist.[492] Die Erteilung der Vollmacht, ihr Widerruf und der Nachweis der Bevollmächtigung gegenüber der Gesellschaft bedürfen nach der Neufassung des § 134 Abs. 3 Satz 3 AktG durch das

---

hat. Vgl. *Hüffer/Koch* AktG § 12 Rn. 8 ff.; Semler/Volhard/Reichert/*Pöschke/Vogel* § 11 Rn. 74.
[488] BGH II ZR 105/66, BGHZ 48, 163; *Hüffer/Koch* AktG § 133 Rn. 27; Schmidt/Lutter/*Spindler* AktG § 136 Rn. 36; *Butzke* Kap. E Rn. 50; *Odersky* in FS Lutter S. 557, 559.
[489] *Hüffer/Koch* AktG § 133 Rn. 26; Schmidt/Lutter/*Spindler* AktG § 136 Rn. 39; streitig ist, ob ein Verstoß gegen einen schuldrechtlichen Stimmbindungsvertrag unter der Voraussetzung, dass sämtliche Aktionäre an der schuldrechtlichen Vereinbarung beteiligt sind oder dass die Stimmbindung in der Satzung geregelt ist, einen Anfechtungsgrund begründet; der BGH hat dies für die GmbH angenommen; vgl. BGH II ZR 243/81, NJW 1983, 1910; II ZR 272/85, NJW 1987, 890 (891); II ZR 240/85, NJW 1987, 1890; zustimmend OLG Hamm 8 U 165/99, NZG 2000, 1036; richtigerweise ist dies jedoch mit der überwiegenden Meinung abzulehnen; vgl. *Hoffmann-Becking* ZGR 1994, 442 (449 f.); *Winter* Mitgliedschaftliche Treuebindungen im GmbH-Recht 1988 S. 51 ff.; *ders.* ZHR 154 (1990), 259 (282 f.); MünchKomm. AktG/Bd. 4/*Hüffer/Schäfer* § 243 Rn. 24 mwN.
[490] Vgl. Semler/Volhard/Reichert/*Pöschke/Vogel* § 11 Rn. 115 ff.
[491] Vgl. BGH II ZR 245/05, BGHZ 170, 283 – Otto; II ZR 116/08, BGHZ 179, 13 – Schutzgemeinschaft II sowie ausführlich dazu *K. Schmidt* ZIP 2009, 737; zu den Mehrheitserfordernissen in der Hauptversammlung vgl. Rn. 234 f.
[492] *Reichert/Harbarth* AG 2001, 447.

B. Die Aktiengesellschaft

ARUG nicht mehr der Schriftform, sondern lediglich der Textform (§ 126b BGB), sofern die Satzung oder die Einberufung aufgrund einer Satzungsermächtigung keine weitere Erleichterung bestimmt.[493] Folglich reicht nun zB eine E-Mail für die vorstehenden Handlungen aus.[494] Für die Übermittlung des Nachweises haben börsennotierte Gesellschaften zumindest einen Weg elektronischer, also PC-gestützter Kommunikation anzubieten (§ 134 Abs. 3 Satz 4 AktG). Daher sind entgegenstehende Satzungsbestimmungen dieser für börsennotierte Gesellschaften zwingenden Vorschrift anzupassen.[495] Ein Aktionär kann sich auch durch mehrere Personen vertreten lassen. Genauso wie der Aktionär, der mehrere Stimmen abzugeben hat, mit einem Teil seiner Stimmen mit Ja und mit einem anderen Teil mit Nein stimmen darf, darf er auch die Bevollmächtigung zur Ausübung des Stimmrechts auf verschiedene Bevollmächtigte verteilen.[496] Die Mehrbevollmächtigung wird nunmehr auch ausdrücklich im AktG erwähnt (§ 134 Abs. 3 Satz 2 AktG); ein Verbot der Mehrfachbevollmächtigung wurde als zu unflexibel erachtet.[497] Jedoch kann die Gesellschaft nach dieser Vorschrift eine oder mehrere der bevollmächtigten Personen zurückweisen. Klarstellend sei dazu angemerkt, dass die Zurückweisung aller Bevollmächtigten in diesem Fall nicht zulässig ist.[498]

Bei der Bevollmächtigung ist das **gesellschaftsrechtliche Abspaltungsverbot** zu beachten. Unwiderrufliche verdrängende Stimmrechtsvollmachten sind daher nur in sehr engen Grenzen zulässig, insbesondere dann, wenn auch der Bevollmächtigte von der Ausübung des Stimmrechts ausgeschlossen ist, da dann der Bevollmächtigung die Wirkung eines – als zulässig zu erachtenden – Stimmrechtsausschlussvertrages zukommt. Keinen Bedenken unterliegen widerrufliche Stimmrechtsvollmachten und solche ohne Verdrängungswirkung. Die gleichen Grundsätze gelten für die Legitimationszession.[499]

Durch das ARUG wurde die Stimmrechtsvertretung durch Kreditinstitute (so genanntes Depot- oder Bankenstimmrecht) grundlegend dereguliert und flexibilisiert, um die Bevollmächtigung einer Bank zur Stimmrechtsvertretung für den Aktionär attraktiver zu machen. Dadurch sollte die Hauptversammlungspräsenz erhöht werden. Für die **Bevollmächtigung von Kreditinstituten** zur Stimmrechtsausübung gelten besondere Regelungen. Im Fall der Bevollmächtigung eines Kreditinstituts wird auf das Schriftformerfordernis der Vollmacht ganz verzichtet und dem Kreditinstitut lediglich die Pflicht zum nachprüfbaren Festhalten der Vollmacht auferlegt (§ 135 Abs. 1 Satz 2 AktG). Hierdurch soll die Bevollmächtigung durch moderne Übertragungsmöglichkeiten wie zB Online-Banking oder

---

[493] Vgl. Begründung des Regierungsentwurfs zum ARUG v. 21.1.2009, BT-Drs. 16/11642, 32.

[494] Verlangt wird die Erklärung in einer zur dauerhaften, nachlesbaren Wiedergabe in Schriftzeichen geeigneten Weise; vgl. nur Palandt/*Ellenberger* BGB § 126b Rn. 3; Staudinger/*Hertel* BGB § 126b Rn. 27 f.; die Begründung des Regierungsentwurfs zum ARUG v. 21.1.2009, BT-Drs. 16/11642, 32 geht zudem mit Verweis auf die hM von einer Wahrung der Textform bei einer Vollmachtserteilung über ein Bildschirmformular oder einen Internetdialog aus.

[495] Vgl. den Formulierungsvorschlag in *Schüppen/Tretter* ZIP 2009, 493 (497).

[496] *Steiner* § 13 Rn. 41.

[497] Vgl. Begründung des Regierungsentwurfs zum ARUG v. 21.1.2009, BT-Drs. 16/11642, 48.

[498] Vgl. Stellungnahme des Handelsrechtsausschusses des DAV zum Regierungsentwurf des ARUG, NZG 2009, 96, 97.

[499] Vgl. zum Ganzen *Reichert/Harbarth* AG 2001, 447.

Telefon-Banking erleichtert werden.[500] Die Vollmacht muss vollständig sein und darf nur mit der Stimmrechtsausübung verbundene Erklärungen enthalten (§ 135 Abs. 1 Satz 3 AktG). Zudem ist jährlich und deutlich hervorgehoben darauf hinzuweisen, dass die Bevollmächtigung jederzeit widerrufen werden kann bzw. dass auch eine andere Bevollmächtigung, insbesondere einer Aktionärsvereinigung, in Betracht kommt (§§ 135 Abs. 1 Satz 6, 125 Abs. 1 Satz 4 AktG). Erteilt der Aktionär keine ausdrücklichen Hinweise, so kann eine generelle Vollmacht nur die Berechtigung des Kreditinstituts zur Stimmrechtsausübung entsprechend eigener Abstimmungsvorschläge (§ 135 Abs. 2 und 3 AktG) oder entsprechend der Vorschläge des Vorstands oder des Aufsichtsrats oder für den Fall voneinander abweichender Vorschläge denen des Aufsichtsrats (§ 135 Abs. 4 AktG) vorsehen. Bietet das Kreditinstitut in diesem Fall die Stimmrechtsausübung an, hat es sich gleichzeitig zu erbieten, im Rahmen des Zumutbaren und bis auf Widerruf die zur Stimmrechtsausübung erforderlichen Unterlagen einer Aktionärsvereinigung oder einem sonstigen Vertreter nach Wahl des Aktionärs zuzuleiten (§ 135 Abs. 1 Satz 4 und 5 AktG). Gemäß § 135 Abs. 8 AktG gelten die vorstehenden Grundsätze sinngemäß für Aktionärsvereinigungen.

216 Das Gesetz geht in § 134 Abs. 3 Satz 5 AktG von der Zulässigkeit der Ausübung des Stimmrechts durch „von der Gesellschaft benannte **Stimmrechtsvertreter**" aus. Die Gesellschaft kann also Vertreter benennen, die die Aktionäre mit der Wahrnehmung ihrer Stimmrechte in der Hauptversammlung betrauen können. Streitig ist, ob ein Vertreter auch bevollmächtigt werden kann, ohne an Weisungen gebunden zu sein. Im Hinblick auf drohende Interessenkollisionen spricht vieles dafür, § 135 Abs. 3 Satz 3 AktG analog anzuwenden und zu verlangen, dass entsprechende Weisungen erteilt werden.[501]

Dementsprechend soll auch gem. Art. 2.3.2 der Empfehlungen des Corporate Governance Kodex der Vorstand für die Bestellung eines Vertreters für die weisungsgebundene Ausübung des Stimmrechts der Aktionäre sorgen.[502] Diesbezüglich ist in Art. 2.3.3 des Kodex weiterhin die Anregung enthalten, dass dieser Stimmrechtsvertreter auch während der Hauptversammlung erreichbar sein sollte.

e) Stimmrechtsverbote

217 aa) **Gesetzliche Stimmrechtsverbote.** Das Gesetz sieht in bestimmten Fällen, in denen eine Interessenkollision besteht, einen Ausschluss des Stimmrechts vor. Ein Aktionär kann daher weder für sich noch für einen anderen das Stimmrecht ausüben, wenn darüber Beschluss zu fassen ist, ob er zu entlasten oder von einer Verbindlichkeit zu befreien ist oder ob die Gesellschaft gegen ihn einen Anspruch geltend machen soll (§ 136 Abs. 1 AktG). Für solche vom Stimmrecht ausgeschlossene Aktien kann das Stimmrecht auch nicht durch einen anderen (Bevollmächtigten oder Legitimationsaktionär) ausgeübt werden. Umgekehrt darf auch ein Aktionär das Stimmrecht für einen anderen dann nicht ausüben, wenn nur er selbst von dem Stimmverbot betroffen ist, nicht jedoch der Aktionär, für den das Stimmrecht ausgeübt werden soll.[503] Wenn Aktien mehreren Personen gemeinsam gehören (zB

---

[500] Vgl. *Goedecke/Heuser* BB 2001, 369 (371); *Grumann/Soehlke* DB 2001, 576 (578).
[501] Vgl. *Hemeling* RWS-Forum Gesellschaftsrecht, 2001, S. 79, 90 f.; eingehend *Hüffer/Koch* AktG § 134 Rn. 26b sowie Schmidt/Lutter/*Spindler* AktG § 134 Rn. 62 ff. mwN.
[502] Vgl. § 6 Rn. 106 zu der Pflicht nach § 161 AktG, eine Erklärung abzugeben, ob und ggf. welchen Vorschlägen des Deutschen Corporate Governance Kodex gefolgt wird.
[503] Semler/Volhard/Reichert/*Pöschke/Vogel* § 11 Rn. 102.

einer Erbengemeinschaft) und nicht bei sämtlichen Personen ein Ausschließungsgrund für das Stimmrecht vorliegt, so bestimmt sich das Stimmrecht aus diesen Aktien danach, ob die vom Stimmverbot betroffenen Mitglieder das Abstimmungsverhalten der übrigen Mitglieder maßgeblich beeinflussen können.[504] Ist dies der Fall, sind die Aktien vom Stimmrecht ausgeschlossen. Gleiches gilt, wenn der Betroffene – etwa als alleiniges Organmitglied – einen maßgeblichen Einfluss auf die Stimmrechtsausübung einer juristischen Person hat.[505]

Bei der **Entlastung** des Vorstands und des Aufsichtsrats der Gesellschaft ist überwiegend anerkannt, dass die Mitglieder des einen Organs bei der Entlastung der Mitglieder des anderen Organs ihr Stimmrecht als Aktionär ausüben dürfen.[506] Da der Vorstand und der Aufsichtsrat unterschiedliche Aufgaben der Gesellschaft wahrnehmen und Konstellationen denkbar sind, in denen die Auffassung des Vorstands und des Aufsichtsrats nicht übereinstimmen, ist ein genereller Interessenkonflikt im Falle wechselseitiger Entlastung nicht anzunehmen, sodass ein entsprechendes Stimmrechtsverbot nicht greift.[507] Bei einer **Einzelentlastung** der Organmitglieder dürfen die übrigen Organmitglieder, um deren Entlastung als Organmitglied es nicht geht, bei der Beschlussfassung von ihrem Stimmrecht grundsätzlich Gebrauch machen.[508] Anderes gilt nur, wenn ihnen ein durch gemeinschaftliches Verhalten verwirklichter, die Verweigerung der Entlastung rechtfertigender Pflichtverstoß vorgeworfen wird und sich die Einzelentlastung als Umgehungstatbestand zur Erlangung der Entlastung darstellt.[509] **218**

Ein weiterer Fall des Stimmrechtsausschlusses wegen **eigener Betroffenheit** ist in § 142 Abs. 1 Satz 2 AktG geregelt. Danach können Mitglieder des Vorstands oder des Aufsichtsrats bei Beschlussfassungen über die Einsetzung von Sonderprüfern weder für sich noch für einen anderen mitstimmen, wenn die Prüfung sich auf Vorgänge erstrecken soll, die mit der Entlastung eines Mitglieds des Vorstands oder des Aufsichtsrats oder der Einleitung eines Rechtsstreits zwischen der Gesellschaft und einem Mitglied des Vorstands oder des Aufsichtsrats zusammenhängen. **219**

Des Weiteren ordnet das Gesetz einen Stimmrechtsausschluss für Aktien an, die der Gesellschaft selbst gehören (§ 71b AktG). Aus **eigenen Aktien** kann die Gesellschaft keine Rechte wahrnehmen, also auch kein Stimmrecht ausüben. Entsprechendes gilt nach § 71d Satz 4 AktG für Aktien, die einem von der Gesellschaft abhängigen oder in ihrem Mehrheitsbesitz stehenden Unternehmen gehören. **220**

Schließlich sieht das Wertpapierhandelsgesetz (WpHG) in § 44 Abs. 1 Satz 1 als Sanktion für die Nichterfüllung der Mitteilungspflichten bei Erreichen, Über- bzw. Unterschreiten bestimmter **Beteiligungsschwellen** an börsennotierten Gesellschaften gem. § 21 WpHG für Aktien, die einem meldepflichtigen oder einem von ihm unmittelbar oder mittelbar kontrollierten Unternehmen zustehen, ein **Verlust des Stimmrechts** vor. Das Stimmrecht besteht nicht so lange, bis die Mitteilungspflicht nach § 21 WpHG erfüllt wird. Sofern die Höhe des Stimmrechtsanteils betroffen ist, verlängert sich der Rechtsverlust bei vorsätzlicher oder grob fahrlässiger **221**

---

[504] Vgl. hierzu Semler/Volhard/Reichert/*Pöschke/Vogel* § 11 Rn. 104.
[505] Näher Rn. 12.
[506] MünchKomm. AktG/Bd. 3/*Arnold* § 136 Rn. 9; *Hüffer/Koch* AktG § 136 Rn. 21; *Butzke* Kap. I Rn. 32; aA Kölner Komm./*Tröger* § 136 Rn. 27.
[507] Ebenso: *Steiner* § 14 Rn. 9.
[508] Vgl. KG 23 U 88/07, NZG 2008, 788 (789); *Hüffer/Koch* AktG § 120 Rn. 7 mwN; Spindler/Stilz/*Rieckers* AktG § 136 Rn. 8; MHdB GesR IV/*Hoffmann-Becking* § 38 Rn. 31.
[509] MHdB GesR IV/*Hoffmann-Becking* § 38 Rn. 31; *Butzke* Kap. I. Rn. 32; *Hüffer/Koch* AktG § 136 Rn. 20 jeweils mwN.

Verletzung der Mitteilungspflichten um sechs Monate (§ 44 Abs. 1 Satz 3). Für nicht börsennotierte Gesellschaften ergeben sich Mitteilungspflichten, deren Verletzung zu einem Verlust der Stimmrechte führen, aus § 20 AktG.

222 **bb) Satzungsgemäße Stimmrechtsverbote.** Durch die Satzung kann das Stimmrecht für Aktien ausgeschlossen werden, die mit einem Vorzug bei der Verteilung des Gewinns ausgestattet sind (**stimmrechtslose Vorzugsaktien**, § 139 Abs. 1 Satz 1 AktG). Der Vorzug kann insbesondere in einem auf die Aktie vorweg entfallenden Gewinnanteil oder einem erhöhten Gewinnanteil bestehen (§ 139 Abs. 1 Satz 2 AktG). Fällt die Vorzugsdividende aufgrund eines nicht ausreichenden Bilanzgewinns ganz oder teilweise aus, ist die ausgefallene Dividende in den folgenden Geschäftsjahren nachzuzahlen, sofern der Bilanzgewinn dafür ausreicht.[510]

223 Das Stimmrecht der Vorzugsaktionäre kann nur ganz oder gar nicht ausgeschlossen werden; eine Ausschließung für bestimmte Beschlussgegenstände ist nicht möglich.[511]

224 Das **Stimmrecht** der Vorzugsaktionäre **lebt jedoch in vollem Umfang auf**, wenn erstens die Vorzugsdividende in einem Jahr zumindest teilweise nicht gezahlt und zweitens im darauf folgenden Jahr der Rückstand nicht vollständig nachgezahlt oder die Vorzugsdividende dieses Jahres nicht vollständig erbracht wurde (§ 140 Abs. 2 AktG). Für den Zeitpunkt des Auflebens des Stimmrechts kommt es allein auf das Feststehen der gesetzlichen Voraussetzungen an.[512] Wenn zB ein ausreichender Bilanzgewinn zur Begleichung des Rückstands und der Vorzugsdividende nicht ausgewiesen wird, lebt das Stimmrecht bereits mit der Feststellung dieses Jahresabschlusses (§ 172 AktG) auf. Dies hat die Konsequenz, dass der Vorzugsaktionär schon in der Hauptversammlung, die diesen festgestellten Jahresabschluss entgegennimmt, stimmberechtigt ist. Wird dagegen erst in der Hauptversammlung ein unzureichender Gewinnverwendungsbeschluss gefasst, so lebt das Stimmrecht nach herrschender Meinung bereits in der betreffenden Hauptversammlung auf,[513] wohingegen nach anderer Auffassung ein Stimmrecht erst mit dem Ende der Hauptversammlung erwächst.[514] Das Stimmrecht erlischt wieder, sobald die Nachzahlung tatsächlich erfolgt ist.[515]

225 **cc) Rechtsfolge bei Verstoß.** Wird trotz eines bestehenden Verbots der Stimmrechtsausübung eine Stimme abgegeben, so ist sie gem. § 134 BGB nichtig.[516] Eine Beschlussfassung der Hauptversammlung, bei der fälschlicherweise nichtige Stimmen mitgezählt wurden, unterliegt der Anfechtbarkeit.[517] Allerdings fehlt es an der erforderlichen Kausalität, wenn der Feststellungsfehler für das Beschlussergebnis ohne Bedeutung war.[518]

---

[510] MHdB GesR IV/*Hoffmann-Becking* § 39 Rn. 34.
[511] Kölner Komm./*Zöllner* § 139 Rn. 5.
[512] MünchKomm. AktG/Bd. 3/*Arnold* § 140 Rn. 10; Kölner Komm./*Zöllner* § 140 Rn. 6.
[513] *Hüffer/Koch* AktG § 140 Rn. 5; Schmidt/Lutter/*Spindler* AktG § 140 Rn. 18; Spindler/Stilz/*Bormann* AktG § 140 Rn. 22; Kölner Komm./*Zöllner* § 140 Rn. 6; Großkomm. AktG/ *Bezzenberger* § 140 Rn. 24.
[514] MünchKomm. AktG/Bd. 3/*Arnold* § 140 Rn. 10 ff.
[515] Großkomm. AktG/*Bezzenberger* § 140 Rn. 30.
[516] *Hüffer/Koch* AktG § 136 Rn. 24; Spindler/Stilz/*Rieckers* AktG § 136 Rn. 42.
[517] *Hüffer/Koch* AktG § 136 Rn. 24.
[518] OLG Frankfurt a. M. 5 U 110/74, GmbHR 1976, 110 (111); *Hüffer/Koch* AktG § 243 Rn. 19; vgl. auch Rn. 268 f.

2. Mehrheitserfordernisse

a) Einfache Stimmenmehrheit

Im Aktienrecht gilt der Grundsatz, dass Beschlüsse der Hauptversammlung der einfachen Mehrheit der abgegebenen Stimmen bedürfen (§ 133 Abs. 1 AktG). Zur Ermittlung der einfachen Stimmenmehrheit werden lediglich die abgegebenen Ja-Stimmen und Nein-Stimmen gezählt. Enthaltungen und ungültige Stimmen gelten als nicht abgegeben.[519] Sofern Mehrstimmrechte[520] bestehen, können Beschlüsse auch gegen die Stimmen der Kapitalmehrheit angenommen bzw. gegen die Stimmen der Kapitalmehrheit abgelehnt werden.[521] Die einfache Stimmenmehrheit ist nicht ausreichend, soweit das Gesetz oder die Satzung eine größere Mehrheit oder weitere Erfordernisse bestimmen. 226

b) Kapitalmehrheit

In vielen Fällen verlangt das Gesetz neben der Mehrheit der abgegebenen Stimmen zusätzlich die Mehrheit des bei der Beschlussfassung vertretenen Grundkapitals, die so genannte Kapitalmehrheit. Schreibt das Gesetz eine Kapitalmehrheit vor, so muss sie neben der einfachen Stimmenmehrheit bestehen. Stimmrechtslose Vorzugsaktien werden bei der Berechnung der Kapitalmehrheit nicht mitgezählt.[522] 227

Eine **Dreiviertel-Mehrheit** des in der Hauptversammlung vertretenen Grundkapitals ist insbesondere bei Satzungsänderungen (§ 179 Abs. 2 AktG) erforderlich, wobei für Änderungen des Unternehmensgegenstandes nur eine größere Mehrheit vorgesehen werden kann. Ausnahmen von diesem Grundsatz betreffen insbesondere die bloßen Fassungsänderungen.[523] 228

Regelmäßig unterliegen ferner **Maßnahmen der Kapitalbeschaffung und Kapitalherabsetzung** der Zustimmung der Dreiviertel-Kapitalmehrheit. Zu diesen Kapitalmaßnahmen gehören die Kapitalerhöhung gegen Einlagen (§§ 182 ff. AktG), die Schaffung bedingten Kapitals (§§ 192 ff. AktG), die Schaffung genehmigten Kapitals (§§ 202 ff. AktG), die Kapitalerhöhung aus Gesellschaftsmitteln (§§ 207 ff. AktG), die ordentliche und vereinfachte Kapitalherabsetzung (§§ 222 ff. respektive §§ 229 ff. AktG), die Kapitalherabsetzung durch Einziehung von Aktien (§§ 237 ff. AktG) sowie die Ausgabe von Wandel- und Gewinnschuldverschreibungen (§ 221 AktG).[524] 229

Eine Ausnahme vom Grundsatz des Erfordernisses der Dreiviertel-Kapitalmehrheit ist für die Kapitalherabsetzung durch Einziehung von Aktien in § 237 Abs. 4 AktG für die in Abs. 3 genannten Sonderfälle normiert, namentlich wenn die Aktien der Gesellschaft unentgeltlich zur Verfügung gestellt wurden oder zulasten des Bilanzgewinns oder einer entsprechend verwendbaren Gewinnrücklage eingezogen werden. Regelmäßig ist eine Herabsetzung des Mehrheitserfordernisses in der Satzung nicht möglich. Ausnahmen hierzu gelten für die einfache Kapitaler-

---

[519] BGH II ZR 164/81, DB 1982, 1051 (zum Vereinsrecht); Großkomm. AktG/*Grundmann* § 133 Rn. 72; Bürgers/Körber/*Holzborn* AktG § 133 Rn. 13.
[520] Diese sind wegen § 12 Abs. 2 AktG zwar grds. unzulässig, nach § 5 EGAktG besteht aber eine Ausnahme, vgl. hierzu Semler/Volhard/Reichert/*Pöschke/Vogel* § 11 Rn. 74.
[521] Vgl. MHdB GesR IV/*Austmann* § 40 Rn. 42.
[522] Semler/Volhard/Reichert/*Pöschke/Vogel* § 12 Rn. 13; Großkomm. AktG/*Bezzenberger* § 140 Rn. 9 f. mwN.
[523] Hierzu und zu weiteren Ausnahmen Rn. 18.
[524] Semler/Volhard/Reichert/*Volhard* § 12 Rn. 26 ff.

höhung gegen Einlagen (§ 182 Abs. 1 Satz 2 AktG), sofern nicht stimmrechtslose Vorzugsaktien ausgegeben werden, und die Ausgabe von Wandel- oder Gewinnschuldverschreibungen (§ 221 Abs. 1 Satz 3 AktG), sofern jeweils das Bezugsrecht der Aktionäre (§§ 186 Abs. 3, 221 Abs. 4 AktG) nicht ausgeschlossen wird. Gleiches gilt für die Kapitalerhöhung aus Gesellschaftsmitteln (§ 207 Abs. 2 AktG).

230 Auch die **Grundlagengeschäfte** erfordern neben der einfachen Stimmenmehrheit eine Mehrheit von drei Vierteln des bei der Beschlussfassung vertretenen Grundkapitals, wobei wiederum in der Satzung nur eine größere Kapitalmehrheit und weitere Erfordernisse bestimmt werden können, nicht jedoch geringere. Dies gilt für die Zustimmung zum Abschluss und zur Änderung eines Unternehmensvertrages (§§ 293 Abs. 1, 295 Abs. 1 AktG), die Zustimmung zur Eingliederung einer Tochtergesellschaft (§§ 319 Abs. 2, 320 Abs. 1 Satz 3 AktG), die Zustimmung zu Verträgen, durch die sich die Gesellschaft zur Übertragung ihres gesamten Vermögens verpflichtet (§ 179a AktG), die Zustimmung zu Nachgründungsverträgen (§ 52 Abs. 1 Satz 1, Abs. 5 Satz 1 AktG), die Zustimmung zur Verschmelzung (§§ 65, 73 UmwG), zur Spaltung oder Ausgliederung (§ 125 iVm §§ 65, 73 UmwG), zur Vermögensübertragung im Wege der Gesamtrechtsnachfolge nach dem Umwandlungsgesetz (§ 176 iVm §§ 65, 73 UmwG) sowie die Zustimmung zum Formwechsel (§§ 233 Abs. 2, 240 UmwG).

c) Qualifizierte Stimmenmehrheit; weiterer Schutz der Minderheit

231 Außer einer Kapitalmehrheit kennt das Gesetz in bestimmten Fällen eine erhöhte Stimmenmehrheit. Dies gilt für die vorzeitige Abberufung von Aufsichtsratsmitgliedern (§ 103 Abs. 1 Satz 2 AktG), wobei die Satzung eine abweichende – auch geringere – Mehrheit vorsehen kann. Für einen Beschluss, durch den die Hauptversammlung eine vom Aufsichtsrat verweigerte Zustimmung zu einer zustimmungsbedürftigen Maßnahme des Vorstandes ersetzt (§ 111 Abs. 4 Satz 4 AktG) sowie für die Beschränkung oder Aufhebung des Vorzugs der Vorzugsaktionäre (§ 141 Abs. 3 Satz 2 AktG) in einer Sonderversammlung ist zwingend eine Mehrheit von mindestens drei Vierteln der abgegebenen Stimmen erforderlich. Daneben gelten qualifizierte Stimmenmehrheiten bei der Umwandlung einer AG in eine Personengesellschaft, GmbH oder eingetragene Genossenschaft (§§ 233 Abs. 1, 240 Abs. 2, 252 Abs. 1 UmwG).

232 Das Gesetz sieht zum **Schutz der Minderheitsaktionäre** in weiteren Fällen eine Abweichung vom Prinzip der einfachen Stimmenmehrheit vor. Bestimmte Beschlüsse können von Minderheitsaktionären verhindert oder sogar gegen die Mehrheit durchgesetzt werden, wenn diese geringeren Stimmquoren erreicht werden.[525] So kann eine Minderheit, die über 10% des gesamten Grundkapitals verfügt, verhindern, dass die Gesellschaft auf Ersatzansprüche gegen den Vorstand und den Aufsichtsrat verzichtet (§§ 93 Abs. 4 Satz 3, 116, 117 Abs. 4 AktG). Eine Minderheit von 10% oder 1 Mio. EUR des Grundkapitals kann zudem bei Gericht beantragen, dass zur Prüfung der Ansprüche gegen Gründer, Vorstandsmitglieder oder Aufsichtsratsmitglieder andere als die eigentlich nach den §§ 78, 112 bzw. 147 Abs. 2 Satz 1 AktG zuständigen Vertreter eingesetzt werden (§ 147 Abs. 2 Satz 2 AktG). Eine Minderheit von 1% oder 100.000 EUR des Grundkapitals kann schließlich gem. § 148 AktG ein Klagezulassungsverfahren betreiben, um die Ansprüche im eigenen Namen für die Gesellschaft geltend zu machen.

---

[525] Semler/Volhard/Reichert/*Pöschke/Vogel* § 12 Rn. 16 ff.; vgl. auch Großkomm. AktG/*Bezzenberger* § 147 Rn. 27.

d) Satzungsgemäße Mehrheitserfordernisse

Durch Bestimmungen in der Satzung kann das Erfordernis einfacher Stimmenmehrheit grundsätzlich nur verschärft, aber nicht abgemildert werden. **Verschärfungen** können bis zum Einstimmigkeitserfordernis und sogar zum Erfordernis der Zustimmung aller Aktionäre reichen, was jedoch in der Praxis regelmäßig nicht zweckmäßig ist.[526] Wenn das Gesetz allerdings ausdrücklich eine einfache Stimmenmehrheit ausreichen lässt, ist eine Verschärfung des Mehrheitserfordernisses durch die Satzung nicht möglich.[527] Hierdurch soll gewährleistet werden, dass die Kontrollbefugnisse der Hauptversammlung, wie zB die Bestellung von Sonderprüfern (§ 142 Abs. 1 Satz 1 AktG) und die Geltendmachung von Ersatzansprüchen (§ 147 Abs. 1 Satz 1 AktG) nicht zusätzlich erschwert werden.[528] 233

Erleichterungen der Mehrheitserfordernisse können in der Satzung nur in sehr begrenztem Umfang vorgesehen werden und nur, wenn das Gesetz es ausdrücklich gestattet. Für die vorzeitige Abberufung von Aufsichtsratsmitgliedern kann die Satzung zB eine von der Dreiviertel-Stimmenmehrheit in § 103 Abs. 1 Satz 2 AktG abweichende Regelung vorsehen. In jedem Fall ist für die Beschlussfassung, abgesehen von Wahlbeschlüssen,[529] mindestens die einfache Stimmenmehrheit erforderlich. Satzungen von Aktiengesellschaften sehen daher häufig eine Bestimmung vor, wonach Beschlüsse der Hauptversammlung mit einfacher Mehrheit der abgegebenen Stimmen gefasst werden, soweit nicht zwingende gesetzliche Vorschriften entgegenstehen, und dass, sofern das Gesetz außer der Stimmenmehrheit eine Kapitalmehrheit vorschreibt, die einfache Mehrheit des bei der Beschlussfassung vertretenen Grundkapitals ausreichend ist, soweit die höhere Kapitalmehrheit nicht zwingend ist.[530] Bei der Abfassung der Satzung ist darauf zu achten, dass auch eine Regelung über die erforderliche Kapitalmehrheit getroffen wird, da eine bloße Regelung zur erforderlichen Stimmenmehrheit nicht zugleich für eine etwa erforderliche Kapitalmehrheit gilt.[531] 234

Neben der Änderung der Mehrheitserfordernisse kann die Satzung zusätzliche Erfordernisse der Beschlussfassung aufstellen (§ 133 Abs. 1 aE AktG). Soweit das Gesetz nicht zwingend einfache Stimmenmehrheit bei der Beschlussfassung ausreichen lässt, kann zB vorgeschrieben werden, dass eine bestimmte Mindestteilnahme an einer Abstimmung erforderlich ist oder eine mehrmalige Abstimmung zur Beschlussfassung zu erfolgen hat.[532] In der Praxis sind solche zusätzlichen satzungsgemäßen Erfordernisse nicht verbreitet. 235

3. Wahlen von Aufsichtsratsmitgliedern

Die Aufsichtsratsmitglieder der Aktionäre werden von der Hauptversammlung gewählt, sofern kein Entsendungsrecht besteht oder sie nach mitbestimmungsrecht- 236

---

[526] Kölner Komm./*Tröger* § 133 Rn. 163, 212; MünchKomm. AktG/Bd. 3/*Arnold* § 133 Rn. 59.
[527] *Hüffer/Koch* AktG § 133 Rn. 15; MünchKomm. AktG/Bd. 3/*Arnold* § 133 Rn. 60 mwN.
[528] KölnerKomm./*Tröger* § 133 Rn. 164; weitergehend noch Großkomm. AktG/*Bezzenberger* § 142 Rn. 35, § 147 Rn. 22, der auch eine Herabsetzung des Stimmrechtsquorums für unzulässig hält.
[529] Vgl. hierzu Rn. 237 ff.
[530] Vgl. BeckFormB BHW/*Hoffmann-Becking* Formular X. Anm. 10.
[531] Semler/Volhard/Reichert/*Pöschke/Vogel* § 12 Rn. 29.
[532] Schmidt/Lutter/*Spindler* AktG § 133 Rn. 35.

lichen Vorschriften[533] bestellt werden (§§ 101 Abs. 1 Satz 1, 119 Abs. 1 Nr. 1 AktG). Ein Entsendungsrecht kann nur durch die Satzung und höchstens für ein Drittel der Aufsichtsratsmitglieder der Aktionäre eingeräumt werden; es kann nur für bestimmte Aktionäre oder für die jeweiligen Inhaber vinkulierter Namensaktien begründet werden (§ 101 Abs. 2 AktG).

237 Das Gesetz enthält keine gesonderten Bestimmungen darüber, wie die Wahl der Aufsichtsratsmitglieder der Aktionäre durchzuführen ist. Die Wahl erfolgt daher durch einen **Beschluss der Hauptversammlung** und unterscheidet sich von sonstigen Beschlüssen nur dadurch, dass eine Personalentscheidung und keine Sach- oder Verfahrensentscheidung getroffen wird, soweit die Wahl der Aufsichtsratsmitglieder durch die Hauptversammlung erfolgt.

238 Es obliegt allein dem Aufsichtsrat, **Wahlvorschläge** zu machen, sofern nicht die Hauptversammlung nach § 6 Montan-MitbestG an Wahlvorschläge gebunden ist oder der Wahlvorschlag auf Verlangen einer Minderheit auf die Tagesordnung gesetzt worden ist (§ 124 Abs. 3 Satz 1 und Satz 2 AktG). Außerhalb des Geltungsbereichs der Montan-Mitbestimmung ist die Hauptversammlung nicht an Wahlvorschläge gebunden (§ 101 Abs. 1 Satz 2 AktG).

239 Die Festlegung der **Art und Weise der Abstimmung** obliegt, soweit die Satzung keine Regelungen enthält, dem Versammlungsleiter.[534] Der Versammlungsleiter kann insbesondere bestimmen, ob bei der Wahl mehrerer Aufsichtsratsmitglieder über jeden einzeln oder über alle Kandidaten gemeinsam abgestimmt wird. Die Gesamtabstimmung über mehrere Aufsichtsratsmitglieder ist in der Praxis üblich und wird auch als „Listenwahl" oder „Globalwahl" bezeichnet.[535] Sie kann jedoch durch einen Beschluss der Hauptversammlung abgewendet werden;[536] anderenfalls bewirkt sie, dass Aktionäre, die nur gegen einzelne Kandidaten stimmen möchten, die Kandidaten insgesamt ablehnen müssen. Dies lässt sich vermeiden, indem man eine sog. „Simultanwahl" durchführt, die durch Ankreuzen von Ja- bzw. Nein-Kästchen hinsichtlich der einzelnen Kandidaten eine Differenzierung ermöglicht.[537] Nach Ziff. 5.4.3 S. 1 DCGK soll hingegen eine Einzelwahl des Aufsichtsrats erfolgen, so dass eine Listen-/Globalwahl bei börsennotierten Gesellschaften eine Einschränkung der Entsprechenserklärung (§ 161 AktG) erforderlich macht. Auch aus diesem Grund kann eine Simultanwahl daher vorzuziehen sein.[538]

240 Zur Wahl von Aufsichtsratsmitgliedern genügt die **einfache Mehrheit** der abgegebenen Stimmen, sofern die Satzung nicht eine abweichende Regelung trifft

---

[533] Vgl. hierzu einerseits MünchKomm. AktG/Bd. 2/*Habersack* § 101 Rn. 61, andererseits zum Gesetz zur Umsetzung der Regelungen über die Mitbestimmung der Arbeitnehmer bei grenzüberschreitenden Verschmelzungen (MgVG) v. 21.12.2006 *Lunk/Hinrichs* NZA 2007, 773 und *Nagel* NZG 2007, 57.

[534] MHdB GesR IV/*Austmann* § 40 Rn. 89; Spindler/Stilz/*Spindler* AktG § 101 Rn. 32 ff.

[535] BGH II ZR 185/07, NJW 2009, 2207 (2211); Semler/Volhard/Reichert/*Pöschke/Vogel* § 17 Rn. 20; Hüffer/Koch AktG § 101 Rn. 6; MünchKomm. AktG/Bd. 2/*Habersack* § 101 Rn. 19 ff.

[536] *Hüffer/Koch* AktG § 101 Rn. 6 f.

[537] Vgl. Semler/Volhard/Reichert/*Volhard* § 17 Rn. 20; MünchKomm. AktG/Bd. 2/*Habersack* § 101 Rn. 20; das OLG Frankfurt 5 U 229/05, WM 2007, 1704 verneint die Anfechtbarkeit der Listenwahl nach § 251 Abs. 1 AktG für den Fall, dass der Versammlungsleiter durch die Satzung zur Entscheidung hierüber ermächtigt wird und davon Gebrauch macht.

[538] Semler/Volhard/Reichert/*Pöschke/Vogel* § 17 Rn. 24; Hüffer/Koch AktG § 101 Rn. 6; MünchKomm. AktG/Bd. 2/*Habersack* § 101 Rn. 21 ff.

(§ 133 Abs. 2 AktG). Die Satzung kann zB vorsehen, dass die relative Mehrheit der abgegebenen Stimmen für die Wahl eines Aufsichtsratsmitglieds ausreicht.[539]

Liegen mehrere Wahlvorschläge vor, bestimmt der Versammlungsleiter die Reihenfolge, in der abgestimmt werden soll. Ausnahmsweise ist über einen Vorschlag eines Aktionärs zur Wahl von Aufsichtsratsmitgliedern vorab zu beschließen, sofern er die Bedingungen für die Mitteilungspflicht gem. §§ 125–127 AktG erfüllt, der Aktionär die Wahl des von ihm Vorgeschlagenen in der Hauptversammlung beantragt und eine Aktionärsminderheit von mindestens 10% des vertretenen Grundkapitals den Vorab-Beschluss verlangt (§ 137 AktG).

VI. Die Dokumentation der Hauptversammlung

1. Niederschrift

Über jede Hauptversammlung, in der Beschlüsse gefasst werden, muss gem. § 130 Abs. 1 AktG eine Niederschrift angefertigt werden. Sinn und Zweck der Niederschrift ist die Dokumentation der Willensbildung der Hauptversammlung im Interesse der an ihr Beteiligten, aber auch der Gläubiger und der künftigen Aktionäre der Gesellschaft.[540] Insbesondere bei börsennotierten Aktiengesellschaften soll durch die Hinzuziehung eines Notars bei der Aufnahme der Niederschrift die Beachtung der gesetzlichen Vorgaben bei der Beschlussfassung gewährleistet werden.[541] Aufgrund der Einreichungspflicht der Niederschrift und ihrer Anlagen zum Handelsregister (§ 130 Abs. 5 AktG) wird zugleich eine Publizitätswirkung der Niederschrift bewirkt.

a) Form der Niederschrift

Die Niederschrift ist notariell aufzunehmen. Für Hauptversammlungen von Gesellschaften, die an einer deutschen Börse zum Handel zugelassen sind, gilt dies generell.[542] Für Hauptversammlungen von **nicht börsennotierten Gesellschaften** besteht das Erfordernis nur, sofern Beschlüsse gefasst werden, für die das Gesetz eine Dreiviertel- oder größere Mehrheit vorsieht (§ 130 Abs. 1 Satz 3 AktG). Im letzten Fall ist eine notarielle Niederschrift auch dann erforderlich, wenn die Satzung lediglich die einfache Kapital- und Stimmmehrheit ausreichen lässt, da es nach dem eindeutigen Wortlaut des § 130 Abs. 1 Satz 3 AktG nur auf die gesetzlich bestimmte Mehrheit ankommt.[543] Da das Gesetz auch nicht zwischen der Kapitalmehrheit und der Stimmmehrheit unterscheidet, gilt das Erfordernis der notariellen Niederschrift generell für Beschlussfassungen, die qualifizierte Mehrheiten erfordern.

Ist in der nicht börsennotierten Gesellschaft ein Beschluss mit einer solchen Mehrheit nicht zu fassen, genügt gem. § 130 Abs. 1 Satz 3 AktG eine vom Vorsitzenden unterzeichnete Niederschrift; streitig ist dagegen, ob in einer Hauptversammlung, die sowohl Beschlüsse mit einfacher Mehrheit zu fassen hat, als auch solche, die nach dem Gesetz der qualifizierten Mehrheit bedürfen, sämtliche Beschlüsse in einer notariellen Niederschrift aufzunehmen sind oder ob nur letztere Beschlüs-

---

[539] MHdB GesR IV/*Austmann* § 40 Rn. 89.
[540] Kölner Komm./*Noack/Zetzsche* § 130 Rn. 4; *Steiner* § 21 Rn. 1.
[541] *Hüffer/Koch* AktG § 130 Rn. 1; Schmidt/Lutter/*Ziemons* AktG § 130 Rn. 2.
[542] Näher zu dem Begriff der Börsennotierung *Butzke* Kap. N Rn. 16.
[543] Semler/Volhard/Reichert/*Pöschke/Vogel* § 13 Rn. 3, 5 mwN.

se notariell beurkundet werden müssen.[544] Auch wenn vieles dafür spricht, dass sich das notarielle Protokoll nur auf die unter § 130 Abs. 1 Satz 3 AktG fallenden Beschlüsse beziehen muss, empfiehlt es sich aus Gründen der Sicherheit in diesen Situationen, dass sämtliche Beschlüsse notariell beurkundet werden, zumal sich regelmäßig keine kostenmäßige Auswirkung ergeben wird. Allerdings hat nunmehr der BGH entschieden, dass die Niederschrift durchaus in notariell beurkundete und in vom Aufsichtsratsvorsitzenden unterzeichnete Abschnitte teilbar ist und also nicht sämtliche Beschlüsse in der vom Notar aufgenommenen Niederschrift beurkundet werden müssen, so dass der Streit zumindest vorerst höchstrichterlich entschieden sein dürfte.[545]

b) Inhalt der Niederschrift

245   Zum Pflichtinhalt der Niederschrift gehören Angaben über den Ort und den Tag der Verhandlung, der Name des Notars, die Art und das Ergebnis der Abstimmung sowie die Feststellung des Vorsitzenden über die Beschlussfassung (§ 130 Abs. 2 Satz 1 AktG). Bei börsennotierten Gesellschaften umfasst die Feststellung für jeden Beschluss auch die Zahl der Aktien, für die gültige Stimmen abgegeben wurden, den Anteil des durch die gültigen Stimmen vertretenen Grundkapitals sowie die Zahl der für einen Beschluss abgegebenen Stimmen, Gegenstimmen und ggf. die Anzahl der Enthaltungen (§ 130 Abs. 2 Satz 2 AktG). Der Versammlungsleiter kann gem. § 130 Abs. 2 Satz 3 AktG die Feststellung über die Beschlussfassung für jeden Beschluss darauf beschränken, dass die erforderliche Mehrheit erreicht wurde, wenn kein Aktionär die umfassende Feststellung verlangt. Mit Ausnahme des anzugebenden Namens des Notars bei der notariellen Niederschrift bestehen hinsichtlich des Inhalts der notariellen und der privatschriftlichen Niederschrift grundsätzlich keine Unterschiede.

246   In die Niederschrift sind sämtliche von der Hauptversammlung gefassten Beschlüsse aufzunehmen. Beurkundungspflichtig sind nicht nur **Sachbeschlüsse**, sondern auch die in der Praxis selteneren **Verfahrensbeschlüsse**.[546] Sowohl einen Antrag annehmende Beschlüsse (positive Beschlüsse) als auch einen Antrag ablehnende Beschlüsse (negative Beschlüsse) sind in die Niederschrift aufzunehmen.[547] Es ist anzugeben, nach welchem Modus abgestimmt wurde (Handaufheben, Stimmkarten, elektronische Abstimmung etc.) und nach welcher Auszählungsmethode (Additions- oder Subtraktionsverfahren) das Stimmergebnis festgestellt wurde.[548]

247   Mit dem Begriff „**Ergebnis der Abstimmung**" meint das Gesetz sowohl den Beschluss selbst als auch das zahlenmäßige Ergebnis der Beschlussfassung.[549] Daher sind in die Niederschrift sowohl der Wortlaut des angenommenen bzw. abgelehnten Antrags als auch die Zahl der für und gegen den Antrag abgegebenen Stimmen und der mit diesen Stimmen verbundene Anteil am Grundkapital anzugeben. Die

---

[544] Vgl. hierzu Semler/Volhard/Reichert/*Pöschke/Vogel* § 15 Rn. 5.
[545] BGH II ZR 176/14, NZG 2015, 867 (868).
[546] *Hüffer/Koch* AktG § 130 Rn. 2; Schmidt/Lutter/*Ziemons* AktG § 130 Rn. 12.
[547] Ganz herrschende Meinung: Kölner Komm./*Noack/Zetzsche* § 130 Rn. 115; Münch-Komm. AktG/Bd. 3/*Kubis* § 130 Rn. 4.
[548] *Steiner* § 21 Rn. 6; Großkomm. AktG/*Mülbert* § 130 Rn. 97 f.
[549] Werden statt der Anzahl der Ja- und Nein-Stimmen Prozentzahlen aufgenommen, führt dieser Beurkundungsfehler nicht zur Nichtigkeit, wenn sich aus den Angaben in der Niederschrift das zahlenmäßige Abstimmungsergebnis zweifelsfrei errechnen lässt, BGH II ZR 375/15, NZG 2017, 1374.

Beurkundung der Enthaltungen ist nicht zwingend erforderlich;[550] bei der Anwendung des Subtraktionsverfahrens ist dies allerdings zweckmäßig, da die Zahl der Stimmenthaltungen eine Rechnungsgröße für die Ermittlung des Abstimmungsergebnisses ist.

Neben den Beschlüssen der Hauptversammlung gehören zum Pflichtinhalt der Niederschrift
- jedes der in § 130 Abs. 1 Satz 2 AktG bezeichneten **Minderheitsverlangen**; diese betreffen die Einzelabstimmung über die Entlastung von Mitgliedern des Vorstands oder des Aufsichtsrats (§ 120 Abs. 1 Satz 2 AktG) sowie den Vorschlag eines Aktionärs zur Wahl von Aufsichtsratsmitgliedern (§ 137 AktG),
- der **Widerspruch** eines Aktionärs oder einer Aktionärsminderheit, von dem das Gesetz verlangt, dass er zur Niederschrift erhoben wird, wie zB der Widerspruch des Aktionärs gegen eine Beschlussfassung (§ 245 Nr. 1 AktG),[551]
- die **Frage** eines Aktionärs, wenn ihm eine Auskunft verweigert wurde, sowie die Begründung der Verweigerung, sofern der Aktionär dies verlangt (§ 131 Abs. 5 AktG),
- sonstige **rechtserhebliche Vorgänge** in der Hauptversammlung, die für die Wirksamkeit von Beschlussfassungen besondere Relevanz haben; zB Ordnungsmaßnahmen des Versammlungsleiters.[552]

Neben den Pflichtangaben enthält die Niederschrift üblicherweise weitere **fakultative Angaben**. Hierzu zählen insbesondere die Namen des Versammlungsleiters, der teilnehmenden Vorstands- und Aufsichtsratsmitglieder sowie des Abschlussprüfers. Auch werden regelmäßig Erläuterungen zum Verfahrensablauf sowie Angaben über die ausliegenden Unterlagen in die Niederschrift aufgenommen.[553]

c) Erstellung und Einreichung der Niederschrift

In der Praxis bereitet der Notar bzw. der Protokollführer regelmäßig die Niederschrift bereits vor der Hauptversammlung soweit vor, dass in der Hauptversammlung nur noch Ergänzungen hinsichtlich der tatsächlichen Vorgänge, insbesondere der Abstimmungsergebnisse, eingefügt werden müssen. Die Niederschrift kann so unmittelbar nach der Hauptversammlung fertig gestellt und, wie von § 130 Abs. 4 AktG verlangt, vom Notar bzw. im Falle der privatschriftlichen Niederschrift vom Aufsichtsratsvorsitzenden (§ 130 Abs. 1 Satz 3 AktG) eigenhändig unterschrieben werden. Die fertig gestellte Niederschrift ist unverzüglich nach der Hauptversammlung nebst der Belege über die Einberufung der Versammlung als Anlage zum Handelsregister einzureichen (§ 130 Abs. 5 AktG). Für die Einreichung zum Handelsregister ist der Vorstand zuständig. Der Notar kann die notarielle Niederschrift berichtigen. Bei der Berichtigung durch eine ergänzende Niederschrift müssen der Versammlungsleiter oder die in der Hauptversammlung anwesenden Aktionäre nicht mitwirken.[554]

---

[550] *Hüffer/Koch* AktG § 130 Rn. 19a; *Butzke* Kap. N Rn. 28; aA MünchKomm. AktG/Bd. 3/*Kubis* § 130 Rn. 57; Spindler/Stilz/*Wicke* AktG § 130 Rn. 48 für den Fall, dass das Abstimmungsergebnis im Wege des Subtraktionsverfahrens ermittelt wird.
[551] Weitere Widerspruchsmöglichkeiten betreffen etwa die Wahl des Abschlussprüfers (§ 318 Abs. 3 Satz 2 HGB) sowie den Verzicht oder den Vergleich über Ersatzansprüche; siehe etwa §§ 50 Satz 1, 93 Abs. 4 Satz 3, 116, 117 Abs. 4, 302 Abs. 3 Satz 3, 309 Abs. 3 Satz 1, 310 Abs. 4 AktG sowie die Ausführungen bei Großkomm. AktG/*Mülbert* § 130 Rn. 19 ff.
[552] *Butzke* Kap. N Rn. 33; Schmidt/Lutter/*Ziemons* AktG § 130 Rn. 38.
[553] Vgl. MHdB GesR IV/*Hoffmann-Becking* § 41 Rn. 8.
[554] BGH II ZR 375/15, NZG 2017, 1374.

d) Veröffentlichung im Internet

250a Nach § 130 Abs. 6 AktG sind börsennotierte Gesellschaften verpflichtet, innerhalb von sieben Tagen nach der Hauptversammlung die festgestellten Abstimmungsergebnisse einschließlich der umfassenden Angaben nach § 130 Abs. 2 Satz 2 AktG auf ihrer Internetseite zu veröffentlichen.

e) Mängel der Niederschrift

251 Ist die nach § 130 Abs. 1 AktG erforderliche Beurkundung ganz unterblieben, sind die nach § 130 Abs. 2 AktG erforderlichen Pflichtangaben nicht oder falsch aufgenommen oder fehlt die Unterschrift des Notars bzw. Aufsichtsratsvorsitzenden, so ist ein Beschluss gem. § 241 Nr. 2 AktG nichtig.[555] Der Beurkundungsmangel wird jedoch geheilt, wenn der Beschluss trotz der Mängel in das Handelsregister eingetragen wird (§ 242 Abs. 1 AktG).

252 Beurkundungsfehler, die ein Minderheitsverlangen oder Widersprüche von Aktionären bzw. Aktionärsminderheiten betreffen, haben rechtlich keine Bedeutung. Sind diese Gegenstände überhaupt nicht protokolliert worden, müssen die Betroffenen ggf. anderweitig den Nachweis für die von ihnen abgegebenen Erklärungen führen.[556]

2. Sonstige Dokumentation

253 Die Gesellschaft, aber auch jeder Aktionär, ist berechtigt, ein stenografisches Protokoll der Hauptversammlung zu führen oder sich sonstige Aufzeichnungen zu machen. Die Gesellschaft ist jedoch nicht verpflichtet, auf Antrag oder Wunsch des Aktionärs zusätzlich zur Niederschrift ein stenografisches Protokoll zu führen.[557]

254 Auch Tonband-, Film- und Fernsehaufnahmen sowie Videoaufzeichnungen der Hauptversammlung auf Veranlassung der Gesellschaft sind möglich;[558] nach § 118 Abs. 4 AktG kann die Satzung oder Geschäftsordnung (§ 129 Abs. 1 AktG) vorsehen oder den Vorstand dazu ermächtigen vorzusehen, dass die Hauptversammlung in Ton und Bild übertragen werden darf.[559] Die Übertragung in Ton und Bild ist notwendige Voraussetzung für die Online-Teilnahme gem. § 118 Abs. 1 Satz 2 AktG, die folglich die weitergehende Regelung darstellt. Durch die Zulassung der Übertragung der Hauptversammlung in Ton und Bild, insbesondere im Rahmen der Online-Teilnahme, sollte eine Voraussetzung für die Umsetzung der in Art. 2.3.3 des Deutschen Corporate Governance Kodex enthaltenen Empfehlung, den Aktionären die Verfolgung der Hauptversammlung über moderne Kommunikationsmedien (zB Internet) zu ermöglichen, geschaffen werden. Im Zuge des ARUG wurde diese Entwicklung fortgeführt.[560] Allerdings ist weiterhin von einer Verpflichtung der Gesellschaft auszugehen, die Teilnehmer vorab auf die Aufzeichnung und Übertragung hinzuweisen, um sicherzustellen, dass hierdurch nicht in unzulässiger Weise in das allgemeine Persönlichkeitsrecht der Redner eingegriffen wird.[561] Es besteht

---

[555] *Butzke* Kap. N Rn. 38.
[556] Spindler/Stilz/*Wicke* AktG § 130 Rn. 7, 10; Großkomm. AktG/*Mülbert* § 130 Rn. 150, 152.
[557] Semler/Volhard/Reichert/*Pöschke/Vogel* § 13 Rn. 96.
[558] Semler/Volhard/Reichert/*Pöschke/Vogel* § 13 Rn. 98, 100; *Butzke* Kap. N Rn. 49.
[559] Vgl. zur Verfassungsmäßigkeit LG Frankfurt a. M. 3–13 O 79/03, NJW-RR 2005, 837.
[560] Vgl. zur Online-Teilnahme Rn. 144a f.
[561] Vgl. BGH II ZR 248/92, BGHZ 127, 107 (116).

jedoch kein Recht eines Aktionärs, der Aufnahme seines Redebeitrags zu widersprechen, sofern die Satzung die Übertragung vorsieht.[562] Stattdessen sind Aktionäre, die ihre Redebeiträge nicht übertragen sehen möchten, auf die Entsendung eines Vertreters verwiesen. Indes besteht kein Rechtsanspruch einzelner Aktionäre auf allgemeine Übertragung; insbesondere steht es der Gesellschaft auch offen, nur Teile der Hauptversammlung – wie etwa die Rede des Vorstandes – zu übertragen. Private Ton- bzw. Bildaufnahmen durch einzelne Versammlungsteilnehmer sind nur mit Zustimmung des Versammlungsleiters und der übrigen Teilnehmer der Hauptversammlung zulässig.[563]

VII. Anfechtungsklagen

1. Anfechtungsbefugnis

Zur Erhebung einer Anfechtungsklage bedarf es zunächst der Anfechtungsbefugnis, welche nach näherer Bestimmung des § 245 AktG den Aktionären sowie jedem Mitglied des Vorstands und des Aufsichtsrats zukommt.

a) Aktionäre

Nach § 245 Nr. 1 AktG ist jeder in der Hauptversammlung erschienene Aktionär anfechtungsbefugt, sofern er die Aktien schon vor der Bekanntmachung der Tagesordnung erworben hatte und gegen den Beschluss **Widerspruch zur Niederschrift** erklärt hat. Als in der Hauptversammlung erschienen gilt, wer entweder selbst an der Hauptversammlung teilgenommen hat oder kraft gesetzlicher oder rechtsgeschäftlicher Vollmacht vertreten worden ist; unerheblich ist, ob offene oder verdeckte Stellvertretung vorliegt.[564] Als Teilnehmer im aktienrechtlichen Sinne gelten auch die Aktionäre, die der Hauptversammlung online zugeschaltet sind und ihre Stimme in diesem Rahmen abgeben, nicht jedoch diejenigen Aktionäre, die ihre Stimme im Vorfeld der Hauptversammlung per Briefwahl abgegeben haben.[565] Jedoch kann die Anfechtungsbefugnis durch die Satzung auf am Ort der Hauptversammlung anwesende Aktionäre beschränkt werden, indem Online-Teilnehmern nicht das Recht eingeräumt wird, Widerspruch zur Niederschrift erklären zu können.[566] Anfechtungsbefugt ist auch derjenige Aktionär, für den ein Legitimationsaktionär aufgetreten ist; streitig ist hingegen die Anfechtungsbefugnis des Legitimationsaktionärs selbst.[567] Die Anfechtungsbefugnis ist nicht an ein Stimmrecht gebunden, sodass auch Aktionäre stimmrechtsloser Vorzugsaktien oder solche, die einem Stimmrechtsverbot unterliegen, zur Anfechtung berechtigt sind.[568] Der Widerspruch muss gegen einen Beschluss der Hauptversammlung gerichtet sein. Dabei muss nicht zwingend das Wort „Widerspruch" gebraucht werden; es reicht

---

[562] Vgl. *Hüffer/Koch* AktG § 118 Rn. 30.
[563] BGH II ZR 248/92, BGHZ 127, 107 (116); *Butzke* Kap. N Rn. 49.
[564] Semler/Volhard/Reichert/*Leuering* § 44 Rn. 74.
[565] Vgl. Begründung des Regierungsentwurfs zum ARUG v. 21.1.2009, BT-Drs. 16/11642, 27; ausführlich vgl. Rn. 144a, 209.
[566] Wobei sich die technische Frage stellt, wie ein online zugeschalteter Aktionär Widerspruch zur Niederschrift erklären kann, vgl. Rn. 145.
[567] Vgl. zum Ganzen Großkomm. AktG/*Schmidt* § 245 Rn. 15.
[568] Großkomm. AktG/*Schmidt* § 245 Rn. 13.

aus, wenn der Aktionär deutlich zum Ausdruck bringt, dass er den Beschluss für rechtswidrig, unwirksam oder ungültig hält.[569]

257 Auch ein Aktionär, der erst nach dem Beginn der Hauptversammlung erscheint oder die für die Online-Teilnahme bereitgestellte Internetseite aufruft und sich anmeldet,[570] gilt als erschienener Aktionär. Gegen vor seinem Erscheinen bereits gefasste Beschlüsse kann er **nachträglich** Widerspruch einlegen.[571] Entsprechend muss ein Aktionär, der die Hauptversammlung früher verlässt, bereits beim Verlassen gegen die Beschlussfassung über Tagesordnungspunkte, über die erst nach seinem Verlassen beschlossen werden soll, Widerspruch einlegen.[572]

258 Ein nicht in der Hauptversammlung erschienener Aktionär ist zur Anfechtung eines Beschlusses berechtigt, wenn er zu der Hauptversammlung **zu Unrecht nicht zugelassen** worden ist oder die Versammlung nicht ordnungsgemäß einberufen oder der Gegenstand der Beschlussfassung nicht ordnungsgemäß bekannt gemacht worden ist (§ 245 Nr. 2 AktG). Unter dieser Voraussetzung ist ein Widerspruch zu Protokoll entbehrlich, es sei denn, der Aktionär hat gleichwohl an der Hauptversammlung teilgenommen.

Ein Aktionär ist zu Unrecht nicht zu der Hauptversammlung zugelassen, wenn er zwar die formellen und materiellen Bedingungen für die Teilnahme an der Hauptversammlung erfüllt, ihm aber gleichwohl die Teilnahme verweigert wird.[573] Der während einer Hauptversammlung unberechtigt aus dem Saal verwiesene Aktionär wird einem zu Unrecht nicht zugelassenen Aktionär gleichgestellt.[574] Liegt der Fehler der Nichtzulassung des Aktionärs zur Hauptversammlung allerdings bei Dritten, etwa wenn das depotführende Kreditinstitut den Berechtigungsnachweis nach § 123 Abs. 3 AktG zu spät in Textform übersendet (vgl. hierzu Rn. 87), kann dieser Fehler nicht der Gesellschaft zugerechnet werden.[575] Dem deshalb nicht zugelassenen Aktionär steht daher keine Anfechtungsbefugnis zu. Gleiches gilt, wenn einem Aktionär die Online-Teilnahme an der Hauptversammlung und/oder die Stimmabgabe auf dem Wege elektronischer Kommunikation (§ 118 Abs. 1 Satz 2, Abs. 2 AktG) aufgrund einer technischen Störung der Übertragung im Internet nicht möglich ist, die nicht auf Vorsatz oder grober Fahrlässigkeit der Gesellschaft beruht (§ 243 Abs. 3 Nr. 1 AktG).

259 Zu den Einberufungsfehlern zählen neben Verstößen gegen die §§ 121–123 AktG nach richtiger Ansicht auch Verstöße gegen die Mitteilungspflichten nach §§ 125–127 AktG.[576] Bekanntmachungsfehler liegen in Verstößen gegen § 124 Abs. 1–3 AktG sowie § 124a AktG. Ein Verstoß gegen § 124 Abs. 2 Satz 2 AktG kann zB vorliegen, wenn der Vorstand einer Aktiengesellschaft zur Unterrichtung der

---

[569] Semler/Volhard/Reichert/*Leuering* § 44 Rn. 74.
[570] Vgl. zu den Voraussetzungen der Online-Teilnahme Rn. 144a f.
[571] MünchKomm. AktG/Bd. 4/*Hüffer/Schäfer* § 245 Rn. 43; Kölner Komm./*Noack/Zetzsche* § 245 Rn. 96.
[572] Vgl. *Steiner* § 23 Rn. 7; Großkomm. AktG/*Schmidt* § 245 Rn. 20, 24. Die Rspr. ist uneinheitlich; für die Zulässigkeit von Vorabwidersprüchen: OLG Jena 6 U 968/05, NZG 2006, 467; OLG München 23 U 5917/05, NZG 2006, 784 (785); dagegen: LG Frankfurt a. M. 3–05 O 112/04, NZG 2005, 721 f. und 3/9 O 98/03, NZG 2006, 438 f.
[573] Vgl. *Hüffer/Koch* AktG § 245 Rn. 18.
[574] Vgl. MünchKomm. AktG/Bd. 4/*Hüffer/Schäfer* § 245 Rn. 44; *Butzke* Kap. O Rn. 14, D Rn. 72.
[575] Großkomm. AktG/*Schmidt* § 245 Rn. 27.
[576] Großkomm. AktG/*Schmidt* § 245 Rn. 27; MünchKomm. AktG/Bd. 4/*Hüffer/Schäfer* § 245 Rn. 48; *Hüffer/Koch* AktG § 245 Rn. 19; aA Großkomm. AktG/*Werner*, 4. Aufl. 2012, § 125 Rn. 91 ff.; anders Folgeauflage, vgl. Großkomm. AktG/*Butzke* § 125 Rn. 69 ff.

Hauptversammlung über den wesentlichen Inhalt eines Vertragswerks verpflichtet ist und die Einladung zur Hauptversammlung nicht diejenigen Informationen enthält, die zur angemessenen Beurteilung durch die Aktionäre erforderlich sind. Der Inhalt des Vertrages muss so deutlich und vollständig angegeben werden, dass jeder Aktionär ersehen kann, um was für einen Vertrag es sich handelt, was das Wesen seiner Regelung ausmacht und wie Leistung und Gegenleistung geregelt sind.[577]

Bei einer unzulässigen Verfolgung von Sondervorteilen durch einzelne Aktionäre iSd § 243 Abs. 2 AktG ist jeder Aktionär, der seine Aktien schon vor der Bekanntmachung der Tagesordnung erworben hatte,[578] anfechtungsberechtigt (§ 245 Nr. 3 AktG). Weder die Teilnahme an der Hauptversammlung noch die Erklärung des Widerspruchs zur Niederschrift ist Voraussetzung der Anfechtungsbefugnis.[579]

b) Vorstand

Der Vorstand der Gesellschaft ist stets als Kollegialorgan anfechtungsbefugt (§ 245 Nr. 4 AktG), ohne dass es weiterer Voraussetzungen, wie zB der Teilnahme an der Hauptversammlung oder der Erklärung eines Widerspruchs zur Niederschrift, bedarf.[580] Der Vorstand hat, sofern er nicht Alleinvorstand ist, vorbehaltlich abweichender Regelungen in der Satzung oder Geschäftsordnung einen einstimmigen Beschluss zu fassen (vgl. § 77 Abs. 1 AktG).

c) Mitglieder des Vorstands und des Aufsichtsrats

Schließlich ist jedes Mitglied des Vorstands und des Aufsichtsrats zur Anfechtung befugt, wenn Verwaltungsmitglieder durch die Ausführung des Beschlusses eine strafbare Handlung oder Ordnungswidrigkeit begehen oder wenn sie durch die Ausführung ersatzpflichtig werden würden (§ 245 Nr. 5 AktG). Auch dieses Anfechtungsrecht setzt weder die Anwesenheit der Organmitglieder in der Hauptversammlung noch die Erklärung eines Widerspruchs zur Niederschrift voraus.[581] Maßgeblich ist die Organzugehörigkeit im Zeitpunkt der Klageerhebung.[582] Nicht erforderlich ist, dass die Ausführung des Beschlusses in die individuelle Verantwortlichkeit des klageerhebenden Organmitglieds fällt.[583] Dass der Beschluss bereits ausgeführt wurde, ist für die Anfechtungsbefugnis ebenfalls irrelevant.[584]

2. Voraussetzungen der Anfechtung

Voraussetzung für die Anfechtbarkeit von Hauptversammlungsbeschlüssen ist das Vorliegen eines Anfechtungsgrunds. Ein solcher ist gegeben, wenn der Beschluss das Gesetz oder die Satzung der Gesellschaft verletzt (§ 243 Abs. 1 AktG).[585]

---

[577] OLG Schleswig 5 U 57/04, NZG 2006, 951 – Mobilcom.
[578] Durch diese Neuerung durch das UMAG sollen sog. „räuberische Anfechtungsklagen" eingedämmt werden; vgl. *Spindler* NZG 2005, 825 (829).
[579] *Hüffer/Koch* AktG § 245 Rn. 21; Kölner Komm./*Noack/Zetzsche* § 245 Rn. 121.
[580] Großkomm. AktG/*Schmidt* § 245 Rn. 32.
[581] *Hüffer/Koch* AktG § 245 Rn. 40.
[582] Kölner Komm./*Noack/Zetzsche* § 245 Rn. 158; *Hüffer/Koch* AktG § 245 Rn. 39.
[583] *Hüffer/Koch* AktG § 245 Rn. 40; Bürgers/Körber/*Göz* AktG § 245 Rn. 18.
[584] MünchKomm. AktG/Bd. 4/*Hüffer/Schäfer* § 245 Rn. 74.
[585] Nach einer Entscheidung des LG München I 5 HK O 10614/07, NZG 2008, 150 besteht kein Anfechtungsrecht gegen einen Hauptversammlungsbeschluss wegen Verstoßes gegen den Corporate Governance Kodex, da es sich bei dem Kodex weder um ein Gesetz handele noch eine satzungsgleiche Wirkung feststellbar sei, vgl. auch: *Hüffer/Koch* AktG § 243 Rn. 5 mwN.

Eine Gesetzesverletzung liegt auch im Verstoß gegen gewohnheitsrechtlich und richterrechtlich begründete Prinzipien wie etwa den Grundsatz der gesellschaftsrechtlichen Treuepflicht.[586] Demgegenüber führen Verstöße gegen bloße formale Ordnungsbestimmungen nicht zur Anfechtbarkeit.[587]

Zu unterscheiden ist zwischen Fehlern, die das Zustandekommen des Beschlusses betreffen (Verfahrensfehler), und solchen, die die von der Hauptversammlung getroffene Entscheidung selbst betreffen (Inhaltsfehler).

a) Verfahrensfehler

264 Ein Verfahrensfehler liegt vor, wenn das Gesetz oder die Satzung beim Zustandekommen des Beschlusses verletzt werden. Verfahrensfehler können das gesamte Verfahren von der Einberufung der Hauptversammlung bis zur Feststellung des Beschlusses durch den Vorsitzenden und dessen Protokollierung betreffen.

Die möglichen Verfahrensmängel sind umfangreich;[588] sie lassen sich in Mängel bei der Vorbereitung bzw. Durchführung der Hauptversammlung sowie bei der Erfüllung von Informationspflichten unterteilen.

265 **Vorbereitungsmängel** sind insbesondere Verstöße gegen die Einberufungsvorschriften (§§ 121–123 AktG) und die ordnungsgemäße Bekanntmachung der Tagesordnung und die Mitteilungspflichten (§§ 124–127 AktG). So kann die Einberufung der Hauptversammlung an einen unzulässigen Ort,[589] die Nichteinhaltung der Einberufungsfrist,[590] die Einberufung zur Unzeit[591] oder die unzureichende Bekanntgabe der Tagesordnung[592] zur Anfechtbarkeit dennoch gefasster Hauptversammlungsbeschlüsse führen. Verstöße gegen die Einberufungsvorschriften in § 121 Abs. 2, 3 und 4 AktG stellen gem. § 241 Nr. 1 Nichtigkeitsgründe dar, sodass es hier einer Anfechtung nicht bedarf.[593]

266 **Durchführungsfehler**, die zur Anfechtbarkeit eines Beschlusses führen können, sind insbesondere bei unberechtigten Eingriffen in das Teilnahmerecht der Aktionäre an der Hauptversammlung denkbar.[594] Werden zB vor dem Zutritt zur Hauptversammlung Taschenkontrollen bei den Aktionären durchgeführt, sollte ihnen die Möglichkeit eröffnet werden, persönliche Gegenstände in einem abschließbaren Schrank oder bei einer Aufbewahrungsstelle in angemessenem Abstand vor dem Zugang zur Hauptversammlung zu deponieren. Ansonsten kann ein rechtswidriger Eingriff in das Persönlichkeitsrecht der Aktionäre und infolgedessen eine Verletzung ihres Teilnahmerechts vorliegen, die zur Anfechtbarkeit sämtlicher Hauptversammlungsbeschlüsse führt.[595] Wird ein Aktionär unberechtigt des Saales verwiesen oder werden Stimmen nicht stimmberechtigter Personen mitgezählt,[596]

---

[586] *Hüffer/Koch* AktG § 243 Rn. 5.
[587] Vgl. MünchKomm. AktG/Bd. 4/*Hüffer/Schäfer* § 243 Rn. 20; Großkomm. AktG/*Schmidt* § 243 Rn. 15.
[588] Vgl. die Aufstellung bei Semler/Volhard/Reichert/*Leuering* § 44 Rn. 30 ff.
[589] BGH II ZR 79/84, AG 1985, 188 (189).
[590] BGH II ZR 180/86, BGHZ 100, 264.
[591] LG Darmstadt 15 O 446/8, BB 1982, 72.
[592] LG Hanau 5 O 149/95, AG 1996, 184 (185); *Butzke* Kap. O Rn. 22.
[593] MünchKomm. AktG/Bd. 4/*Hüffer/Schäfer* § 245 Rn. 48.
[594] Spindler/Stilz/*Würthwein* AktG § 243 Rn. 116 ff.; Großkomm. AktG/*Schmidt* § 243 Rn. 33.
[595] OLG Frankfurt a. M. 5 W 43/06, NZG 2007, 310 – Wella, das eine Kontrolle mittels eines Durchleuchtungsgeräts empfiehlt.
[596] BGH II ZR 308/87, BGHZ 104, 66 (69).

liegt hierin ebenfalls ein anfechtungsbegründender Verstoß.[597] Technische Störungen bei der Online-Teilnahme an der Hauptversammlung oder der Stimmabgabe im Wege elektronischer Kommunikation stellen nur dann eine anfechtbare Verletzung von Rechten dar, wenn der Gesellschaft Vorsatz oder grobe Fahrlässigkeit vorzuwerfen ist (§ 243 Abs. 3 Nr. 1 AktG).[598]

In der Praxis hat die Anfechtung wegen **Mängeln bei der Informationserteilung** die größte Bedeutung erlangt. Der wohl häufigste Anfechtungsgrund ist die Verletzung des Auskunftsrechts des Aktionärs nach § 131 AktG durch unberechtigte Verweigerung oder unrichtige oder unvollständige Auskunftserteilung.[599] Ebenso kommt eine Anfechtung wegen der Verletzung sonstiger Informationspflichten in Betracht. Dies gilt zB für den Gewinnverwendungsbeschluss, wenn der Jahresabschluss, der Lagebericht, ggf. auch Konzernjahresabschluss und -lagebericht, der Bericht des Aufsichtsrats und der Vorschlag des Vorstands nicht zur Einsicht ausgelegt werden.[600] Von besonderer praktischer Relevanz sind Anfechtungsrisiken durch die Verletzung von Berichtspflichten durch den Vorstand.[601] Auf die Verletzung von Auskunfts- und Informationsrechten in Bezug auf Bewertungsfragen kann die Anfechtungsklage gem. § 243 Abs. 4 Satz 2 AktG nicht gestützt werden, soweit das Gesetz insoweit ein Spruchverfahren vorsieht.

b) Kausalität/Relevanz

Es ist allgemein anerkannt, dass der geltend gemachte Gesetzes- oder Satzungsverstoß gegen eine Verfahrensregel allein nicht ausreicht, die Anfechtbarkeit des Beschlusses zu begründen. Die früher herrschende Meinung in der Literatur und die Rechtsprechung stellte daher bei Verfahrensverstößen zusätzlich das Erfordernis der (potenziellen) Kausalität auf.[602]

Die Rechtsprechung[603] hat sich inzwischen – Forderungen der Literatur folgend[604] – der so genannten **Relevanztheorie** angeschlossen. Danach soll es maßgeblich auf eine am Zweck der verletzten Norm orientierte wertende Betrachtung des jeweiligen Verstoßes ankommen. Nach der Rechtsprechung ist auf die Bedeutung der konkreten Verletzung abzustellen und nicht auf einen hypothetischen Vergleich der Sachlage ohne oder mit Erlangung der Kenntnis. Entscheidend ist sodann, ob es – bei wertender Betrachtungsweise – ausgeschlossen ist, dass sich der Verfahrensfehler auf das Beschlussergebnis ausgewirkt hat.[605] Dies hat nunmehr auch Rückhalt im Gesetz gefunden: § 243 Abs. 4 Satz 1 AktG normiert, dass wegen unrichtiger, unvollständiger oder verweigerter Erteilung von Informationen nur dann angefochten werden kann, wenn ein objektiv urteilender Aktionär die Erteilung der Information als wesentliche Voraussetzung für die sachgerechte Wahr-

---

[597] Weitere Beispiele bei Semler/Volhard/Reichert/*Leuering* § 44 Rn. 16.
[598] Vgl. Rn. 258.
[599] Vgl. BGH II ZR 238/91, DB 1993, 1074 (1080); OLG München 7 U 1849/97, DB 1998, 301; allgemein zur Auskunftspflicht des Vorstands Rn. 202 ff.
[600] Semler/Volhard/Reichert/*Leuering* § 44 Rn. 34.
[601] BGH II ZR 55/81, DB 1982, 1313f.; II ZR 206/88, BGHZ 107, 296 (306); II ZR 124/99, ZIP 2001, 416 – Altana/Milupa.
[602] Vgl. *Hüffer/Koch* AktG § 243 Rn. 12 mwN.
[603] Vgl. etwa BGH II ZR 225/99, NJW 2002, 1128; II ZR 288/02, NJW 2004, 3561; II ZR 250/02, NJW 2005, 828; II ZR 140/07, BeckRS 2008, 20523.
[604] Vgl. insbesondere Kölner Komm./*Zöllner*, 2. Aufl. 2004, § 243 Rn. 81.
[605] BGH II ZR 225/99, AG 2002, 241 (242f.); *Henze* BB 2002, 847 (848f.).

nehmung seiner Teilnahme- und Mitgliedschaftsrechte angesehen hätte.[606] Dies entspricht weitgehend der Rechtsprechung des BGH, wird indes um das Merkmal der „Wesentlichkeit" ergänzt.[607]

c) Inhaltsfehler

270 Inhaltsfehler können einerseits auf einem Verstoß gegen Einzelvorschriften gründen, andererseits auf der Verletzung gesetzlicher Generalklauseln oder gesellschaftsrechtlicher Grundsätze.

271 Die Anfechtung eines Hauptversammlungsbeschlusses wegen inhaltlicher **Verstöße gegen Einzelvorschriften** ist in der Praxis selten,[608] da bei inhaltlichen Verstößen gegen gesetzliche Einzelvorschriften bereits weitgehend Nichtigkeit gem. § 241 Nr. 3 AktG eintritt.[609] Zudem gelten für die Anfechtung der Wahl von Aufsichtsratsmitgliedern, die Anfechtung von Gewinnverwendungsbeschlüssen sowie für die Anfechtung der Kapitalerhöhung gegen Einlagen Sonderregelungen, die vorrangig Geltung beanspruchen (§§ 251, 254, 255 AktG).

272 Von großer Relevanz ist demgegenüber die Anfechtung von Hauptversammlungsbeschlüssen wegen inhaltlicher **Verstöße gegen Generalklauseln** und gesellschaftsrechtliche Grundsätze. Zu diesen zählen insbesondere die gesellschaftsrechtliche Treuepflicht und der Gleichbehandlungsgrundsatz (§ 53a AktG).

273 Zum Schutz der Minderheitsaktionäre hat die Rechtsprechung – über die Beachtung der gesellschafterlichen Treuepflicht und den Gleichbehandlungsgrundsatz hinaus – unter bestimmten Voraussetzungen eine sog. **materielle Beschlusskontrolle** entwickelt.[610] Danach reicht die Beschlussfassung mit der notwendigen Mehrheit für den rechtlichen Bestand des Beschlusses allein noch nicht aus. Die Mehrheitsmacht findet vielmehr ihre Grenze dort, wo sie ihre eigennützigen Interessen unter unangemessener Beeinträchtigung der Minderheitsinteressen durchsetzt.[611] Die Kontrolle von Mehrheitsentscheidungen erfolgt dabei nach dem Maßstab der Erforderlichkeit und der Verhältnismäßigkeit der in die Minderheitsrechte eingreifenden Entscheidung.[612] Allerdings unterliegt nicht jeder Beschluss einer solchen Beschlusskontrolle. Angenommen hat der BGH eine materielle Beschlusskontrolle aber etwa bezüglich des Ausschlusses des Bezugsrechts der Aktionäre bei der Kapitalerhöhung[613] und der Schaffung eines genehmigten Kapitals;[614] dieser müsse durch das Interesse der Gesellschaft gerechtfertigt sein. Die Treuepflicht kann es auch gebieten, bei einer Kapitalherabsetzung auf Null unter gleichzeitiger Erhöhung des Grundkapitals den Nennwert der neuen Aktien so festzusetzen, dass

---

[606] Vgl. hierzu Bürgers/Körber/*Göz* AktG § 243 Rn. 8.
[607] *Spindler* NZG 2005, 825 (828 f.); krit. *Hüffer/Koch* AktG § 243 Rn. 46b, der zu bedenken gibt, dass ein für die Mitgliedsrechte relevanter Informationsmangel stets wesentlich sei.
[608] In Betracht kommt etwa eine Bestellung des Abschlussprüfers unter Verstoß gegen § 319 Abs. 2 oder 3 HGB, vgl. OLG Karlsruhe 9 U 24/95, AG 1996, 227 f. und hierzu MünchKomm. AktG/Bd. 4/*Hüffer/Schäfer* § 243 Rn. 43.
[609] MünchKomm. AktG/Bd. 4/*Hüffer/Schäfer* § 243 Rn. 43.
[610] Über die Rechtsgrundlage dieser Regel besteht keine Einigkeit, was jedoch nichts an ihrer Gültigkeit ändert. Vgl. hierzu *Hüffer/Koch* AktG § 243 Rn. 21 ff.; Semler/Volhard/Reichert/*Leuering* § 44 Rn. 47 ff.
[611] Vgl. MHdB GesR IV/*Austmann* § 42 Rn. 68.
[612] BGH II ZR 230/91, BGHZ 120, 141 (146) mwN.
[613] BGH II ZR 142/76, BGHZ 71, 40 (43 ff.).
[614] BGH II ZR 55/81, DB 1982, 1313.

möglichst wenige Aktionäre aus der Gesellschaft ausscheiden müssen.[615] Bei einem Mehrheitsentlastungsbeschluss kann schließlich ein Verstoß gegen die Treuepflicht vorliegen, sofern die Entlastung trotz vorangegangenen schwerwiegenden Gesetzes- oder Satzungsverstoßes erfolgt.[616] In einem Anfechtungsprozess obliegt es der Gesellschaft, die Erforderlichkeit und Verhältnismäßigkeit der von der Mehrheit beschlossenen und in Rechte der Minderheit eingreifenden Maßnahme darzulegen und zu beweisen.[617]

Demgegenüber ist eine solche Kontrolle nach der Rechtsprechung des BGH nicht erforderlich, wenn das Gesetz selbst bereits eine **Abwägung zulasten der Aktionäre** trifft. Dies wurde zB bei einer nachträglichen Einführung eines Höchststimmrechts durch einen satzungsändernden Mehrheitsbeschluss angenommen.[618] Bei der Entscheidung über das Delisting war eine Kontrolle ebenfalls nicht erforderlich;[619] nach der neuen Rechtsprechung des BGH kann ein Delisting hingegen bereits ohne Beschluss der Hauptversammlung erfolgen.[620] Bei Umstrukturierungen, Konzernierungsmaßnahmen oder einem Squeeze Out bedarf es ebenfalls keiner sachlichen Rechtfertigung der Beschlüsse, da die Minderheitsaktionäre bereits durch gesetzliche Ausgleichs- und Ersatzansprüche ausreichend geschützt sind.[621]

Schließlich können Hauptversammlungsbeschlüsse angefochten werden, wenn sie gegen den **Gleichbehandlungsgrundsatz** (§ 53a AktG) verstoßen. Das Gebot, Aktionäre unter gleichen Voraussetzungen gleich zu behandeln, bedeutet ein Verbot sachlich nicht gerechtfertigter Differenzierungen.[622] Der Aktionär trägt dabei die Darlegungs- und Beweislast für die Ungleichbehandlung. Es obliegt dann der Gesellschaft, die sachliche Rechtfertigung für die Ungleichbehandlung darzulegen und zu beweisen.

3. Bestätigungsbeschluss

Anfechtbare Beschlüsse können gem. § 244 AktG durch einen bestätigenden Beschluss der Hauptversammlung geheilt werden.[623] Dies betrifft indes nur Beschlüsse, die an einem heilbaren Verfahrensfehler leiden, da sich Inhaltsmängel im Zweitbeschluss fortsetzen würden.[624] Die Wirksamkeit greift jedoch nicht rückwirkend ein.[625] Vielmehr ist der zunächst anfechtbare Beschluss bis zu seiner Bestätigung schwebend unwirksam.[626]

---

[615] BGH II ZR 126–98, NJW 1999, 3197; vgl. hierzu MHdB GesR IV/*F.-J. Semler*, 3. Aufl. 2007, § 41 Rn. 36.
[616] Vgl. BGH II ZR 133/01, NJW 2003, 1032 – Macrotron; II ZR 250/02, NZG 2005, 77 – Thyssen-Krupp; zustimmend *Hüffer/Koch* AktG § 120 Rn. 12; Schmidt/Lutter/*Spindler* AktG § 120 Rn. 33 ff.; ablehnend *Kubis* NZG 2005, 791.
[617] MHdB GesR IV/*Austmann* § 42 Rn. 122; *Hüffer/Koch* AktG § 243 Rn. 64.
[618] BGH II ZR 136/76, BGHZ 70, 117 (123).
[619] BGH II ZR 133/01, NJW 2003, 1032 (1035) – Macrotron.
[620] BGH II ZB 26/12, NJW 2014, 146 (148) – Frosta/Macrotron II; *Habersack* ZHR 2012, 463 (467 ff.); *Kiefner/Gillessen* AG 2012, 645 (654); *Thomale* ZGR 2013, 686 (703 ff.). AA: *Stöber* BB 2014, 9 (13 ff.); *Wackerbarth* WM 2012, 2077 (2078 f.); *Heidel/Lochner* AG 2012, 169 (173); *Adolff/Tieves* BB 2003, 797 (800).
[621] *Hüffer/Koch* AktG § 243 Rn. 26 f; Großkomm. AktG/*Schmidt* § 243 Rn. 46.
[622] MHdB GesR IV/*F.-J. Semler* § 41 Rn. 38.
[623] *Butzke* Kap. O Rn. 48; *Kiethe* NZG 1999, 1086.
[624] BGH II ZR 253/03, NZG 2006, 191.
[625] BGH II ZR 194/01, NJW 2004, 1165.
[626] MünchKomm. AktG/Bd. 4/*Hüffer/Schäfer* § 244 Rn. 12 f. mwN auch zur Gegenansicht.

4. Verfahren

277 Die **Anfechtungsklage** ist ausschließlich bei dem Landgericht, in dessen Bezirk die Gesellschaft ihren Sitz hat, zu erheben (§ 246 Abs. 3 Satz 1 AktG); soweit vorhanden, entscheidet die Kammer für Handelssachen (§ 246 Abs. 3 Satz 2 AktG). Die Vereinbarkeit eines Schiedsgerichts ist für Beschlussmängelstreitigkeiten im Hinblick auf die inter omnes-Wirkung der Entscheidung problematisch.[627] Die Regierungskommission „Corporate Governance" hat zu Recht vorgeschlagen, schiedsgerichtliche Entscheidungen für nicht börsennotierte Gesellschaften de lege ferenda zuzulassen.[628]

278 Die **Klagefrist** beträgt gem. § 246 Abs. 1 AktG einen Monat und beginnt mit dem Ablauf des Tages, an welchem der angegriffene Beschluss gefasst wird.[629] Zur Fristwahrung genügt es, wenn die Klage spätestens am letzten Tag der Klagefrist bei Gericht eingeht, sofern die Zustellung demnächst iSd § 167 ZPO erfolgt.[630] Verzögert sich die Zustellung, kommt es darauf an, ob diese vom Kläger zu vertreten ist, etwa weil er den erforderlichen Kostenvorschuss nicht rechtzeitig bezahlt hat. Die Wahrung der Klagefrist setzt ferner voraus, dass ein bestimmter Antrag gestellt wird und die Anfechtungsgründe innerhalb der Frist in ihrem wesentlichen tatsächlichen Kern dargelegt werden.[631] Anfechtungsgründe, die nach Ablauf der Anfechtungsfrist nachgeschoben werden, bleiben unbeachtlich. Möglich bleiben indessen nachträgliche Ergänzungen oder Berichtigungen, soweit sie den bereits im Kern innerhalb der Klagefrist vorgebrachten Tatsachenvortrag betreffen.[632]

279 Die Klage ist den gesetzlichen Vertretern der Gesellschaft und nicht der Gesellschaft selbst zuzustellen. Im Falle der Klagerhebung durch einen Aktionär muss die Klage daher mindestens einem Vorstandsmitglied und einem Aufsichtsratsmitglied zugestellt werden (vgl. § 246 Abs. 2 Satz 2 AktG).[633] Durch die Reformierung des Freigabeverfahrens durch das ARUG wird nach dem neu eingefügten § 246 Abs. 3 Satz 5 AktG einer beklagten Gesellschaft das Recht zur Akteneinsicht nach § 299 ZPO nicht mehr erst nach Zustellung der Anfechtungsklage, sondern bereits vor Zustellung nach Ablauf der einmonatigen Anfechtungsfrist gewährt.[634]

280 Der Vorstand hat die Erhebung einer Anfechtungsklage unverzüglich in den Gesellschaftsblättern bekanntzugeben (§ 246 Abs. 4 Satz 1 AktG). Dies dient zum einen der Information der Öffentlichkeit, setzt aber zum anderen auch die Monatsfrist in

---

[627] BGH II ZR 124/95, AG 1996, 318; richtigerweise kann durch eine Abstimmung des Schiedsvertrages auf Mehrparteienstreitigkeiten in der GmbH die Zuständigkeit des Schiedsgerichts begründet werden; diese Technik lässt sich zumindest für die AG mit eingeschränktem Aktionärskreis fruchtbar machen; vgl. Reichert/*Liebscher* GmbH & Co. KG § 18 Rn. 110; *Reichert* in FS Ulmer S. 511 ff.; vgl. auch *Bergmann* RWS-Forum Gesellschaftsrecht 2001, S. 227 ff.
[628] *Baums* (Hrsg.), Bericht der Regierungskommission Corporate Governance, 2001, Rn. 161; zustimmend *Reichert* ZHR-Beiheft 2002, Beiheft 71, 165 (178 f.).
[629] MHdB GesR IV/*Austmann* § 42 Rn. 99; *Hüffer/Koch* AktG § 246 Rn. 22.
[630] Vgl. hierzu Musielak/Voit/*Wittschier* ZPO § 167 Rn. 6 ff.; nach dem LG Frankfurt a. M. 3/9 O 98/03, AG 2006, 594 (596) zB soll die Frist des § 246 Abs. 1 AktG nicht gewahrt sein, wenn der Gerichtskostenvorschuss erst einen Monat nach Einreichung der Klage bezahlt wird.
[631] BGH ZR 230/91, DB 1993, 31 (Leitsatz Buchst. e).
[632] *Hüffer/Koch* AktG § 246 Rn. 26; Spindler/Stilz/*Dörr* AktG § 246 Rn. 20.
[633] Schmidt/Lutter/*Schwab* AktG § 246 Rn. 25; *Hüffer/Koch* AktG § 246 Rn. 32.
[634] Vgl. zum Freigabeverfahren und dessen Reformierung durch das ARUG Rn. 289 ff.

Gang, innerhalb derer andere Aktionäre (in Abweichung von § 66 Abs. 2 ZPO) ihre Nebenintervention erklären müssen.[635]

Mehrere Anfechtungsprozesse gegen denselben Beschluss sind gem. § 246 Abs. 3 Satz 6 AktG zwingend zu einem einheitlichen Prozess zu verbinden. Hierdurch sollen widersprüchliche Entscheidungen über die Gültigkeit eines Beschlusses verhindert werden.

5. Rechtsfolge

Eine zulässige und begründete Anfechtungsklage führt dazu, dass der angefochtene Hauptversammlungsbeschluss ex tunc für unwirksam erklärt wird. Das der Klage stattgebende Urteil vernichtet den angegriffenen Beschluss rückwirkend, was insbesondere zu Problemen führen kann, wenn der für nichtig erklärte Beschluss bereits durchgeführt worden ist.[636] Die Nichtigkeit wirkt dabei für und gegen alle Aktionäre sowie die Mitglieder des Vorstands und des Aufsichtsrats, auch wenn sie nicht Partei des Rechtsstreits waren (§ 248 Abs. 1 Satz 1 AktG). Das klagabweisende Urteil wirkt dagegen nur zwischen den Parteien des Rechtsstreits.

Ist die Anfechtungsklage erfolgreich gewesen, hat der Vorstand das rechtskräftige Urteil unverzüglich zum Handelsregister einzureichen (§ 248 Abs. 1 Satz 2 AktG). Betrifft der angefochtene Beschluss eine Satzungsänderung, hat der Vorstand neben dem Urteil den vollständigen Wortlaut der Satzung, wie er sich unter Berücksichtigung des Urteils und aller bisherigen Satzungsänderungen ergibt, mit der Notarbescheinigung zum Handelsregister einzureichen (§ 248 Abs. 2 AktG).

Unabhängig vom Ausgang des Verfahrens hat eine börsennotierte Gesellschaft die Verfahrensbeendigung gem. § 248a AktG stets unverzüglich in den Gesellschaftsblättern bekanntzumachen. Die Bekanntmachung hat die Verfahrensbeendigung in allen Einzelheiten darzustellen, insbes. die Art der Beendigung, getroffene Vereinbarungen sowie ggf. die gewährten vermögenswerten Leistungen nach Art und Höhe.[637]

VIII. Nichtigkeitsklage

Allen Aktionären, dem Vorstand sowie einem einzelnen Mitglied des Vorstands oder des Aufsichtsrats steht der Rechtsbehelf der Nichtigkeitsklage gem. § 249 AktG zur Verfügung. Die Nichtigkeitsgründe für Beschlüsse sind in den Vorschriften der §§ 241, 250, 253 und 256 AktG abschließend geregelt. Ist danach kein Nichtigkeitsgrund gegeben, kann der fehlerhafte Beschluss nur mit der Anfechtungsklage angefochten werden.

Nichtigkeitsgründe können insbesondere schwerwiegende Einberufungsmängel wie zB die Einberufung der Hauptversammlung durch hierzu nicht legitimierte Personen (vgl. § 121 Abs. 2 AktG) sowie Protokollierungsmängel (vgl. §§ 130 Abs. 1, 2 Satz 1 und Abs. 4 AktG) sein.[638] Ein Verstoß gegen die Pflicht zur Veröffentlichung der festgestellten Abstimmungsergebnisse gem. § 130 Abs. 6 AktG wurde dabei richtigerweise nicht zu den nichtigkeitsbegründenden Protokollierungsmängeln (§ 241 Nr. 2 AktG) hinzugefügt, da es sich nicht um eine Vorschrift hinsichtlich der

---

[635] Vgl. auch Bürgers/Körber/*Göz* AktG § 246 Rn. 33.
[636] Vgl. hierzu im Einzelnen: MHdB GesR IV/*Austmann* § 42 Rn. 125.
[637] Vgl. Bürgers/Körber/*Göz* AktG § 248a Rn. 2 f. Dies soll zu „räuberischen Aktionären" erschweren, sich Klagen abkaufen zu lassen; vgl. auch Spindler NZG 2005, 825 (829).
[638] Vgl. hierzu Semler/Volhard/Reichert/*Leuering* § 44 Rn. 10 ff.

Dokumentierung der Willensbildung der Hauptversammlung, sondern lediglich um eine Erhöhung der Publizität und Erleichterung der Einsichtnahme durch die Aktionäre handelt. Nichtig sind auch Beschlüsse, die mit dem Wesen der Aktiengesellschaft nicht zu vereinbaren sind oder deren Inhalt ausschließlich oder überwiegend Gläubiger schützende oder sonst im öffentlichen Interesse der Gesellschaft stehende Vorschriften verletzt (§ 241 Nr. 3 AktG).[639] Ebenso sind Beschlüsse, deren Inhalt gegen die guten Sitten verstößt, nichtig (§ 241 Nr. 4 AktG). Daneben sind in § 241 AktG weitere Nichtigkeitsgründe aufgeführt, die an anderer Stelle im Gesetz geregelt sind. So ist zB ein Beschluss nichtig, der dem Beschluss über die bedingte Kapitalerhöhung entgegensteht (§ 192 Abs. 4 AktG), ebenso ein Beschluss, der neue Aktien bei der Kapitalerhöhung anders verteilt als es der bestehenden Beteiligung der Aktionäre am bisherigen Grundkapital entspricht (§ 212 Satz 2 AktG).

287 Das Gesetz sieht in bestimmten Fällen vor, dass ein nichtiger Beschluss heilbar ist, mithin als von Anfang an (ex tunc) gültig anzusehen ist.[640] Grundsätzlich setzt die **Heilung von nichtigen Beschlüssen** voraus, dass der Beschluss in das Handelsregister eingetragen wurde (§ 242 Abs. 1 AktG). So kann die Nichtigkeit eines Hauptversammlungsbeschlusses, der nicht gem. § 130 Abs. 1, 2 und 4 AktG beurkundet ist, nach der Eintragung des Beschlusses im Handelsregister nicht mehr geltend gemacht werden. Bei anderen Beschlüssen muss zur Heilung der Nichtigkeit neben die Eintragung im Handelsregister zusätzlich der Ablauf einer Frist hinzutreten. Bei Hauptversammlungsbeschlüssen, die zB nach § 241 Nr. 1, 3 oder 4 AktG nichtig sind, kann die Nichtigkeit nicht mehr geltend gemacht werden, wenn seit der Eintragung des Beschlusses in das Handelsregister drei Jahre verstrichen sind (§ 242 Abs. 2 Satz 1 AktG). Diese 3-Jahres-Frist gilt entsprechend in den Fällen der §§ 217 Abs. 2, 228 Abs. 2, 234 Abs. 3 Satz 1 und 235 Abs. 2 AktG, wenn die erforderlichen Eintragungen nicht fristgemäß vorgenommen wurden (§ 242 Abs. 3 AktG). Da die Aufzählung in § 242 AktG abschließend ist, können die dort nicht aufgeführten Nichtigkeitsfälle auch nicht geheilt werden.[641] Indessen tritt die Heilungswirkung entsprechend ein, wenn der Nichtigkeitsgrund nicht bei der Beschlussfassung, sondern bei der Ursprungssatzung verwirklicht wurde.

288 Sowohl die Nichtigkeitsklage als auch die Anfechtungsklage zielen darauf ab, die zweifelhafte Rechtsbeständigkeit eines Hauptversammlungsbeschlusses zu klären. Daher entspricht das Verfahren der Nichtigkeitsklage weitgehend dem Verfahren der Anfechtungsklage. Aufgrund der Verweisung in § 249 Abs. 1 AktG gelten auch für die Nichtigkeitsklage die für die Anfechtungsklage vorgesehenen Bestimmungen über die ausschließliche Zuständigkeit des Landgerichts am Sitz der Gesellschaft, für die Vertretung der beklagten Gesellschaft sowie für die Wirkung und Bekanntmachung des Urteils entsprechend.[642] Im Gegensatz zur Anfechtungsklage ist die Nichtigkeitsklage grundsätzlich jedoch **nicht fristgebunden**. Lediglich bei Umwandlungsbeschlüssen gem. §§ 14, 125, 195 Abs. 1 UmwG muss eine Nichtigkeitsklage binnen Monatsfrist nach der Beschlussfassung erhoben werden.

---

[639] Vgl. zu diesen Nichtigkeitsgründen im Einzelnen: Semler/Volhard/Reichert/*Leuering* § 44 Rn. 14 ff.

[640] MünchKomm. AktG/Bd. 4/*Hüffer/Schäfer* § 242 Rn. 19; Spindler/Stilz/*Casper* AktG § 242 Rn. 12 ff.

[641] *Steiner* § 22 Rn. 27; *Hüffer/Koch* AktG § 242 Rn. 6; aA Bürgers/Körber/*Göz* AktG § 242 Rn. 6.

[642] Vgl. Rn. 277 ff.

IX. Freigabeverfahren

Umwandlungen, also Verschmelzung, Spaltung, Vermögensübertragung und Formwechsel werden nach §§ 20 Abs. 1, 131 Abs. 1, 176 Abs. 1, 202 Abs. 1, 2 UmwG erst mit Eintragung im Handelsregister wirksam. Gleiches gilt nach § 319 Abs. 7 AktG für die Eingliederung sowie nach § 327e Abs. 3 AktG für den Aktienübergang im Falle des Squeeze Out. Für alle diese Fälle ordnet das Gesetz eine **Registersperre** an. Nach § 16 Abs. 2 Satz 1 UmwG bzw. § 319 Abs. 5 AktG, auf den § 327e Abs. 2 AktG verweist, haben die Vertretungsorgane der betroffenen Gesellschaften bei der Anmeldung der Umwandlung, der Eingliederung oder des Squeeze Out dem Registergericht zu erklären, dass eine Klage gegen die Wirksamkeit des betroffenen Beschlusses nicht oder nicht rechtzeitig erhoben oder eine solche Klage rechtskräftig abgewiesen oder zurückgenommen worden ist. Ohne eine solche **Negativerklärung** darf die Maßnahme nach § 16 Abs. 2 Satz 2 UmwG bzw. § 319 Abs. 5 Satz 2 AktG grundsätzlich nicht eingetragen werden. Gerade diese Registersperre begünstigte das Phänomen der sog. räuberischen Aktionäre, die durch Klage gegen den Umwandlungsbeschluss die Eintragung erheblich verzögern und damit den Druck erzeugen konnten, der notwendig war, um die Gesellschaft zum Abkauf von Klagen zu veranlassen. Der Gesetzgeber ist dem dadurch entgegengetreten, dass er das Prinzip der Registersperre durch die Schaffung eines sog. Freigabeverfahrens – auch als Unbedenklichkeitsverfahren bezeichnet – ergänzt hat. Ein solches Freigabeverfahren ist in § 16 Abs. 3 UmwG bzw. in § 319 Abs. 6 AktG vorgesehen.[643]

Durch das **UMAG**[644] wurde ein entsprechendes Freigabeverfahren für Maßnahmen der Kapitalbeschaffung, der Kapitalherabsetzung (§§ 182–240 AktG) sowie für Unternehmensverträge (§§ 291–307 AktG), bei denen eine faktische Registersperre besteht, eingeführt (§ 246a AktG; vgl. hierzu schon Rn. 140), das an die soeben benannten Regelungen angelehnt ist.

Bei dem Freigabeverfahren handelt es sich um ein **Eilverfahren**, daher ist die Glaubhaftmachung der vorgebrachten Tatsachen vorgesehen (§ 16 Abs. 3 Satz 5 UmwG, § 319 Abs. 6 Satz 6 AktG, § 246a Abs. 3 Satz 3 AktG). Die Beweismittel sind auf präsente Beweismittel beschränkt (§ 294 Abs. 2 ZPO). Es kann auch ohne mündliche Verhandlung entschieden werden (§ 16 Abs. 3 Satz 3 UmwG, §§ 319 Abs. 6 Satz 4 AktG, 246a Abs. 3 Satz 2 AktG). Der Beschluss soll spätestens drei Monate nach der Antragstellung ergehen (§ 16 Abs. 3 Satz 4 UmwG, §§ 319 Abs. 6 Satz 5 AktG, 246a Abs. 3 Satz 6 AktG). Erweist sich die Anfechtungsklage später als begründet, steht dem Kläger nur ein (verschuldensunabhängiger) Schadensersatzanspruch gegen die Gesellschaft zu (§ 16 Abs. 3 Satz 8 UmwG, § 319 Abs. 6 Satz 10 AktG, § 246a Abs. 4 AktG). Ebenso wie in § 16 Abs. 3 Satz 6 UmwG und § 246a Abs. 4 Satz 2 AktG ist bei einem Squeeze Out gem. § 327e Abs. 2 iVm § 319 Abs. 6 Satz 11 AktG nun klargestellt, dass kein Schadensersatz im Wege der Naturalrestitution, also Rückgängigmachung verlangt werden kann. Der Anfechtungskläger

---

[643] Eine Besonderheit gilt für die Fälle nach dem Umwandlungsgesetz insoweit, als für diese die Anfechtungsfrist von einem Monat auf Nichtigkeitsfälle erstreckt wird (§ 14 Abs. 1 UmwG). In den Fällen der Eingliederung und des Squeeze Out ist demgegenüber auch eine Restitution in Nichtigkeitsfällen nicht ausgeschlossen.

[644] BGBl. 2005 I 2802.

kann in diesem Fall nicht die Rückgängigmachung seines Ausschlusses aus der Gesellschaft bzw. die Rückübertragung seiner Aktien verlangen.[645]

291a Im Zuge der Umsetzung der Aktionärsrechterichtlinie durch das **ARUG**[646] wurde das Freigabeverfahren grundlegend reformiert, um missbräuchliche Aktionärsklagen effektiver zu bekämpfen. Wesentliches Druckmittel der Anfechtungskläger in diesen Fällen ist die Verzögerung der Umsetzung wichtiger Hauptversammlungsbeschlüsse. Daher soll durch verschiedene Neuregelungen die Dauer des Freigabeverfahrens maßgeblich verkürzt werden und den Versuchen der Kläger, das Verfahren in die Länge zu ziehen, begegnet werden. So wurden nunmehr als erste und einzige Instanz die Oberlandesgerichte bestimmt und die Freigabeentscheidung unanfechtbar gestellt (§ 246a Abs. 1 Satz 3, Abs. 3 Satz 4 AktG).[647] Dies wird zu Recht unter anderem damit begründet, dass Beschlussmängelstreitigkeiten ohnehin regelmäßig in der Rechtsmittelinstanz entschieden würden. Entgegen verbreiteter Kritik[648] ist diese Regelung daher zu begrüßen. Zur Vermeidung weiterer Verzögerungen wird die Prozessvollmacht für das Anfechtungsverfahren nunmehr auch auf das Freigabeverfahren erstreckt (§§ 246a Abs. 1 Satz 2, 319 Abs. 6 Satz 2, 327e Abs. 2 AktG, § 16 Abs. 3 Satz 2 UmwG). Damit wird verhindert, dass Anfechtungskläger die Zustellung und damit das Freigabeverfahren verzögern, indem sie ihre Aktien auf zu diesem Zweck gegründete ausländische Gesellschaften übertragen und für das Freigabeverfahren ausländische Prozessbevollmächtigte, zB in Dubai oder China, benennen.[649] Außerdem erhalten die beklagten Gesellschaften nach § 246 Abs. 3 Satz 5 AktG ein Recht auf frühe Akteneinsicht; die Gesellschaften haben künftig die Möglichkeit, bereits vor der Zustellung nach Ablauf der einmonatigen Anfechtungsfrist die Akten (und nicht erst nach Zustellung gem. § 299 ZPO) einzusehen, um schnell reagieren und vor allem bereits den Freigabeantrag vorbereiten zu können.[650]

292 Die **materiellen Freigabekriterien** sind bei allen Freigabeverfahren identisch und wurden durch das **ARUG** modifiziert (§ 246a Abs. 2 AktG). Dadurch sollen die Gerichte eine klare Entscheidungslinie erhalten, um legitime von missbräuchlichen Anfechtungsklagen trennen zu können. Ein Freigabeverfahren hat hiernach unter drei alternativen Voraussetzungen Erfolg. Ein Beschluss nach § 246a Abs. 1 AktG ergeht zunächst, wenn die Klage unzulässig (§ 246a Abs. 2 Nr. 1 Alt. 1 AktG) oder offensichtlich unbegründet ist (§ 246a Abs. 2 Nr. 1, Alt. 2 AktG).

292a Unzulässig ist die Klage zB wegen fehlender Parteifähigkeit des Anfechtungsklägers oder wegen Vorrangs eines anderen Verfahrens.[651] Während, soweit ersichtlich,

---

[645] *Hüffer/Koch* AktG § 327e Rn. 3a mwN; Spindler/Stilz/*Singhof* AktG § 327e Rn. 11; bei erfolgtem Freigabeverfahren jetzt wie hier (nicht mehr aA) MünchKomm. AktG/Bd. 5/ *Grunewald* § 327e Rn. 18.

[646] BGBl. 2009 I 2479.

[647] Parallelregelungen in §§ 319 Abs. 6 Satz 7 und 9, 327e Abs. 2 AktG, § 16 Abs. 3 Satz 7 und 9 UmwG.

[648] Vgl. *Florstedt* AG 2009, 465 (468 f.) – „OLG-Eingangszuständigkeit auf Probe"; vgl. dazu auch Beschlussempfehlung und Bericht des Rechtsausschusses v. 20.5.2009, BT-Drs. 16/13098, 41.

[649] Vgl. *Arnold* Der Konzern 2009, 88 (94 f.); Begründung des Regierungsentwurfs zum ARUG v. 21.1.2009, BT-Drs. 16/11642, 40.

[650] Vgl. Begründung des Regierungsentwurfs zum ARUG v. 21.1.2009, BT-Drs. 16/11642, 41.

[651] Vgl. etwa *Hüffer/Koch* AktG § 246a Rn. 15; Spindler/Stilz/*Dörr* AktG § 246a Rn. 20.

noch keine Gerichtsentscheidung für eine „Unzulässigkeit der Klage" bekannt geworden ist, werden die Voraussetzungen für die Annahme einer „offensichtlichen Unbegründetheit" in der Rechtsprechung unterschiedlich gehandhabt.[652]

Die Konkretisierung des Begriffs „offensichtlich" in Zusammenhang mit dem Erfordernis **offensichtlicher Unbegründetheit** hat der Gesetzgeber der Praxis überlassen.[653] Anerkannt ist, dass jedenfalls rechtsmissbräuchlich erhobene Klagen offensichtlich unbegründet sind.[654] Was die übrigen Fälle betrifft, geht die Rechtsprechung der Oberlandesgerichte zum Teil davon aus, dass die Klage dann offensichtlich unbegründet ist, wenn mit geringem Prüfungsaufwand die Unbegründetheit festgestellt werden kann.[655] Die Literatur hat dies zum Teil so konkretisiert, dass immer dann, wenn eine Beweisaufnahme notwendig ist oder für die Entscheidung eine streitige oder noch nicht höchstrichterlich entschiedene Frage eine Rolle spielt, eine „Offensichtlichkeit" auszuscheiden hat.[656] Demgegenüber vertritt mittlerweile der überwiegende Teil der Oberlandesgerichte die Auffassung, dass nicht auf den Prüfungsaufwand abgestellt werden dürfe, sondern es allein auf das Maß an Sicherheit ankomme, mit der sich die Unbegründetheit prognostizieren lasse.[657] Gleiches ist der Regierungsbegründung zum UMAG zu entnehmen.[658] Gleichwohl handelt es sich um ein sehr vielschichtiges Merkmal, das für die Praxis keine verlässliche Prognose und Planungsgrundlage beinhaltet. Von daher hätten Reformvorschläge, wonach die Eintragung bereits dann zugelassen werden sollte, wenn keine hinreichende Erfolgsaussicht vorliegt, durchaus Sinn gemacht.[659] Eine dahingehende Klarstellung des Merkmals der „offensichtlichen Unbegründetheit" wurde jedoch auch mit der Umsetzung der Aktionärsrechterichtlinie durch das ARUG nicht vorgenommen.

Die Freigabe erfolgt nach § 246a Abs. 2 Nr. 2 AktG auch dann, wenn der Kläger nicht binnen einer Woche nach Zustellung des Antrags durch Urkunden nachgewiesen hat, dass er seit Bekanntmachung der Einberufung einen anteiligen Betrag von mindestens 1.000 EUR an Aktien hält. Ausschlaggebend ist hierbei der Nennbetrag der Aktien, was bei normalen Börsenwerten im Mittelmaß ein Anlagevolumen von etwa 10.000 EUR bis 20.000 EUR ergibt. Aktionäre mit geringem Aktienbesitz, die weniger gravierende Gesetzes- oder Satzungsverstöße geltend machen (näher dazu in Rn. 293b), sollen Hauptversammlungsbeschlüsse nicht mehr gegen die überwiegende Mehrheit der anderen Aktionäre aufhalten, sondern lediglich Schadensersatz beanspruchen können. Das Geschäftsmodell der „räuberischen" Aktionäre wird dadurch zumindest erschwert und die Kassationsmacht von Hauptversammlungsbeschlüssen solchen Aktionären vorbehalten, die ein ökonomisch

---

[652] Vgl. die umfangreichen Nachweise bei *Hüffer/Koch* AktG § 246a Rn. 16.
[653] Begründung zum Gesetzesentwurf der Bundesregierung zur Bereinigung des Umwandlungsrechts, BR-Drs. 75/94 v. 4.2.1994, S. 89.
[654] BGH II ZR 206/88, BGHZ 107, 296 – Kochs/Adler.
[655] OLG Düsseldorf 17 W 18/99, ZIP 1999, 793.
[656] *Sosnitza* NZG 1998, 965, 969; *Lutter/Bork* UmwG § 16 Rn. 19a; *Kallmeyer/Marsch-Barner* UmwG § 16 Rn. 40; weiter noch *Veil* ZIP 1996, 1065 (1070).
[657] OLG Frankfurt a. M. 12 W 185/05, AG 2006, 249; 23 W 14/08, AG 2008, 827; OLG Hamburg 11 W 78/04, NZG 2005, 86; OLG Hamm 8 W 6/05, AG 2005, 361; OLG Stuttgart 20 W 6/03, AG 2004, 105.
[658] Begründung des Regierungsentwurfs zum UMAG v. 14.3.2005, BT-Drs. 15/5092, 29.
[659] *Bayer* NJW 2000, 2609 (2617) geht noch weiter und will Rechtsverletzungen „minderschwerer Art" von vornherein nicht gelten lassen; ablehnend zu diesen Vorschlägen indessen *Baums (Hrsg.)*, Bericht der Regierungskommission Corporate Governance 2001, Rn. 154.

sinnvolles und nachvollziehbares Investment in die Gesellschaft getätigt haben.[660] Darüber hinaus soll dadurch zugleich verhindert werden, dass sich substantiierten Anfechtungsklagen zahlreiche Klagen von Kleinstaktionären als „Trittbrettfahrer" ohne eigenständigen Vortrag anschließen und somit die Gerichte und deren Geschäftsstellen in unnötiger Weise belasten.[661] Dem wird auch durch die Beweisregelung zu Lasten des klagenden Aktionärs entsprochen, da es auf diese Weise nicht zu aufwendigen Beweiserhebungen kommt.

293b Im Vordergrund steht in der Praxis letztlich als 3. Alternative die von der Rechtsprechung entwickelte und bereits in der amtlichen Begründung zum UMAG erörterte Abwägungsklausel,[662] die in § 246a Abs. 2 Nr. 3 AktG (und den entsprechenden Parallelvorschriften)[663] konturiert wurde.[664] Danach ergeht ein Beschluss bereits dann, wenn der Kläger nicht (wie in Rn. 293a erläutert) den in Nr. 2 geforderten Mindestanteil hält oder das alsbaldige Wirksamwerden des Hauptversammlungsbeschlusses vorrangig erscheint, weil die vom Antragsteller dargelegten wesentlichen Nachteile für die Gesellschaft und ihre Aktionäre die Nachteile für den Kläger überwiegen, es sei denn, es liegt eine besondere Schwere des Rechtsverstoßes vor. Die Formulierung stellt zunächst klar, dass die Darlegungslast hinsichtlich der „besonderen Schwere" des Rechtsverstoßes dem Kläger obliegt. Es muss sich dabei um einen gravierenden Rechtsverstoß handeln, der vom Anfechtungskläger glaubhaft gemacht ist. Hier genügt nicht schon jeder Fall der Beschlussnichtigkeit; es geht nur um Fälle, in denen eine Eintragung und Umsetzung des Beschlusses ohne nähere Prüfung für die Rechtsordnung „unerträglich" wäre, zB bei der Verletzung elementarer Aktionärsrechte, die durch Schadensersatz nicht angemessen zu kompensieren wären. In jedem Fall müssen die Bedeutung der Norm sowie Art und Umfang des Verstoßes im konkreten Einzelfall bewertet werden.[665]

293c Hinsichtlich des vorrangigen Eintragungsinteresses aufgrund des wesentlichen Nachteils für die Gesellschaft und ihre Aktionäre in Abwägung zu den Nachteilen des klägerischen Antragsgegners sind die – noch unter dem alten Recht – ergangenen Judikate uneinheitlich. Nach herrschender Meinung sind bei der Abwägung indes nicht die Erfolgsaussichten der Klage zu prüfen,[666] dh auch ein schwerwiegender Beschlussmangel fließt nicht zulasten der Gesellschaft in die Interessenabwägung mit ein. Gerade durch den Verzicht auf eine solche Prüfung hat der Gesetzgeber das Freigabeverfahren zu einer schneidigen Waffe gegen räuberische Aktionäre machen

---

[660] Vgl. Begründung des Regierungsentwurfs zum ARUG v. 21.1.2009, BT-Drs. 16/11642, 42; Beschlussempfehlung und Bericht des Rechtsausschusses v. 20.5.2009, BT-Drs. 16/13098, 41.

[661] Vgl. Begründung des Regierungsentwurfs zum ARUG v. 21.1.2009, BT-Drs. 16/11642, 42.

[662] Vgl. *Marsch-Barner* Referat zum 63. Deutschen Juristentag, O 55, O 59 f.; *Sosnitza* NZG 1998, 965 (975).

[663] §§ 319 Abs. 6 Satz 3 Nr. 3, 327e Abs. 2 AktG, § 16 Abs. 3 Satz 3 Nr. 3 UmwG.

[664] Vgl. hierzu eingehend *Florstedt* AG 2009, 465 (469 ff.).

[665] Vgl. Begründung des Regierungsentwurfs zum ARUG v. 21.1.2009, BT-Drs. 16/11642, 41 f.; Beschlussempfehlung und Bericht des Rechtsausschusses v. 20.5.2009, BT-Drs. 16/13098, 41 f.; Stellungnahme des Handelsrechtsausschusses des DAV zum Regierungsentwurf des ARUG, NZG 2009, 96 (98); *Florstedt* AG 2009, 465 (471). Als Beispiele werden genannt eine „Geheimversammlung" und absichtliche Verstöße gegen die Treuepflicht oder das Gleichbehandlungsgebot mit schweren Folgen sowie das völlige Fehlen einer notariellen Beurkundung bei einer börsennotierten Gesellschaft.

[666] Vgl. *Baums* Gutachten zum 63. Deutschen Juristentag, F 1, F 158; *Schmid* ZGR 1997, 493 (498); aA *Sosnitza* NZG 1998, 965 (972); *Decher* AG 1997, 388 (391).

wollen.⁶⁶⁷ Entscheidend ist danach, ob trotz der unterstellten Beschlussmängel ein vorrangiges Eintragungsinteresse besteht, was im Einzelfall zu entscheiden ist. Das Eintragungsinteresse überwiegt, wenn die mit einem Aufschub verbundenen Nachteile so ins Gewicht fallen, dass es gerechtfertigt erscheint, den Anfechtungskläger auf Schadensersatzansprüche zu verweisen. Diese Abwägungsklausel ist daher vor allem bei Verschmelzungen geeignet, die Registersperre zu überwinden.⁶⁶⁸ Die unsubstantiierte Behauptung hoher Kosten als Nachteil reicht regelmäßig nicht aus; vielmehr bedarf es konkreter Angaben zu Belastungen und konkreter Kostenbezifferungen. Wesentliche Nachteile für die Gesellschaft sind jedoch nicht nur Insolvenzgefahr bzw. ähnlich extreme Szenarien, sondern können schon vorliegen, wenn es sich um nicht vernachlässigbare wirtschaftliche Nachteile handelt, zB die anfallenden Kosten für eine Wiederholung der Hauptversammlung.⁶⁶⁹

Neben den angesprochenen gesetzgeberischen Maßnahmen gegen missbräuchliche Aktionärsklagen⁶⁷⁰ in Form der Einführung und Novellierung des Freigabeverfahrens durch das UMAG und das ARUG wird auch von der Rechtsprechung nach Instrumentarien gesucht, um missbräuchliche Aktionärsklagen einzudämmen. So wurden in zwei Entscheidungen Aktionäre zur Zahlung von Schadensersatz aus § 826 BGB verurteilt, die eine – nach den vom Gericht definierten Merkmalen – rechtsmissbräuchliche Anfechtungsklage erhoben hatten.⁶⁷¹

X. Spruchverfahren

Für eine Reihe von Streitigkeiten über Fragen der Bewertung eröffnet das Gesetz das sog. Spruchverfahren, welches weitgehend im SpruchG geregelt ist. Soweit ein Spruchverfahren eröffnet ist, kann die Anfechtungsklage nicht auf Bewertungsrügen gestützt werden; dies gilt auch, soweit eine unrichtige, unvollständige oder unzureichende Information über die für die Bewertung relevanten Tatsachen in der Hauptversammlung im Raum steht (§ 243 Abs. 4 Satz 2 AktG; vgl. auch Rn. 138).

Im Rahmen des **Abschlusses von Unternehmensverträgen** ist den außenstehenden Aktionären nach §§ 304, 305 AktG ein angemessener Ausgleich und eine angemessene Abfindung zu gewähren. Gemäß §§ 304 Abs. 3 Satz 2, 305 Abs. 5 Satz 1 AktG kann die Anfechtung des dem Vertrag zustimmenden Hauptversammlungsbeschlusses nicht darauf gestützt werden, dass der angebotene Ausgleich oder die angebotene Abfindung nicht angemessen sind. Vielmehr wird der außenstehende Aktionär auf das im SpruchG geregelte Spruchverfahren verwiesen.

---

⁶⁶⁷ *Schmid* ZGR 1997, 493 (498).
⁶⁶⁸ *Marsch-Barner* Referat zum 63. Deutschen Juristentag, O 55, O 60.
⁶⁶⁹ Vgl. Beschlussempfehlung und Bericht des Rechtsausschusses v. 20.5.2009, BT-Drs. 16/13098, 41 f.
⁶⁷⁰ Trotz der grundsätzlich gutzuheißenden, mit dem UMAG eingeschlagenen und dem ARUG weiter verfolgten Richtung zur Reform des Beschlussmängelrechts wäre eine Annäherung an (ua beim 67. Deutschen Juristentag in Erfurt) bereits diskutierte, weiter gehende Vorschläge zur Beschränkung des Anfechtungsrechts zu begrüßen. Vgl. dazu die instruktiven Vorschläge des *Arbeitskreises Beschlussmängelrecht* AG 2008, 617; vgl. auch Kurzfassung des Gutachtens zum 67. Deutschen Juristentag von *Bayer*, Beilage zu NJW 21/2008, 21, 23 sowie die Beschlüsse der wirtschaftsrechtlichen Abteilung des 67. Deutschen Juristentages, ZIP 2008, 1896.
⁶⁷¹ OLG Frankfurt a. M. 5 U 183/07, DStR 2009, 1151 (mit Besprechung *Poelzig*); vgl. zu diesem Urteil auch *Martens/Martens* AG 2009, 173; LG Hamburg 321 O 430/07, WM 2009, 1330.

Gleiches gilt für die im Rahmen einer **Mehrheitseingliederung** zu gewährenden angemessenen Abfindung (vgl. § 320b AktG), für die Abfindung der Aktionäre im Falle eines **Squeeze Out** (§ 327f AktG), für die Überprüfung der im Rahmen von **Umwandlungen** zu gewährenden baren Zuzahlungen oder angemessenen Abfindungen (§§ 14 Abs. 2, 15, 32, 34, 122h, 122i, 176–181, 184, 186, 195 Abs. 2, 196, 210, 212 UmwG), für die Überprüfung der im Rahmen einer **Gründung oder Sitzverlegung einer SE** zu gewährenden baren Zuzahlungen oder angemessenen Abfindungen (§§ 6, 7, 9, 11, 12 SE-AusführungsG) sowie für die Überprüfung der im Rahmen einer **Gründung einer Europäischen Genossenschaft** zu gewährenden baren Zuzahlungen (§ 7 SCE-AusführungsG). Der Kaufpreis des Pflichtangebots beim **Delistings** wird, da ein Pflichtangebot nach der Rechtsprechung des BGH nicht zu erfolgen hat, entgegen der früheren Rechtslage nicht mehr im Rahmen eines Spruchverfahrens überprüft.[672] Sinngemäß gilt das Spruchverfahren für die Überprüfung des Ausgleichs des Werts von **Mehrstimmrechten** im Falle des Erlöschens bzw. der Beseitigung (vgl. § 5 Abs. 5, Abs. 3 Satz 2, Abs. 4 Satz 2 EGAktG). Abgelehnt wurde eine entsprechende Anwendung des Spruchverfahrens dagegen im Fall der Auflösung der Gesellschaft.[673]

297 Durch den Ausschluss der Anfechtungsklage soll gewährleistet werden, dass die jeweilige Strukturmaßnahme durchgeführt werden kann, auch ohne dass die oftmals schwierige und nur unter erheblichem zeitlichen Aufwand zu ermittelnde angemessene Kompensation endgültig festgelegt ist.[674] Gleichzeitig soll das Spruchverfahren gewährleisten, den Aktionären den vollen Wert ihrer Beteiligung zu erhalten.

298 Das Spruchverfahren ist ein Streitverfahren der freiwilligen Gerichtsbarkeit, in dessen Rahmen es vorrangig um **Fragen der Unternehmensbewertung** geht. Antragsberechtigt ist in Fällen des Abschlusses eines Unternehmensvertrages jeder außenstehende Aktionär, in den Fällen der Mehrheitseingliederung und des Squeeze Out jeder ausgeschiedene Aktionär, in den Umwandlungsfällen jeder Anteilsinhaber des übertragenden oder des formwechselnden Rechtsträgers[675] und in den übrigen Fällen ebenfalls die jeweils betroffenen Anteilsinhaber bzw. Mitglieder (vgl. § 3 SpruchG). Die gerichtliche Entscheidung entfaltet jedoch **Rechtskraft für und gegen alle Aktionäre** (vgl. § 13 SpruchG). Ausschließlich zuständig für das Spruchverfahren ist das Landgericht – ggf. die Kammer für Handelssachen –, in dessen Bezirk die Gesellschaft, deren Aktionäre antragsberechtigt sind, ihren Sitz hat (§ 2 SpruchG).[676] Der Antrag ist an eine Ausschlussfrist von drei Monaten nach der Eintragung im Handelsregister bzw. der Bekanntmachung gebunden (vgl. § 4 Abs. 1 SpruchG). Der Antrag ist zu begründen (§ 4 Abs. 2 Satz 6 SpruchG), wobei der Antragsteller dem BGH zufolge seine Stellung als Aktionär innerhalb der Anspruchsbegründungsfrist lediglich darlegen, nicht aber auch nachweisen muss (vgl. § 4 Abs. 2 Satz 2 Nr. 2 iVm § 3 SpruchG).[677]

---

[672] Vgl. BGH II ZB 26/12, NJW 2014, 146 (147) – Frosta; BGH II ZR 133/01, BGHZ 153, 47 – Macrotron; *Hüffer/Koch* AktG § 305 Anh § 1 SpruchG Rn. 7 mwN und hierzu Rn. 40.
[673] OLG Düsseldorf I-19 W 4/04 AktE, AG 2005, 771; OLG Zweibrücken 3 W 255/04, NZG 2005, 935.
[674] Semler/Volhard/Reichert/*Leuering* § 46 Rn. 1a.
[675] Vgl. Semler/Volhard/Reichert/*Leuering* § 46 Rn. 8 ff.
[676] § 2 Abs. 4 SpruchG eröffnet jedoch die Möglichkeit der Bündelung, wovon einige Bundesländer Gebrauch gemacht haben. Vgl. MHdB GesR IV/*Krieger* § 71 Rn. 144.
[677] BGH II ZB 39/07, NZG 2008, 658.

B. Die Aktiengesellschaft 299–301 § 5

De lege ferenda wird vielfach eine **weitere Beschränkung der Anfechtungs-** 299
rechte der Aktionäre zugunsten einer Ausweitung der Einräumung der Möglichkeit der Einleitung eines Spruchverfahrens gefordert. Insbesondere wird dies vertreten für den Anfechtungsausschluss nach § 14 Abs. 2 UmwG, der auch auf die aufnehmende Gesellschaft zu erstrecken sei.[678] Für den Fall der übertragenden Auflösung hat das BVerfG die analoge Anwendung der Vorschriften über das Spruchverfahren hingegen abgelehnt, soweit den Gerichten auch im Rahmen einer Anfechtungsklage gegen den entsprechenden Hauptversammlungsbeschluss die Möglichkeit verbleibt, zu überprüfen, ob der Mehrheitsaktionär für das Gesellschaftsvermögen einen Preis zahlt, der dem Wert der Unternehmensbeteiligung der Aktionäre entspricht.[679]

Nachgekommen ist der Gesetzgeber den Forderungen in Bezug auf die Überprü- 300
fung von Informationspflichtverletzungen in der Hauptversammlung, die bewertungsrelevante Tatsachen betreffen (§ 243 Abs. 4 Satz 2 AktG).[680]

Durch das Gesetz zur Neuordnung des gesellschaftsrechtlichen Spruchverfah- 301
rens (Spruchverfahrensneuordnungsgesetz) vom 12.6.2003 wurde die generelle **gerichtliche Auswahl und Bestellung** der sachverständigen Prüfer bei Umstrukturierungsmaßnahmen eingeführt (§ 293c Abs. 1 AktG, § 10 UmwG), durch die dem Eindruck der Parteilichkeit der Prüfer von vornherein entgegengewirkt werden soll und die damit die Akzeptanz der Prüfungsergebnisse vor allem auch für die außenstehenden Aktionäre erhöhen soll. Hierdurch soll nach Möglichkeit ein Eintritt in das streitige Verfahren gänzlich vermieden werden. Zudem soll hierdurch die Verfahrensdauer beschleunigt werden, indem in einem späteren Verfahren auf dieses Gutachten zurückgegriffen werden kann (vgl. etwa § 8 Abs. 2 SpruchG). Dem Ziel der Verfahrensbeschleunigung wird weiterhin durch die Eindämmung des Erfordernisses der Erstellung „flächendeckender" Gesamtgutachten zugunsten einer gezielten Untersuchung spezieller streitgegenständlicher Einzelfragen durch die Sachverständigen Rechnung getragen (vgl. § 4 Abs. 2 Nr. 4 SpruchG). Zudem soll die Dauer des Spruchverfahrens durch Regelungen im Hinblick auf die Vorbereitung der mündlichen Verhandlung (§ 7 SpruchG) sowie durch die Sanktionierung einer Verletzung der Verfahrensförderungspflicht (§ 10 SpruchG) verkürzt werden.

---

[678] Vgl. *Baums (Hrsg.)*, Bericht der Regierungskommission Corporate Governance, 2001, Rn. 151; *Bayer* ZHR 1999, 505 (547) mwN; *Reichert* ZHR 2002, Beiheft 71, 165 (185 ff.); Handelsrechtsausschuss des Deutschen Anwaltvereins NZG 2006, 737.
[679] BVerfG 1 BvR 68/95 und 1 BvR 147/97, ZIP 2001, 1670 (1672 f.) – Moto Meter.
[680] Vgl. Rn. 138.

§ 6 Vorstand

Bearbeiter: Dr. Thomas Liebscher

Übersicht

	Rn.
A. Rechtsstellung der Vorstandsmitglieder	2–20
I. Grundlagen	3
II. Geschäftsführungsorgan	4–10
1. Geschäftsführung und Geschäftsführungsbefugnis	5–7
2. Besonderheiten im mehrgliedrigen Vorstand	8–10
III. Vertretungsorgan	11–13
IV. Eigenverantwortlichkeit des Vorstandes	14–16
V. Besondere Vorstandsmitglieder	17–20
1. Vorstandsvorsitzender	18
2. Arbeitsdirektor und stellvertretendes Vorstandsmitglied	19, 20
B. Bestellung und Anstellung	21–67
I. Bestellung	22–32
1. Persönliche Anforderungen an das Vorstandsmitglied	23, 24
2. Verfahren und Dauer der Bestellung	25–28
3. Fehlerhafte Bestellung	29, 30
4. Erlöschen der Bestellung	31
5. Anmeldung zum Handelsregister	32
II. Anstellung	33–42
1. Vertragsschluss sowie Dauer und Form des Vertrages	34–36
2. Wesentlicher Inhalt des Anstellungsvertrages	37–40
3. Fehlerhafter Anstellungsvertrag	41
4. Beendigung der Anstellung	42–42c
III. Abberufung und Kündigung des Anstellungsvertrages	43–67
1. Widerruf der Bestellung	44–60
a) Zuständigkeit zur und Verfahren der Abberufung	45–47
b) Voraussetzungen der Abberufung: Vorliegen eines wichtigen Grundes	48–53
c) Suspendierung	54
d) Rechtsschutz des abberufenen Vorstandsmitglieds	55–60
2. Kündigung des Anstellungsvertrages	61–67
a) Zuständigkeit zur Kündigung	62
b) Voraussetzungen der Kündigung aus wichtigem Grund	63–66
c) Rechtsschutz des gekündigten Vorstandsmitgliedes	67
C. Rechte der Vorstandsmitglieder	68–90
I. Vergütungsanspruch	69–86
1. Postulat der Angemessenheit der Vorstandsvergütung	70–72
2. Herabsetzung der Vorstandsvergütung in der Krise	73–73e
3. Sonstige gesetzlich determinierte Vergütungselemente	74–76
4. Stock Options	77–81
5. Abfindungen	82
6. Steuerliche Behandlung der Vergütung	83

      7. Exkurs: Kreditbeziehungen zwischen Vorstand und
         AG 84–86
   II. Sonstige Leistungen 87
  III. Entlastung 88–90
D. **Pflichten der Vorstandsmitglieder** 91–127
    I. Gesellschafts- und kapitalmarktrechtliche Pflichten 92–107c
      1. Berichterstattung gegenüber dem Aufsichtsrat 93–100
      2. Vorbereitung und Ausführung von Hauptversamm-
         lungsbeschlüssen 101, 102
      3. Berichterstattung gegenüber der Hauptversammlung 103–105
      4. Entsprechenserklärung 106
      5. Sonstige Mitteilungs-, Bekanntmachungs- und
         Berichtspflichten 107–107b
   II. Unternehmerische Pflichten insbesondere im mehr-
       gliedrigen Vorstand 108–119
      1. Kollegiale Zusammenarbeit und Informations- und
         Kontrollpflichten............................. 109–111
      2. Zwingende Zuständigkeiten des Gesamtkollegiums .. 112–112b
      3. Verantwortungsbereiche 113, 114
      4. Risikomanagement, interne Revision und
         Compliance 115–117c
      5. Vorstandspflichten in Konzernsituationen 118, 119
  III. Allgemeine gesetzliche Pflichten 120–122
  IV. Treuepflicht 123–127
      1. Verschwiegenheitspflicht 124, 125
      2. Wettbewerbsverbot und Geschäftschancenbindung .. 126, 127
E. **Zivilrechtliche Haftung der Vorstandsmitglieder** 128–156
    I. Haftung gegenüber der Gesellschaft 129–146a
      1. Haftungsgrundsätze 130–136
      2. Geschäftsverteilung und Aufgabendelegation 137–139
      3. Hauptversammlungsbeschlüsse und Weisungen
         im Vertragskonzern 140, 140a
      4. Darlegungs- und Beweislast 141
      5. Verjährung, Verzicht und Vergleich 142–143a
      6. Geltendmachung des Ersatzanspruchs 144–146a
   II. Haftung gegenüber Aktionären 147, 148
  III. Haftung gegenüber Dritten 149–156
      1. Insbesondere deliktische Haftung 150, 151
      2. Haftung im Falle einer Verletzung der Insolvenz-
         antragspflicht................................ 152, 153
      3. Haftung wegen Verschuldens bei Vertragsschluss 154
      4. Haftung für Steuerschulden und für Sozial-
         versicherungsbeiträge 155, 156
F. **Straf- und ordnungsrechtliche Verantwortlichkeit der
   Vorstandsmitglieder** 157–162
    I. Verantwortlichkeit der Vorstände 158–160
      1. Straftaten zum Schutz der körperlichen
         Unversehrtheit............................... 159
      2. Straftaten gegen die Umwelt 160
   II. Aufgabendelegation 161, 162
G. **Klagemöglichkeiten des Vorstandes bzw. der Vorstands-
   mitglieder** 163–167

Schrifttum §6

Schrifttum: *Altmeppen* Haftung der Geschäftsleiter einer Kapitalgesellschaft für die Verletzung von Verkehrssicherungspflichten, ZIP 1995, 881; *Aschenbeck* Personenidentität bei Vorständen in Konzerngesellschaften NZG 2000, 1015; *Bachmann* Die Geschäftsleiterhaftung im Fokus von Rechtsprechung und Rechtspolitik BB 2015, 771; *Baums* Aktienoptionen für Vorstandsmitglieder in FS Claussen 1997 S. 3; *ders.* Der Geschäftsleitervertrag 1987; *Berg/Stöcker* Anwendungs- und Haftungsfragen zum Deutschen Corporate Governance Kodex, WM 2002, 1569; *Bezzenberger* Der Vorstandsvorsitzende der Aktiengesellschaft, ZGR 1996, 661; *Brandes* Ersatz von Gesellschafts- und Gesellschafterschaden in FS Fleck 1988 S. 13; *Bröcker/Claussen* Corporate-Governance-Grundsätze in Deutschland?, AG 2000, 481; *Buck-Heeb* Die Haftung von Mitgliedern des Leitungsorgans bei unklarer Rechtslage BB 2013, 2247; *Canaris* Hauptversammlungsbeschlüsse und Haftung der Verwaltungsmitglieder im Vertragskonzern, ZGR 1978, 207; *Endres* Organisation der Unternehmensleitung aus der Sicht der Praxis, ZHR 163 (1999), 441; *Feddersen/Hommelhoff/Schneider* (Hrsg.), Corporate Governance, 1996; *Fleischer* Die „Business Judgement Rule": Vom Richterrecht zur Kodifizierung, ZIP 2004, 685; *ders.* Aktienrechtliche Compliance-Pflichten im Praxistest: Das Siemens/Neubürger-Urteil des LG München I, NZG 2014, 321; *Funk* Rechtsfragen nach der Abberufung von Vorstandsmitgliedern und Geschäftsführern, NZG 1998, 408; *Goette* Zur Verteilung der Darlegungs- und Beweislast der objektiven Pflichtwidrigkeit bei der Organhaftung, ZGR 1995, 648; *Götz* Die Sicherung der Rechte der Aktionäre der Konzernobergesellschaft bei Konzernbildung und Konzernleitung, AG 1984, 85; *Habersack* Perspektiven der aktienrechtlichen Organhaftung, ZHR 177 (2003), 782; *Heermann* Unternehmerisches Ermessen, Organhaftung und Beweislastverteilung, ZIP 1998, 761; *Hefermehl* Zur Haftung der Vorstandsmitglieder bei Ausführung von Hauptversammlungsbeschlüssen in FS Schilling 1973 S. 159; *Hoffmann-Becking* Zur rechtlichen Organisation der Zusammenarbeit im Vorstand der AG, ZGR 1998, 497; *ders.* Vorstandsvergütung nach Mannesmann NZG 2006, 127; *Hommelhoff* Die Konzernleitungspflicht 1982; *Hommelhoff/Matheus* Corporate Governance nach dem KonTraG, AG 1998, 249; *Horn* Die Haftung des Vorstands nach § 93 AktG und die Pflichten des Aufsichtsrats, ZIP 1997, 1129; *J. Hüffer* Corporate Governance: Früherkennung nach § 91 Abs. 2 AktG? in FS Imhoff 1998 S. 91; *Ihrig/Wandt/Wittgens* Die angemessene Vorstandsvergütung drei Jahre nach Inkrafttreten des VorstAG, ZIP-Beil. 40/2012, 1; *Kallmeyer* Aktienoptionspläne für Führungskräfte im Konzern, AG 1999, 97; *ders.* Pflichten des Vorstands zur Unternehmensplanung, ZGR 1993, 104; *Koch* Die Herabsetzung der Vorstandsbezüge gem. § 87 Abs. 2 AktG nach dem VorstAG, WM 2010, 49; *Krieger* Personalentscheidungen des Aufsichtsrats, 1981; *ders.* Zur (Innen-)Haftung von Vorstand und Geschäftsführung, RWS-Forum Gesellschaftsrecht 1995 S. 149; *ders.* Herabsetzung von Abfindungsleistungen nach § 87 Abs. 2 AktG in GS M. Winter 2011, 369; *ders.* Interim Manager im Vorstand der AG in FS Hoffmann-Becking 2013, 711; *Kübler* Erwerbschancen und Organpflichten in FS Werner 1984 S. 437; *Kuhlen* Zum Verhältnis von strafrechtlicher und zivilrechtlicher Haftung für Compliance-Mängel, Teil 1, NZWiSt 2015, 121; *ders.* Zum Verhältnis von strafrechtlicher und zivilrechtlicher Haftung für Compliance-Mängel, Teil 2, NZWiSt 2015, 161; *Langer/Peters* Rechtliche Möglichkeiten einer unterschiedlichen Kompetenzzuweisung an einzelne Vorstandsmitglieder, BB 2012, 2575; *Martens* Der Grundsatz gemeinsamer Vorstandsverantwortung in FS Fleck 1988 S. 191; *ders.* Die Organisation des Konzernvorstands in FS Heinsius 1991 S. 523; *Medicus* Deliktische Außenhaftung der Vorstandsmitglieder und Geschäftsführer, ZGR 1998, 570; *Mülbert* Shareholder Value aus rechtlicher Sicht, ZGR 1997, 129; *Nietsch* Überwachungspflichten bei Kollegialorganen, ZIP 2013, 1449; *Oetker* Nachträgliche Eingriffe in die Vergütungen von Geschäftsführungsorganen im Lichte des VorstAG, ZHR 175 (2011), 527; *Peltzer* Handlungsbedarf in Sachen Corporate Governance, NZG 2002, 593; *Reichert/Ullrich* Haftung von Aufsichtsrat und Vorstand nach dem VorstAG in FS Schneider 2011, 1017; *Roschmann/Frey* Geheimhaltungsverpflichtungen der Vorstandsmitglieder bei Unternehmenskäufen, AG 1996, 449; *Schäfer* Die Binnenhaftung von Vorstand und Aufsichtsrat nach der Renovierung durch das UMAG, ZIP 2005, 1253; *Schaefer/Missling* Haftung von Vorstand und Aufsichtsrat, NZG 1998, 441; *Schmidt, K.* Informationsrechte in Gesellschaften und Verbänden, 1984; *Schmolke* Die Abberufung des Vorstandsmitglieds auf Verdacht, AG 2014, 377; *Schneider* Haftungsmilderung für Vorstandsmitglieder und Geschäftsführer bei fehlerhafter Unternehmensleitung? in FS Werner 1984 S. 795; *Schüppen* „Existenzfragen" des Transparenz- und Publizitätsgesetzes im magischen Dreieck kapitalmarktorientierter Unternehmensführung, ZIP 2002, 1269; *Schwark* Spartenorganisation in Großunternehmen und Unternehmensrecht, ZHR 142 (1978), 203; *Seibt* Deutscher Corporate Governance Kodex und Entsprechens-Erklärung (§ 161 AktG-E), AG 2002, 249; *Semler* Geschäfte einer Aktiengesellschaft mit Mitgliedern ihres Vorstands in FS Rowedder 1994 S. 441; *ders.* Leitung und Überwachung der Aktiengesellschaft 2. Aufl. 1996; *ders.* Rechtsfragen der divisionalen Organisationsstruktur in der unabhängigen Aktiengesellschaft in FS Döllerer 1988, S. 571; *Semler/Cziupka* 20 Thesen zur Compliance-Verantwortung im System der Organhaftung aus Anlass des Siemens/Neubürger-Urteils DB 2014, 1598; *Spindler* Organhaftung in der AG – Reformbedarf aus wissenschaftlicher Perspektive, AG 2013, 889; *Treeck* Die Offenbarung von Unternehmensgeheimnissen durch den Vorstand einer Aktiengesellschaft im Rahmen einer Due Diligence in FS Fikentscher 1998 S. 434; *Ulmer* Der Deutsche Corporate Governance Kodex – ein neues Regulierungsinstrument für börsennotierte Aktiengesellschaften, ZHR 166 (2002), 150; *Wedemann* Vorzeitige Wiederbestellung von Vorstandsmitgliedern: Gesetzesumgehung, Rechtsmissbrauch und intertemporale Treue auf dem Prüfstand, ZGR 2013, 316; *Werner* Haftungsrisiken bei Unternehmensakquisitionen, ZIP 2000, 989; *Wiedemann* Organverantwortung und Gesellschafterklagen in der Aktiengesellschaft, 1989.

1 Die Leitung einer AG ist dadurch gekennzeichnet, dass kein Einheits-Board-System (One-Tier-Board) existiert. Vielmehr ist die Corporate Governance dualistisch ausgestaltet,[1] da neben den mit der Unternehmensleitung betrauten Vorstand der Aufsichtsrat als eigenständige Überwachungs- und Kontrollinstanz tritt.

A. Rechtsstellung der Vorstandsmitglieder

2 Die zentralen Aussagen zur Rechtsstellung des Vorstandes enthalten die §§ 76–78 AktG. Er ist das **Leitungsorgan** der AG (§§ 77 Abs. 1, 78 Abs. 1 AktG); er leitet die Gesellschaft **unter eigener Verantwortung** (§ 76 Abs. 1 AktG). Hierdurch wird dem Vorstand ein von Eingriffen anderer Gesellschaftsorgane weitgehend freier Raum für unternehmerische Zweckmäßigkeitsentscheidungen gewährt, so dass er die Stellung des Unternehmers, der die Richtlinien der Geschäftspolitik bestimmt und die geschäftliche Initiative ergreift, wahrnimmt.[2]

I. Grundlagen

3 Dem Vorstand obliegt die Geschäftsführung und Vertretung der Gesellschaft. Die Gesellschaft nimmt durch die Vorstandsmitglieder am Rechtsverkehr teil. Rechtsgrundlagen der Rechtsstellung des Vorstandes sind:
– das **Gesetz** (insbesondere das AktG, aber auch andere Vorschriften, insbesondere des Straf- und Ordnungsrechts sowie des öffentlichen Rechts);
– die **Satzung** und ein diese ggf. (partiell) überlagernder Beherrschungs- und Ergebnisabführungsvertrag;

---

[1] Allerdings kann über eine Holdingstruktur fast derselbe Effekt wie über ein Board-System erreicht werden: Wenn die Obergesellschaft eine nicht operative Holding ist, das operative Geschäft in Spartengesellschaften führt und selbst nur die Konzernfinanzen und -personalpolitik regelt, ist ihr Aufsichtsrat vom operativen Geschäft weit entfernt.
[2] *Raiser/Veil* § 14 Rn. 1; Kölner Komm./*Mertens/Cahn* § 76 Rn. 4 ff.; *Semler* Die Überwachungsaufgabe des Aufsichtsrates, 1980, S. 7 ff.

A. Rechtsstellung der Vorstandsmitglieder

- der **Anstellungsvertrag** zwischen AG und Vorstandsmitglied, wobei die organschaftliche Stellung aufgrund des körperschaftlichen Akts der Bestellung von dem schuldrechtlichen Anstellungsvertrag strikt zu unterscheiden ist;
- die **Hauptversammlungsbeschlüsse** aufgrund des Initiativrechts gem. § 83 AktG, Zustimmungsvorbehalte des Aufsichtsrates gem. § 111 Abs. 4 AktG und beherrschungsvertragliche Weisungen des herrschenden Unternehmens;
- die **Geschäftsordnung** des Vorstandes, die im mehrgliedrigen Vorstand insbesondere die Geschäftsverteilung regelt;[3]
- der **Deutsche Corporate Governance Kodex** (DCGK), der zwar kein Gesetz und somit auch nicht als solches verbindlich ist, der aber im Hinblick auf die in § 161 AktG für börsennotierte Gesellschaften geregelte Entsprechenserklärung und die Sorgfaltspflichten des § 93 AktG Bedeutung erlangt (vgl. Rn. 106 bzw. Rn. 133).[4]

Besonderheiten gelten für verbundene AGs, vor allem für die Vorstände der Untergesellschaft.[5] **Konzernsituationen** sind für deren Rechtsstellung nur dann von unmittelbarer Bedeutung, wenn ein Vertragskonzern begründet wurde, da Unternehmensverträge gesellschaftsrechtliche Organisationsverträge mit satzungsüberlagerndem Charakter sind. Besteht hingegen lediglich ein faktisches Konzernverhältnis iSd §§ 311 ff. AktG, berührt dieses die Rechtsposition der Vorstände des abhängigen Unternehmens nicht unmittelbar.

II. Geschäftsführungsorgan

Die Führung der Geschäfte der AG ist dem Vorstand zugewiesen, wohingegen Hauptversammlung und Aufsichtsrat weitgehend von der Geschäftsführung ausgeschlossen sind. Geschäftsführung ist jede vom Vorstand für die Gesellschaft kraft der Organstellung wahrgenommene Aufgabe. Sie ist von den Grundlagen- und Strukturentscheidungen, die in der AG gesetzlich der Hauptversammlung zugewiesen sind, abzugrenzen; die Unterscheidung hat jedoch angesichts der gesetzlich determinierten Kompetenzordnung der AG nur untergeordnete Bedeutung.[6]

1. Geschäftsführung und Geschäftsführungsbefugnis

Die **Geschäftsführung** umfasst alle Entschließungen und Maßnahmen über die Art und Weise der Verfolgung des Gesellschaftszwecks. Dies bedeutet, dass die Vorstände insbesondere folgende **Bereiche** zu verantworten haben:
- **Unternehmerische Verantwortung**: Bestimmung und Umsetzung der Geschäftspolitik, dh Definition und Verwirklichung der unternehmerischen Ziele.
- **Führungsverantwortung**: Wahrnehmung der Fachverantwortung im zugewiesenen Geschäftsbereich und der allgemeinen Führungsverantwortung im Gesamtunternehmen; ordnungsgemäße Auswahl, Überwachung und Koordination der Mitarbeiter, Wahrnehmung der Arbeitgeberfunktionen der Gesellschaft.
- **Gesellschaftsrechtliche Verantwortung**: Information der anderen Organe und Einbindung in die Entscheidungsabläufe, soweit vorgeschrieben oder angesichts der Bedeutung der Angelegenheit angezeigt.

---

[3] Näher *Langer/Peters* BB 2012, 2575.
[4] Zur Rechtsnatur des DCGK ausführlich *Ulmer* ZHR 2002, 150 (158 ff.) mwN und Vergleich mit dem Modell des § 342 HGB.
[5] Vgl. § 15 Rn. 77, 130 ff.
[6] *Hüffer/Koch* AktG § 77 Rn. 4.

– **Überwachungsverantwortung:** Kontrolle der Mitarbeiter und des Unternehmens durch klare Verantwortungszuweisungen, konkrete und generelle Handlungsanweisungen, Informationsbeschaffung und Herstellung eines unternehmensinternen Berichtssystems, Überwachung von wichtigen Geschäftsvorfällen und im Übrigen Vornahme von Stichproben, Überwachung des Kontroll- und Informationssystems (Kontrolle der Kontrolle), insbesondere auch Kontrolle der Geschäftsabläufe und der Zielverwirklichung, Pflicht zur Risikovorsorge ggf. durch Versicherung versicherbarer Unternehmensrisiken; Etablierung eines Risikomanagementsystems zur Risikovorsorge, -früherkennung und -bewältigung; Einschreiten gegen bekannte oder erkennbare Missstände und Fehlentwicklungen.

– **Verantwortlichkeit für die Erfüllung aller Rechtspflichten des Unternehmens,** vor allem der steuer-, sozialversicherungs- und sonstigen öffentlich-rechtlichen Pflichten sowie Verhinderung ordnungswidrigen und strafrechtlich relevanten Verhaltens (Legalitätspflicht).

6 Von der Geschäftsführung zu unterscheiden ist die **Geschäftsführungsbefugnis**, die die Rechtmäßigkeit des Vorstandshandelns vor allem in Abgrenzung zu den Zuständigkeiten der anderen Organe beschreibt. Es geht um das „rechtliche Dürfen", welches hinter dem „rechtlichen Können" des Vorstandes zurückbleibt. Das Gesetz selbst regelt und präzisiert nur Ausschnitte der organschaftlichen Pflichten des Vorstandes.

7 Gemäß § 82 Abs. 2 AktG ist der Vorstand verpflichtet, die Beschränkungen seiner Geschäftsführungsbefugnis einzuhalten, die Satzung, Aufsichtsrat, Hauptversammlung und Geschäftsordnungen getroffen haben. Die **Verpflichtung zur Respektierung der gesetzlichen Zuständigkeitsordnung** ist vor allem im Hinblick auf die Festlegungen des Unternehmensgegenstandes (§ 23 Abs. 3 Nr. 2 AktG) und für sonstige Strukturentscheidungen von praktischer Bedeutung. Die gesetzliche Forderung nach einem hinreichend konkret umschriebenen Unternehmensgegenstand schützt die Aktionäre davor, dass der Vorstand das ihm anvertraute Kapital in einem anderen als dem in der Satzung vorgesehenen Tätigkeitsbereich verwendet. Dementsprechend ist es dem Vorstand auch untersagt, sich unmittelbar oder mittelbar über Tochter- und Beteiligungsgesellschaften außerhalb des satzungsmäßigen, „historisch geprägten" Tätigkeitsgebiets der Gesellschaft zu betätigen, indem er sich in satzungsmäßig nicht vorgeprägten Betätigungsfeldern engagiert oder er statutarisch vorgesehene, das Unternehmen prägende Bereiche, die nicht nur fakultativ vorgegeben sind, brach liegen lässt. Wird dieser Rahmen über- oder unterschritten,[7] verhält sich der Vorstand kompetenzwidrig. Insoweit wird untechnisch von einer „faktischen Satzungsänderung" gesprochen. Inhaltlich handelt es sich um eine Verletzung der Satzung. Der Vorstand verhält sich in dieser Situation nur dann satzungskonform, wenn er vor Einleitung der Maßnahmen, durch die der Satzungsrahmen verlassen wird, eine formelle Änderung des Unternehmensgegenstandes herbeiführt.[8]

---

[7] Eine Satzungsunterschreitung liegt nach Ansicht des OLG Köln nicht bereits im Zurückfahren der Aktivitäten in einem satzungsmäßigen Geschäftszweig, sondern erst in seiner völligen Aufgabe, wenn sich nicht der Satzung eine Pflicht zur gleichberechtigten Bearbeitung der Geschäftsfelder entnehmen lasse, OLG Köln 18 U 205/07, CCZ 2009, 72 (73) = AG 2009, 416. Die gegen das Urteil gerichtete Verfassungsbeschwerde wurde nicht angenommen, BVerfG 1 BvR 1461/10, WM 2011, 1946.

[8] *Hüffer/Koch* AktG § 179 Rn. 9; Groß Komm. AktG/*Wiedemann* § 179 Rn. 96; Kölner Komm./*Zöllner* § 179 Rn. 109 f. Nach dem OLG Köln ist eine Ausnahme denkbar, wenn eine

A. Rechtsstellung der Vorstandsmitglieder

Jenseits der konzerndimensionalen Schranken, die das statutarisch definierte Tätigkeitsprofil stipuliert, sind Beteiligungserwerb, -veräußerung und -verwaltung (einschließlich der Ausübung von Beteiligungsrechten) Geschäftsführungsmaßnahmen, die in der AG grundsätzlich in die vom Vorstand wahrzunehmende eigenverantwortliche Leitung des Unternehmens fallen (§ 76 AktG). Jedoch kann der Vorstand nach der **Holzmüller-Entscheidung** des BGH „bei schwerwiegenden Eingriffen in die Rechte und Interessen der Aktionäre verpflichtet sein, eine Entscheidung der Hauptversammlung herbeizuführen".[9]

2. Besonderheiten im mehrgliedrigen Vorstand

Der Vorstand kann aus einer oder mehreren Personen bestehen (§ 76 Abs. 2 Satz 1 AktG); in praxi **üblich** sind **Kollegialorgane**. Ein mindestens zweiköpfiger Vorstand ist bei einem Grundkapital von mehr als 3 Mio. EUR – unbeschadet abweichender Satzungsbestimmungen – erforderlich sowie dann, wenn nach § 13 MontanMitbestG, § 33 MitbestG ein Arbeitsdirektor bestellt werden muss. Zudem soll der Vorstand nach Ziff. 4.2.1 DCGK jedenfalls in börsennotierten Gesellschaften aus mehreren Personen bestehen.

Die Organpflichten treffen im mehrgliedrigen Vorstand alle Mitglieder gleichermaßen. Denn nach § 77 Abs. 1 Satz 1 AktG gilt der **Grundsatz der Gesamtgeschäftsführung**, wonach alle Vorstandsmitglieder für alle Unternehmensbereiche gleichermaßen zuständig sind. Auch das MitbestG enthält keine Ausnahme von diesem Prinzip. Dort sind vielmehr allein gem. § 33 MitbestG Besonderheiten im Hinblick auf den Arbeitsdirektor und gem. § 32 MitbestG Besonderheiten im Rahmen der Ausübung von Beteiligungsrechten durch den Vorstand der Muttergesellschaft in ebenfalls paritätisch mitbestimmten Tochterunternehmen zu beachten. Durch statutarische Regelung oder Erlass einer Geschäftsordnung kann jedoch gem. § 77 Abs. 1 Satz 2 AktG von diesem Grundsatz abgewichen werden; es können insbesondere **Ressorts mit Primärzuständigkeiten** geschaffen werden. Es empfiehlt sich, Aufgaben, Zuständigkeiten und Verantwortlichkeiten der einzelnen Mitglieder exakt abzugrenzen, um eine eindeutige Verantwortungszuweisung herbeizuführen. Einen festen Zuständigkeitsbereich, der im Kern das Personal- und Sozialwesen umfasst, weisen § 13 MontanMitbestG, § 13 MitbestErgG, § 33 MitbestG dem Arbeitsdirektor zu. Dagegen ist eine Aufgabendelegation an einzelne Vorstandsmitglieder unzulässig, wenn die Aufgabe in die Gesamtverantwortung des Vorstands fällt (vgl. §§ 76 Abs. 1, 83, 90, 91, 92, 119 Abs. 2, 121 Abs. 2, 124 Abs. 3, 170, 172 und 245 Nr. 4 AktG). Diese Aufgaben müssen vielmehr durch den – ordnungsgemäß besetzten – Gesamtvorstand wahrgenommen werden. Ein unvorschriftsmäßig besetzter Vorstand ist im Hinblick auf diese Aufgaben nach umstrittener höchstrichterlicher Rechtsprechung handlungsunfähig.[10]

Für eine **zweckmäßige Organisation der Vorstandsarbeit** gibt es keine festen Regeln. Üblich ist es, jedem Vorstandsmitglied ein Ressort zur primären Verant-

---

vorherige Entscheidung der Hauptversammlung nicht möglich ist und eine Zustimmung der Hauptversammlung als sicher erscheint, OLG Köln 18 U 205/07, ZIP 2009, 1469.

[9] Vgl. BGH II ZR 174/80, BGHZ 83, 122 (136 ff., 140 ff.) – Holzmüller; eine Konkretisierung erfolgte insoweit durch BGH II ZR 155/02, NJW 2004, 1860 – Gelatine I und II ZR 154/02, NZG 2004, 575 – Gelatine II; vgl. im Einzelnen § 15 Rn. 46 ff. Zum Verhältnis der Umwandlung zur Satzungsänderung, Unternehmensgegenstandsänderung und Gesellschaftszweckänderung *Kort* AG 2011, 611.

[10] Vgl. BGH II ZR 225/99, ZIP 2002, 172 – Sachsenmilch III; aA *Götz* ZIP 2002, 1745.

wortlichkeit zuzuweisen und die Vorstandsarbeit im arbeitsteiligen Zusammenwirken zu erledigen, wobei allerdings der Gesamtvorstand für alle grundsätzlichen und bedeutenden sowie ressortübergreifenden Fragen zuständig bleibt; diese Grundsatzfragen werden gemeinsam entschieden.[11] Die Ressorts werden häufig nach funktionalen und divisionalen Gesichtspunkten verteilt, wobei vielfach die Zuständigkeiten für bestimmte Sachgebiete (zB Recht, Finanzen und Steuern, Personal, Forschung usw.) neben die Verantwortlichkeit für bestimmte Produktbereiche und Tochtergesellschaften (Spartenorganisation) tritt.[12] Die **Willensbildung des Vorstandes** erfolgt im gesetzlichen Regelfall nach dem Einstimmigkeitsgrundsatz.[13] Satzung oder Geschäftsordnung können allerdings hiervon ebenfalls abweichen und Mehrheitsentscheidungen einführen. Die überstimmten Vorstandsmitglieder sind dann an den Beschluss gebunden und verpflichtet, an seiner Ausführung mitzuwirken, sofern der Beschluss nicht rechtswidrig ist.

III. Vertretungsorgan

11 Im Außenverhältnis besteht **unbeschränkte und unbeschränkbare Vertretungsmacht** des Vorstandes (§§ 78, 82 AktG). Dementsprechend wird die AG beim Abschluss von Verträgen, der Abgabe (sonstiger) Willenserklärungen und in Prozessen von dem Vorstand in vertretungsberechtigter Zahl vertreten.[14] Gesetzlicher Regelfall ist bei einem mehrgliedrigen Vorstand Gesamtvertretung durch alle Mitglieder (§ 78 Abs. 2 Satz 1 AktG).[15] Üblich ist hingegen die Anordnung echter oder unechter Gesamtvertretung durch zwei Vorstände bzw. einen Vorstand und einen Prokuristen durch Satzung oder Aufsichtsratsbeschluss aufgrund einer statutarischen Ermächtigung (§ 78 Abs. 3 AktG).

12 Auch bei intern pflichtwidrigem Verhalten wird die AG grundsätzlich durch den Vorstand aus dem Rechtsgeschäft berechtigt und verpflichtet. An einer wirksamen Vertretung fehlt es ausnahmsweise im Falle des **Missbrauchs der Vertretungsmacht**, insbesondere bei kollusivem Zusammenwirken mit dem Vertragspartner bzw. bei Evidenz der internen Pflichtwidrigkeit;[16] auf ein bewusstes Handeln zum

---

[11] Vgl. etwa *Raiser/Veil* § 14 Rn. 23.

[12] Vgl. *Raiser/Veil* § 14 Rn. 24.

[13] *Hüffer/Koch* AktG § 77 Rn. 6 (Ausnahme bei Gefahr im Verzug analog § 115 Abs. 2 HGB, § 744 Abs. 2 BGB; dann kann das nicht erreichbare Vorstandsmitglied übergangen werden. Es ist aber umgehend zu unterrichten und kann der ausstehenden Maßnahme ggf. noch widersprechen.).

[14] Ausnahmen: §§ 84 Abs. 1, Abs. 3, 112 Satz 1, 147 Abs. 2 AktG, siehe *Hüffer/Koch* AktG § 78 Rn. 4. Näher zum besonderen Vertreter *Kling* ZGR 2009, 190. Grundlegend zur Vertretung der AG durch den Aufsichtsrat *Cahn* in FS Hoffmann-Becking 2013, S. 247.

[15] Der BGH verlangt für die Wahrung der (gesetzlichen) Schriftform bei Gesamtvertretung, dass die Urkunde von allen Vorstandsmitgliedern unterzeichnet wird oder sich aus den Umständen ergibt, dass der Unterzeichner auch für die übrigen Vorstandsmitglieder gehandelt hat, BGH XII ZR 86/07, NZG 2010, 105 (106); ablehnend *Einsele* LMK 2010, 296352; aA auch MünchKomm. AktG/Bd. 2/*Spindler* § 78 Rn. 59: Zweck der Formvorschrift (hier: des § 550 BGB) sei es nicht, über die Vertretungsverhältnisse zu unterrichten. Zu dieser Thematik auch *Kuckein* NZM 2010, 148. Vgl. zudem OLG Düsseldorf I-24 U 152/11, BeckRS 2012, 05972 für den Fall, dass der Mietvertrag von einem zur Vertretung der AG berechtigten Prokuristen unterzeichnet wird.

[16] RG VI 180/34, RGZ 145, 311 (315); BGH II ZR 208/64, BGHZ 50, 112 (114); *Hüffer/Koch* AktG § 82 Rn. 6 f.; MHdB GesR IV/*Wiesner* § 23 Rn. 25.

A. Rechtsstellung der Vorstandsmitglieder

Nachteil der Gesellschaft kommt es im letzteren Fall nicht an.[17] Im Übrigen sind die Voraussetzungen eines Missbrauchs der Vertretungsmacht streitig. Es wird beispielsweise die Auffassung vertreten, der Grundsatz der unbeschränkbaren Vertretungsmacht entfalle, wenn das Rechtsgeschäft mit einer 100%igen Tochtergesellschaft abgeschlossen wird, da sich in einem solchen Falle der durch § 82 Abs. 1 AktG intendierte Verkehrsschutz erübrige.[18]

Weiterhin tritt eine wirksame Vertretung bei **Insich-Geschäften**, dh bei Rechtsgeschäften, die der Geschäftsführer mit sich selbst (Fall des Selbstkontrahierens) oder mit sich als Vertreter eines anderen (Mehrfachvertretung) vornimmt, nicht ein (§ 181 BGB). Für das Verbot des Selbstkontrahierens ergibt sich dies bereits aus § 112 Satz 1 AktG, der die allgemeine Regelung des § 181 Var. 1 BGB in seinem Anwendungsbereich als lex specialis verdrängt.[19] Von dem Verbot der Mehrfachvertretung (§ 181 Var. 2 BGB) kann (durch Satzung oder Aufsichtsratsbeschluss entsprechend § 78 Abs. 3 Satz 1 und 2 AktG) dispensiert werden;[20] eine generelle Befreiung ist im Handelsregister zu verlautbaren.[21] Dieses Verbot kann insbesondere in Konzernsituationen relevant werden. Denn häufig bestehen zwischen den Geschäftsführungsorganen der verbundenen Unternehmen personelle Verflechtungen (sog. Vorstandsdoppelmandate[22]), so dass dann bei konzerninternen

---

[17] BGH II ZR 337/05, NJW 2006, 2776; ebenso *Fleischer* NZG 2005, 529 (535).
[18] OLG Hamburg 11 U 1/80, ZIP 1980, 1000 (1004); MHdB GesR IV/*Wiesner* § 23 Rn. 25 aE.
[19] *Hüffer/Koch* AktG § 78 Rn. 6; *Suttmann* MittBayNot 2011, 1 (8 f.). Die Vertretung durch den Aufsichtsrat erfolgt auch gegenüber ausgeschiedenen Vorstandsmitgliedern, BGH II ZB 1/11, NZG 2013, 792 Rn. 22 mwN; dies gilt auch gegenüber künftigen Vorstandsmitgliedern, MünchKomm. AktG/Bd. 2/*Habersack* § 112 Rn. 11. Bei einem Verstoß gegen § 112 AktG ist gem. § 134 BGB von der Nichtigkeit des Rechtsgeschäfts auszugehen, OLG Brandburg 7 U 68/13, AG 2015, 428 Rn. 47. Zum Abschluss von Beraterverträgen mit ausgeschiedenen Vorstandsmitgliedern *van Kann/Keilweit* AG 2010, 805 ff. Ob § 112 Satz 1 AktG erweiternd dahin auszulegen ist, dass er auch Geschäfte der AG mit Gesellschaften erfasst, an denen der Vorstand maßgeblich beteiligt ist, hat der BGH in einer aktuellen Entscheidung offen gelassen, II ZR 179/12, NZG 2013, 496 Rn. 9; ablehnend (auch für Fälle wirtschaftlicher Identität) *Witt* ZGR 2013, 668 (679 ff.), der dies maßgeblich mit dem Interesse des Rechtsverkehrs an klaren Vertretungsverhältnissen begründet; dieses Interesse werde bei einem Operieren mit Begriffen wie „maßgeblicher Beteiligung" oder „wirtschaftlicher Identität" unterlaufen. Siehe in diesem Zusammenhang auch Ziff. 4.3.3 DCGK. In Fällen einer Drittanstellung eines Interimsvorstands über eine Interim Management-Agentur vertritt der Aufsichtsrat die AG gegenüber der Agentur, OLG Celle 4 U 68/09, AG 2012, 41; zustimmend *Krieger* in FS Hoffmann-Becking, S. 716 f. (zur Aufsichtsratszuständigkeit in verwandten Konstellationen S. 717 f.). Um keinen Fall eines Selbstkontrahierens handele es sich, wenn ein Vorstandsmitglied der Muttergesellschaft zum Geschäftsführer ihrer alleinigen Tochtergesellschaft bestellt wird. Denn die Geschäftsführerbestellung sei ein Organakt der Tochtergesellschaft, nicht der Muttergesellschaft, OLG München 31 Wx 69/12, NZG 2012, 710 mwN auch zur Gegenansicht; zustimmend *Wachter* EWiR 2012, 579 (580); vertiefend *Cramer* NZG 2012, 765, der § 112 AktG nicht betroffen sieht, das bestellte Vorstandsmitglied in der Gesellschafterversammlung der Tochtergesellschaft aber nach § 181 Var. 1 BGB von der Vertretung der AG ausschließen will, wenn es nicht von dieser Beschränkung befreit wurde. Geben Gesellschaft und Vorstandsmitglied im Rahmen eines mehrseitigen Vertrags keine gegenläufigen, sondern parallele Willenserklärungen gegenüber einer anderen Vertragspartei ab, liegt kein Handeln iSv § 112 Satz 1 AktG vor, BGH II ZR 235/15, AG 2017, 814 (816 f.).
[20] *Hüffer/Koch* AktG § 78 Rn. 7 (für Befreiung durch Aufsichtsrat sei aber eine Satzungsermächtigung analog § 78 Abs. 3 Satz 2 AktG zu verlangen).
[21] *Suttmann* MittBayNot 2011, 1 (10).
[22] Zur Vertragsgestaltung eingehend *Fonk* NZG 2010, 368.

Rechtsgeschäften die gleichen Personen agieren. In diesen Fällen ist regelmäßig zu empfehlen, eine Befreiung von § 181 BGB vorzusehen, wobei eine inhaltliche Beschränkung des Dispenses auf bestimmte Rechtsgeschäfte möglich ist. Besteht keine Befreiung von § 181 BGB, dürfen Vorstände auch ihrerseits im Rahmen der Bevollmächtigung Dritter nicht vom Verbot der Mehrfachvertretung befreien. Vielmehr müsste der Aufsichtsrat auch die Befreiung des Dritten bzw. die Genehmigung des entsprechenden Rechtsgeschäfts aussprechen.

13 Bestimmte Verträge werden nur mit **Zustimmung anderer AG-Organe** wirksam: Beratungsverträge mit Aufsichtsräten bedürfen der Zustimmung des Aufsichtsrates (§ 114 Abs. 1 AktG[23]); Gleiches gilt für Kreditgewährungen an Vorstandsmitglieder (§ 89 AktG). Im Anwendungsbereich des § 32 MitbestG hat die dort angeordnete Zustimmung der Anteilseignerbank zu bestimmten Entscheidungen auf nachgeordneten Konzernebenen Außenwirkung.[24] Verträge zur Übertragung des gesamten Gesellschaftsvermögens (§ 179a AktG), Nachgründungsverträge (§ 52 AktG), Verträge über den Verzicht auf Ersatzansprüche gegen Gründer und Organmitglieder (§§ 50, 93 Abs. 4 Satz 3 AktG), Unternehmensverträge (§§ 293, 295 AktG) und Verträge nach dem UmwG werden nur mit Zustimmung der Hauptversammlung wirksam. Zudem muss ggf. der Aufsichtsrat nach § 33 Abs. 1 Satz 2 WpÜG Abwehrmaßnahmen des Vorstands gegen Übernahmeangebote zustimmen. Weiterhin wird im Falle eines aktienrechtlichen Kassationsstreits die Gesellschaft gem. §§ 246 Abs. 2, 249 Abs. 1 AktG von Vorstand und Aufsichtsrat gemeinsam vertreten.[25]

IV. Eigenverantwortlichkeit des Vorstandes

14 Die AG wird vom Vorstand weisungsfrei und ohne unmittelbare Eingriffsmöglichkeiten der anderen Gesellschaftsorgane geleitet. Durch die Übertragung eigenverantwortlicher Leitungsmacht gem. § 76 Abs. 1 AktG wird dem Vorstand die Befugnis eingeräumt, die **Richtlinien der Geschäftspolitik** festzulegen und geschäftliche Initiative zu ergreifen, dh er darf und muss die unternehmerischen Funktionen der AG wahrnehmen. Hierdurch soll der Vorstand befähigt werden, das Unternehmen allein unter Berücksichtigung des Unternehmensinteresses und damit im idealtypischen Interesse aller Anteilseigner zu führen.[26] Neben den Interessen der Kapitalgeber hat der Vorstand auch die Interessen anderer Bezugsgruppen zu berücksichtigen; „idealtypisch" ist also im Sinne eines sozial rückgebundenen Interesses zu verstehen (Stakeholder-Konzept). Das OLG Frankfurt gesteht dem Vorstand zu, dass er im Rahmen seines Leitungsermessens dem Shareholder-Value-Konzept Rechnung tragen darf, ohne diesem einen grundsätzlichen Vorrang gegenüber dem plural verstandenen Gesellschaftsinteresse einzuräumen.[27] Die Leitung eines Unternehmens iSd § 76 Abs. 1 AktG umfasst eine Fülle von Entscheidungen, die

---

[23] Vgl. § 7 Rn. 260 ff.
[24] Vgl. eingehend dazu § 7 Rn. 113 ff.
[25] Weitere Fälle der Doppelvertretung durch Vorstand und Aufsichtsrat sowie der Bindung der Wirksamkeit von Vorstandshandeln an die Zustimmung anderer Gesellschaftsorgane bei *Hüffer/Koch* AktG § 78 Rn. 8 f.
[26] Kölner Komm./*Mertens/Cahn* § 76 Rn. 15; MünchKomm. AktG/Bd. 2/*Spindler* § 76 Rn. 62; MHdB GesR IV/*Wiesner* § 19 Rn. 13. Zum Einfluss von Gemeinwohlbelangen *Kort* NZG 2012, 926.
[27] OLG Frankfurt 13 U 100/10, CCZ 2012, 236 (238).

A. Rechtsstellung der Vorstandsmitglieder

sich grob in zwei Kategorien einteilen lassen: Zum einen obliegt es dem Vorstand, die Unternehmenspolitik eigenverantwortlich zu definieren, zum anderen hat der Vorstand für die **Durchführung der Maßnahmen** zu sorgen, die zur Verwirklichung der Unternehmenspolitik erforderlich sind, und die zur Unternehmenszielverwirklichung erforderlichen Führungsentscheidungen zu treffen.[28] Typologisch geht es um Unternehmensplanung, -koordination, -kontrolle und die Besetzung der Führungsstellen.[29] Besondere Bedeutung kommt der Ausübung von Beteiligungsrechten zu. Denn heute ist anerkannt, dass das Geschäftsführungsorgan eines herrschenden Unternehmens gegenüber der eigenen Gesellschaft zur unternehmerischen Nutzung des aus der Beteiligung an einem anderen Unternehmen fließenden Einflusses verpflichtet ist.[30] Umstritten ist lediglich die erforderliche Leitungsintensität; überwiegend werden dezentrale Konzernstrukturen für ausreichend gehalten.

Eigenverantwortlichkeit impliziert, dass der Vorstand die ihm übertragene Leitungsaufgabe selbstständig und weisungsfrei ausübt; insoweit spricht man von der **„Unveräußerlichkeit der Leitungsmacht".**[31] Die eigenverantwortliche Unternehmensleitung durch den Vorstand ist nicht nur ein Recht, sondern auch eine Pflicht, die der Vorstand sich nicht aus der Hand nehmen lassen darf.[32] Denn diese sichert die Autonomie der Gesellschaft als Wirtschaftssubjekt.[33] Daher ist allgemein anerkannt, dass der Vorstand Geschäftsführungs- und Vertretungsbefugnisse nicht auf den Aufsichtsrat oder die Hauptversammlung übertragen darf und er auch nicht an Weisungen von Großaktionären gebunden ist.[34] In der **Praxis** ergeben sich **Konflikte** mit diesem Grundsatz häufig im Zusammenhang mit vertraglichen Vereinbarungen, durch die – ohne Abschluss eines Unternehmensvertrages – Dritten ein ganz erheblicher Einfluss auf bestimmte Unternehmensbereiche oder Tochtergesellschaften eröffnet werden soll. Häufig wird ein solches Ansinnen an den Vorstand in Konzernsituationen herangetragen. Zwar schließt die Unveräußerlichkeit der Leitungsmacht des Vorstandes schuldrechtliche Dauerbindungen einer AG nicht aus, aus denen sich aus tatsächlichen Gründen langfristige Festlegungen der Unternehmenspolitik ergeben. Unzulässig ist es hingegen, wenn die organisato-

---

[28] So sehr anschaulich MHdB GesR IV/*Wiesner* § 19 Rn. 17.
[29] *Hüffer/Koch* AktG § 76 Rn. 9.
[30] So insb. *Hommelhoff* Die Konzernleitungspflicht 1982, S. 35 f., 41 ff., 265 ff.; Kölner Komm./*Koppensteiner* Vorb. § 291 Rn. 71; Kölner Komm./*Mertens/Cahn* § 76 Rn. 65; *Semler* Die Überwachungsaufgabe des Aufsichtsrates 1980, S. 107 ff.
[31] Vgl. zu dieser Umschreibung der Eigenverantwortlichkeit des Vorstandes insb. MünchKomm. AktG/Bd. 2/*Spindler* § 76 Rn. 22 ff.; *Hüffer/Koch* AktG § 76 Rn. 25; Kölner Komm./*Mertens/Cahn* § 76 Rn. 42 ff.
[32] Delegationsfähig sind nur Maßnahmen der Geschäftsführung, nicht der Leitung, *Hüffer/Koch* AktG § 76 Rn. 8; MünchKomm. AktG/Bd. 2/*Spindler* § 76 Rn. 18. AA Lutter/Hommelhoff AktG/*Seibt* § 76 Rn. 8 (strenges Delegationsverbot nur bei Pflichtzuständigkeit des Gesamtorgans; im Übrigen könne Delegation nach den Grundsätzen einer sorgfältigen unternehmerischen Entscheidung zulässig sein, was einzelfallabhängig zu entscheiden sei). *Dreher* differenziert bei den nicht delegierbaren Pflichten hinsichtlich des Maßes der höchstpersönlichen Pflichterfüllung zwischen der Leitungsverantwortung iSe Entscheidungsverantwortung des Vorstands, während in die Vorbereitung und Ausführung solcher Hilfspersonen eingeschaltet werden können, FS Hopt S. 517, 526 ff. Zur Delegierbarkeit von Pflichten näher *Hegnon* CCZ 2009, 57.
[33] So sehr anschaulich *Raiser/Veil* § 14 Rn. 12.
[34] Vgl. insb. MünchKomm. AktG/Bd. 2/*Spindler* § 76 Rn. 22; *Hüffer/Koch* AktG § 76 Rn. 25 ff.; Kölner Komm./*Mertens/Cahn* § 76 Rn. 42 ff.; MHdB GesR IV/*Wiesner* § 19 Rn. 32 (allgemeine Meinung).

rischen Strukturen des Unternehmens oder die Besetzung von Führungspositionen im Unternehmen selbst zum Gegenstand der Verpflichtung der AG gemacht werden oder wenn sich die Gesellschaft über das Versprechen eines konkreten Verhaltens hinaus verpflichtet, ihre Geschäftspolitik gem. den zukünftigen Entscheidungen eines Dritten zu führen.[35]

16 Die Handlungsfreiheit der Vorstände im Geschäftsführungsbereich ist insoweit beschränkt, als die Satzung oder der Aufsichtsrat bestimmte Maßnahmen einem Zustimmungsvorbehalt zu unterwerfen hat (§ 111 Abs. 4 Satz 2 AktG; „gegebenenfalls auch im Einzelfall", Ziff. 3.3 S. 1 DCGK). Allerdings bleiben die Vorstände ungeachtet der Zustimmungsvorbehalte des Aufsichtsrates zum eigenverantwortlichen autonomen Handeln verpflichtet, soweit das Gesetz ihnen spezielle Pflichten auferlegt. Solche **gesetzlichen Pflichten** werden insbesondere in folgenden Bereichen begründet:
– Buchführung und Bilanzierung (§ 91 AktG),
– Kapitalerhaltung und -sicherung (§§ 57, 71 ff. AktG iVm § 93 Abs. 3 AktG),
– Handelsregisteranmeldungen,
– Insolvenzantragspflicht (§ 15a InsO),
– Abgabe der Steuererklärungen des Unternehmens (§ 34 AO),
– Abführung von Sozialversicherungsbeiträgen (§ 266a StGB),
– Einhaltung sonstiger öffentlich-rechtlicher Vorschriften (insbesondere gewerbe-, bau-, umwelt- und polizeirechtliche Normen),
– Verhinderung ordnungswidrigen bzw. strafrechtlich relevanten Verhaltens.

Im Bereich dieser **Gesetzes- bzw. Kardinalpflichten** darf sich der Vorstand **keinem Dritteinfluss unterwerfen**. Dies gilt auch in Konzernsituationen. Weder im faktischen noch im Vertragskonzern ist der Vorstand der Untergesellschaft berechtigt, Weisungen des herrschenden Unternehmens in diesem Bereich zu befolgen.[36]

V. Besondere Vorstandsmitglieder

17 Alle Mitglieder eines (mehrköpfigen) Vorstandes haben grundsätzlich die gleichen Rechte und Pflichten; es gibt allerdings im Gesetz vorgesehene besondere Vorstandsmitglieder, für die Besonderheiten zu berücksichtigen sind:

1. Vorstandsvorsitzender

18 Nach § 84 Abs. 2 AktG kann der Aufsichtsrat einen Vorstandsvorsitzenden ernennen; eine Delegation auf einen Ausschuss ist gem. § 107 Abs. 3 Satz 3 AktG nicht möglich. Für die Ernennung gelten im Übrigen die für die Bestellung zum

---

[35] So sehr anschaulich Kölner Komm./*Mertens/Cahn* § 76 Rn. 47; *Raiser/Veil* § 14 Rn. 12. Aus der neueren Rechtsprechung zu sog. Business Combination Agreements LG München I 5 HK O 20488/11, NZG 2012, 1152; mit Anm. *Paschos* NZG 2012, 1142 (im konkreten Fall sollte im Rahmen der Förderung und Unterstützung einer geplanten Transaktion der Vorstand der Zielgesellschaft ohne Zustimmung des Bieters weder das genehmigte Kapital ausnutzen noch eine Aktie erwerben oder veräußern). Eingehend zu Business Combination Agreements bei M&A-Transaktionen *Hippeli/Diesing* AG 2015, 185 ff.

[36] AA wohl MünchKomm. AktG/Bd. 2/*Spindler* § 76 Rn. 38: „Im Vertragskonzern ist § 76 demgemäß nur eingeschränkt anwendbar." Vgl. auch *Krauel/Klie* WM 2010, 1735 (1736): Zulässigkeit von Weisungen findet ihre Grenze in zwingenden gesetzlichen Vorschriften und außerhalb des Zuständigkeitsbereichs des Vorstands.

A. Rechtsstellung der Vorstandsmitglieder

Vorstandsmitglied entwickelten Grundsätze. Für die mitbestimmten Gesellschaften wird der Vorstandsvorsitzende durch Mehrheitsbeschluss nach § 29 MitbestG gewählt; das besondere Verfahren des § 31 MitbestG ist nach herrschender Meinung nicht anzuwenden.[37] Auf den Geschäftsbriefen der Gesellschaft ist der Vorstandsvorsitzende nach § 80 Abs. 1 Satz 2 AktG namhaft zu machen; das Gleiche gilt im Hinblick auf den Anhang zum Jahresabschluss (§ 285 Nr. 10 Satz 2 HGB). Einer Anmeldung des Vorstandsvorsitzenden zum Handelsregister bedarf es hingegen nicht.[38]

Aufgabe des Vorstandsvorsitzenden ist die Repräsentation des Vorstandes als Kollegialorgan; er ist darüber hinaus geborener Leiter der Vorstandssitzungen und Koordinator der Vorstandsarbeit. Weiterhin kann dem Vorstandsvorsitzenden nach herrschender Meinung kraft Satzung oder Geschäftsordnung das Recht zum Stichentscheid eingeräumt werden;[39] ferner wird es überwiegend als zulässig erachtet, dem Vorstandsvorsitzenden in nicht mitbestimmten Gesellschaften ein Vetorecht gegen Vorstandsbeschlüsse einzuräumen.[40] Vom Vorstandsvorsitzenden ist ein bloßer **Vorstandssprecher** zu unterscheiden.[41] Wurde kein Vorsitzender ernannt, kann der Vorstand aus seiner Mitte im Rahmen seiner Geschäftsordnungskompetenz nach § 77 Abs. 2 Satz 1 AktG ein Mitglied zum Sprecher ernennen. Die Rechtsstellung des Vorstandssprechers ist gesetzlich nicht geregelt. Ihm dürfen nur allgemeine Repräsentations- und Organisationsrechte, etwa die Sitzungsleitung und die Federführung gegenüber dem Aufsichtsrat, nicht jedoch die besonderen Befugnisse eines Vorstandsvorsitzenden eingeräumt werden.[42]

Gemäß Ziff. 4.2.1 DCGK soll der Vorstand einer börsennotierten Gesellschaft entweder einen Vorsitzenden oder einen Sprecher haben.

2. Arbeitsdirektor und stellvertretendes Vorstandsmitglied

Dem Vorstand einer mitbestimmten AG muss als gleichberechtigtes Mitglied ein **Arbeitsdirektor** angehören. Die § 13 MontanMitbestG, § 13 MitbestErgG und § 33 MitbestG weisen dem Arbeitsdirektor einen festen Tätigkeitsbereich mit Kernzuständigkeiten im Personal- und Sozialwesen zu; dieser gesetzlich zugewiesene Kompetenzbereich ist zwingend.[43] Darüber hinaus muss stets die Gleichberechti-

---

[37] *Hüffer/Koch* AktG § 84 Rn. 28; Kölner Komm./*Mertens/Cahn* § 84 Rn. 100; MHdB GesR IV/*Wiesner* § 24 Rn. 2.

[38] Seine Eintragung wird aber nach § 43 Nr. 4 S. 1 Buchst. b HRV als registerrechtlich zulässig angesehen: vgl. MünchKomm. AktG/Bd. 2/*Spindler* § 81 Rn. 7; MHdB GesR IV/*Wiesner* § 24 Rn. 1 aE.

[39] Im zweigliedrigen Vorstand ist ein Stichentscheid unzulässig; das ergibt sich aus der Abkehr des in § 70 Abs. 2 Satz 2 AktG 1937 verankerten Alleinentscheidungsrecht des Vorstandsvorsitzenden, vgl. MünchKomm. AktG/Bd. 2/*Spindler* § 77 Rn. 13; aA *Bürkle* AG 2012, 232 (236 f.)

[40] BGH II ZR 33/83, BGHZ 89, 48 (59) – Reemtsma; *Hüffer/Koch* AktG § 84 Rn. 29; MHdB GesR IV/*Wiesner* § 24 Rn. 4; aA *Bezzenberger* ZGR 1996, 661 (665). Ein Vetorecht in mitbestimmten Gesellschaften, das nicht nur aufschiebend wirkt und die besonderen Zuständigkeiten des Arbeitsdirektors beschneidet, ist wegen der besonderen Rechtsstellung des Arbeitsdirektors nach § 33 MitbestG unzulässig, MünchKomm. AktG/Bd. 2/*Spindler* § 77 Rn. 18; dazu auch *Langer/Peters* BB 2012, 2575 (2580 f.)

[41] Dazu näher *Simons/Hanloser* AG 2010, 641 ff.

[42] *Hüffer/Koch* AktG § 84 Rn. 30; Kölner Komm./*Mertens/Cahn* § 84 Rn. 103; MHdB GesR IV/*Wiesner* § 24 Rn. 5 ff.

[43] Umstritten ist, ob neben den unentziehbaren Mindestzuständigkeiten zusätzliche Aufgaben zugewiesen werden können, vgl. Erfurter Komm. ArbR/*Oetker* § 33 MitbestG Rn. 14.

20 Weiterhin können „**stellvertretende Vorstandsmitglieder**" ernannt werden. § 94 AktG stellt klar, dass alle Vorschriften betreffend den Vorstand auch für die stellvertretenden Mitglieder gelten, sodass es sich ungeachtet der Bezeichnung als „Stellvertreter" um echte Vorstandsmitglieder mit allen Vorstandsrechten und -pflichten handelt. Das „stellvertretende Vorstandsmitglied" ist kein Vertreter, der im Verhinderungsfalle tätig wird, sondern ein Mitglied des Vorstandes, welches nach der internen Vorstandshierarchie hinter anderen Vorstandsmitgliedern zurücksteht, etwa indem es ein kleineres Ressort (mit geringeren Bezügen) verantwortet. Die Unterscheidung ist allein für das **Innenverhältnis** von Bedeutung; im **Außenverhältnis** besteht volle Verantwortlichkeit. Deshalb kann auch die Vertretungsbefugnis des „stellvertretenden" Vorstandsmitglieds nach § 82 Abs. 1 AktG nicht beschränkt werden. Auch sonstige Differenzierungen sind unzulässig. Insbesondere ist das „stellvertretende" Vorstandsmitglied als normales Vorstandsmitglied ohne Hinweis auf die „Stellvertretereigenschaft" im Handelsregister einzutragen.[47]

B. Bestellung und Anstellung

21 Die Stellung des Vorstandes ist vom Dualismus von Bestellung und Anstellung geprägt. Von dem kooperationsrechtlichen Akt der Berufung zum Unternehmensorgan (Bestellung) ist der schuldrechtliche Anstellungsvertrag des Vorstandsmitglieds scharf zu trennen.

I. Bestellung

22 Der körperschaftliche Akt der Bestellung umfasst alle Maßnahmen, die erforderlich sind, um die Mitgliedschaft einer natürlichen Person im Vorstand einer AG

Die im Ausgangspunkt verschiedenen Ansichten (grundsätzlich verneinend – grundsätzlich bejahend, jeweils Ausnahmen für zulässig erachtend) stehen sich aber nicht unversöhnlich gegenüber, kommt es doch nach allgemeiner Ansicht entscheidend darauf an, dass dem Arbeitsdirektor die Erfüllung seiner eigentlichen Aufgaben nicht unmöglich werden darf, vgl. Münch. Komm. AktG/Bd. 2/*Gach* § 33 MitbestG Rn. 31; Erfurter Komm. ArbR/*Oetker* MitbestG § 33 Rn. 14. Sie dürften daher im Regelfall zu übereinstimmenden Ergebnissen führen.

[44] Vgl. hierzu und zu weiteren Einzelheiten: BVerfG 1 BvR 532, 533/77, 419/78 und 1 BvL 21/78, BVerfGE 50, 290 (378); Kölner Komm./*Mertens/Cahn* § 77 Rn. 66 f., Anh. § 117 B, § 33 MitbestG Rn. 20; *Raiser/Veil/Jacobs* MitbestG § 33 Rn. 24; MHdB GesR IV/*Wiesner* § 24 Rn. 8 ff.

[45] *Langer/Peters* BB 2012, 2575 (2580); vgl. zum Stichentscheid auch Rn. 18. Diff. Großkomm. AktG/*Kort* § 77 Rn. 56: Es darf kein Stichentscheid herbeigeführt werden, soweit die zwingenden Zuständigkeiten des Arbeitsdirektors in Personal- und Sachfragen betroffen sind.

[46] *Langer/Peters* BB 2012, 2575 (2581); MünchKomm. AktG/Bd. 2/*Spindler* § 77 Rn. 18; vgl. dazu bereits Rn. 18.

[47] Vgl. hierzu und zu weiteren Einzelheiten: MünchKomm. AktG/Bd. 2/*Spindler/Kalss* § 94 Rn. 9 ff.; Kölner Komm./*Mertens/Cahn* § 94 Rn. 6; MHdB GesR IV/*Wiesner* § 24 Rn. 26 ff.

B. Bestellung und Anstellung

zu begründen und diese mit allen organschaftlichen Rechten und Pflichten, vor allem der **Geschäftsführungs- und Vertretungsbefugnis**, zu versehen. Der Bestellungsvorgang ist ein körperschaftlicher Akt organisationsrechtlicher Natur. Es handelt sich zwar um keinen Vertrag, jedoch kann der Bestellungsvorgang nur durch zwei aufeinander bezogene Erklärungen der Gesellschaft einerseits und des zum Vorstand Ernannten andererseits komplettiert werden; niemand kann gegen seinen Willen zum Vorstand ernannt werden.[48] Die wesentlichen Rechtsgrundsätze im Zusammenhang mit der Bestellung von Vorstandsmitgliedern enthalten die §§ 76, 84 AktG:

1. Persönliche Anforderungen an das Vorstandsmitglied

Die persönlichen Anforderungen an Vorstandsmitglieder sind in § 76 Abs. 3 AktG geregelt. Hiernach kann Vorstand nur eine natürliche, unbeschränkt geschäftsfähige, nicht unter Betreuung stehende Person sein. Als weitere Eignungsvoraussetzung[49] muss das Vorstandsmitglied über die notwendige Zuverlässigkeit verfügen, so dass etwa Verurteilungen wegen einer Insolvenzstraftat nach §§ 283–283d StGB, Insolvenzverschleppung, falscher Angaben und unrichtiger Darstellungen sowie Verurteilungen aufgrund allgemeiner Straftatbestände mit Unternehmensbezug (§§ 263–264a StGB und §§ 265a–266a StGB)[50] sowie ein gerichtliches oder behördliches Berufs- oder Gewerbeverbot der Bestellung entgegenstehen.[51] Die Satzung kann weitere persönliche und sachliche **Eignungsvoraussetzungen** aufstellen, wobei allerdings das Auswahlermessen des Aufsichtsrates als Bestellungsorgan erhalten bleiben muss.[52] Für mitbestimmte Gesellschaften gelten insoweit keine Besonderheiten.[53] Als statutarische persönliche Anforderungen kommen insbesondere Kriterien wie Fachausbildung, Vorkenntnisse, berufliche Erfahrungen uÄ in Betracht; in Familiengesellschaften kann auch auf die Familienzugehörigkeit oder Aktionärseigenschaft abgestellt werden, wenn dieses Kriterium lediglich bei gleichwertigen Bewerbern den Ausschlag geben soll.[54] Das Fehlen oder der Wegfall einer gesetzlichen Eignungsvoraussetzung führt gem. § 134 BGB zur Nichtigkeit der Vorstandsbestellung.[55] Wird lediglich eine statutarische Eignungsvoraussetzung verfehlt, gilt dies indes nicht; in diesem Falle wird lediglich von einer Pflicht des

---

[48] Vgl. etwa *Hüffer/Koch* AktG § 84 Rn. 3 f.; Kölner Komm./*Mertens/Cahn* § 84 Rn. 2 f.

[49] Jederzeitige Einreisemöglichkeit indes verzichtbar, MünchKomm. AktG/Bd. 2/*Spindler* § 76 Rn. 106 mwN.

[50] Für eine Erstreckung des strafprozessualen Verschlechterungsverbots auf die gesellschaftsrechtlichen Inhabilitätsanordnung, wenn der Tatbestand des § 6 Abs. 3 Satz 2 Nr. 2 AktG erst nach Ausgang des Rechtsmittelverfahrens erfüllt ist *Brand/Reschke* JZ 2011, 1102.

[51] Die Bestellungshindernisse für Vorstandsmitglieder aufgrund vorsätzlich begangener Straftaten wurden in § 76 Abs. 3 Satz 2 Nr. 3a Buchst. c, d und e AktG durch das Gesetz zur Modernisierung des GmbH-Rechts und zur Bekämpfung von Missbräuchen (MoMiG) vom 23.10.2008 (BGBl. 2008 I 2026) deutlich erweitert.

[52] *Hüffer/Koch* AktG § 76 Rn. 60; Kölner Komm./*Mertens/Cahn* AktG § 76 Rn. 116; MHdB GesR IV/*Wiesner* § 20 Rn. 6.

[53] *Hüffer/Koch* AktG § 76 Rn. 60 (der allerdings an die Eignungsvoraussetzungen strengere Anforderungen stellen will); Kölner Komm./*Mertens/Cahn* § 76 Rn. 116 – aA Gemeinschaftskommentar MitbestG/*Naendrop* § 25 Rn. 105.

[54] Vgl. MünchKomm. AktG/Bd. 2/*Spindler* § 84 Rn. 28; MHdB GesR IV/*Wiesner* § 20 Rn. 7 – aA *Fitting/Wlotzke/Wißmann* § 31 Rn. 12.

[55] *Hüffer/Koch* AktG § 76 Rn. 62 (§ 15 HGB und die allgemeine Rechtsscheinhaftung finden aber Anwendung).

Aufsichtsrates zum Widerruf der Bestellung aus wichtigem Grund nach § 84 Abs. 3 Satz 1 AktG ausgegangen.[56]

23a In börsennotierten oder der Mitbestimmung unterliegenden Aktiengesellschaften ist nach Verabschiedung des Gesetzes für die gleichberechtigte Teilhabe von Männern und Frauen an Führungspositionen in der Privatwirtschaft und im öffentlichen Dienst[57] vom Aufsichtsrat für den Frauenanteil im Vorstand eine Zielgröße iSe. selbst definierten Zielvorgabe festzulegen, § 111 Abs. 5 Satz 1 AktG. Gleichzeitig sind Fristen zur Erreichung der Zielgrößen festzulegen, § 111 Abs. 5 Satz 3 AktG. Nach § 111 Abs. 5 Satz 2 AktG dürfen die Zielgrößen den bereits erreichten Anteil nicht unterschreiten, wenn dieser Anteil bei unter 30 % liegt. Die Pflichten des Unternehmens beschränken sich auf die Festlegung des Anteils und einen darauf bezogenen Bericht; unmittelbare Konsequenzen zieht eine Verfehlung der selbstgesetzten Quote nicht nach sich.[58]

23b Die Diskriminierungsverbote des AGG gelten auch für die (erstmalige oder wiederholte) Bestellung von Organmitgliedern; insoweit ist der persönliche und der sachliche Anwendungsbereich des AGG gem. §§ 6 Abs. 3, 2 Abs. 1 Nr. 1 AGG eröffnet.[59] Die Arbeitnehmereigenschaft von Geschäftsleitungsmitgliedern – und damit die Frage der Anwendbarkeit des gesamten Beschäftigtenschutzes des AGG – hat der BGH offengelassen.[60] Die über § 6 Abs. 3 AGG nur „entsprechende" Anwendung der Vorschriften des AGG führt nach einer in der Literatur vertretenen Ansicht dazu, dass gegenüber Organmitgliedern weniger strenge Maßstäbe für die Rechtfertigung bestünden; insbesondere sollen für eine Rechtfertigung auch unternehmensbezogene Gründe angeführt werden können.[61]

24 Weiterhin sind Vorstand und Aufsichtsrat entsprechend der dualistischen Konzeption der Verwaltung der AG personell strikt voneinander getrennt, so dass die **Zugehörigkeit zum Aufsichtsrat**, und zwar auch zum Aufsichtsrat einer Konzernobergesellschaft, **mit dem Vorstandsmandat inkompatibel** ist, da Vorstände sich nicht selbst kontrollieren können (§§ 100 Abs. 2 Satz 1 Nr. 2, 105 AktG; Entsprechendes gilt für Überkreuzverflechtungen iSd § 100 Abs. 2 Satz 1 Nr. 3 AktG). Diese Inkompatibilität kann nur unter den Voraussetzungen des § 105 Abs. 2 AktG zum Ersatz fehlender Vorstandsmitglieder zeitlich befristet durchbrochen werden, indem ein Aufsichtsratsmitglied zum Interimsvorstand ernannt wird.

Eine mehrfache Bestellung innerhalb eines Konzerns wird von der Rspr. grundsätzlich anerkannt.[62] Insoweit ist das Vorstandsmitglied jedoch strikt verpflichtet, allein die Interessen der jeweiligen Gesellschaft zu wahren; nur wenn Konzerninteressen hiermit kompatibel sind oder etwaige Nachteile nach § 311 AktG ausgeglichen

---

[56] MHdB GesR IV/*Wiesner* § 20 Rn. 9; MünchKomm. AktG/Bd. 2/*Spindler* § 84 Rn. 36 – aA Kölner Komm./*Mertens/Cahn* AktG § 76 Rn. 114 ff., insb. Rn. 116 (tendenziell kein wichtiger Grund).

[57] Gesetz v. 24.4.2015 (BGBl. 2015 I 642). Dazu *Schulz/Ruf* BB 2015, 1155; *Stüber* DStR 2015, 947; *Teichmann/Rüb* BB 2015, 898; eingehend *Grobe* AG 2015, 289. § 25d Abs. 11 KWG ist lex specialis zu § 111 Abs. 5 AktG; *Stüber* DStR 2015, 947 (952).

[58] *Teichmann/Rüb* BB 2015, 898 (903).

[59] BGH II ZR 163/10, NZG 2012, 777 (778) = BGHZ 193, 110 Rn. 16 ff.

[60] BGH II ZR 163/10, NZG 2012, 777 (778) = BGHZ 193, 110 Rn. 16 ff.; zu dieser Frage näher (und für den Vorstand einer AG verneinend; im Wesentlichen begründet mit der fehlenden Weisungsabhängigkeit und der fehlenden Möglichkeit jederzeitiger einschränkungsloser Abberufung) *Kort* WM 2013, 1049 (1056 f.); *ders.* NZG 2013, 601. Bejahend *Ziemons* KSzW 2013, 19.

[61] MünchKomm. AktG/Bd. 2/*Spindler* § 84 Rn. 34.

[62] Vgl. *Hüffer/Koch* AktG § 76 Rn. 54; MünchKomm. AktG/Bd. 2/*Spindler* § 76 Rn. 48 ff.

2. Verfahren und Dauer der Bestellung

Das **AktG** weist die **Personalhoheit** für die Vorstandsbestellung dem Aufsichtsrat zu (§ 84 Abs. 1 Satz 1 AktG);[64] diese Zuständigkeit ist ausschließlich und zwingend. Zuständig für die Bestellung von Vorstandsmitgliedern ist der **Gesamtaufsichtsrat**; eine Übertragung auf einen Ausschuss ist gem. § 107 Abs. 3 Satz 2 AktG ausgeschlossen. 25

Das **Wahlverfahren** selbst regelt das AktG nicht. Die Vorstandswahl erfolgt grundsätzlich durch einfachen Aufsichtsratsbeschluss mit einfacher Mehrheit. Die Satzung kann weder ein höheres Mehrheitserfordernis festschreiben noch der Hauptversammlung Einfluss auf die Vorstandswahl eröffnen.[65] Besonderheiten sind allerdings in mitbestimmten Gesellschaften zu beachten. Im Anwendungsbereich des **MitbestG** erfolgt ein bis zu **vierstufiges Wahlverfahren** mit bis zu drei Wahlgängen und einem Vermittlungsverfahren. Im ersten Wahlgang ist eine Zweidrittel-Mehrheit der vorhandenen Aufsichtsratsmitglieder erforderlich (§ 31 Abs. 2 MitbestG), so dass den Arbeitnehmervertretern eine Sperrminorität zukommt. Wird diese Mehrheit verfehlt, schließt sich ein „Schlichtungsverfahren" über den nach § 27 Abs. 3 MitbestG zu bildenden ständigen Vermittlungsausschuss an (§ 31 Abs. 3 MitbestG). Auf Vorschlag des Vermittlungsausschusses erfolgt ein zweiter Wahlgang, in dem die einfache Mehrheit der vorhandenen Aufsichtsratsmitglieder genügt, so dass eine geschlossene Arbeitnehmerbank auch in diesem Wahlgang eine Vorstandswahl verhindern kann (§ 31 Abs. 3 S. 2 MitbestG). Dies gilt auch, wenn die Schlichtung nicht innerhalb eines Monats gelingt. Schlägt auch der zweite Wahlgang fehl, folgt ein dritter Wahlgang, bei dem der von der Anteilseignerseite gestellte Aufsichtsratsvorsitzende zwei Stimmen hat, so dass sich die Anteilseignervertreter durchsetzen können (§ 31 Abs. 4 MitbestG). Dieser Wahlmodus gilt auch für den Arbeitsdirektor. Dagegen kann in Montan-Unternehmen der Arbeitsdirektor nicht gegen die Stimmen der Mehrheit der Arbeitnehmervertreter gewählt werden (§ 13 MontanMitbestG). 26

Ist der Vorstand unvollständig, sei es, dass kein Vorstand bestellt ist oder ein notwendiges Vorstandsmitglied fehlt, etwa weil ein Mitglied vorzeitig ausgeschieden ist und/oder eine (Neu-)Wahl nicht rechtzeitig zustande kam, kann gem. § 85 Abs. 1 AktG das Sitzgericht angerufen werden und durch dieses sodann einen **Notvorstand** bestellt werden. Das Amt des Notvorstandes dauert bis der Mangel behoben ist.[66] 27

Die **Amtszeit** der Vorstandsmitglieder beträgt zwingend **höchstens fünf Jahre** (§ 84 Abs. 1 Satz 1 AktG). Nach Ablauf dieser Frist kann der Aufsichtsrat erneut frei über die Person des Vorstandes entscheiden. Auch eine (wiederholte) Wiederwahl 28

---

[63] Kritisch zu Stimmverboten: *Hüffer/Koch* AktG § 76 Rn. 54; MünchKomm. AktG/Bd. 2/*Spindler* § 76 Rn. 51 ff. Für eine Lösung des Interessenkonflikts nach dem Rechtsgedanken des § 275 Abs. 3 BGB *Schneider* NZG 2009, 1413 (1414 f.).

[64] Vgl. dazu auch § 7 Rn. 61 ff. Dies gilt auch in der Insolvenz der Gesellschaft, MünchKomm. AktG/Bd. 2/*Spindler* § 84 Rn. 13. Näher dazu *Schmidt* AG 2011, 1. AA *Klöckner* AG 2010, 780.

[65] Kölner Komm./*Mertens/Cahn* AktG § 84 Rn. 8, § 108 Rn. 46; MHdB GesR IV/*Wiesner* § 20 Rn. 19.

[66] Vgl. zu weiteren Einzelheiten MHdB GesR IV/*Wiesner* § 20 Rn. 28 ff.

für jeweils höchstens weitere fünf Jahre ist unbeschränkt möglich (§ 84 Abs. 2 Satz 2 AktG). Allerdings ist eine automatische Verlängerung der (ersten) Amtszeit über die 5-Jahres-Grenze hinaus ebenso unzulässig wie eine vorzeitige Verlängerung der Vorstandsbestellung mehr als ein Jahr vor Ablauf der Amtsperiode. Hierdurch stellt das Gesetz im Ergebnis sicher, dass der Aufsichtsrat alle fünf Jahre die Personalhoheit ausübt und über eine etwaige Weiterbeschäftigung oder Neubestellung entscheidet.[67] Höchst umstritten ist, ob der Vorstand mehr als ein Jahr vor Ablauf seiner Amtszeit sein Amt im Einvernehmen mit dem Aufsichtsrat niederlegen und sich sogleich für volle fünf Jahre neu bestellen lassen kann. Dem Wortlaut nach erfasst § 84 Abs. 1 Satz 3 AktG diese Konstellation nicht.[68] Jedoch würde so die Personalkompetenz eines späteren – uU „ungünstiger" zusammengesetzten – Aufsichtsrates untergraben und die Bedeutung des Bestellungsbeschlusses entwertet, was dafür spricht, dass ein solches Vorgehen unzulässig ist.[69] Die höchstrichterliche Rechtsprechung bejaht gleichwohl die Zulässigkeit dieser Vorgehensweise.[70]

3. Fehlerhafte Bestellung

29   Der rechtsgeschäftliche Charakter des Bestellungsvorganges kann heute trotz seiner körperschaftlichen Natur nicht mehr ernsthaft in Zweifel gezogen werden.[71] Der Bestellungsakt kann, weil er ein rechtsgeschäftlicher Tatbestand ist, unter Wirksamkeitsmängeln leiden. Typischerweise handelt es sich um **Formfehler**, etwa die Verfahrensfehlerhaftigkeit des Bestellungsbeschlusses wegen fehlerhafter Einberufung des Aufsichtsrates oder fehlender ordentlicher Beschlussfassung oder weil der Beschluss unzulässigerweise nicht vom Gesamtaufsichtsrat, sondern von einem Ausschuss gefasst wurde. Es kommen aber auch **materielle Beschlussmängel**, etwa die Nichterfüllung gesetzlicher oder statutarischer Eignungsvoraussetzungen, in Betracht.

30   Wenn der Mangel des Bestellungsaktes erst nach Ablauf einer gewissen Zeitperiode entdeckt bzw. rechtskräftig festgestellt wird und das fehlerhaft bestellte Vorstandsmitglied in der Zwischenzeit bereits Amtshandlungen vorgenommen hat, kommt die **„Lehre von der fehlerhaften Organ(be)stellung"**[72] zum Tragen, wonach die fehlerhafte Bestellung für die Zeit bis zur Geltendmachung des Mangels als wirksam zu behandeln ist. Auch die Handlungen des fehlerhaft Bestellten sind hiernach wirksam, da die Fehlerhaftigkeit der Bestellung des Vorstandsmitglieds nur mit Wirkung ex nunc geltend gemacht werden kann. Voraussetzung für die

---

[67] BGH II ZR 126/52, BGHZ 10, 187 (194 f.); *Hüffer/Koch* AktG § 84 Rn. 6; *Raiser/Veil* § 14 Rn. 30 ff., insb. Rn. 33.

[68] Vgl. MünchKomm. AktG/Bd. 2/*Spindler* § 84 Rn. 50.

[69] Eingehend Kölner Komm./*Mertens/Cahn* AktG § 84 Rn. 23.

[70] Zust. MünchKomm. AktG/Bd. 2/*Spindler* § 84 Rn. 50; BGH II ZR 55/11, NZG 2012, 1027 (1029 f.) hat diese Frage abweichend von der hier vertretenen Auffassung entschieden. Er sieht den Zweck des § 84 Abs. 1 AktG darin, dass der Aufsichtsrat zumindest alle fünf Jahre über die Bestellung oder Verlängerung der Amtszeit der Vorstandsmitglieder beschließt und sich nicht länger als fünf Jahre an einen Vorstand bindet. Dieser Zweck werde nicht dadurch beeinträchtigt, dass der Vorstand vor Ablauf seiner gesamten Amtszeit für fünf Jahre neu bestellt wird. Kritisch dazu *Liebscher* LMK 2012, 339148 (Wiederbestellung, die einen unmittelbar darauf zu wählenden Aufsichtsrat vor vollendete Tatsachen stellt, kann rechtsmissbräuchlich sein). Vertiefend zur Frage, unter welchen Voraussetzungen eine vorzeitige Wiederbestellung rechtsmissbräuchlich ist, *Wedemann* ZGR 2013, 316 (324).

[71] Vgl. BGH II ZR 144/68, BGHZ 52, 316 (321); *Hüffer/Koch* AktG § 84 Rn. 4.

[72] Dazu ausführlich *Bayer/Lieder* NZG 2012, 1.

B. Bestellung und Anstellung   31, 32 § 6

Anwendung dieser Lehre ist, dass das mit einem Mangel behaftete Amt durch einen (fehlerhaften) Bestellungstatbestand begründet wurde.[73] Die Anerkennung der fehlerhaften Organstellung darf zudem nicht gegen allgemeine Schutzvorschriften zum Schutz höherrangiger Rechtsgüter verstoßen.

4. Erlöschen der Bestellung

Weitere Beendigungsgründe[74] für die Organstellung als Vorstand sind – neben dem **Widerruf** der Bestellung (s. Rn. 44 ff.) – die Befristung der Vorstandsbestellung, der Tod des Vorstandsmitgliedes, der Verlust der unbeschränkten Geschäftsfähigkeit (§ 76 Abs. 3 Satz 1 AktG) und das Erlöschen bzw. die Umwandlung (Formwechsel, Spaltung, Verschmelzung) der Gesellschaft.[75] Hinzu kommt die aus wichtigem Grund gegenüber dem Aufsichtsrat erklärte **Amtsniederlegung**, bei der es sich um die einseitige Erklärung eines Vorstandsmitglieds handelt, aus dem Organverhältnis ausscheiden zu wollen; die Amtsniederlegung wirkt auch dann analog § 84 Abs. 3 Satz 4 AktG mit Zugang, wenn der wichtige Grund strittig ist.[76] Nach Ansicht der Rspr. soll die Niederlegung aus Gründen der Rechtssicherheit selbst dann wirksam sein, wenn sie ohne Angabe der Gründe erfolgt.[77] Keines wichtigen Grundes bedarf es für die jederzeit zulässige **einvernehmliche Aufhebung** der Bestellung, dh die Einigung des Gesamtaufsichtsrates mit dem Vorstandsmitglied über die vorzeitige Lösung des Organschaftsverhältnisses.[78]

Nicht aufgelöst wird das Organschaftsverhältnis **hingegen** durch wirksame Kündigung des neben dem körperschaftlichen Akt der Bestellung bestehenden schuldrechtlichen Anstellungsvertrages (dazu Rn. 33 ff.), die Auflösung der Gesellschaft gem. § 262 AktG, da die Vorstände die Liquidation als Abwickler zu besorgen haben, sowie die Eröffnung des Insolvenzverfahrens, bei dem die Vorstandsmitglieder – indes mit erheblich eingeschränkten Befugnissen – im Amt bleiben.[79]

5. Anmeldung zum Handelsregister

Alle Änderungen der Person der Vorstände und ihre Befugnisse sind gem. §§ 39 Abs. 1 Satz 1, 81 AktG im Handelsregister einzutragen. Anzumelden ist jede Neubestellung einschließlich der stellvertretenden (§ 94 AktG) und der gerichtlich bestellten (§ 85 AktG) Vorstände. **Anmeldepflichtig** ist der Vorstand in vertretungsberechtigter Zahl. Neue Vorstandsmitglieder sind bereits zur Anmeldung berechtigt und verpflichtet, ausgeschiedene nicht mehr.[80] Denn die Handelsregisteranmeldung

---

[73] *Hüffer/Koch* AktG § 84 Rn. 12; Kölner Komm./*Mertens/Cahn* AktG § 84 Rn. 30; MHdB GesR IV/*Wiesner* § 20 Rn. 38 ff.

[74] Zur wertpapierhandelsrechtlichen Relevanz der (Nicht-)Kommunizierung von Personalveränderungen (Ad hoc-Publizität bei Insiderinformationen): BGH II ZB 7/09, NZG 2013, 708; *von Bonin/Böhmer* EuZW 2012, 694; *Ihrig/Kranz* AG 2013, 515.

[75] Vgl. zusammenfassend hierzu MHdB GesR IV/*Wiesner* § 20 Rn. 69 f.

[76] Vgl. BGH 161/79, BGHZ 78, 82 (84); II ZR 58/92, BGHZ 121, 257 (260); *Hüffer/Koch* AktG § 84 Rn. 45.

[77] BGH II ZR 340/01, DStR 2003, 602 (für das GmbH-Recht); MHdB GesR IV/*Wiesner* § 20 Rn. 67. *Hüffer/Koch* AktG § 84 Rn. 45 schränkt dies insoweit ein, als eine Ausnahme hiervon dann bestehen soll, wenn der Vorstand die ihm hieraus erwachsende Befugnis missbraucht.

[78] OLG Karlsruhe 10 U 51/95, AG 1996, 224 (225); *Hüffer/Koch* AktG § 84 Rn. 47; MHdB GesR IV/*Wiesner* § 20 Rn. 68.

[79] Vgl. hierzu MHdB GesR IV/*Wiesner* § 20 Rn. 71.

[80] *Hüffer/Koch* AktG § 81 Rn. 5.

§ 6   33, 34   Vorstand

wirkt nicht konstitutiv, sondern lediglich deklaratorisch. Der Ausgeschiedene hat in Anbetracht des § 15 HGB allerdings ein legitimes Interesse daran, dass sein Ausscheiden zum Handelsregister angemeldet wird; um dies sicherzustellen, kann er, da er selbst im Hinblick auf sein Ausscheiden nicht anmeldebefugt ist, beim Handelsregister anregen, dass der (aktuelle) Vorstand nach § 14 HGB angehalten wird, seiner gesetzlichen Anmeldepflicht nachzukommen.[81] Gemäß § 12 Abs. 1 HGB bedarf die Anmeldung der Vorstandsmitglieder öffentlich beglaubigter Form; der Anmeldung sind die Urkunden über die Änderung oder öffentlich beglaubigte Abschriften derselben beizufügen (§ 81 Abs. 2 AktG).[82]

II. Anstellung

33   Im Anstellungsvertrag zwischen der AG und dem Vorstandsmitglied werden flankierende schuldrechtliche Rechte und Pflichten der Beteiligten geregelt. Der Anstellungsvertrag ist ein **Dienstvertrag**, der eine Geschäftsbesorgung zum Inhalt hat (§§ 611 ff., 675 BGB). Es handelt sich um ein eigenständiges Rechtsverhältnis mit eigenem rechtlichen Schicksal. Kern des Anstellungsverhältnisses ist es, dass das Vorstandsmitglied der Gesellschaft gegenüber zur Leistung von Diensten verpflichtet ist und die Gesellschaft umgekehrt zu deren Honorierung. Der Vorstand ist kein abhängig Beschäftigter, so dass der Vertrag **kein Arbeitsverhältnis** begründet und die arbeitsrechtlichen Schutzvorschriften dem Grundsatz nach unanwendbar sind.[83]

1. Vertragsschluss sowie Dauer und Form des Vertrages

34   Im Rahmen des Vertragsschlusses wird die AG vom Aufsichtsrat vertreten. Denn für den Anstellungsvertrag gelten die Regelungen über die Bestellung in § 84 Abs. 1 Satz 1 bis 4 AktG sinngemäß. Hieraus folgt, dass für die Entscheidung über den Abschluss und Inhalt des Anstellungsvertrages der Aufsichtsrat zwingend und ausschließlich zuständig ist.[84] Insoweit ist grundsätzlich das **Gesamtplenum** des Aufsichtsrates zur Entscheidung berufen. Möglich ist es, ein einzelnes Aufsichtsratsmitglied zu ermächtigen (insbes. den Aufsichtsratsvorsitzenden), den vom Plenum beschlossenen Anstellungsvertrag zu den dort entschiedenen Konditionen zu unterzeichnen. Autonome Entscheidungsbefugnisse bestehen insoweit jedoch nicht, so dass keine ergänzenden Abreden mit dem Vorstandsmitglied getroffen werden können.[85]

Neuere Gerichtsentscheidungen und Veröffentlichungen haben bei der Bestellung eines sog. Interimsmanagers die Frage der Zulässigkeit des Abschlusses eines auf die Überlassung von Vorstandsmitgliedern an die AG gerichteten Agentur-

---

[81] MHdB GesR IV/*Wiesner* § 20 Rn. 80.

[82] Das Registergericht kann (und muss) weitere Urkunden anfordern, wenn die formalen Mindestvoraussetzungen nicht erfüllt werden und/oder begründete Zweifel an der Wirksamkeit und inhaltlichen Richtigkeit der zur Eintragung angemeldeten Erklärungen bestehen, BGH II ZB 15/10, NZG 2011, 907 (908).

[83] BGH II ZR 126/52, BGHZ 10, 187 (191); II ZR 117/60, BGHZ 36, 142 (143); *Hüffer/Koch* AktG § 84 Rn. 14 mwN.

[84] Das Fehlen eines Aufsichtsratsbeschlusses und die Kenntnis hierüber kann einem Anspruch des potenziellen Vorstandsmitglieds aus cic wegen Abbruchs der Vertragsverhandlungen entgegenstehen, vgl. LG München I 5 HK O 20845/11, NZG 2013, 260 (261).

[85] Kölner Komm./*Mertens/Cahn* § 84 Rn. 48; MünchKomm. AktG/Bd. 2/*Spindler* § 84 Rn. 71 mwN. Vgl. im Hinblick auf die Vorstandsbezüge Ziff. 4.2.2 DCGK.

vertrags zwischen Gesellschaft und Agentur, der die Leistungen regelt, die die Gesellschaft für die Vorstandstätigkeit zu erbringen hat, geprüft und bejaht.[86] Die Unabhängigkeit des Vorstands werde nicht unterlaufen, da sich die Agentur aufgrund einer vertraglichen Nebenpflicht aus dem Agenturvertrag jeglicher Einflussnahme auf die Tätigkeit des Vorstandsmitglieds zu enthalten habe.[87] Hinsichtlich der Vergütung müsse der Aufsichtsrat darauf hinwirken, dass die Vergütungsabrede zwischen Agentur und Vorstandsmitglied den gesetzlichen Anforderungen des § 87 Abs. 1 Satz 2 und 3 AktG genügt; eine Verletzung der Grundsätze des § 87 Abs. 1 Satz 2 und 3 AktG steht der Wirksamkeit des Dienstvertrags aber nicht entgegen.[88]

Im GmbH-Konzern wird der Anstellungsvertrag häufig nicht mit der Anstellungskörperschaft, sondern mit dem herrschenden Unternehmen abgeschlossen (sog. **Konzernanstellungsvertrag**). Es ist zweifelhaft, ob bei einer AG derartige Drittanstellungsverträge zulässig sind. Dies wird teilweise mit der Begründung angenommen, dass in Konfliktfällen das Organverhältnis Vorrang vor dem Dienstvertrag habe.[89] Indes werden derartige Drittanstellungsverträge vielfach als unzulässige Eingriffe in die Personalkompetenz des Aufsichtsrates der Untergesellschaft abgelehnt, da bei Konzernanstellungsverträgen die arbeitsrechtliche Weisungsbefugnis der Muttergesellschaft mit der autonomen Leitungsbefugnis des Vorstandes nach § 76 AktG unvereinbar erscheint und zudem eine erhebliche Abhängigkeit des Vorstandsmitglieds von der Konzernspitze insbesondere in finanzieller Hinsicht entsteht.[90] 35

Der Anstellungsvertrag bedarf **keiner besonderen Form**. Der Vertrag kann vielmehr schriftlich oder mündlich und auch konkludent geschlossen werden. Aus Gründen der Rechtssicherheit ist indes ein schriftlicher Vertragsschluss anzuraten. Aus § 84 Abs. 1 Satz 5 1. Halbsatz AktG folgt zudem, dass die **Höchstdauer von fünf Jahren** nicht nur für den korporationsrechtlichen Akt der Bestellung, sondern auch für den Anstellungsvertrag gilt.[91] Ein Vertragsschluss für eine längere Zeitperiode würde die Personalhoheit des Aufsichtsrates beeinträchtigen, da die Gesellschaft Gefahr liefe, trotz der nicht erfolgten Wiederbestellung des Vorstandsmitglieds weiterhin dem Vergütungsanspruch ausgesetzt zu sein. Dementsprechend endet der schuldrechtliche Anstellungsvertrag nach Ablauf der gesetzlichen 5-Jahres-Frist.[92] Zudem kann zulässigerweise vereinbart werden, dass der An- 36

---

[86] KG 19 U 11/11, NZG 2011, 865; implizit auch BGH II ZR 63/14, NZG 2015, 792 Rn 2 ff.; eingehend *Krieger* in FS Hoffmann-Becking S. 711 ff.; *Vetter* NZG 2015, 889 (890).
[87] *Krieger* in FS Hoffmann-Becking S. 711, 714 f.
[88] KG 19 U 11/11, NZG 2011, 865 (866); *Krieger* in FS Hoffmann-Becking S. 720 mwN.
[89] *Krieger* Personalentscheidungen des Aufsichtsrates, 1981, S. 187; *Martens* in FS Hilger und Stumpf, 1983, S. 437, 442 ff.; MHdB GesR IV/*Wiesner* § 21 Rn. 5.
[90] Kölner Komm./*Mertens/Cahn* § 84 Rn. 56; eingehend *Theobald* in FS Raiser S. 421 ff. Anders *Krieger* in FS Hoffmann-Becking 2013, S. 711, 714 (Inhalt des Drittanstellungsvertrages könne nur sein, das Vorstandsamt nach Maßgabe der aktienrechtlichen Verpflichtungen gegenüber der AG wahrzunehmen; der Drittanstellungsvertrag solle und könne daher keine Pflichten begründen, die mit den organschaftlichen Pflichten des Vorstandsmitglieds kollidieren. Der Gefahr faktischer Einflussnahme sei mit den konzernrechtlichen Regelungen der §§ 311 ff. AktG zu begegnen). Zu Konzernanstellungsverträgen auch *Reuter* AG 2011, 274.
[91] Vgl. Rn. 28.
[92] BAG 5 AZR 522/08, NZG 2009, 1435 (1436). Es ist allerdings eine über die 5-Jahres-Frist hinausgehende automatische Verlängerungsklausel für den Fall zulässig, dass die Bestellung entsprechend verlängert wird. Vgl. MünchKomm. AktG/Bd. 2/*Spindler* § 84 Rn. 78; *Hüffer/Koch* AktG § 84 Rn. 20; MHdB GesR IV/*Wiesner* § 21 Rn. 24. Wird hingegen im Anstellungsvertrag ein Arbeitsverhältnis für die Zeit nach Ablauf der An- und Organstel-

stellungsvertrag mit dem Widerruf der Bestellung zum Vorstandsmitglied endet (auflösende Bedingung). Allerdings erweitert dies die in § 626 BGB vorgesehenen außerordentlichen Kündigungsgründe um den Tatbestand des Vertrauensentzugs durch die Hauptversammlung (§ 84 Abs. 3 Satz 2 AktG), weswegen in diesem Fall für die Beendigung des Anstellungsvertrages die Mindestfrist des § 622 Abs. 1 und 2 BGB zu wahren ist.[93]

2. Wesentlicher Inhalt des Anstellungsvertrages

37 Der Inhalt des Anstellungsvertrages ist gesetzlich nicht determiniert, sondern Ergebnis vertraglicher Übereinkunft. Im Anstellungsvertrag werden vor allem die vertraglichen **Bezüge eines Vorstandsmitglieds** geregelt. Üblich ist die Vereinbarung eines Fixums, eines Anteils am Jahresgewinn (Tantieme) sowie von Aufwandsentschädigungen und sonstigen Nebenleistungen. Daneben treten häufig weitere variable Vergütungselemente, wie die Gewährung von Stock-Options,[94] Zusatzprämien bei Erreichung bestimmter Unternehmensziele uÄ. Ergänzt werden die entsprechenden Regelungen oft durch vertragliche Ruhegehalts- und Hinterbliebenenversorgungsansprüche.[95]

38 Häufig werden im Anstellungsvertrag gesellschaftsfinanzierte **Directors' and Officers' Insurances (D & O-Versicherungen)** vorgesehen. Dies ist mit Blick auf § 93 Abs. 4 Satz 3 AktG zulässig, da es beim Abschluss einer Versicherung nicht um einen Verzicht auf bereits verwirklichte Haftungsansprüche, sondern um Vorsorge für potenzielle Haftungsgefahren anlässlich des Organhandelns geht.[96] Allerdings ist die von der Gesellschaft übernommene Versicherungsprämie Vergütungsbestandteil, so dass Versicherungszusagen nur vom Aufsichtsrat gewährt werden dürfen.[97] Nach § 93 Abs. 2 Satz 3 AktG ist bei Abschluss[98] derartiger D&O-Versicherungen zwingend ein Selbstbehalt von mindestens 10 % des Schadens bis mindestens zur Höhe des Eineinhalbfachen der festen jährlichen Vergütung des Vorstandsmitglieds zu vereinbaren.

39 Weiterhin werden häufig in den Anstellungsvertrag Regelungen aufgenommen, die der Ausformung der wechselseitigen **Treue- und Fürsorgepflichten**, die aus dem Organschaftsverhältnis sowohl im Verhältnis der AG gegenüber dem Vorstandsmitglied als auch umgekehrt resultieren, dienen. Insoweit geht es insbesondere um Regelungen, wonach der Vorstand seine gesamte Arbeitskraft der

---

lung vereinbart, kann eine solche Abrede wegen Umgehung des § 84 Abs. 1 Satz 5 AktG nichtig sein, wenn sich die Parteien durch das Arbeitsverhältnis wirtschaftlich wie durch den Dienstvertrag binden wollen, vgl. BAG 5 AZR 522/08, NZG 2009, 1435 (1437); *Hüffer/Koch* AktG § 84 Rn. 20.

[93] Vgl. BGH II ZR 220/88, BB 1989, 1577 (1578 f.); MHdB GesR IV/*Wiesner* § 21 Rn. 28.

[94] Allerdings liegt die Entscheidung über die Möglichkeit, das Programm durch eigene Aktien der AG zu bedienen, nach § 221 AktG bei der Hauptversammlung. Dagegen entscheidet der Aufsichtsrat über die Einführung eines Optionsprogramms. Eingehend hierzu *Götze* Aktienoptionen für Vorstandsmitglieder und Aktionärsschutz, Diss. 2000, Kap. 3 D.

[95] Vgl. etwa *Raiser/Veil* § 14 Rn. 48 ff.

[96] Vgl. *Hüffer/Koch* AktG § 84 Rn. 22; Kölner Komm./*Mertens/Cahn* § 93 Rn. 244.

[97] *Hüffer* AktG, 10. Aufl. 2012, § 84 Rn. 16 aE. Anders nunmehr *Hüffer/Koch* AktG § 84 Rn. 22.

[98] Für den Abschluss der Versicherung ist der Vorstand zuständig, nicht der Aufsichtsrat, *Hüffer/Koch* AktG § 84 Rn. 22 und § 93 Rn. 58a mwN; anders noch in der Vorauflage *Hüffer* AktG, 10. Aufl. 2012, § 84 Rn. 16.

B. Bestellung und Anstellung 40–42 § 6

Gesellschaft zur Verfügung zu stellen hat bzw. durch die der Umfang etwaiger vergüteter oder ehrenamtlicher Nebentätigkeiten, Urlaubsansprüche uÄ geregelt wird.
Schließlich enthält der Vertrag oft auch Regelungen, die das nachvertragliche 40 Verhältnis betreffen; insoweit geht es neben der Herausgabe von dem Vorstand anlässlich seiner Tätigkeit zur Verfügung gestellter sensibler Unterlagen, insbesondere um die Vereinbarung eines **nachvertraglichen Wettbewerbsverbots**, welches dazu dient, eine Ausnutzung intimer Kenntnisse, die das Vorstandsmitglied im Rahmen seiner Tätigkeit erlangt hat, zum Schaden der Gesellschaft zu verhindern. Ein solches Verbot stellt indes eine erhebliche Belastung für das ausgeschiedene Vorstandsmitglied dar. Die Schutzvorschriften der §§ 74 ff. HGB (Karenzentschädigung für nachvertragliche Wettbewerbsverbote im Handelsvertretervertrag) sind nach herrschender Meinung nicht analog anwendbar.[99] Mangels Bestehens einer hinreichenden finanziellen Kompensation für die Einschränkung der beruflichen Betätigungsfreiheit sind nachvertragliche Wettbewerbsverbote nicht ohne Weiteres zulässig; sie verstoßen nur dann nicht gegen § 138 BGB, wenn sie dem Schutz berechtigter Interessen der Gesellschaft dienen und die Berufsausübung und wirtschaftliche Betätigung des ausgeschiedenen Vorstandsmitglieds nicht unnötig erschweren. Darüber hinaus ist erforderlich, dass die Bindung nicht übermäßig lang (idR nicht länger als zwei Jahre) dauert.[100]

3. Fehlerhafter Anstellungsvertrag

Auch der Anstellungsvertrag kann mit rechtlichen **Mängeln** behaftet sein. 41 In diesem Fall gelten beim in Vollzug gesetzten Anstellungsvertrag die gleichen Grundsätze wie im Fall der mängelbehafteten, vollzogenen Bestellung (vgl. Rn. 29 f.). Nach **Invollzugsetzung des Rechtsverhältnisses** kann dieses unter Berufung auf den Mangel nur noch (außerordentlich) gekündigt und so für die Zukunft beseitigt werden; bis zum Wirksamwerden dieser Kündigung ist das Anstellungsverhältnis hingegen als wirksam zu behandeln.[101] Insoweit handelt es sich weniger um einen Ausfluss der Lehre der fehlerhaften Organstellung, als vielmehr um eine Anwendung der für fehlerhafte Arbeitsverhältnisse entwickelten Grundsätze.[102]

4. Beendigung der Anstellung

Der **außerordentlichen Kündigung** des Anstellungsvertrages ist ein eigener 42 Abschnitt gewidmet (Rn. 61 ff.). Für eine **ordentliche Kündigung** des Anstellungsvertrages gelten demgegenüber die allgemeinen Regeln. Die ordentliche Kündigung des Anstellungsvertrages richtet sich nach arbeitsrechtlichen und nicht nach dienstvertragsrechtlichen Regeln. Insbesondere § 621 BGB, der auf Dienstver-

---

[99] BGH II ZR 81/07, NZG 2008, 753; II ZR 11/07, NZG 2008, 664; II ZR 229/83, BGHZ 91, 1; MHdB GesR IV/*Wiesner* § 21 Rn. 99; Kölner Komm./*Mertens/Cahn* § 88 Rn. 37 halten §§ 74 ff. HGB gleichfalls nicht für anwendbar, wollen aber die darin zum Ausdruck kommenden Wertungen im Rahmen der Prüfung des § 138 BGB berücksichtigen.
[100] BGH II ZR 229/83, BGHZ 91, 1 (5); KZR 3/92, NJW 1994, 384 (385); *Hüffer/Koch* AktG § 88 Rn. 10 (zwei Jahre im Allgemeinen nicht zu beanstanden); MHdB GesR IV/ *Wiesner* § 21 Rn. 100.
[101] BGH II ZR 144/90, BGHZ 113, 237 (247 ff.); *Hüffer/Koch* AktG § 84 Rn. 27; MHdB GesR IV/*Wiesner* § 21 Rn. 32 f.
[102] Vgl. hierzu MHdB ArbR I/*Richardi/Buchner* § 34.

hältnisse, die keine Arbeitsverhältnisse sind, zugeschnitten ist, gilt nicht. An seine Stelle treten die verlängerten Kündigungsfristen des § 622 Abs. 2 BGB.[103]

42a Einer Kündigung des Anstellungsvertrages bedarf es zur Vertragsbeendigung nicht, wenn der Vertrag befristet abgeschlossen wurde; eine **Befristung** des Anstellungsvertrages für die Dauer der Bestellung ist üblich, um einen Gleichlauf der organschaftlichen Amtsperiode und des schuldrechtlichen Dienstverhältnisses sicherzustellen; vor Auslaufen der Amtsperiode kann das Vertragsverhältnis dann nur durch einvernehmliche Vertragsauflösung oder außerordentliche Kündigung beendet werden. Ferner kann das Anstellungsverhältnis durch die wirksame Bestellung auflösend bedingt werden, sodass der Widerruf der Bestellung zur automatischen Beendigung des Anstellungsvertrages führt.[104]

42b Verstärkt diskutiert wird die Frage, ob die Regelungen des KSchG kraft individualvertraglicher Vereinbarung Geltung in organschaftlichen Anstellungsverträgen entfalten können.[105] Zumindest für den Vorstand einer AG wird dies mit dem Argument abgelehnt, eine solche Gestaltung greife unzulässig in die Abberufungskompetenz und Bestellungsbefugnis des Aufsichtsrats ein (arg e § 84 Abs. 1 Satz 5 AktG).[106]

42c Zu beachten ist ferner, dass eine Vielzahl von Maßnahmen das **Anstellungsverhältnis nicht tangiert**: Der Anstellungsvertrag wird weder durch die Auflösung der Gesellschaft noch durch deren Nichtigerklärung gem. § 275 AktG, noch durch die Eröffnung des Insolvenzverfahrens über das Vermögen der Gesellschaft oder des Vorstandsmitglieds beendet.[107] Auch Umstrukturierungen der Gesellschaft lassen den Anstellungsvertrag unberührt; dies gilt insbesondere auch für die Fälle des Formwechsels und der Verschmelzung. In diesen Fällen geht das Anstellungsverhältnis auf den übernehmenden Rechtsträger über, obwohl das Organschaftsverhältnis gegenüber dem übertragenden Rechtsträger die Strukturmaßnahme nicht „überlebt".[108]

III. Abberufung und Kündigung des Anstellungsvertrages

43 Die außerordentliche Beendigung des Organschafts- und Anstellungsverhältnisses bereitet Schwierigkeiten, da ein Gleichlauf beider Rechtsverhältnisse nicht sichergestellt ist. Zwar erfordert die außerordentliche Beendigung jeweils einen wichtigen Grund, dies bedeutet indes nicht, dass ein wichtiger Grund zur Abberufung zugleich eine außerordentliche Kündigung des Anstellungsvertrages rechtfertigt. Denn für beide außerordentlichen Beendigungstatbestände gelten andere Rechtsgrundlagen: Während die Abberufung den in § 84 Abs. 3 AktG niedergelegten aktienrechtlichen Grundsätzen folgt, sind für die außerordentliche Kündigung des Anstellungsverhältnisses die dienstvertraglichen Grundsätze des § 626 BGB maßgebend.

---

[103] Vgl. BGH II ZR 92/80, BGHZ 79, 291 (293 f.), zur GmbH; *Hüffer/Koch* AktG § 84 Rn. 24; Kölner Komm./*Mertens/Cahn* § 84 Rn. 38, 149; MHdB GesR IV/*Wiesner* § 21 Rn. 13.

[104] BGH II ZR 220/88, NJW 1989, 2683; *Hüffer/Koch* AktG § 84 Rn. 52.

[105] Vertiefend *Goette* in FS Schneider, 2011, S. 353 ff.

[106] *Goette* in FS Schneider 2011, S. 353, 358 f.; MünchKomm. AktG/Bd. 2/*Spindler* § 84 Rn. 60.

[107] Im Falle der Insolvenz der Gesellschaft richtet sich die Beendigung des Anstellungsvertrages nach § 113 InsO; vgl. hierzu MHdB GesR IV/*Wiesner* § 21 Rn. 90.

[108] Lutter/*Grunewald* UmwG § 20 Rn. 28; Münch Hdb. GesR/Bd. 4/*Wiesner* § 21 Rn. 129. Für Amtskontinuität Lutter/*Decher/Hoger* UmwG § 202 Rn. 39.

B. Bestellung und Anstellung   44–47   § 6

1. Widerruf der Bestellung

§ 84 Abs. 3 AktG regelt die wichtigsten Ausschnitte der **Abberufung von Vorstandsmitgliedern**, um ein hohes Maß an Rechtssicherheit herzustellen und so eine (faktische) Lähmung der Gesellschaft im Falle der Auswechslung des Führungspersonals zu vermeiden.   44

a) Zuständigkeit zur und Verfahren der Abberufung

Die Abberufung als actus contrarius zur Bestellung folgt denselben verfahrensrechtlichen Regeln wie die Bestellung. Ein wirksamer Widerruf erfordert mithin einen **Mehrheitsbeschluss** des Aufsichtsrates. Zuständig ist stets das Aufsichtsratsplenum; eine Delegation der Abberufung an einen Ausschuss kommt nach § 107 Abs. 3 Satz 2 AktG nicht in Betracht.[109] Darüber hinaus sind bei mitbestimmten Gesellschaften die für die Bestellung geltenden **mitbestimmungsrechtlichen Besonderheiten** zu beachten, sodass bei unter das MitbestG fallenden Gesellschaften das dreistufige Verfahren des § 31 MitbestG auch im Rahmen der Abberufung zu beachten ist.[110] In Gesellschaften, die dem MontanMitbestG unterliegen, kann ferner der Arbeitsdirektor nicht gegen den Willen der Mehrheit der Arbeitnehmervertreter im Aufsichtsrat abberufen werden (vgl. § 13 Abs. 1 Satz 3 MontanMitbestG, § 13 Satz 1 MitbestErgG).[111]   45

Die Abberufung ist **nicht fristgebunden**; insbesondere die Zwei-Wochen-Frist des § 626 BGB ist nicht anwendbar. Allerdings unterliegt das Abberufungsrecht den Grundsätzen der **Verwirkung** (§ 242 BGB). Um ein schutzwürdiges Vertrauen des Vorstandsmitglieds dahingehend, dass sein Verhalten ungeahndet bleibt, zu verhindern, muss der Aufsichtsrat unverzüglich nach Bekanntwerden potenzieller wichtiger Abberufungsgründe Handlungen unternehmen; es wird überwiegend davon ausgegangen, dass eine Verwirkung des Abberufungsrechts bereits dann in Betracht kommt, wenn der Aufsichtsrat in seiner nächsten Sitzung nach Kenntniserlangung und Scheitern einer einvernehmlichen Lösung nicht über die Abberufung Beschluss fasst.[112]   46

Die Abberufung ist eine **Willenserklärung des Gesamtaufsichtsrates**; sie wird mit Zugang beim Vorstand wirksam (§ 130 Abs. 1 Satz 1 BGB).[113] In der Regel wird im Abberufungsbeschluss der Aufsichtsratsvorsitzende bevollmächtigt, die Abberufung gegenüber dem Abberufenen zu erklären.[114] Mit Wirksamwerden der Abberufung endet die organschaftliche Stellung, so dass alle Rechte und Pflichten des Vorstandsmitglieds erlöschen. Die Abberufung muss gem. § 81 AktG zum Handelsregister angemeldet werden. Demgegenüber wird das Anstellungsverhältnis durch die Abberufung nicht beendet. Vielmehr kann ein „gewöhnliches" Anstellungsverhältnis zwischen Gesellschaft und Vorstandsmitglied bestehen bleiben,   47

---

[109] BGH II ZR 182/79, BGHZ 79, 38, (41 ff.); II ZR 33/83, BGHZ 89, 48 (52 ff.); *Raiser/Veil* § 14 Rn. 42; MHdB GesR IV/*Wiesner* § 20 Rn. 44.

[110] Einzelheiten bei *Raiser* MitbestG § 31 Rn. 32 ff.; MHdB GesR IV/*Wiesner* § 20 Rn. 40 f.

[111] Die Vorschrift kann nicht analog auf Arbeitsdirektoren nach dem MitbestErgG und dem MitbestG erstreckt werden, vgl. Kölner Komm./*Mertens/Cahn* § 84 Rn. 188.

[112] BGH II ZR 239/90, NJW-RR 1992, 292 (293); MHdB GesR IV/*Wiesner* § 20 Rn. 44.

[113] Keine Wirksamkeitsvoraussetzung ist dagegen die Anhörung des Vorstandsmitglieds, BGH II ZR 217/15, NZG 2017, 261 (263).

[114] Vertretung unbedenklich jedenfalls bei entsprechender satzungsrechtlicher Ermächtigung, vgl. OLG Düsseldorf I-16 U 177/10, AG 2012, 511; im Übrigen ist der Schutzzweck des § 174 BGB zu beachten, vgl. *Tschöpe/Wortmann* NZG 2009, 85 (90).

wobei allerdings der Abberufene häufig berechtigt sein wird, derartige „schlichte" Arbeitsleistungen zu verweigern, da das anstellungsvertragliche Tätigkeitsprofil typischerweise auf eine Organstellung, dh ein Tätigwerden „als Vorstand" zugeschnitten ist.

b) Voraussetzungen der Abberufung: Vorliegen eines wichtigen Grundes

48 Dem Aufsichtsrat kommt keine uneingeschränkte Personalhoheit zu. Er kann die Vorstandsmitglieder nicht frei abberufen; vielmehr bedarf es ohne Ausnahme stets eines wichtigen Grundes; dies ist zwingend und kann weder in der Satzung noch im Bestellungsbeschluss oder Anstellungsvertrag ausgeschlossen oder modifiziert werden.[115]

49 Ein **wichtiger Grund** zur Beendigung des Organschaftsverhältnisses liegt vor, wenn es der Gesellschaft unzumutbar ist, ein Verbleiben des Vorstandes in seiner Funktion bis zum regulären Auslaufen der Amtszeit abzuwarten. Für die Feststellung der Unzumutbarkeit werden nach herrschender Meinung das Abberufungsinteresse der AG und das Interesse des Vorstandes an einer Beibehaltung seiner Organstellung gegeneinander abgewogen.[116] Hiernach kommt es im Ergebnis darauf an, ob die dem Vorstandsmitglied angelasteten Verfehlungen im Lichte seiner Verdienste ausreichen, um eine sofortige Abberufung zu rechtfertigen. Demgegenüber lässt die Gegenansicht, die einzig auf die Interessen der AG abhebt, das Vorliegen einer hinreichend gewichtigen Verfehlung genügen; etwaige entgegenstehende Interessen will diese Auffassung lediglich im Rahmen der Wirksamkeit der Kündigung des Anstellungsvertrages aus wichtigem Grund berücksichtigen.[117]

Als wichtige Gründe nennt das Gesetz beispielhaft die Fälle **grober Pflichtverletzungen**, der **Unfähigkeit** zur ordnungsgemäßen Geschäftsführung sowie des **Vertrauensentzugs** durch die Hauptversammlung (§ 84 Abs. 3 Satz 2 AktG),[118] wobei es sich insoweit nur um Ausprägungen des allgemeinen Grundsatzes handelt, dass der Gesellschaft die Fortführung des Amtes bis zum Ablauf der Amtsperiode nicht mehr zuzumuten ist. Ob ein wichtiger Abberufungsgrund vorliegt oder nicht, ist eine Frage des Einzelfalls. Ein Verschulden oder eine Pflichtverletzung des Vorstandsmitglieds ist für das Vorliegen eines wichtigen Grundes nicht zwingend erforderlich.[119]

---

[115] BGH II ZR 265/51, BGHZ 8, 348 (360); MünchKomm. AktG/Bd. 2/*Spindler* § 84 Rn. 125 ff.; Kölner Komm./*Mertens/Cahn* § 84 Rn. 120. Die Regelung dient dazu, die Unabhängigkeit des Vorstandes und die Eigenverantwortlichkeit seiner Führungsentscheidungen zu stärken sowie die alleinige Verpflichtung des Vorstandes auf das Unternehmensinteresse zu unterstreichen – vgl. RegBegr. zum AktG 1965, abgedr. bei *Kropff* S. 106.

[116] Vgl. BGH II ZR 97/87, NJW-RR 1988, 352 (353); OLG Stuttgart 3 U 154/93, NJW-RR 1995, 295 (296); OLG Stuttgart 20 U 5/12, AG 2013, 599 (603); *Hüffer/Koch* AktG § 84 Rn. 34; Kölner Komm./*Mertens* § 84 Rn. 121 – aA MünchKomm. AktG/Bd. 3/*Spindler* § 84 Rn. 128.

[117] MHdB GesR IV/*Wiesner* § 20 Rn. 48 ff. mwN.

[118] Dazu aus der jüngeren Rechtsprechung BGH II ZR 217/15, ZIP 2017, 278; vgl. auch OLG Hamm 8 U 119/09, AG 2010, 789.

[119] BGH II ZR 298/05, ZIP 2007, 119; II ZR 35/73, AG 1975, 242 (244); MünchKomm. AktG/Bd. 2/*Spindler* § 84 Rn. 129; *Hüffer/Koch* AktG § 84 Rn. 35; Kölner Komm./*Mertens/Cahn* § 84 Rn. 121.

B. Bestellung und Anstellung § 6

Beispiele[120] aus dem Bereich der groben Pflichtverletzung sind die Verletzung organschaftlicher Pflichten im Verhältnis zu anderen Gesellschaftsorganen,[121] wiederholte Übergriffe in das Ressort anderer Vorstandsmitglieder, aber auch die Missachtung geschriebener oder ungeschriebener Hauptversammlungszuständigkeiten.[122] Weiterhin kommen Verfehlungen zulasten der Gesellschaft und ihres Vermögens in Betracht sowie sonstige Beeinträchtigungen der Interessen der AG, etwa die Schädigung von deren Ansehen. Auch ein Fehlverhalten im Privatbereich, wie etwa strafbare Handlungen, hohe Verschuldung oder Insolvenz des Vorstandsmitglieds können Bedeutung erlangen.[123] Unüberbrückbare Differenzen zwischen Vorstand und Aufsichtsrat[124] über grundsätzliche Fragen der Unternehmenspolitik können ebenso wie dauernder Unfriede der Vorstandsmitglieder untereinander einen wichtigen Abberufungsgrund darstellen, da eine gedeihliche Zusammenarbeit ein unbeschädigtes Vertrauensverhältnis zwischen den Beteiligten voraussetzt.[125] Auch die bewusste Nichtbedienung der fälligen Rate eines an die AG ausgereichten Darlehens kann einen wichtigen Grund bilden, wenn damit die Gefahr der Fälligstellung und daraus resultierend sofortiger Liquiditätsbedarf von einigem Umfang verbunden ist, den die AG kurzfristig nicht ohne Weiteres decken kann.[126] 50

Mangels hinreichender Fähigkeiten[127] kommt eine Abberufung etwa bei langer Krankheit,[128] beim Fehlen notwendiger Spezialkenntnisse und bei Nichtbewältigung bestimmter Sonder- und Krisensituationen[129] in Betracht. Auch in anderen Situationen, in denen mit einem Verbleib des Vorstandsmitglieds erhebliche Nachteile und Gefahren für die AG verbunden wären, kommt eine Abberufung in Betracht.

Während die gesetzlichen Regelbeispiele „grobe Pflichtverletzung" und „Unfähigkeit" weitgehend selbsterklärend sind, erweist sich das Misstrauensvotum durch die Hauptversammlung als problematisch, da das Gesetz ein entsprechendes **Misstrauensvotum** unter den Vorbehalt stellt, dass dieses nicht auf „offenbar unsachlichen Gründen" beruhen darf. Die Vorschrift erweist sich aus einem doppelten Grunde als schwer handhabbar: Die Regelung steht in einem Spannungsverhältnis zur gesetzlich dem Aufsichtsrat zugewiesenen Personalkompetenz und zur Eigen- 51

---

[120] Vgl. insoweit auch den Überblick bei MünchKomm. AktG/Bd. 2/*Spindler* § 84 Rn. 130 ff. und MHdB GesR IV/*Wiesner* § 20 Rn. 52 ff.

[121] BGH II ZR 57/55, BGHZ 20, 239 (246); OLG Stuttgart 20 U 5/12, AG 2013, 599 (603); *Hüffer/Koch* AktG § 84 Rn. 36; MHdB GesR IV/*Wiesner* § 20 Rn. 53; OLG München 7 U 681/11, AG 2012, 753 (755) (Verstoß des Vorstandsmitglieds gegen das Gebot unbedingter Offenheit gegenüber dem Aufsichtsrat als wichtiger Grund, wenn dadurch das notwendige Vertrauen zwischen Vorstand und Aufsichtsrat zerstört wird).

[122] BGH II ZR 131/97, AG 1998, 519 (520); II ZR 31/83, WM 1984, 29 f.; OLG Düsseldorf 16 U 130/90, WM 1992, 14 (19).

[123] BGH II ZR 207/57, WM 1960, 289 (291 f.); *Hüffer/Koch* AktG § 84 Rn. 36, MHdB GesR IV/*Wiesner* § 20 Rn. 54 f.

[124] BGH II ZR 131/97, AG 1998, 519 (520); II ZR 79/91, ZIP 1992, 760 (761); MünchKomm. AktG/Bd. 2/*Spindler* § 84 Rn. 132; Kölner Komm./*Mertens/Cahn* § 111 Rn. 33; MHdB GesR IV/*Wiesner* § 20 Rn. 56.

[125] Dann kommt auch Unfähigkeit zur ordnungsgemäßen Geschäftsführung in Betracht, Kölner Komm./*Mertens/Cahn* § 84 Rn. 126.

[126] OLG Stuttgart 20 U 5/12, AG 2013, 599 (602 f.).

[127] OLG Stuttgart 2 W 69/56, GmbHR 1957, 59 (60).

[128] *Bayer* in FS Hommelhoff 2012, S. 87, 93; *Fleischer* NZG 2010, 561 (565); *Hüffer/Koch* AktG § 84 Rn. 36; vgl. Kölner Komm./*Mertens/Cahn* § 84 Rn. 126, 160.

[129] *Hüffer/Koch* AktG § 84 Rn. 36; MHdB GesR IV/*Wiesner* § 20 Rn. 55.

verantwortlichkeit des Vorstandes. Zudem lassen sich Maßstäbe zur Bestimmung der Unsachlichkeit eines Misstrauensvotums der Hauptversammlung schwer finden. Dieses Tatbestandsmerkmal wird überwiegend als Missbrauchsvorbehalt interpretiert.[130]

52 **Strittig** ist, ob der Aufsichtsrat zur Abberufung verpflichtet ist. Überwiegend wird von einer solchen **Pflicht bei Vorliegen wichtiger Abberufungsgründe** – außer in den Fällen des Vertrauensentzugs durch die Hauptversammlung – ausgegangen. Begründet wird dies damit, dass dem Aufsichtsrat bei der Beurteilung der Frage, ob ein wichtiger Abberufungsgrund vorliegt oder nicht, keinerlei Beurteilungsspielraum zustehe; vielmehr verlange das Gesetz gem. § 84 Abs. 3 AktG bei Unzumutbarkeit der Fortführung der Organfunktion die Abberufung.[131] Demgegenüber wird auch vertreten, dass der Aufsichtsrat berechtigt sei, das Vorstandsmitglied trotz Vorliegens eines wichtigen Grundes im Amt zu halten; zur Begründung kann sich diese Auffassung sowohl auf den Wortlaut des § 84 Abs. 3 Satz 1 AktG („kann") als auch darauf berufen, dass die Feststellung eines Abberufungsgrundes nach wohl herrschender Meinung eine Interessensabwägung voraussetzt, der wertende Gesichtspunkte immanent sind.[132] Der Meinungsstreit ist indes nur ausnahmsweise von praktischer Relevanz, da man bei allen schwerwiegenderen Pflichtverletzungen und bei solchen, bei denen Wiederholungsgefahr besteht, davon ausgehen muss, dass ein etwaiges Abberufungsermessen des Aufsichtsrates auf Null reduziert ist.

53 Im Übrigen kann ein Vorstandsmitglied seinerseits sein Amt aus wichtigem Grund niederlegen. Fehlt ein wichtiger Grund, ist strittig, ob man die **Amtsniederlegung** gleichwohl als wirksam ansehen muss, da es bereits de facto sehr schwierig ist, eine Person im Amt zu halten, die dieses Amt nicht mehr ausfüllen möchte.[133]

c) Suspendierung

54 Strittig ist ferner, ob der Aufsichtsrat anstelle einer Abberufung auch zu dem milderen Mittel der Suspendierung, dh der **vorläufigen Amtsenthebung**, greifen kann. Überwiegend wird eine Suspendierung arg. a maiore ad minus zugelassen, sofern die Beschränkungen des § 84 Abs. 3 AktG beachtet werden.[134] Problematisch ist indes, dass die Suspendierung zur Folge hat, dass der Suspendierte mit allen Pflichten formal im Amt bleibt, er jedoch die ihm sonst zustehenden Befugnisse

---

[130] Vgl. hierzu BGH II ZR 217/15, AG 2017, 239 (240) (Misstrauensvotum ist nicht schon dann offenbar unsachlich oder willkürlich, wenn sich die Gründe für den Vertrauensentzug als nicht zutreffend erweisen; Unsachlichkeit des Vertrauensentzugs muss vielmehr gerade auf der Hand liegen); BGH II ZR 211/53, BGHZ 13, 188 (193); OLG Hamm 8 U 119/09, AG 2010, 789 (Vertrauensentzug bedarf gerade keiner Rechtfertigung; Grenze: Willkür, Verfolgung rechtswidriger Zwecke); MHdB GesR IV/*Wiesner* § 20 Rn. 58; MünchKomm. AktG/Bd. 2/*Spindler* § 84 Rn. 139.

[131] MHdB GesR IV/*Wiesner* § 20 Rn. 61.

[132] So Kölner Komm./*Mertens/Cahn* § 84 Rn. 122; MünchKomm. AktG/Bd. 2/Spindler § 84 Rn. 127

[133] Vgl. hierzu BGH II ZR 161/79, BGHZ 78, 82 (87 f.); II ZB 15/10, NZG 2011, 907 (908) (für GmbH-Geschäftsführer); MünchKomm. AktG/Bd. 2/*Spindler* § 84 Rn. 157 (Grenze: rechtsmissbräuchliches Verhalten); Kölner Komm./*Mertens/Cahn* § 84 Rn. 199; *Raiser/Veil* § 14 Rn. 43.

[134] MünchKomm. AktG/Bd. 2/*Spindler* § 84 Rn. 154 f. – aA MHdB GesR IV/*Wiesner* § 20 Rn. 73, der eine Suspendierung nach Sinn und Zweck schon bei einem begründeten Verdacht zulassen möchte. Vgl. im Überblick auch *Hüffer/Koch* AktG § 84 Rn. 43.

B. Bestellung und Anstellung   55, 56   § 6

einschließlich der Informationsrechte nicht mehr ausüben darf; er ist seiner Rechte vorübergehend „beraubt", wobei unklar ist, ob das suspendierte Vorstandsmitglied seine vollen Machtbefugnisse zurückerhält oder ob es letztendlich doch abberufen wird.[135] Bereits dies zeigt, dass es sich bei einer Suspendierung stets nur um eine vorübergehende und sehr kurzfristige Maßnahme handeln kann.[136] Denn es ist höchst problematisch, dem Vorstandsmitglied einerseits seinen Einfluss zu nehmen, es andererseits jedoch nicht von seinen Pflichten, insbesondere auch in haftungsrechtlicher Hinsicht, zu entbinden.

d) Rechtsschutz des abberufenen Vorstandsmitglieds

Ist die Abberufung fehlerhaft erfolgt, stellt sich die Frage, wie sich der Betroffene wehren kann. Insoweit ist zunächst § 84 Abs. 3 Satz 4 AktG zu beachten, wonach der Widerruf der Bestellung ungeachtet etwaiger Mängel wirksam ist, bis seine Unwirksamkeit rechtskräftig festgestellt ist. Nach herrschender Meinung ist der Wortlaut des § 84 Abs. 3 Satz 4 AktG zu weit geraten und die **fehlerunabhängige Widerrufswirkung** bezieht sich nur auf das **Erfordernis des wichtigen Grundes** und insbesondere nicht auf das Fehlen oder die Mangelhaftigkeit des zugrunde liegenden Aufsichtsratsbeschlusses.[137] Dies bedeutet: Die Bestellung zum Vorstandsmitglied endet, wenn ein Aufsichtsratsbeschluss vorliegt und die Widerrufserklärung dem Abberufenen zugegangen ist, unabhängig davon, ob ein wichtiger Grund vorliegt oder ob dieser fehlt. Hingegen endet die Bestellung nicht, wenn der Widerruf ohne (wirksamen) Aufsichtsratsbeschluss erklärt wurde.[138] 55

Angesichts dieser Regelung ist im Falle einer Klage des Abberufenen zu unterscheiden: Wird die Klage auf das **Fehlen oder die Ungültigkeit des Abberufungsbeschlusses** gestützt, greift § 84 Abs. 3 Satz 4 AktG nicht ein. Es handelt sich um eine **schlichte Feststellungsklage**.[139] Dieser kann durch einen (neuen) fehlerfreien Aufsichtsratsbeschluss analog § 244 AktG die Grundlage entzogen werden (Erledigung der Hauptsache).[140] Macht der Abberufene hingegen geltend, ein **wichtiger Abberufungsgrund** fehle, handelt es sich um eine **Gestaltungsklage**, weil bei Erfolg der Klage die Wirkung des § 84 Abs. 3 Satz 4 AktG überwunden und die Bestellung des Abberufenen zum Vorstand rückwirkend wieder hergestellt wird.[141] Um im Prozess über die Wirksamkeit der Abberufung diese umfassend zur 56

---

[135] Vgl. Kölner Komm./*Mertens/Cahn* § 84 Rn. 192 f.; MHdB GesR IV/*Wiesner* § 20 Rn. 74.
[136] So auch MünchKomm. AktG/Bd. 2/*Spindler* § 84 Rn. 156 mwN.
[137] Vgl. nur MünchKomm. AktG/Bd. 2/*Spindler* § 84 Rn. 142. Abweichend *Schürnbrand* NZG 2008, 609 (611) (vorläufige Rechtmäßigkeitsvermutung des § 84 Abs. 3 Satz 4 AktG sei auf alle, auch formelle Rechtsfehler zu erstrecken).
[138] Vgl. OLG Köln 18 U 3/08, NZG 2008, 635; OLG Stuttgart 2 U 57/85, AG 1985, 193 – Dornier; LG München I 5 HKO 9397/85, AG 1986, 142 f. – Aigner; MünchKomm. AktG/Bd. 2/*Spindler* § 84 Rn. 142; Kölner Komm./*Mertens/Cahn* § 84 Rn. 116; *Hüffer/Koch* AktG § 84 Rn. 39.
[139] OLG Hamm 8 U 119/09, AG 2010, 789; OLG Stuttgart 20 U 5/12, BeckRS 2013, 12075 = AG 2013, 599 (600).
[140] *Hüffer/Koch* AktG § 84 Rn. 42; MHdB GesR IV/*Wiesner* § 20 Rn. 63.
[141] KG 14 U 259/83, AG 1984, 24 (25); OLG Hamm 8 U 119/09, BeckRS 2010, 18318 = AG 2010, 789; OLG Stuttgart 20 U 5/12, AG 2013, 599 (600); *Hüffer/Koch* AktG § 84 Rn. 42; MHdB GesR IV/*Wiesner* § 20 Rn. 63. Kontrovers werden die prozessualen Auswirkungen des planmäßigen Ablaufs der Amtsperiode diskutiert. Nach einer Ansicht erledige sich dann der Rechtsstreit in der Hauptsache (MünchKomm. AktG/Bd. 2/*Spindler* § 84 Rn. 148: Die

rechtlichen Überprüfung zu stellen, empfiehlt es sich im Zweifel, in der Hauptsache auf Feststellung der Nichtigkeit der Abberufung mangels Vorliegens eines wirksamen Abberufungsbeschlusses und hilfsweise auf Unwirksamerklärung der Abberufung mangels Vorliegens eines wichtigen Grundes zu klagen. In beiden Fällen ist die Klage gegen die AG zu richten, die gem. § 112 AktG analog durch den Aufsichtsrat vertreten wird.[142] Die Klagerhebung hat keinen Suspensiveffekt; der Abberufene ist nicht befugt, die Vorstandsgeschäfte während der Dauer des Prozesses weiterzuführen. Der Abberufungsstreit ist nach herrschender Meinung **nicht schiedsfähig**.[143]

57 Das Vorstandsmitglied kann unter Umständen auch im Wege einer **einstweiligen Verfügung** (§§ 935, 940 ZPO) vorgehen. Indes schränkt § 84 Abs. 3 Satz 4 AktG die Möglichkeit zur Erlangung einstweiligen Rechtsschutzes ein, soweit sich das Vorstandsmitglied gegen das Vorliegen eines wichtigen Grundes wehrt. Demgegenüber kann im Eilverfahren geltend gemacht werden, es fehle an einem (formell ordnungsgemäß zustande gekommenen) Abberufungsbeschluss des Aufsichtsrates; der Verfügungsgrund folgt in diesen Fällen aus der Dauer des Hauptsacheverfahrens.[144]

58 Ein **Nachschieben von Widerrufsgründen** ist auf der Grundlage eines Aufsichtsratsbeschlusses möglich, wenn der entsprechende Sachverhalt bei Erklärung des Widerrufs schon vorhanden, aber dem Aufsichtsrat nicht bekannt war; kannte der Aufsichtsrat hingegen zum Zeitpunkt der Abberufung die Widerrufsgründe, ist ihre (nachträgliche) Geltendmachung verwirkt.[145] Begründet indes das Vorstandsmitglied durch sein späteres Verhalten neue Abberufungsgründe, kann der Aufsichtsrat hierauf gestützt erneut eine Abberufung aussprechen, die in den laufenden Rechtsstreit eingeführt werden kann.[146]

Unwirksamkeit des Widerrufs könne nicht mehr festgestellt werden, weil dieser Entscheidung keine rückwirkende Kraft zukomme. Möglich sei aber eine Klage auf Feststellung, dass der Anstellungsvertrag wegen Unwirksamkeit der Kündigung bis zum Ende der Amtsperiode bestanden habe.). Unklar OLG Hamm 8 U 119/09, AG 2010, 789: Obwohl die rückwirkende Wiederherstellung der Bestellung faktisch nicht mehr möglich sei, könne gleichwohl ein rechtliches Interesse an der angestrebten Feststellung bestehen. Zuzugeben ist dieser Ansicht, dass das abberufene Vorstandsmitglied ein rechtlich und wirtschaftlich bedeutsames (Rehabilitations-)Interesse an der Feststellung der Unwirksamkeit der Abberufung haben kann, das über sein in der Wahrung seiner Rechte aus dem Anstellungsvertrag liegendes Interesse hinausgeht. Dass aber dieses Feststellungsinteresse sich gerade – wie das OLG Hamm offenbar meint – durch eine Gestaltungsklage verwirklichen soll, vermag schwerlich zu überzeugen, da eine rückwirkende Wiederherstellung zum einen nicht möglich ist, zum anderen dafür auch kein Bedarf besteht, da das Rehabilitationsinteresse auch bei einer Beschränkung des Klagantrags auf eine Feststellung verwirklicht werden kann (in diesem Sinne auch *Hüffer/Koch* AktG § 84 Rn. 42). Die Frage offenlassend OLG Stuttgart 20 U 5/12, AG 2013, 599 (600).

[142] BGH II ZR 126/80, NJW 1981, 2748 (2749); II ZR 2/83, WM 1984, 532; OLG Koblenz 6 U 329/78, AG 1980, 282; *Hüffer/Koch* AktG § 84 Rn. 41; MHdB GesR IV/*Wiesner* § 20 Rn. 53 – aA BGH II ZR 211/53, BGHZ 13, 188 (191); *Bauer/Arnold/Kramer* AG 2014, 677 (682).

[143] Kölner Komm./*Mertens/Cahn* § 84 Rn. 99 (Schiedsfähigkeit tendenziell verneinend); MHdB GesR IV/*Wiesner* § 20 Rn. 63; MünchKomm. AktG/Bd. 2/*Spindler* § 84 Rn. 143 – aA *Vollmer* ZGR 1982, 15 (26 ff.).

[144] OLG Stuttgart 2 U 57/85, AG 1985, 193 (Dornier); *Hüffer/Koch* AktG § 84 Rn. 42.

[145] BGH II ZR 211/53, BGHZ 13, 188 (194 f.); II ZR 81/60, WM 1962, 109 (111); MünchKomm. AktG/Bd. 2/*Spindler* § 84 Rn. 145; Kölner Komm./*Mertens/Cahn* § 84 Rn. 140.

[146] BGH II ZR 212/64, WM 1966, 968 (970); *Hüffer/Koch* AktG § 84 Rn. 43; MHdB GesR IV/*Wiesner* § 20 Rn. 65.

Die **Beweislast** für das Vorliegen eines wichtigen Grundes trägt die AG; demgegenüber trifft den Abberufenen im Falle eines Vertrauensentzugs durch die Hauptversammlung die Beweislast dafür, dass das Misstrauensvotum aus offenbar unsachlichen Gründen erfolgt ist.[147]

Wird die Abberufung durch rechtskräftige **Entscheidung** innerhalb der Amtsperiode des Vorstandsmitglieds für unwirksam erklärt, tritt der Abberufene in seine alte Position wieder ein. Ein zwischenzeitlich neu berufenes Vorstandsmitglied kann abberufen werden, wenn es nach Gesetz oder Satzung ausgeschlossen oder unzumutbar ist, dass beide Vorstandsmitglieder nebeneinander amtieren.[148]

2. Kündigung des Anstellungsvertrages

Die (außerordentliche) Kündigung des Anstellungsvertrages unterliegt den **allgemeinen dienstvertraglichen Regelungen** (§ 626 Abs. 1 BGB). Dies kann dazu führen, dass zwar die Abberufung nach § 84 Abs. 3 AktG wirksam ist, jedoch der Anstellungsvertrag nicht außerordentlich gekündigt werden kann und somit bis zum nächsten ordentlichen Kündigungstermin bzw. bis zu seinem Auslaufen bestehen bleibt. Die Situation ist für die AG misslich, da sie das Vorstandsmitglied nach Abberufung häufig nicht mehr adäquat beschäftigen kann, sodass dieses seinen Vergütungsanspruch behält, ohne eine Gegenleistung für die Gesellschaft erbringen zu müssen.

a) Zuständigkeit zur Kündigung

Auch die Kündigung des Anstellungsvertrages ist vom Aufsichtsrat auf der Grundlage eines Beschlusses des Plenums zu erklären (§ 112 AktG analog); der Aufsichtsrat kann sich insoweit eines Bevollmächtigten oder eines Boten bedienen.[149] Die Beschlussfassung kann – anders als bei Widerruf der Bestellung – einem Aufsichtsratsausschuss, insbesondere dem Personalausschuss, übertragen werden (§ 84 Abs. 3 Satz 5 AktG ist in § 107 Abs. 3 Satz 2 AktG nicht genannt);[150] allerdings darf ein Ausschuss die dem Gesamtaufsichtsrat vorbehaltene Entscheidung über den Widerruf der Bestellung nicht durch eine voreilige außerordentliche Kündigung des Anstellungsvertrages präjudizieren, so dass der Beschluss des Gesamtplenums über die Abberufung einer etwaigen Ausschussentscheidung über die außerordentliche Kündigung des Anstellungsvertrages vorangehen muss.[151] Indes stellt sich dieses

---

[147] BGH II ZR 217/15, NZG 2017, 261 (262); II ZR 35/73, AG 1975, 242 (244); MHdB GesR IV/*Wiesner* § 20 Rn. 45 aE; vgl. zudem *Mielke* BB 2014, 1035.

[148] Kölner Komm./*Mertens/Cahn* § 84 Rn. 142; – aA MünchKomm. AktG/Bd. 2/*Spindler* § 84 Rn. 151.

[149] Insoweit ist jedoch zu beachten, dass die Kündigung gem. § 174 BGB unwirksam ist, wenn der Bevollmächtigte eine Vollmachtsurkunde nicht vorlegt und das betroffene Vorstandsmitglied die Kündigung unverzüglich zurückweist. Nach OLG Düsseldorf I-15 U 225/02, NZG 2004, 141 ff., soll § 174 BGB auch dann entsprechend gelten, wenn der Aufsichtsratsvorsitzende die Kündigung übermittelt, ohne eine Ermächtigungsurkunde bzw. den Aufsichtsratsbeschluss vorzulegen. In einer späteren Entscheidung hält das OLG Düsseldorf den Schutzzweck des § 174 BGB auch ohne Vorlage einer solchen Urkunde für gewahrt, wenn der Aufsichtsratsvorsitzende satzungsgemäß zur Abgabe der Kündigungserklärung im Namen des Aufsichtsrates ausdrücklich bevollmächtigt war, OLG Düsseldorf I-16 U 177/10, BeckRS 2012, 11650 = AG 2012, 511.

[150] Vgl. etwa BGH II ZR 90/73, BGHZ 65, 190 (193).

[151] BGH 182/79, BGHZ 79, 38 (44); II ZR 102/81, BGHZ 83, 144 (150); II ZR 33/83, BGHZ 89, 48 (56); *Hüffer/Koch* AktG § 84 Rn. 48.

Problem in praxi nicht, da die außerordentliche Kündigung des Anstellungsvertrages meist konkludent in dem Widerruf der Bestellung enthalten ist.[152] Gleichwohl **empfiehlt es sich**, sowohl im Rahmen der Beschlussfassung des Aufsichtsrates als auch im Rahmen der Erklärung gegenüber dem Vorstandsmitglied **ausdrücklich** sowohl die Abberufung als auch die außerordentliche Kündigung des Anstellungsvertrages auszusprechen; zusätzlich sollte die außerordentliche Kündigung mit einer hilfsweisen ordentlichen Kündigung verbunden werden.[153]

b) Voraussetzungen der Kündigung aus wichtigem Grund

63 Die außerordentliche Kündigung des Anstellungsvertrages setzt nach § 626 BGB einen wichtigen Beendigungsgrund voraus; dieses Erfordernis ist nicht mit dem wichtigen Grund zur Abberufung nach § 84 Abs. 3 Satz 1 AktG identisch.[154] Zwar stellt ein wichtiger Grund zur Kündigung des Anstellungsvertrages stets auch einen wichtigen Grund zum Widerruf der Bestellung dar,[155] jedoch rechtfertigt umgekehrt ein wichtiger Abberufungsgrund lediglich häufig, nicht jedoch stets die sofortige Beendigung des Anstellungsvertrages. Ein wichtiger Grund gem. § 626 Abs. 1 BGB liegt vor, wenn nach Abwägung der Interessen beider Seiten die Fortsetzung des Anstellungsvertrages und insbesondere auch die Bezahlung des abberufenen Vorstandsmitglieds bis zum planmäßigen Ablauf der Anstellungsfrist der AG nicht zumutbar ist. Entscheidend sind die besonderen Umstände des Einzelfalls, wobei in die Interessenabwägung insbesondere die Schwere der dem abberufenen Vorstandsmitglied vorgeworfenen Verfehlungen, deren Folgen für die Gesellschaft, die Größe des Verschuldens sowie eine etwaige Wiederholungsgefahr einerseits und andererseits etwaige Verdienste des Vorstandsmitglieds um das Unternehmen, die mit der außerordentlichen Kündigung verbundenen sozialen Folgen und das Lebensalter des Abberufenen einfließen müssen.[156]

64 Vor diesem Hintergrund rechtfertigen vor allem **schwere Pflichtverletzungen**[157] die außerordentliche Kündigung des Anstellungsvertrages; insoweit kann auf die Ausführungen zur Abberufung verwiesen werden.[158] Werden indes die Fähigkeiten des Vorstandsmitglieds in Zweifel gezogen, bedarf es einer umfassenden Interessenabwägung, bei der die Belange des Abberufenen – im Vergleich zur Widerrufsentscheidung – verstärkt zu berücksichtigen sind.[159] Weiterhin ist zu beachten, dass bestimmte Situationen, die per se eine Abberufung rechtfertigen, typischerweise als Gründe für eine außerordentliche Kündigung des Anstellungs-

---

[152] Vgl. etwa Kölner Komm./*Mertens/Cahn* § 84 Rn. 152.
[153] Vgl. BGH II ZR 57/55, BGHZ 20, 239 (249); Kölner Komm./*Mertens/Cahn* § 84 Rn. 152.
[154] BGH II ZR 220/88, NJW 1989, 2683.
[155] BGH II ZR 130/94, NJW-RR 1996, 156; OLG Düsseldorf 16 U 130/90, WM 1992, 14 (19); MHdB GesR IV/*Wiesner* § 21 Rn. 107.
[156] Vgl. BGH II ZR 130/94, NJW-RR, 1996, 156; II ZR 234/91, NJW 1993, 463; Kölner Komm./*Mertens/Cahn* § 84 Rn. 153; MHdB GesR IV/*Wiesner* § 21 Rn. 108.
[157] Bereits der konkrete Verdacht einer schweren Pflichtverletzung soll genügen, wenn das Vertrauensverhältnis zur Gesellschaft aufgrund des Verdachts unrettbar zerstört ist, *Schmolke* AG 2014, 377 (387); ebenso für den Verdacht aktiver oder passiver Korruption *Rieder/Schoenemann* NJW 2011, 1169 (1170).
[158] Vgl. etwa BGH II ZR 57/55, BGHZ 20, 239 (246) (Mangelnde Offenheit gegenüber dem Aufsichtsrat); OLG Düsseldorf 16 U 130/90, WM 1992, 14 (19) (Bilanz- und Warenlagermanipulationen).
[159] *Hüffer/Koch* AktG § 84 Rn. 52.

B. Bestellung und Anstellung 　§ 6

vertrages nicht hinreichend sind; dies gilt insbesondere für den **Vertrauensentzug durch die Hauptversammlung**. Insoweit kommt es stets darauf an, aus welchen Gründen die Hauptversammlung dem Vorstand das Vertrauen entzogen hat und ob diese Gründe einen eigenständigen wichtigen Kündigungsgrund darstellen.[160] Auch in Fällen, in denen eine Abberufung auf ein Zerwürfnis zwischen den Mitgliedern des Vorstandes gestützt wird, ist Vorsicht geboten, da der Aufsichtsrat im Falle eines solchen Zerwürfnisses nicht denjenigen abberufen muss, der dieses verschuldet hat; demgegenüber kommt es im Rahmen der außerordentlichen Kündigung des Anstellungsvertrages auf den Umfang des Verschuldens des Abberufenen an dem Zerwürfnis entscheidend an. Eine unberechtigte Amtsniederlegung durch das Vorstandsmitglied selbst rechtfertigt indes stets eine außerordentliche Kündigung des Anstellungsvertrages.[161] Strittig ist, ob die **außerordentlichen Kündigungsgründe im Anstellungsvertrag erweitert** werden können; insoweit wird überwiegend davon ausgegangen, dass eine privatautonome Ausweitung der außerordentlichen Kündigungsgründe grundsätzlich ausgeschlossen ist.[162] Einer Abmahnung gem. § 314 Abs. 2 BGB vor Ausspruch der außerordentlichen Kündigung bedarf es nach überwiegender Auffassung nicht; die Zuweisung der Wahrnehmung von Arbeitgeberfunktionen als organschaftlicher Vertreter sei ein besonderer, über § 314 Abs. 2 Satz 2 BGB in Bezug genommener Umstand iSd § 323 Abs. 2 Nr. 3 BGB.[163]

Gemäß § 626 Abs. 2 BGB muss die außerordentliche Kündigung des Anstellungsvertrages **innerhalb von zwei Wochen** seit Kenntnis des wichtigen Grundes erfolgen; es kommt insoweit auf die Kenntnis des Gesamtgeschehens und nicht lediglich einzelner Sachverhaltsgesichtspunkte an.[164] Die Zwei-Wochen-Frist beginnt mit der **Kenntnis des Aufsichtsratsgremiums** von dem wichtigen Grund. Überwiegend wird auf die Kenntniserlangung durch alle Aufsichtsratsmitglieder in einer Aufsichtsratssitzung abgestellt, soweit diese mit zumutbarer Beschleunigung nach Bekanntwerden des wichtigen Grundes einberufen worden ist.[165] Die Frist des § 626 Abs. 2 BGB beginnt ab dem Sitzungstag zu laufen; die außerhalb einer Aufsichtsratssitzung erlangte Kenntnis von Kündigungsgründen durch die Aufsichtsratsmitglieder setzt indes die Frist nicht in Lauf. Etwas anderes gilt nur, wenn die Einberufung des Aufsichtsrates nach Kenntniserlangung einer einberufungsberechtigten Zahl von Aufsichtsratsmitgliedern unangemessen verzögert wird; in einer solchen Situation muss sich die Gesellschaft so behandeln lassen, als wenn der Aufsichtsrat rechtzeitig einberufen worden wäre.[166]

---

[160] BGH II ZR 280/53, BGHZ 15, 71 (75); MünchKomm. AktG/Bd. 2/*Spindler* § 84 Rn. 183 (Vertrauensentzug durch HV muss nicht notwendig Kündigung rechtfertigen); *Hüffer/Koch* AktG § 84 Rn. 52.

[161] BGH 161/79, BGHZ 78, 82 (85); BGH II ZR 189/76, WM 1978, 319; *Hüffer/Koch* AktG § 84 Rn. 52; MHdB GesR IV/*Wiesner* § 21 Rn. 110.

[162] Vgl. Kölner Komm./*Mertens/Cahn* § 84 Rn. 168.

[163] BGH II ZR 71/06, NZG 2007, 674; Spindler/Stilz/*Fleischer* § 84 Rn. 165; aA *Hüffer/Koch* AktG § 84 Rn. 51.

[164] BGH II ZR 114/95, ZIP 1996, 636; *Hüffer/Koch* AktG § 84 Rn. 54.

[165] BGH II ZR 251/98, DStR 2000, 564 (565) m. Anm. *Goette*; II ZR 169/79, AG 1981, 47 (48); BAG 2 AZR 297/76, BAGE 29, 158 (164 ff.); OLG München 7 U 681/11, AG 2012, 753; *Hüffer/Koch* AktG § 84 Rn. 54; Kölner Komm./*Mertens/Cahn* § 84 Rn. 177; MHdB GesR IV/*Wiesner* § 21 Rn. 116 – aA allerdings BGH II ZR 75/62, BGHZ 41, 282 (287) (für Kenntnis nur eines Mitglieds).

[166] Vgl. hierzu OLG München 6 U 5444/04, ZIP 2005, 1781; OLG München 7 U 681/11, BeckRS 2012, 13795 = AG 2012, 753; *Tschöpe/Wortmann* NZG 2009, 85 (90).

66 **Rechtsfolge** der rechtswirksamen Kündigung des Anstellungsvertrages ist das Erlöschen der schuldrechtlichen Rechte und Pflichten des Abberufenen. Das Vorstandsmitglied verliert vor allem seine Gehaltsansprüche, wohingegen die Versorgungsansprüche grundsätzlich bestehen bleiben.[167] Hat das Vorstandsmitglied den Widerruf seiner Bestellung verschuldet, ohne dass jedoch ein wichtiger Grund zur Kündigung des Anstellungsverhältnisses vorlag, wird vertreten, dass das Vorstandsmitglied sich auf eine seinen Kenntnissen und Fähigkeiten angemessene andere leitende Beschäftigung innerhalb der Gesellschaft einlassen müsse, die der Tätigkeit als Vorstandsmitglied zwar nicht gleichwertig sei, ihr jedoch nahe komme.[168] Das wirksam gekündigte Vorstandsmitglied hat gegen die Gesellschaft gem. § 630 BGB einen Anspruch auf ein Dienstzeugnis, welches vom Aufsichtsrat zu erteilen ist.[169]

c) Rechtsschutz des gekündigten Vorstandsmitgliedes

67 Für Rechtsstreitigkeiten über die außerordentliche Kündigung des Anstellungsvertrages ist wegen § 5 Abs. 1 Satz 3 ArbGG der Rechtsweg zu den Arbeitsgerichten grundsätzlich ausgeschlossen. Vielmehr sind Streitigkeiten aus dem Anstellungsvertrag – vorbehaltlich einer ausdrücklichen anderen Vereinbarung nach § 2 Abs. 4 ArbGG – vor dem Landgericht, hier der Kammer für Handelssachen (§ 95 Abs. 1 Nr. 4 Buchst. a GVG), auszutragen.[170] Besteht neben dem Anstellungsvertrag noch ein ruhendes Arbeitsverhältnis, weil ein früherer Angestellter zum Vorstand berufen wurde, und wird auch über die außerordentliche Kündigung dieses Arbeitsverhältnisses gestritten, so kann auch der Rechtsweg zu den Arbeitsgerichten statt zu den ordentlichen Gerichten eröffnet sein.[171]

Im Prozess über die außerordentliche Kündigung des Anstellungsvertrages trägt die Gesellschaft sowohl die **Beweislast** für das Vorliegen eines wichtigen Grundes als auch für die Einhaltung der Ausschlussfrist des § 626 Abs. 2 BGB.[172] Ein **Nachschieben von Kündigungsgründen** ist nur zulässig, wenn die nachgeschobenen Kündigungsgründe erst nach Ablauf der Ausschlussfrist bekannt wurden.

C. Rechte der Vorstandsmitglieder

68 Die wesentlichen Rechte und Ansprüche der Vorstände gegenüber der AG gründen sich nicht auf das Gesetz, sondern den Anstellungsvertrag.

I. Vergütungsanspruch

69 Ein Vergütungsanspruch für die Vorstandsarbeit ergibt sich nicht aus dem Organverhältnis. **Anspruchsgrundlage** für die Vorstandsvergütung ist vielmehr der

---

[167] BGH II ZR 265/51, BGHZ 8, 348 (365); MünchKomm. AktG/Bd. 2/*Spindler* § 84 Rn. 188.
[168] BGH II ZR 212/64, AG 1966, 366; MünchKomm. AktG/Bd. 2/*Spindler* § 84 Rn. 191.
[169] MünchKomm. AktG/Bd. 2/*Spindler* § 84 Rn. 102; *Hüffer/Koch* AktG § 84 Rn. 25 (zweifelnd, aber bejahend); Kölner Komm./*Mertens/Cahn* § 84 Rn. 88; MHdB GesR IV/*Wiesner* § 21 Rn. 91.
[170] Vgl. BAG 10 AZB 78/12, NZG 2013, 351 (352) (für GmbH-Geschäftsführer).
[171] Vgl. BAG 5 AZB 4/95, NZA 1996, 143 (144); 5 AZB 25/96, NZA 1997, 509 (511); 10 AZB 78/12, NZG 2013, 351 (352); ausführlich *Jaeger* NZA 1998, 961 (964 f.).
[172] BGH II ZR 353/00, NJW 2003, 431 (432); IX ZR 16/89, NJW-RR 1990, 1330 (1331); OLG München 23 U 3293/16, ZIP 2017, 1808 (1809).

C. Rechte der Vorstandsmitglieder

Anstellungsvertrag, der regelmäßig auch die Einzelheiten (Höhe der Festvergütung und ggf. Zahlung von Tantiemen und sonstigen Nebenleistungen) festlegt. Erfüllungsort für die Vergütung der Vorstandsmitglieder ist in der Regel der Sitz der Gesellschaft. Der Vergütungsanspruch verjährt gem. §§ 195, 199 BGB nach drei Jahren ab Ende des Jahres in dem der Anspruch entstanden ist und der Vorstand von den anspruchsbegründenden Umständen Kenntnis erlangt hat bzw. ohne grobe Fahrlässigkeit hätte erlangen müssen, spätestens aber nach zehn Jahren ab Entstehung.

1. Postulat der Angemessenheit der Vorstandsvergütung

Das AktG enthält in § 87 Abs. 1 Satz 1 das Gebot der Angemessenheit der Bezüge. § 87 Abs. 1 Satz 1 AktG wurde durch das **Gesetz zur Angemessenheit der Vorstandsvergütung (VorstAG)**,[173] das der Bundestag am 18.6.2009 verabschiedet hat, neu gefasst.[174] Gemäß § 87 Abs. 1 Satz 1 AktG hat der Aufsichtsrat bei der Festsetzung der Gesamtbezüge des einzelnen Vorstandsmitglieds dafür zu sorgen, dass diese in einem angemessenen Verhältnis zu den Aufgaben und Leistungen des Vorstandsmitglieds sowie zur Lage der Gesellschaft stehen und die übliche Vergütung nicht ohne besondere Gründe übersteigen.[175] § 87 Abs. 1 Satz 2 AktG bestimmt, dass die Vergütungsstruktur bei börsennotierten Gesellschaften auf eine nachhaltige Unternehmensentwicklung auszurichten ist.[176] Variable Vergütungsbestandteile sollen gem. § 87 Abs. 1 Satz 3 AktG eine mehrjährige Bemessungsgrundlage haben, die nach der im Rahmen der Kodex-Novelle 2017 neu gefassten Empfehlung in Ziff. 4.2.3 Abs. 2 Satz 3 im Wesentlichen zukunftsbezogen sein soll; für außerordentliche Entwicklungen soll der Aufsichtsrat eine Begrenzungsmöglichkeit vereinbaren. Der Nachhaltigkeitsgedanke verpflichtet zu einer Ausrichtung der Vergütungsstruktur am dauerhaften, also jedenfalls periodenübergreifenden Erfolg

---

[173] BGBl. 2009 I 2509 v. 4.8.2009; s. hierzu insb. die Stellungnahmen des *Handelsrechtsausschusses des Deutschen Anwaltsvereins* NZG 2009, 612 sowie des *DIHK* NZG 2009, 538; s. zudem *Wagner/Wittgens* BB 2009, 906; *Jahn* GWR 2009, 135. Zu vergütungsrechtlichen Besonderheiten im Versicherungssektor *de Raet/Dörfler* CCZ 2017, 253 (258); *Armbrüster* KSzW 2013, 10 (15 ff.). Bei Kreditinstituten gelten nach § 25a Abs. 5 KWG modifizierte Regelungen, dazu *Lackhoff/Kulenkamp* AG 2014, 770. Die am 17.5.2017 verabschiedete Richtlinie 2017/828 (ABl. L 132, S. 1–25) zur Änderung der Aktionärsrechterichtlinie sieht ua einen neuen Art. 9a, welcher ein Vergütungsvotum der Hauptversammlung einführt, sowie einen neuen Art. 9b, der Vorgaben im Hinblick auf den Vergütungsbericht statuiert, vor; näher dazu *Habersack* NZG 2018, 127.

[174] Zum zeitlichen Anwendungsbereich des VorstAG näher *Ihrig/Wandt/Wittgens* ZIP Beil. 40/2012, 1 (6 f.). Erfasst sind jedenfalls Vorstandsverträge, die nach Inkrafttreten des VorstAG geschlossen wurden, wozu auch Verlängerung oder Änderung eines Anstellungsvertrags rechnen, *Ihrig/Wandt/Wittgens* aaO mwN.

[175] Zum Haftungsrisiko des Aufsichtsrats bei unangemessen hoher Vorstandsvergütung *Hüffer* in FS Hoffmann-Becking 2013, 589 ff.; *Reichert/Ullrich* in FS Uwe H. Schneider 2011, 1017 ff. Ob das Vorstandsmitglied wegen der Annahme einer unangemessen hohen Vergütung der AG aufgrund einer Treuepflichtverletzung haftet, ist umstritten, näher *Reichert/Ullrich* in FS Uwe H. Schneider 2011, S. 1017, 1036 einerseits, *Brandes* ZIP 2013, 1107 ff. andererseits, jew. mwN.

[176] Eingehend *Reichert/Ullrich* in FS Uwe H. Schneider 2011, 1017 (1027 ff.) Nach den Gesetzesmaterialien soll der Nachhaltigkeitsgedanke auch von nichtbörsennotierten Gesellschaften berücksichtigt werden, BT-Drs. 16/13433, 10. In welchem Umfang der Nachhaltigkeitsgedanke Einfluss auf die Vorstandsbezüge nichtbörsennotierter Unternehmen nehmen wird, bleibt mit Blick auf die künftige Rechtsentwicklung abzuwarten, *Reichert/Ullrich* in FS Uwe H. Schneider 2011, S. 1017, 1027.

der Gesellschaft.[177] Festgehälter benötigen keine mehrjährige Bemessungsgrundlage; allerdings sind sie zusammen mit ggf. variablen Vergütungsbestandteilen auf eine nachhaltige Unternehmensentwicklung auszurichten (zu den variablen Vergütungselementen Rn. 74 ff.).[178] Gemäß § 87 Abs. 1 Satz 4 AktG gilt das Postulat der Angemessenheit der Bezüge sinngemäß für Ruhegehalt, Hinterbliebenenbezüge und Leistungen verwandter Art. Nach Ziff. 4.2.3 Abs. 2 Satz 6 DCGK soll die Vergütung insgesamt und hinsichtlich ihrer variablen Vergütungsbestandteile betragsmäßige Höchstgrenzen aufweisen.[179] Mit Ziff. 4.2.3 Abs. 2 Satz 9 wurde die Anregung, mehrjährige variable Vergütungsbestandteile nicht vorzeitg auszubezahlen, neu eingefügt. Ziffer 4.2.5 DCGK sieht eine Offenlegung der Grundzüge des Vergütungssystems in einem Vergütungsbericht als Teil des Lageberichts vor.[180]

70a Die Vergütung des Vorstands muss seit Einführung des VorstAG nach § 87 Abs. 1 Satz 1 AktG in einem angemessenen Verhältnis zu den **Leistungen** des Vorstands stehen und darf die übliche Vergütung nicht ohne besondere Gründe übersteigen. Auch die weiteren durch das VorstAG bewirkten Neuerungen in den soeben dargestellten § 87 Abs. 1 Sätze 2 und 3 AktG dienen der Zielrichtung des VorstAG, die Anreize in der Vergütungsstruktur für Vorstandsmitglieder in Richtung einer nachhaltigen und auf Langfristigkeit ausgerichteten Unternehmensführung zu stärken.[181] **Bezugsgröße des Angemessenheitspostulats** sind die Gesamtbezüge[182] (Gehalt, Gewinnbeteiligungen, Aufwandsentschädigungen, Versicherungsentgelte, Provisionen, anreizorientierte Vergütungszusagen wie zB Aktienbezugsrechte[183]) einschließlich aller (auch atypischer) Nebenleistungen wie Wohnrecht, PKW mit Fahrer, Dienstflugzeug sowie jede Form von Sachbezügen uÄ. Neben den gesetzlich genannten Maßstäben für die Beurteilung der Angemessenheit der Vorstandsbezüge kommt es auch auf die Qualifikation, den Marktwert, die konkrete Verhandlungslage, die Dauer der Zugehörigkeit zur Gesellschaft, familiäre Verhältnisse uÄ an (vgl. dazu auch Ziff. 4.2.2 DCGK).[184]

70b Die **Üblichkeit** der Vergütung war nach dem Regierungsentwurf zu Beginn des Gesetzgebungsverfahrens zum VorstAG noch als Kriterium für die Angemessenheitsbeurteilung konzipiert. In der schließlich Gesetz gewordenen Fassung stellt die Üblichkeit indes ein zusätzliches Kriterium zur Begrenzung der Vorstandsvergütung neben der Angemessenheit dar, um nicht einer Erhöhung der Bezüge unter Hinweis auf das anderswo Übliche Vorschub zu leisten.[185] Die Üblichkeit der Vergütung beurteilt sich – ohne dass dabei die konkreten Umstände der Gesellschaft selbst vernachlässigt werden dürfen – nach einem Vergleich mit der Vorstandsver-

---

[177] Hüffer/Koch AktG § 87 Rn. 11.
[178] Seibert AG 2009, 1489 (1490).
[179] Empfehlungen zur Anwendung in der Praxis bei Goj AG 2015, 173 ff.
[180] Zu den dazu zu verwendenden Mustertabellen Wandt AG 2015, 303 ff.
[181] Siehe die Erläuterungen in BR-Drs. 592/09, 29. Ein Beispiel dafür ist die Verlängerung der Mindestausübungsfrist für Aktienoptionen von zwei auf vier Jahre.
[182] Anders als in Ziff. 4.2.3 Abs. 2 Satz 5 DCGK, vgl. Ihrig/Wandt/Wittgens ZIP Beil. 40/2012, 1 (7). Zum Verhältnis fixer und variabler Vergütungsbestandteile näher Ihrig/Wandt/Wittgens ZIP Beil. 40/2012, 1 (9 f.); vgl. auch Ziff. 4.2.3 Abs. 2 Satz 2 DCGK.
[183] Einzelheiten zur Angemessenheit von Stock-Options etwa bei Baums in FS Claussen 1997, S. 3, 29 ff.; Hüffer ZHR 1997, 214 (219 f., 234 ff.).
[184] BGH II ZR 126/89, BGHZ 111, 124 (228); II ZR 88/91, NJW 1992, 2894 (2896) (zur GmbH); OLG München 7 U 5618/07, WM 2008, 1320; Hüffer/Koch AktG § 87 Rn. 4.
[185] Cahn in FS Hopt 2010, S. 531, 533. Abweichend Reichert/Ullrich in FS Uwe H. Schneider 2011, S. 1017, 1025 (Üblichkeit als Vergleichskriterium für die Angemessenheit auch bisher schon anerkannt; übliche Vergütung in der Regel auch angemessen).

gütung in anderen, nach Branche, Größe und Komplexität vergleichbaren Unternehmen und der Vergütungsstruktur in der jeweiligen Gesellschaft (horizontaler und vertikaler Vergleich).[186] Das Gebot der Üblichkeit zwingt nicht zu einer Vereinheitlichung der Vorstandsbezüge; jenseits der Üblichkeit liegende Vorstandsbezüge lassen sich nach dem Gesetz durch „besondere Gründe", beispielsweise eine besondere Tüchtigkeit des Vorstandsmitglieds, rechtfertigen.[187] Wirtschaftliche Schwierigkeiten der AG müssen nicht zwingend zu einem niedrigeren Vergütungsniveau der Führungskräfte führen, da die Konsolidierungsaufgabe häufig nur von einem besonders erfahrenen Sanierer bewältigt werden kann, dessen qualifizierte Tätigkeit ihren Preis hat.[188]

70c Strittig ist, ob in der Satzung Vorgaben für die Angemessenheit der Vorstandsbezüge enthalten sein dürfen. Vor dem Hintergrund des Gebots der Satzungsstrenge (§ 23 Abs. 5 AktG) und angesichts der dem Aufsichtsrat überantworteten Personalhoheit ist es außerordentlich zweifelhaft, ob insoweit statutarischer Gestaltungsspielraum besteht.[189]

70d § 120 Abs. 4 AktG sieht für Hauptversammlungen von börsennotierten Gesellschaften die Möglichkeit eines Votums zum Vergütungssystem vor („say on pay"). Gemäß § 120 Abs. 4 Satz 1 AktG kann die Hauptversammlung der börsennotierten Gesellschaften über die Billigung des Systems zur Vergütung der Vorstandsmitglieder beschließen. Über konkrete Beträge (zB Höhe der Gesamtbezüge des einzelnen Vorstandmitglieds) wird hingegen nicht abgestimmt. Es besteht grds. weder eine Verpflichtung der Verwaltung, die Abstimmung auf die Tagesordnung zu setzen, noch handelt es sich um einen in regelmäßigen Abständen wiederkehrenden Beschlussgegenstand.[190] Allerdings kann das Vergütungsvotum aufgrund eines Minderheitsverlangens gem. § 122 Abs. 2 AktG auf die Tagesordnung gesetzt werden.[191] Der Beschluss gem. § 120 Abs. 4 Satz 2 AktG begründet keine Rechte oder Pflichten; insb. lässt er die rechtlichen Verpflichtungen des Aufsichtsrats nach § 87 AktG unberührt. Dennoch wird erwartet, dass sich aus dem Votum eine faktische Rückwirkung auf die Wahrnehmung der Verpflichtungen aus § 87 ergibt. Nachdem insbes. Art. 9 a des Richtlinienvorschlags der Europäischen Kommission zur Änderung der RL 2007/36/EG (Aktionärsrichtlinie) – COM (2014) 213 – erhebliche Diskussionen ausgelöst hatte,[192] sieht die reformierte Aktionärsrichtlinie (RL (EU) 2017/828)[193] mit Art. 9 a und 9 b die zwingende Einrichtung eines zweifachen Vergütungsvotums (Say on Pay) durch die Hauptversammlung vor.[194] Zum einen ist

---

[186] *Ihrig/Wandt/Wittgens* Beil. ZIP 40/2012, 1 (8). Eingehend *Reichert/Ullrich* in FS Uwe H. Schneider 2011, S. 1017, 1025 ff. Kritisch zum Begriff der Üblichkeit *Cahn* in FS Hopt 2010, S. 531, 533 ff. (er widerspreche der Maßgeblichkeit unternehmens- und personenspezifischer Merkmale im Rahmen der Angemessenheit).

[187] *Cahn* in FS Hopt 2010, S. 431, 435; *Reichert/Ullrich* in FS Uwe H. Schneider 2011, S. 1017, 1025 f.

[188] *Hüffer/Koch* AktG § 87 Rn. 4; MHdB GesR IV/*Wiesner* § 21 Rn. 42.

[189] So auch Kölner Komm./*Mertens/Cahn* § 87 Rn. 4 f.; MHdB GesR IV/*Wiesner* § 21 Rn. 20, 50 – aA *Körner* NJW 2004, 2697 (2701); differenzierend *Hüffer/Koch* AktG § 87 Rn. 4 aE.

[190] BT-Drs. 16/13 433, 12.

[191] *Schick* ZIP 2011, 593 (600).

[192] *Mense/Klie* GWR 2014, 232 (234 f.); *Zetsche* NZG 2014, 1121 (1128 ff.); *DAV Handelsausschuss* NZG 2015, 54 (58 ff.).

[193] ABl. L 132, 1–25.

[194] Im Einzelnen *Lanfermann/Maul* BB 2017, 1218; MünchKomm. AktG/Bd. 3/*Wendt* § 120 Rn. 75 ff.; *Velte* DStR 2018, 208; ders. NZG 2017, 368.

es zwingend, mindestens alle vier Jahre ein Aktionärsvotum zur Vergütungspolitik einzuholen, zum anderen ist der Hauptversammlung jährlich ein Vergütungsbericht vorzulegen, wobei das Aktionärsvotum zum Vergütungsbericht auch nur einen rein empfehlenden Charakter haben kann.

71 Problematisch ist, ob auch bereits erbrachte Leistungen (zusätzlich) vergütet werden können. Der BGH hält dies im **Mannesmann-Urteil** nur dann für zulässig, wenn der Gesellschaft durch die Zahlung ein zukünftiger Nutzen entsteht, der die Leistung kompensiert;[195] im Schrifttum ist diese Auffassung weitgehend auf Kritik gestoßen.[196]

72 Die AG muss nach § 285 Satz 1 Nr. 9 Buchst. a HGB die Gesamtbezüge aller Vorstandsmitglieder als Summe im Anhang zum Jahresabschluss und nach § 314 Abs. 1 Nr. 6 HGB im Anhang zum Konzernabschluss ausweisen. Durch das Gesetz über die Offenlegung von Vorstandsvergütungen (VorstOG) wurde § 285 Nr. 9 Buchst. a HGB darüber hinaus dahingehend geändert, dass börsennotierte Gesellschaften auch individualisierte Angaben machen müssen, aufgeteilt nach erfolgsunabhängigen und erfolgsbezogenen Komponenten sowie Komponenten mit langfristiger Anreizwirkung (vgl. auch Ziff. 4.2.5 DCGK). Durch die so erzeugte **Publizität** soll Missbräuchen begegnet werden.

2. Herabsetzung der Vorstandsvergütung in der Krise

73 Im Falle einer Krise der Gesellschaft sah § 87 Abs. 2 AktG bereits früher die Berechtigung des Aufsichtsrates vor, die Bezüge der Vorstandsmitglieder aus Billigkeitsgründen herabzusetzen. Diese Möglichkeit des Aufsichtsrats, die Vergütung bei einer Verschlechterung der Lage des Unternehmens nachträglich zu reduzieren, ist durch das VorstAG[197] erweitert worden.[198] § 87 Abs. 2 Satz 1 AktG bestimmt nunmehr, dass der Aufsichtsrat oder im Falle des § 85 Abs. 3 AktG das Gericht auf Antrag des Aufsichtsrats die Bezüge auf die angemessene Höhe herabsetzen *soll*,[199] wenn sich die Lage der Gesellschaft nach der Festsetzung der Bezüge so

---

[195] BGH 3 StR 470/04, NJW 2006, 522 – Mannesmann. Kompensatorisch kann etwa eine der Sonderzahlung korrespondierende vorteilhafte Anreizwirkung sein, die den Vorstand zu weiteren außergewöhnlichen Leistungen ansporrnt, vgl. *Ihrig/Wandt/Wittgens* ZIP Beil. 40/2012, 1 (15). Eingehend zu Anerkennungsprämien im Recht der Vorstandsvergütung *Poguntke* ZIP 2011, 893.

[196] Vgl. nur Kölner Komm. AktG/*Mertens/Cahn* § 87 Rn. 35 f.; *Hoffmann-Becking* NZG 2006, 127; *Hüffer/Koch* AktG § 87 Rn. 7 mwN.

[197] BGBl. 2009 I 2509 v. 4.8.2009. Zweifelnd, ob die Gesetzesänderung zu einer praktisch relevanten Veränderung der materiellen Rechtslage geführt hat, *Krieger*, GS M. Winter 2011, S. 369 ff. Generell strenge Anforderungen an den „*systemfremden Eingriff*" stellt *Koch* WM 2010, 49. Verteidigung der Systemkohärenz des § 87 Abs. 2 AktG bei *Weller* NZG 2010, 7.

[198] Es geht allerdings weiterhin nur um die Herabsetzung künftiger Bezüge, nicht um die Rückforderung bereits geleisteter Zahlungen; diese können indes nach Herabsetzung nach Bereicherungsrecht zurückgefordert werden, wenn sie nicht durch Arbeitsleistung verdient wurden. Streitig ist das Herabsetzungsrecht für bereits verdiente, aber noch nicht ausbezahlte Boni. Zum Vorstehenden MünchKomm. AktG/Bd. 2/*Spindler* § 87 Rn. 202 f.

[199] In der Literatur ist insoweit von einer intendierten Ermessensentscheidung über das Einschreiten die Rede, auf welche auch die konkrete Möglichkeit einer Kündigung gem. § 87 Abs. 2 Satz 4 AktG Einfluss nehmen kann, MünchKomm. AktG/Bd. 2/*Spindler* § 87 Rn. 179; *Oetker* ZHR 2011, 527 (545); BGH II ZR 296/14, NJW 2016, 1236 (1238). Hinsichtlich der Höhe der Herabsetzung übt der Aufsichtsrat kein Ermessen aus, sondern er hat die Bezüge auf die angemessene Höhe zu kürzen. Dabei bleibt es aber dem Aufsichtsrat überlassen, auf welche Vergütungsbestandteile sich die Herabsetzung bezieht; insoweit trifft er eine (Auswahl-)

verschlechtert, dass deren Weitergewährung unbillig für die Gesellschaft wäre.[200] Gemäß § 87 Abs. 2 Satz 2 AktG können Ruhegehalt, Hinterbliebenenbezüge und Leistungen verwandter Art nur in den ersten drei Jahren nach Ausscheiden aus der Gesellschaft herabgesetzt werden. Das Herabsetzungsrecht nach § 87 Abs. 2 Satz 2 AktG bezieht sich auf aktuelle Leistungen der Gesellschaft, erfasst also die tatsächlich erbrachten Versorgungsbezüge ehemaliger Vorstandsmitglieder bzw. deren Angehöriger, nicht aber die Versorgungsansprüche amtierender Vorstandsmitglieder („*Weiter*gewährung").[201]

Die Reduzierung der Vergütung ist demnach gesetzlich an zwei Voraussetzungen geknüpft:[202] Zum einen muss es (nachträglich) zu einer **Verschlechterung (zuvor: wesentlichen Verschlechterung)**[203] **der wirtschaftlichen Lage** der AG gekommen sein; Vergütung eines hoch bezahlten Sanierers kann auf der Grundlage des § 87 Abs. 2 AktG aber allenfalls dann herabgesetzt werden, wenn sich die angespannte Situation signifikant und unvorhersehbar weiter verschlechtert. Nach der Regierungsbegründung zum VorstAG erfüllen über die schon unter der alten Rechtslage anerkannten Fälle der Insolvenz und existenzbedrohenden Krise hinaus auch alternative Krisenszenarien, in denen die Gesellschaft Entlassungen und Lohnkürzungen vornehmen muss und keine Gewinne mehr ausschütten kann, die an die Verschlechterung iSd § 87 Abs. 2 AktG zu stellenden Anforderungen.[204] 73a

Zum anderen enthält der Tatbestand ein Wertungselement, indem auf das **Vorliegen einer Unbilligkeit (zuvor: schweren Unbilligkeit)** abgestellt wird. Ob die Voraussetzungen dieses Wertungselements gegeben sind, ist eine Frage des Einzelfalls und erfordert im Ergebnis eine umfassende Interessenabwägung.[205] In die Abwägung sind das Ausmaß der wirtschaftlichen Schwierigkeiten, die Höhe der Vorstandsbezüge und die persönlichen Verhältnisse des Vorstandsmitglieds einzustellen; Relevanz kann insbesondere die Mitverantwortlichkeit für die schlechte wirtschaftliche Lage entfalten, ohne dass es für eine Herabsetzung aber notwendig der Zurechenbarkeit der Verschlechterung bedarf; auch externe Ursachen können eine Herabsetzung rechtfertigen.[206] Ein Eingriff in Versorgungsansprüche soll nach verbreiteter Auffassung in der Literatur strengeren Anforderungen unterliegen als die Herabsetzung laufender Bezüge. Denn das Vertrauen des Zuwendungsempfängers in den Bestand seiner Ruhegehaltszusagen ist besonders schützenswert, so dass ein rückwirkender Eingriff in bereits verdiente Versorgungsleistungen nur in besonderen Notlagen in Betracht kommt.[207] 73b

Teilweise wird dem Aufsichtsrat ein Beurteilungsspielraum über das Vorliegen der unbestimmten Rechtsbegriffe der Unbilligkeit und Verschlechterung auf Tat- 73c

---

Ermessensentscheidung, *Oetker* ZHR 2011, 527 (540). Eingehend zur Ermessensausübung durch den Aufsichtsrat, insbesondere auch zur Differenzierung zwischen den betroffenen Vorstandsmitgliedern *Oetker* ZHR 2011, 527 (545 ff.).

[200] § 87 Abs. 2 AktG ist im Lichte der Art. 2 Abs. 1, 14 Abs. 1 GG restriktiv auszulegen, vgl. BGH II ZR 296/14, NJW 2016, 1236 (1238).

[201] *Oetker* ZHR 2011, 527 (543 f.).

[202] *Hüffer/Koch* AktG § 87 Rn. 25; Kölner Komm./*Mertens/Cahn* § 87 Rn. 94 f.

[203] Dazu näher MünchKomm. AktG/Bd. 2/*Spindler* § 87 Rn. 165 ff. (eine mittlere Gefährdungslage fordernd).

[204] BT-Drs. 16/12278, 6; vgl. aus der neueren Rechtsprechung BGH II ZR 296/14, NJW 2016, 1236 (1240).

[205] Dazu und zum Folgenden näher MünchKomm. AktG/Bd. 2/*Spindler* § 87 Rn. 172 ff.

[206] *Krieger* GS M. Winter 2011, S. 369, 371.

[207] *Krieger* GS M. Winter 2011, S. 369, 373 f. mwN. Weniger streng *Fleischer* NZG 2009, 801 (804); *Weller* NZG 2010, 7 (11) mwN.

bestandsseite und dem Angemessenheitspostulat auf Rechtsfolgenseite zugebilligt, der nur eingeschränkt justiziabel ist.[208] Dagegen wird in der Literatur vorgebracht, dass dann das betroffene Vorstandsmitglied nur in eingeschränktem Maße eine gerichtliche Überprüfung der Herabsetzung erreichen könnte. Demgegenüber kann der Unbestimmtheit der Tatbestandsmerkmale im Rahmen eines Schadensersatzprozesses gegen den Aufsichtsrat wegen unterlassener Herabsetzung auf Verschuldensebene Rechnung getragen werden.[209] Die Feststellung der Unbilligkeit ist daher nach dieser letztgenannten Auffassung gerichtlich voll nachprüfbar. In einer Entscheidung über eine Vergütungsherabsetzung konnte das OLG Stuttgart eine Stellungnahme zugunsten der einen oder anderen Ansicht offen lassen, gab aber eine gewisse Nähe zu der Ansicht erkennen, die dem Aufsichtsrat einen gewissen „Ermessensspielraum" hinsichtlich der angemessenen Höhe der neu festzusetzenden Beträge einräumt. Jedenfalls sei aber der Herabsetzungsbeschluss gegenüber dem Vorstandsmitglied unwirksam, wenn eine nachvollziehbare und von sachfremden Erwägungen freie Ermessensausübung des Aufsichtsrats nicht dargetan werden kann.[210] Demgegenüber hat sich der BGH mittlerweile der zweitgenannten Literaturansicht angeschlossen und bejaht daher eine volle gerichtliche Nachprüfbarkeit der Billigkeit der Vergütungsherabsetzung. Der BGH weist zwar auf einen „Bemessungsspielraum" hin, dieser eröffne sich für den Aufsichtsrat jedoch nur in den Grenzen der in § 87 Abs. 1 Satz 1 AktG vorgegebenen Kriterien. Die Bezüge dürften nicht weiter herabgesetzt werden, als es die Billigkeit angesichts der Verschlechterung der Lage der Gesellschaft erfordert, mithin komme lediglich eine Herabsetzung auf den „höchstmöglichen" Betrag in Betracht.[211]

73d Die Herabsetzung erfolgt durch einseitige Erklärung des Aufsichtsrates[212] (bei Beschlussfassung greift der Plenarvorbehalt gem. § 107 Abs. 3 Satz 3 AktG); insoweit handelt es sich um die Ausübung eines **Gestaltungsrechts**, die eine Durchbrechung des Grundsatzes „pacta sunt servanda" enthält.[213] Ungeachtet der Streitigkeiten über die dogmatische Einordnung handelt es sich dabei um ein nicht abdingbares Recht.[214] Will der Betroffene die Entscheidung nicht hinnehmen, kann er die Angemessenheit[215] der Herabsetzung gem. § 315 Abs. 3 Satz 2 BGB

---

[208] *Oetker* ZHR 2011, 527 (540 f.), was einer Haftpflicht der Aufsichtsratsmitglieder an Schärfe nimmt, vgl. *Oetker* ZHR 2011, 527 (548 ff.): Sie kommt vor allem dann in Betracht, wenn der Aufsichtsrat bei einer verschlechterten Lage der Gesellschaft die Prüfung einer Herabsetzung überhaupt unterlässt.

[209] *Koch* WM 2010, 49 (56).

[210] OLG Stuttgart 20 U 3/13, AG 2015, 128 (129 f.).

[211] BGH II ZR 296/14, NJW 2016, 1236 (1240); *Hüffer/Koch* AktG § 87 Rn. 27.

[212] BGH II ZR 296/14, NJW 2016, 1236 (1237).

[213] Zu den Pflichten des Aufsichtsrats und den damit verbundenen Risiken näher MünchKomm. Akt/Bd. 2/*Spindler* § 87 Rn. 206 ff. Die Herabsetzung von einem spezifischen Risikozusammenhang zwischen Verschlechterung der Lage und einer Fehlanreize setzenden (dh kurzfristiges Handeln und/oder Eingehung exzessiver Risiken begünstigenden) Vergütungsstruktur abhängig machen will *Klöhn* ZGR 2012, 1 (22 ff.).

[214] MünchKomm. AktG/Bd. 2/*Spindler* § 87 Rn. 162. Zur Möglichkeit der Konkretisierung des Herabsetzungsrechts durch Änderungsvorbehalte in Anstellungsverträgen *Oetker* ZHR 2011, 527 (551 ff.).

[215] Grenze jedenfalls insoweit, als die Herabsetzung nicht zu Verwerfungen im Gehaltsgefüge der Gesellschaft führen darf. Das Gehaltsgefüge muss konsistent bleiben, die Vergütung der Vorstandsmitglieder nicht unter die für leitende Angestellte sinken, MünchKomm. AktG/Bd. 2/*Spindler* § 87 Rn. 200.

C. Rechte der Vorstandsmitglieder

gerichtlich überprüfen lassen oder vorzeitig das Anstellungsverhältnis kündigen (§ 87 Abs. 2 Satz 4 AktG).[216]

Bessert sich die wirtschaftliche Lage der AG nach Herabsetzung der Vorstandsbezüge wieder nachhaltig, ist der **vertraglich vereinbarte Zustand** wiederherzustellen.[217] Demgegenüber besteht ein allgemeiner Anspruch auf Aufbesserung der Bezüge nach oben bei einer wesentlichen Verbesserung der wirtschaftlichen Verhältnisse der Gesellschaft ohne vorangegangene Reduktion der Bezüge nicht. Denn es besteht kein allgemeiner Anspruch der Vorstandsmitglieder, am Erfolg des Unternehmens zu partizipieren, selbst wenn dieser das Produkt ihrer Vorstandsarbeit ist.[218]

73e

3. Sonstige gesetzlich determinierte Vergütungselemente

Das AktG und das Sozialversicherungsrecht enthalten gesetzliche Vorgaben im Hinblick auf weitere Vergütungselemente: **Tantiemen** sind die älteste und verbreitetste Form einer erfolgsorientierten Entlohnung. Das AktG regelt lediglich die Gewinntantiemen; deren Zulässigkeit ergibt sich aus ihrer ausdrücklichen Erwähnung in § 87 Abs. 1 Satz 1 AktG. Insoweit liegt jedoch – nach Aufhebung des § 86 AktG aF – keine abschließende Regelung vor. Auch Umsatz-, Ermessens-, Mindest- oder Garantietantiemen sind daher zulässig.[219] Börsennotierte Gesellschaften sind gem. § 87 Abs. 1 Satz 2 AktG bei der Ausgestaltung der Vergütungsstruktur auf den Nachhaltigkeitsgedanken verpflichtet; er ist durch Orientierung am periodenübergreifenden Erfolg, nicht nach stichtagsbezogener Betrachtung einzelner Erfolgsparameter zu verwirklichen; dies kann auch Mischsystemen, dh aus fixen und variablen Bestandteilen kombinierten Vergütungssystemen, gelingen, wenn sie einen langfristigen Verhaltensanreiz setzen.[220] Die mehrjährige Bemessungsgrundlage soll sich über einen Zeitraum von mindestens zwei bis vier Jahren erstrecken.[221]

74

Gegenstand des Anstellungsvertrages sind häufig Ruhegeldzusagen. Derartige **Versorgungszusagen**[222] können formfrei geschlossen werden. Allerdings werden diese üblicherweise schriftlich vereinbart, da Schriftform für deren steuerliche Anerkennung wegen § 6a Abs. 1 Nr. 3 EStG erforderlich ist, wenn Pensionsrückstellungen gebildet werden sollen.[223] Pensionsvereinbarungen mit Vorstandsmitgliedern unterliegen den Regelungen des BetrAVG (§ 17 Abs. 1 Satz 2 BetrAVG); allerdings kommt

75

---

[216] Kölner Komm./*Mertens/Cahn* § 87 Rn. 100 ff., 107 ff. Möglich ist auch eine Klage gegen die (dann gem. § 112 AktG durch den Aufsichtsrat vertretene Gesellschaft) auf Leistung der bisherigen Bezüge; über die Berechtigung und Angemessenheit der Herabsetzung entscheidet das Gericht dann inzident, MünchKomm. AktG/Bd. 2/*Spindler* § 87 Rn. 210.

[217] Kölner Komm./*Mertens/Cahn* § 87 Rn. 104; MünchKomm. AktG/Bd. 2/*Spindler* § 87 Rn. 212 (aus Treuepflicht). Vgl. aus der Rechtsprechung OLG Frankfurt 7 U 268/08, AG 2011, 790 (792).

[218] Kölner Komm./*Mertens* § 87 Rn. 22; MHdB GesR IV/*Wiesner* § 21 Rn. 66; MünchKomm. AktG/Bd. 2/*Spindler* § 87 Rn. 212.

[219] MHdB GesR IV/*Wiesner* § 21 Rn. 39 ff.; *Hüffer* AktG, 10. Aufl. 2012, § 86 Rn. – kritisch zu Umsatztantiemen Kölner Komm./*Mertens/Cahn* § 87 Rn. 30 (nur ausnahmsweise unbedenklich).

[220] *Hüffer/Koch* AktG § 87 Rn. 11. Weitere Vorgaben zur Ausgestaltung der variablen Vergütungselemente machen Ziff. 4.2.3 Abs. 2, Abs. 3 DCGK.

[221] *Hüffer/Koch* AktG § 87 Rn. 12; näher zum Ganzen *Ihrig/Wandt/Wittgens* ZIP Beil. 40/2012, 1 (10 ff.).

[222] Dazu auch Ziff. 4.2.3 Abs. 4 DCGK.

[223] MHdB GesR IV/*Wiesner* § 21 Rn. 72.

das BetrAVG nicht zur Anwendung zugunsten von Vorstandsmitgliedern, die zugleich an der AG mehrheitlich beteiligt sind, da der BGH den Mehrheitsaktionär als Mitunternehmer ansieht.[224] Die grundsätzliche Anwendbarkeit der Regelung des BetrAVG hat zur Folge, dass eine unverfallbare Ruhegeldanwartschaft begründet wird (§ 1 BetrAVG). Hinzu kommen die Möglichkeit einer früheren Inanspruchnahme der Versorgungsleistung (§ 6 BetrAVG), der Insolvenzschutz (§§ 7 ff. BetrAVG) sowie die Anpassungsverpflichtung (§ 16 BetrAVG).[225] Nur in absoluten Ausnahmefällen kann die Zahlung der Versorgungsleistung verweigert werden. Nach Streichung des § 7 Abs. 1 Satz 3 Nr. 5 BetrAVG aF,[226] der für den Fall der gefährdenden Notlage des Unternehmens eine Ausnahme vorsah, kommt eine Verweigerung bzw. Kürzung nunmehr nur noch in Betracht, wenn sich das Vorstandsmitglied schwerwiegende Verfehlungen hat zuschulden kommen lassen. Hierfür genügen allerdings diejenigen Gründe, die eine außerordentliche Kündigung des Anstellungsvertrages rechtfertigen, nicht. Vielmehr ist erforderlich, dass das Vorstandsmitglied der Gesellschaft schweren Schaden zugefügt hat. Selbst in solchen Fällen kann ein völliger Entzug des Ruhegelds in Anbetracht des Versorgungszwecks der Zusage eine zu weit gehende Maßnahme darstellen, sodass uU selbst bei schwersten Verfehlungen nur eine angemessene Kürzung des Ruhegelds unter Abwägung aller nach Treu und Glauben erheblichen Gesichtspunkte in Betracht kommen kann.[227]

76 Hat das Vorstandsmitglied im Rahmen der Wahrnehmung seiner Organbefugnisse Aufwendungen im Interesse der Gesellschaft getätigt, muss es diese nicht aus dem eigenen Vermögen bestreiten; vielmehr haben Vorstandsmitglieder **Anspruch auf Vorschuss und Auslagenersatz** (§§ 675, 669 f. BGB). Der Anspruch wird regelmäßig im Anstellungsvertrag näher ausgestaltet (regelmäßige Orientierung an den Pauschalbeträgen nach den Lohnsteuerrichtlinien iVm Einzelnachweisen für höhere Aufwendungen). Auf dieser Grundlage hat das Vorstandsmitglied regelmäßig auch Anspruch auf Ersatz von Schäden, die es im Rahmen seiner Tätigkeit schuldlos erleidet; Ansprüche auf Freistellung von Haftungsansprüchen Dritter aufgrund Organtätigkeit stehen dem Vorstandsmitglied nur dann zu, wenn sein Verhalten der Gesellschaft gegenüber nicht als schuldhafte Pflichtverletzung anzusehen ist.[228] Zu den erstattungsfähigen Aufwendungen zählen ferner etwaige Aufwendungen zur Rechtsverteidigung in einem Rechtsstreit bzw. Straf- oder Ordnungswidrigkeitsverfahren, soweit es um Vorwürfe im Zusammenhang mit der organschaftlichen Tätigkeit des Vorstandes geht.[229] Demgegenüber besteht ein Anspruch auf Übernahme von Geldstrafen oder Geldbußen regelmäßig nicht. Zwar stellt die nachträgliche Übernahme einer entsprechenden Strafe nach der Rechtsprechung des BGH keine Strafvollstreckungsvereitelung iSd § 258 Abs. 2 StGB dar,[230] jedoch wird ein Vorstandsmitglied durch ein strafbares Verhalten regelmäßig auch seine Organpflichten gegenüber der Gesellschaft verletzen.[231]

---

[224] MHdB GesR IV/*Wiesner* § 21 Rn. 73.
[225] Vgl. zu weiteren Einzelheiten MHdB GesR IV/*Wiesner* § 21 Rn. 73.
[226] Vgl. zur Bedeutung der Streichung BAG 3 AZR 396/02, BAGE 106, 327.
[227] BGH II ZR 71/83, NJW 1984, 1529 (1530 f.); OLG Hamburg 11 U 117/79, AG 1980, 275 (281 f.); MHdB GesR IV/*Wiesner* § 21 Rn. 82.
[228] Kölner Komm./*Mertens/Cahn* § 84 Rn. 95; MHdB GesR IV/*Wiesner* § 21 Rn. 88.
[229] Kölner Komm./*Mertens/Cahn* § 84 Rn. 93 (einschränkend Rn. 93 und 95: nicht bei Verhaltensweisen, die auch eine Pflichtverletzung gegenüber der Gesellschaft selbst darstellen); MHdB GesR IV/*Wiesner* § 21 Rn. 89.
[230] BGH 2 StR 439/90, NJW 1991, 990 (992); MHdB GesR IV/*Wiesner* § 16 Rn. 63.
[231] Kölner Komm./*Mertens/Cahn* § 84 Rn. 92; MHdB GesR IV/*Wiesner* § 21 Rn. 89.

4. Stock Options

Üblicher Vergütungsbestandteil sind heute zudem „Stock Options", dh als Optionen ausgestaltete **Bezugsrechte** für Arbeitnehmer und Mitglieder der Geschäftsführung der Gesellschaft oder eines verbundenen Unternehmens (§ 192 Abs. 2 Nr. 3 AktG).[232] Die dem Begünstigten eingeräumten Optionen berechtigen zum **Erwerb einer Aktie des Unternehmens** zu einem bestimmten Preis in einem bestimmten Zeitpunkt.

Mit der Gewährung von Stock Options werden im Allgemeinen mehrere **Ziele** verfolgt:[233] Hauptzweck ist die Herstellung eines **Gleichlaufs der Interessen** von Management und Aktionären. Insoweit dienen Stock Options der Umsetzung des „Shareholder Value"-Konzeptes, indem sie das Management im eigenen Interesse veranlassen, die Unternehmensführung in erster Linie auf die nachhaltige Steigerung des Unternehmens- bzw. Börsenwertes, also des Eigentümervermögens, hin auszurichten. Darüber hinaus haben Stock Options **Finanzierungsfunktion**. Denn sie ermöglichen es der Gesellschaft, ansonsten kaum bezahlbare Mitarbeiter anzuwerben oder an sich zu binden, ohne dafür die Liquidität des Unternehmens zu beeinträchtigen.

Jedoch sind mit Stock Options auch **Gefahren** verbunden.[234] Zu nennen ist zunächst die Gefahr eines Verstoßes gegen § 87 Abs. 1 AktG, wonach dem Vorstand nur eine „angemessene" Vergütung gewährt werden darf, was zweifelhaft sein kann, wenn die Gewährung von Aktienoptionen infolge erheblicher Kurssteigerungen zu einer **Übervergütung** der Begünstigten führt. Dies gilt insbesondere dann, wenn eine Kurssteigerung – und damit eine Wertsteigerung der Option – nicht auf einer Steigerung des Unternehmenswertes beruht, sondern auf einem börsenbedingten Zufall („Windfall Profits"). Weitere Bedenken gegen Stock Options werden deshalb vorgebracht, weil sie zu einer **Anteilsverwässerung** der Altaktionäre führen, da deren Bezugsrechte ausgeschlossen sind, soweit Aktien zur Bedienung von Stock Options emittiert werden. Schließlich besteht die Gefahr, dass das Management die Kursentwicklung der Aktie gezielt manipuliert, um die Optionsausübung zu ermöglichen oder besonders lukrativ zu machen. Die genannten Bedenken vermögen deren Zulässigkeit nicht in Zweifel zu ziehen; diese folgt aus § 192 Abs. 2 Nr. 3 AktG. Zudem gebieten es die Grundsätze guter, moderner Unternehmensführung (Corporate Governance), die Vergütung der Vorstandsmitglieder erfolgsorientiert zu gestalten. Ziff. 4.2.3 DCGK empfiehlt dementsprechend Optionsrechte, allerdings sollen diese auf vorher festgelegte Vergleichsparameter bezogen sein, die nachträglich nicht abgeändert werden dürfen.

Rechtsgrundlage eines Optionsrechts ist ein Vertrag zwischen dem Begünstigten und der Gesellschaft, in dem alle Bedingungen für die Ausübung des Optionsrechts geregelt sind.[235] Dieser Vertrag sieht regelmäßig die Unübertragbarkeit

---

[232] Für die Zulässigkeit variabler, auch an Erfolgszielen und -parametern im faktischen Konzern, die der Muttergesellschaft bzw. den Konzern als Ganzen betreffen, orientierter Vergütungsbestandteile *Reichert/Balke* in FS Hellwig 2010, S. 185, 289 mwN, auch zur Gegenansicht. Zu Insiderrisiken bei Aktienoptionsprogrammen für Führungskräfte *Widder* WM 2010, 1882.

[233] *Hüffer* ZHR 1997, 214 (215); *Kallmeyer* AG 1999, 95 (97); MHdB GesR IV/*Scholz* § 64 Rn. 100.

[234] *Hüffer* AktG ZHR 1997, 214 (234 f.); *Kohler* ZHR 1997, 246 (255 ff.).

[235] Vgl. zu weiteren Einzelheiten: *Kallmeyer* AG 1999, 97 (98 f.); *Kohler* ZHR 1997, 246 (258 ff.).

des Optionsrechts und dessen Abhängigkeit vom Beschäftigungsverhältnis vor. Um die Bindung an einen bestimmten Begünstigten zu gewährleisten, werden die Optionen regelmäßig als nicht handelbar ausgestaltet, sodass insbesondere keine Optionsscheine ausgegeben werden. Die Ausgestaltung der Optionsbedingungen liegt grundsätzlich im Ermessen der Gesellschaft. So kann die Optionsausübung zB von der Börsenkursentwicklung der Aktie der Gesellschaft abhängig gemacht werden; ebenso gut kann an die Entwicklung des Gewinns pro Aktie oder an eine bessere Wertentwicklung der Aktie als die eines Markt- oder Branchenindexes angeknüpft werden (vgl. auch Ziff. 4.2.3 DCGK).

81 Ein Optionsprogramm kann rechtstechnisch auf drei Wegen durchgeführt werden. Der „klassische" Weg besteht in der Emission der Bezugsrechte durch Ausgabe von Options- oder Wandelanleihen und der Beschaffung der zur Bedienung der Bezugsrechte notwendigen Aktien durch eine bedingte Kapitalerhöhung (§§ 192 Abs. 2 Nr. 1, 221 AktG).[236] Das benötigte Optionsrecht kann hier nur durch Ausgabe einer Anleihe erzeugt werden. Nachteilig ist dies, weil die Anleihe zur Erreichung des Primärziels (Schaffung eines Bezugsrechts) nicht benötigt wird. Als Vorzug wird der Umstand angesehen, dass eine besonders starke Bindung des Begünstigten an die AG bewirkt wird, da dieser eine Investition in das Unternehmen tätigt, sodass er sich besonders intensiv darum bemühen wird, dass sein Geldeinsatz nicht fehlschlägt. Zudem wurde durch das KonTraG die Ausgabe nackter Optionsrechte (sog. Naked Warrants) iVm einer bedingten Kapitalerhöhung (§§ 192 Abs. 2 Nr. 3, 193 Abs. 2 Nr. 4 AktG) geschaffen und die Ausgabe nackter Optionsrechte iVm dem Rückerwerb eigener Aktien ermöglicht (§§ 71 Abs. 1 Nr. 8, 193 Abs. 2 Nr. 4 AktG).[237] Der Nachteil dieses Weges besteht darin, dass die Gesellschaft für die Optionsrechte keinen Liquiditätszufluss erhält, was gleichzeitig zur Folge hat, dass die „Anreizwirkung" auf den Begünstigten, der keinen Investitionsverlust fürchten muss, geringer ist. Der Vorteil besteht darin, dass die Ausgabe nackter Bezugsrechte einen erheblich geringeren Verwaltungsaufwand erfordert als die Gewährung von Wandel- oder Optionsanleihen.

5. Abfindungen

82 Unterschiedlich wird beurteilt, ob auch Abfindungszahlungen dem Angemessenheitsgebot des § 87 Abs. 1 Satz 1 AktG unterliegen. Dafür spricht, dass eine Anwendbarkeit jedenfalls mit der im Gesetzgebungsverfahren ausdrücklich bedachten (und bejahten) Möglichkeit zur Herabsetzung der Abfindungszahlungen iRd § 87 Abs. 2 AktG korrespondierte.[238] Empfehlungen zur Gestaltung von

---

[236] Vgl. zu weiteren Einzelheiten RegBegr KonTraG, abgedr. bei *Ernst/Seibert/Stuckert* KonTraG ua 1998, S. 79; MHdB GesR IV/*Scholz* § 64 Rn. 103 ff.; *Weiß* WM 1999, 353 (354 ff.).
[237] Vgl. hierzu MHdB GesR IV/*Krieger* § 64 Rn. 127 ff. mwN.
[238] MünchKomm. AktG/Bd. 2/*Spindler* § 87 Rn. 150. Den Grundsätzen des § 87 Abs. 2 Satz 2 AktG entsprechend soll nach MünchKomm. AktG/Bd. 2/*Spindler* § 87 Rn. 197, auch für Abfindungszusagen nach Eintritt des Abfindungsfalles verfahren werden. Diff. *Oetker* ZHR 2011, 527 (543): Abfindungsleistungen werden vom dem Recht zur Herabsetzung dann erfasst, wenn die Abfindung die infolge der vorzeitigen Vertragsbeendigung entgehenden Gesamtbezüge abgelten soll, nicht aber, wenn oder soweit die Abfindung für die vorzeitige Auflösung des Anstellungsverhältnisses entschädigen oder die Auflösungsbereitschaft honorieren soll; im letzten Fall geht es nämlich nicht mehr um die Umsetzung zukünftiger Vergütungsansprüche mittel Abfindung, sodass das Herabsetzungsrecht seinem Zweck nach nicht betroffen ist. In diesem Sinne auch *Jaeger* NZA 2010, 128 (134). Eingehend zum Meinungsstand *Krieger* GS M. Winter 2011, S. 369, 375 ff. sowie *Bayer/Meier-Wehrdorfer* AG

C. Rechte der Vorstandsmitglieder   83, 84   § 6

Abfindungen finden sich in Ziff. 4.2.3 DCGK. Hiernach sollen Zahlungen an ein Vorstandsmitglied bei vorzeitiger Beendigung der Vorstandstätigkeit ohne wichtigen Grund einschließlich Nebenleistungen den Wert von zwei Jahresvergütungen nicht überschreiten (sog. Abfindungs-Cap) und nicht mehr als die Restlaufzeit des Anstellungsvertrags vergüten. Für die Berechnung des Abfindungs-Caps soll auf die Gesamtvergütung des abgelaufenen Geschäftsjahres und ggf. auch auf die voraussichtliche Gesamtvergütung für das laufende Geschäftsjahr abgestellt werden. Eine Zusage für Leistungen aus Anlass der vorzeitigen Beendigung der Vorstandstätigkeit infolge eines Kontrollwechsels (Change of Control) soll 150% des Abfindungs-Caps nicht übersteigen.[239]

6. Steuerliche Behandlung der Vergütung

Die steuerliche Behandlung der Vergütung richtet sich nach dem EStG. Ein Vorstandsmitglied bezieht **Einkünfte aus nichtselbstständiger Arbeit** iSd § 19 EStG, und zwar ungeachtet des Umstands, dass es arbeitsrechtlich nicht als Arbeitnehmer angesehen wird. Auf Seiten der AG wirkt sich die Vergütung als Betriebsausgabe aus, mindert also den körperschaft- und gewerbesteuerlichen Gewinn. Allerdings werden insb. bei beherrschenden Aktionärs-Vorständen nicht klar geregelte oder unangemessen hohe Vergütungen steuerlich ggf. als verdeckte Gewinnausschüttungen behandelt. Dem kann durch klare schriftliche Vereinbarungen und eine Angemessenheitsprüfung entgegengewirkt werden.[240]

83

Als zu versteuernde **Gehaltsbestandteile** kommen Festgehalt, Tantiemen (Umsatz- oder Gewinntantiemen), Direktversicherungen, Zuwendungen zugunsten des Vorstands an eine Pensionskasse, Optionsrechte, Abfindungen und geldwerte Vorteile aus Sachzuwendungen in Betracht. Alle diese Vergütungsformen sind Einnahmen iSv § 8 Abs. 1 EStG. Auch **Abfindungen** zählen grundsätzlich zum steuerpflichtigen Einkommen des Vorstands (vgl. aber die Progressionserleichterung nach §§ 24, 34 EStG).[241]

Wegen der Einzelheiten sei an dieser Stelle auf die einschlägige steuerrechtliche Literatur weiterverwiesen.[242]

7. Exkurs: Kreditbeziehungen zwischen Vorstand und AG

Während Kreditbeziehungen zwischen Gesellschafter-Geschäftsführern und GmbH außerordentlich praxisrelevant sind, ist Fallmaterial für solche Rechtsbeziehungen im Aktienrecht rar. Dies liegt daran, dass sich Großaktionäre typischerweise nicht im Vorstand engagieren. Daher behandelt das AktG ausdrücklich lediglich den Fall der **Kreditgewährung an Vorstandsmitglieder** als Form der versteckten Sondervergütung. Diese bedarf nach § 89 Abs. 1 AktG eines Zustimmungsbe-

84

2013, 477. Instruktiv zur Praxis der Aufhebungsvereinbarungen nach dem VorstAG *Jaeger* NZA 2010, 128.

[239] Zur Abfindungs-Cap-Praxis und Umsetzungsvorschlägen zu Ziff. 4.2.3 DCGK vgl. *Hohenstatt/Willemsen* NJW 2008, 3462; zur Kritik an Ziff. 4.2.3 DCGK MünchKomm. AktG/ Bd. 2/*Spindler* § 87 Rn. 153 f.
[240] Vgl. dazu DPM/*Lang* KStG § 8 Abs. 3 Rn. 60 ff., 200 ff.
[241] Zu Zweifelsfragen: BMF 18.12.1998, BStBl. I 1998, 1512; zur steuerrechtlichen Behandlung von Abfindungen vgl. auch *Schaub* BB 1999, 1059.
[242] Siehe allgemein *Tipke/Lang* Steuerrecht; *Birk/Desens/Tappe* Steuerrecht; einen kurzen Überblick über die Besteuerung der Vorstandsvergütung gibt MHdB GesR IV/*Wiesner* § 21 Rn. 138 ff.

schlusses des Aufsichtsrates; die AG wird nach § 112 AktG bei Vertragsschluss vom Aufsichtsrat vertreten. § 89 Abs. 3 und 4 AktG erstrecken das Beschlusserfordernis auf mögliche Umgehungstatbestände und auf gleich gelagerte Sachverhalte.

85 Inhaltliche Vorgaben für die Kreditvereinbarung enthält § 89 AktG nicht, vielmehr soll durch die mit der Beschlussfassung verbundene Publizität verhindert werden, dass die Organstellung zur Erlangung günstiger Kreditkonditionen missbraucht wird.[243] Transparenz stellt das Gesetz her, indem es die vorherige Zustimmung des Aufsichtsrats zu einem konkretisierten Kreditgeschäft verlangt; auch Vorratsbeschlüsse können nur für einen Zeitraum von drei Monaten (§ 89 Abs. 1 Satz 2 AktG) gefasst werden. Darüber hinaus muss der Aufsichtsratsbeschluss auch die konkreten Modalitäten des Kreditvertrages, insbesondere die Verzinsung und Rückzahlung (§ 89 Abs. 1 Satz 3 AktG), regeln. Ergänzt wird die gesetzlich erstrebte Transparenz durch § 285 Nr. 9 Buchst. c HGB, wonach Darlehen an Vorstandsmitglieder nebst den Kreditkonditionen im Anhang des Jahresabschlusses anzugeben sind. Verstöße gegen § 89 AktG führen nicht zur Nichtigkeit des Kreditvertrages, da es sich bei § 89 AktG nicht um ein Verbotsgesetz iSd § 134 BGB handelt; vielmehr ist ein **unzulässigerweise gewährter Kredit** sofort **zurückzugewähren**, falls nicht der Aufsichtsrat diesen nachträglich genehmigt (§ 89 Abs. 5 AktG).[244]

86 Der umgekehrte Fall der Kreditgewährung durch einen Großaktionär, der zugleich Vorstandsfunktionen wahrnimmt, wurde früher unter dem Stichwort „**kapitalersetzendes Darlehen**" diskutiert.[245] Durch das **MoMiG**[246] wurden die §§ 32a, 32b GmbHG indes aufgehoben sowie gleichzeitig die Rechtsprechung des BGH zu eigenkapitalersetzenden Darlehen in der Krise der Gesellschaft analog §§ 30, 31 GmbHG für die GmbH durch § 30 Abs. 1 Satz 3 GmbHG und für die AG nach § 57 Abs. 1 Satz 3 AktG kraft Gesetzes beseitigt; anderseits wurden die § 39 und § 135 InsO geändert.[247] Hierdurch richtet sich die Behandlung von Gesellschafterdarlehen nun ausschließlich nach Insolvenzrecht; eine parallele Anwendung des Kapitalerhaltungsrechts entfällt. Nach § 39 Abs. 1 Nr. 5 InsO werden alle Gesellschafterdarlehen zu nachrangigen Forderungen in der Insolvenz. Eine Ausnahme gilt allerdings für den Fall der Sanierung (§ 39 Abs. 4 InsO) und den Fall der Kleinbeteiligung (§ 39 Abs. 5 InsO). In Bezug auf Letzteres gilt es zu beachten, dass nach § 39 Abs. 5 InsO das Privileg für Kleinbeteiligte vereinheitlicht wird. Nicht anwendbar ist die Regelung des § 39 Abs. 1 Nr. 5 InsO hiernach für nicht geschäftsführende Gesellschafter, deren Beteiligung unter 10 % des Haftkapitals liegt; es wird mithin davon abgesehen, für die AG einen höheren Schwellenwert festzusetzen.[248] Ob eine unter dieser Grenze liegende Beteiligung ausnahmsweise auch genügt (vgl. oben), ist zweifelhaft, da nach der Neufassung durch das MoMiG gerade nicht auf die Finanzierungsverantwortung abgestellt wird; es spricht daher viel dafür, sich

---

[243] BGH II ZR 87/90, AG 1991, 398 (399); Begr. zum RegE AktG 1965, abgedr. bei *Kropff* S. 113; *Hüffer/Koch* AktG § 89 Rn. 1.
[244] *Hüffer/Koch* AktG § 89 Rn. 8.
[245] Eingehend hierzu und zur Anwendbarkeit des früheren Rechts auf sog. Altfälle Vorauflage Rn. 85 f.
[246] Vgl. Gesetz zur Modernisierung des GmbH-Rechts und zur Bekämpfung von Missbräuchen (MoMiG) v. 23.10.2008, BGBl. 2008 I 2026.
[247] Vgl. hierzu allgemein *Kühne* NZI 2007, 560; *Bayer/Graff* DStR 2006, 1654; *Schmidt* ZIP 2006, 1925.
[248] Vgl. *Wälzholz* DStR 2007, 1914 (1918); *Bayer/Graff* DStR 2006, 1654 (1658); *Schmidt* ZIP 2006, 1925 (1928). Schon zuvor vertreten dies etwa *Veil* ZGR 2000, 223 (236); *Huber/Habersack* BB 2006, 1 (4).

C. Rechte der Vorstandsmitglieder   87, 88 § 6

strikt an die Grenze des § 39 Abs. 5 InsO zu halten. Fällt ein Darlehen unter § 39 Abs. 1 Nr. 5 InsO sind Zahlungen hierauf innerhalb eines Jahres vor Stellung des Insolvenzantrags oder hiernach, anfechtbar; Gleiches gilt für die Sicherheitsleistung für ein solches Darlehen, soweit diese innerhalb der letzten zehn Jahre vor Stellung des Insolvenzantrags bzw. hiernach erfolgt (vgl. § 135 InsO). Der Schutz der Gläubiger wird außerhalb des Insolvenzverfahrens entsprechend (zeitlich bezogen auf die Erlangung des vollstreckbaren Schuldtitels) durch § 6 AnfG verwirklicht.

II. Sonstige Leistungen

Ferner haben Vorstände Anspruch auf **Lohnfortzahlung** im Krankheitsfall gem. § 616 Abs. 1 BGB.[249] Vorstandsmitglieder unterliegen nicht der Sozialversicherungspflicht, so dass sie nicht Mitglied der gesetzlichen Renten- und Arbeitslosenversicherung sein müssen (§ 1 Satz 4 SGB VI, § 27 Abs. 1 Nr. 5 SGB III).[250] Sie haben auch keinen Anspruch auf **Arbeitgeberzuschüsse** zur Krankenversicherung und zur Pflegeversicherung (§ 257 SGB V, § 61 Abs. 1 und 2 SGB XI).[251] Weiterhin haben sie auch ohne konkrete Regelung im Anstellungsvertrag Anspruch auf **bezahlten Urlaub**. Das BUrlG findet zwar zu ihren Gunsten keine Anwendung, da dieses nur auf Arbeitnehmer anwendbar ist (§ 2 BUrlG). Der Urlaubsanspruch folgt allerdings aus der Fürsorgepflicht der Gesellschaft und wird regelmäßig im Anstellungsvertrag im Einzelnen geregelt.[252] 87

III. Entlastung

Nach §§ 119 Abs. 1 Nr. 3, 120 Abs. 1 AktG beschließt die Hauptversammlung innerhalb der ersten acht Monate eines jeden Geschäftsjahres über die Entlastung der Vorstandsmitglieder.[253] Bei der Entlastung handelt es sich um einen im Ver- 88

---

[249] BGH II ZR 126/52, BGHZ 10, 187; MHdB GesR IV/*Wiesner* § 21 Rn. 68.
[250] LSG Hessen L 3 U 780/98, AG 1999, 190; MHdB GesR IV/*Wiesner* § 21 Rn. 19.
[251] MünchKomm. AktG/Bd. 2/*Spindler* § 84 Rn. 62; MHdB GesR IV/*Wiesner* § 21 Rn. 19; jew. mwN, auch zur Gegenansicht. Einhellige Auffassung mit Blick auf die oben im Text genannten Normen bei der Renten- und Arbeitslosenversicherung; umstritten – und auch innerhalb des BSG von den Senaten unterschiedlich beurteilt – hingegen die Beschäftigteneigenschaft von Vorstandsmitgliedern einer AG iSd Sozialversicherungsrechts in den übrigen Versicherungszweigen (verneinend der 2. Senat für die Unfallversicherung, bejahend der 12. Senat für die Krankenversicherung – wobei die Versicherungspflicht des Vorstandsmitglieds dann idR jedenfalls aufgrund Überschreitens der Entgeltgrenze nach § 6 Abs. 6 und 7 SGB V entfallen dürfte); näher zum Ganzen *Grimm* DB 2012, 175 (177 f.).
[252] Vgl. MünchKomm. AktG/Bd. 2/*Spindler* § 84 Rn. 61; Kölner Komm./*Mertens/Cahn* § 84 Rn. 87; MHdB GesR IV/*Wiesner* § 21 Rn. 90.
[253] Nach dem gesetzlichen Regelfall Gesamtentlastung des Vorstands, unter den Voraussetzungen des § 120 Abs. 1 Satz 2 AktG personenbezogene Einzelentlastung, *Hüffer/Koch* AktG § 120 Rn. 8 f. Der Versammlungsleiter kann nach seinem Ermessen Einzelentlastung allerdings auch von sich aus oder auf Antrag eines Hauptversammlungsteilnehmers anordnen; § 120 Abs. 1 Satz 2 AktG entfaltet innerhalb seiner Tatbestandsvoraussetzungen keine Verbotswirkung, BGH II ZR 174/08, BGHZ 182, 272 Rn. 12 ff. = NZG 2009, 1270 Rn. 12 ff. Eine Umgehung von Stimmverboten nach § 136 AktG ist mit der Anordnung der Einzelentlastung nicht verbunden; ein Stimmverbot greift nämlich auch bei Entscheidung über die Entlastung eines anderen Organmitglieds, wenn der Aktionär von der Entscheidung in gleicher Weise betroffen ist, BGH II ZR 174/08, BGHZ 182, 272 Rn. 15; *Petersen/Schulze*

bandsrecht eingebürgerten korporationsrechtlichen Akt, durch den dem Vorstand das **Vertrauen bekundet** wird. Sie bringt zum Ausdruck, dass die bisherige Geschäftsführung zu keinen Beanstandungen Anlass gab (§ 120 Abs. 2 AktG), und legt zugleich für die Zukunft die Basis für eine unbelastete und vertrauenswürdige Zusammenarbeit. Anders als im GmbH-Recht ist allerdings nach der ausdrücklichen Regelung des § 120 Abs. 2 Satz 2 AktG mit der Erteilung der Entlastung **keine Präklusionswirkung** für etwaige Haftungsansprüche, also kein Verzicht auf Ersatzansprüche gegen Vorstandsmitglieder und auf (außerordentliche) Kündigungsgründe, verbunden. Hierfür bedarf es vielmehr eines gesonderten Beschlusses unter Beachtung der Voraussetzungen des § 93 Abs. 4 Satz 3 AktG.[254] Immerhin steht die Entlastung einem Vertrauensentzug durch die Hauptversammlung nach § 84 Abs. 3 Satz 2 Var. 3 AktG entgegen, handelt es sich doch gerade um einen Vertrauenserweis für die Zukunft.[255] Die Entlastungsverweigerung[256] als solche stellt auf der anderen Seite auch keinen wichtigen Grund für den Widerruf der Bestellung zum Vorstand dar; in ihr liegt insbesondere nicht notwendig ein Vertrauensentzug durch die Hauptversammlung.[257] Es stellt sich jedoch umgekehrt die Frage, ob die Entlastungsverweigerung dem Vorstandsmitglied das Recht zur Niederlegung seines Amtes gibt.[258]

89 Für das Aktienrecht wird unter Hinweis auf die fehlende Präklusionswirkung ein **Anspruch auf Entlastung** überwiegend generell abgelehnt.[259] Dies wird vereinzelt kritisiert, da eine Verweigerung der Entlastung regelmäßig erhebliche öffentliche Beachtung findet und daher, soweit sie unberechtigt ist, das betroffene Organmitglied diskriminiert und in seinem persönlichen wie beruflichen Ansehen empfindlich trifft.[260]

90 Umgekehrt ist strittig, ob einem Organmitglied auch dann Entlastung erteilt werden darf, wenn es in der Vergangenheit pflichtwidrig gehandelt hat. Teilweise wird vertreten, aus § 120 Abs. 2 Satz 2 AktG ergebe sich, dass die Hauptversammlung auch einer „**pflichtvergessenen Verwaltung**" Entlastung erteilen könne; die Entlastungsentscheidung setze kein gesetzestreues oder satzungsmäßiges Verhalten

---

De la Cruz NZG 2012, 453 (454) (und näher zu Stimmverboten bei der Entlastung von Vorstandsdoppelmandatsträgern *dies.* NZG 2012, 453 (455 ff.)). Der Entscheidung hinsichtlich der Anordnungsbefugnis des Versammlungsleiters zustimmend, aber gegen eine Erweiterung des Stimmverbots bei der Einzelentlastung *Hoffmann* NZG 2010, 290.

[254] MünchKomm. AktG/Bd. 3/*Kubis* § 120 Rn. 30; Großkomm. AktG/*Mülbert* § 120 Rn. 23, 57 ff.; MHdB GesR IV/*Semler* § 35 Rn. 31.

[255] MünchKomm. AktG/Bd. 3/*Kubis* § 120 Rn. 32 (Ausnahme: Hauptversammlung klammert die für den Vertrauensentzug maßgeblichen Umstände aus der Entlastung aus oder widerruft die Entlastung).

[256] Monografisch *von den Steinen* Die verweigerte Organentlastung in der Aktiengesellschaft 2009.

[257] *Hüffer/Koch* AktG § 120 Rn. 16 mwN in § 84 Rn. 38; Großkomm. AktG/*Mülbert* § 120 Rn. 45; MHdB GesR IV/*Semler* § 35 Rn. 36; Kölner Komm./*Zöllner* § 120 Rn. 41; MünchKomm. AktG/Bd. 3/*Kubis* § 120 Rn. 37.

[258] Generell bejahend MHdB GesR IV/*Semler* § 35 Rn. 36 – aA Großkomm. AktG/*Mülbert* § 120 Rn. 58; Kölner Komm./*Zöllner* § 120 Rn. 44, die ein Recht zur Kündigung durch das Vorstandsmitglied nur bei unberechtigter Verweigerung der Entlastung annehmen. *Hüffer/Koch* AktG § 120 Rn. 16, hält für die Amtsniederlegung als solche keinen wichtigen Grund erforderlich.

[259] MünchKomm. AktG/Bd. 3/*Kubis* § 120 Rn. 39; Kölner Komm./*Zöllner* § 120 Rn. 45; MHdB GesR IV/*Semler* § 35 Rn. 38.

[260] *Hüffer/Koch* AktG § 120 Rn. 19 mwN.

voraus.²⁶¹ Allerdings ist auf der Grundlage dieser Auffassung ein Entlastungsbeschluss im Falle rechtswidrigen Verhaltens des Organmitglieds anfechtbar, wenn die Hauptversammlung über die Pflichtverletzung nicht oder nicht zureichend unterrichtet wurde.²⁶² Die im Schrifttum zum Teil vertretene Auffassung, dass der „inhaltlich falsche Entlastungsbeschluss" allein wegen eines pflichtwidrigen Verhaltens der Verwaltung angefochten werden könne, hat der BGH inzwischen insoweit aufgegriffen, als er die Anfechtbarkeit²⁶³ des Entlastungsbeschlusses jedenfalls für den Fall bestätigt, dass die Entlastung ein Verhalten zum Gegenstand hat, das eindeutig einen schwerwiegenden Gesetzes- oder Satzungsverstoß beinhaltet.²⁶⁴

D. Pflichten der Vorstandsmitglieder

Aus den aktiengesetzlichen Vorgaben resultieren vielfältige Vorstandspflichten. Man kann insbesondere folgende Pflichtenbereiche unterscheiden: **91**

I. Gesellschafts- und kapitalmarktrechtliche Pflichten

Spezifische Vorstandspflichten resultieren aus dem gesellschaftsrechtlichen Verhältnis zwischen den AG-Organen. Während im Verhältnis zum Aufsichtsrat Berichtspflichten dominieren, ist der Vorstand im Verhältnis zur Hauptversammlung insbesondere zur Vorbereitung und Ausführung von Hauptversammlungsbeschlüssen verpflichtet. Ergänzt wird dieser Pflichtenkanon durch Mitteilungs-, Bekanntmachungs- und sonstige Berichtspflichten gegenüber der Gesamtheit der Aktionäre, der interessierten Öffentlichkeit und dem Kapitalmarkt. Diese sind im Einzelnen: **92**

1. Berichterstattung gegenüber dem Aufsichtsrat

Die Berichtspflichten des § 90 AktG dienen dazu, dem Aufsichtsrat die Erfüllung seines Überwachungsauftrages zu erleichtern. Die Regelung korrespondiert²⁶⁵ mit den besonderen Überwachungsbefugnissen des Aufsichtsrates gem. § 111 AktG; sie soll dem Aufsichtsrat insbesondere ermöglichen, von diesen Instrumenten sinnvoll **93**

---

²⁶¹ Vgl. BGH II ZR 245/63, DB 1967, 940 (942); OLG Düsseldorf 6 U 20/95, AG 1996, 273 (274); vgl. auch Geßler/Hefermehl/*Eckardt* § 120 Rn. 38; MünchKomm. AktG/Bd. 4/ *Kubis* § 120 Rn. 15.

²⁶² Vgl. BGH II ZR 89/72, BGHZ 62, 193 (194 f.) – Seitz; LG Berlin 99 O 173/96, AG 1997, 183 (184 f.) – Brau & Brunnen; LG Heidelberg O 95/98 KfH I, AG 1999, 135 – MLP; LG Köln 91 O 203/91, AG 1992, 238 (240) – Winterthur/Nordstern; MünchKomm. AktG/ Bd. 4/*Kubis* § 120 Rn. 17. Zur Anfechtbarkeit von Entlastungsbeschlüssen bei infolge Informationspflichtverletzung unrichtiger Entsprechenserklärung zum DCGK (§ 161 AktG) BGH II ZR 174/08, BGHZ 182, 272 Rn. 18 = NZG 2009, 1270 Rn. 18; II ZR 196/12, NZG 2013, 783 (Unrichtigkeit der Entsprechenserklärung muss über Formalverstoß hinausgehen und im konkreten Einzelfall Gewicht haben; Informationspflichtverletzung muss nach der Wertung des § 243 Abs. 4 Satz 1 AktG von Bedeutung sein).

²⁶³ Entlastungsbeschlüsse sind regelmäßig anfechtbar, nicht nichtig, vgl. MünchKomm. AktG/Bd. 3/*Kubis* § 120 Rn. 50.

²⁶⁴ BGH II ZR 133/01, NJW 2003, 1032 ff.; II ZR 253/10, NZG 2012, 347; II ZR 111/12, NZG 2013, 339; in diesem Sinne (nun) auch *Hüffer/Koch* AktG § 120 Rn. 12; krit. MünchKomm. AktG/Bd. 3/*Kubis* § 120 Rn. 17 f.; MHdB GesR IV/*Semler* § 35 Rn. 32. Überblick zur Anfechtbarkeit von Entlastungsbeschlüssen bei *Litzenberger* NZG 2010, 854.

²⁶⁵ Für die Korrespondenz vgl. auch Ziff. 3.4 DCGK.

Gebrauch zu machen. Insoweit kann man – der Regelungssystematik dieser Vorschrift folgend – Regel-, Sonder- und Anforderungsberichte unterscheiden.

94 Der Aufsichtsrat muss vom Vorstand gem. § 90 Abs. 1 Satz 1 Nr. 1–3, Abs. 2 Nr. 1–3 AktG regelmäßig über alle wesentlichen Geschäftsdaten unterrichtet werden. Inhalt eines solchen **Regelberichts** ist der Gang der Geschäfte, die Lage der Gesellschaft, die beabsichtigte Geschäftspolitik, die Unternehmensplanung, die Rentabilität und Liquidität des Unternehmens uÄ. Die beabsichtigte Unternehmenspolitik, über die der Vorstand mindestens einmal jährlich zu berichten hat (§ 90 Abs. 2 Nr. 1 AktG), betrifft vor allem die Unternehmensplanung, namentlich die Finanz-, Investitions- und Personalplanung. Zu berichten ist sowohl über die kurzfristige, das nächste Geschäftsjahr umfassende (operative) als auch über die mittel- und langfristige (strategische) Planung.[266] Dabei ist auf Abweichungen der tatsächlichen Entwicklung von früher berichteten Zielen unter Angabe von Gründen einzugehen. Im periodischen Regelbericht werden ferner Angaben über die Rentabilität des Unternehmens, vor allem zum Cashflow, zur Kapital-, Umsatz- und Investitions-Rentabilität als unverzichtbar angesehen.[267] Der Rentabilitätsbericht ist nach § 90 Abs. 2 Nr. 2 AktG zur Bilanzsitzung des Aufsichtsrates zu erstatten, da dieser Report über die Unternehmenskennzahlen des Jahresabschlusses, der vom Aufsichtsrat gem. § 172 AktG gebilligt werden muss, informieren soll. Weiterhin ist der Vorstand gem. § 90 Abs. 2 Nr. 3 AktG verpflichtet, mindestens vierteljährlich über den Gang der Geschäfte, insbesondere den Umsatz und die allgemeine Lage der Gesellschaft, zu berichten (sog. Quartalsberichte). Der Bericht muss inhaltlich aussagekräftig und sachgerecht gegliedert sein und einerseits komprimiert einen Überblick über die aktuelle Lage der Gesellschaft vermitteln, andererseits hinreichend detailliert den Geschäftsgang zahlenmäßig aufschlüsseln.[268]

95 Des Weiteren ist der Vorstand nach § 90 Abs. 1 Satz 1 Nr. 4 AktG verpflichtet, über Geschäfte zu berichten, die für die Rentabilität oder Liquidität der AG von Bedeutung sein können. Gegenstand solcher **Sonderberichte** können etwa sein der Erwerb oder die Veräußerung eines Betriebs oder Betriebsteils oder einer Beteiligung, die Gründung oder Schließung einer Zweigniederlassung sowie die Übernahme eines größeren Auftrags.[269] Der Bericht ist nach § 90 Abs. 2 Nr. 4 AktG so rechtzeitig abzugeben, dass der Aufsichtsrat vor der Vornahme des Geschäfts Gelegenheit zur Stellungnahme hat. § 90 Abs. 1 Satz 2 AktG stellt jetzt ausdrücklich klar, dass Berichte eines Mutterunternehmens iSd § 290 Abs. 1, 2 HGB auch auf Tochter- und Gemeinschaftsunternehmen einzugehen haben. Zudem muss der Vorstand unverzüglich und unaufgefordert dann weitere Informationen zur Verfügung stellen, wenn ein sonstiger wichtiger Anlass vorliegt (§ 90 Abs. 1 Satz 3 AktG). Als wichtige Berichtsanlässe kommen etwa in Betracht die drohende Insolvenz eines Großkunden, empfindliche behördliche Auflagen, drohende Arbeitskämpfe, Streitigkeiten im Vorstand, erhebliche Betriebsstörungen, wesentliche Steuernachforderungen, Liquiditätsschwierigkeiten uÄ.[270] Empfänger

---

[266] Vgl. zur Bedeutung der Planung im Kontext der Berichtpflicht sowie zur Frage, wie detailliert der Vorstand über Unternehmensplanungen zu berichten hat: *Hüffer/Koch* AktG § 90 Rn. 4 ff.; MHdB GesR IV/*Wiesner* § 25 Rn. 72 ff.

[267] Vgl. hierzu und zu weiteren Einzelheiten *Hüffer/Koch* AktG § 90 Rn. 5; Kölner Komm./*Mertens/Cahn* § 90 Rn. 36; MHdB GesR IV/*Wiesner* § 25 Rn. 76.

[268] Vgl. im Einzelnen *Hüffer/Koch* AktG § 90 Rn. 6; Kölner Komm./*Mertens/Cahn* § 90 Rn. 37; MHdB GesR IV/*Wiesner* § 25 Rn. 77.

[269] Vgl. RegBegr. zum AktG 1965, abgedr. bei *Kropff* S. 117.

[270] Vgl. RegBegr. zum AktG 1965, abgedr. bei *Kropff* S. 117; *Hüffer/Koch* AktG § 90 Rn. 8; Kölner Komm./*Mertens/Cahn* § 90 Rn. 45; MHdB GesR IV/*Wiesner* § 25 Rn. 79.

des Sonderberichts ist der Aufsichtsratsvorsitzende; dies dient dazu, die Verbreitung des Berichtsinhalts zu beschleunigen. Der Aufsichtsratsvorsitzende entscheidet über die erforderlichen Maßnahmen; das Gesamtplenum des Aufsichtsrates ist spätestens in der nächsten Sitzung zu unterrichten (§ 90 Abs. 5 Satz 3 AktG).

Schließlich kann der Aufsichtsrat oder ein einzelnes Mitglied den Vorstand gem. **96** § 90 Abs. 3 AktG auffordern, zu bestimmten konkret bezeichneten Themen zu berichten. Gegenstand eines solchen **Anforderungsberichts** können nach dem Gesetzeswortlaut „Angelegenheiten der Gesellschaft" sein; dieser Begriff ist weit auszulegen. Der Vorstand ist grundsätzlich nicht berechtigt, vom Aufsichtsrat angeforderte Informationen zu verweigern. Insbesondere kann eine Informationsverweigerung nicht auf ein Geheimhaltungsinteresse des Unternehmens und die Gefahr einer Verletzung von Verschwiegenheitspflichten durch einzelne Aufsichtsratsmitglieder gestützt werden; im Verhältnis zwischen den Organen der AG gibt es keine Geheimnisse, und es ist Sache der Gesellschaft, die gesetzliche Verschwiegenheitsverpflichtung von Aufsichtsratsmitgliedern durchzusetzen und so einer etwaigen Indiskretionsgefahr zu begegnen. Es ist auch nicht zulässig, einzelnen Aufsichtsratsmitgliedern, etwa den Arbeitnehmervertretern, bestimmte Informationen vorzuenthalten, da alle Mitglieder des Aufsichtsrates gleich zu behandeln sind. Dementsprechend ist das Informationsrecht des Aufsichtsrates lediglich funktionell durch die Kompetenzen des Aufsichtsrates beschränkt. Eine Auskunftsverweigerung kommt mithin grundsätzlich lediglich bei evidentem Fehlen des Funktionsbezuges in Betracht.[271] Darüber hinaus unterliegt das Recht, vom Vorstand Bericht zu verlangen, dem Verbot des Rechtsmissbrauchs, sodass eine Informationsverweigerung dann zulässig ist, wenn die erbetene Information dazu dienen soll, Eigeninteressen einzelner Aufsichtsratsmitglieder zulasten des Gesellschaftsinteresses zu fördern, etwa wenn ein dominierendes Aufsichtsratsmitglied, welches einen Wettbewerber repräsentiert, sensible Informationen zu erlangen sucht.[272]

Schließlich hat der Vorstand dem Aufsichtsrat stets dann zu berichten, wenn er **97** eine Aufsichtsratsentscheidung herbeiführen will oder muss, etwa weil ein Zustimmungsvorbehalt gem. § 111 Abs. 4 Satz 2 AktG für die vorzunehmende Maßnahme gegeben ist. Weitere Beispielfälle für die Erstellung eines derartigen **Vorlageberichts** sind die Vorlage des Jahresabschlusses gem. § 170 Abs. 1 AktG und des Abhängigkeitsberichts gem. § 314 Abs. 1 AktG sowie die Ausgabe neuer Aktien aus genehmigtem Kapital gem. § 202 Abs. 3 Satz 2 AktG.

Weitere Informationsquellen des Aufsichtsrates sind etwa der Prüfbericht des **98** Abschlussprüfers (§ 170 Abs. 3 AktG) und selbstgewonnene Informationen, die im Zuge der Ausübung des Rechts auf Einsichtnahme und Prüfung der Bücher und Schriften der Gesellschaft nach § 111 Abs. 2 AktG gewonnen wurden. Im Übrigen darf sich der Aufsichtsrat die benötigten Informationen nicht selbst, sondern allein über den Vorstand verschaffen; insbesondere eine unmittelbare Kontaktaufnahme zu Geschäftspartnern, Behörden uÄ ist dem Aufsichtsrat nicht gestattet.[273]

---

[271] Vgl. MünchKomm. AktG/Bd. 2/*Spindler* § 90 Rn. 52; MHdB GesR IV/*Wiesner* § 25 Rn. 92.
[272] OLG Karlsruhe 11 W 135/84, OLGZ 1985, 41 (44); OLG Stuttgart 8 W 496/82, OLGZ 1983, 184 (187 f.); *Hüffer/Koch* AktG § 90 Rn. 12a; Kölner Komm./*Mertens/Cahn* § 90 Rn. 16 (die allerdings von einer Entscheidungsbefugnis des Aufsichtsratsvorsitzenden über die Weitergabe ausgehen). Weitere Fallgruppen bei *Manger* NZG 2010, 1255 (1257 f.): Verletzung gesetzlicher Vorschriften, querulatorisches oder schikanöses Verhalten des Aufsichtsrats oder einzelner Mitglieder.
[273] OLG Zweibrücken 3 W 93/90, DB 1990, 1401; MHdB GesR IV/*Wiesner* § 25 Rn. 70 aE.

99 Die Generalklausel des § 90 Abs. 4 Satz 1 AktG besagt, dass die Vorstandsberichte den **Grundsätzen einer gewissenhaften und getreuen Rechenschaft** entsprechen müssen. Berichte sind, mit Ausnahme des Berichts nach § 90 Abs. 1 Satz 3 AktG, in der Regel[274] in Textform (§ 126b BGB) abzufassen. Der Vorstand kann damit auch moderne Kommunikationsmöglichkeiten wie die elektronische Übermittlung (E-Mail) nutzen, solange die Form nur gewährleistet, dass der Bericht anschließend sichtbar dargestellt werden kann. Der Bericht ist rechtzeitig zu erstatten, dh jedenfalls vor der Sitzung des Aufsichtsrats und so zeitig, dass die Aufsichtsratsmitglieder noch die Möglichkeit haben, ihn zu lesen. Bei Berichten, die nicht der Vorbereitung einer Sitzung dienen, ist die Rechtzeitigkeit dann gegeben, wenn dem Aufsichtsrat noch die Möglichkeit einer Reaktion bleibt.[275] Der schriftliche Bericht ist mündlich zu erläutern. Er muss klar gegliedert und übersichtlich gestaltet, inhaltlich wahr und vollständig sein; er darf nach seiner Aufmachung nicht dazu geeignet sein, dem Aufsichtsrat relevante Informationen vorzuenthalten bzw. Sachverhalte zu verschleiern. Zur hiernach erforderlichen sachlichen Richtigkeit gehören darüber hinaus die Trennung von Tatsachen und Bewertungen sowie die Offenlegung wesentlicher Meinungsunterschiede im Vorstand zu einzelnen Sachfragen.[276] Gemäß § 90 Abs. 5 Satz 1 AktG hat jedes einzelne Aufsichtsratsmitglied einen Anspruch auf Kenntnisnahme des schriftlichen Vorstandsberichts, der üblicherweise zu Händen des Aufsichtsratsvorsitzenden erstattet wird; gem. § 90 Abs. 5 Satz 2 AktG kann das Aufsichtsratsmitglied darüber hinaus auch verlangen, dass ihm in Textform erstattete Berichte übermittelt werden, soweit der Aufsichtsrat nichts anderes beschließt.

100 Verletzt der Vorstand seine Berichtspflichten, kommt als eigenständige **Sanktion** ein Zwangsgeldverfahren gem. § 407 Abs. 1 AktG in Betracht. Ferner kann der Aufsichtsrat unvollständige bzw. falsche Berichte zum Anlass nehmen, den Vorstand aus wichtigem Grund abzuberufen. Strittig ist, ob der Aufsichtsrat seine Informationsrechte gem. § 90 AktG auch eigenständig gerichtlich durchsetzen kann, insbesondere bei Streitigkeiten über behauptete Auskunftsverweigerungsgründe (vgl. auch Rn. 166).[277] Die Klage einzelner Aufsichtsratsmitglieder gegen die AG, vertreten durch den Vorstand, wird überwiegend für zulässig erachtet, soweit es darum geht, dass einzelnen Aufsichtsratsmitgliedern der Anforderungsbericht gem. § 90 Abs. 3 Satz 2 AktG verweigert wird bzw. diesen entgegen § 90 Abs. 5 Satz 1 und 2 AktG schriftliche Berichte des Vorstandes vorenthalten werden.[278]

---

[274] Als Ausnahme kommt beispielsweise die Berichterstattung über aktuellste Entwicklungen, ein besonderes Geheimhaltungsbedürfnis oder aber ein Verzicht des Aufsichtsrats auf die Textform in Betracht. Vgl. Begr. RegE Art. 1 Nr. 5 Buchst. c und d TransPubG, BT-Drs. 14/8769, abgedr. in NZG 2002, 213 (219).
[275] Vgl. zum Ganzen Begr. RegE Art. 1 Ziff. 5 Buchst. c und d TransPubG, BT-Drs. 14/8769, abgedr. in NZG 2002, 213 (220 f.)
[276] Kölner Komm./*Mertens/Cahn* § 90 Rn. 28; MHdB GesR IV/*Wiesner* § 25 Rn. 88.
[277] Verneinend Kölner Komm./*Mertens/Cahn* § 90 Rn. 66; *Hüffer/Koch* AktG § 90 Rn. 19; offen gelassen in BGH II ZR 57/88, BGHZ 106, 54 (60 ff.) – Opel; vgl. auch BGH II ZR 27/82, NJW 1983, 991 – Hertie: grundsätzliche Passivlegitimation der Gesellschaft – aA etwa *Lutter/Krieger* Rechte und Pflichten des Aufsichtsrates Rn. 42; *Raiser*, 2. Aufl. § 14 Rn. 80 ff.; jeweils mwN.
[278] *Hüffer/Koch* AktG § 90 Rn. 22; Kölner Komm./*Mertens/Cahn* § 90 Rn. 66; MHdB GesR IV/*Wiesner* § 25 Rn. 94.

2. Vorbereitung und Ausführung von Hauptversammlungsbeschlüssen

§ 83 Abs. 1 und 2 AktG enthält die Pflicht des Vorstandes, Entscheidungen der Hauptversammlung vorzubereiten und auszuführen. Im Anwendungsbereich des § 83 Abs. 1 AktG kann der Vorstand von der Hauptversammlung angewiesen werden, Maßnahmen, die in die Zuständigkeiten der Gesamtheit der Aktionäre fallen, etwa **Satzungs- und Strukturänderungen** sowie **Kapitalmaßnahmen** nebst den zugehörigen Verträgen, vorzubereiten. Ein solches Vorbereitungsverlangen kann die Hauptversammlung allerdings nur bei Maßnahmen stellen, die in ihre ausschließliche Zuständigkeit fallen. Die Vorbereitungspflicht des Vorstandes im Hinblick auf zustimmungsbedürftige Verträge betrifft insbesondere Unternehmens- (§§ 293 ff. AktG) und Verschmelzungsverträge nach UmwG (§§ 4 ff., 61 UmwG). Ferner greift sie ein bei Vermögensübertragungen (§ 179a AktG), Nachgründungsverträgen (§ 52 AktG) sowie dem Verzicht auf und Vergleich über Ersatzansprüche (§§ 50, 53, 93 Abs. 4 Satz 3 und 4, 117 Abs. 4 AktG). Problematisch ist, ob sich das Initiativrecht der Hauptversammlung auch auf solche Maßnahmen erstreckt, die nach den Grundsätzen der sog. „Holzmüller"-Doktrin in eine „**ungeschriebene" Hauptversammlungszuständigkeit** fallen.[279]

Die von der Hauptversammlung im Rahmen ihrer Zuständigkeit gefassten Beschlüsse können nur vom Vorstand umgesetzt werden; hierzu ist er gem. § 83 Abs. 2 AktG verpflichtet. Diese Verpflichtung bezieht sich allerdings nur auf gesetzmäßige Beschlüsse der Hauptversammlung,[280] so dass sich **Probleme** dann ergeben, wenn Entscheidungen der Hauptversammlung in ihrer **Rechtmäßigkeit streitig** sind. Nicht diskussionsbedürftig ist, dass der Vorstand nicht berechtigt ist, offenkundig rechtswidrige und deshalb erkennbar der Anfechtung unterliegende Beschlüsse auszuführen; dies gilt jedenfalls, solange die Anfechtungsfrist nicht abgelaufen und der Beschluss nicht bestandskräftig geworden ist.[281] Ebenso eindeutig ist, dass sich der Vorstand durch eine evident unzulässige oder unbegründete Anfechtungsklage nicht von der Beschlussausführung abhalten lassen darf.[282] Schwieriger zu beurteilen ist die praktisch sehr viel häufigere Konstellation, dass der Vorstand von der Erfolglosigkeit der Anfechtungsklage überzeugt ist, ohne dass er diese Einschätzung auf Evidenz stützen kann. Im Ergebnis sieht sich der Vorstand einer „Dilemmafiktion" gegenüber. Denn er kann sich theoretisch sowohl durch Umsetzung wie auch durch Nichtausführung des streitbefangenen Beschlusses ersatzpflichtig machen. In dieser Situation kommt es darauf an, ob der Vorstand seine Überzeugung bei Anwendung der ihm obliegenden Sorgfalt auf eine hinreichende objektive Abwägung der zur Beurteilung der Rechtmäßigkeit des Beschlusses streitenden Gesichtspunkte stützen kann (vgl. Rn. 132a). Leitend ist insoweit, dass der Vorstand gem. § 83 Abs. 2 AktG zur Ausübung gesetzmäßiger Hauptversammlungsbeschlüsse verpflichtet ist und ihm ein auch in Haftungsfragen zu berücksichtigender unternehmerischer Handlungsspielraum zusteht (vgl. § 93 Abs. 1 Satz 2 AktG). In Anbetracht dieser Umstände ist der Vorstand nur dann an der Ausführung des angefochtenen Beschlusses gehindert, wenn er konkrete Anhaltspunkte dafür hat, dass der Beschluss rechtswidrig ist und die Anfechtungs-

---

[279] Vgl. § 14 Rn. 50.
[280] MünchKomm. AktG/Bd. 2/*Spindler* § 83 Rn. 20; Kölner Komm./*Mertens/Cahn* § 83 Rn. 9. Zur Ausführung noch nicht notariell beurkundeter (§ 130 Abs. 1 AktG) Beschlüsse MünchKomm. AktG/Bd. 2/*Spindler* § 83 Rn. 22; *Roeckl-Schmidt/Stoll* AG 2012, 225 ff.
[281] *Hüffer/Koch* AktG § 243 Rn. 50; Großkomm. AktG/*Schmidt* § 243 Rn. 71.
[282] Großkomm. AktG/*Schmidt* § 243 Rn. 71.

klage daher Erfolg haben wird bzw. der Gesellschaft durch das Zuwarten mit der Beschlussumsetzung keine Nachteile entstehen.

3. Berichterstattung gegenüber der Hauptversammlung

103 Gegenüber der Hauptversammlung bestehen nur eingeschränkte Auskunfts- und Informationspflichten. Nach § 131 AktG können Aktionäre lediglich *in der Hauptversammlung* vom Vorstand **Auskunft über die Angelegenheiten der Gesellschaft** verlangen.[283] Der Vorstand erteilt die Auskunft organschaftlich für die Gesellschaft als Schuldnerin des Auskunftsanspruchs.[284] Anders als nach § 51a GmbHG steht Aktionären mithin kein allgemeines, umfassendes Informationsrecht zu. Ein allgemeiner Auskunftsanspruch hinsichtlich der Angelegenheiten der Gesellschaft außerhalb der Hauptversammlung sowie hinsichtlich der Einsichtnahme in die Bücher und Schriften des Unternehmens existiert nicht. Sollte der Vorstand zur Beantwortung einer Frage in der Hauptversammlung außerstande sein, wird die Auskunftspflicht gleichwohl nicht verletzt, wenn die Frage nicht zu erwarten war und auch trotz angemessener Vorbereitung und Hinzuziehung von Unterstützung nicht beantwortet werden konnte.[285]

104 Gemäß § 176 Abs. 1 Satz 1 AktG in der Fassung des Gesetzes zur Umsetzung der Corporate Social Responsibility (CSR-RL)[286] hat der Vorstand der Hauptversammlung die in § 175 Abs. 2 AktG genannten Vorlagen sowie bei börsennotierten Gesellschaften einen erläuternden Bericht zu den Angaben nach §§ 289a Abs. 1, 315 Abs. 1 HGB zugänglich zu machen; bei börsennotierten Gesellschaften hat außerdem eine Veröffentlichung auf der Internetseite der Gesellschaft zu erfolgen (§ 124a Satz 1 Nr. 3 AktG). Zu diesen in § 175 Abs. 2 AktG genannten Vorlagen zählen der Jahresabschluss, ein vom Aufsichtsrat gebilligter Einzelabschluss nach § 325 Abs. 2 a HGB, der Lagebericht, der Bericht des Aufsichtsrats und der Vorschlag des Vorstands für die Verwendung des Bilanzgewinns (s. § 175 Abs. 2 Satz 1 AktG). Nach § 176 Abs. 1 Satz 2 AktG sind die Vorlagen zudem vom Vorstand zu erläutern.

105 Darüber hinaus bestehen insbesondere bei Strukturmaßnahmen **zusätzliche Berichtspflichten** des Vorstandes. So ist nach § 186 Abs. 4 Satz 2 AktG schriftlich über den Grund für einen Bezugsrechtsausschluss bei einer Kapitalerhöhung gegen Einlage zu berichten. Gemäß § 293a AktG bedarf es eines schriftlichen Vorstandsberichts im Zusammenhang mit dem Abschluss eines Unternehmensvertrages. Weitere Berichtspflichten sind in den §§ 64, 127, 192 UmwG für die Fälle der Verschmelzung, der Spaltung oder des Rechtsformwechsels und in § 319 Abs. 3 Satz 4 und 5 AktG für den Fall der Eingliederung geregelt worden. Auch bei anderen Strukturentscheidungen wird überwiegend eine entsprechende Berichtspflicht des Vorstandes angenommen (sog. Holzmüller-Bericht).[287] Inhaltlich muss der **Strukturbericht** über die bloße Bekanntmachung des wesentlichen Inhalts der Restrukturierungsmaßnahme und die Beschreibung des neuen unternehmerischen

---

[283] Nach Ansicht des BGH verstößt § 131 Abs. 1 Satz 1 AktG nicht gegen Art. 9 der Richtlinie 2007/36/EG, soweit das Auskunftsrecht des Aktionärs auf zur sachgemäßen Beurteilung des Gegenstands der Tagesordnung erforderliche Auskünfte beschränkt ist, BGH II ZB 28/12, WM 2013, 2361 Rn. 20 ff. So auch *Reger* NZG 2013, 48.

[284] *Hüffer/Koch* AktG § 131 Rn. 5.

[285] *Hüffer/Koch* AktG § 131 Rn. 8 f. (immanente Beschränkung des Auskunftsrechts auf Fragen, die ein ordentlich präparierter Vorstand in der Hauptversammlung beantworten kann).

[286] BGBl. 2017 I 802.

[287] Vgl. § 14 Rn. 60 f. mwN.

D. Pflichten der Vorstandsmitglieder 106–106b § 6

Konzepts hinausgehen. Entsprechend seinem Sinn und Zweck, die Aktionäre in die Lage zu versetzen, sich sachgerecht eine Meinung über die Maßnahme zu bilden, muss dieser Angaben zu allen Punkten enthalten, die für einen rational handelnden Aktionär bei seiner Entscheidungsfindung von Bedeutung sind.

4. Entsprechenserklärung

Gemäß § 161 Abs. 1 Satz 1 AktG müssen Vorstand und Aufsichtsrat der börsen- 106 notierten Gesellschaft einmal im Kalenderjahr erklären, dass den im elektronischen Bundesanzeiger bekannt gemachten Empfehlungen des DCGK entsprochen wurde und wird[288] oder welche Empfehlungen nicht angewendet wurden oder werden und ggf. warum nicht (sog. Entsprechungserklärung).[289] Empfehlungen sind im Text des Kodex durch die Verwendung des Wortes „**soll**" gekennzeichnet. Abweichungen von bloßen Anregungen des Kodex, für die dieser Begriffe wie „sollte" oder „kann" verwendet, müssen nach § 161 AktG dagegen nicht offen gelegt werden. Die Entsprechenserklärung muss sich auch nicht auf die sprachlich nicht besonders gekennzeichneten gesetzesdarstellenden Teile des DCGK beziehen. Denn eine Abweichung von zwingenden Vorschriften ist ohnehin unzulässig.

Die Organe sind nur verpflichtet, Unterschreitungen des empfohlenen Ver- 106a haltensstandards oder die gänzliche Nichtanwendung bestimmter Empfehlungen anzugeben. Eine „Übererfüllung" muss dagegen nicht ausdrücklich bekannt gemacht werden.[290] § 161 Abs. 1 Satz 1 AktG verlangt in der Neufassung durch das Gesetz zur Modernisierung des Bilanzrechts (Bilanzrechtsmodernisierungsgesetz – BilMoG)[291] eine **Begründung** für Abweichungen von den Empfehlungen. Die Erklärung muss sich auf die Vergangenheit und die Gegenwart beziehen, aber nicht zwingend zukunftsbezogen sein: Zukunftsbezogene Äußerungen bedeuten ggf. nur eine unverbindliche Absichtserklärung.[292]

Die Erklärung ist im Außenverhältnis von Vorstand und Aufsichtsrat grund- 106b sätzlich gemeinsam abzugeben; ob bei Uneinigkeit auch eine getrennte Erklärung in Betracht kommt, ist streitig.[293] Die interne Kompetenzverteilung richtet sich aber in jedem Fall nach allgemeinem Aktienrecht.[294] Durch das **BilMoG**[295] wurde sowohl der persönliche Anwendungsbereich des § 161 AktG als auch der Inhalt der

---

[288] Eine Vollbefolgung liegt auch dann vor, wenn den Empfehlungen allgemein und ohne ins Gewicht fallenden Abweichungen entsprochen wird, vgl. MünchKomm. AktG/Bd. 3/ *Goette* § 161 Rn. 46.
[289] Zur Zukunft des § 161 AktG *Spindler* NZG 2011, 1007.
[290] Vgl. Begr. RegE Art. 1 Ziff. 16 TransPubG, BT-Drs. 14/8769, abgedr. in NZG 2002, 213 (225).
[291] BGBl. 2009 I 1102.
[292] Neben dem unstreitigen Vergangenheits- und Gegenwartsbezug der Erklärung gem. § 161 Abs. 1 AktG (die insoweit eine Wissenserklärung darstellt), handelt es sich dabei – ungeachtet der Präsensformulierung („wird") – um eine zukunftsbezogene Absichtserklärung, vgl. *Hüffer/Koch* AktG § 161 Rn. 20; MünchKomm. AktG/Bd. 3/*Goette* § 161 Rn. 35. Im Falle einer unterjährigen Abweichung von den DCGK-Empfehlungen ist die Erklärung zu berichtigen, BGH II ZR 185/07, BGHZ 180, 9 Rn. 19 = NZG 2009, 342 Rn. 19.
[293] Dafür: MHdB GesR IV/*Hoffmann-Becking* § 34 Rn. 15; *Hüffer/Koch* AktG § 161 Rn. 11 (allerdings in äußerlich einheitlicher Verlautbarung zusammengefasst); *Peltzer* NZG 2002, 593 (595) – dagegen: Kölner Komm./*Lutter* § 161 Rn. 73; *Ulmer* ZHR 2002, 150 (173); *Schüppen* ZIP 2002, 1269 (1271).
[294] Vgl. nur *Hüffer/Koch* AktG § 161 Rn. 10.
[295] BGBl. 2009 I 110; vgl. auch hierzu den Regierungsentwurf (RegE) zum BilMoG vom 30.7.2008, BT-Drs. 16/10067; abrufbar unter www.bmj.bund.de.

danach abzugebenden Erklärung erweitert. In Bezug auf den persönlichen Anwendungsbereich war nach vorheriger Rechtslage eine Erklärung durch Vorstand und Aufsichtsrat lediglich bei börsennotierten Gesellschaften notwendig, dh bei Gesellschaften, deren Aktien iSv § 3 Abs. 2 AktG zu einem organisierten Markt zugelassen sind. Nach dem durch das BilMoG eingefügten § 161 Abs. 1 Satz 2 AktG müssen auch Vorstand und Aufsichtsrat von Gesellschaften, die ausschließlich andere Wertpapiere als Aktien zum Handel an einem organisierten Markt ausgegeben haben und deren ausgegebene Aktien auf eigene Veranlassung über ein multilaterales Handelssystem iSd § 2 Abs. 3 Satz 1 Nr. 8 WpHG gehandelt werden, eine Entsprechenserklärung abgeben. Davon sind zB Unternehmen betroffen, deren Aktien nur im Freiverkehr gehandelt werden, die aber Schuldverschreibungen zum Handel an einem organisierten Markt zugelassen haben. Die Einbeziehung in den Handel in dementsprechende multilaterale Handelssysteme wie zB den Freiverkehr kann auch ohne Mitwirkung des Emittenten erfolgen. Daher ist für die Verpflichtung zur Abgabe einer Entsprechenserklärung die eigene Veranlassung des Emittenten von diesem Umstand erforderlich.

106c Durch das BilMoG wurde zudem die sog. Erklärung zur Unternehmensführung in § 289f HGB (§ 289a HGB aF) eingeführt. Diese Regelung setzt Art. 46a Abs. 2 und 3 der Bilanzrichtlinie in der Fassung der Abänderungsrichtlinie[296] um und verpflichtet börsennotierte Aktiengesellschaften, eine sog. Erklärung zur Unternehmensführung abzugeben. Diese besteht nach § 289f Abs. 2 HGB aus drei Elementen, und zwar nach § 289f Abs. 2 Nr. 1 HGB aus der Entsprechenserklärung nach § 161 AktG, nach § 289f Abs. 2 Nr. 2 HGB aus den relevanten Angaben zu Unternehmensführungspraktiken sowie gem. § 289f Abs. 2 Nr. 3 HGB aus der Beschreibung der Arbeitsweise von Vorstand und Aufsichtsrat sowie der Zusammensetzung und Arbeitsweise von deren Ausschüssen.[297]

106d Die Erklärung ist auf der Internetseite der Gesellschaft **dauerhaft öffentlich zugänglich** zu machen (§ 161 Abs. 2 AktG), dh sie muss unter normalen Umständen einsehbar sein. Damit kann die Erklärung auch jederzeit abgeändert werden. Eine Aktualisierungspflicht kommt allerdings nicht generell in Betracht, ergibt sich aber ausnahmsweise aus Art. 17 MAR (§ 15 WpHG aF), wenn sich eine veränderte Handhabung der Kodexempfehlungen erheblich auf den Börsenpreis auswirken kann (s. Rn. 107).[298] Wird für die Erklärung zur Unternehmensführung nach § 289f Abs. 1 Satz 2 HGB verfahren, ist damit zugleich die Pflicht nach § 161 Abs. 2 AktG erfüllt, dh es bedarf dann keiner Doppelpublikation.[299]

---

[296] Richtlinie 2006/46/EG des europäischen Parlaments und des Rates vom 14.6.2006 zur Änderung der Richtlinie des Rates 78/660/EWG, 38/349/EWG, 86/635/EWG und 91/674/EWG, ABl. EG Nr. L 224, 1.
[297] Dazu eingehend *Kuthe/Geiser* NZG 2008, 172 (173 ff.); kritisch zum Nebeneinander von § 161 AktG, § 289a HGB aF und Ziff. 3.10 DCGK *Bredol/Schäfer* NZG 2013, 568.
[298] Nach BGH II ZR 185/07 – Kirch/Deutsche Bank, DStR 2009, 537 führt aber die Unrichtigkeit der gem. § 161 AktG vom Vorstand und Aufsichtsrat abzugebenden Entsprechenserklärungen wegen der darin liegenden Verletzung von Organpflichten zur Anfechtbarkeit jedenfalls der gleichwohl gefassten Entlastungsbeschlüsse, soweit die Organmitglieder die Unrichtigkeit kannten oder kennen mussten. Für die (Compliance-)Praxis dürfte das obiter dictum des BGH diesbezüglich (aaO Rn. 19) von erheblicher Bedeutung sein, dass nämlich die DCGK-Erklärung im Fall von deren Unrichtigkeit binnen Jahresfrist zu erneuern und „*im Fall vorheriger Abweichung umgehend zu berichtigen*" ist.
[299] *Hüffer/Koch* AktG § 161 Rn. 24a.

D. Pflichten der Vorstandsmitglieder 106e–107a § 6

Im Anhang des Jahresabschlusses ist gem. § 285 Satz 1 Nr. 16 HGB anzugeben, 106e
dass die Erklärung nach § 161 AktG abgegeben und wo sie öffentlich zugänglich
gemacht worden ist. Eine entsprechende Angabe muss der Konzernanhang für
jedes in den Konzernabschluss einbezogene börsennotierte Unternehmen enthalten (§ 314 Abs. 1 Nr. 8 HGB). Dagegen wird der Inhalt der Erklärung nach § 161
AktG nicht zum Gegenstand des Anhangs gemacht und ist auch nicht Gegenstand
der Prüfung. Nur wenn also die Erklärung nicht abgegeben oder nicht öffentlich
zugänglich gemacht wurde, ist der Bestätigungsvermerk einzuschränken.[300] Die
Erklärung selbst ist gem. § 325 Abs. 1 Satz 3 HGB mit den übrigen Unterlagen zum
Handelsregister einzureichen.

5. Sonstige Mitteilungs-, Bekanntmachungs- und Berichtspflichten

Sowohl im AktG als auch im Kapitalmarktrecht sind bestimmte Veröffentlichungspflichten niedergelegt. Neben der Pflicht zur Offenlegung der Überschreitung bestimmter Beteiligungsschwellenwerte[301] sind insbesondere die
kapitalmarktrechtliche Ad hoc-Publizität sowie die wertpapierrechtlichen Berichtspflichten zu nennen. Ist die AG börsennotiert, trifft den Vorstand nach Art. 17 VO
(EU) Nr. 596/2014 (MAR) die Pflicht, unverzüglich nicht-öffentlich bekannte neue
Tatsachen zu publizieren, wenn diese wegen der Auswirkungen auf die Vermögens-
und Finanzlage oder den allgemeinen Geschäftsverlauf der Gesellschaft geeignet
sind, den Börsenpreis der Aktie erheblich zu beeinflussen (sog. **Ad-hoc-Publizität**),[302] es sei denn, die Gesellschaft ist ausnahmsweise zum Schutze überwiegender eigener Interessen gem. Art. 17 Abs. 4 MAR, der an die Stelle des § 15 Abs. 3
WpHG aF getreten ist, berechtigt, von einer Veröffentlichung abzusehen (sog.
Selbstbefreiung).[303] 107

Für unterlassene oder falsche Veröffentlichungen haftet die Gesellschaft den 107a
anspruchsberechtigten Anlegern gegenüber nach Maßgabe der §§ 97, 98 WpGH
(§§ 37b, 37c WpHG aF) auf Schadensersatz. Dieses Haftungsinteresse haben die
Vorstandsmitglieder ggf. gem. § 93 AktG (vgl. auch §§ 97 Abs. 5, 98 Abs. 5 WpHG)
der Gesellschaft zu ersetzen, wenn sich die kapitalmarktrechtliche Fehlinformation
auch der Gesellschaft gegenüber als pflichtwidrig erweist. Darüber hinaus ist der
Vorstand der börsennotierten AG nach den §§ 115, 116 WpHG (§§ 37v, 37w und
37x WpHG aF) verpflichtet, einen Jahresfinanzbericht, einen Halbjahresfinanzbericht und wenigstens zwei Zahlungsberichte bzw. Konzernzahlungsberichte
zu erstatten. Nach § 49 Abs. 1 WpHG (§ 30b Abs. 1 WpHG aF) müssen zudem die

---

[300] Vgl. Begr. RegE Art. 2 Ziff. 1 b TransPubG, BT-Drs. 14/8769, abgedr. in NZG 2002, 213 (228); *Hüffer/Koch* AktG § 161 Rn. 24.

[301] Vgl. § 14 Rn. 38.

[302] Normadressat des § 15 Abs. 1 Satz 1 WpHG aF ist die Gesellschaft. Der Vorstand ist aber im Rahmen seiner Organisationspflicht gehalten, auf Einhaltung des § 15 WpHG hinzuwirken, Baumbach/Hopt HGB/*Kumpan* § 15 WpHG Rn. 2. Zur Ad-hoc-Publizität bzgl. anstehender Wechsel im Vorstand: BGH II ZB 7/09, NZG 2013, 708; *von Bonin/Böhmer* EuZW 2012, 694; *Ihrig/Kranz* AG 2013, 515. Eingehend zu Zuständigkeitsfragen iRd Ad hoc-Publizität *Kocher/Schneider* ZIP 2013, 1607 (Möglichkeit der Delegation; ausnahmsweise Aufsichtsratszuständigkeit).

[303] In Rechtsprechung und Literatur ist umstritten, ob die Befreiung nach § 15 Abs. 3 WpHG eine bewusste Entscheidung des geschäftsführenden Organs voraussetzt, vgl. *Bedkowski* BB 2009, 1482 (1485) mwN. Nach Auffassung des BGH kann sich die Gesellschaft bei fehlendem Beschluss mit dem Einwand entlasten, dass der Schaden auch bei rechtmäßigem Alternativverhalten eingetreten wäre, II ZB 7/09, NZG 2013, 708 Rn. 33 ff.

in den dort näher bestimmten Fällen, welche insbesondere die Einberufung der Hauptversammlung und die Ausschüttung der Dividende betreffen, Mitteilungen veröffentlicht werden.

107b Einer persönlichen Mitteilungspflicht unterliegen die Vorstandsmitglieder und mit ihnen in enger Beziehung stehende Personen solcher Emittenten, deren Finanzinstrumente an einem geregelten Markt, an einem multilateralen („MTF") oder organisierten („OTF") Handelssystem gehandelt werden, hinsichtlich des Erwerbs bzw. der Veräußerung von Aktien der Gesellschaft oder einer Tochtergesellschaft, Schuldtiteln oder hierauf basierenden Derivaten, Art. 19 MAR (§ 15a WpHG aF). Die Mitteilungspflicht entfällt nach Art. 19 Abs. 8 Satz 1 MAR, wenn die Summe der Geschäfte im gesamten Kalenderjahr 5000 EUR nicht übersteigt. Die Mitteilung ist an die Gesellschaft – die sie ihrerseits veröffentlichen muss – und an die Bundesanstalt für Finanzdienstleistungsaufsicht zu richten. Verstöße stellen gem. § 120 Abs. 15 Nr. 17 Buchst. d WpHG eine Ordnungswidrigkeit dar. Demgegenüber sind Insidergeschäfte des Vorstands mit Aktien der Gesellschaft und vergleichbare Geschäfte unter Ausnutzung nicht öffentlich bekannter Tatsachen nach Art. 7 ff. MAR per se bei Strafe verboten (§ 119 WpHG).

II. Unternehmerische Pflichten insbesondere im mehrgliedrigen Vorstand

108 Weitere spezifische Vorstandspflichten bestehen im Verhältnis der Vorstandsmitglieder untereinander im mehrgliedrigen Vorstand. Hat die Gesellschaft mehrere Vorstandsmitglieder bestellt, stehen diese gleichberechtigt nebeneinander und sind zur kollegialen Zusammenarbeit verpflichtet, um einen störungsfreien Arbeitsablauf zu gewährleisten; für sie gelten die Regeln der Teamarbeit.[304]

1. Kollegiale Zusammenarbeit und Informations- und Kontrollpflichten

109 Da der Grundsatz der Gesamtgeschäftsführung disponibel ist, besteht Organisationsfreiheit zur Verwirklichung einer nach funktionalen, sachlichen oder lokalen Ressorts abgegrenzten Geschäftsverteilung, sodass die Führungsaufgaben im Wege des **arbeitsteiligen Zusammenwirkens** erledigt werden. Bei einer derartigen Organisationsstruktur bildet der Grundsatz der Gesamtverantwortung anerkanntermaßen eine immanente Schranke der Geschäftsverteilung. Hieraus folgt, dass die einzelnen Vorstandsmitglieder für das ihnen zugewiesene Ressort primär verantwortlich sind, jedoch zugleich ein Bereich bestehen bleibt, innerhalb dessen jeder Vorstand für den Erfolg des Gesamtunternehmens verantwortlich ist.[305]

110 Aus dem vorbeugenden Zweck der Gesamtverantwortung ergibt sich zugleich eine Verpflichtung aller Vorstandsmitglieder zur effektiven und lückenlosen gegenseitigen (Selbst-)Kontrolle **(allgemeine Aufsichtspflicht)**.[306] Auch wenn eine Ressortverantwortung für bestimmte (sachliche oder funktionale) Unternehmens-

---

[304] Kölner Komm./*Mertens/Cahn* § 93 Rn. 81 f.; *Raiser/Veil* § 14 Rn. 83.
[305] *Hüffer/Koch* AktG § 77 Rn. 18; Kölner Komm./*Mertens/Cahn* § 77 Rn. 22 ff.; MHdB GesR IV/*Wiesner* § 22 Rn. 24. Mit anderen Worten: Jedes Vorstandsmitglied trägt für das ihm zukommende Aufgabenfeld die volle (Ressort-)Verantwortung. An die Stelle der Leitungsverantwortung der übrigen Organmitglieder tritt die Pflicht, die ordnungsgemäße Aufgabenerfüllung durch das ressortverantwortliche Mitglied zu überwachen, *Nietsch* ZIP 2013, 1449 (1451).
[306] BGH VI ZR 319/95, DB 1996, 2483; II ZR 114/85, WM 1986, 789; II ZR 198/84, WM 1985, 1293 (1294) (alle zur GmbH); MünchKomm. AktG/Bd. 2/*Spindler* § 77 Rn. 56;

bereiche geschaffen wurde, müssen mithin alle Entscheidungen, Maßnahmen und Vorkommnisse von besonderer Bedeutung im Gesamtgremium berichtet werden, und jedes einzelne Mitglied des Vorstands muss die ihm zur Kenntnis gebrachten Entwicklungen in anderen Ressorts verfolgen sowie erkannten Missständen entgegenwirken.[307] Die vorbezeichnete allgemeine Aufsichtspflicht impliziert zugleich, dass das einzelne Vorstandsmitglied verpflichtet ist, über alle bedeutsamen Vorkommnisse aus seinem Ressort unaufgefordert den anderen Vorstandsmitgliedern zu berichten; zweckmäßig ist es, ein regelmäßiges Berichtswesen innerhalb des Vorstandes zu etablieren.[308] Die Kontrollorganisation soll nicht bei einem Vorstandsmitglied gebündelt werden können. Denn dadurch würden, selbst wenn die Kontrollpflicht der übrigen Organmitglieder bestehen bleibt, Unklarheiten über die Kontrollpflichten geschaffen und außerdem die Effektivität der Kontrolle vermindert.[309] Davon zu unterscheiden ist die Pflicht des Vorstandsvorsitzenden zur Koordination des internen Berichtswesens. Ihn trifft eine besondere, über die allgemeine Aufsichtspflicht hinausgehende Amtspflicht zur organinternen Koordination und Überwachung.[310]

Der allgemeinen, der Gesamtverantwortung aller Vorstandsmitglieder entspringenden Überwachungspflicht entspricht ein von der Ausgestaltung der Geschäftsverteilung unabhängiges Recht jedes Vorstandsmitglieds, alle Angelegenheiten, auch solche, die ein anderes Ressort betreffen, vor das Gesamtgremium zu bringen (sog. **Interventionsrecht**). Jedes Mitglied ist daher berechtigt – unter Umständen sogar verpflichtet –, einer Maßnahme oder Handlung eines Kollegen zu widersprechen. Im Falle des Widerspruchs muss die Maßnahme – sofern der Widerspruch nicht pflichtwidrig erhoben wurde – zunächst unterbleiben und verbindlich vom Gesamtgremium bzw. unter Einbeziehung der anderen Entscheidungsträger entschieden werden.[311]

2. Zwingende Zuständigkeiten des Gesamtkollegiums

Schließlich ist anerkannt, dass gewisse Vorstandsaufgaben ihrer Natur nach nicht delegierbar sind, sondern zwingend der Entscheidung durch das Gesamtgremium unterliegen. Weitgehende Einigkeit besteht dahin, dass eine zwingende Zuständigkeit anzunehmen ist, soweit das Gesetz dem Vorstand bestimmte Aufgaben ausdrücklich zuweist, da es sich bei derartigen Aufgabenzuweisungen immer um zwingende Rechte und Pflichten des Gesamtgremiums handelt.[312] Darüber hinaus gibt es weitere Führungsaufgaben, die zwingend vom Gesamtgremium wahrge-

---

Hüffer/Koch AktG § 77 Rn. 15 (abgeschwächte Überwachungspflicht); Kölner Komm./*Mertens/Cahn* § 77 Rn. 26; MHdB GesR IV/*Wiesner* § 22 Rn. 24.

[307] Dies bedeutet, dass die aufgrund des Berichtssystems geschuldeten Informationen entgegengenommen bzw. eingefordert sowie auf Vollständigkeit und Plausibilität ausgewertet werden müssen und ggf. aktiv Ergänzungen einzufordern sind; Hinweisen auf Fehlentwicklungen ist unverzüglich nachzugehen, *Nietsch* ZIP 2013, 1449 (1452). In der finanziellen Krise verschärft sich die Überwachungspflicht. Für *Nietsch* ZIP 2013, 1449 (1453), führt die existenzielle Krise aber nicht zu gesteigerten Überwachungspflichten, sondern treffe den Gesamtvorstand – und damit die betroffenen Vorstandsmitglieder –, dessen zentrale Leitungsaufgabe die Sicherung der Überlebensfähigkeit des Verbandes ist.

[308] Kölner Komm./*Mertens/Cahn* § 77 Rn. 25; MHdB GesR IV/*Wiesner* § 22 Rn. 25.

[309] Näher *Nietsch* ZIP 2013, 1449 (1451 f.) mwN auch zur Gegenansicht.

[310] *Nietsch* ZIP 2013, 1449 (1451); MünchKomm. AktG/Bd. 2/*Spindler* § 77 Rn. 15.

[311] Kölner Komm./*Mertens/Cahn* § 77 Rn. 29; MHdB GesR IV/*Wiesner* § 22 Rn. 24.

[312] *Hüffer/Koch* AktG § 77 Rn. 17; Kölner Komm./*Mertens/Cahn* § 77 Rn. 24.

nommen werden müssen. Wo die Grenzen dieses Kernbereichs der zwingenden Gesamtzuständigkeiten verlaufen, ist allerdings schwer zu bestimmen. Allgemein wird auf die grundlegende Natur oder Bedeutung der einzelnen Entscheidung abgestellt, verschiedentlich auch auf den unternehmenspolitischen Inhalt oder die ressortübergreifende Wirkung der geplanten Maßnahme.[313]

112a Beispielhaft werden insoweit folgende Aufgaben genannt:
- Festlegung der Unternehmensstruktur, der Unternehmensziele und der Unternehmenspolitik,
- Festlegung der Grundzüge der Markt-, Produkt-, Finanz-, Investitions- und Personalpolitik,
- unternehmensspezifische und möglichst optimale Aufbau- und Ablaufplanung,
- sonstige Maßnahmen und Geschäfte, die für die Gesellschaft von außergewöhnlicher Bedeutung sind oder mit denen ein außergewöhnliches Risiko verbunden ist,
- Überwachung der Geschäfts- und Risikoentwicklung, angemessenes Risikomanagement und interne Revision sowie
- Besetzung der oberen Führungspositionen.[314]

112b Gemäß § 76 Abs. 4 Satz 1 AktG trifft den Vorstand von börsennotierten oder mitbestimmten Gesellschaften die Pflicht zur Festlegung von Zielgrößen für den Frauenanteil in den beiden Führungsebenen unterhalb des Vorstands (sog. Frauenquote). Gleichzeitig sind Fristen zur Erreichung der Zielgrößen zu setzen, längstens fünf Jahre, § 76 Abs. 4 Satz 3 und 4 AktG.

3. Verantwortungsbereiche

113 Aus dem Nebeneinander der Gesamtverantwortung des einzelnen Vorstandsmitglieds für das Wohl des Gesamtunternehmens und der speziellen Verantwortlichkeit im eigenen Ressort resultieren folgende unternehmerische **Pflichtenkreise des ressortzuständigen Vorstandsmitglieds**:[315]
- ordnungsgemäße Organisation des Geschäftsbereichs zur Sicherstellung der ordnungsgemäßen Erledigung der laufenden Geschäfte des Ressorts;
- ordnungsgemäße Auswahl, Information und Instruktion der Untergebenen, insbesondere durch generelle Handlungsanweisungen (Verhaltensrichtlinien) für typische oder besonders bedeutsame bzw. gefährliche Vorkommnisse und Maßnahmen; je gewichtiger die Entscheidung ist, umso eher muss sie durch Handlungsanweisungen vorgeprägt werden;
- klare Abgrenzung der Zuständigkeiten der Mitarbeiter zur Vermeidung von Aufgabenüberschneidungen, die zu Reibungsverlusten und Kompetenzstreitigkeiten führen können, und zur Verhinderung von Zuständigkeitslücken;
- hinreichende Information über den verantworteten Geschäftsbereich und die wesentlichen Vorkommnisse innerhalb des Ressorts, Überwachung und Kontrolle der mit der Aufgabenerledigung beauftragten Mitarbeiter sowie Information der Vorstandskollegen über Grundsatzfragen und besondere Vorkommnisse;
- Wahrnehmung der Fach- und Führungsverantwortung im zugewiesenen Geschäftsbereich unter Beachtung des Grundsatzes, dass bestimmte Tätigkeiten

---

[313] *Hüffer/Koch* AktG § 77 Rn. 18.
[314] Näher zum neu geschaffenen § 76 Abs. 4 S. 1 AktG *Schulz/Ruf* BB 2015, 1155; *Stüber* DStR 2015, 947; *Teichmann/Rüb* BB 2015, 898.
[315] Kölner Komm./*Mertens/Cahn* § 93 Rn. 67 ff., § 77 Rn. 22 ff., 43 f.; Spindler/Stilz/ *Fleischer* § 93 Rn. 41 ff., 94 ff.

nicht auf nachgeordnete Ebenen delegierbar sind und der Vorstand Grundsatzentscheidungen selbst treffen muss.

Ganz ähnliche Grundsätze kommen auch im Hinblick auf die der Gesamtverantwortung der Vorstandsmitglieder unterliegenden gewichtigen, **grundlegenden Entscheidungen** sowie im Hinblick auf die **Überwachung des Gesamtunternehmens** zum Tragen. Insoweit muss Folgendes gewährleistet sein:[316] 114
- hinreichende Vorbereitung der Entscheidung der Grundsatzfragen und Analyse aller Entscheidungsparameter unter Hinzuziehung aller Erkenntnisquellen;
- Herbeiführung und Umsetzung der erforderlichen Führungsentscheidungen unter Beteiligung und Einbindung der anderen Gesellschaftsorgane;
- Etablierung eines Informations- und Überwachungssystems zur Gewährleistung einer hinreichenden Information aller Vorstandsmitglieder insbesondere über die Vermögens- und Ertragslage der Gesellschaft und über alle anderen Grundsatzfragen.

4. Risikomanagement, interne Revision und Compliance

Nach § 91 Abs. 2 AktG ist der Vorstand verpflichtet, „ein Überwachungssystem einzurichten, damit den Fortbestand der Gesellschaft gefährdende Entwicklungen früh erkannt werden".[317] Hierdurch soll die Verpflichtung des Vorstandes, für ein angemessenes Risikomanagement und für eine angemessene interne Revision zu sorgen, verdeutlicht werden. Bei dieser Pflicht handelt es sich um eine (gesetzliche) Hervorhebung der allgemeinen Leitungsaufgabe des Vorstandes, zu der auch die Organisation des Unternehmens gehört.[318] Die **konkrete Ausformung dieser Pflicht** hängt von Größe, Struktur, Kapitalmarktzugang usw. des jeweiligen Unternehmens ab.[319] Die Verletzung dieser Organisationspflicht kann Schadensersatzpflichten gem. § 93 AktG begründen.[320] 115

Zu den den Fortbestand des Unternehmens gefährdenden Entwicklungen zählen insbesondere risikobehaftete Geschäfte, Unrichtigkeiten der Rechnungslegung und Verstöße gegen gesetzliche Vorschriften, die sich auf die Vermögens-, Finanz- und Ertragslage des Unternehmens wesentlich auswirken. Die Maßnahmen interner Überwachung sollen so ausgerichtet sein, dass solche Entwicklungen frühzeitig, also zu einem Zeitpunkt erkannt werden, zu dem noch geeignete Gegenmaßnahmen ergriffen werden können. Der präventive Charakter der gesetzlich hervorgehobenen Pflicht zur Etablierung eines solchen Überwachungs- und Frühwarnsystems impliziert, dass sich der Vorstand nicht darauf beschränken darf, einzelne ihm bekannt werdende risikoträchtige Geschäftsvorfälle zu überwachen, sondern es muss eine interne Unternehmensstruktur hergestellt werden, die gewährleistet, dass Maßnahmen, Geschäfte, Entwicklungen und sonstige Umstände, von denen die vorstehend beschriebenen Gefahren ausgehen können, den Vorstandsmitgliedern 115a

---

[316] Kölner Komm./*Mertens/Cahn* § 77 Rn. 22 ff.
[317] Kritisch zur Beschränkung auf bestandsgefährdende Risiken vor dem Hintergrund europarechtlicher Vorgaben MünchKomm. AktG/Bd. 2/*Spindler* § 91 Rn. 22 ff.
[318] *Hüffer/Koch* AktG § 91 Rn. 4.
[319] MünchKomm. AktG/Bd. 2/*Spindler* § 91 Rn. 28. Für Kreditinstitute gilt nach § 25a Abs. 1 Satz 3 und 4 KWG eine detaillierte gesetzliche Regelung, vgl. OLG Celle 9 U 184/07, WM 2008, 1745 (1746). Dazu und zu sonstigen spezialgesetzlichen Risikomanagementsystemen gem. § 64a Abs. 1 VAG und § 33 Abs. 1 WpHG aF MünchKomm. AktG/Bd. 2/*Spindler* § 91 Rn. 38 ff.
[320] *Hüffer/Koch* AktG § 91 Rn. 3. Vgl. auch Referentenentwurf (RefE) des BMJ vom 26.11.1996, abgedr. ua in ZIP 1996, 2129 (2131 f.); RefE ZIP 1997, 2059 (2061).

bekannt und von ihnen kontrolliert werden, sodass Maßnahmen zur Verhinderung der Verwirklichung dieser Risiken frühzeitig eingeleitet werden können.[321]

116 Konkrete Vorgaben für die Ausgestaltung des Überwachungssystems enthalten hingegen weder das Gesetz noch die Gesetzesmaterialien, sodass die Vorstandsmitglieder im Rahmen ihres unternehmerischen Ermessens selbst ein zweckmäßiges und effektives Überwachungskonzept entwickeln und seine Wirksamkeit kontinuierlich überprüfen müssen. Im Rahmen der Prüfung der Zweckmäßigkeit und Effektivität des zu installierenden internen Revisionssystems muss herausgefunden werden, ob die **Wirksamkeit des Risikomanagements gewährleistet** ist, indem
- Prüfungen kontinuierlich und systematisch durchgeführt werden,
- alle Unternehmensbereiche erfasst werden,
- die interne Revision in die Gesellschaftsprozesse integriert wird,
- sie auf die Unternehmensziele und Unternehmensrisiken ausgerichtet ist,
- sichergestellt ist, dass die unternehmensinternen und -externen Informationen richtig und rechtzeitig verfügbar sind, sodass die Unternehmensrisiken zeitgerecht ermittelt werden können,
- eine Risikobewältigung auch bei sich dynamisch ändernden Risikosituationen effektiv erfolgen kann.

Weiterhin sollten die häufigsten und typischen Mängel existierender Risikomanagementsysteme vermieden werden, wie
- unzureichende Systematik,
- fehlende Dokumentation und Nachvollziehbarkeit,
- unzureichende Kontrolle und Überwachung,
- fehlender vorausschauender Einsatz der Instrumente zur Risikoerkennung und -bewältigung,
- Beschränkung der Überwachung auf einzelne Unternehmensbereiche,
- unzureichende Verantwortlichkeitszuweisungen, die zu Informations- bzw. Entscheidungsdefiziten führen können.

117 Die **Pflicht** zur Etablierung eines angemessenen Risikomanagements und einer angemessenen internen Revision ist **konzernweit zu verstehen,**[322] sodass in Muttergesellschaften eines (weit verzweigten) Konzerns von dem „Konzernvorstand" Sorge dafür getragen werden muss, dass solche Risiken und Gefahren auch auf der Ebene von Tochter- und Beteiligungsgesellschaften frühzeitig erkannt und ggf. dort geeignete Gegenmaßnahmen ergriffen werden (sa Ziff. 4.1.4 DCGK).[323] Zumindest alle wesentlichen Konzern- und Beteiligungsunternehmen unterliegen der Überwachungs- und Organisationspflicht des „Konzernvorstandes". Denn der präventive Charakter der Überwachungs- und Organisationspflicht gebietet eine hinreichende Kontrolle aller maßgebenden Unternehmensbereiche einschließlich derjenigen, die mittelbar über Tochter- und Beteiligungsunternehmen wahrgenommen werden und die gemessen am Gesamtunternehmen von hinreichendem quantitativen Gewicht sind bzw. die erhebliche Risiken in sich bergen.

---

[321] *Hüffer/Koch* AktG § 91 Rn. 6 ff. mwN; *Endres* ZHR 1999, 441 (451 f.).

[322] Vgl. zur Compliance im Konzern *Schneider* NZG 2009, 1321.

[323] Die Konzerndimensionalität der Verpflichtung zur Schaffung eines angemessenen Risikomanagements und einer angemessenen internen Revision folgt aus der Begründung des Regierungsentwurfs, dem der Gesetzgeber gefolgt ist. Dort heißt es nämlich: „Bei Mutterunternehmen iSd § 290 HGB ist die Überwachungs- und Organisationspflicht im Rahmen der bestehenden gesellschaftsrechtlichen Möglichkeiten konzernweit zu verstehen, sofern von Tochtergesellschaften den Bestand der Gesellschaft gefährdende Entwicklungen ausgehen können."; vgl. RefE ZIP 1997, 2059 (2061).

D. Pflichten der Vorstandsmitglieder 117a–117c § 6

Nachgeordnete Konzern- und Beteiligungsunternehmen sind in das Risikomanagement „im Rahmen der bestehenden gesellschaftsrechtlichen Möglichkeiten" einzubeziehen.[324] Der **Pflichtenumfang** richtet sich nach den konzernrechtlichen Einflussmöglichkeiten, sodass im Falle eines Vertragskonzerns angesichts der umfassenden Leitungs- und Eingriffsmöglichkeiten hohe Anforderungen an die Ausübung der Konzernkontrolle zu stellen sind. Im Falle einer rein faktischen Konzernierung gehen mit den eingeschränkteren Herrschaftsrechten auch geringere Kontrollmöglichkeiten und somit ein verminderter Pflichtenumfang einher. In weit verzweigten, mehrstufigen Konzernen ist auf jeder Konzernebene die jeweilige Geschäftsführung verpflichtet, ein eigenständiges Überwachungssystem zu schaffen. Hiernach genügt es nicht, wenn ein konzerndimensionales Kontrollsystem lediglich auf der obersten Konzernebene eingerichtet wird, bzw. es reicht auch nicht aus, wenn lediglich auf den unteren Konzernebenen jeweils eine solche Risikovorsorge stattfindet. Der „Konzernvorstand" muss vielmehr die Effektivität des Überwachungs- und Kontrollsystems auf den nachgeordneten Konzernebenen kontinuierlich über die ihm zu Gebote stehenden konzernrechtlichen Einflussnahmemöglichkeiten überwachen und sicherstellen, dass er von gewichtigen Vorgängen Kenntnis erlangt, um sich ein eigenes Bild im Hinblick auf die damit einhergehenden Risiken machen zu können. 117a

Eng verwandt mit dem Themenbereich Risikomanagement und interne Revision ist die Compliance-Verantwortung des Vorstands.[325] Der Geschäftsführung obliegt es aufgrund ihrer Legalitätspflicht, sich selbst gesetzestreu zu verhalten und sicherzustellen, dass die nachgeordneten Mitarbeiter die gesetzlichen Anforderungen einhalten. In Konzernsituationen ist die Konzerngeschäftsführung auch dafür verantwortlich, dass die gesetzlichen Vorgaben konzernweit, also auch auf nachgeordneten Konzernebenen beachtet werden (vgl. Rn. 118 f.).[326] Vor diesem Hintergrund ist der Vorstand gegenüber der AG verpflichtet, eine Compliance-Organisation zu etablieren, die sicherstellt, dass sämtliche Verhaltensanforderungen, welche das jeweils anzuwendende geltende Recht im Hinblick auf die unternehmensweit (konzernweit) auftretenden Sachverhalte statuiert, auf den tieferen Ebenen tatsächlich eingehalten werden. Bei Maßnahmen zur Umsetzung einer Compliance-Organisation geht es darum, Rechtsverstöße bereits im Vorfeld zu verhindern und dennoch erfolgte Verstöße zu erkennen, aufzuklären und zu sanktionieren.[327] 117b

In der Neubürger-Entscheidung hat das LG München strenge Anforderungen an die Schaffung einer eigenen Compliance-Organisation[328] formuliert. Die Compliance-Zuständigkeit trifft demnach den Gesamtvorstand, der die Compliance-Verantwortung organisatorisch klar zuordnen müsse und die mit der Überwachung der Compliance-Vorgaben beauftragten Personen mit hinreichenden Befugnissen 117c

---

[324] Vgl. RefE, ZIP 1997, 2059 (2061).
[325] Ob die Pflicht des Vorstands, das Unternehmen so zu organisieren und zu beaufsichtigen, dass Gesetzesverstöße verhindert werden (Compliance-Verantwortung), unmittelbar aus § 91 Abs. 2 AktG oder aus der Leitungspflicht der §§ 76 Abs. 1, 93 Abs. 1 herzuleiten ist, ist eher von akademischem Interesse, vgl. MünchKomm. AktG/Bd. 2/*Spindler* § 91 Rn. 52. Näher dazu *Fleischer* NZG 2014, 321 (322).
[326] Vgl. zur konzernweiten Compliance-Pflicht im GmbH-Konzern MünchKomm. GmbHG/Bd. 1/*Liebscher* Anh. § 13 Rn. 1205 ff. Zum Spannungsverhältnis zwischen Legalitätspflicht und Unternehmensinteresse *Bicker* AG 2014, 8 ff.
[327] Eingehend zu Compliance-Maßnahmen MünchKomm. GmbHG/Bd. 1/*Liebscher* Anh. § 13 Rn. 1208.
[328] S. Fn. 325.

zur Ahndung von Verstößen ausstatten müsse.[329] Neben diese Pflicht zur Einrichtung eines Compliance-Systems tritt die Pflicht der Vorstandsmitglieder zur Überwachung von dessen Effizienz und eine diesbezügliche Informationspflicht.[330] Entscheidend für den Umfang der Compliance-Organisation sind im konkreten Einzelfall Art, Größe und Organisation des Unternehmens bzw. der Unternehmensgruppe, die aus der konkreten Geschäftstätigkeit des Unternehmens resultierenden Gefährdungsbereiche, die geographische Präsenz sowie Verdachtsfälle aus der Vergangenheit. Bei einer Verletzung dieser Organisationspflichten droht eine Bußgeldhaftung des Unternehmens selbst gem. § 130 OWiG iVm §§ 9, 30 OWiG.

5. Vorstandspflichten in Konzernsituationen

118 Schließlich treffen den Vorstand allgemein in Konzernsituationen besondere Pflichten; dies gilt insbesondere für den „Konzernvorstand", dh den Vorstand der herrschenden AG.[331] Beherrscht die AG ein oder mehrere andere Unternehmen, werden die Beteiligungsrechte der Gesellschaft vom Vorstand der herrschenden AG wahrgenommen. Es erstreckt sich dann die Leitungsverantwortung des Vorstands seiner Gesellschaft gegenüber auch darauf, dass die abhängigen Unternehmen zum Erfolg der Gesellschaft beitragen, sodass die Beteiligungsrechte entsprechend ausgeübt werden müssen. Der unveräußerliche Kern der der herrschenden AG zustehenden Einflussrechte und Leitungsbefugnisse muss vom Vorstand selbst wahrgenommen werden; dies gilt insbesondere im Hinblick auf die Überwachung der Geschäfts- und Ergebnisentwicklung bei den Konzernunternehmen. Diese **Verpflichtung zur Konzernkontrolle** des Vorstandes einer Obergesellschaft ist allgemein anerkannt.[332]

119 Seit Längerem wird darüber hinaus kontrovers die Frage diskutiert, ob der Konzernvorstand zur Konzernleitung, dh zur Ausübung des durch die Beteiligung begründeten Einflusses, verpflichtet ist. Eine **Konzernleitungspflicht** gegenüber dem abhängigen Unternehmen wird abgelehnt. Demgegenüber wird überwiegend davon ausgegangen, dass das Geschäftsführungsorgan des herrschenden Unternehmens gegenüber der eigenen Gesellschaft zur Konzernleitung verpflichtet ist.[333] Heftig umstritten ist insoweit die erforderliche Leitungsintensität: Teilweise wird eine umfassende Konzernleitungsverpflichtung befürwortet, sodass die Konzernvorstände die Pflicht träfe, den konzernrechtlichen Einfluss gegenüber der Tochtergesellschaft so intensiv wie rechtlich zulässig auszuüben und möglichst vollständig die unternehmerische Planung, Entscheidung und Kontrolle der Geschäftspolitik des abhängigen Unternehmens an sich zu ziehen.[334] Demgegenüber werden überwiegend zumindest in faktischen Konzernverhältnissen dezentrale

---

[329] LG München 5 HK O 1387/10, AG 2014, 332 (334); zust. *Simon/Merkelbach* AG 2014, 318; kritisch *Seibt/Cziupka* DB 2014, 1598; vertiefend *Fleischer* NZG 2014, 321.

[330] LG München 5 HK O 1387/10, AG 2014, 332 (335). Eingehend vor dem Hintergrund der Neubürger-Entscheidung *Fleischer* NZG 2014, 321 (323 ff.). Zu den internen Aufklärungspflichten des Vorstands *Grunewald* NZG 2013, 841.

[331] Vgl. zu den Pflichten des Vorstandes des abhängigen Unternehmens § 14 Rn. 77.

[332] Vgl. MHdB GesR IV/*Krieger* § 70 Rn. 27; *Lutter/Krieger* Rechte und Pflichten des Aufsichtsrates Rn. 48. In jüngerer Zeit zur Information zwischen Tochtergesellschaft und herrschendem Unternehmen im vertragslosen Konzern *Hüffer* in FS Schwark 2009, S. 185 ff.

[333] So insb. *Hommelhoff* Konzernleitungspflicht 1982, S. 35 f., 41 ff., 265 ff.; vgl. auch MHdB GesR IV/*Krieger* § 71 Rn. 160; *Raiser/Veil* § 61 Rn. 17; *Semler* Die Leitung und Überwachung der Aktiengesellschaft Rn. 270 ff.

[334] *Hommelhoff* Konzernleitungspflicht 1982 S. 76 ff., 424 f.

D. Pflichten der Vorstandsmitglieder 120, 121 § 6

Konzernstrukturen für ausreichend gehalten.[335] Hiernach ist die Frage, wie der Vorstand der Obergesellschaft Beteiligungen verwaltet und wie er Leitungsmacht über abhängige Unternehmen wahrnimmt, in sein Vorstandsermessen gestellt, da es ein zulässiges und unter Umständen – etwa bei Konglomeraten oder multinationalen Konzernen – auch allein praktikables unternehmerisches Konzept ist, abhängige Unternehmen weitgehend selbstständig arbeiten zu lassen. Entscheidend ist nach der herrschenden Ansicht allein, ob die konzernintern verwirklichten Leitungsstrukturen gewährleisten, dass die Konzerntöchter zum Erfolg des Konzernganzen beitragen. Nehmen Mitglieder des Konzernvorstands innerhalb des Konzerns in nachgeordneten Gesellschaften Organfunktionen und damit Doppelmandate wahr, trifft sie gegenüber der Tochtergesellschaft grundsätzlich eine Verschwiegenheitspflicht. Angesichts der allgemein anerkannten Konzernkontrollpflicht ist strittig, ob dies auch im Verhältnis zur Konzernspitze gilt.[336]

III. Allgemeine gesetzliche Pflichten

Die der AG durch das allgemeine Recht auferlegten Pflichten hat der Vorstand **120** stets eigenverantwortlich zu erfüllen. Namentlich **Steuern und Sozialversicherungsbeiträge** sind abzuführen, **arbeits-, gewerbe- und umweltschutzrechtliche Vorschriften** einzuhalten, das **Kartellverbot** zu beachten uÄ. Zu diesen gesetzlich geregelten Pflichtenkreisen zählt ua die **Rechnungslegungspflicht** des Vorstandes. Der Vorstand ist der AG organschaftlich zur ordnungsgemäßen Buchführung und zur Aufstellung des Jahresabschlusses verpflichtet (§ 238 HGB, § 91 AktG und § 264 Abs. 1 HGB, § 170 Abs. 1 AktG); die periodische Buchführung findet mit der Aufstellung des Jahresabschlusses ihren Abschluss.[337] Aufgrund dessen obliegt dem Vorstand die Pflicht, sich über die Angelegenheiten, den Vermögensstand und die Gewinnsituation der Gesellschaft fortlaufend zu informieren. Darüber hinausgehend müssen die Vorstandsmitglieder generell für eine Organisation sorgen, die auch außerhalb der Aufstellung des Jahresabschlusses jederzeit Übersicht über die wirtschaftliche und finanzielle Lage des Unternehmens ermöglicht. Pflichtverstöße in diesem Bereich sind in besonderem Maße mit persönlichen Haftungsrisiken verbunden.

Dies gilt namentlich auch für die Pflichten des Vorstandes in der **Krise der** **121** **AG**.[338] Ein **Verlust** in Höhe der Hälfte des Grundkapitals der Gesellschaft verpflichtet den Vorstand nach § 92 Abs. 1 AktG, unverzüglich eine außerordentliche Hauptversammlung einzuberufen. Gegenstand der Tagesordnung dieser Versammlung ist eine entsprechende Verlustanzeige; diese muss klar und eindeutig abgefasst sein und darf die prekäre wirtschaftliche Lage des Unternehmens nicht verschleiern. Für die Feststellung des Verlusts gelten bzgl. Ansatz und Bewertung grds. die für den Jahresabschluss geltenden Regeln, insb. auch hinsichtl. der Behandlung stiller Reserven. Bei einer positiven Fortbestehungsprognose gilt das Prinzip des going concern, dh es sind grds. die Buchwerte anzusetzen; andernfalls ist von den

---

[335] MHdB GesR IV/*Krieger* § 70 Rn. 27; *Semler* Leitung und Überwachung der Aktiengesellschaft Rn. 280.
[336] Vertiefend MünchKomm. GmbHG/*Liebscher* Anh. § 13 Rn. 1220.
[337] Vgl. MHdB GesR IV/*Hoffmann-Becking* § 44 Rn. 1 ff.; *Hüffer/Koch* AktG § 91 Rn. 1 f., § 172 Rn. 2; MHdB GesR IV/*Wiesner* § 25 Rn. 123 ff.
[338] Vgl. dazu eingehend § 17 Rn. 6 ff.

Liquidationswerten auszugehen.[339] Weiterhin ist der Vorstand verpflichtet, ein Sanierungskonzept zu erstellen und den Aktionären alsbald, wenn möglich in der Versammlung, zu präsentieren.[340]

121a Die **Verpflichtung zur Einleitung des Insolvenzverfahrens** trifft den Vorstand bei Eintritt der Zahlungsunfähigkeit oder Überschuldung der Gesellschaft (§ 15a InsO iVm §§ 17 ff. InsO). Der Vorstand ist bei Eintritt eines Insolvenzgrundes verpflichtet, den Insolvenzantrag unverzüglich, spätestens jedoch drei Wochen nach Eintritt des Insolvenzgrundes zu stellen (§ 15a Abs. 1 Satz 1 InsO). Der Antrag kann von jedem Mitglied des Vorstands gestellt werden (§§ 15 Abs. 1, 15a Abs. 1 InsO). Bei der Drei-Wochen-Frist handelt es sich um eine Höchstfrist, die nicht ohne Weiteres ausgeschöpft werden darf; nur bei Vorliegen triftiger Gründe, insbesondere bei aussichtsreich erscheinenden Sanierungsbemühungen, kann die Frist voll ausgeschöpft werden.[341] Der Insolvenzgrund der Zahlungsunfähigkeit ist erfüllt, wenn die Gesellschaft dauerhaft außerstande ist, ihre fälligen Geldschulden ganz oder teilweise zu erfüllen, insbesondere wenn eine Zahlungseinstellung erfolgt ist (§ 17 Abs. 2 InsO). Vorübergehende Zahlungsstockungen reichen zur Annahme einer Zahlungsunfähigkeit nicht aus, wenn damit zu rechnen ist, dass die Gesellschaft alsbald wieder über liquide Mittel verfügen wird.[342] Im Zweifel ist die Gesellschaft verpflichtet, einen Zahlungsplan aufzustellen, in dem die in absehbarer Zeit fällig werdenden Verbindlichkeiten und die zu erwartenden liquiden Zahlungseingänge im Einzelnen aufgelistet werden, um zu klären, ob Zahlungsunfähigkeit eingetreten ist oder droht (§ 18 InsO). Überschuldung nach § 19 Abs. 2 InsO liegt vor, wenn Schulden der Gesellschaft nicht mehr von deren Vermögen gedeckt sind. Die schwierige Feststellung der Überschuldung erfolgt im Wege der Aufstellung einer Überschuldungsbilanz; es handelt sich hierbei um eine Vermögensbilanz, in der die Vermögensgegenstände mit dem Zeitwert bewertet werden.[343]

121b Nach Eintritt der Zahlungsunfähigkeit oder Überschuldung darf der Vorstand keine Zahlungen mehr tätigen (§ 92 Abs. 2 Satz 1 AktG). Hinsichtlich dieses Zahlungsverbots des § 92 Abs. 2 Satz 1 AktG hat der Bundesgerichtshof klargestellt, dass dieses bereits ab Eintritt der Insolvenzreife und nicht erst ab dem Ende der Insolvenzantragsfrist gilt.[344] Durch das MoMiG wurde das Zahlungsverbot des § 92 Abs. 2 Satz 3 AktG dahingehend erweitert, dass auch Zahlungen an Aktionäre erfasst werden, die zwar das zur Erhaltung des Grundkapitals erforderliche Vermögen unberührt lassen, aber die Zahlungsunfähigkeit herbeiführen müssen und tatsächlich

---

[339] *Hüffer/Koch* AktG § 92 Rn. 4.
[340] MHdB GesR IV/*Wiesner* § 25 Rn. 104 aE.
[341] BGH II ZR 118/77, BGHZ 75, 96 (111 f.); Kölner Komm./*Mertens/Cahn* Anh. § 92 Rn. 23 f.; MHdB GesR IV/*Wiesner* § 25 Rn. 117.
[342] *Hüffer/Koch* AktG § 92 Rn. 11; MünchKomm. AktG/*Spindler* § 92 Rn. 50; Kölner Komm./*Mertens/Cahn* Anh. § 92 Rn. 8; MHdB GesR IV/*Wiesner* § 25 Rn. 111.
[343] BGH II ZR 269/91, BGHZ 119, 201 (213 f.); MünchKomm. AktG/Bd. 2/*Spindler* § 92 Rn. 55 ff.; *Hüffer/Koch* AktG § 92 Rn. 17; Spindler/Stilz/*Fleischer* § 92 Rn. 58; MHdB GesR IV/*Wiesner* § 25 Rn. 112 ff. – aA Kölner Komm./*Mertens/Cahn* Anh. § 92 Rn. 31 (entscheidend sei handelsbilanzielle Überschuldung, sonst werde der subjektive Bewertungsspielraum des Vorstands eingeengt).
[344] BGH II ZR 280/07, NZG 2009, 550; zumindest für die GmbH & Co. KG trifft die Organmitglieder keine Haftung, soweit die durch die Zahlung verursachte Schmälerung der Masse in einem unmittelbaren Zusammenhang mit ihr ausgeglichen wird, BGH II ZR 231/13, WM 2015, 77; vgl. zudem BGH II ZR 77/15, BeckRS 2016, 15522.

D. Pflichten der Vorstandsmitglieder 122, 123 § 6

auch herbeiführen.[345] Dadurch wurde § 92 AktG um eine Insolvenzverursachungshaftung[346] ergänzt, die zunächst und vor allem das Auszahlungsverbot des § 57 Abs. 1 AktG betrifft. Hiervon ausgenommen sind lediglich solche Zahlungen, die mit der Sorgfalt eines ordentlichen und gewissenhaften Geschäftsleiters vereinbar sind (§ 92 Abs. 2 Satz 2 AktG), also insbesondere masseneutrale Zahlungen, bei denen eine wertgleiche Gegenleistung besteht; für die Abführung der Arbeitnehmerbeiträge zur Sozialversicherung gilt diese Ausnahme hingegen nicht.[347]

Weiterhin besteht im Hinblick auf bestimmte gesellschaftsrechtliche Vorgänge eine **Anmeldepflicht zum Handelsregister**. Derartige Anmeldepflichten bestehen etwa bei Satzungsänderungen (§ 181 AktG), Kapitalmaßnahmen (§§ 188 Abs. 4, 227 AktG) und bei sonstigen Strukturmaßnahmen, wie dem Abschluss eines Unternehmensvertrages (§ 294 AktG) sowie Umstrukturierungen nach dem UmwG uÄ. Darüber hinaus bestehen bezüglich bestimmter Unterlagen Einreichungspflichten der Vorstandsmitglieder, etwa hinsichtlich des Protokolls der Hauptversammlung (§ 130 Abs. 5 AktG), des Jahresabschlusses, des Lageberichts, des Ergebnisverwendungsvorschlages und -beschlusses (§ 325 Abs. 1 HGB), sowie Bekanntmachungspflichten im elektronischen Bundesanzeiger (vgl. § 325 Abs. 2 HGB). Bei konzernabschlusspflichtigen Gesellschaften besteht darüber hinaus eine Einreichungspflicht hinsichtlich des Konzernabschlusses sowie des Konzernlageberichts, wobei diese gem. § 325 Abs. 3 HGB ebenfalls im elektronischen Bundesanzeiger bekannt zu machen sind. Zudem besteht gem. § 106 AktG im Fall des Wechsel eines oder mehrerer Aufsichtsratsmitglieder die Pflicht, eine entsprechende Liste zum Handelsregister einzureichen.

122

IV. Treuepflicht

Weiterhin trifft die Vorstandsmitglieder gegenüber der Gesellschaft eine intensive Treuepflicht.[348] Die Loyalitätspflicht ist das Korrelat zu den weitreichenden Befugnissen der Vorstände. Aus Treuebindungen ergeben sich vor allem **Schutz- und Rücksichtnahmepflichten** in Gestalt von Unterlassungspflichten, sie sind aber auch bestimmend für das Maß der aktiven Förderungspflichten. Treuepflichten bestehen allein aufgrund der Organstellung. Begleitende Rechtsbeziehungen, insbesondere das Anstellungsverhältnis, erzeugen in der Regel kongruente Treuebindungen und formen diese näher aus.[349] Die Treuepflichten der Vorstandsmitglieder gegenüber der AG wirken in bestimmtem Umfang über die Beendigung der Organstellung hinaus; dies gilt insbesondere für Rücksichtnahmepflichten gegenüber der Gesellschaft. Die wichtigsten **Ausprägungen** der Treuepflichten der Vorstände sind die Verschwiegenheitspflicht sowie das Wettbewerbsverbot und die Geschäftschancenbindung.

123

---

[345] Vgl. Begr. RegE v. 25.7.2007, BT-Drs. 16/6140, 46; näher dazu *Knapp* DStR 2008, 2371 (2373).
[346] Ausführlich dazu *Knopf* DStR 2007, 1536; *ders.* DStR 2007, 1580.
[347] MHdB GesR IV/*Wiesner* § 25 Rn. 120; *Hüffer/Koch* AktG § 92 Rn. 34.
[348] BGH II ZR 64/67, BGHZ 49, 30 (31) (für die GmbH); MünchKomm. AktG/Bd. 2/ *Spindler* § 76 Rn. 13; *Hüffer/Koch* AktG § 84 Rn. 10; Kölner Komm./*Mertens/Cahn* § 93 Rn. 95; MHdB GesR IV/*Wiesner* § 25 Rn. 41 ff.; *Weller* ZHR 2011, 110 (117 ff.). Zum Umgang mit Interessenkonflikten im Vorstand *Diekmann/Fleischmann* AG 2013, 141.
[349] Vgl. *Fleischer* NZG 2010, 561 (564): treuepflichtgestützte Mitteilungspflicht über krankheitsbedingt voraussichtlich schwindende Diensttauglichkeit.

1. Verschwiegenheitspflicht

124 Die Vorstandsmitglieder sind gem. § 93 Abs. 1 Satz 3 AktG verpflichtet, alle ihnen zur Kenntnis gelangten geheimhaltungsbedürftigen Informationen, namentlich **Betriebs- und Geschäftsgeheimnisse**, vertraulich zu behandeln. Die Verschwiegenheitspflicht erfasst darüber hinaus die Einhaltung von **Vertraulichkeitspflichten**, die der Gesellschaft selbst **aus allgemeinem Recht** obliegen (zB aus Datenschutzgründen). Eine Verschwiegenheitspflicht besteht stets bei objektivem Geheimhaltungsinteresse, so dass ein aktueller oder erkennbarer Geheimhaltungswille der anderen Organe der Gesellschaft nicht erforderlich ist. Darüber hinaus überdauern die Verschwiegenheitspflichten die Beendigung der Amtszeit. Verstöße gegen die Verschwiegenheitsverpflichtung stellen nicht nur zum Schadensersatz verpflichtende und zur Abberufung berechtigende grobe Pflichtverstöße dar, sondern sie sind darüber hinaus gem. § 404 AktG strafbar.[350] Zu berücksichtigen ist allerdings, dass die Verschwiegenheitspflicht nicht absolut gilt. Geschäfts- und Betriebsgeheimnisse dürfen selbstverständlich an Mitglieder des Aufsichtsrats und externe Berater sowie insbesondere an die Abschlussprüfer, die ihrerseits zur Berufsverschwiegenheit verpflichtet sind, weitergegeben werden; gleiches gilt im Hinblick auf nachgeordnete Mitarbeiter.[351] Ferner tritt die Verschwiegenheitspflicht zurück, wenn die Weitergabe der Information gerade im Interesse der AG liegt; dieser Maßstab gilt auch für die Weitergabe von Informationen im Rahmen einer Due-Diligence-Prüfung nach Abschluss einer Vertraulichkeitsvereinbarung.[352]

125 Strittig ist, ob der Vorstand des abhängigen Unternehmens berechtigt ist, **Sonderinformationen an das herrschende Unternehmen** weiterzugeben. Normalerweise sind in informatorischer Hinsicht alle Aktionäre gleich zu behandeln; gem. § 131 Abs. 4 AktG sind Informationen, die außerhalb der Hauptversammlung anderen Aktionären gegeben wurden, auf Nachfrage allen Aktionären zu erteilen. Es wird allerdings vertreten, dass die Vertraulichkeitspflicht (§ 93 Abs. 1 Satz 3 AktG) und die Gleichbehandlungsverpflichtung (§ 131 Abs. 4 AktG) im Verhältnis zur konzernleitenden Obergesellschaft selbst im faktischen Konzern nicht gilt, soweit die gegebenen Informationen für eine sachgerechte Konzernleitung erforderlich sind.[353]

2. Wettbewerbsverbot und Geschäftschancenbindung

126 Die Vorstandsmitglieder unterliegen während der Dauer ihres Amtes gem. § 88 AktG einem Wettbewerbsverbot. Das bedeutet zum einen, dass sie kein Handelsgewerbe konkurrierender Art betreiben dürfen. Ihnen sind ferner auch einzelne Geschäfte im Geschäftszweig der Gesellschaft verboten, gleichgültig ob für eigene oder fremde Rechnung. Das Wettbewerbsverbot untersagt des Weiteren, Organ oder persönlich haftender Gesellschafter einer konkurrierenden Handelsgesellschaft

---

[350] Vgl. zu weiteren Einzelheiten der Verschwiegenheitspflicht *Hüffer/Koch* AktG § 93 Rn. 29 ff.; MHdB GesR IV/*Wiesner* § 25 Rn. 46 ff.; MünchKomm. AktG/Bd. 2/*Spindler* § 93 Rn. 113 ff.

[351] *Hüffer/Koch* AktG § 93 Rn. 31; MünchKomm. AktG/Bd. 2/*Spindler* § 93 Rn. 124 ff., 133 ff.

[352] Großkomm. AktG/*Hopt/Roth* § 93 Rn. 304 ff.; *Hüffer/Koch* AktG § 93 Rn. 32 (Voraussetzung sei Abschluss einer Vertraulichkeitsvereinbarung und Unumgänglichkeit für das Zustandekommen des Geschäfts); deutlich enger *Lutter* ZIP 1997, 613 (617).

[353] *Hüffer/Koch* AktG § 131 Rn. 38; MHdB GesR IV/*Wiesner* § 25 Rn. 47 aE.

D. Pflichten der Vorstandsmitglieder § 6

zu sein. Allerdings kann der Aufsichtsrat von dem Wettbewerbsverbot Dispens erteilen; die Dispenserteilung muss sich auf eine konkrete Tätigkeit des Vorstandsmitglieds beziehen (§ 88 Abs. 1 Satz 3 AktG).[354] Verstößt das Vorstandsmitglied gegen das Wettbewerbsverbot, so gibt § 88 Abs. 2 Satz 1 AktG der Gesellschaft einen Schadensersatzanspruch. Darüber hinaus gewährt § 88 Abs. 2 Satz 2 AktG alternativ die Möglichkeit, den aus der verbotenen Wettbewerbstätigkeit erzielten Gewinn im Wege des Eintritts in das wettbewerbswidrig abgeschlossene Geschäft an sich zu ziehen. Darüber hinaus wird vielfach im Anstellungsvertrag geregelt, dass die Vorstandsmitglieder auch keine sonstigen Tätigkeiten neben ihrer Organtätigkeit ausüben dürfen, sondern verpflichtet sind, ihre gesamte Arbeitskraft in den Dienst der Gesellschaft zu stellen. Solche umfassenden Tätigkeitsverbote sind zulässig, und für sie wird regelmäßig durch die Vorstandsvergütung ein adäquater Ausgleich gewährt.

Das Wettbewerbsverbot selbst ist nur Teilausprägung der Treuebindung, die Organstellung nicht zum eigenen Vorteil auf Kosten der Gesellschaft auszunutzen. Dieser Grundsatz ist Anknüpfungspunkt der sog. **Geschäftschancenlehre**, wonach Vorstandsmitglieder sich bietende, in den Geschäftskreis der Gesellschaft fallende Geschäftsvorteile nicht auf sich selbst überleiten dürfen, insbesondere auch nicht, um sich selbstständig zu machen. Noch umfassender formuliert die höchstrichterliche Rechtsprechung dahin, dass „die Vorstandsmitglieder, soweit die Interessen der Gesellschaft berührt sind, nicht zum eigenen Vorteil handeln dürfen". Die Vorstandsmitglieder dürfen bei ihrer Aufgabenwahrnehmung nur das Wohl der AG im Auge haben, nicht eigene wirtschaftliche Vorteile oder die Vorteile Dritter.[355] Das Verbot erfasst alle denkbaren geschäftlichen Möglichkeiten, die Vorstandsmitglieder für die Gesellschaft auch nur wahrnehmen könnten, und untersagt Geschäfte für sich selbst und für Dritte, soweit daraus ein Konflikt mit den vom Vorstand wahrzunehmenden Geschäften entstehen könnte. Die Bindung der Vorstandsmitglieder im Rahmen der Geschäftschancenlehre besteht stets für den durch die Satzung abgegrenzten Bereich des Unternehmensgegenstandes, ferner auch für einen über die Satzung hinausgehenden, durch die tatsächliche Entwicklung gegebenen Geschäftsbereich. Inwieweit darüber hinaus auch im gegenstandsneutralen Bereich auftretende Geschäftschancen für die Gesellschaft wahrgenommen werden müssen (zB Erwerb eines Grundstücks), hängt von den Umständen des Einzelfalls

---

[354] Im Hinblick auf diese Befugnis des Aufsichtsrats, vom Wettbewerbsverbot Dispens zu erteilen, hat der Bundesgerichtshof nunmehr klargestellt, dass sog. Vorstandsdoppelmandate nach geltendem Aktienrecht nicht verboten sind. Ihre Zulässigkeit hängt vielmehr allein von der Zustimmung der Aufsichtsräte beider Gesellschaften zu der Doppeltätigkeit ab (vgl. §§ 84 Abs. 1, 88 Abs. 1 AktG). Weiter urteilte der BGH, auch in der gesellschaftsrechtlichen Sonderform der AG & Co. KG habe der Minderheitskommanditist kein aus dem Wettbewerbsverbot des § 112 Abs. 1 HGB ableitbares Mitwirkungsrecht in Form eines Zustimmungsvorbehalts („Vetorecht") bei der Besetzung der Vorstände der Komplementär-AG und der Mehrheitskommanditistin (AG) mit Doppelmandatsträgern. Vielmehr fallen auch in dieser Konstellation die Bestellung derartiger Vorstände und deren Befreiung von einem Wettbewerbsverbot in die alleinige Zuständigkeit der Aufsichtsräte der beteiligten Aktiengesellschaften (BGH II ZR 170/07, BGHZ 180, 105 = NZG 2009, 744, „Vorstandsdoppelmandat"). Eingehend dazu *Weller* ZHR 2011, 110.

[355] BGH II ZR 334/87, NJW-RR 1989, 1255 (1257); II ZR 246/84, WM 1985, 1443 (für den Geschäftsführer einer GmbH); s.a. Kölner Komm./*Mertens/Cahn* § 93 Rn. 95. Die Geschäftschancenlehre ist auch auf den geschäftsführenden Gesellschafter einer GbR anwendbar, soweit diese eine „Erwerbsgesellschaft" darstellt oder gewerblich tätig wird, BGH II ZR 159/10, NZG 2013, 216.

ab. Ist das Geschäft für die Gesellschaft nötig oder auch nur dringend wünschenswert, kann die Treuepflicht dem Vorstandsmitglied die Pflicht auferlegen, die Chance für die Gesellschaft (und nicht für sich) wahrzunehmen. Die Behinderung oder Unterlassung der Nutzung von Geschäftschancen bzw. die Eigenausnutzung derselben ist treuwidrig und verpflichtet das Vorstandsmitglied zur Herausgabe der erlangten Vorteile an die Gesellschaft und zum Schadensersatz. Verstöße gegen die Grundsätze der Geschäftschancenlehre berechtigen darüber hinaus die Gesellschaft regelmäßig zur Kündigung des Anstellungsvertrages und zur Abberufung aus wichtigem Grund.[356]

E. Zivilrechtliche Haftung der Vorstandsmitglieder

128 Im Rahmen einer Inanspruchnahme von Vorständen auf Schadensersatz ist zwischen der Haftung gegenüber der Gesellschaft und gegenüber Dritten zu unterscheiden:

I. Haftung gegenüber der Gesellschaft

129 Die Verantwortlichkeit der Vorstandsmitglieder gegenüber der Gesellschaft ist in § 93 AktG geregelt. Für stellvertretende Vorstandsmitglieder gilt diese Bestimmung nach § 94 AktG entsprechend. Das Vorstandsmitglied hat der Gesellschaft für **Schäden** einzustehen, die daraus entstanden sind, dass das Vorstandsmitglied **schuldhaft** die objektiv erforderliche **Sorgfalt eines ordentlichen Geschäftsleiters** hat vermissen lassen. Sind mehrere Vorstandsmitglieder an der Pflichtverletzung beteiligt, haften sie „solidarisch", dh als Gesamtschuldner (§ 426 BGB). Gleichzeitig liegt stets auch eine Verletzung der Pflichten aus dem Anstellungsvertrag vor; diesem kommt jedoch neben der gesetzlichen Haftungsgrundlage des § 93 AktG keine eigenständige Bedeutung zu.[357] Weiterhin ist zu berücksichtigen, dass die gesetzlichen Haftungsregelungen weder durch Satzungsklauseln noch durch Regelungen im Anstellungsvertrag modifiziert, dh gemildert oder verschärft werden können.[358] Die erheblichen Haftungsrisiken der Vorstandsmitglieder, die sich in vergangenen Judikaten zu Organhaftungsklagen teilweise auch realisiert haben,[359] führten zu einer lebhaften Diskussion über das Thema der Organhaftung, die in den Beschlüssen des 70. Deutschen Juristentags 2014 vorläufig kulminierte. Von aktueller Relevanz sind insbesondere der weiter ungeklärte Anwendungsbereich der Business Judgement Rule, Fragen der Beweislast sowie Vorschläge zur Begrenzung der Vorstandshaftung.[360] Die damit verbundenen Einzelfragen werden in den folgenden Untertiteln behandelt.

---

[356] Vgl. *Jäger* NZG 2001, 97 (98), mwN.
[357] MHdB GesR IV/*Wiesner* § 26 Rn. 8.
[358] MünchKomm. AktG/Bd. 2/*Spindler* § 93 Rn. 27; *Hüffer/Koch* AktG § 93 Rn. 2; Kölner Komm./*Mertens/Cahn* § 93 Rn. 8; MHdB GesR IV/*Wiesner* § 26 Rn. 8 aE.
[359] Vgl. hierzu den Überblick über wichtige Haftungsfälle der vergangenen Jahre bei *Lange* D&O-Versicherung und Managerhaftung 2014, § 2 Rn. 255 ff.
[360] Aktueller Überblick zur Geschäftsleiterhaftung bei *Bachmann* BB 2015, 771; zum Reformbedarf der Organhaftung *Habersack* ZHR 2013, 782; *Spindler* AG 2013, 889; zu Haftungsvereinbarungen *Grunewald* AG 2013, 813 ff.

1. Haftungsgrundsätze

Einen generellen Maßstab für die Anforderungen an die **Sorgfalt eines ordentlichen und gewissenhaften Geschäftsleiters** gibt es nicht. Die Sorgfaltspflichten sind unter Berücksichtigung der Besonderheiten des Einzelfalls zu bestimmen. Dabei spielen die Größe und die Branche des Unternehmens sowie spezielle Aufgaben des Vorstandmitglieds eine Rolle. Anhaltspunkte lassen sich aus der Formel gewinnen, wonach „den Verwaltungsmitgliedern die Pflicht obliegt, den Vorteil der Gesellschaft zu wahren und Schaden von ihr abzuwenden."[361] Dementsprechend haben die Vorstände vor allem dafür Sorge zu tragen, dass sich die Gesellschaft rechtmäßig verhält. Dies gilt für das Verhalten der AG im Außenverhältnis ebenso wie für die Einhaltung der im Innenverhältnis zu beachtenden Bestimmungen. Bei rechtswidrigem Verhalten der AG im Außenverhältnis haften die Vorstände ggf. für den Schaden, der der Gesellschaft durch ihre Haftung ggü einem Dritten, zB nach §§ 97, 98 WpHG (§§ 37b, 37c WpHG aF), entsteht. Die Vorstände haben die grundsätzlichen, für die Leitung des Unternehmens maßgeblichen Entscheidungen zu treffen und dafür Sorge zu tragen, dass sich die Entscheidungen innerhalb der Grenzen der gesicherten Erkenntnisse und Erfahrungen unternehmerischen Verhaltens halten.

Die Aufgabe des Vorstandes, unternehmerisch zu handeln und zu denken, schließt die **Eingehung von Risiken** zwangsläufig mit ein. Dementsprechend haften die Vorstandsmitglieder nicht generell für den Erfolg des Unternehmens. Denn unternehmerisches Verhalten besteht nun einmal darin, vertretbare Risiken unter Berücksichtigung der finanziellen Lage und der geschäftlichen Möglichkeiten der Gesellschaft sowie eines möglichen Nutzens für das Unternehmen einzugehen. Das Unternehmensrisiko trägt die Gesellschaft. Der BGH hat in der ARAG/Garmenbeck-Entscheidung[362] daher den Beurteilungs- und Handlungsspielraum des Vorstands gestärkt und die Haftungsrisiken unternehmerischer Entscheidungen abgemildert. Er hat entschieden, dass der unternehmerische Handlungsspielraum des Vorstandes insbesondere auch die Bereitschaft umfasse, bewusst geschäftliche Risiken einzugehen. Er enthalte naturgemäß die Gefahr, dass der Vorstand Fehlbeurteilungen und Fehleinschätzungen unterliege, die ihm aus Ex-ante-Sicht nicht vorgeworfen werden könnten. Denn die „Freiheit zu Wagnis und Risiko" schließe das „Recht auf Irrtum" ein.

Von diesem Grundsatz ausgehend hat der Gesetzgeber in Anknüpfung an die Rechtsprechung des BGH die sog. **Business Judgement Rule** (Ursprung im US-amerikanischen Recht) in § 93 Abs. 1 Satz 2 AktG normiert. Danach liegt eine Pflichtverletzung dann nicht vor, wenn das Vorstandsmitglied bei einer unternehmerischen Entscheidung vernünftigerweise annehmen durfte, auf der Grundlage angemessener Information[363] zum Wohle der Gesellschaft zu handeln.[364] Nach Sinn

---

[361] OLG Düsseldorf 6 U 11/95, AG 1997, 231 (235) – ARAG/Garmenbeck; OLG Hamm 8 U 59/94, AG 1995, 512 (514) – Harpener/Omni; OLG Koblenz 6 U 1650/89, ZIP 1991, 870 (871); vgl. ferner grundlegend BGH II ZR (144/55, BGHZ 21, 354 (357); MünchKomm. AktG/Bd. 2/*Spindler* § 93 Rn. 26; s.a. Kölner Komm./*Mertens/Cahn* § 93 Rn. 10 f.
[362] BGH II ZR 175/95, NJW 1997, 1926.
[363] Zum Erfordernis angemessener Information BGH 5 StR 134/15, NJW 2017, 578 (579); OLG Düsseldorf I-6 W 45/09, AG 2010, 126 (128 f.); dazu *Freitag/Korch* ZIP 2012, 2281. Das Organmitglied sollte im Hinblick auf die Beweislastverteilung iRd § 93 Abs. 1 Satz 2 AktG die Entscheidungsfindung (Informationsgrundlage und leitende Erwägungen) dokumentieren, *Habersack* ZHR 2013, 782 (798).
[364] Etwa BGH 5 StR 134/15, NJW 2017, 578 (579); II ZR 146/09, AG 2011, 378 Rn. 19. Zu Entwicklungen bei der Business Judgement Rule *Bachmann* ZHR 2013, 1; *ders.* NZG

und Zweck ist neben den genannten Gesichtspunkten des Weiteren vorauszusetzen, dass die Entscheidung frei von Sonderinteressen und sachfremden Erwägungen war.[365] Dogmatisch gesehen handelt es sich bei § 93 Abs. 1 Satz 2 AktG um eine unwiderlegliche Rechtsvermutung, dass keine Pflichtverletzung vorlag.[366] Die eingegangenen Risiken dürfen jedoch nicht unangemessen sein; je höher die Risiken sind, desto strenger sind die Anforderungen an die Prüfungs- und Überwachungspflicht.[367] Gegebenenfalls müssen sich die Vorstandsmitglieder sachverständiger Hilfe bedienen, um die Chancen und Risiken einer geschäftlichen Handlung richtig abzuschätzen. Im Ergebnis muss die vom Vorstand getroffene Entscheidung vom kaufmännischen Standpunkt aus vertretbar sein. Ist sie dies, können die Vorstandsmitglieder nicht persönlich dafür in Anspruch genommen werden, dass sich die mit dem Geschäft verbundenen Chancen nicht haben verwirklichen lassen, sondern sich die damit einhergehenden Risiken realisiert haben. Für Vorstandsmitglieder führt der durch das MoMiG eingeführte § 57 Abs. 1 Satz 3 AktG, der eine Ausnahme vom strengen Gebot der Kapitalbindung eingeführt und somit das System des Cash-Pooling nunmehr auf eine Rechtsgrundlage stellt, zu zusätzlichen Haftungsrisiken. Die Vorstandsmitglieder müssen nämlich die Vollwertigkeit bzw. Bilanzneutralität des Vorgangs beurteilen, also letztlich die Frage, ob der Gesellschafter liquide genug ist, die empfangenen Leistungen nach Fälligkeit wieder an die Gesellschaft zurückzuzahlen.[368] Da es sich hierbei aber um eine gesetzlich gebundene Entscheidung handelt, kommt dem Vorstand die Business Judgement Rule (§ 93 Abs. 1 Satz 2 AktG) nicht zugute.[369] Gleichwohl muss man dem Vorstand aber wohl einen gewissen Beurteilungsspielraum einräumen, da es sich bei der „Vollwertigkeit" um einen unbestimmten Rechtsbegriff handelt.[370]

132a Auch bei unsicherer Rechtslage wird überwiegend ein Beurteilungsspielraum des Geschäftsleiters anerkannt, wobei als Grundlage dieses Freiraums über die Herleitung aus der Business Judgement Rule, das Bestehen einer Legal Judgement Rule bzw. die Relativierung der Grundsätze zum Rechtsirrtum gestritten wird.[371] Der Vorstand ist bei unsicherer Rechtslage gehalten, die Vor- und Nachteile der Gesellschaft für den Fall abzuwägen, dass sich seine Entscheidung nachträglich als unrichtig herausstellt; bildet der Vorstand seine Entscheidung sorgfältig, insbesondere hinreichend informiert, und nimmt er die gebotene Risikoabwägung vor, unterliegt er nicht einem Regress gegenüber der Gesellschaft, wenn sich die Entscheidung und die dieser zugrunde liegende rechtliche Beurteilung nachträglich als fehler-

---

2013, 1121; *Scholz* AG 2015, 222; *Spindler* AG 2013, 889. Eingehend zur Business Judgement Rule bei Kollegialentscheidungen *Löbbe/Fischbach* AG 2014, 717. Für eine strenge gerichtliche Nachprüfung unternehmerischer Entscheidungsspielräume im Rahmen gesetzlicher Bindungen *Holle* AG 2011, 778.

[365] *Hüffer/Koch* AktG § 93 Rn. 24; vgl. auch MünchKomm. AktG/Bd. 2/*Spindler* § 93 Rn. 60. Eingehend zur Business Judgement Rule bei Interessenkonflikten innerhalb des Vorstands *Harbarth* in FS Hommelhoff 2012, S. 323 ff.; *Koch* in FS Säcker 2011, S. 403 ff.
[366] *Hüffer/Koch* AktG § 93 Rn. 14.
[367] Vgl. Großkomm. AktG/*Hopt/Roth* § 93 Rn. 58 ff., 80 ff.; s.a. *Hüffer/Koch* AktG § 93 Rn. 20.
[368] Dazu *Kindler* NJW 2008, 3249 (3253).
[369] Vgl. *Drygala/Kremer* ZIP 2007, 1289 (1293).
[370] Näher dazu *Knapp* DStR 2008, 2371 (2372).
[371] Näher *Buck-Heeb* BB 2013, 2247 (2251 ff.); *Hasselbach/Ebbinghaus* AG 2014, 873 (883); vgl. auch *Spindler* AG 2013, 889 (893).

E. Zivilrechtliche Haftung der Vorstandsmitglieder   133, 134   § 6

haft erweist.[372] Der BGH hat die in der sog. ISION-Entscheidung[373] aufgestellten Grundsätze zur Enthaftung des Vorstands bei einem Rechtsirrtum fortgeschrieben. Die Prüfung erfolgt auf der Ebene des Verschuldens. Der Vorstand kann sich danach wegen eines Rechtsirrtums nur dann entlasten, wenn er sich „[…] *unter umfassender Darstellung der Verhältnisse der Gesellschaft und Offenlegung der erforderlichen Unterlagen von einem unabhängigen, für die zu klärende Frage fachlich qualifizierten Berufsträger beraten lässt und den erteilten Rechtsrat einer sorgfältigen Plausibilitätskontrolle unterzieht.*"[374] Diese Plausibilitätsprüfung besteht, wie der BGH nunmehr konkretisiert, „[…] *nicht in einer rechtlichen Überprüfung der erhaltenen Rechtsauskunft. Sie beinhaltet vielmehr eine Überprüfung, ob dem Berater nach dem Inhalt der Auskunft alle erforderlichen Informationen zur Verfügung standen, er die Informationen verarbeitet hat und alle sich in der Sache für einen Rechtsunkundigen aufdrängenden Fragen widerspruchsfrei beantwortet hat oder sich aufgrund der Auskunft weitere Fragen aufdrängen.*"[375]

Noch nicht abschließend geklärt ist die Frage, ob auch die bloßen, rechtlich nicht **133** verbindlichen **Empfehlungen des DCGK** den Sorgfaltsmaßstab des § 93 AktG ausfüllen. Dabei ist zu berücksichtigen, dass die Empfehlungen in den Bereich der Loyalitätspflichten der Organmitglieder fallen, sich aber nicht auf die Art und Weise der Erfüllung ihrer Aufgaben beziehen. Somit bleibt die Business Judgement Rule in jedem Fall bestehen.[376] Im Übrigen werden die Gerichte die Empfehlungen dann als ersten Anhaltspunkt berücksichtigen, wenn sie eine verbreitete Übung wiedergeben. Im Falle einer – zukünftigen – Anerkennung einer entsprechenden Übung spricht aber einiges dafür, jedenfalls bei Befolgung der Empfehlungen zu vermuten, dass damit auch der Sorgfaltspflicht des § 93 Abs. 1 AktG genügt wird. Allerdings können auch hier die Umstände des Einzelfalles zu einer abweichenden Beurteilung führen.[377] Umgekehrt lässt § 161 AktG Abweichungen von den Empfehlungen explizit zu, so dass der Vorstand allein wegen einer Abweichung seine Sorgfaltspflichten nicht verletzt. Legt er allerdings diese Abweichung nicht offen, verstößt er gegen § 161 AktG und somit gegen die Pflicht, sich gesetzestreu zu verhalten. Auf der anderen Seite garantiert eine zutreffende Entsprechungserklärung noch kein sorgfältiges Vorstandshandeln: Zwar mag diese ein Indiz insbesondere dafür sein, dass die Abweichung wohl überlegt wurde, aber mit der Erklärung ist kein „Freibrief" verbunden.[378] Auch in diesem Fall ist also zu prüfen, ob das Verhalten des Vorstands tatsächlich den Sorgfaltsanforderungen genügt hat. Somit sind die DCGK-Empfehlungen iRd § 93 Abs. 1 AktG letztlich nur als Indiz zu berücksichtigen, können aber die Einzelfallabwägung nicht ersetzen.

Die Sorgfaltspflichtverletzung muss **kausal** zu einem **Schaden** (§§ 249 ff. BGB) **134** der Gesellschaft geführt haben. Das betroffene Vorstandsmitglied kann sich aber darauf berufen, dass der Schaden auch bei rechtmäßigem Alternativverhalten eingetreten wäre; hierfür trägt es die Darlegungs- und Beweislast (zur Beweislast im

---

[372] *Buck-Heeb* BB 2013, 2247 (2255 ff.) Zu den Voraussetzungen, unter denen von einem schuldausschließenden Rechtsirrtum auszugehen ist *Strohn* CCZ 2013, 177 (180 ff.).
[373] BGH II ZR 234/09, NZG 2011, 1271.
[374] BGH II ZR 63/14, NZG 2015, 792 Rn. 28.
[375] BGH II ZR 63/14, NZG 2015, 792 Rn. 33.
[376] *Ulmer* ZHR 2002, 150 (167).
[377] So auch *Berg/Stöcker* WM 2002, 1569 (1577); *Seibt* AG 2002, 249 (251) spricht von einer Umkehrung der Beweislastverteilung in § 93 Abs. 2 Satz 2 AktG in praxi; *Schüppen* ZIP 2002, 1269 (1271).
[378] Vgl. *Ulmer* ZHR 2002, 150 (167).

Übrigen Rn. 141).³⁷⁹ Auf den Schadensersatzanspruch nach § 93 Abs. 2 AktG sind die Grundsätze der Vorteilsausgleichung anzuwenden.³⁸⁰

135 Die Haftung nach § 93 Abs. 2 AktG ist eine **Verschuldenshaftung**. Der Vorstand haftet daher der Gesellschaft für jede – also auch leichte – Fahrlässigkeit. Anzulegen ist ein objektiv-typisierter Verschuldensmaßstab; auf individuelles Können kommt es grundsätzlich nicht an.³⁸¹ Ein höherer Sorgfaltsmaßstab kommt allerdings dann in Betracht, wenn ein Vorstandsmitglied über besondere Fähigkeiten verfügt und aus diesem Grund ausgewählt worden ist. Das Verschulden muss sich nur auf die Pflichtverletzung, nicht aber auf den Schaden beziehen.³⁸² Fremdes Verschulden wird dem Vorstand im Rahmen des § 93 Abs. 2 AktG nicht zugerechnet.³⁸³

136 § 93 Abs. 3 AktG zählt bestimmte Pflichtverletzungen auf, bei denen die Vorstandsmitglieder namentlich zum Schadensersatz verpflichtet sind. Im Ergebnis werden **besonders schwerwiegende Pflichtverstöße** hervorgehoben; insoweit handelt es sich um die „Todsünden" eines pflichtvergessenen Vorstandes. Entsprechende Pflichtverstöße führen dazu, dass die Vorstandsmitglieder den Gläubigern der Gesellschaft in den Fällen des § 93 Abs. 3 AktG ebenfalls schon bei leichter Fahrlässigkeit haften, während sie bei sonstigen Pflichtverletzungen gegenüber den Gläubigern gem. § 93 Abs. 5 Satz 2 AktG nur dann haften, wenn sie ihre Sorgfaltspflichten grob fahrlässig verletzt haben (vgl. Rn. 145).

2. Geschäftsverteilung und Aufgabendelegation

137 § 93 Abs. 2 AktG ordnet die **solidarische Haftung** der Vorstandsmitglieder an. Die Anordnung des § 93 Abs. 2 AktG bedeutet nicht, dass die Vorstandsmitglieder für jegliche Pflichtverletzung innerhalb des Unternehmens gemeinsam verantwortlich sind. § 93 AktG begründet vielmehr nur eine Haftung des Vorstandsmitglieds für jeweils **eigenes Verschulden**. Trifft jeden einzelnen Vorstand ein solches zurechenbares Verschulden, so haften sie als Gesamtschuldner. Mehr sagt § 93 Abs. 2 AktG nicht.

138 Ist einem Vorstandsmitglied ein bestimmter Aufgabenbereich zugewiesen, führt dies zu einer **Haftungsmilderung** zugunsten der nicht ressortverantwortlichen Vorstandsmitglieder (sie trifft eine Aufsichtspflicht, deren Verletzung eine Haftung für eigenes (Überwachungs-)Verschulden begründen kann).³⁸⁴ Allerdings ist für die Anerkennung einer solchen Geschäftsverteilung eine klare schriftlich fixierte **Abgrenzung der Aufgabenbereiche** erforderlich, da eine bloß tatsächliche Aufteilung der Geschäfte im Sinne einer internen Arbeitsteilung unter den Vorstandsmitgliedern nicht genügt, um eine Abweichung vom **Grundsatz der Gesamtverantwortung** aller Vorstandsmitglieder zu rechtfertigen.³⁸⁵ Jedoch bleiben trotz einer solchen Geschäftsverteilung – wie dargelegt – alle Vorstandsmitglieder für

---

³⁷⁹ MHdB GesR IV/*Wiesner* § 26 Rn. 22.
³⁸⁰ BGH II ZR 90/11, AG 2013, 259 Rn. 26 ff.
³⁸¹ Vgl. *Hüffer/Koch* AktG § 93 Rn. 43; MHdB GesR IV/*Wiesner* § 26 Rn. 15; Münch Komm. AktG/Bd. 2/*Spindler* § 93 Rn. 176. Zum schuldausschließenden Rechtsirrtum BGH II ZR 234/09, NZG 2011, 1271 Rn. 16: Der Schuldner muss die Rechtslage sorgfältig prüfen, soweit erforderlich Rechtsrat einholen und die höchstrichterliche Rechtsprechung sorgfältig beachten; näher *Strohn* CCZ 2013, 177 (180 ff.).
³⁸² MHdB GesR IV/*Wiesner*, 3. Aufl. 2007, § 26 Rn. 10.
³⁸³ MünchKomm. AktG/Bd. 2/*Spindler* § 93 Rn. 179; *Hüffer/Koch* AktG § 93 Rn. 46.
³⁸⁴ Vgl. *Hüffer/Koch* AktG § 93 Rn. 42; Kölner Komm./*Mertens/Cahn* § 93 Rn. 92 f.
³⁸⁵ Vgl. *Hüffer/Koch* AktG § 77 Rn. 21; Kölner Komm./*Mertens/Cahn* § 77 Rn. 56 f.; anders MünchKomm. AktG/Bd. 2/*Spindler* § 93 Rn. 149 (Dokumentation nicht Voraussetzung für

E. Zivilrechtliche Haftung der Vorstandsmitglieder

die Gesetz- und Zweckmäßigkeit des gesamten Geschäftsbetriebs verantwortlich.[386] Werden diese der Gesamtverantwortung unterliegenden Pflichten verletzt, haften alle Vorstandsmitglieder für hieraus ggf. resultierende Schäden.

Das Vorstandsmitglied haftet für unangemessene Auswahl, Anleitung, Beaufsichtigung und Organisation seiner **Hilfskräfte** sowie für eine wegen der Bedeutung der Aufgabe unzulässige Delegation, nicht aber für ein Verschulden des beauftragten Angestellten. Denn Geschäftsherr der Angestellten der Gesellschaft iSd §§ 278, 831 BGB ist allein die Gesellschaft.[387] Umgekehrt kann sich das nach § 93 AktG in Anspruch genommene Vorstandsmitglied gegenüber der Gesellschaft nicht auf ein Mitverschulden anderer Verwaltungsmitglieder oder Angestellter berufen.[388]

3. Hauptversammlungsbeschlüsse und Weisungen im Vertragskonzern

Beruht die schadensstiftende Handlung des Vorstandes auf einem gesetzmäßigen Hauptversammlungsbeschluss, ist eine Ersatzpflicht gegenüber der AG nach Maßgabe des § 93 Abs. 4 Satz 1 AktG ausgeschlossen, wohingegen die Billigung der pflichtwidrigen Maßnahme durch den Aufsichtsrat keinen Haftungsausschluss begründet (§ 93 Abs. 4 Satz 2 AktG). Weisungsbeschlüsse der Hauptversammlung sind indes nur dann gesetzmäßig, wenn sie weder nichtig noch anfechtbar sind, so dass eine erfolgreiche Beschlussanfechtung dem Eingreifen des Haftungsausschlusstatbestandes des § 93 Abs. 4 Satz 1 AktG entgegensteht.[389] Die gleichen Grundsätze gelten im Hinblick auf den Haftungsausschluss gem. § 117 Abs. 7 AktG.

Ähnliches gilt im Vertragskonzern, wenn der Vorstand von der Obergesellschaft gem. § 308 AktG zu einem bestimmten Verhalten angewiesen wird. Die Vorstandsmitglieder sind verpflichtet, **Weisungen des herrschenden Unternehmens** zu befolgen, es sei denn, dass sie nicht den Belangen des herrschenden Unternehmens oder eines mit ihm oder dem Gesellschaftskonzern verbundenen Unternehmens dienen (§ 308 Abs. 2 AktG) oder aus sonstigen Gründen rechtswidrig sind.[390] Auch bei Bestehen eines Beherrschungs- und Ergebnisabführungsvertrages ist mithin der Vorstand des abhängigen Unternehmens verpflichtet, die Rechtmäßigkeit des Weisungsbeschlusses zu prüfen; tut er dies nicht, so läuft er Gefahr, sich nicht auf die haftungsbefreiende Wirkung der Weisung der Konzernspitze berufen zu können. Weiterhin trifft den Vorstand die Pflicht, das herrschende Unternehmen hinreichend zu informieren und über etwaige Bedenken oder Risiken aufzuklären, damit dieses sein Weisungsrecht sachgerecht ausüben kann.

4. Darlegungs- und Beweislast[391]

§ 93 Abs. 2 Satz 2 AktG trifft eine ausdrückliche Regelung im Hinblick auf die Beweislast, soweit es um die Anwendung der Sorgfalt eines ordentlichen und ge-

---

die Änderung materiell-rechtlicher Pflichten; fehlende Dokumentation kann aber Indiz für Organisationspflichtverletzung darstellen).
[386] BGH VI ZR 319/95, BGHZ 133, 370 (377 f.) (für die Geschäftsführer einer GmbH); II ZR 109/94, NJW 1995, 2850 (2851); MünchKomm. AktG/Bd. 2/*Spindler* § 93 Rn. 149; *Hüffer/Koch* AktG § 93 Rn. 42; Kölner Komm./*Mertens/Cahn* § 93 Rn. 92 f.; MHdB GesR IV/*Wiesner* § 26 Rn. 12.
[387] Vgl. etwa Kölner Komm./*Mertens/Cahn* § 93 Rn. 48.
[388] BGH II ZR 103/82, WM 1983, 725 (726); Kölner Komm./*Mertens/Cahn* § 93 Rn. 50.
[389] *Hüffer/Koch* AktG § 93 Rn. 73; Kölner Komm./*Mertens/Cahn* § 93 Rn. 155 f.
[390] Vgl. zu den Schranken des Weisungsrechts § 14 Rn. 134 ff.
[391] Vgl. dazu *Meckbach* NZG 2015, 580.

wissenhaften Geschäftsleiters geht; diese hat das Vorstandsmitglied zu beweisen. Allerdings ist die Bedeutung der Vorschrift nicht vollkommen frei von Zweifeln. Überwiegend wird von folgenden Grundsätzen ausgegangen: Im Falle einer gerichtlichen Inanspruchnahme des Vorstandsmitglieds hat die Gesellschaft – ggf. mit der Erleichterung des § 287 ZPO – den **Eintritt eines Schadens** darzulegen und zu beweisen; hierzu gehört auch, dass das Verhalten des Vorstands für den Schaden ursächlich war.[392] Das Vorstandsmitglied hingegen muss – gelingt der AG der Anfangsbeweis – beweisen, dass sein **Verhalten nicht pflichtwidrig** war und es **kein Verschulden** trifft.[393] Es erfolgt mithin eine Verteilung der Darlegungs- und Beweislast nach Gefahrenkreisen und Beweisnähe. Die Rechtsprechung trägt der Situation des verklagten Organmitglieds immerhin insoweit Rechnung, als sie der klagenden Gesellschaft abverlangt, die Möglichkeit einer Pflichtwidrigkeit substantiiert darzulegen.[394] Angesichts dieser Umstände ist den Vorstandsmitgliedern zu empfehlen, alle **Vorgänge**, von denen Haftungsgefahren ausgehen können, **hinreichend zu dokumentieren**, da sie andernfalls Gefahr laufen, den ihnen obliegenden Beweis für eine mangelnde Sorgfaltspflichtverletzung nicht führen zu können. Schwierigkeiten ergeben sich für ausgeschiedene Vorstandsmitglieder; damit diesen eine Rechtsverteidigung nicht unmöglich gemacht wird, ist anerkannt, dass ausgeschiedene Vorstandsmitglieder, die auf Schadensersatz in Anspruch genommen werden, nach Maßgabe von § 810 BGB ein Einsichtsrecht in die Bücher und Schriften der AG sowie in die Protokolle der Gesellschaftsorgane haben.[395] Außerhalb des Bereichs der Urkundeneinsicht ergibt sich der Einsichtsanspruch aus der nachwirkenden Treuepflicht iVm § 242 BGB.[396]

5. Verjährung, Verzicht und Vergleich

142 Die Ansprüche wegen Verletzung der Organpflichten verjähren gem. § 93 Abs. 6 AktG in fünf Jahren, bei börsennotierten Gesellschaften erst in zehn Jahren.[397] Die Verjährung beginnt nach § 200 BGB ohne Rücksicht auf die Kenntnis der Gesellschaft mit der **Entstehung des Anspruchs**, aber nicht vor Abschluss der pflichtwidrigen Handlung; maßgebend ist der Augenblick, in dem das Vorstands-

---

[392] Etwa BGH II ZR 146/09, AG 2011, 378 Rn. 17. Die bei Compliance-Verstößen an den Kausalitäts- und Schadensnachweis zu stellenden Anforderungen sind noch weitgehend ungeklärt. Bisweilen wird der Nachweis verlangt, dass bei Beachtung der gesetzlich gebotenen Vorkehrungen ein bestimmter, individuell abzugrenzender Schaden nicht eingetreten wäre, Kölner Komm./*Mertens/Cahn* § 93 Rn. 142. Andere Stimmen halten die Grundsätze der sekundären Darlegungs- und Beweislast für anwendbar bis hin zur Umkehr der Darlegungs- und Beweislast bei der Verletzung von Compliance-Pflichten, vgl. *Fleischer* NZG 2014, 321 (328) (welcher zumindest bei fehlenden oder ersichtlich unzulänglichen Compliance-Vorkehrungen mit Darlegungs- und Beweiserleichterungen zu Hilfe kommen will).

[393] MünchKomm. AktG/Bd. 2/*Spindler* § 93 Rn. 181; Großkomm. AktG/*Hopt/Roth* § 93 Rn. 426 f.; *Hüffer/Koch* AktG § 93 Rn. 53; Kölner Komm./*Mertens/Cahn* § 93 Rn. 138; MHdB GesR IV/*Wiesner* § 26 Rn. 24; *Goette* ZGR 1995, 648 (674).

[394] OLG Nürnberg 12 U 567/13, AG 2015, 91 (92); dazu krit. *Bauer* NZG 2015, 549.

[395] OLG Frankfurt a.M. 5 U 210/78, DB 1979, 2476; LG Köln 8 O 561/75, AG 1977, 76; MünchKomm. AktG/Bd. 2/*Spindler* § 93 Rn. 188; Kölner Komm./*Mertens/Cahn* § 93 Rn. 147; MHdB GesR IV/*Wiesner* § 26 Rn. 25.

[396] MünchKomm. AktG/Bd. 2/*Spindler* § 93 Rn. 188.

[397] Zur Verlängerung der Verjährung von Organhaftungsansprüchen durch das Restrukturierungsgesetz *Harbarth/Jaspers* NZG 2011, 368; dort auch zur Frage des Verjährungsbeginns. Zur Verjährung von Organhaftungsansprüchen rechtsformübergreifend *Fleischer* AG 2014, 457.

mitglied frühestmöglich – etwa im Wege einer Feststellungsklage – belangt werden könnte.[398] Voraussetzung für die Anspruchsentstehung ist, dass bereits ein Schaden, der auch in einer Vermögensgefährdung liegen kann, entstanden ist. Umstritten ist das Verhältnis der Verjährungsvorschrift des § 93 Abs. 6 AktG zu der für Ansprüche aus unerlaubter Handlung geltenden Verjährung. Teilweise wird davon ausgegangen, dass § 195 BGB, der auch die Verjährung für Ansprüche aus unerlaubter Handlung regelt, nur dann Anwendung finde, wenn das Verhalten unabhängig von der Organstellung die Voraussetzung einer unerlaubten Handlung erfüllt. Nach herrschender Auffassung sollen deliktische Ansprüche hingegen unabhängig von § 93 Abs. 6 AktG verjähren.[399]

Ein **Verzicht** auf oder ein **Vergleich** über Ersatzansprüche ist erheblich erschwert. Ein Verzicht bzw. Vergleich kann gem. § 93 Abs. 4 Satz 3 AktG frühestens drei Jahre nach der Entstehung des Anspruchs erklärt bzw. vereinbart werden.[400] Weitere Voraussetzung ist die Zustimmung der Hauptversammlung und das Fehlen eines Widerspruchs einer Minderheit von 10 % des Grundkapitals. Die vorbezeichneten Bindungen sind nur dann gelockert, wenn das Vorstandsmitglied zahlungsunfähig ist und sich mit seinen Gläubigern vergleicht, um ein Insolvenzverfahren abzuwenden.

143

Aus der Wertung des § 93 Abs. 4 Satz 3 AktG entnimmt der BGH über die Erstattung von Geldstrafen an den Vorstand, dass eine Erstattungszusage nur mit Zustimmung der Hauptversammlung und erst nach Ablauf einer dreijährigen Sperrfrist zulässig ist.[401] Nur ausnahmsweise, wenn keine Pflichtverletzung des Vorstands vorliegt, kommt dem Aufsichtsrat die Befugnis zur Entscheidung über die Übernahme der Geldstrafe, Geldauflage oder Geldbuße zu.[402] Damit ist zum einen die grundsätzliche Erstattungsfähigkeit von Geldbußen festgestellt und zum anderen die Kompetenz zur Entscheidung über die Erstattung grundsätzlich der Hauptversammlung zugewiesen.[403]

143a

6. Geltendmachung des Ersatzanspruchs

Die Ansprüche der geschädigten Gesellschaft werden gem. § 112 AktG **durch den Aufsichtsrat** erhoben, der die Gesellschaft insoweit vertritt.[404] Es zählt zu der

144

---

[398] BGH II ZR 190/86, BGHZ 100, 228 (231) mwN; vgl. aus neuerer Rspr. OLG Stuttgart 20 U 5/09, NZG 2010, 141 (142); *Hüffer/Koch* AktG § 93 Rn. 87; MHdB GesR IV/*Wiesner* § 26 Rn. 50.

[399] BGH VI ZR 282/85, BGHZ 100, 190 (200 ff.); *Hüffer/Koch* AktG § 93 Rn. 86; Kölner Komm./*Mertens/Cahn* § 93 Rn. 195; MHdB GesR IV/*Wiesner* § 26 Rn. 51; MünchKomm. AktG/Bd. 2/*Spindler* § 93 Rn. 295 (entgegen der Vorauflage Rn. 87). Eingehend zum Einsichtnahmerecht des ausgeschiedenen Vorstandsmitglieds *Grooterhorst* AG 2011, 389 ff.; *Krieger* in FS Uwe H. Schneider 2011, S. 717 ff.

[400] Zur Vereinbarung einer Haftungshöchstsumme *Grunewald* AG 2013, 813 (815 ff.). Zu Vergleichsvereinbarungen weiterhin *Fleischer* AG 2015, 133.

[401] BGH II ZR 174/13, WM 2014, 1678 Rn. 18 f.

[402] BGH II ZR 174/13, WM 2014, 1678 Rn. 21.

[403] *Bachmann* BB 2015, 771 (774).

[404] § 112 Satz 1 AktG bestimmt, dass der Aufsichtsrat die Gesellschaft Vorstandsmitgliedern gegenüber gerichtlich und außergerichtlich vertritt. Auch gegenüber *ausgeschiedenen* Vorstandsmitgliedern wird eine Aktiengesellschaft ausschließlich durch ihren Aufsichtsrat vertreten wird. Auf diese Weise wird eine unvoreingenommene, von sachfremden Erwägungen unbeeinflusste Vertretung der Gesellschaft gegenüber ausgeschiedenen Vorstandsmitgliedern sichergestellt, ohne dass es darauf ankommt, ob die Gesellschaft im Einzelfall auch vom

dem Aufsichtsrat obliegenden Überwachung der Geschäftsführung, Pflichtverstöße des Vorstandes, wenn möglich, zu verhindern bzw. hieraus resultierende Ersatzansprüche zu verfolgen, so dass der Aufsichtsrat im konkreten Einzelfall zu prüfen hat, ob eine Schadensersatzklage hinreichende Erfolgsaussichten hat und – wenn dies der Fall sein sollte – ob der entsprechende Ersatzanspruch realisierbar ist. Ist dies zu bejahen, ist der Aufsichtsrat zur Geltendmachung des Anspruchs verpflichtet.[405]

144a Intensiv diskutiert wird die Frage eines Bußgeldregresses, insbesondere bei Kartellverstößen, wo die Höhe des am Umsatz des Unternehmens bemessenen Bußgelds sich im Regressfalle in existenzvernichtende Dimensionen für das Vorstandsmitglied auswachsen kann. In einer Entscheidung hat das LAG Düsseldorf den vollständigen Haftungsausschluss damit begründet, dass die Unternehmensverantwortlichkeit nicht durch die zivilrechtliche Innenhaftung unterlaufen werden dürfe; die Verbandsbuße soll den Verband treffen.[406] Das BAG hat mit Revisionsurteil entschieden, das LAG Düsseldorf habe seine Zuständigkeit zur Entscheidung einer kartellrechtlichen Vorfrage iSv § 87 Satz 2 GWB zu Unrecht angenommen und an das LAG zurückverwiesen.[407] Die umstrittene Frage einer Regressfähigkeit von Unternehmenskartellbußen hat das BAG nicht entschieden. Unbenommen bleibt die Möglichkeit, den Vorstand für sonstige Schäden, insbesondere Rechtsverfolgungskosten, in Regress zu nehmen.[408] Soweit man demgegenüber den Ahndungsteil (nicht den Abschöpfungsteil) der Geldbuße grundsätzlich für ersatzfähig hält, wird eine höhenmäßige Begrenzung des Rückgriffs diskutiert.[409]

145 Weiterhin können nach § 93 Abs. 5 Satz 1 AktG Organhaftungsansprüche auch von Gläubigern verfolgt werden, soweit diese von der AG keine Befriedigung für ihre Ansprüche erlangen können. Das **Verfolgungsrecht der Gläubiger** besteht gem. § 93 Abs. 5 Satz 2 AktG nur dann, wenn der Vorstand seine Sorgfaltspflichten „gröblich" verletzt hat; im Falle der Begehung einer der „Todsünden" des § 93 Abs. 3 AktG genügt indes bereits ein leicht fahrlässiges Verhalten des Vorstandes. Zu beachten ist, dass die Gläubiger im Rahmen dieses Verfolgungsrechts berechtigt sind, den Anspruch der Gesellschaft im eigenen Namen und Interesse geltend zu machen.[410]

146 Demgegenüber können die Aktionäre Organhaftungsansprüche nicht verfolgen; eine actio pro socio ist im Aktienrecht nicht anerkannt. Es gibt lediglich wenige gesetzlich geregelte Fälle, in denen die Aktionäre aktiv werden können: Konzernhaftungstatbestände im Vertragskonzern wegen unzulässiger beherrschungsver-

---

Vorstand angemessen vertreten werden könnte. Vielmehr ist im Interesse der Rechtssicherheit eine typisierende Betrachtungsweise geboten (BGH II ZR 282/07, DB 2009, 779 f.).
[405] BGH II ZR 175/95, BGHZ 135, 144 (253 ff.) – ARAG; II ZR 174/13, WM 2014, 1678 Rn. 19; *Habersack* ZHR 2013, 782, 785 ff.; MHdB GesR IV/*Wiesner* § 26 Rn. 52 f.; so auch *Koch* AG 2009, 93; *ders*. NZG 2014, 934 zu Tendenzen in der Literatur, die Verfolgungsentscheidung als Ermessensentscheidung zu deuten und damit der gerichtlichen Kontrolle zu entziehen. Dazu etwa *Grunewald* AG 2013, 813 (814) zu der umstrittenen Frage, ob die Organhaftung in Anlehnung an die Grundsätze zur betrieblich veranlassten Tätigkeit zu reduzieren ist.
[406] LAG Düsseldorf 16 Sa 459/14, ZIP 2015, 829 (832).
[407] BAG 8 AZR 189/15, NJW 2018, 184. Vgl. hierzu *Bunte* NJW 2018, 123.
[408] *Bachmann* BB 2015, 771 (775).
[409] Insoweit ohne Stellungnahme, aber mit übersichtlicher Darstellung des Meinungsstandes *Fleischer* DB 2014, 345 (348 ff.). Eingehend auch *Gaul* AG 2015, 109. Zur strafrechtlichen Perspektive bei Übernahme einer Geldsanktion *Talaska* AG 2015, 118.
[410] Vgl. hierzu und zu weiteren Einzelheiten *Hüffer/Koch* AktG § 93 Rn. 80 ff.; Kölner Komm./*Mertens/Cahn* § 93 Rn. 179 ff.; MHdB GesR IV/*Wiesner* § 26 Rn. 57 ff.

E. Zivilrechtliche Haftung der Vorstandsmitglieder 146a, 147 § 6

traglicher Weisungen können von jedem Aktionäre geltend gemacht werden, wobei der Aktionär jedoch nur Leistung an die Gesellschaft fordern kann (§ 309 Abs. 4 Sätze 1 und 2 AktG). Ein eigener Schadensersatzanspruch steht Aktionären gem. § 117 Abs. 1 Satz 2 AktG in Fällen vorsätzlicher schadensstiftender Einflussnahme auf die AG zu.

Allerdings ist die **Erzwingung der Geltendmachung von Schadensersatzansprüchen** erleichtert worden; nach § 147 AktG können Aktionäre, deren Anteile mindestens 10% oder 1 Mio. EUR des Grundkapitals ausmachen, gerichtlich beantragen, zur Verfolgung von Schadensersatzansprüchen gegen den Vorstand einen anderen Vertreter als den nach § 112 AktG eigentlich zuständigen Aufsichtsrat einzusetzen. Aktionäre, deren Anteile mindestens 1% oder 100000 EUR des Grundkapitals ausmachen, können zudem gem. § 148 AktG eine eigene Klage auf Schadensersatzleistung an die Gesellschaft betreiben. Dieses Klagezulassungsverfahren ist, wohl auch aufgrund der für den Aktionär ungünstigen Kostenregelung des § 148 Abs. 6 Satz 1 AktG, bislang ohne nennenswerte praktische Bedeutung geblieben.[411] 146a

II. Haftung gegenüber Aktionären

Unmittelbare Haftungsansprüche der Aktionäre gegen den Vorstand sind schwer 147 begründbar. Insbesondere bietet § 93 AktG keine Grundlage für eine Haftung, da diese Vorschrift allein den Schutz der Gesellschaft bezweckt; die Vorschrift ist **kein Schutzgesetz** zugunsten der Aktionäre iSv § 823 Abs. 2 BGB.[412] Auch sonstige haftungsmäßige Sonderbeziehungen zwischen den Aktionären und den Organen der AG sind nicht anerkannt. Dementsprechend kommt eine Haftung des Vorstandes gegenüber dem einzelnen Aktionär nur auf **deliktischer Grundlage** in Betracht. § 823 Abs. 1 BGB in Form eines Eingriffs in das Mitgliedschaftsrecht an der AG scheidet als Haftungsgrundlage aus.[413] Möglich sind allerdings Ansprüche aus § 823 Abs. 2 BGB iVm anderweitigen Vorschriften, die dem Schutz der Aktionäre dienen, wie die Strafrechtsvorschrift der Untreue (§ 266 StGB) sowie die aktiengesetzlichen Straf- und Bußgeldvorschriften der §§ 399, 400 AktG.[414] Demgegenüber soll § 92 Abs. 1 und 2 AktG keine Schutzvorschrift zugunsten der Aktionäre, sondern lediglich zugunsten der Gesellschaftsgläubiger sein.[415] Auch § 161 AktG ist nicht als Schutzgesetz zu qualifizieren, so dass eine fehlende oder falsche Entsprechenserklärung keinen deliktischen Anspruch der Aktionäre begründet.[416] Ein Schadensersatzanspruch enttäuschter Anleger aufgrund einer unrichtigen Erklärung lässt sich auch nicht aus den Grundsätzen der zivilrechtlichen

---

[411] Eingehend *Brommer* AG 2013, 121; *Habersack* ZHR 2013, 782 (789 ff.); *Spindler* AG 2013, 889 (899 ff.).
[412] MünchKomm. AktG/Bd. 2/*Spindler* § 93 Rn. 309; *Hüffer/Koch* AktG § 93 Rn. 61; Kölner Komm./*Mertens/Cahn* § 93 Rn. 207.
[413] Vgl. MHdB GesR IV/*Wiesner* § 26 Rn. 64 – aA Kölner Komm./*Mertens/Cahn* § 93 Rn. 210 ff.
[414] RG II 104/37, RGZ 157, 213 (216 ff.); BGH II ZR 243/87, BGHZ 105, 121 (124 f.); Kölner Komm./*Altenhain* § 399 Rn. 1, ebd § 400 Rn. 8; einschränkend *Hüffer/Koch* AktG § 93 Rn. 61 (die eine Schutzgesetzeigenschaft des § 266 StGB verneinen, da das Treueverhältnis nur zur AG bestehe); MHdB GesR IV/*Wiesner*, 3. Aufl. 2007, § 26 Rn. 63.
[415] *Hüffer/Koch* AktG § 93 Rn. 61; Kölner Komm./*Mertens/Cahn* § 92 Rn. 21, 37 – aA Münch Hdb. GesR/Bd. 4/*Wiesner* § 26 Rn. 63.
[416] Vgl. hierzu eingehend *Berg/Stöcker* WM 2002, 1569 (1578 f.).

Prospekthaftung ableiten.[417] Weiterhin kommt als Haftungsgrundlage auch § 826 BGB (vorsätzliche sittenwidrige Schädigung) in Betracht, sofern die Voraussetzungen dieser Vorschrift erfüllt sind.

148 Solche potentiell deliktischen Ansprüche werden in letzter Zeit von Anlegern insbesondere gestützt auf die Behauptung unrichtiger Kapitalmarktinformationen, vor allem auf falsche Adhoc-Mitteilungen der Gesellschaft, gerichtlich verfolgt. Hierbei handelt es sich regelmäßig um Masseverfahren, deren Bewältigung der Gesetzgeber durch Erlass des KapMuG erleichtert hat. Derartige Ansprüche können jedoch nur Erfolg haben, wenn die Anleger nachweisen, dass die Gesellschaft tatsächlich fehlerhafte Kapitalmarktinformationen in Umlauf gebracht hat und sie die konkreten Kapitalmarktinformationen zur Grundlage einer konkreten schadensstiftenden Anlageentscheidung gemacht haben; die Anforderungen an den entsprechenden Kausalitätsnachweisen sind hoch.[418] Im Zusammenhang mit derartigen deliktischen Ansprüchen ergibt sich zudem das **Problem des sog. Doppelschadens**, da sich der Schaden des Aktionärs (Wertminderung seiner Aktien) jedenfalls partiell mit dem der Gesellschaft deckt. Soweit dem Aktionär lediglich ein mittelbarer Schaden durch Minderung des Vermögens der AG entstanden ist, kann dieser nur Schadensersatz an die AG, nicht jedoch in das eigene Vermögen fordern, sodass der Schaden allein über das Gesellschaftsvermögen ausgeglichen wird.[419]

III. Haftung gegenüber Dritten

149 Auch zugunsten der Gesellschaftsgläubiger gewährt § 93 AktG keinen Anspruch;[420] vielmehr gibt § 93 Abs. 5 AktG den Gläubigern lediglich das Recht, bei Vorliegen der besonderen Voraussetzungen dieser Vorschrift den Anspruch der Gesellschaft im eigenen Namen und im eigenen Interesse geltend zu machen. Eine unmittelbare Haftung gegenüber Dritten kommt mithin ebenfalls nur nach allgemeinen Grundsätzen in Betracht:

1. Insbesondere deliktische Haftung

150 Gegenüber Dritten haften Vorstandsmitglieder vor allem aus unerlaubter Handlung (deliktsrechtliche Haftung). Nach **§ 823 Abs. 1 BGB** ist zum Schadensersatz verpflichtet, wer vorsätzlich oder fahrlässig das Leben, den Körper, die Gesundheit, die Freiheit, das Eigentum oder ein sonstiges Recht eines anderen widerrechtlich verletzt. Ein Schadensersatzanspruch nach § 823 Abs. 1 BGB kann zudem unter dem Gesichtspunkt des Eingriffs in den eingerichteten und ausgeübten Gewerbebetrieb in Betracht kommen.[421] Weiterhin haftet das Vorstandsmitglied – wie jedermann – nach **§ 823 Abs. 2 BGB** auf Schadensersatz, wenn es vorsätzlich oder fahrlässig ein „Schutzgesetz" im Sinne dieser Bestimmung verletzt hat. Schutzgesetz iSd § 823 Abs. 2 BGB ist jede Rechtsnorm, die zumindest neben anderen Zwecken auch einem

---

[417] *Berg/Stöcker* WM 2002, 1569 (1580 f.) – aA *Ulmer* ZHR 2002, 150 (169).
[418] Vgl. nur BGH II ZR 147/05, NZG 2007, 708 – ComROAD IV; II ZR 173/05, NZG 2007, 711 – ComROAD V; II ZR 229/05, BeckRS 2008, 02623 – ComROAD VI; II ZR 68/06, BeckRS 2008, 02624 – ComROAD VII.
[419] BGH II ZR 205/94, BGHZ 129, 136 (166); II ZR 140/85, ZIP 1987, 29 (32) = NJW 1987, 1077 (1079 f.); *Hüffer/Koch* AktG § 93 Rn. 63; Kölner Komm./*Mertens/Cahn* § 93 Rn. 213; MHdB GesR IV/*Wiesner* § 26 Rn. 65.
[420] BGH I ZR 237/11, NJW 2013, 2760 (2761); VI ZR 341/10, BGHZ 194, 26 Rn. 23.
[421] Vgl. BGH XI ZR 384/03, NJW 2006, 830 – Kirch/Deutsche Bank AG und Breuer.

E. Zivilrechtliche Haftung der Vorstandsmitglieder

gezielten Individualschutz dient. Dies können zivilrechtliche, öffentlich-rechtliche oder straf- und ordnungswidrigkeitsrechtliche Vorschriften[422] sein (zB ArzneimittelG, BImSchG, LebensmittelG, LBO, Straf- und Ordnungswidrigkeitstatbestände). § 93 Abs. 1 AktG indes bezweckt nicht den Schutz der Gesellschaftsgläubiger vor den Folgen sorgfaltswidriger Geschäftsleitung und stellt daher auch kein Schutzgesetz iSd § 823 Abs. 2 BGB dar.[423] Haftungsgrundlage kann schließlich auch **§ 826 BGB** sein, der vor allem für die Haftung für falsche Ad-hoc-Mitteilungen herangezogen wird.[424]

Begeht ein Vorstandsmitglied bei der Ausübung seiner Leitungs- und Führungsaufgaben für die Gesellschaft eine unerlaubte Handlung iSd §§ 823 ff. BGB und wird hierdurch ein Dritter geschädigt, haftet es persönlich, sofern alle objektiven und subjektiven Tatbestandsvoraussetzungen in seiner Person erfüllt sind. Es haftet also nicht für das Verschulden seiner Erfüllungsgehilfen, sprich der Mitarbeiter des Unternehmens. Jedoch kann eigenes Verschulden des Vorstandsmitglieds in der Verletzung seiner Verkehrssicherungspflichten oder im Rahmen eines **Organisationsverschuldens** liegen.[425] Neben dem Vorstandsmitglied haftet regelmäßig auch die Gesellschaft, da sie für unerlaubte Handlungen ihrer Organe nach § 31 BGB einzustehen hat. Die Gesellschaft und das Vorstandsmitglied haften **gesamtschuldnerisch**, dh jeder von ihnen haftet dem geschädigten Dritten gegenüber in voller Höhe. Im Innenverhältnis findet dagegen ein Ausgleich zwischen den Beteiligten statt. Für die Haftungsquote, die auf Vorstand und Gesellschaft entfällt, kommt es auf den jeweiligen Verschuldensanteil an.

2. Haftung im Falle einer Verletzung der Insolvenzantragspflicht

Persönliche Haftungsrisiken bestehen ferner in Fällen der **Insolvenzverschleppung** (§ 15a Abs. 1 InsO).[426] Es ist anerkannt, dass diese Vorschrift Schutzgesetz iSd § 823 Abs. 2 BGB zugunsten der Gläubiger des Unternehmens ist.[427] Werden die Gläubiger des Unternehmens infolge einer verspäteten Insolvenzantragstellung geschädigt, besteht daher eine Schadensersatzhaftung der Vorstandsmitglieder gegenüber den Gläubigern. Die Problematik dieser sehr strengen persönlichen Haftung liegt darin, dass die Stellung eines eventuell gebotenen Insolvenzantrags in der Praxis vielfach nicht aus unredlichen Motiven zurückgestellt wird, sondern deshalb, weil die Vorstandsmitglieder hoffen, die Insolvenz noch abwenden zu können; eine verfrühte Insolvenzantragstellung macht die **Chancen eines „turn around"** regelmäßig zunichte. Gleichwohl sollten die Vorstandsmitglieder die ih-

---

[422] Haftungsrelevant wird dann ggf. auch die Reichweite strafrechtlicher Garantenpflichten, näher dazu Rn. 157 ff.
[423] BGH IX ZR 238/17, BB 2018, 1350 (1353); VI ZR 341/10, BGHZ 194, 26 Rn. 23.
[424] Vgl. BGH II ZR 147/05, NZG 2007, 711 – ComROAD IV; II ZR 173/05, NZG 2007, 711 – ComROAD V; II ZR 229/05, BeckRS 2008, 02623 – ComROAD VI; II ZR 68/06, BeckRS 2008, 02624 – ComROAD VII.
[425] So noch *Hüffer* AktG, 10. Aufl. 2012, § 93 Rn. 20a; Kölner Komm./*Mertens/Cahn* § 93 Rn. 224. Anders nunmehr *Hüffer/Koch* AktG § 93 Rn. 66.
[426] Vgl. dazu auch § 17 Rn. 18 ff., insb. Rn. 44 ff.
[427] Zur Rechtslage vor der Geltung des MoMiG, als die Insolvenzantragspflicht des Vorstands noch in § 92 Abs. 2 AktG geregelt war vgl. BGH II ZR 118/77, BGHZ 75, 96 (106); II ZR 292/91, BGHZ 126, 181 (187); *Hüffer* AktG, 8. Aufl. 2008, § 92 Rn. 16; Kölner Komm./ *Mertens/Cahn* Anh. § 92 Rn. 36; MHdB GesR IV/*Wiesner*, 3. Aufl. 2007, § 26 Rn. 36; in der Sache hat sich allerdings nichts geändert, auch § 15a InsO ist Schutzgesetz iSv § 823 Abs. 2 BGB; siehe dazu *Hüffer/Koch* AktG § 92 Rn. 26; *Meyer* BB 2008, 1742 (1747).

nen gem. § 15a Abs. 1 InsO auferlegten Pflichten im eigenen Interesse ernst nehmen. Denn die drohende persönliche Haftung kann für sie existenzbedrohend sein. Bei fehlender eigener Sachkunde kann im Einzelfall die Einholung externen Rats das Verschulden des Vorstands ausschließen.[428]

153 Im Rahmen der Haftung ist zwischen Alt- und Neugläubigern zu unterscheiden: **Altgläubigern**, also solchen, die bereits im Zeitpunkt der Insolvenzreife Inhaber eines Anspruchs gegen die AG waren, ist der sog. **Quotenschaden** zu ersetzen. Der Schaden besteht in der Differenz der tatsächlich erzielten Quote zu derjenigen Konkursquote, die nach pflichtgemäßer Antragstellung auf die Gläubiger entfallen wäre.[429] **Neugläubiger**, also solche, die erst nach Insolvenzreife Ansprüche gegen die Gesellschaft erworben haben, erhalten ihren **gesamten Kontrahierungsschaden (Vertrauensschaden)** ersetzt, da dieser vom sachlichen Schutzbereich des § 15a Abs. 1 InsO erfasst ist. Der BGH hat seine frühere Rechtsprechung, nach der die Neugläubiger ebenso wie die Altgläubiger nur den Quotenschaden ersetzen verlangen konnten, aufgegeben. Der Schaden der Neugläubiger besteht nämlich darin, dass sie bereits zum Zeitpunkt des Vertragsschlusses mit einer schon insolvenzreifen AG einen nicht werthaltigen Gegenanspruch erlangen und im Vertrauen auf die Solvenz der AG Leistungen erbringen, die am Ende nicht vergütet werden.[430]

3. Haftung wegen Verschuldens bei Vertragsschluss

154 Einen Sonderfall der Haftung der Vorstandsmitglieder im Außenverhältnis betrifft die quasi-vertragliche Haftung aus culpa in contrahendo (cic[431]). Die sog. **Sachwalterhaftung** (§§ 280 Abs. 1 iVm 311 Abs. 3 BGB) betrifft die Situation, in der das Vorstandsmitglied im besonderen Maße persönliches Vertrauen in Anspruch genommen hat oder dem Verhandlungsgegenstand besonders nahe steht, weil es geschäftlich selbst stark an dem Vertragsschluss interessiert ist und das Geschäft aus eigenem Nutzen anstrebt. Diese Haftung betrifft **extreme Ausnahmefälle**, da für die Annahme eines besonderen Eigeninteresses nach heutiger Rechtsprechung die Beteiligung an der AG oder die Eigenschaft als Sicherungsgeber für Verbindlichkeiten der Gesellschaft nicht ausreicht.[432] Auch eine **besondere persönliche Sachkunde** des Vorstandsmitglieds genügt allein nicht, um eine quasi-vertragliche Haftung zu rechtfertigen; vielmehr ist stets erforderlich, dass das Vorstandsmitglied beim Geschäftspartner in zurechenbarer Weise den Eindruck erweckt, es übernehme zusätzliche Gewähr für die Richtigkeit und Vollständigkeit der namens der Gesellschaft abgegebenen Erklärungen oder es werde persönlich für die ordnungsgemäße Geschäftsabwicklung einstehen. Gerade dieses gesteigerte Vertrauensverhältnis ist nach richtiger Ansicht das haftungsauslösende Moment.[433]

---

[428] Vgl. hierzu BGH II ZR 48/06, NJW 2007, 2118.

[429] Grundlegend: BGH VI ZR 245/57, BGHZ 29, 100 (102 ff.); bestätigt durch II ZR 292/91, BGHZ 126, 181 (190); zur Rechtslage vor dem MoMiG: Großkomm. AktG/*Habersack* § 92 Rn. 77 f.; *Hüffer/Koch* AktG § 92 Rn. 27; MHdB GesR IV/*Wiesner*, 3. Aufl. 2007, § 26 Rn. 36.

[430] BGH II ZR 292/91, BGHZ 126, 181 (192 ff.); II ZR 390/03, BGHZ 164, 50; zur alten Rechtslage: *Hüffer/Koch* AktG § 92 Rn. 28; MHdB GesR IV/*Wiesner*, 3. Aufl. 2007, § 26 Rn. 36.

[431] Vgl. dazu BGH II ZR 210/06, BGHZ 177, 25 = AG 2008, 662 (Haftung von Vorstandsmitgliedern aus cic wegen unrichtiger Angaben ggü Anlageinteressenten).

[432] BGH II ZR 292/91, BGHZ 126, 181 (183 ff.); MHdB GesR IV/*Wiesner* § 26 Rn. 68; Kölner Komm./*Mertens/Cahn* § 93 Rn. 220.

[433] Kölner Komm./*Mertens/Cahn* § 93 Rn. 221; MHdB GesR IV/*Wiesner* § 26 Rn. 68 aE.

E. Zivilrechtliche Haftung der Vorstandsmitglieder 155, 156 § 6

4. Haftung für Steuerschulden und für Sozialversicherungsbeiträge

Weitere spezifische Haftungsgefahren bestehen im öffentlich-rechtlich determinierten Bereich, da die Vorstände für die Einhaltung dieser Pflichten der Gesellschaft verantwortlich und aufgrund sondergesetzlicher Vorschriften persönlich haftbar sind: Gemäß § 34 Abs. 1 AO haben die Vorstandsmitglieder die **steuerlichen Pflichten** der AG zu erfüllen. Hierunter fallen vor allem die Auskunftspflicht gem. § 93 AO, die Buchführungs- und Aufzeichnungspflichten gem. §§ 140 ff. AO sowie die Pflicht zur Abgabe der Steuererklärungen gem. §§ 149 ff. AO. Werden diese Pflichten vorsätzlich oder grob fahrlässig verletzt und deshalb die Steuerschulden der AG nicht oder nicht rechtzeitig festgesetzt oder erfüllt, so haftet das Vorstandsmitglied gem. § 69 AO persönlich. Die persönliche Haftung für Steuerschulden des Unternehmens ist besonders gefährlich, da die Finanzverwaltung bei der Nichterfüllung von steuerlichen Verbindlichkeiten nicht zögert, die Manager des Steuerschuldners in Anspruch zu nehmen. Ein besonders strenger Haftungsmaßstab wird für die **Abführung der Lohnsteuer** angewandt.[434] Aufgrund des Lohnsteuerabzugsverfahrens gem. § 38 Abs. 3 EStG iVm § 41a Abs. 1 Nr. 2 EStG hat der Arbeitgeber die Lohnsteuer des Arbeitnehmers einzubehalten und für diesen an die Finanzverwaltung abzuführen. Die Verletzung dieser Verpflichtung wird regelmäßig als schuldhaft isd § 69 AO gewertet und begründet daher die persönliche Haftung des Vorstandsmitglieds. Treten Liquiditätsschwierigkeiten auf, sodass die zur Verfügung stehenden finanziellen Mittel nicht mehr zur Zahlung der vollen Löhne einschließlich der Lohnsteuer ausreichen, müssen die Löhne gekürzt als Teilbetrag gezahlt werden und der hierauf entfallende Anteil der Lohnsteuer an das Finanzamt abgeführt werden (Grundsatz der gleichrangigen Befriedigung von Arbeitnehmer und Fiskus). In diesem Zusammenhang ist ferner zu beachten, dass die Vorstandsmitglieder auch für die rechtzeitige Anmeldung und Entrichtung der Lohnsteuer persönlich haften. Im Rahmen der Aufgabendelegation auf Mitarbeiter bzw. ein Vorstandsmitglied gelten die allgemeinen Grundsätze; dies gilt auch, wenn man sich eines unternehmensexternen Dritten (zB Steuerberater) bedient.

Des Weiteren haftet das Vorstandsmitglied für die vom Lohn abgezogenen, aber nicht abgeführten Beiträge der Arbeitnehmer zur Sozialversicherung. Im Falle der **Nichtabführung** macht es sich gem. § 266a StGB bzw. § 263 StGB **strafbar**. Darüber hinaus verletzt es ein Schutzgesetz iSd § 823 Abs. 2 BGB **und haftet persönlich** mit seinem gesamten Vermögen. Zu beachten ist allerdings, dass die sozialversicherungsrechtliche Haftung nur den Arbeitnehmeranteil zur Sozialversicherung betrifft, der gegenüber anderen Forderungen einen gewissen Vorrang genießen soll.[435] Demgegenüber handelt es sich bei dem Arbeitgeberanteil zur Sozialversicherung um eine eigene Schuld des Arbeitgebers, für deren Abführung keine persönliche Haftung der Vorstandsmitglieder besteht.[436] Im Rahmen der Aufgabendelegation durch Geschäftsverteilung bzw. auch an nachgeordnete Mitarbeiter gelten wiederum die allgemeinen Grundsätze.

---

[434] BFH V R 128/79, BFHE 141, 443 (448); Kölner Komm./*Mertens/Cahn* § 93 Rn. 231.
[435] BGH VI ZR 338/95, BGHZ 134, 304 (309 f.); VI ZR 11/97, ZIP 1998, 31 (32).
[436] Kölner Komm./*Mertens/Cahn* § 93 Rn. 232 aE; MHdB GesR IV/*Wiesner*, 3. Aufl. 2007, § 26 Rn. 39 aE.

F. Straf- und ordnungsrechtliche Verantwortlichkeit der Vorstandsmitglieder

157 Es versteht sich von selbst, dass Vorstandsmitglieder strafrechtlich herangezogen werden können, wenn sie durch eigene Handlung oder Unterlassung einen Straf- oder Ordnungswidrigkeitstatbestand verwirklichen. Im Folgenden geht es insbesondere um die Verwirklichung von Straftatbeständen im Rahmen der allgemeinen Vorstandstätigkeit, die also gelegentlich der „normalen" Vorstandstätigkeit begangen werden, nicht um kriminellen Verhaltens zulasten der Gesellschaft wie Unterschlagungen oder Untreue.

I. Verantwortlichkeit der Vorstände

158 Im Bereich strafrechtsrelevanten oder ordnungswidrigen Verhaltens der Vorstandsmitglieder knüpft ein Schuldvorwurf regelmäßig daran an, dass eine gebotene Handlung nicht vorgenommen wurde. Ein **Unterlassen** ist dann im Rahmen eines Straf- oder Ordnungswidrigkeitstatbestandes relevant, wenn der Betroffene in der Lage gewesen wäre, den eingetretenen, von der Rechtsordnung missbilligten Erfolg zu verhindern, und er dazu auch verpflichtet gewesen wäre (**„Garantenpflicht"**). Soweit es für die Verantwortlichkeit auf besondere persönliche Eigenschaften, Verhältnisse oder Umstände – sog. persönliche Merkmale – ankommt, müssen diese nicht beim Vorstandsmitglied vorliegen; es genügt vielmehr, wenn die Gesellschaft sie erfüllt (§ 14 StGB bzw. § 9 OWiG). Organe eines Unternehmens haben nach ständiger Rechtsprechung eine „Garantenpflicht" bzgl. der Einhaltung sicherheitstechnischer Vorschriften. Sie haften also grundsätzlich straf- und ordnungsrechtlich für solche Arbeits- und Betriebsunfälle, welche auf die Nichtbeachtung von Unfallverhütungsvorschriften zurückzuführen sind. Entsprechende **Verkehrssicherungspflichten** bestehen ferner insbesondere im Bereich der Produkthaftung, also im Bereich von Körperschäden, die durch mangelhafte Produkte ausgelöst werden, und im Bereich der Vorschriften zum Schutze der Umwelt. Der Grund dieser „Geschäftsherrenverantwortlichkeit" liegt in der Herrschaft über den Betrieb als Gefahrenquelle.[437]

1. Straftaten zum Schutz der körperlichen Unversehrtheit

159 Den Vorständen einer AG obliegt die Rechtspflicht, dafür zu sorgen, dass die Verbraucher der von dem Unternehmen produzierten und vertriebenen Produkte vor Gesundheitsschäden bewahrt werden. Nach der Rechtsprechung des BGH kann sich ein Vorstandsmitglied, das dieser Verpflichtung nicht nachkommt, wegen einfacher, gefährlicher oder fahrlässiger Körperverletzung durch Unterlassen strafbar machen. Entsprechende strafbarkeitsbegründende Rechtspflichten ergeben sich in diesem Zusammenhang insbesondere aus der **Produktbeobachtungspflicht**, der

---

[437] *Dannecker* NZWiSt 2012, 441 (449); *Kuhlen* NZWiSt 2015, 121 (123); vgl. BGH 5 StR 394/08, NStZ 2009, 686 Rn. 23. Demgegenüber eine Garantenpflicht der leitenden Gesellschaftsorgane gegenüber außenstehenden Dritten zur Verhinderung betriebsbezogener Straftaten verneinend der 6. Zivilsenat des BGH in einer neueren Entscheidung, BGH VI ZR 341/10, BGHZ 194, 26 Rn. 23 ff. Diese Entscheidung (als Paradigma der zivilrechtlichen Judikatur) sieht *Kuhlen* NZWiSt 2015, 161 ff. in der Frage der Außenhaftung nach § 823 Abs. 2 BGB im Konflikt zur (weitergehenden) strafrechtlichen Geschäftsherrenhaftung.

Folgenwarnpflicht und der **Rückrufpflicht** als speziellen Ausprägungen der Verkehrssicherungspflicht.[438] Aufgrund der Rechtsprechung ist zu beachten, dass eine Verpflichtung der Vorstandsmitglieder zur besonderen Kontrolle der vertriebenen Produkte nicht erst dann entsteht, wenn Gewissheit besteht, dass das vertriebene Produkt tatsächlich zu Gesundheitsschäden führt. Vielmehr ist es ausreichend, wenn dem Vorstandsmitglied auffällt, dass es über die gesundheitlichen Auswirkungen der von der Gesellschaft vertriebenen Produkte keine Erkenntnisse gibt. Bereits dann ist das Vorstandsmitglied verpflichtet, in diesem Bereich besondere Forschung zu betreiben, um auszuschließen, dass die Verbraucher durch das Produkt Schaden erleiden können. Die genannten Pflichten erhöhen sich, wenn dem Vorstandsmitglied bekannt wird, dass die vertriebenen Produkte zu Schäden geführt haben oder geführt haben können.

2. Straftaten gegen die Umwelt

Straftaten gegen die Umwelt (§§ 324 ff. StGB) sind Gewässerverunreinigung, Bodenverunreinigung, Luftverunreinigung, Verursachung von Lärm, umweltgefährdende Abfallbeseitigung, unerlaubtes Betreiben von Anlagen, unerlaubter Umgang mit gefährlichen Stoffen und Gütern und Gefährdung schutzbedürftiger Gebiete. Kommt es zu einer Straftat gegen die Umwelt, kommen als Mittäter der Straftaten neben den handelnden verantwortlichen Personen der unteren Organisationsebene auch die Vorstandsmitglieder in Betracht. In den Zuständigkeitsbereich der Vorstandsmitglieder fällt nämlich, von dem Betrieb ausgehende Gefahren für die Umwelt zu vermeiden, sodass sie insoweit grundsätzlich eine Garantenstellung innehaben.[439] Allerdings scheidet eine strafrechtliche Verantwortlichkeit für Umweltstraftaten aus, wenn für die entsprechende Maßnahme eine behördliche Genehmigung existiert und sich die Geschäftsleitung im Rahmen dieser Genehmigung hält (Verwaltungsakzessorietät des Umweltstrafrechts).[440]

II. Aufgabendelegation

Im Rahmen der genannten Haftungstatbestände geht es stets um die Verletzung von Verkehrssicherungspflichten. Da das Vorstandsmitglied die Einhaltung solcher Schutzpflichten regelmäßig nicht alleine leisten kann, ist anerkannt, dass der Vorstand die ihm obliegenden Verkehrssicherungspflichten im Rahmen eines **detaillierten Organisationsplans** auf Mitarbeiter übertragen kann.[441] Gleiches gilt für sonstige öffentlich-rechtliche Pflichten (Einholung erforderlicher Genehmigungen, Beachtung bestehender Auflagen etc.). Eine Entlastung aufgrund einer Pflichtenübertragung auf nachgeordnete Mitarbeiter ist umso leichter möglich, je präziser die Aufgaben und die Verantwortlichkeiten beschrieben sind. Pauschale Bestimmungen wie diejenige, dass ein Mitarbeiter „für die Sicherheit verantwortlich" sei, genügen nicht. Werden Sicherheitsbeauftragte eingesetzt, müssen ihnen

---

[438] BGH 2 StR 549/89, BGHSt 37, 106; 2 StR 221/94, BGHSt 41, 206; umfassend Schönke/Schröder/*Stree/Bosch* StGB § 13 Rn. 53a; s.a. Schönke/Schröder/*Sternberg-Lieben/Schuster* StGB § 15 Rn. 216 ff.
[439] Vgl. etwa Schönke/Schröder/*Heine/Hecker* StGB vor § 324 Rn. 28.
[440] Schönke/Schröder/*Heine/Hecker* StGB vor § 324 Rn. 11 ff.
[441] Schönke/Schröder/*Sternberg-Lieben/Schuster* StGB § 15 Rn. 223a. Näher *Dannecker* NZWiSt 2012, 441 (447 f.)

klar abgegrenzte Verantwortungsbereiche übertragen und Weisungsbefugnisse gegenüber denjenigen eingeräumt werden, für deren Einsatzbereiche sie die Einhaltung und die Überwachung von Verkehrssicherungspflichten übernehmen. Die Anweisungen müssen regelmäßig wiederholt werden. Es muss außerdem organisatorisch sichergestellt sein, dass die Einhaltung der Verkehrssicherungspflichten und sonstigen Schutzvorschriften durch verantwortliche Mitarbeiter oder den Vorstand überwacht wird. Weiterhin muss der beauftragte Mitarbeiter sorgfältig ausgewählt und für die Erfüllung der Aufgabe geeignet sein. Allgemeine Regeln für die angemessene Kontrolldichte lassen sich nicht aufstellen. Sie wird sich einerseits an den bestehenden Risiken, andererseits an der Erfahrung, Qualifikation und Verlässlichkeit der Mitarbeiter zu orientieren haben.

162 Grundsätzlich ist jedes Vorstandsmitglied für den gesamten Geschäftsbetrieb und die Einhaltung von Verkehrssicherungspflichten sowie Sicherheitsvorschriften verantwortlich (Grundsatz der **Gesamtverantwortung**). Die Delegation von Aufgaben (vgl. Rn. 9, 137 ff.) führt jedoch auch im straf- und ordnungsrechtlichen Bereich dazu, dass das ressortleitende Vorstandsmitglied für Pflichtverletzungen aus dem von ihm verantworteten Geschäftsbereich primär verantwortlich ist, nicht allerdings zu einer vollständigen Entlastung der nicht ressortverantwortlichen Vorstandsmitglieder.[442] Vielmehr wandeln sich die originären Verantwortlichkeiten aufgrund der Delegation in Kontroll- und Überwachungsaufgaben um; werden diese Aufgaben schlecht erfüllt, kann dies dazu führen, dass eine straf- oder ordnungsrechtliche Verantwortlichkeit auch der nicht ressortzuständigen Vorstandsmitglieder in Betracht kommt. Dazu gehört auch, zu kontrollieren, ob dieses Vorstandsmitglied, falls es selbst die ihm angetragenen Aufgaben weiter delegiert, seinerseits seinen Kontroll- und Überwachungsaufgaben nachkommt (**Kontrolle der Kontrolle**). Ist eine Delegation der Aufgaben erfolgt und ein ordnungsgemäßes Kontroll- und Überwachungssystem installiert, kann eine straf- und ordnungsrechtliche Verantwortlichkeit aller Vorstände schließlich dann wieder aufleben, wenn aus einem Ressort **Störungsmeldungen** auftauchen; dies ist insbesondere im Bereich der strafrechtlichen Produkt- und Umwelthaftung relevant. Bei ersten Indizien für einen Störfall liegt es naturgemäß in der Aufgabe des Ressortleiters, diesen nachzugehen. Häufen sich aber die Probleme, wird der Grundsatz der Allzuständigkeit der Vorstandsmitglieder wieder aktuell, so dass der Gesamtvorstand verpflichtet ist, sich um Abhilfe der Probleme zu bemühen.

G. Klagemöglichkeiten des Vorstandes bzw. der Vorstandsmitglieder

163 Da der Vorstand verpflichtet ist, Beschlüsse der Hauptversammlung auszuführen (§ 83 Abs. 2 AktG), gewährt ihm das Aktienrecht die Befugnis, **Anfechtungs- und Nichtigkeitsklagen** gem. §§ 245 Nr. 4 und 5, 249 Abs. 1, 250 Abs. 3 und 251 Abs. 2 AktG zu erheben. Die Klagebefugnisse dienen dazu, die Rechtmäßigkeit von Hauptversammlungsbeschlüssen zu kontrollieren; sie enthalten nicht verallgemeinerungsfähige Sonderregeln, wonach der Vorstand als Gesamtgremium oder einzelne seiner Mitglieder befugt sind, in ihrer Rechtmäßigkeit streitige Entschließungen der Gesellschafterversammlung zur gerichtlichen Überprüfung zu stellen.[443]

---

[442] Vgl. hierzu: Schönke/Schröder/*Sternberg-Lieben/Schuster* § 15 Rn. 217. Näher *Dannecker* NZWiSt 2012, 441 (447 ff.)
[443] Vgl. *Hüffer/Koch* AktG § 90 Rn. 16.

F. Straf- und ordnungsrechtliche Verantwortlichkeit   164–167   § 6

Weiterhin stellt sich die Frage, ob und ggf. wie der Vorstand bzw. das einzelne Vorstandsmitglied seine organschaftlichen Rechte gegenüber einem anderen Organ, insbesondere dem Aufsichtsrat, bzw. gegenüber der Mehrheit der Vorstandsmitglieder verfolgen kann.[444]   **164**

Das AktG selbst stellt nur in Ausnahmefällen ein geeignetes **Schlichtungsmittel**   **165** zur Bewältigung von Organstreitigkeiten zur Verfügung. Während dem Aufsichtsrat mehrere Möglichkeiten zustehen, seine Rechte gegenüber dem Vorstand durchzusetzen, zB die Einschaltung der Hauptversammlung gem. § 111 Abs. 3 AktG und die Abberufung des Vorstands gem. § 84 Abs. 3 AktG, hat der Vorstand nahezu keine Möglichkeit, sich auf aktienrechtlichem Wege gegen den Aufsichtsrat zur Wehr zu setzen. Außergerichtliche Möglichkeiten zur Beseitigung eines Organstreits zwischen Vorstand und Aufsichtsrat bestehen demnach – jedenfalls aus Sicht des Vorstands – nicht, sodass mangelndes Rechtsschutzbedürfnis der gerichtlichen Austragung eines derartigen Organstreits grundsätzlich nicht entgegensteht. Gleichwohl steht die wohl herrschende Meinung Organstreitigkeiten zwischen Organen (sog. „Inter-Organstreit") und innerhalb eines Organs (sog. „Intra-Organstreit") zurückhaltend gegenüber:

Bedenken gegen die Möglichkeit eines **Inter-Organstreits** werden darauf ge-   **166** stützt, dass ein Organ kein Inhaber subjektiver Rechte sein könne, sodass es an einer rechtsschutzfähigen Position fehle.[445] Selbst wenn man eine Rechtssubjektivität der Organe anerkennt,[446] bleibt die Frage, in welchem Umfang die Rechte bestehen können bzw. welchen Inhalt sie haben sollen. Nach herrschender Meinung existieren jedenfalls keine subjektiven Organrechte, die einem Organ gegenüber einem anderen Organ ganz allgemein erlauben, dessen Verhalten zu kontrollieren.[447] Ein Inter-Organstreit wirft aber nicht nur materiell-rechtliche Fragen auf, sondern begegnet auch prozessualen Problemen, insbesondere im Hinblick auf Parteistellung, Parteifähigkeit und Prozessführungsbefugnis. Insoweit ist nahezu jeder Punkt umstritten, wenngleich die herrschende Meinung die Parteistellung, Parteifähigkeit und Prozessführungsbefugnis eines Organs an sich – mit Einschränkungen im Einzelnen – bejaht.[448] Dieser Lehre stehen jedoch viele Stimmen gegenüber, die eine Klagemöglichkeit des Vorstandes mit unterschiedlicher Begründung generell ablehnen;[449] dies wird vor allem damit begründet, dass innergesellschaftliche Klagen mit der aktienrechtlichen Verfassungsordnung unvereinbar seien.

Intra-Organstreitigkeiten haben nur im Hinblick auf den Aufsichtsrat prakti-   **167** sche Bedeutung erlangt. Das Streitpotenzial im Aufsichtsrat ist infolge der Mitbestimmung größer als im typischerweise homogen besetzten Vorstand. Im Übrigen wirft auch der Intra-Organstreit materiellrechtliche und prozessuale Probleme

---

[444] Vgl. dazu: *Hüffer/Koch* AktG § 90 Rn. 16 ff.; Kölner Komm./*Mertens/Cahn* Vorb. § 76 Rn. 3 ff.; *Wellkamp* Vorstand, Aufsichtsrat und Aktionär 1998, S. 267 ff.
[445] Vgl. *Flume* BGB AT Bd. I/2 § 11 V, S. 405 ff.; Kölner Komm./*Mertens/Cahn* Vorb. § 76 Rn. 3 ff.
[446] Vgl. *Bork* ZGR 1989, 1 (22); *Schmidt* Gesellschaftsrecht, § 14 IV/2; unentschieden BGH II ZR 57/88, BGHZ 106, 54.
[447] Vgl. *Bauer* Organklagen zwischen Vorstand und Aufsichtsrat einer Aktiengesellschaft, 1986, S. 119 ff.; *Bork* ZGR 1989, 1 (21); *Schmidt* ZZP 1979, 230 ff.; *Wellkamp* Vorstand, Aufsichtsrat und Aktionär 1998, S. 285 mwN.
[448] Vgl. *Bauer* Organklagen, 1986, S. 49 ff.; *Bork* ZGR 1989, 1 (22 ff.); *Hommelhoff* ZHR 1979, 288 (290 ff.); *Säcker* NJW 1979, 1521 (1526).
[449] Vgl. *Flume* BGB AT, Bd I/2 § 11 V; *Hüffer/Koch* AktG § 90 Rn. 19; Kölner Komm./ *Mertens/Cahn* Vorb. zu § 76 Rn. 3 ff.; *Werner* AG 1990, 1 (16); *Zöller* ZHR 1990, 24 (33).

auf. Überwiegend werden Intra-Organstreitigkeiten selbst von den Anhängern der Lehre vom Organstreit nicht zugelassen, soweit um die Zweckmäßigkeit eines von der Organmehrheit gefassten Beschlusses gestritten wird.[450] Steht hingegen seine Rechtmäßigkeit in Streit, wird verbreitet der überstimmten Minderheit die Möglichkeit eingeräumt, den Beschluss durch Klage überprüfen zu lassen, da kein Organmitglied rechtswidrige Beschlüsse hinnehmen müsse. So kann sich ein Vorstandsmitglied zB gegen eine rechtswidrige Geschäftsordnungsregelung oder sonstige rechtswidrige Vorstandsbeschlüsse zur Wehr setzen.[451]

---

[450] Vgl. *Raiser* ZGR 1989, 44 (67).
[451] Vgl. *Bork* ZGR 1989, 1 (36 ff.); Kölner Komm./*Mertens* Vorb. zu § 76 Rn. 6; *Raiser* ZGR 1989, 44 (68) mwN; *Säcker* NJW 1979, 1521 (1524).

§ 7 Der Aufsichtsrat

Bearbeiter: Dr. Franz-Josef Kolb

Übersicht

	Rn.
A. Stellung des Aufsichtsrats	1–5
I. Verhältnis zu den anderen Organen	1–4
1. Repräsentativorgan der Aktionäre	2
2. Einbindung in dualistische Organisation der Verwaltung	3, 4
II. Abgrenzung zu anderen Gremien	5
B. Zusammensetzung des Aufsichtsrats	15–47
I. Aufsichtsrat ohne Arbeitnehmervertreter nach dem AktG	15–17
II. Mitbestimmungspflichtige Aufsichtsräte	18–37
1. Gesetzliche Modelle	18–33
a) Aufsichtsrat mit einem Drittel Arbeitnehmervertreter nach DrittelbG	19–22
b) Paritätisch zusammengesetzter Aufsichtsrat nach MitbestG	24–33
aa) Paritätische Mitbestimmung	24–29
bb) Geschlechterquote	30–32
cc) Festlegung von Zielgrößen	33
2. Fortgeltung der Mitbestimmungspflicht außerhalb der Mitbestimmungsmodelle	34–36
a) Umwandlungsgesetz	35
b) Mitbestimmungs-Beibehaltungsgesetz	36
3. Regelungsumfang privatautonomer Mitbestimmungsvereinbarungen	37
III. Feststellung des Aufsichtsratssystems im Statusverfahren	39–47
1. Anwendungsbereich	39–41
2. Bekanntmachung des Vorstands	42
3. Gerichtliche Entscheidung	43, 44
4. Vollzug des Statuswechsels	45–47
C. Aufgaben und Kompetenzen des Aufsichtsrats	61–116
I. Bestellung, Anstellung und Überwachung des Vorstands	61–98
1. Bestellung und Widerruf der Bestellung	62–65
2. Abschluss und Kündigung des Anstellungsvertrags	66–69
3. Überwachung von Geschäftsführung und Konzernleitung	70–98
a) Vertretung der AG gegenüber dem Vorstand insb. bei Kreditgewährung	76, 77
b) Regelung von Geschäftsordnung und Geschäftsverteilung des Vorstands	78–80
c) Zustimmungsvorbehalte nach § 111 Abs. 4 Satz 2 AktG	81–86
d) Zustimmungsvorbehalt nach § 33 Abs. 1 Satz 2 WpÜG	87
e) Zustimmungsvorbehalt für Verträge mit Aufsichtsratsmitgliedern	88
f) Einsichts- und Prüfungsrecht	89–91
g) Einflussnahme auf die Feststellung des Jahresabschlusses	92–96

aa) Prüfungsauftrag für Jahres- und Konzernabschluss 92, 93
bb) Prüfung und Mitentscheidung über Jahresabschluss und Ergebnisverwendung 94–96
h) Geltendmachung von Ersatzansprüchen und Kündigungsschutzklagen gegen Vorstandsmitglieder 97, 98
II. Aufgaben und Kompetenzen in Bezug auf die Hauptversammlung 99–105
   1. Einberufung der Hauptversammlung 100
   2. Beschlussvorschläge 101
   3. Berichte an die Hauptversammlung 102
   4. Teilnahme an der Hauptversammlung 103
   5. Anfechtungs- oder Nichtigkeitsklagen gegen Hauptversammlungsbeschlüsse 104, 105
III. Sonstige Mitwirkungs- und Mitentscheidungsrechte 106–116
   1. Gesetzliche Antragsrechte 107
   2. Änderung der Satzungsfassung 108
   3. Mitentscheidung über Ausnutzung von genehmigtem Kapital 109, 110
   4. Abschlagszahlung auf Bilanzgewinn 111
   5. Wiederholung einer Weisung an eine abhängige AG . 112
   6. Ausübung von Beteiligungsrechten nach § 32 MitbestG 113–116

D. **Innere Ordnung des Aufsichtsrats** 126–181
  I. Geschäftsordnung 126–128
  II. Vorsitz 129–138
   1. Vorsitzender und Stellvertreter nach AktG 130–135
    a) Bestellung 130–132
    b) Aufgaben und Befugnisse 133–135
   2. Vorsitzender und Stellvertreter nach MitbestG 136–138
  III. Sitzungen und Beschlüsse 139–169
   1. Zahl der Sitzungen 139
   2. Einberufung, Tagesordnung und Beschlussvorlagen.. 140–143
   3. Sitzungsleitung 144–148
   4. Beschlüsse 149–167
    a) Beschlussfähigkeit 149–152
    b) Vertagung 153
    c) Gesetzliche Modelle der Beschlussfassung 154–159
    d) Schriftliche Stimmabgabe innerhalb von Sitzungen 160, 161
    e) Beschlussfassung außerhalb von Sitzungen 162, 163
    f) Niederschrift 164, 165
    g) Ausführung von Beschlüssen 166, 167
   5. Fehlerhafte Beschlüsse 168, 169
  IV. Ausschüsse 170–181
   1. Fakultative Ausschüsse 170–173
    a) Effizienzsteigerung durch Arbeitsteilung 171
    b) Grenzen der Entscheidungsdelegation 172, 173
   2. Vermittlungsausschuss nach § 27 Abs. 3 MitbestG.... 174, 175
   3. Bildung, Besetzung und Überwachung 176–179
   4. Innere Ordnung 180, 181

E. **Begründung und Beendigung des Aufsichtratsmandats**.. 200–232
  I. Bestellung 200–219
   1. Persönliche Voraussetzungen 200–204

2. Wahl durch die Hauptversammlung 205–210
  3. Entsendung kraft Sonderrechts 211, 212
  4. Bestellung von Ersatzmitgliedern 213–215
  5. Gerichtliche Bestellung 216–219
 II. Amtszeit 220–225
  1. Beginn 220
  2. Höchstdauer 221
  3. Einzelfälle 222–225
    a) Wiederbestellung 222
    b) Arbeitnehmervertreter 223
    c) Entsandte Mitglieder 224
    d) Ersatzmitglieder 225
 III. Vorzeitiges Ausscheiden 226–231
  1. Wegfall persönlicher Voraussetzungen 226
  2. Amtsniederlegung 227
  3. Abberufung 228–231
 IV. Bekanntmachung des Wechsels von Aufsichtsrats-
     mitgliedern 232

F. **Rechte und Pflichten der Aufsichtsratsmitglieder** 241–279
 I. Rechtsstellung 241–247
  1. Gleichheit und Gleichbehandlung aller Aufsichts-
     ratsmitglieder 241
  2. Höchstpersönliche Amtsausübung 242, 243
  3. Unabhängigkeit und Weisungsfreiheit 244, 245
  4. Unternehmensinteresse als Handlungsmaxime;
     Konfliktlagen 246, 247
 II. Vergütung 248–258
  1. Gesetzliches Schuldverhältnis 248
  2. Festvergütung, Tantieme, Auslagenersatz 249, 250
  3. Festsetzung und Bewilligung 251–253
  4. Steuerliche Behandlung 254–258
    a) Ebene der AG 254–256
    b) Ebene der Aufsichtsratsmitglieder 257, 258
 III. Verträge mit Aufsichtsratsmitgliedern 259–265
  1. Dienst- und Werkverträge nach § 114 AktG 260–264
    a) Regelungszweck 261, 262
    b) Reichweite 263, 264
  2. Kreditgewährung nach § 115 AktG 265
 IV. Verwertung von Informationen 266–270
  1. Verschwiegenheitspflicht 266–268
    a) Umfang 266, 267
    b) Vorgaben in Satzung und Geschäftsordnung..... 268
  2. Verbot von Insidergeschäften 269
  3. Mitteilungspflichten und Handelsverbote nach der
     Marktmissbrauchsverordnung 270
 V. Haftung 271–276
  1. Haftungstatbestände 271–275
    a) Anknüpfung der Haftung, insb. Verletzung der
       Sorgfaltspflicht 272, 273
    b) Differenzierung nach Funktion 274, 275
  2. Versicherbarkeit des Haftungsrisikos 276
 VI. Individualklagerechte 277–279
  1. Klagen kraft persönlicher Rechtsstellung 278
  2. Klagen kraft organschaftlicher Rechtsstellung 279

A. Stellung des Aufsichtsrats

I. Verhältnis zu den anderen Organen

1   Der Aufsichtsrat ist kraft Gesetzes notwendiges Organ der Aktiengesellschaft (vgl. §§ 30, 31 AktG). Er tritt als drittes Organ neben Hauptversammlung und Vorstand.

1. Repräsentativorgan der Aktionäre

2   Nach der Regelungskonzeption des AktG leitet der Aufsichtsrat sein Mandat von der Hauptversammlung ab. Sie wählt die Vertreter der Anteilseigner in den Aufsichtsrat. Insofern fungiert der Aufsichtsrat als Repräsentativorgan der Aktionäre.

2. Einbindung in dualistische Organisation der Verwaltung

3   Primär obliegt dem Aufsichtsrat die Überwachung des Vorstands. Mit ihm zusammen bildet er die dualistisch organisierte Verwaltung der AG. Innerhalb der zweigliedrigen Verwaltung sind die Kompetenzen deutlich voneinander abgegrenzt: Dem Vorstand obliegt die Führung der Geschäfte und Leitung der Gesellschaft in eigener Verantwortung (§ 76 Abs. 1 AktG); der Aufsichtsrat übernimmt **Kontroll- und Überwachungsfunktionen** (§ 111 Abs. 1 AktG), Geschäftsführungsmaßnahmen können ihm nicht übertragen werden (§ 111 Abs. 4 AktG).

4   Aus der Aufgabentrennung resultiert das **Verbot der Doppelmitgliedschaft** in Aufsichtsrat und Vorstand (§ 105 Abs. 1 AktG). Eine – längstens auf ein Jahr befristete – Ausnahme vom Verbot der Doppelmitgliedschaft ergibt sich lediglich in Fällen, in denen ein vakant gewordenes Vorstandsamt vertretungsweise durch ein Aufsichtsratsmitglied ausgeübt wird (§ 105 Abs. 2 AktG).

II. Abgrenzung zu anderen Gremien

5   Neben der (obligatorischen) Einrichtung des Aufsichtsrats bleibt es den Aktionären unbenommen, weitere (fakultative) Beratungsgremien einzurichten. Solche Gremien treten in der Praxis als „Beiräte" oder „Aktionärsausschüsse" in Erscheinung. Die gesetzlichen Zuständigkeiten der drei (obligatorischen) Organe der AG werden durch die Einrichtung fakultativer Beratungsgremien nicht berührt.

B. Zusammensetzung des Aufsichtsrats

I. Aufsichtsrat ohne Arbeitnehmervertreter nach dem AktG

15 Der Aufsichtsrat ist bei der AG obligatorisch – anders als bei der GmbH auch dann, wenn die Gesellschaft nicht der Arbeitnehmermitbestimmung unterliegt. Außerhalb der Mitbestimmungsmodelle (soweit Drittelbeteiligungsgesetz (DrittelbG), Mitbestimmungsgesetz (MitbestG), Montanmitbestimmungsgesetz (MontanMitbestG) und Mitbestimmungsergänzungsgesetz (MitbestErgG) keine Aufnahme von Arbeitnehmervertretern in den Aufsichtsrat gebieten) besteht der Aufsichtsrat ausschließlich aus mindestens drei Vertretern der Anteilseigner.

B. Zusammensetzung des Aufsichtsrats

16, 17 § 7

Mitbestimmungsfrei sind namentlich Aktiengesellschaften, die weniger als 500 **16** Arbeitnehmer beschäftigen. Dieses Privileg gilt nach § 1 Abs. 1 Nr. 1 DrittelbG für alle sog. **kleinen Aktiengesellschaften**, die nach dem 10.8.1994 in das Handelsregister eingetragen worden sind; es gilt ferner für zuvor eingetragene Aktiengesellschaften, sofern es sich bei ihnen um **Familien-Aktiengesellschaften** handelt, zu deren Aktionärskreis lediglich natürliche Personen zählen, die – sollte es sich um mehrere Aktionäre handeln – iSv § 15 Abs. 1 Nrn. 2 bis 8, Abs. 2 AO miteinander verwandt oder verschwägert sind. Auch für eine vor dem 10.8.1994 eingetragene AG, die keine Familien-Aktiengesellschaft ist, besteht ein Mitbestimmungsrecht der Arbeitnehmer im Aufsichtsrat nur, wenn die Gesellschaft entsprechend § 1 Abs. 1 BetrVG mindestens 5 Arbeitnehmer hat.[1] Diese Einschränkung erklärt sich aus der Überlegung, dass die Mitbestimmung ein Fall der kollektiven Interessenvertretung ist und nach der Parallelwertung des BetrVG für eine solche erst ab einer Größe von fünf Arbeitnehmern ein Bedürfnis besteht.[2] Keine Anwendung finden die Mitbestimmungsmodelle darüber hinaus auf sog. **Tendenzunternehmen** sowie Religionsgemeinschaften mit ihren karitativen und erzieherischen Einrichtungen (§ 1 Abs. 2 DrittelbG, § 1 Abs. 4 MitbestG). Der Tendenzschutz gilt ferner für Presse und Verlagsunternehmen, die der Berichterstattung oder Meinungsäußerung dienen.[3]

Naturgemäß mitbestimmungsfrei sind schließlich **arbeitnehmerlose Aktien- 17 gesellschaften**. Besonderheiten gelten hinsichtlich der arbeitnehmerlosen Holding-AG. Dabei ist zu unterscheiden: Eine Zurechnung der Arbeitnehmer nachgeordneter Unternehmen nach dem DrittelbG erfolgt gem. § 2 Abs. 1 DrittelbG nur, soweit die Holding-AG ihrerseits mindestens fünf eigene Arbeitnehmer beschäftigt und damit originär mitbestimmungspflichtig ist.[4] Nach § 2 Abs. 2 DrittelbG besteht eine Mitbestimmungspflicht, wenn die arbeitnehmerlose Holding-AG durch einen Beherrschungsvertrag (§ 291 Abs. 1 Satz 1 AktG) oder eine Eingliederung (§ 319 AktG) mit einem nachgeordneten Unternehmen verbunden ist. De lege lata ist hieran mit Blick auf den eindeutigen Wortlaut des § 2 Abs. 2 DrittelbG und des ihm vorangegangenen § 77a BetrVG 1952 festzuhalten[5] und zwar ungeachtet der Erstreckung des Verweises in § 2 Abs. 1 DrittelbG auf § 18 Abs. 1 Satz 3 AktG.[6] Für diese Konzernklausel reicht eine lediglich faktische Konzernverbindung nicht aus.[7] Etwas anderes gilt dann, wenn der von der Holding-AG beherrschte Konzern insgesamt mehr als 2000 Arbeitnehmer beschäftigt. Hier führt die Zurechnungsnorm des § 5 Abs. 1 MitbestG zur Mitbestimmungspflicht, und zwar unabhängig davon, ob die Holding-AG ihrerseits bei isolierter Betrachtung mitbestimmungspflichtig wäre.

---

[1] BGH II ZB 14/11, NZG 2012, 421 = ZIP 2012, 669 Rn. 14; OLG Jena 6 W 47/11, ZIP 2011, 1257.
[2] BGH II ZB 14/11, NZG 2012, 421 = AG 2012, 288 Rn. 24.
[3] MHdB GesR IV/*Hoffmann-Becking* § 28 Rn. 4 mwN; zum Tendenzschutz im Konzern OLG Brandenburg 6 Wx 5/12, AG 2013, 686 = ZIP 2013, 1623.
[4] So die hM *Dietz/Richardi* BetrVG, 6. Aufl. 1982, BetrVG 1952 § 76 Rn. 8 f.; aA *Fiting* BetrVG, 21. Aufl. 2002, § 76 BetrVG 1952 Rn. 56; vgl. MHdB GesR IV/*Hoffmann-Becking* § 28 Rn. 6 mwN.
[5] KG II ZR 71/06 ZIP 2007, 1566 (1567 f.); MünchKomm. AktG/Bd. 2/*Habersack* § 96 Rn. 19.
[6] Zur Geltung der Konzernvermutung des § 18 Abs. 1 Satz 3 s. BAG NZG 2012, 754.
[7] Für die GmbH: KG 2 W 8/07, ZIP 2007, 1566; MHdB GesR IV/*Hoffmann-Becking* § 28 Rn. 7.

II. Mitbestimmungspflichtige Aufsichtsräte

1. Gesetzliche Modelle

18 Nachfolgend werden die gesetzlichen Modelle der Arbeitnehmermitbestimmung in den Aufsichtsräten in ihren wesentlichen Grundzügen dargestellt – unter Verzicht auf die Darstellung der paritätischen Montanmitbestimmung. Es geht dabei vor allem um die jeweiligen Anwendungsbereiche, ihre Abgrenzung und ihre Auswirkung auf die Zusammensetzung des Aufsichtsrats. Die vergleichsweise komplizierten Wahlverfahren werden hier nicht besprochen; insofern wird auf die entsprechenden Wahlordnungen und das einschlägige Schrifttum verwiesen.[8]

a) Aufsichtsrat mit einem Drittel Arbeitnehmervertreter nach DrittelbG

19 Für die Wahl von Arbeitnehmervertretern in den Aufsichtsrat von Aktiengesellschaften, die zwischen 500 und 2000 Arbeitnehmer beschäftigen, galten bis zum 30.6.2004 die Vorschriften des Betriebsverfassungsgesetzes von 1952. Das Drittelbeteiligungsgesetz ersetzt seit dem 1.7.2004 die §§ 76 ff. BetrVG 1952 zur Beteiligung der Arbeitnehmer im Aufsichtsrat. Mit der Neufassung sind einige inhaltliche Änderungen verbunden. Im Wesentlichen handelt es sich jedoch um eine redaktionelle Neufassung, die das bisherige Recht vollständig und systematischer gliedert. § 4 Abs. 1 iVm § 1 DrittelbG bestimmt, dass der Aufsichtsrat einer AG zu einem Drittel aus Arbeitnehmervertretern zu bestehen hat, wenn es sich bei der AG weder um eine kleine AG, eine Familien-AG noch ein Tendenzunternehmen handelt (Rn. 16) und die AG weder der paritätischen Mitbestimmung (Rn. 24 ff.) oder der paritätischen Montanmitbestimmung unterliegt. Rechnerisch wird die Herstellung der Drittelparität dadurch erreicht, dass der Aufsichtsrat gem. § 95 AktG eine Mitgliederzahl aufweisen muss, die durch drei teilbar ist. Nach der Aktienrechtsnovelle von 2016 gilt dies gem. § 95 S. 2 AktG allerdings nur noch für mitbestimmte Gesellschaften.[9] Das DrittelbG verlangt keine von § 95 AktG abweichende **Mindestgröße** des Aufsichtsrats, so dass auch bei größeren Gesellschaften (mit bis zu 2000 Arbeitnehmern) ein dreiköpfiger Aufsichtsrat genügt. Freilich kann die Mitgliederzahl durch Satzungsregelung aufgestockt werden.

20 Aktives und passives Wahlrecht erstrecken sich gleichermaßen auf Arbeitnehmer der AG und, falls die AG herrschendes Unternehmen eines Unterordnungskonzerns ist, der ihr zuzurechnenden Konzernunternehmen (§ 2 Abs. 1 DrittelbG). Die Verweisung auf § 18 Abs. 1 AktG zeigt, dass kein eigenständiger mitbestimmungsrechtlicher Konzernbegriff gilt. Bei einem abhängigen Unternehmen wird gem. § 18 Abs. 1 Satz 3 AktG vermutet, dass es mit dem herrschenden Unternehmen einen Konzern bildet.[10] Die **Zurechnung** nachgeordneter Konzernunternehmen erfolgt jedoch nur, wenn die beherrschende AG bereits bei isolierter Betrachtung mitbestimmungspflichtig ist (s. Rn. 17). Dies wiederum beurteilt sich nach § 1 Abs. 1 DrittelbG.

21 Handelt es sich bei der herrschenden AG lediglich um eine **Teilkonzernspitze** (ist also die AG ihrerseits abhängiges Konzernunternehmen), unterbleibt nach zu-

---

[8] Übersicht bei Kölner Komm. *Mertens/Cahn* Anh. § 117 B bis E, jeweils mwN. Vgl. ferner *Dietz/Richardi* BetrVG, 6. Aufl. 1982, BetrVG 1952 § 76; *Fitting/Wlotzke/Wißmann* MitbestG, 2. Aufl. 1978; *Säcker* Die Wahlordnungen zum Mitbestimmungsgesetz, 1978.
[9] *Harbarth/Freiherr von Plattenberg* AG 2016, 145 (149 f.).
[10] BAG 7 ABR 47/11, ZIP 2013, 1880 (LAG Hessen).

treffender Auffassung die Zurechnung von Arbeitnehmern nachgeordneter Unternehmen.[11] Dies deswegen, weil das DrittelbG – anders als das MitbestG (dort § 5 Abs. 3) – keine Zurechnungsnorm für den Fall des sog. „Konzerns im Konzern" kennt.

Eine Besonderheit für die Arbeitnehmerzurechnung ergibt sich für **Gemein-** 22 **schaftsunternehmen**, also dann, wenn die AG gemeinsam von zwei Obergesellschaften beherrscht wird. Tritt hier neben die gemeinsame Beherrschung auch die gemeinsame einheitliche Leitung, die mangels Verweis auf die Konzernvermutung des § 18 Abs. 1 Satz 3 AktG jeweils gesondert nachzuweisen ist, führt die mehrfache Konzernzugehörigkeit des Gemeinschaftsunternehmens dazu, dass dessen Arbeitnehmer an den Wahlen zu den Aufsichtsräten beider Obergesellschaften zu beteiligen sind.[12]

Führen mehrere – jeweils der drittelparitätischen Mitbestimmung nach § 1 DrittelbG unterliegende – Unternehmen einen oder mehrere Gemeinschaftsbetrieb(e), haben die mit einem Unternehmen arbeitsvertraglich verbundenen Arbeitnehmer des gemeinsamen Betriebes (oder der gemeinsamen Betriebe) das aktives Wahlrecht bei der Wahl der Arbeitnehmer in den Aufsichtsrat bei jedem Trägerunternehmen.[13]

b) Paritätisch zusammengesetzter Aufsichtsrat nach MitbestG

aa) Paritätische Mitbestimmung. Soweit die AG selbst oder als herrschendes 24 Unternehmen zusammen mit den ihr nachgeordneten Konzernunternehmen mehr als 2000 Arbeitnehmer beschäftigt, richtet sich die Arbeitnehmerbeteiligung im Aufsichtsrat nach den Bestimmungen des MitbestG, es sei denn, die paritätische Montanmitbestimmung griffe ein. Aufgrund der weit formulierten Zurechnungsnorm des § 5 Abs. 1 MitbestG (und im Gegensatz zu der enger gefassten Zurechnungsregelung des § 2 Abs. 1 DrittelbG) kommt es nicht darauf an, ob die herrschende AG ihrerseits eigene Arbeitnehmer beschäftigt.

Ebenfalls abweichend von der Konzeption des DrittelbG beschränkt sich das 25 MitbestG nicht auf die Arbeitnehmerzurechnung an die oberste Konzernspitze, sondern erlaubt eine **Zurechnung auch an die Teilkonzernspitze** (§ 5 Abs. 3 MitbestG). Dieser Regelung unterliegen die Fälle, in denen die eigentliche Konzernspitze nicht mitbestimmungsfähig ist, weil es sich dabei um ein Unternehmen handelt, das seinen Sitz im Ausland hat oder aufgrund seiner Rechtsform nicht dem Anwendungsbereich des MitbestG unterfällt (zB Einzelkaufmann, oHG, nichtkapitalistische KG, Stiftung & Co. KG, Stiftung, Verein, vgl. §§ 1 Abs. 1, 4 Abs. 1 MitbestG). Hier erfolgt die mitbestimmungsrechtliche Konzernzurechnung an das letzte nach Rechtsform und Sitz mitbestimmungsfähige Unternehmen innerhalb der Konzernstruktur.

Weitergehend stellt sich die Frage, ob aufgrund der Arbeitnehmerzurechnung 26 auch dort paritätisch mitbestimmte Aufsichtsräte zu bilden sind, wo innerhalb des Konzernaufbaus eine einzelne AG als Konzernzwischengesellschaft eine Teilkonzernspitze bildet (**„Konzern im Konzern"**), ohne dass die mitbestimmungsrechtliche Konzernzurechnung iSd § 5 Abs. 3 MitbestG bei diesem Unternehmen endet. Die Handhabung dieser Konstellation ist umstritten; nach herrschender Auffassung im Schrifttum wird die Möglichkeit einer Konzernbildung innerhalb eines

---

[11] MHdB GesR IV/*Hoffmann-Becking* § 28 Rn. 12.
[12] BAG 1 ABR 3/70, AP Nr. 20 zu § 76 BetrVG 1952 = DB 1970, 1595; BAG 7 ABR 57/94, AP Nr. 30 zu § 76 BetrVG 1952 = DB 1996, 335.
[13] BAG 7 ABR 47/11, ZIP 2013, 1880 (LAG Hessen).

Konzerns bejaht – mit der Folge einer Arbeitnehmerzurechnung nach § 5 Abs. 1 MitbestG.[14] Dies soll namentlich dann gelten, wenn die (nach Sitz und Rechtsform durchaus mitbestimmungsfähige) Konzernspitze ihre Leitungsmacht für bestimmte unternehmenspolitische Grundsatzbereiche auf die betreffende Zwischengesellschaft übergeleitet hat.[15] Soweit ersichtlich ist der Streit rein theoretischer Natur. Die Voraussetzungen für das Vorliegen eines Konzerns im Konzern mit der dann virulenten Arbeitnehmerzurechnung an die Konzernzwischengesellschaft sind bislang niemals konkret bejaht worden.[16]

27 Für **Gemeinschaftsunternehmen** ist umstritten, ob sie – mitbestimmungsrechtlich – die Voraussetzungen der Konzernzugehörigkeit für jede Muttergesellschaft erfüllen. Anders als bei der Konzernklausel des § 2 Abs. 1 DrittelbG (vgl. Rn. 19 ff.), ist die Frage für die Konzernklausel des § 5 Abs. 1 MitbestG nicht höchstrichterlich geklärt. Es existiert weder eine einheitliche Praxis noch ein einheitliches Meinungsbild im Schrifttum.[17]

28 Die Besonderheit der paritätischen Mitbestimmung liegt vor allem darin, dass das MitbestG hinsichtlich der **Mindestgröße** des Aufsichtsrats die Regelungen des AktG überlagert. Je nach Zahl der zuzurechnenden Arbeitnehmer staffelt sich die (Mindest-)Mitgliederzahl (§ 7 Abs. 1 MitbestG): Solange der AG nicht mehr als 10 000 Arbeitnehmer zuzurechnen sind, besteht der Aufsichtsrat aus 12 Mitgliedern. Bei nicht mehr als 20 000 Arbeitnehmern hat er 16, bei mehr als 20 000 Arbeitnehmern 20 Mitglieder. Den Anteilseignern ist es unbenommen, in der Satzung eine größere Mitgliederzahl festzuschreiben (vgl. § 7 Abs. 1 Satz 2 MitbestG). Die Höchstzahl von 20 Aufsichtsratsmitgliedern darf jedoch in keinem Fall überschritten werden, auch nicht durch eine zusätzliche Bestellung von Aufsichtsratsmitgliedern mit beratender Funktion.[18] § 109 Abs. 1 AktG in Verbindung mit § 25 Abs. 1 Nr. 2 MitbestG sieht vor, dass Personen, die nicht dem Aufsichtsrat oder Vorstand angehören, an den Sitzungen des Aufsichtsrates nicht teilnehmen sollten.[19] Sie sollen nicht durch eine regelmäßige Teilnahme an Sitzungen des Aufsichtsrates tatsächlich vergleichbaren Einfluss ohne entsprechende Verantwortlichkeit erlangen.[20] Die Vertraulichkeit der Beratungen soll gewährleistet werden und es soll sichergestellt werden, dass die Höchstgrenzen des § 95 Satz 4 nicht umgangen werden.[21] Dies kann auch nicht durch eine entsprechende Bestimmung in der Satzung geändert werden.

29 Die Mitglieder des Aufsichtsrats müssen **zur Hälfte Arbeitnehmervertreter** sein. Dabei ist zwischen unternehmensangehörigen Arbeitnehmervertretern und Gewerkschaftsvertretern zu unterscheiden. § 7 Abs. 2 MitbestG begrenzt die Anzahl der Gewerkschaftsvertreter auf maximal zwei, solange der Aufsichtsrat nicht die Größe von 20 Mitgliedern erreicht. Erst ab einer Größe von 20 Mitgliedern

---

[14] MHdB GesR IV/*Hoffmann-Becking* § 28 Rn. 20 mwN.
[15] Kölner Komm. *Mertens/Cahn* Anh. § 117 B, § 5 MitbestG Rn. 32.
[16] OLG Düsseldorf 19 W 17/78, WM 1979, 956; OLG Zweibrücken 3 W 25/83, WM 1983, 1347; OLG Frankfurt a. M. 20 W 27/86, WM 1987, 237; OLG Düsseldorf 19 W 4/96, WM 1997, 668; BayOLG 3 Z BR 343/00, DB 2002, 1147 (1149).
[17] Mehrfachkonzernierung bejahend: Kölner Komm. *Mertens/Cahn* Anh. § 117 B, § 5 MitbestG Rn. 35 mwN; Mehrfachkonzernierung ablehnend: *Richardi* Konzernzugehörigkeit eines Gemeinschaftsunternehmens nach dem MitbestG 1977, S. 24 ff. mwN.
[18] BGH II ZB 20/11, NZG 2012, 347 Rn. 11 = FGPrax 2012, 119.
[19] BGH II ZB 20/11, NZG 2012, 347 Rn. 16 = FGPrax 2012, 119; *Böttcher* NZG 2012, 808.
[20] BGH II ZR 253/10, AG 2012, 248 Rn. 16.
[21] *Schnorbus/Ganzer* AG 2013, 445 (446).

kommt ein dritter Gewerkschaftsvertreter hinzu. Nach § 15 Abs. 1 Satz 2 MitbestG muss dem Aufsichtsrat mindestens ein leitender Angestellter angehören. Aufgrund der negativen Wahlfreiheit kann niemand zur Kandidatur oder Wahl gezwungen werden, so dass die Nichtwahrnehmung des Minderheitenschutzes nicht die Nichtbildung eines Aufsichtsrates zur Folge haben kann. Im Zweifel muss der vakante Sitz der anderen Gruppe zugewiesen werden.[22]

(bb) Geschlechterquote. Für Gesellschaften, die paritätisch mitbestimmt *und* – *kumulativ* – auch börsennotiert sind, bestimmt das am 6.3.2015 beschlossene Gesetz für die gleichberechtigte Teilhabe von Frauen und Männern an Führungspositionen in der Privatwirtschaft und im öffentlichen Dienst, dass sich der Aufsichtsrat zu mindestens 30% aus Frauen und zu mindestens 30% aus Männern zusammensetzen muss (§ 96 Abs. 2 AktG nF).[23] Die 30%-Quote ist nach § 25 Abs. 2 EGAktG nF erstmals für Neuwahlen und Entsendungen ab dem 1.1.2016 anzuwenden. Zu diesem Zeitpunkt bereits bestehende Mandate können bis zu ihrem regulären Ende wahrgenommen werden.

Der jeweilige (Mindest-) Geschlechteranteil ist durch den Aufsichtsrat insgesamt zu erfüllen – ohne dass die Quoten getrennt jeweils auf Seiten der Anteilseigner- und der Arbeitnehmervertreter erreicht werden müssten, es sei denn, eine der beiden Seiten würde vor der Wahl gegenüber dem Aufsichtsratsvorsitzenden der Gesamterfüllung widersprechen (§ 96 Abs. 2 Satz 3 AktG nF). Die Widerspruchsmöglichkeit, die für jeden einzelnen Wahlvorgang gegeben ist und dazu führt, dass der jeweilige (Mindest-) Geschlechteranteil sowohl von der Anteilseigner- als auch von der Arbeitnehmervertreterseite zu erfüllen wäre, ist nicht weiter kodifiziert. Man wird davon ausgehen müssen, dass die jeweilige Aufsichtsratsbank durch Beschluss über die Ausübung des Widerspruchsrechts zu entscheiden hat (§ 108 Abs. 1 AktG).[24]

Ein Verstoß gegen die Geschlechterquote macht die jeweilige Wahl oder Entsendung von Aufsichtsratsmitgliedern nichtig (§ 96 Abs. 2 Satz 6 AktG nF). Die dem unterrepräsentierten Geschlecht vorbehaltenen Aufsichtsratsmandate bleiben unbesetzt. Bei der Einzelwahl von Aufsichtsratsmitgliedern hat das zur Folge, dass derjenige Wahlbeschluss nichtig ist, der – in Anbetracht der zeitlichen Abfolge – als erster den (Mindest-) Geschlechteranteil verletzt. So ausnahmsweise eine Blockwahl stattfindet, ist der Wahlvorgang hinsichtlich aller Wahlvorschläge aus dem überrepräsentierten Geschlecht nichtig.

cc) Festlegung von Zielgrößen. Für Gesellschaften, die börsennotiert sind *oder* der Mitbestimmung (auch der Mitbestimmung nach dem DrittelbG) unterliegen, postuliert das Gesetz für die gleichberechtigte Teilhabe von Frauen und Männern an Führungspositionen in der Privatwirtschaft und im öffentlichen Dienst die Festschreibung einer Zielgröße für Frauen mit Führungsverantwortung, namentlich auch für Frauen im Aufsichtsrat. Die entsprechende Verpflichtung trifft den Aufsichtsrat, der im Übrigen auch die Zielgrößen für den Frauenanteil im Vorstand festzulegen hat (§ 111 Abs. 5 Satz 1 AktG nF). Entsprechende Zielgrößen und Fristen für deren Erreichung waren bis spätestens 30.6.2015 festzulegen (§ 25 Abs. 1 EGAktG nF), wobei die erste festzulegende Frist nicht länger als zwei Jahre sein durfte (alle weiteren Fristen dann längstens fünf Jahre). Die getroffenen Festlegungen über Zielgrößen und Fristen sind im Lagebericht der Gesellschaft zu veröffentlichen

---

[22] *Stück* DB 2004, 2582 (2583 f.).
[23] Hierzu *Wettich* AG 2017, 60 (61 f.).
[24] *Wasmann/Rothenburg* DB 2015, 291 (292).

(Erklärung der Unternehmensführung). Gleiches gilt für die Rechenschaft über das Erreichen oder – das im Übrigen sanktionslose – Nichterreichen der Zielgrößen.

2. Fortgeltung der Mitbestimmungspflicht außerhalb der Mitbestimmungsmodelle

34   Besonderheiten ergeben sich, wenn die (ursprünglich gegebenen) Voraussetzungen für die Unternehmensmitbestimmung nachträglich entfallen. Das Gesetz fingiert eine Fortgeltung außerhalb der Montanmitbestimmung in folgenden Fällen:

a) Umwandlungsgesetz

35   Spaltungen (namentlich **Abspaltung** und **Ausgliederung** nach § 123 Abs. 2 und 3 UmwG) können zur Folge haben, dass bei dem übertragenden Rechtsträger die Voraussetzungen der gesetzlichen Mitbestimmungsmodelle entfallen, weil sich die maßgebende Arbeitnehmerzahl infolge der Spaltung verringert. Für diesen Fall (und unter der Prämisse, dass die tatsächliche Arbeitnehmerzahl auf nicht weniger als ein Viertel der für die Anwendung der jeweiligen Mitbestimmungsmodelle vorausgesetzten Arbeitnehmerzahl absinkt) sieht § 325 UmwG eine Auslauffrist von fünf Jahren vor. Während dieses Zeitraums ist das seitherige Mitbestimmungsmodell beizubehalten.

b) Mitbestimmungs-Beibehaltungsgesetz

36   An die Möglichkeit der **steuerneutralen grenzüberschreitenden Einbringung** von Betrieben, Teilbetrieben oder Anteilen zu Buchwerten (§ 23 UmwStG) hat der Gesetzgeber die Regelung gekoppelt, dass die Buchwertfortführung nur in Anspruch genommen und mithin die steuerschädliche Aufdeckung stiller Reserven nur vermieden werden kann, wenn das betroffene Unternehmen zugleich auch die Fortgeltung des seitherigen Mitbestimmungsmodells akzeptiert – auch wenn dessen Voraussetzungen entfallen sind.[25] Einzelheiten ergeben sich aus dem „Gesetz zur Beibehaltung der Mitbestimmung beim Austausch von Anteilen unter Einbringung von Unternehmensteilen, die Gesellschaften verschiedener Mitgliedstaaten der Europäischen Union betreffen" (MitbestBeiG) in der Fassung vom 23.8.1994 (BGBl. 1994 I 2228).

3. Regelungsumfang privatautonomer Mitbestimmungsvereinbarungen

37   Die Zusammensetzung des Aufsichtsrats bei der AG unterliegt wegen § 96 AktG und des dortigen Verweises auf die verschiedenen Mitbestimmungsmodelle zwingendem Gesetzesrecht (vgl. § 23 Abs. 5 AktG).[26] **Modifikationen der Mitbestimmungsregelung** im Rahmen privatautonomer Vereinbarungen müssen darum ausscheiden; das gilt namentlich für Eingriffe in das Verhältnis von Vertretern der Aktionäre und Arbeitnehmervertretern. Zulässig sind lediglich Vereinbarungen, die sich innerhalb der gesetzlich vorgegebenen Grenzen bewegen. Auf diese Weise kann etwa die Größe des Aufsichtsrats beeinflusst werden, freilich unter der Prämisse, dass eine entsprechende Vereinbarung von der Hauptversammlung auch durch Satzungsänderung ratifiziert wird.

---

[25] Großkomm. AktG/*Oetker* MitbestG Vorbem. Rn. 52 ff.
[26] *Hüffer/Koch* AktG § 96 Rn. 3.

III. Feststellung des Aufsichtsratssystems im Statusverfahren

1. Anwendungsbereich

Die Vielzahl der gesetzlichen Aufsichtsratssysteme macht ein übergeordnetes Verfahren erforderlich, mit dem die gesetzmäßige Zusammensetzung des Aufsichtsrats für die Beteiligten verbindlich festgestellt wird. Der Gesetzgeber stellt hierzu das Statusverfahren (Überleitungsverfahren) nach §§ 97 ff. AktG zur Verfügung. Es dient der Rechtssicherheit, denn solange der Aufsichtsratsstatus nach §§ 97, 98 AktG nicht formaliter geändert ist, gilt der seitherige Status weiterhin rechtmäßig fort, und ein nach eigentlich überholten (weil unanwendbar gewordenen) Vorschriften zusammengesetzter Aufsichtsrat bleibt handlungsfähig (§ 96 Abs. 2 AktG). Aus diesem in § 96 Abs. 2 AktG niedergelegten Kontinuitätsprinzip ergibt sich, dass der Aufsichtsrat nach den zuletzt angewandten Vorschriften zusammenzusetzen ist. Eine Abweichung ergibt sich nur, wenn auf Grund eines Statusverfahrens nach § 97 oder § 98 AktG die in der Bekanntmachung des Vorstands oder die in der gerichtlichen Entscheidung angegebenen Vorschriften anzuwenden sind.[27]

Das Statusverfahren gelangt zur Anwendung, wenn es zu einem Wechsel in den bislang angewandten gesetzlichen (nicht satzungsmäßigen)[28] Vorschriften für die Zusammensetzung des Aufsichtsrats kommt. Die **Neugründung** einer Aktiengesellschaft und die Frage, nach welchen Vorschriften deren Aufsichtsrat zusammengesetzt wird, ist darum grds. der Klärung im Statusverfahren entzogen (§ 30 Abs. 2 AktG). Allerdings ergibt sich für die Sachgründung die Besonderheit, dass bei Einbringung eines Unternehmens oder Unternehmensteils zur Gründung einer AG mit Blick auf die Interessen der Arbeitnehmer aus eingebrachten Unternehmen das Statusverfahren sinngemäß zur Anwendung kommt (§ 31 Abs. 3 AktG).

Hauptanwendungsfall des Statusverfahrens ist der **Wechsel im Aufsichtsratssystem** der AG – etwa wenn sich die für das anzuwendende Modell maßgebenden Arbeitnehmerzahlen ändern oder die Gesellschaft im Zuge eines Umwandlungsvorgangs in den Anwendungsbereich eines anderen Aufsichtsratsmodells gelangt. Dies gilt namentlich sowohl für übertragende als auch für aufnehmende Rechtsträger im Falle der Verschmelzung oder Spaltung, darüber hinaus auch im Falle eines Formwechsels (es sei denn, der seitherige Aufsichtsrat bliebe gem. § 203 UmwG im Amt).

Zudem kommt das Statusverfahren zur Anwendung, wenn sich innerhalb des gleichen Mitbestimmungsmodells eine **Veränderung relevanter Schwellenzahlen** ergibt, so dass die Aufsichtsratsgröße nicht mehr den gesetzlichen Anforderungen entspricht.[29] Zu denken ist insb. an Konzernierungsmaßnahmen, die nach § 5 Abs. 1 MitbestG eine Zurechnung weiterer Arbeitnehmer zur Folge haben.

2. Bekanntmachung des Vorstands

Es ist Sache des Vorstands, das Statusverfahren einzuleiten. Er muss gem. § 97 Abs. 1 Satz 1 unverzüglich tätig werden, das bedeutet ohne schuldhaftes Zögern (§ 121 Abs. 1 Satz 1 BGB).[30] Gleiches gilt für die Einholung von Rechtsrat.[31] Er hat

---

[27] OLG Frankfurt a. M. 20 W 362/1, NZG 2011, 353 (354); BAnzDiG – BGBl. 2011 I 3044.
[28] *Hüffer/Koch* AktG § 97 Rn. 3 mwN; *Hellwig/Behme* in FS Hommelhoff 2012, S. 343, 353.; aA BAG 1 ABR 12/88, WM 1990, 633 (636).
[29] *Hüffer/Koch* AktG § 97 Rn. 3.
[30] *Hüffer/Koch* AktG § 97 Rn. 4.
[31] *Hellwig/Behme* in FS Hommelhoff 2012, S. 343, 358.

dazu seine Rechtsansicht über das richtigerweise anzuwendende Aufsichtsratssystem bekannt zu machen – möglichst unter Nennung der maßgebenden gesetzlichen Vorschriften (§ 97 Abs. 1 AktG). Die Bekanntmachung erfolgt einerseits durch **Veröffentlichung in den Gesellschaftsblättern**, andererseits durch **Aushang** in sämtlichen Betrieben der Gesellschaft.

3. Gerichtliche Entscheidung

43   Neben die Bekanntmachung des Vorstands nach § 97 AktG tritt die gerichtliche Entscheidung über die Zusammensetzung des Aufsichtsrats nach §§ 98, 99 AktG. Die gerichtliche Entscheidung kommt zum Zuge, sofern die vorangegangene Bekanntmachung des Vorstands innerhalb Monatsfrist angegriffen wird oder aber die Bekanntmachung des Vorstands insgesamt ausbleibt. Örtliche und sachliche Zuständigkeit liegen bei dem Landgericht, in dessen Bezirk die AG ihren Sitz hat. Die Entscheidung erfolgt im Verfahren der freiwilligen Gerichtsbarkeit unter Beachtung der Sonderregelungen in § 99 AktG. Die außerordentliche Beschwerde wegen greifbarer Gesetzeswidrigkeit ist nicht statthaft.[32]

44   Der Kreis der **Antragsberechtigten** wird in § 98 Abs. 2 AktG genannt. Besonders hinzuweisen ist auf die eigenständige Antragsberechtigung des Gesamtbetriebsrats bzw. Betriebsrats der AG (§ 98 Abs. 2 Nr. 4 AktG), aber auch das eigenständige Antragsrecht von Gewerkschaften (§ 98 Abs. 2 Nr. 8 AktG), die entweder in der AG selbst oder – in Konzernierungsfällen – in nachgeordneten Konzernunternehmen vertreten sind. Darüber hinaus kann auch der Vorstand selbst nach §§ 98, 99 vorgehen, statt nach § 97 tätig zu werden.[33]

4. Vollzug des Statuswechsels

45   Bleibt die Bekanntmachung des Vorstands nach § 97 AktG (Rn. 41) unangefochten oder erwächst die gerichtliche Entscheidung nach §§ 98, 99 AktG (Rn. 43 f.) in Rechtskraft, steht der Status des Aufsichtsrats **rechtsverbindlich** fest. Nunmehr vollzieht sich die Überleitung hin zu dem neuen Mitbestimmungsmodell.

46   Die Überleitung besteht nach §§ 97 Abs. 2, 98 Abs. 4 Satz 2 AktG in einer **Anpassung der Satzung**, der **Beendigung des Mandats** der seitherigen Aufsichtsratsmitglieder und der **Bestellung neuer Aufsichtsratsmitglieder** nach dem jetzt geltenden Aufsichtsratsmodell. Die seitherigen – dem neuen Aufsichtsratsstatus widersprechenden – Satzungsbestimmungen treten mit Beendigung der ersten nach Unangreifbarkeit des Statuswechsels einberufenen Hauptversammlung, spätestens sechs Monate danach, außer Kraft (§§ 97 Abs. 2 Satz 2, 98 Abs. 4 Satz 2 AktG). Zugleich erlischt das Mandat der bisherigen Aufsichtsratsmitglieder (§§ 97 Abs. 2 Satz 3, 98 Abs. 4 Satz 2 AktG). Bis zur Neubesetzung bleibt der gesetzeswidrig zusammengesetzte als der allein legitimierte Aufsichtsrat im Amt (Status-quo- und Kontinuitätsprinzip, vgl. Rn. 39).

47   Idealerweise wird innerhalb der **Sechsmonatsfrist** nach Unangreifbarkeit des Statuswechsels eine Hauptversammlung stattfinden, die die Anpassung der Satzung und die Neubestellung der Aufsichtsratsmitglieder der Aktionäre zum Gegenstand hat. Für die erforderliche Satzungsänderung sieht das Gesetz die Erleichterung vor, dass abweichend von § 179 Abs. 2 AktG die **einfache Stimmenmehrheit** genügt (§ 97 Abs. 2 Satz 4 AktG). Mit Handelsregistereintragung der Satzungsänderung

---

[32] BGH II ZB 3/07, ZIP 2007, 1431.
[33] *Hüffer/Koch* AktG § 98 Rn. 3; *Hellwig/Behme* in FS Hommelhoff 2012, S. 343, 353, 360.

beginnt die Amtszeit der neu bestellten Aufsichtsratsmitglieder der Aktionäre. Dies gilt auch für die Arbeitnehmervertreter, wenn sie zu diesem Zeitpunkt bereits gewählt worden sind. Interimsweise können die noch fehlenden Arbeitnehmervertreter auch nach § 104 Abs. 2 AktG durch das Registergericht bestellt werden. Zum Verfahren s. Rn. 210 ff.

C. Aufgaben und Kompetenzen des Aufsichtsrats

I. Bestellung, Anstellung und Überwachung des Vorstands

Innerhalb der dualistischen Verwaltung obliegt dem Aufsichtsrat die **Kontrolle** 61 der Leitungs- und Führungsentscheidungen des Vorstands. Die Kompetenzverteilung zwischen beiden Verwaltungsorganen schlägt sich in einem Katalog vorstandsbezogener Aufgaben nieder, mit deren Hilfe der Aufsichtsrat auf die Zusammensetzung des Vorstands und einzelne seiner Maßnahmen Einfluss nimmt.

1. Bestellung und Widerruf der Bestellung

Die Bestellung von Vorstandsmitgliedern obliegt ausschließlich dem Aufsichts- 62 rat (§ 84 Abs. 1 AktG); es handelt sich um eine jener Aufgaben, die zwingend dem Gesamtaufsichtsrat zugewiesen sind (§ 107 Abs. 3 Satz 2 AktG).[34] Die **Alleinkompetenz des (Gesamt-)Aufsichtsrats** umfasst das Recht zu selbstständiger Auswahl der Vorstandsmitglieder; es existiert keinerlei Bindung an Weisungen, Vorschlagsrechte oder Zustimmungsvorbehalte.[35] In mitbestimmten und montanmitbestimmten Unternehmen sind – mit Blick auf das Erfordernis eines Arbeitsdirektors – mindestens zwei Vorstandsmitglieder zu bestellen. Bei der Zusammensetzung des Vorstandes soll der Aufsichtsrat nicht nur auf eine langfristige Nachfolgeplanung, sondern auch auf die Vielfalt (Diversity) achten und insbesondere eine angemessene Berücksichtigung von Frauen anstreben.[36]

§ 84 Abs. 1 AktG enthält keine Regelung darüber, wann der Aufsichtsrat frühestens über die Erstbestellung des Vorstandsmitglieds entscheiden darf. Nach hM gilt § 84 Abs. 1 Satz 3 AktG analog, um eine zu langfristige Bindung der Aktiengesellschaft zu vermeiden.[37] Damit ist die Fassung eines Erstbestellungsbeschlusses frühestens ein Jahr vor Beginn der Amtszeit möglich.

Im nicht mitbestimmten Aufsichtsrat genügt für den **Beschluss** über die Bestel- 63 lung von Vorstandsmitgliedern die einfache Mehrheit der abgegebenen Stimmen. Das MitbestG sieht indessen ein **komplexes Vierstufenverfahren** zur Bestellung von Vorstandsmitgliedern vor (§ 31 MitbestG). In groben Zügen ist dessen Ablauf wie folgt: In der ersten Stufe erfolgt im Aufsichtsratsplenum eine Abstimmung mit einem Mehrheitserfordernis von zwei Dritteln der Anzahl der dem Aufsichtsrat angehörenden Mitglieder (Ist-Stärke). Scheitert der Wahlvorgang, obliegt es

---

[34] *Hoffmann/Preu* Der Aufsichtsrat Rn. 201.
[35] *Lutter/Krieger/Verse* Rn. 333; Allmendinger/Dorn/Lang/Lumpp/Steffek/*Lutter* Corporate Governance nach der Finanz- und Wirtschaftskrise S. 143.
[36] 5.1.2 Abs. 1 DKGC; Grundei/Zaumseil/*Müller-Michaels* Der Aufsichtsrat im System der Corporate Governance, S. 63; Grundei/Zaumseil/*Grün/Schmitz* Der Aufsichtsrat im System der Corporate Governance, S. 103.
[37] So die hM, MünchKomm. AktG/Bd. 2/*Spindler* § 84 Rn. 40; Kölner Komm./*Mertens/Cahn* § 84 Rn. 15; *Lutter/Krieger/Verse* Rn. 358; kritisch *Bauer/Arnold* DB 2007, 1571 (1572).

dem Vermittlungsausschuss (§ 27 Abs. 3 MitbestG), innerhalb eines Monats einen Vorschlag zu unterbreiten. Auf die Durchführung des Vermittlungsverfahrens folgt eine zweite Abstimmung des Aufsichtsratsplenums, in dieser Phase mit dem Erfordernis einer absoluten Mehrheit der Ist-Stärke des Aufsichtsrats. Scheitert auch diese Abstimmung, folgt eine letzte Abstimmung, in der wiederum das Erfordernis der absoluten Mehrheit gilt, dem Aufsichtsratsvorsitzenden jedoch eine Zweitstimme zusteht.

64 Mit Blick darauf, dass die Bestellung von Vorstandsmitgliedern auf höchstens fünf Jahre beschränkt ist (§ 84 Abs. 1 Satz 1 AktG), ist der **Widerruf** einer Bestellung nur aus wichtigem Grund zulässig (§ 84 Abs. 3 AktG). Dieser Widerruf unterliegt (als actus contrarius der Bestellung) gleichfalls ausschließlich dem Aufsichtsrat. Es steht dem Aufsichtsrat frei, als milderes Mittel eine Freistellung oder Suspendierung vom Amt (iSe Handlungsverbots für das Vorstandsmitglied) zu wählen. Auch dies ist nur aus wichtigem Grund möglich.[38]

Der **wichtige Grund** ist abstrakt dann gegeben, wenn dem Unternehmen nicht länger zugemutet werden kann, das Organmitglied als solches im Amt zu behalten. Auf ein Verschulden des Organmitglieds kommt es nicht an. Jedoch sind die Interessen der Gesellschaft und des Organmitglieds im Rahmen der Zumutbarkeitsprüfung gegeneinander abzuwägen, so dass ein etwaiges Verschulden – mittelbar – in die Entscheidungsfindung einfließt.[39] Gesetzliche Beispielsfälle (§ 84 Abs. 3 AktG) sind Unfähigkeit, grobe Pflichtverletzung oder aber Vertrauensentzug durch die Hauptversammlung (sofern das Vertrauen nicht aus offenbar unsachlichen Gründen entzogen worden ist).

Die Forderung der Hausbank, ein bestimmtes Vorstandsmitglied abzuberufen, andernfalls eine für die Aktiengesellschaft lebenswichtige Kreditlinie nicht verlängert werde, ist laut BGH jedenfalls bei bestehender Insolvenzreife der Gesellschaft ein wichtiger Grund für eine Abberufung iSd § 84 Abs. 3 Satz 1 AktG.[40]

65 Mit dem Bestellungsrecht ist verbunden, dass der Aufsichtsrat auch einen **Vorstandsvorsitzenden** ernennen und diese Ernennung widerrufen kann (§ 84 Abs. 2 und Abs. 3 Satz 1 AktG). Auch dieses Recht obliegt ausschließlich dem Aufsichtsratsplenum (§ 107 Abs. 3 AktG).

2. Abschluss und Kündigung des Anstellungsvertrags

66 Neben der (organschaftlichen) Bestellung der Vorstandsmitglieder ist dem Aufsichtsrat der Abschluss und die Kündigung von Vorstandsanstellungsverträgen zugewiesen.[41] Bei ihnen handelt es sich um **Geschäftsbesorgungs-Dienstverträge** iSv §§ 675, 611 ff. BGB zur Regelung der schuldrechtlichen Beziehung zwischen Vorstandsmitglied und Gesellschaft.

67 Die **Abschlusskompetenz** des Aufsichtsrats für den Anstellungsvertrag umfasst dessen inhaltliche Gestaltung und die Vertretung der AG beim Vertragsschluss (§ 112 AktG). Dabei entscheidet der Aufsichtsrat – unter Beachtung der in § 87 AktG enthaltenen Maßstäbe (§ 6 Rn. 69 f.) – auch frei über die Vergütungsregelung. Als Kriterien zur Bestimmung einer „angemessenen" Vergütung iSd § 87 Abs. 1 AktG sind Art und der Umfang der Tätigkeit des Vorstands, die künftigen Ertrags-

---

[38] Hoffmann/Preu Der Aufsichtsrat Rn. 217.
[39] Grumann/Gillmann DB 2003, 770 (771).
[40] BGH II ZR 298/05, DB 2007, 158.
[41] Allmendinger/Dorn/Lang/Lumpp/Steffek/v. Medem Corporate Governance nach der Finanz- und Wirtschaftskrise, S. 116.

aussichten der Gesellschaft, das Verhältnis der Vergütung zum Gesamtgewinn und zur verbleibenden Eigenkapitalverzinsung und der Fremdvergleichsmaßstab heranzuziehen.[42] Nach Ziff. 4.2.3 des Deutschen Corporate Governance Kodex soll die Vergütung aus fixen und variablen Bestandteilen bestehen. Allerdings bedürfen Stock Options zugunsten von Vorstandsmitgliedern der Mitwirkung der Hauptversammlung – sei es eines Ermächtigungsbeschlusses (§ 71 Abs. 1 Nr. 8 AktG) bei der Bedienung durch eigene Aktien, sei es eines Zustimmungs- oder Ermächtigungsbeschlusses (§ 192 Abs. 2 Nr. 3 AktG) bei der Bedienung durch bedingte Kapitalerhöhung. Dem Vertragsschluss muss ein entsprechender Beschluss des Aufsichtsrats vorangehen (§ 108 Abs. 1 AktG). Anders als die Bestellung des Vorstandsmitglieds ist der Abschluss des Anstellungsvertrages mit dem Vorstandsmitglied nicht zwingend dem Aufsichtsratsplenum zugeordnet, sondern kann auf einen Ausschuss übertragen werden.[43] Gemäß dem Gesetz zur Angemessenheit der Vorstandsvergütung (VorstAG) bestimmt § 107 Abs. 3 Satz 3 AktG jedoch, dass die Aufgabe nach § 87 Abs. 1 AktG, das heißt die Festsetzung der Vergütung der Vorstandsmitglieder, zwingend vom Plenum zu beschließen ist.[44] Eine Kompetenzverlagerung auf einzelne Aufsichtsratsmitglieder bleibt unzulässig; allerdings kann das Aufsichtsratsplenum oder der zuständige Ausschuss ein einzelnes Mitglied – regelmäßig den Aufsichtsratsvorsitzenden – ermächtigen, den beschlossenen Anstellungsvertrag als Erklärungsvertreter zu unterzeichnen und damit nach außen zu vollziehen; die Einräumung autonomer Entscheidungsbefugnisse ist damit nicht verbunden.[45]

Die **Dauer** des Anstellungsvertrages wird regelmäßig an die Dauer der Bestellung des Vorstandsmitglieds gekoppelt; sie darf eine Frist von fünf Jahren nicht überschreiten (§ 84 Abs. 1 Satz 5 AktG iVm § 31 Abs. 1 MitbestG).

Im Hinblick darauf, dass die Organstellung des Vorstandsmitglieds nur aus wichtigem Grund widerrufen werden kann (vgl. Rn. 62ff.), kommt auch die **Kündigung** von Vorstandsanstellungsverträgen durch den Aufsichtsrat nur aus wichtigem Grund in Betracht.[46] Dabei ist es keinesfalls selbstverständlich, dass der Anknüpfungspunkt für einen Widerruf der Bestellung nach § 84 Abs. 3 AktG zugleich auch als wichtiger Grund für die außerordentliche Kündigung des Anstellungsvertrages nach § 626 Abs. 1 BGB genügt.[47] Dies gilt namentlich bei Fällen des Vertrauensentzugs durch die Hauptversammlung.[48] Ein wichtiger Grund zur Kündigung ist nur unter strengen Voraussetzungen gegeben, und zwar dann, wenn Tatsachen vorliegen, die unter Berücksichtigung aller Umstände und unter Abwägung der Interessen beider Vertragsteile dem Kündigenden die Fortsetzung des Vertragsverhältnisses unzumutbar machen.[49] Die Frist des § 626 Abs. 2 BGB beginnt erst mit der Beratung der Angelegenheit in einer ordnungsgemäß einberufenen Sitzung des Aufsichtsrats, sofern die Sitzung mit zumutbarer Beschleunigung einberufen worden ist, oder – falls Letzteres nicht der Fall ist – in dem Zeitpunkt, in dem

---

[42] *Weisner/Kölling* NZG 2003, 465 (466). Vgl. ferner *Erhart/Lücke* BB 2007, 183 (185) mit einer Zusammenstellung maßgeblicher Kriterien für die Angemessenheit der Vorstandsvergütung.
[43] BGH II ZR 90/73, BGHZ 65, 190 (192 f.).
[44] *Lutter/Krieger/Verse* Rn. 388; *Ihrig/Wandt/Wittgens* ZIP-Beil. 2012, 28.
[45] MHdB GesR IV/*Wiesner* § 21 Rn. 22; *Lutter/Krieger/Verse* Rn. 391.
[46] *Lutter/Krieger/Verse* Rn. 428.
[47] *Lutter/Krieger/Verse* Rn. 428.
[48] BGH II ZR 280/53, BGHZ 15, 71 (75).
[49] *Grumann/Gillmann* DB 2003, 770 (774).

eine Sitzung hätte stattfinden können, wenn zu dieser ordnungsgemäß eingeladen worden wäre.[50]

3. Überwachung von Geschäftsführung und Konzernleitung

70 Der Aufsichtsrat hat nach § 111 Abs. 1 AktG die Geschäftsführung der AG, mithin alle **Leitungs- und Führungsentscheidungen des Vorstands** zu überwachen. Die Überwachungspflicht erstreckt sich auch auf unterlassene Maßnahmen des Vorstands. Maßstab für die Überwachungstätigkeit ist das Wohl der Gesellschaft, § 93 Abs. 1 Satz iVm § 116 Satz 1.[51] Der Überwachungsbereich des Aufsichtsrats korrespondiert regelmäßig mit den der Berichterstattungspflicht des Vorstands unterliegenden Themenbereichen (§ 90 Abs. 1 AktG).[52] Nach Ziff. 3.4 des Deutschen Corporate Governance Kodex soll der Aufsichtsrat Informations- und Berichtspflichten des Vorstandes näher festlegen.

71 Überwachungsgegenstand ist auch die **konzernleitende Tätigkeit des Vorstands** der Konzernobergesellschaft. Bei der Konzernleitung handelt es sich fraglos um Geschäftsführung iSd § 111 Abs. 1 AktG.[53] Mittelbar ergibt sich aus der Überwachung der Konzernführung auch eine Kontrolle über nachgeordnete Unternehmen.

72 Die Überwachung selbst umfasst **Rechtmäßigkeit, Ordnungsmäßigkeit** (im Besonderen: Angemessenheit der Unternehmensplanung), **Zweckmäßigkeit** und **Wirtschaftlichkeit** der Leitungsentscheidungen des Vorstands.[54] Die Geschäftsführung durch den Vorstand unterliegt daher nicht nur einer Pflichtmäßigkeits-, sondern auch einer Plausibilitätskontrolle.

73 Die Überwachungstätigkeit des Aufsichtsrats erschöpft sich nicht in bloßer Kontrolle historischer Vorgänge, sondern beinhaltet in erster Linie die **zukunftsgewandte Beratung** (des Vorstands und mit dem Vorstand) in Fragen der Unternehmenskonzeption und Unternehmensführung (Ziff. 5.1.1 DCGK). Erteilter Rat ist unverbindlich und tangiert die Leitungskompetenz des Vorstandes grundsätzlich nicht.[55]

Die jeweils anzusetzende Kontrolldichte hängt von den Vermögens-, Finanz- und Ertragslagen des Unternehmens ab. Krisensignale und Geschäfte, die für das Unternehmen von besonderer Bedeutung sind, führen zu erhöhter Überwachungsintensität.[56] Der Aufsichtsrat hat insbesondere zu prüfen, ob eine personelle Veränderung des Aufsichtsrates auf Grund der Krise vorgenommen werden muss. Dazu hat er eine umfassende Analyse der Krisenursachen vorzunehmen und dabei festzustellen, ob personelle Veränderungen im Vorstand geeignet sind, der Krise entgegenzusteuern.[57] Jedes Mitglied muss zumindest mit den wesentlichen finanziellen und operativen Eckdaten ständig so vertraut sein, dass es in Krisensituationen

---

[50] Vgl. BGH II ZR 169/97, DB 1980, 1984; II ZR 318/96, DB 1998, 1608; *Grumann/Gillmann* DB 2003, 770 (774 mwN).
[51] Grundei/Zaumseil/*Prigge* Der Aufsichtsrat im System der Corporate Governance, S. 77.
[52] *Lutter/Krieger/Verse* Rn. 66.
[53] MHdB GesR IV/*Hoffmann-Becking* § 29 Rn. 26.
[54] BGH II ZR 90/73, BGHZ 114, 127 (129 f.); *Lutter/Krieger/Verse* Rn. 73 ff.; MHdB GesR IV/*Hoffmann-Becking* § 29 Rn. 28.
[55] *Schlitt* DB 2005, 2007 (2007); *Lutter/Krieger/Verse* Rn. 103, 110.
[56] BGH II ZR 325/05, WM 2007, 1025; OLG Düsseldorf I-16 U 176/10, AG 2013, 171 Rn. 34, kritisch *Wardenbach* KSzW 2010, 114 (115 ff.).
[57] Grundei/Zaumseil/*Schmittmann* Der Aufsichtsrat im System der Corporate Governance, S. 171.

schnell urteils- und entscheidungsfähig ist.[58] Ist es hierzu nicht in der Lage, muss es gem. § 90 Abs. 3 2 AktG vom Vorstand weitere Informationen einholen und darauf hinwirken, dass gem. § 111 Abs. 2 AktG durch das Gesamtorgan ein externer Sachverständiger hinzugezogen wird.[59]

Mittel der Kontrolle und Beratung sind vor allem die **Stellungnahmen und Rückäußerungen** (auch Beanstandungen) des Aufsichtsrats zu den Berichten des Vorstands (§ 90 AktG), die sich gleichermaßen auf abgeschlossene, laufende und künftige Vorgänge bei der AG und ihren Tochter- und Gemeinschaftsunternehmen beziehen (s. a. § 6 Rn. 94 f.). Fehlt dem Aufsichtsratsvorsitzenden bzw. dem Aufsichtsrat die erforderliche Rechts- und Sachkunde, so müssen sie einen unabhängigen, fachlich qualifizierten Berufsträger einschalten und dessen schriftliche Stellungnahme auf seine Plausibilität prüfen.[60] Die Möglichkeit der beratenden Einflussnahme durch den Aufsichtsrat wird durch die Verpflichtung des Vorstands abgesichert, Berichte über Geschäfte von erheblicher Bedeutung für Rentabilität und Liquidität der AG so rechtzeitig vorzulegen, dass eine Stellungnahme des Aufsichtsrats ermöglicht wird, bevor Fakten geschaffen sind (§ 90 Abs. 2 Nr. 4 AktG).[61] Außerdem tritt neben die gesetzlichen Berichtpflichten des Vorstands das Recht des Aufsichtsrats, von sich aus weitergehende Informationen über die Angelegenheiten der AG, ihre rechtlichen und geschäftlichen Beziehungen zu verbundenen Unternehmen sowie über geschäftliche Vorgänge bei diesen Unternehmen zu verlangen (§ 90 Abs. 3 Satz 1 AktG). Damit ist klargestellt, dass der Aufsichtsrat und jedes seiner Mitglieder mit verantwortlich sind für seine ausreichende Information durch den Vorstand.[62] Dieser erweiterte **Informationsanspruch** auf Berichterstattung an den Gesamtaufsichtsrat kann von jedem einzelnen Aufsichtsratsmitglied geltend gemacht werden (§ 90 Abs. 3 Satz 2 AktG). Ansprechpartner ist grundsätzlich der Vorstand, sodass ein direkter Zugriff auf die Datenbestände und das interne Kontrollsystem oder die interne Revision[63] nicht in Betracht kommt.[64] § 90 Abs. 4 Satz 2 AktG bestimmt, dass die Berichte möglichst rechtzeitig, mithin jedenfalls vor der Sitzung zu übermitteln sind.[65] Die Berichtpflicht ist beschränkt durch die dem Aufsichtsrat zugewiesenen Überwachungs-, Beratungs- und Mitwirkungsbefugnisse.[66]

Zusätzliche Informationen kann sich der Aufsichtsrat durch Befragung des Vorstands und ergänzend von Unternehmensmitarbeitern, die vom Vorstand gegebenenfalls anzuweisen sind, verschaffen.[67] Die Möglichkeit, unmittelbar Berichte von Angestellten am Vorstand vorbei anzufordern, besteht nach hM nur, wenn der

---

[58] *Hasselbach* NZG 2012, 41 (43); OLG Stuttgart 20 U 3/11, AG 2012, 298 (300 f.) = ZIP 2012, 298.
[59] OLG Stuttgart 20 U 3/11, AG 2012, 298 (300 f.) = ZIP 2012, 298; *Potthoff/Trescher/Theisen* Das Aufsichtsratsmitglied Rn. 1292.
[60] BGH II ZR 234/09, DStR 2011, 2362.
[61] Allgemein zum Problem der Informationsversorgung des Aufsichtsrates durch den Vorstand *Theisen* ZGR 2013, 1. Zu den Folgen unzureichender Informationsversorgung des Aufsichtsrates durch den Vorstand für die Haftung der Aufsichtsratsmitglieder *Cahn* WM 2013, 1293 (1297 ff.).
[62] *Allmendinger/Dorn/Lang/Lumpp/Steffek/Lutter* Corporate Governance nach der Finanz- und Wirtschaftskrise, S. 140.
[63] *Lanfermann/Röhricht* BB 2009, 887 (890); aA *Roth* ZGR 2012, 343 (357 f.).
[64] *Spindler* in FS Hüffer 2010, S. 985, 997 f.
[65] *Bosse* DB 2002, 1592 (1592).
[66] *Elsing/Schmidt* BB 2002, 1705 (1707).
[67] Zugriff auf interne Revision, *Velte* NZG 2011, 1401.

dringende Verdacht erheblicher Pflichtverletzung bzw. der begründete Verdacht besteht, der Vorstand berichte unvollständig oder falsch.[68] Insgesamt muss der Aufsichtsrat insbesondere in Krisensituationen alle ihm nach §§ 90 Abs. 3, 111 Abs. 2 zur Verfügung stehenden Erkenntnisquellen ausschöpfen.[69] Stellt er dabei fest, dass die Gesellschaft insolvenzreif ist, hat er darauf hinzuwirken, dass der Vorstand rechtzeitig Insolvenzantrag stellt und keine Zahlungen leistet, die mit der Sorgfalt eines ordentlichen gewissenhaften Geschäftsleiters nicht vereinbar sind.[70] Eine Verpflichtung des Aufsichtsrates, selbst Insolvenzantrag für die Aktiengesellschaft zu stellen, kommt in Betracht, wenn der Aufsichtsrat oder Mitglieder des Aufsichtsrates sich soweit in die Geschäftsführung der Gesellschaft einmischen, dass die als faktischer Vorstand angesehen werden können.[71]

Außerhalb des Berichtssystems nach § 90 AktG stehen dem Aufsichtsrat die folgenden Instrumente zur Überwachung des Vorstands zur Verfügung:

a) Vertretung der AG gegenüber dem Vorstand insb. bei Kreditgewährung

76   Nach § 112 AktG obliegt dem Aufsichtsrat die vollständige rechtsgeschäftliche Vertretung der AG gegenüber Vorstandsmitgliedern. Dies selbst dann, wenn es sich um ausgeschiedene Vorstandsmitglieder handelt.[72] Zweck der ausschließlichen Kompetenzzuweisung an den Aufsichtsrat ist die unbefangene Wahrung der Gesellschaftsbelange. Die maßgebenden Entscheidungen des Aufsichtsrats können auf Präsidium oder einen Personalausschuss übertragen werden. Soweit gem. § 107 Abs. 3 ein Ausschuss entscheiden darf, kann ihm auch die Vertretung der AG überwiesen werden. Für einzelne Aufsichtsratsmitglieder einschließlich des Aufsichtsratsvorsitzenden gilt das nach hM nur mit der Maßgabe, dass sie den durch Beschluss des Aufsichtsrates oder seiner Ausschüsse gebildeten Willen erklären, aber den Willen nicht selbst bilden dürfen; sie können also nur als Erklärungs-, nicht als Willensvertreter tätig werden.[73] Es besteht – ebenso wie hinsichtlich der Vorstandsanstellungsverträge – keine Verpflichtung zum Tätigwerden des Aufsichtsratsplenums.

77   Von besonderem Gewicht ist die Kreditgewährung an Vorstandsmitglieder (§ 89 AktG). Sie bedarf eines Aufsichtsratsbeschlusses, dessen Gültigkeit von vornherein auf drei Monate beschränkt ist und in dem Verzinsung und Rückzahlung exakt geregelt sind.

b) Regelung von Geschäftsordnung und Geschäftsverteilung des Vorstands

78   Die Primärkompetenz für den Erlass einer Vorstandsgeschäftsordnung liegt beim (Gesamt-)Aufsichtsrat. Zwar ist es dem Vorstand einer AG grds. unbenommen, sich selbst eine Geschäftsordnung zu geben. Nach § 77 Abs. 2 Satz 1 AktG entfällt die Erlasskompetenz des Vorstands aber, wenn die Satzung die Geschäftsordnungskompetenz dem Aufsichtsrat zuweist oder, wenn die Satzung keine Aussage trifft,

---

[68] V. Schenk NZG 2002, 64 (66) mwN; Hoffmann-Becking ZGR 2011, 136 (152f.); Börsig/Löbbe in FS Hoffmann-Becking 2013, S. 125.
[69] BGH II ZR 102/07, ZIP 2009, 70.
[70] OLG Düsseldorf I-16 U 176/10, ZIP 2012, 2299.
[71] Grundei/Zaumseil/Schmittmann Der Aufsichtsrat im System der Corporate Governance, S. 173.
[72] BGH II ZR 122/94, NJW 1995, 2559; II ZR 282/95, NJW 1997, 2324; Hüffer/Koch AktG § 112 Rn. 2; Theusinger/Guntermann AG 2017, 798.
[73] BGH II ZB 1/11, AG 2013, 257 Rn. 11; II ZB 1/11, AG 2013, 562 Rn. 22.

C. Aufgaben und Kompetenzen des Aufsichtsrats 79–81 § 7

der Aufsichtsrat von sich aus eine Geschäftsordnung erlassen hat. Insofern kann ein (zunächst untätig gebliebener) Aufsichtsrat jederzeit eine vom Vorstand erlassene Geschäftsordnung durch ein eigenes Regelwerk ersetzen.[74]

Inhaltlich zielt die Geschäftsordnung in erster Linie auf die Ausgestaltung der Geschäftsverteilung – namentlich die Regelung der Zuständigkeit der einzelnen Vorstandsmitglieder und die Form ihrer Zusammenarbeit. Für börsennotierte Gesellschaften enthält der Deutsche Corporate-Governance-Kodex in Ziff. 4.2.1 eine entsprechende Empfehlung. Ausgangspunkt ist das in § 77 Abs. 1 Satz 1 AktG vorgesehene Prinzip der Gesamtgeschäftsführung durch den Vorstand (Willensbildung durch einstimmigen Beschluss). Abweichend hiervon kann die Geschäftsordnung (sofern dies nicht bereits in der Satzung geschehen ist; § 77 Abs. 2 Satz 2 AktG) das Mehrheitsprinzip einführen und zudem jedem Vorstandsmitglied das Recht zusprechen, in seinem Zuständigkeitsbereich in gewissem Maße allein zu entscheiden. 79

Indem der Aufsichtsrat über die Änderung der Geschäftsordnung auf den Zuschnitt der Geschäftsverteilung Einfluss nimmt, kann er auf die Arbeit des Vorstands reagieren und den Vorstand – in seinem Sinne – beeinflussen. Freilich werden schwerwiegende Kompetenzbeschneidungen einzelner Vorstandsmitglieder nicht ohne Weiteres durchzusetzen sein. Hier bedarf es zum einen eines wichtigen Grunds für den Eingriff in die Amtsstellung, zum anderen können entgegenstehende Regelungen des Anstellungsvertrags nur ausgehebelt werden, wenn die Voraussetzungen für eine Änderungskündigung vorliegen.[75] 80

c) Zustimmungsvorbehalte nach § 111 Abs. 4 Satz 2 AktG

Zwar verfügt der Aufsichtsrat weder über eigene Geschäftsführungskompetenzen (§ 111 Abs. 4 Satz 1 AktG) noch über Weisungsrechte gegenüber dem Vorstand. Gleichwohl besitzt er in Form von Zustimmungsvorbehalten (§ 111 Abs. 4 Satz 2 AktG) ein Instrumentarium zur **rechtsverbindlichen Einflussnahme** auf Geschäftsführungsmaßnahmen, um auf diese Weise eine begleitende Kontrolle über die wesentlichen Entscheidungen des Vorstands sicherzustellen.[76] Der Zustimmungsvorbehalt gilt nicht nur für Rechtsgeschäfte. Auch unternehmensinterne Leitungsmaßnahmen können an ein Zustimmungserfordernis gebunden werden.[77] Keine Geschäfte iSd § 111 Abs. 4 2 sind bloße Unterlassungen.[78] 81

Dies darf den Aufsichtsrat allerdings nicht zum Geschäftsführungsorgan aufwerten.[79] Aber der Aufsichtsrat muss vorhersehen, welche Geschäftsführungsmaßnahmen des Vorstands der Gesellschaft zum Verhängnis werden könnten. Dieser Aufgabe kann der Aufsichtsrat nur gerecht werden, wenn er seine Befugnisse nach den Verhältnissen der Gesellschaft zuschneiden darf. Die TransPuG-Begründung nennt mit den Ertragsaussichten und der Risikoexposition der Gesellschaft Mindestkriterien für obligatorische Zustimmungsvorbehalte,[80] jedoch keine Ausschlusskriterien für fakultative Zustimmungsvorbehalte.

---

[74] *Lutter/Krieger/Verse* Rn. 453.
[75] *Lutter/Krieger/Verse* Rn. 457.
[76] Allmendinger/Dorn/Lang/Lumpp/Steffek/*Lutter* Corporate Governance nach der Finanz- und Wirtschaftskrise, S. 141.
[77] *Lutter/Krieger/Verse* Rn. 111; *Altmeppen* in FS K. Schmidt 2009, S. 23, 29.
[78] OLG Stuttgart 20 U 5/12, AG 2013, 599 (603); *Hüffer/Koch* AktG § 111 Rn. 37.
[79] Siehe *Thiessen* AG 2013, 573.
[80] Grundei/Zaumseil/*Prigge* Der Aufsichtsrat im System der Corporate Governance S. 78.

Kolb

Der Gesetzgeber hat die Bedeutung dieses Überwachungsinstruments spürbar gesteigert, indem er die Schaffung von Zustimmungsvorbehalten zwingend vorschreibt. Dabei genügt nicht, nur pro forma einen Katalog mit seltenen und abseitigen Geschäften aufzustellen.[81] Der Aufsichtsrat hat den Zustimmungskatalog fortlaufend auf seine Aktualität mit Blick auf eine effektive Ausübung der Überwachungsaufgabe hin zu überprüfen und ihn gegebenenfalls fortzuschreiben.[82] Trotz Geltung entsprechender Zustimmungsvorbehalte (Vetorechte) bleibt die Initiative für die Vornahme von Geschäften ausschließlich beim Vorstand; allerdings wird sich die Rolle des Aufsichtsrats kaum auf das Ja- oder Neinsagen beschränken.[83] In der Praxis werden zustimmungsbedürftige Geschäfte vielmehr zwischen Vorstand und Aufsichtsrat abgestimmt. Vorstand und Aufsichtsrat müssen eine gemeinsame Linie finden und haben deshalb bereits im Vorfeld geplanter Entscheidungen aktiv zusammenzuarbeiten.[84]

82 Begründet werden die Zustimmungsvorbehalte entweder in der **Satzung** oder (ggf. auch zusätzlich zu den satzungsmäßigen Zustimmungsvorbehalten) durch den Aufsichtsrat selbst. Letzterenfalls bedarf es eines **Beschlusses des Aufsichtsratsplenums** (nicht eines Ausschusses, § 107 Abs. 3 Satz 2 AktG), der sich typischerweise in der vom Aufsichtsrat beschlossenen Geschäftsordnung des Vorstands manifestiert. Die Bestimmung der zustimmungspflichtigen Geschäfte außerhalb der Satzung bietet den Vorteil größerer Flexibilität, weil etwaige Anpassungen (zB hinsichtlich relevanter Wertgrenzen) mit geringem Aufwand vorgenommen werden können. In Ausnahmefällen kann der Aufsichtsrat auch ad hoc Zustimmungsvorbehalte für besonders bedeutsame Einzelgeschäfte begründen.[85] Einen vom Satzungsgeber angeordneten Zustimmungsvorbehalt kann der Aufsichtsrat nicht durch Generalkonsens leer laufen lassen oder insgesamt abschaffen,[86] schließlich ist die Schaffung von Zustimmungsvorbehalten nach § 111 Abs. 4 Satz 2 AktG obligatorisch (vgl. Rn. 80).

83 Die Festschreibung eines Zustimmungsvorbehalts für Maßnahmen des gewöhnlichen Geschäftsbetriebs kommt nicht in Betracht.[87] Der Vorbehalt muss auf grundlegende (nicht aber existenzgefährdende) Geschäfte außergewöhnlichen Charakters beschränkt werden.[88] Eine Erheblichkeitsschwelle kann zwar für die bloße Vorbehaltsfähigkeit nicht aus der Regierungsbegründung zum TransPuG[89] abgeleitet werden, da hier nur Aussagen über vorbehaltspflichtige Geschäfte getroffen werden (vgl. Rn. 81), wohl aber aus der aktiengesellschaftlich garantierten Leitungsautonomie des Vorstands, die qualitative Mindestgrenze für unternehmerische Mitwirkung des Aufsichtsrates erforderlich macht.[90]

Dem Recht des Vorstands zu selbstständiger und eigenverantwortlicher Unternehmensleitung (§ 76 Abs. 1 AktG) ist somit Rechnung zu tragen.[91] Der Zu-

---

[81] *Ihrig/Wagner* BB 2002, 789 (794).
[82] *Seebach* AG 2012, 70 (71).
[83] Zur Problematik der Entwicklung hin zu einem eher mitunternehmerischen Aufsichtsrat Grundei/Zaumseil/*Prigge* Der Aufsichtsrat im System der Corporate Governance S. 79.
[84] *Lieder* DB 2004, 2251 (2252).
[85] BGH II ZR 235/92, BGHZ 124, 111 (127); *Hüffer/Koch* AktG § 111 Rn. 39; *Lutter/ Krieger/Verse* Rn. 117.
[86] *Hüffer/Koch* AktG § 111 Rn. 38; *Lutter/Krieger/Verse* Rn. 114.
[87] MHdB GesR IV/*Hoffmann-Becking* § 29 Rn. 56.
[88] Einzelheiten str., insbes. nicht hinreichende Abgrenzung zwischen Zustimmungsvorbehaltsfähigkeit und Zustimmungsvorbehaltspflicht, siehe auch *Fleischer* BB 2013, 835 (839).
[89] BT-Drs. 14/8769, 17 f.
[90] *Fleischer* BB 2013, 835 (839 f.); aA *Thiessen* AG 2013, 573.
[91] *Lieder* DB 2004, 2251 (2254).

stimmungsvorbehalt muss sich folglich auf **bestimmte Arten von Geschäften** beziehen, die nach Umfang, Gegenstand oder Risiko für die AG bedeutsam sind.[92] Sofern Zustimmungsvorbehalte zugunsten des Aufsichtsrats bei einer Konzernobergesellschaft begründet werden, kann ausdrücklich vorgesehen werden, dass das Zustimmungserfordernis auch die Mitwirkung des Vorstands an Geschäften nachgeordneter Konzernunternehmen erfasst, sofern die auf deren Ebene geplanten Maßnahmen den Tatbestand des Zustimmungskatalogs für die Konzernobergesellschaft erfüllen würden.

Der Zustimmungsvorbehalt hat den Charakter einer präventiven Überwachungsmaßnahme. Demzufolge ist – jedenfalls im Regelfall – die Zustimmung des Aufsichtsrats vor der Vornahme des entsprechenden Geschäfts in Form der **Einwilligung** einzuholen. Ob in Fällen besonderer Eilbedürftigkeit die nachträgliche Zustimmung in Form einer Genehmigung genügt, ist angesichts der Möglichkeiten schriftlicher Stimmabgabe und fernmündlicher Beschlussfassung (§ 108 Abs. 3 und 4 AktG) zumindest zweifelhaft.[93]

Verweigert der Aufsichtsrat die vom Vorstand begehrte Zustimmung, kann stattdessen nach § 111 Abs. 4 Satz 3 AktG ein **zustimmender Hauptversammlungsbeschluss** herbeigeführt werden. Erforderlich hierbei ist eine qualifizierte Mehrheit von drei Vierteln der abgegebenen Stimmen. Dieses Mehrheitserfordernis kann durch die Satzung weder erschwert noch erleichtert werden.

Nimmt der Vorstand ein zustimmungspflichtiges Geschäft vor, ohne die entsprechende Zustimmung herbeigeführt zu haben, ist das Geschäft dennoch wirksam. Der Zustimmungsvorbehalt lässt die Vertretungsmacht des Vorstands im **Außenverhältnis** (§ 78 AktG) nämlich **unberührt**.[94] Ausnahmen gelten bei Vollmachtmissbrauch, dessen Evidenz sich aus massiven Verdachtsmomenten ergeben muss. Der Vorstand haftet bei der Verletzung des Zustimmungserfordernisses zudem nach § 93 Abs 2 Satz 1, wenn der Aufsichtsrat dem Geschäft nicht zugestimmt hätte.[95] In solchen Fällen hat sich der Vorstand also im **Verhältnis zur Gesellschaft** einer Pflichtverletzung schuldig gemacht, weil er nach § 82 Abs. 2 AktG im Innenverhältnis zur Einhaltung der entsprechenden Zustimmungsvorbehalte verpflichtet ist. Handelt es sich um ein für die AG nachteiliges Geschäft, ist die Gesellschaft ggf. gegenüber dem Vorstand zum Schadensersatz berechtigt; der Aufsichtsrat ist zur Prüfung und Verfolgung entsprechender Ansprüche verpflichtet (vgl. auch Rn. 95).[96]

d) Zustimmungsvorbehalt nach § 33 Abs. 1 Satz 2 WpÜG

Mit Zustimmung des Aufsichtsrats ist es dem Vorstand einer AG erlaubt, Handlungen vorzunehmen, durch die der Erfolg eines Übernahmeangebots verhindert werden könnte (§ 33 WpÜG). Der übernahmerechtliche Zustimmungsvorbehalt gibt dem Aufsichtsrat die Möglichkeit, den Vorstand der Zielgesellschaft aus seiner Stillhalteverpflichtung zu entlassen, wenn dies im Unternehmensinteresse liegt.[97]

---

[92] OLG Stuttgart 20 U 5/12, AG 2013, 599 (603); *Hüffer* in FS Hüffer 2010, S. 365, 369.
[93] HM bejahend *Hüffer/Koch* AktG § 111 Rn. 47; *Lutter/Krieger/Verse* Rn. 124; Münch Komm. AktG/Bd. 2/*Habersack* § 111 Rn. 124; aA *Seebach* AG 2012, 70.
[94] BGH VIII ZR 307/10, BGH NJW 2012, 1718 (zur GmbH).
[95] *Seebach* AG 2012, 70 (72 f.).
[96] BGH II ZR 175/95, BGHZ 135, 244 (251 ff.) – ARAG/Garmenbeck.
[97] *U.H. Schneider* AG 2002, 125 (128 f.).

Es besteht Einigkeit, dass ein Verhinderungsverbot zu Lasten des Aufsichtsrats nicht in Rede steht, soweit dieser als Kontrollorgan tätig wird. Handelt der Aufsichtsrat hingegen ausnahmsweise als Geschäftsführungsorgan, ist die Geltung des Verhinderungsverbots umstritten.[98]

e) Zustimmungsvorbehalt für Verträge mit Aufsichtsratsmitgliedern

88 Dienst-, Werk- und Kreditverträge zwischen einzelnen Aufsichtsratsmitgliedern und der AG unterfallen nach §§ 114, 115 AktG einem gesetzlichen Zustimmungsvorbehalt, um einer unsachgemäßen Beeinflussung der betroffenen Aufsichtsratsmitglieder durch den vertragschließenden Vorstand entgegenzuwirken. Während der Abschluss von Dienst- oder Werkverträgen auch nachträglich genehmigt werden kann, ist der Abschluss von Kreditverträgen nur nach vorheriger Einwilligung des Aufsichtsrats möglich. Dabei kann jeweils anstelle des Gesamtorgans auch ein Ausschuss tätig werden (§§ 114, 115 iVm § 107 Abs. 3 Satz 2 AktG). Wegen Einzelheiten vgl. Rn. 259 ff.

f) Einsichts- und Prüfungsrecht

89 Neben die allgemeinen Informationsrechte des Aufsichtsrats (§ 90 AktG) tritt das besondere Einsichts- und Prüfungsrecht des Aufsichtsrats hinsichtlich der Bücher und Schriften der AG sowie ihrer Vermögensgegenstände (§ 111 Abs. 2 Satz 1 und 2 AktG). Diese **Sonderüberprüfung** bildet eine unverzichtbare Ergänzung des Berichtssystems.

90 Das Recht der besonderen Prüfung aus § 111 Abs. 2 AktG steht dem Aufsichtsrat als solchem und nicht einzelnen seiner Mitglieder zu. Allerdings kann der Aufsichtsrat einzelne seiner Mitglieder oder aber – für bestimmte Aufgaben – auch namens der AG[99] besondere **Sachverständige** mit der Einsicht und Prüfung beauftragen (§ 111 Abs. 2 Satz 2 AktG). Der Auftrag an Sachverständige kann sich nur auf konkrete Einzelangelegenheiten beziehen.[100]

91 Das besondere Einsichts- und Prüfungsrecht besteht **nur gegenüber dem Vorstand der AG**, nicht gegenüber den geschäftsführenden Organen nachgeordneter Konzernunternehmen. Insoweit bleibt der Aufsichtsrat auf seine Informationsrechte nach § 90 Abs. 3 AktG beschränkt.

g) Einflussnahme auf die Feststellung des Jahresabschlusses

92 aa) **Prüfungsauftrag für Jahres- und Konzernabschluss.** Die Beauftragung des **Abschlussprüfers** für den Jahres- und Konzernabschluss obliegt ausschließlich dem Aufsichtsrat (§ 111 Abs. 2 Satz 3 AktG). Die Regelung unterstreicht die Unabhängigkeit des Prüfers vom Vorstand und verdeutlicht, dass der Prüfer den Aufsichtsrat bei der Wahrnehmung seiner Überwachungsaufgabe zu unterstützen hat.[101] Aus diesem Grund sind auch die Transparenzanforderungen an die Darstellungen der Gesamtheit der Beziehungen zwischen Abschlussprüfer und der zu prüfenden Gesellschaft erheblich gestiegen.[102]

---

[98] Vgl. zum Meinungsstand: *Friedl* NZG 2006, 422 (423 f.).
[99] *Hüffer/Koch* AktG § 111 Rn. 23.
[100] BGH II ZR 27/82, BGHZ 85, 293 (296).
[101] RegBegr. BT-Drs. 13/9712, 16.
[102] Grundei/Zaumseil/*Prigge* Der Aufsichtsrat im System der Corporate Governance S. 83.

C. Aufgaben und Kompetenzen des Aufsichtsrats 93–95 § 7

Der Ratio des Gesetzes entsprechend wird der Abschlussprüfer auf Vorschlag des **93** Aufsichtsrats (§ 124 Abs. 3 Satz 1 AktG), nicht des Vorstands, von der Hauptversammlung gewählt (§ 119 Abs. 1 Nr. 4 AktG). Haben Vorstand und Aufsichtsrat in der Bekanntmachung der Tagesordnung zur Hauptversammlung Vorschläge zur Wahl des Abschlussprüfers unterbreitet, liegt eine Gesetzeswidrigkeit vor, die zur Anfechtbarkeit der Abstimmung über den fehlerhaft formulierten Tagesordnungspunkt gem. § 243 Abs. 1 AktG führt.[103]

Auf die Wahl des Abschlussprüfers folgt die **Auftragserteilung** (also der Abschluss eines Geschäftsbesorgungsvertrags nach § 675 BGB) durch den Aufsichtsrat. Hierbei muss der Aufsichtsrat oder ein dafür zuständiger Ausschuss (Audit Committee, Bilanzausschuss, Prüfungsausschuss) die Auftragserteilung im Innenverhältnis beschließen.[104] Im Außenverhältnis wird dann die Willenserklärung zum Abschluss des Geschäftsbesorgungsvertrags durch ein einzelnes Mitglied, regelmäßig den Aufsichtsratsvorsitzenden, als Erklärungsvertreter abgegeben.[105]

bb) Prüfung und Mitentscheidung über Jahresabschluss und Ergebnis- 94 verwendung. Es ist Sache des Aufsichtsrats, den Jahresabschluss, den etwaigen Konzernabschluss, die dazu gehörenden Lageberichte, die Prüfungsberichte des Abschlussprüfers und den Vorschlag des Vorstands für die Gewinnverwendung zu prüfen (ggf. unter Einsatz seines Sonderprüfungsrechts nach § 111 Abs. 2 AktG).[106] Die Prüfung erstreckt sich auf **Recht- und Zweckmäßigkeit** der bilanzpolitischen Entscheidungen. Sie kann zweistufig erfolgen, indem zunächst der Bilanzausschuss über die Unterlagen berät und sodann in der Bilanzsitzung des Aufsichtsratsplenums über seine Ergebnisse berichtet. An der Bilanzsitzung, in der der Aufsichtsrat über die Abschlüsse und die Prüfungsberichte beschließt, hat auch der Abschlussprüfer teilzunehmen (§ 171 Abs. 1 Satz 2 AktG).[107] § 171 Abs. 1 Sätze 2 und 3 AktG verlangen vom Abschlussprüfer Angaben zu etwaigen Mängeln des Kontroll- und Risikomanagementsystems der Gesellschaft, sowie zu Umständen, die seine eigene Unabhängigkeit in Frage stellen könnten.[108]

In der **Billigung** des Jahresabschlusses durch den Aufsichtsrat liegt dessen Fest- **95** stellung (§ 172 AktG) – unter Einschluss der vom Vorstand vorgeschlagenen Einstellungen in oder Auflösungen von Rücklagen (s. a. § 10 Rn. 90 ff.). Grundsätzlich nimmt die Hauptversammlung den bereits festgestellten Jahresabschluss lediglich zur Kenntnis (es sei denn, Vorstand und Aufsichtsrat beschließen, die Feststellung der Hauptversammlung zu überlassen, oder der Aufsichtsrat verweigert dem vom Vorstand aufgestellten Abschluss die Billigung). Die Hauptversammlung ist hinsichtlich des von ihr zu fassenden Beschlusses über die Verwendung des Bilanzgewinns an den festgestellten Jahresabschluss gebunden (§ 174 Abs. 1 Satz 2 AktG).

---

[103] BGH II ZR 49/01, BB 2003, 462 (463).
[104] Der Umfang der Delegationsmöglichkeit auf den Prüfungsausschuss ist umstritten, im Einzelnen *Lutter/Krieger/Verse* Rn. 174. Der Deutsche Corporate Governance Kodex empfiehlt in seiner Ziff. 5.3.2 die Einrichtung eines Prüfungsausschusses, der sich – neben dem Gesamtaufsichtsrat – nach Ziff. 7.2.1 insb. mit der Einholung der vom Abschlussprüfer abzugebenden Unabhängigkeitserklärung befassen soll. Vgl. mit näheren Erläuterungen zu der Unabhängigkeitserklärung *Pfitzer/Orth/Wader* DB 2002, 753.
[105] *Hüffer/Koch* AktG § 111 Rn. 28.
[106] Zu den Anforderungen der Übermittlung des Prüfungsberichts an den Aufsichtsrat nach § 170 Abs. 3 Satz 2 AktG vgl. *Bormann/Gucht* BB 2003, 1887.
[107] Zu den streitigen Einzelheiten vgl. *Neuling* BB 2003, 166; *Velte* AG 2009, 102 (107 ff.).
[108] Umsetzung von Art. 41 der Abschlussprüferrichtlinie.

96 In jedem Fall hat der Aufsichtsrat nach Abschluss seiner Prüfung schriftlich an die Hauptversammlung zu berichten und dabei mitzuteilen, ob er aufgrund seiner Prüfung Einwendungen erhebt oder den aufgestellten Jahresabschluss und ggf. den Konzernabschluss billigt (§ 171 Abs. 2 AktG). Der Bericht des Aufsichtsrates iSd § 171 Abs. 2 AktG muss vom Aufsichtsrat durch förmlichen Beschluss festgestellt und dessen Urschrift zumindest durch den Aufsichtsratsvorsitzenden unterschrieben werden.[109] Die **Berichterstattung** hat innerhalb eines Monats nach Zugang der prüfungspflichtigen Unterlagen zu erfolgen (§ 171 Abs. 3 Satz 1 AktG). Es besteht die Möglichkeit, die Frist um einen Monat zu verlängern; der fruchtlose Fristablauf gilt als fehlende Billigung des Jahresabschlusses. Sofern sich die AG in wirtschaftlichen Schwierigkeiten befindet oder risikoträchtige, wegweisende Entscheidungen zu treffen sind, verlangt die Rechtsprechung eine ausführliche und detaillierte Berichterstattung des Aufsichtsrats darüber, ob, wie und mit welchem Erfolg er seine Überwachungstätigkeit intensiviert hat. Die verstärkte Überwachungstätigkeit korrespondiert mit einer Intensivierung der Berichtspflicht. Nur eine aussagekräftige individuelle Darlegung der während des Berichtsjahres erfolgten Überwachungstätigkeit verschafft der Hauptversammlung einen Einblick in die Arbeit des von ihr gewählten Aufsichtsrates.[110] Unzureichende Aufsichtsratsberichte können zur Verweigerung der Entlastung der Aufsichtsratsmitglieder oder zur Anfechtung eines Entlastungsbeschlusses führen.[111]

h) Geltendmachung von Ersatzansprüchen und Kündigungsschutzklagen gegen Vorstandsmitglieder

97 Dem Aufsichtsrat ist die Geltendmachung von Schadensersatzansprüchen der AG gegen Vorstandsmitglieder zugewiesen (§§ 112, 93 Abs. 2 AktG). Stehen der AG nach dem Ergebnis einer vorzuschaltenden Prüfung durchsetzbare Schadensersatzansprüche zu, ist der Aufsichtsrat zu deren Geltendmachung verpflichtet.[112] Die Überwachungstätigkeit des Aufsichtsrats gegenüber dem Vorstand wird damit abgerundet.[113] Über die Vornahme der Aktivvertretung muss der Aufsichtsrat beschließen.[114]

98 Dem Aufsichtsrat kommt ferner Vertretungsmacht für die Aktiengesellschaft zu, wenn sich ein ausgeschiedenes Vorstandsmitglied mit einer Kündigungsschutzklage nach § 112 AktG gegen die Kündigung seines für die Dauer der Vorstandstätigkeit angeblich ruhenden Arbeitsverhältnisses wendet, sofern die Kündigungsgründe in unmittelbaren Zusammenhang mit seiner Tätigkeit als Mitglied des Vertretungsorgans stehen.[115]

---

[109] BGH II ZR 24/09, DStR 2010, 1681.
[110] OLG Stuttgart 20 U 25/05, BB 2006, 1019 (1021); *Kiethe* NZG 2006, 888 (890).
[111] *Kiethe* NZG 2006, 888 (889).
[112] BGH II ZR 175/95, BGHZ 135, 244 (251 ff.) – ARAG/Garmenbeck; *Lutter/Krieger/Verse* Rn. 447.
[113] MHdB GesR IV/*Hoffmann-Becking* § 29 Rn. 35 ff.
[114] *Hüffer/Koch* AktG § 112 Rn. 7.
[115] BAG AZR 142/00, BB 2002, 692 (694).

C. Aufgaben und Kompetenzen des Aufsichtsrats

II. Aufgaben und Kompetenzen in Bezug auf die Hauptversammlung

Neben die Instrumente zur unmittelbaren Einwirkung auf den Vorstand (Rn. 61 ff.) treten eigenständige **Initiativrechte des Aufsichtsrats gegenüber der Hauptversammlung**.

1. Einberufung der Hauptversammlung

§ 111 Abs. 3 AktG berechtigt und verpflichtet den Aufsichtsrat in Ausnahmefällen, eine außerordentliche Hauptversammlung einzuberufen, „wenn das Wohl der Gesellschaft es fordert". Dabei muss die außerordentliche Hauptversammlung einer Beschlussfassung zur Wahrung bestimmter Interessen der AG dienen, die ohne solche Beschlussfassung nicht oder nicht ohne Weiteres gewahrt werden könnten. Typischerweise wird die Einberufung der Hauptversammlung nach § 111 Abs. 3 AktG gerechtfertigt sein, wenn die Hauptversammlung die Möglichkeit zum **Vertrauensentzug** nach § 84 Abs. 3 Satz 2 AktG erhalten und auf diese Weise die Möglichkeit zur Abberufung eines Vorstandsmitglieds geschaffen werden soll.[116]

2. Beschlussvorschläge

Nach § 124 Abs. 3 AktG ist der Aufsichtsrat dazu verpflichtet – von wenigen Ausnahmen[117] abgesehen –, der Hauptversammlung zu jedem Beschlusspunkt der Tagesordnung eigene Vorschläge zu machen. Die Beschlussvorschläge des Aufsichtsrats müssen nicht notwendig in einem gemeinsamen Vorschlag mit dem Vorstand („Vorschlag der Verwaltung") aufgehen.[118] Ohnehin ist lediglich der Aufsichtsrat vorschlagspflichtig, soweit es um die Wahl von Aufsichtsratsmitgliedern oder Prüfern geht. Der Vorstand soll nämlich keinen Einfluss darauf haben, wer seine Tätigkeit überwacht oder prüft. Der Aufsichtsrat soll bei seinen Wahlvorschlägen die persönlichen und geschäftlichen Beziehungen eines jeden Kandidaten zum Unternehmen, zu den Organen der Gesellschaft und zu einem wesentlich an der Gesellschaft beteiligten Aktionär[119] offenlegen.[120] Wesentlich beteiligt iSd Empfehlung sind Aktionäre, die direkt oder indirekt mehr als 10% der stimmberechtigten Aktien der Gesellschaft halten.[121] Die Empfehlung zur Offenlegung wird auf solche Umstände beschränkt, die nach der Einschätzung des Aufsichtsrates ein objektiv urteilender Aktionär für seine Wahlentscheidung als maßgebend ansehen würde.[122]
Ziff. 5.4.1 Abs. 2 DCGK enthält die Empfehlung, dass der Aufsichtsrat für seine Zusammensetzung konkrete Ziele benennen soll. Vorschläge an die zuständigen

---

[116] Hüffer/Koch AktG § 111 Rn. 30.
[117] Die Vorschlagsverpflichtung des Aufsichtsrats entfällt, soweit die Hauptversammlung bei der Wahl von Aufsichtsratsmitgliedern nach § 6 MontanMitbestG an Wahlvorschläge gebunden ist (§ 124 Abs. 3 Satz 2 erster Fall AktG) oder wenn der Gegenstand der Beschlussfassung auf Verlangen einer Minderheit auf die Tagesordnung gesetzt worden ist (§ 124 Abs. 3 Satz 2 zweiter Fall AktG).
[118] Hüffer/Koch AktG § 124 Rn. 16.
[119] Kritisch ggü. Einbeziehung von Aktionärsbeziehungen: Wilsing/von der Linden DStR 2012, 1391.
[120] Ziff. 5.4.1 Abs. 6 DCGK.
[121] Ziff. 5.4.1 Abs. 8 DCGK.
[122] Ziff. 5.4.1 Abs. 5; BGH II ZR 48/11, CCZ 2013, 118 – Fresenius SE; hier fasst der Senat bereits rein mittelbare Vorteile des aufsichtsratsangehörigen Partners einer Anwaltssozietät (Ansehen) als „bedeutend" auf.

Wahlgremien sollen diese Ziele berücksichtigen. Die Zielbenennung soll auch die Anzahl der unabhängigen Aufsichtsratsmitglieder iSv Ziff. 5.4.2 DCGK berücksichtigen.[123] Dabei sind eine Vielfalt hinsichtlich der Zusammensetzung (Diversity)[124] und eine angemessene Beteiligung von Frauen nicht nur als Ziel für die Zusammensetzung des Aufsichtsrates anzugeben (Ziff. 5.4.1 Abs. 3 Satz 2 DCGK), sondern bei den Vorschlägen des Aufsichtsrates an die zuständigen Wahlgremien konkret zu berücksichtigen (Ziff. 5.4.1 Abs. 4 Satz 1 DCGK).[125]

Ob die Benennung von Zielen dem Aufsichtsrat als Organ oder in der mitbestimmten Aktiengesellschaft nur den Aktionärsvertretern obliegt, ist umstritten. Nach herrschender Ansicht besteht die Zuständigkeit des Gesamt-Aufsichtsrates.[126] Allgemeine Zielbenennung und Wahlvorschlag seien nicht derart eng miteinander verbunden, dass zwingender Zuständigkeitsgleichlauf geboten wäre.[127]

In der Hauptversammlung selbst ist der Aufsichtsrat als Organ **antragsberechtigt** – ohne dabei an seine eigenen Beschlussvorschläge gebunden zu sein.

3. Berichte an die Hauptversammlung

102 Zur generellen Berichtspflicht des Aufsichtsrats über das Ergebnis seiner Prüfung des **Jahresabschlusses** vgl. Rn. 94. Bei börsennotierten Gesellschaften hat der entsprechende Bericht neben den eigentlichen Prüfungsergebnissen auch Angaben über die vom Aufsichtsrat gebildeten Ausschüsse und die Zahl der Sitzungen des Aufsichtsratsplenums zu enthalten (§ 171 Abs. 2 Satz 2, 2. Halbsatz AktG). War zudem ein **Abhängigkeitsbericht** zu prüfen, erstreckt sich die Berichtspflicht des Aufsichtsrats gegenüber der Hauptversammlung auch auf dessen Prüfung (§ 314 Abs. 2 Satz 1 AktG).

4. Teilnahme an der Hauptversammlung

103 Aufsichtsratsmitglieder sind – ebenso wie Mitglieder des Vorstands – berechtigt und – richtigerweise – auch verpflichtet, an Hauptversammlungen teilzunehmen, wobei die Teilnahme nach § 118 Abs. 2 AktG auch im Wege der Bild- und Tonübertragung erfolgen darf. Regelmäßig wird der Aufsichtsratsvorsitzende als Versammlungsleiter der Hauptversammlung fungieren (s. a. § 5 Rn. 186). Das **Teilnahmerecht** der Aufsichtsratsmitglieder umfasst das Recht auf Mitberatung (Rederecht) und das Antragsrecht (s. a. Rn. 98 aE), nicht jedoch das Stimmrecht.[128] Ausfluss des Teilnahmerechts ist der Anspruch der Aufsichtsratsmitglieder auf Übersendung sämtlicher Beratungsunterlagen, namentlich der Tagesordnung, der Anträge von Aktionären und etwaiger Stellungnahmen des Vorstands.[129]

---

[123] *Ihrig/Meder* ZIP 2012, 1210 = LSK 2012, 261143; *Seibt/Scholz* AG 2016, 739 (741); zur Unklarheit und Unbestimmtheit von Ziff. 5.4.1 Abs. 6–8 DCGK und damit einhergehender Rechtsunsicherheit *De Raet* AG 2013, 488.
[124] *Grundei/Zaumseil/Zipperling* Der Aufsichtsrat im System der Corporate Governance S. 32.
[125] Vgl. *Hölters* AktG § 95 Rn. 3; kritisch zu einer Geschlechterquote *Fleischer* ZGR 2011, 155 (157).
[126] *Wilsing* DCGK 5.4.1 Rn. 5; *Deilmann/Albrecht* AG 2010, 727 (730); *Dreher* in FS Hoffmann-Becking 2013, S. 313, 321 Rn. 37; *Stephanblome* ZIP 2013, 1411 (1413); anders *Ihrig/Meder* ZIP 2010, 1577.
[127] *Hüffer/Koch* AktG § 100 Rn. 2.
[128] *Hüffer/Koch* AktG § 118 Rn. 20.
[129] *Hoffmann/Preu* Der Aufsichtsrat Rn. 382.

5. Anfechtungs- oder Nichtigkeitsklagen gegen Hauptversammlungsbeschlüsse

Die einzelnen Mitglieder des Aufsichtsrats sind nach § 245 Nr. 5 AktG befugt, Hauptversammlungsbeschlüsse anzufechten; nach § 249 Abs. 1 AktG können sie auch deren Nichtigkeit feststellen lassen. Besonderheiten gelten hinsichtlich der Wahl eines Aufsichtsratsmitglieds durch die Hauptversammlung.[130] Hier ist das einzelne Mitglied des Aufsichtsrats zwar befugt, Nichtigkeitsklage zu erheben (§ 250 Abs. 3 AktG), eine Anfechtungsbefugnis besteht regelmäßig aber nicht (§ 251 Abs. 2 AktG). 104

Wird die Wahl eines Aufsichtsratsmitglieds durch die Hauptversammlung wegen Verletzung des Gesetzes oder der Satzung durch Klage angefochten, führt die Beendigung des Amtes durch Rücktritt zum Wegfall des Rechtsschutzinteresses für die Wahlanfechtungsklage, wenn die Nichtigerklärung keinen Einfluss auf die Rechtsbeziehungen der Gesellschaft mehr haben kann bzw. ohne Auswirkungen auf die während der Amtszeit gefassten Beschlüsse verbleibt. Keine Auswirkungen bestünden, wenn gefasste Beschlüsse trotz nichtigen Wahlaktes auf Grund der Rechtsfigur des fehlerhaften Organs wirksam blieben. Diese Rechtsfigur soll jedoch nicht für die Mitwirkung an Beschlüssen gelten.[131]

Das Aufsichtsratsmitglied, dessen Wahl nichtig ist oder für nichtig erklärt wird, ist für Stimmabgabe und Beschlussfassung wie ein Nichtmitglied zu behandeln.[132] Bis zur Fertigstellung der Niederschrift sind die in der Hauptversammlung gefassten Beschlüsse jedoch schwebend unwirksam.[133]

Die Einräumung von Klagebefugnissen an die Aufsichtsratsmitglieder hat **Kontrollfunktion**. Namentlich die Anfechtungsbefugnis nach § 245 Nr. 5 AktG dient zugleich aber dem persönlichen Interesse, nicht durch Ausführung des angefochtenen Hauptversammlungsbeschlusses strafbar, bußgeld- oder schadensersatzpflichtig zu werden. 105

III. Sonstige Mitwirkungs- und Mitentscheidungsrechte

Außerhalb der (unmittelbaren oder mittelbaren) Kontrollkompetenzen ist dem Aufsichtsrat die teils autonome, teils kooperative Wahrnehmung unternehmerischer Aufgaben zugewiesen. In besagten Feldern tritt die Verantwortung des Aufsichtsrats gewissermaßen eigenständig in Erscheinung, ohne reaktiv am Vorstandshandeln anzuknüpfen.[134] 106

1. Gesetzliche Antragsrechte

Je nach Ausgestaltung sind dem Aufsichtsrat oder einzelnen seiner Mitglieder gerichtliche Antragsrechte zur selbstständigen Wahrnehmung zugewiesen, die im Folgenden kursorisch zusammengestellt sind: 107

---

[130] Zum Rechtsschutzbedürfnis für Wahlanfechtungsklage nach Rücktritt des Aufsichtsratsmitglieds BGH II ZR 56/12, NZG 2013, 456.
[131] Kritisch *Schürnbrand* NZG 2013, 481.
[132] BGH II ZR 56/12, NZG 2013, 456; *Rieckers* AG 2013, 383.
[133] BGH II ZR 185/07, NJW 2009, 2207 = NZG 2009, 342 „schwebende Nichtigkeit"; *Roeckl-Schmidt/Stoll* AG 2012, 225.
[134] *Lutter* AG 1979, 85 (90).

- § 98 Abs. 1 iVm Abs. 2 Nr. 2 AktG: Antragsrecht des einzelnen Aufsichtsratsmitglieds auf gerichtliche Entscheidung über die Zusammensetzung des Aufsichtsrats (Statusverfahren; vgl. Rn. 43 f.);
- § 103 Abs. 3 AktG: Antragsrecht des Aufsichtsrats (aufgrund eines mit einfacher Mehrheit gefassten Beschlusses) auf Abberufung eines Aufsichtsratsmitglieds aus wichtigem Grund;
- § 104 Abs. 1 Satz 1, Abs. 2 Satz 1 AktG: Antragsrecht des einzelnen Aufsichtsratsmitglieds auf gerichtliche Ergänzung des Aufsichtsrats wegen Beschlussunfähigkeit oder Unterschreitens der gesetzlichen oder satzungsmäßigen Mitgliederzahl (vgl. Rn. 210 ff.);
- § 318 Abs. 3 HGB: Antragsrecht des Aufsichtsrats auf gerichtliche Bestellung eines anderen Abschlussprüfers, wenn dies aus einem in der Person des Prüfers liegenden Grund geboten ist (namentlich bei Besorgnis der Befangenheit);
- § 265 Abs. 3 AktG: Antragsrecht des Aufsichtsrats auf Bestellung oder Abberufung eines Abwicklers bei Liquidation der AG (kann wesentlich auch gegen den Vorstand instrumentalisiert werden, der im Regelfall, § 265 Abs. 1 AktG, die Abwicklungsfunktion wahrnimmt).

2. Änderung der Satzungsfassung

108 Nach § 179 Abs. 1 Satz 2 AktG kann die Hauptversammlung dem Aufsichtsrat die Befugnis übertragen, Änderungen der Satzung vorzunehmen, die nur deren Fassung betreffen. In diesem Fall erstreckt sich die Satzungskompetenz des Aufsichtsrats ausschließlich auf Änderungen in der sprachlichen Form der Satzung, **nicht** jedoch auf **Änderungen ihres Inhalts**. Die Ermächtigung zielt auf den Gesamtaufsichtsrat und nicht auf einzelne Mitglieder oder einen Ausschuss.[135]

3. Mitentscheidung über Ausnutzung von genehmigtem Kapital

109 Die Ausnutzung von genehmigtem Kapital durch den Vorstand soll nur mit Zustimmung des Aufsichtsrats erfolgen (§ 202 Abs. 3 Satz 2 AktG). Davon zu unterscheiden ist das Zustimmungserfordernis hinsichtlich der Entscheidungen des Vorstands über Aktieninhalt und Bedingungen der Aktienausgabe (§ 204 Abs. 1 Satz 2 AktG). In beiden Fällen kann die Beschlussfassung vom Aufsichtsratsplenum auf einen Ausschuss delegiert werden (§ 107 Abs. 3 AktG).

110 Während die Zustimmung nach § 204 Abs. 1 Satz 2 AktG **Wirksamkeitserfordernis** ist, handelt es sich bei dem **Zustimmungserfordernis** nach § 202 Abs. 3 Satz 2 AktG lediglich um eine Sollregelung, die Beschlussfassung und Durchführungsmaßnahmen des Vorstands als solche nicht hindert. Freilich darf der Registerrichter die Durchführung der Kapitalerhöhung **nicht eintragen**, wenn ihm das Fehlen der Zustimmung bekannt ist.[136]

4. Abschlagszahlung auf Bilanzgewinn

111 Sofern für die Abschlagszahlung auf den Bilanzgewinn eine Satzungsgrundlage besteht, bedarf der Vorstand für ein entsprechendes Vorgehen der Mitwirkung des Aufsichtsrats (§ 59 Abs. 3 AktG). Zwar spricht das Gesetz hier weitläufig von Zustimmung; abweichend vom Sprachgebrauch des § 184 BGB muss tatsächlich

---

[135] *Hüffer/Koch* AktG § 179 Rn. 11.
[136] *Hüffer/Koch* AktG § 202 Rn. 22.

aber eine **vorherige Einwilligung** erteilt werden.[137] Dies ist Sache des Aufsichtsratsplenums (§ 107 Abs. 3 Satz 2 AktG).

5. Wiederholung einer Weisung an eine abhängige AG

Innerhalb des Vertragskonzerns (Beherrschungsvertrag) ist der Vorstand der herrschenden AG berechtigt, demjenigen der abhängigen AG Weisungen zu erteilen (§ 308 Abs. 1 Satz 1 AktG). Ist Gegenstand der Weisung ein Geschäft, das auf Ebene der abhängigen AG einem Zustimmungsvorbehalt nach § 111 Abs. 4 Satz 2 AktG unterliegt, und wird die erforderliche Zustimmung vom Aufsichtsrat der abhängigen AG nicht erteilt, darf der Vorstand der abhängigen AG allerdings nicht wie vom Vorstand der herrschenden AG angewiesen verfahren. In dieser Situation besteht die Möglichkeit, das Zustimmungserfordernis durch eine erneute Weisung zu überwinden. Die **Wiederholung der Weisung** an das abhängige Unternehmen bedarf als Geschäftsführungsmaßnahme der Beteiligung des Aufsichtsrats der herrschenden AG; er hat der Weisungswiederholung zuzustimmen (§ 308 Abs. 3 Satz 2 AktG). Mit Blick auf den Gesetzeswortlaut („darf") ist jedoch richtigerweise davon auszugehen, dass die erneute Weisung auch ohne Zustimmung des Aufsichtsrats im Außenverhältnis wirksam ist.[138]

6. Ausübung von Beteiligungsrechten nach § 32 MitbestG

Eine besondere Kompetenzzuweisung an den Aufsichtsrat ergibt sich hinsichtlich der Ausübung von Beteiligungsrechten in mitbestimmten Gesellschaften. Dies gilt namentlich dort, wo nicht nur die Konzernspitze, sondern auch eine nachgeordnete Konzernuntergesellschaft (Beteiligungsquote mindestens 25%) der paritätischen Mitbestimmung unterliegt, weil sie – isoliert betrachtet – mehr als 2000 Arbeitnehmer beschäftigt. Für diesen Fall bestimmt § 32 MitbestG, dass die Wahrnehmung bestimmter Beteiligungsrechte auf Ebene der Untergesellschaft allein von dem **Votum der Anteilseignervertreter im Aufsichtsrat der Obergesellschaft** abhängt. Die Beteiligungsrechte werden damit frei vom mitbestimmenden Einfluss der Arbeitnehmerseite ausgeübt: Weder die Arbeitnehmervertreter im Aufsichtsrat noch der unter ihrer Mitwirkung bestellte Vorstand der Obergesellschaft werden im Anwendungsbereich des § 32 MitbestG an der Willensbildung beteiligt. Der Grund hierfür ist, dass auf Ebene der Beteiligungsgesellschaft selbst bereits die paritätische Mitbestimmung gilt und eine Kumulation („Kaskadenwirkung")[139] der mitbestimmungsrechtlichen Einflussnahme vermieden werden soll.

Konkret wird die **Wahrung der Anteilseignerinteressen** im Rahmen des § 32 MitbestG dadurch erreicht, dass der Vorstand der Obergesellschaft deren Beteiligungsrechte ausschließlich nach Weisung des Aufsichtsrats der Obergesellschaft auszuüben hat. Der zugrunde liegende Aufsichtsratsbeschluss wird vom Aufsichtsratsplenum oder einem für Zwecke der Ausübung von Beteiligungsrechten gebildeten Ausschuss gefasst, bedarf dabei aber lediglich der Mehrheit der Anteilseignervertreter (maßgebend: Ist-Stärke).

Die einzelnen Gegenstände der Beschlussfassung in der Beteiligungsgesellschaft, die vom Votum der Anteilseigner im Aufsichtsrat der Obergesellschaft abhängen, sind in § 32 MitbestG abschließend aufgezählt. Es geht hier zum einen um

---

[137] *Hüffer/Koch* AktG § 59 Rn. 2.
[138] *Hüffer/Koch* AktG § 308 Rn. 24.
[139] MHdB GesR IV/*Hoffmann-Becking* § 29 Rn. 61.

Personalentscheidungen, zum anderen um **Strukturentscheidungen**, die der Mitwirkung der Gesellschafter bedürfen. Insgesamt genügt es, wenn an der Untergesellschaft eine Beteiligung von mindestens 25% besteht (§ 32 Abs. 2 MitbestG); es muss sich also nicht notwendig um ein Konzernunternehmen im technischen Sinne handeln.

116 Dogmatisch handelt es sich bei der Weisung des Aufsichtsrats (bestimmt durch das Votum der Anteilseigner) um eine **echte Geschäftsführungsmaßnahme** dergestalt, dass der Vorstand die für ihn verbindliche Entscheidung des Aufsichtsrats weisungsgebunden auszuführen hat. Nach herrschender Meinung ist die Vertretungsmacht des Vorstands in Fällen der § 32 MitbestG entsprechend beschränkt.[140]

D. Innere Ordnung des Aufsichtsrats

I. Geschäftsordnung

126 Soweit nicht bereits in der Satzung Geschäftsordnungsregelungen für den Aufsichtsrat getroffen sind, steht es dem Aufsichtsrat frei, sich selbst eine Geschäftsordnung zu geben. Zwar ist die entsprechende **Regelungskompetenz** des Aufsichtsrats im AktG weder ausdrücklich verankert, noch mittelbar erwähnt;[141] als Teil der Organisationsfreiheit des Aufsichtsrats ist sie jedoch **allgemein anerkannt**.[142]

Zwar muss der Aufsichtsrat nach Ziff. 5.1.3 DCGK seiner Pflicht zur Selbstorganisation nach pflichtgemäßem Ermessen gerecht werden, dies kann aber bei entsprechender Offenlegung auch ohne Erlass einer Geschäftsordnung geschehen;[143] bei größeren gebietet es sich jedoch, auch zur Vermeidung von Sorgfaltspflichtverletzungen.[144]

127 Inhaltlich muss sich die Geschäftsordnung des Aufsichtsrats in den Grenzen der **höherrangigen Verfahrensregelungen** des AktG und der Satzung halten. Dabei sind bestimmte Verfahrensfragen von vornherein der autonomen Regelung des Aufsichtsrats unterworfen, zB die Bildung und Besetzung von Ausschüssen (§ 107 Abs. 3 AktG).

128 Die **Beschlussfassung** des Aufsichtsrats über die Geschäftsordnung folgt den allgemeinen Regeln, bedarf also der einfachen Mehrheit der abgegebenen Stimmen. § 77 Abs. 2 Satz 3 AktG, der für die Verabschiedung der Geschäftsordnung des Vorstands Einstimmigkeit verlangt, gilt nicht entsprechend. Die Geschäftsordnung gilt bis zu deren Aufhebung (als actus contrarius ebenfalls aufgrund einfachen Mehrheitsbeschlusses) fort; die **Geltungsdauer** der Geschäftsordnung ist nicht an die Amtsperiode des Aufsichtsrats geknüpft.[145]

---

[140] *Lutter/Krieger/Verse* Rn. 498; MHdB GesR IV/*Hoffmann-Becking* § 29 Rn. 66.
[141] Abweichend MHdB GesR IV/*Hoffmann-Becking* § 31 Rn. 1, der die Zulässigkeit einer Geschäftsordnung des Aufsichtsrats durch entsprechende Erwähnung in § 82 Abs. 2 AktG bestätigt sieht. Die Bestimmung betrifft indes nur Geschäftsordnungen, die der Aufsichtsrat für den Vorstand erlassen hat; zutreffend *Hüffer/Koch* AktG § 82 Rn. 13.
[142] *Lutter/Krieger/Verse* Rn. 652 f.
[143] *Henssler/Strohn* AktG § 107, Rn. 36.
[144] *Hölters/Hambloch-Gesinn/Gesinn* AktG § 107 Rn. 2.
[145] OLG Hamburg 11 U 179/80, WM 1982, 1090 (1092).

II. Vorsitz

Bei Wahl und Befugnissen des Aufsichtsratsvorsitzenden ist danach zu unterscheiden, ob die AG dem Mitbestimmungsgesetz unterliegt oder nicht. Außerhalb der Arbeitnehmermitbestimmung oder in den Anwendungsbereichen des DrittelbG und des MontanMitbestG gelten die allgemeinen Regelungen des AktG (Rn. 130 ff.); demgegenüber enthält das MitbestG eine Reihe von Sonderregelungen (Rn. 136 ff.).

1. Vorsitzender und Stellvertreter nach AktG

a) Bestellung

Die **Wahl** des Aufsichtsratsvorsitzenden obliegt zwingend dem Aufsichtsrat in seiner Gesamtheit; Verfahren und Mehrheitserfordernisse können durch die Satzung bestimmt werden (§ 107 Abs. 1 Satz 1 AktG). Nach Ziff. 5.4.3 Satz 3 DCGK sollen Kandidatenvorschläge den Aktionären bekanntgegeben werden. Ziff. 5.4.4 Satz 2 sieht dabei eine besondere Begründung vor, wenn ein ehemaliges Vorstandsmitglied zum Aufsichtsratsvorsitzenden oder Ausschussvorsitzenden gewählt werden soll. Allerdings kann der Kandidat nicht vom Stimmrecht ausgeschlossen werden.[146] Sieht die Satzung keine ausdrückliche Regelung für die Einberufung der konstituierenden Sitzung des Aufsichtsrats vor, so sind in Analogie zu § 110 Abs. 2 AktG sowohl der Vorstand als auch einzelne Aufsichtsratsmitglieder zur Einberufung berechtigt.[147] Der Vorsitzende des Aufsichtsrats wird als solcher zwar nicht im Handelsregister eingetragen, der Vorstand hat seine Wahl jedoch dem Handelsregister anzuzeigen (§ 107 Abs. 1 Satz 2 AktG).

Die **Amtszeit** des Vorsitzenden kann an die Dauer seiner Amtszeit als Aufsichtsratsmitglied gekoppelt werden; dies ist im Zweifel anzunehmen, wenn Satzung, Geschäftsordnung oder Wahlbeschluss keine Regelung zur Amtszeit treffen.[148] Außer durch Zeitablauf endet die Amtszeit des Vorsitzenden durch Abberufung oder Amtsniederlegung.

Neben den Aufsichtsratsvorsitzenden tritt mindestens ein **Stellvertreter**. Für dessen Wahl und Amtsperiode gelten die gleichen Regularien wie für den Vorsitzenden. Allerdings muss sich seine Amtszeit nicht notwendig mit der des Vorsitzenden decken.

Ehrenvorsitzender (Ehrenmitglied) ist ein bloßer Titel, den die Hauptversammlung oder auch der Aufsichtsrat selbst vergeben können.[149]

b) Aufgaben und Befugnisse

Dem Vorsitzenden des Aufsichtsrats sind – teils aufgrund gesetzlicher Einzelregelungen, teils gewohnheitsrechtlich – Sonderaufgaben zugewiesen. Seine besonderen Befugnisse umfassen die **Leitung** des Aufsichtsratsverfahrens, die **Repräsentation** des Aufsichtsrats und die **Mitwirkung** bei der Abgabe bestimmter Handelsregisteranmeldungen (namentlich im Rahmen von Kapitalmaßnahmen; vgl. §§ 184 Abs. 1, 188 Abs. 1, 195 Abs. 1, 203 Abs. 1 Satz 1 iVm 188 Abs. 1, 207 Abs. 1 iVm 188

---

[146] Kölner Komm. AktG/*Mertens/Cahn* § 107 Rn. 14.
[147] Kölner Komm. AktG/*Mertens/Cahn* § 110 Rn. 10 (unter Berücksichtigung der Änderung von § 110 Abs. 2 AktG durch das TransPuG v. 19.7.2002, BGBl. 2002 I 2681).
[148] Kölner Komm. AktG/*Mertens/Cahn* § 107 Rn. 29.
[149] *Johansen-Roth/Kießling* NZG 2013, 972 (973).

Abs. 1, 223 AktG),[150] finden jedoch – anders als die Befugnisse des Gremiums Aufsichtsrat – keine umfangreiche gesetzliche Regelung.[151] Daneben tritt die Leitung der Hauptversammlung, die dem Aufsichtsratsvorsitzenden üblicherweise durch die Satzung übertragen wird (vgl. § 5 Rn. 186).

134 In den angesprochenen Funktionsbereichen nimmt der Aufsichtsratsvorsitzende in erster Linie Leitungs- und Vollzugsfunktionen wahr, **ohne** dass ihm dabei **materielle Entscheidungsspielräume** zustünden. Besondere Hervorhebung verdient seine Sonderstellung im Berichtssystem des § 90 AktG, wo er als Informationsvermittler zwischen Vorstand und Aufsichtsrat fungiert.

135 Bei Verhinderung des Vorsitzenden gehen dessen Aufgaben und Befugnisse auf den Stellvertreter über (§ 107 Abs. 1 Satz 3 AktG).

2. Vorsitzender und Stellvertreter nach MitbestG

136 Für die Wahl des Aufsichtsratsvorsitzenden und seines Stellvertreters enthält § 27 MitbestG zwingende Sonderregelungen. Dabei werden zwei Wahlgänge unterschieden. Im **ersten Wahlgang** ist eine Mehrheit von zwei Dritteln der (gesetzlichen oder der in der Satzung bestimmten) Sollstärke des Aufsichtsrats erforderlich (§ 27 Abs. 1 MitbestG). Auch bei verfahrensmäßig getrennter Abstimmung handelt es sich jedoch um einen einheitlichen Wahlvorgang, dh wird in nur einem der beiden Wahlverfahren die erforderliche Mehrheit verfehlt, so hat insgesamt ein zweiter Wahlgang (sowohl für den Vorsitzenden als auch für Stellvertreter) zu erfolgen. Im **zweiten Wahlgang** wird der Aufsichtsrat in zwei Wahlgremien aufgespalten: Die Wahl des Vorsitzenden obliegt den Aufsichtsratsmitgliedern der Anteilseigner, die des Stellvertreters denjenigen der Arbeitnehmer (§ 27 Abs. 2 MitbestG). Dabei genügt jeweils die Mehrheit der abgegebenen Stimmen der gruppenspezifisch wahlberechtigten Aufsichtsratsmitglieder. Die Kandidaten des zweiten Wahlgangs müssen mit denjenigen des ersten Wahlgangs nicht identisch sein.

137 Sofern einer der beiden Amtsinhaber vorzeitig aus dem Amt scheidet, ist für die restliche Amtszeit unter Anwendung der mitbestimmungsrechtlichen Sonderbestimmungen ein **Nachfolger** zu wählen. Auch wenn Vorsitzender und Stellvertreter gemeinsam gewählt wurden (§ 27 Abs. 1 MitbestG), bewirkt die vorzeitige Amtsbeendigung des einen Amtsinhabers nicht zugleich auch, dass der andere Amtsinhaber sein Amt verliert.[152]

138 Besondere Bedeutung hat das **Zweitstimmrecht des Aufsichtsratsvorsitzenden** nach §§ 29 Abs. 2, 31 Abs. 4 MitbestG. Es gibt ihm die Möglichkeit, eine in zwei Abstimmungen gegebene Pattsituation durch sein eigenes Votum zu entscheiden (auch Rn. 160). Dieses Recht steht den stellvertretenden Vorsitzenden nicht zu. Zur Rolle des Vorsitzenden und Stellvertreters im Vermittlungsausschuss siehe Rn. 174 f.

III. Sitzungen und Beschlüsse

1. Zahl der Sitzungen

139 Der Aufsichtsrat muss zweimal je Kalenderhalbjahr zusammentreten (§ 110 Abs. 3 Satz 1 AktG). Bei nichtbörsennotierten Gesellschaften kann der Sitzungstermin durch Aufsichtsratsbeschluss auf eine Sitzung je Kalenderhalbjahr gelockert wer-

---

[150] MHdB GesR IV/*Hoffmann-Becking* § 31 Rn. 19 f.
[151] *V. Schenk* AG 2010, 649.
[152] *Hüffer/Koch* AktG § 107 Rn. 7; *Lutter/Krieger/Verse* Rn. 677.

den (§ 110 Abs. 3 Satz 2 AktG), wenn die Satzung keine höhere Mindestzahl von Sitzungen festschreibt.

2. Einberufung, Tagesordnung und Beschlussvorlagen

Die Einberufung des Aufsichtsrats erfolgt regelmäßig durch den Vorsitzenden. Sofern ein einzelnes Aufsichtsratsmitglied oder der Vorstand der AG die Einberufung des Aufsichtsrats verlangt (§ 110 Abs. 1 AktG) und der Aufsichtsratsvorsitzende dem **Einberufungsverlangen** nicht nachkommt, besteht nach § 110 Abs. 2 AktG das Recht zur Selbsteinberufung. 140

Das AktG macht keine Vorgaben für **Form und Frist** der Einberufung – sieht man einmal davon ab, dass eine auf Einberufungsverlangen erfolgende Aufsichtsratssitzung innerhalb von zwei Wochen seit Einberufung stattfinden muss (§ 110 Abs. 1 Satz 2 AktG). Üblicherweise enthalten Satzung oder Geschäftsordnung des Aufsichtsrats detaillierte Form- und Fristregelungen. Die Einberufungsfrist beträgt regelmäßig zwei Wochen, kann vom Vorsitzenden in dringenden Fällen jedoch abgekürzt werden.[153] Eine Einberufungsfrist von mehr als zwei Wochen ist – abgesehen vom Fall der Einberufung nach Einberufungsverlangen – unschädlich.[154] 141

Die Einberufung hat neben Ort und Zeitpunkt der Sitzung auch die **Tagesordnung** zu enthalten. Dieses Erfordernis wird mit der Analogie zu § 32 Abs. 1 Satz 2 BGB begründet. Die Einladung braucht noch nicht unbedingt mit der Tagesordnung verbunden zu werden. Es genügt, wenn diese in angemessener Frist vor der Sitzung mitgeteilt wird.[155] Bei der Nachreichung oder Ergänzung der Tagesordnung ist wiederum die für die Einberufung des Aufsichtsrats geltende Frist zu beachten.[156] Über nicht rechtzeitig mitgeteilte Tagesordnungspunkte kann der Aufsichtsrat nur beschließen, wenn keines seiner Mitglieder dem entsprechenden Verfahren widerspricht. 142

Ein weitergehendes Erfordernis, neben der Tagesordnung in der Einberufung auch Beschlussvorschläge (also Anträge) mitzuteilen, besteht nicht.[157] Freilich gehört es zu den Amtspflichten des Aufsichtsratsvorsitzenden, Beschlussvorschläge so früh wie möglich vorzulegen und ggf. nachzureichen.[158] Dies dient zum einen der Vorbereitung der Aufsichtsratsmitglieder auf die Sitzung und ermöglicht im Übrigen abwesenden Mitgliedern die schriftliche Stimmabgabe nach § 108 Abs. 3 AktG. 143

3. Sitzungsleitung

Die Leitung der Aufsichtsratssitzungen obliegt dem Aufsichtsratsvorsitzenden. Hieraus erwachsen ihm insb. Entscheidungskompetenzen in **Verfahrensfragen**. Allerdings ist der Aufsichtsratsvorsitzende an abweichende Beschlüsse des Gremiums gebunden.[159] 144

Die Leitungsbefugnis des Aufsichtsratsvorsitzenden umfasst insb. die Zulassung aufsichtsratsfremder Personen zu Aufsichtsratssitzungen. Dies gilt namentlich für die 145

---

[153] MHdB GesR IV/*Hoffmann-Becking* § 31 Rn. 39.
[154] *Hüffer/Koch* AktG § 110 Rn. 3; aA *Lutter/Krieger/Verse* Rn. 692, die in der Sonderregelung des § 110 Abs. 1 Satz 2 AktG eine generelle Festschreibung der Höchstfrist für die Einberufung erblicken.
[155] Kölner Komm./*Mertens/Cahn* § 110 Rn. 4; aA *Hüffer/Koch* AktG § 110 Rn. 4 („gute Praxis", aber keine rechtliche Anforderung).
[156] *Lutter/Krieger/Verse* Rn. 693.
[157] Kölner Komm./*Mertens/Cahn* § 110 Rn. 4.
[158] *Hüffer/Koch* AktG § 110 Rn. 4.
[159] *Lutter/Krieger/Verse* Rn. 706.

Entscheidung über die **Teilnahme von Sachverständigen und Auskunftspersonen** bei der Beratung einzelner Gegenstände der Tagesordnung (§ 109 Abs. 1 Satz 2 AktG). Hier besteht weiter Ermessensspielraum, denn der Begriff des Sachverständigen ist untechnisch zu verstehen; maßgebend ist die Sachkunde bzgl. des Beratungsgegenstands.[160] Auch die Teilnahme von **Vorstandsmitgliedern** untersteht der Zulassungskompetenz des Aufsichtsratsvorsitzenden. In der Praxis finden sich Satzungsregelungen, die dem Vorstand (die gesetzlich nicht gegebene) Teilnahmebefugnis einräumen, jedoch dem Aufsichtsratsvorsitzenden das Recht zuweisen, darüber zu entscheiden, bei welchen Punkten der Tagesordnung der Vorstand nicht zugegen sein soll.[161] Solche Regelungen sind rechtlich nicht zu beanstanden, da der Aufsichtsrat durch die regelmäßige Teilnahme von Vorstandsmitgliedern seine Funktion der begleitenden und vorausschauenden Überwachung des Vorstandes effektivieren kann.[162]

146 Zur Erstellung der von ihm zu unterzeichnenden Sitzungsniederschrift (§ 107 Abs. 2 AktG) kann der Aufsichtsratsvorsitzende einen **Protokollführer** bestimmen. Der Protokollführer muss weder Mitglied des Aufsichtsrats sein noch dem Vorstand angehören.[163]

147 Die **Beratungsleitung** durch den Aufsichtsratsvorsitzenden manifestiert sich in der Festlegung der Reihenfolge, in der die Gegenstände der Tagesordnung behandelt werden, sowie darin, dass der Aufsichtsratsvorsitzende zu jedem Tagesordnungspunkt die Diskussion eröffnet, die Reihenfolge der Redner bestimmt, das Wort erteilt oder entzieht und letztlich die Diskussion schließt.

148 An die Leitung der Beratung knüpft die **Leitung der Beschlussfassung** an, namentlich die Bestimmung von Reihenfolge und Form der Abstimmung und die Entscheidung über Stimmverbote.

4. Beschlüsse

a) Beschlussfähigkeit

149 Bei den Anforderungen an die Beschlussfähigkeit ist zwischen Aufsichtsräten ohne Arbeitnehmervertreter und mitbestimmten Aufsichtsräten zu unterscheiden (§ 108 Abs. 2 AktG – § 28 Satz 1 MitbestG).

150 Im allgemeinen Aktienrecht besteht weitgehender satzungsmäßiger Gestaltungsspielraum für die Regelung der Beschlussfähigkeit (§ 108 Abs. 2 Satz 1 AktG). Gesetzlich zwingend ist lediglich die Untergrenze des § 108 Abs. 2 Satz 3 AktG, wonach an der Beschlussfassung **mindestens drei Mitglieder** teilnehmen müssen. Fehlt es an einer Festschreibung der Beschlussfähigkeit durch die Satzung, ist der Aufsichtsrat beschlussfähig, wenn die Hälfte seiner Mitglieder (Sollstärke), mindestens jedoch drei Mitglieder an der Beschlussfassung teilnehmen (§ 108 Abs. 2 Satz 2 und 4 AktG). Abwesende Mitglieder können ihre Teilnahme an der Beschlussfassung durch schriftliche Stimmabgabe sicherstellen (§ 108 Abs. 3 AktG).

151 Umstritten ist die Rechtslage, wenn bei einem aus drei Mitgliedern bestehenden Aufsichtsrat der Stimmrechtsausschluss nach § 34 BGB eines der drei Aufsichtsratsmitglieder zur Beschlussunfähigkeit des Organs gem. § 108 Abs. 2 Satz 2, 3 AktG führt. Nach zutreffender Ansicht führt der Stimmrechtsausschluss eines von drei

---

[160] *Hüffer/Koch* AktG § 109 Rn. 5.
[161] Vgl. MHdB GesR IV/*Hoffmann-Becking* § 31 Rn. 52.
[162] Zu Vor- und Nachteilen solcher Regelungen vgl. *Schneider* ZIP 2002, 873 (874 ff.), der die Vorteile als überwiegend ansieht.
[163] *Hüffer/Koch* AktG § 107 Rn. 13.

D. Innere Ordnung des Aufsichtsrats

Aufsichtsratsmitgliedern nicht zur Beschlussunfähigkeit des Organs; vielmehr kann und muss das betreffende Aufsichtsratsmitglied zur Vermeidung einer Beschlussunfähigkeit des Organs an der Beschlussfassung teilnehmen und hat sich dort der Stimme zu enthalten.[164] Ansonsten würden Stimmrechtsverbote die Beschlussunfähigkeit des Aufsichtsrates herbeiführen können, was gerade nicht intendiert ist.

Im Mitbestimmungsrecht ordnet § 28 Satz 1 MitbestG zwingend an, dass Beschlussfähigkeit nur besteht, wenn **mindestens die Hälfte der Mitglieder**, aus denen der Aufsichtsrat insgesamt zu bestehen hat (Sollstärke), an der Beschlussfassung teilnimmt. Damit steht jedenfalls fest, dass die Satzung (anders als im allgemeinen Aktienrecht) keine geringeren Anforderungen an die Beschlussfähigkeit festschreiben darf. Ob die Satzung in Mitbestimmungsfällen eine Verschärfung der Anforderungen an die Beschlussfähigkeit vorsehen darf, ist äußerst umstritten.[165] Unstreitig wäre eine Satzungsregelung, die bei der Beschlussfähigkeit an 100% der Sollstärke anknüpft, unzulässig (§ 28 Satz 2 MitbestG iVm § 108 Abs. 2 Satz 4 AktG).[166]

b) Vertagung

Durch Mehrheitsbeschluss kann der Aufsichtsrat die Behandlung einzelner oder aller Tagesordnungspunkte vertagen. Eine entsprechende Befugnis besitzt auch der Aufsichtsratsvorsitzende, soweit er durch Satzung oder Geschäftsordnung entsprechend ermächtigt ist. Nur eingeschränkt zulässig sind **Vertagungsklauseln**, die für paritätisch mitbestimmte Aufsichtsräte eine Vertagung vorsehen, wenn Anteilseigner- und Arbeitnehmerseite nicht paritätisch präsent sind.[167] Sie müssen jedenfalls mit dem Gebot der Gleichbehandlung aller Aufsichtsratsmitglieder in Einklang zu bringen sein.[168]

c) Gesetzliche Modelle der Beschlussfassung

In der Vorbereitung zum Beschlussverfahren empfiehlt Ziff. 3.5 DCGK eine offene Diskussion zwischen Vorstand und Aufsichtsrat sowie innerhalb der Leistungsorgane. Ziff. 3.6 regt für den mitbestimmen Aufsichtsrat Gruppenvorgespräche unter Mitwirkung von Vorstandsmitgliedern an, was nicht spannungsfrei zusammenpasst, allerdings bei Zusammensetzung von Gremien nach Status und Interessengruppen praktisch unvermeidbar ist.[169]

Wie bereits bei der Beschlussfähigkeit ist auch bei der Beschlussfassung zwischen den Anforderungen nach Aktien- und Mitbestimmungsrecht zu unterscheiden.

Im allgemeinen Aktienrecht gilt in Anlehnung an § 32 Abs. 1 Satz 3 BGB und § 133 Abs. 1 AktG der Grundsatz der **einfachen Mehrheit der abgegebenen Stimmen**, es sei denn aus Gesetz oder Satzung ergeben sich ausnahmsweise quali-

---

[164] BGH II ZR 325/05, NZG 2007, 516 (517); Großkomm. AktG/*Hopt/Roth* § 108 Rn. 63; Kölner Komm./*Mertens/Cahn* § 108 Rn. 57; im Ergebnis auch *Hüffer/Koch* AktG § 108 Rn. 16; *Priester* AG 2007, 190 mwN zum Meinungsstand. Abweichend – für Beschlussunfähigkeit: BayObLG 3Z BR 199/02, NZG 2003, 691; OLG Frankfurt a. M. 1 U 14/05, NZG 2006, 29; MHdB GesR IV/*Hoffmann-Becking* § 31 Rn. 62; *Keusch/Rotter* NZG 2003, 671 (673).
[165] Offengelassen BGH X ZR 61/80, BGHZ 83, 151 (153 f.). Vgl. MHdB GesR IV/*Hoffmann-Becking* § 31 Rn. 63 mwN.
[166] Überblick über mitbestimmungsrechtliche Sonderregeln *Deilmann* BB 2012, 2191.
[167] MHdB GesR IV/*Hoffmann-Becking* § 31 Rn. 87.
[168] *Lutter/Krieger/Verse* Rn. 724.
[169] Kritisch unter Gesichtspunkten der Corperate Governance *E. Vetter* in FS Hüffer 2010, S. 1017, 1021 ff.

fizierte Mehrheitserfordernisse. Eine Stimmenthaltung gilt – anders als bei Ermittlung der Beschlussfähigkeit – als nicht abgegebene Stimme.[170]

155 Mit Blick auf die Auflösung von Pattsituationen kann die Satzung bestimmen, dass bei Stimmengleichheit die Stimme des Aufsichtsratsvorsitzenden oder seines Stellvertreters den Ausschlag gibt. Dieses Recht zum **Stichentscheid** kann indes nicht durch die bloße Geschäftsordnung des Aufsichtsrats begründet werden.[171]

156 Eine **Verschärfung des Mehrheitserfordernisses** (qualifizierte Mehrheit) kommt nur im Rahmen der Satzung (und nicht aufgrund Geschäftsordnungsbestimmung) und im Übrigen nur für Entscheidungen in Frage, die dem Aufsichtsrat kraft Satzung zugewiesen sind.[172]

157 Die vom MitbestG vorgegebenen Mehrheitserfordernisse sind in jeder Hinsicht zwingend, können also durch Satzung oder Geschäftsordnung des Aufsichtsrats weder erleichtert noch verschärft werden.[173] Basisnorm ist die Regelung des § 29 Abs. 1 MitbestG, wonach Beschlüsse des Aufsichtsrats regelmäßig mit der **Mehrheit der abgegebenen Stimmen** gefasst werden, soweit das MitbestG keine andere Mehrheit vorsieht.

158 Die **Sonderregelungen des MitbestG** zum Mehrheitserfordernis sind wie folgt:
– Mehrheit von zwei Dritteln der Soll-Stärke des Aufsichtsrats: 1. Wahlgang zur Wahl des Aufsichtsratsvorsitzenden und seines Stellvertreters (§ 27 Abs. 1 MitbestG)
– Mehrheit von zwei Dritteln aller im Amt befindlichen Mitglieder (Ist-Stärke): 1. Wahlgang zur Bestellung und Abberufung des Vorstands (§ 31 Abs. 2 MitbestG)
– Mehrheit der Stimmen aller im Amt befindlichen Mitglieder (Ist-Stärke): 2. und 3. Wahlgang zur Bestellung und Abberufung des Vorstands (§ 31 Abs. 3 Satz 2 und Abs. 4 MitbestG)
– Mehrheit der abgegebenen Stimmen der Aktionärsvertreter bzw. der Arbeitnehmervertreter (in getrennten Wahlen): 2. Wahlgang zur Wahl des Aufsichtsratsvorsitzenden und seines Stellvertreters (§ 27 Abs. 2 MitbestG; Rn. 136 ff.); Wahl des 3. und 4. Mitglieds des Vermittlungsausschusses (§ 27 Abs. 3 MitbestG)
– Mehrheit der Stimmen aller im Amt befindlichen Aktionärsvertreter (Ist-Stärke): Ausübung von Beteiligungsrechten (§ 32 Abs. 1 Satz 2 MitbestG; Rn. 113 ff.)

159 Ergibt sich nach zweimaliger Abstimmung über den gleichen Antrag Stimmengleichheit, besitzt der Aufsichtsratsvorsitzende (nicht der stellvertretende Vorsitzende, § 29 Abs. 2 Satz 3 MitbestG) zur Auflösung der Pattsituation ein **Zweitstimmrecht** nach § 29 Abs. 2 Satz 1 MitbestG. Es erstreckt sich auf alle Abstimmungsgegenstände (Verfahrens- und Sachentscheidungen), für die nach § 29 Abs. 1 MitbestG die Mehrheit der abgegebenen Stimmen gefordert ist. Es gilt darüber hinaus nach § 31 Abs. 4 MitbestG im Rahmen der Bestellung oder Abberufung eines Vorstandsmitglieds im dritten Wahlgang.

d) Schriftliche Stimmabgabe innerhalb von Sitzungen

160 Verhinderte Aufsichtsratsmitglieder besitzen nach § 108 Abs. 3 Satz 1 AktG die Möglichkeit zur schriftlichen Stimmabgabe. Ihr Votum wird durch **Stimmboten** überbracht. Als Stimmboten können insb. andere Aufsichtsratsmitglieder fungieren. Aber auch Sitzungsvertreter, die aufgrund entsprechender Satzungsermächtigung

---

[170] MHdB GesR IV/*Hoffmann-Becking* § 31 Rn. 66.
[171] *Hüffer/Koch* AktG § 108 Rn. 8; *Lutter/Krieger/Verse* Rn. 735.
[172] *Hüffer/Koch* AktG § 108 Rn. 7.
[173] MHdB GesR IV/*Hoffmann-Becking* § 31 Rn. 71.

D. Innere Ordnung des Aufsichtsrats

nach § 109 Abs. 3 AktG für das verhinderte Aufsichtsratsmitglied an der Sitzung teilnehmen, können Stimmboten sein. Sie sind indes nicht zur Vertretung des Aufsichtsratsmitglieds bei der Ausübung des Stimmrechts befugt.

Die schriftliche Stimmabgabe kommt nur dort in Frage, wo entsprechende **161** Beschlussvorschläge zuvor bekannt waren und eine **eindeutige Bezugnahme** hergestellt werden kann. Problematisch ist die blanko unterschriebene schriftliche Stimmerklärung. Sie kann dem abwesenden Aufsichtsratsmitglied allenfalls dann als eigene Stimmabgabe zugerechnet werden, wenn der Stimmbote aufgrund genauer Anweisung und ohne Ermessensspielraum eine Konkretisierung vornimmt.[174] Maßgebend für die **Schriftform** ist die Unterzeichnung durch das abwesende Aufsichtsratsmitglied im Original.[175]

Für einen gegen ein Mitglied des Aufsichtsrats im Wege der einstweiligen Verfügung gerichteten Antrag eines Mitglieds des Vorstands auf ein bestimmtes Abstimmungsverhalten im Aufsichtsrat betreffend die Abberufung nach § 84 AktG gewährt diese Bestimmung keinen Anspruch. Da das Einwirken auf das Abstimmungsverhalten nur eines Mitglieds des Aufsichtsrates nicht geeignet ist, einen mehrheitlichen Beschluss zu verhindern, kann mit dem Antrag effektiver Rechtsschutz nicht erreicht werden.[176]

e) Beschlussfassung außerhalb von Sitzungen

Von der Abgabe schriftlicher Voten im Rahmen der Aufsichtsratssitzung ist **162** die Beschlussfassung ohne Abhaltung einer Sitzung nach § 108 Abs. 4 AktG zu unterscheiden. Es geht hierbei um die schriftliche, fernmündliche oder ähnliche (insb. fernkopierte oder telegrafische) Beschlussfassung, die als solche (vorbehaltlich abweichender Satzungs- oder Geschäftsordnungsregelungen) zulässig ist, wenn kein Mitglied dem Verfahren widerspricht. Von § 108 Abs. 4 AktG ist auch die Beschlussfassung in Videokonferenzen erfasst.[177] Beschlüsse des Aufsichtsrates können somit sowohl inner- als auch außerhalb von Sitzungen gefasst werden; umgekehrt sind Aufsichtsratssitzungen auch ohne Beschlussfassung zulässig.[178]

Umstritten ist jedoch, ob Sitzungsgelder auch für die Beschlussfassung ohne unmittelbare Präsenz zu zahlen sind, sofern Satzung oder Hauptversammlungs-Beschluss dazu keine ausdrückliche Regelung treffen.[179]

Die bloße Nicht-Teilnahme an der Abstimmung gilt nicht als Widerspruch, sondern ist lediglich mit Blick auf die Beschlussfähigkeit von Bedeutung. Für die Beschlussfähigkeit gelten die allgemeinen Erfordernisse. Das Verfahren selbst wird von dem Vorsitzenden eingeleitet, indem er alle Aufsichtsratsmitglieder über die Form der Beschlussfassung informiert und sie hinsichtlich eines bestimmten Beschlussvorschlags bis zu einem bestimmten Termin zur Stimmabgabe (oder zum Widerspruch gegen das Verfahren) auffordert.

---

[174] MHdB GesR IV/*Hoffmann-Becking* § 31 Rn. 90; *Lutter/Krieger/Verse* Rn. 726, 727; aA *Hüffer/Koch* AktG § 108 Rn. 19.

[175] AA (Telefax und E-Mail mit digitaler Signatur ausreichend) *Hüffer/Koch* AktG § 108 Rn. 20; MHdB GesR IV/*Hoffmann-Becking* § 31 Rn. 91.

[176] OLG München 7 U 3018/13, ZIP 2013, 2200.

[177] *Wagner* NZG 2002, 57 (58); *Kindl* ZHR 2002, 335 (341), RegBegr. BT-Drs. 14/4051, 12; zur praktischen Relevanz *Simons* AG 2013, 547.

[178] *Simons* AG 2013, 547.

[179] Dafür *Simons* AG 2013, 547; *Zilles/Deutsch* Der Aufsichtsrat 2013, 73; dagegen *Reichard/Kaubisch* AG 2013, 150.

163 Die herrschende Meinung erlaubt die **Kombination** aus Aufsichtsratssitzung und Beschlussfassung ohne Sitzung, indem ein Teil der Stimmen in der Sitzung, ein anderer Teil nachträglich schriftlich abgegeben wird, sofern kein Aufsichtsratsmitglied widerspricht.[180]

f) Niederschrift

164 Nach § 107 Abs. 2 Satz 1 AktG ist über jede Sitzung des Aufsichtsrats für Beweiszwecke eine vom Vorsitzenden zu unterzeichnende Niederschrift anzufertigen. Das Erfordernis gilt analog auch für Beschlussfassungen ohne Sitzung iSv § 108 Abs. 4 AktG.
Die Niederschrift ist weder Wort- noch Ergebnisprotokoll. Es handelt sich vielmehr um ein **Verhandlungsprotokoll**, in dem neben Ort und Tag der Sitzung, Teilnehmerverzeichnis und Tagesordnung der wesentliche Inhalt der Verhandlungen und insb. die Beschlüsse des Aufsichtsrats niederzulegen sind. Hierzu gehört der vollständige Wortlaut der Beschlussvorschläge, die Mitteilung der Art der Beschlussfassung und des Ergebnisses der Abstimmung.[181]

165 Die Anfertigung des Protokolls fällt in die Kompetenz des Aufsichtsratsvorsitzenden in seiner Eigenschaft als Sitzungsleiter. Er bedient sich hierzu eines Protokollführers (Rn. 146). Jedes Aufsichtsratsmitglied erhält eine Abschrift der vom Vorsitzenden unterzeichneten Niederschrift. In der nächstfolgenden Aufsichtsratssitzung kann dem Protokoll widersprochen werden. Über den **Widerspruch** entscheidet jedoch nicht der Aufsichtsrat, sondern allein der Vorsitzende in seiner Eigenschaft als Sitzungsleiter.[182]

g) Ausführung von Beschlüssen

166 Maßnahmen zur Ausführung von Beschlüssen obliegen grds. dem Aufsichtsratsvorsitzenden. Das gilt namentlich für deren Bekanntgabe und Erläuterung gegenüber dem Vorstand. Soweit in Ausführung von Beschlüssen Willenserklärungen abzugeben sind – etwa beim Abschluss der Anstellungsverträge mit Vorstandsmitgliedern –, fällt dies nicht automatisch in die Ausführungskompetenz des Aufsichtsratsvorsitzenden. Zur rechtsgeschäftlichen Vertretung (Erklärungsvertretung) des Aufsichtsratsplenums bedarf der Vorsitzende vielmehr einer besonderen Ermächtigung.[183] Eine solche Ermächtigung kann generell in der Satzung oder aber in der Geschäftsordnung des Aufsichtsrats erteilt werden. In Betracht kommt auch ein einzelfallbezogener Beschluss des Aufsichtsrats.[184]

167 Das OLG Düsseldorf entschied für den Fall eines ohne Beifügung einer Vollmachtsurkunde herausgelegten Kündigungsschreibens des Aufsichtsratsvorsitzenden gegenüber einem Vorstandsmitglied, der Erklärungsempfänger könne analog § 174 Satz 1 BGB die Abberufungs- und Kündigungserklärung zurückweisen. Denn der Aufsichtsratsvorsitzende handele aufgrund Ermächtigung durch den Aufsichtsratsbeschluss bei Kundgabe des Aufsichtsratsbeschlusses in Ausübung der

---

[180] MHdB GesR IV/*Hoffmann-Becking* § 31 Rn. 93; *Lutter/Krieger/Verse* Rn. 729; skeptisch *Hüffer/Koch* AktG § 108 Rn. 23.
[181] *Lutter/Krieger/Verse* Rn. 708.
[182] Kölner Komm. *Mertens/Cahn* § 107 Rn. 83.
[183] *Lutter/Krieger/Verse* Rn. 682. AA MHdB GesR IV/*Hoffmann-Becking* § 31 Rn. 102; *Bednarz* NZG 2005, 418 (422).
[184] MHdB GesR IV/*Hoffmann-Becking* § 31 Rn. 101.

vom Aufsichtsratsplenum abgeleiteten Vertretungsmacht.¹⁸⁵ Folgt man der hier vertretenen Ansicht, dass der Aufsichtsratsvorsitzende einer besonderen Ermächtigung bedarf und diese Befugnis zur Kundgabe von Beschlüssen nicht ohne Weiteres aus seiner Amtsstellung als Vorsitzender des Kollegialorgans resultiert (vgl. Rn. 167), so ist die Entscheidung des OLG Düsseldorf folgerichtig.

5. Fehlerhafte Beschlüsse

Bei fehlerhaften Aufsichtsratsbeschlüssen wird nach herkömmlicher Auffassung nicht zwischen Anfechtbarkeit und Nichtigkeit unterschieden. Sie sind, wenn sich ein Verstoß gegen zwingende Vorschriften des Gesetzes oder der Satzung ergibt, nichtig.¹⁸⁶ Die **Nichtigkeit** solcher fehlerhafter Beschlüsse kann im Wege der Feststellungsklage geltend gemacht werden. Hierfür besteht keine Ausschlussfrist.

Das Bedürfnis, die Nichtigkeitsfolge in minder schweren Fällen zurückzudrängen, löst der BGH einerseits über das Rechtsinstitut der Verwirkung,¹⁸⁷ andererseits über eine sachgerechte Eingrenzung des erforderlichen Rechtsschutzbedürfnisses. Dies führt im Ergebnis zu einer Differenzierung zwischen uneingeschränkter und eingeschränkter Nichtigkeit.¹⁸⁸ Zudem sind Verstöße gegen Ordnungsvorschriften denkbar, die per se beschlussrechtlich irrelevant sind. Danach sind drei Kategorien von fehlerhaften Beschlüssen zu unterscheiden:
- Die uneingeschränkte Nichtigkeit von Beschlüssen wird dann angenommen, wenn sie an einem **unheilbaren Mangel** leiden: Der Mangel kann inhaltlicher Art sein, weil der Beschlussinhalt gegen Gesetz oder Satzung verstößt (zB Erlass von Geschäftsordnungsbestimmungen, die gegen MitBestG verstoßen); es kann sich auch um einen absoluten Verfahrensfehler handeln (zB gesetzeswidrige Zusammensetzung des Gremiums, Beschlussfassung trotz fehlender Beschlussfähigkeit, Verletzung von § 108 Abs. 3 oder 4 AktG). Eine Heilung der Nichtigkeit kommt außer im Falle des § 256 Abs. 6 AktG nicht in Betracht.¹⁸⁹
- Eine – der Verwirkung fähige – eingeschränkte Nichtigkeit besteht, wenn Verfahrensvorschriften verletzt sind, die als solche zur Disposition der Aufsichtsratsmitglieder stehen (sog. **heilbare Verfahrensmängel**, wie etwa die Verletzung der Einberufungsfrist, Zulassung Unbefugter zu den Sitzungen). Da auf ihre Einhaltung verzichtet werden kann, sind sie faktisch heilbar. Alle Aufsichtsratsmitglieder und nicht nur das betroffene müssen mit dem Verzicht auf die Geltendmachung des Verfahrensverstoßes einverstanden sein. Das Einverständnis des betroffenen Mitglieds reicht nicht aus, weil nicht der Schutz der individuellen Mitwirkungsrechte, sondern die Einhaltung eines ordnungsgemäßen Verfahrens Schutzzweck ist.¹⁹⁰
- Der Verstoß gegen bloße **Ordnungsvorschriften** schließlich ist für die Wirksamkeit des Beschlusses gänzlich ohne Belang. Als exemplarisches Beispiel werden die fehlende Protokollierung eines Aufsichtsratsbeschlusses oder die Sitzungsteilnah-

---

¹⁸⁵ OLG Düsseldorf I-15 U 225/02, NZG 2004, 141. Zustimmend *Leuering* NZG 2004, 120 (122), der § 174 Satz 1 BGB sogar unmittelbar anwenden möchte. Ablehnend *Bednarz* NZG 2005, 418 (421).
¹⁸⁶ BGH II ZR 89/92, BGHZ 122, 342 (346); BGH II ZR 235/92, BGHZ 124, 111 (115); *Hüffer/Koch* AktG § 108 Rn. 26. Weitgehend für Anfechtbarkeit noch die Vorinstanz OLG Hamburg 11 U 134/91, AG 1992, 197.
¹⁸⁷ Kritisch *Fleischer* DB 2013, 217.
¹⁸⁸ *Lutter/Krieger/Verse* Rn. 737 ff.
¹⁸⁹ *Lutter/Krieger/Verse* Rn. 741.
¹⁹⁰ *Hölters/Hambloch-Gesinn/Gesinn* AktG § 108 Rn. 68.

me aufsichtsratsfremder Personen genannt.[191] Verstöße gegen Ordnungsvorschriften der vom Aufsichtsrat selbst erlassenen Geschäftsordnung sind unbeachtlich. Ein Verfahrensmangel führt nur dann zur Fehlerhaftigkeit, wenn möglicherweise das Beschlussergebnis beeinflusst worden ist oder das Aufsichtsratsmitglied in seinen Teilnahme- und Mitwirkungsrechten behindert wurde.

Nach jüngster Rechtsprechung des BGH sind Beschlüsse des Aufsichtsrates auch dann unwirksam, wenn die Nichtigkeit der Wahl eines Aufsichtsratsmitglieds festgestellt wird und die Beschlussfähigkeit oder das Zustandekommen eines Aufsichtsratsbeschlusses von der Stimme dieses Aufsichtsratsmitglieds abhängt.[192] War die Stimme für die Ablehnung eines Beschlusses ursächlich, ist der Beschluss zustande gekommen.

IV. Ausschüsse

1. Fakultative Ausschüsse

170 Das Aufsichtsratsplenum kann die Wahrnehmung bestimmter Aufgaben innerhalb der Grenzen des § 107 Abs. 3 AktG auf Ausschüsse delegieren; den Aufsichtsräten börsennotierter Gesellschaften ist die Bildung von Ausschüssen in Ziff. 5.3 des Deutschen Corporate Governance Kodex zur Effizienzsteigerung bei der Bewältigung komplexer Sachverhalte empfohlen. Die Einrichtung von Ausschüssen im Aufsichtsrat erfolgt vor dem Hintergrund der mit zunehmender Organgröße abnehmenden Effizienz der Zusammenarbeit. Ziel soll sein, in relativ kleinen Gruppen mit hoher fachlicher Expertise die anstehenden Themen zu diskutieren und gegebenenfalls für die Abstimmungen im Plenum vorzubereiten.[193] Der Aufsichtsrat kann den Ausschuss grundsätzlich nur „aus seiner Mitte" bestellen. Die Hinzuziehung von Dritten ist nach Maßgabe des § 109 AktG zulässig. Begrifflich ist zwischen vorbereitenden (§ 107 Abs. 3 Satz 1 AktG) und beschließenden,[194] also endgültig entscheidenden (§ 107 Abs. 3 Satz 2 AktG) Ausschüssen zu unterscheiden. Häufig anzutreffen sind Personalausschüsse zur Regelung von Vertragsangelegenheiten der Vorstandsmitglieder, aber auch – weitergehend – Personal- und Sozialausschüsse, in denen allgemein Personalangelegenheiten und Sozialprobleme (in der Regel vorbereitend) behandelt werden.[195] Mit Blick auf die spezifischen Prüfungs- und Überwachungsaufgaben (etwa Vorprüfung des Jahresabschlusses, Überwachung der Finanzplanung oder Entscheidung über zustimmungspflichtige Investitionen) finden sich auch sachgebietsbezogene Ausschüsse, vor allem für Finanzen und Investitionen.[196] Besondere Bedeutung haben Prüfungsausschüsse, sog. **Audit Committees**, erlangt.[197] Ihre Einrichtung ist nach den Empfehlungen

---

[191] Lutter/Krieger/Verse Rn. 740.
[192] BGH II ZR 56/12, NJW 2013, 1535 (Ablehung der Lehre vom „fehlerhaften Organ"), kritisch hingegen MünchKomm. AktG/Bd. 2/*Habersack* § 101 Rn. 70 f.
[193] Grundei/Zaumseil/*Grundei/Graumann* Der Aufsichtsrat im System der Corporate Governance S. 297.
[194] Entsprechende Klarstellung in Ziff. 5.3.5 aF wurde wegen der Selbstverständlichkeit im Zuge der Kodexänderung im Jahr 2013 gestrichen.
[195] Zu praktisch relevanten Erscheinungsformen *Hüffer/Koch* AktG § 107 Rn. 20.
[196] MHdB GesR IV/*Hoffmann-Becking* § 32 Rn. 2; Lutter/Krieger/Verse Rn. 749.
[197] Durch das Gesetz zur Modernisierung des Bilanzrechts (BilMoG) vom 25.5.2009 wurde nach Abs. 3 Satz 1 ein neuer Satz 2 eingefügt, der die fakultative Einrichtung eines Prüfungsausschusses und seine Aufgaben betrifft.

D. Innere Ordnung des Aufsichtsrats　　　　　　　　　　　　　170　§ 7

des Deutschen Corporate-Governance-Kodex (Ziff. 5.3.2) für börsennotierte Gesellschaften quasi obligatorisch.

Abs. 4 bestimmt, dass für den Fall der Errichtung eines solchen Ausschusses mindestens ein Mitglied die Anforderungen des § 100 Abs. 5 AktG erfüllen, das heißt über Sachverstand auf den Gebieten der Rechnungslegung oder Abschlussprüfung verfügen muss.[198] Entscheidend ist, dass der Experte mit dem Finanzvorstand und dem Abschlussprüfer „auf Augenhöhe" Rechnungslegungsthemen diskutieren kann.[199] Die übrigen Ausschussmitglieder sollten ebenfalls bisher schon über eine gewisse Qualifikation verfügen,[200] seit Juni 2016 verlangt § 100 Abs. 5 AktG von den Mitgliedern in seiner Gesamtheit Sektorenkenntnis (s. Rn. 209). Verfügt der Ausschuss über keinen unabhängigen Finanzexperten iSd § 100 Abs. 5, ist die Wahl der Ausschussmitglieder unwirksam bzw. nach § 251 Abs. 1 anfechtbar.[201] Mangels eines gesetzlichen Nichtigkeitsgrundes ist die Wahl jedoch nicht nichtig.[202] Die Mitglieder des Aufsichtsrates haften dann wegen Auswahlverschuldens nach §§ 116, 93 AktG.

Ihr Aufgabenfeld betrifft gemäß des durch das BilMoG eingefügten Absatzes 3 Satz 2 unter anderem Fragen der Rechnungslegung, des Risikomanagements und der Compliance,[203] der internen Revision, der Unabhängigkeit des Abschlussprüfers sowie die Erteilung des Prüfungsauftrags, die Festlegung von Prüfungsschwerpunkten und den Abschluss der Honorarvereinbarung (s. a.Rn. 91).[204] Das Gesetz tastet jedoch die Organisationsautonomie des Aufsichtsrates nicht an und überlässt das „Ob" der Bildung eines Prüfungsausschusses dem Aufsichtsrat. Der Aufgabenbereich des Prüfungsausschusses wurde jedoch präzisiert mit der Folge einer höheren Prüfungs-und Überwachungsintensität.[205] Durch die nachträgliche Aufnahme der Aufgabe „Compliance" in den Katalog in Ziff. 5.3.2 DCGK ist klargestellt, dass die Verantwortlichkeit für Fragen des Risikomanagements die Zuständigkeit für die – auch laufende – Befassung dieses Ausschusses mit Compliance-relevanten Fragen und Sachverhalten umfasst.[206]

Neuere Erscheinungsformen sind Compliance- oder Antikorruptionsausschüsse,[207] im Einzelfall auch Integritätsausschüsse.[208]

Einzelheiten zur Arbeitsweise von Ausschüssen können in der Satzung geregelt sein.

---

[198] Hölters/*Hambloch-Gesinn/Gesinn* AktG § 107 Rn. 107a.
[199] *Gesell* ZGR 2011, 361 (386 f.).
[200] *Vetter* GS M. Winter 2011, 701 (713).
[201] *Vetter* GS M. Winter 2011, 701 (713).
[202] *Gesell* ZGR 2011, 361 (392).
[203] Mit dem Kodex wurde durch die Neufassung 2013 klargestellt und Ziff. 5.3.2 DCGK dahingehend geändert, dass eine Zuständigkeit des Prüfungsausschusses für Compliance nur dort besteht, wo kein selbstständiger Ausschuss für Compliance zuständig ist.
[204] *PriceWaterhouseCoopers* Der Prüfungsausschuss, 4. Auflage 2012, S. 13 f.
[205] *Knapp* DStR 2010, 56; Allmendinger/Dorn/Lang/Lumpp/Steffek/*Lutter* Corporate Governance nach der Finanz- und Wirtschaftskrise S. 146.
[206] *Rodewald/Unger* BB 2007, 1629 (1631).
[207] *Dreher* in FS Goette 2011, S. 43 ff.
[208] *Plagmann* NZG 2013, 1292.

a) Effizienzsteigerung durch Arbeitsteilung

171 Durch die Delegation der Analyse und Beurteilung von Spezialproblemen an Ausschüsse wird die Effizienz der Überwachung und Kontrolle des Vorstands gesteigert. Dies deswegen, weil die Bildung von Ausschüssen ermöglicht, einzelne Aufsichtsratsmitglieder gezielt nach ihrer beruflichen Vorbildung einzusetzen. Zugleich ermöglicht die Arbeit in Ausschüssen eine noch sensiblere Behandlung vertraulicher Fragen[209] und kann die Unabhängigkeit bei Beschlussfassung gewährleisten[210].

b) Grenzen der Entscheidungsdelegation

172 Der Aufsichtsrat kann seine Kompetenzen nicht nach Belieben an Ausschüsse übertragen. § 107 Abs. 3 Satz 2 AktG enthält eine abschließende Aufzählung derjenigen Beschlussgegenstände, die einem Ausschuss nicht anstelle des Plenums zur Entscheidung überwiesen werden können. Besonders hervorzuheben ist das Verbot der Entscheidungsdelegation in folgenden Fragen:
- Wahl des **Aufsichtsratsvorsitzenden** und seines/seiner Stellvertreter/s (§ 107 Abs. 1 Satz 1 AktG) sowie – als actus contrarius – deren Abberufung.[211]
- Bestellung von **Vorstandsmitgliedern** (§ 84 Abs. 1 Sätze 1 und 3 AktG), Ernennung eines Vorstandsvorsitzenden (§ 84 Abs. 2 AktG) sowie Widerruf dieser Maßnahmen (§ 84 Abs. 3 AktG). Allerdings ist der Aufsichtsrat nicht gehindert, die Entscheidung über Abschluss bzw. Kündigung von Vorstandsanstellungsverträgen an einen Ausschuss zu delegieren. In diesen Fällen darf der (Personal-)Ausschuss wegen der faktischen Wechselwirkung mit der Frage der Organbestellung und der diesbezüglichen originären Bestellkompetenz des Aufsichtsratsplenums freilich nicht vorpreschen.[212]
- Begründung von **Zustimmungsvorbehalten** (§ 111 Abs. 4 Satz 2 AktG). Falls von der Geschäftsordnung vorgesehen, können Ausschüsse jedoch über die Erteilung von Einzelzustimmungen entscheiden.[213]

173 Keine Delegationsbeschränkungen ergeben sich hinsichtlich der Übertragung einzelner **Überwachungsaufgaben** (zB Überwachung konkreter Geschäftsführungsmaßnahmen) oder bei der Übertragung von **Vorbereitungsaufgaben** an Ausschüsse.[214]

2. Vermittlungsausschuss nach § 27 Abs. 3 MitbestG

174 Gesetzlich zwingend ist nach § 27 Abs. 3 MitbestG die Bildung eines vierköpfigen Vermittlungsausschusses (auch „ständiger Ausschuss"), dessen einzige Aufgabe darin besteht, im Rahmen des Verfahrens zur **Bestellung oder Abberufung von Vorstandsmitgliedern** in mitbestimmten Gesellschaften nach einem gescheiterten Wahlgang innerhalb eines Monats einen eigenen Vorschlag zu machen (§ 31 Abs. 3 Satz 1 MitbestG).

175 Dem Vermittlungsausschuss gehören der Vorsitzende und der stellvertretende Vorsitzende des Aufsichtsrats als geborene Mitglieder an. Hinzu treten ein drittes

---

[209] *Hasselbach/Seibel* AG 2012, 114 (121 f.).
[210] *M. Roth* ZGR 2012, 343 (353).
[211] *Hüffer/Koch* AktG § 107 Rn. 27.
[212] BGH II ZR 182/79, BGHZ 79, 38 (40 ff.); *Hüffer/Koch* AktG § 107 Rn. 27.
[213] BGH II ZR 87/90, AG 1991, 398; *Hüffer/Koch* AktG § 107 Rn. 27.
[214] *Lutter/Krieger/Verse* Rn. 745.

D. Innere Ordnung des Aufsichtsrats 176–179 § 7

und ein viertes Mitglied, die jeweils getrennt durch die Anteilseignervertreter und Arbeitnehmervertreter im Aufsichtsrat gewählt werden. Zwar fungiert der Aufsichtsratsvorsitzende regelmäßig auch als Vorsitzender des Vermittlungsausschusses, besitzt jedoch dort (abweichend von § 29 Abs. 2 MitbestG) kein Zweitstimmrecht.

3. Bildung, Besetzung und Überwachung

Die Bildung von Ausschüssen fällt in die Organisationsfreiheit des Aufsichtsrats **176** (§ 107 Abs. 3 Satz 1 AktG), der hierüber autonom – und frei von Vorgaben der Satzung – entscheidet (einmal abgesehen von der Bildung des Vermittlungsausschusses nach § 27 Abs. 3 MitbestG).[215]

Bei der Festlegung der Größe der zu bildenden Ausschüsse ist der Aufsichtsrat **177** gleichfalls nicht an Vorgaben gebunden. Semantisch ergibt sich aus dem Begriff „Ausschuss" (= Gremium) jedoch, dass im Ausschuss eine Personenmehrzahl zusammenwirken muss. Dabei wird man für beschließende Ausschüsse in Anlehnung an § 108 Abs. 2 Satz 3 AktG ein Mindestquorum von drei Mitgliedern fordern müssen.[216] Im Übrigen (insb. bei lediglich vorbereitenden Ausschüssen) dürfte ein Zwei-Personen-Gremium genügen.

Die Arbeit der Ausschüsse untersteht der **Überwachung** durch das Aufsichtsratsplenum, dem zu diesem Zweck regelmäßig aus den Ausschüssen zu berichten ist (§ 107 Abs. 3 Satz 3 AktG).

Bei der personellen Besetzung des Aufsichtsrats besteht kein Paritätsgebot dergestalt, dass die Verhältnisse (insb. in mitbestimmten Aufsichtsräten) auf Ebene **178** der Ausschüsse zwingend abgebildet werden müssten.[217] Es ist ja gerade Zweck der Ausschüsse, effizienzsteigernd zu wirken, so dass bei der Auswahl der Ausschussmitglieder in erster Linie nach der **Befähigung** der Personen im Hinblick auf die **spezifische Aufgabenstellung** des Ausschusses differenziert werden muss (Eignungsprinzip).[218] Allerdings wird im mitbestimmungsrelevanten Bereich der völlige Ausschluss einer Gruppe immer eines sachlichen Grunds bedürfen.[219]

Da jedes Aufsichtsratsmitglied zwar über gewisse Mindestfähigkeiten bei Amts- **179** antritt verfügen oder sich dringend danach aneignen muss, der Erfolg der Überwachungsarbeit jedoch ganz entscheidend davon abhängt, dass Fachleute unterschiedlicher Disziplinen zusammenwirken,[220] spricht viel dafür, für die Überwachung im Zusammenhang mit Aufgaben besonderer Tragweite gem. § 107 Abs. 3 Satz 1 AktG sog. **Ad-hoc-Ausschüsse** zu bilden,[221] denen die Mitglieder angehören, denen eine eigenständige Risikoanalyse auf Grund ihrer Ausbildung und/oder Erfahrung nicht schwer fällt.

Ziff. 5.3.2 Satz 3 DCGK empfiehlt, dass der Ausschussvorsitzende unabhängig und kein ehemaliges Vorstandsmitglied der Gesellschaft sein soll, dessen Bestellung vor weniger als 2 Jahren endete (vgl. Rn. 130).

---

[215] *Lutter/Krieger/Verse* Rn. 761.
[216] *Hüffer/Koch* AktG § 107 Rn. 21; MHdB GesR IV/*Hoffmann-Becking* § 32 Rn. 36.
[217] Vgl. BGH II ZR 89/92, BGHZ 122, 342; OLG München AG 1995, 466 (467).
[218] Vgl. auch *Kirsten* BB 2004, 173 (174).
[219] MHdB GesR IV/*Hoffmann-Becking* § 32 Rn. 39 f.
[220] *Lutter* DB 2009, 775 (779).
[221] *Hasselbach* NZG 2012, 41 (45 f.); *Hasselbach/Seibel* AG 2012, 114.

4. Innere Ordnung

180 Die gesetzlichen **Verfahrensvorschriften** für Aufsichtsratsausschüsse sind rudimentär: § 109 AktG enthält lediglich einzelne Regelungen zur Sitzungsteilnahme; § 108 Abs. 3 und Abs. 4 AktG erstrecken die aufsichtsratsspezifischen Abstimmungsregelungen auf Ausschüsse. Anders als die Bildung und Besetzung der Ausschüsse, über die der Aufsichtsrat autonom entscheidet, kann das Ausschussverfahren jedoch in der Satzung geregelt werden.[222] In Ermangelung übergeordneter Satzungsregelungen und mangels einer vom Gesamtaufsichtsrat beschlossenen Geschäftsordnung kann sich der jeweilige Ausschuss auch selbst eine innere Ordnung geben. Im Übrigen kommen die Bestimmungen für die innere Ordnung des Gesamtaufsichtsrats als Auffangregelungen zur Anwendung.[223]

181 Hat der Ausschuss einen **Vorsitzenden**, so hat dieser die üblichen sitzungsleitenden Befugnisse. Dabei obliegt die Entscheidung über die Besetzung der Position der Ausschussvorsitzenden (abgesehen von Fällen des § 27 Abs. 3 MitbestG) dem Aufsichtsratsplenum oder – wenn der Aufsichtsrat selbst nicht tätig wird – dem Ausschuss.[224] Ihm kann zugleich ein Zweitstimmrecht zur Auflösung von Pattsituationen verliehen werden. Dabei soll es nicht gegen die Autonomie des Aufsichtsrats verstoßen, wenn dieses Zweitstimmrecht außerhalb der Geschäftsordnung des Aufsichtsrats durch die Satzung der AG begründet wird.[225]

E. Begründung und Beendigung des Aufsichtsratsmandats

I. Bestellung

1. Persönliche Voraussetzungen

200 § 100 AktG nennt die gesetzlichen Voraussetzungen für die Mitgliedschaft im Aufsichtsrat. Positiv vorgeschrieben ist lediglich, dass es sich bei den Aufsichtsratsmitgliedern um **natürliche, unbeschränkt geschäftsfähige Personen** handeln muss (§ 100 Abs. 1 AktG). Eine besondere Sachkunde des Aufsichtsratsmitglieds muss nicht nachgewiesen sein.[226] Bis auf die mit dem BilMoG eingefügte und durch das AReG 2016 modifizierte Ausnahme des § 100 Abs. 5 AktG hat der Gesetzgeber keine fachlichen Anforderungen kodifiziert. Auch die aufsichtsrechtlichen Anforderungen wie etwa § 36 Abs. 3 KWG[227] können nicht verallgemeinert werden.[228]

Der persönliche Anwendungsbereich der Ausnahme des § 100 Abs. 5 AktG beschränkt sich auf kapitalmarktorientierte Gesellschaften und findet für Mitglieder, die nach dem 29.5.2009 bestellt wurden, zwingend Anwendung.[229] Hiernach muss mindestens ein Mitglied des Aufsichtsrates über Sachverstand auf den Gebieten

---

[222] BGH II ZR 123/81, BGHZ 83, 106 (118 f.).
[223] *Lutter/Krieger/Verse* Rn. 770.
[224] MHdB GesR IV/*Hoffmann-Becking* § 32 Rn. 26.
[225] BGH II ZR 123/81, BGHZ 83, 106 (118 f.); *Hüffer/Koch* AktG § 107 Rn. 32.
[226] *Hüffer/Koch* AktG § 100 Rn. 2.
[227] Übersicht *Leyens/Schmidt* AG 2013, 533.
[228] *Hüffer/Koch* AktG § 100 Rn. 2.
[229] § 12 Abs. 4 EGAktG.

E. Begründung und Beendigung des Aufsichtsratsmandats

Rechnungslegung oder Abschlussprüfung verfügen.[230] Mindestens ein Mitglied sollte in der Lage sein, den Jahresabschluss kritisch beurteilen zu können.[231] Das in § 100 Abs. 5 AktG a. F. vorgesehene Merkmal der Unabhängigkeit hat die Norm mittlerweile im Hinblick auf die erwähnte Einbindungsmöglichkeit von Arbeitnehmervertretern eingebüßt.[232] Freilich empfiehlt auch der Deutsche Corporate Governance Kodex in Ziff. 5.4.1, Vorschläge zur Wahl von Aufsichtsratsmitgliedern börsennotierter Gesellschaften an deren Kenntnissen, Fähigkeiten, fachlichen Erfahrungen und Unabhängigkeit sowie einer festzulegenden Altersgrenze zu orientieren, sodass die Aufsichtsratsmitglieder über die zur ordnungsgemäßen Wahrnehmung der Aufgaben nötige Sachkunde verfügen.[233] Die konkreten Anforderungen an diese Fähigkeiten und Erfahrungen werden in der Literatur sehr unterschiedlich beurteilt.[234] Jedenfalls zeigt sich, dass erheblich wachsende Ansprüche an die Qualität der Tätigkeit von Aufsichtsräten gestellt werden,[235] die mit einer wachsenden Gefahr der Inanspruchnahme bei Pflichtverletzung einhergehen.[236] Kein Aufsichtsratsmitglied soll einer Maßnahme des Vorstandes zustimmen dürfen, deren Risiken und Wirkungen es nicht versteht.[237] Mit dem Gesetz zur Stärkung der Finanzmarkt- und Versicherungsaufsicht vom 29.7.2009 hat die Anforderung, dass Aufsichtsräte zuverlässig sein und Sachkunde besitzen müssen, Eingang in den bereits angesprochenen § 36 Abs. 3 Satz 1 KWG und damit in die Finanzwirtschaft gefunden.[238] Seit Juni 2016 sieht § 100 Abs. 5 Hs. 2 AktG mittlerweile vor, dass hinsichtlich Unternehmen von öffentlichem Interesse der Aufsichtsrat in seiner Gesamtheit über Sektorenkenntnis verfügen muss.[239]

Die Bestellung ist nicht von Nationalität, Wohnsitz oder Sprache abhängig.[240]

Im Anwendungsbereich der Mitbestimmungsgesetze gelten einige zusätzliche persönliche Voraussetzungen für die Wählbarkeit der Arbeitnehmervertreter.[241]

Seit jeher ist umstritten, ob die gleichzeitige Zugehörigkeit eines Aufsichtsratsmitglieds zu den Organen konkurrierender Unternehmen zulässig ist.[242] Ziffer 5.4.2. des Deutschen Corporate Governance Kodex empfiehlt, dass Aufsichtsratsmitglieder keine Organfunktion oder Beratungsaufgaben bei wesentlichen Wettbewerbern des Unternehmens ausüben sollen. Nach einer Entscheidung des

---

[230] *Bihr/Philippsen* DStR 2011, 1133; Allmendinger/Dorn/Lang/Lumpp/Steffek/*Dillmann* Corporate Governance nach der Finanz- und Wirtschaftskrise S. 157.
[231] OLG München 23 U 5517/09, NZG 2010, 784; *Knapp* DStR 2011, 177 (179).
[232] *Nodoushani* AG 2016, 379 (383).
[233] Grundei/Zaumseil/*Gahlen* Der Aufsichtsrat im System der Corporate Governance S. 230.
[234] Vgl. nur die Beiträge von *Lutter* ZIP 2003, 417 sowie *Sünner* ZIP 2003, 834.
[235] Grundei/Zaumseil/*Leube* Der Aufsichtsrat im System der Corporate Governance S. 205 ff.
[236] OLG Stuttgart 20 U 3/11, BeckRS 2012, 05280; *Hoffmann* AG 2012, 478; zu Einzel- und Gesamtqualifikation des Aufsichtsrates auch *Dreher* in FS Hoffmann-Becking 2013, S. 313 ff.
[237] BGH II ZR 111/12, ZIP 2012, 2438.
[238] *Brand/Gieseler* NZG 2012, 1321.
[239] *Nodoushani* AG 2016, 381 (384 ff.); *Wettich* AG 2017, 60 (62).
[240] *Wasse* AG 2011, 685.
[241] Betroffen sind Fragen wie Unternehmenszugehörigkeit oder Zugehörigkeit zu bestimmten Belegschaftsgruppen (vgl. etwa § 76 Abs. 2 BetrVG 1952, § 15 Abs. 2 MitbestG).
[242] Bejahend MHdB GesR IV/*Hoffmann-Becking* § 30 Rn. 6 mwN; verneinend: *Lutter* ZHR 1995, 287 (303).

OLG Schleswig kann das Vorstandmitglied eines Unternehmens jedoch grundsätzlich Aufsichtsratsmitglied eines konkurrierenden Unternehmens werden. Etwas anderes ergebe sich nur, wenn die Konkurrenzsituation dauerhaft die gesamte Tätigkeit der Unternehmen erfasse, so dass er als Aufsichtsratsmitglied aufgrund der Pflichtenkollision gehindert sei, sein Amt überhaupt wahrzunehmen.[243]

202 Der Schwerpunkt der gesetzlichen Regelung liegt in der Festschreibung eines Katalogs von **Hinderungsgründen** nach § 100 Abs. 2 AktG:

– Nach § 100 Abs. 2 Satz 1 Nr. 1 AktG ist die Übernahme eines Aufsichtsratsmandats verboten, soweit das Mitglied bereits zehn Aufsichtsratsmandate in (inländischen) Handelsgesellschaften mit obligatorischem Aufsichtsrat wahrnimmt. Gemäß Ziff. 5.4.5 DCGK sollte jedes Aufsichtsratsmitglied darauf achten, dass ihm für die Wahrnehmung der Mandate genügend Zeit zur Verfügung steht. Wer dem Vorstand einer börsennotierten Gesellschaft angehört, soll insgesamt nicht mehr als drei Aufsichtsratsmandate in konzernexternen börsennotierten Gesellschaften oder in Aufsichtsgremien von konzernexternen Gesellschaften wahrnehmen, die vergleichbare Anforderungen stellen.[244] Mit der Berücksichtigung von Mitgliedschaften in vergleichbaren Gremien gibt der Kodex die formale Orientierung an feststehenden Rechtsbegriffen auf und etabliert einen materiellen Standard. Entscheidend ist nicht mehr die Bezeichnung eines wahrgenommenen Mandats, sondern die damit verbundene Belastung.[245] Anrechnungsfrei sind mithin alle Mandate in freiwillig gebildeten Aufsichtsräten, Aufsichtsratsmandate in ausländischen Gesellschaften,[246] ferner Aufsichtsratsmandate außerhalb von Handelsgesellschaften wie etwa in Genossenschaften, Stiftungen oder Versicherungsvereinen auf Gegenseitigkeit sowie Mandate in funktionsverwandten Gremien ausländischer Unternehmen.[247] Eine Lockerung erfährt die Festschreibung der Höchstzahl von (Pflicht-) Aufsichtsratsmandaten durch das **sog. Konzernprivileg** (§ 102 Abs. 2 Satz 2 AktG). Danach bleiben bis zu fünf Aufsichtsratsmandate anrechnungsfrei, sofern sie innerhalb eines Konzerns von den gesetzlichen Vertretern des herrschenden Unternehmens in konzernangehörigen Handelsgesellschaften wahrgenommen werden, die ihrerseits aufsichtsratspflichtig sind. Das Konzernprivileg gilt ausschließlich zugunsten der gesetzlichen Vertreter der Konzernspitze (Vorstand, Geschäftsführer), nicht dagegen zugunsten der dortigen Aufsichtsratsmitglieder. Eine Verschärfung der Höchstzahlregelung ergibt sich hingegen nach § 100 Abs. 2 Satz 3 AktG, wonach der Aufsichtsratsvorsitz auf die zulässige Höchstzahl doppelt angerechnet wird.

– § 100 Abs. 2 Satz 1 Nr. 2 AktG verbietet die Wahrnehmung von Aufsichtsratsmandaten durch **gesetzliche Vertreter nachgeordneter Konzernunternehmen** (also deren Vorstände oder Geschäftsführer). Die Wahrnehmung der Kontroll- und Überwachungsbefugnisse in der Konzernspitze widerspräche dem „natürlichen Organisationsgefälle" im Konzern.[248] Das Verbot erstreckt

---

[243] OLG Schleswig 2 W 46/04, ZIP 2004, 1143 (1144); ablehnend *Lutter/Kirschbaum* ZIP 2005, 103 (104).
[244] 5.4.5 DCKG in der Fassung vom 7.2.2017.
[245] *Jaspers* AG 2011, 154 (157 f.).
[246] *Hüffer/Koch* AktG § 100 Rn. 10; *Jaspers* AG 2011, 154 (155 f.).
[247] *Hüffer/Koch* AktG § 100 Rn. 9 f.
[248] Ausschussbericht zu § 100 AktG, abgedr. bei *Kropff* AktG S. 136.

sich nach ganz überwiegender Meinung auch auf die vertretungsberechtigten Organe ausländischer abhängiger Gesellschaften.[249]
– Verboten ist schließlich nach § 100 Abs. 2 Satz 1 Nr. 3 AktG die **Überkreuzverflechtung**. Sie liegt vor, wenn das Aufsichtsratsmitglied zugleich gesetzlicher Vertreter einer Gesellschaft ist, deren obligatorischem (oder fakultativem)[250] Aufsichtsrat ein Vorstandsmitglied der AG angehört, bei der nunmehr der Aufsichtsrat zu bilden ist („keine Überwachung durch Überwachte").
– Letztlich kann bei börsennotierten Aktiengesellschaften zum Mitglied ihres Aufsichtsrates gem. § 100 Abs. 2 Satz 1 Nr. 4 AktG grundsätzlich nicht bestellt werden, wer ihrem Vorstand in den letzten zwei Jahren als Mitglied angehört hat. Vorgenommene Bestellungen nach altem Recht bleiben jedoch gültig.[251] Dies soll gewährleisten, dass ehemalige Vorstandsmitglieder nicht über den Aufsichtsrat sachwidrigen Einfluss auf andere Leistungsorgane ausüben.[252] Die Wahl kann jedoch unter aufschiebender Befristung schon vorher erfolgen.[253] Die Karenzzeit entfällt auch bei börsennotierten Aktiengesellschaften, wenn die Wahl auf Vorschlag von Aktionären erfolgt, die einzeln oder zusammen mehr als 25% Stimmrechte halten.[254]

Von § 100 Abs. 2 Satz 1 Nr. 4 unberührt bleibt auch die Empfehlung in Ziff. 5.4.2 Satz 3, wonach dem Aufsichtsrat nicht mehr als zwei ehemalige Vorstandsmitglieder angehören sollen. Ziff. 5.4.4 Satz 2 spricht ausdrücklich die Außerkraftsetzung des Bestellungshindernisses durch qualifizierten Wahlvorschlag an und empfiehlt, dass der Wechsel in den Aufsichtsratsvorsitz eine der Hauptversammlung zu begründende Ausnahme sein soll (vgl. auch Rn. 130).

Erst recht ausgeschlossen ist die **Doppelmitgliedschaft in Aufsichtsrat und Vorstand** derselben Gesellschaft (§ 105 Abs. 1 AktG). Dies gilt grds. auch für **Prokuristen** (mit einer Einschränkung nach § 6 Abs. 2 Satz 1 MitbestG) und für Personen, die eine **Generalhandlungsvollmacht** iSv § 54 Abs. 1 Alt. 1 HGB innehaben. Ein Verbot, Angehörige eines Vorstandsmitglieds oder aber Personen mit wirtschaftlichem Interesse an der Gesellschaft (wie etwa Lieferanten, Kunden oder Konkurrenten) in den Aufsichtsrat aufzunehmen, besteht hingegen nicht.

In dem von § 100 Abs. 4 AktG gesteckten Rahmen können schließlich persönliche Voraussetzungen für die Aufsichtsratsmitgliedschaft durch die Satzung definiert werden. Die **Satzungsautonomie** erstreckt sich freilich nur auf Aufsichtsratsmitglieder, die durch die Hauptversammlung gewählt oder entsandt werden.

Bei der satzungsmäßigen Bestimmung der persönlichen Voraussetzungen für die Aufsichtsratsmitglieder der Aktionäre ist zwischen dem **Wahl-** und dem **Entsen-**

---

[249] Kölner Komm. *Mertens/Cahn* § 100 Rn. 33 mwN. Einschränkend *Engert/Herschlein* NZG 2004, 459, die § 100 Abs. 2 Satz 1 Nr. 2 AktG nicht auf den non-executive director einer ausländischen Tochtergesellschaft anwenden wollen, da dieser nicht gesetzlicher Vertreter iSd Vorschrift sei.
[250] Streitig wie hier MHdB GesR IV/*Hoffmann-Becking* § 30 Rn. 21; nunmehr auch *Hüffer/Koch* AktG § 100 Rn. 14 f.
[251] § 23 II EGAktG; *Bosse* BB 2009, 1650 (1652 f.).
[252] AusschussB BT-Drs. 16/13433, 11; zu Vor- und Nachteilen der sog. Cooling-off-Periode *Velte* WM 2012, 537; kritisch wegen der im Vorstand gewonnenen Qualifikation des potenziellen Aufsichtsratsmitglieds und für eine anwendungsoffene Anwendung von § 100 Abs. 2 Satz 1 Nr. 4 *Sünner* 2010, 111 (113 ff.); *Hüffer* ZIP 2006, 637 (642 f.).
[253] *Ihrig* in FS Hoffmann-Becking 2013, S. 617, 625; *E. Vetter* in FS Maier-Reimer 2010, S. 795, 805.
[254] *Hüffer/Koch* AktG § 100 Rn. 17; *Bungert* DB 2012, 2617.

dungsmodus zu unterscheiden. Bei der Festschreibung von Wählbarkeitsvoraussetzungen gelten erheblich größere Restriktionen, weil anderenfalls die Gefahr bestünde, dass eine zu enge Handhabung faktisch wie eine Entsendung wirken würde – etwa wenn die Zugehörigkeit zu einer bestimmten Familie zur Wählbarkeitsvoraussetzung erhoben würde.[255] Zulässig – auch hinsichtlich des Wahlmodus – ist die Beschränkung auf deutsche Staatsangehörige oder auf Aktionäre der Gesellschaft.[256]

Ein Verstoß gegen die gesetzlichen Anforderungen des § 100 Abs. 2 oder 3 AktG, der bis zum Beginn der Amtszeit nicht ausgeräumt ist, führt gem. § 250 Abs. 1 Nr. 4 AktG zur Nichtigkeit des Wahlbeschlusses. Eine Heilung nach § 242 AktG kommt nicht in Betracht. Fehlt es an persönlichen Voraussetzungen bereits zum Zeitpunkt der Wahl, kann das Defizit noch bis zum Beginn der Amtszeit behoben werden. Verstöße gegen § 100 Abs. 5 bleiben bei der Aufsichtsratswahl, auch in alleiniger Zuständigkeit der Hauptversammlung, ohne beschlussrechtliche Folgen, weil die Verfehlung der für das Gesamtorgan geltenden Organisationsanforderungen nicht auf die Wahl der einzelnen Aufsichtsratsmitglieder durchschlägt.[257]

Stellt sich das Fehlen der Voraussetzungen nach § 100 Abs. 1 oder 2 AktG erst während der Amtszeit ein, plädiert die herrschende Meinung für ein automatisches, das heißt ohne Amtsniederlegung erfolgendes, ex-nunc-Erlöschen des Aufsichtsratsmandat.

2. Wahl durch die Hauptversammlung

205 Die Wahl durch Hauptversammlungsbeschluss ist das **Regelverfahren** zur Bestellung von **Aufsichtsratsmitgliedern der Aktionäre** (§ 101 Abs. 1 AktG). Deren Bestellung ist dem Votum der Hauptversammlung nur entzogen, soweit in der Satzung Entsendungsrechte nach § 101 Abs. 2 AktG begründet sind (Rn. 208 f.).

Ausnahmsweise – nämlich im Anwendungsbereich der §§ 6 und 8 Montan-MitbestG – ist der Hauptversammlung auch die Wahlkompetenz für **Aufsichtsratsmitglieder der Arbeitnehmer** zugewiesen; dort besteht freilich eine Bindung an Wahlvorschläge. Im Übrigen werden die Aufsichtsratsmitglieder der Arbeitnehmer aufgrund der einzelnen Mitbestimmungsgesetze und den zugehörigen Wahlordnungen entweder unmittelbar durch die Arbeitnehmer oder von deren Delegierten gewählt. Die nachfolgende Darstellung erstreckt sich ausschließlich auf die Bestellungsformen des AktG.

206 In der **Bekanntmachung der Tagesordnung** für die Hauptversammlung zur Wahl der Aufsichtsratsmitglieder ist anzugeben, nach welchen gesetzlichen Vorschriften der Aufsichtsrat zusammengesetzt ist und ob eine Bindung an Wahlvorschläge besteht (§ 124 Abs. 2 Satz 1 AktG).[258] Zudem muss die Bekanntmachung entsprechende **Wahlvorschläge des Aufsichtsrats** (nicht des Vorstands) enthalten (§ 124 Abs. 3 Satz 1 AktG), auch wenn diese Vorschläge nicht bindend sind. Die geforderten Wahlvorschläge macht der Aufsichtsrat aufgrund von Beschlüssen, die lediglich der Mehrheit der Stimmen der Aufsichtsratsmitglieder der Aktionäre bedürfen (§ 124 Abs. 3 Satz 4 AktG).

207 Das Wahlverfahren selbst folgt dem **Mehrheitswahlprinzip**. Grundsätzlich (soweit die Satzung keine qualifizierte Mehrheit vorschreibt) genügt die einfache

---

[255] *Hüffer/Koch* AktG § 100 Rn. 20; Kölner Komm. AktG/*Mertens/Cahn* § 100 Rn. 46; MünchKomm. AktG/Bd. 2/*Habersack* § 100 Rn. 54; aA *Lutter/Krieger/Verse* Rn. 23.
[256] MHdB GesR IV/*Hoffmann-Becking* § 30 Rn. 33.
[257] *Gesell* ZGR 2011, 361 (393 f.).
[258] *Seibt/Scholz* AG 2016, 739 (740).

Mehrheit der abgegebenen Stimmen (§ 133 AktG). Dabei muss nicht über jeden Aufsichtsratssitz gesondert abgestimmt werden; nach herrschender und im Grundsatz allgemein anerkannter Auffassung[259] kann vielmehr eine sog. **Global- oder Listenwahl** in der Weise erfolgen, dass einheitlich über die gesamte Vorschlagsliste für die zu besetzenden Aufsichtsratssitze abgestimmt wird.[260] Die Listenwahl ist jedenfalls dann unbedenklich, wenn der Versammlungsleiter vor Abstimmung darauf hinweist, dass Aktionäre, die auch nur einen einzigen Personalvorschlag ablehnen, die Liste insgesamt ablehnen müssen.[261] Gegen die verfahrensleitende Anordnung des Versammlungsleiters kann eine Einzelabstimmung (anstelle der Listenwahl) nur durch Hauptversammlungsbeschluss erzwungen werden.[262] Ziff. 5.4.3 des Deutschen Corporate Governance Kodex empfiehlt, bei börsennotierten Gesellschaften die Wahlen zum Aufsichtsrat als Einzelwahl durchzuführen.

Der BGH stellte klar, dass die Zurechnung von Stimmrechten nach § 30 Abs. 2 Satz 1 WpÜG nur solche Vereinbarungen erfasst, die sich auf die Ausübung von Stimmrechten aus Aktien der Zielgesellschaft, dh nur die Stimmrechtsausübung in der Hauptversammlung beziehen. Anders als die Wahl der Aufsichtsratsmitglieder erfüllt die Wahl des Aufsichtsratsvorsitzenden aus der Mitte des Aufsichtsrates nicht den Zurechnungstatbestand des § 30 Abs. 2 Satz 1 WpÜG. Einer Anwendung dieser Norm auf Abstimmungsvorgänge innerhalb des Aufsichtsrats steht die unabhängige Rechtsstellung der Aufsichtsratsmitglieder entgegen, die allein dem Unternehmensinteresse verpflichtet sind und im Rahmen der ihnen persönlich obliegenden Amtsführung keinen Weisungen unterliegen.[263]

Jedem Aktionär steht frei, **Gegenvorschläge** zu den Personalvorschlägen des Aufsichtsrats zu machen. Über solche Vorschläge ist unter den Voraussetzungen des § 137 AktG vorab zu entscheiden; ansonsten steht die Reihenfolge der Abstimmung im Ermessen des Versammlungsleiters.

Wirksam wird die Wahl eines Aufsichtsratsmitglieds erst durch die **Annahme des Mandats**. Die Annahmeerklärung kann entweder in der Hauptversammlung gegenüber dem Versammlungsleiter oder nachträglich durch entsprechende Erklärung gegenüber dem Vorstand erfolgen.[264] Auch die stillschweigende Aufnahme der Aufsichtsratstätigkeit gilt als Annahme der Wahl.[265]

3. Entsendung kraft Sonderrechts

Anstelle der Wahl durch die Hauptversammlung kann die Bestellung von **bis zu einem Drittel** der Aufsichtsratsmitglieder der Aktionäre aufgrund von Entsendungsrechten erfolgen (§ 101 Abs. 2 AktG).[266] Entsprechende Entsendungsrechte sind Sonderrechte iSv § 35 BGB, die nur durch die Satzung verliehen,[267] dem Be-

---

[259] BGH II ZR 185/07, NJW 2009, 2207.
[260] MHdB GesR IV/*Hoffmann-Becking* § 30 Rn. 42; aA Großkomm. AktG/*Hopf/Roth* § 101 Rn. 44 ff.; Kölner Komm./*Mertens/Cahn* § 101 Rn. 16
[261] *Hüffer/Koch* AktG § 101 Rn. 7.
[262] So auch MHdB GesR IV/*Hoffmann-Becking* § 30 Rn. 43.
[263] BGH II ZR 137/05, NZG 2006, 945. So auch *Saenger/Kessler* ZIP 2006, 837 (840); *Casper/Bracht* NZG 2005, 839 (840 f.). Anders noch OLG München 7 U 279/04, NZG 2005, 848 (849).
[264] Kölner Komm. *Mertens/Cahn* § 101 Rn. 36.
[265] MHdB GesR IV/*Hoffmann-Becking* § 30 Rn. 46.
[266] Zu den Möglichkeiten und Grenzen von Stimmbindungsvereinbarungen über die satzungsmäßige Begründung von Entsendungsrechten vgl. *Bausch* NZG 2007, 574.
[267] Das gilt auch in der mitbestimmten AG, OLG Hamm 8 U 222/07, ZIP 2008, 1530.

rechtigten aber nicht ohne seine Zustimmung wieder entzogen werden können. Entsendungsrechte können entweder als **höchstpersönliche, nicht übertragbare Entsendungsrechte** (§ 101 Abs. 1 Satz 1 1. Fall AktG) oder als übertragbare, an bestimmte Aktien gebundene **Inhaberentsendungsrechte** (§ 101 Abs. 2 Satz 1 2. Fall AktG) ausgestaltet werden. Inhaberentsendungsrechte müssen zwingend an vinkulierte Namensaktien gebunden sein (§ 101 Abs. 2 Satz 2 AktG).

212 Das Entsendungsrecht wird durch **Benennung** des jeweiligen Aufsichtsratsmitglieds gegenüber dem Vorstand der AG ausgeübt. Wirksam wird die Bestellung auch hier erst durch Annahme des Mandats. Das entsandte Aufsichtsratsmitglied unterliegt **keinen Weisungen** des Entsendungsberechtigten.[268] Eine faktische Abhängigkeit besteht gleichwohl, weil das entsandte Aufsichtsratsmitglied von dem Entsendungsberechtigten **jederzeit abberufen** werden kann (§ 103 Abs. 2 AktG).

4. Bestellung von Ersatzmitgliedern

213 § 101 Abs. 3 Satz 1 AktG schließt die Stellvertretung von Aufsichtsratsmitgliedern explizit aus. Zulässig ist hingegen die Bestellung von Ersatzmitgliedern, die **bei Wegfall** (nicht: vorübergehender Verhinderung) eines Aufsichtsratsmitglieds an dessen Stelle für den Rest seiner Amtszeit in den Aufsichtsrat einrücken (§ 101 Abs. 3 Satz 2 AktG). Die Bestellung solcher Ersatzmitglieder hat gleichzeitig mit der Bestellung des Aufsichtsratsmitglieds zu erfolgen, für das es nachrücken soll. Dabei müssen die Modalitäten bei der Bestellung des Ersatzmitglieds denjenigen für die Bestellung des Aufsichtsratsmitglieds entsprechen (§ 103 Abs. 3 Satz 4 AktG). Das heißt: Das Ersatzmitglied für ein Aufsichtsratsmitglied der Aktionäre muss – ebenso wie dieses – entweder gewählt oder entsandt worden sein; das Ersatzmitglied eines Aufsichtsratsmitglieds der Arbeitnehmer muss nach den mitbestimmungsrechtlichen Bestimmungen gewählt werden (unter Beachtung der Sonderregelungen in § 17 MitbestG).

214 Der Wortlaut von § 101 Abs. 3 Satz 2 AktG erweckt den Eindruck, als könne immer nur ein bestimmtes Ersatzmitglied zum Nachrücker eines bestimmten Aufsichtsratsmitglieds bestimmt werden. Es ist jedoch eine **flexiblere Handhabung** möglich: So kann ein Ersatzmitglied gleichzeitig für mehrere bestimmte Aufsichtsratsmitglieder bestellt werden, sofern sie alle derselben Gruppe von Aufsichtsratsmitgliedern angehören.[269] Auch können mehrere Ersatzmitglieder für ein und dasselbe Aufsichtsratsmitglied bestellt werden, sofern die Reihenfolge des Nachrückens festgelegt ist.[270] Zudem besteht die Möglichkeit, Ersatzmitglieder im Wege der Global- oder Listenwahl zu bestellen – dies mit der Maßgabe, dass die Ersatzmitglieder entsprechend ihrer Reihenfolge auf der Liste nach Ausscheiden eines Aufsichtsratsmitglieds nachrücken.[271]

215 Durch die **Annahme der Wahl** erklärt sich das Ersatzmitglied zugleich mit dem bedingten Nachrücken in den Aufsichtsrat einverstanden. Die Aufsichtsratsmitgliedschaft kommt damit automatisch zustande, wenn das originäre Aufsichtsratsmitglied vor Ablauf seiner Amtszeit ausscheidet, ohne dass eigens ein Nachfolger bestellt worden ist. In diesem Fall bleibt das Ersatzmitglied bis zum Ablauf der Amtszeit des weggefallenen Aufsichtsratsmitglieds im Amt.

---

[268] BGH II ZR 1/61, BGHZ 36, 296 (306).
[269] *Hüffer/Koch* AktG § 101 Rn. 17.
[270] BGH II ZR 18/86, NJW 1987, 902; *Hüffer/Koch* AktG § 101 Rn. 18.
[271] MHdB GesR IV/*Hoffmann-Becking* § 30 Rn. 55.

5. Gerichtliche Bestellung

Bei Unterbesetzung des Aufsichtsrats kommt die gerichtliche Bestellung fehlender Aufsichtsratsmitglieder nach § 104 AktG in Betracht. Gründe der gerichtlichen Bestellung sind
- Beschlussunfähigkeit des Aufsichtsrats (§ 104 Abs. 1 AktG),[272]
- Unterschreitung der (gesetzlich oder satzungsmäßig) vorgeschriebenen Mitgliederzahl für einen Zeitraum von mehr als drei Monaten (§ 104 Abs. 2 AktG) oder
- unvollständige Besetzung eines paritätisch mitbestimmten Aufsichtsrats (§ 104 Abs. 3 AktG).

216

Praktisch bedeutsam ist die gerichtliche Bestellung vor allem bei der Unterbesetzung von Aufsichtsräten, die der **Mitbestimmung** unterliegen (ausgenommen Mitbestimmung nach DrittelbG). Die in der Unterbesetzung liegende Störung der Parität in der Aufsichtsratsbesetzung wird vom Gesetzgeber als **dringender Fall** gewertet, der die Ergänzung des Aufsichtsrats bereits vor Eintritt einer dreimonatigen Vakanz iSd § 104 Abs. 2 Satz 1 AktG rechtfertigt (§ 104 Abs. 3 Nr. 2 AktG).[273]

217

Über die Ergänzung des Aufsichtsrats entscheidet das Amtsgericht des Gesellschaftssitzes auf **Antrag** des Vorstands, eines Aufsichtsratsmitglieds oder eines Aktionärs (§ 104 Abs. 1 Satz 1 AktG). Bei Beschlussunfähigkeit des Aufsichtsrats ist der Vorstand nach Maßgabe von § 104 Abs. 1 Satz 2 AktG zur Antragstellung verpflichtet. Für mitbestimmte Gesellschaften wird der Kreis der Antragsberechtigten durch § 104 Abs. 1 Satz 3 AktG auf die dort genannten Betriebsräte, Arbeitnehmerquoren, Spitzenorganisationen[274] und Gewerkschaften erweitert. Eine weitere Ausdehnung der Antragsberechtigung ergibt sich aus § 104 Abs. 1 Satz 4 AktG, der zwecks Wahrung der Gruppenparität iSd MitbestG auch einzelnen Arbeitnehmergruppen eine Antragsbefugnis zuweist.

218

Mit dem Antrag auf gerichtliche Ergänzung wird regelmäßig ein **Personalvorschlag** verbunden. An diesen Vorschlag ist das Gericht zwar grds. nicht gebunden, es soll nach § 104 Abs. 4 Satz 4 AktG jedoch Wahlvorschläge von Spitzenorganisationen, Gewerkschaften oder Betriebsräten berücksichtigen, soweit die genannten Organisationen bei der Wahl des zu ersetzenden Aufsichtsratsmitglieds nach den mitbestimmungsrechtlichen Sonderbestimmungen ein Vorschlagsrecht hätten. Die Ausübung des pflichtgemäßen Ermessens ist am Unternehmensinteresse der betroffenen Gesellschaft auszurichten.[275]

Das Amt eines gerichtlich bestellten Aufsichtsratsmitglieds endet automatisch, sobald der zugrunde liegende Mangel (die fehlende Beschlussfähigkeit, die sonstige Unterbesetzung) entfallen ist (§ 104 Abs. 5 AktG). In dem Bestellungsbeschluss kann das Gericht auch eine kürzere **Amtszeit** festlegen, insbesondere durch Befristung

219

---

[272] OLG Düsseldorf 3 Wx 3/10, NZG 2010, 313; für gerichtliche Aufsichtsratsergänzung bei Beschlussboykott *Reichard* AG 2012, 359; *Hüffer/Koch* AktG § 104 Rn. 2.

[273] Ausführlich zu Aufsichtsratsneuwahlen und Ersatzbestellung von Aufsichtsratsmitgliedern im Wechsel des Mitbestimmungsmodells: *Schnitker/Grau* NZG 2007, 486.

[274] § 104 Abs. 1 Nr. 4 AktG eigentlich gegenstandslos, da das Vorschlagsrecht für Spitzenorganisationen der Gewerkschaften im MontanMitbestG und MitbestErgG inzwischen entfallen ist; vgl. MHdB GesR IV/*Hoffmann-Becking* § 30 Rn. 63.

[275] *Kocher* NZG 2007, 372 (374), auch zu der Möglichkeit des Registergerichts während schwebender Klagen gegen die Rechtmäßigkeit der Wahl von Aufsichtsratsmitgliedern, den von der Hauptversammlung gewählten Kandidaten erneut zu bestellen.

bis zum nächsten Bestellungstermin (Hauptversammlung bei Anteilseignervertreter/nächste Belegschaftswahl bei Arbeitnehmervertreter).[276]

Der Grundsatz der Rechtssicherheit gebietet, dass der rechtskräftig gewordenen gerichtlichen Entscheidung auch dann Rechtswirksamkeit zuzusprechen ist, wenn ein vom Gericht übersehener Verstoß gegen § 100 Abs. 1 oder 2 AktG und damit ein eigentlich rechtswidriger Zustand vorliegt.

II. Amtszeit

1. Beginn

220 Die Amtszeit eines Aufsichtsratsmitglieds beginnt frühestens mit **Annahme des Mandats**.[277] Die Bestellung kann jedoch grds. auch aufschiebend befristet oder bedingt erfolgen.[278]

2. Höchstdauer

221 § 102 Abs. 1 AktG regelt die Höchstdauer der Amtszeit der einzelnen Aufsichtsratsmitglieder. Entscheidender **Stichtag** ist die Beendigung der Hauptversammlung, die über die Entlastung für das vierte Geschäftsjahr nach Beginn der Amtszeit beschließt. Hieraus ergibt sich regelmäßig eine Höchstdauer von ca. fünf Jahren, da das Geschäftsjahr, in dem die Amtszeit beginnt, nicht mitzurechnen ist (§ 102 Abs. 1 Satz 2 AktG).[279]

Eine Sonderregelung gilt für die Mitglieder des ersten Aufsichtsrats einer AG: Ihr Mandat dauert gem. § 30 Abs. 3 Satz 1 AktG längstens bis zur Beendigung der Hauptversammlung, die über die Entlastung für das erste Geschäftsjahr beschließt.

3. Einzelfälle

a) Wiederbestellung

222 Die Wiederbestellung von Aufsichtsratsmitgliedern ist grds. zulässig, problematisch ist aber die vorzeitige **Wiederwahl**. Sie ist nach herrschender Meinung nur zulässig, wenn der Rest der noch laufenden Amtszeit in die Berechnung der nach § 102 Abs. 1 AktG zulässigen Höchstdauer einbezogen wird.[280]

b) Arbeitnehmervertreter

223 Die Amtszeit der Arbeitnehmervertreter im Aufsichtsrat ist an die **gesetzliche oder durch Satzung vorgeschriebene Amtszeit** der von der Hauptversammlung zu wählenden Aufsichtsratsmitglieder gekoppelt. Das ergibt sich im Anwendungsbereich der Montanmitbestimmung unmittelbar aus der Wahlzuständigkeit der Hauptversammlung (§§ 5, 6 MontanMitbestG) und folgt im Übrigen aus § 15 Abs. 1 MitbestG, § 76 Abs. 2 Satz 1 BetrVG 1952 und § 10c Abs. 1 MitbestErgG.

---

[276] OLG Frankfurt a. M. 20 W 147/17, AG 2017, 910 = NJW-RR 2017, 1488.
[277] *Lutter/Krieger/Verse* Rn. 31; *Hüffer/Koch* AktG § 102 Rn. 3.
[278] MHdB GesR IV/*Hoffmann-Becking* § 30 Rn. 67.
[279] Zu den Rechtsfolgen, wenn das Ausscheiden eines Aufsichtsratsmitglieds durch Erlöschen des Mandats unbemerkt geblieben ist *Fortun/Knies* DB 2007, 1451.
[280] *Hüffer/Koch* AktG § 102 Rn. 6; MHdB GesR IV/*Hoffmann-Becking* § 30 Rn. 71, der für eine analoge Anwendung von § 84 Abs. 1 Satz 3 AktG eintritt.

c) Entsandte Mitglieder

Aus der gesetzlichen Möglichkeit zur jederzeitigen Abberufung entsandter Aufsichtsratsmitglieder (§ 103 Abs. 2 AktG) ist zu schließen, dass der entsendungsberechtigte Aktionär bereits bei der Entsendung die Amtszeit des Mitglieds in dem von § 102 Abs. 1 AktG vorgegebenen Rahmen **frei bestimmen** kann.[281]

d) Ersatzmitglieder

Vgl. Rn. 215.

III. Vorzeitiges Ausscheiden

1. Wegfall persönlicher Voraussetzungen

Es ist zwischen dem Wegfall gesetzlicher und satzungsmäßiger Voraussetzungen zu unterscheiden. Entfallen die persönlichen Voraussetzungen der Mitgliedschaft, die das Gesetz zwingend vorschreibt, so erlischt das Amt des Aufsichtsratsmitglieds. Das gilt namentlich, wenn nachträglich einer der gesetzlichen Hinderungsgründe (§§ 100, 105 AktG, Rn. 200 f.) eintritt. Die gleiche Wirkung tritt bei Arbeitnehmervertretern ein, wenn sie aus dem Unternehmen ausscheiden (§ 7 Abs. 2 MitbestG)[282] oder wenn im Rahmen der Konzernmitbestimmung nach § 5 Abs. 1 MitbestG das Unternehmen, bei dem der Unternehmer beschäftigt ist, aus dem Konzernverbund ausscheidet. Hingegen führt der nachträgliche Verlust einer in der Satzung bestimmten persönlichen Eigenschaft nicht unweigerlich zur Beendigung der Aufsichtsratsmitgliedschaft.[283] In diesen Fällen kann die Hauptversammlung durch eine Abberufung nach § 103 Abs. 1 AktG reagieren; ggf. kommt auch die gerichtliche Abberufung aus wichtigem Grund nach § 103 Abs. 3 AktG in Betracht.

2. Amtsniederlegung

Die Amtsniederlegung durch das Aufsichtsratsmitglied ist gesetzlich nicht geregelt, ihre Zulässigkeit aber grds. anerkannt.[284] Ihre **Wirksamkeit** ist nach herrschender Meinung nicht daran geknüpft, dass dem Aufsichtsratsmitglied ein wichtiger Grund zur Seite steht.[285] Auch von einer Erklärung „zur rechten Zeit" wird sie nicht mehr abhängig gemacht.[286] Die Amtsniederlegung ist beim Fehlen einer abweichenden Satzungsregelung selbst dann wirksam, *wenn sie zur Unzeit erfolgt* und gänzlich willkürlich erscheint.[287] Eine äußerste Grenze dabei bildet allerdings die Treuepflicht des Aufsichtsratsmitglieds zur Gesellschaft, die gegebenenfalls zur Schadensersatzpflicht, aber nicht zur Bleibepflicht führt.[288] Formal handelt es sich bei der Amtsniederlegung um eine zugangsbedürftige, einseitig-rechtsgestaltende

---

[281] Kölner Komm./*Mertens/Cahn* § 102 Rn. 12.
[282] Eintritt in Freistellungsphase der Altersteilzeit im Blockmodell steht Ausscheiden aus Unternehmen gleich und führt zur Beendigung der Mitgliedschaft im Aufsichtsrat, so jetzt BAG 7 ABR 18/00, DB 2001, 706, mit Anm. *Haag/Gräter/Dangelmaier* DB 2001, 701.
[283] Kölner Komm./*Mertens/Cahn* § 100 Rn. 49.
[284] *Rieckers/Leyendecker-Langner* NZG 2013, 167 (168).
[285] *Hüffer/Koch* AktG § 103 Rn. 17; MHdB GesR IV/*Hoffmann-Becking* § 30 Rn. 80.
[286] *Hölters* AktG § 103 Rn. 55.
[287] *Hölters* AktG § 103 Rn. 55.
[288] *Lutter/Krieger/Verse* Rn. 35

Willenserklärung, die an die AG (vertreten durch deren Vorstand) zu richten ist und (mangels besonderer Anforderungen in der Satzung) keiner besonderen Form bedarf.

Es kann sich jedoch trotz grundsätzlicher Freiwilligkeit auch die **Verpflichtung** des Aufsichtsratsmitglieds ergeben, sein Mandat niederzulegen. Dies folgt aus der gesellschaftsrechtlichen **Treuepflicht**: Wer seinen Aufgaben nicht mehr nachkommen kann, trägt dennoch weiter die Verantwortung, die Funktionsfähigkeit des Aufsichtsrates insgesamt sicherzustellen.[289]

Auch die Verpflichtung zur vertraglichen Mandatsaufgabe ist möglich. Voraussetzung ist, dass die Vereinbarung zur Amtsniederlegung unmittelbar mit den betreffenden Aufsichtsratsmitgliedern abgeschlossen wird, die Möglichkeit zur Herbeiführung der Niederlegung nicht ausschließlich im Ermessen des Vertragspartners liegt und sichergestellt ist, dass die gesetzlichen und satzungsmäßigen Niederlegungsvoraussetzungen gewahrt bleiben.[290]

Noch nicht geklärt ist hingegen, ob auch in Übernahmesituationen eine vertragliche Verpflichtung zur Amtsniederlegung begründet werden kann.[291]

3. Abberufung

228 § 103 AktG enthält einen Katalog verschiedener Abberufungstatbestände. Sie unterscheiden einerseits nach der Abberufungskompetenz (Hauptversammlung, entsendungsberechtigter Aktionär, Gericht), andererseits danach, ob die abzuberufenden Aufsichtsratsmitglieder gewählt oder entsandt worden sind. Daneben gelten für die Arbeitnehmervertreter die besonderen Abberufungsbestimmungen der Mitbestimmungsgesetze.

229 Nach § 103 Abs. 1 AktG kann die Hauptversammlung die von ihr **gewählten Aufsichtsratsmitglieder** jederzeit – und ohne Anknüpfung an sachliche Erfordernisse (wie etwa Pflichtverletzung) – abberufen, soweit sie nach den Sonderregeln der Montanmitbestimmung nicht an einen Wahlvorschlag gebunden war. Es bedarf hierzu grds. eines Beschlusses, der von mindestens drei Vierteln der abgegebenen Stimmen getragen wird. § 103 Abs. 1 Satz 3 AktG erlaubt, in der Satzung abweichende (verschärfende oder erleichternde) Erfordernisse der Abberufung festzuschreiben. Dies muss aber für alle von der Hauptversammlung gewählten Aufsichtsratsmitglieder einheitlich geschehen.[292]

230 Die Abberufung eines **entsandten Aufsichtsratsmitglieds** obliegt nach § 103 Abs. 2 Satz 1 AktG primär dem entsendungsberechtigten Aktionär. Auch hier kann die Abberufung jederzeit und ohne Weiteres Begründungserfordernis erfolgen. Darüber hinaus besitzt die Hauptversammlung nach § 103 Abs. 2 Satz 2 AktG die Möglichkeit, entsandte Aufsichtsratsmitglieder abzuberufen, wenn die satzungsmäßigen Voraussetzungen des Entsendungsrechts weggefallen sind. Es genügt hier ein mit einfacher Stimmenmehrheit gefasster Hauptversammlungsbeschluss.

231 Die **gerichtliche Abberufung** von Aufsichtsratsmitgliedern nach § 103 Abs. 3 AktG betrifft Aufsichtsratsmitglieder der Aktionäre (gewählt oder entsandt) und Arbeitnehmervertreter gleichermaßen. Anknüpfungspunkt ist jeweils ein wichtiger Grund in der Person des Aufsichtsratsmitglieds. Vorausgehen muss ein Antrag des

---

[289] *Diekmann/Fleischmann* AG 2013, 141 (147).
[290] *Hölters* AktG § 103 Rn. 56b.
[291] *Hüffer/Koch* AktG § 103 Rn. 18; dafür: *Rieckers/Leyendecker-Langer* NZG 2013, 167 (169 ff.).
[292] BGH II ZR 18/86, NJW 1987, 902; *Hüffer/Koch* AktG § 103 Rn. 4.

Aufsichtsratsplenums, der mit einfacher Mehrheit zu fassen ist (§ 103 Abs. 3 Satz 2 AktG). Das abzuberufende Aufsichtsratsmitglied unterliegt bei der Entscheidung über die Antragstellung einem Stimmverbot.[293] Zielt die Abberufung auf ein entsandtes Aufsichtsratsmitglied, so ist auch eine Aktionärsminderheit, deren Aktien zusammen mindestens 10% des Grundkapitals oder den anteiligen Betrag von 1 Mio. EUR verkörpern, antragsberechtigt (§ 103 Abs. 3 Satz 3 AktG).

IV. Bekanntmachung des Wechsels von Aufsichtsratsmitgliedern

Personelle Änderungen in der Zusammensetzung des Aufsichtsrats – jedes Ausscheiden und jeden Eintritt – hat der Vorstand nach § 106 AktG in den Gesellschaftsblättern bekannt zu machen. Die Bekanntmachung bezweckt die Publizität der Aufsichtsratszusammensetzung, besitzt hinsichtlich Begründung oder Beendigung der Aufsichtsratsmitgliedschaft aber keine konstitutive Wirkung. 232

F. Rechte und Pflichten der Aufsichtsratsmitglieder

I. Rechtsstellung

1. Gleichheit und Gleichbehandlung aller Aufsichtsratsmitglieder

Alle Aufsichtsratsmitglieder haben gleiche Rechte und Pflichten – unabhängig vom Aufsichtsratssystem und unabhängig davon, ob sie durch Hauptversammlung oder Arbeitnehmer gewählt oder aber durch einzelne Aktionäre entsandt worden sind.[294] Abgesehen von den besonderen – funktionsgebundenen – Befugnissen des Aufsichtsratsvorsitzenden haben alle Aufsichtsratsmitglieder insb. die gleichen Informations- und Mitwirkungsrechte. Auch bei der Definition der Sorgfaltspflicht und Bemessung der Aufsichtsratsvergütung findet eine Differenzierung nicht statt.[295] 241

2. Höchstpersönliche Amtsausübung

Das AktG verpflichtet das Aufsichtsratsmitglied zur persönlichen Amtswahrnehmung: § 101 Abs. 3 Satz 1 AktG verbietet dem Bestellorgan, dem Aufsichtsratsmitglied einen Stellvertreter zuzuordnen; nach der korrespondierenden Vorschrift des § 111 Abs. 5 AktG ist es dem Aufsichtsratsmitglied verboten, selbst einen Stellvertreter einzusetzen. 242

Zulässig ist lediglich die Stimmbotenschaft durch Überreichung einer schriftlichen Stimmabgabe nach § 108 Abs. 3 AktG (dazu Rn. 161 f.) und – damit korrespondierend – die passive Sitzungsteilnahme Dritter nach § 109 Abs. 3 AktG, die aber weder mit einem eigenen Stimmrecht, noch einem eigenen Rede- oder Antragsrecht des Teilnahmeberechtigten verbunden ist.[296]

---

[293] Strittig, wie hier Kölner Komm./*Mertens/Cahn* § 108 Rn. 65; *Stadler/Berner* NZG 2003, 49 (50 mwN).

[294] BGH II ZR 156/73, BGHZ 64, 325 (330); II ZR 123/81, BGHZ 83, 106 (120); II ZR 145/80, BGHZ 83, 151 (154); II ZR 18/86, BGHZ 99, 211 (216).

[295] MHdB GesR IV/*Hoffmann-Becking* § 33 Rn. 2; *Rieble* AG 2016, 315 (316).

[296] *Hüffer/Koch* AktG § 109 Rn. 7.

243 Ausnahmsweise kann das einzelne Aufsichtsratsmitglied **externe Berater** zur Vorbereitung der eigenen Sitzungsteilnahme zuziehen,[297] wenn das betroffene Aufsichtsratsmitglied weder aufgrund eigener Kenntnisse und Fähigkeiten noch unter Hinzuziehung der gesellschaftsintern zur Verfügung stehenden Beratungsmöglichkeiten eine konkrete Vorfrage ausreichend klären kann.[298] Ein genereller Anspruch auf Zuziehung von Sachverständigen besteht nicht.[299]

3. Unabhängigkeit und Weisungsfreiheit

244 Unabhängig davon, auf welche Weise und durch wen das Aufsichtsratsmitglied bestellt wurde, ist es an Weisungen nicht gebunden. Die **eigenverantwortliche Mandatswahrnehmung** gilt nach zutreffender hM auch für Vertreter von Gebietskörperschaften im Aufsichtsrat, die beamtenrechtlich grds. an Weisungen gebunden sind.[300] Verträge, die die Verpflichtung von Aufsichtsratsmitgliedern zum Gegenstand haben, ihre Stimme nach Weisung Dritter abzugeben, sind ebenso unwirksam wie Vereinbarungen, in denen sich die Aufsichtsratsmitglieder zur Amtsniederlegung für den Fall verpflichten, dass sie einer (eigentlich unverbindlichen) Weisung nicht folgen wollen.[301] Die volle Weisungsfreiheit der Aufsichtsratsmitglieder korrespondiert mit deren vollem Risiko, bei Verletzung ihrer Pflichten haften zu müssen (Rn. 270 ff.).

245 Nach der Empfehlung (Ziff. 5.4.2 Satz 1) des Deutschen Corporate Governance Kodex[302] soll dem Aufsichtsrat eine nach seiner Einschätzung[303] ausreichende Anzahl unabhängiger Mitglieder angehören.[304] Ziff. 5.4.2 Satz 2 DCGK umschreibt Unabhängigkeit in Form einer Negativdefinition, wonach ein Aufsichtsratsmitglied als unabhängig[305] anzusehen ist, wenn es in keiner geschäftlichen oder persönlichen Beziehung zu der Gesellschaft, deren Organen,[306] einem kontrollierenden Aktionär[307] oder einem mit diesem verbundenen Unternehmen steht,[308] die einen wesentlichen und nicht nur vorübergehenden Interessenkonflikt begründen kann.[309] Wer

---

[297] *Hüffer/Koch* AktG § 111 Rn. 23; *Lutter/Krieger/Verse* DB 1995, 257 (259).
[298] BGH II ZR 27/82, NJW 1983, 991; MHdB GesR IV/*Hoffmann-Becking* § 33 Rn. 5.
[299] BGH II ZR 27/82, NJW 1983, 991.
[300] *Hüffer/Koch* AktG § 394 Rn. 27.
[301] *Lutter/Krieger/Verse* Rn. 822.
[302] Zu Folgefragen der Kodexänderung *Florstedt* ZIP 2013, 337.
[303] Selbsteinschätzung bezieht sich nach dem Kodex-Wortlaut nicht auf die Unabhängigkeit des einzelnen Mitglieds, sondern nur auf die Anzahl aller unabhängigen Mitglieder.
[304] Zur Interpretationsbedürftigkeit und Gestaltungsspielraum bzgl. der Kodexbestimmungen zur Unabhängigkeit: *Kremer/v. Werder* AG 2013, 340.
[305] Zu strengeren Anforderungen an Unabhängigkeit: *Peltzer* NZG 2012, 368 (370); begrüßt jedoch von *Hasselbach/Jakobes* BB 2013, 643.
[306] Zu den verschiedenen Abhängigkeitsformen s. *Florstedt* ZIP 2013, 337.
[307] Zweifelnd noch *Wilsing/v. der Linden* DStR 2012, 1391 (1393), sympathisierend aber *Bayer* NZG 2012, 1 (11 f.); *Scholderer* NZG 2012, 168 (172).
[308] Zur Einschränkung der Auswahlfreiheit von Familienaktionären *Hommelhoff* ZIP 2013, 953.
[309] Zur Auslegung der ausfüllungsbedürftigen in Ziff. 5.4.2 DCGK verwendeten Begriffe ist auf die Empfehlung der EU-Kommission zu den Aufgaben von nicht geschäftsführenden Direktoren/Aufsichtsratsmitgliedern/börsennotierter Gesellschaften sowie zu den Ausschüssen des Verwaltungs-/Aufsichtsrates, 2005/162/EG, ABl. EG L 52/51 zurückzugreifen. Zu Ziff. 5.4.2 DCGK sowie der Frage, ob die Arbeitnehmervertreter unter den Aufsichtsratsmitgliedern einzurechnen sind, vgl. auch: *Hüffer* ZIP 2006, 637; *Lieder* NZG 2005, 569; *Nagel* NZG 2007, 166.

kontrollierender Aktionär ist, richtet sich nach Beherrschungsvertrag, absoluter Mehrheit oder stabiler HV-Mehrheit.[310] Damit ist vorwiegend der Vertreter des Großaktionärs im Aufsichtsrat und mittelbar auch dieser selbst gemeint.[311] Auch besondere Beziehungen zum Aufsichtsrat und seinen Mitgliedern genügen für die Bejahung einer Abhängigkeit.[312] Auch eine zu lange Amtszeit kann ein Kriterium der fehlenden Unabhängigkeit darstellen.[313]

(Noch) unabhängig ist jedoch, wer allenfalls einem potentiellen Interessenkonflikten mit nur geringer Eintrittswahrscheinlichkeit ausgesetzt ist.[314]

4. Unternehmensinteresse als Handlungsmaxime; Konfliktlagen

Bei der Wahrnehmung ihrer Aufgaben sind die Aufsichtsratsmitglieder ausschließlich dem Unternehmensinteresse verpflichtet. Ein **Interessenwiderstreit** ist deshalb immer zugunsten des Unternehmensinteresses zu lösen; im Anwendungsbereich des Deutschen Corporate-Governance-Kodex besteht zudem die Empfehlung (Ziff. 5.5.2), etwaige Interessenkonflikte gegenüber dem Aufsichtsrat offenzulegen,[315] wobei unter Aufsichtsrat nicht nur der Aufsichtsratsvorsitzende, sondern der Gesamtaufsichtsrat zu verstehen ist[316] Dieser Grundsatz gilt auch für Vertreter eines herrschenden Unternehmens im Aufsichtsrat der abhängigen Gesellschaft, soweit kein Beherrschungsvertrag und keine Eingliederung vorliegt.[317]

Für einen Interessenkonflikt genügt nicht jeder untergeordnete Interessengegensatz, vielmehr ist gem. Ziff. 5.4.2 DCGK ein **wesentlicher**[318] **und dauerhafter Interessenkonflikt** bzw. ein dem Unternehmensinteresse gegenläufiges Eigen- oder (für das Mitglied relevantes) Drittinteresse erforderlich, das auf Grund seiner Dauer und Intensität befürchten lässt, dass das Unternehmensinteresse nicht nur unwesentlich beeinträchtigt oder gefährdet wird.[319]

Ziff. 5.4.2 DCGK lässt dazu aber einen potentiellen Interessenkonflikt genügen.[320]

Nach herrschender Meinung ergibt sich im Fall einer Interessenkollision kein zwingendes allgemeines **Stimmverbot**.[321] Ein Aufsichtsratsmitglied ist in Analogie zu § 34 BGB und § 47 Abs. 4 GmbHG nur dann vom Stimmrecht ausgeschlossen, wenn die Beschlussfassung ein Rechtsgeschäft oder einen Rechtsstreit betrifft, an dem das betreffende Aufsichtsratsmitglied persönlich beteiligt ist.[322] Allerdings

---

[310] *Kremer/v. Werder* AG 2013, 340 (344); *Paschos/Goslar* NZG 2012, 1361 (1362 f.).
[311] *Lutter/Krieger/Verse* Rn. 26.
[312] *Allmendinger/Dorn/Lang/Lumpp/Steffek/Leyens* Corporate Governance nach der Finanz- und Wirtschaftskrise S. 14 ff.
[313] „ISS Proxy Voting Guidelines 2012" (Höchstdauer: 12 Jahre), *Wettich* AG 2012, 725 (727).
[314] *Ihrig/Meder* 2012, 1210 (1214); *Scholderer* NZG 2012, 168.
[315] *Grundei/Zaumseil/Müller-Michaels* Der Aufsichtsrat im System der Corporate Governance S. 65.
[316] *Diekmann/Fleischmann* AG 2013, 141 (145); aA MünchKomm. AktG/*Habersack* Rn. 69.
[317] *Hoffmann-Preu* Der Aufsichtsrat Rn. 500.
[318] Genauer *Kremer/v. Werder* AG 2013, 340 (345); *Hasselbach/Jakobs* BB 2013, 643 (646); *Klein* AG 2012, 805 (806 f.).
[319] *Diekmann/Fleischmann* AG 2013, 141 (142 f.).
[320] Kritisch *DAV-Handelsausschuss* NZG 2012, 335 (337).
[321] MHdB GesR IV/*Hoffmann-Becking* § 31 Rn. 70 mwN.
[322] *Hüffer/Koch* AktG § 108 Rn. 9; *Lutter/Krieger/Verse* Rn. 899.

kann sich ein konfliktbefangenes Aufsichtsratsmitglied nicht mehr auf § 93 Abs. 1 Satz 2 berufen (Business Judgement Rule, BJR).[323] Da auch allen anderen dann die Berufung auf die BJR verwehrt bliebe, wäre dem Aufsichtsratsmitglied zu empfehlen, der Beratung und dem Beschluss fernzubleiben. Bleibt ein Betroffener nicht freiwillig fern, ist umstritten, inwiefern der Aufsichtsrat ihn auch gegen seinen Willen ausschließen kann, doch spricht gerade die andernfalls eintretende Haftungsverschärfung dafür, einen großzügigen Maßstab anzulegen.[324]

II. Vergütung

1. Gesetzliches Schuldverhältnis

248 Mit der Bestellung des Aufsichtsratsmitglieds beginnt nach heute hM ein **Organschaftsverhältnis mit Doppelnatur**, das einerseits in einen korporationsrechtlichen, andererseits in einen schuldrechtlichen Teil zerfällt.[325] Die persönlichen Rechte und Pflichten des Aufsichtsratsmitglieds (namentlich Vergütungsansprüche) beruhen insofern nicht auf vertraglicher Grundlage,[326] sondern auf einem gesetzlichen Schuldverhältnis.

2. Festvergütung, Tantieme, Auslagenersatz

249 Eine gesetzliche Regelung zur Vergütung der Aufsichtsratsmitglieder findet sich in § 113 AktG. Einen Anspruch der Aufsichtsratsmitglieder auf eine Vergütung kraft Gesetzes gewährt dieser jedoch nicht.[327] Bei der Ausgestaltung der Aufsichtsratsvergütung besteht ein weiter Spielraum. Der BGH setzt diesem Spielraum jedoch gewisse Grenzen: Aktienoptionsprogramme zugunsten von Aufsichtsratsmitgliedern sind bei Unterlegung mit zurückgekauften eigenen Aktien der Gesellschaft (§ 71 Abs. 1 Nr. 8 Satz 5 AktG) ebenso unzulässig wie bei Unterlegung mit bedingtem Kapital gem. § 192 Abs. 2 Nr. 3 AktG.[328] Nimmt ein Aufsichtsrat einer nicht börsennotierten Aktiengesellschaft an einer Maßnahme zum Bezug neuer Aktien teil, die nur Mitarbeitern und Aufsichtsratsmitgliedern der Gesellschaft eröffnet ist, und hat er die Option, die von ihm gezeichneten Aktien innerhalb einer bestimmten Frist zum Ausgabekurs an die Gesellschaft zurückzugeben, so erzielt er Einkünfte aus selbstständiger Arbeit, wenn die unter dem Ausgabepreis notierenden Aktien innerhalb der vereinbarten Frist zum Ausgabepreis an die Gesellschaft zurückgibt.[329]

Üblicherweise wird eine feste Vergütung pro Geschäftsjahr gezahlt, die um eine Tantieme, also eine gewinnabhängige Vergütung, ergänzt wird. Daneben tritt der Ersatz von Auslagen.[330] Der DCGK schweigt jedoch in seiner jetzigen Fassung im Gegensatz zur früheren Ziff. 5.4.6 Abs. 2 DCGK, wonach Aufsichtsratsmitglieder neben einer festen eine erfolgsorientierte Vergütung erhalten sollten, zu dieser

---

[323] Hüffer/Koch AktG § 108 Rn. 13; J. Koch in FS Säcker 2010, 403 (416 f.).
[324] Diekmann/Fleischmann AG 2013, 141 (146 f.); J. Koch, ACI-Quarterly, 2013, S. 7, 9; Hüffer/Koch AktG § 108 Rn. 14.
[325] Hüffer/Koch AktG § 101 Rn. 2.
[326] So aber die früher hM, vgl. etwa RG ZR I 324/28, RGZ 123, 351 (354).
[327] Hüffer/Koch AktG § 113 Rn. 2.
[328] BGH II ZR 316/02 v. 16.2.2004, DB 2004, 696.
[329] BFH VIII R 19/11, DStR 2013, 1658.
[330] Hierzu Gaul AG 2017, 877 ff.

F. Rechte und Pflichten der Aufsichtsratsmitglieder

Frage.³³¹ Wortlaut und Entstehungsgeschichte von Ziff. 5.4.6 DCGK sprechen sich wohl eher gegen die Zulässigkeit von Mischvergütungen aus.³³² Eine reine Fixvergütung ist danach wohl am ehesten kodexkonform.³³³

Der DCGK enthält nach seiner jüngsten Überarbeitung somit nicht mehr die Empfehlung, dem Aufsichtsrat neben einer festen eine erfolgsorientierte Vergütung zukommen zu lassen. Im Falle der Zusage einer erfolgsorientierten Vergütung wird unter Ziff. 5.4.6 Abs. 2 DCGK lediglich weiterhin empfohlen, diese auf eine nachhaltige Unternehmensentwicklung auszurichten.

Während die feste Vergütung regelmäßig am Ende des Geschäftsjahres fällig wird, ist die Fälligkeit der gewinnabhängigen Vergütung an den Gewinnverwendungsbeschluss der Hauptversammlung geknüpft. Dabei fordert § 113 Abs. 1 Satz 3 AktG (Sollvorschrift) die **Angemessenheit der Vergütung**.³³⁴ Bei der Beurteilung ist maßgebend auf die Aufgaben der Aufsichtsratsmitglieder und die Lage der Gesellschaft abzustellen.³³⁵

Für die **Bemessung der Aufsichtsratstantieme** enthält § 113 Abs. 3 AktG eine Berechnungsregel (freilich nur für den Fall, dass die Tantieme als Anteil am Jahresgewinn gewährt wird). Parameter der Gewinnbeteiligung ist danach der Bilanzgewinn vermindert um einen Betrag von mindestens 4% der auf den geringsten Ausgabebetrag der Aktien geleisteten Einlagen. Die praktische Bedeutung der Vorschrift ist gering, da die Tantieme nicht zwingend am Jahresgewinn, sondern insb. auch an der ausgeschütteten Dividende (namentlich am Dividendensatz) ausgerichtet werden kann.³³⁶ Die in Ziff. 5.4.6 Abs. 2 DCGK enthaltene Empfehlung wurde – wie bereits ausgeführt – im Jahr 2012 gestrichen, da Arbeitsbelastung und Haftungsrisiko des Aufsichtsrates bei negativer Entwicklung eher gesteigert als reduziert werden, sodass Abstriche in der Vergütung kaum eine sachgerechte Lösung sein könnten.³³⁷

Die Kostentragung für die **Aus- und Fortbildungsmaßnahmen** von Aufsichtsratsmitgliedern ist gesetzlich nicht geregelt.³³⁸ Die Gesellschaft hat diese in der Regel nur zu tragen, wenn die Fortbildungsmaßnahme erforderlich und die Kosten angemessen waren.³³⁹ Ob dies der Fall war, wird vom Vorstand überprüft.

Der DCGK empfiehlt eine angemessene Unterstützung der Aufsichtsratsmitglieder bei deren eigenverantwortlicher Wahrnehmung der für ihre Aufgaben erforderlichen Aus- und Fortbildungsmaßnahmen, Ziff. 5.4.5 Abs. 2 DCGK. Nach überwiegend vertretener Ansicht ist eine solche Unterstützung jedoch nicht für die

---

331 Arbeitsbelastung und Haftungsrisiko entwickeln sich in der Regel gegenläufig zum Erfolg des Unternehmens. Gerade in Krisenzeiten ist der Aufsichtsrat gefordert. Eine Kürzung der Bezüge erscheint in diesem Zusammenhang problematisch; *Wilsing/v. der Linden* DStR 2012, 1391.
332 *Bredol/Schäfer* BB 2013, 652.
333 *Bredol/Schäfer* BB 2013, 652 (653).
334 Zu dem Gebot der Angemessenheit *Gehling* ZIP 2005, 549 (552 ff.).
335 Zur Verschärfung des Vergütungsregimes *Bachmann* AG 2011, 181.
336 MHdB GesR IV/*Hoffmann-Becking* § 33 Rn. 31 f.
337 *Wilsing/v. der Linden* DStR 2012, 1391 (1393); Grundei/Zaumseil/*Hönsch/Kaspar* Der Aufsichtsrat im System der Corporate Governance S. 263.
338 Empfehlung der Ziff. 5.4.5 Abs. 2 Satz 2 DCGK hat keinen Gesetzescharakter; *Hüffer/Koch* AktG, § 113 Rn. 2e.
339 *Leyendecker-Lagner/Huthmacher* NZG 2012, 1415.

3. Festsetzung und Bewilligung

251 Nach § 113 Abs. 1 Satz 2 AktG kann die Vergütung entweder in der Satzung festgesetzt oder durch die Hauptversammlung bewilligt werden. Dabei genügt die Festsetzung eines **Gesamtbetrags**, der dann vom Aufsichtsrat autonom unter den einzelnen Mitgliedern verteilt werden kann.[342] Nicht zulässig ist die Ermächtigung des Vorstands durch die Hauptversammlung, unter Ausnutzung eines Ausübungsermessens über die Festsetzung der Aufsichtsratsvergütung zu entscheiden.[343]

252 Sofern die Vergütung in der Satzung festgesetzt ist, kann eine Satzungsänderung zur **Herabsetzung der Vergütung** mit einfacher Stimmenmehrheit beschlossen werden (§ 113 Abs. 1 Satz 4 AktG). Auf die Zustimmung des Aufsichtsratsmitglieds kommt es in Ermangelung einer vertraglichen Grundlage der Aufsichtsratstätigkeit nicht an.[344] Bei Herabsetzung während des laufenden Geschäftsjahrs wird vorgeschlagen zu differenzieren:[345] Während die Herabsetzung der **Festvergütung** ohne Zustimmung der Aufsichtsratsmitglieder erst mit Wirkung für das nächste Geschäftsjahr zugelassen wird, soll die **gewinnabhängige Vergütung** noch während des laufenden Geschäftsjahres angetastet werden können. Dahinter steht die plausible Überlegung, dass Jahresgewinn oder Dividende als Parameter der Tantieme während des laufenden Geschäftsjahres ohnehin nicht sicher beziffert werden können.

253 Eine Besonderheit ergibt sich für die Mitglieder des **ersten Aufsichtsrats einer AG**. Hier erlaubt das Gesetz die Bewilligung einer Vergütung erst in der Hauptversammlung, die über die Entlastung des ersten Aufsichtsrats entscheidet (§ 113 Abs. 2 AktG). Dahinter steht die Intention des Gesetzgebers, den Einfluss der Gründer auf die Bemessung der Vergütung möglichst auszuschalten.

4. Steuerliche Behandlung

a) Ebene der AG

254 Aufsichtsratsvergütungen sind ihrer Natur nach **Betriebsausgaben** (§ 4 Abs. 4 EStG), nach § 10 Nr. 4 KStG jedoch **nur zur Hälfte abzugsfähig** (s. a. § 11 Rn. 24). Sofern das Aufsichtsratsmitglied Umsatzsteuer in Rechnung stellt und die AG zum Vorsteuerabzug berechtigt ist, erfasst das Abzugsverbot nach § 10 Nr. 4 KStG den hälftigen Nettobetrag der Vergütung (Abschn. 45 Abs. 2 KStR).

255 Die Finanzverwaltung legt den **Begriff der Aufsichtsratsvergütung weit** aus; dem (hälftigen) Abzugsverbot unterliegen damit alle Vergütungen, die mit der Überwachungstätigkeit des Aufsichtsrats in Zusammenhang stehen (Abschn. 45 Abs. 3 KStR). Etwas anderes gilt nur hinsichtlich gesonderter, klar abgrenzbarer Vergütungen, die das Aufsichtsratsmitglied außerhalb der Wahrnehmung seiner organschaftlichen Überwachungsaufgaben aufgrund separater vertraglicher Ver-

---

[340] Hertie-Entscheidung des BGH II ZR 27/82, BGHZ 85, 293 = NJW 1983, 991.
[341] *Gaul* AG 2017, 877 (883); vgl. *Hüffer/Koch* AktG § 113 Rn. 2c.
[342] *Hüffer/Koch* AktG § 113 Rn. 3.
[343] OLG München 7 U 1906/01, ZIP 2002, 1150 (1151) – Einräumung von Bezugsrechten.
[344] LG München 5 HK O 9109/12, AG 2013, 474 (475); *Hüffer/Koch* AktG § 113 Rn. 6.
[345] MHdB GesR IV/*Hoffmann-Becking* § 33 Rn. 28 mwN.

einbarung iSv § 114 AktG erhält (Rn. 260 ff.).³⁴⁶ Nicht von dem Abzugsverbot erfasst ist darüber hinaus die Erstattung tatsächlich entstandener Kosten, wie etwa Fahrt- und Übernachtungskosten sowie Verpflegungsmehraufwand.³⁴⁷

Intention der Abzugsbeschränkung nach § 10 Nr. 4 KStG ist es, die Höhe von Aufsichtsratsvergütungen in angemessener Weise zu begrenzen.³⁴⁸ Dies erweist sich durchaus als Dilemma, weil einerseits ein Bedürfnis besteht, hochkarätige Berater in Aufsichtsräte zu holen, andererseits aber deren angemessene Vergütung zur Hälfte aus versteuertem Gewinn gezahlt werden muss. Die Praxis begegnet dieser Problematik mitunter dadurch, dass entsprechende Beraterpersönlichkeiten in rein beratende Beiräte außerhalb des Aufsichtsrats eingebunden werden. Soweit entsprechende Beiräte keine Überwachungs-, sondern ausschließlich Beratungsfunktionen (also unternehmerische Mitwirkungspflichten) wahrnehmen, greift – abweichend von § 10 Nr. 4 KStG – der volle Betriebsausgabenabzug ein.³⁴⁹

b) Ebene der Aufsichtsratsmitglieder

Aufsichtsratsvergütungen unterfallen bei dem einzelnen Aufsichtsratsmitglied den **Einkünften aus selbstständiger Arbeit** nach § 18 Abs. 1 Nr. 3 EStG. Steuerbare Einnahmen sind sämtliche Zahlungen und Sachleistungen aus der Aufsichtsratstätigkeit; es wird nicht danach differenziert, ob es sich um Vergütungen im engeren Sinn oder um Auslagenersatz (etwa Aufwandsentschädigung, Reisekostenerstattung) handelt.³⁵⁰

Steuerpflichtig ist freilich nur der von dem Aufsichtsratsmitglied in Ausübung seiner Tätigkeit erzielte Gewinn, der sich nach Betriebsausgabenabzug (§ 4 Abs. 4 EStG) ergibt. Abzugsfähige Betriebsausgaben sind insb. Reise- und Aufenthaltskosten, Fahrzeugkosten, aber auch Kosten für Literatur, eigene Beratung und Fortbildung.

Die Aufsichtsratsvergütung unterliegt darüber hinaus – mit Blick auf die Qualifikation der Aufsichtsratstätigkeit als selbstständige Tätigkeit – der **Umsatzsteuer**, soweit nicht die Kleinunternehmer-Befreiung nach § 19 UStG eingreift. Dem wird in der Satzung meistenteils durch die ausdrückliche Bestimmung Rechnung getragen, dass die Aufsichtsratsvergütung zuzüglich darauf entfallender Umsatzsteuer zu zahlen ist.³⁵¹ Eine solche Regelung empfiehlt sich, um jeglichen Streit hinsichtlich der ordnungsgemäßen Festsetzung oder Bewilligung der Umsatzsteuererstattung nach § 113 Abs. 1 Satz 2 AktG zu vermeiden.³⁵²

III. Verträge mit Aufsichtsratsmitgliedern

Grundsätzlich kann der Vorstand mit einem Aufsichtsratsmitglied **außerhalb dessen Aufsichtsratstätigkeit** Verträge jeglicher Art schließen. Restriktionen ergeben sich jedoch beim Abschluss von Dienst- und Werkverträgen nach § 114 AktG und Darlehensverträgen nach § 115 AktG.

---

³⁴⁶ BFH I 265/62, BStBl. III 1966, 688.
³⁴⁷ BeckHdB GmbH/*Müller* § 6 Rn. 60.
³⁴⁸ *Hüffer/Koch* AktG § 113 Rn. 7; Streck/*Olgemüller* KStG § 10 Anm. 16.
³⁴⁹ BeckHdB GmbH/*Müller* § 6 Rn. 60.
³⁵⁰ BeckHdB GmbH/*Müller* § 6 Rn. 63.
³⁵¹ *Hoffmann/Preu* Der Aufsichtsrat Rn. 454.
³⁵² Gegen die Erstattungsfähigkeit der Umsatzsteuer bei fehlender Festsetzung Großkomm. AktG/*Meyer-Landrut* § 113 Rn. 20; dafür MHdB GesR IV/*Hoffmann-Becking* § 33 Rn. 42.

1. Dienst- und Werkverträge nach § 114 AktG

260 Unabhängig von der regulären Aufsichtsratstätigkeit kann es im Interesse der AG liegen, einzelne Aufsichtsratsmitglieder für zusätzliche Aufgaben zu gewinnen. Entsprechende Dienst- und Werkverträge mit Aufsichtsratsmitgliedern – namentlich **Beraterverträge** – bedürfen zu ihrer Wirksamkeit der **Zustimmung des Gesamtaufsichtsrats**,[353] die entweder als (vorherige) Einwilligung oder als (nachträgliche) Genehmigung erteilt werden kann. Der Zustimmungsbeschluss muss die Höhe der Vergütung und die Art ihrer Berechnung zum Gegenstand haben. Die Beschlussfassung kann vom Aufsichtsratsplenum auf einen Ausschuss delegiert werden.[354]

a) Regelungszweck

261 Die in § 113 AktG niedergelegten Regularien für die Festsetzung der Aufsichtsratsvergütung – insb. die Festsetzung durch Satzung oder Bewilligung durch die Hauptversammlung – liefen leer, wäre es dem Vorstand möglich, über das Vehikel von Beraterverträgen an Satzung und Hauptversammlung vorbei **verdeckte Aufsichtsratsvergütungen** zu vereinbaren. Insofern ermöglicht § 114 AktG dem Aufsichtsrat, vom Vorstand geschlossene Beraterverträge präventiv darauf zu überprüfen, ob sie eine Tätigkeit außerhalb der Überwachungsaufgabe des Aufsichtsrats zum Gegenstand haben.[355] Zudem soll die **unsachliche Beeinflussung von Aufsichtsratsmitgliedern** durch unangemessen hohe Honorare für Beratungsleistungen und eine Abhängigkeit des überwachenden vom überwachten Organ vermieden werden.[356] Es geht in erster Linie um die Funktionsfähigkeit der innerkörperschaftlichen Kontrolle und nur mittelbar um den Schutz der Gesellschaft vor rechtsgrundlosen Zahlungen.[357] Schließlich führt der Zustimmungsvorbehalt zwangsläufig zu einer Offenlegung der Beziehungen zwischen Vorstand und Aufsichtsratsmitgliedern, was einer allzu engen Verflechtung der beteiligten Personen/ Organe vorbeugt.[358]

Eine Regelung dazu findet sich in Ziff. 5.4.6 Abs. 3 DCGK, wonach nicht nur Vergütungen der Aufsichtsratsmitglieder im Anhang oder im Lagebericht individualisiert angegeben werden sollen, sondern auch Vorteile aus persönlich erbrachten Leistungen publiziert werden sollen, insbesondere solche aus Beraterverträgen.[359]

262 Die **Abgrenzung zwischen Beratungs- und Überwachungstätigkeit** hat zum Ausgangspunkt, dass die Beratung des Vorstands in grundsätzlichen Fragen der Geschäftspolitik Teil der regulären Überwachungsaufgabe des Aufsichtsratsmit-

---

[353] Vgl. auch Ziff. 5.5.4 DCGK.
[354] *Hüffer/Koch* AktG § 114 Rn. 8.
[355] *Lutter/Krieger/Verse* Rn. 859.
[356] *Hüffer/Koch* AktG § 114 Rn. 1.
[357] Daher reicht eine nachträgliche Genehmigung der Vergütungshöhe durch den Aufsichtsrat nach OLG Frankfurt a. M. 5 U 30/10, NZG 2011, 350 – Fresenius SE nicht aus. Die Abhängigkeit sei umso größer, wenn das Aufsichtsratsmitglied damit rechnen müsse, auf Rückzahlung in Anspruch genommen werden zu müssen. Eine entstandene Abhängigkeit könne bereits während des Schwebezustands zu Beeinflussungen geführt haben; *Spindler* NZG 2011, 334. Genauso bei Zahlung eines Anwaltshonorars an ein Mitglied des Aufsichtsrates vor Zustimmung des Aufsichtsrates BGH II ZR 48/11, NZG 2012, 1064 = NJW 2012, 3235.
[358] BGH II ZR 197/93, BGHZ 126, 340 (347).
[359] *Ringleb/Kremer/Lutter/v. Werder* NZG 2012, 1081 (1089).

F. Rechte und Pflichten der Aufsichtsratsmitglieder

glieds ist und daher nicht Gegenstand eines Beratervertrags sein kann.[360] Beraterverträge können darum **nur** an **Fragen spezieller Art**, insb. solche des operativen Tagesgeschäfts sowie seiner Vorbereitung und Umsetzung, anknüpfen.[361] Es verbleiben daher nur Leistungen die ihrer Art oder ihrem Umfang nach eindeutig als überobligationsmäßig zu bewerten sind.[362]

Wird die Leistungsbeschreibung und die Höhe der Vergütung so pauschal gefasst, dass die geschuldete Tätigkeit nicht klar erkennbar ist, geht diese Unklarheit zu Lasten der Vertragschließenden. Auch die **fehlende inhaltliche Präzisierung** kann die Anfechtung eines Entlastungsbeschlusses begründen.[363] Solche Beraterverträge sind nicht genehmigungsfähig.[364] Der Vertrag ist unwirksam nach § 134 BGB.[365] Eine Rahmenvereinbarung, welche die anwaltliche Beratung in sämtlichen Angelegenheiten der Gesellschaft gegen ein Stundenhonorar umfasst, ist mangels Abgrenzung gegenüber der – auch den Einsatz individueller Fachkenntnisse einschließenden – Organtätigkeit des Aufsichtsratsmitglieds nach BGH einer Zustimmung durch den Aufsichtsrat nach § 114 Abs. 1 AktG nicht zugänglich.[366] Der Abschluss eigenständiger Beraterverträge kommt nur in Frage, wo das Aufsichtsratsmitglied besonderes Fachwissen mitbringt, das über bloße Erfahrungen in Branche und Geschäftsbereich der AG hinausgeht.[367] Die Beratungsaufgaben selbst sind dann im Vertrag konkret zu bezeichnen. Der BGH ließ bisher die Frage der Heilungsmöglichkeit von erkannten Mängeln eines Beratungsvertrages bewusst offen, das OLG Frankfurt am Main verneinte diese Möglichkeit.[368]

b) Reichweite

Die Zustimmung kann gem. § 114 Abs. 2 AktG als Einwilligung oder als Genehmigung erteilt werden, und zwar auch dann, wenn der Vertrag bereits vollzogen wurde.[369] Bis zur Genehmigung ist der Vertrag schwebend unwirksam, woraus der BGH die Folge zieht, dass Vergütungszahlungen seitens der AG bis zu diesem Zeitpunkt pflichtwidrig sind und zur Anfechtung der Entlastungsbeschlüsse führen können (vgl. auch Rn. 262).[370] § 114 Abs. 2 gestattet zwar grundsätzlich die Genehmigung, nicht aber den Vollzug vor Genehmigung.[371]

Der Zustimmungsvorbehalt des § 114 AktG erfasst auch Beraterverträge, die nicht mit dem Aufsichtsratsmitglied persönlich, sondern mit einer Gesellschaft geschlossen werden, der das **Aufsichtsratsmitglied als gesetzlicher Vertreter oder geschäftsführender Gesellschafter** angehört oder deren alleiniger Gesellschafter

---

[360] BGH II ZR 188/89, BGHZ 114, 127 (132).
[361] *Lutter/Krieger/Verse* Rn. 859.
[362] *Ziemons* GWR 2012, 451 (452).
[363] OLG Köln 18 U 21/12, NZG 2013, 548 (550).
[364] OLG Köln 18 U 21/12, NZG 2013, 548.
[365] BGH II ZR 48/11, BGHZ 194, 14 Rn. 18 = NJW 2012, 3235: Heilung durch nachträgliche Konkretisierung?.
[366] BGH II ZR 325/05, ZIP 2007, 1056; OLG Hamburg 11 U 48/06, ZIP 2007, 814 (816); *Peltzer* ZIP 2007, 305 (307).
[367] MHdB GesR IV/*Hoffmann-Becking* § 33 Rn. 47.
[368] OLG Frankfurt a. M. 1 U 14/05, NZG 2006, 29 (30); zu dieser Frage vgl. auch *Bosse* NZG 2007, 172 (174).
[369] BGH II ZR 48/11, BGHZ 194, 14 Rn. 18 = NJW 2012, 3235; *Pretzke* BB 2012, 658 (660); aA OLG Frankfurt a. M. 5 U 30/10, ZIP 2011, 425 (426 f.); *Spindler* NZG 2012, 1161.
[370] BGH II ZR 48/11, NZG 2012, 1064 – Fresenius.
[371] *Ihrig* ZGR 2013, 417 (424).

das Aufsichtsratsmitglied ist.[372] Dies gilt namentlich für Anwaltssozietäten.[373] Ferner dehnte der BGH die Rechtsprechung insofern aus, dass die Heranziehung dieser Vorschriften schon dann geboten ist, wenn die Aktiengesellschaft mit dem dritten Unternehmen, an welchem das Mitglied des Aufsichtsrates – nicht notwendig beherrschend – beteiligt ist, einen Beratungsvertrag schließt und wenn dem Aufsichtsmitglied auf diesem Weg mittelbar Leistungen der Aktiengesellschaft zufließen, die geeignet sind, in Widerspruch zu den mit den §§ 113, 114 AktG verfolgten Zielen die unabhängige Wahrnehmung der organschaftlichen Überwachungstätigkeit eines Aufsichtsratsmitglieds zu gefährden.[374]

264 Ob der Zustimmungsvorbehalt auch dann eingreift, wenn Beraterverträge nicht mit der AG, sondern mit **nachgeordneten Konzernunternehmen** geschlossen werden, bei denen das Aufsichtsratsmitglied gerade kein Überwachungsmandat wahrnimmt, ist zweifelhaft. Zwar werden im Schrifttum entsprechende Forderungen erhoben.[375] Der Umkehrschluss aus § 115 AktG, der für die Kreditgewährung den Zustimmungsvorbehalt ausdrücklich auf Kreditverträge mit abhängigen Unternehmen ausdehnt, verbietet allerdings im Rahmen des § 114 AktG entsprechende Restriktionen. Allenfalls kann darüber nachgedacht werden, ob einer Umgehung des Zustimmungsvorbehalts nach § 114 AktG dadurch begegnet werden kann, dass – je nach Einzelfall – ein Beratervertrag mit abhängigen Unternehmen dann dem Zustimmungsvorbehalt unterworfen wird, wenn er seinem Inhalt nach genauso gut auch mit dem herrschenden Unternehmen hätte geschlossen werden können.[376]

Hinsichtlich der Sonderverträge mit einem Aufsichtsratsmitglied empfiehlt Ziff. 5.4.6 Abs. 3 DCGK, auch die von Unternehmen an die Aufsichtsratsmitglieder gezahlten Vergütungen oder gewährten Vorteile für persönlich erbrachte Leistungen, insbesondere auch Beratungs- und Vermittlungsleistungen, individualisiert im Corporate-Governance-Bericht gesondert anzugeben.

2. Kreditgewährung nach § 115 AktG

265 Die Kreditgewährung an Aufsichtsratsmitglieder oder deren nahe Angehörige bedarf nach § 115 AktG der **Einwilligung** (also der vorherigen Zustimmung) des Aufsichtsrats. Die Regelung bezweckt, Missbräuchen vorzubeugen: Das Aufsichtsratsmitglied soll nicht „gekauft" werden können.[377] Gegenüber den Restriktionen in § 114 AktG (Rn. 263 f.) ergibt sich die Verschärfung, dass auch die Ausreichung von Krediten im Konzern – also von abhängigen Unternehmen an Aufsichtsratsmitglieder des herrschenden Unternehmens – dem Zustimmungsvorbehalt unterworfen ist.

---

[372] BGH II ZR 151/04, BB 2006, 1813.
[373] KG 2 U 6753/94, AG 1997, 42 (44); *Müller* NZG 2002, 797 (798).
[374] BGH II ZR 279/05, BB 2007, 230 (231); *Werner* DB 2006, 935 (936). Umfassend zu Beratungsverträgen mit Aufsichtsratsmitgliedern auch *Weiss* BB 2007, 1853.
[375] *Lutter/Krieger/Verse* Rn. 871 f.
[376] MHdB GesR IV/*Hoffmann-Becking* § 33 Rn. 52.
[377] *Lutter/Krieger/Verse* Rn. 879.

IV. Verwertung von Informationen

1. Verschwiegenheitspflicht

a) Umfang

§ 116 Satz 2 AktG verpflichtet den Aufsichtsrat explizit zur Verschwiegenheit.[378] **266** Das ist notwendiges Korrelat zur Verpflichtung des Vorstands, den Aufsichtsrat in allen Gesellschaftsangelegenheiten vollumfänglich zu informieren.[379] Die Verschwiegenheitspflicht der Aufsichtsratsmitglieder umfasst insb. vertrauliche Berichte des Vorstands sowie Verhandlungen und Beschlüsse des Aufsichtsrats und seiner Ausschüsse – namentlich alle abgegebenen Stellungnahmen (auch die der Vorstandsmitglieder), das Abstimmungsverhalten und letztlich das Abstimmungsergebnis.[380] Genereller Maßstab für den Umfang der Geheimhaltungspflicht ist das **Unternehmensinteresse**.[381] § 404 AktG stellt Verstöße gegen die Geheimhaltungspflicht unter Strafe. Wegen ihrer Pflicht zur Verschwiegenheit sind Aufsichtsratsmitglieder darauf beschränkt, die Arbeit des Vorstandes intern zu kritisieren.[382]

Umfängliches Konfliktpotenzial ergibt sich aus dem Spannungsverhältnis zwi- **267** schen Verschwiegenheitspflicht und anderweitigen Interessenbindungen der Aufsichtsratsmitglieder. Ausgangspunkt aller Diskussionen ist, dass die Verschwiegenheitspflicht für sämtliche Aufsichtsratsmitglieder gleichermaßen gilt – unabhängig davon, welcher Bank sie angehören und auf welche Weise sie bestellt worden sind. Die Verpflichtung zur Verschwiegenheit besteht darum unterschiedslos gegenüber Aktionären, Belegschaft, Betriebsrat und Gewerkschaften.[383] Eine kodifizierte Ausnahme ergibt sich lediglich aus § 394 AktG für Aufsichtsratsmitglieder, die ihr Amt auf Veranlassung einer Gebietskörperschaft ausüben und deren **öffentlich-rechtlicher Berichtspflicht** (allerdings nur soweit diese besteht) von Gesetzes wegen Vorrang eingeräumt wird.[384] Eine weitere Ausnahme ist anerkannt für Konzerne – und zwar unabhängig davon, ob es sich um **Vertragskonzerne** oder um **faktische Konzerne** handelt.[385] Danach können Aufsichtsratsmitglieder einer konzernverbundenen Tochtergesellschaft, soweit sie der Obergesellschaft als Mitglieder des Vertretungsorgans oder als Angestellte angehören, die im Aufsichtsrat der Tochtergesellschaft erlangten Informationen innerhalb der Obergesellschaft für Zwecke der Konzernleitung verwenden. Fraglich ist allein, ob die Information

---

[378] Die Einfügung von § 116 Satz 2 AktG hat klarstellende Funktion, schafft gegenüber der seither geltenden Erstreckung der Verschwiegenheitspflicht des Vorstands auf den Aufsichtsrat (§ 116 aF iVm § 93 Abs. 1 Satz 2 AktG) aber keine materiell-rechtliche Änderung. Vgl. *Barta* GmbHR 2002, R 313 (R 314).

[379] *Hüffer/Koch* AktG § 116 Rn. 9; *Linker/Zinger* NZG 2002, 497 (502).

[380] BGH II ZR 156/73, BGHZ 64, 325 (330); MHdB GesR IV/*Hoffmann-Becking* § 33 Rn. 63; *Grundei/Zaumseil/Fischhuber/v. Preen* Der Aufsichtsrat im System der Corporate Governance S. 411.

[381] BeckHdB GmbH/*Müller* § 6 Rn. 64. Zu der problematischen Frage des Rechts auf Einsicht in Aufsichtsratsprotokolle als Due Diligence Defense vgl. *Roth/Schoneweg* NZG 2004, 206 mwN.

[382] OLG Stuttgart 20 U 3/11, ZIP 2012, 625.

[383] BGH XI ZR 108/15, NJW 2016, 2569 (2570) = AG 2016, 493 (495, Bankprokurist), hierzu *Wettich* AG 2017, 60 (68).

[384] *Lutter/Krieger/Verse* Rn. 302.

[385] Kölner Komm./*Mertens/Cahn* § 116 Rn. 42; MHdB GesR IV/*Hoffmann-Becking* § 33 Rn. 60; aA *Schmidt/Assmann/Ulmer* BB-Sonderbeil. 1988 Nr. 13, S. 4.

ausschließlich über den Vorstand erfolgen darf oder aber auch über die Aufsichtsratsmitglieder selbst. § 100 Abs. 2 Satz 2 AktG normiert zwar das Konzernprivileg, ist aber hinsichtlich der Folgen für Verschwiegenheitspflicht nicht hinreichend aussagekräftig.[386]

b) Vorgaben in Satzung und Geschäftsordnung

268 Das Gesetz regelt den Umfang der Verschwiegenheitspflicht abschließend; maßgeblich ist eine am objektiven Unternehmensinteresse ausgerichtete, gerichtlich voll nachprüfbare Bewertung.[387] Der Spielraum für Regelungen in Satzung oder Geschäftsordnung beschränkt sich auf erläuternde **Richtlinien zum Inhalt** der Verschwiegenheitspflicht und die Festschreibung von **Verfahrensrichtlinien**, die von dem Aufsichtsratsmitglied bei Weitergabe von Informationen eingehalten werden sollen.[388] So kann im Rahmen einer Verfahrensregelung festgeschrieben werden, dass in Zweifelsfällen die Weitergabe von Informationen im Vorfeld mit dem Aufsichtsratsvorsitzenden zu beraten ist. Dem Aufsichtsrat ist auch nicht verwehrt, in der Geschäftsordnung eine Regelung aufzunehmen, die das jeweilige Aufsichtsratsmitglied nach Beendigung seiner Amtszeit zur Rückgabe von während der Aufsichtsratsmitgliedschaft überlassenen Unterlagen verpflichtet.[389]

2. Verbot von Insidergeschäften

269 Tatsachen, die der Verschwiegenheitspflicht des Aufsichtsratsmitglieds unterliegen, sind per se nicht öffentlich bekannt und qualifizieren folglich – bei Vorliegen der übrigen Voraussetzungen des Art. 7 MAR[390] – als Insidertatsachen. Dies gilt namentlich, wenn die Tatsachen im Falle ihres öffentlichen Bekanntwerdens geeignet wären, den Kurs der Aktien der börsennotierten AG erheblich zu beeinflussen.[391] Mithin wenden sich die Insiderschutzvorschriften der MAR namentlich auch an Mitglieder von Aufsichtsorganen börsennotierter Gesellschaften, die nach der Legaldefinition des Art. 8 Abs. 4 Satz 1 MAR als sog. **Primärinsider** gelten. Da Erwerbs- und Veräußerungsgeschäfte unter Ausnutzung von Insiderinformationen verboten sind (Art. 8 Abs. 1 Satz 1 iVm Art. 14 Buchst. a MAR) sind Aufsichtsratsmitglieder gesetzlich gehindert, Wertpapiergeschäfte unter Ausnutzung von Insiderinformationen abzuschließen. Typische Informationen dieser Art betreffen bevorstehende Kapitalmaßnahmen, den Abschluss von Beherrschungs- und Ge-

---

[386] Vgl. *Hüffer/Koch* AktG § 116 Rn. 12; aA *Dittmar* AG 2013, 498 (500 f.).
[387] *Hüffer/Koch* AktG § 116 Rn. 9 mwN.
[388] BGH II ZR 156/73, NJW 1975, 1412; vgl. BGH XI ZR 108/15, NJW 2016, 2569 (2571) = AG 2016, 493 (495 f.); *Lutter* Informationen und Vertraulichkeit im Aufsichtsrat S. 214 ff.; MHdB GesR IV/*Hoffmann-Becking* § 33 Rn. 67 f.; *Erker/Freund* GmbHR 2001, 463 (466).
[389] OLG Düsseldorf I-6 U 119/06, NZG 2007, 632 (633).
[390] Verordnung (EU) Nr. 596/2014 des Europäischen Parlaments und des Rates vom 16. April 2014 über Marktmissbrauch (Marktmissbrauchsverordnung) und zur Aufhebung der Richtlinie 2003/6/EG des Europäischen Parlaments und des Rates und der Richtlinien 2003/124/EG, 2003/125/EG und 2004/72/EG der Kommission, ABl. Nr. L 173 S. 1; zum Großteil in Kraft seit 3.7.2016.
[391] Siehe auch EuGH C-19/11, NJW 2012, 2787; *Bingel* AG 2012, 685; *Ihrig/Kranz* BB 2013, 451.

winnabführungsverträgen, andere wesentliche Satzungsänderungen sowie besonders wichtige Erfindungen, Entdeckungen oder Vertragsabschlüsse.[392]

3. Mitteilungspflichten und Handelsverbote nach der Marktmissbrauchsverordnung

Art. 19 MAR erweitert die ursprünglich in § 15a Abs. 1 WpHG aF enthaltenen Mitteilungspflichten. Insbesondere mit Führungsaufgaben betraute Personen, zu denen grundsätzlich auch Aufsichtsratsmitglieder gezählt werden,[393] sowie in enger Beziehung zu diesen stehende Personen sind nach Abs. 1 der Norm verpflichtet, Eigengeschäfte mit Anteilen, Schuldtiteln oder anderen damit verbundenen Finanzinstrumenten sowohl dem Emittenten als auch der Aufsichtsbehörde (BaFin) mit dem Ziel einer zeitnahen Veröffentlichung zu melden.[394] Diese Pflicht im Rahmen des Directors' Dealing besteht nach Abs. 8 nicht, solange die Gesamtsumme der Geschäfte einer Person mit Führungsaufgaben und der mit dieser Person in enger Beziehung stehenden Person insgesamt einen Betrag von 5.000 EUR bis zum Ende des Kalenderjahres nicht erreicht. Abs. 11 sieht für Führungspersonen – über andere insiderrechtliche Verbotsnormen hinausgehend (siehe Art. 14 MAR) – zudem ein auf 30 Kalendertage vor Ankündigung obligatorisch zu veröffentlichender Zwischen- und Jahresberichte beschränktes Handelsverbot vor.

Wie auch die Vorgängernorm § 15a WpHG aF sollen die Vorschriften den Anschein des heimlichen Ausnutzens eines Wissensvorsprungs vermeiden, der bei einem nachträglichen Bekanntwerden eines Geschäfts entsteht (Vorbeugefunktion).[395] Ferner sollen Investoren Anhaltspunkte gegeben werden, wie die Organmitglieder, die regelmäßig über einen Informationsvorsprung verfügen, die Zukunft der Kursentwicklung einschätzen (Indikatorfunktion).[396]

V. Haftung

1. Haftungstatbestände

Das AktG statuiert zwei Tatbestände für die Haftung von Aufsichtsratsmitgliedern, die nebeneinander zur Anwendung kommen: Einmal haftet gegenüber AG und Aktionären, wer als Aufsichtsratsmitglied vorsätzlich unter Benutzung seines Einflusses auf die AG deren Schädigung oder die Schädigung ihrer Aktionäre durch Angehörige der Verwaltung veranlasst (§ 117 AktG). Zum anderen ordnet § 116 AktG an, dass die Regelungen des § 93 AktG über die Haftung der Vorstandsmitglieder sinngemäß auch für die Haftung der Aufsichtsratsmitglieder gelten. Die nachfolgenden Ausführungen widmen sich dieser Innenhaftung der Aufsichtsratsmitglieder gegenüber der Gesellschaft nach §§ 116, 93 AktG.

a) Anknüpfung der Haftung, insb. Verletzung der Sorgfaltspflicht

Der Gesetzgeber gibt für die Haftung lediglich den generalklauselartigen Maßstab, wonach die Aufsichtsratsmitglieder in sinngemäßer Anwendung von § 93

---

[392] *Schimansky/Bunte/Lwowski* Bankrechts-Handbuch, § 107 Rn. 62.
[393] *Kumpan*, AG 2016, 446, 448. f.
[394] Weitere betroffene Personengruppen ergeben sich aus Art. 19 Abs. 10 MAR.
[395] Begr. RegE vom 14.11.2001, 251 zu § 15a WpHG aF.
[396] Vgl. *Kumpan*, AG 2016, 446 (448); jeweils zu § 15a WpHG aF.: *Hagen-Eck/Wirsch* DB 2007, 504, 507; *Schneider* BB 2002, 1817, 1818; *Weiler/Tollkühn* DB 2002, 1923, 1925.

§ 7   272   Der Aufsichtsrat

Abs. 1 Satz 1 AktG die Sorgfalt eines „**ordentlichen und gewissenhaften Geschäftsleiters**" anzuwenden haben.[397] Natürlich ist dem Umstand Rechnung zu tragen, dass Aufsichtsratsmitglieder innerhalb der dualistischen Verwaltung der AG keine Geschäftsleitungs-, sondern vielmehr Überwachungsaufgaben wahrnehmen. Daraus resultiert ein unterschiedlicher Maßstab der Sorgfaltspflicht.[398] Leitlinie der sorgfältigen Wahrnehmung der Prüfungs- und Kontrollkompetenzen durch den Aufsichtsrat ist das Unternehmensinteresse (Rn. 245 f.). Ein unternehmerischer Ermessensspielraum besteht bei der Bestimmung des Unternehmensinteresses nur, soweit der Aufsichtsrat die unternehmerische Tätigkeit des Vorstands präventiv mitgestaltet – etwa bei der Einrichtung und Wahrnehmung von Zustimmungsvorbehalten nach § 111 Abs. 4 Satz 2 AktG.[399]

§ 93 Abs. 1 Satz 2 AktG[400] bestimmt, dass eine Pflichtverletzung nicht vorliegt, wenn das Vorstandsmitglied bei einer unternehmerischen Entscheidung vernünftigerweise annehmen durfte, auf der Grundlage angemessener Information zum Wohl der Gesellschaft zu handeln. Unternehmerische Entscheidungen liegen vor, wenn prognostische Entscheidungen zu treffen sind, die nicht auf rechtlich verpflichtender Grundlage vorzunehmen sind, sondern eine Ermessenentscheidung beinhalten.[401] Über § 116 AktG findet diese Business Judgement Rule entsprechend Anwendung für die Haftung des Aufsichtsrats.[402] Allerdings gilt dieser „sichere Hafen" des § 93 Abs. 1 Satz 2 AktG für Aufsichtsratsmitglieder nicht im Bereich der traditionellen Überwachungsaufgaben. Der Wortlaut des § 93 Abs. 1 Satz 2 AktG setzt eine unternehmerische Entscheidung voraus, die im Kontrollbereich grundsätzlich nicht vorliegt.[403] Das Haftungsprivileg setzt weiter ein Handeln voraus, das von Sonderinteressen und sachfremden Einflüssen frei ist. Wer einem Interessenkonflikt unterliegt, dem kommt es nicht zu Gute. Wenn das betroffene Mitglied den Interessenkonflikt gegenüber dem Gremium nicht offenlegt, sollen auch die anderen Gremienmitglieder das Haftungsprivileg verlieren.[404] Sie sollen das Haftungsprivileg selbst dann verlieren, wenn das betroffene Mitglied seinen Interessenkonflikt zwar offenlegt, aber dennoch an der Abstimmung oder auch nur an der Beratung teilnimmt und die Entscheidung mit beeinflusst (vgl. Rn. 247). So handelt der Aufsichtsrat pflichtwidrig, wenn er nicht notfalls zur Verhinderung unvertretbarer (namentlich existenzbedrohender) Geschäftsführungsmaßnahmen ad hoc einen Zustimmungsvorbehalt für das Einzelgeschäft einrichtet und sodann die Zustimmung verweigert.

Wenn die Haftungserleichterung der Business Judgement Rule wegen eines Interessenkonfliktes entfällt, heißt dies jedoch nicht, dass die Entscheidung als solche pflichtwidrig ist, sondern nur, dass sie im Haftungsprozess gerichtlich voll nachprüfbar ist.[405]

---

[397] Zur Verschärfung des Haftungsregimes *Bachmann* AG 2011, 181.
[398] Kölner Komm. AktG/*Mertens*/*Cahn* § 116 Rn. 2; MHdB GesR IV/*Hoffmann-Becking* § 33 Rn. 72.
[399] BGH II ZR 175/95, BGHZ 135, 244 (245 f.); *Witte*/*Hrubesch* BB 2004, 725 (728); MHdB GesR IV/*Hoffmann-Becking* § 29 Rn. 31.
[400] Vgl. Art. 1 Nr. 1a UMAG v. 22.9.2005, BGBl. 2005 I 2802.
[401] Grundei/Zaumseil/*Zaumseil* Der Aufsichtsrat im System der Corporate Governance S. 431.
[402] *Schäfer* ZIP 2005, 1253 (1258).
[403] *Hüffer* NZG 2007, 47 (48).
[404] *Lutter* in FS Canaris S. 245, 248 f.; *Bunz* NZG 2011, 1294; für die Anwendbarkeit der Business Judgement Rule für nicht betroffene Organmitglieder: *Diekmann*/*Fleischmann* AG 2013, 141.
[405] MünchKomm. AktG/Bd. 2/*Spindler* § 93 Rn. 40.

F. Rechte und Pflichten der Aufsichtsratsmitglieder 273 § 7

Zur sorgfältigen individuellen Wahrnehmung der Überwachungsaufgaben gehört insb., dass sich das Aufsichtsratsmitglied alle notwendigen **Informationen** beschafft und diese ggf. auch an das Aufsichtsratsplenum weitergibt.[406] Mangelnde Selbstinformation muss auf die Besonderheiten der Aufsichtsrat-Tätigkeit abgestimmt werden, und zwar namentlich auf die Abhängigkeit der Informationsversorgung vom Vorstand.[407] Im Fall von Interessenkollisionen ist das Aufsichtsratsmitglied verpflichtet, entweder die notwendigen Schritte zur **Meidung des Konfliktpotenzials** zu unternehmen (ultimativ: Amtsniederlegung) oder aber die Kollision entsprechend einer vorrangigen Verpflichtung auf das Unternehmensinteresse zu lösen.[408] Bei börsennotierten Gesellschaften begegnet der Deutsche Corporate Governance Kodex Interessenkollisionen mit erhöhten Transparenzanforderungen (Ziff. 5.5.2 f.): Interessenkonflikte sind dem Aufsichtsrat gegenüber offenzulegen und in den Bericht an die Hauptversammlung einzustellen.[409] Konfliktpotenzial ergibt sich für Anteilseignervertreter insb. wenn sie eine doppelte Amtsstellung wahrnehmen – etwa dann, wenn neben das Aufsichtsratsamt die Amtsstellung als Vorstand, Angestellter oder Aufsichtsrat in einem anderen Unternehmen tritt.[410] Interessen und Pflichtenkollisionen für Arbeitnehmervertreter drohen insb. im Kontext von Arbeitskämpfen.[411]

Insbesondere bei Verstößen gegen die Legalitätspflicht verlangt die Rechtsprechung aktives Tätigwerden in dem Sinne, dass ein Aufsichtsratsmitglied auf die Einberufung des Aufsichtsrates drängen und diese notfalls über § 110 Abs. 2 AktG selbst initiieren muss.[412]

Ein Gang an die Öffentlichkeit ist nur ultima ratio.[413] Zur Aufdeckung eigener Verstöße ist der Aufsichtsrat nicht verpflichtet.[414]

Vom Aufsichtsrat kann eine laufende Überwachung in dem Sinne erwartet werden, dass er einzelne Geschäftsvorfälle, Zahlungseingänge und Buchungsunterlagen prüft.[415]

Ergeben sich bei der Erledigung der Aufgaben des Aufsichtsrates Fragestellungen, für welche die Kenntnisse der Aufsichtsratsmitglieder nicht ausreichen, ist der Aufsichtsrat berechtigt, zu seiner Unterstützung Sachverständige hinzuzuziehen. Wird ein solcher Berater eingeschaltet, kann dies zur Haftungsentlastung des Aufsichtsrates führen.[416] Die Aufsichtsratsmitglieder müssen sich einen eventuellen Irrtum des Sachverständigen nicht nach § 278 BGB zurechnen lassen. Die Rechtsprechung

---

[406] LG Dortmund 20 O 143/93, AG 2002, 97 (98).
[407] *Cahn* WM 2013, 1293 (1297 ff.).
[408] *Hopt* ZGR 2002, 333 (371 f.).
[409] Vgl. auch *Semler/Stengel* NZG 2003, 1.
[410] LG Dortmund 20 O 143/93, AG 2002, 97 (99); *Ulmer* NJW 1980, 1603. Zu Interessenkonflikten von Vertretern des Bieters bei Übernahme eines Aufsichtsratsmandats der Zielgesellschaft *Möllers* ZIP 2006, 1615.
[411] Kölner Komm. AktG/*Mertens/Cahn* § 116 Rn. 31. Zum Vorrang des Unternehmensinteresses bei dem Interessenkonflikt eines Aufsichtsratsmitglieds, das als Gewerkschaftsfunktionär zum Streik in dem Unternehmen aufruft: *Ruzik* NZG 2004, 455 (456).
[412] OLG Braunschweig V ZR 171/11, NJW 2012, 2797 (2800): andernfalls Untreue durch Unterlassen; zur Anwendung des § 266 StGB auf Aufsichtsratsmitglieder *Brand/Petermann* WM 2012, 62; siehe auch BGH 3 StR 17/15, AG 2016, 501 f.
[413] OLG Stuttgart 20 U 3/11, AG 2012, 298 (303).
[414] *Grunewald* NZG 2013, 841.
[415] OLG Stuttgart 20 W 1/12, AG 2012, 762 (764).
[416] *Lutter/Krieger/Verse* Rn. 1015.

stellt jedoch hohe Anforderungen an eine Haftungsentlastung durch fehlerhafte Beratung.[417]

b) Differenzierung nach Funktion

274 Grundsätzlich obliegt allen Mitgliedern des Aufsichtsrats die **gleiche Sorgfaltspflicht** iSe Mindeststandards.[418] Vor allem kann zwischen den verschiedenen Gruppen der Aufsichtsratsmitglieder (Anteilseignervertreter einerseits, Arbeitnehmervertreter andererseits) nicht differenziert werden. Vielmehr muss sich jedes Aufsichtsratsmitglied diejenigen Mindestkenntnisse und -fähigkeiten aneignen, die erforderlich sind, um die üblicherweise anfallenden Geschäftsvorgänge verstehen und sachgerecht beurteilen zu können.[419] Ist streitig, ob die Aufsichtsratsmitglieder die Sorgfalt eines ordentlichen und gewissenhaften Aufsichtsratsmitglieds angewandt haben, trifft sie die Beweislast, § 93 Abs. 2 Satz 2 AktG.

275 Trotz des Grundsatzes der Gesamtverantwortung ist es denkbar, dass für einzelne Mitglieder des Aufsichtsrats ein **individuell erhöhter Sorgfaltsmaßstab** gilt, weil sie aufgrund gesteigerter Fachkunde besondere Funktionen übernehmen und dadurch erhöhtes Vertrauen in ihre Überwachungstätigkeit schaffen.[420] Das kann namentlich Bankenvertreter bei der Prüfung der Liquidität der Gesellschaft oder auch Rechtsanwälte bei der Prüfung rechtlicher Risiken einzelner Geschäftsabschlüsse betreffen.[421] Anknüpfungspunkt ihrer gesteigerten Pflichten und der daraus resultierenden Haftung ist aber wohlgemerkt nicht allein die erhöhte individuelle Leistungsfähigkeit, sondern vielmehr die darauf gründende **Übernahme besonderer Funktionen** (Übernahmeverschulden), etwa dergestalt, dass sich die betreffenden Aufsichtsratsmitglieder wegen ihrer besonderen Fähigkeiten in Fachausschüsse wählen lassen.[422] In diesem Fall verbleibt es für die übrigen Aufsichtsratsmitglieder bei der Verpflichtung, die besonderen Funktionsträger unter Zugrundelegung des allgemeinen Sorgfaltsmaßstabs (iSe nicht disponiblen Mindeststandards) zu überwachen und deren Beurteilung auf Plausibilität und Folgerichtigkeit zu überprüfen.

2. Versicherbarkeit des Haftungsrisikos

276 Ein Haftungsausschluss zugunsten des Aufsichtsratsmitglieds ist weder durch Satzung noch durch Einzelvereinbarung möglich.[423] Allerdings kann das Schadensersatzrisiko durch Abschluss entsprechender Versicherungen abgeschichtet werden (Haftpflicht-, aber auch Rechtsschutzversicherung), wobei der Deutsche Corporate Governance Kodex bei Abschluss entsprechender Versicherungen (D&O-Versicherung) die Vereinbarung eines angemessenen Selbstbehalts fordert (Ziff. 3.8 Abs. 2). Sofern die AG die **Versicherungsprämien** übernimmt, handelt es sich der Sache nach um einen Teil der Aufsichtsratsvergütung.[424] Insofern muss die Übernah-

---

[417] BGH II ZR 234/09, NZG 2011, 1271; II ZR 171/10, NZG 2012, 672; *Sander/Schneider* ZGR 2013, 725 (746 ff.).
[418] *Mutter/Gayk* ZIP 2003, 1773 (1774); MHdB GesR IV/*Hoffmann-Becking* § 33 Rn. 74.
[419] BGH II ZR 27/82, BGHZ 85, 293 (295).
[420] *Hüffer/Koch* AktG § 116 Rn. 4.
[421] LG Hamburg 8 O 229/79, ZIP 1981, 194 (197).
[422] Für das Aufsichtsratsmitglied mit „beruflich erworbenen Spezialkenntnissen" weitergehend BGH II ZR 234/09, NZG 2011, 1271.
[423] *Lutter/Krieger/Verse* Rn. 1024.
[424] *Theusinger/Guntermann* AG 2017, 799 (803); kritisch Kölner Komm. AktG/*Mertens/Cahn* § 113 Rn. 16.

me der Versicherungsprämien entweder in der Satzung festgesetzt oder von der Hauptversammlung bewilligt sein (§ 113 Abs. 1 Satz 2 AktG). Fehlt es an einer solchen Vergütungsregelung, ist die AG gehindert, für ihre Aufsichtsratsmitglieder entsprechende Versicherungen abzuschließen oder die Prämien im Rahmen des allgemeinen Auslagenersatzes zu erstatten.

VI. Individualklagerechte

Die Frage, inwieweit einzelne Aufsichtsratsmitglieder Gerichte in Anspruch nehmen können, muss differenziert betrachtet werden. Dabei ist zunächst zwischen der **persönlichen Rechtsstellung** des Aufsichtsratsmitglieds außerhalb seiner Organstellung und der Wahrnehmung seiner **organschaftlichen Rechtsstellung** zu unterscheiden. Soweit das einzelne Aufsichtsratsmitglied in seiner Organfunktion den Rechtsweg beschreitet, ist zu differenzieren zwischen Klage- und Antragsbefugnissen zur Durchsetzung einer ordnungsgemäßen Besetzung von Aufsichtsrat und Vorstand, Klagebefugnissen gegen fehlerhafte Aufsichtsrats- und Hauptversammlungsbeschlüsse und schließlich Klagebefugnissen zur Durchsetzung organschaftlicher Rechte.[425]

1. Klagen kraft persönlicher Rechtsstellung

Ohne prozessuale Besonderheiten verläuft die Durchsetzung persönlicher Ansprüche des Aufsichtsratsmitglieds gegenüber der AG. Hierbei dürfte es vor allem um **Ansprüche auf Vergütung und Auslagenersatz** gehen. Hier handelt es sich um Forderungen, die dem Aufsichtsratsmitglied persönlich zustehen und ohne Weiteres Klagebefugnis verleihen.[426]

2. Klagen kraft organschaftlicher Rechtsstellung

Im Bereich der organschaftlichen Rechtsstellung des Aufsichtsratsmitglieds sind folgende Fallgruppen zu unterscheiden:
- **Nicht ordnungsgemäße Besetzung von Aufsichtsrat und Vorstand**: Nach § 104 AktG hat jedes einzelne Aufsichtsratsmitglied im Fall unvollständig besetzter Aufsichtsräte die Möglichkeit, die gerichtliche Bestellung eines neuen Aufsichtsratsmitglieds zu beantragen (vgl. dazu Rn. 213 ff.). Ein entsprechendes Recht besteht nach § 85 AktG auch mit Blick auf den personell unzureichend besetzten Vorstand. Darüber hinaus besteht nach § 98 Abs. 2 Nr. 2 AktG, § 6 Abs. 2 MitbestG die Möglichkeit, die richtige Zusammensetzung des Aufsichtsrats (den Mitbestimmungsstatus) gerichtlich klären zu lassen (vgl. Rn. 43 f.).
- **Fehlerhafte Beschlüsse des Aufsichtsrats und der Hauptversammlung**: Die Unwirksamkeit von Beschlüssen des Aufsichtsrats kann beim für die Gesellschaft örtlich zuständigen Landgericht von jedem Aufsichtsratsmitglied im Wege der Feststellungsklage nach § 256 ZPO geltend gemacht werden (vgl. auch Rn. 168 f.).[427] Die Klagebefugnis ergibt sich aus der Aufsichtsratsmitgliedschaft und der daraus folgenden Mitverantwortung für die Rechtmäßigkeit der Beschlüsse des Aufsichtsrats.[428] Da der Aufsichtsrat als solcher keine Parteifähig-

---

[425] Lutter/Krieger/Verse Rn. 831 f.
[426] MHdB GesR IV/Hoffmann-Becking § 33 Rn. 70.
[427] Lutter/Krieger/Verse Rn. 836.
[428] BGH II ZR 89/92, BGHZ 122, 342 (344); Kölner Komm. Mertens/Cahn § 108 Rn. 112.

keit besitzt, ist die Klage richtigerweise gegen die AG zu richten, die insoweit vom Vorstand vertreten wird.[429] Daneben kann jedes Aufsichtsratsmitglied nach § 249 AktG Klage auf Feststellung der Nichtigkeit eines Hauptversammlungsbeschlusses erheben oder nach näherer Maßgabe des § 245 Nr. 5 AktG fehlerhafte Hauptversammlungsbeschlüsse anfechten.

- **Organschaftliche Mitgliedschaftsrechte**: Unbestritten ist, dass das Aufsichtsratsmitglied subjektive Mitgliedschaftsrechte innerhalb des Aufsichtsrats (organinterner Streit), aber auch gegenüber anderen Organen im Klagewege durchsetzen kann.[430] In der ersten Fallgruppe sind insb. Auseinandersetzungen mit dem Aufsichtsratsvorsitzenden zu nennen (zB bezüglich Verbot der Sitzungsteilnahme). In die zweite Fallgruppe fallen Auseinandersetzungen mit dem Vorstand, beispielsweise über die Berichterstattung an den Aufsichtsrat nach § 90 Abs. 3 Satz 2 AktG. In beiden Fällen ist die Frage problematisch, gegen wen die jeweilige Klage des Organmitglieds zu richten ist.[431] Ob das einzelne Aufsichtsratsmitglied darüber hinaus anstelle des Aufsichtsrats dessen Rechtspositionen im Klagewege durchsetzen kann (gleichsam im Wege einer actio pro socio), ist problematisch. Hier wird in Wirklichkeit zumeist ein Konflikt zwischen einer Mehrheit und einer Minderheit des Aufsichtsrats aufgetreten sein, der über den Umweg eines Rechtsstreits mit einem anderen Organ (dem Vorstand) ausgetragen werden soll. Der BGH hat für diesen Fall zu Recht die Klagebefugnis des einzelnen Aufsichtsratsmitglieds verneint.[432]

---

[429] MHdB GesR IV/*Hoffmann-Becking* § 33 Rn. 91.
[430] *Lutter/Krieger/Verse* Rn. 838.
[431] Zum Meinungsstand vgl. MHdB GesR IV/*Hoffmann-Becking* § 33 Rn. 94 mwN.
[432] BGH II ZR 57/88, BGHZ 106, 54 (66 f.), so zuletzt auch OLG Stuttgart 20 U 14/06, NZG 2007, 549.

§ 8 Kapitalerhaltung und Gesellschafterfremdfinanzierung

Bearbeiter: Prof. Dr. Florian Drinhausen/Thomas Schmidt

Übersicht

	Rn.
A. Die Vermögensbindung in der AG und der KGaA	1–18
I. Haftungsfunktion der Vermögensbindung	1–7
1. Hintergrund und Umsetzung	1, 2
2. Vermögensbindung als abschließendes Instrument	4–7
II. Gebundenes Vermögen	8–11
III. Besonderheiten bei der KGaA	12–18
1. Kapitalanteil des Komplementärs und der Kommanditaktionäre	12, 13
2. Entnahmerecht der Komplementäre	14–18
B. Verbot der Einlagerückgewähr	20–81
I. Prinzipieller Anwendungsbereich	20–39
1. Leistung der AG an Aktionäre	20
2. Offene Einlagenrückgewähr	21
3. Verdeckte Einlagenrückgewähr	22–35
a) Umsatzgeschäfte mit Aktionären	23–25
b) Darlehensgewährung und Sicherheitenbestellung zugunsten von Aktionären	26–29
c) Abkauf von Klageberechtigten	30
d) Kapitalmarktrechtliche Prospekthaftung	31, 32
e) Aktienplatzierung	33
f) Sonstige Konstellationen	34
4. Leistungen durch, an oder unter Dritten	35–39
a) Leistungen an Dritte	36, 37
b) Leistungen durch Dritte	38
c) Leistungen unter Dritten	39
II. Ausnahmen	40–52
1. Zulässiger Erwerb eigener Aktien	41, 42
2. Unternehmensverträge und Eingliederung	43
3. Faktischer Konzern	44
4. Kapitalherabsetzung	45
5. Abschlagszahlung auf den Bilanzgewinn	46
6. Vergütung von Nebenleistungen	47
7. Cash-Pooling	48, 49
8. Sachdividende	50, 51
9. Erwerb wechselseitiger Beteiligungen	52
III. Rechtsfolgen	59–74
1. Keine Nichtigkeit der Rechtsgeschäfte	59–63
a) Früher herrschende Meinung	59
b) Heute herrschende Meinung	60–63
2. Zurückbehaltungsrecht	64
3. Rückgewähranspruch nach § 62 AktG	67–70
a) Inhalt	65, 66
b) Gläubiger und Schuldner	67, 68
c) Durchsetzbarkeit	69, 70
d) Gutglaubensschutz bei Dividendenempfang	71, 72

§ 8 Kapitalerhaltung und Gesellschafterfremdfinanzierung

    4. Schadensersatzansprüche 73
    5. Sonstige Ansprüche 74

C. **Verdeckte Gewinnausschüttung (verdeckte Einlagerückgewähr) im Steuerrecht** 80–120
    I. Abgrenzung 80, 81
    II. Offene und verdeckte Gewinnausschüttungen 82, 83
    III. Begriff der verdeckten Gewinnausschüttung im Steuerrecht 84, 85
    IV. Steuerliche Tatbestandsvoraussetzungen im Einzelnen ... 90–109
        1. Vermögensminderung oder verhinderte Vermögensvermehrung 90–95
            a) Vermögensminderung 91
            b) Verhinderte Vermögensvermehrung 92, 93
            c) Vorteilsausgleich 94
            d) Rückgängigmachung einer verdeckten Gewinnausschüttung 95
        2. Veranlassung durch das Gesellschaftsverhältnis 96–104
            a) Sorgfalt eines ordentlichen und gewissenhaften Geschäftsleiters 96–98
            b) Sorgfaltsmaßstab 99, 100
            c) Fremdvergleich 101, 102
            d) Grenzen des Fremdvergleichs: Rückhalt im Konzern 103
            e) Gesellschafterstellung/nahestehende Person 104
        3. Sonderregelungen für beherrschende Gesellschafter .. 105–109
    V. Rechtsfolgen der verdeckten Gewinnausschüttung bei der Kapitalgesellschaft 110, 111
        1. Bewertung der verdeckten Gewinnausschüttung 110
        2. Steuerliche Belastung 111
    VI. Rechtsfolgen der verdeckten Gewinnausschüttung beim Gesellschafter 112–117
    VII. Formelle und materielle Korrespondenz 118, 119
    VIII. Kapitalertragsteuer und verdeckte Gewinnausschüttung . 120

D. **Gesellschafterfremdfinanzierung (Zinsschranke)** 122–148
    I. Von der Gesellschafterfremdfinanzierung zur Zinsschranke 122
    II. Funktionsweise und Wirkungen der Zinsschranke 123–126
    III. EBITDA-Vortrag 127
    IV. Zinsvortrag 128
    V. Ausnahmen von der Zinsschranke 129–139
        1. Freigrenze 130, 131
        2. Keine Konzernzugehörigkeit („Konzernklausel") ... 132–136
        3. Eigenkapitalvergleich („Escape-Klausel") 137–139
    VI. Gesellschafterfremdfinanzierung (Rückausnahmen nach § 8a KStG) 140–148
        1. Schädliche Gesellschafterfremdfinanzierung 140
        2. Rückausnahme bei Konzernzugehörigkeit („Konzernklausel") 141–144
        3. Rückausnahme Eigenkapitalvergleich („Escape-Klausel") 145–148

A. Die Vermögensbindung in der AG und der KGaA

I. Haftungsfunktion der Vermögensbindung

1. Hintergrund und Umsetzung

Für die Verbindlichkeiten der AG haftet den Gläubigern nur das Gesellschaftsvermögen (§ 1 Abs. 1 Satz 2 AktG). Dieses für Kapitalgesellschaften charakteristische (vgl. parallel § 13 Abs. 2 GmbHG) grundlegende Wesensmerkmal der AG privilegiert die Aktionäre. Es zählt zu den zentralen Aufgaben des Aktienrechts, diesen Ausschluss der persönlichen Haftung der Gesellschafter zu kompensieren, insbesondere Voraussetzungen dafür aufzustellen, dass Aktionäre auf das Vermögen der AG zugreifen. Dieses Interessenausgleichs nimmt sich das Gesetz in den Bestimmungen zur **Kapitalaufbringung** und zur **Kapitalerhaltung** an. Das Prinzip der realen Kapitalaufbringung setzen dabei in erster Linie § 9 Abs. 1 AktG (Verbot der Unterpari-Emission), §§ 36 Abs. 2, 54 Abs. 2, 36a (Verpflichtung der Aktionäre, ihre Einlagen zu leisten) sowie Publizitäts- (§§ 26, 27 AktG) und Prüfungsvorschriften (§§ 32 Abs. 2, 33 Abs. 2, Nr. 4, 34, 38 Abs. 2, 52 AktG) in der Gründungsphase um. Der Erhaltung des hiernach aufgebrachten Kapitals dient vor allem das umfassende Verbot der Einlagenrückgewähr an die Aktionäre gem. § 57 AktG (vgl. Rn. 20 ff.) in Verbindung mit dem Rückgewähranspruch der Gesellschaft aus § 62 AktG. Anders als die Normen zur Kapitalaufbringung, die nur das Grundkapital, allenfalls noch das Agio betreffen, und anders als bei der GmbH (vgl. § 30 GmbHG)[1] schützen die §§ 57 ff., 71 ff. AktG grds. das gesamte Vermögen der AG.

Neben diese zentralen Vorschriften treten **mittelbare** und **bereichsspezifische**, ihrerseits abgestufte Vorgaben zum Vermögensschutz. Zu Ersteren gehört § 150 AktG, der die AG verpflichtet, eine gesetzliche Rücklage zu bilden. § 300 AktG modifiziert diese Pflicht für Gesellschaften, die unter einem Unternehmensvertrag beherrscht werden bzw. zur Gewinnabführung verpflichtet sind. Außerhalb des AktG finden sich ebenfalls allgemeine Regelungen, die der Sache nach Kapitalerhaltung bezwecken. So schützt das in §§ 252 ff. HGB zum Ausdruck kommende Vorsichtsprinzip ebenso das Gesellschaftsvermögen wie die Ausschüttungssperren des § 268 Abs. 8 HGB. Verbundene Unternehmen unterliegen einem eigenständigen Regime (vgl. § 291 Abs. 3 AktG), das das bei Abschluss des Unternehmensvertrages bestehende Vermögen erhalten will. So erklärt § 301 AktG den Jahresüberschuss, gekürzt um einen Verlustvortrag und um die zwingende Rücklagenzuführung, zum Höchstbetrag, der als Gewinn abgeführt werden darf. § 302 AktG schreibt einen Verlustausgleich vor. § 303 AktG gewährt den Gläubigern bei Ende des Unternehmensvertrages einen Anspruch auf Sicherheitsleistung. Einzig eingegliederte Gesellschaften unterliegen weder der allgemeinen noch der speziellen Vermögensbindung. Kompensation bietet in diesem Fall die solidarische Haftung der Hauptgesellschaft gem. § 322 AktG.

2. Vermögensbindung als abschließendes Instrument

Die im AktG verwirklichte Kapitalerhaltung ist vergleichsweise umfassend. Im Lichte dessen versteht sie sich als weitgehend abschließend. Die von der GmbH bekannte **Durchgriffshaftung** als Durchbrechung des Grundsatzes aus § 13 Abs. 2

---

[1] Vgl. etwa BGH II ZR 47/98, BGHZ 142, 92.

GmbHG – im Falle der AG also des § 1 Abs. 1 Satz 2 AktG – ist im Aktienrecht weit weniger präsent. Die Grenze bildet die nominelle Unterkapitalisierung, die Konstellation also, dass die Aktionäre erforderliche Mittel nicht in Form von Einlagen auf Aktien (Eigenkapital), sondern in Form von Darlehen (Fremdkapital) bereitstellen.[2] Als solche nicht zum Durchgriff auf die Gesellschafter führt dagegen die materielle Unterkapitalisierung.[3] Eine AG ist materiell unterkapitalisiert, soweit das Eigenkapital hinter dem tatsächlichen Bedarf zur Abwicklung ihrer Geschäfte zurückbleibt.[4] Lediglich das Mindestgrundkapital des § 7 AktG (50.000 EUR) mit den Ausformungen des § 36a AktG ist obligatorisch. Darüber hinaus steht den Gründern ein weites Ermessen zu, wie sie ihre Gesellschaft kapitalisieren. Die Finanzierungsverantwortung obliegt insoweit den Gesellschaftern. Diese Freiheit findet allenfalls in Extremfällen ihre Schranken. Als Beispiel kann eine mit dem Mindestkapital nach § 7 AktG ausgestattete AG dienen, die ein Atomkraftwerk betreibt. Hier stehen Unternehmensgegenstand und Eigenkapital in krassem Missverhältnis. In der Praxis sind solche Fälle bislang nicht ersichtlich.

5 Ähnlich schwer vorstellbar sind bei der AG, anders als bei der GmbH, die Fälle der **Vermögensvermischung** (gegenständliche Sphärenvermischung), die vor allem durch mangelnde Trennung der Buchführung oder der Vermögensbereiche[5] bedingt sein können. Dies liegt an den handelsrechtlichen Prüfungsvorschriften und der nicht so personalistischen Konzeption der AG.[6]

6 Gleichsam abschließenden Charakter haben die Vorschriften zur Vermögensbindung bei **Abhängigkeits- und Konzernverhältnissen** (§§ 17, 18 AktG) in Form der detaillierten Regelungen der §§ 300–303 AktG beim Vertragskonzern, der §§ 311–318 AktG beim faktischen Konzern und des § 322 AktG bei der Eingliederung. Da solche Vorgaben zur GmbH fehlen, sah sich die Rechtsprechung veranlasst, eine Vermögensbetreuungspflicht oder Bestandsschutzverpflichtung für die abhängige Gesellschaft zu konstruieren.[7] Diese ist auf die AG nicht zu übertragen. Allein die im Ausgangspunkt wesentlich geringeren Treuepflichten innerhalb der AG, die konzeptionell ein Kapitalsammelbecken mit einer großen Zahl von Gesellschaftern darstellt, dürften dem entgegenstehen.

7 Freilich können Aktionäre im Einzelfall aus **anderen Gründen** persönlich haften. So sind Bürgschaften (§§ 765 ff. BGB), selbstständige Garantien oder harte Patronatserklärungen (beide gesetzlich nicht geregelt) im Aktienrecht nicht selten. Eine Haftung nach § 311 III BGB ist ebenfalls denkbar, als Ausnahme sowohl von § 1 Abs. 1 Satz 2 AktG als auch von der Relativität der Schuldverhältnisse jedoch vorsichtig zu handhaben. Deliktsrechtlich können für Gesellschafter vor allem § 823 Abs. 2 BGB iVm §§ 263, 266 StGB und § 826 BGB zum Zuge kommen.[8] Ein gesellschaftsrechtlicher Durchgriff erfolgt in all diesen Konstellationen allerdings gerade nicht.[9]

---

[2] Hölters/*Solveen* AktG § 1 Rn. 14.
[3] BGH ZR 264/06, DB 2008, 1423 (1425) – GAMMA für die GmbH; das Urteil ist auf die AG übertragbar.
[4] Vgl. *Hüffer/Koch* AktG § 1 Rn. 19.
[5] Vertiefend Michalski/*Funke* GmbHG § 13 Rn. 358 ff.
[6] Großkomm AktG/*Brändel* § 1 Rn. 106; MünchKomm. AktG/Bd. 1/*Heider* § 1 Rn. 71.
[7] BGH II ZR 265/91, BGHZ 122, 123 = ZIP 1993, 585 – TBB; II ZR 178/99, ZIP 2001, 1874 – Bremer-Vulkan.
[8] *Hüffer/Koch* AktG § 1 Rn. 31.
[9] BGH VI ZR 222/58, BGHZ 31, 258 (271).

II. Gebundenes Vermögen

Das Aktienrecht zielt in Verbindung mit dem Handelsrecht darauf ab, nicht nur **8** Grundkapital und Kapitalrücklage zu erhalten, sondern das **gesamte Reinvermögen** der Gesellschaft. Dies ist unvollkommen im Verbot der Einlagenrückgewähr gem. § 57 Abs. 1 Satz 1 AktG ausgedrückt. Einlage iSd Norm ist dabei jegliches Gesellschaftsvermögen, das nicht als Bilanzgewinn ausgekehrt werden darf, also nicht nur die auf die jeweilige Aktie geleistete Einlage.[10] Dem Gesetzgeber erschien das Verbot der Einlagenrückgewähr als so elementar, dass er es in § 57 Abs. 3 AktG noch einmal positiv formulierte: Vor Auflösung der Gesellschaft darf an die Aktionäre nur der Bilanzgewinn verteilt werden. Den dazugehörigen Anspruch auf den Bilanzgewinn gibt § 58 Abs. 4 AktG den Aktionären an die Hand – vorbehaltlich einer anderweitigen Bestimmung nach Gesetz oder Satzung, durch Hauptversammlungsbeschluss oder einen zusätzlichen Aufwand aufgrund des Gewinnverwendungsbeschlusses. §§ 271 f. AktG sichern nach Auflösung der AG, also im **Abwicklungsstadium** das Kapital zugunsten der Gläubiger. Danach sind zunächst die Verbindlichkeiten zu begleichen, bevor die Aktionäre etwas erhalten (§ 271 Abs. 1 AktG); zusätzlich gilt für das gesamte Gesellschaftsvermögen eine einjährige Verteilungssperre gem. § 272 Abs. 1 AktG.

Wenn §§ 57 Abs. 3, 58 Abs. 4 AktG den **Bilanzgewinn** für maßgeblich erklären, **9** so richten sie den Blick auf die **Rechnungslegung** nach HGB, insbesondere die GuV-Rechnung nach §§ 275–278 HGB. Ergänzend tritt die spezifisch aktienrechtliche Vorschrift des § 158 AktG hinzu (vgl. § 10 Rn. 47). Im Ergebnis umfasst die Vermögensbindung in der AG mindestens das Grundkapital, die gesetzliche Rücklage, die Kapitalrücklagen nach § 272 Abs. 2 Nr. 1–3 HGB und die gesetzlich gebundenen weiteren Rücklagen (etwa die Rücklage für Anteile an einem herrschenden oder mehrheitlich beteiligten Unternehmen nach § 272 Abs. 4 HGB). Dazu können im Zuge der Jahresabschlussfeststellung oder der Gewinnverwendung (§ 58 AktG) weitere satzungsmäßige (§ 58 Abs. 1 AktG) oder beschlussbedingte (§ 58 Abs. 2, Abs. 2a, Abs. 3 AktG) Rücklagenzuführungen kommen, die aber nicht den strengen Kapitalerhaltungsregeln unterstehen. All diese Posten können von vornherein nicht Teil des Bilanzgewinns sein. Verfügbar sind insoweit nur:

Jahresüberschuss
+/./. Gewinnvortrag/Verlustvortrag aus dem Vorjahr
+ Entnahmen aus der Kapitalrücklage
+ Entnahmen aus Gewinnrücklagen
./. Einstellungen in Gewinnrücklagen

Zu beachten ist die **gesetzliche Rücklage**, die § 150 Abs. 1 AktG anordnet. Sie **10** ist zunächst aus den Kapitalrücklagen nach § 272 Abs. 2 Nr. 1–3 HGB zu bilden, dh hauptsächlich aus Agio-Beträgen. Reichen diese nicht aus, so sind Zuführungen aus dem Jahresüberschuss (5% des Jahresüberschusses) heranzuziehen. Insgesamt muss die gesetzliche Rücklage 10% oder einen höheren in der Satzung angegebenen Teil des Grundkapitals erreichen. Dabei lassen sich nur Kapitalrücklagen nach § 272 Abs. 2 Nr. 4 HGB (andere Zuzahlungen, freiwillige Leistungen) in Bilanzgewinn transferieren. Bei gesetzlichen Rücklagen und **Kapitalrücklagen** nach § 272 Abs. 2 Nr. 1–3 HGB ist dies grundsätzlich nicht möglich. Sie dürfen nach § 150 Abs. 3 und Abs. 4 AktG nur zur Deckung eines Jahresfehlbetrages oder eines Verlustvortrags und – soweit sie 10% des Grundkapitals übersteigen – zur Kapitalerhöhung aus

---

[10] BGH II ZR 141/09, BGHZ 190, 7; Kölner Komm./*Drygala* § 57 Rn. 16.

Gesellschaftsmitteln verwendet werden. Auch die Rücklage für Anteile an herrschenden oder mit Mehrheit beteiligten Unternehmen nach § 272 Abs. 4 HGB darf nur aufgelöst werden, wenn die Anteile veräußert, eingezogen oder abgeschrieben werden, § 272 Abs. 4 Satz 4 HGB. Eigene Aktien sind seit dem BilMoG hingegen nur noch vom Posten „Gezeichnetes Kapital" abzusetzen, § 272 Abs. 1a Satz 1 HGB.

11 Interessant ist in diesem Zusammenhang auch § 256 AktG. Hier werden einige **vermögensschützende Vorschriften** über die Bilanz aufgezählt, deren Verletzung den **Jahresabschluss nichtig** macht: Abs. 1 Nr. 1 – Gläubigerschutz; Abs. 1 Nr. 4 – Rücklagenbewegung; Abs. 5 Nr. 1 – Überbewertung. Dies demonstriert, wie wichtig dem Gesetzgeber diese Vorgaben sind.

III. Besonderheiten bei der KGaA

1. Kapitalanteil des Komplementärs und der Kommanditaktionäre

12 Die KGaA ist eine juristische Person mit zwei Typen von Gesellschaftern, den persönlich haftenden (Komplementäre, Geschäftsinhaber) einerseits und den Kommanditaktionären andererseits, § 278 Abs. 1 AktG. Auf das Innenverhältnis der **Kommanditaktionäre** sowie ihr Verhältnis zur KGaA ist **Aktienrecht** im engeren Sinne anwendbar (§ 278 Abs. 3 AktG im Zusammenspiel mit Abs. 2). In diesem Rahmen lässt sich bzgl. der Vermögensbindung auf Rn. 1 ff. verweisen.

13 Für das Verhältnis zwischen **Komplementären** und der Gesamtheit der Kommanditaktionäre gilt nach § 278 Abs. 2 AktG das Recht der Kommanditgesellschaft gem. §§ 161 ff. HGB, über § 161 Abs. 3 HGB also in weiten Teilen oHG-Recht. Überdies finden die speziellen Vorgaben der §§ 279 ff. AktG Anwendung. Die Komplementäre können Aktien an der KGaA übernehmen, wie sich aus § 285 Abs. 1 Satz 1 BGB schließen lässt.[11] Insoweit greifen im selben Maße die Regeln der Kapitalerhaltung. Die Satzung kann den Kommanditaktionären aber darüber hinaus gestatten, **Sondereinlagen** zu erbringen, die nicht auf das Grundkapital geleistet werden, vgl. § 281 Abs. 2 AktG.[12] Auf diese Einlagen findet nach hM allein das Recht der Kommanditgesellschaft (§§ 161 Abs. 2, 115 Abs. 3 HGB iVm §§ 705 ff. BGB) Anwendung.[13] Hieraus ergibt sich, dass die Sondereinlagen gem. § 286 Abs. 2 Satz 1 AktG in der Bilanz zwar im Eigenkapital, aber gesondert nach dem Posten „Gezeichnetes Kapital" auszuweisen sind.

2. Entnahmerecht der Komplementäre

14 Will der persönlich haftende Gesellschafter einer KGaA Gewinn entnehmen, so sind verschiedene Regelungen zu beachten, die in einem **Stufenverhältnis** zueinander stehen.[14] Auf höchster Stufe steht die Entnahmesperre des § 288 Abs. 1 AktG. Die Norm hat zwingenden Charakter.[15] Es folgen etwaige Satzungsbestimmungen. Denn die im Übrigen anwendbaren §§ 161 Abs. 2, 122 Abs. 1 HGB sind dispositiv.[16]

---

[11] MHdB GesR IV/*Herfs* § 77 Rn. 20.
[12] *Hüffer/Koch* AktG § 281 Rn. 2.
[13] MünchKomm. AktG/Bd. 5/*Perlitt* § 281 Rn. 20; Großkomm. AktG/*Assmann/Sethe* § 281 Rn. 15.
[14] MHdB GesR IV/*Herfs* § 81 Rn. 22.
[15] Großkomm. AktG/*Asmann/Sethe* § 288 Rn. 48; Kölner Komm./*Mertens/Cahn* § 288 Rn. 25.
[16] *Hüffer/Koch* AktG § 288 Rn. 4.

B. Verbot der Einlagerückgewähr

Im Zweifel steht dem Komplementär das **Entnahmerecht** der §§ 161 Abs. 2, 122 Abs. 1 HGB von bis zu 4% seines für das Ende des letzten Geschäftsjahrs festgestellten Kapitalanteils zu. Es besteht unabhängig von Gewinn oder Verlust der KGaA.[17] Freilich wird ein auf den Komplementär entfallender Verlust von seiner Einlage abgebucht und wirkt sich infolgedessen auf seinen Kapitalanteil aus.

Ist der Kapitalanteil des Komplementärs durch Verluste **aufgezehrt**, darf der Komplementär bei übersteigenden Verlustanteilen keinen Gewinn auf seinen Kapitalanteil entnehmen, § 288 Abs. 1 Satz 1 AktG. Unter dem Strich kann der Komplementär dann höchstens seinen Kapitalanteil entnehmen. Alles andere wäre wirtschaftlich eine Kreditgewährung an ihn[18] – und als solche nach §§ 283 Nr. 5, 89 AktG zu behandeln.

Noch darüber hinaus geht § 288 Abs. 1 Satz 2 AktG, die zentrale Norm zur **Kapitalerhaltung** im Recht der KGaA Sie steht auch bei positivem Kapitalkonto Entnahmen und Gewinnzuweisungen auf den Kapitalanteil des Komplementärs entgegen, solange bestimmte Wertberichtigungsposten zum Eigenkapital – namentlich der bilanzielle Verlust der Gesellschaft, nicht durch Einlage gedeckte Verlustanteile der Komplementäre und Einzahlungsverpflichtungen und Kredite an Komplementäre und deren Angehörige – nicht durch Gewinnvortrag, Kapital- und Gewinnrücklagen und Kapitaleinlagen der Komplementäre gedeckt sind.

Zweck dieser Vorschrift ist es, dass das Grundkapital nicht durch Entnahmen der Komplementäre geschmälert wird. Der Kapitalschutz ist gegenüber den Komplementären geringer als gegenüber den Kommanditaktionären. Dies lässt sich damit rechtfertigen, dass Erstere persönlich haften, Letztere nur auf ihre Aktien.

Nicht von der Entnahmesperre erfasst sind **gewinnunabhängige Tätigkeitsvergütungen** der Komplementäre (§ 288 Abs. 3 Satz 1 AktG) und jederzeit verfügbare Konten (Verrechnungskonten etc.).[19] Gesetzeswidrige Entnahmen begründen eine Rückerstattungspflicht, bei der allerdings die Anspruchsgrundlage unklar ist.[20] Ein Gutglaubensschutz entsprechend § 62 Abs. 1 Satz 2 AktG scheidet für Komplementäre, die die Geschäftsinhaber bei der KGaA sind, als nicht sachgerecht aus.[21]

B. Verbot der Einlagerückgewähr

I. Prinzipieller Anwendungsbereich

1. Leistung der AG an Aktionäre

§ 57 Abs. 1 Satz 1 AktG untersagt im Ausgangspunkt jedwede Leistung an die Aktionäre, die über den Bilanzgewinn hinausgeht (vgl. Rn. 8), es sei denn, sie ist gesetzlich oder im Rahmen des Erlaubten (§ 23 Abs. 5 AktG) durch die Satzung besonders zugelassen (etwa in § 59 Abs. 1 AktG).[22] Das Verbot ist **weit** zu verstehen, um Umgehungen zu vermeiden. Deshalb kommt es weder auf den konkreten Einlagegegenstand an noch auf die die Person, die die Einlage geleistet hat. Aus steuerlicher

---

[17] Baumbach/Hopt/*Roth* HGB § 122 Rn. 8; Henssler/Strohn/*Finckh* HGB § 122 Rn. 2.
[18] MünchKomm. AktG/Bd. 5/*Perlitt* § 288 Rn. 57; Großkomm. AktG/*Asmann/Sethe* § 288 Rn. 54.
[19] MHdB GesR IV/*Herfs* § 81 Rn. 28.
[20] Spindler/Stilz/*Bachmann* AktG § 288 Rn. 7.
[21] Spindler/Stolz/*Bachmann* AktG § 288 Rn. 7; *Hüffer/Koch* AktG § 288 Rn. 4.
[22] RGZ 107, 161; BGH II ZR 299/90, NJW 1992, 2821.

Perspektive können sogar nicht wahrgenommene Geschäftschancen als Einlagerückgewähr einzuordnen sein (vgl. Rn. 92 f.). Ob dies gleichermaßen im Rahmen des § 57 AktG gilt, ist zwar noch nicht gerichtlich entschieden worden. Jedenfalls hinreichend konkret in Aussicht stehende Geschäftschancen, denen vom Markt ein Vermögenswert beigemessen werden kann, sind nach zutreffender Ansicht dem von § 57 AktG geschützten Vermögen zuzurechnen und dürfen einem Aktionär daher nicht ohne angemessene Gegenleistung überlassen werden.[23]

2. Offene Einlagenrückgewähr

21 Die Gesellschaft kann Einlagen offen oder verdeckt zurückgewähren. Beispiele für eine offene Einlagenrückgewähr sind eine **Gewinnausschüttung** aufgrund nichtigen Feststellungs- oder Gewinnverwendungsbeschlusses, eine Vorabdividende entgegen den Maßgaben des § 59 AktG oder ein – wirksamer, § 71 Abs. 4 Satz 1 AktG – unzulässiger Erwerb eigener Aktien.[24]

3. Verdeckte Einlagenrückgewähr

22 Ungleich bedeutsamer ist die verdeckte Einlagenrückgewähr, Situationen also, in denen die Leistung an den Aktionär durch andere Geschäfte **verschleiert** werden soll.

23 a) **Umsatzgeschäfte mit Aktionären**

Im Vordergrund stehen hier Umsatzgeschäfte mit den Aktionären. Gestattet sind der AG Geschäfte mit ihren Gesellschaftern zu marktüblichen Konditionen („at arm's length"). Gestattet sind hiernach auch für die AG nachteilige Geschäfte, solange sich in den Nachteilen lediglich reguläre Marktrisiken verwirklicht haben, etwa weil Preise sich in der Zwischenzeit verändert haben.[25] Nicht gestattet sind dagegen Geschäfte, die den Aktionär zulasten der Gesellschaft begünstigen, *gerade weil* er Aktionär ist (**causa societatis**).

24 Zentrales Problem in diesem Zusammenhang ist demnach die **Abgrenzung** zwischen erlaubtem Drittgeschäft und verdeckter Einlagenrückgewähr durch Leistungsaustausch. Die Grundlage hierfür bilden **objektive** Kriterien. Ein Verstoß gegen § 57 AktG liegt danach vor, wenn ein objektives Missverhältnis zwischen Leistung und Gegenleistung besteht.[26] Maßgeblich ist, ob ein ordentlicher und gewissenhafter Geschäftsleiter das betroffene Geschäft zu den gleichen Bedingungen mit einem Dritten abgeschlossen hätte.[27] Als Maßstab heranzuziehen sind zunächst aktuelle Marktpreise. Ein allgemeiner Bewertungsspielraum ist den Beteiligten in diesem Rahmen nicht einzuräumen.[28] Abweichungen bedürfen einer Rechtfertigung durch betriebliche Gründe.[29] Fehlen marktübliche Preise, bleibt nur die Möglichkeit, den Parteien die Preisermittlung auf der Grundlage anerkannter Bewertungsmethoden zu überlassen.[30] Die Darlegungslast, dass die Gegenleistung

---

[23] *Fleischer* WM 2007, 909 (914 f.); sa MünchKomm. AktG/Bd. 1/*Bayer* § 57 Rn. 58 mwN.
[24] Zu Letzterem OLG Stuttgart 15 UF 120/10, WM 2010, 120 (124).
[25] MünchKomm. AktG/Bd. 1/*Bayer* § 57 Rn. 50.
[26] BGH II ZR 113/94, NJW 1996, 589 (590); Hölters/*Laubert* AktG § 57 Rn. 7.
[27] BGH II ZR 113/94, NJW 1996, 589 (590); OLG Hamburg 11 U 55/04, ZIP 2005, 1968 (1969).
[28] *Hüffer/Koch* AktG § 57 Rn. 10; Schmidt/Lutter/*Fleischer* AktG § 57 Rn. 12.
[29] BGH II ZR 306/85, NJW 1987, 1194 (1159).
[30] Großkomm. AktG/*Henze* § 57 Rn. 21; Spindler/Stilz/*Cahn/v. Spannenberg* AktG § 57 Rn. 22.

angemessen ist, obliegt in Zweifelsfällen, insbesondere bei kaum messbaren Dienstleistungen, demjenigen, der die Leistung erbringt.[31]
Nach zutreffender hM sind **subjektive** Kriterien daneben entbehrlich.[32] Aktionär und/oder Gesellschaft muss folglich die Marktunüblichkeit des Geschäfts aufgrund der Gesellschafterstellung nicht bewusst sein. Hierfür lässt sich gesetzessystematisch § 62 Abs. 1 Satz 2 AktG ins Feld führen, der den guten Glauben der Aktionäre an ihre Berechtigung, Leistungen von der Gesellschaft zu beziehen, nur dann schützt, wenn diese Leistungen im Zuge einer offenen Gewinnverteilung erfolgen. In anderen Fällen besteht der Rückgewähranspruch der Gesellschaft aus § 62 Abs. 1 Satz 1 AktG unabhängig von einer etwaigen Gutgläubigkeit. Dies lässt sich teleologisch dadurch untermauern, dass der umfassende Kapitalschutz, den §§ 57 ff. AktG bezwecken, empfindlich geschwächt würde, müsste die Gesellschaft subjektive Merkmale zum Zeitpunkt des Geschäftsabschlusses nachweisen.[33]

b) Darlehensgewährung und Sicherheitenbestellung zugunsten von Aktionären

Der Problemkreis rund um die Gewährung von Darlehen an Aktionäre sowie die Bestellung von Sicherheiten seitens der AG für von Aktionären eingegangene Verbindlichkeiten basiert auf der **November-Entscheidung** des BGH zur Kapitalerhaltung bei der GmbH aus dem Jahre **2003**.[34] Hier war entschieden worden, dass ein Darlehen, das nicht aus freien Rücklagen oder Gewinnvorträgen entnommen worden war, auch dann gegen § 30 Abs. 1 Satz 1 GmbHG verstoßen kann, wenn der Rückzahlungsanspruch gegen den Gesellschafter werthaltig ist. Lediglich unter den engen Voraussetzungen, dass das Darlehen im Gesellschaftsinteresse lag, mit marktüblichen Konditionen verbunden und die Rückzahlung vollständig und zweifelsfrei gewährleistet war, wollte der BGH eine Ausnahme zulassen.[35] Er weitete so die Kapitalerhaltung von einem wertmäßigen zu einem **gegenständlichen Schutz** aus.[36] Dieses Urteil war auf die AG übertragbar.[37] Mit Blick auf deren umfassendere Vermögensbindung verglichen mit der GmbH waren Aktionärsdarlehen im Ergebnis nur noch aus dem festgestellten Bilanzgewinn möglich.[38]

Eine **Rückkehr zur bilanziellen Betrachtungsweise** ordnete 2008 der Gesetzgeber des MoMiG[39] an. Er stellte mit § 57 Abs. 1 Satz 3 Alt. 2 AktG klar, dass die Gewährung eines Darlehens nicht das Verbot des § 57 Abs. 1 Satz 1 AktG verletzt, wenn der Rückgewähranspruch vollwertig ist. Liquide Haftungsmasse ist einem schuldrechtlichen Anspruch insoweit wieder als gleichwertig anzusehen. Vollwertig ist der Rückgewähranspruch, wenn ihm kein über das allgemeine Kreditrisiko hinausgehendes Risiko anhaftet oder hinreichende Sicherheiten bestellt worden sind.[40]

---

[31] *Hüffer/Koch* AktG § 57 Rn. 10.
[32] BGH IVb ZR 48/85, NJW-RR 1986, 1194 (1195) für die GmbH; MünchKomm. AktG/Bd. 1/*Bayer* § 57 Rn. 64; *Hüffer/Koch* AktG § 57 Rn. 11.
[33] Siehe dazu auch Nomos-Kommentar AktG/*Drinhausen* § 57 Rn. 9.
[34] BGH II ZR 171/01, NJW 2004, 1111.
[35] BGH II ZR 171/01, NJW 2004, 1111 (1112).
[36] RegBegr. zum MoMiG BT-Drs. 16/6140, 119, wo auf die Ausführungen zu § 30 GmbHG, S. 94 verwiesen wird.
[37] *Spindler/Stilz/Cahn/v. Spannenberg* AktG § 57 Rn. 33.
[38] Vgl. *Cahn* Der Konzern 2004, 235 (243 f.); *Wessels* ZIP 2004, 793 (796).
[39] BGBl. 2008 I 2026.
[40] *Mülbert/Leuschner* NZG 2009, 281 (282).

Auch die Rückerstattung eines Aktionärsdarlehens stellt seither keine verbotene Einlagenrückgewähr dar, § 57 Abs. 1 Satz 4 AktG.

28 Leistungen bei Bestehen eines **Beherrschungs- oder Gewinnabführungsvertrags** unterliegen hingegen nach § 291 Abs. 3 AktG nicht den allgemeinen Vorgaben des § 57 AktG. § 57 Abs. 1 Satz 3 Alt. 1 AktG hebt dies nochmals hervor. Sofern der Aktionär verbundenes Unternehmen iSd §§ 271 Abs. 2, 290 HGB ist, ist freilich zu beachten, dass die betreffende Forderung in der Bilanz gesondert ausgewiesen werden muss, § 266 Abs. 2 B II 2 HGB. Funktionell ersetzt wird das Verbot der Einlagenrückgewähr im AG-Vertragskonzern durch die gläubigerschützenden §§ 302 f. AktG.[41]

Im **faktischen AG-Konzern** geht § 311 AktG den allgemeinen §§ 57 ff. AktG als lex specialis vor.[42]

29 Auch die Bestellung von **Sicherheiten** für Verbindlichkeiten eines Aktionärs durch die Gesellschaft muss einem **Drittvergleich** standhalten. So verschafft die AG ihrem Aktionär auf diese Weise ebenso einen Kredit, wie wenn sie ihm einen solchen selbst auszahlen würde. Erforderlich sind eine objektive Bonitätsprüfung und ein angemessenes Entgelt (Avalprovision). Die AG verstößt bereits gegen § 57 Abs. 1 Satz 1 AktG, indem sie die Sicherheit bestellt. Schon hierdurch verliert sie die Dispositionsbefugnis über den besicherten Gegenstand.[43] Entsprechend stellt sich die Situation dar, wenn die AG das Darlehen des Aktionärs an einen Dritten zugunsten des Aktionärs absichert.[44]

c) Abkauf von Klagerechten

30 Auch der Abkauf von Klagerechten, insbesondere im Rahmen von aktienrechtlichen Beschlussmängelklagen gem. §§ 246 ff. AktG, kann eine verdeckte Einlagenrückgewähr sein. Unbenommen bleibt der AG in der Regel, sämtliche **Kosten des Verfahrens** auf der Grundlage des vom Gericht (hypothetisch) festgesetzten Streitwerts zu übernehmen.[45] Dazu, was darüber hinaus zulässig ist, findet sich bislang keine klare Linie. Überwiegend wird der Abkauf von Klagerechten für **generell unzulässig** gehalten.[46] Meist erfolgt dieser, indem die AG Aktien des Klägers übernimmt. Dann beurteilt sich die Zulässigkeit des Erwerbs nach § 71 Abs. 1 Nr. 1 AktG. Wie genau sich die Gesellschaft der Klage entledigt, ob durch den Erwerb eigener Aktien oder mittels sonstiger Zahlungen, kann aber nicht den Ausschlag geben. Vielmehr ist davon auszugehen, dass jede Form des „Abkaufs" von Klagerechten unter das Verbot des § 57 AktG fällt. Stattdessen sind die zur Abwehr unberechtigter Klagen vom Gesetz zur Verfügung gestellten Mittel – insbesondere das Freigabeverfahren gem. § 246a AktG – zu nutzen.[47] Allenfalls in Ausnahmefällen, wenn ein schwerer, unmittelbar bevorstehender Schaden nur durch unverzügliche Beendigung des Beschlussmängelverfahrens abgewendet werden und diese mit den gesetzlich zur Verfügung stehenden Mitteln nicht (rechtzeitig) erreicht werden

---

[41] *Hüffer/Koch* AktG § 57 Rn. 21.
[42] BGH II ZR 102/07, NZG 2009, 107; II ZR 271/08, NJW 2011, 2351; *Hüffer/Koch* AktG § 311 Rn. 49.
[43] OLG Düsseldorf 11 K 47/79, AG 1980, 273; OLG Hamburg 11 U 117/79, AG 1980, 275; OLG Koblenz 6 U 847/75, AG 1977, 231; OLG München 15 U 1532/78, AG 1980, 272.
[44] Großkomm. AktG/*Henze* § 57 Rn. 54.
[45] Großkomm. AktG/*Schmidt* § 245 Rn. 82 iVm 54; *Hüffer/Koch* AktG § 57 Rn. 13.
[46] BGH II ZR 299/90, NJW 1992, 2821; Hölters/*Solveen* AktG § 71 Rn. 6; *Hüffer/Koch* AktG § 71 Rn. 10; § 4 Rn. 146.
[47] Vgl. MünchKomm. AktG/Bd. 1/*Bayer* § 57 Rn. 78.

B. Verbot der Einlagerückgewähr 31–33 § 8

kann, kann ein Schadensersatzanspruch gegen den Vorstand gem. § 93 Abs. 2, 3 Nr. 1 AktG trotz unzulässigen Abkaufs des Klagerechts entfallen (notstandsähnliche Rechtfertigungslage).[48]

d) Kapitalmarktrechtliche Prospekthaftung

§ 57 AktG kollidiert ferner mit der kapitalmarktrechtlichen Prospekthaftung der AG aus §§ 44 f. BörsG, § 13 VerkProspG und der Haftung für falsche Ad-hoc-Mitteilungen aus §§ 37b, 37c WpHG. Hier fragt sich, ob entsprechende **Schadensersatzzahlungen** an betroffene Anleger als verbotene Einlagenrückgewähr zu qualifizieren sind. Im Falle **derivativen** Aktienerwerbs, also aus eigenem Bestand der AG, genießen die Haftungsbestimmungen Vorrang vor § 57 AktG. Hier haftet die AG aus regulären Umsatzgeschäften.[49] Derivativ ist nach hM in diesem Kontext auch der mittelbare Aktienbezug aus einer Kapitalerhöhung über ein Kreditinstitut gem. § 186 Abs. 5 AktG.[50] 31

Ob dies gleichermaßen für den **originären** Erwerb gilt, ist strittig.[51] Höchstrichterlich entschieden ist bislang lediglich, dass Schadensersatzansprüche wegen vorsätzlicher sittenwidriger Schädigung (§ 826 BGB) und vorsätzlicher Verletzung des Schutzgesetzes § 400 AktG (§ 823 Abs. 2 BGB) das Verbot des § 57 AktG unberührt lassen.[52] Ungeklärt bleibt damit der Bereich der Haftung wegen fahrlässig falscher oder unvollständiger Angaben bzw. Mitteilungen. Der BGH gründete sein Urteil freilich ganz generell auf die Gesetzesmaterialien zu §§ 15 Abs. 6 Satz 2, 37b, 37c WpHG.[53] Dies lässt den Schluss zu, dass eine Haftung aus Vorsatz nicht anders zu behandeln ist als eine Haftung aus Fahrlässigkeit.[54] Für einen allgemeinen Vorrang der kapitalmarktrechtlichen Normen spricht auch der Wille des Gesetzgebers des Dritten Finanzmarktförderungsgesetzes.[55] Eine Differenzierung nach Art des Erwerbs der Aktien ist in den Vorschriften nicht angelegt. Der Sache nach ist festzuhalten, dass der mit der Prospekthaftung intendierte Anlegerschutz weitgehend leerliefe, würde das Verbot des § 57 Abs. 1 Satz 1 AktG entsprechende Zahlungen der AG verhindern. Zudem sind die Interessen der Aktionäre gegenüber jenen der sonstigen Gläubiger der Gesellschaft insoweit nicht nachrangig.[56] Vielmehr *sind* die Aktionäre in diesem Zusammenhang gewöhnliche Gläubiger der Gesellschaft. Die Haftungsregelungen zugunsten der Anleger sind infolgedessen leges speciales zu § 57 AktG. 32

e) Aktienplatzierung

Häufig platziert eine AG **neue Aktien** mittels einer Emissionsbank, vor allem im Rahmen des mittelbaren Bezugsrechts nach § 186 Abs. 5 AktG. Dies geht regelmäßig damit einher, dass die AG das emittierende Kreditinstitut von dessen **Prospekthaftung** im Innenverhältnis freistellt. Von der Zeichnung bis zur Platzierung wird die 33

---

[48] *Hüffer/Koch* AktG § 57 Rn. 13.
[49] Großkomm. AktG/*Henze* § 57 Rn. 20; OLG Frankfurt a. M. 21 U 260/97, AG 2000, 132.
[50] Großkomm. AktG/*Henze* § 57 Rn. 24; *Krämer/Baudrich* WM 1998, 1161 (1169).
[51] Zum Meinungsstand Spindler/Stilz/*Cahn/v. Spannenberg* AktG § 57 Rn. 47.
[52] BGH II ZR 287/02, NJW 2005, 2450 (2452).
[53] BGH II ZR 287/02, NJW 2005, 2450 (2452).
[54] Spindler/Stilz/*Cahn/v. Spannenberg* AktG § 57 Rn. 48; OLG Stuttgart 5 U 6/08, NZG 2008, 951 (952).
[55] BegrRegE, BT-Drs. 13/8933, 78.
[56] So auch OLG München 7 U 5303/04, NZG 2005, 518 (520).

Drinhausen

Emissionsbank hierbei Aktionärin. Die **Freistellung** stellt dennoch keine verbotene Einlagenrückgewähr iSd § 57 Abs. 1 Satz 1 AktG dar, sofern allein die AG zu verantworten hat, dass der Prospekt unrichtig ist.[57] Hätte die AG die Aktien unmittelbar ausgegeben, unterläge nämlich sie selbst der Prospekthaftung. Der Anlegerschutz geht § 57 AktG vor (vgl. Rn. 31 f.).[58] Dann aber steht dem Emissionsunternehmen ohnehin ein Gesamtschuldnerausgleich in voller Höhe aus § 426 Abs. 1 Satz 1 BGB zu.

Anderes kann sich daraus ergeben, dass die AG einen **Altbestand** an Aktien neu platziert (*secondary offering*). Stellt sie die Emissionsbank hier frei, profitiert hiervon der Altaktionär. Er erhält den vollen Preis, während die AG das Gewährleistungsrisiko trägt.[59] Dies ist nach hM und Ansicht des BGH nur mit § 57 Abs. 1 Satz 1 AktG vereinbar, wenn die Gesellschaft ein Interesse an der Platzierung der Aktien hat, das das Risiko der Haftungsfreistellung kompensiert.[60]

f) Sonstige Konstellationen

34 Gewährt die AG eine **Kursgarantie**, so verstößt sie damit gegen § 57 Abs. 1 Satz 1 AktG.[61] Daneben ist die verdeckte Rückgewähr von Einlagen insbesondere denkbar in Form **überhöhter Vergütungen** an Aktionäre; umgekehrt in Form von **Werkleistungen** seitens der AG zu einem Preis, der nicht einmal die Kosten deckt;[62] in Form der Überlassung von **Markenrechten** ohne äquivalenten Ausgleich;[63] der vorzeitigen Rückzahlung eines **Darlehens**, um den Aktionär von einer Bürgschuld zu befreien;[64] oder des Abschlusses eines nach Sach- und Streitstand **ungerechtfertigten Vergleichs** mit einem Aktionär.[65] Grundsätzlich sind Fälle der **verdeckten Gewinnausschüttung** im steuerlichen Sinne des § 8 Abs. 3 Satz 2 KStG zugleich eine verdeckte Einlagenrückgewähr.[66]

4. Leistungen durch, an oder unter Dritten

35 Leistungen, die nicht formal zwischen AG und Aktionär erfolgen, können im Einzelfall bei der gebotenen **wirtschaftlichen Betrachtungsweise** ebenfalls gegen § 57 Abs. 1 Satz 1 AktG verstoßen. Gleiches gilt für Leistungen unter Beteiligung von dem Aktionär nahestehenden Personen. Allgemein geht es hier um Umgehungskonstruktionen.[67]

a) Leistungen an Dritte

36 Eine solche Umgehung ist etwa anzunehmen, wenn die AG zwar an einen Dritten leistet, der Aktionär hiervon jedoch de facto profitiert, ihm der **Leistungsempfang**

---

[57] MünchKomm. AktG/Bd. 1/*Bayer* § 57 Rn. 80; Spindler/Stilz/*Cahn*/v. *Spannenberg* AktG § 57 Rn. 40.
[58] Großkomm. AktG/*Henze* § 57 Rn. 55 MünchKomm. AktG/Bd. 1/*Bayer* § 57 Rn. 76.
[59] Großkomm. AktG/*Henze* § 57 Rn. 56 mwN.
[60] BGH II ZR 141/09, NZG 2011, 829 (830). OLG Köln 18 U 108/07, AG 2009, 584 (586 ff.); Grigoleit/*Grigoleit/Rachlitz* AktG § 57 Rn. 7; Spindler/Stilz/*Cahn*/v. *Spannenberg* AktG § 57 Rn. 40;
[61] Großkomm. AktG/*Henze* § 57 Rn. 68; Grigoleit/*Grigoleit/Rachlitz* § 57 Rn. 10; MünchKomm. AktG/Bd. 1/*Bayer* § 57 Rn. 76.
[62] BGH II ZR 3 06/85, NJW 1987, 1194 (1195).
[63] OLG 6 U 192/91 AG 1996, 324 (326).
[64] KG 14 U 2121/97 (LG Berlin), NZG 1999, 161.
[65] BGH II ZR 299/90, NJW 1992, 2821.
[66] Kasuistik etwa bei DPM/*Achenbach* KStG Anm. zu § 8, ABC der vGA.
[67] Vgl. *Hüffer/Koch* AktG § 57 Rn. 19.

also **zurechenbar** ist. Dies ist insbesondere der Fall, wenn Empfänger der Leistung eine vom Aktionär beherrschte Gesellschaft[68] oder eine den Aktionär beherrschende Gesellschaft[69] ist. Gleichermaßen fallen Leistungen an faktische Aktionäre wie den mitgliedschaftliche Rechte ausübenden Stellvertreter,[70] den Strohmann[71] und den Nießbraucher (§§ 1068 ff. BGB) unter § 57 AktG,[72] solche an den Pfandgläubiger nur dann, wenn er – atypischerweise – mit aktionärsähnlichen Befugnissen ausgestattet ist.[73] Erfasst sind nach dem Rechtsgedanken der §§ 89 Abs. 3 Satz 1, 115 Abs. 2 Alt. 1 AktG, 138 Abs. 1 InsO, 3 Abs. 2 AnfG[74] zudem Leistungen an nahe Angehörige wie Ehegatten und minderjährige Kinder,[75] wohl ebenso solche an den Lebenspartner.[76]

Durch Leistungen an **ehemalige Aktionäre** verletzt die AG das Verbot der Einlagenrückgewähr, wenn diese Leistungen in einem zeitlich-sachlichen Zusammenhang mit der Aktionärseigenschaft stehen und mit Rücksicht auf diese gewährt werden.[77] Dies tut die AG unter den gleichen Voraussetzungen, indem sie an **künftige Aktionäre** leistet.[78] Eine feste zeitliche Grenze ist insoweit kaum zu ziehen.[79]

b) Leistungen durch Dritte

Leistet ein Dritter an einen Aktionär und schmälert dabei mittelbar das Vermögen der AG, so ist auch dies eine verbotene Einlagenrückgewähr. Dies ist insbesondere anzunehmen, sofern der Dritte auf **Risiko** und **Rechnung** der Gesellschaft agiert.[80] Dies ist wiederum der Fall, wenn ihm gegen die AG ein Ersatzanspruch für seine Leistung an den Aktionär zusteht. Erneut leistet formal zwar ein Dritter, im wirtschaftlichen Ergebnis aber ein Adressat des § 57 AktG. Im Vordergrund stehen insoweit mit Blick auf die Pflicht zur Verlustübernahme aus § 302 AktG Leistungen seitens Tochtergesellschaften der AG, die mit jener einen Beherrschungs- oder Gewinnabführungsvertrag (§ 291 AktG) unterhalten. Darüber hinaus genügt freilich auch eine sonstige Abhängigkeit des Dritten von der AG oder die Konstellation, dass der Dritte in deren Mehrheitsbesitz steht.[81]

c) Leistungen unter Dritten

Ebenso denkbar ist, dass die beiden geschilderten Konstellationen **kombiniert** werden. So kann wirtschaftlich auf Risiko und für Rechnung der AG geleistet werden, wobei Empfänger dieser Leistung bei wirtschaftlicher Sichtweise ein Aktionär ist. Dies ist eine Leistung formal unter Dritten, die dennoch § 57 AktG unterfällt.[82]

---

[68] BGH II ZR 104/80, BGHZ 81, 311 (315) (für die GmbH).
[69] OLG Hamm 8 U 59/94, ZIP 1995, 1263 (1269 f.)
[70] Großkomm. AktG/*Henze* § 57 Rn. 83; Schmidt/Lutter/*Fleischer* AktG § 57 Rn. 31.
[71] BGH IV ZR 294/07, NZG 2008, 106.
[72] MünchKomm. AktG/Bd. 1/*Bayer* § 57 Rn. 114; Großkomm. AktG/*Henze* § 57 Rn. 84.
[73] BGH II ZR 251/91, BGHZ 119, 191 (195).
[74] Vgl. Spindler/Stilz/*Cahn/v. Spannenberg* AktG § 57 Rn. 76.
[75] BGH II ZR 276/84, ZIP 1986, 456.
[76] Spindler/Stilz//*Cahn/v. Spannenberg* AktG § 57 Rn. 76.
[77] OLG Frankfurt a. M. 6 U 192/91, AG 1996, 324 (325); OLG Hamburg 11 U 117/79, AG 1980, 275 (278).
[78] Großkomm. AktG/*Henze* § 57 Rn. 80.
[79] So auch *Hüffer/Koch* AktG § 57 Rn. 18; MünchKomm. AktG/Bd. 1*Bayer* § 57 Rn. 111.
[80] *Hüffer/Koch* AktG § 57 Rn. 17; Spindler/Stilz/*Cahn/v. Spannenberg* AktG § 57 Rn. 58.
[81] *Hüffer/Koch* AktG § 57 Rn. 17.
[82] Vgl. Nomos-Kommentar AktG/*Drinhausen* § 57 Rn. 45.

II. Ausnahmen

40 Das AktG kennt eine beträchtliche, eben deshalb aber auch **abschließende**[83] Zahl von Ausnahmen vom Verbot der Einlagenrückgewähr. Einige nennt § 57 Abs. 1 AktG unmittelbar; andere ergeben sich daraus, dass das Gesetz an anderer Stelle Leistungen der AG explizit zulässt.

1. Zulässiger Erwerb eigener Aktien

41 § 57 Abs. 1 Satz 2 AktG gestattet der AG ausdrücklich, von Aktionären eigene Aktien zu erwerben und ihnen einen entsprechenden Kaufpreis hierfür zu zahlen (vgl. hierzu § 3 Rn. 145 ff.). Die Maßgaben der §§ 71 ff. sind hierbei freilich einzuhalten. Zudem darf die Gegenleistung für die Aktien nicht höher sein als deren Verkehrswert. Erlaubt ist demnach auch insoweit lediglich ein **marktübliches Drittgeschäft** (vgl. Rn. 23 ff.). Teilweise wird bei einem nicht marktgerechten, etwa einem den Börsenkurs übersteigenden Preis angenommen, nur in Höhe des übersteigenden Betrags werde gegen § 57 Abs. 1 Satz 1 AktG verstoßen.[84] Die hM zieht hingegen die Konsequenz der **Gesamtnichtigkeit** von Verpflichtungs- wie Verfügungsgeschäft.[85] § 57 Abs. 1 Satz 2 AktG will nur für den **Erwerbsanlass** eine Ausnahme anerkennen, nicht für die Preisgestaltung.[86] Ist Letztere nicht marktgerecht, greift die Vorschrift ihrem Zweck nach daher überhaupt nicht.

42 Nach hM darf die AG zur reinen **Kurspflege** keine eigenen Aktien erwerben.[87] Eine Ausnahme erkennt das Gesetz in § 71 Abs. 1 Nr. 7 AktG nur für Kreditinstitute an. Mit Blick auf diese speziellere Bestimmung darf auf die Generalklausel der Nr. 1 nicht mehr zurückgegriffen werden.[88] Im Übrigen werden Ausnahmen allenfalls im Falle einer drohenden Überfremdung anerkannt[89] oder zumindest, wenn die AG durch den Aufkauf geschädigt werden soll.[90] Neue Aktien im Rahmen der **Gründung** oder einer **Kapitalerhöhung** darf die AG keinesfalls übernehmen, § 56 Abs. 1 AktG. Entsprechendes gilt für abhängige oder in Mehrheitsbesitz stehende Unternehmen (§§ 16, 17 AktG) in Bezug auf die Aktien der herrschenden oder mit Mehrheit beteiligten Gesellschaft, § 56 Abs. 2 AktG. Ebenso wenig darf ein Dritter als Gründer oder Zeichner oder in Ausübung eines Bezugsrechts bei einer Kapitalerhöhung Aktien für Rechnung der AG oder eines abhängigen oder in Mehrheitsbesitz stehenden Unternehmens übernehmen, wie § 56 Abs. 3 AktG ergänzt. Der Dritte haftet ohne Rücksicht auf die getroffenen Absprachen für alle aus der Übernahme resultierenden Pflichten und wird Aktionär. § 56 Abs. 3 Satz 1 AktG lässt sich entnehmen, dass er von der Gesellschaft auch keinen Aufwendungsersatz aus § 670 BGB verlangen kann.[91]

---

[83] Großkomm. AktG/*Henze* § 57 Rn. 182.
[84] MünchKomm. AktG/Bd. 1/*Bayer* § 57 Rn. 128; Großkomm. AktG/*Henze* § 57 Rn. 183.
[85] *Hüffer/Koch* § 57 Rn. 20; Kölner Komm./*Drygala* § 57 Rn. 96 mwN; Nomos-Kommentar AktG/*Drinhausen* § 57 Rn. 31.
[86] *Hölters/Laubert* AktG § 57 Rn. 14.
[87] *Hüffer/Koch* AktG § 71 Rn. 10; RegBegr. *Kropff* S. 91.
[88] *Hüffer/Koch* AktG § 71 Rn. 11.
[89] *Ekkenga* WM 2002, 317 (320); dem – allerdings vor Einführung des WpÜG – zuneigend BGH II ZR 150/58, BGHZ 33, 175 (186). Vgl. heute § 33 WpÜG.
[90] MünchKomm. AktG/Bd. 1/*Oechsler* § 71 Rn. 124; *Hüffer/Koch* AktG § 71 Rn. 9; *Hölters/Solveen* AktG § 71 Rn. 6
[91] Kölner Komm./*Drygala* § 71 Rn. 76; *Schmidt/Lutter/Fleischer* AktG § 71 Rn. 27

2. Unternehmensverträge und Eingliederung

§§ 291 Abs. 3, 57 Abs. 1 Satz 3 Alt. 1 AktG nehmen Konzerne, die durch **Beherrschungs- und/oder Gewinnabführungsverträge** verbunden sind, vom Verbot der Einlagenrückgewähr aus. Es bleibt für Leistungen an die Obergesellschaft nur die Grenze des § 301 AktG. Im Rahmen anderer Unternehmensverträgen iSd § 292 AktG gelten die §§ 57 ff. AktG uneingeschränkt. **Eingegliederte Gesellschaften** unterfallen gem. § 323 Abs. 2 AktG wiederum *nicht* der aktienrechtlichen Vermögensbindung. Ungeachtet des § 301 AktG kann eine Gesellschaft ihr Weisungsrecht aus dem Beherrschungsvertrag (§ 308 Abs. 2 AktG) dazu nutzen, die beherrschte Gesellschaft zu Zahlungen aus deren Vermögen auch über den Jahresüberschuss hinaus zu bewegen. Seit § 291 Abs. 3 AktG jedwede Leistung der AG „bei Bestehen" eines der beiden genannten Unternehmensverträge von der allgemeinen Vermögensbindung freistellt und nicht mehr nur Leistungen „auf Grund" des Vertrags, ist irrelevant, ob die Weisung der Obergesellschaft rechtmäßig ist.[92] Die Gläubiger werden dabei nach Maßgabe von §§ 302 f. AktG geschützt, die beherrschte AG über ihren Schadensersatzanspruch aus § 309 Abs. 2 Satz 1 AktG. Die Grenze für die Privilegierung der §§ 292 Abs. 3, 57 Abs. 1 Satz 3 Alt. 1 AktG bilden existenzbedrohende Weisungen.[93]

43

3. Faktischer Konzern

Fehlt ein Beherrschungsvertrag und ist auch nicht ein Unternehmen in das andere eingegliedert, sind die Unternehmen aber dennoch unter einheitlicher Leitung eines beherrschenden Unternehmens zusammengefasst (§ 18 Abs. 1 Satz 1 AktG), so bilden sie einen einfachen faktischen Konzern. Die Rechtsfigur des qualifiziert faktischen Konzerns verwendet die Rechtsprechung inzwischen daneben nicht mehr.[94] § 311 Abs. 1 AktG gesteht nun im faktischen Konzern der herrschenden Gesellschaft zu, für die abhängige Gesellschaft nachteilige Maßnahmen anzuordnen, wenn sie die entstehenden Nachteile ausgleicht. Wenigstens einen Ausgleichs*anspruch* muss sie zum Ende des Geschäftsjahres gewähren, § 311 Abs. 2 AktG. Wird der Nachteilsausgleich bzw. der entsprechende Anspruch gewährt, wird das **Verbot** der Einlagenrückgewähr für das laufende Geschäftsjahr **suspendiert**.[95] § 311 AktG ist mit anderen Worten spezieller.[96] Wird den Vorgaben des § 311 AktG nicht rechtzeitig entsprochen, so lebt das Verbot des § 57 Abs. 1 Satz 1 AktG jedoch vollumfänglich wieder auf. Die allgemeinen Rechtsfolgen der §§ 62 ff. AktG (vgl. Rn. 49 ff.) treten dann in Anspruchskonkurrenz zu §§ 317 f. AktG.[97]

44

4. Kapitalherabsetzung

Werden die gesetzlichen Vorgaben, vor allem §§ 222 Abs. 3, 225 Abs. 2 AktG, eingehalten, so bedeutet eine ordentliche Kapitalherabsetzung eine zulässige Ein-

45

---

[92] *Hüffer/Koch* AktG § 291 Rn. 36.
[93] *Hüffer/Koch* AktG § 57 Rn. 21; Schmidt/Lutter/*Fleischer* AktG § 57 Rn. 37; Großkomm. AktG/*Henze* § 57 Rn. 190.
[94] Vgl. nur BGH II ZR 3/04, NJW 2007, 2689 – Trihotel.
[95] BGH II RZ 102/07, NZG 2009, 107 (108); OLG München VIII ZB 45/04, NZG 2005, 181 (183); Großkomm. AktG/*Henze* Rn. 194.
[96] BGH II ZR 141/09, NJW 2011, 2719; *Hüffer/Koch* AktG § 311 Rn. 49.
[97] OLG Hamm 27 W 3/05, ZIP 2005, 1263 (1271); Großkomm. AktG/*Henze* § 57 Rn. 169.

lagerückzahlung.[98] Für eine Kapitalherabsetzung durch Einziehung von Aktien nach §§ 237 ff. AktG gilt dasselbe.[99] Nur eine vereinfachte Kapitalherabsetzung nach §§ 229 ff. AktG darf nicht mit einer Einlagenrückgewähr verbunden sein.[100]

5. Abschlagszahlung auf den Bilanzgewinn

46 § 59 AktG erlaubt unter den genannten Voraussetzungen der AG, auf den voraussichtlichen Bilanzgewinn einen Abschlag an die Aktionäre zu zahlen. Die Norm impliziert damit, dass eine solche Einlagenrückgewähr nicht verboten ist. Die Abschlagszahlungen **begrenzt** § 59 Abs. 1 Satz 2 und 3 AktG freilich zum einen auf die Hälfte des Jahresüberschusses nach Abzug der nach Gesetz oder Satzung in die Gewinnrücklagen einzustellenden Beträge, zum anderen auf die Hälfte des Bilanzgewinns im Vorjahr. Echte Zwischendividenden in Form von Quartals- oder Halbjahresdividenden kann eine deutsche AG infolgedessen nicht ausschütten. Dem Vorschlag der Corporate Governance Kommission, solche Dividenden zu gestatten, hat der Gesetzgeber bislang nicht entsprochen.[101]

6. Vergütung von Nebenleistungen

47 § 61 AktG lässt zu, dass satzungsmäßig vorgesehene Nebenleistungen der Aktionäre **marktüblich** vergütet werden, ohne dass § 57 Abs. 1 Satz 1 AktG verletzt wäre.

7. Cash-Pooling

48 Vor Erlass des MoMiG[102] im Jahr 2008 konnte auch ein bilanziell betrachtet **vollwertiger Leistungsaustausch** zwischen AG und Aktionär infolge des November-Urteils des BGH[103] eine verbotene Einlagenrückgewähr bedeuten (vgl. Rn. 26 f.). § 57 Abs. 1 Satz 3 Alt. 2 AktG macht diese Judikatur nunmehr gegenstandslos. Insbesondere das wirtschaftlich sinnvolle Cash-Pooling innerhalb eines Konzerns ist damit wieder möglich. Ob die Rückzahlungsforderung vollwertig ist, beurteilt sich anhand des Zeitpunkts der Darlehensausreichung. Spätere, nicht vorhersehbare negative Entwicklungen der Forderung gegen den Gesellschafter und bilanzielle Abwertungen machen die Auszahlung nicht nachträglich unzulässig.[104]

49 § 71a AktG verdrängt allerdings auch bei vollwertigen Darlehensforderungen § 57 Abs. 1 Satz 3 Alt. 2 AktG (vgl. § 3 Rn. 174). Finanzierungsgeschäfte, die den Erwerb von Aktien der Gesellschaft bezwecken, sind also unbesehen ihrer Konditionen untersagt. Beide Parteien des Darlehensvertrags müssen sich freilich darüber einig sein, dass ein Erwerb eigener Aktien gefördert werden soll.[105] Das Cash-Pool-System dient jedoch in erster Linie **anderen Zwecken** als der Finanzierung des Aktienerwerbs.[106]

---

[98] Hüffer/Koch AktG § 57 Rn. 4; MünchKomm. AktG/Bd. 1/Bayer § 57 Rn. 130.
[99] MünchKomm. AktG/Bd. 1/Bayer § 57 Rn. 131.
[100] Großkomm. AktG/Henze § 57 Rn. 185; Kölner Komm./Drygala § 57 Rn. 117.
[101] Bericht der Regierungskommission Corporate Governance (2001) Rn. 201 ff.
[102] BGBl. 2008 I 2026.
[103] BGH II ZR 171/01, NJW 2004, 1111.
[104] RegBegr. MoMiG zu § 30 Abs. 1 GmbHG (Neufassung) S. 94.
[105] MünchKomm. AktG/Bd. 1/Oechsler § 71a Rn. 35; Spindler/Stilz/Cahn AktG § 71a Rn. 36.
[106] Spindler/Stilz/Cahn AktG § 71a Rn. 36.

B. Verbot der Einlagerückgewähr 50–52 § 8

8. Sachdividende

Die Aktionäre haben gem. § 58 Abs. 4 Satz 1 AktG Anspruch auf den Bilanz- 50
gewinn. Dieser Anspruch hat **grundsätzlich** eine **Barzahlung** zum Inhalt.[107]
Seit dem Transparenz- und Publizitätsgesetz[108] aus dem Jahre 2002 ist es der AG
unbenommen, in der Satzung der Hauptversammlung die Möglichkeit einzuräumen, mit einfacher Mehrheit (§ 133 Abs. 1 AktG) eine Sachausschüttung zu beschließen. Diese kann daher im Ausgangspunkt keine verbotene Einlagenrückgewähr sein.

Fraglich bleibt die **Bewertungsmethode** der Sachdividende. In Betracht kom- 51
men der Buchwert einerseits und der Verkehrswert andererseits. Dafür, zum Buchwert auszuschütten, wird vorgebracht, der Gläubigerschutz stehe dem bei Beachtung des § 150 Abs. 2 AktG nicht entgegen.[109] Sofern die Mittelverwendung transparent gemacht wird, sollen Ausschüttungen zum Buchwert als Verteilung des Bilanzgewinns – eine gesellschaftsinterne Maßnahme[110] – weder die Interessen der Aktionäre noch die des Kapitalmarkts tangieren.[111] Schon daraus, dass der Bilanzgewinn über die Höhe der Dividenden entscheidet (vgl. § 57 Abs. 3 AktG), ergibt sich jedoch, dass der **Verkehrswert** ausschlaggebend sein muss.[112] Die Bilanz enthält nämlich nur nominelle Werte und damit keine stillen Reserven.[113] Diese würden aber im Falle einer Ausschüttung zum Buchwert mit an die Aktionäre ausgekehrt. Im Ergebnis ist mit der hM im Rahmen des § 58 Abs. 5 AktG daher der Verkehrswert anzusetzen.[114]

9. Erwerb wechselseitiger Beteiligungen

Gesellschaften können ein Interesse daran haben, wechselseitige Beteiligung 52
aufzubauen, dh Anteile der jeweils anderen Gesellschaft zu erwerben. Solche Beteiligungen mindern im Ergebnis das Vermögen der wechselseitig beteiligten Gesellschaften. Insofern werden mittelbar Einlagen zurückgezahlt. §§ 19–20, 328, 71d Satz 2 AktG sind jedoch Sondervorschriften, aus welchen sich ableiten lässt, dass ein Erwerb wechselseitiger Beteiligungen – unter den Voraussetzungen des § 71d AktG – eine gestattete Einlagenrückgewähr darstellt.[115] Auch hier ist jedoch nur ein Erwerb zu marktüblichen Bedingungen zulässig.[116]

---

[107] *Hüffer/Koch* AktG § 58 Rn. 28.
[108] BGBl. 2002 I 2681.
[109] MünchKomm. AktG/Bd. 1/*Bayer* § 58 Rn. 130.
[110] *Lutter/Leinekugel/Rödder* ZGR 2002, 204 (217).
[111] MünchKomm. AktG/Bd. 1/*Bayer* § 58 Rn. 130.
[112] *Hüffer/Koch* AktG § 58 Rn. 33; *W. Müller* NZG 2002, 752 (758).
[113] Spindler/Stilz/*Cahn/v. Spannenberg* AktG § 58 Rn. 110.
[114] So auch Spindler/Stilz/*Cahn/v. Spannenberg* AktG § 58 Rn. 110; *Hüffer/Koch* AktG § 58 Rn. 33; Grigoleit/*Grigoleit/Zellner* AktG § 58 Rn. 40; Großkomm. AktG/*Henze/Notz* § 58 Rn. 197.
[115] Großkomm. AktG/*Henze* § 57 Rn. 67, 183.
[116] Spindler/Stilz/*Cahn/v. Spannenberg* AktG § 57 Rn. 133.

III. Rechtsfolgen

1. Keine Nichtigkeit der Rechtsgeschäfte

a) Früher herrschende Meinung

59 § 57 AktG enthält ein Verbotsgesetz iSd § 134 BGB.[117] Bis vor Kurzem wurde hieraus überwiegend auf die **Nichtigkeit** des Kausalgeschäfts geschlossen.[118] Diese Sichtweise entstand primär aus der Notwendigkeit heraus, einen Rückgewähranspruch herzuleiten, ehe § 62 AktG geschaffen wurde. Bei offener Einlagenrückgewähr sah die hM sogar das Vollzugsgeschäft vonseiten der AG an den Aktionär als unwirksam an.[119] Bei verdeckter Einlagenrückgewähr war dies stärker umstritten, wurde mehrheitlich aber genauso gesehen.[120] § 62 Abs. 1 AktG sollte hinsichtlich der Rechtsfolgen des schuldrechtlichen Teils dennoch abschließend sein und die bereicherungsrechtlichen Ansprüche nach den §§ 812 ff. BGB verdrängen.[121]

b) Heute herrschende Meinung

60 Spätestens seit der **BGH** sich mit Urteil vom 12.3.2013 auf die **Gegenseite** geschlagen hat,[122] hat sich das Meinungsbild allerdings gewandelt. So setzt sich mehr und mehr die Auffassung durch, aus dem Gesetz ergebe sich „ein anderes" iSd § 134 BGB aE, sodass weder das Verpflichtungs- noch das Verfügungsgeschäft nichtig seien.[123]

61 Systematisch lässt sich dies damit begründen, dass § 62 AktG eine ausdifferenzierte, insgesamt abschließende **Spezialregelung** trifft.[124] So sollen Konkurrenzprobleme mit Blick auf den Entreicherungseinwand aus § 818 Abs. 3 BGB, die Haftungsverschärfung aus §§ 818 Abs. 4, 819 Abs. 1 und die verglichen mit jener nach § 62 Abs. 3 AktG unterschiedliche **Verjährung** nach §§ 195, 199 BGB vermieden werden.[125] Der Anwendung der §§ 818 f. BGB könnte man dogmatisch zwar auch entgegentreten, indem man trotz Nichtigkeit der Rechtsgeschäfte schlicht einen Vorrang des § 62 AktG annähme. Die Nichtigkeit des Erfüllungsgeschäfts führt aber bei der Übertragung von beweglichen Sachen, Grundstücken und Rechten zu unterschiedlichen Ergebnissen schon hinsichtlich der Verjährung von Ansprüchen.

---

[117] BGH II ZR 179/12, NJW 2013, 1742 (1743); in der Vorinstanz bereits OLG München 14 U 2175/11, ZIP 2012, 1024; Großkomm. AktG/*Henze* § 57 Rn. 200; auch von *Hüffer/Koch* AktG § 57 Rn. 32 impliziert.

[118] RGZ 77, 71 (73); OLG Düsseldorf 3 WF 179/80, AG 1980, 273 (274); OLG München 15 U 1532/78, AG 1980, 272 (273); MHdB GesR IV/*Wiesner* AktG § 16 Rn. 59.

[119] Großkomm. AktG/*Henze* § 57 Rn. 200 mwN; zum Meinungsbild auch Nomos-Kommentar AktG/*Drinhausen* § 57 Rn. 46 ff.

[120] So noch Voraufl. BeckHdB AG/*W. Müller*, 2. Auflage, § 57 Rn. 60; *Hüffer/Koch* AktG § 57 Rn. 23; Großkomm. AktG/*Henze* § 57 Rn. 203; Kölner Komm./*Lutter* AktG § 57 Rn. 62 f.; RGZ 77, 71; 107, 161 (166 ff.).

[121] Großkomm. AktG/*Henze* § 62 Rn. 59 mwN.

[122] BGH II ZR 179/12, NJW 2013, 1742 (1743).

[123] MünchKomm. AktG/Bd. 1/*Bayer* § 57 Rn. 227 ff.; Grigoleit/*Grigoleit/Rachlitz* AktG § 57 Rn. 20; Hölters/*Laubert* AktG § 57 Rn. 28; *Hüffer/Koch* AktG § 57 Rn. 32; Nomos-Kommentar AktG/*Drinhausen* § 57 AktG Rn. 52 f.

[124] Hölters/*Laubert* AktG § 57 Rn. 28; *Winter* NZG 2012, 1371 (1373).

[125] BGH II ZR 179/12, NJW 2013, 1742 (1743); vgl. zur Diskrepanz der Verjährungsregelungen auch *Winter* NZG 2012, 1371 (1372).

B. Verbot der Einlagerückgewähr   62–65 § 8

§ 62 Abs. 3 AktG will ersichtlich für die Einlagenrückgewähr unabhängig vom Gegenstand der Einlage eine einheitliche Verjährung festlegen.[126]

Teleologisch ist anzumerken, dass § 57 das Vermögen der AG wertmäßig, nicht 62 gegenständlich, zu erhalten bezweckt, wie nicht zuletzt § 57 Abs. 1 Satz 3 AktG nunmehr zeigt.[127] Eine **Wertersatzhaftung** erfordert aber nicht, dass die betreffenden Geschäfte nichtig sind.[128] Zwar geht auf diese Weise ein etwaiges Aussonderungsrecht der AG in der Insolvenz (§ 47 InsO iVm § 985 BGB) verloren. Dass ihr ein solches zustehen soll, lässt sich dem AktG jedoch weder systematisch noch normativ entnehmen.[129] Zudem lässt sich die im Sachenrecht hoch bewertete **Rechtssicherheit** aufrecht erhalten, wenn das dingliche Geschäft trotz Verstoßes gegen § 57 AktG wirksam bleibt.[130] Zu guter Letzt ist, indem § 62 AktG hinsichtlich der Rechtsfolgen als absolut abschließend qualifiziert wird, ein **Gleichlauf** mit der Sichtweise bei der **GmbH** (§ 30 GmbHG) verbunden. Dass die Vermögensbindung bei der AG umfassender ist, rechtfertigt insoweit keine unterschiedlichen Konsequenzen.[131]

Unwirksam können Rechtsgeschäfte, in deren Rahmen Einlagen zurückgewährt 63 werden, ungeachtet dessen allerdings sein, wenn Vorstand und Aktionär bzw. Dritter **kollusiv** zum Nachteil der Gesellschaft zusammenwirken (§ 138 BGB).[132] Dies hat freilich nichts mehr mit § 57 AktG als Verbotsgesetz iSd § 134 BGB zu tun.

2. Zurückbehaltungsrecht

Obwohl schuldrechtliches wie dingliches Geschäft wirksam sind, hat die AG ein 64 Zurückbehaltungsrecht, das sich sogar zu einem **Erfüllungsverbot** verdichtet. Dieses folgt aus § 242 BGB. Es handelt sich um einen Fall des *dolo agit qui petit quod statim redditurus est*. Der Aktionär müsste die empfangene Leistung nämlich umgehend gem. § 62 Abs. 1 AktG zurückgewähren.[133]

3. Rückgewähranspruch nach § 62 AktG

a) Inhalt

§ 62 Abs. 1 Satz 1 AktG räumt der AG einen gesellschaftsrechtlichen Anspruch 65 auf Rückgewähr der verbotswidrigen Leistung ein. Zum Inhalt hat der Anspruch die Wiederherstellung des Gesellschaftsvermögens, wie es vor der Vermögensverschiebung bestand.[134] Bei verdeckter Einlagenrückgewähr durch Leistungs-

---

[126] Vgl. BGH II ZR 179/12, NJW 2013, 1742 (1743).
[127] BGH II ZR 179/12, NJW 2013, 1742 (1743); Grigoleit/*Grigoleit/Rachlitz* AktG § 57 Rn. 22, 24.
[128] MünchKomm. AktG/Bd. 1/*Bayer* § 57 Rn. 229; Hölters/*Laubert* AktG § 57 Rn. 28; *Joost* ZHR 1985, 419 (426 ff.).
[129] *Bezzenberger* Das Kapital der Aktiengesellschaft 2005, S. 246; *Winter* NZG 2012, 1371 (1374).
[130] BGH II ZR 179/12, NJW 2013, 1742 (1743 f.).
[131] BGH II ZR 179/12, NJW 2013, 1742 (1744); MünchKomm. AktG/Bd. 1/*Bayer* AktG § 57 Rn. 229.
[132] Großkomm. AktG/*Henze* § 57 Rn. 217 mwN.
[133] BGH II ZR 179/12, NJW 2013, 1742 (1743).
[134] BGH II ZR 24/07, NZG 2008, 467 (zur GmbH); Großkomm. AktG/*Henze* § 62 Rn. 43 ff.; vgl. auch BGH II ZR 179/12, NJW 2013 1742 (1743): „Anspruch auf Rückgewähr des verbotswidrig weggegebenen Gegenstandes"; differenzierend Spindler/Stilz/*Cahn* AktG § 62 Rn. 22.

austausch ist dem Aktionär aber eine Ersetzungsbefugnis zuzugestehen. Statt des geleisteten Gegenstands kann er die Wertdifferenz ausgleichen.[135] Es entsteht ein gesetzliches Schuldverhältnis; die §§ 275 ff. BGB sind anwendbar.

66 Verliert der zurückzugebende Gegenstand an Wert, so hat der Aktionär die Differenz durch Barzahlung an die Gesellschaft auszugleichen, es sei denn, der Wertverlust wäre ohne die verbotswidrige Vermögensverschiebung ebenfalls eingetreten.[136] Ob der Rückgewähranspruch bereits ab Fälligkeit[137] oder erst ab Verzugsbeginn[138] zu verzinsen ist, ist umstritten. Dafür, den Schuldner ab Fälligkeit auf Zinsen haften zu lassen, spricht ein Vergleich mit dem Fall, dass dem Aktionär ein nicht oder nicht angemessen verzinstes Darlehens gewährt wird. Hier ist klar, dass er aufgrund der Kapitalerhaltungsvorschriften verpflichtet ist, ein angemessenes Entgelt für die Nutzung der Valuta zu zahlen.[139] Darüber hinaus liegt es nahe, § 63 Abs. 2 Satz 1 AktG für § 62 Abs. 1 AktG entsprechend heranzuziehen.[140]

b) Gläubiger und Schuldner

67 Anspruchsberechtigt aus § 62 Abs. 1 AktG ist ausschließlich die **AG**. Der Vorstand hat den Anspruch durchzusetzen, vgl. §§ 77 Abs. 1, 78 Abs. 1 AktG. Anderen Aktionären steht dies nicht zu.[141] § 62 Abs. 2 Satz 1 AktG normiert einen – subsidiären – Fall gesetzlicher **Prozessstandschaft** zugunsten der Gesellschaftsgläubiger. Sie sind also befugt, den Anspruch der AG im eigenen Namen geltend zu machen.[142] Sie können nach hM nur Leistung an diese fordern,[143] den Schuldner jedoch durch Mahnung selbst in Verzug setzen (§ 286 BGB).[144] Keine Befriedigungsmöglichkeit iSd § 62 Abs. 2 Satz 1 AktG besteht für Gläubiger, wenn sie fruchtlos versucht haben, in das Gesellschaftsvermögen zu vollstrecken, oder die Eröffnung des Insolvenzverfahrens gem. § 26 Abs. 1 InsO mangels Masse abgelehnt wird.[145] § 62 Abs. 2 Satz 2 lässt die Ermächtigung aus Satz 1 mit Insolvenzeröffnung enden.

68 **Schuldner** des Rückgewähranspruchs ist der **Aktionär**, der entgegen den Vorschriften zur Vermögensbindung eine Leistung empfangen hat. Mit Blick auf den Wortlaut und die aktienrechtliche Natur des Anspruchs scheiden **Dritte** als Anspruchsverpflichtete grds. aus.[146] Eine Ausnahme ergibt sich, wenn der Dritte noch nicht oder nicht mehr Aktionär ist und die Leistung in zeitlich-sachlichem Zusammenhang mit der Aktionärsstellung steht (vgl. hierzu Rn. 37); § 62 AktG gilt dann analog.[147] Eine zweite Ausnahme ist anzuerkennen, wenn der Dritte

---

[135] *Hüffer/Koch* AktG § 62 Rn. 10; MünchKomm. GmbHG/*Ekkenga* § 62 Rn. 6.
[136] BGH II ZR 74/92, NJW 1993, 1922; bestätigt durch BGH II ZR 24/07, NZG 2008, 467 (für die GmbH).
[137] So *Hüffer/Koch* AktG § 62 Rn. 11; Spindler/Stilz/*Cahn* AktG § 62 Rn. 23.
[138] So RGZ 80, 148 (152); MünchKomm. AktG/Bd. 1/*Bayer* § 62 Rn. 60; Großkomm. AktG/*Henze* § 62 Rn. 39; Kölner Komm./*Drygala* § 62 Rn. 70.
[139] Spindler/Stilz/*Cahn* AktG § 62 Rn. 23.
[140] *Hüffer/Koch* AktG § 62 Rn. 11.
[141] *Zöllner* ZGR 1988, 392 (401); *Hüffer/Koch* AktG § 62 Rn. 15.
[142] Kölner Komm./*Drygala* § 62 Rn. 101; Großkomm. AktG/*Henze* § 62 Rn. 100.
[143] Kölner Komm./*Drygala* § 62 Rn. 109; Schmidt/Lutter/*Fleischer* AktG § 62 Rn. 28; *Hüffer/Koch* AktG § 62 Rn. 16; Hölters/*Solveen* AktG § 62 Rn. 17.
[144] *Hüffer/Koch* AktG § 62 Rn. 15.
[145] *Hüffer/Koch* AktG § 62 Rn. 16.
[146] *Hüffer/Koch* AktG § 62 Rn. 4.
[147] OLG Frankfurt 6 U 192/91, AG 1996, 324 (325); OLG Hamburg 11 U 117/79, AG 1980, 275 (278).

B. Verbot der Einlagerückgewähr 69–71 § 8

einem Aktionär wertungsmäßig gleichzustellen ist, etwa als Treugeber[148] (vgl. den Rechtsgedanken des § 46 Abs. 5 AktG).[149] Eine dritte Ausnahme gilt, wenn der Empfang der Leistung durch den Dritten dem Aktionär zuzurechnen, insbesondere der Dritte ein mit dem Aktionär verbundenes Unternehmen oder ein enges Familienmitglied ist (vgl. hierzu Rn. 36).[150] In all diesen Fällen hat die Gesellschaft auch das Zurückbehaltungsrecht aufgrund der Dolo-agit-Einrede (vgl. Rn. 63). Gesamtrechtsnachfolger haften regulär aus § 62 AktG; gegen Einzelrechtsnachfolger sind nach hM nur Bereicherungsansprüche (§§ 812 ff. BGB) denkbar.[151]

c) Durchsetzbarkeit

Auch wenn ein Gläubiger den Rückgewähranspruch geltend macht, stehen dem Aktionär hiergegen alle **Einwendungen** aus seinem Verhältnis zur AG zu.[152] Ihm stehen darüber hinaus alle Einwendungen aus dem Verhältnis zwischen AG und Gläubiger zu.[153] Persönliche Einwendungen des Aktionärs gegenüber dem Gläubiger sind hingegen unbeachtlich, da der Gläubiger keinen eigenen Anspruch geltend macht.[154]

§ 66 Abs. 1 AktG stärkt die Durchsetzbarkeit des Rückgewähranspruchs, indem er eine Schuldbefreiung oder ein negatives Schuldanerkenntnis seitens der AG (§ 397 BGB) sowie die Aufrechnung gegen den Anspruch aus 62 Abs. 1 AktG für unzulässig erklärt. Entsprechende Rechtsgeschäfte sind nach § 134 BGB nichtig.[155] Ein **Zurückbehaltungsrecht** gem. § 273 BGB (oder §§ 369 f. HGB) kann der Aktionär regelmäßig nicht vorbringen, wie schon die Wertung des § 66 Abs. 1 Satz 2 AktG zeigt.[156]

d) Gutglaubensschutz bei Dividendenempfang

§ 62 Abs. 1 Satz 2 AktG erhebt ausnahmsweise subjektive Merkmale in Gestalt der **Gutgläubigkeit** hinsichtlich der Berechtigung zum Leistungsempfang zur (Negativ-)Voraussetzung für einen Rückgewähranspruch bei unberechtigterweise gewährten Dividenden. Die Aktionäre sind insofern schutzwürdig, als sie die Zulässigkeit einer Gewinnausschüttung häufig nicht zuverlässig beurteilen können.[157] Die Leistung muss aufgrund eines **Gewinnverwendungsbeschlusses**, also als Ausschüttung gem. §§ 58 Abs. 3, Abs. 4, 174 Abs. 2 Nr. 2 oder § 59 AktG gewährt worden sein. Im Auge hat die Regelung vor allem eine Dividendenzahlung aufgrund eines nichtigen Beschlusses (vgl. § 241 ff. AktG sowie die sonstigen Nichtigkeitsgründe, auf die § 241 AktG verweist). Der gute Glaube muss sich auf die Berechtigung beziehen, den Gewinnanteil zu empfangen, und damit auf alle

---

[148] Spindler/Stilz/*Cahn* AktG § 62 Rn. 14 f.; MünchKomm. AktG/Bd. 1/*Bayer* § 62 Rn. 16.
[149] *Canaris* in FS R. Fischer 1979, S. 31, 40 f.
[150] *Hüffer/Koch* AktG § 62 Rn. 5; Spindler/Stilz/*Cahn* AktG § 62 Rn. 17.
[151] MünchKomm. AktG/Bd. 1/*Bayer* § 62 Rn. 25 f.; *Hüffer/Koch* AktG § 62 Rn. 4; Kölner Komm. *Drygala* § 62 Rn. 38.
[152] Spindler/Stilz/*Cahn* AktG § 62 Rn. 38; Großkomm. AktG/*Henze* § 62 Rn. 129; Grigoleit/*Grigoleit/Rachlitz* AktG § 62 Rn. 6.
[153] *Hüffer/Koch* AktG § 62 Rn. 17; Großkomm. AktG/*Henze* § 62 Rn. 130 ff.; Hölters/ *Laubert* AktG § 62 Rn. 21.
[154] Spindler/Stilz/*Cahn* AktG § 62 Rn. 39; MünchKomm. AktG/Bd. 1/*Bayer* § 62 Rn. 103.
[155] RGZ 124, 380 (383); RGZ 133, 81 (83); Kölner Komm./*Drygala* § 66 Rn. 62.
[156] MünchKomm. AktG/Bd. 1/*Bayer* § 66 Rn. 70.
[157] Vgl. Spindler/Stilz/*Cahn* AktG § 62 Rn. 25; MünchKomm. AktG/Bd. 1/*Bayer* § 62 Rn. 63.

ihr zugrunde liegenden Umstände.[158] Der aus § 276 Abs. 2 BGB zu entlehnende Maßstab der Gruppenfahrlässigkeit führt zu abgestuften Anforderungen je nach geschäftlicher Erfahrung des Aktionärs.[159] Für die Gutgläubigkeit kommt es auf den Zeitpunkt an, da der Aktionär die Dividende erhält. § 66 Abs. 1 Satz 2 AktG ist als Ausnahmevorschrift nicht analogiefähig.[160]

72 Neben dem Aktionär ist auch der **gutgläubige Zessionar** schutzwürdig. Ist der abtretende Aktionär ebenfalls gutgläubig bzgl. seiner Dividendenberechtigung, so kann sich der neue Gläubiger – nun freilich gegen die bereicherungsrechtliche Ansprüche der AG, nicht gegen § 62 Abs. 1 Satz 1 AktG – wie der Zedent mit seiner Gutgläubigkeit verteidigen.[161] Dasselbe gilt, wenn der Zessionar bei Erhalt des Gewinnanteils bösgläubig, der Zedent aber gutgläubig ist. Nur so lässt sich ein Rückgriff des Zessionars beim Aktionär nach §§ 453 Abs. 1, 437 BGB vermeiden, durch welchen der Aktionär entgegen § 62 Abs. 1 Satz 2 AktG am Ende die Dividende zurückzahlen müsste.[162] Ist der Zessionar gutgläubig, der Aktionär aber bösgläubig, so sind die Voraussetzungen für den Gutglaubensschutz gem. § 62 Abs. 1 Satz 2 AktG nicht erfüllt, und der Anspruch besteht gegen den Aktionär. Die Leistung an den neuen Gläubiger ist ihm dann nämlich zuzurechnen.[163] Dem Zessionar kommt in dieser Konstellation wiederum der Gutglaubensschutz analog § 62 Abs. 1 Satz 2 AktG zugute; auf diese Weise steht die AG wie ohne die Zession.[164]

4. Schadensersatzansprüche

73 Erleidet die AG durch die verbotene Einlagenrückgewähr einen Schaden, so können der **Vorstand** – und ggf. auch **Aufsichtsratsmitglieder** nach Maßgabe des § 116 Satz 1 AktG – nach § 93 Abs. 2, Abs. 3 Nr. 1, 2, 5 AktG haften. Gläubiger können dagegen keinen eigenen Anspruch aus § 823 Abs. 2 BGB iVm § 57 AktG herleiten, da Letzterer kein Schutzgesetz darstellt.[165] Für mitwirkende **Aktionäre** ist eine Haftung nach §§ 117 Abs. 1 AktG, 826, 280 Abs. 1 iVm § 241 II BGB denkbar. Das Deliktsrecht ist – da auf Schadensersatz, nicht auf Rückgewähr gerichtet – generell neben § 62 AktG anwendbar.[166]

5. Sonstige Ansprüche

74 **Dingliche Ansprüche** auf Rückgewähr der Einlage, insbesondere § 985 BGB einschließlich der Nebenansprüche aus dem Eigentümer-Besitzer-Verhältnis (§§ 987 ff. BGB), bestehen nicht. Das Vollzugsgeschäft ist wirksam, der Aktionär daher Eigentümer geworden. Gleichsam scheitern **Bereicherungsansprüche** nach §§ 812 ff. BGB. Auch das schuldrechtliche Geschäft ist wirksam; die AG hat folglich mit Rechtsgrund geleistet (vgl. Rn. 59 ff.).

---

[158] MünchKomm. AktG/*Bayer* § 62 Rn. 70; Großkomm. AktG/*Henze* § 62 Rn. 73.
[159] Vgl. MünchKomm. AktG/*Bayer* § 62 Rn. 74; Kölner Komm. *Drygala* § 62 Rn. 83.
[160] *Hüffer/Koch* AktG § 62 Rn. 13.
[161] MünchKomm. AktG/*Bayer* § 62 Rn. 7; Kölner Komm. *Drygala* § 62 Rn. 89; Schmidt/Lutter/*Fleischer* AktG § 62 Rn. 2
[162] Spindler/Stilz/*Cahn* AktG § 62 Rn. 29; Hölters/*Laubert* AktG § 62 Rn. 16.
[163] MünchKomm. AktG/*Bayer* § 62 Rn. 79; Großkomm. AktG/*Henze* § 62 Rn. 89; Schmidt/Lutter/*Fleischer* AktG § 62 Rn. 26.
[164] MünchKomm. AktG/*Bayer* § 62 Rn. 79; Hölters/*Laubert* AktG § 62 Rn. 16.
[165] BGH II ZR 268/88, BGHZ 342, 358 (zum insoweit parallelen § 30 GmbHG); *Hüffer/Koch* AktG § 57 Rn. 33.
[166] Großkomm. AktG/*Henze* § 62 Rn. 63; Kölner Komm. *Drygala* § 62 Rn. 76.

C. Verdeckte Gewinnausschüttung (verdeckte Einlagerückgewähr) im Steuerrecht

Schrifttum: *Knebel/Sabel/Schmidt*Sicherheitengestellung im Konzern, IStR 2012, 42; *Kroppen (Hrsg.)* Handbuch Internationale Verrechnungspreise (Loseblatt); *Puls* Finanzierungsunterstützung im Konzern aus Verrechnungspreissicht, IStR 2012, 211; *Vögele (Hrsg.)* Verrechnungspreise (4. Auflage 2015); *Töben/Fischer* Fragen zur Zinsschranke aus der Sicht ausländischer Investoren, insbesondere bei Immobilieninvestitionen von Private-Equity-Fonds, Ubg 2008, 149.

I. Abgrenzung

Wie im Zivilrecht ist auch im Steuerrecht die Sphäre des Aktionärs von der der AG zu unterscheiden. Klarer noch als das Gesellschaftsrecht unterscheidet das Steuerrecht zwischen betrieblichen und gesellschaftsrechtlich veranlassten Vorgängen. Vorgänge auf der Ebene Aktionär – AG dürfen keinen Einfluss auf die Höhe des Einkommens der AG haben.

Es darf deshalb zu keinen Einkünfteverschiebungen zugunsten des Aktionärs und zulasten der AG kommen. Ob Einkommen der AG verteilt wird oder nicht, ist für die Ermittlung und Besteuerung des Einkommens der AG ohne Bedeutung: Das ordnet § 8 Abs. 3 Satz 1 KStG an. Satz 2 dieser Bestimmung legt weiterhin fest, dass auch „**verdeckte Gewinnausschüttungen**" das Einkommen nicht mindern. Diese Bestimmung ist das steuerliche Pendant zu § 57 AktG, allerdings mit gewichtigen Unterschieden im Grundsätzlichen und im Einzelnen (vgl. Rn. 21 ff.)

II. Offene und verdeckte Gewinnausschüttungen

Gewinnausschüttungen von Körperschaften an ihre Gesellschafter werden steuerlich in **offene** und **verdeckte Gewinnausschüttungen** unterteilt. Zu differenzieren ist zudem zwischen Gewinnausschüttungen der Aktiengesellschaft an ihre Aktionäre und konzerninterne Gewinnausschüttungen von Tochtergesellschaften an die (Mutter-) Aktiengesellschaft.

Offene Gewinnausschüttungen sind solche, die auf einem den gesellschaftsrechtlichen Vorschriften entsprechenden Gewinnverteilungsbeschluss beruhen. Es lassen sich folgende offene Ausschüttungen unterscheiden:
- Die Ausschüttung stammt aus dem Gewinn (**Jahresüberschuss**) des letzten Geschäftsjahrs (Buchung: per Gewinnverwendungskonto).
- Die Ausschüttung stammt aus **Gewinnen früherer Jahre,** der zunächst nicht ausgeschüttet wurde (Buchung: per Rücklagenkonto).
- Die Ausschüttung stammt aus der **Auflösung einer Rücklage** zugunsten des laufenden Gewinns (Buchung: per Rücklagenkonto – an Gewinn- und Verlustkonto).[167]

Offene Gewinnausschüttungen stellen keine Betriebsausgabe, sondern eine Einkommensverwendung der Kapitalgesellschaft dar und dürfen daher das steuerpflichtige Einkommen der Körperschaft nicht mindern (§ 8 Abs. 3 Satz 1 KStG). Da sich offene Gewinnausschüttungen aber zunächst mindernd auf den Gewinn

---

[167] Vgl. *Schmidt/Kessens* Körperschaft- und Gewerbesteuer, S. 27.

der Körperschaft iSv § 4 Abs. 1 EStG auswirken, sind sie für Zwecke der Einkommensermittlung **außerhalb der Bilanz wieder hinzuzurechnen**. Das bedeutet:
- Offene Gewinnausschüttungen stammen immer aus dem versteuerten Einkommen der Körperschaft und
- Gewinnausschüttungen unterliegen folglich zweifach der Besteuerung: einmal auf der Ebene der Körperschaft und einmal auf der Ebene des Anteilseigners.

Vgl. hierzu im Einzelnen Rn. 84ff.

III. Begriff der verdeckten Gewinnausschüttung im Steuerrecht

84 Der Begriff der **verdeckten Gewinnausschüttung** („**vGA**") wird im Gesetz nicht definiert; er ist ein unbestimmter Rechtsbegriff, dessen Inhalt durch Auslegung zu ermitteln ist. Die Rechtsprechung des BFH hat eine heute allgemein anerkannte und gehandhabte Inhaltsbestimmung wie folgt definiert:
- jede Vermögensminderung oder verhinderte Vermögensvermehrung,
- die durch das Gesellschaftsverhältnis veranlasst ist,
- sich auf die Höhe des Gewinns der Körperschaft auswirkt und
- in keinem Zusammenhang mit einer offenen Gewinnausschüttung steht (also nicht auf einem ordnungsgemäßen Gewinnausschüttungsbeschluss beruht).[168]

85 Eine **Veranlassung durch das Gesellschaftsverhältnis** wird immer dann angenommen, wenn die Kapitalgesellschaft ihrem Gesellschafter oder einer diesem nahestehenden Person einen **Vermögensvorteil** zuwendet, den sie bei Anwendung der Sorgfalt eines ordentlichen und gewissenhaften Geschäftsleiters einem Nichtgesellschafter nicht gewährt hätte.[169]

1. Vermögensminderung oder verhinderte Vermögensvermehrung

90 Eine **Vermögensminderung** liegt vor, wenn die Aktiengesellschaft Aufwand tätigt, dem keine angemessene Gegenleistung gegenübersteht. Demgegenüber ist eine **verhinderte Vermögensmehrung** gegeben, wenn die Aktiengesellschaft auf ein angemessenes Entgelt für die erbrachte Leistung verzichtet. Hierbei ist nach der Rechtsprechung auf das zu versteuernde Einkommen (genauer: Unterschiedsbetrag gem. § 4 Abs. 1 Satz 1 EStG) abzustellen.[170]

a) Vermögensminderung

91 Bei der Prüfung der Vermögensminderung legt der BFH ein **zweistufiges Vorgehen** seiner Beurteilung zugrunde:[171] Auf der **1. Stufe** ist anhand der Steuerbilanz die Vermögensminderung zu ermitteln. Da Kapitalgesellschaften über keine (steuerliche) Privatsphäre verfügen, sind sämtliche Aufwendungen (ausgenommen offene Ausschüttungen) begrifflich Betriebsausgaben.[172] In einer **2. Stufe** werden außerbilanzielle körperschaftsteuerliche Korrekturen wie zB nicht abziehbare Betriebsausgaben, steuerfreie Einkünfte und Einnahmen etc. berücksichtigt.

---

[168] Ständige Rechtsprechung, zuletzt BFH I R 2/02, BStBl. II 2004, 131 sowie ihm folgend R 36 Abs. 1 KStR.
[169] Vgl. BFH I R 147/93, BStBl. II 1996, 204; H 36 KStR.
[170] Vgl. BFH I R 2/02, BStBl. II 2004, 131.
[171] Vgl. zB BFH I R 85/96, BStBl. II 1998, 161.
[172] Vgl. Gosch/*Gosch* KStG § 8 Rn. 247, 67.

b) Verhinderte Vermögensmehrung

Im Gegensatz zur Vermögensminderung lässt sich die verhinderte Vermögensmehrung nicht aus der Steuerbilanz ableiten: Sie stellt vielmehr eine nicht bilanziell erfasste **negative Größe des Gewinnverzichts** (nicht entstandener Gewinn) dar, die – als fiktive Größe (Soll-Einnahme, Soll-Gewinnerhöhung) – sich als solche erst aus dem Fremdvergleich erschließt.[173] Hier wird der Unterschiedsbetrag zwischen der tatsächlich erbrachten und der als angemessen angesehenen (Gegen-)Leistung der Kapitalgesellschaft außerbilanziell hinzugerechnet, wenn dieser Unterschiedsbetrag auf eine gesellschaftliche Veranlassung zurückzuführen ist. Ihren Ausdruck erfährt die verhinderte Vermögensmehrung idR in Gestalt marktüblicher Entgelte und/oder fehlender (marktüblicher) Gewinnaufschläge.

Die **Rechtsgrundlage** für die außerbilanzielle Hinzurechnung der verhinderten Vermögensmehrung lässt sich nicht ohne Weiteres aus dem Gesetzeswortlaut ableiten: Nach § 8 Abs. 3 Satz 2 KStG darf eine vGA den Gewinn nicht mindern. Daran fehlt es prima facie bei der verhinderten Vermögensmehrung, da hier ein aus dem Fremdvergleich abgeleiteter (zusätzlicher) Gewinn fingiert wird. Die ‚Gewinnminderung' lässt sich hier jedoch daraus ableiten, dass ohne die Korrektur § 8 Abs. 3 Satz 2 KStG der Gewinn der Kapitalgesellschaft in Gestalt des **„Nichterreichens des objektiv möglichen Gewinns"** gemindert ist; besteuert wird damit ein Soll-Gewinn.[174]

c) Vorteilsausgleich

Bei der Prüfung inwieweit die Aktiengesellschaft infolge der Vermögensminderung (verhinderten Vermögensmehrung) einen Nachteil erlitten hat, sind ihr durch die Aktionäre gewährte Vorteile grundsätzlich gegenzurechnen **(Vorteilsausgleich)**. Voraussetzung für die wechselseitige Verrechnung ist allerdings, dass sich Leistung und Gegenleistung synallagmatisch („do ut des") gegenüberstehen oder zumindest auf schuldrechtlicher Grundlage erbracht werden.[175] Ist der Vorteil jedoch durch das Gesellschaftsverhältnis veranlasst (zB verdeckte Einlage oder (verlorener) Gesellschafterzuschuss), scheidet eine Verrechnung zur Vermeidung einer vGA aus.[176] Dies ist zum Beispiel dann der Fall, wenn die den Vorteil gewährende Leistung nicht im Vorhinein klar und eindeutig vereinbart, tatsächlich durchgeführt oder rechtswirksam war.[177]

d) Rückgängigmachung einer verdeckten Gewinnausschüttung

Der Rückgängigmachung einer vGA steht im Steuerrecht das allgemeine **Rückwirkungsverbot**[178] (Nachzahlungsverbot, Nachholverbot) entgegen: Wird eine einmal getätigte vGA rückgängig gemacht, indem sie zB zurückgezahlt wird, wird im Regelfall davon ausgegangen, dass auch die Rückgängigmachung durch das Gesellschaftsverhältnis veranlasst ist. Die Rückzahlung einer verdeckten Ge-

---

[173] Vgl. Gosch/*Gosch* KStG § 8 Rn. 253.
[174] Vgl. Gosch/*Gosch* KStG § 8 Rn. 254.
[175] Vgl. BFH I R 95/75, BStBl. II 1977, 704.
[176] Vgl. Gosch/*Gosch* KStG § 8 Rn. 261.
[177] Vgl. H 36 „Vorteilsausgleich" KStR unter Hinweis auf BFH I R 25/82, BStBl. II 1989, 248 und BFH IV R 30/88, BStBl. II 1990, 244.
[178] Vgl. BFH I 65/61 U, BStBl. III 1962, 255; I R 266/81, BStBl. II 1984, 723; H 37 „Rückgängigmachung" KStR, BMF 6. 8. 1981, BStBl. I 1981, 599.

winnausschüttung durch den Gesellschafter, an den verdeckt ausgeschüttet worden war, stellt steuerrechtlich eine Einlage in die Kapitalgesellschaft dar. In besonders gelagerten Ausnahmefällen (Härtefällen) gestattet die Rechtsprechung jedoch, die vGA **bis zur Aufstellung der Schlussbilanz** mit Wirkung für die Vergangenheit zu beseitigen.[179]

2. Veranlassung durch das Gesellschaftsverhältnis

a) Sorgfalt eines ordentlichen und gewissenhaften Geschäftsleiters

96 Eine vGA liegt nur dann vor, wenn die Vermögensminderung oder verhinderte Vermögensmehrung durch das Gesellschaftsverhältnis veranlasst ist. Dies ist nach ständiger Rechtsprechung dann der Fall, wenn die Kapitalgesellschaft ihrem Gesellschafter einen Vermögensvorteil zuwendet, den sie bei Anwendung der **Sorgfalt eines ordentlichen und gewissenhaften Geschäftsleiters** (§ 93 Abs. 1 Satz 1 AktG, § 43 Abs. 1 GmbHG) einem Nichtgesellschafter nicht gewährt hätte.[180]

97 In dieser Denkfigur ist der Fremdvergleich **(Drittvergleich)** als Mittel dafür angelegt, um die Veranlassung im Gesellschaftsverhältnis festzustellen, ohne dass die Rechtsprechung bisher einen Maßstab gefunden hätte, mit dessen Hilfe sicher vorhergesagt werden könnte, dass eine bestimmte Maßnahme dem Fremdvergleich standhalten werde oder nicht; die hierzu entwickelte (beinahe unüberschaubare) **Kasuistik** ist inkonsistent und die Vorstellungen der Rechtsprechung vom Bild eines gewissenhaften und ordentlichen Geschäftsleiters sind nicht notwendigerweise deckungsgleich mit denen in der Wirtschaft.[181]

Die Beurteilung aus Sicht des ordentlichen und gewissenhaften Geschäftsleiters ist **ex ante** vorzunehmen; später eintretende Ereignisse, die er nicht vorhersehen konnte, können nicht Anlass für eine verdeckte Gewinnausschüttung sein.[182]

98 Der ordentliche und gewissenhafte Geschäftsleiter hat einen **weiten unternehmerischen Ermessensspielraum**, der es ihm erlaubt, auch **Risikogeschäfte** einzugehen und die damit verbundenen Chancen zugleich mit den Verlustgefahren wahrzunehmen.[183] Andererseits können aber Risikogeschäfte **(Verlustgeschäfte)**, die die Kapitalgesellschaft im Interesse eines Gesellschafters tätigt, jedoch zu einer vGA führen; dabei finden die zur **Liebhaberei** entwickelten Grundsätze Anwendung.[184] Auch wird der gewissenhafte und ordentliche Geschäftsleiter keine Situation schaffen, durch die der Gesellschaft die Überschuldung oder die **Insolvenz** drohen, er muss aber nicht immer vom denkbar schlimmsten Fall ausgehen, sondern hat die Wahrscheinlichkeit eines Risikofalles zu berücksichtigen.[185] Im Gegenzug gewährte Vorteile sind im Rahmen des **Vorteilsausgleichs** unter den oben skizzierten Voraussetzungen (siehe Rn. 94) anzurechnen.

---

[179] Vgl. BFH I 65/61 U, BStBl. III 1962, 255; BMF 6. 8. 1981, BStBl. I, 599 Tz. 4.
[180] Vgl. BFH I R 33/98, BFH/NV 1999, 829; H 36 „Allgemeines" KStR mwN.
[181] Vgl. Bestlex/*Lahme,* verdeckte Gewinnausschüttung Rn. 35.
[182] Vgl. BFH I R 57/00, BStBl. II 2002, 369
[183] Vgl. BFH I R 106/99, BStBl. II 2003, 487; I R 83/03, BFH/NV 2004, 1482.
[184] Vgl. BFH I B 154/04, BFH/NV 2005, 1577
[185] Vgl. BFH I R 15/00, BStBl. II 2005, 657; Bestlex/*Lahme,* verdeckte Gewinnausschüttung Rn. 35.

b) Sorgfaltsmaßstab

99 Die Rechtsprechung prüft die Angemessenheit (a) **dem Grunde nach** und (b) **der Höhe nach.** Das heißt, es ist zu untersuchen,
- ob die Gesellschaft die entsprechende Leistung an einen Nichtgesellschafter überhaupt erbracht hätte, und
- ob sie – die Angemessenheit dem Grunde nach unterstellt – die Zahlung in derselben Höhe an einen Nichtgesellschafter geleistet hätte.[186]

100 Ist die Angemessenheit schon dem Grunde nach zu versagen (hätte zB der ordentliche und gewissenhafte Geschäftsführer einer Kapitalgesellschaft deren Gesellschafter aufgrund dessen drohender Insolvenz kein Darlehen gewährt), so ist die gesamte gewährte Leistung vGA (hier würde ggf. die gesamte Darlehensvaluta als vGA angesehen[187]). Hält die Gewährung der Leistung dem Fremdvergleich stand (zB hinreichende Bonität des Gesellschafters), kann die Höhe der Leistung umstritten sein (zB Zinssatz unterhalb des Fremdvergleichs). In einem solchen Fall wird lediglich die Differenz zwischen gewährter Leistung (vereinbarter Zins) und der nach Fremdvergleich angemessenen Leistung als vGA behandelt.[188]

c) Fremdvergleich

101 Da es in aller Regel nicht „den einen Fremdvergleichswert" gibt (typischerweise bewegen sich Markpreise in gewissen Bandbreiten), gestattet die Rechtsprechung die Ausnutzung der vollen Bandbreite, dh die Kapitalgesellschaft muss weder an die Ober- noch an die Untergrenze gehen oder einen Mittelwert wählen **(Bandbreitenbetrachtung).**[189]

102 Bei der Ermittlung des Fremdvergleichs unterscheidet man zwischen innerbetrieblichem Vergleich **(innerer Betriebsvergleich)** oder außerbetrieblichen Vergleich **(äußerer Betriebsvergleich).** Beim innerer Betriebsvergleich wird auf vergleichbare, eigene Transaktionen der Kapitalgesellschaft mit fremden Dritten (Nicht-Gesellschaftern) abgestellt. Beim äußeren Betriebsvergleich wird untersucht, wie sich vergleichbare Unternehmen in vergleichbaren Situationen verhalten haben bzw. hätten. Eine vGA kann allerdings auch dann vorliegen, wenn eine Kapitalgesellschaft mit ihrem Gesellschafter eine an sich für sie günstige Vereinbarung trifft, ein gedachter fremder Dritter aber einer solchen Vereinbarung nie zugestimmt hätte **(doppelter Fremdvergleich** unter **Einbeziehung des Vertragspartners)**.[190]

d) Grenzen des Fremdvergleichs: Rückhalt im Konzern

103 Die Denkfigur des ordentlichen und gewissenhaften Geschäftsleiters scheitert **(Untauglichkeit des Fremdvergleichs),** wenn Geschäfte zu beurteilen sind, die ausschließlich zwischen Gesellschaft und Gesellschafter bzw. zwischen verbundenen Unternehmen möglich sind.[191] Hierzu zählen zum einen (quasi-) gesellschaftsrechtliche Vorgänge zwischen Kapitalgesellschaft und Gesellschafter (zB die Rückgewähr von Einlagen unter Verstoß gegen gesellschaftsrechtliche Verbote). Zum anderen stellen sie Situationen, die nur innerhalb von Konzernen denkbar

---

[186] Vgl. Bestlex/*Lahme,* verdeckte Gewinnausschüttung Rn. 35.
[187] Vgl. H 36 „Darlehensgewährung" KStR.
[188] Vgl. H 36 „Darlehenszinsen" KStR.
[189] Vgl. BFH I R 103/00, BStBl. II 2004, 171.
[190] Vgl. BFH I R 147/93, BStBl. II 1996, 204.
[191] So Bestlex/*Lahme,* verdeckte Gewinnausschüttung, Rn. 35.

sind, vor praktische Herausforderungen wie zB die Gestellung von **Kreditsicherheiten für andere Konzerngesellschaften.**[192] Banken verlangen zunehmend eine Besicherung von Krediten durch den gesamten Konzernmittels eines Haftungsquerverbunds (cross-collateralization) zB durch Gesamtschuldnerschaft, Garantien oder Bürgschaften von Konzerngesellschaften, die nicht notwendigerweise selbst Kreditnehmer sind. Der zT vorgebrachte Vergleich mit Avalprovisionen von Banken[193] geht fehl: Für eine konzernfremde Gesellschaft würde eine Muttergesellschaft selbst gegen Zahlung einer Gebühr keine Garantie leisten. Für Banken ist die Übernahme von Bürgschaften ein besonderer Geschäftszweig, in dem sich eine große Zahl von Kunden gegen Zahlung von Risikoprämien gewissermaßen versichert. Die Übernahme von Bürgschaften in wenigen Fällen – wie bei einem Industriekonzern – würde auch bei Berechnung von Avalprovisionen nie zu einer echten Risikostreuung und damit zu einer Absicherung führen.[194] Die Übernahme von Kreditsicherheiten zur Ausstattung der Tochtergesellschaft mit betriebsnotwendiger Liquidität gehört vielmehr zu den Aufgaben eines Anteilseigners; als Gesellschafterbeiträge sind bereitgestellte Sicherheit vielmehr als nicht verrechenbarer **„Rückhalt im Konzern"** anzusehen.[195]

e) Gesellschafterstellung/nahestehende Personen

104 Eine vGA setzt voraus, dass der Vorteil einem Gesellschafter der Kapitalgesellschaft zugewendet wird bzw. zu ihr in einem mitgliedschaftlichen oder mitgliedschaftsähnlichen Verhältnis steht.[196] Eine Veranlassung durch das Gesellschaftsverhältnis ist auch dann gegeben, wenn die Vermögensminderung oder verhinderte Vermögensmehrung bei der Körperschaft zugunsten einer **nahestehenden Person** erfolgt.[197] Zur Begründung des „Nahestehens" reicht jede Beziehung eines Gesellschafters der Kapitalgesellschaft zu einer anderen Person aus, die den Schluss zulässt, sie habe die Vorteilszuwendung der Kapitalgesellschaft an die andere Person beeinflusst.[198] Beziehungen, die ein Nahestehen begründen, können familienrechtlicher, gesellschaftsrechtlicher, schuldrechtlicher oder auch rein tatsächlicher Art sein.[199] Das heißt Schwestergesellschaften und sämtliche übrigen Konzerngesellschaften (ob Kapital- oder Personengesellschaften) können als nahestehende Personen angesehen werden; auf die **Höhe der Beteiligung kommt es in der Regel nicht an**.[200]

3. Sonderregelungen für beherrschende Gesellschafter

105 Für vGA im Verhältnis zu **beherrschenden Gesellschaftern** hat die Rechtsprechung eine umfangreiche Sonderkasuistik entwickelt. Dies betrifft vor allem das Verhältnis der Aktiengesellschaft zu ihren Konzerntochtergesellschaften. Von

---

[192] Vgl. *Knebel/Sabel/Schmidt* IStR 2012, 42.
[193] Vgl. *Bogenschütz* Ubg 2014, 155.
[194] Vgl. *Kroppen* Handbuch Internationale Verrechnungspreise 1983, Rn. 4.4.2.
[195] Vgl. *Kroppen* Handbuch Internationale Verrechnungspreise 1983, Rn. 4.4.2; *Puls* IStR 2012, 211; *Vögele/Brüninghaus* Verrechnungspreise, 5. Teil Rn. 100 f.; *Knebel/Sabel/Schmidt* IStR 2012, 42.
[196] Vgl. BFH I R 112/93, BStBl. II 1995, 198.
[197] Vgl. R 36 Abs. 1 Satz 3 KStR.
[198] Vgl. H 36 „Kreis der nahestehenden Personen" KStR.
[199] Vgl. BFH I R 139/94, BStBl. II 1997, 301.
[200] Vgl. BMF 23.2.1983, BStBl. I 1983, 218 Tz. 1.3.1.1.

C. Verdeckte Gewinnausschüttung   106–110 § 8

einer Beherrschung ist jedenfalls auszugehen bei **Stimmrechtsmehrheit**,[201] wobei auch ein Zusammenwirken mehrere Gesellschafter mit gleichgerichteten Interessen **(Acting in Concert)**, um eine ihren Interessen entsprechende einheitliche Willensbildung herbeizuführen, ausreicht.[202]

Vereinbarungen mit beherrschenden Gesellschaftern müssen, um steuerlich wirksam zu sein,   **106**
– im Vorhinein
– klar und eindeutig sowie
– zivilrechtlich wirksam
getroffen worden sein und tatsächlich durchgeführt werden.[203]

Im Verhältnis zu einem beherrschenden Gesellschafter sind **rückwirkende**   **107**
Vereinbarungen steuerrechtlich unbeachtlich.[204] Grundsätzlich besteht jedoch **kein Schriftlichkeitserfordernis**, so dass **mündlich** oder **konkludent** getroffene Vereinbarungen steuerlich anzuerkennen sind.[205] Die Beweislast liegt beim Steuerpflichtigen,[206] wobei aber alle Beweismittel gem. § 92 AO (wie zB Zeugen, Sachverständige, Urkunden etc.) zulässig sind.[207] Insbesondere auch aus einer ständigen Übung und durch die äußeren Zeichen der Durchführung (zB **Verbuchung**, Überweisung mit Zweckangabe, lohnsteuerliche Behandlung) kann eine (konkludente) Vereinbarung nachgewiesen werden.[208]

Die Berechnungsgrundlagen für eine Leistung an einen beherrschenden Gesellschafter müssen so **eindeutig** bestimmt sein, dass allein durch Rechenvorgänge die Höhe der Vergütung ermittelt werden kann, ohne dass es noch der Ausübung irgendwelcher Ermessensakte seitens der Geschäftsführung oder Gesellschafterversammlung bedarf.[209]   **108**

Entgegen dem Rechtsgedanken des § 41 AO gelten im Verhältnis zu beherrschenden Gesellschaftern **zivilrechtliche Wirksamkeitsmängel** wie zB Verstöße gegen Schriftform- oder Beurkundungserfordernisse, Verstöße gegen das Selbstkontrahierungsverbot (§ 181 BGB), gegen Entscheidungszuständigkeiten der Gesellschafterversammlung oder gegen gesetzliche Verbote, als Anzeichen für eine Veranlassung durch das Gesellschaftsverhältnis und können zu einer vGA führen.[210]   **109**

VI. Rechtsfolgen der verdeckten Gewinnausschüttung bei der Kapitalgesellschaft

1. Bewertung der verdeckten Gewinnausschüttung

Die Bewertung der verdeckten Gewinnausschüttung richtet sich grundsätzlich   **110**
nach dem **gemeinen Wert** (§ 9 BewG) des Vermögensvorteils, also nach dem Preis, der im gewöhnlichen Geschäftsverkehr nach der Beschaffenheit des Wirtschaftsgutes bzw. der Leistung zu erzielen wäre, wobei abweichend von § 9 Abs. 2 Satz 3

---

[201] Vgl. BFH I R 99/87, BStBl II 1990 454.
[202] Vgl. H 36 „Gleichgerichtete Interessen" KStR mwN.
[203] Ständige Rspr., vgl. BFH I R 63/82, BStBl II 1988 590.
[204] Vgl. H 36 „Rückwirkende Vereinbarungen" KStR mwN.
[205] Vgl. BFH I R 58/05, BStBl. II 2006, 928.
[206] Vgl. BFH I R 28/92, BStBl. II 1993 247.
[207] Vgl. Gosch/*Gosch* KStG § 8 Rn. 324.
[208] Vgl. beispielsweise BFH I R 70/97, BStBl. II 1998, 545; I R 71/95, BStBl. II 1999, 35.
[209] Vgl. H 36 „Klare und eindeutige Vereinbarung" KStR mwN.
[210] Ständige Rspr., vgl. BFH I R 24/97, BStBl. II 1998, 573.

Schmidt

BewG auch **ungewöhnliche** und **persönliche Verhältnisse** zu berücksichtigen sind, wenn dies im Einzelfall von dem ordentlichen und gewissenhaften Geschäftsführer erwartet werden kann.[211]

Zur Bestimmung des angemessenen Preises und damit der vGA-Höhe orientiert sich die Rechtsprechung an den gängigen **Verrechnungspreismethoden** (§ 1 AStG).[212]

2. Steuerliche Belastung

111 Die Rechtsfolge der verdeckten Gewinnausschüttung auf Ebene der Kapitalgesellschaft erschöpft sich in der außerbilanziellen Zurechnung der gesellschaftsrechtlich (mit-)veranlassten Minderung des Unterschiedsbetrages nach § 4 Abs. 1 Satz 1 EStG iVm § 8 Abs. 1 KStG. Der Hinzurechnungsbetrag unterliegt damit der Körperschaft- und der Gewerbesteuer.

Zu beachten ist, dass vGA in bestimmten Konstellationen zu Werterhöhungen von Kapitalgesellschaftsanteilen führen, die als **(mittelbare) Schenkung** iSd § 7 Abs. 8 ErbStG anzusehen sein könnte.[213]

VII. Rechtsfolgen der verdeckten Gewinnausschüttung beim Gesellschafter

112 Beim Gesellschafter bzw. Aktionär führt die vGA zu **Beteiligungsertrag** (§ 20 Abs. 1 Satz 2 EStG), der bei Körperschaften gem. § 8b KStG (95%ige Steuerbefreiung bei 10% Mindestbeteiligung, § 8b Abs. 5 KStG) besteuert wird, bei natürlichen Personen dem Teileinkünfteverfahren bzw. der Abgeltungsteuer unterliegt.

113 Dies gilt entsprechend, wenn die verdeckte Gewinnausschüttung darin besteht, dass dem Gesellschafter **Aufwendungen erspart** werden, indem die Gesellschaft dessen Verpflichtungen übernimmt oder für Lieferungen und Leistungen kein oder ein zu geringes Entgelt berechnet wurde.

114 Ist ein **mittelbarer Gesellschafter** Empfänger der vGA (etwa innerhalb des Konzerns), so wird auf jeder Beteiligungsebene eine vGA angenommen (**vGA entlang der Beteiligungskette**).[214]

115 Sind die Kapitalgesellschaft und der Gesellschafter organschaftlich verbunden (**vGA der Organgesellschaft an den Organträger**), so hat die vGA auf Ebene des Gesellschafters (Organträger) im Regelfall keine Wirkung: Einerseits ist ihm die vGA zuzurechnen, andererseits sinkt der an ihn abgeführte Gewinn. Zu einer doppelten Erfassung des Differenzbetrages zum Verkehrswert kommt es nicht.[215]

116 Bei vGA im **Dreiecksverhältnis unter Schwestergesellschaften** gilt der Vorteil als der Muttergesellschaft zugeflossen und an die begünstigte Tochtergesellschaft weitergegeben.[216] Handelt es sich bei der Zuwendung um ein einlagefähiges Wirtschaftsgut, so ist der Vorteil bei der Muttergesellschaft als zusätzlicher Anschaffungsaufwand auf die Beteiligung der begünstigten Tochtergesellschaft zu aktivieren und bei dieser als (steuerfreie) Einlage auf dem steuerlichen Einlagekonto zu verbuchen (§ 27 Abs. 1 KStG).

---

[211] Vgl. BFH I R 250/72, BStBl. II 1975, 306.
[212] Insoweit sei auf Kapitel § 16 Rn. 149ff verwiesen.
[213] Vgl. Erl. der Obersten Finanzbehörden der Länder 14.3.2012, BStBl. I 2012, 331.
[214] Vgl. DPM/*Lang* KStG § 8 Abs. 3 Rn. 816ff.
[215] Vgl. Gosch/*Gosch* KStG § 8 Rn. 1047ff.
[216] Vgl. BFH GrS 2/86, BStBl. II 1988, 348.

C. Verdeckte Gewinnausschüttung

Vorteilszuwendungen an **Noch-nicht-Aktionäre** können ihren Grund schon in dem zukünftigen Gesellschaftsverhältnis haben, wenn sie in engem zeitlichen Zusammenhang mit der Begründung des Gesellschaftsverhältnisses stehen.[217] Dies kann zB der Fall sein bei Abgabe eigener Aktien durch die AG unter Verkehrswert. Allerdings kann dies nur eintreten, wenn von der AG erworbene und aktivierte Anteile abgegeben werden. Gibt die AG eigene Anteile ab, die sie nicht aktiviert, sondern gem. § 272 Abs. 1 Satz 4 HGB in einer Vorspalte offen von dem Posten „gezeichnetes Kapital" abgesetzt hat, so wird ihr Einkommen nicht berührt.[218] Die Veräußerung dieser Anteile steht wirtschaftlich einer Kapitalerhöhung gleich (§ 272 Abs. 1a HGB). Vorteilszuwendungen an **Nicht-mehr-Aktionäre** können ebenfalls vGA sein. Als Beispiele seien genannt: Kauf eigener Aktien zum Überpreis, überhöhte Pensionszusage an ausgeschiedenen Aktionär.

VIII. Formelle und materielle Korrespondenz

Um ein Auseinanderfallen der steuerlichen Behandlung einer vGA bei der Gesellschaft und beim Gesellschafter wegen abweichender Bestandskraft von Steuerbescheiden zu vermeiden, sieht § 32a Abs. 1 KStG vor, dass der Steuerbescheid des Gesellschafters trotz Bestandkraft geändert werden kann, wenn auf Ebene der Körperschaft eine vGA festgesetzt wird **(formelle Korrespondenz)**. Gleiches gilt umgekehrt für die Ausstrahlung des Steuerbescheides des Gesellschafters auf die steuerliche Festsetzung bei der Kapitalgesellschaft (§ 32a Abs. 2 KStG).

Im Rahmen der **materiellen Korrespondenz** ist auf Ebene des Gesellschafters die partielle Steuerbefreiung der vGA nach § 8b KStG bzw. § 3 Nr. 40 EStG (Teileinkünfteverfahren)/§ 32d EStG (Abgeltungsteuer) davon abhängig, dass die vGA das Einkommen der Kapitalgesellschaft nicht gemindert hat (§ 8b Abs. 1 Satz 2 KStG bzw. § 3 Nr. 40 Buchst. d Satz 1 EStG/§ 32 d Abs. 2 Nr. 4 EStG). Die materielle Korrespondenz gilt auch für Beteiligungen inländischer Gesellschafter an **ausländischen Kapitalgesellschaften**. Dabei muss nachgewiesen werden, dass die vGA nach ausländischem Steuerrecht zu keinem Betriebsausgabenabzug geführt hat.

IX. Kapitalertragsteuer und verdeckte Gewinnausschüttung

Eine vGA unterliegt der **Kapitalertragsteuer** (§ 43 Abs. 1 Nr. 1 bzw. Nr. 1a iVm § 20 Abs. 1 Nr. 1 Satz 2 EStG). Diese ist von der die vGA ausschüttenden Kapitalgesellschaft einzubehalten. Die Kapitalertragsteuer ist keine Steuerschuld der Kapitalgesellschaft; sie wird gem. § 44 Abs. 1 Satz 1 EStG durch die Gesellschaft nur für Rechnung des Gesellschafters abgeführt. Stellt sich im Rahmen einer Betriebsprüfung bei einer **börsennotierten Aktiengesellschaft** eine vGA zugunsten ihrer Aktionäre heraus, gelten diese Grundsätze entsprechend.

---

[217] Vgl. BFH VIII R 74/84, BStBl. II 1989, 419.
[218] Vgl. BMF 2.12.1998, BStBl. I 1998, 1509.

D. Gesellschafterfremdfinanzierung (Zinsschranke)

I. Von der Gesellschafterfremdfinanzierung zur Zinsschranke

122 Die Gesellschafterfremdfinanzierung im Steuerrecht hat eine wechselvolle Geschichte hinter sich gebracht, die einer generellen Beschränkung des Betriebsausgabenabzugs für Zinsen im Rahmen der Zinsschranke ihren (vorläufigen) Höhepunkt erreicht hat.

Ursprünglich sollte nur einer übermäßigen Verringerung des zu versteuernden Einkommens einer Körperschaft durch Vergütungenan ihre Anteilseigner für die Überlassung von Fremdkapital entgegengewirkt werden, sofern die Anteilseigner im Ausland ansässig waren (§ 8a KStG idF des Standortsicherungsgesetzes vom 13.9.1993[219]). § 8a KStG sollte der **Gewinnverlagerung** aus dem höher besteuerten Inland in das niedriger besteuerte Ausland entgegenwirken. Da auf der Hand lag, dass diese Regelung gegen die Niederlassungsfreiheit im EU- und EWR-Raum verstieß, wurde mit Steueränderungsgesetz 2003 § 8a KStG dahin geändert, dass Zinsen für Gesellschafterdarlehen an wesentlich beteiligte in- oder ausländische Anteilseigner, soweit sie eine gewisse Größenordnung überschritten, als vGA behandelt wurden.[220] Als auch diese Lösung sich als unbefriedigend herausstellte, wurde mit dem Unternehmenssteuerreformgesetz vom 14.8.2007 das System völlig umgestellt und mit § 4h EStG und § 8aAbs. 1 KStG ohne Rücksicht auf Gesellschaftereigenschaft die sog. **„Zinsschranke"** eingeführt. Bei Überschreitung der Zinsschranke liegen keine vGA, sondern **nicht abzugsfähige Betriebsausgaben** vor. Ein gesellschaftsrechtlicher Bezug ist also nicht mehr gegeben.

II. Funktionsweise und Wirkungen der Zinsschranke

123 Nach den Regelungen der 2008 eingeführten sog. Zinsschranke (§ 4h EStG) sind die Nettozinsaufwendungen eines Betriebes begrenzt bis zur Höhe von **30%** des um Zinsaufwendungen und Abschreibungen erhöhten sowie um die Zinserträge verminderten steuerlichen Gewinns **(verrechenbares EBITDA)** abzugsfähig.

124 **Nettozinsaufwand** (oder Zinsüberhang) ist der Teil der Zinsaufwendungen, der die Zinserträge übersteigt. Zinsaufwendungen bis zur Höhe der Zinserträge sind vollständig abziehbar. Zinsaufwendungen iSd Zinsschranke sind alle Vergütungen für Fremdkapital, die den maßgeblichen Gewinn gemindert haben. Nach Auffassung der Finanzverwaltung gehören dazu beispielsweise auch Bearbeitungsgebühren für die Bereitstellung von Kapital, wenn sie an den Kreditgeber gezahlt wurden.[221]

125 Die Zinsschranke ist sowohl bei konzerninterner Fremdfinanzierung als auch bei **Finanzierung durch Dritte** zu beachten, selbst wenn kein Rückgriffsrecht vorgesehen ist.

---

[219] Vgl. Gesetz zur Verbesserung der der steuerlichen Bedingungen zur Sicherung des Wirtschaftsstandorts Deutschland im Europäischen Binnenmarkt v. 13.9.1993, BGBl. 1993 I 1569.

[220] Vgl. Gesetz zur Verbesserung der der steuerlichen Bedingungen zur Sicherung des Wirtschaftsstandorts Deutschland im Europäischen Binnenmarkt vom 22.12.2003, BGBl. 2003 I 2840.

[221] Vgl. BMF 4.7.2008, BStBl. I 2008, 718.

D. Gesellschafterfremdfinanzierung

Grundsätzlich wird für Zwecke der Zinsschranke jede Gesellschaft einzeln betrachtet. Eine Ausnahme hiervon stellt die Organschaft dar. Die zu einem **Organkreis** gehörenden Gesellschaften zählen als ein Betrieb (§ 15 Satz 1 Nr. 3 KStG).

III. EBITDA-Vortrag

Sofern der Nettozinsaufwand geringer als das verrechenbare EBITDA ist, kann der „ungenutzte" verrechenbare EBITDA-Betrag in die folgenden fünf Wirtschaftsjahre vorgetragen werden (**„EBITDA-Vortrag"**). Dadurch wird ein zusätzlicher Abzug von Zinsaufwendungen in zukünftigen Jahren, in denen die Nettozinsaufwendungen 30% des „laufenden" EBITDA übersteigen, ermöglicht (§ 4h Abs. 1 Satz 4 EStG).

Ein EBITDA-Vortrag entsteht nicht in solchen Wirtschaftsjahren, in denen die Zinsschranke aufgrund einer der drei Ausnahmen nicht zur Anwendung kommt (3 Mio.-Euro-Freigrenze, Anwendbarkeit der Konzernklausel oder der Escape-Klausel).

IV. Zinsvortrag

Die nicht abziehbaren Zinsaufwendungen können unbegrenzt in die folgenden Wirtschaftsjahre vorgetragen werden (**„Zinsvortrag"**, § 4h Abs. 1 Satz 5 EStG). Sie erhöhen die Zinsaufwendungen dieser Wirtschaftsjahre, sind jedoch immer noch Gegenstand der 30%igen steuerlichen EBITDA-Grenze.

Es ist zu beachten, dass ein nicht verbrauchter Zinsvortrag beispielsweise im Falle eines schädlichen Beteiligungserwerbs bei einer Kapitalgesellschaft oder eines Gesellschafterwechsels bei einer Personengesellschaft und bei Umwandlungsvorgängen untergehen kann (§ 4h Abs. 5 Satz 3 EStG).

V. Ausnahmen von der Zinsschranke

Die Zinsschrankenregelung ist grundsätzlich nicht anzuwenden, wenn eine der folgenden drei Ausnahmen greift:
– der Nettozinsaufwand ist kleiner als 3 Mio. EUR (Freigrenze) – dazu Rn. 46 f.,
– der Betrieb gehört nicht oder nur anteilmäßig zu einem Konzern („Konzernklausel") – dazu Rn. 48 ff.,
– der Betrieb gehört zu einem Konzern und die Eigenkapitalquote des Betriebs (dh das Verhältnis des Eigenkapitals zur Bilanzsumme) am Schluss des vorangegangenen Abschlussstichtages ist gleich hoch oder höher als die des Konzerns. Ein Unterschreiten der Eigenkapitalquote des Konzerns um bis zu 2% ist unschädlich („Eigenkapitalvergleich" oder „Escape-Klausel") – dazu Rn. 53 ff.

In der Konzernsteuerpraxis sind die Ausnahmen schwierig einzuhalten; zudem werden sie durch die Rückausnahmen des § 8a KStG massiv eingeschränkt (s. Rn. 56 ff.).

1. Freigrenze

Die Zinsschranke kommt nicht zur Anwendung, wenn die Nettozinsaufwendungen **weniger als 3 Mio.** EUR betragen (**Freigrenze**, § 4h Abs. 2 Satz 1 Buchst. a EStG). Die Freigrenze ist betriebsbezogen. Sie gilt auch für Körperschaften, Personenvereinigungen und Vermögensmassen (§ 8a Abs. 1 KStG). Da Organträger und alle Organgesellschaften als ein Betrieb gelten (§ 15 Satz 1 Nr. 3 KStG), findet die Freigrenze auf einen Organkreis auch nur einmal Anwendung. In einem Konzern, in dem die deutschen Tochtergesellschaften organschaftlich an die Aktiengesellschaften angebunden sind, spielt die Freigrenze in der Konzernsteuerpraxis daher als Ausnahme zur Zinsschranke oftmals nur eine nachrangige Rolle.

131 Die praktische Relevanz der 3 Mio.-Euro-Freigrenze wird zudem dadurch geschmälert, dass es sich um eine Freigrenze und keinen Freibetrag handelt: Liegt der Nettozinsaufwand eines Betriebs bei 2.999.999,99 EUR, ist dieser Betrieb von den Abzugsbeschränkungen der Zinsschranke befreit. Beträgt der Nettozinsaufwand 3 Mio. EUR oder mehr, findet die Zinsschranke in vollem Umfang Anwendung.

2. Keine Konzernzugehörigkeit („Konzernklausel")

132 Für die Frage, ob ein Betrieb zu einem Konzern gehört, sind auf die Konsolidierungsvorschriften nach IFRS, subsidiär Handelsrecht eines EU-Mitgliedstaats oder US-GAAP abzustellen (§ 4h Abs. 3 Satz 5 EStG). Der Gesetzgeber sieht dabei einen **weiten Konzernbegriff** vor, da es nicht darauf ankommt, ob der Betrieb konsolidiert wird, sondern konsolidiert werden könnte (**potentielle Konsolidierungsfähigkeit**). Ein Wahlrecht zur Konsolidierung nach lokalen Rechnungslegungsstandards reicht daher bereits aus, um aus der Konzernklausel herauszufallen. Selbst in Fällen, in denen nach lokalem Handelsrecht keine Konsolidierungsfähigkeit gegeben ist, wird im Rahmen der Auffangklausel des § 4h Abs. 3 Satz 5 EStG eine Konsolidierung fingiert, wenn die Finanz- und Geschäftspolitik des Betriebs mit einem oder mehreren anderen Betrieben einheitlich bestimmt werden kann.

133 Eine Konsolidierung richtet sich in der Regel nach dem **Control Concept**, dh wenn ein beherrschender Einfluss auf ein Unternehmen ausgeübt werden kann (IFRS 10.7 bzw. § 290 HGB). Danach ist jedenfalls bei **Stimmrechtsmehrheit** von einer Beherrschung auszugehen; aufgrund der **wirtschaftlichen Betrachtungsweise** sind aber auch zahlreiche andere Fälle der Beherrschung denkbar. Wird ein Betrieb durch zwei gleichberechtigte Gesellschafter paritätisch zu **je 50%** gehalten, liegt im Regelfall keine Beherrschung vor, so dass die Zinsschranke nicht zur Anwendung kommt.

134 Zu beachten ist jedoch, dass die Konsolidierungsbetrachtung nach oben und nach unten vorgenommen wird: Selbst wenn eine Aktiengesellschaft von mehreren Aktionären zu jeweils unter 50% gehalten wird, findet die Konzernklausel keine Anwendung, wenn die Aktiengesellschaft selbst auch nur über eine einzige in- oder ausländische Tochtergesellschaft verfügt. Denn dann muss die **Tochtergesellschaft** zusammen mit der Aktiengesellschaft gem. IFRS 10.7 bzw. § 290 HGB konsolidiert werden, mit dem Ergebnis, dass die Aktiengesellschaft zu einem (nämlich „ihrem") Konzern gehört.

135 Sind sämtliche Tochtergesellschaften einer Aktiengesellschaft jedoch organschaftlich angebunden, kann die Konzernklausel wiederum Anwendung finden, da ein **Organkreis** als ein Betrieb gilt (§ 15 Satz 1 Nr. 3 KStG). Eine einzige ausländische Tochtergesellschaft wäre jedoch schädlich, da das deutsche Steuerrecht eine Organschaft mit ausländischen Tochtergesellschaften ausschließt und insoweit wieder ein (schädlicher) Konzern bestehend aus dem deutschen „Betrieb Organkreis" und der ausländischen Tochtergesellschaft vorliegt.

136 Zu beachten sind die zahlreichen **Rückausnahmen zur Konzernklausel** gem. § 8a KStG (siehe Rn. 57 ff.).

3. Eigenkapitalvergleich („Escape-Klausel")

Grundsätzlich sind für den Eigenkapitalvergleich die nach **IFRS** erstellten Abschlüsse maßgeblich. Alternativ können – unter Beachtung weiterer Voraussetzungen – Abschlüsse nach dem Handelsrecht eines EU-Mitgliedsstaats oder nach US-GAAP verwendet werden, wenn keine Abschlüsse nach IFRS zu erstellen und offenzulegen sind (§ 4h Abs. 2 Buchst. c Satz 8 und 9 EStG). Die **Eigenkapitalquoten** sind auf beiden Ebenen (dh Konzern und Gesellschaft) auf Basis desselben Rechnungslegungsstandards zu ermitteln (ggf. mit einer Überleitungsrechnung). Für die Ermittlung der Eigenkapitalquoten sind einige Anpassungen notwendig, zB sind Anteile an anderen Konzerngesellschaften, Eigenkapital, das keine Stimmrechte vermittelt, oder temporäre Einlagen vom Betrag des Eigenkapitals abzuziehen. Gewerbliche oder gewerblich geprägte Personengesellschaften sind eigenständige Betriebe, sodass für sie die Berechnung der relevanten Eigenkapitalquoten separat zu erfolgen hat. Sonderbetriebsvermögen ist dabei dem Betrieb der Mitunternehmerschaft zuzuordnen, soweit es im Konzernvermögen enthalten ist (§ 4h Abs. 2 Buchst. c Satz 7 EStG). Unter bestimmten Bedingungen ist die Bilanzsumme um solche Forderungen gegen andere Konzerngesellschaften zu korrigieren, denen Verbindlichkeiten in gleicher Höhe gegenüberstehen.

In der Praxis ist der Nachweis der Escape-Klausel bei umfangreichen, internationalen Konzernstrukturen unterhalb der Aktiengesellschaft sehr komplex. Da er stets stichtagsbezogen auf das Ende des Wirtschaftsjahres erfolgt, ist eine aktive Kontrolle und Steuerung der Eigenkapitalquoten von ausschlaggebender Bedeutung, da lediglich eine **Toleranzschwelle von 2%** durch den Gesetzgeber zugelassen wurde. Wegen der Unvorhersehbarkeit der Erfüllung der EK-Quote wird auf die Escape-Klausel in der Praxis der Konzernsteuerplanung nur als *ultima ratio* zurückgegriffen.

Zu beachten sind die zahlreichen **Rückausnahmen zur Escape-Klausel** gem. § 8a KStG (siehe Rn. 61 ff.).

VI. Gesellschafterfremdfinanzierung (Rückausnahmen nach § 8a KStG)

1. Schädliche Gesellschafterfremdfinanzierung

§ 8a KStG enthält erhebliche Einschränkungen der Befreiungen von § 4h EStG für den Fall schädlicher Formen der „Gesellschafterfremdfinanzierung". Danach finden im Falle einer **Finanzierung oder Sicherheitengestellung durch Gesellschafter** der Aktiengesellschaft die Befreiungen von der Zinsschranke im Rahmen der Konzernklausel und der Escape-Klausel (§ 4h Abs. 2 Buchst. b und c EStG) unter bestimmten Voraussetzungen keine Anwendung. Die Bezeichnung des § 8a KStG als „Gesellschafterfremdfinanzierung" ist im Rahmen der Zinsschranke eher irreführend als hilfreich und vielmehr der Gesetzeshistorie geschuldet. Im Einzelnen sieht § 8a KStG Folgendes vor:

2. Rückausnahme bei Konzernzugehörigkeit („Konzernklausel")

Grundsätzlich finden die Regelungen der Zinsschranke iSv § 4h Abs. 1 EStG bei Kapitalgesellschaften, die nicht oder nur anteilsmäßig zu einem Konzern gehören, keine Anwendung (§§ 8a Abs. 1 KStG, 4h Abs. 2 Satz 1 Buchst. b EStG, siehe Rn. 132 ff.).

Kapitalgesellschaften können sich gem. § 8a Abs. 2 KStG aber nur dann auf diesen Ausnahmetatbestand berufen, wenn sie gegenüber den Finanzbehörden nachweisen, dass nicht mehr als 10% ihres Nettozinsaufwands als Zinszahlungen an
- wesentlich beteiligte Gesellschafter (Beteiligungsquote > 25%),
- diesen nahestehende Personen
- oder aber Dritte, die auf wesentlich beteiligte Gesellschafter oder diesen nahestehende Personen zurückgreifen können,

entrichtet wird.

142 Eine **schädliche Rückgriffsmöglichkeit** (auch als „**Back-to-back-Finanzierung**" bezeichnet) auf Gesellschafter oder diesen nahestehende Personen soll – nach zweifelhafter[222] und umstrittener[223] Auffassung der Finanzverwaltung[224] – dabei bereits dann vorliegen, wenn faktisch für die Erfüllung der Schuld der Kapitalgesellschaft eingestanden werden muss. Dies kann bereits zB bei der Gewährung von **Bürgschaften** oder **Patronatserklärungen** durch wesentlich beteiligte Aktionäre zugunsten der finanzierenden Banken vorliegen. Umstritten ist dabei insbesondere, ob die Verpfändung von Anteilen an die Banken einen schädlichen Rückgriff gem. § 8a KStG darstellt.

143 **Praxis-Beispiel Anteilsverpfändung**

Die A-Bank gewährt der B-AG ein Darlehen iHv 100 Mio. EUR. Die B-AG hat aus diesem Darlehen einen jährlichen Zinsaufwand von 5 Mio. EUR. Weitere Zinsaufwendungen oder Zinseinnahmen bestehen nicht. Die B-AG gehört nicht zu einem Konzern, da sie nicht zusammen mit einem oder mehreren anderen Betrieben konsolidiert wird. Damit die B-AG das Darlehen erhält, hat die Y-GmbH, welche an der B-AG zu 40% beteiligt ist, ihre Beteiligung an der B-AG gegenüber der Bank als Sicherheit verpfändet.

144 Der Nettozinsaufwand der B-AG liegt mit 5 Mio. EUR deutlich über der nach § 4h Abs. 2 Buchst. a EStG gewährten Freigrenze von 3 Mio. EUR. Es liegen jedoch grundsätzlich die Voraussetzungen einer Befreiung von den Beschränkungen der Zinsschranke nach § 4h Abs. 2 Buchst. b EStG vor, da die B-AG nicht zu einem Konzern gehört. Die Zinsschrankenregelung des § 4h Abs. 1 EStG wäre damit eigentlich unanwendbar und die B-AG könnte ihren jährlichen Zinsaufwand vollumfänglich abziehen. Nach Auffassung Finanzverwaltung[225] soll allerdings eine schädliche Gesellschafterfremdfinanzierung iSv § 8a Abs. 2 KStG vorliegen, mit der Folge, dass diese Ausnahmeregelung der Zinsschranke keine Anwendung findet. Denn 100% des Nettozinsaufwands der B-AG werden als Zinszahlungen an einen Dritten (die A-Bank) gewährt, der auf einen wesentlich beteiligten Gesellschafter (die Y-GmbH) zurückgreifen kann. Aufgrund der Verpfändung ihrer Anteile an der B-AG zugunsten der darlehensgewährenden A-Bank muss die Y-GmbH nämlich praktisch für die Schuld der B-AG einstehen. Die **Verpfändung** ihrer Anteile würde nach Verwaltungsansicht folglich eine schädliche Rückgriffsmöglichkeit darstellen, mit der Folge, dass die Zinsschrankenregelung griff. Demgegenüber sieht die (wohl) hM im Schrifttum in der Anteilsverpfändung keinen schädlichen Rückgriff: Da eine Rückgriffsmöglichkeit nur in dem Umfang schädlich ist, in dem das Drittdarlehen

---

[222] Vgl. zu Zweifeln an der Verfassungsmäßigkeit von § 8a Abs. 2 Alt. 3 KStG: BFH I B 111/11, BStBl. II 2012, 611.
[223] Vgl. Hermann/Heuer/Raupach/*Prinz* KStG § 8a Rn. 22; Schnitger/Fahrenbach/*Mattern* KStG § 8a Rn. 255 f.; Blümich/*Heuermann* KStG § 8a Rn. 27 und Frotscher/Maas/*Frotscher* KStG § 8a Rn. 122.
[224] Vgl. BMF 4.7.2008, BStBl. I 2008, 718 Tz. 83.
[225] Vgl. BMF 4.7.2008, BStBl. I 2008, 718 Tz. 83.

D. Gesellschafterfremdfinanzierung

durch die Sicherheit gedeckt ist (**tatsächliche wirtschaftliche Belastung des Sicherungsgebers**),[226] erhält der Gläubiger (und Sicherungsgeber) bei der Anteilsverpfändung eine isd § 8a KStG unschädliche „Übersicherung". Im Sicherungsfall kann er ohnehin auf das Gesellschaftsvermögen der Schuldnerin in vollem Umfang zugreifen; die Verpfändung bietet keine zusätzliche Sicherheit, so dass – mangels wirtschaftlicher Belastung – kein Einstehenmüssen des Sicherungsgebers für den Schuldner und damit nach hM **kein schädlicher Rückgriff** vorliegt.[227]

3. Rückausnahme Eigenkapitalvergleich („Escape-Klausel")

Konzernangehörige Kapitalgesellschaften können sich grundsätzlich auf die sog. Escape-Klausel des § 4h Abs. 2 Buchst. c EStG berufen, sofern ihre Eigenkapitalquote die Eigenkapitalquote des Konzerns nicht um mehr als 2% unterschreitet (siehe Rn. 140 ff.). **145**

Die Escape-Klausel ist bei konzernangehörigen Kapitalgesellschaften gem. § 8a Abs. 3 Satz 1 KStG jedoch nur anwendbar, wenn diese nachweisen, dass sie selbst und darüber hinaus auch jedes andere konzernangehörige Unternehmen nicht mehr als 10% des Nettozinsaufwands als Zinszahlungen an wesentlich beteiligte Gesellschafter, diesen nahestehenden Personen oder Dritte, die auf wesentlich beteiligte Gesellschafter oder diesen nahestehenden Personen zurückgreifen können, entrichten. **146**

Bei der Berechnung der 10%-Quote werden Zinsaufwendungen gem. § 8a Abs. 3 Satz 2 KStG nur dann berücksichtigt, wenn die zugrunde liegenden Verbindlichkeiten **147**
– im voll konsolidierten Konzernabschluss ausgewiesen werden oder
– bei Finanzierung durch einen Dritten einen Rückgriff auf außerhalb des Konzerns stehende Gesellschafter oder diesen nahestehende Personen auslösen.

Dies bedeutet, dass zB Zinszahlungen an voll konsolidierte Konzernfinanzierungsgesellschaften oder andere voll konsolidierte Konzerngesellschaften für die 10%-Quote unschädlich sind. Dies ist darauf zurückzuführen, dass konzernangehörige Unternehmen bereits bei der Ermittlung der Konzern-Eigenkapitalquote im Rahmen der Escape-Klausel berücksichtigt werden. Auch Zinszahlungen auf Drittdarlehen, die einen Rückgriff auf eine andere vollkonsolidierte Konzerngesellschaft zulassen, sind insofern unschädlich. Zum Kreis der potenziell schädlichen Darlehen zählen somit solche, die von nahestehenden Unternehmen gewährt werden, die nicht im Konzernabschluss voll konsolidiert werden, oder solche, die von Dritten (zB Kreditinstituten) gewährt werden und einen Rückgriff auf nicht zum Konzern gehörende wesentlich beteiligte Gesellschafter oder diesen nahestehende Personen ermöglichen.[228] **148**

Liegen die Voraussetzungen von § 8a Abs. 2 oder Abs. 3 KStG vor, findet die Regelung des § 4h Abs. 1 EStG folglich trotz Vorliegens der Voraussetzungen der Befreiungstatbestände des § 4h Abs. 2 Buchst. b und c EStG Anwendung.

---

[226] LFD Thüringen 7.5.2009, DStR 2009, 1150.
[227] DPM/*Möhlenbrock/Pung* § 8a Rn. 116a; Frotscher/Maas/*Frotscher* KStG § 8a Rn. 121b; *Töben/Fischer* Ubg 2008, 149; Blümich/*Heuermann* KStG § 8a Rn. 25; ebenso zweifelnd FG Berlin-Brandenburg 12 V 12089/11, EFG 2012, 358 (rkr.).
[228] Zur Diskussion um Reichweite der Rückgriffsmöglichkeit nach § 8a Abs. 2 Alt. 3 KStG, siehe Rn. 141.

§ 9 Kapitalmaßnahmen

Bearbeiter: Dr. Michael Weiß

Übersicht

	Rn.
A. Einführung	1–12
B. Kapitalerhöhung gegen Einlagen (Grundfall)	13–56
I. Allgemeines	13
II. Kapitalerhöhungsbeschluss	14–22
III. Durchführung der Kapitalerhöhung	23–34
IV. Sacheinlagen	35–47
1. Gegenstand	35
2. Inhalt des Erhöhungsbeschlusses	36
3. Bekanntmachung	37
4. Einbringungsvertrag	38
5. Verstoß gegen § 183 Abs. 1 AktG	39, 40
6. Prüfung	41
7. Kapitalerhöhung mit Sacheinlagen ohne Prüfung	42–45
8. Anmeldung des Beschlusses	46, 47
V. Bezugsrecht	48–50
VI. Ausschluss des Bezugsrechts	51–56
C. Bedingte Kapitalerhöhung	57–79
I. Voraussetzungen	57–64
II. Erhöhungsbeschluss	65–69
III. Bedingte Kapitalerhöhung mit Sacheinlagen	70, 71
IV. Durchführung der bedingten Kapitalerhöhung	72–78
V. Bezugsrechte	79
D. Genehmigtes Kapital	80–101
I. Voraussetzungen	80–85
II. Durchführung	86–89
III. Sacheinlage	90, 91
IV. Bezugsrecht/Bezugsrechtsausschluss	92–101
E. Kapitalerhöhung aus Gesellschaftsmitteln	102–128
I. Voraussetzungen	102–108
II. Kapitalerhöhungsbeschluss	109–118
III. Durchführung der Kapitalerhöhung	119–123
IV. Aus der Kapitalerhöhung Berechtigte, Wahrung der Rechte der Aktionäre und Dritter	124–128
F. Ordentliche Kapitalherabsetzung	129–147
I. Allgemeines	129–133
II. Kapitalherabsetzungsbeschluss	134–138
III. Durchführung	139–142
IV. Gläubigerschutz	143–147
G. Vereinfachte Kapitalherabsetzung	148–160
I. Voraussetzungen	148–152
II. Durchführung und Folgen	153–156
III. Rückwirkung der Kapitalherabsetzung	157–160

§ 9 Kapitalmaßnahmen

H. Kapitalherabsetzung durch Einziehung von Aktien 161–172
   I. Arten der Einziehung............................. 161–166
   II. Ordentliches und vereinfachtes Einziehungsverfahren ... 167–170
   III. Durchführung 171, 172

I. Sonderformen der Kapitalbeschaffung 173–189
   I. Wandelschuldverschreibung 173–180
   II. Gewinnschuldverschreibungen 181, 182
   III. Genussrechte................................... 183–186
   IV. Stille Gesellschaft............................... 187–189

J. Besonderheiten bei der KGaA........................ 190–197
   I. Allgemeines 190–192
   II. Die Vermögenseinlage der Komplementäre 193–195
   III. Umwandlung von Komplementäranteilen in Aktien und
       umgekehrt 196, 197

Schrifttum: *Baums/Drinhausen/Keinath* Anfechtungsklagen und Freigabeverfahren. Eine empirische Studie ZIP 2011, 2329 -235; *Becker* Bezugsrechtsausschluß gem. § 186 Abs. 4 Satz 2 des Aktiengesetzes in der Fassung der 2. EG-Richtlinie, BB 1981, 394; *Bischoff* Sachliche Voraussetzungen von Mehrheitsbeschlüssen in Kapitalgesellschaften, BB 1987, 1055; *Blaurock* Handbuch Stille Gesellschaft, 8. Aufl. Köln 2016; *Durchlaub* Fortsetzung der Kommanditgesellschaft auf Aktien mit den Erben des Komplementärs, BB 1977, 875; *Fett/Spierig* Typische Probleme bei der Kapitalerhöhung aus Gesellschaftsmitteln, NZG 2002, 358; *Geißler* Rechtliche und unternehmenspolitische Aspekte der vereinfachten Kapitalherabsetzung bei der AG, NZG 2000, 719; *Gustavus* Die Sicherung von mit ausländischen Optionsanleihen verbundenen Bezugsrechten auf deutsche Aktien, BB 1970, 694; *Haag/Peters* Aktienrechtsnovelle 2011–2015 – Ermöglichen die Neuregelungen zur „umgekehrten Wandelanleihe" auch die Ausgabe von Pflichtwandelanleihen des bankaufsichtsrechtlichen zusätzlichen Kernkapitals?, WM 2015, 2303; *Hoffmann* Optionsanleihen ausländischer Töchter unter der Garantie ihrer deutschen Muttergesellschaft, AG 1973, 47; *Hofmeister* Der Ausschluss des aktiengesetzlichen Bezugsrechts bei börsennotierten AG Konsequenzen aus BGHZ 136, 133 – Siemens/Nold, NZG 2000, 713; *Ihrig/Wandt* Die Aktienrechtsnovelle 2016, BB 2016, 6; *Jaeger* Sicherheitsleistung für Ansprüche aus Dauerschuldverhältnissen bei Kapitalherabsetzung, Verschmelzung und Beendigung eines Unternehmensvertrages, DB 1996, 1069; *Koller/Kindler/Roth/Morck* Kommentar zum HGB, 8. Aufl. München 2016; *Lutter* Aktienoptionen für Führungskräfte – de lege lata und de lege ferenda, ZIP 1997, 1; *Oetker* Kommentar zum HGB, 5. Aufl. München 2017; *Schaub* Nochmals „Warrant/Anleihen" von Tochtergesellschaften, AG 1972, 340; *Oetker* Kommentar zum HGB, 5. Aufl. München 2017; *Schlitt/Schäfer* Alte und neue Fragen im Zusammenhang mit 10%-Kapitalerhöhungen, AG 2005, 67; *Schüppen* Die sukzessive Durchführung von ordentlichen Kapitalerhöhungen – Eine Gestaltung auf der Grenzlinie zum genehmigten Kapital, AG 2001, 125; *Seibert* Das „TransPuG" – Gesetz zur weiteren Reform des Aktien- und Bilanzrechts, zu Transparenz und Publizität (Transparenz- und Publizitätsgesetz) – Diskussion im Gesetzgebungsverfahren und endgültige Fassung, NZG 2002, 608; *Seibt/Vogt* Kapitalerhöhung zu Sanierungszwecken, AG 2009, 133; *Wichert* Satzungsänderungen in der Kommanditgesellschaft auf Aktien, AG 1999, 362; *Wolff* Bedingtes Kapital für warrant- Anleihen, Huckepack-Emissionen und naked warrants, WiB 1997, 505; *Zöllner/ Winter* Folgen der Nichtigerklärung durchgeführter Kapitalerhöhungsbeschlüsse, ZHR 1994, 59.

A. Einführung

Die aktienrechtlichen Vorschriften zu den Maßnahmen der Kapitalbeschaffung 1
und Kapitalherabsetzung finden sich im sechsten Teil des ersten Buchs des Aktiengesetzes. Das Gesetz differenziert dabei zwischen der Kapitalbeschaffung im zweiten Abschnitt (§§ 182–221 AktG) und der Kapitalherabsetzung im dritten Abschnitt (§§ 222–240 AktG).

Nach § 23 Abs. 3 Nr. 3 AktG muss die Satzung der AG zwingend das Grund- 2
kapital bestimmen. Änderungen der Höhe des Grundkapitals sind daher gesetzestechnisch als **Satzungsänderungen** ausgestaltet. Die Regelungen über Satzungsänderungen sind im ersten Abschnitt des sechsten Teils des Aktiengesetzes geregelt und dem gesetzlichen Kapitalmaßnahmenkatalog somit als allgemeiner Teil vorangestellt. Dieser normiert für alle Kapitalmaßnahmen des sechsten Teils einen Mindeststandard an Voraussetzungen, den jede einzelne Maßnahme zu ihrer Wirksamkeit erfüllen muss. Hierzu gehören namentlich ein zustimmender Beschluss der Hauptversammlung und dessen Eintragung im Handelsregister.

Die Maßnahmen zur Kapitalerhöhung unterteilen sich in fünf Unterabschnitte. 3
Zunächst regelt das Gesetz in den §§ 182–191 AktG die (reguläre) **Kapitalerhöhung gegen Einlagen**. Hierbei erfolgt eine Erhöhung des Grundkapitals durch die Übernahme von Bar- oder Sacheinlagen.

Im zweiten Unterabschnitt (§§ 192–201 AktG) finden sich die Vorschriften 4
zur **bedingten Kapitalerhöhung**. Diese bezieht sich im Wesentlichen auf die Kapitalerhöhung im Zusammenhang mit der Gewährung von Umtausch- oder Bezugsrechten an Gläubiger von Wandelschuldverschreibungen. Hierbei erfolgt der Hauptversammlungsbeschluss unter der Bedingung, dass die Kapitalerhöhung nur soweit durchgeführt wird, wie von dem Umtausch- oder Bezugsrecht Gebrauch gemacht wird.

Der dritte Unterabschnitt (§§ 202–206 AktG) enthält die Vorschriften zum 5
genehmigten Kapital. Die Hauptversammlung beschließt dabei eine Satzungsänderung dergestalt, dass der Vorstand für bis zu fünf Jahre ermächtigt wird, das Grundkapital nach seinem Ermessen bis zu einem bestimmten Nennbetrag (genehmigtes Kapital) durch Ausgabe neuer Aktien gegen Einlagen zu erhöhen.

Im vierten Abschnitt (§§ 207–220 AktG) ist die **Kapitalerhöhung aus Gesell-** 6
schaftsmitteln geregelt. Die finanziellen Mittel zur Kapitalerhöhung stammen hierbei nicht aus Einlagen, sondern werden aus dem Vermögen der AG generiert, indem die Kapitalrücklage und die Gewinnrücklagen in Grundkapital umgewandelt werden.

Die Maßnahmen zur **Kapitalherabsetzung** finden sich im fünften Abschnitt 7
des sechsten Teils des Aktiengesetzes. Das Gesetz unterscheidet dabei zwischen der ordentlichen Kapitalherabsetzung im ersten Unterabschnitt, der vereinfachten Kapitalherabsetzung im zweiten Unterabschnitt und der Kapitalherabsetzung durch Einziehung von Aktien im dritten Unterabschnitt.

Die Regelungen zur **ordentlichen Kapitalherabsetzung** finden sich in den 8
§§ 222–228 AktG. Hierbei muss der Zweck der Kapitalherabsetzung hinreichend konkret im Hauptversammlungsbeschluss angegeben werden. Die Art der Durchführung richtet sich dabei danach, welche Aktien von der Maßnahme betroffen sind und wie die Herabsetzung erfolgen soll. Bei Stückaktien erfolgt die Herabsetzung durch die Absenkung des Grundkapitals, während bei Nennbetragsaktien die Herabsetzung durch die Reduzierung der Nennbeträge erfolgt. Alternativ kann die Herabsetzung auch durch die Zusammenlegung von Aktien erfolgen. Da der

Hauptversammlungsbeschluss bei der ordentlichen Kapitalherabsetzung den Zweck lediglich konkret benennen muss, das Gesetz jedoch keinerlei Einschränkungen hinsichtlich der Zulässigkeit lediglich bestimmter Zwecke vorsieht, besteht bei dieser Kapitalmaßnahme das **Risiko der Gläubigerbenachteiligung**, weil durch die Kapitalherabsetzung das garantierte Haftkapital der Gesellschaft verkleinert wird. Aus diesem Grund weist das Gesetz mit der Sicherheitsleistung, der Auszahlungssperre und der Erlasssperre ein ausgeprägtes **Gläubigerschutzsystem** auf.

9 Die **vereinfachte Kapitalherabsetzung** ist in den §§ 229–236 AktG geregelt. Anders als die ordentliche Kapitalherabsetzung ist die vereinfachte Kapitalherabsetzung nur für bestimmte Zwecke zulässig, namentlich um das freiwerdende Kapital zum Verlustausgleich oder zur Einstellung in die Kapitalrücklage zu nutzen. Die Vereinfachung gegenüber der ordentlichen Kapitalherabsetzung ergibt sich aus dem fehlenden Verweis auf den Gläubigerschutz nach § 225 AktG. Die vereinfachte Kapitalherabsetzung normiert in den §§ 230 und 233 AktG vielmehr ein eigenes Gläubigerschutzkonzept, welches im Vergleich zur ordentlichen Kapitalherabsetzung ein deutlich geringeres Schutzniveau aufweist.

10 Die **Kapitalherabsetzung durch Einziehung von Aktien** regelt das Gesetz in den §§ 237–239 AktG. Im Gegensatz zur ordentlichen Kapitalherabsetzung sind hierbei nicht alle Aktien von der Kapitalmaßnahme gleich betroffen. Die Einziehung beschränkt sich vielmehr auf einzelne Aktien. Der Schutz der Aktionäre wird dabei dadurch gewährleistet, dass eine Zwangseinziehung nur zulässig ist, wenn sie bereits vor der Übernahme oder Zeichnung der durch die Einziehung betroffenen Aktien satzungsmäßig für zulässig erklärt wurde.

11 Der fünfte Abschnitt (§ 221 AktG) stellt klar, dass auch die Ausgabe von **Wandel- und Gewinnschuldverschreibungen** bereits eine Kapitalmaßnahme darstellt und verlangt als solche eine entsprechende Satzungsregelung. § 221 Abs. 3 AktG ordnet darüber hinaus die entsprechende Geltung für **Genussrechte** an.

12 Neben den aktienrechtlichen Kapitalmaßnahmen kann sich die AG auch Vermögenseinlagen von **stillen Gesellschaftern** nach § 230 HGB sichern.

B. Kapitalerhöhung gegen Einlagen (Grundfall)

I. Allgemeines

13 Die Kapitalerhöhung gegen Einlagen stellt den gesetzlichen Grundfall aktienrechtlicher Kapitalbeschaffung dar. Das legislatorische Korsett für die Durchführung dieser Kapitalmaßnahme findet sich in den §§ 182–191 AktG. Hiernach gliedert sich die Kapitalmaßnahme grundsätzlich in mehrere Schritte, deren aufeinanderfolgende Abhandlung grundsätzlich zwingend erscheint. Die Entscheidung zur Kapitalerhöhung gegen Einlagen erfordert grundsätzlich einen Beschluss der Hauptversammlung (§ 182 AktG). Dieser Beschluss ist durch Anmeldung im Handelsregister (§ 184 AktG) publik zu machen. Zur tatsächlichen Durchführung der Kapitalerhöhung müssen die neuen Aktien durch eine schriftliche Erklärung (Zeichnungsschein) übernommen werden (§ 185 AktG). Darüber hinaus müssen die Einlagen, zumindest in Höhe des gesetzlichen Mindestbetrages, geleistet werden (§§ 188 Abs. 2, 36a AktG). Die Durchführung der Kapitalerhöhung ist ebenfalls zum Handelsregister anzumelden (§ 188 AktG). Mit der Eintragung der Durchführung der Kapitalerhöhung ist das Grundkapital erhöht (§ 189 AktG).

B. Kapitalerhöhung gegen Einlagen (Grundfall) 14, 15 § 9

II. Kapitalerhöhungsbeschluss

Die Entscheidung zur Kapitalerhöhung obliegt grundsätzlich den Eignern der 14
Gesellschaft.[1] Das Votum der Aktionäre hat dabei zwingend in Form eines Hauptversammlungsbeschlusses zu erfolgen. Der Beschluss bedarf nach § 182 Abs. 1 Satz 1 AktG einer Mehrheit von mindestens drei Viertel des bei der Beschlussfassung vertretenen Grundkapitals. Diese sog. **Kapitalmehrheit** stellt lediglich ein weiteres gesetzliches Erfordernis iSv § 133 Abs. 1 Hs. 2 AktG dar[2] und tritt daher neben das Erfordernis der **einfachen Stimmenmehrheit** nach § 133 Abs. 1 Hs. 1 AktG. Kumuliert erfordert dies, dass die Kapitalerhöhung sowohl mit der Mehrheit der abgegebenen Stimmen als auch mit der Mehrheit von drei Vierteln des vertretenen Grundkapitals beschlossen wird. Praktische Relevanz kommt der Unterscheidung zwischen Kapitalmehrheit und Stimmenmehrheit dabei nur in seltenen Fällen zu. Hierzu zählen etwa Höchst- oder Mehrstimmrechte. So kann aufgrund eines nach § 5 Abs. 1 EGAktG zulässigen Mehrstimmrechts zwar die Stimmenmehrheit, jedoch nicht die Kapitalmehrheit erreicht werden. Besteht hingegen ein Höchststimmrecht nach § 134 Abs. 1 Satz 2 AktG ist es möglich, dass zwar die Kapitalmehrheit, nicht jedoch die Stimmenmehrheit erreicht wird.[3] Das Erfordernis der Kapitalmehrheit beim Kapitalerhöhungsbeschluss entspricht wegen seines **satzungsändernden Charakters** dem Mehrheitserfordernis des § 179 Abs. 2 AktG, so dass für die Berechnung der Kapitalmehrheit hierauf zurückgegriffen wird.[4] Bei der Berechnung wird nur das Kapital der Stimmen gewertet, die mit „ja" oder „nein" gestimmt haben. Nicht berücksichtigt werden daher Stimmenthaltungen, Stimmen von nicht erschienenen bzw. nicht ordnungsgemäß vertretenen Aktionären und Stimmen, die nicht mitwirken durften (zB Ausschluss des Stimmrechts iSv § 136 AktG).[5]

§ 182 Abs. 1 Satz 1 AktG ist **dispositiv**. Durch eine entsprechende Satzungsrege- 15
lung kann daher grundsätzlich auch eine geringere oder größere Kapitalmehrheit festgelegt werden, wobei die einfache Kapitalmehrheit ein Mindesterfordernis darstellt, welches nicht unterschritten werden darf.[6] § 182 Abs. 1 Satz 2 AktG schränkt die Gestaltungsfreiheit für die **Ausgabe von Vorzugsaktien** ein und erlaubt hierbei nur die Bestimmung einer größeren Kapitalmehrheit, so dass lediglich eine **satzungsmäßige Erschwerung** des Hauptversammlungsbeschlusses zulässig ist. Darüber hinaus ist es nach § 182 Abs. 1 Satz 3 AktG möglich, durch die Satzung weitere Erfordernisse für die Wirksamkeit des Kapitalerhöhungsbeschlusses festzulegen. Hier kommt insbesondere das Erfordernis einer bestimmten Hauptversammlungspräsenz in Betracht.[7] Die Anforderungen dürfen jedoch insgesamt nicht so sehr erschwert werden, dass die Möglichkeit der Kapitalerhöhung faktisch ausgeschlossen wird.[8]

---

[1] Zu der Möglichkeit der Entscheidungsverlagerung beim genehmigten Kapital, siehe Rn. 80 ff.
[2] *Hüffer/Koch* AktG § 182 Rn. 7; MünchKomm. AktG/Bd. 4/*Schürnbrand* § 182 Rn. 23; Spindler/Stilz/*Servatius* AktG § 182 Rn. 14.
[3] Vgl. stellvertretend Spindler/Stilz/*Servatius* AktG § 182 Rn. 14.
[4] MünchKomm. AktG/Bd. 4/*Schürnbrand* § 182 Rn. 24.
[5] Schmidt/Lutter/*Veil* AktG § 182 Rn. 27; Bürgers/Körber/*Marsch-Barner* AktG § 182 Rn. 13; Henssler/Strohn GesR § 179 Rn. 14; *Hüffer/Koch* AktG § 179 Rn. 14.
[6] Bürgers/Körber/*Marsch-Barner* AktG § 182 Rn. 14; *Hüffer/Koch* AktG § 182 Rn. 8; MünchKomm. AktG/Bd. 4/*Schürnbrand* § 182 Rn. 26; vgl. auch Schmidt/Lutter/*Veil* AktG § 182 Rn. 29; Spindler/Stilz/*Servatius* AktG § 182 Rn. 17 ff.
[7] Siehe zu den Anforderungen an weitere Erfordernisses auch Spindler/Stilz/*Servatius* AktG § 182 Rn. 23 ff.
[8] Bürgers/Körber/*Marsch-Barner* AktG § 182 Rn. 14; *Hüffer/Koch* AktG § 182 Rn. 8.

16 Sind bei einer AG mehrere Gattungen von stimmberechtigten Aktien ausgegeben, so bedarf der Beschluss nach § 182 Abs. 2 AktG zur Wirksamkeit der **Zustimmung der Aktionäre jeder Gattung**. Zu denken ist hierbei etwa an stimmberechtigte Vorzugsaktien, die neben den Stammaktien ausgegeben wurden. In diesem Fall müssen sowohl die Stammaktionäre als auch die stimmberechtigten Vorzugsaktionäre einen Sonderbeschluss nach § 138 AktG in gesonderter Abstimmung in der Hauptversammlung fassen. Ausweislich § 182 Abs. 2 Satz 3 AktG gelten hierbei die Mehrheitserfordernisse von Abs. 1, so dass auch für die Sonderbeschlüsse das Erfordernis der (gesetzlichen) Stimmen- und Kapitalmehrheit (vorbehaltlich einer anderweitigen Satzungsbestimmung) gilt.[9]

17 Eine gesetzliche Regelung, die den **Mindestinhalt** eines Kapitalerhöhungsbeschlusses zusammenfasst, fehlt. Der zwingende und fakultative Inhalt ergibt sich vielmehr aus den §§ 182 ff. AktG. Zwingender Inhalt ist dabei zunächst der **Betrag der Kapitalerhöhung** (§ 23 Abs. 3 Nr. 3 AktG). Es ist dabei nicht erforderlich, dass in dem Beschluss bereits ein bestimmter Wert angegeben ist. Ausreichend ist vielmehr, dass in dem Beschluss eine Höchstgrenze festgesetzt wird. Diese kann darüber hinaus noch mit einer Mindestgrenze gekoppelt werden.[10] Hierdurch ist es beispielsweise möglich, den genauen Betrag erst nach dem Ende der Zeichnungsfrist festzulegen. Für die Abgrenzung zur bedingten Kapitalerhöhung ist es jedoch erforderlich, dass die Zeichnungsfrist eng bemessen wird. Nach überwiegender Ansicht wird ein Zeitraum von sechs Monaten für noch zulässig erachtet.[11] Der Erhöhungsbetrag muss darüber hinaus auf eine Anzahl von Aktien verteilt werden. Ferner muss im Beschluss festgelegt werden, ob **Nennbetrags- oder Stückaktien** ausgegeben werden. Daneben ist festzulegen ob **Inhaber- oder Namensaktien** emittiert werden (§§ 23 Abs. 3 Nr. 5, 10 Abs. 1 AktG). Darüber hinaus muss der Beschluss die Aktiengattung festlegen (§ 11 AktG). Fakultativ kann beispielsweise eine Frist in den Beschluss aufgenommen werden, innerhalb derer die Durchführung der Kapitalerhöhung vollzogen werden muss oder ein Zeitpunkt bestimmt werden, ab dem die **Gewinnberechtigung der neuen Aktien beginnen** soll.[12]

18 Im Gegensatz zum zwingenden Inhalt des Hauptversammlungsbeschlusses, insbesondere der Festsetzung des Betrags der Kapitalerhöhung, bedarf es bei der **Festlegung des Ausgabebetrags** der einzelnen Aktien nicht zwingend eines Beschlusses der Hauptversammlung. Im Falle einer sog. **Pari-Emission**, also der Ausgabe der Aktien zum geringsten Ausgabebetrag[13] iSv § 9 Abs. 1 AktG, ist keine Festsetzung im Kapitalerhöhungsbeschluss erforderlich. Soll der Ausgabebetrag hingegen **über pari** liegen, also den geringsten Ausgabebetrag übersteigen, ordnet

---

[9] MünchKomm. AktG/Bd. 4/*Schürnbrand* § 182 Rn. 32; *Hüffer/Koch* AktG § 182 Rn. 20; Schmidt/Lutter/*Veil* AktG § 182 Rn. 34; Bürgers/Körber/*Marsch-Barner* AktG § 182 Rn. 31.
[10] Bürgers/Körber/*Marsch-Barner* AktG § 182 Rn. 18; Schmidt/Lutter/*Veil* AktG § 182 Rn. 16; MünchKomm. AktG/Bd. 4/*Schürnbrand* § 182 Rn. 42; *Hüffer/Koch* AktG § 182 Rn. 12; Kölner Komm./*Ekkenga* § 182 Rn. 31.
[11] *Seibt/Vogt* AG 2009, 133 (135); *Schüppen* AG 2001, 125; Marsch-Barner/Schäfer/*Busch* § 42 Rn. 11.
[12] Siehe zum fakultativen Inhalt auch mit weiteren Beispielen: Spindler/Stilz/*Servatius* AktG § 182 Rn. 10; *Hüffer/Koch* AktG § 182 Rn. 14 f.
[13] Nennbetragsaktien dürfen nicht unter ihrem Nennbetrag ausgegeben werden und müssen nach § 8 Abs. 2 AktG auf mindestens 1 EUR lauten. Der Mindestausgabebetrag bei Stückaktien ergibt sich aus dem Verhältnis der einzelnen Aktie zum Grundkapital. Der auf die einzelne Stückaktie entfallende anteilige Betrag des Grundkapitals darf nicht unterschritten werden.

B. Kapitalerhöhung gegen Einlagen (Grundfall)

§ 182 Abs. 3 AktG an, dass die Hauptversammlung im Beschluss einen Mindestbetrag festlegen muss.[14] Hierdurch gewährt die Hauptversammlung dem Vorstand eine gewisse Flexibilität, die insbesondere dann erforderlich wird, wenn im Zeitpunkt des Kapitalerhöhungsbeschlusses die Nachfrage nach den neuen Aktien (noch) nicht absehbar ist und seriöse Prognosen zur Preisentwicklung daher nicht getroffen werden können. Durch den eingeräumten Handlungsspielraum wird der Vorstand in die Lage versetzt, auf die (zukünftige) Entwicklung angemessen zu reagieren.[15] Zusätzlich zum Mindestbetrag kann der Beschluss auch eine **Höchstgrenze** festlegen. Innerhalb dieses geschaffenen Spektrums kann der Vorstand dann nach pflichtgemäßem Ermessen den konkreten Ausgabebetrag bestimmen. Durch den Kapitalerhöhungsbeschluss kann die Wirksamkeit der Festsetzung durch den Vorstand von der **Zustimmung des Aufsichtsrats** abhängig gemacht werden oder die Festlegung des konkreten Ausgabebetrags auch vollständig auf den Aufsichtsrat übertragen werden.

Da die Kapitalerhöhung zu Veränderungen der Höhe des Grundkapitals iSv § 23 Abs. 2 Nr. 3 AktG und ggfs. auch zur Veränderung von dessen Zusammensetzung iSv § 23 Abs. 3 Nr. 4 und 5 AktG führt, ist eine entsprechende **Anpassung der Satzung** notwendig. Nach § 179 Abs. 1 Satz 2 AktG ist es zulässig, die Befugnis zu Änderungen, die nur die Fassung betreffen, dem Aufsichtsrat zu übertragen. Dies erfolgt regelmäßig durch eine Ermächtigung in dem Kapitalerhöhungsbeschluss.

Der Kapitalerhöhungsbeschluss ist nach § 184 Abs. 1 Satz 1 AktG zur **Eintragung im Handelsregister** anzumelden. Zuständig für die Anmeldung sind der Vorstand und der Vorsitzende des Aufsichtsrats. Inhaltlich ist in der Anmeldung nach § 184 Abs. 1 Satz 2 AktG anzugeben, welche Einlagen auf das bisherige Grundkapital noch nicht geleistet worden sind und warum diese nicht erlangt werden können. Dies ermöglicht dem Registergericht die gerichtliche Prüfung nach § 182 Abs. 4 AktG.[16] Nach § 182 Abs. 4 Satz 1 AktG soll das Grundkapital nicht erhöht werden, solange ausstehende Einlagen auf das bisherige Grundkapital noch erlangt werden können. Die **Möglichkeit des Einlagenerhalts** steht einer Kapitalerhöhung demnach entgegen, so dass das Registergericht in diesem Fall die Eintragung des Beschlusses verweigern muss.

Das Registergericht prüft anschließend, ob die **formellen und materiellen Voraussetzungen** für die Eintragung des Kapitalerhöhungsbeschlusses vorliegen.[17] Die Prüfungskompetenz bzw. -pflicht kommt dem Registergericht auch ohne ausdrückliche gesetzliche Anordnung zu.[18] Den Prüfungsgegenstand bilden dabei zunächst die eigene örtliche und sachliche Zuständigkeit,[19] die Wirksamkeit

---

[14] Der Mindestbetrag muss mindestens den Wert des geringsten Ausgabebetrags iSv § 9 Abs. 1 AktG betragen. Darüber hinaus ist die Hauptversammlung in der Festlegung frei.

[15] So wird etwa im Rahmen von Börsengängen der Ausgabekurs der von dem Bankenkonsortium (zum Nennbetrag) übernommenen Aktien in der Regel erst unmittelbar vor dem ersten Handelstag der Gesellschaft in Absprache mit den Banken festgelegt.

[16] MünchKomm. AktG/Bd. 4/*Schürnbrand* § 184 Rn. 21 f.; *Hüffer/Koch* AktG § 184 Rn. 2a.

[17] Kölner Komm./*Ekkenga* § 184; Rn. 11; Bürgers/Körber/*Marsch-Barner* AktG § 184 Rn. 13; Spindler/Stilz/*Servatius* AktG § 184 Rn. 18; Schmidt/Lutter/*Veil* AktG § 184 Rn. 10.

[18] *Hüffer/Koch* AktG § 184 Rn. 6.

[19] Zuständiges Registergericht ist das Amtsgericht, in dem die Gesellschaft ihren Sitz hat, *Hüffer/Koch* AktG § 184 Rn. 2.

§ 9 22–24 Kapitalmaßnahmen

der Anmeldung,[20] die Vollständigkeit und Ordnungsmäßigkeit der beizufügenden Unterlagen sowie materielle Beschlusserfordernisse.[21]

22 Die Eintragung bewirkt jedoch nicht die Wirksamkeit der Kapitalerhöhung, sondern stellt lediglich eine **erste Stufe zur frühzeitigen Kontrolle** seitens des Registergerichts dar.[22] Die Kapitalerhöhung wird hingegen erst mit der Eintragung der **Durchführung der Kapitalerhöhung** nach § 189 AktG wirksam. Deren nach § 188 Abs. 1 AktG erforderliche Anmeldung zur Eintragung kann gem. § 188 Abs. 4 AktG jedoch auch mit der Anmeldung des Kapitalerhöhungsbeschluss verbunden werden.[23] Beide Anmeldungen erfordern im Gegensatz zu „normalen" Satzungsänderungen die **Mitwirkung des Aufsichtsratsvorsitzenden** neben dem Vorstand (in vertretungsberechtigter Mitgliederzahl). Diese Höchstpersönlichkeit ist zwingend, eine Vertretung ist aufgrund der strafrechtlichen Verantwortung nach § 399 Abs. 1 Nr. 4 AktG ausgeschlossen.[24]

III. Durchführung der Kapitalerhöhung

23 Die Durchführung der Kapitalerhöhung erfordert die **Zeichnung** der neuen Aktien nach § 185 AktG. Diese kann bereits vor der Eintragung des Kapitalerhöhungsbeschlusses in das Handelsregister erfolgen. Dies ergibt sich aus § 188 Abs. 4 AktG. Hiernach können die Eintragung der Durchführung und die Eintragung des Kapitalerhöhungsbeschlusses verbunden werden. Das Gesetz schreibt die Reihenfolge also nicht dergestalt vor, dass die Eintragung des Kapitalerhöhungsbeschlusses zwingend vor der Zeichnung der neuen Aktien erfolgen muss.[25]

24 Technisch ist bei der Zeichnung zwischen der Zeichnung selbst, dem Zeichnungsschein und dem Zeichnungsvertrag zu differenzieren. Die Zeichnung ist eine **empfangsbedürftige Willenserklärung**, die den Willen zum Ausdruck bringt, die neuen Aktien zu erwerben. Diese Willenserklärung wird in der Regel durch den sog. Zeichnungsschein verkörpert.[26] Der Erklärungsempfänger ist die Aktiengesellschaft. Nimmt die Gesellschaft die Offerte des Zeichners an, entsteht der sog. **Zeichnungsvertrag**. An die Zeichnungsofferte ist der Erklärende nach dem Zugang der Willenserklärung bei der Aktiengesellschaft gebunden. Nach § 185 Abs. 1 Satz 3 Nr. 4 AktG ist im Zeichnungsschein jedoch ein Zeitpunkt anzugeben, an dem die Zeichnung unverbindlich wird, wenn nicht bis dahin die Durchführung der Erhöhung des Grundkapitals eingetragen ist. Die Bindung endet im Falle der Nichteintragung der Durchführung daher automatisch in diesem Zeitpunkt. Der

---

[20] Die Prüfung umfasst dabei im Wesentlichen die Befugnis zur Anmeldung und die Form der Anmeldung, Bürgers/Körber/*Marsch-Barner* AktG § 184 Rn. 13; *Hüffer/Koch* AktG § 184 Rn. 2.

[21] Schmidt/Lutter/*Veil* AktG § 184 Rn. 10; Bürgers/Körber/*Marsch-Barner* AktG § 184 Rn. 13; *Hüffer/Koch* AktG § 184 Rn. 2.

[22] MünchKomm. AktG/Bd. 4/*Schürnbrand* § 184 Rn. 59; Spindler/Stilz/*Servatius* AktG § 184 Rn. 1; vgl. auch Schmidt/Lutter/*Veil* AktG § 184 Rn. 14.

[23] In der Praxis stellt dieses Vorgehen die Regel dar, MünchKomm. AktG/Bd. 4/*Schürnbrand* § 184 Rn. 15; *Hüffer/Koch* AktG § 182 Rn. 1.

[24] Bürgers/Körber/*Marsch-Barner* AktG § 184 Rn. 5; Kölner Komm./*Ekkenga* § 184 Rn. 11; Schmidt/Lutter/*Veil* AktG § 184 Rn. 4; *Hüffer/Koch* AktG § 184 Rn. 3.

[25] Vgl. auch MünchKomm. AktG/Bd. 4/*Schürnbrand* § 185 Rn. 29; Bürgers/Körber/*Marsch-Barner* AktG § 185 Rn. 12; *Hüffer/Koch* AktG § 185 Rn. 6.

[26] Nach § 185 Abs. 1 Satz 1 AktG hat die Zeichnung schriftlich zu erfolgen.

B. Kapitalerhöhung gegen Einlagen (Grundfall) 25–27 § 9

Zeichnungsvertrag wird daher unter der **auflösenden Bedingung** der Nichteintragung der Durchführung der Kapitalerhöhung geschlossen.[27]
Inhaltlich hat der Zeichnungsschein nach § 185 Abs. 1 Satz 1 AktG die (gezeichnete) Beteiligung nach der **Zahl bei Stückaktien** bzw. **dem Nennbetrag bei Nennbetragsaktien** zu enthalten. Der Zeichnungsschein soll nach § 185 Abs. 1 Satz 2 AktG in doppelter Ausfertigung ausgestellt werden. Darüber hinaus hat der Schein im Falle der Ausgabe mehrerer Aktiengattungen auch die **Gattung** zu bezeichnen. § 185 Abs. 1 Satz 3 AktG enthält neben dem Zeitpunkt der Unverbindlichkeit der Zeichnungserklärung weitere verpflichtende Angaben über den Mindestinhalt der Erklärung: 25
– den Tag, an dem die Erhöhung des Grundkapitals beschlossen worden ist;
– den Ausgabebetrag der Aktien, den Betrag der festgesetzten Einzahlung sowie den Umfang von Nebenverpflichtungen;
– die bei einer Kapitalerhöhung mit Sacheinlagen vorgesehenen Festsetzungen[28] und wenn mehrere Gattungen ausgegeben werden, den auf jede Aktiengattung entfallenden Betrag des Grundkapitals.
Verstöße gegen diesen Mindestinhalt führen nach § 185 Abs. 2 AktG zur **Nichtigkeit des Zeichnungsscheins**. Hierzu zählen auch Beschränkungen der Bindungswirkung, die über die zeitliche Beschränkung nach § 185 Abs. 1 Satz 3 Nr. 4 AktG hinausgehen. Auf die Nichtigkeit oder die Unverbindlichkeit des Zeichnungsscheins kann sich der Zeichner nach § 185 Abs. 3 AktG jedoch nicht berufen, wenn die Durchführung der Erhöhung des Grundkapitals eingetragen ist und er aufgrund des Zeichnungsscheins als Aktionär Rechte ausgeübt oder Verpflichtungen erfüllt hat.[29] 26
Der Zeichnungsvertrag kommt durch die Annahme der Zeichnungsofferte durch die AG zustande. Im Gegensatz zum Schriftformerfordernis des Zeichnungsscheins nach § 185 Abs. 1 Satz 1 AktG, schreibt das Gesetz für die Annahmeerklärung **keine besondere Form** vor. Der Zugang der Annahmeerklärung beim Zeichner ist nach § 151 BGB sogar entbehrlich, da die Annahme für die Gesellschaft lediglich Vorteile bringt und nach der Verkehrssitte eine gesonderte Erklärung daher nicht zu erwarten ist.[30] Denn durch den Zeichnungsvertrag wird die Gesellschaft nicht verpflichtet, die Kapitalerhöhung durchzuführen. Diese Entscheidung verbleibt bei der Gesellschaft. Erst wenn die Kapitalerhöhung tatsächlich durchgeführt wird, ist die Gesellschaft verpflichtet, dem Zeichner Mitgliedschaftsrechte zukommen zu lassen. Der Zeichnungsvertrag stellt daher einen **unvollkommen zweiseitig verpflichtenden Vertrag** dar.[31] Der Zeichnungsvertrag begründet daher auch kein Anwartschaftsrecht des Zeichners auf die neuen Aktien.[32] Übersteigt die Anzahl der gezeichneten Aktien (Zeichnungsscheine) die Anzahl der Aktien, die durch die Kapitalerhöhung neu geschaffen wurden, kommt es zu einer **Überzeichnung**. In diesem Fall kann die Gesellschaft entscheiden, in welchem Umfang sie die Angebote aus den Zeichnungsscheinen annimmt. 27

---

[27] Spindler/Stilz/*Servatius* AktG § 185 Rn. 36; Bürgers/Körber/*Marsch-Barner* AktG § 185 Rn. 10; MünchKomm. AktG/Bd. 4/*Schürnbrand* § 185 Rn. 25.
[28] Vgl. Rn. 42 ff.
[29] Als Rechte kommen etwa die Teilnahme an Hauptversammlungen oder Dividendenbezug in Betracht. Eine Verpflichtung liegt etwa in der Einlageleistung.
[30] Bürgers/Körber/*Marsch-Barner* AktG § 185 Rn. 13.
[31] Vgl. weiterführend *Hüffer/Koch* AktG § 185 Rn. 4.
[32] Vgl. BFH II R 231/81, BFHE 145, 437 (439); Bürgers/Körber/*Marsch-Barner* AktG § 185 Rn. 13; MünchKomm. AktG/Bd. 4/*Schürnbrand* § 185 Rn. 34; *Lutter* in FS Schilling 1973, S. 207, 228 f.

28 Eine Verpflichtung zum Vertragsschluss trifft die Gesellschaft dabei nur bei Zeichnern, denen ein **gesetzliches oder vertragliches Bezugsrecht** (§§ 186, 187 AktG) zusteht, wobei die gesetzlichen den vertraglichen Bezugsrechten vorgehen. Durch das Bezugsrecht im Rahmen von Kapitalerhöhungen erhalten die Aktionäre die Möglichkeit, durch entsprechende Aktienkäufe eine Verwässerung ihres Aktienbestands zu verhindern.[33] Das Bezugsrecht des Aktionärs besteht dabei nach § 186 AktG in Höhe der Quote, die dem Teil des Aktienbestands des Aktionärs am Gesamtaktienbestand vor der Kapitalerhöhung entspricht. Führt die Kapitalerhöhung dazu, dass die Quote des bezugsberechtigten Aktionärs nicht ausreicht, um ausschließlich ganze Aktien zu zeichnen, erhält der Aktionär lediglich ein anteiliges Bezugsrecht. Der berechtigte Aktionär ist nicht verpflichtet, von seinem Bezugsrecht Gebrauch zu machen, er kann auf das Bezugsrecht auch verzichten oder es auch veräußern.[34]

29 Darüber hinaus ist die Gesellschaft in der Wahl ihrer Vertragspartner grundsätzlich frei. Sind mehrere Zeichner bereits Aktionäre, hat die Gesellschaft bei der Entscheidung, mit wem sie kontrahiert, das **Gleichbehandlungsgebot** nach § 53a AktG zu beachten.[35] Nimmt die Gesellschaft hingegen mehr Zeichnungsofferten an, als Aktien nach der Kapitalerhöhung zur Verfügung stehen, kommt es zum **Überhang an Zeichnungsverträgen**. Auch in diesem Fall gehen die Zeichner mit einem gesetzlichen bzw. vertraglichen Bezugsrecht den „restlichen" Zeichnern vor. Um alle Zeichner bedienen zu können besteht die Möglichkeit, den **Kapitalerhöhungsbeschluss zu ändern** und die Kapitalerhöhung um den fehlenden Betrag zu erweitern. Erfolgt dies nicht, kann die Gesellschaft nicht alle Zeichner bedienen. Den Zeichnern, die bei der Kapitalerhöhung keine Berücksichtigung finden, steht dann jedoch ein **Schadensersatzanspruch** nach § 311a Abs. 2 BGB gegen die Gesellschaft zu, wenn diese, was regelmäßig anzunehmen ist, die Pflichtverletzung zu vertreten hat. In diesem Fall steht der Gesellschaft regelmäßig ein Regressanspruch gegen den Vorstand nach § 93 AktG zu.[36]

30 Bereits nach der Zeichnung kann der Vorstand die **Einlagen von den Zeichnern einfordern**. Spätestens bis zur Anmeldung der Durchführung der Kapitalerhöhung muss der Vorstand dies jedoch getan haben, da nach § 188 Abs. 2 iVm § 36 Abs. 2 AktG die Anmeldung erst erfolgen darf, wenn auf die neuen Aktien der eingeforderte Betrag ordnungsgemäß eingezahlt worden ist. Nach § 188 Abs. 2 iVm § 36a Abs. 1 AktG muss der eingeforderte Betrag bei Bareinlagen mindestens ein Viertel des geringsten Ausgabebetrags betragen[37] und bei Ausgabe der Aktien mit einem darüber hinausgehenden Wert (Agio bzw. Aufgeld) auch diesen Mehrbetrag umfassen. Bei Bareinzahlungen muss der eingezahlte Betrag nach § 188 Abs. 2 iVm § 37 Abs. 1 AktG **endgültig zur freien Verfügung des Vorstands**

---

[33] Hüffer/Koch AktG § 186 Rn. 2; vgl. auch MünchKomm. AktG/Bd. 4/*Schürnbrand* § 186 Rn. 3; Bürgers/Körber/*Marsch-Barner* AktG § 186 Rn. 3; Hölters/*Apfelbacher/Niggemann* § 186 Rn. 2.

[34] MünchKomm. AktG/Bd. 4/*Schürnbrand* § 186 Rn. 28; Schmidt/Lutter/*Veil* AktG § 186 Rn. 7; Kölner Komm./*Ekkenga* § 186 Rn. 8.

[35] Bürgers/Körber/*Marsch-Barner* AktG § 185 Rn. 25; MünchKomm. AktG/Bd. 4/*Schürnbrand* § 185 Rn. 39.

[36] Spindler/Stilz/*Servatius* AktG § 185 Rn. 14; Hüffer/Koch AktG § 185 Rn. 26; Bürgers/Körber/*Marsch-Barner* AktG § 185 Rn. 26; Schmidt/Lutter/*Veil* AktG § 185 Rn. 26.

[37] § 9 Abs. 1 AktG legt die Untergrenze des Ausgabebetrags fest. Hiernach dürfen Aktien nicht für einen geringeren Betrag als den Nennbetrag oder den auf die einzelne Stückaktie entfallenden anteiligen Betrag des Grundkapitals ausgegeben werden.

B. Kapitalerhöhung gegen Einlagen (Grundfall)

stehen.[38] Sacheinlagen müssen nach § 188 Abs. 2 iVm § 36a Abs. 2 Satz 1 AktG hingegen vor der Eintragung grundsätzlich **vollständig** geleistet sein. § 188 Abs. 2 iVm § 36a Abs. 2 Satz 1 AktG lässt es jedoch genügen, wenn die Sacheinlage in der Verpflichtung zur Einbringung liegt und die Leistung innerhalb von fünf Jahren nach der Eintragung der Kapitalerhöhung in das Handelsregister zu bewirken ist.

Zuständig für die Anmeldung der Durchführung der Erhöhung des Grundkapitals ist nach § 188 Abs. 1 AktG der **Vorstand** (in vertretungsberechtigter Zahl) und der **Vorsitzende des Aufsichtsrats**. Der Inhalt der Anmeldung ergibt sich aus § 188 Abs. 2 iVm § 37 AktG. Die Erklärung muss danach zunächst beinhalten, zu welchem Betrag die neuen Aktien ausgegeben wurden. Dabei muss der angegebene Ausgabebetrag:

– im Falle eines im Kapitalerhöhungsbeschluss konkret festgesetzten Ausgabebetrags, genau diesem Wert entsprechen;
– im Falle eines im Kapitalerhöhungsbeschluss festgesetzten Mindestbetrags mindestens diesem Wert entsprechen oder
– im Falle einer im Kapitalerhöhungsbeschluss festgesetzten Spanne (Mindest- und Höchstbetrag) innerhalb dieser Spanne liegen.

Des Weiteren haben Vorstand und Aufsichtsratsvorsitzender bei der Anmeldung zu erklären, dass die Voraussetzungen des § 36 Abs. 2 AktG und des § 36a AktG erfüllt sind, mithin dass die Einlagen ordnungsgemäß geleistet wurden. Daneben ist zu erklären, dass der eingezahlte Betrag **endgültig zur freien Verfügung des Vorstands** steht (§ 37 Abs. 1 Satz 2 AktG). Nach § 37 Abs. 1 Satz 3 AktG ist der Nachweis durch eine Bestätigung des kontoführenden Instituts zu erbringen, wenn der Betrag gem. § 54 Abs. 3 AktG durch Gutschrift auf ein Konto gezahlt worden ist.

Der Anmeldung sind außerdem nach § 188 Abs. 3 AktG noch bestimmte Unterlagen beizufügen. So sind nach § 188 Abs. 3 Nr. 1 AktG die Zweitschriften der Zeichnungsscheine und ein vom Vorstand unterschriebenes Verzeichnis der Zeichner, das die auf jeden entfallenden Aktien und die auf sie geleisteten Einzahlungen angibt, beizufügen. Zwar ist detailliert anzugeben, wie viele Aktien auf jeden einzelnen Zeichner entfallen, jedoch ist im Hinblick auf die geleisteten Einzahlungen lediglich eine Gesamtsumme anzugeben. Eine Auflistung, welche Einzelbeträge auf die einzelnen Aktien geleistet wurden, ist nicht erforderlich.[39] Auch die Aktiengattung muss nicht angegeben werden. Sowohl die auf die einzelnen Aktien eingezahlten Beträge als auch die Aktiengattung sind bereits in den vorzulegenden Zeichnungsscheinen aufgelistet, so dass auf eine **Doppelangabe** verzichtet werden kann.[40] Auch Sacheinleger sind Zeichner iSd Vorschrift, so dass auch sie in dem Verzeichnis aufzuführen sind. Umstritten ist jedoch, ob auch anzugeben ist, welche (Sach-)Leistungen bereits geleistet wurden.[41] Nach § 188 Abs. 3 Nr. 2 AktG sind bei einer Kapitalerhöhung mit Sacheinlagen die Verträge, die den Festsetzungen nach § 183 AktG zugrunde liegen oder zu ihrer Ausführung geschlossen worden, anzufügen.[42] Hierzu zählen insbesondere die Verpflichtungsverträge zwischen

---

[38] Zur Problematik der Voreinzahlung auf eine erst künftige Bareinlagepflicht (Zahlung vor dem Kapitalerhöhungsbeschluss) insbesondere zu Sanierungszwecken vgl. *Hüffer/Koch* AktG § 188 Rn. 7 f.
[39] Bürgers/Körber/*Marsch-Barner* AktG § 188 Rn. 15; *Hüffer/Koch* AktG § 188 Rn. 13; MünchKomm. AktG/Bd. 4/*Schürnbrand* § 188 Rn. 35.
[40] MünchKomm. AktG/Bd. 4/*Schürnbrand* § 188 Rn. 35.
[41] Vgl. näher Spindler/Stilz/*Servatius* AktG § 188 Rn. 27.
[42] Siehe zur Kapitalerhöhung mit Sacheinlagen näher Rn. 35.

den Sacheinlegern und der Gesellschaft und die Verträge, die schon zur Erfüllung der Sacheinlagepflicht geschlossen wurden.[43] Letztlich ist nach § 188 Abs. 3 Nr. 3 AktG eine Berechnung der Kosten, die für die Gesellschaft durch die Ausgabe der neuen Aktien entstehen werden, anzuhängen. Da jede Kapitalerhöhung zwingend eine Satzungsänderung erfordert (vgl. Rn. 2), muss mit der Anmeldung der Durchführung der Kapitalerhöhung auch eine Anmeldung einer entsprechenden Satzungsänderung einhergehen. Die beiden **Anmeldungen** sind daher zu **verbinden**, wobei der vollständige Wortlaut des reformierten Satzungstextes mit der Bescheinigung des Notars nach § 181 Abs. 1 Satz 2 AktG der Anmeldung als Anlage beigefügt werden muss.

34 Die Anmeldung des Beschlusses über die Kapitalerhöhung kann bereits vor der Anmeldung der Durchführung der Kapitalerhöhung erfolgen. Das Gesetz lässt in § 188 Abs. 4 AktG jedoch auch eine Verbindung beider Anmeldungen zu. In diesem Fall kann dann auch die Eintragung sowohl des Beschlusses als auch seiner Durchführung in einem verbundenen Akt erfolgen. Die Kapitalerhöhung wird jedoch in beiden Fällen erst mit der Eintragung der Durchführung der Erhöhung wirksam (§ 189 AktG). Mit der Eintragung entstehen die neuen Mitgliedschaftsrechte. Die **Aktienurkunden**, die diese neuen Mitgliedschaftsrechte verbriefen, dürfen daher auch erst nach der Eintragung ausgegeben werden (§ 191 AktG).

IV. Sacheinlagen

1. Gegenstand

35 Kapitalerhöhungen können auch gegen Sacheinlagen durchgeführt werden (Sachkapitalerhöhung). Sacheinlagen sind in § 27 Abs. 1 Satz 1 AktG legal definiert als Einlagen, die nicht durch Einzahlung des Ausgabebetrags der Aktien zu leisten sind. Über den Verweis in § 183 Abs. 1 Satz 1 AktG gilt somit auch bei der Kapitalerhöhung der **Sacheinlagenbegriff**, der auch bei der Gesellschaftsgründung maßgeblich ist.[44] Sacheinlagen stellen jedoch sowohl bei der Gründung als auch bei der Kapitalerhöhung nicht den vom Gesetz vorgesehenen Regelfall dar. Das Aktienrecht geht vielmehr vom Grundsatz der Bareinlage aus. Die Sacheinlage stellt lediglich eine Leistung an Erfüllungs statt (§ 364 Abs. 1 BGB) dar. Soll von diesem Grundfall durch eine Sacheinlage abgewichen werden, so ist dies nur unter den Voraussetzungen der §§ 183 und 27 AktG zulässig.

2. Inhalt des Erhöhungsbeschlusses

36 Besondere Anforderungen stellt das Gesetz zunächst an den Inhalt des Kapitalerhöhungsbeschlusses. Bei einer Sacheinlage muss nach § 183 Abs. 1 Satz 1 AktG ihr Gegenstand, die Person, von der die Gesellschaft den Gegenstand erwirbt, und der Nennbetrag, bei Stückaktien die Zahl der bei der Sacheinlage zu gewährenden Aktien, im Kapitalerhöhungsbeschluss festgesetzt werden. Dies entspricht den Anforderungen bei der Sachkapitalgründung in § 27 Abs. 1 Satz 1 AktG und zeigt bereits den **Gleichlauf** von Sachgründung und Kapitalerhöhung mit Sacheinlagen,

---

[43] *Hüffer/Koch* AktG § 188 Rn. 14; MünchKomm. AktG/Bd. 4/*Schürnbrand* § 188 Rn. 42; Schmidt/Lutter/*Veil* AktG § 188 Rn. 28, mit Erläuterungen zu den Verträgen in § 183 Rn. 19; einschränkend Spindler/Stilz/*Servatius* AktG § 188 Rn. 27 der die Nr. 2 der Vorschrift nicht auf die gesellschaftsrechtliche Verpflichtung des Zeichners beziehen will.

[44] Vgl. auch Marsch-Barner/Schäfer/*Busch* § 42 Rn. 26; MünchKomm. AktG/Bd. 4/ *Schürnbrand* § 183 Rn. 7.

B. Kapitalerhöhung gegen Einlagen (Grundfall)

der die gesamte Regelung der §§ 183 f. AktG prägt. Im Fall einer Überpari-Emission, also der Emission über dem geringsten Ausgabebetrag (§ 9 Abs. 1 AktG), muss der Beschluss auch diese Festsetzung enthalten.

3. Bekanntmachung

Im Falle einer Sachkapitalerhöhung stellen die Voraussetzungen hinsichtlich 37 des Inhalts des Erhöhungsbeschlusses lediglich Mindestangaben dar. Sie müssen nach § 183 Abs. 1 Satz 2 AktG ausdrücklich und ordnungsgemäß bekannt gemacht worden sein. Dies erfolgt in der Regel gemeinsam mit der **Einladung zur Hauptversammlung** und der Bekanntmachung der Tagesordnung. Unterbleibt eine Bekanntmachung und der Beschluss wird dennoch gefasst, ist dieser nach § 243 Abs. 1 AktG anfechtbar.[45]

4. Einbringungsvertrag

Eine weitere zusätzliche Anforderung stellt der sog. Einbringungsvertrag dar, 38 der bei der Sacheinlage neben den Zeichnungsvertrag tritt (vgl. Rn. 24 ff.). Dieser Vertrag wird zwischen dem Zeichner bzw. dem Einbringenden und der Gesellschaft geschlossen. Inhaltlich regelt dieser die dingliche Einbringung der Sacheinlage durch den Zeichner. Die Regelungsdichte des Einbringungsvertrags hängt davon ab, wie konkret die Voraussetzungen für die dingliche Einbringung der Sacheinlagen bereits im Beschluss der Hauptversammlung geregelt wurden. Sofern sämtliche Modalitäten des Verpflichtungsgeschäfts (insbes. die Bestimmung der einzulegenden Gegenstände) bereits im Hauptversammlungsbeschluss geregelt werden, kann der Einbringungsvertrag darauf beschränkt werden, die dingliche Erfüllung der Einlagepflicht zu regeln. Lässt der Hauptversammlungsbeschluss hingegen inhaltlichen Spielraum, ist es erforderlich, die notwendigen Konkretisierungen des Verpflichtungsgeschäfts durch den Einbringungsvertrag zu regeln. Erforderlich ist dies insbesondere bei der Einbringung von Sachgesamtheiten wie Unternehmen oder Unternehmensteilen.[46] Der Einbringungsvertrag ist der Anmeldung der Durchführung der Kapitalerhöhung ebenfalls anzufügen.

5. Verstoß gegen § 183 Abs. 1 AktG

Die Voraussetzungen einer wirksamen Sacheinlage sind in § 183 Abs. 1 AktG 39 aufgeführt. Hiernach müssen im Kapitalerhöhungsbeschluss der Gegenstand, die Person, von der die Gesellschaft den Gegenstand erwirbt, und der Nennbetrag, bei Stückaktien die Zahl der bei der Sacheinlage zu gewährenden Aktien festgesetzt werden. Werden diese Voraussetzungen der Sacheinlage nicht erfüllt, ordnete § 183 Abs. 2 Satz 1 AktG aF die umfassende aber **relative Unwirksamkeit** des Einbringungsvertrags an. Die Verträge über Sacheinlagen und die Rechtshandlungen zu ihrer Ausführung waren der Gesellschaft gegenüber unwirksam. Das Registergericht durfte weder den Erhöhungsbeschluss noch die Durchführung in das Handelsregister eintragen. Wurde die Kapitalerhöhung dennoch eingetragen, so war die Kapitalerhöhung nach § 183 Abs. 2 Satz 2 AktG aF wirksam, jedoch galt diese nicht

---

[45] Schmidt/Lutter/*Veil* AktG § 183 Rn. 18; Bürgers/Körber/*Marsch-Barner* AktG § 183 Rn. 17; Spindler/Stilz/*Servatius* AktG § 183 Rn. 20a; MünchKomm. AktG/Bd. 4/*Schürnbrand* § 183 Rn. 39.

[46] MHdB GesR IV/*Hoffmann-Becking* § 4 Rn. 6.

als Sach-, sondern als Barkapitalerhöhung, so dass der Aktionär nach § 183 Abs. 2 Satz 2 AktG aF verpflichtet war, den Ausgabebetrag der Aktien einzuzahlen.[47]

40 Durch das ARUG[48] aus dem Jahr 2009 wurden zwei EU-Richtlinien umgesetzt, was tiefgreifende Auswirkungen auf das Aktienrecht hatte. Formelle Verstöße gegen § 183 Abs. 1 AktG führen seither nicht mehr zur Nichtigkeit des Kapitalerhöhungsbeschlusses. Stattdessen ist der Beschluss nach § 255 Abs. 1 AktG **anfechtbar**. Hinsichtlich der Rechtsfolgen bei Verstößen gegen § 183 Abs. 1 AktG ordnet § 183 Abs. 2 AktG die entsprechende Geltung von § 27 Abs. 3 und 4 AktG an.

6. Prüfung

41 § 183 Abs. 3 Satz 1 AktG unterwirft auch die Sacheinlage bei der Kapitalerhöhung der Prüfung durch einen oder mehrere Prüfer. Für die konkrete Prüfung ordnet § 183 Abs. 3 Satz 2 AktG die **entsprechende Geltung der Sachgründungsprüfung** (§ 33 Abs. 3–5, §§ 34, 35 AktG) an und bewirkt somit einen (prüfungsrechtlichen) Gleichlauf von Sachgründung und Kapitalerhöhung durch Sacheinlage. Der vollständige Verweis auf § 34 AktG kam erst durch das ARUG. Davor beschränkte sich die Prüfungsanordnung auf die Prüfung durch Externe (§ 34 Abs. 2 AktG).[49] Die Erweiterung auf den gesamten § 34 AktG führt hingegen dazu, dass auch eine Prüfung durch die Mitglieder des Vorstands und des Aufsichtsrats nach § 34 Abs. 1 AktG zu erfolgen hat. Nach § 34 Abs. 1 Nr. 2 AktG ist dabei zu prüfen, ob der Wert der Sacheinlagen oder Sachübernahmen den **geringsten Ausgabebetrag** der dafür zu gewährenden Aktien oder den Wert der dafür zu gewährenden Leistungen erreicht. Erfolgt hingegen eine Ausgabe zu einem höheren als den geringsten Ausgabebetrag (Überpari-Emission), ist umstritten, ob die Prüfung auch hinsichtlich des Mehrbetrags zu erfolgen hat. Ein Teil der Literatur nimmt hierbei eine Beschränkung der Prüfungspflicht an. Der Prüfungsumfang erschöpfe sich darin, ob der Wert der Sacheinlage den geringsten Ausgabebetrag erreiche. Eine darüber hinaus gehende Prüfungspflicht sei abzulehnen, da sich der Schutzzweck der Werthaltigkeitsprüfung auf den Gläubigerschutz beschränke und keine Relationsprüfung zum Schutz der Aktionäre darstelle.[50] Hiergegen wird jedoch zurecht angeführt, dass Art. 27 Abs. 2 Satz 3 iVm Art. 10 Abs. 2 der Kapitalrichtlinie auch die Prüfung eines etwaigen Agios erfordert, so dass die Prüfungspflicht iSv § 183 AktG bei gebotener richtlinienkonformer Auslegung auch die Deckung des über den geringsten Ausgabebetrag hinausgehenden Mehrbetrags umfasst.[51] Darüber hinaus hat auch weiterhin eine Prüfung durch externe Prüfer stattzufinden.

7. Kapitalerhöhung mit Sacheinlagen ohne Prüfung

42 Durch das ARUG wurde mit § 33a AktG die Möglichkeit einer Sachgründung ohne externe Gründungsprüfung geschaffen. Um auch hierbei einen **Gleichlauf von Gründung und Kapitalerhöhung** zu gewährleisten, wurde in § 183a AktG eine entsprechende Regelung getroffen, dass auch bei der Kapitalerhöhung mit

---

[47] Vgl. etwa *Hüffer* AktG, 8. Aufl. 2008, § 183 Rn. 11.
[48] Gesetz zur Umsetzung der Aktionärsrechterichtlinie vom 30.7.2009, BGBl. 2009 I 2479.
[49] Spindler/Stilz/*Servatius* AktG § 183 Rn. 34.
[50] Kölner Komm. AktG/*Lutter*, 2. Auflage 1994, § 183 Rn. 52.
[51] *Hüffer/Koch* AktG § 183 Rn. 16; MHdB GesR IV/*Scholz* § 57 Rn. 51; MünchKomm. AktG/Bd. 4/*Schürnbrand* § 183 Rn. 63; *Priester* in FS Lutter S. 617, 623 f.; *Bayer* in FS Ulmer 2003, S. 21, 37 ff.; *ders.* ZHR 2004, 132, 161 f.; Marsch-Barner/Schäfer/*Busch* § 42 Rn. 35; Schmidt/Lutter/*Veil* AktG § 183 Rn. 26; Kölner Komm. AktG/*Ekkenga* § 183 Rn. 222.

B. Kapitalerhöhung gegen Einlagen (Grundfall)   43   § 9

Sacheinlagen unter den Voraussetzungen des § 33a AktG auf eine externe Prüfung verzichtet werden kann. Nach § 33a Abs. 1 Nr. 1 AktG kann bei übertragbaren Wertpapieren oder Geldmarktinstrumenten von einer externen Prüfung abgesehen werden, wenn sie mit dem **gewichteten Durchschnittspreis** bewertet werden, zu dem sie während der letzten drei Monate vor dem Tag ihrer tatsächlichen Einbringung auf einem oder mehreren organisierten Märkten iSv § 2 Abs. 5 WpHG gehandelt worden sind. § 33a Abs. 1 Nr. 2 AktG erfasst andere als die in Nr. 1 genannten Vermögensgegenstände, bei deren Einbringung von einer Prüfung abgesehen werden kann, wenn eine Bewertung zu Grunde gelegt wird, die ein unabhängiger, ausreichend vorgebildeter und erfahrener Sachverständiger nach den allgemein anerkannten Bewertungsgrundsätzen mit dem beizulegenden **Zeitwert** ermittelt hat, und wenn der **Bewertungsstichtag** nicht mehr als sechs Monate vor dem Tag der tatsächlichen Einbringung liegt. § 33a Abs. 2 AktG normiert Gegenausnahmen zu § 33a Abs. 1 AktG, in denen das Absehen von einer externen Prüfung wiederum ausgeschlossen ist. Bei Wertpapieren und Geldmarktinstrumenten (Nr. 1) ist der Prüfungsverzicht nach § 33a Abs. 2 Var. 1 AktG ausgeschlossen, wenn der gewichtete Durchschnittspreis der Wertpapiere oder Geldmarktinstrumente durch **außergewöhnliche Umstände** erheblich beeinflusst worden ist. Bei sonstigen Vermögensgegenständen iSv § 33a Abs. 1 Nr. 2 AktG kommt es nach § 33a Abs. 2 Var. 2 AktG nicht zum Prüfungsausschluss, wenn anzunehmen ist, dass der beizulegende Zeitwert der anderen Vermögensgegenstände am Tag ihrer tatsächlichen Einbringung auf Grund neuer oder neu bekannt gewordener Umstände erheblich niedriger ist als der von dem Sachverständigen angenommene Wert. Bei einer vereinfachten Sachkapitalerhöhung hat der Vorstand nach § 183a Abs. 2 Satz 1 AktG das Datum des Beschlusses über die Kapitalerhöhung sowie die Angaben nach § 37a Abs. 1 und 2 AktG in den Gesellschaftsblättern bekannt zu machen. Die Bekanntmachung fungiert dabei als **Anknüpfungspunkt für die Registersperre** nach § 183a Abs. 2 AktG. Die Durchführung der Kapitalerhöhung darf hiernach erst nach dem Ablauf von vier Wochen seit der Bekanntmachung eingetragen werden.[52] Hinsichtlich der Eintragung des Kapitalerhöhungsbeschlusses entfaltet die Registersperre hingegen keine Wirkung. Die Sperre soll sicherstellen, dass die Aktionäre vom Tag der Bekanntmachung an ausreichend Zeit zur Verfügung haben, um einen Antrag auf Bestellung eines Prüfers nach § 183a Abs. 3 AktG stellen zu können.[53]

Nach § 183a Abs. 3 AktG kann eine Aktionärsminderheit einen Antrag beim Amtsgericht[54] auf Bestellung eines Prüfers stellen, wenn diese am Tag der Beschlussfassung über die Kapitalerhöhung **gemeinsam 5% des Grundkapitals**[55] hielten und diese Quote auch am Tag der Anspruchsstellung noch nicht unterschritten ist. Die Antragsfrist deckt sich mit der Registersperre, so dass sie mit der Eintragung der Durchführung der Erhöhung des Grundkapitals endet. Vor der Entscheidung über den Antrag hat das Gericht nach § 183a Abs. 3 Satz 3 AktG den Vorstand anzuhören.

---

[52] Hüffer AktG, 8. Aufl. 2008, § 183a Rn. 4 f.; vgl. auch MünchKomm. AktG/Bd. 4/ *Schürnbrand* § 183a Rn. 18.
[53] MünchKomm. AktG/Bd. 4/*Schürnbrand* § 183a Rn. 18; vgl. auch Henssler/Strohn/*Hermanns* AktG § 183a Rn. 4.
[54] Da das Verfahren nach § 183a AktG kein Bestandteil des Eintragungsverfahrens ist, ist das AG und nicht das Registergericht für den Antrag zuständig, RegBegr, BT-Drs. 16/11624, 36.
[55] Die Quote ist bei der Antragsstellung glaubhaft zu machen, vgl. Grigoleit/*Rieder/Holzmann* AktG § 183a Rn. 8.

Weiß   699

44 Lehnt das Gericht die Bestellung eines Prüfers ab, können die Antragssteller nach § 183a Abs. 3 Satz 4 AktG **Beschwerde** gegen die Entscheidung einlegen. Gibt das Gericht hingegen dem Antrag statt, fällt die Beschwerdebefugnis dem Vorstand der AG zu.

45 Bestellt das Gericht einen oder mehrere Prüfer, verweist § 183a AktG für das weitere Verfahren auf die Vorschriften der § 33 Abs. 4 und 5 sowie die §§ 34 und 35 AktG.

8. Anmeldung des Beschlusses

46 Auch bei einer Kapitalerhöhung mit Sacheinlagen ist der Kapitalerhöhungsbeschluss vom Vorstand und dem Vorsitzenden des Aufsichtsrats nach § 184 Abs. 1 Satz 1 AktG zur Eintragung ins Handelsregister anzumelden. Im Falle der Kapitalerhöhung mit Sacheinlagen ohne Prüfung müssen diese in der Anmeldung nach § 184 Abs. 1 Satz 3 AktG, wenn das Datum des Beschlusses vorab bekannt gemacht wurde (§ 186a Abs. 2 AktG), nur **versichern**, dass ihnen seit der Bekanntmachung keine Umstände iSv § 37a Abs. 2 AktG bekannt geworden sind. Der Anmeldung sind weiter nach § 184 Abs. 2 AktG der Bericht über die Prüfung von Sacheinlagen (§ 183 Abs. 3 AktG) oder im Fall der Kapitalerhöhung mit Sacheinlagen ohne Prüfung die in § 37a Abs. 3 AktG bezeichneten **Anlagen beizufügen**.

47 Das Registergericht hat ein **formelles und materielles Prüfungsrecht** hinsichtlich der Voraussetzungen für die Eintragung des Kapitalerhöhungsbeschlusses.[56] Zusätzlich hat das Gericht bei Sacheinlagen zu prüfen, ob die Voraussetzungen des § 184 Abs. 3 AktG vorliegen. Es hat die Eintragung dabei abzulehnen, wenn der Wert der Sacheinlage nicht unwesentlich hinter dem geringsten Ausgabebetrag der dafür zu gewährenden Aktien zurückbleibt. Die Prüfung zielt auf die sog. **Unterpari-Emission**, die sowohl bei der Gründung (§ 9 Abs. 1 AktG) als auch bei der Kapitalerhöhung (§ 182 Abs. 3 AktG) verboten ist, da sie gegen den Grundsatz der realen Kapitalaufbringung verstößt. Ein Kapitalerhöhungsbeschluss, der eine Unterpari-Emission zum Inhalt hat, ist daher nach § 241 Nr. 3 AktG nichtig[57] und **darf nicht im Handelsregister eingetragen werden**. Entgegen dem Wortlaut von § 184 Abs. 3 Satz 1 AktG („kann") hat das Gericht in diesem Fall **keinen Ermessensspielraum**, sondern ist zur Ablehnung der Eintragung verpflichtet.[58] Lediglich bei unwesentlichen Wertdifferenzen ist der Kapitalerhöhungsbeschluss in das Handelsregister einzutragen. Bei einer Kapitalerhöhung mit Sacheinlagen ohne Prüfung nach § 183a AktG gilt für das Gericht die Prüfungspflicht des § 38 Abs. 3 AktG entsprechend.

V. Bezugsrecht

48 Das Bezugsrecht schützt die Aktionäre der AG gegen eine Verwässerung ihrer Anteile bei einer Kapitalerhöhung.[59] Auf Verlangen des Aktionärs ist diesem der

---

[56] Siehe zum Prüfungsgegenstand bereits Rn. 241.
[57] OLG Hamburg AG 2000, 326 (327); MünchKomm. AktG/Bd. 4/*Heider* § 9 Rn. 29; Spindler/Stilz/*Servatius* AktG § 182 Rn. 49; Bürgers/Körber/*Marsch-Barner* AktG § 182 Rn. 35; Kölner Komm. AktG/*Ekkenga* § 182 Rn. 42.
[58] *Hüffer/Koch* AktG § 184 Rn. 6; vgl. auch Schmidt/Lutter/*Veil* AktG § 184 Rn. 15; Spindler/Stilz/*Servatius* AktG § 184 Rn. 33.
[59] Vgl. Schmidt/Lutter/*Veil* AktG § 186 Rn. 1, 24; MünchKomm. AktG/Bd. 4/*Schürnbrand* § 186 Rn. 3; Bürgers/Körber/*Marsch-Barner* AktG § 186 Rn. 3; Hölters/*Apfelbacher/Niggemann* AktG § 186 Rn. 2.

B. Kapitalerhöhung gegen Einlagen (Grundfall)   49, 50   § 9

Teil der neuen Aktien zuzuteilen, der erforderlich ist, damit der Aktionär seinen **quotalen Bestand** am bisherigen Grundkapital aufrecht erhalten kann. Dies hat für den Aktionär vor allem Bedeutung, wenn ihm sein Aktienanteil Sperrminoritäten sichert oder andere Minderheitenrechte gewährt (vgl. etwa §§ 122 Abs. 1, 142 Abs. 2, 148 Abs. 1 Satz 1 AktG). Das auf dem Gebot der Gleichbehandlung (§ 53a AktG) basierende Bezugsrecht schützt lediglich die Möglichkeit, seine Quote durch entsprechende Zukäufe auf dem gleichen Niveau zu halten. Abhängig von der Höhe der Beteiligung, dem Umfang der Kapitalerhöhung und der Solvenz des Aktionärs ist keineswegs gewährleistet, dass sich ein Aktionär gegen eine Verwässerung schützen kann. Ist der Aktionär zum Nachkauf nicht in der Lage oder an der Aufrechterhaltung seiner Quote nicht interessiert, kann der Aktionär das Bezugsrecht veräußern und somit Profit aus dem Bezugsrecht ziehen.[60] Die gesetzliche Regelung des § 186 AktG stellt **zwingendes Gesetzesrecht** dar und steht daher nicht zur Disposition durch die Satzung.[61]

Das Bezugsrecht fällt **allen Aktionären** zu. Es wird nicht zwischen Aktiengattungen differenziert. Auch bei der Ausgabe von Aktien einer Gattung hat ein Aktionär, der Aktien einer anderen Gattung hält, das Bezugsrecht nach § 186 AktG. Einem Vorzugsaktionär steht das Bezugsrecht somit auch bei der (ausschließlichen) Ausgabe von Stammaktien zu. Allerdings beschränkt sich dieses auch auf die ausgegebenen Aktiengattung(en). Ein Aktionär kann nicht verlangen, dass ihm im Rahmen der Kapitalerhöhungen die Möglichkeit eingeräumt wird, Aktien der gleichen Gattung wie die von ihm bereits gehaltenen Aktien zu zeichnen. Bei der Ausgabe von Stammaktien ist ein Vorzugsaktionär somit auf die Zeichnung von dieser Aktiengattung beschränkt. Entscheidend ist die **Aktionärsstellung zum Zeitpunkt des Kapitalerhöhungsbeschlusses**.[62] Das Bezugsrecht ist jedoch für die Aktiengesellschaft ausgeschlossen. Sie kann aus eigenen Aktien kein Bezugsrecht herleiten.[63] Das Gleiche gilt, wenn ein Dritter die Aktien für Rechnung der Gesellschaft hält.[64]

Nach § 186 Abs. 2 Satz 1 AktG hat der Vorstand den Ausgabebetrag oder die Grundlagen für seine Festlegung sowie eine Bezugsfrist in den Gesellschaftsblättern bekannt zu machen **(Bezugsaufforderung)**. Die Bezugsfrist muss nach § 186 Abs. 1 Satz 2 AktG mindestens zwei Wochen betragen. Macht der Vorstand nur die Grundlagen der Festlegung bekannt, hat er nach § 186 Abs. 2 Satz 2 AktG spätestens drei Tage vor Ablauf der Bezugsfrist den Ausgabebetrag in den Gesellschaftsblättern und über ein elektronisches Informationsmedium bekannt zu machen. Hierfür genügt etwa die Veröffentlichung auf der Homepage der Gesellschaft. Der Sinn dieser Vorschrift wird vereinzelt bestritten, da seit dem Übergang des Bundesanzeigers von der Druckausgabe zum elektronischen Medium durch Art. 1 Nr. 1 TransPuG bereits eine Veröffentlichung über ein elektronisches Informationsmedium erfolgt.[65] Die Aktionäre, die von ihrem Bezugsrecht Gebrauch machen wollen, müssen eine **fristgerechte Bezugserklärung** abgeben. Hiermit bringt der Aktionär sein Verlangen iSv § 186 Abs. 1 AktG zum Ausdruck, die neuen

---

[60] Siehe zur Veräußerbarkeit des Bezugsrechts auch Schmidt/Lutter/*Veil* AktG § 186 Rn. 7.
[61] Siehe zum Grundsatz der Satzungsstrenge im Aktienrecht ausführlich Spindler/Stilz/*Limmer* AktG § 23 Rn. 28 ff.
[62] Spindler/Stilz/*Servatius* AktG § 186 Rn. 9; Bürgers/Körber/*Marsch-Barner* AktG § 186 Rn. 7; Hüffer/*Koch* AktG § 186 Rn. 8; MünchKomm. AktG/Bd. 4/*Schürnbrand/Pfeifer* § 186 Rn. 48; Schmidt/Lutter/*Veil* AktG § 186 Rn. 5.
[63] Der Gesellschaft stehen nach § 71b AktG keine Rechte aus eigenen Aktien zu.
[64] Nach § 71d Satz 4 gilt § 71b entsprechend.
[65] Hüffer/*Koch* AktG § 186 Rn. 19a.

Aktien in entsprechender Höhe zeichnen zu wollen. Aus dem Verlangen entsteht jedoch keine Rechtsbindung dergestalt, dass der Aktionär zur späteren Zeichnung verpflichtet wäre oder die Bezugserklärung die Zeichnung ersetze.[66]

VI. Ausschluss des Bezugsrechts

51 Die gesetzliche Reglung des Bezugsrechts ist zwingend, eröffnet aber in § 186 Abs. 3 Satz 1 AktG die Möglichkeit, das Bezugsrecht ganz oder zum Teil auszuschließen. Wird eine Kapitalerhöhung mit einem Bezugsrechtsausschluss kombiniert, bedarf der Kapitalerhöhungsbeschluss nach § 186 Abs. 3 Satz 2 AktG mindestens einer **Dreiviertelmehrheit** des bei der Beschlussfassung vertretenen Grundkapitals. Dieses Mehrheitserfordernis gilt unabhängig davon, ob das Gesetz oder die Satzung für die Kapitalmaßnahme eine geringere Mehrheit vorsieht. Abweichende Regelungen, die das Mehrheitserfordernis über die Dreiviertelmehrheit erhöhen, sind dagegen auch beim Bezugsrechtsauschluss wirksam. Aus der Regelung ergibt sich weiter, dass das Bezugsrecht nur im Wege eines Kapitalerhöhungsbeschlusses ausgeschlossen werden kann.

52 Ein entsprechender Kapitalerhöhungsbeschluss darf nach § 186 Abs. 4 Satz 1 AktG jedoch nur gefasst werden, wenn der **Ausschluss des Bezugsrechts** ausdrücklich und ordnungsgemäß bekannt gemacht worden ist. Darüber hinaus hat der Vorstand nach § 186 Abs. 4 Satz 2 AktG der Hauptversammlung einen **schriftlichen Bericht** über den Grund für den Ausschluss des Bezugsrechts zugänglich zu machen und den vorgeschlagenen Ausgabebetrag zu begründen. Der Bericht soll der Hauptversammlung als zuständigem Beschlussorgan als Entscheidungshilfe dienen und sie in die Lage versetzen, eine sachgerechte Entscheidung im Rahmen des Kapitalerhöhungsbeschlusses zu treffen. Daneben ist der Bericht auch die Grundlage für die gerichtliche Überprüfung in einem möglichen Anfechtungsprozess.[67] Den Prozessgegenstand stellt dabei die Anfechtung des Kapitalerhöhungsbeschlusses nach § 243 Abs. 1 und Abs. 4 Satz 1 AktG dar. Die Anfechtung ist dabei erfolgreich, wenn der Bericht des Vorstands fehlerhaft war, unabhängig davon, ob der Verstoß (fehlerhafter Bericht) für den Bezugsrechtsausschluss ursächlich war oder nicht.[68]

53 Während das Aktienrecht somit die formellen Voraussetzungen für einen Bezugsrechtsausschluss detailliert regelt, schweigt es hinsichtlich der materiellen Voraussetzungen. Die Rechtsprechung entwickelte zunächst Ansätze, bei denen die Anforderungen an einen wirksamen Bezugsrechtsausschluss so hoch geschraubt wurden, dass sie in der Praxis kaum eingehalten werden konnten. In der „Kali + Salz"-Entscheidung stellte der BGH fest, dass ein Bezugsrechtsausschluss nur den materiellen Anforderungen genüge, wenn er unter gebührender Berücksichtigung der Folgen, die für die vom Bezugsrecht ausgeschlossenen Aktionäre eintreten, durch **sachliche Gründe** im Interesse der Gesellschaft gerechtfertigt war.[69] Später

---

[66] Vgl. weiterführend zur Ausübung des Bezugsrechts MHdB. GesR IV/*Scholz* § 57 Rn. 106.

[67] BGH II ZR 55/81, NJW 1982, 2444 (Holzmann); *Hüffer/Koch* AktG § 186 Rn. 23; Bürgers/Körber/*Marsch-Barner* AktG § 186 Rn. 24; Hölters/*Apfelbacher/Niggemann* AktG § 186 Rn. 55.

[68] Kölner Komm./*Ekkenga* § 186 Rn. 136; *Hüffer/Koch* AktG § 186 Rn. 42; MünchKomm. AktG/Bd. 4/*Schürnbrand* § 186 Rn. 147; aA OLG München AG 1991, 210 (211); *Becker* BB 1981, 394 (396); *Bischoff* BB 1987, 1055 (1060).

[69] BGH II ZR 142/76, BGHZ 71, 40 (44, 46) – Kali + Salz.

B. Kapitalerhöhung gegen Einlagen (Grundfall) 54–56 § 9

ergänzte der BGH, dass bei dieser Interessenabwägung auch die Verhältnismäßigkeit von Mittel und Zweck berücksichtigt werden müsse.[70] Der BGH erkannte diese Fehlentwicklung jedoch in seiner Siemens/Nold-Entscheidung und senkte die Anforderungen an einen wirksamen Bezugsrechtsausschluss deutlich.[71] Nunmehr sollte es für einen wirksamen Bezugsrechtsausschluss lediglich erforderlich sein, dass der **Ausschluss im wohlverstandenen Interesse der Gesellschaft** liege.[72] Hierdurch entfiel das für Rechtsunsicherheit sorgende Erfordernis einer Interessenabwägung. 54

Heute haben sich für die sachliche Rechtfertigung eines Bezugsrechtsausschlusses im Wesentlichen drei Erfordernisse herauskristallisiert: 55
– Der Bezugsrechtsausschluss muss im Interesse der Gesellschaft liegen.
– Er muss geeignet und erforderlich dafür sein, den im Gesellschaftsinteresse liegenden Zweck zu erreichen.
– Die für die Gesellschaft erzielbaren Vorteile müssen in einem angemessenen Verhältnis zu den Nachteilen der betroffenen Aktionäre stehen.[73]

In materieller Hinsicht ist die Zulässigkeit eines Bezugsrechtsausschlusses somit am Grundsatz der Verhältnismäßigkeit zu messen. Der Ausschluss ist daher nur zulässig, wenn die Hauptversammlung der Überzeugung sein darf, dass der Bezugsrechtsausschluss das angemessene und am besten geeignete Mittel zur Verfolgung überwiegender Gesellschaftsinteressen ist.[74] Zum Vorliegen der Voraussetzungen zur sachlichen Rechtfertigung des Bezugsrechtsausschlusses ist in dem Bericht des Vorstands zum Bezugsrechtsausschluss substantiiert Stellung zu nehmen.[75]

Erleichterte Voraussetzungen für den Bezugsrechtsausschluss hat der Gesetzgeber in § 186 Abs. 3 Satz 4 AktG für den Fall geschaffen, dass die Kapitalerhöhung gegen Bareinlagen 10% des Grundkapitals nicht übersteigt und der Ausgabebetrag den Börsenpreis nicht wesentlich unterschreitet. Das zweite Erfordernis setzt voraus, dass die Aktien einen Börsenpreis haben. Daher ist es erforderlich, dass sie entweder zum Handel im regulierten Markt zugelassen oder in den Freiverkehr einbezogen sind.[76] Kein wesentliches Unterschreiten liegt vor, wenn die unterschwellige Abweichung des Ausgabebetrags **maximal 5%** des Börsenkurses beträgt.[77] Bei diesem erleichterten Bezugsrechtsausschluss bedarf es **keines sachlichen Grundes und keiner Verhältnismäßigkeitsprüfung**. Es wird vielmehr unwiderlegbar vermutet, dass der Bezugsrechtsausschluss im Interesse der Gesellschaft liegt.[78] Aufgrund der unwiderlegbaren Vermutung ist auch eine Anfechtung des Kapitalerhöhungsbeschlusses nach § 243 Abs. 1 und Abs. 4 Satz 1 AktG ausgeschlossen.[79] Der erleichterte 56

---

[70] Vgl. BGH II ZR 55/81, NJW 1982, 2444 – Holzmann; II ZR 52/93, BGHZ 125, 239 (241) – Deutsche Bank.
[71] BGH II ZR 132/93, BGHZ 136, 133 (136) – Siemens/Nold.
[72] BGH II ZR 132/93, BGHZ 136, 133 (139) – Siemens/Nold.
[73] MünchKomm. AktG/Bd. 4/*Schürnbrand* § 186 Rn. 103; Bürgers/Körber/*Marsch-Barner* AktG § 186 Rn. 28; *Hüffer/Koch* AktG § 186 Rn. 25; Kölner Komm./*Ekkenga* § 186 Rn. 77–90; Henssler/Strohn/*Hermanns* AktG § 186 Rn. 12.
[74] BGH II ZR 55/81, NJW 1982, 2444 – Holzmann; II ZR 52/93, BGHZ 125, 239 (244) – Deutsche Bank.
[75] Vgl. *Hüffer/Koch* AktG § 186 Rn. 25; Spindler/Stilz/*Servatius* AktG § 186 Rn. 25.
[76] Vgl. §§ 36, 71 und 78 BörsG; *Hüffer/Koch* AktG § 186 Rn. 39c; MünchKomm. AktG/Bd. 4/*Schürnbrand* § 186 Rn. 133; Schlitt/Schäfer AG 2005, 67 (68).
[77] Beschlussempfehlung, BT-Drs. 12/7848, 9; Spindler/Stilz/*Servatius* AktG § 186 Rn. 59; MünchKomm. AktG/Bd. 4/*Schürnbrand* § 186 Rn. 135; *Marsch-Barner* AG 1994, 532 (537).
[78] RegBegr. BT-Drs. 12/6721, 10.
[79] Schlitt/Schäfer AG 2005, 67; Schmidt/Lutter/*Veil* AktG § 186 Rn. 44.

Bezugsrechtsausschluss soll die Unternehmensfinanzierung durch Eigenkapitalaufnahme erleichtern und Wettbewerbsnachteile deutscher Gesellschaften bei der Finanzierung entgegenwirken.[80]

C. Bedingte Kapitalerhöhung

I. Voraussetzungen

57 Einen Sonderfall der Kapitalerhöhung gegen Einlagen stellt die bedingte Kapitalerhöhung dar. In der Praxis wird die bedingte Kapitalerhöhung insbesondere dazu genutzt, Gläubigern von Wandelschuldverschreibungen (§ 221 AktG) Umtauschbzw. Bezugsansprüche einzuräumen.[81] Die bedingte Kapitalerhöhung kommt nur in den in § 192 Abs. 2 AktG (abschließend) aufgezählten Fällen in Betracht. Nach dem Beschluss einer bedingten Kapitalerhöhung darf die Erhöhung darüber hinaus nur durchgeführt werden, wenn die Bedingung tatsächlich eintritt.

58 Den bedeutendsten Fall der bedingten Kapitalerhöhung stellte bislang die Kapitalerhöhung zur Gewährung von Umtausch- oder Bezugsrechten an Gläubiger von Wandelschuldverschreibungen dar. Mit Inkrafttreten der Aktienrechtsnovelle[82] zum 1.1.2016 wurde die Beschränkung auf Gläubiger von Wandelschuldverschreibungen in § 192 Abs. 2 Nr. 1 AktG ersatzlos gestrichen. Der Gesetzgeber stellt damit nunmehr ausdrücklich klar, dass bedingtes Kapital auch für Wandelanleihen mit Umtauschrecht der Gesellschaft (sog. umgekehrte Wandelanleihen) geschaffen werden kann.[83] Dies war bislang umstritten. Der Gesellschaft ist es auf diese Weise ermöglicht, Beteiligungen der Gläubiger an der Gesellschaft (sog. „Debt Equity Swap") für eine künftige Notsituation nunmehr gleichsam „auf Vorrat" anzulegen und somit eine Krise des eigenen Unternehmens selbstständig zu bewältigen oder gar verhindern zu können.[84] Darüber hinaus ist es nunmehr möglich, Wandelanleihen zu schaffen, die sowohl für die Gesellschaft als auch für den Inhaber der Wandelanleihe ein Wandlungsrecht begründen. Für nähere Ausführungen zur Wandelschuldverschreibung wird auf die Ausführungen zu § 221 AktG verwiesen (siehe Rn. 173 ff.). Unter die Norm fallen nach allgemeiner Ansicht auch die Gewährung von Gewinnschuldverschreibungen (§ 221 Abs. 1 Satz 1 AktG) und Genussrechten, wenn diese ihren Inhabern ein Umtausch- oder Bezugsrecht vermitteln[85] (vgl. Rn. 173).

59 Strittig ist hingegen, ob die Norm analog auch auf sog. **Warrant-Anleihen** anwendbar ist. Hierbei handelt es sich um Optionsanleihen, die von einer Gesellschaft (häufig eine Tochtergesellschaft) ausgegeben werden, deren Umtausch- oder Bezugsrechte sich aber auf eine andere Gesellschaft (häufig die Muttergesellschaft) beziehen. Bei dieser Konstruktion stellt sich die Frage, ob bedingtes Kapital auch dazu geschaffen werden kann, Wandelschuldverschreibungen zu bedienen, die von einer anderen Gesellschaft ausgegeben wurden. Diesbezüglich hat sich neben

---

[80] RegBegr. BT-Drs. 12/6721, 10 f.; vgl auch *Ihrig/Wandt* BB 2016, 6 (15); *Haag/Peters* WM 2015, 2303 (2307).
[81] Marsch-Barner/Schäfer/*Busch* § 44 Rn. 2.
[82] Gesetz zur Änderung des Aktiengesetzes (Aktienrechtsnovelle 2016) v. 22.12.2015, BGBl. 2015 I 2565 ff.
[83] Begr. Gesetzesentwurf der BReg, BT-Drs. 18/4349, 27.
[84] Begr. Gesetzesentwurf der BReg, BT-Drs. 18/4349, 27.
[85] *Hüffer/Koch* AktG § 192 Rn. 10; Bürgers/Körber/*Marsch-Barner* AktG § 192 Rn. 7 f.

C. Bedingte Kapitalerhöhung

den Extrempositionen, die die bedingte Kapitalerhöhung für Warrant-Anleihen generell für zulässig[86] oder unzulässig[87] halten, überwiegend eine vermittelnde Ansicht durchgesetzt, wonach die bedingte Kapitalerhöhung zulässig ist, sofern bestimmte Voraussetzungen vorliegen, die mit der „klassischen" Anleiheemission vergleichbar sind und daher eine Analogiebildung rechtfertigen.[88] Ein prägender „klassischer" anleiheemissionsrechtlicher Charakter kommt der Warrant-Anleihe dabei insbesondere dann zu, wenn ein Konzernverhältnis iSv § 18 AktG besteht, die Muttergesellschaft bzw. die Gesellschaft auf die sich die Rechte beziehen ein eigenes Finanzierungsinteresse aufweist, ein Hauptversammlungsbeschluss über Garantie und Ausgabe analog § 221 Abs. 1 AktG beschlossen wird und ein Bezugsrecht für die Aktionäre der Gesellschaft analog §§ 221 Abs. 4, 186 Abs. 1 AktG begründet oder analog §§ 221 Abs. 4, 186 Abs. 3, Abs. 4 AktG ausgeschlossen wird.[89]

Ebenfalls umstritten ist, ob § 192 Abs. 2 Nr. 1 AktG auch sog. **Huckepack-Emissionen** (gekoppelte Aktien-Optionsrechts-Emmissionen) und sog. **Naked Warrants** umfasst. Bei Ersteren handelt es sich um Aktien, die mit der Option gekoppelt werden, weitere Aktien innerhalb eines bestimmten Zeitraums zu einem bestimmten Betrag zu erwerben, während Letztere Optionsrechte darstellen, die eigenständig ausgegeben werden.[90] Für eine analoge Anwendung spricht die vergleichbare Interessenlage mit Wandelschuldverschreibungen. Naked Warrants stellen im Vergleich zu Wandelschuldverschreibungen ein Minus dar, da sie eigenständig und ausschließlich das Optionselement verbriefen. In Bezug auf dieses Element unterscheiden sich Naked Warrants und klassische Optionsanleihen jedoch nicht. Diese Argumentation lässt sich ebenfalls auf die Huckepack-Emission übertragen. Auch hier unterscheidet sich das Optionselement im Grundsatz nicht von dem der Optionsanleihe.[91]

Nach § 192 Abs. 2 Nr. 2 AktG kann eine bedingte Kapitalerhöhung zur Vorbereitung des Zusammenschlusses mehrerer Unternehmen beschlossen werden. Der Begriff Unternehmenszusammenschluss iSd Vorschrift ist dabei rechtsformneutral zu verstehen. Er umfasst **jede Verbindung der Aktiengesellschaft mit einem anderen Unternehmen**, unabhängig von dessen Rechtsform.[92] Als andere Partei des Zusammenschlusses kommt daher sowohl eine Aktiengesellschaft, als auch eine GmbH, eine Personengesellschaft oder ein Einzelkaufmann in Betracht.[93] Es kommt darüber hinaus auch nicht darauf an, ob der Zusammenschluss Auswirkungen auf die rechtliche Selbstständigkeit der Unternehmen hat, sofern Aktien zur Durchführung benötigt werden. Konkrete Maßnahmen des Unternehmenszusammenschlusses stellen beispielsweise der Abschluss eines Beherrschungs- und Gewinnabführungsvertrags (§§ 293 ff. AktG) oder die Eingliederung (§§ 319 ff. AktG)

---

[86] *Silcher* in FS Geßler 1971, S. 185, 188 ff.; *Schaub* AG 1972, 340 (342); *Hoffmann* AG 1973, 47 (56 f.).
[87] *Gustavus* BB 1970, 694 (695).
[88] OLG Stuttgart ZIP 2002, 1807 (1808); *Hüffer/Koch* AktG § 192 Rn. 12; *Hölters/ApfelbacherNiggemann* § 192 Rn. 26; MünchKomm. AktG/Bd. 4/*Fuchs* § 192 Rn. 55; MHdB GesR IV/*Scholz* § 64 Rn. 63; Marsch-Barner/Schäfer/*Busch* § 44 Rn. 6.
[89] *Hüffer/Koch* AktG § 192 Rn. 12; MHdB GesR IV/*Scholz* § 64 Rn. 63; Marsch-Barner/Schäfer/*Busch* § 44 Rn. 6.
[90] *Wolff* WiB 1997, 505 (506); Bürgers/Körber/*Marsch-Barner* AktG § 192 Rn. 11; Schmidt/Lutter/*Veil* AktG § 192 Rn. 13.
[91] *Wolff* WiB 1997, 505 (506); MHdB GesR IV/*Scholz* § 64 Rn. 53; MünchKomm. AktG/Bd. 4/*Habersack* § 221 Rn. 38.
[92] MünchKomm. AktG/Bd. 4/*Fuchs* § 192 Rn. 59; Spindler/Stilz/*Riekers* AktG § 192 Rn. 37; *Hüffer/Koch* AktG § 192 Rn. 14.
[93] Vgl. etwa Bürgers/Körber/*Marsch-Barner* AktG § 192 Rn. 13.

dar.⁹⁴ Die auf der Grundlage der bedingten Kapitalerhöhung ausgegebenen Aktien dienen hierbei zur Abfindung der außenstehenden bzw. ausgeschiedenen Aktionäre (§ 305 Abs. 2 und § 320b AktG). Daneben ist auch der Erwerb fremder Aktien bzw. Anteile gegen die Gewährung eigener Aktien hierunter zu fassen.⁹⁵ Nach § 193 Abs. 2 Nr. 2 AktG ist der Kreis der Bezugsberechtigten im Beschluss festzulegen. Daraus folgt für die bedingte Kapitalerhöhung zum Unternehmenszusammenschluss, dass das **Unternehmen im Kapitalerhöhungsbeschluss benannt werden muss**. Dies hat zur Folge, dass der geplante Unternehmenszusammenschluss bereits in einem sehr frühen Stadium bekannt wird. Aus diesem Grund spielt die bedingte Kapitalerhöhung zum Unternehmenszusammenschluss in der Praxis eine untergeordnete Rolle.⁹⁶

62 Darüber hinaus kommt die bedingte Kapitalerhöhung nach § 192 Abs. 2 Nr. 3 AktG zur Gewährung von Bezugsrechten an Arbeitnehmer und Mitglieder der Geschäftsführung der Gesellschaft oder eines verbundenen Unternehmens in Betracht. Die jetzige Fassung beruht auf dem KonTraG⁹⁷ aus dem Jahr 1998, das wesentliche Vereinfachungen mit sich brachte und den Anwendungsbereich insbesondere auch auf die Geschäftsführung der Gesellschaft erweiterte. Bis zur Gesetzesänderung war die Beteiligung am Unternehmenserfolg lediglich bei Arbeitnehmern zulässig, sofern diese in Form einer Sachkapitalerhöhung erfolgte und die Arbeitnehmer eine Geldforderung aus Gewinnbeteiligungen als Sacheinlage einbrachten.⁹⁸ Das Einbringungserfordernis einer Geldforderung aus Gewinnbeteiligungen (vgl. § 192 Abs. 2 Nr. 3 AktG aF) verhinderte eine erfolgsabhängige Vergütung von Arbeitnehmern in Form der direkten Ausgabe von Aktien und machte die Zwischenschaltung anderer Formen erfolgsabhängiger Vergütung erforderlich, die den Arbeitnehmern dann Geldforderungen aus Gewinnbeteiligungen vermittelte. Das Erfordernis dieser Zwischenschaltung ist durch die Gesetzesnovelle entfallen.⁹⁹ Im Rahmen des personellen Anwendungsbereichs von § 192 Abs. 2 Nr. 3 AktG handelt es sich um die gesetzgeberische Anerkennung von „Naked Warrants" (vgl. Rn. 60).¹⁰⁰

63 Der erweiterte Anwendungsbereich umfasst neben Arbeitnehmern nun auch **Mitglieder der Geschäftsführung der Gesellschaft oder eines verbundenen Unternehmens**. Dies stellt die gesetzgeberische Anerkennung von „Stock Options" als besonders erfolgsorientierte Vergütungsform dar.¹⁰¹ Aufsichtsratsmitglieder fallen nicht in den Anwendungsbereich von § 192 Abs. 2 Nr. 3 AktG, da sie weder Arbeitnehmer noch Mitglieder der Geschäftsführung sind. Eine Ausnahme stellen Arbeitnehmervertreter in Aufsichtsräten mitbestimmter Aktiengesellschaften dar. Diese fallen wegen ihres Arbeitnehmerstatus in den Anwendungsbereich der

---

⁹⁴ Vgl. MHdB GesR IV/*Scholz* § 58 Rn. 10; Schmidt/Lutter/*Veil* AktG § 192 Rn. 17; Kölner Komm. AktG/*Drygala/Staake* § 192 Rn. 86, 94.
⁹⁵ *Hüffer/Koch* AktG § 192 Rn. 14.
⁹⁶ Hölters/*Apfelbacher/Niggemann* AktG § 192 Rn. 40 f.; *Hüffer/Koch* AktG § 192 Rn. 14.
⁹⁷ Gesetz zur Kontrolle und Transparenz im Unternehmensbereich v. 27.4.1998, BGBl. 1998 I 786.
⁹⁸ Vgl. MünchKomm. AktG/Bd. 4/*Fuchs* § 192 Rn. 62; Spindler/Stilz/*Riekers* AktG § 192 Rn. 39; MHdB GesR IV/*Scholz* § 58 Rn. 11.
⁹⁹ *Hüffer/Koch* AktG § 192 Rn. 15; Schmidt/Lutter/*Veil* AktG § 192 Rn. 17; vgl. auch Spindler/Stilz/*Riekers* AktG § 192 Rn. 39; MHdB GesR IV/*Scholz* § 58 Rn. 12.
¹⁰⁰ Vgl. Schmidt/Lutter/*Veil* AktG § 192 Rn. 18; Spindler/Stilz/*Riekers* AktG § 192 Rn. 39; *Hüffer/Koch* AktG § 192 Rn. 16.
¹⁰¹ *Hüffer/Koch* AktG § 192 Rn. 16.

C. Bedingte Kapitalerhöhung 64–67 § 9

Norm, wobei ihre Tätigkeit als Aufsichtsratsmitglied der Anwendbarkeit nicht entgegensteht.[102]

Eine weitere Vereinfachung hat die Norm dadurch erfahren, dass der Beschluss über die Kapitalerhöhung sowohl in Form eines **Zustimmungs- als auch eines Ermächtigungsbeschlusses** erfolgen kann. Dies ermöglicht, dass die konkrete Entscheidung über die Vergütung im Wege von Aktienoptionen nicht von der Hauptversammlung getroffen werden muss, sondern auf die Verwaltung der Gesellschaft delegiert werden kann und dieser dadurch eine sinnvolle Handlungsfreiheit gewährt wird.[103] 64

II. Erhöhungsbeschluss

Nach § 193 Abs. 1 Satz 1 AktG bedarf der Beschluss über die bedingte Kapitalerhöhung[104] einer Mehrheit, die **mindestens drei Viertel** des bei der Beschlussfassung vertretenen Grundkapitals umfasst. Die Satzung kann nach § 193 Abs. 1 Satz 2 AktG lediglich höhere Erfordernisse bestimmen, so dass die Dreiviertelmehrheit des Abs. 1 eine satzungsfeste Mindestgrenze darstellt. Insoweit unterscheidet sich die bedingte von der regulären Kapitalerhöhung, bei der das Mehrheitserfordernis nach § 182 AktG auch dergestalt zur Disposition gestellt wird, dass lediglich die einfache Mehrheit die Untergrenze für die Satzungsbestimmung darstellt. Im Übrigen kann auf die Ausführungen zur regulären Kapitalerhöhung verwiesen werden vgl. Rn. 13. 65

Der Erhöhungsbeschluss muss zunächst den **Erhöhungsbetrag** festlegen. Aufgrund der Bedingtheit handelt es sich hierbei immer um einen **Höchstbetrag**.[105] Daneben sind in dem Beschluss ebenfalls die Nennbeträge und bei Stückaktien die Zahl der neuen Aktien zu bestimmen. Zudem ist die Art der Aktien festzulegen, also ob Inhaber- oder Namensaktien ausgegeben werden sollen. Führt die Kapitalerhöhung dazu, dass verschiedene Aktiengattungen entstehen oder sind bereits verschiedene Aktiengattungen vorhanden, sind die Gattungen der neuen Aktien und die Aktiennennbeträge bzw. bei Stückaktien die Zahl der Aktien der einzelnen Gattungen anzugeben (vgl. § 23 Abs. 3 Nr. 4 AktG). 66

Weitere inhaltliche Anforderungen an den Erhöhungsbeschluss stellt § 193 Abs. 2 AktG auf. Nach dessen Nr. 1 muss in dem Beschluss zunächst der Zweck der bedingten Kapitalerhöhung festgestellt werden. Des Weiteren ist nach der Nr. 2 der Kreis der Berechtigten zu benennen. Aus dem Beschluss muss daher eine **Anweisung an den Vorstand** hervorgehen, einem bestimmten Personenkreis Umtausch- oder Bezugsrechte zu gewähren. Eine namentliche Nennung ist jedoch nicht erforderlich, vielmehr ist eine mögliche eindeutige Bestimmbarkeit ausreichend.[106] Weiter bedarf der Erhöhungsbeschluss nach Nr. 3 der Festsetzung des **Ausgabebetrags der Bezugsaktien** oder der Grundlagen, nach denen dieser Betrag errechnet wird. Der Ausgabebetrag kann dem Nennbetrag, bei Stückaktien 67

---

[102] Hölters/*Apfelbacher/Niggemann* AktG § 192 Rn. 51.
[103] Vgl. *Lutter* ZIP 1997, 1 (9); Schmidt/Lutter/*Veil* AktG § 192 Rn. 26; Bürgers/Körber/*Marsch-Barner* AktG § 192 Rn. 19; MünchKomm. AktG/Bd. 4/*Fuchs* § 192 Rn. 100.
[104] Umstritten ist, ob bereits die Gründungssatzung ein bedingtes Kapital vorsehen kann; dies ist zumindest für den Fall der Gewährung von Bezugsrechten nach § 192 Abs. 2 Nr. 3 AktG zu bejahen; *Hüffer/Koch* AktG § 192 Rn. 7 mwN.
[105] MHdB GesR IV/*Scholz* § 58 Rn. 30; Kölner Komm./*Drygala/Staake* § 193 Rn. 22.
[106] Kölner Komm. AktG/*Drygala/Staake* § 193 Rn. 46; Bürgers/Körber/*Marsch-Barner* AktG § 193 Rn. 6; MünchKomm. AktG/Bd. 4/*Fuchs* § 193 Rn. 11.

dem anteiligen Betrag des Grundkapitals entsprechen oder ihn übersteigen, nicht jedoch unterschreiten (vgl. § 9 Abs. 1 AktG). Bei der Gewährung von Umtauschrechten muss das Verhältnis angegeben werden, in dem die Schuldverschreibungen in Aktien umgetauscht werden können und ggf. ob Zuzahlungen zu leisten sind.[107] Im Fall der Gewährung von Bezugsrechten ist ebenfalls das Bezugsverhältnis anzugeben. Nicht zwingend erforderlich ist hingegen die betragsmäßige Angabe des Bezugskurses. Es reicht vielmehr aus, wenn die Grundlagen festgesetzt werden, nach denen der Ausgabebetrag später errechnet werden kann.[108] Hiervon wird in der Praxis insbesondere im Zusammenhang mit Unternehmenszusammenschlüssen Gebrauch gemacht.[109] Die Nr. 4 betrifft die bedingte Kapitalerhöhung zum Zwecke der Gewährung von Bezugsrechten an Arbeitnehmer und Mitglieder der Geschäftsführung (§ 192 Abs. 2 Nr. 3 AktG). Hiernach müssen die **Eckpunkte des Aktienoptionsprogramms** in den Kapitalerhöhungsbeschluss im Kapitalerhöhungsbeschluss angegeben werden. Konkret sind danach die Aufteilung der Bezugsrechte auf Mitglieder der Geschäftsführung und Arbeitnehmer, Erfolgsziele, die Erwerbs- und Ausübungszeiträume und die Wartezeit für die erstmalige Ausübung festzulegen, wobei Letztere mindestens vier Jahre betragen muss.

68 § 192 Abs. 3 AktG begrenzt den Nennbetrag des bedingten Kapitals für die jeweiligen Zwecke. Der Nennbetrag des bedingten Kapitals darf bei einem Kapitalerhöhungsbeschluss zum Zwecke der Gewährung von Umtausch- oder Bezugsrechten an Gläubiger von Wandelschuldverschreibungen (§ 192 Abs. 2 Nr. 1 AktG) und zur Vorbereitung eines Unternehmenszusammenschlusses (§ 192 Abs. 2 Nr. 2 AktG) die **Hälfte des Grundkapitals** nicht übersteigen. Bei der Gewährung von Bezugsrechten nach § 192 Abs. 2 Nr. 3 AktG begrenzt § 192 Abs. 3 AktG den Nennbetrag auf 10% des Grundkapitals. Durch die Aktienrechtsnovelle 2016[110] wurden hiervon jedoch Ausnahmen gemacht, indem in zwei Bereichen eine Anrechnung nicht mehr stattfindet.[111] Hierbei handelt es sich zum einen um den Tatbestand der drohenden Zahlungsunfähigkeit und zum anderen um die Zahlungsunfähigkeit. Durch den neu geschaffenen § 192 Abs. 3 Satz 3 AktG gilt die Höchstgrenze von 50% des Nennbetrags des Grundkapitals nicht, wenn die bedingte Kapitalerhöhung nur zu dem Zweck beschlossen wird, der Gesellschaft im Falle der **drohenden Zahlungsunfähigkeit oder Überschuldung** einen Umtausch zu ermöglichen. Eine weitere Ausnahme wurde mit § 192 Abs. 3 Satz 4 AktG nF für bedingte Kapitalerhöhungen eingefügt, die Kreditinstituten einen Umtausch zur Erfüllung bestimmter **bankaufsichtsrechtlicher Anforderungen** ermöglichen. Das geschaffene Kapital, das unter die Ausnahmeregelungen fällt, ist nach § 192 Abs. 3 Satz 5 AktG auch nicht auf die im Übrigen geltende Höchstgrenze von 50% anzurechnen.

69 Der Erhöhungsbeschluss kann darüber hinaus auch weitere **fakultative Regelungen** vorsehen. So kann zB die Ausübung der Rechte befristet werden, indem Beginn (Sperrfrist) und/oder Ende der Ausübungsfrist bestimmt wird, was im Fall

---

[107] Schmidt/Lutter/*Veil* AktG § 193 Rn. 8; Kölner Komm. AktG/*Drygala/Staake* § 193 Rn. 52; Spindler/Stilz/*Riekers* AktG § 193 Rn. 12.

[108] Kölner Komm./*Drygala/Staake* § 193 Rn. 53; Hüffer/Koch AktG § 192 Rn. 6a; vgl. auch Hölters/*Apfelbacher/Niggemann* AktG § 193 Rn. 22.

[109] Zu den weiteren Einzelheiten der Festsetzung des Ausgabebetrages vgl. *Hüffer/Koch* AktG § 193 Rn. 6 ff.; MHdB GesR IV/*Scholz* § 58 Rn. 34 ff.

[110] Gesetz zur Änderung des Aktiengesetzes (Aktienrechtsnovelle 2016) v. 22.12.2015, BGBl. 2015 I 2565.

[111] Vgl. auch *Ihrig/Wandt* BB 2016, 6 (14).

C. Bedingte Kapitalerhöhung 70–72 § 9

des § 193 Abs. 2 Nr. 4 AktG zwingender Inhalt ist.[112] Üblicherweise wird der Aufsichtsrat im Erhöhungsbeschluss nach § 179 Abs. 1 Satz 2 AktG ermächtigt, die mit der Kapitalerhöhung erforderliche Anpassung des Satzungswortlauts durchzuführen. In der Praxis wird darüber hinaus regelmäßig der Vorstand ermächtigt, weitere Einzelheiten der bedingten Kapitalerhöhung und der Durchführung festzulegen. Einer solchen Bestimmung kommt jedoch lediglich deklaratorische Wirkung zu.[113]

III. Bedingte Kapitalerhöhung mit Sacheinlagen

Eine bedingte Kapitalerhöhung kann, wie die reguläre Kapitalerhöhung, ebenfalls gegen Sacheinlagen durchgeführt werden. Die in § 194 AktG aufgeführten Voraussetzungen für die bedingte Kapitalerhöhung mit Sacheinlagen decken sich im Wesentlichen mit denen der regulären Kapitalerhöhung nach §§ 183 f. AktG (vgl. Rn. 35 ff.). Nach § 194 Abs. 5 AktG gilt § 183a AktG entsprechend, so dass auch eine bedingte Kapitalerhöhung mit Sacheinlagen ohne Prüfung vorgenommen werden kann, wenn die Voraussetzungen von § 33a AktG erfüllt werden.[114] Den Hauptanwendungsfall bei der bedingten Kapitalerhöhung mit Sacheinlagen bildet die Kapitalerhöhung zur **Vorbereitung eines Unternehmenszusammenschlusses**. Die einzubringenden Unternehmen oder die daran bestehenden Beteiligungen stellen dabei immer Sacheinlagen dar, so dass die Kapitalerhöhung zum Unternehmenszusammenschluss stets mit Sacheinlage erfolgt.[115] 70

Keine Sacheinlage stellt hingegen der Umtausch von Schuldverschreibungen dar (§ 194 Abs. 1 Satz 2 AktG). Des Weiteren nimmt § 194 Abs. 3 AktG die Einlage von Geldforderungen, die Arbeitnehmern der Gesellschaft aus einer ihnen von der Gesellschaft eingeräumten Gewinnbeteiligung zustehen, ausdrücklich von dem Anwendungsbereich von Sacheinlagen aus. 71

IV. Durchführung der bedingten Kapitalerhöhung

Der Erhöhungsbeschluss ist nach § 195 Abs. 1 AktG vom Vorstand und dem Vorsitzenden des Aufsichtsrats **zur Eintragung im Handelsregister anzumelden**. Dabei müssen der Anmeldung nach § 195 Abs. 2 Nr. 1 AktG bei einer bedingten Kapitalerhöhung die Verträge beigefügt werden, die den Festsetzungen zugrunde liegen oder zu ihrer Ausführung geschlossen wurden. Darüber hinaus sind der Anmeldung bei einer Kapitalerhöhung gegen Sacheinlagen der Prüfungsbericht oder im Falle der bedingte Kapitalerhöhung gegen Sacheinlagen ohne Prüfung die in § 37a Abs. 3 AktG bezeichneten Unterlagen beizufügen. Nach § 195 Abs. 2 Nr. 1 AktG muss die Anmeldung ebenfalls eine Berechnung der Kosten, die für die Gesellschaft durch die Ausgabe der Bezugsaktien entstehen, enthalten. Bei unterschiedlichen Aktiengattungen bedarf es zur Wirksamkeit des Beschlusses nach § 193 Abs. 1 Satz 3 iVm § 182 Abs. 2 AktG eines Sonderbeschlusses der Aktionäre der jeweiligen Gattung. Dieser ist der Anmeldung ebenfalls beizufügen. 72

---

[112] Kölner Komm./*Drygala/Staake* § 193 Rn. 122; Schmidt/Lutter/*Veil* AktG § 193 Rn. 5; *Hüffer/Koch* AktG § 193 Rn. 4; vgl. Rn. 67.
[113] Vgl. MHdB GesR IV/*Scholz* § 58 Rn. 42; MünchKomm. AktG/Bd. 4/*Fuchs* § 193 Rn. 37.
[114] Vgl. zu den Voraussetzungen der Kapitalerhöhung ohne Prüfung auch Rn. 33 ff.
[115] *Hüffer/Koch* AktG § 194 Rn. 3; Kölner Komm. AktG/*Drygala/Staake* § 194 Rn. 9; MünchKomm. AktG/Bd. 4/*Fuchs* § 194 Rn. 4.

73 Das Registergericht prüft, ob die Eintragungsvoraussetzungen formell und materiell vorliegen.[116] Die Prüfung erstreckt sich dabei sowohl auf die gesetzlichen als auch auf die satzungsmäßigen Voraussetzungen.[117] Wenn die Voraussetzungen vorliegen, trägt das Registergericht den Kapitalerhöhungsbeschluss in das Handelsregister ein, anderenfalls hat es die Eintragung zu verweigern. § 195 Abs. 3 AktG stimmt wörtlich mit § 184 Abs. 3 AktG überein, so dass das Gericht auch bei der bedingten Kapitalerhöhung mit Sacheinlagen das **Verbot der Unterpari-Emission** zu beachten und bei einer bedingten Kapitalerhöhung zu prüfen hat, ob die Voraussetzungen von § 37a AktG eingehalten wurden. Soweit die Eintragungsvoraussetzungen erfüllt sind, trägt das Registergericht den Kapitalerhöhungsbeschluss in das Handelsregister ein. Die **Bekanntmachung erfolgt dabei durch das Registergericht**, nicht wie früher durch die Gesellschaft, die den Kapitalerhöhungsbeschluss durch Veröffentlichung in den Gesellschaftsblättern bekannt zu machen hatte. Die früher in § 196 AktG geregelte Pflicht wurde zum 1.1.2007 durch das Gesetz über elektronische Handelsregister und Genossenschaftsregister sowie das Unternehmensregister (EHUG)[118] aufgehoben. Dies basiert auf dem Grundsatz des Verzichts auf Zusatzbekanntmachungen im Wege des Übergangs auf elektronisch geführte Handelsregister.[119]

74 Die Durchführung der bedingten Kapitalerhöhung erfolgt, indem die Berechtigten ihre Bezugsrechte nach § 198 AktG ausüben. Die Ausübung des Bezugsrechts erfolgt nach § 198 Abs. 1 Satz 1 AktG durch **schriftliche Erklärung**. Die Erklärung muss dem Schriftformerfordernis des § 126 BGB genügen und den Willen zum Ausdruck bringen, von dem Bezugsrecht Gebrauch machen zu wollen. Sie hat weiter die in § 198 Abs. 1 Satz 3 AktG genannten Angaben zu enthalten. Nach § 198 Abs. 1 Satz 2 AktG muss die Bezugsrechtserklärung doppelt ausgestellt werden. Bezugsrechtserklärungen, welche diese Anforderungen nicht erfüllen, sind nach § 198 Abs. 2 Satz 2 AktG nichtig.

75 Nach § 198 Abs. 2 Satz 1 AktG hat die Bezugsrechtserklärung die **gleiche Wirkung wie eine Zeichnungserklärung**. Die Bezugsrechtserklärung kommt somit dem Abschluss eines Zeichnungsvertrags (siehe auch Rn. 25 ff.) gleich.

76 Mit dem Abschluss des Zeichnungsvertrags bzw. der Bezugsrechtserklärung ist der **Vorstand verpflichtet**, die Aktien an die Bezugsberechtigten auszugeben. Der Vorstand darf die Bezugsaktien nach § 197 Satz 1 AktG jedoch nicht vor der Eintragung des Kapitalerhöhungsbeschlusses ins Handelsregister ausgeben.[120] Des Weiteren darf der Vorstand nach § 199 Abs. 1 AktG die Bezugsaktien nur in Erfüllung des im Beschluss über die bedingte Kapitalerhöhung festgesetzten Zwecks und nicht vor der vollen Leistung des ebenfalls im Beschluss festgesetzten Gegenwerts ausgeben.

77 Nach § 200 AktG ist das Grundkapital mit der Ausgabe der Bezugsaktien erhöht, die bedingte Kapitalerhöhung mithin wirksam. Die Ausübung des Bezugsrechts, und damit letztlich auch die bedingte Kapitalerhöhung selbst, kann sich über das gesamte Geschäftsjahr erstrecken. Der Umfang der Aktienausgabe und zugleich der

---

[116] Bürgers/Körber/*Marsch-Barner* AktG § 195 Rn. 8; Grigoleit/*Rieder/Holzmann* AktG § 195 Rn. 9. Siehe zur Registerkontrolle auch *Hüffer/Koch* AktG § 195 Rn. 9.

[117] MHdB GesR IV/*Scholz* § 58 Rn. 57; *Hüffer/Koch* AktG § 195 Rn. 9; MünchKomm. AktG/Bd. 4/*Fuchs* § 195 Rn. 18.

[118] Art. 9 Nr. 9 EHUG v. 10.11.2006, BGBl. 2006 I 2553.

[119] Bürgers/Körber/*Marsch-Barner* AktG § 196 Rn. 1; MünchKomm. AktG/Bd. 4/*Fuchs* § 195 Rn. 26.

[120] Insoweit unterscheidet sich die bedingte Kapitalerhöhung von der regulären Kapitalerhöhung, nach welcher die Aktien erst nach der Eintragung der Durchführung der Kapitalerhöhung ausgegeben werden dürfen, s. a. Rn. 34.

D. Genehmigtes Kapital 78–80 § 9

Umfang der bedingten Kapitalerhöhung sind erst mit dem Ablauf des Geschäftsjahres zu ermitteln. § 201 Abs. 1 AktG ordnet daher an, dass der Vorstand spätestens zum Ende des auf den Ablauf des Geschäftsjahres folgenden Kalendermonats die ausgegebenen Bezugsaktien beim Handelsregister zur Eintragung anmelden muss.[121] Weiter sind der Anmeldung nach § 201 Abs. 2 AktG Zweitschriften der Bezugserklärungen und ein vom Vorstand unterschriebenes Verzeichnis der Personen, die das Bezugsrecht ausgeübt haben, beizufügen. Des Weiteren hat der Vorstand zu erklären, dass er seinen Pflichten aus § 199 Abs. 1 AktG nachgekommen ist und die Bezugsaktien nur in Erfüllung des im Kapitalerhöhungsbeschluss festgesetzten Zwecks und nicht vor der vollen Leistung des ebenfalls im Beschluss festgesetzten Gegenwerts ausgeben hat.

Über den Verweis in § 192 Abs. 5 AktG gelten die Vorschriften über das Bezugsrecht sinngemäß für das Umtauschrecht, so dass die obigen Ausführungen auch für Umtauschrechte gelten. Die Beschränkung in den §§ 193–201 AktG auf Bezugsrechte dient dabei lediglich der sprachlichen Vereinfachung.[122] 78

V. Bezugsrechte

Im Gegensatz zur regulären Kapitalerhöhung haben die Altaktionäre bei einer 79
bedingten Kapitalerhöhung **kein gesetzliches Bezugsrecht**.[123] Die Aktien stehen vielmehr nur den Bezugsberechtigten zu.[124] Den Aktionären steht jedoch nach § 221 Abs. 4 AktG ein Bezugsrecht auf die Wandelschuldverschreibung zu. Die Aktionäre können sich in diesem Fall also vor einer Verwässerung ihres Anteils schützen, indem sie eine ihrem Aktienanteil entsprechende Anzahl von Wandelanleihen erwerben. Auch die bedingte Kapitalerhöhung zur Vorbereitung des Zusammenschlusses mehrerer Unternehmen ist nur sinnvoll möglich, wenn die Aktien zum Zusammenschluss genutzt werden können und zu diesem Zweck dem Bezug durch die Altaktionäre entzogen sind. Im Fall der bedingten Kapitalerhöhung nach § 192 Abs. 2 Nr. 3 AktG wird Arbeitnehmern und/oder Mitgliedern der Geschäftsführung der Gesellschaft oder eines verbundenen Unternehmens ein Bezugsrecht rechtsgeschäftlich gewährt.[125] Dieses Bezugsrecht würde konterkariert, wenn Altaktionäre ebenfalls ein Bezugsrecht geltend machen könnten.

D. Genehmigtes Kapital

I. Voraussetzungen

In der Praxis spielt die Kapitalerhöhung im Wege des genehmigten Kapitals eine 80
herausragende Rolle.[126] Hierbei wird der **Vorstand durch die Hauptversammlung ermächtigt**, innerhalb einer Frist von maximal fünf Jahren das Grundkapital

---

[121] Vgl. auch *Ihrig/Wandt* BB 2016, 8 (16 f.).
[122] Spindler/Stilz/*Rieckers* AktG § 192 Rn. 85; *Hüffer/Koch* AktG § 192 Rn. 29; Hölters/*Apfelbacher/Niggemann* AktG § 192 Rn. 73.
[123] OLG Stuttgart 20 U 75/00, ZIP 2001, 1367 (1370).
[124] Marsch-Barner/Schäfer/*Busch* § 44 Rn. 48; MHdB GesR IV/*Scholz* § 58 Rn. 59.
[125] MHdB GesR IV/*Scholz* § 58 Rn. 59; Kölner Komm./*Drygala/Staake* § 197 Rn. 36; *Hüffer/Koch* AktG § 197 Rn. 5.
[126] Marsch-Barner/Schäfer/*Busch* § 43 Rn. 1; Bürgers/Körber/*Marsch-Barner* AktG § 202 Rn. 1.

bis zu einem bestimmten Nennbetrag durch Ausgabe neuer Aktien gegen Einlagen selbstständig zu erhöhen. Im Gegensatz zur regulären Kapitalerhöhung, bei der die Hauptversammlung selbst und unmittelbar über die Kapitalerhöhung entscheidet, wird dem Vorstand im Rahmen des genehmigten Kapitals ein eigenständiger **Entscheidungs- und Umsetzungsspielraum** ohne weitere Mitwirkungserfordernisse seitens der Hauptversammlung gewährt. Der Beschluss der Hauptversammlung wirkt also wie ein „Vorratsbeschluss", dessen Durchführung in das Ermessen des Vorstands gestellt wird. Hierdurch wird es dem Vorstand ermöglicht, innerhalb des gewährten Zeitraums bedarfsgerecht, schnell und flexibel neues Eigenkapital zu generieren.[127] Im Gegensatz zur bedingten Kapitalerhöhung birgt das genehmigte Kapital (vgl. § 193 Abs. 2 Nr. 3 AktG) den Vorteil, dass auch die Festlegung des Ausgabebetrags der zu schaffenden Aktien in das Ermessen des Vorstands gestellt wird.[128]

81 Die Ermächtigung des Vorstands kann zum einen, wie bereits erläutert, nach § 202 Abs. 2 AktG durch einen satzungsändernden Beschluss der Hauptversammlung erfolgen. Nach § 202 Abs. 1 AktG ist es zum anderen jedoch auch möglich, bereits in der Gründungssatzung genehmigtes Kapital zu verankern. Sowohl bei der Ermächtigung des Vorstands in der Gründungssatzung als auch bei der (nachträglichen) Ermächtigung durch einen satzungsändernden Hauptversammlungsbeschluss darf die **Ermächtigungsfrist** einen Zeitraum **bis höchstens fünf Jahre** nach Eintragung der Gesellschaft bzw. der Satzungsänderung umfassen. Die gesetzliche Formulierung „höchstens fünf Jahre" schafft einen ausfüllungsbedürftigen Rahmen, so dass die Dauer der Ermächtigung **konkret festgelegt** werden muss. Ein Verweis auf den Gesetzestext oder eine unbestimmte Angabe (zB „bis zu fünf Jahre") reicht hierfür nicht aus.[129] Die Gründungssatzung bzw. der Beschluss müssen vielmehr ein konkretes Datum oder die Berechnungsgrundlage für die Dauer der Ermächtigung festlegen.[130] Genügt eine Ermächtigung den zuvor genannten Anforderungen an die Dauer nicht, ist sie nach § 241 Nr. 3 AktG nichtig.[131] Während eine ältere Ansicht von einer Heilungsmöglichkeit nach § 242 Abs. 2 AktG ausging,[132] differenziert die hM mittlerweile richtigerweise zwischen Fällen, in denen keine Frist festgelegt wurde, und Fällen, die eine unzulässige Frist aufweisen.[133] Im ersten Fall besteht danach keine Heilungsmöglichkeit, da die Ermächtigung keinerlei Angaben zur Dauer macht, so dass die Ermächtigung keinerlei Anknüpfungspunkte aufweist, aus denen sich der Wille der beschließenden Aktionäre entwickeln ließe.[134] Im zweiten Fall kann an die Stelle der die gesetzliche Höchstfrist übersteigenden Frist die gesetzlich zulässige Höchstfrist treten und hierdurch eine Heilung eintreten.[135]

---

[127] *Hüffer/Koch* AktG § 202 Rn. 2; Hölters/*Apfelbacher/Niggemann* AktG § 202 Rn. 1; MünchKomm. AktG/Bd. 4/*Bayer* § 202 Rn. 1; Spindler/Stilz/*Wamser* AktG § 202 Rn. 3.

[128] BGH II ZR 132/93, BGHZ 136, 133 (141) – Siemens/Nold.

[129] Kölner Komm./*Lutter* § 202 Rn. 13; MünchKomm. AktG/Bd. 4/*Bayer* § 202 Rn. 58; Henssler/Strohn/*Hermanns* AktG § 202 Rn. 4.

[130] *Hüffer/Koch* AktG § 202 Rn. 11; Schmidt/Lutter/*Veil* AktG § 202 Rn. 17; MünchKomm. AktG/Bd. 4/*Bayer* § 202 Rn. 58.

[131] Kölner Komm./*Lutter* § 202 Rn. 13; *Hüffer/Koch* AktG § 202 Rn. 11; Bürgers/Körber/ Marsch-Barner AktG § 202 Rn. 11.

[132] Godin/Wilhelmi AktG § 202 Anm. 4.

[133] Großkomm. AktG/*Hirte* § 202 Rn. 134; Kölner Komm./*Lutter* § 202 Rn. 13; MHdB GesR IV/*Scholz* § 59 Rn. 25.

[134] Kölner Komm./*Lutter* § 202 Rn. 13; *Hüffer/Koch* AktG § 202 Rn. 11.

[135] OLG Karlsruhe, AG 2003, 444 (445); MHdB GesR IV/*Scholz* § 59 Rn. 25; *Hüffer/Koch* AktG § 202 Rn. 11.

D. Genehmigtes Kapital 82–84 § 9

Für die Ermächtigung durch einen Beschluss der Hauptversammlung ist nach § 202 Abs. 1 Satz 2 AktG eine Beschlussmehrheit von **mindestens drei Vierteln** des bei der Beschlussfassung vertretenen Grundkapitals erforderlich. Von dem Mehrheitserfordernis kann durch die Satzung nach § 202 Abs. 2 Satz 3 AktG nur dergestalt abgewichen werden, dass ein größeres Mehrheitserfordernis und weitere Erfordernisse bestimmt werden. Die gesetzliche Regelung bildet also, wie auch bei der regulären Kapitalerhöhung (vgl. Rn. 14) ein Mindestquorum, das nicht unterschritten werden darf. Die Beschlussfassung weist im Übrigen keine Besonderheiten gegenüber dem Kapitalerhöhungsbeschluss bei der regulären Kapitalerhöhung auf, so dass auf die entsprechenden Ausführungen (vgl. Rn. 14 ff.) verwiesen wird. 82

Der Umfang des zu genehmigenden Kapitals ist nach § 202 Abs. 3 Satz 1 AktG auf **maximal die Hälfte des Grundkapitals** der Gesellschaft, das zur Zeit der Ermächtigung vorhanden ist, begrenzt. Erfolgt die Schaffung von neuem genehmigten Kapital zu einer Zeit, in der noch nicht vollständig ausgenutztes, genehmigtes Kapital aus der Gründungssatzung oder einem früheren Beschlusses existiert, muss dies bei der Berechnung des zulässigen Umfangs nach § 202 Abs. 3 Satz 1 AktG dergestalt berücksichtigt werden. Im Ergebnis darf also die Summe des gesamten vorhandenen genehmigten Kapitals die Hälfte des Grundkapitals nicht überschreiten.[136] Eventuell existierendes bedingtes Kapital ist bei der Berechnung im Rahmen des Grundkapitals nicht zu berücksichtigen, solange die Bezugsaktien noch nicht ausgegeben sind.[137] Maßgeblicher Zeitpunkt für die Berechnung ist die **Eintragung der Gründungssatzung oder der Satzungsänderung** in das Handelsregister, da diese für die Ermächtigung konstitutive Wirkung hat.[138] Daher muss auch eine Änderung des Grundkapitals bei der Berechnung berücksichtigt werden, sofern die Kapitaländerung zusammen mit der Eintragung des genehmigten Kapitals erfolgt.[139] Zwischen einer unmittelbaren (regulären) Kapitalerhöhung durch die Hauptversammlung nach §§ 182 ff. AktG und der Schaffung eines genehmigten Kapitals besteht grundsätzlich **kein Rangverhältnis**. Auch wenn eine reguläre Kapitalerhöhung zeitlich möglich erscheint, ist die Hauptversammlung dennoch nicht verpflichtet, die reguläre Kapitalerhöhung der Schaffung von genehmigtem Kapital vorzuziehen.[140] 83

Nach § 202 Abs. 4 AktG kann durch die Satzungsänderung auch die **Ausgabe der neuen Aktien an Arbeitnehmer** festgelegt werden. Hierdurch soll die Ausgabe von Arbeitnehmeraktien erleichtert werden, um die Mitarbeiter stärker an das Unternehmen binden zu können.[141] Die Regelung des § 202 Abs. 4 AktG bringt die gesetzliche Entscheidung zum Ausdruck, dass der Ausschluss des Bezugsrechts der Aktionäre allein durch die Satzungsregelung der Ausgabe von Arbeitnehmeraktien gerechtfertigt ist. Der Ermächtigungsbeschluss kann daher einen Bezugsrechtsausschluss der Aktionäre oder die Ermächtigung des Vorstands zum Bezugsrechtsaus- 84

---

[136] Spindler/Stilz/*Wamser* AktG § 202 Rn. 68; Bürgers/Körber/*Marsch-Barner* AktG § 202 Rn. 12; MünchKomm. AktG/Bd. 4/*Bayer* § 202 Rn. 69.

[137] Spindler/Stilz/*Wamser* AktG § 202 Rn. 68.

[138] *Hüffer/Koch* AktG § 202 Rn. 14; MHdB GesR IV/*Krieger* § 58 Rn. 8; MünchKomm. AktG/Bd. 4/*Bayer* § 202 Rn. 66.

[139] *Hüffer/Koch* AktG § 202 Rn. 14; Kölner Komm./*Lutter* § 202 Rn. 1; MünchKomm. AktG/Bd. 4/*Bayer* § 202 Rn. 66.

[140] MHdB GesR IV/Bd. 4/*Scholz* § 59 Rn. 10; MünchKomm. AktG/Bd. 4/*Bayer* § 202 Rn. 82; Seibt/Voigt AG 2009, 133 (144).

[141] BGH VII ZR 455/98, NJW 2000, 2354; Bürgers/Körber/*Marsch-Barner* AktG § 202 Rn. 18.

schluss beinhalten, ohne dass es einer weiteren Rechtfertigung (**Interessenabwägung**) bedarf.[142]

85 Eine weitere Besonderheit (Privilegierung) von Arbeitnehmeraktien normiert § 204 Abs. 3 AktG. Hiernach kann die Einlage auf die Arbeitnehmeraktien auch durch einen Teil des **Jahresüberschusses** aufgebracht werden, der nach § 58 Abs. 2 AktG in eine andere Gewinnrücklage eingestellt werden könnte. Auch diese Regelung bezweckt eine Erleichterung der Ausgabe von Arbeitnehmeraktien, da die Arbeitnehmer für die Ausgabe der Aktien keine eigenen Mittel aufwenden müssen. Dies übernimmt die Gesellschaft für ihre Arbeitnehmer aus dem Teil des erwirtschafteten Jahresüberschuss, der in andere Gewinnrücklagen eingestellt werden kann. Wirtschaftlich betrachtet erhalten die Arbeitnehmer also eine **Gewinnbeteiligung**, die mit der Einlageleistung auf die auszugebenden Aktien „verrechnet" wird. Dies stellt technisch eine Sacheinlage sowie eine Kapitalerhöhung aus Gesellschaftsmitteln dar. § 204 Abs. 3 Satz 2 AktG ordnet für diesen Fall jedoch an, dass für die Ausgabe der neuen Aktien die **Vorschriften über eine Kapitalerhöhung gegen Bareinlagen gelten**. Die Ausgabe von Arbeitnehmeraktien erfährt also eine gesetzliche Privilegierung, in dem die Anwendung der §§ 183f. AktG (Sacheinlage) und der §§ 207–220 AktG (Gesellschaftsmittel) ausgeschlossen wird.[143] Die Voraussetzung für die Privilegierung ist jedoch, dass ein Jahresabschluss vorliegt, der mit einem uneingeschränkten Bestätigungsvermerk versehen ist und einen entsprechenden Jahresüberschuss aufweist. Der Jahresabschluss und der Bestätigungsvermerk sind nach § 204 Abs. 3 Satz 3 AktG der Anmeldung der Durchführung der Kapitalerhöhung beizufügen.

II. Durchführung

86 Die Ermächtigung versetzt den Vorstand in die Lage, das Grundkapital im Umfang der Genehmigung durch die Ausgabe neuer Aktien zu erhöhen. Wie weit der Entscheidungsspielraum des Vorstands dabei reicht, hängt dabei von der konkreten Ausgestaltung der Ermächtigung ab. Insbesondere geht es dabei um den Spielraum, den die Ermächtigung dem Vorstand im Hinblick auf den Entschluss der Ausgabe („Ob" und „Wann") und die Art der Ausgabe („Wie") lässt.

87 Bei dem Entschluss zur Aktienausgabe stellt sich die Frage, ob und wann neue Aktien ausgegeben werden sollen. Eng verbunden mit dieser Entscheidung ist die Frage, in welchem Umfang die Aktienemission erfolgen soll, also ob der Umfang der Kapitalgenehmigung voll ausgeschöpft werden oder von dieser lediglich partiell Gebrauch gemacht werden soll. Im Rahmen der Ermächtigung kann die Hauptversammlung **konkrete Vorgaben** machen und die grundlegenden Pfeiler der Ausgabe maßgeblich beeinflussen. Verzichtet die Hauptversammlung hingegen auf derartige Vorgaben, räumt sie dem Vorstand ein weitgehendes **Entscheidungsermessen** ein. Der Vorstand ist dann, vorbehaltlich der Zustimmung des Aufsichtsrats nach § 202 Abs. 3 AktG, in seiner Entscheidung frei.

88 In Bezug auf die Art der Aktienausgabe kommt vor allem der Festsetzung der **Aktieninhalte und der Ausgabebedingungen** entscheidende Bedeutung zu. Konkret geht es dabei um die Stückelung der neuen Aktien, den Ausgabekurs, die

---

[142] Hüffer/Koch AktG § 202 Rn. 23; Bürgers/Körber/Marsch-Barner AktG § 202 Rn. 18; Henssler/Strohn/Hermanns AktG § 202 Rn. 10.

[143] Spindler/Stilz/Wamser AktG § 204 Rn. 52; Hölters/Apfelbacher/Niggemann AktG § 204 Rn. 21.

D. Genehmigtes Kapital

Fälligkeit der Einlageleistung, die Aktienart (Inhaber- oder Namensaktien) und/ oder die Aktiengattung (zB Vorzugsaktien).[144] Darüber hinaus gehört hierzu auch, die Entscheidung über den **Ausschluss des Bezugsrechts** in den Verantwortungsbereich des Vorstands zu legen (§ 203 Abs. 2 Satz 1 AktG). Auch hierzu kann die Ermächtigung konkrete Vorgaben vorsehen oder dem Vorstand umfangreiche Spielräume einräumen, die dann letztlich nur durch das Zustimmungserfordernis des Aufsichtsrats nach § 204 Abs. 1 AktG begrenzt werden.[145] Soll die Kapitalerhöhung auch durch die Ausgabe von Aktien gegen **Sacheinlagen** erfolgen können, ist dies **ausdrücklich in die Ermächtigung aufzunehmen**. Hierdurch wird gewährleistet, dass die Hauptversammlung über das Sacheinlagen innewohnende Risiko, dass die Sacheinlage nicht werthaltig ist und die Gesellschaft keine angemessene Gegenleistung erhält, entscheidet.[146] Darüber hinaus erscheint die ausdrückliche Entscheidung der Hauptversammlung angebracht, da bei einer Sacheinlage das Bezugsrecht zumindest faktisch ausgeschlossen wird.[147]

Die Ausgabe der neuen Aktien richtet sich im Wesentlichen nach den Vorschriften über die reguläre Kapitalerhöhung. Insoweit ordnet § 203 Abs. 1 Satz 1 AktG an, dass die Vorschriften der §§ 185–191 AktG bei der Kapitalerhöhung im Rahmen von genehmigtem Kapital entsprechend gelten. An die Stelle des Kapitalerhöhungsbeschlusses tritt beim genehmigten Kapital nach § 201 Abs. 1 Satz 2 AktG jedoch die Ermächtigung der Satzung zur Ausgabe neuer Aktien. Im Übrigen gelten insbesondere die Regelungen über die Zeichnung, das Bezugsrecht sowie über die formellen Anforderungen und die Wirksamkeit der Kapitalerhöhung auch für die Kapitalerhöhung mit genehmigtem Kapital.[148] Die neuen Aktien müssen daher auch im Rahmen des genehmigten Kapitals durch einen Zeichnungsschein gezeichnet werden (§ 203 Abs. 1 Satz 1 iVm § 185 AktG). Im Gegensatz zur bedingten Kapitalerhöhung steht den **Altaktionären grundsätzlich ein Bezugsrecht**[149] zu, das nur unter zusätzlichen Voraussetzungen ausgeschlossen werden kann (§ 203 Abs. 1 Satz 1 iVm § 186 AktG). Sobald alle auszugebenden Aktien gezeichnet und die Mindesteinlagen geleistet sind, ist die Durchführung der Kapitalerhöhung nach § 203 Abs. 1 Satz 1 iVm § 188 AktG vom Vorstand zusammen mit dem Vorsitzenden des Aufsichtsrats zur Eintragung in das Handelsregister anzumelden. Nach § 203 Abs. 1 Satz 1 iVm § 189 AktG wird die Kapitalerhöhung erst durch die Eintragung der Durchführung in das Handelsregister wirksam. Mit dem Wirksamwerden der Kapitalerhöhung wird die Satzung der Gesellschaft im Hinblick auf die Höhe des Grundkapitals und der Zahl der Aktien unrichtig (vgl. § 23 Abs. 3 Nr. 3 und 4 AktG) und bedarf einer Korrektur per Satzungsänderung. Diese ist mit der Anmeldung der Durchführung der Kapitalerhöhung beim Handelsregister einzureichen. Dies erfolgt in der Praxis häufig durch den Aufsichtsrat, der hierzu nach § 179 Abs. 1 Satz 2 AktG ermächtigt wird.

---

[144] Vgl. MHdB GesR IV/*Scholz* § 59 Rn. 48.
[145] Vgl. Spindler/Stilz/*Wamser* AktG § 202 Rn. 75; MünchKomm. AktG/Bd. 4/*Bayer* § 202 Rn. 12. Siehe zum Zustimmungserfordernis des Aufsichtsrats auch *Hüffer/Koch* AktG § 204 Rn. 7.
[146] Vgl. MHdB GesR IV/*Scholz* § 59 Rn. 53; Spindler/Stilz/*Wamser* AktG § 202 Rn. 77; siehe auch MünchKomm. AktG/Bd. 4/*Bayer* § 205 Rn. 10.
[147] Spindler/Stilz/*Wamser* AktG § 202 Rn. 77.
[148] Vgl. *Hüffer/Koch* AktG § 203 Rn. 2 ff.; Spindler/Stilz/*Wamser* AktG § 203 Rn. 14 ff.; MünchKomm. AktG/Bd. 4/*Bayer* § 203 Rn. 12 ff.
[149] Siehe auch Rn. 48 ff.

III. Sacheinlage

90 Auch im Rahmen der Kapitalerhöhung aufgrund genehmigten Kapitals ist es zulässig, die neuen Aktien gegen Sacheinlagen auszugeben. Hierfür ist es nach § 205 Abs. 1 AktG jedoch erforderlich, dass in der Ermächtigung eine entsprechende Zulassung aufgenommen wurde, die dem Vorstand auch die Aktienausgabe gegen Sacheinlagen ermöglicht. Die Ermächtigung kann dabei bereits den Gegenstand der Sacheinlage, die Person, von der die Gesellschaft den Gegenstand erwirbt, den Nennbetrag und bei Stückaktien die Zahl der bei der Sacheinlage zu gewährenden Aktien enthalten. Sie kann diese Konkretisierung jedoch auch in die Hände des Vorstands legen, indem die Ermächtigung vorsieht, dass die entsprechenden Einzelheiten vom Vorstand bei der Ausnutzung des genehmigten Kapitals festgesetzt und in den Zeichnungsschein aufgenommen werden.[150] Auch diese Entscheidung soll der Vorstand nach § 205 Abs. 2 Satz 2 AktG jedoch nur mit der Zustimmung des Aufsichtsrats treffen.

91 Wie auch bei der regulären und der bedingten Kapitalerhöhung (vgl. Rn. 41 und 70) hat bei der Ausgabe von Aktien gegen Sacheinlagen eine **Prüfung durch einen oder mehrere Prüfer** stattzufinden. § 205 Abs. 5 Satz 1 AktG erklärt insoweit § 33 Abs. 3 bis 5 AktG und die §§ 34 und 35 AktG für entsprechend anwendbar. Den Prüfungsgegenstand bildet auch hier die Frage, ob der Wert der Sacheinlage den Nennbetrag der zu gewährenden Aktien erreicht. Durch das ARUG hat eine gesetzliche Ausnahme von der Prüfungspflicht Einzug in das Aktiengesetz gehalten, die sowohl eine Sachgründung als auch eine Kapitalerhöhung ohne externe Prüfung ermöglicht. Der Wegfall des Prüfungserfordernisses ist für die reguläre Kapitalerhöhung ausdrücklich in § 183a AktG geregelt (vgl. Rn. 42). § 205 Abs. 5 Satz 2 AktG ordnet jedoch eine entsprechende Geltung auch für das genehmigte Kapital an. Allgemein gelten daher für die Aktienausgabe gegen Sacheinlage aufgrund genehmigten Kapitals die gleichen Regeln wie für eine Aktienausgabe gegen Sacheinlage im Rahmen einer regulären Kapitalerhöhung.

IV. Bezugsrecht/Bezugsrechtsausschluss

92 § 203 Abs. 1 Satz 1 iVm § 186 AktG verweist im Hinblick auf das Bezugsrecht der Altaktionäre auf die Regelung zur regulären Kapitalerhöhung. Im Gegensatz zur bedingten Kapitalerhöhung steht den Altaktionären daher ein Bezugsrecht auf einen Teil der neuen Aktien zu, die ihrem Anteil an dem bisherigen Grundkapital entsprechen. Soll das Bezugsrecht ausgeschlossen werden, bedarf es hierfür nach § 203 Abs. 1 Satz 1 iVm § 186 Abs. 3 AktG eines entsprechenden **Beschlusses der Hauptversammlung** im Rahmen der Ermächtigung. In der Ermächtigung kann dabei der Ausschluss des Bezugsrechts direkt angeordnet oder der Vorstand nach § 203 Abs. 2 AktG dazu ermächtigt werden, erst bei der Ausnutzung des genehmigten Kapitals über den Ausschluss des Bezugsrechts der Aktionäre zu entscheiden. Im ersten Fall ist der Ausschluss des Bezugsrechts bereits mit der Ermächtigung verbindlich, so dass dem Vorstand im Zeitpunkt der Ausgabe der Aktien kein Spielraum mehr bleibt und die Aktienausgabe zwingend ohne Bezugsrecht erfolgt. Im zweiten Fall legt die Hauptversammlung die Entscheidung über den Bezugsrechtsausschluss in die Hände

---

[150] Vgl. Spindler/Stilz/*Wamser* AktG § 205 Rn. 13; MHdB GesR IV/*Scholz* § 59 Rn. 53; MünchKomm. AktG/Bd. 4/*Bayer* § 205 Rn. 10.

D. Genehmigtes Kapital 93–96 § 9

des Vorstands, so dass dieser, wenn er auf das genehmigte Kapital zurückgreifen will, mit der Zustimmung des Aufsichtsrats entscheiden muss, ob die Aktienausgabe mit oder ohne Bezugsrecht erfolgen soll. Aufgrund des Verweises in das Recht der regulären Kapitalerhöhung in § 203 Abs. 1 Satz 1 AktG gelten die in § 186 Abs. 3 AktG normierten förmlichen Voraussetzungen sowohl für den Ausschluss des Bezugsrechts (unmittelbar) durch die Ermächtigung als auch für die Entscheidungsverlagerung auf den Vorstand durch die Ermächtigung. Dies hat zur Folge, dass der Bezugsrechtsausschluss oder die Entscheidungsverlagerung auf den Vorstand entsprechend § 186 Abs. 3 Satz 1 AktG nur im Beschluss über die Ermächtigung (Beschluss der Hauptversammlung über die Erhöhung des Grundkapitals durch genehmigtes Kapital) erfolgen darf. Wie bei der regulären Kapitalerhöhung hat der Vorstand der Hauptversammlung einen schriftlichen Bericht über den Grund des Bezugsrechtsausschlusses bzw. die Ermächtigung zu Bezugsrechtsausschluss zum erstatten.

Hinsichtlich der materiellen Voraussetzungen des Bezugsrechtsausschlusses 93 markiert die Siemens/Nold-Entscheidung des BGH[151] einen Wendepunkt in der Rechtsprechung bezüglich der Kapitalerhöhung durch genehmigtes Kapital. Bis zu dieser Entscheidung galten nach der Rechtsprechung sowohl für den Bezugsrechtsauschluss bei einer regulären Kapitalerhöhung (vgl. Rn. 53) als auch beim Ausschluss im Rahmen des genehmigten Kapitals die gleichen materiellen Voraussetzungen.[152]

Die Rechtfertigung des Bezugsrechtsausschlusses erforderte eine sorgfältige 94 **Abwägung**, bei der die Folgen des Ausschlusses für die Aktionäre gebührend berücksichtigt werden mussten. Im Ergebnis musste der Bezugsrechtsausschluss dabei durch **sachliche Gründe** im Interesse der Gesellschaft gerechtfertigt erscheinen. Die Abwägung erfolgte nicht nur zwischen den Interessen der Gesellschaft und ihrer Aktionäre, sondern beinhaltete auch eine **Berücksichtigung der Zweck-Mittel-Relation**. Darüber hinaus war es erforderlich, dass die Hauptversammlung bei der Ermächtigung (Hauptversammlungsbeschluss) auf einer **ausreichenden Informationsgrundlage** endgültig entscheiden konnte. Dies machte es erforderlich, dass die Voraussetzungen für den Bezugsrechtsausschluss bereits im Zeitpunkt des Hauptversammlungsbeschlusses feststanden und offengelegt wurden.

Diese hohen Anforderungen revidierte der BGH mit der Siemens/Nold-Ent- 95 scheidung[153] im Jahr 1997. Zum einen erkannte der BGH, dass sich die Anforderungen in der Praxis als zu streng erwiesen und daher nicht praktikabel waren.[154] Zum anderen stieg mit der Komplexität der Rechtfertigung des Bezugsrechtsausschlusses das Anfechtungsrisiko, was nicht selten durch sog. räuberische Aktionäre im Wege von Anfechtungsklagen ausgenutzt wurde.[155]

Diesen Risiken für die Unternehmen im Rahmen der Rechtfertigung des Be- 96 zugsrechtsausschlusses trat der BGH entgegen, indem er die Anforderung an die Rechtfertigung deutlich senkte. Die Voraussetzungen für den Bezugsrechtsausschluss müssen nicht mehr bereits im Zeitpunkt des Hauptversammlungsbeschlusses in Gänze detailliert feststehen und offengelegt werden. Ausreichend ist vielmehr, dass die Maßnahmen, zu denen der Vorstand ermächtigt werden soll, lediglich **allgemein umschrieben** werden. Insoweit kann sich der Vorstand auch im Rahmen seines Berichts an die Hauptversammlung auf allgemeine Angaben darüber

---

[151] BGH II ZR 132/93, BGHZ 136, 133 (140) – Siemens/Nold.
[152] Vgl. noch BGH II ZR 132/93, ZIP 1995, 372 (373).
[153] BGH II ZR 132/93, NJW 1997, 2815.
[154] BGH II ZR 132/93, NJW 1997, 2816.
[155] BGH II ZR 132/93, NJW 1997, 2816.

beschränken, für welche Maßnahmen der Bezugsrechtsausschluss zulässig sein soll, warum diese Maßnahmen im Interesse der Gesellschaft liegen und warum hierzu ein Bezugsrechtsausschluss nach Ansicht der Verwaltung notwendig ist. Diese Angaben bilden auch den **Prüfungsmaßstab** für die materielle Rechtfertigung des Bezugsrechtsausschlusses. Eine weitere Abwägung mit den Aktionärsinteressen fällt somit weg, so dass der Ausschluss lediglich **im Interesse der Gesellschaft** liegen muss, um gerechtfertigt zu erscheinen.

97 Die weitere Prüfung der sachlichen Rechtfertigung verlagert sich auf die spätere konkrete Entscheidung des Vorstands, wenn dieser von der Ermächtigung Gebrauch macht, aus dem genehmigten Kapital Aktien ausgibt und dabei das Bezugsrecht ausschließt. Hierbei gelten jedoch nicht die durch die Siemens/Nold-Entscheidung abgesenkten Rechtfertigungsanforderungen. Die sachliche Rechtfertigung der Entscheidung des Vorstands erfordert, dass die konkret geplante Maßnahme der Umschreibung in der Ermächtigung entspricht und im wohlverstandenen Interesse der Gesellschaft liegt. Darüber hinaus ist hierbei im Rahmen einer Zweck-Mittel-Relation zu prüfen, ob der Bezugsrechtsausschluss überhaupt ein geeignetes und erforderliches Mittel darstellt, um den angestrebten Zweck zu erreichen und ob die Maßnahme dabei **verhältnismäßig** ist. Die Anforderungen decken sich somit mit den Anforderungen, die vor der Siemens/Nold-Entscheidung an die sachliche Rechtfertigung der Ermächtigung gestellt wurden (vgl. Rn. 53). Durch die Rechtsprechungsänderung hat sich also lediglich die Ebene der **umfassenden Prüfung der sachlichen Rechtfertigung** verlagert. An die früher entscheidende Stelle (Ermächtigung) ist dabei lediglich eine grobe Vorprüfung getreten, während sich die umfassende sachliche Rechtfertigung auf die Ebene der konkreten Entscheidung des Vorstands verschoben hat.

98 Dies hat bedeutende Auswirkungen im Rahmen des Rechtsschutzes gegen den Bezugsrechtsausschluss. **Anfechtungsklagen** können nur gegen Beschlüsse der Hauptversammlung erhoben werden. Hierbei beschränkt sich der materielle Prüfungsgegenstand nun auf die geringeren Anforderungen an die sachliche Rechtfertigung, die sich aus der Siemens/Nold-Entscheidung ergeben. In Verbindung mit dem **Freigabeverfahren** hat dies in der Praxis dazu geführt, dass Anfechtungsklagen durch räuberische Aktionäre deutlich an Attraktivität verloren haben, so dass die Risiken für die Unternehmen im Rahmen des genehmigten Kapitals deutlich gesunken sind[156] und das genehmigte Kapital wieder attraktiver für die Unternehmen geworden ist. Die umfassende Prüfung der sachlichen Rechtfertigung vollzieht sich nun auf der Ebene einer Geschäftsführungsmaßnahme der Geschäftsleitung. Dies liegt außerhalb des Anwendungsbereichs der Anfechtungsklage, weshalb die Aktionäre gegen diese Entscheidung keinen Rechtsschutz suchen können. Dies obliegt dem Aufsichtsrat, so dass auch hier das Risiko räuberischer Aktivitäten nahezu ausgeschlossen ist.

99 Lange umstritten war die Frage, ob der Vorstand vor der Ausübung der Ermächtigung zum Bezugsrechtsausschluss der Hauptversammlung analog § 186 Abs. 4 Satz 2 AktG einen schriftlichen Bericht über den Grund für den Ausschluss des Bezugsrechts zugänglich machen muss. Der BGH lehnt eine entsprechende Verpflichtung des Vorstands ab.[157] Der Vorstand sei lediglich nach dem Vollzug des Bezugsrechtsausschlusses verpflichtet, über die Durchführung der Maßnahme auf der nächsten ordentlichen Hauptversammlung zu berichten.[158]

---

[156] *Baums/Drinhausen/Keinath* ZIP 2011, 2329.
[157] BGH II ZR 148/03, NJW 2006, 371 – Mangusta/Commerzbank I.
[158] BGH II ZR 132/93, BGHZ 136, 133 (140) – Siemens/Nold.

E. Kapitalerhöhung aus Gesellschaftsmitteln

Wie bereits festgestellt, scheidet aufgrund der Entscheidungsverlagerung auf den Vorstand die Möglichkeit der Anfechtungsklage für die betroffenen Aktionäre aus. Rechtsschutz können diese vor der Durchführung der Kapitalerhöhung im Wege einer **Unterlassungsklage** gegen die Ausnutzung der Ermächtigung zur Kapitalerhöhung und zum Bezugsrechtsausschluss ersuchen. Die Klage hat dabei Erfolg, wenn der Vorstand pflichtwidrig handelte. Dies ist der Fall, wenn keine Ermächtigung des Vorstands vorlag, der Vorstand die Grenzen einer bestehenden Ermächtigung überschreitet oder die materiellen Voraussetzungen des Bezugsrechtsausschlusses nicht vorliegen.

Im Rahmen der Siemens/Nold-Entscheidung befasste sich der BGH zwar nur mit der oben beschriebenen Variante der Kapitalerhöhung mit Sacheinlagen. Es sind jedoch keine durchschlagenden Bedenken ersichtlich, die gegen eine Anwendung der entwickelten Rechtsgrundsätze auch auf den Fall des genehmigten Kapitals gegen Bareinlagen sprechen. Der Sinn des genehmigten Kapitals besteht vielmehr sowohl bei Sach- und Barkapitalerhöhung darin, der Gesellschaft schnelle und flexible Reaktionen auf sich verändernde Kapitalmarktbedingungen zu ermöglichen.[159] Flexible Reaktionsmöglichkeiten sind im Rahmen einer Barkapitalerhöhung etwa bei Veränderungen des Börsenklimas von entscheidender Bedeutung, um einen möglichst hohen Ausgabebetrag der jungen Aktien zu erreichen.[160] Daher geht die herrschende Ansicht davon aus, dass die entwickelten Rechtsgrundsätze auch auf den Fall des genehmigten Kapitals gegen Bareinlagen anwendbar sind.[161]

E. Kapitalerhöhung aus Gesellschaftsmitteln

I. Voraussetzungen

Im vierten Unterabschnitt des zweiten Abschnitts regelt das Gesetz in den §§ 207–220 AktG die Kapitalerhöhung aus Gesellschaftsmitteln. Im Gegensatz zu den zuvor beschriebenen Wegen der Kapitalerhöhung erfolgt hierbei keine Kapitalerhöhung gegen die Leistung einer Einlage, sondern durch **Umwandlung der Kapitalrücklage und von Gewinnrücklagen in Eigenkapital**. Bilanziell stellt die Kapitalerhöhung aus Gesellschaftsmitteln daher einen Passivtausch dar.

Abhängig davon, welche Kapitalrücklagen und Gewinnrücklagen in Grundkapital umgewandelt werden sollen, müssen die Rücklagen in der Bilanz entsprechend ausgewiesen werden. Grundsätzlich müssen die Kapitalrücklage und die Gewinnrücklagen, die in Grundkapital umgewandelt werden sollen, nach § 208 Abs. 1 Satz 1 Var. 1 AktG in der letzten Jahresbilanz unter der Position „Kapitalrücklage" (§ 266 Abs. 3 A. II. HGB) oder „Gewinnrücklagen" (§ 266 Abs. 3 A. III. HGB[162]) ausgewiesen sein.[163] Sind zur Umwandlung in Grundkapital hingegen

---

[159] BGH II ZR 132/93, BGHZ 136, 133 (137) – Siemens/Nold; *Hofmeister* NZG 2000, 713 (715); Kölner Komm./*Lutter* Vorb. § 202 Rn. 1.
[160] *Hofmeister* NZG 2000, 713 (715), vgl. auch Kölner Komm./*Lutter* Vorb. § 202 Rn. 1.
[161] MHdB GesR IV/*Scholz* § 59 Rn. 31; Marsch-Barner/Schäfer/*Busch* § 43 Rn. 18; jeweils mwN.
[162] Hierunter fallen die gesetzliche Rücklage (§ 266 Abs. 3 A. III. Nr. 1 HGB), die Rücklage für Anteile an einem herrschenden oder mehrheitlich beteiligten Unternehmen (§ 266 Abs. 3 A. III. Nr. 2 HGB), satzungsmäßige Rücklagen (§ 266 Abs. 3 A. III. Nr. 3 HGB) und andere Gewinnrücklagen (§ 266 Abs. 3 A. III. Nr. 4 HGB).
[163] Spindler/Stilz/*Fock/Wüsthoff* AktG § 208 Rn. 5 f.; Bürgers/Körber/*Marsch-Barner* AktG § 208 Rn. 2; *Hüffer/Koch* AktG § 208 Rn. 3 f.

Rücklagen aus einer anderen Bilanz vorgesehen, müssen Kapitalrücklage und Gewinnrücklagen nach § 208 Abs. 1 Satz 1 Var. 2 AktG ebenfalls ordnungsgemäß in der entsprechenden Erhöhungsbilanz ausgewiesen sein. Alternativ ist es nach § 208 Abs. 1 Satz 1 Var. 3 AktG auch möglich, dass der Jahresüberschuss oder der Bilanzgewinn direkt in Grundkapital umgewandelt wird. Dies setzt voraus, dass der Teil des Jahresüberschusses bzw. des Bilanzgewinns, der in Grundkapital umgewandelt werden soll, im letzten Beschluss über die Verwendung des Jahresüberschusses bzw. des Bilanzgewinns als Zuführung zu diesen Rücklagen ausgewiesen ist. Der Wortlaut von § 208 Abs. 1 Satz 1 Var. 3 AktG umfasst dabei beide Arten der Rücklagen („diesen Rücklagen"). Dies geht hinsichtlich der Kapitalrücklage jedoch ins Leere, da der Beschluss über die Verwendung des Jahresüberschusses bzw. des Bilanzgewinns lediglich Gewinnrücklagen, nicht jedoch Kapitalrücklagen beinhalten darf (§§ 158, 174 Abs. 2 AktG, § 272 Abs. 2 und 3 HGB). § 208 Abs. 1 Satz 1 Var. 3 AktG betrifft daher ausschließlich Zuführungen zu den Gewinnrücklagen.[164]

104 Die Anforderungen an die Bilanz sind in § 209 AktG geregelt. Die Voraussetzungen, welche die letzte Jahresbilanz erfüllen muss, damit sie dem Kapitalerhöhungsbeschluss zugrunde gelegt werden kann, sind in Abs. 1 geregelt. Hiernach muss die **Jahresbilanz** geprüft und die festgestellte Jahresbilanz mit dem uneingeschränkten Bestätigungsvermerk des Abschlussprüfers versehen sein. Darüber hinaus darf der Stichtag der Jahresbilanz höchstens acht Monate vor der Anmeldung des Beschlusses zur Eintragung in das Handelsregister liegen.

105 Dem Kapitalerhöhungsbeschluss kann anstelle der letzten Jahresbilanz auch eine **gesonderte Zwischenbilanz** zugrunde gelegt werden. Nach § 209 Abs. 2 AktG gelten für die Anforderungen an die Zwischenbilanz dabei dieselben handelsrechtlichen Vorschriften wie für die Jahresbilanz. Daher ist es insbesondere auch bei der Zwischenbilanz erforderlich, dass die Kapitalrücklage und die Gewinnrücklagen, welche in Eigenkapital umgewandelt werden sollen, bilanziell ausgewiesen sind. Ebenso wie bei der Jahresbilanz darf der Stichtag der Zwischenbilanz nach § 209 Abs. 2 Satz 2 AktG höchstens acht Monate vor der Anmeldung des Beschlusses zur Eintragung in das Handelsregister liegen.

106 In welcher Höhe die einzelnen Rücklagen in Grundkapital umgewandelt werden dürfen, regelt § 208 Abs. 1 Satz 2 AktG. Es ist dabei zwischen anderen Gewinnrücklagen, der Kapitalrücklage und der gesetzlichen Rücklage zu unterscheiden. Die größte Umwandlungsfähigkeit kommt den Gewinnrücklagen zu. **Andere Gewinnrücklagen** (§ 266 Abs. 3 A.III. Nr. 4 HGB) und deren Zuführungen können nach § 208 Abs. 1 Satz 2 Var. 1 AktG grundsätzlich in voller Höhe umgewandelt werden. Hingegen können die **Kapitalrücklage** (§ 266 Abs. 3 A.II. HGB) und die **gesetzliche Rücklage** (§ 266 Abs. 3 A.III. Nr. 1 HGB) sowie deren Zuführungen nach § 208 Abs. 1 Satz 2 Var. 2 AktG nur zur Umwandlung in Grundkapital genutzt werden, soweit sie zusammen den zehnten oder den in der Satzung bestimmten höheren Teil des bisherigen Grundkapitals (also nicht des erhöhten) Grundkapitals übersteigen.

107 Die Beschränkung der Umwandlung der Kapitalrücklage auf den zehnten oder den in der Satzung bestimmten höheren Teil des bisherigen Grundkapitals umfasst vom Wortlaut des § 208 Abs. 1 Satz 2 AktG alle Fälle der Kapitalrücklage (§ 272 Abs. 2 Nr. 1–4 HGB). Richtigerweise ist jedoch die Kapitalrücklage in Form von anderen Zuzahlungen der Gesellschafter in das Eigenkapital (§ 272 Abs. 2 Nr. 4

---

[164] MünchKomm. AktG/Bd. 4/*Arnold* § 208 Rn. 6; Spindler/Stilz/*Fock/Wüsthoff* AktG § 208 Rn. 10; Hölters/*Simons* AktG § 208 Rn. 14.

E. Kapitalerhöhung aus Gesellschaftsmitteln 108–110 § 9

HGB) aus dem Anwendungsbereich der Umwandlungsbeschränkung herauszunehmen.[165] Der Regierungsentwurf des BiRiLiG[166] enthielt ursprünglich keine Regelung über andere Zuzahlungen der Gesellschafter in das Eigenkapital, so dass hierbei keine Einschränkung des Anwendungsbereichs der Beschränkung der Umwandlungsfähigkeit nach § 208 Abs. 1 Satz 2 AktG nötig war.[167] Die Regelung des § 272 Abs. 2 Nr. 4 HGB hat erst durch den Rechtsausschuss des Bundestages Einzug in den Gesetzestext erfahren.[168] Während der Gesetzgeber im Rahmen von § 150 Abs. 2, 3 und 4 AktG den Anwendungsbereich bewusst auf § 272 Abs. 2 Nr. 1–3 HGB beschränkte,[169] vergaß der Gesetzgeber eine entsprechende Beschränkung offensichtlich bei § 208 Abs. 2 Satz 1 AktG.[170] Aufgrund dieses **Redaktionsversehens** erscheint es daher geboten, die Umwandlungsfähigkeit von Kapitalrücklagen auf die Fälle des § 272 Abs. 2 Nr. 1–3 HGB zu beschränken, so dass andere Zuzahlungen der Aktionäre in das Eigenkapital (§ 272 Abs. 2 Nr. 4 HGB) nicht der Beschränkung des Umwandlungsumfangs unterliegen und in vollem Umfang in Eigenkapital umgewandelt werden können.[171]

Ausgeschlossen ist die Umwandlung aus Gesellschaftsmitteln nach § 208 Abs. 2 **108** Satz 1 AktG hingegen, soweit in der zugrunde gelegten Bilanz ein Verlust einschließlich eines **Verlustvortrags** ausgewiesen ist. Die Höhe des Umwandlungsausschlusses richtet sich demzufolge nach der Höhe des ausgewiesenen Verlusts oder Verlustvortrags. Bis zur Höhe des Verlusts oder des Verlustvortrags ist eine Umwandlung aus den grundsätzlich umwandlungsfähigen Rücklagen ausgeschlossen. Übersteigen die Rücklagen jedoch diese Grenze, ist eine Umwandlung in der den Verlust oder Verlustvortrag übersteigenden Höhe ohne Weiteres möglich.

II. Kapitalerhöhungsbeschluss

Nach § 207 Abs. 2 Satz 1 AktG gelten für den Kapitalerhöhungsbeschluss der **109** Hauptversammlung und dessen Anmeldung §§ 182 Abs. 1, 184 Abs. 1 AktG entsprechend. Der Beschluss betreffend der Kapitalerhöhung aus Gesellschaftsmitteln bedarf daher der **Dreiviertelmehrheit**, wobei die Satzung auch eine andere Mehrheit normieren kann (§ 207 Abs. 2 Satz 1 iVm § 182 Abs. 1 Satz 1 und 2 AktG). Im Übrigen kann auf die Ausführungen unter Rn. 14 ff. verwiesen werden.

Mangels Verweises auf § 182 Abs. 2 AktG ist es beim Hauptversammlungsbe- **110** schluss über die Kapitalerhöhung aus Gesellschaftsmitteln nicht erforderlich, dass bei Vorliegen mehrerer Aktiengattungen die Inhaber jeder einzelnen Gattung gesondert im Wege eines Sonderbeschlusses zustimmen.[172] Da den Aktionären die neuen Akti-

---

[165] MünchKomm. AktG/Bd. 4/*Arnold* § 208 Rn. 21; Bürgers/Körber/*Marsch-Barner* AktG § 208 Rn. 6; Spindler/Stilz/*Fock/Wüsthoff* AktG § 208 Rn. 22.
[166] Entwurf eines Gesetzes zur Durchführung der Vierten Richtlinie des Rates der Europäischen Gemeinschaften zur Koordinierung des Gesellschaftsrechts (Bilanzrichtlinie-Gesetz), BT-Drs. 10/317.
[167] Vgl. BT-Drs. 10/317, 9.
[168] BT-Drs. 10/4268, 106 f.
[169] BT-Drs. 10/4268, 105.
[170] Siehe zu dem Redaktionsversehen auch Spindler/Stilz/*Fock/Wüsthoff* AktG § 208 Rn. 22; MünchKomm. AktG/Bd. 4/*Arnold* § 208 Rn. 21.
[171] MünchKomm. AktG/Bd. 4/*Arnold* § 208 Rn. 21; Spindler/Stilz/*Fock/Wüsthoff* AktG § 208 Rn. 22; Großkomm. AktG/*Hirte* § 208 Rn. 16.
[172] Spindler/Stilz/*Fock/Wüsthoff* AktG § 207 Rn. 8; MünchKomm. AktG/Bd. 4/*Arnold* § 207 Rn. 15; Hölters/*Simons* AktG § 207 Rn. 31.

Weiß

en nach § 212 Satz 1 AktG im Verhältnis ihrer Anteile zustehen, ändert sich der Aktienbestand der Aktionäre zueinander relativ nicht. Darüber hinaus bestimmt § 216 Abs. 1 AktG, dass das Verhältnis der mit den Aktien verbundenen Rechte ebenfalls unangetastet bleibt.[173] Durch die Kapitalerhöhung aus Gesellschaftsmitteln ändert sich also weder der relative Aktienbestand der Aktionäre noch das Verhältnis der mit den Aktien verbundenen Rechte, so dass es nicht erforderlich erscheint, bei der Beschlussfassung nach den einzelnen Aktiengattungen zu differenzieren.[174]

111 Die gesetzliche Garantie des Erhalts des Status quo im Hinblick auf Aktienbestand und Rechte der Aktionäre zueinander ist auch beim Verweis auf die Regelungsmöglichkeit eines anderweitigen Beschlussmehrheitserfordernisses qua Satzung zu berücksichtigen. So verweist § 207 Abs. 2 Satz 1 AktG formal ohne Einschränkungen auf § 182 Abs. 1 Satz 2 AktG und somit auch auf dessen Hs. 2, wonach die Satzung für die Ausgabe von Vorzugsaktien ohne Stimmrecht nur eine größere Kapitalmehrheit vorsehen kann. Ob und in welchem Verhältnis zu anderen Aktiengattungen Vorzugsaktien ohne Stimmrecht durch die Kapitalerhöhung aus Gesellschaftsmitteln entstehen, richtet sich, wie bereits beschrieben, nach den §§ 212 und 216 AktG. Es bedarf über die Entstehung von Vorzugsaktien ohne Stimmrechte daher keines Beschlusses der Gesellschaftseigner, so dass der Verweis auf § 182 Abs. 1 Satz 2 Hs. 2 AktG **unbeachtlich** ist.[175]

112 Der Kapitalerhöhungsbeschluss muss **zwingenden inhaltlichen Anforderungen** genügen. Der Beschluss hat dabei den genauen Erhöhungsbetrag auszuweisen und der Betrag muss sich vollständig auf die Aktien verteilen lassen. Bei der Verteilung ist es hingegen nicht erforderlich, dass nur ganze Aktien verteilt werden können. Ist der Erhöhungsbetrag zwar gleichmäßig, aber nicht in ganzen Aktien auf die Aktionäre verteilbar, sieht § 213 Abs. 1 AktG ausdrücklich vor, dass die Aktionäre nur einen ihrem Anteil am bisherigen Grundkapital entsprechenden Teil der neuen Aktien erhalten. Diese sog. **Teilrechte** entstehen automatisch mit der Eintragung des Kapitalerhöhungsbeschlusses. § 313 Abs. 2 AktG schränkt die Ausübung der Teilrechte jedoch insoweit ein, dass die Rechte aus einer neuen Aktie nur dann ausgeübt werden können, wenn Teilrechte, die zusammen eine volle Aktie ergeben, in einer Hand vereinigt sind, oder wenn sich mehrere Berechtigte, deren Teilrechte zusammen eine volle Aktie ergeben, zur Ausübung der Rechte zusammenschließen.

113 Weiter müssen die **Rücklagen**, die in Eigenkapital umgewandelt werden sollen, im Beschluss aufgeführt und bezeichnet werden. Aus dem Beschluss muss dabei hervorgehen, welche Rücklagen zur Umwandlung genutzt werden und in welcher Höhe die einzelnen Rücklagen in Eigenkapital umgewandelt werden sollen. Es ist also durchaus möglich, den Erhöhungsbetrag auf mehrere Rücklagen zu verteilen und dabei jeweils nur einen Teil der ausgewiesenen Rücklagen in Eigenkapital umzuwandeln.[176] Darüber hinaus ist in dem Beschluss nach § 207 Abs. 3 AktG die Bilanz zugrunde zu legen, aus der sich die umzuwandelnden Rücklagen ergeben.[177]

---

[173] So auch Spindler/Stilz/*Fock/Wüsthoff* AktG § 207 Rn. 9; MünchKomm. AktG/Bd. 4/*Arnold* § 208 Rn. 5; *Hüffer/Koch* AktG § 208 Rn. 9.

[174] Vgl. MünchKomm. AktG/Bd. 4/*Arnold* § 207 Rn. 15; Kölner Komm./*Lutter* § 207 Rn. 8; ohne Begründung auch Hölters/*Simons* AktG § 207 Rn. 31.

[175] Hölters/*Simons* AktG § 207 Rn. 30; MünchKomm. AktG/Bd. 4/*Arnold* § 207 Rn. 5; *Hüffer/Koch* AktG § 208 Rn. 9.

[176] *Hüffer/Koch* AktG § 208 Rn. 12a; Kölner Komm./*Lutter* § 207 Rn. 12; vgl. auch MHdB GesR IV/*Scholz* § 63 Rn. 13.

[177] Spindler/Stilz/*Fock/Wüsthoff* AktG § 207 Rn. 13; MHdB GesR IV/*Scholz* § 60 Rn. 13; Schmidt/Lutter/*Veil* AktG § 207 Rn. 13.

E. Kapitalerhöhung aus Gesellschaftsmitteln

Des Weiteren muss in dem Erhöhungsbeschluss die **Art und Weise** angegeben werden, wie die Kapitalerhöhung konkret erfolgen soll. Bei einer Aktiengesellschaft mit Nennbetragsaktien vollzieht sich die Kapitalerhöhung dabei zumeist durch die Ausgabe neuer Aktien gegen Einlagen und erfolgt daher grundsätzlich wie die (reguläre) Kapitalerhöhung (§ 207 Abs. 2 iVm § 182 Abs. 1 Satz 4 AktG). Sind in der Gesellschaft ausschließlich volleingezahlte Aktien vorhanden, ist die Aktienausgabe gegen Einlagen alternativlos, so dass es einer entsprechenden besonderen Regelung im Kapitalerhöhungsbeschluss nicht bedarf. Wurden auf die bestehenden Nennbetragsaktien hingegen noch nicht sämtliche Einlagen geleistet, so dass neben volleingezahlten Aktien auch teileingezahlte Aktien bestehen, normiert § 215 Abs. 2 Satz 3 AktG ein **Wahlrecht** hinsichtlich volleingezahlter Nennbetragsaktien dahingehend, ob die Erhöhung durch die Ausgabe neuer Aktien oder die Erhöhung des Nennbetrags der Aktien erfolgen soll. In diesem Fall ist im Erhöhungsbeschluss anzugeben, wie die Kapitalerhöhung durchgeführt werden soll. Teileingezahlte Aktien nehmen nach § 215 Abs. 1 Satz 1 AktG an der Erhöhung des Grundkapitals entsprechend ihrem Anteil am Grundkapital teil. Die Erhöhung knüpft also, wie auch bei volleingezahlten Aktien, an den Nennbetrag bzw. den Anteil am Grundkapital und nicht an die Höhe der Einzahlungen an, die bislang geleistet wurden.[178] Im Gegensatz zu volleingezahlten Aktien besteht hinsichtlich der teileingezahlten Aktien im Rahmen der Kapitalerhöhung aus Gesellschaftsmitteln kein Wahlrecht. Nach § 215 Abs. 2 Satz 2 AktG erfolgt bei teileingezahlten Aktien ausschließlich die Erhöhung deren Nennbetrags.

Bei (volleingezahlten) Stückaktien besteht nach § 207 Abs. 2 Satz 2 AktG ein **Wahlrecht**, nachdem das Grundkapital **mit oder ohne Ausgabe neuer Aktien** erhöht werden kann. Ohne Aktienausgabe erfolgt lediglich eine rechnerische Anteilsaufstockung.[179] Sollen neue Aktien ausgegeben werden, muss sich nach §§ 207 Abs. 2, 182 Abs. 1 Satz 5 AktG die Zahl der neuen Aktien in demselben Verhältnis wie das Grundkapital erhöhen. Abhängig vom Grundkapital und der Anzahl der Stückaktien lässt sich jeder Aktie ein bestimmter Wert des Grundkapitals zuordnen. Bei einer Gesellschaft mit einem Grundkapital von 1.000.000 EUR und 1.000.000 Stückaktien entfällt somit auf jede Aktie ein Betrag von 1 EUR. Dieses Verhältnis muss dann auch bei der Kapitalerhöhung gegen Einlagen eingehalten werden. Soll das Grundkapital demnach um 100.000 EUR erhöht werden, muss die Gesellschaft hierfür 100.000 neue Stückaktien ausgeben, um das Verhältnis von Grundkapital zu ausgegebenen Stückaktien beizubehalten.[180] Nach § 207 Abs. 2 Satz 2 AktG muss in dem Erhöhungsbeschluss bei Gesellschaften mit Stückaktien stets angegeben werden, ob neue Aktien ausgegeben werden oder nicht. Konträr zur Gesellschaft mit Nennbetragsaktien besteht im Falle von voll- und teileingezahlten Stückaktien **kein Wahlrecht**, vielmehr ist die Ausgabe neuer Aktien nach § 215 Abs. 2 Satz 2 AktG in diesem Fall in Gänze ausgeschlossen. Anders als bei Nennbetragsaktien gilt dies dabei unabhängig davon, ob neben teileingezahlten auch volleingezahlte Aktien existieren. Das Verbot der Ausgabe neuer Aktien umfasst bei Stückaktien somit auch volleingezahlte Stückaktien. Nach § 8 Abs. 3 Satz 2 AktG sind Stückaktien einer Gesellschaft immer in gleichem Umfang am Grundkapital beteiligt. Da bei Stückaktien, wie auch bei Nennbetragsaktien, die Ausgabe von

---

[178] MünchKomm. AktG/Bd. 4/*Arnold* § 215 Rn. 7; Schmidt/Lutter/*Veil* AktG § 215 Rn. 4; Bürgers/Körber/*Stadler* AktG § 215 Rn.4.
[179] LG Heidelberg HKO 1080/96, AG 2002, 563; AG Heidelberg AG 2002, 527 (528); *Fett/Spierig* NZG 2002, 358 (363); *Hüffer/Koch* AktG § 207 Rn. 11a.
[180] Siehe auch Spindler/Stilz/*Servatius* AktG § 182 Rn. 48.

Aktien auf teileingezahlte Aktien nach § 215 Abs. 2 Satz 2 AktG ausgeschlossen ist, schließt dies auch die Ausgabe von Aktien auf volleingezahlte Aktien aus, da ansonsten die Beteiligung am Grundkapital nicht mehr in gleichem Umfang auf die Stückaktien entfallen würde.[181]

116 Die Kapitalerhöhung aus Gesellschaftsmitteln ist eine von den übrigen Kapitalmaßnahmen bedingungslos autonome Maßnahme. Sie kann daher nicht mit anderen Formen der Kapitalerhöhung verbunden werden. Es ist daher nicht möglich, die Kapitalerhöhung aus Gesellschaftsmitteln in einem einheitlichen Beschluss dergestalt mit der regulären Kapitalerhöhung zu verbinden, dass der Erhöhungsbetrag teils aus Gesellschaftsmitteln und teils aus Einlagen aufgebracht wird.[182] Auch kann es kein genehmigtes Kapital aus Gesellschaftsmitteln geben. Hingegen ist es ohne Weiteres zulässig, dass die Hauptversammlung gleichzeitig **zwei getrennte Beschlüsse** fasst.[183]

117 Bis ins Jahr 2002 galt nach § 207 Abs. 3 AktG aF, dass der Kapitalerhöhungsbeschluss erst nach der Feststellung des Jahresabschlusses (§§ 172, 173 AktG) wirksam gefasst werden konnte. Die Norm wurde durch das TransPuG[184] jedoch ersatzlos gestrichen, so dass dieses Wirksamkeitserfordernis weggefallen ist. Hierdurch wird den Gesellschaften eine größere zeitliche Flexibilität eingeräumt, insbesondere müssen junge Unternehmen vor dem Erhöhungsbeschluss keinen entsprechenden Jahresabschluss mehr auf- und feststellen. Relevant wird der Wegfall dieser Einschränkung bei einer Erhöhungsbilanz nach § 209 Abs. 2–6 AktG, da in diesem Fall der Bilanz nicht die letzte Jahresbilanz, sondern auch eine besondere Erhöhungsbilanz zugrunde gelegt werden kann.[185]

118 § 209 Abs. 1 AktG betrifft die letzte Jahresbilanz, was tatbestandlich die Feststellung des Jahresabschlusses voraussetzt.[186] Daneben bleibt eine vorherige Beschlussfassung über die Verwendung des Bilanzgewinns erforderlich, soweit gem. § 208 Abs. 1 Satz 1 AktG ein in diesem Beschluss als Zuführung zu den Gewinnrücklagen ausgewiesener Betrag zur Kapitalerhöhung verwandt werden soll. Es ist ebenfalls möglich, die neuen Aktien bereits am Gewinn des letzten Geschäftsjahres teilnehmen zu lassen. Konkret geht es dabei also um das Geschäftsjahr, welches dem Geschäftsjahr zeitlich vorgeht, in welchem der Kapitalerhöhungsbeschluss gefasst wird. In diesem Fall muss in **umgekehrter Reihenfolge** zunächst die Erhöhung des Grundkapitals beschlossen werden, bevor der Gewinnverwendungsbeschluss für dieses letzte Geschäftsjahr gefasst werden kann.[187]

III. Durchführung der Kapitalerhöhung

119 Der von der Hauptversammlung gefasste Kapitalerhöhungsbeschluss ist zur Eintragung in das Handelsregister anzumelden. Aufgrund des Verweises von § 207

---

[181] Vgl. Spindler/Stilz/*Fock*/*Wüsthoff* AktG § 207 Rn. 12.
[182] *Hüffer*/*Koch* AktG § 207 Rn. 6; Marsch-Barner/Schäfer/*Busch* AktG § 45 Rn. 2; *Fett*/*Spierig* NZG 2002, 358 (367 f.).
[183] *Hüffer*/*Koch* AktG § 207 Rn. 7; *Fett*/*Spierig* NZG 2002, 358 (368); MHdB GesR IV/*Scholz* § 60 Rn. 5; Schmidt/Lutter/*Veil* AktG § 207 Rn. 7.
[184] Transparenz- und Publizitätsgesetz v. 19.7.2002, BGBl. 2002 I 2681.
[185] Vgl. RegBegr. BT-Drs. 14/8769, 24; *Hüffer*/*Koch* AktG § 207 Rn. 14; Spindler/Stilz/*Fock*/*Wüsthoff* AktG § 207 Rn. 10.
[186] Vgl. Spindler/Stilz/*Fock*/*Wüsthoff* AktG § 209 Rn. 10; MünchKomm. AktG/Bd. 4/*Arnold* § 209 Rn. 3; *Hüffer*/*Koch* AktG § 209 Rn. 2.
[187] Spindler/Stilz/*Fock*/*Wüsthoff* AktG § 207 Rn. 10.

E. Kapitalerhöhung aus Gesellschaftsmitteln

Abs. 2 Satz 1 AktG auf § 184 Abs. 1 AktG sind für die Anmeldung der Vorstand und der Vorsitzende des Aufsichtsrats zuständig. Die Anmeldung verläuft daher wie bei der regulären Kapitalerhöhung, so dass insoweit auf die Ausführungen in Rn. 21 und 32 ff. verwiesen werden kann. Darüber hinaus ist mit der Anmeldung nach § 210 Abs. 1 Satz 1 AktG die der Kapitalerhöhung zugrunde gelegte Bilanz mit Bestätigungsvermerk einzureichen. Handelt es sich um eine Zwischenbilanz (§ 209 Abs. 2–6 AktG) ist zusätzlich noch die letzte Jahresbilanz einzureichen, sofern diese noch nicht eingereicht worden ist (vgl. § 325 Abs. 1 HGB). Weiter haben die Anmeldenden nach § 210 Abs. 1 Satz 2 AktG dem Gericht gegenüber zu erklären, dass nach ihrer Kenntnis seit dem Stichtag der zugrunde gelegten Bilanz bis zum Tag der Anmeldung keine Vermögensminderung eingetreten ist, die der Kapitalerhöhung entgegenstünde, wenn sie am Tag der Anmeldung beschlossen worden wäre. Die bilanzielle Vermögenssituation der Gesellschaft muss somit nicht nur im Zeitpunkt des Kapitalerhöhungsbeschlusses die Voraussetzungen der Kapitalerhöhung aus Gesellschaftsmitteln erfüllen, sondern muss bis zur Anmeldung des Beschlusses fortbestehen.[188]

Dem Gericht kommen nach § 210 Abs. 2 AktG an die Besonderheiten der Anmeldung bei der Kapitalerhöhung aus Gesellschaftsmitteln anknüpfende Prüfungspflichten zu. Zum einen muss das Gericht den Stichtag der beigefügten Bilanz in zeitlicher Hinsicht prüfen. Der Stichtag der der Kapitalerhöhung zugrunde gelegten Bilanz darf dabei nicht weiter als **acht Monate** vor dem Tag der Anmeldung zurückliegen. Andernfalls darf das Gericht den Beschluss nach § 210 Abs. 2 Hs. 1 AktG nicht eintragen. Darüber hinaus muss das Gericht prüfen, ob eine Erklärung der Anmeldenden hinsichtlich der anhaltenden Erfüllung der bilanziellen Voraussetzungen der Kapitalerhöhung aus Gesellschaftsmitteln der Gesellschaft (§ 210 Abs. 1 Satz 2 AktG) vorliegt. Bei Fehlen der Erklärung hat das Gericht die Eintragung der Kapitalerhöhung nach § 210 Abs. 2 Hs. 2 AktG zu verweigern.

Die vorangestellte Prüfung stellt in der Praxis keinerlei Schwierigkeiten dar und nimmt keine nennenswerten zeitlichen Ressourcen in Anspruch. Ausweislich § 210 Abs. 3 AktG trifft das Gericht ausdrücklich keine Prüfungspflicht hinsichtlich der deutlich zeitintensiveren und komplexeren Prüfung, ob die Bilanzen den gesetzlichen Vorschriften entsprechen. Diesbezüglich kann sich das Gericht vielmehr mit der formalen Prüfung begnügen, ob die Bilanz mit einem uneingeschränkten Bestätigungsvermerks des Abschlussprüfers versehen ist.[189] Ein Prüfungsverbot des Gerichts ist hieraus jedoch nicht abzuleiten. Bei begründeten Zweifeln ist es dem Gericht ohne Weiteres möglich, die Bilanz auch durch die Hinzuziehung **sachverständiger Dritter** zu prüfen.[190]

Den Zeitpunkt, ab dem die Kapitalerhöhung aus Gesellschaftsmitteln wirksam ist, regelt § 211 Abs. 1 AktG.[191] Hiernach ist das Grundkapital mit der Eintragung des Kapitalerhöhungsbeschlusses wirksam erhöht. Die Kapitalerhöhung aus Gesellschaftsmitteln bedarf daher weder einer vorherigen Zeichnung von Aktien noch sind sonstige Durchführungsmaßnahmen erforderlich. Bevor die Kapitalerhöhung

---

[188] Vgl. Kölner Komm./*Lutter* § 210 Rn. 9; Schmidt/Lutter/*Veil* AktG § 210 Rn. 5; Bürgers/Körber/*Marsch-Barner* AktG § 210 Rn. 5.
[189] *Hüffer/Koch* AktG § 210 Rn. 6; Bürgers/Körber/*Marsch-Barner* AktG § 210 Rn. 6; Hölters/*Simons* AktG § 210 Rn. 8.
[190] OLG Hamm 15 W 246/07, AG 2008, 713 (716); *Hüffer/Koch* AktG § 210 Rn. 6; MünchKomm. AktG/Bd. 4/*Arnold* § 210 Rn. 23; Kölner Komm./*Lutter* § 210 Rn. 13.
[191] Spindler/Stilz/*Fock/Wüsthoff* AktG § 211 Rn. 1; Bürgers/Körber/*Stadler* AktG § 211 Rn. 1; Schmidt/Lutter/*Veil* AktG § 211 Rn. 1.

nicht wirksam (in das Handelsregister eingetragen) ist, dürfen nach § 219 AktG **keine Zwischenscheine oder neue Aktien** ausgegeben werden. Ab dem Eintragungszeitpunkt entstehen jedoch die neuen Mitgliedschaftsrechte. Sofern die Kapitalerhöhung durch die Ausgabe neuer Aktien erfolgt, haben die Aktionäre daher ab dem Zeitpunkt der Beschlusseintragung grundsätzlich einen Anspruch gegen die AG auf Aushändigung entsprechender Aktienurkunden. Dies gilt selbstverständlich nur, sofern die Gesellschaft den Anspruch ihrer Aktionäre auf Einzelverbriefung nicht nach § 10 Abs. 5 AktG durch die Satzung ausgeschlossen hat. Erfolgt die Kapitalerhöhung aus Eigenmitteln hingegen durch die Erhöhung des Nennbetrags der bestehenden Aktien, sind die Nennbeträge der ursprünglich ausgestellten Aktien zu berichtigen. Dies erfolgt durch Berichtigung der Urkunde oder den Umtausch der „alten" Aktienurkunden in neue Urkunden mit entsprechend erhöhtem Nennbetrag.

123 Ob die Gesellschaft die Aktionäre nach der Eintragung des Kapitalerhöhungsbeschlusses auffordern muss, die neuen Aktien abzuholen bzw. zur Berichtigung vorzulegen, richtet sich danach, ob die Kapitalerhöhung aus Gesellschaftsmitteln durch die Ausgabe neuer Aktien oder die Erhöhung des Nennbetrags der bestehenden Aktien erfolgt ist. Bei der Ausgabe neuer Aktien hat der Vorstand die Aktionäre nach § 214 Abs. 1 Satz 1 AktG unverzüglich nach der Eintragung des Kapitalerhöhungsbeschlusses aufzufordern, die neuen Aktien abzuholen. Dies hat nach § 214 Abs. 1 Satz 2 AktG durch die Bekanntmachung der **Aufforderung** in den Gesellschaftsblättern zu erfolgen. Dabei ist in der Bekanntmachung anzugeben, um welchen Betrag das Grundkapital erhöht wurde und in welchem Verhältnis auf die alten Aktien neue Aktien entfallen (§ 214 Abs. 1 Satz 3 AktG). Des Weiteren hat die Bekanntmachung einen Hinweis zu enthalten, dass die Gesellschaft berechtigt ist, Aktien, die nicht innerhalb eines Jahres seit der Bekanntmachung der Aufforderung abgeholt werden, nach dreimaliger Androhung für Rechnung der Beteiligten zu verkaufen (§ 214 Abs. 1 Satz 4 AktG). § 214 AktG verpflichtet die Gesellschaft jedoch nur bei der Kapitalerhöhung durch Ausgabe neuer Aktien zur Aufforderung der Aktionäre. Eine entsprechende Verpflichtung bei der Erhöhung des Nennbetrags der Aktien besteht nicht. Zwar werden die bestehenden Aktien bei der Erhöhung unrichtig und bedürfen der **Berichtigung**, mangels gesetzlicher Bestimmung ist die Gesellschaft jedoch nicht dazu verpflichtet auf die Berichtigung hinzuwirken. Die Gesellschaft ist allerdings berechtigt, die Aktionäre zur Einreichung ihrer Aktien zwecks Berichtigung aufzufordern. Dies erscheint im Interesse des Rechtsverkehrs auch ratsam. Dabei ist die Gesellschaft in der Wahl des Kommunikationsmittels frei. So kann sie ebenfalls eine Bekanntmachung in den Gesellschaftsblättern wählen. Alternativ kann sie die Aktionäre aber auch per eingeschriebenem Brief unterrichten.[192]

IV. Aus der Kapitalerhöhung Berechtigte, Wahrung der Rechte der Aktionäre und Dritter

124 Wie bereits erläutert stehen den Aktionären bei der Kapitalerhöhung aus Gesellschaftsmitteln nach § 212 Satz 1 AktG die neuen Aktien zwingend im Verhältnis ihrer Anteile am bisherigen Grundkapital zu, so dass sich das Beteiligungsverhältnis der Aktionäre untereinander nicht ändert. Diese Regelung basiert auf der Struktur der Kapitalerhöhung aus Gesellschaftsmitteln. Die Kapitalerhöhung erfolgt hierbei durch die Umwandlung von Rücklagen. An den Rücklagen sind die Aktionäre

---

[192] MünchKomm. AktG/Bd. 4/*Arnold* § 214 Rn. 51; Kölner Komm./*Lutter* vor § 214 Rn. 4; Großkomm. AktG/*Hirte* § 214 Rn. 20.

E. Kapitalerhöhung aus Gesellschaftsmitteln

entsprechend ihrer Beteiligungsquote beteiligt. Wird diese Rücklage umgewandelt, muss sich die **Beteiligungsquote** auch in dem Umwandlungsprodukt (Beteiligung an der Gesellschaft) widerspiegeln. § 212 Satz 1 AktG ist daher zwingend und kann auch nicht durch einen einstimmigen Beschluss aller Aktionäre abgeändert werden.[193] Ein das Beteiligungsverhältnis nicht beachtender Beschluss ist daher nach § 212 Satz 2 AktG nichtig.

Darüber hinaus entstehen die neuen Mitgliedschaftsrechte bei der Kapitalerhöhung aus Gesellschaftsmitteln durch die Eintragung des Erhöhungsbeschlusses in das Handelsregister, ohne dass es weiterer Durchführungen, wie etwa der Zeichnung neuer Aktien, bedarf. Erfolgt die Kapitalerhöhung aus Gesellschaftsmitteln durch die Ausgabe neuer Aktien, entstehen die Mitgliedschaftsrechte der Aktionäre und deren Anspruch auf Aushändigung der Aktienurkunden somit allein durch die Eintragung des Kapitalerhöhungsbeschlusses im Handelsregister, so dass es eines Mitwirkens der Aktionäre, deren Kenntnis oder Willen nicht bedarf.[194] Aufgrund dieser Anknüpfung an die Handelsregistereintragung, unabhängig von Faktoren, die in der Person des Aktionärs liegen, erstrecken sich auch **Rechte Dritter** an den ursprünglichen Aktien (zB Sicherungseigentum, Nießbrauch, Pfandrecht) ohne Weiteres auch auf die neuen Aktien.

Ist der Erhöhungsbetrag zwar gleichmäßig, aber nicht in ganzen Aktien auf die Aktionäre verteilbar, entstehen also nach § 213 Abs. 1 AktG sog. Teilrechte. Durch die Einschränkung der Möglichkeiten der Ausübung dieser Teilrechte nach § 213 Abs. 2 AktG darauf, dass die Rechte aus einer neuen Aktie nur dann ausgeübt werden können, wenn Teilrechte, die zusammen eine volle Aktie ergeben, in einer Hand vereinigt sind oder wenn sich mehrere Berechtigte, deren Teilrechte zusammen eine volle Aktie ergeben, zur Ausübung der Rechte zusammenschließen, sollen **Anreize** geschaffen werden, die Teilrechte zusammenzulegen, um dadurch volle, in der Rechtsausübung unbeschränkte Aktien zu erhalten.[195]

Teileingezahlte Aktien nach § 215 Abs. 1 Satz 1 AktG nehmen an der Erhöhung des Grundkapitals entsprechend ihrem Anteil am Grundkapital teil, wobei die Ausgabe von neuen Aktien auf teileingezahlte Aktien nach § 215 Abs. 2 Satz 2 AktG ausgeschlossen ist. Dies stellt eine gesetzliche Ausnahme zu § 182 Abs. 1 Satz 4 iVm § 207 Abs. 2 AktG dar, wonach die Kapitalerhöhung nur durch die Ausgabe neuer Aktien vollzogen werden kann.[196] Der Ausschluss dient dabei der **Sicherung der Kapitalaufbringung**. Teileingezahlte Aktien dienen der Gesellschaft als Sicherheit für die noch ausstehenden Einlagen. Hierzu unterliegen die Aktien der Kaduzierung nach §§ 64, 65 AktG. Die Gesellschaft hat dabei insbesondere nach § 65 Abs. 3 AktG ein Zugriffsrecht, aufgrund dessen sie die Aktie verwerten kann, um sich aus dem Erlös der Einlageforderung zu befriedigen. Der Ausschluss der Ausgabe neuer Aktien bewirkt, dass das **Zugriffsrecht** auf die ursprünglichen Aktien bestehen bleibt und sich zusätzlich auch auf die neuen Aktienrechte erstreckt. Hingegen würde der Wert der teileingezahlten Aktien durch die Ausgabe neuer Aktien sinken. Der Erhalt des ursprünglichen Werts der teileingezahlten Aktie als Haftungsgrundlage

---

[193] *Hüffer/Koch* AktG § 212 Rn. 3; Kölner Komm./*Lutter* vor § 212 Rn. 5; Spindler/Stilz/*Fock/Wüsthoff* AktG § 212 Rn. 5; MHdB GesR IV/*Scholz* § 60 Rn. 59.
[194] *Hüffer/Koch* AktG § 212 Rn. 2; MHdB GesR IV/*Scholz* § 60 Rn. 58; Kölner Komm./*Lutter* vor § 212 Rn. 3.
[195] Schmidt/Lutter/*Veil* AktG § 213 Rn. 1; Spindler/Stilz/*Fock/Wüsthoff* AktG § 213 Rn. 1; MünchKomm. AktG/Bd. 4/*Arnold* § 213 Rn. 1.
[196] Spindler/Stilz/*Fock/Wüsthoff* AktG § 215 Rn. 6; MünchKomm. AktG/Bd. 4/*Arnold* § 215 Rn. 8; Henssler/Strohn/*Hermanns* GesR § 215 Rn. 5.

für ausstehende Einlageverpflichtungen könnte hierbei nur dadurch gewährleistet werden, dass auch die neu ausgegebenen Aktien dem Zugriffsrecht unterworfen werden. Diese komplizierte Sicherungsmethode wird durch das Ausgabeverbot neuer Aktien vermieden.[197] Aufgrund des Sicherungscharakters ist es daher bei der Kapitalerhöhung aus Gesellschaftsmitteln nicht zulässig, den Erhöhungsbetrag zur Verrechnung mit der offenen Einlageforderung anstatt zur Erhöhung des Nennbetrags der Aktien zu nutzen.[198]

128 Entsprechend der Ausführungen in Rn. 110 sichern bei der Kapitalerhöhung aus Gesellschaftsmitteln § 212 Satz 1 AktG das relative Beteiligungsverhältnis und § 216 AktG den relativ unveränderten Erhalt der aus der Mitgliedschaft folgenden Einzelrechte. Die Garantie des Erhalts des Status quo gilt nach § 216 Abs. 3 Satz 1 AktG auch für die **vertraglichen Beziehungen der Gesellschaft zu Dritten**, deren wirtschaftlicher Inhalt von der Gewinnausschüttung der Gesellschaft, dem Nennbetrag oder Wert ihrer Aktien oder ihres Grundkapitals oder sonst von den bisherigen Kapital- oder Gewinnverhältnissen abhängt. Diese Rechtsverhältnisse dürfen durch die Kapitalerhöhung aus Gesellschaftsmitteln in ihrem **wirtschaftlichen Gehalt** nicht angetastet werden, insbesondere darf die Kapitalerhöhung nicht zu einer Benachteiligung der Berechtigten durch eine Besserstellung der Aktionäre führen.[199]

F. Ordentliche Kapitalherabsetzung

I. Allgemeines

129 Spiegelbildlich zu den vorstehend beschriebenen Maßnahmen der Kapitalerhöhung bietet das Gesetz in den §§ 222 ff. AktG auch Verfahren zur Absenkung des Grundkapitals. Im Gegensatz zu einer Kapitalerhöhung, die dem Rechtsverkehr (insb. Gläubigern der Gesellschaft) aufgrund der Erhöhung der Haftsumme zugute kommt, wird bei der Kapitalherabsetzung das **haftende Grundkapital reduziert**. Dieser Verringerung der Haftungsgrundlage wohnt daher immer das Risiko inne, dass der Rechtsverkehr sein Vertrauen in die Gesellschaft, welches auch auf der Höhe des Grundkapitals fußt, verliert. Daher stellt die Kapitalherabsetzung grundsätzlich eine Ausnahme der aktienrechtlichen Kapitalmaßnahmen dar und ist nur in engen Grenzen möglich. Durch die Kapitalherabsetzung verliert der Betrag, um den das Grundkapital verringert wird, seinen bilanziellen Grundkapitalcharakter (§ 266 Abs. 3 A. I. HGB). Dieser vom „Grundkapitalbeschlag" freigewordene und dadurch gewonnene Betrag stellt nach § 240 AktG einen Ertrag dar, der in der Gewinn- und Verlustrechnung als „Ertrag aus der Kapitalherabsetzung" gesondert ausgewiesen werden muss. Die Befreiung vom Grundkapitalbeschlag hat zur Folge, dass die **strenge Kapitalbindung aufgehoben** ist und das frei gewordene Kapital grundsätzlich frei verwendet werden kann. Das Kapital kann bei einer wirtschaftlich und finanziell gut aufgestellten Gesellschaft etwa für Ausschüttungen an die Aktionäre genutzt werden oder in die Gewinnrücklagen eingestellt werden.[200] In der Praxis

---

[197] Vgl. Kölner Komm./*Lutter* vor § 215 Rn. 7 f.; Spindler/Stilz/*Fock/Wüsthoff* AktG § 215 Rn. 7.
[198] Vgl. MHdB GesR IV/*Scholz* § 60 Rn. 66; MünchKomm. AktG/Bd. 4/*Arnold* § 215 Rn. 10.
[199] Vgl. BGH II ZR 172/91, NJW 1993, 57 (61).
[200] MAH AktR/*Dissars* § 36 Rn. 1; Bürgers/Körber/*Becker* AktG § 222 Rn. 21.

F. Ordentliche Kapitalherabsetzung

wird die Kapitalherabsetzung jedoch häufig in einer finanziellen Schieflage der Gesellschaft gewählt. Hierbei wird die Kapitalherabsetzung als Sanierungsinstrument eingesetzt, um eine bestehende Unterbilanz der Gesellschaft zu beseitigen.[201] Das Gesetz stellt hierzu in den §§ 229 ff. AktG ein vereinfachtes Verfahren zur Kapitalherabsetzung zur Verfügung. Neben der ordentlichen und der vereinfachten Kapitalherabsetzung ist in den §§ 237 ff. AktG die Kapitalherabsetzung durch Einziehung geregelt. Sowohl für die ordentliche Kapitalherabsetzung als auch für die vereinfachte Kapitalherabsetzung ist im Gegensatz zur Kapitalherabsetzung durch Einziehung charakteristisch, dass sie grundsätzlich alle Aktien (und Aktionäre) im gleichen Verhältnis betrifft.[202] Im Gegensatz zu den zuvor beschrieben Maßnahmen ermöglicht diese es, die Wirkung der Einziehung auf einzelne Aktien (zB bestimmte Aktiengattungen oder Aktien bestimmter Aktionäre) zu beschränken.[203]

Die Art und Weise der Durchführung der Kapitalherabsetzung knüpft zuvorderst an das Wesen der emittierten Aktien an. Bei Nennbetragsaktien erfordert die Kapitalherabsetzung nach § 222 Abs. 4 Satz 1 AktG die Herabsetzung des Nennbetrags der Aktien. Hingegen reicht es bei Stückaktien im Rahmen der ordentlichen Kapitalherabsetzung aus, wenn lediglich die Grundkapitalziffer (§ 23 Abs. 3 Nr. 3 AktG) reduziert wird. Hierdurch verringert sich automatisch der anteilige Betrag am Grundkapital, der auf die einzelne Stückaktie entfällt.

Unter Umständen wirkt sich auch die Höhe des Herabsetzungsbetrags auf die Art und Weise der Durchführung aus. Sowohl bei Nennbetragsaktien als auch bei Stückaktien darf der **Mindestbetrag keinesfalls unterschritten werden**. Bei Nennbetragsaktien beträgt der Mindestbetrag nach § 8 Abs. 2 Satz 1 AktG einen Euro, bei Stückaktien muss der anteilige Betrag einer einzelnen Aktie am Grundkapital der Gesellschaft nach § 8 Abs. 3 Satz 3 AktG ebenfalls mindestens einen Euro betragen. Erreicht der Herabsetzungsbetrag eine Höhe, bei der die Mindestbeträge rechnerisch unterschritten werden, hat die Kapitalherabsetzung nach § 222 Abs. 4 Satz 2 AktG durch **Zusammenlegung von Aktien** zu erfolgen. Das Unterschreiten des Mindestbetrags ist dabei der einzige Fall, indem die Kapitalherabsetzung durch die Zusammenlegung von Aktien zulässig ist (sog. Subsidiarität der Zusammenlegung).[204] Bei der Zusammenlegung werden mehrere Aktien zu einer geringeren Anzahl neuer Aktien zusammengefasst. Auch die Zusammenlegung hat grundsätzlich **alle Aktionäre im gleichen Verhältnis** zu betreffen, so dass die Beteiligungsstruktur nicht angetastet wird. Eine Ausnahme ist hiervon jedoch dann hinzunehmen, wenn im Rahmen der Zusammenlegung „Spitzen" entstehen. Diese entstehen, wenn das Zusammenlegungsverhältnis bei einem Aktionär dazu führt, dass nicht alle seine Aktien zu neuen (ganzen) Aktien zusammengefasst werden können und dem Aktionär aus den verbleibenden, nicht zusammenfassbaren Aktien lediglich Teilrechte verbleiben. Werden etwa vier Aktien zu einer zusammengefasst und besitzt ein Aktionär fünf Aktien, dann verblieben diesem nach der Zusammenlegung lediglich eine Aktie und ein Teilrecht hinsichtlich einer Altaktie.[205] Die Zusammenlegung mit der Entstehung von Teilrechten ist möglichst zu vermeiden, da sie Aktionäre dazu zwingt ihre Teilrechte durch Zuzahlung zu „vollständigen" Aktien aufzuwerten oder unter Verzicht auf die Mitgliedschaft zu veräußern, was insbesondere enorme

---

[201] Heidel/*Terbrack* AktG § 222 Rn. 5; MAH AktR/*Dissars* § 36 Rn. 1.
[202] Vgl. MHdB GesR IV/*Scholz* § 56 Rn. 10.
[203] Vgl. MHdB GesR IV/*Scholz* § 56 Rn. 10; Bürgers/Körber/*Becker* AktG § 237 Rn. 4.
[204] BGH II ZR 278/96, ZIP 1998, 692 – Sachsenmilch.
[205] MünchKomm. AktG/Bd. 4/*Oechsler* § 222 Rn. 44.

Einschnitte für Kleinaktionäre bedeuten kann.[206] Die neuen, zusammengelegten Aktien müssen dabei nach der Zusammenlegung den Mindestbetrag aufweisen.

132 Eine Sonderform der Kapitalherabsetzung normiert § 4 Abs. 3 Satz 1 EGAktG, der für die **Umstellung der Aktienbeträge auf Euro** geschaffen wurde und im Zuge der Umrechnung die Glättung der Nennbeträge der Aktien zulässt. Dies erfolgt, indem das Grundkapital nach der Umrechnung auf einen glatten Endbetrag herabgesetzt wird. Soll der Nennbetrag nur auf den **nächstniedrigeren Betrag** herabgesetzt werden, bedarf der Kapitalherabsetzungsbeschluss nach § 4 Abs. 2 Satz 1 EGAktG lediglich der einfachen Mehrheit des bei der Beschlussfassung vertretenen Grundkapitals, wobei zumindest die Hälfte des Grundkapitals vertreten sein muss. Die Kapitalherabsetzung kann nach § 4 Abs. 3 Satz 1 EGAktG jedoch auch durch eine **weitergehende Herabsetzung** des Nennbetrags der Aktien oder durch eine Neueinteilung der Aktiennennbeträge erfolgen. Allerdings verlangt § 4 Abs. 3 Satz 2 EGAktG, dass der Neueinteilung der Nennbeträge alle betroffenen Aktionäre zustimmen, auf die nicht ihrem Anteil entsprechend volle Aktien oder eine geringere Zahl an Aktien als zuvor entfallen. Bei teileingezahlten Aktien ist eine Kapitalherabsetzung bei der Umstellung auf Euro jedoch ausgeschlossen.

133 Nach allgemeiner Ansicht bedarf die Kapitalherabsetzung im Wege der Herabsetzung des Nennbetrags bzw. bei Stückaktien der einfachen Herabsetzung des Grundkapitals **keiner sachlichen Rechtfertigung**.[207] Die Rechtfertigung ist vielmehr der gesetzlichen Regelung immanent. Nach der Rechtsprechung des BGH basiert die Regelung bereits „auf einer **abschließenden Abwägung**" der Belange der betroffenen (Klein-)Aktionäre und des Interesses der Gesellschaft an der Maßnahme".[208]

II. Kapitalherabsetzungsbeschluss

134 Die ordentliche Kapitalherabsetzung bedarf nach § 222 Abs. 1 Satz 1 AktG eines Beschlusses der Hauptversammlung. Das Entscheidungsmonopol liegt insofern bei der Hauptversammlung. Im Gegensatz zur Kapitalerhöhung sieht das Gesetz keine Regelung bzw. kein Verfahren vor, bei dem die Hauptversammlung die Entscheidungskompetenz auf den Vorstand weiterleiten kann. Der Kapitalherabsetzungsbeschluss bedarf nach § 222 Abs. 1 Satz 1 AktG einer Mehrheit, die mindestens drei Viertel des bei der Beschlussfassung vertretenen Grundkapitals umfasst. Die Satzung kann nach § 222 Abs. 1 Satz 2 AktG eine größere Kapitalmehrheit und weitere Erfordernisse bestimmen. Wie bei der Ausgabe von Vorzugsaktien (§ 182 Abs. 1 Satz 2 AktG) ist daher auch die satzungsmäßige Gestaltungsfreiheit in Bezug auf die ordentliche Kapitalherabsetzung eingeschränkt, indem lediglich eine **satzungsmäßige Erschwerung** des Hauptversammlungsbeschlusses zulässig ist. Eine gesetzliche Ausnahme des Mehrheitserfordernisses ist jedoch in § 4 Abs. 2 EGAktG geregelt. Für die Kapitalherabsetzung bei der Umstellung des Grundkapitals auf den Euro im Wege der Glattstellung auf den nächstniedrigeren Betrag bedarf es lediglich der einfachen Mehrheit des bei der Beschlussfassung vertretenen Grundkapitals. Eine weitere Parallele zur regulären Kapitalerhöhung stellt das **Sonderbeschlusserfordernis** bei mehreren Aktiengattungen dar. Nach § 222 Abs. 2 Satz 1 AktG bedarf

---

[206] *Hüffer/Koch* AktG § 222 Rn. 23; Henssler/Strohn/*Galla* AktG § 222 Rn. 15.
[207] BGH II ZR 278/96, ZIP 1998, 692 (Sachsenmilch); *Hüffer/Koch* AktG § 222 Rn. 14; MHdB GesR IV/*Scholz* § 61 Rn. 15; Marsch-Barner/Schäfer/*Busch* § 47 Rn. 11.
[208] Vgl. BGH II ZR 278/96, BGHZ 138, 71 (75 ff.) – Sachsenmilch.

F. Ordentliche Kapitalherabsetzung 135–137 § 9

der Beschluss bei mehreren Gattungen von stimmberechtigten Aktionären zu seiner Wirksamkeit der Zustimmung der Aktionäre jeder Gattung. Die Zustimmung der Aktionäre der einzelnen Gattungen hat dabei durch einen Sonderbeschluss zu erfolgen. Für den Sonderbeschluss gelten dabei die gleichen Mehrheitserfordernisse wie für den Kapitalherabsetzungsbeschluss. Zur ordentliche Kapitalherabsetzung bedarf es daher bei mehreren Aktiengattungen eines Kapitalherabsetzungsbeschlusses und mindestens zwei weiterer Sonderbeschlüsse (zB ein Beschluss der Stammaktionäre und ein Beschluss der Vorzugsaktionäre), wobei alle Beschlüsse jeweils eine Mehrheit von mindestens drei Vierteln des jeweils vertretenen Grundkapitals aufweisen müssen. Die jeweiligen Beschlüsse können im Rahmen einer Hauptversammlung gefasst werden. Es ist daher nicht erforderlich, dass die Sonderbeschlüsse in einer Sonderversammlung gefasst werden.[209]

Inhaltlich ist nach § 222 Abs. 3 AktG in dem Kapitalherabsetzungsbeschluss 135 festzusetzen, zu welchem Zweck die Herabsetzung stattfindet, namentlich ob Teile des Grundkapitals zurückgezahlt werden sollen. Die Pflicht zur Offenlegung der Hintergründe der Kapitalherabsetzung dient dem **Schutz der Gläubiger der Gesellschaft sowie ihrer Aktionäre**.[210] Im Hinblick auf die Bonität und die finanzielle Verfassung der Gesellschaft ist es für diese Stakeholder von entscheidender Bedeutung, ob die Kapitalherabsetzung zur „Rückzahlung von Teilen des Grundkapitals an die Aktionäre" oder zum „Ausgleich von Wertminderungen" bzw. „Deckung von Verlusten" erfolgt. Um diesem (berechtigten) gesteigerten Informationsbedürfnis ausreichend nachzukommen ist es daher erforderlich den Zweck der Herabsetzung **konkret zu benennen** (zB „Deckung von Verlusten", „Rückzahlung von Teilen des Grundkapitals").[211] Rein abstrakte Umschreibung (zB „Anpassung an wirtschaftliche Verhältnisse") erreichen den erforderlichen Informationsgrad nicht und reichen daher nicht aus, um dem Informationserfordernis zu genügen.[212] Darüber hinaus erfordert die Informationspflicht auch im Falle mehrerer Zwecke, jeden einzelnen konkret zu beschreiben.[213] § 222 Abs. 3 AktG nennt als möglichen Zweck ausdrücklich die Rückzahlung von Teilen des Grundkapitals, so dass die ordentliche Kapitalherabsetzung eine gesetzliche Ausnahme vom Verbot der Einlagenrückgewähr (§ 57 Abs. 1 Satz 1 und Abs. 3 AktG) darstellt.[214]

Wie in Rn. 130 erläutert, hängt der Prozess der Herabsetzung vom Wesen der 136 emittierten Aktien ab, so dass es nach § 222 Abs. 4 Satz 3 AktG erforderlich ist, die Art der Durchführung im Kapitalherabsetzungsbeschluss anzugeben.

Ebenso wie bei der Kapitalerhöhung führt auch die Kapitalherabsetzung im 137 Zeitpunkt ihrer Wirksamkeit zur Unrichtigkeit der Satzungsbestimmungen über die Höhe des Grundkapitals (§ 23 Abs. 3 Nr. 3 AktG), was eine Korrektur zwingend erforderlich macht. Hierzu ist es erforderlich, dass die Hauptversammlung neben

---

[209] Etwas anderes gilt etwa nach § 141 Abs. 3 AktG für die Aufhebung oder Beschränkung des Vorzugs von Vorzugsaktien.
[210] Kölner Komm./*Lutter* § 222 Rn. 16; *Hüffer/Koch* AktG § 222 Rn. 13; MünchKomm. AktG/Bd. 4/*Oechsler* § 222 Rn. 37.
[211] Spindler/Stilz/*Marsch-Barner* AktG § 222 Rn. 23; Schmidt/Lutter/*Veil* AktG § 222 Rn. 26; Kölner Komm./*Lutter* § 222 Rn. 16.
[212] Schmidt/Lutter/*Veil* AktG § 222 Rn. 11; MünchKomm. AktG/Bd. 4/*Oechsler* § 222 Rn. 39; Bürgers/Körber/*Becker* AktG § 222 Rn. 12.
[213] Bürgers/Körber/*Becker* AktG § 222 Rn. 13; MünchKomm. AktG/Bd. 4/*Oechsler* § 222 Rn. 38; Großkomm. AktG/*Sethe* § 222 Rn. 43.
[214] Kölner Komm./*Lutter* § 224 Rn. 16 f.; MünchKomm. AktG/Bd. 4/*Oechsler* § 222 Rn. 37; vgl. auch *Hüffer/Koch* AktG § 222 Rn. 20.

dem Kapitalherabsetzungsbeschluss einen **gesonderten Beschluss über die Anpassung der Satzung** beschließt. Dieser Beschluss richtet sich ausschließlich nach den §§ 179–181 AktG.[215] Daher bedarf es eines gesonderten Hauptversammlungsbeschlusses nicht, wenn der Aufsichtsrat nach § 179 Abs. 1 Satz 2 AktG ausnahmsweise befugt ist, Änderungen, die nur die Fassung betreffen, ohne Hauptversammlungsbeschluss zu ändern.

138 Im Falle eines Verstoßes des Kapitalherabsetzungsbeschlusses gegen die aktienrechtlichen Vorschriften, richtet sich dessen Folge (Anfechtbarkeit und Nichtigkeit des Kapitalherabsetzungsbeschlusses) nach den allgemeinen Vorschriften. Nichtig ist der Beschluss etwa dann, wenn das Grundkapital unter den Mindestnennbetrag herabgesetzt wird und dieser nicht durch eine zugleich mit der Kapitalherabsetzung beschlossenen Kapitalerhöhung wieder erreicht wird (vgl. § 228 Abs. 1 AktG). Zulässige kombinierte Kapitalherabsetzungs- und -erhöhungsbeschlüsse iSv § 228 Abs. 1 AktG sind darüber hinaus nach § 228 Abs. 2 AktG nichtig, wenn sie und die Durchführung der Erhöhung nicht binnen sechs Monaten nach der Beschlussfassung in das Handelsregister eingetragen worden sind. Ein Verstoß gegen die Pflicht zur Festsetzung des Zwecks führt zur Anfechtbarkeit des Kapitalherabsetzungsbeschlusses.[216]

III. Durchführung

139 Auch bei der Kapitalherabsetzung haben der Vorstand und der Vorsitzende des Aufsichtsrats den Kapitalherabsetzungsbeschluss zur Eintragung in das Handelsregister anzumelden. Für die ordentliche Kapitalherabsetzung regelt dies § 223 AktG. Der Anmeldung beim Handelsregister sind sowohl die notarielle Niederschrift der Hauptversammlung (Kapitalherabsetzungsbeschluss und etwaige Sonderbeschlüsse) als auch die Neufassung des Satzungswortlauts mit der Bescheinigung des Notars nach § 181 Abs. 1 Satz 2 AktG beizufügen. Nach § 224 AktG wird die Kapitalherabsetzung mit der Eintragung des Kapitalherabsetzungsbeschlusses in das Handelsregister wirksam. Umstritten ist, wie sich die Kapitalherabsetzung auf Rechte Dritter (zB Genussrechte, Gewinnschuldverschreibungen, Wandel- und Optionsanleihen, Dividendengarantien bei Unternehmensverträgen) auswirkt. Streitig ist dabei insbesondere, ob diese Rechte bei einer Kapitalherabsetzung entsprechend anzupassen sind.[217]

140 Sofern die Rechte **prozentualen Bezug auf das Grundkapital** nehmen, wird das zwischen der Gesellschaft und dem Dritten ursprünglich zugrunde gelegte Verhältnis zwischen Leistung und Gegenleistung gestört, da die Rechte Dritter durch die Kapitalherabsetzung eine Aufwertung erfahren. Im Rahmen von Wandelschuldverschreibungen oder Optionsanleihen würde der Dritte für den vereinbarten Preis einen Anteil erwerben. Dieser Anteil würde dem Dritten nach der Kapitalherabsetzung jedoch eine höhere Beteiligungsquote am Grundkapital vermitteln als bei der Vereinbarung zugrunde gelegt.[218] Ob die Rechte Dritter anzupassen sind,

---

[215] *Hüffer/Koch* AktG § 222 Rn. 6; Kölner Komm./*Lutter* § 222 Rn. 3.
[216] *Bürgers/Körber/Becker* AktG § 222 Rn. 23; Kölner Komm./*Lutter* § 222 Rn. 37; MünchKomm. AktG/Bd. 4/*Oechsler* § 222 Rn. 40.
[217] MHdB GesR IV/*Scholz* § 61 Rn. 44; MünchKomm. AktG/Bd. 4/*Oechsler* § 224 Rn. 20; *Hüffer/Koch* AktG § 224 Rn. 10.
[218] MünchKomm. AktG/Bd. 4/*Oechsler* § 224 Rn. 20; Spindler/Stilz/*Marsch-Barner* AktG § 224 Rn. 12; siehe auch Kölner Komm./*Lutter* § 224 Rn. 19.

F. Ordentliche Kapitalherabsetzung

richtet sich dabei in erster Linie nach der **Parteivereinbarung**. Fehlt es jedoch an einer entsprechenden Regelung für den Fall der Kapitalherabsetzung, ist im Wege der **ergänzenden Vertragsauslegung** zu prüfen, ob eine Anpassung der Rechte Dritter geboten erscheint.[219] Hierbei gilt nach wohl herrschender Ansicht, dass Rechte Dritter, die **an den Dividendensatz anknüpfen** (zB dividendenabhängige Verzinsung von Genussrechten, Gewinnschuldverschreibungen, Wandel- und Optionsanleihen) im Falle einer Kapitalherabsetzung im Zweifel verhältnismäßig zu reduzieren sind. Hingegen sind die Rechte Dritter, die **an die Kapitalziffer anknüpfen** (zB Garantie einer Dividende in Höhe eines bestimmten Prozentsatzes vom Grundkapital) im Zweifel nicht zu reduzieren, so dass es bei der Anknüpfung an die ursprüngliche Kapitalziffer bleibt.[220]

Ob über den Kapitalherabsetzungsbeschluss hinaus weitere Maßnahmen erforderlich werden, hängt davon ab, ob die Gesellschaft Stück- oder Nennbetragsaktien ausgegeben hat und ob eine Zusammenlegung von Aktien erfolgen soll. Bei Stückaktien ändert (verringert) sich ohne eine weitere Maßnahme der Betrag des Grundkapitals, der auf die Aktien entfällt, so dass die Kapitalherabsetzung neben dem Kapitalherabsetzungsbeschlusses **keiner weiteren Maßnahme** bedarf. Bei einer Herabsetzung der jeweiligen Nennbeträge werden die Nennbetragsaktien mit dem Wirksamwerden der Kapitalherabsetzung (§ 224 AktG) unrichtig, da sie einen zu hohen Nennbetrag aufweisen. Die Aktien sind zu **berichtigen oder durch neue Aktienurkunden zu ersetzen**. Kommen die Aktionäre einer entsprechenden Aufforderung zur Berichtigung bzw. zum Austausch nicht nach, können die Aktien nach § 73 AktG mit Genehmigung des Registergerichts für kraftlos erklärt werden.[221] Soll die Kapitalherabsetzung hingegen durch Zusammenlegung von Aktien (zB Umtausch oder Abstempelung) erfolgen, sind die entsprechenden Aktien bei Nichtbefolgung der Aufforderung ebenfalls für kraftlos zu erklären. Hierfür ist in § 226 AktG jedoch ein besonderes Verfahren für die Kraftloserklärung von Aktien bei der Kapitalherabsetzung durch Zusammenlegung von Aktien geregelt.

Sind weitere Maßnahmen für die Durchführung der Kapitalerhöhung erforderlich, sind deren Durchführungen nach § 227 AktG vom Vorstand (in diesem Fall ist das Mitwirken des Vorsitzenden des Aufsichtsrats nicht erforderlich) zur Eintragung in das Handelsregister anzumelden. Die Anmeldung und Eintragung der Durchführung der Herabsetzung des Grundkapitals und des Kapitalherabsetzungsbeschlusses können verbunden werden, wobei zu beachten ist, dass für die Anmeldung des Kapitalherabsetzungsbeschlusses zwingend die Mitwirkung des Vorsitzenden des Aufsichtsrats erforderlich ist.

IV. Gläubigerschutz

Entsprechend Rn. 135 haben die Gläubiger der Gesellschaft ein besonderes Informationsinteresse und sind im Rahmen der Kapitalherabsetzung besonders schutzwürdig. Die Gefahr für die Gläubiger rührt dabei daher, dass das durch die

---

[219] Spindler/Stilz/*Marsch-Barner* AktG § 224 Rn. 12; Bürgers/Körber/*Becker* AktG § 224 Rn. 10; mit der Befürwortung der analogen Anwendung von § 216 Abs. 3 AktG für den Fall, dass auch durch die ergänzende Vertragsauslegung kein eindeutiges Ergebnis gewonnen werden kann, Schmidt/Lutter/*Veil* AktG § 224 Rn. 7.
[220] MHdB GesR IV/*Scholz* § 61 Rn. 44 mwN.
[221] Kölner Komm./*Lutter* § 226 Rn. 5; MHdB GesR IV/*Scholz* § 61 Rn. 62; Hüffer/Koch AktG § 226 Rn. 2.

Kapitalherabsetzung frei gewordene Kapital nicht für bestimmte, den Gläubigern zugute kommenden Zwecke verwendet werden muss.[222] Die Gesellschaft ist in der Zweckbestimmung vielmehr grundsätzlich frei, so dass das frei gewordene Kapital etwa auch für die Rückzahlung des Buchertrags an die Aktionäre oder den Erlass von ausstehenden Einlagen (§§ 222 Abs. 3, 225 Abs. 2 Satz 2 AktG) verwendet werden kann.[223] Diese Verwendung bringt jedoch eine Gefährdung der Gläubiger mit sich, da sich in diesen Fällen das **Haftkapital der Gesellschaft kompensationslos verringert**. Um dieser Gefahr entgegenzuwirken, enthält § 225 AktG Regelungen zum Schutz der Gläubiger der Gesellschaft. § 225 Abs. 1 Satz 1 AktG betrifft zunächst Gläubiger der Gesellschaft, deren Forderungen begründet worden sind, bevor die Eintragung des Kapitalherabsetzungsbeschlusses bekannt gemacht worden ist. Diese Gläubiger erlangen einen **Anspruch auf Sicherheitsleistung**, wenn sie sich binnen sechs Monaten nach der Bekanntmachung zu diesem Zweck bei der Gesellschaft melden, soweit sie nicht ohnehin Befriedigung verlangen können (insb. Fälligkeit innerhalb der Sechsmonatsfrist). Die Gläubiger sind nach § 225 Abs. 1 Satz 2 AktG in der Bekanntmachung der Eintragung der Kapitalherabsetzung auf dieses Recht hinzuweisen. Der Anspruch besteht jedoch **nur bei schuldrechtlichen Forderungen**, wobei unerheblich ist, ob diese gesetzlicher oder rechtsgeschäftlicher Natur sind.[224] Inhaber von dinglichen Rechten erhalten daher keinen Anspruch auf Sicherheitsleistung. Die Fristberechnung für die sechsmonatige Sperrfrist richtet sich nach den §§ 187 ff. BGB. Der Lauf der Frist beginnt mit der Veröffentlichung nach § 10 HGB. Handelt es sich bei den Forderungen um zukünftige Ansprüche aus Dauerschuldverhältnissen, ist der Anwendungsbereich von § 225 AktG eröffnet, wenn die Ansprüche soweit konkretisiert sind, dass sie ohne Zutun der Parteien entstehen.[225] Die Höhe der Sicherheitsleistung bemisst sich nach dem Sicherheitsinteresse des Gläubigers,[226] wobei das Interesse des Gläubigers bei Dauerschuldverhältnissen analog § 160 HGB auf einen Zeitraum von fünf Jahren zu beschränken ist.[227]

144 Meldet sich der Gläubiger zum Zwecke der Sicherheitsleistung fristgerecht bei der Gesellschaft, führt dies nach § 225 Abs. 2 Satz 1 AktG zu einer sog. **Auszahlungssperre**. Hiernach dürfen Zahlungen an die Aktionäre aufgrund der Herabsetzung des Grundkapitals erst geleistet werden, nachdem den Gläubigern Befriedigung oder Sicherheit gewährt worden ist. Dieses Auszahlungsverbot umfasst dabei nicht nur unmittelbare Zahlungen an die Aktionäre aus dem freigewordenen Grundkapital. Der Begriff „Zahlung" ist vielmehr weit auszulegen und umfasst zB auch Sachleistungen und Dividendenzahlungen, die erst durch die Beseitigung einer Unterbilanz als Folge der Kapitalherabsetzung möglich geworden sind.[228]

---

[222] Vgl. MHdB GesR IV/*Scholz* § 61 Rn. 48; Bürgers/Körber/*Becker* AktG § 225 Rn. 1.
[223] Vgl. MHdB GesR IV/*Scholz* § 61 Rn. 48.
[224] *Hüffer/Koch* AktG § 225 Rn. 2; Bürgers/Körber/*Becker* AktG § 225 Rn. 3; Schmidt/Lutter/*Veil* AktG § 225 Rn. 6.
[225] Kölner Komm./*Lutter* § 225 Rn. 13; MHdB GesR IV/*Scholz* § 61 Rn. 50; *Hüffer/Koch* AktG § 225 Rn. 3.
[226] BGH I ZR 299/9, ZIP 1996, 705 (706 f.).
[227] MHdB GesR IV/*Scholz* § 61 Rn. 50; *Jaeger* DB 1996, 1069 (1070 f.); Emmerich/Habersack AktG § 303 Rn. 13b; aA MünchKomm./Bd. 5/*Altmeppen* § 303 Rn. 30 f.
[228] *Hüffer/Koch* AktG § 225 Rn. 15; vgl. auch Kölner Komm./*Lutter* § 225 Rn. 39; Bürgers/Körber/*Becker* AktG § 225 Rn. 23 f.

G. Vereinfachte Kapitalherabsetzung

Daneben ordnet § 225 Abs. 2 Satz 2 AktG eine sog. **Erlasssperre** an. Neben dem Verbot der Auszahlung ist auch eine Befreiung der Aktionäre von der Verpflichtung zur Leistung von Einlagen nicht vor Ablauf der Halbjahresfrist und nicht vor der Befriedigung oder Sicherstellung der Gläubiger wirksam. Relevant ist diese Erlasssperre insbesondere bei Kapitalherabsetzungen, die vornehmlich zur teilweisen Befreiung der Aktionäre von ihrer Einlageverpflichtung durchgeführt werden. 145

Die Art und Weise der Sicherheitsleistung richtet sich nach den §§ 232 ff. BGB.[229] Für die Sicherheitsleistung gilt somit ein **numerus clausus der** im Gesetz aufgelisteten **Sicherungsformen**. Nach § 232 Abs. 1 BGB kann die Sicherheit durch: 146
– Hinterlegung von Geld oder Wertpapieren,
– Verpfändung von Forderungen, die in das Bundesschuldbuch oder in das Landesschuldbuch eines Landes eingetragen sind,
– Verpfändung beweglicher Sachen,
– Bestellung von Schiffshypotheken an Schiffen oder Schiffsbauwerken, die in einem deutschen Schiffsregister oder Schiffsbauregister eingetragen sind,
– Bestellung von Hypotheken an inländischen Grundstücken,
– Verpfändung von Forderungen, für die eine Hypothek an einem inländischen Grundstück besteht, oder durch Verpfändung von Grundschulden oder Rentenschulden an inländischen Grundstücken geleistet werden.

Alternativ ist nach § 232 Abs. 2 BGB auch die Stellung eines Bürgen möglich.

Der Gläubiger kann keine (weitere) Sicherheit verlangen, wenn dieser bereits über **ausreichende Sicherheiten** iSv § 232 BGB verfügt.[230] Eine weitere Ausnahme des Anspruchs auf Sicherheitsleistung findet sich in § 225 Abs. 1 Satz 3 AktG. Hiernach ist das Recht, Sicherheitsleistung zu verlangen, für Gläubiger ausgeschlossen, die im Fall des Insolvenzverfahrens ein Recht auf **vorzugsweise Befriedigung** aus einer Deckungsmasse haben, die nach gesetzlicher Vorschrift zu ihrem Schutz errichtet und staatlich überwacht ist. Im Übrigen besteht der Anspruch des Gläubigers auf Sicherheitsleistung ohne Rücksicht darauf, ob ein konkretes Sicherungsbedürfnis besteht oder nicht. Das Sicherungsverlangen wird bereits durch die **abstrakte Gefahr** gerechtfertigt, dass die Kapitalherabsetzung das bisherige Erfüllungsrisiko erhöht.[231] Für das Entstehen des Sicherungsanspruchs ist es daher ohne Belang, ob im Rahmen der Kapitalherabsetzung aus dem frei gewordenen Kapital Zahlungen an Aktionäre erfolgen sollen oder nicht. Das konkrete Sicherungsbedürfnis hat jedoch Auswirkungen auf die Höhe der Sicherheitsleistung (vgl. Rn. 143). 147

G. Vereinfachte Kapitalherabsetzung

I. Voraussetzungen

Für bestimmte Zwecke sieht § 229 AktG eine vereinfachte Kapitalherabsetzung vor. Anders als die ordentliche Kapitalherabsetzung ist die vereinfachte Kapitalherabsetzung somit nur für bestimmte Zwecke der Sanierung, namentlich der Deckung von Verlusten (§ 229 Abs. 1 Satz 1 Var. 2 AktG) oder der Einstellung von Beträgen 148

---

[229] *Hüffer/Koch* AktG § 225 Rn. 13; MHdB GesR IV/*Scholz* § 61 Rn. 54; Kölner Komm./*Lutter* § 225 Rn. 34.
[230] MünchKomm. AktG/Bd. 4/*Oechsler* § 225 Rn. 26; *Hüffer/Koch* AktG § 225 Rn. 11; Hölters/*Haberstock/Greitemann* AktG § 225 Rn. 7.
[231] Kölner Komm./*Lutter* § 225 Rn. 20; Spindler/Stilz/*Marsch-Barner* AktG § 225 Rn. 15; Bürgers/Körber/*Becker* AktG § 225 Rn. 22.

in die Kapitalrücklage (§ 229 Abs. 1 Satz 1 Var. 3 AktG), zulässig. Vom Wortlaut des § 229 Abs. 1 Satz 1 AktG ist die vereinfachte Kapitalerhöhung auch zum Ausgleich von Wertminderungen (§ 229 Abs. 1 Satz 1 Var. 1 AktG) zulässig. Nach herrschender Auffassung kommt diesem Merkmal jedoch keine eigenständige Bedeutung zu, da für die Zulässigkeit ebenfalls ein Verlust vorausgesetzt wird, so dass auch immer eine Verlustdeckung vorliegt.[232] Die Vereinfachung ergibt sich dabei aus einem Umkehrschluss zu § 229 Abs. 3 AktG. Dieser ordnet die sinngemäße Anwendung der Vorschriften über die ordentliche Kapitalherabsetzung an, wobei jedoch ein Verweis auf § 225 AktG fehlt. Die wesentliche Erleichterung der vereinfachten Kapitalherabsetzung gegenüber der ordentlichen Kapitalherabsetzung stellt somit der **Wegfall des Gläubigerschutzes** in Form der Sicherheitsleitung, der Auszahlungssperre und der Erlasssperre (siehe im Einzelnen Rn. 143 ff.) dar. Der zweite Unterabschnitt weist stattdessen mit den §§ 230 und 233 AktG ein eigenes Gläubigerschutzkonzept auf, das jedoch im Vergleich mit dem des § 225 AktG ein **geringeres Schutzniveau** aufweist. Nach § 230 AktG darf das durch die Kapitalherabsetzung frei gewordene Kapital nicht an die Aktionäre ausgezahlt, und die Möglichkeiten der Gewinnausschüttung nach § 233 AktG beschränkt werden. Um den Zweck der Kapitalherabsetzung, also die Sanierung einer bereits finanziell angeschlagenen Gesellschaft, nicht zu gefährden, erscheint ein weitergehender Gläubigerschutz auch nicht angebracht.[233] Darüber hinaus muss beachtet werden, dass die Gefährdung der Gläubigerinteressen nicht durch die Kapitalherabsetzung herbeigeführt wurde, sondern bereits durch die eingetretenen oder drohenden Verluste auf Seiten der angeschlagenen Gesellschaft entstanden sind.[234]

149 Neben dem Zweckerfordernis ist die vereinfachte Kapitalherabsetzung nach § 229 Abs. 2 AktG nur zulässig, nachdem die Gewinnrücklagen sowie die gesetzlichen Rücklagen und die Kapitalrücklage, soweit sie zusammen über 10% des nach der Herabsetzung verbleibenden Grundkapitals hinausgehen, vorweg **bis zum gesetzlichen Minimum**[235] aufgelöst worden sind. Darüber hinaus darf die vereinfachte Kapitalherabsetzung nach § 229 Abs. 2 Satz 2 AktG nicht durchgeführt werden, solange ein **Gewinnvortrag** vorhanden ist. Hingegen sind stille Reserven, Sonderposten mit Rücklagenanteil nach §§ 247 Abs. 3, 273 HGB, Rücklagen für eigene Anteile nach § 272 Abs. 4 HGB sowie Rückstellungen nach § 266 Abs. 3 HGB nicht vom Anwendungsbereich des § 229 Abs. 2 AktG umfasst und müssen daher nicht vor der vereinfachten Kapitalherabsetzung aufgelöst werden.[236] Die Gesellschaft ist ebenfalls nicht verpflichtet, eigene Aktien einzuziehen oder zu veräußern, um eine etwa vorhandene Rücklage für eigene Anteile auflösen zu können.[237]

150 In der Praxis geht die vereinfachte Kapitalherabsetzung häufig mit einer gleichzeitigen Wiedererhöhung des Grundkapitals einher.[238] Dieser sog. Kapitalschnitt wird dabei häufig in Form eines Debt Equity Swap, also eines Tausches von Schuld-

---

[232] *Geißler* NZG 2000, 719 (720 f.); MHdB GesR IV/*Scholz* § 62 Rn. 7; vgl. auch *Hüffer/Koch* AktG § 229 Rn. 7.
[233] Vgl. Henssler/Strohn/*Galla* AktG § 229 Rn. 1.
[234] Vgl. *Hüffer/Koch* AktG § 229 Rn. 2; Schmidt/Lutter/*Veil* AktG § 229 Rn. 11; MHdB GesR IV/*Scholz* § 62 Rn. 10 f.
[235] Der Gesetzeswortlaut umfasst die gänzliche Auflösung. Dies würde aber gegen wesentliche Vorschriften des HGB verstoßen, so dass es sich um ein Redaktionsversehen des Gesetzgebers handelt. Vgl. *Hüffer/Koch* AktG § 229 Rn. 14; MHdB GesR IV/*Scholz* § 62 Rn. 10 f.
[236] Kölner Komm./*Lutter* § 229 Rn. 27 ff.; *Hüffer/Koch* AktG § 229 Rn. 11.
[237] MHdB GesR IV/*Scholz* § 62 Rn. 11; Schmidt/Lutter/*Veil* AktG § 229 Rn. 11; MünchKomm. AktG/Bd. 4/*Oechsler* § 229 Rn. 39.
[238] Vgl. Spindler/Stilz/*Marsch-Barner* AktG § 229 Rn. 2.

G. Vereinfachte Kapitalherabsetzung 151–154 § 9

anleihen gegen Aktien, durchgeführt.[239] Durch diesen Sanierungsbeitrag der Gläubiger wird die Gesellschaft von ihren Verbindlichkeiten befreit. Im Gegenzug dafür erhalten die Gläubiger Anteile an der Gesellschaft. Technisch wäre es möglich, den Debt Equity Swap ausschließlich durch eine Kapitalerhöhung durchzuführen. Dem steht jedoch regelmäßig § 9 AktG entgegen, denn sobald aufseiten der Gesellschaft eine Unterbilanz vorliegt, entsprechen die Aktien der Gesellschaft nicht dem geringsten Ausgabebetrag, was eine Kapitalerhöhung zu objektiven Werten ausschließt. Eine der Kapitalerhöhung vorangestellte, vereinfachte Kapitalherabsetzung ermöglicht es jedoch, die **Unterbilanz zu beseitigen**, so dass eine anschließende Kapitalerhöhung tatbestandlich zulässig wird.[240] Nach § 229 Abs. 3 iVm § 228 Abs. 1 AktG kann das Grundkapital bei der vereinfachten Kapitalherabsetzung auch unter den Mindestnennbetrag (§ 7 AktG) herabgesetzt, und somit äußerstenfalls sogar auf Null gesetzt werden. Dies setzt nach § 228 Abs. 1 AktG jedoch voraus, dass die Kapitalherabsetzung gleichzeitig mit einer Kapitalerhöhung beschlossen wird, die dann wieder zu einer Anhebung auf oder über den Mindestnennbetrag führt.[241]

Für die vereinfachte Kapitalherabsetzung zur Deckung von Verlusten ist es 151 tatbestandlich nicht erforderlich, dass sich bei der Gesellschaft bereits Verluste realisiert haben. Auch drohende Verluste eröffnen den Anwendungsbereich von § 229 Abs. 1 Satz 1 Var. 2 AktG.[242] Darüber hinaus ist es für die Anwendbarkeit nicht erforderlich, dass der (drohende) Verlust eine bestimmte Höhe erreicht oder sich anhand einer Bilanz ermitteln lässt. Stattdessen ist es notwendig, dass aufgrund einer **gewissenhaften Prognose** der eingetretene oder erwartete Verlust so nachhaltig ausfällt, dass eine dauerhafte Herabsetzung des Grundkapitals nach kaufmännischen Grundsätzen erforderlich erscheint.[243]

Der Anwendungsbereich von § 229 Abs. 1 Satz 1 Var. 3 AktG erfordert hingegen 152 keine Verluste oder Verlusterwartungen. Die vereinfachte Kapitalherabsetzung zur Einstellung von Beträgen in die Kapitalrücklage ist jedoch nach § 231 Satz 1 AktG betragsmäßig dergestalt begrenzt, dass die Kapitalrücklage und die gesetzliche Rücklage zusammen 10% des Grundkapitals nicht übersteigen dürfen.

II. Durchführung und Folgen

Wie bereits dargelegt gelten für die Durchführung und die Folgen der ver- 153 einfachten Kapitalherabsetzung nach § 229 Abs. 3 AktG, mit Ausnahme des Gläubigerschutzes, die **Vorschriften der ordentlichen Kapitalherabsetzung** (vgl. Rn. 148). Dies gilt sowohl für den Beschluss der Hauptversammlung (siehe Rn. 134 ff.) als auch die Anmeldung, den Umtausch bzw. die Berichtigung der Aktienurkunden und ggf. die Kraftloserklärung der Aktien (siehe Rn. 139 ff.).

Das Gläubigerschutzsystem erreicht bei der vereinfachten Kapitalherabsetzung 154 nicht das Schutzniveau der ordentlichen Kapitalherabsetzung. Neben der Gewinnausschüttungssperre des § 233 AktG darf nach § 230 AktG das durch die Kapital-

---

[239] Siehe zum Debt-Equity-Swap auch Buth/Hermanns/*Knecht/Haghani* Restrukturierung, Sanierung Insolvenz § 18 Rn. 45 ff.
[240] Vgl. MAH AktR/*Dissars* § 36 Rn. 1.
[241] BGH II ZR 172/91, NJW 1993, 57; *Hüffer/Koch* AktG § 228 Rn. 2; MHdB GesR IV/*Scholz* § 62 Rn. 11; MünchKomm. AktG/Bd. 4/*Oechsler* § 228 Rn. 3.
[242] BGH ZR 172/91, NJW 1993, 57.
[243] OLG Frankfurt a. M. 5 U 285/86, AG 1989, 207 (208).

herabsetzung frei gewordene Kapital nicht an die Aktionäre ausgezahlt werden. Dieses Verbot von Zahlungen an Aktionäre umfasst dabei sowohl das Kapital, das durch die Herabsetzung frei geworden ist, als auch den Betrag der Rücklagen sowie des Gewinnvortrags, der nach § 229 Abs. 2 AktG vor der vereinfachten Kapitalherabsetzung aufzulösen ist.[244] Das Verbot gilt zeitlich unbefristet und umfasst sämtliche Formen der Zahlung bzw. Ausschüttung. Hierdurch wird eine Umgehung des Auszahlungsverbots an Aktionäre verhindert.[245] Ein Verstoß gegen das Auszahlungsverbot zieht sowohl für den empfangenden Aktionär als auch für den Vorstand und den Aufsichtsrat Konsequenzen nach sich. Der Gesellschaft steht nach § 62 Abs. 1 Satz 1 AktG ein **Rückgewähranspruch** gegen den Aktionär zu. Vorstand und Aufsichtsrat haften gegenüber der Gesellschaft gegebenenfalls auf **Schadensersatz** nach §§ 93 und 116 AktG.

155 Die vereinfachte Kapitalherabsetzung kann nach § 229 Abs. 1 Satz 1 Var. 2 AktG auch zum Ausgleich drohender Verluste durchgeführt werden. Die Frage, ob und in welcher Höhe die Herabsetzung nötig erscheint, hat dabei auf einer **gewissenhaften Prognose** zu beruhen. Dem jeder Prognose immanenten Risiko der Fehleinschätzung hat der Gesetzgeber in § 232 AktG Rechnung getragen. Stellt sich ex post heraus, dass die ex ante getroffenen Annahmen zu vorsichtig waren, da die Verluste nicht das erwartete Ausmaß angenommen haben oder bereits anderweitigen Ausgleich erfahren haben, so ist der **Unterschiedsbetrag** in die Kapitalrücklage einzustellen. Die Einstellungspflicht nicht benötigten Kapitals aus der Herabsetzung in die Kapitalrücklage nach § 232 AktG dient dabei Präventionszwecken. Die Einstellungspflicht verhindert eine Umgehung der allgemeinen Kapitalbindung (§ 57 Abs. 1 und 3 AktG) durch eine vereinfachte Kapitalherabsetzung, indem „drohende" Verluste bewusst zu hoch angesetzt werden.[246] Durch die Einstellungspflicht wird verhindert, dass die überschießenden Beträge frei werden.[247] Hierdurch wird ein **Ausgleich** zwischen dem Interesse der Gesellschaft auf erwartete finanzielle Negativentwicklungen zu reagieren und den Interessen der Gläubiger am Erhalt des Haftkapitals geschaffen.[248] Die Einstellungsverpflichtung gilt dabei in Höhe des Unterschiedsbetrags, also auch unabhängig davon, ob die Kapitalrücklage zusammen mit der gesetzlichen Rücklage bereits 10% des Grundkapitals erreicht hat.[249] Die Höhe des Verlusteintritts und ggf. zu hoch angenommenen Verluste sind nach § 232 AktG durch die Aufstellung der Jahresbilanz für das Geschäftsjahr, in dem der Kapitalherabsetzungsbeschluss gefasst wurde, und ggf. der beiden darauf folgenden Geschäftsjahre zu ermitteln. Ein Verlust ist danach eingetreten, wenn innerhalb der vorgenannten Jahresfrist ein Verlust überprüfbar (bilanziell nachweisbar) eingetreten ist.[250] Ob über den Verlust hinaus auch ein Unterschiedsbetrag entstanden ist, ist anhand einer aufzustellenden **fiktiven Bilanz** zu beurteilen, die neben die

---

[244] MHdB GesR IV/*Scholz* § 62 Rn. 22; vgl. auch MünchKomm. AktG/Bd. 4/*Oechsler* § 228 Rn. 3; Spindler/Stilz/*Marsch-Barner* AktG § 230 Rn. 2.
[245] *Hüffer/Koch* AktG § 230 Rn. 3; vgl. auch MünchKomm. AktG/Bd. 4/*Oechsler* § 228 Rn. 8 f.; Bürgers/Körber/*Becker* AktG § 230 Rn. 3.
[246] Vgl. Spindler/Stilz/*Marsch-Barner* AktG § 230 Rn. 1.
[247] Vgl. Hölters/*Haberstock/Greitemann* AktG § 232 Rn. 2.
[248] MünchKomm. AktG/Bd. 4/*Oechsler* § 232 Rn. 2.
[249] Spindler/Stilz/*Marsch-Barner* AktG § 232 Rn. 3; MHdB GesR IV/*Scholz* § 62 Rn. 25; Schmidt/Lutter/*Veil* AktG § 232 Rn. 2.
[250] MünchKomm. AktG/Bd. 4/*Oechsler* § 232 Rn. 9; Bürgers/Körber/*Becker* AktG § 232 Rn. 6.

G. Vereinfachte Kapitalherabsetzung 156–158 § 9

Jahresbilanz für das Geschäftsjahr tritt und auf den Stichtag der Beschlussfassung über die Kapitalherabsetzung zu beurteilen ist.[251]

Ein weiteres Gläubigerschutzinstrument im Rahmen der vereinfachten Kapitalherabsetzung ist die **Beschränkung der Gewinnausschüttung** nach § 233 AktG. Nach § 233 Abs. 1 AktG darf ein Gewinn nicht ausgeschüttet werden, bevor die gesetzliche Rücklage und die Kapitalrücklage zusammen 10% des Grundkapitals erreicht haben, wobei als Grundkapital der Nennbetrag gilt, der sich durch die Herabsetzung ergibt, mindestens jedoch 50.000 EUR (§ 7 AktG). Neben das Ausschüttungsverbot des Abs. 1 tritt eine **Ausschüttungsbeschränkung** in § 233 Abs. 2 AktG. Eine Zahlung eines Gewinnanteils von mehr als 4% darf nach § 233 Abs. 2 Satz 1 AktG grundsätzlich erst für ein Geschäftsjahr erfolgen, welches später als zwei Jahre nach der Beschlussfassung über die Kapitalherabsetzung beginnt.[252] Beschließt die Hauptversammlung unter Verstoß gegen § 233 AktG Gewinnausschüttungen, ist der entsprechende Hauptversammlungsbeschluss **nichtig**.[253] Wie bei einem Verstoß gegen das Auszahlungsverbot, haften die empfangenden Aktionäre sowie der Vorstand und Aufsichtsrat auch für die verbotswidrigen Gewinnausschüttungen. So steht der Gesellschaft nach § 62 Abs. 1 Satz 1 AktG ein **Rückgewähranspruch** gegen den Aktionär zu. Daneben haften Vorstand und Aufsichtsrat gegenüber der Gesellschaft gegebenenfalls auf **Schadensersatz** nach §§ 93 und 116 AktG.

III. Rückwirkung der Kapitalherabsetzung

Im Rahmen der vereinfachten Kapitalherabsetzung ermöglicht es § 234 Abs. 1 AktG, dass bereits im Jahresabschluss für das letzte **vor der Beschlussfassung** über die Kapitalherabsetzung abgelaufene Geschäftsjahr das gezeichnete Kapital sowie die Kapital- und Gewinnrücklagen in der Höhe ausgewiesen werden können, in der sie nach der Kapitalherabsetzung bestehen sollen. Die Besonderheit dieser Vorschrift wird vor dem Hintergrund des Verweises in § 229 Abs. 3 AktG auf § 224 AktG deutlich. Hiernach wird auch die vereinfachte Kapitalherabsetzung mit der Eintragung des Kapitalherabsetzungsbeschlusses in das Handelsregister wirksam. Die Möglichkeit der Rückwirkung der Kapitalherabsetzung ermöglicht folglich den Ausweis der Kapitalherabsetzung in einem Jahresabschluss **vor dem Wirksamwerden der Herabsetzung** und somit einen Vorgriff auf das Wirksamwerden der Kapitalherabsetzung. Die wirksame Rückwirkung und der damit einhergehende vorgegriffene Ausweis im Jahresabschluss erfordert jedoch nach § 234 Abs. 2 AktG, dass anstelle des Aufsichtsrats (§ 172 AktG) die Hauptversammlung die Feststellung des Jahresabschlusses beschließt. Es ist dabei jedoch nicht erforderlich, dass der Feststellungsbeschluss zusammen mit dem Kapitalherabsetzungsbeschluss gefasst wird.[254]

Der Kapitalherabsetzungsbeschluss und der Beschluss über die Feststellung des Jahresabschlusses sind jedoch nach § 234 Abs. 3 Satz 1 AktG nichtig, wenn der Kapitalherabsetzungsbeschluss nicht binnen **drei Monaten nach der Beschlussfassung** in das Handelsregister eingetragen worden ist. Der Lauf dieser Frist ist nach § 234

---

[251] *Hüffer/Koch* AktG § 232 Rn. 3; Schmidt/Lutter/*Veil* AktG § 232 Rn. 2; Bürgers/Körber/*Becker* AktG § 232 Rn. 4.
[252] Siehe zu den Ausnahmen Spindler/Stilz/*Marsch-Barner* AktG § 232 Rn. 12.
[253] Bürgers/Körber/*Becker* AktG § 233 Rn. 15; Schmidt/Lutter/*Veil* AktG § 233 Rn. 11; Spindler/Stilz/*Marsch-Barner* AktG § 233 Rn. 14.
[254] Vgl. MHdB GesR IV/*Scholz* § 62 Rn. 39; Bürgers/Körber/*Becker* AktG § 234 Rn. 12; Kölner Komm./*Lutter* § 234 Rn. 14.

Abs. 3 Satz 2 AktG für die Dauer der Rechtshängigkeit einer Anfechtungs- oder Nichtigkeitsklage gehemmt.

159 Bei der vereinfachten Kapitalherabsetzung gibt es die Möglichkeit eines **Kapitalschnitts**, also die Verbindung des Herabsetzungsbeschlusses mit einem Beschluss über eine Kapitalerhöhung (siehe im Einzelnen Rn. 150). Werden die Beschlüsse zugleich gefasst und umfasst die Herabsetzung hierbei auch eine Rückwirkung iSv § 234 AktG, kann nach § 235 Abs. 1 Satz 1 AktG auch die Kapitalerhöhung im Jahresabschluss als vollzogen berücksichtigt werden.[255] Das Verfahren für die Kapitalerhöhung ist für diesen Fall in § 235 Abs. 1 Satz 2 AktG geregelt und verläuft quasi **spiegelbildlich zur regulären Kapitalerhöhung**. Nach § 235 Abs. 1 Satz 2 AktG müssen die neuen Aktien vor der Beschlussfassung gezeichnet werden. Darüber hinaus dürfen keine Sacheinlagen festgesetzt werden und der, auf jede Aktie entfallende gesetzliche Mindestbetrag (§§ 36 Abs. 2, 36a iVm § 188 Abs. 2 AktG), muss vor der Beschlussfassung geleistet worden sein. Nach § 235 Abs. 1 Satz 3 AktG sind die Zeichnung und die Einzahlung dem, den Beschluss beurkundenden, Notar nachzuweisen. Die Zeichnung und die Einzahlung müssen somit vor der Hauptversammlung, in der (unter anderem) der Beschluss über die Kapitalerhöhung getroffen wird, abgeschlossen sein. In der anschließenden Hauptversammlung ist sodann über die vereinfachte Kapitalherabsetzung, die gleichzeitige Kapitalerhöhung, die Feststellung des Jahresabschlusses sowie ggf. über die Satzungsänderung[256] zur Änderung des Grundkapitals zu beschließen.[257] Wie auch bei der Rückwirkung der Kapitalherabsetzung findet sich auch für die Rückwirkung einer gleichzeitigen Kapitalerhöhung eine Regelung über die Nichtigkeit. Diese in § 235 Abs. 2 AktG verankerte Regelung orientiert sich dabei inhaltlich an der Regelung von § 234 Abs. 3 AktG. Nach § 235 Abs. 2 Satz 1 AktG sind sämtliche Beschlüsse nichtig, wenn die Beschlüsse über die Kapitalherabsetzung und die Kapitalerhöhung und die Durchführung der Erhöhung nicht binnen **drei Monaten nach der Beschlussfassung** in das Handelsregister eingetragen worden sind. § 235 Abs. 2 Satz 2 AktG ordnet die Hemmung dieser Frist bei Anfechtungs- und Nichtigkeitsklagen an. Hierzu wird im Einzelnen auf die Ausführungen unter Rn. 158 verwiesen.

160 § 236 AktG regelt die **Offenlegung des Jahresabschlusses**. Erfolgt lediglich eine Rückwirkung der Kapitalherabsetzung (§ 234 AktG), darf der Jahresabschluss erst nach der Eintragung des Kapitalherabsetzungsbeschlusses in das Handelsregister offengelegt werden. Wurde die Rückwirkung von Kapitalherabsetzung und Kapitalerhöhung verbunden (§ 235 AktG), darf der Jahresabschluss hingegen erst offengelegt werden, nachdem sowohl der Kapitalherabsetzungs- als auch der Kapitalerhöhungsbeschluss und die Durchführung der Kapitalerhöhung in das Handelsregister eingetragen worden sind. Der Zweck dieser Vorschrift ist es, die Veröffentlichung eines Jahresabschlusses zu verhindern, der möglicherweise schon wenig später wegen Ablaufs der Dreimonatsfrist nach §§ 234 Abs. 3 und 235 Abs. 3 AktG nichtig wird.[258]

---

[255] Spindler/Stilz/*Marsch-Barner* AktG § 235 Rn. 1.
[256] Aufgrund der Änderung des Grundkapitals wird die Satzung hinsichtlich der Höhe des Grundkapitals unrichtig und muss korrigiert werden (siehe etwa auch Rn. 20). Sofern nach § 179 Abs. 1 Satz 2 AktG die Befugnis zu Änderungen, die nur die Fassung betreffen, zuvor von der Hauptversammlung auf den Aufsichtsrat übertragen wurden, ist ein Beschluss der Hauptversammlung nicht notwendig.
[257] Spindler/Stilz/*Marsch-Barner* AktG § 235 Rn. 7; vgl. auch MHdB GesR IV/*Scholz* § 62 Rn. 43.
[258] MHdB GesR IV/*Scholz* § 62 Rn. 47; Bürgers/Körber/*Becker* AktG § 236 Rn. 1; vgl. auch Großkomm. AktG/*Sethe* § 236 Rn. 2.

H. Kapitalherabsetzung durch Einziehung von Aktien

I. Arten der Einziehung

Zuletzt regelt das Gesetz die Kapitalherabsetzung durch Einziehung von Aktien 161
in den §§ 237 ff. AktG. Durch die Einziehung von Aktien gehen die betroffenen
Aktien unter, so dass sich bei dieser Form der Kapitalherabsetzung nicht der Nennbetrag der Aktien, sondern das **Grundkapital der Gesellschaft verringert**.[259]
Abhängig davon, welche Aktien eingezogen werden, kann die Kapitalherabsetzung
durch Einziehung alle oder nur einzelne Aktionäre betreffen. § 237 Abs. 1 Satz 1
AktG unterscheidet zwei Arten der Einziehung, namentlich die Zwangseinziehung
(Var. 1) und die Einziehung nach Erwerb durch die Gesellschaft (Var. 2).

Die Zwangseinziehung ist nach § 237 Abs. 1 Satz 2 AktG nur zulässig, wenn sie 162
in der ursprünglichen Satzung oder durch eine Satzungsänderung vor Übernahme oder Zeichnung der Aktien **angeordnet oder gestattet** war. Hierdurch soll
der Schutz der Aktionäre gewährleistet werden.[260] Potenzielle Aktionäre sollen
bereits im Vorfeld die Möglichkeit der Zwangseinziehung erkennen können und
diese bei ihrer Entscheidung, Anteile zu erwerben, berücksichtigen können. Die
Möglichkeit der Zwangseinziehung darf daher grundsätzlich **nicht nachträglich**
geschaffen werden, da die Aktionäre darauf vertrauen dürfen, dass der Status quo (in
diesem Fall keine Einziehungsmöglichkeit), der bei Aktienerwerb bestand, bestehen
bleibt. Die Möglichkeit der Zwangseinziehung muss daher nach § 237 Abs. 1 Satz 2
AktG vor der Übernahme oder der Zeichnung der Aktien in der Satzung gestattet
gewesen sein. Für die ursprüngliche Satzung iSv § 237 Abs. 1 Satz 2 Var. 1 AktG
bedeutet dies, dass die Gründungssatzung die Einziehungsmöglichkeit der Aktien
enthalten muss. Bei einer (nachträglichen) Satzungsänderung iSv § 237 Abs. 1 Satz 2
Var. 2 AktG ist es stattdessen erforderlich, dass die Übernahme oder die Zeichnung
der später herauszugebenden Aktien erst nach der Satzungsänderung und ihrer
Eintragung ins Handelsregister erfolgt.[261] Sah die Gründungssatzung keine Einziehungsmöglichkeit vor, dann beschränkt sich die Möglichkeit der Einziehung durch
Satzungsänderung grundsätzlich auf **neu auszugebende Aktien**, da die Altaktionäre „Vertrauensschutz" genießen. Soll die Einziehungsmöglichkeit dennoch (trotz
fehlender vorheriger Satzungsregelung) auf „Altaktien" ausgeweitet werden, bedarf
es hierfür der Zustimmung aller betroffenen Aktionäre.[262]

Die Abgrenzung der Zwangseinziehung von der Einziehung nach Erwerb 163
durch die Gesellschaft erfolgt durch einen Ausschluss. Die Zwangseinziehung
stellt jede Einziehung von Aktien dar, die nicht der Gesellschaft selbst gehören.[263]
Die Zwangseinziehung kann dabei in zwei Formen, der angeordneten und der
gestatteten Zwangseinziehung, auftreten (§ 237 Abs. 2 Satz 2 AktG). Entscheidend
ist hierfür, ob die Voraussetzungen für die Zwangseinziehung und die Einzelheiten
ihrer Durchführung in der Satzung oder in dem Beschluss der Hauptversamm-

---

[259] Henssler/Strohn/*Galla* AktG § 237 Rn. 1; vgl. auch MHdB GesR IV/*Scholz* § 62 Rn. 1.
[260] MünchKomm. AktG/Bd. 4/*Oechsler* § 237 Rn. 16.
[261] MHdB GesR IV/*Scholz* § 62 Rn. 8; Spindler/Stilz/*Marsch-Barner* AktG § 237 Rn. 1; Hölters/*Haberstock/Greitemann* AktG § 237 Rn. 1.
[262] MHdB GesR IV/*Scholz* § 62 Rn. 8; *Hüffer/Koch* AktG § 237 Rn. 8; Kölner Komm./*Lutter* § 237 Rn. 29.
[263] Schmidt/Lutter/*Veil* AktG § 237 Rn. 6; *Hüffer/Koch* AktG § 237 Rn. 5; Spindler/Stilz/ *Marsch-Barner* AktG § 237 Rn. 6.

lung geregelt werden. Erfolgt die Regelung durch die Satzung, handelt es sich um die angeordnete Zwangseinziehung. Hierbei ist die Regelungsdichte so hoch, dass die Voraussetzungen und die Durchführung lückenlos geregelt sind, so dass es nach § 237 Abs. 6 Satz 1 AktG keines Beschlusses der Hauptversammlung bedarf. Darüber hinaus ist das Regelwerk für die Geschäftsführung der Gesellschaft bindend, so dass es hinsichtlich des „Ob" und des „Wie" der Zwangseinziehung **keinen Entscheidungsspielraum** gibt.[264] Bei der gestatteten Zwangseinziehung werden die Voraussetzungen und die Durchführung stattdessen im Wesentlichen durch den Beschluss der Hauptversammlung geregelt. Die dennoch erforderliche satzungsmäßig gewährte Einziehungsmöglichkeit (s. Rn. 162) beschränkt sich im Fall der gestatteten Zwangseinziehung in der Regel darauf, dass Näheres durch die Hauptversammlung entschieden wird.[265] Im Gegensatz zur angeordneten Zwangseinziehung muss die gestattete Zwangseinziehung den **Grundsatz der Gleichbehandlung** beachten (§ 53a AktG).[266] Im Rahmen der Beschlussfassung in der Hauptversammlung haben die Aktionäre daher einen Anspruch darauf, dass der Hauptversammlungsbeschluss willkürfrei erfolgt und den Grundsätzen der Erforderlichkeit und Verhältnismäßigkeit entspricht. Im Falle eines Verstoßes können die betroffenen Aktionäre den Einziehungsbeschluss nach § 243 AktG anfechten.[267] Gerechtfertigt erscheint die angeordnete Zwangseinziehung etwa zum Zwecke des Ausschlusses eines Aktionärs aus wichtigem Grund.[268]

164 § 237 Abs. 2 Satz 3 AktG lässt sich entnehmen, dass das Gesetz grundsätzlich von einer Entschädigung der von der Einziehung betroffenen Aktionäre ausgeht. Die gesetzliche Regelung lässt jedoch konkrete Vorgaben, insbesondere hinsichtlich des „Ob" und „Wie" vermissen. Hierbei ist die verfassungsrechtliche Relevanz der Einziehung zu beachten, die einen Eingriff in die Eigentumsrechte der Aktionäre bedeutet. Daher ist davon auszugehen, dass den Aktionären für den Verlust ihrer eingezogenen Aktien grundsätzlich ein **Entschädigungsanspruch** gegen die Gesellschaft zustehen muss.[269] Die Einzelheiten des Entschädigungsanspruchs sind bei angeordneter Zwangseinziehung bereits im Vorfeld in der Satzung zu regeln. Nicht erforderlich ist dabei, dass bereits konkrete Beträge genannt werden. Es ist vielmehr ausreichend und insgesamt auch zweckdienlicher, lediglich **Bezugsgrößen** festzulegen, anhand derer die Verwaltung der Gesellschaft den konkreten Ausgleichsbetrag ermitteln kann. Eine satzungsmäßige Delegation der Festlegungsbefugnis der Entschädigung auf die Verwaltung der Gesellschaft ist hingegen nicht zulässig.[270] Bei der gestatteten Zwangseinziehung beschränkt sich die Satzungsregelung hierauf auf die Entscheidungsverlagerung auf die Hauptversammlung (siehe auch Rn. 163). Hinsichtlich der Regelung über die Entschädigung der von der Einziehung betroffenen Aktionäre ist es jedoch nicht zulässig, die Entscheidungsgewalt in das freie

---

[264] MHdB GesR IV/*Scholz* § 62 Rn. 9; Bürgers/Körber/*Becker* AktG § 237 Rn. 7; Kölner Komm./*Lutter* § 237 Rn. 34.
[265] Vgl. MHdB GesR IV/*Scholz* § 62 Rn. 12.
[266] *Hüffer/Koch* AktG § 237 Rn. 17; Spindler/Stilz/*Marsch-Barner* AktG § 237 Rn. 15; Hölters/*Haberstock/Greitemann* AktG § 237 Rn. 32.
[267] Sog. materielle Beschlusskontrolle, vgl. *Hüffer/Koch* AktG § 243 Rn. 22.
[268] *Hüffer/Koch* AktG § 237 Rn. 15.
[269] Hölters/*Haberstock/Greitemann* AktG § 237 Rn. 43; Spindler/Stilz/*Marsch-Barner* AktG § 237 Rn. 16.
[270] *Hüffer/Koch* AktG § 237 Rn. 17; Henssler/Strohn/*Galla* AktG § 237 Rn. 9; Hölters/*Haberstock/Greitemann* AktG § 237 Rn. 45.

Ermessen der Hauptversammlung zu stellen.[271] Insofern hat die Satzung die Aktionärsentschädigung mindestens dergestalt zu regeln, dass die Hauptversammlung verpflichtet wird, eine angemessene Entschädigungsregelung für die betroffenen Aktionäre zu beschließen. Alternativ ist es auch möglich, wie bei der angeordneten Zwangseinziehung, die Entschädigung der betroffenen Aktionäre umfassend in der Satzung zu regeln.[272]

Die Entschädigung für die Einziehung der Aktien muss **angemessen** sein.[273] Es ist nicht erforderlich, hierfür den Ertragswert oder den Börsenwert heranzuziehen. Auch der wirkliche Wert der Aktie ist keine zwingende Bezugsgröße. Die genannten Größen stellen lediglich Orientierungspunkte dar, die auf die Untergrenze der Entschädigungshöhe schließen lassen. Bezweckt die Kapitalherabsetzung den Ausschluss einzelner Aktionäre oder den Rückzug einer Aktiengattung kann für den Beurteilungsmaßstab aufgrund der vergleichbaren Interessenlage auf § 305 Abs. 3 Satz 2 AktG zurückgegriffen werden.[274] Eine höhere Entschädigung ist stets möglich, sofern die gläubigerschützende sechsmonatige Sperrfrist nach § 237 Abs. 2 Satz 3 iVm § 225 Abs. 2 AktG eingehalten wird.[275] Bei börsennotierten Gesellschaften stellt der Börsenwert der Aktie die absolute Untergrenze der Höhe des Einziehungsentgeltes dar.[276]

Die Einziehung der Aktien nach Erwerb durch die Gesellschaft ist **ohne entsprechende Satzungsregelung möglich** (vgl. § 237 Abs. 1 AktG). Die Satzung kann die Einziehung eigener Aktien zwar beschränken, ein satzungsmäßiger Ausschluss ist jedoch nicht möglich.[277] Die Einziehung setzt zwingend einen entsprechenden Hauptversammlungsbeschluss voraus. Dieser kann jedoch auch im Vorhinein, also für eventuell in der Zukunft von der Gesellschaft erworbene eigene Aktien, gefasst werden.[278]

II. Ordentliches und vereinfachtes Einziehungsverfahren

Für die Einziehung der Aktien sieht das Gesetz zwei Verfahren vor. Hierbei handelt es sich zum einen um das ordentliche Einziehungsverfahren nach § 237 Abs. 2 AktG und zum anderen um das vereinfachte Einziehungsverfahren nach § 237 Abs. 3 bis 5 AktG. Nach § 237 Abs. 2 Satz 1 AktG sind beim ordentlichen Einziehungsverfahren die **Vorschriften über die ordentliche Kapitalherabsetzung**

---

[271] MHdB GesR IV/*Scholz* § 63 Rn. 16; Kölner Komm./*Lutter* § 237 Rn. 71; MünchKomm. AktG/Bd. 4/*Oechsler* § 237 Rn. 64.
[272] *Hüffer/Koch* AktG § 237 Rn. 18; vgl. auch Kölner Komm./*Lutter* § 237 Rn. 71; MHdB GesR IV/*Scholz* § 63 Rn. 16.
[273] Hölters/*Haberstock/Greitemann* AktG § 237 Rn. 47; Spindler/Stilz/*Marsch-Barner* AktG § 237 Rn. 16.
[274] Spindler/Stilz/*Marsch-Barner* AktG § 237 Rn. 17; *Zöllner/Winter* ZHR 1994, 59 (62f.); Marsch-Barner/Schäfer/*Busch* AktG § 49 Rn. 10.
[275] *Hüffer/Koch* AktG § 237 Rn. 17; Hölters/*Haberstock/Greitemann* AktG § 237 Rn. 51; vgl. auch Kölner Komm./*Lutter* § 237 Rn. 63.
[276] Spindler/Stilz/*Marsch-Barner* AktG § 237 Rn. 17 mit Verweis auf BVerfG 1 BvR 1613/94, ZIP 1999, 1436 – DAT/Altana; BVerfG 1 BvR 68/95, 1 BvR 147/97, ZIP 2000, 1670 – Moto Meter; BGH II ZB 15/00, NJW 2001, 2080.
[277] *Hüffer/Koch* AktG § 237 Rn. 19; Kölner Komm./*Lutter* § 237 Rn. 75; MHdB GesR IV/*Scholz* § 63 Rn. 24.
[278] MHdB GesR IV/*Scholz* § 63 Rn. 25; MünchKomm.AktG/Bd. 4/*Oechsler* § 237 Rn. 74; *Hüffer/Koch* AktG § 237 Rn. 21.

zu befolgen.[279] Aufgrund des Verweises bedarf die Einziehung im ordentlichen Verfahren eines Beschlusses der Hauptversammlung. Dieser Beschluss bedarf einer Mehrheit, die mindestens drei Viertel des bei der Beschlussfassung vertretenen Grundkapitals umfasst (§ 222 Abs. 1 Satz 1 AktG), wobei die Satzung höhere Anforderungen stellen kann (§ 222 Abs. 1 Satz 2 AktG). Sind von der Einziehung Aktien mehrerer Gattungen betroffen, bedarf es der Zustimmung der Aktionäre der jeweiligen Gattung im Wege von Sonderbeschlüssen (§ 222 Abs. 2 Satz 1 AktG). Inhaltlich muss der Hauptversammlungsbeschluss bestimmen, welche Art der Einziehung erfolgen soll (Zwangseinziehung oder Einziehung eigener Aktien). Im Fall der Zwangseinziehung sind, sofern die Satzung nicht bereits Regelungen hierüber getroffen hat (vgl. § 237 Abs. 2 Satz 2 AktG), die Voraussetzungen der Einziehung und Einzelheiten der Durchführung aufzuführen. Entsprechend § 222 Abs. 3 AktG ist/sind der/die Zweck(e) der Einziehung festzulegen. Abschließend ist in dem Beschluss der Hauptversammlung noch die Höhe des Herabsetzungsbetrags festzulegen.

168 Ein prägendes Merkmal (und insbesondere Abgrenzungskriterium zur vereinfachten Kapitalherabsetzung) der ordentlichen Kapitalherabsetzung stellt der Gläubigerschutz nach § 225 AktG dar (s. ausführlich Rn. 143 ff.). Neben der Parallele hinsichtlich der Anforderungen an den Beschluss der Hauptversammlung sorgt der Verweis in § 237 Abs. 2 Satz 1 AktG ebenfalls dafür, dass der **Gläubigerschutz iSv § 225 AktG** auch beim ordentlichen Einziehungsverfahren Anwendung findet. Konkret kommt den Aktionären dabei ein Anspruch auf Sicherheitsleistung iSv § 225 Abs. 1 AktG zu (s. a. Rn. 143). Darüber hinaus greifen die Auszahlungssperre iSv § 225 Abs. 2 Satz 1 AktG (vgl. näher Rn. 144) und die Erlasssperre iSv § 225 Abs. 2 Satz 2 AktG (s. a. Rn. 145).

169 Das vereinfachte Einziehungsverfahren ist in § 237 Abs. 3 bis 5 AktG geregelt. § 237 Abs. 3 AktG nimmt bestimmte Tatbestände aus dem Anwendungsbereich des ordentlichen Einziehungsverfahrens heraus. Aus § 237 Abs. 3 AktG ergibt sich, dass das vereinfachte Einziehungsverfahren voraussetzt, dass auf die betroffenen Aktien der Ausgabebetrag voll geleistet wurde und die Aktien der Gesellschaft unentgeltlich zur Verfügung gestellt wurden (§ 237 Abs. 3 Nr. 1 AktG) oder die Aktien zu Lasten des Bilanzgewinns oder einer anderen Gewinnrücklage, soweit sie zu diesem Zweck verwandt werden können, eingezogen werden (§ 237 Abs. 3 Nr. 2 AktG) oder es sich bei den Aktien um Stückaktien handelt und der Hauptversammlungsbeschluss bestimmt, dass sich durch die Einziehung der Anteil der übrigen Aktien am Grundkapital gem. § 8 Abs. 3 AktG erhöht (im Fall der Ermächtigung des Vorstands zur Einziehung kann auch dieser zur Anpassung der Angabe der Zahl der Aktien in der Satzung ermächtigt werden, § 237 Abs. 3 Nr. 3 AktG). Letztere Möglichkeit wurde durch das TransPuG[280] in § 237 Abs. 3 AktG ergänzt um einen sog. **„reserve stock split"** zu ermöglichen.[281]

170 Wie bei der ordentlichen und der vereinfachten Kapitalherabsetzung besteht auch bei dem ordentlichen Einziehungsverfahren und dem vereinfachten Einziehungsverfahren der wesentliche Unterschied darin, dass bei Letzterem ein deutlich **reduziertes Gläubigerschutzniveau** besteht. Dieser beschränkt sich nach § 237 Abs. 5 AktG in den Fällen des Abs. 3 Nr. 1 und 2 darauf, dass in die Kapitalrücklage ein Betrag einzustellen ist, der dem auf die eingezogenen Aktien entfallenden

---

[279] Siehe ausführlich die Ausführungen ab Rn. 139 ff.
[280] Transparenz- und Publizitätsgesetz v. 19.7.2002, BGBl. 2002 I 2681.
[281] *Seibert* NZG 2002, 608 (612); vgl. auch Großkomm. AktG/*Sethe* § 237 Rn. 107; Schmidt/Lutter/*Veil* AktG § 237 Rn. 41.

H. Kapitalherabsetzung durch Einziehung von Aktien 171, 172 § 9

Betrag des Grundkapitals gleichkommt. Die Verpflichtung zur Einstellung dieses Betrags in die Kapitalrücklage hat zur Folge, dass diese nur unter den Bedingungen von § 150 Abs. 3 und 4 AktG wieder aufgelöst werden kann. Das führt dazu, dass der Herabsetzungsbetrag aus der Einziehung nicht an die Aktionäre ausgeschüttet werden darf, sondern nur zum Ausgleich eines Jahresfehlbetrags oder eines Verlustvortrags verwendet werden kann.[282]

III. Durchführung

Auch im Rahmen der Durchführung der Einziehung ist zwischen der angeordneten und der gestatteten Zwangseinziehung zu unterscheiden. Da bei der angeordneten Einziehung bereits alle Voraussetzungen im Vorhinein festgelegt sind, bedarf es hierbei nur noch eines **Einziehungsbeschlusses des Vorstands**. Nach § 238 Satz 2 AktG ist das Grundkapital mit diesem Beschluss herabgesetzt. Bei der gestatteten Zwangseinziehung bedarf es hingegen eines **Beschlusses der Hauptversammlung**. Dieser ist nach §§ 237 Abs. 2 Satz 1, 223 AktG bzw. § 237 Abs. 4 Satz 5 AktG vom Vorstand und vom Vorsitzenden des Aufsichtsrats zur Eintragung in das Handelsregister anzumelden. Nach § 238 Satz 1 AktG ist das Grundkapital um den auf die eingezogenen Aktien entfallenden Betrag herabgesetzt, wenn der Beschluss im Handelsregister eingetragen worden ist oder, wenn die Einziehung nachfolgt, wenn die Einziehung vollzogen worden ist. 171

Zur tatsächlichen Einziehung der Aktien bedarf es nach § 238 Satz 3 AktG einer Handlung der Gesellschaft, die auf **Vernichtung der Rechte** aus den bestimmten Aktien gerichtet ist.[283] Die Einziehungshandlung erfolgt durch eine Willenserklärung, für die der Vorstand zuständig ist.[284] Für die Ausführung von Hauptversammlungsbeschlüssen ist nach § 83 Abs. 2 AktG allein der Vorstand zuständig, so dass dies auch für die Einziehungserklärung iSv § 238 Satz 3 AktG gilt.[285] Diese Einziehungserklärung stellt eine **empfangsbedürftige Willenserklärung** der Gesellschaft dar, die den betroffenen Aktionären zugehen muss und die betreffenden Aktien genau bezeichnen muss.[286] Im Hinblick auf die Form und den Zugang bestehen keine Besonderheiten, so dass die Einziehungserklärung auch konkludent erfolgen kann, wobei es zur Wirksamkeit der Erklärung jedoch erforderlich ist, dass die Erklärung dem Empfänger nach den allgemeinen Vorschriften (insb. § 130 BGB) zugeht.[287] Die Einziehung stellt den wesentlichen Teil der Umsetzung des Kapitalherabsetzungsbeschlusses dar. Sofern keine Satzungsregelung entgegensteht und sich die Einziehung nicht gegen bestimmte Aktionäre richtet, ist es alternativ ausreichend, wenn die Einziehungserklärung in den Gesellschafts- 172

---

[282] Spindler/Stilz/*Marsch-Barner* AktG § 237 Rn. 39; MHdB GesR IV/*Scholz* § 63 Rn. 43; vgl. auch Bürgers/Körber/*Becker* AktG § 237 Rn. 47.
[283] Spindler/Stilz/*Marsch-Barner* AktG § 238 Rn. 7; MHdB GesR IV/*Scholz* § 63 Rn. 47; *Hüffer/Koch* AktG § 238 Rn. 7.
[284] *Hüffer/Koch* AktG § 238 Rn. 7; Spindler/Stilz/*Marsch-Barner* § 238 Rn. 7; Kölner Komm. AktG/*Lutter* § 238 Rn. 8; Spindler/Stilz/*Marsch-Barner* § 238 Rn. 7.
[285] Spindler/Stilz/*Marsch-Barner* AktG § 238 Rn. 7; Schmidt/Lutter/*Veil* AktG § 238 Rn. 7; Hölters/*Haberstock/Greitemann* AktG § 238 Rn. 8.
[286] Hölters/*Haberstock/Greitemann* AktG § 238 Rn. 9; *Hüffer/Koch* AktG § 238 Rn. 8; Spindler/Stilz/*Marsch-Barner* AktG § 238 Rn. 8.
[287] *Hüffer/Koch* AktG § 238 Rn. 8; Hölters/*Haberstock/Greitemann* AktG § 238 Rn. 9; Bürgers/Körber/*Becker* AktG § 238 Rn. 6, 8.

blättern veröffentlicht wird.[288] Mit dem Wirksamwerden der Kapitalherabsetzung (§ 238 Satz 1 oder 2 AktG) gehen die von den eingezogenen Aktien verkörperten **Mitgliedschaftsrechte** unter. Die verbleibenden Aktienurkunden verbriefen nach der Einziehung nur noch den Anspruch auf die Zahlung einer Entschädigung für die Einziehung.[289]

I. Sonderformen der Kapitalbeschaffung

I. Wandelschuldverschreibungen

173 Die vorweg beschriebenen Kapitalmaßnahme stellen allesamt Maßnahmen der Eigenfinanzierung dar. Diese stellen dabei zum Teil Innenfinanzierung (insbesondere Kapitalerhöhung aus Gesellschaftsmitteln) und teilweise Außenfinanzierung (alle Formen der Beteiligungsfinanzierung, die nicht aus Gesellschaftsmitteln erfolgt) dar. Neben der Eigenfinanzierung haben Aktiengesellschaften jedoch auch die Möglichkeit der **Fremdfinanzierung**.[290] In § 221 AktG regelt das Gesetz die Schuldverschreibung als besondere Form der Fremdfinanzierung. Wird den Gläubigern dabei aufgrund der Schuldverschreibungen ein Umtausch- oder Bezugsrecht auf Aktien eingeräumt, handelt es sich dabei nach gesetzlicher Definition um Wandelschuldverschreibungen. Bei Wandelschuldverschreibungen mit Umtauschrecht erhalten die Gläubiger für die Kapitalgewährung ein **Wahlrecht** zwischen dem idR verzinsten Rückzahlungsanspruch und der Gewährung einer bestimmten Anzahl von Aktien der Gesellschaft.[291] Diese Form des Umtauschrechts wird auch als Wandelanleihe bezeichnet.[292] Bei Wandelschuldverschreibungen mit **Bezugsrecht** wird den Gläubigern hingegen zusätzlich zu ihrem Rückzahlungsanspruch ein Aktienbezugsrecht dergestalt eingeräumt, dass sie innerhalb eines bestimmten Zeitraums, für ein vereinbartes Entgelt, eine bestimmte Anzahl von Aktien der Gesellschaft erwerben können.[293] Diese Form des Bezugsrechts wird auch Optionsanleihe genannt.[294]

174 In der Unternehmensfinanzierung stellen Wandelschuldverschreibungen ein wichtiges Finanzierungsinstrument dar. Durch das **spekulative Element der möglichen Kurssteigerungen** kann sich die Gesellschaft gewöhnlich eine relativ geringe Festverzinsung „erkaufen", so dass die Kapitalkosten der Anleihe insgesamt gering ausfallen.[295] Für die Anleger bedeutet das spekulative Element hingegen die Aussicht auf enorme Wertsteigerungen während der Laufzeit ihrer Anleihe.[296] Das

---

[288] *Hüffer/Koch* AktG § 238 Rn. 8; MünchKomm. AktG/Bd. 4/*Oechsler* § 238 Rn. 5; Spindler/Stilz/*Marsch-Barner* AktG § 238 Rn. 8.
[289] *Hüffer/Koch* AktG § 238 Rn. 5; Spindler/Stilz/*Marsch-Barner* AktG § 238 Rn. 5; Hölters/*Haberstock/Greitemann* AktG § 238 Rn. 13.
[290] MHdB GesR IV/*Scholz* § 64 Rn. 1.
[291] MünchKomm. AktG/Bd. 4/*Habersack* § 221 Rn. 29.
[292] Vgl. etwa Spindler/Stilz/*Seiler* AktG § 221 Rn. 5; Henssler/Strohn/*Hermanns* AktG § 221 Rn. 4.
[293] MHdB GesR IV/*Scholz* § 64 Rn. 7; Henssler/Strohn/*Hermanns* AktG § 221 Rn. 4.
[294] Vgl. etwa Spindler/Stilz/*Seiler* AktG § 221 Rn. 6; MHdB GesR IV/*Scholz* § 64 Rn. 7; Henssler/Strohn/*Hermanns* § 221 Rn. 4.
[295] Vgl. auch MHdB GesR IV/*Scholz* § 64 Rn. 9.
[296] Vgl. MünchKomm. AktG/Bd. 4/*Habersack* § 221 Rn. 10 und 13.

I. Sonderformen der Kapitalbeschaffung

Risiko der Fehlentwicklung wird für die Anleger dadurch abgefedert, dass sie auf jeden Fall einen **verzinsten Rückzahlungsanspruch** haben.[297]

Nach § 221 Abs. 1 Satz 1 Var. 1 AktG dürfen Wandelschuldverschreibungen nur auf Grund eines Beschlusses der Hauptversammlung ausgegeben werden. Der Beschluss bedarf dabei nach § 221 Abs. 1 Satz 2 AktG einer Mehrheit, die mindestens drei Viertel des bei der Beschlussfassung vertretenen Grundkapitals umfasst. Von diesem Erfordernis kann nach § 221 Abs. 1 Satz 3 AktG durch Satzungsregelung abgewichen werden, indem eine andere Kapitalmehrheit und weitere Erfordernisse bestimmt werden. Bei Vorliegen von mehreren Aktiengattungen gilt nach § 221 Abs. 1 Satz 4 AktG die Regelung von § 182 Abs. 2 AktG. Hiernach bedarf der Hauptversammlungsbeschluss zu seiner Wirksamkeit bei mehreren vorhandenen Gattungen von stimmberechtigten Aktien der Zustimmung der Aktionäre jeder Gattung in Form von **Sonderbeschlüssen**. Die Voraussetzungen für den Hauptversammlungsbeschluss über die Ausgabe von Wandelschuldverschreibungen gleicht somit denen beim Kapitalerhöhungsbeschluss im Rahmen der (regulären) Kapitalerhöhung, so dass insoweit auf die Ausführungen unter Rn. 13 ff. verwiesen wird.

Aus § 221 Abs. 1 Satz 1 AktG geht hervor, dass der Hauptversammlungsbeschluss die Ausgabe der Wandelschuldverschreibungen nicht bereits konkret festlegen muss, sondern ein Beschluss ausreicht, in dem der Vorstand zur Ausgabe von Wandelschuldverschreibungen ermächtigt wird. Diese Ermächtigung darf jedoch nach § 221 Abs. 2 AktG höchstens für fünf Jahre erteilt werden, wobei die Frist mit der Beschlussfassung beginnt.[298]

Hinsichtlich des inhaltlichen Umfangs des Hauptversammlungsbeschlusses schweigt das Gesetz. Der **Mindestinhalt** ergibt sich jedoch aus der Notwendigkeit, die unterschiedlichen Arten und Möglichkeiten der Ausgestaltung von Wandelschuldverschreibungen voneinander abgrenzen zu können.[299] So muss aus dem Beschluss hervorgehen, ob Wandel- oder Optionsanleihen ausgegeben werden sollen und welchen Nennbetrag diese aufweisen sollen.[300] Weiter ist festzulegen, ob der Vorstand zur Ausgabe der Anleihen verpflichtet oder nur ermächtigt werden soll.[301] Im Fall der Ermächtigung muss diese innerhalb der Fünfjahresfrist zeitlich begrenzt werden.[302] Über den Mindestinhalt hinaus werden in der Praxis häufig auch die **Anleihebedingungen** Teil des Hauptversammlungsbeschlusses.[303]

Den Hauptversammlungsbeschluss über die Ausgabe der Wandelschuldverschreibungen sowie eine Erklärung über deren Ausgabe haben der Vorstand und der Vorsitzende des Aufsichtsrats nach § 221 Abs. 2 Satz 2 AktG **beim Handelsregister zu hinterlegen**. An die zu hinterlegenden Dokumente werden unterschiedliche Formerfordernisse gestellt. Während der Hauptversammlungsbeschluss in seiner Ausfertigung oder in notariell beglaubigter Abschrift hinterlegt werden muss, genügt für die Erklärung die einfache Schriftform. Darüber hinaus ist nach § 221

---

[297] Spindler/Stilz/*Seiler* AktG § 221 Rn. 10; Kölner Komm./*Lutter* § 221 Rn. 17; vgl. auch MHdB GesR IV/*Scholz* § 64 Rn. 9; *Hüffer/Koch* AktG § 221 Rn. 10; Henssler/Strohn/ *Hermanns* AktG § 221 Rn. 10.
[298] Hölters/*Haberstock/Greitemann* AktG § 238 Rn. 62; MünchKomm. AktG/Bd. 4/*Habersack* § 221 Rn. 56 f.; *Hüffer/Koch* AktG § 221 Rn. 13;
[299] *Hüffer/Koch* AktG § 221 Rn. 10; Henssler/Strohn/*Hermanns* AktG § 221 Rn. 10.
[300] *Hüffer/Koch* AktG § 221 Rn. 10; Henssler/Strohn/*Hermanns* AktG § 221 Rn. 10.
[301] Henssler/Strohn/*Hermanns* AktG § 221 Rn. 10; *Hüffer/Koch* AktG § 221 Rn. 9.
[302] *Hüffer/Koch* AktG § 221 Rn. 10; Großkomm. AktG/*Hirte* § 221 Rn. 107 f.
[303] Spindler/Stilz/*Seiler* AktG § 221 Rn. 59.

Abs. 2 Satz 3 AktG ein Hinweis auf den Beschluss zu erteilen und die Erklärung in den Gesellschaftsblättern bekanntzumachen.

179 Unabhängig davon, ob die Gesellschaft Wandel- oder Optionsanleihen ausgibt, erhalten die Gläubiger die Möglichkeit, nach dem Ende der Laufzeit Aktien der Gesellschaft zu erhalten. Durch diese (potenzielle) Ausgabe neuer Aktien droht den Aktionären eine Verwässerung ihrer Anteile. Diesem Risiko tritt § 221 Abs. 4 Satz 1 AktG entgegen, indem auch bei Wandelschuldverschreibungen ein **gesetzliches Bezugsrecht der Aktionäre** angeordnet wird. Für die Einzelheiten des Bezugsrecht verweist § 221 Abs. 4 Satz 2 AktG auf § 186 AktG und somit auf die **Grundsätze der regulären Kapitalerhöhung**. Der Verweis enthält dabei keinerlei Einschränkungen, so dass auch die Grundsätze der regulären Kapitalerhöhung hinsichtlich des Bezugsrechtsausschlusses auf die Ausgabe von Wandelschuldverschreibungen Anwendung finden.[304] Für Einzelheiten wird auf die Ausführungen unter Rn. 51 ff. verwiesen.

180 Die Höhe der Verzinsung hängt auch bei Wandelschuldverschreibungen entscheidend von der finanziellen Verfassung der Gesellschaft ab. Um den Rückzahlungsanspruch der Gläubiger abzusichern und dadurch eine geringere Verzinsung zu erreichen, wird in der Praxis **bedingtes Kapital** geschaffen (§ 192 Abs. 2 Nr. 1 AktG) vgl. Rn. 57 f.[305] Dieses soll sicherstellen, dass die Gesellschaft ihren Verpflichtungen am Ende der Laufzeit vertragsgemäß nachkommen kann.[306] Findet die Kapitalerhöhung ausschließlich aus Gesellschaftsmitteln statt, kann dies wegen § 216 Abs. 3 AktG im Einzelfall dazu führen, dass der Ausgabebetrag der Schuldverschreibung nicht mehr den geringsten Ausgabebetrag der Bezugsaktien deckt.[307] Eine solche Unterpari-Emission ist durch den Gesetzgeber nach § 9 Abs. 1 AktG jedoch ausdrücklich verboten. Eine Ausgabe von Bezugsaktien gegen Wandelschuldverschreibungen findet in diesen Fall somit grundsätzlich nur unter der Voraussetzung statt, dass vorbezeichneter Differenzbetrag aus einer anderen Gewinnrücklage oder durch Zuzahlung des Umtauschberechtigten gedeckt ist (§ 199 Abs. 2 Satz 1 AktG). Indem die Vereinbarung einer Zuzahlungspflicht stets einen wirtschaftlichen Nachteil für den Inhaber der Wandelschuldverschreibung darstellt, hätte dies im Regelfall zur Folge, dass der AG eigene Rücklagen entzogen würden.[308] Um dies zu verhindern, schreibt § 218 Satz 2 AktG die Bildung einer Sonderrücklage in entsprechender Höhe vor.[309] Dies hat spätestens im Zeitpunkt der Beschlussfassung über die Kapitalerhöhung zu geschehen.[310] Neben die klassischen Wandel- und Optionsanleihen treten in der Praxis viele Sonderformen (zB Huckepack-Emmissionen, Naked Warrants oder sog. Warrant-Anleihen vgl. Rn. 59 f.). Ihre rechtliche Behandlung hängt sehr stark von der jeweiligen Ausgestaltung des Finanzinstruments im Einzelfall ab, so dass sowohl die Zulässigkeit als auch ihre rechtlichen Grenzen im Einzelnen nicht abschließend geklärt sind.[311]

---

[304] OLG Schleswig 5 U 8/00, AG 2003, 48; MHdB GesR IV/ *Scholz* § 64 Rn. 3.
[305] Vgl. auch MünchKomm. AktG/Bd. 4/*Fuchs* § 192 Rn. 45 f.
[306] MHdB GesR IV/*Scholz* § 64 Rn.44; MünchKomm. AktG/Bd. 4/*Habersack* § 221 Rn. 216; Hölters/*Haberstock/Greitemann* AktG § 238 Rn. 66.
[307] Spindler/Stilz/*Fock/Wüsthoff* AktG § 218 Rn. 4; MünchKomm. AktG/Bd. 4/*Arnold* § 218 Rn. 11.
[308] MünchKomm. AktG/Bd. 4/*Arnold* § 218 Rn. 11.
[309] Spindler/Stilz/*Fock/Wüsthoff* AktG § 218 Rn. 5.
[310] MünchKomm. AktG/Bd. 4/*Arnold* § 218 Rn. 19; Spindler/Stilz/*Fock/Wüsthoff* AktG § 218 Rn. 6.
[311] Vgl. MHdB GesR IV/*Scholz* § 64 Rn. 53; siehe auch differenzierte Darstellung von *Wolff* WiB 1997, 505.

II. Gewinnschuldverschreibungen

Neben Wandelschuldverschreibungen umfasst § 221 Abs. 1 Satz 1 AktG auch Schuldverschreibungen, bei denen die Rechte der Gläubiger mit Gewinnanteilen von Aktionären in Verbindung gebracht werden. Im Gegensatz zu Wandelschuldverschreibungen, bei denen die Gläubiger regelmäßig neben ihrer Möglichkeit, Anteile an der Gesellschaft zu erhalten, einen fest verzinsten Rückzahlungsanspruch erhalten, orientieren sich die Rechte der Gläubiger bei Gewinnschuldverschreibungen an den Gewinnanteilen der Aktionäre.[312] Dies bedeutet zum einen, dass die Verzinsung variabel, nämlich gewinnorientiert, ausgestaltet ist.[313] Zum anderen geht aus der Legaldefinition hervor, dass sich die Ansprüche/Rechte der Gläubiger von Gewinnschuldverschreibungen auf den **Rückzahlungs- und Zinsanspruch** beschränken. Die Gewinnschuldverschreibungen begründen für die Gläubiger **keine Rechte zum Anteilserwerb**.[314]

Die konkrete Ausgestaltung der Bemessungsgrundlage „Gewinn" obliegt den Vertragsparteien. Hierbei steht den Parteien weitgehende **Gestaltungsfreiheit** zu. Mögliche Anknüpfungspunkte stellen etwa der Bilanzgewinn, die Dividende oder die Gesamtkapitalrendite dar.[315] Es sind aber auch andere ergebnisorientierte Faktoren möglich. Ebenfalls im Ermessen der Parteien liegt es, den Bezugspunkt der genannten Faktoren zu bestimmen. So ist es möglich, die Erfolgsfaktoren der Gesellschaft als maßgeblichen Bezugspunkt zu erklären oder sich an dem Konzern, einzelnen Sparten oder Teilbereichen zu orientieren.[316] Darüber hinaus ist es auch denkbar, mehrere Faktoren zu berücksichtigen und mit einem Schlüssel unterschiedlich zu gewichten.[317] Hinsichtlich der Anforderungen an den Hauptversammlungsbeschluss differenziert § 221 AktG nicht zwischen Wandelschuldverschreibungen und Gewinnschuldverschreibungen. Für Gewinnschuldverschreibungen gelten daher die gleichen Regeln wie für Wandelschuldverschreibungen, so dass auf die Ausführungen unter Rn. 173 ff. verwiesen wird.

III. Genussrechte

Nach § 221 Abs. 3 AktG gelten die **Regeln über die Ausgabe von Wandelschuldverschreibungen und Gewinnschuldverschreibungen** im § 221 Abs. 1 AktG sinngemäß auch für Genussrechte. Anders als bei Wandelschuldverschreibungen und Gewinnschuldverschreibungen findet sich im Gesetz jedoch **keine Definition** von Genussrechten. Von einer Definition hat der Gesetzgeber Abstand genommen, um die weitere Entwicklung nicht zu bremsen und der Praxis

---

[312] Spindler/Stilz/*Seiler* AktG § 221 Rn. 17.
[313] Vgl. MHdB GesR IV/*Scholz* § 64 Rn. 66.
[314] Siehe zum lediglich schuldrechtlichen Charakter der Gewinnschuldverschreibung auch MünchKomm.AktG/Bd. 4/*Habersack* § 221 Rn. 57.
[315] Vgl. Schmidt/Lutter/*Merkt* AktG § 221 Rn. 42; MünchKomm. AktG/Bd. 4/*Habersack* § 221 Rn. 55 f.
[316] Spindler/Stilz/*Seiler* AktG § 221 Rn. 17; Schmidt/Lutter/*Merkt* AktG § 221 Rn. 42; Bürgers/Körber/*Stadler* AktG § 221 Rn. 6 f.
[317] Vgl. MHdB GesR IV/*Scholz* § 64 Rn. 66; MünchKomm. AktG/Bd. 4/*Habersack* § 221 Rn. 55 f.

184 zu überlassen.[318] Das AktG, wie auch andere Gesetze (zB § 17 EStG), setzen die Existenz von Genussrechten schlicht voraus.[319]
Die Definition von Genussrechten orientiert sich vielmehr am Normzweck des § 221 AktG. Das prägende Merkmal von Genussrechten stellt die Gewährung von Vermögensrechten dar, welche **typischerweise den Aktionären zustehen**.[320] In Frage kommen hierfür etwa eine Beteiligung am Gewinn der Gesellschaft und/oder am Liquidationserlös oder Leistungen sonstiger Art (zB Anspruch auf Dienstleistungen).[321] Erforderlich ist jedoch, dass die Ausgabe der Rechte mit entsprechendem Inhalt einen Umfang erreicht, welcher über einen **formularmäßigen Emissionscharakter** verfügt. Dies erscheint notwendig, um Genussrechte von einzelvertraglichen Vereinbarungen abzugrenzen, da Letztere nicht in den Anwendungsbereich von § 221 AktG fallen sollen.[322]

185 Im Gegensatz zu Vorzugsaktien gewähren Genussrechte nach überwiegender Ansicht **keine Mitgliedschaftsrechte** an der Gesellschaft.[323] Genussrechte gewähren ihren Inhabern vielmehr **ausschließlich schuldrechtliche Ansprüche**, so dass sich Genussrechtsinhaber und Gesellschaft als Gläubiger und Schuldner gegenüber stehen.[324] Aufgrund des weitreichenden Anwendungsbereichs erscheint die Bandbreite der inhaltlichen Ausgestaltung der Genussrechte mannigfaltig. Auch hier steht den Vertragsparteien somit weitgehende **Gestaltungsfreiheit** zu.[325] Aufgrund des Erfordernisses eines gewissen Emissionsvolumens (siehe Rn. 184) ist es in der Praxis üblich, dass von der Gesellschaft Genussscheinbedingungen gestellt werden, welche die Einzelheiten der Genussrechte regeln und für einheitliche Rahmenbedingungen der Genussrechte sorgen. Genussscheinbedingungen unterliegen dabei der **AGB-rechtlichen Inhaltskontrolle** nach den §§ 305 ff. BGB.[326]

186 Aufgrund des Verweises von § 221 Abs. 3 AktG auf die Regelungen betreffend Wandel- und Gewinnschuldverschreibungen gelten auch hinsichtlich des Erfordernisses eines Hauptversammlungsbeschlusses und dessen Voraussetzungen die gleichen Regelungen wie bei den Wandel- und Gewinnschuldverschreibungen. Für Einzelheiten wird daher auf die Ausführungen unter Rn. 173 ff. verwiesen.

IV. Stille Gesellschaft

187 Während die zuvor dargestellten Finanzierungsinstrumente lediglich schuldrechtliche Ansprüche gewähren, bzw. erst am Ende der Laufzeit den mitgliedschaftlichen Eintritt in die Gesellschaft ermöglichen, begründet die stille Gesellschaft ein weiteres **Gesellschaftsverhältnis**.[327] Die stille Gesellschaft stellt jedoch eine

---

[318] Vgl. *Hüffer/Koch* AktG § 221 Rn. 23; MünchKomm. AktG/Bd. 4/*Habersack* § 221 Rn. 64; Schmidt/Lutter/*Merkt* AktG § 221 Rn. 43.
[319] Spindler/Stilz/*Seiler* AktG § 221 Rn. 21.
[320] Kölner Komm./*Lutter*, 2. Auflage 1994, § 221 Rn. 21; Schmidt/Lutter/*Merkt* AktG § 221 Rn. 43; Bürgers/Körber/*Stadler* AktG § 221 Rn. 83.
[321] Spindler/Stilz/*Seiler* AktG § 221 Rn. 22.
[322] Siehe zum Meinungsstreit über die Abgrenzung MHdB GesR IV/*Scholz* § 64 Rn. 7 mwN.
[323] BGH II ZR 172/91, BGHZ 119, 305 (310 ff.) = NJW 1993, 57 – „Klöckner".
[324] Spindler/Stilz/*Seiler* AktG § 221 Rn. 24.
[325] Näher zu den Gestaltungsmöglichkeiten auch Kölner Komm./*Florstedt* § 221 Rn. 537 ff.
[326] OLG Frankfurt a. M. 19 U 12/11, AG 2012, 596 (597).
[327] Die stille Gesellschaft ist eine Personengesellschaft und stellt nach hM eine besondere Form der GbR dar, Oetker/*Wedemann* HGB § 230 Rn. 1 f.

I. Sonderformen der Kapitalbeschaffung

reine Innengesellschaft dar, welche nicht nach außen auftritt. Daher haben die Vermögensrechte auch bei der stillen Gesellschaft (lediglich) **schuldrechtlichen Charakter.**[328] Der mitgliedschaftliche Charakter der stillen Gesellschaft zeigt sich vielmehr bei der Anknüpfung an die Vermögensrechte der Gesellschafter. In Anlehnung an Dividendenansprüche knüpft die Vergütung häufig an die Ertragslage der Gesellschaft an. Im Gegensatz zu außenstehenden Dritten haftet der stille Gesellschafter bis zur Höhe seiner Einlage auch für Verluste der Gesellschaft.[329]

Bei der stillen Gesellschaft wird zwischen der typischen und der atypischen stillen Gesellschaft unterschieden.[330] Maßgebliche Abgrenzungskriterien stellen dabei die **Bemessungsgrundlage** (der Anknüpfungspunkt) für die Vermögensrechte der stillen Gesellschafter und die Frage dar, ob den stillen Gesellschaftern **Mitwirkungsrechte** zustehen.[331] Ist Letzteres zu verneinen, stehen den stillen Gesellschaftern also keine Mitwirkungsrechte, sondern lediglich Informations- und Kontrollrechte zu, und orientieren sich die Vermögensrechte (Beteiligung am Gewinn/Verlust) am laufenden Gewinn der Gesellschaft, handelt es sich um eine typische stille Gesellschaft.[332] Die atypische stille Gesellschaft zeichnet sich demgegenüber dadurch aus, dass der stille Gesellschafter über den laufenden Gewinn hinaus auch an den außerordentlichen Erträgen, den stillen Reserven und dem Geschäftswert beteiligt wird.[333] Darüber hinaus kommen dem stillen Gesellschafter der atypischen stillen Gesellschaft neben Informations- und Kontrollrechten weitergehende Mitwirkungsrechte wie beispielsweise Stimm- und/oder Vetorechte zu.[334]

Da ein Wesensmerkmal der stillen Gesellschaft die **Beteiligung der stillen Gesellschafter am Gewinn** der Gesellschaft darstellt, fällt die stille Beteiligung regelmäßig in den Anwendungsbereich von § 292 Abs. 1 Nr. 2 AktG und stellt somit einen Teilgewinnabführungsvertrag dar.[335] Dies gilt für die typische und atypische stille Gesellschaft gleichermaßen.[336] Rechtliche Konsequenz der Klassifizierung der stillen Gesellschaft als **Unternehmensvertrag** ist, dass jeder Unternehmensvertrag zu dessen Wirksamkeit nach § 293 Abs. 1 Satz 1 AktG der Zustimmung der Hauptversammlung und nach § 294 AktG der Eintragung ins Handelsregister bedarf. Sofern der stille Gesellschafter ebenfalls in der Rechtsform einer AG oder KGaA organisiert ist, bedarf der Unternehmensvertrag zu seiner Wirksamkeit nach § 293 Abs. 2 Satz 1 AktG darüber hinaus der Zustimmung der entsprechenden Hauptversammlung des stillen Gesellschafters.

---

[328] Baumbach/Hopt/*Roth* HGB § 230 Rn. 2.
[329] Vgl. MünchKomm. HGB/Bd. 3/*K. Schmidt* § 230 Rn. 13; Henssler/Strohn/*Servatius* HGB § 230 Rn. 38.
[330] Oetker/*Wedemann* HGB § 230 Rn. 40.
[331] Vgl. Koller/Kindler/Roth/Morck/*Kindler* HGB § 230 Rn. 3 f.
[332] Siehe zu den Merkmalen der typischen stillen Gesellschaft auch MHdB GesR II/*Keul* § 73 Rn. 29.
[333] EBJS/*Gehrlein* HGB § 230 Rn. 65 ff.
[334] Siehe zu den Möglichkeiten der vertraglichen Gestaltung von Mitwirkungsrechten auch *Blaurock* Hdb. Stille Gesellschaft, § 12 Rn. 45 f.
[335] *Emmerich/Habersack* AktG § 292 Rn. 29 ff.
[336] Hüffer/*Koch* AktG § 292 Rn. 15; MünchKomm. AktG/Bd. 5/*Altmeppen* § 292 Rn. 65 f.; *Emmerich/Habersack* AktG § 292 Rn. 29.

J. Besonderheiten bei der KGaA

I. Allgemeines

190 Die zuvor beschriebenen Kapitalmaßnahmen der Eigenfinanzierung betreffen ausnahmslos das Grundkapital der (Aktien-)Gesellschaft. Da die KGaA auch ein Grundkapital aufweist, sind die Kapitalmaßnahmen, die an das Grundkapital anknüpfen, auch auf die KGaA anwendbar. Dies ergibt sich aus § 278 Abs. 3 AktG. Hinsichtlich Kapitalmaßnahmen der Eigenfinanzierung bei der KGaA wird daher auf die obigen Ausführungen verwiesen. Nachfolgend soll lediglich auf die Besonderheiten der KGaA gegenüber der AG im Rahmen von Kapitalmaßnahmen eingegangen werden. Nach § 285 Abs. 2 AktG bedürfen Beschlüsse der Hauptversammlung bei der KGaA der Zustimmung der persönlich haftenden Gesellschafter, soweit sie Angelegenheiten betreffen, für die bei einer Kommanditgesellschaft das Einverständnis der persönlich haftenden Gesellschafter und der Kommanditisten erforderlich ist. Kapitalmaßnahmen bedürfen bei der KGaA grundsätzlich der **Mitwirkung beider Gesellschaftergruppen**, damit eine Gesellschaftergruppe nicht ohne Zustimmung der anderen Gesellschaftergruppe das Gesellschaftskapital verändern kann.[337] Daher bedarf bei der KGaA nach § 285 Abs. 2 AktG jeder Kapitalerhöhungs- oder Kapitalherabsetzungsbeschluss der Hauptversammlung zu seiner Wirksamkeit zusätzlich der **Zustimmung der persönlich haftenden Gesellschafter**.[338] Die Zustimmungserklärung zu den Hauptversammlungsbeschlüssen ist eine empfangsbedürftige Willenserklärung, die nicht zwingend in der Hauptversammlung abzugeben ist. Es reicht vielmehr, wenn die Erklärung nach dem Hauptversammlungsbeschluss abgegeben wird.[339] Empfangsberechtigt sind sowohl die Hauptversammlung, vertreten durch ihren Versammlungsleiter, als auch der Aufsichtsrat. Darüber hinaus kann die Satzung weitere empfangsberechtigte Personen oder Organe bestimmen.[340]

191 Der Verweis in § 278 Abs. 3 AktG umfasst unstreitig auch die Vorschriften über das **Bezugsrecht** der Aktionäre im Rahmen von Kapitalerhöhungen und die Voraussetzungen für ein Ausschluss des Bezugsrechts.[341] Ein Bezugsrecht kann tatbestandlich jedoch nur Aktionären zustehen. Das hinsichtlich den Bezugsrechten im Rahmen von aktienrechtlichen Kapitalmaßnahmen vorausgehend Erläuterte gilt bei der KGaA daher ohne Weiteres nur für die Kommanditaktionäre. Den Komplementären der KGaA steht kein Bezugsrecht zu. Sind die Komplementäre zugleich Kommanditaktionäre, dann stehen ihnen lediglich aus ihrer Aktionärsstellung Bezugsrechte zu.[342]

192 Nach § 281 Abs. 2 AktG können Vermögenseinlagen der Komplementäre entweder auf das Grundkapital geleistet oder nach Art und Höhe in der Satzung festgesetzt werden. Bei der KGaA ist es daher nicht notwendig, dass das durch die Komplementäre aufzubringende Eigenkapital (anders als bei den Kommanditak-

---

[337] Bürgers/Fett KGaA/*Fett* § 7 Rn. 2; MHdB GesR IV/*Herfs* § 79 Rn. 1.
[338] MHdB GesR IV/*Herfs* § 79 Rn. 9; vgl. auch Spindler/Stilz/*Bachmann* § 285 Rn. 32.
[339] Vgl. Hölters/*Müller-Michaels* § 285 Rn. 6, nach dem die Zustimmung auch als Genehmigung (§ 184 BGB) erteilt werden kann.
[340] MünchKomm. AktG/Bd. 5/*Perlitt* § 285 Rn. 51.
[341] Vgl. Hölters/*Müller-Michaels* § 278 Rn. 19.
[342] MHdB GesR IV/*Herfs* § 79 Rn. 10, mit weiteren Ausführungen zu den Maßnahmen betreffend den Schutz der Beteiligung der Komplementäre vor Verwässerung.

J. Besonderheiten bei der KGaA 193, 194 § 9

tionären) durch Einlagen auf das Grundkapital geleistet wird. Stattdessen kann der Komplementär auch **Vermögenseinlagen** in Form von Sondereinlagen leisten, die nicht auf das Grundkapital der KGaA angerechnet werden.[343] Diese Sondereinlagen sind nach § 281 Abs. 2 AktG jedoch nach Art und Höhe in der Satzung festzusetzen.[344] Nach § 286 Abs. 2 Satz 1 AktG sind diese Kapitalanteile in der Jahresbilanz nach dem Posten „Gezeichnetes Kapital" gesondert auszuweisen.

II. Die Vermögenseinlage der Komplementäre

Die Art und Höhe der Vermögenseinlage der Komplementäre muss in der Satzung festgesetzt werden. Die Festsetzung in der Satzung stellt dabei eine Satzungsänderung dar, da die Satzung sowohl bei ihrer erstmaligen Schaffung als auch bei späteren Änderungen entweder um Art und Höhe erweitert oder um die Höhe korrigiert werden muss. Zur Satzungsänderung ist nach § 179 Abs. 1 AktG ein Hauptversammlungsbeschluss erforderlich, der nach § 179 Abs. 2 Satz 1 AktG mindestens drei Viertel des bei der Beschlussfassung vertretenen Grundkapitals umfassen muss. Von diesem Erfordernis kann nach § 179 Abs. 2 Satz 3 AktG durch eine Satzungsregelung abgewichen werden, jedoch nur sofern die Regelung eine größere Kapitalmehrheit erfordert. Wie in Rn. 190 erläutert erfordern Kapitalmaßnahmen bei der KGaA grundsätzlich die Mitwirkung beider Gesellschaftergruppen. Auch bei der Vermögenseinlage ist daher nach § 285 Abs. 2 Satz 2 AktG neben dem Hauptversammlungsbeschluss die **Zustimmung der Komplementäre** erforderlich. Im Falle des Vorliegens von Vorzugsaktien ist kein zustimmender Sonderbeschluss der Aktionäre erforderlich. Dies liegt daran, dass § 142 Abs. 2 AktG nicht anwendbar ist, da die Vorzugsaktien bereits vorhanden sind und nicht neu geschaffen werden. Eine Anwendbarkeit von § 179 Abs. 3 AktG scheidet demzufolge aus, da das Verhältnis zwischen Stamm- und Vorzugsaktien durch die Vermögenseinlage nicht verändert wird.[345] 193

Die Vermögenseinlage stellt eine **Sonderform der Eigenkapitalausstattung** 194 dar, die nach § 281 Abs. 2 AktG gerade nicht auf das Grundkapital geleistet wird, so dass sich die Vermögenseinlage nicht nach den aktienrechtlichen, das Grundkapital betreffenden, Kapitalvorschriften der §§ 182 ff. AktG richtet. Für die Vermögenseinlage gelten vielmehr die für die Kommanditgesellschaft maßgeblichen Vorschriften nach § 278 Abs. 2 AktG iVm § 705 BGB iVm §§ 105 Abs. 2, 161 Abs. 2 HGB.[346] Die Unanwendbarkeit der aktienrechtlichen Vorschriften hat die Konsequenz, dass den Aktionären bei einer Schaffung oder Erhöhung der Vermögenseinlagen **kein gesetzliches Bezugsrecht** iSv § 186 AktG zusteht.[347] Um die Aktionäre dennoch vor einer Verwässerung ihres Aktienbesitzes zu schützen, kommt eine analoge Anwendung von § 255 AktG in Betracht.[348] Hiernach sind die Aktionäre vor einer Verwässerung ihrer Aktien geschützt, wenn das Bezugsrecht wirksam ausgeschlossen wurde, aber die Durchführung der Kapitalerhöhung ohne Bezugsrecht zu einer **unangemessen Benachteiligung der Aktionäre** führen würde.

---

[343] Vgl. MünchKomm. AktG/Bd. 5/*Perlitt* § 281 Rn. 17.
[344] *Hüffer/Koch* AktG § 281 Rn. 2; Hölters/*Müller-Michaels* AktG § 281 Rn. 3.
[345] MHdB GesR IV/*Herfs* § 79 Rn. 3.
[346] Vgl. auch MHdB GesR IV/*Herfs* § 79 Rn. 4; vgl. auch Bürgers/Fett KGaA/*Fett* § 7 Rn. 5.
[347] Vgl. MHdB GesR IV/*Herfs* § 79 Rn. 4.
[348] MHdB GesR IV/*Herfs* § 79 Rn. 6; aA Bürgers/Fett KGaA/*Fett* § 7 Rn. 7.

Der Schutzzweck lässt sich ohne Weiteres auf die Vermögenseinlage übertragen. Mangels Anwendbarkeit der aktienrechtlichen Vorschriften für die Vermögenseinlage besteht für die Aktionäre kein Bezugsrecht. Insofern ist kein Grund ersichtlich, warum § 255 HGB eingreift, wenn das Bezugsrecht nach § 186 Abs. 3 AktG wirksam ausgeschlossen wurde, die Anwendbarkeit aber ausgeschlossen sein sollte, wenn den Aktionären bei der Vermögenseinlage von vornherein gar kein Bezugsrecht zusteht.[349]

195 Auch bei der Vermögenseinlage der Komplementäre besteht die Möglichkeit „genehmigtes Komplementärkapital" zu schaffen.[350] Hierfür sind ein entsprechender **Hauptversammlungsbeschluss und die Zustimmung der Komplementäre** notwendig.[351] In entsprechender Anwendung der aktienrechtlichen Vorschriften über das genehmigte Kapital (§§ 202 ff. AktG) ist es nach § 202 Abs. 1 AktG analog erforderlich, dass die **Satzung die Komplementäre ermächtigt**, innerhalb von maximal fünf Jahren das Komplementärkapital zu erhöhen.[352] Die Satzungsregelung sollte des Weiteren den Ausgabebetrag für die neuen Komplementäreinlagen oder die Kriterien aufführen, anhand derer der Ausgabebetrag im Zeitpunkt der Erhöhung zu bestimmen ist.[353]

III. Umwandlung von Komplementäranteilen in Aktien und umgekehrt

196 Komplementäranteile können in Aktien umgewandelt werden und Aktien können in Komplementäranteilen umgewandelt werden. Die Umwandlung von Komplementäranteilen in Aktien vollzieht sich in zwei Schritten: Zunächst ist die Vermögenseinlage des Komplementärs herabzusetzen. Die Herabsetzung lässt die Satzung unrichtig werden, so dass diese eine Satzungsänderung erfordert. In einem zweiten Schritt ist dann das Grundkapital zu erhöhen. Dies erfolgt durch eine Kapitalerhöhung gegen Sacheinlagen. Hierbei bringt der Komplementär seinen Kapitalanteil als Sacheinlage ein. Umstritten ist bei der Umwandlung in Komplementäraktien, ob ein Umtauschrecht der Komplementäre in der Satzung verankert werden kann.[354] Richtigerweise ist den Komplementären ein Umtauschrecht zu gewähren. Hierdurch werden die Kommanditaktionäre zur Mitwirkung an der erforderlichen Sachkapitalerhöhung verpflichtet, so dass die Veräußerung ihrer Beteiligung für die Komplementäre deutlich erleichtert wird.[355] Um zu vermeiden, dass für jede einzelne Vermögenseinlage ein weiterer Kapitalerhöhungsbeschluss erforderlich wird, erscheint es sinnvoll, bedingtes Kapital gerade für den Umtausch von Vermögenseinlagen zu schaffen. Im Zeitraum der satzungsmäßigen Ermächtigung können dann die Komplementäre für jeden Umtausch der Vermögenseinlage das Grundkapital entsprechend erhöhen.[356]

---

[349] MHdB GesR IV/*Herfs* § 79 Rn. 6; Bürgers/Fett KGaA/*Fett* § 7 Rn. 7.
[350] MHdB GesR IV/*Herfs* § 79 Rn. 8.
[351] Vgl. MHdB GesR IV/*Herfs* § 79 Rn. 8, der auch auf die Möglichkeit der Satzungsregelung zur Vermeidung des Zustimmungserfordernisses hinweist.
[352] Vgl. MHdB GesR IV/*Herfs* § 79 Rn. 8.
[353] Wie hier auch MHdB GesR IV/*Herfs* § 79 Rn. 8; aA *Wichert* AG 1999, 362 (369); Bürgers/Fett KGaA/*Fett* § 7 Rn. 8, die weder zeitliche noch inhaltliche Vorgaben für erforderlich halten.
[354] Dafür MHdB GesR IV/*Herfs* § 79 Rn. 11; dagegen *Durchlaub* BB 1977, 875.
[355] Siehe auch MHdB GesR IV/*Herfs* § 79 Rn. 11 mwN.
[356] MHdB GesR IV/*Herfs* § 79 Rn. 13a.

J. Besonderheiten bei der KGaA

Die Umwandlung von Aktien in Komplementäreinlagen erfolgt ebenfalls in zwei Schritten. Zunächst ist die **Herabsetzung des Grundkapitals durch die Einziehung** der entsprechenden Aktien nach § 278 Abs. 3 iVm § 237 AktG erforderlich. Im Anschluss daran wird die **Vermögenseinlage aus dem Einziehungsentgelt** erbracht. Für die Kapitalherabsetzung kommen die ordentliche und die vereinfachte Kapitalherabsetzung in Betracht. Die vereinfachte Kapitalherabsetzung hat gegenüber der ordentlichen Kapitalherabsetzung aus Sicht der Gesellschaft den Vorteil eines geringeren Gläubigerschutzniveaus (keine Sicherheitsleistung, keine Auszahlungssperre und keine Erlasssperre nach § 225 AktG). Erforderlich für die vereinfachte Kapitalherabsetzung ist dabei, dass der Ausgabebetrag auf die einzuziehenden Aktien voll geleistet wurde und die Aktien zulasten des Bilanzgewinns oder einer anderen Gewinnrücklage, soweit sie zu diesem Zweck verwandt werden können, eingezogen werden (s. zu den Einzelheiten der vereinfachten Kapitalherabsetzung durch Einziehung von Aktien auch Rn. 167 und 169).

§ 10 Rechnungslegung und Aufstellung des Jahresabschlusses

Bearbeiter: Dr. Thorsten Helm/Philipp Haaf

Übersicht

	Rn.
A. Grundsätze zur Rechnungslegung der AG	1–18
I. Leitbild der nachfolgenden Darstellung	1–3
II. Maßgebliche Rechnungslegungsvorschriften	4–18
1. Relevanz nationaler Rechnungslegungsvorschriften; insb. HGB und AktG	4–11
a) Ausschüttungsbemessungsfunktion	5
b) Informationsfunktion und Adressatenkreis	6–8
c) Beweissicherungs- und Rechenschaftsfunktion	9, 10
d) Besteuerungsgrundlage	11
2. Relevanz internationaler Rechnungslegungsvorschriften	12–18
a) IFRS	13–17
b) US-GAAP	18
B. Aufstellung des Jahresabschlusses nach HGB und AktG	20–52
I. Grundsätze zur Aufstellung	20–25
II. Wesentliche Bestandteile	26–43
1. Die Bilanz	31, 32
2. Die GuV	33, 34
3. Der Anhang	35–37
4. Der Lagebericht	38–43
III. Aktienrechtliche Sonderregelungen	44–52
1. Ausweisregeln für die Bilanz	44–46
2. Ausweisregeln für die GuV	47–50
3. Zusatzangaben für den Anhang	51
4. Der Abhängigkeitsbericht bei verbundenen Unternehmen	52
C. Handelsrechtliche Grundsätze der Bilanzierung und Bilanzierungstechnik	55–136
I. Die GoB	55–57
II. Ansatz und Bewertung von Aktiva	58–87
1. Aktivierungsfähigkeit	58–69
a) Abstrakte Aktivierungsfähigkeit – Vermögensgegenstand und Zurechnung	59–63
b) Konkrete Aktivierungsfähigkeit – Aktivierungswahlrechte und -verbote	64–67
c) Aktive Rechnungsabgrenzungsposten	68, 69
2. Bewertung von Aktiva	70–87
a) Bewertungsgrundsätze	70–73
b) Anschaffungs- und Herstellungskosten	74–78
c) Abschreibungen und Zuschreibungen	79–84
d) Bewertungsvereinfachungen	85–87
III. Ansatz und Bewertung von Passiva	88–103
1. Passivierungsfähigkeit	89–97
a) Verbindlichkeiten und Rückstellungen	89–95
aa) Verbindlichkeitsrückstellungen	90–92

§ 10 Rechnungslegung und Aufstellung des Jahresabschlusses

	bb) Aufwandsrückstellungen	93
	cc) Drohverlustrückstellungen	94
	dd) Rückstellungen nach IFRS	95
b)	Passive Rechnungsabgrenzungsposten	96, 97
2.	Bewertung von Passiva	98–100
3.	Eigenkapital	101–103
IV.	Ansatz und Bewertung von Sicherungsgeschäften und latenten Steuern	104–111
1.	Bewertungseinheiten für Sicherungsgeschäfte	104–107
2.	Latente Steuern	108–111
V.	Abweichende steuerbilanzielle Regelungen	112–136
1.	Bestandteile der Herstellungskosten	113–116
2.	Immaterielle Vermögensgegenstände bzw. Wirtschaftsgüter	117–119
3.	Abweichende steuerliche Abschreibungsmethoden und besondere steuerliche Abschreibungen	120–123
4.	Außerplanmäßige Abschreibungen bzw. Teilwertabschreibungen und Wertaufholung	124–126
	a) Anlagevermögen	124, 125
	b) Umlaufvermögen	126
5.	Saldierung von Planvermögen und Altersversorgungsverpflichtungen	127
6.	Bewertungseinheiten	128
7.	Rechnungsabgrenzungsposten	129, 130
8.	Ansatz von Drohverlustrückstellungen	131
9.	Bewertung von Rückstellungen	132–134
10.	Abzinsung von Verbindlichkeiten	135
11.	Bewertungsvereinfachungen	136

D. Die Konzernrechnungslegung ... 140–156
   I. Aufstellung des Konzernabschlusses ... 140–143
  II. Bestandteile des Konzernabschlusses ... 144–146
 III. Die Aufstellung eines Konzernabschlusses ... 147–156
     1. Summenbilanz ... 147
     2. Kapitalkonsolidierung ... 148–151
     3. Schuldenkonsolidierung ... 152
     4. Zwischenergebniseliminierung ... 153
     5. Aufwands- und Ertragskonsolidierung ... 154
     6. Latente Steuern im Konzernabschluss ... 155
 IV. Konzernlagebericht ... 156

E. Besonderheiten bei der kapitalmarktorientierten AG ... 160–182
   I. Inhalt der Definition ... 160
  II. Konzernabschluss und Konzernlagebericht ... 161, 162
 III. Jahresabschluss und Lagebericht ... 163, 164
 IV. Börsennotierte AG ... 165, 166
  V. Corporate Governance Kodex ... 167–182
     1. Die Entsprechungserklärung zum Corporate Governance Kodex ... 173–180
     2. Erklärung zur Unternehmensführung ... 181, 182

A. Grundsätze zur Rechnungslegung der AG

I. Leitbild der nachfolgenden Darstellung

Einleitend sollen in diesem Abschnitt die Funktion der Rechnungslegung der AG, die im Zusammenhang mit der Rechnungslegung relevanten Vorschriften und der Adressatenkreis vorgestellt werden. Im Folgenden werden die Rechnungslegung der AG zunächst im Allgemeinen, namentlich die Aufstellung des Jahresabschlusses einschließlich Anhang, der Lagebericht (Abschn. B) sowie die Grundlagen der Bilanzierung (Abschn. C) dargestellt. Sodann schließt das Kapitel mit den Grundlagen der Konzernrechnungslegung (Abschn. D) und den Besonderheiten bei der Rechnungslegung der kapitalmarktorientierten AG ab (Abschn. E).

Anknüpfend an die jährliche Aufstellung des Jahresabschlusses, befasst sich § 11 mit der daran anschließenden Prüfung, Feststellung und Offenlegung des Jahresabschlusses. Ist die AG kapitalmarktorientiert iSd § 264d HGB, kann es sein, dass die Offenlegung vor dem Beschluss über die Verwendung des Bilanzgewinns durch die Hauptversammlung erfolgen muss. Für nicht kapitalmarktorientierte AG schließt die Offenlegung regelmäßig an den Beschluss über die Bilanzgewinnverwendung an, da für diese AG die Offenlegungsfrist gem. § 325 Abs. 1a Satz 1 HGB ein Jahr beträgt.

Aufstellung des Jahresabschlusses durch den Vorstand („Entwurf")	Feststellung des Jahresabschlusses		Beschluss über die Verwendung des Bilanzgewinns
	1. Weiterleitung durch Vorstand an Aufsichtsrat / Hauptversammlung	2. Prüfung und Billigung durch Aufsichtsrat / Hauptversammlung	
Jahresabschlussprüfung durch unabhängigen Abschlussprüfer	Offenlegung		

Durch das Gesetz zur Modernisierung des Bilanzrechts (**BilMoG**) wurde die Rechnungslegung umfassend reformiert, um eine im Verhältnis zu den internationalen Rechnungslegungsvorschriften gleichwertige, aber einfachere und kostengünstigere Alternative zu schaffen. Insbesondere die Informationsfunktion des Jahresabschlusses wurde durch die Einschränkung handelsrechtlicher Ansatz-, Ausweis- und Bewertungswahlrechte gestärkt. Zu den wichtigsten Änderungen siehe § 10 Rn. 31 ff. der Vorauflage. Nach der Umsetzung des Gesetzes zur Modernisierung des Bilanzrechts v. 25.5.2009,[1] kam es am 23.7.2015 zu einer weiteren Novellierung des HGB durch das Bilanzrichtlinie-Umsetzungsgesetz[2] (**BilRUG**). Das BilRUG setzte die Vorgaben der Bilanzrichtlinie der Europäischen Union[3] in nationales Recht um. Mit dieser Harmonisierung kam es zu Änderungen insb. des

---

[1] BGBl. 2009 I 1102.
[2] BGBl. 2015 I 1245.
[3] EU-Richtlinie 2013/34/EU.

HGB und AktG, mit dem Ziel, den bürokratischen Aufwand zu verringern, die Rechnungslegung zu systematisieren, handelsrechtliche Größenkriterien anzupassen sowie frühere Redaktionsversehen zu korrigieren.

II. Maßgebliche Rechnungslegungsvorschriften

1. Relevanz nationaler Rechnungslegungsvorschriften, insb. HGB und AktG

4   Die deutschen Rechnungslegungsvorschriften werden von jeher durch den Zweck des **Anleger- und Gläubigerschutzes** dominiert (sog. „allgemeines Vorsichtsprinzip"). Die übrigen Zwecke treten dahinter zurück.[4] So wird die Bedienung der Gläubiger im Handelsrecht vorrangig ggü. der Ausschüttung an die Eigentümer eines Unternehmens behandelt. Die der Kapitalerhaltung dienenden Vorschriften zum Jahresabschluss sollen über die Ausschüttungsbemessungsfunktion hinaus, eine „Sicherung der Verdienstquelle" bewirken. Für die Gläubiger der AG hat die Kapitalerhaltung besondere Bedeutung, denn für die AG gilt – im Gegensatz zu den Personengesellschaften – das sog. Haftungsprivileg (§ 1 Abs. 1 Satz 2 AktG). Demgemäß ist die Haftung auf das Vermögen der Gesellschaft, mithin das von den Aktionären eingelegte Kapital und die thesaurierten Gewinne beschränkt. Die Gewinnverwendung der AG ist aus diesem Grund weiteren Ausschüttungsrestriktionen unterworfen (vgl. § 11 Rn. 5 ff.). Regelungszwecke sind im Einzelnen:

a) Ausschüttungsbemessungsfunktion

5   Der nach den sog. Grundsätzen ordnungsgemäßer Buchführung („GoB") aufgestellte Jahresabschluss, ist die Grundlage für die Entscheidung über die Ergebnisverwendung (Ausschüttungsbemessungsfunktion).[5] Die Hauptversammlung ist bei der Entscheidung, Gewinne auszuschütten, an den im Jahresabschluss ausgewiesenen Bilanzgewinn gebunden.

b) Informationsfunktion und Adressatenkreis

6   Neben der Ausschüttungsbemessung erfüllt der Jahresabschluss durch die angestrebte Vermittlung eines den tatsächlichen Verhältnissen entsprechenden Bildes der Finanz-, Vermögens- und Ertragslage (§ 264 Abs. 2 Satz 1 HGB) eine bedeutende Informationsfunktion. Die Adressaten der Rechnungslegung lassen sich dabei zunächst kategorisierend in einen internen und externen Personenkreis aufteilen. Interne Adressaten sind die Leitungsorgane des Unternehmens bzw. des Konzerns. Unter die externen Informationsempfänger fallen alle Personengruppen, die keinen unmittelbaren Einblick in die geschäftlichen Vorgänge der Gesellschaft haben. Im Wesentlichen sind dies Aktionäre, Gläubiger, Kunden, Lieferanten, Arbeitnehmer und der Fiskus sowie bei Großunternehmen bzw. Publikumsgesellschaften auch die breite Öffentlichkeit, welche nicht unmittelbar mit dem Unternehmen in Verbindung steht. Die Informationsinteressen der Anspruchsgruppen, der sog. **Stakeholder,** sind dabei heterogen. Während für Anteilseigner die Rendite der Gesellschaft von primärer Bedeutung ist, steht für die Gläubiger vor allem die Kreditwürdigkeit im Vordergrund. Arbeitnehmer haben vorrangig Interesse an der

---

[4] EBJS/*Böcking/Gros* HGB § 242 Rn. 3.
[5] Vgl. dazu ausführlich § 11 Rn. 2 ff. (Ergebnisverwendung).

Sicherheit ihres Arbeitsplatzes und einer positiven Lohnentwicklung, der Staat an einem möglichst hohen Jahreserfolg als Bemessungsgrundlage für die Unternehmensbesteuerung und Sicherheit der Arbeitsplätze. Diese Informationsinteressen sind oft stark zukunftsbezogen, denn es gilt der Grundsatz: „Für das Gewesene gibt der Kaufmann nichts."[6]

Die Pflicht zur Aufstellung des Jahresabschlusses dient außerdem dem Vorstand zur **Selbstinformation** über das Ausmaß des Schuldendeckungspotentials („approximative Insolvenzprüfung") des Vermögens und trägt damit mittelbar zum Gläubigerschutz bei.[7] Dies geht in erster Linie mit der Pflicht des Vorstands einher, bei der Feststellung eines Verlusts in Höhe der Hälfte des Grundkapitals die Hauptversammlung einzuberufen (§ 92 Abs. 1 AktG).[8] Bei Überschuldung hat der Vorstand die Eröffnung des Insolvenzverfahrens zu beantragen (§ 15a Abs. 1 InsO) und darf keine weiteren Zahlungen mehr leisten (§ 92 Abs. 2 AktG).[9]

Zwar war auch die Selbstinformation des Kaufmanns aus weiteren betriebswirtschaftlichen Erwägungen ursprünglich Funktion der handelsrechtlichen Rechnungslegung, doch wird diese Funktion zwischenzeitlich durch separate interne Rechnungslegungsinstrumente, namentlich der Kosten- und Erlösrechnung und des Controllings wahrgenommen, so dass aus dem Jahresabschluss entnehmbare Daten aus heutiger Sicht für die betriebswirtschaftlichen Entscheidungen des Vorstandes eher von geringer Bedeutung sind.

c) Beweissicherungs- und Rechenschaftsfunktion

Nach den Vorschriften des HGB ordnungsmäßig und mangelfrei geführte Bücher gelten als **Beweismittel** in zivilrechtlichen, steuerrechtlichen und insolvenzrechtlichen Sachverhalten, wobei es sich im Wesentlichen um Schadenersatzfragen (gegen Gesellschafter oder im Insolvenzfall gegen die Vorstände) und den Nachweis von Besteuerungsgrundlagen handelt. Aufzeichnungen des Rechnungswesens sind daneben auch bei strafrechtlicher Verfolgung in Insolvenzfällen Beweismittel.[10]

Da bei einer AG Eigentümer und Verwalter einer Vermögensmasse häufig nicht identisch sind, ist der Verwalter des Vermögens ggü. dem Eigentümer zur Rechenschaft verpflichtet (Principal/Agent-Verhältnis).[11] Diese **Rechenschaftspflicht** ergibt sich für die AG ua aus § 325 Abs. 1, 1a und 1b HGB, welcher die AG zur Einreichung ihres Jahresabschlusses beim Betreiber des elektronischen Bundesanzeigers, also der Veröffentlichung im Unternehmensregister, verpflichtet. Die nach § 325 Abs. 1 Satz 1 HGB erforderlichen Unterlagen sind spätestens ein Jahr nach dem Abschlussstichtag des Geschäftsjahrs einzureichen, auf das sie sich beziehen.

d) Besteuerungsgrundlage

Die im Jahresabschluss enthaltene Handelsbilanz ist außerdem Grundlage für die Steuerbilanz und dient damit auch der Ermittlung der ertragsteuerlichen Bemessungsgrundlagen. Aus § 5 Abs. 1 Satz 1 EStG folgt das Prinzip der **Maßgeblichkeit der Handelsbilanz für die steuerliche Gewinnermittlung**. Wie bereits die og

---

[6] Johann W. E. Schmalenbach (1873–1955).
[7] Beck HdR/*Hinz* B 100 Rn. 14.
[8] Die Verletzung der Pflicht nach § 92 Abs. 1 AktG ist gem. § 401 AktG strafbewährt.
[9] Zum „neuen" Überschuldungsbegriff in § 19 Abs. 2 InsO idF des Finanzmarktstabilisierungsgesetzes (FMStG) v. 18.10.2008 vgl. BeckHdB GmbH/*Helm/Haaf* § 16 Rn. 17.
[10] *Winnefeld* Bilanz-Hdb Kap. A Rn. 865.
[11] *Kleindieck* ZGR 1998, 466.

§ 10 12, 13 Rechnungslegung und Aufstellung des Jahresabschlusses

GoB erkennen lassen, hat sich der Kaufmann, der nach HGB Bücher führt, tendenziell zum Schutz der Gläubiger „armzurechnen". Dies ist naturgemäß nicht iSd Fiskus, da niedrige Gewinne mit geringen Steuereinnahmen einhergehen. Der Maßgeblichkeitsgrundsatz nach § 5 EStG wird daher insoweit durchbrochen, als dass steuerliche Vorschriften eine andere Behandlung von Geschäftsvorfällen vorsehen.[12]

2. Relevanz internationaler Rechnungslegungsvorschriften

12 Infolge der im deutschen Handelsrecht dominierenden Grundsätze der Vorsicht fällt es schwer, ausländische Investoren anhand des handelsrechtlichen Abschlusses davon zu überzeugen, sich an deutschen Unternehmen zu beteiligen. Nicht zuletzt wegen der Möglichkeit, aufgrund handelsrechtlicher Vorschriften stille Reserven zu bilden, wird die Lage des Unternehmens durch den Jahresabschluss womöglich schlechter dargestellt als es tatsächlich der Fall ist. Diesem Problem kann durch die Anwendung angelsächsisch beeinflusster Rechnungslegungsgrundsätze wie den IFRS und den US-GAAP entgegengewirkt werden. Denn jene orientieren sich traditionell wesentlich stärker an der Leistungsfähigkeit eines Unternehmens und bieten zugleich weniger Gestaltungsspielräume (in Form von Wahlrechten) bei der Aufstellung des Jahresabschlusses. Der nach diesen international anerkannten Rechnungslegungsgrundsätzen erstellte Abschluss dient dabei nicht der Ausschüttungsbemessung, sondern in erster Linie der Information über die tatsächliche Lage des Unternehmens.

a) IFRS

13 Die International Financial Reporting Standards (IFRS) werden durch ein privates Rechnungslegungsgremium, der International Accounting Standards Committee Foundation (IASC), vertreten durch das International Accounting Standards Board (IASB), entwickelt und verabschiedet.[13] Eine Verordnung[14] der EU verpflichtet einerseits bestimmte kapitalmarktorientierte Unternehmen zur Anwendung der IFRS (vgl. Rn. 161) und ermöglicht andererseits den Mitgliedstaaten darüber hinaus ein Wahlrecht einzuführen, welches den Unternehmen erlaubt, ihren **Konzernabschluss** freiwillig nach IFRS zu erstellen. Dieses Wahlrecht wurde mit § 315a Abs. 3 HGB in deutsches Recht umgesetzt und befreit von der Pflicht zur Aufstellung des originär handelsrechtlichen Konzernabschlusses nach § 290 HGB. Anzuwenden sind gem. Art. 3 der Verordnung nur IFRS, die zuvor durch die EU „genehmigt" („endorsed") sowie im Amtsblatt der EU veröffentlicht wurden und dadurch zu gesetzesgleichen Rechtsnormen erstarkt sind.[15] Der Verweis in § 315a Abs. 1 HGB regelt, welche Vorschriften der §§ 294–315 HGB bei der Konzernrechnungslegung nach übernommenen IFRS zusätzlich zu beachten bzw. zu vernachlässigen sind;[16] so sind etwa die Vorschriften über den Konzernlagebericht weiter anzuwenden, da die IFRS ein derartiges Instrument nicht kennen.

Darüber hinaus können auch IFRS-Einzelabschlüsse gem. § 325 Abs. 2a HGB freiwillig zu Informationszwecken offengelegt werden. Dies hat für Zwecke der Offenlegung Ersatzwirkung ggü. dem Jahresabschluss nach HGB.

---

[12] Vgl. Rn. 112 ff.
[13] *KPMG* HdB IFRS Rn. 20, 24.
[14] Verordnung Nr. 1606/2002 des Europäischen Parlaments und des Rates v. 19.7.2002 betreffend die Anwendung internationaler Rechnungslegungsstandards, ABl. EG Nr. L 243, 1.
[15] *KPMG* HdB IFRS Rn. 55.
[16] *Küting/Gattung/Kessler* DStR 2006, 579.

A. Grundsätze zur Rechnungslegung der AG   14–18   § 10

Der IFRS-Abschluss soll vor allem dem breiten Anlagerpublikum einen besseren Einblick in die tatsächliche Wirtschaftskraft der AG vermitteln (Vermittlung eines „true and fair view"). Denn im Gegensatz zum HGB-Abschluss ist der IFRS-Abschluss wesentlich stärker auf die Informationsvermittlung als Grundlage von Investitionsentscheidungen und weniger am Gläubigerschutz ausgerichtet. Auch das Bilanzierungskonzept weicht erheblich vom HGB ab.   **14**

Wesentliche Abweichungen ergeben sich zB beim Ansatz selbst geschaffener immaterieller Vermögenswerte. Während nach § 248 Abs. 2 HGB für selbst geschaffene immaterielle Vermögensgegenstände ein Aktivierungswahlrecht (und teilweise Aktivierungsverbote, § 248 Abs. 2 Satz 2 HGB) besteht, sind nach IFRS unter bestimmten Voraussetzungen die direkt zurechenbaren Kosten der Entwicklungsphase zu aktivieren.[17] Die Kosten aus der Forschung dürfen nicht angesetzt werden (IAS 38.54). Die Folgebewertung kann außer der planmäßigen Abschreibung nach IAS 38.74 auch mit dem beizulegenden Zeitwert (sog. Fair Value) bewertet werden, wenn ein aktiver Markt besteht.[18]   **15**

Erhebliche Unterschiede bestehen ferner bei der Gewinnrealisierung von Fertigungsaufträgen (Langfristfertigung). IAS 11 schreibt für Fertigungsaufträge grds. eine Teilgewinnrealisierung entsprechend dem Grad der Fertigung vor („percentage of completion method"). Dabei werden – abweichend vom HGB – die Erträge unabhängig davon vereinnahmt, ob bereits ein rechtlich durchsetzbarer Anspruch auf die Geltendmachung einer entsprechenden Forderung besteht. Auf die Abnahme entsprechender Teilleistungen kommt es nicht an.[19] Hingegen ist nach HGB grds. nur die sog. Completed-Contract Methode zulässig.[20]   **16**

Aufgrund des Informationsschwerpunkts der IFRS werden andere Zwecke des Abschlusses, wie die vorsichtige Ermittlung eines ausschüttungsfähigen Gewinns, zurückgedrängt. Mithin bildet der IFRS-Abschluss in Deutschland weder die Grundlage für die Besteuerung einer AG noch für die Ausschüttung ihrer Dividenden.[21]   **17**

b) US-GAAP

United States Generally Accepted Accounting Principles (US-GAAP) ist die Bezeichnung für die US-amerikanischen Vorschriften der Rechnungslegung, welche die Buchführung sowie den Jahresabschluss von Unternehmen regeln, die in den USA börsennotiert sind oder für in den USA ansässige Gesellschaften, die bestimmte Größengrenzen überschreiten.[22] Wie die IFRS orientieren sich auch die US-GAAP an den Interessen bestehender bzw. potentieller Eigenkapitalgeber und liefern Grundlagen für Investitionsentscheidungen („decision usefulness"). Der Investor, welcher sowohl Eigen- als auch Fremdkapitalgeber sein kann, soll über die Fähigkeit des Unternehmens informiert werden, in den kommenden Geschäftsjahren positive Zahlungsströme zu erwirtschaften („future cash flows").[23] Die wahrheitsgemäße Darstellung der wirtschaftlichen Lage des Unternehmens ist   **18**

---

[17] *KPMG* IFRS im Vergleich zu Deutscher Rechnungslegung S. 81.
[18] *KPMG* IFRS im Vergleich zu Deutscher Rechnungslegung S. 87.
[19] *ADS* Int. Rechnungslegung Abschn. 16 Rn. 39.
[20] *KPMG* IFRS im Vergleich zu Deutscher Rechnungslegung S. 234; vgl. RegE zum BilMoG, BT-Drs. 16/10067, 38.
[21] *ADS* Int. Rechnungslegung Abschn. 16 Rn. 42.
[22] *Schildbach* BB 1999, 359.
[23] *KPMG* US-GAAP S. 15.

Generalnorm der US-GAAP („overriding principle").[24] Ebenso wie der IFRS-Abschluss ist auch der US-GAAP-Abschluss keine Grundlage für die Besteuerung (keine Maßgeblichkeit der Handelsbilanz für die Steuerbilanz) des Unternehmens oder die Bemessung der auszuschüttenden Dividende. In den USA wird dem Gläubigerschutz bei der Rechnungslegung traditionell weniger Bedeutung beigemessen, es gibt daher ua keine gesetzlichen Beschränkungen zur Gewinnausschüttung. Das Geschäftsführungsorgan angelsächsischer Unternehmen trägt die Bezeichnung Board of Directors. Dieses allein entscheidet, wie viel Dividende an die Anteilseigner ausgeschüttet wird (kein gesetzlicher Ausschüttungsanspruch), die Aktionäre können das Ausschüttungsverhalten jedoch indirekt beeinflussen, da sie auf der jährlichen Hauptversammlung die Mitglieder des Boards idR für nur ein Jahr wählen.[25]

B. Aufstellung des Jahresabschlusses nach HGB und AktG

I. Grundsätze zur Aufstellung

20 Die Aufstellung des Jahresabschlusses und Lageberichts (§§ 242 Abs. 1 und 264 Abs. 1 HGB) obliegt als Geschäftsführungsmaßnahme[26] dem Vorstand (§ 91 Abs. 1 AktG) und stellt den **periodischen Abschluss der Führung der Handelsbücher** dar.[27] Die Pflicht zur Aufstellung trifft alle Vorstandsmitglieder gleichermaßen, selbst wenn für die Buchführung und Abschlussaufstellung durch Ressort-Bildung nicht alle Mitglieder zuständig sind.[28] Jahresabschluss und Lagebericht jeder mittelgroßen oder großen AG iSd § 267 Abs. 1 und 2 HGB sind gem. § 316 Abs. 1 HGB von einem Abschlussprüfer zu prüfen (vgl. § 11 Rn. 17)[29]

21 Um seiner öffentlich-rechtlichen Rechnungslegungspflicht nachzukommen, hat der Vorstand im Rahmen der handelsrechtlichen Beurteilungsmöglichkeiten Ansatz- und Bewertungswahlrechte sachgerecht auszuüben, um ein den tatsächlichen Verhältnissen entsprechendes Bild der Vermögens-, Finanz- und Ertragslage (§ 264 Abs. 2 Satz 1 HGB) zu ermitteln und darzustellen.

22 Bei der Aufstellung des Jahresabschlusses sind vier Grundfragen zu beantworten: (1) Welche Posten sind im Abschluss anzusetzen? (2) Wie sind sie zu bewerten? (3) Wie sind sie auszuweisen? Kurz: Ansatz, Bewertung, Ausweis. Mit dem Anhang tritt eine weitere Frage hinzu: (4) Wie ist der jeweilige Posten zu erläutern oder welche zusätzlichen Angaben sind erforderlich?

23 Der vom Vorstand aufgestellte Jahresabschluss ist dabei zunächst lediglich ein **Entwurf**, der erst mit der **Feststellung** durch den Aufsichtsrat bzw. die Hauptversammlung rechtliche Wirkung entfaltet (vgl. § 11 Rn. 47). Bei der Aufstellung des Jahresabschlusses hat der Vorstand seine bilanzpolitischen Gestaltungsspielräume unter Abwägung der zum Teil gegensätzlichen **Interessen aller Gesellschafter** zu nutzen.[30] Diese Interessen lassen sich im Wesentlichen in vier Kategorien zusammenfassen:

---

[24] *Winnefeld* Bilanz-Hdb Einf. Rn. 64.
[25] *Winnefeld* Bilanz-Hdb Einf. Rn. 64.
[26] OLG Stuttgart 4 U 44/94, BB 1995, 560.
[27] *Hüffer/Koch* AktG § 172 Rn. 2.
[28] *Baumbach/Hopt* HGB § 238 Rn. 8 ff.; *Hüffer/Koch* AktG § 91 Rn. 2.
[29] BeBiKo/*Schmidt/Küster* HGB § 316 Rn. 3.
[30] *Winnefeld* Bilanz-Hdb Kap. H Rn. 25.

B. Aufstellung des Jahresabschlusses nach HGB und AktG 24–27 § 10

1) Unternehmensinteresse (dauerhafter Bestand des Unternehmens und hohe EK-Rentabilität)
2) Selbstfinanzierungsinteresse (möglichst hoher EK-Anteil bei Ersatz- oder Neuinvestitionen)
3) Dividendeninteresse der Gesellschafter
4) Langfristige Position der Gesellschaft am Kapitalmarkt (Interesse der Anteilseigner am (Börsen-)Wert der AG (Shareholder Value))

Allerdings steht die sog. organschaftliche Treuebindung bzw. Treuepflicht (welche über das Gebot von Treu und Glauben gem. § 242 BGB hinausgeht)[31] der Vorstände ggü. der Gesellschaft über den Gesellschafterinteressen, sie ist also ggf. auch zulasten der Anteilseigner zu beachten.[32] Die Treuepflicht der Vorstände ergibt sich zum einen aus gesetzlichen Bestimmungen (zB Wettbewerbsverbot, § 88 AktG, oder Verschwiegenheitspflicht, § 93 AktG), zum anderen aus dem Grundgedanken des Gesellschaftsrechts, dass die Geschäftsführung die Interessen der Gesellschaft wahrzunehmen hat. Der Deutsche Corporate Governance Kodex (vgl. Rn. 167 ff.) führt hierzu aus: „Vorstandsmitglieder sind dem Unternehmensinteresse verpflichtet. Sie dürfen bei ihren Entscheidungen keine persönlichen Interessen verfolgen, unterliegen während ihrer Tätigkeit für das Unternehmen einem umfassenden Wettbewerbsverbot und dürfen Geschäftschancen, die dem Unternehmen zustehen, nicht für sich nutzen."[33] Die organschaftliche Treuepflicht reicht soweit, dass der Vorstand das Bilanzbild der AG – bei bilanzrechtlichen Spielräumen – nicht zu deren Nachteil beeinflussen darf, um etwa höhere Ausschüttungen zu generieren, die den Bestand des Unternehmens gefährden könnten.

24

Der Jahresabschluss ist bei AG grds. in den ersten **drei Monaten** des neuen Geschäftsjahres für das vorangegangene Geschäftsjahr aufzustellen (§ 264 Abs. 1 Satz 3 HGB). Da ein Jahresabschluss zum Zwecke der Offenlegung zunächst aufgestellt werden muss, kann auch das Versäumnis einer rechtzeitigen Aufstellung des Jahresabschlusses mittelbar für das Ordnungsgeldverfahren iRd Offenlegung ursächlich sein (so auch ausdrücklich § 335 Abs. 1 Satz 3 HGB iVm § 325 HGB; unverzüglich nach Vorlage, spätestens nach 12 Monaten).[34]

25

II. Wesentliche Bestandteile

Der handelsrechtliche Jahresabschluss der AG setzt sich aus der Bilanz, der Gewinn- und Verlustrechnung (GuV) und dem Anhang zusammen (§ 264 Abs. 1 Satz 1 HGB). Hierbei sind größenabhängige Erleichterungen, die auf den in § 267 Abs. 1–3 HGB definierten Größenklassen der Kapitalgesellschaften beruhen, zu beachten. Mittelgroße und große AG haben zusätzlich zum Jahresabschluss einen Lagebericht gem. § 264 Abs. 1 Satz 1 und 4 HGB zu erstellen.

26

Eine kleine Kapitalgesellschaft liegt gem. § 267 Abs. 1 HGB dann vor, wenn mindestens zwei der drei nachstehenden Merkmale nicht überschritten sind: eine Bilanzsumme von 6.000.000 EUR, 12.000.000 EUR Umsatzerlöse in den zwölf Monaten vor dem Abschlussstichtag sowie 50 Arbeitnehmer im Jahresdurch-

27

---

[31] Vgl. *Hüffer/Koch* AktG § 84 Rn. 10 mit Verweis auf die Treupflicht bei Personenhandelsgesellschaften nach HGB.
[32] *Winnefeld* Bilanz-Hdb Kap. H Rn. 27.
[33] Deutscher Corporate Governance Kodex in der Fassung v. 15.5.2015, BMJ v. 12.6.2015, BAnz AT 12.6.2015 B1, Ziff. 4.3.1 DCGK.
[34] *Stollenwerk/Krieg* GmbHR 2008, 575; EBJS/*Böcking/Gros* HGB § 264 Rn. 48.

schnitt. Nach § 267 Abs. 2 HGB sind mittelgroße Kapitalgesellschaften solche, die mindestens zwei der drei in Abs. 1 bezeichneten Merkmale überschreiten und jeweils mindestens zwei der drei nachstehenden Merkmale nicht überschreiten: 20.000.000 EUR Bilanzsumme, 40.000.000 EUR Umsatzerlöse in den zwölf Monaten vor dem Abschlussstichtag sowie im Jahresdurchschnitt 250 Arbeitnehmer. Große Kapitalgesellschaften sind gem. § 267 Abs. 3 HGB solche, die mindestens zwei der drei in Abs. 2 bezeichneten Merkmale überschreiten. Ist eine Kapitalgesellschaft kapitalmarktorientiert iSd § 264d HGB, so gilt sie nach § 267 Abs. 3 Satz 2 HGB stets als große. Die Besonderheiten kapitalmarktorientierter AG werden in Abschnitt E gesondert behandelt (vgl. Rn. 160 ff.).

28 Nach § 267 Abs. 4 Satz 1 HGB setzt eine Klassifizierung einer Kapitalgesellschaft als kleine, mittelgroße oder große Gesellschaft allerdings voraus, dass die für die jeweilige Klassifizierung maßgebenden Schwellenwerte nicht nur einmalig, sondern an den Abschlussstichtagen von zwei aufeinander folgenden Geschäftsjahren über- oder unterschritten werden. Eine AG ist daher nur dann als kleine, mittelgroße oder große Kapitalgesellschaft zu behandeln, wenn sie die erforderlichen Merkmale auch schon am Bilanzstichtag des vorangegangenen Geschäftsjahres aufgewiesen hat. Die jeweiligen Größenmerkmale müssen folglich sowohl am Abschlussstichtag als auch an dem vorangegangenen Bilanzstichtag gem. § 267 HGB ermittelt worden sein. Nicht notwendig ist jedoch, dass es an beiden Stichtagen dieselben Schwellenwerte sind, die überschritten bzw. nicht überschritten werden. So ist eine AG zB auch dann als große Gesellschaft zu klassifizieren, wenn am Abschlussstichtag nur die Schwellenwerte Bilanzsumme und Umsatzerlöse und am vorhergegangenen Stichtag nur die Schwellenwerte Bilanzsumme und Arbeitnehmerzahl überschritten worden sind.[35]

29 Darüber hinaus bestehen weitere Erleichterungen für Kleinstkapitalgesellschaften iSd § 267a HGB.[36] Kleinstkapitalgesellschaften sind demnach kleine Kapitalgesellschaften, die mindestens zwei der drei nachstehenden Merkmale an den Abschlussstichtagen von zwei aufeinander folgenden Geschäftsjahren nicht überschreiten: 350.000 EUR Bilanzsumme, 700.000 EUR Umsatzerlöse in den zwölf Monaten vor dem Abschlussstichtag sowie im Jahresdurchschnitt zehn Arbeitnehmer.

30 Steuerrechtlich hat die Größenklasseneinteilung des § 267 HGB keine Bedeutung: Steuerpflichtige müssen unabhängig von ihrer Größe gem. § 5b Abs. 1 EStG Bilanz und GuV dem Finanzamt in elektronischer Form übermitteln. Dabei orientiert sich die Taxonomie an dem Format einer großen Kapitalgesellschaft und geht weit über die im Folgenden erläuterten Gliederungsvorschriften der §§ 266, 275 HGB hinaus.[37]

1. Die Bilanz

31 Die Bilanz soll die **Vermögenslage** des Unternehmens vermitteln. Sie ist in Kontenform zu erstellen (§ 266 Abs. 1 Satz 1 HGB) und enthält auf der Aktivseite ua Anlage- und Umlaufvermögen sowie die (aktiven) Rechnungsabgrenzungsposten und aktive latente Steuern (§ 266 Abs. 2 HGB). Der gesonderte Ausweis von Anlagevermögen und Umlaufvermögen (§ 247 Abs. 1 HGB) ist im Hinblick auf die unterschiedliche Bewertung (§ 253 Abs. 3–5 HGB) von Bedeutung. Danach

---

[35] BeBiKo/*Winkeljohann/Lawall* HGB § 267 Rn. 14.
[36] Vgl. § 264 Abs. 1 Satz 5 HGB (kein Anh.); §§ 266 Abs. 1 Satz 4, 275 Abs. 5 HGB (Verkürzte Bilanz und GuV); §§ 152 Abs. 1–3, 158 Abs. 1–2 AktG sind ggf. nicht anzuwenden.
[37] BeBiKo/*Winkeljohann/Lawall* HGB § 267 Rn. 32.

sind bspw. außerplanmäßige Abschreibungen beim Umlaufvermögen zwingend vorzunehmen, während etwa beim Finanzanlagevermögen ein Abschreibungswahlrecht besteht (vgl. Rn. 79 ff.). Auf der Passivseite sind neben dem Eigenkapital (zu welchem auch Jahresgewinne bzw. -verluste sowie GuV gehören) die Schulden, welche sich aus Verbindlichkeiten und Rückstellungen zusammensetzen, sowie die (passiven) Rechnungsabgrenzungsposten (§ 266 Abs. 3 HGB) und passive latente Steuern auszuweisen.

Für die Bilanz einer AG gelten zwingend die **Gliederungsvorschriften** des § 266 HGB (auf Vereinfachungen für kleine Gesellschaften iSv § 267 Abs. 1 HGB und Kleinstkapitalgesellschaften iSv § 267a HGB wird in § 266 Abs. 1 HGB verwiesen). Gemäß § 265 Abs. 5 HGB darf die vorgeschriebene Gliederung bei Bedarf jedoch erweitert werden; ggf. können vorgegebene Bezeichnungen geändert werden, wenn dies sachdienlich erscheint (§ 265 Abs. 6 HGB). Auf die Ausweisung von Leerposten darf verzichtet werden (§ 265 Abs. 8 HGB). Für das Grundkapital gelten besondere Bezeichnungs- und Gliederungsvorschriften (§ 152 Abs. 1 AktG). Veränderungen der Posten Kapital- und Gewinnrücklage sind im Anhang (oder in der Bilanz) gesondert anzugeben (§ 152 Abs. 2 und 3 AktG).

2. Die GuV

Die GuV soll die **Ertragslage** des Unternehmens vermitteln, indem Erträge und Aufwendungen eines Geschäftsjahres zur Ermittlung des Jahresergebnisses gegenübergestellt werden. Funktional betrachtet stellt die GuV ein Unterkonto des Eigenkapitalkontos dar. Ihr Saldo spiegelt die Veränderung des Eigenkapitals durch die Geschäftsvorfälle des abgelaufenen Geschäftsjahres wider, mindert bzw. vermehrt also das Vermögen (Eigenkapital) der Gesellschaft. Das Jahresergebnis ist (idR) identisch mit der Differenz zwischen den Reinvermögen des abgelaufenen Geschäftsjahres und dem diesem vorangegangenen Geschäftsjahr. § 4 Abs. 1 Satz 1 EStG spricht bei der steuerlichen Gewinnermittlung bilanzierender Unternehmen daher auch vom „Betriebsvermögensvergleich".

Für die GuV bestehen die zwingenden Gliederungsvorschriften des § 275 HGB (auf Vereinfachungen kleiner und mittelgroßer Kapitalgesellschaften wird in § 276 Satz 1 HGB verwiesen). Anders als die Bilanz, welche in Kontenform zu erstellen ist, wird bei der GuV die Staffelform vorgeschrieben (§ 275 Abs. 1 Satz 1 HGB). Die GuV darf entweder nach dem Gesamtkostenverfahren (§ 275 Abs. 2 HGB) oder dem Umsatzkostenverfahren (§ 275 Abs. 3 HGB) gegliedert werden. Das zu ermittelnde Ergebnis – also der Gewinn bzw. Verlust – der Berechnungen ist nach beiden Verfahren identisch, lediglich die Darstellung in der GuV unterscheidet sich, was Einfluss auf die Art der Informationen hat, welche dem Leser zur Verfügung gestellt werden. Das Gesamtkostenverfahren berücksichtigt sämtliche Aufwendungen und Erträge einer Periode, also auch die hergestellten, aber noch nicht abgesetzten Erzeugnisse (Korrektur über Bestandsveränderungen und andere aktivierte Eigenleistungen). Das Umsatzkostenverfahren hingegen berücksichtigt nur die Umsatzerlöse des laufenden Berichtsjahres sowie deren zugehörige Aufwendungen. Während die Gliederung des Aufwands beim Gesamtkostenverfahren nach Aufwandsarten erfolgt, werden beim Umsatzkostenverfahren die Aufwendungen nach Funktionsbereichen (Herstellung, Vertrieb und allgemeine Verwaltung) gegliedert. Das Umsatzkostenverfahren ist besonders im angelsächsischen Wirtschaftsraum verbreitet, in Abschlüssen nach deutschem Handelsrecht dominiert dagegen das Gesamtkostenverfahren. Auch in der GuV dürfen ggf. neue Posten eingefügt oder die Bezeichnung bestehender Posten geändert werden, denn § 265 HGB bezieht sich auch auf die GuV.

3. Der Anhang

35 Der Anhang (§§ 284–288 HGB) ist ein gleichwertiger und notwendiger Bestandteil des Jahresabschlusses und dient der Erläuterung, Entlastung und Ergänzung der GuV und Bilanz zur Vermittlung eines den tatsächlichen Verhältnissen entsprechenden Bildes der Finanz-, Vermögens- und Ertragslage iSv § 264 Abs. 2 Satz 1 HGB. Er enthält zudem Angaben über nicht bilanzierungsfähige Sachverhalte, die für die Beurteilung der wirtschaftlichen Lage von Bedeutung sind.[38] Wie Bilanz und GuV unterliegt auch der Anhang der GoB den allgemeinen Grundsätzen einer gewissenhaften und getreuen Rechnungslegung sowie der formellen Stetigkeit.[39] Allerdings bestehen für den Anhang keine spezifischen Gliederungsvorschriften,[40] verlangt wird nach § 284 Abs. 1 Satz 1 Hs. 2 lediglich, die Anhangangaben in der Reihenfolge der einzelnen Posten der Bilanz und der GuV darzustellen.

36 Wesentliche Vorgaben über den Inhalt des Anhangs ergeben sich aus den §§ 284 und 285 HGB, für die AG sind ggf. zusätzlich Angaben gem. §§ 58, 152, 158, 160, 240 und 261 AktG[41] aufzuführen (vgl. Rn. 44 ff.). Über die gesetzlichen Pflichtangaben hinaus steht es der Gesellschaft frei, weitere Angaben zu machen, soweit diese nicht irreführend sind. Begrenzung findet die Verpflichtung zu Angaben im Anhang allerdings durch den Grundsatz der Wesentlichkeit.[42] Gemäß § 284 Abs. 1 HGB sind in den Anhang die Angaben aufzunehmen, die zu den einzelnen Posten nach HGB oder AktG gesetzlich vorgeschrieben sind oder die in den Anhang aufzunehmen sind, weil sie in Ausübung eines Wahlrechts nicht in die Bilanz oder GuV aufgenommen wurden. Darüber hinaus zählt § 284 Abs. 2 HGB der Vorschrift eigene Angabepflichten zu Bilanzierungs- und Bewertungsmethoden auf. Darzustellen ist insb. wie im konkreten Fall Wahlrechte ausgeübt und Ermessensspielräume ausgefüllt wurden.[43] Kleine Kapitalgesellschaften haben die Angaben nach Nr. 3 der Vorschrift nicht zu machen (§ 288 HGB). Weitere Angabepflichten nennt § 285 HGB. Hierbei ist zu beachten, dass der Geltungsbereich über die Nrn. 1–34 uneinheitlich ist. So haben nur börsennotierte AG die Nr. 9 Buchst. a Sätze 5–8, Nr. 10 Satz 1 letzter Teilsatz und Nr. 16 (Angaben zur Entsprechenserklärung, vgl. Rn. 179) anzuwenden. Des Weiteren gibt es hierzu ebenfalls Erleichterungen für kleine und mittelgroße Kapitalgesellschaften gem. § 288 HGB. Gesellschaften dürfen außerdem unter den in § 286 HGB genannten Voraussetzungen von bestimmten Angaben des § 285 HGB absehen.

37 Durch das BilRUG wurden die Nrn. 30–34 neu in den § 285 HGB aufgenommen. Die Nr. 30 ergänzt die durch das BilMoG eingefügte Nr. 29 um die quantitative Angabe zu latenten Steuersalden am Ende des Geschäftsjahres und die im Laufe des Geschäftsjahres erfolgten Änderungen dieser Salden.[44] § 277 Abs. 4 Satz 2 HGB aF wird nunmehr durch § 285 Nr. 31 HGB ersetzt und lässt die Differenzierung zwischen gewöhnlicher und außerordentlicher Geschäftstätigkeit in der GuV entfallen.[45] Durch Nr. 32 wird § 277 Abs. 4 Satz 3 HGB aF in den § 285 HGB verschoben und findet gem. der Begründung des Gesetzesentwurfs ohne inhaltliche Änderung

---

[38] ADS HGB § 284 Rn. 10 ff.; BeBiKo/Grottel HGB § 284 Rn. 7.
[39] BeBiKo/Grottel HGB § 284 Rn. 10.
[40] WPH/Bd. I 2012 Kap. F Rn. 672.
[41] EBJS/Böcking/Gros HGB § 284 Rn. 7.
[42] ADS HGB § 284 Rn. 23.
[43] BeBiKo/Grottel HGB § 284 Rn. 100.
[44] Vgl. RegE zum BilRUG, BT-Drs. 18/4050, 66.
[45] Vgl. RegE zum BilRUG, BT-Drs. 18/4050, 67.

Anwendung.[46] Diese beiden Verschiebungen sind Ausfluss der angestrebten Systematisierung der Rechnungslegung und Vereinfachung der GuV. Ferner erfolgt durch das BilRUG die Berichterstattung von wesentlichen Ereignissen nach dem Bilanzstichtag, die weder in der Bilanz noch in der GuV berücksichtigt sind, nicht mehr im Lagebericht (§ 289 Abs. 2 Nr. 1 HGB aF), sondern im Anhang. Auch inhaltlich kommt es durch Nr. 33 zu einer Änderung, so sind Vorgänge von besonderer Bedeutung, die bereits in der Bilanz oder in der GuV berücksichtigt wurden, nicht noch zusätzlich im Anhang auszuweisen.[47] Gemäß Nr. 34 sind der Vorschlag für die Verwendung des Ergebnisses oder der Beschluss über seine Verwendung in den Anhang aufzunehmen.[48] Näheres zum Hintergrund in Rn. 124 ff.

4. Der Lagebericht

38 Der Lagebericht nach § 289 HGB, den gem. § 264 Abs. 1 Satz 1 und 4 HGB mittelgroße und große Kapitalgesellschaften aufstellen müssen, dient **neben** dem Jahresabschluss als ergänzendes Instrument zur Beurteilung der Unternehmenslage. Er soll den Adressaten losgelöst von einzelnen Posten des Jahresabschlusses ein Gesamtbild über die tatsächliche Unternehmensentwicklung im abgelaufenen Geschäftsjahr vermitteln und die zukünftige Entwicklung darstellen. Des Weiteren soll er den Jahresabschluss um wichtige Informationen ergänzen, die nicht in der Bilanz, GuV oder dem Anhang enthalten sind (Komplementärfunktion).[49]

39 Nach § 289 Abs. 1 HGB ist im Lagebericht mindestens auf Geschäftsverlauf und Lage der Gesellschaft einschließlich deren Geschäftsergebnis (Satz 1) sowie deren voraussichtliche Entwicklungen mit wesentlichen Chancen und Risiken (Satz 4) einzugehen. Dabei sind die bedeutsamsten finanziellen Leistungsindikatoren einzubeziehen. Nach der Gesetzesbegründung[50] sind die Grundlagen zukunftsbezogener Aussagen (§ 289 Abs. 1 Satz 4 HGB), welche der Lagebericht trifft, in diesem zu verdeutlichen.

40 § 289 HGB wird mittelbar durch den Deutschen Rechnungslegungs-Standard (DRS) 20 konkretisiert. DRS 20 formuliert Grundsätze für die Aufstellung des Lageberichts: Grundsatz der Vollständigkeit (DRS 20.12), Verlässlichkeit (DRS 20.17), Klarheit und Übersichtlichkeit (DRS 20.20), Vermittlung der Sicht der Unternehmensleitung (DRS 20.31), Wesentlichkeit (DRS 20.32) und Informationsabstufung (DRS 20.34). Die Analyse beschränkt sich nicht auf betriebliche Vorgänge, sondern soll auch externe Faktoren wie politische oder gesellschaftliche Entwicklungen berücksichtigen.

41 Im Lagebericht ist darüber hinaus auch auf Risikomanagementziele/-methoden in Bezug auf die Verwendung von Finanzinstrumenten, den Bereich Forschung und Entwicklung, Zweigniederlassungen und bei börsennotierten AG auf die Grundzüge des Vergütungssystems der Gesellschaft einzugehen (§ 289 Abs. 2 HGB). Ferner ist nach Satz 2 der Norm verlangt, sofern Angaben im Anhang über den Bestand an eigenen Aktien gem. § 160 Abs. 1 Nr. 2 AktG zu machen sind, im Lagebericht hierauf zu verweisen.[51] Große Kapitalgesellschaften iSv § 267 Abs. 3 HGB haben bei ihrer Analyse des Geschäftsverlaufs und der Lage der Gesellschaft auch nicht

---

[46] Vgl. RegE zum BilRUG, BT-Drs. 18/4050, 67.
[47] Vgl. RegE zum BilRUG, BT-Drs. 18/4050, 67.
[48] BeBiKo/*Grottel* HGB § 285 Rn. 961.
[49] *ADS* HGB § 289 Rn. 17.
[50] BT-Drs. 15/3419, 30.
[51] BeBiKo/*Grottel* HGB § 289 Rn. 110.

finanzielle Leistungsindikatoren wie zB relevante Umwelt- oder Arbeitnehmerbelange miteinzubeziehen.

42 AG (und KGaA), die einen organisierten Markt iSd § 2 Abs. 7 WpÜG durch von ihnen ausgegebene stimmrechtsberechtigte Aktien in Anspruch nehmen, müssen im Lagebericht die in § 289 Abs. 4 HGB bestimmten übernahmerechtlichen Zusatzangaben machen. Dies dient ua der Information der Kapitalmarktteilnehmer über Regelungen bzgl. der Kapitalzusammensetzung und der Verteilung der Stimmrechte.

43 Aufgrund der Ergänzungs- und Vervollständigungsfunktion außerhalb des Jahresabschlusses unterliegt der Lagebericht nicht den Einschränkungen der GoB. Daher bleiben bspw. das Stichtags- und Imparitätsprinzip unberücksichtigt. Dennoch gelten die allgemeinen Grundsätze der Berichterstattung.

III. Aktienrechtliche Sonderregelungen

1. Ausweisregeln für die Bilanz

44 Gemäß § 152 AktG gelten besondere bilanzielle Ausweisregelungen für das Eigenkapital der AG. Diese dienen der rechtsformspezifischen Ergänzung der §§ 266 und 272 HGB und der Verbesserung der internationalen Vergleichbarkeit.[52] So ist das **Grundkapital**, das nach § 7 AktG mindestens 50.000 EUR betragen muss, einheitlich als gezeichnetes Kapital auszuweisen (§ 152 Abs. 1 Satz 1 AktG). § 152 Abs. 1 Satz 2 bis 4 AktG regelt weitere Vermerkpflichten bzgl. unterschiedlicher Aktiengattungen und des bedingten Kapitals. Danach sind die jeweiligen Beträge des Grundkapitals, die auf unterschiedliche Aktiengattungen entfallen, getrennt anzugeben. Das Gesetz unterscheidet dabei zwischen Stammaktien (§ 12 Abs. 1 Satz 1 AktG) und stimmrechtslosen Vorzugsaktien (§ 12 Abs. 1 Satz 2 AktG).[53] Das bedingte Kapital (§ 192 AktG) ist mit seinem Nennbetrag zu vermerken, wenn die Hauptversammlung die bedingte Kapitalerhöhung beschlossen hat (§ 152 Abs. 1 Satz 3 AktG). Dadurch soll bezweckt werden, den Betrag, um den sich das Grundkapital möglicherweise und ohne Einflussnahme der Hauptversammlung erhöhen wird, ersichtlich zu machen.[54]

45 Gemäß § 152 Abs. 2 AktG sind die Veränderungen der **Kapitalrücklage** wahlweise in der Bilanz oder im Anhang gesondert anzugeben. Zunächst ist der während des Geschäftsjahres zugeführte Betrag auszuweisen (§ 152 Abs. 2 Nr. 1 AktG und § 270 Abs. 1 Satz 1 HGB). Entsprechendes gilt gem. § 152 Abs. 2 Nr. 2 AktG für Verwendungen der Kapitalrücklage während des Geschäftsjahres, insb. auch bei Kapitalerhöhung aus Gesellschaftsmitteln.[55] Für die Verwendung der Kapitalrücklage sind stets die einschränkenden Vorschriften nach § 150 Abs. 3 und 4 AktG zu beachten (vgl. Rn. 10 f.).

46 § 152 Abs. 3 AktG regelt die Angabepflichten für die **Gewinnrücklagen**. In Bilanz oder Anhang sind demnach die Beträge auszuweisen, deren Einstellung die Hauptversammlung aus dem Bilanzgewinn des Vorjahres beschlossen hat (§§ 152 Abs. 3 Nr. 1 und 58 Abs. 3 AktG). Ferner sind nach Nr. 2 der Vorschrift die Beträge anzugeben, die durch den Vorstand im Rahmen der Aufstellung des Jahresabschlusses des laufenden Jahres als **andere Gewinnrücklagen** iSd § 58 Abs. 1, 2 und 2a AktG durch die Hauptversammlung satzungsgemäß oder durch den Vorstand und

---

[52] Hüffer/Koch AktG § 152 Rn. 1.
[53] ADS AktG § 152 Rn. 5 f.
[54] Hüffer/Koch AktG § 152 Rn. 4.
[55] Küting/Weber AktG § 152 Rn. 11.

B. Aufstellung des Jahresabschlusses nach HGB und AktG   47, 48   § 10

den Aufsichtsrat gemeinsam gebildet wurden (vgl. § 11 Rn. 9 f.). Abschließend sind nach § 152 Abs. 3 Nr. 3 AktG sämtliche Entnahmen, die im laufenden Jahr aus den Gewinnrücklagen getätigt wurden, anzugeben.

2. Ausweisregeln für die GuV

Mit § 158 AktG bestehen spezifische, das Gliederungsschema des § 275 HGB ergänzende, Vorschriften, um die ganze oder teilweise **Verwendung des Jahresüberschusses** durch den Vorstand darzustellen. So sind nach dem Posten „Jahresüberschuss/-fehlbetrag" in der GuV oder wahlweise im Anhang (§ 158 Abs. 1 Satz 2 AktG) wie folgt auszuweisen: 47
1. Gewinnvortrag/Verlustvortrag aus dem Vorjahr
2. Entnahmen aus der Kapitalrücklage
3. Entnahmen aus Gewinnrücklagen (aufgeschlüsselt nach den vier Arten der Gewinnrücklage)
   a) aus der gesetzlichen Rücklage
   b) aus der Rücklage für Anteile an einem herrschenden oder mehrheitlich beteiligten Unternehmen
   c) aus satzungsmäßigen Rücklagen
   d) aus anderen Gewinnrücklagen
4. Einstellungen in die Gewinnrücklagen (aufgeschlüsselt wie die Entnahmen nach 3.)
5. Bilanzgewinn/-verlust

Einstellungen in die Kapitalrücklage, vor allem ein bei der Aktienausgabe erzieltes Agio, werden nicht in der GuV ausgewiesen, sondern sind erfolgsneutral nur in der Bilanz zu zeigen.[56] Ebenso wird die Verwendung von Kapitalrücklage oder Gewinnrücklage zur Kapitalerhöhung aus Gesellschaftsmitteln nicht im Rahmen der GuV-Gliederung ausgewiesen, da es sich nicht um eine Entnahme, sondern um eine Umbuchung innerhalb des Eigenkapitals handelt.[57] Wird von og Ausweiswahlrecht des § 158 Abs. 1 Satz 2 AktG Gebrauch gemacht, müssen die Angaben vollständig und nach der Gliederung des § 158 Abs. 1 AktG im Anhang erscheinen; ein teilweiser Ausweis in GuV und/oder Anhang ist unzulässig.[58]

Gemäß § 240 Satz 1 AktG ist der aus der **Kapitalherabsetzung** gewonnene Betrag nach dem Posten „Entnahmen aus Gewinnrücklagen" in der GuV als „Ertrag aus der Kapitalherabsetzung" auszuweisen. Nach dem Wortlaut bezieht sich das Wahlrecht des § 158 Abs. 1 Satz 2 AktG nicht auf die Angaben nach § 240 Satz 1 AktG. Demnach ist der alleinige Ausweis im Anhang nicht hinreichend, sondern der Ausweis muss in der Bilanz erfolgen.[59] Nach Satz 2 der Vorschrift ist darüber hinaus die Einstellung in die Kapitalrücklage nach §§ 229 Abs. 1 und 232 AktG als „Einstellung in die Kapitalrücklage nach den Vorschriften über die vereinfachte Kapitalherabsetzung" gesondert auszuweisen. Das Gesetz schweigt jedoch darüber, an welcher Stelle die Angaben erfolgen sollen. Nach hM erfolgt der Ausweis gliederungstechnisch vor § 158 Abs. 1 Satz 1 Nr. 4 AktG.[60] 48

---

[56] MHdB GesR IV/*Hoffmann-Becking* § 44 Rn. 12.
[57] *ADS* AktG § 158 Rn. 10.
[58] *Hüffer/Koch* AktG § 158 Rn. 7.
[59] *Hüffer/Koch* AktG § 158 Rn. 7; MünchKomm. AktG/Bd. 4/*Oechsler* § 240 Rn. 5; aA: *Küting/Weber* AktG § 158 Rn. 22.
[60] So *Hüffer/Koch* AktG § 240 Rn. 4; MünchKomm. AktG/Bd. 4/*Oechsler* § 240 Rn. 3; Spindler/Stilz/*Marsch-Barner* AktG § 240 Rn. 4; aA: Hölters/*Haberstock/Greitemann* AktG § 240 Rn. 5.

49 Analog ist bei **Einziehung der Aktien** gem. § 237 Abs. 5 AktG zu verfahren. Der „Ertrag aus der Kapitalherabsetzung" ist demnach mit einem Posten „Einstellung in die Kapitalrücklage nach den Vorschriften über die vereinfachte Kapitalherabsetzung durch Einziehung von Aktien" zu neutralisieren.[61]

50 Bezieht ein herrschendes Unternehmen Erträge aus einem Gewinnabführungsvertrag, so sind die an Minderheitsgesellschafter zu zahlenden **Ausgleichszahlungen** abzusetzen. Das positive Ergebnis ist entsprechend als Ertrag auszuweisen, während ein Überschuss an Ausgleichszahlungen unter den Aufwendungen aus Verlustübernahme in der GuV auszuweisen ist (§ 158 Abs. 2 Satz 1 AktG). Es kommt somit ausnahmsweise zu einer Saldierung von Aufwendungen und Erträgen vor dem GuV-Ausweis. Weitere Saldierungen, insb. von Erträgen oder Verlustübernahmen aus verschiedenen Gesellschaften, sind gem. § 158 Abs. 2 Satz 2 AktG unzulässig.[62]

3. Zusatzangaben für den Anhang

51 Für den Anhang der AG gelten weitere Angabepflichten gem. § 160 Abs. 1 AktG. So ist im Anhang über Bestand, Zugang und Verwertung von Aktien (sog. Vorratsaktien) zu berichten, die ein Aktionär oder ein verbundenes Unternehmen im Rahmen einer bedingten Kapitalerhöhung für Rechnung der AG oder eines verbundenen Unternehmens übernommen hat (§ 160 Abs. 1 Nr. 1 AktG). Gemäß § 160 Abs. 1 Nr. 2 AktG werden Angaben über den Bestand, Erwerb und die Veräußerung von eigenen Aktien verlangt, die durch die AG, abhängige Unternehmen oder durch Dritte für Rechnung der AG erworben wurden. So sind deren Zahl, der Anteil am Grundkapital prozentual und absolut sowie die Aktiengattung anzugeben.[63] Des Weiteren sind gem. Nr. 3 Angaben zu der Zahl jeder Aktiengattung zu machen, wobei der rechnerische Wert für Stückaktien und der Nennbetrag für Nennbetragsaktien anzugeben ist, sofern sich diese Informationen nicht bereits aus der Bilanz ergeben. Gemäß § 160 Abs. 1 Nr. 5 AktG sind die Zahl der an Arbeitnehmer, Mitglieder der Geschäftsführung der Gesellschaft sowie verbundener Unternehmen gewährten Aktienoptionsrechte (§ 192 Abs. 2 Nr. 3 AktG) im Anhang aufzuführen.[64] Werden jene Aktienoptionen ausgeübt, so fallen die gezeichneten Aktien ebenfalls unter die Angabepflicht nach Nr. 3 der Vorschrift. Seit dem BilRUG ist nicht mehr über Wandelschuldverschreibungen und vergleichbare Wertpapiere (§ 160 Abs. 1 Nr. 5 AktG aF) sowie Genussrechte und Besserungsscheine zu berichten (§ 160 Abs. 1 Nr. 6 AktG aF). Diese Vorgaben wurden aus § 160 AktG gestrichen und wurden als Pflichtangabe im neu geschaffenen § 285 Nr. 15a HGB normiert, welcher nun mehr auch die GmbH und Personengesellschaften iSd § 264a HGB erfasst.[65] Nr. 7 verlangt die Nennung von Unternehmen, mit denen wechselseitige Beteiligungen bestehen. Berichtspflichtig ist schließlich gem. Nr. 8 das Bestehen von Beteiligungen, die nach den Vorschriften § 20 Abs. 1 oder Abs. 4 AktG, ferner nach § 21 Abs. 1 oder 1a WpHG mitgeteilt wurden.[66] Dazu ist ebenfalls der Inhalt der jeweils veröffentlichten Pflichtbekanntmachung wiederzugeben.

---

[61] MünchKomm. AktG/Bd. 4/*Oechsler* § 240 Rn. 6.
[62] *Küting/Weber* AktG § 158 Rn. 27 f.
[63] *ADS* AktG § 160 Rn. 23 f.
[64] *Hüffer/Koch* AktG § 160 Rn. 12.
[65] *Hüffer/Koch* AktG § 160 Rn. 12.
[66] MHdB GesR III/*Hofmann-Becking* § 44 Rn. 19.

4. Der Abhängigkeitsbericht bei verbundenen Unternehmen

Der Abhängigkeitsbericht[67] nach § 312 AktG soll Beziehungen der abhängigen 52 Gesellschaft zu beherrschenden Unternehmen darstellen, die nicht über einen Beherrschungsvertrag verfügen. Dazu erfasst er alle Rechtsgeschäfte und sonstige Maßnahmen mit dem gem. § 312 Abs. 1 Satz 2 AktG verbundenen Unternehmen. Zu den Rechtsgeschäften mit verbundenen Unternehmen gehören nicht nur Geschäfte unmittelbar mit dem beherrschenden Unternehmen, sondern auch Geschäfte mit einem Unternehmen das wiederum mit dem beherrschenden Unternehmen verbunden ist. Des Weiteren werden auch Geschäfte mit Dritten erfasst, falls diese vom beherrschenden Unternehmen veranlasst worden sind.[68] Nach § 312 Abs. 1 Satz 1 AktG soll der Bericht vom Vorstand in Gesamtverantwortung[69] auf den Stichtag des Jahresabschlusses in den ersten drei Monaten des neuen Geschäftsjahres erstellt werden.

C. Handelsrechtliche Grundsätze der Bilanzierung und Bilanzierungstechnik

I. Die GoB

Als Kaufmann kraft Rechtsform (§ 6 Abs. 1 HGB iVm § 3 Abs. 1 AktG) hat die 55 AG ihre Bücher nach den **Grundsätzen ordnungsgemäßer Buchführung** (GoB) zu führen (§ 238 HGB). Jene stellen ein System von Regeln und Konventionen über die Buchführung und den Jahresabschluss dar,[70] welche im Wesentlichen eine Gewinnermittlung gemäß den Anforderungen des Handelsrechts – namentlich vor dem Hintergrund des Gläubigerschutzes – gewährleisten sollen.

Die GoB selbst bilden einen unbestimmten Rechtsbegriff.[71] Sie setzen sich aus 56 im HGB und AktG kodifizierten und nicht kodifizierten Grundsätzen zusammen und werden insb. durch die Verlautbarungen des IDW, die Rechtsprechung des BFH und von der Finanzverwaltung geschaffen bzw. konkretisiert. Die nicht kodifizierten GoB schließen Spielräume und Lücken, die im Gesetz durch fehlende oder mehrdeutige Regelungen entstehen, und sollen die vom Gesetzgeber im HGB nicht antizipierbaren Sachverhalte abdecken.[72]

Wesentliche GoB sind: 57
- **Das allgemeine Vorsichtsprinzip (§ 252 Abs. 1 Nr. 4 HGB):** § 252 Abs. 1 Nr. 4 HGB schreibt eine vorsichtige Bewertung vor. Dieses allgemeine Vorsichtsprinzip ist sowohl für den Ansatz als auch für die Bewertung von Aktiva und Passiva gültig und gilt ggü. den anderen GoB als übergeordnetes Prinzip, das in jedem Aspekt der Aufstellung des Jahresabschlusses zu beachten ist. Das vorrangig dem Kapitalerhaltungszweck der Rechnungslegung dienende Vorsichtsprinzip findet seine Grenzen im Rechenschaftszweck der Rechnungslegung.[73] Das heißt, dass der Kaufmann sich grds. lieber „ärmer" als „reicher" rechnen soll, die tatsächliche

---

[67] Vgl. im Detail § 15 Rn. 79 ff.
[68] *Hüffer/Koch* AktG § 312 Rn. 18 f.
[69] MünchKomm. AktG/Bd. 4/*Altmeppen* § 312 Rn. 51 f.
[70] *ADS* HGB § 243 Rn. 2.
[71] *Baumbach/Hopt* HGB § 238 Rn. 11.
[72] MünchKomm. HGB/Bd. 4/*Ballwieser* § 238 Rn. 22.
[73] Vgl. *Baetge/Kirsch/Thiele* Bilanzen S. 146.

wirtschaftliche Lage insb. das Ausschüttungspotential des Unternehmens aber noch erkennbar sein muss. Als Ausprägungen sind in § 252 Abs. 1 Nr. 4 HGB namentlich genannt das Imparitätsprinzip und das Realisationsprinzip.

– **Imparitätsprinzip:** Während erwartete Gewinne nicht antizipiert werden dürfen, sind zukünftige Verluste schon zu berücksichtigen, sobald sie vorhersehbar sind.[74] Aus dem Imparitätsprinzip leiten sich das Höchst- und das Niederstwertprinzip sowie die Bildung von Rückstellungen für drohende Verluste ab.
– **Realisationsprinzip:** Gewinne dürfen erst berücksichtigt werden, wenn sie realisiert sind (§ 252 Abs. 1 Nr. 4 Hs. 2 HGB). Regelmäßig als **Realisationszeitpunkt** herangezogen wird der Lieferungs- bzw. Leistungszeitpunkt, zu dem die Gefahr des zufälligen Untergangs („Preisgefahr") auf den Käufer übergeht.[75] Er stellt hierbei einen durch kaufmännische Übung und Rechtsprechung gewonnenen Kompromiss dar.[76]
– **Grundsatz der Stetigkeit und Vergleichbarkeit:** In formeller Hinsicht müssen die Wertansätze der Eröffnungsbilanz des Geschäftsjahres mit denen der Schlussbilanz des vorhergehenden Geschäftsjahrs übereinstimmen (sog. Bilanzidentität, § 252 Abs. 1 Nr. 1 HGB). Auf materieller Seite sind sowohl die angewandten Ansatzmethoden (§ 246 Abs. 3 HGB) als auch die angewandten Bewertungsmethoden (§ 252 Abs. 1 Nr. 6 HGB) des vorhergehenden Jahresabschlusses beizubehalten.
– **Grundsatz der Vollständigkeit (§ 246 Abs. 1 HGB):** Es sind alle Vermögensgegenstände, Schulden, Rechnungsabgrenzungsposten, Aufwendungen und Erträge zu erfassen, die dem Kaufmann wirtschaftlich zuzurechnen sind;[77] alle erkennbaren Risiken sind zu erfassen („Inventur der Risiken"). Jede geschäftliche Transaktion, die Umfang oder Struktur des Vermögens ändert, ist daraufhin zu prüfen, ob ein buchungspflichtiger Geschäftsvorfall vorliegt.[78]
– **Periodisierungsprinzip (§ 252 Abs. 1 Nr. 5 HGB):** Für den Ausweis von Erträgen ist der Zeitpunkt maßgeblich, dem die Leistung, die dem Umsatz zugrunde liegt, wirtschaftlich zuzuordnen ist. Auf den Zuflusszeitpunkt der zugehörigen Zahlungen kommt es daher nicht an. Für Aufwendungen gilt das Periodisierungsprinzip entsprechend. Somit richtet sich auch der Zeitpunkt, zu dem die Aufwendungen zu berücksichtigen sind, nach ihrer wirtschaftlichen Verursachung.

Beispiel: Anzahlungen auf einen Kaufpreis sind bei Zufluss nicht als gewinnwirksamer Ertrag zu erfassen, sondern stellen zunächst eine Verbindlichkeit ggü. dem Geschäftspartner dar, die erst im Leistungszeitpunkt mit der Restzahlung verrechnet wird und ggf. einen entsprechenden Ertrag realisiert.

II. Ansatz und Bewertung von Aktiva

1. Aktivierungsfähigkeit

58 § 246 Abs. 1 Satz 1 HGB bestimmt, dass der Jahresabschluss ua sämtliche Vermögensgegenstände und aktive Rechnungsabgrenzungsposten enthalten, mithin vollständig sein muss **(Vollständigkeitsgebot)**. Ausnahmen bestehen im Umfang der

---

[74] *ADS* HGB § 252 Rn. 92.
[75] *ADS* HGB § 252 Rn. 82; *Berberich* S. 259 f.; *Moxter* Bilanzrechtsprechung S. 46.
[76] Beck HdR/*Ballwieser* B 105 Rn. 33.
[77] *Berberich* S. 173 ff.
[78] *Baetge/Kirsch/Thiele* Bilanzen S. 128.

gesetzlichen Ansatzwahlrechte und Ansatzverbote. Vermögensgegenstände dürfen außerdem gem. § 246 Abs. 2 Satz 1 HGB grds. nicht mit Schulden verrechnet werden (**Verrechnungsverbot**). Eine Ausnahme findet sich nur in § 246 Abs. 2 Satz 2 HGB für diejenigen Vermögensgegenstände, die dem Zugriff durch Drittgläubiger dauerhaft entzogen sind, zB Vermögen zur Erfüllung von Altersversorgungsverpflichtungen.[79] Der Ansatz eines Vermögensgegenstands hängt grds. von dessen abstrakter und konkreter Aktivierungsfähigkeit ab.

a) Abstrakte Aktivierungsfähigkeit – Vermögensgegenstand und Zurechnung

Der **Begriff des Vermögensgegenstands** ist im HGB nicht definiert. Insbesondere für die **abstrakte Aktivierungsfähigkeit** von immateriellen Vermögensgegenständen findet sich in der Literatur eine Vielzahl von Abgrenzungskriterien. Der steuerliche Begriff des Wirtschaftsguts ist mit dem Begriff des Vermögensgegenstands grds. identisch. **59**

Als **Vermögensgegenstände** werden jene Güter des Unternehmens bezeichnet, welche Vermögenswerte aus Sicht des Unternehmens darstellen (selbstständig bewertbares Gut oder wirtschaftlich nutzbarer Vermögensvorteil), die über den betrachteten Stichtag hinaus als Vermögensvorteil existieren, greifbar und einzeln bewertbar sind. Greifbarkeit und Einzelbewertbarkeit stellen darauf ab, ob ein Gut oder Vermögensvorteil geschaffen wurde, für welchen das Unternehmen im Veräußerungsfall einzeln oder im Rahmen einer Unternehmensveräußerung eine Gegenleistung erhalten würde.[80] **60**

Beispiel: Ein Werbefeldzug ist zwar selbstständig bewertbar, der aus ihm erwachsende Vorteil ist jedoch nicht hinreichend greifbar, somit nicht bilanzierbar.[81]

Die handelsrechtliche Konzeption eines Vermögensgegenstands fordert im Gegensatz zur steuerlichen Konzeption (zum Wirtschaftsgut), über die selbstständige Bewertbarkeit hinaus, zudem die selbstständige Verwertbarkeit des Vermögensgegenstands. Dieses Kriterium ist nach wohl überwiegender Auffassung besser geeignet, um das Ziel der Handelsbilanz, die Darstellung der tatsächlichen Vermögenslage, zu erreichen.[82] **61**

Beispiel: Der derivate Geschäfts- oder Firmenwert ist als Residualgröße zwischen Ertrags- und Substanzwert des gesamten Unternehmens selbstständig bewertbar und bilanziell greifbar, allerdings nicht selbstständig verwertbar. Er stellt keinen Vermögensgegenstand,[83] wohl aber ein Wirtschaftsgut dar.

Gemäß § 246 Abs. 1 Satz 2 HGB ist ein Vermögensgegenstand durch dessen wirtschaftlichen Eigentümer auszuweisen.[84] Das zivilrechtliche Eigentum ist hierbei weder hinreichend noch notwendig. Wirtschaftlicher Eigentümer ist, wem dauerhaft, dh für die wirtschaftliche Nutzungsdauer, Besitz, Gefahr, Nutzungen und Lasten zustehen.[85] So können zB unter Eigentumsvorbehalt erworbene, si- **62**

---

[79] Davon unberührt bleibt das steuerliche Verrechnungsverbot gem. § 5 Abs. 1a EStG.
[80] BFH GrS 2/99, BStBl. II 2000, 632.
[81] MünchKomm. HGB/Bd. 4/*Ballwieser* § 246 Rn. 20.
[82] Vgl. *Baetge/Kirsch/Thiele* Bilanzen S. 178; *ADS* HGB § 246 Rn. 29.
[83] Kraft gesetzlicher Fiktion gem. § 246 Abs. 1 Satz 4 HGB ist der derivate Geschäfts- oder Firmenwert dennoch konkret aktivierungsfähig, vgl. Rn. 118.
[84] Insofern wurde durch das BilMoG die handelsrechtliche der steuerlichen Zuordnung gem. § 39 Abs. 2 Nr. 1 AO angepasst.
[85] *ADS* HGB § 246 Rn. 263.

cherungsübereignete oder verpfändete Vermögensgegenstände ebenso wie Bauten auf fremdem Grund und Boden, Mietereinbauten oder geleaste Sachen aktiviert werden, ohne dass zivilrechtliches Eigentum besteht.

63 Der Begriff „**Asset**" (**Vermögenswert**) **nach IFRS** ist grds. weiter als der des Vermögensgegenstands, da eine Einzelverwertbarkeit nicht erforderlich ist und ein irgendwie zurechenbarer zukünftiger wirtschaftlicher Nutzen ausreicht.[86] Der Zufluss dieses wirtschaftlichen Nutzens muss hinreichend wahrscheinlich sein und die Anschaffungs-/Herstellungskosten oder sonstigen Kosten verlässlich bewertet werden können.[87] Im Übrigen ist übereinstimmend das wirtschaftliche Eigentum für die Zurechnung maßgeblich.

b) Konkrete Aktivierungsfähigkeit – Aktivierungswahlrechte und -verbote

64 Neben der abstrakten Aktivierungsfähigkeit ist der konkrete Ansatz bestimmter Vermögensgegenstände gesetzlich verboten oder darf entgegen dem Grundsatz der Vollständigkeit ausbleiben (Aktivierungsverbote und -wahlrechte).

65 So besteht gem. § 248 Abs. 2 HGB grds. ein allgemeines Aktivierungswahlrecht[88] für **selbstgeschaffene immaterielle Vermögensgegenstände** des Anlagevermögens (Satz 1) und ein Aktivierungsverbot für bestimmte selbstgeschaffene immaterielle Vermögensgegenstände (Satz 2; selbst geschaffene Marken, Drucktitel, Verlagsrechte, Kundenlisten oÄ). Das Aktivierungswahlrecht soll der schwierigen objektiven Bestimmung des Werts und der Nutzungsdauer von selbstgeschaffenen immateriellen Vermögensgegenständen Rechnung tragen und Unternehmen entlasten, bei denen solche Vermögenswerte regelmäßig nur von untergeordneter Bedeutung sind.[89]

66 Das Aktivierungsverbot in Bezug auf die genannten Vermögensgegenstände gem. § 248 Abs. 2 Satz 2 HGB resultiert aus den Abgrenzungsschwierigkeiten zum nichtaktivierungsfähigen selbstgeschaffenen (originären) Geschäfts- oder Firmenwert.[90] Ein entgeltlich erworbener Geschäfts- oder Firmenwert ist dagegen gem. § 246 Abs. 1 Satz 4 HGB zeitlich begrenzt ansatzpflichtig (Aktivierungsgebot).[91] Dieser sog. **derivate Geschäfts- oder Firmenwert** gilt fiktiv als Vermögensgegenstand in Höhe des Differenzbetrags von Kaufpreis und den nicht aktivierungsfähigen Vermögenswerten des Unternehmens.

67 Nach **IFRS** hängt die Aktivierung von immateriellen Vermögenswerten von deren Identifizierbarkeit ab.[92] Dazu muss der Vermögenswert entweder separierbar (vom Unternehmen getrennte Veräußerungsmöglichkeit) oder aus vertraglichen oder anderen gesetzlichen Rechten entstehen, unabhängig davon, ob diese Rechte vom Unternehmen separierbar sind.[93] Maßstab ist wiederum die Abgrenzung zum nicht aktivierungsfähigen Geschäfts- oder Firmenwert.

---

[86] BeckHdB IFRS/*Wawrzinek* § 2 Rn. 131; *Heuser/Theile* IFRS-Hdb Rn. 328.
[87] IFRS Rahmenkonzept F.4.44.
[88] Seit BilMoG, vorher Aktivierungsverbot.
[89] Vgl. *Baetge/Kirsch/Thiele* Bilanzen S. 177 mwN.
[90] EBJS/*Böcking/Gros* HGB § 248 Rn. 16.
[91] Seit BilMoG, vorher Aktivierungswahlrecht; Ansatzgebot entsprechend auch in § 5 Abs. 2 EStG.
[92] IAS 38.11.
[93] BeckHdB IFRS/*Wawrzinek* § 2 Rn. 129.

c) Aktive Rechnungsabgrenzungsposten

Mit Hilfe von sog. aktiven Rechnungsabgrenzungsposten sind gem. § 250 Abs. 1 HGB Ausgaben vor dem Abschlussstichtag zu aktivieren, die zu Aufwand für eine bestimmte Zeit danach führen.[94] Außerdem kann in diesem Rahmen auch die Differenz zwischen Rückzahlungsbetrag und dem passivierten Betrag einer Verbindlichkeit aktiviert werden (§ 250 Abs. 3 HGB). **68**

Beispiel: Eine AG zahlt die KFZ-Steuer für ein KFZ im August. Der Anteil, der pro rata temporis auf das kommende Jahr entfällt, ist als aktiver RAP anzusetzen.

Rechnungsabgrenzungsposten oder ein vergleichbarer Begriff ist durch die IFRS nicht definiert.[95] Wurden solche nach HGB gebildet, erfüllen diese aber regelmäßig die Voraussetzungen eines bilanzierungsfähigen Vermögenswerts. **69**

2. Bewertung von Aktiva

a) Bewertungsgrundsätze

§ 252 Abs. 1 Nr. 1–6 HGB kodifiziert allgemeine GoB für die Bewertung: **70**
1. Identität der Wertansätze in Eröffnungs- und Schlussbilanz (Bilanzidentität)
2. Annahme der Unternehmensfortführung
3. Grundsatz der Einzelbewertung am Abschlussstichtag
4. Grundsatz der vorsichtigen Bewertung (Imparitätsprinzip und Realisationsprinzip)
5. Sachliche und zeitliche Abgrenzung von Aufwand und Ertrag (Periodisierungsprinzip)
6. Grundsatz der Bewertungsstetigkeit (gleichbleibende Bewertungsmethoden).

Von diesen Grundsätzen darf gem. § 252 Abs. 2 HGB nur in begründeten Ausnahmefällen abgewichen werden. Neben den kodifizierten Grundsätzen lassen sich aus dem Zusammenhang zu anderen handelsrechtlichen Vorschriften weitere Grundsätze ableiten. Dazu gehört das Anschaffungs-/Herstellungskostenprinzip (§ 255 HGB), der Vorrang von Einzelvorschriften, der Grundsatz der Methodenbestimmtheit, das Willkürverbot und der Grundsatz der Wesentlichkeit.[96] **71**

Beispiel: Aufgrund des sog. Anschaffungskostenprinzips dürfen Grundstücke in der Bilanz nicht mit dem Marktwert angesetzt werden, wenn jener über dem gegenwärtigen Bilanzansatz liegt. Ein solcher Vermögenszuwachs durch Erhöhung der Grundstückspreise darf erst ausgewiesen werden, wenn es zum Verkauf des Grundstücks kommt, der erzielbare Gewinn also tatsächlich am Markt „realisiert" wurde.

Das Anschaffungswertprinzip stellt sich mithin als konkretisierende Ausprägung des Realisationsprinzips dar.[97] Der Grundsatz der Methodenbestimmtheit besagt, dass – auch im Hinblick auf die Pflichtangaben im Anhang gem. § 284 Abs. 2 Nr. 1 und 2 HGB – die verwendete Bewertungsmethode den GoB entsprechen muss und keine unzulässigen Zwischenwerte angesetzt werden.[98] Nach dem Grundsatz der Wesentlichkeit sollen bei der Rechnungslegung alle Tatbestände berücksichtigt und offengelegt werden, die für die Adressaten des Jahresabschlusses von Bedeutung sein können, während umgekehrt Sachverhalte von untergeordneter Bedeutung, **72**

---

[94] Steuerrechtliche Aktivierungspflicht gem. § 5 Abs. 5 EStG.
[95] BeckHdB IFRS/*Wawrzinek* § 2 Rn. 130.
[96] Vgl. *ADS* HGB § 252 Rn. 122 ff.
[97] Vgl. *ADS* HGB § 253 Rn. 32.
[98] Vgl. BeBiKo/*Winkeljohann/Büssow* HGB § 252 Rn. 67.

die wegen ihrer Größenordnung keinen Einfluss auf das Jahresergebnis und die Rechnungslegung haben, vernachlässigt werden können.[99] Feste Maßstäbe oder Schwellenwerte bestehen in diesem Zusammenhang allerdings nicht. Nach dem Bilanzstichtag sind nur noch sog. wertaufhellende Tatsachen zu berücksichtigen. Dabei handelt es sich um solche Tatsachen, die im Gegensatz zu sog. wertbeeinflussenden Tatsachen, bereits am Bilanzstichtag begründet waren. Wertbeeinflussende Tatsachen stellen Ereignisse nach dem Bilanzstichtag da, die keinen Rückschluss auf die Verhältnisse an dem Bilanzstichtag zulassen.[100]

73 Nach dem IFRS-Rahmenkonzept können für den Ansatz von Vermögenswerten verschiedene Bewertungsgrundlagen in unterschiedlichem Maße und in unterschiedlichen Kombinationen eingesetzt werden. Dazu gehören die historischen Anschaffungs- und Herstellungskosten, der beizulegende Zeitwert (Fair Value), der Veräußerungswert und der Barwert. Ein geschlossenes Bewertungssystem kennen die IFRS nicht.[101]

b) Anschaffungs- und Herstellungskosten

74 Grundsätzlich sind Vermögensgegenstände gem. § 255 Abs. 1 HGB höchstens mit ihren Anschaffungs- bzw. Herstellungskosten anzusetzen.

75 **Anschaffungskosten** sind gem. § 255 Abs. 1 HGB die Aufwendungen, die geleistet werden, um einen Vermögensgegenstand zu erwerben und ihn in einen betriebsbereiten Zustand zu versetzen, soweit sie dem Vermögensgegenstand einzeln zugeordnet werden können. Zu den Anschaffungskosten gehören auch die Nebenkosten sowie die nachträglichen Anschaffungskosten. Dagegen sind Anschaffungspreisminderungen abzusetzen. Bei einem Gesamtkaufpreis für den Erwerb einer Vielzahl von Vermögensgegenständen sind die Anschaffungskosten zunächst soweit möglich auf die einzelnen Vermögensgegenstände aufzuteilen. Der überschießende Betrag ist als immaterieller Vermögensgegenstand bzw. derivater Firmenwert zu aktivieren.[102]

76 Zu den **Anschaffungsnebenkosten** gehören sowohl unternehmensexterne Nebenkosten (zB Maklergebühren, Provisionen, Kosten der Anlieferung) als auch unternehmensinterne Nebenkosten, sofern sie ausschließlich dem Vermögensgegenstand zurechenbar sind.[103] Gemeinkosten sind nicht als Anschaffungskosten zu berücksichtigen. Nachdem der Vermögensgegenstand in die wirtschaftliche Verfügungsgewalt des Erwerbers gelangt ist und in den betriebsbereiten Zustand versetzt wurde, können **nachträgliche Anschaffungskosten** entstehen. Dazu gehören zB Erschließungskosten oder nachträgliche Erhöhungen des ursprünglichen Kaufpreises.[104] Zu den **Anschaffungspreisminderungen** gehören alle Arten von Nachlässen wie Boni, Rabatte und Skonti sowie zurückgewährte Entgelte.[105] Auch Investitionszuschüsse können wahlweise die Anschaffungskosten mindern oder als Ertrag vereinnahmt werden.[106] Eine erfolgsneutrale Behandlung als Anschaf-

---

[99] Vgl. *ADS* HGB § 252 Rn. 127.
[100] Vgl. BeBiKo/*Winkeljohann/Büssow* HGB § 252 Rn. 38.
[101] S. BeckHdB IFRS/*Wawrzinek* § 2 Rn. 156.
[102] Vgl. MünchKomm. HGB/Bd. 4/*Ballwieser* § 255 Rn. 48; bzgl. der Voraussetzungen der Aktivierung von immateriellen Vermögensgegenständen und derivatem Firmenwert vgl. Rn. 118.
[103] Vgl. *ADS* HGB § 255 Rn. 22 ff.
[104] Vgl. *ADS* HGB § 255 Rn. 42 ff.
[105] Vgl. *ADS* HGB § 255 Rn. 49.
[106] Steuerlich folgt das Wahlrecht aus R 6.5 EStR.

fungspreisminderung durch Investitionszuschüsse setzt allerdings voraus, dass diese nicht (auch nicht bedingt) zurückgezahlt werden müssen und mit dem Erwerb des Vermögensgegenstands unmittelbar in Zusammenhang stehen.[107]

Herstellungskosten sind gem. § 255 Abs. 2 HGB die Aufwendungen, die durch den Verbrauch von Gütern und die Inanspruchnahme von Diensten für die Herstellung eines Vermögensgegenstands, seine Erweiterung oder für eine über seinen ursprünglichen Zustand hinausgehende wesentliche Verbesserung entstehen. **Dazu gehören** die Materialkosten, die Fertigungskosten und die Sonderkosten der Fertigung sowie angemessene Teile der Materialgemeinkosten, der Fertigungsgemeinkosten und des Werteverzehrs des Anlagevermögens, soweit dieser durch die Fertigung veranlasst ist. Außerdem dürfen angemessene Teile der Kosten der allgemeinen Verwaltung sowie angemessene Aufwendungen für soziale Einrichtungen des Betriebs, für freiwillige soziale Leistungen und für die betriebliche Altersversorgung einbezogen werden, soweit diese auf den Zeitraum der Herstellung entfallen. Forschungs- und Vertriebskosten dürfen nicht einbezogen werden. Nach § 255 Abs. 2a HGB können nunmehr auch **Kosten der Entwicklung** von selbstgeschaffenen immateriellen Vermögensgegenständen als Herstellungskosten aktiviert werden. Entwicklung ist danach die Anwendung von Forschungsergebnissen oder von anderem Wissen für die Neu- oder Weiterentwicklung von Gütern oder Verfahren. Davon abzugrenzen sind die nichtaktivierungsfähigen Kosten der Forschung, über deren technische Verwertbarkeit und wirtschaftliche Erfolgsaussichten grds. keine Aussagen gemacht werden können. Besteht Zweifel bei der Abgrenzung der Entwicklungskosten von den Forschungskosten darf insgesamt nicht aktiviert werden zudem greift aus Vorsichtsgründen eine Ausschüttungssperre für Gewinne aus den betroffenen selbsthergestellten immateriellen Vermögensgegenständen (§§ 255 Abs. 2a Satz 3 und 268 Abs. 8 HGB). Eine Aktivierung von Vertriebskosten iSv nachträglichen Herstellungskosten ist nicht möglich.[108] Von besonderer Bedeutung ist im Übrigen die Abgrenzung von aufwandswirksamem Instandhaltungsaufwand und Herstellungskosten. Nur wenn die Substanz des Vermögensgegenstands wesentlich vermehrt, erweitert oder derart verändert wird, dass ein anderer oder sogar zweiter Vermögensgegenstand entsteht, können Herstellungskosten in diesem Zusammenhang aktiviert werden. Fremdkapitalzinsen können, zeitlich begrenzt auf den Herstellungszeitraum, Herstellungskosten darstellen, wenn das Fremdkapital zur Herstellung eines Vermögensgegenstands verwendet wird (§ 255 Abs. 3 HGB).

Nach **IFRS** sind als Anschaffungs- oder Herstellungskosten von Vorräten gem. IAS 2.10 alle Kosten des Erwerbs und der Herstellung sowie sonstige Kosten einzubeziehen, die angefallen sind, um die Vorräte an ihren derzeitigen Ort und in ihren derzeitigen Zustand zu versetzen.

c) Abschreibungen und Zuschreibungen

Gemäß § 247 HGB sind Anlage- und Umlaufvermögen gesondert auszuweisen. Als Anlagevermögen sind danach nur die Gegenstände auszuweisen, die bestimmt sind, dauernd dem Geschäftsbetrieb zu dienen. Die Abgrenzung ist insb. für die Folgebewertung von Bedeutung. Die Anschaffungs- oder Herstellungskosten von Vermögensgegenständen des Anlagevermögens, deren Nutzung zeitlich begrenzt ist, sind um **planmäßige Abschreibungen** über die Geschäftsjahre, in denen der Vermögensgegenstand voraussichtlich genutzt wird, zu vermindern (§ 253 Abs. 3

---

[107] Vgl. MünchKomm. HGB/Bd. 4/*Ballwieser* § 255 Rn. 39.
[108] Vgl. *ADS* HGB § 255 Rn. 211.

Satz 1 und 2 HGB). Dies dient der Abbildung von Wertminderungen und der tatsächlichen Aufwandsverteilung. Die Höhe der planmäßigen Abschreibungen bestimmt sich nach dem Abschreibungsausgangswert, der voraussichtlichen Nutzungsdauer und der Abschreibungsmethode.

80 Der **Ausgangswert** bemisst sich grds. nach den Anschaffungs- oder Herstellungskosten. Diese sind ausnahmsweise um einen voraussichtlichen und mit ausreichender Sicherheit zu erwartenden Restwert zu mindern.[109] Die **voraussichtliche Nutzungsdauer** iSd § 253 Abs. 3 Satz 2 HGB wird individuell sowohl durch technische- oder verbrauchsbedingte als auch wirtschaftliche Ursachen bestimmt und beginnt mit der Inbetriebnahme des Vermögensgegenstands.[110] Zur Orientierung können die steuerlichen AfA-Tabellen dienen. Für selbstgeschaffene immaterielle Vermögensgegenstände des Anlagevermögens sowie den entgeltlich erworbenen Geschäfts- oder Firmenwert sieht § 253 Abs. 3 Satz 3 HGB für den Fall dass die Nutzungsdauer nicht verlässlich beziffert werden kann, einen Abschreibungszeitraum von höchstens 10 Jahren vor.[111] Man unterscheidet handelsrechtlich bei den **Abschreibungsmethoden** idR zwischen der linearen Abschreibung mit gleichbleibenden Abschreibungsbeträgen und der degressiven Abschreibung mit jährlich abnehmenden Abschreibungsbeträgen. Die degressive Abschreibung kann dabei geometrisch, mit gleichbleibend abnehmenden Abschreibungsbeträgen, arithmetisch, mit gleichbleibend prozentual abnehmenden Abschreibungsbeträgen, oder progressiv, mit gleichbleibend prozentual steigenden Abschreibungsbeträgen, erfolgen.

81 Neben den planmäßigen Abschreibungen können durch **außerplanmäßige Abschreibungen** gem. § 253 Abs. 3 Satz 5 HGB außergewöhnlichen und dauerhaften Wertminderungen Rechnung getragen werden. Lediglich vorübergehende Wertminderungen dürfen ausnahmsweise gem. § 253 Abs. 3 Satz 6 HGB durch außerplanmäßige Abschreibungen bei Finanzanlagen berücksichtigt werden. Aus der Anwendung des strengen Niederstwertprinzips besteht für Vermögensgegenstände des Umlaufvermögens eine Pflicht zur Vornahme außerplanmäßiger Abschreibungen. Maßgeblich ist dabei der Börsen- oder Marktpreis am Abschlussstichtag, § 253 Abs. 4 HGB, bzw. die Differenz um die die Anschaffungs- und Herstellungskosten den dem Vermögensgegenstand beizulegenden Wert übersteigen. Kommt es zu einem Sinken des Marktpreises unter die fortgeführten Anschaffungs- oder Herstellungskosten, ist für den Bilanzansatz nur der niedrigere der beiden Werte maßgeblich. Steigt der Marktwert des Vermögensgegenstands hingegen über die fortgeführten Anschaffungs- oder Herstellungskosten, bleiben die fortgeführten Werte maßgeblich und die Wertsteigerung wird nicht ausgewiesen.

Beispiel: Von der AG gehaltene Anteile an anderen börsennotierten Unternehmen dürfen höchstens mit den historischen Anschaffungskosten bilanziert werden, selbst wenn der Kurswert diese bei Weitem übersteigt.

82 Ein niedriger Wertansatz durch außerplanmäßige Abschreibungen darf bei Wegfall der Voraussetzungen nicht beibehalten werden (§ 253 Abs. 5 Satz 1 HGB). Dieses Wertaufholungsgebot gilt nicht für außerplanmäßige Abschreibungen auf einen entgeltlich erworbenen, also derivaten Geschäfts- oder Firmenwert (§ 253 Abs. 5 Satz 2 HGB).

---

[109] Vgl. ADS HGB § 253 Rn. 415; *Baetge/Kirsch/Thiele* Bilanzen S. 265; steuerbilanziell wird ein Restwert berücksichtigt wenn dieser von erheblicher Bedeutung ist, vgl. Rn. 122.
[110] Vgl. *Baetge/Kirsch/Thiele* Bilanzen S. 266 ff.
[111] Bilanzrichtlinie-Umsetzungsgesetz (BilRUG) v. BGBl. 2015 I 1245.

C. Handelsrechtliche Grundsätze der Bilanzierung 83–87 § 10

Auch nach den **IFRS** sind gem. IAS 36 grds. alle Wertminderungen von Vermögenswerten zu erfassen. Für Sachanlagen sind die handelsrechtlichen Abschreibungsmethoden wie die lineare und degressive Abschreibung zulässig (IAS 16.60, 16.62). Gemäß IAS 36.59 ist eine außerplanmäßige Abschreibung auf den am Absatzmarkt erzielbaren Betrag vorzunehmen, wenn dieser geringer ist als der Buchwert. Für Wertminderungen bei Vorräten (IAS 2), Fertigungsaufträgen (IAS 11), latenten Steueransprüchen (IAS 12) und Finanzinstrumenten (IAS 39) gelten die jeweiligen Spezialregeln.[112] 83

Für das Umlaufvermögen (Vorräte) gilt das strenge Niederstwertprinzip.[113] Liegt der ausschließlich am absatzmarktorientierte[114] Nettoveräußerungserlös unter den Anschaffungs- oder Herstellungskosten, ist eine planmäßige Abschreibung vorzunehmen (IAS 2.6). 84

d) Bewertungsvereinfachungen

Abweichend vom häufig nicht praktikablen Grundsatz der Einzelbewertung kennt das Gesetz verschiedene Bewertungsvereinfachungen, nach denen mehrere Vermögensgegenstände auch durch Fest-, Gruppen- oder Sammelbewertung bilanziert werden können (§§ 256, 240 Abs. 3 und 4 HGB). Insbesondere beim Vorratsvermögen (zB Rohstoffe) kann eine Einzelbewertung zu den tatsächlichen Anschaffungs- oder Herstellungskosten schwer bis unmöglich sein, wenn etwa gleichartige Vermögensgegenstände in großer Zahl zu unterschiedlichen Preisen erworben werden und wegen ihrer physischen Beschaffenheit im Lagerungsprozess die Identität verlieren.[115] 85

Bei der **Festbewertung** können Vermögensgegenstände des Sachanlagevermögens sowie Roh-, Hilfs- und Betriebsstoffe, wenn sie regelmäßig ersetzt werden und ihr Gesamtwert für das Unternehmen von nachrangiger Bedeutung ist, mit einer gleichbleibenden Menge und einem gleichbleibenden Wert angesetzt werden (Gleichbewertung), sofern ihr Bestand in seiner Größe, seinem Wert und seiner Zusammensetzung nur geringen Veränderungen unterliegt. Die **Gruppenbewertung** ermöglicht es, gleichartige Vermögensgegenstände des Vorratsvermögens sowie andere gleichartige oder annähernd gleichwertige bewegliche Vermögensgegenstände jeweils zu einer Gruppe zusammenzufassen und mit dem gewogenen Durchschnittswert anzusetzen (Durchschnittsbewertung). Gemäß § 256 Satz 1 HGB ist für gleichartige Vermögensgegenstände des Vorratsvermögens auch eine **Sammelbewertung** unter Anwendung eines Verbrauchs- bzw. Veräußerungsfolgeverfahrens zulässig. Dabei ist es möglich, bei der Bewertung eine bestimmte fiktive Reihenfolge der Anschaffung oder Veräußerung zu unterstellen. Seit dem BilMoG sind dabei nur fiktive Zeitfolgen iSd Fifo-Verfahrens (*first in – first out*) und des Lifo-Verfahrens (*last in – first out*) zulässig. 86

Nach den **IFRS** sind das Fifo-Verfahren und die Durchschnittsmethode zulässig (IAS 2.25). Die Festbewertung iSd HGB wird im Hinblick auf den Wesentlichkeitsgrundsatz auch nach IFRS als zulässig angesehen.[116] 87

---

[112] Vgl. IAS 36.3; *Heuser/Theile* IFRS-Hdb Rn. 2005.
[113] Vgl. IAS 2.9; *Heuser/Theile* IFRS-Hdb Rn. 2250.
[114] *Heuser/Theile* IFRS-Hdb Rn. 2251.
[115] Vgl. *ADS* HGB § 256 Rn. 7.
[116] *Heuser/Theile* IFRS-Hdb Rn. 2246; BeckHdB IFRS/*Riese* § 8 Rn. 86.

III. Ansatz und Bewertung von Passiva

88 In der Bilanz sind gem. § 247 Abs. 1 HGB neben dem Anlage- und Umlaufvermögen das Eigenkapital und die Schulden auszuweisen. Handelsbilanziell sind „Schulden" auf der Passivseite der Bilanz gem. § 266 Abs. 3 HGB abhängig von der Wahrscheinlichkeit der Inanspruchnahme und Quantifizierbarkeit in die Kategorien Rückstellungen und Verbindlichkeiten weiter zu untergliedern.

1. Passivierungsfähigkeit

a) Verbindlichkeiten und Rückstellungen

89 Respektive der GoB[117] setzt die Passivierungsfähigkeit einer **Verbindlichkeit** voraus, dass eine Verpflichtung des Bilanzierenden ggü. einem Dritten vorliegt, diese mit einer wirtschaftlichen Belastung verbunden und ausreichend quantifizierbar ist.[118] Die Passivierungsfähigkeit führt grds. zu einer Passivierungspflicht. Gemäß § 249 Abs. 1 HGB sind darüber hinaus auch für ungewisse Verbindlichkeiten und drohende Verluste sowie in begrenztem Umfang für Instandhaltungs- und Gewährleistungsaufwand **Rückstellungen** zu passivieren. Für andere Zwecke ist die Bildung von Rückstellungen nicht möglich (§ 249 Abs. 2 HGB). Diese Verbindlichkeits- und Aufwandsrückstellungen sind Ausfluss des Realisationsprinzips.[119]

90 **aa) Verbindlichkeitsrückstellungen.** Verbindlichkeitsrückstellungen iSv § 249 Abs. 1 Satz 1 Alt. 1 und Satz 2 Nr. 2 HGB sind Rückstellungen für unkompensierte, quantifizierbare Leistungsverpflichtungen ggü. Dritten am Bilanzstichtag, deren Existenz und/oder Höhe ungewiss, aber hinreichend wahrscheinlich sind.[120] Nach dem Periodisierungsprinzip[121] sind sie einer bereits abgelaufenen Rechnungsperiode zuzuordnen. Es wird die gesamte Verpflichtung passiviert. Verbindlichkeitsrückstellungen sind bspw. Rückstellungen für Pensionen, Schadensersatzverpflichtungen oder rechtliche Gewährleistungen. Es können auch öffentlich-rechtliche Verpflichtungen Grundlage für die Bildung einer Rückstellung sein, wenn ein Gesetz oder eine Verfügung der zuständigen Behörde ein inhaltlich genau bestimmtes Handeln innerhalb eines bestimmten Zeitraums vorschreibt und an die Nichteinhaltung der Verpflichtung Sanktionen geknüpft sind (zB Steuern oder Entsorgung).[122] Die Passivierungspflicht für ungewisse Verbindlichkeiten erstreckt sich außerdem auch auf vertragliche Pensionszusagen ggü. Arbeitnehmern.[123]

91 Weitere Verbindlichkeitsrückstellungen sind gem. § 249 Abs. 1 Satz 2 Nr. 2 HGB für Gewährleistungen zu bilden, die (gänzlich) ohne rechtliche Verpflichtungen erbracht werden. Diese sog. **faktischen Verpflichtungen** sind passivierungspflichtig, wenn sie mit einer vorangegangenen eigenen Lieferung oder Leistung zusammenhängen und in tatsächlicher Hinsicht dem Bilanzierenden angelastet werden können (zB freiwillige Kulanzleistungen nach Ablauf der Gewährleis-

---

[117] Vgl. Rn. 55 ff.
[118] Vgl. *Baetge/Kirsch/Thiele* Bilanzen S. 181.
[119] Vgl. zum Realisationsprinzip Rn. 57.
[120] MünchKomm. HGB/Bd. 4/*Ballwieser* § 249 Rn. 10.
[121] Vgl. Rn. 57.
[122] Vgl. *ADS* HGB § 249 Rn. 50.
[123] Gemäß Art. 28 Abs. 1 Satz 1 EGHGB gilt die Passivierungspflicht nur für nach dem 31.12.1986 erworbene Pensionsansprüche (sog. Neuzusagen). Für ältere Pensionsansprüche (sog. Altzusagen) besteht ein Wahlrecht zur Passivierung.

tungs- oder Garantiefrist).[124] Dazu gehören jedoch nicht Kulanzleistungen, die zur Vermeidung von Rechtsstreitigkeiten erbracht werden. Diese sind als ungewisse Verbindlichkeiten zu behandeln.

Eine (bestehende) **Verbindlichkeit ist ungewiss** iSd § 249 Abs. 1 Satz 1 HGB, **92** wenn sie dem Grunde oder der Höhe nach, sei es aus rechtlichen oder aus tatsächlichen Gründen, nicht feststeht, aber wirtschaftlich vor dem Bilanzstichtag verursacht ist und mit ihrer Inanspruchnahme ernsthaft zu rechnen ist.[125] Mit der Inanspruchnahme durch den Gläubiger ist nach st. Rspr. des BFH dann ernsthaft zu rechnen, wenn mehr Gründe dafür als dagegen sprechen.[126]

bb) Aufwandsrückstellungen. Neben den Verbindlichkeitsrückstellungen können **93** in engen Grenzen auch bestimmte Aufwandsrückstellungen passiviert werden. Dies gilt gem. § 249 Abs. 1 Satz 2 Nr. 1 HGB für Aufwendungen aus im Geschäftsjahr unterlassener Instandhaltung, die im folgenden Geschäftsjahr innerhalb von drei Monaten nachgeholt werden und Aufwendungen für Abraumbeseitigung. Es handelt sich um Rückstellungen für Verbindlichkeiten ohne Außenverpflichtung.[127]

cc) Drohverlustrückstellungen. Drohverlustrückstellungen iSv § 249 Abs. 1 **94** Satz 1 Alt. 2 HGB können nur für Verluste aus schwebenden Geschäften gebildet werden. Die Passivierungspflicht für Rückstellungen wegen drohender Verluste folgt aus dem Imparitätsprinzip.[128] Schwebende Geschäfte sind zweiseitig verpflichtende Verträge, die auf einen Leistungsaustausch gerichtet sind, der durch die zur vertragscharakteristischen Leistung verpflichteten Partei noch nicht vollständig erfüllt ist.[129] Aus einem schwebenden Geschäft resultiert ein drohender Verlust, wenn es ausreichend Anzeichen dafür gibt, dass der Wert einer zu erbringenden Leistung den Wert der Gegenleistung übersteigen wird.[130] Kenntnis bzgl. des möglichen Verlusteintritts und bewusstes Eingehen des Geschäfts schaden nicht. Der Verpflichtungsüberschuss wird durch Saldierung der zu erwartenden künftigen Ausgaben mit künftigen Einnahmen ermittelt. Dieser sog. „Kompensationsbereich" ist dabei „nach wirtschaftlichen Gesichtspunkten zu bestimmen", mithin sind alle Haupt- und Nebenleistungen und sonstigen wirtschaftlichen Vorteile zu berücksichtigen.[131] Nur die sich so ergebende Differenz ist zu passivieren.

dd) Rückstellungen nach IFRS. Gemäß IAS 37.14 sind Rückstellungen an- **95** zusetzen, wenn (1) dem Unternehmen aus einem Ereignis der Vergangenheit eine gegenwärtige rechtliche oder faktische Verpflichtung entstanden ist, (2) der Abfluss von Ressourcen mit wirtschaftlichem Nutzen zur Erfüllung dieser Verpflichtung wahrscheinlich ist und (3) eine verlässliche Schätzung der Höhe der Verpflichtung möglich ist. Fehlt der Verpflichtung eine dieser Voraussetzungen, spricht IAS von **Eventualverbindlichkeiten** (IAS 37.12, 37.13), für die keine Rückstellungen gebildet werden dürfen (IAS 37.27). **Aufwandsrückstellungen** für Aufwendungen der künftigen Geschäftstätigkeit dürfen grds. nicht angesetzt werden (IAS 37.18). Dagegen können Rückstellungen für Aufwendungen aufgrund von Ereignissen aus der Vergangenheit, zB für die Beseitigung von vor dem Abschlussstichtag unrechtmäßig entstandenen Umweltschäden, gebildet werden (IAS 37.19).

---

[124] *ADS* HGB § 249 Rn. 183.
[125] *Baumbach/Hopt* HGB § 249 Rn. 2.
[126] BFH I R 68/00, BStBl. II 2002, 688.
[127] *ADS* HGB § 249 Rn. 166.
[128] Vgl. Rn. 57.
[129] BFH GrS 2/93, BStBl. II 1997, 735 – Apotheken-Urteil; *Berberich* S. 205.
[130] Vgl. *ADS* HGB § 249 Rn. 144.
[131] BFH GrS 2/93, BStBl. II 1997, 735; konkretisierend IDW RS 4 Tz. 25 f.

b) Passive Rechnungsabgrenzungsposten

96 Passive Rechnungsabgrenzungsposten sind gem. § 250 Abs. 2 HGB für Einnahmen vor dem Abschlussstichtag zu bilden, die zu einem Ertrag innerhalb einer bestimmten Zeit danach führen. Der Zeitraum für die zukünftige Ertragsrealisierung kann unter besonderer Berücksichtigung des Realisationsprinzips[132] als Ausfluss des Vorsichtsprinzips geschätzt werden.[133] Beispiele für Möglichkeiten der passiven Rechnungsabgrenzung sind etwa erhaltene Vorauszahlungen auf Erbbauzinsen, Mieten oder öffentliche Zuschüsse für Einrichtung von Ausbildungsplätzen.

97 Die nach § 250 Abs. 2 HGB gebildeten passiven Rechnungsabgrenzungsposten erfüllen regelmäßig die Ansatzkriterien von Schulden iSd **IFRS** (IAS 1.28, IFRS Framework F 4.4 (b)). Teilweise sind passive Abgrenzungsposten in den IFRS auch ausdrücklich vorgesehen (zB IAS 20.2).

2. Bewertung von Passiva

98 § 253 Abs. 1 Satz 2 HGB schreibt vor, dass Verbindlichkeiten zu ihrem Erfüllungsbetrag und Rückstellungen in Höhe des **nach vernünftiger kaufmännischer Beurteilung notwendigen Erfüllungsbetrages** anzusetzen sind. Maßgeblich ist der Betrag, der bei normaler Abwicklung der Verbindlichkeit zu zahlen ist.[134] Im Sinne des Imparitätsprinzips[135] sind Verbindlichkeiten im Zweifel mit tendenziell höherem Rückzahlungsbetrag, jedoch mindestens mit ihren historischen Anschaffungskosten, zu bilanzieren („**Höchstwertprinzip**"). Zukünftige Preis- und Kostensteigerungen sind zu berücksichtigen. Für Sach- oder Dienstleistungsverpflichtungen ist der Wert der erforderlichen Aufwendungen (sog. Vollkostenansatz) maßgeblich. Gemäß § 253 Abs. 1 Satz 3 HGB sind Rückstellungen für wertpapiergebundenen Pensionszusagen zum **beizulegenden Zeitwert** anzusetzen. Sofern ein aktiver Markt besteht, anhand dessen sich der Marktpreis ermitteln lässt, entspricht der beizulegende Zeitwert dem Marktpreis, andernfalls ist dieser mit Hilfe allgemein anerkannter Bewertungsmethoden zu bestimmen (§ 255 Abs. 4 HGB).

99 Rückstellungen mit einer Restlaufzeit von mehr als einem Jahr sind entsprechend ihrer Restlaufzeit mit dem **durchschnittlichen Marktzinssatz der vergangenen sieben Geschäftsjahre**, und Pensionsrückstellungen pauschal mit dem durchschnittlichen Marktzinssatz, der sich aus unter der Annahme einer Restlaufzeit von 15 Jahren ergibt, abzuzinsen (§ 253 Abs. 2 HGB). Diese Regelungen gelten auch für Rentenverpflichtungen, für die eine Gegenleistung nicht mehr zu erwarten ist. Der anzuwendende Abzinsungszinssatz wird von der Deutschen Bundesbank ermittelt und monatlich bekannt gegeben. Verbindlichkeiten sind im Gegensatz dazu nur dann abzuzinsen, wenn ihre Verzinsung nicht marktüblich ist (zB bei über- oder unverzinslichen Verbindlichkeiten oder steigender Verzinsung).

100 Nach **IFRS** werden finanzielle Verbindlichkeiten bzw. „financial liabilities", als größte Kategorie von Verbindlichkeiten, zunächst mit ihrem beizulegenden Zeitwert (ggf. zzgl. angefallener Transaktionskosten) bewertet (IAS 39.43), die Folgebewertung richtet sich grds. nach den fortgeführten Anschaffungskosten (IAS 39.47). Rückstellungen werden mit dem Betrag angesetzt, der die bestmögliche Schätzung („**best estimate**") der Ausgabe darstellt, die zur Erfüllung der

---

[132] Vgl. Rn. 57.
[133] *ADS* HGB § 250 Rn. 115.
[134] *ADS* HGB § 253 Rn. 73.
[135] Vgl. Rn. 57.

gegenwärtigen Verpflichtung zum Abschlussstichtag erforderlich ist (IAS 37.36). Wirkt sich eine Abzinsung wesentlich aus, ist die Rückstellung mit dem Barwert der zukünftigen Ausgaben zu bewerten (IAS 37.45). Ist im Zusammenhang mit einer Rückstellung ein Abfluss von Ressourcen nicht mehr wahrscheinlich, ist sie aufzulösen (IAS 37.59).

3. Eigenkapital

Der Ausweis des Eigenkapitals kann sich bei sog. hybriden Finanzinstrumenten (oder „**Mezzanine-Kapital**") im Zusammenhang mit der Abgrenzung zum Fremdkapital schwierig gestalten. Hybride Finanzinstrumente (zB Genussrechte, stille Beteiligungen, Wandel- und Optionsanleihen) weisen typische Merkmale beider Passivkategorien auf. Gemäß der Stellungnahme des IDW HFA 1/1994 müssen für den Ausweis als Eigenkapital die folgenden Voraussetzungen kumulativ erfüllt sein: (1) Nachrangigkeit des Rückzahlungsanspruchs im Insolvenz- oder Liquidationsfall, (2) Erfolgsabhängigkeit der Vergütung für die Kapitalüberlassung, (3) Teilnahme am Verlust bis zur vollen Höhe und (4) Längerfristigkeit der Kapitalüberlassung.[136] Liegt eine dieser Voraussetzungen nicht vor, ist das Genussrechtskapital als Fremdkapital zu bilanzieren, was naturgemäß zu einer schwächeren Bewertung der wirtschaftlichen Lage des Unternehmens führt. **101**

Der **Erwerb eigener Anteile** nach § 71 AktG stellt wirtschaftlich eine Kapitalherabsetzung und handelsrechtlich bzgl. der Anschaffungsnebenkosten Aufwand des Geschäftsjahres dar (§ 272 Abs. 1a Satz 3 HGB). Eine Aktivierung mit gleichzeitiger Bildung einer entsprechenden Rücklage kommt nicht in Betracht.[137] Erwirbt das Unternehmen entgeltlich oder unentgeltlich eigene Anteile ist gem. § 272 Abs. 1a und 1b HGB deren Nennbetrag oder, falls ein solcher nicht vorhanden ist, der rechnerische Wert in der Vorspalte offen von dem Posten „Gezeichnetes Kapital" abzusetzen.[138] Die Differenz zwischen Anschaffungskosten der eigenen Anteile (ohne Anschaffungsnebenkosten) und deren Nennbetrag bzw. rechnerischem Wert, ist mit den *frei verfügbaren* Rücklagen zu verrechnen. Ausschüttungsgesperrte Rücklagen, etwa gem. § 268 Abs. 8 HGB, können gem. § 71 Abs. 2 Satz 2 AktG dabei nicht herangezogen werden. **102**

Gemäß §§ 16 und 17 AktG spricht man von einem herrschenden Unternehmen, wenn dieses auf ein rechtlich selbstständiges Unternehmen (abhängiges Unternehmen) unmittelbar oder mittelbar einen beherrschenden Einfluss ausüben kann. Dies wird bei einem Unternehmen vermutet, das mit Mehrheit – der Anteile oder Stimmrechte – an einem Unternehmen beteiligt ist. Erwirbt das bilanzierende Unternehmen **Anteilen an einem herrschenden oder mit Mehrheit beteiligten Unternehmen** ist gem. § 272 Abs. 4 HGB eine Rücklage zu bilden. Die Rücklage ist bereits bei der Aufstellung der Bilanz zu bilden und darf aus vorhandenen frei verfügbaren Rücklagen gebildet werden. Sie ist aufzulösen, soweit die Anteile an dem herrschenden oder mit Mehrheit beteiligten Unternehmen veräußert, ausgegeben oder eingezogen werden oder auf der Aktivseite ein niedrigerer Betrag angesetzt wird. **103**

---

[136] Für die steuerliche Behandlung von Genussrechtskapital als Eigenkapital ist die Beteiligung am Gewinn und am Liquidationserlös maßgeblich (§ 8 Abs. 3 Satz 2 KStG).
[137] BMF 27.11.2013 Rn. 2, BStBl. I 2013, 1615.
[138] Seit BilMoG, vorher Aktivierungspflicht bei gleichzeitiger Rücklagenbildung (§ 265 Abs. 3 Satz 2 HGB aufgehoben).

IV. Ansatz und Bewertung von Sicherungsgeschäften und latenten Steuern

1. Bewertungseinheiten für Sicherungsgeschäfte

104 Sicherungsgeschäfte (Hedges) sind Geschäfte, die risikobehaftete Geschäfte (Grundgeschäfte) durch gegenläufige Wertentwicklung sichern sollen. Als Grundgeschäfte kommen gem. § 254 Abs. 1 HGB Vermögensgegenstände, Schulden, schwebende Geschäfte oder mit hoher Wahrscheinlichkeit zu erwartende Transaktionen in Frage. Sicherungsgeschäfte können hingegen nur Finanzinstrumente sein. Sie können zur Sicherung eines einzelnen Grundgeschäfts (Micro-Hedge), eines bestimmten Portfolios von Grundgeschäften (Portfolio-Hedge) oder des Netto-Risikos aus der Gesamtheit aller risikobehafteten Grundgeschäfte (Macro-Hedge) gebildet werden.[139]

105 Entgegen dem Einzelbewertungsgrundsatz dürfen das Sicherungsgeschäft und das Grundgeschäft gem. § 254 Abs. 1 HGB in einer Bewertungseinheit zusammengefasst werden. Voraussetzung für die Bildung einer Bewertungseinheit ist die Sicherungsabsicht des Bilanzierenden und die Wirksamkeit der Sicherungsbeziehung.[140] Ist eine Bewertungseinheit wirksam gebildet, sind das Imparitätsprinzip (Rn. 57), das Anschaffungskostenprinzip (§ 253 Abs. 1 Satz 1 HGB), die Regeln für außerplanmäßige Abschreibungen (§ 253 Abs. 1, 3 und 4 HGB) sowie die Bildung von Drohverlustrückstellung (§ 249 Abs. 1 HGB) auf die Bewertungseinheit als Ganzes und nicht auf die einzelnen enthaltenen Sicherungs- und Grundgeschäfte anzuwenden.

106 Gemäß § 285 Nr. 23 HGB (bzw. § 314 Abs. 1 Nr. 15 HGB für den Konzernanhang) sind im Anhang umfangreiche Angaben zu den gebildeten Bewertungseinheiten zu machen. Dazu zählen auch die Art und der Umfang des gesicherten Risikos, der voraussichtliche Zeitraum, in dem die Risiken ausgeglichen werden sollen, und Erläuterungen zur Wirksamkeit der Sicherungsbeziehung. Die Bildung der handelsbilanziellen Bewertungseinheiten ist auch für die steuerliche Gewinnermittlung maßgeblich, § 5 Abs. 1a und 4a EStG.

107 Nach den IFRS sind Derivate als eigenständige Finanzinstrumente iSd IAS 39.9 erfolgswirksam zum beizulegenden Zeitwert als Asset bzw. Liability zu bilanzieren.[141] Unter dem Begriff Fair-Value-Hedge fassen die IFRS Sicherungsgeschäfte zur Absicherung von ergebniswirksamen Veränderungen des beizulegenden Zeitwerts des Grundgeschäfts zusammen.[142] Daneben sehen die IFRS zur Absicherung von Risiken im Zusammenhang mit zukünftigen Zahlungsströmen (etwa im Zusammenhang mit schwebenden Geschäften) die Bildung von Cashflow-Hedges vor.

2. Latente Steuern

108 Ergeben sich aus handelsrechtlichen Wertansätzen ggü. steuerlichen Wertansätzen Differenzen, die sich in folgenden Geschäftsjahren voraussichtlich abbauen, so ist eine sich daraus insgesamt ergebende Steuerbelastung als „passive latente Steuern" bzw. eine Steuerentlastung als „aktive latente Steuern" in der Bilanz anzusetzen. Dies gilt für Differenzen im Zusammenhang mit Wertansätzen von

---

[139] Vgl. *Baetge/Kirsch/Thiele* Bilanzen S. 689.
[140] Vgl. *Baetge/Kirsch/Thiele* Bilanzen S. 691.
[141] IAS 39.43.
[142] IAS 39.86.

Vermögensgegenständen, Schulden oder Rechnungsabgrenzungsposten in der Handelsbilanz und den jeweiligen Wertansätzen in der Steuerbilanz. Passive latente Steuern sind passivierungspflichtig, für aktive latente Steuern besteht hingegen ein Aktivierungswahlrecht. Eine Verrechnung ist nicht zwingend (Saldierungswahlrecht). Latente Steuern stellen bilanziell Sonderposten eigener Art dar. Der Ausweis latenter Steuern dient der periodengerechten Erfolgsermittlung und dem zutreffenden Ausweis der Vermögenslage. § 274 Abs. 1 Satz 1 HGB erfasst **nicht permanent bestehende Differenzen**, die zB aufgrund steuerfreier Erträge oder nicht abziehbarer Betriebsausgaben entstehen können und sich gerade nicht in späteren Geschäftsjahren ausgleichen.

Allerdings können nun auch sog. **quasi-permanente Differenzen**, die sich erst wieder durch unternehmerisches Zutun ausgleichen (zB unterschiedliche Bewertung eines Grundstücks bis zu dessen Verkauf), für den Ausweis latenter Steuern berücksichtigt werden. Bei quasi-permanenten Differenzen ist die Frage des voraussichtlichen Ausgleichs anhand von Wahrscheinlichkeitsüberlegungen iSd allgemeinen Vorsichtsprinzips (vgl. Rn. 57) zu klären.[143]

Auch Differenzen, die aus **steuerlichem Verlustvortrag** entstehen, dürfen im Sinne aktiver latenter Steuern berücksichtigt werden, wenn der Verlustvortrag voraussichtlich innerhalb der nächsten fünf Jahre verrechnet wird (§ 274 Abs. 1 Satz 4 HGB). Gemäß § 268 Abs. 8 Satz 2 HGB bzw. § 301 Satz 1 AktG greift nach dem Ansatz, die passiven latenten Steuern übersteigender, aktiver latenter Steuern eine **Ausschüttungs- bzw. Abführungssperre**. Bei der Berechnung der Steuerbelastung bzw. Steuerentlastung sind die unternehmensindividuellen **Steuersätze im Zeitpunkt des Ausgleichs** der Differenzen zugrunde zu legen (§ 274 Abs. 2 Satz 1 HGB). Dies erfordert eine Steuerplanung, die auch alle bekannten zukünftigen oder zwischenzeitlich umgesetzten Steuersatzänderungen einbezieht.

Die Abgrenzung latenter Steuern nach den IFRS folgt ebenfalls dem „Temporary"-Konzept. Latente Steuern sind jedoch nicht als Sonderposten iSd BilMoG, sondern in aktiver Form als Deferred Tax Assets zu aktivieren bzw. in passiver Form als Deferred Tax Liability zu passivieren. Im Unterschied zu § 274 HGB besteht grds. auch für aktive latente Steuern eine Ansatzpflicht. Eine Saldierung ist nur unter den Voraussetzungen von IAS 12.74 zulässig.

V. Abweichende steuerbilanzielle Regelungen

Grundsätzlich ist die Handelsbilanz maßgeblich für die Aufstellung der Steuerbilanz (§ 5 Abs. 1 Satz 1 EStG). Allerdings ergeben sich aufgrund der unterschiedlichen Funktion (Gewinnermittlung als steuerliche Bemessungsgrundlage) und Adressaten (der Fiskus) zahlreiche Abweichungen die den Grundsatz der Maßgeblichkeit durchbrechen. Häufig führt dies zum Ausweis latenter Steuern (vgl. Rn. 57). Im Folgenden werden einige wichtige Abweichungen dargestellt:

1. Bestandteile der Herstellungskosten

In der Handelsbilanz sind als Herstellungskosten mindestens die Materialkosten, die Fertigungskosten und die Sonderkosten der Fertigung sowie angemessene Teile der Materialgemeinkosten, der Fertigungsgemeinkosten und des Werteverzehrs zu aktivieren (§ 255 Abs. 2 Satz 2 HGB). Ein Wahlrecht besteht handelsbilanziell bzgl.

---

[143] RegE zum BilMoG, BT-Drs. 16/10067, 67.

angemessener Teile der Kosten der allgemeinen Verwaltung, angemessene Aufwendungen für soziale Einrichtungen des Betriebs, für freiwillige soziale Leistungen und für die betriebliche Altersversorgung (§ 255 Abs. 2 Satz 3 HGB).

114 Nach § 6 Abs. 1 Nr. 1b EStG in der Fassung des Gesetzes zur Modernisierung des Besteuerungsverfahrens (BGBl. 2016 I 1679) brauchen bei der Berechnung der Herstellungskosten angemessene Teile der Kosten der allgemeinen Verwaltung, angemessene Aufwendungen für soziale Einrichtungen des Betriebs, für freiwillige soziale Leistungen und für die betriebliche Altersversorgung iSd § 255 Abs. 2 Satz 3 HGB nicht einbezogen zu werden, soweit diese auf den Zeitraum der Herstellung entfallen. Dieses Wahlrecht ist bei Gewinnermittlung gem. § 5 EStG in Übereinstimmung mit der Handelsbilanz auszuüben.

115 § 255 Abs. 2a HGB erlaubt außerdem auch den Ansatz von **Entwicklungskosten** für selbstgeschaffene immaterielle Vermögensgegenstände, sofern diese verlässlich von Forschungskosten unterschieden werden können. Steuerlich besteht dagegen ein Ansatzverbot für Herstellungskosten für selbstgeschaffene immaterielle Wirtschaftsgüter (§ 5 Abs. 2 EStG).

116 § 6 Abs. 1 Nr. 1a EStG erlaubt den Ansatz von Aufwendungen für Instandsetzungs- und Modernisierungsmaßnahmen, die innerhalb von drei Jahren nach der Anschaffung eines Gebäudes durchgeführt werden (**anschaffungsnahe Herstellungskosten**) und diese ohne Umsatzsteuer die Anschaffungskosten des Gebäudes um 15% übersteigen. Anschaffungsnahe Herstellungskosten sind dagegen nicht Teil der handelsrechtlichen Herstellungskosten.

2. Immaterielle Vermögensgegenstände bzw. Wirtschaftsgüter

117 Im Gegensatz zum, wenn auch beschränkten, Aktivierungswahlrecht gem. § 248 Abs. 2 HGB für die Handelsbilanz, dürfen **immaterielle Vermögensgegenstände** (bzw. Wirtschaftsgüter) des Anlagevermögens gem. § 5 Abs. 2 EStG in der Steuerbilanz nur aktiviert werden, wenn sie entgeltlich erworben wurden.

118 Ein **derivater Geschäfts- oder Firmenwert**[144] ist handelsbilanziell als zeitlich begrenzt nutzbarer immaterieller Vermögensgegenstand zu aktivieren (§ 246 Abs. 1 Satz 4 HGB). Auch steuerrechtlich ist der derivate, also entgeltlich erworbene, Geschäfts- oder Firmenwert als immaterielles Wirtschaftsgut iSd § 5 Abs. 2 EStG ansatzpflichtig und planmäßig über die betriebsgewöhnliche Nutzungsdauer abzuschreiben.[145] Steuerbilanziell wird für den Geschäfts- oder Firmenwert gem. § 7 Abs. 1 Satz 3 EStG eine Nutzungsdauer von 15 Jahren (unwiderlegbar) vermutet. Für die Handelsbilanz ist, sofern die Nutzungsdauer im Ausnahmefall nicht zuverlässig bestimmbar ist, wieder eine typisierte Abschreibungsdauer von zehn Jahren vorgegeben.[146]

119 Handelsbilanziell besteht keine vorgeschriebene Nutzungsdauer. Im Falle einer dauerhaften Wertminderung ist der Geschäfts- oder Firmenwert als Teil des Anlagevermögens in der Handelsbilanz gem. § 253 Abs. 3 Satz 5 HGB außerplanmäßig abzuschreiben. Der niedrigere beizulegende Wert muss zwingend beibehalten werden (§ 253 Abs. 5 Satz 2 HGB). Steuerbilanziell besteht für eine Teilwertabschreibung ein Wahlrecht (§ 6 Abs. 1 Nr. 2 EStG).

---

[144] Vgl. Rn. 66.
[145] Blümich/*Krumm* EStG § 5 Rn. 616.
[146] Vgl. BeBiKo/*Schubert/Andrejewski/Roscher* HGB § 253 Rn. 672.

3. Abweichende steuerliche Abschreibungsmethoden und besondere steuerliche Abschreibungen

Bei der Bestimmung der betriebsgewöhnlichen Nutzungsdauer für die planmäßige Abschreibung von abnutzbaren Wirtschaftsgütern bestehen für steuerliche Zwecke sog. AfA-Tabellen, die auf die technische Nutzungsdauer des Wirtschaftsguts abstellen. Handelsbilanziell ist die voraussichtliche wirtschaftliche Nutzungsdauer maßgeblich, die iSd allgemeinen Vorsichtsprinzips (vgl. Rn. 57) vorsichtig zu schätzen ist.

§ 7 Abs. 1 EStG sieht für die planmäßige Abschreibung die lineare Abschreibungsmethode vor, bei der eine Abschreibung nach gleichbleibenden Jahresbeträgen erfolgt. § 7 Abs. 1 Satz 6 EStG erlaubt außerdem die sog. Leistungsabschreibung für bewegliche Wirtschaftsgüter des Anlagevermögens, deren Abnutzung nach Maßgabe ihrer Leistung bestimmt und jährlich nachgewiesen werden kann. Handelsbilanziell ist keine bestimmte Abschreibungsmethode vorgeschrieben. Die handelsbilanzielle Abschreibungsmethode muss jedoch den allgemeinen GoB entsprechen.

Ein Restwert ist bei der Bestimmung der Nutzungsdauer regelmäßig nicht zu berücksichtigen. Steuerrechtlich kann ein Restwert ausnahmsweise berücksichtigt werden, wenn dieser im Vergleich zu den Anschaffungs- oder Herstellungskosten erheblich ins Gewicht fällt.[147]

Abnutzbare bewegliche Wirtschaftsgüter des Anlagevermögens, die einer selbstständigen Nutzung fähig sind, können gem. § 6 Abs. 2 Satz 1 EStG, wenn die Anschaffungskosten- oder Herstellungskosten abzgl. eines Vorsteuerbetrags (§ 9b Abs. 1 EStG) 410 EUR nicht übersteigen (sog. geringwertige Wirtschaftsgüter), sofort in voller Höhe als Betriebsausgaben abgezogen und müssen nicht entsprechend § 7 EStG abgeschrieben werden. Für abnutzbare bewegliche Wirtschaftsgüter des Anlagevermögens, die einer selbstständigen Nutzung fähig sind und deren Anschaffungs- oder Herstellungskosten abzgl. eines Vorsteuerbetrags 150 EUR, aber nicht 1.000 EUR übersteigen, kann gem. § 6 Abs. 2a Satz 1 EStG ein Sammelposten gebildet werden, der im Wirtschaftsjahr seiner Bildung und den folgenden vier Wirtschaftsjahren mit jeweils 20% gewinnmindernd aufzulösen ist.

4. Außerplanmäßige Abschreibungen bzw. Teilwertabschreibungen und Wertaufholung

a) Anlagevermögen

Vermögensgegenstände des Anlagevermögens sind handelsbilanziell bei voraussichtlich dauernder Wertminderung außerplanmäßig auf den niedrigeren Wert abzuschreiben, der ihnen am Abschlussstichtag beizulegen ist (**Abschreibungspflicht** gem. § 253 Abs. 3 Satz 5 HGB). Die Abschreibungspflicht ist Ausfluss des strengen Niederstwertprinzips (vgl. GoB Rn. 57). Finanzanlagen können dagegen auch bei vorübergehender Wertminderung außerplanmäßig abgeschrieben werden. Gemäß § 253 Abs. 5 Satz 1 HGB darf der niedrigere beizulegende Wert nicht beibehalten werden, wenn die Gründe dafür nicht mehr bestehen (Wertaufholungsgebot).

Steuerbilanziell besteht bei voraussichtlich dauernder Wertminderung ein **Wahlrecht zur Abschreibung** auf den Teilwert (§ 6 Abs. 1 Nr. 1 Satz 2 EStG). Die Vornahme einer außerplanmäßigen Abschreibung in der Handelsbilanz ist nicht zwingend in der Steuerbilanz durch eine Teilwertabschreibung nachzuvollziehen

---

[147] Vgl. BeBiKo/*Schubert/Andrejewski/Roscher* HGB § 253 Rn. 223.

(R 6.8 Abs. 1 Satz 3 EStR 2012). Außerplanmäßige Abschreibungen aufgrund vorübergehender Wertminderung sind auch steuerbilanziell grds. unzulässig. Der Teilwert ist der Betrag, den ein Erwerber des ganzen Betriebs im Rahmen des Gesamtkaufpreises für das einzelne Wirtschaftsgut ansetzen würde; dabei ist davon auszugehen, dass der Erwerber den Betrieb fortführt (§ 6 Abs. 1 Nr. 1 Satz 3 EStG). Für diese schätzungsweise Bestimmung des Teilwerts bestehen nach st. Rspr. Teilwertvermutungen dahingehend, dass der Teilwert eines Wirtschaftsguts im Zeitpunkt seiner Anschaffung oder Herstellung den tatsächlichen Anschaffungs- oder Herstellungskosten und in der Folge den fortgeführten Anschaffungs- oder Herstellungskosten gemindert um Abschreibungen für Abnutzungen (AfA) entspricht. Der steuerliche Teilwert ist wegen fehlendem Gewinnaufschlag konzeptionell häufig niedriger als der handelsbilanziell beizulegende Wert.[148] Bei der Qualifizierung einer Wertminderung als „voraussichtlich dauerhaft", ist trotz der wortgleichen Formulierung und der Maßgeblichkeit der handelsrechtlichen GoB wegen der speziellen steuerrechtlichen Teleologie eine eigenständige Auslegung vorzunehmen.[149] Bei der Schätzung des Teilwerts sind alle werterhellenden Erkenntnisse bis zum Zeitpunkt der Aufstellung der Bilanz zu berücksichtigen, nicht jedoch wertbegründende Umstände (vgl. BMF 16.7.2014, BStBl. I 2014, 1162 Rn. 6). Fallen die Voraussetzungen der Teilwertabschreibung weg, besteht steuerbilanziell eine Wertaufholungspflicht (§ 6 Abs. 1 Nr. 1 Satz 4 EStG).

b) Umlaufvermögen

126 Vermögensgegenstände des Umlaufvermögens sind handelsbilanziell grds. mit dem niedrigeren Wert anzusetzen, der sich aus einem Börsen- oder Marktpreis am Abschlussstichtag ergibt (§ 253 Abs. 4 Satz 1 HGB). Auch hier gilt das Wertaufholungsgebot gem. § 253 Abs. 5 Satz 1 HGB.

Bei einer voraussichtlich nicht dauernden Wertminderung besteht steuerlich ein Abschreibungsverbot. Nur bei einer voraussichtlich dauernden Wertminderung besteht gem. § 6 Abs. 1 Nr. 2 Satz 2 EStG ein Wahlrecht, eine Teilwertabschreibung vorzunehmen. Mit BMF-Schreiben v. 16.7.2014 (BStBl. I 2014, 1162 Rn. 22) stellt die Finanzverwaltung klar, dass eine voraussichtlich dauernde Wertminderung vorliegt, wenn diese bis zum Zeitpunkt der Aufstellung der Bilanz oder dem vorangegangenen Verkaufs- oder Verbrauchszeitpunkt anhält. Danach sind alle werterhellenden Erkenntnisse bis zu diesem Zeitpunkt zu berücksichtigen. Kursänderungen börsennotierter Aktien nach dem Bilanzstichtag und bis zum Tag der Bilanzaufstellung sind dagegen als wertbegründende Umstände nicht zu berücksichtigen. Nach der st. Rspr. wird vermutet, dass der Teilwert den aktuellen Wiederbeschaffungs- oder Wiederherstellungskosten entspricht. Das steuerbilanzielle Wertaufholungsgebot gilt auch für das Umlaufvermögen (§ 6 Abs. 1 Nr. 2 Satz 3 EStG).

5. Saldierung von Planvermögen und Altersversorgungsverpflichtungen

127 Gemäß § 246 Abs. 2 Satz 2 HGB sind Vermögensgegenstände, die dem Zugriff aller Gläubiger entzogen sind und der Erfüllung von Schulden aus Altersversorgungsverpflichtungen dienen (Planvermögen), mit diesen zu verrechnen (Verrechnungsgebot). Dem steht steuerbilanziell das allgemeine Verrechnungsverbot gem. § 5 Abs. 1a Satz 1 EStG entgegen.

---

[148] Vgl. *Prinz* DB 2014, 1825.
[149] Vgl. *Prinz* DB 2014, 1825.

6. Bewertungseinheiten

Die handelsbilanziell gebildeten Bewertungseinheiten (vgl. Rn. 104 ff.) sind ausdrücklich auch steuerbilanziell maßgeblich (§ 5 Abs. 1 und 1a Satz 2 EStG). Gemäß § 5 Abs. 4a Satz 2 EStG dürfen für negative Ergebnisse aus der Sicherungsbeziehung auch Drohverlustrückstellungen gebildet werden, was steuerbilanziell ausgeschlossen ist (§ 5 Abs. 4a Satz 1 EStG). Dabei ist ein Verpflichtungsüberhang unabhängig davon, ob er auf einer voraussichtlich dauernden Wertminderung iSd §§ 5 Abs. 6, 6 Abs. 1 Nr. 1 Satz 2 und Nr. 2 Satz 2 EStG beruht, in voller Höhe zu passivieren.[150]

128

7. Rechnungsabgrenzungsposten

Abweichend von der handelsbilanziellen Regelung in § 250 HGB dürfen steuerbilanziell gem. § 5 Abs. 5 Satz 2 EStG auch bereits als Aufwand berücksichtigte Zölle und Verbrauchsteuern, soweit sie auf am Abschlussstichtag auszuweisende Wirtschaftsgüter entfallen, und Umsatzsteuer auf am Abschlussstichtag auszuweisende Anzahlungen als Rechnungsabgrenzungsposten angesetzt werden.

129

Übersteigt der Erfüllungsbetrag einer Verbindlichkeit den Ausgabebetrag, kann die Differenz (Disagio) handelsbilanziell wahlweise sofort als Aufwand gebucht oder als Rechnungsabgrenzungsposten aktiviert und planmäßig abgeschrieben werden (§ 250 Abs. 3 HGB). Dieses Wahlrecht besteht steuerrechtlich nicht. Ein Disagiobetrag ist in der Steuerbilanz zwingend zu aktivieren und planmäßig abzuschreiben.[151]

130

8. Ansatz von Drohverlustrückstellungen

Während handelsbilanziell gem. § 249 Abs. 1 Satz 1 HGB Rückstellungen für drohende Verluste aus schwebenden Geschäften zwingend zu passivieren sind,[152] besteht für die Steuerbilanz ein Passivierungsverbot (§ 5 Abs. 4a Satz 1 EStG). Als einzige Ausnahme erlaubt § 5 Abs. 4a Satz 2 EStG den Ansatz der zur Absicherung finanzwirtschaftlicher Risiken in der Handelsbilanz gebildeten Bewertungseinheiten.

131

9. Bewertung von Rückstellungen

Der nach vernünftiger kaufmännischer Beurteilung notwendige Erfüllungsbetrag, zu welchem Rückstellungen gem. § 253 Abs. 1 Satz 2 HGB in der Handelsbilanz anzusetzen sind, umfasst auch künftige Preis- und Kostensteigerungen. Dagegen sind steuerbilanziell gem. § 6 Abs. 1 Nr. 3a Buchst. f EStG ausschließlich die Wertverhältnisse am Bilanzstichtag maßgebend.

132

Rückstellungen mit einer Restlaufzeit von mehr als einem Jahr sind mit dem ihrer Restlaufzeit entsprechenden durchschnittlichen Marktzinssatz der vergangenen sieben bzw. zehn Geschäftsjahren im Falle von Rückstellungen für Altersversorgungsverpflichtungen abzuzinsen (§ 253 Abs. 2 Satz 1 HGB). Abweichend davon dürfen Rückstellungen für Altersversorgungsverpflichtungen und vergleichbare langfristige Verpflichtungen pauschal mit dem durchschnittlichen Marktzinssatz unter der Annahme einer Restlaufzeit von 15 Jahren abgezinst werden (§ 253 Abs. 2 Satz 2 und 3 HGB). Steuerrechtlich schreibt § 6 Abs. 1 Nr. 3a Buchst. e EStG einen

133

---

[150] Vgl. BeBiKo/*Winkeljohann/Buchholz* HGB § 274 Rn. 214.
[151] EBJS/*Böcking/Gros* HGB § 250 Rn. 19.
[152] Vgl. Rn. 94.

festen Zinssatz von 5,5% für die Abzinsung von Rückstellungen mit einer Mindestlaufzeit von 12 Monaten vor. (Weitere Bewertungsbeschränkungen enthält § 6 Abs. 1 Nr. 3a EStG ua für Rückstellungen für gleichartige Verpflichtungen und Sachleistungsverpflichtungen.) Bei der Abzinsung von Pensionsrückstellungen gilt ein Rechnungszinsfuß von 6% (§ 6a Abs. 3 Satz 3 EStG).

134 Nach Sichtweise der Finanzverwaltung darf mit Ausnahme der Pensionsrückstellungen die Höhe der Rückstellung in der Steuerbilanz den zulässigen Ansatz in der Handelsbilanz gem. R 6.11 Abs. 3 Satz 1 EStR nicht überschreiten.

10. Abzinsung von Verbindlichkeiten

135 Steuerbilanziell sind Verbindlichkeiten sinngemäß mit ihrem Anschaffungswert (Nennwert) oder dem höheren Teilwert anzusetzen. Gemäß § 6 Abs. 1 Nr. 3 EStG sind steuerbilanziell grds. alle Verbindlichkeiten mit einer Laufzeit von mindestens 12 Monaten, die nicht verzinslich sind und nicht auf einer Anzahlung oder Vorausleistung basieren, mit einem Zinssatz von 5,5% abzuzinsen. Bei der handelsbilanziellen Bewertung von Verbindlichkeiten besteht keine allgemeine Abzinsungspflicht.

11. Bewertungsvereinfachungen

136 Die verschiedenen handelsrechtlichen Möglichkeiten zur Bewertungsvereinfachung (Gruppenbewertung, Fifo, Lifo etc., vgl. Rn. 86) sind auf der steuerbilanziellen Seite gem. dem BMF-Schreiben vom 12.5.2015 (BStBl. I 2015, 462) auf das Lifo-Verfahren beschränkt, also die Möglichkeit, bei der Bewertung gleichartiger Wirtschaftsgüter des Vorratsvermögens, die fiktive Verbrauchsfolge „last in – first out" zu unterstellen (§ 6 Abs. 1 Nr. 2a Satz 1 EStG).

D. Die Konzernrechnungslegung

I. Aufstellung des Konzernabschlusses

140 Der Konzernabschluss bildet den gesamten Konzern als Einheit ab. Leitgedanke hierzu ist die sog. „**Einheitsfiktion**" des § 297 Abs. 3 HGB, nach der alle Einzelabschlüsse des Konsolidierungskreises eines Konzerns so in einem Abschluss zusammenzufassen sind, als bilde der Konzernabschluss die Vermögens-, Finanz- und Ertragslage eines einzelnen Unternehmens ab.[153] Die Rechnungslegung für Konzerne ist vorgeschrieben für rechtlich selbstständige, jedoch wirtschaftlich zusammengeschlossene Unternehmen. Konzerne haben damit keine eigene Rechtspersönlichkeit. Bereits im Regierungsentwurf zum Aktiengesetz wurde darauf hingewiesen, dass „der Konzernabschluss den Einzelabschluss nicht ersetzen kann und nicht ersetzen will".[154] Der Einzelabschluss eines wirtschaftlich selbstständigen Unternehmens, das nicht unter der einheitlichen Leitung eines Mutterunternehmens steht, hat sowohl Zahlungsbemessungsfunktion (Anteilseigner, Fiskus) als auch Informationsfunktion. Der Konzernabschluss hat hingegen nach hM ausschließlich **Informations- bzw. Rechenschaftsfunktion**,[155] denn mangels eigener Rechts-

---

[153] Beck HdR/*Ebeling* C 200 Rn. 4.
[154] BT-Drs. 4/171, 241.
[155] *Berberich* S. 76; EBJS/*Böcking/Gros/Schurbohm-Ebneth* HGB § 297 Rn. 3 f.; aA: *Kühnberger/Schmidt* BB 1998, 1627.

D. Die Konzernrechnungslegung 141–144 § 10

persönlichkeit kann ein Konzern keine Ausschüttung an seine Anteilseigner vornehmen. Die Ermittlung eines ausschüttungsfähigen Gewinns ist somit auch nicht Zweck des Konzernabschlusses.[156]

Weil die wirtschaftliche Lage der Konzern-Muttergesellschaft auch von jener der Tochtergesellschaften abhängig ist, lässt nur ein konsolidierter Abschluss auf die Bestandssicherheit des Gesamtkonzerns schließen (**Ausgleich von Informationsdefiziten des Einzelabschlusses**).[157] **141**

Gemäß § 290 HGB besteht grds. die **Pflicht zur Aufstellung** eines Konzernabschlusses, wenn die dort genannten Voraussetzungen erfüllt sind.[158] Danach hat eine inländische Kapitalgesellschaft (Muttergesellschaft) einen Konzernabschluss und einen Konzernlagebericht aufzustellen, wenn sie auf ein anderes Unternehmen (Tochtergesellschaft) unmittelbar oder mittelbar einen beherrschenden Einfluss iSd § 290 Abs. 2 HGB ausübt. Diese Pflicht entfällt jedoch, wenn der Konzern die Bilanzsummen-, Umsatz- und Arbeitnehmergrenzen des § 293 HGB unterschreitet und es sich nicht um ein kapitalmarktorientiertes Unternehmen iSv § 293 Abs. 5 HGB handelt. Die §§ 291 und 292 HGB befreien unter den dort genannten Voraussetzungen von der Pflicht zur Aufstellung von Teilkonzernabschlüssen. Auch im Konzernabschluss sind die GoB zu beachten (§ 297 Abs. 2 Satz 2 HGB), hierdurch wird eine Vergleichbarkeit mit anderen Kapitalgesellschaften ermöglicht. Daneben nennt das HGB weitere ergänzende Konzernrechnungslegungsvorschriften (§§ 290–315 HGB). **142**

In den **Konsolidierungskreis** sind neben dem inländischen Mutterunternehmen grds. sämtliche **Tochterunternehmen** ohne Rücksicht auf deren Sitz und Rechtsform einzubeziehen gem. § 294 Abs. 1 HGB. Ein Tochterunternehmen braucht nicht einbezogen werden, wenn (1) der Einfluss des Mutterunternehmens auf dieses nachhaltig beschränkt ist, (2) die für die Aufstellung des Konzernabschlusses erforderlichen Angaben nicht ohne unverhältnismäßig hohe Kosten oder unangemessene Verzögerungen zu erhalten sind, (3) die Anteile an diesem nur zum Zwecke der Weiterveräußerung gehalten werden oder (4) das Tochterunternehmen für den Informationsanspruch des Konzernabschluss nur von untergeordneter Bedeutung ist (§ 296 Abs. 1 Nr. 1–3 und Abs. 2 HGB). **143**

II. Bestandteile des Konzernabschlusses

Der Konzernabschluss besteht aus Konzernbilanz, Konzern-GuV, Konzernanhang, Kapitalflussrechnung und Eigenkapitalspiegel (§ 297 Abs. 1 Satz 1 HGB). Er kann um eine Segmentberichterstattung ergänzt werden (§ 297 Abs. 1 Satz 2 HGB). Für den Konzernabschluss sind nach § 298 Abs. 1 HGB grds. die Vorschriften des Einzelabschlusses von großen Kapitalgesellschaften (§§ 265, 266, 275 und 277 HGB) entsprechend anzuwenden. Folglich sind größenabhängige Erleichterungen gem. § 267 HGB (Umschreibung der Größenklassen), § 267a HGB (Kleinstkapitalgesellschaften) iVm § 274a HGB bzw. § 276 HGB (größenabhängige Erleichterungen) nicht möglich.[159] Konzernspezifische Vorschriften existieren nur für die **Aufstellungspflichten** (§ 290 HGB), die **Aufstellungsgrundsätze** (§ 297 HGB), den **Konzernanhang** (§§ 313, 314 HGB) und den **Lagebericht** (§ 315 HGB).[160] **144**

---

[156] *ADS* Vorbem. zu § 290 ff. HGB Rn. 16; *Berberich* S. 77.
[157] *Baetge/Kirsch/Thiele* Konzernbilanzen S. 44 f.
[158] Für den Konzernabschluss nach internationalen Rechnungsstandards gem. § 315a HGB iVm der sog. IAS-Verordnung vgl. Rn. 161.
[159] BeBiKo/*Deubert/Winkeljohann* HGB § 298 Rn. 1, 7.
[160] BeBiKo/*Deubert/Winkeljohann* HGB § 298 Rn. 9.

145 Durch den Verweis in § 342 HGB[161] erfahren die kodifizierten Vorschriften zur Konzernrechnungslegung Konkretisierung durch die Verlautbarungen des Deutschen Rechnungslegungs Standards Committee (DRSC).[162] Derzeit sind folgende Standards vom DRSC verabschiedet und vom BMJ im Bundesanzeiger bekanntgemacht: DRS 3 (Segmentberichterstattung), DRS 4 (Unternehmenserwerbe im Konzernabschluss), DRS 7 (Konzerneigenkapital und Konzerngesamtergebnis), DRS 8 (Bilanzierung von Anteilen an assoziierten Unternehmen im Konzernabschluss), DRS 9 (Bilanzierung von Anteilen an Gemeinschaftsunternehmen im Konzernabschluss), DRS 13 (Grundsatz der Stetigkeit und Berichtigung von Fehlern), DRS 16 (Halbjahresfinanzberichterstattung), DRS 17 (geändert 2010 – Berichterstattung über die Vergütung der Organmitglieder), DRS 18 (latente Steuern), DRS 19 (Pflicht zur Konzernrechnungslegung und Abgrenzung des Konsolidierungskreises), DRS 20 (Konzernlagebericht), DRS 21 (Kapitalflussrechnung), DRS 22 (Konzerneigenkapital), DRS 23 (Kapitalkonsolidierung (Einbeziehung von Tochterunternehmen in den Konzernabschluss)), DRS 24 (Immaterielle Vermögensgegenstände im Konzernabschluss), DRÄS 1 (Deutscher Rechnungslegungs Änderungsstandard), DRÄS 2 (Aufhebung von DRS 1 und DRS 1a), DRÄS 3 (Deutscher Rechnungslegungs Änderungsstandard), DRÄS 4 (Deutscher Rechnungslegungs Änderungsstandard), DRÄS 5 (Deutscher Rechnungslegungs Änderungsstandard), DRÄS 6 (Deutscher Rechnungslegungs Änderungsstandard) und DRÄS 7 (Deutscher Rechnungslegungs Änderungsstandard).[163]

146 Die **Kapitalflussrechnung**[164] („cash flow statement") soll Informationen hinsichtlich der Zahlungsströme des Konzerns liefern, insb. über die Fähigkeit des Konzerns, zukünftig positive Einzahlungsüberschüsse zu erwirtschaften, seine Verpflichtungen zu erfüllen und Dividenden zu zahlen sowie der Notwendigkeit externer Finanzierung.[165] Aufgabe des **Eigenkapitalspiegels**[166] ist es, die Abschlussadressaten über die gesamten Eigenkapitalveränderungen in der Periode zu informieren. Besondere Bedeutung kommt hierbei jenen Eigenkapitalveränderungen zu, welche direkt mit dem Eigenkapital verrechnet werden und nicht auf Transaktionen mit den Eigenkapitalgebern zurückzuführen sind, da sie aus dem restlichen Teil des Konzernabschlusses nicht ersichtlich sind (erfolgsneutrale Eigenkapitalveränderungen).[167]

III. Die Aufstellung eines Konzernabschlusses

1. Summenbilanz

147 Die Einzelabschlüsse der Unternehmen innerhalb des Konsolidierungskreises (sog. Handelsbilanzen I) sind nach dem Grundsatz der Einheitlichkeit zunächst dem Jahresabschluss des Mutterunternehmens anzupassen (Aufstellen der Handelsbilanzen II).[168] Dies erfordert die Anpassung an den Stichtag, die Ansatzregeln und Bewertungsmethoden des Jahresabschlusses des Mutterunternehmens (§§ 299, 300 und 308 HGB) sowie die Währungsumrechnung in Euro (§ 244 HGB iVm § 298

---

[161] *Berberich* S. 125 ff.
[162] Zur Institution des DRSC umfassend *Berberich* S. 44 ff.
[163] Stand: 2/2018.
[164] Vgl. Interpretation DRS 2 Rn. 7 f.
[165] Vgl. DRS 21.1.
[166] Vgl. Interpretation DRS 7 Rn. 1 a f.; DRS 22 Rn. 10.
[167] Beck StB-Handbuch/*Wohlgemuth* Teil C Rn. 321.
[168] Vgl. BeBiKo/*Grottel/Huber* HGB § 308 Rn. 1.

D. Die Konzernrechnungslegung

Abs. 1 HGB). Für die Bilanzierung des Mutterunternehmens zulässige Bewertungswahlrechte können abweichend von der Ausübung der Wahlrechte in den Einzelabschlüssen ausgeübt werden (§ 308 Abs. 1 Satz 2 HGB). Die Handelsbilanzen II werden anschließend zur Summenbilanz[169] zusammengefasst. Die Summenbilanz bildet die Grundlage für die Konsolidierungsmaßnahmen.

2. Kapitalkonsolidierung

Um zu vermeiden, dass sowohl die Beteiligung des Mutterunternehmens am Tochterunternehmen als auch der darauf entfallende Teil des Eigenkapitals des Tochterunternehmens Eingang in die Konzernbilanz finden, schreibt § 301 Abs. 1 Satz 1 HGB eine Verrechnung im Rahmen der **Vollkonsolidierung** vor. Das Gesetz folgt dabei der Erwerbsmethode, dh es unterstellt, dass mit der Erstkonsolidierung sämtliche Vermögensgegenstände, Schulden, Rechnungsabgrenzungsposten und Sonderposten des Tochterunternehmens erworben werden. Nach der seit dem BilMoG einzig zulässigen Neubewertungsmethode erfolgt die Bewertung der aufzunehmenden Bilanzposten auf Grundlage des jeweiligen Zeitwerts, stille Reserven und Lasten werden aufgedeckt. Ein nach der Verrechnung verbleibender aktiver Unterschiedsbetrag ist als Geschäfts- oder Firmenwert bzw. passiver Unterschiedsbetrag als „Unterschiedsbetrag aus der Kapitalkonsolidierung" auszuweisen, § 301 Abs. 3 HGB. Die Erstkonsolidierung ist danach erfolgsneutral. Bei der Folgekonsolidierung werden Wertänderungen basierend auf den Ausgangswerten aus der Erstkonsolidierung erfolgswirksam. Der Unterschiedsbetrag gem. § 301 Abs. 3 HGB ist unter den Voraussetzungen des § 309 Abs. 2 HGB iVm DRS 23 Rn. 8 ff. abzuschreiben bzw. aufzulösen.

Neben der beschriebenen Vollkonsolidierung kann gem. § 310 HGB eine anteilige Konsolidierung (**Quotenkonsolidierung**) im Zusammenhang mit solchen, in die Konsolidierung einbezogenen, Unternehmen erfolgen, die gemeinsam mit nicht einbezogenen Unternehmen geführt werden (**Gemeinschaftsunternehmen**).

Ist ein in den Konsolidierungskreis einbezogenes Unternehmen an einem anderen nicht einbezogenen Unternehmen beteiligt (vgl. § 271 Abs. 1 HGB) und übt dabei maßgeblichen Einfluss auf dessen Geschäfts- und Firmenpolitik aus (**assoziiertes Unternehmen**), sind diese Beteiligungen gem. § 311 HGB in der Konzernbilanz gesondert auszuweisen.[170] Ein maßgeblicher Einfluss wird bei einer Beteiligung von mindestens 20% vermutet. Die Bewertung einer solchen Beteiligung folgt gem. § 312 HGB der sog. **Equity-Methode**. Dabei wird der Wert der Beteiligung in der Bilanz des Mutterunternehmens mit dem anteiligen Eigenkapital des assoziierten Unternehmens verglichen, ein Unterschiedsbetrag wird den einzelnen Bilanzposten der assoziierten Unternehmens zugeordnet. Der ermittelte Wertansatz der Beteiligung ist in den Folgejahren um den Betrag der Eigenkapitalveränderungen, die den dem Mutterunternehmen gehörenden Anteilen am Kapital des assoziierten Unternehmens entsprechen, zu erhöhen oder zu vermindern, § 312 Abs. 4 HGB. Im Gegensatz zur Vollkonsolidierung werden bei der Equity-Methode die einzelnen Vermögensgegenstände, Schulden und Konsolidierungsschritte nicht bei den einzelnen Aktiva und Passiva der Konzernbilanz erfasst, sondern im Bilanzwert für die Beteiligung zusammengefasst (sog. „one line consolidation").[171] Dabei sind stille Reserven und stille Lasten fortzuschreiben und planmäßig über ihre Nutzungsdauer aufzulösen bzw. wenn sie sich realisieren.[172]

---

[169] Vgl. BeBiKo/*Winkeljohann/Deubert* HGB § 301 Rn. 1.
[170] Nach DRS 8.44 als „Beteiligungen an assoziierten Unternehmen".
[171] BeBiKo/*Winkeljohann/Lewe* HGB § 312 Rn. 3.
[172] DRS 8.21; *Baetge/Kirsch/Thiele* Konzernbilanzen S. 410.

151 Für Minderheitsanteile von konzernfremden Gesellschaftern an einbezogenen Tochterunternehmen ist nach § 307 Abs. 1 HGB in der Konzernbilanz innerhalb des Eigenkapitals ein gesonderter Posten „nicht beherrschende Anteile" vorzunehmen.

3. Schuldenkonsolidierung

152 In der Konzernbilanz sind Forderungen, Rückstellungen und Verbindlichkeiten zwischen den einbezogenen Unternehmen, sofern sie betragsmäßig nicht zu vernachlässigen sind, wegzulassen, § 303 Abs. 1 und 2 HGB. Bei Konzernunternehmen bestehende vorkonzernliche Ansprüche und Verpflichtungen sind hingegen gem. DRS 23 Rn. 50 wie nachträgliche Anschaffungskosten bzw. Anschaffungspreisminderungen der zu konsolidierenden Anteile zu behandeln. Auf Ebene des zu konsolidierenden Tochterunternehmens bestehende Ansprüche und Verpflichtungen aus vorkonzernlichen Beziehungen führen wie stille Lasten oder Reserven zu einer Minderung oder Erhöhung des zu konsolidierenden Eigenkapitals. Die Eliminierung der Innenbeziehungen durch die Schuldenkonsolidierung dient dem Zweck der Konzernrechnungslegung, ein den tatsächlichen Verhältnissen entsprechendes Bild der Vermögens-, Finanz- und Ertragslage des Konzerns zu vermitteln (§ 297 Abs. 2 Satz 2 HGB). Die Aufrechnung betragsmäßig gleicher Bilanzposten ist erfolgsneutral, bestehen Abweichungen der Höhe nach, kommt es zu Aufrechnungsdifferenzen die erfolgswirksam zu berücksichtigen sind. Sog. echte Aufrechnungsdifferenzen entstehen beispielsweise, wenn ein Tochterunternehmen eine Rückstellung für ungewisse Verbindlichkeiten ggü. einem anderen Tochterunternehmen bildet (§ 249 Abs. 1 HGB) oder für ein Auszahlungs-Disagio kein aktiver Rechnungsabgrenzungsposten (§ 250 Abs. 3 HGB) gebildet wird und die dazugehörige Verbindlichkeit um das Disagio höher ausgewiesen wird als die gegenüberstehende Forderung.[173] Außerdem kann es wegen § 299 Abs. 2 HGB zu stichtagsbedingten Aufrechnungsdifferenzen kommen. Danach kann der Abschlussstichtag eines Tochterunternehmens um bis zu drei Monate von dem des Mutterunternehmens (ohne Zwischenbilanz) abweichen und zwischenzeitlich Veränderungen können zu Abweichungen führen. Um eine erfolgswirksame Berücksichtigung solcher bloß zeitlicher Buchungsunterschiede zu vermeiden, können diese durch Nachbuchungen ausgeglichen werden.[174]

4. Zwischenergebniseliminierung

153 § 304 HGB ist eine Ausprägung des Realisationsprinzips, das nach §§ 252 Abs. 1 Nr. 4 und 298 Abs. 1 HGB auch Eingang in die Konzernrechnungslegung findet. Gewinne oder Verluste aus Geschäften zwischen den Unternehmen des Konsolidierungskreises gelten aus Konzernsicht nicht als ausreichend realisiert. Für die betroffenen Vermögensgegenstände in der Konzernbilanz sind sog. Konzernanschaffungsbzw. Konzernherstellungskosten anzusetzen. Auch auf diesen Konsolidierungsschritt kann gem. § 304 Abs. 2 HGB verzichtet werden, wenn die Zwischenergebnisse für Vermögens-, Finanz- und Ertragslage von untergeordneter Bedeutung sind.

5. Aufwands- und Ertragskonsolidierung

154 Für eine ordnungsgemäße Darstellung der Ertragslage des Konzerns gem. § 297 Abs. 3 Satz 1 HGB ist die Konzern-GuV um die Erträge und Aufwendungen zu be-

---

[173] *Baetge/Kirsch/Thiele* Konzernbilanzen S. 239 f.
[174] ADS HGB § 299 Rn. 88.

E. Besonderheiten bei der kapitalmarktorientierten AG

reinigen, die aus konzerninternen Geschäften stammen (§ 305 HGB). Analog zu den Konsolidierungsschritten zur Summenbilanz sind die Einzel-GuVs (GuV I) zunächst in die Form der Konzern-GuV zu bringen (GuV II) bevor sie zur Summen-GuV durch Addition zusammengefasst werden können und die Aufwands- und Ertragskonsolidierung erfolgen kann.[175] Eine Konsolidierung von Aufwendungen und Erträgen, die nur von untergeordneter Bedeutung ist, kann unterbleiben, § 305 Abs. 2 HGB.

6. Latente Steuern im Konzernabschluss

Gemäß §§ 306 und 274 HGB sind auch im Konzernabschluss latente Steuern auszuweisen. Dabei sind zunächst die latenten Steuern gem. § 274 HGB, die sich nach der Anpassung der Einzelabschlüsse an den Jahresabschluss des Mutterunternehmens ergeben (Handelsbilanzen II), zu erfassen. Ergänzend sind gem. § 306 HGB die latenten Steuern in Folge der Konsolidierungsmaßnahmen zu berücksichtigen. Für aktive latente Steuern, die sich aus Konsolidierungsmaßnahmen ergeben, gilt im Gegensatz zu aktiven latenten Steuern gem. § 274 HGB ein Aktivierungsgebot.[176]

IV. Konzernlagebericht

Gemäß § 290 Abs. 1 HGB hat die Muttergesellschaft neben dem Konzernabschluss auch einen Konzernlagebericht aufzustellen. § 315 HGB bestimmt den Mindestinhalt[177] des Konzernlageberichts und fordert ua die Darstellung des Geschäftsverlaufs einschließlich des Geschäftsergebnisses und die Darstellung der Lage des Konzerns in der Weise, dass ein den tatsächlichen Verhältnissen entsprechendes Bild vermittelt wird. DRS 20 konkretisiert die Anforderungen an den Konzernlagebericht. Zum Konzernlagebericht gehört eine Analyse des Geschäftsverlaufs und der Lage unter Einbeziehung der bedeutsamsten finanziellen Leistungsindikatoren (zB Eigenkapital-, Gesamtkapital- und Umsatzrendite, Cashflow, Working Capital, Investitionen in Sachanlagevermögen und in immaterielles Anlagevermögen, EBIT, EBITDA, vgl. DRS 20.103) und nichtfinanziellen Leistungsindikatoren (Kunden-, Umwelt- und Arbeitnehmerbelange, gesellschaftliche Reputation, vgl. DRS 20.107). Ferner ist die voraussichtliche Entwicklung mit ihren wesentlichen Chancen und Risiken zu beurteilen und zu erläutern.

E. Besonderheiten bei der kapitalmarktorientierten AG

I. Inhalt der Definition

Innerhalb der Rechnungslegung der AG sind die zwei Grundtypen der kapitalmarktorientierten und nicht-kapitalmarktorientierten AG zu unterscheiden. Gemäß § 264d HGB ist eine Gesellschaft kapitalmarktorientiert, wenn sie einen organisierten Markt iSd § 2 Abs. 5 WpHG durch von ihr ausgegebene Wertpapiere iSd § 2 Abs. 1 WpHG in Anspruch nimmt oder die Zulassung solcher Wertpapiere zum Handel an einem organisierten Markt beantragt hat. Ein organisierter Markt iSd Wertpapierhandelsgesetzes „ist ein im Inland, in einem anderen Mitgliedstaat der Europäischen Union oder einem anderen Vertragsstaat des Abkommens über

---

[175] *Baetge/Kirsch/Thiele* Konzernbilanzen S. 288 f.
[176] DRS 18.14.
[177] EBJS/*Böcking/Gros/Koch* HGB § 315 Rn. 6.

den Europäischen Wirtschaftsraum betriebenes oder verwaltetes, durch staatliche Stellen genehmigtes, geregeltes und überwachtes multilaterales System, das die Interessen einer Vielzahl von Personen am Kauf und Verkauf von dort zum Handel zugelassenen Finanzinstrumenten innerhalb des Systems und nach festgelegten Bestimmungen in einer Weise zusammenbringt oder das Zusammenbringen fördert, die zu einem Vertrag über den Kauf dieser Finanzinstrumente führt."

Damit wird der Freiverkehr (§ 48 BörsG) nicht erfasst. Kapitalmarktorientierte AG sind nicht nur börsennotierte AG, sondern auch solche, die andere Wertpapiere (bspw. Schuldverschreibungen und Anleihen) ausgeben. Ein Unternehmen, welches lediglich einen organisierten Kapitalmarkt außerhalb des EU/EWR-Raums in Anspruch nimmt (bspw. US-Börsen oder Schweiz), ist somit vom § 2 Abs. 5 WpHG nicht umfasst.

II. Konzernabschluss und Konzernlagebericht

161   Nach Art. 4 der IAS-Verordnung[178] der EU haben AG, deren Wertpapiere am jeweiligen Bilanzstichtag in einem beliebigen Mitgliedstaat zum Handel in einem geregelten Markt zugelassen sind, seit 2005 ihren **Konzernabschluss** nach **IFRS** aufzustellen (Umsetzung in deutsches Recht durch § 315a Abs. 1 HGB).[179] Mutterunternehmen, die nach § 315a Abs. 1 oder 2 HGB einen Konzernabschluss nach IFRS verpflichtend erstellen, sind von der Aufstellungspflicht nach HGB befreit. § 315a Abs. 1 HGB regelt, welche Vorschriften der §§ 294–315 HGB bei der Konzernrechnungslegung nach IFRS zusätzlich zu beachten bzw. nicht zu beachten sind;[180] so sind etwa die Vorschriften über den Konzernlagebericht weiter anzuwenden, da die IFRS ein derartiges Instrument nicht kennen. Darüber hinaus sind die ergänzenden Angaben für den Konzernanhang gem. §§ 313 Abs. 2 und 3 HGB sowie § 314 Abs. 1 Nr. 4, 6, 8 und 9 HGB entsprechend anzuwenden.

162   Der Konzernlagebericht wird gem. § 315 Abs. 2 Nr. 5 HGB ergänzt um die Beschreibung wesentlicher Merkmale des internen Kontroll- und des Risikomanagementsystems im Hinblick auf den Konzernrechnungslegungsprozess, sofern das Mutterunternehmen oder eines der konsolidierten Tochterunternehmen kapitalmarktorientiert ist.[181]

III. Jahresabschluss und Lagebericht

163   Falls die gesetzlichen Vertreter einer kapitalmarktorientierten Kapitalgesellschaft keinen Konzernabschluss aufzustellen müssen, so sind sie verpflichtet gem. § 264 Abs. 1 Satz 2 HGB den Jahresabschluss um eine Kapitalflussrechnung und einen Eigenkapitalspiegel zu erweitern, die mit der Bilanz, GuV und dem Anhang eine Einheit bilden. Nach Satz 3 ist die Aufstellung des Jahresabschlusses und des Lageberichts innerhalb der ersten drei Monate des Geschäftsjahres für das vergangene Geschäftsjahr aufzustellen. Dabei gibt es eine größenabhängige Erleichterung für kleine Kapitalgesellschaften (§ 267 Abs. 1 HGB), welche keinen Lagebericht aufstellen müssen und den Jahresabschluss innerhalb von sechs Monaten aufzustellen

---

[178] Verordnung (EG) Nr. 1606/2002 v. 19.7.2002 betreffend die Anwendung internationaler Rechnungslegungsstandards, ABl. EG Nr. L 243, 1.
[179] EBJS/*Böcking/Gros* HGB § 315a Rn. 1.
[180] *Küting/Gattung/Kessler* DStR 2006, 579.
[181] *Burwitz* NZG 2008, 699.

haben, sofern dies einen ordnungsgemäßen Geschäftsgang entspricht (§ 264 Abs. 1 Satz 4 Hs. 2 HGB). Unter den Voraussetzungen des § 264 Abs. 1 Satz 5 HGB können Kleinstkapitalgesellschaften (§ 276a HGB) beim Jahresabschluss auf den Lagebericht verzichten. Jedoch gelten gem. § 267 Abs. 3 Satz 2 HGB Kapitalgesellschaften iSd § 264d HGB stets als große Kapitalgesellschaften.

§ 289 Abs. 5 HGB schreibt vor, dass kapitalmarktorientierten Unternehmen, die ein internes Kontrollsystem (IKS) oder internes Risikomanagementsystem (RMS) im Hinblick auf den Rechnungslegungsprozess (vgl. § 11 Rn. 16) eingerichtet haben, eine Beschreibung der wesentlichen Merkmale dieser Instrumente in den Lagebericht aufzunehmen haben.[182] Dies ist durchaus wörtlich zu verstehen: Aus § 289 Abs. 5 HGB folgt keine rechtliche Pflicht zur Einrichtung eines IKS oder RMS bzgl. des Rechnungslegungsprozesses oder eine Bestimmung, wie ein solches auszugestalten sei.[183] Jedoch zeichnet sich eine Anreizwirkung ab, dass IKS oder RMS über die gesetzliche Verpflichtung hinaus zu intensivieren und sich stärker als bisher mit ihrer Effektivität auseinanderzusetzen. Es sollen die wesentlichen Merkmale in Bezug auf den Prozess der Rechnungslegung erläutert werden. Wesentliche Merkmale sind in diesem Zusammenhang die markanten Strukturen und Prozesse, soweit diese vorhanden sind.[184]

IV. Börsennotierte AG

Ein „verwandter" Begriff der kapitalmarktorientierten Kapitalgesellschaft ist die börsennotierte AG, welche iSd § 3 Abs. 2 AktG als AG definiert ist, „deren Aktien zu einem Markt zugelassen sind, der von staatlich anerkannten Stellen geregelt und überwacht wird, regelmäßig stattfindet und für das Publikum mittelbar oder unmittelbar zugänglich ist."[185]

Im Hinblick auf die Angabepflichten im Anhang hat die börsennotierte AG nur die § 285 Nr. 9a Satz 5 bis 8 HGB (Nennung der Bezüge der einzelnen Vorstandsmitglieder), § 285 Nr. 10 Satz 1 letzter Teilsatz HGB (Nennung der Mitgliedschaften in Aufsichtsräten und weiteren Kontrollgremien anderer AG für Vorstände und Aufsichtsräte), § 285 Nr. 11b HGB (Nennung aller Beteiligungen an großen Kapitalgesellschaften, die 5% der Stimmrechte überschreiten) und § 285 Nr. 16 HGB (Angaben zur Entsprechenserklärung, vgl. Rn. 179) anzuwenden. Nach § 286 Abs. 4 und 5 HGB können vorstehende Angaben unter bestimmten Voraussetzungen unterbleiben.

V. Corporate Governance Kodex

Im Auftrag des Bundesministeriums der Justiz und für Verbraucherschutz (BMJ) hat die eingesetzte Regierungskommission den Deutschen Corporate Governance Kodex entwickelt, am 26.2.2002 verabschiedet und letztmalig am 7.2.2017 aktualisiert (für Einzelheiten zum Deutschen Corporate Governance Kodex s. § 25).[186]

---

[182] RegE zum BilMoG S. 168; vgl. auch *Hommelhoff/Mattheus* BB 2007, 2788.
[183] RegE zum BilMoG S. 168.
[184] Vgl. RMS *Melcher/Mattheus* DB 2008 Beil. 1, 52.
[185] BeBiKo/*Schmidt/K./Hoffmann* HGB § 264d Rn. 6.
[186] http://www.dcgk.de – Regierungskommission Deutscher Corporate Governance Kodex.

168 „Der Deutsche Corporate Governance Kodex (der „Kodex") stellt wesentliche gesetzliche Vorschriften zur Leitung und Überwachung deutscher **börsennotierter Gesellschaften** (Unternehmensführung) dar und enthält international und national anerkannte Standards guter und verantwortungsvoller Unternehmensführung. Der Kodex hat zum Ziel, das deutsche Corporate Governance System transparent und nachvollziehbar zu machen. Er will das Vertrauen der internationalen und nationalen Anleger, der Kunden, der Mitarbeiter und der Öffentlichkeit in die Leitung und Überwachung deutscher börsennotierter Gesellschaften fördern. (…) Der Kodex richtet sich in erster Linie an börsennotierte Gesellschaften und Gesellschaften mit Kapitalmarktzugang iSd § 161 Abs. 1 Satz 2 des AktG. Auch nicht kapitalmarktorientierten Gesellschaften wird die Beachtung des Kodex empfohlen."[187]

169 Der Terminus **Corporate Governance** stammt aus dem angelsächsischen Sprachgebrauch und kommt ausweichlich einer wörtlichen Übersetzung den deutschen Begriffen „(Materielle-) Unternehmensverfassung"[188] oder „Führungsgrundsätze"[189] am nächsten. Somit bezeichnet Corporate Governance das System der Kompetenzen (Rechte und Pflichten) der Organe, des Vorstands und Aufsichtsrats und der Hauptversammlung sowie deren Verhältnis untereinander.[190]

170 Der Kodex führt mithin Grundsätze der guten Unternehmensleitung und Unternehmensführung auf. Hierzu behandelt der Kodex die unterschiedlichen Organe der AG sowie deren Verhältnis untereinander, zu den Aktionären und der Abschlussprüfung.

171 Die einzelnen Abschnitte wiederum bestehen sowohl aus rechtsbeschreibenden Teilen, welche die geltende Rechtslage wiedergeben sollen, als auch aus den **Empfehlungs- und Anregungsteilen**. Die Verwendung des Wortes „soll" kennzeichnet dabei stets eine Empfehlung, während Anregungen durch Verwendung der Begriffe „sollte" oder „kann" formuliert sind.[191] Diese Unterscheidung ist für börsennotierte AG von großer Bedeutung, da sich jene gem. § 161 AktG über nicht befolgte Empfehlungen zu erklären haben (vgl. Rn. 176). Der im Kodex verwendete Begriff „Unternehmen" bezeichnet neben der Gesellschaft selbst auch ihre Konzernunternehmen iSd § 18 Abs. 1 AktG.[192] Neben grundlegenden Erläuterungen stellt die Präambel den Aufbau und die Funktion der AG-Organe knapp und überblicksartig dar. Das „true-and-fair-view-Prinzip" der Rechnungslegung vermittelt neben der tatsächlichen Finanz-, Vermögens- und Ertragslage (§ 264 Abs. 2 Satz 1 HGB), auch die wirtschaftliche Gesamtlage, so dass die Informationsfunktion weitergehend als diejenige des Konzernabschlusses ist.[193]

172 Obgleich die **Rechtsqualität des Kodex** selbst zum Teil noch umstritten ist,[194] steht zumindest fest, dass ihm keine eigene Rechtsnormqualität zukommt, insb. da der Kodex nicht durch den parlamentarischen Gesetzgeber erlassen wurde.[195]

---

[187] Aus der Präambel des Deutschen Corporate Governance Kodex in der Fassung v. 7.2.2017, BMJ v. 24.4.2017, BAnz AT 24.4.2017 B2, Ziff. 1 DCGK, Hervorhebung stammt von den Autoren.
[188] Ringleb/Kremer/Lutter/v. Werder/v. *Werder* Deutscher Corporate Governance Kodex Rn. 1.
[189] *Hüffer/Koch* AktG § 161 Rn. 2.
[190] *Hommelhoff/Schwab* Handbuch Corporate Governance S. 57.
[191] *Küting/Weber* Bd. 1 Kap. 8 Rn. 27.
[192] Ringleb/Kremer/Lutter/v. Werder/v. *Werder* Deutscher Corporate Governance Kodex Rn. 136.
[193] *Lorson/Melcher/Müller/Velte/Wulf/Zündorf* ZGR 2015, 896.
[194] *Kort* AG 2008, 137.
[195] *Hommelhoff/Schwab* Handbuch Corporate Governance S. 57; *Ulmer* ZHR 2002, 151; Kölner Komm./*Lutter* § 161 Rn. 11.

… E. Besonderheiten bei der kapitalmarktorientierten AG 173–175 § 10

Vielmehr handelt es sich, abgesehen von der Wiedergabe des Gesetzeswortlauts, um bloße Wohlverhaltensempfehlungen und Anregungen, die durch die Kodex-Kommission im Auftrag des Justizministeriums erarbeitet wurden und unter laufender Überarbeitung stehen.[196] Häufig wird der Kodex deshalb auch als „soft law" bezeichnet.[197] Zwar steht es formell jedem Unternehmen frei, sich für oder wider die Einhaltung der Empfehlungen zu entscheiden,[198] jedoch entwickelt sich in Folge der nach § 161 AktG von börsennotierten AG zu veröffentlichenden Entsprechungserklärung eine besondere Beurteilung durch den Kapitalmarkt, welche die Haltung der Geschäftsführung ggü. den Empfehlungen zu beeinflussen vermag[199] und mitunter auch faktischen Druck[200] auf die Unternehmen ausüben kann. So lässt sich auch erklären, dass die Befolgungsquote unter den börsennotierten AG im Jahr 2015 insgesamt bei fast 83% und bei den DAX-gelisteten Unternehmen bei 95% lag.[201]

1. Die Entsprechungserklärung zum Corporate Governance Kodex

Gemäß § 161 AktG, welcher durch das Gesetz zur weiteren Reform des Aktien- und Bilanzrechts, zu Transparenz und Publizität v. 19.7.2002[202] eingeführt wurde, haben Vorstand und Aufsichtsrat der börsennotierten AG jährlich zu erklären, dass sie den Empfehlungen der „Regierungskommission Deutscher Corporate Governance Kodex", die im amtlichen Teil des elektronischen Bundesanzeigers bekannt gemacht wurden, entsprochen haben und entsprechen werden, oder welche Empfehlungen nicht angewendet wurden oder werden. Die Erklärungspflicht des § 161 AktG hat den Zweck, die Adressaten über die Einhaltung des Kodex zu informieren. 173

Gemäß §§ 285 Nr. 16 und 314 Abs. 1 Nr. 8 HGB ist im Anhang zum Jahresabschluss und zum Konzernabschluss anzugeben, dass die Entsprechungserklärung abgegeben und wo sie öffentlich zugänglich gemacht wurde. 174

Die vorgeschriebene Entsprechungserklärung umfasst ausdrücklich nur die Empfehlungen des Kodex. Die Darstellungen der gegenwärtigen Rechtslage und insb. die Anregungen sind hingegen nicht Gegenstand der Entsprechungserklärung. Eine **positive Entsprechungserklärung** ist abzugeben, wenn iSe Zeitraumbetrachtung allen Wohlverhaltensempfehlungen des Kodex im vergangenen Geschäftsjahr entsprochen wurde und in Zukunft entsprochen werden soll. Nachfolgend ein Formulierungsbeispiel für eine positive Entsprechungserklärung ähnlich der Begründung zum Regierungsentwurf:[203] 175

Beispiel: „Den im amtlichen Teil des elektronischen Bundesanzeigers bekannt gemachten Empfehlungen der „Regierungskommission Deutscher Corporate Governance Kodex" wurde entsprochen und wird auch zukünftig entsprochen."[204]

---

[196] Die jeweils aktuelle Fassung kann unter www.dcgk.de abgerufen werden.
[197] Kort AG 2008, 138; Schüppen ZIP 2002, 1278; MünchKomm. AktG/Bd. 3/Goette § 161 Rn. 1.
[198] Hommelhoff/Schwab Handbuch Corporate Governance S. 54; Ringleb/Kremer/Lutter/v. Werder/Ringleb Deutscher Corporate Governance Kodex Rn. 63 ff.
[199] MünchKomm. AktG/Bd. 3/Goette § 161 Rn. 37.
[200] Küting/Weber AktG § 161 Rn. 9.
[201] v. Werder/Turkali DB 2015, 1359.
[202] BGBl. 2002 I 2681.
[203] BT-Drs. 14/8769, 21.
[204] Formulierung in Anlehnung an Happ S. 763 und Ringleb/Kremer/Lutter/v. Werder/Kremer Deutscher Corporate Governance Kodex S. 433.

176 Weichen Vorstand und/oder Aufsichtsrat in gewichtiger Weise negativ von den Vorgaben des Kodex ab, ist in der Entsprechungserklärung anzugeben, **welche Empfehlungen nicht angewendet werden und warum nicht** (§ 161 Abs. 1 Satz 1 HGB).

177 Adressaten der Vorschrift sind nach ihrem Wortlaut Vorstand und Aufsichtsrat der börsennotierten Gesellschaft. Die **Beschlussfassung** erfolgt jeweils nach den Organen Vorstand und Aufsichtsrat getrennt[205] und nach den für sie geltenden Regeln als Kollegialorgan. Die Organe sind schließlich auch Adressaten der Empfehlungen und nicht die Gesellschaft als solche.[206] Mithin entscheidet der Vorstand einstimmig, sofern Satzung oder Geschäftsordnung nichts Abweichendes festlegen, während der Aufsichtsrat die Beschlussfassung mit einfacher Mehrheit treffen kann, soweit auch hier nichts Abweichendes geregelt ist.[207] Es ergeben sich damit zwei autonome Beschlüsse und Erklärungen im Innenverhältnis. In der Regel werden jene zu einer einheitlichen Erklärung im Außenverhältnis zusammengefasst. Vertreten Vorstand und Aufsichtsrat unterschiedliche Auffassungen über die Einhaltung der Kodexempfehlungen und kommt es mithin zu abweichenden Beschlüssen, ist theoretisch denkbar, dass Vorstand und Aufsichtsrat jeweils eigene Erklärungen veröffentlichen.[208]

178 Vorstandsmitglieder und Aufsichtsratsmitglieder haben bei ihrer Tätigkeit die Sorgfalt eines ordentlichen und gewissenhaften Geschäftsleiters anzuwenden (§§ 93 Abs. 1 Satz 1 und 116 Satz 1 AktG). Wird durch die Organmitglieder eine falsche Entsprechungserklärung abgegeben, die Abgabe vollständig unterlassen oder die Entsprechungserklärung nicht dauerhaft zugänglich gemacht, liegt eine Verletzung jener Sorgfaltspflichten vor.[209]

179 Die Erklärung ist auf der Internetseite der AG dauerhaft öffentlich zugänglich zu machen (§ 161 Abs. 2 AktG). Im Jahresabschluss ist verpflichtend anzugeben, dass die Entsprechenserklärung den Aktionären zugänglich gemacht wurde (§ 285 Nr. 16 HGB). Stellt das Unternehmen darüber hinaus einen Konzernabschluss auf, so betrifft die Angabepflicht gem. § 314 Abs. 1 Nr. 8 HGB jede einzelne in den Abschluss einbezogene börsennotierte Gesellschaft. Die Entsprechenserklärung ist mit der Offenlegung des Jahresabschlusses beim Betreiber des Bundesanzeigers einzureichen und unverzüglich im Bundesanzeiger bekannt zu machen (§ 325 Abs. 1 Satz 1 Nr. 2 und Satz 2 HGB). Die Verletzung der Angabepflichten in Jahres- und Konzernabschluss ist gem. § 334 Abs. 1 Nr. 1 Buchst. d und Nr. 2 Buchst. f HGB durch Bußgeld sanktioniert. Ebenso kann ein Ordnungsgeld gegen die Vorstandmitglieder festgesetzt werden, wenn die Entsprechenserklärung nicht nach § 325 HGB offengelegt wurde (§ 335 Abs. 1 Nr. 1 HGB).

180 Im Rahmen der **Abschlussprüfung** hat der Abschlussprüfer sich zu vergewissern, dass den Angabepflichten im Anhang nach § 285 Nr. 16 HGB bzw. § 314 Abs. 1 Nr. 8 HGB entsprochen wurde.[210] Festzustellen ist mithin, ob die Entspre-

---

[205] Ringleb/Kremer/Lutter/v. Werder/*Lutter* Deutscher Corporate Governance Kodex Rn. 1266.
[206] *Hüffer/Koch* AktG § 161 Rn. 6 im Vergleich zur Formulierung aus § 246 Abs. 2 Satz 2 AktG.
[207] Ringleb/Kremer/Lutter/v. Werder/*Lutter* Deutscher Corporate Governance Kodex Rn. 1282 ff.
[208] *Happ* S. 759; abl. *Küting/Weber* AktG § 161 Rn. 15.
[209] *Happ* S. 761.
[210] Ringleb/Kremer/Lutter/v. Werder/*Ringleb* Deutscher Corporate Governance Kodex Rn. 1344.

chenserklärung abgegeben wurde, vollständig ist und den Aktionären dauerhaft zugänglich gemacht wurde. Ist dies nicht der Fall, wird der Abschlussprüfer den Bestätigungsvermerk einschränken müssen.[211] Da die Entsprechenserklärung selbst jedoch keinen Teil des Jahresabschlusses darstellt, ist ihre sachliche Richtigkeit, respektive ob die Organe den Empfehlungen der Kodex-Kommission tatsächlich entsprechen, nicht unmittelbar Gegenstand der gesetzlichen Abschlussprüfung.[212] Allerdings hat der Abschlussprüfer im Prüfungsbericht, sofern er im Rahmen seiner Prüfungshandlungen, über Abweichungen von den Kodex-Empfehlungen Kenntnis erlangt, über die in der Erklärung nicht berichtet wird, zu berichten.[213]

2. Erklärung zur Unternehmensführung

Gemäß § 289a Abs. 1 Satz 1 HGB haben börsennotierte AG, sowie AG, deren Aktien über ein multilaterales Handelssystem (Freiverkehr) gehandelt werden und die andere Wertpapiere zum Handel an einem organisierten Markt zugelassen haben, eine **Erklärung zur Unternehmensführung** in ihren Lagebericht aufnehmen, die dort einen gesonderten Abschnitt bildet. Alternativ kann die Erklärung unter Bezugnahme im Lagebericht auf der Internetseite des Unternehmens zugänglich gemacht werden (§ 289a Abs. 1 Satz 2 und 3 HGB). In der Erklärung zur Unternehmensführung sollen nach Abs. 2 der Vorschrift anzugeben sein: Die Entsprechenserklärung nach § 161 AktG (§ 289a Abs. 2 Nr. 1), relevante Angaben zu Unternehmensführungspraktiken, die über die gesetzlichen Anforderungen hinausgehend angewendet werden, nebst Hinweis, wo sie öffentlich zugänglich sind (Nr. 2), eine Beschreibung zur Arbeitsweise von Vorstand und Aufsichtsrat sowie zur Zusammensetzung und Arbeitsweise von deren Ausschüssen (Nr. 3), die Festlegungen zu den Zielgrößen und Zielerreichungsfristen für den Frauenanteil im Aufsichtsrat, dem Vorstand und den beiden Führungsebenen darunter, sowie, ob die Ziele eingehalten wurden und falls nicht, die entsprechenden Gründe (Nr. 4) sowie Angaben, ob bei der Besetzung des Aufsichtsrats die Gesellschaft die fixe Geschlechterquote beider Geschlechter von mindestens 30% für den Aufsichtsrat insgesamt erfüllt wurde und falls nicht, die Nennung der ursächlichen Gründe (Nr. 5).

Auch im Konzernlagebericht ist seit 2016[214] eine Erklärung zur Unternehmensführung für den Konzern in einem gesonderten Abschnitt darzustellen.[215]

---

[211] IDW PS 345 Tz. 31.
[212] IDW PS 345 Tz. 22; *Küting/Weber* AktG § 161 Rn. 21.
[213] IDW PS 345 Tz. 22.
[214] Gesetz zur Umsetzung der Bilanzrichtlinie vom 17.7.2015 (BGBl. 2015 I 1245).
[215] Zu möglichen Abweichungen zwischen der Erklärung zur Unternehmensführung im Lagebericht und der Erklärung zur Unternehmensführung im Konzernlagebericht vgl. IDW Life, Heft 1/2016, S. 55.

§ 11 Prüfung und Feststellung des Jahresabschlusses sowie Ergebnis- und Gewinnverwendung

Bearbeiter: Dr. Jens Berberich/Philipp Haaf

Übersicht

	Rn.
A. Einleitung	1
B. Ergebnisverwendung	2–15
I. Dotierung von Rücklagen	3–9
1. Kapitalrücklagen	4
2. Gewinnrücklagen	5–9
a) Gesetzliche Rücklage gem. § 150 AktG	6
b) Rücklage für Anteile an einem herrschenden oder mit Mehrheit beteiligten Unternehmen	7
c) Satzungsmäßige Rücklagen	8
d) Andere Gewinnrücklagen gem. § 58 AktG	9
II. Auflösung der Rücklagen	10–12
III. Dotierung und Auflösung von Rücklagen durch die Hauptversammlung	13, 14
IV. Rechtsfolgen der Verletzung der Bestimmungen über Rücklagenbildung	15
C. Jahresabschlussprüfung	16–44
I. Gegenstand der Abschlussprüfung	27, 28
II. Umfang der Abschlussprüfung	29–34
III. Durchführung der Abschlussprüfung	35–40
IV. Besonderheiten bei der Prüfung börsennotierter Aktiengesellschaften	41–44
D. Feststellung des Jahresabschlusses	45–114
I. Die Feststellung des Jahresabschlusses durch Vorstand und Aufsichtsrat	47–74
1. Weiterleitung des Jahresabschlusses durch den Vorstand und Vorschlag über die Verwendung des Bilanzgewinns	48–54
2. Prüfung des Jahresabschlusses durch den Aufsichtsrat	55–62
3. Aufgaben des Audit Committee (Prüfungsausschuss)	63–74
a) Der Prüfungsausschuss de lege lata	63–71
b) Zusammensetzung des Prüfungsausschusses	72–74
II. Feststellung durch die Hauptversammlung	75–79
III. Die Bedeutung des festgestellten Jahresabschlusses im Gesellschafts- und Bilanzrecht	80–83
IV. Die Bedeutung des festgestellten Jahresabschlusses im Steuerrecht (Grundsatz der Maßgeblichkeit)	84–90
V. Änderungen vor und nach der Feststellung des Jahresabschlusses	91–105
1. Änderungen vor der Feststellung des Jahresabschlusses	91–93
2. Nach der Feststellung des Jahresabschlusses	94–105
VI. Nichtigkeits- und Anfechtungsgründe im Zusammenhang mit der Feststellung des Jahresabschlusses	106–114

§ 11 1   Prüfung und Feststellung des Jahresabschlusses

  1. Nichtigkeitsgründe, Nichtigkeitsklage, Heilungs-
     möglichkeiten. 106–112
     a) Inhalts- und Gliederungsfehler. 107, 108
     b) Fehlerhafte Prüfung/Fehler in Person des
        Abschlussprüfers 109
     c) Verfahrensfehler 110
     d) Nichtigkeitsgründe außerhalb von § 256 AktG . . . 111, 112
  2. Anfechtung des Feststellungsbeschlusses der
     Hauptversammlung. 113, 114
E. **Offenlegung und Aufbewahrung des festgestellten
   Jahresabschlusses.** 115–123
   I. Offenlegung im elektronischen Bundesanzeiger 115–120
   II. Besonderheiten bei der Offenlegung für kapitalmarkt-
       orientierte AG. 121, 122
   III. Aufbewahrungspflichten. 123
F. **Verwendung des Bilanzgewinns durch die Haupt-
   versammlung** 124–154
   I. Zuständigkeit der Hauptversammlung. 127–138
   II. Gewinnverteilungsmaßstab. 139–154
      1. Die gesetzliche Regelung 139–142
      2. Abweichende Gewinnverteilungsabreden 143–150
      3. Rechtsfolgen eines unwirksamen Gewinnver-
         wendungsbeschlusses. 151
      4. Anfechtung des Gewinnverwendungsbeschlusses 152–154

A. Einleitung

1   Die Aufstellung des Jahresabschlusses (vgl. § 10 Rechnungslegung und Aufstellung des Jahresabschlusses) endet mit der Ergebnisverwendung. Auf diesen „Entwurf" des Vorstands folgen die Prüfung und Feststellung des Jahresabschlusses. Ist die AG kapitalmarktorientiert iSd § 264d HGB, kann es sein, dass die Offenlegung vor dem Beschluss über die Verwendung des Bilanzgewinns durch die Hauptversammlung erfolgen muss. Für nicht kapitalmarktorientierte AG schließt die Offenlegung regelmäßig an den Beschluss über die Bilanzgewinnverwendung an, da für diese AG die Offenlegungsfrist gem. § 325 Abs. 1a Satz 1 HGB ein Jahr beträgt.

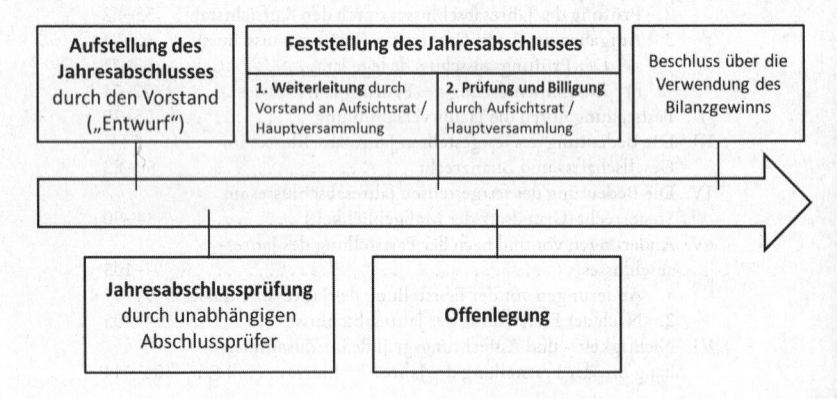

B. Ergebnisverwendung

Zur Ergebnisverwendung gehören jene Vorgänge, die vom Jahresüberschuss 2 bzw. -fehlbetrag, der im Rahmen der Bilanzaufstellung ermittelt wurde, zum Bilanzgewinn bzw. -verlust überleiten.[1] Dazu gehören Einstellungen in Gewinnrücklagen, Entnahmen aus Kapital- und Gewinnrücklagen sowie der Vortrag von Ergebnisbestandteilen auf neue Rechnung.[2]

I. Dotierung von Rücklagen

Rücklagen sind bilanziell Bestandteile des Eigenkapitals von AG. Bei der Bildung 3 von Rücklagen sind zwei Grundarten zu unterscheiden: Kapitalrücklagen gem. § 272 Abs. 2 Nr. 1 bis 4 HGB sowie Gewinnrücklagen nach § 272 Abs. 3 HGB. Die Gewinnrücklagen sind weiter unterteilt in (1) gesetzliche Gewinnrücklagen, (2) Gewinnrücklagen für Anteile an einem herrschenden oder mit Mehrheit beteiligten Unternehmen, (3) auf Satzung beruhende Rücklagen und (4) andere Gewinnrücklagen.

1. Kapitalrücklagen

Die Kapitalrücklage umfasst Beträge, die der Gesellschaft von außen zugeführt 4 werden und nicht aus dem erwirtschafteten Ergebnis stammen.[3] Dazu zählen neben dem Agio (den Nennwert übersteigender Betrag) bei der Ausgabe von Anteilen einschließlich Bezugsanteilen oder, falls ein Nennbetrag nicht vorhanden ist, der Betrag, der über den rechnerischen Wert hinaus erzielt wird, auch der Betrag, der bei der Ausgabe von Schuldverschreibungen für Wandlungsrechte und Optionsrechte zum Erwerb von Anteilen erzielt wird, sowie Zuzahlungen der Gesellschafter gegen Gewährung eines Vorzugs für ihre Anteile und andere Zuzahlungen der Gesellschafter in das EK (§ 272 Abs. 2 HGB).

2. Gewinnrücklagen

Die **Gewinnrücklagen** (§ 272 Abs. 3 Satz 1 HGB) unterscheiden sich von der 5 Kapitalrücklage durch die Herkunft der eingestellten Beträge. Die Gewinnrücklagen stammen, im Gegensatz zu den Beträgen in der Kapitalrücklage, stets aus dem Jahresüberschuss des Geschäftsjahres oder aus früheren Geschäftsjahren. Es handelt sich also um Beträge aus der Innenfinanzierung. Die Gewinnrücklagen bestehen aus der gesetzlichen Rücklage, der Rücklage für Anteile an einem herrschenden oder mehrheitlich beteiligten Unternehmen, der satzungsmäßigen Rücklage und den anderen Gewinnrücklagen.

a) Gesetzliche Rücklage gem. § 150 AktG

Gemäß § 150 Abs. 1 AktG ist eine **gesetzliche Rücklage** im Rahmen der Bilanz- 6 aufstellung durch den Vorstand zwingend zu bilden. Der sog. „Reservefonds" aus gesetzlicher Rücklage und Kapitalrücklage stellt im Verlustfall eine dem Grund-

---

[1] EBJS/*Böcking/Gros/Wallek* HGB § 268 Rn. 1; *ADS* HGB § 268 Rn. 15.
[2] *ADS* HGB § 268 Rn. 15.
[3] *ADS* HGB § 272 Rn. 75.

kapital vorgelagerte Pufferzone dar und dient damit dem Gläubigerschutz.[4] So sind jährlich 5% des um einen Verlustvortrag geminderten Jahresüberschusses in die gesetzliche Rücklage einzustellen. Diese Einstellung ist nach § 150 Abs. 2 AktG solange vorzunehmen, bis die Summe aus gesetzlicher Rücklage und Kapitalrücklage gem. § 272 Abs. 2 Nr. 1 bis 3 HGB 10% des Grundkapitals oder einen höheren in der Satzung bestimmten Teil erreicht. Die gesetzliche Rücklagenbildung iHv 5% hat mithin schon bei Aufstellung der Bilanz durch den Vorstand zu erfolgen.[5] Darüber hinaus kann die Hauptversammlung jedoch im Rahmen der Verwendung des Bilanzgewinns weitere Einstellungen in die gesetzliche Rücklage beschließen, um so möglichst schnell die vorgeschriebene 10%-Grenze zu erreichen.[6] Besondere Vorschriften gelten gem. § 300 AktG für Gesellschaften, die vertraglich ihren Gewinn abführen oder mit denen ein Beherrschungsvertrag geschlossen wurde. Jene haben den Gewinn ohne die Gewinnabführung zu ermitteln und über fünf Geschäftsjahre gleiche Beträge einzustellen, so dass die 10%-Grenze erreicht wird.

b) Rücklage für Anteile an einem herrschenden oder mit Mehrheit beteiligten Unternehmen

7   Die Rücklage für Anteile an einem herrschenden oder mit Mehrheit beteiligten Unternehmen (§ 272 Abs. 4 HGB) dient als Ausschüttungssperre und somit dem Kapital- und Gläubigerschutz. „Herrschend" und „mit Mehrheit beteiligt" sind iSd konzernrechtlichen Unternehmensbegriffs (vgl. §§ 16, 17 AktG) zu verstehen. Die Rücklage neutralisiert die Aktivierung der Anteile nach deren Erwerb und verhindert, dass es zu einer Rückzahlung von Grundkapital und mithin zu einer Reduzierung des Haftungskapitals kommt.[7]

c) Satzungsmäßige Rücklagen

8   Satzungsmäßige Rücklagen sind durch den Vorstand aufgrund der Satzung der AG aus dem Jahresüberschuss zu bilden und können einer Zweckbestimmung unterliegen. Alle übrigen Gewinnrücklagen gehören zu den **anderen, sog. „freien" Rücklagen**. Das heißt diese sind nicht aufgrund gesetzlicher oder satzungsmäßiger Verpflichtung des Vorstandes zu bilden, sondern werden aufgrund gesetzlicher oder satzungsmäßiger Ermächtigung, satzungsmäßiger Verpflichtung[8] oder aufgrund einer Entscheidung der Hauptversammlung (§ 58 Abs. 1 und 2 AktG) gebildet und in die anderen Gewinnrücklagen eingestellt.

d) Andere Gewinnrücklagen gem. § 58 AktG

9   Neben der gesetzlichen Rücklage können Vorstand und Aufsichtsrat im Rahmen der Feststellung des Jahresabschlusses (vgl. Rn. 45 ff.) gem. § 58 Abs. 2 Satz 1 AktG einen Teil des Jahresüberschusses, wie er sich nach Verrechnung mit einem Verlustvortrag aus dem Vorjahr und nach Bildung der gesetzlichen Rücklagen ergibt (§ 58 Abs. 2 Satz 4 AktG), höchstens jedoch die Hälfte, in **andere Gewinnrücklagen** einstellen. Dabei können Vorstand und Aufsichtsrat jedoch nicht durch die Satzung

---

[4] *ADS* AktG § 150 Rn. 16 f.
[5] *Hüffer/Koch* AktG § 150 Rn. 4.
[6] MHdB GesR IV/*Hoffmann-Becking* § 44 Rn. 3.
[7] EBJS/*Böcking/Gros* HGB § 272 Rn. 30 f.
[8] *ADS* HGB § 272 Rn. 153.

B. Ergebnisverwendung

gezwungen werden, über das gesetzlich vorgeschriebene Maß hinaus Rücklagen zu bilden. Jedoch bestimmt § 58 Abs. 2 Satz 2 AktG, dass die Satzung Vorstand und Aufsichtsrat zur Einstellung eines größeren Teils des Jahresabschlusses in die anderen Gewinnrücklagen ermächtigen kann. Auch kann die Wahlfreiheit von Vorstand und Aufsichtsrat zur Rücklagenbildung durch die satzungsmäßige Ermächtigung, nur einen kleineren Teil als die Hälfte einzustellen, begrenzt werden.[9] Insgesamt kann die Satzung die Wahlfreiheit zur Rücklagenbildung mithin grds. von 0 bis 100% regulieren. Die Möglichkeit, durch die Satzung die Rücklagenbildung von Vorstand und Aufsichtsrat zu beeinflussen, findet jedoch ihre Grenze in Satz 3 der Vorschrift. Demnach dürfen Vorstand und Aufsichtsrat aufgrund von Satzungsbestimmungen keine Einstellung in andere Gewinnrücklagen vornehmen, wenn die anderen Gewinnrücklagen die Hälfte des Grundkapitals übersteigen oder nach der Einstellung übersteigen würden. Diese Einschränkung betrifft allerdings nur die Bildung von Rücklagen aufgrund entsprechender Satzungsbestimmung, nicht jedoch die gesetzliche Ermächtigung nach Satz 1 der Vorschrift.

II. Auflösung der Rücklagen

Die Kapitalrücklagen und die gesetzlichen Rücklagen dürfen grds. nicht zum Zwecke der Gewinnausschüttung verwendet werden.[10] Liegt ein **Jahresfehlbetrag** vor, besteht grds. keine Pflicht, diesen auszugleichen, denn er kann in das nächste Geschäftsjahr vorgetragen werden.[11]

Beschließt der Vorstand, den Jahresfehlbetrag oder den vorgetragenen Verlust mithilfe der **Kapitalrücklagen** (gem. § 272 Abs. 2 Nr. 1 bis 3, nicht jedoch Nr. 4[12] HGB) oder der **gesetzlichen Rücklage** auszugleichen, so ist gem. § 150 Abs. 3 und 4 AktG danach zu differenzieren, ob die 10%-Grenze des § 150 Abs. 2 AktG (sog. „Reservefonds", vgl. Rn. 6) bereits erreicht wurde oder nicht. Demnach darf die gesetzliche Rücklage **unterhalb der oben genannten Grenze** nur zum Ausgleich eines Jahresfehlbetrages oder eines Verlustvortrags verwendet werden, wenn diese nicht durch einen Gewinnvortrag bzw. Jahresüberschuss gedeckt sind und nicht durch die Auflösung anderer Gewinnrücklagen ausgeglichen werden können (§ 150 Abs. 3 AktG, **Ausschüttungssperre**). Ist die og. **Grenze überschritten,** dürfen gesetzliche Rücklage und Kapitalrücklage insoweit auch zum Ausgleich eines nicht durch Gewinnvortrag gedeckten Jahresfehlbetrags oder zum Ausgleich eines nicht durch Jahresüberschuss gedeckten Verlustvortrags verwendet werden, ohne dass zuvor andere Gewinnrücklagen aufgelöst wurden (§ 150 Abs. 4 Satz 1 Nr. 1 und 2 AktG).[13] Darüber hinaus darf der übersteigende Betrag auch zur Kapitalerhöhung aus Gesellschaftsmitteln verwendet werden (§ 150 Abs. 4 Satz 1 Nr. 3 AktG). Die Verwendung des übersteigenden Betrages der gesetzlichen Rücklage darf allerdings nicht zum Ausgleich eines Jahresfehlbetrags oder eines Verlustvortrags genutzt werden, wenn gleichzeitig Gewinnrücklagen zur Gewinnausschüttung aufgelöst werden. Gemäß § 324 Abs. 1 AktG gelten die Regelungen zur Verwendung der gesetzlichen Rücklage nicht für eingegliederte Gesellschaften.

---

[9] MHdB GesR IV/*Hoffmann-Becking* § 47 Rn. 7.
[10] *Hüffer/Koch* AktG § 150 Rn. 8.
[11] MünchKomm. AktG/Bd. 3/*Hennrichs/Pöschke* § 150 Rn. 28.
[12] *ADS* HGB § 272 Rn. 134.
[13] *Hüffer/Koch* AktG § 150 Rn. 11.

12 Die **anderen Gewinnrücklagen** unterliegen hingegen keinen Beschränkungen, sie können also auch über den Ausgleich eines Verlustes hinaus aufgelöst werden.[14] Somit kann in der Bilanz (unter Berücksichtigung der teilweisen Verwendung des Jahresergebnisses) trotz Vorliegens eines Jahresfehlbetrags ein Bilanzgewinn ausgewiesen werden oder im Falle eines Jahresüberschusses kann durch Auflösung von Rücklagen das Ausschüttungspotential weiter erhöht werden.

III. Dotierung und Auflösung von Rücklagen durch die Hauptversammlung

13 In bestimmten Fällen obliegt der **Hauptversammlung** die Feststellung des Jahresabschlusses (vgl. Rn. 75 ff.). § 173 Abs. 2 Satz 2 AktG bestimmt hierfür, dass die Hauptversammlung lediglich die Beträge in die Gewinnrücklagen einstellen darf, die nach Gesetz oder Satzung einzustellen sind. Nur bei Feststellung des Jahresabschlusses durch die Hauptversammlung kann eine Satzungsbestimmung vorschreiben, dass ein bestimmter Teil des Jahresüberschusses, wie er sich nach Verrechnung mit einem Verlustvortrag aus dem Vorjahr und nach Bildung der gesetzlichen Rücklagen ergibt, höchstens jedoch die Hälfte, **in die „anderen Gewinnrücklagen"** einzustellen ist (§ 58 Abs. 1 Satz 1, 2 AktG). Der einzustellende Anteil vom Jahresüberschuss muss dabei entweder absolut oder prozentual in der Satzung vorbestimmt sein. Ermächtigungen, die sich durch § 58 Abs. 2 AktG aus Gesetz und Satzung ergeben, gelten nur für die Feststellung durch den Vorstand und Aufsichtsrat, nicht aber für die Feststellung durch die Hauptversammlung. **Weitere Gewinnrücklagen** darf die Hauptversammlung erst im Rahmen des anschließenden Beschlusses über die Verwendung des Bilanzgewinns bilden (vgl. Rn. 124 ff.).

14 Hinsichtlich der Auflösung von Rücklagen im Rahmen der Feststellung durch die Hauptversammlung gelten die gleichen Bestimmungen wie für die Feststellung durch den Aufsichtsrat.[15] Demnach kann die Hauptversammlung andere Gewinnrücklagen und satzungsmäßige Rücklagen auflösen, um trotz eines Jahresfehlbetrags Ausschüttungen zu ermöglichen oder um den für Ausschüttungen zur Verfügung stehenden Bilanzgewinn zu erhöhen. Im Hinblick auf die Verwendung von Kapitalrücklage und gesetzlicher Rücklage hat auch die Hauptversammlung die Einschränkungen von § 150 AktG zu berücksichtigen.

IV. Rechtsfolgen der Verletzung der Bestimmungen über Rücklagenbildung

15 Wurden bei der Feststellung des Jahresabschlusses die Bestimmungen des Gesetzes oder der Satzung über die Einstellung von Beträgen in Kapital- oder Gewinnrücklagen oder über die Entnahme von Beträgen aus den Rücklagen verletzt, ist der festgestellte Jahresabschluss gem. § 256 Abs. 1 Nr. 4 AktG nichtig.

---

[14] MHdB GesR IV/*Hoffmann-Becking* § 44 Rn. 7.
[15] MünchKomm. AktG/Bd. 3/*Hennrichs/Pöschke* § 173 Rn. 32.

C. Jahresabschlussprüfung

Sinn und Zweck der gesetzlichen Jahresabschlussprüfung ist die Gewährleistung der Schutzfunktion der Rechnungslegung durch Feststellung der Gesetz- und Ordnungsmäßigkeit des Jahres- bzw. Konzernabschlusses.[16] Die Abschlussprüfung dient mithin der Sicherung der Jahresabschlusszwecke, namentlich der Ermittlung eines ausschüttungsfähigen Gewinns und der Vermittlung eines den tatsächlichen Verhältnissen entsprechenden Bildes der Vermögens-, Finanz- und Ertragslage sowie der Unterstützung der Prüfungstätigkeit des Aufsichtsrates. 16

Gemäß § 316 Abs. 1 Satz 1 HGB trifft die gesetzliche **Prüfungspflicht** jede mittelgroße oder große AG iSd § 267 Abs. 2 und 3 HGB. Eine mittelgroße Kapitalgesellschaft liegt vor, wenn mindestens zwei der drei folgenden Kriterien überschritten sind: (1) Bilanzsumme größer als 6 Mio. EUR, (2) Umsatzerlöse größer als 12 Mio. EUR, (3) im Jahresdurchschnitt 50 oder mehr Arbeitnehmer. Es handelt sich dagegen um eine große Kapitalgesellschaft, wenn wiederum mindestens zwei der drei folgenden Kriterien erfüllt sind: (1) Bilanzsumme größer 20 Mio. EUR, (2) Umsatzerlöse größer als 40 Mio. EUR, (3) im Jahresdurchschnitt 250 oder mehr Arbeitnehmer. 17

Hat eine gesetzlich vorgeschriebene Prüfung nicht stattgefunden, so kann der Jahresabschluss nicht festgestellt und der Konzernabschluss nicht gebilligt werden (§ 316 Abs. 1 Satz 2, Abs. 2 Satz 2 HGB). Ein ohne Prüfung festgestellter Jahresabschluss ist nichtig (§ 256 Abs. 1 Nr. 2 AktG). Das Fehlen der Prüfung hat somit die gleiche Sanktion zur Folge wie das Fehlen des Jahresabschlusses selbst. 18

Auch ohne gesetzliche Verpflichtungen kann eine Pflicht zur Abschlussprüfung aufgrund satzungsmäßiger oder gesellschaftsvertraglicher Regelungen sowie schuldrechtlicher Vereinbarungen bestehen.[17] Zum Beispiel können Kreditgeber oder potentielle Käufer bei beabsichtigten Unternehmenskäufen eine Prüfung verlangen. 19

Neuerdings kann auch die Anerkennung der ertragsteuerlichen Organschaft iSd § 14 KStG einen Grund für eine freiwillige Prüfung darstellen. Eine ertragsteuerliche Organschaft liegt vor, wenn sich eine Organgesellschaft durch einen Gewinnabführungsvertrag gem. § 291 Abs. 1 AktG verpflichtet, ihren ganzen Gewinn an ein einziges anderes gewerbliches Unternehmen, den Organträger, abzuführen. Das Einkommen der Organgesellschaft wird dabei dem Organträger zugerechnet, auf dessen Ebene es der Besteuerung unterliegt. Voraussetzung für die Wirksamkeit der ertragsteuerlichen Organschaft ist ua, dass gem. § 14 Abs. 1 Satz 1 Nr. 3 Satz 1 KStG der Gewinnabführungsvertrag auf mindestens fünf Jahre abgeschlossen und während seiner gesamten Geltungsdauer durchgeführt wird. Beruht der abgeführte Gewinn oder umgekehrt der ausgeglichene Verlust auf einem Jahresabschluss, der fehlerhafte Bilanzansätze enthält, so besteht für diesen in der Praxis nicht selten vorkommenden Fall die Möglichkeit zur Heilung nach § 14 Abs. 1 Satz 1 Nr. 3 Satz 4 KStG. 20

Hierfür ist jedoch ua erforderlich, dass die Fehlerhaftigkeit bei Erstellung des Jahresabschlusses nicht hätte erkannt werden müssen. Diese Voraussetzung gilt gem. § 14 Abs. 1 Satz 1 Nr. 3 Satz 5 KStG auch als erfüllt, wenn ein uneingeschränkter Bestätigungsvermerk über eine freiwillige Prüfung des Jahresabschlusses vorliegt. Soll die freiwillige Prüfung mit einem Bestätigungsvermerk abgeschlossen werden, 21

---

[16] *Wüstemann* Wirtschaftsprüfung S. 17.
[17] MHdB GesR IV/*Häublein/Hoffmann-Theinert* § 316 Rn. 26.

§ 11 22–26   Prüfung und Feststellung des Jahresabschlusses

so hat diese nach Art und Umfang der gesetzlichen Prüfung nach §§ 316 ff. HGB zu entsprechen.[18]

22 Wird der Jahres- oder Konzernabschluss, der Lagebericht oder der Konzernlagebericht nach Vorlage des Prüfungsberichts geändert (zur Änderung des festgestellten Jahresabschlusses vgl. Rn. 91 ff.), so hat der Abschlussprüfer diese Unterlagen erneut zu prüfen, soweit es die Änderung erfordert (sog. **"Nachtragsprüfung"**, § 316 Abs. 3 Satz 1 HGB).

23 Der **Abschlussprüfer** wird von der Hauptversammlung (§ 119 Abs. 1 Nr. 4 AktG und § 318 Abs. 1 Satz 1 HGB) auf Vorschlag des Aufsichtsrates (§ 124 Abs. 3 AktG) gewählt. Er ist verpflichtet, an den Verhandlungen des Aufsichtsrates oder eines Ausschusses über den Jahres- und Konzernabschluss teilzunehmen und hat dort über die wesentlichen Ergebnisse seiner Abschlussprüfung mündlich zu berichten (§ 171 Abs. 1 Satz 2 AktG). Gemäß § 111 Abs. 2 Satz 3 AktG ist der gewählte Abschlussprüfer vom Aufsichtsrat zu beauftragen. Abschlussprüfer einer AG können Wirtschaftsprüfer und Wirtschaftsprüfungsgesellschaften sein (§ 319 Abs. 1 HGB). Wirtschaftsprüfer werden unter strengen Voraussetzungen gem. §§ 15 ff. WPO öffentlich bestellt und müssen sich, wenn sie beabsichtigen, gesetzliche Abschlussprüfungen durchzuführen, mindestens alle sechs Jahre einer externen Qualitätskontrolle unterziehen (§ 57a WPO).[19]

24 § 319 Abs. 2 und 3 HGB sowie bei Prüfung kapitalmarktorientierter Unternehmen zusätzlich § 319a HGB nennen Gründe, nach denen die finanzielle oder persönliche **Unabhängigkeit des Prüfers** gefährdet ist und die mithin zum Ausschluss des Abschlussprüfers von der Prüfung eines Unternehmens führen. Werden mehrere Personen zum Abschlussprüfer bestellt, sind sie gemeinsam Prüfer iSd gesetzlichen Vorschriften. Das Ergebnis der Abschlussprüfung setzt sich aus den Prüfungsurteilen der bestellten Personen zusammen; diese werden die Prüfung idR gemeinsam durchführen (sog. Gemeinschaftsprüfung oder Joint Audit).[20]

25 Gemäß § 321 Abs. 1 Satz 1 HGB hat der Prüfer über Art und Umfang sowie über das Prüfungsergebnis mit gebotener Sorgfalt schriftlich zu berichten. Der **Prüfungsbericht** soll den Organen der Gesellschaft das Prüfungsergebnis näher erläutern,[21] vor allem soll er dem Aufsichtsrat unabhängige Informationen für dessen Überwachungstätigkeiten liefern.[22] Der Inhalt des Berichts wird durch § 321 HGB bestimmt. Der Prüfungsbericht ist nicht zu veröffentlichen.

26 Daneben hat der Prüfer einen **Bestätigungsvermerk** (§ 322 HGB) in den Bericht mit aufzunehmen (§ 322 Abs. 7 Satz 2 HGB). Der Vermerk kann als eine Kurzfassung von Teilen des Prüfungsberichtes verstanden werden und enthält ein Gesamturteil über das Ergebnis der Prüfung. Der uneingeschränkte Bestätigungsvermerk ist zu erteilen, wenn nach Abschluss der Prüfung keine wesentlichen Beanstandungen zu erheben sind und keine besonderen Umstände vorliegen, aufgrund derer bestimmte wesentliche abgrenzbare oder nicht abgrenzbare Teile der Rechnungslegung nicht mit hinreichender Sicherheit beurteilt werden können (sog. „Prüfungshemmnisse").[23] Andernfalls ist der Vermerk einzuschränken oder zu versagen (§ 322 Abs. 4 HGB). Der Bestätigungsvermerk ist – ebenso wie der Versagungsvermerk – unter Angabe von Ort und Datum durch den Wirtschaftsprüfer

---

[18] IDW PS 400 Rn. 5.
[19] EBJS/*Böcking/Gros/Rabenhorst* HGB § 319 Rn. 4 ff.
[20] IDW PS 208 Rn. 4.
[21] *ADS* HGB § 321 Rn. 19.
[22] *ADS* HGB § 321 Rn. 32 ff.
[23] IDW PS 400 Rn. 42.

C. Jahresabschlussprüfung 27–30 § 11

eigenhändig zu unterzeichnen (§ 322 Abs. 7 Satz 1 HGB) und nach § 48 Abs. 1 WPO zu siegeln. Der Bestätigungsvermerk dient der Unterrichtung der Öffentlichkeit, denn die Gesellschaft ist verpflichtet, den Bestätigungsvermerk beim Betreiber des Bundesanzeigers einzureichen (§ 325 Abs. 1 Satz 2, Abs. 2a, Abs. 2b und Abs. 3 HGB) und den Wortlaut im Rahmen der Veröffentlichung des Jahres- und Konzernabschlusses vollständig wiederzugeben (§ 328 Abs. 1a Satz 2 HGB).[24]

I. Gegenstand der Abschlussprüfung

Der Gegenstand der Abschlussprüfung ist sowohl für Jahres- als auch Konzernabschlüsse in §§ 316 und 317 HGB normiert: Neben Bilanz und GuV sind auch der Anhang und der Lagebericht sowie die Buchführung der AG in die Prüfung einzubeziehen. Die Kostenrechnung hingegen ist nur insoweit Prüfungsgegenstand, als sie die Grundlage des Ansatzes und der Bewertung von Bilanzposten darstellt.[25] 27

Im Rahmen der Konzernabschlussprüfung sind neben Konzernbilanz, Konzern-GuV, Konzernanhang und Konzernlagebericht auch die Kapitalflussrechnung und der Eigenkapitalspiegel zu prüfen (§ 316 Abs. 2 Satz 1 HGB iVm § 297 Abs. 1 Satz 1 HGB). Erfolgt eine freiwillige Segmentberichterstattung, so ist diese ebenfalls prüfungspflichtig (§ 316 Abs. 2 Satz 1 HGB iVm § 297 Abs. 1 Satz 2 HGB).[26] Durch den Verweis in § 315a HGB erstreckt sich der Prüfungsgegenstand analog auf die Bestandteile des freiwillig und befreiend oder verpflichtend aufgestellten Konzernabschlusses nach den IFRS. 28

II. Umfang der Abschlussprüfung

Der Umfang der Prüfung richtet sich nach § 317 Abs. 1 Satz 2 und 3 HGB. Demnach hat sich die Prüfung darauf zu erstrecken, „ob die **gesetzlichen Vorschriften** und sie ergänzende **Bestimmungen** des Gesellschaftsvertrags oder **der Satzung** beachtet worden sind". Diese Formulierung schließt die Grundsätze ordnungsmäßiger Buchführung (GoB, vgl. § 10 Rn. 55 ff.) mit ein. Denn durch den Verweis auf die GoB in §§ 238 und 264 HGB sind jene als „gesetzliche Vorschriften" bereits erfasst, „ohne dass es ihrer ausdrücklichen Erwähnung bedarf".[27] Daneben richtet sich der Umfang auch nach den in den §§ 321 f. HGB geforderten Aussagen des Abschlussprüfers.[28] Gemäß § 317 Abs. 1 Satz 3 HGB ist die Prüfung „so anzulegen, dass **Unrichtigkeiten und Verstöße** gegen die in Satz 2 aufgeführten Bestimmungen, die sich auf die Darstellung des sich nach § 264 Abs. 2 ergebenden Bildes der Vermögens-, Finanz- und Ertragslage wesentlich auswirken, bei gewissenhafter Berufsausübung erkannt werden". 29

Ziel ist mithin die Aufdeckung von Unrichtigkeiten (als **unbeabsichtigt** falsche Angaben im Abschluss) und Verstößen (als falsche Angaben im Abschluss, die auf einem **beabsichtigten** Verstoß gegen Vorschriften beruhen).[29] Auf die Aufdeckung und Aufklärung strafrechtlicher Tatbestände (zB Unterschlagungen) außerhalb der Rechnungslegung ist die gesetzliche Abschlussprüfung ihrem Wesen nach jedoch 30

---

[24] *Erle* Der Bestätigungsvermerk des Abschlussprüfers S. 39, 43 f.
[25] *ADS* HGB § 317 Rn. 16.
[26] BeBiKo/*Schmidt/Almeling* HGB § 317 Rn. 30.
[27] Entwurf des KonTraG, BR-Drs. 872/97, 71.
[28] *Küting/Weber* Bd. 3 § 317 Rn. 10.
[29] IDW PS 210 Rn. 7; *ADS* § 317 Rn. 136 ff.

nicht ausgerichtet. Demgegenüber stehen die Erwartungen der Öffentlichkeit, die namentlich ein Urteil über die wirtschaftliche Lage des Unternehmens[30] oder die Ordnungsmäßigkeit der Geschäftsführung umfassen.[31] Diese Erwartungen können und sollen durch die Abschlussprüfung nicht befriedigt werden, was zu der vieldiskutierten „Erwartungslücke"[32] führt.

31 Durch zusätzliche Bestimmungen in der Satzung kann der Prüfungsumfang allerdings über die gesetzlichen Vorgaben hinaus ausgeweitet werden. Auch kann eine **Erweiterung des Prüfungsauftrags** durch den Aufsichtsrat erfolgen. So kann beispielsweise eine Gebietskörperschaft, die die Mehrheit der Anteile an einer AG hält bzw. der 25% der Anteile gehören und die gemeinsam mit anderen Gebietskörperschaften die Mehrheit der Anteile hält, von der im Mehrheitsbesitz stehenden AG verlangen, dass der Prüfungsauftrag gem. den Bestimmungen des § 53 HGrG erweitert wird. Dazu gehört gem. § 53 Abs. 1 Nr. 1 HGrG auch die nicht unwesentliche Erweiterung um eine Überprüfung der Ordnungsmäßigkeit der Geschäftsführung.[33]

32 Für die Abschlussprüfung relevant sind Unrichtigkeiten oder Verstöße, die auf Grund ihrer Größenordnung oder Bedeutung einen Einfluss auf den Aussagewert der Rechnungslegung aus Sicht der Abschlussadressaten haben **(Grundsatz der Wesentlichkeit)**.[34] Sie können sich sowohl quantitativ in einem Grenzwert als auch qualitativ in einer Eigenschaft ausdrücken, der/die geeignet ist, das Entscheidungsverhalten der Abschlussadressaten zu beeinflussen.[35] Unterschiedliche Wesentlichkeitsgrenzen können auch durch gesetzliche und aufsichtsbehördliche Anforderungen (zB § 13 KWG) entstehen.

33 Um zu einer dem gesetzlichen Zweck entsprechenden Abschlussprüfung zu gelangen, hat der Prüfer bei der Vorbereitung und Durchführung der Prüfung sowie bei der Berichterstattung die **Grundsätze ordnungsmäßiger Abschlussprüfung** (GoA) zu beachten.[36] Die GoA können als Grundsätze guter und gewissenhafter Berufsausübung verstanden werden und umfassen die Gesamtheit der gesetzlich normierten Prüfungsvorschriften und Berufsgrundsätze (namentlich §§ 317–324 HGB, §§ 43, 44 und 49 WPO), sowie die Regelungen des Berufsstandes der Wirtschaftsprüfer, allem voran die Rechnungslegungs- und Prüfungsstandards des IDW.[37] Das HGB enthält kaum Vorschriften im Hinblick auf den sachlichen Umfang der gesetzlichen Prüfungspflicht und keine Bestimmungen zur konkreten Prüfungstechnik.[38] Daher kommt den IDW-Prüfungsstandards gerade in der Praxis erhebliche Bedeutung zu. Selbst Instanzgerichte verwenden zur Beurteilung der Ordnungsmäßigkeit von Prüfungen die Verlautbarungen des IDW.[39]

---

[30] *Erle* Der Bestätigungsvermerk des Abschlussprüfers S. 2.
[31] WPH/Bd. I Kap. R Rn. 4 f.
[32] Beck HdR/Bd. 2/*Orth/Eisenhardt* B 600 Rn. 9.
[33] Vgl. zum Umfang der Prüfung gem. § 53 Abs. 1 Nr. 1 HGrG; *ADS* HGB § 317 Rn. 93 ff.; IDW PS 720, WPg 22/2006.
[34] IDW PS 250 Rn. 4.
[35] IDW PS 250 Rn. 8.
[36] MünchKomm. HGB/Bd. 4/*Ebke* § 317 Rn. 15.
[37] *Küting/Weber* Bd. 5 § 317 Rn. 22.
[38] BeBiKo/*Schmidt/Almeling* HGB § 317 Rn. 20.
[39] LG Frankfurt a. M. 2/18 O 475/95, BB 1997, 1684; OLG Frankfurt a. M. 21 W 34/12, ZIP 2015, 371; OLG Stuttgart 20 W 3/12 v. 17.7.2014, AG 2015, 580; vgl. zur rechtlichen Qualität privater Standards *Berberich*, Ein Framework für das DRSC S. 51 ff.

C. Jahresabschlussprüfung   34–37 § 11

Das IDW und die WPK sind zwei von 175 Mitgliedern der International Federation of Accountants (IFAC).[40] Die IFAC verfolgt ua das Ziel der Vereinheitlichung internationaler Prüfungsgrundsätze[41] und veröffentlicht die **International Standards on Auditing (ISA)**. Das IDW ist als IFAC-Mitglied zur Transformation der ISA verpflichtet, so dass die IDW-Prüfungsstandards heute mit den ISA weitgehend übereinstimmen. Seit Umsetzung des **BilMoG** sind Abschlussprüfer gesetzlich verpflichtet, die ISA anzuwenden, „die von der Europäischen Kommission in dem Verfahren [sog. „Komitologieverfahren", Anm. der Verf.] nach Art. 26 Abs. 1 der Richtlinie (...) über Abschlussprüfungen von Jahresabschlüssen und konsolidierten Abschlüssen angenommen worden sind" (§ 317 Abs. 5 HGB). Bisher ist eine Annahme der ISA durch die Europäische Kommission noch nicht erfolgt.   34

III. Durchführung der Abschlussprüfung

Die Abschlussprüfung beginnt damit, dass sich der Prüfer detaillierte Informationen über die Geschäftstätigkeit und das wirtschaftliche Umfeld des zu prüfenden Unternehmens beschafft, um solche Ereignisse, Geschäftsvorfälle und Gepflogenheiten erkennen und verstehen zu können, die sich wesentlich auf den Prüfungsgegenstand auswirken können.[42] Sodann macht sich der Prüfer mit den einzelnen Prozessen, insb. mit dem internen Kontrollsystem (IKS), des Unternehmens vertraut.[43] Dies versetzt den Prüfer in die Lage, das Fehlerrisiko einzuschätzen und unter dessen Berücksichtigung eine **Prüfungsstrategie und ein Prüfungsprogramm** zu entwickeln.[44]   35

Bestandteil der Prüfung kann im Verlauf ferner die detaillierte Prüfung des rechnungslegungsbezogenen internen Kontrollsystems der AG sein. Dies ist der Fall, wenn der Abschlussprüfer bei einer Aussage in der Rechnungslegung von der Wirksamkeit einer Kontrollmaßnahme ausgeht und somit ein Teil der erforderlichen Prüfungssicherheit von der Annahme eines wirksamen IKS abhängt oder wenn aussagebezogene Prüfungshandlungen alleine zur Gewinnung hinreichender Prüfungssicherheit auf Aussageebene nicht ausreichen.[45] Diese sog. Funktionsprüfung dient der Beurteilung der Wirksamkeit des IKS.[46] Die Durchführung der Funktionsprüfungen hat sich insb. darauf zu erstrecken, ob das interne Kontrollsystem während des zu prüfenden Geschäftsjahres kontinuierlich bestanden hat und wirksam war.[47]   36

Grundsätzlich zu unterscheiden sind die Begriffe des **IKS**, des **Risikomanagementsystems (RMS)** und des **Risikofrüherkennungssystems** nach § 91 Abs. 2 AktG. Gemäß § 91 Abs. 2 AktG sind Maßnahmen zu treffen, namentlich ein Überwachungssystem einzurichten, um bestandsgefährdende Entwicklungen frühzeitig zu **erkennen** (Risikofrüherkennungssystem). Der Begriff des RMS geht darüber hinaus[48] und umfasst, im Unterschied zum Überwachungssystem, Regelungen zum **Umgang** mit identifizierten Risiken, namentlich zu deren **Steuerung und**   37

---

[40] <http://www.ifac.org/about-ifac/membership> Zugriff: 22.2.2018.
[41] <http://www.ifac.org/about-ifac/organization-overview> Zugriff: 20.2.2018.
[42] IDW PS 230 Rn. 5, 9.
[43] IDW PS 261 Rn. 35 ff.
[44] IDW PS 240 Rn. 15.
[45] IDW PS 261 Rn. 74.
[46] IDW PS 300 Rn. 17.
[47] IDW PS 300 Rn. 17.
[48] IDW PS 340 Rn. 4 f.; *Marten/Quick/Ruhnke* Wirtschaftsprüfung S. 321.

Bewältigung.⁴⁹ Das IKS umfasst alle von der Unternehmensleitung festgelegten Grundsätze, Maßnahmen und Verfahren, die gerichtet sind auf die Kontrolle und Sicherung der Wirksamkeit und Wirtschaftlichkeit der Geschäftsführung, der Ordnungsmäßigkeit der Rechnungslegung und der Einhaltung der für das Unternehmen maßgeblichen rechtlichen Vorschriften, und schließt daher das RMS und mithin das Risikofrüherkennungssystem nach § 91 Abs. 2 AktG ein.⁵⁰ Daneben erfordern die Legalitätspflicht, allgemeine Leitungspflicht und Kontrollpflicht des Vorstands die Einrichtung eines angemessenen Compliance-Systems **(Compliance Management System)**. Entscheidend für den Umfang des Compliance-Systems sind die Größe, Art und Organisation der AG, die zu beachtenden Vorschriften, die geografische Präsenz wie auch etwaige Verdachtsfälle aus der Vergangenheit.⁵¹

38 Der Abschlussprüfer hat im Rahmen der Darstellung seiner Prüfungsergebnisse vor dem Aufsichtsrat insb. wesentliche Schwächen des IKS und des RMS bezogen auf den Rechnungslegungsprozess zu berichten (§ 171 Abs. 1 Satz 2 AktG). Dies dient der Umsetzung von Art. 41 Abs. 4 der Abschlussprüferrichtlinie.⁵² Um weitere Absicherung zu schaffen, besteht überdies die Möglichkeit, das Compliance Management System gem. IDW PS 980 freiwillig durch den Abschlussprüfer überprüfen zu lassen.

39 In Abhängigkeit der identifizierten Fehlerrisiken und deren Auswertung entscheidet der Abschlussprüfer, in welchem Umfang **aussagebezogene Prüfungshandlungen** durchzuführen sind.⁵³ Hierzu zählen:

– **Analytische Prüfungshandlungen:** Trend- und Kennzahlenanalysen und einfache Rechenmodelle, mit deren Hilfe der Prüfer die Plausibilität der Abschlusszahlen und namentlich Abweichungen zu Vorjahresdaten, unternehmens- oder branchenspezifischen Erwartungen feststellen kann.⁵⁴ Analytische Prüfungshandlungen können während der Prüfung dazu dienen, den Umfang der erforderlichen Belegprüfungen einzuschränken.⁵⁵

– **Einzelfallprüfungen:** Hierzu untersucht der Prüfer unter Berücksichtigung der mit der Prüfungsplanung festgelegten Prüfungsschwerpunkte stichprobenartig ausgewählte Geschäftsvorfälle. Zu diesem Zweck kommen ua Einsichtnahmen in Unterlagen, die Inaugenscheinnahme von Vermögensgegenständen sowie die Befragung von Mitarbeitern und Bestätigungen Dritter – insb. Saldenbestätigung und Bestätigungen von Kreditinstituten und Rechtsanwälten – in Betracht.⁵⁶
Der Prüfer sollte auch bei der Inventur anwesend sein, sofern die Vorräte absolut oder relativ von Bedeutung sind.⁵⁷

40 Bereits in der Planungsphase der Abschlussprüfung ist abzuschätzen, ob erhebliche Zweifel an der Fortführung der Unternehmenstätigkeit bestehen.⁵⁸ Die Kenntnis über die Bestandskraft ist insb. für die Beurteilung der Risikoeinschätzung im **Lagebericht** notwendig, denn es sind auch solche Risiken berichtspflichtig, die eine deutliche Gefährdung des Unternehmens erkennen lassen, sich aber noch nicht

---

[49] Marten/Quick/Ruhnke Wirtschaftsprüfung S. 321.
[50] Marten/Quick/Ruhnke Wirtschaftsprüfung S. 304.
[51] LG München I 5 HK O 1387/10, CCZ 2014, 142.
[52] Vgl. Reg-E zum BilMoG, BT-Drs. 16/10067, 104.
[53] IDW PS 261 Rn. 80; WP-Handbuch 2012, Bd. I, R, Rn. 37.
[54] IDW PS 312 Rn. 5, 7.
[55] WPH/Bd. I 2012 Kap. R, Rn. 376, 378.
[56] IDW PS 300 Rn. 27 ff.
[57] IDW PS 301 Rn. 7.
[58] IDW PS 270 Rn. 15.

in den aktuellen Zahlen wiederfinden lassen. Bei der Prüfung des Lageberichts hat der Prüfer festzustellen, ob das **Bild der Vermögens-, Finanz- und Ertragslage**, welches der Lagebericht vermittelt, mit dem übereinstimmt, welches durch die Informationen des Jahresabschlusses bzw. die durch dessen Prüfung gewonnenen Erkenntnisse dargestellt wird („**Einklangsprüfung**"), und ob der Lagebericht insgesamt eine zutreffende Darstellung der Lage des Unternehmens vermittelt.[59] Erhält der Abschlussprüfer im Verlauf der Prüfung Einsicht in ein vorliegendes Rating und erachtet er die Ergebnisse als plausibel, können auch Ratinganalysen zur Einklangsprüfung beitragen; sie liefern dann einen ersten Überblick über die Bonität bzw. Bestandssicherheit des Unternehmens.[60] Der Abschlussprüfer hat ferner festzustellen, ob **Chancen und Risiken** der künftigen Entwicklung zutreffend dargestellt wurden (§ 317 Abs. 2 Satz 2 HGB iVm § 289 Abs. 1 HGB).

IV. Besonderheiten bei der Prüfung börsennotierter Aktiengesellschaften

Bei einer börsennotierten AG[61] ist das nach § 91 Abs. 2 AktG vom Vorstand einzurichtende **Risikofrüherkennungssystem** in die Prüfung einzubeziehen (§ 317 Abs. 4 HGB). Diese Systemprüfung stellt fest,[62] ob der Vorstand die ihm nach § 91 Abs. 2 AktG obliegenden Maßnahmen in einer geeigneten Form getroffen hat und ob das danach einzurichtende System seine Aufgaben erfüllen kann. Der IDW PS 340 legt aus der Sicht des Abschlussprüfers fest, aus welchen Komponenten ein Frühwarn- und Überwachungssystem bestehen muss.[63] Über das Ergebnis der Prüfung des Überwachungssystems ist nicht im Bestätigungsvermerk, sondern in einem gesonderten Teil des Prüfungsberichts (§ 321 Abs. 4 HGB) zu berichten, es sei denn, die Einwendungen gegen die Maßnahmen nach § 91 Abs. 2 AktG stellen zugleich die Ordnungsmäßigkeit der Buchführung in Frage oder haben Einfluss auf die Darstellung im Lagebericht.[64]

Die für die Prüfung eines kapitalmarktorientierten Unternehmens iSd § 264d HGB verantwortlichen Prüfungspartner müssen zudem ihre Teilnahme an der Abschlussprüfung des geprüften Unternehmens spätestens sieben Jahre nach dem Datum ihrer Bestellung beenden und dürfen frühestens drei Jahre nach der Beendigung ihrer Teilnahme wieder an der Abschlussprüfung des geprüften Unternehmens mitwirken (Art. 17 Abs. 7 EU-Verordnung Nr. 537/2014).

Durch neue europäische Vorgaben, die insbesondere mit Blick auf die Prüfung sog. „public interest entities" (PIE) – dh Unternehmen von öffentlichem Interesse – zu beachten sind,[65] wird der Abschlussprüfermarkt reformiert. Die Richtlinie 2014/56/EU und die EU-Verordnung Nr. 537/2014 sind am 16.6.2014 in Kraft getreten und binnen zwei Jahren umzusetzen bzw. ab dem 17.6.2016 anzuwenden. Seit diesem Zeitpunkt dürfen ua Prüfungsgesellschaften grds. nicht länger als zehn Jahre beim gleichen Mandanten tätig sein (obligatorischer Prüferwechsel). Diese Grundrotationsperiode ist auf 20 Jahre verlängerbar, sofern eine erneute öffentliche Ausschreibung stattgefunden hat (bzw. auf 24 Jahre im Falle einer ge-

---

[59] IDW PS 350 Rn. 6.
[60] *Fiebiger/Lenz* WPg 2007, 283.
[61] Börsennotiert sind gem. § 3 Abs. 2 AktG solche AG, deren Aktien zu einem Markt zugelassen sind, der von staatlich anerkannten Stellen geregelt und überwacht wird, regelmäßig stattfindet und für das Publikum mittelbar oder unmittelbar zugänglich ist.
[62] IDW PS 340 Rn. 19.
[63] *Theusinger* NZG 2008, 289.
[64] IDW PS 400 Rn. 72.
[65] *Petersen/Zwirner/Boecker* DStR 2016, 984.

meinsamen Prüfung, sog. Joint Audit). Darüber hinaus legt die EU-Verordnung in der sog. „black list" Nichtprüfungsleistungen fest, die vom Abschlussprüfer einer PIE grundsätzlich nicht erbracht werden dürfen. Den Mitgliedsstaaten steht bei der Auswahl von bestimmten unzulässigen prüfungsfremden Leistungen ein Wahlrecht zu. Das sog. Abschlussprüfungsreformgesetz (AReG) vom 10.5.2016 (BGBl. 2016 I 1142) setzt die prüfungsbezogenen Vorschriften aus den europarechtlichen Regelungen um. Demnach ist ein Ausschlussgrund bei Steuerberatungsleistungen gem. § 319a Abs. 1 Nr. 2 HGB nur dann gegeben, wenn sich diese auf den zu prüfenden Jahresabschluss unmittelbar und nicht nur unwesentlich auswirken.[66]

44 Nach § 323 Abs. 1 Satz 3 HGB haftet der Abschlussprüfer ggü. der Gesellschaft für Schäden, die er durch vorsätzliche oder fahrlässige Pflichtverletzung verursacht hat. Die Norm ist grds. aber kein Schutzgesetz iSd § 823 Abs. 2 BGB. Eine Dritthaftung des Abschlussprüfers kann sich aus der Einbeziehung Dritter in den Prüfvertrag gem. den Grundsätzen des Vertrags mit Schutzwirkung zugunsten Dritter ergeben. Keine Ansprüche geschädigter Aktionäre ergeben sich jedoch in dem Fall, dass diese ihre Investitionsentscheidung auf einen im Zusammenhang mit einem geplanten Börsengang erteilten und in einem Verkaufsprospekt veröffentlichten Bestätigungsvermerk stützen, welchen die AG vorlegen muss.[67]

D. Feststellung des Jahresabschlusses

45 Die Feststellung des Jahresabschlusses schließt als Formalakt den Prozess der Aufstellung ab.[68] Die Feststellung erklärt die Verbindlichkeit des Jahresabschlusses für die Organe der AG und das Verhältnis zu und zwischen den Aktionären sowie im generellen Außenverhältnis zu Banken, Lieferanten etc.

46 Im Regelfall stellen Vorstand und Aufsichtsrat den Jahresabschluss fest (§ 172 AktG). Nur wenn der Aufsichtsrat den Jahresabschluss nicht billigt oder wenn Vorstand und Aufsichtsrat dies beschließen, geht die Kompetenz zur Feststellung des Jahresabschlusses auf die Hauptversammlung über (§ 173 AktG).

I. Die Feststellung des Jahresabschlusses durch Vorstand und Aufsichtsrat

47 Der Akt der Feststellung verläuft als **korporationsrechtliches Rechtsgeschäft** zwischen Vorstand und Aufsichtsrat in zwei Schritten:[69] Zunächst erklärt der Vorstand konkludent sein Einverständnis, indem er dem Aufsichtsrat seinen Vorschlag eines geprüften und endgültigen Jahresabschlusses übergibt. Daraufhin prüft der Aufsichtsrat diesen (vgl. Rn. 55 ff.) und erklärt sein Einverständnis durch Billigung des Vorschlags und schließt so die Feststellung iSd Gesetzeswortlauts ab.

1. Weiterleitung des Jahresabschlusses durch den Vorstand und Vorschlag über die Verwendung des Bilanzgewinns

48 Der Vorstand trifft im Rahmen der Jahresabschlussaufstellung Entscheidungen über die Bilanzpolitik und, soweit ihn Gesetz oder Satzung dazu ermächtigen, auch über die Gewinnverwendung.

---

[66] *Petersen/Zwirner/Boecker* DStR 2016, 986.
[67] BGH III ZR 256/04, BGHZ 167, 155.
[68] MünchKomm. AktG/Bd. 3/*Hennrichs/Pöschke* § 172 Rn. 21.
[69] ADS AktG § 172 Rn. 10, 13; *Hüffer/Koch* AktG § 172 Rn. 3; MünchKomm. AktG/Bd. 3/ *Hennrichs/Pöschke* § 172 Rn. 22.

D. Feststellung des Jahresabschlusses 49–55 § 11

Um seinen Anteil an der Feststellung des Jahresabschlusses zu erfüllen, muss der **Vorstand** den Jahresabschluss zunächst verabschieden, indem er beschließt, dass der geprüfte Jahresabschluss in dieser Form Gesetz und Satzung entspricht und dass er so durch den Aufsichtsrat festgestellt werden soll.[70] Da die **Beschlussfassung** im Rahmen der Geschäftsführung stattfindet, gilt für sie die nach der Vorstandsgeschäftsordnung erforderliche Mehrheit, andernfalls ist der Beschluss gem. § 77 Abs. 1 AktG einstimmig zu fassen.[71] Durch die anschließende Zuleitung des Jahresabschlusses an den Aufsichtsrat teilt der Vorstand seinen Beschluss mit und fordert den Aufsichtsrat zur Billigung und mithin zum Abschluss der Feststellung auf.[72]

49

Nach § 245 HGB hat der Kaufmann – im Fall der AG also der Vorstand als gesetzlicher Vertreter – den Jahresabschluss zu unterzeichnen.[73] Die Unterzeichnungspflicht trifft alle Mitglieder des Vorstands gleichermaßen. Obwohl die Unterzeichnung Bedeutung insb. als Beweismittel erfährt, ist sie von der Feststellung unabhängig;[74] insb. dient die Unterzeichnung nicht der Feststellung, die letztlich durch den Aufsichtsrat erfolgt.

50

Der Vorstand hat dem Aufsichtsrat den **Jahresabschluss und Lagebericht unverzüglich** nach Aufstellung **vorzulegen** (§ 170 Abs. 1 Satz 1 AktG). Die Bestimmung soll vor allem die Prüfung des Jahresabschlusses durch den Aufsichtsrat (§ 171 AktG) vorbereiten und somit zu dessen Feststellung führen (vgl. Rn. 46).

51

Gemäß § 170 Abs. 2 AktG hat der Vorstand dem Aufsichtsrat außerdem einen **Vorschlag über die Verwendung des Bilanzgewinns** vorzulegen. Der Vorschlag ist, sofern er keine andere Gliederung bedingt, wie folgt zu gliedern:
1. Verteilung an die Aktionäre (Dividende pro Aktie)
2. Einstellung in die Gewinnrücklage
3. Gewinnvortrag
4. Bilanzgewinn (gem. GuV)

52

Die Summe der Vorschlagsposten Nr. 1 bis 3 muss dem Bilanzgewinn entsprechen, denn einerseits haben die Aktionäre einen grds. Anspruch auf den vollen Bilanzgewinn (§ 58 Abs. 4 AktG), andererseits darf aber auch nicht mehr als der Bilanzgewinn verteilt werden (§ 57 Abs. 3 AktG).[75]

53

Durch § 170 Abs. 3 AktG hat jedes Aufsichtsratsmitglied das Recht, von den Vorstandsvorlagen (Jahresabschluss, Lagebericht), dem Gewinnverwendungsvorschlag und den Prüfungsberichten Kenntnis zu nehmen. Hierfür sind jene Unterlagen jedem Aufsichtsrat oder, soweit der Aufsichtsrat dies beschlossen hat, den Mitgliedern eines Ausschusses, namentlich dem Audit Committee (vgl. Rn. 63), zu übermitteln. Jedes einzelne Aufsichtsratsmitglied wird mithin in die Lage versetzt, sich ein eigenes Urteil über die Vorlagen des Vorstands zu bilden.[76]

54

2. Prüfung des Jahresabschlusses durch den Aufsichtsrat

Im Rahmen der Feststellung des Jahresabschlusses hat der Aufsichtsrat den Jahresabschluss, den Lagebericht und den Vorschlag für die Verwendung des Bilanzgewinns (§ 171 Abs. 2 Satz 1 AktG) zu prüfen. Unabhängig davon kann der Aufsichtsrat auch die Buchhaltung (§ 111 Abs. 2 AktG) prüfen.

55

---

[70] MünchKomm. AktG/Bd. 3/*Hennrichs/Pöschke* § 172 Rn. 25.
[71] Schmidt/Lutter/*Drygala* AktG § 172 Rn. 13.
[72] MünchKomm. AktG/Bd. 3/*Hennrichs/Pöschke* § 172 Rn. 26.
[73] *Erle* WPg 1987, 637.
[74] OLG Frankfurt a. M. 10.5.1988, BB 1989, 395.
[75] *Hüffer/Koch* AktG § 170 Rn. 7 ff.
[76] *Hüffer/Koch* AktG § 170 Rn. 1.

56 Die dem Aufsichtsrat aufgegebene **Rechtmäßigkeitsprüfung** im Hinblick auf die Einhaltung der gesetzlichen Vorschriften und Satzungsbestimmungen überschneidet sich inhaltlich mit den Aufgaben des Abschlussprüfers. Dies ist gesetzlich so gewollt, denn die Abschlussprüfung soll den Aufsichtsrat auf dem Gebiet des Bilanzwesens unterstützen.[77] Darüber hinaus obliegt dem Aufsichtsrat auch die **Prüfung der Zweckmäßigkeit** der Ausübung von Bilanzierungswahlrechten und Ermessensentscheidungen durch den Vorstand in Bezug auf die Interessen des Unternehmens. Hierzu gehört auch die Beurteilung der Ausschüttungs- bzw. Dividendenpolitik.

57 Die dem Aufsichtsrat aufgegebene Prüfung ist Pflicht des Organs und damit Amtspflicht jedes einzelnen Mitglieds. Zwar kann die Prüfung der Rechnungslegung nach § 107 Abs. 3 Satz 3 AktG nicht zur endgültigen Wahrnehmung an einen Ausschuss überwiesen werden, zulässig und sinnvoll ist es jedoch, dass namentlich der **Prüfungsausschuss** (vgl. Rn. 63 ff.) die Meinungsbildung des Aufsichtsrates vorbereitet und an ihn berichtet.[78]

58 Die Teilnahme des Abschlussprüfers an der Bilanzsitzung des Aufsichtsrats, in welcher über die Billigung des Jahresabschlusses entschieden wird, ist obligatorisch (§ 171 Abs. 1 Satz 2 AktG). Mithin handelt der Aufsichtsrat pflichtwidrig, wenn er die Teilnahme des Abschlussprüfers ausschließt. Auf die Gültigkeit des festgestellten Jahresabschlusses ist die unterbliebene Teilnahme dagegen ohne Einfluss.[79]

59 Der Aufsichtsrat hat der Hauptversammlung vom Ergebnis seiner Prüfung schriftlich zu **berichten** (§ 171 Abs. 2 Satz 1 AktG). Weiterhin hat der Aufsichtsrat auch darüber Stellung zu nehmen, in welcher Art und welchem Umfang er die Gesellschaft während des Geschäftsjahres geprüft hat. Gegebenenfalls hat der Aufsichtsrat über das Ergebnis der Prüfung durch den Abschlussprüfer zu berichten. Der Bericht schließt mit dem **Endergebnis**, ob Einwendungen vorliegen oder nicht. Einwendungen ergeben sich aus wesentlichen Mängeln, die auch zur Einschränkung oder dem Versagen des Bestätigungsvermerks führen.[80] Abschließend hat der Aufsichtsrat zu verkünden, ob er den Jahresabschluss billigt (zur Billigung und Feststellung vgl. Rn. 47). Der Aufsichtsrat hat seinen Bericht dem Vorstand innerhalb von einem Monat nach Zugang der Vorlagen vorzulegen. Bei Überschreitung hat der Vorstand eine Nachfrist von nicht mehr als einem Monat zu gewähren. Wird diese ebenfalls nicht eingehalten, gilt der Jahresabschluss als vom Aufsichtsrat nicht gebilligt (§ 171 Abs. 3 AktG).

60 Die **Billigung** des vom Vorstand übergeleiteten Jahresabschlusses erfolgt durch **Beschluss des Aufsichtsratsplenums**. Der Beschluss bedarf der einfachen Mehrheit.[81] Im Regelfall nimmt der Vorstand an der Bilanzsitzung des Aufsichtsrats teil, in welcher die Beschlussfassung erfolgt, wodurch jener über die Billigung unmittelbar Kenntnis erlangt. Andernfalls hat der Aufsichtsrat den Vorstand spätestens mit dem Bericht über seine Abschlussprüfung über die Billigung zu informieren, so dass der Vorstand seiner Pflicht zur Einberufung der Hauptversammlung (§ 175 Abs. 1 Satz 1 AktG) nachkommen kann.

61 Nach überwiegender Meinung kann die Billigung durch den Aufsichtsrat nicht inhaltlich beschränkt erfolgen oder an Änderungsauflagen gebunden werden.[82] Etwas anderes kann gelten, wenn der Aufsichtsrat zwar mit dem Jahresabschluss

---

[77] *Hüffer/Koch* AktG § 171 Rn. 5.
[78] Schmidt/Lutter/*Drygala* AktG § 171 Rn. 3; Bürgers/Körber/*Schulz* AktG § 171 Rn. 2.
[79] Schmidt/Lutter/*Drygala* AktG § 171 Rn. 9; *Hüffer/Koch* AktG § 171 Rn. 14.
[80] Bürgers/Körber/*Schulz* AktG § 171 Rn. 7.
[81] Bürgers/Körber/*Schulz* AktG § 172 Rn. 3.
[82] *Hüffer/Koch* AktG § 172 Rn. 4; MünchKomm. AktG/Bd. 3/*Hennrichs/Pöschke* § 172 Rn. 30.

inhaltlich einverstanden ist, der Hauptversammlung aber die Feststellung überlassen möchte, da die Dotierung von Rücklagen erheblichen Einfluss auf die Dividenden der Aktionäre hat. In diesem Fall kann der Aufsichtsrat den Jahresabschluss unter der Auflage billigen, dass der Vorstand der Feststellung durch die Hauptversammlung durch Fassung eines entsprechenden Beschlusses zustimmt.[83] Lehnt der Aufsichtsrat die Billigung vollständig ab, so liegt die Kompetenz zur Feststellung des Jahresabschlusses gem. § 173 Abs. 1 Satz 1 AktG ebenfalls bei der **Hauptversammlung**. Wird der Bericht des Aufsichtsrats über die Prüfung des Jahresabschlusses nicht innerhalb von maximal zwei Monaten nach Zugang der Vorlage an den Vorstand weitergeleitet (§ 171 Abs. 3 Satz 1 und 2 AktG), gilt der Jahresabschluss als durch den Aufsichtsrat nicht gebilligt, wodurch die Feststellungskompetenz ebenfalls auf die Hauptversammlung übergeht.

Anders als der Jahresabschluss wird der **Konzernabschluss** nach der Terminologie des § 173 Abs. 1 Satz 2 AktG nicht festgestellt, sondern lediglich durch den Aufsichtsrat gebilligt, da der Konzernabschluss als reines Informationsinstrument keine Rechtswirkung zwischen der AG und ihren Aktionären entfaltet.[84]

3. Aufgaben des Audit Committee (Prüfungsausschuss)

a) Der Prüfungsausschuss de lege lata

Nach deutschem Recht besteht **auch nach Umsetzung von Art. 41 der Richtlinie 2006/43/EG (Abschlussprüferrichtlinie) durch Art. 5 Nr. 4a BilMoG**[85] **keine gesetzliche Verpflichtung** für AG zur Bildung von Prüfungsausschüssen. Aufgrund der dualistischen Struktur deutscher AG mit der Trennung von Geschäftsführung (Vorstand) und Kontrolle (Aufsichtsrat) wurde auf die Einführung einer grds. Pflicht zur Einrichtung eines Prüfungsausschusses für alle Unternehmen in Deutschland verzichtet. Dies ermöglicht Art. 41 Abs. 5 der EU-Richtlinie, welcher den Mitgliedstaaten erlaubt, die Aufgaben des Prüfungsausschusses durch ein anderes Gremium wahrnehmen zu lassen.[86] In Deutschland gehören diese zu den originären Aufgaben des Aufsichtsrats. Lediglich ein kleiner Kreis von Kapitalgesellschaften (zB mitbestimmungsfreie GmbH/OHG/KG, Kreditinstitute in der Rechtsform einer Personenhandelsgesellschaft oder VVaG)[87] ist seit der Einführung von § 324 Abs. 1 HGB durch das BilMoG verpflichtet, einen Prüfungsausschuss einzurichten, da sich diese Vorschrift ausschließlich an kapitalmarktorientierte Gesellschaften richtet, die aufgrund ihrer Rechtsform nicht zur Bildung eines Aufsichtsrates verpflichtet sind. Dennoch folgen nahezu alle DAX-Gesellschaften (96%) freiwillig der Empfehlung des Deutschen Corporate Governance Kodex (DCGK) in Ziff. 5.3.2, einen Prüfungsausschuss einzurichten.[88]

Der Prüfungsausschuss ist nicht mit dem Audit Committee im angloamerikanischen Raum zu verwechseln. Dennoch wird der Begriff „Audit Committee" in Deutschland gleichbedeutend mit dem Begriff „Prüfungsausschuss" verwendet und meint den Ausschuss iSd EU-Richtlinie bzw. des DCGK.[89] Während der Sarbanes-Oxley Act

---

[83] Bürgers/Körber/*Schulz* AktG § 172 Rn. 6.
[84] MHdB GesR IV/*Hoffmann-Becking* § 46 Rn. 6.
[85] Gesetz v. 25.5.2009, BGBl. I, 1102.
[86] So auch die Begr. zum RegE zum BilMoG, BT-Drs. 16/10067, 101.
[87] EBJS/*Böcking/Gros/Rabenhorst* HGB § 324 Rn. 4.
[88] v. Werder/*Bartz* DB 2014, 910.
[89] Ringleb/Kremer/Lutter/v. Werder/*Kremer* Deutscher Corporate Governance Kodex Rn. 990.

(SOX) v. 30.7.2002 die Unabhängigkeit der Kontrolleure bei US-amerikanischen Unternehmen durch vorgeschriebene Audit Committees sicherstellen soll,[90] obliegt die (unternehmensinterne) Prüfung des Jahresabschlusses nach deutschem Aktienrecht allein dem Aufsichtsrat (§ 171 Abs. 1 AktG). Die dualistische Struktur deutscher AG mit Trennung von Geschäftsführung und Kontrolle erfordert keine einheitliche Umsetzung des SOX-Konzepts zum Audit Committee auf die deutsche AG,[91] denn dieses beruht auf der monistischen Führungsstruktur von US-Unternehmen.

65 Eine Abwälzung der Prüfungspflicht durch den Aufsichtsrat auf einen (Prüfungs-) Ausschuss lässt das Aktienrecht jedoch nicht zu (§ 107 Abs. 3 Satz 3 AktG iVm § 171 Abs. 1 AktG). Die Aufgaben des Prüfungsausschusses deutscher Unternehmen sind daher nur vorbereitender und beratender Natur (Stabsfunktion). Dazu stellt der Gesetzgeber mit der Begründung zur Neufassung des § 107 Abs. 3 AktG[92] klar, dass er die Beschlusskompetenzen des Aufsichtsrates nicht neu verteilen will: „Der **Aufsichtsrat bleibt**, auch wenn er Aufgaben auf den Prüfungsausschuss überträgt, **in vollem Umfang verantwortlich.**"[93] Der Gesetzgeber geht aber davon aus, dass ein Ausschuss die ihm übertragenen Aufgaben grds. rascher, effizienter und professioneller erledigen kann als das Gesamtgremium.[94]

66 Nach § 107 Abs. 3 Satz 1 AktG entscheidet der Aufsichtsrat über die aus seiner Mitte zu bildenden Ausschüsse. Dazu gehört insb. die Bildung eines Prüfungsausschusses, der sich mit der Überwachung des Rechnungslegungsprozesses, der Wirksamkeit des internen Kontrollsystems, des Risikomanagementsystems und des internen Revisionssystems sowie der Abschlussprüfung, hier insb. der Unabhängigkeit des Abschlussprüfers und der vom Abschlussprüfer zusätzlich erbrachten Leistungen, befasst (§ 107 Abs. 3 Satz 2 AktG).

67 § 107 Abs. 3 Satz 2 AktG beschreibt zwar das Aufgabenspektrum des Prüfungsausschusses, entfaltet Wirkung aber gleichermaßen für den Aufsichtsrat, da dieser nur solche Aufgaben auf den Prüfungsausschuss übertragen kann, die ihm selbst obliegen.[95] So wird sein allgemeiner Überwachungsauftrag nach § 111 Abs. 1 AktG und seine Prüfungspflicht durch §§ 107 Abs. 3 Satz 2 und 171 Abs. 1 Satz 2 AktG weiter konkretisiert und stärker betont. Der Aufsichtsrat sollte sich danach zur pflichtgemäßen und selbstständigen Überprüfung und Überwachung der Kontrollsysteme eigene angemessene Informationen etwa durch Kommunikation mit dem Vorstand und anderen Überwachungshandlungen beschaffen. Erforderlichenfalls muss der Aufsichtsrat notwendige Verbesserungen verlangen. Daher wird neben einer Bestandsaufnahme der bestehenden Prozesse und Überprüfung ihrer Wirksamkeit vor allem eine ausreichende Dokumentation im Unternehmen unabdingbar.

68 Die Aufgaben des Prüfungsausschusses werden in Art. 41 der RL 2006/43/EG (Abschlussprüferrichtlinie) der EU beschrieben. Daneben konkretisiert die vom Roundtable des Berlin Center of Corporate Governance (BCCG)[96] aufgestellte

---

[90] *Nagel* NZG 2007, 166.
[91] *Pohle/v. Werder* DB 2005, 237.
[92] RegE zum BilMoG, BT-Drs. 16/10067, 102.
[93] RegE zum BilMoG, BT-Drs. 16/10067, 102.
[94] RegE zum BilMoG, BT-Drs. 16/10067, 102.
[95] *Preußner* NZG 2008, 574; *Hommelhof/Mattheus* BB 2007, 2787 (2789), schlagen rechtssystematisch eine Verlagerung der Konkretisierungen des § 107 Abs. 3 Satz 2 AktG in den § 111 Abs. 1 AktG vor.
[96] Das Berlin Center of Corporate Governance wurde im Jahr 2002 an der Technischen Universität Berlin gegründet. Der Roundtable diskutiert auf Vorstands- und Aufsichtsratsebene aktuelle Fragen der Corporate Governance und erarbeitet Vorschläge zur Steigerung

D. Feststellung des Jahresabschlusses 69, 70 § 11

Richtlinie über Gestaltung der Tätigkeit des Prüfungsausschusses Aufgabenfelder, Funktion und seine Zusammensetzung.[97]
Art. 41 der Richtlinie kodifiziert die **Aufgaben des Prüfungsausschusses**, die ua darin bestehen:
- den Rechnungslegungsprozess zu überwachen; dabei kann der Ausschuss auf die Ergebnisse der Abschlussprüfung zurückgreifen. Es ist zu prüfen, ob die Finanzberichtserstattung im Einklang mit den Rechnungslegungsvorschriften steht. Hierfür sind auch die Zwischenberichte zu berücksichtigen. Gegenstand der Überwachung ist insb. die Angemessenheit der angewandten Bilanzierungs- und Bewertungsmethoden;
- die Wirksamkeit des IKS, des Revisionssystems und des Risikomanagementsystems zu überwachen. Hierzu gehört auch eine Analyse über den Umgang des Vorstands mit der Risikoerkennung, ihrer Steuerung und Kommunikation (Tz. 4.2.1 Anh. I EU-Empfehlung[98]). Überwacht werden soll zudem die Wirksamkeit der internen Revision. Der Prüfungsausschuss kann dazu den Leiter der internen Revision in Abwesenheit des Vorstandes befragen;
- eine Empfehlung zum Wahlvorschlag des Abschlussprüfers an den Aufsichtsrat auszusprechen;
- die Qualität der Abschlussprüfung, die Unabhängigkeit des Abschlussprüfers und insb. dessen zusätzlich erbrachte Leistungen zu überprüfen und überwachen;
- die Wirksamkeit des Compliance-Systems zu überwachen. Liegen wesentliche Verstöße oder Verdachtsmomente vor, soll sich der Prüfungsausschuss hiermit auseinandersetzen. Dazu kann der Prüfungsausschuss den Chief Compliance Officer in Abwesenheit des Vorstandes befragen;
- die sachgerechten Behandlung von Mitteilungen oder Beschwerden über mutmaßliche Unregelmäßigkeiten im Unternehmen, „Whistleblowing" genannt, zu überwachen (Tz. 4.3.8, Anh. I EU-Empfehlung).

Offen bleibt sowohl im DCGK als auch in Art. 41 der Richtlinie, wie der Prüfungsausschuss seine Aufgaben im Einzelnen erfüllen soll. Lediglich eine unverbindliche Empfehlung der zuständigen EU-Kommission[99] enthält konkrete Vorgaben über **Zusammensetzung** (siehe nachfolgend b)) **und Arbeitsweise**: Demnach legt der Aufsichtsrat die Arbeitsweise des Prüfungsausschusses fest. „Überwachung" als Aufgabe des Prüfungsausschusses in Art. 41 Abs. 2 der Richtlinie meint einen allgemeinen Soll-Ist-Vergleich.[100] Kontroll- und Managementsysteme sollen hinsichtlich ihrer Funktionsfähigkeit hinterfragt werden. Der Ausschuss hat von dem Bericht des Abschlussprüfers und den Prüfungsergebnissen der internen Revision Kenntnis zu nehmen und sie zu würdigen. 69

Die dem Prüfungsausschuss angehörenden Aufsichtsratsmitglieder sollen als Gruppe über das erforderliche **Fachwissen** hinsichtlich der vom Unternehmen angewandten 70
- Rechnungslegungsstandards,
- internen Kontrollsysteme und
- Risikomanagementsysteme

---

der Corporate Governance-Effizienz, die ua durch Veröffentlichungen zur Diskussion gestellt werden (www.bccg.tu-berlin.de).
[97] Im Wesentlichen zusammengefasst aus den Ausführungen von *Nonnenmacher/Pohle/v. Werder* DB 2007, 2412.
[98] Amtsblatt der EU, 2005/162/EG, L52/51 ff.
[99] Amtsblatt der EU, 2005/162/EG, L52/51 ff.
[100] *Nonnenmacher/Pohle/v. Werder* DB 2007, 2412.

verfügen sowie Kenntnisse der wesentlichen rechtlichen oder regulatorischen Rahmenbedingungen des Unternehmens haben. Die Mitglieder sollen **unabhängig** sein. Dies bedeutet

- Unabhängigkeit vom Vorstand, dh keine persönliche Abhängigkeit von Vorstandsmitgliedern, zB durch persönliche oder familiäre Bindungen, aber auch langjährige Vorstandsmitgliedschaft;[101]
- Interessenunabhängigkeit, dh Überwachung unabhängig von Einzelinteressen bestimmter Stakeholder, zB durch Doppelrollen als Aufsichtsratsmitglied und einer Führungsposition bei einem Stakeholder (zB Banken, Lieferanten, Arbeitnehmern) oder persönlichen Interessen (kasuistische Integritätskonflikte), zB durch eigene Geschäfte mit der Gesellschaft.[102]

71 Der Prüfungsausschuss soll mindestens viermal jährlich mit angemessenem Vorlauf zu Finanzberichterstattung, Prüfungszyklus und Aufsichtsratssitzungen tagen. Der Vorsitzende des Prüfungsausschusses soll dem Aufsichtsrat in der jeweils folgenden Sitzung über die Ausschusssitzung berichten, das Sitzungsprotokoll soll allen Aufsichtsratsmitgliedern zugänglich gemacht werden.[103] Bei Aufsichtsräten mit nur drei bis sechs Mitgliedern wird die Bildung von Prüfungsausschüssen nicht empfohlen.[104]

b) Zusammensetzung des Prüfungsausschusses

72 Die personelle **Zusammensetzung** des Prüfungsausschusses ist nicht gesetzlich geregelt; sie wird vom Aufsichtsrat entschieden.[105] Nach hM sollten dem Prüfungsausschuss mindestens drei Mitglieder, die gem. § 107 Abs. 3 Satz 1 AktG Aufsichtsratsmitglieder sein müssen, angehören.[106] Eine empirische Untersuchung aller DAX 30-Unternehmen durch die Verfasser im Vorfeld der ersten Auflage dieser Veröffentlichung ergab eine durchschnittliche Mitgliederzahl von 4,9 Mitgliedern.[107] Die Spanne reicht dabei von drei bis sechs Mitgliedern.

73 Die Rolle bzw. Anzahl der **Arbeitnehmervertreter** im Prüfungsausschuss ist in den DAX 30-Unternehmen unterschiedlich. Regelungen entsprechend den §§ 4, 5 und 9 MontanMitbestG, § 4 DrittelbG und § 7 MitbestG über den Aufsichtsrat finden sich für den Prüfungsausschuss nicht. Im Schnitt sind von ca. fünf Mitgliedern ca. zwei Arbeitnehmervertreter. Insgesamt sind bei den DAX 30-Unternehmen 17 (60,71%[108]) Prüfungsausschüsse paritätisch besetzt. Die Prüfungsausschüsse der übrigen DAX 30-Unternehmen verfügen zumeist über ein 3:2-Verhältnis.

74 Die Zusammensetzung des Prüfungsausschusses sollte sich an der besonderen fachlichen Qualifikation seiner Mitglieder orientieren.[109] **Fachliche Qualifikation** kann sowohl bei den Anteilseignern als auch bei den Arbeitnehmervertretern vorhanden sein.[110] Parität wird nicht verlangt.[111] Eine alleinige Besetzung mit

---

[101] *Huwer* Der Prüfungsausschuss des Aufsichtsrats S. 218 ff.
[102] *v. Werder/Wieczorek* DB 2007, 299.
[103] *Nonnenmacher/Pohle/v. Werder* DB 2007, 2412.
[104] *Ringleb/Kremer/Lutter/v. Werder/Kremer* Deutscher Corporate Governance Kodex Rn. 988.
[105] BGH II ZR 123/81, BGHZ 83, 106 (114 f.).
[106] *Höller/Koprivica* ZCG 2008, 26 mwN.
[107] Vgl. Geschäftsberichte 2007 und Auskünfte aller DAX 30-Unternehmen; s. a. Untersuchungen von *Höller/Koprivica* ZCG 2008, 25 (31) (für 2005: 4,7 Mitglieder).
[108] Nicht beachtet wurde die Merck KGaA (Prüfungsausschuss nicht in der KGaA, in E. Merck OHG) und die Hypo Real Estate (Holding AG nicht mitbestimmt).
[109] *Habersack* AG 2008, 103.
[110] *Huwer* Der Prüfungsausschuss des Aufsichtsrats S. 241.
[111] *Kirsten* BB 2004, 174.

Anteilseignern ist jedoch nur ausreichend, wenn sich keine qualifizierten Arbeitnehmervertreter finden lassen. Andernfalls vermutet der BGH eine Diskriminierung der Arbeitnehmervertreter.[112] Für kapitalmarktorientierte AG fordert § 107 Abs. 4 AktG, dass mindestens ein Mitglied des Prüfungsausschusses auch die Voraussetzungen iSd § 100 Abs. 5 AktG erfüllt. Das heißt, das Mitglied muss unabhängig sein und über Sachverstand auf den Gebieten Rechnungslegung oder Abschlussprüfung verfügen. Dies ist bei Mitgliedern gegeben, die beruflich mit Rechnungslegung oder Abschlussprüfung befasst sind oder waren und wird idR bei Finanzvorständen, leitenden Angestellten aus den Bereichen Rechnungswesen und Controlling, Wirtschaftsprüfern, vereidigten Buchprüfern oder Steuerberatern anzunehmen sein.[113] Ein unabhängig-sachverständiges Aufsichtsratsmitglied isd § 100 Abs. 5 AktG, das gleichzeitig auch Mitglied des Prüfungsausschusses ist, genügt. § 107 Abs. 4 AktG stellt neben § 100 Abs. 5 AktG keine kumulative Anforderung dar.[114]

II. Feststellung durch die Hauptversammlung

Abweichend von der Regel, dass Vorstand und Aufsichtsrat den Jahresabschluss **75** feststellen, kann die Feststellung unter bestimmten Voraussetzungen durch die Hauptversammlung vorzunehmen sein. Dies ist gem. § 173 Abs. 1 Satz 1 AktG der Fall, wenn entweder Vorstand und Aufsichtsrat beschlossen haben, die Feststellung der Hauptversammlung zu überlassen oder der Aufsichtsrat den Jahresabschluss nicht gebilligt hat bzw. der Abschluss wegen Ablaufs der 2-Monats-Frist iSd § 171 Abs. 3 AktG als nicht gebilligt gilt (Notkompetenz der Hauptversammlung).

Zwar dürfte der Hauptversammlung regelmäßig die erforderliche Sachkunde feh- **76** len, um die Beurteilung des Jahresabschlusses an Stelle des Aufsichtsrats vorzunehmen, jedoch werden Vorstand und Aufsichtsrat ihre Standpunkte, welche der Billigung im Wege standen, zu erläutern haben (§ 176 Abs. 1 Satz 2 AktG). Darüber hinaus kann die Hauptversammlung bei prüfungspflichtigen Gesellschaften durch den anwesenden Abschlussprüfer beraten werden.[115] Eine Auskunftspflicht besteht jedoch nicht.

Da die Hauptversammlung mit der Feststellung die für die Aufstellung geltenden **77** Vorschriften anzuwenden hat, obliegt ihr auch die **Dotierung der Rücklagen**, welche sonst durch den Vorstand im Rahmen der Aufstellung des Jahresabschlusses vorzunehmen ist (vgl. Rn. 3).

Nimmt die Hauptversammlung im Rahmen der Feststellung Änderungen (vgl. **78** Rn. 91 ff.) am bereits geprüften Jahresabschluss vor, so ist gem. § 316 Abs. 3 HGB eine **Nachtragsprüfung** vorzunehmen. Der Beschluss über die Feststellung sowie der Gewinnverwendungsbeschluss werden erst wirksam, wenn ein uneingeschränkter Bestätigungsvermerk erteilt worden ist (§ 173 Abs. 3 Satz 1 AktG). Geschieht dies nicht innerhalb von zwei Wochen nach Beschlussfassung, werden die Beschlüsse gem. § 173 Abs. 3 Satz 2 AktG nichtig.

Ebenfalls nur im Ausnahmefall obliegt der Hauptversammlung die Billigung **79** des **Konzernabschlusses**. Voraussetzung ist, dass der Aufsichtsrat den Konzernabschluss nicht gebilligt hat (§ 173 Abs. 1 Satz 2 AktG) oder er als nicht gebilligt gilt, weil der Aufsichtsrat die maximal zweimonatige Vorlagefrist seines Berichtes versäumt hat (§ 171 Abs. 3 Satz 3 AktG).

---

[112] BGH II ZR 89/92 BGHZ 122, 342 (361 f.); für den Prüfungsausschuss: *Habersack* ZHR 2004, 373 (376).
[113] RegE zum BilMoG, BT-Drs. 16/10067, 102.
[114] *Hüffer/Koch* AktG § 107 Rn. 26.
[115] Schmidt/Lutter/*Drygala* AktG § 173 Rn. 4.

III. Die Bedeutung des festgestellten Jahresabschlusses im Gesellschafts- und Bilanzrecht

80 Die Feststellung des Jahresabschlusses ist die formelle Erklärung, dass der Jahresabschluss die vom Gesetz geforderte und gesellschaftsrechtlich maßgebliche Rechnungslegung ist. Mithin wird erklärt, dass die AG den kaufmännischen Pflichten aus § 242 HGB nachgekommen ist und alle gesetzlichen Vorschriften und Satzungsbestimmungen eingehalten wurden.[116]

81 Die Feststellung schließt die Aufstellung des Jahresabschlusses ab und begründet seine Verbindlichkeit für die Organe der AG und das Verhältnis zu und zwischen den Aktionären, namentlich durch Entstehen des einklagbaren[117] **Anspruchs auf Herbeiführung des Beschlusses** über die Verwendung eines Bilanzgewinns.[118] Erst mit dem Wirksamwerden des Gewinnverwendungsbeschlusses der Hauptversammlung, durch den eine Ausschüttung beschlossen wurde, entsteht der konkrete Dividendenanspruch des Aktionärs.[119]

82 Die Hauptversammlung ist bei der Beschlussfassung an den festgestellten Jahresabschluss und mithin an den darin ausgewiesenen **Bilanzgewinn** gebunden (§ 174 Abs. 1 Satz 2 AktG).

83 Der festgestellte Jahresabschluss entfaltet auch **Wirkung gegenüber Dritten**, soweit die Rechtsbeziehungen vom Jahresabschluss oder darin ausgewiesenen Zahlen abhängen und nichts Abweichendes vereinbart ist.[120] Namentlich ist dies bei Tantiemenansprüchen der Fall. Mit der Feststellung des Jahresabschlusses werden die im Rahmen der Aufstellung durch den Vorstand ausgeübten bilanzpolitischen Maßnahmen und Rücklagendotierungen wirksam. Durch die in § 252 Abs. 1 Nr. 1 und 6 HGB kodifizierten Prinzipien der **Bilanzidentität** und **Bewertungsstetigkeit** erlangen diese Entscheidungen Bindungswirkung auch für die Zukunft.[121]

IV. Die Bedeutung des festgestellten Jahresabschlusses im Steuerrecht (Grundsatz der Maßgeblichkeit)

84 Gemäß § 5 Abs. 1 Satz 1 EStG haben Gewerbetreibende, die aufgrund gesetzlicher Vorschriften verpflichtet sind, Bücher zu führen und regelmäßige Abschlüsse zu erstellen, das Betriebsvermögen anzusetzen, das nach den handelsrechtlichen GoB auszuweisen ist. Mithin bildet die nach GoB aufgestellte Handelsbilanz die Grundlage für die steuerliche Gewinnermittlung. Dieses Verhältnis zwischen Handels- und Steuerbilanz bezeichnet man als „materielle Maßgeblichkeit der Handelsbilanz für die Steuerbilanz" („**materielle Maßgeblichkeit**"). Da die AG als Kapitalgesellschaft iSd § 1 Abs. 1 Nr. 1 KStG gewerbliche Einkünfte nach § 8 Abs. 2 KStG erzielt, findet das Maßgeblichkeitsprinzip auch Anwendung auf die Bilanzen der AG.

85 Die so verknüpften Bilanzen dienen im Wesentlichen der Feststellung eines steuerlichen Gewinns, der nicht allzu sehr vom handelsrechtlichen Ergebnis abweicht. Dem liegt der Gedanke zugrunde, dass der Gewinnanspruch des Fiskus als „stiller

---

[116] MünchKomm. AktG/Bd. 3/*Hennrichs/Pöschke* § 172 Rn. 10.
[117] *Hüffer/Koch* AktG § 58 Rn. 26.
[118] MünchKomm. AktG/Bd. 3/*Hennrichs/Pöschke* § 172 Rn. 11.
[119] MünchKomm. AktG/Bd. 3/*Hennrichs/Pöschke* § 174 Rn. 43.
[120] MünchKomm. AktG/Bd. 3/*Hennrichs/Pöschke* § 172 Rn. 11.
[121] *Hüffer/Koch* AktG § 172 Rn. 5.

D. Feststellung des Jahresabschlusses   86–90 § 11

Teilhaber" des Unternehmens nicht höher zu bemessen ist als der der übrigen Gesellschafter (sog. Gleichstellungsthese).[122] Dass der Gewinn in der Steuerbilanz dennoch regelmäßig früher auszuweisen sein wird, begründet sich durch steuerliche Spezialvorschriften und die Rechtsprechung des BFH.

Gemäß § 5 Abs. 1 Satz 1 EStG sollen die GoB auch für die Steuerbilanz Berücksichtigung finden, sofern ihnen keine expliziten steuerrechtlichen Regelungen entgegenstehen. Dies bezieht sich zunächst auf die formellen Anforderungen an die Buchführung (vgl. auch § 158 AO), den Ansatz und die Bewertung von Bilanzposten, aber auch auf die Aufstellungsfristen und die äußere Form des Jahresabschlusses, namentlich auf dessen Gliederung.[123]   86

Durch den materiellen Maßgeblichkeitsgrundsatz gilt jedes handelsrechtliche Aktivierungs- oder Passivierungsgebot oder -verbot auch für den **Ansatz** in der Steuerbilanz.[124] Auch über handelsrechtliche Ansatzwahlrechte kann der Steuerpflichtige in der Steuerbilanz nicht frei verfügen. Nach der Rechtsprechung des BFH folgt aus einem handelsrechtlichen Aktivierungswahlrecht prinzipiell eine Ansatzpflicht und aus einem Passivierungswahlrecht stets ein Passivierungsverbot. Durch das Gesetz zur Modernisierung des Bilanzrechts (BilMoG) wurde jedoch eine Reihe handelsrechtlicher Passivierungswahlrechte abgeschafft, sodass der BFH-Grundsatz für die Passivseite an Bedeutung verloren hat.[125]   87

Die Maßgeblichkeit des handelsrechtlichen Ansatzes tritt jedoch auch vor den originär steuerlichen Vorschriften in den Hintergrund. Durch die in § 5 Abs. 2 bis 5 EStG kodifizierten steuerlichen Sondervorschriften und den Bewertungsvorbehalt in § 5 Abs. 6 EStG wird die Maßgeblichkeit mithin durchbrochen, soweit die genannten Normen und weitere Regelungen des Bilanzsteuerrechts bestehende handelsrechtliche Vorschriften nicht bestätigen **(Durchbrechung der Maßgeblichkeit)**.   88

Die materielle Maßgeblichkeit erstreckt sich auch auf die **Bewertung**. Nach hM gelten trotz Ermangelung einer entsprechenden Grundlagenentscheidung hierbei die gleichen einschränkenden Grundsätze wie für den Bilanzansatz.[126] Demgemäß ist bei handelsrechtlichen Bewertungswahlrechten für die Aktiva jeweils der höhere Wert in der Steuerbilanz anzusetzen, während bei Bewertungswahlrechten für die Passiva jeweils der niedrigere Wert zu bilanzieren ist. Einfach ausgedrückt: Man muss sich für den Fiskus im Zweifel reich rechnen. Zahlreiche Durchbrechungen der Maßgeblichkeit ergeben sich durch steuerliche Sondervorschriften, insb. durch den steuerlichen Bewertungsvorbehalt in §§ 5 Abs. 6, 6 und 7 EStG. Steht einer handelsrechtlich verpflichtenden Vorschrift (zB das zwingende Niederstwertprinzip) ein steuerliches Wahlrecht (zB Teilwert gem. § 6 Abs. 1 Nr. 1 Satz 2 EStG) gegenüber, ist nunmehr eine autonome steuerrechtliche Wahlrechtsausübung zulässig.[127]   89

Durch Umsetzung des BilMoG wurden das Prinzip der sog. umgekehrten Maßgeblichkeit (§ 5 Abs. 1 Satz 2 EStG) und die korrespondierenden Öffnungsklauseln (§§ 247 Abs. 3, 254, 273, 279 Abs. 2 und 280 Abs. 2 HGB) aufgehoben. Diese Aufhebung diente der Annäherung der handelsrechtlichen Rechnungslegung an die IFRS und der Anhebung des Informationsniveaus, denn die Berücksichtigung nur steuerrechtlich zulässiger – regelmäßig subventionspolitisch motivierter – Wertan-   90

---

[122] Vgl. *Döllerer* BB 1971, 1334; *Crezelius* DB 1994, 691 mwN.
[123] Schmidt/*Weber-Grellet* EStG § 5 Rn. 29.
[124] BeBiKo/*Förschle/Usinger* HGB § 243 Rn. 113.
[125] Vgl. die grundlegende Entscheidung des BFH GrS 2/68, BStBl. II 1969, 293; *Winnefeld* Kap. C Rn. 570; BeBiKo/*Förschle/Usinger* HGB § 243 Rn. 114.
[126] Schmidt/*Weber-Grellet* EStG § 5 Rn. 33.
[127] BeBiKo/*Förschle/Usinger* HGB § 243 Rn. 120.

sätze im Handelsrecht hatte eine **erhebliche Verzerrung** in der Darstellung der Finanz-, Vermögens- und Ertragslage zur Folge, so die Begründung zum Regierungsentwurf.[128] Nach Aufhebung der umgekehrten Maßgeblichkeit ist nunmehr Voraussetzung für die Ausübung steuerlicher Wahlrechte gem. § 5 Abs. 1 Satz 2 EStG die Aufnahme jener Wirtschaftsgüter, die nicht mit dem handelsrechtlichen Wert in der steuerlichen Gewinnermittlung ausgewiesen werden, in besondere, laufend zu führende Verzeichnisse.

V. Änderungen vor und nach der Feststellung des Jahresabschlusses

1. Änderungen vor der Feststellung des Jahresabschlusses

91 Bis zur Billigung des Jahresabschlusses durch den Aufsichtsrat und der dadurch abgeschlossenen Feststellung kann der Vorstand seinen Jahresabschluss-Entwurf nach Belieben ändern.[129] In diesem Zeitraum hat der Vorstand insb. sog. **Wertaufhellungen** zu berücksichtigen, denn erst mit Feststellung des Jahresabschlusses endet der Prozess der Bilanzaufstellung.[130] Bei Wertaufhellungen handelt es sich um bilanzerhebliche Umstände, die bereits am Bilanzstichtag bestanden oder erkennbar waren, aber erst später bekannt wurden.[131] Dagegen sind wertbegründende Tatsachen solche, die erst nach dem Bilanzstichtag eintreten und nicht mehr im aktuellen, sondern erst im nächsten Jahresabschluss berücksichtigt werden.

92 Erfolgt die Feststellung des Jahresabschlusses abweichend vom Regelfall durch die Hauptversammlung, kann auch die Hauptversammlung zwischen Bilanzstichtag und Tag der Feststellung gewonnene Erkenntnisse wertaufhellend berücksichtigen. Da die Hauptversammlung die für die Aufstellung geltenden Vorschriften anzuwenden hat und diese erst mit der Feststellung abgeschlossen ist, werden **Wertaufhellungen** im Zweifel zu berücksichtigen sein, wenn auch vor dem Hintergrund der Wesentlichkeit und Effizienz der Rechnungslegung auf erhebliche Umstände beschränkt.[132]

93 Bei einer Änderung nach Abschluss der Prüfung durch den Abschlussprüfer und Vorlage des Prüfungsberichts muss gem. § 316 Abs. 3 HGB eine Nachtragsprüfung erfolgen, soweit es die Änderungen erfordern.

2. Nach der Feststellung des Jahresabschlusses

94 In der Phase nach vollzogener Feststellung durch die Billigung des Aufsichtsrats und **vor Einberufung der Hauptversammlung** zur Entgegennahme des festgestellten Jahresabschlusses ist eine einvernehmliche Änderung durch Vorstand und Aufsichtsrat nach hM **uneingeschränkt** möglich, unabhängig davon, ob der Jahresabschluss rechtlich fehlerhaft ist.[133] Es können neben der Verpflichtung zur Berichtigung rechtlicher Mängel und Berücksichtigung von Wertaufhellungen auch neue bilanzpolitische Entscheidungen unter Berücksichtigung des Stetigkeitsprinzips vorgenommen werden.[134]

---

[128] RegE zum BilMoG, BT-Drs. 16/10067, 49.
[129] Schmidt/Lutter/*Drygala* AktG § 172 Rn. 4.
[130] MünchKomm. AktG/Bd. 3/*Hennrichs/Pöschke* § 172 Rn. 21.
[131] MünchKomm. AktG/Bd. 3/*Hennrichs/Pöschke* § 173 Rn. 27.
[132] MünchKomm. AktG/Bd. 3/*Hennrichs/Pöschke* § 173 Rn. 27 f.; Schmidt/Lutter/*Drygala* AktG § 172 Rn. 4.
[133] *Hüffer/Koch* AktG § 172 Rn. 10 mwN.
[134] MHdB GesR IV/*Hoffmann-Becking* § 46 Rn. 17.

D. Feststellung des Jahresabschlusses 95–98 § 11

Etwas anderes gilt **nach Einberufung der Hauptversammlung** oder wenn die 95
Öffentlichkeit bereits zuvor wesentliche Zahlen – aus Presseveröffentlichungen,
Ad-hoc-Mitteilungen oÄ – erfahren hat.[135] Ab diesem Zeitpunkt ist die **Änderung eines fehlerfreien Abschlusses** nur noch aus bedeutenden wirtschaftlichen,
rechtlichen oder steuerlichen Gründen[136] zulässig. Diese müssen von solch hoher
Bedeutung sein, dass bei verständiger Würdigung das schützenswerte Vertrauen der
Rechnungslegungsadressaten in die Aufrechterhaltung des festgestellten Jahresabschlusses dahinter zurücktritt.[137]

Ein solcher Grund liegt vor, wenn über bereits zum Bilanzstichtag vorliegende 96
erhebliche Tatsachen erst nach der Feststellung des Jahresabschlusses bessere Kenntnis erlangt wird: Konnte der Vorstand trotz pflichtmäßiger Sorgfalt die erheblichen
Tatsachen nicht erkennen, so ist ihm nichts vorzuwerfen. Der festgestellte Abschluss
ist rechtlich fehlerfrei. Weist der ursprüngliche Bilanzgewinn unter Berücksichtigung der neuen Erkenntnisse jedoch einen zu hohen Gewinn aus, über dessen
Ausschüttung noch nicht beschlossen wurde, so liegen wirtschaftliche Gründe
vor, welche die Änderung des festgestellten Jahresabschlusses rechtfertigen.[138] Bedeutsame Gründe können auch steuerlicher Art sein. So etwa die Ausnutzung von
Verlustvor- oder Verlustrückträgen oder die Berichtigungen und Änderungen der
Steuerbilanz (§ 4 Abs. 2 EStG) im Anschluss an eine Betriebsprüfung, um die Einheit
von Handels- und Steuerbilanz beizubehalten.[139]

Ist ein **fehlerhafter Jahresabschluss** mit Mängeln behaftet, die gem. § 256 97
AktG die Nichtigkeit des Abschlusses begründen, so gilt der Abschluss aufgrund seiner Nichtigkeit als nicht festgestellt.[140] Sofern keine Heilung (vgl. Rn. 106) eintritt,
ist eine Änderung Teil der neuen Aufstellung und erstmaligen Feststellung dieses
Abschlusses. Begründen die Mängel des Jahresabschlusses nicht dessen Nichtigkeit,
so kann geändert werden, sofern die Fehler von wesentlichem Gewicht sind und der
Vorstand die Mängel bereits zum Zeitpunkt der Feststellung des Jahresabschlusses
bei pflichtgemäßer und gewissenhafter Prüfung hätte erkennen können.[141] Es
kommt auf die subjektive Kenntnis des Vorstands an. Lag diese nicht vor, ist der
Abschluss insoweit rechtlich fehlerfrei festgestellt und eine Korrektur, namentlich
aufgrund einer nachträglichen Wertaufhellung, nur nach den Regeln über die Änderung eines fehlerfreien Jahresabschlusses möglich.[142]

Gleichwohl können Fehler auch in laufender Rechnung behoben werden, sofern 98
die Informationsvermittlung durch den fehlerhaften Jahresabschluss nicht beeinträchtigt ist.[143] In der Praxis dürften daher nur wenige Fehler eine Änderung des
Jahresabschlusses rechtfertigen. Letztlich bleibt zwischen Fehlern, deren geringe
Auswirkung auf die Darstellung der Finanz-, Vermögens- und Ertragslage eine
Änderung in laufender Rechnung induziert, und schwerwiegenden Fehlern, die
eine Nichtigkeit begründen, nur ein denkbar schmales Band.[144]

---

[135] MünchKomm. AktG/Bd. 3/*Hennrichs/Pöschke* § 172 Rn. 47.
[136] IDW RS HFA 6 Rn. 9.
[137] MHdB GesR IV/*Hoffmann-Becking* § 46 Rn. 17.
[138] MünchKomm. AktG/Bd. 3/*Hennrichs/Pöschke* § 172 Rn. 69.
[139] BeBiKo/*Schubert* HGB § 253 Rn. 835.
[140] MHdB GesR IV/*Hoffmann-Becking* § 45 Rn. 15.
[141] IDW RS 6 Rn. 14.
[142] MünchKomm. AktG/Bd. 3/*Hennrichs/Pöschke* § 172 Rn. 76.
[143] IDW RS 6 Rn. 21; MünchKomm. AktG/Bd. 3/*Hennrichs/Pöschke* § 172 Rn. 82.
[144] IDW RS 6 Rn. 21; MünchKomm. AktG/Bd. 3/*Hennrichs/Pöschke* § 172 Rn. 82.

99 Der **Gewinnverwendungsbeschluss**, der aufgrund eines fehlerhaften, jedoch nicht nichtigen Jahresabschlusses getroffen wurde, ist wirksam. Da auch die spätere Änderung eines Abschlusses dessen Wirksamkeit nicht beeinträchtigt, darf diese nur so weit erfolgen, dass der Bilanzgewinn für die beschlossene Ausschüttung noch ausreicht.[145] Eine weitergehende Änderung ist nur möglich, wenn gleichzeitig in entsprechender Höhe Gewinnrücklagen aufgelöst werden oder die Gesellschafter zugunsten der Berichtigung auf einen Teil ihrer Ausschüttung verzichten, indem sie einstimmig einen neuen Ausschüttungsbeschluss herbeiführen.[146] Ergibt sich durch die Änderung hingegen ein höherer Jahresüberschuss, können Vorstand und Aufsichtsrat mit der späteren Feststellung über diese Beträge nach den allgemeinen Regeln verfügen. Auch kann die Hauptversammlung einen neuen Ausschüttungsbeschluss fassen.

100 **Ansprüche Dritter**, die an die Höhe von Jahresabschlusszahlen gebunden sind (Tantiemen, Genussscheine, Lizenzen ua), beeinflussen die Änderungsmöglichkeiten bzgl. des festgestellten Jahresabschlusses nicht. Wenn sich durch die Änderung eines fehlerfreien Jahresabschlusses aus Sicht des Anspruchsberechtigten schlechtere Zahlen ergeben, so sind die Ansprüche dennoch auch in der geänderten Bilanz in ursprünglicher Höhe zu passivieren.[147] Im umgekehrten Fall, wenn die Änderungen zugunsten des Anspruchsberechtigten wirken, wird die Gesellschaft regelmäßig den geänderten Abschluss auch im Verhältnis zu Dritten, und damit zu deren Gunsten, als richtige Bezugsgröße gelten lassen müssen.[148] Werden die Ansprüche Dritter durch die Korrektur eines rechtlich fehlerhaften Jahresabschlusses beschnitten, ist im Wege der Vertragsauslegung zu ermitteln, ob sich die Ansprüche nach dem festgestellten oder fehlerfreien Jahresabschluss bemessen.[149]

101 Im Zuge der Änderung des Jahresabschlusses kann es erforderlich sein, neben den originären Korrekturen, die sich nach vorstehenden Kriterien ergeben haben, auch **weitere Posten mit zu ändern**. Dies ist namentlich dann der Fall, wenn der Bilanzgewinn durch die Korrektur verringert wird, so dass die ursprünglich durch die Hauptversammlung beschlossene Ausschüttung nicht mehr vorgenommen werden kann. In diesem Fall kommt neben der Auflösung von Rücklagen auch eine Änderung von Ermessensentscheidungen und Bilanzierungswahlrechten in Betracht.[150]

102 Darüber hinaus sind nachträgliche Erkenntnisse über bereits am Bilanzstichtag bestehende bilanzerhebliche Umstände im Rahmen einer Bilanzänderung mit zu berücksichtigen, denn schließlich soll der endgültig maßgebliche Abschluss die Lage der Gesellschaft möglichst zutreffend wiedergeben.

103 Entgegen dem missverständlichen Wortlaut des § 175 Abs. 4 AktG, nach welchem Vorstand und Aufsichtsrat an die in dem Bericht des Aufsichtsrats (vgl. Rn. 59) enthaltenen Erklärungen über den Jahresabschluss gebunden sind, bezieht sich diese Bindung nach hM[151] nicht auf den Inhalt des Jahresabschlusses, sondern vielmehr nur darauf, dass jene nicht mehr beschließen können, die Feststellung des Jahresabschlusses der Hauptversammlung zu überlassen.

104 Durch die Änderung des festgestellten Jahresabschlusses wird die **ursprüngliche Feststellung aufgehoben**. Daher ist für den geänderten Jahresabschluss das

---

[145] IDW RS 6 Rn. 10.
[146] MünchKomm. AktG/Bd. 3/*Hennrichs/Pöschke* § 172 Rn. 72, 86.
[147] MünchKomm. AktG/Bd. 3/*Hennrichs/Pöschke* § 172 Rn. 74.
[148] MünchKomm. AktG/Bd. 3/*Hennrichs/Pöschke* § 172 Rn. 74.
[149] MünchKomm. AktG/Bd. 3/*Hennrichs/Pöschke* § 172 Rn. 87.
[150] MünchKomm. AktG/Bd. 3/*Hennrichs/Pöschke* § 172 Rn. 90.
[151] MHdB GesR IV/*Hoffmann-Becking* § 46 Rn. 14; *Hüffer/Koch* AktG § 175 Rn. 10.

gleiche Feststellungsverfahren wie bei dem ersten Feststellungsbeschluss geboten.[152] Gemäß § 316 Abs. 3 HGB erfordert die Änderung des Jahresabschlusses bei prüfungspflichtigen AG auch eine entsprechende nachträgliche Prüfung sämtlicher Änderungen durch den (bereits bestellten) Abschlussprüfer.[153] Dieser hat über diese sog. **Nachtragsprüfung** zu berichten und dem geänderten Jahresabschluss ein Testat zu erteilen, das den bisherigen Bestätigungsvermerk ergänzt (§ 316 Abs. 3 Satz 2 HGB). Der Bestätigungsvermerk ist sowohl mit dem Datum der Beendigung der ursprünglichen Abschlussprüfung als auch dem Datum der Beendigung der Nachtragsprüfung (Doppeldatum) zu unterzeichnen.[154]

Der **Konzernabschluss** hat zwar für die Ausschüttungsbemessung keine Funktion, doch stellt er für große AG regelmäßig ein bedeutenderes Informationsinstrument als der Jahresabschluss dar. Da auch das Vertrauen des Kapitalmarkts in einen veröffentlichten Konzernabschluss schutzwürdig ist, sind auf ihn die gleichen Grundsätze wie auf die Änderung des Jahresabschlusses anzuwenden.[155] Es bedarf danach ebenso bedeutender rechtlicher oder wirtschaftlicher Gründe, wobei berücksichtigt werden kann, dass der Konzernabschluss mangels rechtlicher Folgewirkungen nicht den gleichen Schutz verlangt wie der Jahresabschluss.[156] Steuerliche Gründe kommen im Zusammenhang mit der Eigenkapital-Quote und im Zusammenhang mit der Zinsschranke (§ 4h EStG, § 8a KStG) in Betracht.[157]

VI. Nichtigkeits- und Anfechtungsgründe im Zusammenhang mit der Feststellung des Jahresabschlusses

1. Nichtigkeitsgründe, Nichtigkeitsklage, Heilungsmöglichkeiten

§ 256 Abs. 1 bis 5 AktG regelt abschließend Gründe im Sinne besonders schwerwiegender Gesetzesverstöße, die zur **Nichtigkeit des festgestellten Jahresabschlusses** führen.[158] In bestimmten Fällen ist eine Heilung gem. § 256 Abs. 6 AktG durch Fristablauf möglich. Rechtshängige Nichtigkeitsklagen hemmen den Ablauf der Heilungsfristen (§ 256 Abs. 6 Satz 2 AktG). Eine Nichtigkeitsklage kann grds. von jedermann erhoben werden, vorausgesetzt ein Feststellungs- und Rechtsschutzinteresse besteht. Klagebefugt sind insb. Aktionäre, der Vorstand oder einzelne Mitglieder des Vorstands und des Aufsichtsrats (§ 256 Abs. 7 Satz 1 AktG). Der Aufsichtsrat als Organ selbst ist dagegen nicht parteifähig.[159]

a) Inhalts- und Gliederungsfehler

Ein festgestellter Jahresabschluss kann zunächst gem. § 256 Abs. 1 Nr. 1 AktG wegen der Verletzung von Vorschriften nichtig sein, die ausschließlich oder überwiegend dem Gläubigerschutz dienen und die Darstellung der Vermögens- und Ertragslage wesentlich beeinträchtigen. Dazu gehört zB die **Verletzung der GoB**

---

[152] BeBiKo/*Schubert* HGB § 253 Rn. 808; IDW PS 400 Rn. 105; Zum Verfahren der Feststellung Rn. 45 ff.
[153] *Küting/Pfitzer/Weber* Bd. 3 § 172 Rn. 11.
[154] IDW PS 400 Rn. 110.
[155] Bürgers/Körber/*Schulz* AktG § 172 Rn. 15; vgl. IDW HFA RS 6 Rn. 41, 43.
[156] IDW HFA RS 6 Rn. 41.
[157] BeBiKo/*Schubert* HGB § 253 Rn. 846.
[158] *Hüffer/Koch* AktG § 256 Rn. 2.
[159] Vgl. *Hüffer/Koch* AktG § 249 Rn. 7.

oder auch das Fehlen des Anhangs als inhaltlicher Bestandteil des Jahresabschlusses.[160] Spezifische Verstöße gegen **Bewertungsbestimmungen** (zB solche der GoB, vgl. § 10 Rn. 55 ff.) können nach § 256 Abs. 5 AktG zur Nichtigkeit führen, wenn durch die Überbewertung oder Unterbewertung von Bilanzposten die Vermögens- und Ertragslage der Gesellschaft vorsätzlich unrichtig wiedergegeben oder verschleiert wird. Außerdem können Verstöße gegen gesetzliche oder satzungsmäßige Bestimmungen über die Einstellung oder Entnahme von Beträgen in Kapital- oder Gewinnrücklagen gem. § 256 Abs. 1 Nr. 4 AktG zur Nichtigkeit des Jahresabschlusses führen.

108   Verstößt der Jahresabschluss gegen gesetzliche **Gliederungsvorschriften** oder werden gesetzlich vorgeschriebene Formblätter nicht beachtet, kann dies gem. § 256 Abs. 4 AktG zur Nichtigkeit führen, wenn dadurch Klarheit und Übersichtlichkeit des Jahresabschlusses (§ 243 Abs. 2 HGB) wesentlich beeinträchtigt werden.

b) Fehlerhafte Prüfung/Fehler in Person des Abschlussprüfers

109   Neben der Nichtigkeit wegen inhaltlicher Fehler kann ein festgestellter Jahresabschluss gem. § 256 Abs. 1 Nr. 2 und 3 AktG wegen fehlender oder schlechthin unzureichender Prüfung[161] nichtig sein, oder wenn er durch einen Abschlussprüfer geprüft wurde, dem die Prüferbefähigung oder die Bestellung zum Prüfer fehlt.

c) Verfahrensfehler

110   Im Rahmen der Feststellung des Jahresabschlusses durch den Vorstand und den Aufsichtsrat gem. § 172 AktG kann sich die Nichtigkeit des festgestellten Jahresabschlusses gem. § 256 Abs. 2 AktG auch wegen fehlender oder nicht ordnungsgemäßer Mitwirkung eines der Organe ergeben. Liegt die Feststellungskompetenz gem. § 173 AktG bei der Hauptversammlung, können gem. § 256 Abs. 3 AktG die fehlerhafte Einberufung der Hauptversammlung (Nr. 1), Mängel bei der Beurkundung der Beschlüsse (Nr. 2) oder erfolgreiche und rechtskräftige Anfechtungsklage gegen die Feststellung des Jahresabschlusses durch die Hauptversammlung (Nr. 3) zur Nichtigkeit des festgestellten Jahresabschlusses führen.

d) Nichtigkeitsgründe außerhalb von § 256 AktG

111   § 256 Abs. 1 AktG benennt außer den dort beschriebenen folgende, weitere Nichtigkeitsgründe:
1. fehlender Bestätigungsvermerk nach einer Änderung des Jahresabschlusses durch die Hauptversammlung (§ 173 Abs. 3 AktG),
2. rückwirkende Kapitalherabsetzung ohne Eintragung des erforderlichen Beschlusses der Hauptversammlung (§ 234 Abs. 3 AktG) in das Handelsregister und
3. rückwirkende Kapitalherabsetzung mit gleichzeitiger Kapitalerhöhung ohne Eintragung des erforderlichen Beschlusses der Hauptversammlung (§ 235 Abs. 2 AktG) in das Handelsregister.

112   Im Falle einer Änderung des geprüften Jahresabschlusses durch die Hauptversammlung werden die Beschlüsse über die Feststellung und die Gewinnverwendung erst wirksam, wenn nach erneuter Prüfung ein hinsichtlich der Änderungen uneingeschränkter Bestätigungsvermerk mit Doppeldatum erteilt wurde. Wird dieser nicht innerhalb von zwei Wochen nach der Beschlussfassung über den geänderten

---

[160] Vgl. *Hüffer/Koch* AktG § 256 Rn. 7 f.
[161] Vgl. *Hüffer/Koch* AktG § 256 Rn. 10 f.

E. Offenlegung und Aufbewahrung des Jahresabschlusses

Jahresabschluss erteilt, ist der Feststellungsbeschluss endgültig nichtig.[162] Die Beschlüsse werden gem. §§ 234 Abs. 3 und 235 Abs. 2 AktG nicht nichtig, wenn die entsprechenden Eintragungen innerhalb von drei Monaten nach Beschlussfassung nachgeholt werden.

2. Anfechtung des Feststellungsbeschlusses der Hauptversammlung

Ist die Hauptversammlung gem. § 173 AktG für die Feststellung des Jahresabschlusses zuständig, kann der Feststellungsbeschluss, sofern er nicht schon gem. § 256 AktG nichtig ist, gem. § 257 AktG nach den allgemeinen Regeln über die Anfechtung von Hauptversammlungsbeschlüssen (§§ 244 ff. AktG) angefochten werden. Als Anfechtungsgrund kommen dabei ausschließlich Verfahrensfehler in Betracht. Eine Anfechtung wegen inhaltlicher Fehler ist gem. § 257 Abs. 1 Satz 2 AktG ausgeschlossen. Es kommen insb. Verfahrensfehler aufgrund der besonderen Anforderungen an den Feststellungsbeschluss in Betracht wie zB die Pflicht zur Auslegung der Beschlussvorlage des Vorstands, des Lageberichts, des Aufsichtsratsberichts und des Gewinnverwendungsvorschlags sowie die Pflicht zur Aushändigung von Abschriften auf Verlangen (§ 175 Abs. 2 und 3 AktG), Vorlage- und Erläuterungspflicht ggü. der Hauptversammlung (§ 176 Abs. 1) oder die Teilnahmepflicht des Abschlussprüfers an der Hauptversammlung (§ 176 Abs. 2 AktG).

113

Die Anfechtung erfolgt durch Anfechtungsklage iSd § 246 AktG. Die Anfechtungsklage muss innerhalb eines Monats nach der Beschlussfassung am Landgericht, in dessen Bezirk die Gesellschaft ihren Sitz hat, erhoben werden und ist gegen die AG, vertreten durch den Vorstand und den Aufsichtsrat, zu richten. Anfechtungsbefugt sind unter den Voraussetzungen des § 245 AktG Aktionäre und der Vorstand. Daneben können einzelne Mitglieder des Vorstands und des Aufsichtsrats den Feststellungsbeschluss anfechten, wenn durch die Feststellung Mitglieder des Vorstands oder des Aufsichtsrats eine strafbare Handlung oder eine Ordnungswidrigkeit begehen oder sich auf andere Weise ersatzpflichtig machen würden.

114

E. Offenlegung und Aufbewahrung des festgestellten Jahresabschlusses

I. Offenlegung im elektronischen Bundesanzeiger

Nach § 325 ff. HGB ist die AG zur Offenlegung bestimmter Bestandteile der Rechnungslegung verpflichtet. Die Offenlegung erfolgt durch elektronische Einreichung der Unterlagen beim Betreiber des Bundesanzeigers (§ 325 Abs. 1 Satz 1 HGB), an die sich dann die Bekanntmachung im Bundesanzeiger anschließt (§ 325 Abs. 2 HGB, anders als bei der urspr. „Registerpublizität", da Offenlegung früher ggü. dem Handelsregister erfolgte). Dies ist geboten, um den Adressaten der Rechnungslegung die Möglichkeit zu geben, sich ein Bild über die Lage und Entwicklung der AG zu verschaffen (vgl. § 10 Rn. 6 zum Adressatenkreis).[163]

115

Verantwortlich für die Offenlegung ist der Vorstand als gesetzlicher Vertreter der AG.[164] Gemäß des im Rahmen des BilRUG novellierten § 325 HGB hat der Vorstand den festgestellten oder gebilligten Jahresabschluss spätestens ein Jahr nach dem Abschlussstichtag des Geschäftsjahrs einzureichen, auf das sich der Abschluss bezieht.

116

---

[162] *Hüffer/Koch* AktG § 256 Rn. 5.
[163] MünchKomm. HGB/Bd. 4/*Fehrenbacher* § 325 Rn. 7.
[164] ADS HGB § 325 Rn. 16.

§ 11   117–123   Prüfung und Feststellung des Jahresabschlusses

117   Gemäß § 325 Abs. 1 Satz 1, Abs. 1b Satz 2 HGB gehören zu den offenlegungspflichtigen **Unterlagen**:
- der festgestellte oder gebilligte Jahresabschluss,
- der Lagebericht,
- der Bestätigungsvermerk,
- der Bericht des Aufsichtsrates,
- die Entsprechenserklärung nach § 161 AktG bei börsennotierten AG und
- der Vorschlag und der Beschluss über die Verwendung des Bilanzgewinns, soweit sich dies nicht aus dem Jahresabschluss ergibt.

118   Wurde der Jahresabschluss oder der Lagebericht geändert, so sind auch die Änderungen offenzulegen (§ 325 Abs. 1b Satz 1 HGB). Ist die AG verpflichtet einen **Konzernabschluss** aufzustellen, so ist dieser ebenfalls einzureichen (§ 325 Abs. 3 HGB). Für kleine und mittelgroße AG (vgl. zu den Größenklassen § 10 Rn. 26 ff.) bestehen Erleichterungen: Kleine AG sind nur verpflichtet, Bilanz und Anhang offenzulegen (§ 326 HGB). Mittelgroße AG können die Bilanz nach den Vorschriften für kleine KapGes (§ 266 Abs. 1 Satz 3 HGB) gliedern, sie haben jedoch bestimmte Posten gesondert auszuweisen (§ 327 HGB).

119   Gemäß § 325 Abs. 2 HGB hat der Vorstand die og Unterlagen unverzüglich nach Einreichung im elektronischen Handelsregister bekannt machen zu lassen.

120   Das zuständige Registergericht ist gem. § 335 HGB von Amts wegen dazu verpflichtet, ein Ordnungsgeldverfahren gegen den Vorstand einzuleiten, wenn dieser den gesetzlichen Offenlegungspflichten nicht nachkommt. Dabei ist zunächst ein Zwangsgeld iHv 2.500 EUR bis 25.000 EUR anzudrohen, mit der Auflage, den Verpflichtungen zur Aufstellung und Offenlegung innerhalb von sechs Wochen nachzukommen.

II. Besonderheiten bei der Offenlegung für kapitalmarktorientierte AG

121   Kapitalmarktorientierte Unternehmen iSd § 264d HGB haben nach § 325 Abs. 1 Satz 1 Nr. 2 HGB neben den weiteren Unterlagen auch die Entsprechenserklärung nach § 161 AktG beim Betreiber des elektronischen Handelsregisters einzureichen, sofern sie auch börsennotiert sind (vgl. Rn. 117).

122   Ferner verkürzt sich die Frist zur Einreichung der og Unterlagen von zwölf auf vier Monate, wenn die AG einen organisierten Markt iSv § 2 Abs. 5 WpHG durch von ihr ausgegebene Wertpapiere nach § 2 Abs. 1 Satz 1 WpHG (uA Aktien) innerhalb der EU oder des EWR in Anspruch nimmt (§ 325 Abs. 4 HGB). Dies gilt jedoch nicht, wenn es sich bei den ausgegebenen Wertpapieren ausschließlich um Schuldtitel nach den § 2 Abs. 1 Satz 1 Nr. 3 WpHG mit einer Mindeststückelung von 100.000 EUR handelt (§ 327a HGB).

III. Aufbewahrungspflichten

123   Gemäß § 257 Abs. 1 Nr. 1 und Abs. 4 HGB sind Jahresabschlüsse, Lageberichte und Konzernabschlüsse und Konzernlageberichte für einen Zeitraum von zehn Jahren geordnet und im Original[165] aufzubewahren. Die Aufbewahrungsfrist beginnt mit dem Schluss des Kalenderjahres, in dem der Jahresabschluss festgestellt bzw. der Konzernabschluss aufgestellt worden ist. Freiwillig erstellte Anhänge, Lageberichte

---

[165] BeBiKo/*Regierer* HGB § 257 Rn. 9.

oder Zwischenabschlüsse sind davon grds. nicht erfasst.[166] Für das Verständnis der Geschäftsvorfälle und damit der Jahresabschlüsse vergangener Jahre ist auch die Aufbewahrung von Vorstands- und Aufsichtsratsprotokollen zweckmäßig und geboten.[167]

F. Verwendung des Bilanzgewinns durch die Hauptversammlung

Über die Verwendung des Bilanzgewinns entscheidet die Hauptversammlung. Im Rahmen der Feststellung des Jahresabschlusses obliegt dem Vorstand die Dotierung der gesetzlichen Rücklage und der Gewinnrücklage aus dem Jahresüberschuss gem. den gesetzlichen und satzungsmäßigen Vorschriften (vgl. Rn. 48 ff.). 124

Der verbleibende Betrag wird als **Bilanzgewinn** bezeichnet und im geprüften und festgestellten Jahresabschluss, der der Hauptversammlung zugeleitet wird, ausgewiesen.[168] Wenn der Hauptversammlung selbst die Feststellung des Jahresabschlusses obliegt, hat sie die gesetzliche und ggf. die satzungsmäßige Rücklage zu dotieren, beschließt dann über die Feststellung des Jahresabschlusses und kann im Anschluss – ggf. unter Berücksichtigung entsprechender Satzungsbestimmungen – über den vollen Restbetrag als Bilanzgewinn verfügen (vgl. Rn. 124). Sowohl Vorstand als auch Hauptversammlung können im Rahmen ihrer Feststellungskompetenz andere Gewinnrücklagen und, soweit die Satzung dies vorsieht, satzungsmäßige Rücklagen auflösen, um einen positiven Bilanzgewinn zu erzielen oder zu erhöhen. 125

Die Hauptversammlung ist gem. § 174 Abs. 1 Satz 2 AktG an den festgestellten Jahresabschluss gebunden, dh, dass bilanzielle Änderungen durch den Gewinnverwendungsbeschluss (zB weitere Einstellung in die Gewinnrücklage) erst im nächsten Jahresabschluss abgebildet werden.[169] 126

I. Zuständigkeit der Hauptversammlung

Gemäß § 174 Abs. 1 Satz 1 AktG beschließt die Hauptversammlung über die Verwendung des Bilanzgewinns. Hierfür ist der Vorschlag des Vorstands über die Verwendung des Bilanzgewinns (§ 170 Abs. 2 Satz 1 AktG) zur Einsicht auszulegen bzw. auf Verlangen eine Abschrift zu erteilen (§ 175 Abs. 2 AktG). Die Hauptversammlung ist an den Vorschlag des Vorstands nicht gebunden, wohl aber an den festgestellten Jahresabschluss und mithin an den ausgewiesenen Bilanzgewinn (§ 174 Abs. 1 Satz 2 AktG). Dies gilt im Positiven wie im Negativen: Die Hauptversammlung kann keinen höheren oder niedrigeren Bilanzgewinn als den im festgestellten Jahresabschluss ausgewiesenen Betrag verwenden.[170] 127

Der Hauptversammlung steht es nach §§ 174 Abs. 2 und 58 Abs. 3 Satz 1 AktG frei, den Bilanzgewinn ganz oder teilweise 128
– an die Aktionäre auszuschütten,
– in die Gewinnrücklagen einzustellen oder
– als Gewinn vorzutragen.[171]

---

[166] EBJS/*Böcking/Gros* HGB § 257 Rn. 12.
[167] *ADS* HGB § 257 Rn. 45.
[168] *Hüffer/Koch* AktG § 174 Rn. 2.
[169] *Hüffer/Koch* AktG § 174 Rn. 8.
[170] MünchKomm. AktG/Bd. 3/*Hennrichs/Pöschke* § 174 Rn. 8.
[171] MHdB GesR IV/*Hoffmann-Becking* § 47 Rn. 16.

129 Die Satzung kann den Entscheidungsspielraum der Hauptversammlung erweitern, indem sie auch eine Verwendung für andere als die genannten Zwecke einräumt (§ 58 Abs. 3 Satz 2 AktG), aber umgekehrt kann das Ermessen nach Abs. 4 der Vorschrift auch durch Satzungsbestimmungen eingeschränkt werden.[172] Dabei besteht ein weiter Regelbereich, denn die Satzung kann ausschließen, bestimmte Beträge an die Aktionäre auszuschütten oder vorschreiben, dass bestimmte Beträge auszuschütten oder in die satzungsmäßigen Rücklagen einzustellen sind.

130 Der Beschluss der Hauptversammlung über die Gewinnverwendung bedarf der **einfachen Mehrheit** (§ 133 Abs. 1 AktG).[173] Nach § 120 Abs. 3 AktG sollen die Verhandlungen über die Gewinnverwendung mit der Verhandlung über die Entlastung von Aufsichtsrat und Vorstand und – im Falle der Feststellung des Jahresabschlusses durch die Hauptversammlung – mit der Verhandlung über die Feststellung verbunden werden (§ 175 Abs. 3 Satz 2 AktG). Obliegt der Hauptversammlung die Feststellung des Jahresabschlusses, ist die Anwesenheit des Abschlussprüfers bei der Hauptversammlung vorgeschrieben (§ 176 Abs. 2 AktG), er unterliegt jedoch keiner Auskunftspflicht ggü. den Aktionären (§ 176 Abs. 2 Satz 3 AktG). Auf Fragen von Aktionären kann er antworten und wird dies idR auch tun, wenn der Vorstand ihn dazu im Einzelfall oder generell ermächtigt; eine Rechtspflicht besteht jedoch auch in diesem Fall nicht.[174]

131 Im **Beschluss** ist die Verwendung des Bilanzgewinns im Einzelnen darzulegen. Namentlich sind anzugeben (§ 174 Abs. 2 AktG):
1. der Bilanzgewinn,
2. der an die Aktionäre auszuschüttende Betrag oder Sachwert,
3. die in Gewinnrücklagen einzustellenden Beträge,
4. ein Gewinnvortrag,
5. der zusätzliche Aufwand aufgrund des Beschlusses.

132 Beschließt die Hauptversammlung, den Bilanzgewinn ganz oder teilweise an die Aktionäre auszuschütten, so erfolgt die **Ausschüttung** regelmäßig in Geldbeträgen. Im Gewinnverwendungsbeschluss sollte neben dem Ausschüttungsbetrag auch der Betrag angegeben werden, der auf die einzelne Aktie entfällt, so dass die Aktionäre erkennen können, auf welchen Betrag sie Anspruch haben. Sofern die Satzung dies vorsieht, kann gem. § 58 Abs. 5 AktG auch eine Sachausschüttung beschlossen werden. In diesem Fall ist der auszuschüttende Gegenstand eindeutig zu bezeichnen, der Wert der Ausschüttung und der auf den einzelnen Aktionär entfallende Anteil im Beschluss über die Verwendung des Bilanzgewinns anzugeben.[175]

133 Die Hauptversammlung kann auch beschließen, den Bilanzgewinn in die **Gewinnrücklagen** einzustellen (§ 58 Abs. 3 AktG). Ihr steht es frei, die gesetzliche Rücklage höher zu dotieren, um damit möglichst rasch die gesetzlich vorgeschriebene 10%-Grenze zu erreichen (vgl. Rn. 6), oder Einstellungen in die anderen Gewinnrücklagen vorzunehmen.

134 Beschließt die Hauptversammlung, den **Bilanzgewinn vorzutragen**, so erhöht der Gewinnvortrag unmittelbar den Bilanzgewinn und damit die Ausschüttungsmöglichkeiten des kommenden Geschäftsjahrs.[176] Obliegt die Feststellungskompetenz Vorstand und Aufsichtsrat, können diese im Rahmen der Ergebnisverwendung den vorgetragenen Gewinn nicht in Rücklagen einstellen. Der vorgetragene Ge-

---

[172] MHdB GesR IV/*Hoffmann-Becking* § 47 Rn. 18.
[173] MünchKomm. AktG/Bd. 3/*Hennrichs/Pöschke* § 174 Rn. 20.
[174] *Hüffer/Koch* AktG § 176 Rn. 9.
[175] MünchKomm. AktG/Bd. 3/*Hennrichs/Pöschke* § 174 Rn. 25.
[176] MünchKomm. AktG/Bd. 3/*Hennrichs/Pöschke* § 174 Rn. 31.

F. Verwendung des Bilanzgewinns durch die Hauptversammlung

winn unterliegt im Gegensatz zur Einstellung des Gewinns in Gewinnrücklagen weiterhin der uneingeschränkten Disposition der Hauptversammlung,[177] denn bei der Dotierung der Rücklagen durch den Vorstand bleibt ein Gewinnvortrag ohne Berücksichtigung (§ 58 Abs. 1 Satz 3, Abs. 2 Satz 4 AktG, vgl. Rn. 9).

Durch Satzungsbestimmung kann der Vorstand ermächtigt werden, nach Ablauf 135 des Geschäftsjahrs einen **Abschlag** auf den voraussichtlichen Bilanzgewinn an die Aktionäre zu leisten (§ 59 AktG). Im Rahmen der Verfügung über den Bilanzgewinn hat die Hauptversammlung jene Abschlagszahlungen zu berücksichtigen. Die Zahlungen sind als (vorweggenommene) Ausschüttungen zu berücksichtigen, demgemäß können in dieser Höhe keine Einstellungen in die Gewinnrücklagen oder Gewinnvorträge mehr vorgenommen werden.[178]

Zusätzlicher Aufwand, der sich aufgrund des Beschlusses über die Gewinnverwendung ergibt, ist im Beschluss über die Gewinnverwendung zu berücksichtigen 136 (§ 174 Abs. 2 Nr. 5 AktG). Er mindert den Bilanzgewinn und damit den Betrag, über den die Hauptversammlung verfügen kann.

Der Gewinnverwendungsbeschluss selbst führt nicht zu einer Änderung des 137 festgestellten Jahresabschlusses (§ 174 Abs. 3 AktG). Vielmehr sind etwaige Rücklagendotierungen erst im Jahresabschluss des folgenden Geschäftsjahres auszuweisen.

Der Gewinnverwendungsbeschluss entfaltet wesentliche Wirkung auf das Verhältnis Gesellschaft/Gesellschafter, denn während die Feststellung des Jahresabschlusses den Anspruch des Aktionärs auf Verwendung des Bilanzgewinns durch 138 die Hauptversammlung generiert (vgl. Rn. 81 f.), entsteht mit jenem Beschluss der Hauptversammlung, durch den eine Ausschüttung beschlossen wurde, der **Dividendenanspruch des Aktionärs**.[179] Der Zahlungsanspruch wird fällig, sobald der Gewinnverwendungsbeschluss wirksam ist. Ist aufgrund von Änderungen des Jahresabschlusses eine Nachtragsprüfung erforderlich (vgl. Rn. 78), so wird der Beschluss gem. § 173 Abs. 3 AktG erst wirksam, wenn hinsichtlich der Änderungen ein uneingeschränkter Bestätigungsvermerk erteilt wird. Auch kann die Hauptversammlung beschließen, dass der Anspruch erst zu einem späteren Zeitpunkt fällig wird oder die Auszahlung in Raten erfolgt.[180]

II. Gewinnverteilungsmaßstab

1. Die gesetzliche Regelung

Beschließt die Hauptversammlung, den Bilanzgewinn ganz oder teilweise an 139 die Aktionäre auszuschütten, so richtet sich die Gewinnverteilung in Ermangelung abweichender satzungsmäßiger Bestimmungen nach dem **Verhältnis der Aktiennennbeträge** (§ 60 Abs. 1 AktG). Da demgemäß der Anteil der Beteiligung am Grundkapital maßgeblich ist, ist bei Stückaktien das Grundkapital durch die Zahl der Aktien zu dividieren.[181]

Sind bis zum Zeitpunkt der Beschlussfassung durch die Hauptversammlung 140 **nicht alle Einlagen** im selben Verhältnis **geleistet**, so erhält jeder Aktionär gem. § 60 Abs. 2 Satz 1 AktG vorab eine Dividende von 4% auf die bisher ins Grundkapital geleistete Einlage aus dem von der Hauptversammlung zur Ausschüttung

---

[177] MünchKomm. AktG/Bd. 3/*Hennrichs/Pöschke* § 174 Rn. 31.
[178] MHdB GesR IV/*Hoffmann-Becking* § 47 Rn. 20.
[179] Schmidt/Lutter/*Drygala* AktG § 174 Rn. 12.
[180] MünchKomm. AktG/Bd. 3/*Hennrichs/Pöschke* § 174 Rn. 45.
[181] *Hüffer/Koch* AktG § 60 Rn. 2.

bestimmten Bilanzgewinn. Nur der Restbetrag wird im Anschluss nach dem Verhältnis der Aktiennennbeträge (§ 60 Abs. 1 AktG) verteilt.[182]

141 Fielen die Einlagen während des Geschäftsjahres **zeitlich** auseinander, so sind sie für die Gewinnverteilung nur zeitanteilig zu berücksichtigen (§ 60 Abs. 2 Satz 3 AktG). Dabei ist Absatz 2 Satz 1 der Vorschrift anzuwenden, indem zunächst pro rata temporis eine Dividende von 4% auf die geleistete Einlage gezahlt wird.[183] Der Restbetrag wird im Anschluss nach Abs. 1 verteilt.

142 Verpflichtet sich eine AG, ihren gesamten Gewinn an ein anderes Unternehmen abzuführen (Gewinnabführungsvertrag, § 291 Abs. 1 AktG), sind die nach § 301 AktG vorgeschriebenen Höchstbeträge, die eine übermäßige Gewinnabführung vermeiden und damit das bilanzielle Eigenkapital erhalten sollen, zu beachten.[184] Gemäß § 301 AktG wird die Gewinnabführung der Höhe nach auf den fiktiven (ohne die Gewinnabführung bestehenden) Jahresüberschuss, vermindert um den Abzug eines etwaigen Verlustvortrags sowie den Abzug von Zuweisungen zur gesetzlichen Rücklage (§ 300 AktG) und den nach § 268 Abs. 8 HGB ausschüttungsgesperrten Betrag begrenzt. Andere Gewinnrücklagen dürfen nach § 301 Satz 2 AktG nur insoweit abgeführt werden, als sie während der Dauer des Vertrages gebildet wurden.

2. Abweichende Gewinnverteilungsabreden

143 Verschiedene **Aktiengattungen** können gem. § 11 Abs. 1 AktG auch verschiedene Rechte gewähren, namentlich können sie eine andere Art der Gewinnverteilung bestimmen.[185]

144 Hierzu zählen die sog. „**Tracking Stocks**" – im Deutschen „Spartenaktien" oder „Geschäftsbereichsaktien" genannte Wertpapiere – die im idealtypischen Fall nicht Anteile am Gewinn einer ganzen AG, sondern nur an einem Teilbereich des Unternehmens, der sog. „Tracked Unit", verbriefen. Denkbar ist dies zB wenn Unternehmen mit unterschiedlichen Geschäftsbereichen oder Tätigkeiten fusionieren und die Voreigentümer eine gesonderte Verantwortlichkeit fortführen möchten.

145 Gleichwohl Tracking Stocks in den letzten Jahren auf den internationalen Finanzmärkten an Popularität gewinnen, liegen in Deutschland noch keine langfristigen praktischen Erfahrungen mit dieser Aktiengattung vor.

146 Voraussetzung für die Ausgabe von Tracking Stocks ist die strikte operative Trennung der Tracked Unit von der übrigen Geschäftstätigkeit. Der Gewinn, der als Dividende auf die Tracking Stocks entfällt, ermittelt sich dann aus der wirtschaftlichen Entwicklung jener Sparte, als ob die Tracked Unit eine selbstständige Gesellschaft wäre.[186]

147 Die Dividendenzahlungen sind mithin zunächst von der Performance des als Tracked Unit definierten Geschäftsbereichs abhängig: Erzielt die Tracked Unit Verluste, können idR keine Dividenden ausgeschüttet werden, auch wenn die Gesamtgesellschaft Gewinne erwirtschaftet.[187]

148 Allerdings sind auch die Regularien des Aktienrechts zu berücksichtigen, nach denen nur der Bilanzgewinn an die Aktionäre ausgeschüttet werden kann (§ 57

---

[182] MHdB GesR IV/*Hoffmann-Becking* § 47 Rn. 23.
[183] MünchKomm. AktG/Bd. 1/*Bayer* § 60 Rn. 12.
[184] MünchKomm. AktG/Bd. 5/*Altmeppen* § 301 Rn. 2 ff.
[185] *Hüffer/Koch* AktG § 11 Rn. 4.
[186] *Fuchs* ZGR 2003, 178.
[187] *Natusch* DB 1997, 1145.

Abs. 3 AktG). Erzielt im umgekehrten Fall die Gesamtgesellschaft keinen positiven Bilanzgewinn, obgleich der Geschäftsbereich der Tracked Unit Gewinne erwirtschaftet, so entfällt daher auch die Dividende auf die Tracking Stocks.[188] Um in diesem Zusammenhang eine Schlechterstellung der Tracking-Stocks-Aktionäre zu verhindern, können Vorkehrungen getroffen werden, wonach in den Folgejahren bei einer Gewinnverteilung vorweg die Gesellschafter berücksichtigt werden, die in Vorjahren trotz positiver Ergebnisse ihrer Tracked Units in Ermangelung eines verteilungsfähigen Gesamtgewinns keine Dividenden erhalten konnten.[189]

Die Satzung kann auch die Ausgabe von **Vorzugsaktien** vorsehen. Vorzugsaktionäre genießen bei der Gewinnverwendung Priorität, indem sie einen höheren Anteil am Gewinn oder einen Vorweganteil erhalten.[190]

Abweichend vom Regelfall der gesetzlichen Gewinnverteilung kann die **Satzung** eine andere Gewinnverteilung bestimmen (§ 60 Abs. 3 AktG). Namentlich kann der Verteilungsmaßstab geändert werden, nicht voll eingezahlte Aktien völlig vom Gewinn ausgeschlossen oder umgekehrt vollständig am Gewinn beteiligt werden.[191] Bei der Nebenleistungs-AG (§ 55 AktG) kommt insb. auch die Gewinnverteilung nach dem Verhältnis der von den Aktionären angelieferten Warenmengen in Betracht.[192]

3. Rechtsfolgen eines unwirksamen Gewinnverwendungsbeschlusses

Gemäß § 253 Abs. 1 AktG führt die Nichtigkeit des Jahresabschlusses zur Nichtigkeit des Gewinnverwendungsbeschlusses. Weitere Nichtigkeitsgründe können insb. sein: Die Beschlussfassung vor Nachtragsprüfung, wenn nicht innerhalb von zwei Wochen ein uneingeschränkter Bestätigungsvermerk hinsichtlich der Änderungen erteilt wird (§ 173 Abs. 3 Satz 2 AktG), mangelnde rechtzeitige Eintragung des Beschlusses zur Kapitalerhöhung (§ 217 Abs. 2 Satz 4 AktG) oder Gründe nach § 241 AktG. Ein nichtiger Gewinnverwendungsbeschluss entfaltet keine Rechtswirkung.[193] Der Anspruch der Aktionäre auf Auszahlung der Dividende entsteht damit nicht. Hinsichtlich der an bösgläubige Aktionäre (§ 62 Abs. 1 Satz 2 AktG) ausgezahlten Dividenden besteht nach § 62 AktG ein Rückzahlungsanspruch der AG.[194] Vorstands- und Aufsichtsratsvergütungen werden ebenfalls nicht ausgezahlt, soweit sie von der Dividendenzahlung abhängen; ausgezahlte Vergütungen können als ohne Rechtsgrund geleistete Zahlungen nach § 812 Abs. 1 Satz 1 Alt. 1 BGB zurückgefordert werden. Trotz Nichtigkeit bleibt der Gewinnverwendungsbeschluss aber Verjährungsbeginn etwaiger Schadensersatzansprüche gegen den Abschlussprüfer.[195]

4. Anfechtung des Gewinnverwendungsbeschlusses

Zwar legt das Gesetz nach § 58 Abs. 3 AktG keine Höchstgrenzen für die Thesaurierung durch die Hauptversammlung fest, doch können Aktionäre den Ge-

---

[188] *Fuchs* ZGR 2003, 172.
[189] *Böhm* BWNotZ 2002, 78.
[190] MünchKomm. AktG/Bd. 1/*Bayer* § 60 Rn. 20.
[191] MünchKomm. AktG/Bd. 1/*Bayer* § 60 Rn. 21.
[192] *Hüffer/Koch* AktG § 60 Rn. 7.
[193] MünchKomm. AktG/Bd. 4/*Koch* § 253 Rn. 12.
[194] *Erle* Der Bestätigungsvermerk des Abschlussprüfers S. 71 f.; *Weilep/Weilep* BB 2006, 151.
[195] MünchKomm. AktG/Bd. 4/*Koch* § 253 Rn. 12.

winnverwendungsbeschluss **gem. § 254 AktG anfechten**, wenn die (Gewinn-)Rücklagenbildung oder der Gewinnvortrag bei vernünftiger kaufmännischer Beurteilung nicht erforderlich war und nicht mindestens eine Dividende von 4% ausgeschüttet wurde.

153 Die gesetzlich und satzungsmäßig zur Verteilung verfügbaren Beträge sind wirtschaftlich nicht notwendigerweise in Rücklagen oder Gewinnvortrag einzustellen, wenn sie (1) nicht der Erhaltung der Substanz und des relativen Standes der AG oder (2) der Sicherung ggü. finanziellen Notwendigkeiten innerhalb eines übersehbaren Zeitraums dienen und dies sinnvoll im Unterschied zu wünschenswert ist.[196]

154 Die Anfechtung muss innerhalb eines Monats nach Beschlussfassung erfolgen (§§ 254 Abs. 2 Satz 1 und 246 Abs. 1 AktG). Anfechtungsbefugt sind Aktionäre nur, wenn sie zusammen mindestens 5% des Grundkapitals oder den anteiligen Betrag von 500.000 EUR erreichen. Daraus ergibt sich auch, dass die Anfechtung gem. § 254 AktG dem Schutz der Aktionärsminderheit vor einer „Aushungerungspolitik" durch Großaktionäre, nicht aber dem Individualschutz einzelner Aktionäre dient.[197]

---

[196] *Hüffer/Koch* AktG § 254 Rn. 7.
[197] *Hüffer/Koch* AktG § 254 Rn. 1.

§ 12 Besteuerung der AG

Bearbeiter: Dr. Christian Böing/Jan-Philip Gehlhaar/Dr. Martin Liebernickel

Übersicht

	Rn.
A. Körperschaftsteuerrecht	1–112
I. Einleitung	1–26
1. Entwicklung des Körperschaftsteuerrechts der AG	1–14
a) Körperschaftsteuerliches Anrechnungsverfahren	3
b) Halb- bzw. Teileinkünfteverfahren	4–6
c) Übergangsregelungen	7, 8
d) Wesentliche jüngere Reformen des KStG	9–14
2. Verhältnis der Körperschaftsteuer zu anderen Ertragsteuern	15–19
a) Einkommensteuer und Gewerbesteuer	16, 17
b) Solidaritätszuschlag	18, 19
3. Zuständigkeit und Steueraufkommen	20, 21
4. Steuertarif und internationaler Vergleich	22–26
II. Die AG als Körperschaftsteuersubjekt	27–35
1. Unbeschränkte Steuerpflicht	27
2. Beschränkte Steuerpflicht	28
3. Beginn der Steuerpflicht	29, 30
4. Ende der Steuerpflicht	31–34
5. Steuerliche Ansässigkeit der AG	35
III. Grundsätze der laufenden Besteuerung der AG	36–54
1. Abschnittsbesteuerung/Veranlagungszeitraum	36–39
2. Bemessungsgrundlage: das zu versteuernde Einkommen	40–53
a) Ausgangspunkt: Ergebnis nach Handelsbilanz/Steuerbilanz	43, 44
b) Vom Jahresüberschuss zum zu versteuernden Einkommen	45–51
aa) Steuern	47
bb) Geldstrafen	48
cc) Aufsichtsratsvergütungen	49
dd) Spenden und Mitgliedschaftsbeiträge	50
ee) Sonstige steuerfreie Einnahmen	51
c) Einkommenszurechnung bei Organschaft	52, 53
3. Besteuerung des zu versteuernden Einkommens	54
IV. Besonderheiten bei der laufenden Besteuerung der AG	55–96
1. Verlustabzug	55–68
a) Verlustvortrag/-rücktrag	56–59
b) Ausschluss des Verlustabzugs	60–68
aa) Von der Mantelkauf-Regelung zur Verlustvernichtungsnorm	60
bb) Grundregel	61
cc) Gegenstand des Erwerbs	62
dd) Erwerbsvorgang	63
ee) Fünfjahreszeitraum	64
ff) Erwerber/Erwerbergruppe/nahestehende Personen	65

§ 12 Besteuerung der AG

    gg) Konzernklausel 66
    hh) Stille-Reserven-Klausel 67, 68
  2. Dividendeneinkünfte und korrespondierende
    Aufwendungen 69–77
    a) Körperschaftsteuerliches Schachtelprivileg für
     Dividenden 71–76
    b) Korrespondierende Aufwendungen 77
  3. Einkünfte aus der Veräußerung von Beteiligungen
    und korrespondierende Aufwendungen 78–85
    a) Körperschaftsteuerliches Schachtelprivileg für
     Veräußerungsgewinne 78, 79
    b) Korrespondierende Aufwendungen 80–85
  4. Einkünfte aus ausländischen Betriebsstätten 86–90
  5. Investitionszulagen 91–93
  6. Verdeckte Einlagen/Verdeckte Gewinnaus-
    schüttungen 94, 95
  7. Zurechnung des Einkommens von Organgesell-
    schaften 96
 V. Ausschüttung der AG, steuerliches Eigenkapital und
   Verwendungsreihenfolge 97–112
  1. Grundlegendes 97, 98
  2. Zugänge zum steuerlichen Einlagekonto 99
  3. Abgänge aus dem steuerlichen Einlagekonto 100–106
    a) Steuerpflichtig offene und verdeckte Gewinnaus-
     schüttungen 103, 104
    b) Einlagenrückgewähr 105, 106
  4. Organschaftliche Besonderheiten 107
  5. Bescheinigung von Leistungen, die das steuerliche
    Einlagekonto gemindert haben 108, 109
  6. Umwandlung von Rücklagen in Grundkapital (§ 28
    Abs. 1 KStG) und Herabsetzung des Grundkapitals
    (§ 28 Abs. 2 KStG) 110–112

B. Gewerbesteuerrecht 120–163
 I. Grundlagen 120–123
 II. Steuerpflicht des AG 124, 125
 III. Ermittlung des Gewerbeertrags der AG 126–157
  1. Ausgangsgröße und Übersicht 126, 127
  2. Hinzurechnungen und Kürzungen 128
    a) Finanzierungsaufwendungen (§ 8 Nr. 1 GewStG) 129–136
    b) Ergebnisse aus Beteiligungen an anderen
     Kapitalgesellschaften 137–141
    c) Ergebnisse aus Beteiligungen an Personen-
     gesellschaften 142
    d) Spenden 143
    e) Grundbesitz 144–147
    f) Bezüge aus KGaA-Komplementärs 148, 149
    g) Ergebnisse aus ausländischen Betriebsstätten 150, 151
  3. Verlustverrechnung 152, 153
  4. Besonderheiten der gewerbesteuerlichen Organschaft 154–157
 IV. Steuerverfahren 158–163
  1. Steuerfestsetzung 158–160
  2. Erhebung 161, 162
  3. Zerlegung 163

C. Besonderheiten der Besteuerung der KGaA 170–182

A. Körperschaftsteuerrecht																										1 § 12

D. **Unternehmenserbschaftsteuer** 190–222
I. Steuerpflicht 190–197
  1. Unbeschränkte Erbschaftsteuerpflicht 190, 191
  2. Erweitert unbeschränkte Erbschaftsteuerpflicht 192, 193
  3. Beschränkte Erbschaftsteuerpflicht 194
  4. Erweitert beschränkte Steuerpflicht 195, 196
  5. Fiktive unbeschränkte Erbschaftsteuerpflicht 197
II. Eckpunkte des neuen Unternehmenserbschaftsteuerrecht 198–222
  1. Rechtslage für Erwerbe vor dem 1.7.2016 199–201
  2. Entscheidung des Bundesverfassungsgerichts vom
     17.12.2014 202
  3. Rechtslage für Erwerbe nach dem 30.6.2016 203–216
     a) Begünstigungsfähiges Vermögen
        (§ 13b Abs. 1 ErbStG) 204
     b) Begünstigtes Vermögen und 90%-Test
        (§ 13b Abs. 2 ErbStG) 205, 206
     c) Verwaltungsvermögenskatalog
        (§ 13b Abs. 4 ErbStG) 207–209
     d) Verbundvermögensaufstellung
        (§ 13b Abs. 9 ErbStG) 210
     e) Abschlag Familienunternehmen
        (§ 13a Abs. 9 ErbStG) 211
     f) Regel- und Optionsverschonung (§ 13a Abs. 1 und
        10 ErbStG) 212
     g) Großerwerbe 213, 214
     h) Lohnsummenklauseln 215
     i) Behaltensregeln 216
  4. Bewertung 217–221
  5. Besteuerung 222

Schrifttum zu A: *Frotscher/Geurts* Kommentar zum Einkommensteuergesetz, Stand: Ergänzungslieferung 201 (9/2017); *Gosch* Körperschaftsteuergesetz, 3. Auflage 2015; *Kessler/Köhler/Kröner* Konzernsteuerrecht, 2008; *Rödder/Herlinghaus/Neumann* KStG, 2015.

Schrifttum zu B: *Bergemann/Wingler* Kommentar GewStG, 2012; *Kessler/Köhler/Kröner* Konzernsteuerrecht, 2008.

A. Körperschaftsteuerrecht

I. Einleitung

1. Entwicklung des Körperschaftsteuerrechts der AG

Eine mit der heutigen AG vergleichbare erste Rechtsform waren die Handelskompanien des 17. und 18. Jahrhunderts. Diese unterlagen zunächst lediglich einer separaten GewSt. Nach und nach wurde das EStG auf Körperschaften wie die AG ausgeweitet. Diese Entwicklung vollzog sich parallel durch den gesamten Deutschen Bund. Die Miquel'schen Steuerreformen Ende des 19. Jahrhunderts werden als eigentlicher Anfang einer eigenständigen Besteuerung der AG und anderer Körperschaften angesehen. Sie führte zu einer Erweiterung des preußischen EStG[1] auf Körperschaften. Ein einheitliches Körperschaftsteuerrecht für das gesamte   1

---

[1] EStG v. 24.6.1891, Preuß. Gesetz Sammlung 1891, 175.

deutsche Staatsgebiet wurde jedoch erst mit der Erzberger'schen Steuerreform im Jahr 1920 eingeführt.[2]

2 Die Besteuerung der Einkünfte erfolgte auch bei der AG zunächst nach dem sog. **klassischen Körperschaftsteuersystem**. Demnach wurde sowohl auf Ebene der AG als auch auf Ebene des Aktionärs in vollem Umfang besteuert. Eine Ausschüttung von bereits auf Ebene der AG versteuerten Einkommensteilen wurde auf Ebene des Aktionärs erneut steuerlich erfasst, so dass ausgeschüttete Gewinnanteile einer vollen Doppelbesteuerung unterlagen. Bei den damals noch recht geringen Steuersätzen war dies wirtschaftlich noch von untergeordneter Bedeutung. Jedoch stieg der Körperschaftsteuersatz von anfänglichen 10% im Jahr 1920 auf 65% im Jahre 1946 schnell an.[3] Um eine Entlastung der Körperschaften zu erreichen, wurden ab dem Jahr 1953 **gespaltene Steuersätze** für thesaurierte und ausgeschüttete Gewinne eingeführt.[4] Durch die Anwendung eines im Vergleich zu Gewinnthesaurierungen vergleichsweise niedrigeren Steuersatzes auf ausgeschüttete Gewinnanteile wurde der Doppelbesteuerungseffekt auch bei der AG zumindest abgeschwächt.

a) Körperschaftsteuerliches Anrechnungsverfahren

3 Die Besteuerung mit gespaltenen Steuersätzen wurde infolge des KStG 1977[5] durch das Anrechnungsverfahren modifiziert. Das Leitbild des KStG 1977 war dabei ein Vollanrechnungssystem, das weiter mit gespaltenen Steuersätzen operierte. Die Körperschaftsteuerbelastung auf ausgeschüttete Gewinnanteile der AG wurde im Vergleich zu thesaurierten Gewinnanteilen weiterhin ermäßigt. Zudem konnte der Aktionär die auf ausgeschüttete Gewinnanteile lastende KSt der AG auf seine individuelle ESt anrechnen bzw. sich erstatten lassen. Das **Anrechnungsverfahren** sollte eine Mehrfachbesteuerung der Gewinne verhindern bzw. zumindest minimieren. Für diese Zwecke waren eine vielschichtige Aufteilung des Eigenkapitals sowie ein mehrstufiges Vorgehen erforderlich. Die körperschaftsteuerliche Vorbelastung wurde in einem ersten Schritt dadurch hergestellt, dass die körperschaftsteuerlichen Gewinne der Tarifbelastung unterzogen wurden. Die ursprüngliche Körperschaftsteuerbelastung iHv 56% wurde sukzessive bis auf 40% reduziert. Die mit 40% belasteten Teilbeträge wurden als EK 40 bezeichnet. Daneben existierten auch unbelastete Teilbeträge, die als EK 01 bis EK 04 definiert wurden. Dabei handelte es sich ua um steuerfreie in- oder ausländische Einkünfte der AG oder auch um Einlagen der Aktionäre. In einem zweiten Schritt wurde eine einheitliche Ausschüttungsbelastung durch Körperschaftsteuerminderung oder -erhöhung iHv 30% hergestellt. Ob eine Körperschaftsteuerminderung oder -erhöhung erfolgen musste, hing von der Höhe der Vorbelastung der Teilbeträge im ersten Schritt ab. Abschließend konnte sich der Aktionär die KSt durch Vorlage einer von der AG ausgestellten Steuerbescheinigung iHv 3/7 der Bezüge auf die ESt oder KSt anrechnen lassen.[6] Im Zuge der Deutschen Einheit wurde mit dem Einigungsvertrag das KStG auch in den neuen Bundesländern eingeführt, wobei für diese zunächst übergangsweise Sondervorschriften geschaffen wurden.[7]

---

[2] KStG v. 30.3.1920, RGBl. 1920, 393.
[3] Vgl. Kontrollrat Gesetz Nr. 12 v. 11.2.1946 „Änderung der Gesetzgebung in Bezug auf Einkommensteuer, Körperschaftsteuer und Gewinnabführung".
[4] Gesetz zur Änderung steuerrechtlicher Vorschriften und zur Sicherung der Haushaltsführung v. 24.6.1953, BGBl. 1953 I 413.
[5] Körperschaftsteuergesetz v. 31.8.1976, BStBl. I 1976, 2597.
[6] Kessler/Kröner/Köhler/*Kröner* Konzernsteuerrecht § 3 Rn. 60 ff.
[7] Einigungsvertragsgesetz v. 23.9.1990, BGBl. 1990 II 885.

b) Halb- bzw. Teileinkünfteverfahren

Durch das StSenkG 2001/2002[8] wurde das Anrechnungsverfahren ab dem VZ 2001 vom sog. **Halbeinkünfteverfahren** abgelöst. Dieses führte zu einer Definitivbesteuerung auf Ebene der AG mit KSt (und GewSt) und im Falle der Ausschüttung zu einer zusätzlichen Besteuerung auf Ebene des Aktionärs mit ESt. Die vom Gesetzgeber in das Feld geführten Ziele für diesen Systemwechsel waren mannigfaltig: Stärkung der Wettbewerbsfähigkeit der deutschen Wirtschaft, nachhaltige Förderung von Wachstum und Beschäftigung sowie eine solide finanzierte Steuerentlastung für Arbeitnehmer, Familien und Unternehmen. Tatsächlich dürften insb. die komplizierte Handhabung des bisherigen Anrechnungsverfahrens, dessen Missbrauchsgefahr[9] sowie vor allem dessen latente Europarechtswidrigkeit[10] den Ausschlag für diese grundlegende Reform gegeben haben. Denn unter dem alten Anrechnungsverfahren hatten auch in der EU ansässige ausländische Aktionäre keine Möglichkeit, sich die inländische KSt auf ihre persönliche ESt anzurechnen oder sich erstatten zu lassen.

Mit dem Systemwechsel wurde der **Steuersatz** für Gewinne der AG einheitlich zunächst auf 25%[11] gesenkt. Wie international mittlerweile üblich, entfiel die Unterscheidung zwischen thesaurierten und ausgeschütteten Gewinnen. Auch wurde die steuerliche Behandlung von inländischen und ausländischen Dividenden angeglichen. Durch das Halbeinkünfteverfahren wurde die Doppelbelastung mit ESt bzw. KSt auf Aktionärsebene und KSt auf Ebene der AG zumindest abgemildert. Sofern eine Ausschüttung der AG an natürliche Personen erfolgte, wurde die Doppelbelastung dadurch abgemildert, dass die Hälfte der Dividende zur ESt herangezogen wurde (sog. Halbeinkünfteverfahren). Parallel dazu wurde ein Abzug von Betriebsausgaben oder Werbungskosten ebenfalls nur noch zu 50% zugelassen. Darüber hinaus wurden Ausschüttungen einer AG an andere Körperschaften zur Vermeidung von Kaskadeneffekten ganz von der KSt freigestellt (sog. **körperschaftsteuerliches Schachtelprivileg**, § 8b KStG).[12] Bedingt durch den Systemwechsel zum Halbeinkünfteverfahren war das Aufkommen der KSt in Deutschland in 2001 negativ und es mussten in diesem Jahr ca. 0,4 Mrd. EUR KSt zurückvergütet werden.[13]

Durch das UntStRefG 2008 wurde das Halbeinkünfteverfahren weiterentwickelt. Bei Ausschüttungen des Nettogewinns einer AG ist seitdem zu unterscheiden, ob der Aktionär die gewinnbezugsberechtigte Aktie im Betriebs- oder Privatvermögen hält. Im ersten Fall stellen Dividenden bei dem Aktionär Betriebseinnahmen dar und werden seitdem zu 60% dem persönlichen Einkommensteuersatz KSt unterworfen (sog. **Teileinkünfteverfahren**). Korrespondierend dazu ist der Betriebsausgabenabzug in diesem Zusammenhang ebenfalls nur noch iHv 60% möglich. Wird die Aktie im Privatvermögen gehalten, gilt seitdem auf Ebene des Aktionärs

---

[8] Steuersenkungsgesetz v. 23.10.2000, BGBl. 2000 I 1433.
[9] Ausländische Aktionäre versuchten durch Umgehungsgestaltungen in den Genuss des Anrechnungsverfahrens zu gelangen. Der Gesetzgeber hat daraufhin § 50c EStG eingefügt.
[10] Vgl. dazu EuGH C-292/04, DStR 2007, 485 – Meilicke I Deutschland; C-262/09, DStR 2011, 1262 – Meilicke II Deutschland; BFH I R 69/12, DStR 2015, 1297.
[11] Aufgrund des Flutopfersolidaritätsgesetzes v. 19.9.2002 (BGBl. 2002 I 3651) wurde einmalig für den VZ 2003 der Steuersatz auf 26,5% angehoben.
[12] Wobei allerdings bereits seit dem StSenkG 2001/2002 5% der Ausschüttung bei der AG als nicht abzugsfähige Betriebsausgaben gelten und insoweit der KSt unterfallen; s. § 12 Rn. 69.
[13] Vgl. hierzu die Webseite des Statistischen Bundesamts (www.destatis.de).

ein einheitlicher Steuersatz von 25%[14] (sog. **Abgeltungsteuer**, auf die zzgl. SolZ und ggf. KiSt noch festgesetzt wird). Liegt der persönliche Einkommensteuersatz des Aktionärs unter 25%, kann auf Antrag des Steuerpflichtigen eine Veranlagung mit dem niedrigeren persönlichen Steuersatz zur Anwendung kommen (§ 32d Abs. 6 EStG). Mit den Einnahmen im Zusammenhang stehende Werbungskosten sind allerdings nicht mehr abziehbar. Diese steuerliche Behandlung der Dividenden im Privatvermögen ist unabhängig davon, ob Gewinne aus der Veräußerung der konkreten wesentlichen Beteiligung nach § 17 EStG (Beteiligungsquote ≥ 1%) steuerpflichtig wären. Nur für solche Veräußerungsgewinne iSv § 17 EStG gilt ausnahmsweise auch im Privatvermögen das Teileinkünfteverfahren, da es insoweit zu einer Umqualifizierung in Einkünfte aus Gewerbebetrieb kommt. Das körperschaftsteuerliche Schachtelprivileg (§ 8b KStG) für Dividenden und Veräußerungsgewinne blieb hierdurch unverändert anwendbar.

c) **Übergangsregelungen**

7 Der Wechsel vom Anrechnungsverfahren zum Halbeinkünfteverfahren stellte den Gesetzgeber vor die Frage, wie die Ausschüttungsbelastung für bereits vorhandene, nicht ausgeschüttete Altgewinne zu behandeln ist. Die sofortige Umstellung von Eigenkapitalanteilen, welche unbelastet (zB EK 02 bzw. EK 04) oder vorbelastet (zB EK 40 bzw. EK 45) waren, auf das Halbeinkünfteverfahren hätte je nach Wirkungsrichtung den Steuerschuldner, also insb. die AG, oder den Staat als Gläubiger der KSt stark belastet. Fiskalpolitisch sah sich der Gesetzgeber gehalten, dieses Übergangsproblem zeitlich gestreckt aufzulösen.

8 Folglich wurde durch das SEStEG 2006[15] festgelegt, dass das Körperschaftsteuerguthaben iSv § 37 KStG letztmalig auf den 31.12.2006 festgesetzt und von 2008 bis 2017 in zehn gleichmäßigen Beträgen jeweils zum 30.9. an die AG ausgezahlt wird. Ausnahmen gelten bei Kleinstbeträgen, Liquidation und Umwandlungen. Der Anspruch wird nicht verzinst und muss daher auf den Barwert unter Berücksichtigung der jährlichen Auszahlungsbeträge abgezinst werden. Die Gewinnerhöhung aus der Aktivierung des Körperschaftsteuerguthabens sowie alle Gewinnminderungen im Zusammenhang mit diesem wirken sich nicht auf die Höhe des Einkommens aus (§ 37 Abs. 7 KStG). Während dieser Übergangszeit ist die steuerliche EK-Gliederung fortzuführen.

d) **Wesentliche jüngere Reformen des KStG**

9 Mit dem **UntStRefG 2008** wollte der Gesetzgeber vor allem die internationale Wettbewerbsfähigkeit von deutschen Unternehmen und die Attraktivität deutscher Standorte erhöhen. Der **Körperschaftsteuersatz** ist auf den aktuellen Satz von 15% abgesenkt worden, womit die GewSt auch für die AG in vielen Gemeinden (insb. in den Großstädten) zur größten steuerlichen Belastung geworden ist (vgl. § 12 Rn. 121 f.).

10 Eine weitere wichtige Änderung im Rahmen des UntStRefG 2008 war die Einführung eines gewinnabhängigen Abzugsverbots für Zinsaufwendungen, sog. **Zinsschranke** (§ 4h Abs. 1 Satz 1 EStG iVm § 8a KStG) als Ersatz für die vorherigen Regelungen zur Gesellschafter-Fremdfinanzierung. Näheres dazu s. § 8 Rn. 121 ff. Zudem wurde die Verlustabzugsbeschränkung des § 8c KStG als Ersatz für die

---

[14] Zzgl. SolZ und ggf. KiSt.
[15] Gesetz über steuerliche Begleitmaßnahmen zur Einführung der Europäischen Gesellschaft und zur Änderung weiterer steuerrechtlicher Vorschriften v. 7.12.2006, BGBl. 2006 I 2782.

A. Körperschaftsteuerrecht 11–14 § 12

bisherigen Regelungen zum sog. **Mantelkauf** (§ 8 Abs. 4 KStG aF) eingeführt. Zu Details vgl. § 12 Rn. 60 ff.

Durch das **JStG 2008**[16] wurde das Abzugsverbot für Verluste im Zusammenhang 11
mit Beteiligungen an Körperschaften auf Gesellschafterdarlehen erweitert, § 8b Abs. 3 Satz 4–8 KStG. Zu Details vgl. § 12 Rn. 83.

Im Zuge der Finanzkrise wurden durch das **WachstumsBG**[17] einige Steuer- 12
erleichterungen im Bereich des KStG eingeführt. Zu nennen sind dabei insb. die Anhebung der Freigrenze bei der Zinsschranke von 1 Mio. EUR auf 3 Mio. EUR sowie die Einführung einer Sanierungsklausel bei der Verlustabzugsbeschränkung des § 8c KStG.[18] Durch das **JStG 2010**[19] wurde die Verlustabzugsregelung des § 8c KStG zudem um eine sog. Konzernklausel (§ 8c Abs. 1 Satz 5 KStG) und eine Stille-Reserven-Klausel (§ 8c Abs. 1 Satz 6 ff. KStG) erweitert.

In 2013 wurden die Regelungen über die körperschaftsteuerliche Organschaft 13
durch die **„kleine Organschaftsreform"**[20] vereinfacht, insb. im Hinblick auf den Abschluss eines GAV mit einer GmbH und die äußerst praxisrelevante Thematik der formalen Voraussetzungen des Verweises in § 17 KStG auf die entsprechende Anwendung des § 302 AktG[21] (sog. dynamischer Verweis). Zudem wurden das Erfordernis einer ununterbrochenen Zurechnung der Beteiligung an der Organgesellschaft zu einer inländischen Betriebsstätte, das Feststellungsverfahren sowie eine Vorschrift zur Heilung fehlerhafter Bilanzansätze eingeführt. Gleichzeitig wurde die Verlustabzugsbeschränkung des § 14 Abs. 1 Satz 1 Nr. 5 KStG ausgeweitet und der doppelte Inlandsbezug bei der Organgesellschaft aufgegeben. Als Reaktion auf den EuGH[22] wurde ebenfalls in 2013 die Körperschaftsteuerpflicht für **Streubesitzdividenden** in § 8b Abs. 4 KStG eingeführt, sofern eine inländische AG zu Beginn eines Kalenderjahres weniger als 10% am Grund- oder Stammkapital einer Tochter-Kapitalgesellschaft hält.

Im Rahmen des **StÄndG 2015** ist die Konzernklausel des § 8c Abs. 1 Satz 5 14
KStG[23] ausgeweitet worden. Durch Anwendung der Konzernklausel kann der Untergang der vortragsfähigen Verluste nunmehr auch im Rahmen von Konzernumstrukturierungen verhindert werden, in welche die oberste Konzernmuttergesellschaft mit einbezogen wird.

---

[16] Jahressteuergesetz 2008 v. 20.12.2007, BGBl. 2007 I 3150.
[17] Wachstumsbeschleunigungsgesetz v. 22.12.2009, BGBl. 2009 I 3950 sowie BGBl. 2010 I 534.
[18] Die EU-Kommission erklärte diese Regelung als mit dem EU-Beihilferecht unvereinbar und forderte Deutschland auf, die Regelung aufzuheben und die gewährten Vergünstigungen zurückzufordern. Die hiergegen erhobene Nichtigkeitsklage der Bundesregierung wurde als verspätet und damit unzulässig abgewiesen. Die Finanzverwaltung berücksichtigt die Sanierungsklausel bei der Veranlagung nicht und korrigiert bereits ergangene begünstigende Bescheide, selbst wenn zuvor eine positive verbindliche Auskunft erteilt worden ist.
[19] Jahressteuergesetz 2010 v. 8.12.2010, BGBl. 2010 I 1768.
[20] Gesetz zur Änderung und Vereinfachung der Unternehmensbesteuerung und des steuerlichen Reisekostenrechts v. 20.2.2013, BGBl. 2013 I 285.
[21] Der Verweis des § 17 Abs. 1 Satz 2 Nr. 2 KStG auf § 302 AktG wurde durch § 34 Abs. 10b Satz 2 idF des AIFM-StAnpG (BGBl. 2013 I 4318) für die Vergangenheit in der Weise klargestellt, dass die Neuregelung für sämtliche VZ gilt, die vor dem 1.1.2015 geendet haben; vgl. auch BFH I R 93/15, DStR 2017, 2429.
[22] Gesetz zur Umsetzung des EuGH-Urteils v. 20.10.2011 in der Rechtssache C-284/09, BGBl. 2013 I 561.
[23] In der Fassung vom 2.11.2015 (BGBl. 2015 I 1834); zur Übergangsregelung siehe § 34 Abs. 6 KStG.

2. Verhältnis der Körperschaftsteuer zu anderen Ertragsteuern

15 Das Recht der KSt wird primär im KStG geregelt. Das KStG enthält jedoch nicht abschließend alle für die Besteuerung der AG relevanten Normen, sondern verweist auf andere Steuergesetze. So gelten zahlreiche Vorschriften des EStG auch für die KSt.

a) Einkommensteuer und Gewerbesteuer

16 Bei der **Ermittlung des Einkommens** (§ 8 Abs. 1 KStG) wird explizit auf die Vorschriften des EStG insgesamt verwiesen, insb. auf die Vorschriften über die Gewinnermittlung (§§ 4 ff. EStG).[24] Aufgrund der Unterschiede zwischen einer Kapitalgesellschaft und natürlichen Personen wird das EStG durch spezielle Normen des KStG modifiziert. Ein wesentlicher Unterschied zur ESt ergibt sich daraus, dass die AG – anders als Personengesellschaften – ausschließlich eine betriebliche Sphäre und somit keine Privatsphäre besitzt.[25] Deshalb ist aber auch streng zwischen der Gesellschafts- und der Gesellschafterebene zu trennen. Insofern sind die Regelungen zur vGA (§ 8 Abs. 3 Satz 2 KStG), zur verdeckten Einlage (§ 8 Abs. 3 Satz 3 KStG) sowie – vor allem im internationalen Kontext – zu den Verrechnungspreisen (§ 1 Abs. 1 und 3 AStG) zu beachten. Aus dem EStG ergeben sich zudem besondere Pflichten für die AG, wie zB die Einbehaltung und Abführung von KapESt bei Dividenden oder bei der Zahlung von Aufsichtsratsvergütungen.

17 Die GewSt stellt als **Objektsteuer** auf den Gewinn eines inländischen Gewerbebetriebs ab. Die AG wird gem. § 2 Abs. 2 GewStG kraft ihrer Rechtsform als Gewerbebetrieb angesehen. Der gewerbesteuerpflichtige Gewinn als Ausgangsgröße für die GewSt ist nach den Vorschriften des KStG zu ermitteln. Er entspricht dem körperschaftsteuerlichen zu versteuernden Einkommen der AG. Die Ermittlung der GewSt dockt insofern an die Ermittlung der KSt an. Gleichwohl besteht insoweit keine formelle Bindungswirkung denn der Körperschaftsteuerbescheid stellt keinen Grundlagenbescheid für den Gewerbesteuer(mess)bescheid dar. Seit dem VZ 2008 ist die GewSt selbst, wie bereits zuvor die ESt, die KSt, die KapESt oder der SolZ, im Rahmen der steuerlichen Gewinnermittlung nicht mehr als Betriebsausgabe abziehbar.

b) Solidaritätszuschlag

18 Der SolZ ist eine Ergänzungsabgabe zur ESt, KSt und KapESt. Er wurde 1995 eingeführt und beträgt seit 1998 5,5%[26] auf die zugrunde liegende Steuer. Durch den SolZ erhöht sich die körperschaftsteuerliche Belastung für die AG damit effektiv auf 15,825% (KSt inkl. SolZ). Das Aufkommen aus dem SolZ steht allein dem Bund zu. Darüber hinaus besteht ein Solidarpakt zwischen Ländern und Bund. Der SolZ wurde als befristete Abgabe eingeführt und im Jahr 2001 erstmals verlängert. Mit dem Ende des Solidaritätspakts II würde die SolZ am 31.12.2019 auslaufen. Nach Planung der Großen Koalition unter dem Kabinett „Merkel IV" ist die schrittweise Abschaffung des SolZ ab 2021 vorgesehen. In einem ersten Schritt sollen ab diesem Zeitpunkt 90% der Zahler durch eine Freigrenze (mit Gleitzone) vollständig vom SolZ entlastet werden.[27]

---

[24] Die durch den Verweis erfassten Regelungen des EStG werden in R 32 Abs. 1 KStR aufgelistet.
[25] BFH I R 54/95, BFHE 182, 123; I R 106/99, BStBl. II 2003, 487.
[26] Ursprünglich waren es 7,5%.
[27] Koalitionsvertrag zwischen CDU, CSU und SPD vom 7.2.2018, S. 53 und 54.

A. Körperschaftsteuerrecht   19–21   § 12

Allerdings wird seit seiner Einführung die Frage nach der **Verfassungsmä-** 19
ßigkeit des SolZ kontrovers diskutiert und beschäftigt seitdem die Gerichte.[28]
Erstinstanzliche Entscheidungen gehen zum Teil von der Verfassungswidrigkeit,[29]
zum Teil von der Verfassungsmäßigkeit[30] des SolZ aus. Auch der BFH ist zuletzt
von der Verfassungskonformität des SolZ ausgegangen.[31] Letztlich wird zu dieser
Frage das BVerfG das letzte Wort haben.[32]

3. Zuständigkeit und Steueraufkommen

Für das KStG gilt die vorrangige **konkurrierende Gesetzgebungskompetenz** 20
(Art. 105 Abs. 2 GG iVm Art. 72 GG) des Bundes, so dass die Länder insoweit unmittelbar von der Gesetzgebung ausgeschlossen sind, jedoch über den BR in das Gesetzgebungsverfahren eingreifen können. Von der Gesetzgebungskompetenz über das materiell-rechtliche KStG zu unterscheiden ist die Kompetenz in Bezug auf die Verwaltung dieser Steuer, die gem. Art 108 Abs. 2 GG iVm § 17 Abs. 2 FVG allein bei den Ländern liegt, die die KSt durch ihre örtlichen FÄ festsetzen und erheben.[33]
Die Bundesregierung (inbes. das BMF) ist – mit Zustimmung des BR – ermächtigt, den Finanzbehörden Anweisungen zur Rechtsauslegung des KStG zu erteilen, um eine einheitliche Anwendung des KStG und eine Minimierung des Verwaltungsaufwands zu erreichen und um unbillige Härten zu vermeiden. Die entsprechenden KStR 2004 und KStH 2008 wurden 2016 neu gefasst (KStR/KStH 2015).[34] Als Verwaltungsanweisung binden die KStR unmittelbar nur die nachgeordneten Finanzbehörden, so dass die AG deren Anwendung zu ihren Gunsten grds. nicht gerichtlich durchsetzen kann, die Anwendung zu ihren Ungunsten jedoch nicht hinzunehmen braucht. Für die Gestaltungspraxis ist eine Verwaltungsanweisung wie die KStR jedoch von großer Bedeutung, da sich an ihnen die Auffassung der Finanzverwaltung ablesen lässt.

Das Aufkommen aus der KSt steht dem Bund und Ländern grds. jeweils zur 21
Hälfte zu (sog. **Gemeinschaftsteuer**, Art. 106 Abs. 3 GG). Die KSt wird dabei am Ort der Geschäftsleitung der AG erhoben. Jedes Bundesland hat nach dem ZerlG[35] aber die Pflicht, seinen Anteil nach den Grundsätzen für die gewerbesteuerliche Zerlegung (vgl. dazu § 12 Rn. 163) entsprechend auf die Länder zu verteilen, in denen die AG Betriebsstätten unterhält. Im Jahr 2016 betrug das **Steueraufkommen** aus der KSt ca. 27,4 Mrd. EUR, was 3,9% der gesamten Steuereinnahmen Deutschlands (705,8 Mrd. EUR) ausmacht. Im Vergleich zu 2015 war dies eine Steigerung von 40,1%.[36]

---

[28] Aufgrund der Problematik, dass der SolZ möglicherweise nicht verfassungsgemäß ist, sind gem. BMF v. 29.10.2010 (BStBl. I 2010, 1202) alle Festsetzungen des SolZ ab VZ 2005 vorläufig gem. § 165 Abs. 1 Satz 2 Nr. 3 AO vorzunehmen.
[29] FG Niedersachsen 7 K 143/08, DStRE 2014, 534; 7 V 89/14, EFG 2016, 63: vorläufiger Rechtsschutz gegen SolZ.
[30] FG Köln 13 K 1287/09, DStRE 2010, 1061; FG Münster 1 K 4077/08 E, EFG 2010, 588.
[31] BFH II R 52/10, DStRE 2011, 1199 und II R 50/09, BFH/NV 2011, 1685.
[32] BVerfG 2 BvL 6/14 (anh.).
[33] Frotscher/Geurts/*Lindberg* EStG § 2 Rn. 3.
[34] KStR/KStH 2015 v. 6.4.2016, BStBl. I 2016 Sondernummer 1, 5.2.
[35] Zerlegungsgesetz v. 6.8.1998, BGBl. 1998 I 1998, zuletzt geändert durch Art. 15 Gesetz zur Anpassung der Abgabenordnung an den Zollkodex der Union und zur Änderung weiterer steuerlicher Vorschriften v. 22.12.2014, BGBl. 2014 I 2417.
[36] Vgl. hierzu die Webseite des Statistischen Bundesamts (www.destatis.de).

4. Steuertarif und internationaler Vergleich

22 Der Steuersatz bei der KSt liegt unabhängig von der Art der Gewinnverwendung (Thesaurierung oder Ausschüttung) und der Höhe der Bemessungsgrundlage seit 2008 nunmehr einheitlich bei 15%. Die sich im Zuge der Festsetzung ergebenden einzelnen Körperschaftsteuerbeträge sind gem. § 31 Abs. 1 Satz 2 KStG jeweils zu Gunsten des Steuerpflichtigen auf volle Euro-Beträge zu runden. Die effektive Belastung liegt inkl. SolZ bei 15,825%.

23 Im **internationalen Vergleich** ist zu berücksichtigen, dass der Gewinn der AG in Deutschland nicht nur mit KSt, sondern auch mit GewSt belastet wird. Die Höhe der GewSt bemisst sich nach dem jeweiligen Hebesatz, welcher von den Gemeinden selbst festgelegt wird. Idealtypisch wird von einem Hebesatz von 400% ausgegangen, was zu einem GewSt-Satz von 14% und einer Gesamtbelastung des Gewinns der AG von 29,825% führt. Dabei zeigt sich, dass die Belastung der AG mit KSt in vielen Gemeinden geringer ist als die entsprechende GewSt-Belastung.

24 Mit der Absenkung des Körperschaftsteuersatzes von 25% auf 15% im Rahmen des UntStRefG 2008 hat Deutschland an internationaler Attraktivität gewonnen. Dennoch bleibt mit Blick auf die geltenden Steuersätze der **Steuerwettbewerb** innerhalb Europas bestehen. Schon heute findet sich Deutschland im Vergleich nur noch im unteren Mittelfeld wieder. Ob der Trend der sinkenden Steuersätze für Körperschaften anhält, wird sich zeigen. Infolge der Wirtschaftskrise scheint dieser Trend sich zumindest verlangsamt zu haben; immerhin haben binnen der letzten fünf Jahre zwar sechs EU-Staaten ihre KSt-Sätze gesenkt, fünf Staaten haben sie allerdings auch erhöht.

25 Im Wege der Harmonisierung der Steuerrechtssysteme in der EU hat die Europäische Kommission Ansätze zur Implementierung einer sog. **GKKB** (Gemeinsame Konsolidierte Körperschaftsteuer Bemessungsgrundlage) ausgearbeitet. Die GKKB hat die Vereinfachung der Besteuerung multinationaler Unternehmen zum Ziel. So müssten international tätige Konzerne nach der tragenden Idee der GKKB eine einheitliche Ermittlung des zu versteuernden Einkommens aller in der Europäischen Union ansässigen Gesellschaften nach einheitlichen EU-Vorschriften vornehmen, so dass sich ähnlich einer körperschaftsteuerlichen Organschaft auch ein aggregiertes Einkommen auf Ebene der Konzernspitze ergeben würde. Liegt der Sitz der Konzernspitze in Deutschland, müsste lediglich die Konzernspitze eine einzige Steuererklärung für alle Konzerngesellschaften bei dem für sie zuständigen Finanzamt einreichen. Das aggregierte zu versteuernde Einkommen würde dann in einem weiteren Schritt – vergleichbar mit der Gewerbesteuerzerlegung – nach einer bestimmten Formel auf die einzelnen Konzerngesellschaften aufgeteilt und im jeweiligen EU-Staat mit dem dort geltenden Steuersatz der Besteuerung unterworfen werden. Ein derartiges Vorgehen hätte den entscheidenden Vorteil, dass eine erhebliche Vereinfachung des Besteuerungsverfahrens eintreten würde, denn eine separate Ermittlung der zu versteuernden Einkommen der jeweiligen Konzerngesellschaften nach den in ihren Sitzstaaten geltenden Regelungen würde unterbleiben. Nachdem die Europäische Kommission einen Richtlinienvorschlag im März 2011 veröffentlicht hatte,[37] kam die Umsetzung der GKKB ins Stocken, da der Europäische Rat den Vorschlag kritisierte und nicht zustimmte. Die EU-Minister einigten sich im Juli 2013 jedoch auf die Einführung einer gemeinsamen Bemessungsgrundlage im ersten Schritt und einer konsolidierten Bemessungsgrundlage im zweiten Schritt.

---

[37] EU Kommission v. 16.3.2011, KOM(2011) 121/4.

A. Körperschaftsteuerrecht 26, 27 § 12

Dazu veröffentlichte die Europäische Kommission im Jahr 2016 auch jeweils einen Richtlinienvorschlag[38], der die Vorschläge des Rates sowie dessen Arbeit zur Bekämpfung der Steuervermeidung berücksichtigt.[39]

Im Einklang mit dem BEPS-Projekt der OECD[40] soll die GKKB auch einen wesentlichen Beitrag dazu leisten, eine aggressive Steuerplanung sowie die Gewinnverschiebung mit dem Ziel der Steuervermeidung einzudämmen.[41]

Die tarifliche Belastung des Gewinns von Körperschaften (KSt, GewSt und vergleichbare andere Steuern des Zentralstaats und der Gebietskörperschaft) im aktuellen internationalen Vergleich soll anhand der nachfolgenden Übersicht für das Jahr 2014 veranschaulicht werden. In den internationalen Vergleich einbezogen wurden Staaten der Europäischen Union sowie ausgewählte Drittstaaten (Angaben in Prozent): 26

Unternehmensbesteuerung 2017

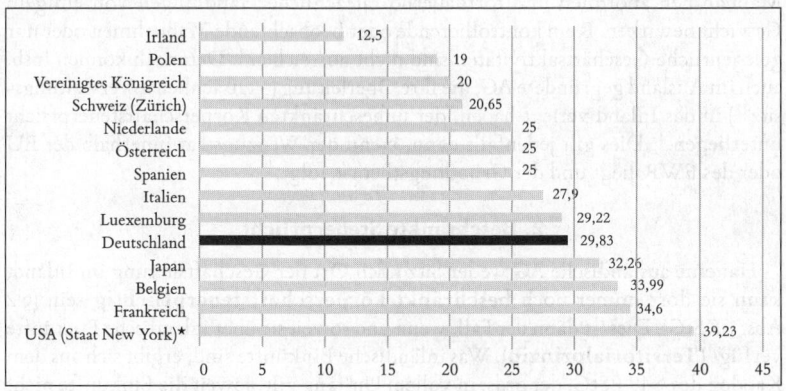

Land	Prozent
Irland	12,5
Polen	19
Vereinigtes Königreich	20
Schweiz (Zürich)	20,65
Niederlande	25
Österreich	25
Spanien	25
Italien	27,9
Luxemburg	29,22
Deutschland	29,83
Japan	32,26
Belgien	33,99
Frankreich	34,6
USA (Staat New York)*	39,23

* vor der US-Steuerreform 2018; ab 2018: 27,5 %

II. Die AG als Körperschaftsteuersubjekt

1. Unbeschränkte Steuerpflicht

Für die AG bestimmt sich die persönliche Steuerpflicht nach den Vorschriften des KStG. Die nach den Vorschriften des AktG wirksam gegründete AG gehört als juristische Person des privaten Rechts zu den in § 1 Abs. 1 Nr. 1 KStG aufgeführten Körperschaften und ist somit – wie auch die SE und die KGaA – ein selbstständiges Steuersubjekt.[42] Dies gilt selbst dann, wenn die AG funktionslos ist und nur über einen einzigen Aktionär verfügt.[43] 27

Im Fall der **unbeschränkten Körperschaftsteuerpflicht** der AG erstreckt sich die inländische Steuerpflicht auf deren Welteinkommen und damit auf sämtliche in- und ausländischen Einkünfte, soweit diese nicht durch persönliche (zB § 5 Abs. 1 Nr. 1 KStG) oder sachliche Steuerbefreiungen (zB § 8b KStG oder nach DBA)

---

[38] EU Kommission v. 25.10.2016, COM(2016) 683 final und COM(2016) 685 final.
[39] http://www.consilium.europa.eu/de/policies/ccctb/
[40] http://www.oecd.org/tax/beps-2015-final-reports.htm
[41] http://ec.europa.eu/taxation_customs/taxation/company_tax/common_tax_base/index_de.htm
[42] Auch ausländische Rechtsformen, die mit der AG nach dem AktG nach dem sog. Typenvergleich vergleichbar sind, kommen als Steuersubjekte der KSt in Betracht.
[43] BFH VIII R 11/77, BStBl. II 1981, 339.

eingeschränkt wird. Unbeschränkt körperschaftsteuerpflichtig ist die AG, wenn sich entweder ihre Geschäftsleitung (§ 10 AO) oder ihr Sitz (§ 11 AO) im Inland befindet. Als Inland gilt das Gebiet der Bundesrepublik Deutschland einschließlich ihres Anteils am sog. Festlandsockel sowie an der ausschließlichen Wirtschaftszone.[44] Der **Sitz** der AG bestimmt sich nach dem in der Satzung bestimmten Ort und kann regelmäßig dem HR entnommen werden.[45] Bei einer nach deutschem Recht gegründeten AG liegt daher stets eine unbeschränkte Steuerpflicht vor, da sie ihren Satzungssitz – anders als ihren Verwaltungssitz[46] – nicht verlegen kann. Daneben ist eine AG auch dann unbeschränkt steuerpflichtig, wenn ihre **Geschäftsleitung** im Inland liegt. Ort der Geschäftsleistung ist gem. § 10 AO der Mittelpunkt der geschäftlichen Oberleitung. Dieser befindet sich dort, wo die leitenden Personen – bei der AG also idR die Vorstände – die für das Tagesgeschäft der AG notwendigen Maßnahmen anordnen und fortdauernd tatsächliche Handlungen von einigem Gewicht bewirken. Rein kontrollierende oder beobachtende Maßnahmen oder nur gelegentliche Geschäftsaktivitäten sind nicht ausreichend. Demnach können insb. auch im Ausland gegründete AG, die ihre Oberleitung (= tatsächlicher Verwaltungssitz[47]) in das Inland verlegt haben, der unbeschränkten Körperschaftsteuerpflicht unterliegen.[48] Dies gilt jedenfalls dann, wenn der Wegzugstaat innerhalb der EU oder des EWR liegt und der Gründungstheorie folgt.[49]

2. Beschränkte Steuerpflicht

28 Hat eine ausländische AG weder Sitz noch Ort der Geschäftsleitung im Inland, kann sie dort immer noch **beschränkt körperschaftsteuerpflichtig** sein (§ 2 Abs. 1 KStG). Dies ist dann der Fall, wenn und soweit sie über inländische Einkünfte verfügt **(Territorialprinzip)**. Was inländische Einkünfte sind, ergibt sich aus dem Katalog des § 49 EStG, der grds. in vollem Umfang gilt, soweit die Einkünfte nicht nach ihrer Wesensart auf natürliche Personen zugeschnitten sind. Die praktisch bedeutsamsten Fälle sind die, in denen eine ausländische AG im Inland über eine Betriebsstätte verfügt (§ 49 Abs. 1 Nr. 2 Buchst. a EStG) oder inländischen Grundbesitz vermietet oder verkauft (§ 49 Abs. 1 Nr. 2 Buchst. f EStG). Im letzteren Fall ist im Übrigen die sog. isolierende Betrachtungsweise (§ 49 Abs. 2 EStG) von Bedeutung. Demnach bleiben die von der ausländischen AG im Ausland verwirklichten Merkmale unberücksichtigt, soweit deren Beachtung der Annahme inländischer Einkünfte iSd § 49 EStG entgegenstünden. Die alleinige Gewerblichkeit der ausländischen AG in ihrem Sitzstaat würde demnach nicht dazu führen, dass diese auch im Inland nur gewerbliche Einkünfte aus der Vermietungstätigkeit hat. Vielmehr kann die ausländische AG grds. auch nur Vermietungseinkünfte haben, die allerdings seit dem VZ 2009 selbst als gewerbliche inländische Einkünfte qualifiziert

---

[44] Zum aktualisierten Inlandsbegriff ab VZ 2016 siehe § 1 Abs. 1 Satz 2 EStG nF v. 2.11.2015 (BGBl. I, 1834); dieser wurde ggü. § 1 Abs. 1 Satz 2 EStG idF bis einschließlich VZ 2015 wesentlich detaillierter ausgestaltet.

[45] Im Regelfall hat eine AG nur einen Satzungssitz. In besonderen Ausnahmefällen ist bei einer AG jedoch auch ein Doppel- bzw. Zweitsitz denkbar, vgl. BayObL BReg 3 Z 22/85, BB 1985, 949.

[46] Vgl. § 5 AktG.

[47] Schnitger/Fehrenbacher/*Benecke* KStG § 1 Rn. 51; BFH IX R 182/87, BStBl. II 1992, 972 mwN.

[48] Vgl. auch BFH IX R 182/87, BStBl. II 1992, 972 – liechtensteinische AG; auch bereits RFH I A 194/36, RStBl. 1937, 684 – US-amerikanische AG.

[49] Schnitger/Fehrenbacher/*Benecke* KStG § 1 Rn. 211 f.

A. Körperschaftsteuerrecht 29–32 § 12

werden[50] und insoweit ausdrücklich der beschränkten Steuerpflicht unterliegen. Unabhängig vom Umfang der beschränkten Steuerpflicht nach dem KStG kann die Besteuerung der inländischen Einkünfte der ausländischen AG jedoch durch vorrangig anzuwendende DBA eingeschränkt oder ausgeschlossen werden.

3. Beginn der Steuerpflicht

Die Körperschaftsteuerpflicht der AG beginnt nicht erst in dem Zeitpunkt, in dem die AG zivilrechtlich wirksam wird. Zivilrechtlich wirksam wird die AG mit ihrer konstitutiv wirkenden Eintragung in das HR (§ 41 Abs. 1 AktG). Die Steuerpflicht der AG beginnt bereits vorher in der Gründungsphase. Dabei sind zwei Stadien zu differenzieren: 29

Zwischen dem (formlosen) Abschluss der Vereinbarung der Gesellschafter zur Gründung und notarieller Feststellung der Satzung der AG (§ 23 AktG) besteht die sog. **Vorgründungsgesellschaft**, deren Gesellschaftszweck noch die Gründung der AG ist. Die Vorgründungsgesellschaft ist noch nicht selbstständig körperschaftsteuerpflichtig. Sofern sie bereits wirtschaftlich nach außen tätig wird, sind ihre Einkünfte – wie bei einer Personengesellschaft – bei ihren Gründungsaktionären zu erfassen und unterliegen dort der Einkommensteuer.[51] Mit notarieller Feststellung der Satzung der AG und Übernahme der Aktien durch die Gründungsaktionäre entsteht bis zur Eintragung der AG im HR die sog. **Vorgesellschaft**.[52] Diese ist bereits körperschaftlich strukturiert und mit der sodann eingetragenen AG identisch. Daraus wird abgeleitet, dass die AG bereits in diesem Stadium als Vorgesellschaft körperschaftsteuerpflichtig ist.[53] Kommt es indes bei der Vorgesellschaft nicht zur Eintragung in das HR, liegt eine sog. unechte Vorgesellschaft vor, die nach den Regeln der Vorgründungsgesellschaft zu besteuern und somit nicht selbst körperschaftsteuerpflichtig ist.[54] 30

4. Ende der Steuerpflicht

Die Steuerpflicht der AG kann durch verschiedene Ursachen enden. Dies können insb. sein die Auflösung der AG, die Umwandlung oder der Verlust bzw. die Beschränkung des Besteuerungsrechts der BRD. Die Steuerpflicht endet jedenfalls solange nicht, wie die AG zivilrechtlich wirksam besteht.[55] Allerdings führt auch die Eintragung der Auflösung der AG bzw. deren Löschung nicht direkt zur Beendigung ihrer Körperschaftsteuerpflicht. Denn steuerlich besteht die AG solange fort, wie sie noch steuerrechtliche Pflichten zu erfüllen hat oder sie als belastete Steuerbescheide angreifen kann.[56] 31

Die **Auflösung** der AG (zB infolge satzungsmäßigen Zeitablaufs, Beschlusses der HV oder Eröffnung eines Insolvenzverfahrens) führt insb. dann nicht zur Beendigung der Körperschaftsteuerpflicht, wenn sie noch über bilanzierungsfähige Vermögensgegenstände verfügt oder sich noch tatsächlich zum Zwecke der Abwicklung am Markt betätigt. Dementsprechend richtet sich die Besteuerung der AG während der Abwicklungsphase nach dem KStG (insb. § 11 KStG). Da die Kör- 32

---

[50] Vgl. § 49 Abs. 1 Nr. 2 Buchst. f EStG.
[51] H 1.1 KStR; Schnitger/Fehrenbacher/*Benecke* KStG § 1 Rn. 237.
[52] Hölters/Solveen AktG § 29 Rn. 2.
[53] H 1.1 KStR; Gosch/*Hummel* KStG § 1 Rn. 35.
[54] BFH I 8/52 U, BStBl. III 1952, 172 (173); Gosch/*Hummel* KStG § 1 Rn. 35.
[55] BFH I R 98–99/86, BStBl. II 1990, 468 (469).
[56] BFH III R 19/75, BStBl. II 1977, 783 (784); Schnitger/Fehrenbacher/*Benecke* KStG § 1 Rn. 254.

Böing

perschaftsteuerpflicht der AG solange nicht entfällt, wie sie noch steuerrechtliche Pflichten zu erfüllen hat, führt auch die Löschung aus dem HR nach dem Schluss der Liquidation nicht zur Beendigung ihrer Steuerpflicht, solange eine Nachtragsliquidation iSd § 273 AktG nicht ausgeschlossen ist. Eine ggf. erforderlich werdende Korrektur ergangener Steuerbescheide kann dementsprechend auf der Grundlage von § 173 Abs. 1 AO erfolgen.[57]

33 Im Falle der **Umwandlung** der AG nach dem UmwG ist zu differenzieren. Wird die AG zur Aufnahme oder Neugründung verschmolzen, geht sie nach der Vermögensübertragung unter und ihre Körperschaftsteuerpflicht endet.[58] Dieselbe Rechtsfolge hat insb. die Umwandlung der AG in eine Personengesellschaft. Bei einem Formwechsel einer AG in eine andere Kapitalgesellschaftsform (zB eine SE, KGaA oder GmbH) ändert sich auch steuerlich nur das Rechtskleid und nicht die Identität der Gesellschaft, die weiterhin körperschaftsteuerpflichtig bleibt.[59] Wird die AG mit steuerlicher Rückwirkung umgewandelt (§ 2 UmwStG), tritt das Ende der Körperschaftsteuerpflicht der umgewandelten AG grds. bereits mit Ablauf des steuerlichen Übertragungsstichtags ein. Dieser kann bis zu 8 Monaten vor der Anmeldung der Umwandlung bei dem HR der übertragenden AG liegen. Allerdings ist zu beachten, dass die Rückwirkungsfiktion nicht für die Aktionäre der übertragenden AG gilt und die AG im Rückwirkungszeitraum auch noch Leistungen iSv § 27 KStG erbringen kann.[60]

34 Die **Beschränkung des Besteuerungsrechts** der BRD kann einen weiteren Beendigungsgrund für die Körperschaftsteuerpflicht einer AG darstellen. Dies ist insb. dann der Fall, wenn eine bislang unbeschränkt steuerpflichtige AG ihre Geschäftsleitung oder ihren Sitz in einen EU/EWR-Staat verlegt. Für diesen Fall fingiert § 12 Abs. 3 KStG die Auflösung der AG und den Eintritt in die Liquidationsbesteuerung nach § 11 KStG unabhängig davon, ob diese Folgen auch zivilrechtlich eintreten. Verlegt eine unbeschränkt körperschaftsteuerpflichtige AG ihren Verwaltungssitz[61] in einen anderen EU/EWR-Staat, führt dies für sich genommen noch nicht zur Auflösung der Gesellschaft. Dies würde erst dann eintreten, wenn die unbeschränkte Steuerpflicht der AG oder deren abkommensrechtliche Ansässigkeit nach einem anwendbaren DBA endet.

5. Steuerliche Ansässigkeit der AG

35 Neben dem Begriff der unbeschränkten Steuerpflicht ist auch die steuerliche **Ansässigkeit** nach dem jeweils einschlägigen DBA für die Besteuerung der AG relevant. Eine im Inland gegründete AG mit Geschäftsleitung im Inland ist nicht nur unbeschränkt steuerpflichtig iSv § 1 Abs. 1 KStG, sondern idR zugleich auch im Inland ansässig. Sobald jedoch der Ort der Geschäftsleitung und der Sitz der AG auseinanderfallen, stellt sich die Frage, in welchem Land die AG abkommensrechtlich steuerlich ansässig ist. Dies ergibt sich idR aus dem jeweiligen anwendbaren

---

[57] Gosch/*Hummel* KStG § 1 Rn. 38; Schnitger/Fehrenbacher/*Mohr* KStG § 2 Rn. 77; aA wohl BMF 6.1.2014, BStBl. I 2014, 111 Rn. 12.
[58] Vgl. BFH I R 52/05, BFH/NV 2006, 1243.
[59] BFH I R 3/06, BStBl. II 2010, 186; Schnitger/Fehrenbacher/*Benecke* KStG § 1 Rn. 256.
[60] Schnitger/Fehrenbacher/*Benecke* KStG § 1 Rn. 256.
[61] Eine Verlegung des Verwaltungssitzes einer AG ist gem. § 5 AktG möglich, nicht aber eine Verlegung des Satzungssitzes. Etwas anderes gilt für eine SE, bei der eine parallele Verlegung des Satzungs- und Verwaltungssitzes in denselben EU/EWR-Staat möglich ist, Art. 7, 8 SE-VO.

A. Körperschaftsteuerrecht 36–40 § 12

DBA.[62] Die Frage der Ansässigkeit ist des Weiteren entscheidend für die Verteilung der Besteuerungsrechte zwischen den Vertragsstaaten des jeweiligen DBA.

III. Grundsätze der laufenden Besteuerung der AG

1. Abschnittsbesteuerung/Veranlagungszeitraum

Entsprechend der ESt erfolgt auch bei der KSt die Besteuerung nach dem Prinzip der **Abschnittsbesteuerung**. Ein Besteuerungsabschnitt beträgt regelmäßig ein Jahr (Jahressteuer, § 7 Abs. 3 KStG). Durch die Abschnittsbesteuerung wird das verfassungsrechtliche Prinzip der Besteuerung nach der wirtschaftlichen Leistungsfähigkeit innerhalb eines Besteuerungsabschnitts gewahrt. Da dieser Besteuerungsgrundsatz jedoch auch abschnittsübergreifend zu beachten ist, wird die Abschnittsbesteuerung auch bei der KSt an einigen Stellen durchbrochen, zB bei der Verlustverrechnung.[63] 36

Bei der Abschnittsbesteuerung sind drei Zeiträume zu unterscheiden: (a) Steuerbemessungszeitraum, (b) Einkünfteermittlungszeitraum, (c) Veranlagungszeitraum. Der **Steuerbemessungszeitraum** ist der Zeitraum, für den allgemein die Bemessungsgrundlage für die KSt, das zu versteuernde Einkommen,[64] zu ermitteln ist. Dieser stimmt grds. mit dem Kj. überein.[65] Die in dem jeweiligen Kj. geltende Rechtslage ist für die Ermittlung des zu versteuernden Einkommens relevant. 37

Der **Einkünfteermittlungszeitraum** ist der Zeitraum, für den die konkreten Einkünfte der AG zu ermitteln sind. Dieser stimmt im Regelfall mit dem Steuerbemessungszeitraum und damit mit dem Kj. überein. Dies ist aber nicht zwingend. Weicht das Wj.[66] der AG vom Kj. ab, ist für die Ermittlung der Einkünfte der AG dieses abweichende Wj. maßgeblich. Die Besteuerung für diesen Zeitraum erfolgt dann in dem Kj., in dem der Einkünfteermittlungszeitraum endet (§ 7 Abs. 4 Satz 2 KStG). Läuft das Wj. der AG somit zB vom 1.7.16 bis zum 30.6.16, werden die Einkünfte der AG in 16 erfasst. Eine Abweichung zwischen Einkünfteermittlungszeitraum und Steuerbemessungszeitraum ergibt sich auch bei einem Rumpf-Wj. Dieses kann weniger als 12 Monate betragen und entsteht regelmäßig bei Gründung, Löschung oder Umstellung des Wj. der AG.[67] Ferner kann der Einkünfteermittlungszeitraum im Fall der Liquidation bis zu drei Jahre betragen.[68] 38

Der **Veranlagungszeitraum** bezeichnet den Zeitraum, in dem die KSt verfahrensrechtlich veranlagt bzw. festgesetzt wird. Er ist stets mit dem Kj. identisch (§§ 25, 31 EStG, § 8 Abs. 1 KStG). 39

2. Bemessungsgrundlage: das zu versteuernde Einkommen

Grundlage für die Besteuerung der AG mit KSt ist das sog. **zu versteuernde Einkommen** (§ 7 Abs. 1 KStG). Das zu versteuernde Einkommen ist somit die Rechengröße, welche die sachliche Steuerpflicht konkretisiert und auf die der 40

---

[62] Vgl. Art. 4 OECD-MA (sog. Tie-breaker-Regelung).
[63] § 12 Rn. 55 ff.
[64] § 12 Rn. 40 ff.
[65] Eine Ausnahme stellt der unterjährige Wechsel zwischen beschränkter und der unbeschränkter Steuerpflicht dar, § 7 Abs. 3 Satz 3 KStG.
[66] Das steuerliche Wj. ist in den meisten Fällen identisch mit dem handelsrechtlichen Gj. der AG (vgl. §§ 240, 242 HGB).
[67] Die Umstellung auf ein vom Kj. abweichendes Wj. bedarf der Zustimmung des FA; die Umstellung auf ein kalendergleiches Wj. nicht, § 7 Abs. 4 Satz 3 KStG.
[68] Hierzu s. § 17 Rn. 75 ff.

Steuertarif von 15% anzuwenden ist, um die konkrete KSt-Belastung der AG zu ermitteln. Was unter dem zu versteuernden Einkommen zu verstehen ist, ergibt sich aus §§ 7 Abs. 2 iVm 8 Abs. 1 KStG. Es ist im Ausgangspunkt nach dem EStG[69] zu bestimmen und wird dadurch konkretisiert, dass einzelne auf Privatpersonen zugeschnittene Regelungen des EStG ausgeblendet (zB Sonderausgaben, außergewöhnliche Belastungen) und um Sonderreglungen des KStG ergänzt werden (zB Freibeträge gem. §§ 24, 25 KStG, Organschaftsregeln gem. §§ 14 ff. KStG).

41 Eine im Inland unbeschränkt steuerpflichtige AG kann nur gewerbliche Einkünfte haben; wegen der Fiktion des § 8 Abs. 2 KStG sind andere Einkünfte der AG ausgeschlossen. Ebenfalls nicht möglich ist es, dass die AG Zuflüsse erhält, die nicht als gewerbliche Einkünfte zu qualifizieren sind. Denn die AG verfügt – wie alle Körperschaften iSv § 8 Abs. 2 KStG – nicht über eine **außerbetriebliche Sphäre**.[70]

42 Die Ermittlung des zu versteuernden Einkommens lässt sich schematisch wie folgt zusammenfassen:[71]

	Handelsbilanzielles Jahresergebnis nach HGB (Jahresüberschuss/-fehlbetrag)
+/–	Steuerbilanzielle Korrekturen gem. § 60 Abs. 2 EStDV
=	**Steuerbilanzielles Jahresergebnis (Jahresüberschuss/-fehlbetrag)**
+/–	steuerfreie in- und ausländische Bezüge/korrespondierende Aufwendungen
–	inländische/ausländische Bezüge gem. § 8b Abs. 1 KStG
+	5% der Bezüge gem. § 8b Abs. 1 KStG (§ 8b Abs. 5 KStG)
–	sonstige steuerfreie Einkünfte (zB nach DBA) bzw. Erträge (zB § 3 EStG)/Investitionszulagen
+/–	steuerfreie Veräußerungsgewinne/korrespondierende Aufwendungen
–	Gewinne gem. § 8b Abs. 2 KStG
+	5% der Gewinne gem. § 8b Abs. 2 KStG (§ 8b Abs. 3 Satz 1 KStG)
+	Gewinnminderungen im Zusammenhang mit § 8b Abs. 2 KStG (§ 8b Abs. 3 Satz 2 KStG)
+/–	Korrekturen außerbetrieblicher Vorgänge
+	vGA gem. § 8 Abs. 3 Satz 2 KStG
–	verdeckte Einlagen
+	Berichtigungsbeträge gem. § 1 AStG
+	Hinzurechnungsbeträge gem. § 10 AStG/Aufstockungsbeträge gem. § 12 AStG
+/–	Nichtabziehbare Aufwendungen
+	nichtabziehbare Betriebsausgaben gem. § 4 Abs. 5, 6 EStG, § 160 AO
+	Zuwendungen an betriebl. Pensions- und Unterstützungskassen jenseits §§ 4c, 4d EStG
+	Satzungspflichtaufwendungen gem. § 10 Nr. 1 KStG
+	nichtabziehbare in- und ausländische Steuern gem. § 10 Nr. 2 KStG
+	nichtabziehbare Aufwendungen (zB Geldstrafen) gem. § 10 Nr. 3 KStG

---

[69] Auch § 2 Abs. 5 EStG beinhaltet den Begriff des zu versteuernden Einkommens; zu den einzelnen im KStG anwendbaren Regelungen s. R 8.1 Abs. 1 KStR.
[70] BFH IV R 122/90, BStBl. II 1992, 342; I R 54/95, DStR 1997, 492.
[71] Angelehnt an R 7.1 Abs. 1 KStR.

A. Körperschaftsteuerrecht   43–45 § 12

	+	50% Zuwendungen (v. a. Aufsichtsratsvergütungen) gem. § 10 Nr. 4 KStG
	+	Spenden und nichtabziehbare Zuwendungen gem. § 9 Abs. 1 Nr. 2 KStG
=	**Steuerlicher Gewinn** (Summe der Einkünfte gem. § 9 Abs. 2 Satz 1 KStG)	
	–	abzugsfähige ausländische Steuern vom Einkommen gem. § 26 Abs. 6 KStG, § 34c Abs. 2, 3 und 6 EStG, § 12 Abs. 3 AStG
	–	abziehbare Spenden und Beiträge gem. § 9 Nr. 3 KStG
+/–	Körperschaftsteuerliche Organschaft	
	+/–	Einkommenszurechnung von Organgesellschaften gem. §§ 14, 17, 18 KStG
	–/+	abgeführte Gewinne bzw. ausgeglichene Verluste lt. handelsrechtlichem Jahresabschluss
=	**Gesamtbetrag der Einkünfte aus Gewerbebetrieb gem. § 8 Abs. 2 KStG**	
–	Verlustrücktrag/-vortrag gem. §§ 8 Abs. 1, 4 und 5 KStG, 10d EStG	
=	**Zu versteuerndes Einkommen** gem. § 7 Abs. 1 KStG	

a) Ausgangspunkt: Ergebnis nach Handelsbilanz/Steuerbilanz

Ausgangsgröße für die Ermittlung des zu versteuernden Einkommens der AG **43** ist deren handelsrechtliches Jahresergebnis (Jahresüberschuss oder -fehlbetrag) nach HGB.[72] Denn auch für die qua Rechtsform buchführungspflichtige AG gilt das **Maßgeblichkeitsprinzip** des § 5 Abs. 1 Satz 1 EStG. Dieses besagt, dass für die steuerliche Gewinnermittlung zunächst die handelsrechtlichen GoB, insb. die handelsrechtlichen Ansatz- und Bewertungsvorschriften, materiell und formell maßgeblich sind.

Die handels- und die steuerrechtliche Gewinnermittlung verfolgen jedoch unter- **44** schiedliche Ziele.[73] Demzufolge enthält das Steuerrecht in den §§ 5 ff. EStG einige spezielle Gewinnermittlungsregelungen, durch die das Ergebnis der handelsrechtlichen Gewinnermittlung modifiziert wird. Auch können steuerliche Wahlrechte abweichend von der Handelsbilanz ausgeübt werden. Die sog. umgekehrte Maßgeblichkeit, wonach gewählte steuerliche Wertansätze für die Handelsbilanz maßgeblich sind, wurde durch das BilMoG[74] abgeschafft. Die Abweichungen zwischen der handelsrechtlichen und der steuerrechtlichen Gewinnermittlung können entweder in der **Steuerbilanz** der AG abgebildet werden oder sie können – unter Verzicht auf die Erstellung einer eigenen Steuerbilanz – in der Handelsbilanz durch entsprechende steuerliche Zusätze oder Anmerkungen kenntlich gemacht werden (sog. Überleitungsrechnung, § 60 Abs. 2 EStDV).

b) Vom Jahresüberschuss zum zu versteuernden Einkommen

Das Ergebnis der steuerlichen Gewinnermittlung ist jedoch nur ein Zwischen- **45** schritt auf dem Weg zur Ermittlung der Bemessungsgrundlage der KSt. Wie das Schema in Rn. 42 zur Ermittlung des zu versteuernden Einkommens zeigt, gibt es

---

[72] Die Gewinnermittlung nach anderen Rechnungslegungsstandards (zB IFRS) ist insofern irrelevant; IFRS-Regeln können ggf. iRd EK-Escape bei der Zinsschranke (§ 4h Abs. 2 EStG) eine Rolle spielen.
[73] Steuerrecht: Gleichmäßige Besteuerung nach Maßgabe der wirtschaftlichen Leistungsfähigkeit; Handelsrecht: Ermittlung des ausschüttungsfähigen Gewinns unter Beachtung des Vorsichtsprinzips, § 252 HGB.
[74] G v. 25.5.2009, BGBl. 2009 I 1102.

bei der **Einkommensermittlung** verschiedene Korrekturen in Bezug auf betriebliche und außerbetriebliche Vorgänge, die allesamt außerbilanziell vorzunehmen sind.[75] So dürfen insb. bestimmte Aufwendungen den steuerlichen Gewinn nicht mindern, obwohl sie handelsrechtlich als betriebliche Ausgaben anerkannt werden. Auf diese Weise wird erreicht, dass auch die AG nach ihrer tatsächlichen wirtschaftlichen Leistungsfähigkeit besteuert wird.

46 Wegen Einzelheiten zu den diversen **nicht abziehbaren Aufwendungen** – insb. steuerliche Abzugsverbote nach dem EStG – wird auf die einschlägige Kommentarliteratur verwiesen.[76] Gleichwohl sollen nachfolgend die bei einer AG wesentlichen nicht abziehbaren Aufwendungen kursorisch angesprochen werden.

47 **aa) Steuern**: Bestimmte Steuern, welche die AG zu zahlen hat, sind – auch wenn sie handelsrechtlich Aufwendungen darstellen – steuerlich nicht abziehbar. § 10 Nr. 2 KStG[77] enthält für die folgenden aktuellen Steuerarten ein **Abzugsverbot**:
- KSt,
- KapESt (Einbehalten für der AG zuzurechnende Kapitalerträge),
- SolZ,
- Erbschaft- bzw. Schenkungsteuer,[78]
- USt (auf Entnahmen oder vGA),
- Vorsteuer auf Betriebsausgaben gem. § 4 Abs. 5 Nrn. 1–4, 7 EStG,
- Ausländische (Quellen-)Steuern (Ausnahme: Abzug gem. § 26 KStG iVm § 34c EStG).

Auch die eigene Gewerbesteuerlast der AG ist seit dem VZ 2008 nicht mehr als Betriebsausgabe abziehbar (§ 4 Abs. 5a EStG iVm § 8 Abs. 1 KStG). Ebenfalls nicht abzugsfähig sind die mit nichtabziehbaren Steuern im Zusammenhang stehenden **steuerlichen Nebenleistungen** (insb. Säumniszuschläge gem. § 240 AO, Verspätungszuschläge gem. § 152 AO, Zinsen auf Steuernachforderungen gem. § 233 AO, sämtliche Zinszahlungen gem. § 233f. AO sowie Zwangsgelder, Vollstreckungskosten und Prozess- und Aussetzungszinsen gem. §§ 236f. AO). Demgegenüber sind Zinsen gem. § 233a AO, welche die AG für erstattete Körperschaftsteuerzahlungen erhält, nicht im Umkehrschluss aus § 10 Nr. 2 KStG steuerfrei, sondern als Betriebseinnahmen zu versteuern.[79]

48 **bb) Geldstrafen** oder sonstige Maßnahmen mit Strafcharakter sind gem. § 10 Nr. 3 KStG nicht steuerlich abzugsfähig. Da nach geltendem deutschen Strafrecht keine Geldstrafe ggü. einer juristischen Person verhängt werden kann, erfasst der Anwendungsbereich dieser Norm im Wesentlichen im Ausland verhängte, mit der deutschen Rechtsordnung im Einklang stehende Geldstrafen sowie auch inländische Rechtsnachteile gem. §§ 74, 75 StGB. Gegen die AG verhängte Geldbußen, Ordnungs- oder Verwarnungsgelder sind ebenfalls nicht abziehbar (§ 4 Abs. 5 Nr. 8 EStG iVm § 8 Abs. 1 KStG);[80] dies gilt auch für Vertragsstrafen und

---

[75] Dies gilt auch für die vGA (vgl. BFH I R 137/93, BStBl. II 2002, 366; I R 39/12, BStBl. II 2014, 174).

[76] ZB Schmidt/*Heinicke* EStG § 4 Rn. 521–646; Blümich/*Wied* EStG § 4 Rn. 670ff.; Schnitger/Fehrenbacher/*Ramer* KStG § 10 Rn. 1–110.

[77] § 10 Abs. 1 Nr. 2 KStG verdrängt als körperschaftsteuerliche Spezialregelung die einkommensteuerliche Parallelnorm des § 12 Nr. 3 EStG.

[78] BFH I R 78/94, BStBl. II 1995, 207.

[79] BFH I B 97/11, BStBl. II 2012, 697.

[80] Zur Abzugsfähigkeit von Kartellbußen vgl. BFH I R 100/97, BStBl. II 1999, 1965; I B 203/03, BB 2004, 2121; IV R 4/12, DStR 2014, 408; BFH I R 2/17 anh. (zuvor FG Köln 10 K 659/16, BB 2017, 790); siehe jedoch auch OFD Karlsruhe 2.5.2011, StEd 2012, 619.

sonstige privatrechtliche Strafen. Steuerlich abziehbar sind hingegen Kosten eines Strafverfahrens (Anwalts-, Gutachter-, Gerichts- oder Beratungskosten), in das die AG selbst verwickelt ist.[81]

cc) **Aufsichtsratsvergütungen** (Grundvergütung, Sitzungsgelder, Reisegelder, Aufwandsentschädigungen, Übernahme von D&O-Versicherungsprämien, sonstige geldwerte Vorteile, Beratungsvergütungen[82]), die von der AG an Mitglieder des AR oder anderer Überwachungsgremien (zB Verwaltungsrat, Beirat)[83] gezahlt werden, können steuerlich nur zur Hälfte zum Abzug gebracht werden (§ 10 Nr. 4 KStG); die andere Hälfte ist dem Einkommen außerbilanziell hinzuzurechnen und somit zu versteuern. 49

dd) **Spenden und Mitgliedschaftsbeiträge** der AG sind teilweise steuerlich abzugsfähig. Dem Grunde nach müssen Spenden freiwillig geleistet werden, steuerbegünstigten Zwecken iSv § 52 AO dienen und die AG wirtschaftlich belasten. Zudem müssen die Mitgliedsbeiträge dem Grunde nach abziehbar sein, dürfen also nicht unter § 9 Abs. 1 Nr. 2 Satz 8 KStG fallen. Sind diese Voraussetzungen erfüllt, sind Zahlungen der AG iRd Höchstbeträge des § 9 Abs. 1 Nr. 2 KStG abziehbar. Die beiden alternativ anzuwendenden Höchstbeträge sind 20% des Einkommens der AG oder 4 Promille der Gesamtsumme aus den Umsätzen der AG und den von ihr aufgewendeten Löhnen und Gehältern. 50

ee) **Sonstige steuerfreie Einnahmen** der AG gem. § 3 EStG sind außerbilanziell zu kürzen, soweit diese Regelungen für die Einkommensermittlung der AG überhaupt Bedeutung haben.[84] 51

c) Einkommenszurechnung bei Organschaft

Liegen die Voraussetzungen (finanzielle Eingliederung und wirksamer GAV) einer körperschaftsteuerlichen Organschaft vor und ist die AG Organträgerin oder Organgesellschaft, ist dies bei der Einkommenszurechnung und somit auch bei der Ermittlung des zu versteuernden Einkommens der AG zu berücksichtigen. 52

Ist die AG Organträgerin in Bezug auf eine abhängige andere Körperschaft (AG oder GmbH), ist der AG – neben ihrem eigenen originären Einkommen – auch das positive Einkommen der Organgesellschaft in dem jeweiligen Wj. zuzurechnen und wird bei der AG der KSt unterworfen. Erzielt die Organgesellschaft in einem Wj. einen Verlust, ist der AG als Organträgerin auch dieses negative Einkommen zuzurechnen und mindert deren steuerlichen Gewinn. Damit das Einkommen der Organgesellschaft bei der Organträger-AG nicht doppelt besteuert wird, sind bei deren Einkommensermittlung in ihrem handelsrechtlichen Ergebnis aufgrund der Gewinnabführungs- bzw. Verlustübernahmeverpflichtung unter dem Gewinnabführungsvertrag enthaltene Ergebnisanteile der Organträgerin zu eliminieren. Lediglich sofern **Ausgleichszahlungen** an außenstehende Gesellschafter der Organgesellschaft zu zahlen sind, sind 20/17 dieser Ausgleichszahlungen von der Organgesellschaft selbst zu versteuern (§ 16 KStG). Zu detaillierten Ausführungen zur körperschaftsteuerlichen Organschaft s. unter § 14 Rn. 211 ff. 53

---

[81] R 10.2 Satz 5 KStR.
[82] Vgl. hierzu BFH I 265/62, BStBl. III 1966, 688; anders ggf. bei von der Überwachungstätigkeit klar und eindeutig abgrenzbaren Beratungsleistungen.
[83] Die Bezeichnung des Organs ist irrelevant; es kommt auf die tatsächlich ausgeübte Tätigkeit an.
[84] ZB § 3 Nr. 70 EStG (für die REIT-AG).

3. Besteuerung des zu versteuernden Einkommens

54 Unter Geltung des körperschaftsteuerlichen Anrechnungsverfahrens wurde das steuerliche Einkommen auf Ebene der AG lediglich in Abhängigkeit vom Gewinnverwendungsverhalten (Ausschüttung oder Thesaurierung) vorbesteuert und es kam letztlich erst bei Ausschüttung dieser Gewinne an den jeweiligen Aktionär bei diesem zu einer endgültigen Steuerbelastung nach dessen persönlichem Einkommen- oder Körperschaftsteuersatz. Seit Einführung des klassischen Körperschaftsteuersystems ab dem VZ 2001 ist auf Ebene der AG ein **einheitlicher Steuertarif** auf das ermittelte zu versteuernde Einkommen anzuwenden. Dieser beträgt seit dem VZ 2008 15%, wobei zusätzlich 5,5% der sich hieraus ergebenden KSt zusätzlich als SolZ zu zahlen sind.[85] Der SolZ ist allerdings eine eigenständige Ergänzungsabgabe, die nur aus technischen Praktikabilitätsgründen an die ESt bzw. KSt andockt. Die kombinierte Abgabenlast KSt und SolZ beträgt somit effektiv 15,825%.

IV. Besonderheiten bei der laufenden Besteuerung der AG

1. Verlustabzug

55 Die AG erzielt aufgrund ihrer Rechtsform ausschließlich Einkünfte aus Gewerbebetrieb (§ 8 Abs. 2 KStG), so dass sich bei ihr die Frage des sog. vertikalen Verlustausgleichs (= Saldierung von positiven und negativen Einkünften verschiedener Einkunftsarten, § 2 EStG) nicht stellt, wohl aber die des periodenübergreifenden horizontalen Verlustabzugs (Verlustvortrag bzw. -rücktrag).

a) Verlustvortrag/-rücktrag

56 Steuerliche Verluste der AG, die bei der Ermittlung des Gesamtbetrages der Einkünfte innerhalb eines VZ nicht ausgeglichen worden sind, können in den unmittelbar vorangegangenen VZ zurückgetragen (Verlustrücktrag) oder in folgende VZ vorgetragen werden (Verlustvortrag), § 8 Abs. 1 KStG iVm § 10d EStG. Die AG kann grds. frei wählen, ob sie einen Verlust zurück- oder vortragen möchte. Ein Verlustabzug ist vom Gesamtbetrag der Einkünfte, also außerhalb der (Steuer-) Bilanz vorzunehmen.

57 Der **Verlustrücktrag** ist fakultativ, jedoch der Höhe nach und zeitlich beschränkt. Der Verlust eines VZ kann ausschließlich in den unmittelbar vorangehenden VZ und nicht darüber hinaus zurück getragen werden. Seit dem VZ 2013 kann eine AG maximal einen körperschaftsteuerlichen Verlust iHv 1 Mio. EUR in das Vorjahr zurück tragen (VZ 2001–2012: 511.500 EUR). Soweit ein Verlust der AG nicht in das Vorjahr zurück, sondern in das Folgejahr vorgetragen werden soll, hat die AG dies zu beantragen. Insofern ist der Verlustrücktrag der gesetzliche Regelfall, der Vortrag der antragspflichtige Ausnahmefall. Ein solcher Antrag kann jedoch betragsmäßig beschränkt werden. In diesem Umfang lässt sich die Verlustnutzung steuern.

58 Auch der **Verlustvortrag** ist seit dem VZ 2004 der Höhe nach, nicht aber zeitlich beschränkt. Nach den Regeln der sog. **Mindestbesteuerung**[86] können negative Einkünfte, die nicht im Wege des Verlustrücktrags abgezogen worden sind, in jedem nachfolgenden Gewinnjahr bis zu einem Betrag von 1 Mio. EUR (sog.

---

[85] Zur Verfassungsmäßigkeit des SolZ s. § 12 Rn. 19.
[86] Korb II-Gesetz v. 22.12.2003, BGBl. 2003 I 2840.

Sockelbetrag[87]) in voller Höhe, darüber hinaus nur noch zu 60% des Gesamtbetrags der Einkünfte im Gewinnjahr abgezogen werden. Mit anderen Worten: Soweit der Sockelbetrag iHv 1 Mio. EUR überschritten ist, hat die AG nach Abzug der 60% aus dem Verlustvortrag die verbleibenden 40% des Gewinns der Körperschaftsteuer (zzgl. SolZ und ggf. auch GewSt) zu unterwerfen.

Beispiel: Die A AG erlitt im Jahr 2017 einen Verlust. Da dieser nicht zurückgetragen werden konnte, wurde er per 31.12.2017 in Höhe von 7 Mio. EUR als vortragsfähiger Verlust festgestellt. Die A AG erzielte im VZ 2018 einen Gewinn von 5 Mio. EUR. Die A AG kann im VZ 2018 den Verlust aus dem VZ 2017 nun wie folgt nutzen:

	EUR
Einkünfte A-GmbH in VZ 2018	5.000.000
Sockelbetrag: unbeschränkt verrechenbar	./.1.000.000
Zwischensumme	4.000.000
bis max. 60% verrechenbar	./.2.400.000
zu versteuernde Einkünfte im VZ 2018	1.600.000
Festgestellter Verlustvortrag zum 31.12.2017	7.000.000
Verrechnung in VZ 2018	./.3.400.000
Verbleibender Verlustvortrag zum 31.12.2018	3.600.00

Durch die Mindestbesteuerung wird die Verlustnutzung zeitlich gestreckt, unterliegt aber keiner ultimativen zeitlichen Begrenzung, so dass sie im Regelfall auch als verfassungsgemäß angesehen werden kann.[88] Zweifel an der **Verfassungswidrigkeit** bestehen allerdings dann, wenn die Mindestbesteuerung dazu führt, dass bestimmte Verlustvorträge nie genutzt werden können und somit eine definitive Wirkung haben, zB im Liquidationsfall.[89] Der zum Ende eines VZ verbleibende Verlustvortrag der AG wird durch Feststellungsbescheid festgestellt und in den Folgejahren fortgeschrieben. Er kann selbstständig angefochten werden, ist in den allgemeinen Grenzen der Festsetzungsverjährung auch bei Bestandskraft änderbar und ist Grundlagenbescheid für den KSt-Bescheid sowie den Verlustfeststellungsbescheid des folgenden VZ.

b) Ausschluss des Verlustabzugs

aa) Von der Mantelkauf-Regelung zur Verlustvernichtungsnorm: Der Verlustabzug bei der AG unterliegt allerdings einem weiteren Vorbehalt in Bezug auf ihre unternehmerische Identität sowie den Fortbestand ihres Aktionärskreises. Bis zum VZ 2007 setzte der Verlustabzug voraus, dass die AG, die ihren laufenden Verlust sowie aufgelaufene Verlustvorträge nutzen wollte, rechtlich und wirtschaftlich mit der Gesellschaft identisch war, die den Verlust erlitten hatte, § 8 Abs. 4 KStG aF. Dadurch sollte ursprünglich der missbräuchliche Handel mit Verlust-Kapitalgesellschaften unterbunden werden. Daher wurde diese Norm auch **Mantelkauf**-Regelung genannt. Als nicht mehr wirtschaftlich identisch galt eine AG dann, wenn innerhalb von 5 Jahren mehr als 50% ihrer Aktien übertragen wurden und die AG in zeitlichem Zusammenhang dazu ihren Geschäftsbetrieb mit überwiegend neuem Betriebsvermögen fortgeführt oder wieder aufgenommen hatte. Diese Mantelkauf-Regelung war in ihrer Anwendung – trotz entsprechender

---

[87] Der Sockelbetrag ist einmal pro VZ zu gewähren, wobei er im Rahmen des § 11 KStG auch bei mehrjährigen Insolvenzen oder Liquidationen nur einmal zu gewähren ist, vgl. BFH I R 35/12, BStBl. II 2013, 508.
[88] BFH I R 9/11, BFH/NV 2013, 161.
[89] BFH I R 59/12, BStBl. II 2014, 1016: Vorlage zum BVerfG (Az. 2 BvL 19/14).

§ 12 60

Verlautbarungen der Finanzverwaltung[90] – sehr schwer zu handhaben und wurde zudem von Beginn an verfassungsrechtlich stark kritisiert.[91] Sie wurde im Zuge des UntStRefG 2008 durch die Regelung des § 8c KStG ersetzt. Der § 8 Abs. 4 KStG aF blieb aber aufgrund einer Übergangsregelung (§ 34 Abs. 4 Satz 4 KStG) in bestimmten Fällen (zB bei gestuften Übertragungsvorgängen) parallel zu § 8c KStG bis einschließlich des VZ 2012 anwendbar. Seit dem VZ 2013 gilt allein § 8c KStG, der auch mitunter als „Verlustvernichtungsnorm[92]" bezeichnet wird.

§ 8c KStG macht die teilweise oder vollständige Versagung der Verlustnutzung nunmehr allein noch davon abhängig, ob ein schädlicher (anteiliger) **Anteilseignerwechsel** stattgefunden hat. Auf die Identität des Geschäftsbetriebs kommt es nicht mehr an. Allerdings wird das Trennungsprinzip zwischen der AG und ihren Aktionären insoweit außer Kraft gesetzt, als die Regelung des § 8c KStG den Fortbestand von Verlusten auf Ebene der AG vom Fortbestand ihres Aktionärskreises abhängig macht.

Nach seiner Einführung wurde § 8c KStG sukzessive ergänzt. Im Jahr 2009 wurde die Grundregel durch Einführung einer Konzernklausel (§ 8c Abs. 1 Satz 5 KStG), einer sog. Stille-Reserven-Klausel (§ 8c Abs. 1 Sätze 6–8 KStG)[93] sowie einer sog. Sanierungsklausel (§ 8c Abs. 1a KStG)[94] entschärft; letztgenannte Regelung entfaltet jedoch aufgrund ihrer von der EU-Kommission[95] festgestellten Unionsrechtswidrigkeit keine Wirkung und wird von der Finanzverwaltung – trotz in der Vergangenheit erteilter positiver verbindlicher Auskünfte – derzeit nicht angewandt.[96] Auch sonst ist die Regelung des § 8c KStG nicht unumstritten und änderungsbedürftig. Die Regelung des § 8c Abs. 1 KStG wurde in ihrer Fassung vom 1.1.2009 bis 31.12.2015 vom BVerfG bereits hinsichtlich des Satzes 1, dem Verlustuntergang bei Übertragung von mehr als 25%, aber nicht mehr als 50%, der Anteile, für verfassungswidrig erklärt. Der Gesetzgeber hat sich für den betreffenden Zeitraum um eine rückwirkende Neuregelung bis zum 31.12.2018 zu kümmern.[97] Darüber hinaus steht nun auch der Satz 2 der Norm auf dem Prüfstand. Das FG Hamburg hat sich wegen Zweifeln an der Verfassungsmäßigkeit des Verlustuntergangs auch bei Übertragung von mehr als 50% der Anteile zur Vorlage beim BVerfG entschlossen.[98] Das Verfahren ist anhängig und soll voraussichtlich noch in diesem Jahr entschieden werden.

Die Finanzverwaltung hat bereits frühzeitig ein Anwendungsschreiben für § 8c KStG veröffentlicht, um die Auslegung dieser Norm zu erleichtern.[99] Dieses BMF-Schreiben wurde jüngst durch ein neues abgelöst, welches den unterjährigen Beteiligungserwerb – unter Berücksichtigung der Rechtsprechung des BVerfG,

---

[90] BMF 16.4.1999, BStBl. I 1999, 455.
[91] Vgl. DPM/*Dötsch* KStG § 8 Abs. 4 Rn. 189 ff.; Gosch/*Roser* KStG § 8 Rn. 1392 f.; *Orth* DB 1997, 2242; vgl. dazu auch BFH I R 95/04, BStBl. II 2015, 612.
[92] Vgl. FG Hamburg 2 K 33/10, DStR 2011, 1172; *Dötsch/Pung* DB 2008, 1598; Gosch/*Roser* KStG § 8c Rn. 2; *Breuninger/Schaden* Ubg 2008, 261; *Ernst* IFSt-Schrift Nr. 470 (2011), 33 f.
[93] Konzernklausel und Stille-Reserven-Klausel wurden eingefügt durch das WachstumsBeschlG v. 22.12.2009, BGBl. 2009 I 3950.
[94] Sanierungsklausel wurde eingefügt durch das BürgerentlastungsG Krankenversicherung v. 16.7.2009, BGBl. 2009 I 1959.
[95] EU Kommission, Beschluss v. 26.1.2011, KOM (2011), 275.
[96] Vgl. OFD Magdeburg 28.9.2011, DStR 2011, 2253; s. auch Gosch/*Roser* KStG § 8c Rn. 29b mwN.
[97] BVerfG 2 BvL 6/11, BStBl. II 2017, 1082.
[98] FG Hamburg 2 K 245/17, DStR 2017, 2377; anh. unter BVerfG 2 BvL 19/17.
[99] BMF 4.7.2008, BStBl. I 2008, 736.

A. Körperschaftsteuerrecht 61, 62 § 12

wonach die Regelung für bestimmte Zeiträume vorerst keine Anwendung findet –, die Konzernklausel und die Stille-Reserven-Klausel erläutert.[100]

bb) Grundregel: Die bisherige Grundregel des § 8c Abs. 1 Satz 1 KStG sieht vor, dass der Verlust eines laufenden VZ sowie ein bestehender körperschaftsteuerlicher Verlustvortrag der AG teilweise in quotaler Höhe untergehen und somit nicht mit positiven Einkünften verrechnet werden können, wenn: 61
– innerhalb von fünf Jahren
– mittelbar oder unmittelbar
– mehr als 25%, aber nicht mehr als 50%
– des Grundkapitals, der Mitgliedschaftsrechte, der Beteiligungsrechte oder der Stimmrechte der AG
– an einen Erwerber, eine ihm nahestehende Person oder eine Erwerbergruppe mit gleich gerichteten Interessen (§ 8c Abs. 1 Satz 3 KStG)
– übertragen werden oder ein vergleichbarer Sachverhalt vorliegt.

Werden diese Voraussetzungen kumulativ erfüllt, liegt ein sog. **schädlicher Beteiligungserwerb** vor. Werden mehr als 50% (und nicht nur mehr als 25% bis 50%) unter den ansonsten gleichen vorgenannten Voraussetzungen übertragen, führt dies nicht zum quotalen, sondern zum vollständigen Untergang der von der AG bis zum schädlichen Beteiligungserwerb noch nicht genutzten Verluste und Verlustvorträge (§ 8c Abs. 1 Satz 2 KStG). Der teilweisen oder vollständigen Abzugsbeschränkung unterliegt auch ein im laufenden VZ bis zum schädlichen Beteiligungserwerb entstandener Verlust.[101] Auch ein Verlustrücktrag in vorangegangen VZ ist nicht möglich.[102] Allerdings ist es nach Auffassung des BFH möglich, Gewinne des laufenden VZ, die bis zum schädlichen Beteiligungserwerb angefallen sind, mit bestehenden Verlustvorträgen zu verrechnen.[103]

Beispiel: An der A-AG sind als Großaktionäre die B zu 30% und die C zu 25% beteiligt, während sich die restlichen 45% der Stammaktien im Streubesitz befinden. Die A-AG verfügt zum 31.12.2015 über körperschaftsteuerliche Verlustvorträge iHv 5 Mio. EUR. Nun verkaufen zum 30.5.2016 alternativ (a) die C ihre Stammaktien an die D AG, die bislang keine Aktien an der A-AG gehalten hat, oder (b) die B ihre Stammaktien an die D oder (c) die B und die C sämtliche ihrer Stammaktien an die D. Bis zum Verkauf sind bei der A-AG weitere laufende körperschaftsteuerliche Verluste iHv 1 Mio. EUR angefallen. In der Alternative (a) bleiben die bis zum 30.5.2016 bestehenden Verluste der A-AG insgesamt nutzbar. In Alternative (b) gehen 1,8 Mio. EUR (30% x 6 Mio.) Verluste unter. In Alternative (c) geht das gesamte Verlustpotential iHv 6 Mio. EUR unter.

Die Regelung des § 8c KStG gilt im Übrigen auch für gewerbesteuerliche Verluste der AG (§ 10a Satz 8 GewStG) sowie auch für bestehende Zinsvorträge im Rahmen der Zinsschranke (§ 8a Abs. 1 Satz 2 KStG).

cc) Gegenstand des Erwerbs: Gegenstand eines unter § 8c Abs. 1 KStG fallenden Erwerbs können Anteile am gezeichneten Kapital bei der AG (Grundkapital), Mitgliedschaftsrechte oder auch Beteiligungsrechte sein. Diese gesellschaftsrechtlichen Positionen stehen alternativ nebeneinander. Der Gesetzgeber wollte möglichst alle denkbaren Fallgestaltungen erfassen, so dass die Regelung zudem einen Auffangtatbestand vorsieht, wonach auch sonstige vergleichbare Sachverhalte mit- 62

---

[100] BMF 28.11.2017, BStBl. I 2017, 1645.
[101] Zur Ermittlung des zeitanteiligen Verlusts s. BMF 28.11.2017, BStBl. I 2017, 1645 Rn. 35 (nur Zwischenabschluss/Schätzung).
[102] BMF 28.11.2017, BStBl. I 2017, 1645 Rn. 31; Schnitger/Fehrenbacher/*Gohr* KStG § 8c Rn. 229.
[103] BFH I R 14/11, BFH/NV 2012, 659.

erfasst werden. In Bezug auf die AG unterfallen insb. stimmrechtstragende Aktien (Stammaktien) dem Tatbestand.[104] Aber auch stimmrechtslose **Vorzugsaktien** stellen „Anteile am gezeichneten Kapital" dar, so dass deren Erwerb jedenfalls aus Sicht der FinVerw von § 8c KStG erfasst wird.[105] Nicht erfasst werden jedoch die Ausgabe von Vorzugsaktien, die Entstehung des Stimmrechts bei Vorzugsaktien aufgrund mehrmaligen Dividendenausfalls (§ 140 Abs. 2 Satz 1 AktG) sowie die Aufhebung des Stimmrechtsvorzugs.[106] Die FinVerw möchte auch die Übertragung von **EK-Genussrechten** iSv § 8 Abs. 3 Satz 2 KStG tatbestandlich erfasst wissen.[107] Ein EK-Genussrecht verkörpert jedoch keine vergleichbare gesellschaftsrechtliche Position, so dass es grds. nicht Gegenstand eines von § 8c KStG erfassten Erwerbsvorgangs sein sollte.[108] Die Übertragung von Bezugsrechten und Aktienoptionen (vor Ausübung) unterfällt ebenfalls nicht dem § 8c KStG.[109]

63 **dd) Erwerbsvorgang**: Auf welchem Wege der Erwerb erfolgt (Einzelrechts- oder Gesamtrechtsnachfolge, entgeltlich, unentgeltlich, freiwillig oder unfreiwillig[110]) ist grds. unerheblich. Paradefälle des Erwerbs in Bezug auf eine AG sind die entgeltliche Übertragung (insb. der Kauf) von Aktienpaketen oder die Annahme von Übernahmeangeboten nach dem WpÜG. Unentgeltliche Übertragungen, wie vorweggenommene Erbfolgen oder Schenkungen, fallen dem Wortlaut nach zwar in den Anwendungsbereich des § 8c KStG, werden aber von der FinVerw ausgenommen.[111] Für den Zeitpunkt des Erwerbs ist grds. auf den Übergang des zivilrechtlichen Eigentums abzustellen. Fallen jedoch das zivilrechtliche und das wirtschaftliche Eigentum auseinander, ist für den Zeitpunkt des Erwerbs der Übergang des wirtschaftlichen Eigentums maßgeblich.[112]

Auch die Ausgabe neuer Aktien im Rahmen einer **Kapitalerhöhung** bei der AG unterfällt § 8c KStG, sofern es hierdurch zu einer Verschiebung der Beteiligungsquoten an der AG kommt (§ 8c Abs. 1 Satz 4 KStG).[113] Gleiches gilt jedenfalls nach Auffassung der FinVerw auch für den Erwerb eigener Aktien durch die AG.[114] Ferner können in diesem Zusammenhang auch Umwandlungen nach dem UmwG/UmwStG (zB Verschmelzung auf die verlustträchtige AG[115] oder die Einbringung

---

[104] Vgl. §§ 8 Abs. 1, 12 AktG, § 5 Abs. 1 REITG.
[105] BMF 28.11.2017, BStBl. I 2017, 1645 Rn. 5, 8; DPM/*Dötsch* KStG § 8c Rn. 36; Schnitger/Fehrenbacher/*Gohr* KStG § 8c Rn. 107; aA *Breuninger/Schade* Ubg 2008, 261; *Beußer* DB 2007, 1549.
[106] Vgl. BMF 28.11.2017, BStBl. I 2017, 1645 Rn. 8; Gosch/*Roser* KStG § 8c Rn. 40.
[107] BMF 28.11.2017, BStBl. I 2017, 1645 Rn. 7.
[108] Gosch/*Roser* KStG § 8c Rn. 33b; Blümich/*Brandis* KStG § 8c Rn. 41; HHR/*Suchanek* KStG § 8c Rn. 30.
[109] Gosch/*Roser* KStG § 8c Rn. 56 „*Bezugsrechte*"; Herrmann/Heuer/Raupach/*Suchanek* KStG § 8c Rn. 30; aA BMF-Entwurf v. 20.2.2008; H 17 IV EStR.
[110] ZB nach § 29 Abs. 1 WpÜG.
[111] BMF 28.11.2017, BStBl. I 2017, 1645 Rn. 4.
[112] BMF 28.11.2017, BStBl. I 2017, 1645 Rn. 13; Schnitger/Fehrenbacher/*Gohr* KStG § 8c Rn. 75; einschränkend Gosch/*Roser* KStG § 8c Rn. 35: Übergang des zivilrechtlichen Eigentums ist zudem erforderlich.
[113] Kapitalherabsetzungen unterfallen nur dann § 8c KStG, wenn nach einer normalen (§§ 222 ff. AktG) oder einer vereinfachten Kapitalherabsetzung (§§ 229 ff. AktG) das Grundkapital der AG wieder erhöht wird und es dadurch zu Quotenveränderungen kommt.
[114] BMF 28.11.2017, BStBl. I 2017, 1645 Rn. 7; aA Gosch/*Roser* KStG § 8c Rn. 56 „*Eigene Anteile*".
[115] Siehe zum Downstream-Merger allerdings FG Berlin-Brandenburg 8 K 8311/10, DStRE 2012, 1189 (Rev. BFH I R 79/11).

A. Körperschaftsteuerrecht 63a, 64 § 12

von Aktien) Erwerbsvorgänge iSv § 8c KStG darstellen. Keinen Erwerb iSv § 8c Abs. 1 KStG stellt der Zwischenerwerb durch eine Emissionsbank im Rahmen eines Börsengangs dar.[116] Ob dies auch für die Erstnotierung bzw. Umwandlung neuer Aktiengattungen sowie für Kapitalerhöhungen gilt, ist unklar.[117]
Der schädliche Beteiligungserwerb kann sowohl unmittelbar als auch mittelbar erfolgen. Im Falle der mittelbaren Anteilsübertragung sind die auf die verlustträchtige AG durchgerechneten Beteiligungsquoten zu berücksichtigen. Sollte mit dem unmittelbaren Anteilserwerb zugleich ein mittelbarer Anteilserwerb verwirklicht werden, ist für die Quotenermittlung primär der unmittelbare Erwerb relevant, sodass dieser grundsätzlich auch dann schädlich sein kann, wenn er mittelbar nicht zu einer schädliche Quotenveränderung führt.[118]

Insbesondere im Falle der Organschaft kann der unterjährige Erwerb der Beteiligung an einem Organträger zugleich ein unterjähriger mittelbarer Erwerb der Beteiligung an der jeweiligen Organgesellschaft sein. Hier stellt sich die Frage, welche Folgen eine Anwendung des § 8c KStG auf laufende körperschaftsteuerliche Verluste der Organgesellschaft und des Organträgers sowie auf Verlustvorträge des Organträgers haben kann. Nach Ansicht der Finanzverwaltung ist die Regelung des § 8c KStG auf Organträger- und Organgesellschaftsebene getrennt anzuwenden. Danach kann ausschließlich dem Organträger zum Zeitpunkt des Beteiligungserwerbs bereits zugerechnetes Einkommen, regelmäßig zum Ende des Wirtschaftsjahres, seinen laufenden Verlust mindern oder erhöhen, laufende Gewinne und Verlust können zwischen Organträger und -gesellschaft nicht verrechnet werden.[119] Diese Regelung ist pauschal und erfasst den Fall Organschaft nicht adäquat, da eine konsolidierte Erfassung der Einkünfte der OG wohl sachgerechter wäre.[120] Eine gegenteilige Handhabe ist aus Beratersicht zum jetzigen Zeitpunkt jedoch mangels fester Rechtslage nicht zu empfehlen. Dennoch wird insbesondere aus der BFH-Rechtsprechung, die die Verrechnung positiver Einkünfte bis zum schädlichen Beteiligungserwerb mit bestehenden Verlustvorträgen erlaubt,[121] geschlossen, dass gerade auch die Verrechnung von Gewinnen und Verlusten[122] bzw. nur Gewinnen[123] der Organgesellschaft auf Ebene des Organträgers möglich ist. 63a

ee) **Fünfjahreszeitraum**: Für die Berechnung des Fünfjahreszeitraums werden mehrere Erwerbe durch einen Erwerber bzw. eine Erwerbergruppe für die Ermittlung des schädlichen Beteiligungserwerbs von mehr als 25% bzw. 50% innerhalb dieses Zeitraums zusammengerechnet. Dabei ist die Anzahl der einzelnen Erwerbsvorgänge unerheblich. Liegen mehrere Erwerbe durch einen Erwerberkreis vor, so muss den einzelnen Erwerben jedoch ein Gesamtplan zugrunde liegen, was widerleglich vermutet wird, wenn die einzelnen Erwerbe innerhalb eines Jahres erfolgen. Auch muss der Erwerber binnen des Fünfjahreszeitraumes zu einem konkreten Zeitpunkt die schädliche Beteiligungsquote überschritten haben. Werden Anteile von einem Erwerber zB im Hochfrequenzhandel mehrfach an- und verkauft, so dass er in Summe die Schwellenwerte überschreitet, aber zu keinem 64

---

[116] BMF 28.11.2017, BStBl. I 2017, 1645 Rn. 6.
[117] Vgl. Gosch/Roser KStG § 8c Rn. 56 „Börsengang".
[118] BMF 28.11.2017, BStBl. I 2017, 1645 Rn. 11.
[119] BMF 28.11.2017, BStBl. I 2017, 1645 Rn. 37.
[120] Vgl. Gosch/Roser KStG § 8c Rn. 101.
[121] BFH I R 14/11, BStBl. II 2012, 360.
[122] Vgl. Suchanek FR 2013, 349 (352 f.).
[123] Vgl. Frotscher/Drüen/Frotscher KStG § 8c Rn. 80i.

§ 12   65   Besteuerung der AG

Zeitpunkt mehr als 25% oder 20% der Aktien hält, dürfte dies unschädlich sein.[124] Der Fünfjahreszeitraum beginnt mit dem ersten unmittelbaren oder mittelbaren Beteiligungserwerb nach dem 1.1.2008.[125] Für den Zeitpunkt des (schädlichen) Beteiligungserwerbs ist zwar grds. der Übergang des wirtschaftlichen Eigentums maßgeblich. Bei Kapitalerhöhungen ist allerdings die Eintragung im Handelsregister entscheidend; in Umwandlungsfällen bleibt eine steuerliche Rückwirkung nach dem UmwStG unberücksichtigt. Wird innerhalb des Fünfjahreszeitraums die schädliche Schwelle von 25% der Aktien überschritten, werden für den betroffenen Verlust der AG die Rechtsfolgen des § 8c Abs. 1 Satz 1 KStG im VZ des schädlichen Ereignisses ausgelöst. Unabhängig davon, ob hierdurch auch tatsächlich ein Verlust der AG nach Satz 1 untergeht, schließt sich daran ein neuer Fünfjahreszeitraum an. Sobald jedoch innerhalb des ersten Fünfjahreszeitraums die Schwelle von 50% gem. § 8c Abs. 1 Satz 2 KStG überschritten wird, tritt unabhängig von dem neuen Fünfjahreszeitraum nach Satz 1 ein vollständiger Verlustuntergang bei der AG ein.[126]

65   **ff) Erwerber/Erwerbergruppe/nahestehende Personen:** Als mögliche Erwerber kommen jede natürliche, juristische Person oder gewerbliche Personengesellschaft in Betracht.[127] Auch bereits an der AG beteiligte Aktionäre können Erwerber sein.

Neben der Übertragung auf Einzelerwerber erfasst § 8c KStG auch die Übertragung auf Erwerbergruppen mit gleichgerichteten Interessen (§ 8c Abs. 1 Satz 1 KStG) sowie auf dem Erwerber nahestehende Personen (§ 8c Abs. 1 Satz 3 KStG), die wie ein Erwerber behandelt werden. Nach umstrittener Ansicht der FinVerw ist der Begriff der nahestehenden Person mit dem bei der vGA identisch, so dass sich das Nahestehen aus jeder rechtlichen oder tatsächlichen Beziehung zu der anderen Person ergeben kann.[128] Durch die Erweiterung auf Erwerbergruppen mit gleichgerichteten Interessen wollte der Gesetzgeber verhindern, dass sog. Erwerberquartette in Gestalt von vier nicht nahestehenden Personen zu je 25% Anteile an der Verlustgesellschaft erwerben; sie ist quasi eine **Missbrauchsregelung**. Die FinVerw geht von einer Erwerbergruppe mit gleichgerichteten Interessen aus, wenn eine Abstimmung zwischen den Erwerbern stattgefunden hat, einen gemeinsamen Zweck zu verfolgen, der nicht allein auf den Erhalt der Verlustvorträge gerichtet sein muss.[129] Auch Abstimmungen, die den besonderen Schutz eines anderen Aktionärs begründen (sog. Acting in Concert, § 30 WpÜG, § 22 WpHG) oder die besondere Berichtspflicht auslösen (zB IAS 25.5, DRS 13), können darunter fallen. Nicht ausreichend dürfte es jedoch sein, wenn mehrere Erwerber übereinstimmend übliche Gesellschafterinteressen (zB Ausschüttungen, Wertsteigerungen) verfolgen. Nach der Rechtsprechung liegt eine qualifizierende Erwerbergruppe vor, wenn mehrere Erwerber auf den Erwerb von Aktien an einer verlustträchtigen AG zusammenwirken und diese Gruppe im Anschluss an den Erwerb durch verbindliche Abreden einen beherrschenden einheitlichen Einfluss ausüben kann.[130]

---

[124] Vgl. Niedersächsisches FG 6 K 51/10, EFG 2012, 2311 (Rev. BFH I R 75/12).
[125] BMF 28.11.2017, BStBl. I 2017, 1645 Rn. 13 f.
[126] BMF 28.11.2017, BStBl. I 2017, 1645 Rn. 20 f.
[127] Bei einer vermögensverwaltenden Personengesellschaft wird nicht diese als Erwerberin angesehen, sondern gem. § 39 Abs. 2 Nr. 2 AO die erworbenen Aktien den an der Personengesellschaft beteiligten Gesellschaftern anteilig zugerechnet (sog. Bruchteilsbetrachtung).
[128] BMF 28.11.2017, BStBl. I 2017, 1645 Rn. 25, unter Bezugnahme auf H 8.5 KStR; ebenso DPM/*Dötsch/Leibner* KStG § 8c Rn. 137 ff.; aA Gosch/*Roser* KStG § 8c Rn. 73; Schnitger/Fehrenbacher/*Gohr* KStG § 8c Rn. 140: nahestehende Person iSv § 1 Ab. 2 AStG.
[129] BMF 28.11.2017, BStBl. I 2017, 1645 Rn. 28.
[130] Niedersächsisches FG 6 K 424/13 DStR 2015, 1610 (Rev. BFH I R 30/15).

gg) Konzernklausel: Bei seiner Einführung sah § 8c KStG keine ausdrückliche **66** Privilegierung konzerninterner Umstrukturierungen vor.[131] Durch das WachstumsBG wurde eine sog. Konzernklausel (§ 8c Abs. 1 Satz 5 KStG) eingeführt. Diese Regelung schließt seit dem VZ 2010 einen nach der Grundregel vorliegenden schädlichen Beteiligungserwerb aus, wenn an dem übertragenden und dem übernehmenden Rechtsträger dieselben Personen zu 100% mittelbar oder unmittelbar beteiligt sind. Übertragungen durch die Konzernspitze selbst wurden bislang von der Konzernklausel nicht erfasst, weil die Anteilseigner der Konzernspitze niemals mit der Konzernspitze selbst übereinstimmen können. Dies betrifft insb. börsennotierte AGs, bei denen sich die Aktionärsstruktur börsentäglich ändert. Diese gesetzliche Unzulänglichkeit ist durch das StÄndG 2015 behoben worden. Nunmehr umfasst die Konzernklausel auch Fälle, in denen die Person an der Konzernspitze sowohl Erwerber als auch Veräußerer ist. Zudem werden nunmehr auch Personenhandelsgesellschaften an der Konzernspitze zugelassen; allerdings müssen die maßgebenden Anteile dann vollständig dem Gesamthandsvermögen zuzurechnen sein. Diese Änderungen gelten rückwirkend für alle Beteiligungserwerbe nach dem 31.12.2009.

Beispiel: Die A-AG ist je zu 100% an der B-GmbH und der C-GmbH (Verlustgesellschaft 1) beteiligt. Die C-GmbH ist ihrerseits zu 100% an der D-GmbH (Verlustgesellschaft 2) beteiligt. Die C-GmbH veräußert ihre Beteiligung an der D-GmbH an die B-GmbH. Alternativ veräußert die A-AG ihre Beteiligung an der C-GmbH an die B-GmbH.

Im Grundfall greift die Konzernklausel des § 8c Abs. 1 Satz 5 KStG, so dass die Verluste der D-GmbH erhalten bleiben können. In der Alternative war die Konzernklausel nach der bislang geltenden Rechtslage nicht einschlägig. Seit Geltung des StÄndG 2015 gilt auch hier die Konzernklausel und die Verluste der D-GmbH bleiben erhalten.

hh) Stille-Reserven-Klausel: Als weitere Entschärfung der Grundregel wurde ebenfalls durch das WachstumsBG sowie das JStG 2010 die sog. Stille-Reserven-Klausel (§ 8c Abs. 1 Sätze 6ff. KStG) eingeführt. Zweck dieser Regelung ist es, den Verlustabzug trotz eines grds. schädlichen Beteiligungserwerbs insoweit zuzulassen, als im Betriebsvermögen der Verlustkapitalgesellschaft (zB einer AG) im Inland steuerpflichtige stille Reserven vorhanden sind. Nur soweit abziehbare bzw. nicht genutzte Verluste im Zeitpunkt des schädlichen Beteiligungserwerbs nicht durch im Inland vorhandene stille Reserven gedeckt werden, gehen diese entsprechend der Grundregel anteilig oder vollständig verloren. Die Ermittlung oder gar die tatsächliche Aufdeckung dieser stillen Reserven sind nicht erforderlich. Stille Reserven werden vielmehr gesetzlich definiert als der Unterschiedsbetrag zwischen dem anteiligen bzw. gesamten in der steuerlichen Gewinnermittlung ausgewiesenen EK[132] und dem auf dieses EK jeweils entfallenden gemeinen Wert der Anteile an der Verlustgesellschaft (§ 8c Abs. 1 Satz 7 KStG). Für die Ermittlung des gemeinen Werts wird im Regelfall eine Unternehmensbewertung erforderlich sein. **67**

Beispiel: Die A-AG ist alleinige Aktionärin der B-AG. Die A-AG veräußert nunmehr zum 1.6.2017 60% der Aktien an der B-AG an die C-Corp. (USA) für 600. Die B-AG verfügt über körperschaftsteuerliche Verlustvorträge und laufende Verluste iHv. 1.000. Ihr steuerliches EK beträgt 200.

---

[131] Zur teleologischen Auslegung des Grundtatbestands des § 8c Abs. 1 KStG vgl. FG Berlin-Brandenburg 8 K 8311/10, DStRE 2012, 1189 (Rev. BFH I R 79/11); FG Düsseldorf 6 K 3339/12 K F, DStR 2015, 744 (Rev. BFH I R 16/15).

[132] Auf das handelsrechtliche EK kommt es nicht an; im Regelfall ist eine Zwischenbilanz für steuerliche Zwecke aufzustellen.

Es liegt grds. ein schädlicher Beteiligungserwerb gem. § 8c Abs. 1 Satz 2 KStG vor, der zum Wegfall der Verluste der B-AG zum Zeitpunkt der Anteilsübertragung führen würde. Gemäß § 8c Abs. 1 Satz 6 ff. würde jedoch ein Teil der Verluste erhalten bleiben: Der gemeine Wert der B-AG beträgt 1.000 (600/60% x 100%). Die stillen Reserven betragen somit 800 (gemeiner Wert der Aktien ./. steuerliches EK). Folglich würden körperschaftsteuerliche Verluste der B-AG iHv 800 erhalten bleiben und 200 untergehen.

68 Stille Reserven in Beteiligungen an Kapitalgesellschaften sollen nach Ansicht der FinVerw im Regelfall keine Berücksichtigung finden; stille Reserven in Beteiligungen an Tochterpersonengesellschaften jedenfalls für körperschaftsteuerliche Verluste schon.[133] Auch stille Reserven im Betriebsvermögen von Organgesellschaften sollen nicht auf Ebene des Organträgers berücksichtigt werden.[134] Bei mehrstufigen Beteiligungsstrukturen sind die Voraussetzungen der Stille-Reserven-Klausel auf jeder Ebene zu prüfen, wobei für die Ermittlung der stillen Reserven grds. das für die Obergesellschaft gezahlte Entgelt zugrunde gelegt werden soll. Abweichend davon können die stillen Reserven der Verlustgesellschaft etwa durch eine Unternehmensbewertung nachgewiesen werden.

2. Dividendeneinkünfte und korrespondierende Aufwendungen

69 Seit Umstellung vom Anrechnungs- auf das Halbeinkünfteverfahren und die Einführung des § 8b Abs. 1 KStG bleiben bestimmte, dort explizit genannte Bezüge iSv § 20 EStG bei der Ermittlung des Einkommens der AG außer Ansatz. Allerdings sind die Bezüge nicht in Gänze steuerfrei, sondern im Ergebnis nur zu 95%. Denn § 8b Abs. 5 KStG bestimmt, dass 5% der körperschaftsteuerbefreiten Dividenden als nichtabziehbare Betriebsausgaben gelten.

70 Die Regelung des § 8b Abs. 1 KStG ist eine Kernregelung des KStG und betrifft in Bezug auf die AG vor allem von dieser bezogene Dividendenausschüttungen in- oder ausländischer Tochter-Kapitalgesellschaften. Sie wird daher auch **Dividendenfreistellung oder körperschaftsteuerliches Schachtelprivileg** genannt. § 8b Abs. 1 KStG liegt der Gedanke zugrunde, dass bei Gewinnausschüttungen über mehrere Beteiligungsstufen hinweg (zB im Konzern) eine mehrfache, kaskadenhafte Belastung desselben Gewinns mit Körperschaftsteuer vermieden werden soll.

a) Körperschaftsteuerliches Schachtelprivileg für Dividenden

71 § 8b Abs. 1 KStG erfasst vor allem **offene oder verdeckte Gewinnausschüttungen** von Tochter-Kapitalgesellschaften an die AG. Dabei spielt es grundsätzlich keine Rolle, ob die ausschüttende Tochter-Kapitalgesellschaft eine in- oder ausländische ist. Ebenfalls unerheblich ist es, ob die AG die Ausschüttung unmittelbar von der Tochter-Kapitalgesellschaft oder mittelbar über eine zwischengeschaltete Personengesellschaft bezieht (§ 8b Abs. 6 KStG).

72 Eine Mindesthaltefrist ist für die Anwendung des § 8b Abs. 1 KStG nicht erforderlich. Allerdings wird für die Anwendung der Dividendenfreistellung eine **Mindestbeteiligungsquote** vorausgesetzt.[135] § 8b Abs. 4 KStG bestimmt seitdem, dass die 95%ige Steuerfreistellung für Ausschüttungen, welche die AG nach dem

---

[133] BMF 28.11.2017, BStBl. I 2017, 1645 Rn. 52 ff.
[134] BMF 28.11.2017, BStBl. I 2017, 1645 Rn. 59 f.
[135] Die Regelung des § 8b Abs. 4 KStG nF wurde durch das EuGHDivUmsG v. 21.3.2013 (BGBl. 2013 I 561) als Reaktion auf die EuGH-Entscheidung v. 20.10.2011 in der Rs. C-284/09 (Kommission/Deutschland, EuGH C-284/09, DStR 2011, 2038) eingeführt.

A. Körperschaftsteuerrecht 73–76 § 12

28.3.2013 bezogen hat, nur dann zu gewähren ist, wenn die AG mindestens zu 10% am Nominalkapital[136] der ausschüttenden Tochtergesellschaft beteiligt ist. Beträgt die Beteiligungsquote weniger als 10% (sog. **Streubesitzbeteiligung**), ist die Ausschüttung voll steuerpflichtig.

Von der Dividendenfreistellung erfasst werden auch Einnahmen aus der Veräußerung von Dividendenscheinen. Ebenfalls Anwendung findet die Regelung auf Bezüge, die bei einer Kapitalherabsetzung oder als Liquidationserlös bei der Auflösung einer Tochter-Kapitalgesellschaft gezahlt werden, soweit diese nach § 20 Abs. 1 Nr. 2 EStG Einnahmen aus Kapitalvermögen darstellen und nicht Rückzahlung von Nennkapital oder Einlagenkonto (§ 27 KStG) sind oder aus der Umwandlung thesaurierter Gewinne in Nennkapital (§ 29 KStG) stammen. Bezüge der AG, die als **Rückzahlung von Nennkapital** oder als **Einlagenrückgewähr** iSv § 27 KStG anzusehen sind, unterfallen zwar nicht der Dividendenfreistellung des § 8b Abs. 1 KStG, sind aber bereits gem. § 20 Abs. 1 Nr. 1 Satz 3 und Nr. 2 Satz 2 EStG iVm § 8 Abs. 1 KStG in vollem Umfang steuerfrei. Nicht von § 8b Abs. 1 KStG erfasst werden grds. auch Einnahmen aus Pensions- und Wertpapierleihgeschäften (Leihgebühren, Kompensationszahlungen des Entleihers).[137] Demgegenüber sind die vom Entleiher vereinnahmten Dividenden nach § 8b Abs. 1 KStG steuerfrei. Die von ihm aufgewendeten Entgelte (Provisionen, Kompensationsgebühren, etc.) unterliegen jedoch einem speziellen Abzugsverbot für Betriebsausgaben (§ 8b Abs. 10 KStG).[138]

Ausgenommen vom körperschaftsteuerlichen Schachtelprivileg sind gezahlte Bezüge auf Anteile, die bei Lebens- oder Krankenversicherungsunternehmen, Pensionsfonds, Kreditinstituten und Finanzdienstleistungsinstituten nach § 1a KWG dem Handelsbuch zuzurechnen sind oder die von **Finanzunternehmen** iSd des KWG mit dem Ziel der kurzfristigen Erzielung eines Eigenhandelserfolges erworben werden, § 8b Abs. 7 und 8 KStG. Auch eine AG, die als reine Handels- und Beteiligungsgesellschaft tätig ist, kann als Finanzunternehmen der Beschränkung des § 8b Abs. 7 KStG unterfallen.[139] Sind § 8b Abs. 7 und 8 KStG einschlägig, sind die vereinnahmen Bezüge voll körperschaftsteuerpflichtig.

Für die Anwendung des körperschaftsteuerlichen Schachtelprivilegs (§ 8b Abs. 1 KStG) auf Ausschüttungen einer ausländischen Körperschaft an die AG ist irrelevant, ob mit dem jeweiligen ausländischen Staat ein DBA besteht oder nicht. Sofern ein DBA anwendbar ist und ein eigenständiges Schachtelprivileg enthält, wird dieses durch das körperschaftsteuerliche Schachtelprivileg des § 8b Abs. 1 KStG überlagert, da dieses regelmäßig geringere Voraussetzungen hat als das entsprechende **DBA-Schachtelprivileg**.[140]

Auch kommt es nicht darauf an, ob der ausgeschüttete Betrag auf Ebene der ausschüttenden Kapitalgesellschaft tatsächlich einer Vorbelastung mit Körperschaftsteuer unterlegen hat. Allerdings sieht § 8b Abs. 1 Satz 2 KStG nF vor, dass das körperschaftsteuerliche Schachtelprivileg (dh 95%ige Steuerfreistellung) nur insoweit

---

[136] Bei deutschen Kapitalgesellschaften ist dies das Stamm- oder Grundkapital; bei ausländischen Kapitalgesellschaften ist dies nach dem sog. Typenvergleich zu bestimmen.
[137] Str.; BMF 28.4.2003, BStBl. I 2003, 292 Rn. 9; Gosch/*Gosch* KStG § 8b Rn. 108, 654; *Häuselmann* DStR 2007, 1379; aA Schnitger/Fehrenbacher/*Schnitger/Bildstein* KStG § 8b Rn. 889.
[138] Vgl. dazu Gosch/*Gosch* KStG § 8b Rn. 631, 654; *Schnitger/Bildstein* IStR 2008, 202.
[139] BFH I B 82/10, BFH/NV 2011, 69; I B 105/11, BFH/NV 2012, 456; I R 4/11, BFH/NV 2012, 453.
[140] DPM/*Pung* KStG § 8b Rn. 19; BFH I R 47/08, BStBl. II 2011, 131; I R 71/09, BStBl. II 2011, 129.

zu gewähren ist, als die Bezüge das Einkommen der leistenden Körperschaft nicht gemindert haben. Die Steuerbefreiung bei der empfangenden AG wird also davon abhängig gemacht, dass der ausgeschüttete Betrag bei der zahlenden Körperschaft nicht steuermindernd als Betriebsausgabe abzugsfähig ist (sog. **Korrespondenzprinzip**). Während dieses Korrespondenzprinzip bis zum VZ 2013 ausschließlich in Fällen (grenzüberschreitender) vGA Anwendung gefunden hatte, wurde es mit dem AmtshilfeRLUmsG seit dem VZ 2014[141] auf sämtliche Bezüge iSd § 8 b Abs. 1 Satz 1 KStG erweitert. Von dieser Neuregelung erfasst werden sollen insb. Bezüge der AG aus sog. hybriden Finanzierungen (zB bestimmten Genussrechten). Dies sind Bezüge der AG für die Hingabe von Kapital, das wegen der Konditionen der Kapitalhingabe im Staat der (ausländischen) Tochter-Kapitalgesellschaft als Fremdkapital und im Inland als Eigenkapital qualifiziert wird. Diese unterschiedliche Qualifikation würde grds. dazu führen, dass die Vergütung für die Kapitalüberlassung bei der (ausländischen) Tochter-Kapitalgesellschaft als Betriebsausgabe abgezogen und bei der AG als Dividende zu 95% nicht besteuert würde.[142] Dies soll durch § 8b Abs. 1 Satz 2 KStG verhindert werden.[143] Selbiges gilt auch für die Anwendung des DBA-Schachtelprivilegs (§ 8b Abs. 1 Satz 3 KStG).

b) Korrespondierende Aufwendungen

77   Da das **Abzugsverbot** des § 3c Abs. 1 EStG auf Aufwendungen der AG, die mit steuerfrei vereinnahmten Dividenden unmittelbar wirtschaftlich zusammenhängen, nicht anwendbar ist, sind auch Ausgaben der AG, die in unmittelbarem wirtschaftlichem Zusammenhang mit steuerfreien Dividendeneinkünften stehen (zB Finanzierungsaufwendungen), vorbehaltlich anderer Abzugsverbote als Betriebsausgaben abziehbar. Quasi als Kompensation für die Steuerfreiheit der Dividendenerträge wird diese faktisch auf 95% der Dividenden reduziert, indem § 8b Abs. 5 KStG bestimmt, dass pauschal 5% der körperschaftsteuerbefreiten Dividenden als steuerlich nicht abzugsfähige Betriebsausgaben gelten. Diese Fiktion gilt unabhängig davon, ob und in welcher Höhe die empfangende AG tatsächlich entsprechende Ausgaben (zB zur Finanzierung der ausschüttenden Gesellschaft) getätigt hat. Bei mehrstufigen inländischen Beteiligungsstrukturen kann das pauschale Betriebsausgabenabzugsverbot zu Kaskadeneffekten führen, da es grds. auf jeder Beteiligungsstufe erneut anzuwenden ist.[144]

3. Einkünfte aus der Veräußerung von Beteiligungen und korrespondierende Aufwendungen

a) Körperschaftsteuerliches Schachtelprivileg für Veräußerungsgewinne

78   Das körperschaftsteuerliche Schachtelprivileg gilt nicht nur für Dividenden und sonstige Bezüge iSv § 8b Abs. 1 KStG, sondern auch für **Veräußerungsgewinne** (§ 8b Abs. 2 KStG). Steuerbefreit sind hiernach vor allem Gewinne der AG aus der

---

[141] Bzw. bei abw. Wj. erstmals für den VZ, in dem das Wj. endet, das nach dem 31.12.2013 begonnen hat.
[142] Vgl. BR-Drs. 139/13, 156 und 119.
[143] Zur überschießenden Innentendenz: *Becker/Loose* IStR 2012, 758; *Desens* DStR-Beihefter 2013, 13 (21).
[144] Dies kann insb. durch eine ertragsteuerliche Organschaft vermieden werden, da nach der sog. Bruttomethode (§ 15 Satz 1 Nr. 2 KStG) die Regelungen des § 8b KStG erst auf Ebene des (ultimativen) Organträgers anzuwenden sind.

A. Körperschaftsteuerrecht 79–81 § 12

Veräußerung von Anteilen an in- oder ausländischen Tochter-Kapitalgesellschaften, deren laufende Bezüge bei der AG nach § 8b Abs. 1 KStG zu 95% steuerfrei sind oder von Anteilen an Organgesellschaften stammen.[145] Diesem Gleichlauf liegt der gesetzgeberische Gedanke zu Grunde, dass Veräußerungsgewinne letztlich Gewinne aus der Realisierung stiller Reserven sind, die als thesaurierte Gewinne Gewinnausschüttungen gleichstehen sollen.[146] Neben Veräußerungsgewinnen erfasst die Steuerfreistellung des § 8b Abs. 2 KStG auch Gewinne aus der Auflösung oder der Herabsetzung des Grundkapitals der AG oder aus Werterhöhungen infolge rückgängig gemachter Teilwertabschreibungen. Außer dem Gewinn aus dem Verkauf oder dem Tausch fällt auch die verdeckte Einlage von Anteilen unter diese Steuerbefreiung (§ 8 Abs. 2 Satz 6 KStG). Nicht darunter fällt der Veräußerungsgewinn, soweit der betreffende Anteil an der Tochtergesellschaft in früheren Jahren steuerwirksam auf den niedrigeren Teilwert abgeschrieben und die Gewinnminderung in der Folgezeit nicht durch den Ansatz eines höheren Werts ausgeglichen worden ist.

Anders als bei der Dividendenfreistellung unterliegt die Freistellung von Veräußerungsgewinnen nach aktueller Rechtslage keiner Mindestbeteiligungsquote von 10%; eine Regelung entsprechend dem § 8b Abs. 4 KStG ist insoweit also (noch) nicht anwendbar.[147] **79**

b) Korrespondierende Aufwendungen

Wie bei den Dividendeneinkünften findet auch bei den **Veräußerungsgewinnen** das Abzugsverbot des § 3c Abs. 1 EStG ausdrücklich keine Anwendung; allerdings wird die Steuerfreiheit der Veräußerungserträge – entsprechend den Dividendeneinkünften – ebenfalls faktisch auf 95% des Veräußerungsgewinns reduziert, indem § 8b Abs. 3 Satz 1 KStG bestimmt, dass pauschal 5% des körperschaftsteuerbefreiten Veräußerungsgewinns als steuerlich nicht abzugsfähige Betriebsausgaben gelten. **80**

Als Kehrseite der Steuerfreistellung unterliegen gem. § 8b Abs. 3 Satz 3 KStG Verluste oder sonstige Gewinnminderungen, die mit einem nach § 8b Abs. 2 KStG begünstigten Anteil der AG an einer Tochter-Kapitalgesellschaft zusammenhängen, einem Abzugsverbot.[148] Dieses setzt allerdings voraus, dass der AG der Anteil an der Tochter-Kapitalgesellschaft auch tatsächlich rechtlich oder wirtschaftlich zuzurechnen ist und die Aufwendungen substanzbezogen, also nicht laufende Aufwendungen, sind.[149] Vergeblicher Transaktions- und Akquisitionsaufwand aus einem beabsichtigten, letztlich aber gescheiterten unmittelbaren Beteiligungserwerb (zB Kosten der **Due Diligence**, der rechtlichen Beratung im Rahmen der Kaufvertragsverhandlungen, Prüfung der Closing-Bilanz) und daraus resultierende Gewinnminderungen gehören – unabhängig davon, ob sie grds. als Anschaffungs-(neben)kosten oder als sofort abzugsfähige BA zu behandeln wären – nicht dazu, da in einer derartigen Situation der tatbestandlich geforderte Substanzbezug mit dem **81**

---

[145] Die Veräußerung eigener Aktien unterfällt nach Einführung des BilMoG nicht mehr § 8b Abs. 2 KStG, sondern wird als Kapitalerhöhung angesehen; vgl. BMF 27.11.2013, BStBl. I 2013, 1615 Rn. 26 ff.
[146] BT-Drs. 15/1518, 15; Gosch/*Gosch* KStG § 8b Rn. 281.
[147] Im Diskussionsentwurf zum InvStRefG war eine entsprechende Regelung geplant und sollte nach dem 31.12.2017 in Kraft treten. Dieser Vorschlag wurde aber fallengelassen.
[148] Sog. Regelungssymmetrie, Schnitger/Fehrenbacher/*Schnitger* KStG § 8b Rn. 413; Gosch/*Gosch* KStG § 8b Rn. 261.
[149] BFH I R 52/08, BStBl. II 2009, 674; Gosch/*Gosch* KStG § 8b Rn. 266 f.; Schnitger/Fehrenbacher/*Schnitger* KStG § 8b Rn. 417.

§ 12   82–84   Besteuerung der AG

betreffenden Anteil fehlt.[150] Derartiger vergeblicher Aufwand (ua auch allgemeine Verwaltungskosten der Beteiligung) unterfällt also nicht § 8b Abs. 3 KStG und bleibt abziehbar. Diese Grundsätze gelten auch dann, wenn die AG den vergeblichen (mittelbaren) Beteiligungserwerb ihrer Tochter-Kapitalgesellschaft finanziert.[151]

82   Gewinnminderungen, die durch einen steuerlich zulässigen Ansatz des niedrigeren Teilwertes (§ 6 Abs. 1 Nr. 2 EStG) in Bezug auf einen gem. § 8b Abs. 2 KStG begünstigten Anteil entstehen, sowie Gewinnminderungen aus der **Herabsetzung des Nennkapitals oder der Liquidation** der Tochter-Kapitalgesellschaft[152] unterfallen ebenfalls dem Abzugsverbot des § 8b Abs. 3 Satz 3 KStG. Auch Verluste aus der Veräußerung solcher Anteile werden erfasst, obwohl diese eigentlich gar keine Gewinnminderungen iSd § 8b Abs. 3 KStG darstellen können, da § 8b Abs. 2 KStG seinem Wortlaut nach bereits Gewinne aus der Anteilsveräußerung als Saldogröße aus Veräußerungserlös, Buchwert der Anteile und Veräußerungskosten von der KSt befreit und von vornherein somit auch damit einhergehende Verluste einbezieht.[153]

83   Seit dem VZ 2008 gilt das Abzugsverbot auch für Gewinnminderungen der AG, die im Zusammenhang stehen mit **Darlehen** (oder vergleichbaren Rechtshandlungen), welche die AG einer anderen Konzerngesellschaft gewährt hat oder aus der Inanspruchnahme der AG aus **Sicherheiten** bzw. Rückgriffsansprüchen Dritter resultieren, welche die AG der Konzerngesellschaft für die Besicherung eines Darlehens eingeräumt hat (§ 8b Abs. 3 Sätze 4–8 KStG). Hintergrund der Einführung dieser Regelung war es, Gestaltungen entgegen zu wirken, bei denen durch die Hingabe eigenkapitalersetzender Darlehen und deren anschließende Wertberichtigung Gewinnminderungen nicht von der Anwendung des § 8b Abs. 3 Satz 3 KStG erfasst wurden.[154] Allerdings erfassten die Neuregelungen nicht nur solche Missbrauchsfälle, sondern schränkten die Finanzierungsfreiheit gerade in Konzernfällen erheblich ein und sind insofern ein steuersystematischer Fremdkörper, als korrespondierende Gewinne in vollem Umfang steuerpflichtig sind.[155]

84   Das Abzugsverbot bezieht sich insb. auf Gewinnminderungen aus Teilwertabschreibungen auf Darlehen, Forderungsausfälle bei Insolvenz/Liquidation oder aus Forderungsverzichten (iHd nicht werthaltigen Teils der Forderung[156]). Ebenfalls erfasst werden Wechselkursverluste aus Fremdwährungsdarlehn.[157] Voraussetzung ist allerdings stets, dass die AG an der Konzerngesellschaft, die von dem gewährten

---

[150] BFH I R 72/11, BStBl. II 2013, 343; Gosch/*Gosch* KStG § 8b Rn. 266; v. *Goldacker/Achatz* BB 2008, 1592; *Pyszka* DStR 2010, 1322; ähnlich DPM/*Pung* KStG § 8b Rn. 191.

[151] Str., aber wohl hM Gosch/*Gosch* KStG § 8b Rn. 266a; Schnitger/Fehrenbacher/*Schnitger* KStG § 8b Rn. 423; *Pyszka* DStR 2010, 1468 (1470); *Ditz/Tcherveniachki* DB 2011, 2676; *Lechner* Ubg 2013, 162 (169); aA DPM/*Pung* KStG § 8b Rn. 192.

[152] Vgl. BMF 28.4.2003, BStBl. I 2003, 292; ein Liquidationsverlust entsteht, wenn der Liquidationserlös geringer ist als die AK bzw. der Buchwert der Anteile.

[153] Gosch/*Gosch* § 8b KStG Rn. 267; Schnitger/Fehrenbacher/*Schnitger* KStG § 8b Rn. 419.

[154] Nach der Gesetzesbegründung sollte die Neuregelung allerdings nur deklaratorischen Charakter haben, BT-Drs. 16/6290, 73; OFD Münster 20.10.2009, IStR 2009, 868; aA BFH I R 52/08, BStBl. II 2009, 674; I R 23/13, BFH/NV 2015, 626: konstitutive Wirkung; ebenso Gosch/*Gosch* KStG § 8b Rn. 278b; Schnitger/Fehrenbacher/*Schnitger* KStG § 8b Rn. 451.

[155] Kritisch ebenfalls Erle/Sauter/*Gröbl/Adrian* KStG § 8b Rn. 179; *Prinz* in FS Schaumburg S. 466 ff.

[156] BFH GrS 1/94, BStBl. II 1998, 307.

[157] HM Schnitger/Fehrenbacher/*Schnitger* KStG § 8b Rn. 467; *Rödder/Herlinghaus/Neumann* KStG § 8b Rn. 318; DPM/*Pung* KStG § 8b Rn. 225; aA HHR/*Watermeyer* KStG § 8b Rn. 111; *Winhard* IStR 2011, 237.

Darlehen oder der Sicherheit profitiert, zu mehr als einem Viertel am Nominalkapital unmittelbar beteiligt ist oder war.

Voll abzugsfähig bleiben Gewinnminderungen in diesen Fällen nur dann, wenn der AG der Nachweis gelingt, dass ein fremder Dritter das Darlehen unter denselben Umständen gewährt bzw. nicht zurückgefordert hätte (sog. **Drittvergleich-Escape**), § 8b Abs. 3 Satz 6 KStG. Dem Drittvergleich nicht standhalten sollen nach dem Gesetzgeber insb. unverzinsliche oder niedrig verzinste Darlehen und solche Darlehen, die auch im Krisenfall nicht zurückgefordert werden.[158] Allein die fehlende Besicherung eines konzerninternen Darlehens führt in der Regel nicht dazu, dass die Darlehensgewährung durch die AG-Muttergesellschaft dem Drittvergleich nicht standhält.[159] Leistet die AG allerdings nur eine Sicherheit zugunsten des Darlehens eines Dritten an die Konzerngesellschaft, ist der Drittvergleich-Escape nicht anwendbar. Ohnehin gestaltet sich der Drittvergleich in der Praxis schwierig, da die Finanzverwaltung zum Teil hohe Anforderungen an den Inhalt der Vergleichsangebote stellt.

4. Einkünfte aus ausländischen Betriebsstätten

Grundsätzlich kann die im Inland unbeschränkt steuerpflichtige AG ihre operative Tätigkeit auch durch eine im Ausland belegene **Betriebsstätte** (§ 12 AO) ausweiten. Hierdurch wird die AG mit den in der ausländischen Betriebsstätte generierten Einkünften im ausländischen Staat beschränkt steuerpflichtig. Gleichzeitig unterliegen diese ausländischen Betriebsstätteneinkünfte aufgrund der unbeschränkten Steuerpflicht der AG im Inland der inländischen Besteuerung.

Es kommt potenziell zu einer Doppelbesteuerung der Betriebsstätteneinkünfte, die durch bilaterale **Doppelbesteuerungsabkommen** (DBAs) verhindert oder zumindest minimiert werden soll. In der Regel vermeidet Deutschland die Doppelbesteuerung durch Anwendung der sog. **Freistellungsmethode**, indem die Betriebsstätteneinkünfte von der inländischen Steuerbemessungsgrundlage ausgenommen werden. Nach dem OECD-MA fällt das Besteuerungsrecht idR dem Staat zu, in dem die Betriebsstätte belegen ist (sog. Belegenheitsprinzip). Allerdings ist zu beachten, dass das OECD-MA lediglich ein Grundgerüst für die Ausarbeitung konkreter bilateraler DBAs bildet und somit nicht zwingend für alle derzeit geltenden DBAs repräsentativ ist. Oft werden im Rahmen eines DBA vom OECD-MA abweichende Regelungen getroffen, sodass die Behandlung von Betriebsstätteneinkünften stets auf Basis der konkreten DBA analysiert werden muss. Werden die Betriebsstätteneinkünfte im jeweiligen DBA analog zu Art. 23A OECD-MA von der Besteuerung in Deutschland freigestellt, wird der handelsrechtlich zunächst bei der AG erfasste Betriebsstättengewinn außerbilanziell gekürzt; korrespondierend werden Betriebsstättenverluste dem Gewinn der AG außerbilanziell hinzugerechnet.

Als weitere Methode zur Vermeidung einer Doppelbesteuerung von ausländischen Betriebsstätteneinkünften kommt die sog. **Anrechnungsmethode** (Art. 23B OECD-MA) in Betracht (ua bei Vorliegen von sog. Aktivitätsklauseln im DBA Finnland und Schweiz).[160] Im Gegensatz zur Freistellungsmethode, werden die

---

[158] BT-Drs. 16/6290, 74.
[159] BFH I R 65/94, BFHE 176, 571; I R 24/97, BStBl. II 1998, 573; I R 29/14, BFH/NV 2015, 1506; anders aber BT-Drs. 16/6290, 74.
[160] Siehe hierzu detailliert ua Wassermeyer/*Puscher* DBA Finnland Art. 23 Rn. 29 sowie Wassermeyer/*Scherer* DBA Schweiz Art. 24 Rn. 60 ff. und Gosch/Kroppen/Grotherr/*Grotherr* OECD-MA Art. 23A/Art. 23B Rn. 78; *Wassermeyer* IStR 2000, 65.

ausländischen Betriebsstätteneinkünfte in einem ersten Schritt voll der inländischen Steuerberechnung zugrunde gelegt und die darauf entfallende inländische Steuer kalkuliert. In einem zweiten Schritt wird dann die ausländische Steuer auf die inländische Steuer angerechnet. Abgesehen von der Regelung des 23B OECD-MA kommt diese Methode vor allem in Fällen zum Tragen, in denen kein DBA zwischen dem Belegenheitsstaat der ausländischen Betriebsstätte und der Bundesrepublik Deutschland besteht. Die Anrechnungsmethode wird nach nationalem Recht in den § 34c iVm § 34d Nr. 2 Buchst. a EStG bzw. § 26 KStG geregelt. Auch durch die Anwendung sog. Subject-to-Tax-, Remittance-Base- oder Switch-Over-Klauseln (zB § 50d Abs. 9 EStG oder § 20 Abs. 2 AStG) kann es auf nationaler Ebene zur Anwendung der Anrechnungsmethode kommen. Der wesentliche Nachteil der Anrechnungsmethode ist die Gefahr, dass sog. Anrechnungsüberhänge entstehen. Dies ist meistens dann der Fall, wenn die ausländische Steuer auf die Betriebsstätteneinkünfte höher ist als die inländische Steuer und somit keine volle Anrechnung der ausländischen Steuer erfolgen kann.

89 In diesem Kontext sei auch auf die am 18.10.2014 in Kraft getretene Betriebsstättengewinnaufteilungsverordnung (BsGaV) hingewiesen, die im Zusammenhang mit den Regelungen des § 1 Abs. 5 AStG unangemessene Gewinnverlagerungen der AG auf ausländische Betriebsstätten verhindern soll. Sollten nämlich Transferpreise zwischen der AG mit der ausländischen Betriebsstätte insb. vor dem Hintergrund einer Freistellung der ausländischen **Betriebsstätteneinkünfte** dem Fremdvergleich nicht standhalten, käme es spätestens bei der Anwendung der Vorschriften des AStG zu einer Einkommenskorrektur auf Ebene der AG, da auch diese verhindert werden soll, dass dem Inland Steuersubstrats entzogen wird.

Weiterhin ist in Bezug auf Drittstaaten zu beachten, dass gem. § 2a Abs. 1 Satz 1 Nr. 2 EStG eine Verlustverrechnungsbeschränkung besteht. Das bedeutet, dass die ausländischen Betriebsstätteneinkünfte einer im Drittstaat belegenen Betriebsstätte der AG ausschließlich mit positiven Betriebsstätteneinkünften einer in demselben Staat belegenen Betriebsstätte verrechnet werden können. Eine Ausnahme lässt der § 2a Abs. 2 EStG zu, wenn die AG nachweist, dass diese ausländischen **Betriebsstättenverluste** aus einer im Drittland belegenen Betriebsstätte stammen, die ausschließlich oder zumindest in einem erheblichen Maße zB Warenlieferungen oder gewerbliche Dienstleistungen ausführt.

90 Alternativ zur Anrechnung der ausländischen Steuer kann die AG auf Antrag nach § 34c Abs. 2 EStG den Abzug der ausländischen Steuer bei der Ermittlung der Einkünfte vornehmen, jedoch nur soweit diese ausländische Steuer auf die ausländischen Betriebsstätteneinkünfte entfällt, die nicht steuerfrei gestellt wurden. Diese Variante ist insb. dann in Betracht zu ziehen, wenn die AG mit erheblichen Anrechnungsüberhängen rechnen kann.

5. Investitionszulagen

91 Die sog. Investitionszulagen sollen Unternehmen des verarbeitenden Gewerbes (§ 3 Abs. 1 Satz 1 Nr. 1 InvZulG), des Beherbergungsgewerbes (§ 3 Abs. 1 Satz 1 Nr. 3 InvZulG) sowie bestimmten Unternehmen, deren Geschäftstätigkeit sich auf produktionsnahe Dienstleistungen (§ 3 Abs. 1 Satz 1 Nr. 2 InvZulG) fokussiert, einen Anreiz für Investitionen in neues abnutzbares Anlagevermögen geben (§ 2 Abs. 1 InvZulG). Das InvZulG 2010 begründet den rechtlichen Anspruch von in Berlin sowie den neuen Bundesländern (Brandenburg, Mecklenburg-Vorpommern, Sachsen, Sachsen-Anhalt und Thüringen) ansässigen Unternehmen auf Inanspruchnahme von Investitionszulagen. Gemäß § 4 Abs. 1 Nr. 5 InvZulG werden nur noch

A. Körperschaftsteuerrecht

Erstinvestitionen staatlich gefördert, wenn diese zumindest teilweise vor dem 1.1.2014 abgeschlossen wurden.

Der Antrag auf Gewährung einer Investitionszulage ist formgebunden. Dieser **92** ist unter detaillierter Angabe der beabsichtigten Investition zwingend von den Vorständen der AG zu unterzeichnen und beim zuständigen FA einzureichen. Die Investitionszulage wird gem. § 10 InvZulG nach Ablauf des Wirtschafts- bzw. Kalenderjahres der AG festgesetzt und innerhalb eines Monats nach Bekanntgabe des Körperschaftsteuerbescheids ausgezahlt. Aus ertragsteuerlicher Sicht stellt die Investitionszulage auf Ebene der AG einen steuerfreien Ertrag dar, welcher außerbilanziell gekürzt wird (siehe auch R 7.1 Abs. 1 Satz 2 Pos. 12 KStR).

Zu den begünstigten Investitionen zählen **neue abnutzbare bewegliche Wirt- 93 schaftsgüter des Anlagevermögens**, welche im Regelfall für den Zeitraum von mindestens fünf Jahren im Betriebsvermögen der AG verbleiben und zu weniger als 10% privat genutzt werden sowie nicht an Dritte veräußert oder überlassen werden dürfen. Luftfahrzeuge, Personenkraftwagen sowie geringwertige Wirtschaftsgüter isD § 6 Abs. 2 Satz 1 EStG sind von der Förderung allerdings ausgeschlossen. In Abhängigkeit von der Unternehmensgröße sowie vom Förderungszeitraum variiert die Höhe der Investitionszulage. Eine besondere Bedeutung kommt dem § 9 InvZulG zu, welcher besagt, dass die staatlich gewährte Investitionszulage im Einklang mit der Gruppenfreistellungsverordnung gem. Art. 288 AEUV[161] stehen muss. Sollte die Investitionszulage bzw. die darin verkörperte staatliche Beihilfe als europarechtwidrig qualifiziert werden, hätte dies für den Empfänger zur Folge, dass er trotz bestandskräftiger Bescheide[162] bzw. Urteile[163] zur Rückzahlung der Investitionszulage verpflichtet wäre, was darüber hinaus den unerwünschten Nebeneffekt hat, dass der Rückforderungsanspruch nach § 238 AO mit 6% pro Jahr und zwar beginnend mit dem Tag der Auszahlung der Investitionszulage zu verzinsen ist. Ein Vertrauensschutz besteht in diesen Fällen nicht.

6. Verdeckte Einlagen/Verdeckte Gewinnausschüttungen

Bei der Ermittlung des Einkommens einer AG bleiben bestimmte außerbetrieblich **94** veranlasste Rechtsgeschäfte zwischen der AG und ihrem Aktionär außer Betracht. Dementsprechend sieht § 8 Abs. 3 Satz 2 und 3 KStG vor, dass verdeckte Einlagen das Einkommen der AG nicht erhöhen und sog. verdeckte Gewinnausschüttungen deren Einkommen nicht mindern dürfen. Zu einer **verdeckten Einlage** kommt es dann, wenn ein Aktionär der AG einen einlagefähigen Vermögensvorteil zuwendet, welcher im Gesellschaftsverhältnis begründet liegt. Dies ist der Fall, wenn unter fremden Dritten eine derartige Einlage unter kaufmännischen Gesichtspunkten nicht erfolgt wäre. Ein einlagefähiger bzw. bilanzierungsfähiger Vermögensvorteil liegt dann vor, wenn sich durch die verdeckte Einlage ein Aktivposten der AG erhöht oder ein Passivposten vermindert. Dies ist zB dann der Fall, wenn der Aktionär auf seinen (werthaltigen) Dividendenanspruch verzichtet. Im Gegensatz dazu liegt kein einlagefähiger Vermögensvorteil und somit keine verdeckte Einlage vor, wenn der Aktionär der AG zB eine Immobilie unentgeltlich zur Nutzung überlasst, da der daraus resultierende Nutzungsvorteil nicht bilanzierungsfähig ist.[164]

---

[161] Vertrag über die Arbeitsweise der Europäischen Union v. 9.5.2008, ABl. EG 2008 Nr. C 115, 47.
[162] Vgl. EuGH C-24/95, NJW 1998, 47 – Alcan Deutschland.
[163] Vgl. EuGH C-119/05, EuR 2007, 642 – Lucchini Italien.
[164] R 8.9, H 8.9 KStR.

95 Eine **verdeckte Gewinnausschüttung** liegt vor, wenn auf Ebene der AG eine durch das Gesellschaftsverhältnis veranlasste Vermögensminderung oder eine verhinderte Vermögensmehrung eintritt. Bei einer AG kann es zB dann zu einer Vermögensminderung kommen, wenn sie eigene Anteile zu einem überhöhten Preis vom Aktionär erwirbt. Zu einer verhinderten Vermögensmehrung kommt es dagegen, wenn die AG an einen Mehrheitsaktionär Aktien zu einem unter dem Kurswert liegenden Preis ausgibt.[165] Derartige Gestaltungen würden sich unter fremden Dritten grds. nicht ergeben. Näher zur verdeckten Gewinnausschüttung siehe § 8 Rn. 80 ff.

7. Zurechnung des Einkommens von Organgesellschaften

96 Im Fall einer zivil- und körperschaftsteuerlich anzuerkennenden **Organschaft** zwischen einer AG (Organträgerin) und einer Tochter-Kapitalgesellschaft (Organgesellschaft), wird das Einkommen der Organgesellschaft unmittelbar der AG zugewiesen, da für körperschaftsteuerliche Zwecke das Vorliegen eines Einheitsunternehmens fingiert wird. Somit werden die Einkommen der AG sowie ihrer Organgesellschaften – bis auf wenige Ausnahmen[166] – kumuliert auf Ebene des Organträgers betrachtet und der Körperschaftsteuer unterworfen. Es ist zu beachten, dass aufgrund möglicher Abweichungen zwischen Handels- und Steuerbilanz (§ 60 Abs. 2 EStDV) organschaftliche Mehr- oder Minderabführungen entstehen können, da infolge dieser Abweichungen handelsrechtlich mehr oder weniger Gewinn abgeführt wird, als steuerlich an Einkommen zugerechnet werden kann. Die Mehr- oder Minderabführungen schlagen sich im steuerlichen Einlagekonto des Organträgers nieder. Siehe hierzu Kapitel § 12 Rn. 107.

Gemäß § 2 Abs. 2 Satz 2 GewStG entsprechen die Voraussetzungen der **gewerbesteuerlichen Organschaft** denen der **körperschaftsteuerlichen Organschaft**, allerdings erfolgt die Ermittlung des Gewerbeertrags für Organträger und Organgesellschaften zunächst separat, obwohl die Organgesellschaften als Betriebsstätten des Organträgers behandelt werden. In einem weiteren Schritt fließen die Gewerbeerträge der Organgesellschaften dem Organträger zur Kalkulation seines Steuermessbetrags zu (sog. gebrochene Einheitstheorie). Schließlich wird der so ermittelte Steuermessbetrag nach den Grundsätzen der §§ 29 ff. GewStG auf Basis der Arbeitslöhne den jeweiligen Gesellschaften im Organkreis zugewiesen (sog. Zerlegung). Zu weiteren Ausführungen zur Organschaft s. 14 Rn. 208 ff.

V. Ausschüttung der AG, steuerliches Eigenkapital und Verwendungsreihenfolge

1. Grundlegendes

97 Die Beantwortung der Frage, ob eine Ausschüttung der AG kapitalertragsteuerpflichtig und beim Aktionär mit Ertragsteuern zu belasten ist, hängt maßgeblich davon ab, ob die Ausschüttung aus dem **steuerlichen Eigenkapital** oder aus dem laufenden Gewinn der AG finanziert wird. Das steuerliche Eigenkapital der AG

---

[165] R 8.5, H 8.5 V. KStR „Einzelfälle: Aktien/Anteile"; BFH I 99/64, BStBl. II 1968, 20; VI R 174/68, BStBl. II 1969, 501.

[166] Ausnahmsweise erfolgt eine direkte Besteuerung auf Ebene der Organgesellschaft zB im Fall von Ausgleichszahlungen an einen von der Gewinnabführung ausgeschlossenen Minderheitsgesellschafter der Organgesellschaft nach § 16 KStG.

findet seine besondere Ausprägung im sog. steuerlichen Einlagekonto. Es handelt sich beim steuerlichen Einlagekonto um ein rein steuerliches Gebilde, welches außerhalb der Steuerbilanz geführt wird. Zweck und Zielsetzung des steuerlichen Einlagekontos ist die sachgerechte Darstellung der steuerlichen Rechtsfolgen bei nicht kapitalertragsteuerpflichtigen Rückzahlungen geleisteter Einlagen (**Einlagenrückgewähr**) einerseits und kapitalertragsteuerpflichtigen offenen oder verdeckten Gewinnausschüttungen andererseits. Zudem ist es von zentraler Bedeutung für die ertragsteuerlichen Besteuerungsfolgen auf Aktionärsebene. Entsprechend wird das steuerliche Einlagekonto auf den Schluss eines jeden Wirtschaftsjahres gesondert festgestellt (§ 27 Abs. 2 Satz 1 KStG).[167]

Die Entwicklung des steuerlichen Einlagekontos lässt sich nicht allein durch handelsrechtliche Grundsätze erklären, da Zu- und Abgänge beim steuerlichen Einlagekonto gem. § 27 Abs. 1 Satz 2 KStG zB auch durch **verdeckte Einlagen oder verdeckte Gewinnausschüttungen** verursacht werden, die dem Handelsrecht nicht bekannt sind. Steuerliches Einlagekonto und Kapitalrücklage (§ 272 HGB) sind demnach nicht identisch. Erstmalig zu führen ist das **steuerliche Einlagekonto** bei Gründung oder beim Wechsel von der beschränkten zur unbeschränkten Steuerpflicht der AG. Bei Bar- und Sachgründungen sowie in Einbringungsfällen iSd § 20 UmwStG ist darauf zu achten, dass es zu einem Zugang zum steuerlichen Einlagekonto kommt, soweit das Eigenkapital in der Eröffnungsbilanz der AG deren Grundkapital übersteigt. Beim Wechsel von der beschränkten zur unbeschränkten Steuerpflicht ist das steuerliche Einlagekonto idR mit 0 EUR anzusetzen.[168]

2. Zugänge zum steuerlichen Einlagekonto

Zugänge zum steuerlichen Einlagekonto erfolgen vor allem durch **offene oder verdeckte Einlagen** in die AG. Zu einer offenen Einlage in das Einlagekonto der AG kommt es zB anlässlich der Gründung oder einer Kapitalerhöhung der AG, wenn der Aktionär einlagefähige Wirtschaftsgüter (Bar- oder Sacheinlage) gegen Gewährung von Gesellschaftsrechten auf die AG überträgt und die Einlage das anteilige Grundkapital übersteigt. Eine verdeckte Einlage iSd § 8 Abs. 3 Satz 3 KStG liegt dann vor, wenn ein Aktionär der AG einen einlagefähigen Vermögensvorteil zuwendet, für den er kein Entgelt in Form von Gesellschaftsrechten erhält. Die verdeckte Einlage hat auf Aktionärsebene zur Folge, dass es dort zu einer nachträglichen Erhöhung der Anschaffungskosten der Beteiligung kommt, sodass dieser idR einen geringeren Veräußerungsgewinn bei Veräußerung seiner Beteiligung nach § 20 Abs. 2 EStG (Beteiligung < 1%) bzw. nach § 17 Abs. 2 EStG (Beteiligung > 1%) zu versteuern hat. Das steuerliche Einlagekonto ist gem. § 27 Abs. 2 Satz 1 KStG auf Basis des Bestandes zum Ende des vorangegangenen Wirtschaftsjahres unter Berücksichtigung dieser Zugänge fortzuschreiben. Zu einem Zugang zum steuerlichen Einlagekonto der AG kommt es gem. § 29 Abs. 2 Satz 1 KStG ebenfalls im Rahmen einer Verschmelzung zur Aufnahme, wenn es sich bei der AG um den aufnehmenden Rechtsträger handelt. Dabei wird in einem ersten Schritt das steuerliche Einlagekonto des übertragenden Rechtsträgers in voller Höhe gemindert und spiegelbildlich dem steuerlichen Einlagekonto der AG als aufnehmendem Rechtsträger zugeschrieben.

---

[167] Vgl. BMF 4.6.2003, BStBl. I 2003, 366 Rn. 1 ff.
[168] Vgl. BMF 4.6.2003, BStBl. I 2003, 366 Rn. 5 ff.

3. Abgänge aus dem steuerlichen Einlagekonto

100 Die entscheidende Funktion des steuerlichen Einlagekontos spiegelt sich darin wider, dass sich daraus ableiten lässt, ob eine Leistung der AG an ihre Aktionäre einen nicht kapitalertragsteuerpflichtigen Abgang bzw. eine Leistung vom steuerlichen Einlagekonto darstellt oder ob es sich um eine kapitalertragsteuerpflichtige Ausschüttung der AG an ihre Aktionäre handelt. Diese Abgrenzung hat auch einen unmittelbaren Einfluss darauf, ob die Leistung der AG bei den Aktionären steuerpflichtig ist oder steuerfrei vereinnahmt werden kann. Es ist folglich zwischen kapitalertragsteuerpflichtigen **Leistungen** der AG an ihre Aktionäre und der steuerfreien **Einlagenrückgewähr** zu unterscheiden. Dies gilt für offene und verdeckte Gewinnausschüttungen gleichermaßen.

101 Die Abgrenzung zwischen steuerfreier Einlagenrückgewähr und steuerpflichtiger Leistung kann von der AG nicht willkürlich festgelegt werden, sondern folgt aus der gesetzlich vorgegebenen sog. **Differenzrechnung** (§ 27 Abs. 1 Satz 2 KStG). Demnach kommt es zu einer steuerfreien Einlagenrückgewähr und somit auch zu einem Abgang aus dem steuerlichen Einlagekonto insoweit, als die Summe der Leistungen eines Wj. den sog. ausschüttbaren Gewinn der AG zum Schluss des Vorjahres übersteigt. Vereinfacht dargestellt lässt sich der ausschüttbare Gewinn der AG wie folgt ermitteln:[169]

Eigenkapital laut Steuerbilanz zum Schluss des Vorjahres
– Grundkapital zum Schluss des Vorjahres
– (positiver) Bestand des steuerlichen Einlagekontos zum Schluss des Vorjahres
= **ausschüttbarer Gewinn** der AG zum Schluss des Vorjahres

102 Im Falle eines negativen ausschüttbaren Gewinns ist der ausschüttbare Gewinn der AG mit 0 EUR anzusetzen, sodass Leistungen der AG aus dem steuerlichen Einlagekonto erfolgen können, soweit dieses besteht. Es ist zu beachten, dass der Bestand des steuerlichen Einlagekontos durch Leistungen gem. § 27 Abs. 1 Satz 4 Hs. 1 KStG nicht negativ werden kann.

Der Betrag der Einlagenrückgewähr ergibt sich sodann aus der folgenden Formel:

Leistungen der AG im betreffenden Wj.
– Rückzahlung von Grundkapital
– Ausschüttbarer Gewinn zum Schluss des Vorjahres
= Betrag der **Einlagenrückgewähr** (sofern positiv)

Soweit der ausschüttbare Gewinn nach der Verwendungsreihenfolge die Summe der Leistungen der AG an ihre Aktionäre nicht überschreitet, ist die Leistung als offene oder verdeckte Gewinnausschüttung steuerpflichtig. Obwohl die Terminologie als auch die Technik des Gesetzes schwer verständlich und auslegungsbedürftig sind, wird die Regelung des § 27 KStG als verfassungskonform erachtet.[170]

a) Steuerpflichtige offene und verdeckte Gewinnausschüttungen

103 Offene Gewinnausschüttungen der AG an ihre Aktionäre sind grundsätzlich gem. § 20 Abs. 1 Nr. 1 Satz 1 EStG iVm § 43 Abs. 1 Satz 1 Nr. 1 EStG kapitalertragsteuerpflichtig, nicht jedoch die Ausschüttung steuerfreier Einlagen iSd § 20 Abs. 1

---

[169] BMF 4.6.2003, BStBl. I 2003, 366 Rn. 14.
[170] BFH I 23/14, BStBl. II 2015, 1204.

Nr. 1 Satz 3 EStG iVm § 27 KStG insbesondere bei Streubesitzbeteiligungen, die bei Publikums-AG häufig vorliegen, hat der Einbehalt der Kapitalertragsteuer durch die auszahlende Stelle (vorliegend die AG) zu erfolgen. Im Falle von **Schachtelbeteiligungen** hingegen kommt gem. § 50d Abs. 2 EStG (ggf. iVm § 43b EStG) eine Freistellung vom Kapitalertragsteuerabzug in Betracht, wenn bestimmte Voraussetzungen vorliegen. Diese muss jedoch separat beim Bundeszentralamt für Steuern beantragt werden. Bei Erteilung der beantragten Freistellungsbescheinigung ist die AG berechtigt, den Kapitalertragsteuerabzug zu unterlassen, wird jedoch verpflichtet, dem BZSt die steuerfrei ausgeschütteten Beträge zu melden.

Offene Gewinnausschüttungen der AG sind primär aus dem ausschüttbaren Gewinn zu bedienen. Die Verwendung des steuerlichen Einlagekontos ist nachrangig und erfolgt erst, sobald die Summe der Leistungen der AG den ausschüttbaren Gewinn übersteigt; ein Direktzugriff auf das steuerliche Einlagekonto ist grds. nicht zulässig (sog. **Verwendungsreihenfolge**). Für verdeckte Gewinnausschüttungen iSd § 8 Abs. 3 Satz 2 KStG sind die Ausführungen zu den offenen Gewinnausschüttungen analog anwendbar. Zu einer verdeckten Gewinnausschüttung kann es zB dann kommen, wenn die AG vom (Mehrheits-) Aktionär eigene Anteile zu einem überhöhten Kaufpreis erwirbt, wobei es gleichzeitig auch zu einer Kapitalherabsetzung iSd § 28 Abs. 2 KStG kommt.

b) Einlagenrückgewähr

Übersteigt die Summe der Leistungen der AG an ihre Aktionäre in einem Wirtschaftsjahr den ausschüttbaren Gewinn der AG, gilt insoweit das steuerliche Einlagekonto als verwendet. Infolge dessen kommt es weder auf Ebene der AG zu einem **Kapitalertragsteuereinbehalt** noch auf Ebene der Aktionäre zu einer Besteuerung der Ausschüttung, da diese insoweit als steuerfreie Einlagenrückgewähr behandelt wird. Das steuerliche Einlagekonto ist entsprechend um die Abgänge zu mindern und fortzuentwickeln. Zu beachten ist, dass die Verringerung des steuerlichen Einlagekontos auf den positiven Bestand des Vorjahres begrenzt ist und Zu- und Abgänge des laufenden Jahres diesen Bestand nicht beeinflussen.[171] Dadurch wird der AG die Möglichkeit versagt, im laufenden Wirtschaftsjahr an ihre Aktionäre vorgenommene Ausschüttungen durch unterjährige Einlagen kapitalertragsteuerneutral vornehmen zu können.

Nachfolgend soll anhand eines Beispiels und Abwandlungen dieser Mechanismus dargestellt werden:

Beispiel: Die AG schüttet im Jahr 2018 einen Betrag von 100 für das Jahr 2017 an ihre Aktionäre aus. Ermittlung des ausschüttbaren Gewinns:

Eigenkapital lt. Steuerbilanz zum 31.12.2017	1.000
– gezeichnetes Kapital zum 31.12.2017	–100
– Bestand des steuerlichen Einlagekontos zum 31.12.2017	–800
= **Ausschüttbarer Gewinn zum 31.12.2017**	100

Es kommt vorliegend zu einer kapitalertragsteuerpflichtigen Ausschüttung an die Aktionäre, da die Ausschüttung der AG von 100 in vollem Umfang aus dem ausschüttbaren Gewinn bedient werden kann.

---

[171] BFH I R 35/11, BStBl. II 2013, 560.

Abwandlung 1: Die AG schüttet im Jahr 2018 einen Betrag von 100 für das Jahr 2015 an ihre Aktionäre aus. Ermittlung des ausschüttbaren Gewinns:

Eigenkapital lt. Steuerbilanz zum 31.12.2017	1.000
– gezeichnetes Kapital zum 31.12.2017	–200
– Bestand des steuerlichen Einlagekontos zum 31.12.2017	–800
= **Ausschüttbarer Gewinn zum 31.12.2017**	0

Es kommt vorliegend zu einer steuerfreien Einlagenrückgewähr an die Aktionäre, da die Ausschüttung der AG von 100 nicht aus dem ausschüttbaren Gewinn bedient werden kann, sondern vielmehr aus dem steuerlichen Einlagekonto.

Abwandlung 2: Die AG schüttet im Jahr 2018 einen Betrag von 100 für das Jahr 2017 an ihre Aktionäre aus. Ermittlung des ausschüttbaren Gewinns:

Eigenkapital lt. Steuerbilanz zum 31.12.2017	1.000
– gezeichnetes Kapital zum 31.12.2017	–150
– Bestand des steuerlichen Einlagekontos zum 31.12.2017	–800
= **Ausschüttbarer Gewinn zum 31.12.2017**	50

Es kommt vorliegend iHv 50 zu einer kapitalertragsteuerpflichtigen Ausschüttung an die Aktionäre und iHv 50 zu einer steuerfreien Einlagenrückgewähr, da die Ausschüttung der AG von 100 zur Hälfte aus dem ausschüttbaren Gewinn und zur anderen Hälfte aus dem steuerlichen Einlagekonto bedient werden kann.

4. Organschaftliche Besonderheiten

107 Ab- und Zugängen beim steuerlichen Einlagekonto kann es gem. § 27 Abs. 6 KStG auch im Falle einer ertragsteuerlichen Organschaft zwischen der AG als Organträgerin und ihren Organgesellschaften geben.[172] Dabei erhöhen organschaftliche Minderabführungen den Bestand des steuerlichen Einlagekontos, während **organschaftliche Mehrabführungen** dessen Bestand vermindern. In diesen Fällen ist ausnahmsweise ein Direktzugriff auf das steuerliche Einlagekonto möglich. Entgegen dem Grundsatz kann das steuerliche Einlagekonto dann ausnahmsweise auch negativ werden.[173]

5. Bescheinigung von Leistungen, die das steuerliche Einlagekonto gemindert haben

108 Gemäß § 27 Abs. 3 Satz 1 Nr. 2 KStG sind Leistungen aus dem steuerlichen Einlagekonto den Aktionären mitzuteilen und bezogen auf ihren Anteil an der Gesamtleistung zu bescheinigen.[174] Bei Änderungen im Rahmen von steuerlichen Betriebsprüfungen kommt es durch die Regelung des § 27 Abs. 5 Satz 1 KStG nicht zu einer Änderung der bescheinigten Verwendung des steuerlichen Einlagekontos, was insb. bei Publikumsgesellschaften mit einer besonders hohen Zahl an Aktionären von Bedeutung ist. Gleichzeitig ist aufgrund dieser Regelung zu beachten, dass eine zu niedrig bescheinigte Verwendung des steuerlichen Einlagekontos nicht nachträglich geändert werden kann, auch wenn sie zu einem günstigeren Ergebnis für die Aktionäre führen würde (sog. **Verwendungsfestschreibung**). Bescheinigt

---

[172] Vgl. Blümich/Oellerich KStG § 27 Rn. 39 ff.
[173] Vgl. BMF 4.6.2003, BStBl. I 2003, 366 Rn. 28.
[174] Vgl. BMF 4.6.2003, BStBl. I 2003, 366 Rn. 22.

die AG hingegen einen zu hohen Betrag, sodass der Aktionär zu Unrecht eine steuerfreie Leistung bezieht, haftet die AG für den überhöhten bescheinigten Betrag. Auf ein Verschulden kommt es nicht an; die AG kann die Bescheinigungen jedoch korrigieren.

Insbesondere gilt es an dieser Stelle in der Praxis zu beachten, dass bei unterlassener Ausstellung einer **Bescheinigung** die Verwendung des Einlagekontos gesetzlich mit 0 EUR fingiert wird und zwar auch dann, wenn eigentlich materiell eine Leistung aus dem steuerlichen Einlagekonto vorliegen würde. Infolgedessen ergeben sich für die AG sowie für die betroffenen Aktionäre negative Konsequenzen aufgrund der Nacherhebung der Kapitalertragsteuer auf eine Einlagenrückgewähr, die materiell als steuerfrei zu behandeln wäre, formell aber wie eine steuerpflichtige Ausschüttung behandelt wird. Der Ausstellung ordnungsgemäßer Bescheinigungen kommt daher in der Praxis eine besondere Bedeutung zu. **109**

6. Umwandlung von Rücklagen in Grundkapital (§ 28 Abs. 1 KStG) und Herabsetzung des Grundkapitals (§ 28 Abs. 2 KStG)

Kommt es zu einer Erhöhung des Grundkapitals der AG durch die Umwandlung von Rücklagen, sind diese Beträge separat auszuweisen und gesondert festzustellen (sog. **Sonderausweis**, § 28 Abs. 1 KStG). In diesem Fall wird zunächst vorrangig der positive Bestand des steuerlichen Einlagekontos gemindert. Übersteigt der Betrag der Kapitalerhöhung den positiven Bestand des steuerlichen Einlagekontos, so ist der übersteigende Betrag im Sonderausweis zu erfassen. Analog zu § 27 Abs. 2 KStG ist auch der Sonderausweis unter Berücksichtigung von Zu- und Abgängen fortzuentwickeln und zum Schluss des Wirtschaftsjahres gesondert festzustellen.[175] **110**

Bei einer Herabsetzung des Grundkapitals der AG (§ 28 Abs. 2 KStG) kommt es vorrangig zu einer Verwendung des Sonderausweises. Zu beachten ist hierbei, dass es insoweit gem. § 20 Abs. 1 Nr. 2 EStG zu einer kapitalertragsteuerpflichtigen Gewinnausschüttung an die Aktionäre kommt. Eine Herabsetzung des Grundkapitals liegt ua dann vor, wenn die AG von einem (Mehrheits-) Aktionär eigene Anteile erwirbt. Übersteigt der Betrag der Kapitalherabsetzung den auf den Schluss des vorangegangen Wj. festgestellten Sonderausweis, kommt es in Höhe des übersteigenden Betrags zunächst zu einem Zugang zum steuerlichen Einlagekonto. Nach § 28 Abs. 2 Satz 2 und 3 KStG verringert sich dann in einem weiteren Schritt das steuerliche Einlagekonto um den im Kapitalherabsetzungsbeschluss vorgesehenen Auskehrungsbetrag. Zu beachten ist, dass dieser Betrag nicht in die Differenzrechnung gem. § 27 Abs. 1 Satz 3 KStG einzubeziehen ist. Übersteigt der Betrag der Kapitalherabsetzung auch den positiven Bestand des steuerlichen Einlagekontos, gilt der übersteigende Betrag der **Kapitalrückzahlung** nach § 28 Abs. 2 Satz 4 KStG als steuerpflichtige Gewinnausschüttung, die bei den Aktionären ebenfalls als steuerpflichtiges Einkommen nach § 20 Abs. 1 Nr. 2 EStG zu behandeln ist.[176] **111**

Treffen zum Schluss eines Wj. sowohl der Sonderausweis nach § 28 KStG als auch das steuerliche Einlagekonto gem. § 27 KStG zusammen, erfolgt einerseits die Verminderung des Sonderausweises um den positiven Bestand des steuerlichen Einlagekontos und andererseits eine korrespondierende Verminderung des steuerlichen Einlagekontos (§ 28 Abs. 3 KStG).[177] **112**

---

[175] Vgl. BMF 4.6.2003, BStBl. I 2003, 366 Rn. 31.
[176] Vgl. BMF 4.6.2003, BStBl. I 2003, 366 Rn. 37 ff.
[177] Vgl. BMF 4.6.2003, BStBl. I 2003, 366 Rn. 44.

B. Gewerbesteuerrecht

I. Grundlagen

120 Die AG ist nicht nur körperschaftsteuer-, sondern auch gewerbesteuerpflichtig. Als **Objektsteuer** wird die GewSt[178] auf Basis des Gewerbeertrags (vgl. nachfolgend § 12 Rn. 126 ff.) der AG festgesetzt und erhoben. Der Gewerbeertrag bildet die Bemessungsgrundlage für die GewSt. Die konkrete Gewerbesteuerschuld wird dadurch ermittelt, dass der Gewerbeertrag mit der Messzahl von 3,5% (bis 31.12.2007: 5,0%) multipliziert wird und auf den so ermittelten Steuermessbetrag (§ 11 Abs. 2 GewStG) der gemeindespezifische Hebesatz angewandt wird. Während der Steuermessbetrag von dem für die AG zuständigen FA festgestellt wird (sog. Gewerbesteuermessbescheid), wird die konkrete Gewerbesteuerschuld von der jeweiligen Gemeinde für den jeweiligen EZ durch Steuerbescheid festgesetzt und erhoben. Hier zeigt sich die verfahrensrechtliche Besonderheit, dass bei der GewSt mindestens zwei unterschiedliche Behörden involviert sind (s. § 12 Rn. 158 ff.)

121 Die GewSt ist eine der wichtigsten Einnahmequellen der Gemeinden. Im Jahr 2016 betrug das **Gewerbesteueraufkommen** ca. 50,1 Mrd. EUR.[179] Allerdings sind die Gemeinden verpflichtet, im Wege einer Umlage Teile des Gewerbesteueraufkommens an Bund und Land abzuführen.[180]

Die Gemeinden haben das verfassungsrechtlich verbürgte Recht, die Hebesätze frei festzulegen. Dies führt dazu, dass sich bei der Gewerbesteuerbelastung im Bundesgebiet erhebliche Unterschiede ergeben können. Während viele Gemeinden sich genötigt sehen, über hohe Hebesätze höhere Gewerbesteuereinnahmen zu erzielen, um ihren Haushalt auszugleichen oder zu sanieren, gibt es einige Gemeinden, die durch geringere Hebesätze gezielt Unternehmen anlocken möchten. Der sich hieraus ergebende Wettbewerb ist seit dem Jahr 2004 insofern leicht eingeschränkt worden, als seitdem ein bundesweiter **Mindesthebesatz** von 200% gilt (§§ 1, 16 Abs. 4 Satz 2 GewStG). Gleichwohl bestehen über das gesamte Bundesgebiet weiterhin starke Belastungsunterschiede zwischen den Hebesätzen, die über 10%-Punkte ausmachen können. Die Gewerbesteuerbelastung ist somit ein wichtiger Faktor bei der Standortwahl und bei steuerplanerischen Erwägungen von Unternehmen.

122 Viele größere deutsche Städte haben bereits den **Schwellenwert** (Hebesatz = 452%) überschritten, bei dem die Belastung durch die GewSt höher ist als die Belastung durch KSt (15%) und SolZ (5,5%). Dies belegt die nachfolgende Tabelle, in der die Gesamtsteuerbelastung aufgeteilt in die GewSt und die KSt/SolZ dargestellt wird (Stand Februar 2018):

---

[178] Die GewSt wir auch als Gewerbeertragsteuer bezeichnet. Diese Bezeichnung stammt noch aus der Zeit bis 1997, in der die GewSt sowohl auf den Gewerbe- als auch auf den Kapitalertrag erhoben wurde.

[179] Vgl. hierzu die Webseite des Statistischen Bundesamts, www.destatis.de.

[180] Die Gewerbesteuerumlage ist durch das Gemeindefinanzreformgesetz 1995 (BGBl. 1995 I 189) eingeführt worden. Die Gewerbesteuerumlage berechnet sich wie folgt: Gewerbesteueraufkommen der Gemeinde dividiert durch den Hebesatz, multipliziert mit einem bestimmten Faktor (je nach Bundesland und Vorgaben des Länderfinanzausgleichs).

B. Gewerbesteuerrecht

Gemeinde/Stadt	Hebesatz in % (Stand 15.2.2018)	GewSt in %	KSt zzgl. SolZ in %	Gesamtsteuerbelastung in %
Berlin	410	14,35	15,83	30,18
Stuttgart	420	14,70	15,83	30,53
Düsseldorf	440	15,40	15,83	31,23
Dresden	450	15,75	15,83	31,58
Gemeinde am Schwellenwert	452	15,82	15,83	31,65
Frankfurt am Main	460	16,10	15,83	31,93
Bremen	470	16,45	15,83	32,28
Hamburg	470	16,45	15,83	32,28
Köln	475	16,63	15,83	32,46
Essen	480	16,80	15,83	32,63
Dortmund	485	16,98	15,83	32,81
München	490	17,15	15,83	32,98
Gemeinde mit Mindesthebesatz	200	7,00	15,83	22,83

Bis zum EZ 2007 konnte die GewSt noch als Betriebsausgabe abgezogen werden. Dies ist seit Einführung des § 4 Abs. 5b EStG seit dem EZ 2008 nicht mehr der Fall.[181] Gewinnmindernd wird die GewSt nur noch in der Handelsbilanz berücksichtigt, wobei die Rückstellung für die Gewerbesteuerbelastung um die geleisteten Vorauszahlungen zu kürzen ist.[182]

Anders als bei Personengesellschaften oder Einzelunternehmen ist eine pauschalierte Anrechnung der GewSt auf die ESt des Gesellschafters bzw. Einzelunternehmers gem. § 35 EStG bei Körperschaften, und somit auch bei der AG, nicht möglich. Die Gewerbesteuerbelastung wird bei einer AG somit weder auf Gesellschafts- noch auf Gesellschafterebene kompensiert und ist insoweit definitiv.

II. Steuerpflicht der AG

Der GewSt unterliegt gem. § 2 Abs. 1 Satz 1 GewStG jeder stehende **Gewerbebetrieb**, soweit er im Inland betrieben wird. Die AG unterliegt als Kapitalgesellschaft bereits kraft ihrer Rechtsform der GewSt (§ 2 Abs. 2 Satz 1 GewStG), und zwar unabhängig davon, ob sie tatsächlich einer gewerblichen oder einer anderen (zB vermögensverwaltenden) Tätigkeit nachgeht. Allerdings ist der zwingende Inlandsbezug der GewSt zu beachten. Demzufolge werden von der GewSt nur solche Tätigkeiten erfasst, die einer **inländischen Betriebsstätte** iSv § 12 AO zuzurechnen sind. Die Steuerpflicht beginnt im Regelfall mit wirksamer Errichtung der AG, also mit deren Eintragung in das HR. Tritt die AG jedoch schon vorher durch Tätigkeiten nach außen in Erscheinung, so beginnt ihre Gewerbesteuerpflicht bereits zu diesem früheren Zeitpunkt. Die Steuerpflicht endet mit der Einstellung

---

[181] Zur Verfassungsmäßigkeit s. BFH I R 21/12, BStBl. II 2014, 531.
[182] Zur Gewerbesteuerrückstellung vgl. auch BeBiKo/*Schubert* HGB § 249 Rn. 100 „Gewerbesteuer".

ihrer gesamten Tätigkeit. Im Regelfall ist dies mit Abschluss der Abwicklung der AG der Fall.

125 Steuerschuldner ist der **Unternehmer**. Als Unternehmer gilt gem. § 5 Abs. 1 Satz 2 GewStG derjenige, für dessen Rechnung das Gewerbe betrieben wird. Dies ist im Regelfall die AG selbst. Sofern die AG allerdings als Organgesellschaft im Rahmen einer gewerbesteuerlichen Organschaft in eine andere Gesellschaft eingebunden ist, ist nicht die AG, sondern die andere Gesellschaft (Organträger) gem. § 2 Abs. 2 Satz 2 GewStG steuerpflichtig (s. dazu weiter unter § 14 Rn. 302).

III. Ermittlung des Gewerbeertrags der AG

1. Ausgangsgröße und Übersicht

126 Bemessungsgrundlage für die GewSt ist der **Gewerbeertrag** gem. § 7 GewStG. Ausgangsgröße für die Ermittlung des Gewerbeertrags ist der nach den Vorschriften des KStG zu ermittelnde Gewinn der AG. Dieser entspricht dem körperschaftsteuerlich zu versteuernden Einkommen der AG vor Verlustrücktrag/-abzug (§ 10d EStG, § 8 KStG) und Einkommenszurechnungen aufgrund Organschaft (§§ 14 ff. KStG). Dieser Betrag ergibt nach Vornahme von bestimmten Hinzurechnungen gem. § 8 GewStG und Kürzungen gem. § 9 GewStG den Gewerbeertrag. Zu den Besonderheiten bei der gewerbesteuerlichen Organschaft s. § 14 Rn. 302 ff. Obwohl es zwischen der Ermittlung des körperschaftsteuerlichen Gewinns und der GewSt einen engen Zusammenhang gibt, besteht insoweit **keine formelle Bindungswirkung**. Der Körperschaftsteuerbescheid stellt also keinen Grundlagenbescheid für den Gewerbesteuermessbescheid oder den Gewerbesteuerbescheid dar. Im Falle eines Einspruchsverfahrens ist damit gesondert gegen die GewSt vorzugehen.

127 Die Ermittlung des Gewerbeertrags lässt sich wie folgt schematisch darstellen:

	Zu versteuerndes Einkommen nach KStG
+	Verlustrücktrag/-vortrag nach KStG
+/–	Einkommenszurechnungen von Organgesellschaften gem. §§ 14 ff. KStG
=	**Gewinn aus Gewerbebetrieb (Ausgangsgröße gem. § 7 GewStG)**
+	**Hinzurechnungen gem. § 8 GewStG**
	+ 25% der Summe aus:
	100% Entgelte für Schulden (Nr. 1 Buchst. a)
	100% Renten und dauernde Lasten (Nr. 1 Buchst. b)
	100% Gewinnanteile typisch stiller Gesellschafter (Nr. 1 Buchst. c)
	20% Miet- und Pachtzinsen beweglicher Wirtschaftsgüter (Nr. 1 Buchst. e)
	50% Miet- und Pachtzinsen unbeweglicher Wirtschaftsgüter (Nr. 1 Buchst. e)
	25% Aufwendungen für die zeitlich befristete Überlassung von Rechten (Nr. 1 Buchst. f)
	– Freibetrag iHv 100.000 EUR
	+ Gewinnanteile des persönlich haftenden Gesellschafters einer KGaA (Nr. 4)
	+ Streubesitzdividenden (Nr. 5)
	+ Verlustanteile an Mitunternehmerschaften (Nr. 8)
	+ Nichtwissenschaftliche Spenden (Nr. 9)
	+ Ausschüttungsbedingte Gewinnminderungen (Nr. 10)
	+ bestimmte ausländische Steuern (Nr. 12)
–	**Kürzungen gem. § 9 GewStG**
	– pauschaler oder erweiterter Grundbesitzabzug (Nr. 1)
	– Anteile am Gewinn von Mitunternehmerschaften (Nr. 2)

– Gewinnanteile aus in- und ausländischen Schachtelbeteiligungen (= Beteiligung an Kapitalgesellschaften ≥ 15%, Nrn. 2a und 7)
– nach § 8 Nr. 4 GewStG hinzugerechnete Gewinnanteile einer KGaA (Nr. 2b)
– Anteiliger Gewerbeertrag ausländischer Betriebsstätten (Nr. 3)
– Spenden zur Förderung gemeinnütziger Zwecke (Nr. 5)
– Gewerbeverlustvorträge, § 10a GewStG
= **Gewerbeertrag (Bemessungsgrundlage, § 7 Abs. 1 GewStG)**

2. Hinzurechnungen und Kürzungen

Der Grundgedanke der Hinzurechnungen und Kürzungen liegt darin, den objektiven Gewerbeertrag losgelöst von den Beziehungen des Unternehmers zu seinem Betrieb zu ermitteln (sog. Objektsteuercharakter der GewSt). Ziel ist eine **typisierte Gleichstellung** der Erträge des Gewerbebetriebs, unabhängig davon, ob dieser mit Fremd- oder Eigenkapital finanziert wird.[183] Die Hinzurechnungen können dazu führen, dass die GewSt insb. in bestimmten Branchen (zB bei Leasing- oder Vermietungsunternehmen) zu Mehrfachbelastungen führen und bei schlechten Ertragslagen auch existenzgefährdend wirken kann, wenn durch die Hinzurechnung trotz eines negativen zu versteuernden Einkommens ein positiver Gewerbeertrag entsteht.[184]

Nachfolgend wird näher auf die wesentlichen, bei einer AG praxisrelevanten Hinzurechnungs- und Kürzungsvorschriften eingegangen. Wegen weitergehenden Details zu diesen Regelungen und hier nicht behandelten Hinzurechnungs- und Kürzungsvorschriften wird auf die einschlägige Kommentarliteratur[185] verwiesen:

a) Finanzierungsaufwendungen (§ 8 Nr. 1 GewStG)

Die Hinzurechnung von Aufwendungen mit Finanzierungsanteil ist in § 8 Nr. 1 Buchst. a bis f GewStG geregelt. Vor allem in diesen Regelungen kommt der gesetzgeberische Gedanke zum Ausdruck, dass zur **Gleichstellung** mit einer Eigenkapitalfinanzierung bestimmte Finanzierungsentgelte sowie fiktive Finanzierungsanteile in bestimmtem Umfang gewerbesteuerlich nicht abziehbar sein sollen. Die Hinzurechnungstatbestände in § 8 Nr. 1 GewStG wurden durch das UntStRefG 2008[186] neu gefasst und zum Teil verschärft. Hinzugerechnet werden nunmehr sämtliche in den Buchst. a bis f genannten Finanzierungsentgelte und fiktiven Finanzierungsanteile, und zwar unabhängig von der Dauer der Kapitalüberlassung und der steuerlichen Behandlung beim Empfänger.

Nach Abzug des Freibetrags von 100.000 EUR werden 25% der Summe aus den folgenden Positionen dem Gewinn aus Gewerbebetrieb (§ 7 GewStG) hinzu-

---

[183] So bereits die Begr. zum GewStG 1936, RStBl. 1937, 693 (695); aber auch zur Neufassung BT-Drs. 16/4841, 79).
[184] Zur Verfassungskonformität der Hinzurechnungsregelungen s. BVerfG 1 BvL 8/12, BStBl. II 2016, 557; BFH I B 128/12, BStBl. II 2013, 30.
[185] Für die Hinzurechnung: *Lenski/Steinberg* GewStG § 8 Nr. 1 Buchst. a Rn. 1 ff.; Glanegger/Güroff/*Güroff* GewStG § 8 Rn. 1 ff.; Blümich/*Hofmeister* GewStG § 8 Rn. 1 ff.; Bergemann/Wingler/*Holst* GewStG § 8 Rn. 1 ff.; für die Kürzung: *Lenski/Steinberg* GewStG § 9 Nr. 1 Rn. 1 ff.; Glanegger/Güroff/*Güroff* GewStG § 9 Nr. 1 Rn. 1 ff.; Blümich/*Gosch* GewStG § 9 Rn. 1 ff.; Bergemann/Wingler/*Renner* GewStG § 9 Rn. 1 ff.
[186] BGBl. 2007 I 1912.

gerechnet.[187] Für Finanzinstitute sind Sonderregelungen gem. § 19 GewStDV zu beachten.[188] Zu Einzelheiten, die über die nachfolgende Darstellung der typischen Finanzierungsaufwendungen hinausgehen, wird auf das Anwendungsschreiben der FinVerw zu § 8 Nr. 1 GewStG verwiesen.[189]

130 **Entgelte für Schulden, § 8 Nr. 1 Buchst. a GewStG:** Von dieser Regelung erfasst werden sämtliche **Fremdkapitalzinsen** und anderen Gegenleistungen, die von der AG für die Gewährung von Fremdkapital gezahlt werden. Der Begriff „Entgelt" ist weit auszulegen und erfasst sowohl Dauerschuldverhältnisse als auch kurzfristige Schulden. Neben klassischen Zinsen werden auch Verwaltungskosten, Vorfälligkeitsentschädigungen, Aufwand für durchlaufende Posten sowie aus Forfaitierungen von schwebenden Geschäften sowie Zinsen für Steuerschulden gem. §§ 233 ff. AO als Entgelt nach Satz 1 angesehen. Zudem fingiert Satz 2 Diskontbeträge bei der Veräußerung von Wechsel- und anderen Geldforderungen, Skonti oder vergleichbare Vorteile bei Forderungen aus Lieferungen und Leistungen als Entgelte und unterwirft diese der Hinzurechnung. Nicht unter den Entgeltbegriff fallen hingegen Avalprovisionen, aktivierte Bauzeit- und Erbbauzinsen, Bereitstellungszinsen, steuerlich zulässige Teilwertabschreibungen, Zins-Swap-Geschäfte sowie Aufzinsungsbeträge. Auch Aufwendungen von Versicherungsunternehmen für ihre Depotverbindlichkeiten aus der Rückdeckung ihres Aktivvermögens werden nicht hinzugerechnet.

131 Allerdings darf eine Hinzurechnung bei der AG nur erfolgen, soweit die Aufwendungen bei ihr zuvor gewinnmindernd berücksichtigt wurden. Demnach unterbleibt eine Hinzurechnung, sofern Entgelte nach dem EStG/KStG einer Abzugsbeschränkung (zB der Zinsschranke gem. § 4h EStG, § 8a KStG) unterlegen haben. Anders als bei der Zinsschranke erfolgt bei der gewerbesteuerlichen Hinzurechnung keine Saldierung mit Zinserträgen. Es sind also die Bruttoaufwendungen hinzuzurechnen.

132 **Gewinnanteile des (typisch) stillen Gesellschafters, § 8 Nr. 1 Buchst. c GewStG:** Danach werden Gewinnanteile des typisch stillen Gesellschafters (§ 230 HGB) dem Gewinn der AG im begrenzten Umfang wieder hinzugerechnet, soweit diese bei der Ermittlung des Gewinns abgezogen wurden. Auch diese Gewinnanteile sind im Gewerbebetrieb der AG erwirtschaftet worden und sollen deshalb bei ihr der GewSt unterliegen. Abweichend von der Rechtslage bis zum EZ 2007 ist die Hinzurechnung unabhängig davon, ob die Gewinnanteile beim Empfänger der GewSt unterliegen. Gewinnanteile eines atypisch stillen Gesellschafters unterfallen dieser Kürzungsnorm nicht, da sie bereits den Gewinn aus Gewerbebetrieb nicht mindern.

133 **Miet- und Pachtzinsen für bewegliche Wirtschaftsgüter, § 8 Nr. 1 Buchst. d GewStG:** Hinzurechnen sind dem Gewinn einer AG auch von ihr aufgewandte Miet- und Pachtzinsen (einschl. Leasingraten) für die Benutzung beweglicher Wirtschaftsgüter des Anlagevermögens, die im Eigentum eines anderen stehen. Hinzuzurechnen sind seit dem EZ 2008 effektiv 5% (25% x 20%) dieser Miet- und Pachtzinsen oder Leasingraten. In Höhe der Hinzurechnungsquote fingiert

---

[187] Vgl. auch H 8.1. Abs. 1 GewStR; Oberste Finanzbehörden der Länder v. 2.7.2012, BStBl. I 2012, 654.
[188] Ebenfalls von diesen Sonderregelungen erfasst werden bestimmte Finanzdienstleister, Abwicklungsanstalten iSd FMStFG sowie Unternehmen die ausschließlich sog. Asset-Backed-Securities-Geschäfte tätigen.
[189] Oberste Finanzbehörden der Länder v. 2.7.2012, BStBl. 2012, 654.

der Gesetzgeber einen in der Nutzungsüberlassung enthaltenen Finanzierungsanteil unabhängig von der gewerbesteuerlichen Berücksichtigung beim Empfänger. Auch Aufwendungen für die Instandsetzung bzw. -haltung, die Versicherung des Miet- oder Pachtgegenstandes sowie eine vereinbarte Grundsteuer-Umlage sind hinzuzurechnen; nicht hingegen reine Betriebskosten wie Wasser, Strom, Heizung. Ebenso fallen Netzentgelte unter diese Norm, sofern die Netze ganz oder teilweise gemietet oder gepachtet werden.[190] Bei Sale-and-Lease-Back-Verträgen ist sowohl der Veräußerungsgewinn des Leasinggebers als auch der Anteil des Leasingnehmers hinzuzurechnen und insoweit gewerbesteuerpflichtig.[191] Bei Weitervermietungen ist die Vorschrift auf jeder Stufe der Überlassung zu beachten.

Bei **gemischten Verträgen** (zB entgeltliche Überlassung von Spezialmaschinen und Know-how) ist zu klären, ob die Elemente eines Miet- oder Pachtvertrag isoliert werden können und gewerbesteuerlich getrennt gewürdigt werden können. Sofern eine solche Trennung nicht möglich ist, weil die einzelnen Hauptpflichten dermaßen miteinander verwoben sind, dass ein Vertrag eigener Art (sui generis) entstanden ist, ist zu beurteilen, welche Leistungskomponenten in den Vordergrund treten und dem Gesamtvertrag das Gepräge geben.[192]

Miet- und Pachtzinsen für unbewegliche Wirtschaftsgüter, § 8 Nr. 1 Buchst. e GewStG: Mietet bzw. pachtet die AG unbewegliche Wirtschaftsgüter des Anlagevermögens, sind seit dem EZ 2010 effektiv 12,5% (25% x 50%) der von ihr aufgewandten Miet- und Pachtzinsen (einschl. Leasingraten) hinzuzurechnen.[193] Unbewegliche Wirtschaftsgüter sind im Wesentlichen Grundstücke und deren Bestandteile (Gebäude, Zubehör) sowie grundstücksgleiche Rechte (Erbbaurechte, Wohneigentum, Teileigentum). Betriebsvorrichtungen und Scheinbestandteile sind idR bewegliche Wirtschaftsgüter, für die § 8 Nr. 1 Buchst. d GewStG gilt. Ebenso handelt es sich jedenfalls nach Ansicht der FinVerw bei Flugzeugen und Schiffen um bewegliche Wirtschaftsgüter.[194] Bei **kurzfristigen Nutzungsüberlassungen** (zB bei Hotelnutzung) entfällt eine Hinzurechnung aus Vereinfachungsgründen.[195] Bei Zwischenvermietungen ist die Vorschrift idR auf jeder Stufe der Nutzungsüberlassung zu beachten, so dass es zB in einem Konzern zu Mehrfachbelastungen aufgrund der gewerbesteuerlichen Hinzurechnung kommen kann.[196]

Aufwendungen für die befristete Nutzungsrechte, § 8 Nr. 1 Buchst. f GewStG: Seit dem EZ 2008 sind auch Aufwendungen einer AG für die zeitlich befristete Überlassung von bestimmten Immaterialgüterrechten (insb. Entgelte für Konzessionen und Lizenzen) iHv effektiv 6,25% (25% x 25%) hinzuzurechnen. Zu den Rechten iSd Norm gehören ua gewerbliche Schutz-, Urheber-, Gebrauchsmuster-, Lizenz-, Patent- und Namensrechte. Nicht in den Anwendungsbereich fallen hingegen ungeschützte Erfindungen, Know-how sowie ein Firmenwert oder der Kundenstamm. Ebenfalls keine Hinzurechnung erfolgt, wenn die der AG überlas-

---

[190] Ausführlich zu Netzentgelten: Oberste Finanzbehörden der Länder, BStBl. I 2012, 654 2012, 1448 Rn. 29c–29e.
[191] Dies war bis zum EZ 2007 wegen § 9 Nr. 4 GewStG aF noch anders, der mit dem UntStRefG 2008 gestrichen wurde.
[192] Blümich/*Hofmeister* GewStG § 8 Rn. 202; Oberste Finanzbehörden der Länder v. 2.7.2012, BStBl. I 2012, 654.
[193] Bis einschl. EZ 2009 waren es effektiv 16,25% (25% x 65%).
[194] Oberste Finanzbehörden der Länder 2.7.2012, BStBl. I 2012, 654 Rn. 31.
[195] Oberste Finanzbehörden der Länder 2.7.2012, BStBl. I 2012, 654 Rn. 29b.
[196] BFH I R 70/12, BFH/NV 2014, 1850; s. aber auch BVerfG 1 BvR 2836/14, BB 2016, 1186.

senen Lizenzen ausschließlich dazu berechtigen, daraus abgeleitete Rechte Dritten zu überlassen (sog. **Durchleitungs- oder Vertriebslizenzen**). Diese Ausnahme von der Hinzurechnung gilt selbstredend nicht für das letzte Glied in der Überlassungskette. Die Hinzurechnung setzt eine befristete Überlassung voraus. Nicht erfasst werden also die endgültige Überlassung des Rechts oder der Übergang des wirtschaftlichen Eigentums. Auf die Dauer der Nutzungsüberlassung kommt es nicht an; es reicht aus, dass die Überlassung beendet werden kann.

136 **Freibetrag bei § 8 Nr. 1 GewStG:** Für den Saldo sämtlicher Hinzurechnungsbeträge gem. § 8 Nr. 1 GewStG gibt es einen Freibetrag iHv 100.000 EUR, der insb. kleinere und mittlere Unternehmen entlasten soll.[197] Bemessungsgrundlage für den Freibetrag ist die Summe der sich aus § 8 Nr. 1 Buchst. a bis f GewStG ergebenen Finanzierungsanteile. Diese Summe nach Abzug des Freibetrags von 100.000 EUR wird zu 25% zur Ermittlung des Gewerbeertrags hinzugerechnet.

b) Ergebnisse aus Beteiligungen an anderen Kapitalgesellschaften

137 Inwiefern Ergebnisse (insb. Dividenden, aber auch vGA oder Liquidationsgewinne, nicht aber Veräußerungsgewinne) aus Beteiligungen der AG an in- oder ausländischen Tochter-Kapitalgesellschaften der GewSt unterliegen, ist von mehreren Faktoren abhängig. Es kommt darauf an, wo die Tochter-Kapitalgesellschaft ihren Sitz hat (Inland, EU-Ausland oder Drittland), ob eine Mindestbeteiligungsquote von der AG gehalten wird (Schachtelbeteiligung oder Streubesitzbeteiligung) und seit wann die Beteiligung besteht. In Abhängigkeit von diesen Kriterien kommt es zur Anwendung verschiedener Hinzurechnungs- und Kürzungsnormen (§ 8 Nr. 5 sowie § 9 Nrn. 2a, 7 und 8 GewStG), die für die jeweilige Fallgruppe zu unterschiedlichen Ergebnissen führen können.

Abgrenzung Schachtel-/Streubesitzbeteiligung: Zu differenzieren ist zunächst danach, ob es sich bei der empfangenden AG um Ergebnisse aus sog. Schachtel- oder aus Streubesitzbeteiligungen handelt. Diese Abgrenzung ist wiederum davon abhängig, wo die Tochterkapitalgesellschaft steuerlich ansässig ist.

138 Bei inländischen Tochter-Kapitalgesellschaften, liegt eine **Schachtelbeteiligung** dann vor, wenn die AG zu Beginn des EZ zu mindestens 15% am Grund- oder Stammkapital der Tochter-Kapitalgesellschaft beteiligt ist (§ 9 Nr. 2a GewStG). Ist dies nicht der Fall (zB weil die Mindestbeteiligungsquote erst im lfd. EZ überschritten wird), handelt es sich um eine **Streubesitzbeteiligung**.

139 Bei ausländischen Tochter-Kapitalgesellschaften liegt eine Schachtelbeteiligung grds. dann vor, wenn die AG seit Beginn des EZ bis zum Gewinnbezug[198] ununterbrochen zu mindestens 15% am Grund- oder Stammkapital an der Tochter-Kapitalgesellschaft beteiligt ist. Ob es sich bei der ausländischen Gesellschaft um eine Kapitalgesellschaft handelt, richtet sich nach dem sog. Typenvergleich.[199] Darüber hinaus müssen die Bruttoerträge der ausländischen Kapitalgesellschaft aus bestimmten aktiven Tätigkeiten iSv § 8 Abs. 1 AStG stammen (sog. Aktivitätsvorbehalt, § 9 Nr. 7 GewStG). Fällt die Tochter-Kapitalgesellschaft in den Anwendungsbereich

---

[197] BT-Drs. 16/4841, 80; Blümich/*Hofmeister* GewStG § 8 Rn. 311.
[198] FG Düsseldorf 8 K 3412/06 G, F, EFG 2010, 899; Lenski/Steinberg/*Roser* GewStG § 9 Nr. 7 Rn. 24; Glanegger/Güroff/*Güroff* GewStG § 9 Nr. 7 Rn. 5a; offen gelassen: BFH I R 71/09, BStBl. II 2011, 129.
[199] Anhaltspunkte für eine Vergleichbarkeit ergeben sich zB aus BMF 24.12.1999, BStBl. I 1999, 1076, Anlagen Tabellen 1 und 2 (sog. Betriebsstättenerlass); BMF 19.3.2004, BStBl. I 2004, 411 (zur US LLC).

der EU-MTRL[200] oder ist ein DBA anwendbar, gelten vorrangig anzuwendende Sonderregelungen. Ist die EU-MTRL anwendbar, reduziert sich die erforderliche Mindestbeteiligung auf 10% und es besteht kein Aktivitätsvorbehalt in Bezug auf die Tätigkeiten der ausschüttenden Kapitalgesellschaft. In DBA-Fällen bestehen teilweise Sonderregelungen (sog. **DBA-Schachtelprivileg**), die auch für gewerbesteuerliche Zwecke gelten. Sofern diese Regelungen weniger strenge Anforderungen an die Existenz einer Schachtelbeteiligung stellen als das nationale Recht (zB Mindestbeteiligung < 15%), sind diese vorrangig anzuwenden.[201] Werden nicht sämtliche der in der jeweiligen Fallkonstellation anwendbaren Voraussetzungen erfüllt, handelt es sich um eine Streubesitzbeteiligung.

Besteuerung bei Schachtelbeteiligung: Handelt es sich bei der in- oder ausländischen Tochter-Kapitalgesellschaft um eine Schachtelbeteiligung, ist deren Dividende (sog. **Schachteldividende**) bei der empfangenden AG im Ergebnis stets zu 5% gewerbesteuerpflichtig.[202] Denn in dem Gewinn aus Gewerbebetrieb der AG ist die Dividende aufgrund der Steuerfreistellung des § 8b Abs. 1 KStG nicht enthalten und sie ist insoweit auch nicht hinzuzurechnen (§ 8 Nr. 5 iVm § 9 Nr. 2a bzw. 7 GewStG). In ihrem Gewinn aus Gewerbebetrieb enthalten sind allerdings die nach § 8b Abs. 5 KStG nicht abziehbaren Betriebsausgaben, die auch nicht gekürzt werden dürfen (§ 9 Nr. 2a Satz 4 GewStG) und insoweit der GewSt unterliegen. Tatsächliche Aufwendungen, die im Zusammenhang mit der Beteiligung stehen, können zwar den Gewinn aus Gewerbebetrieb der AG mindern, sind aber möglicherweise nach § 8 Nr. 1 GewStG teilweise wieder hinzuzurechnen (zB Zinsaufwendungen aus der Finanzierung des Erwerbs der Beteiligung).

Besteuerung bei Streubesitzbeteiligung: Liegt mangels Erfüllung der og Voraussetzungen keine Schachtel-, sondern eine Streubesitzbeteiligung vor, ist die Dividende bei der empfangenden AG im Ergebnis voll gewerbesteuerpflichtig. Zwar ist die Dividende im Gewinn aus Gewerbebetrieb der AG zunächst aufgrund § 8b Abs. 1 KStG nicht enthalten; sie ist jedoch nach § 8 Nr. 5 GewStG hinzuzurechnen. Hinzugerechnet wird nur der Nettobetrag der Beteiligungserträge, dh der Betrag, der nach Abzug der nicht abzugsfähigen Betriebsausgaben gem. § 8b Abs. 5 KStG verbleibt. Die nichtabziehbaren Betriebsausgaben nach § 8b Abs. 5 KStG mindern insofern nur den Hinzurechnungsbetrag. Darüber hinaus können auch hier tatsächliche Aufwendungen, die im Zusammenhang mit der Beteiligung stehen, aufgrund von § 8 Nr. 1 GewStG teilweise wieder hinzuzurechnen sein.

c) Ergebnisse aus Beteiligungen an Personengesellschaften

Ist die AG an einer in- oder ausländischen Personengesellschaft beteiligt, werden die der AG zuzurechnenden Gewinn- und Verlustanteile bei der AG im Ergebnis bei der GewSt nicht berücksichtigt. Dem liegt der Gedanke zu Grunde, dass jedenfalls die inländische Personengesellschaft selbst bereits Gewerbesteuersubjekt ist und eine Doppelbelastung mit GewSt vermieden werden soll. Obwohl eine ausländische Personengesellschaft ohne deutsche Betriebsstätte nicht der GewSt unterliegt, werden auch deren Gewinne und Verluste, die der AG zugerechnet werden, aus Gleichheitsgründen nicht bei der AG der GewSt unterworfen. Dies ergibt sich für die Gewinnanteile aus der Kürzungsnorm des § 9 Nr. 2 GewStG und

---

[200] Richtlinie 2011/96/EU des Rates v. 30.11.2011, ABl. L 345, 8.
[201] BFH I R 71/09, BStBl. II 2011, 129.
[202] Zu den Besonderheiten bei Schachteldividenden an eine Organgesellschaft s. § 14 Rn. 308.

korrespondierend dazu für die Verlustanteile aus der Hinzurechnung nach § 8 Nr. 8 GewStG. Auch Verluste aus der Veräußerung solcher Beteiligungen werde nach dieser Vorschrift hinzugerechnet.[203]

d) Spenden

143 Soweit Spenden den körperschaftsteuerlichen Gewinn der AG in den Grenzen des § 9 Nr. 2 KStG gemindert haben, sind sie in diesem Umfang gem. § 8 Nr. 9 GewStG wieder hinzuzurechnen. Die Vorschrift verfolgt das Ziel, Körperschaften und Personengesellschaften, an denen Körperschaften beteiligt sind, mit Gewerbebetrieben natürlicher Personen gleichzustellen.[204] Sodann gewährt die Kürzungsvorschrift des § 9 Nr. 5 GewStG einen einheitlichen Spendenabzug, der unabhängig von der Rechtsform des Gewerbetreibenden ist.

e) Grundbesitz

144 § 9 Nr. 1 GewStG sieht eine gewerbesteuerliche Kürzung für im Betriebsvermögen gehaltenen Grundbesitz vor.[205] Bei einer AG ist eigener Grundbesitz stets Betriebsvermögen. Die Norm differenziert zwischen zwei Kürzungsalternativen: (a) der **pauschalen Grundbesitzkürzung** (Satz 1, Grundtatbestand) und (b) der **erweiterten Grundbesitzkürzung** (Sätze 2 ff.). Während der Grundtatbestand eine Doppelbelastung von GewSt und Grundsteuer vermeiden möchte,[206] bezweckt die erweiterte Grundbesitzkürzung eine Begünstigung von vermögensverwaltenden Grundstücksunternehmen. Liegen bei einem Unternehmen die Voraussetzungen beider Kürzungsalternativen vor, besteht ein Wahlrecht, wobei in einem solchen Fall regelmäßig die erweiterte Kürzung vorteilhaft ist.

145 Der Grundtatbestand sieht eine pauschale Kürzung des körperschaftsteuerlichen Gewinns iHv 1,2% des **Einheitswertes** des zum Betriebsvermögen gehörenden maßgeblichen Grundbesitzes vor.[207] Der Einheitswert beträgt idR 140% des auf den 1.1.1964 festgestellten Einheitswertes. Maßgeblicher Grundbesitz ist das zum Betriebsvermögen gehörende inländische Grundvermögen (§§ 68, 99 BewG). Bei Grundstücken im Zustand der Bebauung entspricht der Einheitswert dem Wert für den Grund und Boden sowie bereits fertiggestellten Gebäuden oder Gebäudeteilen. Bei Erbbaurechten und Teileigentum ist nur der anteilig auf den Berechtigten entfallende Teil des Einheitswertes heranzuziehen.

146 Alternativ dazu können Grundstücksgesellschaften unter bestimmten, strengen Voraussetzungen von der erweiterten Grundbesitzkürzung gem. § 9 Nr. 1 Satz 2 ff. GewStG Gebrauch machen. Die erweiterte Kürzung wird nur auf **Antrag** gewährt, der für jeden EZ gesondert bis zum Eintritt der formellen und materiellen Rechtskraft des Gewerbesteuermessbescheides gestellt werden kann.[208] Sofern die

---

[203] Blümich/*Hofmeister* GewStG § 8 Rn. 650.
[204] Natürliche Personen können Spenden nur in begrenzter Höhe als Sonderausgaben oder als Steuerermäßigung von der tariflichen ESt abzuziehen.
[205] Da gem. § 2 Abs. 2 GewStG eine Kapitalgesellschaft in vollem Umfang gewerblich tätig ist.
[206] Da es sich um eine pauschalierte Kürzung handelt, hängt deren Anwendung nicht davon ab, ob und in welchem Umfang der Grundbesitz auch tatsächlich der Grundsteuer unterlegen hat.
[207] Bei Versicherungsunternehmen ist auch der Einheitswert des zum Deckungsstock gehörenden Grundbesitzes zu erfassen; s. H 9.1 GewStR.
[208] Blümich/*Gosch* GewStG § 9 Rn. 50 f.

Antragsvoraussetzungen vorliegen, hat dies zur Folge, dass der Teil des Gewerbeertrags, der auf die Verwaltung, Nutzung und Veräußerung des eigenen Grundbesitzes entfällt, gewerbesteuerlich heraus zu kürzen ist. Die erweiterte Kürzung setzt voraus, dass die Grundstücksgesellschaft ausschließlich eigenen Grundbesitz verwaltet, nutzt oder veräußert. Dabei kommt dem Kriterium der Ausschließlichkeit besondere Bedeutung zu. Dieses besagt, dass das Unternehmen neben den vorgenannten Tätigkeiten keine anderen (schädlichen) Tätigkeiten ausüben darf, wenn es die erweiterte Kürzung in Anspruch nehmen möchte.[209] Zulässig sind lediglich bestimmte Nebentätigkeiten (zB die Nutzung eigenen Kapitalvermögens).[210] Diese privilegierten Tätigkeiten können zwar selber nicht gekürzt werden, sind aber für die Anwendung der erweiterten Kürzung im Übrigen unschädlich.

Per se schädlich für die erweiterte Kürzung sind einige enumerativ im Gesetz aufgezählte Tätigkeiten,[211] insb. die Übernahme von Sonderleistungen und jegliche Tätigkeiten mit gewerblichem Charakter; hierunter fallen ua auch die Verwaltung oder Vermietung fremden Grundbesitzes oder die Beteiligung an gewerblichen Mitunternehmerschaften. Unschädlich ist dagegen grds. die Veräußerung von Grundbesitz. Dies gilt jedoch nur, soweit die Fruchtziehung im Vordergrund steht. Schädlich ist es demnach, wenn das Unternehmen während eines EZ gewerblichen Grundstückshandel (**3-Objekte-Grenze**[212]) betreibt oder ein Grundstücksunternehmen seinen letzten Grundbesitz veräußert und damit seine grundstücksverwaltende Tätigkeit aufgibt.[213]

In zeitlicher Hinsicht muss die ausschließliche vermögensverwaltende Tätigkeit des Grundstücksunternehmens durchgängig während des gesamten EZ ausgeübt werden. Unvereinbar mit der Ausschließlichkeit der vermögensverwaltenden Tätigkeit ist es, wenn im Laufe des EZ ein Wechsel von der gewerblichen zur vermögensverwaltenden Tätigkeit oder umgekehrt stattfindet. Eine zeitanteilige erweiterte Kürzung ist nicht möglich.[214]

f) Bezüge des KGaA-Komplementärs

Gewinnanteile, die an einen persönlich haftenden Gesellschafter einer KGaA gezahlt werden sind zunächst dem Gewinn aus Gewerbeertrag der KGaA hinzuzurechnen (§ 8 Nr. 4 GewStG), sofern sie im Gewinn aus Gewerbebetrieb nicht mehr enthalten sind (idR aufgrund § 9 Abs. 1 Nr. 1 KStG). Um jedoch eine gewerbesteuerliche **Doppelbelastung** zu vermeiden, sind sie auf Ebene des persönlich haftenden Gesellschafter wieder zu kürzen (§ 9 Nr. 2b GewSt), sofern dieser einen Gewerbebetrieb führt, in dessen Betriebsvermögen die KGaA-Beteiligung gehalten wird und die Gewinnanteile grds. zu berücksichtigen sind.

Zu berücksichtigende Gewinnanteile des persönlich haftenden Gesellschafters sind diejenigen Anteile am Gewinn, die er auf Vermögenseinlagen erhalten hat, die

---

[209] Eine Geringfügigkeitsgrenze gibt es nicht; vgl. BFH IV B 157/09, BFH/NV 2011, 1392.
[210] Vgl. nur BFH GrS 1/98, BStBl. II 2002, 291.
[211] § 9 Nr. 1 Satz 5 GewStG.
[212] Zur relevanten sog. 3-Objekte-Grenze s. Blümich/*Bode* EStG § 15 Rn. 171 ff.
[213] BFH I R 1/10, BFH/NV 2011, 841; I R 89/03, BStBl. II 2004, 1080; H 9.2 Abs. 1 „Veräußerung des Grundbesitzes" GewStR: Danach soll die erweiterte Kürzung jedenfalls dann auch noch für den gesamten EZ gewährt werden, in dem der letzte Grundbesitz am 31.12., 23:59 bzw. 24:00 Uhr wirtschaftlich übertragen wird.
[214] Kritisch Lenski/Steinberg/*Roser* GewStG § 9 Nr. 1 Rn. 74; Glanegger/Güroff/*Güroff* GewStG § 9 Nr. 1 Rn. 23c; Blümich/*Gosch* GewStG § 9 Nr. 39.

nicht auf das Grundkapital geleistet wurden. Ferner gehören zu den Gewinnanteilen Vergütungen, die der persönlich haftende Gesellschafter als Gegenleistung für seine Geschäftsführungstätigkeit für die KGaA erhält, Ruhegehälter sowie Zuführungen zu Pensionsrückstellungen für Ruhegehaltszusagen sowie Haftungsvergütungen. Keine Vergütungen sind hingegen die Erstattung von Auslagen und Aufwendungsersatz sowie die Vergütungen für die Hingabe von Darlehen.

g) Ergebnisse aus ausländischen Betriebsstätten

150 Aufgrund ihres wesensimmanenten **Inlandsbezugs** der GewSt unterfallen ausländische Betriebsstättengewinne nicht der Gewerbesteuer. Dies folgt eigentlich bereits aus § 2 Abs. 1 Satz 1 GewStG, wird aber durch § 9 Nr. 3 GewStG noch einmal klar zum Ausdruck gebracht. Obgleich diese Norm damit in den meisten Fällen klarstellenden Charakter hat, kommt ihr im Hinblick auf die Behandlung von Seeschifffahrtsunternehmen im internationalen Verkehr besondere Bedeutung zu, da 80% des Gewerbeertrags fiktiv einer ausländischen Betriebsstätte zugerechnet werden (§ 9 Nr. 3 Satz 4 ff. GewStG).

151 Die Kürzung gem. § 9 Nr. 3 GewStG setzt voraus, dass eine im Ausland belegene Betriebsstätte existiert. Eine Betätigung des Unternehmers im Ausland, die hingegen einer inländischen Betriebsstätte zuzuordnen ist, wird nicht begünstigt. Gekürzt wird der Teil des Gewerbeertrags, der der unternehmerischen Betätigung der ausländischen Betriebsstätte zuzurechnen sind. Dies gilt unabhängig davon, ob es sich um laufende Gewinne der ausländischen Betriebsstätte, Veräußerungs- bzw. Aufgabegewinne oder um umwandlungsbedingte Übertragungsgewinne handelt, die dem deutschen Besteuerungsrecht unterfallen. Zu korrigieren sind sowohl positive als auch negative Gewerbeerträge der ausländischen Betriebsstätte.[215]

3. Verlustverrechnung

152 Ergibt sich in einem EZ nach Vornahme der gewerbesteuerlichen Hinzurechnungen und Kürzungen ein negativer Gewerbeertrag, ist dieser gesondert festzustellen und kann in nachfolgenden EZ mit positiven Gewerbeerträgen verrechnet werden (gewerbesteuerlicher Verlustvortrag). Der Verlustvortrag erfolgt – analog zur KSt (§ 10d EStG iVm § 8 Abs. 1 KStG) – in den Grenzen der sog. Mindestbesteuerung. Demnach kann der Verlustvortrag bis zu einem Betrag iHv 1 Mio. EUR im jeweiligen EZ in voller Höhe, darüber hinaus zu 60% mit künftigen positiven Gewerbeerträgen verrechnet werden (§ 10a Satz 1 und 2 GewStG). Der darüber hinausgehend Betrag kann dann ohne zeitliche Begrenzung weiter vorgetragen werden. Anders als im KSt-Recht ist ein Verlustrücktrag bei der GewSt jedoch nicht möglich.

153 Voraussetzung für den Verlustabzug ist das Vorliegen von Unternehmens- und Unternehmeridentität. Die Voraussetzung der Unternehmeridentität spielt bei einer AG keine Rolle, da sie als Körperschaft als solche unabhängig von ihrem Gesellschafterbestand Gewerbetreibende ist. Das Erfordernis der Unternehmensidentität folgt aus dem Objektsteuercharakter der GewSt und liegt idR dann vor, wenn nach dem Gesamtbild der Verhältnisse insb. der wirtschaftliche, organisatorische und finanzielle Zusammenhang der Tätigkeit des Gewerbebetriebs im Abzugsjahr und im Verlustentstehungsjahr grds. identisch ist. Die Vornahme betriebsbedingter Anpassungen an veränderte wirtschaftliche Verhältnisse schließt die Unternehmensidentität nicht zwingend aus. Allerdings findet für die AG gem. § 10a Satz 10

---

[215] Blümich/*Gosch* GewStG § 9 Rn. 220.

GewStG auch § 8c KStG Anwendung, so dass bei einem schädlichen Beteiligungserwerb (dh bei einer Übertragung von mehr als 25% der Aktien) ein bestehender gewerbesteuerlicher Verlustvortrag teilweise oder ganz verloren gehen kann (zu Einzelheiten des § 8c KStG s. § 12 Rn. 60 ff.

4. Besonderheiten der gewerbesteuerlichen Organschaft

Regelungen über die gewerbesteuerliche Organschaft sind in § 2 Abs. 2 Satz 2 GewStG normiert. Eine AG kann sowohl als Organträgerin oder als Organgesellschaft in eine gewerbesteuerliche Organschaft eingegliedert werden. Die Eingliederungsvoraussetzungen der gewerbesteuerlichen Organschaft entsprechen durch den gesetzlichen Verweis auf § 14 KStG seit dem EZ 2002[216] grds. denen der körperschaftsteuerlichen. Dies sind im Wesentlichen die finanzielle Eingliederung (= Mehrheit der Stimmrechte) und das Vorliegen eines mindestens auf fünf Zeitjahre angelegten und durchzuführenden GAV. Zu den Eingliederungsvoraussetzungen im Einzelnen s. § 14 Rn. 215 ff.

Gemäß § 2 Abs. 2 Satz 2 KStG gilt die Organgesellschaft als Betriebsstätte des Organträgers. Diese Betriebsstättenfiktion führt dazu, dass ggf. die Regelungen der Zerlegung nach §§ 28 ff. GewStG eingreifen (s. § 12 Rn. 96). Trotz der Fiktion bleiben Organgesellschaft und Organträger selbstständige Gewebebetriebe, die getrennt bilanzieren und auf einer ersten Stufe auch getrennt ihren eigenen Gewerbeertrag unter Berücksichtigung der jeweiligen Hinzurechnungs- und Kürzungsvorschriften ermitteln (sog. gebrochene oder eingeschränkte Einheitstheorie). Auf einer zweiten Stufe wird der Gewerbeertrag der Organgesellschaft dem Organträger zugerechnet und mit dessen eigenem Gewerbeertrag zusammenzurechnen. Ergeben sich dadurch unberechtigte doppelte steuerliche Be- oder Entlastungen, sind diese zu korrigieren. Die Hinzurechnungs- und Kürzungsvorschriften sind grds. auch auf konzerninterne Leistungsbeziehungen (zB bei konzerninternen Darlehen) anwendbar.[217] Allerdings gilt die Organgesellschaft auch für gewerbesteuerliche Zwecke als Betriebsstätte des Organträgers, so dass für Leistungen innerhalb einer gewerbesteuerlichen Organschaft Hinzurechnungen und Kürzungen unterbleiben.[218]

Empfängt die Organgesellschaft eine Dividende, unterliegt diese wie bei der KSt grds. erst bei dem Organträger der Besteuerung. Ist der Organträger eine Kapitalgesellschaft (zB eine AG) und empfängt die Organgesellschaft eine Schachteldividende, kommt es nach Ansicht des BFH zu einer vollständigen Kürzung dieser Dividende bei der Organgesellschaft und auch nicht – entsprechend dem KSt – zu einer Nachholung der 5%-Besteuerung auf Ebene des Organträgers.[219] Es gibt allerdings gesetzgeberische Überlegungen, diese systemwidrige „Hinzurechnungslücke" zu schließen; konkrete Gesetzesvorschläge liegen jedoch bislang nicht vor.[220]

---

[216] Bis einschl. des EZ 2001 galten für die körperschaftsteuerliche und die gewerbesteuerliche Organschaft unterschiedliche Voraussetzungen. Ähnlich der umsatzsteuerlichen Organschaft erforderte die gewerbesteuerliche Organschaft neben der heute immer noch erforderlichen finanziellen Eingliederung (= Stimmrechtsmehrheit) zudem eine wirtschaftliche und organisatorische Eingliederung.
[217] Kessler/Kröner/Köhler/*Kessler* Konzernsteuerrecht § 1 Rn. 8.
[218] H 2.3 Abs. 1 GewStR.
[219] BFH I R 39/14, BFH/NV 2015, 749.
[220] Vgl. Prüfbitte an den BR zum Protokollerklärungs-Umsetzungsgesetz (BR-Drs. 121/1/15).

157 Negative und positive Gewerbeerträge der Organgesellschaft können mit denen des Organträgers zusammengerechnet werden und nur der Saldo wird ggü. dem Organträger festgesetzt. Dabei können vor- und innerorganschaftliche gewerbesteuerliche Fehlbeträge des Organträgers mit den Gewerbeerträgen der Organgesellschaft verrechnet werden. Hingegen sind nur innerorganschaftliche Fehlbeträge der Organgesellschaft mit Gewerbeerträgen des Organträgers verrechenbar. Einen nach Verrechnung beim Organträger verbleibenden gewerbesteuerlichen Fehlbetrag kann dieser auch nach Beendigung der Organschaft als eigenen Fehlbetrag vortragen und nutzen. Vororganschaftliche Fehlbeträge kann die Organgesellschaft gem. § 10a Abs. 3 GewStG erst wieder nach Beendigung der Organschaft abziehen, sofern die Unternehmens- und Unternehmeridentität gewahrt sind. Sonstige außerorganschaftliche Fehlbeträge, die während der Organschaft entstanden sind, können während und nach der Organschaft nur von dem jeweiligen Unternehmen abgezogen werden.

Zu weiteren Einzelheiten wird auf die Ausführungen zur körperschaftsteuerlichen Organschaft in § 14 Rn. 211 ff. verwiesen.

IV. Steuerverfahren

1. Steuerfestsetzung

158 Die AG hat als Steuerschuldner eine Gewerbesteuererklärung[221] und ggf. zudem eine Zerlegungserklärung bei dem zuständigen Betriebsfinanzamt einzureichen. Dies erfolgt regelmäßig in elektronischer Form nach amtlichen Vorgaben. Die Abgabefrist beträgt grds. fünf Monate nach Ablauf des Kj., in dem der EZ endet (dh bis zum 31.5. des Folgejahres); diese Frist wird bei einer steuerlich vertretenen AG idR bis zum 31.12. des Folgejahres verlängert.

159 Das Betriebsfinanzamt setzt durch Messbescheid den Gewerbesteuermessbetrag fest, der dann als Grundlagenbescheid für den Gewerbesteuerbescheid gilt und insoweit die jeweilige Gemeinde bei Erlass des Gewerbesteuerbescheides bindet.

160 EZ ist idR das Kj. Hat die AG ein abweichendes Wj. gilt der Gewerbeertrag als in dem Kj. bezogen, in dem das Wj. endet. Bestand die Gewerbesteuerpflicht nicht während des gesamten Kj., tritt an die Stelle des Kj. der Zeitraum, in dem die Gewerbesteuerpflicht bestanden hat (§ 14 Satz 3 GewStG).

2. Erhebung

161 Auf Basis des vom Betriebsfinanzamt erteilten, für die Gemeinden bindenden Gewerbesteuermessbescheides ermittelt die Gemeinde die GewSt und setzt diese durch gesonderten Gewerbesteuerbescheid fest.[222] Die Ermittlung der GewSt erfolgt durch Multiplikation des festgesetzten Steuermessbetrags mit dem von der jeweiligen Gemeinde zu bestimmenden Hebesatz. Zu den Differenzen bei den Hebesätzen s. Rn. 121 f.

162 Zu beachten ist, dass im Rechtsbehelfs- bzw. Klageverfahren (§ 347 Abs. 1 Nr. 2 AO, §§ 40 ff. FGO) Einwendungen gegen den Ansatz des Gewerbeertrags sowie den Gewerbesteuermessbetrag nur durch Anfechtung des Gewerbesteuermessbescheides geltend gemacht werden können. Einwendungen gegen die Gewerbesteuerfestset-

---

[221] Genauer: Erklärung zur Festsetzung des Steuermessbetrags (§ 14a GewStG, § 25 GewStDV).
[222] In einigen Bundesländern (zB Hamburg, Bremen, Berlin) ist die Erhebung der GewSt den Finanzämtern übertragen worden.

zung sind durch Widerspruch bzw. Einspruch[223] und Klage vor den Verwaltungsgerichten anzubringen.

3. Zerlegung

Unterhält die AG Betriebsstätten in unterschiedlichen inländischen Gemeinden, so ist der Steuermessbetrag in die auf die einzelnen Gemeinden entfallenden Anteile (Zerlegungsanteile) zu zerlegen. Zerlegungsmaßstab ist gem. § 29 GewStG grds. das Verhältnis der Arbeitslöhne der einzelnen Betriebsstätte zu der Gesamtsumme der Arbeitslöhne aller Betriebsstätten. Sofern die Zerlegung zu unbilligen Ergebnissen führt, ermöglicht § 33 GewStG die Anwendung eines abweichenden Zerlegungsmaßstabs unter Berücksichtigung der tatsächlichen Verhältnisse. Jede Gemeinde setzt sodann die eigene GewSt auf Grundlage des ihr zugerechneten Zerlegungsanteils durch Steuerbescheid ggü. der AG fest. 163

C. Besonderheiten der Besteuerung der KGaA

Im Folgenden wird auf steuerrechtliche Besonderheiten eingegangen, die sich aus der Verwendung der Rechtsform der KGaA ergeben. 170

Die KGaA unterliegt wie jede andere Kapitalgesellschaft der Besteuerung mit KSt und, soweit sie einen inländischen Gewerbebetrieb unterhält, der Besteuerung mit GewSt. Die Besonderheiten der Besteuerung der KGaA resultieren aus ihrer gesellschaftsrechtlichen Mischform. Da ein oder mehrere Gesellschafter der KGaA persönlich haften und ihre Stellung weitgehend dem Recht der Personengesellschaften unterliegt, weist auch die Besteuerung der KGaA Elemente der Besteuerung von Personengesellschaften auf. Die KGaA ist nicht nur gesellschaftsrechtlich, sondern auch steuerliche ein „Hybrid". 171

Festzustellen ist, dass der Besteuerung der KGaA kein umfassendes steuerliches Konzept zu Grunde liegt. Vielmehr bestehen nur sehr punktuell gesetzliche Regelungen, die die Besteuerung der KGaA bzw. die ihrer persönlich haftenden Gesellschafter betreffen. Infolge ihrer vergleichsweise geringen Verbreitung[224] kann zudem nur auf eine überschaubare Anzahl gerichtlicher Entscheidungen zurückgegriffen werden. Eine einheitliche bzw. abgestimmte Verwaltungsauffassung zur Besteuerung der KGaA ist nicht verfügbar. In der Fachliteratur werden zur Besteuerung der KGaA unterschiedlichste Auffassungen vertreten. Zusammengenommen führt dies in der Praxis dazu, dass die steuerliche Behandlung der KGaA und die ihrer persönlich haftenden Gesellschafter mit nicht unerheblichen Unsicherheiten verbunden ist.[225] Hiervon betroffen sind vor allem die inhaltliche Abgrenzung der Besteuerung der KGaA von der ihrer persönlich haftenden Gesellschafter, die Zurechnung von Besteuerungsgrundlagen sowie verfahrensrechtliche Fragestellungen. 172

Für die Einkommensermittlung auf der Ebene der KGaA[226] bestimmt § 9 Abs. 1 Nr. 1 KStG, dass der Teil des Gewinns, der an persönlich haftende Gesellschafter 173

---

[223] Sofern die Erhebung der GewSt den FÄ übertragen worden ist; s. § 12 Rn. 120.
[224] Im April 2015 waren in Deutschland insgesamt 297 KGaA registriert, vgl. *Hasselbach/Ebbinghaus* DB 2015, 1269.
[225] Vgl. etwa *Drüen/van Heek* DStR 2012, 544.
[226] Ebenfalls erfasst sind auf Grund eines Rechtstypenvergleiches vergleichbare ausländische Gesellschaften, wie zB die italienische „*Societa a accomandita per azioni*".

auf ihre nicht auf das Kommanditkapital gemachte Einlage[227] oder als Vergütung für die Geschäftsführung geleistet wird, steuerlich abzugsfähig ist. Auf diese Weise wird eine sonst drohende doppelte Besteuerung der Gewinnanteile, auf Ebene der KGaA und auf Ebene der persönlich haftenden Gesellschafter, verhindert.[228] Im Ergebnis wird der auf die persönlich haftenden Gesellschafter entfallende Gewinn damit wie eine Betriebsausgabe der KGaA behandelt und die Besteuerung der KGaA auf den Gewinn, der auf das Grundkapital der Kommanditaktionäre entfällt, beschränkt. Über § 9 Abs. 1 Nr. 1 KStG wird dem persönlich haftenden Gesellschafter der auf ihn entfallende Gewinnanteil steuerlich unmittelbar zugerechnet. Von der Regelung ebenfalls erfasst sind Verlustanteile, Haftungsvergütungen und sämtliche Vergütungen, die als Gegenleistung für eine gegenwärtige oder frühere Geschäftsführungstätigkeit erbracht werden.[229] Nach hM sind Vergütungen, die der persönlich haftende Gesellschafter für die Hingabe von Darlehen und die Überlassung von Wirtschaftsgütern erhält, bei der KGaA bereits als Betriebsausgabe[230] abziehbar. Umstritten ist, ob überhöhte Leistungen der KGaA an den persönlich haftenden Gesellschafter vGA darstellen können.[231]

174 Bislang ungeklärt ist, ob Steuerbegünstigungen von der Ebene der KGaA auf den Gewinnanteil durchschlagen, soweit er auf den persönlich haftenden Gesellschafter entfällt. Erfolgt die Besteuerung der KGaA ausschließlich als Kapitalgesellschaft (sog. intransparente Besteuerung), verbleibt es bei der Anwendung zB von § 8b Abs. 1 und 2 KStG auf das Einkommen der KGaA. Der persönlich haftenden Gesellschafter erzielt gewerbliche Einkünfte und kann hinsichtlich der darin enthaltenen Beträge keine gesonderte Begünstigung in Anspruch nehmen.[232] Sieht man hingegen mit der in der Literatur hM die Besteuerung der KGaA nach den für Mitunternehmerschaften geltenden Grundsätzen als vorzugswürdig an (sog. transparente Besteuerung), kommen die Begünstigungsregelungen entsprechend des Anteils am Gewinn bei der KGaA und bei dem persönlich haftenden Gesellschafter nach dem für ihn maßgebenden Vorschriften jeweils anteilig zur Anwendung.

175 Eine vergleichbare Fragestellung ergibt sich, wenn die KGaA nach DBA freizustellende ausländische Betriebsstättengewinne erzielt. Mit der in der Literatur hM erzielen sowohl die KGaA als auch der persönlich haftenden Gesellschafter Unternehmensgewinne iSd Art. 7 OECD-MA, so dass die Steuerbefreiung jeweils anteilig der KGaA und dem persönlich haftenden Gesellschafter zuzurechnen sein

---

[227] Der phG muss an der KGaA nicht vermögensmäßig beteiligt sein, er kann sich jedoch sowohl über eine nicht in das Grundkapital der KGaA geleistete Einlage als auch als Kommanditaktionär am Grundkapital der KGaA beteiligen.
[228] Dem Grunde nach handelt es sich bei den Bezügen des phG um gesellschaftsrechtlich veranlasste Aufwendungen, die das Einkommen nach § 8 Abs. 3 KStG nicht mindern dürfen, vgl. DPM/*Krämer* KStG § 9 Rn. 19.
[229] Hierzu zählen ua Festgehälter, Gratifikationen, Ruhegehälter und ebenso bereits die Zuführungen zu Pensionsrückstellungen, vgl. DPM/*Krämer* KStG § 9 Rn. 23.
[230] Gemäß § 4 Abs. 4 EStG, vgl. DPM/*Krämer* KStG § 9 Rn. 30 (mwN).
[231] Im Ergebnis sind überhöhte Leistungen bei der KGaA abziehbar und unterliegender Besteuerung bei dem phG. Auswirkungen der unterschiedlichen Auffassungen können sich bei der GewSt ergeben, wenn die Abzugsfähigkeit des jeweiligen Aufwandes allein auf § 9 Abs. 1 Nr. 1 KStG gestützt wird, da dann die Hinzurechnung bei der KGaA nach § 8 Nr. 4 GewStG greift.
[232] Beispielsweise gem. § 3 Nr. 40 EStG bzw. § 8b KStG. Die KGaA und der phG erzielen dann Einkünfte aus verschiedenen Einkunftsquellen. Systemwidrig wäre in diesem Fall die erneute (anteilige) Behandlung des von der KGaA an den phG gezahlten Gewinnanteils nach § 3 Nr. 40 EStG bzw. § 8b KStG.

C. Besonderheiten der Besteuerung der KGaA 176, 177 § 12

soll. Für Dividenden aus ausländischen Schachtelbeteiligungen hat der BFH hingegen entschieden, dass allein maßgeblich ist, dass eine Zahlung an eine unbeschränkt steuerpflichtige inländische Kapitalgesellschaft erfolgt. Dies kann zur Freistellung der Dividendenerträge auf der Ebene der KGaA auch insoweit führen, als sie auf den persönlich haftenden Gesellschafter entfallen.[233] Ob der daraufhin für nach dem 31.12.2011 erfolgende Zahlungen eingeführte § 50d Abs. 11 EStG vor dem Hintergrund der sich zuspitzenden Diskussion um die Zulässigkeit eines sog. „treaty override"[234] letztlich zu einem anderen Ergebnis führt, bleibt abzuwarten. Zumindest im Anwendungsbereich der Mutter-Tochter-Richtlinie ist dies nicht zu erwarten, da die KGaA dort ausdrücklich als Gesellschaft iSd Richtlinie aufgeführt ist.

Für die Besteuerung des persönlich haftenden Gesellschafters regelt § 15 Abs. 1 **176** Nr. 3 EStG, dass es sich bei Gewinnanteilen, soweit sie nicht auf eine Beteiligung am Grundkapital der KGaA entfallen, und bei Vergütungen, die der persönlich haftende Gesellschafter für seine Tätigkeit, für die Hingabe von Darlehen oder für die Überlassung von Wirtschaftsgütern bezieht, um Einkünfte aus Gewerbebetrieb handelt. Das Teileinkünfteverfahren[235] kommt insoweit nicht zur Anwendung.

Der Gewinnanteil des persönlich haftenden Gesellschafters ist unmittelbar aus **177** dem Jahresabschluss der KGaA abzuleiten und durch Betriebsvermögensvergleich zu ermitteln.[236] Zudem finden einige der zur Besteuerung der Personengesellschaft entwickelten Grundsätze Anwendung. Soweit der persönlich haftende Gesellschafter der KGaA Wirtschaftsgüter überlässt oder Darlehen gewährt, handelt es sich (bei ihm) um Sonderbetriebsvermögen. Der persönlich haftende Gesellschafter erzielt insoweit Sonderbetriebseinnahmen und hat ggf. Sonderbetriebsausgaben, zB in Form von Finanzierungskosten. Da auf der Ebene der KGaA kein Gesamtgewinn ermittelt wird, hat das Sonderbetriebsvermögen des persönlich haftenden Gesellschafters für die Besteuerung der KGaA keine Bedeutung. Korrespondierend zu diesem Verständnis ist zumindest nach derzeitiger Rechtslage davon auszugehen, dass der Gewinn der persönlich haftenden Gesellschafter nicht durch eine einheitliche und gesonderte Gewinnfeststellung zu ermitteln und festzustellen ist.[237] Aus dem Umstand, dass der persönlich haftende Gesellschafter seine Einkünfte aus einer anderen Einkunftsquelle bezieht als die KGaA und dass er am Vermögen der KGaA nicht (gesamthänderisch) beteiligt ist, wird zudem hergeleitet, dass die Bildung einer Ergänzungsbilanz insoweit nicht zulässig ist.[238] Der persönlich haftende Gesellschafter kann im Falle einer entgeltlich erworbenen Vermögensbeteiligung insoweit keine eigenständigen Abschreibungen geltend machen.

---

[233] Vgl. BFH I R 62/09, BFH/NV 2010, 1919, zum DBA-Frankreich (offen lassend, ob für enger am OECD-MA formulierte DBA anders zu entscheiden gewesen wäre).
[234] Hierbei handelt es sich um eine nationale Vorschrift, die (begünstigende) Regelungen aus einem DBA überschreibt bzw. von zusätzlichen Voraussetzungen abhängig macht. Derzeit sind beim BVerfG zwei Verfahren zur Frage der verfassungsrechtlichen Zulässigkeit eines „treaty override" anhängig (BVerfG 2 BvL 1/12, DStR 2016, 359; v. 11.12.2013 2 BvL 15/14).
[235] § 3 Nr. 40 EStG.
[236] Vgl. BFH X R 14/88, BStBl. II 1989, 881, unabhängig davon, ob handelsrechtlich zwei Bilanzen oder ausschließlich eine Bilanz der KGaA nach Aktienrecht aufgestellt wird.
[237] Der BFH hat diese Frage wiederholt offen gelassen. Die Finanzgerichte lehnen eine einheitliche und gesonderte Gewinnfeststellung auch im Falle mehrerer persönlich haftender Gesellschafter ab. Auch die Finanzverwaltung spricht sich nicht eindeutig für eine einheitliche und gesonderte Gewinnfeststellung aus.
[238] Str., vgl. FG München 5 K 2681/97, GmbHR 2004, 597; aA *Glanegger* DStR 2004, 1686.

178 Die Veräußerung des gesamten nicht auf das Grundkapital entfallenden Anteils des persönlich haftenden Gesellschafters stellt eine Betriebsveräußerung[239] dar, für die von natürlichen Personen als persönlich haftender Gesellschafter steuerliche Begünstigungen geltend gemacht werden können.[240] Die Veräußerung eines Teils eines Anteils zählt demgegenüber zu den laufenden Gewinnen.

179 Die Besteuerung der Kommanditaktionäre entspricht der Besteuerung der Aktionäre einer AG. Dies gilt auch, wenn der persönlich haftende Gesellschafter gleichzeitig Kommanditaktionär ist, da die Kommanditaktien nicht zum notwendigen Sonderbetriebsvermögen zählen.[241] Da die Kommanditaktien auch nicht als gewillkürtes Sonderbetriebsvermögen behandelt werden können, führen Dividenden aus den Kommanditaktien nicht zu gewerblichen Einkünften iSd § 15 Abs. 1 Nr. 3 EStG.

180 Für Zwecke der GewSt schreibt § 8 Nr. 4 GewStG vor, dass der auf den persönlich haftenden Gesellschafter entfallende Gewinnanteil, der bei der Ermittlung des Einkommens gekürzt wird, bei der Ermittlung des von der KGaA zu versteuernden Gewerbeertrages wieder hinzuzurechnen ist. Die Hinzurechnung entspricht betragsmäßig dem nach § 9 Abs. 1 Nr. 1 KStG beim Einkommen abziehbaren Gewinnanteil des persönlich haftenden Gesellschafters. Bei der KGaA als Betriebsausgaben abziehbare Aufwendungen sind gem. § 8 Nr. 1 GewStG ggf. anteilig bei der Ermittlung des Gewerbeertrages wieder hinzuzurechnen.

181 Für den persönlich haftenden Gesellschafter gilt, dass er allein auf Grund der Beteiligung an der KGaA nicht der GewSt unterliegt, da ihm die Beteiligung keinen stehenden Gewerbebetrieb vermittelt. Sofern die Beteiligung jedoch bei ihm einem gewerblichen Betriebsvermögen zuzuordnen ist, ist der auf den persönlich haftenden Gesellschafter entfallende Gewinnanteil um den bei der KGaA hinzugerechneten Betrag nach § 9 Nr. 2b GewStG zu kürzen, um eine Doppelbelastung mit GewSt zu vermeiden. Sofern der persönlich haftende Gesellschafter gleichzeitig Kommanditaktionär ist, gelten für die an ihn gezahlten Dividenden die allgemeinen Regelungen.[242] Der Gewinn aus der Veräußerung des gesamten Anteils des persönlich haftenden Gesellschafters zählt gem. § 7 Satz 2 Nr. 3 GewStG zum Gewerbeertrag, soweit er nicht unmittelbar auf natürliche Person entfällt, so insbesondere, wenn eine GmbH persönlich haftender Gesellschafter ist. Die gewerbesteuerlichen Folgen treten insoweit wohl auf der Ebene der KGaA ein. Bei der Veräußerung eines Teilanteils handelt es sich laufenden Gewerbeertrag.

182 Nicht abschließend geklärt ist, welche Regelungen auf Umwandlungen im Zusammenhang mit der KGaA Anwendung finden. Sofern ein persönlich haftender Gesellschafter vermögensmäßig beteiligt ist, erscheint es sachgerecht, mit der überwiegenden Auffassung von einer „Mischumwandlung" auszugehen. Danach unterliegen Umwandlungen partiell jeweils den für Kapitalgesellschaften und den für Personengesellschaften maßgebenden Bestimmungen. Dementsprechend unterliegen Verschmelzungen einer Kapitalgesellschaft auf eine KGaA den §§ 3 ff. UmwStG, soweit ein persönlich haftender Gesellschafter beteiligt ist, und den §§ 11 ff. UmwStG,

---

[239] Vgl. § 16 Abs. 1 Satz 1 Nr. 3 EStG.
[240] Nämlich den Freibetrag gem. § 16 Abs. 4 EStG sowie den ermäßigter Steuersatz gem. § 34 EStG.
[241] Vgl. BFH X R 14/88, BStBl. II 1989, 881.
[242] Hinzurechnung zum Gewerbeertrag nach § 8 Nr. 5. GewStG bzw. bei Schachtelbeteiligungen ggf. Kürzung nach § 9 Nr. 2a GewStG.

soweit Kommanditaktien gewährt werden.[243] Wird eine KGaA auf eine Kapitalgesellschaft verschmolzen, können §§ 20 ff. UmwStG für den Bereich des persönlich haftenden Gesellschafters und im Übrigen §§ 11 ff. UmwStG zur Anwendung kommen. Nach diesem Verständnis unterliegen Ausgliederungen auf eine KGaA gegen Gewährung einer Beteiligung als persönlich haftender Gesellschafter § 24 UmwStG[244] bzw. § 20 UmwStG, soweit Kommanditaktien gewährt werden.

D. Unternehmenserbschaftsteuer

I. Steuerpflicht

1. Unbeschränkte Erbschaftsteuerpflicht

Die unentgeltliche Übertragung von Aktien unterliegt der deutschen Erbschaftsteuer, wenn entweder der Erblasser beziehungsweise Schenker oder der Erwerber Inländer ist (§ 2 Abs. 1 Nr. 1 ErbStG). Dabei wird bei Erwerben von Todes wegen grundsätzlich auf den Zeitpunkt des Todes, bei Schenkungen auf den Zeitpunkt der Ausführung der Schenkung abgestellt. Sind Erblasser beziehungsweise Schenker in diesem Zeitpunkt Inländer, so unterliegt der gesamte Vermögensanfall der deutschen Erbschaftsteuer. Ist dagegen nur der jeweilige Erwerber Inländer im eben genannten Sinne, so unterliegt nur *sein* Vermögensanfall der deutschen Steuerpflicht. Der Vermögensanfall erstreckt sich im Erb- wie im Schenkungsfall auch auf etwaiges übergehendes Auslandsvermögen. Zur Vermeidung einer internationalen Doppelbesteuerung ist entweder auf die Anrechnungsvorschrift des § 21 ErbStG oder auf eines der wenigen Doppelbesteuerungsabkommen zur Erbschaftsteuer hinzuweisen, die aktuell nur mit Griechenland, Schweiz, USA, Frankreich, Schweden[245] und Dänemark bestehen. 190

Inländer iSd Erbschaftsteuerrechts sind natürliche Personen, die im Zeitpunkt 191
der Steuerentstehung bei Tod bzw. Schenkung ihren Wohnsitz (§ 8 AO) oder ihren gewöhnlichen Aufenthalt (§ 9 AO) im Inland haben. In diesem Falle ist ihre Staatsangehörigkeit ohne Belang. Damit sind vom Erwerber beispielsweise auch ausländische Aktien der deutschen Erbschaftsteuer zu unterwerfen, wenn er oder der Erblasser einen (Neben-)Wohnsitz in Deutschland im Zeitpunkt des Erwerbs hatten. Der Mittelpunkt der Lebensinteressen ist für die Inländereigenschaft unbeachtlich.

2. Erweitert unbeschränkte Erbschaftsteuerpflicht

Über die eben dargestellten Tatbestände hinaus tritt für deutsche Staatsangehörige auch dann die unbeschränkte Erbschaftsteuerpflicht ein, wenn sie sich im Zeitpunkt des Erwerbs nicht länger als fünf Jahre dauernd im Ausland aufgehalten haben, ohne im Inland einen (Neben-) Wohnsitz zu haben. Bei Wegzug in die USA verlängert sich diese Frist auf zehn Jahre.[246] 192

---

[243] Unklar ist, ob die Finanzverwaltung diese Auffassung teilt. Eine entsprechende Passage, die anscheinend in einer Entwurfsfassung des UmwSt-Erlass enthalten war, ist in der veröffentlichten Fassung vom 11.11.2011 nicht mehr anzutreffen.
[244] AA Rödder/Herlinghaus/van Lishaut/*Rasche* UmwStG § 24 Rn. 49.
[245] Durch die Abschaffung der Erbschaft- und Schenkungsteuer in Schweden zum 1.1.2005 ist das ErbStG-DBA faktisch gegenstandslos geworden.
[246] Art. 3 ZustimmungsG v. 15.9.2000 zum Ergänzungsprotokoll DBA-ErbSt USA/D v. 14.12.1998, BGBl. 2000 II 1170.

193 Schließlich können auch juristische Personen, Personenvereinigungen und Vermögensmassen Inländer sein, wenn sie ihren Sitz (§ 11 AO) oder ihre Geschäftsleitung (§ 10 AO) im Inland haben. Damit können auch sie Erwerber bzw. Zuwendender iSd Erbschaftsteuerrechts sein.

3. Beschränkte Erbschaftsteuerpflicht

194 Soweit weder Erblasser bzw. Schenker noch Erwerber Inländer im eben dargestellten Sinne sind, beschränkt sich die deutsche Erbschaftsteuerpflicht auf die in § 121 BewG enumerativ aufgezählten Wirtschaftsgüter des Inlandsvermögens. Nur ihr Erwerb löst deutsche Erbschaftsteuer aus. Damit unterfallen beispielsweise Anteile an einer deutschen AG dann der deutschen Erbschaftsteuer, wenn die Gesellschaft Sitz oder Geschäftsleitung in Deutschland hat und der Erblasser oder Schenker allein oder zusammen mit nahestehenden Personen[247] am Grundkapital der Gesellschaft zu mindestens 10% unmittelbar oder mittelbar beteiligt ist. Wird dieses Quorum teils durch eine unmittelbare und teils durch eine mittelbare Beteiligung erreicht, zählt nur die jeweils unmittelbar gehaltene Beteiligung zum Inlandsvermögen iSd § 121 Nr. 4 BewG, auch wenn sie für sich genommen die Beteiligungsgrenze nicht erreicht.[248] Die mittelbar über eine ausländische Gesellschaft gehaltene Beteiligung an einer deutschen Kapitalgesellschaft zählt ausnahmsweise nur dann zum Inlandsvermögen, soweit es sich bei der Zwischenschaltung der ausländischen Kapitalgesellschaft um einen Missbrauch steuerlicher Gestaltungsmöglichkeiten handelt (§ 42 AO). Letzteres kann insbesondere bei Fehlen wirtschaftlicher oder sonst beachtlicher Gründe für die Einschaltung der ausländischen Gesellschaft der Fall sein und wenn sie keine eigene Wirtschaftstätigkeit entfaltet.[249] Die sachlichen Steuerbefreiungen des § 13 sowie die Begünstigungen für Unternehmensvermögen (§§ 13a ff. ErbStG) finden grundsätzlich Anwendung. Schulden und Lasten können nur abgezogen werden, soweit sie in wirtschaftlichem Zusammenhang mit dem Inlandsvermögen stehen und dieses Vermögen belasten.[250]

4. Erweitert beschränkte Erbschaftsteuerpflicht

195 Über die fünf Jahre nachlaufende erweitert *un*beschränkte Erbschaftsteuerpflicht hinaus kann für einen Zeitraum von weiteren fünf Jahren die erweiterte beschränkte Steuerpflicht nach § 4 AStG eingreifen. Dies gilt dann, wenn der deutsche Erblasser bzw. Schenker in den letzten zehn Jahren vor dem Ende seiner unbeschränkten Einkommensteuerpflicht mindestens fünf Jahre lang in Deutschland unbeschränkt einkommensteuerpflichtig gewesen ist und seinen Wohnsitz zum Zeitpunkt des Todes bzw. Ausführung der Schenkung in ein sog. Niedrigsteuerland verlegt hat, aber in diesem Zeitpunkt noch wesentliche wirtschaftliche Interessen im Inland[251] hatte.

196 In diesem Falle erstreckt sich die Erbschaftsteuerpflicht nicht nur auf die in § 121 BewG genannten Gegenstände, sondern umfasst alle Teile des Erwerbs, deren Erträge bei unbeschränkter Einkommensteuerpflicht nicht ausländische Einkünfte iSd § 34d EStG wären, wie beispielsweise Aktien ohne das og 10%-Quorum.[252]

---

[247] Vgl. § 1 Abs. 2 AStG.
[248] R E 2.2 Abs. 3 Satz 5 ErbStR 2011.
[249] R E 2.2 Abs. 3 Satz 6 und 7 ErbStR 2011.
[250] § 10 Abs. 6 Satz 2 ErbStG; R E 2.2 Abs. 7 ErbStR 2011.
[251] Vgl. dazu § 2 Abs. 3 AStG.
[252] Vgl. im Einzelnen AStG-Anwendungserlass v. 14.5.2004, BStBl. I 2004, 3.

D. Unternehmenserbschaftsteuer 197–199 § 12

Etwas anderes gilt nur für den Fall, dass der ausländische Staat dafür selbst eine Erbschaftsteuer erhebt, die mindestens 30% der deutschen Erbschaftsteuer beträgt.

5. Fiktive unbeschränkte Erbschaftsteuerpflicht

Für Erwerbe, für die die Steuer nach dem 13.12.2011 entsteht, bzw. für nicht bestandskräftige Erwerbstatbestände vor dem 14.12.2011[253] hatte der Erwerber im Falle der beschränkten Steuerpflicht bislang die Wahl zur unbeschränkten Erbschaftsteuerpflicht zu optieren (§ 2 Abs. 3 ErbStG aF) und die höheren persönlichen Freibeträge in Anspruch zu nehmen.[254] Allerdings waren dann Vor- und Nacherwerbe innerhalb von zehn Jahren ebenfalls als unbeschränkt steuerpflichtig zu behandeln.[255] Der EuGH sah in der Rechtssache *Hünnebeck/FA Krefeld*[256] in diesem Einbezug einen Verstoß gegen die Kapitalverkehrsfreiheit der Art. 63 und 65 AEUV. Die Reaktion des Gesetzgebers bestand in der Aufhebung des bisherigen § 2 Abs. 3 ErbStG durch das StUmgBG vom 12.5.2017.[257] Stattdessen wurde § 16 Abs. 2 ErbStG dahingehend geändert, dass zunächst der persönliche Freibetrag nach § 16 Abs. 1 ErbStG gewährt wird, allerdings nicht in voller Höhe. Der Freibetrag wird um den Teilbetrag gekürzt, in dem das nicht der beschränkten Steuerpflicht in Deutschland unterliegende Vermögen (inkl. Vorerwerbe der letzten zehn Jahre) zum weltweiten Gesamterwerb (inkl. Vorerwerbe der letzten zehn Jahre) von derselben Person steht. Je kleiner also der Inlandsanteil des Erwerbs, desto größer die Kürzung des Freibetrages. Die europarechtliche Halbwertszeit dieser Neuregelung bleibt abzuwarten.

II. Eckpunkte des neuen Unternehmenserbschaftsteuerrechts

Im Folgenden sollen die Aspekte des neuen Unternehmenserbschaftsteuerrechts für die Übertragung von Aktien näher beleuchtet werden.

1. Rechtslage für Erwerbe vor dem 1.7.2016

Nach dem am 1.1.2009 in Kraft getretenen Unternehmenserbschaftsteuerrecht können Anteile an EU/EWR-Kapitalgesellschaften im Falle der Übertragung entweder zu 85% oder 100% von der Erbschaftsteuer freigestellt werden, wenn der Erblasser bzw. Schenker zu **mehr** als 25% an der Kapitalgesellschaft beteiligt ist (§ 13b Abs. 1 Nr. 3 ErbStG). Bei Unterschreiten dieses Quorums muss er sich mit anderen Anteilseignern in einer erbschaftsteuerlich anerkannten Poolvereinbarung[258] zusammengeschlossen haben, um zusammen die Beteiligungsgrenze von mehr als 25% zu erfüllen. Zur Wahl stehen dann die sog. Regelverschonung und auf unwiderruflichen Antrag die sog. Optionsverschonung. Im Falle der Regelverschonung unterliegen 15% des Unternehmensvermögens der sofortigen Besteuerung. Werden die übertragenen Kapitalgesellschaftsanteile vom Erben oder Beschenkten dann mindestens fünf Jahre lang gehalten und die sog. Lohnsummen-

---

[253] Vgl. § 37 Abs. 7 ErbStG.
[254] Reaktion des Gesetzgebers auf die Urteile des EuGH in der Rs. *Mattner* (C-510/08, DStR 2010, 861) und *Welte* (C-181/12, DStR 2013, 2269).
[255] Vgl. im Einzelnen gl. Ländererlass v. 15.3.2012, BStBl. I 2012, 328.
[256] EuGH C-476/14, NJW 2016, 2557. Vgl. auch BFH II R 53/14, BStBl. II 2017, 1200.
[257] Steuerumgehungsbekämpfungsgesetz, vgl. BR-Drs. 365/17.
[258] Einheitliches Verfügungs- und Stimmrecht, vgl. § 13b Abs. 1 Nr. 3 Satz 2 ErbStG.

klausel beachtet, bleiben die restlichen 85% nach fünf Jahren endgültig steuerfrei. Die Lohnsummenklausel ist erfüllt, wenn die Summe der Löhne und Gehälter am Ende der fünf Jahre – summiert betrachtet – mindestens 400% der ursprünglichen Ausgangslohnsumme beträgt. Die Ausgangslohnsumme ist der durchschnittliche Lohn – und Gehaltsaufwand der letzten fünf abgelaufenen Wirtschaftsjahre vor dem Besteuerungsstichtag. Die Lohnsumme darf am Ende der fünfjährigen Behaltenszeit insgesamt nur um 20% zurückgegangen sein. Für Kleinbetriebe, bei denen die Ausgangslohnsumme 0 EUR beträgt oder das Unternehmen weniger als 21 Beschäftigte hat, findet die Lohnsummenklausel keine Anwendung. Das sogenannte Verwaltungsvermögen (wie zum Beispiel Finanzmittel in bestimmter Höhe, Wertpapiere, Kunstgegenstände und Anteile an Kapitalgesellschaften von 25% oder weniger) darf bei der Regelverschonung maximal die Hälfte des Unternehmenswertes ausmachen.

200 Bei der Optionsverschonung kann der Erbe oder Beschenkte die vollständige Steuerfreistellung des übertragenen Unternehmensvermögens unwiderruflich beantragen. Voraussetzung hierfür ist, dass das Verwaltungsvermögen maximal 10% des Unternehmenswertes beträgt. Die Behaltensfrist dauert hier sieben Jahre und die einzuhaltende Lohnsumme steigt auf 700%, was bedeutet, dass am Ende der Behaltenszeit die Lohnsumme im Ergebnis konstant geblieben sein muss.

201 Voraussetzung für die Verschonung ist in beiden Varianten die Fortführung des Unternehmens. Steuerlich unschädlich ist der Unternehmensverkauf, wenn der Verkaufserlös innerhalb von sechs Monaten in erbschaftsteuerlich begünstigtes Vermögen reinvestiert wird. Steuerlich schädlich sind dagegen zum Beispiel Überentnahmen bzw. Überausschüttungen. Diese liegen vor, wenn der Unternehmensnachfolger dem Unternehmen bis zum *Ende des letzten in die Behaltensfrist fallenden Wirtschaftsjahres* Mittel entnimmt, die die Summe der Gewinne und Einlagen in dieser Zeit übersteigen. Eine Überschreitung von bis zu 150.000 EUR gilt als unschädlich.[259] Die Frist für die Prüfung von Überentnahmen bzw. Überausschüttungen endet also früher als die Behaltensfrist für die Verfügungsbeschränkungen. Auch aus diesem Grund sollte immer ein rechtzeitiges Controlling der Entnahmen und Ausschüttungen erfolgen, um noch entsprechende Gegenmaßnahmen ergreifen zu können.[260]

2. Entscheidung des Bundesverfassungsgerichts vom 17.12.2014

202 Das BVerfG hat am 17.12.2014 das Unternehmenserbschaftsteuerrecht in Teilen für verfassungswidrig erklärt.[261] Die Regeln zur Verschonung von Unternehmensvermögen seien zum Teil „unverhältnismäßig", so der Befund der Karlsruher Richter. Für unvereinbar mit dem Gleichheitssatz des Art. 3 Abs. 1 GG hat das Gericht insbesondere erklärt, dass eine Lohnsummenanforderung für kleine Betriebe fehle. Des Weiteren sei die Freigrenze in Höhe von 10% bzw. 50% beim Verwaltungsvermögen zu hoch und es fehle eine Bedürfnisprüfung bei der Übertragung von Anteilen an Großunternehmen. Schließlich sei das geltende Recht insgesamt zu gestaltungsoffen. Die bisherigen Regelungen seien aber bis zu einer Neufassung des Erbschaftsteuerrechts durch den Gesetzgeber weiter anzuwenden, längstens aber bis zum 30.6.2016. Der Gesetzgeber sei befugt, auch rückwirkend ein neues Erbschaftsteuerrecht zu schaffen, um die „exzessive Ausnutzung" der gleichheitswidrigen Regelungen in der Übergangsphase zu verhindern. Das Verfassungsgericht

---

[259] Vgl. § 13a Abs. 5 Nr. 3 ErbStG aF.
[260] Vgl. aber zum Fall der Einlageleistung R E 13a.8 Abs. 4 ErbStR 2011.
[261] BVerfG 1 BvL 21/12, BStBl. II 2015, 50.

D. Unternehmenserbschaftsteuer

beschäftigte sich allerdings nicht mit Fragen der Unternehmensbewertung, der Definition des Verwaltungsvermögens und der Lohnsumme, mit Anforderungen innerhalb der Behaltensfrist, der Besteuerung von Privatvermögen sowie der Höhe der geltenden Freibeträge und Steuersätze.

3. Rechtslage für Erwerbe nach dem 30.6.2016

Am 8.7.2015 hatte das Bundeskabinett den Regierungsentwurf des neuen Erbschaftsteuerrechts beschlossen.[262] Nach langwierigen politischen Diskussionen hat der Bundestag dann kurz vor Ende der seitens des BVerfG gesetzten Frist am 24.6.2016 das neue Erbschaftsteuerrecht verabschiedet.[263] Der Bundesrat rief daraufhin am 8.7.2016 den Vermittlungsausschuss von Bundestag und Bundesrat an, in dessen Sitzung vom 21. auf den 22.9.2016 eine Einigung gefunden werden konnte. Dem Vermittlungsergebnis haben der Bundestag am 29.9.2016[264] und der Bundesrat am 14.10.2016[265] zugestimmt. Das neue Erbschaftsteuerrecht wurde am 9.11.2016 im Bundesgesetzblatt veröffentlicht.[266]

a) Begünstigungsfähiges Vermögen (§ 13b Abs. 1 ErbStG)

Auch nach dem neuen Erbschaftsteuerrecht zählen Anteile an EU/EWR-Kapitalgesellschaften zum begünstigungsfähigen Vermögen, wenn der Erblasser bzw. Schenker zu **mehr** als 25% an ihnen beteiligt ist (§ 13b Abs. 1 Nr. 3 Satz 1 ErbStG). Bei geringerer Beteiligungshöhe kann mit anderen Anteilseignern weiterhin eine entsprechende Poolvereinbarung geschlossen werden, um das geforderte Quorum zu erreichen (§ 13b Abs. 1 Nr. 3 Satz 2 ErbStG). Zu den weiteren begünstigungsfähigen Vermögensgegenständen vgl. § 13b Abs. 1 ErbStG.

b) Begünstigtes Vermögen und 90%-Test (§ 13b Abs. 2 ErbStG)

Der auf den ersten Blick nicht unbedingt erkennbare Paradigmenwechsel des neuen Erbschaftsteuerrechts besteht in der Neudefinition des begünstigten Vermögens in § 13b Abs. 2 ErbStG. Danach wird der gemeine Wert des schädlichen Verwaltungsvermögens vom gemeinen Wert des begünstigungs*fähigen* Vermögens (§ 13b Abs. 1 ErbStG) abgezogen. Nur noch das so ermittelte begünstigte Vermögen nach § 13b Abs. 2 ErbStG nimmt an den (neuen) Verschonungsregeln teil.
Eine Verschonung scheidet aber von vornherein aus, wenn der sog. 90%-Test nicht bestanden wird. Dies ist dann der Fall, wenn der gemeine Wert des Verwaltungsvermögens mindestens 90% des gemeinen Wertes des begünstigungs*fähigen* Vermögens (zB Aktien in entsprechender Beteiligungshöhe) ausmacht. Dabei ist jedoch auf den Bruttowert des (jungen) Verwaltungsvermögens, dh ohne Berücksichtigung von Schulden und sonstigen Abzugsbeträgen abzustellen. Einzig der Teil des Verwaltungsvermögens darf in Abzug gebracht werden, der „ausschließlich und dauerhaft der Erfüllung von Schulden aus durch Treuhandverhältnissen abgesicherten Altersversorgungsverpflichtungen dient und dem Zugriff aller übrigen nicht aus den Altersversorgungsverpflichtungen unmittelbar berechtigten

---

[262] Vgl. BR-Drs. 353/15.
[263] BR-Drs. 344/16.
[264] BR-Drs. 555/16.
[265] BR-Drs. 155/16.
[266] Gesetz zur Anpassung des Erbschaftsteuer- und Schenkungsteuergesetzes an die Rechtsprechung des BVerfG v. 4.11.2016, BGBl. 2016 I 2464.

Gläubiger entzogen ist" (§ 13b Abs. 2 Satz 2 ErbStG). Wird dieser 90%-Test nicht bestanden, entfallen sämtliche Verschonungsregeln, auf die gleich einzugehen sein wird. Damit wird ein Bruttowert (Verwaltungsvermögen in modifizierter Form) mit einem Netto-Unternehmenswert verglichen. Die Regelung wird daher mE zu Recht kritisch kommentiert.[267] Insbesondere Handelsunternehmen mit hohem Forderungsbestand, aber auch hohem Fremdkapitalanteil können betroffen sein.[268]

c) Verwaltungsvermögenskatalog (§ 13b Abs. 4 ErbStG)

207 Der Katalog des schädlichen Verwaltungsvermögens ist weitgehend erhalten geblieben (vgl. § 13b Abs. 4 ErbStG). So zählen weiterhin an fremde Dritte überlassene Grundstücke dazu, es sei denn, es liegen Fälle des Sonderbetriebsvermögens, der Betriebsaufspaltung oder der Vermietung im Konzern (iSd § 4h EStG) vor. Anteile an Kapitalgesellschaften unterhalb des 25%-Quorums (und ohne Poolvereinbarung) zählen ebenso zum Verwaltungsvermögen wie Kunstgegenstände, Münzen, Edelsteine, Briefmarken, Oldtimer, Yachten, Segelflugzeuge und „sonstige typischerweise der privaten Lebensführung dienende Gegenstände" sowie Wertpapiere und vergleichbare Forderungen.[269] Eine Neuregelung gab es bei den schädlichen Finanzmitteln. Die Definition der schädlichen Finanzmittel (im Ergebnis sämtliche auf Geld gerichtete Forderungen aller Art)[270] bleibt unverändert. Allerdings bleibt jetzt nur noch ein positiver Saldo der Finanzmittel begünstigt, soweit er nach Abzug aller Schulden 15% (bisher 20%) des gemeinen Werts des Betriebsvermögens nicht übersteigt (sog. Sockelbetrag, vgl. § 13b Abs. 4 Nr. 5 ErbStG). Eine Ausnahme bilden junge Finanzmittel, die weiterhin als Saldo der Einlagen und Entnahmen der letzten zwei Jahre vor den Erwerbszeitpunkt definiert werden und immer Verwaltungsvermögen darstellen. Allerdings wird der Sockel-Freibetrag jetzt nur noch gewährt, wenn das begünstigungs*fähige* Vermögen des Betriebs oder der nachgeordneten Gesellschaften „nach seinem Hauptzweck" einer land- und forstwirtschaftlichen, *originär* gewerblichen oder freiberuflichen Tätigkeit dient. Neu ist ebenfalls die Privilegierung von Vermögen, das der Erfüllung von Altersversorgungsverpflichtungen dient (Deckungsvermögen). Damit sollen insbesondere CTA-Strukturen (Contractual Trust Arrangement) von der Besteuerung ausgenommen werden.[271] Dieses Vermögen zählt bis zur Höhe des gemeines Wertes der korrespondierenden Schulden nicht zum Verwaltungsvermögen (§ 13b Abs. 3 ErbStG).[272]

208 Beim Erwerb von Todes wegen gilt eine spezielle Reinvestitionsklausel (§ 13b Abs. 5 Satz 1 f. ErbStG). Danach entfällt die Zurechnung zum Verwaltungsvermögen rückwirkend, wenn der Erwerber innerhalb von zwei Jahren nach Steuerentstehung das Verwaltungsvermögen gemäß einem „vorgefassten Plan des Erblassers" in begünstigungs*fähiges* Vermögen investiert, das unmittelbar einer land- und forstwirtschaftlichen, *originär* gewerblichen oder freiberuflichen Tätigkeit dient und kein Verwaltungsvermögen ist. Inwieweit diese offensichtlich auf Einzelunternehmen zugeschnittene Regelung[273] auch bei Kapitalgesellschaften praktikabel ist, wird ab-

---

[267] Vgl. FPW/*Wachter* ErbStG § 13b Rn. 286.
[268] Vgl. FPW/*Wachter* ErbStG § 13b Rn. 288 mwN.
[269] Vgl. im Einzelnen zur Verwaltungsauffassung: Koordinierter Ländererlass v. 22.6.2017, BStBl. I 2017, 902 (AEErbSt 2017) – A 13b.12 ff.
[270] Vgl. im Einzelnen Gl. Ländererlass v. 10.10.2013, BStBl. I, 1272.
[271] BT-Drs. 18/8911 zu § 13b Abs. 3 ErbStG.
[272] Vgl. A 13b.11 AEErbSt 2017.
[273] FPW/*Wachter* ErbStG § 13b Rn. 623 f.

D. Unternehmenserbschaftsteuer 209–211 § 12

zuwarten sein. Die besondere Reinvestitionsklausel des § 13b Abs. 5 Satz 3 ff. ErbStG für Finanzmittel gilt v. a. für Saisonbetriebe mit schwankenden Einnahmen.[274]

Das so ermittelte Verwaltungsvermögen wird mit dem anteiligen gemeinen Wert **209** der Schulden verrechnet, soweit diese nicht bereits mit den Finanzmitteln oder dem Deckungsvermögen verrechnet worden sind (§ 13b Abs. 6 ErbStG). Dabei wird das verbleibende Verwaltungsvermögen zum Unternehmenswert zzgl. der noch verbliebenen Schulden ins Verhältnis gesetzt. Nur zu dem sich daraus ergebenden Anteil können die restlichen Schulden vom Verwaltungsvermögen abgezogen werden. Beim jungen Verwaltungsvermögen und bei jungen Finanzmitteln scheidet diese Schuldenverrechnung aus (§ 13b Abs. 8 Satz 1 ErbStG). Gleiches gilt für „wirtschaftlich nicht belastende Schulden" sowie für ungewöhnlich hohe Schulden (vgl. im Einzelnen § 13b Abs. 8 Satz 2 ErbStG).[275] In jedem Falle sind junge Finanzmittel und das sonstige junge Verwaltungsvermögen anzusetzen (§ 13b Abs. 8 Satz 3 ErbStG). Verbleibendes (nicht junges) Verwaltungsvermögen gilt in Höhe von 10% als begünstigtes Vermögen (sog. Kulanzpuffer, vgl. § 13b Abs. 7 ErbStG).[276]

d) Verbundvermögensaufstellung (§ 13b Abs. 9 ErbStG)

Des Weiteren werden im Wege einer konsolidierten Verbundvermögensaufstel- **210** lung das begünstigte und nicht begünstigte Vermögen sowie die Schulden im gesamten Unternehmensverbund bei mehrstufigen Unternehmensgruppen ausgewiesen (§ 13b Abs. 9 ErbStG).[277] Gleiches gilt für junges Verwaltungsvermögen und junge Finanzmittel. Dies soll dem zuvor[278] möglichen Kaskadeneffekt (Verwaltungsvermögen kann zur Ausnutzung der bisherigen 50% Freigrenze auf nachgelagerte Beteiligungsgesellschaften übertragen werden) entgegenwirken. Im Ergebnis handelt es sich um die Einführung eines erbschaftsteuerlichen Konzernrechts.[279] Offenbar sollen nach Ansicht der FinVerw junge Finanzmittel auch durch konzerninterne Einlagen entstehen können, was mit der ratio legis wohl schwerlich zu vereinbaren ist.[280]

e) Abschlag Familienunternehmen (§ 13a Abs. 9 ErbStG)

Schließlich wird einem Familienunternehmen ein Vorabschlag von max. 30% **211** gewährt, wenn die Satzung kumulativ bestimmte Klauseln enthält (§ 13a Abs. 9 ErbStG).[281] Schließlich wird einem Familienunternehmen ein **Vorabschlag von maximal 30%** gewährt, wenn die Satzung kumulativ bestimmte Klauseln enthält (§ 13a Abs. 9 ErbStG).[282] Allerdings wird der Abschlag nur auf das *begünstigte* Vermögen iSd § 13b Abs. 2 ErbStG gewährt. Dafür muss die Satzung eine Ausschüttungsbeschränkung auf maximal 37,5% des *steuerlichen* Gewinns enthalten. Allerdings kommt bei Anteilen an einer AG der Vorwegabschlag nicht in Betracht, weil das AktG keine entsprechenden Einschränkungen in der Satzung zulässt.[283] Damit hat der Vorwegabschlag bei der AG keine Bedeutung.

---

[274] Vgl. A 13b.24 AEErbSt 2017.
[275] Vgl. A 13b.25 AEErbSt 2017.
[276] Vgl. A 13b.26 AEErbSt 2017.
[277] Vgl. A 13b.29 AEErbSt 2017.
[278] Rechtslage vor dem 1.7.2016.
[279] *Benz/Blumenberg/Crezelius* Erbschaftsteuerreform 2016 Rn. 133
[280] Unklar hier die Regelung in A 13b.23 Abs. 3 AEErbSt 2017.
[281] Vgl. A 13a.19 AEErbSt 2017.
[282] Vgl. A 13a.19 AEErbSt 2017.
[283] A 13a.19 Abs. 1 S. 4 Nr. 2 AEErbSt 2017 sowie §§ 23 Abs. 5 iVm 68 Abs. 2 AktG (Namensaktien).

f) Regel- und Optionsverschonung (§ 13a Abs. 1 und 10 ErbStG)

212 Nur auf das ermittelte *begünstigte Vermögen* wird ein Verschonungsabschlag in Höhe von 85% bzw. 100% gewährt, wenn der Erwerb zzgl. etwaiger einzubeziehender Vorerwerbe die Schwelle von 26 Mio. EUR nicht übersteigt (§ 13a Abs. 1 und 10 ErbStG). Die Optionsverschonung hat als weitere Voraussetzung, dass das begünstigungs*fähige* Vermögen (§ 13b Abs. 1 ErbStG) zu nicht mehr als 20% aus Verwaltungsvermögen besteht.[284] Dafür erfolgt eine modifizierte Verhältnisrechnung. Der Katalog des Verwaltungsvermögens nach § 13b Abs. 4 ErbStG findet Anwendung inkl. der beim Finanzmitteltest vorgesehenen Schuldenverrechnung und Abzug des Sockelbetrages. Deckungsvermögen iSd § 13b Abs. 3 ErbStG gilt nicht als Verwaltungsvermögen. Eine Umqualifizierung von Verwaltungsvermögen über die Investitionsklausel (§ 13b Abs. 5), eine weitere Schuldenverrechnung (§ 13b Abs. 6) sowie die Anwendung des Kulanzpuffers (§ 13b Abs. 7 ErbStG) sind dagegen ausgeschlossen. Der abschmelzende Abzugsbetrag in Höhe von 150.000 EUR (sog. Handwerkerklausel) gilt auch weiterhin (§ 13a Abs. 2 ErbStG).

g) Großerwerbe

213 Eine Verschonung wird grundsätzlich nur dann gewährt, wenn der *Erwerb* des *begünstigten* Vermögens den Betrag von 26 Mio. EUR begünstigten Vermögens[285] nicht übersteigt (§ 13a Abs. 1 ErbStG). Übersteigt der Erwerb begünstigten Vermögens die Schwelle von 26 Mio. EUR, liegt ein sog. Großerwerb vor. Dabei werden mehrere innerhalb von zehn Jahren von derselben Person anfallende Erwerbe zusammengerechnet. Die Finanzverwaltung bezieht dabei auch Erwerbe vor dem 1.7.2016 in diese Prüfung ein,[286] was (verfassungs-) rechtlichen Bedenken begegnet. Die Qualifizierung als Großerwerb infolge Einbezugs von Erwerben vor dem 1.7.2016 sollte verfahrensrechtlich offen gehalten werden, da entsprechende Finanzgerichtsverfahren zu erwarten sind.[287] In jedem Falle soll aber die Besteuerung der einzubeziehenden Erwerbe vor dem 1.7.2016 selbst nicht geändert werden.

Bleibt der Großerwerb unterhalb einer gesetzlichen Grenze von 90 Mio. EUR (vgl. § 13c Abs. 1 Satz 2 ErbStG), hat der Erwerber die Wahl zwischen zwei Verschonungsmodellen: dem Abschmelzmodell des § 13c ErbStG und der Verschonungsbedarfsprüfung nach § 28a ErbStG. Beträgt der Großerwerb 90 Mio. EUR und mehr, kommt nur noch die Verschonungsbedarfsprüfung in Betracht.

Das Abschmelzmodell setzt zunächst einen entsprechenden unwiderruflichen Antrag voraus (§ 13c Abs. 2 Satz 6 ErbStG). Damit verringert sich der Verschonungsabschlag von 85% (Regelverschonung) bzw. 100% (Optionsverschonung) jeweils um 1% pro volle 750.000 EUR die Erwerb die Grenze von 26 Mio. EUR übersteigt. Dies hat zur Folge, dass im Regime der Regelverschonung ab einem Erwerb *begünstigten* Vermögens (§ 13b Abs. 2 ErbStG) in Höhe von 89,75 Mio. EUR kein Abschlag mehr gewährt wird.[288] Im Regime der Optionsverschonung würde diese Grenze rechnerisch bei 101 Mio. EUR liegen,[289] sie wird aber von Gesetzes wegen auf 90 Mio. EUR begrenzt.[290] Des Weiteren müssen im Regime

---

[284] Vgl. A 13a.20 AEErbSt 2017.
[285] Offensichtlich motiviert durch die Steuersatzgrenze in § 19 Abs. 1 ErbStG.
[286] Vgl. A 13a.2 Abs. 2 AEErbSt 2017.
[287] Vgl. dem Streitstand FPW/*Wachter* ErbStG § 13a Rn. 185 ff. mwN.
[288] 85 x 750.000 EUR + 26 Mio. EUR = 89,75 Mio EUR.
[289] 100 x 750.000 EUR + 26 Mio. EUR = 101 Mio. EUR.
[290] § 13c Abs. 1 Satz 2 ErbStG.

der Regelverschonung wie auch in der Optionsverschonung[291] auch bei einem Großerwerb die entsprechenden Halte- und Lohnsummenfristen beachtet werden, auf die noch einzugehen sein wird.[292]

Alternativ kann der Erwerber die Anwendung der Verschonungsbedarfsprüfung nach § 28a ErbStG beantragen.[293] Ab einem Erwerb von 90 Mio. EUR ist dies die einzige verbleibende Möglichkeit eine Steuerbegünstigung für Unternehmensvermögen zu erhalten. Der entsprechend Antrag ist dabei weder unwiderruflich noch schließt er einen späteren Antrag nach § 13c ErbStG aus. Inhalt des Antrages ist, die auf das übertragene *begünstigte* Vermögen entfallende Erbschaftsteuer zu erlassen, soweit diese nicht mit dem sog. verfügbaren Vermögen des Erwerbers beglichen werden kann. Das verfügbare Vermögen des Erwerbers kann dabei aus drei Komponenten bestehen. Erstens der Hälfte des aktuell mitübertragenen Privat- oder Verwaltungsvermögens. Zweitens aus der Hälfte des beim Erwerber bereits vorhandenen Vermögens, das nicht zum begünstigten Vermögen iSd § 13b Abs. 2 gehören würde. In diesem Falle ist das vorhandene Vermögen daraufhin zu überprüfen, ob es begünstigtes Vermögen nach § 13b Abs. 2 ErbStG darstellt.[294] Drittens zählt die Hälfte des Privat- und Verwaltungsvermögen, das der Erwerber innerhalb der nächsten zehn Jahre durch Schenkung oder von Todes erhält (auch von Dritten!) zum verfügbaren Vermögen iSd § 28a ErbStG. In jedem Fall sind die Halte- und Lohnsummenfristen nach der Optionsverschonung einzuhalten (vgl. § 28a Abs. 4 Satz 1 Nr. 1 ErbStG). **214**

h) Lohnsummenklauseln

Die Lohnsummenregelung (§ 13a Abs. 3 ErbStG) sieht bei der 85-prozentigen Regelverschonung vor, dass sich die Lohnsumme bei Betrieben mit *mehr* als 15 Beschäftigten in den fünf Jahren nach dem Erwerb auf mindestens 400% addiert. Bei der 100-prozentigen Optionsverschonung sind es 700% binnen sieben Jahren, die Lohnsumme muss also am Ende der Behaltenszeit im Ergebnis konstant geblieben sein. Davon ausgenommen sind Betriebe mit bis zu fünf Vollzeit-Beschäftigten. Unternehmen mit sechs bis zehn Beschäftigten sind zwar nicht ausgenommen, müssen aber binnen fünf Jahren lediglich 250% (Regelverschonung) oder binnen sieben Jahren 500% (Optionsverschonung) der Ausgangslohnsumme erreichen. Bei Betrieben mit 11 bis 15 Beschäftigten sind es – bei denselben Fristen – 300% beziehungsweise 565%.[295] **215**

i) Behaltensregeln

Wie bislang ist Voraussetzung für die Verschonung die Fortführung des Unternehmens. Schädlich ist ein Unternehmensverkauf, wenn der Verkaufserlös innerhalb von sechs Monaten nicht in erbschaftsteuerlich begünstigtes Vermögen reinvestiert wird (§ 13a Abs. 6 Satz 3 ErbStG). Schädlich sind ebenfalls sog. Überentnahmen bzw. Überausschüttungen, also wenn der Erwerber dem Unternehmen bis zum Ende der Behaltensfrist mehr Mittel entnimmt, als an Gewinnen und Einlagen vorhanden sind. Eine Überschreitung von bis zu 150.000 EUR gilt weiterhin als unschädlich.[296] **216**

---

[291] Vgl. dazu A 13a.20 Abs. 5 AEErbSt 2017.
[292] § 13c Abs. 2 Satz 1 verweist auf § 13a Abs. 3–9 ErbStG.
[293] Vgl. A 28a AEErbSt 2017.
[294] Damit zählen zB auch Anteile an einer sog. cash-GmbH zu 50% zum verfügbaren Vermögen nach § 28a ErbStG; vgl. iÜ A 28a.2 AEErbSt 2017.
[295] Vgl. A 13a.7 ff. AEErbSt 2017.
[296] Vgl. A 13a.11 ff. AEErbSt 2017.

4. Bewertung

217 *Börsennotierte* Aktien werden für Erbschaftsteuerzwecke mit dem niedrigsten am Stichtag für sie im regulierten Markt notierten Kurs angesetzt (§ 11 Abs. 1 BewG). Dies gilt mangels Öffnungsklausel für den Nachweis eines niedrigeren gemeinen Wertes[297] auch dann, wenn ein Erbe geltend macht, sein Anteil an einem Wertpapierdepot sei vom Zeitpunkt des Erbfalles bis zur Verfügungsbefugnis über die Anteile erheblich im Wert gesunken (zB infolge einer Finanzkrise). Bewertungskorrekturen können hier allenfalls im Billigkeitswege (§§ 163, 227 AO) erreicht werden.[298] Existiert kein Kurswert im vorgenannten Sinne, so ist der Wert zwingend aus Verkäufen unter fremden Dritten, die weniger als ein Jahr vor dem Besteuerungsstichtag liegen, abzuleiten (§ 11 Abs. 2 Satz 2 BewG). Länger zurückliegende und Verkäufe **nach** dem Bewertungsstichtag kommen grundsätzlich nicht in Betracht.[299] Eine Ausnahme besteht dann, wenn die Einigung über den Kaufpreis am Stichtag schon herbeigeführt war oder sich die Verkaufsverhandlungen bereits so verdichtet hatten, dass der nach dem Stichtag abgeschlossene Kaufvertrag dies nur noch dokumentiert.[300] Grundsätzlich ist ein einziger Vergleichsverkauf ausreichend, es sei denn Gegenstand des Erwerbs war ein sog. Zwerganteil oder der zu bewertende Anteil ist ebenfalls ein Zwerganteil.[301] Nicht berücksichtigt werden des Weiteren ungewöhnliche oder persönliche Verhältnisse (§ 9 Abs. 2 Satz 3 BewG). Dabei gelten als persönliche Verhältnisse auch Verfügungsbeschränkungen, die in der Person des Steuerpflichtigen oder eines Rechtsvorgängers begründet sind (§ 9 Abs. 3 Satz 1 BewG).[302]

218 Liegen die eben dargestellten Vergleichsverkäufe nicht vor, so ist der gemeine Wert des Anteils unter Berücksichtigung der Ertragsaussichten der Gesellschaft zu schätzen (§ 11 Abs. 2 Satz 2 BewG). Die Bewertung erfolgt entweder nach einer „anerkannten, auch im gewöhnlichen Geschäftsverkehr für nichtsteuerliche Zwecke üblichen Methode", wobei die Methode anzuwenden ist, die ein Erwerber bei der Bemessung des Kaufpreises zugrunde legen würde (§ 11 Abs. 2 Satz 2 BewG) oder nach dem sog. vereinfachten Ertragswertverfahren der §§ 199 ff. BewG. In beiden Fällen ist der ermittelte Wert mit dem Substanzwert als Mindestwert zu vergleichen, der sich als Summe der gemeinen Werte der zum Betriebsvermögen gehörenden Wirtschaftsgüter und sonstigen aktiven Ansätze abzüglich der zum Betriebsvermögen gehörenden Schulden und sonstigen Abzüge versteht (§ 11 Abs. 2 Satz 3 BewG).[303] Andere anerkannte Bewertungsmethoden im vorgenannte Sinne können sein: IDW S 1, DCF-Verfahren, Multiplikatorverfahren.[304]

219 Grundsätzlich ist auch eine Bewertung im vereinfachten Ertragswertverfahren der §§ 199 ff. BewG möglich, es sei denn, sie führt zu unzutreffenden Ergebnissen (§ 199 Abs. 1 BewG). Dies kann nach Ansicht der Finanzverwaltung[305] ua dann der Fall sein:

---

[297] Vgl. bei der Grundbesitzbewertung § 198 BewG.
[298] Vgl. zu der Thematik in Rössler/Troll/*Eisele* BewG § 11 Rn 11 f. mwN.
[299] Vgl. R B 11.2. Abs. 1 Satz 2 ErbStR 2011.
[300] BFH II R 59/96, BFH/NV 1998, 908.
[301] Vgl. R B 11.2 Abs. 1 Satz 3 ErbStR 2011.
[302] Krit. dazu *Piltz* DStR 2015, 97.
[303] Vgl. zu weiteren Einzelheiten R B 11.3 ErbStR 2011.
[304] Vgl. zu den Unterschieden zum vereinfachten Ertragswertverfahren *Bruckmeier/Zwirner/Vodermeier* DStR 2017, 678.
[305] Vgl. R B 199.1 Abs. 5 und 6 ErbStR 2011.

D. Unternehmenserbschaftsteuer 220–222 § 12

- Vorliegen zeitnaher Verkäufe *nach* dem Bewertungsstichtag
- Vorliegen von Verkäufen, die *mehr als ein* Jahr vor dem Bewertungsstichtag liegen
- Erbauseinandersetzungen, bei denen die Verteilung der Erbmasse Rückschlüsse auf den gemeinen Wert zulässt
- komplexe Strukturen von verbundenen Unternehmen[306]
- Neugründungen, Branchenwechsel

Bei der Bewertung im vereinfachten Ertragswertverfahren wird der nachhaltig erzielbare Jahresertrag in der Regel aus den Betriebsergebnissen der letzten drei vor dem Bewertungsstichtag abgelaufenen Wirtschaftsjahre abgeleitet (§ 201 Abs. 2 BewG).[307] Dabei werden bestimmte Hinzu- und Abrechnungen vorgenommen, um außergewöhnliche Geschäftsvorfälle auszuscheiden (§ 202 BewG).[308] Hinzugerechnet wird dem so ermittelten Unternehmenswert: **220**

- der Nettowert des nicht betriebsnotwendigen Vermögens (§ 200 Abs. 2 BewG)[309]
- der Wert der Beteiligungen an anderen Gesellschaften (§ 200 Abs. 3 BewG)[310]
- der Nettowert des jungen Betriebsvermögens (§ 200 Abs. 4 BewG)[311]

Der ermittelte Jahresertrag wird mit dem gem. § 203 BewG zu berechnenden Kapitalisierungsfaktor multipliziert. Für Bewertungsstichtage nach dem 31.12.2015 beträgt dieser Kapitalisierungsfaktor 13,75 (§ 203 Abs. 1 iVm § 205 Abs. 12 BewG). Für Bewertungsstichtage nach dem 31.12.2015 und vor dem 1.7.2016 kann sich dies jedoch nachteilig auswirken. Das Verwaltungsvermögen bleibt gleich oder verringert sich sogar, da der Sockelbetrag für unschädliches Finanzmittelvermögen sich ebenfalls am Unternehmenswert orientiert. Gleichzeitig verringert sich der Unternehmenswert, da bislang für Bewertungsstichtage des Jahres 2016 ein Kapitalisierungsfaktor von 17,86 galt.[312] Die Finanzverwaltung hat vor diesem Hintergrund bei nicht bestandskräftigen Feststellungen dem Steuerpflichtigen das Recht eingeräumt, für Bewertungsstichtage nach dem 31.12.2015 und vor dem 1.7.2016 die Anwendung des Kapitalisierungsfaktors von 17,86 zu beantragen.[313] **221**

Auch bei der Bewertung von Anteilen an ausländischen Kapitalgesellschaften kann das vereinfachte Ertragswertverfahren angewendet werden, wobei die im jeweiligen Land geltenden Gewinnermittlungsvorschriften zugrunde gelegt werden, wenn sie eine dem § 202 Abs. 1 Satz 2 BewG entsprechende Korrektur zulassen.[314]

5. Besteuerung

Alle Erwerbe innerhalb der letzten zehn Jahre von derselben Person werden für Erbschaftsteuerzwecke zusammengerechnet, wobei die auf die früheren Erwerbe entfallende Erbschaftsteuer angerechnet wird (§ 14 Abs. 1 ErbStG). Die Höhe der anfallenden Erbschaftsteuer hängt des Weiteren von der anzuwendenden Steuerklasse ab (§ 15 ErbStG). So erwerben insbesondere Ehegatten/Lebenspartner und Kinder stets in der günstigsten Steuerklasse I, Geschwister sowie Nichten und **222**

---

[306] Hier dürfte die Kernfrage sein, wann eine „komplexe Struktur" anzunehmen sein soll.
[307] Vgl. im Einzelnen R B 201 und 202 ErbStR 2011.
[308] R B 202 ErbStR 2011.
[309] Vgl. R B 200 Abs. 2 ErbStR 2011.
[310] Vgl. R B 200 Abs. 3 ErbStR 2011.
[311] Es sei denn, es ist bereits nach § 200 Abs. 2 oder 3 anzusetzen, vgl. R B 200 Abs. 5 ErbStR 2011.
[312] § 203 BewG aF.
[313] Gl. Erlasse 11.05.2017, BStBl. I 2017, 751.
[314] Vgl. R B 199.2 ErbStR 2011.

Neffen in Steuerklasse II, fremde Dritte in Steuerklasse III.[315] Die Klassifizierung in Steuerklassen ist grundsätzlich auch für die Anwendung der persönlichen Freibeträge entscheidend. Diese betragen für Ehegatten 500.000 EUR, für jedes Kind von jedem Elternteil 400.000 EUR,[316] für Geschwister und fremde Dritte jeweils 20.000 EUR (§ 16 Abs. 1 ErbStG). Im Fall der beschränkten Erbschaftsteuerpflicht gelten nach dem neugefassten § 16 Abs. 2 ErbSt[317] für Erwerbe nach dem 25.6.2017 grundsätzlich die gleichen persönlichen Freibeträge wie im Falle unbeschränkter Erbschaftsteuerpflicht. Allerdings wird der Freibetrag nur anteilig gewährt, wenn nur ein Teil des Erwerbs unter die beschränkte Steuerpflicht fällt. Einbezogen werden auch frühere innerhalb von zehn Jahren von derselben Person anfallende Vermögensvorteile. Der reduzierte Freibetrag berechnet sich dann aus dem Verhältnis des Wertes der unbeschränkt steuerpflichtigen Vermögensvorteile innerhalb der vergangenen zehn Jahre zum Wert des gesamten Vermögensanfalls. Fraglich bleibt, ob mit dieser Regelung Europarechtskonformität hergestellt wurde.[318]

Die anzuwendenden Steuersätze sind einerseits gegliedert nach der jeweiligen Steuerklasse des Erwerbs, andererseits gestaffelt nach der Höhe des steuerpflichtigen Erwerbs (§ 19 Abs. 1 ErbStG). So wird ein Erwerb über 300.000 EUR bis einschließlich 600.000 EUR in Steuerklasse I mit 15% besteuert. Liegt der Erwerb aber in der Spanne von über 600.000 EUR bis einschließlich 6 Mio. EUR werden in gleicher Steuerklasse 19% Erbschaftsteuer fällig. Geringfügige Sprünge über eine Tarifstufe mildert ein Härteausgleich (§ 19 Abs. 3 ErbStG). Werden Aktien unter Vorbehalt des Nießbrauches übertragen, so wird grundsätzlich der Kapitalwert des Nießbrauches berechnet[319] und vom Wert des Erwerbs abgezogen. Eine Ausnahme gilt beim Erwerb von Vermögen, das nach den §§ 13a ff. ErbStG begünstigt ist. Hier kann der Kapitalwert des Nießbrauches nur in der Höhe abgezogen werden, der nicht steuerbegünstigt ist (vgl. § 10 Abs. 6 Satz 4 ErbStG). Schuldner der Erbschaftsteuer ist der Erwerber, bei einer Schenkung auch der Schenker (§ 20 Abs. 1 ErbStG). Allerdings will die Finanzverwaltung den Schenker bei einem Verstoß gegen die Behaltensregelungen oder die Lohnsummenklausel bei begünstigtem Unternehmensvermögen nicht in Anspruch nehmen, es sei denn, er hat die Steuer auch für diesen Fall selbst übernommen.[320] Werden Aktien von Todes wegen erworben, muss dieser Erwerb binnen dreier Monate seit Kenntnis (zum Beispiel durch Testamentseröffnung) gegenüber dem zuständigen Erbschaftsteuer-Finanzamt angezeigt werden, es sei denn es besteht eine Anzeigepflicht für Vermögensverwalter nach § 33 ErbStG.[321] Diese Verpflichtung besteht unabhängig von einer etwaigen Anzeigepflicht Dritter nach § 34 ErbStG (Notare, Gerichte, Standesämter). Im Schenkungsfalle entfällt die Anzeigepflicht nur dann, wenn die Schenkung gerichtlich oder notariell beurkundet ist (§ 30 Abs. 3 ErbStG). Wird durch eine unterlassene oder verzögerte Anzeige Erbschaftsteuer nicht oder verspätet festgesetzt, so kann dies als strafbare Steuerhinterziehung nach § 370 AO gewertet werden.[322]

---

[315] Großneffen und -nichten zählen ebenfalls zur Stkl. III.
[316] Im Erbfall ggf. ergänzt um einen Versorgungsfreibetrag gem. § 17 ErbStG.
[317] StUmgBG v. 23.6.2017, BGBl. 2017 I 1682; vgl. auch FM Schleswig-Holstein 9.1.2018, DStR 2018, 304.
[318] Vgl. dazu TGJG/*Jülicher* ErbStG § 13 Rn. 22 mwN.
[319] Jahreswert x Vervielfältiger, vgl. §§ 13 ff. BewG.
[320] A 13a.1 Abs. 3 AEErbSt 2017.
[321] § 30 Abs. 3 Satz 1 ErbStG.
[322] Vgl. BGH-Beschluss BGH 1 StR 631/10, NJW 2011, 3249.

§ 13 Umwandlung der AG

Bearbeiter: Dr. Klaus Beckmann/Dr. Martin Weiss

Übersicht

	Rn.
A. Verschmelzung einer AG auf eine andere AG	1–125
I. Überblick	1–4
II. Voraussetzungen und Durchführung	5–35
1. Verschmelzungsvertrag (§ 4 UmwG)	5, 6
2. Verschmelzungsbericht (§ 8 UmwG)	7, 8
3. Verschmelzungsprüfung (§§ 9–12, 60 UmwG)	9–11
4. Kapitalerhöhung (§§ 68, 69 UmwG)	12–17
5. Verschmelzungsbeschlüsse (§§ 13, 69, 76 UmwG)	18–21
a) Einberufung der Hauptversammlungen	18
b) Beschlussfassung der Hauptversammlungen	19–21
6. Anmeldung und Eintragung der Verschmelzung in das Handelsregister (§§ 16–20, 66 UmwG)	22–29
a) Anmeldung	22–25
b) Eintragung	26–28
c) Bekanntmachung	29
7. Anwendung der Nachgründungsvorschriften (§ 67 UmwG)	30–32
8. Besonderheiten in Neugründungsfällen	33, 34
9. Besonderheiten grenzüberschreitender Verschmelzungen	35
III. Handelsrechtliche Folgen	36–64
1. Rechtsfolgen der Verschmelzung	36, 37
2. Minderheitenrechte der Aktionäre	38–43
3. Handelsbilanzielle Abwicklung	44–64
a) Bilanzierung bei der Überträgerin	44–48
b) Bilanzierung bei der Übernehmerin	49–63
c) Bilanzierung beim Aktionär der Überträgerin	64
IV. Ertragsteuerliche Folgen	65–125
1. Ertragsteuerliche Folgen bei der Überträgerin	65–87
2. Ertragsteuerliche Folgen bei der Übernehmerin	88–99
3. Ertragsteuerliche Folgen bei den Aktionären der Überträgerin	100–105
4. Ertragsteuerliche Folgen der Verschmelzung auf bestehende Organschaftsverhältnisse	106–110
5. Grunderwerbsteuerliche Folgen der Verschmelzung	111–125
B. Verschmelzung einer AG auf eine GmbH	126–134
I. Überblick	126
II. Voraussetzungen und Durchführung	127–132
1. Inhalt des Verschmelzungsvertrags (§ 46 UmwG)	127
2. Unterrichtung der Gesellschafter (§ 47 UmwG)	128
3. Beschluss der Gesellschafterversammlung (§ 50 UmwG)	129
4. Zusätzliche Zustimmungserfordernisse bei der übertragenden AG in Sonderfällen (§ 51 UmwG)	130, 131
5. Anmeldung und Eintragung der Verschmelzung in das Handelsregister (§§ 16–20, 53 UmwG)	132

§ 13 Umwandlung der AG

  III. Handelsbilanzielle Abwicklung 133
  IV. Steuerliche Folgen 134

C. Verschmelzung einer AG unter Beteiligung einer KGaA 141–143

D. Verschmelzung einer AG auf eine Personengesellschaft.. 151–194
  I. Überblick 151, 152
  II. Voraussetzungen und Durchführung 153–161
   1. Inhalt des Verschmelzungsvertrags (§ 40 UmwG) 153–157
   2. Verschmelzungsbericht (§ 41 UmwG) 158
   3. Unterrichtung der Gesellschafter (§ 42 UmwG) 159
   4. Beschluss der Gesellschafterversammlung
    (§ 43 UmwG) 160
   5. Prüfung der Verschmelzung (§ 44 UmwG) 161
  III. Handelsbilanzielle Abwicklung 162
  IV. Steuerliche Folgen 163–194
   1. Bewertungswahlrecht bei der übertragenden AG 164–177
   2. Steuerliche Rückwirkung 178, 179
   3. Wertfortführung durch die übernehmende Personenhandelsgesellschaft 180, 181
   4. Ermittlung des Übernahmeergebnisses 182–187
   5. Übernahmegewinnfolgen 188–190
   6. Gewerbesteuerliche Auswirkungen 191, 192
   7. Behandlung der nicht wesentlich Beteiligten 193
   8. Grunderwerbsteuer 194

E. Formwechsel einer AG in eine GmbH 200–218
  I. Überblick 200
  II. Voraussetzungen und Durchführung 201–212
   1. Inhalt des Umwandlungsbeschlusses
    (§§ 194, 243 iVm 218 UmwG) 201–203
   2. Umwandlungsbericht (§ 192 UmwG) 204, 205
   3. Umwandlungsbeschluss (§§ 193, 238–240, 242,
    244 UmwG) 206–209
   4. Anmeldung und Eintragung des Formwechsels in das
    Handelsregister (§§ 198, 246, 201 UmwG) 210–212
  III. Handelsrechtliche Folgen 213–217
   1. Rechtsfolgen des Formwechsels 213–215
   2. Minderheitenrechte der Aktionäre 216
   3. Handelsbilanzielle Abwicklung des Formwechsels ... 217
  IV. Steuerliche Folgen 218

F. Formwechsel einer AG in eine Personengesellschaft 221–236
  I. Überblick 221–223
  II. Voraussetzungen und Durchführung 224–230
   1. Inhalt des Umwandlungsbeschlusses (§§ 193, 194,
    232, 234 UmwG) 224
   2. Umwandlungsbericht (§ 192 UmwG) 225
   3. Umwandlungsbeschluss (§§ 193, 230–233 UmwG) ... 226–228
   4. Anmeldung und Eintragung des Formwechsels in das
    Handelsregister (§§ 198, 235 UmwG) 229, 230
  III. Handelsrechtliche Folgen 231–233
   1. Rechtsfolgen des Formwechsels 231
   2. Minderheitenrechte der Aktionäre 232
   3. Handelsbilanzielle Folgen 233
  IV. Steuerliche Folgen 234–236

A. Verschmelzung einer AG auf eine andere AG		1
G. Verschmelzung einer AG auf eine natürliche Person		237, 238
H. Die Übertragung von Teilen des Vermögens einer AG durch Spaltung oder Einzelrechtsnachfolge		251–508
I. Grundlagen zur Umwandlung der AG durch Spaltung		251–261
II. Spaltungen der AG auf Kapitalgesellschaften		270–401
1. Überblick		270, 271
2. Auf- und Abspaltung auf Kapitalgesellschaften		272–345
a) Überblick		272
b) Voraussetzungen und Durchführung		273–291
c) Handelsrechtliche Folgen		292–298
d) Steuerliche Folgen		299–345
3. Ausgliederung auf Kapitalgesellschaften		350–401
a) Überblick		350, 351
b) Voraussetzungen und Durchführung		352–355
c) Handelsrechtliche Folgen		356–359
d) Steuerliche Folgen		360–401
III. Spaltungen der AG auf Personenhandelsgesellschaften		410–475
1. Überblick		410
2. Auf- und Abspaltung auf Personenhandelsgesellschaften		411–430
a) Überblick		411, 412
b) Voraussetzungen und Durchführung		413
c) Handelsrechtliche Folgen		414
d) Steuerliche Folgen		415–430
3. Ausgliederung auf Personenhandelsgesellschaften		440–475
a) Überblick		440
b) Voraussetzungen und Durchführung		441
c) Handelsrechtliche Folgen		442
d) Steuerliche Folgen		443–475
IV. Vermögensübertragungen der AG mit Auslandsbezug		480–497
1. Überblick		480–482
2. Grenzüberschreitende Spaltungen		483–487
3. Einbringungen in ausländische Rechtsträger		488–497
a) Ausländische Personengesellschaft als übernehmender Rechtsträger		488, 489
b) Ausländische Kapitalgesellschaft als übernehmender Rechtsträger		490–497
V. Die Spaltung der KGaA		500–508

A. Verschmelzung einer AG auf eine andere AG

I. Überblick

In § 2 UmwG wird zwischen der Verschmelzung im Wege der Aufnahme (§ 2 Nr. 1 UmwG) und der Verschmelzung im Wege der Neugründung (§ 2 Nr. 2 UmwG) unterschieden. Bei der Verschmelzung zweier Aktiengesellschaften im Wege der **Aufnahme** erfolgt die Übertragung des Vermögens der einen AG (übertragender Rechtsträger) als Ganzes auf eine andere AG (übernehmender Rechtsträger) gegen Gewährung von Aktien an der übernehmenden AG. Die Übertragerin geht im Zuge der Verschmelzung als Rechtsperson unter, die Mitgliedschaften (Aktien) an der Übertragerin erlöschen und das Vermögen einschließlich der Ver-

1

bindlichkeiten der Überträgerin geht im Wege der Gesamtrechtsnachfolge auf die Übernehmerin über.

2   Bei der Verschmelzung von Aktiengesellschaften im Wege der **Neugründung** übertragen mehrere Aktiengesellschaften (mindestens zwei) ihr Vermögen einschließlich Verbindlichkeiten auf eine im Zuge der Verschmelzung neu entstehende AG. Die übertragenden Aktiengesellschaften gehen verschmelzungsbedingt unter, die Mitgliedschaftsrechte an den Überträgerinnen erlöschen und die Aktionäre der übertragenden Aktiengesellschaften erhalten als Gegenleistung Aktien an der neu entstandenen Aktiengesellschaft.

3   Aus der Verschmelzung zweier Aktiengesellschaften durch Neugründung resultieren demnach zwei Vermögensübergänge, während die Verschmelzung zweier Aktiengesellschaften im Wege der Aufnahme nur einen Vermögensübergang erforderlich macht. Verfügen die beiden zu verschmelzenden Rechtsträger über umfangreichen Grundbesitz, ist die Verschmelzung durch Neugründung regelmäßig teurer, weil hier der gesamte Grundbesitz der beteiligten Rechtsträger bewegt wird und deshalb der Grunderwerbsteuer unterliegt (Näheres hierzu s. Rn. 191). Dieser steuerliche Nachteil der Verschmelzung zur Neugründung wird jedoch zumindest bei Verschmelzungen von börsennotierten Aktiengesellschaften aus gesellschaftsrechtlichen Erwägungen oftmals in Kauf genommen. Denn: Während im Falle der Verschmelzung durch Aufnahme die Aktionäre der aufnehmenden AG eine Anfechtungsklage gegen den Verschmelzungsbeschluss auf ein zu niedrig bemessenes Umtauschverhältnis stützen können (sog. Bewertungsrüge) und sich hierdurch die Eintragung und damit die Wirksamkeit der Verschmelzung maßgeblich verzögert, steht in Neugründungsfällen den Aktionären der übertragenden Aktiengesellschaften ein solches die Wirksamkeit (dh die Eintragung) der Verschmelzung hemmendes Anfechtungsrecht gem. § 14 Abs. 2 UmwG nicht zu.

4   Bis zur Entscheidung des EuGH in der Rechtssache SEVIC[1] ging die überwiegende Meinung davon aus, dass Umwandlungsmaßnahmen nach den Vorschriften des Umwandlungsgesetzes auf reine Inlandssachverhalte beschränkt sind. In dieser Entscheidung stellt der EuGH klar, dass grenzüberschreitende Verschmelzungen bereits de lege lata materiell zulässig sind, lässt jedoch offen, nach welchem Verfahren eine solche Strukturmaßnahme ablaufen soll. Durch das zweite Gesetz zur Änderung des Umwandlungsgesetzes vom 19.4.2007[2] wurde die Richtlinie 2005/56/EG vom 26.10.2005 über die Verschmelzung von Kapitalgesellschaften aus verschiedenen Mitgliedstaaten (Verschmelzungsrichtlinie) nunmehr in deutsches Recht umgesetzt. Gemäß § 122a UmwG ist eine grenzüberschreitende Verschmelzung eine solche, bei der mindestens eine der beteiligten Gesellschaften dem Recht eines anderen Mitgliedstaates der Europäischen Union oder eines anderen Vertragsstaats des Abkommens über den Europäischen Wirtschaftsraum unterliegt. Auf die Beteiligung einer Kapitalgesellschaft an einer grenzüberschreitenden Verschmelzung sind gem. § 122b UmwG die Vorschriften des Ersten Teils und des Zweiten, Dritten und Vierten Abschnitts des zweiten Teils des UmwG entsprechend anzuwenden, soweit sich aus dem für grenzüberschreitende Verschmelzungen eigens gebildeten zehnten Abschnitt nichts anderes ergibt.

---

[1] EuGH C-411/03, DB 2005, 2804 – SEVIC; C-378/10, ZIP 2012, 1394 – Vale; *Schaper* ZIP 2014, 810.
[2] BGBl. 2007 I 542.

A. Verschmelzung einer AG auf eine andere AG 5 § 13

II. Voraussetzungen und Durchführung

1. Verschmelzungsvertrag (§ 4 UmwG)

Grundlage einer beabsichtigten Verschmelzung ist der Verschmelzungsvertrag. 5
Der Mindestinhalt des Verschmelzungsvertrags ist in § 5 UmwG gesetzlich vorgegeben. Es empfiehlt sich, den Wortlaut der Mindestangaben genau nach den gesetzlichen Vorgaben zu formulieren. Hiernach muss der Vertrag (Entwurf)[3] mindestens folgende Angaben enthalten:
- Die **Firma und den Sitz** der an der Verschmelzung beteiligten Aktiengesellschaften. Darüber hinaus sollten über den Wortlaut des § 5 Abs. 1 Nr. 1 UmwG hinaus die Handelsregisterbezeichnungen der beteiligten Rechtsträger angegeben werden.
- Der Verschmelzungsvertrag muss die **Vereinbarung über die Übertragung** des Vermögens jeder übertragenden Aktiengesellschaft als Ganzes gegen Gewährung von Aktien an der übernehmenden respektive neu entstehenden Aktiengesellschaft, dh die Tatbestandsmerkmale der Verschmelzung nennen. Die vertragliche Formulierung „Übertragung des Vermögens als Ganzes" besagt, dass es sich beim verschmelzungsbedingten Vermögensübergang um eine Gesamtrechtsnachfolge, (im Gegensatz zu einer Einzelrechtsübertragung) handelt, die mit der Eintragung im Register der übernehmenden Aktiengesellschaft wirksam wird (§ 20 Abs. 1 Nr. 1 UmwG).
- Das **Umtauschverhältnis** der Aktien für jede übertragende AG. Nicht erforderlich ist – anders als bei der GmbH – eine Zuordnung der zu gewährenden Aktien zu einzelnen Aktionären. Umstritten ist, ob Aktien gleicher Gattung gewährt werden müssen oder ob auch Aktien anderer Gattung ausreichen (zB stimmrechtslose Vorzugsaktien gegen Stammaktien).[4] Durch das Umtauschverhältnis wird bestimmt, wie viele Aktien die Aktionäre der übertragenden AG für ihre verschmelzungsbedingt untergehenden Aktien an der übernehmenden respektive neuen AG erhalten. Zur Festlegung des Umtauschverhältnisses bedarf es einer Bewertung der übertragenden Aktiengesellschaft(en) und im Falle der Verschmelzung durch Aufnahme der übernehmenden Aktiengesellschaft.

Beispiel: Die A AG (Unternehmenswert: 20 Punkte) soll auf die B AG (Unternehmenswert 100 Punkte) verschmolzen werden; aus den Unternehmenswertrelationen 20:100 ergibt sich ein Umtauschverhältnis (gleiche Nennkapitalien und gleiche Aktiennennbeträge bei A AG und B AG unterstellt) von 1:5, dh die Gesellschafter der A AG erhalten für fünf Aktien der A AG eine B AG-Aktie.

Nach welcher Methodik diese **Unternehmensbewertungen** zu erfolgen haben, ist gesetzlich nicht festgelegt. Allerdings entspricht es der hM, dass die im Zuge von Verschmelzungen erforderlichen Unternehmensbewertungen nach Maßgabe betriebswirtschaftlicher Grundsätze zu erfolgen haben, sowie sie in den einschlägigen HFA-Stellungnahmen zu den Grundsätzen ordnungsmäßiger Unternehmensbewertungen zusammengetragen worden sind.[5] Hiernach ist der Unternehmenswert

---

[3] Vgl. § 4 Abs. 2 UmwG; ausführlich Kallmeyer/Marsch-Barner UmwG § 4 Rn. 7 f.; Semler/Stengel/*Schröer* UmwG § 4 Rn. 19f.
[4] Siehe Meinungsstand hierzu bei Kallmeyer/Marsch-Barner UmwG § 23 Rn. 4; vgl. auch *Kiem* ZIP 1997, 1627 (1630 ff.); aA *Rümker* WM 1994, 73 (77), unter Hinweis auf Art. 15 Fusionsrichtlinie, wonach Sonderrechte nur solche sind, die nicht Aktien sind.
[5] Vgl. IDW/S1 idF 2008 (Stand: 2.4.2008), FN/IDW 2008, 271 ff.

§ 13 5   Umwandlung der AG

entweder nach dem **Ertragswertverfahren**[6] (diskontierte Ertragsüberschüsse) oder nach einem der gängigen **Discounted Cashflow-Verfahren**[7] (diskontierte Einzahlungsüberschüsse) zu ermitteln. Beide Verfahren liefern vom Grundsatz her denselben Unternehmenswert, stehen mithin nicht in Konkurrenz zueinander. Eine substanzwertorientierte Unternehmenswertermittlung ist im Regelfall weder rechtlich noch betriebswirtschaftlich zulässig. Als Bewertungsstichtag gilt der Tag der über die Verschmelzung beschlussfassenden Hauptversammlung bei der Überträgerin. Im Verschmelzungsvertrag festgesetzte bare Zuzahlungen[8] dürfen nicht 10% des auf die gewährten Aktien der übernehmenden Aktiengesellschaft entfallenden anteiligen Betrags ihres Grundkapitals übersteigen (§ 68 Abs. 3 UmwG).

– Gemäß § 5 Abs. 1 Nr. 4 UmwG müssen in den Verschmelzungsvertrag die **Einzelheiten über den Umtausch** der Aktien aufgenommen werden. Die übertragende AG hat einen Treuhänder für die zu gewährenden Aktien und baren Zuzahlungen zu bestellen (§ 71 Abs. 1 Satz 2 UmwG). Mit dem Treuhänder (in Frage kommen zB Banken, Notare oder Treuhandgesellschaften) ist außerhalb des Verschmelzungsvertrags ein Treuhandvertrag zu schließen. Die Bestellung des Treuhänders erfolgt zweckmäßigerweise im Verschmelzungsvertrag. Die Verschmelzung darf erst in das Handelsregister eingetragen werden, wenn der Treuhänder dem Gericht angezeigt hat, dass er im Besitz der Aktien und der im Verschmelzungsvertrag festgesetzten baren Zuzahlung ist. Zu den Aufgaben des Treuhänders gehört es, die neuen Aktienurkunden und die baren Zuzahlungen gegen Vorlage der alten Aktienurkunden auszugeben und die ausgehändigten Aktienurkunden der übernehmenden Gesellschaft zu übergeben.[9]

– Im Verschmelzungsvertrag muss der **Zeitpunkt** festgesetzt werden, von dem an die gewährten Aktien gewinnberechtigt sind. Im Regelfall ist dies der Beginn des Geschäftsjahres der übernehmenden respektive neu gegründeten Aktiengesellschaft, der auf den Stichtag der letzten Jahresbilanz des übertragenden Rechtsträgers folgt. Denkbar ist aber auch ein späterer Zeitpunkt, wenn zB die Ausschüttung von Teilen der in der letzten Jahresbilanz der übernehmenden Aktiengesellschaft ausgewiesenen Rücklagen an ihren „alten" Aktionärskreis bei der Festlegung des Umtauschverhältnisses berücksichtigt worden ist.[10]

– Im Verschmelzungsvertrag ist auch der Zeitpunkt festzulegen, von dem an die Handlungen der übertragenden Aktiengesellschaft im Innenverhältnis als für Rechnung der übernehmenden Aktiengesellschaft vorgenommen gelten (**Verschmelzungsstichtag**). Mit Ablauf des Verschmelzungsstichtags geht die Rechnungslegung auf die übernehmende Aktiengesellschaft über. Die übertragende Aktiengesellschaft hat deshalb auf den Verschmelzungsstichtag eine Schlussbilanz zu erstellen.

– In dem Verschmelzungsvertrag sind **Sonderrechte** anzugeben, die die übernehmende Aktiengesellschaft einzelnen Aktionären gewährt. Als relevante Beispiele nennt § 5 Abs. 1 Nr. 7 UmwG Anteile ohne Stimmrecht, Vorzugsaktien, Schuldverschreibungen oder Genussrechte.

---

[6] Vgl. IDW/S1 idF 2008, FN/IDW 2008, 101 ff.; *Meinert* DB 2011, 2398.
[7] Vgl. IDW/S1 idF 2008, FN/IDW 2008, 124 ff.; *Grootens* ErbStB 2012, 191; zur Abgrenzung der Methoden *Wollny* Unternehmensbewertung für die Erbschaftsteuer 2012, S. 100 f.
[8] Vgl. Kallmeyer/*Marsch-Barner* UmwG § 68 Rn. 20 ff.
[9] Vgl. Kallmeyer/*Marsch-Barner* UmwG § 71 Rn. 7.
[10] Vgl. grundlegend *Hoffmann-Becking* in FS Fleck S. 105 ff.

A. Verschmelzung einer AG auf eine andere AG 6, 7 § 13

– Der Vertrag muss alle besonderen **Vorteile** angeben, die einem Mitglied des Vorstands oder einem Aufsichtsratsmitglied, dem Verschmelzungsprüfer oder einem Abschlussprüfer gewährt werden.
– Im Verschmelzungsvertrag sind die **Folgen** der Verschmelzung für die Arbeitnehmer und ihre Vertretungen sowie die insoweit vorgesehenen Maßnahmen anzugeben. Es sind nur die unmittelbar kraft Gesetzes eintretenden Konsequenzen anzugeben, wie zB Geltungen von Tarifbindungen, Fortbestand eines Aufsichtsrats, Auswirkungen der Verschmelzung auf die AN-Mitbestimmung etc., während mittelbare Folgen nicht anzugeben sind.[11] Ergänzt wird diese Regelung durch die in der Praxis äußerst bedeutsame **Fristenregelung** in § 5 Abs. 3 UmwG, wonach der Verschmelzungsvertrag oder sein Entwurf (in dem alle entscheidenden Angaben der Schlussfassung des Vertrags bereits enthalten sein müssen) spätestens einen Monat vor der Hauptversammlung, die über die Zustimmung zum Verschmelzungsvertrag beschließen soll, den zuständigen Betriebsräten zuzuleiten ist. Der Nachweis über die erfolgte rechtzeitige Zuleitung des Verschmelzungsvertrags an die zuständigen Betriebsräte (schriftliches Empfangsbekenntnis) ist **Eintragungsvoraussetzung** und ist daher zwingend der Anmeldung der Verschmelzung beim Handelsregister als Anlage beizufügen (§ 17 Abs. 1 UmwG).
– Handelt es sich beim übertragenden Rechtsträger nicht um eine Kapitalgesellschaft (sog. **Mischverschmelzung**), so muss die übernehmende Aktiengesellschaft gem. § 29 Abs. 1 Satz 1 UmwG im Verschmelzungsvertrag jedem Anteilsinhaber des übertragenden Rechtsträgers, der gegen den Verschmelzungsbeschluss Widerspruch zur Niederschrift erklärt, den Erwerb seiner Anteile gegen eine angemessene Barabfindung anbieten. Eine Mischverschmelzung liegt bei einer Verschmelzung zweier Aktiengesellschaften nicht vor, sodass insoweit § 29 Abs. 1 Satz 1 UmwG nicht eingreifen kann. Allerdings ist den Aktionären der übertragenden Aktiengesellschaft nach Satz 2 der Vorschrift auch dann ein Barabfindungsangebot zu machen, wenn die Anteile an der übernehmenden Aktiengesellschaft Verfügungsbeschränkungen unterliegen.
– Bei einer Verschmelzung zur Neugründung ist die **Satzung der neuen Aktiengesellschaft** notwendiger Bestandteil des Verschmelzungsvertrags (§ 37 UmwG). In die Satzung sind Festsetzungen über Sondervorteile, Gründungsaufwand, Sacheinlagen und Sachübernahmen, die in den Satzungen der untergehenden Aktiengesellschaften enthalten waren, grundsätzlich (vorbehaltlich § 26 Abs. 4 und 5 AktG) zu übernehmen.

Die Angaben über den Umtausch der Anteile (§ 5 Abs. 1 Nr. 2–5 UmwG) entfal- 6 len, wenn eine 100%ige Tochter-Aktiengesellschaft auf ihre Mutter-Aktiengesellschaft verschmolzen wird. Denn in diesem Fall verbietet § 68 Abs. 1 Nr. 1 UmwG eine Kapitalerhöhung bei der Muttergesellschaft, sodass sich kein Aktientausch ergibt.[12]

2. Verschmelzungsbericht (§ 8 UmwG)

Ein Verschmelzungsbericht ist bei einer Verschmelzung von Aktiengesellschaften 7 gem. § 8 Abs. 1 UmwG grundsätzlich immer erforderlich. Dies gilt gem. § 8 Abs. 3 UmwG ausnahmsweise dann nicht, wenn und so weit

---

[11] Ebenso Goutier/Knopf/Tulloch/*Bermel/Hannappel* UmwG § 5 Rn. 67; *Drygala* ZIP 1996, 1365 (1368 ff.).
[12] Vgl. Semler/Stengel/*Diekmann* UmwG § 68 Rn. 5.

- alle Aktien an der übertragenden Aktiengesellschaft sich in der Hand der übernehmenden Aktiengesellschaft befinden oder
- alle Aktionäre der an der Verschmelzung beteiligten Aktiengesellschaften in notariell beurkundeter Form auf die Erstellung verzichtet haben.[13]

8 Ist ein Verschmelzungsbericht zu erstellen, so sind die Vorstände jeder der an der Verschmelzung beteiligten Aktiengesellschaften berichtspflichtig. Allerdings ist ein **gemeinsamer Bericht** aller an der Verschmelzung beteiligten Vorstände zulässig (§ 8 Abs. 1 Satz 1 letzter Halbsatz UmwG). Der Verschmelzungsbericht muss die Verschmelzung, den Verschmelzungsvertrag und insbesondere das Umtauschverhältnis der Aktien sowie die Höhe etwaiger Barabfindungen erläutern und begründen. Auf besondere Schwierigkeiten bei der Bewertung der Aktiengesellschaften und auf Folgen, insbesondere steuerliche Folgen, der Verschmelzung für die Aktionäre ist hinzuweisen. Um etwaige Anfechtungsrisiken möglichst zu vermeiden, sollten die im Verschmelzungsbericht enthaltenen Angaben möglichst konkret und klar verständlich abgefasst werden und dadurch hinreichend nachvollziehbar sein. Allerdings brauchen in den Verschmelzungsbericht keine Tatsachen aufgenommen werden, deren Bekanntwerden geeignet ist, einem an der Verschmelzung beteiligten Unternehmen einen nicht unerheblichen Nachteil zuzufügen (§ 8 Abs. 2 UmwG).

3. Verschmelzungsprüfung (§§ 9–12, 60 UmwG)

9 Gemäß § 60 UmwG ist eine Prüfung des Verschmelzungsvertrags ohne Rücksicht darauf, ob ein Aktionär dies verlangt, grundsätzlich durch einen sachverständigen Prüfer durchzuführen (Verschmelzungsprüfung). § 60 Abs. 2 UmwG schreibt vor, dass für jede an der Verschmelzung beteiligte Aktiengesellschaft mindestens ein Verschmelzungsprüfer zu bestellen ist. Eine Prüfung durch einen oder mehrere Verschmelzungsprüfer für alle beteiligten Aktiengesellschaften ist nur dann möglich, wenn dieser bzw. diese Prüfer auf gemeinsamen Antrag der Vorstände durch das zuständige Gericht bestellt werden (§ 60 Abs. 3 UmwG).[14]

10 Eine Verschmelzungsprüfung ist indessen **nicht erforderlich,** wenn
- alle Aktien an der übertragenden Aktiengesellschaft sich in der Hand der übernehmenden Aktiengesellschaft befinden und somit wegen § 68 Abs. 1 Nr. 1 UmwG eine Kapitalerhöhung sowie ein Aktientausch unterbleibt oder
- alle Aktionäre aller an der Verschmelzung beteiligten Aktiengesellschaften (dh auch die ggf. zu einer Barabfindung berechtigten Aktionäre [§ 30 Abs. 2 UmwG]) in notariell beurkundeter Verzichtserklärung auf die Erstellung verzichten (§ 60 Abs. 1 iVm §§ 9 Abs. 3 und 8 Abs. 3).

11 Die Verschmelzungsprüfung erstreckt sich auf den Verschmelzungsvertrag oder seinen Entwurf (§ 9 Abs. 1 UmwG). Die Prüfung erfasst im Einzelnen die **Vollständigkeit und Richtigkeit** der vom Gesetz verlangten Angaben im Verschmelzungsvertrag und als Hauptaufgabe die Prüfung der Angemessenheit des Umtauschverhältnisses sowie die Prüfung der **Angemessenheit** etwaiger Barabfindungen (§ 30 Abs. 2 UmwG).[15] Die Ergebnisse der Verschmelzungsprüfung sind durch die Verschmelzungsprüfer in einem Prüfungsbericht zusammenzufassen. Auf die Erstellung eines Prüfungsberichts kann unter den og Voraussetzungen durch notariell beurkundete Erklärung verzichtet werden (§ 12 Abs. 3 iVm § 8 Abs. 3 UmwG).

---

[13] Zur Besonderheiten beim verschmelzungsrechtlichen Squeeze-out vgl. *Terlau/Strese* HVM 2014, 20 f.
[14] Vgl. *Bungert* BB 1995, 1399.
[15] Vgl. Semler/Stengel/*Zeidler* UmwG § 9 Rn. 26–48.

4. Kapitalerhöhung (§§ 68, 69 UmwG)

Im Falle der Verschmelzung durch Aufnahme stellt sich bei der übernehmenden **12** Kapitalgesellschaft die Frage, ob Anteile im Zuge der Verschmelzung zu gewähren sind, und wenn ja, ob diese im Wege der Kapitalerhöhung neu zu schaffen sind. **Keine Anteilsgewährung darf** erfolgen so weit
- die übernehmende Gesellschaft Anteile an der übertragenden Gesellschaft besitzt (sog. Upstream Merger);[16]
- die übertragende Gesellschaft eigene Anteile innehat;
- die übertragende Gesellschaft Anteile an der übernehmenden Gesellschaft besitzt, auf die die Einlage nicht voll geleistet ist.

In diesen drei Fällen ist eine Kapitalerhöhung gesetzlich unzulässig (§ 68 Abs. 1 UmwG).

In allen übrigen Fällen sind durch die aufnehmende Gesellschaft Aktien zu ge- **13** währen, die grundsätzlich durch eine Kapitalerhöhung zu schaffen sind. Von einer Kapitalerhöhung kann jedoch dann abgesehen werden, wenn und soweit
- die übernehmende Gesellschaft eigene Aktien besitzt und diese im Zuge der Verschmelzung an die Gesellschafter der übertragenden Aktiengesellschaft auskehrt;
- die übertragende Aktiengesellschaft Aktien der übernehmenden besitzt, auf die die Einlagen bereits bewirkt sind (Fälle des sog. Downstream Mergers);
- alle Aktionäre der übertragenden Aktiengesellschaft in notarieller Form auf eine Aktiengewährung verzichten (§ 68 Abs. 1 Satz 3 UmwG).

Eine Ausnahme gilt für die Verschmelzung von 100%-igen Tochter-Aktienge- **14** sellschaften. Hier kann auf eine Kapitalerhöhung bei der aufnehmenden Aktiengesellschaft gem. § 68 Abs. 1 Satz 3 UmwG[17] verzichtet werden.

Zum Schutz der **Inhaber von Sonderrechten** (Vorzugsaktien, Wandelschuld- **15** verschreibungen, Gewinnschuldverschreibungen, Genussrechte) sieht § 23 UmwG vor, dass die übernehmende Aktiengesellschaft den Inhabern derartiger Sonderrechte gleichwertige Rechte zu gewähren hat.[18]

Soweit zur Durchführung der Verschmelzung eine Kapitalerhöhung erforderlich **16** ist, handelt es sich vom Grundsatz her um eine **Sachkapitalerhöhung**, für die nach § 69 UmwG aber insbesondere folgende Vorschriften über die Kapitalerhöhung des AktG nicht anzuwenden sind: § 182 Abs. 4 AktG, wonach das Grundkapital nicht erhöht werden soll, solange ausstehende Einlagen auf das bisherige Grundkapital noch erlangt werden können;[19] § 184 Abs. 2 AktG, demzufolge in der Anmeldung anzugeben ist, welche Einlagen auf das bisherige Grundkapital noch nicht geleistet sind und warum sie nicht erlangt werden können; die Vorschriften über die Zeichnung der neuen Aktien sowie das vorrangige Bezugsrecht der Alt-Aktionäre sind ebenfalls nicht anwendbar (§§ 185, 186, 187 Abs. 1 AktG); schließlich ist § 188 Abs. 3 Nr. 1 AktG (Beifügung der Zweitschriften der Zeichnungsscheine bei der Anmeldung) ausgeschlossen und sind durch die Nichtanwendbarkeit von § 188 Abs. 2 AktG iVm §§ 36 Abs. 2, 36a, 37 Abs. 1 AktG weitere Anmelderleichterungen vorgesehen. Ansonsten sind die allgemeinen Vorschriften bei der Kapitalerhöhung anzuwenden (§§ 182 ff. AktG). Das heißt, es hat grundsätzlich eine Prüfung der Werthaltigkeit der Sacheinlage durch einen geeigneten Prüfer stattzufinden (§ 183

---

[16] Vgl. Semler/Stengel/*Diekmann* UmwG § 68 Rn. 5.
[17] Vgl. Gesetzesänderung BGBl. 2007 I 542.
[18] Vgl. Spindler/Stilz/*Seiler* UmwG § 22a Rn. 184.
[19] Vgl. *Hüffer/Koch* AktG § 182 Rn. 26 ff.

Abs. 3 AktG), da es sich, wie bereits erwähnt, um eine Sachkapitalerhöhung handelt. § 69 Abs. 1 UmwG schränkt aber den Anwendungsbereich des § 183 Abs. 3 AktG insoweit ein, dass bei einer Verschmelzung von Aktiengesellschaften eine Werthaltigkeitsprüfung nur dann erforderlich ist, wenn die übernehmende Aktiengesellschaft nicht die Buchwerte aus der Schlussbilanz der übertragenden Aktiengesellschaft fortführt, sondern das übernommene Vermögen neu bewertet (§ 24 UmwG) oder wenn das Gericht Zweifel hat, ob der Verkehrswert der Sacheinlage den Nennbetrag der dafür zu gewährenden Aktien erreicht.[20]

17 Die Kapitalerhöhung bei der aufnehmenden Aktiengesellschaft wird im Regelfall in derselben Hauptversammlung beschlossen, in der die Aktionäre der übernehmenden Aktiengesellschaft ihre Zustimmung zum Verschmelzungsvertrag erteilen. Nach § 182 Abs. 1 AktG muss der Kapitalerhöhungsbeschluss mit einer ¾-Mehrheit, des bei der Beschlussfassung vertretenen Kapitals gefasst werden. Hinsichtlich Form und Frist der Einberufung der Hauptversammlung gelten die allgemeinen aktienrechtlichen Regeln (§§ 123, 183 Abs. 1, 124 Abs. 1 AktG).

Die Anmeldung der Kapitalerhöhung wird idR mit der Anmeldung der Verschmelzung verbunden.

5. Verschmelzungsbeschlüsse (§§ 13, 69, 76 UmwG)

a) Einberufung der Hauptversammlungen

18 Für die Einberufung der Hauptversammlungen gelten allgemeine Grundsätze. Hiernach wird die Hauptversammlung jeweils durch den Vorstand einberufen, der darüber mit einfacher Mehrheit beschließt (§ 121 Abs. 2 AktG). Die Einberufung ist in den Gesellschaftsblättern bekannt zu machen (§ 121 Abs. 3 AktG). Hierbei sind Firma und Sitz der Gesellschaft, Zeit und Ort der Hauptversammlung und die Bedingungen anzugeben, von denen die Teilnahme an der Hauptversammlung und die Ausübung des Stimmrechts abhängen. Die Hauptversammlungen sind spätestens einen Monat vor dem Versammlungstag (bzw. Hinterlegungs- oder Anmeldetag, § 123 Abs. 3 und 4 AktG) in den Gesellschaftsblättern der jeweiligen Gesellschaft bekannt zu machen (Fristberechnung richtet sich nach §§ 187 Abs. 1, 188 Abs. 2 BGB). Von der Einberufung der Hauptversammlung an, sind in den Geschäftsräumen einer jeden an der Verschmelzung beteiligten Gesellschaft folgende **Unterlagen zur Einsicht der Aktionäre auszulegen (§ 63 Abs. 1 UmwG):**
(1) der Verschmelzungsvertrag oder sein Entwurf,
(2) die Jahresabschlüsse und die Lageberichte sämtlicher an der Verschmelzung beteiligter Rechtsträger der letzten drei Geschäftsjahre,
(3) falls sich der letzte Jahresabschluss auf ein Geschäftsjahr bezieht, dass mehr als sechs Monate vor Abschluss des Verschmelzungsvertrags oder Aufstellung des Entwurfs abgelaufen ist, ist eine Zwischenbilanz auf einen Stichtag zu erstellen, der nicht vor dem ersten Tag des dritten Monats liegt, der dem Abschluss des Verschmelzungsvertrags oder der Aufstellung des Entwurfs vorausgeht.

Beispiel: letzter Bilanzstichtag: 31.12.2013, Abschluss des Verschmelzungsvertrags: 16.7.2014; Zwischenbilanz (zB): 30.4.2014.

(4) Verschmelzungsberichte (soweit erforderlich),
(5) Prüfungsberichte (soweit erforderlich)

---

[20] Vgl. Semler/Stengel/*Diekmann* UmwG § 69 Rn. 11 ff.

A. Verschmelzung einer AG auf eine andere AG 19–23 § 13

b) Beschlussfassung der Hauptversammlungen

Nach § 13 Abs. 1 UmwG ist Voraussetzung für die Wirksamkeit des Verschmelzungsvertrags, dass diesem in den Hauptversammlungen jeder der beteiligten Aktiengesellschaften zugestimmt wird. Nach § 65 Abs. 1 UmwG bedarf der Verschmelzungsbeschluss der Hauptversammlung einer Mehrheit, die **mindestens ¾ des** bei der Beschlussfassung **vertretenen Grundkapitals** umfasst. Darunter wird die einfache Mehrheit der abgegebenen Stimmen (§ 133 Abs. 1 AktG) und eine Kapitalmehrheit von ¾ des bei der Beschlussfassung vertretenen Grundkapitals verstanden.[21] Die Satzung kann eine größere Mehrheit und weitere Erfordernisse bestimmen. Wenn mehrere Gattungen von Aktien vorhanden sind, haben die Aktionäre jeder Gattung einen **Sonderbeschluss** zu fassen, der zu seiner Wirksamkeit jeweils der ¾-Mehrheit des vertretenen Grundkapitals einer jeden Gattung bedarf (§ 65 Abs. 2 AktG).

Befinden sich mindestens 90% des Grundkapitals einer übertragenden Aktiengesellschaft in der Hand der übernehmenden Aktiengesellschaft, bedarf es gem. § 62 Abs. 1 UmwG keines Verschmelzungsbeschlusses der übernehmenden Aktiengesellschaft zur Aufnahme der übertragenen Aktiengesellschaft.[22] Ein HV-Beschluss über die Verschmelzung ist bei der übernehmenden Gesellschaft jedoch trotz 90%-Beteiligung dann erforderlich, wenn Aktionäre der übernehmenden Gesellschaft, die zumindest zu 5% am Grundkapital beteiligt sind, dies verlangen (§ 62 Abs. 2 UmwG).[23]

Die Verschmelzungsbeschlüsse und die Zustimmungsbeschlüsse müssen **notariell beurkundet** werden (§ 13 Abs. 3 Satz 1 UmwG). Den Verschmelzungsbeschlüssen ist der Verschmelzungsvertrag oder sein Entwurf als Anlage beizufügen.

6. Anmeldung und Eintragung der Verschmelzung in das Handelsregister (§§ 16–20, 66 UmwG)

a) Anmeldung

Gemäß § 66 AktG darf die Verschmelzung erst dann eingetragen werden, nachdem eine ggf. erforderliche Kapitalerhöhung bei der aufnehmenden Kapitalgesellschaft im Register eingetragen worden ist. In der Praxis werden Kapitalerhöhung und Verschmelzung gemeinsam zum Handelsregister angemeldet.

Die Anmeldung der Kapitalerhöhung ist durch alle Mitglieder des Vorstands der übernehmenden Aktiengesellschaft vorzunehmen (§ 188 Abs. 1 AktG). Die Anmeldung bedarf der **öffentlichen Beglaubigung** (§ 12 Abs. 1 HGB).

Nach § 69 Abs. 2 UmwG sind der **Anmeldung der Kapitalerhöhung** zum Handelsregister folgende Unterlagen beizufügen:
(1) Verschmelzungsvertrag,
(2) die Niederschriften der Verschmelzungsbeschlüsse in Ausfertigung oder öffentlich beglaubigter Abschrift,
(3) alle die Höhe der Gegenleistung betreffenden Nebenvereinbarungen (§ 188 Abs. 3 Nr. 2 AktG),

---

[21] Vgl. Kallmeyer/*Zimmermann* UmwG § 65 Rn. 5.
[22] Siehe hierzu OLG Karlsruhe 15 U 127/90, AG 1992, 31; das OLG vertritt die Auffassung, dass eine vereinfachte Verschmelzung ohne Verschmelzungsprüfung nicht zulässig ist, wenn die übernehmende Aktiengesellschaft die restlichen Anteile zur Überschreitung der 90%-Grenze erst im Wege einer Kapitalerhöhung gegen Sacheinlage unter Ausschluss des Bezugsrechts der Minderheitsaktionäre erwirbt.
[23] Vgl. Semler/Stengel/*Diekmann* UmwG § 69 Rn. 11 ff.

§ 13 24, 25

(4) eine Aufstellung aller der Übernehmerin durch die Ausgabe der neuen Aktien entstehenden Kosten (§ 188 Abs. 3 Nr. 3 AktG),
(5) staatliche Genehmigungsurkunden (§ 188 Abs. 3 Nr. 4 AktG).

24 Die **Anmeldung der Verschmelzung** ist durch den Vorstand jeder der an der Verschmelzung beteiligten Aktiengesellschaften vorzunehmen. Der Vorstand der übernehmenden Aktiengesellschaft ist jedoch auch berechtigt, die Verschmelzung bei den Registern der übertragenen Rechtsträger anzumelden (§ 16 Abs. 1 Satz 2 UmwG). Bei der Anmeldung der Verschmelzung haben die Vorstände folgende Erklärungen abzugeben:
– eine **Negativerklärung**, dass keine Klagen gegen die Wirksamkeit des Verschmelzungsbeschlusses anhängig sind (sog. Negativerklärung der Vertretungsorgane gem. § 16 Abs. 2 Satz 1 UmwG) oder
– eine **notariell beurkundete Erklärung** sämtlicher Aktionäre, dass diese auf ihr Klagerecht gegen den Verschmelzungsbeschluss verzichten (Verzichtserklärung der Aktionäre, § 16 Abs. 2 Satz 2 UmwG).

Die Erhebung einer Klage gegen die Wirksamkeit des Verschmelzungsbeschlusses stellt grundsätzlich ein **Eintragungshindernis** dar. Ist die fristgerechte Klage gegen die Wirksamkeit des Verschmelzungsbeschlusses erhoben worden, kann der betroffene Rechtsträger in einem **gesonderten Verfahren** (§ 16 Abs. 3 UmwG) beim Prozessgericht einen Beschluss beantragen, in dem festgestellt wird, dass die Erhebung der Klage der Eintragung nicht entgegensteht. Der rechtskräftig gewordene Beschluss ersetzt die og. Negativerklärung der Vertretungsorgane.

Der Beschluss kann gem. § 16 Abs. 3 Satz 2 UmwG nur unter den folgenden Voraussetzungen ergehen:[24]
– die Klage ist unzulässig oder
– die Klage ist offensichtlich unbegründet oder
– eine Abwägung der Interessen von Kläger und Antragsteller durch das Prozessgericht ergibt, dass das alsbaldige Wirksamwerden der Verschmelzung zur Abwendung wesentlicher Nachteile für die Gesellschaften und ihre Gesellschafter gegenüber der Schwere der mit der Klage geltend gemachten Rechtsverletzungen vorrangig erscheint.[25]
– In Fällen des § 61 Abs. 1 AktG (aufnehmende AG hält 90% der Aktien an der übertragenden AG): Erklärung des Vorstands der aufnehmenden AG, ob ein Antrag auf Einberufung einer Hauptversammlung gem. § 62 Abs. 2 UmwG gestellt worden ist.

25 Den Anmeldungen sind **folgende Anlagen** beizufügen (§§ 17, 62 UmwG)
(1) beglaubigte Abschrift oder Ausfertigung des notariell beurkundeten Verschmelzungsvertrags,
(2) beglaubigte Abschrift oder Ausfertigungen der Niederschriften über die Zustimmungsbeschlüsse (vorzulegen sind die Zustimmungsbeschlüsse *aller* an der Verschmelzung beteiligten Rechtsträger),
(3) Verschmelzungsbericht (soweit erforderlich),
(4) Verschmelzungsprüfungsbericht (soweit erforderlich),
(5) Nachweis über die Zuleitung des Verschmelzungsvertrags oder seines Entwurfs an den Betriebsrat,

---

[24] Zum Anwendungsbereich s. *Bayer* ZGR 1995, 613; *Ch. Schmidt* ZGR 1997, 493; *Riegger/Schockenhoff* ZIP 1997, 2105; *Decher* AG 1997, 388.
[25] LG Hanau 5 O 183/95, WM 1996, 66; OLG Stuttgart 12 W 44/96, ZIP 1997, 75; OLG Frankfurt 10 W 12/97, ZIP 1997, 1291 (rkr.).

A. Verschmelzung einer AG auf eine andere AG   26–29   § 13

(6) Genehmigungsurkunde, falls die Verschmelzung der staatlichen Genehmigung bedarf,
(7) Nachweis der Bekanntmachung der Verschmelzung,
(8) Schlussbilanz des übertragenden Rechtsträgers, die auf einen Stichtag höchstens acht Monate vor der Anmeldung aufgestellt sein darf. Die Schlussbilanz kann auch nachgereicht werden, wenn dies kurzfristig nach der Anmeldung geschieht und wenn die Schlussbilanz zum Zeitpunkt der Anmeldung bereits erstellt war und hätte vorgelegt werden können.[26]

b) Eintragung

Die Verschmelzung darf in das Register des Sitzes des übernehmenden Rechtsträgers erst eingetragen werden, nachdem sie im Register des Sitzes jedes der übertragenden Rechtsträger eingetragen worden ist (§ 19 Abs. 1 UmwG). Bevor das Gericht die Verschmelzung jedoch in das Handelsregister einträgt, wird es neben der Prüfung der Vollständigkeit der Anmeldeunterlagen die **Gesetzmäßigkeit der Verschmelzung/Kapitalerhöhung** sowie die Werthaltigkeit der Sacheinlage prüfen.[27]   26

Wird die og Negativerklärung abgegeben, so prüft das Registergericht den Verschmelzungsbeschluss nur noch unter dem Gesichtspunkt der Nichtigkeit. Ist jedoch Anfechtungsklage erhoben worden, über die noch nicht rechtskräftig entschieden ist, kann die Verschmelzung grundsätzlich nicht eingetragen und damit nicht wirksam werden, es sei denn, das Prozessgericht stellt innerhalb des besonderen Verfahrens nach § 16 Abs. 3 UmwG fest, dass die Klageerhebung der Eintragung nicht entgegensteht.[28]   27

Die **Werthaltigkeit der Sacheinlage** wird vom Registergericht am Sitz der übernehmenden Aktiengesellschaft auf der Grundlage der eingereichten Schlussbilanz geprüft. Handelt es sich beim übertragenden Rechtsträger um eine mittelgroße oder große Kapitalgesellschaft, müssen die eingereichten Schlussbilanzen von einem Abschlussprüfer geprüft sein (§ 17 Abs. 2 UmwG iVm § 316 HGB). Sollten danach weiterhin Zweifel an der Werthaltigkeit verbleiben, kann das Registergericht weitere Nachweise verlangen (§ 69 Abs. 1 Satz 1 UmwG). Bei kleinen Kapitalgesellschaften wird in der Praxis als Werthaltigkeitsnachweis eine Werthaltigkeitsbescheinigung eines WP oder StB vorgelegt.   28

c) Bekanntmachung

Die Eintragung der Kapitalerhöhung wird durch das Registergericht der übernehmenden Aktiengesellschaft bekannt gemacht (§ 190 AktG). Die Bekanntmachung der Eintragung der Verschmelzung erfolgt gem. § 19 Abs. 3 UmwG von Amts wegen durch das Gericht am Sitz jedes der an der Verschmelzung beteiligten Aktiengesellschaften unter zusätzlichem Hinweis auf das Recht der Gläubiger, Sicherheiten verlangen zu können (§ 22 Abs. 1 Satz 3 UmwG). Eine Bekanntmachung der Schlussbilanz einer übertragenden Aktiengesellschaft braucht nicht zu erfolgen. Die Bekanntmachung der Verschmelzung gilt als mit Ablauf des Tages, an dem jeweils das Letzte der die Bekanntmachung enthaltenen Blätter (Bundesanzeiger und   29

---

[26] LG Frankfurt 3–11 T 81/97, DB 1998, 410.
[27] Ausführlicher zur Ablehnung der Eintragung durch das Gericht vgl. Kallmeyer/*Marsch-Barner* UmwG § 67 Rn. 8; Semler/Stengel/*Diekmann* UmwG § 67 Rn. 24; Lutter/Grunewald UmwG § 67 Rn. 16.
[28] Vgl. OLG Hamm AG 2011, 624; OLG Saarbrücken ZIP 2011, 469; OLG Hamm 8 AktG 1/13, EWiR 2014, 77 f.; Semler/Stengel/*Schwanna* UmwG § 16 Rn. 41b f.

mindestens ein anderes Blatt) erschienen ist, als für diesen Rechtsträger erfolgt. Der Zeitpunkt der Bekanntmachung ist deshalb von besonderer Bedeutung, weil durch ihn verschiedene Fristen, wie zB die Antragsfrist für das Spruchstellenverfahren (§ 305 UmwG) oder die Frist innerhalb derer eine Barabfindung gem. § 29 UmwG angenommen werden kann, in Gang gesetzt wird.

7. Anwendung der Nachgründungsvorschriften (§ 67 UmwG)

30 Wenn der Verschmelzungsvertrag innerhalb der ersten beiden Jahre[29] nach der Eintragung der übernehmenden Aktiengesellschaft in das Handelsregister geschlossen wurde, und der gesamte Betrag der zu gewährenden Aktien 10% des Grundkapitals übersteigt, sind die §§ 52 Abs. 3, 4, 7–9 AktG über die Nachgründung anzuwenden. In diesem Fall muss der Aufsichtsrat der übernehmenden Gesellschaft vor der Beschlussfassung der Hauptversammlung den Verschmelzungsvertrag prüfen und einen schriftlichen Bericht abstatten. Außerdem hat vor der Beschlussfassung eine **Prüfung des Verschmelzungsvertrags** durch einen oder mehrere Gründungsprüfer stattzufinden (§ 52 Abs. 4 AktG). Darüber hinaus muss der Verschmelzungsvertrag ausnahmsweise, und zwar noch vor der Eintragung der Verschmelzung, in das Handelsregister eingetragen werden (§ 52 Abs. 7, 6 AktG).

31 Die Regelungen zur Nachgründung wurden durch das Gesetz zur Namensaktie und zur Erleichterung der Stimmrechtsausübung – Namensaktiengesetz (NaStraG) vom 18.1.2001 (BGBl. 2001 I 123) – deutlich entschärft. Die Neuregelungen sind rückwirkend ab dem 1.1.2000 anzuwenden. Danach ist das Nachgründungsverfahren zukünftig nur noch dann anzuwenden, wenn und soweit **Verträge mit Gründern** oder mit mehr als 10% des Grundkapitals beteiligten Aktionären geschlossen werden. Damit ist klargestellt, dass Verträge der Gesellschaft mit Dritten nicht mehr unter die Nachgründungsregeln fallen.

32 Eine für Verschmelzungsfälle praktisch bedeutsame Frage ist, ob ein im Zuge der Verschmelzung erfolgender **Beitritt durch Kapitalerhöhung** die Eigenschaft als nennenswert beteiligter Aktionär begründen kann. Denkbar sind hierbei zwei Konstellationen: Zum einen könnte ein Aktionär bereits beteiligt sein und durch die Verschmelzung über die 10%-Grenze hinwegkommen, oder zum anderen könnte ein noch nicht Beteiligter bei der Verschmelzung so viele Aktien erhalten, dass er künftig ein nennenswert beteiligter Aktionär ist. Der Wortlaut der neuen Bestimmung scheint eher auf die zuletzt genannte Gesetzesinterpretation hinzudeuten, während der Schutzzweck der Vorschrift beide Fälle umfasst.[30] In diesem Fall brächten die Neuregelungen zur Nachgründung für Verschmelzungsfälle indessen keine wesentlichen Erleichterungen.

8. Besonderheiten in Neugründungsfällen

33 Bei der Verschmelzung durch Neugründung wird die aufnehmende Gesellschaft erst mit der Verschmelzung errichtet. Die übertragenden Gesellschaften sind die Gründer der neuen Aktiengesellschaft. Die Gründung erfolgt hierbei im Verschmelzungsvertrag. Gemäß § 36 Abs. 2 Satz 1 UmwG ist, soweit sich aus den Besonderheiten des Verschmelzungsrechts nichts anderes ergibt, das gesamte Gründungsrecht der Aktiengesellschaft anzuwenden (§§ 23 ff. AktG). Im Einzelnen ist von den Vorständen der Überträgerinnen für die neue Aktiengesellschaft

---

[29] Zur Bestimmung der Zwei-Jahres-Frist vgl. Kallmeyer/*Marsch-Barner* UmwG § 67 Rn. 3; Semler/Stengel/*Diekmann* UmwG § 67 Rn. 8.
[30] Vgl. *Priester* DB 2001, 467 (469).

eine **Satzung auf- und festzustellen** (die Satzung ist, wie bereits erwähnt, notwendiger Bestandteil des Verschmelzungsvertrags), es sind die aktienrechtlichen **Kapitalaufbringungsgrundsätze** zu beachten und es sind der Aufsichtsrat und der Abschlussprüfer der neuen Aktiengesellschaft zu bestellen. Der Vorstand der neuen Aktiengesellschaft bestellt den Aufsichtsrat. Ein Gründungsbericht nebst Gründungsprüfung ist indessen, soweit Aktiengesellschaften übertragende Gesellschaften sind, nicht erforderlich (§ 74 UmwG).

Die neue Aktiengesellschaft ist gem. § 38 Abs. 2 UmwG durch den Vorstand der 34 übertragenden Gesellschaft beim Handelsregister, in dessen Bezirk sie ihren Sitz haben soll, anzumelden. Der Inhalt der Anmeldung richtet sich nach den aktienrechtlichen Gründungsbestimmungen.

9. Besonderheiten grenzüberschreitender Verschmelzungen

Seit dem 25.4.2007 gelten die §§ 122a ff. UmwG, die in Umsetzung der Richt- 35 linie 2005/56/EG über die Verschmelzung von Kapitalgesellschaften aus verschiedenen Mitgliedstaaten[31] die grenzüberschreitende Verschmelzung von Aktiengesellschaften innerhalb der EU und des EWR regeln. Damit sind solche Umwandlungen rechtssicher durchführbar. Kerndokument der grenzüberschreitenden Verschmelzung ist der in § 122c UmwG geregelte, von dem Vertretungsorgan einer an der Verschmelzung beteiligten Gesellschaft zusammen mit den Vertretungsorganen der übrigen beteiligten Gesellschaften gemeinsam aufzustellende Verschmelzungsplan.[32] Der Inhalt des gemeinsamen Verschmelzungsplans stimmt im Wesentlichen mit dem für rein innerdeutsche Verschmelzungen relevanten Verschmelzungsvertrag (§ 5 UmwG) überein. Es gibt aber auch Unterschiede. So verlangt § 122c Nr. 10 UmwG Angaben zu dem Verfahren, nach dem die Einzelheiten über die Beteiligung der Arbeitnehmer an der Festlegung ihrer Mitbestimmungsrechte in der aus der grenzüberschreitenden Verschmelzung hervorgehenden Gesellschaft geregelt werden und § 122c Nr. 11 UmwG Angaben zur Bewertung des Aktiv- und Passivvermögens, das auf die übernehmende oder neue Gesellschaft übertragen wird. Überdies ist der Verschmelzungsplan oder sein Entwurf einen Monat vor der Versammlung der Anteilsinhaber, die nach § 13 UmwG über die Zustimmung zum Verschmelzungsplan beschließen soll, zum Handelsregister einzureichen. Gemäß § 122e Satz 3 UmwG kann – anders als bei rein innerdeutschen Verschmelzungen – auf die Erstellung eines Verschmelzungsberichts bei grenzüberschreitenden Verschmelzungen **nicht verzichtet** werden. Gemäß § 122 Abs. 3 UmwG hat das Gericht des Sitzes der übernehmenden oder neuen Gesellschaft den Tag der Eintragung der Verschmelzung von Amts wegen jedem Register mitzuteilen, bei dem eine der übertragenden Gesellschaften ihre Unterlagen zu hinterlegen hatte.

III. Handelsrechtliche Folgen

1. Rechtsfolgen der Verschmelzung

Die Verschmelzung wird im Zeitpunkt der Eintragung in das Register der über- 36 nehmenden Aktiengesellschaft zivilrechtlich wirksam (§ 20 Abs. 1 UmwG). Im Einzelnen hat die Eintragung der Verschmelzung folgende **konstitutive Wirkungen:**
– Das Vermögen der übertragenden Aktiengesellschaft einschließlich der Verbindlichkeiten geht ohne weitere Übertragungsakte auf die übernehmende Aktien-

---

[31] ABl. EG Nr. L 310, 1 v. 25.11.2005.
[32] Vgl. *Kallmeyer* AG 2007, 472.

gesellschaft über. Soweit zum Vermögen der übertragenden Aktiengesellschaft Grundstücke, grundstücksgleiche Rechte oder beschränkte dingliche Rechte gehören, wird das Grundbuch unrichtig und ist auf Antrag zu berichtigen.[33]
- Die übertragende Aktiengesellschaft erlischt kraft Gesetzes (§ 20 Abs. 1 Nr. 2 UmwG); einer besonderen Löschung im Handelsregister bedarf es mithin nicht.
- Die Aktionäre der übertragenden Gesellschaft werden in dem im Verschmelzungsvertrag durch das Umtauschverhältnis festgelegten Umfang zu Aktionären der übernehmenden Aktiengesellschaft. Das gilt nicht, wenn und soweit die übernehmende Aktiengesellschaft (oder ein Dritter für deren Rechnung) an der übertragenden Aktiengesellschaft beteiligt ist oder die übertragende Aktiengesellschaft (oder ein Dritter für ihre Rechnung) eigene Aktien hält.
- Rechte Dritter an den Aktien der übertragenden Gesellschaft setzen sich an den an ihre Stelle tretenden Aktien der übernehmenden Gesellschaft fort.
- Für bestehende Unternehmensverträge iSv § 291 AktG (Beherrschungsvertrag, Gewinnabführungsvertrag, Teilgewinnabführungsvertrag) mit der übertragenden Aktiengesellschaft als Vertragspartner gilt Folgendes: Ein zwischen der übertragenden und der übernehmenden Aktiengesellschaft bestehender Unternehmensvertrag erlischt.[34] Ein Unternehmensvertrag, den die übertragende Gesellschaft als abhängige Gesellschaft mit einem Dritten geschlossen hat, erlischt ebenfalls.[35] Ein zwischen der Überträgerin als herrschendem Unternehmen und einem Dritten abgeschlossener Unternehmensvertrag geht indessen auf den übernehmenden Rechtsträger über.[36]
- Ein Mangel der notariellen Beurkundung des Verschmelzungsvertrags oder ggf. erforderlicher Zustimmungs- oder Verzichtserklärungen einzelner Aktionäre wird durch die Eintragung geheilt.

37 **Sonstige Mängel** lassen die voranstehend genannten Eintragungswirkungen unberührt (§ 20 Abs. 2 UmwG). Das heißt, auch das Fehlen der Eintragungsvoraussetzungen oder Mängel bei der Kapitalerhöhung lassen gleichwohl die Eintragungswirkungen eintreten. Eine Rückabwicklung der Verschmelzung durch Rückübertragung jedes einzelnen Vermögensgegenstandes (sog. Entschmelzung) findet demnach, wenn erst einmal eingetragen worden ist, nicht mehr statt.[37] Es verbleiben insoweit nur Schadensersatzansprüche gem. §§ 25–27 UmwG (Schadensersatz durch Organmitglieder).[38]

2. Minderheitenrechte der Aktionäre

38 Die Aktionäre der an der Verschmelzung beteiligten Gesellschaften können binnen eines Monats nach der Beschlussfassung Klage gegen die Wirksamkeit des Verschmelzungsbeschlusses erheben. Allerdings können die Aktionäre einer übertragenden Aktiengesellschaft ihre Klagen nicht auf die Unangemessenheit des Umtauschverhältnisses (§ 14 Abs. 2 UmwG) oder auf die Unangemessenheit der Barabfindung (§ 32 UmwG) stützen.

---

[33] Vgl. Semler/Stengel/*Kübler* UmwG § 20 Rn. 8; Lutter/*Grunewald* UmwG § 20 Rn. 9.
[34] Vgl. Schmitt/Hörtnagl/Stratz/*Stratz* UmwG § 20 Rn. 55 ff.; s. auch *Müller* BB 2002, 157.
[35] LG Mannheim 23 AktE 1/90, ZIP 1994, 1024.
[36] Vgl. *Priester* ZIP 1992, 293 (301).
[37] Durch die Eintragung ist die Verschmelzung bestandskräftig. Dazu Lutter/*Grunewald* UmwG § 20 Rn. 71 f. mwN.
[38] Vgl. Goutier/Knopf/Tulloch/*Söffing/Bermel* UmwG § 20 Rn. 61.

A. Verschmelzung einer AG auf eine andere AG

Aktionäre der übernehmenden Gesellschaft, die ein die Aktionäre der übertragenden Gesellschaft begünstigendes Umtauschverhältnis rügen, können hingegen das Umtauschverhältnis im Wege der **Anfechtungsklage** gerichtlich überprüfen lassen. Die Klage ist allerdings nicht gegen den Verschmelzungsvertrag, sondern **gegen den Kapitalerhöhungsbeschluss** zu richten.[39] Die Klage ist damit zu begründen, dass der Wert des qua Verschmelzung übertragenen Vermögens (Wert der Sacheinlage) hinter dem Wert der neuen Anteile zurückbleibt. 39

Den Aktionären einer übertragenden Aktiengesellschaft steht zur Durchsetzung ihres Anspruchs auf Verbesserung des Umtauschverhältnisses nur der Weg des **Spruchstellenverfahrens** (§§ 305–321 UmwG) offen. Der entscheidende Unterschied zwischen Anfechtungsklage und Spruchstellenverfahren ist jedoch, dass nur die Anfechtungsklage die Eintragung und damit die Wirksamkeit der Verschmelzung (vorbehaltlich des og Verfahrens nach § 16 Abs. 3 UmwG) hemmen kann. 40

Im Rahmen des Spruchstellenverfahrens **antragsberechtigt** ist jeder Aktionär der übertragenden Gesellschaft, der ohne den gesetzlichen Ausschluss des Anfechtungsrechts nach § 14 Abs. 2 UmwG zur Anfechtung berechtigt wäre und seinen Antrag innerhalb von zwei Monaten nach Bekanntmachung der Eintragung der Verschmelzung im Handelsregister der übernehmenden Gesellschaft stellt (§§ 15, 305 UmwG). Für das Spruchstellenverfahren zuständig ist das Landgericht, in dessen Bezirk die übertragende Gesellschaft ihren Sitz hat (§ 306 AktG). 41

Das Gericht entscheidet idR auf der Grundlage eines weiteren **Sachverständigengutachtens**,[40] ob das der Verschmelzung zugrundegelegte Umtauschverhältnis angemessen oder zu niedrig bemessen war. So weit erforderlich, ordnet das Gericht einen entsprechenden Ausgleich durch bare Zuzahlungen an, der gem. § 15 Abs. 2 UmwG mit jährlich 2% über dem Diskontsatz seit Bekanntmachung der Verschmelzung im Handelsregister zu verzinsen ist. Die Entscheidung des Gerichts wirkt gem. § 311 UmwG für und gegen alle. 42

Eine Verpflichtung des übernehmenden Rechtsträgers, nach § 29 UmwG den Aktionären des übertragenden Rechtsträgers ein Barabfindungsangebot zu machen, besteht bei einer „sortenreinen" Verschmelzung zweier Aktiengesellschaften im Gegensatz zu einer Mischverschmelzung grundsätzlich nicht. Dies hindert aber den übernehmenden Rechtsträger respektive dessen Mehrheitsaktionär nicht daran, den Aktionären des übertragenden Rechtsträgers ein freiwilliges Barabfindungsangebot zu unterbreiten. Im Falle der Vinkulierung der vom übernehmenden Rechtsträger zu gewährenden Aktien ist allerdings ein Barabfindungsgebot gesetzlich angeordnet (§ 29 UmwG). Die Aktionäre einer übertragenden Gesellschaft können innerhalb von zwei Monaten nach Bekanntmachung der Eintragung der Verschmelzung in das Handelsregister der übernehmenden Gesellschaft nach § 19 Abs. 3 UmwG das Barabfindungsangebot annehmen (§ 31 UmwG). Die Aktionäre, die Widerspruch gegen den Umwandlungsbeschluss zur Niederschrift erklärt haben, können jedoch innerhalb der Zweimonatsfrist, statt der Annahme des Barabfindungsangebots, auch Antrag auf gerichtliche Bestimmung einer angemessenen Barabfindung stellen. Mit Annahme des Barabfindungsangebotes entfällt die Antragsbefugnis für das Spruchstellenverfahren.[41] Die vom Gericht bestimmte Barabfindung kann innerhalb von 43

---

[39] BGH II ZB 1/90, DB 1990, 1762; OLG Hamm 8 V 329/87, DB 1988, 1842; LG Frankfurt a. M. 3/11 T 62/89, WM 1990, 592; anders *Hoffmann-Becking* in FS Fleck S. 105 (123 f.).
[40] Siehe auch die besondere Problematik in *Barthel* CORPORATE FINANCE 2010, 454.
[41] OLG Düsseldorf 19 W 1/00 AktE, DB 2001, 189.

zwei Monaten nach Bekanntmachung im Bundesanzeiger angenommen werden (§ 31 Satz 2 UmwG).

3. Handelsbilanzielle Abwicklung

a) Bilanzierung bei der Überträgerin

44 Nach § 5 Abs. 1 Nr. 6 UmwG ist im Verschmelzungsvertrag der Verschmelzungsstichtag festzulegen, dh der „Zeitpunkt, von dem an die Handlungen des übertragenden Rechtsträgers als für Rechnung des übernehmenden Rechtsträgers vorgenommen gelten". Diese **Stichtagsregelung** dient der Erfolgszuordnung. Bis zum Verschmelzungsstichtag gilt das Ergebnis der Überträgerin als für eigene Rechnung, danach bis zum Zeitpunkt der zivilrechtlichen Wirksamkeit der Verschmelzung als für Rechnung der Übernehmerin erwirtschaftet.

45 Hierbei dient als Instrument zur Erfolgszuordnung die Schlussbilanz der Überträgerin. Der Schlussbilanzstichtag liegt deshalb im Regelfall unmittelbar vor dem Umwandlungsstichtag. Wird zB als Umwandlungsstichtag der 1. Januar 00.00 Uhr vereinbart, werden die Geschäfte ab diesem Zeitpunkt für Rechnung der Übernehmerin geführt, sodass die Schlussbilanz auf den 31. Dezember 24.00 Uhr aufzustellen ist.

46 Nach § 17 Abs. 2 UmwG gelten für die Erstellung der Schlussbilanz die Vorschriften über die Jahresbilanz entsprechend. Um Anpassungen an die Bewertungsmethoden des übernehmenden Rechtsträgers bereits in der Schlussbilanz zu ermöglichen, wird in der Schlussbilanz der übertragenden Gesellschaft eine **Durchbrechung der Bewertungsstetigkeit** (§ 252 Abs. 2 HGB) für zulässig erachtet.[42] Mit anderen Worten, die Schlussbilanz kann mit der Bilanz zum letzten Abschlussstichtag übereinstimmen, muss es aber nicht. Es ist so zu bilanzieren, als ob es sich um eine aus Anlass eines Jahresabschlusses aufzustellende Bilanz handelt. Zuschreibungen sind nur zulässig, wenn Gründe, die zu außerplanmäßigen Abschreibungen geführt haben, weggefallen sind. Wegen des für nach dem 31.12.1998 endende Wirtschaftsjahre steuerlich eingeführten Wertaufholungsgebots ist jedoch nunmehr auch im handelsrechtlichen Jahresabschluss auf die planmäßig fortgeführten Anschaffungs- und Herstellungskosten zuzuschreiben, sodass sich insoweit keine Abweichungen zwischen der Schlussbilanz und der zum letzten Abschlussstichtag erstellten Bilanz ergeben dürften. Liegt der Schlussbilanzstichtag nach dem Stichtag des letzten Jahresabschlusses, entsteht bei der Überträgerin handelsrechtlich kein Rumpfwirtschaftsjahr (man braucht also für einen vom Wirtschaftsjahrende abweichenden Schlussbilanzstichtag auch keine Satzungsänderung).[43] Dementsprechend beschließt die HV auch nicht mehr über die Verwendung des Ergebnisses einer auf einen späteren Stichtag aufgestellten Schlussbilanz. Das Ergebnis der Schlussbilanz wird vielmehr später als Teilergebnis in das Jahresergebnis der aufnehmenden Gesellschaft für deren laufendes Geschäftsjahr übernommen.

47 Die Schlussbilanz ist, soweit es sich nicht um eine **kleine Kapitalgesellschaft** iSd § 267 Abs. 1 HGB handelt, durch einen Abschlussprüfer zu prüfen (§ 316 Abs. 1 HGB). Eine Bekanntmachung der Schlussbilanz ist nicht erforderlich.

48 Die Pflicht der Überträgerin zur handelsrechtlichen Rechnungslegung, dh insbesondere die Pflicht zur laufenden Verbuchung der vorgenommenen Geschäfte sowie die Pflicht zur Aufstellung eines Jahresabschlusses, bleibt als öffentlich-

---

[42] IDW RS HFA 42/2012, FN/IDW 2012, 701.
[43] IDW RS HFA 42/2012, FN/IDW 2012, 701; s. auch WPH/Bd. II F, 447 ff.

A. Verschmelzung einer AG auf eine andere AG

rechtliche Verpflichtung auch nach dem Verschmelzungsstichtag bis zum Wirksamwerden der Verschmelzung bestehen. Diese Verfahrensweise sichert auch die Erfüllung der umsatzsteuerlichen Aufzeichnungspflichten (§ 22 UStG). Allerdings soll nach Ansicht des IDW-HFA die Pflicht zur Jahresabschlusserstellung dann rückwirkend entfallen, wenn der Abschlussstichtag der Überträgerin zwar vor der Eintragung liegt, der Jahresabschluss bis zur Eintragung aber noch nicht aufgestellt ist.[44]

b) Bilanzierung bei der Übernehmerin

Der Vermögensübergang infolge der Verschmelzung stellt aus der Sicht des übernehmenden Rechtsträgers einen **Anschaffungsvorgang** dar.[45] Im Rahmen des Anschaffungsvorgangs gehen die Vermögensgegenstände und Schulden der Überträgerin auf die übernehmende Aktiengesellschaft über. 49

Bei Verschmelzungen durch Aufnahme stellt sich der Vermögensübergang aus Sicht der Übernehmerin als **laufender Geschäftsvorfall** dar. Die Erstellung einer Übernahmebilanz ist demnach nicht erforderlich. Bei Verschmelzungen zur Neugründung hat die durch den Verschmelzungsvorgang entstehende Übernehmerin zu Beginn ihres Handelsgewerbes nach § 242 HGB eine Eröffnungsbilanz zu erstellen. Die Vermögensgegenstände und Schulden sind bei der Übernehmerin in beiden Fällen zu erfassen, sobald sie ihr zuzurechnen sind. 50

Zivilrechtlich erfolgt der Vermögensübergang von der übertragenden auf die übernehmende Gesellschaft erst im Zeitpunkt der Eintragung der Verschmelzung im Handelsregister am Sitz der Übernehmerin. Ab diesem Zeitpunkt endet auch die Rechnungslegungspflicht der – dann nicht mehr existenten – Überträgerin und ist deren Vermögen in der Handelsbilanz der Übernehmerin zu erfassen. 51

In **Ausnahmefällen** kommt es allerdings schon vor der Eintragung zum Übergang des für handelsbilanzielle Zwecke entscheidenden wirtschaftlichen Eigentums. Nach Ansicht des HFA hat der Übergang des wirtschaftlichen Eigentums bereits vor der Eintragung und vor dem die Bilanzierungsfrage auslösenden Abschlussstichtag stattgefunden, wenn folgende Voraussetzungen kumulativ erfüllt sind:[46] 52
(1) Zum Abschlussstichtag muss ein Verschmelzungsvertrag formwirksam abgeschlossen sein und es müssen die Verschmelzungsbeschlüsse und die Zustimmungsbeschlüsse der Aktionäre gefasst sein;
(2) der vereinbarte Verschmelzungsstichtag muss vor dem Abschlussstichtag liegen oder mit diesem zusammenfallen;
(3) die Eintragung muss bis zur Beendigung der Aufstellung des Jahresabschlusses erfolgt oder mit Sicherheit absehbar sein;
(4) es muss faktisch oder durch eine entsprechende Regelung im Verschmelzungsvertrag sichergestellt sein, dass der übertragende Rechtsträger nur noch im Rahmen eines ordnungsgemäßen Geschäftsgangs oder mit Einwilligung der Übernehmerin über die ihm zivilrechtlich noch gehörenden Vermögensgegenstände verfügen kann.

Liegen die voranstehend genannten Voraussetzungen vor, so hat der übernehmende Rechtsträger die Verschmelzung am Abschlussstichtag in seinem handelsrechtlichen Jahresabschluss abzubilden. Das heißt, das Vermögen des übertragenden Rechtsträgers ist vom Zeitpunkt des Übergangs des wirtschaftlichen Eigentums 53

---

[44] IDW RS HFA 42/2012, FN/IDW 2012, 701.
[45] Vgl. Kallmeyer/*Müller* UmwG § 24 Rn. 1.
[46] IDW RS HFA 42/2012, FN/IDW 2012, 701.

beim Übernehmer zu bilanzieren. Ab diesem Zeitpunkt entstehen beim übernehmenden Rechtsträger aus diesem Vermögen originäre Aufwendungen und Erträge. Aus Vereinfachungsgründen ist es jedoch nach Meinung des HFA zulässig, in diesen Fällen das übergehende Vermögen nach den **Verhältnissen am Verschmelzungsstichtag** (und nicht erst ab Übergang des wirtschaftlichen Eigentums) beim Übernehmer einzubuchen und Veränderungen dieses Vermögens seit dem Verschmelzungsstichtag vollumfänglich wie eigene Geschäftsvorfälle abzubilden.

54 Sind die og. Voraussetzungen nicht erfüllt, dh liegen wirtschaftliches und zivilrechtliches **Eigentum noch bei der Überträgerin**, hat diese bis zum Abschlussstichtag originäre Aufwendungen und Erträge. Ist der Saldo dieser Aufwendungen aus dem Zeitraum zwischen Umwandlungs- und Abschlussstichtag positiv, so ist dieser Saldo zweckmäßigerweise durch eine aufwandswirksame Passivierung auszugleichen, um dadurch eine **Ausschüttungssperre** zu erreichen (der Gewinn ist laut Vereinbarung im Verschmelzungsvertrag für Rechnung der Übernehmerin erwirtschaftet worden; eine Ausschüttung an die Anteilsigner der Überträgerin muss deshalb verhindert werden).[47] Der übernehmende Rechtsträger kann einen entsprechenden Ertrag erst mit der Eintragung der Verschmelzung ausweisen (§ 252 Abs. 1 Nr. 4 HGB). Ist der Saldo dagegen negativ, so hat die Übernehmerin grundsätzlich (wenn nicht aus der Verschmelzung selbst ein ausreichender Übernahmegewinn erzielt wird) eine Rückstellung zu bilanzieren (bei der Überträgerin kann ein entsprechendes Aktivum nicht bilanziert werden).[48]

55 Als **Gegenleistung** für den Erwerb des Vermögens der Überträgerin gewährt die Übernehmerin den Aktionären der Überträgerin entweder durch eine Kapitalerhöhung geschaffene neue Aktien, ggf. unter Leistung barer Zuzahlungen (Verschmelzung mit Kapitalerhöhung), oder sie gibt eigene Aktien an die Gesellschafter der Überträgerin aus, respektive gibt die durch die Verschmelzung übergehenden eigenen Aktien hin (Verschmelzung ohne Kapitalerhöhung).

56 In beiden Fällen gewährt § 24 UmwG der übernehmenden Gesellschaft ein **Wahlrecht**,[49] das übernommene Vermögen mit den Buchwerten (Buchwertverknüpfung) der Überträgerin oder einem höheren Wert (Anschaffungskostenbilanzierung), höchstens zum Verkehrswert anzusetzen. Das Wahlrecht kann nur einheitlich für alle übernommenen Vermögensgegenstände und Schulden ausgeübt werden.[50]

57 **Anschaffungskostenbilanzierung:** Erfolgt die Verschmelzung mit Kapitalerhöhung, so besteht die Gegenleistung an die Aktionäre der übertragenden Gesellschaft in neuen Aktien der Übernehmerin. Die Höhe der für das übertragende Vermögen einzubuchenden Anschaffungskosten hängt in diesem Fall vom Umfang der Kapitalerhöhung laut Kapitalerhöhungsbeschluss und der vereinbarten Kapitalrücklagendotierung ab, wobei bare Zuzahlungen iSv § 5 Abs. 1 Nr. 3 UmwG jeweils mit zu berücksichtigen sind.

---

[47] IDW RS HFA 42/2012, FN/IDW 2012, 701.

[48] Alternativ wird es vom IDW-HFA auch für zulässig erachtet, dass die Überträgerin das Vermögen und die Schulden und die erfolgswirksamen Geschäftsvorfälle unabhängig von dem Übergang des wirtschaftlichen Eigentums generell wie eigene erfasst und die Auswirkungen des abgeschlossenen Verschmelzungsvertrags (Führung der Geschäfte für Rechnung des übernehmenden Rechtsträgers) im Anhang erläutert.

[49] IDW RS HFA 42 Rn. 43; Kallmeyer/*Müller* UmwG § 24 Rn. 25 f.; Lutter/*Priester* UmwG § 24 Rn. 45 f.

[50] Vgl. Kallmeyer/*Müller* UmwG § 24 Rn. 17; Schmitt/Hörtnagl/Stratz/*Hörtnagl* UmwG § 24 Rn. 85.

A. Verschmelzung einer AG auf eine andere AG 58–61 § 13

Im Einzelnen:[51] 58
– Wird bei der Kapitalerhöhung ein Agio vereinbart, entsprechen die Anschaffungskosten dem Ausgabebetrag; um in diesem Fall die Rechtsfolgen der Anschaffungsbilanzierung (siehe sogleich) zu erzielen, jedoch das Gleiche bilanzielle Ergebnis, wie bei einer Buchwertverknüpfung herbeizuführen, muss der Ausgabebetrag genau dem Eigenkapital der Überträgerin laut Schlussbilanz entsprechen.
– Wird bestimmt, dass die Differenz zwischen dem Zeitwert des Vermögens und dem Nennbetrag der neuen Anteile in die Kapitalrücklage eingestellt wird, entsprechen die Anschaffungskosten der Summe aus Nennbetrag und Rücklagendotierung.
– Wird nur der Betrag der Nominalkapitalerhöhung festgelegt, ist durch Auslegung zu ermitteln, ob die Anschaffungskosten dem Nominalbetrag der Anteile oder dem Zeitwert des übertragenen Vermögens entsprechen.

Soweit dagegen die Übernehmerin Aktien an der Überträgerin hält (Kapitalerhöhungsverbot) oder die Verschmelzung gegen Hingabe eigener Aktien abgewickelt werden soll (Kapitalerhöhungswahlrecht), ist aus Sicht der übernehmenden Aktiengesellschaft ein **tauschähnlicher Vorgang** gegeben. Für die Ermittlung der Anschaffungskosten für das übernommene Vermögen besteht demnach ein Wahlrecht zwischen 59
– dem Buchwert der untergehenden bzw. hingegebenen Anteile,
– dem Zeitwert der untergehenden bzw. hingegebenen Anteile oder
– einem erfolgsneutralen Zwischenwert.

Erfolgt die Übernahmebilanzierung nach dem **Anschaffungskostenprinzip** 60
hat das folgende Konsequenzen:
– Das Aktivierungsverbot des § 248 Abs. 2 Satz 2 HGB für von der Überträgerin selbst erstellte immaterielle Vermögensgegenstände des Anlagevermögens findet keine Anwendung.
– Aus Anlass der Verschmelzung entstehende Aufwendungen (zB GrESt) sind als Anschaffungsnebenkosten zu aktivieren.
– Das in Art. 28 Abs. 1 EGHGB enthaltene Wahlrecht zur Passivierung von Pensionsverpflichtungen aus sog. Altzusagen ist nicht einschlägig.
– Keine Bindung an die vom übertragenden Rechtsträger getroffene Ausübung von Ansatz- und Bewertungsentscheidungen; es gelten vielmehr auch für das übergehende Vermögen einheitlich die Bilanzierungs- und Bewertungsprinzipien des übernehmenden Rechtsträgers.
– Beim übertragenden Rechtsträger aktivierte Bilanzierungshilfen sind vom übernehmenden Rechtsträger nicht fortzuführen.

Buchwertverknüpfung: Erfolgt die Verschmelzung mit Kapitalerhöhung und 61
ist das übergehende Reinvermögen zu Buchwerten höher als der Ausgabebetrag der Anteile, so ist der übersteigende Betrag unter Abzug barer Zuzahlungen als Kapitalrücklage gem. § 272 Abs. 2 Nr. 1 HGB auszuweisen. Soweit bei der übertragenden Aktiengesellschaft ausschüttbare Gewinnrücklagen vorhanden waren, werden diese im Zuge der Verschmelzung ausschüttungsgesperrt (§ 150 Abs. 4 AktG). Dies kann vor allem dann nachteilig sein, wenn auf den durch die Verschmelzung übergehenden Rücklagenbeträgen umfangreiche KSt-Guthaben ruhen und es sich bei der übernehmenden Aktiengesellschaft um eine Organgesellschaft handelt. In diesem Fall lässt sich das „eingesperrte" KSt-Guthaben jedoch ggf. durch eine

---
[51] IDW RS HFA 42/2012, FN/IDW 2012, 701.

Organschaftspause im Ausschüttungswege resp. durch ein innerorganschaftliches Leg-ein-hol-zurück-Verfahren[52] mobilisieren.

62 Übersteigt der Ausgabebetrag der Anteile das übergehende Reinvermögen zu Buchwerten, so entsteht ein sofort aufwandswirksam zu behandelnder **Verschmelzungsverlust**.[53] Erfolgt die Verschmelzung ohne Kapitalerhöhung, so resultiert aus der Differenz des Buchwerts der untergehenden respektive hingegebenen Anteile zum Buchwert des übergehenden Reinvermögens ein Verschmelzungsgewinn oder -verlust, der erfolgswirksam über die Gewinn- und Verlustrechnung zu verrechnen ist.

63 Bei **Fortführung der Buchwerte** tritt die Übernehmerin hinsichtlich der Rechnungslegung in die Rechtsstellung der Überträgerin ein. Die Übernehmerin führt die von der Überträgerin getroffenen Bilanzierungsentscheidungen aus der Schlussbilanz fort. Dies gilt für die Ausübung sowohl von Ansatzwahlrechten als auch von Bewertungswahlrechten. Die Buchwertverknüpfung lässt konzeptionell die Aktivierung von durch den übertragenden Rechtsträger selbst erstellten immateriellen Vermögensgegenstände nicht zu. Auch können anlässlich der Verschmelzung entstehende Aufwendungen nicht als Anschaffungsnebenkosten aktiviert werden.

c) Bilanzierung beim Aktionär der Überträgerin

64 Beim Aktionär der Überträgerin stellt sich die Hingabe der Aktien an der Überträgerin gegen Gewährung neuer respektive eigener Aktien der Übernehmerin sowie ggf. gegen den Erhalt von Abfindungszahlungen als **Tauschgeschäft** dar. Demnach kann er die erhaltenen Anteile nach allgemeinen Tauschgrundsätzen
- mit dem Buchwert der hingegebenen Aktien,
- mit dem Zeitwert der hingegebenen Aktien oder
- mit einem Zwischenwert

ansetzen.

IV. Ertragsteuerliche Folgen

1. Ertragsteuerliche Folgen bei der Überträgerin

65 Die übertragende AG hat auf den steuerlichen Übertragungsstichtag (§ 2 Abs. 1 UmwStG) auch eine steuerliche Schlussbilanz zu erstellen. Steuerlicher Übertragungsstichtag ist der Tag, auf den die übertragende AG ihre handelsrechtliche Schlussbilanz erstellt hat.[54] Das Einkommen, das Vermögen und die Besteuerungsgrundlagen der Überträgerin sowie der übernehmenden Gesellschaft sind so zu ermitteln, als ob das Vermögen der Gesellschaft mit Ablauf des Stichtags der Bilanz, die dem Vermögensübergang zugrunde liegt, auf die übernehmende Gesellschaft übergegangen und die Überträgerin gleichzeitig aufgelöst worden wäre (§ 2 Abs. 1 UmwStG). Durch die Bezugnahme auf den Stichtag der handelsrechtlichen Schlussbilanz, der gem. § 17 Abs. 2 UmwG höchstens acht Monate vor der HR-Anmeldung zurückliegen darf, kann die Verschmelzung steuerlich im Ergebnis bis zu acht Monate zurückbezogen werden. Alle nach diesem Stichtag stattfindenden Geschäftsvorfälle, die sich zivilrechtlich bis zur Eintragung der Verschmelzung noch bei der

---

[52] Vgl. BFH I R 25/00, DB 2002, 408.
[53] Vgl. Schmitt/Hörtnagl/Stratz/*Hörtnagl* UmwG § 24 Rn. 78.
[54] Vgl. BMF 11.11.2011, BStBl. I 2011, 1314 Rn. 02.02.

A. Verschmelzung einer AG auf eine andere AG 66–70 § 13

Überträgerin ereignen, werden steuerlich grundsätzlich bereits der Übernehmerin zugerechnet. Für die Umsatzsteuer, die Grunderwerbsteuer und die Erbschaftsteuer gilt diese steuerliche Rückbeziehung allerdings nicht. Für diese Steuerarten wechselt das Steuersubjekt erst mit der Wirksamkeit der Verschmelzung.[55]

Nach dem Wortlaut des § 2 Abs. 1 UmwStG gilt die **steuerliche Rückwirkungsfiktion**[56] nur für den übertragenden und den übernehmenden Rechtsträger, nicht jedoch für die Anteilseigner der übertragenden AG. Die FinVerw hat diese gesetzliche Regelungslücke wie folgt geschlossen:[57] Soweit Aktionäre der übertragenden Gesellschaft in der Zeit zwischen dem steuerlichen Übertragungsstichtag und dem Tag der Eintragung der Verschmelzung aus ihrer Gesellschaft (zB durch Veräußerung) ausscheiden, wird ihr Ausscheiden steuerlich **nicht zurückbezogen**; sie scheiden mithin steuerlich aus dem zivilrechtlich noch bestehenden übertragenden Rechtsträger aus. Der Erwerber erwirbt steuerlich rückwirkend zum steuerlichen Übertragungsstichtag.[58] 66

Aktionäre des übertragenden Rechtsträgers, die gegen den Verschmelzungsbeschluss Widerspruch zur Niederschrift erklärt haben und erst nach der Wirksamkeit der Verschmelzung gegen eine Barabfindung (§ 29 UmwG) aus der übernehmenden AG ausscheiden, werden steuerlich so behandelt, als ob sie noch aus dem übertragenden Rechtsträger ausgeschieden wären.[59] Weitere steuerliche **Sonderregelungen** gelten für Aufsichtsratvergütungen[60] und Gewinnausschüttungen.[61] 67

Die übertragende AG hat für steuerliche Zwecke nach § 11 Abs. 1 UmwStG eine steuerliche Schlussbilanz zu erstellen. In dieser steuerlichen Schlussbilanz sind die übergehenden Wirtschaftsgüter einschließlich nicht entgeltlich erworbener und selbst geschaffener immaterieller Wirtschaftsgüter der übertragenden AG grundsätzlich mit dem gemeinen Wert anzusetzen. Besondere Bewertungsregeln gelten für Pensionsrückstellungen, die gem. § 6a EStG zu bewerten sind.[62] 68

Auf Antrag können die übergehenden Wirtschaftsgüter in der steuerlichen Schlussbilanz (Übertragungsbilanz) nach § 11 Abs. 2 Satz 1 UmwStG abweichend von dem vorbenannten Grundsatz **einheitlich** mit dem Buchwert oder einem höheren Wert, höchstens jedoch mit dem Wert nach § 11 Abs. 1 UmwStG angesetzt werden, soweit 69
– bei der übernehmenden AG deren spätere Besteuerung mit Körperschaftsteuer sichergestellt ist,
– das Recht der Bundesrepublik Deutschland hinsichtlich der Besteuerung des Gewinns aus der Veräußerung der übertragenden Wirtschaftsgüter bei der übernehmenden AG nicht ausgeschlossen oder beschränkt wird und
– keine Gegenleistung gewährt wird oder diese in Gesellschaftsrechten besteht.

Durch einen Ansatz der Buchwerte wird die Aufdeckung von stillen Reserven in der steuerlichen Schlussbilanz der übertragenden AG vermieden. Durch eine Bewertung über Buchwert entsteht auf Ebene der übertragenden AG ein Übertragungsgewinn. Dieser Gewinn unterliegt grundsätzlich der Körperschaftsteuer und der Gewerbesteuer. 70

---

[55] Vgl. DJP/*Dötsch* UmwStG nF § 2 Rn. 8 f.
[56] Ausführlicher *Neumann* DB 2013, 2887.
[57] UmwStErl. Tz. 02.17 ff.
[58] UmwStErl. Tz. 02.18.
[59] UmwStErl. Tz. 02.19.
[60] UmwStErl. Tz. 02.37.
[61] UmwStErl. Tz. 02.25 ff.
[62] Vgl. Schmitt/Hörtnagl/Stratz/*Schmitt* UmwStG § 11 Rn. 87.

71 Bei dem in § 11 Abs. 1 UmwStG kodifizierten Wertansatzwahlrecht handelt es sich um ein **allein steuerliches Wahlrecht**, dem kein entsprechendes handelsrechtliches Wahlrecht gegenübersteht. Denn handelsrechtlich gelten wie bereits ausgeführt, für die Übertragungsbilanz auch für Bewertungsfragen die Vorschriften über die Jahresbilanz entsprechend (§ 17 Abs. 2 Satz 2 UmwG). Demnach bilden in der handelsrechtlichen Übertragungsbilanz die sog. fortgeführten Anschaffungs- respektive Herstellungskosten die Bewertungsobergrenze, während steuerlich – unabhängig davon, ob handelsrechtlich aufgestockt wird oder nicht – bis zu den gemeinen Werten aufgestockt werden kann.[63]

72 Werden den Aktionären der übertragenden AG neben Aktien auch **andere Gegenleistungen** – dazu gehören auch in einem Spruchstellenverfahren festgesetzte Zuzahlungen – gewährt, so ist insoweit eine Aufstockung der im Zuge der Verschmelzung übergehenden Wirtschaftsgüter in der steuerlichen Schlussbilanz der Überträgerin gesetzlich vorgeschrieben (§ 11 Abs. 1 UmwStG). Der Aufstockungsbetrag umfasst nicht den gesamten Wert der Gegenleistung, sondern es ist nur insoweit aufzustocken, wie der Wert der auf das einzelne Wirtschaftsgut entfallenden Gegenleistung den entsprechenden Buchwertanteil übersteigt.[64]

73 Der sich im Zuge der steuerlichen Aufstockung ergebende Gewinn (Übertragungsgewinn) entsteht zum steuerlichen Übertragungsstichtag[65] (= Stichtag der Schlussbilanz) und unterliegt bei der Überträgerin der laufenden Besteuerung, ist mithin in dem Veranlagungszeitraum, in dem der steuerliche Übertragungsstichtag liegt, gewerbe- und körperschaftsteuerpflichtig (Körperschaftsteuer-Regelsteuersatz zZ 15%). Eine freiwillige steuerliche Aufstockung in der Übertragungsbilanz ist daher im Regelfall nicht empfehlenswert. **Vorteilhaft** ist eine steuerliche Aufstockung aber dann, wenn die Überträgerin über steuerliche Verlustvorträge verfügt. Denn diese Verluste würden im Zuge der Verschmelzung untergehen. Die bisherige Regelung in § 12 Abs. 2 Satz 3 UmwStG, der zufolge die Verluste des übertragenen Rechtsträgers unter bestimmten Bedingungen vom übernehmenden Rechtsträger fortgeführt werden konnten, wurde im Rahmen des SEStEG ersatzlos gestrichen. Wird in diesem Fall unter **Verbrauch des bestehenden Verlustvortrags** bei der Überträgerin steuerneutral aufgestockt, kann der Verlustvortrag durch die Übernehmerin zukünftig zumindest in Form höherer Abschreibungen respektive geringerer Veräußerungsgewinne genutzt werden. Schwierigkeiten bereitet hierbei jedoch in der Praxis der Umstand, dass der gewerbesteuerliche Verlustvortrag (wegen vorangegangener gewerbesteuerlicher Hinzurechnungen) regelmäßig niedriger ist als der körperschaftsteuerliche Verlustvortrag, sodass einer steuerneutralen Aufstockung insoweit Grenzen gesetzt sind. Überdies ist im Rahmen der Aufstockung beim übertragenden Rechtsträger zu beachten, dass bei Aufstockungen ab 1 Mio. EUR die im § 10d Abs. 2 UmwStG niedergelegte Mindestbesteuerung

---

[63] Regierungsentwurf des SEStEG v. 12.7.2006, BT-Drs. 16/2710, 34, entgegen der hM ua bei *Knopf/Küting* BB 1995, 1023 (1028); *Rödder* DStR 1995, 322; *Thiel* DB 1995, 1196; *Schaumburg* FR 1995, 211 Fn. 21; *Herzig* FR 1997, 123 sowie *Weber-Grellet* BB 1997, 653 vertrat die Finanzverwaltung zum Umwandlungssteuergesetz 1995 die Auffassung (s. UmwStErl. Tz. 11.01), dass nach dem Grundsatz der Maßgeblichkeit der Handelsbilanz für die Steuerbilanz aufgrund der handelsrechtlichen Rechtslage auch in der steuerlichen Schlussbilanz der Überträgerin nur die in der Handelsbilanz zulässigen Werte angesetzt werden konnten, dh grundsätzlich die Buchwerte.

[64] Vgl. im Einzelnen *Rödder/Herlinghaus/van Lishaut/Rödder* UmwStG § 11 Rn. 147 ff. (mit einem Beispiel zur Aufstockung).

[65] UmwStErl. Tz. 11.04 iVm Tz. 03.03 ff.

A. Verschmelzung einer AG auf eine andere AG 74–77 § 13

eingreift. Ärgerlicherweise hat es der Gesetzgeber in Verschmelzungsfällen nicht für erforderlich erachtet, auf die Mindestbesteuerung zu verzichten. Dies führt im Ergebnis dazu, dass es insbesondere in den Fällen, in denen die stillen Reserven überwiegend im Firmenwert ruhen, zu einer Aufstockung über den Millionenbetrag hinaus beim übertragenden Rechtsträger oftmals nicht kommen wird (denn in diesen Fällen dominiert die Ertragsteuer auf 40% des Aufstockungsbetrags heute oftmals die über 15 Jahre gestreckte Mindersteuer auf das im Zuge der Aufstockung geschaffene Abschreibungssubstrat), und somit Verlustvorträge weitestgehend ungenutzt verlorengehen.

§ 11 Abs. 2 Satz 1 Nr. 1 UmwStG gewährt das Buchwertprivileg nur dann, wenn **74** sichergestellt ist, dass die in dem übergehenden Vermögen enthaltenen stillen Reserven später bei der übernehmenden AG der Körperschaftsteuer unterliegen. Soweit dies nicht der Fall ist, sind in der Übertragungsbilanz gemeine Werte anzusetzen.

Das Übernahmeergebnis ermittelt sich mithin wie folgt: **75**

Ansatz der übergegangenen Wirtschaftsgüter mit Buchwerten, Zwischenwerten oder gemeinen Werten (einschließlich Aufstockung nach § 11 Abs. 2 Satz 2 UmwStG)

./.   Buchwert der übergehenden Wirtschaftsgüter
./.   Kosten für den Vermögensübergang
=   Übertragungsergebnis
./.   GewSt auf Übertragungsgewinn (gem. § 10 Abs. 2 KStG wieder hinzuzurechnen)
./.   KSt auf Übertragungsgewinn (gem. § 10 Abs. 2 KStG wieder hinzuzurechnen)
=   Übertragungsergebnis

Bei reinen Inlandsverschmelzungen ohne Auslandsbezug, dh bei einer Verschmel- **76** zung einer inländischen AG, die nur über inländisches Betriebsvermögen verfügt, auf eine andere inländische steuerpflichtige AG, kann sich durch die Verschmelzung keine Beschränkung des deutschen Besteuerungsrechts ergeben. § 11 Abs. 2 Satz 1 Nr. 2 UmwStG steht demnach einem antragsgemäßen Buchwertansatz in diesen Fällen nicht entgegen. Dasselbe gilt für eine inländische AG mit inländischen und ausländischen Betriebsstätten, die auf eine andere inländische steuerpflichtige AG verschmolzen wird. Bei einer Hinausverschmelzung einer inländischen AG auf eine ausländische AG kommt es indessen zu einer für das Antragswahlrecht des § 11 Abs. 2 Satz 1 UmwStG schädlichen Beschränkung des deutschen Besteuerungsrechts, wenn übergehende Wirtschaftsgüter verschmelzungsbedingt nicht einer deutschen Betriebsstätte, der Übernehmerin, sondern dem ausländischen Stammhaus zuzuordnen sind.[66] Außerdem kommt es infolge einer Hinausverschmelzung zu einer Beschränkung des deutschen Besteuerungsrechtes hinsichtlich der Wirtschaftsgüter, die sich vor der Verschmelzung in einer ausländischen Nicht-DBA-Betriebsstätte oder in einer ausländischen DBA-Betriebsstätte mit Anrechnungsmethode befunden haben. Im Falle von EU-Betriebsstätten ist insoweit auch die in § 11 Abs. 3 iVm § 3 Abs. 3 UmwStG enthaltene Regelung zur Steuerermäßigung bei der Übertragungsgewinnbesteuerung in Anrechnungsfällen zu beachten. Auch in diesem Fall ist demnach ein Buchwertansatz nicht möglich.

Bei der Hereinverschmelzung einer ausländischen AG mit steuerverhaftetem **77** Inlandsvermögen auf eine inländische steuerpflichtige AG wird das inländische Besteuerungsrecht hinsichtlich des inländischen Vermögens im Regelfall verschmel-

---

[66] Vgl. Schmitt/Hörtnagl/Stratz/*Schmitt* UmwStG § 11 Rn. 114 f.

zungsveranlasst nicht beschränkt, so dass das inländische Vermögen für Zwecke der deutschen Besteuerung auf Antrag mit dem Buchwert oder einem Zwischenwert angesetzt werden kann (§ 11 Abs. 2 Satz 1 Nr. 2 UmwStG).

78 Im Fall der Hereinverschmelzung erhält Deutschland erstmals hinsichtlich des ausländischen Vermögens einer ausländischen DBA-Anrechnungsbetriebsstätte sowie des Betriebsstättenvermögens in einem Nicht-DBA-Staat das Besteuerungsrecht.[67] Das Auslandsvermögen wird mithin erstmals in Deutschland steuerverstrickt und ist für Zwecke der deutschen Besteuerung zu gemeinen Werten anzusetzen. Es besteht insoweit kein Anlass, einen Antrag gem. § 11 Abs. 2 Satz 1 UmwStG zu stellen.

79 Bei der Auslandsverschmelzung einer ausländischen AG auf eine andere ausländische AG gilt im Hinblick auf das inländische Betriebsstättenvermögen das Vorgenannte entsprechend. Es muss, um § 11 Abs. 2 Satz 1 Nr. 2 UmwStG Genüge zu tun, vermieden werden, dass verschmelzungsbedingt Wirtschaftsgüter statt einer inländischen einer ausländischen Betriebsstätte zugeordnet werden.

80 Gemäß § 11 Abs. 2 Satz 1 Nr. 3 UmwStG darf das übergehende Betriebsvermögen nur insoweit mit dem Buchwert angesetzt werden, als eine Gegenleistung nicht gewährt wird oder in Gesellschaftsrechten besteht. Soweit im Rahmen der Verschmelzung bzw. der Vermögensübertragung eine nicht in Gesellschaftsrechten bestehende Gegenleistung gewährt wird, kommt es zu einer zwingenden Aufdeckung stiller Reserven durch den Ansatz des gemeinen Wertes. Gemäß § 54 Abs. 1 Satz 1 Nr. 1 UmwG bzw. nach § 68 Abs. 1 Satz 1 Nr. 1 UmwG darf die übernehmende Gesellschaft zur Durchführung einer Verschmelzung ihr Nennkapital nicht erhöhen, soweit sie Anteile eines übertragenden Rechtsträgers innehat. Dies ist regelmäßig bei der Verschmelzung einer Tochtergesellschaft auf ihre Muttergesellschaft der Fall. Der Wegfall der Anteile an der übertragenden AG ist keine Gegenleistung iSv § 11 Abs. 2 Satz 1 Nr. 3 UmwStG.[68] Gegenleistungen iSd § 11 Abs. 2 Satz 1 Nr. 3 UmwStG liegen nur vor, wenn und soweit die übernehmende AG etwas aufwendet, um die Wirtschaftsgüter der übertragenden AG zu erhalten und sich hierdurch eine Vermögensmehrung bei der übertragenden AG bzw. deren Anteilseigner ergibt.

81 Eine Buchwertfortführung ist nach § 11 Abs. 2 Satz 1 Nr. 3 UmwStG erlaubt, wenn die Gegenleistung in Anteilen bzw. Mitgliedschaftsrechten besteht. Dabei kann es sich um neue Anteile handeln, die im Zuge der mit der Verschmelzung einhergehenden Kapitalerhöhung entstanden sind, oder um eigene Anteile der übernehmenden AG, die den Anteilseignern der übertragenden AG als Gegenleistung gewährt werden.

82 Eine iSd § 11 Abs. 2 Satz 1 Nr. 3 UmwStG schädliche Gegenleistung liegt dann vor, wenn die übernehmende AG etwas aufwendet, um die Wirtschaftsgüter der übertragenden AG zu erlangen. Die schädlichen Gegenleistungen können in bar oder durch Gewährung anderer Vermögenswerte erfolgen. Soweit eine nicht in Gesellschaftsrechten bestehende schädliche Gegenleistung gewährt wird, kommt es zu einer zwingenden Aufdeckung stiller Reserven. Durch den Ansatz des gemeinen Wertes nach § 11 Abs. 1 UmwStG, dh zu einem im Regelfall steuerpflichtigen Übertragungsgewinn. Die Gegenleistung führt hingegen nicht zu einer vollen Steuerpflicht, sondern nur insoweit, als sie die auf sie entfallenden Buchwerte übersteigt.

---

[67] Vgl. Schmitt/Hörtnagl/Stratz/*Schmitt* UmwStG § 11 Rn. 117 f.
[68] Vgl. DPM/*Dötsch* UmwStG § 11 Rn. 71, Schmitt/Hörtnagl/Stratz/*Schmitt* UmwStG § 11 Rn. 127 ff.

A. Verschmelzung einer AG auf eine andere AG 83–86 § 13

Kommt eine Aufstockung in Betracht, so stellt sich die Frage, ob die Wirtschaftsgüter in der steuerlichen Übertragungsbilanz gleichmäßig oder punktuell aufzustocken sind. § 11 Abs. 1 UmwStG lässt diese Frage offen. Allerdings ist nach der BFH-Rechtsprechung in Fällen des Unternehmenskaufs eine gleichmäßige Aufstockung geboten (sog. Stufentheorie).[69] **83**

Die Verschmelzung zweier Kapitalgesellschaften ist jedoch kein Fall des Unternehmenskaufs, sodass sich die og. BFH-Rechtsprechung nicht unmittelbar übertragen lässt. Die nunmehr hM spricht sich für eine Aufteilung im Verhältnis der gemeinen Werte der übergehenden Wirtschaftsgüter aus.[70] **84**

Ein Ansatz der übergehenden Vermögenswerte unterhalb des gemeinen Wertes setzt gem. § 11 Abs. 2 Satz 1 UmwStG eine Antragstellung voraus. Der Antrag ist bei dem für die Ertragsbesteuerung der übertragenden AG zuständigen inländischen Finanzamt zu stellen. Bei Körperschaften ist gem. § 20 AO für die Besteuerung nach dem Einkommen und Vermögen das Finanzamt örtlich zuständig, in dessen Bezirk sich die Geschäftsleitung befindet. Befindet sich die Geschäftsleitung nicht im Geltungsbereich des Gesetzes oder lässt sich der Ort der Geschäftsleitung nicht feststellen, so ist das Finanzamt örtlich zuständig, in dessen Bezirk die Steuerpflichtigen ihren Sitz haben. Ist weder die Geschäftsleitung noch der Sitz im Geltungsbereich des Gesetzes, so ist das Finanzamt örtlich zuständig, in dessen Bezirk sich das Vermögen der Steuerpflichtigen und, wenn dies für mehrere Finanzämter zutrifft, das Finanzamt, in dessen Bezirk sich der wertvollste Teil des Vermögens befindet.[71] Besonderheiten ergeben sich, wenn für die Besteuerung der übertragenden und der übernehmenden AG unterschiedliche Finanzämter zuständig sind. In diesen Fällen findet in dem Zeitpunkt, in dem eines der Finanzämter von der Verschmelzung erfährt, ein Zuständigkeitswechsel statt (§ 26 Satz 1 AO). Dies gilt auch für die Antragstellung iSd § 11 Abs. 2 Satz 1 UmwStG. Die für die übertragende Körperschaft zuständige Finanzbehörde kann im Fall der Verschmelzung lediglich ein bereits begonnenes Verwaltungsverfahren fortführen, wenn dies unter Wahrung der Interessen der Beteiligten der einfachen und zweckmäßigen Durchführung des Verfahrens dient und die nunmehr zuständige Finanzbehörde zustimmt (§ 26 Satz 2 AO). Außerdem kann in den Fällen der Zuständigkeitsvereinbarung nach § 27 AO eine andere Finanzbehörde zuständig sein.[72] **85**

Nach Abgabe eines wirksamen Bewertungsantrags nach § 11 Abs. 2 Satz 1 UmwStG ist eine Änderung der Bewertung des Vermögens in der steuerlichen Schlussbilanz der Überträgerin nicht mehr möglich.[73] Eine Bilanzberichtigung ist dagegen durch den Steuerpflichtigen auch nach der Antragstellung im Rahmen des § 4 Abs. 2 Satz 1 EStG möglich, soweit die steuerliche Schlussbilanz, den GoB und den einschlägigen steuergesetzlichen Normen nicht entspricht und die auf der Schlussbilanz basierende Steuerfestsetzung noch aufgehoben respektive geändert werden kann. **86**

---

[69] Vgl. BFH IV R 129/71, BStBl. II 1975, 807; IV R 40/92, BStBl. II 1994, 224; aA die FinVerw, UmwStErl. Tz. 11.11 iVm 03.25 hiernach sind die stillen Reserven um einen einheitlichen Prozentsatz aufzulösen, also die Stufentheorie nicht anzuwenden.

[70] Siehe hM bei Rödder/Herlinghaus/van Lishaut/*Rödder* UmwStG § 11 Rn. 147; s. auch *Suchan/Peykan* DStR 2003, 136 (137 f.).

[71] Vgl. Rödder/Herlinghaus/van Lishaut/*Rödder* UmwStG § 11 Rn. 96, 96a.

[72] Vgl. OFD Magdeburg 26.4.2001, DStR 2001, 1705; OFD Chemnitz 2.10.2001, DB 2001, 2323.

[73] So *Ley/Bodden* FR 2007, 265 (270); *Winkeljohann/Fuhrmann* Handbuch Umwandlungssteuerrecht S. 749; andere Auffassung: Schmitt/Hörtnagl/Stratz/*Schmitt* UmwStG § 11 Rn. 68.

87 Durch das SEStEG neu eingefügt wurde die Regelung in § 11 Abs. 2 Satz 2 UmwStG für Fälle der Abwärtsverschmelzung (sog. Downstream Merger). § 11 Abs. 2 Satz 2 UmwStG regelt, dass Anteile an der übernehmenden AG in der steuerlichen Schlussbilanz mit dem Buchwert erhöht um Teilwertabschreibungen, die in früheren Jahren steuerwirksam vorgenommen und zwischenzeitlich nicht rückgängig gemacht worden sind, sowie um steuerwirksame Abzüge nach § 6b EStG und ähnliche Abzüge, höchstens jedoch mit dem gemeinen Wert anzusetzen sind. Die Regelung bewirkt – ähnlich wie die für Fälle der Aufwärtsverschmelzung in § 12 Abs. 1 Satz 2 UmwStG, getroffene Regelung – dass der Wegfall einer Beteiligungsebene durch die Verschmelzung downstream insoweit wie eine Veräußerung der Anteile an die Tochtergesellschaft zum gemeinen Wert behandelt werden soll.[74] Auf einen etwaigen „Veräußerungsgewinn" findet § 11 Abs. 2 Satz 3 UmwStG iVm § 8b Abs. 2 Satz 4 und 5 KStG entsprechend Anwendung. Nach bisheriger Verwaltungsauffassung zum alten Recht sollten §§ 11 ff. UmwStG nur auf Antrag und im Billigkeitsweg auf Downstream Merger anwendbar sein.[75] Es ist nunmehr davon auszugehen, dass das Antragserfordernis mit dem SEStEG entfallen ist.[76]

2. Ertragsteuerliche Folgen bei der Übernehmerin

88 Die übernehmende AG hat die in der steuerlichen Schlussbilanz der Überträgerin ausgewiesenen Wirtschaftsgüter mit den dort angesetzten Werten zu übernehmen. Die Übernahme des Vermögens und der Schulden erfolgt mit Wirkung zum steuerlichen Übertragungsstichtag (§ 2 Abs. 1 UmwStG). Zu übernehmen ist der gemeine Wert oder der nach § 11 Abs. 2 UmwStG von der übertragenden AG zulässig und wirksam gewählte Buchwert respektive Zwischenwert der übergegangenen Wirtschaftsgüter. Die gesetzlich geregelte steuerliche Werteverknüpfung gewährleistet, dass die spätere Besteuerung der in den übergegangenen Wirtschaftsgütern enthaltenen stillen Reserven bei der übernehmenden AG sichergestellt ist. Zwischen den steuerlichen Schlussbilanzwerten der Überträgerin und den bei der Übernehmerin steuerlich angesetzten Werten besteht demnach ein zwingender Wertezusammenhang.[77]

89 Dies gilt auch dann, wenn die übernehmende AG – unter Ausübung des in § 24 UmwG enthaltenen Wahlrechts – die Vermögensgegenstände der Überträgerin im Rahmen der **handelsrechtlichen** Übernahmebilanzierung zu Werten ansetzt, die oberhalb der in der Schlussbilanz der übertragenden AG ausgewiesenen Werten liegen. Denn die Ansätze in der Handelsbilanz der übernehmenden AG sind ohne Bedeutung für die steuerliche Übernahmebilanzierung, weil sich die steuerliche Bewertung Kraft ausdrücklicher gesetzlicher Regelung (§§ 12 Abs. 1, 4 Abs. 1 UmwStG) allein an der steuerlichen Schlussbilanz der Überträgerin auszurichten hat.[78]

90 Die Verschmelzung einer AG auf eine andere AG ist auf Ebene der übertragenden Gesellschaft grundsätzlich steuerneutral zu Buchwerten möglich. Für die

---

[74] Vgl. Rödder/Herlinghaus/van Lishaut/*Rödder* UmwStG § 11 Rn. 171; DJP/*Dötsch* UmwStG § 11 Rn. 65.
[75] Vgl. BMF 25.3.1998, BStBl. I 1998, 268 Tz. 11.24; 16.12.2003, BStBl. I 2003, 786 Tz. 11.18
[76] Vgl. *Rödder/Schumacher* DStR 2006, 1525; *Schaflitzl/Wittmeier* DB Beilage 8/2007, 47 sowie *Benecke/Schnitger* IStR 2006, 765 (774).
[77] Vgl. DJP/*Dötsch* UmwStG § 12 nF Rn. 8 ff.
[78] Vgl. DJP/*Dötsch* UmwStG § 12 nF Rn. 9.

A. Verschmelzung einer AG auf eine andere AG 91 § 13

übernehmende AG ist dies indessen im Regelfall dann nicht der Fall, soweit sie an der übertragenden AG beteiligt ist (Upstream Merger). Dies ergibt sich daraus, dass mit der Verschmelzung (upstream) eine Besteuerungsebene wegfällt, was nach dem SEStEG ähnliche Konsequenzen wie bei einer Liquidation der übertragenden AG zu dem nach § 11 UmwStG angesetzten Werten auslösen soll. Im Zuge der Verschmelzung (upstream) entsteht auf der Ebene des übernehmenden Rechtsträgers ein sog. Übernahmeergebnis. Dieses Übernahmeergebnis wird durch Gegenüberstellung des Übernahmewertes der übergegangenen Wirtschaftsgüter und des (ggf. nach den Regelung § 12 Abs. 1 Satz 2 UmwStG) zu erhöhenden Buchwerts, der im Zuge der Verschmelzung wegfallenden Anteile an der übertragenden Körperschaft ermittelt. Von diesem Saldobetrag werden nach den neu eingeführten Regelungen des SEStEG die Kosten für den Vermögensübergang abgezogen. Das Übernahmeergebnis ermittelt sich mithin wie folgt:

Ansatz der übergegangenen Wirtschaftsgüter mit Buchwerten, Zwischenwerten oder gemeinen Werten (§ 12 Abs. 1 Satz 1 UmwStG)
./. Buchwert der Anteile an der übertragenden Körperschaft (ggf. nach Korrektur gem. §§ 12 Abs. 1 Satz 2, 4 Abs. 1 Satz 2 f.)
./. Kosten für den Vermögensübergang
= Übernahmeergebnis

Dieses Übernahmeergebnis bleibt gem. § 12 Abs. 2 Satz 1 UmwStG außer Ansatz. Es entsteht mit Ablauf des steuerlichen Übertragungsstichtages.[79] Das Übernahmeergebnis ist positiv, wenn und soweit der Wert der übergegangenen Wirtschaftsgüter abzüglich der Kosten für den Vermögensübergang höher ist als der Wert der untergehenden Anteile an der übertragenden AG (zB Gründungsfall). Bleibt der Wert der zu übernehmenden Wirtschaftsgüter unter dem Buchwert der Anteile an der übertragenden AG abzüglich der Kosten des Vermögensübergangs zurück, entsteht ein Übernahmeverlust. Dies ist normalerweise dann der Fall, wenn die übernehmende AG im Kaufpreis ihre Anteile an den stillen Reserven mitbezahlt hat, die in den Wirtschaftsgütern der übertragenden AG ruhen und diese stillen Reserven auch im Rahmen der Verschmelzung in Anlehnung an § 11 UmwStG nicht aufgedeckt worden sind oder wenn die Anteile nach Erwerb durch Verluste der übertragenden AG oder in Folge der Verflüchtigung stiller Reserven im Wert gefallen sind und der Werteverfall bislang nicht durch eine Teilabschreibung geltend gemacht werden konnte, da es bei betrieblichen Anteilen an einer voraussichtlich dauernden Wertminderung iSd § 6 Abs. 1 Satz 1 Nr. 2 Satz 2 EStG fehlte.[80]

Ein Übernahmeergebnis ist immer dann zu ermitteln, wenn und soweit der übernehmende Rechtsträger am übertragenden Rechtsträger beteiligt ist. Dies gilt auch für Beteiligungen am übernehmenden Rechtsträger die unter 100% liegen. In diesem Zusammenhang verwundert, dass § 12 Abs. 2 UmwStG nicht eine zu § 4 Abs. 4 Satz 3 UmwStG entsprechende anteilige Übernahmegewinnermittlung vorsieht. Dies führt im Ergebnis dazu, dass bei der Verschmelzung auf beispielsweise eine zu 30% an der Überträgerin beteiligten AG 100% des übergehenden Vermögens in das Übernahmeergebnis einfließen. Im Rahmen der Übernahmeergebnisermittlung werden demnach zwei nicht vergleichbare Größen gegenübergestellt, mit anderen Worten es werden „Äpfel mit Birnen" verglichen.[81]

91

---

[79] Vgl. UmwStErl. Tz. 12.05.
[80] Vgl. Rödder/Herlinghaus/van Lishaut/*Rödder* UmwStG § 12 Rn. 66.
[81] Vgl. Rödder/Herlinghaus/van Lishaut/*Rödder* UmwStG § 12 Rn. 64.

92 Wenn § 12 Abs. 2 Satz 1 UmwStG den gesamten Übernahmegewinn aus einer Verschmelzung außer Ansatz lässt, trifft die damit verbundene Steuerfreistellung genau genommen zwei unterschiedliche Teilbeträge. Soweit dem verschmelzungsbedingt übergehenden Betriebsvermögen eine wegfallende Beteiligung gegenübersteht, handelt es sich um eine Befreiung eines „echten" Übernahmegewinns (sog. Übernahmegewinn im engeren Sinne). Soweit jedoch dem übergehenden Betriebsvermögen keine wegfallende Beteiligung gegenübersteht, regelt § 12 Abs. 2 Satz 1 UmwStG eine dem § 4 Abs. 1 Satz 1 EStG nachgebildete steuerliche Neutralisierung von Einlagen.[82] Ist die übernehmende AG nicht an der übertragenden AG beteiligt, kommt es folglich überhaupt nicht zu einem Übernahmegewinn bzw. -verlust im eigentlichen Sinne. § 12 Abs. 2 UmwStG ist auf diesen Fall nicht anwendbar.

93 Soweit aus einer Verschmelzung ein Übernahmegewinn resultiert, ist neben § 12 Abs. 2 Satz 1 UmwStG auch § 12 Abs. 2 Satz 2 UmwStG zu beachten, der eine Anwendung des § 8b KStG anordnet. Dabei wird der Satz 2 des § 12 Abs. 2 UmwStG als Einschränkung der in Satz 1 geregelten globalen Steuerbefreiung verstanden.[83] Die erste Einschränkung ergibt sich daraus, dass die Steuerbefreiung nach § 8b KStG gem. § 12 Abs. 2 Satz 2 UmwStG nur insoweit zu gewähren ist, als die Übernehmerin an der Überträgerin beteiligt ist. Weitere Einschränkungen ergeben sich daraus, dass es durch den Globalverweis auf § 8b Abs. 3 bzw. Abs. 5, Abs. 7 und Abs. 8 KStG zu einer Einschränkung der Steuerbefreiung des echten Übernahmegewinns führen kann. Nach diesem Rechtsverständnis ist im Rahmen des § 12 Abs. 2 UmwStG nach vorherrschender Meinung auch § 8b Abs. 4 KStG aF anzuwenden, was dazu führt, dass im Falle einer Aufwärtsverschmelzung einer Gesellschaft mit sperrfristbehafteten Anteilen an der Überträgerin auf Ebene der Übernehmerin der Übernahmegewinn im engeren Sinne nicht steuerfrei, sondern vollumfänglich steuerpflichtig ist.[84]

94 Eine weitere Besonderheit ergibt sich bei der Besteuerung des Übernahmegewinns im Falle einer bestehenden Organschaft. Wenn nämlich die übernehmende AG Organgesellschaft ist, ist § 8b Abs. 1–6 KStG bei ihr gem. § 15 Abs. 1 Nr. 2 Satz 1 KStG nicht anzuwenden. § 12 Abs. 2 Satz 1 UmwStG ist indessen in § 15 KStG nicht erwähnt. Dies führt im Ergebnis dazu, dass der Übernahmegewinn im Einkommen der Organgesellschaft regelmäßig nicht enthalten ist. Dies gilt auch dann, wenn der Organträger respektive dessen Gesellschafter nicht dem Regime der Körperschaftsteuer, sondern der Einkommensteuer unterliegen. Somit kommt es in diesen Fällen zu einem vollständigen Außer-Ansatz-Bleiben des Übernahmewinns, es greift nicht einmal die Fiktion von 5% des Übernahmegewinns als nicht abzugsfähige Betriebsausgaben.[85]

95 Die übernehmende AG tritt gem. § 12 Abs. 3 UmwStG in die steuerliche Rechtsstellung der übertragenden AG ein. Dies gilt auch dann, wenn die übergegangenen Wirtschaftsgüter in der steuerlichen Schlussbilanz der übertragenden AG mit einem über dem Buchwert liegenden Wert angesetzt wurden. In § 12 Abs. 3 2. Halbsatz UmwStG wird ausgeführt, dass § 4 Abs. 2 und 3 UmwStG entsprechend gelten.

---

[82] So auch DJP/*Dötsch* UmwStG § 12 Rn. 38 sowie Rödder/Herlinghaus/van Lishaut/*Rödder* UmwStG § 12 Rn. 64; so auch Schmitt/Hörtnagl/Stratz/*Schmitt* UmwStG § 12 Rn. 41.
[83] Vgl. DJP/*Dötsch* § 12 UmwStG Rn. 43.
[84] Vgl. DJP/*Dötsch* UmwStG § 12 Rn. 47; aA mit beachtlicher Begründung Rödder/Herlinghaus/van Lishaut/*Rödder* UmwStG § 12 Rn. 89 ff.
[85] So auch *Rödder/Schumacher* DStR 2007, 369 (373); ausdrücklich zustimmend für Fälle, in denen natürliche Personen Organträger sind DJP/*Dötsch* KStG vor § 15 Rn. 20; indessen andere Auffassung im Hinblick auf die Pauschalierung DPM/*Dötsch* UmwStG § 12 Rn. 45.

A. Verschmelzung einer AG auf eine andere AG

Danach gilt generell, dass die übernehmende AG insbesondere bezüglich der Bewertung der übernommenen Wirtschaftsgüter der Absetzung für Abnutzung und den steuerlichen gewinnmindernden Rücklagen in die Rechtsstellung der übertragenden AG tritt. Ist die Dauer der Zugehörigkeit eines Wirtschaftsgutes zum Betriebsvermögen für die Besteuerung bedeutend, so ist der Zugehörigkeitszeitraum bei beiden AGs zusammenzurechnen. Verrechenbare Verluste, verbleibende Verlustvorträge vom übertragenden Rechtsträger, nicht ausgeglichene negative Einkünfte sowie Zinsvorträge gem. § 4h Abs. 1 Satz 2 EStG gehen indessen nicht mit über, sondern verloren.

Auch im Hinblick auf die Eigenkapitalposition tritt eine Quasi-Rechtsnachfolge ein. Die steuerlichen Folgen der Kapitalveränderung sind in § 29 KStG geregelt. Hiernach wird zunächst das Nennkapital der übertragenden AG unter Beachtung des § 28 Abs. 2 Satz 1 KStG auf Null herabgesetzt (§ 29 Abs. 1 KStG). Das steuerliche Einlagenkonto der übernehmenden AG wird erhöht, soweit der Betrag der fiktiven Kapitalherabsetzung den Sonderausweis übersteigt und das Nennkapital eingezahlt ist. § 29 Abs. 2 KStG regelt, dass das steuerliche Einlagenkonto der übertragenden AG dem der übernehmenden AG hinzuzurechnen ist. Die Hinzurechnung unterbleibt in dem Maße, in dem die übernehmende AG an der übertragenden AG beteiligt ist.

Die steuerlichen Folgen einer Verschmelzung auf bestehendes altes EK 02 sind in § 40 KStG geregelt. Hiernach ist der EK 02-Bestand der Übertragerin dem der Übernehmerin zuzurechnen (§ 40 Abs. 1 KStG). Ist bei Verschmelzungen auf steuerbefreite AGs eine Vollausschüttung fingiert, kommt es zu einer entsprechenden Körperschaftsteuererhöhung gem. § 38 KStG.

Bei der Verschmelzung durch Aufnahme auf eine bereits bestehende AG ist der Vermögenszugang für die AG steuerlich ein laufender Geschäftsvorfall. Einer besonderen steuerlichen Übernahmebilanz bedarf es insoweit nicht. Vielmehr wird der Vermögenszugang im nächstfolgenden steuerlichen Jahresabschluss abgebildet. Bei einer Verschmelzung durch Neugründung ist dagegen auf den steuerlichen Übertragungsstichtag eine steuerliche Eröffnungsbilanz zu erstellen, die zugleich steuerliche Übernahmebilanz ist. Die Steuerpflicht der Übernehmerin beginnt dann auf diesen Tag.[86]

§ 12 Abs. 1 Satz 2 UmwStG verweist für die Anteile an der übertragenden AG auf § 4 Abs. 1 Satz 2 und 3 UmwStG. Demzufolge sind die Anteile bei der Übernehmerin mit dem Buchwert, erhöht um Abschreibungen, die in früheren Jahren steuerwirksam vorgenommen und zwischenzeitlich nicht rückgängig gemacht worden sind, sowie um steuerwirksame Abzüge nach § 6b EStG und ähnliche Abzüge, höchstens jedoch mit dem gemeinen Wert anzusetzen (sog. erweiterte Wertaufholung). Ein sich durch das Aufstockungsgebot ergebender Gewinn ist gem. § 8b Abs. 2 Satz 4 KStG voll steuerpflichtig. In § 12 Abs. 1 Satz 2 UmwStG und § 4 Abs. 1 Satz 2 UmwStG ist die Nachfolgeregelung zu § 12 Abs. 2 Satz 2 UmwStG 1995, der eine sog. Beteiligungskorrekturgewinnregelung **ohne** Begrenzung auf den gemeinen Wert der Anteile an der Übertragerin enthielt. Die zu begrüßende Änderung der Begrenzung der evtl. erweiterten Wertaufholung auf den gemeinen Wert der Anteile der Übernehmerin an die Übertragerin hängt damit zusammen, dass der Übergang von Verlustvorträgen nach § 12 Abs. 3 Satz 2 UmwStG 1995 idF des Gesetzes zur Fortsetzung der Unternehmenssteuerreform abgeschafft worden ist.[87]

---

[86] Vgl. UmwStErl. Tz. 12.02 iVm Tz. 04.03, siehe auch DJP/*Dötsch* UmwStG § 12 Rn. 7.
[87] Vgl. Rödder/Herlinghaus/van Lishaut/*Rödder* UmwStG § 12 Rn. 51.

3. Ertragsteuerliche Folgen bei den Aktionären der Überträgerin

100 Für die Aktionäre der Übernehmerin ist die Verschmelzung ertragsteuerlich neutral. Dies folgt schon daraus, dass sie nach der Verschmelzung dieselben Aktien halten wie vor der Verschmelzung.

101 Soweit die Aktionäre der Überträgerin ihre Aktien in einem inländischen **Betriebsvermögen** halten, gelten die Aktien infolge der Verschmelzung vom Grundsatz her als zum gemeinen Wert[88] veräußert und die an ihre Stelle tretenden Aktien der aufnehmenden AG als mit diesem Wert angeschafft. Abweichend hiervon sind auf Antrag die Anteile an der übernehmenden AG mit dem Buchwert der Anteile an der übertragenden AG anzusetzen. Dies gilt auch für Zwecke der Gewerbesteuer. Ist ein entsprechender Antrag gestellt, so ist die Verschmelzung für die Aktionäre ertragsteuerneutral. Der Antrag kann bis zur Bestandskraft der Veranlagung des betroffenen Anteilseigners gestellt werden. Da es für die Antragstellung keine Formvorschriften gibt, kann der Antrag mit der Einreichung der Bilanz gestellt werden. Bilanzänderungen sind möglich.

102 Eine Antragstellung setzt voraus, dass
– das Recht der Bundesrepublik Deutschland hinsichtlich der Besteuerung der Anteile an der übernehmenden AG nicht ausgeschlossen oder beschränkt wird
– oder Deutschland als EU-Mitgliedstaat bei der Verschmelzung Art. 8 der Fusionsrichtlinie anzuwenden hat.

103 Wird der Antrag zu Buchwertfortführung gestellt, treten die Anteile an der übernehmenden AG steuerlich an die Stelle der Anteile an der übertragenden AG. Es liegt weder ein Veräußerungs- noch ein Anschaffungsvorgang vor. Dementsprechend geht im Betriebsvermögen eine latente Wertaufholungsverpflichtung nach § 6 Abs. 1 Nr. 2 Satz 3 iVm Nr. 1 Satz 4 EStG über und geht als Sperrbetrag mittels § 50c EStG auf die Anteile an der übernehmenden AG über. Ist die Besitzzeit der Anteile an der Überträgerin den Anteilen an der Übernehmerin hinzuzurechnen (bei Besitzzeit zB für Zwecke des § 9 Nr. 2a GewStG, § 6b Abs. 10 EStG), läuft die 7-Jahres-Frist des § 22 UmwStG weiter, erlangen die Anteile an der Übernehmerin den Steuerstatus nach § 17 EStG, wenn und soweit die Anteile der Überträgerin nach § 17 EStG steuerverhaftet waren, dies gilt auch dann, wenn der Aktionär nach der Verschmelzung zu weniger als 1% beteiligt ist.[89]

104 Voraussetzung für eine Antragstellung zum Ansatz des Buchwertes ist gem. § 13 Abs. 2 Satz 1 UmwStG, dass das deutsche Besteuerungsrecht nicht ausgeschlossen oder beschränkt wird. Bei reinen Inlandsverschmelzungen liegen diese Voraussetzungen regelmäßig vor. Auch bei einer grenzüberschreitenden Hinaus- und Hereinverschmelzung von AG wird bei in Deutschland ansässigen Anteilseignern das Recht Deutschlands auf Besteuerung des Gewinns aus der Veräußerung der Anteile im Regelfall nicht eingeschränkt, da die meisten DBAs das Besteuerungsrecht dem Wohnsitzstaat zuordnen (entsprechend Art. 13 Abs. 4 OECD-Musterabkommen). Nur in dem Ausnahmefall, in dem nach dem Doppelbesteuerungsabkommen abweichend von Art. 13 Abs. 5 OECD-Musterabkommen dem Ansässigkeitsstaat der Gesellschaft ein Besteuerungsrecht zukommt (DBA Tschechien), kommt es zu einer Einschränkung des deutschen Besteuerungsrechts und ist § 13 Abs. 2 UmwStG nicht anwendbar. Soweit es sich aber hierbei um EU-Fälle handelt, greift § 13 Abs. 2 Nr. 2 UmwStG begünstigend ein.

---

[88] Vgl. Schmitt/Hörtnagl/Stratz/*Schmitt* UmwStG § 13 Rn. 17 ff.
[89] Vgl. Schmitt/Hörtnagl/Stratz/*Schmitt* UmwStG § 13 Rn. 48.

A. Verschmelzung einer AG auf eine andere AG　　　105–109　§ 13

Werden die Aktien der Überträgerin im **Privatvermögen** gehalten und ein **105** entsprechender Antrag gem. § 13 Abs. 2 UmwStG gestellt, sind die Anschaffungskosten der Anteile an der Überträgerin als Anschaffungskosten der übernommenen Anteile fortzuführen. Die Besteuerung erfolgt in diesem Fall nach den Grundregeln des § 20 Abs. 4a EStG.[90] Danach wird die Besteuerung der Tauschvorgänge bis zur zukünftigen Veräußerung der Anteile aufgeschoben.[91]

4. Ertragsteuerliche Folgen der Verschmelzung auf bestehende Organschaftsverhältnisse

Wird eine Organträger-AG auf eine andere AG verschmolzen, so tritt zivilrechtlich der übernehmende Rechtsträger in einen bestehenden Ergebnisabführungsvertrag (EAV) ein.[92] Nach Ansicht der FinVerw ist in diesem Fall die lückenlose Fortsetzung des (körperschaftsteuerlichen) Organschaftsverhältnisses durch die Übernehmerin dann gesichert, wenn der Gewinnabführungsvertrag von der Übernehmerin fortgeführt wird.[93] Voraussetzung für eine **lückenlose Fortsetzung** der gewerbesteuerlichen Organschaft ist, dass die Organgesellschaft ununterbrochen in das Unternehmen des bisherigen und anschließend des künftigen Organträgers finanziell eingegliedert ist. Eine im Rückwirkungszeitraum insoweit noch gegenüber der Überträgerin gegebene Eingliederung wird der Übernehmerin zugerechnet. **106**

Fällt der steuerliche Übertragungsstichtag in das laufende Geschäftsjahr der **107** Organgesellschaft, so ist bereits das gesamte Ergebnis dieses Jahres dem „neuen" Organträger (Übernehmerin) zuzurechnen. Fällt der steuerliche Übertragungsstichtag auf den letzten Tag des letzten Wirtschaftsjahres der Organgesellschaft, so ist das Organschaftsverhältnis zur Übernehmerin erstmals für das kommende Jahr anzuerkennen.[94]

Wird eine durch EAV angebundene Organ-AG auf eine andere AG verschmolzen, so endet nach herrschender Zivilrechtsmeinung verschmelzungsbedingt der EAV.[95] Nach Ansicht der FinVerw endet hierdurch auch die Organschaft, und zwar zum steuerlichen Übertragungsstichtag. Gemäß R 60 Abs. 6 Satz 2 KStR ist diese verschmelzungsbedingte EAV-Beendigung bei einem noch nicht fünf Jahre durchgeführten EAV jedoch als steuerlich unschädliche Beendigung aus wichtigem Grund einzustufen, sodass die steuerliche Organschaft für die Zeit bis zum steuerlichen Übertragungsstichtag trotz der vorzeitigen Beendigung weiterhin anerkannt wird.[96] **108**

Wird eine AG auf eine mit EAV angebundene Organ-AG verschmolzen und sind **109** nach der Verschmelzung erstmals außenstehende Aktionäre an der Organ-AG beteiligt, so endet der EAV kraft Gesetzes (§ 307 AktG). Da auch diese EAV-Beendigung verschmelzungsbedingt eintritt, bleibt hiervon gem. R 60 Abs. 6 Satz 2 KStR bei

---

[90] Vgl. DPPM/*Dötsch* UmwStG § 13 Rn. 13, 60.
[91] Vgl. Schmitt/*Weber-Grellet* EStG § 20 Rn. 163.
[92] Vgl. OLG Karlsruhe 15 U 256/89, ZIP 1991, 101; Kölner Komm./*Koppensteiner* § 291 Rn. 50.
[93] Vgl. UmwStErl. Tz. Org.02.
[94] Vgl. UmwStErl. Tz. Org.02.
[95] Vgl. OLG Karlsruhe 15 W 19/94, ZIP 1994, 1529; Kölner Komm./*Koppensteiner* § 297 Rn. 21; Geßler/Hefermehl/*Geßler* AktG § 297 Rn. 49; ähnlich Emmerich/Habersack AktG § 297 Rn. 38; Lutter/*Grunewald* UmwG § 20 Rn. 38; Schmitt/Hörtnagl/Stratz/*Stratz* UmwG § 20 Rn. 57; Kallmeyer/*Marsch-Barner* UmwG § 20 Rn. 21.
[96] So *Witt* Die Organschaft im Ertragsteuerrecht 1999, Rn. 236.

einem noch nicht fünf Jahre durchgeführten EAV die steuerliche Organschaft bis zum steuerlichen Übertragungsstichtag unberührt.

110 Wird eine nicht organschaftlich angebundene außenstehende Gesellschaft auf eine Organgesellschaft verschmolzen und gewährt die Organgesellschaft eigene Anteile oder gibt die Organgesellschaft keine Anteile aus (Verschmelzung einer nicht organschaftlich angebundenen Enkelgesellschaft auf die Organgesellschaft), so unterliegt ein etwaiger sich ergebender Übernahmegewinn handelsrechtlich der Abführungspflicht an den Organträger.[97] Steuerlich ist hingegen ein aus der Verschmelzung resultierender Übernahmegewinn bzw. -verlust gem. § 12 Abs. 2 Satz 2 UmwStG außer Ansatz zu lassen, sodass es insoweit zu Abweichungen zwischen der handelsrechtlichen Gewinnabführung und der steuerlichen Ergebniszurechnung kommt. Diese Mehr- oder Minderabführungen sollen wie Mehr- oder Minderabführungen als Folgewirkungen aus Geschäftsvorfällen aus vororganschaftlicher Zeit abgewickelt werden, dh im Falle der Mehrabführung wie eine Gewinnausschüttung, im Falle der Minderabführung wie eine Einlage behandelt werden.[98]

5. Grunderwerbsteuerliche Folgen der Verschmelzung

111 Der verschmelzungsbedingte Übergang von Grundstücken löst Grunderwerbsteuer aus. Daneben sind die durch eine Verschmelzung hervorgerufenen Anteilsverschiebungen sowie Anteilsübertragungen von unmittelbar oder mittelbar grundstückshaltenden Gesellschaften grunderwerbsteuerlich beachtlich. Anteilsübertragung bedeutet hierbei die **Übertragung von mindestens 95%** der Anteile an einer grundbesitzenden Tochtergesellschaft (Kapital- oder Personengesellschaft), während beim umwandlungsbedingten Übergang von weniger als 95% von einer Anteilsverschiebung gesprochen wird.[99]

112 Beim verschmelzungsbedingten **unmittelbaren Übergang** von mindestens 95% der Anteile an grundbesitzenden Tochterkapitalgesellschaften resultiert die Grunderwerbsteuerbarkeit aus § 1 Abs. 3 Nr. 4 GrEStG.[100]

113 Ein grunderwerbsteuerbarer Anteilsübergang liegt nicht nur bei der unmittelbaren verschmelzungsbedingten Übertragung aller Anteile an einer grundbesitzenden Tochterkapitalgesellschaft vor. Vielmehr fällt GrESt auch dann an, wenn eine mindestens 95%ige Tochterkapitalgesellschaft, deren Anteile übergehen, 95% an einer nachgeschalteten grundbesitzenden Enkelkapitalgesellschaft hält (mittelbare Anteilsübertragung).[101] Die Rechtsfigur der **mittelbaren Anteilsübertragung** ist aus dem in § 1 Abs. 3 Satz 1 GrEStG verwendeten Merkmal „gehört" abzuleiten.[102] Demnach gehört ein Grundstück im Vermögen einer mittelbar zu 95% beherrschten Enkelgesellschaft grunderwerbsteuerlich iSd § 1 Abs. 3 GrEStG zur Muttergesellschaft. Besonderheiten gelten bei Anteilsübertragungen im Organkreis.[103]

115 Zusätzlich unterwirft § 1 Abs. 2a GrEStG jene Verschmelzungen der Besteuerung, die dazu führen, dass innerhalb eines Zeitraums von fünf Jahren zumindest

---

[97] Vgl. *Dötsch* in FS Widmann S. 275; *Erle/Sauter* KStG § 14 Rn. 706 mwN.
[98] Vgl. *Witt* Die Organschaft Rn. 24. Siehe aber auch BFH I R 51/01, DStR 2003, 412; aA *Erle/Sauter* KStG § 14 Rn. 706; *Pfaar/Welke* GmbHR 2002, 516 (517) sowie *Rödder/Herlinghaus/van Lishaut/Herlinghaus* Anhang 4 Rn. 65.
[99] Zur Anteilsverschiebung bei Kapitalgesellschaften vgl. *Boruttau* GrEStG § 1 Rn. 901.
[100] Vgl. *Hofmann* GrEStG § 1 Rn. 92.
[101] Vgl. *Fleischer* DStR 1996, 1390 (1392).
[102] Vgl. *Pahlke* GrEStG § 1 Rn. 333.
[103] Vgl. gleichlautender Ländererlass v. 9.10.2013, BStBl. I 2013, 1364.

A. Verschmelzung einer AG auf eine andere AG 116–118 § 13

95% der Anteile am Gesellschaftsvermögen einer Personengesellschaft unmittelbar oder mittelbar auf neue Gesellschafter übergehen.[104] Hierbei liegt ein mittelbarer Gesellschafterwechsel nur dann vor, wenn auf jeder Zwischenstufe eine mindestens 95%ige Beteiligungsquote besteht.[105] Wird zB eine Kapitalgesellschaft (Muttergesellschaft), die mindestens 95% der Anteile an einer anderen Kapitalgesellschaft (Tochtergesellschaft) hält, die ihrerseits zu mindestens 95% an einer grundbesitzenden Personengesellschaft (Enkelgesellschaft) beteiligt ist, auf eine andere Kapitalgesellschaft verschmolzen, so ist der Tatbestand des § 1 Abs. 2a GrEStG erfüllt.[106] § 1 Abs. 2a GrEStG ist grundsätzlich vorrangig vor den Regelungen des § 1 Abs. 3 GrEStG anzuwenden (§ 1 Abs. 3 Satz 1 GrEStG), sodass eine gleichzeitige Übertragung von 95% der Anteile am Gesellschaftsvermögen an einer grundbesitzenden Personengesellschaft vorrangig von § 1 Abs. 2a GrEStG erfasst wird.

Bei Umwandlungen nach dem UmwG bemisst sich die **grunderwerbsteuerliche Bemessungsgrundlage** gem. § 8 Abs. 2 GrEStG nach dem – verglichen mit dem Verkehrswert – relativ niedrigen, dh aus Sicht des Steuerpflichtigen günstigen Grundbesitzwert iSd § 138 Abs. 2 BewG. Hiervon werden 3,5% GrESt erhoben (§ 11 GrEStG). Ertragsteuerlich kann die bei Verschmelzungen anfallende GrESt nach Meinung der FinVerw als Betriebsausgabe geltend gemacht werden.[107]

Trotz der og Ausweitung des Besteuerungstatbestandes auf mehrstufige Vorgänge, werden durch Anteilsübertragungen nicht alle Grundstücke im Eigentum von nachgeschalteten Kapitalgesellschaften von der GrESt erfasst. Anteilsübertragung bedeutet nämlich die Übertragung von mindestens 95% der Anteile an einer grundbesitzenden Gesellschaft. Das heißt, dass in den Fällen keine Steuerpflicht vorliegt, in denen ein mehr als 5%iger Splitteranteil an einer Grundstücksgesellschaft einem außenstehenden Dritten zuzurechnen ist oder ein Zwerganteil einer Gesellschaft des Konzernverbunds gehört, die nicht als Glied einer Beteiligungskette im og. Sinn anzusehen ist.

Diese **Begrenzung des Besteuerungstatbestands** könnte zB bei einer geplanten Verschmelzung in einer vorbereitenden Maßnahme dadurch ausgenutzt werden, dass die Beteiligungsverhältnisse an Grundstückskapitalgesellschaften so gestaltet werden, dass Zwerganteile (außerhalb von § 8b Abs. 2 KStG unter Inkaufnahme von ertragsteuerlichen Konsequenzen) gezielt in die Hände Außenstehender oder nicht organschaftlich verbundener Konzerngesellschaften überführt werden.[108] Ein **Missbrauch rechtlicher Gestaltungsmöglichkeiten** ist hierin nicht zu sehen.[109] Bei Grundstückspersonengesellschaften lässt sich ein verschmelzungsbedingter Anfall von GrESt ggf. dadurch vermeiden, dass die Beteiligungsquote von sog. Altgesellschaftern (das sind zB Gründungsgesellschafter) noch vor der Verschmelzung auf über 5% angehoben wird. Denn eine Änderung der Beteiligungsverhältnisse

---

[104] Vgl. hierzu § 11 Rn. 306 ff. sowie den Erlass v. 25.10.2010, BStBl. I 2010, 245; vgl. auch *Eggers/Fleischer/Wischott* DStR 1998, 593; *Fischer* DStR 1997, 1745; *Spelthann* DB 1997, 2571; *Schmidt* DB 1997, 846; *Pagels* UVR 1997, 165; *Hilker/Bunzeck* DStR 1997, 97; *Felix* ZIR 1997, 10; *Korn/Strahl* KÖSDI 1997, 11010.
[105] Vgl. FM NRW 7.2.2000, GmbHR 2000, 895.
[106] Vgl. *Boruttau* GrEStG § 1 Rn. 830.
[107] Vgl. UmwStErl. Tz. 03.34–04.36; aA BFH I R 22/96, BStBl. II 1998, 168; vgl. auch *Orth* GmbHR 1998, 511 (515 f.).
[108] Vgl. *Fleischer* DStR 1996, 1390 (1392); *Eder* DStR 1994, 735 (736); *Grotherr* BB 1994, 1970 (1972).
[109] Vgl. BFH II R 157/88, BFH/NV 1992, 57.

zwischen Altgesellschaftern stellt keinen schädlichen Gesellschafterwechsel iSv § 1 Abs. 2a GrEStG[110] dar.

119 Die Verpflichtung zur Übertragung von mindestens 95% der Anteile an einer grundbesitzenden Gesellschaft löst nach einem Aussetzungsbeschluss des BFH auch dann Grunderwerbsteuer aus, wenn diese auf einen vom Übertragenden zu 95% beherrschten Rechtsträger erfolgt.[111]

120 Im Gegensatz zur Auffassung des BFH wurde es im **Schrifttum** bislang als Grundprinzip der grunderwerbsteuerlichen Zuordnung angesehen, dass ein Grundstück, das zivilrechtlich dem letzten Glied einer 95%igen Beteiligungskette zustand, für grunderwerbsteuerliche Zwecke dem obersten Glied, dh der Muttergesellschaft gehört.[112]

Bei diesem aufgrund der og. BFH-Rechtsprechung überholten Rechtsverständnis könnte ein bloßes verschmelzungsbedingtes „Umhängen" einer 95%igen Beteiligung unter eine ebenfalls zu 95% beherrschte Tochter mangels veränderter Grundstückszuordnung kein weiteres Mal GrESt auslösen. Allein die Doppelbelastung dadurch, dass das Grundstück sowohl dem letzten Glied (der grundbesitzenden Gesellschaft) durch § 1 Abs. 1 GrEStG als auch der Muttergesellschaft (§ 1 Abs. 3 Nr. 1 respektive Nr. 2 GrEStG) zugerechnet wird, erschien bislang gewollt.[113] Diese Sichtweise erfährt durch die og BFH-Rechtsprechung eine deutliche Korrektur.[114]

121 Es ist nicht auszuschließen, dass die Grundsätze der og. BFH-Rechtsprechung auch dann gelten, wenn abweichend zum BFH-Fall, die Anteile an der grundbesitzenden Gesellschaft nicht sidestep, auf eine zu 95% beherrschte Schwestergesellschaft, sondern **upstream**, auf eine zu 95% beherrschte Zwischengesellschaft erfolgt.

Denn auch hier kommt es **zur erstmaligen grunderwerbsteuerlichen Zuordnung** eines Grundstücks bei einem neuen Rechtsträger (der Zwischengesellschaft T_1). Legt man daher die Maßstäbe der og BFH-Rechtsprechung an,[115] so steht auch in diesem Fall der Steuerbarkeit der Anteilsübertragung nicht im Wege, dass das Grundstück vor und nach der Verschmelzung aufgrund einer 95%igen Beteiligungskette zur Konzernmutter nach allgemeinen grunderwerbsteuerlichen Zuordnungsregeln unverändert der Konzernmutter gem. § 1 Abs. 3 GrEStG zuzuordnen ist. Es ist daher nicht auszuschließen, dass der BFH die og. upstream-Verschmelzung auch dann für steuerbar erklärt, wenn zuvor eine steuerbare (mittelbare) Anteilsvereinigung bei der Konzernmutter vorgelegen hat. Denn der grunderwerbsteuerlichen Zuordnung eines Grundstücks gem. § 1 Abs. 3 GrEStG zur Konzernmutter steht nach Ansicht des BFH eine erstmalige steuerbare Zuordnung bei einer zu 100% beherrschten Tochtergesellschaft nicht entgegen.

Der BFH misst demnach der im Schrifttum geäußerten und auf eine wirtschaftliche Betrachtungsweise zurückzuführenden Auffassung,[116] dass Anteilsübertragungen innerhalb eines Konzerns zwar zu einer zivilrechtlich geänderten Zuordnung des Grundstücks, nicht aber zu einer geänderten grunderwerbsteuerrechtlichen Zuordnung führen, offenbar keine Bedeutung bei.

---

[110] Vgl. FM NRW 7.2.2000, GmbHR 2000, 895.
[111] Vgl. BFH II B 110/96, BFH/NV 1997, 440; vgl. auch *Stoschek* BB 1997, 1929.
[112] Vgl. *Eder* DStR 1994, 735 (738); so ähnlich auch *Wienands* DB 1997, 1362 (1364).
[113] So *Boruttau* GrEStG § 1 Rn. 1106.
[114] Auf dieser Linie liegend: FG Niedersachsen VII (III) 14/96, EFG 2000, 1087 (nrkr.).
[115] Siehe Fn. 111.
[116] Diese vertreten von *Eder* DStR 1994, 735 (738); so ähnlich auch *Wienands* DB 1997, 1362 (1364).

A. Verschmelzung einer AG auf eine andere AG 122–125 § 13

Werden zeitlich aufeinander folgend **verschiedene** in § 1 GrEStG normierte **122 Tatbestände vom selben Erwerber** erfüllt, so wird die Grunderwerbsteuer gem. § 1 Abs. 6 Satz 2 GrEStG ggf. anteilig nicht erhoben. Die Vorschrift kann jedoch in den voranstehenden Beispielfällen schon allein deshalb nicht unmittelbar begünstigend eingreifen, weil die Steuer nach dem Gesetzeswortlaut nur dann nicht erhoben wird, wenn und soweit es zu einer Aufeinanderfolge von in verschiedenen Absätzen normierten Steuertatbeständen beim selben Erwerber kommt. Im BFH-Fall ergibt sich die Steuerbarkeit jedoch jeweils aus § 1 Abs. 3 GrEStG, mit anderen Worten resultiert aus ein und demselben Absatz des § 1 GrEStG. Zudem entsteht die Steuer bei verschiedenen Steuerpflichtigen. Auch eine sinngemäße Anwendung für den Fall, dass die Anteilsübertragung der Anteilsvereinigung nachfolgt, lässt sich aus der BFH-Rechtsprechung nicht entnehmen.[117]

Keine Steuerbarkeit ergibt sich bei Anteilsübertragungen rechtssicher allein in **123** dem Fall, bei dem im Ergebnis eine mittelbare 100%-Beteiligung in eine unmittelbare Beteiligung beim selben Rechtsträger umstrukturiert wird.[118] Hierbei geht es um die Beurteilung der Frage, ob eine zweifache grunderwerbsteuerliche Erfassung desselben Grundstücks durch § 1 Abs. 3 GrEStG beim selben Rechtsträger zulässig ist. Der BFH hat dies verneint.[119]

In einem hierzu ähnlich gelagerten Fall hat der BFH entschieden, dass die einer mittelbaren Anteilsvereinigung nachfolgende unmittelbare Vereinigung aller Anteile in der Hand des ehemals teils unmittelbar, teils nur mittelbar Beteiligten keine GrESt mehr auslösen kann. Dies gilt nach der BFH-Rechtsprechung selbst dann, wenn die Steuer auf den ersten Vereinigungstatbestand irrtümlich nicht erhoben wurde.[120]

Die BFH-Urteile vom 20.10.1993 und 12.1.1994 behandeln zwar Fälle, in denen **124** durch eine **Verstärkung einer Anteilsvereinigung** die Tatbestände des § 1 Abs. 3 Nr. 1 und 2 GrEStG nicht verwirklicht werden. Die Urteile betreffen indessen nach Ansicht der FinVerw auch Rechtsgeschäfte, die den Anspruch auf Übertragung aller Anteile einer Gesellschaft mit Grundbesitz begründen (§ 1 Abs. 3 Nr. 3 GrEStG), und sind ebenso auf den rechtsgeschäftslosen Übergang aller Anteile an einer grundbesitzenden Gesellschaft anzuwenden (§ 1 Abs. 3 Nr. 4 GrEStG). Die genannten Urteile erstrecken sich mithin auch auf Fälle von Anteilsübertragungen, wenn dadurch eine in der Hand des Erwerbers schon bestehende mittelbare Anteilsvereinigung lediglich verstärkt wird.[121]

Es bleibt daher festzuhalten, dass derzeit einzig jene Anteilsübertragungsfälle, **125** bei denen sämtliche Anteile an mittelbar über eine Kette mindestens 95%iger Beteiligungen gehaltenen grundbesitzenden Tochterkapitalgesellschaften upstream auf die Konzernmutter übertragen werden, rechtssicher **keine Grunderwerbsteuer** auslösen.

Werden hingegen sämtliche Anteile auf eine zu mindestens 95% beherrschte Hand übertragen, so ist dieser Vorgang grundsätzlich grunderwerbsteuerbar. Dies gilt aller Voraussicht nach unabhängig davon, ob die Anteilsübertragung sidestep auf eine Schwestergesellschaft oder upstream auf eine Zwischengesellschaft erfolgt.

---

[117] Vgl. auch *Boruttau* GrEStG § 1 Rn. 1110; offensichtlich für eine entsprechende Anwendung des § 1 Abs. 6 Satz 2 GrEStG *Wienands* DB 1997, 1362 (1364).
[118] Vgl. dazu *Wienands* DB 1997, 1362 (1363).
[119] BFH II R 116/90, BStBl. II 1994, 121; II R 130/91, BStBl. II 1994, 408.
[120] BFH II R 116/90, BStBl. II 1994, 121.
[121] Vgl. koord. Ländererl. Baden-Württemberg v. 6.11.1995, DB 1995, 2294; aA *Eder* DStR 1994, 735 (738 f.); *Wienands* DB 1997, 1362 (1364) sowie *Stoschek* BB 1997, 1929.

Mit Einführung des § 1 Abs. 3a GrEStG durch das Gesetz (AmtshilfeRLUmsG) vom 26.6.2013 mit Wirkung für Erwerbsvorgänge nach dem 6.6.2013 wurde dieses Ergebnis von Gesetzgeberseite nochmal bestätigt.

B. Verschmelzung einer AG auf eine GmbH

I. Überblick

126 Die Verschmelzung einer AG auf eine GmbH ist gem. § 2 Nr. 1 und 2 iVm § 3 Abs. 1 Nr. 2 UmwG sowohl durch Aufnahme als auch durch Neugründung zulässig. Für die Verschmelzung einer AG auf eine GmbH gelten neben den Allgemeinen Vorschriften zur Verschmelzung (§§ 2–35 UmwG) die für die beteiligten Rechtsträger rechtsformspezifischen besonderen Vorschriften, also für die übertragende AG die bereits erörterten §§ 60–72 UmwG und für die übernehmende GmbH die §§ 46–55 UmwG. Es kann daher handelsrechtlich weitestgehend auf die zur Verschmelzung zweier AGs gemachten Ausführungen verwiesen werden. Nachfolgend werden demnach nur diejenigen Voraussetzungen und Rechtsfolgen ergänzend erläutert, die sich aus den für die übernehmende oder neu gegründete GmbH geltenden besonderen Vorschriften ergeben, soweit sich diese von den für die AG geltenden Vorschriften unterscheiden.

II. Voraussetzungen und Durchführung

1. Inhalt des Verschmelzungsvertrags (§ 46 UmwG)

127 Abweichend zu § 5 Abs. 1 Nr. 3 UmwG reicht im Fall der Verschmelzung einer AG auf eine GmbH die Angabe des Umtauschverhältnisses der Anteile nicht aus. Vielmehr verlangt § 46 Abs. 1 Satz 1 UmwG weitergehend die Angabe, welche nach ihrem Nennbetrag bezeichneten Geschäftsanteile jeder Aktionär der übertragenden AG an der übernehmenden GmbH erhält. Soweit dies möglich ist, müssen die Aktionäre der Überträgerin namentlich genannt werden.[122] Bei einer Publikums-AG mit Inhaber-Aktien genügt indessen für die **Zuordnung der Geschäftsanteile** die Angabe der Nummern der Aktienurkunden.[123] Bei Girosammelverwahrung der Aktienurkunden ist eine Angabe der Stückelung der neuen Geschäftsanteile gegenüber den bisherigen Aktien ausreichend. Wenn die den Aktionären der übertragenden AG zu gewährenden Geschäftsanteile mit anderen Rechten und Pflichten als sonstige Geschäftsanteile ausgestattet werden sollen, so muss dies nach § 46 Abs. 2 UmwG ausdrücklich im Verschmelzungsvertrag vorgesehen werden. Sieht der Verschmelzungsvertrag indessen keine Sonderausstattung der neuen Geschäftsanteile vor, so sind sie in gleicher Weise rechtlich auszustatten wie die bestehenden Geschäftsanteile.[124] Sollen den Aktionären der übertragenden AG nicht durch eine Kapitalerhöhung neu geschaffene, sondern bereits vorhandene Geschäftsanteile gewährt werden, so sind die Anteilsinhaber und die Nennbeträge der Geschäftsanteile, die sie erhalten sollen, im Verschmelzungsvertrag anzugeben.[125]

---

[122] Vgl. Lutter/*Winter* UmwG § 46 Rn. 19.
[123] Vgl. Goutier/Knopf/Tulloch/*Söffing/Bermel* UmwG § 46 Rn. 7.
[124] Vgl. Scholz/*Priester* KapErhG Anh. § 21 Rn. 21.
[125] Vgl. Kallmeyer/*Kocher* UmwG § 46 Rn. 9.

2. Unterrichtung der Gesellschafter (§ 47 UmwG)

Der Verschmelzungsvertrag oder sein Entwurf sowie der Verschmelzungsbericht sind den Gesellschaftern der übernehmenden GmbH, soweit die Satzung keine längere Einladungsfrist für Gesellschaftsversammlungen vorsieht, spätestens eine Woche vor der Gesellschafterversammlung zuzüglich der üblicherweise zu erwartenden Zustellungszeit zu übersenden (§ 51 Abs. 1 Satz 2 GmbHG). Diese Frist wird jedoch im Schrifttum zT als unzureichend eingestuft.[126] Stattdessen wird im Interesse einer reibungslosen Abwicklung der Verschmelzung empfohlen, den Gesellschaftern der übernehmenden GmbH die Verschmelzungsunterlagen geraume Zeit vor der Einberufung der Versammlung zuzuleiten und sie aufzufordern, ein evtl. Prüfungsverlangen innerhalb angemessener Frist zu stellen.[127]

128

3. Beschluss der Gesellschafterversammlung (§ 50 UmwG)

Der Verschmelzungsbeschluss bedarf einer Mehrheit von ¾ der abgegebenen Stimmen. Anders als bei der AG (§ 65 UmwG), wird also nicht auf eine bestimmte Kapitalmehrheit abgestellt. Die Satzung kann eine höhere Mehrheit oder weitere Erfordernisse bestimmen. Gezählt werden nur die abgegebenen Ja- und Nein-Stimmen. Enthaltungen bleiben unberücksichtigt. Hinsichtlich der Inhaber von Sonderrechten und der Formbedürftigkeit des Verschmelzungsbeschlusses gilt das bei der AG Gesagte entsprechend.

129

4. Zusätzliche Zustimmungserfordernisse bei der übertragenden AG in Sonderfällen (§ 51 UmwG)

Bestehen bei der übernehmenden GmbH offene Einlagen, so muss der Verschmelzungsbeschluss bei der übertragenden AG nicht mit ¾-Mehrheit, sondern von allen bei der Beschlussfassung anwesenden Aktionären, dh einstimmig gefasst werden. Stimmenthaltungen wirken in diesem Fall wie Nein-Stimmen und verhindern somit einen positiven Beschluss.[128] Inhaber stimmrechtsloser Vorzugsaktien müssen gem. § 13 Abs. 3 UmwG ihre Zustimmung in einem Sonderbeschluss erklären. Wird die Zustimmung versagt, sind der Verschmelzungsbeschluss und damit auch der Verschmelzungsvertrag endgültig unwirksam.

130

5. Anmeldung und Eintragung der Verschmelzung in das Handelsregister (§§ 16–20, 53 UmwG)

Es kann weitgehend auf die Erläuterungen zur Verschmelzung mehrerer AG verwiesen werden. Bei der Verschmelzung einer AG auf eine GmbH handelt es sich jedoch abweichend zur Verschmelzung zweier AG um eine Mischverschmelzung, sodass den Aktionären, die Widerspruch gegen den Umwandlungsbeschluss zur Niederschrift erklärt haben, in jedem Fall ein Barabfindungsangebot zu unterbreiten ist (§ 29 UmwG).

132

III. Handelsbilanzielle Abwicklung

Insoweit gelten keine Besonderheiten (vgl. daher Rn. 41–60).

133

---

[126] Vgl. Kallmeyer/*Kocher* UmwG § 47 Rn. 4.
[127] So etwa Kallmeyer/*Kocher* UmwG § 47 Rn. 5.
[128] Vgl. Kallmeyer/*Zimmermann* UmwG § 51 Rn. 2.

IV. Steuerliche Folgen

134 Insoweit gelten keine Besonderheiten (vgl. daher Rn. 61–113).

C. Verschmelzung einer AG unter Beteiligung einer KGaA

141 Ist bei einer Verschmelzung eine KGaA beteiligt, so gelten insoweit die besonderen Vorschriften über die Beteiligung von Aktiengesellschaften entsprechend (§§ 60–77 UmwG). Dies gilt gleichermaßen für eine Verschmelzung durch Aufnahme und eine Verschmelzung durch Neugründung. Besonderheiten bestehen insoweit, als der Verschmelzungsbeschluss zusätzlich noch der **Zustimmung der persönlich haftenden Gesellschafter** bedarf (§ 78 Satz 3 UmwG). Sie ist gem. § 13 Abs. 3 Satz 1 UmwG notariell zu beurkunden. Soweit das Gesetz von AG spricht, tritt an deren Stelle die KGaA; die vom Gesetz für den Vorstand vorgesehenen Funktionen obliegen bei der KGaA den persönlich haftenden Gesellschaftern. Ist eine KGaA als übertragender Rechtsträger an einer Verschmelzung beteiligt, so erlischt mit der Eintragung der Verschmelzung ins Handelsregister nicht nur die Gesellschaft, sondern auch die Organstellung der Komplementäre.

142 Die Verschmelzung einer AG mit einer KGaA stellt **keine Mischverschmelzung** iSd der §§ 29, 34 UmwG dar, sodass grundsätzlich im Verschmelzungsvertrag keine Barabfindung nach § 29 Abs. 1 Satz 1 UmwG angeboten werden muss. Etwas anderes gilt nur dann, wenn und soweit die Anteile am übernehmenden Rechtsträger Verfügungsbeschränkungen unterliegen (§ 29 Abs. 1 Satz 2 UmwG).

143 Eine **Verschmelzung einer KGaA auf eine AG** ohne vermögensmäßige Beteiligung des Komplementärs ist umwandlungssteuerrechtlich nach den og. Regeln der §§ 11 ff. UmwStG abzuwickeln. Insoweit bestehen keine Besonderheiten. Liegt eine vermögensmäßige Beteiligung des Komplementärs vor und scheidet der Komplementär im Zuge der Verschmelzung nicht aus, ist steuerlich insoweit ein Einbringungsfall gegeben, der nach den Regeln des § 20 UmwStG abzuwickeln ist. Im umgekehrten Fall, dh bei einer **Verschmelzung einer AG auf eine KGaA** ist zu unterscheiden: Soweit die Aktionäre der übertragenden AG Kommanditaktionäre bei der übernehmenden KGaA werden, sind ebenfalls die Vorschriften der §§ 11 ff. UmwStG uneingeschränkt anzuwenden.[129] Nicht anwendbar sind die §§ 11 ff. UmwStG indessen, wenn und soweit den Aktionären der übertragenden AG bei der übernehmenden KGaA eine Komplementärstellung eingeräumt wird. Denn die Komplementäre einer KGaA werden wie Mitunternehmer besteuert. In diesem Fall handelt es sich wegen der steuerlich hybriden Konstruktion der KGaA um eine **Mischumwandlung**. Insoweit sind die §§ 3 ff. UmwStG anzuwenden, da insoweit die steuerliche Behandlung des Komplementärs als gewerblicher Unternehmer[130] für die steuerlichen Umwandlungsfolgen maßgeblich ist.[131] Die voranstehend genannten Rechtsfolgen einer Verschmelzung unter Beteiligung einer KGaA sind jedoch in die endgültige Fassung des Umwandlungssteuererlasses nicht mit eingeflossen, sodass insoweit eine gewisse Rechtsunsicher-

---

[129] Vgl. *Haritz* DStR 1996, 1192 (1193); *Dötsch/von Lishaut/Wochinger* DB Beilage 7/1998, 2; *Lishaut/Nurmann* GmbHR 1998, 397 (399).
[130] Vgl. *Blümich/Hofmeister* KStG § 9 Anm. 21.
[131] Vgl. *Schaumburg* DStZ 1998, 525.

D. Verschmelzung einer AG auf eine Personengesellschaft

I. Überblick

Die Verschmelzung einer AG auf eine Personenhandelsgesellschaft ist gem. **151**
§§ 2 Nr. 1 und 2 iVm 3 Abs. 1 Nr. 1 und 2 UmwG entweder durch Aufnahme
oder durch Neugründung möglich. Die Verschmelzung ist für alle Formen der
Personenhandelsgesellschaften (KG, OHG) eröffnet, also auch für solche, an denen juristische Personen als persönlich haftende Gesellschafter beteiligt sind. Das
früher geltende Verbot der Verschmelzung auf eine GmbH & Co. KG (§ 1 Abs. 2
UmwG 1969) ist ua wegen der bestehenden Umgehungsmöglichkeiten aufgehoben
worden.[133] Neben den Personenhandelsgesellschaften können nach § 3 Abs. 1 Nr. 1
UmwG auch **Partnerschaftsgesellschaften** als übertragende, übernehmende oder
neue Rechtsträger an einer Verschmelzung beteiligt sein. Aufgrund der nur sehr
geringen praktischen Bedeutung wird hierauf jedoch im Folgenden nicht weiter
eingegangen.[134] Die Gesellschaft bürgerlichen Rechts ist in § 3 UmwG nicht enthalten, und ist somit kein verschmelzungsfähiger Rechtsträger.[135] Die Aufzählung der
verschmelzungsfähiger Rechtsträger in § 3 Abs. 1 und 2 UmwG ist abschließend.[136]

Für die Verschmelzung einer AG auf eine Personenhandelsgesellschaft gelten ne- **152**
ben den Allgemeinen Vorschriften zur Verschmelzung (§§ 2–35 UmwG) die rechtsformspezifischen Vorschriften der an der Verschmelzung beteiligten Rechtsträger,
dh für die übertragende AG die §§ 60–72 UmwG und für die übernehmende
Personenhandelsgesellschaft die §§ 39–45 UmwG. Es kann daher handelsrechtlich
weitestgehend auf die zur Verschmelzung zweier AGs gemachten Ausführungen
verwiesen werden, sodass insoweit nachfolgend nur diejenigen Voraussetzungen
und Rechtsfolgen ergänzend erläuterungsbedürftig sind, die sich aus den für die
übernehmende oder neu gegründete Personenhandelsgesellschaft geltenden besonderen Vorschriften ergeben.

II. Voraussetzungen und Durchführung

1. Inhalt des Verschmelzungsvertrags (§ 40 UmwG)

In den Verschmelzungsvertrag ist neben den von § 5 UmwG geforderten Min- **153**
destangaben zusätzlich für jeden Aktionär der übertragenden AG mit anzugeben,
ob er in der übernehmenden oder neuen Personenhandelsgesellschaft die **Stellung**
eines persönlich haftenden Gesellschafters oder eines Kommanditisten erhält (§ 40
Abs. 1 Satz 1 UmwG). Überdies muss der **Betrag seiner Einlage** festgesetzt werden

---

[132] Vgl. auch *Bogenschütz* in FS Widmann S. 163, 172.
[133] Begr. UmwBerGE, BT-Drs. 12/6699, 98.
[134] Die geringe praktische Bedeutung ergibt sich insbesondere aus dem gem. § 45c UmwG
sehr eingeschränkten Anwendungsbereich. Anteilsinhaber der übertragenen Aktiengesellschaft und der übernehmenden Partnerschaftsgesellschaft dürfen nur Freiberufler sein.
[135] Siehe auch UmwBerGE, BT-Drs. 12/6699, 97.
[136] Vgl. Kallmeyer/*Marsch-Barner* UmwG § 3 Rn. 2; Lutter/*Drygala* UmwG § 3 Rn. 5.

§ 13 154–157　　　　　　　　　　　　　　　　　　　　　Umwandlung der AG

(§ 40 Abs. 1 Satz 2 UmwG). In Fällen der Neugründung ergibt sich dies bereits aus § 37 UmwG. Fehlen diese Angaben im Verschmelzungsvertrag, so darf die Verschmelzung nicht im Handelsregister eingetragen werden.

154　Dem bisher nicht persönlich haftenden Aktionär der übertragenden AG ist grundsätzlich die Stellung eines **Kommanditisten** zu verschaffen (§ 40 Abs. 2 Satz 1 UmwG). Eine hiervon abweichende Festsetzung im Verschmelzungsvertrag ist nur möglich, wenn der betroffene Aktionär dem Verschmelzungsbeschluss zustimmt. Der Eintritt als Kommanditist setzt jedoch voraus, dass die Verschmelzung so gestaltet wird, dass für den einzelnen Aktionär eine persönliche Haftung nach § 171 Abs. 1 Hs. 2 HGB, dh eine persönliche Haftung mangels geleisteter Einlage von vornherein ausgeschlossen ist. Andernfalls ist ebenfalls die Zustimmung des betroffenen Aktionärs zum Verschmelzungsbeschluss nach § 40 Abs. 2 UmwG geboten. Es ist also erforderlich, dass der Verkehrswert des Vermögens der übertragenden AG die den ehemaligen Aktionären eingeräumten Kapitaleinlagen (Hafteinlagen) deckt. Dies kann problematisch sein, wenn die KG das übergehende Vermögen zu einem über den Buchwerten liegenden Wert bilanziert und sich nachträglich herausstellt, dass die auf dieser Grundlage dotierten Festkapitalkonten die Verkehrswerte des übergegangenen Vermögens nicht abdecken.[137]

155　Um in der übernehmenden Personenhandelsgesellschaft die Stellung eines **persönlich haftenden Gesellschafters** zu erlangen, bedarf es der ausdrücklichen Zustimmung der betroffenen Aktionäre (§ 40 Abs. 2 Satz 2 UmwG). Die für die Übernahme der persönlichen Haftung erforderliche Zustimmung ist eine Zustimmung zum Verschmelzungsbeschluss der übertragenden AG. Die Zustimmungserklärung ist nach § 13 Abs. 3 Satz 1 UmwG notariell zu beurkunden. Stimmen nicht alle Aktionäre der übertragenden AG der Übernahme der persönlichen Haftung in der übernehmenden oder neuen Personenhandelsgesellschaft zu, kann die übernehmende oder neue Personenhandelsgesellschaft nur eine KG sein. Die Verschmelzung einer AG auf eine OHG im Wege der Aufnahme ist in diesem Falle also nur durch gleichzeitige Umwandlung der übernehmenden OHG in eine KG möglich. Dieser Formwechsel der übernehmenden OHG vollzieht sich außerhalb des UmwG nach den allgemeinen Vorschriften (§ 190 Abs. 2 UmwG).[138]

156　Mit der Einlage eines Kommanditisten ist die im Handelsregister einzutragende **Hafteinlage** gemeint.[139] Beim persönlich haftenden Gesellschafter ist das feste Kapitalkonto gemeint, nach dem sich entsprechend den gesellschaftsvertraglichen Vereinbarungen die Vermögensrechte des Gesellschafters richten.

157　Die neuen Kommanditisten und der Betrag ihrer Hafteinlagen gemäß Verschmelzungsvertrag sind zusammen mit der Verschmelzung im Handelsregister der übernehmenden KG einzutragen. Die **Eintragung** wirkt nach § 172 Abs. 1 HGB für die Haftungsbeschränkung konstitutiv. Allerdings kann es in Verschmelzungsfällen für die Aktionäre der übertragenden AG nicht zu einer persönlichen Haftung nach § 176 Abs. 2 HGB kommen, da die neuen Kommanditisten erst im Zeitpunkt des Wirksamwerdens der Verschmelzung in die übernehmende Gesellschaft eintreten. Zu diesem Zeitpunkt ist ihr Eintritt als Kommanditist aber bereits im Handelsregister eingetragen.

---

[137] Vgl. *Widmann/Mayer* UmwG § 40 Rn. 23 f.
[138] Vgl. *Schmidt* ZGR 1990, 580 (590 ff.).
[139] Vgl. Kallmeyer/*Kallmeyer* UmwG § 40 Rn. 3 sowie *Naraschewski* DB 1995, 1265; aA Lutter/*Schmidt* UmwG § 40 Rn. 19.

2. Verschmelzungsbericht (§ 41 UmwG)

Auch ohne notariell beurkundete Verzichtserklärung (§ 8 Abs. 3 UmwG) der Gesellschafter der aufnehmenden Personenhandelsgesellschaft muss ein Verschmelzungsbericht nicht erstellt werden, wenn alle Gesellschafter der aufnehmenden Personenhandelsgesellschaft zur Geschäftsführung berechtigt sind. Die Voraussetzungen können nicht nur bei einer OHG, sondern auch bei einer KG zutreffen, denn auch die Kommanditisten können aufgrund des Gesellschaftsvertrags wie ein persönlich haftender Gesellschafter zur Geschäftsführung berechtigt sein.[140] Weil es indessen zu einer tatsächlichen Befreiung im Ergebnis nur dann kommt, wenn zusätzlich noch sämtliche Aktionäre der übertragenden AG auf die Erstattung eines Verschmelzungsberichts in notariell beurkundeter Form verzichten (§ 8 Abs. 3 UmwG), führt § 41 UmwG in der Regel zu keiner praktischen Erleichterung.

158

3. Unterrichtung der Gesellschafter (§ 42 UmwG)

Der Verschmelzungsvertrag oder sein Entwurf sowie der Verschmelzungsbericht, soweit erforderlich, sind den von der Geschäftsführung ausgeschlossenen Gesellschaftern der übernehmenden Personengesellschaft spätestens zusammen mit der Einberufung zu der über die Verschmelzung beschlussfassenden Gesellschafterversammlung zu übersenden. Es genügt die Übersendung von einfachen Abschriften bzw. Fotokopien.[141] Die Verpflichtung trifft die zur Geschäftsführung berechtigten Gesellschafter. Um dem Registergericht den rechtzeitigen Zugang der og. Unterlagen nachweisen zu können, empfiehlt sich die Aufnahme einer Empfangsbestätigung aller nicht geschäftsführenden Gesellschafter in das notarielle Versammlungsprotokoll.[142]

159

4. Beschluss der Gesellschafterversammlung (§ 43 UmwG)

Der Verschmelzungsbeschluss muss in der Gesellschafterversammlung der übernehmenden Personenhandelsgesellschaft grundsätzlich einstimmig gefasst werden (§ 43 Abs. 1 UmwG). Auch die nicht erschienenen Gesellschafter müssen der Verschmelzung vom Grundsatz her zustimmen. Etwas anderes gilt allerdings dann, wenn der Gesellschaftsvertrag für Verschmelzungen eine Mehrheitsentscheidung vorsieht. In diesem Fall reicht eine Zustimmung von ¾ der abgegebenen Stimmen aus. Im Falle der Mehrheitsentscheidung ist einem der Verschmelzung widersprechenden persönlich haftenden Gesellschafter der übernehmenden Personenhandelsgesellschaft die Stellung eines Kommanditisten zu gewähren. Im Falle des Widerspruchs ist der Verschmelzungsvertrag entsprechend zu ändern und muss eine aufnehmende OHG in eine KG umgewandelt werden.[143]

160

5. Prüfung der Verschmelzung (§ 44 UmwG)

Erfolgt die Verschmelzung auf der Grundlage eines gesellschaftsvertraglich verankerten Mehrheitsbeschlusses, so ist der Verschmelzungsvertrag auf Verlangen eines Gesellschafters der Personenhandelsgesellschaft nach den §§ 9–12 UmwG zu prüfen. Das Verlangen kann ggf. noch in der über die Verschmelzung beschluss-

161

---

[140] Vgl. Schlegelberger/*Martens* HGB § 164 Rn. 33 ff.
[141] Vgl. Kallmeyer/*Zimmermann* UmwG § 42 Rn. 4.
[142] So *Widmann/Mayer* UmwG § 42 Rn. 19, 21.
[143] Vgl. Kallmeyer/*Zimmermann* UmwG § 43 Rn. 27.

fassenden Gesellschafterversammlung gestellt werden, auch wenn dadurch das Verschmelzungsverfahren in seinem Ablauf neu organisiert werden muss.[144]

III. Handelsbilanzielle Abwicklung

162 Insoweit gelten keine Besonderheiten (vgl. daher Rn. 44 ff.).

IV. Steuerliche Folgen

163 Die steuerlichen Konsequenzen der Verschmelzung einer AG auf eine Personenhandelsgesellschaft sind in den §§ 2, 3–10, 17 und 18 des UmwStG enthalten. Hierbei sind die wesentlichen Rechtsfolgen in § 4 UmwStG niedergelegt. Insbesondere sind dort in den Absätzen 4 ff. die Übernahmeergebnisermittlung sowie die Konsequenzen eines Übernahmeergebnisses geregelt.

1. Bewertungswahlrecht bei der übertragenden AG

164 Gemäß § 3 Abs. 1 UmwStG hat die übertragende AG in ihrer steuerlichen Schlussbilanz die übergehenden Wirtschaftsgüter grundsätzlich mit den gemeinen Werten anzusetzen. Eine Besonderheit besteht bei Pensionsrückstellungen, die mit dem Wert nach § 6a EStG anzusetzen sind. Auf Antrag können die übergehenden Wirtschaftsgüter durch die übertragende AG nach § 3 Abs. 2 UmwStG einheitlich mit dem Buchwert oder einem höheren Wert höchstens jedoch mit dem gemeinen Wert angesetzt werden, soweit
– diese Betriebsvermögen des übernehmenden Rechtsträgers werden und ihre spätere Besteuerung mit Einkommen- oder Körperschaftsteuer sichergestellt ist,
– das Recht der Bundesrepublik Deutschland hinsichtlich der Besteuerung des Gewinns aus der Veräußerung der übergehenden Wirtschaftsgüter bei den Gesellschaftern der übernehmenden Personengesellschaft oder bei der natürlichen Person nicht ausgeschlossen oder beschränkt wird und
– keine Gegenleistung gewährt wird oder diese in Gesellschaftsrechten besteht.

165 In den Fällen der reinen Inlandsumwandlungen ohne Auslandsbezug hat die übertragende Kapitalgesellschaft demnach ein antragsgebundenes Wahlrecht in ihrer Schlussbilanz die steuerlichen Buchwerte beizubehalten, was ex definitione einen Übertragungsgewinn vermeidet.[145] Handelsrechtlich gelten für die Übertragungsbilanz die Vorschriften über die Jahresbilanz und deren Prüfungen entsprechend (§ 17 Abs. 2 Satz 2 UmwG), sodass ein über dem Buchwert liegender Wertansatz nur eingeschränkt möglich ist. Entgegen der hM[146] vertrat die Finanzverwaltung[147] zum Umwandlungssteuergesetz 1995 die Auffassung, dass nach dem Grundsatz der Maßgeblichkeit der Handelsbilanz für die Steuerbilanz (§ 5 Abs. 1 EStG) aufgrund der handelsrechtlichen Rechtslage auch in der steuerlichen Übertragungsbilanz nur die in der Handelsbilanz zulässigen Werte angesetzt werden konnten, dh mit dem um Wertaufholungssachverhalte einbezogenen Buchwert. Der BFH sieht dies im Fall des Formwechsels einer Personengesellschaft in eine Ka-

---

[144] Vgl. Goutier/Knopf/Tulloch/*Söffing*/*Bermel* UmwG § 43 Rn. 8.
[145] In fast allen praktischen Fällen ist die Beibehaltung der Buchwerte vorteilhaft bzw. jedenfalls nicht nachteilig; vgl. *Rödder* StbKongrRep 1996, 160 ff.
[146] Vgl. hM bei *Widmann/Mayer* UmwStG § 3 Rn. 304.
[147] Vgl. BMF 25.3.1998, BStBl. I 1998, 268 Tz. 03.01.

D. Verschmelzung einer AG auf eine Personengesellschaft   166 § 13

pitalgesellschaft anders. Hiernach kann das Betriebsvermögen nach § 25 Satz 1 iVm § 20 Abs. 2 Satz 1 UmwStG aF mit seinem Buchwert oder mit einem höheren Wert angesetzt werden.[148] Das FG München hat sich in einem rechtskräftigen Aussetzungsbeschluss für den umgekehrten Fall der formwechselnden Umwandlung einer Personengesellschaft in eine Kapitalgesellschaft ebenfalls gegen die Anwendbarkeit des Maßgeblichkeitsgrundsatzes ausgesprochen. Auf die Bedeutung dieses Urteils für die Anwendung des Bewertungswahlrechtes nach § 3 UmwStG aF geht der BFH in seinem Urteil indes nicht ein. Auch nach Veröffentlichung des BFH-Urteils vom 19.10.2005 hält die Finanzverwaltung außerhalb des § 25 UmwStG für die Zeit vor Inkrafttreten des UmwStG in der Form des SEStEG weiterhin an ihrer Auffassung zum Maßgeblichkeitsgrundsatz fest.[149] Auch ohne expliziten Hinweis findet der Maßgeblichkeitsgrundsatz im Rahmen des § 3 UmwStG in Form des SEStEG nunmehr keine Anwendung.[150] Vielmehr ist das übergehende Vermögen in der steuerlichen Schlussbilanz der übertragenden AG nach § 3 Abs. 1 Satz 1 UmwStG grds. mit dem gemeinen Wert anzusetzen (mit Ausnahme von Pensionsrückstellungen). Auf Antrag können die übergehenden Wirtschaftsgüter bei Vorliegen der in § 3 Abs. 2 Satz 1 UmwStG genannten Voraussetzungen auf Ebene der Überträgerin auch mit den Buchwerten oder einem unterhalb des gemeinen Werts liegenden Zwischenwert angesetzt werden. Diese Ansatzwahlrechte können unabhängig von der Bilanzierung in der Handelsbilanz ausgeübt werden.[151] Abweichend zum bisherigen Recht ist nunmehr auch die Aktivierung selbst geschaffener immaterieller Wirtschaftsgüter sowie eines Firmenwertes zulässig. Dies wurde gem. § 3 Abs. 2 Satz 1 UmwStG aF von der Finanzverwaltung und dem BFH noch abgelehnt.[152]

Bei der bis zum 31.12.2000 geltenden Steuerrechtslage war eine **Buchwertaufstockung** allerdings auch nur im Ausnahmefall steuerlich vorteilhaft, weil durch eine Aufstockung nach § 4 Abs. 6 UmwStG aF vergleichbare Auswirkungen erreicht werden konnten. Durch die ab 2001 eingeführte steuerliche Nicht-Berücksichtigung des Übernahmeverlusts (Näheres Rn. 188 ff.) hat sich indessen die Steuerrechtslage grundlegend geändert, sodass es sich insbesondere beim Vorhandensein steuerlicher Verlustvorträge lohnen kann, eine Aufstockung in der Steuerbilanz der übertragenden AG – beschränkt durch die Regelungen der Mindestbesteuerung (vgl. § 8 Abs. 1 KStG iVm § 10d Abs. 1 und 2 EStG, § 10a Satz 2 GewStG) – vorzunehmen. Dies dient der Ausnutzung noch vorhandener Verlustvorträge zur steuerfreien Schaffung von erhöhtem Abschreibungsvolumen auf Ebene des übernehmenden Rechtsträgers (§ 4 Abs. 1 und 2 Satz 1 UmwStG), das in Abhängigkeit von der Restnutzungsdauer des jeweiligen Wirtschaftsguts realisiert werden kann. Dabei ist jedoch zu berücksichtigen, dass die Erhöhung des Vermögens in der steuerlichen Schlussbilanz wegen der in § 4 Abs. 1 UmwStG verankerten Wertverknüpfung auf Seiten des übernehmenden Rechtsträgers einen entsprechend höheren Übernahmegewinn sowie für die beteiligten Anteilseigner erhöhte Einnahmen aus Kapitalvermögen iSd § 7 UmwStG iVm § 20 Abs. 1 Nr. 1 EStG zur Folge hat. Dies

166

---

[148] Vgl. BFH I R 38/04, BStBl. I 2006, 268; FG München 7 V 3797/00, EFG 2001, 32 (rkr).
[149] Vgl. Kurzinformation der OFD Münster 28.8.2006, BB 2006, 2130.
[150] Vgl. auch Regierungsentwurf des SEStEG v. 12.7.2006, BT-Drs. 16/2710 zum 1.–5. Teil des UmwStG sowie zu § 3 UmwStG.
[151] So auch *Dötsch/Pung* DB 2006, 2704 (2708).
[152] Vgl. BMF 25.3.1998, BStBl. I 1998, 268; BFH III R 45/98, BStBl. II 2003, 10; *Wochinger/Dötsch* DB-R 14/1994, 6; aA *Widmann/Mayer* UmwStG § 3 Rn. 307 (368), Haritz/Menner/Brinkhaus UmwStG § 3 Rn. 38.

ist kein Nachteil, soweit eine Verrechnung mit dem Übernahmeverlust nach § 4 Abs. 6 Satz 2–4 UmwStG möglich ist.

167 Im Zusammenhang mit der Ausübung des Wahlrechts nach § 3 Abs. 2 Satz 1 UmwStG sind jeweils die Gesamtumstände des Einzelfalls (insbesondere: Höhe von Verlustvorträgen, Abnutzbarkeit, Abschreibungszeitraum der aufgestockten Wirtschaftsgüter, voraussichtliche künftige Steuerbelastung in der Abschreibungsphase nach § 7 UmwStG) zu berücksichtigen.[153] Auch im Zusammenhang mit ansonsten untergehenden Zinsvorträgen können besondere Überlegungen geboten sein. Erfolgt der Ansatz der übergehenden Wirtschaftsgüter mit einem oberhalb des Buchwerts liegenden Werts (gemeiner Wert, Zwischenwert), so entsteht auf Ebenen der übertragenden AG ein Übertragungsgewinn. Dieser unterliegt als laufender Gewinn der Körperschaftsteuer und der Gewerbesteuer, soweit für einzelne Wirtschaftsgüter nicht Sonderregelungen gelten (zB § 8b Abs. 2 KStG, Freistellung nach DBA).[154] Die der AG zuzuordnenden, mit der Umwandlung im wirtschaftlichen Zusammenhang stehenden Aufwendungen (zB Notargebühren, Gerichtskosten) mindern den Gewinn der Überträgerin als sofort abziehbare Betriebsausgaben. Ein Übertragungsgewinn kann durch einen Verlustausgleich unbeschränkt und einen Verlustabzug im Rahmen der Beschränkung der Mindestbesteuerung (§ 8 Abs. 1 KStG iVm § 10d Abs. 2 EStG) gemindert werden. Auf den Teil des Übertragungsgewinns, der auf eine ausländische Betriebsstätte in einem Staat ohne DBA mit Freistellungsmethode entfällt, ist für gewerbesteuerliche Zwecke § 9 Nr. 3 GewStG entsprechend anzuwenden. Ausländische Steuern sind eventuell auf den Übertragungsgewinn anzurechnen (Anrechnung läuft bei Buchwertansatz leer).

168 Die Voraussetzung für einen antragsgemäßen Ansatz des übergehenden Vermögens mit dem Buch- oder Zwischenwert sind für jeden Mitunternehmer der übernehmenden Personengesellschaft getrennt zu prüfen.[155] Dabei ist auf die Beteiligungsverhältnisse im Zeitpunkt des Wirksamwerdens der Umwandlung abzustellen. Die Betriebsvermögenseigenschaft nach § 3 Abs. 2 Satz 1 Nr. 1 UmwStG muss spätestens ab dem steuerlichen Übertragungsstichtag erfüllt sein. Darüber hinaus setzt die Antragstellung voraus, dass das deutsche Besteuerungsrecht hinsichtlich des Gewinns aus einer Veräußerung der übertragenen Wirtschaftsgüter bei den Gesellschaftern der übernehmenden Personengesellschaft oder bei der übernehmenden natürlichen Person nicht ausgeschlossen oder beschränkt wird. Eine Beschränkung des deutschen Besteuerungsrechts ist dabei gegeben, wenn zB
– zwar das deutsche Besteuerungsrecht grundsätzlich erhalten bleibt, aber eine ausländische Steuer auf die deutsche Steuer anzurechnen ist,
– die Doppelbesteuerung aufgrund eines DBA (Aktivitätsvorbehalt) oder einer vergleichbaren Regelung (§ 20 Abs. 2 AStG) vor der Umwandlung durch Anrechnung und nach der Umwandlung des übernehmenden Rechtsträgers durch Freistellung vermieden wird.[156]

Eine Beschränkung des deutschen Besteuerungsrechts setzt naturgemäß voraus, dass zuvor ein solches Besteuerungsrecht überhaupt bestanden hat. Das Besteuerungsrecht wird in den Fällen nicht beschränkt, in denen Deutschland bereits bei der übertragenden AG (zB durch ein DBA mit Freistellungsmethode) an der Besteuerung der stillen Reserven gehindert war. Bei dem Übergang inländischen

---

[153] Vgl. Förster/van Lishaut FR 2000, 1189; Meiterth BB 1995, 1980; Thiel DB 1995, 1196.
[154] Vgl. DPPM/Dötsch/Pung SEStEG § 3 Rn. 2.
[155] Vgl. Förster/Felchner DB 2006, 1072 (1073); Regierungsentwurf des SEStEG v. 12.7.2006, BT-Drs. 16/2710 zu § 3 Abs. 2 UmwStG.
[156] Vgl. Schaflitzl/Wittmeyer DB Beil. 8/2006, 32 (40).

D. Verschmelzung einer AG auf eine Personengesellschaft 169–172 § 13

Betriebsvermögens auf einen ausländischen Rechtsträgers anlässlich einer grenzüberschreitenden Umwandlung ist zur Vermeidung einer Entstrickung der stillen Reserven grundsätzlich der Verbleib der entsprechenden Wirtschaftsgüter in einer deutschen Betriebsstätte erforderlich. In diesem Zusammenhang kommt der Zuordnung der Wirtschaftsgüter zur deutschen Betriebsstätte oder zum ausländischen Stammhaus besondere Bedeutung zu, insbesondere bezüglich Beteiligungen, Firmenwert ua immateriellen Wirtschaftsgütern.

Soweit bezüglich der stillen Reserven der Wirtschaftsgüter des übergehenden **169** Vermögens der übertragenden Körperschaft das deutsche Besteuerungsrecht durch die Umwandlung ausgeschlossen oder beschränkt wird, sind diese Wirtschaftsgüter in der steuerlichen Schlussbilanz mit dem gemeinen Wert anzusetzen (§ 3 Abs. 1 UmwStG). Hinsichtlich der dabei aufzudeckenden stillen Reserven kommt es zu einer Sofortbesteuerung. Eine Stundungslösung wie zB nach § 6 Abs. 5 AStG ist im UmwStG in diesem Zusammenhang nicht vorgesehen – auch nicht bei einer Umwandlung innerhalb der EU bzw. des EWR.[157] Ein Ausgleichsposten nach § 4g EStG kann bezüglich der stillen Reserven mangels einer Entnahme nach § 4 Abs. 1 Satz 3 EStG ebenfalls nicht gebildet werden.[158]

Bei einer Hereinverschmelzung sind die Wirtschaftsgüter des übergehenden **170** Vermögens der übertragenden AG, die im Zuge der Umwandlung erstmals steuerverstrickt werden (neu verstrickte Wirtschaftsgüter) oder weiterhin nicht steuerverstrickt sind, von dem Grundsatz der einheitlichen Bewertung mit dem Buchwert oder einem unterhalb der gemeinen Werts liegenden Zwischenwert nach § 3 Abs. 2 Satz 1 Hs. 1 UmwStG erfasst. Um hier steuerliche Nachteile zu vermeiden, könnte ggf. eine Vorabübertragung (dh eine Übertragung vor der Umwandlung) der betroffenen Wirtschaftsgüter zum gemeinen Wert sinnvoll sein.

Nach § 3 Abs. 2 Satz 1 Nr. 3 UmwStG kommt es zu einer zwingenden Aufdeckung **171** stiller Reserven durch den Ansatz des gemeinen Wertes nach § 3 Abs. 1 UmwStG, soweit im Rahmen der Umwandlung eine nicht in Gesellschaftsrechten bestehende Gegenleistung gewährt wird. Diese Regelung, die § 11 Abs. 1 Satz 1 Nr. 2 UmwStG aF sowie § 11 Abs. 2 Satz 1 Nr. 3 UmwStG entspricht, war in § 3 UmwStG aF noch nicht enthalten.[159] Die schädlichen Gegenleistungen iSd § 3 Abs. 2 Satz 1 Nr. 3 Alt. 1 UmwStG können in bar oder durch Gewährung anderer Vermögenswerte erfolgen. Soweit eine nicht in Gesellschaftsrechten bestehende Gegenleistung gewährt wird, kommt es insoweit zu einer zwingenden Aufdeckung stiller Reserven durch den Ansatz des gemeinen Wertes nach § 3 Abs. 1 UmwStG.

Unschädlich ist nach § 3 Abs. 2 Satz 1 Nr. 3 Alt. 2 UmwStG die Gutschrift auf **172** einem Eigenkapitalkonto bei der übernehmenden Personengesellschaft, schädlich ist hingegen die Gutschrift auf einem Gesellschafterdarlehenskonto.[160] Für die Abgrenzung zwischen Kapitalkonto und Darlehenskonto ist auf die zu § 24 UmwStG[161] und § 15a EStG[162] entwickelten Kriterien abzustellen.[163]

---

[157] Vgl. *Rödder/Schumacher* DStR 2006, 1525 (1528).
[158] Vgl. *Dötsch/Pung* DB 2006, 2704 (2705); *Rödder/Schumacher* DStR 2007, 143 (148 f.).
[159] Vgl. *Dötsch/Pung* DB 2006, 2704 (2708 f.).
[160] Vgl. *Dötsch/Pung* DB 2006, 2704 (2709).
[161] Vgl. BFH GrS 2/98, BStBl. II 2000, 123 mwN; III R 38/00, BStBl. II 2005, 554, mwN; s. auch BMF 25.3.1998, BStBl. I 1998, 268 Tz. 24.01 ff.
[162] Vgl. BFH VIII R 30/99, BStBl. II 2001, 621; I R 81/00, BStBl. II 2004, 344; BMF 30.5.1997, BStBl. I 1997, 627 mwN.
[163] So auch DPPM/*Dötsch/Pung* SEStEG § 3 Rn. 48.

173 Die Wahlrechtsausübung nach § 3 Abs. 2 UmwStG, die steuerlich ausschließlich der übertragenden AG zusteht und sich auf die steuerliche Schlussbilanz auswirkt, ist nicht nur für die mögliche Entstehung eines Übertragungsgewinns auf Ebene der AG von Bedeutung, sondern bindet gleichzeitig den übernehmenden Rechtsträger, der die übergegangenen Wirtschaftsgüter mit dem in der steuerlichen Schlussbilanz der AG gewählten Ansatz zu übernehmen hat (§ 4 Abs. 1 UmwStG). Ausgehend von dem übergehenden Vermögen ist auf Ebenen der Übernehmerin nach § 4 Abs. 4 und 5 UmwStG ein Übernahmegewinn bzw. ein -verlust zu ermitteln. Des Weiteren wirkt sich der Wertansatz in der steuerlichen Schlussbilanz der Überträgerin auch auf die Höhe der fiktiven Gewinnausschüttung iSd § 7 UmwStG aus. Im Rahmen der teilweisen Aufdeckung der stillen Reserven nach § 3 Abs. 2 Satz 1 UmwStG ist nach vorherrschender Meinung die Anwendung der Stufentheorie[164] ebenso wie die sog. modifizierte Stufentheorie[165] abzulehnen. Die – ggf. modifizierte Stufentheorie – geht davon aus, dass ein Geschäfts-/Firmenwert erst aufzustocken ist, nachdem zuvor die bilanzierten sowie die nicht bilanzierten materiellen/immateriellen Wirtschaftsgüter um ihre gesamten stillen Reserven bis zu deren gemeinen Wert aufgestockt worden sind. Nach dieser Auffassung wird ein Geschäfts-/Firmenwert entsprechend der handelsrechtlichen Regelung in § 246 Abs. 1 Satz 4 HGB als Residualgröße gesehen.[166] Im Rahmen des § 3 UmwStG gilt es hingegen nicht, einen Kaufpreis auf die erworbenen Wirtschaftsgüter zu verteilen und einen eventuellen Geschäftswert als Differenzbetrag zu ermitteln. Vielmehr wird bei einem Zwischenwertansatz in der steuerlichen Schlussbilanz der AG nach § 3 UmwStG ein gleichmäßiger Prozentsatz stiller Reserven sämtlicher übergehender Wirtschaftsgüter aufgedeckt. Gegen eine entsprechende stufenweise Aufstockung der übergehenden Wirtschaftsgüter spricht darüber hinaus, dass § 3 UmwStG keine dem § 4 Abs. 6 UmwStG aF entsprechende Regelung enthält.

174 Eine höhere Bewertung einzelner Wirtschaftsgüter in der steuerlichen Schlussbilanz der übertragenden AG im Rahmen der Wertaufholung nach den § 253 Abs. 5 HGB stellt keinen Zwischenwertansatz dar. Die Möglichkeit einer Wertaufholung besteht in der Jahresbilanz unabhängig vom Wertansatzwahlrecht nach § 3 Abs. 2 UmwStG. Somit bedarf es im Falle der Wertaufholung nicht einer entsprechenden Aufdeckung stiller Reserven auch bei den anderen Wirtschaftsgütern, zumal die ggf. zu einem zwingenden Ansatz der übrigen Wirtschaftsgüter mit dem gemeinen Wert führen würde. Auch die Verteilung der im Wege der Wertaufholung aufgedeckten stillen Reserven auf sämtliche übergehende Wirtschaftsgüter stünde im krassen Widerspruch zum Prinzip der Wertaufholung bei einzelnen Wirtschaftsgütern nach § 253 Abs. 5 HGB.

175 Der Antrag auf Bewertung des übergehenden Vermögens ist nach § 3 Abs. 2 Satz 2 UmwStG spätestens zur erstmaligen Abgabe der steuerlichen Schlussbilanz bei dem für die Besteuerung der übertragenden AG zuständigen Finanzamt zu stellen. Der Antrag ist neben den übrigen Voraussetzungen Vorbedingung für den Ansatz des übergehenden Vermögens mit einem unterhalb des gemeinen Wertes liegenden Betrag. Wird dieser Antrag nicht gestellt, so ist das Vermögen in der steuerlichen Schlussbilanz der übertragenden AG zwingend mit dem gemeinen Wert anzusetzen. Es findet von Amts wegen keine Günstigerprüfung oÄ statt. Die Antragstellung für die Wirtschaftsgüter, die die Voraussetzung des § 3 Abs. 2 Satz 1

---

[164] Vgl. Ley KÖSDI 1992, 9158; 2001, 12982.
[165] Vgl. Schmidt/*Wacker* UmwStG § 16 Rn. 490.
[166] Vgl. HHR/*Stobbe* EStG § 6 Rn. 725.

D. Verschmelzung einer AG auf eine Personengesellschaft 176, 177 § 13

UmwStG erfüllen, muss einheitlich erfolgen.[167] Das heißt dass diese Wirtschaftsgüter in der entsprechenden Schlussbilanz der übertragenden AG entweder mit dem Buchwert, dem gemeinen Wert oder einem Zwischenwert anzusetzen sind. Beim Zwischenwertansatz sind nach hM die stillen Reserven aller Wirtschaftsgüter um den gleichen Prozentsatz aufzudecken.[168]

Soweit das Bewertungswahlrecht eröffnet ist, ist weder eine selektive Aufstockung einzelner Wirtschaftsgüter noch eine unterschiedliche Wahlrechtsausübung bzgl. verschiedener Anteilseigner möglich. Das Gebot des einheitlichen Ansatzes sämtlicher Wirtschaftsgüter, die unter den Anwendungsbereich des § 3 Abs. 2 Satz 1 UmwStG fallen, hat zur Folge, dass auch Wirtschaftsgüter, die erst nach der Umwandlung im Inland steuerverstrickt werden (neu verstrickte Wirtschaftsgüter), sowie Wirtschaftsgüter, die einer Freistellungsbetriebsstätte zuzuordnen sind, mit dem einheitlich anzusetzenden Buchwert oder Zwischenwert anzusetzen sind.[169] Auch wenn es sich bei dem übernehmenden Rechtsträger um eine Personengesellschaft mit mehreren Gesellschaftern handelt, kann der Antrag nur gesellschaftsbezogen ausgeübt werden. Für den Antrag nach § 3 Abs. 2 UmwStG bestehen keine besonderen Formvorschriften, dh er kann schriftlich, aber auch mündlich oder auch konkludent (zB durch Einreichung der Steuerbilanz) gestellt werden.[170] Das Wahlrecht nach § 3 Abs. 2 UmwStG wird – zumindest bis zur Handelsregistereintragung der Umwandlung – von den für die Bilanzaufstellung zuständigen Organen der übertragenden AG (Vorstand) ausgeübt. Der Antrag ist bei dem für die Ertragsbesteuerung der übertragenen AG zuständigen inländischen Finanzamt zu stellen. Bei der Verschmelzung einer AG auf eine Personengesellschaft ist für die Besteuerung der untergehenden AG nach Eintragung der Umwandlung im Handelsregister das Finanzamt zuständig, das für die Besteuerung des übernehmenden Rechtsträger zuständig ist bzw. wird.[171] Sind für die Besteuerung des übertragenden und des übernehmenden Rechtsträgers unterschiedliche Finanzämter zuständig, so tritt in dem Zeitpunkt, in dem eines der Finanzämter von der Verschmelzung erfährt, ein Zuständigkeitswechsel ein (§ 26 Abs. 1 AO).[172] Dies gilt auch für Zeiträume, die vor den zuständigkeitsändernden Ereignissen liegen.

Der übernehmende Rechtsträger tritt bei der Verschmelzung als Gesamtrechtsnachfolger (§ 54 AO) der untergehenden AG in vollem Umfang in dessen Rechtsstellung ein, so dass auch für die Beurteilung der örtlichen Zuständigkeit ausschließlich die Verhältnisse der Übernehmerin als verbleibende Steuerpflichtige maßgeblich sind. Nach Abgabe eines wirksamen Bewertungsantrags nach § 3 Abs. 2 Satz 1 UmwStG ist eine Änderung der Bewertung des Vermögens in der steuerlichen Schlussbilanz der Überträgerin nicht mehr möglich.[173] Eine geänderte Wahlrechtsausübung unter Änderung einer beim zuständigen Finanzamt eingereichten steuerlichen Schlussbilanz der übertragenden AG wäre nach § 4 Abs. 2 Satz 2 EStG

---

[167] So auch *Schaflitzl/Wittmeyer* DB Beil. 8/2006, 36 (40).
[168] Vgl. *Widmann/Mayer* UmwStG § 3 Rn. 457 ff.; *Haritz/Menner/Brinkhaus* UmwStG § 3 Rn. 138 ff.
[169] So auch *Hagemann/Jakob/Ropohl/Viebrock* NWB-Sonderheft 1/2007, 21.
[170] Vgl. *Förster/Felchner* DB 2006, 1072 (1073), vgl. auch Regierungsentwurf des SEStEG v. 12.7.2006, BT-Drs. 16/2710 zu § 3 Abs. 2 UmwStG.
[171] Vgl. FG Nürnberg II 10/82, EFG 1985, 273 rkr.; FG Hamburg II 7/87, EFG 1989, 490 rkr.
[172] Vgl. OFD Chemnitz 12.10.2001, StEKAO 1977 § 26 Nr. 27 AO.
[173] So auch BFH I R 34/04, BFH/NV 2006, 1099 zu § 11 Abs. 1 Satz 2 iVm § 3 UmwStG aF; BFH I R 191/77, BStBl. II 1981, 620.

nur möglich, soweit ein enger zeitlicher und sachlicher Zusammenhang mit einer Bilanzberichtigung besteht. Eine Bilanzberichtigung im Rahmen des § 4 Abs. 2 Satz 1 UmwStG ist hingegen grundsätzlich möglich.

2. Steuerliche Rückwirkung

178 Der steuerliche Umwandlungsstichtag ist grundsätzlich der Tag, auf den der übertragende Rechtsträger die Schlussbilanz aufzustellen hat.[174] Dies ist der Tag, der dem handelsrechtlichen Umwandlungsstichtag vorangeht. Bei einer Verschmelzung auf den 1.1.2015 ist steuerlicher Umwandlungsstichtag zwingend also der 31.12.2014. Der steuerliche Umwandlungsstichtag kann nach § 2 Abs. 1 iVm § 17 Abs. 2 UmwG bis zu acht Monate[175] vor der Anmeldung der Verschmelzung zur Eintragung in das HR liegen.

Wird auf den 1.1.2015 umgewandelt, so ist im Wirtschaftsjahr 2014 für die übernehmende Personengesellschaft im Falle der Neugründung nur ein Geschäftsvorfall gegeben, nämlich die Umwandlung. Dies bedeutet, dass in der entsprechenden Feststellungserklärung für den VZ 2014 ein laufendes Ergebnis der KG iHv 0 EUR zu deklarieren ist. Ab dem steuerlichen Übertragungsstichtag unterliegt die umgewandelte Kapitalgesellschaft den Besteuerungsregeln für Personengesellschaften, dh, dass auch die steuerlichen Nachteile zu vergegenwärtigen sind, die sich aus der Rechtsform der Personengesellschaft ergeben können (ggf. keine Schachtelprivilegien, kein § 8b Abs. 2 KStG, Anwendung des § 15 Abs. 1 Satz 1 Nr. 2 EStG etc.).

179 Die steuerliche Rückbeziehung hat darüber hinaus auch **Konsequenzen** für im Rückbeziehungszeitraum erfolgte Ausschüttungen.

Vor dem oben angenommenen steuerlichen **Übertragungsstichtag** 31.12.2014 beschlossene ordentliche Gewinnausschüttungen für das Jahr 2014 oder Vorjahre (Wirtschaftsjahr gleich Kalenderjahr) sind noch mit dem EK der übertragenden AG zu verrechnen.

Nach dem steuerlichen **Übertragungsstichtag** bei der übertragenden AG beschlossene Ausschüttungen gelten als Entnahmen der verbleibenden Gesellschafter.[176]

Besonderheiten gelten für Ausschüttungen an Anteilsigner, die im Rückwirkungszeitraum aus der übertragenden AG ausscheiden.[177] Für Ausschüttungen an diese Anteilsigner-Gruppe gilt die Rückwirkungsfiktion nicht, sodass diese Ausschüttungen steuerlich noch der übertragenden AG zugerechnet werden und mit deren EK (unmittelbar vor der Umwandlung) zu verrechnen sind.

3. Wertfortführung durch die übernehmende Personenhandelsgesellschaft

180 Die übernehmende Personenhandelsgesellschaft hat die im Zuge der Verschmelzung auf sie übergehenden Wirtschaftsgüter mit dem in der steuerlichen Schlussbilanz der AG enthaltenen Wert zu übernehmen (§ 4 Abs. 1 UmwStG). Sie tritt insbesondere für Bewertungsfragen in die steuerliche Rechtsstellung der übertragenden AG ein (§ 4 Abs. 2 UmwStG). Ein im Zeitpunkt des steuerlichen Wirksamwerdens der Verschmelzung auf Ebene der AG vorhandener Verlustabzug iSd §§ 10d, 15 Abs. 4 oder § 15a EStG geht jedoch nicht verschmelzungsbedingt auf die Perso-

---

[174] UmwStErl. Tz. 02.02.
[175] Zur Fristberechnung siehe Kallmeyer/*Müller* UmwG § 17 Rn. 26.
[176] UmwStErl. Tz. 02.03, Tz. 02.31 f.
[177] UmwStErl. Tz. 02.03, Tz. 02.31.

nenhandelsgesellschaft mit über. Ebenso findet bei auf Ebene der AG vorhandenen gewerbesteuerlichen Verlustvorträgen kein verschmelzungsbedingter Übergang auf die Personenhandelsgesellschaft statt (§ 18 Abs. 1 Satz 2 UmwStG). Durch eine Aufstockung der Buchwerte auf Ebene der übertragenden AG (bei der allerdings zu beachten ist, dass die körperschaftsteuerlichen und gewerbesteuerlichen Verlustvorträge idR divergieren; ebenso sind die Regelungen der Mindestbesteuerung zu beachten) noch vor der Verschmelzung könnten indessen vorhandene Verluste steuerlich ausgenutzt werden. Derartige Aufstockungen sollten dann ernsthaft erwogen werden, wenn und soweit die Übernahmeergebnisermittlung zu einem Verlust führt oder ein etwaiger Gewinn steuerfrei gestellt ist.[178]

Bei der Verschmelzung durch Aufnahme auf eine bereits bestehende Personengesellschaft ist der Vermögenszugang für die Personengesellschaft steuerlich wie handelsrechtlich ein laufender Geschäftsvorfall. Einer besonderen Übernahmebilanz bedarf es insoweit grundsätzlich nicht. Der Vermögenszugang wird im nächst folgenden Jahresabschluss dargestellt. Die Gegenbuchung erfolgt auf den Kapitalkonten, die für die ehemaligen Gesellschafter der übertragenden AG und nunmehrigen Mitunternehmer einzurichten bzw. entsprechend zu erhöhen sind. Bei der Verschmelzung durch Neugründung ist auf den Übertragungsstichtag eine steuerliche Eröffnungsbilanz zu erstellen, die zugleich Übernahmebilanz ist. Bei der Verschmelzung durch Aufnahme erhalten die Gesellschafter der untergehenden übertragenden AG Anteile an der übernehmenden Personengesellschaft. Sie treten der Personengesellschaft also als neue Gesellschafter bei oder erhalten, wenn die zuvor schon beteiligt waren, eine Aufstockung ihres Gesellschaftsanteils. Der Wertansatz nach § 4 Abs. 1 Satz 1 UmwStG ist in der Gesamthandsbilanz und in etwaig aufzustellenden Ergänzungsbilanzen so abzubilden, dass die Wertverhältnisse zwischen den Altgesellschaftern der Übernehmerin und den neu Betretenden oder ihre Beteiligung verstärkenden Gesellschaftern zutreffend dargestellt sind. Nehmen die Beteiligten hingegen aus Freigiebigkeit oder aus gesellschaftsrechtlicher Veranlassung Wertverschiebungen hin, kann dies zu Schenkungsteuer oder zur Annahme einer verdeckten Gewinnausschüttung bzw. verdeckten Einlage führen.[179] Des Weiteren müssen die stillen Reserven den Gesellschaftern jeweils in der Summe zutreffend zugeordnet sein.

4. Ermittlung des Übernahmeergebnisses

Für die Anteilseigner der übertragenden AG stellt sich die Frage, ob der Übernahmegewinn/-verlust einheitlich, gesellschafterübergreifend oder ob er gesellschafterindividuell, personenbezogen ermittelt werden muss. Entgegen dem Wortlaut des § 4 UmwStG sprechen sich die Literaturmeinung[180] und die FinVerw zu Recht für eine **personenbezogene Übernahmegewinnermittlung** aus.[181] Dies ist von besonderer Bedeutung bei unterschiedlich hohen Anschaffungskosten sowie für die Berücksichtigung von bis zur körperschaftsteuerlichen Systemumstellung entstandenen § 50c EStG-Sperrbeträgen.

Soweit die Anteile der Aktionäre der übertragenden AG einem **inländischen Betriebsvermögen** zuzuordnen sind oder **wesentliche Beteiligungen** (außer-

---

[178] Vgl. *Förster/v. Lishaut* FR 2000, 1189 (1195).
[179] *Rödder/Herlinghaus/van Lishaut/van Lishaut* UmwStG § 4 Rn. 11.
[180] Vgl. *Thiel* DB 1995, 1198 sowie Haritz/Menner/*Bohnhardt* UmwStG § 4 Rn. 382; ebenso *Rödder/Herlinghaus/van Lishaut/van Lishaut* UmwStG § 4 Rn. 74 ff.
[181] UmwStErl. Tz. 04.19 ff.

halb von § 17 Abs. 2 Satz 4 EStG) im Privatvermögen bzw. einbringungsgeborene Anteile (gem. § 27 Abs. 3 Nr. 1 UmwStG gilt § 5 Abs. 4 UmwStG aF fort) eines unbeschränkt steuerpflichtigen Aktionärs vorliegen, gelten sie als in das Betriebsvermögen der übernehmenden Personengesellschaft eingelegt (§ 5 Abs. 2–4 UmwStG), damit auf der Ebene der Übernehmerin der Übernahmegewinn bzw. -verlust ermittelt werden kann. Der Übernahmegewinn bzw. -verlust ermittelt sich aus der Gegenüberstellung des steuerlich relevanten Werts (Buchwert, Anschaffungskosten) der Kapitalgesellschaftsanteile einerseits und der (in ihrer Höhe von der Wahlrechtsausübung bei der Überträgerin abhängigen) Summe der Buchwerte der übergehenden Wirtschaftsgüter andererseits. Des Weiteren findet ggf. eine ergebniserhöhende Korrektur des Übernahmeergebnisses um einen § 50c EStG-Sperrbetrag statt.

Der Übernahmegewinn oder -verlust für steuerverstrickte Anteile berechnet sich wie folgt:[182]

Wert der übergehenden Wirtschaftsgüter (§ 4 Abs. 1 Satz 1 UmwStG), soweit sie auf steuerverstrickte Anteile entfallen (§ 4 Abs. 4 Satz 3 UmwStG)

./. Buchwert der betreffenden Anteile an der übertragenden AG, ggf. nach Korrektur gem. § 4 Abs. 1 Satz 2 f. UmwStG (Beteiligungskorrekturgewinn) und § 4 Abs. 2 Satz 5 UmwStG (Sonderfall der Umwandlung einer Unterstützungskasse)
./. Kosten für den Vermögensübergang
= **Übernahmeergebnis 1. Stufe** (§ 4 Abs. 4 Satz 1 UmwStG)
+ Zuschlag für neutrales Vermögen (§ 4 Abs. 4 Satz 2 UmwStG)
+ Sperrbetrag iSd § 50c EStG iVm § 52 Abs. 59 EStG
./. anteilige offene Rücklagen, die als Einnahmen aus Kapitalvermögen gem. § 7 UmwStG iVm § 20 Abs. 1 Nr. 1 EStG zu versteuern sind
= Verbleibendes Übernahmeergebnis

184 Die Übernahmegewinnermittlung nach Maßgabe des SEStEG ordnet an, dass nunmehr auch die anteiligen offenen Rücklagen aus dem Übernahmeergebnis herauszurechnen sind und gem. § 7 UmwStG iVm § 20 Abs. 1 Nr. 1 EStG, § 43 Abs. 1 Nr. 1 EStG gesondert als Kapitaleinkünfte mit der Pflicht zur Einbehaltung und Abführung von Kapitalertragsteuern für die umzuwandelnde AG zu besteuern sind. Dies hat zur Konsequenz, dass das Übernahmeergebnis in der Regel Null oder negativ ist.

185 Nach § 4 Abs. 4 Satz 3 UmwStG bleibt bei Übernahmegewinn-/Übernahmeverlustermittlung der Wert der **übergegangenen Wirtschaftsgüter** insoweit außer Ansatz, wie er auf Anteile an der übertragenden Kapitalgesellschaft entfällt, die am steuerlichen Übertragungsstichtag nicht zum Betriebsvermögen der übernehmenden Personengesellschaft gehören. Dies ist für alle nicht wesentlichen, im Privatvermögen gehaltenen Beteiligungen an der übertragenden AG der Fall, denn insoweit enthält § 5 UmwStG keine Einlagefiktion.[183]

186 Ob eine wesentliche Beteiligung besteht oder nicht, richtet sich nach der **Rechtslage am Umwandlungsstichtag**.

Wesentliche Beteiligungen, bei deren (gedanklicher) Veräußerung ein Veräußerungsverlust nach § 17 Abs. 2 Satz 4 EStG nicht zu berücksichtigen wäre (das sind im Grundfall Beteiligungen, die innerhalb der letzten 5 Jahre von einer nicht wesentlichen auf eine wesentliche Beteiligung aufgestockt wurden) werden wie nicht wesentliche Beteiligungen behandelt.

---

[182] Vgl. BMF 11.11.2011, BStBl. I 1314 Tz. 04.19; Rödder/Herlinghaus/van Lishaut/*van Lishaut* UmwStG § 4 Rn. 75.

[183] BMF 11.11.2011, BStBl. I 2011, 1314 Tz. 04.30.

D. Verschmelzung einer AG auf eine Personengesellschaft

Ebenfalls (nach Ansicht der FinVerw) nicht in die Übernahmeergebnisrechnung einzubeziehen sind wesentliche Beteiligungen eines an der Umwandlung teilnehmende **Steuerausländers**, der in einem DBA-Staat ansässig ist, falls der DBA-Normalfall gegeben ist, wonach das Besteuerungsrecht für Anteilsveräußerungsgewinne dem ausländischen Wohnsitzstaat des Anteilseigners zusteht.[184]

5. Übernahmegewinnfolgen

Gemäß § 4 Abs. 7 Satz 1 UmwStG bleibt ein Übernahmegewinn außer Ansatz, soweit er auf eine Kapitalgesellschaft als Mitunternehmerin der übernehmenden Personengesellschaft entfällt. Diese Freistellung entspricht dem in § 8b Abs. 1 und 2 KStG verankerten Veräußerungsprivileg, durch das eine Mehrfachbelastung mit Körperschaftsteuer im Ergebnis vermieden werden soll. Demzufolge ist der Übernahmegewinn zu 95% steuerfrei.[185]

Der Übernahmegewinn unterliegt dem **Teileinkünfteverfahren**, dh er ist zu 60% einkommensteuerpflichtig, soweit er auf eine natürliche Person entfällt (§ 4 Abs. 7 Satz 2 UmwStG).

Infolge des Abzugs der offenen Rücklage bei der Übernahmegewinnermittlung wird sich indes im Regelfall kein Übernahmegewinn mehr ergeben. Vielmehr wird sich im Regelfall ein Übernahmeverlust einstellen. Ein Übernahmeverlust entsteht zum einen, wenn der Wert der untergehenden Anteile nach Abzug der Übernahmekosten höher ist als der Wert des zugehörigen übergehenden und gem. § 4 Abs. 5 Satz 2 UmwStG gekürzten Vermögens und der Fehlbetrag auch nicht durch die Korrekturen nach § 4 Abs. 4 Satz 2 und Abs. 5 Satz 1 UmwStG ausgeglichen wird. Dies kann der Fall sein, wenn der Gesellschafter im Kaufpreis seiner Anteile stille Reserven mitbezahlt hat, die in den Wirtschaftsgütern der Gesellschaft ruhen und diese stillen Reserven auch im Rahmen der Umwandlung bei Anwendung des § 3 UmwStG nicht aufgedeckt worden sind oder wenn die Anteile nach Erwerb durch Verluste der Gesellschaft oder infolge der Verflüchtigung stiller Reserven im Wert verfallen sind und der Wertverfall bislang nicht durch eine Teilwertabschreibung geltend zu machen war, da es bei betrieblichen Anteilen an einer voraussichtlich dauernden Wertminderung iSd § 6 Abs. 1 Satz 1 Nr. 2 Satz 2 EStG fehlte oder es sich um privat gehaltene Anteile iSd § 21 UmwStG und § 17 EStG handelt, die einer Teilwertabschreibung nicht zugänglich sind.

Gemäß § 4 Abs. 6 Satz 1 UmwStG in der Form des SEStEG bleibt der Abzug des Übernahmeverlusts weiterhin grundsätzlich ausgeschlossen. Es gibt aber betragsmäßig begrenzte Ausnahmen. Der Abzug des Übernahmeverlusts ist gem. § 4 Abs. 6 Satz 2–4 UmwStG gedeckelt bis zur Höhe der Kapitaleinkünfte iSd § 7 UmwStG möglich, wenn der Gesellschafter eine natürliche Person ist oder wenn er eine Körperschaft ist, die die Anteile an der Überträgerin gem. § 8b Abs. 7 oder Abs. 8 KStG anwendet.[186] Eine derartige gedeckelte Übernahmeverlustberücksichtigung ist indessen in den Fällen dann ausgeschlossen, soweit bei einer gedachten Veräußerung des Anteils an der übertragenden AG ein Veräußerungsverlust nach § 17 Abs. 2 Satz 5 EStG nicht zu berücksichtigen wäre (§ 4 Abs. 6 Satz 5 Var. 1 UmwStG; davon betroffen sind insbesondere die kurzfristige Zusammenführung von privaten Streubesitzanteilen zu einer wesentlichen Beteiligung und die Anteile

---

[184] UmwStErl Tz. 05.07.
[185] Vgl. Haritz/Menner/*Bohnhardt* UmwStG § 4 Rn. 319; Schmitt/Hörtnagl/Stratz/*Schmitt* UmwStG § 4 Rn. 146.
[186] Vgl. Rödder/Herlinghaus/van Lishaut/*van Lishaut* UmwStG § 4 Rn. 113.

an der übertragenden AG, die innerhalb von fünf Jahren vor dem Übertragungsstichtag erworben worden sind).

190 Damit bringt das UmwStG zum Ausdruck, dass ein Übernahmegewinn der Sache nach eine **Vollausschüttung** der in der umgewandelten AG gespeicherten Gewinnrücklagen bedeutet. Würden die Gewinnrücklagen nämlich durch die umzuwandelnde AG vorab ausgekehrt, wäre die Gewinnausschüttung bei Kapitalgesellschaften als Anteilseigner (vorbehaltlich einer Nachversteuerung aus § 37 Abs. 3 KStG) gem. § 8b Abs. 1 KStG steuerfrei, bei natürlichen Personen als Anteilseigner gem. § 3 Nr. 40 EStG zu 40% steuerbefreit vereinnahmt worden.[187] Diese Behandlung wird in Umwandlungsfällen auf das positive Übernahmeergebnis übertragen.[188]

6. Gewerbesteuerliche Auswirkungen

191 Wie nach bisheriger Rechtslage unterliegt der Übernahmegewinn nicht der Gewerbesteuer (§ 18 Abs. 2 UmwStG). Ein **Übernahmeverlust** ist übereinstimmend zu der durch das Steuerentlastungsgesetz 1999/2000/2002 hergestellten Rechtslage auch in Zukunft nicht berücksichtigungsfähig.

192 Wird der Betrieb der Personengesellschaft innerhalb von fünf Jahren nach der Verschmelzung aufgegeben oder veräußert, unterliegt ein **Auflösungs- oder Veräußerungsgewinn** der Gewerbesteuer (§ 18 Abs. 3 UmwStG). Dieselben Rechtsfolgen treten ein, soweit ein Teilbetrieb oder ein Anteil an der Personengesellschaft aufgegeben oder veräußert wird. Vom Sinn und Zweck des § 18 Abs. 3 UmwStG beschränkt sich das Nachversteuerungserfordernis aber auf stille Reserven in den Wirtschaftsgütern, die verschmelzungsbedingt von der AG auf die Personenhandelsgesellschaft übergegangen sind, sodass stille Reserven in Wirtschaftsgütern, die der aufnehmenden Personengesellschaft schon vor der Verschmelzung gehörten, nicht von § 18 Abs. 3 UmwStG erfasst werden dürfen.[189] Die Rechtslage gilt auf der Grundlage des BFH-Urteils v. 20.11.2006 (VIII R 47/05, BStBl. II 2008, 69) für Verschmelzungen, die hier zum 31.12.2007 beim Handelsregister angemeldet worden sind. Durch die Neuregelung in § 18 Abs. 3 Satz 1 UmwStG gilt für Verschmelzungen, die nach dem 31.12.2007 beim Handelsregister angemeldet worden sind (vgl. § 27 Abs. 6 UmwStG), die bisherige Auffassung der Finanzverwaltung kraft Gesetzesänderung. Der aus einem gewerbesteuerpflichtigen Vorgang iSd § 18 Abs. 3 UmwStG resultierende Teil des Gewerbesteuer-Messbetrags ist im Rahmen des § 35 EStG (Gewerbesteueranrechnung) nicht zu berücksichtigen.[190]

7. Behandlung der nicht wesentlich Beteiligten

193 Die bisher vorgetragenen Überlegungen zur Umwandlung einer AG in eine Personengesellschaft gelten für nicht wesentliche und für bestimmte wesentliche im Privatvermögen gehaltene Beteiligungen (solche iSd § 17 Abs. 2 Satz 4 EStG) nicht. Denn diese Anteile gelten nicht als zum Übertragungsstichtag in das Betriebsvermögen der übernehmenden Personengesellschaft eingelegt und nehmen deshalb auch an der Übernahmegewinn-/Übernahmeverlustermittlung nicht teil (§ 5 UmwStG; § 4 Abs. 4 Satz 3 UmwStG).

---

[187] Vgl. *Schaumburg/Rödder* Unternehmenssteuerreform 2001, S. 686.
[188] Zur Unterscheidung beachte die Begrenzungen der Realisierung von Körperschaftsteuerguthaben, die durch das StVergAbG eingeführt worden sind.
[189] AA UmwStErl Tz. 18.09.
[190] Ausführlicher Schmitt/Hörtnagl/Stratz/*Schmitt* UmwStG § 18 Rn. 59 f.

E. Formwechsel einer AG in eine GmbH   194–201   § 13

Der nicht wesentlich beteiligte Anteilseigner bekommt vielmehr unabhängig von der Höhe seiner Anschaffungskosten für die GmbH-Anteile und ohne Liquiditätszufluss gem. § 7 UmwStG das auf ihn entfallende in der Steuerbilanz der AG ausgewiesene Eigenkapital (ohne gezeichnetes Kapital und ohne steuerliches Einlagenkonto iSv § 27 KStG) der Aktiengesellschaft als Einkünfte aus Kapitalvermögen zugerechnet, die er nach Maßgabe des Teileinkünfteverfahrens zu versteuern hat. Außerdem tritt er mit dem anteiligen Buchkapital in die Mitunternehmerstellung ein.

8. Grunderwerbsteuer

Insoweit kann auf die Erläuterungen zur Verschmelzung mehrerer AG verwiesen werden.   **194**

E. Formwechsel einer AG in eine GmbH

I. Überblick

Der Formwechsel einer AG in eine GmbH ist gem. § 226 UmwG gesetzlich   **200** zugelassen und in den §§ 190–213 (allgemeine Vorschriften), 226 und 238–250 (besondere Vorschriften) UmwG im Einzelnen geregelt. Durch den Formwechsel in eine GmbH wird die Identität des Rechtsträgers nicht berührt, es findet lediglich eine Änderung des „Rechtskleides" statt. Die Umwandlung einer AG in eine GmbH durch Formwechsel ist ein in der Praxis häufig gewählter Typ der formwechselnden Umwandlung, weil er personenbezogenen AGs den Wechsel von den zwingenden und formstrengen aktienrechtlichen Regeln zu den flexibleren, weil größtenteils abdingbaren Vorschriften des GmbHG ermöglicht. Außerdem lässt sich durch diese Form der Umwandlung ohne einen zweiten Rechtsträger auf vergleichsweise einfachem Weg das Delisting einer börsennotierten AG herbeiführen (sog. „kaltes" Delisting).[191] Eine sachliche Rechtfertigung des Formwechsels bedarf es im Allgemeinen nicht; er unterliegt jedoch der Missbrauchskontrolle.[192]

II. Voraussetzungen und Durchführung

1. Inhalt des Umwandlungsbeschlusses (§§ 194, 243 iVm 218 UmwG)

Durch den Umwandlungsbeschluss soll der Inhalt des Gesellschaftsvertrags der **201** GmbH nach Wirksamkeit des Formwechsels dokumentiert werden. Aus diesem Grund ist der gesamte Gesellschaftsvertrag der GmbH (§ 243 iVm § 218 Abs. 1 UmwG) notwendiger Bestandteil des Umwandlungsbeschlusses. Der **Gesellschaftsvertrag** muss den Mindestanforderungen des § 3 GmbHG entsprechen. Es sind daher zumindest folgende Angaben zu machen:
– Gründungsgesellschafter
– Firma (§ 4 GmbHG; § 200 UmwG)
– Sitz der Gesellschaft
– Gegenstand des Unternehmens

---

[191] Vgl. *Steck* AG 1998, 460.
[192] Vgl. OLG Naumburg 7 U 236/96, DB 1998, 251; *A. Meyer-Landrut/Kiem* WM 1997, 1361 u. 1413.

- Stammkapital der Gesellschaft (mindestens 25.000 EUR)
- Betrag der von jedem Gesellschafter übernommenen Stammeinlage (mindestens 50 EUR und durch 10 teilbar, § 243 Abs. 3 Satz 2 UmwG)
- Festsetzungen etwaiger Sondervorteile, Gründungsaufwand, Sacheinlagen oder Sachübernahmen.

202 Darüber hinaus sind in die Entwurfsfassung des Umwandlungsbeschlusses etwaige **Sonderrechte**, die einzelnen Personen gewährt werden sollen, sowie Angaben über die **Folgen des Formwechsels** für die Arbeitnehmer mit aufzunehmen. Überdies muss der Umwandlungsbeschluss ein **Abfindungsangebot** an widersprechende Aktionäre enthalten, sofern nicht sämtliche Aktien in einer Hand sind. Der Entwurf des Umwandlungsbeschlusses ist dem zuständigen Betriebsrat der AG spätestens einen Monat vor der Hauptversammlung, die über den Formwechsel beschließen soll, zuzuleiten (§ 194 Abs. 2 UmwG). Wesentliche Änderungen der Entwurfsfassung des Umwandlungsbeschlusses nach der Zuleitung an den Betriebsrat lösen eine erneute Zuleitungspflicht aus.[193]

203 Eine Prüfung des Entwurfs des Umwandlungsbeschlusses durch einen externen Prüfer findet grundsätzlich nicht statt. Allerdings ist die **Angemessenheit der Barabfindung** zu überprüfen (§ 208 iVm § 30 Abs. 2 UmwG), soweit die Berechtigten nicht auf eine solche Prüfung in notariell zu beurkundender Form verzichten.

2. Umwandlungsbericht (§ 192 UmwG)

204 Ein Umwandlungsbericht ist nach § 192 Abs. 3 UmwG nicht erforderlich, wenn nur ein Aktionär an der AG beteiligt ist oder wenn sämtliche Aktionäre in notariell beurkundeter Erklärung auf seine Erstellung verzichten. In den übrigen Fällen hat der Vorstand der AG einen Umwandlungsbericht mit folgendem **Inhalt** zu erstatten:[194]

- Rechtliche und wirtschaftliche **Begründung des Formwechsels**. Das erfordert die ausführliche Darstellung und Abwägung der rechtlichen und wirtschaftlichen Vor- und Nachteile, die der Formwechsel für den Rechtsträger und dessen Aktionäre mit sich bringt; hierzu gehört auch ein Darstellen und Abwägen der steuerlichen Folgen.[195] Vom Gesetz verlangt wird insbesondere die Erläuterung der künftigen Beteiligung der Aktionäre an der GmbH. Zur Erläuterung des Formwechsels gehört auch die Stellungnahme dazu, ob die Voraussetzungen für bare Zuzahlungen iSv § 196 UmwG vorliegen. Überdies ist die Höhe der für widersprechende Aktionäre anzubietenden Barabfindung zu erläutern, die regelmäßig eine Unternehmensbewertung erforderlich macht.[196] Es brauchen keine für die AG nachteiligen Tatsachen angegeben werden (§ 192 Abs. 1 Satz 2 iVm § 8 Abs. 2 UmwG);
- Angaben über alle für den Formwechsel wesentlichen Angelegenheiten von mit der formumzuwandelnden AG verbundenen Unternehmen iSd § 15 AktG;
- Entwurf des Umwandlungsbeschlusses.

205 Die Beifügung einer in § 192 Abs. 2 UmwG genannten **Vermögensaufstellung**, in der die Gegenstände und Verbindlichkeiten der umzuwandelnden AG mit dem wirklichen Wert anzusetzen wären, ist gem. § 238 Satz 2 UmwG **nicht erforder-**

---

[193] Vgl. im Einzelnen OLG Naumburg 7 U 236/96, DB 1998, 251.
[194] Zu weiteren Einzelheiten s. LG Heidelberg 99 O 178/96, DB 1996, 1768.
[195] Vgl. Schmitt/Hörtnagl/Stratz/*Stratz* UmwG § 192 Rn. 11, 13.
[196] Vgl. KG 99 O 178/96, DB 1999, 86 (nrkr.); aA LG Berlin 99 O 178/96, DB 1997, 969 (970).

lich. Diese auf den Vorschlag des Rechtsausschusses in das Gesetz aufgenommene Ausnahmeregelung erscheint vertretbar, weil sich die Rechtsstellung der Aktionäre im Zuge des Formwechsels in eine andere Kapitalgesellschaft (GmbH) nicht grundlegend ändert.[197]

Der Umwandlungsbericht oder die Erklärung über den Verzicht auf seine Erstellung sind der Registeranmeldung des Formwechsels beizufügen.[198]

3. Umwandlungsbeschluss (§§ 193, 238–240, 242, 244 UmwG)

Die über den Formwechsel beschließende Hauptversammlung wird durch den Vorstand einberufen. Im Einzelnen sind
(1) der Umwandlungsbeschlusses und die GmbH-Satzung (§ 124 Abs. 2 Satz 2 AktG)[199] sowie das Abfindungsangebot (§ 238 Satz 1 iVm § 231 UmwG) bekannt zu geben,
(2) der Umwandlungsbericht in den Geschäftsräumen der AG zur Einsichtnahme auszulegen (§ 238 Satz 1 iVm § 230 Abs. 2 UmwG),
(3) die Aktionäre aufzufordern, ihren Aktienbesitz unter Namensnennung der Gesellschaft anzuzeigen.[200]

Zur Durchführung der Hauptversammlung sind
(1) der Umwandlungsbericht auszulegen
(2) und ist der Entwurf des Umwandlungsbeschlusses durch den Vorstand mündlich zu erläutern und sind Auskünfte über die vorgeschlagene Barabfindung sowie über den Bericht über die Angemessenheitsprüfung Auskünfte zu erteilen.

Der Beschluss der Hauptversammlung bedarf einer Mehrheit, die mindestens ¾ des bei der Beschlussfassung vertretenen Grundkapitals umfasst (§ 240 Abs. 1 UmwG). Darunter ist eine doppelte Mehrheit zu verstehen. Zum einen wird die einfache Mehrheit der abgegebenen Stimmen iSd § 133 AktG verlangt, wobei ggf. vorhandene Mehrstimmrechtsaktien mit ihrer Stimmenmacht zählen. Darüber hinaus ist eine Kapitalmehrheit von ¾ des bei der Beschlussfassung vertretenen Grundkapitals erforderlich. Die Satzung kann eine größere Mehrheit sowie weitere Erfordernisse (zB geheime Abstimmung) bestimmen.[201] Sind mehrere Gattungen stimmberechtigter Aktien vorhanden, muss jede Gruppe in gesonderter Abstimmung mit der jeweils erforderlichen qualifizierten Mehrheit zustimmen.

Weichen die Nennbeträge der Geschäftsanteile von dem Nennbetrag der Aktien einzelner Aktionäre ab und können sich Aktionäre nicht entsprechend dem Gesamtnennbetrag ihrer Aktien beteiligen, ist grundsätzlich ihre Zustimmung zur Festsetzung **abweichender Nennbeträge** der Geschäftsanteile erforderlich (§ 242 UmwG).

Der Umwandlungsbeschluss und die Zustimmungserklärungen einzelner Aktionäre bedürfen der **notariellen Beurkundung** (§ 193 Abs. 3 UmwG). Es ist weder eine Unterzeichnung des im Umwandlungsbeschluss enthaltenen Gesellschaftsvertrags durch die Aktionäre erforderlich (§ 244 Abs. 2 UmwG) noch ist ein Sachgründungsbericht geboten (§ 245 Abs. 4 UmwG).

---

[197] Begr. Rechtsausschuss, BT-Drs. 12/7850, 144.
[198] Kritisch *Schulze-Osterloh* ZGR 1993, 420 (443) sowie *Priester* DNotZ 1995, 427 (449).
[199] LG Hanau 50149/95, ZIP 1996, 422 (nrkr.).
[200] Vgl. BayObLG 3 Z BR 114/96, DB 1996, 1814.
[201] Zur Wahrung des Bestimmtheitsgrundsatzes vgl. *Bayer* ZIP 1997, 1613 (1622).

4. Anmeldung und Eintragung des Formwechsels in das Handelsregister (§§ 198, 246, 201 UmwG)

210 Die Anmeldung der formwechselnden Umwandlung ist durch den Vorstand der AG bei dem Register, in dem die AG eingetragen ist vorzunehmen.[202] Gegenstand der Anmeldung sind
(1) die neue Rechtsform des Rechtsträgers (GmbH),
(2) die Geschäftsführer der GmbH.

211 Bei der Anmeldung des Formwechsels hat der Vorstand folgende Erklärungen/Beschlüsse abzugeben:
– eine **Negativerklärung**, dass keine Klagen gegen die Wirksamkeit des Umwandlungsbeschlusses anhängig sind (§ 198 Abs. 3 iVm § 16 Abs. 2 UmwG)[203] oder
– **Beschluss des Prozessgerichts**, dass eine Klage gegen die Wirksamkeit des Umwandlungsbeschlusse der Eintragung nicht entgegensteht (§ 198 Abs. 3 iVm § 16 Abs. 3 UmwG)

212 Der Anmeldung sind folgende **Anlagen** beizufügen (§ 199 UmwG):
(1) Niederschrift des Umwandlungsbeschlusses,
(2) Zustimmungserklärungen einzelner Aktionäre einschließlich der Zustimmungserklärungen der nicht erschienener Anteilsinhaber,[204] die nach dem UmwG erforderlich sind,
(3) Umwandlungsbericht respektive Verzichtserklärung,
(4) Nachweis über die Zuleitung des Umwandlungsbeschlusses an den Betriebsrat,
(5) Genehmigungsurkunde, falls Formwechsel der staatlichen Genehmigung bedarf.

Nachdem der Formwechsel im Handelsregister eingetragen worden ist, hat das zuständige Gericht die Eintragung in der in § 201 UmwG vorgeschriebenen Form bekannt zu machen.

III. Handelsrechtliche Folgen

1. Rechtsfolgen des Formwechsels

213 Folgende Rechtsfolgen resultieren aus der formwechselnden Umwandlung, die mit der Eintragung der neuen Rechtsform in das Handelsregister wirksam werden (§ 202 UmwG):
(1) Die AG besteht in der Rechtsform der GmbH weiter (**Identität** des Rechtsträgers),
(2) die bisherigen Aktionäre werden zu GmbH-Gesellschaftern (Kontinuität der Mitgliedschaft) und das Grundkapital wird zum Stammkapital,
(3) Rechte Dritter an den Aktien setzen sich an den Geschäftsanteilen fort,
(4) der Mangel der notariellen Beurkundung des Umwandlungsbeschlusses oder ggf. erforderlicher Zustimmungs- oder Verzichtserklärungen einzelner Aktionäre wird geheilt. Neben den Beurkundungsmängeln lassen auch sonstige Mängel die Wirkung der Eintragung unberührt.

---

[202] Vgl. Schmitt/Hörtnagl/Stratz/*Stratz* UmwG § 198 Rn. 5 f., hier wird im § 198 Abs. 1 UmwG von dem Fall ausgegangen, dass die Umwandlungsbeteiligten in ein und demselben Register einzutragen sind.

[203] Vgl. LG Hanau 5 O 183/95, ZIP 1995, 1820; LG Freiburg 11 T 1/96, AG 1998, 536; *Timm* ZGR 1996, 247 (257 ff.).

[204] Vgl. Schmitt/Hörtnagl/Stratz/*Stratz* UmwG § 193 Rn. 15 ff.

E. Formwechsel einer AG in eine GmbH 214–218 § 13

Die Mitglieder eines bei der AG vorhandenen **Aufsichtsrats** bleiben, soweit bei 214
der GmbH in gleicher Weise ein Aufsichtsrat zu bilden ist, für den Rest ihrer Wahl-
zeit als Mitglieder des Aufsichtsrats der GmbH im Amt, sofern die Anteilseignerseite
für die ihr zuzurechnenden AR-Mitglieder nichts anderes bestimmt (§ 203 UmwG).

Zum **Schutz der Gläubiger** wird ihnen nach § 204 iVm § 22 UmwG grundsätz- 215
lich das Recht eingeräumt, innerhalb von sechs Monaten nach Bekanntmachung des
Formwechsels Sicherheitsleistung zu verlangen. Dieses Recht steht den Gläubigern
allerdings nur dann zu, wenn sie glaubhaft machen, dass durch den Formwechsel die
Erfüllung ihrer Forderung gefährdet wird, was bei einem Formwechsel zwischen
Kapitalgesellschaften nur selten der Fall sein dürfte.[205]

2. Minderheitenrechte der Aktionäre

Die Aktionäre können binnen eines Monats nach der Beschlussfassung Klage 216
gegen die Wirksamkeit des Umwandlungsbeschlusses erheben (§§ 195, 210 UmwG).
Eine Klage kann allerdings nicht auf einen zu niedrig bemessenen Geschäftsanteil
gestützt werden. Überdies können Aktionäre, die gegen den Umwandlungsbeschluss Widerspruch zur Niederschrift erklärt haben, innerhalb von zwei Monaten nach Bekanntmachung der Eintragung des Formwechsels im Handelsregister
das Barabfindungsangebot[206] annehmen (§ 207 UmwG) oder aber innerhalb der
Dreimonatsfrist einen Antrag auf gerichtliche Bestimmung einer angemessenen
Barabfindung stellen (212 UmwG). Der Antrag ist im Spruchverfahren geltend
zu machen (§§ 305–312 UmwG). Die vom Gericht bestimmte Barabfindung kann
von den Aktionären, die gegen den Umwandlungsbeschluss Widerspruch zur Niederschrift erklärt haben, innerhalb von zwei Monaten nach Bekanntmachung im
Bundesanzeiger angenommen werden (§ 209 UmwG).

3. Handelsbilanzielle Abwicklung des Formwechsels

Nach § 202 Abs. 1 Nr. 1 UmwG besteht der formwechselnde Rechtsträger in der 217
in dem Umwandlungsbeschluss bestimmten Rechtsform weiter, sodass beim Formwechsel **kein Vermögensübergang** stattfindet, sondern lediglich das Rechtskleid
(die Verfassung) geändert wird. Mangels Vermögensübergang sind handelsrechtlich
aus Anlass des Formwechsels keine gesonderten Bilanzen aufzustellen.[207]

IV. Steuerliche Folgen

Der Formwechsel führt auf **Ebene der Kapitalgesellschaft** zu keinen steuerli- 218
chen Rechtsfolgen. Dies deshalb, weil kein Vermögensübergang stattfindet, Personenidentität zwischen AG und GmbH als Rechtsträger besteht und auch steuerlich
kein Rechtsträgerwechsel vorliegt.

Auch auf **Anteilseignerebene** führt der Formwechsel vom Grundsatz her zu
keinen steuerlichen Rechtsfolgen. Insbesondere stellt die im Rahmen des Form-
wechselprozederes erforderliche Hingabe von Aktien gegen Gewährung von
GmbH-Geschäftsanteilen wegen der insoweit gewahrten Kontinuität der Mitgliedschaft keinen gewinnrealisierenden Tausch dar. Ein steuerpflichtiger Ver-

---

[205] Zu weiteren Einzelheiten vgl. Lutter/*Decher* UmwG § 204 Rn. 5 ff.
[206] Siehe auch Kallmeyer/*Meister/Klöcker* UmwG § 207 Rn. 12 ff. zu den Voraussetzungen
des Anspruchs.
[207] Vgl. IDW RS HFA 41/2012, FN/IDW 2012, 539 ff.

äußerungsgewinn kann allerdings dann entstehen, wenn widersprechende Gesellschafter ihre nach §§ 17, 23 EStG, § 21 UmwStG aF steuerverhafteten oder im Betriebsvermögen gehaltenen Anteile veräußern oder gegen Barabfindung auf die Gesellschaft übertragen.

Der Formwechsel löst auch weder umsatzsteuerlich – mangels Leistungsaustausch – noch grunderwerbsteuerlich, weil kein Vermögensübergang stattfindet, irgendwelche Konsequenzen aus.

F. Formwechsel einer AG in eine Personengesellschaft

I. Überblick

221 Der Formwechsel (§ 190 UmwG) unterscheidet sich, wie bereits ausgeführt, erheblich von der Verschmelzung, da an ihm nur ein Rechtsträger beteiligt ist, der unter Wahrung der Identität und ohne Vermögensübertragung in einen Rechtsträger anderer Rechtsform umgewandelt wird. Der Rechtsträger wechselt also lediglich sein Rechtskleid. Daraus folgt, dass der Formwechsel eine strikte Gesellschafteridentität voraussetzt. In diesem Zusammenhang noch ungeklärt ist die Frage, ob der Formwechsel zB in eine GmbH & Co. KG noch vor dem Formwechsel den Beitritt der Komplementär-GmbH als GmbH-Gesellschafterin erfordert (wohl hM) oder ob dieser Gesellschafterwechsel – wie dies § 194 Abs. 1 Nr. 4 UmwG für den Formwechsel in eine KGaA vorsieht – auch im Umwandlungszeitpunkt zulässig ist.[208] Die Praxis löst dieses Problem durch Veräußerung oder treuhänderische Übertragung eines Splittergeschäftsanteils an eine ggf. neu zu gründende, gering kapitalisierte Komplementär-GmbH im Vorfeld des Formwechsels.

222 Bei einem Formwechsel einer AG in eine Personengesellschaft stehen gem. § 191 Abs. 2 UmwG die OHG, die KG (dazu zählen auch die Kapitalgesellschaft & Co.-Konstruktionen, also insbesondere die GmbH & Co.[209]) sowie die GbR als **Rechtsträger neuer Rechtsform** zur Verfügung. Ferner kann die Partnerschaftsgesellschaft Rechtsträger neuer Rechtsform sein. Einzelunternehmen sind hingegen nicht in dem Katalog möglicher neuer Rechtsträger enthalten, sodass für eine Umwandlung einer AG in ein Einzelunternehmen nur der Verschmelzungsweg offensteht (§§ 120–122 UmwG).

223 Der Wechsel in die Rechtsform der **Personenhandelsgesellschaft** ist nur dann möglich, wenn und soweit sie ihrem Zweck nach als OHG gegründet werden kann (§ 228 Abs. 1 HGB). Hierzu ist der Betrieb eines Handelsgewerbes seit der Neufassung des § 105 Abs. 2 HGB durch das Handelsrechtsreformgesetz nicht mehr zwingende Voraussetzung.[210] Es reicht vielmehr aus, wenn die AG nur eigenes Vermögen verwaltet (§ 105 Abs. 2 HGB). Hat die AG jedoch bislang nur die Verwaltung fremden Vermögens betrieben, so kommt als neue Rechtsform allein die GbR in Betracht. Falls Zweifel hinsichtlich der OHG-Tauglichkeit des Unternehmensgegenstandes bestehen, empfiehlt es sich hilfsweise im Umwandlungsbeschluss die Rechtsform der GbR vorzusehen, um zu vermeiden, dass die beabsichtigte Umwandlung in eine Personenhandelsgesellschaft im Ergebnis fehlschlägt.

---

[208] Zum Meinungsstand vgl. *Priester* DB 1997, 560; *Kallmeyer* GmbHR 1996, 80 sowie *K. Schmidt* GmbHR 1995, 693.
[209] Vgl. Begr. UmwBerGE, BT-Drs. 12/6699, 158.
[210] Vgl. *Schaefer* DB 1998, 1269 (1273 f.).

II. Voraussetzungen und Durchführung

1. Inhalt des Umwandlungsbeschlusses (§§ 193, 194, 232, 234 UmwG)

Der Umwandlungsbeschluss muss folgende **Mindestangaben** enthalten:
- Der **Sitz** der Gesellschaft ist zu bestimmen (§ 234 Nr. 1 UmwG), weil dadurch das für die Anmeldung des Formwechsels zuständige Handelsregister festgelegt wird (gilt auch für GbR, obgleich diese nicht in das Handelsregister eingetragen wird). Hierbei gilt als Sitz der Gesellschaft der Ort der tatsächlichen Geschäftsführung, nicht ein willkürlich durch den Formwechselbeschluss festgelegter Ort.[211]
- **Firma** der Personenhandelsgesellschaft (§ 200 Abs. 1–4 UmwG); durch den Formwechsel in eine GbR erlischt die Firma der AG.
- **Beteiligung** der Gesellschafter an der Personengesellschaft. Die Kommanditisten sind mit Namen, Vornamen, Geburtsdatum und Wohnort zu bezeichnen (§§ 162 Abs. 2, 106 Abs. 2 Nr. 1 HGB). Sind Inhaberaktien ausgegeben, hat die Gesellschaft bei der Einberufung der Hauptversammlung die Aktionäre aufzufordern, ihre Beteiligungen unter Angabe von Namen, Vornamen, Stand, Wohnort und Namen der Aktienurkunden mitzuteilen. Bleiben dennoch Aktionäre unbekannt, sind im Umwandlungsbeschluss die der Gesellschaft bekannten Aktionäre im Versammlungsprotokoll namentlich aufzuführen und die unbekannten Aktionäre mit ihrer Aktienurkunde – möglichst nach Nummern und bei unterschiedlichen Nennbeträgen auch nach Nennbeträgen – aufzuführen. Sind Namensaktien ausgegeben, gelten gem. § 67 Abs. 2 AktG diejenigen als Aktionäre, die im Aktienbuch eingetragen sind. Sie sind im Umwandlungsbeschluss als Kommanditisten anzugeben. Fehlen die voranstehend genannten zwingenden Angaben, ist der Umwandlungsbeschluss unwirksam und muss entweder neu gefasst oder ergänzt werden.
- **Zahl, Art und Umfang** der Gesellschaftsanteile; bei einer Umwandlung in eine KG ist insbesondere die Hafteinlage, dh der Betrag, mit dem der Kommanditist im Außenverhältnis haftet, anzugeben.
- Etwaige **Sonderrechte**, die einzelnen Gesellschaftern oder anderen Personen im Zuge des Formwechsels gewährt werden sollen.
- **Abfindungsangebot** an widersprechende Aktionäre, sofern der Beschluss nicht einstimmig zu treffen ist (keine Einstimmigkeit nur bei einer Umwandlung in eine KG).
- **Folgen** des Formwechsels für die Arbeitnehmer und ihre Vertretungen sowie die im Zuge des Formwechsels insoweit vorgesehenen Maßnahmen.

Der Entwurf des Umwandlungsbeschlusses ist spätestens einen Monat vor der beschlussfassenden Hauptversammlung dem zuständigen Betriebsrat der AG zuzuleiten. Er bedarf keiner Prüfung durch einen externen Sachverständigen.

2. Umwandlungsbericht (§ 192 UmwG)

Ein Umwandlungsbericht ist nicht erforderlich, wenn alle Aktionäre durch notariell beurkundete Erklärung auf seine Erstattung verzichten (§ 192 Abs. 2 Satz 1 Halbsatz 2 UmwG). Andernfalls hat der Vorstand einen ausführlichen Umwandlungsbericht, in dem der Formwechsel und insbesondere die künftige Beteiligung der Anteilsinhaber an dem Rechtsträger rechtlich und wirtschaftlich erläutert und begründet werden, zu erstatten. Der Umwandlungsbericht muss auch einen

---

[211] Vgl. Baumbach/Hopt/*Roth* HGB § 106 Rn. 8.

Entwurf des Umwandlungsbeschlusses und eine Vermögensaufstellung enthalten, in der die Gegenstände und Verbindlichkeiten des formwechselnden Rechtsträgers mit dem wirklichen Wert anzusetzen sind, der ihnen am Tage der Berichterstellung beizulegen ist. Eine Vermögensaufstellung ist nicht erforderlich, wenn auf die Erstattung eines Umwandlungsberichts formgültig verzichtet wird (§ 192 Abs. 2 UmwG). Darüber hinaus sind im Umwandlungsbericht alle für den Formwechsel wesentlichen Angelegenheiten der mit der AG verbundenen Unternehmen iSd § 15 AktG anzugeben. Für die AG nachteilige Tatsachen brauchen indessen nicht in den Umwandlungsbericht mit aufgenommen werden (§ 192 Abs. 1 Satz 2 iVm § 8 Abs. 2 UmwG).

3. Umwandlungsbeschluss (§§ 193, 230–233 UmwG)

226 Nach § 193 Abs. 1 UmwG ist bei einem Formwechsel der Beschluss der Anteilsinhaber der formwechselnden AG erforderlich. Hierbei ist gesetzlich vorgegeben (§ 193 Abs. 1 Satz 2 UmwG), dass der Formwechselbeschluss in der Hauptversammlung gefasst werden muss; eine andere Form der Beschlussfassung (zB getrennte Beurkundung von Zustimmungserklärungen sämtlicher Aktionäre, vgl. aber § 233 Abs. 1c E. UmwG) kann daher auch nicht satzungsmäßig vorgesehen werden.

227 Im Zusammenhang mit der Einberufung der Hauptversammlung, die über den Formwechsel beschließt, ist
– der Formwechsel als Gegenstand der Beschlussfassung schriftlich anzukündigen,
– der Umwandlungsbericht den Aktionären zu übersenden,
– das Abfindungsangebot zu übersenden oder bekannt zu machen.

Für die **Durchführung der Hauptversammlung** gelten zunächst die allgemeinen Vorschriften des AktG. Außerdem bestimmt § 232 Abs. 2 AktG dass der Entwurf des Umwandlungsbeschlusses vom Vorstand der AG zu Beginn der Verhandlung mündlich zu erläutern ist. Darüber hinaus ist der Umwandlungsbericht in der beschlussfassenden Hauptversammlung auszulegen.

228 Der Umwandlungsbeschluss bedarf im Falle einer Umwandlung in eine OHG, Partnerschaftsgesellschaft oder GbR gem. § 233 Abs. 1 UmwG der Zustimmung aller Aktionäre (alle anwesenden und nicht erschienenen Aktionäre müssen zustimmen). Soll hingegen **in eine KG** umgewandelt werden, ist eine Beschlussfassung mit Zustimmung von mindestens ¾ der in der Hauptversammlung abgegebenen Stimmen möglich, sofern die Satzung keine größere Mehrheit oder weitere Erfordernisse vorsieht.[212] Überdies müssen auch alle künftigen Komplementäre der Umwandlung zustimmen (§ 233 Abs. 2 UmwG).

Der Umwandlungsbeschluss und die Zustimmungserklärungen (einschließlich der nicht erschienen Aktionäre, soweit deren Zustimmung vom UmwG verlangt wird) bedürfen, um wirksam zu sein, der notariellen Beurkundung.

4. Anmeldung und Eintragung des Formwechsels in das Handelsregister (§§ 198, 235 UmwG)

229 Die Anmeldung der formwechselnden Umwandlung ist durch den Vorstand der AG bei dem Register, in dem die AG eingetragen ist, vorzunehmen. Gegenstand der Anmeldung ist die neue Rechtsform des Rechtsträgers (OHG, KG, Partnerschaftsgesellschaft); beim Formwechsel in eine GbR ist stattdessen die Umwandlung der Gesellschaft zur Eintragung in das Handelsregister anzumelden (§ 235 Abs. 1 UmwG), weil eine GbR nicht in einem Register eingetragen werden kann.

---

[212] Vgl. Kallmeyer/*Zimmermann* UmwG § 193 Rn. 7 ff.

Bei der Anmeldung des Formwechsels hat der Vorstand folgende Erklärungen/ 230
Beschlüsse abzugeben:
- eine **Negativerklärung**, dass keine Klagen gegen die Wirksamkeit des Umwandlungsbeschlusses anhängig sind (§ 198 Abs. 3 iVm § 16 Abs. 2 UmwG), oder
- **Beschluss des Prozessgerichts**, dass eine Klage gegen die Wirksamkeit des Umwandlungsbeschlusses ggf. der Eintragung nicht entgegensteht (§ 198 Abs. 3 iVm § 16 Abs. 3 UmwG).

Der Anmeldung sind folgende **Anlagen** beizufügen (§ 199 UmwG)
(1) Niederschrift des Umwandlungsbeschlusses,
(2) Zustimmungserklärungen einzelner Aktionäre, die nach dem UmwG erforderlich sind,
(3) Umwandlungsbericht respektive Verzichtserklärung,
(4) Nachweis über die Zuleitung des Umwandlungsbeschlusses an den Betriebsrat,
(5) Genehmigungsurkunde, falls der Formwechsel der staatlichen Genehmigung bedarf.

Nachdem der Formwechsel im Handelsregister eingetragen worden ist, hat das zuständige Gericht die Eintragung in der in § 201 UmwG vorgeschriebenen Form bekannt zu machen.

III. Handelsrechtliche Folgen

1. Rechtsfolgen des Formwechsels

Die Eintragung des Formwechsels hat folgende Rechtsfolgen: 231
(1) Die AG besteht in der Rechtsform der Personengesellschaft weiter (**Identität des Rechtsträgers**),[213]
(2) die Aktionäre der AG sind als Gesellschafter an der Personengesellschaft beteiligt (**Kontinuität** der Mitgliedschaft),
(3) Rechte Dritter an den Aktien bestehen an den Gesellschaftsanteilen weiter,
(4) ein etwaiger Mangel der notariellen Beurkundung des Umwandlungsbeschusses oder ggf. erforderlicher Zustimmungs- oder Verzichtserklärungen einzelner Aktionäre wird geheilt. Neben den Beurkundungsmängeln lassen auch sonstige Mängel die Wirkung der Eintragung unberührt.
(5) Mängel des Formwechsels lassen die voranstehend genannten Wirkungen der Eintragung der OHG, KG, Partnerschaftsgesellschaft respektive der Umwandlung in eine GbR unberührt.[214]

2. Minderheitenrechte der Aktionäre

Die Aktionäre die Widerspruch zur Niederschrift erklärt haben, können gegen 232 die Wirksamkeit des Umwandlungsbeschlusses binnen eines Monats nach der Beschlussfassung klagen (§§ 195, 210 UmwG). In den Fällen der §§ 155 Abs. 2 und 210 UmwG haben sie einen im Spruchstellenverfahren geltend zu machenden Anspruch auf Verbesserung des Beteiligungsverhältnisses durch bare Zuzahlung (§ 196

---

[213] Siehe auch OLG Köln 2 Wx 9/96, GmbHR 1996, 773 (Prokura braucht nach Formwechsel nicht neu angemeldet zu werden); OLG Düsseldorf 3 Wx 461/96, DB 1997, 973 (zur Grundbuchfähigkeit einer aus einem Formwechsel hervorgegangenen GbR).

[214] Durch diese Einschränkung der Nichtigkeit sollen die mit der ansonsten erforderlichen Rückabwicklung des Formwechsels verbundenen Schwierigkeiten vermieden werden; s. Begr. UmwBerGE, BT-Drs. 12/6699, 144.

UmwG) bzw. auf gerichtliche Bestimmung einer angemessenen Barabfindung (nur bei KG denkbar; setzt erklärten Widerspruch zur Niederschrift des Antragstellers gegen den Umwandlungsbeschluss voraus). Es besteht natürlich auch die Möglichkeit der Annahme des Barabfindungsangebots (§ 207 Abs. 1 Satz 2 UmwG) innerhalb von zwei Monaten nach Bekanntmachung der Eintragung des Formwechsels in das Handelsregister gegen Ausscheiden aus der KG (setzt wiederum erklärten Widerspruch zur Niederschrift des Antragstellers gegen den Umwandlungsbeschluss voraus). Im Übrigen gelten die hinsichtlich der Minderheitenrechte beim Formwechsel einer AG in eine GmbH erfolgten Ausführungen entsprechend.

3. Handelsbilanzielle Folgen

233 Mangels Vermögensübergang ist keine handelsrechtliche Schlussbilanz der AG aufzustellen. Es fehlt insoweit auch ein Verweis in §§ 190 ff. UmwG auf § 17 Abs. 2 UmwG.

IV. Steuerliche Folgen

234 Ertragsteuerlich stellt der Formwechsel einer AG in eine Personengesellschaft einen **relevanten Vermögensübergang** dar.[215] Das Vermögen der Kapitalgesellschaft wird ertragsteuerlich auf die Aktionäre der umgewandelten AG übertragen und ist anschließend gesamthänderisch gebunden, während sich die Aktionäre im Gegenzug formwechselbedingt ihrer Aktien begeben. Die übertragende AG hat deshalb für steuerliche Zwecke gem. § 9 Satz 2 UmwStG eine Übertragungsbilanz aufzustellen. Die Übertragungsbilanz ist vom Grundsatz her auf den Zeitpunkt aufzustellen, in dem der Formwechsel wirksam wird (§ 9 Satz 2 UmwStG). Stichtag der Übertragungsbilanz ist demnach grundsätzlich der Zeitpunkt der Eintragung der neuen Rechtsform in das Handelsregister. Die steuerliche Übertragungsbilanz kann aber auch auf einen Stichtag aufgestellt werden, der höchstens acht Monate vor der Anmeldung des Formwechsels zur Eintragung in das Handelsregister liegt (§ 9 Satz 3 UmwStG). Hierdurch wird eine steuerliche Rückbeziehung des Formwechsels auf den Stichtag des letzten handelsrechtlichen Jahresabschlusses ermöglicht.

235 Zweck der steuerlichen Übertragungsbilanz ist die **Gewinnabgrenzung** zwischen der AG und der Personengesellschaft, auf die das Steuerrecht ebenso wie bei einer Verschmelzung einer personenidentischen AG auf eine Personengesellschaft wegen der unterschiedlichen Regelungen über die Besteuerung von Kapital- und Personengesellschaften nicht verzichten kann. Auch ansonsten wird der Formwechsel einer AG in eine Personengesellschaft ertragsteuerlich wie eine Verschmelzung einer AG auf eine Personengesellschaft behandelt, sodass insoweit auf die bereits erfolgten Ausführungen in Rn. 163 ff. verwiesen werden kann.

236 Obwohl aus ertragsteuerlicher Sicht im Zuge des Formwechsels der AG in eine Personengesellschaft ein Vermögensübergang stattfindet, löst er weder umsatzsteuerlich – mangels Leistungsaustausch – noch grunderwerbsteuerlich irgendwelche Konsequenzen aus.[216]

---

[215] Vgl. BT-Drs. 12/6885, 26; BFH IV R 58/06, BStBl. II 2008, 73; Schmitt/Hörtnagl/Stratz/*Stratz* UmwStG § 9 Rn. 46.

[216] Vgl. BFH X R 119/92, BStBl. II 1997, 6; so nach „zähem Ringen" schließlich auch koord. Ländererl. FM Baden-Württemberg v. 18.9.1997, DB 1997, 2002; *Boruttau* GrEStG § 1 Rn. 545 ff.; jedoch löst eine an sich gem. § 5 Abs. 2 GrEStG steuerbefreite Einbringung eines Grundstücks in eine Personengesellschaft nach vorgefasstem Plan in zeitlichem und

H. Die Übertragung von Teilen des Vermögens einer AG 237–251 § 13

G. Verschmelzung einer AG auf eine natürliche Person

Voraussetzung für die Verschmelzung einer AG auf eine natürliche Person ist, 237
dass sämtliche Aktien der AG in der Hand der natürlichen Personen vereinigt sind
(unmittelbare Beteiligung). Eigene Aktien der AG werden insoweit dem Alleingesellschafter zugerechnet.

Die Verschmelzung erfolgt gem. § 120 UmwG mit dem Vermögen des Alleingesellschafters[217] und ist als Verschmelzung durch Aufnahme ausgestaltet. Nicht erforderlich ist, dass der Alleingesellschafter ein Handelsgewerbe ausübt. Betreibt auch die AG kein Handelsgewerbe, so treten die in § 20 UmwG aufgeführten Wirkungen der Verschmelzung seit der Neufassung des § 122 UmwG durch das Handelsrechtsreformgesetz durch die Eintragung der Verschmelzung in das Handelsregister am Sitz der übertragenden AG ein (§ 122 Abs. 2 UmwG).[218]

Für die übertragende AG gelten neben den allgemeinen Vorschriften zur Ver- 238
schmelzung (§§ 2–38 UmwG) die rechtsformspezifischen Vorschriften der §§ 60–72
UmwG. Hierbei sind für die Verschmelzung auf den Alleingesellschafter, der
Vertragspartner des mit der AG zu schließenden Verschmelzungsvertrags wird,
folgende Erleichterungen gesetzlich vorgesehen:
a) Verschmelzungsbericht und Verschmelzungsprüfung sind nicht erforderlich (§ 8 Abs. 3, § 9 Abs. 2 und 3 UmwG).
b) Beim Verschmelzungsvertrag entfallen die Angaben nach § 5 Abs. 1–5 UmwG bzgl. der Anteile (§ 5 Abs. 2 UmwG).
c) Ein Zustimmungsbeschluss wird mangels weiterer Anteilsinhaber nicht verlangt.

Steuerlich ist die Verschmelzung einer AG auf den Alleingesellschafter nach
den Vorschriften, die für den Vermögensübergang von einer Körperschaft auf eine
Personengesellschaft gelten, dh nach den §§ 3–10 und § 18 UmwStG, abzuwickeln.

H. Die Übertragung von Teilen des Vermögens einer AG durch Spaltung oder Einzelrechtsnachfolge

I. Grundlagen zur Umwandlung der AG durch Spaltung

Die **Spaltung** als Form der Umwandlung von Rechtsträgern mit Sitz im Inland 251
ist in § 123 UmwG geregelt. In wirtschaftlicher Betrachtungsweise stellt sich die
Spaltung als Gegenstück der **Verschmelzung**[219] (§ 2 UmwG) dar.

Durch die Verschmelzung werden mindestens zwei Rechtsträger zu einem einzigen Rechtsträger vereinigt, bei der Spaltung wird dagegen das Vermögen eines einheitlichen Rechtsträgers auf zwei oder mehr Rechtsträger aufgeteilt. Durch die Verschmelzung wird daher die Anzahl von Rechtsträgern vermindert („entity simplification"), während durch die Spaltung die Anzahl von Rechtsträgern vergrößert wird.[220]

---

sachlichem Zusammenhang mit einem Formwechsel nach Ansicht der FinVerw GrESt aus,
vgl. FM Baden-Württemberg 10.7.1998, DB 1998, 1491.
[217] Gemeint sind gem. § 3 Abs. 2 Nr. 2 UmwG nur natürliche Personen.
[218] Vgl. *Schaefer* DB 1998, 1268 (1275).
[219] Siehe zur Verschmelzung der AG Rn. 1 ff.
[220] Frotscher/Maas/*Frotscher* UmwStG § 15 Rn. 1.

Die AG ist ein spaltungsfähiger Rechtsträger, § 124 Abs. 1 UmwG iVm § 3 Abs. 1 Nr. 2 UmwG und kann damit als übertragender, übernehmender und neuer Rechtsträger an Spaltungen teilnehmen.

252 §§ 123–173 UmwG regeln die handelsrechtlichen Folgen von Spaltungen. Bei der Spaltung werden drei Formen unterschieden: **Aufspaltung, Abspaltung und Ausgliederung** (§ 123 UmwG). Diese unterscheiden sich danach,
- ob der übertragende Rechtsträger durch sie aufgelöst wird (Aufspaltung) oder nicht (Abspaltung und Ausgliederung),
- ob Anteile an dem übernehmenden Rechtsträger den Anteilsinhabern des übertragenden Rechtsträgers (Aufspaltung und Abspaltung) oder dem übertragenden Rechtsträger selbst (Ausgliederung) gewährt werden.

Durch eine Aufspaltung kann ein **Schwestern-Verhältnis zwischen den übernehmenden Rechtsträgern** erzeugt werden, wobei der übertragende Rechtsträger untergeht. Durch eine Abspaltung wird ein **Schwestern-Verhältnis zur übertragenden Gesellschaft** selbst hergestellt. Durch eine Ausgliederung entsteht ein **Mutter-Tochter-Verhältnis** zwischen übertragender und übernehmender Gesellschaft.[221]

253 Nach § 123 Abs. 1 UmwG **(Aufspaltung)** kann ein Rechtsträger (übertragender Rechtsträger) sein gesamtes Vermögen unter Auflösung ohne Abwicklung auf mehrere Rechtsträger (übernehmende Rechtsträger) als Gesamtheit übertragen, wobei den Anteilsinhabern des übertragenden Rechtsträgers Anteile oder Mitgliedschaften an den übernehmenden Rechtsträgern gewährt werden müssen. Durch die Aufspaltung wird der übertragende Rechtsträger beendet und sein Vermögen auf mindestens zwei andere Rechtsträger übertragen. Den Anteilseignern des übertragenden Rechtsträgers werden Anteile am übernehmenden Rechtsträger gewährt.

254 Nach § 123 Abs. 2 UmwG **(Abspaltung)** kann ein Rechtsträger (übertragender Rechtsträger) von seinem Vermögen einen Teil oder mehrere Teile abspalten, wobei den Anteilsinhabern des übertragenden Rechtsträgers Anteile oder Mitgliedschaften an dem oder den übernehmenden Rechtsträgern gewährt werden müssen. Bei der Abspaltung existiert der übertragende Rechtsträger damit fort, wobei ein Teil seines Vermögens auf den übernehmenden Rechtsträger übertragen wird. Den Anteilseignern des übertragenden Rechtsträgers werden Anteile am übernehmenden Rechtsträger gewährt.

255 Nach § 123 Abs. 3 UmwG **(Ausgliederung)** kann ein Rechtsträger (übertragender Rechtsträger) aus seinem Vermögen einen Teil oder mehrere Teile ausgliedern, wobei ihm Anteile oder Mitgliedschaften an dem oder den übernehmenden Rechtsträgern gewährt werden müssen. Bei der Ausgliederung existiert der übertragende Rechtsträger damit fort, wobei ein Teil seines Vermögens auf den übernehmenden Rechtsträger übertragen wird. Im Unterschied zur Abspaltung werden die im Gegenzug gewährten Anteile aber dem übertragenden Rechtsträger selbst gewährt.

256 In allen drei Varianten kann die **Spaltung zur Aufnahme** auf bestehende Rechtsträger oder **Spaltung zur Neugründung** auf durch die Spaltung neu gegründete Rechtsträger erfolgen. Eine Mischung zwischen beiden Varianten ist möglich, § 123 Abs. 4 UmwG.[222]

---

[221] Semler/Stengel/*Stengel* UmwG § 123 Rn. 5.
[222] Schmitt/Hörtnagl/Stratz/*Hörtnagl* UmwG § 123 Rn. 13.

H. Die Übertragung von Teilen des Vermögens einer AG

Es handelt sich bei Spaltungen um sog. **Sonderrechtsnachfolgen (partielle Gesamtrechtsnachfolgen)**, § 131 Abs. 1 Nr. 1 UmwG.[223] Damit tritt der übernehmende Rechtsträger nur bezüglich eines Teils des Vermögens des übertragenden Rechtsträgers in dessen Rechtsstellung ein.[224]

Die Spaltung kann – wie die Verschmelzung, § 2 UmwG – in allen drei „Richtungen", als **Aufwärts-, Abwärts- oder Seitwärtsspaltung** durchgeführt werden.[225]

Bei der Spaltung kann handelsrechtlich ein **beliebiger Vermögensteil**, im Extremfall auch nur ein einzelner Gegenstand, übertragen werden.[226] Bei der **Ausgliederung** ist jedoch auch eine Übertragung des gesamten Vermögens der AG möglich.[227] Dadurch wird die AG zur reinen Holding, da ihr im Gegenzug Anteile an der übernehmenden Gesellschaft gewährt werden.

Besondere Anforderungen an das bei der Spaltung übertragene Vermögen stellt dagegen das **Steuerrecht**, falls die Spaltung der AG **ertragsteuerneutral** vollzogen werden soll. Insbesondere ist dafür ein **Teilbetrieb** erforderlich (§§ 15 Abs. 1 Satz 2, 16 Satz 1, 20 Abs. 1, 24 Abs. 1 UmwStG). Auch **Beteiligungen an Kapitalgesellschaften** können bei Mehrheitsvermittlung ertragsteuerneutral ausgegliedert werden (§ 21 Abs. 1 UmwStG). Bei 100%-Beteiligung gelten Beteiligungen an Kapitalgesellschaften teilweise als **fiktive Teilbetriebe**, ebenso wie Mitunternehmeranteile (§§ 15 Abs. 1 Satz 3, 16 Satz 1 UmwStG).

Übernehmende Rechtsträger der Spaltung können nach § 124 Abs. 1 UmwG iVm § 3 Abs. 1 UmwG neben weiteren Rechtsträgern Personenhandelsgesellschaften und Kapitalgesellschaften sein. Eine Spaltung von der AG auf Personenhandelsgesellschaften, dh unter gleichzeitiger Änderung der Rechtsform, ist nach § 124 Abs. 2 UmwG iVm § 3 Abs. 4 UmwG möglich.

Die Spaltung der AG auf Kapitalgesellschaften und Personenhandelsgesellschaften wird nachfolgend ausführlicher betrachtet.

II. Spaltungen der AG auf Kapitalgesellschaften

1. Überblick

Die AG kann auf andere Kapitalgesellschaften gespalten werden. Insoweit stehen die drei bereits beschriebenen[228] **Spaltungsformen** zur Verfügung. Als übernehmende Rechtsträger sind insbesondere die GmbH, AG und KGaA zulässig, § 124 Abs. 1 iVm § 3 Abs. 1 Nr. 2 UmwG.

Aufgrund der gemeinsamen **steuerlichen Behandlung** in § 15 UmwStG werden die Auf- und Abspaltung auf Kapitalgesellschaften gemeinsam behandelt.

Die Ausgliederung auf Kapitalgesellschaften ist dagegen steuerlich im Sechsten Teil des Umwandlungssteuergesetzes als Einbringung geregelt (§§ 20–23 UmwStG) und wird daher separat dargestellt.[229]

---

[223] Kallmeyer/*Kallmeyer/Sickinger* UmwG § 123 Rn. 2.
[224] Zu den Folgen für Ansprüche aus dem Steuerschuldverhältnis siehe Schmitt/Hörtnagl/Stratz/*Hörtnagl* UmwG § 1 Rn. 148 f.
[225] Rödder/Herlinghaus/van Lishaut/*Schumacher* UmwStG § 15 Rn. 30.
[226] Semler/Stengel/*Stengel* UmwG § 123 Rn. 6.
[227] Schmitt/Hörtnagl/Stratz/*Hörtnagl* UmwG § 123 Rn. 22.
[228] Siehe Rn. 252.
[229] Siehe Rn. 350.

271 Eine Spaltung einer „jungen" AG oder KGaA ist nach § 141 UmwG außer in den Fällen der Ausgliederung zur Neugründung nicht möglich. Die AG oder KGaA muss **mindestens zwei Jahre** im Register eingetragen sein, um in allen anderen Fällen gespalten werden zu können.

2. Auf- und Abspaltung auf Kapitalgesellschaften

a) Überblick

272 Das **Umwandlungsgesetz** verweist in **§ 125 UmwG** für Zwecke der Spaltung (§ 123 UmwG) auf weite Teile der Regelungen zur Verschmelzung (§ 2 UmwG). Da die Auf- und Abspaltung als „Teilverschmelzung" gesehen wird,[230] liegt dieser Verweis nahe.[231]

Für die Fälle der Auf- und Abspaltung folgt das **Umwandlungssteuergesetz** in § 15 durch Verweis auf §§ 11–13 UmwStG dieser Vorgehensweise. Es stellt jedoch für eine steuerneutrale Spaltung zusätzliche Anforderungen. Insbesondere stellt das Steuerrecht spezielle Anforderungen an die abgespaltenen Sachgesamtheiten, um die Steuerneutralität der Spaltung zu gewährleisten.[232]

b) Voraussetzungen und Durchführung

273 Zur Durchführung der Auf- oder Abspaltung ist zunächst im Fall einer **Spaltung zur Aufnahme** ein **Spaltungs- und Übernahmevertrag** erforderlich, § 126 Abs. 1 UmwG. Dieser wird durch die Vertretungsorgane der beteiligten Rechtsträger geschlossen, § 125 UmwG iVm § 4 Abs. 1 Satz 1 UmwG.

Im Fall der **Spaltung zur Neugründung**, bei dem die übernehmende Kapitalgesellschaft noch nicht existiert, ist ein **Spaltungsplan** aufzustellen, der an die Stelle des Spaltungs- und Übernahmevertrags tritt, § 136 UmwG.

Diese Dokumente müssen **notariell beurkundet** werden, § 125 UmwG iVm § 6 UmwG.

274 Der zwingende **Inhalt des Spaltungsvertrags/-plans** ergibt sich aus § 126 Abs. 1 UmwG. Demnach sind folgende Inhalte vorgeschrieben:
– Nach § 126 Abs. 1 Nr. 1 UmwG ist die Firma und der Sitz der an der Spaltung beteiligten Rechtsträger anzugeben.
– Nach § 126 Abs. 1 Nr. 2 UmwG ist eine Vereinbarung über die Übertragung der Teile des Vermögens des übertragenden Rechtsträgers jeweils als Gesamtheit gegen Gewährung von Anteilen oder Mitgliedschaften an den übernehmenden Rechtsträgern zu treffen **(Sonderrechtsnachfolge)**.[233]
– Nach § 126 Abs. 1 Nr. 3 UmwG ist das Umtauschverhältnis der Anteile und gegebenenfalls die Höhe der baren Zuzahlung oder Angaben über die Mitgliedschaft bei den übernehmenden Rechtsträgern anzugeben.
– Nach § 126 Abs. 1 Nr. 4 UmwG sind Einzelheiten für die Übertragung der Anteile der übernehmenden Rechtsträger oder über den Erwerb der Mitgliedschaft bei den übernehmenden Rechtsträgern zu nennen.
– Nach § 126 Abs. 1 Nr. 5 UmwG ist der Zeitpunkt festzulegen, von dem an die Anteile des übernehmenden Rechtsträgers einen Anspruch auf einen Anteil

---

[230] Rödder/Herlinghaus/van Lishaut/*Schumacher* UmwStG § 15 Rn. 4.
[231] Kallmeyer/*Kallmeyer/Sickinger* UmwG § 125 Rn. 2.
[232] Siehe Rn. 305.
[233] Siehe Rn. 257.

H. Die Übertragung von Teilen des Vermögens einer AG § 13

am Bilanzgewinn gewähren, sowie alle Besonderheiten in Bezug auf diesen Anspruch.
- Nach § 126 Abs. 1 Nr. 6 UmwG ist der **Spaltungsstichtag**, also der Zeitpunkt, von dem an die Handlungen des übertragenden Rechtsträgers als für Rechnung jedes der übernehmenden Rechtsträger vorgenommen gelten, anzugeben.[234] Der Spaltungsstichtag muss einen Tag nach dem Stichtag für die Schlussbilanz der übertragenden AG liegen, § 125 iVm § 17 Abs. 2 UmwG. Für die **steuerliche Rückwirkung** (§ 2 Abs. 1 UmwStG) ist der Spaltungsstichtag von zentraler Bedeutung.[235]
- Nach § 126 Abs. 1 Nr. 7 UmwG sind die Rechte anzugeben, die die übernehmenden Rechtsträger einzelnen Anteilsinhabern sowie den Inhabern besonderer Rechte wie Anteile ohne Stimmrecht, Vorzugsaktien, Mehrstimmrechtsaktien, Schuldverschreibungen und Genussrechte gewähren, oder die für diese Personen vorgesehenen Maßnahmen.
- Nach § 126 Abs. 1 Nr. 8 UmwG sind jegliche besonderen Vorteile, die einem Mitglied eines Vertretungsorgans oder eines Aufsichtsorgans der an der Spaltung beteiligten Rechtsträger, einem geschäftsführenden Gesellschafter, einem Partner, einem Abschlussprüfer oder einem Spaltungsprüfer gewährt werden, anzugeben.
- Nach § 126 Abs. 1 Nr. 9 UmwG ist eine genaue **Bezeichnung und Aufteilung** der Gegenstände des Aktiv- und Passivvermögens vorzunehmen, die an jeden der übernehmenden Rechtsträger übertragen werden, sowie der übergehenden Betriebe und Betriebsteile unter Zuordnung zu den übernehmenden Rechtsträgern. „Gegenstände" iSd Vorschrift sind dabei im **zivilrechtlichen Sinne** zu verstehen. Eine Bilanzierungsfähigkeit für handels- oder steuerrechtliche Zwecke ist nicht erforderlich.[236] Beispielsweise müssen auch Vertragsverhältnisse zugeordnet werden.[237] Diese Zuordnung ist zentral für die **Sonderrechtsnachfolge** in das Vermögen der übertragenden AG und daher in § 126 Abs. 2 UmwG speziell geregelt.[238]
- Nach § 126 Abs. 1 Nr. 10 UmwG ist die Aufteilung der Anteile jedes der beteiligten Rechtsträger auf die Anteilsinhaber des übertragenden Rechtsträgers sowie den Maßstab für die Aufteilung vorzunehmen.
- Nach § 126 Abs. 1 Nr. 11 UmwG sind die Folgen der Spaltung für die Arbeitnehmer und ihre Vertretungen sowie die insoweit vorgesehenen Maßnahmen anzugeben.

§ 126 Abs. 2 UmwG regelt die in § 126 Abs. 1 Nr. 9 UmwG vorgeschriebene Zuordnung von Vermögensgegenständen zum Vermögen der übertragenden AG oder der übernehmenden Kapitalgesellschaft nach Abschluss der Spaltung. Im Gegensatz zur Verschmelzung, bei der eine Gesamtrechtsnachfolge in das Vermögen der übertragenden AG eintritt,[239] ist im Rahmen der Sonderrechtsnachfolge bei der Spaltung eine genaue Zuordnung erforderlich. Zumindest muss aufgrund des **sachenrechtlichen Bestimmtheitsgrundsatzes** bestimmbar sein, welche Vermögensgegenstände übergehen sollen und welche nicht.[240]

---

[234] Siehe zu der Zuordnung dieser Handlungen für steuerrechtliche Zwecke Rn. 329.
[235] BMF 11.11.2011, BStBl. I 2011, 1314 Tz. 02.02.
[236] Kallmeyer/*Kallmeyer/Sickinger* UmwG § 126 Rn. 19.
[237] Semler/Stengel/*Schröer* UmwG § 126 Rn. 97.
[238] Siehe Rn. 275.
[239] Siehe Rn. 1 und 5.
[240] Semler/Stengel/*Schröer* UmwG § 126 Rn. 55.

Dabei müssen die übergehenden Vermögensgegenstände – sowohl Aktivposten als auch Passivposten – nach § 126 Abs. 2 Satz 1 UmwG dann einzeln bezeichnet werden, wenn sie dies auch im Fall einer Einzelrechtsnachfolge müssen. Nach § 126 Abs. 2 Satz 2 UmwG ist für übergehende Grundstücke § 28 GBO zu beachten. Dadurch wird eine Grundbuchberichtigung nach Wirksamwerden der Spaltung (§ 131 UmwG) ermöglicht.[241]

Für Gegenstände, die nicht unter Satz 1 oder 2 der Regelung fallen, kann auf Urkunden wie **Inventare oder Bilanzen** Bezug genommen werden, wenn dadurch eine Zuordnung des einzelnen Gegenstands ermöglicht wird, § 126 Abs. 2 Satz 3 UmwG.

276   Die **Zuordnung von Gegenständen** iSd § 126 Abs. 1 Nr. 9 UmwG ist nicht auf bilanzierte Aktiva und Passiva beschränkt, sondern meint die einzelne Sache oder das einzelne Recht.[242] Damit sind beispielsweise auch schwebende Geschäfte umfasst. Auch Rechtspositionen des Privatrechts (zB Wettbewerbsverbote) können übertragen werden. Für diese Rechtspositionen empfiehlt sich ein ausdrückliches Verzeichnis, ebenso wie für Immaterialgüterrechte wie zB Patente.[243]

277   **Fehlt eine eindeutige Bestimmung** für die Zuordnung eines Gegenstands, so ist zunächst der Spaltungs- und Übernahmevertrag auszulegen. Dabei kann der Spaltungsbericht zusätzlich herangezogen werden. Auch ohne Vereinbarung von **Auffangklauseln** sollte dabei der Gegenstand demjenigen Betriebsteil zugeordnet werden, zu dem er bei wirtschaftlicher Betrachtungsweise gehört.[244]

278   Bei **Arbeitsverhältnissen** ist die freie Zuordnung nicht möglich, wenn ein Betrieb oder Betriebsteil übergehen soll. Nach § 324 UmwG bleibt § 613a Abs. 1, 4–6 BGB durch die Eintragung einer Spaltung unberührt. Die Arbeitsverhältnisse, die einem Betrieb oder Betriebsteil zugeordnet sind, gehen ohne Rücksicht auf Bestimmungen des Spaltungsvertrags auf die übernehmende Kapitalgesellschaft über. Entgegenstehende Bestimmungen im Spaltungsvertrag entfalten keine Wirkung.[245]

279   Der Spaltungsvertrag ist dem **Betriebsrat** rechtzeitig zuzuleiten, § 126 Abs. 3 UmwG. Zudem ist ein **Spaltungsbericht** – ähnlich dem Verschmelzungsbericht nach § 8 UmwG[246] – zur Information der Anteilseigner zu erstellen, § 127 UmwG. Darüber hinaus ist eine **Spaltungsprüfung** erforderlich, § 125 Satz 1 iVm § 9 Abs. 1 UmwG. Bei Beteiligung einer AG an der Spaltung ist diese grundsätzlich zwingend, § 125 Satz 1 iVm § 60 UmwG. Die bei der Verschmelzung vorgesehene Ausnahme von der Spaltungsprüfung nach § 9 Abs. 2 UmwG wird in § 125 UmwG ausdrücklich ausgeschlossen. Ob eine teleologische Reduktion der Vorschrift angebracht ist, ist in der Literatur umstritten.[247]

Auf den Spaltungsbericht und die Spaltungsprüfung kann **verzichtet** werden, wenn alle Anteilsinhaber aller beteiligten Rechtsträger zustimmen, § 127 Satz 2 UmwG iVm § 8 Abs. 3 Satz 1, § 125 Satz 1 iVm § 9 Abs. 3 UmwG.

280   Der Spaltungsvertrag bzw. Spaltungsplan bedarf der **Zustimmung der Anteilseigner** der beteiligten Rechtsträger, § 125 Satz 1 iVm § 13 Abs. 1 UmwG. Diese Zustimmung muss notariell beurkundet werden, § 125 Satz 1 iVm § 13 Abs. 3 UmwG.

---

[241] Schmitt/Hörtnagl/Stratz/*Hörtnagl* UmwG § 126 Rn. 81.
[242] Kallmeyer/*Kallmeyer*/Sickinger UmwG § 126 Rn. 22.
[243] Semler/Stengel/*Schröer* UmwG § 126 Rn. 59.
[244] Semler/Stengel/*Schröer* UmwG § 126 Rn. 79.
[245] Schmitt/Hörtnagl/Stratz/*Hörtnagl* UmwG § 131 Rn. 59.
[246] Siehe Rn. 7.
[247] Kallmeyer/*Kallmeyer*/Sickinger UmwG § 125 Rn. 9.

H. Die Übertragung von Teilen des Vermögens einer AG 281–284 § 13

Bezüglich der formellen Voraussetzungen kann insoweit auf die Ausführungen zur Verschmelzung verwiesen werden.[248] Für die Beschlüsse der Hauptversammlung ist insoweit nach § 125 Satz 1 iVm § 65 Abs. 1 Satz 1 UmwG eine **Mehrheit von 75%** des bei der Beschlussfassung vertretenen Grundkapitals erforderlich. Zum Schutz von Minderheiten siehe bereits die Ausführungen zur Verschmelzung.[249]

Bei **nicht verhältniswahrender Spaltung** ist zusätzlich das Zustimmungserfordernis nach § 128 UmwG zu beachten. Die Zustimmung der Aktionäre der übertragenden AG muss **einstimmig** erfolgen. Auch nicht in der Hauptversammlung anwesende Aktionäre müssen ihre Zustimmung – notariell beurkundet – geben, § 128 Satz 1 UmwG.[250] 281

Eine nicht verhältniswahrende Spaltung ist bei einer **Spaltung zur Neugründung** anzunehmen, wenn die Aktionäre der übertragenden AG an der oder den neu gegründeten übernehmenden Gesellschaften nicht mit derselben Beteiligungsquote beteiligt sind.[251] Bei einer **Spaltung zur Aufnahme** ist dagegen der jeweils zu übertragende Teil des Vermögens zugrunde zu legen (§ 128 Satz 2 UmwG).

Eine **Spaltung zu Null** ist anzunehmen, wenn Aktionäre der übertragenden AG nach der Spaltung an einem übernehmenden Rechtsträger gar nicht beteiligt werden, dies aber durch eine höhere Beteiligungsquote an einem anderen übernehmenden Rechtsträger ausgeglichen wird.[252]

Durch nicht verhältniswahrende Spaltungen können beispielsweise **Gesellschafterstämme getrennt** werden.[253] Zur steuerlichen Problematik dieser Trennung siehe § 15 Abs. 2 Satz 5 UmwStG.[254]

Über wesentliche Veränderungen des Vermögens der Gesellschaft seit dem Abschluss des Spaltungs- und Übernahmevertrages ist nach § 125 Satz 1 iVm § 64 Abs. 1 Satz 2 UmwG zu informieren.[255] 282

Bei der übertragenden AG ist gegebenenfalls eine **Kapitalherabsetzung** in ordentlicher oder vereinfachter Form (§ 145 Satz 1 UmwG) zur bilanziellen Abbildung einer Abspaltung erforderlich.[256] Dies ist der Fall, wenn der Vermögensabgang in Folge der Abspaltung nicht durch die Verwendung anderer Eigenkapitalbestandteile ausgeglichen werden kann.[257] Die Abspaltung darf erst eingetragen werden, wenn die Durchführung der Herabsetzung des Grundkapitals im Register eingetragen worden ist, § 145 Satz 2 UmwG. 283

Zur Zulässigkeit bzw. Entbehrlichkeit von **Kapitalerhöhungen** auf Ebene der übernehmenden Kapitalgesellschaften (§ 125 Satz 1 iVm §§ 54, 68 UmwG) siehe bereits die Ausführungen zur Verschmelzung.[258] 284

---

[248] Siehe Rn. 18 ff. und 129 ff.
[249] Siehe Rn. 38 ff.
[250] Schmitt/Hörtnagl/Stratz/*Hörtnagl* UmwG § 128 Rn. 29.
[251] Semler/Stengel/*Stengel* UmwG § 128 Rn. 5.
[252] Semler/Stengel/*Stengel* UmwG § 128 Rn. 6.
[253] Siehe zu Einsatzmöglichkeiten der nicht verhältniswahrenden Spaltung *Ruoff/Beutel* DStR 2015, 609.
[254] Siehe Rn. 320.
[255] Kallmeyer/*Marsch-Barner* UmwG § 64 Rn. 5.
[256] Zur Reihenfolge der Verwendung von Eigenkapitalbestandteilen siehe IDW RS HFA 43, WPg Supplement 4/2012, S. 104 Rn. 14; Schmitt/Hörtnagl/Stratz/*Hörtnagl* UmwG § 145 Rn. 3 ff.
[257] IDW RS HFA 43, WPg Supplement 4/2012, S. 104, Rn. 12.
[258] Siehe Rn. 12 ff. zum besonderen Fall der Abwärtsspaltung siehe *Bahns* Ubg 2010, 414.

Eine **Prüfung der Sacheinlage** ist gem. § 142 Abs. 1 iVm § 69 UmwG stets vorzunehmen. Ein **Gründungsbericht** und eine **Gründungsprüfung** sind gem. §§ 138, 144 UmwG bei Spaltung einer AG grundsätzlich erforderlich, wenn der übernehmende Rechtsträger eine GmbH oder AG ist. Insoweit besteht eine Abweichung zur Regelung bei der Verschmelzung (§ 75 Abs. 2 UmwG).

285 Die Spaltung ist gem. § 125 Satz 1 UmwG iVm §§ 16, 38 UmwG zur **Eintragung in das Register** durch das Vertretungsorgan anzumelden. Gemäß § 146 Abs. 1 UmwG hat der **Vorstand** der übertragenden AG bei einer **Abspaltung** zusätzlich zu erklären, dass die durch Gesetz und Satzung vorgesehenen Voraussetzungen für die Gründung dieser Gesellschaft unter Berücksichtigung der Abspaltung im Zeitpunkt der Anmeldung vorliegen (sog. **Solidaritätserklärung**). Die Erklärung ist nach § 313 Abs. 2 UmwG strafbewehrt und daher **höchstpersönlich** abzugeben.[259]

286 Die **einzureichenden Unterlagen und Anlagen zur Anmeldung** ergeben sich aus § 125 Satz 1 iVm § 17 UmwG:[260]
– der Spaltungs- und Übernahmevertrag bzw. -plan,
– die Spaltungsbeschlüsse inklusive eventueller Zustimmungserklärungen,
– der Spaltungsbericht bzw. Erklärungen zum Verzicht darauf (§ 8 Abs. 3 UmwG),
– der Prüfungsbericht bzw. Erklärungen zum Verzicht darauf (§§ 9 Abs. 3, 12 Abs. 3 UmwG iVm § 8 Abs. 3 UmwG),
– Erklärungen zum Verzicht auf Anteilsgewährung (bei einer Seitwärtsspaltung, § 125 Satz 1 iVm § 54 Abs. 1 Satz 3 UmwG bzw. § 68 Abs. 1 Satz 3 UmwG),
– Nachweise über die Zuleitung des Spaltungs- und Übernahmevertrags an die Betriebsräte,
– Negativerklärungen bzw. Erklärungen zum Klageverzicht nach § 16 Abs. 2 UmwG,
– zusätzlich bei der Anmeldung der übertragenden AG auch eine Schlussbilanz (§ 17 Abs. 2 Satz 1 UmwG).

287 **Zusätzlich** zu den oben genannten Anlagen wird durch § 146 Abs. 2 UmwG die Beifügung eines Spaltungsberichts nach § 127 UmwG, bei der Abspaltung zusätzlich des Prüfungsberichts nach § 125 Satz 1 iVm § 12 UmwG gefordert. Eine eventuell erforderliche Kapitalherabsetzung auf Ebene der übertragenden AG oder Kapitalerhöhung auf Ebene der übernehmenden Kapitalgesellschaften ist ebenfalls anzumelden.[261]

288 Die **Eintragung der Spaltung** erfolgt zunächst im Register der übernehmenden Rechtsträger, erst danach im Register der übertragenden AG, § 130 Abs. 1 Satz 1 UmwG. Insoweit ist die Reihenfolge der Eintragung gegenüber der Verschmelzung umgekehrt.[262] Durch die Eintragung der Spaltung in das Register der übertragenden AG entstehen folgende **Rechtswirkungen**, § 131 UmwG:
– Das Vermögen der übertragenden AG (bei der Aufspaltung) bzw. der abgespaltene Teil des Vermögens (Abspaltung) geht auf die übernehmenden Rechtsträger im Wege der Sonderrechtsnachfolge über, § 131 Abs. 1 Nr. 1 UmwG. Maßgeblich für die Aufteilung ist der Spaltungs- und Übernahmevertrag.
– Bei der **Aufspaltung** erlischt die übertragende AG ohne besondere Löschung, § 131 Abs. 1 Nr. 2 UmwG.
– Den Aktionären der übertragenden AG werden **Anteile an den übernehmenden Rechtsträgern** zugeteilt. Die Aufteilung ist dabei durch den Spaltungs- und

---
[259] Kallmeyer/*Zimmermann* UmwG § 146 Rn. 4.
[260] Rödder/Herlinghaus/van Lishaut/*Winter* Anhang 1 Rn. 205.
[261] Rödder/Herlinghaus/van Lishaut/*Winter* Anhang 1 Rn. 207.
[262] Siehe Rn. 26.

H. Die Übertragung von Teilen des Vermögens einer AG   289–293 § 13

Übernahmevertrag vorgegeben, § 131 Abs. 1 Nr. 3 Satz 1 UmwG. Rechte Dritter an den Aktien an der übertragenden AG bestehen an den Anteilen an den übernehmenden Rechtsträgern weiter, § 131 Abs. 1 Nr. 3 Satz 2 UmwG.
– Der Mangel gewisser **Formerfordernisse**, wie der notariellen Beurkundung des Spaltungs- und Übernahmevertrags oder von Zustimmungs- oder Verzichtserklärungen, wird geheilt.

Gemäß § 131 Abs. 3 UmwG sind nicht im Spaltungs- und Übernahmevertrag **289** zugeordnete **Gegenstände** („vergessene Gegenstände") zunächst durch Auslegung des Vertrags zuzuordnen. Aufgrund der für ertragsteuerliche Zwecke häufig vorliegenden „Teilbetriebe" wird eine Zuordnung im Auslegungswege häufig gelingen.[263] Lässt sich die Zuordnung nicht ermitteln, sind die Gegenstände bei einer Aufspaltung **anteilig den übernehmenden Rechtsträgern** zuzuordnen. Je nach Rechtsnatur der Sache tritt dann Miteigentum, Mitgläubigerschaft usw ein.[264] **Aufteilungsmaßstab** ist insoweit das jeweils auf den Rechtsträger übertragene Reinvermögen.[265]

Die Zuordnung „**vergessener Gegenstände**" bei einer Abspaltung ist gesetzlich **290** nicht geregelt. Vorrangig ist auch hier der Spaltungs- und Übernahmevertrag auszulegen. Nachrangig verbleiben die Gegenstände bei der abspaltenden AG.[266]

Für die **Verbindlichkeiten der übertragenden AG**, die vor dem Wirksamwer- **291** den der Auf- oder Abspaltung begründet worden sind, haften die an der Spaltung beteiligten Rechtsträger als **Gesamtschuldner**, § 133 Abs. 1 Satz 1 UmwG. **Sicherheiten** müssen nur von dem Rechtsträger geleistet werden, dem die entsprechenden Verbindlichkeiten im Spaltungs- und Übernahmevertrag zugewiesen worden sind, § 133 Abs. 1 Satz 2 UmwG. Die Mithaftung der anderen Rechtsträger ist auf fünf Jahre begrenzt, bei Versorgungsverpflichtungen auf zehn Jahre, § 133 Abs. 3 UmwG.[267] Bei Begründung einer **Betriebsaufspaltung** kann sich eine **erweiterte Haftung** für Ansprüche von Arbeitnehmern und Versorgungsverpflichtungen ergeben, § 134 UmwG.

c) Handelsrechtliche Folgen

Gemäß § 125 Satz 1 iVm § 17 Abs. 2 UmwG hat die übertragende AG eine **292** **Schlussbilanz** mit der Anmeldung zum Register einzureichen. Diese darf nach § 17 Abs. 2 Satz 4 UmwG auf einen höchstens acht Monate vor der Anmeldung liegenden Stichtag aufgestellt werden. Insoweit kann auf die Ausführungen zur Verschmelzung verwiesen werden.[268]

Die Schlussbilanz hat grundsätzlich das **gesamte Vermögen** der übertragenden **293** AG zu enthalten. Die **Zuordnung von Vermögensgegenständen** zum übergehenden Vermögen erfolgt grundsätzlich im Spaltungs- und Übernahmevertrag bzw. im Spaltungsplan.[269] Allerdings besteht die Besonderheit der Spaltung im Vergleich zur Verschmelzung in der Sonderrechtsnachfolge in das Vermögen der übertragenden AG, so dass die Aufstellung von Teilbilanzen für das zu übertragende

---

[263] Schmitt/Hörtnagl/Stratz/*Hörtnagl* UmwG § 131 Rn. 117.
[264] Schmitt/Hörtnagl/Stratz/*Hörtnagl* UmwG § 131 Rn. 119 ff.
[265] Kallmeyer/*Müller* UmwG § 131 Rn. 30.
[266] Schmitt/Hörtnagl/Stratz/*Hörtnagl* UmwG § 131 Rn. 124.
[267] Siehe zur bilanziellen Abbildung der Haftung IDW RS HFA 43, WPg Supplement 4/2012, S. 104 Rn. 26 ff.
[268] Siehe Rn. 44 ff.
[269] IDW RS HFA 43, WPg Supplement 4/2012, S. 104 Rn. 7.

Vermögen für sinnvoll gehalten wird.[270] Eine Verpflichtung dazu besteht jedoch nicht.[271]

294 Im Fall der **Aufspaltung** (§ 123 Abs. 1 UmwG) erlischt die übertragende AG mit der Eintragung (§ 131 Abs. 1 Nr. 2 Satz 1 UmwG), so dass sich die Frage nach der bilanziellen Abbildung erübrigt. Im Fall der **Abspaltung** (§ 123 Abs. 2 UmwG) wird ein Teil des Vermögens der übertragenden AG an die Aktionäre ausgekehrt, wenn ein positives bilanzielles Vermögen abgespalten wird. Umgekehrt handelt es sich bei Abspaltung eines negativen bilanziellen Vermögens um eine Einlage der Aktionäre. Damit dürfen diese gesellschaftsrechtlich veranlassten Vorgänge das Jahresergebnis der AG nicht beeinflussen.[272]

295 Eine **Vermögensminderung durch Abspaltung** eines positiven bilanziellen Vermögens ist bei der übertragenden AG in Ergänzung der Gewinn- und Verlustrechnung des Jahresabschlusses für das erste Geschäftsjahr nach dem Spaltungsstichtag gem. § 158 Abs. 1 Satz 1 AktG nach dem Posten „Jahresüberschuss/Jahresfehlbetrag" als „Vermögensminderung durch Abspaltung" gesondert auszuweisen.[273]
Eine **Vermögensmehrung durch Abspaltung** eines negativen bilanziellen Vermögens ist bei der übertragenden AG in der Kapitalrücklage nach § 272 Abs. 2 Nr. 4 HGB zu erfassen.[274]

296 Auf Ebene der **übernehmenden Kapitalgesellschaft** besteht nach § 125 Satz 1 iVm § 24 UmwG ein **Wahlrecht** zum Ansatz der Anschaffungskosten (§ 253 HGB) oder der in der Schlussbilanz der übertragenden AG angesetzten Werte. Insoweit kann auf die Ausführungen zur Verschmelzung verwiesen werden.[275]

297 Auf **Ebene der Aktionäre der übertragenden AG** bestimmen sich die Anschaffungskosten der Anteile an den übernehmenden Rechtsträgern bei einer **Aufspaltung** nach allgemeinen Tauschgrundsätzen. Die Aktionäre tauschen ihre untergehenden Aktien an der übertragenden AG gegen die Anteile an den übernehmenden oder neuen Rechtsträgern. Damit besteht bei bilanzierenden Aktionären ein Wahlrecht, die erhaltenen Anteile entweder in Höhe des Buchwerts der untergehenden Aktien an der übertragenden AG, nach dem vorsichtig bemessenen Zeitwert oder in Höhe des erfolgsneutralen Zwischenwerts anzusetzen. Der erfolgsneutrale Zwischenwert ermittelt sich dabei nach dem Buchwert der untergehenden Aktien, vermehrt um eine eventuell durch den Tausch ausgelöste Ertragsteuerbelastung.[276]
Die so ermittelten Anschaffungskosten der erhaltenen Anteile sind im Verhältnis der Zeitwerte des den übernehmenden bzw. neuen Rechtsträgern übertragenen Reinvermögens auf die erhaltenen Anteile aufzuteilen.[277]

298 Bei einer **Abspaltung** ist bei bilanzierenden Aktionären der übertragenden AG ein Abgang auf die Aktien der AG zu buchen, wenn sich der innere Wert der Beteiligung durch die Abspaltung mindert. Dadurch mindert sich der Buchwert der Aktien im Verhältnis der Zeitwerte des abgespaltenen Vermögens zum ursprünglichen Vermögen der übertragenden AG.[278] Die im Gegenzug gewährten **Anteile**

---

[270] Rödder/Herlinghaus/van Lishaut/*Schumacher* UmwStG § 15 Rn. 36.
[271] IDW RS HFA 43, WPg Supplement 4/2012, S. 104 Rn. 7.
[272] IDW RS HFA 43, WPg Supplement 4/2012, S. 104 Rn. 11.
[273] IDW RS HFA 43, WPg Supplement 4/2012, S. 104 Rn. 17.
[274] IDW RS HFA 43, WPg Supplement 4/2012, S. 104 Rn. 19.
[275] Siehe Rn. 56 ff.
[276] IDW RS HFA 42, WPg Supplement 4/2012, S. 104 Rn. 46.
[277] IDW RS HFA 43, WPg Supplement 4/2012, S. 104 Rn. 32.
[278] IDW RS HFA 43, WPg Supplement 4/2012, S. 104 Rn. 33.

H. Die Übertragung von Teilen des Vermögens einer AG   299–301   § 13

an der übernehmenden Kapitalgesellschaft sind nach Tauschgrundsätzen zu bewerten.[279] Erhöht sich der innere Wert der Aktien durch die Abspaltung, etwa weil ein negatives Vermögen abgespalten wurde, liegen bei Aktionären, die gleichzeitig am übernehmenden Rechtsträger beteiligt sind, nachträgliche Anschaffungskosten auf die Aktien der übertragenden AG vor. Gleichzeitig liegt ein mengenmäßiger Abgang bei der Beteiligung am übernehmenden Rechtsträger vor. Der Buchwert der Beteiligung mindert sich um das Verhältnis der Zeitwerte des abgespaltenen Vermögens zum ursprünglichen Vermögen des übernehmenden Rechtsträgers nach allgemeinen Tauschgrundsätzen.[280]

d) Steuerliche Folgen

Die Auf- und Abspaltung auf eine Kapitalgesellschaft sind steuerrechtlich nach   299
Auffassung der Finanzverwaltung grundsätzlich als **gewinnrealisierender Veräußerungsvorgang** einzustufen, soweit keine gesetzlichen Sonderregelungen bestehen.[281] Die gesetzliche Sonderregelung des § 15 UmwStG enthielt bis zum SEStEG[282] in Abs. 1 Satz 1 ein Teilbetriebserfordernis.
Dementsprechend hat der BFH für die Zeit vor dem SEStEG eine Abspaltung, bei der kein Teilbetrieb überging, als **Sachausschüttung** (verdeckte Gewinnausschüttung) der übertragenden Gesellschaft an ihre Gesellschafter und Einlage der Wirtschaftsgüter durch die Gesellschafter gegen Gewährung von Beteiligungsrechten in die übernehmende Gesellschaft eingestuft.[283]

Das Vorliegen eines steuerlichen „**Teilbetriebs**" ist seit dem SEStEG nicht mehr   300
Tatbestandsvoraussetzung für die Anwendung des § 15 Abs. 1 Satz 1 UmwStG. Vielmehr erfordert § 15 Abs. 1 Satz 1 UmwStG lediglich eine Auf- oder Abspaltung von Vermögen einer Körperschaft auf eine andere Körperschaft.

Das **Teilbetriebserfordernis** nach § 15 Abs. 1 Satz 2 UmwStG besteht nur für die Möglichkeit eines Buchwertansatzes auf Ebene der übertragenden AG (§ 11 Abs. 2 UmwStG) und der wesentlich oder betrieblich beteiligten Aktionäre der AG (§ 13 Abs. 2 UmwStG).[284] Die weiteren Rechtsfolgen des § 15 UmwStG treten damit unabhängig vom Vorliegen von Teilbetrieben ein, zB die Minderung von Verlustvorträgen der übertragenden AG nach § 15 Abs. 3 UmwStG[285] oder die Rückwirkungsfiktion des § 2 UmwStG.[286]

Die Bewertung der übergehenden Wirtschaftsgüter muss nach § 15 Abs. 1 Satz 1   301
UmwStG iVm § 11 Abs. 1 Satz 1 UmwStG grundsätzlich mit dem gemeinen Wert (§ 9 Abs. 2 BewG) erfolgen.

Ein entstehender **Übertragungsgewinn** unterliegt der Körperschaftsteuer und Gewerbesteuer. Sollten Anteile an Kapitalgesellschaften im zu übertragenden Ver-

---

[279] IDW RS HFA 43, WPg Supplement 4/2012, S. 104 Rn. 34.
[280] IDW RS HFA 43, WPg Supplement 4/2012, S. 104 Rn. 36.
[281] Rödder/Herlinghaus/van Lishaut/*Schumacher* UmwStG § 15 Rn. 56.
[282] Gesetz über steuerliche Begleitmaßnahmen zur Einführung der Europäischen Gesellschaften und zur Änderung weiterer steuerlicher Vorschriften, BGBl. 2006 I 2782.
[283] BFH I R 96/08, BStBl. II 2011, 467 Rn. 31; Rödder/Herlinghaus/van Lishaut/*Schumacher* UmwStG § 15 Rn. 63.
[284] BMF 11.11.2011, BStBl. I 2011, 1314 Rn. 15.13; Schmitt/Hörtnagl/Stratz/*Hörtnagl* UmwStG § 15 Rn. 108.
[285] DPPM/*Dötsch/Pung* UmwStG § 15 Rn. 228.
[286] BMF 11.11.2011, BStBl. I 2011, 1314 Rn. 15.12 f.; für die Rechtslage vor dem SEStEG BFH I R 96/08, BStBl. II 2011, 467.

mögen vorhanden sein, ist insoweit § 8b Abs. 2 KStG anzuwenden.[287] Pensionsrückstellungen sind in jedem Fall mit dem sich nach § 6a EStG ergebenden Wert anzusetzen, § 15 Abs. 1 Satz 1 UmwStG iVm § 11 Abs. 1 Satz 2 UmwStG.

302 Die **Aktien der Aktionäre** der übertragenden AG gelten als zum gemeinen Wert veräußert, § 15 Abs. 1 Satz 1 UmwStG iVm § 13 Abs. 1 UmwStG. § 20 Abs. 4a EStG ist allerdings für Beteiligungen im steuerlichen Privatvermögen, die nicht die Voraussetzungen des § 17 EStG erfüllen, zu beachten.[288]

303 Die übertragende AG hat grundsätzlich eine steuerliche **Schlussbilanz** aufzustellen, in der sie das zu übertragende Vermögen ausweisen muss. Bei einer Abspaltung ist insoweit nur der abzuspaltende Teil des Vermögens auszuweisen.[289] Die steuerliche Schlussbilanz ist auf den steuerlichen Übertragungsstichtag aufzustellen.

304 Die Anforderungen an einen möglichen **Buch- oder Zwischenwertansatz** sind bei der Auf- und Abspaltung nach § 15 Abs. 1 und 2 UmwStG **strenger** als im Fall der Verschmelzung. Dies folgt aus dem Verweis in § 15 Abs. 1 Satz 1 UmwStG auf die §§ 11–13 UmwStG, deren Bedingungen erfüllt werden müssen (§§ 11 Abs. 2, 13 Abs. 2 UmwStG).

Zudem stellen § 15 Abs. 1 Satz 2 und Abs. 2 UmwStG weitere, **spaltungsspezifische Missbrauchsvermeidungsvorschriften** für die steuerliche Neutralität der Auf- und Abspaltung auf. Die Spaltungen, die nach dem UmwStG begünstigt werden sollen, sollen grundsätzlich auf eine Fortführung des unternehmerischen Engagements bei dem übernehmenden Rechtsträger angelegt sein.

305 Die wichtigste Voraussetzung einer steuerneutralen Auf- oder Abspaltung ist das Vorliegen von steuerlichen **Teilbetrieben**. Im Falle der **Aufspaltung** müssen auf jeden übernehmenden Rechtsträger Teilbetriebe iSd Vorschrift übergehen. Im Falle der **Abspaltung** müssen sowohl das übertragene Vermögen als auch das bei der übertragenden AG zurückbleibende Vermögen einen Teilbetrieb darstellen. Bei **Abspaltung auf mehrere übernehmende Kapitalgesellschaften** muss der auf jeden einzelnen Rechtsträger übergehende Vermögensteil einen Teilbetrieb darstellen. Ist das Erfordernis des Teilbetriebs nur für einzelne übergehende Vermögensteile erfüllt, ist der Buch- oder Zwischenwertansatz nach § 15 Abs. 1 Satz 2 UmwStG iVm § 11 Abs. 2 UmwStG und § 13 Abs. 2 UmwStG auch nur insoweit zu gewähren.[290]

306 Der **Teilbetrieb** ist im nationalen Steuerrecht nicht definiert.[291] Nach Finanzverwaltungsauffassung ist der Teilbetrieb iSd § 15 UmwStG nach den europarechtlichen Vorgaben (Art. 2 Buchst. j der Fusionsrichtlinie[292]) zu verstehen.[293]

Danach ist ein Teilbetrieb „die Gesamtheit der in einem Unternehmensteil einer Gesellschaft vorhandenen aktiven und passiven Wirtschaftsgüter, die in organisatorischer Hinsicht einen selbstständigen Betrieb, dh eine aus eigenen Mitteln funktionsfähige Einheit darstellen".

307 § 15 Abs. 1 Satz 3 UmwStG definiert neben den echten Teilbetrieben **fiktive Teilbetriebe** iSd § 15 UmwStG. Insoweit gilt eine **Beteiligung an einer Kapitalgesellschaft**, die das gesamte Nennkapital umfasst, als Teilbetrieb. Dies gilt allerdings nur, wenn sie nicht einem anderen Teilbetrieb als funktional wesentliche

---

[287] DPPM/*Dötsch/Pung* UmwStG § 15 Rn. 220.
[288] Frotscher/Maas/*Frotscher* UmwStG § 15 Rn. 281.
[289] BMF 11.11.2011, BStBl. I 2011, 1314 Rn. 15.14; s. dazu Rn. 333.
[290] Widmann/Mayer/*Schießl* UmwStG § 15 Rn. 27.
[291] *Goebel/Ungemach* DStZ 2012, 353.
[292] RL 2009/133/EG des Rates v. 19.10.2009.
[293] BMF 11.11.2011, BStBl. I 2011, 1314 Rn. 15.02.

Betriebsgrundlage dient.²⁹⁴ Auch ein **Mitunternehmeranteil oder Teil eines Mitunternehmeranteils** gilt für Zwecke des § 15 UmwStG als Teilbetrieb. Bei Auf- oder Abspaltung von Mitunternehmeranteilen ist eventuelles Sonderbetriebsvermögen – eventuell anteilig – mit zu übertragen.²⁹⁵

Den Teilbetrieben sind aktive und passive Wirtschaftsgüter zuzuordnen. Zu unterscheiden sind dabei **funktional wesentliche Betriebsgrundlagen**, im wirtschaftlichen Zusammenhang stehende Wirtschaftsgüter²⁹⁶ und neutrales Vermögen, das keinem der Teilbetriebe zuzuordnen ist.

Um die Übertragung eines Teilbetriebs bei einer Auf- oder Abspaltung zu erreichen, müssen **sämtliche funktional wesentlichen Betriebsgrundlagen** sowie die **nach wirtschaftlichen Zusammenhängen zuordenbaren Wirtschaftsgüter übertragen** werden, wobei auch die Begründung wirtschaftlichen Eigentums ausreicht. Eine bloße Nutzungsüberlassung ist dagegen nicht ausreichend.²⁹⁷ Dadurch werden von mehreren Teilbetrieben genutzte funktional wesentliche Betriebsgrundlagen zu einem sog. „**Spaltungshindernis**". Für Grundstücke fordert die Finanzverwaltung eine reale Teilung bis zum Spaltungsbeschluss. Bei Unzumutbarkeit einer solchen Teilung soll auch eine ideelle Teilung ausreichen.²⁹⁸

Das sog. **neutrale Vermögen** kann hingegen frei zugeordnet werden.²⁹⁹ Bei intendierter Zuordnung zu einem fiktiven Teilbetrieb (§ 15 Abs. 1 Satz 3 UmwStG) fordert die Finanzverwaltung allerdings einen unmittelbaren wirtschaftlichen Zusammenhang.³⁰⁰

Die Teilbetriebe müssen **zum steuerlichen Übertragungsstichtag** vorliegen.³⁰¹ Dies gilt auch für die fiktiven Teilbetriebe des § 15 Abs. 1 Satz 3 UmwStG. Ein „Teilbetrieb im Aufbau" ist nach Finanzverwaltungsansicht für Zwecke des § 15 UmwStG nicht anzuerkennen. Diese Ansicht wird in der Literatur zu Recht kritisiert.³⁰² Insbesondere wird darauf hingewiesen, dass die steuerliche Rückwirkung (§ 2 Abs. 1 UmwStG) nur die Rechtsfolgen der Umwandlung, nicht aber ihre Tatbestandsvoraussetzungen zurückbeziehe. Daher dürfe auch das Tatbestandsmerkmal „Teilbetrieb" nicht am steuerlichen Übertragungsstichtag beurteilt werden.³⁰³

Aufgrund der vielfältigen Probleme im Zusammenhang mit dem steuerlichen Teilbetrieb sollte eine **verbindliche Auskunft** (§ 89 Abs. 2 AO) vor Durchführung der Spaltung erwogen werden. Dabei muss eine **konkrete Rechtsfrage** im Auskunftsantrag dargelegt werden, § 1 Abs. 1 Nr. 5 StAuskV.³⁰⁴

§ 15 Abs. 2 UmwStG enthält weitere **Missbrauchsregelungen**. Nach Satz 1 der Vorschrift ist ein Buch- oder Zwischenwertansatz auf Ebene der übertragenden AG (§ 11 Abs. 2 UmwStG) nur möglich, wenn **fiktive Teilbetriebe** iSd § 15 Abs. 1 Satz 3 UmwStG, also Mitunternehmeranteile und 100%-Beteiligungen an Kapitalgesellschaften, nicht innerhalb der letzten drei Jahre vor dem steuerlichen

---

²⁹⁴ BMF 11.11.2011, BStBl. I 2011, 1314 Rn. 15.06.
²⁹⁵ BMF 11.11.2011, BStBl. I 2011, 1314 Rn. 15.04.
²⁹⁶ BMF 11.11.2011, BStBl. I 2011, 1314 Rn. 15.02.
²⁹⁷ BMF 11.11.2011, BStBl. I 2011, 1314 Rn. 15.07.
²⁹⁸ BMF 11.11.2011, BStBl. I 2011, 1314 Rn. 15.08.
²⁹⁹ BMF 11.11.2011, BStBl. I 2011, 1314 Rn. 15.09.
³⁰⁰ BMF 11.11.2011, BStBl. I 2011, 1314 Rn. 15.11.
³⁰¹ BMF 11.11.2011, BStBl. I 2011, 1314 Rn. 02.14, 15.03.
³⁰² Goebel/Ungemach/*Meier* UmwStG § 15 Rn. 59 mwN.
³⁰³ *FGS* UmwSt-Erlass Rn. 15.03.
³⁰⁴ Ausführlich zur verbindlichen Auskunft bei Umwandlungen Rödder/Herlinghaus/van Lishaut/*Stangl* UmwStG Anhang 13.

Übertragungsstichtag (§ 2 Abs. 1 UmwStG) **erworben oder aufgestockt** worden sind. Dabei ist allerdings nur eine Aufstockung oder ein Erwerb schädlich, der durch Wirtschaftsgüter erfolgt, die selbst keinen Teilbetrieb darstellen. Auch dann ist eine Aufstockung unschädlich, wenn im Rahmen der Aufstockung die stillen Reserven in vollem Umfang aufgedeckt worden sind.[305]
Überführungen und Übertragungen auf eine Mitunternehmerschaft nach § 6 Abs. 5 EStG oder ein zum Buchwert durchgeführter Anteilstausch nach § 21 UmwStG können Beispiele für Verletzungen dieser Regelung sein.[306] Schädlich sind jedoch nur Aufstockungen, die von der übertragenden Kapitalgesellschaft selbst ausgehen.[307] Zudem ist die Aufstockung nur schädlich, wenn sie nicht gewinnrealisierend ist.[308]

314 Bei **Verletzung** der Regelung des § 15 Abs. 2 Satz 1 UmwStG ist das Bewertungswahlrecht für die übergehenden Wirtschaftsgüter auf Ebene der übertragenden Gesellschaft nach § 15 Abs. 1 Satz 1 iVm § 11 Abs. 2 UmwStG nicht anwendbar. Damit ist das übergehende Vermögen zwingend zum gemeinen Wert anzusetzen. Unberührt bleiben dagegen die Anwendung der weiteren Regelungen des § 15 UmwStG, insbesondere des § 13 UmwStG auf Ebene der Aktionäre der übertragenden AG.[309]

315 Nach **§ 15 Abs. 2 Satz 2 UmwStG** ist ein Buch- oder Zwischenwertansatz auf Ebene der übertragenden AG (§ 11 Abs. 2 UmwStG) ebenfalls nicht möglich, wenn durch die Auf- oder Abspaltung die Veräußerung an außenstehende Personen vollzogen wird. Von einer außenstehenden Person ist auszugehen, wenn diese sich am steuerlichen Übertragungsstichtag (§ 2 Abs. 1 UmwStG) nicht im Gesellschafterbestand befand.[310]

316 Die Rechtsfolge des **§ 15 Abs. 2 Satz 2 UmwStG** gilt nach **Satz 3** auch, wenn durch die Spaltung die Voraussetzungen für eine Veräußerung geschaffen werden. Der Begriff der „Veräußerung" ist dabei nach Ansicht der Finanzverwaltung weit zu verstehen.[311] Er umfasst insbesondere auch jegliche Form von Umwandlungen, die nach Ansicht der Finanzverwaltung ausnahmslos als Veräußerungen beim übertragenden Rechtsträger zu sehen sind.[312]
Allerdings bezieht sich die Veräußerung nur auf die Anteile an den an der Spaltung beteiligten Gesellschaften. Eine Veräußerung von Betriebsvermögen durch die übertragende oder übernehmende Gesellschaft ist dagegen nicht iSd Regelung schädlich.

317 Als Beispiel für einen **schädlichen Vorgang** iSd Satzes 3 wird in **§ 15 Abs. 2 Satz 4 UmwStG** eine konkrete Grenze für die Schädlichkeit genannt. Demnach ist ein schädlicher Veräußerungsvorgang anzunehmen, wenn innerhalb von fünf Jahren nach dem steuerlichen Übertragungsstichtag (§ 2 Abs. 1 UmwStG) Anteile einer an der Spaltung beteiligten Körperschaft veräußert werden, die mehr als 20% der vor Wirksamwerden der Spaltung an der Körperschaft bestehenden Anteile ausmachen. An der Spaltung beteiligt sind dabei iSd Regelung sowohl die übertragende AG als auch die übernehmende Gesellschaft.[313] Bei einer Aufspaltung geht

---

[305] BMF 11.11.2011, BStBl. I 2011, 1314 Rn. 15.15.
[306] Goebel/Ungemach/*Meier* UmwStG § 15 Rn. 130.
[307] BMF 11.11.2011, BStBl. I 2011, 1314 Rn. 15.19.
[308] BMF 11.11.2011, BStBl. I 2011, 1314 Rn. 15.20.
[309] BMF 11.11.2011, BStBl. I 2011, 1314 Rn. 15.21.
[310] BMF 11.11.2011, BStBl. I 2011, 1314 Rn. 15.26.
[311] BMF 11.11.2011, BStBl. I 2011, 1314 Rn. 15.24.
[312] BMF 11.11.2011, BStBl. I 2011, 1314 Rn. 00.02.
[313] BFH I R 62/04, BStBl. I 2006, 391.

H. Die Übertragung von Teilen des Vermögens einer AG   318–321 § 13

die übertragende AG durch die Umwandlung unter, so dass in diesem Fall nur auf die übernehmende Gesellschaft abzustellen ist.[314] Nach **Auffassung der Finanzverwaltung** handelt es sich bei der 20%-Grenze nur um eine „unwiderlegliche gesetzliche Vermutung".[315] Der Tatbestand des § 15 Abs. 2 Satz 3 UmwStG könne aber auch durch Veräußerungen erfüllt werden, die unterhalb der 20%-Grenze blieben, so dass für § 15 Abs. 2 Satz 3 UmwStG ein eigenständiger Anwendungsbereich verbleibe.[316] Die Literatur sieht die 20%-Grenze hingegen zu Recht als abschließend.[317] Ob diese den Gesetzeswortlaut stark überdehnende Auslegung auch die **Fünf-Jahres-Frist** des § 15 Abs. 2 Satz 4 UmwStG betrifft, ist unklar. Dies würde ganz eindeutig im Widerspruch zur im Umwandlungssteuererlass zum Ausdruck gekommenen Auffassung der Finanzverwaltung stehen.[318]

Wird die Bestimmung des § 15 Abs. 2 Satz 3 und 4 UmwStG verletzt, so ist **rückwirkend** der gemeine Wert auf Ebene der übertragenden AG anzusetzen und der Körperschaftsteuerbescheid der AG zu ändern. Dabei trifft diese Rechtsfolge nur das bei der Abspaltung übergehende Vermögen.[319] Verfahrensrechtlich wird dies durch § 175 Abs. 1 Satz 1 Nr. 2 AO umgesetzt.[320] Auch in diesem Fall bleiben die übrigen Regelungen des § 15 UmwStG anwendbar.[321]   318

Angesichts der Regelung des § 15 Abs. 2 Sätze 2–4 UmwStG sollte eine **vertragliche Vereinbarung** über schädliche Veräußerungen im Fünf-Jahres-Zeitraum getroffen werden, um die Steuerfolgen den verursachenden Gesellschaftern zuzuweisen.[322]   319

Bei der **Trennung von Gesellschafterstämmen** müssen nach § 15 Abs. 2 Satz 5   320
UmwStG die Beteiligungen an der übertragenden AG mindestens fünf Jahre vor dem steuerlichen Übertragungsstichtag bestanden haben. Ansonsten ist das Bewertungswahlrecht nach § 11 Abs. 2 UmwStG nicht anwendbar. Besteht die AG noch keine fünf Jahre, ist eine steuerneutrale Trennung von Gesellschafterstämmen nach Auffassung der Finanzverwaltung nicht möglich.[323] Diese Auffassung wird mE zu Recht von der hM in der Literatur abgelehnt.[324]

Eine Trennung von Gesellschafterstämmen liegt dabei vor, wenn nach einer Aufspaltung an der übernehmenden Körperschaft und nach einer Abspaltung sowohl an der übertragenden als auch an der übernehmenden Körperschaft nicht mehr alle Anteilseigner der übertragenden Körperschaft beteiligt sind.[325]

Nach § 15 Abs. 1 Satz 1 UmwStG iVm § 11 Abs. 2 UmwStG müssen für einen An-   321
satz der der übergehenden Wirtschaftsgüter mit dem **Buch- oder Zwischenwert** zunächst die Voraussetzungen des § 11 Abs. 2 UmwStG vorliegen.[326] Zusätzlich

---

[314] BMF 11.11.2011, BStBl. I 2011, 1314 Rn. 15.27.
[315] So auch BMF 11.11.2011, BStBl. I 2011, 1314, Rn. 15.27.
[316] FinMin Brandenburg 16.7.2014, DStR 2014, 2180; *Brinkmeier* GmbH-StB 2014, 346.
[317] *FGS* UmwStE, 15.30.
[318] BMF 11.11.2011, BStBl. I 2011, 1314 Rn. 15.32.
[319] BMF 11.11.2011, BStBl. I 2011, 1314 Rn. 15.33.
[320] BMF 11.11.2011, BStBl. I 2011, 1314 Rn. 15.34.
[321] BMF 11.11.2011, BStBl. I 2011, 1314 Rn. 15.33.
[322] Haritz/Menner/*Asmus* UmwStG § 15 Rn. 187.
[323] BMF 11.11.2011, BStBl. I 2011, 1314 Rn. 15.38.
[324] Haase/Hruschka/*Weggenmann*/Bernheim UmwStG § 15 Rn. 159 mwN; Schneider/Ruoff/Sistermann/*Beutel* Rn. 15.73.
[325] BMF 11.11.2011, BStBl. I 2011, 1314 Rn. 15.36.
[326] Siehe Rn. 69.

sind die bereits besprochenen Voraussetzungen des § 15 Abs. 1 Satz 2 und Abs. 2 UmwStG[327] erforderlich. Liegen all diese Voraussetzungen vor, ist auf Antrag der übertragenden AG eine Bewertung der übergehenden Wirtschaftsgüter zum Buch- oder Zwischenwert möglich. Der **Buchwert** ist dabei nach § 1 Abs. 5 Nr. 4 UmwStG der Wert, der sich nach den steuerrechtlichen Vorschriften über die Gewinnermittlung ergibt. Der Zwischenwert ist ein Wert, der oberhalb des so definierten Buchwertes, aber unterhalb des gemeinen Wertes liegt.

322 Der **Buch- oder Zwischenwertansatz** bezieht sich dabei bei einer Aufspaltung (§ 123 Abs. 1 UmwG) auf das gesamte übergehende Vermögen, bei einer Abspaltung (§ 123 Abs. 2 UmwG) dagegen nur auf den abgespaltenen Teil. Das bei einer Abspaltung auf Ebene der übertragenden Gesellschaft zurückbleibende Vermögen wird dagegen weiterhin nach den steuerrechtlichen Vorschriften bewertet.[328]

323 Liegt der gemeine Wert der übergehenden Wirtschaftsgüter **unterhalb des Buchwertes**, so ist der niedrigere gemeine Wert anzusetzen.[329] Der BFH hat dies in seinem Urteil vom 30.7.2014 für den sog. „Beteiligungskorrekturverlust" nach § 12 Abs. 1 Satz 2 UmwStG iVm § 4 Abs. 1 Satz 2 UmwStG entschieden.[330] Die Argumentation des BFH wird man auf alle weiteren Stellen im UmwStG übertragen müssen, die eine entsprechende Formulierung („höchstens mit dem gemeinen Wert") aufweisen, wie etwa auch § 11 Abs. 2 Satz 1 UmwStG. Dabei ist von einer **Gesamtbewertung** des übergehenden Vermögens auszugehen.[331] Insoweit muss bei einem niedrigeren gemeinen Wert eine Abstockung der Wirtschaftsgüter erfolgen.[332]

324 **Die übernehmende Körperschaft** hat eventuell vorhandene Anteile an der übertragenden AG (etwa bei einer Aufwärtsspaltung) nach § 15 Abs. 1 Satz 1 iVm § 12 Abs. 1 Satz 2 iVm § 4 Abs. 1 Satz 2 UmwStG mit dem Buchwert, höchstens jedoch mit dem gemeinen Wert zu bewerten. Eventuelle Abzüge nach § 6b EStG oder ähnliche Abzüge sind dabei rückgängig zu machen.[333] Bei einer Abspaltung sind diese Rechtsfolgen nur teilweise zu ziehen.[334]

Der bei der Neubewertung der Anteile an der übertragenden AG entstehende Gewinn oder Verlust gilt als laufender, so dass § 8b KStG anzuwenden ist. Im Gewinnfall ist damit § 8b Abs. 2 KStG und § 8b Abs. 3 Satz 1 KStG anzuwenden, im Verlustfall ist der Verlust nach § 8b Abs. 3 Satz 3 KStG nicht abziehbar.[335]

325 Die übernehmende Körperschaft tritt in die Rechtsstellung der übertragenden AG bezüglich des übertragenen Vermögens ein, § 15 Abs. 1 Satz 1 iVm § 12 Abs. 3 Hs. 1 UmwStG. Verlustvorträge, Zins- und EBITDA-Vorträge gehen allerdings gem. § 15 Abs. 1 Satz 1 iVm § 12 Abs. 3 Hs. 2 iVm § 4 Abs. 2 Satz 2 UmwStG nicht über.

Kommt es durch die Sonderrechtsnachfolge zum Erlöschen von Schuldverhältnissen durch **Konfusion**, ist § 6 UmwStG sinngemäß anwendbar, soweit eine Betei-

---

[327] Siehe Rn. 305–320.
[328] DPPM/*Dötsch/Pung* UmwStG § 15 Rn. 217.
[329] BMF 11.11.2011, BStBl. I 2011, 1314 Rn. 15.14 iVm 11.04 iVm 01.57; kritisch *Zimmermann* Ubg 2018, 17.
[330] BFH I R 58/12, BStBl. II 2015, 199. *Weiss* Der Konzern 2017, 91 (93).
[331] BMF 11.11.2011, BStBl. I 2011, 1314 Rn. 15.14 iVm 11.04 iVm 03.07; *Schneider* UmwStE Rn. 3.33.
[332] BMF 11.11.2011, BStBl. I 2011, 1314 Rn. 03.12.
[333] Rödder/Herlinghaus/van Lishaut/*Schumacher* UmwStG § 15 Rn. 82.
[334] Siehe zu den entstehenden Fragen Rödder/Herlinghaus/van Lishaut/*Schumacher* UmwStG § 15 Rn. 83–85.
[335] BFH I R 58/12, BStBl. II 2015, 199 Rn. 18.

H. Die Übertragung von Teilen des Vermögens einer AG   326–330 § 13

ligung der übernehmenden Körperschaft am Grund- oder Stammkapital der übertragenden AG besteht (§ 15 Abs. 1 Satz 1 UmwStG iVm § 12 Abs. 4 UmwStG).[336]

Auf Ebene der übernehmenden Körperschaft ist in jedem Fall ein **Übernahmeergebnis** zu ermitteln, auch wenn keine Beteiligung des übernehmenden am übertragenden Rechtsträger vorliegt, wie etwa bei einer Seitwärtsspaltung.[337] Das Übernahmeergebnis ist steuerfrei, § 12 Abs. 2 Satz 1 UmwStG, und außerbilanziell abzuziehen. 326

§ 8b KStG ist auf das Übernahmeergebnis anzuwenden, soweit eine Beteiligung der übernehmenden Körperschaft an der übertragenden AG besteht, § 12 Abs. 2 Satz 2 UmwStG, wie etwa bei einer Aufwärtsspaltung. Damit unterliegen 5% des Übernahmegewinns der Körperschaftsteuer und Gewerbesteuer, sofern eine § 8b-Berechtigung der übernehmenden Körperschaft besteht. 327

Negative Übernahmeergebnisse sind nicht abziehbar. § 12 Abs. 2 Satz 2 UmwStG ist auf sie nicht anwendbar, da er seinem Wortlaut nach „Gewinne" erfordert.[338] Damit ist auch bei von § 8b Abs. 7 oder 8 KStG erfassten Aktiengesellschaften ein Übernahmeverlust nicht abziehbar.

Nach § 2 Abs. 1 UmwStG ist für steuerliche Zwecke eine zwingende **Rückwirkung** der Auf- oder Abspaltung anzunehmen.[339] Diese gilt bei der Spaltung unabhängig von dem Vorliegen von besonderen Voraussetzungen für den Buchwertansatz, wie etwa § 15 Abs. 1 Satz 2 UmwStG oder § 15 Abs. 2 UmwStG.[340] 328

Die steuerliche Rückwirkung knüpft dabei an den handelsrechtlichen „**Umwandlungsstichtag**" der Auf- oder Abspaltung an (§ 126 Abs. 1 Nr. 6 UmwG). Der steuerliche Übertragungsstichtag liegt einen Tag vor dem handelsrechtlichen Umwandlungsstichtag.[341]

Die **Rückwirkungsfiktion** des § 2 Abs. 1 UmwStG wirkt ausdrücklich nur für die Ermittlung des Einkommens und Vermögens der übertragenden und übernehmenden Gesellschaft, nicht aber für die Gesellschafter dieser Gesellschaften.[342] Bei Auf- und Abspaltungen ergibt sich die Besonderheit, dass jeweils nur ein Teil der Handlungen des übertragenden Rechtsträgers dem übernehmenden Rechtsträger zuzurechnen ist.[343] Die Zuordnung von Aufwendungen und Erträgen zwischen dem übertragenden und dem übernehmenden Rechtsträger hat im Rückwirkungszeitraum bei Auf- und Abspaltungen nach wirtschaftlichen Zusammenhängen zu erfolgen.[344] Bei der Rückbeziehung nach § 2 Abs. 1 UmwStG sind die Einschränkungen der Verlustnutzung des **§ 2 Abs. 4 UmwStG** zu beachten.[345] 329

Bei **betrieblich beteiligten Aktionären** oder **Beteiligungen iSd § 17 EStG** ist auf Ebene der **Anteilseigner der AG** nach § 13 Abs. 1 UmwStG grundsätzlich eine **Veräußerung** ihrer Aktien zum gemeinen Wert und eine entsprechende Anschaffung der Anteile an der übernehmenden Gesellschaft anzunehmen.[346] Bei der Abspaltung ist insoweit nur der Teil der Aktien an der übertragenden AG als veräußert 330

---

[336] Rödder/Herlinghaus/van Lishaut/*Schumacher* UmwStG § 15 Rn. 88.
[337] BFH I R 24/12, DStR 2013, 582.
[338] BFH I R 24/12, DStR 2013, 582; *Holle/Weiss* DStR 2018, 167.
[339] Siehe auch Rn. 178, 179.
[340] BFH I R 96/08, BStBl. II 2011, 467; DPPM/*Dötsch/Pung* UmwStG § 15 Rn. 221.
[341] BMF 11.11.2011, BStBl. I 2011, 1314 Rn. 02.02.
[342] BFH I R 96/08, BStBl. II 2011, 467.
[343] Rödder/Herlinghaus/van Lishaut/*Schumacher* UmwStG § 15 Rn. 106.
[344] BMF 11.11.2011, BStBl. I 2011, 1314 Rn. 02.13.
[345] Siehe dazu auch FinMin Brandenburg 28.5.2014, DB 2014, 2135; *Viebrock/Loose* DStR 2013, 1364.
[346] BMF 11.11.2011, BStBl. I 2011, 1314 Rn. 00.03.

§ 13 331–334 Umwandlung der AG

anzusehen, der bei Zugrundelegung des gemeinen Wertes dem übertragenen Betriebsvermögen entspricht.[347] Die **Rückwirkungsfiktion** des § 2 Abs. 1 UmwStG gilt nicht für die Aktionäre der übertragenden AG.[348] Die Anteile gelten damit als im Zeitpunkt der zivilrechtlichen Wirksamkeit der Umwandlung veräußert.[349]

331 Unter den Bedingungen des § 13 Abs. 2 UmwStG und zusätzlich des § 15 Abs. 1 Satz 2 UmwStG ist ein **Buchwertansatz** auf Antrag des Aktionärs möglich. Dafür ist erforderlich, dass das Besteuerungsrecht der Bundesrepublik Deutschland hinsichtlich des Veräußerungsgewinns der Anteile an der übernehmenden Körperschaft nicht ausgeschlossen oder beschränkt wird, § 13 Abs. 2 Satz 1 Nr. 1 UmwStG, oder ein Fall des § 13 Abs. 2 Satz 1 Nr. 2 UmwStG vorliegt.

332 Das **Wahlrecht** kann unabhängig von dem Wahlrecht nach § 15 Abs. 1 Satz 1 UmwStG iVm § 11 Abs. 2 UmwStG ausgeübt werden.[350] Ein Zwischenwertansatz ist auf Ebene des Anteilseigners nicht möglich.[351] Bei Wahl des Buchwertes treten die Anteile an der übernehmenden Kapitalgesellschaft für steuerliche Zwecke an die Stelle der Aktien an der übertragenden AG, § 13 Abs. 2 Satz 2 UmwStG. Als Folge geht beispielsweise bei im Betriebsvermögen gehaltenen Anteilen die Wertaufholungsverpflichtung nach § 6 Abs. 1 Nr. 2 Satz 3 EStG über.[352]

333 Bei im **Privatvermögen** gehaltenen Aktien, die keine Beteiligung iSd § 17 EStG darstellen und damit § 20 Abs. 2 EStG unterfallen, ist dagegen § 20 Abs. 4a EStG anwendbar.[353] In diesen Fällen ist der Buchwertansatz bei einer Aufspaltung nach § 20 Abs. 4a Satz 1 EStG zwingend und nicht von einem Antrag abhängig.[354] Nach § 20 Abs. 4a Satz 7 EStG ist ausdrücklich auch die Abspaltung in den Anwendungsbereich der Vorschrift einbezogen.[355] Die Anwendung des § 20 Abs. 4a EStG ist von dem Vorliegen von Teilbetrieben unabhängig.[356]

334 Das steuerliche **Einlagekonto** (§ 27 KStG) der übertragenden AG gilt sowohl im Falle der Auf- als auch der Abspaltung als in vollem Umfang herabgesetzt, § 29 Abs. 1 KStG. Dies folgt aus der Nennung der beiden Spaltungen in § 1 Abs. 1 Nr. 2 UmwG. Damit ist § 29 Abs. 1 KStG auch im Falle einer nur teilweisen Übertragung von Vermögen der AG bei einer Abspaltung zunächst vollständig umzusetzen.[357]

Nach § 29 Abs. 3 Satz 1 KStG ist der Bestand des steuerlichen Einlagekontos der übertragenden AG dem Einlagekonto der übernehmenden unbeschränkt steuerpflichtigen Körperschaften zuzurechnen. Dabei ist als Maßstab grundsätzlich das Umtauschverhältnis im Spaltungs- oder Übernahmevertrag anzusetzen. Nur wenn dieses Verhältnis die Wertverhältnisse nicht korrekt widerspiegelt, ist nach § 29 Abs. 2 Satz 2 KStG das Verhältnis der gemeinen Werte der übergehenden Vermögensteile anzusetzen. Eine Hinzurechnung unterbleibt nach § 29 Abs. 2 Satz 3 KStG iVm § 29 Abs. 2 Satz 2 KStG im Verhältnis des Anteils des Übernehmers an

---

[347] BMF 11.11.2011, BStBl. I 2011, 1314 Rn. 15.12.
[348] BFH I R 96/08, BStBl. II 2011, 467.
[349] BMF 11.11.2011, BStBl. I 2011, 1314 Rn. 13.06.
[350] BMF 11.11.2011, BStBl. I 2011, 1314 Rn. 13.08.
[351] BMF 11.11.2011, BStBl. I 2011, 1314 Rn. 13.10.
[352] Zu weiteren Folgen siehe BMF 11.11.2011, BStBl. I 2011, 1314 Rn. 13.11.
[353] Haritz/Menner/*Asmus* UmwStG § 15 Rn. 237.
[354] BMF 9.10.2012, BStBl. I 2012, 953 Rn. 100.
[355] BMF 9.10.2012, BStBl. I 2012, 953 Rn. 115.
[356] Rödder/Herlinghaus/van Lishaut/*Trossen* Anhang 11 Rn. 94.
[357] BMF 11.11.2011, BStBl. I 2011, 1314 Rn. K.01; zum Verfahrensrecht bei § 29 Abs. 2 KStG *Brühl* DStZ 2016, 689.

H. Die Übertragung von Teilen des Vermögens einer AG 335–339 § 13

der übertragenden AG, wie etwa bei einer Aufwärtsspaltung. Daraufhin ist bei der übertragenden AG § 29 Abs. 4 KStG anzuwenden.[358]

§ 15 Abs. 3 UmwStG regelt die Behandlung von **vorhandenen Verlustvorträ-** 335 **gen** der übertragenden AG im Falle einer **Abspaltung**. Diese mindern sich nach dem Verhältnis des gemeinen Wertes des übergegangenen zum gesamten Vermögen. Betroffen von diesem Untergang sind auch verbleibende Verlustvorträge nach § 2a Abs. 1 Satz 5 EStG oder § 15 Abs. 4 EStG sowie verrechenbare Verluste nach § 15a Abs. 4 EStG und § 15b Abs. 4 EStG.[359]

Auch die im Rahmen der Zinsschranke nach § 4h Abs. 1 EStG gesondert festzustellenden **Zins- und EBITDA-Vorträge** (§ 4h Abs. 4 Satz 1 EStG) sind entsprechend zu mindern. Bei einer **Aufspaltung** geht die übertragende AG unter, so dass alle genannten Vorträge vollständig verlorengehen. Ein Übergang derartiger Vorträge **auf die übernehmende Körperschaft** ist nach § 15 Abs. 1 Satz 1 iVm § 12 Abs. 3 Hs. 2 UmwStG iVm § 4 Abs. 2 Satz 2 UmwStG ausgeschlossen.

Die Regelungen der §§ 11–15 UmwStG gelten nach § 19 Abs. 1 UmwStG auch 336 für die Ermittlung des **Gewerbeertrags**. Bei einer **Aufspaltung** gehen **vortragsfähige Fehlbeträge** der AG vollständig unter, § 19 Abs. 2 UmwStG. Ein Übergang ist wegen der Regelung des § 19 Abs. 2 iVm 15 Abs. 1 Satz 1 iVm § 12 Abs. 3 Hs. 2 iVm § 4 Abs. 2 Satz 2 UmwStG nicht möglich.[360] Bei einer **Abspaltung** mindern sich die vortragsfähigen Fehlbeträge nach Maßgabe des § 15 Abs. 3 UmwStG.

Bei einer **nicht verhältniswahrenden Auf- oder Abspaltungen** können 337 sich Wertverschiebungen zwischen Anteilseignern ergeben. Dies ist jedoch nicht zwingend der Fall.[361] Dementsprechend werden derartige Umwandlungen von der Finanzverwaltung unter dem Aspekt der **Vorteilszuwendung** zwischen den Aktionären der übertragenden AG geprüft.[362] Die Korrekturmechanismen sind ertragsteuerlich die verdeckte Gewinnausschüttung (§ 8 Abs. 3 Satz 2 KStG) und die verdeckte Einlage (§ 8 Abs. 3 Satz 3 KStG).[363]

Auf Ebene der Anteilseigner wird § 15 Abs. 1 Satz 1 iVm § 13 UmwStG nur insoweit angewandt, wie es nicht zu einer Wertverschiebung unter den Aktionären der übertragenden AG kommt.[364]

Schenkungssteuerlich ist in Fällen der Vorteilszuwendung im Rahmen der 338 Auf- oder Abspaltung § 7 Abs. 8 ErbStG zu beachten.[365]

Ist die **aufgespaltene AG Organträgerin** einer **körperschaft- und gewerbe-** 339 **steuerlichen Organschaft** (§§ 14–19 KStG, § 2 Abs. 2 Satz 2 GewStG), geht die Beteiligung an der Organgesellschaft durch die Aufspaltung auf eine der übernehmenden Kapitalgesellschaften über.

Ab dem steuerlichen Übertragungsstichtag (§ 2 Abs. 1 Satz 1 UmwStG) ist die **finanzielle Eingliederung** (§ 14 Abs. 1 Satz 1 Nr. 1 Satz 1 KStG) der übernehmenden Kapitalgesellschaft zuzurechnen. Der übernehmende Rechtsträger tritt

---

[358] Siehe zu Fragestellungen bei Auf- und Abwärtsspaltungen auch *Nitzschke* Ubg 2015, 54.
[359] DPPM/*Dötsch/Pung* UmwStG § 15 Rn. 229.
[360] Frotscher/Maas/*Schnitter* UmwStG § 19 Rn. 18.
[361] DPPM/*Dötsch/Pung* KStG § 15 Rn. 249; FGS, UmwStE Rn. 13.03.
[362] BMF 11.11.2011, BStBl. I 2011, 1314 Rn. 15.44; siehe zur nicht verhältniswahrenden Spaltung auch *Ruoff/Beutel* DStR 2015, 609.
[363] BFH IX R 24/09, BStBl. II 2011, 799; *Korn* KÖSDI 2012, 17815 Rn. 46.
[364] BMF 11.11.2011, BStBl. I 2011, 1314 Rn. 15.44 iVm Rn. 13.03.
[365] Haritz/Menner/*Asmus* UmwStG § 15 Rn. 234; *Korezkij* DStR 2012, 163, 168.

nach Maßgabe des Spaltungsvertrags oder -plans (§ 131 Abs. 1 Nr. 1 UmwG) in den bestehenden Gewinnabführungsvertrag der übertragenden AG ein.[366]

340 Bestehende **organschaftliche Ausgleichsposten** (§ 14 Abs. 4 KStG) sind grundsätzlich aufzulösen. Zwar liegt kein Vorgang nach § 14 Abs. 4 Satz 5 KStG vor, da die Umwandlung auf eine Kapitalgesellschaft erfolgt. Jedoch sieht die Finanzverwaltung Umwandlungen stets als Veräußerungs- und Anschaffungsvorgänge.[367] Damit liegt nach Auffassung der Finanzverwaltung aufgrund der Aufspaltung ein Fall der Veräußerung der Organgesellschaft nach § 14 Abs. 4 Satz 2 KStG vor.[368]

Wird im Rahmen der **Aufspaltung** zulässigerweise der **Buchwertansatz** gewählt und die Organschaft durch die übernehmende Kapitalgesellschaft fortgeführt, so sind die Ausgleichsposten in Abweichung von obiger Grundregel beizubehalten und bei der übernehmenden Kapitalgesellschaft fortzuführen. Bei einem **Zwischenwertansatz** sind die Ausgleichsposten entsprechend teilweise aufzulösen und teilweise fortzuführen.[369]

341 Bei einer **Abspaltung** von Vermögen einer AG, die Organträgerin einer körperschaft- und gewerbesteuerlichen Organschaft ist, ist die finanzielle Eingliederung in die übertragende AG entsprechend der Regelung bei der Aufspaltung der übernehmenden Kapitalgesellschaft zuzurechnen, wenn die Anteile an der Organgesellschaft zum übergehenden Vermögen gehören. Die Regelung bezüglich des Schicksals der organschaftlichen Ausgleichsposten bei der Aufspaltung gilt entsprechend.[370]

Verbleibt die Beteiligung an der Organgesellschaft bei der Abspaltung bei der übertragenden AG, bleibt die ertragsteuerliche Organschaft unberührt.[371]

342 Die **Spaltung des Organträgers** wird von der Finanzverwaltung als „wichtiger Grund" für die Beendigung eines Gewinnabführungsvertrags vor Ablauf der Mindestvertragslaufzeit von fünf Jahren iSd § 14 Abs. 1 Satz 1 Nr. 3 Satz 2 KStG anerkannt, R 14.5 Abs. 6 Satz 2 KStR 2015.[372]

343 Bei der Auf- und Abspaltung auf Kapitalgesellschaften kann Grunderwerbsteuer entstehen. Es handelt sich um einen nach **§ 1 Abs. 1 Nr. 3 GrEStG steuerbaren Vorgang**, soweit inländische Grundstücke (§ 2 GrEStG) im übertragenen Vermögen enthalten sind.[373] Die Steuerbemessungsgrundlage ergibt sich aus § 8 Abs. 2 Satz 1 Nr. 2 GrEStG. Die Grunderwerbsteuer entsteht (§ 38 AO) durch Eintragung der Auf- oder Abspaltung im Handelsregister (§ 131 UmwG).[374] Die ertragsteuerliche **Rückwirkung** (§ 2 Abs. 1 UmwStG) gilt für Verkehrssteuern ausdrücklich nicht.[375]

344 Nach § 6a Satz 1 GrEStG wird die Grunderwerbsteuer nicht erhoben, wenn eine Umwandlung iSd § 1 Abs. 1 Nr. 1–3 UmwG vorliegt und diese zu einem steuerbaren Tatbestand ua nach § 1 Abs. 1 Nr. 3 GrEStG führt.[376] Damit sind die Aufspaltung nach § 123 Abs. 1 UmwG und die Abspaltung nach § 123 Abs. 2 UmwG vom Anwendungsbereich dieser Vorschrift umfasst (§ 1 Abs. 1 Nr. 2 UmwG).

---

[366] BMF 11.11.2011, BStBl. I 2011, 1314 Rn. Org.06.
[367] BMF 11.11.2011, BStBl. I 2011, 1314 Rn. 00.02.
[368] BMF 11.11.2011, BStBl. I 2011, 1314 Rn. Org.06 iVm Org.05.
[369] BMF 11.11.2011, BStBl. I 2011, 1314 Rn. Org.06 iVm Org.05.
[370] BMF 11.11.2011, BStBl. I 2011, 1314 Rn. Org.07.
[371] BMF 11.11.2011, BStBl. I 2011, 1314 Rn. Org.09.
[372] BMF 11.11.2011, BStBl. I 2011, 1314 Rn. Org.12.
[373] Rödder/Herlinghaus/van Lishaut/*van Lishaut* Anhang 9 Rn. 48, zu Gestaltungsüberlegungen s. Widmann/Mayer/*Pahlke* Anhang 12 Rn. 41 ff.
[374] BFH II R 23/04, BStBl. II 2006, 137.
[375] Frotscher/Maas/*Frotscher* KStG § 2 Rn 50.
[376] *Scheffler/Nagel* Ubg 2013, 442 (446).

H. Die Übertragung von Teilen des Vermögens einer AG   345–352   § 13

Die Nichterhebung der Steuer wird nach § 6a Satz 3 GrEStG nur dann gewährt, wenn an der Ausgliederung ein herrschendes und ein abhängiges Unternehmen beteiligt sind. Diese Abhängigkeit wird nach § 6a Satz 4 GrEStG anhand einer Beteiligungsquote von mindestens 95% gemessen. Diese muss fünf Jahre vor und fünf Jahre nach dem Umwandlungsvorgang ununterbrochen bestehen.[377] Die EuGH-Vorlage des BFH zum Beihilfecharakter des § 6a GrEStG ist zu beachten.[378]

Umsatzsteuerlich handelt es sich bei der Auf- oder Abspaltung grundsätzlich   345 um eine steuerbare Lieferung oder sonstige Leistung der übertragenden AG, § 1 Abs. 1 Nr. 1 UStG. Das umsatzsteuerliche Entgelt (§ 10 UStG) besteht dabei in der Gewährung von Anteilen an dem übernehmenden Rechtsträger an die Anteilsinhaber des übertragenden Rechtsträgers.[379] Die Steuerbarkeit entfällt nach § 1 Abs. 1a Satz 1 UStG, wenn sich die Auf- oder Abspaltung als **„Geschäftsveräußerung im Ganzen"** darstellt. Dazu muss „ein Unternehmen oder ein in der Gliederung eines Unternehmens gesondert geführter Betrieb im Ganzen entgeltlich oder unentgeltlich übereignet oder in eine Gesellschaft eingebracht" werden, § 1 Abs. 1a Satz 2 UStG. Diese Einordnung des übertragenen Vermögens wird von Seiten der Finanzverwaltung durch Übernahme der ertragsteuerlichen Wertungen erleichtert.[380]

3. Ausgliederung auf Kapitalgesellschaften

a) Überblick

Vermögensteile der AG können **auf eine Kapitalgesellschaft ausgegliedert**   350 werden. Im Gegenzug erhält die AG Anteile an der übernehmenden Kapitalgesellschaft, § 123 Abs. 3 UmwG. Ein Verzicht auf die Anteilsgewährung ist nicht möglich, § 125 Satz 1 UmwG.[381] Damit verändert sich durch die Ausgliederung lediglich die Zusammensetzung des bilanziellen Vermögens der AG, jedoch nicht sein Wert. Die AG selbst bleibt im Unterschied zur Aufspaltung (§ 123 Abs. 1 UmwG) bestehen.

Zulässig ist auch eine **Ausgliederung des gesamten Vermögens** der AG auf   351 eine andere Kapitalgesellschaft.[382] Die AG wird dadurch nicht vermögenslos, da im Gegenzug zwingend Anteile an der übernehmenden Kapitalgesellschaft zu gewähren sind. Auf die Anteilsgewährung kann auch bei einer zu 100% gehaltenen Tochtergesellschaft nicht verzichtet werden.[383] Die AG wird durch eine derartige **Totalausgliederung** zu einer reinen Holdinggesellschaft.[384]

b) Voraussetzungen und Durchführung

Da die **Ausgliederung** einen **Unterfall der Spaltung** darstellt (§ 123 Abs. 3   352 UmwG), kann grundsätzlich auf die Ausführung zur Auf- und Abspaltung verwiesen werden.[385]

---

[377] Siehe hierzu gleichlautender Erlass betr. Anwendung des § 6a GrEStG v. 19.7.2012, BStBl. I 2012, 662.
[378] BFH II R 62/14, BStBl. II 2017, 916.
[379] Rödder/Herlinghaus/von Lishaut/*Rasche* UmwStG Anhang 10 Rn. 23.
[380] Umsatzsteueranwendungserlass, BMF 1.10.2010, BStBl. I 2010, 846, Abschn. 1.5 Abs. 6 Satz 4.
[381] IDW RS HFA 43, WPg Supplement 4/2012, S. 104 Rn. 4; siehe zur alternativen Abwärtsabspaltung *Bahns* Ubg 2010, 414.
[382] Semler/Stengel/*Stengel* UmwG § 123 Rn. 17.
[383] Semler/Stengel/*Stengel* UmwG § 123 Rn. 24.
[384] *Korn* KÖSDI 2012, 17815 Rn. 4.
[385] Siehe Rn. 273.

353 An die Stelle des Spaltungs- und Übernahmevertrags[386] tritt bei der Ausgliederung zur Aufnahme der **Ausgliederungs- und Übernahmevertrag** (§ 131 Abs. 1 Nr. 3 Satz 3 UmwG). Im Fall der Ausgliederung zur Neugründung wird der Spaltungsplan durch den Ausgliederungsplan ersetzt.

354 Aufgrund des **speziellen Charakters der Ausgliederung** sind im Vergleich zum Spaltungs- und Übernahmevertrag bei der Auf- oder Abspaltung[387] einige Angaben überflüssig. Insbesondere entfallen für den Ausgliederungsvertrag die Angaben zum Umtauschverhältnis von Anteilen gem. § 126 Abs. 1 Nr. 3, 4 und 10 UmwG.[388]

355 Eine **Prüfung nach den §§ 9–12 UmwG** findet bei der Ausgliederung nicht statt, § 125 Satz 2 UmwG.

c) Handelsrechtliche Folgen

356 Da bei der Ausgliederung das Vermögen der übertragenden AG nicht gemindert wird, ist die Einreichung von **Teilbilanzen** für die zu übertragenden Vermögensteile statt einer Gesamtbilanz des übertragenden Rechtsträgers zulässig.[389]

357 Durch eine Ausgliederung wird auf Ebene der übertragenden AG ein **Tausch von Vermögensgegenständen** bewirkt. Die ausgegliederten Vermögensteile werden durch Anteile an der übernehmenden Gesellschaft ersetzt.[390]

Die **Anschaffungskosten der erhaltenen Anteile** ermitteln sich nach den allgemeinen Tauschgrundsätzen und entsprechen damit entweder dem Buchwert, dem Zeitwert oder dem erfolgsneutralen Zwischenwert des übertragenen Vermögens. Wird ein **bilanziell negatives Vermögen** ausgegliedert, ist zumindest ein Merkposten für die erhaltenen Anteile zu aktivieren. Ein eventuelles Übertragungsergebnis als Unterschied zwischen dem Ansatz der erhaltenen Anteile und dem Buchwert des übertragenen Vermögens ist erfolgswirksam in der Gewinn- und Verlustrechnung zu erfassen.[391]

358 Auf **Ebene der übernehmenden Kapitalgesellschaft** stellt die Ausgliederung einen Anschaffungsvorgang bezüglich der übergehenden Vermögensgegenstände dar. Demnach hat die übernehmende Kapitalgesellschaft die übernommenen Vermögensgegenstände mit dem Ausgabebetrag der gewährten Anteile zu bewerten. Nach § 125 Satz 1 iVm § 24 UmwG hat sie auch das Wahlrecht, die Vermögensgegenstände mit den Buchwerten aus der Schlussbilanz des übertragenden Rechtsträgers fortzuführen.[392]

359 Die **Aktionäre der übertragenden AG** sind von einer Ausgliederung nicht betroffen, da die Anteile an der übernehmenden Kapitalgesellschaft der AG selbst gewährt werden, § 123 Abs. 3 UmwG. Auf Ebene der Aktionäre bleibt demnach die Bewertung der Aktien unberührt.[393]

d) Steuerliche Folgen

360 Die **Ausgliederung von Vermögensteilen auf eine Kapitalgesellschaft** ist steuerrechtlich grundsätzlich als tauschähnlicher Vorgang anzusehen.[394] Der über-

---

[386] Siehe Rn. 273.
[387] Siehe Rn. 274.
[388] Sagasser/Bula/Brünger/*Sagasser/Bultmann* § 18 Rn. 177.
[389] IDW RS HFA 43, WPg Supplement 4/2012, S. 104 Rn. 9.
[390] IDW RS HFA 43, WPg Supplement 4/2012, S. 104 Rn. 21.
[391] IDW RS HFA 43, WPg Supplement 4/2012, S. 104 Rn. 21.
[392] IDW RS HFA 43, WPg Supplement 4/2012, S. 104 Rn. 24.
[393] IDW RS HFA 43, WPg Supplement 4/2012, S. 104 Rn. 37.
[394] Rödder/Herlinghaus/van Lishaut/*Herlinghaus* UmwStG § 20 Rn. 3.

H. Die Übertragung von Teilen des Vermögens einer AG 361–364 § 13

tragenden AG werden im Rahmen der Ausgliederung Gesellschaftsrechte an dem übernehmenden Rechtsträger gewährt, die sie gegen die eingebrachten Vermögensgegenstände tauscht.[395] Beim Tausch ist eine steuerliche Realisation anzunehmen, § 6 Abs. 6 Satz 1 EStG.

Der **Sechste bis Achte Teil des UmwStG** ist nach § 1 Abs. 3 Nr. 2 UmwStG 361 sachlich anwendbar auf die Ausgliederung iSd § 123 Abs. 3 UmwG. Im Gegensatz zur Auf- und Abspaltung ist die Ausgliederung auf Kapitalgesellschaften im Sechsten Teil des UmwStG geregelt (nach § 1 Abs. 1 Satz 2 UmwStG).[396] Neben Vorgängen der **Gesamt- und Sonderrechtsnachfolge**, wie der Ausgliederung **auf Kapitalgesellschaften**, sind auch steuerliche Folgen von **Einzelrechtsnachfolgen**, wie etwa der Sacheinlage bei der Gründung einer Kapitalgesellschaft, geregelt.[397] Die **persönlichen** Voraussetzungen für die Anwendbarkeit des Sechsten bis Achten Teils des UmwStG nach § 1 Abs. 4 UmwStG sind zu beachten.[398]

Durch **§§ 20, 21 UmwStG** wird die Rechtsfolge der Gewinnrealisierung durch 362 einen tauschähnlichen Vorgang für die Ausgliederung spezieller Vermögensteile auf Antrag verhindert: **§ 20 UmwStG** begünstigt die Einbringung eines Betriebs, Teilbetriebs oder Mitunternehmeranteils in eine Kapitalgesellschaft gegen Gewährung neuer Anteile an der übernehmenden Gesellschaft. **§ 21 UmwStG** begünstigt die Einbringung von mehrheitsvermittelnden Anteilen an einer Kapitalgesellschaft oder Genossenschaft in eine Kapitalgesellschaft gegen Gewährung neuer Anteile an der übernehmenden Gesellschaft.

Nach **§ 20 Abs. 1 UmwStG** muss der Einbringende einen der folgenden Vermö- 363 gensteile in eine Kapitalgesellschaft einbringen:[399]

– einen **Betrieb**; für den Begriff des Betriebs ist keine Definition im UmwStG zu finden. Daher greift die Literatur auf den Betrieb iSd Einkommensteuergesetzes zurück. Ein Betrieb iSd §§ 15, 16 EStG ist eine selbstständig lebensfähige Organisationseinheit, in der eine Tätigkeit entfaltet werden kann, die der Erzielung von Einkünften iSd §§ 13, 15 oder 18 EStG dient.[400]

– **einen Teilbetrieb**; dieser Begriff ist wie bei § 15 UmwStG zu interpretieren, so dass auf die Kommentierung in Rn. 306 verwiesen werden kann.[401]

– einen **Mitunternehmeranteil**; dabei ist auch die Einbringung eines Teils eines Mitunternehmeranteils begünstigt.[402]

Funktional wesentliche Wirtschaftsgüter des eingebrachten Betriebs oder 364 Teilbetriebs müssen übertragen werden. Eine Nutzungsüberlassung an die übernehmende Kapitalgesellschaft genügt den Anforderungen des § 20 UmwStG nicht.[403] Zu den funktional wesentlichen Wirtschaftsgütern können auch Anteile an Kapitalgesellschaften gehören.[404] Bei Einbringung von sog. **einbringungsgeborenen**

---

[395] BMF 11.11.2011, BStBl. I 2011, 1314 Rn. 20.01.
[396] Siehe auch § 1 Abs. 1 Satz 2 UmwStG.
[397] BMF v. 11.11.2011, BStBl. I 2011, 1314 Rn. 01.44.
[398] Siehe auch Rn. 480 ff. zu internationalen Aspekten der Spaltung im Umwandlungssteuerrecht.
[399] Siehe zu den Tatbestandsvoraussetzungen auch die Checkliste der OFD Münster 13.3.2013, BeckVerw 270379.
[400] Haritz/Menner/*Menner* UmwStG § 20 Rn. 61 mwN.
[401] BMF 11.11.2011, BStBl. I 2011, 1314 Rn. 20.06; siehe Rn. 305 ff.
[402] BMF 11.11.2011, BStBl. I 2011, 1314 Rn. 20.11.
[403] BMF 11.11.2011, BStBl. I 2011, 1314 Rn. 20.06.
[404] BMF 11.11.2011, BStBl. I 2011, 1314 Rn. 20.06; zu Problemen bei Ketteneinbringungen bezüglich der Mitunternehmerstellung *Pyszka* GmbHR 2017, 721.

Anteilen, die nach dem Umwandlungssteuergesetz vor dem SEStEG entstanden waren, ist § 27 Abs. 3 UmwStG zu beachten. Danach gilt für derartige Anteile teilweise altes Recht weiter.

365 Im Gegenzug **müssen** dem Einbringenden neue Anteile an der übernehmenden Gesellschaft gewährt werden. Damit sind beispielsweise verdeckte Einlagen (§ 8 Abs. 3 Satz 3 KStG), bei denen gerade keine Anteile im Gegenzug gewährt werden, nicht von § 20 UmwStG umfasst.[405]

Neben diesen Anteilen konnten nach alter Rechtslage auch andere Wirtschaftsgüter bis zur Höhe des Buchwertes des eingebrachten Vermögens gewährt werden. Seit den Änderungen des § 20 UmwStG durch das Steueränderungsgesetz 2015 ist die Gewährung von sonstigen Gegenleistungen auf 25% des Buchwertes des eingebrachten Betriebsvermögens begrenzt (§ 20 Abs. 2 Satz 2 Nr. 4 UmwStG). In jedem Fall können bis zu 500.000 EUR als sonstige Gegenleistung gewährt werden.

366 Nach § 20 Abs. 2 Satz 1 UmwStG hat die **übernehmende Gesellschaft** das eingebrachte Betriebsvermögen mit dem gemeinen Wert anzusetzen. Pensionsrückstellungen sind nach § 6a EStG zu bewerten, § 20 Abs. 2 Satz 1 Hs. 2 UmwStG.

367 Auf **Antrag der übernehmenden Gesellschaft** kann das übernommene Betriebsvermögen mit seinem **Buchwert** oder einem **Zwischenwert**, höchstens aber mit dem gemeinen Wert angesetzt werden. Der Antrag ist spätestens bis zur erstmaligen Abgabe der steuerlichen Schlussbilanz bei dem für die Besteuerung der übernehmenden Gesellschaft zuständigen Finanzamt zu stellen, § 20 Abs. 2 Satz 3 UmwStG.[406] Bei der Frist ist Vorsicht geboten.[407] Der handelsbilanzielle Ansatz der Vermögensgegenstände ist für den Ansatz in der Steuerbilanz insoweit nicht maßgeblich.[408]

368 Die **Ausübung des Ansatzwahlrechtes** ist an vier Bedingungen geknüpft, § 20 Abs. 2 Satz 2 UmwStG. Sie ist nur insoweit möglich, als
1. sichergestellt ist, dass das eingebrachte Betriebsvermögen später bei der übernehmenden Körperschaft der Besteuerung mit Körperschaftsteuer unterliegt;
2. die Passivposten des eingebrachten Betriebsvermögens die Aktivposten nicht übersteigen; dabei ist das Eigenkapital nicht zu berücksichtigen;
3. das Recht der Bundesrepublik Deutschland hinsichtlich der Besteuerung des Gewinns aus der Veräußerung des eingebrachten Betriebsvermögens bei der übernehmenden Gesellschaft nicht ausgeschlossen oder beschränkt wird;
4. der gemeine Buchwert von sonstigen Gegenleistungen, die neben den neuen Gesellschaftsanteilen gewährt werden, nicht mehr beträgt als 25% des Buchwertes des eingebrachten Betriebsvermögens oder 500.000 EUR, höchstens jedoch den Buchwert des eingebrachten Betriebsvermögens.

369 Um die Bedingung der **späteren Besteuerung mit Körperschaftsteuer** zu erfüllen, reicht eine spätere Besteuerung mit ausländischer Körperschaftsteuer aus.[409] Eine Besteuerung mit Gewerbesteuer ist insoweit nicht erforderlich.[410]

370 Die zweite Bedingung besagt, dass die Aktivposten die Passivposten ohne Berücksichtigung des Eigenkapitals übersteigen müssen, also das eingebrachte **Nettovermögen positiv** sein muss. Ist dies nicht der Fall, sind die Wirtschaftsgüter gleichmäßig aufzustocken, bis ein Nettovermögen von Null erreicht ist. Insoweit

---

[405] BMF 11.11.2011, BStBl. I 2011, 1314 Rn. E 20.10.
[406] Siehe zu dem Antrag auch LfSt Bayern 11.11.2014, DStR 2015, 429.
[407] BFH I R 69/15, BStBl. II 2017, 75.
[408] BMF 11.11.2011, BStBl. I 2011, 1314 Rn. 20.20.
[409] Blümich/*Nitzschke* UmwStG § 20 Rn. 81.
[410] BMF 11.11.2011, BStBl. I 2011, 1314 Rn. 20.19 iVm Rn. 3.17.

ist ein Zwischenwertansatz zwingend, wenn die Einbringung nach § 20 UmwStG erfolgen soll.[411]

Die dritte Bedingung erfordert, dass das **Besteuerungsrecht der BRD** hinsichtlich des **Veräußerungsgewinns** aus dem eingebrachten Betriebsvermögen nicht ausgeschlossen oder beschränkt ist. Dies ist insbesondere bei Umwandlungen mit Bezug zum internationalen Steuerrecht zu beachten, während bei rein deutschen Umwandlungen diese Bedingung regelmäßig erfüllt sein sollte.

Die **einbringende AG** ist nach § 20 Abs. 3 Satz 1 UmwStG an die auf Ebene der übernehmenden Gesellschaft gewählten Wertansätze gebunden. Nach diesem Wertansatz bei der übernehmenden Gesellschaft bestimmen sich ihr **Veräußerungsgewinn** aus der Einbringung und ihre **Anschaffungskosten** für die erhaltenen Anteile. Der Veräußerungsgewinn unterliegt bei der einbringenden AG nach allgemeinen Regeln der Körperschaftsteuer. Als Kapitalgesellschaft muss die AG den Veräußerungsgewinn auch der Gewerbesteuer unterwerfen, § 7 Satz 2 GewStG.[412]

Insoweit ist die Abhängigkeit der übernehmenden Gesellschaft von dem Wertansatz in der steuerlichen Schlussbilanz der übertragenden Gesellschaft im Zweiten bis Fünften Teil des UmwStG (§§ 4 Abs. 1 Satz 1, 12 Abs. 1 Satz 1, 15 Abs. 1 Satz 1 UmwStG) genau umgedreht:[413] Bei einer Einbringung nach § 20 UmwStG liegt es in der Hand der übernehmenden Gesellschaft, die steuerlichen Folgen auf Ebene der übertragenden AG zu bestimmen. Dies sollte bei der Vertragsgestaltung berücksichtigt werden.[414]

Gleichzeitig stellt der Wertansatz auf Ebene der übernehmenden Gesellschaft die **Anschaffungskosten** für die der einbringenden Gesellschaft gewährten Gesellschaftsanteile dar. Soweit neben den Anteilen weitere Wirtschaftsgüter gewährt wurden, ist deren gemeiner Wert von den Anschaffungskosten abzuziehen, § 20 Abs. 3 Satz 3 UmwStG. Bei Einbringung von **einbringungsgeborenen Anteilen** ist § 20 Abs. 3 Satz 4 UmwStG zu beachten. Danach gelten die aus einer solchen Einbringung erhaltenen Anteile ebenfalls als einbringungsgeboren.[415]

Setzt die übernehmende Gesellschaft das eingebrachte Betriebsvermögen mit dem **gemeinen Wert** an, bestimmt sich die Rechtsnachfolge in die Wirtschaftsgüter der einbringenden Gesellschaft nach § 23 Abs. 4 UmwStG. Bei Vorgängen der **Einzelrechtsnachfolge** gelten die Wirtschaftsgüter als im Zeitpunkt der Einbringung angeschafft. Damit sind für die Wirtschaftsgüter ausschließlich die Verhältnisse auf Ebene der übernehmenden Gesellschaft maßgebend.[416]

Bei Vorgängen der **Gesamtrechtsnachfolge** oder Kombination aus Einzel- und Gesamtrechtsnachfolge gilt demgegenüber § 23 Abs. 3 UmwStG entsprechend.[417] Demnach tritt die übernehmende Gesellschaft in die Rechtsstellung der übertragenden AG bezüglich der Wirtschaftsgüter ein, die zukünftige Absetzung für Abnutzung (AfA, § 7 EStG) ist jedoch von den gemeinen Werten zu bemessen. Eine Besitzzeitanrechnung findet jedoch nicht statt.[418] Bei einem **Zwischenwertansatz**

---

[411] BMF 11.11.2011, BStBl. I 2011, 1314 Rn. 20.19.
[412] DPPM/*Dötsch/Pung* UmwStG § 20 Rn. 286.
[413] Vergleich der beiden Regelungskreise bei *Brühl/Weiss* Ubg 2017, 629.
[414] Zur Frage der Rechtsbehelfsbefugnis in diesen Fällen siehe BFH I R 79/10, BStBl. II 2012, 421; *Heidrich* DStR 2013, 2670; *Brühl* GmbHR 2016, 748.
[415] BMF 11.11.2011, BStBl. I 2011, 1314 Rn. 20.39.
[416] BMF 11.11.2011, BStBl. I 2011, 1314 Rn. 23.21.
[417] BMF 11.11.2011, BStBl. I 2011, 1314 Rn. 23.20.
[418] Goebel/Ungemach/*Reifarth* UmwG § 23 Rn. 40.

sind § 23 Abs. 3 und § 23 Abs. 1 iVm § 12 Abs. 3 Hs. 1 und § 4 Abs. 2 Satz 3 UmwStG anzuwenden, so dass die übernehmende Kapitalgesellschaft in die Rechtsstellung der übertragenden AG eintritt und auch eine Besitzzeitanrechnung vorzunehmen ist. Die Bemessungsgrundlage für die zukünftige AfA ist um die Differenz zwischen Zwischenwerten und Buchwerten zu erhöhen.

375   Im Falle eines **Buchwertansatzes** gilt § 23 Abs. 1 UmwStG, wonach §§ 12 Abs. 3 Hs. 1, § 4 Abs. 2 Satz 3 UmwStG entsprechend gelten. Damit tritt die übernehmende Kapitalgesellschaft in die Rechtsstellung der übertragenden AG und in die Besitzzeiten ein.

Die Anrechnung von Besitzzeiträumen der übertragenden Gesellschaft umfasst dabei nach Auffassung des BFH nicht die Zurechnung von zeitpunktsbezogenen „Zuständen", wie zB die Messung der Beteiligungshöhe zu „Beginn des Erhebungszeitraums" für Zwecke des § 9 Nr. 2a GewStG.[419]

376   Der **Einbringungszeitpunkt** ist grundsätzlich der Zeitpunkt des Übergangs des wirtschaftlichen Eigentums am eingebrachten Vermögen.[420] Die Einbringung nach § 20 UmwStG kann auf Antrag mit einer **steuerlichen Rückwirkung** von bis zu acht Monaten durchgeführt werden, § 20 Abs. 5 und 6 UmwStG. § 20 UmwStG enthält damit eine eigene steuerliche Rückwirkungsregelung, die im Gegensatz zur zwingenden Regelung des § 2 UmwStG nur auf Antrag zur Anwendung kommt.[421]

Die **Verlustnutzung** in einem eventuellen Rückwirkungszeitraum kann dabei entsprechend § 2 Abs. 3 und Abs. 4 UmwStG eingeschränkt sein, § 20 Abs. 6 Satz 4 UmwStG.

Die Rückwirkung hat insbesondere Einfluss auf den Anlauf der Sperrfrist von sieben Jahren bezüglich der erhaltenen Anteile nach § 22 Abs. 1 Satz 1 UmwStG.

377   Ein **Zins- oder EBITDA-Vortrag** des eingebrachten **Betriebs** nach § 4h Abs. 1 EStG geht kraft gesetzlicher Anordnung nicht auf die übernehmende Gesellschaft über, § 20 Abs. 9 UmwStG. Bei der Ausgliederung von **Teilbetrieben** ist das rechtliche Schicksal dieser Vorträge umstritten.[422] Nach mE korrekter Sichtweise sollten sowohl der Zins- als auch der EBITDA-Vortrag der übertragenden AG durch die Einbringung unverändert bleiben. Ein Untergang nach der Grundregel des § 4h Abs. 5 Satz 1 EStG liegt ebenfalls nicht vor, da keine Aufgabe oder Übertragung eines Betriebs vorliegt.

Ein **gewerbesteuerlicher Fehlbetrag** des Einbringenden geht nicht auf die übernehmende Gesellschaft über. Dies ergibt sich aus § 23 Abs. 5 UmwStG, aber auch aus der gewerbesteuerlichen Bedingung der „Unternehmeridentität" für den Verlustabzug.[423]

378   Eine Veränderung des **steuerlichen Einlagekontos** der übertragenden AG ist bei einer Ausgliederung nicht zu besorgen. Nach dem Wortlaut des § 29 Abs. 1 KStG gilt das steuerliche Einlagekonto (§ 27 KStG) der übertragenden AG zwar im Falle der Ausgliederung als in vollem Umfang herabgesetzt. Dies folgt aus der Nennung der Ausgliederung in § 1 Abs. 1 Nr. 2 UmwG. Dennoch ist die Herabsetzung mangels betragsmäßiger Auswirkung nicht vorzunehmen, da es sich lediglich um

---

[419] BFH I R 44/13, DStR 2014, 1229; kritisch hierzu Brühl/Weiss Ubg 2018, 22.
[420] BMF 11.11.2011, BStBl. I 2011, 1314 Rn. 20.13.
[421] BMF 11.11.2011, BStBl. I 2011, 1314 Rn. 02.03.
[422] DPPM/Patt UmwStG § 20 Rn. 342 mwN für den Zinsvortrag, Rn. 343 für den EBITDA-Vortrag.
[423] R 10a.3 Abs. 4 Satz 6 GewStR 2009.

H. Die Übertragung von Teilen des Vermögens einer AG   379–385   § 13

einen Aktivtausch der übertragenden AG (Wirtschaftsgüter gegen Anteile) handelt. Diese Ansicht wird auch von der Finanzverwaltung vertreten.[424]

Bei der **übernehmenden Kapitalgesellschaft** ist der Teil des Eigenkapitalzugangs, der nicht in das Nennkapital eingestellt wird, im **Einlagekonto** auszuweisen.[425]   379

§ 22 Abs. 1 UmwStG stellt eine typisierte **Missbrauchsnorm** bei der Einbringung in eine Kapitalgesellschaft dar. Nach dieser sind die im Rahmen einer unter dem gemeinen Wert erfolgten Sacheinlage nach § 20 UmwStG erhaltenen Anteile sperrfristbehaftet. Die **Sperrfrist** dauert sieben Jahre und beginnt mit dem Einbringungszeitpunkt (siehe dazu § 20 Abs. 6 Satz 1 UmwStG).[426]   380

Die Sperrfrist wird durch **Veräußerung** der erhaltenen Anteile oder dieser gleichgestellte Ereignisse nach § 22 Abs. 1 Satz 6 UmwStG verletzt. Die Rechtsfolgen der Verletzung treten nach § 22 Abs. 1 Satz 1 UmwStG nur ein, „soweit" eine Verletzung erfolgt. Demnach ist auch eine teilweise Verletzung durch teilweise Veräußerung möglich.[427] Dabei muss bedacht werden, dass die Finanzverwaltung sämtliche Umwandlungen ohne Unterscheidung als Veräußerungsgeschäfte ansieht.[428] Auch auf Anteilseignerebene wird eine Umwandlung zwischen Kapitalgesellschaften als Veräußerung angesehen.[429] Gewisse Einbringungen nach §§ 20, 21 UmwStG werden durch § 22 Abs. 1 Satz 6 UmwStG als unschädlich für die Sperrfrist definiert, wenn sie die in Nr. 2, 4 und 5 der Vorschrift definierten Bedingungen erfüllen.   381

Aufgrund einer **Verletzung der Sperrfrist** ist der Unterschied zwischen dem gemeinen Wert der übergegangenen Wirtschaftsgüter im Einbringungszeitpunkt und dem Wert, mit dem die Wirtschaftsgüter auf Ebene der übernehmenden Gesellschaft angesetzt wurden (Buch- oder Zwischenwert), bei der einbringenden AG rückwirkend anzusetzen. Dieser Betrag ist für jedes seit dem Einbringungszeitpunkt abgelaufene Zeitjahr um ein Siebtel zu reduzieren (**Einbringungsgewinn I**), § 22 Abs. 1 Satz 3 UmwStG.   382

Soweit die Sperrfrist verletzt wird, ist **rückwirkend** im Zeitpunkt der Einbringung der Einbringungsgewinn I zu versteuern. Die Veräußerung stellt ein rückwirkendes Ereignis nach § 175 Abs. 1 Satz 1 Nr. 2 AO dar, so dass die steuerlichen Folgen (auf Ebene des Einbringenden) verfahrensrechtlich gezogen werden können, § 22 Abs. 1 Satz 2 UmwStG.   383

Der Einbringungsgewinn I ist zunächst bei der übertragenden AG rückwirkend im Veranlagungszeitraum der Einbringung zu versteuern. Der Einbringungsgewinn I gilt dann als **nachträgliche Anschaffungskosten** der im Rahmen der Umwandlung erhaltenen Anteile, § 22 Abs. 1 Satz 4 UmwStG. Insoweit vermindert sich der – nach § 8b Abs. 2 KStG freizustellende – Veräußerungsgewinn aus der schädlichen Veräußerung der erhaltenen Anteile. Es stellt sich dadurch eine Minderung der nach § 8b Abs. 3 Satz 1 KStG anzusetzenden 5% nicht abziehbarer Betriebsausgaben ein.   384

Auf **Ebene der übernehmenden Gesellschaft** kann auf Antrag der übernehmenden Gesellschaft der versteuerte Einbringungsgewinn erfolgsneutral als   385

---

[424] BMF 11.11.2011, BStBl. I 2011, 1314 Rn. K.02; FGS, UmwSt-Erlass Rn. K.02.
[425] BMF 4.6.2003, BStBl. I 2003, 366 Rn. 27.
[426] Siehe zur Fristberechnung Goebel/Ungemach/*Jehl-Magnus* UmwStG § 22 Rn. 28.
[427] BMF 11.11.2011, BStBl. I 2011, 1314 Rn. 22.04.
[428] BMF 11.11.2011, BStBl. I 2011, 1314 Rn. 00.02; aA FG Hamburg 2K 12/13, DStR 2015, 2377; Rev. anh. BFH I R 48/15.
[429] BMF 11.11.2011, BStBl. I 2011, 1314 Rn. 00.03.

Erhöhungsbetrag für die übernommenen Wirtschaftsgüter angesetzt werden, § 23 Abs. 2 UmwStG. Dazu ist nach § 22 Abs. 5 UmwStG eine Bescheinigung über die Entrichtung der auf den Einbringungsgewinn I entfallenden Steuer vorzulegen.

386 Die steuerliche **Zurechnung** der erhaltenen Anteile muss die einbringende AG jährlich zum 31.5. nachweisen, § 22 Abs. 3 UmwStG.[430] Erbringt sie diesen **Nachweis** nicht, gelten die Anteile fiktiv als veräußert, § 22 Abs. 3 Satz 2 UmwStG.[431]

387 Gliedert die AG **Anteile an einer Kapitalgesellschaft** in eine andere Kapitalgesellschaft aus und erhält sie im Gegenzug neue Anteile an der übernehmenden Gesellschaft, wäre dies nach steuerlichen Grundregeln ein Tausch. Dieser würde nach § 6 Abs. 6 Satz 1 EStG zur Aufdeckung stiller Reserven führen.

388 **§ 21 UmwStG** stellt gegenüber § 20 UmwStG eine spezielle Vorschrift dar, die für Einbringungen von Anteilen an Kapitalgesellschaften in eine Kapitalgesellschaft eine Sonderregelung enthält. Bei einer solchen Einbringung ist grundsätzlich auf Ebene der übernehmenden Gesellschaft der **gemeine Wert** der Anteile anzusetzen, § 21 Abs. 1 Satz 1 UmwStG, da es sich um einen Veräußerungs- und Anschaffungsvorgang an den eingebrachten Anteilen handelt.[432] Der gemeine Wert ist in diesem Fall nach § 11 BewG zu bestimmen.[433] Im Austausch gegen die eingebrachten Anteile müssen der übertragenden Gesellschaft Anteile gewährt werden. Daneben können weitere Wirtschaftsgüter gewährt werden, § 21 Abs. 1 Satz 3 UmwStG.[434] Übersteigt deren gemeiner Wert 25% des Buchwertes der eingebrachten Anteile, ist kein Buchwertansatz mehr möglich (§ 21 Abs. 2 Satz 2 Nr. 2 UmwStG). Auch hier gilt bezüglich der sonstigen Gegenleistung ein minimaler zulässiger Betrag von 500.000 EUR.

389 Vorsicht ist bei der Einbringung von sog. **einbringungsgeborenen Anteilen** nach UmwStG aF geboten.[435] Insoweit gilt die Regelung des § 20 Abs. 3 Satz 4 UmwStG nach § 21 Abs. 2 Satz 6 UmwStG entsprechend.[436]

390 Handelt es sich bei der erworbenen Gesellschaft um eine **mehrheitsvermittelnde Beteiligung**, so kann auf Ebene der übernehmenden Gesellschaft auf Antrag auch der Buch- oder Zwischenwert angesetzt werden ("qualifizierter Anteilstausch"), § 21 Abs. 1 Satz 2 UmwStG. Eine Mehrheitsvermittlung ist dabei anzunehmen, wenn die übernehmende Gesellschaft nach der Einbringung die Mehrheit der **Stimmrechte** an der erworbenen Gesellschaft hält.[437] Daher ist eine Einbringung einer Mehrheit nicht erforderlich; vielmehr müssen die Anteile nur in Summe mit bereits vor der Einbringung gehaltenen Anteilen die Mehrheit an der erworbenen Gesellschaft vermitteln. Auch eine Aufstockung einer bestehenden Mehrheitsbeteiligung ist insoweit begünstigt.[438] Eine Bindung an den handelsrechtlichen Ansatz der eingebrachten Beteiligung besteht nicht.[439]

391 Auf **Ebene der übertragenden Gesellschaft** gilt der Ansatz der übernehmenden Gesellschaft als Veräußerungspreis der eingebrachten Anteile und als Anschaf-

---

[430] Siehe zur Erbringung des Nachweises OFD Frankfurt a. M. 22.7.2014, DStR 2014, 2509.
[431] Siehe zur Reichweite der Veräußerungsfiktion *Förster/Hölscher* Ubg 2012, 729.
[432] BMF 11.11.2011, BStBl. I 2011, 1314 Rn. 21.07.
[433] BMF 11.11.2011, BStBl. I 2011, 1314 Rn. 21.08.
[434] Zur Diskussion dieser Regelung sa Rn. 365.
[435] DPPM/*Patt* UmwStG § 21 Rn. 67 ff.
[436] Siehe Rn. 373.
[437] Zur nach dem Gesetz erforderlichen Unmittelbarkeit s. *Schaaf/Hannweber* GmbH-StB 2016, 139.
[438] BMF 11.11.2011, BStBl. I 2011, 1314 Rn. 21.09.
[439] BMF 11.11.2011, BStBl. I 2011, 1314 Rn. 21.11.

fungskosten der im Gegenzug erhaltenen Anteile, § 21 Abs. 2 Satz 1 UmwStG. Daher sind die steuerlichen Folgen auf Ebene der übertragenden Gesellschaft von der Ausübung des Wahlrechts der übernehmenden Gesellschaft abhängig.[440] Für Fälle eines Anteilstausches mit internationalem Bezug gelten insoweit Sonderregelungen in § 21 Abs. 2 Satz 2–4 UmwStG. Bei Wahl eines Zwischenwertes oder Ansatz des gemeinen Wertes entsteht ein Veräußerungsgewinn der übertragenden AG. Dieser ist nach § 8b Abs. 2 KStG von der Besteuerung freizustellen, sofern die übertragende AG nicht unter § 8b Abs. 7 und 8 KStG fällt.[441]

Der Anteilstausch nach § 21 UmwStG ist **keiner steuerlichen Rückwirkung** zugänglich, da weder § 2 UmwStG noch § 20 Abs. 5 und 6 UmwStG anwendbar sind.[442] Bei einer sog. „**Miteinbringung**" von Anteilen im Rahmen eines Vorgangs nach § 20 UmwStG (§ 22 Abs. 1 Satz 5 Hs. 1 UmwStG) nimmt auch die Einbringung der Anteile an der fakultativen Rückwirkung nach § 20 Abs. 5, 6 UmwStG teil.[443]

Nach **§ 22 Abs. 2 Satz 1 UmwStG** entsteht beim Anteilstausch nach § 21 UmwStG eine Sperrfrist bezüglich der eingebrachten Anteile, wenn im Rahmen der Einbringung ein Wertansatz unterhalb des gemeinen Wertes erfolgt ist. Werden die eingebrachten Anteile innerhalb von sieben Jahren durch die übernehmende Kapitalgesellschaft weiterveräußert, ist rückwirkend im Jahr der Einbringung der sog. **Einbringungsgewinn II** zu versteuern. Soweit bei Veräußerung der eingebrachten Anteile im Einbringungszeitpunkt der Veräußerungsgewinn nach § 8b Abs. 2 KStG steuerfrei gewesen wäre, entsteht allerdings keine Sperrfrist. Im Normalfall wird daher für die AG eine solche Sperrfrist nicht bestehen. Allerdings ist die Einschränkung des § 8b Abs. 2 KStG durch die Regelungen des § 8b Abs. 7 und 8 KStG zu beachten.

Auf **Ebene der übernehmenden Gesellschaft** sind die einbrachten Anteile nach § 23 UmwStG steuerlich fortzuführen. Insoweit hängt ihre Behandlung von der Ausübung des Wahlrechts nach § 21 Abs. 1 Satz 2 UmwStG durch die übernehmende Gesellschaft ab. Bei Wahl des **Buchwertansatzes** ist nach § 23 Abs. 1 UmwStG ein Eintritt in die Rechtsstellung der übertragenden Gesellschaft anzunehmen, § 23 Abs. 1 iVm § 12 Abs. 3 Hs. 1 UmwStG. Nach § 23 Abs. 1 UmwStG gilt auch § 4 Abs. 2 Satz 3 UmwStG bezüglich der Zurechnung von Besitzdauern entsprechend.[444] Auf die Kommentierung zu § 20 UmwStG kann verwiesen werden.[445]

Zu sog. **Kettenumwandlungen** siehe Pyszka DStR 2013, 1462.

Ist die ausgliedernde AG **Organträgerin** einer körperschaft- und gewerbesteuerlichen Organschaft (§§ 14–19 KStG, § 2 Abs. 2 Satz 2 GewStG), kann bei der Ausgliederung die Beteiligung an der Organgesellschaft auf Ebene der ausgliedernden AG verbleiben. Die Organschaft ist damit von der Ausgliederung unberührt.[446] Gehören die Anteile an der Organgesellschaft dagegen zum im Rahmen der Ausgliederung übertragenen Vermögen, ist die **finanzielle Eingliederung** in die AG ab dem „steuerlichen Übertragungsstichtag" der übernehmenden Kapitalgesellschaft zuzurechnen.[447] In den Fällen des § 20 UmwStG kann der steuerliche Übertragungsstichtag dabei auf Antrag zurückbezogen werden (§ 20 Abs. 5, 6

---

[440] Siehe zur parallelen Problematik bei § 20 UmwStG Rn. 372.
[441] BMF 11.11.2011, BStBl. I 2011, 1314 Rn. 21.16.
[442] BMF 11.11.2011, BStBl. I 2011, 1314 Rn. 21.17.
[443] Haritz/Menner/*Bilitewski* UmwStG § 22 Rn. 15; DPPM/*Patt* UmwStG § 20 Rn. 318.
[444] Zur Frage der Zurechnung von Besitzzeiträumen und Zeitpunkten sa Rn. 375.
[445] Siehe Rn. 374.
[446] BMF 11.11.2011, BStBl. I 2011, 1314 Rn. Org.09.
[447] BMF 11.11.2011, BStBl. I 2011, 1314 Rn. Org.08.

UmwStG). In den Fällen des § 21 UmwStG handelt es sich um den Zeitpunkt der Übertragung des wirtschaftlichen Eigentums, der keiner Rückbeziehung fähig ist.[448] Da jede Umwandlung nach Auffassung der Finanzverwaltung eine Veräußerung und Anschaffung darstellt,[449] sind auf ein Organschaftsverhältnis entfallende **organschaftliche Ausgleichsposten** nach der Grundregel des § 14 Abs. 4 Satz 2 KStG aufzulösen. Bei Wahl des Buch- oder Zwischenwertansatzes sind die Ausgleichsposten dagegen nicht oder nur teilweise aufzulösen.[450]

397 Die **Spaltung des Organträgers** wird von der Finanzverwaltung als „wichtiger Grund" für die Beendigung eines Gewinnabführungsvertrags vor Ablauf der Mindestvertragslaufzeit von fünf Jahren iSd § 14 Abs. 1 Satz 1 Nr. 3 Satz 2 KStG anerkannt, R 14.5 Abs. 6 Satz 2 KStR 2015.[451]

398 Durch eine **Ausgliederung nach § 20 UmwStG** können die Voraussetzungen für die Begründung einer körperschaft- und gewerbesteuerlichen Organschaft geschaffen werden. Durch die erhaltenen Anteile an der übernehmenden Gesellschaft kann eine **finanzielle Eingliederung** zur ausgliedernden AG iSd § 14 Abs. 1 Satz 1 Nr. 1 Satz 1 KStG entstehen. Diese kann ab dem steuerlichen Übertragungsstichtag (§ 20 Abs. 5, 6 UmwStG) zur Herstellung einer Organschaft genutzt werden.[452] Die weiteren Voraussetzungen der §§ 14–19 KStG sind dabei zu beachten.

399 Bei der Ausgliederung auf eine Kapitalgesellschaft kann **Grunderwerbsteuer** entstehen. Es handelt sich um einen nach **§ 1 Abs. 1 Nr. 3 GrEStG steuerbaren Vorgang**, soweit inländische Grundstücke (§ 2 GrEStG) im übertragenen Vermögen enthalten sind.[453] Die Steuerbemessungsgrundlage ergibt sich aus § 8 Abs. 2 Satz 1 Nr. 2 GrEStG. Die Grunderwerbsteuer entsteht (§ 38 AO) durch Eintragung der Ausgliederung im Handelsregister (§ 131 UmwG).[454] Die ertragsteuerliche antragsgebundene **Rückwirkung** (§ 20 Abs. 5 und 6 UmwStG) gilt für Verkehrssteuern ausdrücklich nicht.[455]

400 Nach § 6a Satz 1 GrEStG wird die Grunderwerbsteuer nicht erhoben, wenn eine Umwandlung iSd § 1 Abs. 1 Nr. 1–3 UmwG oder eine Einbringung vorliegt und diese zu einem steuerbaren Tatbestand ua nach § 1 Abs. 1 Nr. 3 GrEStG führt.[456] Damit ist vom Anwendungsbereich dieser Vorschrift die Ausgliederung nach § 123 Abs. 3 UmwG umfasst (§ 1 Abs. 1 Nr. 2 UmwG). Die Nichterhebung der Steuer wird nach § 6a Satz 3 GrEStG nur dann gewährt, wenn an der Ausgliederung ein herrschendes und ein abhängiges Unternehmen beteiligt sind. Diese Abhängigkeit wird nach § 6a Satz 4 GrEStG anhand einer Beteiligungsquote von mindestens 95% gemessen. Diese muss fünf Jahre vor und fünf Jahre nach dem Umwandlungsvorgang ununterbrochen bestehen.[457]

401 **Umsatzsteuerlich** handelt es sich bei der Ausgliederung grundsätzlich um eine steuerbare Lieferung oder sonstige Leistung der übertragenden AG, § 1 Abs. 1 Nr. 1

---

[448] Siehe Rn. 392.
[449] BMF 11.11.2011, BStBl. I 2011, 1314 Rn. 00.02.
[450] BMF 11.11.2011, BStBl. I 2011, 1314 Rn. Org.08.
[451] BMF 11.11.2011, BStBl. I 2011, 1314 Rn. Org.12.
[452] BMF 11.11.2011, BStBl. I 2011, 1314 Rn. Org.15.
[453] Rödder/Herlinghaus/van Lishaut/*van Lishaut* Anhang 9 Rn. 48.
[454] BFH II R 23/04, BStBl. II 2006, 137.
[455] Frotscher/Maas/*Frotscher* UmwStG § 2 Rn 50.
[456] *Scheffler/Nagel* Ubg 2013, 442 (446).
[457] Siehe hierzu Gleichlautender Erlass betr. Anwendung des § 6a GrEStG v. 19.7.2012, BStBl. I 2012, 662.

H. Die Übertragung von Teilen des Vermögens einer AG 410–414 § 13

UStG. Das umsatzsteuerliche Entgelt (§ 10 UStG) besteht dabei in der Gewährung von Anteilen an der übernehmenden Personengesellschaft.[458] Die Steuerbarkeit entfällt nach § 1 Abs. 1a Satz 1 UStG, wenn sich die Ausgliederung als „**Geschäftsveräußerung im Ganzen**" darstellt. Dazu muss „ein Unternehmen oder ein in der Gliederung eines Unternehmens gesondert geführter Betrieb im Ganzen entgeltlich oder unentgeltlich übereignet oder in eine Gesellschaft eingebracht" werden, § 1 Abs. 1a Satz 2 UStG. Diese Einordnung des übertragenen Vermögens wird von Seiten der Finanzverwaltung durch Übernahme der ertragsteuerlichen Wertungen erleichtert.[459]

III. Spaltungen der AG auf Personenhandelsgesellschaften

1. Überblick

Die AG kann auf Personengesellschaften gespalten werden. Insoweit stehen die drei bereits beschriebenen[460] **Spaltungsformen** zur Verfügung. Aufgrund der ähnlichen steuerlichen Behandlung (§ 16 UmwStG) werden die **Auf- und Abspaltung** auf Personengesellschaften gemeinsam behandelt. Die **Ausgliederung** auf gewerbliche Personengesellschaften ist dagegen – je nach Gegenstand der Ausgliederung – steuerlich teilweise im Siebten Teil des Umwandlungssteuergesetzes (§ 24 UmwStG) und teilweise in § 6 Abs. 5 Satz 3 EStG geregelt und wird daher separat dargestellt.

2. Auf- und Abspaltung auf Personenhandelsgesellschaften

a) Überblick

Nach § 123 UmwG kann die AG auf eine Personenhandelsgesellschaft gespalten werden. Als **übernehmende Rechtsträger** einer solchen Spaltung kommen die OHG, die KG und die Partnerschaftsgesellschaft in Frage, § 124 Abs. 1 iVm § 3 Abs. 1 Nr. 1 UmwG. Die GbR und natürliche Personen sind als übernehmende Rechtsträger hingegen nicht tauglich.[461]

Steuerlich wird die **Auf- oder Abspaltung** auf eine Personengesellschaft in § 16 UmwStG behandelt.[462] Die **Ausgliederung auf eine Personengesellschaft** ist dagegen in § 24 UmwStG geregelt.[463]

b) Voraussetzungen und Durchführung

Zu Voraussetzungen und Durchführung kann auf die Erläuterungen zur Auf- und Abspaltung auf Kapitalgesellschaften verwiesen werden.[464]

c) Handelsrechtliche Folgen

Zur handelsbilanziellen Abbildung kann auf die Darstellung bei der Auf- und Abspaltung auf Kapitalgesellschaften verwiesen werden.[465]

---

[458] Haritz/Menner/*Schlößer/Schley* UmwStG § 24 Rn. 97.
[459] Umsatzsteueranwendungserlass, BMF 1.10.2010, BStBl. I 2010, 846, Abschnitt 1.5 Abs. 6 Satz 4.
[460] Siehe Rn. 258.
[461] DPPM/*Dötsch* § 16 Rn. 3.
[462] BMF 11.11.2011, BStBl. I 2011, 1314 Rn. 01.06.
[463] BMF 11.11.2011, BStBl. I 2011, 1314 Rn. 01.47 bb), 3. Spiegelstrich. Siehe dazu Rn. 444 ff.
[464] Siehe Rn. 273 ff.
[465] Siehe Rn. 292 ff.

d) Steuerliche Folgen

415 Für die Auf- und Abspaltung einer AG gilt die steuerliche Regelung des § 15 UmwStG nur, soweit der übernehmende Rechtsträger eine Kapitalgesellschaft ist. Wird Vermögen der AG **auf Personengesellschaften** durch Auf- oder Abspaltung übertragen, so ist insoweit **§ 16 UmwStG** anzuwenden.[466] Vermögen der AG kann auch **teilweise** auf Körperschaften und **teilweise** auf Personengesellschaften auf- oder abgespalten werden (§ 124 Abs. 2 UmwG iVm § 3 Abs. 4 UmwG). Steuerlich wird dann teilweise § 15 UmwStG, teilweise § 16 UmwStG angewandt.[467]

416 § 16 Satz 1 UmwStG erklärt hierfür die **§§ 15 und 3–8 UmwStG** für entsprechend anwendbar. Über den Verweis des § 16 Satz 1 UmwStG auf § 15 UmwStG wären grundsätzlich auch die §§ 11–13 UmwStG anwendbar. Nach Verwaltungsauffassung[468] und hM[469] sollen die Regelungen der §§ 11–13 UmwStG jedoch nur subsidiär zur Anwendung kommen. § 16 Satz 1 UmwStG iVm § 15 Abs. 1 Satz 2 UmwStG verweist für den Buchwertansatz entsprechend auf die Bedingungen des § 3 Abs. 2 UmwStG statt auf § 11 Abs. 2 UmwStG.[470] Damit wird die Auf- oder Abspaltung auf eine Personengesellschaft wie eine Teilverschmelzung auf eine Personengesellschaft behandelt. Es kann bezüglich der Grundzüge der steuerlichen Behandlung auf die Kommentierung zur Verschmelzung der AG auf eine Personengesellschaft[471] und bezüglich des § 15 UmwStG auf die Kommentierung zur Auf- oder Abspaltung auf Körperschaften[472] Bezug genommen werden.

417 Entsprechend den bisherigen Ausführungen[473] unterfällt die Auf- oder Abspaltung auf eine Personengesellschaft unabhängig vom **Vorliegen eines steuerlichen „Teilbetriebs"** den Regelungen des § 16 Satz 1 iVm § 15 UmwStG. Lediglich der häufig angestrebte **Buch- oder Zwischenwertansatz** erfordert die zusätzlichen Voraussetzungen des § 15 Abs. 1 und 2 UmwStG und des § 11 Abs. 2 UmwStG. Die anderen Rechtswirkungen, wie beispielsweise die **Rückwirkungsfiktion** des § 2 UmwStG, treten unabhängig davon ein. Bei der Rückwirkungsfiktion ist auch § 2 Abs. 2 UmwStG zu beachten, der die Fiktion auch auf das Einkommen und Vermögen der Gesellschafter erstreckt, da Übernehmerin eine Personengesellschaft ist.

418 Durch Verweis auf § 15 UmwStG wird insbesondere das **doppelte Teilbetriebserfordernis** des § 15 Abs. 1 Satz 2 UmwStG auch bei Auf- und Abspaltungen auf Personengesellschaften für einen Ansatz der übergehenden Wirtschaftsgüter unterhalb des gemeinen Wertes aufgestellt.

419 Bei Auf- oder Abspaltung auf eine **vermögensverwaltende Personengesellschaft**, die nicht gewerblich infiziert oder geprägt ist (§ 15 Abs. 3 EStG), kommt zwingend der gemeine Wert zum Ansatz, § 16 Satz 1 iVm 8 Abs. 1 UmwStG.[474]

420 Auch die **Missbrauchsvermeidungsvorschriften** des § 15 Abs. 2 UmwStG sind entsprechend auf die Auf- oder Abspaltung auf Personengesellschaften anwendbar.

---

[466] BMF 11.11.2011, BStBl. I 2011, 1314 Rn. 15.01.
[467] Blümich/*Klingberg* UmwStG § 16 Rn. 22.
[468] BMF 11.11.2011, BStBl. I 2011, 1314 Rn. 16.01.
[469] DPPM/*Dötsch* UmwStG § 16 Rn. 1; Goebel/Ungemach/*Meier* UmwStG § 16 Rn. 6.
[470] Haritz/Menner/*Asmus* UmwStG § 16 Rn. 27.
[471] Siehe Rn. 163 ff.
[472] Siehe Rn. 299 ff.
[473] Siehe Rn. 300.
[474] Haase/Hruschka/*Cöster* UmwStG § 8 Rn. 4; Haritz/Menner/*Asmus* UmwStG § 16 Rn. 51.

H. Die Übertragung von Teilen des Vermögens einer AG   421–427 § 13

Nach Verwaltungsansicht ist die Veräußerungssperre nach § 15 Abs. 2 Satz 2–4 UmwStG auch auf die Anteile an der übernehmenden Personengesellschaft anzuwenden.[475]

Hinzuweisen ist insbesondere auf die Entstehung einer **fiktiven Dividende** nach § 16 Satz 1 iVm § 7 Satz 1 UmwStG. Diese wird – im Gegensatz zur Anwendung des § 7 UmwStG bei einer Verschmelzung im Zweiten Teil des Umwandlungssteuergesetzes[476] – nicht notwendigerweise für das gesamte übergehende Vermögen festgestellt: Bei einer **Abspaltung** ist nur der abgespaltene Teil des Vermögens betroffen. Die Bezüge gelten bereits mit Ablauf des Übertragungsstichtags als zugeflossen und sind kapitalertragsteuerpflichtig.[477]   421

Auch ein **Übernahmegewinn** ist nach § 4 Abs. 4 Satz 1 UmwStG zu ermitteln, auf den die Bezüge entsprechend § 7 UmwStG nach § 4 Abs. 5 Satz 2 UmwStG anzurechnen sind.   422

Für den **Untergang von Verlustvorträgen, Zinsvorträgen** und ähnlichen Beträgen ist bei einer Abspaltung § 16 Satz 1 UmwStG iVm § 15 Abs. 3 UmwStG anzuwenden. Bei einer **Aufspaltung** kommt ein Übergang nicht in Betracht.[478]   423

Die **gewerbesteuerliche Behandlung** folgt den hier beschriebenen Regelungen, § 18 Abs. 1 UmwStG.[479] Die Einschränkungen bei der gewerbesteuerlichen Erfassung gem. § 18 Abs. 2 UmwStG sind zu beachten.[480]   424

§ 18 Abs. 3 UmwStG enthält eine spezielle **Missbrauchsregelung**. Ein Aufgabegewinn ist demnach entgegen § 7 Satz 2 GewStG auch bei natürlichen Personen als unmittelbar beteiligte Mitunternehmer der übernehmenden Personengesellschaft gewerbesteuerpflichtig, wenn die übernehmende Personengesellschaft ihren Betrieb innerhalb von fünf Jahren aufgibt oder veräußert. Dies gilt auch, wenn die übernehmende Personengesellschaft nicht der Gewerbesteuer unterliegt.[481]

Das **Nennkapital** der übertragenden AG ist bei Auf- und Abspaltungen zunächst nach § 29 Abs. 1 KStG als vollständig herabgesetzt zu behandeln. Nach § 29 Abs. 3 Satz 4 KStG mindert sich das **steuerliche Einlagekonto** der übertragenden AG im Verhältnis der übergehenden Vermögensteile zu dem vor der Spaltung bestehenden Vermögen. § 29 Abs. 4 KStG ist sodann auf **Ebene der übertragenden AG** anzuwenden.   425

Bei bestehenden **Organschaftsverhältnissen** gilt das zu Auf- und Abspaltungen auf Kapitalgesellschaften Gesagte.[482]   426

Die übernehmende Personengesellschaft kann unter den Voraussetzungen des § 14 Abs. 1 KStG Organträger einer **körperschaft- und gewerbesteuerlichen Organschaft** sein. Insbesondere muss sie dazu nach § 14 Abs. 1 Satz 1 Nr. 2 Satz 2 KStG eine gewerbliche Tätigkeit iSd § 15 Abs. 1 Satz 1 Nr. 1 EStG ausüben. Die Tätigkeit muss nach dem BFH erst zum Ende des Wirtschaftsjahres der Organgesellschaft ausgeübt werden.[483]

Bei der Auf- und Abspaltung auf Personengesellschaften kann Grunderwerbsteuer entstehen. Es handelt sich um einen nach **§ 1 Abs. 1 Nr. 3 GrEStG** steuer-   427

---

[475] BMF 11.11.2011, BStBl. I 2011, 1314 Rn. 16.02; siehe Rn. 315 ff.
[476] Siehe Rn. 184.
[477] BMF 11.11.2011, BStBl. I 2011, 1314 Rn. 07.07.
[478] BMF 11.11.2011, BStBl. I 2011, 1314 Rn. 16.03; siehe Rn. 335.
[479] DPPM/*Dötsch* UmwStG § 16 Rn. 2.
[480] Haase/Hruschka/*Leske* UmwStG § 16 Rn. 56; *Weiss* Der Konzern 2017, 91.
[481] BFH X R 40/10, BStBl. II 2013, 883; *Weiss* StuB 2016, 657.
[482] Siehe Rn. 339 ff.
[483] BFH I R 40/12, BStBl. II 2014, 272.

§ 13 428–440 Umwandlung der AG

baren **Vorgang**, soweit inländische Grundstücke (§ 2 GrEStG) im übertragenen Vermögen enthalten sind.[484] Die Steuerbemessungsgrundlage ergibt sich aus § 8 Abs. 2 Satz 1 Nr. 2 GrEStG. Die Grunderwerbsteuer entsteht (§ 38 AO) durch Eintragung der Auf- oder Abspaltung im Handelsregister (§ 131 UmwG).[485] Die ertragsteuerliche **Rückwirkung** (§ 2 Abs. 1 UmwStG) gilt für Verkehrssteuern ausdrücklich nicht.[486]

428 Die **Nichterhebung der Grunderwerbsteuer** nach § 5 Abs. 2 GrEStG kommt bei Auf- oder Abspaltungen typischerweise nicht in Betracht. Bei einer **Aufspaltung** geht die übertragende AG unter, so dass sie die Nachbehaltensfrist des § 5 Abs. 3 GrEStG nicht erfüllen kann. Bei der **Abspaltung** werden den Aktionären der übertragenden AG Anteile gewährt (§ 123 Abs. 2 UmwG), sodass die AG selbst nicht das Beteiligungserfordernis des § 5 Abs. 3 GrEStG erfüllen kann.[487]

429 Nach **§ 6a Satz 1 GrEStG** wird die Grunderwerbsteuer nicht erhoben, wenn eine Umwandlung iSd § 1 Abs. 1 Nr. 1–3 UmwG vorliegt und diese zu einem steuerbaren Tatbestand ua nach § 1 Abs. 1 Nr. 3 GrEStG führt.[488] Damit ist vom Anwendungsbereich dieser Vorschrift die Aufspaltung nach § 123 Abs. 1 UmwG und die Abspaltung nach § 123 Abs. 2 UmwG umfasst (§ 1 Abs. 1 Nr. 2 UmwG).

Die Nichterhebung der Steuer wird nach § 6a Satz 3 GrEStG nur dann gewährt, wenn an der Ausgliederung ein herrschendes und ein abhängiges Unternehmen beteiligt sind. Diese Abhängigkeit wird nach § 6a Satz 4 GrEStG anhand einer Beteiligungsquote von mindestens 95% gemessen. Diese muss fünf Jahre vor und fünf Jahre nach dem Umwandlungsvorgang ununterbrochen bestehen.[489]

430 **Umsatzsteuerlich** handelt es sich bei der Auf- oder Abspaltung grundsätzlich um eine steuerbare Lieferung oder sonstige Leistung der übertragenden AG, § 1 Abs. 1 Nr. 1 UStG. Das umsatzsteuerliche Entgelt (§ 10 UStG) besteht dabei in der Gewährung von Anteilen an der übernehmenden Personengesellschaft.[490]

Die Steuerbarkeit entfällt nach § 1 Abs. 1a Satz 1 UStG, wenn sich die Auf- oder Abspaltung als „**Geschäftsveräußerung im Ganzen**" darstellt. Dazu muss „ein Unternehmen oder ein in der Gliederung eines Unternehmens gesondert geführter Betrieb im Ganzen entgeltlich oder unentgeltlich übereignet oder in eine Gesellschaft eingebracht" werden, § 1 Abs. 1a Satz 2 UStG. Diese Einordnung des übertragenen Vermögens wird von Seiten der Finanzverwaltung durch Übernahme der ertragsteuerlichen Wertungen erleichtert.[491]

3. Ausgliederung auf Personenhandelsgesellschaften

a) Überblick

440 Vermögensteile der AG können **auf eine Personengesellschaft ausgegliedert** werden. Nach § 124 Abs. 1 iVm § 3 Abs. 1 UmwG ist die Personengesellschaft taug-

---

[484] Rödder/Herlinghaus/van Lishaut/*van Lishaut* Anhang 9 Rn. 48.
[485] BFH II R 23/04, BStBl. II 2006, 137.
[486] Frotscher/Maas/*Frotscher* UmwStG § 2 Rn 50.
[487] Rödder/Herlinghaus/van Lishaut/*van Lishaut* Anhang 9 Rn. 52.
[488] *Scheffler/Nagel* Ubg 2013, 442 (446).
[489] Siehe hierzu gleichlautender Erlass betr. Anwendung des § 6a GrEStG v. 19.7.2012, BStBl. I 2012, 662.
[490] Haritz/Menner/*Schlößer/Schley* UmwStG § 24 Rn. 97.
[491] Umsatzsteueranwendungserlass, BMF 1.10.2010, BStBl. I 2010, 846, Abschnitt 1.5 Abs. 6 Satz 4.

H. Die Übertragung von Teilen des Vermögens einer AG 441–445 § 13

licher übernehmender Rechtsträger der Ausgliederung. Ansonsten kann auf die Ausführungen zur Ausgliederung auf Kapitalgesellschaften verwiesen werden.[492]

b) Voraussetzungen und Durchführung

Es kann auf die Ausführungen zur Ausgliederung auf Kapitalgesellschaften verwiesen werden.[493] 441

c) Handelsrechtliche Folgen

Bezüglich der handelsrechtlichen Folgen kann auf die Ausführungen zur Behandlung der Ausgliederung auf Kapitalgesellschaften verwiesen werden.[494] Die **handelsrechtliche Behandlung von Beteiligungen an Personengesellschaften** entspricht der von Beteiligungen an Kapitalgesellschaften. Insbesondere gelten die Beteiligungen in der Handelsbilanz als Vermögensgegenstände, die grundsätzlich mit ihren Anschaffungskosten zu bewerten sind (§ 253 Abs. 1 Satz 1 HGB). 442

Steuerlich wird demgegenüber von der Rechtsprechung, Finanzverwaltung und hM die **Spiegelbildmethode** angewandt.[495] Dabei wird steuerbilanziell keine Beteiligung an der Personengesellschaft als Wirtschaftsgut, sondern eine Beteiligung an den einzelnen Wirtschaftsgütern der Personengesellschaft selbst abgebildet, indem das Kapitalkonto bei der Personengesellschaft auf Ebene des Gesellschafters gespiegelt wird.[496]

d) Steuerliche Folgen

Bei der **Ausgliederung auf eine Personenhandelsgesellschaft** handelt es sich um einen tauschähnlichen Vorgang, der als Veräußerung der ausgliedernden AG und Anschaffung auf Ebene der übernehmenden Personenhandelsgesellschaft verstanden wird.[497] Damit ist grundsätzlich eine Realisierung stiller Reserven in dem eingebrachten Vermögen verbunden. 443

Unter den Bedingungen des **§ 24 UmwStG** können Vermögensteile auch ohne Aufdeckung oder unter teilweiser Aufdeckung stiller Reserven auf eine Personengesellschaften ausgegliedert werden. Unter den Bedingungen des **§ 6 Abs. 5 Satz 3 EStG** ist bei der Ausgliederung auf eine Personengesellschaft im Wege der Einzelrechtsnachfolge der Ansatz des Buchwertes zwingend, sofern die zusätzlichen Bedingungen des § 6 Abs. 5 Satz 4–6 EStG eingehalten werden. Eine Aufdeckung stiller Reserven unterbleibt bei Erfüllung der Bedingungen. § 24 UmwStG geht der Anwendung des § 6 Abs. 5 EStG grundsätzlich vor.[498] 444

Nach **§ 24 Abs. 1 UmwStG** sind begünstigte Vermögensteile bei einer Ausgliederung auf eine Personengesellschaft ein **Betrieb**, ein **Teilbetrieb** oder ein **Mitunternehmeranteil**. Bezüglich dieser Begriffe kann auf die Ausführungen zur Ausgliederung auf Kapitalgesellschaften verwiesen werden (Rn. 363).[499] 445

---

[492] Siehe Rn. 350 ff.
[493] Siehe Rn. 352 ff.
[494] Siehe Rn. 356 ff.
[495] Siehe beispielsweise auch BMF 11.11.2011, BStBl. I 2011, 1314 Rn. 03.10 aE.
[496] *Kröner*, BB 2012, 2403 (2407); OFD Koblenz, Veräußerung eines Mitunternehmeranteils und Anwendung der § 16 Abs. 4, § 34 Abs. 3 EStG, DStR 2007, 992.
[497] BFH X R 42/10, BB 2013, 2863 Rn. 43 mwN; BMF 11.11.2011, BStBl. I 2011, 1314 Rn. 00.02.
[498] BMF 8.12.2011, BStBl. I 2011, 1279 Tz. 12.
[499] Siehe Rn. 363 ff.

Nach richtiger Auffassung der Finanzverwaltung und Teilen der Literatur ist auch eine das gesamte Nennkapital umfassende, im Betriebsvermögen gehaltene Beteiligung an einer Kapitalgesellschaft als **fiktiver Teilbetrieb** für Zwecke des § 24 UmwStG anzusehen.[500] Der BFH hat diese Auffassung dagegen ausdrücklich abgelehnt.[501]

446 Einzubringen sind für Zwecke des § 24 UmwStG insbesondere auch alle **funktional wesentlichen Betriebsgrundlagen** des Betriebs. Werden diese im zeitlichen Zusammenhang mit der Einbringung in ein anderes Betriebsvermögen überführt oder übertragen, ist die Anwendung der sog. „**Gesamtplanrechtsprechung**" des BFH zu prüfen.[502] Nach Urteilen des BFH ist die Anwendung der Gesamtplanrechtsprechung in derartigen Fällen jedoch nicht mehr klar.[503]

Als ausreichend wird es auch betrachtet, wenn das einzubringende Betriebsvermögen teilweise Sonderbetriebsvermögen der einbringenden AG bei der übernehmenden Personengesellschaft wird.[504]

447 Im Gegenzug zur Einbringung muss die einbringende AG zwingend **Mitunternehmerin** der übernehmenden Personengesellschaft werden. Eine Verstärkung einer bereits zuvor bestehenden Mitunternehmerstellung reicht dabei aus.[505] Die Gutschrift auf dem Kapitalkonto der übertragenden AG bei der übernehmenden Personengesellschaft muss dabei Gesellschaftsrechte gewähren. Die Buchung auf einem Darlehenskonto ist nicht ausreichend.[506]

448 Als Gegenleistung für die Einbringung ist nach Auffassung der Finanzverwaltung nur die **Gewährung von Gesellschaftsrechten** zulässig, wenn der Vorgang nach § 24 UmwStG begünstigt sein soll. Werden andere Wirtschaftsgüter als Gegenleistung erbracht, handelt es sich nach Auffassung der Finanzverwaltung um ein „**Mischentgelt**", so ist eine sonstige Gegenleistung in den Grenzen des § 24 Abs. 2 Satz 2 Nr. 2 UmwStG zulässig. Diese darf nicht mehr betragen als 25% des Buchwertes des eingebrachten Betriebsvermögens oder 500.000 EUR, höchstens jedoch den Buchwert des eingebrachten Betriebsvermögens. Ansonsten ist kein Buchwertansatz möglich.

Der BFH hat in seinem Urteil vom 18.9.2013[507] **entgegen dieser Verwaltungsauffassung** entschieden. Eine Gewinnrealisierung ist nach dem Urteil dann nicht anzunehmen, wenn die Summe aus dem Nominalbetrag der Gutschrift auf dem Kapitalkonto und dem gemeinen Wert der Darlehensforderung den Buchwert des eingebrachten Vermögens nicht übersteigt.[508]

449 Eine **Zuzahlung in ein anderes Betriebsvermögen** der Altgesellschafter als das der übernehmenden Personengesellschaft ist dagegen schädlich. Ein Vorgang nach § 24 UmwStG ist insoweit nicht anzunehmen.[509]

---

[500] BMF 11.11.2011, BStBl. I 2011, 1314 Rn. 24.02; Blümich/*Nitzschke* UmwStG § 24 Rn. 26.
[501] BFH I R 77/06, BStBl. II 2009, 464.
[502] BMF 11.11.2011, BStBl. I 2011, 1314 Rn. 24.03 iVm 20.07; *Mielke* DStR 2015, 673.
[503] *Bohn/Pelters* DStR 2013, 281.
[504] BMF 11.11.2011, BStBl. I 2011, 1314 Rn. 24.05.
[505] BMF 11.11.2011, BStBl. I 2011, 1314 Rn. 24.07.
[506] Zur Unterscheidung der Konten bei der Personengesellschaft BMF 26.7.2016, BStBl. I 2016, 684.
[507] BFH X R 42/10, DStR 2013, 2380.
[508] Siehe BFH X R 42/10, DStR 2015, 641, Leitsatz 3.
[509] BFH IV R 33/11, DStR 2015, 641.

H. Die Übertragung von Teilen des Vermögens einer AG

Nach § 24 Abs. 2 Satz 1 UmwStG hat die übernehmende Personengesellschaft das eingebrachte Betriebsvermögen einschließlich der Ergänzungsbilanzen für ihre Gesellschafter mit seinem **gemeinen Wert**, Pensionsrückstellungen mit dem Wert nach § 6a EStG zu bewerten.

Nach § 24 Abs. 2 Satz 2 UmwStG ist auf Antrag der übernehmenden Personengesellschaft auch der Ansatz des **Buchwertes** oder eines **Zwischenwertes** möglich, soweit das Recht der Bundesrepublik Deutschland hinsichtlich der Besteuerung des eingebrachten Betriebsvermögens nicht ausgeschlossen oder beschränkt wird und keine schädliche sonstige Gegenleistung gewährt wird.[510] Die erste Bedingung ist sowohl bezogen auf einzelne Wirtschaftsgüter als auch Gesellschafter zu prüfen.[511] Bei Einbringungsvorgängen im Inland sollte diese Bedingung stets erfüllt sein. Die Bedingungen für einen Ansatz unterhalb des gemeinen Wertes sind leichter zu erfüllen als bei Einbringungen in Kapitalgesellschaften nach § 20 UmwStG. Insbesondere kann das eingebrachte Nettovermögen auch negativ sein, im Gegensatz zur Regelung in § 20 Abs. 2 Satz 2 Nr. 2 UmwStG.[512]

Die übernehmende Personengesellschaft bestimmt durch die Ausübung des Wahlrechts den Wert, mit dem die übergehenden Wirtschaftsgüter angesetzt werden. Die **einbringende AG** ist an diese Werte gebunden.[513] Nach ihnen bestimmt sich ihr **Veräußerungsgewinn**, § 24 Abs. 3 Satz 1 UmwStG.[514] Der Gewinn, der bei einer Einbringung zum gemeinen Wert oder Zwischenwert entsteht, unterliegt auf Ebene der einbringenden AG der Körperschaft- und Gewerbesteuer.[515]

Der **Eintritt in die Rechtsstellung** der einbringenden AG bezüglich des übertragenen Vermögens vollzieht sich durch den Verweis des § 24 Abs. 4 Hs. 1 UmwStG auf § 23 Abs. 1, 3, 4 und 6 UmwStG. Die Rechtsfolgen bestimmen sich nach dem Ansatz der übertragenen Wirtschaftsgüter auf Ebene der übernehmenden Gesellschaft. Es kann auf die Kommentierung zu § 20 UmwStG verwiesen werden.[516]

Da die übernehmenden Personengesellschaft selbst Subjekt und Schuldner der Gewerbesteuer ist (§ 5 Abs. 1 Satz 3 GewStG), ist der Übergang von **gewerbesteuerlichen Fehlbeträgen** der einbringenden AG fraglich. § 24 Abs. 4 UmwStG verweist insoweit ausdrücklich nicht auf § 23 Abs. 5 UmwStG. Die Behandlung des gewerbesteuerlichen Fehlbetrages richtet sich damit nach den allgemeinen Regeln des Gewerbesteuerrechts.[517] Danach sind für den Abzug von Fehlbeträgen **Unternehmer- und Unternehmensidentität** erforderlich.[518]

Die **Unternehmensidentität** wird dabei in den meisten Fällen gewahrt bleiben, da der ausgegliederte Betrieb oder Teilbetrieb wirtschaftlich, organisatorisch und finanziell die bisherige Tätigkeit fortsetzen wird.[519] Nach Auffassung der Finanzverwaltung kommt es auf die Unternehmensidentität bei Kapitalgesellschaften nicht an, da diese aufgrund ihrer Rechtsform sachlich gewerbesteuerpflichtig sind.[520]

---

[510] DPPM/*Patt* UmwStG § 24 Rn. 116.
[511] Schmitt/Hörtnagl/Stratz/*Schmitt* UmwStG § 24 Rn. 209.
[512] BMF 11.11.2011, BStBl. I 2011, 1314 Rn. 24.04.
[513] Zu den sich ergebenden Fragen bezüglich des Rechtsschutzes siehe Rn. 372.
[514] Zum Rechtsschutz siehe *Brühl* GmbHR 2016, 748.
[515] Haritz/Menner/*Schlößer/Schley* UmwStG § 24 Rn. 171, 186.
[516] Siehe Rn. 374.
[517] DPPM/*Patt* UmwStG § 24 Rn. 202.
[518] Haritz/Menner/*Schlößer/Schley* UmwStG § 24 Rn. 187.
[519] R 10a.2 Satz 4 GewStR 2009.
[520] FM NRW 27.1.2012, DStR 2012, 908.

Unternehmeridentität bedeutet, dass der Gewerbetreibende, der den Verlustabzug in Anspruch nehmen will, den Gewerbeverlust zuvor in eigener Person erlitten haben muss.[521] Nach Verwaltungsauffassung kommt ein Übergang des gewerbesteuerlichen Fehlbetrags auf die übernehmende Personengesellschaft nicht in Betracht.[522]

455 Bei **Ausgliederung eines Mitunternehmeranteils** auf eine Personengesellschaft kommt es zu einem anteiligen Unternehmerwechsel und damit Untergang des gewerbesteuerlichen Fehlbetrags.[523]

456 Werden im Rahmen einer Einbringung nach § 24 Abs. 1 UmwStG mit Wertansatz unterhalb des gemeinen Wertes Anteile an Körperschaften mit eingebracht, kann insoweit nach § 24 Abs. 5 UmwStG eine **siebenjährige Sperrfrist** entstehen. Das Gesetz verweist insoweit auf die Regelungen des § 22 Abs. 2, 3, 5 und 7 UmwStG.[524] Allerdings gilt dies nur insoweit, als der Veräußerungsgewinn aus den Anteilen beim Einbringenden im Einbringungszeitpunkt nicht nach § 8b Abs. 2 KStG steuerfrei gewesen wäre. Bei der einbringenden AG sollte damit keine Sperrfrist entstehen, wenn nicht die Ausnahmeregelungen des § 8b Abs. 7 und 8 KStG anwendbar sind.

457 **Zins- und EBITDA-Vorträge** gehen nicht auf die übernehmende Personengesellschaft über, § 24 Abs. 6 iVm § 20 Abs. 9 UmwStG.[525]

458 Nach § 24 Abs. 4 Hs. 2 UmwStG iVm § 20 Abs. 5 und 6 UmwStG kann die Ausgliederung auf Antrag mit bis zu achtmonatiger **steuerlicher Rückwirkung** durchgeführt werden.[526] Diese Rückwirkung erfordert allerdings einen **Vorgang der Gesamtrechtsnachfolge**. Bei einer Mischung von Einzel- und Gesamtrechtsnachfolge kann der Vorgang insgesamt zurückbezogen werden.[527] Die Ausgliederung nach § 123 Abs. 3 UmwG ist als Fall der Gesamtrechtsnachfolge angesehen, da eine Sonderrechtsnachfolge einen Unterfall der Gesamtrechtsnachfolge darstellt.[528]

459 Nach **§ 6 Abs. 5 Satz 3 Nr. 1 EStG** sind einzelne Wirtschaftsgüter, die unentgeltlich oder gegen Gewährung oder Minderung von Gesellschaftsrechten von einem Betriebsvermögen eines Mitunternehmers in das Gesamthandsvermögen einer Mitunternehmerschaft übertragen werden, zwingend zum Buchwert zu übertragen.[529] Bei dem Mitunternehmer kann es sich auch um eine Kapitalgesellschaft wie die AG handeln.[530]

Durch diese Regelung werden die Grundsätze zur ertragsteuerlichen Behandlung des **Tausches** (bei Gewährung oder Minderung von Gesellschaftsrechten, § 6 Abs. 6 EStG) oder der **Entnahme** (bei unentgeltlicher Übertragung, § 6 Abs. 1 Nr. 4 EStG) für spezielle Übertragungen zwingend außer Kraft gesetzt. Die Regelung des § 6 Abs. 5 EStG geht der des § 6 Abs. 6 EStG[531] und des § 6 Abs. 1 Nr. 4 EStG[532] vor. § 6 Abs. 6 Satz 4 EStG bestimmt dies für den Fall des Tausches sogar ausdrücklich.[533]

---

[521] R 10a.3 Abs. 1 Satz 1 GewStR 2009.
[522] FM NRW 27.1.2012, DStR 2012, 908; aA aber FG Baden-Württemberg 10 K 3703/14, EFG 2017, 1604; Rev. anh. III R 35/17; *Weiss* StuB 2017, 859.
[523] Frotscher/Maas/*Frotscher* UmwStG § 24 Rn 254.
[524] Ausführlich zu § 24 Abs. 5 UmwStG *Müller-Etienne/Doster* DStR 2013, 1924.
[525] Siehe auch Rn. 377 zu streitigen Fragestellungen.
[526] Siehe Rn. 376.
[527] BMF 11.11.2011, BStBl. I 2011, 1314 Rn. 24.04.
[528] Frotscher/Maas/*Frotscher* UmwStG § 24 Rn 260.
[529] Siehe DPPM/*Patt* § 24 Rn. 45 ff.
[530] HHR/*Niehus/Wilke* EStG § 6 Rn. 1451b.
[531] BMF 8.12.2011, BStBl. I 2011, 1279 Tz. 39.
[532] Rödder/Herlinghaus/van Lishaut/*Rasche* Anhang 5 Rn. 69.
[533] BMF 8.12.2011, BStBl. I 2011, 1279 Tz. 8.

Der **zwingende Ansatz des Buchwertes** gilt nur, sofern die Besteuerung der stillen Reserven in dem Wirtschaftsgut sichergestellt ist. Bei Übertragung in eine ausländische Betriebsstätte ist die Regelung des § 4 Abs. 1 Satz 4 EStG entsprechend anzuwenden. 460

§ 24 UmwStG geht der Anwendung des 6 Abs. 5 Satz 3 EStG zwar vor.[534] Allerdings erfordert § 24 UmwStG zwingend die Übertragung der speziellen Sachgesamtheiten „Betrieb", „Teilbetrieb" oder „Mitunternehmeranteil". § 6 Abs. 5 Satz 3 EStG ist dagegen auf jedes einzelne Wirtschaftsgut anwendbar.[535] Eine **steuerliche Rückbeziehung** der Übertragung nach § 6 Abs. 5 Satz 3 EStG ist nicht möglich, während diese nach § 24 Abs. 4 Hs. 2 UmwStG in Fällen der Gesamtrechtsnachfolge auf Antrag möglich ist. 461

Die **zwingende Buchwertfortführung** wird eingeschränkt durch § 6 Abs. 5 Satz 4 EStG. Wird das nach Satz 3 der Vorschrift übertragene Wirtschaftsgut innerhalb einer Sperrfrist von drei Jahren veräußert oder aus dem Betriebsvermögen der übernehmenden Personengesellschaft entnommen, ist rückwirkend auf den Zeitpunkt der Übertragung der Teilwert anzusetzen. Die Frist endet drei Jahre nach Abgabe der Steuererklärung des Übertragenden für den Veranlagungszeitraum, in dem die in § 6 Abs. 5 Satz 3 EStG bezeichnete Übertragung erfolgt ist, § 6 Abs. 5 Satz 4 Hs. 2 EStG.[536] Die Aufdeckung ist verfahrensrechtlich als rückwirkendes Ereignis (§ 175 Abs. 1 Satz 1 Nr. 2 AO) zu behandeln. 462

Die rückwirkende Aufdeckung des Teilwertes ist nur vorzunehmen, wenn nicht durch Aufstellung einer **Ergänzungsbilanz** die stillen Reserven dem übertragenden Gesellschafter zugeordnet worden sind, § 6 Abs. 5 Satz 4 EStG. Für Fälle, in denen der übertragende Gesellschafter zu 100% an der übernehmenden Personengesellschaft beteiligt ist, hat der BFH die Aufstellung einer Ergänzungsbilanz für Zwecke des § 6 Abs. 5 Satz 4 EStG nicht für erforderlich gehalten. Eine rückwirkende Aufdeckung zum Teilwert sei insoweit bei Verletzung der Sperrfrist nicht vorzunehmen.[537] 463

Der Teilwert ist im Zeitpunkt der Übertragung nach § 6 Abs. 5 Satz 3 anzusetzen, soweit der **Anteil einer Körperschaft** an dem übertragenen Wirtschaftsgut unmittelbar oder mittelbar begründet wird oder dieser sich erhöht, § 6 Abs. 5 Satz 5 EStG. Eine solche Begründung oder Erhöhung des Anteils ist allerdings nicht anzunehmen, wenn die übertragende AG bereits vor der Übertragung zu 100% an der übernehmenden Personengesellschaft beteiligt war.[538] 464

Soweit innerhalb von sieben Jahren nach der Übertragung des Wirtschaftsguts nach Satz 3 der Anteil einer Körperschaft an dem übertragenen Wirtschaftsgut aus einem anderen Grund unmittelbar oder mittelbar begründet wird oder sich erhöht, ist rückwirkend auf den Zeitpunkt der Übertragung ebenfalls der Teilwert anzusetzen, § 6 Abs. 5 Satz 6 EStG.

Bei einer Übertragung von Wirtschaftsgütern unter gleichzeitiger **Übernahme von Verbindlichkeiten** ist nach Auffassung der Finanzverwaltung eine teilentgeltliche Übertragung anzunehmen („Trennungstheorie"), die zur teilweisen Aufdeckung stiller Reserven führt.[539] Demgegenüber hat der **BFH** die Trennungstheorie für 465

---

[534] BMF 8.12.2011, BStBl. I 2011, 1279 Tz. 12; DPPM/*Patt* UmwStG § 24 Rn. 81.
[535] *Binz* DB 2007, 765.
[536] Die Frist ist somit in fast allen Fällen deutlich länger als drei Jahre, da die Steuererklärung nicht unmittelbar nach der Übertragung des Wirtschaftsgutes zeitgleich abgegeben werden wird.
[537] BFH I R 44/12, DStR 2013, 2165; *Bode* NWB 2014, 3950.
[538] BMF 8.12.2011, BStBl. I 2011, 1279 Tz. 29; HHR/*Niehus/Wilke* EStG § 6 Rn. 1474i.
[539] BMF 8.12.2011, BStBl. I 2011, 1279 Tz. 15.

Zwecke des § 6 Abs. 5 Satz 3 Nr. 2 EStG nicht für anwendbar gehalten, wenn die übertragene Verbindlichkeit den Buchwert des Wirtschaftsguts nicht übersteigt.[540] Die Finanzverwaltung hat dieses Urteil bislang noch nicht abschließend gewürdigt.[541]

466 Bei Einbringung von Wirtschaftsgütern in **vermögensverwaltende Personengesellschaften**, die nicht nach § 15 Abs. 3 EStG als gewerblich gelten, sind § 24 UmwStG und § 6 Abs. 5 Satz 3 EStG grundsätzlich nicht anwendbar.[542]

§ 6 Abs. 5 Satz 3 EStG erfordert die Übertragung von Wirtschaftsgütern in ein Betriebsvermögen. Eine vermögensverwaltende Personengesellschaft hat jedoch kein steuerliches Betriebsvermögen.[543] § 24 UmwStG erfordert, dass der Einbringende Mitunternehmer der übernehmenden Gesellschaft wird. Bei einer (nicht gewerblich geprägten) vermögensverwaltenden Personengesellschaft handelt es sich nicht um eine Mitunternehmerschaft.

467 Allerdings kann eine Mitunternehmerschaft auch erst **durch die Einbringung selbst entstehen**. Bei Einbringung eines Mitunternehmeranteils, Betriebs oder Teilbetriebs entsteht die Mitunternehmerschaft entweder aufgrund ihrer originären Tätigkeit oder wird durch Infektion nach § 15 Abs. 3 Nr. 1 Alt. 2 EStG (Bezug von Einkünften aus einer Mitunternehmerschaft) selbst zu einer Mitunternehmerschaft.[544]

468 Die **Übertragung von Wirtschaftsgütern auf eine vermögensverwaltende Personengesellschaft** stellt sich insoweit nicht als Veräußerung dar, als die übertragende AG als Gesellschafterin an der Personengesellschaft beteiligt ist. Denn nach § 39 Abs. 2 Nr. 2 AO sind ihr die Wirtschaftsgüter der Gesamthand steuerlich in Höhe ihrer Beteiligungsquote zuzurechnen.[545]

469 Bei Umwandlungen auf eine Personengesellschaft sollte das sog. **Treuhandmodell** als Gestaltungsmöglichkeit erwogen werden. Wird bei einer Personengesellschaft mit zwei steuerlichen Mitunternehmern der (geringe) Anteil des einen Mitunternehmers (Kommanditisten) treuhänderisch für den anderen (Komplementär) gehalten, ist nach § 39 Abs. 2 Nr. 1 Satz 2 AO der Kapitalanteil des Kommanditisten dem Komplementär steuerlich zuzurechnen. Die Stellung des Kommanditisten als Mitunternehmer kann damit beendet werden.[546] Da es eine Ein-Personen-Mitunternehmerschaft nicht gibt, ist in diesem Fall das Betriebsvermögen der Personengesellschaft dem Komplementär zuzurechnen.[547] Nach neuerer Auffassung der Rechtsprechung stellt eine solche Personengesellschaft steuerlich keine Mitunternehmerschaft und keinen Gewerbebetrieb für gewerbesteuerliche Zwecke (§ 2 Abs. 1 Satz 2 GewStG), sondern eine Betriebsstätte des Komplementärs dar.[548] Die Finanzverwaltung hat das Urteil des BFH vom 3.2.2010, mit dem dieser seine Rechtsprechung geändert hatte, im Bundessteuerblatt veröffentlicht und sich dessen Sichtweise angeschlossen.[549]

470 **Gesellschaftsrechtlich** bleibt die Personengesellschaft im Treuhandmodell als Rechtsträger bestehen. Sie kann daher auch an Umwandlungen beteiligt sein (§ 3 Abs. 1 UmwG). Bei einer Ausgliederung auf eine KG im Treuhandmodell können

---

[540] BFH IV R 11/12, DStR 2012, 1500.
[541] BMF 12.9.2013, BStBl. I 2013, 1164 unter I. 1. a.
[542] *Brunsbach/Mock* BB 2013 1051.
[543] BFH IV R 44/09, DStR 2012, 1497 Rn. 16 ff.
[544] DPPM/*Patt* UmwStG § 24 Rn. 75; *Weiss* DB 2016, 2133.
[545] BFH IV R 44/09, DStR 2012, 1497 Rn. 16 ff.
[546] *Kraft/Sönnichsen* DB 2012, 1936.
[547] *Viebrock/Stegemann* DStR 2013, 2375.
[548] BFH IV R 26/07, BStBl. II 2010, 751.
[549] OFD Niedersachsen 5.10.2010, BeckVerw 243845.

damit handelsrechtlich Vermögensgegenstände von der AG auf die Personengesellschaft ausgegliedert werden, die steuerlich nicht den Anforderungen des § 24 Abs. 1 UmwStG genügen würden, da sie keinen Betrieb, Teilbetrieb oder Mitunternehmeranteil darstellen. Steuerlich würde die Transaktion als reine Verschiebung innerhalb des Betriebs der übertragenden AG gelten und damit keine ertragsteuerlichen Folgen auslösen. Ähnliches gilt für die Übertragung nach § 6 Abs. 5 Satz 3 EStG.

Für **Verkehrssteuern** gilt diese Betrachtungsweise allerdings nicht, insbesondere nicht für die Umsatzsteuer und Grunderwerbsteuer.[550] Bei Umwandlungen unter Beteiligung von Personengesellschaften im Treuhandmodell stellt die Finanzverwaltung auf die **zivilrechtliche Betrachtungsweise** der Umwandlung ab.[551]

Bei bestehenden **Organschaftsverhältnissen** der übertragenden AG gelten die Ausführungen zur Ausgliederung auf Kapitalgesellschaften entsprechend.[552] Zudem sind eventuell die Bedingungen für eine Organträgereigenschaft der übernehmenden Personengesellschaft zu beachten.[553]

Bei der Ausgliederung auf eine Personengesellschaft kann Grunderwerbsteuer entstehen. Bei einer Ausgliederung nach § 123 Abs. 3 UmwG handelt es sich um einen nach § 1 Abs. 1 Nr. 3 GrEStG steuerbaren Vorgang, soweit inländische Grundstücke (§ 2 GrEStG) ausgegliedert werden.[554] Die Steuerbemessungsgrundlage ergibt sich aus § 8 Abs. 2 Satz 1 Nr. 2 GrEStG. Die Grunderwerbsteuer entsteht (§ 38 AO) durch Eintragung der Ausgliederung im Handelsregister (§ 131 UmwG).[555] Die ertragsteuerliche antragsgebundene **Rückwirkung** (§ 24 Abs. 4 Hs. 2 UmwStG iVm § 20 Abs. 5 und 6 UmwStG) gilt für Verkehrssteuern ausdrücklich nicht.[556]

Nach **§ 5 Abs. 2 GrEStG** wird die Grunderwerbsteuer allerdings insoweit nicht erhoben, als die ausgliedernde AG an der Gesamthand beteiligt ist.[557] Die **Fünfjahresfrist** des § 5 Abs. 3 GrEStG ist dabei zu beachten: Verringert die übertragende AG ihren Anteil an der Gesamthand innerhalb dieser Frist, ist insoweit rückwirkend (§ 175 Abs. 1 Satz 1 Nr. 2 AO) die Grunderwerbsteuer zu erheben.[558] Das Gleiche kann gelten, wenn die an der ursprünglichen Ausgliederung beteiligten Rechtsträger, die AG und die übernehmende Personengesellschaft, umgewandelt werden.[559]

Nach **§ 6a Satz 1 GrEStG** wird die Grunderwerbsteuer nicht erhoben, wenn eine Umwandlung iSd § 1 Abs. 1 Nr. 1–3 UmwG vorliegt und diese zu einem steuerbaren Tatbestand ua nach § 1 Abs. 1 Nr. 3 GrEStG führt.[560] Damit ist vom Anwendungsbereich dieser Vorschrift die Ausgliederung nach § 123 Abs. 3 UmwG umfasst (§ 1 Abs. 1 Nr. 2 UmwG).Die Nichterhebung der Steuer wird nach § 6a Satz 3 GrEStG nur dann gewährt, wenn an der Ausgliederung ein herrschendes und ein abhängiges Unternehmen beteiligt sind. Diese Abhängigkeit wird nach § 6a Satz 4 GrEStG anhand einer Beteiligungsquote von mindestens 95% gemessen. Diese muss fünf Jahre vor und fünf Jahre nach dem Umwandlungsvorgang ununterbrochen beste-

---

[550] *Viebrock/Stegemann* DStR 2013, 2375.
[551] OFD Niedersachen 7.2.2014, DStR 2014, 533.
[552] Siehe Rn. 396.
[553] Siehe Rn. 426.
[554] Rödder/Herlinghaus/van Lishaut/*van Lishaut* Anhang 9 Rn. 48.
[555] BFH II R 23/04, BStBl. II 2006, 137.
[556] Frotscher/Maas/*Frotscher* UmwStG § 2 Rn 50.
[557] Ausführlich Oberste Finanzbehörden der Länder 9.12.2015, BStBl. I 2015, 1029.
[558] Die Anzeigepflicht des § 19 Abs. 2 GrEStG ist dabei zu beachten.
[559] Rödder/Herlinghaus/van Lishaut/*van Lishaut* Anhang 9 Rn. 28 ff.
[560] *Scheffler/Nagel* Ubg 2013, 442 (446).

hen.⁵⁶¹ Die EuGH-Vorlage des BFH zum Beihilfecharakter des § 6a GrEStG ist zu beachten.⁵⁶²

475 **Umsatzsteuerlich** handelt es sich bei der Ausgliederung grundsätzlich um eine steuerbare Lieferung oder sonstige Leistung der übertragenden AG, § 1 Abs. 1 Nr. 1 UStG. Das umsatzsteuerliche Entgelt (§ 10 UStG) besteht dabei in der Gewährung von Anteilen an der übernehmenden Personengesellschaft.⁵⁶³
Die Steuerbarkeit entfällt nach § 1 Abs. 1a Satz 1 UStG, wenn die Ausgliederung sich als „**Geschäftsveräußerung im Ganzen**" darstellt. Dazu muss „ein Unternehmen oder ein in der Gliederung eines Unternehmens gesondert geführter Betrieb im Ganzen entgeltlich oder unentgeltlich übereignet oder in eine Gesellschaft eingebracht" werden, § 1 Abs. 1a Satz 2 UStG. Diese Einordnung des übertragenen Vermögens wird von Seiten der Finanzverwaltung durch Übernahme der ertragsteuerlichen Wertungen erleichtert.⁵⁶⁴
In Fällen der Einzelrechtsnachfolge (§ 6 Abs. 5 Satz 3 EStG) liegt keine Geschäftsveräußerung im Ganzen vor. Daher sind die Umsätze zwar steuerbar, aber nach § 4 Nr. 8f UStG möglicherweise steuerbefreit.⁵⁶⁵ Unter den Bedingungen des § 9 UStG kann durch Option auf die Steuerfreiheit verzichtet werden.

IV. Vermögensübertragungen der AG mit Auslandsbezug

1. Überblick

480 Das deutsche **Umwandlungsgesetz** enthält **keine Regelungen zu grenzüberschreitenden Spaltungen**.⁵⁶⁶ Ein Verweis der Spaltungsvorschriften der §§ 123 ff. UmwG auf §§ 122a–122l UmwG findet sich in § 125 UmwG nicht, obwohl Spaltungen als Teilverschmelzungen verstanden werden und eine Sachnähe daher besteht. Die §§ 122a–122l UmwG⁵⁶⁷ gelten ausdrücklich nur für grenzüberschreitende Verschmelzungen von Kapitalgesellschaften.⁵⁶⁸
Daher haben grenzüberschreitende Spaltungen unter Beteiligung deutscher Rechtsträger **keine gesetzliche Grundlage**.⁵⁶⁹ Nach § 1 Abs. 1 Nr. 2 UmwG können nur Rechtsträger mit Sitz im Inland durch Spaltung umgewandelt werden.

481 Spezielle Regelungen zu Umwandlungen mit **Bezug zu Drittstaaten** enthält zwar § 12 Abs. 2 KStG. Dieser ist allerdings **nur auf Verschmelzungen**, die derjenigen in § 2 UmwG ähnlich sind, anwendbar.⁵⁷⁰ Auch § 12 Abs. 2 Satz 2 KStG,

---

⁵⁶¹ Siehe „Gleichlautender Erlass betr. Anwendung des § 6a GrEStG" v. 19.7.2012, BStBl. I 2012, 662.
⁵⁶² BFH II R 62/14, BStBl. II 2017, 916.
⁵⁶³ Haritz/Menner/*Schlößer/Schley* UmwStG § 24 Rn. 97.
⁵⁶⁴ Umsatzsteueranwendungserlass, BMF 1.10.2010, BStBl. I 2010, 846, Abschnitt 1.5 Abs. 6 Satz 4.
⁵⁶⁵ Haritz/Menner/*Schlößer/Schley* UmwStG § 24 Rn. 98.
⁵⁶⁶ Schmitt/Hörtnagl/Stratz/*Hörtnagl* UmwG § 1 Rn. 46; *Grundke/Feuerstein/Holle* DStR 2015, 1653 (1660).
⁵⁶⁷ Siehe Rn. 35.
⁵⁶⁸ Kallmeyer/*Kallmeyer/Sickinger* UmwG § 125 Rn. 1.
⁵⁶⁹ Haritz/Menner/*Asmus* UmwStG § 15 Rn. 24 f.
⁵⁷⁰ Prinz/*Beinert/Scheifele* Umwandlungen im Internationalen Steuerrecht Rn. 8.209; *Weiss*/WB 2016, 904.

H. Die Übertragung von Teilen des Vermögens einer AG   482–486   § 13

der eine entsprechende Anwendung des § 13 UmwStG in Umwandlungsfällen anordnet, ist nur bei **Verschmelzungen** anwendbar.[571]

Andere Umwandlungen wie **Einbringungen** sind nach dem Umwandlungssteuergesetz bei grenzüberschreitenden Sachverhalten unter zusätzlichen Bedingungen steuerneutral möglich. Dies gilt zumindest, wenn Rechtsträger innerhalb der EU beteiligt sind (§ 1 UmwStG). Die Ertragsteuerneutralität nach ausländischem Recht muss dabei jeweils zusätzlich in die Überlegungen einbezogen werden.   482

2. Grenzüberschreitende Spaltungen

Aufgrund des Urteils des EuGH in der **Rechtssache „SEVIC Systems AG"**[572] wird in der Literatur seit einiger Zeit gefordert, dass auch eine Hinaus- oder Hereinspaltung mit deutschen übertragenden oder übernehmenden Rechtsträgern umwandlungsrechtlich zulässig sein müsse.[573] Der vom EuGH festgestellte Verstoß gegen die **Niederlassungsfreiheit** ist auf die Situation der Spaltung übertragbar. Dabei wird sowohl die Beteiligung von Kapitalgesellschaften als auch die Beteiligung von Personengesellschaften an dem grenzüberschreitenden Umwandlungsvorgang für rechtlich zulässig erachtet.[574] Die **Fusionsrichtlinie** der EU enthält ebenfalls Regelungen zu grenzüberschreitenden Spaltungen.[575] Wollte man sich auf diese Regelungen berufen, wäre eine vorherige Abstimmung mit den zuständigen Registergerichten dringend anzuraten.[576]   483

Das **Umwandlungssteuergesetz** ist **sachlich** auch auf der Auf- oder Abspaltung nach § 123 Abs. 1 und 2 UmwG „vergleichbare ausländische Vorgänge" anwendbar, § 1 Abs. 1 Nr. 1 UmwStG.[577] Gleiches gilt für Ausgliederungen nach § 123 Abs. 3 UmwG, § 1 Abs. 3 Nr. 2 UmwStG. **Persönlich** ist das Umwandlungssteuergesetz auf übertragende und übernehmende Rechtsträger einer Auf- oder Abspaltung anwendbar, die nach den Rechtsvorschriften eines EU/EWR-Staates gegründet worden sind und ihren Sitz und Ort der Geschäftsleitung innerhalb des Hoheitsgebietes eines dieser Staaten haben, § 1 Abs. 2 Satz 1 Nr. 1 UmwStG. Ähnliches gilt für die Ausgliederung, § 1 Abs. 4 Satz 1 UmwStG. Aufgrund der fehlenden Regelung im Umwandlungsgesetz haben grenzüberschreitende Spaltungen nach diesen Vorschriften allerdings kaum Bedeutung.   484

Wichtig ist die Anwendung des Umwandlungssteuergesetzes auf vergleichbare ausländische Vorgänge beispielsweise, wenn eine **Spaltung eines ausländischen Rechtsträgers** im Ausland vorgenommen wird, bei dem die inländische AG Anteilseignerin des übertragenden ausländischen Rechtsträgers ist. Für die Anwendbarkeit des § 13 UmwStG auf die Anteile der deutschen AG ist dann die Vergleichbarkeit der ausländischen Vorgänge ein wichtiges Kriterium.[578]   485

Als **Hilfskonstruktion** zur Umgehung der fehlenden Möglichkeit der Spaltung wird in der Literatur zunächst eine Spaltung des ins Ausland zu übertragenden Ver-   486

---

[571] DPPM/*Dötsch/Werner* UmwStG § 13 Rn. 9; BMF 11.11.2011, BStBl. I 2011, 1314 Rn. 13.04; zu den Änderungen siehe *Weiss* WB 2016, 904.
[572] EuGH C-411/03, IStR 2006, 32.
[573] Rödder/Herlinghaus/van Lishaut/*Schumacher* UmwStG § 15 Rn. 47 mwN; Schmitt/Hörtnagl/Stratz/*Hörtnagl* UmwG § 1 Rn. 51, 54.
[574] Prinz/*Gesell* Umwandlungen im Internationalen Steuerrecht Rn. 2.99.
[575] DPPM/*Patt* UmwStG § 15 Rn. 9.
[576] Prinz/*Gesell* Umwandlungen im Internationalen Steuerrecht Rn. 2.132.
[577] BMF 11.11.2011, BStBl. I 2011, 1314 Rn. 01.20; siehe zur Vergleichbarkeit *Hahn* Ubg 2012, 738.
[578] Rödder/Herlinghaus/van Lishaut/*Schumacher* UmwStG § 15 Rn. 45.

mögens auf einen Rechtsträger im Inland empfohlen. Dieser wird dann im Rahmen einer grenzüberschreitenden Verschmelzung auf einen ausländischen Rechtsträger verschmolzen. Die verlängerte Dauer der Transaktion, zusätzliche Kosten und die steuerlichen Implikationen müssen dabei bedacht werden.[579]

487 Bei Spaltung von **Rechtsträgern in Drittstaaten** ist dagegen das Umwandlungssteuergesetz nicht persönlich anwendbar.[580]

3. Einbringungen in ausländische Rechtsträger

a) Ausländische Personengesellschaft als übernehmender Rechtsträger

488 § 24 UmwStG ist aufgrund der Regelung in § 1 Abs. 4 Satz 2 UmwStG ohne Einschränkungen **persönlich anwendbar**.[581] Selbst Einbringungen in Drittstaaten sind grundsätzlich im Anwendungsbereich der Regelung.[582] Eine Einbringung von Betriebsvermögen in der Form eines „Betriebs", „Teilbetriebs" oder „Mitunternehmeranteils" der AG in eine Personengesellschaft gegen Gewährung einer Mitunternehmerstellung fällt damit zwar grundsätzlich unter die Regelung. Die Eigenschaft als „Personengesellschaft" muss dabei aus deutscher Sicht beurteilt werden. Hinweise zur Einordnung enthält der sog. „Betriebsstättenerlass" in seinen Anhängen.[583] Die Einordnung ausländischer Rechtsträger wird zudem nach dem sog. „LLC-Schreiben" des BMF vorgenommen.[584]

489 Allerdings ist für die **Ertragsteuerneutralität** nach § 24 Abs. 2 Satz 2 Nr. 1 UmwStG erforderlich, dass das Recht der Bundesrepublik Deutschland hinsichtlich der Besteuerung des eingebrachten Betriebsvermögens nicht ausgeschlossen oder beschränkt wird. Trotz der Formulierung gehen die Finanzverwaltung und die hM in der Literatur davon aus, dass sich der Ausschluss oder die Beschränkung nur auf den Veräußerungsgewinn, nicht auch auf die laufenden Erträge aus den Wirtschaftsgütern bezieht.[585]

Ein **Ausschluss** des deutschen Besteuerungsrechts ergibt sich dabei beispielsweise, wenn Wirtschaftsgüter in eine ausländische Betriebsstätte, auf deren Einkünfte nach einem anwendbaren DBA die Freistellungsmethode anwendbar ist, überführt werden.[586] Eine **Beschränkung** wird angenommen, wenn durch die Umwandlung eine Anrechnungsverpflichtung für ausländische Ertragsteuern entsteht.

b) Ausländische Kapitalgesellschaft als übernehmender Rechtsträger

490 Bei einer Einbringung in eine Kapitalgesellschaft (§ 20 UmwStG) sind die Anwendungsvoraussetzungen des § 1 UmwStG **enger** als bei § 24 UmwStG. Nach § 1 Abs. 3 Nr. 4 und 5 UmwStG ist das Umwandlungssteuergesetz **sachlich anwendbar** auf die Einbringung von Betriebsvermögen durch Einzelrechtsnachfolge in eine Kapitalgesellschaft und den Austausch von Anteilen.

---

[579] Prinz/*Gesell* Umwandlungen im Internationalen Steuerrecht Rn. 2.101.
[580] Rödder/Herlinghaus/van Lishaut/*Schumacher* UmwStG § 15 Rn. 50; *Weiss* WB 2016, 904.
[581] Prinz/*Prinz* Umwandlungen im Internationalen Steuerrecht Rn. 9.17.
[582] DPPM/*Möhlenbrock* UmwStG § 1 Rn. 176.
[583] BMF 24.12.1999, BStBl. I 1999, 1076.
[584] BMF 19.3.2004, BStBl. I 2004, 411.
[585] BMF 11.11.2011, BStBl. I 2011, 1314 Rn. 24.03 iVm 20.19; Schmitt/Hörtnagl/Stratz/ *Schmitt* UmwStG § 24 Rn. 210.
[586] Widmann/Mayer/*Fuhrmann* UmwStG § 24 Rn. 743.

H. Die Übertragung von Teilen des Vermögens einer AG § 13

Nach § 1 Abs. 4 Satz 1 Nr. 1 UmwStG ist das Umwandlungssteuergesetz **persönlich anwendbar** auf den **Anteilstausch (§ 21 UmwStG)**, wenn die übernehmende Kapitalgesellschaft nach den Rechtsvorschriften eines EU/EWR-Staates gegründet worden ist und ihren Sitz und Ort der Geschäftsleitung innerhalb des Hoheitsgebietes eines dieser Staaten hat. Die steuerliche Ansässigkeit der erworbenen Gesellschaft und der einbringenden Gesellschaft iSd § 21 UmwStG ist damit für dessen Anwendbarkeit nicht relevant und kann auch in einem Drittstaat liegen.[587] Es muss sich bei der erworbenen Gesellschaft allerdings nach deutschem steuerlichen Verständnis um eine Kapitalgesellschaft handeln.[588]

Für eine **Einbringung eines Betriebs, Teilbetriebs oder Mitunternehmeranteils iSd § 20 UmwStG** sind neben der Bedingung des § 1 Abs. 4 Satz 1 Nr. 1 UmwStG auch die Bedingungen des § 1 Abs. 4 Satz 1 Nr. 2 Buchst. a UmwStG zu erfüllen. Danach muss der einbringende bzw. übertragende Rechtsträger nach den Rechtsvorschriften eines EU/EWR-Staates gegründet worden sein und seinen Sitz und Ort der Geschäftsleitung innerhalb des Hoheitsgebietes eines dieser Staaten haben. Für eine in Deutschland ansässige AG sollte diese Bedingung unproblematisch erfüllt sein.

Alternativ zur Ansässigkeitsvoraussetzung des einbringenden Rechtsträgers ist die Anwendbarkeit des § 20 UmwStG auch zu bejahen, wenn die im Gegenzug zur Einbringung erhaltenen Anteile in Deutschland unbeschränkt zu besteuern sind, also kein Ausschluss und keine Beschränkung des deutschen Besteuerungsrechts an ihnen vorliegt, § 1 Abs. 4 Satz 1 Nr. 2 Buchst. b UmwStG.

Ist **§ 20 UmwStG anwendbar**, sind für einen auf Antrag zu gewährenden Buch- oder Zwischenwertansatz die Bedingungen des § 20 Abs. 2 Satz 2 UmwStG zu erfüllen. § 20 Abs. 2 Satz 2 Nr. 1 UmwStG erfordert hierzu eine **Besteuerung mit Körperschaftsteuer**. Hierbei muss es sich nur um eine der deutschen Körperschaftsteuer vergleichbare Steuer auf ein körperschaftliches Einkommen handeln. Eine Besteuerung mit deutscher Körperschaftsteuer ist nicht erforderlich.[589] § 20 Abs. 2 Satz 2 Nr. 3 UmwStG erfordert, dass das **deutsche Besteuerungsrecht bezüglich des Veräußerungsgewinns** des eingebrachten Betriebsvermögens nicht ausgeschlossen oder beschränkt wird. Diese Bedingung ist für in einer deutschen Betriebsstätte verhaftete Wirtschaftsgüter regelmäßig erfüllt. Für einer ausländischen Betriebsstätte zuzuordnende Wirtschaftsgüter ist die Bedingung hingegen regelmäßig nicht erfüllt (Art. 13 Abs. 2 OECD-MA 2014).[590]

Im Falle eines **Anteilstauschs nach § 21 UmwStG** ist zunächst eine Mehrheitsvermittlung nach § 21 Abs. 1 Satz 2 UmwStG auf Ebene der übernehmenden Kapitalgesellschaft für einen antragsgebundenen Buch- oder Zwischenwertansatz erforderlich.[591] Dieser Ansatz ist für die einbringende AG nach § 21 Abs. 2 Satz 1 UmwStG grundsätzlich als Veräußerungspreis und Anschaffungskosten der erhaltenen Anteile maßgeblich.

Allerdings gilt der gemeine Wert als Veräußerungspreis des Einbringenden, wenn für die **eingebrachten oder erhaltenen Anteile** das deutsche Besteuerungsrecht bezüglich des Veräußerungsgewinns ausgeschlossen oder beschränkt ist, § 21 Abs. 2 Satz 2 UmwStG. Dies ist bei Einbringungen in eine EU/EWR-ansässige Kapitalgesellschaft in den meisten Fällen der Fall. Die Bundesrepublik Deutschland

---

[587] BMF 11.11.2011, BStBl. I 2011, 1314 Rn. 21.03, 21.05.
[588] BMF 11.11.2011, BStBl. I 2011, 1314 Rn. 21.05.
[589] BMF 11.11.2011, BStBl. I 2011, 1314 Rn. 20.19 iVm 03.17.
[590] BMF 11.11.2011, BStBl. I 2011, 1314 Rn. 20.19 iVm 03.18.
[591] Siehe Rn. 390.

hat mit allen EU/EWR-Staaten Doppelbesteuerungsabkommen abgeschlossen.[592] Folgen diese DBA dem OECD-Musterabkommen, so ist nach Art. 13 Abs. 5 OECD-MA regelmäßig das deutsche Besteuerungsrecht an den eingebrachten Anteilen ausgeschlossen.[593] Ausnahmen ergeben sich nur bei wenigen älteren deutschen DBA, wie dem DBA mit Tschechoslowakei 1980.[594]

495 Auf **Antrag gem. § 21 Abs. 2 Satz 4 UmwStG** kann in Fällen des § 21 Abs. 2 Satz 2 UmwStG dennoch eine Steuerneutralität des Anteilstauschs für die einbringende AG erreicht werden. Dafür ist nach **§ 21 Abs. 2 Satz 3 Nr. 1 UmwStG** erforderlich, dass das deutsche Besteuerungsrecht aus der Veräußerung der erhaltenen Anteile nicht ausgeschlossen oder beschränkt ist. Dies wird bei Ansässigkeit der einbringenden AG in Deutschland regelmäßig der Fall sein.

In den Fällen, in denen die Bedingung des nach § 21 Abs. 2 Satz 3 Nr. 1 UmwStG nicht erfüllt wird, kann aufgrund des **§ 21 Abs. 2 Satz 3 Nr. 2 UmwStG** eine Steuerneutralität erreicht werden.

496 Bei **Einbringungen in Kapitalgesellschaften mit Sitz oder Ort der Geschäftsleitung außerhalb des EU/EWR** sind §§ 20 und 21 UmwStG nicht anwendbar. Eine solche Einbringung in Drittstaaten-Gesellschaften ist regelmäßig als tauschähnlicher Vorgang anzusehen, der nach der Grundregel des § 6 Abs. 6 Satz 1 EStG zur Aufdeckung stiller Reserven führt.

497 **§ 6 Abs. 5 Satz 3 EStG** erfordert durch seinen Verweis auf § 6 Abs. 5 Satz 1 EStG regelmäßig eine Steuerverstrickung des übertragenen Wirtschaftsgutes in Deutschland. Jeder **Ausschluss** und jede **Beschränkung** des deutschen Besteuerungsrechts führt dazu, dass die Regelung nicht anwendbar ist und eine Aufdeckung der stillen Reserven im Übertragungszeitpunkt erfolgen muss. Bei Übertragung in eine ausländische Betriebsstätte ist regelmäßig ein Ausschluss des deutschen Besteuerungsrechts anzunehmen, § 4 Abs. 1 Satz 4 EStG.

V. Die Spaltung der KGaA

500 Die **KGaA** ist eine Kapitalgesellschaft, bei der mindestens ein Gesellschafter den Gesellschaftsgläubigern persönlich haftet (persönlich haftender Gesellschafter), während die übrigen Gesellschafter (Kommanditaktionäre) an dem in Aktien zerlegten Grundkapital beteiligt sind, ohne persönlich für die Verbindlichkeiten der Gesellschaft zu haften, § 278 Abs. 1 AktG. Der persönlich haftende Gesellschafter wird nach den Regelungen des HGB über die KG behandelt, § 278 Abs. 2 AktG. Die Regelungen des Aktiengesetzes für die AG gelten ansonsten weitgehend sinngemäß, § 278 Abs. 3 AktG.[595]

501 Die **Besteuerung der KGaA** mit Sitz und Ort der Geschäftsleitung im Inland erfolgt als Kapitalgesellschaft mit Körperschaftsteuer (§ 1 Abs. 1 Nr. 1 KStG) und Gewerbesteuer (§ 2 Abs. 2 Satz 1 GewStG). Der Gewinnanteil und eine eventuelle Vergütung für die Geschäftsführung des persönlich haftenden Gesellschafters der KGaA ist nach § 9 Abs. 1 Nr. 1 KStG eine abziehbare Aufwendung der KGaA. Für Gewerbesteuerzwecke wird diese nach § 8 Nr. 4 GewStG wieder zum Gewerbeertrag hinzugerechnet.

---

[592] Überblick im Schreiben BMF 17.1.2018, BStBl. I 2018, 239.
[593] Prinz/*Beinert*/*Scheifele* Umwandlungen im Internationalen Steuerrecht Rn. 8.353.
[594] BGBl. 1982 II 1023; Frotscher/Maas/*Mutscher* UmwStG § 21 Rn. 168.
[595] Schmitt/Hörtnagl/Stratz/*Hörtnagl* UmwG § 78 Rn. 2.

H. Die Übertragung von Teilen des Vermögens einer AG 502–507 § 13

Die **Besteuerung der Gesellschafter der KGaA** ist je nach ihrer gesellschafts- 502
rechtlichen Stellung unterschiedlich.[596] Der persönlich haftende Gesellschaft wird
„wie ein Mitunternehmer"[597] transparent besteuert und bezieht Einkünfte aus
Gewerbebetrieb, § 15 Abs. 1 Satz 1 Nr. 3 EStG. Die Kommanditaktionäre werden
intransparent besteuert und beziehen bei Ausschüttungen der KGaA Einkünfte aus
Kapitalvermögen, § 20 Abs. 1 Nr. 1 EStG. Insoweit unterscheidet sich ihre Besteuerung nicht von der eines Aktionärs einer Aktiengesellschaft.

Die KGaA ist ebenso wie die Aktiengesellschaft **spaltungsfähig** und kann 503
als übertragender, übernehmender oder neuer Rechtsträger an einer Spaltung
teilnehmen, § 124 Abs. 1 iVm § 3 Abs. 1 Nr. 2 UmwG. Über die Verweisung des
§ 125 Satz 1 UmwG gilt § 78 UmwG für die Spaltung unter Beteiligung einer
KGaA entsprechend.[598] Auf die Kommentierung zur Verschmelzung kann daher
verwiesen werden.[599]

Die **steuerliche Behandlung der Umwandlung der KGaA** ähnelt grundsätz- 504
lich ihrer laufenden Besteuerung. Aus ihrer hybriden steuerlichen Behandlung folgt
nach hM, dass diese als „Mischumwandlung" zu behandeln ist.[600] Dabei werden
für den personalistischen Teil der KGaA (persönlich haftender Gesellschafter) die
Regelungen für Umwandlungen von/auf Personenhandelsgesellschaften, für den
kapitalistischen Teil (Kommanditaktionäre) die Regelungen für Umwandlungen
auf Kapitalgesellschaften angewandt.[601]

Eine Spaltung in Form einer **Auf- oder Abspaltung einer KGaA** (§ 123 Abs. 1, 505
2 UmwG) auf eine Kapitalgesellschaft ist damit teilweise nach § 15 UmwStG und
teilweise nach § 20 UmwStG zu behandeln.[602] Bei einer Auf- oder Abspaltung auf
eine Personengesellschaft sind § 16 UmwStG und § 24 UmwStG nebeneinander
anzuwenden.[603]

Eine Spaltung in Form der **Ausgliederung aus einer KGaA** (§ 123 Abs. 3 506
UmwG) auf eine Kapitalgesellschaft fällt unter § 20 UmwStG, eine Ausgliederung
auf eine Personengesellschaft unter § 24 UmwStG. Insoweit ergeben sich keine
Besonderheiten im Vergleich zur AG.[604]

Eine **Auf- oder Abspaltung auf eine KGaA** ist teilweise nach § 15 UmwStG, 507
teilweise nach § 16 UmwStG zu behandeln. Bei **Einbringung in eine KGaA** ist
nach der gewährten Gegenleistung zu unterscheiden: Erhält der Einbringende im
Gegenzug Kommanditaktien, ist § 20 UmwStG anwendbar. Besteht die Gegenleistung dagegen in einer Komplementär-Beteiligung, ist § 24 UmwStG insoweit
anwendbar.[605]

---

[596] Drüen/van Heek DStR 2012, 541.
[597] BFH X R 14/88, BStBl. II 1989, 881; I R 41/16, DStR 2017, 1976 Rn. 26.
[598] Kallmeyer/*Kallmeyer/Sickinger* UmwG § 125 Rn. 87.
[599] Siehe Rn. 141 ff.
[600] DPPM/*Möhlenbrock* UmwStG § 1 Rn. 138 mwN; Schütz/Bürgers/Riotte/*Riotte*/Renner Die Kommanditgesellschaft auf Aktien, 1. Auflage 2003, § 11 Rn. 497 ff. Nagel/Wittkowski Die Kommanditgesellschaft auf Aktien (KGaA), § 5 Rn. 30.
[601] Rödder/Herlinghaus/van Lishaut/*Rödder* Einführung Rn. 49; Schmitt/Hörtnagl/Stratz/*Hörtnagl* UmwStG § 1 Rn. 140 f.
[602] Schütz/Bürgers/Riotte/*Riotte*/Renner Die Kommanditgesellschaft auf Aktien, 1. Auflage 2003, § 11 Rn. 604.
[603] Schütz/Bürgers/Riotte/*Riotte*/Renner Die Kommanditgesellschaft auf Aktien, 1. Auflage 2003, § 11 Rn. 605.
[604] Siehe Rn. 360, 443.
[605] Rödder/Herlinghaus/van Lishaut/*Rödder* Einführung Rn. 49; siehe zur Konkurrenz zwischen beiden Tatbeständen DPPM/*Patt* UmwStG § 20 Rn. 186.

508 Der Umwandlungssteuererlass 2011 enthält in seiner Endfassung[606] keine Hinweise zur steuerlichen Einordnung von Umwandlungen unter Beteiligung einer KGaA. In einer Entwurfsfassung hatte die Finanzverwaltung noch Aussagen dazu vorgesehen.[607] Um Umwandlungen der KGaA rechtssicher gestalten zu können, ist daher die Einholung einer **verbindlichen Auskunft** (§ 89 Abs. 2 AO) empfehlenswert.[608]

---

[606] BMF 11.11.2011, BStBl. I 2011, 1314.
[607] *Drüen/van Heek* DStR 2012, 541 (545).
[608] Haritz/Menner/*Haritz* UmwStG § 1 Rn. 93; sa Rn. 312.

§ 14 Konzernrecht

Bearbeiter: Dr. Thomas Liebscher/Dr. Einiko Franz

Übersicht

	Rn.
A. Grundlagen	1–32
I. Rechtstatsächliche Bedeutung der AG als Konzernbaustein	2
II. Konzernrechtliche Grundprobleme	3–7
1. Abhängiges Unternehmen	4,5
2. Herrschendes Unternehmen	6,7
III. Konzernrechtliche Grundbegriffe	8–32
1. Unternehmensbegriff	9–15
a) Charakterisierung der „anderweitigen Interessenbindung"	12, 13
b) Maßgebliche Beteiligung an einer anderen Gesellschaft	14, 15
2. Mehrheitsbeteiligung	16, 17
3. Abhängigkeit iSd § 17 AktG	18–25
a) Abhängigkeitsbegriff und -vermutung	19–22
b) Mehrmütterherrschaft	23–25
4. Konzern iSd § 18 AktG	26–28
5. Wechselseitige Beteiligungen	29–32
B. Konzernbildungskontrolle	33–69
I. Abhängiges Unternehmen	34–41
1. Schutz vor der Entstehung einer Abhängigkeitslage	35–37
2. Mitteilungspflichten	38
3. Schutz durch das Übernahmerecht	39, 40
4. Exkurs: Vermeidung von Konzernkonflikten durch Squeeze Out	41
II. Herrschendes Unternehmen	42–69
1. Geschriebene Hauptversammlungszuständigkeiten	43–45
2. Ungeschriebene Hauptversammlungszuständigkeiten	46–68
a) „Holzmüller"-Entscheidung	47, 48
b) Dogmatische Herleitung	49
c) Fallgruppen und allgemeine Anforderungen	50–52
d) Wesentlichkeit der Maßnahme	53–55
e) Im Rahmen der Maßnahme zu beachtende Förmlichkeiten	56–63
aa) Zustimmungsbeschluss	57–59
bb) Informationspflichten	60–63
f) Rechtsfolgen und Rechtsschutz	64–68
aa) Vertretungsmacht des Vorstandes und denkbare Sanktionen	65
bb) Denkbare Rechtsbehelfe zugunsten opponierender Aktionäre	66, 67
cc) Nachholbarkeit des Holzmüller-Beschlusses	68
3. Informationsrechte	69
C. Faktische Konzerne	70–101
I. Nachteilsausgleich	72–78
1. Veranlassung von Rechtsgeschäften und Maßnahmen	73

	2.	Nachteilsermittlung	74–76
	3.	Pflichten des Vorstandes des abhängigen Unternehmens	77
	4.	Kompensation von Nachteilen	78
II.	Abhängigkeitsbericht		79–86
	1.	Berichtspflicht und Sanktionen im Falle der Nichterfüllung	80, 81
	2.	Inhalt des Berichts	82, 83
	3.	Prüfung des Berichts	84–86
III.	Verantwortlichkeit der Beteiligten		87
IV.	Existenzvernichtungshaftung		88–101
	1.	Entwicklung der Rechtsprechung	88–90
	2.	Grundsätze der höchstrichterlichen Rechtsprechung	91–101
		a) Haftungsvoraussetzungen	92–98
		b) Anspruchsberechtigte und Anspruchsgegner	99
		c) Beweislast	100
		d) Verjährung	101

D. Vertragskonzern ... 102–183
  I. Unternehmensverträge ... 103–120
    1. Rechtsnatur ... 104, 105
    2. Inhalt ... 106–113
      a) Beherrschungsvertrag ... 107
      b) Gewinnabführungsvertrag ... 108
      c) Sonstige Unternehmensverträge ... 109–113
    3. Fehlerhafte Unternehmensverträge ... 114–116
    4. Die steuerliche Organschaft ... 117–120
      a) Körperschaft- und Gewerbesteuer ... 118, 119
      b) Umsatz- und Grunderwerbsteuer ... 120
  II. Abschluss von Unternehmensverträgen ... 121–129
    1. Form und Mindestinhalt des Vertrages ... 122
    2. Zustimmung der Hauptversammlung ... 123–125
    3. Informationsrechte ... 126–128
    4. Wirksamwerden des Unternehmensvertrages ... 129
  III. Leitungsmacht des herrschenden Unternehmens ... 130–139
    1. Beherrschungsvertragliches Weisungsrecht ... 131–137
      a) Ausübung des Weisungsrechts ... 132, 133
      b) Schranken des Weisungsrechts ... 134–137
    2. Gewinnabführungspflicht ... 138
    3. Verantwortlichkeit ... 139
  IV. Sicherung des abhängigen Unternehmens und seiner Gläubiger ... 140–145
    1. Gesetzliche Rücklage ... 141
    2. Verlustübernahmepflicht ... 142–144
    3. Sicherheitsleistung ... 145
  V. Sicherung der außenstehenden Aktionäre ... 146–166
    1. Angemessener Ausgleich ... 147–152
      a) Anspruchsvoraussetzung ... 148
      b) Anspruchsinhalt ... 149–151
      c) Mehrstufige Unternehmensverbindungen ... 152
    2. Angemessene Abfindung ... 153–160
      a) Anspruchsvoraussetzungen ... 154–156
      b) Art und Höhe der Abfindung ... 157–160
    3. Berechnung des Unternehmenswertes ... 161–163
    4. Gerichtliche Überprüfung der Angemessenheit ... 164–166
  VI. Änderung von Unternehmensverträgen ... 167–171

Übersicht §14

1.	Änderungsvereinbarung	168
2.	Zustimmungserfordernis und Wirksamwerden der Vertragsänderung	169–171
VII.	Beendigung von Unternehmensverträgen	172–183
1.	Beendigungsgründe	173–181
a)	Aufhebungsvertrag	174
b)	Ordentliche Kündigung	175–177
c)	Außerordentliche Kündigung	178, 179
d)	Weitere Beendigungsgründe	180, 181
2.	Wirksamwerden und Rechtsfolgen der Vertragsbeendigung	182, 183

E. Eingliederung 184–207
  I. Eingliederung nach § 319 AktG 185–191
    1. Voraussetzungen und Verfahren 186–189
    2. Wirksamwerden 190, 191
  II. Mehrheitseingliederung nach § 320 AktG ... 192–198
    1. Voraussetzungen und Verfahren 193–195
    2. Abfindungsangebot 196, 197
    3. Wirksamwerden der Eingliederung 198
  III. Gläubigerschutz 199, 200
  IV. Wirkung der Eingliederung 201–205
    1. Weisungsrecht 202, 203
    2. Vermögenszugriff und Verlustausgleichspflicht 204, 205
  V. Beendigung 206, 207

F. Konzernsteuerrecht 208–347
  I. Organschaft 208–347
    1. Überblick 208, 209
    2. Die Organschaft im Ertragsteuerrecht 210–308
      a) Die körperschaftsteuerliche Organschaft 211–300
        aa) Voraussetzungen der körperschaftsteuerlichen Organschaft 215–240
        bb) Rechtsfolgen der körperschaftsteuerlichen Organschaft 241–289
        cc) Verunglückte Organschaft 290–294
        dd) Organschaft und Verlustabzug bei Körperschaften nach §§ 8c, 8d KStG 295–297
        ee) Umwandlungen und Organschaft 298
        ff) Steuerumlagevertrag 299
        gg) Wertaufholung von Teilwertabschreibungen auf Beteiligungen an Organgesellschaften ... 300
      b) Gewerbesteuerliche Organschaft 301–307
        aa) Voraussetzungen der Organschaft 301
        bb) Rechtsfolgen einer Organschaft bei der Gewerbesteuer 302–307
      c) Zusammenfassende Darstellung der organschaftlichen Wirkungen der ertragsteuerlichen Organschaft 308
    3. Die umsatzsteuerliche Organschaft 309–347
      a) Allgemeines 310–312
      b) Voraussetzungen 313–339
        aa) Organträger 317–319
        bb) Mögliche Organgesellschaften 320–322
        cc) Eingliederung der Organgesellschaft in den Organträger 323, 324

Liebscher/Franz 1025

dd) Finanzielle Eingliederung 325, 326
ee) Wirtschaftliche Eingliederung 327, 328
ff) Organisatorische Eingliederung 329–339
c) Rechtsfolgen 340–344
d) Grenzüberschreitende Organschaft 345–347

Schrifttum: *Altmeppen* Abschied vom „Durchgriff" im Kapitalgesellschaftsrecht, NJW 2007, 2657; *ders.* „Upstream-loans", Cash Pooling und Kapitalerhaltung nach neuem Recht, ZIP 2009, 49 ff.; *Arnold* Mitwirkungsbefugnisse der Aktionäre nach Gelatine und Macrotron, ZIP 2005, 1573 ff.; *Bayer* Herrschaftsveränderungen im Vertragskonzern, ZGR 1993, 599; *Bayer/Hoffmann* Von der öffentlichen Hand beherrschte börsennotierte Aktiengesellschaft, AG 2018, R 84; *Beck,* Nachlasszufügung, ihre Wirkung und ihr Ausgleich im faktischen AG-Konzern BB 2015, 1289; *Bodenbenner/Grewe* Ungeschriebene Hauptversammlungszuständigkeit bei Erwerb der Dresdner Bank durch die Commerzbank AG, Der Konzern 2011, 547; *Bredthauer* Zum Anwendungsbereich des § 179a AktG, NZG 2008, 816; *Brellochs* Konzernrechtliche Beherrschung und übernahmerechtliche Kontrolle, NZG 2012, 1010; *Bungert* Unternehmensvertragsbericht und Unternehmensvertragsprüfung gem. §§ 293a ff. AktG, DB 1995, 1384 (Teil 1) und 1449 (Teil 2); *ders.* Festschreibung der ungeschriebenen „Holzmüller"-Hauptversammlungszuständigkeiten bei der Aktiengesellschaft, BB 2004, 1345; *Cahn* Kapitalerhaltung im Konzern 1998; *Decher* Personelle Verflechtungen im Aktienkonzern 1990; *ders.* Das Konzernrecht des Aktiengesetzes: Bestand und Bewährung, ZHR 2007, 126, *ders.* Das Business Combination Agreement – ein verdeckter Beherrschungsvertrag oder sonstiger strukturändernder Vertrag? in Festschrift Hüffer 2010, S. 145 ff.; *ders.* Mitwirkungsrechte der Aktionäre beim Kauf von Unternehmen? in Festschrift U. H. Schneider 2011, S. 261 ff.; *ders.* Verbundeffekte im Aktienkonzernrecht und im Recht der Unternehmensbewertung in Festschrift Hommelhoff 2012, S. 115 ff.; *Deilmann* Die Beendigung des Beherrschungs- und/oder Gewinnabführungsvertrages in der M&A-Transaktion, NZG 2015, 460; *Ebenroth* Konzernbildungs- und Konzernleitungskontrolle 1987; *Ederle* Der verdeckte Beherrschungsvertrag als konzernrechtliches Haftungsinstrument, AG 2010, 273; *Ekkenga/Weinbrenner/Schütz* Einflusswege und Einflussfolgen im faktischen Unternehmensverbund – Ergebnisse einer empirischen Untersuchung –, Der Konzern 2005, 261; *Emmerich* Über atypische und verdeckte Beherrschungsverträge in Festschrift Hüffer 2010, S.179 ff.; *Exner* Beherrschungsvertrag und Vertragsfreiheit 1984; *Feldhaus* Der Verkauf von Unternehmensteilen einer Aktiengesellschaft und die Notwendigkeit einer außerordentlichen Hauptversammlung BB 2009, 562; *Fischbach* Haftung des Vorstands im Aktienkonzern, 2009; *Fleischer* Ungeschriebene Hauptversammlungszuständigkeiten im Aktienrecht: Von „Holzmüller" zu „Gelatine", NJW 2004, 2335; *ders.* Corporate Compliance im aktienrechtlichen Unternehmensverbund, CCZ 2008, 1; *Gansweid* Gemeinsame Tochtergesellschaften im deutschen Konzern- und Wettbewerbsrecht 1976; *Goette* Organisation und Zuständigkeit im Konzern, AG 2006, 522; *Goldschmidt/Laeger* Risiken aus der Beendigung von Unternehmensverträgen beim Verkauf der Untergesellschaft, NZG 2012, 1201; *Götz* Die Sicherung der Rechte der Aktionäre bei der Konzernobergesellschaft bei Konzernbildung und Konzernleitung, AG 1984, 85; *Habersack* Geschäftschancen im Recht der verbundenen Aktiengesellschaft in Festschrift Hoffmann-Becking 2013, S. 421 ff.; *ders.* Aufsteigende Kredite nach MoMiG in Festschrift Schaumburg 2009, S.1291 ff.; *ders.* Mitwirkungsrechte der Aktionäre nach Macrotron und Gelatine, AG 2005, 137; *Henssler* Konzernrechtliche Abhängigkeit im Mitbestimmungsrecht der SE in Festschrift K. Schmidt 2009, S. 601 ff.; *Hentzen* Der Entherrschungsvertrag im Aktienrecht, ZHR 1993, 65; *Hirte* Bezugsrechtsausschluss und Konzernbildung 1986; *Henze* Holzmüller vollendet das 21. Lebensjahr in Festschrift Ulmer 2003, S. 211 ff.; *Hoffmann-Becking* Gibt es das Konzerninteresse? in Festschrift Hommelhoff 2012, S. 433 ff.; *P. Hommelhoff* Die Konzernleitungspflicht 1982; *ders.* Der Beitritt zum Beherrschungsvertrag und seine Auswirkung auf die Sicherung außenstehender Aktionäre in Festschrift Claussen 1997, S. 129 ff.; *K. Hommelhoff* Der Public Corporate Governance Kodex des Bundes in Festschrift Hommelhoff 2012, S. 447 ff.; *Huber* Betriebsführungsvertrag zwischen konzernverbundenen Unternehmen, ZHR 1988, 1; *Hüffer* Qualifiziert faktisch konzernierte Aktiengesellschaft nach dem Übergang zur Existenzvernichtungshaftung bei der GmbH? in Festschrift Goette 2011, S. 191 ff.; *Joost* „Holzmüller 2000" vor dem Hintergrund des Umwandlungsgesetzes, ZHR 1999, S. 164 ff.; *Kiefner* Beteiligungserwerb und ungeschriebene Hauptversammlungszuständigkeit, ZIP 2011, S. 545; *Köhler* Rückabwicklung fehlerhafter Unternehmenszusammenschlüsse, ZGR 1985, 307; *Konzen* Arbeitnehmerschutz im Konzern, RdA 1984, 65; *Koppensteiner* Unternehmenseigenschaft im Konzerngesellschaftsrecht, ZHR 1968, 289; *ders.* Über wirtschaftliche Abhängigkeit in Festschrift Stimpel 1985, S. 811 ff.; *ders.* Abhängige Aktiengesellschaften aus rechtspolitischer Sicht in Festschrift Steindorff 1990, S. 79 ff.; *Kort* Anwendung der Grundsätze der fehlerhaften Gesellschaft auf einen „verdeckten" Beherrschungsvertrag, NZG 2009, S. 364; *Köhn* Der Betriebsführungsvertrag – Rechtliche Qualifikation und gesellschaftsrechtliche Wirksamkeitsvoraussetzung, Der Konzern 2011, 530; *Krieger* Inhalt und das Zustandekommen von Beherrschungs- und Gewinnabführungsverträgen im Aktien- und GmbH-Recht, DStR 1992, 432 ff.; *Kropff* Zur Konzernleitungspflicht, ZGR 1984, 112; *ders.* Konzerneingangskontrolle bei der qualifiziert-konzerngebundenen Aktiengesellschaft in Festschrift Goerdeler 1987, S. 259 ff.; *Küting* Nachhaltige Präsenzmehrheiten als hinreichendes Kriterium zur Begründung eines Konzerntatbestands?, DB 2009, 73; *Leinekugel/Winstel* Sicherheitsleistung nach § 303 AktG (analog) bei der Beendigung von Unternehmensverträgen im mehrstufigen Konzern, AG 2012, 389; *Liebscher* Konzernbildungskontrolle 1995; *ders.* Ungeschriebene Hauptversammlungszuständigkeiten im Lichte von Holzmüller, Macroton und Gelatine, ZGR 2005, 1; *ders.* Die Erfüllung des Verlustausgleichsanspruchs nach § 302 AktG, ZIP 2006, 1221; *Lorenz/Pospiech* Holzmüller Reloaded – Hauptversammlungskompetenz beim Beteiligungserwerb?, DB 2010, 1925; *Lutter* Die Rechte der Gesellschafter beim Abschluss fusionsähnlicher Unternehmensverbindungen, DB 1973, Beil. Nr. 21 zu Heft 46; *ders.* Teilfusionen im Gesellschaftsrecht in Festschrift Barz 1974, S. 199 ff.; *ders.* Theorie der Mitgliedschaft, AcP 180 (1980), S. 84; *ders.* Organzuständigkeit im Konzern in Festschrift Stimpel 1985, S. 825 ff.; *ders.* Zur Vorbereitung und Durchführung von Grundlagenbeschlüssen in Aktiengesellschaften in Festschrift Fleck 1988, S. 169 ff.; *ders.* Der Erwerb der Dresdner Bank durch die Commerzbank, ZIP 2012, 351; *Lutter/Grunewald* Zur Umgehung von Vinkulierungsklauseln in Satzungen von Aktiengesellschaften und Gesellschaften mbH, AG 1989, 109; *Mecke* Konzernstruktur und Aktionärsentscheid 1992; *Marchand* Abhängigkeit und Konzernzugehörigkeit von Gemeinschaftsunternehmen 1985; *Mayer/Richter* Konzerndimensionale Auskunfts- und Überwachungspflichten der Obergesellschaft bei Rechtsverstößen der Tochtergesellschaft, AG 2018, 220; *Miegel* Der Unternehmensbegriff des Aktiengesetzes 1965, 1970; *Möhring* Vertraglicher Ausschluss von Abhängigkeit und Konzernvermutung in FS Westermann 1974, S. 427 ff.; *Mühl/Wagenseil* Der Gewinnabführungsvertrag – gesellschafts- und steuerrechtliche Aspekte, NZG 2009, 1253; *Mülbert* Aktiengesellschaft, Unternehmensgruppe und Kapitalmarkt, 2. Aufl. 1996; *Nikoleyczik/Gubitz* Erwerb der Dresdner-bank durch die Commerzbank – Beteiligungserwerb kein „Holzmüller"-Fall, NZG 2011, 91; *Paefgen* „Holzmüller" und der Rechtsschutz des Aktionärs gegen das Verwaltungshandeln im Rechtsvergleich, ZHR 2008, 42; *Priester* Die klassische Ausgliederung – ein Opfer des Umwandlungsgesetzes 1994?, ZHR 1999, 187; *ders.* Satzungsvorgaben zum Vorstandshandeln – Satzungsautonomie contra Leistungsautonomie – in Festschrift Hüffer 2010, S. 777 ff.; *ders.* Aktionärsentscheid zum Unternehmenserwerb, AG 2011, 654; *Redeke* Zu den Organpflichten bei bestandsgefährdenden Risiken, ZIP 2010, 159; *Reichert* Ausstrahlungswirkungen der Ausgliederung nach UmwG auf andere Strukturänderungen in: Habersack/Koch/Winter (Hrsg.): Die Spaltung im neuen Umwandlungsrecht und ihre Rechtsfolgen 1999, S. 25 ff.; *ders.* Business Combination Agreements, ZGR 2015, 1; *ders.* Mitwirkungsrechte und Rechtsschutz der Aktionäre nach Macrotron und Gelatine, AG 2005, 150; *Riegger/Wasmann* Rechtsfolgen bei Verletzung der Meldepflichten nach §§ 21, 25 WpHG unter besonderer Berücksichtigung des Risikobegrenzungsgesetzes in Festschrift Hüffer 2010, S. 823 ff.; *Säcker* „Mehrmütterklausel" und Gemeinschaftsunternehmen, NJW 1980, 801; *Schnorbus/Ganzer* Gestaltung von Beherrschung und Entherrschung durch Konsortialvereinbarungen im Aktienkonzernrecht, AG 2016, 565; *Schürnbrand* Public Corporate Governance Kodex für öffentliche Unternehmen, ZIP 2013, 1105 ff.; *Seydel,* Konzernbildungskontrolle bei der Aktiengesellschaft 1995; *Sieger/Hasselbach* Die Holzmüller-Entscheidung im Unterordnungskonzern, AG 1999, 241; *K. Schmidt* Aktionärs- und Gesellschafterzuständigkeiten bei der Freigabe vinkulierter Aktien- und Geschäftsanteile; Festschrift Beusch 1993, S. 759 ff.;

ders. Die konzernrechtliche Verlustübernahmepflicht als gesetzliches Dauerschuldverhältnis, ZGR 1983, 513; *ders.* Entherrschungsvertrag und faktische Entherrschung im Aktienkonzern in Festschrift Hommelhoff 2012, S. 985 ff.; *U.H. Schneider,* Konzernleitungspflicht durch Weisungen der Gesellschafter der abhängigen GmbH an ihre Geschäftsführer? in Festschrift Hoffmann-Becking 2013, S. 1071 ff.; *Schürnbrand* „Verdeckte" und „atypische" Beherrschungsverträge im Aktien- und GmbH-Recht, ZHR 2005, 35; *Sonnenschein* Der aktienrechtliche Vertragskonzern im Unternehmensrecht, ZGR 1981, 429; *ders.* Organschaft und Konzerngesellschaftsrecht unter Berücksichtigung des Wettbewerbsrechts und des Mitbestimmungsrechts 1976; *Spindler* Ungeschriebene Hauptversammlungszuständigkeiten – wohin führt der Weg? in Festschrift Goette 2011, S. 513 ff.; *Stephan* Zum Stand des Vertragskonzernrechts, Der Konzern 2014, 1; *Stöcklhuber* Dogmatik der Haftung im faktischen AG-Konzern, Der Konzern 2011, 253; *Strohn* Die Fassung der AG im faktischen Konzern 1977; *Sura* Fremdeinfluss und Abhängigkeit im Aktienrecht 1980; *Tieves* Der Unternehmensgegenstand der Kapitalgesellschaft 1998; *Timm* Die Aktiengesellschaft als Konzernspitze 1980; *ders.* Grundfragen des qualifiziert-faktischen Konzerns im Aktienrecht, NJW 1987, 977; *ders.* Rechtsfragen der Änderung und Beendigung von Unternehmensverträgen in Festschrift Kellermann 1991, S. 461 ff.; *Timm/Messing* Die Kündigung von Gleichordnungsverbindungen im Konzernrecht und ihre Rechtsfolgen in Festschrift Hommelhoff 2012, S. 1237 ff., *Ulmer* Das Sonderrecht der §§ 311 ff. AktG und sein Verhältnis zur allgemeinen aktienrechtlichen Haftung für Schädigungen der AG in Festschrift Hüffer, S. 999 ff.; *Velte* Die Prüfung des Abhängigkeitsberichts durch Aufsichtsrat und Abschlussprüfer sowie ihre Berichterstattung, Der Konzern 2010, 49; *Verse/Wiersch* Genussrechte nach vertraglicher Konzernierung des Emittenten, NZG 2014, 5; *Weinbrenner* Moderne Kommunikationsmittel und Konzerncontrolling im faktischen Konzern – zugleich ein Beitrag zur Verbesserung des Rechtsschutzes für Außenseiter, Der Konzern 2005, 583; *Weißhaupt* Der „eigentliche" Holzmüller-Beschluss über Dogmatik und Anforderungen eines Instruments aktienrechtlicher Zuständigkeitsordnung, NZG 1999, 804; *Westermann* Organzuständigkeit bei Bildung, Erweiterung und Umorganisation des Konzerns, ZGR 1984, 352; *Wiedemann* Die Unternehmensgruppe im Privatrecht 1988; *Winter/Theisen* Betriebsführungsverträge in der Konzernpraxis, AG 2011, 662; *Würdinger* Aktienrecht und das Recht der verbundenen Unternehmen, 4. Aufl. 1981; *Zenner/Raapke* Sicherheitsleistungsverpflichtung der Konzernmutter gemäß § 303 AktG bei der Beendigung von Beherrschungs- und Gewinnabführungsverträgen für (gegenwärtige und zukünftige) Verlustausgleichsansprüche von Konzernunternehmen gemäß § 302 AktG, NZG 2018, 681.

A. Grundlagen

1 Gegenstand des Konzernrechts ist es, den gesellschaftsrechtlichen Gefahren einer Verbindung mehrerer selbstständiger Unternehmen zu einer neuen wirtschaftlichen Einheit zu begegnen. Das Konzernrecht ist vor allem Schutzrecht zugunsten der Minderheitsgesellschafter und Gläubiger der Untergesellschaft.[1] Konzernrechtliche Probleme entstehen jedoch auch auf der Ebene der Obergesellschaft.[2]

I. Rechtstatsächliche Bedeutung der AG als Konzernbaustein

2 Das Aktienrecht behindert die Konzernbildung kaum. Dies hat dazu geführt, dass die meisten AGs über einen **Großaktionär** verfügen;[3] es dominieren mehrstu-

---

[1] *Emmerich/Habersack* Konzernrecht § 1 Rn. 18; *Hüffer/Koch* AktG § 15 Rn. 3; *Raiser/Veil* § 51 Rn. 13; krit. dazu etwa *Mülbert* ZHR 1999, 1.

[2] Grundlegend *Lutter* DB 1973, Beilage Nr. 21 zu Heft 46; *ders.* in FS Barz S. 199 ff.; *ders.* in FS Westermann S. 347 ff.; s. a. *Hommelhoff* Konzernleitungspflicht; *Timm* Die AG als Konzernspitze.

[3] *Emmerich/Habersack* Konzernrecht § 1 Rn. 8 schätzen, dass ca. 75% aller AGs und 50% aller GmbHs konzernverbunden sind, vgl. zur Verbreitung der einzelnen Rechtsformen auch *Kornblum* GmbHR 2011, 692.

A. Grundlagen

fige Unternehmensverbindungen, bei denen der Großaktionär seinerseits wiederum im Mehrheitsbesitz eines Dritten steht. Weit verbreitet sind daneben wechselseitige und ringförmige Beteiligungen.

Auch die **herrschende AG** ist eine vertraute Erscheinung der Konzernpraxis. Vor allem der Weg in eine Unternehmensstruktur, in der das Unternehmen (auch) über Tochtergesellschaften tätig wird, durch Ausgliederung unternehmerischer Aktivitäten oder durch Hinzuerwerb von Beteiligungen, wirft die „klassischen" konzernrechtlichen Probleme auf der Ebene der Obergesellschaft auf.

II. Konzernrechtliche Grundprobleme

Der Zusammenschluss selbstständig am Markt operierender Unternehmen zu einer Unternehmensgruppe hat nicht nur Vorteile, sondern beschwört auch schwerwiegende **Gefahren** herauf. Denn das Gesellschaftsrecht ist auf unabhängige Gesellschaften zugeschnitten; idealtypisch konkurrieren im Wirtschaftsleben Gesellschaften, deren Organe autonom über die Geschäftspolitik entscheiden.

1. Abhängiges Unternehmen

Primärziel des Konzernrechts ist es, die Untergesellschaft, ihre Minderheitsaktionäre und Gläubiger vor Übergriffen des Mehrheitsaktionärs zu schützen. Es gibt zwei **typische Situationen**, in denen eine AG in Abhängigkeit eines Unternehmensgesellschafters gerät: Zum einen die Erlangung einer Kontrollposition durch ein anderweitig unternehmerisch engagiertes Unternehmen und zum anderen die – realiter seltener anzutreffende – Situation, dass der (private) Mehrheitsaktionär ein anderweitiges unternehmerisches Engagement begründet. Ausgangspunkt ist daher meist der Erwerb einer Beteiligung an dem in den Unternehmensverbund zu integrierenden Unternehmen (abhängige Gesellschaft), die die Ausübung der Kontrolle über diese Gesellschaft durch den Erwerber (herrschendes Unternehmen) gestattet (sog. **Kontrollakquisition**). Dieser faktischen Konzernierung folgt gelegentlich die Absicherung der Einflussnahme durch Abschluss eines Unternehmensvertrages; die Einbeziehung in den Verbund kann bis zur Eingliederung oder Verschmelzung führen. Die **Gruppenbildung** ist mithin Teil eines sich stufenweise vollziehenden Prozesses,[4] der regelmäßig mit dem Erwerb von Anteilen an einem Unternehmen durch ein anderes beginnt und über verschiedene dezentrale Verbundsformen bis hin zur Schaffung eines rechtlich einheitlichen Unternehmens führen kann, aber nicht muss.

Leitmodell des Aktienkonzernrechts ist die unternehmensvertraglich legitimierte Konzernherrschaft. Nach Vorstellung des Gesetzgebers sollen Konzerne regelmäßig als Vertragskonzerne auf der Basis eines Beherrschungsvertrages organisiert werden;[5] indes kommt es realiter meist nur zur faktischen Konzernierung, und bereits diese begründet erhebliche **Gefahren für die Untergesellschaft**. Denn die Obergesellschaft betreibt eine eigenständige Unternehmenspolitik und bezieht die abhängige Gesellschaft in diese Konzernpolitik ein, so dass die idealiter vorhandene Interesseneinheit zwischen den Teilhabern in Frage gestellt wird. Auch wenn das herrschende Unternehmen regelmäßig nicht beabsichtigt, die Tochter auszuplündern oder zu schädigen, ist Entscheidungsmaßstab der Tochter-Geschäftsführung nicht mehr allein das Tochter-Eigeninteresse, sondern auch das vom Konzernherrn

---

[4] Vgl. zu diesem Prozess *Liebscher* Konzernbildungskontrolle 1995, S. 14 f.; *Lutter/Timm* NJW 1982, 409 (412 f.); *Timm* Die AG als Konzernspitze S. 57 ff.
[5] Vgl. RegBegr. zum AktG 1965 abgedr. bei *Kropff* S. 374.

vorgegebene **Konzerninteresse**.[6] Die konzernfreie Minderheit ist nicht mehr ohne Weiteres in der Lage, eine allein den Interessen der Muttergesellschaft dienende Unternehmensleitung und Gewinnverwendung zu verhindern. Hauptanliegen des Konzernrechts ist es, diesen Interessenkonflikt zu lösen. Ferner will es die Gläubiger des abhängigen Unternehmens schützen. Als Haftungsmasse steht diesen nämlich allein das Tochter-Vermögen zur Verfügung; auf das Vermögen des herrschenden Unternehmens haben sie keinen Zugriff. Den Gläubigern droht daher die Gefahr, dass das ihnen haftende Vermögen infolge der Einflussnahme des herrschenden Unternehmens ausgehöhlt und geschmälert wird.[7]

2. Herrschendes Unternehmen

6   Die Ausgangsentscheidung zur Konzernbildung innerhalb der künftigen Konzernspitze ist stets eine „Beteiligungsentscheidung" des nach der inneren Kompetenzordnung zuständigen Gesellschaftsorgans. Insoweit gibt es zwei typische Wege, die dazu führen, dass eine Gesellschaft zum herrschenden Unternehmen wird: einerseits den Erwerb einer einflussbegründenden Beteiligung (**Beteiligungserwerb**), andererseits die Gründung einer Tochtergesellschaft, wobei vielfach auf diese bestimmte Aktivitäten, die die Gesellschaft bisher selbst wahrgenommen hat, übertragen werden (**Ausgliederung**).[8] Neben diesen Hauptformen sind jedoch noch andere Situationen denkbar. In Betracht kommt die Verstärkung des aus einer Minderheitsbeteiligung fließenden Einflusses derart, dass es zur Abhängigkeit der Untergesellschaft kommt; in diesem Zusammenhang sind beispielsweise die Besetzung von Organpositionen mit Vertretern des herrschenden Unternehmens (personelle Verflechtung) sowie der Fall des Zusammenschlusses mit anderen Gesellschaftern des (dann) abhängigen Unternehmens zwecks gemeinsamer Beherrschung zu nennen (Poolbildung).

7   Im Zuge der Entstehung einer Unternehmensverbindung kommt es auf der Ebene des herrschenden Unternehmens zu einem **Kompetenzkonflikt**.[9] Es stellt sich nämlich die Frage, wer befugt ist, die im Rahmen der Gruppenbildung erforderlichen Maßnahmen zu veranlassen (Konzernbildung) und die Leitungsrechte gegenüber der Tochter auszuüben (Konzernleitung). Die Konfliktlinie verläuft formal zwischen Vorstand einerseits und den übrigen Gesellschaftsorganen andererseits. Der Erwerb von Beteiligungen, die Gründung von Tochtergesellschaften sowie die Wahrnehmung und die Verstärkung bestehender Beteiligungsrechte sind nach herkömmlichem Verständnis reine **Geschäftsführungsmaßnahmen**, die nach allgemeinen Grundsätzen allein dem Vorstand obliegen (§§ 111 Abs. 4 Satz 1, 119 Abs. 2 AktG). Durch die Entstehung einer Unternehmensverbindung kommt es indes zu schwerwiegenden Rückwirkungen auf der Ebene der Obergesellschaft, so dass sich stets die Frage stellt, ob und inwieweit die übrigen Organe des (künftig) herrschenden Unternehmens in Beteiligungsentscheidungen einzubeziehen sind.[10] Dies deshalb, weil infolge der Begründung eines Konzernverhältnisses die Kontroll- und Mit-

---

[6] Das „Konzerninteresse" kritisch hinterfragend *Hoffmann-Becking* in FS Hommelhoff 2012, S. 433 ff.

[7] RegBegr. zum AktG 1965 abgedr. bei *Kropff* S. 373 ff.

[8] *Hommelhoff* Die Konzernleitungspflicht S. 400; *Timm* AG als Konzernspitze S. 69; ders. ZHR 1989, 60 (66); *Wiedemann* Unternehmensgruppe im Privatrecht S. 42.

[9] Grundlegend *Lutter* DB 1973, Beilage Nr. 21 zu Heft 46; ders. in FS Barz S. 199 ff.; ders. in FS Westermann S. 347 ff.; zusammenfassend *Emmerich/Habersack* Konzernrecht § 7 Rn. 2; *Liebscher* Konzernbildungskontrolle 1995, S. 13, 37 ff.

[10] Vgl. Rn. 42 ff.

A. Grundlagen

verwaltungsrechte, insb. der Hauptversammlung der Obergesellschaft mediatisiert werden. Der Vorstand gewinnt teilweise (zum Beispiel bei Maßnahmen in beherrschten Gesellschaften, die, wären sie in der Obergesellschaft erfolgt, der Mitwirkung anderer Organe bedurft hätten) Einfluss auf Entscheidungen, die ohne eine solche Struktur der Zustimmung der Hauptversammlung bedurft hätten. Beispiele für die **Mediatisierung des Gesellschaftereinflusses** sind die Rücklagenbildung (Thesaurierung) in Tochtergesellschaften,[11] Kapitalerhöhungsmaßnahmen, die (sonstige) Aufnahme Dritter sowie (sonstige) Änderungen der Struktur auf Tochterebene (Begründung eines Vertragskonzerns, Verschmelzung, Formwechsel, Spaltung, Vermögensübertragung, Auflösung, grundlegende Satzungsänderungen).[12]

Die Konzernbildung hat mit Blick auf das künftig als Obergesellschaft fungierende Unternehmen nicht nur kompetenzielle Auswirkungen, sondern es kommt zugleich zu einer Änderung und Erweiterung der Pflichten der Organe der Obergesellschaft. Insoweit ist allgemein anerkannt, dass sich die Leitungsverantwortung des Konzernvorstandes auf nachgeordnete Konzernebenen erstreckt und auch die allgemeinen Pflichten der Geschäftsführung zur Etablierung eines angemessenen Risikomanagements sowie zur angemessenen internen Revision konzernweit zu verstehen sind. Die Konzerndimensionalität der Pflichten der Konzerngeschäftsführung erkennt im Übrigen auch der Deutsche Corporate Governance-Kodex an (vgl. Ziff. 4.1.3 DCGK). Gleiches gilt für die Überwachungsaufgaben des Aufsichtsrats, die die gesamte Konzerngeschäftsführung umfasst.

Ausfluss dieser Konzernleitungsverantwortung ist auch die ordnungswidrigkeiten-rechtlich in § 130 OWiG verankerte Pflicht des Vorstandes einer Konzernobergesellschaft Rechtsverstöße konzernweit, dh auch auf nachgeordneten Konzernebenen zu verhindern. Im Ergebnis besteht mithin aufgrund der organschaftlichen Legalitäts- und Schadensabwendungspflicht der Konzerngeschäftsführung eine konzernweite Compliance-Pflicht. Damit einher geht nicht nur die Verpflichtung der Organe der Obergesellschaft, sich selbst rechtstreu zu verhalten (Legalitätspflicht), sondern die Konzerngeschäftsführung muss zugleich auch alle geeigneten und zumutbaren Schutzvorkehrungen treffen, um Gesetzesverstöße innerhalb des eigenen Unternehmens durch Mitarbeiter sowie innerhalb des Konzernkreises durch Organe und Mitarbeiter untergeordneter Konzerngesellschaften zu verhindern.[13]

Angesichts dieser Umstände ist zudem allgemein anerkannt, dass der Unternehmensgegenstand des herrschenden Unternehmens konzernweit Geltung beansprucht. Hiernach muss auch ein mittelbares Tätigwerden der Gesellschafter der Tochtergesellschaften dem satzungsmäßigen Betätigungsspektrum der Konzernspitze entsprechen. Zudem muss auch diese mittelbare Tätigkeit von einer satzungsmäßigen Ermächtigung in Form einer sog. Konzernklausel, die gerade das Tätigwerden über abhängige Unternehmen gestattet, gedeckt sein.[14]

---

[11] BGH II ZR 174/80, BGHZ 83, 122 (136f.) – Holzmüller; MHdB GesR IV/*Hoffmann-Becking* § 46 Rn. 9 f.

[12] Zusammenfassend MHdB GesR IV/*Krieger* § 69 Rn. 41 ff.; *Liebscher* Konzernbildungskontrolle S. 48 ff.

[13] Vgl. zu den konzernweiten Compliance-Pflichten etwa *Fleischer* CCZ 2008, 1 (3 ff.); *Lutter* in FS Goette S. 89, 289, 291 ff.; kritisch hingegen *Hüffer* in FS Goette S. 299, 306 f. Allgemein zur Compliance-Verantwortung des Vorstands § 6 Rn. 115 ff.; zur Compliance-Überwachung im Konzern jüngst LG Stuttgart 31 O 33/16 KfH, AG 2018, 240; dazu *Mayer/Richter* AG 2018, 220.

[14] Vgl. zusammenfassend MünchKomm. GmbHG/*Liebscher* Anh. § 13 Rn. 231, 1074 f. mit zahlreichen Nachweisen; vgl. auch *U.H. Schneider* GmbHR 2014, 113 (118), der Konzern-

Gestattet die Satzung in Form einer Konzernklausel die Verfolgung der unternehmensgegenständlich genannten Geschäftsfelder über Tochter- und Beteiligungsgesellschaften, geht hiermit grundsätzlich auch eine Verpflichtung des Konzernvorstandes einher, die aus der Beteiligung fließenden Beteiligungsrechte proaktiv wahrzunehmen und steuernd einzugreifen, um sicherzustellen, dass die Beteiligung des Unternehmens zum Erfolg des Gesamtkonzerns beiträgt. Die Reichweite und die Einzelheiten einer solchen Konzernleitungspflicht sind streitig. Auch das kann indes durch die Satzung, und zwar durch die Formulierung des Unternehmensgegenstandes geändert werden, indem statutarisch vorgegeben wird, dass sich der Vorstand nicht-unternehmerisch, sprich zu Anlagezwecken an anderen Unternehmen beteiligen darf. Eine solche Klausel bewirkt, dass sich der Konzernvorstand auf die Rolle eines engagierten Gesellschafters zurückführen darf. Solche Klauseln sind in der Praxis indes selten anzutreffen.[15]

III. Konzernrechtliche Grundbegriffe

8 Die §§ 15–19 AktG definieren verschiedene Tatbestände der Verbindung rechtlich selbstständiger Unternehmen. Die Regelung geht von dem Grundbegriff der **„verbundenen Unternehmen"** (§ 15 AktG) als der zusammenfassenden Bezeichnung aller im AktG geregelter Unternehmensverbindungen aus. Hierzu zählen im Mehrheitsbesitz stehende Unternehmen (§ 16 AktG), abhängige und herrschende Unternehmen (§ 17 AktG), Konzernunternehmen (§ 18 AktG) und die Vertragsteile eines Unternehmensvertrages (§§ 15, 291 ff. AktG); hinzukommen wechselseitige Beteiligungen (§ 19 AktG) und Eingliederungskonzerne (§§ 319 ff. AktG).[16]

1. Unternehmensbegriff

9 Von besonderer Bedeutung ist der konzernrechtliche Unternehmensbegriff. Denn dieser eröffnet die **Anwendbarkeit des Konzernrechts**. Den §§ 15 ff., 291 ff., 311 ff. AktG liegt der konzernrechtliche Unternehmensbegriff zugrunde, ohne dass dieser Begriff gesetzlich definiert worden ist. Heute wird ganz überwiegend eine zweckbezogene (teleologische) Interpretation des Unternehmensbegriffs vertreten.

10 „Herrschendes Unternehmen" ist daher jeder Gesellschafter des abhängigen Unternehmens, bei dem zu seiner Beteiligung wirtschaftliche Interessenbindungen außerhalb der Gesellschaft hinzukommen, die stark genug sind, die ernste Besorgnis zu begründen, er könne seinen Einfluss zur Verfolgung gesellschaftsfremder Ziele einsetzen.[17] Entscheidend ist ein **unternehmerisches Doppelengagement** des maßgebenden Teilhabers. Denn hieraus resultiert die konzerntypische Konfliktla-

---

klauseln als Möglichkeit zur konzernoffenen Gestaltung einer AG auffasst, mit der Folge, dass die Gründung einer Tochtergesellschaft lediglich als Maßnahme der Geschäftsführung einzuordnen ist.

[15] Überzeugend mit Beispielen aus der Praxis *Lutter* in FS K. Schmidt S. 1065, 1067.
[16] Die Begriffsbestimmungen der §§ 15 ff. AktG sind rechtsformneutral formuliert. Sie beanspruchen allgemein – quasi als allgemeiner Teil des Konzernrechts – Geltung: *Emmerich/Habersack* Konzernrecht § 33 Rn. 9; MHdB GesR IV/*Krieger* § 69 Rn. 2; Reichert/*Liebscher* GmbH & Co. KG § 51 Rn. 8.
[17] Sog. teleologische Unternehmensbegründung: BGH II ZR 123/76, BGHZ 69, 334 (337) – VEBA/Gelsenberg; KVR 1/78, BGHZ 74, 359 (365) – WAZ; I ZR 88/80, BGHZ 85, 84 (90 f.) – ADAC; II ZR 275/84, BGHZ 95, 330 (337) – Autokran; II ZR 135/90, BGHZ 115, 187 (190) – Video; II ZB 3/96, BGHZ 135, 107 (113) – VW (st. Rspr.); sa *Emmerich/Habersack*

A. Grundlagen

ge, nämlich die Gefahr, dass dieser Unternehmensgesellschafter seinen Einfluss zur Verfolgung anderweitiger unternehmerischer Interessen auf Kosten der Untergesellschaft einsetzt (sog. **Konzernkonflikt**); auf die Rechtsform des Unternehmensgesellschafters kommt es nicht an.[18] Auslösendes Element des konzernrechtlichen Regelungsbedarfs ist mithin die durch ein unternehmerisches Doppelengagement verursachte abstrakte Gefahr der Ergebnisverlagerung von der abhängigen Gesellschaft zum herrschenden Unternehmen zulasten der konzernfreien Minderheit und der Gläubiger der Untergesellschaft,[19] wobei unerheblich ist, ob tatsächlich nachteilige Maßnahmen zur Förderung anderweitiger unternehmerischer Interessen veranlasst werden. Demgegenüber richten sich die Rechte und Pflichten eines Gesellschafters, der nicht Unternehmen im konzernrechtlichen Sinne ist (sog. Privatgesellschafter), dh der nur eine Beteiligung hält, ohne weitere wirtschaftliche Interessen zu verfolgen, ausschließlich nach allgemeinem Gesellschaftsrecht.[20]

Der Unternehmenscharakter der Untergesellschaft ist nach dem Schutzzweck des Konzernrechts anders zu bestimmen als der des herrschenden Unternehmens.[21] Als **abhängiges Unternehmen** kommt daher **jede Personenvereinigung** bzw. jede rechtlich besonders organisierte Vermögenseinheit in Betracht, da der sog. Konzernkonflikt in jeder Personengruppe eintreten kann.

a) Charakterisierung der „anderweitigen Interessenbindung"

Nicht abschließend geklärt ist, wie stark die gesellschaftsextern verfolgten Interessen sein müssen, damit wegen der Gefahr kollidierender Interessen die konzernrechtlichen Schutzvorschriften zum Tragen kommen.[22] Allgemein gilt: Die fremdunternehmerischen Interessen des maßgebenden Teilhabers müssen **nach Art und Intensität geeignet** sein, den beschriebenen **Konzernkonflikt heraufzubeschwören**. Hieraus wird abgeleitet, dass die Fremdinteressen unternehmerischen Charakter haben müssen; altruistische Zielsetzungen genügen grundsätzlich nicht.[23] Jedoch ist die Unternehmenseigenschaft juristischer Personen des öffentlichen Rechts trotz nicht wirtschaftlicher Zielsetzung nicht generell zu verneinen, sondern vielmehr wegen der Gefahr der einseitigen Förderung öffentlicher Aufgaben bereits dann zu bejahen, wenn eine öffentlich-rechtliche Gebietskörperschaft (Bund/Länder/Gemeinden) lediglich ein privatrechtlich organisiertes Unternehmen beherrscht.[24]

Konzernrecht § 2 Rn. 6; Kölner Komm./*Koppensteiner* § 15 Rn. 20; MHdB GesR IV/*Krieger* § 69 Rn. 6 ff.

[18] BGH II ZR 123/76, BGHZ 69, 334 (338) – VEBA/Gelsenberg; *Emmerich/Habersack* Konzernrecht § 2 Rn. 9; *Hüffer/Koch* AktG § 15 Rn. 14; Kölner Komm./*Koppensteiner* § 15 Rn. 55 ff.

[19] AA *Schneider* in FS Hoffmann-Becking S. 1071, 1072, demzufolge herrschendes Unternehmen auch eine konzernleitende Holding ist, die keine anderweitigen unternehmerischen Interessen und damit kein unternehmerisches Doppelengagement verfolgt.

[20] Vgl. MünchKomm. GmbHG/*Liebscher* Anh. § 13 Rn. 58.

[21] *Emmerich/Habersack* Konzernrecht § 2 Rn. 19; *Hüffer/Koch* AktG § 15 Rn. 9 aE; Kölner Komm./*Koppensteiner* § 15 Rn. 86 f.; *Liebscher* Konzernbildungskontrolle 1995, S. 18; *Raiser/Veil* § 59 Rn. 3 (allg. M.).

[22] Vgl. weiterführend MünchKomm. GmbHG/*Liebscher* Anh. § 13 Rn. 59 ff.

[23] Eine Unternehmenseigenschaft kraft Rechtsform kraft gemeinnütziger Zielsetzung wird überwiegend abgelehnt: *Kohl* NJW 1992, 1922 (1923); *Kropff* BB 1965, 1281 (1285) – aA allerdings *Schwintowski* NJW 1991, 2736 (2740). Weiterführend MünchKomm GmbHG/*Liebscher* Anh. § 13 Rn. 59.

[24] Vgl. BGH II ZB 3/96, BGHZ 135, 107 (113 f.) – VW/Niedersachsen; *Hüffer/Koch* AktG § 15 Rn. 16; Kölner Komm./*Koppensteiner* § 15 Rn. 70 ff., 84; MünchKomm. GmbHG/

13 Der umgekehrte Fall, dass eine Person, die anderweitige wirtschaftliche Interessen verfolgt, nicht als Unternehmen im konzernrechtlichen Sinne anzusehen ist, weil die Interessenbindung, nach „Art und Intensität" nicht stark genug ist, die „ernsthafte Besorgnis" zu begründen, wird indes nicht eingehend erörtert. Der Interessenkonflikt muss dergestalt sein, dass die §§ 57, 117, 243 Abs. 2 AktG, die verdeckte Leistungen an Aktionäre bzw. die unzulässige Verfolgung von Sondervorteilen durch einen Aktionär betreffen, und die flankierenden mitgliedschaftlichen Treubindungen zu seiner Bewältigung nicht ausreichen, so dass bei objektiver Betrachtung im Falle einer Beherrschung iSd § 17 AktG berichtspflichtige Vorgänge iSd § 312 AktG zu erwarten sind.[25] Hieraus folgt, dass der konzerntypische Interessenkonflikt „institutionalisiert" sein muss, dh dass die anderweitige Betätigung die nicht fern liegende Gefahr konzernspezifischer Vermögensverlagerungen begründen muss. Aus dem Erfordernis der „Institutionalisierung" des konzerntypischen Interessenkonflikts folgt insbesondere, dass **rein vermögensverwaltende andere Betätigungen** des maßgebenden Aktionärs grundsätzlich nicht ausreichen, um die konzerntypische Gefährdungslage zu begründen.[26]

Indes ist die Unternehmenseigenschaft regelmäßig zu bejahen, wenn das herrschende Unternehmen unmittelbar selbst **unternehmerische Interessen** verfolgt,[27] es zB eine (teil-)rechtsfähige Personenvereinigung ist, die einen eigenen Geschäftsbetrieb unterhält. Auch Einzelpersonen können etwa als Einzelkaufleute oder Freiberufler selbst unternehmerische Interessen verfolgen oder sich die unternehmerische Betätigung einer anderen Gesellschaft zurechnen lassen müssen, so dass auch eine natürliche Person „herrschendes Unternehmen" iSd Konzernrechts sein kann.[28]

b) Maßgebliche Beteiligung an einer anderen Gesellschaft

14 Auch die Beteiligung an einem dritten Unternehmen kann den Konzernkonflikt heraufbeschwören. Evident ist dies bei einer 100%igen Beteiligung des herrschenden Unternehmens an einer anderen Gesellschaft, da in diesen Fällen wirtschaftliche

---

Liebscher Anh. § 13 Rn. 74. Um den rechtlichen und tatsächlichen Besonderheiten bei Unternehmen der öffentlichen Hand gerecht zu werden, wurden von der BReg 2009 Grundsätze guter Unternehmens- und Beteiligungsführung verabschiedet, vgl. *K. Hommelhoff* in FS Hommelhoff 2012, S. 447 f.; *Schürnbrand* ZIP 2013, 1105; *Emmerich/Habersack* Konzernrecht § 2 Rn. 24 Fn. 51; zu von der öffentlichen Hand beherrschten börsennotierten Aktiengesellschaften jüngst *Bayer/Hoffmann* AG 2018, R 84.

[25] Vgl. etwa LG Heidelberg O 95/98 KfH I, AG 1999, 135 (136 f.) – MLP; *Hüffer/Koch* AktG § 15 Rn. 19.

[26] Auch iRd Vermögensverwaltung sind schädigende Eingriffe denkbar (zB Zugriff auf Ressourcen der AG). Indes begründet die bloße Möglichkeit zur Schadensstiftung keine Unternehmenseigenschaft, denn diesen Fall erfassen die allgemeinen Haftungstatbestände. Daher macht es keinen Unterschied, ob eine solche Entgleisung eines einflussreichen Aktionärs nur seinen privaten Interessen zugutekommt (zB Pflege des selbstgenutzten Wohnanwesens) oder ob Vermögensinteressen iRd Vermögensverwaltung befördert werden (etwa Pflege vermieteten Eigentums).

[27] *Emmerich/Habersack* Konzernrecht § 2 Rn. 9; MünchKomm. AktG/Bd. 1/*Bayer* § 15 Rn. 15; *Raiser/Veil* § 59 Rn. 4 ff.; *K. Schmidt* GesR § 31 II 1.

[28] BGH II ZR 123/76, BGHZ 69, 334 (338) – VEBA/Gelsenberg; II ZR 275/84, BGHZ 95, 330 (337) – Autokran; II ZR 135/90, BGHZ 115, 187 (189 ff.) – Video; II ZR 265/91, BGHZ 122, 123 (127 f.) – TBB; II ZR 212/99, DB 2001, 1768 – MLP; *Emmerich/Habersack* AktG § 15 Rn. 11a; *Emmerich/Habersack* Konzernrecht § 2 Rn. 10; *Hüffer/Koch* AktG § 15 Rn. 14; Kölner Komm./*Koppensteiner* § 15 Rn. 33; MHdB GesR IV/*Krieger* § 69 Rn. 10; MünchKomm. GmbHG/*Liebscher* Anh. § 13 Rn. 63; *Raiser/Veil* § 59 Rn. 6 f.

A. Grundlagen

Interessenidentität besteht. Ausgehend vom Sinn und Zweck der Regelung der §§ 15 ff. AktG genügt jedoch auch eine „maßgebliche" Beteiligung. Im Hinblick auf die Charakterisierung einer hinreichenden Beteiligung lassen sich im Wesentlichen zwei Meinungen unterscheiden: Während es nach der einen darauf ankommen soll, ob der betreffende Gesellschafter tatsächlich leitend (iSd des § 18 Abs. 1 AktG) auf das andere Unternehmen einwirkt,[29] begnügt sich die herrschende Meinung bereits mit einer Beteiligung, die die **Möglichkeit einer Einflussnahme** (iSd § 17 AktG) eröffnet.[30] Nach herrschender Meinung genügt daher grds. eine Mehrheitsbeteiligung (§§ 16, 17 Abs. 2 AktG).

Strittig ist, inwieweit eine nicht mehrheitliche Beteiligung geeignet ist, eine Unternehmenseigenschaft zu begründen. Vorherrschend ist die Auffassung, Minderheitsbeteiligungen, auch wenn sie eine Sperrminorität vermitteln, seien nicht ausreichend,[31] es sei denn, dass sie dem Aktionär einen maßgeblichen Einfluss auf die Besetzung der Leitungsorgane oder auf die Geschäftsführung der Drittgesellschaft eröffnen. Gleiches soll gelten, wenn der Aktionär dort Geschäftsführungsfunktionen auf der Grundlage seiner Beteiligung wahrnimmt.[32]

2. Mehrheitsbeteiligung

Die Mehrheitsbeteiligung gem. § 16 AktG gewinnt ihre wesentliche Bedeutung als Grundlage der Abhängigkeits- und Konzernvermutung gem. §§ 17 Abs. 2, 18 Abs. 1 Satz 3 AktG. Eigenständige Bedeutung erlangt die Vorschrift im Rahmen des Verbots der Zeichnung sowie des Haltens eigener Aktien (§§ 56 Abs. 2, 71d Satz 2 AktG). Darüber hinaus knüpfen die §§ 160 Abs. 1 Nr. 1, 2 und 8, 305 Abs. 2 Nr. 1 und 2 AktG an einen bloßen Mehrheitsbesitz an. Gleiches gilt für die Mitteilungspflichten gem. §§ 20 Abs. 4 und 5, 21 Abs. 2 und 3 AktG sowie die Nachweispflichten gem. § 22 AktG.

Die Berechnungs- und Zurechnungsregeln des § 16 AktG dienen dazu, Rechtsklarheit im Hinblick auf die Anwendbarkeit der konzernrechtlichen Regeln, die über die Abhängigkeits- und Konzernvermutung regelmäßig mit einer Mehrheitsbeteiligung einhergehen, zu schaffen.[33] Nach § 16 Abs. 1 AktG liegt eine Mehrheitsbeteiligung vor, wenn einem Unternehmen die **Anteils- oder Stimmenmehrheit** in einem anderen rechtlich selbstständigen Unternehmen zukommt. § 16 Abs. 2 Satz 1, Abs. 3 Satz 1 AktG enthalten Berechnungsregeln für die Anteils- bzw. Stimmenmehrheit. Die wichtigste praktische Bedeutung kommt indes den **Zurechnungsregeln** zu. Nach § 16 Abs. 2 Satz 2 und 3 sowie Abs. 3 Satz 2 dürfen bei der Berechnung eigene Anteile der Gesellschaft, die die Gesellschaft selbst oder mittelbar ein anderer für sie hält, nicht berücksichtigt werden. Ferner sind gem. § 16 Abs. 4 AktG diejenigen Anteile zusätzlich in Ansatz zu bringen, die zwar nicht dem Mehrheitsgesellschafter selbst, aber einem von diesem abhängigen Unternehmen oder einem mittelbaren Stellvertreter des Mehrheitsaktionärs gehören.

---

[29] Geßler/Hefermehl/*Geßler* § 15 Rn. 25 ff.; *Kort* DB 1986, 1909 (1911 f.); *Zöllner* ZGR 1976, 1 (16).
[30] MünchKomm. AktG/Bd. 1/*Bayer* § 15 Rn. 22; *Emmerich/Habersack* Konzernrecht § 2 Rn. 11; *Hüffer/Koch* AktG § 15 Rn. 11; Kölner Komm./*Koppensteiner* § 15 Rn. 35 ff., 37; MHdB GesR IV/*Krieger* § 69 Rn. 7; MünchKomm. GmbHG/*Liebscher* Anh. § 13 Rn. 65.
[31] *Hüffer/Koch* AktG § 15 Rn. 11 ff.; MHdB GesR IV/*Krieger* § 69 Rn. 7 – aA Großkomm. AktG/*Windbichler* § 15 Rn. 38 ff.
[32] *Emmerich/Habersack* Konzernrecht § 2 Rn. 12; MHdB GesR IV/*Krieger* § 69 Rn. 7; MünchKomm. GmbHG/*Liebscher* Anh. § 13 Rn. 66.
[33] Vgl. hierzu und zu weiteren Einzelheiten MHdB GesR IV/*Krieger* § 69 Rn. 18 ff.; *Emmerich/Habersack* Konzernrecht § 3 Rn. 1 ff.; *Raiser/Veil* § 59 Rn. 11 ff.

3. Abhängigkeit iSd § 17 AktG

18 Der Abhängigkeitsbegriff ist von zentraler Bedeutung. Denn die Rechtsbehelfe zum Schutz der Untergesellschaft im faktischen Konzern knüpfen an diesen Tatbestand an (§§ 311 ff. AktG). Nach § 17 AktG ist ein Unternehmen abhängig, wenn ein anderes Unternehmen auf dieses beherrschenden Einfluss ausüben kann. Es genügt die Möglichkeit der Einflussnahme; von dieser Möglichkeit muss nicht Gebrauch gemacht werden. Ein **beherrschender Einfluss** ist anzunehmen, wenn dem beherrschenden Unternehmen langfristig Mittel zur Verfügung stehen, um die Geschäftsleitung des abhängigen Unternehmens dazu zu bewegen, den Willen der Konzernspitze zu befolgen, dh wenn diese einem **fremdunternehmerischen Willen unterworfen** ist.[34]

Allerdings schützt das Konzernrecht die abhängige Gesellschaft nur vor gesellschaftsrechtlichen Einflussnahmen, nicht jedoch vor rein marktwirtschaftlichen Gefahren. Daher setzt Abhängigkeit stets eine **gesellschaftsrechtlich bedingte Einflussnahmemöglichkeit** voraus.[35] Herrschendes Unternehmen ist daher stets ein Gesellschafter der Untergesellschaft, wobei gerade seine Beteiligung ihm die Möglichkeit zur Herrschaft vermitteln muss.

a) Abhängigkeitsbegriff und -vermutung

19 Abhängigkeit wird im Falle einer Mehrheitsbeteiligung eines Unternehmens an einem anderen vermutet (§ 17 Abs. 2 AktG iVm § 16 AktG), da der Mehrheitsgesellschafter regelmäßig maßgebenden Einfluss auf die Personalpolitik der beherrschten Gesellschaft auszuüben vermag, so dass sich die Geschäftsführungsorgane der abhängigen Gesellschaft im Zweifel – schon im Interesse ihrer eigenen Wiederwahl – nach den Weisungen des herrschenden Unternehmens richten werden. Entscheidend ist mithin die **Personalhoheit**, die idealtypisch durch eine Mehrheitsbeteiligung vermittelt wird, also die Möglichkeit, die Gesellschaftsorgane mit „eigenen Leuten" zu besetzen.[36]

20 Die Vermutung des § 17 Abs. 2 AktG ist widerlegbar. Die **Widerlegung der Abhängigkeitsvermutung** muss an dem Rechtsgrund der Vermutungsregel ansetzen. Eine Mehrheitsbeteiligung zieht daher dann keine Abhängigkeit nach sich, wenn sie ausnahmsweise nicht die Möglichkeit verleiht, unmittelbar die Zusammensetzung des Aufsichtsrates und damit mittelbar die des Vorstandes zu beeinflussen. Dieser Nachweis ist schwer zu führen, da das Vorhandensein sämtlicher

---

[34] BGH II ZR 89/72, BGHZ 62, 193 (197 ff.) – Seitz; enger hingegen RG II 128/40, RGZ 167, 40 (48 ff.) – Thega; *Emmerich/Habersack* Konzernrecht § 3 Rn. 14 ff.; Kölner Komm./ *Koppensteiner* § 17 Rn. 14 ff.

[35] So genügt es nicht, wenn ein Unternehmen seine marktbeherrschende Stellung oder langfristige Liefer- und Kreditbeziehungen zu Einflussnahmen ausnutzt. Ein solcher Eingriff unterfällt dem Wettbewerbs- und nicht dem Konzernrecht: vgl. BGH II ZR 171/83, BGHZ 90, 381 (395 f.) – BuM; *Koppensteiner* in FS Stimpel S. 811, 812 ff.; MHdB GesR IV/*Krieger* § 59 Rn. 41; *Raiser/Veil* § 59 Rn. 23; vgl. zur Frage, ob in Ausnahmefällen auch schuldvertraglich oder tatsächlich vermittelte Abhängigkeiten ausreichen können *Emmerich/Habersack* AktG § 17 Rn. 15 f.

[36] OLG Stuttgart 20 W 12/08, BeckRS 2009, 08824; OLG Düsseldorf Kart1/07, NJOZ 2008, 3758 (3759); OLG Karlsruhe 12 W 11/02, NZG 2004, 334 (335); MünchKomm. AktG/ Bd. 1/*Bayer* § 17 Rn. 26 f.; *Emmerich/Habersack* AktG § 17 Rn. 7; *Henssler* in FS K. Schmidt 2009, S. 601 ff., 612; *Hüffer/Koch* AktG § 17 Rn. 5; MünchKomm. GmbHG/*Liebscher* Anh. § 13 Rn. 121 f.

A. Grundlagen

abhängigkeitsbegründender Einflussmöglichkeiten ausgeschlossen sein muss.[37] In Anbetracht dieser Schwierigkeiten werden in der Praxis häufig sog. **Entherrschungsverträge** geschlossen,[38] die darauf gerichtet sind, den Mehrheitsaktionär an der Ausübung der Mehrheitsherrschaft zu hindern. Entherrschungsverträge bedürfen der Schriftform und müssen eine Mindestlaufzeit von fünf Jahren haben, um nachhaltig die Ausübung der Personalhoheit in der Untergesellschaft auszuschließen.[39] Da der Vorstand grundsätzlich zur Konzernleitung verpflichtet ist und der Entherrschungsvertrag dies unmöglich macht und den Vorstand auf kapitalistische Beteiligungsverwaltung beschränkt, wird überwiegend eine entsprechende Satzungsermächtigung für den Entherrschungsvertrag verlangt.[40] Stattdessen wird zum Teil eine Zustimmung der Hauptversammlung analog § 293 AktG gefordert, was die herrschende Meinung jedoch ablehnt.[41]

Abhängigkeit setzt nicht zwingend eine Mehrheitsbeteiligung voraus. Sie kann auch durch eine **Minderheitsbeteiligung** begründet werden, sofern diese durch weitere rechtliche oder tatsächliche – hier auch rein wirtschaftliche – Umstände (wie zB Stimmbindungsverträge, personelle Verflechtungen zwischen den Leitungsorganen der beteiligten Unternehmen, satzungsmäßige Sonderrechte, Leistungsaustauschverträge uÄ) derart verstärkt wird, dass sie dem Unternehmensgesellschafter den nötigen Einfluss sichert. Allerdings müssen die Umstände nichtgesellschaftsrechtlicher Natur gerade die aus der Beteiligung folgenden Einwirkungsmöglichkeiten auf die Geschäftsführung der Untergesellschaft verstärken.[42] Bei (börsennotierten) AGs mit zersplittertem Aktienbesitz ist zudem die **durchschnittliche Hauptversammlungspräsenz** von Bedeutung.[43] Hier kann eine Minderheitsbeteiligung dann zur Abhängigkeit führen,[44] wenn sich die Hauptversammlungspräsenz üblicherweise auf einem Niveau bewegt, das dazu führt, dass die Minderheitsbeteiligung eine sichere Hauptversammlungsmehrheit gewährleistet.[45]

---

[37] BVerfG 2 BvL 2/97, BVerfGE 98, 145 (162) = NZG 1998, 942; MünchKomm. AktG/Bd. 1/*Bayer* § 17 Rn. 95; *Emmerich/Habersack* AktG § 17 Rn. 36 ff.; *Hüffer/Koch* AktG § 17 Rn. 19; MHdB GesR IV/*Krieger* § 69 Rn. 59; in Anbetracht dessen kritisch, da der verlangte Nachweis des Fehlens sonstiger Beherrschungsmöglichkeiten als Negativbeweis kaum zu führen ist: Kölner Komm./*Koppensteiner* § 17 Rn. 100; Spindler/Stilz/*Schall* AktG § 17 Rn. 50.

[38] Weiterführend *K. Schmidt* in FS Hommelhoff 2012, S. 985 ff.

[39] OLG Köln 22 U 72/92, AG 1993, 86 (87) – Winterthur/Nordstern; LG Mainz 10 HO 57/89, AG 1991, 30 (32); MHdB GesR IV/*Krieger* § 69 Rn. 62; *Emmerich/Habersack* AktG § 17 Rn. 42 ff.; *Hüffer/Koch* AktG § 17 Rn. 22; *Raiser/Veil* § 59 Rn. 28; *K. Schmidt* in FS Hommelhoff 2012, S. 985 ff., 997.

[40] MHdB GesR IV/*Krieger* § 68 Rn. 63; MünchKomm. AktG/Bd. 1/*Bayer* § 17 Rn. 109.

[41] Zur hM vgl. LG Mainz 10 HO 57/89, AG 1991, 30 (32); Großkomm. AktG/*Windbichler* § 17 Rn. 82; Kölner Komm./*Koppensteiner* § 17 Rn. 115 – aA *Hommelhoff* Die Konzernleitungspflicht S. 85 ff.; *Jäger* DStR 1995, 1113 (1117); *Möhring* in FS Westermann 1974, S. 427 ff., 435 f.; *Raiser/Veil* § 59 Rn. 29.

[42] BGH II ZR 171/83, BGHZ 90, 381 (397) – BuM; MHdB GesR IV/*Krieger* § 69 Rn. 41.

[43] Vgl. eine Auswertung der Dax-30-Gesellschaften bei *Küting* DB 2009, 73, wonach laut einer Erhebung der Deutschen Schutzvereinigung für Wertpapierbesitz e.V. (DSW) die Hauptversammlungspräsenz im 3-Jahres-Durchschnitt bei 54,56% lag.

[44] Die 30%-Kontrollgrenze des § 29 WpÜG ist für § 17 AktG hingegen nicht maßgeblich, BGH I ZR 129/10, NZG 2012, 1033; vgl. *Brellochs* NZG 2012, 1010; *Emmerich/Habersack* AktG Vor § 311 Rn. 27; *Hüffer/Koch* AktG § 17 Rn. 9; aA Spindler/Stilz/*Schall* AktG § 17 Rn. 29.

[45] BGH II ZR 123/76, BGHZ 69, 334 (347) – VEBA/Gelsenberg, Beteiligung von 43,74% bei 80% Präsenz; BGH II ZB 3/96, BGHZ 135, 107 (114 f.) sowie in der Vorinstanz OLG Braunschweig 2 W 166/95, AG 1996, 271 (273) – VW, Beteiligung von 20% bei 37% Präsenz

22 Auch **mittelbare Abhängigkeitsverhältnisse** werden von § 17 Abs. 1 AktG erfasst, so dass Enkel-, Mutter- und Großmuttergesellschaften usw. in den Anwendungsbereich der konzernrechtlichen Schutzvorschriften einbezogen werden.[46]

b) Mehrmütterherrschaft

23 Schließlich kann der Abhängigkeitstatbestand auch im Zusammenwirken mit anderen verwirklicht werden. Eine solche „Mehrmütterherrschaft" ist insb. im Hinblick auf Gemeinschaftsunternehmen von großer praktischer Relevanz. Unter **Gemeinschaftsunternehmen** versteht man gemeinsame „Tochtergesellschaften" verschiedener Unternehmen, der sog. „Mütter", die dem Zweck dienen, Aufgaben zum gemeinsamen Nutzen der „Mütter" zu erfüllen.[47] Die konzernrechtliche Beurteilung der Herrschaftsverhältnisse hängt von der **Ausgestaltung der Mutter-Tochter-Beziehung** ab. Ausgangspunkt ist, dass Abhängigkeit iSd § 17 AktG nicht gegeben ist, wenn ein beherrschender Einfluss nur mithilfe anderer ausgeübt werden kann, deren Mitwirkung nicht gesichert ist. Daher wird die Annahme abgelehnt, bei paritätischen (50:50) Gemeinschaftsunternehmen sei wegen des faktischen Einigungszwangs der Partner stets ein Abhängigkeitsverhältnis gegenüber beiden zu 50% beteiligten Unternehmen gegeben oder tatsächlich zu vermuten.[48] Übernimmt hingegen ein Gesellschafter die Führung, indem er vor allem durch vertragliche Absprachen auf die Einflusspotenziale anderer Gesellschafter zugreifen kann, so ist das Gemeinschaftsunternehmen allein von dieser Mutter abhängig.[49] Andererseits ist es auch möglich, dass eine Abhängigkeit ausnahmsweise ganz fehlt, wenn die „Mütter" selbstständig gegenüber der Gesellschaft vorgehen und hierdurch ihre Einflussnahmemöglichkeiten gegenseitig blockieren und sich so wechselseitig neutralisieren.[50] Demgegenüber werden die „Mütter" häufig ihren Einfluss koordinieren, um gemeinsam auf das Gemeinschaftsunternehmen Einfluss ausüben zu können; diese Situation bildet realiter den Ideal- und Regelfall, insb. wenn von zwei ungefähr gleichgewichtigen und wirtschaftlich gleich starken Part-

---

im mehrjährigen Durchschnitt; aA erstinstanzlich AG Wolfsburg 2 HRB 215, AG 1995, 238; vgl. weiterhin LG Berlin 99 O 126/95, AG 1996, 230 (231 f.) und LG Berlin 99 O 173/96, AG 1997, 183 (184 f.) – Brau und Brunnen, Beteiligung von 34% bei einer Durchschnittspräsenz von 83%, wovon 20% auf eine Gesellschaft entfallen, an der das zu 34% beteiligte Unternehmen paritätisch beteiligt war; OLG Düsseldorf I-19 W 9/03 AktE, NZG 2005, 1012; *Emmerich/Habersack* AktG § 17 Rn. 19; *Hüffer/Koch* AktG § 17 Rn. 9; MHdB GesR IV/*Krieger* § 69 Rn. 43.

[46] *Emmerich/Habersack* Konzernrecht § 3 Rn. 28; *Hüffer/Koch* AktG § 17 Rn. 6; MHdB GesR IV/*Krieger* § 69 Rn. 49 f.; *Raiser/Veil* § 59 Rn. 20.

[47] Typisch sind Einkaufs- oder Verkaufsgemeinschaften, gemeinsame Forschungseinrichtungen und sonstige „Töchter", die zur Erfüllung gemeinsamer Zwecke der Unternehmen gegründet werden. Vgl. *Emmerich/Habersack* Konzernrecht § 3 Rn. 34; *Hüffer/Koch* AktG § 17 Rn. 13; *Raiser/Veil* § 59 Rn. 21 f.

[48] BGH KVR 1/78, BGHZ 74, 359 (366) – WAZ; KVR 9/85, WM 1987, 326 (327); OLG Frankfurt 19 U 78/03, NZG 2004, 5419 (5420); OLG Stuttgart 20 AktG 1/12, AG 2013, 604 (608); MünchKomm. AktG/Bd. 1/*Bayer* § 17 Rn. 81; *Emmerich/Habersack* Konzernrecht § 3 Rn. 39; *Bürgers/Körber/Fett* AktG § 17 Rn. 24; *Hüffer/Koch* AktG § 17 Rn. 16; Kölner Komm./*Koppensteiner* § 17 Rn. 93; MHdB GesR IV/*Krieger* § 69 Rn. 52; *Raiser/Veil* § 59 Rn. 21; aA noch *Säcker* NJW 1980, 801 (804); *Würdinger* Aktienrecht 1981, S. 294.

[49] Vgl. BGH KVR 9/85, BGHZ 99, 126 (131 ff.) – Hussel/Mara; *Emmerich/Habersack* Konzernrecht § 3 Rn. 40; vgl. MünchKomm. GmbHG/*Liebscher* Anh. § 13 Rn. 116.

[50] *Emmerich/Habersack* Konzernrecht § 3 Rn. 39 f.; *Raiser/Veil* § 59 Rn. 21.

nern ein Gemeinschaftsunternehmen gegründet wird, und wirft die Frage nach der Zulässigkeit einer mehrfachen Abhängigkeit auf.[51]

Die Möglichkeit einer gemeinsamen Herrschaftsausübung ist allgemein anerkannt.[52] Erforderlich ist, dass das Zusammenwirken auf Dauer gesichert ist, so dass es darauf ankommt, ob für die gemeinsame Beherrschung eine ausreichend sichere Grundlage besteht. Als Mittel zur **dauerhaften Sicherung einer gemeinsamen Beherrschung** kommen außer der Gründung einer gemeinsamen Gesellschaft der Herrschaftsträger namentlich Konsortial- und Stimmbindungsverträge sowie sonstige Verträge in Betracht, die eine langfristige gemeinsame Herrschaft gewährleisten.[53] Neben vertraglichen Vereinbarungen können auch rechtliche und tatsächliche Umstände sonstiger Art genügen.[54] Betrachtet man das Meinungsspektrum, so werden teilweise sehr geringe Anforderungen gestellt; insb. soll bereits eine lediglich rein faktische Koordination der Beteiligungsrechte von mehreren Personen in unterschiedlichen Gesellschaften ausreichen, soweit es sich um keine zufällige, sondern um eine bewusste, gewollte und zielgerichtete Zusammenarbeit mit einer hinreichenden Stabilität und Kontinuität handelt.[55] 24

Erkennt man die Möglichkeit einer mehrfachen Abhängigkeit an, stellt sich weiter die Frage, wer in dieser Situation als **Obergesellschaft** anzusehen ist. Während das ältere Schrifttum allein eine von den koordiniert vorgehenden Herrschaftsträgern ggf. begründete Holding-BGB-Gesellschaft als herrschendes Unternehmen ansah, wird heute überwiegend davon ausgegangen, dass **die ihre Interessen bündelnden Großaktionäre** selbst als herrschende Unternehmen anzusehen sind.[56] 25

4. Konzern iSd § 18 AktG

Ein Konzern liegt vor, wenn ein oder mehrere Unternehmen unter der **einheitlichen Leitung** eines anderen Unternehmens zusammengefasst sind.[57] Das Gesetz 26

---

[51] Vgl. MünchKomm. GmbHG/*Liebscher* Anh. § 13 Rn. 117.
[52] BGH II ZR 89/72, BGHZ 62, 193 (196) – Seitz; KVR 1/78, BGHZ 74, 359, (363) – WAZ; II ZR 168/79, BGHZ 80, 69 (73) – Süssen; II ZR 275/84, BGHZ 95, 330 (349) – Autokran; KVR 8/85, BGHZ 99, 1 (3 ff.); MünchKomm. AktG/Bd. 1/*Bayer* § 17 Rn. 77; *Emmerich/Habersack* Konzernrecht § 3 Rn. 39; *Hüffer/Koch* AktG § 17 Rn. 13 ff.; Kölner Komm./*Koppensteiner* § 17 Rn. 83 ff.; MHdB GesR IV/*Krieger* § 69 Rn. 51 ff.; Großkomm. AktG/*Windbichler* § 17 Rn. 60 (entgegen *Würdinger* in der Vorauflage Rn. 11).
[53] BGH II ZR 89/72, BGHZ 62, 193 (195) – Seitz; *Emmerich/Habersack* Konzernrecht § 3 Rn. 40; *Hüffer/Koch* AktG § 17 Rn. 15; Kölner Komm./*Koppensteiner* § 17 Rn. 90; *Raiser/Veil* § 59 Rn. 21; vgl. hierzu auch *Schnorbus/Ganzer* AG 2016, 565.
[54] Vgl. MünchKomm. GmbHG/*Liebscher* Anh. § 13 Rn. 118.
[55] Vgl. BGH II ZR 89/72, BGHZ 62, 193, (199 ff.) – Seitz; KVR 1/78 BGHZ 74, 359 (368 ff.) – WAZ; II ZR 168/79, BGHZ 80, 69 (73) – Süssen; zust. *Emmerich/Habersack* Konzernrecht § 3 Rn. 40, die es etwa als ausreichend erachten, wenn die tatsächlichen Verhältnisse auf Dauer eine gemeinsame Interessenverfolgung gewährleisten; MHdB GesR IV/*Krieger* § 69 Rn. 53; *Raiser/Veil* § 59 Rn. 21 aE – enger *Hüffer/Koch* AktG § 17 Rn. 16, der etwa die Personenidentität der Vorstände als Beispiel anführt; Kölner Komm./*Koppensteiner* § 17 Rn. 91 f.
[56] BGH II ZR 89/72, BGHZ 62, 193 (195 ff.) – Seitz; *Emmerich/Habersack* AktG § 17 Rn. 32; *Emmerich/Habersack* Konzernrecht § 3 Rn. 41; *Hüffer/Koch* AktG § 17 Rn. 14; MHdB GesR IV/*Krieger* § 69 Rn. 54 ff.; Kölner Komm./*Koppensteiner* § 17 Rn. 86 ff. mwN; MünchKomm. GmbHG/*Liebscher* Anh. § 13 Rn. 120 – aA etwa *Koppensteiner* ZHR 1968, 289 (298 ff.) mwN.
[57] Umstritten ist, ob dem Merkmal der Zusammenfassung der Konzernunternehmen zu einer neuen wirtschaftlichen Einheit neben dem Merkmal der einheitlichen Leitung eigenständige Bedeutung zukommt; die hM lehnt dies ab: MünchKomm. AktG/Bd. 1/*Bayer* § 18 Rn. 27; Bürgers/Körber/*Fett* AktG § 18 Rn. 8; *Hüffer/Koch* AktG § 18 Rn. 7; Kölner Komm./

setzt nicht voraus, dass zugleich ein Abhängigkeitsverhältnis iSd § 17 AktG vorliegt. Existiert keine Abhängigkeitsbeziehung, spricht man von einem Gleichordnungskonzern (vgl. § 18 Abs. 2 Akt).[58] Besteht eine solche hingegen, wie im Regelfall, so bezeichnet man diese Unternehmensgruppe als Unterordnungskonzern (§ 18 Abs. 1 AktG).

Die Bedeutung des Leitungsbegriffs ist strittig:[59] Eine Konzernierung ist jedenfalls dann anzunehmen, wenn die Konzernspitze **Einfluss auf die zentralen unternehmerischen Bereiche der Untergesellschaft**, vor allem die Finanzpolitik, nimmt (konzernweite Finanzplanung).[60] Es genügt jedoch auch die Wahrnehmung unternehmerischer Leitungsfunktionen in anderen Grundsatzfragen der Unternehmenspolitik bzw. eine teilweise Koordination der Unternehmenstätigkeiten von abhängigem und herrschendem Unternehmen, sofern dem Konzernunternehmen hierdurch eine eigenständige Planung und Entscheidung weitgehend unmöglich gemacht wird (weiter Konzernbegriff).[61] Zur Konzernierung des abhängigen Parts kommt es mithin dann, wenn das herrschende Unternehmen die abhängigkeitsstiftenden Einflusspotenziale einsetzt, um die Geschäftspolitik der Untergesellschaft auf seine anderweitigen unternehmerischen Interessen hin abzustimmen. Charakteristisch ist die **zielgerichtete Herrschaftsausübung**. Unerheblich sind die Mittel, mit der die Steuerung der Unternehmensgruppe bewirkt wird (zB personelle Verflechtungen, Weisungen, Ratschläge uÄ).[62]

27 Da der Nachweis einheitlicher Leitung allein schon aufgrund der begrifflichen Schwierigkeiten nicht einfach zu führen ist, wird eine Konzernlage gem. § 18 Abs. 1 Satz 2 und 3 AktG im Falle einer Abhängigkeit iSd § 17 AktG widerlegbar, bei Vorliegen eines Beherrschungsvertrages (§ 291 AktG) sowie im Falle einer Eingliederung (§ 319 AktG) dagegen unwiderlegbar vermutet. Zur **Widerlegung** der an den Abhängigkeitstatbestand anknüpfenden **Konzernvermutung** muss nachgewiesen werden, dass trotz der Abhängigkeit seitens des herrschenden Unternehmens realiter

---

Koppensteiner § 18 Rn. 4; aA wonach sich darüber eine dauerhafte Verbindung iRe Konzerns von einer bloßen Koordinierung für den Einzelfall abgrenzen lässt *Emmerich/Habersack* Konzernrecht § 4 Rn. 19 ff.; ebenso *Emmerich/Habersack* AktG § 18 Rn. 15; wohl auch MHdB GesR IV/*Krieger* § 69 Rn. 69 ff.

[58] Gleichordnungskonzerne basieren idR auf vertraglichen Vereinbarungen, durch die eine BGB-Gesellschaft begründet wird; faktische Gleichordnungskonzerne sind hingegen selten, wenngleich insb. die Fusionskontrollpraxis in den vergangenen Jahren zu einem gestiegenen Interesse an dieser Konzernform geführt hat, etwa im Bereich der Versicherungswirtschaft, bei grenzüberschreitenden Kooperationen und Familienunternehmen: vgl. Bürgers/Körber/*Fett* AktG § 18 Rn. 16; *Emmerich/Habersack* Konzernrecht § 4 Rn. 32; MHdB GesR IV/*Krieger* § 69 Rn. 79 ff.; *Raiser/Veil* § 59 Rn. 1 f.; weiterführend zur rechtlichen Ausgestaltung sowie zur Auflösung von Gleichordnungskonzernen: *Timm/Messing* in FS Hommelhoff 2012, S. 1237, 1240 f.

[59] Der Begriff wurde bewusst offen gelassen: vgl. RegBegr. zum AktG 1965, abgedruckt bei *Kropff* S. 33.

[60] LG Mainz 10 HO 57/89, AG 1991, 30 (31) – ASKO/Massa.

[61] MünchKomm. AktG/Bd. 1/*Bayer* § 18 Rn. 33; *Emmerich/Habersack* AktG § 18 Rn. 10 ff.; *Hüffer/Koch* AktG § 18 Rn. 10; MHdB GesR IV/*Krieger* § 69 Rn. 70. Demgegenüber wird teilweise verlangt, dass durch die einheitliche Leitung eine neue wirtschaftliche Einheit entstehen müsse (enger Konzernbegriff), *Hüffer* AktG, 10. Aufl. 2012, § 18 Rn. 10 f.; Kölner Komm./*Koppensteiner* § 18 Rn. 25 f.; differenzierend an dieser Stelle Spindler/Stilz/*Schall* AktG § 18 Rn. 13 ff., der die Anforderungen an die einheitliche Leitung von den Rechtsfolgen her bestimmen will und iRd zw. Unterordnungs- und Gleichordnungskonzernen differenziert.

[62] MünchKomm. AktG/Bd. 1/*Bayer* § 18 Rn. 34 ff.; *Hüffer/Koch* AktG § 18 Rn. 12.

A. Grundlagen 28–30 § 14

keine einheitliche Leitung der verbundenen Unternehmen praktiziert wird. Ausgehend vom weiten Konzernbegriff wird ein solcher Nachweis selten gelingen,[63] wobei strittig ist, ob gesetzliche Vorgaben wie etwa das energiewirtschaftliche Entflechtungsgebot gem. § 8 Abs. 1 EnWG zur Widerlegung der Konzernverwendung ausreichen können.[64]

Die Konzernvermutung des § 18 Abs. 1 Satz 3 AktG greift auch in Fällen mehrfacher Abhängigkeit ein, so dass insb. bei Gemeinschaftsunternehmen auch eine **mehrfache Konzernzugehörigkeit** möglich ist; hierdurch wird die Anwendbarkeit der konzernrechtlichen Schutzvorschriften insb. im Bereich der Konzernpublizität im Verhältnis zu beiden Muttergesellschaften gewährleistet.[65] 28

5. Wechselseitige Beteiligungen

Das Hauptproblem der in § 19 AktG geregelten wechselseitigen Beteiligungen liegt in der Gefahr der **Umgehung der Kapitalaufbringungs- und -erhaltungsregeln**, da die verflochtenen Gesellschaften jeweils mittelbar an sich selbst beteiligt sind; insoweit besteht das Grundkapital in einer wertlosen Beteiligung an sich selbst. Hinzu kommt die Gefahr einer **Verselbstständigung des Managements**, da die Vorstände der verflochtenen Unternehmen die Stimmrechte aus der Beteiligung an der anderen Gesellschaft in deren Hauptversammlung ausüben und sich so wechselseitig selbst kontrollieren. Hierdurch wird die Balance zwischen der Gruppe der Aktionäre als Eigentümer der Gesellschaft einerseits und der Verwaltung der Gesellschaft empfindlich gestört.[66] 29

Das AktG kennt zwei Formen wechselseitiger Beteiligungen: Die qualifizierte, bei der zugleich ein Abhängigkeitsverhältnis besteht und die Rechtsfolgen des faktischen Konzerns gelten (§ 19 Abs. 2–4 AktG), sowie die einfache wechselseitige 30

---

[63] Vgl. BAG ABR 57/94, BAGE 80, 322 (327), welches ebenfalls von einer „sehr schwierig zu widerlegenden Konzernvermutung" ausgeht, einerseits und OLG Düsseldorf I-26 W 13/08 (AktE), AG 2013, 720, andererseits, wo im konkreten Fall von einer Widerlegung der Konzernvermutung ausgegangen wurde; siehe ferner zu den Anforderungen an die Widerlegung der Konzernvermutung: MünchKomm. AktG/Bd. 1/*Bayer* § 18 Rn. 48; *Hüffer/Koch* AktG § 18 Rn. 19; Kölner Komm./*Koppensteiner* § 18 Rn. 45; MHdB GesR IV/*Krieger* § 69 Rn. 74; Großkomm. AktG/*Windbichler* § 18 Rn. 36 ff.; *Emmerich/Habersack* Konzernrecht § 4 Rn. 28 f. zu Folge muss der Versuch der Widerlegung der Konzernvermutung an den einzelnen Indizien ansetzen, die typischerweise auf das Vorliegen einer einheitlichen Leitung hindeuten; *Emmerich/Habersack* Konzernrecht § 18 Rn. 24.

[64] LG Düsseldorf 33 O 46/11, ZIP 2011, 1712; verneinend die Berufungsinstanz: OLG Düsseldorf I-26 W 13/08 (AktE), AG 2013, 720. Vgl. MünchKomm. GmbHG/*Liebscher* Anh. § 13 Rn. 138.

[65] MünchKomm. AktG/Bd. 1/*Bayer* § 18 Rn. 18; Bürgers/Körber/*Fett* AktG § 18 Rn. 11; *Hüffer/Koch* AktG § 18 Rn. 16; Kölner Komm./*Koppensteiner* § 18 Rn. 34; MHdB GesR IV/*Krieger* § 69 Rn. 77; MünchKomm. GmbHG/*Liebscher* Anh. § 13 Rn. 139. Davon zu unterscheiden ist die Problematik des Konzerns im Konzern. Jenseits der Gemeinschaftsunternehmen wird überwiegend die gesellschaftsrechtliche Notwendigkeit einer Anerkennung der Möglichkeit einer mehrfachen Konzernzugehörigkeit bei Unterordnungskonzernen verneint, wobei im Mitbestimmungsrecht Besonderheiten gelten müssen; vgl. MünchKomm. AktG/ Bd. 1/*Bayer* § 18 Rn. 40 ff.; *Emmerich/Habersack* AktG § 18 Rn. 18 ff.; vgl. zur Diskussion dessen unter mitbestimmungsrechtlichen Aspekten *Emmerich/Habersack* Konzernrecht § 4 Rn. 21 ff.

[66] Vgl. zu den Gefahren wechselseitiger Beteiligungen: *Emmerich/Habersack* Konzernrecht § 5 Rn. 4 f.; *Hüffer/Koch* AktG § 19 Rn. 1; *Raiser/Veil* § 59 Rn. 43 ff.; MHdB GesR IV/*Krieger* § 69 Rn. 94.

Beteiligung, bei der gem. § 328 AktG Besonderheiten zu beachten sind. Der Grundtatbestand einer **einfachen wechselseitigen Beteiligung** nach § 19 Abs. 1 AktG setzt eine gegenseitige Kapitalbeteiligung zweier inländischer Kapitalgesellschaften in Höhe von mehr als 25% voraus. § 328 Abs. 1 AktG sieht zur Verhinderung einer Selbstkontrolle der Vorstände der beteiligten Unternehmen einen **Rechtsverlust** für diejenigen Anteile vor, die über 25% hinaus bestehen. Das Verbot betrifft alle Mitgliedschaftsrechte einschließlich des Stimmrechts, des Rechts auf Gewinn und des Bezugsrechts mit Ausnahme des Anrechts auf neue Aktien im Falle einer nominellen Kapitalerhöhung (§ 328 Abs. 1 Satz 2 AktG). Hierdurch soll die wechselseitige Beteiligung wirtschaftlich unattraktiv gemacht und erreicht werden, dass Anteile von mehr als 25% alsbald veräußert werden.[67] Nach § 328 Abs. 3 AktG besteht außerdem bei börsennotierten Gesellschaften ein Stimmverbot bei der Wahl des Aufsichtsrats, um der befürchteten Verselbstständigung des Managements entgegenzuwirken.

Darüber hinaus sind die **Mitteilungspflichten** des § 328 AktG, die auf §§ 20, 21 AktG aufbauen, zu beachten. Die komplizierte Regelung fußt auf dem Grundsatz der zeitlichen Priorität. Hat eine Gesellschaft eine mehr als 25%ige Beteiligung an einer anderen Gesellschaft erworben, muss sie dies gem. §§ 20 Abs. 1–3, 21 Abs. 1 AktG der anderen AG mitteilen; diese Pflicht betrifft bereits die Gründungsaktionäre.[68] Solange die Mitteilung nicht erfolgt ist, ruhen sämtliche Mitgliedschaftsrechte aus den erworbenen Anteilen (§§ 20 Abs. 7, 21 Abs. 4 AktG). Die Nachholung der Mitteilung führt zum vollständigen Wiederaufleben der Rechte aus den Beteiligungen. Erwirbt nunmehr die andere Gesellschaft ebenfalls eine Beteiligung von mehr als 25% an der erstgenannten Gesellschaft, so kann die andere Gesellschaft ihre Mitgliedschaftsrechte aus dieser Beteiligung nicht ausüben, soweit die Beteiligung über 25% hinausgeht. Handelt indes die zweite Gesellschaft im Zeitpunkt des Erwerbs der Beteiligung in Unkenntnis der 25%igen Beteiligung der anderen Gesellschaft und kommt sie dieser mit der Mitteilung nach §§ 20 Abs. 1–3, 21 Abs. 1 AktG zuvor, so kann diese ihre Mitgliedschaftsrechte voll wahrnehmen, während die erste im Rahmen ihrer Rechtsausübung auf diejenigen Anteile beschränkt wird, die 25% nicht überschreiten.[69]

31 Im Falle einer qualifiziert wechselseitigen Beteiligung gelten indes nach § 19 Abs. 2–4 AktG die allgemeinen Regeln. § 19 Abs. 2 AktG definiert den Tatbestand der **einseitig qualifizierten wechselseitigen Beteiligung** dahin, dass eines der wechselseitig beteiligten Unternehmen entweder eine Mehrheitsbeteiligung (§ 16 Abs. 1 AktG) an dem anderen innehat oder einen beherrschenden Einfluss auf dieses ausüben kann. Rechtsfolge ist die **unwiderlegliche gesetzliche Vermutung** des Vorliegens eines **Abhängigkeitsverhältnisses**. Die wichtigste Rechtsfolge der hierdurch ausgelösten Anwendbarkeit der Regeln des faktischen Konzerns sind die Beschränkungen der §§ 56 Abs. 2, 71 ff. AktG: Dem abhängigen Unternehmen stehen gem. §§ 71d Satz 4, 71b AktG keinerlei Mitgliedschaftsrechte im herrschenden Unternehmen zu, und ihm ist ein Hinzuerwerb weiterer Aktien des herrschenden Unternehmens gem. §§ 56 Abs. 2, 71 Abs. 1 Nr. 1–5, 7 und 8, Abs. 2, 71d Satz 2 AktG nur in Ausnahmefällen gestattet. Ferner ist das abhängige Unternehmen

---

[67] RegBegr. zum AktG 1965, abgedr. bei *Kropff* S. 433 f.; *Emmerich/Habersack* Konzernrecht § 5 Rn. 15 ff.; *Raiser/Veil* § 59 Rn. 47.
[68] BGH II ZR 30/05, NZG 2006, 505.
[69] Vgl. hierzu und zu weiteren Einzelheiten MHdB GesR IV/*Krieger* § 69 Rn. 99 ff. *Emmerich/Habersack* Konzernrecht § 5 Rn. 19 ff.; *Raiser/Veil* § 59 Rn. 48.

B. Konzernbildungskontrolle

verpflichtet, seinen Aktienbestand binnen drei Jahren bis auf einen Rest von 10% gem. §§ 71d Satz 2 und 4, 71c Abs. 2 AktG abzubauen.[70]

Für den Fall der **beidseitig qualifizierten wechselseitigen Beteiligung** haben beide wechselseitig beteiligten Unternehmen eine Mehrheits- oder eine Herrschaftsstellung inne (§ 19 Abs. 3 AktG). Ist dies gegeben, werden beide Gesellschaften sowohl als herrschendes als auch als abhängiges Unternehmen angesehen (unwiderlegliche Vermutung), so dass die hieran geknüpften Rechtsfolgen für jede von ihnen eingreifen. Die vorerwähnten Beschränkungen gelten mithin für beide Gesellschaften, so dass insb. keine von ihnen aus den Aktien an der anderen Gesellschaft Mitgliedschaftsrechte ausüben kann (§§ 71d Satz 2 und 4, 71b AktG). Darüber hinaus muss der **beiderseitige Anteilsbesitz** von beiden Gesellschaften nach §§ 71d Satz 2 und 4, 71c Abs. 2 AktG binnen drei Jahren bis auf eine Restbeteiligung von 10% abgebaut werden.[71] 32

B. Konzernbildungskontrolle

Die Frage nach einem effektiven konzernrechtlichen Präventivschutz ist ins Zentrum der konzernrechtlichen Diskussion gerückt. 33

I. Abhängiges Unternehmen

Es stellt sich vor allem die Frage, ob die Begründung der Abhängigkeit einer AG oder ihre Konzerneinbindung eine Mitwirkung der (konzernfreien) Aktionäre des abhängigen Unternehmens erfordert, so dass diese bereits die Entstehung der Unternehmensverbindung abwehren oder ihre Zustimmung von geeigneten Vereinbarungen abhängig machen können, die sie (vermögensmäßig) vor etwaigen negativen Folgen einer Abhängigkeits- und Konzernbeziehung schützen. Sofern eine **effektive Konzernbildungskontrolle** stattfindet, würde zugleich die Notwendigkeit der Entwicklung weitergehender Schutzinstrumente zum Schutz des abhängigen Unternehmens und seiner Gesellschafter weitgehend entfallen. Denn wer sich selbst zu schützen vermag, den braucht die Rechtsordnung nicht umfänglich zu schützen. 34

1. Schutz vor der Entstehung einer Abhängigkeitslage

Dem Zeitpunkt der Gruppenbildung durch Entstehung einer Abhängigkeitslage kommt entscheidende Bedeutung zu; dieser Zeitpunkt wird deshalb als „archimedischer Punkt des Konzernrechts" bezeichnet.[72] In aller Regel wird eine AG als 35

---

[70] *Emmerich/Habersack* Konzernrecht § 5 Rn. 11; *Hüffer/Koch* AktG § 19 Rn. 6; MHdB GesR IV/*Krieger* § 69 Rn. 113; *Raiser/Veil* § 59 Rn. 49; weiterführend *Cahn* Kapitalerhaltung im Konzern 1998, S. 151 ff.

[71] Nach heute hM ist die Abbaupflicht nicht etwa perplex, sondern findet dem Normzweck entsprechend beiderseitig Anwendung: MHdB GesR IV/*Krieger* § 69 Rn. 113; MünchKomm. AktG/Bd. 1/*Bayer* § 19 Rn. 51; *Emmerich/Habersack* Konzernrecht § 5 Rn. 14; Spindler/Stilz/*Schall* AktG § 19 Rn. 6; ebenso *Hüffer/Koch* AktG § 19 Rn. 8 sowie Kölner Komm./*Lutter/Drygala* 71d Rn. 67. – aA noch *Hüffer*, 10. Aufl. 2012, AktG § 19 Rn. 8; Kölner Komm./*Lutter*, 2. Aufl. 1998, § 71d Rn. 48; differenzierend Kölner Komm./*Koppensteiner* § 19 Rn. 11, demzufolge zwar beide Auffassungen zu einem gesetzlich nicht vorgesehenen Zustand führen, jedoch die heute hM der Gesamttendenz des Gesetzes besser entspricht und mithin vorzugswürdig ist.

[72] *Behrens* ZGR 1975, 433 (440 f.); *Hirte* Bezugsrechtsausschluss und Konzernbildung 1986, S. 146; *Kropff* in FS Goerdeler S. 257, 262; MünchKomm. GmbHG/*Liebscher* Anh. § 13 Rn. 265; *Lutter/Timm* NJW 1982, 409 (411); *Wiedemann* ZGR 1978, 477 (487).

unabhängiges Unternehmen gegründet. Sofern schon bei der Gründung ein beherrschender Unternehmensgesellschafter vorhanden sein sollte, ist dies unter dem Gesichtspunkt des Minderheitsschutzes unproblematisch. Niemand ist gezwungen, Gründungsaktionär einer originär abhängigen Gesellschaft zu sein. Problematisch ist allein die nachträgliche Begründung der Abhängigkeit einer bis dato selbstständigen AG, da diese die Grundlagen des bisherigen Gesellschaftsverhältnisses tangiert:

Die Schaffung eines effektiven konzernrechtlichen Präventivschutzsystems auf der Ebene des (zukünftig) abhängigen Unternehmens wird vornehmlich als Aufgabe der **Satzungsgestaltung** angesehen.[73] Allerdings sind der **Fantasie** durch den Grundsatz der Satzungsstrenge (§ 23 Abs. 5 AktG) **enge Grenzen gesetzt**. Primär kommen Maßnahmen zur Verhinderung einer Herrschaftsbegründung, insb. eine Erschwerung der Anteilsübertragung durch Schaffung vinkulierter Namensaktien (§ 68 Abs. 2 AktG) in Betracht. Darüber hinaus ist an Stimmrechtsregelungen wie die Einführung von Höchststimmrechten (§ 134 Abs. 1 AktG) bei nicht börsennotierten Gesellschaften und die Verschärfung der Mehrheitserfordernisse für bestimmte Beschlussgegenstände zu denken. Demgegenüber kann ein anderweitiges unternehmerisches Engagement eines maßgebenden Teilhabers allenfalls durch eine statutarische Regelung, die die Gesellschaft zur Zwangseinziehung von dessen Aktien berechtigt (§ 237 Abs. 1 AktG), sanktioniert werden.[74] Die nachträgliche Einführung der Vinkulierung und der Möglichkeit zur Zwangseinziehung bedarf der Zustimmung aller Aktionäre, wohingegen Höchststimmrechte und höhere Mehrheitserfordernisse im Wege der Satzungsänderung eingeführt werden können.[75] Ein **Wettbewerbsverbot** zulasten des Mehrheitsaktionärs wird überwiegend angesichts der Sonderregelung des § 88 AktG, der (ausschließlich) Vorstandsmitglieder einem Konkurrenzverbot unterwirft, generell abgelehnt; etwas anderes kommt jedoch bei personalistisch strukturierten AGs in Betracht.[76]

36 Neben den Fällen, in denen eine statutarische Schutzklausel eingreift, kommt eine **Hauptversammlungszuständigkeit** im Rahmen des Gruppenaufbaus nur **in Ausnahmefällen** in Betracht. Da die AG als **konzernoffene Gesellschaft** ausgestaltet ist, steht die Herrschaftsbegründung, welche im Regelfall über den Erwerb einer Mehrheitsbeteiligung durch (Zu-)Kauf von Aktien über die Börse erfolgt, grds. außerhalb des Einflusses der Gesellschaft und ihrer Aktionäre. Auch der Versuch, **Verhaltensmaßstäbe im Rahmen des Anteilshandels** – unter Rückgriff auf treuepflichtbedingte Rücksichtnahmepflichten veräußerungswilliger Aktionäre, die Forderung nach Abgabe einer „Konzernierungserklärung" durch das ein Aktienpaket erwerbende (zukünftig) herrschende Unternehmen,[77] die Annahme von Mitverkaufsrechten oder der Verpflichtung des Erwerbers zur Übernahme der Aktien der außenstehenden Aktionäre – zu kreieren, scheitert an der Konzeption des Aktienrechts. Ein ausgeklügeltes Schutzsystem zu Gunsten der Außenseiter und Gläubiger

---

[73] Vgl. zur präventiven Satzungsgestaltung bereits MünchKomm. GmbHG/*Liebscher* Anh. § 13 Rn. 279 ff.

[74] Vgl. zu entsprechenden Schutzklauseln *Emmerich/Habersack* AktG Vor § 311 Rn. 2 ff.; MHdB GesR IV/*Krieger* § 70 Rn. 18 ff.; *Liebscher* Konzernbildungskontrolle 1995 S. 352 ff.

[75] *Liebscher* Konzernbildungskontrolle 1995 S. 363 f. mit zahlr. Nachweisen.

[76] Sehr strittig: Generell ablehnend etwa MünchKomm. AktG/Bd. 5/*Altmeppen* Vor § 311 Rn. 49 ff. – bejahend für personalistisch strukturierte AGs *Liebscher* Konzernbildungskontrolle 1995 S. 386 ff., ähnlich *Emmerich/Habersack* AktG Vor § 311 Rn. 7; andeutungsweise ebenfalls MHdB GesR IV/*Krieger* § 70 Rn. 20aE.

[77] So *Hommelhoff* Die Konzernleitungspflicht 1982 S. 408 – ablehnend MHdB GesR IV/ *Krieger* § 70 Rn. 21.

B. Konzernbildungskontrolle

greift erst beim Übergang zum Vertragskonzern ein. Der Schutz bei faktischer Konzernierung einer börsennotierten AG ist jedoch durch das WpÜG vom 20.12.2001 deutlich verbessert worden (vgl. dazu Rn. 39 f.). Im Übrigen bestehen im Rahmen des Gruppenaufbaus nur extrem selten Zuständigkeiten der Hauptversammlung, etwa wenn die Herrschaftsbegründung im Wege der Begründung eines Entsendungsrechts nach § 101 Abs. 2 AktG erfolgt, sowie in den Fällen einer Abhängigkeitsbegründung im Rahmen einer Kapitalerhöhung mit Bezugsrechtsausschluss.[78]

Bedarf die Begründung einer Abhängigkeitslage ausnahmsweise der Zustimmung der Hauptversammlung der (zukünftig) abhängigen Gesellschaft, fragt es sich, welche Anforderungen an derartige „Konzernierungsbeschlüsse" zu stellen sind. Überwiegend wird davon ausgegangen, dass sämtliche Beschlüsse, denen die Gefahr einer Abhängigkeit der Gesellschaft immanent ist, einer **gerichtlichen Inhaltskontrolle** unterliegen.[79] Hiernach fehlt es an der sachlichen Rechtfertigung des Beschlusses, wenn dieser die Gesellschaft in eine faktische Konzernierung führt oder er diese verstärkt, wohingegen umgekehrt davon ausgegangen wird, dass Gesellschafterbeschlüsse, die der Abwehr von Fremdeinflüssen und somit der Erhaltung der Selbstständigkeit der Gesellschaft dienen, in aller Regel sachlich gerechtfertigt seien.[80]

2. Mitteilungspflichten

Daneben begründen die §§ 20 ff. AktG eine **Offenlegungspflicht**, sobald eine Beteiligung von mehr als 25% und mehr als 50% an einer anderen AG aufgebaut worden ist (§ 20 Abs. 1 und 4 AktG), bzw. sobald die genannten Schwellenwerte wieder unterschritten werden (§ 20 Abs. 5 AktG). Wird diese Mitteilungspflicht nicht erfüllt, so tritt gem. § 20 Abs. 7 Satz 1 AktG ein Rechtsverlust für die Dauer der Nichterfüllung der Mitteilungspflicht ein.[81] Dieser Rechtsverlust gilt vor allem für die Verwaltungsrechte sowie das Bezugsrecht im Rahmen einer Kapitalerhöhung, wohingegen der Dividendenanspruch gem. § 20 Abs. 7 Satz 2 AktG lediglich ruht, soweit die vorgesehene Meldung nicht vorsätzlich unterlassen wurde. Die vorgenannten Vorschriften gelten gem. § 20 Abs. 8 AktG nicht für **börsennotierte Gesellschaften**, da für solche Gesellschaften gem. §§ 33 ff. WpHG eigenständige Mitteilungspflichten bei der Über- bzw. Unterschreitung von Schwellenwerten von 3, 5, 10, 15, 20, 25, 30, 50 und 75% bestehen. Die Nichterfüllung der kapitalmarktrechtlichen Mitteilungspflichten führt gem. § 44 WpHG wiederum zu einem Verlust der Rechte aus den Aktien bzw. zu einem Ruhen des Dividendenanspruchs im Falle eines nicht vorsätzlichen Pflichtverstoßes.

3. Schutz durch das Übernahmerecht

Das WpÜG sieht ferner einen ergänzenden Schutz der Aktionäre börsennotierter Gesellschaften im Falle eines **Kontrollwechsels** vor. Insoweit ist zunächst im Falle eines öffentlichen Angebots zum Erwerb von Wertpapieren, insb. im Falle

---

[78] Vgl. *Liebscher* Konzernbildungskontrolle 1995 S. 349 ff.
[79] BGH II ZR 168/79, BGHZ 80, 69, (74 f.). – Süssen; *Emmerich/Habersack* AktG Vor § 311 Rn. 6; MHdB GesR IV/*Krieger* § 70 Rn. 19; *Liebscher* Konzernbildungskontrolle 1995 S. 378 ff.
[80] BGH II ZR 150/58, BGHZ 33, 175 (186 ff.); *Hüffer/Koch* AktG § 186 Rn. 32; aA *Hirte* Bezugsrechtsausschluss und Konzernbildung 1986 S. 43.
[81] *Emmerich/Habersack* AktG § 20 Rn. 38 ff.; *Hüffer/Koch* AktG § 20 Rn. 12 ff. – die Mitgliedschaft selbst ist hingegen sanktionsfest, BGH II ZR 148/07, DStR 2009, 1547; vgl. auch *Riegger/Wasmann* in FS Hüffer, S. 823 (830).

eines Übernahmeangebots, gesetzlich ein **formalisiertes Übernahmeverfahren** angeordnet worden, welches der Gestaltungsfantasie des Bieters im Rahmen der Ausgestaltung der Angebotsbedingungen und des Verfahrensablaufs enge Grenzen setzt (vgl. §§ 10 ff., 29 ff. WpÜG). Das Gesetz hat das Ziel, ein faires, geordnetes und durchschaubares Übernahmeverfahren zu gewährleisten und für die gebotene Gleichbehandlung der Aktionäre der Zielgesellschaft und deren umfassende Information zu sorgen. Die Verfahrensregeln nehmen dem Übernahmeangebot des Bieters weitgehend den Überraschungseffekt und verwehren es diesem, den auf den Aktionären im Falle einer Unternehmensübernahme im Wege eines öffentlichen Übernahmeangebots lastenden Entscheidungsdruck durch geschickte Gestaltungen der Angebotsbedingungen zu verschärfen. Er muss nicht nur ein klar strukturiertes, schnell erfassbares, an alle Aktionäre gerichtetes Angebot unterbreiten, sondern zugleich dessen Finanzierung, die wirtschaftlichen Folgen der Übernahme für seine Vermögens- und Ertragslage sowie seine Pläne mit der Zielgesellschaft offenlegen.[82] Nach der Veröffentlichung der Entscheidung zur Abgabe eines Übernahmeangebots darf allerdings der Vorstand der Zielgesellschaft gem. § 33 Abs. 1 WpÜG nichts unternehmen, was den Erfolg des Angebots verhindern könnte. Ausnahmen gelten für übliche Handlungen eines ordentlichen und gewissenhaften Geschäftsleiters, für die Suche nach einem weiteren Interessenten und für Handlungen mit Zustimmung des Aufsichtsrates. Ferner kann nach § 33 Abs. 2 WpÜG die Hauptversammlung mit Dreiviertelmehrheit den Vorstand im Vorhinein zu hinreichend bestimmten Maßnahmen, die in ihre Zuständigkeit fallen und den Erfolg von Übernahmeangeboten verhindern sollen, befristet ermächtigen.[83] Auch dann bedarf der Vorstand für seine Handlungen aber zusätzlich noch der Zustimmung des Aufsichtsrates.

40 Von besonderer Bedeutung sind ferner die Regelungen über das sog. **„Pflichtangebot"**. Gemäß §§ 35 ff. WpÜG ist derjenige, der in anderer Weise als durch öffentliches Übernahmeangebot die Kontrolle über eine börsennotierte Gesellschaft erlangt, zur Veröffentlichung dieser Tatsache unter Angabe seines Stimmrechtsanteils und zur Abgabe eines öffentlichen Erwerbsangebots verpflichtet. Die Regelung beruht auf dem Gedanken, dass derjenige, der die Kontrolle über eine börsennotierte AG erlangt, verpflichtet sein soll, allen Aktionären ein Angebot zur Übernahme ihrer Aktien zu unterbreiten, da mit einem **Kontrollwechsel** grundlegende Änderungen der Unternehmenspolitik und der Geschäftsgrundlage des Investments verbunden sein können. In Anbetracht der traditionell niedrigen Hauptversammlungspräsenz börsennotierter AGs definiert das WpÜG **30% der Stimmrechte** der börsennotierten Gesellschaft als Kontrollschwelle (§ 29 Abs. 2 WpÜG), so dass das Pflichtangebot bei Erwerb einer entsprechenden Beteiligungsquote abzugeben ist,[84] wobei der Schwellenwert gem. § 30 WpÜG auch durch Hinzurechnung von Anteilen Dritter überschritten werden kann.[85]

4. Exkurs: Vermeidung von Konzernkonflikten durch Squeeze Out

41 Schließlich wird einem mit 95% des Grundkapitals beteiligten Gesellschafter die Befugnis eingeräumt, Minderheitsaktionäre gegen Gewährung einer Abfindung

---

[82] Vgl. zu Einzelheiten des Übernahmeverfahrens nach dem WpÜG: *Liebscher* ZIP 2001, 853.

[83] Alternativ kann mittlerweile aber das sog. „Europäische Verhinderungsverbot" des § 33a WpÜG durch Satzungsregelung statt des § 33 WpÜG für anwendbar erklärt werden.

[84] Vgl. zum Pflichtangebot nach dem neuen Übernahmerecht *Liebscher* ZIP 2001, 843 (866); *Altmeppen* ZIP 2001, 1073; *Mülbert* ZIP 2001, 1221; kritisch *Zietsch/Holzborn* WM 2001, 1753.

[85] Vgl. *Liebscher* ZIP 2002, 1005.

B. Konzernbildungskontrolle

aus der Gesellschaft auszuschließen (§§ 327a ff. AktG). Die Vorschriften über den Squeeze Out lehnen sich an die Regelungen über die Mehrheitseingliederung der §§ 320 ff. AktG an. Allerdings sind zwei sehr wichtige Unterschiede vorgesehen: Zum einen setzen die §§ 327aff. AktG nicht voraus, dass es sich bei dem Hauptaktionär um eine inländische AG handelt; darüber hinaus muss der Hauptaktionär auch nicht 95% des Aktienkapitals in eigenen Händen halten, da § 327a Abs. 2 AktG die Geltung der Zurechnungsvorschrift des § 16 Abs. 4 AktG, die Aktien, die von abhängigen Unternehmen gehalten werden, betrifft, anordnet. Der Squeeze Out ist probates Mittel, um bei extrem hohen Beteiligungsquoten den Konzernkonflikt durch Beseitigung der Minderheit zu bereinigen.[86] Daher kann es sich in Sonderfällen auch für Gesellschaften anderer Rechtsformen mit Minderheiten von 5% oder weniger anbieten, eine formwechselnde Umwandlung in eine AG vorzunehmen und anschließend in der Hauptversammlung die Übertragung der Aktien der Minderheitsaktionäre zu beschließen. Gemäß § 327b AktG legt der Hauptaktionär die Barabfindung aufgrund der Verhältnisse der Gesellschaft im Zeitpunkt der Beschlussfassung der Hauptversammlung (Bewertungsstichtag) fest. Über die Übertragung der Aktien der Minderheitsaktionäre beschließt[87] dann nach § 327a Abs. 1 AktG die Hauptversammlung mit einfacher Mehrheit,[88] wobei der Hauptaktionär stimmberechtigt ist. Mit der Eintragung des Übergangsbeschlusses ins Handelsregister gehen die Aktien der Minderheitsaktionäre auf den Hauptaktionär über (§ 327e AktG). Schuldner der Barabfindung ist der Hauptaktionär (vgl. dazu auch § 327b Abs. 3 AktG). Der Übertragungsbeschluss ist grundsätzlich nach § 243 Abs. 1 AktG anfechtbar; über die Angemessenheit der Barabfindung kann dagegen nur im Spruchverfahren entschieden werden (§ 327f Abs. 1 Satz 2 AktG; vgl. auch Satz 3).[89]

II. Herrschendes Unternehmen

Der für den herrschenden Einfluss iSd § 17 Abs. 1 AktG erforderliche Beteiligungserwerb stellt grundsätzlich eine Geschäftsführungsmaßnahme des Vorstands dar (vgl. Rn. 6 f.). Der Beteiligungserwerb birgt jedoch für die Beteiligten, insbesondere die Gesellschafter des herrschenden Unternehmens, Gefahren: Mit der Gruppenbildung geht eine **Änderung der Leitungs- und Kontrollbedingungen** hinsichtlich des in die Beteiligung verlagerten Vermögens einher. Der Einfluss des herrschenden Unternehmens auf die Tochtergesellschaft unterliegt nämlich selbst im Vertragskonzern und erst recht im faktischen Konzernverhältnis rechtlichen und tatsächlichen Beschränkungen und der Geschäftsführung des Tochterunternehmens verbleiben Freiräume, in die die Konzernspitze nicht lenkend eingreifen kann und darf (sog. **Teilautonomie des Tochtermanagements**).[90] Weiterhin kommt es

---

[86] Vgl. zu den Neuregelungen des Squeeze Out: *Kiem* RWS-Forum Gesellschaftsrecht 2001, S. 329; *Halm* NZG 2000, 1162; *Ehricke/Roth* DStR 2001, 1120; *Habersack* ZIP 2001, 1230.
[87] Zur Frage der rechtspolitischen Begründbarkeit des Beschlusserfordernisses vgl. befürwortend *Ehricke/Roth* DStR 2001, 1120 (1124 f.); *Kiem* RWS-Forum Gesellschaftsrecht 2001 S. 335 ff.; ablehnend *Habersack* ZIP 2001, 1230 (1236 ff.); *Vetter* ZIP 2000, 1817 (1819 ff.)
[88] Vgl. *Hüffer/Koch* AktG § 327a Rn. 15.
[89] Zur Bemessung der angemessenen Barabfindung beim Squeeze Out jüngst BGH II ZB 23/14, BGHZ 207, 114; II ZB 25/14, BGHZ 208, 265; OLG Zweibrücken 9 W 3/14, AG 2018, 200.
[90] *Liebscher* Konzernbildungskontrolle 1995 S. 44 f.; *MünchKomm. GmbHG/Liebscher* Anh. § 13 Rn. 1176; *Lutter* in FS Stimpel S. 825, 838 f.; *Wiedemann* Die Unternehmensgruppe im Privatrecht 1988 S. 12 f.

infolge der Gruppenbildung und Beteiligungsverwaltung zu einer Kompetenzverschiebung innerhalb des herrschenden Unternehmens, die schlagwortartig als „Mediatisierung des Gesellschaftereinflusses" bezeichnet wird.[91] Es stellt sich daher die Frage, inwieweit der Vorstand bei der Ausübung der Beteiligungsverwaltung Beschränkungen unterliegt, insbesondere ob und inwieweit die Gesellschafter des herrschenden Unternehmens an der Gruppenbildung (Konzernbildungskontrolle) sowie später an der Konzernleitung durch die Geschäftsführung der herrschenden Gesellschaft (Konzernleitungskontrolle) zu beteiligen sind und inwieweit sich die Informationsrechte der Aktionäre auf Angelegenheiten von Tochter- und Beteiligungsunternehmen erstrecken; dies deshalb, weil sich – wie dargelegt – durch den Aufbau eines Konzernverbundes die Gegebenheiten innerhalb der nunmehr als Obergesellschaft fungierenden AG, insb. die „Kompetenzbereiche" der Organe, ändern.

1. Geschriebene Hauptversammlungszuständigkeiten

43 Maßnahmen zur Gruppenbildung bzw. -verwaltung erfordern eine Mitwirkung der Hauptversammlung nach der gesetzlichen Kompetenzordnung nur dann, wenn die Voraussetzungen einer der im AktG enumerativ aufgeführten Hauptversammlungszuständigkeiten erfüllt sind. Im Zusammenhang mit der Verlagerung von Unternehmensvermögen in Tochtergesellschaften kommt eine Hauptversammlungspflichtigkeit gem. § 179a AktG bzw. gem. §§ 23 Abs. 3 Nr. 2, 179 AktG in Betracht. Nach § 179a AktG bedarf ein Vertrag, durch den sich eine AG zur **Übertragung** ihres **Vermögens** verpflichtet, einer Zustimmung der Hauptversammlung. Das Unternehmen muss sich nicht seines vollständigen Vermögens begeben, so dass einer Anwendung von § 179a AktG nicht entgegensteht, wenn unwesentliches Vermögen zurückbleibt. Es kommt darauf an, ob die AG mit dem übrigen Betriebsvermögen ihre satzungsmäßig definierten Unternehmensziele auch zukünftig – wenngleich in eingeschränktem Umfang – weiterverfolgen kann.[92] Zu beachten ist, dass im Anwendungsbereich des § 179a AktG die Zustimmung der Hauptversammlung Wirksamkeitserfordernis des Übertragungsvertrages ist, so dass **ohne Befassung der Hauptversammlung** dem Vorstand im Rahmen des Abschlusses des Vertrages die **Vertretungsmacht fehlt**.[93]

44 Bei der Führung der Geschäfte der Gesellschaft ist der Vorstand an den in der Satzung festgelegten **Unternehmensgegenstand** gebunden. Der Unternehmensgegenstand beansprucht konzernweit Geltung, so dass der (Konzern-)Vorstand sowohl hinsichtlich der unmittelbaren Betätigung des Unternehmens als auch bezüglich der mittelbaren Zweckverfolgung über Tochtergesellschaften an das satzungsmäßige Betätigungsspektrum gebunden ist. Die Tätigkeitsfelder, auf denen die Töchter agieren, müssen daher dem Unternehmensgegenstand des herrschenden

---

[91] Vgl. zur Lage im GmbH-Konzernrecht MünchKomm. GmbHG/*Liebscher* Anh. § 13 Rn. 1064 ff.

[92] BGH II ZR 174/80, BGHZ 83, 122 (Holzmüller); OLG München 24 U 1036/93, AG 1995, 232 – EKATIT/Riedinger; *Emmerich/Habersack* AktG Vor § 311 Rn. 32; *Hüffer/Koch* § 179a Rn. 5; *Reichert* ZHR Beiheft 68, 25, 42 – aA (für eine wertmäßige Betrachtung); *Mertens* in FS Zöllner (Bd. I) S. 385, 386 ff.; vgl. zum Anwendungsbereich des § 179a AktG auch *Bredthauer* NZG 2008, 816 (817), der sich gegen dessen Anwendbarkeit ausspricht, wenn es um die Veräußerung einzelner Vermögensgegenstände geht.

[93] Insoweit unterscheidet sich der Fall des § 179a AktG grds. von „faktischen" Satzungsänderungen und den Grundsätzen der Holzmüller-Doktrin; derartige Kompetenzverstöße lassen nach hM die Vertretungsmacht des Vorstandes unberührt (vgl. Rn. 64).

B. Konzernbildungskontrolle 45 § 14

Unternehmens entsprechen, da diesem die Tochter-Aktivitäten als eigene zugerechnet werden. Betätigt sich der Konzern-Vorstand hingegen (mittelbar über Tochter- und Beteiligungsgesellschaften) außerhalb des statutarisch definierten Tätigkeitsprofils, indem er dieses (dauerhaft[94]) über- oder unterschreitet, so verhält er sich kompetenzwidrig.[95] Hieraus kann sich die Notwendigkeit einer Beteiligung der Aktionäre ergeben, wenn in dem Beteiligungserwerb eine **(faktische) Änderung** des statutarischen **Unternehmensgegenstandes** liegt. Streitig ist insoweit, ob die begleitende Satzungsänderung vor dem Geschäft erfolgen muss.[96]

Weiterhin wird verbreitet für ein mittelbares Tätigwerden der Gesellschaft eine 45 satzungsmäßige Ermächtigung in Form einer sog. **Konzernklausel**, die in der Satzungsbestimmung über den Unternehmensgegenstand enthalten sein muss, gefordert;[97] zudem wird überwiegend davon ausgegangen, dass Satzungsklauseln, die zum Beteiligungserwerb ermächtigen, im Zweifel eng auszulegen seien.[98] Auch die Eingehung rein kapitalistischer Beteiligungen für langfristige Anlagezwecke, dh der Erwerb von Beteiligungen, die keinen beherrschenden Einfluss gewähren, muss von einer Satzungsermächtigung gedeckt sein, sofern es sich nicht um Bagatellfälle oder einen bloßen Annex der unternehmerischen Betätigung der Gesellschaft (beispielsweise zwecks Bildung einer Liquiditätsreserve) handelt.[99] Darüber hinaus wird vereinzelt – indes in Anbetracht der Zurechnung der Tochteraktivitäten zur Muttergesellschaft zu Unrecht – vertreten, dass die Umgestaltung eines operativ

---

[94] Vgl. zur Dauerhaftigkeit einer Unterschreitung des Unternehmensgegenstandes OLG Stuttgart 20 U 1/05, ZIP 2005, 1415.

[95] OLG Köln 18 U 205/07, AG 2009, 416, vgl. Urteilsbesprechung *Carstens/Gisewski* CCZ 2009, 72; LG Köln 82 O 214/06, AG 2008, 327; *Emmerich/Habersack* Vor § 311 Rn. 31; Bürgers/*Körber* § 179 Rn. 15; MHdB GesR IV/*Krieger* § 69 Rn. 5; *Lutter/Leinekugel* ZIP 1998, 225 (227 f.); *Priester* ZHR 1998, 187 (193); ders. in FS Hüffer S. 777 (782). Kritisch *Hüffer/Koch* AktG § 179 Rn. 9a, der auf den Zweck der Satzungsangabe abstellt. Eine Untergrenze für die Tätigkeit des Vorstands im Ergebnis ablehnend *Feldhaus* BB 2009, 562 (565 ff.)

[96] Bejahend: LG Köln 82 O 214/06, AG 2008, 327; MHdB GesR IV/*Krieger* § 69 Rn. 6; *Lutter/Leinekugel* ZIP 1998, 225 (228); *Micker* CCZ 2008, 113 (115); – verneinend: OLG Stuttgart 20 U 1/05, ZIP 2005, 1415; einschränkend insoweit OLG Köln 18 U 205/07, AG 2009, 416 (417 f.), welches zwar im Grundsatz von der Erforderlichkeit eines vorhergehenden Satzungsänderungsbeschlusses ausgeht, jedoch eine vorübergehende Satzungsunterschreitung in Ausnahmefällen zuzulassen sei, wenn eine vorherige Entscheidung der Hauptversammlung nicht möglich sei und die Zustimmung der Hauptversammlung als sicher erschiene; vgl. auch *Feldhaus* BB 2009, 562 (565 ff.), der ebenfalls Bedenken gegenüber einer regelmäßig anzunehmenden Pflicht zur Ausfüllung des Unternehmensgegenstandes hegt.

[97] OLG Frankfurt a. M. 20 W 391/86, GmbHR 1987, 231 (zur GmbH); OLG Köln 22 U 72/92, ZIP 1993, 110 (114) – Winterthur/Nordstern; *Emmerich/Habersack* Konzernrecht § 9 Rn. 1; *Emmerich/Habersack* AktG Vor § 311 Rn. 31 Fn. 152; Kölner Komm./*Koppensteiner* Vorb. § 291 Rn. 36 ff.; *Liebscher* Konzernbildungskontrolle 1995, S. 68 ff.; Kölner Komm./*Mertens/Cahn* § 76 Rn. 61; *Priester* in FS Hüffer S. 777 ff.; MHdB GesR IV/*Sailer-Coceani* § 9 Rn. 16 – aA indes etwa *Henze* in FS Ulmer S. 211 (217); ehemals noch Kölner Komm./*Mertens*, 2. Aufl., § 76 Rn. 51; *Mülbert* Aktiengesellschaft, Unternehmensgruppe und Kapitalmarkt, 2. Aufl. 1996 S. 380 f.

[98] OLG Frankfurt a. M. 5 U 34/07, AG 2008, 862; *Emmerich/Habersack* Konzernrecht § 9 Rn. 3.

[99] MHdB GesR IV/*Krieger* § 70 Rn. 5; *Hommelhoff* Die Konzernleitungspflicht 1982 S. 45 ff.; *Liebscher* Konzernbildungskontrolle 1995 S. 67 ff. – Kölner Komm./*Koppensteiner* Vorbem. § 291 Rn. 40 sieht dagegen aus Gründen der Rechtssicherheit auch in Bagatellfällen den Bedarf einer Satzungsermächtigung.

tätigen Unternehmens in eine reine Holdinggesellschaft eine statutarische Ermächtigung erfordere.[100]

2. Ungeschriebene Hauptversammlungszuständigkeiten

46 Jenseits dieser Fälle scheint angesichts der aktienrechtlichen Kompetenzordnung, die auf enumerativen gesetzlichen Zuständigkeitskatalogen fußt, für Hauptversammlungszuständigkeiten im Rahmen der Konzernbildung und -leitung kein Raum zu sein. Daher wurden solche „Beteiligungsentscheidungen" nach traditioneller Auffassung als bloße Änderungen der formellen Organisationsstruktur des Unternehmens aufgefasst, die keine Mitwirkung der Hauptversammlung erfordern, da insoweit gesetzlich keine Hauptversammlungszuständigkeit begründet ist.[101]

a) „Holzmüller"-Entscheidung

47 Gleichwohl hat der BGH in der Holzmüller-Entscheidung entschieden, dass „bei schwerwiegenden Eingriffen in die Rechte und Interessen der Aktionäre, wie zB durch **Ausgliederung einer Betriebsabteilung, die den wertvollsten Teil des Gesellschaftsvermögens bildet**, auf eine Tochtergesellschaft" ein Hauptversammlungsbeschluss erforderlich sei. Ferner sei die **Zustimmung** der Hauptversammlung der Muttergesellschaft **zu konzernleitenden Maßnahmen** wegen der Gefahr, „dass die Mitgliedschaft (der Gesellschafter der Konzernspitze) beeinträchtigt, der Wert ihrer Beteiligung verwässert und ihre Bezugsrechte ausgehöhlt werden", dann erforderlich, wenn in einer durch Ausgliederung wesentlicher Betriebsteile entstandenen Tochter das Kapital erhöht werden soll; den Gesellschaftern gehe „die Chance (verloren), ihre Beteiligung qualitativ und wertmäßig dadurch zu verbessern, dass sie selbst weiteres Kapital in ihrem Unternehmen anlegen".[102] Als weitere Beispiele werden der Abschluss von Unternehmensverträgen mit solchen Tochtergesellschaften, die Weiterübertragung des Gesellschaftsvermögens gem. § 361 aF AktG (heute § 179a AktG) und ein Auflösungsbeschluss (§§ 262 Abs. 1, 2, 289 Abs. 4 AktG) genannt.

48 Eine wichtige Konkretisierung und zugleich Beschränkung hat die Holzmüller-Rechtsprechung des BGH durch die sog. **Gelatine-Entscheidungen** erfahren.[103] Diese hatten die Einbringung von unmittelbaren Beteiligungen einer Konzernholding in andere unmittelbare Tochtergesellschaften zum Gegenstand, also eine Umstufung von Tochter- in Enkelgesellschaften.

b) Dogmatische Herleitung

49 Die dogmatische Herleitung dieser ungeschriebenen Kompetenz der Hauptversammlung war in Rechtsprechung und Schrifttum sehr umstritten. Gegenüber standen sich im Wesentlichen zwei Modelle: Eine Auffassung ging in Anschluss an

---

[100] Für das Erfordernis einer Holdingklausel: *Emmerich/Habersack* Vor § 311 Rn. 31 aE; *Groß* AG 1994, 266 (269 f.); *Geßler/Hefermehl/Bungeroth* § 179 Rn. 99 – aA *Götz* AG 1984, 87 (90); *Hommelhoff* Die Konzernleitungspflicht 1982 S. 273; Kölner Komm./*Mertens*, 2. Aufl. 2004, § 76 Rn. 51.

[101] RG II 403/25, RGZ 115, 246 (250); LG Mainz 11 HO 4/77, WM 1977, 904 (906); wohl auch BGH II ZR 150/75, WM 1977, 1221 (1223); *Kropff* in FS Geßler S. 111, 119 f.; *Mertens* AG 1978, 309 (311 f.).

[102] BGH II ZR 174/80, BGHZ 83, 122 (130 ff.) – Holzmüller; teilweise auch als „Seehafen-Entscheidung" bezeichnet. In dem konkreten Fall waren von einer Ausgliederungsmaßnahme ca. 60–80% der Aktiva der Gesellschaft betroffen.

[103] BGH II ZR 155/02, BGHZ 159, 30 – Gelatine I; II ZR 154/02, ZIP 2004, 1001 – Gelatine II.

B. Konzernbildungskontrolle

die Grundsätze der Holzmüller-Entscheidung davon aus, dass die Zuständigkeit aus einer Vorlagepflicht gem. § 119 Abs. 2 AktG resultiere, da sich das Ermessen des Vorstands auf Null reduziere.[104] Die Gegenansicht favorisierte eine Gesamtanalogie zu den aktien- und umwandlungsrechtlichen Vorschriften über Strukturmaßnahmen.[105] Diesem Streit, der insbesondere wegen seiner Folgen für die notwendige Beschlussmehrheit[106] nicht rein akademischer Natur war, ist durch die Gelatine-Entscheidungen der Wind aus den Segeln genommen worden. Denn der BGH stützt die Holzmüller-Zuständigkeit seither auf eine offene Rechtsfortbildung.

c) Fallgruppen und allgemeine Anforderungen

Originäres Anwendungsgebiet der Holzmüller-Doktrin ist die **Ausgliederung wesentlicher unternehmerischer Aktivitäten** aus einem bestehenden Unternehmen in eine Tochter **im Wege eines „Asset Deals"**. Diese Rechtsprechung wurde durch die Gelatine-Entscheidungen bekräftigt, in welchen der BGH entschied, dass auch die **Übertragung unmittelbar gehaltener Beteiligungen** auf eine Tochter eine ungeschriebene Hauptversammlungszuständigkeit auslösen könne. Begründet wird dies jeweils mit der Mediatisierung der Aktionärsrechte und der Gefahr der Verwässerung ihrer Beteiligungen. Berücksichtigt man diesen Schutzzweck, dürfte ein Zustimmungserfordernis bei Umstufungen auf tieferen Konzernebenen ausscheiden.[107] Wird etwa eine Enkel- in eine Urenkelgesellschaft umgestuft, lassen sich Mediatisierungseffekte nur bedingt feststellen.

Umstritten ist, ob weitere Maßnahmen, die mit einer **Konzernbildung**[108] im Zusammenhang stehen oder vergleichbaren strukturellen Charakter haben, hauptversammlungspflichtig sind: Teilweise wird der **Erwerb von Beteiligungen** als hauptversammlungspflichtig angesehen, da die Holzmüller-Entscheidung Ausfluss einer generellen Konzernbildungskontrolle bei der Obergesellschaft sei.[109] Demgegenüber wird vor allem im jüngeren Schrifttum, teilweise bestätigt durch Teile der Instanzenrechtsprechung,[110] verbreitet eine Hauptversammlungspflichtigkeit eines bloßen Beteiligungserwerbs mangels Mediatisierung der Mitverwaltungsrechte der Aktionäre abgelehnt;[111] dem Schutzbedürfnis der Aktionäre werde durch das Erfor-

---

[104] *Groß* AG 1996, 111 (112f.); *Großfeld/Brondics* JZ 1982, 589 (591); *Hüffer/Koch* AktG § 119 Rn. 18; *Joost* ZHR 1999, 164 (179 ff.); *Reichert* ZHR-Sonderheft 68, 25, 45 f.; *ders.* AG 2005, 150 f.

[105] *Emmerich/Habersack* AktG Vor § 311 Rn. 39 f.; *Henze* in FS Ulmer S. 211 (218 f.); *Joost* ZHR 1999, 164 (179 ff.); *Liebscher* Konzernbildungskontrolle 1995 S. 84 f.; *Priester* ZHR 1999, 187 (195); *ders.* AG 2011, 654 (657); *Weißhaupt* NZG 1999, 804 (807).

[106] Siehe zu der erforderlichen Beschlussmehrheit nach den Gelatine-Entscheidungen Rn. 57.

[107] MHdB GesR IV/*Krieger* § 70 Rn. 10.

[108] Vgl. auch § 5 Rn. 49.

[109] LG Frankfurt a. M. 3–5 O 208/09, ZIP 2010, 429 (431); *Emmerich/Habersack* AktG Vor § 311 Rn. 42; *Habersack* AG 2005, 137 (144); *Henze* in FS Ulmer 2003, S. 211 ff., 229 f.; *Hüffer/Koch* AktG § 119 Rn. 21; *Goette* AG 2006, 522 (523 ff.); *Liebscher* Konzernbildungskontrolle 1995 S. 86; *ders.* ZGR 2005, 1 (23 f.); *Lorenz/Pospiech* DB 2010, 1925 (1928 f.); *Lutter* ZIP 2012, 351; *Priester* AG 2011, 654 (659); *Spindler* in FS Goette 2011, S. 513 (518 f.).

[110] Vgl. zur ungeschriebenen Hauptversammlungszuständigkeit bei Erwerb der Dresdner Bank durch die Commerzbank AG: OLG Frankfurt a. M. 5 U 29/10, WM 2011, 116 (118 ff.); offengelassen in BGH II ZR 253/10, ZIP 2012, 515; unter der Prämisse, dass die Satzung der Gesellschaft eine Konzernöffnungsklausel enthält, ebenfalls ablehnend OLG Frankfurt a. M. 5 U 34/07, AG 2008, 862

[111] *Arnold* ZIP 2005, 1573 (1577); *Bodenbrenner/Grewe* Der Konzern 2011, 547 (550); *Bungert* BB 2004, 1345 (1350); *Decher* in FS U. H. Schneider 2011, S. 261, 273; *Joost* ZHR 1999, 164

dernis einer satzungsmäßigen Ermächtigung zum Beteiligungserwerb hinreichend Rechnung getragen.[112] Dasselbe Problem stellt sich im Fall der Bargründung einer Tochtergesellschaft. Ferner wird teilweise vertreten, dass die Holzmüller-Grundsätze auf den Fall der **Veräußerung von Unternehmensteilen**[113] anwendbar seien, da es sich um eine „Grundsatzentscheidung" handele, mit der ein Herrschaftsverlust über wesentliche Betriebsgrundlagen verbunden sei.[114] Dies überzeugt indes nicht, da auslösendes Element der Holzmüller-Doktrin die Gefahren der Konzernbildung (vor allem die Mediatisierung des Gesellschaftereinflusses) sind, die durch einen Beteiligungsverkauf entfallen.[115] Auch das Delisting einer börsennotierten Aktiengesellschaft, also der Antrag auf Widerruf der Zulassung der Gesellschaft zur Börsennotierung ihrer Aktien (vgl. § 39 Abs. 2 Satz 1 BörsG), unterliegt keiner ungeschriebenen Hauptversammlungszuständigkeit. Die frühere Macrotron-Entscheidung des Bundesgerichtshofs, die dies bejaht, wurde jüngst aufgegeben.[116] Neben den vorgenannten Fällen wurden im Schrifttum in weiteren Situationen ungeschriebene Hauptversammlungszuständigkeiten diskutiert, die indes auf der Grundlage der Gelatine-Doktrin schwer vertretbar erscheinen.[117]

52   Im Rahmen der **Konzernleitung**[118] sind solche Tochterentscheidungen zustimmungspflichtig, die sich wesentlich auf die rechtlichen und wirtschaftlichen Verhältnisse der Obergesellschaft und ihrer Aktionäre auswirken (sog. Strukturentscheidungen).[119] Daher ist nicht jede Maßnahme, die in der Tochtergesellschaft einem qualifizierten Mehrheitserfordernis unterliegt, zustimmungspflichtig; zustimmungsfrei ist zB eine Sitzverlegung oder Firmenänderung der Untergesellschaft.[120] Als legitimationsbedürftig werden hingegen Kapitalmaßnahmen auf Tochterebene, bei denen das Bezugsrecht der Muttergesellschaft ganz oder teilweise ausgeschlossen oder nicht voll ausgeübt werden soll (§ 186 Abs. 3 AktG), angesehen, da dann an der Untergesellschaft außenstehende Dritte beteiligt werden, wodurch mittelbar die Beteiligung der Aktionäre der Muttergesellschaft verwässert wird.[121] Diese Grundsätze werden dahin verallgemeinert, dass ein verlängertes Mitsprache-

---

(183); *Kiefner* ZIP 2011, 545 (547 f.) mwN; *Nikoleyczik/Gubitz* NZG 2011, 91 (93); *Paefgen* ZHR 2008, 42 (72); *Bürgers/Körber/Reger* § 119 Rn. 17; *Reichert* AG 2005, 150 (155 f.).
[112] MHdB GesR IV/*Krieger* § 70 Rn. 10.
[113] Vgl. auch § 5 Rn. 53 ff.
[114] LG Frankfurt a. M. 3/5 O 162/95, ZIP 1997, 1698; offen gelassen in OLG Frankfurt a. M. 5 U 193/97, ZIP 1999, 842 ff.; BGH II ZR 124/99, ZIP 2001, 416 ff. (Altana/Milupa); *Lutter/Leinekugel* ZIP 1998, 225 (229 ff.); *Reichert* ZHR-Sonderheft 68 25, 68 f. (inzwischen aufgegeben, vgl. § 5 Rn. 53).
[115] OLG Köln 18 U 205/07, AG 2009, 516 (518); *Hölters/Drinhausen* § 119 Rn. 21; *Hüffer/Koch* § 119 Rn. 22; idS auch BGH II ZR 226/05, NZG 2007, 234.
[116] BGH II ZB 26/12, NJW 2014, 146 – Frosta; aA BGH II ZR 133/01, BGHZ 153, 47 (52 ff.).
[117] Zusammenfassend MünchKomm. GmbHG/*Liebscher* Anh. § 13 Rn. 1127 ff., 1144; *Hölters/Drinhausen* § 119 Rn. 20 f.
[118] Vgl. auch § 5 Rn. 62 ff.
[119] *Emmerich/Habersack* AktG Vor § 311 Rn. 48 f.; *Henze* in FS Ulmer S. 211 (225 f.); *Reichert* ZHR-Sonderheft 68 S. 25, 72.
[120] BGH II ZR 174/80, BGHZ 83, 122 (140 f.) – Holzmüller; MHdB GesR IV/*Krieger* § 70 Rn. 45.
[121] *Emmerich/Habersack* Konzernrecht § 9 Rn. 11; *Henze* in FS Ulmer S. 211 (225 f.); *Liebscher* Konzernbildungskontrolle 1995 S. 50 f.; einschränkend Kölner Komm./*Koppensteiner* Vorbem. § 291 Rn. 102 – aA *Ebenroth* Konzernbildungs- und Konzernleitungskontrolle 1987 S. 40 ff.; *Götz* AG 1984, 85 (87 f.)

B. Konzernbildungskontrolle

recht der Gesellschafter der Obergesellschaft für Konzernleitungsmaßnahmen auf der Stufe einer bedeutenden Tochtergesellschaft (nur) dann besteht, wenn im Zuge der Maßnahme in der Tochter Drittbeteiligungen begründet werden.[122] Hiernach kann die Zustimmung der Hauptversammlung etwa erforderlich sein für den Abschluss von Unternehmensverträgen der Tochter mit Dritten,[123] für sonstige Strukturmaßnahmen insb. nach dem UmwG, soweit (etwa im Rahmen einer Verschmelzung) hieran nicht konzernzugehörige Dritte beteiligt sind bzw. hierdurch unmittelbare oder mittelbare Drittbeteiligungen geschaffen werden,[124] für die Übertragung wesentlicher Teile des Vermögens der Untergesellschaft auf Dritte[125] und für die Auflösung der Tochtergesellschaft.[126] Im Ergebnis wird mithin eine die Konzernleitungskontrolle auslösende mittelbare Beeinträchtigung der Vermögens- und Beteiligungsinteressen der Aktionäre der Obergesellschaft bei allen **Maßnahmen mit Drittbezug** angenommen. Demgegenüber kann der „Konzernvorstand" bei konzerninternen Vorgängen autonom entscheiden, selbst wenn mit diesen eine Änderung der Gesellschaftsstruktur der Tochtergesellschaft einhergeht und dort ein qualifizierter Mehrheitsbeschluss zu fassen ist.[127] Die herrschende Meinung in der Literatur beschränkt die Grundsätze einer Konzernleitungskontrolle nicht auf Tochtergesellschaften, die durch Ausgliederung entstanden sind.[128] Kontrovers diskutiert wird weiterhin die Frage, ob einer Konzernbildungskontrolle Vorrang vor einer Konzernleitungskontrolle zu geben ist, so dass eine Konzernleitungskontrolle im Vertragskonzern allein deshalb nicht zum Tragen käme.[129]

d) Wesentlichkeit der Maßnahme

Weiterhin wird davon ausgegangen, dass die Holzmüller-Grundsätze nicht bei jeder unbedeutenden Transaktion innerhalb eines weit verzweigten Konzerns eingreifen. Vielmehr wird gefordert, dass es sich – gemessen am Gesamtkonzern – um eine wesentliche Maßnahme handeln muss. Anhand welcher Kriterien die Wesentlichkeit zu bestimmen ist, war weitgehend ungeklärt. Im Schrifttum wurde seit der Holzmüller-Entscheidung ein bunter Strauß von Aufgreifkriterien und darauf bezogenen Prozentzahlen genannt, so etwa 50%, 33%, 25%, 20% oder 10% der Aktiva (bezogen auf Bilanz-, Substanz- oder Ertragswerte) oder des Grundkapitals, des Umsatzes oder der Beschäftigtenzahl bzw. die historische Prägung des Unternehmens uÄ. Der BGH hat sich nun in den Gelatine-Entscheidungen gegen derart niedrige Anwendungsvoraussetzungen ausgesprochen; die Maßnahme müsse vielmehr in ihrer Intensität und Bedeutung die Ausmaße des der Holzmüller-Entscheidung zugrunde liegenden Sachverhalts erreichen. Dort ging es um die Ausgliederung von ca. 80% der in den Kernbereich der Unternehmenstätigkeit fallenden Aktiva.

---

[122] Vgl. BGH II ZR 174/80, BGHZ 83, 122 (140) – Holzmüller; LG Frankfurt a. M. 315 O 162195, ZIP 1997, 1698 – Altana/Milupa.
[123] *Emmerich/Habersack* Konzernrecht § 9 Rn. 11; *Mecke* Konzernstruktur und Aktionärsentscheid 1992, S. 271 ff.
[124] *Mecke* Konzernstruktur und Aktionärsentscheid 1992, S. 257.
[125] Vgl. BGH II ZR 174/80, BGHZ 83, 122 (140) – Holzmüller; *Raiser/Veil* § 53 Rn. 19.
[126] MHdB GesR IV/*Krieger* § 70 Rn. 44; *Mecke* Konzernstruktur und Aktionärsentscheid 1992 S. 264 f.; *Raiser/Veil* § 61 Rn. 19 – aA *Westermann* ZGR 1984, 352 (373).
[127] *Emmerich/Habersack* Konzernrecht § 9 Rn. 11.
[128] Kölner Komm./*Koppensteiner* Vorbem. § 291 Rn. 88; einschränkend *Reichert* ZHR-Sonderheft 68 S. 25, 72 – aA OLG Köln 22 U 72/92, ZIP 1993, 110 (113) – Winterthur/Nordstern.
[129] *Martens* ZHR 1983, 377 (425 ff.); *Reichert* ZHR-Sonderheft 68, S. 25, 72 – aA Kölner Komm./*Koppensteiner* Vorbem. § 291 Rn. 87.

Eine 75%-Marke kann seither als Richtgröße dienen.[130] Letztlich hat aber stets eine Analyse des Einzelfalls zu erfolgen.[131]

54 Welche Gesichtspunkte bei der Bewertung zu berücksichtigen sind, wird in der Literatur sehr unterschiedlich bewertet. Es wurden der (Ertrags-)Wert der betroffenen Aktivität, die Bilanzsumme oder die bilanzmäßigen Aktiva, der Anteil am Eigenkapital, der Umsatz und die Mitarbeiterzahl als Gesichtspunkte genannt. Durch die Absage des BGH an feste Prozentgrenzen, wird es im Rahmen von Rechtstreitigkeiten stets auf den Gesamteindruck ankommen, so dass bei einer Risikoeinschätzung alle genannten Kriterien in den Blick genommen werden sollten.[132]

55 Maßgebend sind nicht die Kennzahlen der Gesellschaft, sondern des gesamten (von ihr geführten) Konzerns; nur so lässt sich das wirtschaftliche Gewicht der Maßnahme für die Aktionäre richtig beurteilen.[133]

Sofern mehrere Einzelmaßnahmen zeitlich zusammentreffen, wird man diese zusammenrechnen müssen, um die Wesentlichkeit zu bestimmen, soweit ein wirtschaftlicher Zusammenhang zwischen ihnen besteht.[134]

e) Im Rahmen der Maßnahme zu beachtende Förmlichkeiten

56 Im Zuge der Vorbereitung von Holzmüller-Beschlüssen sind erhebliche formelle Anforderungen zu beachten, die überwiegend dazu dienen, die Aktionäre so über die anstehende Maßnahme zu informieren, dass sie in der Lage sind, die Tragweite der Entscheidung abzuschätzen und die maßgeblichen Entscheidungsparameter hinreichend gegeneinander abzuwägen:

57 aa) **Zustimmungsbeschluss.** Der Beschluss bedarf einer Mehrheit **von 75% des vertretenen Grundkapitals**; die Satzung kann ein niedrigeres Quorum nicht festlegen.[135] Ob die Entscheidung der Hauptversammlung einer **materiellen Beschlusskontrolle** unterliegt in dem Sinne, dass es einer sachlichen Rechtfertigung der Maßnahme bedarf, ist umstritten.[136]

58 Weitgehend Einigkeit besteht hingegen insoweit, dass nicht nur eine konkrete Restrukturierungsmaßnahme im Wege eines „Zustimmungsbeschlusses" gebilligt werden kann; vielmehr ist es auch möglich, das der Gesamttransaktion zugrunde liegende Konzept in Form eines **„Konzeptbeschlusses"** zu genehmigen und den Vorstand zu dessen Durchführung zu ermächtigen.[137] Dies setzt aber voraus, dass die Essentialia der Restrukturierungsmaßnahme einschließlich der erforderlichen Einzelschritte feststehen, so dass Inhalt und Grenzen der Ermächtigung determiniert werden können.[138] Ein solcher Ermächtigungsbeschluss kann nicht als unzulässige Selbstentmachtung der Hauptversammlung qualifiziert werden. Bereits im Rahmen der gesetzlich geregelten Strukturentscheidungen erlaubt das AktG die

---

[130] OLG Stuttgart 20 U 1/05, AG 2005, 693; MHdB GesR IV/*Krieger* § 70 Rn. 11.
[131] OLG Stuttgart 20 U 1/05, AG 2005, 693; *Liebscher* ZGR 2005, 1 (15 f.).
[132] Vgl. auch § 5 Rn. 72.
[133] MHdB GesR IV/*Krieger* § 70 Rn. 11 – aA *Emmerich/Habersack* AktG Vor § 311 Rn. 46.
[134] OLG Hamm 8 U 216/07, NZG 2008, 155 (157 f.); *Emmerich/Habersack* AktG § 311 Rn. 47; MHdB GesR IV/*Krieger* § 70 Rn. 11.
[135] BGH II ZR 155/02, BGHZ 159, 30 – Gelatine I; dies war zuvor streitig, vgl. *Emmerich/Habersack* AktG Vor § 311 Rn. 50 mwN.
[136] So noch MHdB GesR IV/*Krieger*, 3. Aufl. 2007, § 70 Rn. 13; *Liebscher* Konzernbildungskontrolle 1995, S. 95 ff.; aA *Emmerich/Habersack* AktG Vor § 311 Rn. 51.
[137] Siehe auch § 5 Rn. 74 ff.
[138] MHdB GesR IV/*Krieger* § 70 Rn. 12; *Lutter/Leinekugel* ZIP 1998, 805 (811 ff.); *Reichert* ZHR-Sonderheft 68, 25, 59 f. – krit. *Zeidler* NZG 1988, 91 (92).

B. Konzernbildungskontrolle 59, 60 § 14

Ermächtigung des Vorstandes, eine Strukturmaßnahme durchzuführen und deren Einzelheiten auszugestalten (§§ 58 Abs. 2, 202 Abs. 2, 204 Abs. 1 Satz 2, 221 Abs. 2 AktG).[139] Dies gilt erst recht im Bereich ungeschriebener Hauptversammlungszuständigkeiten, zumal auch der BGH in der Siemens/Nold-Entscheidung[140] dem Gesichtspunkt der Erhaltung der Flexibilität der Geschäftsleitung maßgebende Bedeutung beigemessen hat. Diesem Anliegen kann im Bereich ungeschriebener Kompetenzen nur durch die Zulässigkeit eines „Konzeptbeschlusses" Rechnung getragen werden.[141]

Verschiedentlich wird vertreten, dass in Ausgliederungsfällen stets analog §§ 125, 59 63 UmwG der Hauptversammlung ein konkreter Vertrag zur Zustimmung vorzulegen sei.[142] Die herrschende Meinung lehnt dieses Erfordernis indes zu Recht ab und bejaht die **Möglichkeit eines Ermächtigungsbeschlusses** zu einem Zeitpunkt, zu dem **noch keine schriftlich fixierten Vereinbarungen** über die geplante Strukturmaßnahme bestehen; hiernach kann der Vorstand ermächtigt werden, diese Verträge im Einzelnen auszuhandeln und umzusetzen.[143] Dies überzeugt: Ein Bedürfnis, konkrete Verträge vorzulegen, ist nicht ersichtlich. Der Umstand, dass das UmwG vertragliche Vereinbarungen voraussetzt, hängt in erster Linie mit der besonderen Art der dort geregelten Strukturmaßnahmen, ihren Rechtsfolgen und den damit verbundenen Publizitätspflichten zusammen; insoweit sind die umwandlungsgesetzlichen Vorschriften nicht verallgemeinerungsfähig. Zu beachten ist allerdings, dass dann, wenn ein konkreter Vertrag existiert und dieser bzw. die in ihm geregelte Transaktion der Aktionärsversammlung zur Zustimmung vorgelegt wird, auch der Vertrag selbst der Hauptversammlung vorgelegt werden muss.[144]

bb) **Informationspflichten.** Das Bestehen umfassender Bekanntmachungs- und 60 Informationspflichten des Vorstandes im Zusammenhang mit legitimationsbedürftigen Strukturmaßnahmen kann nicht ernstlich bezweifelt werden. Dies ergibt sich bereits aus dem Gesetz. Gemäß § 124 Abs. 1 AktG besteht eine Pflicht zur Veröffentlichung des Gegenstandes der Tagesordnung. Hinzu kommt gem. § 124 Abs. 3 Satz 1 AktG die Notwendigkeit eines Beschlussvorschlages der Verwaltung. Weiterhin muss der wesentliche Inhalt der Maßnahme, zu deren Durchführung ermächtigt werden soll, umschrieben und in dieser Form der Hauptversammlung vorab bekannt gegeben werden; unabhängig von einem Rückgriff auf Vorschriften des UmwG wird insoweit eine analoge Anwendung des § 124 Abs. 2 Satz 2 AktG angenommen.[145] Neben der Wiedergabe des Konzeptes selbst müssen auch die grundlegenden Rahmenbedingungen und die Essentialia etwaiger vertraglicher

---
[139] *Lutter/Leinekugel* ZIP 1998, 805 (812).
[140] Vgl. BGH II ZR 132/93, BGHZ 136, 133 – Siemens/Nold, wo die Anforderungen an einen Bezugsrechtsausschluss im Rahmen eines genehmigten Kapitals aus Praktikabilitätsgründen abgemildert wurden, um dem Vorstand zu ermöglichen, auf sich bietende Gelegenheiten zur Unternehmenserweiterung rasch, flexibel und erfolgreich reagieren zu können.
[141] Ähnlich *Emmerich/Habersack* AktG Vor § 311 Rn. 51; MHdB GesR IV/*Krieger* § 70 Rn. 12; *Lutter/Leinekugel* ZIP 1998, 805 (813) vgl. weiterführend zu Vorbereitung und Inhalt eines entsprechenden Ermächtigungsbeschlusses *Henze* in FS Ulmer S. 211 (232 ff.).
[142] So etwa LG Karlsruhe O 43/97 KfH I, ZIP 1998, 385.
[143] *Emmerich/Habersack* AktG Vor § 311 Rn. 53; MHdB GesR IV/*Krieger* § 70 Rn. 12; *Reichert* ZHR-Sonderheft 68, 25, 57.
[144] BGH II ZR 124/99, ZIP 2001, 416 – Altana/Milupa.
[145] BGH II ZR 124/99, ZIP 2001, 416 (417); OLG Frankfurt 5 U 193/97, ZIP 1999, 842; LG Frankfurt 3/5 O 162/95, ZIP 1997, 1698 – Altana/Milupa; ferner OLG München 24 U 1036/93, AG 1995, 232 (233) – EKATIT/Riedinger; LG Karlsruhe O 43/97 KfH I, NZG 1998, 393 – Badenwerk; LG München I 5 HKO 23950/00, ZIP 2001, 1148 – Direkt Anla-

Vereinbarungen angegeben werden, da eine Generalermächtigung nicht zulässig ist.[146]

61 Darüber hinaus wird überwiegend analog §§ 186 Abs. 4, 293a, 319 Abs. 3 Satz 2 AktG, §§ 8, 127 UmwG eine **Berichtspflicht** des Vorstandes angenommen. Inhaltlich muss der **Strukturbericht** die Aktionäre in die Lage versetzen, sich sachgerecht eine Meinung zu der Restrukturierung zu bilden und die für diese Maßnahme streitenden Erwägungen zu plausibilisieren.[147] Daher muss er Angaben zu allen Punkten enthalten, die für einen rational handelnden Aktionär bei seiner Entscheidungsfindung von Bedeutung sind: Insbesondere muss es dem Aktionär möglich sein, die Handlungsoptionen zu beurteilen, weshalb nicht nur die Strukturmaßnahme selbst präzisiert und ihre Konsequenzen für die Mitgliedschaft der Aktionäre sowie für die Bilanz und die Ertragskraft des Unternehmens dargestellt werden müssen. Es müssen vielmehr auch andere unternehmerische Konzeptionen als Alternative aufgezeigt und gegen die geplante Strukturänderung abgewogen werden. Soweit es um einen Ermächtigungsbeschluss geht, ist darüber hinaus unabdingbar, dass die zukünftig auf der Grundlage des Ermächtigungsbeschlusses zu treffenden Entscheidungen, deren inhaltliche Ausgestaltung im Detail der Verwaltung zugewiesen werden soll, so exakt beschrieben werden, dass Inhalt und Grenzen der Verwaltungsermächtigung fixiert und die auf der Grundlage dieser Ermächtigung vorgenommenen Änderungen der Unternehmensstruktur hinreichend konkretisiert werden können. Der Bericht ist analog §§ 293f, 293g AktG, §§ 63, 125 Satz 1 UmwG in der Hauptversammlung auszulegen und zu erörtern; soll die Zustimmung zu einem konkreten Vertrag erteilt werden, so ist auch dieser auszulegen.[148]

62 Eine bereits im Vorfeld der Hauptversammlung über einen detaillierten Strukturbericht hergestellte hohe Informationsdichte kann mE bei der Bemessung der Reichweite des **Auskunftsrechts** der Aktionäre in der Hauptversammlung, in der über die Strukturmaßnahme Beschluss gefasst werden soll, nicht unberücksichtigt bleiben, so dass hierdurch das Risiko einer erfolgreichen Beschlussanfechtung wegen angeblicher Auskunftspflichtverletzungen erheblich abgemildert wird. Denn Zweck der im Kontext mit Strukturentscheidungen den Aktionären zu erteilenden Informationen ist es, den Aktionären eine Plausibilitätskontrolle[149] im Hinblick

---

gebank/Self Trade; *Emmerich/Habersack* AktG Vor § 311 Rn. 52; *Lutter/Leinekugel* ZIP 1998, 805 (814); *Reichert* ZHR-Sonderheft 68, 25 (58f.).

[146] Es genügt allerdings die Umschreibung der Grobstruktur der Maßnahme, da diese Bekanntmachung Inhalt der Einladung zur Hauptversammlung ist und daher in den Gesellschaftsblättern abgedruckt werden muss.

[147] Vereinzelt wird das Erfordernis eines förmlichen Vorstandsberichts auch heute noch bestritten: vgl. etwa LG Hamburg 402 O 122/96, AG 1997, 232 (238 rechte Spalte) – *Wünsche*; *Hüffer*, 10. Aufl., AktG § 124 Rn. 11; *Priester* ZHR 1999, 187 (200f.). Jedoch wurden bereits vor Inkrafttreten des UmwG die §§ 340a, 340b Satz 2 Nr. 4, Abs. 4 und 5 Satz 1 AktG aF als allgemeines aktienrechtliches Prinzip aufgefasst, wonach der Vorstand verpflichtet ist, strukturändernde Maßnahmen eingehend zu erläutern, um die Aktionäre in die Lage zu versetzen, in voller Kenntnis der Tragweite der Entscheidung ihr Stimmrecht ausüben können. Vgl. grds. *Lutter* in FS Fleck S. 169, 177. Die Verpflichtung zur Erstellung eines Strukturberichts wurde im Zuge des Erlasses des UmwG erweitert und auf sonstige strukturändernde Maßnahmen erstreckt, so dass der Gesetzgeber im Rahmen der Gesetzesnovelle das genannte allg. aktienrechtliche Prinzip bestätigt hat und dieses für vergleichbare Strukturentscheidungen in gleicher Weise gilt.

[148] MHdB GesR IV/*Krieger* § 70 Rn. 14.

[149] *Lutter/Drygala* UmwG § 8 Rn. 3, 12; *Kallmeyer/Marsch-Barner* § 8 Rn. 6.

B. Konzernbildungskontrolle

auf die anstehende Maßnahme zu ermöglichen; sind die Aktionäre hierzu durch einen detaillierten Strukturbericht bereits in die Lage versetzt, kommt etwaigen Auskunftspflichtverletzungen im Hinblick auf in der Hauptversammlung erfragte Detailinformationen keine Relevanz zu.

Weiter wird teilweise auch die **Auslegung von Jahresabschlüssen und Lageberichten** entsprechend §§ 63 Abs. 1 Nr. 2, 125 Satz 1 UmwG und in bestimmten Situationen die Auslegung einer Zwischenbilanz entsprechend §§ 63 Abs. 1 Nr. 3, 125 Satz 1 UmwG gefordert.[150] Die Forderung nach Auslegung von Bilanzen ist insb. auf Ausgliederungssituationen zugeschnitten. Sie kann allerdings auch bei Unternehmenszusammenschlüssen und einer „quasi-Verschmelzung" Bedeutung erlangen. Einer Prüfung analog §§ 293b, 320 Abs. 3 AktG, § 9 UmwG bedarf es hingegen nicht.[151]

f) Rechtsfolgen und Rechtsschutz

Auch die Rechtsfolgen, die eintreten, wenn „holzmüllerpflichtige" Maßnahmen ohne Befassung der Hauptversammlung verwirklicht werden, werden kontrovers diskutiert.

aa) Vertretungsmacht des Vorstandes und denkbare Sanktionen. Sollte eine Befassung der Hauptversammlung erforderlich sein, wäre es dem Vorstand ohne Legitimation untersagt, solche Maßnahmen vorzunehmen. Setzt er sich über diese interne Schranke der Geschäftsführungsbefugnis eigenmächtig hinweg, handelt er kompetenzwidrig. Die Verletzung eines solchen Mitwirkungsrechts der Hauptversammlung ist nur für das Verhältnis zwischen den Organen bedeutsam, so dass rechtswidrig vollzogene **Rechtsgeschäfte regelmäßig wirksam** sind (§ 82 Abs. 1 AktG).[152] Dies ist sowohl im Hinblick auf etwaige aufgrund der Holzmüller-Entscheidung notwendige Hauptversammlungsbeschlüsse, als auch bei sog. „faktischen Satzungsänderungen" weitgehend anerkannt. Allerdings schlägt die Kompetenzverletzung in den Fällen des **Missbrauchs der Vertretungsmacht**, bei denen allen Beteiligten die Überschreitung der Geschäftsführungsbefugnis des Vorstandes bekannt ist, auf das Außenverhältnis durch; Letzteres kommt namentlich bei konzerninternen Rechtsgeschäften, vor allem solchen gegenüber 100%igen Töchtern, in Betracht.[153]

Die Überschreitung der Geschäftsführungsbefugnis durch den Vorstand kann jedoch ein wichtiger Grund zur **Abberufung** gem. § 84 Abs. 3 AktG oder zur Versagung der **Entlastung** gem. § 120 AktG sein. Weiterhin sind die Vorstandsmitglieder zum **Schadensersatz** verpflichtet, wenn der Gesellschaft infolge der Kompetenz-

---

[150] LG Karlsruhe O 43/97 KfH I, NZG 1998, 393 (394 f.) – Badenwerk; *Emmerich/Habersack* AktG Vor § 311 Rn. 52; einschränkend *Reichert* ZHR-Sonderheft 68 S. 25, 61.

[151] *Lutter/Krieger* Holding-Handbuch 1998 Rn. E 45; *Zimmermann/Pentz* in FS W. Müller S. 151, 170 f.

[152] Vgl. BGH II ZR 174/80, BGHZ 83, 122 (132 f.) – Holzmüller; II ZR 155/02, BGHZ 159, 30 – Gelatine I; OLG Celle 9 U 137/00, DB 2001, 804 (806); MHdB GesR IV/*Krieger* § 70 Rn. 15; *Liebscher* Konzernbildungskontrolle 1995 S. 104; *Mülbert* Aktiengesellschaft, Unternehmensgruppe und Kapitalmarkt 2. Aufl. 1996 S. 427. Die Richtigkeit dieser Grundsätze ist jedoch jüngst – allerdings ohne eingehende Begründung – in Zweifel gezogen worden; vgl. *Emmerich/Habersack* AktG Vor § 311 Rn. 53.

[153] Vgl. *Emmerich/Habersack* AktG Vor § 311 Rn. 53; *Liebscher* Konzernbildungskontrolle 1995 S. 104 in Fn. 117; so auch LG Hannover 26 O 79/98, DB 2000, 1607; anders hingegen die Folgeinstanz: OLG Celle 9 U 137/00, DB 2001, 804 (806); siehe allgemein zu den Grundsätzen des Missbrauchs der Vertretungsmacht: *Hüffer/Koch* AktG § 82 Rn. 6 ff. mwN.

überschreitung ein Schaden entsteht und sie den Kompetenzverstoß zu vertreten haben (§§ 93 Abs. 2 Satz 1, 117 Abs. 2 AktG).[154] Der Einwand des rechtmäßigen Alternativverhaltens muss ausscheiden; der Vorstand soll sich nicht darauf berufen dürfen, dass er angesichts der Mehrheitsverhältnisse die erforderliche Mehrheit ohnehin erhalten hätte.[155] Daneben können sich auch die Mitglieder des Aufsichtsrates schadensersatzpflichtig machen, vor allem wenn der Aufsichtsrat nicht gegen ein kompetenzwidriges Verhalten des Vorstandes einschreitet (§§ 116, 117 Abs. 2 AktG).[156]

66 bb) **Denkbare Rechtsbehelfe zugunsten opponierender Aktionäre.** Gemäß §§ 147 f. AktG können Aktionäre, deren Anteile bestimmte Schwellenwerte überschreiten, die **Geltendmachung von Schadensersatzansprüchen** gegen Organmitglieder **erzwingen** bzw. gar selbst betreiben. Weiterhin kann angesichts der Kompetenzverletzung die **Entlastung** der Organe **angefochten** werden.[157]

67 Daneben kann die **Kompetenzverletzung selbst zum Gegenstand eines Rechtsstreits** gemacht werden. Zwar sind gesetzlich keine Klagrechte zugunsten der Aktionäre wegen Pflichtwidrigkeiten des Vorstandes vorgesehen. Allerdings wird seit Langem eine Erweiterung der Klagrechte der Aktionäre gefordert.[158] Diese Forderung hat der BGH in der Holzmüller-Entscheidung aufgegriffen. Es wurde die Zulässigkeit einer **Feststellungsklage** eines jeden Aktionärs gegen die Gesellschaft anerkannt, wenn rechtswidrig in dessen Mitgliedschaft eingegriffen wird. Ferner wurde die Zulässigkeit einer **Leistungsklage** eines Aktionärs gegen die AG, gerichtet auf Unterlassung einer bevorstehenden oder Rückgängigmachung einer kompetenzwidrig durchgeführten Maßnahme, bejaht. Da die Ansprüche auf dem mitgliedschaftlichen Rechtsverhältnis zwischen Gesellschaft und Gesellschafter bzw. dem Mitgliedschaftsrecht als „sonstigem Recht" iSd § 823 Abs. 1 BGB beruhen, kann nur dort gegen Maßnahmen von Vorstand und/oder Aufsichtsrat vorgegangen werden, wo das Recht auf Entscheidungsteilhabe tangiert ist.[159] Die Aktionärsklage ist daher auf Kompetenzüberschreitungen, wie beispielsweise die Nichteinhaltung des Unternehmensgegenstandes oder die Verletzung des Mitwirkungsrechts der Aktionärsversammlung im Rahmen von wesentlichen unternehmerischen Beteiligungsentscheidungen, beschränkt.[160] Die Klage muss ohne unangemessene Verzögerung erhoben werden und es dürfen keine anderweitigen, ebenso effektiven Rechtsbehelfe zur Verfügung stehen, um das Rechtsschutzbedürfnis der Aktionäre zu befriedigen. Darüber hinaus steht die Aktionärsklage unter dem Vorbehalt, dass sie nicht rechtsmissbräuchlich unter Verletzung der der Gesellschaft geschuldeten Rücksicht ausgeübt werden darf.[161] Aktionäre können sich auch im Wege des einstweiligen Rechtsschutzes gegen unmittelbar bevorstehende kompetenzwidrige Maßnahmen der Geschäftsleitung zur Wehr setzen. Sie laufen

---

[154] *Emmerich/Habersack* AktG Vor § 311 Rn. 54; *Hüffer/Koch* AktG § 82 Rn. 14; *Liebscher* Konzernbildungskontrolle 1995 S. 104.
[155] So zutreffend *Emmerich/Habersack* AktG Vor § 311 Rn. 51.
[156] Denn es zählt zu der dem Aufsichtsrat obliegenden Überwachung der Geschäftsführung, Pflichtverstöße des Vorstandes wenn möglich zu verhindern bzw. jedenfalls hieraus resultierende Ersatzansprüche zu verfolgen; vgl. BGH II ZR 175/95, BGHZ 135, 244 – ARAG; MHdB GesR IV/*Krieger* § 70 Rn. 15; *Liebscher* Konzernbildungskontrolle 1995 S. 104.
[157] Vgl. § 6 Rn. 90.
[158] *Knobbe-Keuk* in FS Ballerstedt S. 239 ff.; zustimmend *Flume* BGB AT, Band I 1983 2. Teil § 8 V 4; *Liebscher* Konzernbildungskontrolle 1995 S. 105 ff.
[159] Vgl. *Emmerich/Habersack* AktG Vor § 311 Rn. 54.
[160] Vgl. BGH II ZR 174/80, BGHZ 83, 122 (133 ff.) – Holzmüller.
[161] Vgl. BGH II ZR 174/80, BGHZ 83, 122 (134 ff.) – Holzmüller; MHdB GesR IV/*Rieckers* § 18 Rn. 11; vgl. zu Klageantrag und -frist auch *Zimmermann/Pentz* in FS W. Müller S. 151, 171 ff.

allerdings Gefahr, sich gem. § 945 ZPO schadensersatzpflichtig zu machen, wenn sich eine erwirkte einstweilige Verfügung als von Anfang an unberechtigt erweist.

cc) Nachholbarkeit des Holzmüller-Beschlusses. Ein etwaiger Kompetenz- **68** verstoß kann nachträglich nach Vollzug der Restrukturierung durch **Nachholung der Hauptversammlungszustimmung** geheilt werden, wenn ein nach den vorgenannten Grundsätzen erforderlicher Beschluss der Hauptversammlung (versehentlich) nicht eingeholt wurde. Ein solcher nachträglicher Hauptversammlungsbeschluss ändert zwar nichts daran, dass sich der Vorstand kompetenzwidrig verhalten hat, so dass etwaige Sanktionen gegen den Vorstand bestehen bleiben, jedoch wird jedenfalls etwaigen gegen die Strukturmaßnahme gerichteten Beseitigungsansprüchen der Aktionäre durch Einholung eines nachträglichen Hauptversammlungsbeschlusses die Basis entzogen.[162]

3. Informationsrechte

Die Ausweitung der Entscheidungsbefugnisse der Hauptversammlung des herr- **69** schenden Unternehmens korrespondiert mit einer Erweiterung der den Organen der Obergesellschaft zustehenden Informationsrechte. Denn ohne hinreichende Kenntnisse der Tochterangelegenheiten ist eine sachverständige Beurteilung verbundrelevanter Maßnahmen nicht möglich. In die Informationsrechte der Aktionäre nach § 131 Abs. 1 AktG und des Aufsichtsrates nach § 90 Abs. 1 Satz 2, Abs. 3 AktG bezüglich der Angelegenheiten der Gesellschaft wird die **gesamte Konzerngeschäftsführung** einbezogen. Sie erstrecken sich auf deren Aktivitäten bei der Wahrnehmung von Beteiligungsrechten bzw. in Ausübung von Befugnissen aus Unternehmensverträgen. Die entsprechenden Auskunfts- und Einsichtsrechte beziehen sich insb. darauf, ob und wie der Vorstand Konzerninteressen der Konzernspitze wahrnimmt, und angesichts der Haftungsrisiken, die mit einer intensiven und schädigenden (faktischen) Konzernherrschaft einhergehen, auch darauf, inwieweit in diesem Zusammenhang auf Belange des Tochterunternehmens Rücksicht genommen wird.[163] Jedoch bleibt allein die **Verwaltung des herrschenden Unternehmens Überwachungsadressat.** Die Kontrollbefugnisse der Organe bestehen nicht gegenüber der Geschäftsführung des Tochterunternehmens, und es bestehen keine direkten Einsichts- und Auskunftsrechte gegenüber den Beteiligungsgesellschaften, da es sich insoweit um eigenständige Rechtssubjekte handelt.

C. Faktische Konzerne

Im faktischen Konzern, in dem die abhängige Gesellschaft vom herrschenden **70** Unternehmen kraft tatsächlicher Herrschaftsmacht – regelmäßig aufgrund einer Mehrheitsbeteiligung – geleitet wird, soll nach der Grundkonzeption der §§ 311 ff. AktG die unternehmerische **Eigenständigkeit der abhängigen Gesellschaft grundsätzlich nicht tangiert** werden. Maßstab der Unternehmensführung bleibt das Eigeninteresse des beherrschten Unternehmens; diesem bleibt der herrschende Unternehmensaktionär bei seiner Einflussnahme auf die Geschäftsführung der Untergesellschaft (zumindest vermögensmäßig) verpflichtet. Daher verbietet § 311 Abs. 1 AktG dem herrschenden Unternehmen grundsätzlich, die abhängige Gesell-

---

[162] BGH II ZR 174/80, BGHZ 83, 122 (133 ff.) – Holzmüller; *Bayer* NJW 2000, 2609 (2612); *Emmerich/Habersack* AktG Vor § 311 Rn. 51.
[163] Vgl. MHdB GesR IV/*Krieger* § 70 Rn. 47; *Liebscher* Konzernbildungskontrolle 1995, S. 95 f.

schaft zu nachteiligen Rechtsgeschäften oder sonstigen nachteiligen Maßnahmen zu veranlassen. Allerdings weicht das Gesetz selbst dieses Verbot auf, indem es nachteilige Einflussnahmen zulässt, sofern die Obergesellschaft die Nachteile bis zum Geschäftsjahresende ausgleicht oder es der Tochtergesellschaft einen entsprechenden Rechtsanspruch einräumt (§ 311 Abs. 2 AktG).[164] Die Gestattung zur Ausübung der Leitungsmacht im Konzerninteresse zum Schaden der beherrschten AG korrespondiert nach den Grundsatznormen der faktischen Konzernbeziehung also mit der Pflicht zum Nachteilsausgleich.[165] Dieses auf **Ausgleich einzelner nachteiliger Leitungsmaßnahmen** angelegte Schutzsystem soll durch die Vorlage eines jährlich zu erstellenden Abhängigkeitsberichts, in dem die beherrschte Gesellschaft detailliert über ihre Beziehungen zu verbundenen Unternehmen Aufschluss geben muss (§§ 312 ff. AktG), und die persönliche Haftung der beteiligten Leitungsorgane bei Nichtdurchführung des Ausgleichs (§ 317 f. AktG) abgesichert werden.

71 Die §§ 311 ff. AktG setzen das Bestehen eines Abhängigkeitsverhältnisses voraus; bei mehrfacher Abhängigkeit sind die Vorschriften im Verhältnis zu allen Muttergesellschaften anzuwenden.[166] Da die §§ 311 ff. AktG lediglich das faktische Konzernverhältnis regeln, sind die Vorschriften nicht (mehr) anwendbar, wenn ein qualifiziertes Beherrschungsverhältnis, also ein Beherrschungsvertrag oder ein Eingliederungskonzern besteht. Der Abschluss eines Gewinnabführungsvertrages führt indes lediglich zur Unanwendbarkeit der Regelungen über den Abhängigkeitsbericht (§ 316 AktG). Eine Einschränkung des **Anwendungsbereichs der §§ 311 ff. AktG** im Verhältnis zur 100%igen Tochtergesellschaft ist nicht angezeigt. Weiterhin ist zu berücksichtigen, dass die gesetzlichen Regeln des faktischen Konzernverhältnisses die allgemeinen Vorschriften des AktG in ihrem Anwendungsbereich verdrängen, wohingegen im Falle einer Überschreitung der von den §§ 311 ff. AktG gesetzten Grenzen Anspruchskonkurrenz besteht.[167]

I. Nachteilsausgleich

72 Die Vorschrift des § 311 AktG beinhaltet eines der **Grundprobleme** des Rechts der faktischen Konzernbeziehung, da das gesetzliche Schutzsystem auf dem Gedanken beruht, dass das abhängige Unternehmen von seinen Leitungsorganen grundsätzlich im Eigeninteresse geführt wird und das herrschende Unternehmen sich auf einzelne identifizierbare Eingriffe beschränkt, deren ggf. nachteilige Folgen dann zu kompensieren sind.[168] Dieser Ausgleichsmechanismus wird jedoch vielfach als weitgehend ineffizient und unpraktikabel empfunden.[169]

---

[164] Diese Regelung beruht auf Kompromissen im Gesetzgebungsverfahren; vgl. zur Gesetzgebungsgeschichte MünchKomm. AktG/Bd. 5/*Altmeppen* Vor § 311 Rn. 9 ff.; *Emmerich/Habersack* Konzernrecht § 24 Rn. 7 ff.; Kölner Komm./*Koppensteiner* Vorbem. § 311 Rn. 1 ff.
[165] Aufgrund dieser Gesetzeskonstruktion war lange heftig umstritten, ob faktische Konzerne rechtmäßig sind. Heute hat sich die „salomonische" Formel durchgesetzt, dass das Gesetz sie zwar nicht legitimiere, aber doch dulde: vgl. Kölner Komm./*Koppensteiner* Vorbem. § 311 Rn. 10 ff.; *Hüffer/Koch* AktG § 311 Rn. 6; *Raiser/Veil* § 61 Rn. 3.
[166] Gemäß § 28a EGAktG ist die Bundesanstalt für vereinigungsbedingte Sonderaufgaben jedoch aus dem Anwendungsbereich ausgenommen.
[167] MHdB GesR IV/*Krieger* § 70 Rn. 74; Kölner Komm./*Koppensteiner* § 311 Rn. 159 ff.
[168] Hierzu jüngst überblicksmäßig *Beck* BB 2015, 1289.
[169] Vgl. zur Kritik MünchKomm. AktG/Bd. 5/*Altmeppen* Vor § 311 Rn. 24 ff.; *Emmerich/Habersack* Konzernrecht § 24 Rn. 4.

1. Veranlassung von Rechtsgeschäften und Maßnahmen

§ 311 AktG zielt auf die **Herrschaftsausübung des herrschenden Unternehmens**; Anknüpfungspunkt ist der Versuch der Konzernspitze, Einfluss auf die abhängige Gesellschaft auszuüben, um sie zu einem für den Gesamtkonzern vorteilhaften Verhalten zu veranlassen. Daher umschreibt die gesetzliche Wendung „Rechtsgeschäfte und Maßnahmen" die Vornahme oder das Unterlassen sämtlicher Geschäftsführungsmaßnahmen, welche sich auf die Vermögens- und Ertragslage des abhängigen Parts auswirken.[170] Hiervon zu unterscheiden sind bloße „passive Konzerneffekte", die nicht auf einer konkreten Geschäftsführungsmaßnahme der abhängigen Gesellschaft beruhen.[171] Unerheblich ist, wie das herrschende Unternehmen seinen Einfluss ausübt. Ratschläge, Anregungen, Empfehlungen, (Konzern-)Richtlinien stellen mithin ebenso geeignete Einflussmittel dar wie die Anweisung zu einem konkreten Verhalten.[172] Ohne Belang sind auch Urheber und Adressat der Veranlassung. Der Konzernvorstand muss nicht tätig werden; es genügen auch Aktivitäten nachgeordneter Stellen.[173] Unerheblich ist ferner, ob das herrschende Unternehmen auf das Abstimmungsverhalten der Hauptversammlung der Untergesellschaft, deren Aufsichtsrat oder Vorstand einwirkt oder ob Angestellte der Tochter beeinflusst werden; auch personelle Verflechtungen zwischen den Leitungsorganen der beteiligten Unternehmen genügen.[174] Wird eine nachteilige Maßnahme durch Stimmrechtsausübung in der Hauptversammlung der Untergesellschaft veranlasst, bedarf es nach der höchstrichterlichen Rechtsprechung einer Regelung des Nachteilsausgleichs „im Beschluss selbst"; unterbleibt eine solche Regelung, ist der Beschluss anfechtbar.[175]

Angesichts der Weite des Veranlassungsbegriffs bietet dieser kaum praxisrelevante Schwierigkeiten. Probleme bereitet indes der Nachweis, dass eine bestimmte Entschließung der Untergesellschaft auf einer Veranlassung des herrschenden Unternehmens beruht. Denn Einflussnahmen zwischen verbundenen Unternehmen vollziehen sich typischerweise auf eher informellem Wege. In Anbetracht dieser Umstände droht der gesetzlich erstrebte Schutz der konzernrechtlichen Bezugsgruppen leer zu laufen, wenn man diesen keine **Erleichterungen der Darlegungs- und Beweislast** gewährt. Es wird daher eine widerlegbare Vermutung für die Veranlassung nachteiliger Rechtsgeschäfte oder Maßnahmen durch das herrschende Unternehmen befürwortet.[176] Strittig ist, ob diese Vermutung bereits

---

[170] *Hüffer/Koch* AktG § 311 Rn. 23; MHdB GesR IV/*Krieger* § 70 Rn. 76; Kölner Komm./*Koppensteiner* § 311 Rn. 14.
[171] Vgl. MHdB GesR IV/*Krieger* § 70 Rn. 73; Kölner Komm./*Koppensteiner* § 311 Rn. 34 f.
[172] *Bürgers/Körber/Fett* AktG § 311 Rn. 13; *Emmerich/Habersack* AktG § 311 Rn. 23; vgl. auch *Weinbrenner* Der Konzern 2005, 583 ff., der sich mit dem Einsatz moderner Kommunikationsmittel und den damit einhergehenden konzernrechtlichen Auswirkungen auseinandersetzt.
[173] *Emmerich/Habersack* § 311 Rn. 25; Kölner Komm./*Koppensteiner* § 311 Rn. 17 ff.; MHdB GesR IV/*Krieger* § 70 Rn. 78; in der Praxis werden Veranlassungen vornehmlich von Konzerncontrollingeinheiten unterhalb des Vorstands vorgenommen: Vgl. die empirische Untersuchung von *Ekkenga/Weinbrenner/Schütz* Der Konzern 2005, 261 (268).
[174] *Emmerich/Habersack* AktG § 311 Rn. 28.; *Emmerich/Habersack* Konzernrecht § 25 Rn. 7; *Hüffer/Koch* AktG § 311 Rn. 21 f.; MHdB GesR IV/*Krieger* § 70 Rn. 78. Dies gilt bspw. für solche personellen Verflechtungen, die iRv Vorstandsdoppelmandaten entstehen, vgl. BGH II ZR 170/07, BGHZ 180, 105 Rn. 15 – Vorstandsdoppelmandat.
[175] BGH II ZR 30/11, NZG 2012, 1030 – HVB/Uni Credit; ebenso MünchKomm. AktG/Bd. 5/*Altmeppen* § 311 Rn. 130 ff.; *Emmerich/Habersack* AktG § 311 Rn. 85.
[176] BGH II ZR 141/09, BGHZ 190, 7 – Dritter Börsengang Rn. 40; II ZR 102/07, BGHZ 179, 71 – MPS Rn. 14; vgl. ebenso MHdB GesR IV/*Krieger* § 70 Rn. 79; ähnlich Köl-

bei einfacher Abhängigkeit eingreift oder das Bestehen eines Konzernverhältnisses, sprich die Ausübung der Einflusspotenziale durch das herrschende Unternehmen voraussetzt.[177] Strittig ist ferner, ob weitere Voraussetzung ist, dass das herrschende Unternehmen aus der nachteiligen Maßnahme für sich oder verbundene Unternehmen Vorteile gezogen hat.[178] In Fällen mehrfacher Abhängigkeit, namentlich bei Gemeinschaftsunternehmen, wird für eine Erstreckung dieser Veranlassungsvermutung auf beide bzw. alle Muttergesellschaften plädiert.[179]

2. Nachteilsermittlung

74 Die Ermittlung der Nachteilhaftigkeit einer Maßnahme bereitet Schwierigkeiten. Denn diese ist anhand eines **Vergleichs der** infolge der Einflussnahme des herrschenden Unternehmens entstandenen **Vermögenslage** mit derjenigen Situation, die bestehen würde, wenn die abhängige Gesellschaft unabhängig wäre, durchzuführen. Im Ergebnis kommt es darauf an, ob sich die Geschäftsführung einer unabhängigen Gesellschaft in der gegebenen Situation ebenso verhalten hätte oder nicht.[180] Dementsprechend ist ein Rechtsgeschäft in der Regel nachteilig, wenn zwischen Leistung und Gegenleistung ein Missverhältnis besteht, insb. wenn das Rechtsgeschäft nicht zu marktüblichen Konditionen abgeschlossen wurde; eine Maßnahme ist hingegen nachteilig, wenn sie mit erheblichen Risiken behaftet ist, ohne dass dem gleichwertige Chancen gegenüberstehen.[181] Auf die spätere Entwicklung kommt es für die Nachteilsermittlung indes nicht an. Denn maßgebend sind die Verhältnisse im Zeitpunkt der Vornahme der Maßnahme; das unternehmerische Risiko verbleibt stets beim abhängigen Unternehmen.[182]

---

ner Komm./*Koppensteiner* § 311 Rn. 10; *Emmerich/Habersack* § 311 Rn. 32 ff., die von einem Prima-facie-Beweis ausgehen; aA *Säcker* ZHR 1987, 59 (63).

[177] Ein bloßes Abhängigkeitsverhältnis lassen genügen: *Emmerich/Habersack* AktG § 311 Rn. 34; Kölner Komm./*Koppensteiner* § 311 Rn. 11 – aA (auf ein Konzernverhältnis abstellend): *Hüffer/Koch* AktG § 311 Rn. 20; MHdB GesR IV/*Krieger* § 70 Rn. 79; so auch noch MünchKomm. AktG/Bd. 8/*Kropff*, 2. Aufl. 2004, § 311 Rn. 86; differenzierend und unter Aufgabe der in der Voraufl. vertretenen Auffassung nunmehr MünchKomm. AktG/Bd. 5/ *Altmeppen* § 311 Rn. 90 ff.

[178] Bejahend MünchKomm. AktG/Bd. 8/*Kropff*, 2. Aufl. 2004, § 311 Rn. 87; ähnlich *Emmerich/Habersack* AktG § 311 Rn. 33; Kölner Komm./*Koppensteiner* § 311 Rn. 10; Spindler/ Stilz/*Müller* AktG § 311 Rn. 25; ebenso nun *Hüffer/Koch* AktG § 311 Rn. 20 – aA noch *Hüffer* AktG § 311, 10. Aufl. Rn. 21 aE; MHdB GesR IV/*Krieger* § 70 Rn. 79.

[179] *Maul* NZG 2000, 470 (471 f.)

[180] BGH II ZR 124/06, BGHZ 175, 365 – UMTS Rn. 11; *Emmerich/Habersack* AktG § 311 Rn. 40; *Hüffer/Koch* AktG § 311 Rn. 25 f.; Kölner Komm./*Koppensteiner* § 311 Rn. 57 ff.; MHdB GesR IV/*Krieger* § 70 Rn. 82; aA MünchKomm. AktG/Bd. 5/*Altmeppen* § 311 Rn. 163 ff., demzufolge die §§ 311, 317 keine Veranlasserhaftung, sondern eine Haftung für schlechte Fremdgeschäftsführung anordnen, was in der Konsequenz für die Entbehrlichkeit einer Pflichtverletzung spricht; ebenso *Stöckhuber* Der Konzern 2011, 253 (256); ferner *Wackerbarth* Der Konzern 2010, 261 (268 ff., 338 f.), demzufolge es nicht darauf ankomme, ob sich die Geschäftsführung einer unabhängigen Gesellschaft so verhalten durfte wie es der Tochtervorstand konkret getan hat, sondern nur darauf, wie sich ein unabhängiger Unternehmer verhalten hätte.

[181] *Emmerich/Habersack* Konzernrecht § 25 Rn. 30 ff.; *Hüffer/Koch* AktG § 311 Rn. 30 ff.; MünchKomm. AktG/Bd. 5/*Altmeppen* AktG § 311 Rn. 169; ausführlich ebenso *Habersack* in FS Hoffmann-Becking 2013, S. 421, 425 f.

[182] *Emmerich/Habersack* AktG § 311 Rn. 44; *Habersack* FS Hoffmann-Becking 2013, S. 421, 425 f.; *Hüffer/Koch* AktG § 311 Rn. 26; Kölner Komm./*Koppensteiner* § 311 Rn. 39 f.; MHdB GesR IV/*Krieger* § 70 Rn. 83. Vgl. auch den Fall des BGH II ZR 124/06, BGHZ 175, 365 – UMTS Rn. 11 (Veranlassung der Deutsche Telekom AG zur Ersteigerung von UMTS-Lizen-

C. Faktische Konzerne

Besondere Bedeutung kommt der Nachteilsfeststellung bei der Darlehensgewährung einer abhängigen Gesellschaft an ein herrschendes Unternehmen („**upstream loan**") zu. Die Darlehensgewährung zwischen Konzerngesellschaften spielt in der Praxis eine wichtige Rolle. Sie bildet das zentrale Instrument innerhalb sog. **Cash-Pooling-Systeme.** Bei diesen wird Liquidität, die bei einer Konzerngesellschaft vorhanden ist und bei dieser aktuell nicht benötigt wird, anderen konzernangehörigen Unternehmen systematisch darlehenshalber zur Verfügung gestellt.[183] Darlehen einer AG an einen ihrer Aktionäre sind indes wegen des **Verbots der Einlagenrückgewähr (§ 57 AktG)** problematisch.[184] Am Maßstab des § 57 AktG gemessen ist eine Darlehensgewährung einer AG an einen ihrer Aktionäre im Grundsatz nur dann zulässig, wenn sie den Anforderungen an ein neutrales Drittgeschäft entspricht. Die überwiegende Auffassung verlangte hierfür bisher, dass die Lage der Gesellschaft generell einen Liquiditätsabfluss zulässt, angemessene Zinsen bezahlt werden und die Rückerstattung voll besichert wird.[185] Allerdings steht mit § 311 AktG eine dem § 57 AktG vorgehende Spezialregelung zur Verfügung;[186] der faktische Konzern ist – unter den Voraussetzungen des Nachteilsausgleichs – insoweit **privilegiert**. Im Schrifttum wird bisher teilweise bestritten, dass diese Spezialität speziell für das Cash Pooling durch Darlehensgewährung der Tochtergesellschaft an ein herrschendes Unternehmen gilt; stattdessen müsse eine Kreditgewährung immer den Voraussetzungen des § 57 AktG gerecht werden.[187]

---

zen durch die BRD) sowie BGH II ZR 102/07, BGHZ 179, 71 – MPS Rn. 13; aA *Altmeppen* ZIP 2009, 49 (51); *Stöcklhuber* Der Konzern 2011, 253 (255 ff.).

[183] Damit wird die im Konzern vorhandene Liquidität effektiver eingesetzt, mit sich anderenfalls regelmäßig nur geringe Erträge (etwa banktübliche Guthabenzinsen) erwirtschaften ließen.

[184] Vgl. zur Darlehensgewährung an Aktionäre und zur Teilnahme an Cash-Pool-Systemen § 8 Rn. 48 sowie Rn. 28 ff.

[185] Für zusätzliche Unsicherheit in Bezug auf Cash-Pooling-Systeme sorgte das zum GmbH-Recht ergangene sog. November-Urteil des BGH (BGH II ZR 101/01, BGHZ 157, 72 ff.), nach dem eine Darlehensauszahlung an einen Gesellschafter aus dem Stammkapital einer GmbH auch dann gegen die Kapitalerhaltungsvorschrift des § 30 Abs. 1 GmbHG verstieß, wenn bilanziell ein vollwertiger Rückgewähranspruch an die Stelle der als Darlehen ausgereichten Barmittel trat. Begründet wurde dies damit, dass bereits im Augenblick der Ausreichung eines Darlehens an einen Gesellschafter die Vermögenslage der Gesellschaft verschlechtert und damit die nach § 30 Abs. 1 GmbHG geschützte Haftungsmasse geschmälert werde. Übertragen auf das Aktienrecht führten die Grundsätze dieser BGH-Entscheidung wegen der gegenüber dem GmbH-Recht strikteren Kapitalerhaltungsvorschriften des Aktienrechts dazu, dass anzunehmen war, ein Darlehen an einen Aktionär oder einen ihm im Rahmen des § 57 AktG gleichstehenden Dritten aus dem vollumfänglich gebundenen AG-Vermögen dürfte auch dann nicht erfolgen, wenn ein im Grundsatz vollwertiger Rückerstattungsanspruch gegeben wäre. Diese Entscheidung ist zu Recht auf Kritik gestoßen, vgl. § 8 Rn. 29. Die im November-Urteil aufgestellten Grundsätze sind nunmehr durch die Änderungen des MoMiG in § 57 Abs. 1 Satz 3 AktG und § 30 Abs. 1 Satz 2 GmbHG (vgl. näher Fn. 252) sowie durch BGH II ZR 102/07, BGHZ 179, 71 – MPS (vgl. dazu sogleich im Text) obsolet geworden.

[186] BGH II ZR 141/09, BGHZ 190, 7 Rn. 48 – Dritter Börsengang; II ZR 102/07, BGHZ 179, 71 Rn. 11– MPS; *Hüffer/Koch* AktG § 311 Rn. 49; Kölner Komm./*Koppensteiner* § 311 Rn. 161, jeweils mwN, auch zur aA.

[187] Insb. *Hüffer/Koch* AktG § 311 Rn. 50 mwN; MünchKomm. AktG/Bd. 1/*Bayer* § 57 Rn. 149; aA (für Spezialität auch bei Darlehen und Cash Pooling) *Emmerich/Habersack* AktG § 311 Rn. 47 ff.

In einer Grundsatzentscheidung[188] zum Recht des faktischen Konzerns hat der BGH nunmehr allerdings zum Ausdruck gebracht, dass die Spezialität des § 311 AktG auch besteht, soweit diese Vorschrift mit § 57 AktG gleich läuft, und damit auch hinsichtlich eines upstream-Darlehens nach § 311 AktG die Möglichkeit zu einem **zeitlich gestreckten Ausgleich** dergestalt gegeben ist, dass der Nachteil bis zum Ende des Geschäftsjahrs ausgeglichen oder aber bis dahin der abhängigen Gesellschaft ein Rechtsanspruch auf künftigen Nachteilsausgleich eingeräumt wird, der nicht notwendig besichert werden muss.[189] Nach dieser Entscheidung ist zudem davon auszugehen, dass die Gewährung eines unbesicherten, auch nur kurzfristig (nicht notwendig „sofort")[190] rückforderbaren **upstream loan** im faktischen Konzernverhältnis **nicht per se nachteilig** iSd § 311 AktG ist, wenn die Rückzahlungsforderung im Zeitpunkt der Darlehensausreichung vollwertig ist. Dann liegt auch kein Verstoß gegen § 57 AktG vor. Die abweichende Rechtsprechungsauffassung des sog. November-Urteils[191] wird ausdrücklich aufgegeben. Den Vorstand und den Aufsichtsrat der abhängigen Gesellschaft trifft allerdings die aus § 93 Abs. 1 Satz 1 AktG (ggf. iVm § 116 Satz 1 AktG) folgende (und insoweit nicht durch §§ 311, 318 AktG verdrängte) **Verpflichtung zur laufenden Überprüfung des jeweiligen Kreditrisikos und zur Reaktion** auf eine sich nach Darlehensausreichung andeutende Bonitätsverschlechterung beim darlehensnehmenden herrschenden Unternehmen. Dies kann durch eine Kreditkündigung oder die Anforderung von Sicherheiten geschehen. Werden solche Maßnahmen unterlassen, kann darin wiederum ein Nachteil iSd § 311 AktG liegen;[192] es kommen dann Schadensersatzansprüche aus §§ 317, 318 AktG und – daneben – aus § 93 Abs. 2 AktG (ggf. iVm § 116 Satz 1 AktG) in Betracht.

75   Die zur Nachteilsermittlung notwendige **Prognoseentscheidung** ist selbst dann schwer zu treffen, wenn sich die Obergesellschaft auf eine punktuelle Ausübung ihrer Herrschaftspotenziale beschränkt. Die **Schwierigkeiten** verschärfen sich, wenn diese zur einheitlichen Leitung der verbundenen Unternehmen übergeht. Je länger die Konzernbeziehung andauert und je intensiver sie ausgestaltet ist, desto schwieriger wird die Bestimmung der hypothetischen Situation der Untergesellschaft bei Fehlen eines fremdunternehmerischen Einflusses. Hinzu kommt, dass eine Vielzahl denkbarer Eingriffe der Konzernspitze einer solchen Bewertung ihrer Natur nach nicht zugänglich sind. Der Nachteilsausgleich gem. § 311 AktG kann allein die klassischen, rechtsgeschäftlich vermittelten Konzerngefahren wie Konzernverrechnungspreise und konzerninterne Kreditgeschäfte erfassen, nicht jedoch Maßnahmen, die die konzernstrategische Ausrichtung der Untergesellschaft zum Inhalt haben. Daher ist die Veranlassung zu nicht quantifizierbaren Nachteilen anerkanntermaßen im faktischen Konzern rechtswidrig und verpflichtet zum Schadensersatz nach § 317 AktG sowie den allgemeinen Vorschriften.[193]

---

[188] BGH II ZR 102/07, BGHZ 179, 71 – MPS; vgl. etwa *Kropff* NJW 2009, 814; *Habersack* ZGR 2009, 347.
[189] BGH II ZR 102/07, BGHZ 179, 71 = NJW 2009, 850 (851) – MPS.
[190] Im konkreten Fall waren die Darlehen „jederzeit zum Monatsende" kündbar, vgl. BGH II ZR 102/07, BGHZ 179, 71 Rn. 18 – MPS.
[191] Vgl. Fn. 184.
[192] BGH II ZR 102/07, BGHZ 179, 71 – MPS = NJW 2009, 850 (852) mwN.
[193] BGH II ZR 312/97, BGHZ 141, 79; *Emmerich/Habersack* AktG § 311 Rn. 43; *Hüffer/Koch* AktG § 311 Rn. 24; Kölner Komm./*Koppensteiner* § 311 Rn. 54 ff.; MHdB GesR IV/*Krieger* § 70 Rn. 84.

C. Faktische Konzerne

Ein Nachteil kann auch in der Erhebung einer Konzernumlage liegen, die die abhängige Gesellschaft an die Konzernleitung abführt.[194] Vergütet diese nur sog. „passive Konzerneffekte", dh Veränderungen, die mit der Begründung eines Konzernrechtsverhältnisses als solchem verbunden sind, oder konzernbezogene Aufwendungen, wie zB die allgemeine Konzernkontrolle, so hat die Umlage nachteiligen Charakter. Ein Nachteil entsteht dagegen nicht, wenn der Umlage konkrete – umlagefähige – Leistungen des herrschenden Unternehmens gegenüberstehen, beispielsweise die Einführung eines konzernweiten Cash Managements oder sonstige Dienstleistungen. Dann dürfen die Gesamtkosten sachgerecht auf die einzelnen Konzerngesellschaften umgelegt werden. Insbesondere gilt dies für Steuerumlagen: Wenn zwischen abhängiger und herrschender Gesellschaft ein Gewinnabführungsvertrag und damit trotz Anwendbarkeit der §§ 311, 317 f. AktG (vgl. § 316 AktG) eine Organschaft iSd § 14 KStG, § 2 Abs. 2 Satz 2 GewStG besteht, ist das Einkommen der abhängigen Gesellschaft der herrschenden zuzurechnen. Damit entfällt die Körperschafts- und Gewerbesteuerpflicht der abhängigen Gesellschaft, und der Organträger erlangt einen Ausgleichsanspruch entsprechend § 426 Abs. 1 BGB. Die Geltendmachung dieses tatsächlichen steuerlichen Mehraufwands durch das herrschende Unternehmen im Wege einer Konzernumlage stellt folglich keinen Nachteil iSd § 311 AktG dar; ein Nachteil ist demgegenüber begründet, wenn die fiktive Steuerlast der abhängigen Gesellschaft zugrunde gelegt werden soll:[195] Die Vorteile, die sich aus der Saldierung der Gewinne mit den Verlusten anderer Konzerngesellschaften ergeben, stellen lediglich einen passiven Konzerneffekt dar. Zudem ist die abhängige Gesellschaft an konzernbedingten Synergieeffekten angemessen zu beteiligen.[196]

3. Pflichten des Vorstandes des abhängigen Unternehmens

§ 311 AktG gestattet nachteilige, dem Konzerninteresse dienende Einflussnahmen auf den Tochter-Vorstand, sofern die von der Obergesellschaft verursachten Nachteile ausgeglichen werden. Hierdurch wird indes **keine Folgepflicht** des Vorstandes der abhängigen Gesellschaft gegenüber dem Konzerninteresse dienenden Veranlassungen, seien diese nun vor- oder nachteilhaft, stipuliert.[197] Der Vorstand der Untergesellschaft ist daher nicht nur verpflichtet, sorgfältig die **Rechtmäßigkeit** der Einflussnahme des herrschenden Unternehmens zu **prüfen**, sondern auch, die **Vor- und Nachteile** der Maßnahme gegeneinander **abzuwägen**. Weiterhin muss er bei nachteiligen Maßnahmen stets prüfen, ob das herrschende Unternehmen willens und in der Lage ist, seiner Verpflichtung zum Nachteilsausgleich zu genügen. Ergibt sich, dass die Veranlassung die Schranken des „Weisungsrechts" überschreitet, etwa indem zu gesetz- oder sittenwidrigen Maßnahmen motiviert werden soll, ist der Vorstand der Untergesellschaft verpflichtet, die Maßnahme zu unterlas-

---

[194] MHdB GesR IV/*Krieger* § 70 Rn. 86.
[195] MHdB GesR IV/*Krieger* § 70 Rn. 86; vgl. auch *Simon* ZGR 2007, 71 (93 ff.)
[196] Entsprechend darf das herrschende Unternehmen nur die Gesamtkosten auf die einzelnen Konzerngesellschaften umlegen, was allerdings einem angemessenen Gewinnzuschlag nicht entgegenstehen muss; vgl. eingehend *Emmerich/Habersack* Konzernrecht § 25 Rn. 26; *Emmerich/Habersack* AktG § 311 Rn. 49; Spindler/Stilz/*Müller* AktG § 311 Rn. 45; aA gegen das Erfordernis einer Beteiligung an Synergieeffekten *Decher* in FS Hommelhoff S. 115 (120 ff.); Kölner Komm./*Koppensteiner* § 311 Rn. 45; MHdB GesR IV/*Krieger* § 70 Rn. 86.
[197] Vgl. *Emmerich/Habersack* Konzernrecht § 25 Rn. 40; *Hüffer/Koch* AktG § 311 Rn. 48; *Ulmer* in FS Hüffer S. 999, 1002 ff.

sen.[198] Gleiches gilt bei einer nachteilsstiftenden Maßnahme, deren Nachteile nicht durch korrespondierende Vorteile für den Konzern aufgewogen werden. Im Übrigen kann der Tochter-Vorstand die Weisung befolgen, muss dies allerdings nicht. Handelt es sich um eine nachteilsstiftende Veranlassung, muss der Vorstand der abhängigen Gesellschaft zugleich dafür Sorge tragen, dass am Geschäftsjahresende die vom Konzernherrn verursachten Vermögensnachteile ausgeglichen werden. Verweigert die Konzernspitze den Nachteilsausgleich, darf der Tochter-Vorstand künftigen Weisungen der Obergesellschaft nicht mehr Folge leisten, jedenfalls nicht ohne sofortigen Ausgleich sämtlicher bereits veranlasster Nachteile.[199]

4. Kompensation von Nachteilen

78 Ziel der §§ 311 ff. AktG ist die **bilanzielle Neutralisierung** der Nachteilszufügungen der Konzernspitze durch Gewährung korrespondierender Vorteile.[200] § 311 Abs. 2 AktG sieht einen tatsächlichen Ausgleich während des Geschäftsjahres oder die Bereinigung der Angelegenheit durch Begründung eines entsprechenden Rechtsanspruchs am Geschäftsjahresende vor. Der Vorteil kann in jeder vermögenswerten Leistung, also nicht nur in Geld, sondern auch in anderen Vermögensvorteilen, wie zB unentgeltlichen oder verbilligten Lieferungen oder Leistungen uÄ bestehen.[201] Als Kompensation genügen indes bloße allgemeine Vorteile der Konzerneinbindung (sog. passive Konzerneffekte) nicht, da hierdurch lediglich die allgemeinen Konzernnachteile ausgeglichen werden.[202] Die dem abhängigen Unternehmen zur Schadensbereinigung angebotenen Vorteile müssen nicht bilanzierungsfähig sein; es genügt, dass die bilanziellen Auswirkungen des Nachteils beseitigt werden.[203] Darüber hinaus wird ungeachtet der grundsätzlichen Unzulässigkeit der Veranlassung nicht quantifizierbarer Nachteile überwiegend davon ausgegangen, dass die Möglichkeit besteht, einen nicht quantifizierbaren Nachteil durch einen ebenso wenig quantifizierbaren Vorteil auszugleichen, etwa indem ein Verlustrisiko durch Einräumung einer adäquaten Gewinnchance kompensiert wird.[204] Ferner soll es möglich sein, die abhängige Gesellschaft zur Eingehung nicht kalkulierbarer Risiken gegen Zusage eines späteren Ausgleichs entstehender Nachteile zu veranlassen.[205] Verletzt die Obergesellschaft ihre Pflicht zum Aus-

---

[198] Vgl. weiterführend zu den Schranken des Ausgleichssystems *Ulmer* in FS Hüffer S. 999, 1002 ff.

[199] Grundlegend *Altmeppen* ZIP 1996, 663 (696 f.); zustimmend *Emmerich/Habersack* AktG § 311 Rn. 79.

[200] Zu den steuerlichen Folgen s. § 53 Rn. 12.

[201] MHdB GesR IV/*Krieger* § 70 Rn. 86; *Raiser/Veil* § 61 Rn. 34.

[202] MünchKomm. AktG/Bd. 5/*Altmeppen* § 311 Rn. 339; *Decher* in FS Hommelhoff S. 115 (117 ff.); *Hüffer/Koch* AktG § 311 Rn. 39; *Emmerich/Habersack* AktG § 311 Rn. 62; Kölner Komm./*Koppensteiner* § 311 Rn. 116 ff.; MHdB GesR IV/*Krieger* § 69 Rn. 86.

[203] MünchKomm. AktG/Bd. 5/*Altmeppen* § 311 Rn. 347; *Decher* in FS Hommelhoff S. 115 (120); *Hüffer/Koch* AktG § 311 Rn. 39; *Emmerich/Habersack* AktG § 311 Rn. 63; Kölner Komm./*Koppensteiner* § 311 Rn. 111 ff.; MHdB GesR IV/*Krieger* § 70 Rn. 86; aA Schmidt/Lutter/*Vetter* AktG § 311 Rn. 88; einschränkend noch MünchKomm. AktG/Bd. 8/*Kropff*, 2. Aufl., § 311 Rn. 242 ff.

[204] *Hüffer/Koch* AktG § 311 Rn. 39, 42; Kölner Komm./*Koppensteiner* § 311 Rn. 110; MünchKomm. AktG/Bd. 5/*Altmeppen* § 311 Rn. 346; MHdB GesR IV/*Krieger* § 70 Rn. 87; aA *ADS* AktG § 311 Rn. 59.

[205] MünchKomm. AktG/Bd. 5/*Altmeppen* § 311 Rn. 346; *Emmerich/Habersack* AktG § 311 Rn. 66; Kölner Komm./*Koppensteiner* § 311 Rn. 135 ff.

gleich verursachter Nachteile, tritt der Schadensersatzanspruch des § 317 AktG an die Stelle der Ausgleichspflicht des § 311 Abs. 2 AktG. Der Vorstand der abhängigen Gesellschaft ist verpflichtet, derartige Schadensersatzansprüche zu verfolgen.

II. Abhängigkeitsbericht

Die Einhaltung des gesetzlichen Schutzsystems soll flankierend abgesichert werden durch die Verpflichtung des Tochter-Vorstandes nach § 312 AktG, einen Abhängigkeitsbericht zu erstellen. Hiernach muss innerhalb der ersten drei Monate des Geschäftsjahres ein schriftlicher Bericht über die Beziehungen der Gesellschaft zu verbundenen Unternehmen erstellt werden. Der Bericht dient dazu, die **Einhaltung der Schranken der Leitungsmacht**, insb. die Erfüllung der Verpflichtung zum Nachteilsausgleich gem. § 311 Abs. 2 AktG, **sicherzustellen**. Der Abhängigkeitsbericht ist durch Abschlussprüfer (§ 313 AktG) und Aufsichtsrat (§ 314 AktG) zu prüfen; hinzu treten die Möglichkeit einer Sonderprüfung gem. § 315 AktG sowie empfindliche Sanktionen im Falle einer nicht ordnungsgemäßen Erfüllung der Berichts- und Prüfungspflichten. Trotz der durch Prüfung und Sanktionen im Falle von Zuwiderhandlungen abgesicherten Berichtspflicht wird die Effektivität der Präventiv- und **Kontrollwirkung des Abhängigkeitsberichts** überwiegend **kritisch beurteilt**. Die Kritik gründet sich überwiegend auf die mangelnde Publizität des Abhängigkeitsberichts. Denn nicht einmal im Prozess können die gefährdeten konzernrechtlichen Bezugsgruppen in den Bericht Einsicht nehmen.[206]

1. Berichtspflicht und Sanktionen im Falle der Nichterfüllung

Die Berichtspflicht gem. § 312 AktG setzt das Bestehen eines Abhängigkeitsverhältnisses voraus und entfällt mit Abschluss eines Beherrschungs- und/oder Gewinnabführungsvertrages (§§ 312 Abs. 1 Satz 1, 316 AktG) sowie bei Begründung eines Eingliederungsverhältnisses (§ 323 Abs. 1 Satz 3 AktG). Entsteht oder entfällt das für die Berichtspflicht konstitutive Abhängigkeitsverhältnis unterjährig, besteht die Berichtspflicht periodengerecht. Gleiches gilt im Falle des Wegfalls eines Vertragskonzerns bzw. eines Eingliederungsverhältnisses bei Fortbestehen der Abhängigkeit. Im umgekehrten Fall, wenn also die Gesellschaft im Laufe des Geschäftsjahres eingegliedert wird oder ein Beherrschungs- oder Gewinnabführungsvertrag geschlossen wird, ist über den Zeitraum bis zum Wegfall zu berichten; die Berichtspflicht für das gesamte Geschäftsjahr entfällt.[207] Die Berichtspflicht besteht für jede inländische AG unabhängig davon, ob außenstehende Aktionäre vorhanden sind oder nicht.[208] Auch in mehrdimensionalen Abhängigkeitsverhältnissen ist § 312 AktG strikt zu beachten. Somit hat jede abhängige Gesellschaft einer mehrstufigen Unternehmensverbindung einen eigenständigen Abhängigkeitsbericht zu erstatten, und im Abhängigkeitsbericht eines gemeinsam beherrschten Unternehmens muss über die Beziehungen zu jedem Mutterunternehmen berichtet werden.[209] Die

---

[206] Begr. RegE zum AktG 1965, abgedr. bei *Kropff* S. 411; *Hüffer/Koch* AktG § 312 Rn. 38.
[207] *Emmerich/Habersack* AktG § 312 Rn. 11; MHdB GesR IV/*Krieger* § 70 Rn. 100; *Hüffer/Koch* AktG § 312 Rn. 6.
[208] *Emmerich/Habersack* AktG § 312 Rn. 6; Kölner Komm./*Koppensteiner* § 312 Rn. 9; MHdB GesR IV/*Krieger* § 70 Rn. 97; MünchKomm. AktG/Bd. 5/*Altmeppen* § 312 Rn. 27 – krit. *Götz* AG 2000, 498.
[209] *Emmerich/Habersack* AktG § 312 Rn. 9; Kölner Komm./*Koppensteiner* § 312 Rn. 11f.; MHdB GesR IV/*Krieger* § 70 Rn. 98f.

Erstellung des Abhängigkeitsberichts fällt in die Gesamtverantwortung des Tochter-Vorstandes.[210] Gemäß § 312 Abs. 1 Satz 1 AktG muss der Bericht in den ersten drei Monaten nach Geschäftsjahresende aufgestellt werden. Die Berichtspflicht entfällt nicht mit der Feststellung des Jahresabschlusses, sondern erst, wenn das Interesse an der Berichterstattung entfällt, was frühestens mit Ablauf der 5-jährigen Verjährungsfrist für Ersatzansprüche gem. §§ 317, 318 AktG in Betracht kommt.[211] Strittig ist, wer die Kosten des Abhängigkeitsberichts zu übernehmen hat.[212]

81 Die unterlassene oder **nicht ordnungsgemäße Erfüllung** der Berichtspflicht führt zu einer Haftung des Vorstandes der Untergesellschaft gem. § 318 AktG. Etwaige Mängel des Berichts sind darüber hinaus in den Berichten von Abschlussprüfer und Aufsichtsrat über die Prüfung des Abhängigkeitsberichts aufzuführen (§§ 313 Abs. 2, 314 Abs. 2 AktG). Darüber hinaus hat der Abschlussprüfer das Testat einzuschränken oder zu versagen (§ 313 Abs. 4 Satz 1 AktG); gleiches gilt im Falle des gänzlichen Fehlens des Berichts (§ 322 Abs. 4 HGB). Auch der Aufsichtsrat muss das Fehlen des Abhängigkeitsberichts in seinem Bericht über die Prüfung des Jahresabschlusses vermerken. Zudem ist der Vorstand vom Registergericht durch Zwangsgeldfestsetzung zur Aufstellung des Abhängigkeitsberichts anzuhalten (§ 407 Abs. 1 AktG).[213] Weiterhin kann das Fehlen oder die Mangelhaftigkeit des Abhängigkeitsberichts aufgrund einer unterlassenen Aktivierung eines Schadensersatzanspruchs aus § 317 AktG zur Nichtigkeit des Jahresabschlusses gem. § 256 AktG führen.[214] Ferner führt das Fehlen des Abhängigkeitsberichts zur Anfechtbarkeit der Entlastung des Vorstandes.[215]

2. Inhalt des Berichts

82 Der Abhängigkeitsbericht muss den Grundsätzen einer gewissenhaften und getreuen Rechenschaft entsprechen (§ 312 Abs. 2 AktG). Hieraus resultiert das Gebot der **Vollständigkeit, Klarheit, Übersichtlichkeit und Richtigkeit** des Berichts; seiner Funktion entsprechend sollen die Beziehungen der Gesellschaft zu allen verbundenen Unternehmen möglichst umfassend dokumentiert werden. Diesem Zweck dient, dass über alle Rechtsgeschäfte mit verbundenen Unternehmen ungeachtet ihrer Vor- und Nachteilhaftigkeit berichtet werden muss. Darüber hinaus ist über alle Rechtsgeschäfte und Maßnahmen zu berichten, die auf Veranlassung oder

---

[210] *Emmerich/Habersack* AktG § 312 Rn. 14; *Hüffer/Koch* AktG § 312 Rn. 2.
[211] BGH II ZB 3/96, BGHZ 135, 107 (111 f.); OLG Braunschweig 2 W 166/95, AG 1996, 271 (272); *Emmerich/Habersack* AktG § 312 Rn. 16; *Hüffer/Koch* AktG § 312 Rn. 10; MHdB GesR IV/*Krieger* § 70 Rn. 101; Kölner Komm./*Koppensteiner* § 312 Rn. 32 – aA *Mertens* AG 1996, 241 (247 ff.)
[212] Gegen eine Kostentragungspflicht des herrschenden Unternehmens: *Emmerich/Habersack* AktG § 312 Rn. 17; Kölner Komm./*Koppensteiner* § 312 Rn. 29; *Hüffer/Koch* AktG § 312 Rn. 40 – aA *Bode* AG 1995, 261 (269 f.); ähnlich noch *Hüffer*, 2. Aufl., AktG § 312 Rn. 40, der sich zwar mit der hM für eine Kostentragungspflicht des abhängigen Unternehmens aussprach, jedoch im Anschluss an *Bode* AG 1995, 261 (269 f.) eine Korrektur des Ergebnisses über §§ 311, 317 analog befürwortete.
[213] *Emmerich/Habersack* AktG § 312 Rn. 18; MHdB GesR IV/*Krieger* § 70 Rn. 101.
[214] Vgl. BGH II ZR 235/92, BGHZ 124, 111 (121 f.) – Vereinte Versicherung; OLG Köln 22 U 72/92, NJW-RR 1993, 804; *Emmerich/Habersack* AktG § 312 Rn. 20; MHdB GesR IV/*Krieger* § 70 Rn. 103.
[215] Grundlegend BGH II ZR 89/72, BGHZ 62, 193, (194 f.) – Seitz; OLG Düsseldorf 6 U 84/92, ZIP 1993, 1791 (1793); *Hüffer/Koch* AktG § 312 Rn. 10; MHdB GesR IV/*Krieger* § 70 Rn. 101.

im Interesse der Obergesellschaft oder eines mit dieser verbundenen Unternehmens vorgenommen bzw. unterlassen wurden; insoweit wird teilweise sogar davon ausgegangen, dass die Berichtspflicht auch dann besteht, wenn die fragliche Entschließung zugleich im Interesse der abhängigen Gesellschaft selbst liegt.[216] Zu berichten sind alle Vorgänge des abgelaufenen Geschäftsjahres; bei Rechtsgeschäften ist der Zeitpunkt des Vertragsschlusses maßgebend,[217] bei Maßnahmen der Zeitpunkt der abschließenden Entscheidung bzw., sofern dieser nicht feststellbar ist, der der ersten Ausführungshandlung.[218] Im Fall des Unterlassens sollte auf den Zeitpunkt abgestellt werden, in dem der Vorstand einer unabhängigen Gesellschaft gehandelt hätte.[219] Die Einzelangaben des Berichts müssen so detailliert sein, dass beurteilt werden kann, ob gem. § 311 AktG ausgleichspflichtige Nachteile zugefügt und diese kompensiert wurden. Bei Rechtsgeschäften sind daher Leistung und Gegenleistung sowie alle für die Beurteilung der Angemessenheit der vereinbarten Konditionen maßgebenden Umstände anzugeben. Gegebenenfalls ist die Angemessenheit der Konditionen zu begründen, oder es sind gar die Gründe des Geschäfts sowie seine Vor- und Nachteile darzulegen (§ 312 Abs. 1 Satz 3 und 4 AktG). Eine Geringfügigkeitsschwelle enthält § 312 AktG nicht, so dass auch über Bagatellgeschäfte (zusammenfassend) berichtet werden muss.[220]

Der Abhängigkeitsbericht ist mit einer **Schlusserklärung** des Vorstandes abzuschließen. Gemäß § 312 Abs. 3 AktG ist zu erklären, ob die AG im Rahmen der von ihr abgeschlossenen Rechtsgeschäfte eine angemessene Gegenleistung erhalten hat und ob sie durch sonstige vorgenommene oder unterlassene Maßnahmen benachteiligt worden ist sowie ob etwaige Nachteilszufügungen kompensiert wurden. Existieren keine berichtspflichtigen Vorgänge, ist ein Negativbericht zu erstatten.[221] Die Schlusserklärung ist der einzige Teil des Abhängigkeitsberichts, der publiziert wird; gem. § 312 Abs. 3 Satz 3 AktG ist sie in den Lagebericht aufzunehmen und wird so zur wesentlichen Informationsquelle der Außenseiteraktionäre über die konzerninternen Rechtsbeziehungen.

3. Prüfung des Berichts

Da der Abhängigkeitsbericht nicht publiziert wird,[222] muss anderweitig sichergestellt werden, dass dieser nicht zu einer aussagelosen Pflichtübung degeneriert.

[216] In diesem Sinne *Emmerich/Habersack* AktG § 312 Rn. 31; MHdB GesR IV/*Krieger* § 70 Rn. 109; Kölner Komm./*Koppensteiner* § 313 Rn. 50; im Grundsatz auch MünchKomm. AktG/Bd. 5/*Altmeppen* § 312 Rn. 107 ff.– aA indes *ADS* AktG § 312 Rn. 49, wonach eine Berichtspflicht nur bei überwiegendem Interesse des herrschenden Unternehmens besteht; ebenso noch MünchKomm. AktG/Bd. 8/*Kropff*, 2. Aufl. 2004, § 312 Rn. 110.

[217] Umstritten ist insoweit, ob wie von der hM vertreten auf den Zeitpunkt abzustellen ist, in dem die Rechtsfolgen eintreten, sprich mit Bindungswirkung der Verträge, vgl. *Hüffer/Koch* AktG § 312 Rn. 17; *Emmerich/Habersack* AktG § 312 Rn. 33; Heidel/*Schatz/Schödel* AktG § 312 Rn. 41; MHdB GesR IV/*Krieger* § 70 Rn. 110 oder ob bereits die bloße Abgabe der Willenserklärung genügt, vgl. MünchKomm. AktG/Bd. 5/*Altmeppen* § 312 Rn. 113; Heidel/*Walchner*, 3. Aufl., AktG § 312 Rn. 19.

[218] MHdB GesR IV/*Krieger* § 70 Rn. 110; *Hüffer/Koch* AktG § 312 Rn. 17.

[219] So zutreffend MHdB GesR IV/*Krieger* § 70 Rn. 110.

[220] MHdB GesR IV/*Krieger* § 70 Rn. 111 aE; *Emmerich/Habersack* AktG § 312 Rn. 41.

[221] *Emmerich/Habersack* AktG § 312 Rn. 13; Kölner Komm./*Koppensteiner* § 312 Rn. 13; MHdB GesR IV/*Krieger* § 70 Rn. 113; MünchKomm. AktG/Bd. 5/*Altmeppen* § 312 Rn. 28.

[222] Vgl. zu den mit der fehlenden Offenlegung einhergehenden Risiken, etwa in Gestalt des gesteigerten Anreizes zur fehlerhaften bzw. unvollständigen Darstellung *Velte* Der Konzern 2010, 49.

§ 14 85, 86 Konzernrecht

Das Gesetz versucht, dies durch die Prüfungspflichten der §§ 313, 314 AktG sicherzustellen. Der **Abschlussprüfer** ist – außer im Falle kleiner AGs iSd § 267 Abs. 1 HGB –[223] verpflichtet, den Bericht auf **inhaltliche Richtigkeit** hin zu prüfen. Dies umfasst auch die Prüfung der Angemessenheit der Leistungen der Gesellschaft im Rahmen von im Bericht aufgeführten Rechtsgeschäften und der hinreichenden Kompensation etwa zugefügter Nachteile (§ 313 Abs. 1 Satz 2 AktG). Indes ist die Vollständigkeit des Abhängigkeitsberichts nicht Gegenstand der Prüfung, über Unvollständigkeiten ist nur dann zu berichten, wenn sie gelegentlich der Prüfung aufgedeckt werden.[224] Um zu gewährleisten, dass der Abschlussprüfer die benötigten Informationen erlangt, steht ihm gegenüber der AG und gegenüber jedem konzernabhängigen oder herrschenden Unternehmen ein Auskunfts- und Einsichtsrecht zu (§ 313 Abs. 1 Satz 3 und 4 AktG iVm § 320 Abs. 1 Satz 2, Abs. 2 Satz 1 und 2 HGB).[225] Der Abschlussprüfer kann dies durch registergerichtliche Zwangsgeldfestsetzung durchsetzen (§ 407 Abs. 1 AktG); darüber hinaus sind unrichtige oder verschleiernde Angaben strafbewehrt (§ 400 Abs. 1 Nr. 2 AktG). Zur Schlichtung von Meinungsverschiedenheiten zwischen Tochter-Vorstand und Abschlussprüfer kann nach § 324 HGB das Landgericht am Gesellschaftssitz angerufen werden.

85 Das Ergebnis der Recherchen des Abschlussprüfers wird in einem schriftlichen Prüfungsbericht niedergelegt (§ 313 Abs. 2 AktG), der dem Aufsichtsrat zugeleitet wird. Die **Prüfung des Aufsichtsrats** erstreckt sich auf Vollständigkeit und Richtigkeit des Abhängigkeitsberichts; allerdings muss der Aufsichtsrat grundsätzlich keine eigenen Prüfungshandlungen entfalten, sondern kann sich auf den Bericht des Abschlussprüfers stützen. Lediglich wenn dieser oder sonstige Kenntnisse des Aufsichtsrates Anlass zu Beanstandungen oder weiteren Recherchen geben, sind weitergehende Prüfungshandlungen geboten.[226] Über das Ergebnis seiner Prüfung hat der Aufsichtsrat der Hauptversammlung zu berichten (§§ 314 Abs. 2 Satz 1, 171 Abs. 2 AktG), wobei am Ende des Berichts darzulegen ist, ob Einwendungen gegen die Schlusserklärung des Vorstandes zu erheben sind (§ 314 Abs. 3 AktG). Der Bericht des Aufsichtsrates an die Hauptversammlung und der Bestätigungsvermerk des Abschlussprüfers (§ 313 Abs. 3 und 4 AktG) werden publiziert; demgegenüber handelt es sich sowohl beim Abhängigkeitsbericht als auch beim Prüfungsbericht des Abschlussprüfers um interne Unterlagen der Gesellschaft.

86 Jeder Aktionär kann nach § 315 Satz 1 AktG eine **Sonderprüfung** der geschäftlichen Beziehungen der AG zu verbundenen Unternehmen beantragen, wenn

---

[223] Diese Ausnahme gilt als rechtspolitisch verfehlt, weshalb im Schrifttum vereinzelt ungeschriebene Prüfungspflichten oder Einsichtsrechte der Aktionäre einer kleinen AG in den Abhängigkeitsbericht befürwortet werden: vgl. MünchKomm. AktG/Bd. 5/*Altmeppen* § 312 Rn. 13; *Emmerich/Habersack* AktG § 313 Rn. 6 f.; *Kropff* ZGR 1988, 558 (570 ff.) – aA MHdB GesR IV/*Krieger* § 70 Rn. 114.

[224] MünchKomm. AktG/Bd. 5/*Altmeppen* § 312 Rn. 39, 56; *Emmerich/Habersack* AktG § 313 Rn. 14; *Hüffer/Koch* AktG § 313 Rn. 5; Kölner Komm./*Koppensteiner* § 313 Rn. 25; MHdB GesR IV/*Krieger* § 70 Rn. 115; *Velte* Der Konzern 2010, 49 (51).

[225] Diese Rechte bestehen auch gegenüber ausländischen Unternehmen: Vgl. *Emmerich/Habersack* AktG § 313 Rn. 24; *Hüffer/Koch* AktG § 313 Rn. 13; Kölner Komm./*Koppensteiner* § 311 Rn. 16; MHdB GesR IV/*Krieger* § 70 Rn. 110. Allerdings wird die zwangsweise Durchsetzung von Einsichts- und Auskunftsrechten ggü. ausländischen Unternehmen, so die hM, regelmäßig an der fehlenden Ordnungsstrafgewalt scheitern: MünchKomm. AktG/Bd. 5/ *Altmeppen* § 312 Rn. 77; *Emmerich/Habersack* AktG § 313 Rn. 24; Spindler/Stilz/*Müller* AktG § 313 Rn. 18; aA *Hüffer/Koch* AktG § 313 Rn. 13 mwN.

[226] *Emmerich/Habersack* AktG § 314 Rn. 12 f.; *Hüffer/Koch* AktG § 314 Rn. 4; Kölner Komm./*Koppensteiner* § 314 Rn. 5 f.; MHdB GesR IV/*Krieger* § 70 Rn. 120.

C. Faktische Konzerne 87 § 14

Abschlussprüfer oder Aufsichtsrat den Abhängigkeitsbericht des Vorstandes beanstanden oder der Vorstand selbst erklärt, dass eine Benachteiligung oder ein fehlender Nachteilsausgleich vorliegt. Fehlt eine solche Erklärung und findet sich keine einfache Mehrheit für eine normale Sonderprüfung nach § 142 Abs. 1 Satz 1 AktG, dann ist die Möglichkeit einer Sonderprüfung an erhöhte Voraussetzungen geknüpft: Gemäß § 315 Satz 2 iVm § 142 Abs. 2 AktG können Aktionäre, die 1% bzw. 100.000 EUR des Grundkapitals repräsentieren und ihre Aktien seit mindestens drei Monaten halten, eine Sonderprüfung beantragen, wenn Tatsachen vorliegen, die den Verdacht einer pflichtwidrigen Nachteilszufügung rechtfertigen. Der Sonderprüfer wird durch das Landgericht – Kammer für Handelssachen – des Gesellschaftssitzes bestellt (§ 315 Satz 3 AktG, §§ 71 Abs. 2 Nr. 4 Buchst. b, 94, 95 Abs. 2 Nr. 2 GVG).[227] Für das (Gerichts-) Verfahren gelten die Vorschriften des FamFG (§ 315 Satz 4 iVm § 142 Abs. 8 AktG). Hat die Hauptversammlung zur Prüfung derselben Vorgänge Sonderprüfer bestellt, kann der Antrag gestellt werden, einen (oder mehrere) andere(n) Sonderprüfer zu bestellen, wenn dies aus einem in der Person des/der bestellten Sonderprüfer(s) liegenden Grundes geboten erscheint; ob diesen Antrag jeder Aktionär stellen kann, oder ob – sofern kein Fall des § 315 Satz 1 AktG vorliegt – auch insoweit das besagte Quorum gilt, ist streitig.[228] Gegenstand der Sonderprüfung sind die Beziehungen zu konkret vom Gericht bezeichneten verbundenen Unternehmen; die Prüfung umfasst sämtliche denkbaren Tatbestände, aus denen ein Verstoß gegen die §§ 311 ff. AktG resultieren könnte.[229] Die Durchführung der Prüfung folgt den §§ 142–146 AktG.[230] Der Sonderprüfer hat über die Ergebnisse seiner Prüfung einen Bericht zu erstatten, der dem Vorstand und zum Handelsregister einzureichen ist; der Bericht ist über das Handelsregister allgemein zugänglich (§ 9 HGB).[231]

III. Verantwortlichkeit der Beteiligten

Das Schutzsystem der §§ 311 ff. AktG wird abgerundet durch Schadensersatzpflichten der Obergesellschaft sowie der Organmitglieder der beteiligten Gesellschaften im Falle einer nicht ordnungsgemäßen Erfüllung des Nachteilsausgleichs sowie der Berichts- und Prüfungspflichten. Voraussetzung einer **Schadensersatzpflicht des herrschenden Unternehmens und seiner gesetzlichen Vertreter** gem. § 317 AktG ist allein eine Nachteilszufügung iSd § 311 AktG sowie die Nichterfüllung der hieraus resultierenden Verpflichtung zum Nachteilsausgleich;

87

---

[227] Gemäß § 315 Satz 5 iVm § 142 Abs. 5 Satz 5, 6 AktG können die Länder durch Rechtsverordnung die Zuständigkeit bei einem oder mehreren Landgerichten konzentrieren.
[228] Für Ersteres entsprechend dem Wortlaut: *Hüffer/Koch* AktG § 315 Rn. 5; MünchKomm. AktG/Bd. 5/*Altmeppen* § 316 Rn. 35 – aA *Emmerich/Habersack* AktG § 316 Rn. 22 Fn. 52; MHdB GesR IV/*Krieger* § 70 Rn. 126: Entgegen dem Wortlaut soll der Antrag nur zulässig sein, wenn die Voraussetzungen des § 315 Satz 2 AktG (Quorum) vorliegen (Redaktionsversehen). Andere Ansicht zur Frage, inwiefern ein Antrag in Bezug auf denselben Prüfgegenstand unter Auswahl eines oder mehrere anderer Prüfungsgegenstand unter Auswahl eines oder mehrerer anderer Prüfer in Betracht kommt LG Frankfurt a.M. 3-16 O 2/15, ZIP 2016, 575 mit der Begründung, dass ein solches Vorgehen gegen die primäre Hauptversammlungszuständigkeit in § 142 Abs. 1 AktG verstößt; dem zustimmend MünchKomm. AktG/Bd. 3/*Arnold* § 142 Rn. 85.
[229] MHdB GesR IV/*Krieger* § 70 Rn. 127.
[230] MHdB GesR IV/*Krieger* § 70 Rn. 128.
[231] *Hüffer/Koch* AktG § 315 Rn. 7; MHdB GesR IV/*Krieger* § 70 Rn. 128.

eines Verschuldens bedarf es nicht.²³² Sind diese Voraussetzungen erfüllt, sind die Obergesellschaft und ihre gesetzlichen Vertreter zum Ersatz sämtlicher Schäden, die aus der nicht kompensierten Nachteilszufügung resultieren, verpflichtet; der Anspruch gem. § 317 AktG ist nicht auf den Betrag der unterbliebenen Nachteilskompensation beschränkt, so dass der Haftungsvorschrift auch Sanktionscharakter zukommt.²³³ Der Schadensersatzanspruch zielt primär auf Naturalrestitution; sind die früheren Verhältnisse nicht mehr rekonstruierbar, besteht ein Geldanspruch. Daneben kommen Unterlassungs- und Beseitigungsansprüche und auch Ansprüche auf Rückgängigmachung konzernintegrativer Maßnahmen in Betracht.²³⁴ Primärer Anspruchsinhaber ist das geschädigte abhängige Unternehmen, dessen Schaden auch von jedem einzelnen Aktionär geltend gemacht werden kann; es handelt sich um einen Fall der gesetzlichen Prozessstandschaft.²³⁵ Daneben besteht ein eigener Ersatzanspruch der Aktionäre, falls diesen ein eigener, über die Minderung ihres Anteilsbesitzes hinausgehender Schaden entstanden ist (§ 317 Abs. 1 Satz 2 AktG). Ein Verzicht oder Vergleich über den Anspruch der Gesellschaft ist frühestens nach drei Jahren möglich; die Ansprüche verjähren in 5-jähriger Frist (§ 317 Abs. 4 iVm § 309 Abs. 3, 5 AktG). Gleiches gilt für konkurrierende allgemeine Ansprüche aus §§ 57, 62, 117 AktG, 823, 826 BGB. Ferner haften gem. § 318 AktG **Vorstand und Aufsichtsrat des abhängigen Unternehmens**, soweit diese ihrer Berichts- und Prüfungspflicht gem. §§ 312, 314 AktG nicht ordnungsgemäß nachgekommen sind; die Ansprüche gegen die Organmitglieder der Untergesellschaft setzen ein Verschulden der Organwalter voraus.²³⁶ Da auch im Unterlassen der Prüfung ursprünglich nicht nachteiliger Rechtsgeschäfte und Maßnahmen ein Nachteil liegen kann,²³⁷ kommt auch der Überwachung und der unternehmensinternen Erkennungssysteme wichtige Bedeutung zu.

IV. Existenzvernichtungshaftung

1. Entwicklung der Rechtsprechung

88 Die sog. Konzernhaftung ist seit Jahren ein Dauerbrenner der juristischen Diskussion, die nicht zur Ruhe kommt. Dies liegt nicht nur an den wiederholten Schwankungen der – insbesondere GmbH-rechtlichen – Rechtsprechung, sondern auch daran, dass ungeklärt ist, ob diese Judikatur uneingeschränkt auf das Aktienrecht übertragbar ist.

89 Wie dargelegt gestattet das Recht des faktischen Konzerns dem herrschenden Unternehmen nur isolierbare Eingriffe, die in ihren schädigenden Auswirkungen quantifizierbar sind; eine intensivere Leitung der Tochtergesellschaft ggf. zum Schaden derselben ist allein auf unternehmensvertraglicher Grundlage gestattet. Leitet nun der Konzernherr die Tochter gemäß dem typischen Bild eines Beherr-

---

²³² *Emmerich/Habersack* AktG § 317 Rn. 5; *Hüffer/Koch* AktG § 317 Rn. 5; aA Münch-Komm. AktG/Bd. 5/*Altmeppen* § 317 Rn. 29 ff., der insoweit die Auffassung vertritt, dass es sich bei § 317 um eine gewöhnliche Verschuldenshaftung für eine pflichtwidrige Geschäftsleitung im abhängigen Unternehmen handelt; ebenso *Stöcklhuber* Der Konzern 2011, 253 (255 ff.); vgl. auch *Fischbach* Haftung des Vorstands im Aktienkonzern, 2009, S. 171 ff. mwN.
²³³ *Emmerich/Habersack* AktG § 317 Rn. 15 ff.; MHdB GesR IV/*Krieger* § 70 Rn. 130.
²³⁴ *Emmerich/Habersack* AktG § 317 Rn. 19 f.; *Hüffer/Koch* AktG § 317 Rn. 10.
²³⁵ *Emmerich/Habersack* Konzernrecht § 27 Rn. 6; *Hüffer/Koch* AktG § 317 Rn. 16.
²³⁶ MHdB GesR IV/*Krieger* § 70 Rn. 139, *Hüffer/Koch* AktG § 318 Rn. 4.
²³⁷ Vgl. Rn. 74, insb. zu Cash-Pooling-Systemen.

C. Faktische Konzerne

schungsvertrages, indem die Obergesellschaft die Geschäftsführung der abhängigen Gesellschaft dauernd und umfassend ausübt, führt dies dazu, dass das **Haftungssystem im faktischen Konzern kollabiert.** In diesem Falle lassen sich einzelne Veranlassungen der Konzernspitze wegen der Dichte der Leitungsmacht nicht länger isolieren, geschweige denn in ihren nachteiligen Auswirkungen monetär quantifizieren. Da in einem solchen Fall die Belange der Untergesellschaft und ihrer Gläubiger, insb. deren Vermögensinteressen, nachhaltig gefährdet werden, ohne dass dieses Phänomen durch die Schutzmechanismen des faktischen Konzerns angemessen bewältigt werden kann, stellt sich die Frage, ob sich das herrschende Unternehmen (insb. im Bereich des Gläubigerschutzes) so behandeln lassen muss, als wenn ein Vertragskonzern begründet worden wäre. Insoweit wurde geltend gemacht, dass die nicht unternehmensvertraglich kanalisierte und registerrechtlich verlautbarte, gleichwohl aber voll durchgeführte Beherrschungsbeziehung im Hinblick auf den Gläubigerschutz nicht laxer behandelt werden könne als die vertragskonzernrechtlich legalisierte Konzernherrschaft. Aufgrund dessen entwickelten Rechtsprechung und Schrifttum für das GmbH-Recht eine Ausfallhaftung der Obergesellschaft für Verbindlichkeiten einer solchen „qualifiziert-faktisch" konzernierten Tochtergesellschaft gem. §§ 302, 303 AktG analog; diese Grundsätze – insbesondere die Anwendung von vertragskonzernrechtlichen Haftungsregeln im Wege der Analogie – wurden im juristischen Schrifttum verbreitet auch auf das Aktienrecht übertragen.[238]

Die etwaige Haftung des herrschenden Unternehmens gegenüber den Gläubigern der Untergesellschaft in diesem sog. qualifiziert faktischen Konzern war und ist eine der zentralen konzernrechtlichen Streitfragen; allerdings ist die Frage für die AG wenig praktisch relevant geworden. Insbesondere durch die Änderung der Rspr. zum Schutz einer abhängigen GmbH, die durch die Bremer-Vulkan-Entscheidung[239] eingeleitet und insbesondere durch das KBV-Urteil[240] und die Trihotel-Entscheidung[241] präzisiert wurde, ist auch für die abhängige AG fraglich geworden, ob die Haftungsgrundsätze, die sich bis zu der TBB-Entscheidung[242] herausgebildet hatten, weiterhin Bestand haben werden. Denn der BGH hat den qualifiziert faktischen Konzern in den genannten Entscheidungen für das GmbH-Recht aufgegeben und durch die sog. Existenzvernichtungshaftung ersetzt. Den Anspruch gegen die herrschende Gesellschaft stützt der BGH seit der Trihotel-Entscheidung auf § 826 BGB. Für das Aktienrecht ist bereits seit der Bremer-Vulkan-Entscheidung sehr streitig, ob die Regeln über den qualifiziert faktischen Konzern weiterhin Geltung beanspruchen oder ob auch hier die Existenzvernichtungshaftung Platz greift.[243]

---

[238] Grundlegend BGH II ZR 275/84, BGHZ 95, 330 (345 f.) – Autokran; II ZR 167/88, BGHZ 107, 7 (16 ff.) – Tiefbau; II ZR 135/90, BGHZ 115, 187 (192 ff.) – Video; II ZR 287/90, BGHZ 116, 37 (42) – Stromlieferung; II ZR 265/91, BGHZ 122, 123 (126 ff.) – TBB; II ZR 178/99, ZIP 2001, 1874 – Bremer Vulkan; siehe zum Meinungsstand in der Lit. *Emmerich/Habersack* AktG Anh § 317 Rn. 5 mit zahlreichen Nachweisen.

[239] BGH II ZR 178/99, ZIP 2001, 1874 – Bremer Vulkan; dazu *Altmeppen* ZIP 2001, 1837 einerseits und *Ulmer* ZIP 2001, 2021 andererseits.

[240] BGH II ZR 300/00, ZIP 2002, 1578 – KBV; dazu *Altmeppen* ZIP 2002, 1553.

[241] BGH II ZR 3/04, NJW 2007, 2689 – Trihotel; dazu *Vetter* BB 2007, 1965; *Altmeppen* NJW 2007, 2657.

[242] BGH II ZR 265/91, BGHZ 122, 123 (126 ff.) – TBB.

[243] Für eine Anwendbarkeit der Grundsätze über die qualifiziert faktische Unternehmensverbindung auf das Aktienrecht *Emmerich/Habersack* AktG Anh § 317 Rn. 5; MHdB GesR IV/*Krieger* § 70 Rn. 142 mwN; *Schürnbrand* ZHR 2005, 35 (58); Spindler/Stilz/*H.-F. Müller* AktG Vor § 311 Rn. 25 ff.; – aA etwa MünchKomm. AktG/Bd. 5/*Altmeppen* Anh § 317 Rn. 13;

Da der Bundesgerichtshof die Aufgabe des qualifiziert-faktischen Konzerns im GmbH-Recht zunächst mit spezifisch GmbH-rechtlichen Erwägungen begründet hat,[244] wird die Auffassung vertreten, dass die Grundsätze für die AG aufrecht erhalten werden können. Diese Auffassung ist jedoch nach der Trihotel-Entscheidung nur noch schwerlich vertretbar, da der BGH den Schutz der abhängigen GmbH in dieser Entscheidung über § 826 BGB vollzieht, also eine Norm des allgemeinen Deliktsrechts. GmbH-rechtliche Erwägungen spielen mithin allenfalls nur noch im Zusammenhang mit der Feststellung der Sittenwidrigkeit der Schädigung eine Rolle. Allerdings fehlt für das Aktienrecht eine obergerichtliche Entscheidung. Gleichwohl dürfte die Rechtsfigur der Haftung im qualifiziert faktischen Konzern[245] auch im Aktienrecht endgültig der Vergangenheit angehören, weshalb im Folgenden ausschließlich auf die neuere Rspr. des BGH eingegangen wird.

2. Grundsätze der höchstrichterlichen Rechtsprechung

91 Bereits seit seinem Urteil in dem Verfahren Bremer Vulkan leitet der BGH den Schutz einer abhängigen GmbH gegen Eingriffe des Alleingesellschafters endgültig nicht mehr aus einer Analogie zu §§ 302 f. AktG her. Vielmehr soll der Schutz der abhängigen GmbH auf die Erhaltung ihres Stammkapitals und die Gewährleistung ihres Bestands beschränkt sein.[246] Diesen stützt der BGH seit dem KBV-Urteil auf den Gesichtspunkt des existenzvernichtenden Eingriffs, nach neuer Rspr. auf § 826 BGB („Existenzvernichtungshaftung").[247] Dies ist nach hier vertretener Auffassung auf die AG zu übertragen (siehe Rn. 90).

Das vom Bundesgerichtshof nunmehr vertretene deliktische Haftungsmodell knüpft an den Vorwurf an, dass das den Gläubigern zur Befriedigung dienende Gesellschaftsvermögen ausgehöhlt und damit die Gesellschaft in den masselosen Konkurs getrieben worden sei. Hier geht es letztlich um das Verbot der „kalten" oder „wilden" Liquidation. Selbstverständlich ist es den Gesellschaftern gestattet, ihre Gesellschaft jederzeit aufzulösen und zu liquidieren. Dies allerdings unter der Beachtung der Liquidationsvorschriften, die eine Begleichung der Gesellschaftsverbindlichkeiten sicherstellen bzw., wenn das Gesellschaftsvermögen zur Schuldendeckung nicht mehr ausreicht, unter Beachtung der Vorschriften der InsO. Der haftungsbegründende Vorwurf geht mithin nach der heutigen Rechtsprechung dahin, dass die Gesellschaft in den vorhersehbaren wirtschaftlichen Zusammenbruch durch ihre Gesellschafter insbesondere durch den Alleingesellschafter getrieben worden sei und zwar durch den kompensationslosen Abzug von Vermögen und Ertragschancen der Gesellschaft ohne Rücksicht auf die Erhaltung von deren

---

Decher ZHR 2007, 126 (137); *Hüffer* in FS Goette S. 192 (200 ff.); vgl. auch *Hüffer/Koch* AktG § 1 Rn. 29 f., demzufolge ein Rückgriff auf § 826 bei der AG in Anbetracht des Umstandes, dass eine Innenhaftung iRd § 117 bereits besteht, entbehrlich ist, beide Begründungswege (§ 826 und § 117) jedoch nebeneinander bestehen; zweifelnd auch OLG Stuttgart 20 U 12/06, ZIP 2007, 1210; LG Kiel 14 O 195/03, BeckRS 2009, 10255, zustimmend *Plückmann* GWR 2009, 92.

[244] MHdB GesR IV/*Krieger* § 70 Rn. 142.

[245] Vgl. eingehend zur Entwicklung der Rechtsfigur *Liebscher* GmbH-KonzernR Rn. 450 ff. sowie MünchKomm. GmbHG/*Liebscher* Anh. § 13 Rn. 519 ff.

[246] BGH II ZR 178/99, ZIP 2001, 1874 (1876) – Bremer Vulkan; *Altmeppen* ZIP 2001, 1837 (1838) spricht von einer vollständigen Abwendung von konzernrechtlichen Haftungselementen; differenzierter *Schmidt* NJW 2001, 3577 (3580).

[247] BGH II ZR 3/04, NJW 2007, 2689 – Trihotel; dazu *Vetter* BB 2007, 1965; *Altmeppen* NJW 2007, 2657.

C. Faktische Konzerne

Fähigkeit, ihren Verbindlichkeiten nachzukommen und ohne Einleitung eines die Befriedigung der Gläubiger sicherstellenden Insolvenz- oder Liquidationsverfahrens. Es handelt sich mithin um eine Insolvenzverursachungshaftung, bei der die vorsätzliche kausal-adäquate Verursachung der Insolvenz haftungsbegründend ist.

a) Haftungsvoraussetzungen

Es handelt sich bei der Existenzvernichtungshaftung mithin um eine Insolvenzverursachungshaftung, die an eine „sittenwidrige Selbstbedienung", sprich an ein schlechterdings unvertretbares und rücksichtsloses Verhalten des Gesellschafters anknüpft, wobei die Haftung als Vorsatzhaftung ausgestaltet ist. Das Haftungskonzept der Existenzvernichtungshaftung fordert mithin vorsätzliches Handeln sowohl im Hinblick auf die vorhersehbare Insolvenzursächlichkeit der inkriminierten Maßnahmen als auch im Hinblick auf die eine etwaige Sittenwidrigkeit des Verhaltens begründenden Umstände.

Nach der Rechtsprechung ist zudem für Vermutungsregeln im Rahmen des Haftungstatbestandes kein Raum, so dass der Anspruchsteller, da es sich um eine Innenhaftung handelt also die Gesellschaft bzw. nach deren wirtschaftlichen Zusammenbruch, sprich nach dem Erfolg der haftungsbegründenden Existenzvernichtung, deren Insolvenzverwalter, die volle Beweislast für das Vorliegen der Haftungsvoraussetzungen trägt.

Das Rechtsinstitut der Existenzvernichtungshaftung dient dazu, Fälle zu erfassen, die mit den herkömmlichen gesellschaftsrechtlichen Rechtsinstituten nicht sachgerecht erfasst werden können (Schutzmodell zur Lückenschließung auf der Ebene des deliktischen Mindestschutzes). Diese Auffangfunktion führt indes nicht dazu, dass man die Voraussetzungen der Existenzvernichtungshaftung leichtfertig bereits dann bejahen darf, wenn die Voraussetzungen der Rechtsinstitute des Kapitalerhaltungs- und Insolvenzanfechtungsrechts nicht erfüllt sind. Vielmehr indiziert das Nichteingreifen der gesetzlichen Schutzregeln die Rechtmäßigkeit des betrachteten Gesellschafterhandelns, so dass die Voraussetzungen der Existenzvernichtungshaftung nur dann erfüllt sind, wenn eine Nichthaftung zu schlechterdings unerträglichen Ergebnissen führen würde. Der Umstand, dass es sich bei der Existenzvernichtungshaftung um eine Insolvenzverursachungs- und Vorsatzhaftung handelt, die ein Sittenwidrigkeitsdelikt voraussetzt, ist ernst zu nehmen, so dass im Einzelfall eingehend zu prüfen ist, ob die Haftungsvoraussetzungen erfüllt sind. Die Existenzvernichtungshaftung ist mithin als Ausnahmefall in Extremsituationen ausgestattet, die in Fällen greifen soll, die von anderen gesellschaftsrechtlichen Rechtsinstituten nicht sachgerecht erfasst werden können.

Die Haftung nach § 826 BGB setzt voraus:[248]
– eine schadensstiftende Verletzung einer „Schutzpflicht der Respektierung" in Bezug auf das „im Gläubigerinteresse zweckgebundene Gesellschaftervermögen",[249]
– die Sittenwidrigkeit des Eingriffs,
– Vorsatz und
– einen bei der abhängigen Gesellschaft eingetretenen Schaden.

Der Eingriff in das Vermögen der Gesellschaft ist nicht nur dann **sittenwidrig**, wenn der Eingriff mit der Absicht geschieht, den Zugriff der Gesellschaftsgläubi-

---

[248] Vgl. zum Haftungstatbestand der Existenzvernichtungshaftung im GmbH-Konzern MünchKomm. GmbHG/*Liebscher* Anh. § 13 Rn. 529 ff.
[249] BGH II ZR 3/04, NJW 2007, 2689 – Trihotel; vgl. zu diesem Punkt auch *Schanze* NZG 2007, 681 (683).

ger auf das Vermögen der Gesellschaft zu verhindern, sondern auch dann, „wenn die faktische dauerhafte Beeinträchtigung der Erfüllung der Verbindlichkeiten die voraussehbare Folge des Eingriffs ist."[250] Eine sittenwidrige Schädigung wird im Ergebnis immer dann vorliegen, wenn objektiv ein Missbrauch der Gesellschafterstellung, dh die Ausübung der Konzernleitungsmacht zum Nachteil des abhängigen Unternehmens in einer Weise, die keine angemessene Rücksicht auf dessen Eigenbelange nimmt, anzunehmen ist.

95 Die bloße dauernde und umfassende Ausübung der Mehrheitsmacht reicht insoweit nicht aus. Auch ein Unterlassen hinreichender Kapitalausstattung iSe „Unterkapitalisierung" stellt keinen existenzvernichtenden Eingriff iSd Rechtsprechung des BGH dar.[251] Ebensowenig soll bloßes Missmanagement pönalisiert werden, so dass es einer sachgerechten Abgrenzung zwischen haftungsneutralen unternehmerischen Fehlentscheidungen einerseits sowie haftungsrelevanten, sittenwidrigen Eingriffen in die Unternehmenssubstanz andererseits bedarf. Erforderlich ist eine Benachteiligung der Untergesellschaft zugunsten ihres herrschenden Gesellschafters, wobei entscheidend ist, dass diese im Konzerninteresse mit überwiegenden Risiken belastet wird, deren Eingehung eine unabhängige Gesellschaft vermieden hätte („Aschenputtel"-Lage). Diese Voraussetzung ist vor allem bei vom Konzernherrn veranlassten (gruppeninternen) Rechtsgeschäften zu unangemessenen Konditionen zu bejahen. Hierher gehören etwa Lieferungen und Leistungen zu marktunüblichen Bedingungen, insbesondere die Vereinbarung unangemessen niedriger Konzernverrechnungspreise, die Gewährung von hohen, ungesicherten Krediten an andere Konzernunternehmen, deren Liquidität nicht sichergestellt ist, und die Veranlassung des Tochterunternehmens zu einem Forderungsverzicht.[252]

96 Gleiches gilt im Falle einer rigorosen Durchführung von Cash-Management-Systemen, die der abhängigen Gesellschaft vollständig die Verfügung über ihre Liquidität entziehen,[253] und auch dann, wenn das herrschende Unternehmen die abhängige Gesellschaft dazu veranlasst, Geschäftschancen zugunsten anderer Konzernunternehmen nicht wahrzunehmen. Auch andere Schädigungen der abhängigen Gesellschaft zugunsten eines Konzernunternehmens, etwa durch Abzug von Ressourcen oder

---

[250] BGH II ZR 3/04, NJW 2007, 2689 – Trihotel; II ZR 292/07, BGHZ 179, 344 = DStR 2009, 915 – Sanitary; *Schanze* NZG 2007, 681 (683), sieht dies als Problem des Eingriffs, nicht der Sittenwidrigkeit.

[251] Dazu jüngst BGH II ZR 264/06, NJW 2008, 2437 – GAMMA; *Kleindiek* NZA 2008, 686; *Emmerich/Habersack* Konzernrecht § 31 Rn. 24.

[252] Vgl. MünchKomm. GmbHG/*Liebscher* Anh. § 13 Rn. 557.

[253] Änderungen im faktischen Konzern für das sog. Cash-Pooling, also das bei der Konzernfinanzierung gebräuchliche System zur Zusammenfassung flüssiger Mittel bei der Muttergesellschaft und Instrument zum Liquiditätsausgleich zwischen den Unternehmensteilen im Konzern mittels Darlehensgewährung der Tochtergesellschaft an die Konzernmutter (sog. upstream loan; das Tochterunternehmen erhält im Gegenzug Rückzahlungsansprüche gegen die Mutter), ergeben sich durch das Gesetz zur Modernisierung des GmbH-Rechts und zur Bekämpfung von Missbräuchen (MoMiG) vom 23.10.2008 (BGBl. 2008 I 2026). Dieses stellt das System des Cash-Pooling durch den neu eingeführten § 57 Abs. 1 Satz 3 AktG auf eine gesetzliche Grundlage und schafft damit eine Ausnahme von der strengen Kapitalbindung des § 57 AktG, an dem nach altem Recht auch Cash-Management-Systeme zu messen waren. Dadurch und aufgrund der MPS-Entscheidung (vgl. Rn. 74) sind nun etwa upstream loans im Rahmen des Cash-Pooling im Grundsatz rechtlich zulässig. Die Fälle des Liquiditätsentzugs, die bislang zum Bereich der Existenzvernichtungshaftung zählten, werden daher nach Einführung des MoMiG unter den neuen § 92 Abs. 2 Satz 3 AktG subsumiert. Vgl. *Knapp* DStR 2008, 2371 (2374); MünchKomm. GmbHG/*Liebscher* Anh. § 13 Rn. 423 f.

durch Verringerung bzw. Einstellung der Geschäftstätigkeit, können zur Konzernhaftung führen. Schließlich kann eine Haftung auch durch eine Umstrukturierung der Untergesellschaft im Konzerninteresse begründet werden, falls die Restrukturierung den Tochter-Eigeninteressen widerspricht; als problematisch können sich etwa die vom herrschenden Unternehmen veranlasste Aufgabe oder Verlagerung von Geschäftsbereichen, die Abgabe von Ressourcen, die Zentralisierung von Unternehmensfunktionen, die Einstellung bestehender Aktivitäten, die Konzentrierung der Tochter auf ein bestimmtes sachliches oder regionales Geschäftsfeld uÄ erweisen.

Auch in einfachen Abhängigkeitsverhältnissen kommt eine Haftung in Betracht; zwischen den Unternehmen muss kein Konzernverhältnis bestehen. Auch eine dauernde und umfassende Führung der Geschäfte der Tochtergesellschaft durch das herrschende Unternehmen ist nicht der maßgebliche Haftungstatbestand.[254] **97**

Der BGH lässt für das **Vorsatzerfordernis** genügen, dass dem handelnden Gesellschafter bewusst ist, dass durch von ihm selbst oder mit seiner Zustimmung veranlasste Maßnahmen das Gesellschaftsvermögen sittenwidrig geschädigt wird.[255] Ausreichend soll insoweit sein, dass ihm die Tatsachen bekannt sind, aus denen sich die Sittenwidrigkeit des Eingriffs ergibt; ein Bewusstsein der Sittenwidrigkeit ist folglich nicht zu fordern. Ist die dauerhafte Beeinträchtigung der Erfüllung der Verbindlichkeiten die voraussehbare Folge des Eingriffes, genügt es dem Vorsatzerfordernis, wenn der „Gesellschafter diese Rechtsfolge in Erkenntnis ihres möglichen Eintritts billigend in Kauf genommen hat (Eventualdolus)."[256] **98**

b) Anspruchsberechtigte und Anspruchsgegner

Anspruchsberechtigt ist die abhängige Gesellschaft. Denn die Haftung nach § 826 BGB ist eine Ersatzhaftung für die Herbeiführung der Insolvenzreife bzw. der Vertiefung der Insolvenz[257] und damit **Innenhaftung**.[258] Während eines Insolvenzverfahrens werden die Forderungen durch den Insolvenzverwalter geltend gemacht (eine Analogie zu § 93 InsO[259] – wie bislang – ist nicht erforderlich, da es sich nunmehr um eine eigene Forderung der Gesellschaft handelt). **Gegner des Anspruchs** ist der Gesellschafter, der den Tatbestand des § 826 BGB erfüllt hat. Strittig ist, ob dann, wenn der Existenzvernichter seinerseits eine Gesellschaft ist, deren Organmitglieder neben der Gesellschaft haften. Dies würde voraussetzen, dass die entsprechenden Organe des Existenzvernichters als Teilnehmer gem. § 830 Abs. 2 BGB in Betracht kommen. Dies ist nach richtiger Auffassung indes nicht der Fall. Die Existenzvernichtungshaftung stellt nach der dogmatischen Neuausrichtung der Rechtsprechungsgrundsätze ein Sonderdelikt für die Haftung der Gesellschaf- **99**

---

[254] BGH II ZR 265/91, BGHZ 122, 123 (126 ff.) – TBB: Damit hat der BGH, auch wenn er noch § 303 AktG analog und damit eine konzernrechtliche Anspruchsgrundlage heranzog, bereits im TBB-Urteil seine konzernrechtliche Begründung der Haftung der Mehrheitsgesellschafter der Sache nach für die GmbH aufgegeben.
[255] BGH II ZR 3/04, NJW 2007, 2689 – Trihotel; vgl. zum Vorsatzerfordernis im GmbH-Konzernrecht MünchKomm. GmbHG/*Liebscher* Anh. § 13 Rn. 570 ff.
[256] BGH II ZR 3/04, NJW 2007, 2689 – Trihotel.
[257] Vgl. eingehend zum Kriterium der Insolvenzvertiefung MünchKomm. GmbHG/*Liebscher* Anh. § 13 Rn. 559.
[258] BGH II ZR 3/04, NJW 2007, 2689 – Trihotel; *Schanze* NZG 2007, 681 (685) ist der Auffassung, dass § 826 BGB nicht nur die Gesellschaft schütze, sondern auch die Rechtsverfolgungsinteressen der Einzelgläubiger, weswegen auch diesen ein entsprechender Anspruch zuzustehen habe.
[259] So *Ulmer* JZ 2002, 1049 (1050).

ter dar, wobei diese Korporation naturgemäß und notwendig durch ihre Organe handelt, so dass deren Organe gerade keinen Gehilfenbeitrag iSd Deliktsrechts erbringen können.[260]

c) Beweislast

100 Der BGH geht nunmehr davon aus, dass die Beweislast für den Schadensersatzanspruch der Kläger trage. Allerdings wird zum Teil erwogen, eine Beweislastumkehr insoweit anzunehmen, als es um die Höhe des Schadens gehe. Habe der Kläger den Haftungsgrund nachgewiesen, müsse der Gesellschafter sich hinsichtlich der Schadenshöhe entlasten. Er hafte „wegen des nahe liegenden und deshalb zu vermutenden Umfangs des Schadens in Höhe der gesamten Überschuldung bis zur restlosen Gläubigerbefriedigung."[261]

d) Verjährung

101 Für den Anspruch aus § 826 BGB gilt die Regelverjährung der §§ 195, 199 Abs. 1 BGB. Hiernach verjährt der Anspruch nach drei Jahren, beginnend mit dem Schluss des Jahres, in welchem der Anspruch entstanden ist und der Gläubiger von den anspruchsbegründenden Umständen Kenntnis erlangt hat oder ohne grobe Fahrlässigkeit hätte erlangen müssen.

Da anspruchsberechtigt die Gesellschaft ist, kommt es im Grundsatz auf die Kenntnis des Geschäftsführers bzw. der Gesellschafter von dem Eingriff und seinem Vernichtungserfolg an. Etwas anderes muss jedoch gelten, wenn der Geschäftsführer – wie regelmäßig – an der Existenzvernichtung mitgewirkt hat.[262] Denn es ist anerkannt, dass die für den Verjährungsbeginn maßgebliche Kenntnis eines GmbH-Geschäftsführers (oder Insolvenzverwalters) vom Bestehen eines Anspruchs dann nicht der vertretenen Gesellschaft zugerechnet werden kann, wenn der gegenständliche Anspruch gegen den Geschäftsführer (oder Insolvenzverwalter) selbst gerichtet ist. Hinter dieser Rechtsprechung steht der Gedanke, dass auch im Hinblick auf den Beginn der Anspruchsverjährung niemand zum „Richter in eigener Sache" werden darf.[263] Verfügt die Gesellschaft indes über einen weiteren Geschäftsführer, der an der schädigenden Handlung nicht beteiligt war und/oder wird ein unbeteiligter neuer Geschäftsführer bestellt, steht dessen Kenntnis einem Verjährungsbeginn hingegen nicht entgegen; Gleiches gilt nach Insolvenzeintritt im Hinblick auf den Insolvenzverwalter und dessen Kenntnisstand.[264]

D. Vertragskonzern

102 Leitmodell des Aktienkonzernrechts ist die durch Rechtsakt legitimierte Konzernherrschaft. Konzerne sollen regelmäßig als Vertragskonzerne auf Basis eines Beherrschungsvertrages organisiert werden, da dann die Begründung der Konzern-

---

[260] Eingehend MünchKomm. GmbHG/*Liebscher* Anh. § 13 Rn. 599 ff.
[261] *Altmeppen* NJW 2007, 2657 (2660).
[262] Vgl. MünchKomm. GmbHG/*Liebscher* Anh. § 13 Rn. 612 f.
[263] BGH II ZR 301/09, NJW-RR 2011, 832 Rn. 10b; Staudinger/*Peters/Jacoby* BGB § 199 Rn. 61; so auch schon vor dem Hintergrund des § 852 BGB aF BGH II ZR 292/07, BGHZ 179, 344 Rn. 34 = NJW 2009, 2127 – Sanitary; BGH II ZR 334/87, NJW-RR 1989, 1255 (1259); RG VI 122/36, JW 1936, 3111.
[264] Vgl. etwa BGH IX ZR 52/10, NJW-RR 2013, 1321 (1323); vgl. auch MünchKomm. GmbHG/*Liebscher* Anh. § 13 Rn. 612 f.

leitungsmacht durch Zustimmung der Hauptversammlungen legitimiert wird und zugleich die konzernrechtlichen Bezugsgruppen gesetzlich geschützt werden. Im Falle des Abschlusses eines solchen Unternehmens-, insb. Beherrschungsvertrages wird die abhängige AG dem Willen und dem unternehmerischen Sonderinteresse des herrschenden Unternehmens unterworfen. Der Beherrschungsvertrag legalisiert die umfassende Ausübung der Leitungsmacht über die beherrschte AG durch die Konzernspitze. Wegen dieser die Struktur der Tochter-AG ändernden Wirkung sieht das AktG für die Begründung eines Vertragskonzerns besondere Anforderungen vor. Der Vertragsschluss setzt die **Zustimmung der Hauptversammlung** der eingebundenen AG mit qualifizierter Mehrheit voraus (§ 293 Abs. 1 Satz 1 AktG). Diese Sonderregelung hat mittelbar gläubiger- und minderheitsschützende Wirkung; das Erfordernis eines Zustimmungsbeschlusses führt ua dazu, dass die Änderung des Tochterstatus publik gemacht wird und sämtliche Aktionäre über den geplanten Konzernverbund informiert werden (§§ 293a ff. AktG). Ferner bedarf die Begründung des Vertragskonzerns wegen der hiermit für das herrschende Unternehmen verbundenen Lasten und der die Struktur der Obergesellschaft ändernden Wirkung der Zustimmung der Gesellschafterversammlung der Muttergesellschaft (§ 293 Abs. 2 AktG).

Da durch den Unternehmensvertrag auch Maßnahmen zum Nachteil der abhängigen AG legalisiert werden, so dass es zu einer Verletzung der Haftungsinteressen der Gläubiger und der Vermögensinteressen der Außenseiter kommen kann, gewährt das AktG diesen Bezugsgruppen **besondere Schutzrechte**. Die §§ 300 ff. AktG sichern den Erhalt des Gesellschaftsvermögens der beherrschten AG; hierdurch werden primär die Gläubiger des abhängigen Unternehmens, mittelbar jedoch zugleich die außenstehenden Aktionäre geschützt. Speziell zum Schutz der Minderheiten ist weiter vorgesehen, dass die Außenseiter die Wahl haben, ob sie in der Untergesellschaft verbleiben und dort einen angemessenen Ausgleich erhalten (§ 304 AktG) oder ob sie gegen eine angemessene Abfindung aus dem Unternehmen ausscheiden (§ 305 AktG); im Einzelnen:

I. Unternehmensverträge

Grundlage des Vertragskonzerns ist der Abschluss eines Unternehmensvertrages. Die erfassten Vertragstypen sind vielgestaltig. Das Gesetz spannt einen weiten Bogen von Beherrschungs- und/oder Ergebnisabführungsverträgen (BEAV), welche die wirtschaftliche Trennung zwischen den verbundenen Unternehmen partiell aufheben, bis zu sog. „sonstigen Unternehmensverträgen", wie Gewinngemeinschaften, sowie Betriebspacht- und Betriebsführungsverträgen, bei denen es sich um (weit reichende) schuldrechtliche Verträge handelt. Die §§ 293 ff. AktG enthalten allgemeine Regeln, die für alle Unternehmensverträge gelten, wohingegen die §§ 300 ff. AktG spezielle Schutzvorschriften für den Fall des Abschlusses eines BEAV beinhalten.

1. Rechtsnatur

Das Gesetz unterscheidet strikt zwischen BEAVs (§ 291 AktG) und „sonstigen Unternehmensverträgen" (§ 292 AktG), weil die beiden Vertragstypen ihrer Rechtsnatur nach grundverschieden sind. Bei **Beherrschungs- und/oder Gewinnabführungsverträgen** handelt es sich um **gesellschaftsrechtliche Organisationsverträge**, die satzungsgleich die Verfassung der abhängigen Gesellschaft, insb. die wechselseitigen Rechte und Pflichten gegenüber den konzernrechtlichen

Bezugsgruppen überlagern und modifizieren. Dem herrschenden Unternehmen werden weit reichende Eingriffsrechte um den Preis eines weitgehenden Schutzes der Außenseiter und Gläubiger der Untergesellschaft verliehen.[265]

105 Demgegenüber fasst das Gesetz die „**sonstigen**" **Unternehmensverträge** als **schuldrechtliche Austauschverträge** auf, deren Abschluss wegen ihres organisationsrechtlichen Einschlages dem Regime der §§ 293 ff. AktG unterstellt wird,[266] mit denen allerdings keine unmittelbare Änderung der inneren Verfassung der abhängigen Gesellschaft einhergeht, weshalb die sonstigen Unternehmensverträge weitgehend von der Anwendung der Schutzregeln zugunsten der konzernrechtlichen Bezugsgruppen nach §§ 300 ff. freigestellt wurden.[267] Allerdings durchbricht das Gesetz diese strikte Unterscheidung, indem es einzelne Vertragstypen sonstiger Unternehmensverträge bestimmten Gläubigerschutzvorschriften unterwirft. So gilt die Verlustübernahmepflicht gem. § 302 Abs. 2 AktG auch bei Vereinbarung eines nicht angemessenen Entgelts im Falle des Abschlusses eines Betriebspacht- oder Betriebsüberlassungsvertrages.

2. Inhalt

106 Bei den in §§ 291 f. AktG definierten Vertragstypen handelt es sich um die Wiedergabe der wesentlichen in Betracht kommenden Vertragsgestaltungen. Die gesetzliche Regelung begründet indes **keinen numerus clausus** der möglichen Vertragsgestaltungen.[268] Die vertragskonzernrechtlichen Regeln können auf ähnliche Vertragstypen analog angewandt werden und die Vertragsbedingungen im Rahmen der aktienrechtlichen (engen) Grenzen individuell ausgestaltet werden. Auch Kombinationen zwischen den bekannten Vertragstypen sind möglich; beispielsweise wird ein Beherrschungsvertrag typischerweise mit einem Gewinnabführungsvertrag kombiniert (sog. Organschaftsvertrag).

a) Beherrschungsvertrag

107 Durch einen Beherrschungsvertrag[269] wird die Leitung der abhängigen Gesellschaft dem herrschenden Unternehmen unterstellt; die Untergesellschaft wird auf das Konzerninteresse hin ausgerichtet. Die eigenverantwortliche Leitungsmacht des Tochter-Vorstandes gem. § 76 AktG und die aktienrechtliche Vermögensbindung

---

[265] Der Schwerpunkt des Vertrages liegt mithin nicht in der Begründung schuldrechtlicher Beziehungen zwischen den Beteiligten, sondern in der unmittelbaren Änderung der gesellschaftsrechtlichen Rechtsbeziehungen. *Emmerich/Habersack* AktG § 291 Rn. 25 ff.; Kölner Komm./*Koppensteiner* Vorbem. § 291 Rn. 156 ff.; *Raiser/Veil* § 62 Rn. 5.

[266] AA und mithin für eine Einordnung der Unternehmensverträge des § 292 AktG als Organisationsverträge hingegen Spindler/Stilz/*Veil* AktG § 292 Rn. 1; vgl. auch *Raiser/Veil* § 64 Rn. 2, denen zu Folge Unternehmensverträge des § 292 AktG, obgleich der Gesetzgeber davon ausging, dass es sich um schuldrechtliche Verträge handelt, nichtsdestotrotz als Organisationsverträge zu begreifen seien, soweit sie organisationsrechtliche Elemente aufweisen. Das jedoch ändert nichts daran, dass lediglich die Anwendbarkeit der §§ 293–299 begründet wird.

[267] Vgl. Begr. RegE, abgedr. bei *Kropff* S. 378 f.; MünchKomm. AktG/Bd. 5/*Altmeppen* § 292 Rn. 7; *Emmerich/Habersack* AktG § 292 Rn. 3 ff.; *Hüffer/Koch* AktG § 292 Rn. 2; *Raiser/Veil* § 64 Rn. 2.

[268] *Emmerich/Habersack* AktG § 292 Rn. 7; Kölner Komm./*Koppensteiner* Vorbem. § 291 Rn. 162; MHdB GesR IV/*Krieger* § 73 Rn. 4; *Raiser/Veil* § 64 Rn. 4; Spindler/Stilz/*Veil* AktG § 291 Vorb. Rn. 42 f.; enger MünchKomm. AktG/Bd. 5/*Altmeppen* § 291 Rn. 40 f.; *Hüffer/Koch* AktG § 292 Rn. 22.

[269] Zu den steuerlichen Folgen s. *Hüffer/Koch* AktG § 291 Rn. 138 f.

D. Vertragskonzern

werden aufgehoben, indem dem Konzernherrn ein umfassendes Weisungsrecht (auch zum Nachteil der abhängigen Gesellschaft) eingeräumt wird und er als Aktionär der Tochtergesellschaft in deren Hauptversammlung (entgegen §§ 117, 243 Abs. 2 AktG) Konzerninteressen verfolgen darf. **Wesensmerkmal** eines jeden Beherrschungsvertrages ist das **Weisungsrecht** nach § 308 AktG. Dieses kann nach (zutreffender) herrschender Meinung zwar – etwa durch Ausschluss des Rechts zur Erteilung nachteiliger Weisungen – beschränkt, jedoch nicht vollkommen ausgeschlossen werden; auch weit gehende Einschränkungen des Weisungsrechts, die im Ergebnis dazu führen, dass der Unternehmensvertrag die wirtschaftliche Selbstständigkeit der Tochtergesellschaft unberührt lässt, sind einem Beherrschungsvertrag wesensfremd und daher unzulässig.[270] Weiterhin müssen sich die vertraglichen Leitungsrechte des herrschenden Unternehmens auf mindestens eine wesentliche unternehmerische Funktion der Untergesellschaft (zB Vertrieb, Forschung, Finanzwesen uÄ) erstrecken; die Unterstellung einzelner Betriebe oder Betriebsteile unter die Leitung der Obergesellschaft genügt indes nicht.[271]

Inhaltliche Mindestanforderungen bestehen nur insoweit, als der Vertrag Minderheitsschutzregelungen iSd §§ 304, 305 AktG enthalten muss; im Übrigen besteht Gestaltungsfreiheit.[272] Allerdings werden der Gestaltungsfantasie insoweit Grenzen gesetzt, als die aktiengesetzlichen Schutzvorschriften zugunsten der konzernrechtlichen Bezugsgruppen nicht zur Disposition stehen.[273] Uneinigkeit besteht zudem darüber, inwieweit die ausdrückliche Beschreibung von Umfang und Schranken des Weisungsrechtes im Vertrag erforderlich sind.[274] Ohne Weiteres zulässig sind sinnvolle Ergänzungen des gesetzlichen Regelungskonzeptes wie Bestimmungen über die Laufzeit des Vertrages, die Definition wichtiger Kündigungsgründe, Bestimmungen über die Leitungsstrukturen und den zukünftigen Entscheidungsspielraum des Tochtervorstandes uÄ. Nicht erforderlich ist, dass der Vertrag selbst als Beherrschungsvertrag bezeichnet wird; selbst eine Falschbezeich-

---

[270] OLG München 7 AktG 1/12, BeckRS 2012, 16182 = AG 2012, 802 (803); *Emmerich/Habersack* AktG § 291 Rn. 21; *Hüffer/Koch* AktG § 291 Rn. 11, 14a; Kölner Komm./*Koppensteiner* § 291 Rn. 21 ff.; *Kort* NZG 2009, 364 (365); MHdB GesR IV/*Krieger* § 71 Rn. 6; aA indes MünchKomm. AktG/Bd. 5/*Altmeppen* § 291 Rn. 94 ff.; ebenso Spindler/Stilz/*Veil* AktG § 291 Rn. 24.
[271] MHdB GesR IV/*Krieger* § 71 Rn. 5; *Hüffer/Koch* AktG § 291 Rn. 15; aA *Emmerich/Habersack* AktG § 291 Rn. 20; entgegen der Vorauflage auch MünchKomm. AktG/Bd. 5/*Altmeppen* § 291 Rn. 86 ff., wonach der Umfang des Weisungsrechts von den Vertragsparteien beliebig eingeschränkt werden kann; ebenso Spindler/Stilz/*Veil* AktG § 291 Rn. 24.
[272] BGH II ZR 238/91, BGHZ 122, 211 (217 ff.) – SSI; *K. Schmidt* § 31 III 1 1a; enger *Emmerich/Habersack* Konzernrecht § 11 Rn. 12, die auch Abreden über die Abfindung (§ 305 AktG) entbehrlich halten, da subsidiär das Spruchverfahren greife (§ 305 Abs. 5 AktG). Eine Abfindung (§ 304 AktG) muss jedoch in jedem Fall angeboten werden, da das Fehlen eines Angebots in diesem Fall zur Nichtigkeit führt (§ 304 Abs. 3 S. 1 AktG). Vgl. auch *Emmerich* in FS Hüffer 2010, S. 179, 181 f.
[273] *Emmerich/Habersack* AktG § 291 Rn. 18; MünchKomm. AktG/Bd. 5/*Altmeppen* § 291 Rn. 29 ff.
[274] Nach überwiegender Meinung ist eine solche Umschreibung nicht erforderlich, vgl. etwa *Hüffer/Koch* AktG § 291 Rn. 11 aE; Schmidt/Lutter/*Langenbucher* AktG § 291 Rn. 25 unter Hinweis auf die Auskunftsrechte der Aktionäre; für eine Notwendigkeit zusätzlicher Abreden über den Umfang und die Schranken des Weisungsrechts hingegen *Emmerich/Habersack* AktG § 291 Rn. 17a; *Emmerich/Habersack* Konzernrecht § 11 Rn. 12 aE; *Hommelhoff* Die Konzernleitungspflicht 1982, S. 304 ff.

nung eines Weisungsrechte begründenden Vertrages ist angesichts des Grundsatzes der falsa demonstratio unschädlich.[275] Umstritten ist weiterhin die zutreffende rechtliche Behandlung jener Verträge, die dem anderen Teil kein Weisungsrecht einräumen und welche die Parteien entsprechend nicht nach Beherrschungsvertragsrecht beurteilt wissen wollen, durch die aber im Ergebnis die Gesellschaft der Herrschaft des anderen Teils faktisch unterstellt und mithin erhebliche Einflussmöglichkeiten eröffnet werden.[276] Zu denken ist dabei insbesondere an Verträge, in denen durch die Einräumung von Zustimmungs- oder Vetorechten ein vergleichbarer Einfluss des anderen Vertragsteils sichergestellt werden soll, bspw. durch Einräumung umfassender Zustimmungsvorbehalte stiller Gesellschafter in atypischen stillen Gesellschaftsverträgen einer AG, oder aber im Rahmen von Gesellschaftervereinbarungen, die de facto durch die mittelbare Einbeziehung der Gesellschaft in die Abreden ein Weisungsrecht gegenüber der Gesellschaft einräumen.[277] Zwar spricht sich ein Teil der Literatur gegen die Notwendigkeit einer Anerkennung faktischer Beherrschungsverträge aus – einer eigenen Kategorie hierfür bedürfe es nicht;[278] die überwiegende Auffassung geht jedoch davon aus, dass sich die Parteien, wenn es sich der Sache nach um einen Beherrschungsvertrag handelt, an diesem wahren Charakter des Vertragswerkes festhalten lassen müssen. Die Vereinbarung solcher verdeckter bzw. atypischer Beherrschungsverträge hat in der Regel zur Folge, dass der Vertrag wegen Wirksamkeitsmängeln nichtig ist.[279]

Abhängiger Vertragsteil des Beherrschungsvertrages muss eine im Inland ansässige AG oder KGaA sein; für Gesellschaften anderer Rechtsform ist die entsprechende Anwendung der aktiengesetzlichen Regeln weitgehend anerkannt.[280]

---

[275] KG Berlin 14 U 8337/98, NZG 2000, 1132 (1133); LG Hamburg 402 O 121/90, AG 1991, 365; *Emmerich/Habersack* AktG § 291 Rn. 17; *Hüffer/Koch* AktG § 291 Rn. 13; MHdB GesR IV/*Krieger* § 71 Rn. 7; vgl. demgegenüber *Kort* NZG 2009, 364 (365), demzufolge eine Falschbezeichnung als möglicher Fehler des Unternehmensvertrages in Betracht kommt.

[276] Vgl. weiterführend zur Problematik verdeckter bzw. atypischer Beherrschungsverträge unter Darstellung entsprechender Fallkonstellationen *Emmerich/Habersack* AktG § 291 Rn. 24 ff.

[277] Vgl. weiterführend *Emmerich/Habersack* AktG § 291 Rn. 24 ff.

[278] Gegen eine Notwendigkeit der Anerkennung einer Rechtsfigur des faktischen oder verdeckten Beherrschungsvertrages etwa *Hüffer/Koch* AktG § 291 Rn. 14 f., demzufolge sich der gebotene Schutz der Gesellschaft, der Gesellschafter sowie der Gläubiger bereits aus §§ 117, 311–318 sowie aus der Treuepflicht der Gesellschafter ergebe. Vgl. auch *Ederle* AG 2010, 273 (278); *Decher* in FS Hüffer 2010, S. 145, 149 f.; *Bürgers/Körber/Schenk* AktG § 291 Rn. 12; im Ergebnis auch LG Flensburg 6 O 139/03, Der Konzern 2006, 303 (307).

[279] Für die Möglichkeit einer Qualifizierung als verdeckter Beherrschungsvertrag auch OLG München 7 AktG 1/12, AG 2012, 260; *Emmerich* in FS Hüffer 2010, S. 179; MHdB GesR IV/*Krieger* § 71 Rn. 12; *Liebscher* GmbH-Konzernrecht Rn. 592; *Schürnbrand* ZHR 2005, 35; vgl. weiterführend *Emmerich/Habersack* AktG § 291 Rn. 24e, demzufolge je nach den Umständen des Einzelfalles eine Parallele zum Beherrschungsvertrag zu ziehen ist, wenn sich etwa die Gesellschaftervereinbarung auf die Zusammensetzung des Vorstands und die von ihm zu verfolgende Politik bezieht. Das Problem der fehlenden Beteiligung der Gesellschaft an der Vereinbarung sei entsprechend durch ein Abstellen auf das von den Parteien tatsächlich Gewollte überwindbar. Ist in der Folge ein Beherrschungsvertrag anzunehmen, spricht sodann viel für dessen Nichtigkeit, wobei ein Schutz der außenstehenden Aktionäre und Gläubiger allein über analoge Anwendung der §§ 302, 304 sowie einer analogen Anwendbarkeit des SpruchG möglich ist; zum Diskussionsstand *Reichert* ZGR 2015, 1 (11 ff.).

[280] Vgl. zur GmbH BGH II ZB 7/88, BGHZ 105, 324 – Supermarkt; Baumbach/Hueck/ *Beurskens* SchlussAnhKonzernR Rn. 15; *Reichert/Liebscher* GmbH & Co. KG § 51 Rn. 8 ff.

D. Vertragskonzern 108 § 14

Der Vertragsschluss setzt nicht voraus, dass die Untergesellschaft vor Abschluss des Beherrschungsvertrages bereits von der Obergesellschaft abhängig war; es ist nicht einmal eine Beteiligung des herrschenden Unternehmens am abhängigen Unternehmen erforderlich. Irrelevant ist die Rechtsform des **herrschenden Vertragsteils**, der seinen Sitz auch im Ausland haben kann,[281] dem allerdings Unternehmensqualität zukommen muss.

b) Gewinnabführungsvertrag

Charakteristisches Merkmal eines Gewinnabführungsvertrages[282] ist die Verpflichtung der Untergesellschaft, ihren gesamten Gewinn – gemeint ist der **Bilanzgewinn**, der ohne BEAV erwirtschaftet worden wäre – an die Obergesellschaft abzuführen (zu Inhalt und Schranken der Gewinnabführungspflicht vgl. Rn. 138). Strittig ist, ob auch eine Gewinnabführung an Dritte vereinbart werden kann.[283] Dem Gewinnabführungsvertrag gleichgestellt ist der sog. Geschäftsführungsvertrag (§ 291 Abs. 1 Satz 2 AktG), durch den sich eine AG oder KGaA verpflichtet, ihr Unternehmen für Rechnung eines anderen Unternehmens zu führen.[284]

108

Die Gewinnabführungsverpflichtung erstreckt sich auf den gesamten Gewinn der Untergesellschaft; Teilgewinnabführungsverträge sind gesetzlich als eigenständiger Vertragstyp im Rahmen des § 292 Abs. 1 Nr. 2 AktG definiert. Neben der Gesamtgewinnabführungsverpflichtung muss der Vertrag als **Mindestinhalt** wiederum den Minderheitenschutz regeln; im Übrigen gelten im Hinblick auf Inhalt und Parteien die dargestellten beherrschungsvertraglichen Regeln. Insbesondere das gesetzliche Regelungsmodell ergänzende Vertragsbestimmungen, etwa Vereinbarungen über die Berechnung des abzuführenden Gewinns oder Abreden über die Dotierung von Rücklagen, sind ohne Weiteres zulässig.[285]

Besonders zu beachten ist, dass der Abschluss eines Gewinnabführungsvertrages typischerweise einen steuerrechtlichen Hintergrund hat, da der Vertrag sowohl für die körperschaftsteuerliche als auch für die gewerbesteuerliche Organschaft notwendig ist (vgl. § 14 KStG, § 2 Abs. 2 Satz 2 GewStG). Für die steuerliche Anerkennung des Vertrages müssen die §§ 14 ff. KStG beachtet werden, wonach insb. erforderlich ist, dass der Gewinnabführungsvertrag auf mindestens 5 Jahre abgeschlossen sowie dass er während der Vertragslaufzeit auch tatsächlich durchgeführt wird.[286]

---

[281] *Emmerich/Habersack* AktG § 291 Rn. 33 ff.; *Hüffer/Koch* AktG § 291 Rn. 8; Kölner Komm./*Koppensteiner* Vorbem. § 291 Rn. 183 f.; MHdB GesR IV/*Krieger* § 71 Rn. 9.

[282] Zu den steuerlichen Folgen s. MünchKomm. GmbH/*Liebscher* Anh. § 13 Rn. 1354 ff.

[283] Bejahend die heute hM *Hüffer/Koch* AktG § 291 Rn. 25; MHdB GesR IV/*Krieger* § 72 Rn. 6; Schmidt/Lutter/*Langenbucher* AktG § 291 Rn. 56; Bürgers/Körber/*Schenk* AktG § 291 Rn. 20; differenziert MünchKomm. AktG/Bd. 5/*Altmeppen* § 291 Rn. 154; Kölner Komm./ *Koppensteiner* § 291 Rn. 96 – aA *Emmerich/Habersack* AktG § 291 Rn. 57 f.; *Hüffer* AktG, 11. Aufl., § 291 Rn. 25.

[284] Hintergrund dieser Gleichstellung ist der Umstand, dass der Geschäftsführungsvertrag die gleichen wirtschaftlichen Folgen wie ein Gewinnabführungsvertrag zeitigt, da erst gar kein Gewinn des abhängigen Unternehmens entsteht; in der Praxis ist dieser Vertragstyp indes bedeutungslos.

[285] *Emmerich/Habersack* AktG § 291 Rn. 53; *Hüffer/Koch* AktG § 291 Rn. 23; MHdB GesR IV/*Krieger* § 72 Rn. 5.

[286] MHdB GesR IV/*Krieger* § 72 Rn. 54 f.; wegen weiterer Einzelheiten s. § 11 Rn. 131 ff. Vgl. weiterführend zu den steuerrechtlichen Aspekten des Gewinnabführungsvertrages *Mühl/ Wagenseil* NZG 2009, 1253 (1258 f.).

c) Sonstige Unternehmensverträge

109 Unter dem **Oberbegriff** „andere Unternehmensverträge" werden in § 292 Abs. 1 AktG die Gewinngemeinschaft, der Teilgewinnabführungsvertrag und der Betriebspacht- sowie Betriebsüberlassungsvertrag zusammengefasst. Weiterhin erfasst das Gesetz als ähnlichen Vertragstyp den sog. Betriebsführungsvertrag, obwohl dieser in der Vorschrift nicht genannt wird.[287] Eine Anwendbarkeit der Regeln für „andere Unternehmensverträge" setzt voraus, dass es sich bei dem verpflichteten Unternehmen um eine inländische AG oder KGaA handelt; unerheblich ist hingegen Rechtsform und Sitz des anderen Vertragsteils, sodass „sonstige Unternehmensverträge" auch von einem ausländischen Partner geschlossen werden können.[288] Dem anderen Vertragsteil muss allerdings bei der Gewinngemeinschaft Unternehmensqualität im konzernrechtlichen Sinne zukommen, wohingegen sonstige Unternehmensverträge im Übrigen auch mit Privatpersonen geschlossen werden können.[289]

Die „sonstigen" Unternehmensverträge unterliegen im Hinblick auf den Gläubiger- und Minderheitenschutz – wie dargelegt – weitgehend nicht dem Regime der für BEAVs geltenden Schutzvorschriften. Da angesichts des schuldrechtlichen Austauschcharakters die aktienrechtliche Vermögensbindung vollumfänglich bestehen bleibt, müssen die **vertraglich ausbedungenen Leistungen und Gegenleistungen in einem ausgeglichenen Verhältnis** zueinander stehen. Sonstige Unternehmensverträge werden indes häufig abgeschlossen, um ein bestehendes Abhängigkeitsverhältnis zu flankieren; dies zieht angesichts ungleichgewichtiger Vertragskonditionen häufig Ansprüche gem. §§ 311 Abs. 2, 317 f. AktG nach sich. Hinzu kommt bei Bestehen einer Beteiligung des anderen Vertragsteils am überlassenden Vertragspartner der Schutz der Kapitalerhaltungsregeln gem. §§ 57, 58, 60 AktG. Größere Schwierigkeiten bereitet der Schutz vor ungleichgewichtigen Vertragskonditionen, wenn die beteiligten Unternehmen beteiligungsmäßig nicht miteinander verbunden sind, da dann allenfalls eine Haftung der Organmitglieder gem. §§ 93, 116 AktG in Betracht kommt.[290]

110 Eine **Gewinngemeinschaft**[291] iSd § 292 Abs. 1 Nr. 1 AktG ist dadurch gekennzeichnet, dass sich mehrere Unternehmen wechselseitig verpflichten, ihren Gewinn (ganz oder teilweise) zwecks Aufteilung untereinander zusammenzulegen. Die verbundenen Unternehmen wirtschaften mithin „in einen Topf", so dass die erwirtschafteten Erträge vergemeinschaftet werden; eine Vergemeinschaftung der erlittenen Verluste ist nicht erforderlich, kann allerdings vereinbart werden. Die näheren Einzelheiten des „Gemeinschaftsverhältnisses", insb. über die Berechnung des Gewinns und die Festlegung des Schlüssels zur Gewinnverteilung, werden im Vertrag selbst geregelt. **Wesentlicher Inhalt** des Vertrages ist, dass der **Gewinn** der Unternehmen selbst oder einzelner Betriebe **gepoolt** wird. Die Teilung der Gewinne einzelner Geschäfte genügt nicht; hierdurch unterscheidet sich die Ge-

---

[287] *Raiser/Veil* § 64 Rn. 4; MHdB GesR IV/*Krieger* § 73 Rn. 2, vgl. weiterführend *Köhn* Der Konzern 2011, 530; *Winter/Theisen* AG 2011, 662.
[288] *Emmerich/Habersack* AktG § 292 Rn. 8; MHdB GesR IV/*Krieger* § 73 Rn. 5.
[289] Kölner Komm./*Koppensteiner* § 292 Rn. 5; MHdB GesR IV/*Krieger* § 73 Rn. 5.
[290] MHdB GesR IV/*Krieger* § 73 Rn. 13; *Raiser/Veil* § 64 Rn. 5 f.
[291] Es handelt sich bei der Gewinngemeinschaft um einen Sonderfall der vor dem Krieg verbreiteten Interessengemeinschaften; die faktische Bedeutung dieses Vertragstyps ist heute gering, vgl. *Emmerich/Habersack* Konzernrecht § 13 Rn. 5.

winngemeinschaft von partiarischen Rechtsgeschäften.[292] Durch den Abschluss eines Gewinngemeinschaftsvertrages wird regelmäßig zwischen den Vertragsparteien eine Gesellschaft bürgerlichen Rechts begründet, so dass die §§ 705 ff. BGB ergänzend anzuwenden sind.[293] Steuerlich liegt eine Innengesellschaft vor, die auch zwischen Konzerngesellschaften grundsätzlich anzuerkennen ist. Die Vertragsteile werden nicht Mitunternehmer iSd § 15 Abs. 1 Nr. 2 EStG, dh, es ist keine einheitliche und gesonderte Gewinnfeststellung vorzunehmen. Auch eine Organschaft iSd § 14 KStG wird durch die Gewinngemeinschaft nicht begründet. Vielmehr stellt die Gewinnabführung an die Gemeinschaft eine Betriebsausgabe – und keine Gewinnverwendung –, der von der Gemeinschaft bezogene Gewinnanteil eine Betriebseinnahme dar, die zu einem originären Gewinn führt.[294]

Ein **Teilgewinnabführungsvertrag** iSd § 292 Abs. 1 Nr. 2 AktG wird dadurch charakterisiert, dass nur ein Teil des Gewinns der „Untergesellschaft" abgeführt werden muss. Die Problematik dieses Vertragstyps liegt darin, dass dieser weitgehend von den für Gewinnabführungsverträge geltenden Schutzvorschriften freigestellt wird, es jedoch möglich ist, das Rechtsverhältnis so auszugestalten, dass beinahe der gesamte Gewinn der Untergesellschaft abzuführen ist. Die hieraus resultierenden Schutzlücken werden überwiegend hingenommen. Es wird weder ein Mindestgewinn, der der Untergesellschaft verbleiben muss, gefordert, noch werden die für Gewinnabführungsverträge geltenden Schutzvorschriften auf „missbräuchliche" Teilgewinnabführungsverträge erstreckt. Der Schutz der Untergesellschaft soll vielmehr allein durch das für die Vertragskonditionen geltende Angemessenheitspostulat verwirklicht werden.[295] Zu beachten ist, dass die Beteiligung eines Dritten an einer AG oder KGaA als stiller Gesellschafter einen Teilgewinnabführungsvertrag darstellt;[296] insbesondere in Fällen des Formwechsels erlangt so der Teilgewinnabführungsvertrag eine große praktische Bedeutung, da stille Gesellschaftsverhältnisse bei Gesellschaften anderer Rechtsform weit verbreitet sind und im Zuge der Umwandlung in einen Teilgewinnabführungsvertrag umgewandelt werden müssen.

Ferner erfasst § 292 Abs. 1 Nr. 3 AktG **Betriebspacht- und Betriebsüberlassungsverträge**.[297] Beim Betriebspachtvertrag überlässt der Verpächter dem Pächter sein Unternehmen zum Betrieb im eigenen Namen und auf eigene Rechnung, während beim Betriebsüberlassungsvertrag der Übernehmer das Unternehmen auf eigene Rechnung, aber im Namen der Eigentümergesellschaft führt. Im Zuge der Begründung dieses Vertragsverhältnisses gibt die verpachtende bzw. überlassende Gesellschaft ihren eigenen Geschäftsbetrieb auf und wird zur „**Rentnergesellschaft**",[298] wobei sich die beiden Vertragstypen dadurch unterscheiden, dass

---

[292] MünchKomm. AktG/Bd. 5/*Altmeppen* § 292 Rn. 16; *Emmerich/Habersack* AktG § 292 Rn. 11; *Emmerich/Habersack* Konzernrecht § 14 Rn. 5 ff.; *Raiser/Veil* § 64 Rn. 7.
[293] Vgl. BGH II ZR 250/55, BGHZ 24, 279 (293 ff.); OLG Frankfurt a. M. 5 U 257/84, AG 1987, 43 (45); 9 U 80/84, AG 1988, 267 (269 f.); *Emmerich/Habersack* Konzernrecht § 13 Rn. 12; *Raiser/Veil* § 64 Rn. 7.
[294] BFH VI 317/62 U, BStBl. III 1965, 71, vgl. ausführlich *Wagner* BB 1995, 1876 (1878 f.).
[295] *Emmerich/Habersack* Konzernrecht § 14 Rn. 8 ff.; MHdB GesR IV/*Krieger* § 73 Rn. 15, 23.
[296] BGH II ZR 109/02, NZG 2003, 1023; OLG Celle 9 U 1/99, AG 2000, 280; *Emmerich/Habersack* AktG § 292 Rn. 29 ff.; MHdB GesR IV/*Krieger* § 73 Rn. 18; *Raiser/Veil* § 64 Rn. 11; Spindler/Stilz/*Veil* AktG § 292 Rn. 21 ff. mwN; *Wieneke/Fett* NZG 2009, 8.
[297] Zu den steuerlichen Folgen MünchKomm. GmbH/*Liebscher* Anh. § 13 Rn. 1373 ff.
[298] *Raiser/Veil* § 57 Rn. 17.

bei der Pacht die Überlassung nach außen hin erkennbar wird, während sie im Falle der Betriebsüberlassung nur das Innenverhältnis zwischen den Beteiligten betrifft. Ähnlichen Charakter hat der **gesetzlich nicht geregelte Betriebsführungsvertrag**,[299] bei dem der Betriebsführer das Unternehmen für Rechnung der Eigentümergesellschaft leitet. Beim Betriebsführungsvertrag handelt es sich um einen Geschäftsbesorgungsvertrag mit Dienstleistungscharakter.[300] Für die genannten Vertragstypen ist die Gefahr unangemessener Vertragskonditionen und eine hierdurch bewirkte Aushöhlung der Haftungsmasse der Eigentümergesellschaft in besonderem Maße virulent, weshalb § 302 Abs. 2 AktG anordnet, dass bei ungleichgewichtigen Vertragskonditionen zwischen einem abhängigen und einem herrschenden Unternehmen vom herrschenden Unternehmen als Pächter bzw. Unternehmensführer die Differenz zwischen dem vereinbarten Entgelt und jedem während der Vertragsdauer entstandenen Jahresfehlbetrag auszugleichen ist.

113 Im Zusammenhang mit Betriebspacht-, Betriebsüberlassungs- und Betriebsführungsverträgen ergibt sich häufig das Problem, dass im Gewand dieser Vertragstypen Abreden getroffen werden, die dem anderen Vertragsteil beherrschungsvertragsähnliche oder -gleiche Eingriffsrechte verschaffen. Die entsprechende Problematik kann aber auch bei anderen (Austausch-)Verträgen, die weitgehende Eingriffsbefugnis des Vertragspartners begründen, zum Tragen kommen.[301] Die Behandlung dieser als „Umgehungsfälle" oder „**verdeckte Beherrschungsverträge**" bezeichneten Problematik ist umstritten.[302] Die herrschende Meinung hält die Parteien, um das Schutzanliegen des Konzernrechts zu verwirklichen, am „wahren" Charakter des Vertragsverhältnisses fest, so dass solche Vertragsgestaltungen im Ergebnis den für BEAVs geltenden Regeln unterworfen werden, dh nichtig sind, wenn die unternehmensvertraglichen Schutzkautelen nicht eingehalten werden.[303]

3. Fehlerhafte Unternehmensverträge

114 Ein Unternehmensvertrag kann unter einer Vielzahl von Mängeln leiden. Denkbar sind die Verletzung allgemeiner vertragsrechtlicher Schranken (sog. Vertragsmängel) und Mängel der Zustimmungsbeschlüsse der Hauptversammlungen von Ober- und Untergesellschaft, die ebenfalls auf den Vertragsschluss selbst durchschlagen. Derartige Mängel müssen indes nicht offenkundig sein; häufig bleibt der Fehler den Beteiligten verborgen, so dass diese den fehlerhaften Unternehmensvertrag (womöglich über Jahre) praktizieren. Fällt ein Fehler erst nach vielen Jahren auf, sind die Verhältnisse häufig nicht mehr rekonstruierbar, so dass sich die Frage stellt, wie ein solcher fehlerhafter Unternehmensvertrag zu behandeln ist. Insoweit wird überwiegend eine **Parallele zur Lehre von der fehlerhaften Gesellschaft** gezogen und im Grundsatz anerkannt, dass ein durchgeführter Unternehmensvertrag unter Umständen für die Vergangenheit als wirksam behandelt wird und nur für die Zukunft aufgehoben werden kann.[304] Konsequenz der Regeln über

---

[299] Zu den steuerlichen Folgen MünchKomm. GmbH/*Liebscher* Anh. § 13 Rn. 702 f.
[300] MünchKomm. AktG/Bd. 5/*Altmeppen* § 292 Rn. 143 f.; *Emmerich/Habersack* AktG § 292 Rn. 56; MHdB GesR IV/*Krieger* § 73 Rn. 52; *Köhn* Der Konzern 2011, 530 (531); Kölner Komm./*Koppensteiner* § 292 Rn. 79 ff.; *Raiser/Veil* § 64 Rn. 19; differenzierend im Hinblick auf konzerninterne Betriebsführungsverträge hingegen *Winter/Theisen* AG 2011, 662 (665 ff.).
[301] Vgl. MünchKomm. GmbHG/*Liebscher* Anh. § 13 Rn. 674 f.
[302] Vgl. in diesem Zusammenhang Rn. 107.
[303] Vgl. *Hüffer/Koch* AktG § 292 Rn. 23 f. mwN.
[304] BGH II ZR 170/87, BGHZ 103, 1 (4 f.) – Familienheim; II ZR 255/87, BGHZ 105, 168 (182) – HSW; II ZR 287/99, BGHZ 116, 37 (39) – Stromlieferung; *Emmerich/Habersack*

D. Vertragskonzern 115, 116 § 14

fehlerhafte Unternehmensverträge ist, dass der **Vertragskonzern** trotz der Mängel **zunächst** vollumfänglich rechtlich **anzuerkennen** ist. Der mangelhafte Vertrag kann nur für die Zukunft (ex nunc) durch Kündigung beseitigt werden; dies setzt eine ausdrückliche Kündigung, zu der die Vorstände der beteiligten Unternehmen allerdings verpflichtet sind, voraus.[305]

Die Einzelheiten der Lehre vom fehlerhaften Unternehmensvertrag sind indes **115** strittig: Ihre Anwendbarkeit ist im Falle eines Beherrschungsvertrages, der an einem **Vertragsmangel** leidet, anerkannt. Eine **Ausnahme** wird bei besonders schweren Vertragsmängeln, insb. Fällen sittenwidriger Schädigung oder einer Nichtigkeit des Vertrages wegen Verstoßes gegen zwingende Schutzvorschriften zugunsten der Außenseiter (§ 304 Abs. 3 Satz 1 AktG) gemacht.[306] Grundvoraussetzung für die Anwendung der Regeln über den fehlerhaften Unternehmensvertrag ist die **Invollzugsetzung** des Unternehmensvertrages; dies kann im Einzelfall sogar vor Eintragung des Vertrages in das Handelsregister der Fall sein, welche für sich allein die Invollzugnahme ohnehin nicht zu begründen vermag.[307]

Schwieriger zu beurteilen sind Fälle, in denen die **Beschlussfassung der Haupt-** **116** **versammlung** mit Mängeln behaftet ist. Dieses Problem stellt sich typischerweise bei erfolgreicher Anfechtung des Zustimmungsbeschlusses der Ober- oder Untergesellschaft, welche die Nichtigkeit des entsprechenden Beschlusses und damit zugleich die Unwirksamkeit des Unternehmensvertrages selbst nach sich zieht. Das Registergericht ist trotz Anfechtung nicht daran gehindert, den Unternehmensvertrag ins Handelsregister einzutragen, zumal die Beteiligten häufig ein ganz erhebliches wirtschaftliches Interesse an einem Vollzug der Handelsregistereintragung trotz Beschlussanfechtung haben und die Tragweite geltend gemachter Beschlussmängel häufig zu Beginn eines **Anfechtungsstreits** schwer abgeschätzt werden kann. Der Erfolg der Anfechtungsklage stellt sich erst Jahre später zu einem Zeitpunkt heraus, zu dem eine Rückabwicklung des durchgeführten Vertragskonzerns mangels Rekonstruierbarkeit der ursprünglichen Verhältnisse nicht mehr möglich ist. Dies spricht dafür, auch bei Mängeln der Beschlussfassung die Regeln über fehlerhafte Unternehmensverträge anzuwenden.[308] Die Frage nach der Rückabwicklung des Unternehmensvertrages stellt sich mittlerweile dann nicht mehr, wenn ein **Freigabeverfahren iSd § 246a AktG** durchgeführt wurde. Denn der rechtskräftige Freigabebeschluss führt einen umfassenden Bestandsschutz der Eintragung herbei.[309]

AktG § 291 Rn. 28 ff.; *Hüffer/Koch* AktG § 291 Rn. 20 f.; MHdB GesR IV/*Krieger* § 71 Rn. 19; zweifelnd Kölner Komm./*Koppensteiner* § 297 Rn. 52 ff.; differenzierend auch MünchKomm. AktG/Bd. 5/*Altmeppen* § 291 Rn. 202 ff.

[305] MHdB GesR IV/*Krieger* § 71 Rn. 19 mwN; aA *Emmerich/Habersack* Konzernrecht § 11 Rn. 28, wonach eine Berufung auf die Nichtigkeit ohne Kündigung ausreichen soll.

[306] LG Ingolstadt HKO 763 und 853/89, AG 1991, 24 (25); *Emmerich/Habersack* AktG § 291 Rn. 31.

[307] So wohl die Tendenz des BGH, der dies im Fall von stillen Gesellschaftsverträgen (= Teilgewinnabführungsverträge) angenommen hat, vgl. BGH II ZR 6/03, NZG 2005, 261; II ZR 140/03, AG 2005, 390; ebenso *Emmerich/Habersack* AktG § 291 Rn. 28b.

[308] BGH II ZR 170/87, BGHZ 103, 1 (4 ff.); MünchKomm. AktG/Bd. 5/*Altmeppen* § 291 Rn. 207 ff.; MHdB GesR IV/*Krieger* § 70 Rn. 54 – aA indes *Emmerich/Habersack* AktG § 291 Rn. 30; *Hüffer/Koch* AktG § 291 Rn. 21; zustimmend OLG Karlsruhe 12 W 21/09, AG 2011, 673 (675).

[309] *Emmerich/Habersack* AktG § 291 Rn. 28a; vgl. allg. auch *Hüffer/Koch* AktG § 246a Rn. 1.

4. Die steuerliche Organschaft

117 Vertragskonzerne werden meist aus steuerrechtlichen Gründen, nämlich um die Vorteile einer steuerlichen Organschaft zu nutzen, begründet. Die steuerliche Organschaft dient dazu, mehrere rechtlich selbstständige Unternehmen, die wirtschaftlich als Einheit angesehen werden, auch steuerlich in gewissem Umfang als eine Einheit zu behandeln und die auf den verschiedenen Konzernebenen entstehenden Gewinne und Verluste miteinander zu saldieren. Organschaften gibt es im Körperschaft-, Gewerbe-, Umsatz- und Grunderwerbsteuerrecht. Beteiligte einer steuerlichen Organschaft sind eine oder mehrere Kapitalgesellschaften (Organgesellschaften), die wirtschaftlich nach bestimmten Kriterien einem anderen Unternehmen (Organträger) untergeordnet sind.

a) Körperschaft- und Gewerbesteuer

118 Die körperschaft- sowie die gewerbesteuerliche Organschaft setzt voraus, dass der Organträger mittelbar oder unmittelbar die Mehrheit der Stimmrechte an der Organgesellschaft hält (sog. finanzielle Eingliederung gem. § 14 Abs. 1 Nr. 1 KStG, § 2 Abs. 2 Satz 2 GewStG).[310] Die finanzielle Eingliederung muss ab Beginn des Wirtschaftjahres der Organgesellschaft, für das die Organschaft erstmalig gelten soll, ununterbrochen vorliegen.[311]

Neben der finanziellen Eingliederung muss ein Gewinnabführungsvertrag zwischen Organträger und Organgesellschaft bestehen, der auf die Abführung des gesamten Gewinns der Organgesellschaft gerichtet ist (§ 14 Abs. 1 KStG). Er muss auf fünf Jahre abgeschlossen und während seiner gesamten Dauer tatsächlich durchgeführt werden (§ 14 Abs. 1 Nr. 3 KStG).[312] Wird der Gewinnabführungsvertrag vorzeitig ohne wichtigen Grund beendet oder aus anderen Gründen tatsächlich nicht für die Dauer von mindestens fünf Jahren durchgeführt (etwa durch Abführung nur eines Teilgewinns), wird die Organschaft von Anfang an nicht anerkannt (R 14.5 Abs. 8 Satz 1 KStR 2015). Eine Beendigung aus einem steuerlich als wichtig anerkannten Grund ist dagegen unschädlich.[313] Der Gewinnabführungsvertrag wird ferner als nicht durchgeführt angesehen, wenn Gewinn- oder Kapitalrücklagen einer (nicht eingegliederten) Organgesellschaft, die *vor* Beginn der Organschaft gebildet wurden,

---

[310] Die Erfordernisse der wirtschaftlichen und organisatorischen Eingliederung wurden für das Körperschaftsteuerrecht mit dem Steuersenkungsgesetz v. 23.10.2000 (BGBl. 2000 I 1433) aufgehoben. Für das Gewerbesteuerrecht wurden sie durch das Unternehmenssteuerfortentwicklungsgesetz v. 20.12.2001 (BGBl. 2001 I 3858) abgeschafft, das gleichzeitig das Erfordernis eines Gewinnabführungsvertrags auch für die gewerbesteuerliche Organschaft einführte. Eine sog. isolierte gewerbesteuerliche Organschaft ohne Gewinnabführungsvertrag ist somit nicht mehr möglich. Vgl. auch MHdB GesR IV/*Kraft* § 71 Rn. 58.

[311] Aus diesem Grund müssen uU Rumpfwirtschaftsjahre für die Organgesellschaft gebildet werden. Nach § 7 Abs. 4 Satz 3 KStG ist für die Umstellung des Wirtschaftsjahres auf ein vom Kalenderjahr abweichendes Wirtschaftsjahr das Einvernehmen des Finanzamtes notwendig. Nach R 14.4 Abs. 3 Satz 1 KStR 2015 ist im Zusammenhang mit der Begründung einer Organschaft eine Zustimmung zu erteilen, ohne dass dem Finanzamt ein Ermessen zusteht.

[312] Eine Organschaft kann rückwirkend zum Beginn des Wirtschaftsjahres der Organgesellschaft begründet werden, in dem der Gewinnabführungsvertrag wirksam wird, § 14 Abs. 1 Satz 2 KStG.

[313] Als wichtiger Grund werden insbesondere die Veräußerung oder Einbringung der Organbeteiligung sowie die Verschmelzung, Spaltung oder Liquidation des Organträgers oder der Organgesellschaft anerkannt; vgl. R 14.5 Abs. 6 KStR 2015.

D. Vertragskonzern $\quad$ 119 §14

aufgelöst und an den Organträger abgeführt werden (R 14.5 Abs. 4 Satz 1 KStR 2015). Gewinnrücklagen, die *während* der Organschaft gebildet wurden, können dagegen gem. § 301 Satz 2 AktG aufgelöst und abgeführt werden (vgl. R 14.5 Abs. 5 Satz 1 Nr. 2 KStR 2015); dies gilt jedoch nicht für in organschaftlicher Zeit gebildete und aufgelöste Kapitalrücklagen.[314]

Organgesellschaften können Kapitalgesellschaften mit Geschäftsleitung im Inland und Sitz im Inland oder in einem anderen EU-/EWR-Mitgliedstaat sein (§§ 14 Abs. 1, 17 Satz 1 KStG). Organträger können dagegen grundsätzlich Kapital- und gewerblich tätige Personengesellschaften, die ihre Geschäftsleitung im Inland haben,[315] sowie unbeschränkt steuerpflichtige natürliche Personen sein (§ 14 Abs. 1 Nr. 2 KStG). Auch ausländische Unternehmen (unabhängig von der Rechtsform) sind seit dem UntStReisekÄndG v. 20.2.2013 (BGBl. 2013 I 285) als Organträger anerkannt (§ 18 KStG). Der Zusammenschluss mehrerer Gesellschaften zum Zwecke der einheitlichen Willensbildung gegenüber einer Organgesellschaft (sog. Mehrmütterorganschaft) wird nach dem Steuervergünstigungsabbaugesetz v. 16.5.2003 (BGBl. 2003 I 660) nicht mehr als Organträger anerkannt.

Die körperschaft- und gewerbesteuerliche Organschaft hat allgemein zur Folge, $\quad$ 119 dass das Einkommen der Organgesellschaft dem Organträger steuerlich zugerechnet und somit auf Ebene des Organträgers versteuert wird (§ 14 Abs. 1 KStG; § 2 Abs. 2 Satz 2 GewStG).[316] Die steuerliche Einkommenszurechnung kann dabei von der gesellschaftsrechtlichen Ergebnisabführung aufgrund von Unterschieden zwischen Handels- und Steuerbilanz abweichen.[317]

Der Vorteil der Organschaft liegt darin, dass Gewinne und Verluste innerhalb des Organkreises grundsätzlich ausgeglichen werden können.[318] Allerdings ist die Verrechnung von Verlustvorträgen der Organgesellschaft, die aus der Zeit vor Bestehen der Organschaft stammen, mit Gewinnen während der Organschaft körperschaftsteuerlich nicht zulässig (§ 15 Nr. 1 KStG).[319] Ferner gibt es Beschränkungen in Fällen, in denen negatives Einkommen des Organträgers auch im Ausland berücksichtigt wird (§ 14 Abs. 1 Nr. 5 KStG).[320]

---

[314] BFH I R 25/00, DB 2002, 408, entgegen der überwiegenden gesellschafts- und steuerrechtlichen Auffassung, vgl. *Hüffer/Koch* AktG § 301 Rn. 8 mwN.

[315] Aus diesem Grund können auch sog. „Dual Residence"-Gesellschaften (dh Gesellschaften mit satzungsmäßigem Sitz im Ausland und Geschäftsleitung im Inland) Organträger sein. Hiervon zu trennen ist die Frage, ob derartige Gesellschaften im Inland zivilrechtlich als rechtsfähig angesehen werden, vgl. EuGH C-208/00, ZIP 2002, 2037 (Überseering) und dem folgend BGH VII ZR 370/98, NJW 2003, 1461; restriktiver noch BGH II ZR 380/00, ZIP 2002, 1763; zum Verhältnis zu den USA vgl. BGH VIII ZR 155/02, DB 2003, 818. Nach den Änderungen durch das Steuervergünstigungsabbaugesetz werden Personengesellschaften nur dann als Organträger anerkannt, wenn sie gewerblich tätig sind und die Beteiligung im Gesamthandsvermögen halten.

[316] Eine grenzüberschreitende Verlustverrechnung findet grundsätzlich nicht statt; diese Beschränkung verletzt grundsätzlich die Niederlassungsfreiheit nicht: vgl. EuGH C-172/13 vom 3.2.2015, BB 2015, 614 mit Anm. *Möller*.

[317] Sog. Mehr- oder Minderabführungen. In diesen Fällen sind aktive oder passive Ausgleichsposten zu bilden, vgl. R 14.8 KStR 2015.

[318] Nach Abschaffung des Anrechnungsverfahrens durch das Steuersenkungsgesetz v. 23.10.2000 (BGBl. 2000 I 1433) hat somit die Organschaft als Instrument einer konzerninternen Verrechnung von Gewinnen und Verlusten erheblich an Bedeutung gewonnen.

[319] Auch gewerbesteuerlich können vororganschaftliche Verluste der Organgesellschaft nicht vom positiven Gewerbeertrag der Organgesellschaft abgezogen werden, § 10a GewStG.

[320] Diese Regelung soll insbesondere sog. „Dual Residence"-Gesellschaften als Organträger erfassen, BT-Drs. 14/6882, 37. Ihr Anwendungsbereich ist jedoch unklar, vgl. *Töben/*

Ausgleichszahlungen an außenstehende Aktionäre iSv § 304 AktG dürfen weder den Gewinn der Organgesellschaft noch des Organträgers mindern (§ 4 Abs. 5 Satz 1 Nr. 9 EStG). Körperschaftsteuerlich sind diese Ausgleichszahlungen in Höhe von $^{20}/_{17}$ als eigenes Einkommen der Organgesellschaft zu versteuern, gewerbesteuerlich werden sie beim Organträger erfasst (§ 16 KStG).

b) Umsatz- und Grunderwerbsteuer

120 Im Gegensatz zur körperschaft- und gewerbesteuerlichen Organschaft setzen die Regelungen der umsatz- sowie der grunderwerbsteuerlichen Organschaft weiterhin neben der finanziellen auch eine sog. wirtschaftliche und organisatorische Eingliederung der Organgesellschaft voraus (§ 2 Abs. 2 Nr. 2 Satz 1 UStG; § 1 Abs. 4 Nr. 2. Buchst. b GrEStG).[321] Das Bestehen eines Gewinnabführungsvertrags ist nicht erforderlich.

Umsatzsteuerlich bewirkt die Organschaft, dass alle Handlungen der Organgesellschaft dem Organträger zugerechnet werden und Umsätze zwischen Organträger und Organgesellschaft als nicht steuerbare Innenumsätze angesehen werden (§ 2 Abs. 2 Nr. 2 UStG).[322]

Grunderwerbsteuerlich werden die zu einem Organkreis gehörenden Gesellschaften dagegen grundsätzlich nicht als Einheit behandelt, so dass Erwerbsvorgänge innerhalb der Organschaft grundsätzlich nicht von der Grunderwerbsteuer ausgenommen sind.[323] Die Bedeutung der grunderwerbsteuerlichen Organschaft liegt vielmehr darin, dass bestimmte grunderwerbsteuerlich relevante Erwerbsvorgänge seitens einer abhängigen Gesellschaft der herrschenden Gesellschaft zugerechnet werden. Hierdurch werden bestimmte Grunderwerbsteuertatbestände zum Zwecke der Missbrauchsvermeidung letztlich erweitert (§ 1 Abs. 4 Nr. 2 Buchst. b GrEStG).[324]

II. Abschluss von Unternehmensverträgen

121 Die §§ 293–294 AktG enthalten allgemeine Regeln zum Abschluss von Unternehmensverträgen. Die Regelungen sind auf alle Unternehmensverträge iSd §§ 291, 292 AktG, an denen als herrschender und abhängiger Vertragsteil AGs und KGaAs beteiligt sind, anwendbar, soweit nicht ausdrücklich auf einen bestimmten Vertragstyp Bezug genommen wird.

Der Vertragsschluss setzt nicht voraus, dass die sich dem Unternehmensvertrag unterwerfende Gesellschaft vor Abschluss des Vertrages bereits von dem Vertragspartner abhängig war; es ist nicht einmal eine Beteiligung des herrschenden am

---

Schulte-Rummel FR 2002, 425; *Löwenstein/Maier* IStR 2002, 185; *Meilicke* DB 2002, 911; *E. F. Hey* BB 2002, 915.

[321] Wirtschaftliche Eingliederung bedeutet, dass die Organgesellschaft gemäß dem Willen des Organträgers im Rahmen des Gesamtunternehmens wirtschaftlich tätig ist, organisatorische Eingliederung liegt vor, wenn der Organträger organisatorisch sicherstellt, dass sein Wille in der Organgesellschaft tatsächlich ausgeführt wird; Abschn. 2.8 Abs. 6 und 7 UStAE.

[322] Vgl. auch MHdB GesR IV/*Kraft* § 72 Rn. 74; Bunjes/*Korn*, 16. Aufl. 2017, UStG § 2 Rn. 142.

[323] BFH II R 81/85, BStBl. II 1988, 682.

[324] Dies betrifft den Erwerb von Anteilen an Gesellschaften iSv § 1 Abs. 3 GrEStG, zu deren Vermögen ein inländisches Grundstück gehört, vgl. Boruttau/*Meßbacher-Hönsch* GrEStG § 1 Rn. 1083 ff.

D. Vertragskonzern 122–124 § 14

abhängigen Unternehmen erforderlich. Realiter erfolgt häufig der Abschluss des Unternehmensvertrages in mehrstufigen Konzernverbindungen unmittelbar zwischen Mutter- und Enkelgesellschaft unter „Umgehung" der zwischengeschalteten Tochtergesellschaft. Eine solche Gestaltung ist sowohl gesellschaftsrechtlich unproblematisch als auch steuerlich zulässig. Allerdings werden sowohl im Rahmen der Begründung eines solchen Mutter-/Enkel-Vertragskonzerns als auch im Rahmen von dessen Beendigung schwierige Rechtsfragen aufgeworfen.[325]

1. Form und Mindestinhalt des Vertrages

Sämtliche Unternehmensverträge bedürfen der **Schriftform** (§ 293 Abs. 3 AktG, § 126 BGB). Die Nichtbeachtung der gesetzlichen Form führt zur Nichtigkeit des Vertrages (§ 125 BGB) bzw. im Falle mündlicher Nebenabreden zur Unwirksamkeit derselben, wobei sich das Schicksal des Vertrages im Übrigen nach § 139 BGB richtet. Unternehmensverträge können **befristet und bedingt** abgeschlossen werden. Aufschiebende Bedingungen werden typischerweise im Hinblick auf Kartellrechts- und Gremienvorbehalte vereinbart. Auch die Vereinbarung einer auflösenden Bedingung wird überwiegend als zulässig erachtet.[326] Im Übrigen muss der Vertrag die **inhaltlichen Mindestanforderungen** des jeweiligen Vertragstyps abbilden. Rückwirkend können Gewinnabführungsverträge nur geschlossen werden, soweit sich die **Rückwirkung** auf das bei Vertragsschluss laufende Geschäftsjahr bezieht. Demgegenüber kann eine Rückwirkung des Inkrafttretens eines Beherrschungsvertrages nicht vereinbart werden.[327]

122

2. Zustimmung der Hauptversammlung

Die **Vorbereitung des Vertragsschlusses** obliegt den Vorständen der Vertragsparteien, die hierzu von ihren Hauptversammlungen gem. § 83 Abs. 1 Satz 2 AktG angewiesen werden können. Von einer Zustimmung des Aufsichtsrates hängt die Vorbereitung und der Abschluss des Unternehmensvertrages grundsätzlich nicht ab; etwas anderes gilt im Anwendungsbereich des § 32 MitbestG sowie dann, wenn nach Maßgabe des § 111 Abs. 4 Satz 2 AktG ein entsprechender Zustimmungsvorbehalt existiert.[328]

123

Der Vertrag wird indes nur mit Zustimmung der Hauptversammlung des **abhängigen Vertragsteils mit ¾-Mehrheit des anwesenden Kapitals** wirksam (§ 293 Abs. 1 AktG); zudem muss die einfache Stimmenmehrheit (§ 133 Abs. 1 AktG) gegeben sein.[329] Durch diese Regelung wird die Abschlussvollmacht des Vorstandes im Außenverhältnis beschränkt. Dem liegt die Erwägung zugrunde, dass die Einräumung umfassender Leistungsrechte augenscheinlich die **Grundlagen des Gesellschaftsverhältnisses tangiert**. Ein Stimmverbot zulasten des herrschenden Unternehmens, welches häufig Mehrheitsaktionär der Untergesellschaft ist, besteht

124

---

[325] Eingehend *Krieger* FS K. Schmidt S. 999 ff.; vgl. auch MünchKomm. AktG/*Liebscher* Anh. § 13 Rn. 754 f., 908, 1354.
[326] BGH II ZR 238/91, BGHZ 122, 211 (217 ff.) – SSI; MHdB GesR IV/*Krieger* § 71 Rn. 16 – aA MünchKomm. AktG/Bd. 5/*Altmeppen* § 293 Rn. 26; *Emmerich/Habersack* AktG § 293 Rn. 18; *Raiser/Veil* § 62 Rn. 18.
[327] *Emmerich/Habersack* Konzernrecht § 11 Rn. 13a, § 12 Rn. 10; Kölner Komm./*Koppensteiner* § 294 Rn. 34.
[328] *Emmerich/Habersack* AktG § 293 Rn. 34; *Hüffer/Koch* AktG § 293 Rn. 25; MHdB GesR IV/*Krieger* § 71 Rn. 14.
[329] MHdB GesR IV/*Krieger* § 71 Rn. 50; *Hüffer/Koch* AktG § 293 Rn. 8.

nicht (arg. e § 136 AktG).³³⁰ Der Zustimmungsbeschluss der Hauptversammlung muss sich auf einen konkreten Unternehmensvertrag beziehen, der der Hauptversammlung wenigstens in Entwurfsfassung vorliegen muss. Vor diesem Hintergrund ist es dann unerheblich, ob der Zustimmungsbeschluss dem (aufschiebend bedingten) Vertragsschluss vorangeht oder nachfolgt. Nach herrschender Meinung bedarf der Zustimmungsbeschluss der Hauptversammlung keiner sachlichen Rechtfertigung, da es sich um eine gesetzlich vorgeprägte Entscheidungssituation handelt, für die der Gesetzgeber durch die hohen Mehrheitsanforderungen sowie das Regime der vertragskonzernrechtlichen Schutzvorschriften eine Abwägung der widerstreitenden Interessen der Beteiligten vorgenommen hat, welche durch weitere Anforderungen nicht konterkariert werden darf.³³¹

125 Auch die Hauptversammlung der **herrschenden** inländischen **AG** oder KGaA muss dem Abschluss eines Beherrschungs- und Gewinnabführungsvertrages **mit ¾-Kapitalmehrheit und einfacher Stimmenmehrheit zustimmen**, damit der Vertrag wirksam wird (§ 293 Abs. 2 AktG). Bei einem Mehrmütter-Vertragskonzern müssen die Hauptversammlungen aller Obergesellschaften zustimmen.³³² Im mehrstufigen Konzern kann ferner in Anwendung der vom BGH in der Holzmüller-Entscheidung entwickelten Grundsätze einer Konzernleitungskontrolle ein Zustimmungsbeschluss auf vorgelagerten Konzernebenen notwendig sein.³³³ Davon zu unterscheiden ist schließlich die Frage nach der Erforderlichkeit einer Beteiligung der Hauptversammlung einer Tochtergesellschaft im Falle eines unmittelbaren Vertragsschlusses zwischen Mutter- und Enkelgesellschaft.³³⁴ Bei „anderen" Unternehmensverträgen iSd § 292 AktG besteht ein solches Zustimmungserfordernis der Hauptversammlung des anderen Vertragsteils dagegen nicht. Verschiedentlich wird für den Zustimmungsbeschluss beim herrschenden Unternehmen eine Inhaltskontrolle nach den vom BGH für Bezugsrechtsausschlüsse entwickelten Grundsätzen gefordert, soweit eine Abfindung in Aktien gem. § 305 Abs. 2 Nr. 1 AktG erforderlich ist.³³⁵

Zudem muss das herrschende Unternehmen hinreichend finanzstark sein, um die Verlustausgleichsansprüche nach § 302 AktG sowie etwaige Ausgleichs- und Abfindungsansprüche gem. §§ 304, 305 AktG erfüllen zu können. Ist dies nicht gewährleistet, ist der Zustimmungsbeschluss der Hauptversammlung der Untergesellschaft anfechtbar. Zudem kommen aus Gründen des Gläubigerschutzes Schadensersatzansprüche, insbesondere gegen die Geschäftsführung des abhängigen Vertragsteils in Betracht, wenn diese sehenden Auges einen Vertragsschluss mit einer finanzschwachen Muttergesellschaft herbeigeführt hat.³³⁶

---

³³⁰ Kölner Komm./*Koppensteiner* § 293 Rn. 30; MHdB GesR IV/*Krieger* § 71 Rn. 50.
³³¹ *Emmerich/Habersack* Konzernrecht § 16 Rn. 21; *Hüffer/Koch* AktG § 293 Rn. 6 f.; Kölner Komm./*Koppensteiner* § 293 Rn. 62 ff.; MHdB GesR IV/*Krieger* § 71 Rn. 51 – aA indes *Hirte* Bezugsrechtsausschluss und Konzernbildung 1986 S. 191; *Timm* ZGR 1987, 403 (427 f.)
³³² Kölner Komm./*Koppensteiner* § 293 Rn. 46; MHdB GesR IV/*Krieger* § 71 Rn. 23.
³³³ Außerordentlich streitig; ähnlich wie hier MünchKomm. AktG/Bd. 5/*Altmeppen* § 293 Rn. 113 ff.; weiter als hier *Emmerich/Habersack* AktG § 293 Rn. 12; enger als hier Kölner Komm./*Koppensteiner* § 293 Rn. 45; MHdB GesR IV/*Krieger* § 71 Rn. 23.
³³⁴ Vgl. weiterführend *Emmerich/Habersack* AktG § 293 Rn. 12a; zur Sicherung außenstehender Aktionäre in mehrstufigen Unternehmensverbindungen siehe auch Rn. 152.
³³⁵ MHdB GesR IV/*Krieger* § 71 Rn. 51; weitergehend *Emmerich/Habersack* AktG § 293 Rn. 37.
³³⁶ LG München I 5 HK O 591/09, AG 2009, 918 (920); offengelassen angesichts harter Patronatserklärungen zahlungskräftigen Obergesellschaft des herrschenden Vertragsteils OLG Frankfurt a. M. 23 U 69/08, AG 2010, 368 (372 f.); vgl. auch KG 2 W 101/07, AG 2009, 30 (32 f.)

3. Informationsrechte

Nach §§ 293a ff. AktG sind die Aktionäre beider Vertragsteile im Zuge der Vorbereitung der Hauptversammlung umfassend über den Vorgang zu unterrichten; die Vorschriften dienen dazu, eine ausreichende Information der Aktionäre über die anstehende Entscheidung und deren Tragweite zu gewährleisten. Die **Vorstände** der beteiligten AGs müssen gem. § 293a Abs. 1 AktG an die Hauptversammlung einen **ausführlichen schriftlichen Bericht** erstatten. Dieser muss klar und übersichtlich strukturiert und informativ ausgestaltet sein. Es sollen insbesondere die rechtlichen und wirtschaftlichen Gründe für den Unternehmensvertrag in Abwägung der Vor- und Nachteile dargestellt werden. Einen weiteren Schwerpunkt bilden die wirtschaftlichen Grundlagen des Zusammenschlusses, die die Basis der Ausgleichs- und Abfindungsansprüche gem. §§ 304, 305 AktG darstellen. Bewertungsrelevante Informationen sind in einer Form auszubreiten, die den Aktionären eine Plausibilitätskontrolle ermöglicht.[337] Die Erläuterungs- und Begründungspflicht entfällt, soweit die Offenlegung für eines der beteiligten oder für ein mit ihnen verbundenes Unternehmen (§§ 15 ff. AktG) einen nicht unerheblichen Nachteil bedeuten kann (§ 293a Abs. 2 AktG); allerdings sind in dem Bericht die Gründe für die Geheimhaltungsbedürftigkeit darzulegen.[338] Der Bericht ist entbehrlich, wenn alle Anteilsinhaber beider Unternehmen auf seine Erstattung durch öffentlich beglaubigte Erklärung verzichten (§ 293a Abs. 3 AktG, § 129 BGB). Unterliegt eines der Unternehmen nicht den §§ 293 ff. AktG, etwa weil es sich um eine Auslandsgesellschaft handelt, so genügt der Verzicht der Anteilsinhaber derjenigen Gesellschaft, auf die die Vorschriften des Vertragskonzernrechts Anwendung finden.

Der Unternehmensvertrag ist gem. § 293b Abs. 1 AktG für die beteiligten Gesellschaften von einem (ggf. gemeinsamen) **Vertragsprüfer** zu prüfen. Zweck der Prüfungspflicht ist die Vermeidung unangemessener Vertragsbestimmungen über Ausgleich und Abfindung gem. §§ 304, 305 AktG, um spätere Spruchverfahren (vgl. § 1 Nr. 1 SpruchG) zu vermeiden. Der Prüfung bedarf es nicht, wenn sich alle Aktien der Untergesellschaft in der Hand des herrschenden Unternehmens befinden. Weiterhin ist die Prüfungspflicht ebenso wie die Berichtspflicht verzichtbar (§ 293b Abs. 2 iVm § 293a Abs. 3 AktG).

Die Vertragsprüfer werden auf Vorschlag der Vorstände der beteiligten Unternehmen vom Gericht (Landgericht – Kammer für Handelssachen) des Bezirks des Sitzes der abhängigen AG) ausgewählt und bestellt (§ 293c Abs. 1 Satz 1 AktG). Auf gemeinsamen Antrag der Vorstände können die Prüfer für alle vertragsschließenden Gesellschaften gemeinsam bestellt werden (§ 293c Abs. 1 Satz 2 AktG). Für die Auswahl, die Informationsrechte sowie die Verantwortlichkeit der Vertragsprüfer gelten im Wesentlichen die Bestimmungen des HGB über die Abschlussprüfung (vgl. § 293d AktG). Insbesondere haften die Vertragsprüfer gegenüber beiden vertragschließenden Unternehmen und ihren Anteilseignern für schuldhaft fehlerhafte Bewertungen (§ 293d Abs. 2 iVm § 323 HGB).

Um die umfassende Information der Aktionäre zu vervollständigen, ist mit Einberufung der Hauptversammlung der **wesentliche Vertragsinhalt bekannt zu machen** (§ 124 Abs. 2 Satz 2 AktG). Ferner sind der Unternehmensvertrag, die Berichte der Vorstände, der Prüfungsbericht des Vertragsprüfers und die Jahresab-

---

[337] *Emmerich/Habersack* Konzernrecht § 17 Rn. 14; MHdB GesR IV/*Krieger* § 71 Rn. 29 ff.
[338] Vgl. zu Beispielen für geheimhaltungsbedürftige Informationen: MHdB GesR IV/*Krieger* § 71 Rn. 33.

schlüsse und Lageberichte der vertragsschließenden Unternehmen für die letzten drei Geschäftsjahre in den Geschäftsräumen **auszulegen** sowie jedem Aktionär auf Verlangen unverzüglich in Abschrift zu **übermitteln** (§ 293f AktG), allerdings entfällt diese Verpflichtung nunmehr dann, wenn die entsprechenden Unterlagen auf der Internetseite der Gesellschaft zugänglich gemacht werden (§ 293f Abs. 3 idF des Gesetzes zur Umsetzung der Aktionärsrichtlinie – ARUG[339]). Darüber hinaus sind die genannten Unterlagen in der Hauptversammlung zugänglich zu machen[340] und der Unternehmensvertrag mündlich zu **erläutern** (§ 293g Abs. 1 und 2 AktG). Im Rahmen dieser Erläuterungen ist nochmals auf die Gründe des Vertragsschlusses sowie die wirtschaftlichen und rechtlichen Auswirkungen der Begründung des Vertragskonzerns einzugehen. Weiterhin steht den Aktionären ein weitgehendes **Auskunfts- und Fragerecht** zu, welches durch § 293g Abs. 3 AktG dahin erweitert wird, dass Auskünfte auch über alle für den Vertragsschluss wesentlichen Angelegenheiten des anderen Vertragsteils verlangt werden können, so dass sich der Vorstand in die Lage versetzen muss, entscheidungsrelevante Fragen, die den anderen Vertragsteil betreffen, beantworten zu können. Es spricht viel dafür, dass auf den erweiterten Auskunftsanspruch gem. § 293g Abs. 3 AktG auch die Auskunftsverweigerungsgründe des § 131 Abs. 3 Satz 1 AktG anzuwenden sind.[341] Im Übrigen gilt der Grundsatz, dass das Auskunftsrecht über § 293g Abs. 3 AktG nicht weiter gehen kann als das Auskunftsrecht der Aktionäre des jeweiligen Vertragspartners.[342] Abschließend ist darauf hinzuweisen, dass wegen Informationsmängeln, die sich auf bewertungsrelevante Gesichtspunkte beziehen, die Anfechtung ausgeschlossen ist, da gem. § 243 Abs. 4 Satz 2 AktG in diesem Fall das Spruchverfahren vorgeht.[343]

4. Wirksamwerden des Unternehmensvertrages

129   Der Unternehmensvertrag wird erst mit **Eintragung im Handelsregister** des abhängigen Vertragsteils wirksam (§ 294 AktG).[344] Der **Anmeldung** sind der Vertrag selbst sowie die Niederschriften der Hauptversammlungen, in denen die Zustimmungsbeschlüsse der Hauptversammlungen von herrschendem und abhängigem Vertragsteil gefasst wurden, und deren Anlagen in Urschrift, Ausfertigungen oder öffentlich-beglaubigter Abschrift beizufügen.

Die **registergerichtliche Prüfung** erstreckt sich auf die formelle und materielle Wirksamkeit des Unternehmensvertrages und der ihn billigenden Hauptversammlungsbeschlüsse. Allerdings hat das Registergericht die Beschlüsse – solange keine Anfechtungsklage erhoben ist – nicht auf etwaige Beschlussmängel hin zu überprüfen.[345] Die Anfechtung eines der Zustimmungsbeschlüsse löst keine Registersperre aus. Das Registergericht ist aber gem. § 21 Abs. 1 FamFG (bisher: § 125 FGG) berechtigt, im Falle einer Anfechtungsklage das Registerverfahren bis zum Abschluss

---

[339] Vom 30.7.2009, BGBl. 2009 I 2479.
[340] Geändert durch das ARUG v. 30.7.2009, BGBl. 2009 I 2479; aF: „auszulegen".
[341] MHdB GesR IV/*Krieger* § 71 Rn. 48; *Raiser/Veil* § 54 Rn. 22; differenzierend Kölner Komm./*Koppensteiner* § 293g Rn. 16 – aA *Hüffer/Koch* AktG § 293g Rn. 5.
[342] So zutreffend MHdB GesR IV/*Krieger* § 71 Rn. 49.
[343] MHdB GesR IV/*Krieger* § 71 Rn. 54; vgl. zur Rechtslage vor Einführung des § 243 Abs. 4 AktG auch BGH II ZR 1/99, ZIP 2001, 199 (MEZ); II ZR 368/99, ZIP 2001, 412 (Aqua Butzke).
[344] Eine Eintragungspflicht bei der herrschenden Gesellschaft besteht nicht; allerdings wird verschiedentlich die Eintragungsfähigkeit befürwortet, vgl. OLG Celle 9 W 80/14, AG 2014, 754 (755) mAnm *Enders* NZG 2015, 623 (625).
[345] MHdB GesR IV/*Krieger* § 71 Rn. 57 – aA *Hüffer/Koch* AktG § 294 Rn. 12.

des Anfechtungsprozesses auszusetzen. Es muss von dieser Aussetzungsmöglichkeit jedoch keinen Gebrauch machen, sondern kann sich auch nach pflichtgemäßem Ermessen für eine Eintragung des Unternehmensvertrages entschließen. Im Falle der Unzulässigkeit oder offensichtlichen Unbegründetheit der Anfechtungsklage sowie dann, wenn der Anfechtungsklage keine überwiegenden Erfolgsaussichten beizumessen sind und den Vertragspartnern aus einer Verzögerung der Eintragung erhebliche Nachteile drohen, besteht eine Verpflichtung des Registergerichts zur Eintragung.[346] Die bevorstehende Eintragung kann ggf. durch einstweilige Verfügung des Prozessgerichts (§ 16 Abs. 2 HGB) auf Antrag des Anfechtungsklägers unterbunden werden.[347] Umgekehrt steht es der Gesellschaft frei, bei dem nunmehr zuständigen Oberlandesgericht (§ 246a Abs. 1 Satz 3 AktG) einen Freigabeantrag stellen, durch Beschluss festzustellen, dass die Erhebung der Klage der Eintragung nicht entgegensteht und Mängel des Hauptversammlungsbeschlusses die Wirkung der Eintragung unberührt lassen (§ 246a AktG).

III. Leitungsmacht des herrschenden Unternehmens

Wie dargelegt wird durch den Abschluss eines BEAV die aktiengesetzlich angeordnete Autonomie der Leitungsorgane des abhängigen Unternehmens (§ 76 AktG) und die aktienrechtliche Vermögensbindung weitgehend aufgehoben; das herrschende Unternehmen wird über das beherrschungsvertragliche Weisungsrecht berechtigt, innerhalb der abhängigen Gesellschaft umfassende Konzerninteressen zu verfolgen und durch nachteilige Weisungen, die indes im Konzerninteresse liegen müssen, Gewinne und Geschäftschancen der Untergesellschaft auf sich zu transferieren. Gleichwohl der Tochtergesellschaft verbleibende Gewinne werden über das Gewinnabführungsrecht des herrschenden Unternehmens abgeschöpft; im Einzelnen:

1. Beherrschungsvertragliches Weisungsrecht

Kern der gesetzlichen Regelung über die Leitungsmacht des herrschenden Unternehmens im Vertragskonzern ist § 308 AktG, wonach das herrschende Unternehmen befugt ist, dem Vorstand der abhängigen Gesellschaft hinsichtlich der Leitung nachteilige Weisungen zu erteilen, sofern diese nur insgesamt den Belangen des von der Obergesellschaft geführten Konzerns dienen. Entsprechende Weisungen sind für den Vorstand der abhängigen Gesellschaft grundsätzlich bindend, es sei denn, das herrschende Unternehmen überschreitet mit der Weisung die gesetzlich allgemein anerkannten Schranken des Beherrschungsvertrages. Verstöße gegen die Weisungsfolgepflicht sind schadensersatzbewehrt und zwar unmittelbar im Verhältnis herrschendes Unternehmen/Tochtervorstand; im Einzelfall kann sogar der Untreuetatbestand verwirklicht sein.[348] Um die Einhaltung der gesetzlichen Schranken der Leitungsbefugnisse der Obergesellschaft zu gewährleisten, ordnen die §§ 309, 310 AktG Schadensersatzpflichten des herrschenden Unternehmens sowie der Leitungsorgane der beteiligten Gesellschaften im Falle der Überschreitung dieser Grenzen an (vgl. Rn. 139).

---

[346] BGH II ZB 1/90, BGHZ 112, 9 (23 f.). – Deutsche Hypothekenbank/Pfälzische Hypothekenbank; ähnlich OLG Nürnberg 12 W 3317/95, AG 1996, 229; *Emmerich/Habersack* AktG § 294 Rn. 21 f.; MHdB GesR IV/*Krieger* § 71 Rn. 58; Spindler/Stilz/*Veil* AktG § 294 Rn. 20 f.
[347] MHdB GesR IV/*Krieger* § 71 Rn. 58.
[348] Vgl. *Liebscher* GmbH-Konzernrecht Rn. 704 ff.

Vor diesem Hintergrund kann es für die Tochtergeschäftsführung zu einem schwer auflösbaren Haftungsdilemma kommen, da sie zum einen zur Überprüfung der Rechtmäßigkeit der Weisungen verpflichtet, zum anderen allerdings der Weisungsfolgepflicht unterliegt. Angesichts dieser Umstände wird zurecht davon ausgegangen, dass die Tochtergeschäftsführung verpflichtet ist, das herrschende Unternehmen auf etwaige Zweifel im Hinblick auf die Rechtmäßigkeit der Weisung hinzuweisen, sie jedoch im Zweifel, wenn das herrschende Unternehmen an seiner Weisung festhält, zur Weisungsverfolgung verpflichtet ist.[349]

a) Ausübung des Weisungsrechts

132 **Inhaber** des Weisungsrechts nach § 308 Abs. 1 Satz 1 und 2 AktG ist das herrschende Unternehmen, welches dieses durch seine Organe ausübt; diese werden sich insoweit allerdings der Mithilfe beliebiger Dritter bedienen.[350] Unzulässig ist indes die Übertragung des Weisungsrechts als solches durch das herrschende Unternehmen auf einen Dritten.[351] Den Konzernvorstand trifft im Verhältnis zu seiner eigenen Gesellschaft grundsätzlich eine **Konzernleitungspflicht**; hingegen existiert eine Konzernleitungspflicht gegenüber der abhängigen Gesellschaft nicht. Der Vorstand des herrschenden Unternehmens kann allerdings eigenverantwortlich entscheiden, ob er den Tochter-Vorstand autonom agieren lässt oder lenkend via Weisungsrecht in die Tochter-Geschäftsführung eingreift.[352]

Weisungsadressat ist der Tochtervorstand. Problematisch sind Gestaltungen, bei denen sich das herrschende Unternehmen unmittelbar an nachgeordnete Mitarbeiter der Tochter wendet.[353] Kann die Obergesellschaft auf nachgeordnete Hierarchiestufen innerhalb des abhängigen Unternehmens unmittelbar einwirken, muss der Tochtervorstand sicherstellen, dass er über die entsprechenden Maßnahmen hinreichend informiert wird, damit er diese auf ihre Rechtmäßigkeit hin prüfen und ggf. die Befolgung rechtswidriger Einflussnahmen verhindern kann. Problematisch ist auch die Bevollmächtigung des herrschenden Unternehmens, für die Untergesellschaft zu handeln. Insoweit ist zu berücksichtigen, dass die Erteilung einer unbeschränkten Vollmacht unzulässig ist, da hierdurch die Kontrollfunktion des Tochtervorstandes gegenüber Weisungen der Mutter unterlaufen würde; demgegenüber sind Spezialvollmachten mit klar definierten Grenzen im Grundsatz zulässig.[354]

133 Der **Begriff der Weisung** wird in § 308 AktG nicht definiert. Er ist **weit zu verstehen**, so dass jegliche Handlung des herrschenden Unternehmens, welche die Geschäftsführung des abhängigen Unternehmens zu einem bestimmten Verhalten motivieren soll, als Weisung in diesem Sinne aufzufassen ist. Auf die äußere Einkleidung kommt es hierbei nicht an, so dass auch bloße „Ratschläge" oder „Empfehlungen" des herrschenden Unternehmens und sonstige Maßnahmen, die

---

[349] MünchKomm. AktG/Bd. 5/*Altmeppen* § 308 Rn. 145; *Emmerich/Habersack* AktG § 308 Rn. 53a und b mwN.

[350] *Hüffer/Koch* AktG § 308 Rn. 4 f.; MHdB GesR IV/*Krieger* § 71 Rn. 152; einschränkend Kölner Komm./*Koppensteiner* § 308 Rn. 10 ff. – aA Geßler/Hefermehl/*Geßler* AktG § 308 Rn. 162 f.

[351] *Emmerich/Habersack* Konzernrecht § 23 Rn. 10; *Emmerich/Habersack* AktG § 308 Rn. 16; *Hüffer/Koch* AktG § 308 Rn. 6.

[352] Vgl. § 6 Rn. 119.

[353] Einschränkend *Emmerich/Habersack* AktG § 308 Rn. 19 f.; generell ablehnend Kölner Komm./*Koppensteiner* § 308 Rn. 16.

[354] *Emmerich/Habersack* AktG § 308 Rn. 31 ff.; *Hüffer/Koch* AktG § 308 Rn. 9; Kölner Komm./*Koppensteiner* § 308 Rn. 24; MHdB GesR IV/*Krieger* § 71 Rn. 159.

D. Vertragskonzern 134–136 § 14

im Ergebnis zur Durchsetzung des Willens der Obergesellschaft führen, als Weisungen aufzufassen sind.[355]

b) Schranken des Weisungsrechts

Das Weisungsrecht erstreckt sich nach § 308 Abs. 1 Satz 1 AktG auf die „Leitung" **134** der abhängigen Gesellschaft. Aus dieser gesetzlichen Umschreibung des Weisungsprogramms folgen bestimmte, stets zu beachtende Schranken der Befugnisse der Obergesellschaft. Die erste Schranke wird durch den **Vertrag** selbst begründet, sofern dieser Einschränkungen der Weisungsbefugnis enthält.
Die zweite Schranke des Weisungsrechts resultiert aus dessen Gegenstand. Das **135** Leitungsrecht des herrschenden Unternehmens erstreckt sich auf den **Bereich der Geschäftsführung** einschließlich aller betriebsgewöhnlichen Maßnahmen, selbst wenn diese von ganz erheblichem Gewicht sind; hierzu gehören auch Maßnahmen im innerkorporativen Bereich.[356] Soweit Geschäftsführungsmaßnahmen allerdings nach Gesetz oder Satzung einer Zustimmung des Aufsichtsrates gem. § 111 Abs. 4 Satz 2 AktG unterliegen, bleibt dieses Mitwirkungsrecht grundsätzlich erhalten. Allerdings trifft § 308 Abs. 3 AktG eine Sonderregelung. Wird die Zustimmung nicht erteilt, dann kann sich das herrschende Unternehmen durch nochmalige Weisung hierüber hinwegsetzen, wobei allerdings dessen Aufsichtsrat, falls ein solcher dort besteht, der Wiederholung der Weisung zustimmen muss. **Nicht erfasst** vom Leitungsrecht des Konzernherrn werden dagegen der Bereich der sog. **Grundlagengeschäfte** und **Änderungen des Gesellschaftsvertrages**. Denn das Weisungsrecht gibt kein Recht, in die zwingenden Zuständigkeiten der Hauptversammlung einzugreifen.[357] Streitig ist, ob hierunter auch die sog. „Holzmüller"-Zuständigkeiten zu fassen sind. Hiergegen wird vorgebracht, dass die für die Hauptversammlungszuständigkeit maßgeblichen Mediatisierungseffekte und Mitwirkungsrechte der Aktionäre angesichts des Beherrschungsvertrages zu vernachlässigen seien.[358] Dem ist jedoch entgegenzuhalten, dass nach den „Gelatine"-Entscheidungen ungeschriebene Hauptversammlungszuständigkeiten nur noch in Ausnahmefällen in Betracht kommen, die der gesetzlichen Verfassungskompetenz der Hauptversammlung nahe stehen; in diesen Fällen liegt daher ein Eingriff in den Kernbereich der Mitgliedschaft der außenstehenden Aktionäre vor, der keinen Geschäftsführungscharakter mehr besitzt.[359] Die ungeschriebene Hauptversammlungszuständigkeit wird daher nicht von dem Unternehmensvertrag überlagert; eine Weisung ist insoweit unzulässig. Nach § 299 AktG ist schließlich auch die Anweisung zur Änderung des Beherrschungsvertrages unzulässig.
Weiterhin darf von der Befugnis zur Erteilung nachteilsstiftender Weisungen nur **136** im Interesse des vom herrschenden Unternehmen geführten Konzerns Gebrauch gemacht werden; das Verbundinteresse darf dem Eigeninteresse der abhängigen Gesellschaft vorangestellt werden, jedoch sind **willkürliche Weisungen unzulässig** (§ 308 Abs. 1 Satz 2 AktG). Es genügt, dass irgendein Konzernunternehmen

---

[355] *Emmerich/Habersack* AktG § 308 Rn. 24 f.; *Hüffer/Koch* AktG § 308 Rn. 10; *Raiser/Veil* § 54 Rn. 35.
[356] BGH II ZB 9/96, BGHZ 135, 374 (377) – Guano; *Emmerich/Habersack* AktG § 308 Rn. 40 f.; Kölner Komm./*Koppensteiner* § 308 Rn. 33; MHdB GesR IV/*Krieger* § 71 Rn. 151 und 177 – aA *Kantzas* Das Weisungsrecht im Vertragskonzern, 1988, S. 66 f.
[357] OLG Karlsruhe 15 U 256/89, AG 1991, 144 (146) – ASEA/BBC; MHdB GesR IV/ *Krieger* § 71 Rn. 151.
[358] MHdB GesR IV/*Krieger* § 71 Rn. 177; *Arnold* ZIP 2005, 1573 (1579).
[359] *Liebscher* ZGR 2005, 1 (32), mwN.

– unabhängig davon, ob zu ihm ein faktisches oder ein Vertragskonzernverhältnis besteht – aus der nachteiligen Weisung einen Vorteil erlangt.[360] Allerdings sind solche Weisungen unzulässig, die – in Relation zum Nutzen für die Gesamtgruppe – eine **unverhältnismäßige Schädigung** darstellen[361] und/oder die Überlebensfähigkeit der Untergesellschaft gefährden.[362] Eine darüber hinausgehende Pflicht, die Überlebensfähigkeit auch über die Vertragsdauer hinaus zu sichern, wird hingegen nach überwiegender Auffassung abgelehnt.[363]

137 Schließlich **sind gesetzes- und sittenwidrige Weisungen** dem herrschenden Unternehmen generell **nicht gestattet** (§§ 134, 138 BGB), so dass der Vorstand des abhängigen Unternehmens solche Weisungen nicht befolgen darf. Ebenso unzulässig sind Weisungen, die gegen zwingende gesetzliche Vorschriften verstoßen.[364] So kann sich etwa bei abhängigen Kreditinstituten eine Beschränkung des Weisungsrechts aus dem Aufsichtsrecht und hierbei explizit aus § 25a Abs. 1 KWG herleiten.[365]

2. Gewinnabführungspflicht

138 Auch die Gewinnabführungspflicht aufgrund eines Ergebnisabführungsvertrages unterliegt **gesetzlichen Schranken,** insb. wird der abschöpfbare Gewinn gem. § 301 Satz 1 AktG auf einen Höchstbetrag beschränkt; hiernach kann als Gewinn höchstens der ohne die Gewinnabführungspflicht entstehende Jahresüberschuss abgeführt werden, wobei dieser um einen etwaigen Verlustvortrag und denjenigen Betrag, der nach Maßgabe des § 300 AktG in die gesetzliche Rücklage einzustellen

---

[360] MünchKomm. AktG/Bd. 5/*Altmeppen* § 308 Rn. 106 ff.; *Hüffer/Koch* AktG § 308 Rn. 18; MHdB GesR IV/*Krieger* § 71 Rn. 153; *Emmerich/Habersack* AktG § 308 Rn. 47 f. – aA; Kölner Komm./*Koppensteiner* § 308 Rn. 44 f.

[361] *Emmerich/Habersack* Konzernrecht § 23 Rn. 31 f.; *Hüffer/Koch* AktG § 308 Rn. 17; MHdB GesR IV/*Krieger* § 71 Rn. 153.

[362] Vgl. OLG Düsseldorf 19 W 13/86, AG 1990, 490 (492); LG München I – 5 HK O 20488/11, BeckRS 2012, 11175; *Emmerich/Habersack* AktG § 308 Rn. 60 f.; *Emmerich/Habersack* Konzernrecht § 23 Rn. 41 ff.; *Habersack* in FS Schaumburg 2009, S. 1291 (1298 f.); *Hüffer/Koch* AktG § 308 Rn. 19; MHdB GesR IV/*Krieger* § 71 Rn. 153; Schmidt/Lutter/*Langenbucher* AktG § 308 Rn. 31; *Redeke* ZIP 2010, 159 (163 f.); *Stephan* Der Konzern 2014, 1 (24 f.).

[363] *Hüffer/Koch* AktG § 308 Rn. 19; Schmidt/Lutter/*Langenbucher* AktG § 308 Rn. 35 mit der Einschränkung, dass eine solche Weisung dann unzulässig sein könne, wenn bereits mit Erteilung deutlich ist, dass das herrschende Unternehmen die Sicherung nicht wird leisten können bzw. wollen; ebenso *Emmerich/Habersack* AktG § 308 Rn. 65.

[364] *Emmerich/Habersack* AktG § 308 Rn. 58 f.; *Hüffer/Koch* AktG § 308 Rn. 14; Schmidt/Lutter/*Langenbucher* AktG § 308 Rn. 24; *Liebscher* GmbH-Konzernrecht Rn. 712.

[365] Vgl. *Emmerich/Habersack* AktG § 308 Rn. 58; *Hüffer/Koch* AktG § 308 Rn. 14. Daran knüpft sich die umstrittene Frage, ob sich aus den Vorschriften des KWG (§§ 2a und 25a KWG), wonach den Geschäftsleitern eines Kreditinstituts die uneingeschränkte Geschäftsführungs- und Vertretungsbefugnis zustehen muss, eine Unzulässigkeit von Weisungsrechten Dritter aufgrund des Beherrschungsvertrages ergibt, vgl. *Casper* ZIP 2012, 497 (499) mwN, der sich für eine bloße Einschränkung und gegen eine völlige Abbedingung des Weisungsrechts durch das KWG ausspricht sowie *Emmerich/Habersack* § 308 Rn. 58a; dazu jüngst in der höchstrichterlichen Rechtsprechung BGH II ZR 67/12, BGHZ 197, 284 Rn. 42 ff. = AG 2013, 680 Rn. 42 ff., wobei der genaue Umfang einer Einschränkung des Weisungsrechts durch das KWG hier offen bleiben konnte, da im vorliegenden Fall von der sog. Waiver-Regelung in § 2a Abs. 1 KWG Gebrauch gemacht worden ist; vgl. auch OLG Frankfurt a. M. 5 U 56/11, AG 2012, 217 f. Rn. 39, 41 f. – Eurohypo/Rheinhyp sowie OLG Frankfurt a. M. 5 U 92/11, ZIP 2012, 524 – Eurohypo/Rheinhyp/Essenhyp.

D. Vertragskonzern

ist, vorab reduziert werden muss.³⁶⁶ § 301 Satz 2 AktG gestattet auch die Entnahme aus anderen Gewinnrücklagen, sofern diese während der Geltungsdauer des Ergebnisabführungsvertrages gebildet wurden. Demgegenüber sind Beträge aus der Auflösung gesetzlicher Rücklagen, Kapitalrücklagen und vorvertraglichen Gewinnrücklagen sowie aus einem vorvertraglichen Gewinnvortrag nicht an das herrschende Unternehmen abzuführen.³⁶⁷ Hingegen erhöhen Erträge aus der Auflösung stiller Reserven den abzuführenden Gewinn, selbst wenn die stillen Reserven in vorvertraglicher Zeit entstanden sind.³⁶⁸

3. Verantwortlichkeit

Die **gesetzlichen Vertreter** der Obergesellschaft haben bei ihren Weisungen die Sorgfalt eines ordentlichen und gewissenhaften Geschäftsleiters anzuwenden. Sie haften bei Verletzung dieser Pflicht der abhängigen Gesellschaft auf Schadensersatz (§ 309 Abs. 1 und 2 AktG). Der Haftungsanspruch setzt eine pflichtwidrige Weisung voraus. Obwohl dies gesetzlich nicht ausdrücklich ausgesprochen ist, haftet neben den gesetzlichen Vertretern auch die **Obergesellschaft** selbst.³⁶⁹ Ferner können sich auch die **Vorstände und Aufsichtsräte der abhängigen Gesellschaft** schadensersatzpflichtig machen, wenn sie unter Verletzung ihrer Pflichten rechtswidrige Weisungen befolgt haben bzw. gegen die Befolgung unzulässiger Weisungen nicht eingeschritten sind. Denn den Tochtervorstand trifft eine Prüfungs- und Kontrollpflicht im Rahmen der Umsetzung von Weisungen der Konzernspitze.³⁷⁰

Die vorgenannten **Ersatzansprüche** der abhängigen Gesellschaft können von jedem Aktionär und von jedem mit seiner Forderung ausgefallenen Gläubiger geltend gemacht werden (§ 309 Abs. 4 AktG). In Anbetracht dieser minderheiten- und gläubigerschützenden Funktion der Ersatzansprüche ist ein **Verzicht oder Vergleich** gem. § 309 Abs. 3 AktG nur in engen Grenzen möglich und schließt den Gläubigern gegenüber gem. § 309 Abs. 4 Satz 4 AktG die Ersatzpflicht nicht aus. Die Ersatzansprüche **verjähren** gem. § 309 Abs. 5 AktG in fünf Jahren.

Die die Überschreitung der Grenzen des Weisungsrechts betreffenden Haftungstatbestände haben grundsätzlich lediglich im Innenverhältnis der Parteien des Vertragskonzerns bzw. im Verhältnis zu deren Organen Bedeutung. Handlungen, die der Tochtervorstand auf Weisung der Obergesellschaft vornimmt, stellen sich im Außenverhältnis allein als solche der abhängigen Gesellschaft dar und begründen grundsätzlich auch nur eine Haftung derselben. Im Bereich unerlaubter Handlungen kommt indes eine Mithaftung des herrschenden Unternehmens als Anstifter oder Mittäter der deliktischen Handlung in Betracht (vgl. §§ 830 Abs. 2, 31 BGB).³⁷¹ Zudem bestehen in Einzelfällen im Ordnungswidrigkeitenrecht, insbesondere im Kartellrecht, eigene Bußgeldtatbestände, die an die nicht ordnungsgemäße Ausübung der Leitungsmacht durch den Konzernvorstand durch Nichterfüllung von

---

³⁶⁶ Vgl. zur Rückabwicklung überhöhter Gewinnabführungen *Gärtner* AG 2014, 793.
³⁶⁷ *Emmerich/Habersack* AktG § 301 Rn. 11 ff.; Kölner Komm./*Koppensteiner* § 301 Rn. 8 ff.
³⁶⁸ BGH II ZB 9/96, BGHZ 135, 374 (378 f.) – Guano; OLG Düsseldorf 19 W 13/86, AG 1990, 490 (493) – DAB/Hansa; *Emmerich/Habersack* AktG § 301 Rn. 18; Kölner Komm./*Koppensteiner* § 301 Rn. 22.
³⁶⁹ *Emmerich/Habersack* AktG § 309 Rn. 20 f.; *Hüffer/Koch* AktG § 309 Rn. 26 f.; Kölner Komm./*Koppensteiner* § 309 Rn. 37 ff.; MHdB GesR IV/*Krieger* § 71 Rn. 167.
³⁷⁰ Gegebenenfalls trifft den Vorstand auch die Pflicht, das herrschende Unternehmen auf Nachteile hinzuweisen, wenn diese für das herrschende Unternehmen nicht ohne Weiteres erkennbar sind, vgl. *Hüffer/Koch* AktG § 308 Rn. 21.
³⁷¹ Vgl. etwa *Emmerich/Habersack* AktG § 308 Rn. 52a, 55, 56a.

deren Überwachungs- und Organisationspflichten insbesondere im Zusammenhang mit der Nichtverhinderung bußgeldbewerten Verhaltens anknüpfen. Umgekehrt kann das herrschende Unternehmen für deliktische Handlungen des abhängigen Unternehmens gem. § 831 BGB haften, wenn die Untergesellschaft angesichts der positiven Ausübung des Weisungsrechts durch die Obergesellschaft als deren Verrichtungsgehilfe agiert.[372]

IV. Sicherung des abhängigen Unternehmens und seiner Gläubiger

140 Zweck der §§ 300–303 AktG ist es, das bilanzmäßige Vermögen der Untergesellschaft, wie es zum Zeitpunkt des Abschlusses des BEAV bestand, zu sichern. Daher sorgt § 300 AktG zunächst dafür, dass die gesetzliche Rücklage aufgefüllt wird. Ferner ist das herrschende Unternehmen nach § 302 AktG verpflichtet, sämtliche Bilanzverluste, welche das abhängige Unternehmen während der Vertragslaufzeit erleidet, auszugleichen. Schließlich ist die Obergesellschaft nach § 303 AktG zur Sicherheitsleistung für Verbindlichkeiten der Untergesellschaft bei Vertragsbeendigung verpflichtet.

1. Gesetzliche Rücklage

141 Die komplizierte Regelung des § 300 AktG zielt auf die **Auffüllung** der gesetzlichen sowie einer höheren satzungsmäßigen Rücklage **aus Jahresüberschüssen der Tochtergesellschaft**, um die nicht dem Gewinnabschöpfungsrecht des herrschenden Unternehmens unterliegende Haftungsbasis der Untergesellschaft im Interesse des Gläubigerschutzes zu stärken. Die Vorschrift differenziert zwischen Gewinnabführungsverträgen (§ 300 Nr. 1 AktG), Teilgewinnabführungsverträgen (§ 300 Nr. 2 AktG) und Beherrschungsverträgen (§ 300 Nr. 3 AktG) und bezweckt, die nach § 150 Abs. 2 AktG zu bildende gesetzliche Rücklage schneller als gesetzlich vorgesehen zu dotieren, indem der zur Dotierung erforderliche Betrag im Ergebnis von der Gewinnabführungsmöglichkeit ausgenommen und der Rücklage zugeführt wird.[373]

2. Verlustübernahmepflicht

142 § 302 Abs. 1 AktG normiert einen Verlustausgleichsanspruch der unternehmensvertraglich konzernierten Gesellschaft gegen das herrschende Unternehmen und verpflichtet dieses zur Erhaltung der bei Vertragsschluss vorgefundenen Substanz des abhängigen Unternehmens. Die Vorschrift des § 302 Abs. 1 AktG ist dabei nicht allein Ausfluss der im Vertragskonzern aufgehobenen kapitalgesellschaftsrechtlichen Kapitalbindung. Der Schutzzweck der Norm geht weiter: Sie dient der Erhaltung der Lebensfähigkeit des abhängigen Unternehmens, die das herrschende Unternehmen trotz seiner Befugnis zur Verfolgung von Konzerninteressen stets bewahren muss, und vor allem dem Schutz der Gesellschaftsgläubiger, da durch die vertragliche Konzernierung das im gesetzlichen Regelfall bestehende Gläubigerschutzsystem aufgehoben wird. Im Ergebnis trägt das herrschende Unternehmen aufgrund seiner umfassenden Leitungsmacht mithin die **Ergebnisverantwortung für das abhängige Unternehmen**.[374]

---

[372] Vgl. BGH VI ZR 174/11, ZIP 2013, 77 (78 f.) – obiter.
[373] Vgl. zu Einzelheiten *Emmerich/Habersack* Konzernrecht § 20 Rn. 8 ff.; MHdB GesR IV/ *Krieger* § 71 Rn. 60 ff. und § 72 Rn. 27.
[374] Nichts anderes ist gemeint, wenn die Verlustübernahmepflicht als „Korrelat" für die aufgrund der vertraglichen Konzernierung gewonnene Leitungsmacht aufgefasst oder

D. Vertragskonzern

Nach § 302 AktG ist jeder während der Vertragsdauer entstehende Jahresfehlbetrag auszugleichen, soweit dieser nicht durch die Auflösung von während der Vertragsdauer gebildeten Gewinnrücklagen gedeckt werden kann. Die **Ursache des Fehlbetrages spielt keine Rolle**. Die Obergesellschaft kann der Verlustausgleichspflicht insbesondere nicht dadurch entgehen, dass sie nachweist, dass zwischen den Verlusten der konzernierten Gesellschaft und der Konzernbegründung und -leitung kein Zusammenhang besteht und diese auf höherer Gewalt beruhen.[375] Der Anspruch richtet sich auf Geldersatz in Höhe des bilanzmäßigen Verlusts der Untergesellschaft. Maßgebend ist insoweit allein der zutreffend ausgewiesene Fehlbetrag, so dass die Höhe des entsprechenden Verlustausgleichs voll gerichtlich nachprüfbar ist.[376]

Eine **Aufrechnung** des herrschenden Unternehmens gegen einen bereits entstandenen Anspruch der abhängigen Gesellschaft auf Verlustausgleich gem. § 302 AktG ist zulässig.[377] Überwiegend wird einschränkend verlangt, dass die zur Aufrechnung gestellte Forderung werthaltig sein muss; die Beweislast hierfür trage das herrschende Unternehmen.[378] Letzteres begegnet Bedenken, da die vertragskonzernrechtlichen Verlustausgleichsregeln allein auf den Erhalt des bilanziellen Anfangsvermögens gerichtet sind; der bilanzielle Verlust kann aber generell durch die Saldierung des Verlustausgleichsanspruches mit Forderungen des herrschenden Unternehmens beseitigt werden.[379] Auch Leistungen an Erfüllungs statt (§ 364 BGB) sind gesellschafts- und steuerrechtlich als Erfüllung des Verlustausgleichsanspruchs zulässig, sofern das Geleistete einen hinreichenden Gegenwert darstellt. Umstritten ist indes, ob als Leistung an Erfüllungs statt auch der Verlustausgleichsanspruch in einen Darlehensanspruch umgewandelt werden kann.[380]

Die **Ausgleichspflicht beginnt** in demjenigen Geschäftsjahr, in dem der Unternehmensvertrag wirksam wird, so dass vorvertragliche Verluste nicht zu übernehmen sind. Für das Ende der Verlustausgleichspflicht ist der Zeitpunkt des Außerkrafttretens des Unternehmensvertrages maßgebend. **Endet** der Unternehmensvertrag auf einen Abrechnungsstichtag, so wird noch für den zu diesem Stichtag anfallenden Verlust gehaftet. Endet der Vertrag unterjährig, ist nach herrschender Meinung zeitanteilig der fiktive Fehlbetrag, der sich aus einer auf den Tag des Außerkrafttretens aufzustellenden Stichtagsbilanz ergibt, auszugleichen.[381] Demge-

---

von dem „Gebot des Gleichlaufs von Herrschaft und Haftung" gesprochen wird. Vgl. etwa Begr. RegE zum AktG 1965, abgedruckt bei *Kropff* AktG 1965 S. 391; *Emmerich/Habersack* Konzernrecht § 20 Rn. 34 ff.

[375] *Hüffer/Koch* AktG § 302 Rn. 8 ff.; *Raiser/Veil* § 62 Rn. 54 mwN.

[376] Eingehend insbes. zu den div. Missbrauchsfällen, namentlich im Falle der Beendigung des Unternehmensvertrages anlässlich des Verkaufs der vertraglich konzernierten Tochtergesellschaft, aber auch umgekehrt während der Laufzeit des Vertragskonzerns zur künstlichen Reduzierung der entsprechenden Belastung des herrschenden Unternehmens mit zahlreichen Nachweisen MünchKomm. GmbHG/*Liebscher* Anh. § 13 Rn. 869 ff.

[377] BGH II ZR 238/04, BGHZ 168, 285; aA noch die Vorinstanz OLG Jena 8 U 1187/03, NZG 2005, 716, das die Aufrechnung für generell unzulässig erklärte, hiermit aber überwiegend auf Kritik im Schrifttum stieß, vgl. *Liebscher* ZIP 2006, 1221 ff.

[378] BGH II ZR 238/04, BGHZ 168, 285; MHdB GesR IV/*Krieger* § 71 Rn. 72.

[379] *Liebscher* ZIP 2006, 1221 (1226); *Hentzen* AG 2006, 133.

[380] Bejahend etwa *Hoffmann/Theusinger* NZG 2014, 1070 – aA etwa *Emmerich/Habersack* AktG § 302 Rn. 40a – zusammenfassend zum Meinungsstand MünchKomm. GmbHG/ *Liebscher* Anh. § 13 Rn. 896 ff.

[381] BGH II ZR 170/87, BGHZ 103, 1 (9 f.) – Familienheim; II ZR 255/87, BGHZ 105 168 (182) – HSW; *Emmerich/Habersack* Konzernrecht § 20 Rn. 44; *Hüffer/Koch* AktG § 302 Rn. 11; Kölner Komm./*Koppensteiner* § 302 Rn. 31 ff.

genüber ginge es zu weit, eine Verpflichtung der Konzernspitze zur angemessenen Kapitalausstattung zu bejahen und dem abhängigen Unternehmen einen Anspruch gegen das herrschende auf Versorgung mit der für die Erfüllung der aktuellen Verbindlichkeiten erforderlichen Liquidität über den Betrag des bilanzmäßigen Verlusts hinaus zu gewähren.[382] Das vertragskonzernrechtliche Schutzsystem ist nämlich allein auf Substanzerhaltung und Schutz der Überlebensfähigkeit durch Verbot existenzgefährdender Leitungsmaßnahmen, nicht jedoch auf Schutz vor allgemeinen unternehmerischen Risiken bzw. auf Verhinderung von Liquiditätsengpässen gerichtet. Zulässig ist es gleichwohl, bereits im Voraus Geld- oder Sachleistungen zu erbringen, um eine künftige Verlustausgleichspflicht zu vermeiden.[383]

144 Der Anspruch auf Verlustausgleich ist vom Vorstand der abhängigen Gesellschaft geltend zu machen; Gläubiger der Gesellschaft sind grundsätzlich zur **Geltendmachung** nicht berechtigt, so dass sie Befriedigung gegenüber dem herrschenden Unternehmen nur suchen können, wenn sie den Verlustausgleichsanspruch gepfändet und sich zur Einziehung haben überweisen lassen. Strittig ist, ob die Außenseiter analog §§ 309 Abs. 4, 317 Abs. 4 AktG das Recht haben, den Anspruch geltend zu machen.[384] Der Vorstand der Untergesellschaft ist verpflichtet, den Anspruch unverzüglich nach Fälligkeit, also mit Feststellung des Jahresabschlusses geltend zu machen; eine Stundung ist nicht gestattet.[385] Ein Verzicht oder Vergleich über den Ausgleichsanspruch kommt nur unter den engen Voraussetzungen des § 302 Abs. 3 AktG in Betracht.[386] Der Anspruch verjährt in zehn Jahren ab Bekanntmachung der Eintragung der Vertragsbeendigung in das Handelsregister (§ 302 Abs. 4 AktG).

3. Sicherheitsleistung

145 Der Vermögensschutz wird nach § 303 AktG komplettiert durch die Verpflichtung des herrschenden Unternehmens, im Falle der Beendigung des BEAV den Gläubigern für während der Vertragslaufzeit entstandene Forderungen **Sicherheit zu leisten**, soweit diese ihre Forderungen innerhalb von 6 Monaten nach Bekanntmachung der Eintragung der Beendigung des Vertrages anmelden. Hierdurch soll verhindert werden, dass die Gesellschaftsgläubiger mit ihren Forderungen im Zuge einer zeitnah nach Beendigung des Vertragskonzerns eintretenden Insolvenz der Untergesellschaft ausfallen; es soll so dem Umstand Rechnung getragen werden, dass die abhängige Gesellschaft häufig nach Beendigung des Vertragskonzerns nicht mehr selbstständig lebensfähig ist.[387] Weiterhin hat der BGH angenommen, dass sich der Anspruch auf Stellung von Sicherheiten im Falle der Vermögenslosig-

---

[382] Allgemein abl. zu einem Liquiditätsschutz etwa Kölner Komm./*Koppensteiner* § 302 Rn. 57; *K. Schmidt* ZGR 1983, 513 (516) – aA *Kleindiek* Strukturvielfalt im Personengesellschafts-Konzern, S. 162 ff.

[383] BGH II ZR 238/04, BGHZ 168, 285; MHdB GesR IV/*Krieger* § 71 Rn. 75.

[384] In diesem Sinne *Emmerich/Habersack* AktG § 302 Rn. 44; Kölner Komm./*Koppensteiner* § 302 Rn. 41 – aA MünchKomm. AktG/*Altmeppen* § 302 Rn. 76 ff.; *Hüffer/Koch* AktG § 302 Rn. 18; MHdB GesR IV/*Krieger* § 71 Rn. 74; Schmidt/Lutter/*Langenbucher* AktG § 302 Rn. 58

[385] Kölner Komm./*Koppensteiner* § 302 Rn. 27; MHdB GesR IV/*Krieger* § 71 Rn. 76 – aA *Emmerich/Habersack* AktG § 302 Rn. 40 ff.; *Hüffer/Koch* AktG § 302 Rn. 13, die der Ansicht sind, der Anspruch sei zum Geschäftsjahresende geltend zu machen.

[386] Kritisch zum aktienrechtlichen Verzichtsverbot etwa Spindler/Stilz/*Veil* AktG § 302 Rn. 4.

[387] *Emmerich/Habersack* Konzernrecht § 20 Rn. 53; Kölner Komm./*Koppensteiner* § 303 Rn. 2; zu §§ 302 f. AktG insbesondere im mehrstufigen Vertragskonzern jüngst *Zenner/Raapke* NZG 2018, 681 ff.

D. Vertragskonzern 146, 147 § 14

keit der beherrschten Gesellschaft in einen **unmittelbaren Zahlungsanspruch** gegen die Obergesellschaft umwandelt, da es eine unnötige Förmelei wäre, von den Gläubigern zu verlangen, dass sie sich zunächst eine Sicherheit stellen lassen, wenn bereits feststeht, dass der Sicherungsfall eingetreten ist und ein entsprechender Zahlungsanspruch gegen das herrschende Unternehmen entstehen wird.[388] Für die **Art der Sicherheitsleistung** sind die §§ 232 ff. BGB maßgebend, wobei jedoch das herrschende Unternehmen diese Verpflichtung auch durch Übernahme einer einfachen Bürgschaft erfüllen kann.

V. Sicherung der außenstehenden Aktionäre

Über den Vermögensschutz nach §§ 300, 302 AktG hinaus bedarf es einer zusätzlichen Sicherung der konzernfreien Minderheit, da deren Mitverwaltungs- und Vermögensrechte infolge der Eingriffsrechte des herrschenden Unternehmens im Vertragskonzern leer laufen. Dieser **zusätzliche Minderheitsschutz** wird gem. §§ 304, 305 AktG **in Form von Ausgleichs- und Abfindungsansprüchen** gewährt, die in den Beherrschungsvertrag aufgenommen werden müssen. Sie sollen eine volle Entschädigung für den durch Begründung des Vertragskonzerns eintretenden Wertverlust gewähren; das Gesetz gewährt allerdings dem Unternehmensvertrag auch bei Unangemessenheit der Ausgleichs- und Abfindungsregelungen Bestandskraft und eröffnet das sog. Spruchverfahren nach dem SpruchG, um den geschützten Außenseitern die Durchsetzung ihrer Ansprüche auf angemessenen Wertausgleich zu ermöglichen. 146

1. Angemessener Ausgleich

Für die in der Gesellschaft verbleibenden außenstehenden Aktionäre muss der Unternehmensvertrag nach § 304 Abs. 1 AktG einen angemessenen Ausgleich dafür vorsehen, dass wegen der Benachteiligungsmöglichkeit durch das herrschende Unternehmen die Gewinnerzielung durch die abhängige Gesellschaft nicht mehr durch objektive Umstände bestimmt wird bzw. bei einem Gewinnabführungsvertrag kein Bilanzgewinn mehr entstehen kann;[389] **fehlt eine Ausgleichsregelung,** ist der **Unternehmensvertrag** nach § 304 Abs. 3 Satz 1 AktG **nichtig.** 147

Die angemessene Höhe der Ausgleichszahlung kann nach § 304 Abs. 2 AktG auf zwei Weisen ermittelt werden. Grundsätzlich ist eine regelmäßig wiederkehrende Geldleistung als **(sog. fester) Ausgleich** vorgesehen, für dessen Bemessung der voraussichtliche durchschnittliche Gewinnanteil maßgeblich ist, der sich an der bisherigen Ertragslage und den zukünftigen Ertragsaussichten der Untergesellschaft – eine Unabhängigkeit unterstellt (Going Concern) – zu orientieren hat (§ 304 Abs. 2 Satz 1 AktG). Ist das herrschende Unternehmen eine AG oder eine KGaA, kann alternativ als **(sog. variabler) Ausgleich** auch der Betrag zugesichert werden, der sich bei Umrechnung der Aktien der abhängigen Gesellschaft in solche der herrschenden Gesellschaft nach deren jeweiligem Gewinnanteil ergibt (§ 304 Abs. 2 Satz 2 AktG).[390] Schließlich besteht bei sog. „isolierten" Beherrschungsverträgen

---

[388] BGH II ZR 275/84, BGHZ 95, 330 (347) – Autokran; II ZR 135/90, BGHZ 115, 187 (200) – Video; II ZR 287/90, BGHZ 116, 37 (42) – Stromlieferung; OLG Dresden 7 U 872/96, AG 1997, 330 (233); *Emmerich/Habersack* Konzernrecht § 20 Rn. 69; Kölner Komm./ *Koppensteiner* § 303 Rn. 25 f.

[389] Zu den steuerlichen Folgen s. MünchKomm. GmbHG/*Liebscher* Anh. § 13 Rn. 1366, 1375.

[390] Vgl. zu den potenziellen Gefahren: BVerfG 1 BvR 301/89, AG 2000, 40 (Hartmann & Braun/Mannesmann).

gem. § 304 Abs. 1 Satz 2 AktG die Möglichkeit, dass die abhängige Gesellschaft weiterhin Gewinne erwirtschaftet und diese höher sind als die angemessenen Ausgleichsbeträge; in diesem Falle bilden diejenigen Beträge, die bei Abschluss eines Gewinnabführungsvertrages als fester oder variabler Ausgleich geschuldet wären, die Untergrenze der Ansprüche der Außenseiter. Für den Fall der Unangemessenheit der Ausgleichsregelung ist – wie bei der Abfindung nach § 305 AktG – eine **Anfechtung des Zustimmungsbeschlusses ausgeschlossen** (§ 304 Abs. 3 Satz 2 AktG) und auf Antrag (§ 3 Nr. 1 SpruchG) ein **Spruchverfahren** nach dem SpruchG durchzuführen.

a) Anspruchsvoraussetzung

148 Voraussetzung des Anspruchs gem. § 304 AktG ist lediglich der **Abschluss eines Unternehmensvertrages**. Der Ausgleichsanspruch entsteht mit Wirksamwerden des Vertrages und erstreckt sich auf das gesamte Geschäftsjahr, in dessen Lauf der Vertragsschluss fällt. Die Ausgleichsverpflichtung entfällt mit Vertragsbeendigung, wobei Ausgleichszahlungen im (seltenen) Fall der unterjährigen Vertragsbeendigung nur zeitanteilig zu leisten sind.

Weitere Voraussetzung ist die **Existenz außenstehender Aktionäre** (§ 304 Abs. 1 Satz 3 AktG). Der Zeitpunkt des Aktienerwerbs spielt für die Anspruchsberechtigung keine Rolle; anspruchsberechtigt sind auch solche Außenseiter, die ihre Aktien nach Vertragsschluss erworben haben.[391] Ob neben den Außenseitern auch Gläubiger gewinnabhängiger Ansprüche (zB Genussrechtsinhaber) Ansprüche analog § 304 AktG haben, ist strittig.[392] Jüngst hat sich die höchstrichterliche Rechtsprechung mit eben jener Problematik befasst und sich im Zuge dessen für eine analoge Anwendung des § 304 AktG zumindest auf Genussrechte ausgesprochen.[393] Zur Bestimmung der Ausgleichsleistungen soll dabei an eine Gewinnprognose zum Stichtag angeknüpft werden.[394]

Schließlich bereitet die Bestimmung des Kreises der Außenseiter zuweilen Schwierigkeiten. Obwohl das Gesetz ausschließlich zwischen „dem anderen Vertragsteil" und den Außenseitern unterscheidet, werden dem herrschenden Unternehmen auch solche Aktionäre der Untergesellschaft gleichgestellt, die wirtschaftlich mit dem herrschenden Unternehmen identisch sind, so dass diese im Ergebnis ebenfalls an den Vorteilen des Vertragskonzerns partizipieren. Dementsprechend sind Aktionäre, die mit der Obergesellschaft durch eine ununterbrochene Kette

---

[391] OLG Nürnberg 12 U 2801/91, AG 1996, 228; *Emmerich/Habersack* Konzernrecht § 21 Rn. 15; *Hüffer/Koch* AktG § 304 Rn. 2; Kölner Komm./*Koppensteiner* § 304 Rn. 17.

[392] Bejahend: *Casper* ZIP 2012, 497 (501); *Ekkenga/Becker* Der Konzern 2011, 593 (597, 600); *Emmerich/Habersack* Konzernrecht § 21 Rn. 10; *Hüffer/Koch* AktG § 221 Rn. 68a – aA indes MünchKomm. AktG/Bd. 5/*Paulsen* § 304 Rn. 31 f.; Kölner Komm./*Koppensteiner* § 304 Rn. 18; MHdB GesR IV/*Krieger* § 71 Rn. 80. Vgl. in diesem Zusammenhang auch *Emmerich* JuS 2012, 1038.

[393] Vgl. OLG Frankfurt 5 U 56/11, AG 2012, 217 (219) Rn. 53 ff. – Eurohypo/Rheinhyp sowie OLG Frankfurt 5 U 92/11, ZIP 2012, 524 – Eurohypo/Rheinhyp/Essenhyp; bestätigt durch BGH II ZR 67/12, BGHZ 197, 284 Rn. 37 = AG 2013, 680 Rn. 37; zustimmend *Casper* ZIP 2012, 497 (501 f.); *Emmerich/Habersack* Konzernrecht § 21 Rn. 10; *Hüffer/Koch* AktG § 221 Rn. 68a; *Verse/Wiersch* NZG 2014, 5.

[394] Vgl. BGH II ZR 67/12, BGHZ 197, 284 Rn. 24, 32 = AG 2013, 680 Rn. 24, 32; OLG Frankfur a. M. 5 U 56/11, AG 2012, 217 f. Rn. 57 – Eurohypo/Rheinhyp sowie OLG Frankfurt 5 U 92/11, ZIP 2012, 524 – Eurohypo/Rheinhyp/Essenhyp; zustimmend *Casper* ZIP 2012, 497 (501 f.); *Emmerich/Habersack* Konzernrecht § 21 Rn. 10.

D. Vertragskonzern 149 § 14

qualifizierter Beherrschungsverhältnisse verbunden sind, und solche, die 100%ige Tochter- bzw. Muttergesellschaft des herrschenden Vertragsteils sind, nicht als Außenseiter anzusehen.[395] **Schuldner des Ausgleichsanspruchs** ist allein das herrschende Unternehmen.[396]

b) Anspruchsinhalt

Der Ausgleichsanspruch gem. § 304 AktG enthebt die Außenseiter von allen 149 Chancen und Risiken; die Beteiligung degeneriert zu einem „Rentnerdasein", indem die vermögensmäßigen Rechte der Außenseiter für die Zukunft auf das im Zeitpunkt des Vertragsschlusses bestehende Niveau festgeschrieben werden. Die Außenseiter sollen als Ausgleich denjenigen Betrag erhalten, den sie nach der bisherigen Ertragslage der Gesellschaft und ihren zukünftigen Ertragsaussichten als durchschnittlichen Gewinn vereinnahmt hätten, wenn der Unternehmensvertrag nicht bestünde. Maßgebend für die **Ermittlung des festen Ausgleichs** nach § 304 Abs. 1 Satz 1 AktG sind die zukünftigen, im Zeitpunkt der Beschlussfassung über den Vertragsschluss bestehenden Gewinnaussichten ausgehend von den in jüngerer Vergangenheit erzielten Unternehmensergebnissen. Basis der Abschätzung des Zukunftsertrages ist der in den vergangenen 3 bis 5 Jahren von der Untergesellschaft erzielte Ertrag unter Außerachtlassung etwaiger Gewinnthesaurierungen (Fiktion der Vollausschüttung gem. § 304 Abs. 2 Satz 1 AktG).[397] Der Zukunftsertrag ist nach der Ertragswertmethode zu ermitteln (Rn. 161 ff.) Konsequenz ist, dass ein Ausgleichsanspruch im Falle negativer Ertragsaussichten vollständig entfällt (sog. „**Nullausgleich**").[398] Der Anspruch auf festen Ausgleich gem. § 304 AktG und die Abfindung gem. § 305 AktG müssen sich im Übrigen wertmäßig nicht zwingend entsprechen, da der Ausgleich keine verrentete Abfindung und die Abfindung keinen kapitalisierten Ausgleich darstellt.[399] Beide Ansprüche beruhen zwar auf einer Bewertung der künftigen Ertragsaussichten der Untergesellschaft, unterscheiden sich jedoch im Einzelfall; so fließt beispielsweise der Liquidations- und Börsenwert nicht in die Ermittlung des Ausgleichs ein.[400] Der Zahlungsanspruch aus der festen

---

[395] Begr. RegE zum AktG 1965, abgedr. bei *Kropff* S. 385; *Emmerich/Habersack* AktG § 304 Rn. 18; *Hüffer/Koch* AktG § 304 Rn. 3; MHdB GesR IV/*Krieger* § 71 Rn. 80; vgl. nunmehr auch BGH II ZR 27/05, BGHZ 167, 299.

[396] OLG Frankfurt a. M. 23 U 69/08, NZG 2010, 389 (390); LG Mannheim 23 AktE 1/90, AG 1995, 89 (90); *Emmerich/Habersack* AktG § 304 Rn. 23; *Hüffer/Koch* AktG § 304 Rn. 4; Kölner Komm./*Koppensteiner* § 304 Rn. 20 ff.; *Raiser/Veil* § 62 Rn. 67.

[397] OLG Stuttgart 20 W 6/08, AG 2012, 49 (53); *Emmerich/Habersack* Konzernrecht § 21 Rn. 21 ff., 23; *Hüffer/Koch* AktG § 304 Rn. 11; Kölner Komm./*Koppensteiner* § 304 Rn. 50; MHdB GesR IV/*Krieger* § 71 Rn. 88; *Raiser/Veil* § 62 Rn. 72.

[398] BGH II ZR 392/03, BGHZ 166, 195; OLG Düsseldorf 19 W 3/93, WM 1998, 2058 (2061); BayOLG 9 U 59/94, AG 1995, 509 (511 f.); LG Frankfurt a. M. 3–03 O 162/88, AG 1996, 187 (189); *Hüffer/Koch* AktG § 304 Rn. 12; MHdB GesR IV/*Krieger* § 71 Rn. 90 – aA Kölner Komm./*Koppensteiner* § 304 Rn. 60 mwN, wonach der Betrag einer angemessenen Verzinsung des Gesellschaftsvermögens die Untergrenze des Ausgleichs bildet – *Emmerich/Habersack* AktG § 304 Rn. 35; *Emmerich/Habersack* Konzernrecht § 21 Rn. 25 ebenfalls mwN, die der Auffassung sind, der „Null-Ausgleich" sei gem. §§ 313, 242 BGB regelmäßig auf seine Angemessenheit hin zu überprüfen.

[399] BGH II ZR 392/03, BGHZ 166, 195; *Hüffer/Koch* AktG § 304 Rn. 8, 11a; aA Kölner Komm./*Koppensteiner* § 304 Rn. 60; im Ergebnis für die überwiegende Zahl der Fälle auch *Emmerich/Habersack* AktG § 304 Rn. 25a ff.

[400] *Emmerich/Habersack* AktG § 304 Rn. 26a; MHdB GesR IV/*Krieger* § 71 Rn. 93.

Dividendengarantie wird mit dem Gewinnverwendungsbeschluss der abhängigen Gesellschaft fällig.[401]

150 Ist Obergesellschaft eine AG oder KGaA, kann als Ausgleich auch diejenige Dividende des herrschenden Unternehmens gewährt werden, die unter Berücksichtigung der Wertrelationen von herrschendem und abhängigem Unternehmen auf Aktien der Obergesellschaft mit gleichem Nennwert entfällt (sog. **variabler Ausgleich** iSd § 304 Abs. 2 Satz 2 AktG). Bei dieser Abfindungsart werden im Ergebnis die zukünftigen Ertragsaussichten beider Unternehmen ermittelt und entsprechend der Verschmelzungswertrelationen zueinander ins Verhältnis gesetzt. In Anbetracht dieser Umstände ist eine Bewertung beider Unternehmen erforderlich, wobei vom „wahren Unternehmenswert" auszugehen ist. Aus der Wertrelation der Vertragsparteien resultiert das Umtauschverhältnis zwischen den Aktien beider Gesellschaften; ein variabler Ausgleich besteht dann in dem jährlichen Gewinnanteil, der auf die gem. der Umtauschrelation ermittelten Aktien der Obergesellschaft zukünftig jährlich entfällt. Problematisch ist, dass die Aktionäre der Untergesellschaft bei einem variablen Ausgleich zukünftig nicht nur vom tatsächlich erwirtschafteten Gewinn der Obergesellschaft, sondern zugleich auch von deren Ausschüttungsverhalten abhängig sind, ohne auf dieses Einfluss nehmen zu können. Insbesondere hat die Mutter die Möglichkeit, den Ausgleichsanspruch der Außenseiter durch konsequente Gewinnthesaurierung extrem niedrig zu halten. Gleichwohl ist davon auszugehen, dass die Obergesellschaft in ihrer Dividendenpolitik frei bleibt.[402] In Missbrauchsfällen kann der Rechtsgedanke des § 162 Abs. 1 BGB eingreifen oder ein Recht zur Kündigung des Unternehmensvertrages aus wichtigem Grund in Betracht kommen.[403] Der Anspruch aus der variablen Dividendengarantie wird mit dem Gewinnverwendungsbeschluss des herrschenden Unternehmens fällig.[404]

151 In den aufgezeigten Grenzen besteht im Hinblick auf den Ausgleichsanspruch **Gestaltungsfreiheit**. So sind die Parteien frei darin, einen höheren als den angemessenen Ausgleich festzusetzen.[405] Weiterhin kann in den Grenzen der Angemessenheit die Höhe des Ausgleichsanspruchs während der Vertragslaufzeit variiert bzw. gestaffelt werden.[406] Im Rahmen der für die Ausgleichsbemessung maßgeblichen Abschätzung der Zukunftserträge des abhängigen Unternehmens kommt es allein auf die Verhältnisse zum **Zeitpunkt des Zustimmungsbeschlusses** der Hauptversammlung der Untergesellschaft an; spätere Veränderungen dieser Verhältnisse bleiben demgegenüber unberücksichtigt, soweit sie nicht bereits in den Verhältnissen am Stichtag angelegt sind (sog. Wurzeltheorie; dazu noch im Einzelnen Rn. 162). Allerdings kann unter Umständen eine **Anpassung** des Ausgleichs geboten sein, um eine Verwässerung der Garantiedividendenansprüche der

---

[401] *Hüffer/Koch* AktG § 304 Rn. 15; Kölner Komm./*Koppensteiner* § 304 Rn. 9; MHdB GesR IV/*Krieger* § 70 Rn. 85 – aA *Emmerich/Habersack* AktG § 304 Rn. 30b, 37.
[402] BVerfG 1 BvR 301/89, AG 2000, 40 – Hartmann & Braun/Mannesmann; *Hüffer/Koch* AktG § 304 Rn. 46; MHdB GesR IV/*Krieger* § 71 Rn. 97; MünchKomm. AktG/Bd. 5/ *Bilda*, 2. Aufl. 2004, § 304 Rn. 95 – aA indes *Emmerich/Habersack* AktG § 304 Rn. 49 sowie nunmehr auch *Raiser/Veil* § 62 Rn. 74, die vertreten, den Außenseitern stünde ein Anteil am Jahresüberschuss der Obergesellschaft ohne Berücksichtigung von Gewinnrücklagen zu.
[403] MHdB GesR IV/*Krieger* § 71 Rn. 97; siehe auch BVerfG 1 BvR 301/89, AG 2000, 40 – Hartmann & Braun/Mannesmann.
[404] *Hüffer/Koch* AktG § 304 Rn. 13; MHdB GesR IV/*Krieger* § 71 Rn. 86; nunmehr auch *Emmerich/Habersack* AktG § 304 Rn. 55.
[405] OLG Düsseldorf 19 W 1/81, WM 1984, 733 (735 ff.) – Thyssen/Rheinstahl.
[406] Vgl. *Emmerich/Habersack* AktG § 304 Rn. 28; MHdB GesR IV/*Krieger* § 71 Rn. 91.

Außenseiteraktionäre zu verhindern. Weitgehend anerkannt ist die Notwendigkeit zur Anpassung der Ausgleichsregelung an veränderte Umstände insbesondere bei Erhöhung oder Herabsetzung des Grundkapitals bei abhängigem oder herrschendem Vertragsteil in unmittelbarer bzw. analoger Anwendung des § 216 Abs. 3 AktG.[407] Auch eine Neueinteilung des Grundkapitals (sog. Aktiensplit) soll zu einer Anpassung führen,[408] wohingegen die Veränderung sonstiger wesentlicher Umstände allenfalls zu einer Kündigung des Unternehmensvertrages aus wichtigem Grund, nicht jedoch zu einer Anpassung des Ausgleichs berechtigen soll.[409] Der Anspruch auf Ausgleich ist **selbstständig verkehrsfähig**. Er kann daher abgetreten, gepfändet oder verpfändet werden; mit Veräußerung der Aktie wechselt die Ausgleichsberechtigung.[410]

c) Mehrstufige Unternehmensverbindungen

Besondere Schwierigkeiten stellen sich im mehrstufigen Konzern, also im Verhältnis zwischen Mutter-, Tochter- und Enkelgesellschaft. Besteht eine **durchgängige Kette von Beherrschungsverträgen**, kann im Unternehmensvertrag zwischen Tochter- und Enkelgesellschaft kein variabler Ausgleich vereinbart werden, weil die insoweit maßgeblichen Tochtergewinne aufgrund des BEAVs Tochter/Mutter vollständig abgeschöpft werden, wobei allerdings nach der zeitlichen Abfolge zu differenzieren ist: Wird zuerst der Vertrag zwischen Mutter und Tochter geschlossen, ist eine variable Ausgleichsregelung im BEAV Tochter/Enkelin von vornherein unzulässig; es kann allenfalls an die Gewinnausschüttungen der Muttergesellschaft angeknüpft werden.[411] Wird hingegen der Beherrschungsvertrag zwischen Tochter und Enkelin zuerst mit einer variablen Ausgleichsregelung geschlossen, führt der BEAV zwischen Tochter und Mutter analog § 307 AktG zur Beendigung des Unternehmensvertrages zwischen Tochter und Enkelin.[412] Wird hingegen ein isolierter BEAV lediglich zwischen Mutter- und Enkelgesellschaft geschlossen, stellt sich die Frage, ob die „zwischengeschaltete" Tochtergesellschaft als Außenseiter ausgleichsberechtigt ist. Insoweit wird davon ausgegangen, dass dies – sofern es sich nicht um eine 100%ige Tochtergesellschaft handelt – der Fall ist. Unmittelbare Ausgleichsansprüche der Außenseiteraktionäre der Tochtergesellschaft kommen indes nicht in Betracht; diese werden vielmehr allein durch die §§ 311 ff.

---

[407] Vgl. im Einzelnen *Emmerich/Habersack* AktG § 304 Rn. 70 ff.; Kölner Komm./*Koppensteiner* § 304 Rn. 83 ff.; MHdB GesR IV/*Krieger* § 71 Rn. 103 ff. Im Falle einer Kapitalherabsetzung bei der Obergesellschaft ist wegen der damit einhergehenden Aufwertung eine Anpassung zweifelhaft, vgl. MHdB GesR IV/*Krieger* § 71 Rn. 104.
[408] MHdB GesR IV/*Krieger* § 71 Rn. 105.
[409] MHdB GesR IV/*Krieger* § 71 Rn. 107 – aA indes *Emmerich/Habersack* AktG § 304 Rn. 69; Kölner Komm./*Koppensteiner* § 304 Rn. 48, die eine Anpassung des Ausgleichsanspruchs nach den Grundsätzen des Wegfalls der Geschäftsgrundlage bei sog. „grundstürzenden" Veränderungen befürworten; ähnlich auch MünchKomm. AktG/Bd. 8/*Bilda*, 2. Aufl., § 304 Rn. 148 ff.
[410] Vgl. *Hüffer/Koch* AktG § 304 Rn. 13.
[411] OLG Düsseldorf 19W 3/91, AG 1992, 200 (204); *Emmerich*/Habersack § 304 Rn. 56 f.; *Hüffer/Koch* AktG § 304 Rn. 17; Kölner Komm./*Koppensteiner* § 304 Rn. 36; MHdB GesR IV/*Krieger* § 71 Rn. 100.
[412] *Emmerich/Habersack* AktG § 304 Rn. 59; Kölner Komm./*Koppensteiner* § 304 Rn. 38; MHdB GesR IV/*Krieger* § 71 Rn. 100, 108 – aA *Raiser/Veil* § 54 Rn. 75 aE, der eine Anpassung des Ausgleichs an die Gewinne der Mutter befürwortet.

AktG, die im Verhältnis Mutter/Tochter anzuwenden sind, geschützt.[413] Besteht zwischen Mutter- und Tochtergesellschaft lediglich ein Abhängigkeitsverhältnis, zwischen Tochter- und Enkelgesellschaft aber ein Beherrschungsvertrag, ist die Tochtergesellschaft ebenfalls durch die §§ 311 ff. AktG geschützt. Die außenstehenden Aktionäre der Enkelgesellschaft können analog §§ 317 Abs. 4, 309 Abs. 4 AktG bestehende Ansprüche der Tochter- gegen die Muttergesellschaft geltend machen.[414]

2. Angemessene Abfindung

153 Das Gesetz bietet den Aktionären der abhängigen Gesellschaft neben der garantierten Ausgleichszahlung auch die Möglichkeit, ihr investiertes Kapital abzuziehen und aus der Gesellschaft auszuscheiden.[415] Nach § 305 Abs. 1 AktG muss der Unternehmensvertrag die Verpflichtung des herrschenden Unternehmens enthalten, auf Verlangen eines außenstehenden Aktionärs dessen Aktien gegen angemessene Abfindung zu erwerben. Als Abfindung wird nach § 305 Abs. 2 AktG im Falle einer autonomen herrschenden AG oder KGaA die Gewährung eigener Aktien der Obergesellschaft geschuldet. Ist die Obergesellschaft ihrerseits von einer inländischen AG oder KGaA abhängig, kommt die Gewährung von Aktien der Mutter oder eine Barabfindung in Betracht; in den übrigen Fällen ist allein eine Barabfindung möglich. Der Anspruch auf Abfindung ist **verkehrsfähig** und geht mit dem in der Aktie verbrieften Anteilsrecht auf den Erwerber über, sofern auch dieser außenstehender Aktionär ist.[416]

Für die Angemessenheit der Gewährung von Aktien einer anderen Gesellschaft verweist § 305 Abs. 3 Satz 1 AktG auf die Vorschriften, die für die Verschmelzung zweier Gesellschaften gelten. Das **Umtauschverhältnis** der neuen zu den alten Aktien richtet sich dabei nach dem Verhältnis des jeweiligen auf eine Aktie entfallenden Anteils am **Unternehmenswert** der beteiligten Gesellschaften. Für die **Barabfindung** sind nach § 305 Abs. 3 Satz 2 AktG die „Verhältnisse der Gesellschaft" im Zeitpunkt der Beschlussfassung der Hauptversammlung zu berücksichtigen. Auch hierzu ist eine Ermittlung des auf eine einzelne Aktie entfallenden Unternehmenswertes erforderlich.

Auch die Ausgleichsregelung muss im Unternehmensvertrag selbst niedergelegt werden, wobei jedoch das Fehlen der Ausgleichsregelung auf die Wirksamkeit des Vertrages ohne Einfluss ist. Eine **Anfechtung des Zustimmungsbeschlusses** zum Beherrschungsvertrag wegen Fehlens oder Unangemessenheit der Abfindungsregelung ist nach § 305 Abs. 5 AktG **nicht möglich**. Stattdessen ist auf Antrag jedes außenstehenden Aktionärs (vgl. § 305 Abs. 5 AktG, §§ 1 Nr. 1, 3 Nr. 1 SpruchG) die Angemessenheit der Abfindung im Spruchstellenverfahren nach dem SpruchG zu überprüfen.

a) Anspruchsvoraussetzungen

154 Der Abfindungsanspruch gem. § 305 AktG steht den außenstehenden Aktionären des abhängigen Vertragsteils gegen den „anderen" Vertragsteil zu. Es besteht ein echtes **Wahlrecht der Außenseiter** zwischen Ausgleich und Abfindung. Im Grundsatz endet die Abfindungsverpflichtung erst mit wirksamer Beendigung des

---

[413] Emmerich/Habersack AktG § 304 Rn. 60 ff.; Kölner Komm./Koppensteiner § 295 Rn. 44; MHdB GesR IV/Krieger § 71 Rn. 101.
[414] MHdB GesR IV/Krieger § 71 Rn. 102.
[415] Zu den steuerlichen Folgen s. MünchKomm. GmbH/Liebscher Anh. § 13 Rn. 1367.
[416] Vgl. OLG Jena 7 U 391/03, AG 2005, 619; Hüffer/Koch AktG § 305 Rn. 10.

D. Vertragskonzern 155–157 § 14

Unternehmensvertrages.⁴¹⁷ Allerdings kann die Obergesellschaft gem. § 305 Abs. 4 Satz 1 AktG das Abfindungsangebot **befristen**. Die Frist endet frühestens zwei Monate nach Eintragung des Unternehmensvertrages im Handelsregister (§ 305 Abs. 4 Satz 2 AktG), wobei sich die gesetzliche Mindestfrist im Falle der Einleitung eines Spruchstellenverfahrens auf mind. zwei Monate nach Bekanntmachung der gerichtlichen Entscheidung im elektronischen Bundesanzeiger verlängert (§ 305 Abs. 4 Satz 3 AktG).

Der Abfindungsanspruch wird mit Ausübung des Austrittsrechts durch Einrei- 155 chung der Aktien beim herrschenden Unternehmen **fällig**. Barabfindungsansprüche sind vom Zeitpunkt des Wirksamwerdens des Vertrages an mit nunmehr fünf (vormals zwei) Prozentpunkten über dem jeweiligen Basiszinssatz (§ 247 BGB) **zu verzinsen** (§ 305 Abs. 3 Satz 3 Hs. 1 AktG). Fraglich ist, wie zwischenzeitlich **bezogene Ausgleichszahlungen**, die die außenstehenden Aktionäre bereits entgegengenommen haben, zu behandeln sind. Fest steht, dass die Entgegennahme von Ausgleichszahlungen vor Ausübung der Abfindungsoption keinen Verzicht auf das Abfindungsrecht darstellt.⁴¹⁸ Weiter besteht weitgehende Einigkeit, dass Ausgleichsansprüche, die vor Ausübung des Abfindungsrechts bezogen wurden, **anzurechnen** sind; nach hM erfolgt diese Anrechnung ausschließlich auf den Verzinsungsanspruch.⁴¹⁹

Kontrovers diskutiert wird die Frage, ob und inwieweit die **Veränderung** 156 **wesentlicher Umstände** auf der Ebene des herrschenden und des abhängigen Vertragsteils Auswirkungen auf den Abfindungsanspruch der außenstehenden Aktionäre hat oder sonstigen besonderen Rechtsregeln unterliegt. Nach zutreffender Ansicht löst weder die Einbeziehung des herrschenden Unternehmens in einen Vertrags- bzw. Eingliederungskonzern noch die Verschmelzung oder Spaltung der Obergesellschaft ein erneutes Abfindungsangebot aus, noch ist analog § 295 Abs. 2 AktG ein zustimmender Sonderbeschluss der außenstehenden Aktionäre der Untergesellschaft zu einer derartigen Strukturmaßnahme erforderlich. Es kommt vielmehr angesichts solcher Maßnahmen allenfalls eine Kündigung des Unternehmensvertrages aus wichtigem Grund in Betracht.⁴²⁰

b) Art und Höhe der Abfindung

Regelabfindung zugunsten der Aktionäre der Untergesellschaft ist die Abfin- 157 dung in **Aktien des herrschenden Unternehmens** gem. § 305 Abs. 2 Nr. 1 AktG. Diese Abfindungsart ist zwingend, wenn die Obergesellschaft eine unabhängige AG oder KGaA mit Sitz in der EU bzw. im EWR ist. Maßgebend für die Ermittlung des Umtauschverhältnisses zwischen den Aktien des abhängigen und des herrschenden Vertragsteils sind die für das Verschmelzungsrecht geltenden Wertrelationen, wobei Spitzenbeträge in bar ausgeglichen werden können. Ferner ist zu berücksichtigen,

---

⁴¹⁷ *Emmerich/Habersack* AktG § 305 Rn. 27; Kölner Komm./*Koppensteiner* § 305 Rn. 20 ff.; MHdB GesR IV/*Krieger* § 71 Rn. 115.

⁴¹⁸ *Hüffer/Koch* AktG § 305 Rn. 4; *Emmerich/Habersack* Konzernrecht § 22 Rn. 12.

⁴¹⁹ BGH II ZR 284/01, BGHZ 152, 29; II ZB 17/01, BGHZ 156, 57; II ZR 84/02, ZIP 2003, 1933; *Emmerich/Habersack* AktG § 305 Rn. 33a; *Hüffer/Koch* AktG § 305 Rn. 53; *Liebscher* AG 1996, 455 (456 ff.); aA MHdB GesR IV/*Krieger*, 3. Aufl. 2007, § 70 Rn. 115 mwN, der darüber hinaus eine Anrechnung auch auf die Abfindung selbst befürwortet. In diesem Sinne auch die frühere Rspr., vgl. BayObLG 3 Z BR 67/89, AG 1995, 509 (511); 3 Z BR 17/90, AG 1996, 127 (131); 3 Z BR 36/91, AG 1996, 176 (180); LG München I 15 HKO 11066/96, AG 1998, 147.

⁴²⁰ MHdB GesR IV/*Krieger* § 71 Rn. 118; *Pentz* Die Rechtsstellung der Enkel-AG in einer mehrstufigen Unternehmensverbindung 1994, S. 106 f.

dass bei Vorhandensein verschiedener Aktiengattungen auf der Ebene des abhängigen Unternehmens den Außenseitern Aktien gleicher Gattung anzubieten sind.[421] Die für die Abfindung benötigten Aktien der Obergesellschaft können durch eine bedingte Kapitalerhöhung geschaffen werden (§ 192 Abs. 2 Nr. 2 AktG) oder von der Obergesellschaft am Markt zu Abfindungszwecken erworben werden (§ 71 Abs. 1 Nr. 3 AktG).

158 Ist herrschender Vertragsteil eine abhängige oder in Mehrheitsbesitz stehende AG oder KGaA und ist die Obergesellschaft des herrschenden Vertragsteils ebenfalls eine AG oder KGaA mit Sitz in der EU oder im EWR, sind als Abfindung **Aktien der Obergesellschaft des herrschenden Vertragsteils** oder eine **Barabfindung** anzubieten (§ 305 Abs. 2 Nr. 2 AktG). Die Vertragsteile des Unternehmensvertrages können frei wählen, welche Abfindungsart sie anbieten; es muss den Außenseitern kein Wahlrecht zwischen Aktien der Konzernspitze und einer Barabfindung eingeräumt werden.[422] Die Abfindungsverpflichtung trifft allerdings das unmittelbar herrschende Unternehmen, welches die ggf. als Abfindung anzubietenden Aktien seiner Obergesellschaft am Markt erwerben muss (§§ 71d Satz 1 und 2, 71 Abs. 1 Nr. 3 AktG) oder von der Obergesellschaft zur Verfügung gestellt bekommen kann (§§ 71 Abs. 1 Nr. 3, 192 Abs. 2 Nr. 2 AktG).[423]

159 In allen anderen Fällen (Obergesellschaften mit Sitz außerhalb der EU und des EWR bzw. die nicht AG oder KGaA sind) ist allein eine **Barabfindung** der Außenseiter möglich (§ 305 Abs. 2 Nr. 3 AktG). Strittig ist, ob auch in Fällen der Mehrmütterorganschaft lediglich eine Barabfindung zu gewähren ist oder ob jedes der herrschenden Unternehmen eine Abfindung nach den jeweils maßgeblichen Vorschriften anbieten muss.[424]

160 Die Abfindungsarten des § 305 Abs. 2 AktG sind zwingend, wobei den Außenseitern zusätzlich andere Abfindungsarten angeboten werden können.[425] Die Abfindungshöhe muss **angemessen** sein, so dass sie insb. den vollen Wert der Beteiligung des Außenseiters an dem abhängigen Unternehmen reflektieren muss. Fehlt eine Abfindungsregelung oder ist sie unangemessen, gilt wiederum, dass die Wirksamkeit des Unternehmensvertrages nicht tangiert, sondern die angemessene Abfindung auf Antrag im Spruchverfahren nach dem SpruchG gerichtlich zu bestimmen ist (§ 305 Abs. 5 Satz 2 AktG).

3. Berechnung des Unternehmenswertes

161 Hauptproblem der Ausgleichs- und Abfindungsansprüche gem. §§ 304, 305 AktG ist die diesen Ansprüchen zugrunde liegende Berechnung des Unternehmenswertes der abhängigen Gesellschaft. **Ziel** der Unternehmensbewertung ist es, im Wege

---

[421] MünchKomm. AktG/Bd. 5/*Paulsen* § 305 Rn. 50 ff.; *Emmerich/Habersack* AktG § 305 Rn. 13; *Hüffer/Koch* AktG § 305 Rn. 15; einschränkend MHdB GesR IV/*Krieger* § 71 Rn. 120.

[422] MünchKomm. AktG/Bd. 5/*Paulsen* § 305 Rn. 58; *Hüffer/Koch* AktG § 305 Rn. 19; Kölner Komm./*Koppensteiner* § 305 Rn. 46; MHdB GesR IV/*Krieger* § 71 Rn. 120; krit. *Emmerich/Habersack* AktG § 305 Rn. 15.

[423] MünchKomm. AktG/Bd. 5/*Paulsen* AktG § 305 Rn. 55; MHdB GesR IV/*Krieger* § 70 Rn. 121.

[424] Im erstgenannten Sinne die hM: *Emmerich/Habersack* AktG § 305 Rn. 17; *Hüffer/Koch* AktG § 305 Rn. 16; Kölner Komm./*Koppensteiner* § 305 Rn. 43; MünchKomm. AktG/Bd. 5/*Paulsen* § 305 Rn. 61; MHdB GesR IV/*Krieger* § 71 Rn. 124 – aA *Geßler/Hefermehl/Geßler* AktG § 305 Rn. 24.

[425] Kölner Komm./*Koppensteiner* § 305 Rn. 48 f.; MHdB GesR IV/*Krieger* § 71 Rn. 126; MünchKomm. AktG/Bd. 8/*Bilda*, 2. Aufl. 2004, § 305 Rn. 56 f.

D. Vertragskonzern 161 § 14

einer nachvollziehbaren und nachprüfbaren Wertermittlung den Aktionären der Untergesellschaft den vollen Wert ihrer Beteiligung zu erhalten. Bewertungsziel ist mithin die **Identifizierung des „wahren" Wertes der Untergesellschaft**. Die angemessenen Ausgleichs- und Abfindungsansprüche sind im Wege der Schätzung auf Grundlage anerkannter betriebswirtschaftlicher Methoden zu ermitteln.[426] Nach derzeitigem Stand der Bewertungspraxis erfolgt die Unternehmensbewertung nach dem Standard IDWS 1/2008.[427] Der Wert eines Unternehmens wird nach allg. Meinung in der Betriebswirtschaftslehre, im Berufsstand der Wirtschaftsprüfer und in der Rechtsprechung nach dem **Ertragswertverfahren**,[428] also nach dem Barwert der erwarteten Nettoausschüttungen, unter Hinzurechnung des Wertes des gesondert zu bewertenden nicht betriebsnotwendigen Vermögens bestimmt.[429]

Maßgebend ist mithin die Diskontierung der Zukunftserträge. Insoweit wird allein das Ertragspotenzial des Gesamtunternehmens ermittelt; der Wert einzelner Vermögensgegenstände spielt demgegenüber grds. keine Rolle. Etwas anderes gilt nur im Hinblick auf nicht betriebsnotwendiges Vermögen oder Kapital, welches bei der Bewertung gesondert zu berücksichtigen ist. Vermögensgegenstände und Kapitalbestandteile, die ohne Beeinträchtigung des operativen Ergebnisses der Gesellschaft einzeln übertragen werden können, werden mit den erzielbaren Überschüssen aus der Einzelverwertung (Verkehrswert) angesetzt und dem nach der Ertragswertmethode ermittelten Gesamtunternehmenswert des betriebsnotwendigen Vermögens hinzuaddiert.[430] Grundlage der **Ertragswertmethode** ist die Vorstellung, dass das Unternehmen, um seine Ertragspotenziale zu realisieren, fortgeführt wird.

In extrem seltenen Ausnahmefällen erweist es sich indes gegenüber der Unternehmensfortführung als vorteilhafter, die einzelnen Vermögensgegenstände oder in sich geschlossene Betriebsteile des Unternehmens getrennt voneinander zu veräußern, da die Summe der dadurch erzielbaren Veräußerungserlöse (Liquidationswert) höher ist als der Ertragswert des Gesamtunternehmens. Demgegenüber kommt der Bewertung der Unternehmenssubstanz unter Beschaffungsgesichtspunkten (Rekonstruktionswert) kein selbstständiger Aussagewert zu. Dies ist in Rechtsprechung und Literatur unstreitig.[431] Im Rahmen einer Liquidationswertbetrachtung, die anerkanntermaßen für Abfindungszwecke die Wertuntergrenze des Unternehmens bildet, wird mithin nicht ein einzelner Vermögensgegenstand des Unternehmens,

---

[426] Vgl. weiterführend insbes. Bürgers/Körber Komm. AktG/*Ruiz de Vargas* Anh. § 305 Rn. 6.

[427] Umstritten ist, ob bei Änderungen des Bewertungsstandards nach dem Bewertungsstichtag der neue oder der alte Standard anzuwenden ist; vgl. etwa OLG Frankfurt a. M. 21 W 5/11, BeckRS 2014, 08608; zum Meinungsstand und zu weiteren Nachweisen *Emmerich/Habersack* AktG § 305 Rn. 51 ff.

[428] Obgleich Art. 14 GG keine bestimmte Methode zur Ermittlung des Werts der Unternehmensbeteiligung vorschreibt, vgl. BVerfG 1 BvR 96/09, 1 BvR 117/09, 1 BvR 118/09, 1 BvR 128/09, AG 2012, 625 (626) – NordLB/Deutsche Hypothekenbank; *Hüffer/Koch* AktG § 305 Rn. 24.

[429] Vgl. etwa *Emmerich/Habersack* AktG § 305 Rn. 51; *Großfeld* Unternehmens- und Anteilsbewertung 2002 S. 21 ff.; Kölner Komm./*Koppensteiner* § 305 Rn. 76 ff.; *Piltz* Die Unternehmensbewertung in der Rechtsprechung S. 136 ff.; Bürgers/Körber/*Ruiz de Vargas* Anh § 305 AktG Rn. 21 ff.; jeweils mwN.

[430] *Emmerich/Habersack* AktG § 305 Rn. 72 f.; *Großfeld* Unternehmens- und Anteilsbewertung S. 84 ff.; Kölner Komm./*Koppensteiner* § 305 Rn. 82 ff.; jeweils mwN insb. auch zur Rspr.

[431] *Großfeld* Unternehmens- und Anteilsbewertung 2002 S. 33 ff.; Kölner Komm./*Koppensteiner* § 305 Rn. 91; MHdB GesR IV/*Krieger* § 71 Rn. 133; jeweils mwN insb. auch zur Rspr.

sondern es werden alle Vermögensgegenstände bzw. Sachgesamtheiten, die geschlossene Betriebsteile ergeben, unter dem Gesichtspunkt des Zerschlagungswertes bewertet.[432] Ist die Gesellschaft defizitär und sind die Voraussetzungen nicht erfüllt, unter denen ein etwaiger positiver Liquidationswert anzusetzen ist,[433] oder ist dort der Liquidationswert null bzw. negativ, so ist kein Mindestausgleich in Höhe der marktüblichen Verzinsung des Liquidationswertes geschuldet; vielmehr kommt dann ein Nullausgleich zum Tragen.

Problematisch ist schließlich, inwieweit bei börsennotierten Gesellschaften die Börsenkapitalisierung eine Rolle spielt. Während früher allgemein anerkannt war, dass der Börsenkurs als leicht beeinflussbarer und flüchtiger Wertindikator unbeachtlich sei,[434] hat das BVerfG entschieden, dass der Börsenwert bei der Ermittlung des Verkehrswertes als Maßstab für die volle Entschädigung der außenstehenden Aktionäre nicht außer Betracht bleiben dürfe; der Börsenkurs bildet daher grundsätzlich die Untergrenze der Bewertung der abhängigen Gesellschaft.[435] Vor diesem Hintergrund ist der Durchschnittskurs der letzten Monate vor dem Stichtag als Wertuntergrenze der Unternehmensbewertung börsennotierter Gesellschaften weitgehend anerkannt; die Einzelheiten sind indes streitig.[436] Ausnahmsweise nicht zu berücksichtigen ist der Börsenkurs, wenn er den Verkehrswert nicht widerspiegelt, etwa weil eine besondere Marktenge besteht oder der Kurs manipuliert wurde.[437]

162 Die Unternehmensbewertung erfolgt **streng stichtagsbezogen**.[438] Nach § 305 Abs. 3 Satz 2 AktG muss die Abfindung der Außenseiter die Verhältnisse der Gesellschaft „im Zeitpunkt der Beschlussfassung ihrer Hauptversammlung über den Vertrag" nach § 293 AktG spiegeln.[439] Spätere Entwicklungen müssen außer Be-

---

[432] *Emmerich/Habersack* AktG § 305 Rn. 74; *Großfeld* Unternehmens- und Anteilsbewertung 2002 S. 107 ff.; Kölner Komm./*Koppensteiner* § 305 Rn. 89 f.; Bürgers/Körber/*Ruiz de Vargas* AktG Anh § 305 Rn. 56 ff., jeweils mwN insb. auch zur Rspr.

[433] Vgl. *Ruiz de Vargas/Theusinger/Zoller* AG 2014, 428 mwN.

[434] BGH II ZR 142/76, BGHZ 71, 40 (51) – Kali & Salz; vgl. auch die zahlreichen Nachweise in Kölner Komm./*Koppensteiner* § 305 Rn. 51.

[435] Grundlegend BVerfG 1 BvR 1613/94, BVerfGE 100, 289 (305 ff.) – DAT/Altana I; 1 BvR 1677/90, AG 2000, 178.

[436] BGH II ZB 15/00, BGHZ 147, 108 hält einen Referenzzeitraum von drei Monaten für maßgeblich; dies wird vielfach als zu kurz erachtet; ebenso BGH II ZB 18/09, BGHZ 186, 229 Rn. 12 = NJW 2010, 2657 – STOLLWERCK; vgl. etwa *Hüffer* AktG, 10. Aufl. 2012, § 305 Rn. 24 f. mwN, der einen Referenzzeitraum von 6 Monaten befürwortet; anders nun *Hüffer/Koch* AktG § 305 Rn. 45, der einen Zeitraum von 3 Monaten als sachgerecht erachtet, wenngleich davon unter Umständen auch abgewichen werden kann. Str. war auch der Stichtag: Während der BGH in BGHZ 147, 108 noch den Tag der Hauptversammlung annahm, hat sich mittlerweile auch der BGH der im Schrifttum sowie in der instanzgerichtlichen Rechtsprechung verbreiteten Ansicht angeschlossen, wonach Kurse ab dem Zeitpunkt der Bekanntgabe – häufig der (Ad-hoc-) Mitteilung, dass ein Vertragsschluss beabsichtigt ist – außer Betracht bleiben, vgl. BGH II ZB 18/09, BGHZ 186, 229 Rn. 7 = NJW 2010, 2657 – STOLLWERCK; *Hüffer/Koch* § 305 Rn. 43 mwN zur instanzgerichtlichen Rechtsprechung sowie *Emmerich/Habersack* § 305 Rn. 45 ff.

[437] MHdB GesR IV/*Krieger* § 71 Rn. 138.

[438] Vgl. weiterführend die Ausführungen bei Bürgers/Körber/*Ruiz de Vargas* Anh § 305 AktG Rn. 20.

[439] BGH II ZB 5/97, BGHZ 138, 136 (139 ff.) – Asea/BBC II; OLG Düsseldorf 19 W 3/97 AktE, AG 1998, 236 (237); *Emmerich/Habersack* AktG § 304 Rn. 27, § 305 Rn. 56 ff.; *Hüffer/Koch* AktG § 304 Rn. 10; Kölner Komm./*Koppensteiner* § 304 Rn. 47, § 305 Rn. 28; MHdB GesR IV/*Krieger* § 71 Rn. 134 (allg. Meinung).

D. Vertragskonzern   §14

tracht bleiben. Etwas anderes gilt nur dann, wenn diese späteren Entwicklungen in den am Stichtag bestehenden Verhältnissen bereits angelegt und deshalb erkennbar waren (sog. Wurzeltheorie).[440] In Anbetracht dessen sind Verbundvorteile für das herrschende Unternehmen aus der Begründung eines Vertragskonzerns nicht zugunsten der Außenseiter zu berücksichtigen, so dass das abhängige Unternehmen „stand alone" zu bewerten ist.[441]

Grundlage der Ertragswertmethode ist die **Schätzung des Zukunftsertrags** der zu bewertenden Gesellschaft. Die Prognose der zukünftigen Entwicklung des Unternehmens erfolgt auf der Basis der **Planungsrechnungen** des Unternehmens, die auf der Grundlage der bereinigten Vergangenheitsergebnisse während eines überschaubaren Vergangenheitszeitraums (in der Regel 3 bis 5 Jahre) plausibilisiert werden.[442] Weiterhin ist zu berücksichtigen, dass für die Ermittlung des Ertragswertes die zu erwartenden Zahlungsvorgänge zwischen Unternehmen und Unternehmensinhabern maßgebend sind. Geschätzt werden mithin auf der Grundlage der zu erwartenden Ergebnisse des Unternehmens die **künftigen Nettoausschüttungen**, wobei die Auswirkungen persönlicher Ertragsteuern der Gesellschafter ebenfalls zu berücksichtigen sind.[443] Bei der Wertermittlung wurde früher davon ausgegangen, dass die Jahresüberschüsse der Untergesellschaft vollständig ausgeschüttet werden und die zur Ertragserzielung notwendige Substanz erhalten bleibt (Vollausschüttungshypothese); durch den IDW S 1 von 2005 wurde dies aufgegeben zugunsten einer Orientierung an der bisherigen Ausschüttungspolitik des Unternehmens.[444] Da die Ertragswertrechnung eine unbegrenzte Unternehmensfortführung voraussetzt (Going Concern), müssen (ertragsmindernd) laufende Investitionen zur Instandhaltung und -setzung bzw. Erneuerung des ertragsbringenden Vermögens eingeplant werden.

Die erwarteten Nettoausschüttungen müssen schließlich mit einem geeigneten **Kapitalisierungszinssatz** auf den Bewertungsstichtag nach der Rentenformel abgezinst werden (Diskontierung). Soweit Gewinne thesauriert werden, sind sie intern gleichfalls mit dem Kapitalisierungszinssatz zu verzinsen und – den Unternehmenswert erhöhend – in die Rechnung einzustellen.[445] Die Berechnung des Kapitalisierungszinssatzes kann auf verschiedene Weise vorgenommen werden. Nach der sog. Risikoabschlagsmethode ist ein Basiszinssatz zu Grunde zu legen,

---

[440] BGH II ZB 5/97, BGHZ 138, 136 (139f.) – Asea/BBC II; II ZR 190/97, BGHZ 140, 35 (38); *Emmerich/Habersack* AktG § 305 Rn. 57 f.; *Hüffer/Koch* AktG § 304 Rn. 10; MHdB GesR IV/*Krieger* § 71 Rn. 134.

[441] BGH II ZB 5/97, BGHZ 138, 136 (139f.) – Asea/BBC II; *Decher* in FS Hommelhoff 2012, S. 115, 122 ff.; *Hüffer/Koch* AktG § 305 Rn. 33; Kölner Komm./*Koppensteiner* § 305 Rn. 65; aA MHdB GesR IV/*Krieger* § 71 Rn. 135 sowie *Emmerich/Habersack* AktG § 305 Rn. 70 ff., der sich ausdrücklich gegen die Praxis einer Ablehnung der Berücksichtigung echter Verbundvorteile wendet. Etwas anderes gilt nur, so die einhellige Auffassung, für unechte Verbundeffekte; vgl. jüngst dazu OLG Stuttgart 20 W 6/10, AG 2013, 724 (727); ebenso *Emmerich/Habersack* AktG § 305 Rn. 70ff.; *Hüffer/Koch* AktG § 305 Rn. 33; MünchKomm. AktG/Bd. 5/*Paulsen* § 305 Rn. 135.

[442] Die Praxis neigt – spätestens seit dem IDW S 1 von 2005 – insoweit zur Anwendung der sog. Phasenmethode, vgl. MünchKomm. AktG/Bd. 5/*Paulsen* § 305 Rn. 97; *Emmerich/Habersack* AktG § 305 Rn. 62.

[443] Vgl. zusammenfassend *Emmerich/Habersack* AktG § 305 Rn. 63a; *Piltz* Die Unternehmensbewertung in der Rechtsprechung 1994 S. 7 ff.

[444] IDW S 1 idF 2005 Tz. 45–47 (Wpg 2005, 1308), IDW S 51 idF 2008 Tz. 35–37; vgl. auch *Emmerich/Habersack* AktG § 305 Rn. 60a.

[445] So zutreffend *Emmerich/Habersack* AktG § 305 Rn. 60a.

von dem einerseits ein Abschlag für das Geldentwertungsrisiko und andererseits ein Zuschlag für das allgemeine Unternehmensrisiko gemacht wird. Der Basiszinssatz ist hier die günstigste alternative Kapitalanlagemöglichkeit; insoweit wird die Umlaufrendite risikoarmer Gläubigerpapiere der öffentlichen Hand zugrunde gelegt. Demgegenüber sehen der IDW S 1 von 2005 und der IDW 51 von 2008 die Anwendung des CAPM (Capital Asset Pricing Model) vor. Auch dieses Modell geht von einem Basiszinssatz aus, welcher sich aber an einem Aktienportfolio orientiert. Auch hier wird ein Risikozuschlag berechnet unter Berücksichtigung der Steuerbelastung der Aktionäre.[446]

4. Gerichtliche Überprüfung der Angemessenheit

164 Im sog. **Spruchverfahren** kann im Falle eines fehlenden Abfindungsangebots oder der Unangemessenheit des Ausgleichs oder der Abfindung von jedem Aktionär beantragt werden, die vertraglich geschuldete Leistungen gerichtlich bestimmen zu lassen (§§ 3 Nr. 1, 1 Nr. 1 SpruchG iVm §§ 304, 305 AktG).[447] Die erstinstanzliche Zuständigkeit im Spruchverfahren liegt beim Landgericht am Sitz der Gesellschaft und dort ausschließlich bei der Kammer für Handelssachen (§ 2 Abs. 1 Satz 1, Abs. 2 SpruchG).[448]

165 **Antragsberechtigt** ist jeder Außenseiter der abhängigen Gesellschaft, wobei es weder auf eine Mindestbesitzquote noch auf eine Mindestbesitzzeit ankommt. Entscheidend ist die Aktionärseigenschaft im Zeitpunkt der Antragstellung (§ 3 Satz 2 SpruchG). Der Antrag muss innerhalb einer Frist von drei Monaten seit Bekanntmachung des Bestehens des Unternehmensvertrages (§ 10 HGB) gestellt werden (§ 4 Abs. 1 Nr. 1 SpruchG). Aktionäre des herrschenden Unternehmens können nicht im Spruchverfahren geltend machen, sie seien deshalb beeinträchtigt, weil Ausgleich und Abfindung unangemessen hoch festgesetzt worden seien; vielmehr haben diese lediglich die Möglichkeit, den Zustimmungsbeschluss ihrer Hauptversammlung (§ 293 Abs. 2 AktG) anzufechten.

Das Spruchverfahren wird nach den Vorschriften des SpruchG, ergänzend des FamFG (bisher: FGG), durchgeführt (§ 17 Abs. 1 SpruchG), was insb. zur Folge hat, dass der Amtsermittlungsgrundsatz (§ 26 FamFG) gilt. Eine weitere verfahrensmäßige Besonderheit liegt darin, dass im Spruchverfahren mittelbar auch die Interessen der nicht als Antragsteller fungierenden (sonstigen) Außenseiteraktionäre zu berücksichtigen sind, weshalb vom Gericht zur Wahrung der Interessen der übrigen Außenseiter ein sog. **„gemeinsamer Vertreter"** zu bestellen ist. Der gemeinsame Vertreter verfügt über alle Rechte, die auch den Antragstellern zustehen; ihm steht sogar ein eigenständiges Fortführungsrecht nach § 6 Abs. 3 SpruchG zu, wenn die Antragsteller ihre Anträge zurückgenommen haben.

166 Das Gericht entscheidet im Spruchverfahren durch Beschluss. Im Rahmen seiner **Entscheidung** ist es an die im Vertrag vorgesehene Abfindungsart gebunden.

---

[446] Vgl. zu den Einzelheiten der Berechnung *Emmerich/Habersack* AktG § 305 Rn. 69 ff.
[447] Nach OLG München 31 Wx 83/07, NZG 2008, 753 und OLG Schleswig 2 W 160/05, NZG 2008, 868 scheiden eine analoge Anwendung des Spruchverfahrens und des § 305 AktG auf faktische Beherrschungsverträge wegen der fehlenden planwidrigen Regelungslücke sowie der nicht vergleichbaren Interessenlage aus. Für den sog. qualifiziert faktischen Konzern wurde diese Frage offengelassen; zweifelnd aber das OLG Schleswig aaO; diese Frage verneinend *Balthasar* NZG 2008, 858 (861).
[448] Nach § 71 Abs. 1 Nr. 4 Buchst. e, Abs. 4 GVG (vormals § 2 Abs. 4 SpruchG) können die Länder die Zuständigkeit bei bestimmten Landgerichten bündeln, vgl. insoweit die Übersicht in MHdB GesR IV/*Krieger* § 71 Rn. 144.

D. Vertragskonzern 167 § 14

Ferner kann es die im Vertrag festgesetzten Leistungen lediglich zugunsten der Außenseiteraktionäre verbessern; eine Verschlechterung ist nicht möglich, selbst wenn Ausgleich und/oder Abfindung unangemessen hoch festgelegt worden sind. Werden Ausgleich und Abfindung im Spruchstellenverfahren erhöht, ist das herrschende Unternehmen zur Leistung von Nachzahlungen für die Vergangenheit verpflichtet; für die Zukunft besteht die Möglichkeit, die nicht vorhergesehenen Mehrbelastungen durch Kündigung des Unternehmensvertrages binnen zwei Monaten nach Rechtskraft der Entscheidung abzuwenden (§§ 304 Abs. 4, 305 Abs. 5 Satz 4 AktG). Ferner ist zu berücksichtigen, dass zugunsten derjenigen Aktionäre, welche das ursprüngliche Abfindungsangebot angenommen haben, ein **Abfindungsergänzungsanspruch** besteht (§ 13 Satz 2 SpruchG).[449] Gegen den erstinstanzlichen Beschluss des LG ist Beschwerde zum OLG zulässig (§ 12 Abs. 1 SpruchG, § 119 Abs. 1 Nr. 2 GVG).[450] Beschwerdeberechtigt sind nicht nur die Antragsteller und die abhängige Gesellschaft, sondern auch das herrschende Unternehmen und die Vertreter der außenstehenden Aktionäre. Die Kosten des Verfahrens hat grds. der Antragsgegner zu tragen; aus Billigkeitsgründen können die Verfahrenskosten ganz oder teilweise einem Antragsteller auferlegt werden (§ 15 Abs. 2 SpruchG), etwa im Fall von missbräuchlichen Anträgen. Soweit die abhängige Gesellschaft infolge Verschmelzung mit einem anderen Unternehmen erlischt, ist anerkannt, dass hierdurch das Spruchverfahren nicht berührt wird, so dass es ungeachtet des zwischenzeitlichen Erlöschens der abhängigen Gesellschaft fortzusetzen ist.[451]

Grundsätzlich umstritten ist, ob die Vorschriften des SpruchG auf andere Abfindungsansprüche bzw. von der Rechtsprechung entwickelte Abfindungssituation entsprechend anwendbar sind.[452] Für den Fall eines Delistings war die Rechtsprechung ursprünglich aufgrund des verfassungsrechtlichen Schutzes des durch die Verkehrsfähigkeit der Aktie mitgeprägten Wertes des Aktieneigentums von einem ungeschriebenen Abfindungsanspruch der betroffenen Aktionäre, der in einem Spruchverfahren entsprechend dem SpruchG geltend zu machen ist, ausgegangen. Diese Rechtsprechung hat der BGH jüngst aufgegeben.[453]

VI. Änderung von Unternehmensverträgen

Um den gesetzlichen Schutz der konzernrechtlichen Bezugsgruppen zu gewährleisten, kann ein Unternehmensvertrag nur unter Einhaltung der wesentlichen Voraussetzungen, die für den Abschluss des Vertrages erfüllt sein müssen, geändert werden.[454] Die Interessen außenstehender Aktionäre der Gesellschaft werden da- 167

---

[449] So schon die früher hM, vgl. etwa BayObLG 3 Z BR 17/90, AG 1996, 127 (130) – Paulaner.
[450] Nach § 12 Abs. 2 (vormals § 12 Abs. 3) SpruchG können die Länder die Zuständigkeit bei bestimmten Oberlandesgerichten bündeln, vgl. insoweit die Übersicht in MHdB GesR IV/ *Krieger* § 71 Rn. 148.
[451] BVerfG 1 BvR 1805/94, ZIP 1999, 532 – SEN.
[452] Zum grundsätzlichen Meinungsstand etwa MünchKomm. GmbHG/*Liebscher* Anh. § 13 Rn. 953.
[453] BGH II ZB 26/12, NJW 2014, 146 – Frosta; siehe auch BVerfG 1 BvR 3142/07, 1569/08, BVerfGE 132, 99 = NJW 2012, 3081. Zur Unstatthaftigkeit eines (auch anhängigen) Spruchverfahrens nach regulärem Delisting aus der aktuellen Rechtsprechung OLG Karlsruhe 12a W 3/15, NZG 2015, 516 Rn. 8; OLG München 31 Wx 292/14, NZG 2015, 556 (557); OLG Stuttgart 20 W 7/14, NZG 2015, 629 Rn. 35 ff.
[454] *Emmerich/Habersack* AktG § 295 Rn. 1; *Raiser/Veil* § 62 Rn. 98.

durch geschützt, dass die Änderung einer Vertragsbestimmung, die zur Leistung eines Ausgleichs an die außenstehenden Aktionäre oder zum Erwerb ihrer Aktien verpflichtet, eines Sonderbeschlusses der außenstehenden Aktionäre bedarf, um wirksam zu werden; im Einzelnen:

1. Änderungsvereinbarung

168 Gegenstand der Regelung des § 295 AktG ist die Änderung eines Unternehmensvertrages. Darunter versteht man eine zweiseitige rechtsgeschäftliche Vereinbarung der Parteien, die noch während der Laufzeit des Vertrages wirksam werden soll.[455] Sie ist nicht nur dann gegeben, wenn die Vertragsparteien die Änderung des Vertrages ausdrücklich vereinbaren, sondern auch bei Vorliegen einer konkludenten Abrede, wie sie etwa aus einer einvernehmlichen Änderung der Vertragspraxis herzuleiten sein kann.[456] Diese muss auf einen rechtsgeschäftlichen Änderungswillen schließen lassen.[457] Darüber hinaus setzt auch eine solche faktische Vertragsänderung die Zustimmung der Hauptversammlung gem. § 295 Abs. 1 AktG voraus; andernfalls handelt es sich um einen Vertragsverstoß.[458] Es ist irrelevant, ob sich die Modifikation auf wesentliche oder unwesentliche Vertragsbestandteile bezieht, so dass die Erfordernisse des § 295 AktG auch für rein redaktionelle Änderungen gelten.[459] Gewisse Umstrukturierungen innerhalb eines Konzerns, insbesondere der Rechtsformwechsel der herrschenden Gesellschaft, begründen hingegen keine Änderung des Unternehmensvertrages.[460]

Nicht erfasst wird hingegen die sog. „Änderungskündigung", weil sie ein einseitiges Rechtsgeschäft und kein Vertrag ist.[461] Bei Wechsel der Art des Unternehmensvertrages wird von einer Aufhebung des alten, verbunden mit dem Abschluss eines neuen Unternehmensvertrages ausgegangen.[462] Auch die Verlängerung eines befristeten Vertrages soll keine Vertragsänderung, sondern ein Neuabschluss sein.[463] Als **Vertragsänderung** anzusehen ist demgegenüber ohne Weiteres jede Änderung in der Person der Vertragspartner, also sowohl die Auswechslung eines Vertragspartners als auch der Vertragsbeitritt.[464] Das gilt allerdings wiederum nicht, wenn eine Veränderung in der Person eines Vertragspartners stattfindet, die auf einer Gesamtrechtsnachfolge, insb. einer Verschmelzung, beruht. Die Verschmelzung der Obergesellschaft führt zu einer Rechtsnachfolge kraft Gesetzes, weshalb § 295 AktG, der eine vertragliche Änderung voraussetzt, nicht erfüllt ist, während die

---

[455] BGH II ZR 50/11, NZG 2013, 53 (56) Rn. 27 – HSH Nordbank I und II; II ZR 139/78, NJW 1979, 2103; *Emmerich/Habersack* AktG § 295 Rn. 6; *Hüffer/Koch* AktG § 295 Rn. 3.
[456] BGH II ZR 50/11, NZG 2013, 53 (56) Rn. 27 – HSH Nordbank I und II.
[457] BGH II ZR 50/11, NZG 2013, 53 (56) Rn. 27 – HSH Nordbank I und II.
[458] *Hüffer/Koch* AktG § 295 Rn. 4; MünchKomm. AktG/Bd. 5/*Altmeppen* § 295 Rn. 15.
[459] *Emmerich/Habersack* AktG § 295 Rn. 6; *Hüffer/Koch* AktG § 295 Rn. 3; MHdB GesR IV/*Krieger* § 71 Rn. 183.
[460] LG München I 5 HK O 1453/10, AG 2011, 801 ff.
[461] BGH II ZR 238/91, BGHZ 122, 211 (233 f.) – SSI; OLG Düsseldorf 19 W 13/86, AG 1990, 490 (491) – DAB/Hansa; MHdB GesR IV/*Krieger* § 71 Rn. 183; *Hüffer/Koch* AktG § 295 Rn. 3, 7; differenzierend *Emmerich/Habersack* AktG § 295 Rn. 8.
[462] *Hüffer/Koch* AktG § 295 Rn. 7; MHdB GesR IV/*Krieger* § 71 Rn. 183; *Raiser/Veil* § 62 Rn. 105 mwN – aA *Emmerich/Habersack* AktG § 295 Rn. 12; Kölner Komm./*Koppensteiner* § 295 Rn. 18.
[463] *Hüffer/Koch* AktG § 295 Rn. 7; Kölner Komm./*Koppensteiner* § 295 Rn. 16; MHdB GesR IV/*Krieger* § 71 Rn. 181; aA *Emmerich/Habersack* AktG § 295 Rn. 11.
[464] *Emmerich/Habersack* AktG § 295 Rn. 13; *Hüffer/Koch* AktG § 295 Rn. 5.

D. Vertragskonzern 169, 170 § 14

Verschmelzung der Untergesellschaft das Erlöschen des Unternehmensvertrages bewirkt; Entsprechendes gilt für die Eingliederung.⁴⁶⁵ Für das Zustandekommen der Änderungsvereinbarung gelten die allgemeinen Regelungen über Rechtsgeschäfte der §§ 145 ff. BGB. Aktiengesetzliche Besonderheiten sind insoweit nicht zu beachten.

2. Zustimmungserfordernis und Wirksamwerden der Vertragsänderung

Ebenso wie der Abschluss eines Unternehmensvertrages bedarf auch dessen Änderung der Zustimmung der Hauptversammlung des abhängigen Unternehmens, die mit einfacher Stimmenmehrheit sowie einer Mehrheit von drei Vierteln des vertretenen Grundkapitals beschlossen werden muss (§ 295 Abs. 1 AktG iVm § 293 Abs. 1 AktG). Unter den besonderen Voraussetzungen des § 293 Abs. 2 AktG bedarf es darüber hinaus der Zustimmung der Hauptversammlung des herrschenden Unternehmens. Solange es an diesen Zustimmungen fehlt, ist die Vertretungsmacht des Vorstands der Gesellschaft beschränkt. Es gelten insoweit die für den Abschluss eines Unternehmensvertrages anerkannten Regeln entsprechend.⁴⁶⁶ **169**

Zusätzlich zu dem oder den Hauptversammlungsbeschlüssen bedarf es eines Sonderbeschlusses der außenstehenden Aktionäre der Untergesellschaft, wenn eine Ausgleichs- oder Abfindungsregelung des Vertrages geändert wird (§ 295 Abs. 2 AktG), gleichgültig, ob diese wesentlich oder unwesentlich, nachteilig oder begünstigend ist.⁴⁶⁷ Auch die Auswechslung des herrschenden Vertragsteils durch Vertragsübernahme unterliegt § 295 Abs. 2 AktG, weil sich dadurch der Schuldner des Ausgleichs- oder Abfindungsanspruchs ändert.⁴⁶⁸ Umgekehrt bewirkt der Vertragsbeitritt auf Seiten der herrschenden Gesellschaft keine Benachteiligung der außenstehenden Aktionäre, da sie hierdurch einen weiteren Schuldner gewinnen, weshalb es auch keines zustimmenden Sonderbeschlusses bedarf.⁴⁶⁹ **170**

Ein Zustimmungsrecht durch Sonderbeschluss haben nur außenstehende Aktionäre, da Zweck des Sonderbeschlusses ist, eine Majorisierung der außenstehenden Aktionäre durch die Stimmenmehrheit des herrschenden Unternehmens zu verhindern. Wer vom anderen Vertragsteil abhängig ist, kann deshalb nicht an dem Sonderbeschluss teilnehmen. Auch solche außenstehenden Aktionäre, die zwar nicht abhängig, aber sonstwie an den anderen Vertragsteil gebunden sind, haben kein Sonderzustimmungsrecht.⁴⁷⁰ Andernfalls könnte § 295 Abs. 2 AktG dadurch umgangen werden, dass mit den Stimmen gebundener außenstehender Aktionäre die ungebundenen außenstehenden Aktionäre übergangen werden. Dagegen ist

---

⁴⁶⁵ *Emmerich/Habersack* Konzernrecht § 18 Rn. 11; *Hüffer/Koch* AktG § 295 Rn. 6; Kölner Komm./*Koppensteiner* § 295 Rn. 8.
⁴⁶⁶ *Emmerich/Habersack* AktG § 295 Rn. 18 ff.
⁴⁶⁷ *Emmerich/Habersack* Konzernrecht § 18 Rn. 16; *Hüffer/Koch* AktG § 295 Rn. 10; MHdB GesR IV/*Krieger* § 71 Rn. 186; aA *Säcker* DB 1988, 271 (272).
⁴⁶⁸ *Emmerich/Habersack* AktG § 295 Rn. 27; *Hüffer/Koch* AktG § 295 Rn. 11. Eine Ausnahme von diesem Grundsatz kann nur dann angenommen werden, wenn das bislang herrschende Unternehmen eine gesamtschuldnerische Mithaftung übernimmt, vgl. MHdB GesR IV/ *Krieger* § 71 Rn. 192.
⁴⁶⁹ BGH II ZR 18/91, BGHZ 119, 1 (7 ff.) – Asea/BBC; *Hüffer* AktG, 10. Aufl. 2012, § 295 Rn. 11 – aA *Emmerich/Habersack* Konzernrecht § 18 Rn. 18; *Emmerich/Habersack* AktG § 295 Rn. 27 – differenzierend nunmehr *Hüffer/Koch* AktG § 295 Rn. 11 sowie MHdB GesR IV/ *Krieger* § 71 Rn. 193.
⁴⁷⁰ LG Essen 47 O 212/94, AG 1995, 189 (190 f.) – RAG Immobilien AG; MünchKomm. AktG/Bd. 5/*Altmeppen* § 295 Rn. 45 ff.

stimmberechtigt, wer Aktien vom anderen Vertragsteil erworben hat, ohne von diesem abhängig oder ihm sonst zurechenbar zu sein.[471] Nicht (mehr) zur Teilnahme am Sonderbeschluss berechtigt ist, wer seine Aktien gegen Abfindung übertragen hat, da er im Zeitpunkt der Beschlussfassung nicht mehr Aktionär ist; dies gilt selbst dann, wenn später im Spruchverfahren eine höhere Abfindung festgesetzt wird.[472]

171 Das **Zustandekommen** des Sonderbeschlusses bedarf gem. §§ 138, 293 Abs. 1 Satz 2, 3, 295 Abs. 2 Satz 2 AktG neben der einfachen Stimmenmehrheit der außenstehenden Aktionäre einer Mehrheit von mindestens drei Vierteln des von ihnen vertretenen Grundkapitals. Der Sonderbeschluss ist Wirksamkeitsvoraussetzung für den die Vertragsänderung billigenden Beschluss und für den Änderungsvertrag selbst. Solange der Sonderbeschluss fehlt, ist die Vertragsänderung schwebend unwirksam und es besteht ein Eintragungshindernis.[473] Ebenso wie der Abschluss eines Unternehmensvertrages erst mit der Eintragung in das Handelsregister wirksam wird, bedarf es auch für die Wirksamkeit einer Vertragsänderung der konstitutiv wirkenden Eintragung in das Handelsregister.[474] Der Anmeldung zur Eintragung ist die Niederschrift des Sonderbeschlusses der Registeranmeldung analog § 294 Abs. 1 Satz 2 AktG beizufügen.

VII. Beendigung von Unternehmensverträgen

172 Die Vertragsbeendigung ist nur fragmentarisch geregelt. § 296 AktG betrifft die einverständliche Vertragsaufhebung, § 297 AktG die Vertragskündigung und § 307 AktG den Fall des Hinzutritts von Außenseitern in eine bisher 100%ige Tochtergesellschaft.

1. Beendigungsgründe

173 Weitere Regelungen enthält das Gesetz nicht, was allerdings nicht heißt, dass es keine weiteren Beendigungsgründe gibt. Solche resultieren aus allgemeinen Überlegungen:

a) Aufhebungsvertrag

174 Ein Unternehmensvertrag kann jederzeit im allseitigen Einvernehmen aufgehoben werden. Allerdings sind gem. § 296 AktG besondere **Aufhebungsvoraussetzungen** zu beachten. Zunächst einmal kann ein Unternehmensvertrag **nur zum Ende des Geschäftsjahres** oder des sonst vertraglich bestimmten Abrechnungszeitraums aufgehoben werden (§ 296 Abs. 1 Satz 1 AktG).[475] Verboten ist gem. § 296 Abs. 1 Satz 2 AktG zudem die rückwirkende Aufhebung eines Unternehmensvertrages.[476] Die Vereinbarung eines unzulässigen Aufhebungszeitpunktes und ein

---

[471] OLG Nürnberg 12 U 2801/96, AG 1996, 228 (229) – Tücherbräu; *Emmerich/Habersack* Konzernrecht § 18 Rn. 20; MHdB GesR IV/*Krieger* § 71 Rn. 187.

[472] *Raiser/Veil* § 62 Rn. 100; MHdB GesR IV/*Krieger* § 71 Rn. 188.

[473] *Hüffer/Koch* AktG § 295 Rn. 15.

[474] *Emmerich/Habersack* AktG § 295 Rn. 18; MünchKomm. AktG/Bd. 5/*Altmeppen* § 295 Rn. 60.

[475] Umstritten ist, ob § 296 Abs. 1 Satz 1 AktG im GmbH-Konzern analoge Anwendung findet. Der BGH hat dies in einer jüngeren Entscheidung ausdrücklich bejaht, BGH II ZR 384/13, BGHZ 206, 74 (78 ff.)

[476] Das Rückwirkungsverbot steht der Verlegung des Beendigungszeitpunkts von Unternehmensverträgen auf einen Termin entgegen, der vor dem Aufhebungsvertrag liegt, OLG München 31 Wx 235/14, AG 2015, 280 Rn. 4.

D. Vertragskonzern $\qquad$ 174 § 14

Verstoß gegen das Rückwirkungsverbot führen zur Nichtigkeit der Klausel gem. § 134 BGB und idR auch des Restvertrages nach § 139 BGB; strittig ist indes, ob die Angabe eines unzulässigen Aufhebungszeitpunktes gem. § 140 BGB umgedeutet werden kann in eine Aufhebung zum nächst zulässigen Termin.[477] Der Abschluss der Aufhebungsvereinbarung ist eine Geschäftsführungsmaßnahme, die grundsätzlich in die Zuständigkeit des Vorstandes fällt. Gemäß § 296 Abs. 1 Satz 3 AktG bedarf die Aufhebung eines Unternehmensvertrages der **Schriftform**; ein Verstoß gegen dieses Formerfordernis führt zur Nichtigkeit des Aufhebungsvertrages gem. § 125 BGB. Schließlich bedarf es gem. § 296 Abs. 2 AktG für die Aufhebung von Unternehmensverträgen, die zur Leistung eines Ausgleichs an außenstehende Aktionäre oder zum Erwerb ihrer Aktien verpflichten, eines Sonderbeschlusses dieser außenstehenden Aktionäre. Das Zustimmungserfordernis beschränkt die Vertragsmacht des Vorstandes, so dass der Aufhebungsvertrag, solange der Sonderbeschluss nicht gefasst ist, schwebend unwirksam ist.[478] Wird der Sonderbeschluss erst nach dem vertraglich vorgesehenen Aufhebungszeitpunkt gefasst, dann soll nach verbreitet vertretener Ansicht ein Wirksamwerden des bis dahin schwebend unwirksamen Aufhebungsvertrages zum vorgesehenen Stichtag nicht mehr möglich sein, da das Rückwirkungsverbot des § 296 Abs. 1 Satz 2 AktG dem entgegenstehe; der Vertrag wird dann, soweit kein entgegenstehender Wille der Vertragsschließenden erkennbar ist, zum nächsten Stichtag wirksam.[479] Während Abschluss und Änderung eines Unternehmensvertrages der Mitwirkung der Hauptversammlung bedürfen, ist dies für die Aufhebung eines Unternehmensvertrages nicht erforderlich.[480]

---

[477] Bejahend: MünchKomm. AktG/Bd. 5/*Altmeppen* § 295 Rn. 25; MHdB GesR IV/*Krieger* § 70 Rn. 196; Spindler/Stilz/*Veil* AktG § 296 Rn. 20 – aA Kölner Komm./*Koppensteiner* § 296 Rn. 16; *Hüffer/Koch* AktG § 296 Rn. 3; offen gelassen BGH II ZR 384/13, BGHZ ZR 384/13, BGHZ 206, 74 (80). Nach OLG München 31 Wx 235/14, AG 2015, 280 Rn. 6 findet § 296 Abs. 1 S. 2 AktG auf die Beschlussfassung der beherrschten Gesellschaft über die Zustimmung zu der Aufhebungsvereinbarung keine Anwendung, wenn die herrschende Gesellschaft sämtliche Anteile an der beherrschten Gesellschaft hält. Dann gehe es nicht um einen Sonderbeschluss iSd § 296 Abs. 2 AktG und es seien in dieser Mutter-Tochter-Konstellation keine schutzbedürftigen „außenstehenden Aktionäre" vorhanden, so dass die Zustimmung der Gesellschafterversammlung einer beherrschten GmbH zur Aufhebung eines Gewinnabführungsvertrags mit dem herrschenden Unternehmen ohne Verstoß gegen das Rückwirkungsverbot des § 296 Abs. 1 Satz 2 AktG auch nachträglich, dh nach dem vereinbarten Termin der Vertragsbeendigung erklärt werden könne; zustimmend *Keßler* GWR 2014, 480.
[478] *Emmerich/Habersack* AktG § 296 Rn. 19 f.; *Hüffer/Koch* AktG § 296 Rn. 7; *Raiser/Veil* § 54 Rn. 108.
[479] MünchKomm. AktG/Bd. 5/*Altmeppen* § 296 Rn. 36 f.; MHdB GesR IV/*Krieger* § 71 Rn. 197; Spindler/Stilz/*Veil* AktG § 296 Rn. 20 – aA *Hüffer/Koch* AktG § 296 Rn. 8; Kölner Komm./*Koppensteiner* § 296 Rn. 21.
[480] Diese Rechtslage wird zwar verbreitet als rechtspolitisch fragwürdig angesehen, weil die in die Selbstständigkeit entlassene Gesellschaft nicht ohne weiteres existenzfähig ist. Da sich der Gesetzgeber der Problematik jedoch bewusst war, wird davon ausgegangen, dass eine analoge Anwendung der die Zustimmung der Hauptversammlung erfordernden Vorschriften nicht möglich ist. Vgl. MünchKomm. AktG/Bd. 5/*Altmeppen* § 295 Rn. 11; *Hüffer/Koch* AktG § 296 Rn. 5; *Raiser/Veil* § 62 Rn. 108.

b) Ordentliche Kündigung

175 Die ordentliche Kündigung ist zwar im Gesetz nicht geregelt, jedoch wird ihre Zulässigkeit in § 297 Abs. 2 Satz 1 AktG vorausgesetzt.[481] Voraussetzung einer ordentlichen Kündigung ist eine entsprechende **Kündigungsklausel**, für deren Inhalt der Grundsatz der Gestaltungsfreiheit gilt. Fehlt eine Kündigungsklausel, gibt es nach herrschender Meinung kein Recht zur ordentlichen Kündigung,[482] soweit keine konkludente Vereinbarung eines ordentlichen Kündigungsrechts getroffen wurde.[483] Anderes gilt indes für andere Unternehmensverträge iSd § 292 AktG, weil insoweit bei Fehlen vertraglicher Kündigungsklauseln die subsidiär anwendbaren Vorschriften des BGB zur Geltung kommen. Für Gewinngemeinschaften ist auf § 723 BGB, für Betriebspacht- oder Betriebsüberlassungsverträge auf § 584 BGB abzustellen, und die Kündigung von Betriebsführungsverträgen ist entweder nach § 621 BGB oder nach §§ 675, 671 BGB kraft Gesetzes zulässig.[484] Zu beachten ist, dass eine Teilkündigung nicht möglich ist, weil sie auf eine einseitige Inhaltsänderung hinausliefe.[485]

176 Ist in einem Beherrschungs- und Gewinnabführungsvertrag zwar das Recht zur ordentlichen Kündigung, aber keine **Kündigungsfrist** bestimmt, wird überwiegend eine Analogie zu § 132 HGB, also eine mindestens 6-monatige Kündigungsfrist, befürwortet.[486] Nach heute herrschender Meinung ist ein **Kündigungstermin** nicht einzuhalten; eine Analogie zu § 296 Abs. 1 AktG, wonach nur zum Ende des Geschäftsjahres oder Abrechnungszeitraums gekündigt werden kann, wird heute überwiegend abgelehnt.[487]

177 Die Kündigungserklärung, die vom Geschäftsführungs- und Vertretungsorgan des kündigenden Vertragsteils ausgesprochen wird, bedarf gem. § 297 Abs. 3 AktG der Schriftform. Eine Zustimmung der Hauptversammlung des kündigenden Vertragsteils ist nicht notwendig. Gemäß § 297 Abs. 2 AktG bedarf jedoch eine ordentliche Kündigung durch den abhängigen Vertragsteil eines **Sonderbeschlusses** der außenstehenden Aktionäre, wenn der gekündigte Unternehmensvertrag Ausgleichs- oder Abfindungsleistungen zu ihren Gunsten vorsieht. Insoweit gelten die Ausführungen zu dem Sonderbeschluss der außenstehenden Aktionäre bei Vertragsänderungen und -aufhebung entsprechend, so dass der Sonderbeschluss Wirksamkeitsvoraussetzung der ordentlichen Kündigung ist. Zu beachten ist, dass – trotz rechtspolitischer Kritik – das Erfordernis eines Sonderbeschlusses nicht

---

[481] *Hüffer/Koch* AktG § 297 Rn. 10; *Emmerich/Habersack* AktG § 297 Rn. 5; *Raiser/Veil* § 62 Rn. 111.

[482] *Gerth* BB 1978, 1497 (1498); *Hüffer/Koch* AktG § 297 Rn. 12 mwN; MHdB GesR IV/*Krieger* § 71 Rn. 198; aA *Baumbach/Hueck* AktG § 297 Rn. 5; differenzierend MünchKomm. AktG/Bd. 5/*Altmeppen* § 297 Rn. 68 ff. mwN.

[483] *Hüffer/Koch* AktG § 297 Rn. 13; *Raiser/Veil* § 62 Rn. 111.

[484] *Emmerich/Habersack* AktG § 297 Rn. 5; *Hüffer/Koch* § 297 Rn. 14.

[485] OLG Karlsruhe 11 Wx 77/00, ZIP 2001, 1199 f.; MünchKomm. AktG/Bd. 5/*Altmeppen* § 297 Rn. 73; *Emmerich/Habersack* AktG § 297 Rn. 13.

[486] MünchKomm. AktG/Bd. 5/*Altmeppen* § 297 Rn. 75 f.; *Emmerich/Habersack* Konzernrecht § 19 Rn. 34; *Hüffer/Koch* AktG § 297 Rn. 16; MHdB GesR IV/*Krieger* § 71 Rn. 199; Kölner Komm./*Koppensteiner* § 297 Rn. 6 (entgegen der Vorauflage, in der noch eine Analogie zu § 723 Abs. 2 BGB befürwortet wurde).

[487] *Emmerich/Habersack* AktG § 297 Rn. 12; *Hüffer/Koch* AktG § 297 Rn. 16 – aA *Baumbach/Hueck* AktG § 297 Rn. 6; Kölner Komm./*Koppensteiner* § 297 Rn. 5.

D. Vertragskonzern 178, 179 § 14

eingreift, wenn die ordentliche Kündigung von dem anderen (herrschenden) Vertragsteil ausgesprochen wird.[488]

c) Außerordentliche Kündigung

Weiterhin kann ein Unternehmensvertrag nach § 297 Abs. 1 AktG aus wichtigem 178
Grund ohne Einhaltung einer Kündigungsfrist gekündigt werden. Diesen Grundsatz, der auch ohne die gesetzliche Regelung gelten würde, da alle Dauerrechtsverhältnisse im Falle der Unzumutbarkeit der Vertragsfortsetzung außerordentlich beendbar sind, ergänzt § 297 Abs. 1 Satz 2 AktG durch ein Beispiel für einen wichtigen Kündigungsgrund. Danach liegt ein solcher insbesondere vor, wenn der andere Vertragsteil voraussichtlich nicht in der Lage sein wird, seine aufgrund des Vertrages bestehenden Verpflichtungen zu erfüllen. Für die Verwirklichung dieses Kündigungsgrundes genügt es, dass eine entsprechende Prognose im Hinblick auf die fehlende Leistungsfähigkeit des herrschenden Vertragsteils erstellt werden kann; es reicht nicht aus, dass sich der andere Teil lediglich in kurzfristigen Leistungsschwierigkeiten befindet.[489] Vor diesem Hintergrund ist umstritten, ob eine Verpflichtung des Tochtervorstandes zur ständigen Beobachtung der Vermögenslage der Obergesellschaft besteht.[490] Das Recht zur außerordentlichen Kündigung steht nach herrschender Meinung jedem Vertragsteil zu, also nicht nur der abhängigen Gesellschaft, sondern auch dem anderen (herrschenden) Vertragsteil.[491]

Weiterhin enthalten die §§ 304 Abs. 4, 305 Abs. 5 Satz 4 AktG im Ergebnis einen weiteren wichtigen Kündigungsgrund zugunsten des herrschenden Unternehmens im Falle einer höheren Festsetzung von Ausgleich oder Abfindung im Spruchverfahren; darüber hinaus ist nach den Regeln der fehlerhaften Gesellschaft ein für die Vergangenheit als wirksam zu behandelnder, mit Mängeln behafteter Unternehmensvertrag nach Entdeckung des Fehlers außerordentlich kündbar.

Im Übrigen kommt es darauf an, ob dem kündigenden Vertragsteil angesichts 179
von Umständen, die nicht in seine Risikosphäre fallen, eine Fortsetzung des Vertragsverhältnisses bis zum Ablauf der ordentlichen Kündigungsfrist oder bis zum vereinbarten Beendigungstermin unter Abwägung der widerstreitenden Interessen der Parteien zumutbar ist. Der Begriff des wichtigen Grundes wird im Zusammenhang mit der außerordentlichen Beendigung eines Vertragskonzerns in Anbetracht der wirtschaftlichen Abhängigkeit der Untergesellschaft tendenziell weit ausgelegt.[492] Vor diesem Hintergrund können im Unternehmensvertrag selbst wichtige Gründe, die zur Kündigung berechtigen, definiert werden.[493]

---

[488] BGH II ZR 238/91, BGHZ 122, 211 (233) – SSI; MünchKomm. AktG/Bd. 5/*Altmeppen* § 297 Rn. 78 f.; *Emmerich/Habersack* AktG § 297 Rn. 9; *Hüffer/Koch* AktG § 297 Rn. 18.
[489] *Emmerich/Habersack* AktG § 297 Rn. 21; *Hüffer/Koch* AktG § 297 Rn. 4; MHdB GesR IV/*Krieger* § 70 Rn. 202 – einschränkend MünchKomm. AktG/Bd. 5/*Altmeppen* § 297 Rn. 19 ff.
[490] Vgl. eingehend zum Meinungsstand MünchKomm. GmbHG/*Liebscher* Anh. § 13 Rn. 1016 ff.
[491] *Emmerich/Habersack* AktG § 297 Rn. 22; *Hüffer/Koch* AktG § 297 Rn. 5; Kölner Komm./*Koppensteiner* § 297 Rn. 18; MHdB GesR IV/*Krieger* § 70 Rn. 202; MünchKomm. AktG/Bd. 5/ *Altmeppen* § 297 Rn. 16.
[492] *Emmerich/Habersack* AktG § 297 Rn. 20.
[493] BGH II ZR 238/91, BGHZ 122, 211 (227 ff.) – SSI; OLG München 23 U 4638/90, AG 1991, 358 (360); *Hüffer/Koch* AktG § 297 Rn. 8; *Raiser/Veil* § 54 Rn. 115 – aA Kölner Komm./ *Koppensteiner* § 307 Rn. 20.

Unabhängig von einer Spezialregelung im Vertrag kommt **insbesondere in folgenden Situationen** eine außerordentliche Auflösung des Vertragsverhältnisses in Betracht: Im Falle schwerwiegender Vertragsverletzungen, beispielsweise der wiederholten Erteilung unzulässiger Weisungen, im Falle der ernsthaften Besorgnis der nicht ordnungsgemäßen Erfüllung der Pflichten des herrschenden Unternehmens nach §§ 302, 304, 305 AktG, beispielsweise einer ernsthaften Erfüllungsverweigerung, bei Eröffnung des Insolvenzverfahrens über einen der Vertragspartner sowie bei kartellrechtlichen Untersagungsverfügungen uÄ.[494] Demgegenüber besteht nach herrschender – indes zu Recht in Zweifel gezogener – Meinung kein Recht zur außerordentlichen Vertragsbeendigung, wenn das herrschende Unternehmen seine Beteiligung an der Untergesellschaft veräußert und insoweit keine ausdrückliche Kündigungsmöglichkeit im Unternehmensvertrag vorgesehen ist, so dass der Vertrag aus steuerlichen Gründen insoweit eine Kündigungsklausel enthalten sollte.[495] Im Zusammenhang mit der Veräußerung einer vertraglich konzernierten Tochtergesellschaft und der damit typischerweise einhergehenden Beendigung des Unternehmensvertrages besteht im Übrigen ganz erheblicher Regelungsbedarf gegenüber dem Erwerber der entsprechenden Tochtergesellschaft.[496] Die außerordentliche Kündigung, die ebenfalls vom Geschäftsführungs- und Vertretungsorgan des kündigenden Vertragsteils zu erklären ist, bedarf der Schriftform (§ 297 Abs. 3 AktG). Es ist weder ein Zustimmungsbeschluss der Hauptversammlung des kündigenden Vertragsteils noch ein Sonderbeschluss der außenstehenden Aktionäre erforderlich.

d) Weitere Beendigungsgründe

180   Gemäß § 307 AktG endet ein Unternehmensvertrag spätestens mit Ablauf des Geschäftsjahres, in dem ein **außenstehender Aktionär beteiligt wird**, wenn die Gesellschaft im Zeitpunkt der Beschlussfassung ihrer Hauptversammlung über einen Beherrschungs- oder Gewinnabführungsvertrag **außenseiterfrei** war. Hintergrund der Bestimmung ist der Umstand, dass Ausgleichs- und Abfindungsregelungen im Unternehmensvertrag entbehrlich sind, wenn keine Außenseiter existieren (§ 304 Abs. 1 Satz 3 AktG); derartige Schutzvorschriften werden jedoch notwendig beim Hinzutritt von Außenseitern. Wie es zur nachträglichen Beteiligung außenstehender Aktionäre kommt, ist gleichgültig, es besteht zB die Möglichkeit des Aktienerwerbs vom bisher allein beteiligten anderen Vertragsteil oder die Erlangung der Außenseiterposition durch einen bisher nicht Außenstehenden.[497] Durch die Beteiligung eines außenstehenden Aktionärs endet der Beherrschungs- oder Gewinnabführungsvertrag gem. § 307 AktG spätestens zum Ende des laufenden Geschäftsjahres. Dies bedeutet, dass er auch früher enden kann, zB durch Aufhebung oder außerordentliche Kündigung.

---

[494] MünchKomm. AktG/Bd. 5/*Altmeppen* § 297 Rn. 19 ff., 45; *Emmerich/Habersack* AktG § 297 Rn. 21 ff.

[495] OLG Düsseldorf 3 Wx 178/94, AG 1995, 137 (138) – Rütgers Werke AG; LG Frankenthal 2 (HK) O 178/87, AG 1989, 253 (254); MünchKomm. AktG/Bd. 5/*Altmeppen* § 297 Rn. 37 ff.; *Emmerich/Habersack* AktG § 297 Rn. 24; *Hüffer/Koch* AktG § 297 Rn. 7 – aA LG Bochum 12 O 67/86, GmbHR 1987, 24 (25); MHdB GesR IV/*Krieger* § 71 Rn. 202; offen gelassen BGH II ZR 384/13, BGHZ 206, 74 (81). Eingehend zur Beendigung des Beherrschungs- und/oder Gewinnabführungsvertrags in der M&A-Transaktion *Deilmann* NZG 2015, 460.

[496] Vgl. mit zahlreichen Nachweisen MünchKomm. GmbHG/*Liebscher* Anh. § 13 Rn. 1022 ff.

[497] Kölner Komm./*Koppensteiner* § 307 Rn. 2; MHdB GesR IV/*Krieger* § 71 Rn. 205.

D. Vertragskonzern § 14

Neben den gesetzlich bestimmten **Beendigungsgründen** kommen **weitere** 181
Gründe in Betracht, die zu einem Vertragsende führen. Zu nennen sind insb.
die Beendigung durch Zeitablauf bei befristeten Verträgen ohne Verlängerungsklausel,
Beendigung durch Auflösung eines Vertragsteils (§ 262 AktG), insb. durch Insolvenzeröffnung, oder durch Wegfall der Unternehmenseigenschaft des anderen Vertragsteils.[498] Die Eingliederung des abhängigen Unternehmens in das herrschende
führt zur Beendigung eines Beherrschungsvertrages, während ein Ergebnisabführungsvertrag und im Grundsatz auch sonstige Unternehmensverträge bestehen
bleiben. Gleiches gilt im Grundsatz im Falle der Eingliederung der abhängigen
Gesellschaft in ein drittes Unternehmen, es sei denn, es wird eine gemeinsame
Herrschaft des bisher herrschenden Unternehmens und der zukünftigen Hauptgesellschaft vereinbart; in einem solchen Falle könnte – jedenfalls theoretisch – der
Beherrschungsvertrag bestehen bleiben.[499]

Werden die Parteien des Unternehmensvertrages miteinander verschmolzen, endet
der Unternehmensvertrag im Wege der Konfusion. Soll eine der Vertragsparteien des
Unternehmensvertrages indes auf einen dritten Rechtsträger verschmolzen werden,
ist zu unterscheiden: Wird die Obergesellschaft verschmolzen, geht der bestehende
Unternehmensvertrag im Wege der Universalsukzession auf den übernehmenden
Rechtsträger über, und es kommt allenfalls eine Kündigung des Unternehmensvertrages durch die abhängige Gesellschaft aus wichtigem Grund in Betracht. Wird
indes die abhängige Gesellschaft auf eine dritte Gesellschaft verschmolzen, endet ein
Beherrschungs- und Ergebnisabführungsvertrag mit Untergang der Untergesellschaft, wohingegen andere Unternehmensverträge wegen ihres schuldrechtlichen
Austauschcharakters unter Umständen wirksam bleiben.[500] Wird dagegen eine andere
Gesellschaft auf die abhängige Gesellschaft verschmolzen, soll dies nach zutreffender
hM, wenn nicht § 307 AktG eingreift, den Beherrschungsvertrag nicht berühren;[501]
eine Kündigung aus wichtigem Grund bleibt hiervon unberührt.

Andere Formen der Umwandlung nach dem UmwG, insb. die Auf- und Abspaltung, die Ausgliederung und der Formwechsel lassen im Grundsatz, unabhängig
davon, ob von der Strukturmaßnahme der herrschende oder der abhängige Vertragsteil betroffen ist, etwaige Unternehmensverträge unberührt; allenfalls kommt eine
Kündigung aus wichtigem Grund in Betracht. Nach herrschender Meinung kann
der Beherrschungsvertrag im Rahmen einer Spaltung des herrschenden Vertragsteils
einem der übertragenden Rechtsträger zugewiesen werden, während die herrschende
Meinung im Falle einer Aufspaltung der Untergesellschaft vom Erlöschen des Beherrschungsvertrages ausgeht.[502] Bei einem Formwechsel der herrschenden Gesellschaft
kommt ein Erlöschen des Beherrschungsvertrages ausnahmsweise nur dann in Betracht, wenn das Recht der neuen Gesellschaftsform dem Vertrag entgegensteht.[503]

---

[498] Vgl. *Emmerich/Habersack* Konzernrecht § 19 Rn. 53 ff.; MHdB GesR IV/*Krieger* § 71
Rn. 207; *Raiser/Veil* § 62 Rn. 117 ff.
[499] *Emmerich/Habersack* Konzernrecht § 19 Rn. 61; *Emmerich/Habersack* AktG § 297 Rn. 35;
MHdB GesR IV/*Krieger* § 71 Rn. 217; MünchKomm. AktG/Bd. 5/*Altmeppen* § 297 Rn. 142 f.
[500] Vgl. iE MünchKomm. AktG/Bd. 5/*Altmeppen* § 297 Rn. 125 ff.; Münch Hdb. GesR/
Bd. 4/*Krieger* § 71 Rn. 211.
[501] BayObLG 3Z BR 211/03, BeckRS 2003, 30331282; MHdB GesR IV/*Krieger* § 71
Rn. 211; MünchKomm. AktG/Bd. 5/*Altmeppen* § 297 Rn. 133.
[502] MünchKomm. AktG/Bd. 5/*Altmeppen* Rn. 134 f.; *Emmerich/Habersack* AktG § 297
Rn. 46 f.; MHdB GesR IV/*Krieger* § 71 Rn. 212 ff.
[503] Vgl. OLG Düsseldorf 19 W 3/00 AktE, I-19 W, ZIP 2004, 753; MünchKomm. AktG/
Altmeppen § 297 Rn. 137.

2. Wirksamwerden und Rechtsfolgen der Vertragsbeendigung

182 Nach § 298 AktG ist die Beendigung eines Unternehmensvertrages zum Handelsregister anzumelden. Die Eintragung der Vertragsbeendigung hat nur deklaratorische Bedeutung; weil das Bestehen des Unternehmensvertrages einzutragen ist, muss auch die Beendigung verlautbart werden, da das Register sonst unrichtig würde.[504]

183 Mit Beendigung des Unternehmensvertrages erlöschen die unternehmensvertraglichen Bindungen, was zur Folge hat, dass der andere Vertragsteil weder künftige Verluste übernehmen noch weitere Ausgleichs- oder Abfindungsleistungen erbringen muss. Die Leitungsmacht gem. § 308 AktG geht mit Ende des Beherrschungsvertrags unter. Ausgleichsansprüche sind zeitanteilig bis zum Beendigungszeitpunkt zu leisten. Besonders zu beachten ist, dass bei Aufhebung von Beherrschungs- oder Gewinnabführungsverträgen gem. § 303 AktG eine Verpflichtung zur Sicherheitsleistung entsteht.[505] Weitergehende Verpflichtungen des anderen Vertragsteils, der in die Selbstständigkeit entlassenen Gesellschaft eine Art Wiederaufbauhilfe zu leisten, bestehen nicht.[506]

E. Eingliederung

184 Die engste Form einer Konzernverbindung ist die Eingliederung,[507] bei der die **abhängige Gesellschaft wie eine Betriebsabteilung geführt** werden kann. Das Eingliederungsrecht ist eine Besonderheit des deutschen Aktienrechts. Eingliederungen sind daher nur zwischen inländischen AGs möglich.[508] Die Befugnisse des herrschenden Unternehmens gehen über diejenigen im Vertragskonzern hinaus. Das Weisungsrecht der Hauptgesellschaft ist praktisch unbegrenzt (§ 323 Abs. 1 AktG) und die Vermögenssicherung der eingegliederten Gesellschaft wird noch weiter abgeschwächt (§§ 321, 324 AktG).

Die Eingliederung erfolgt gem. § 319 AktG durch Beschluss der Hauptversammlung der einzugliedernden AG. Die Eingliederungsvorschriften beruhen auf der Erwägung, dass ein **Minderheitenschutz (weitgehend) entbehrlich** ist, wenn sich (fast) alle Aktien der einzugliedernden Gesellschaft in der Hand der Obergesellschaft befinden. Minderheitsprobleme kommen lediglich bei der gem. § 320 AktG zulässigen Eingliederung durch Mehrheitsbeschluss (bei 95%igem Aktienbesitz) in Betracht, bei der die Außenseiter gegen eine angemessene Abfindung

---

[504] BGH II ZR 287/90, BGHZ 116, 37 (43 f.) – Stromlieferung; *Emmerich/Habersack* AktG/Bd. 5/ § 298 Rn. 1.

[505] Der Anspruch auf Sicherheitsleistung ist in entsprechender Anwendung der §§ 26, 160 HGB, 327 Abs. 4 AktG auf Verbindlichkeiten beschränkt, die innerhalb von fünf Jahren nach Bekanntmachung der Eintragung der Beendigung des Beherrschungs- und Gewinnabführungsvertrags fällig werden, BGH II ZR 361/13, BGHZ 202, 317 Rn. 15; *Liebscher/Steinbrück* DB 2014, 2950. Vgl. zur Sicherheitsleistung nach § 303 AktG analog bei der Vertragsbeendigung im mehrstufigen Konzern *Leinekugel/Winstel* AG 2012, 389.

[506] OLG Düsseldorf 19 W 13/86, AG 1990, 490 (492) – DAB/Hansa; *Priester* ZIP 1989, 1301 (1305); vgl. weiterführend zu den Risiken aus der Beendigung von Unternehmensverträgen *Goldschmidt/Laeger* NZG 2012, 1201.

[507] Zu den steuerlichen Folgen s. *Hüffer/Koch* AktG § 291 Rn. 39.

[508] Selbst die KGaA hat der Gesetzgeber aus dem Anwendungsbereich des Eingliederungsrechts ausgenommen. *Emmerich/Habersack* AktG § 319 Rn. 5 wollen demgegenüber auch die KGaA in den Anwendungsbereich einbeziehen.

E. Eingliederung

aus der eingegliederten AG zwangsweise ausscheiden (§§ 320a und 320b AktG). Als schutzwürdige Gruppe bleiben dann lediglich die Gläubiger der Untergesellschaft; insoweit statuiert § 322 AktG eine **unmittelbare Haftung der Hauptgesellschaft gegenüber den Gläubigern** der eingegliederten AG.

I. Eingliederung nach § 319 AktG

Besitzt die zukünftige Hauptgesellschaft alle Aktien der einzugliedernden Gesellschaft, setzt der Vollzug der Eingliederung lediglich einen einstimmigen Beschluss der Hauptversammlung der einzugliedernden AG, einen Zustimmungsbeschluss der Hauptversammlung der künftigen Hauptgesellschaft mit einfacher Stimmenmehrheit sowie $^3/_4$-Mehrheit des vertretenen Grundkapitals und die Eintragung der Eingliederung in das für die eingegliederte Gesellschaft zuständige Handelsregister voraus (§ 319 Abs. 1 Satz 1, Abs. 2 Satz 1 und 2, Abs. 4 AktG). 185

1. Voraussetzungen und Verfahren

Die Eingliederung nach § 319 AktG setzt insb. voraus, dass die Hauptgesellschaft dingliche Rechtsinhaberin aller Aktien der einzugliedernden Gesellschaft ist, so dass diese **unmittelbare Inhaberin aller Mitgliedschaftsrechte** sein muss; eine Zurechnung von Mitgliedschaftsrechten von Tochtergesellschaften oder auf Rechnung der Hauptgesellschaft gehaltenen Aktien erfolgt nicht.[509] Die Regelung ist streng anzuwenden, so dass eigene Aktien der einzugliedernden Gesellschaft ein Eingliederungshindernis begründen; umgekehrt sind schuldrechtliche Erwerbspositionen Dritter im Hinblick auf Aktien der einzugliedernden Gesellschaft (zB ein bereits erfolgter, noch nicht vollzogener Kauf der Aktien bzw. Rückübertragungsansprüche aus Sicherungsübereignung) irrelevant.[510] Befinden sich nicht alle Aktien der einzugliedernden Gesellschaft in der Hand der Hauptgesellschaft, ist der Eingliederungsbeschluss gem. § 241 Nr. 3 AktG nichtig.[511] 186

Für die Zustimmung der **Hauptversammlung der einzugliedernden Gesellschaft** sind besondere Formalien nicht vorgeschrieben. Im Ergebnis handelt es sich nach §§ 121 Abs. 6, 130 Abs. 1 Satz 3 AktG um eine Vollversammlung, in der eine Erklärung der Hauptgesellschaft als Alleingesellschafterin der einzugliedernden Gesellschaft, vertreten durch deren Vorstand, zum Hauptversammlungsprotokoll des Aufsichtsratsvorsitzenden der einzugliedernden Gesellschaft ausreichend ist; notarielle Beurkundung ist für den Eingliederungsbeschluss gem. § 121 Abs. 6 AktG nicht erforderlich.[512] Der Beschluss beschränkt sich auf die Anordnung der Eingliederung der Gesellschaft in die Hauptgesellschaft.[513] 187

---

[509] *Emmerich/Habersack* Konzernrecht § 10 Rn. 6; *Hüffer/Koch* AktG § 319 Rn. 4b; MHdB GesR IV/*Krieger* § 74 Rn. 8 f.
[510] *Hüffer/Koch* AktG § 319 Rn. 4b; MHdB GesR IV/*Krieger* § 74 Rn. 8 – aA Kölner Komm./*Koppensteiner* Vorbem. § 319 Rn. 15.
[511] *Hüffer/Koch* AktG § 319 Rn. 4b; MHdB GesR IV/*Krieger* § 74 Rn. 8; *Emmerich/Habersack* AktG § 319 Rn. 9; aA MünchKomm. AktG/Bd. 5/*Grunewald* § 319 Rn. 14.
[512] MünchKomm. AktG/Bd. 5/*Grunewald* § 319 Rn. 16; MHdB GesR IV/*Krieger* § 74 Rn. 10.
[513] Weitere inhaltliche Anforderungen existieren nicht: Vgl. MünchKomm. AktG/Bd. 5/ *Grunewald* § 319 Rn. 16 ff.; Kölner Komm./*Koppensteiner* § 319 Rn. 5 f.; MHdB GesR IV/ *Krieger* § 74 Rn. 9 – aA indes *Hommelhoff* Die Konzernleitungspflicht 1982 S. 349 ff., der fordert, jeder Eingliederungsbeschluss müsse Bestimmungen über die Organisationsstruktur des Konzernverbundes enthalten.

188 Angesichts der Rückwirkungen der Eingliederung auf die Hauptgesellschaft (vgl. Rn. 199 ff.) muss auch die **Hauptversammlung der Hauptgesellschaft** der Eingliederung zustimmen. Der Eingliederungsbeschluss bedarf gem. § 319 Abs. 2 Satz 2 AktG der Stimmenmehrheit sowie der $^3/_4$-Mehrheit des bei der Beschlussfassung vertretenen Grundkapitals. Der Zustimmungsbeschluss der Hauptgesellschaft kann vor oder nach dem Eingliederungsbeschluss der einzugliedernden Gesellschaft eingeholt werden.[514] Inhalt des Zustimmungsbeschlusses ist die Billigung des Eingliederungsbeschlusses der einzugliedernden Gesellschaft. Es bestehen erhebliche **Informationspflichten** gegenüber den Aktionären der Hauptgesellschaft. Von zentraler Bedeutung ist der nach dem Vorbild der §§ 293a AktG, 8 UmwG ausgestaltete Eingliederungsbericht, in dem die Eingliederung rechtlich und wirtschaftlich ausführlich erläutert und begründet werden muss (§ 319 Abs. 3 Satz 1 Nr. 3 AktG); insbesondere ist zu Vor- und Nachteilen sowie Auswirkungen der Eingliederung einschließlich der Risiken, zu denen in Anbetracht der Vorschrift des § 322 AktG auch die Verbindlichkeiten der einzugliedernden Gesellschaft zählen, sowie zu möglichen Handlungsalternativen Stellung zu nehmen.[515] Obwohl eine § 293a Abs. 2 AktG entsprechende Regelung im Eingliederungsrecht fehlt, wird überwiegend davon ausgegangen, dass der Vorstand berechtigt ist, in dem Eingliederungsbericht solche Tatsachen auszuklammern, deren Bekanntwerden geeignet ist, den Beteiligten erhebliche Nachteile zuzufügen.[516] Darüber hinaus steht den Aktionären der Hauptgesellschaft ein über § 131 AktG hinausgehendes Auskunftsrecht zu, welches sich auf alle im Zusammenhang mit der Eingliederung wesentlichen Angelegenheiten der einzugliedernden Gesellschaft, einschließlich aller Informationen, die für die Beurteilung der Vermögens-, Ertrags- und Liquiditätslage der einzugliedernden Gesellschaft von Bedeutung sind, erstreckt (§ 319 Abs. 3 Satz 5 AktG).[517] Streitig ist, ob und inwieweit ein Auskunftsverweigerungsrecht entsprechend § 131 Abs. 3 Satz 1 Nr. 1 AktG gegeben ist.[518]

189 Weitere **Probleme** stellen sich **im mehrstufigen Eingliederungskonzern**. Insoweit ist im Falle der Eingliederung einer Enkelgesellschaft in eine Tochtergesellschaft streitig, ob die Hauptversammlung der Muttergesellschaft analog § 319 Abs. 2 Satz 1 AktG ebenfalls mit dem Eingliederungsvorgang befasst werden muss. Nach allgemeinen Grundsätzen, wonach eine Konzernleitungskontrolle insb. bei Maßnahmen mit Drittbezug zum Tragen kommt, kommt ein Mitwirkungserfordernis allenfalls bei einer Mehrheitseingliederung in Betracht, da in diesem Falle den Aktionären der einzugliedernden Gesellschaft gem. § 320b AktG Aktien der

---

[514] OLG München 7 U 5382/92, AG 1993, 430 – Siemens/Nixdorf; MHdB GesR IV/*Krieger* § 74 Rn. 11; Kölner Komm./*Koppensteiner* § 319 Rn. 8; *Emmerich/Habersack* AktG § 319 Rn. 15.
[515] Vgl. ausführlich zum Inhalt des Eingliederungsberichts *Emmerich/Habersack* AktG § 319 Rn. 20; MünchKomm. AktG/Bd. 5/*Grunewald* § 319 Rn. 22 ff.; *Hüffer/Koch* AktG § 319 Rn. 11; MHdB GesR IV/*Krieger* § 74 Rn. 13.
[516] *Emmerich/Habersack* AktG § 319 Rn. 23; MHdB GesR IV/*Krieger* § 74 Rn. 13.
[517] MünchKomm. AktG/Bd. 5/*Grunewald* § 319 Rn. 32 f.; MHdB GesR IV/*Krieger* § 74 Rn. 14; Kölner Komm./*Koppensteiner* § 319 Rn. 15; *Emmerich/Habersack* AktG § 319 Rn. 22.
[518] Grds. bejahend: MünchKomm. AktG/Bd. 5/*Grunewald* § 319 Rn. 33; MHdB GesR IV/*Krieger* § 73 Rn. 14 – aA Kölner Komm./*Koppensteiner* § 319 Rn. 8; differenzierend *Emmerich/Habersack* AktG § 319 Rn. 23; *Hüffer/Koch* AktG § 319 Rn. 12, wonach jedenfalls Auskünfte über bis zur Eingliederung begründete Verbindlichkeiten nach Art und Höhe nicht verweigert werden dürfen, Einzelheiten hingegen nicht offenzulegen sind.

Tochter als Abfindung zu gewähren sind. Ein solches Erfordernis hätte allenfalls im Innenverhältnis Bedeutung.[519]

2. Wirksamwerden

Die Eingliederung wird mit **Eintragung im Handelsregister** der einzugliedernden Gesellschaft wirksam (§ 319 Abs. 7 AktG). Der Anmeldung sind die Niederschriften der Hauptversammlungsbeschlüsse nebst Anlagen beizufügen (§ 319 Abs. 4 Satz 2 AktG); darüber hinaus muss der Vorstand erklären, dass eine Klage gegen die Wirksamkeit der Hauptversammlungsbeschlüsse nicht oder nicht fristgerecht erhoben bzw. eine solche Klage rechtskräftig abgewiesen oder zurückgenommen worden ist (sog. Negativerklärung nach § 319 Abs. 5 AktG). Daher bewirkt eine Anfechtung des Eingliederungsbeschlusses eine Registersperre. Diese wird sowohl durch Anfechtungs- als auch durch Nichtigkeitsklagen gegen einen der Hauptversammlungsbeschlüsse (§§ 243, 249 AktG) als auch durch sonstige **Klagen von Aktionären**, die die Feststellung der Unwirksamkeit des angegriffenen Hauptversammlungsbeschlusses zum Inhalt haben, ausgelöst.[520]

Die Registersperre kann im **Unbedenklichkeitsverfahren** gem. § 319 Abs. 6 AktG überwunden werden. Die Ausgestaltung dieses Verfahrens hat ebenso wie das Freigabeverfahren nach § 246a AktG umfangreiche Veränderungen durch das **Gesetz zur Umsetzung der Aktionärsrechterichtlinie (ARUG) vom 30.7.2009**[521] erfahren. Zuständig für die nunmehr gem. § 319 Abs. 6 Satz 9 AktG **unanfechtbare Entscheidung** ist das **Oberlandesgericht**, in dessen Bezirk die Gesellschaft ihren Sitz hat (§ 319 Abs. 6 Satz 7 AktG), und zwar als Senat ohne Güteverhandlung (§ 319 Abs. 6 Satz 8 AktG), in dringenden Fällen auch ohne mündliche Verhandlung (§ 319 Abs. 6 Satz 4 AktG). Der gerichtliche Beschluss, dass die Erhebung der Klage gegen den Hauptversammlungsbeschluss der Eintragung nicht entgegensteht (§ 319 Abs. 6 Satz 1 AktG), ergeht, wenn die Klage offensichtlich unzulässig oder offensichtlich unbegründet ist (§ 319 Abs. 6 Satz 3 Nr. 1 AktG), der Kläger nicht binnen einer Woche nach Zustellung des Antrags durch Urkunden nachgewiesen hat, dass er seit Bekanntmachung der Einberufung der Hauptversammlung einen Anteil von mindestens 1.000 EUR am Nennkapital hält (§ 319 Abs. 6 Satz 3 Nr. 2 AktG) oder das alsbaldige Wirksamwerden des Hauptversammlungsbeschlusses vorrangig erscheint, weil die von der Hauptgesellschaft dargelegten wesentlichen Nachteile für die einzugliedernde Gesellschaft und ihre Aktionäre nach freier Überzeugung des Gerichts die Nachteile für den Antragsgegner, der die Anfechtungsklage führt, überwiegen (wobei Letzteres ausnahmsweise dann nicht gilt, wenn eine besondere

---

[519] Die Frage ist außerordentlich umstritten: Ähnlich wie hier Bürgers/Körber/*Fett* AktG § 319 Rn. 8; *Hüffer* AktG, 10. Aufl. 2012, § 319 Rn. 7; *Emmerich/Habersack* AktG § 319 Rn. 16, Spindler/Stilz/*Singhof* AktG § 319 AktG Rn. 10, die darauf abstellen, dass der Eingliederungsvorgang auf Tochterebene wesentliche Bedeutung für die Muttergesellschaft hat. – AA MünchKomm. AktG/Bd. 5/*Grunewald* § 319 Rn. 21; *Hüffer*/*Koch* AktG § 319 Rn. 7; MHdB GesR IV/*Krieger* § 74 Rn. 15, die generell ein Zustimmungserfordernis auf Mutterebene ablehnen, einerseits und *Sonnenschein* BB 1975, 1088 (1091 f.) andererseits, der ein Zustimmungserfordernis generell annimmt und sogar vertritt, dass die Zustimmung auf Mutterebene ins Außenverhältnis durchschlägt; ähnlich Kölner Komm./*Koppensteiner* § 319 Rn. 7, der allerdings dem Zustimmungserfordernis lediglich Bedeutung im Innenverhältnis beimisst.
[520] *Hüffer/Koch* AktG § 319 Rn. 14; MHdB GesR IV/*Krieger* § 74 Rn. 18 – aA *Emmerich/ Habersack* AktG § 319 Rn. 27 im Hinblick auf Feststellungsklagen iSd § 256 ZPO.
[521] BGBl. 2009 I 2479 ff. Das Gesetz dient der Umsetzung der RL 2007/36/EG, geändert durch RL (EU) 2017/828.

Schwere des Rechtsverstoßes gegeben ist, § 319 Abs. 6 Satz 3 Nr. 3 AktG). Die Gesellschaft muss ihren Tatsachenvortrag im Unbedenklichkeitsverfahren iSd § 294 ZPO glaubhaft machen (§ 319 Abs. 6 Satz 6 AktG). Nach § 319 Abs. 6 Satz 1 AktG steht der rechtskräftige Unbedenklichkeitsbeschluss der Negativerklärung nach § 319 Abs. 5 AktG gleich, so dass er die Registersperre überwindet. Erweist sich die Anfechtungsklage als begründet, kann der Antragsgegner des Unbedenklichkeitsverfahrens Ersatz des Schadens verlangen, der ihm aus einer auf dem Beschluss beruhenden Eintragung entstanden ist. Eine erfolgreiche Beschlussanfechtung führt indes, anders als nach bisheriger Rechtslage,[522] nicht mehr dazu, dass eine Verpflichtung zur Rückgängigmachung der Eingliederung besteht; die Rückgängigmachung kann auch nicht als Schadensersatz verlangt werden (§ 319 Abs. 6 Satz 11 AktG).

II. Mehrheitseingliederung nach § 320 AktG

192   Das Gesetz lässt in § 320 Abs. 1 Satz 1 AktG eine Eingliederung durch Mehrheitsbeschluss zu, wenn sich bereits 95% der Aktien in der Hand der zukünftigen Hauptgesellschaft befinden. Die Regelung geht zurück auf das Feldmühle-Urteil des BVerfG[523] und ist mit Art. 14 GG vereinbar.

1. Voraussetzungen und Verfahren

193   Im Zuge der **Berechnung der 95%igen Mehrheit der Hauptgesellschaft** ist – anders als bei Eingliederung 100%iger Töchter – eigener Aktienbesitz der einzugliedernden Gesellschaft vom Grundkapital abzusetzen (§ 320 Abs. 1 Satz 2 AktG). Strittig ist, ob Aktien im Besitz von Töchtern der Hauptgesellschaft entsprechend § 71d AktG wie eigene Aktien zu behandeln sind; überwiegend wird dies verneint, so dass solche Aktien nicht abzusetzen sind.[524] Darüber hinaus ist strittig, ob die künftige Hauptgesellschaft außer einer mindestens 95%igen Kapitalmehrheit auch über eine entsprechende Stimmenmehrheit verfügen muss. Die herrschende Meinung verneint dies im Hinblick auf den eindeutigen Gesetzeswortlaut, so dass beim Besitz von stimmrechtslosen Vorzugs- oder Mehrstimmrechtsaktien allein auf die Kapitalziffer abzustellen ist.[525]

194   Im Grundsatz gelten für Mehrheitseingliederungen die gleichen verfahrensmäßigen Vorschriften wie für die Eingliederung einer 100%igen Tochtergesellschaft (§ 320 Abs. 1 Satz 3 AktG). Dementsprechend bedarf es eines **Zustimmungsbeschlusses der Hauptgesellschaft** mit qualifizierter Mehrheit (§ 319 Abs. 2 AktG)[526] sowie eines Eingliederungsberichts (§ 319 Abs. 3 Satz 1 Nr. 3 AktG);

---

[522] Vgl. etwa *Emmerich/Habersack* AktG § 319 Rn. 43; gegen Anwendung der Lehre von der fehlerhaften Gesellschaft auch OLG Karlsruhe 12 W 21/09, ZIP 2011, 1817.
[523] BVerfG 1 BvR 16/30, BVerfGE 14, 263 (Feldmühle); s. auch BGH II ZR 109/72, WM 1974, 713 (716); OLG Celle 9 U 155/71, WM 1972, 1004 (1010).
[524] Ebenso *Emmerich/Habersack* AktG § 320 Rn. 9; MünchKomm. AktG/Bd. 5/*Grunewald* § 320 Rn. 3; *Hüffer/Koch* AktG § 320 Rn. 4; MHdB GesR IV/*Krieger* § 74 Rn. 34 – aA Kölner Komm./*Koppensteiner* § 320 Rn. 4f.
[525] Vgl. *Emmerich/Habersack* Konzernrecht § 10 Rn. 17; MünchKomm. AktG/Bd. 5/*Grunewald* § 320 Rn. 8; *Hüffer/Koch* AktG § 320 Rn. 4; MHdB GesR IV/*Krieger* § 74 Rn. 34; offen gelassen: OLG Hamm 15 W 291/93, AG 1994, 376 (377) – Siemens/Nixdorf; aA Kölner Komm./*Koppensteiner* § 320 Rn. 76; *von Godin/Wilhelmi* AktG § 320 Anm. 3.
[526] Dem Tagesordnungspunkt ist das konkrete Abfindungsangebot beizufügen, vgl. § 320 Abs. 2 Satz 2 AktG.

E. Eingliederung 195 § 14

darüber hinaus ist das erweiterte Auskunftsrecht der Aktionäre nach § 319 Abs. 3 Satz 5 AktG zu beachten.

Weiterhin existieren einige gesetzlich angeordnete **Besonderheiten**, die auf dem Umstand beruhen, dass bei der Eingliederung nach §§ 320 ff. AktG die Minderheitsaktionäre der einzugliedernden Gesellschaft zwangsweise ausscheiden: Im Eingliederungsbericht des Vorstandes der künftigen Hauptgesellschaft ist Art und Höhe der der ausscheidenden Minderheit gewährten **Abfindung rechtlich und wirtschaftlich zu erläutern** sowie zu begründen; es ist insb. auf etwaige Schwierigkeiten bei der Bewertung der beteiligten Gesellschaften und etwaige hieraus resultierende Folgen für die Beteiligungen der Aktionäre hinzuweisen (§ 320 Abs. 4 Satz 2 AktG).

Weiterhin ist die Eingliederung durch einen auf Antrag des Vorstands der zukünftigen Hauptgesellschaft vom Gericht bestellten Eingliederungsprüfer zu prüfen (§ 320 Abs. 3 AktG). Zuständig ist das Landgericht, in dessen Bezirk die einzugliedernde Gesellschaft ihren Sitz hat (§§ 320 Abs. 3 Satz 3, 293c Abs. 1 Satz 3 AktG), soweit keine Zuständigkeitskonzentration besteht. Auf die Prüfung sind die Vorschriften der §§ 293a Abs. 3, 293c bis 293e AktG sinngemäß anzuwenden (§ 320 Abs. 3 Satz 3 AktG). Die **Eingliederungsprüfung** ist zwar entsprechend §§ 320 Abs. 3 Satz 3, 293a Abs. 3 AktG verzichtbar; realiter kann ein solcher Verzicht allerdings nur in seltenen Fällen realisiert werden, da alle Aktionäre der beteiligten Gesellschaften den Verzicht öffentlich beglaubigt erklären müssen.[527] Der Eingliederungsprüfer hat das Eingliederungsvorhaben zu prüfen (§ 320 Abs. 3 AktG); dies erfordert Prüfungshandlungen im Hinblick auf die Erfüllung der gesetzlichen Voraussetzungen der Mehrheitseingliederung und die Angemessenheit der vorgeschlagenen Abfindung, nicht jedoch hinsichtlich der Zweckmäßigkeit der Maßnahme.[528] Strittig ist, ob Prüfungsgegenstand auch der Eingliederungsbericht des Vorstandes der Hauptgesellschaft ist.[529] Nach §§ 320 Abs. 3 Satz 3, 293e AktG muss der Eingliederungsprüfer über das Ergebnis seiner Prüfungshandlungen schriftlich berichten.

Bei der Mehrheitseingliederung sind im Hinblick auf den **Eingliederungsbeschluss der einzugliedernden Gesellschaft** alle Förmlichkeiten betreffend Ladung und Durchführung einer Hauptversammlung einzuhalten; wegen der Existenz einer Minderheit, die mit Wirksamwerden der Eingliederung aus der Gesellschaft ausscheidet, kommt ein Verzicht auf die Förmlichkeiten gem. § 121 Abs. 6 AktG idR nicht in Betracht. Weiterhin enthält § 320 AktG einige **Besonderheiten**: So muss die Tagesordnung Firma und Sitz der zukünftigen Hauptgesellschaft sowie deren Abfindungsangebot enthalten (§ 320 Abs. 2 Satz 1 AktG); ein Fehlen des Angebots führt zur Anfechtbarkeit des Eingliederungsbeschlusses.[530] Weiterhin müssen von der Einberufung der Hauptversammlung an der Entwurf des Eingliederungsbeschlusses, die letzten drei Jahresabschlüsse und Lageberichte der beteiligten Gesellschaften, der Eingliederungsbericht des Vorstandes der Hauptgesellschaft und der Prüfbericht des Eingliederungsprüfers in den Geschäftsräumen beider

---

[527] *Hüffer/Koch* AktG § 320 Rn. 10 aE; MHdB GesR IV/*Krieger* § 74 Rn. 26.
[528] *Emmerich/Habersack* § 320 Rn. 20; *Hüffer/Koch* AktG § 320 Rn. 12; MHdB GesR IV/ *Krieger* § 74 Rn. 28.
[529] Bejahend LG Berlin 99 O 126/95, AG 1996, 230 (232) rechte Spalte; *Emmerich/Habersack* AktG § 320 Rn. 20; *Hüffer/Koch* AktG § 320 Rn. 12; MHdB GesR IV/*Krieger* § 74 Rn. 28; offenlassend Schmidt/Lutter/*Ziemons* AktG § 320 Rn. 14.
[530] MünchKomm. AktG/Bd. 5/*Grunewald* § 320 Rn. 6 f.; *Hüffer/Koch* AktG § 320 Rn. 7 f.; *Emmerich/Habersack* AktG § 320 Rn. 12 f.

beteiligter Gesellschaften (§ 320 Abs. 4 Satz 1 AktG) auslegen und in der Hauptversammlung selbst (§§ 320 Abs. 4 Satz 3, 319 Abs. 3 Satz 4 AktG) zugänglich gemacht werden; darüber hinaus muss jedem Aktionär, der dies wünscht, eine Abschrift dieser **Unterlagen** unverzüglich und kostenlos erteilt werden (§§ 320 Abs. 4 Satz 1 und 3, 319 Abs. 3 Satz 2 AktG) es sei denn, die entsprechenden Unterlagen sind über die Internetseite der zukünftigen Hauptgesellschaft zugänglich. Der Eingliederungsbeschluss bedarf keiner sachlichen Rechtfertigung im Interesse der einzugliedernden Gesellschaft nach den vom BGH für die Fälle von Bezugsrechtsausschlüssen entwickelten Grundsätzen; es handelt sich um eine gesetzlich vorgeprägte Beschlusssituation, in der der Gesetzgeber die entsprechende Interessenabwägung bereits durch das hohe Kapitalmehrheitserfordernis vorgenommen hat.[531]

2. Abfindungsangebot

196 Die Eingliederung gem. §§ 320 ff. AktG bewirkt einen **Ausschluss der außenstehenden Aktionäre** der einzugliedernden Gesellschaft **gegen Abfindung durch Mehrheitsbeschluss.** Infolge der Eingliederung gehen die Mitgliedschaftsrechte der Außenseiter auf die neue Hauptgesellschaft kraft Gesetzes über, etwaige Aktienurkunden verbriefen nunmehr lediglich den Abfindungsanspruch (§ 320a AktG).

Der Verlust der Mitgliedschaft wird durch den Abfindungsanspruch des § 320b AktG kompensiert, der unter Zugrundelegung der **Verschmelzungswertrelation,** dh desjenigen Umtauschverhältnisses, welches bei einer Verschmelzung der beiden Gesellschaften angemessen wäre, zu berechnen ist. Die Abfindung muss der Höhe nach dem „wirklichen" Wertverhältnis zwischen beiden Gesellschaften entsprechen; insoweit kommen die für die Abfindung bei Unternehmensverträgen entwickelten Grundsätze zum Tragen.[532] Als **Regelabfindung** ist gesetzlich die Gewährung von **Aktien der Hauptgesellschaft** vorgesehen (§ 320b Abs. 1 Satz 2 AktG); die entsprechenden Aktien kann sich die Hauptgesellschaft durch ein bedingtes Kapital (§ 192 Abs. 2 Nr. 2 AktG) oder den Erwerb eigener Aktien (§ 71 Abs. 1 Nr. 3 AktG) verschaffen, wobei im Rahmen der Stückelung der jungen Aktien umfassend Rücksicht auf die Interessen der abzufindenden Minderheitsaktionäre zu nehmen ist.[533] Falls die Hauptgesellschaft ihrerseits von einem Drittunternehmen abhängig ist (oder es sich um eine Gebietskörperschaft handelt[534]), gewährt § 320b Abs. 1 Satz 3 AktG den ausscheidenden Aktionären ein Wahlrecht zwischen Aktien der Hauptgesellschaft und einer angemessenen Barabfindung;[535] demgegenüber sieht das Gesetz in diesen Fällen keine Abfindung in Aktien des über die Hauptgesellschaft herrschenden Unternehmens vor, und auch eine analoge Anwendung des § 305 Abs. 2 Nr. 2 AktG wird überwiegend abgelehnt.[536] Allerdings geht die ganz herrschende Meinung davon aus, dass im Falle einer **„Ketteneingliederung",**

---

[531] *Emmerich/Habersack* AktG § 320b Rn. 21; MünchKomm. AktG/Bd. 5/*Grunewald* § 320 Rn. 9; MHdB GesR IV/*Krieger* § 74 Rn. 32.

[532] Vgl. Rn. 157 ff.

[533] LG Berlin 99 O 126/95, AG 1996, 230 (232); *Emmerich/Habersack* Konzernrecht § 10 Rn. 32.

[534] Vgl. BGH II ZR 123/76, BGHZ 69, 334 (VEBA/Gelsenberg).

[535] Vgl. im Hinblick auf die Ausübung des Wahlrechts *Emmerich/Habersack* AktG § 320b Rn. 11; Kölner Komm./*Koppensteiner* § 320b Rn. 15 und MHdB GesR IV/*Krieger* § 74 Rn. 36, 46.

[536] *Emmerich/Habersack* AktG § 320b Rn. 9; MünchKomm. AktG/Bd. 5/*Grunewald* AktG § 320b Rn. 6; *Hüffer/Koch* AktG § 320b Rn. 6 – aA *Kamprad/Römer* AG 1990, 486 (487 f.).

E. Eingliederung

dh im Falle der Eingliederung einer Gesellschaft in eine ihrerseits eingegliederte Hauptgesellschaft, Aktien der Muttergesellschaft zu gewähren sind, um eine Beendigung des Eingliederungsverhältnisses auf der vorgelagerten Stufe gem. § 327 Abs. 1 Nr. 3 AktG zu vermeiden.[537] Für den Fall, dass eine börsennotierte Gesellschaft in eine nicht-börsennotierte Gesellschaft eingegliedert wird, wird vertreten, dass hier ebenfalls ein Wahlrecht bestehe, und zwar zwischen Barabfindung und Aktien der Hauptgesellschaft.[538] Durch die Eingliederung wird darüber hinaus die Rechtsposition der Inhaber von Optionen auf Aktien der eingegliederten Gesellschaft beeinträchtigt; nach herrschender Meinung sind derartige noch nicht ausgeübte bzw. noch nicht bediente Optionen analog §§ 320a, 320b AktG, 23, 36 Abs. 1 UmwG durch entsprechende Rechte gegen die Hauptgesellschaft zu ersetzen.[539]

Das Abfindungsangebot zugunsten der Minderheitsaktionäre der Untergesellschaft wird von der Hauptgesellschaft unterbreitet. Trotz Eingliederungsprüfung ist nicht sichergestellt, dass die angebotene Abfindung tatsächlich immer eine adäquate Kompensation des eintretenden Rechtsverlustes ist. Aufgrund dessen kann jeder ausgeschiedene Aktionär die gerichtliche **Überprüfung der Angemessenheit der Abfindung im Wege eines Spruchverfahrens** binnen drei Monaten seit dem Tag der Bekanntmachung der Eintragung der Eingliederung in das Handelsregister beantragen (§ 320b Abs. 2 Satz 2 AktG; § 4 Abs. 1 SpruchG). Zuständig ist das Landgericht – Kammer für Handelssachen – in dessen Bezirk die Gesellschaft ihren Sitz hat (§ 2 Abs. 1 SpruchG, § 95 Abs. 2 Nr. 2 GVG), wenn nicht eine Zuständigkeitskonzentration bei einem anderen Landgericht besteht (vgl. § 71 Abs. 2 Nr. 4 Buchst. e, Abs. 4 GVG). Die gerichtliche Bestimmung der Abfindung kann auch dann verlangt werden, wenn eine Abfindung gar nicht oder nicht ordnungsgemäß angeboten wurde und eine hierauf gestützte Anfechtungsklage innerhalb der Anfechtungsfrist nicht erhoben oder zurückgenommen oder rechtskräftig abgewiesen worden ist (§ 320b Abs. 2 Satz 3 AktG).

Modifikationen des Abfindungsangebots durch das Gericht wirken zugunsten aller abfindungsberechtigter Aktionäre und ihrer Rechtsnachfolger, so dass denjenigen Aktionären, die das Abfindungsangebot angenommen haben, ein **Abfindungsergänzungsanspruch** zusteht.[540] Schwierige verfahrensrechtliche Probleme im Rahmen des Spruchverfahrens treten im mehrstufigen Eingliederungskonzern auf, wenn die eingegliederte Gesellschaft als Abfindungsschuldnerin an anderweitigen Spruchverfahren beteiligt ist.[541]

---

[537] BGH II ZB 5/97, BGHZ 138, 224 (225 ff.); OLG Nürnberg 12 W 3317/95, AG 1996, 229 (230); LG Dortmund 20 AktE 10/95, AG 1995, 518 (519); 20 AktE 2/95, AG 1996, 426 (427); *Emmerich/Habersack* AktG § 320b Rn. 10; MünchKomm. AktG/Bd. 5/*Grunewald* § 320b Rn. 7; *Hüffer/Koch* AktG § 320b Rn. 6; MHdB GesR IV/*Krieger* § 74 Rn. 37; Kölner Komm./ *Koppensteiner* § 320b Rn. 7 (entgegen der Vorauflage).

[538] *Emmerich/Habersack* Konzernrecht § 10 Rn. 31, die dies damit begründen, dass die Eingliederung hier dieselbe Wirkung habe wie ein Delisting, für welches der BGH in der „Macroton"-Entscheidung einen Anspruch der (Minderheits-)Aktionäre auf Abfindung aus Art. 14 Abs. 1 GG hergeleitet hat, BGH II ZR 133/01, BGHZ 153, 47; aA Bürgers/Körber/ *Fett* AktG § 320b Rn. 3.

[539] BGH II ZR 117/97, NJW 1998, 2146; OLG München 7 U 5382/92, WM 1993, 1285 (1288); Bürgers/Körber/*Fett* AktG § 320b AktG Rn. 6; MünchKomm. AktG/Bd. 5/*Grunewald* AktG § 320b Rn. 15; *Emmerich/Habersack* AktG § 320b Rn. 8; *Hüffer/Koch* AktG § 320b Rn. 4 – aA anscheinend OLG Hamm 15 W 291/93, AG 1994, 376 (378) – Siemens/Nixdorf; Schmidt/Lutter/*Ziemons* AktG § 320b Rn. 7 iVm § 320a Rn. 6 f.

[540] Kölner Komm./*Koppensteiner* § 320b Rn. 19; MIIdB GesR IV/*Krieger* § 74 Rn. 43.

[541] Vgl. *Emmerich/Habersack* Konzernrecht § 10 Rn. 40 mwN.

3. Wirksamwerden der Eingliederung

198 Im Hinblick auf das Wirksamwerden der Eingliederung durch deren **Eintragung** bestehen keine Besonderheiten, so dass die bereits im Zusammenhang mit einer Eingliederung einer 100%igen Tochtergesellschaft dargelegten Grundsätze zum Tragen kommen. Allerdings ist die drohende **Registersperre** gem. §§ 320 Abs. 1 Satz 3, 319 Abs. 5 AktG und das **Unbedenklichkeitsverfahren** gem. §§ 320 Abs. 1 Satz 3, 319 Abs. 6 AktG bei der Mehrheitseingliederung **von größerer praktischer Bedeutung,** da der Eingliederungsbeschluss der einzugliedernden Gesellschaft keine bloße Formalie ist und in Anbetracht des gesetzlich angeordneten Zwangsausscheidens der Minderheitsaktionäre mit Opposition zu rechnen ist.

Für die Geltendmachung von Mängeln des Eingliederungsbeschlusses kommen die allgemeinen Grundsätze zum Tragen. Ein Beschlussmangel, der zur Anfechtung des Eingliederungsbeschlusses berechtigt, besteht insb. dann, wenn die gesetzlichen Voraussetzungen einer Mehrheitseingliederung nach § 320 AktG nicht vorliegen,[542] oder wenn das Abfindungsangebot, der Eingliederungsbericht oder der Prüfungsbericht der Eingliederungsprüfer mangelhaft ist.[543] Demgegenüber kann wegen der Verfolgung von Sondervorteilen (§ 243 Abs. 2 AktG) sowie wegen der Unangemessenheit der angebotenen Abfindung nicht angefochten werden (§ 320b Abs. 2 Satz 1 AktG); in Bezug auf Letzteres sind die Aktionäre der einzugliedernden Gesellschaft gem. § 320b Abs. 2 Satz 2 AktG auf das Spruchverfahren als einfacheren Rechtsbehelf verwiesen. Bei nicht oder nicht ordnungsgemäß angebotener Abfindung kommt aber grds. eine Anfechtung in Betracht; scheidet eine Anfechtung wegen Zeitablaufs aus, greift subsidiär das Spruchverfahren (vgl. § 320b Abs. 2 Satz 3 AktG; Rn. 197). Fraglich ist, ob die Verletzung von Auskunfts- und Berichtspflichten im Zusammenhang mit der nach § 320b AktG geschuldeten Abfindung zur Anfechtung berechtigt oder ob auch insoweit die Aktionäre der Untergesellschaft auf das Spruchverfahren zu verweisen sind; in Anbetracht der neueren Rechtsprechung des BGH zu dieser Frage spricht viel dafür, dass derartige abfindungsbezogene Informationspflichtverletzungen nicht mehr zur Anfechtung berechtigen.[544]

III. Gläubigerschutz

199 Gemäß § 322 AktG haftet die Hauptgesellschaft akzessorisch für sämtliche Alt- und Neuschulden der Untergesellschaft. Die herrschende Meinung nimmt die Hauptgesellschaft nicht nur monetär, sondern auch für die Erfüllung der sonstigen Verbindlichkeiten der eingegliederten Gesellschaft in die Pflicht.[545] Schwierigkeiten bereitet das gesetzlich angeordnete **Gesamtschuldverhältnis zwischen Haupt- und Untergesellschaft** im Hinblick auf Einwendungen. Im Ergebnis kann die für eine Verbindlichkeit der Tochter in Anspruch genommene Hauptgesellschaft

---

[542] OLG Hamm, 15 W 314/78, AG 1980, 79 (GBAG/VEBA); 15 W 291/93, AG 1994, 376 (377 f.) – Siemens/Nixdorf.

[543] BGH II ZR 123/76, BGHZ 69, 334 (335, 343) – VEBA/Gelsenberg; LG Berlin 99 O 126/95, AG 1996, 230 (232) – Brau & Brunnen AG.

[544] Vgl. BGH II ZR 1/99, ZIP 2001, 199 (MEZ); II ZR 368/99, ZIP 2001, 412 (Aqua Butzke); *Emmerich/Habersack* Konzernrecht § 10 Rn. 26 – aA *Hoffmann-Becking* RWS-Forum Gesellschaftsrecht 2001, S. 55, 67.

[545] *Emmerich/Habersack* AktG § 322 Rn. 6; MünchKomm. AktG/Bd. 5/*Grunewald* § 322 Rn. 3; *Hüffer/Koch* AktG § 322 Rn. 4; MHdB GesR IV/*Krieger* § 74 Rn. 46 – aA Kölner Komm./*Koppensteiner* § 322 Rn. 7 ff., der nur von einer Einstandsverpflichtung ausgeht.

E. Eingliederung 200–202 § 14

alle **Einwendungen** geltend machen, die in ihrer eigenen Person und in der Person der Untergesellschaft begründet sind (§ 322 Abs. 2 AktG); §§ 423, 425 BGB, die teilweise Einreden nur demjenigen Gesamtschuldner gewähren, in dessen Person sie verwirklicht werden, finden keine Anwendung.[546] Weiterhin steht der Hauptgesellschaft ein Leistungsverweigerungsrecht gem. § 322 Abs. 3 AktG zu, solange die Untergesellschaft das der Verbindlichkeit zugrunde liegende Rechtsgeschäft anfechten kann oder gegen die Verbindlichkeit mit einer fälligen Gegenforderung aufgerechnet werden kann.

Im Übrigen gewährt § 321 Abs. 1 AktG einen **besonderen Schutz für Altgläubiger**, indem diese berechtigt sind, innerhalb von 6 Monaten nach Bekanntmachung der Eintragung der Eingliederung für ihre Forderung **Sicherheitsleistung** zu verlangen (soweit sie nicht ausnahmsweise schon iSd § 321 Abs. 2 AktG gesichert sind); der Anspruch auf Sicherheitsleistung richtet sich primär gegen die eingegliederte Gesellschaft, kann jedoch wegen der akzessorischen Mithaftung der Hauptgesellschaft auch gegen diese verfolgt werden.[547] Selbstständige Bedeutung kommt dem Anspruch bei Zweifeln an der Liquidität der Hauptgesellschaft zu.[548]

IV. Wirkung der Eingliederung

Die vollzogene Eingliederung ist durch das Fehlen schutzwürdiger Außenseiter 201 und einen umfassenden Gläubigerschutz gekennzeichnet. Durch die Leistungen zugunsten der Außenseiter und der Gläubiger nimmt die Hauptgesellschaft erhebliche Lasten auf sich, deren Korrelat die umfassenden Leitungsbefugnisse und die weitgehende Dispositionsbefugnis der Hauptgesellschaft über das Vermögen der eingegliederten Gesellschaft sind.

1. Weisungsrecht

§ 323 Abs. 1 Satz 1 AktG gewährt der Hauptgesellschaft gegenüber dem Vorstand 202 der eingegliederten Gesellschaft ein nahezu unbeschränktes Weisungsrecht. Die Schranken des beherrschungsvertraglichen Weisungsrechts gelten nicht, so dass auch Weisungen erteilt werden dürfen, die nicht durch Belange der Hauptgesellschaft bzw. von mit der Gesellschaft konzernverbundenen Unternehmen gedeckt sind[549] oder sogar (willkürlich) die Existenzfähigkeit der eingegliederten Gesellschaft in Frage stellen;[550] **unzulässig** sind lediglich **gesetzes- und sittenwidrige Weisungen**.[551] Spiegelbildlich zum umfassenden Weisungsrecht der Hauptgesellschaft besteht eine korrespondierende Folgepflicht des Tochter-Vorstandes.

Bei Verletzungen der Schranken der Leitungsmacht kommen **Schadensersatzpflichten der Organmitglieder** der beteiligten Gesellschaften gem. § 323 Abs. 1 Satz 2 AktG iVm §§ 309, 310 AktG in Betracht. Hiernach haften die Mitglieder des Vorstandes der Hauptgesellschaft gegenüber der Untergesellschaft, wenn sie das

---

[546] Vgl. MHdB GesR IV/*Krieger* § 74 Rn. 47; *Emmerich/Habersack* AktG § 322 Rn. 10 ff.
[547] *Emmerich/Habersack* Konzernrecht § 10 Rn. 43; MHdB GesR IV/*Krieger* § 74 Rn. 44.
[548] *Hüffer/Koch* AktG § 321 Rn. 1.
[549] *Hüffer/Koch* AktG § 323 Rn. 3; Kölner Komm./*Koppensteiner* § 323 Rn. 2; *Emmerich/Habersack* Konzernrecht § 10 Rn. 52.
[550] *Emmerich/Habersack* § 323 Rn. 2; MHdB GesR IV/*Krieger* § 74 Rn. 48; *Raiser/Veil* § 63 Rn. 10 – offen gelassen bei *Hüffer/Koch* § 323 Rn. 3.
[551] *Emmerich/Habersack* Konzernrecht § 10 Rn. 52; *Hüffer/Koch* AktG § 323 Rn. 3; Kölner Komm./*Koppensteiner* § 321 Rn. 4.

Weisungsrecht unter Verletzung der Sorgfalt eines ordentlichen und gewissenhaften Geschäftsleiters ausüben; entsprechend haften die Mitglieder von Vorstand und Aufsichtsrat der eingegliederten Gesellschaft, wenn sie in diesem Zusammenhang ihre eigenen Pflichten verletzt haben.[552]

203 Darüber hinaus stellt sich die Frage, ob eine **Konzernleitungspflicht** der Hauptgesellschaft im Eingliederungskonzern besteht. Insoweit gelten die allgemeinen Grundsätze, so dass der Vorstand der Hauptgesellschaft seiner eigenen Gesellschaft gegenüber im Grundsatz verpflichtet ist, die ihm zur Verfügung stehenden Einflusspotenziale zu nutzen, wohingegen im Verhältnis zur eingegliederten Gesellschaft keine Verpflichtung zur Ausübung des Weisungsrechts existiert.[553]

2. Vermögenszugriff und Verlustausgleichspflicht

204 Im Eingliederungskonzern steht das Vermögen der eingegliederten Gesellschaft weitgehend zur freien Disposition der Hauptgesellschaft; durch § 323 Abs. 2 AktG werden die **Kapitalaufbringungs- und -erhaltungsregeln** der §§ 57, 58 und 60 AktG **verdrängt**. Darüber hinaus befreit § 324 Abs. 1 AktG von der Verpflichtung zur Bildung und Dotierung einer gesetzlichen Rücklage gem. § 150 AktG. Eine in der eingliederungsfreien Zeit gebildete gesetzliche Rücklage kann aufgelöst und frei verwandt werden, sofern keine statutarische Verpflichtung zur Rücklagenbildung besteht; existieren entsprechende Satzungsregelungen, setzt die Auflösung einer satzungsmäßigen Rücklage die Aufhebung der entsprechenden Satzungsbestimmung voraus, da das Eingliederungsverhältnis insoweit die Satzung der Gesellschaft nicht überlagert.[554] Als Korrelat dieser weitreichenden Zugriffsrechte ist die Hauptgesellschaft neben der Mithaftung für Verbindlichkeiten der Untergesellschaft im Außenverhältnis gem. § 324 Abs. 3 AktG verpflichtet, jeden Bilanzverlust der Tochter auszugleichen, soweit der Verlust durch Kapital- und Gewinnrücklagen nicht mehr gedeckt ist.

205 Aus steuerlichen Gründen besteht häufig neben dem Eingliederungsverhältnis ein **Gewinnabführungsvertrag**. § 324 Abs. 2 AktG enthält insoweit Sonderbestimmungen, wonach ein entsprechender Gewinnabführungsvertrag durch die Eingliederung nicht aufgehoben wird, die vertragskonzernrechtlichen Schutzvorschriften zur Sicherung der Gesellschaft, der Außenseiter und Gläubiger unanwendbar sind sowie die Änderung und Aufhebung des Vertrages lediglich der Schriftform bedürfen.

V. Beendigung

206 Die Beendigung des Eingliederungsverhältnisses ist in § 327 AktG enumerativ geregelt, die Regelung ist nicht dispositiv;[555] im Ergebnis endet die Eingliederung immer dann, wenn eine der Eingliederungsvoraussetzungen nach §§ 319, 320 AktG entfallen ist.

---

[552] Vgl. *Emmerich/Habersack* AktG § 323 Rn. 8 ff.; Kölner Komm./*Koppensteiner* § 323 Rn. 13 ff.
[553] MünchKomm. AktG/Bd. 5/*Grunewald* § 323 Rn. 11; Kölner Komm./*Koppensteiner* § 323 Rn. 12; MHdB GesR IV/*Krieger* § 74 Rn. 50; *Emmerich/Habersack* Konzernrecht § 10 Rn. 53.
[554] *Hüffer/Koch* AktG § 324 Rn. 2; MHdB GesR IV/*Krieger* § 74 Rn. 56; *Emmerich/Habersack* § 324 Rn. 4; MünchKomm. AktG/Bd. 5/*Grunewald* § 324 Rn. 2.
[555] Kölner Komm./*Koppensteiner* § 327 Rn. 5; *Hüffer/Koch* AktG § 327 Rn. 2; MHdB GesR IV/*Krieger* § 74 Rn. 61; *Emmerich/Habersack* AktG § 327 Rn. 3.

E. Eingliederung

Nach § 327 Abs. 1 Nr. 1 AktG endet die Eingliederung im Falle eines entsprechenden **Beschlusses der Hauptversammlung** der eingegliederten Gesellschaft, bei der es sich indes um eine 100%ige Tochtergesellschaft der Hauptgesellschaft handelt, so dass der Vorstand der Hauptgesellschaft über das Ende des Eingliederungsverhältnisses befindet. Eine Zustimmung der Hauptversammlung der Hauptgesellschaft ist gesetzlich nicht vorgesehen;[556] auch eine Zustimmungspflicht nach den Grundsätzen der Holzmüller-Entscheidung soll – soweit diese Frage im Schrifttum überhaupt diskutiert wird – nicht in Betracht kommen.[557] Unter den Voraussetzungen des § 111 Abs. 4 Satz 2 AktG ist jedoch die Zustimmung des Aufsichtsrats erforderlich.[558]

Da ein Eingliederungsverhältnis nur zwischen inländischen AGs möglich ist, endet das Eingliederungsverhältnis ferner gem. § 327 Abs. 1 Nr. 2 AktG im Falle einer **Änderung der Rechtsform** der Hauptgesellschaft und einer **Verlegung ihres Sitzes ins Ausland**; gleiches gilt im Falle einer Änderung der Rechtsform bzw. der Begründung eines Auslandssitzes der eingegliederten Gesellschaft.[559] Weiterhin endet die Eingliederung, wenn die **eingegliederte Gesellschaft nicht mehr 100%ige Tochtergesellschaft** der Hauptgesellschaft ist (§ 327 Abs. 1 Nr. 3 AktG), wobei selbst der Anteilserwerb durch eine 100%ige Tochtergesellschaft schädlich ist.[560] Schließlich endet die Eingliederung gem. § 327 Abs. 1 Nr. 4 AktG durch die **Auflösung** der Hauptgesellschaft; auch die Auflösung der eingegliederten Gesellschaft ist schädlich.[561]

Als problematisch erweist sich der Fall der Verschmelzung. Die Verschmelzung der Hauptgesellschaft wird von der (noch) herrschenden Meinung als eine Auflösung angesehen, während eine im Vordringen befindliche Meinung davon ausgeht, dass die Verschmelzung der Hauptgesellschaft auf eine andere AG den Übergang des Eingliederungsverhältnisses auf die übernehmende AG zur Folge hat.[562] Demgegenüber soll die Verschmelzung der eingegliederten Gesellschaft auf eine andere Gesellschaft stets zum Ende der Eingliederung führen.[563] Abspaltung und Ausgliederung von Vermögensteilen der Hauptgesellschaft berühren dagegen die Eingliederung nicht; das gilt auch für den Fall, dass das Eingliederungsverhältnis nebst der zugrundeliegenden Beteiligung selbst Gegenstand der Übertragung ist und eine Fortführung durch den Erwerber möglich ist.[564]

Mit Eintritt eines der vorgenannten Tatbestände endet das Eingliederungsverhältnis automatisch; die in § 327 Abs. 3 AktG vorgeschriebene **Eintragung der**

---

[556] Kölner Komm./*Koppensteiner* § 327 Rn. 7; MünchKomm. AktG/Bd. 5/*Grunewald* § 327 Rn. 2; MHdB GesR IV/*Krieger* § 74 Rn. 62; *Emmerich/Habersack* AktG § 327 Rn. 4.

[557] Vgl. *Emmerich/Habersack* AktG § 327 Rn. 4.

[558] Vgl. MHdB GesR IV/*Krieger* § 74 Rn. 62; *Emmerich/Habersack* AktG § 327 Rn. 4.

[559] *Emmerich/Habersack* AktG § 327 Rn. 10 f.; MHdB GesR IV/*Krieger* § 74 Rn. 63; Kölner Komm./*Koppensteiner* § 327 Rn. 11 (entgegen der Vorauflage).

[560] Kölner Komm./*Koppensteiner* § 327 Rn. 12; MHdB GesR IV/*Krieger* § 74 Rn. 74; *Emmerich/Habersack* AktG § 327 Rn. 10.

[561] Kölner Komm./*Koppensteiner* § 327 Rn. 16; MHdB GesR IV/*Krieger* § 74 Rn. 65 f.

[562] Im letzten Sinne: MünchKomm. AktG/Bd. 5/*Grunewald* § 327 Rn. 8; MHdB GesR IV/*Krieger* § 74 Rn. 65; *Emmerich/Habersack* AktG § 327 Rn. 8; Kölner Komm./*Koppensteiner* § 327 Rn. 15 (entgegen der Vorauflage); *Hüffer/Koch* AktG § 327 Rn. 4 – aA Begr. RegE zu § 327 AktG, abgedr. bei *Kropff* S. 432.

[563] Kölner Komm./*Koppensteiner* § 327 Rn. 16; MHdB GesR IV/*Krieger* § 74 Rn. 66; Schmidt/Lutter/*Ziemons* § 327 Rn. 9.

[564] MHdB GesR IV/*Krieger* § 73 Rn. 65; *Emmerich/Habersack* AktG § 327 Rn. 9; MünchKomm. AktG/Bd. 5/*Grunewald* § 327 Rn. 8 – aA Kölner Komm./*Koppensteiner* § 327 Rn. 16.

Beendigung des Eingliederungsverhältnisses im Handelsregister hat **lediglich deklaratorische Bedeutung.** Ungeachtet der Beendigung des Eingliederungsverhältnisses haftet die Hauptgesellschaft für Altverbindlichkeiten der ehemals eingegliederten Gesellschaft fort. Die Ansprüche gegen die frühere Hauptgesellschaft verjähren in fünf Jahren seit Bekanntmachung des Endes der Eingliederung (§ 327 Abs. 4 AktG). Die Mithaftung der Hauptgesellschaft für Ansprüche aus Dauerschuldverhältnissen besteht für diejenigen Verbindlichkeiten fort, die innerhalb des 5-Jahreszeitraums fällig und gerichtlich geltend gemacht werden.[565] Eine Verpflichtung der Hauptgesellschaft, Wiederaufbauhilfen für die eingegliederte Gesellschaft zu leisten, besteht selbst in einem rigoros durchgeführten Eingliederungsverhältnis nicht.[566]

F. Konzernsteuerrecht

I. Organschaft

1. Überblick

208 Verbundene Unternehmen (§ 15 AktG), auch Konzernunternehmen (§ 18 AktG), sind grundsätzlich selbstständige Steuersubjekte. Unter dem Begriff „Organschaft" wird die **Zusammenfassung von rechtlich selbstständigen Unternehmen zu einer Art wirtschaftlichen Einheit für steuerliche Zwecke** verstanden. Die Organschaft kennen das Körperschaft-, das Gewerbe-, das Umsatz- und das Grunderwerbsteuerrecht. Anderen Steuerarten (zB der Versicherungsteuer) ist das Rechtsinstitut der Organschaft dagegen fremd. Die **Steuerarten, die die Organschaft kennen, stellen keine einheitlichen Anforderungen**, ihnen ist allerdings gemeinsam, dass ein Unternehmen, das man als Organgesellschaft bezeichnet, in ein anderes Unternehmen (den Organträger) eingegliedert sein muss. Mindestanforderung ist eine finanzielle Eingliederung. Zusätzlich verlangen die körperschaft- und die gewerbesteuerliche Organschaft einen wirksamen Ergebnisabführungsvertrag, der tatsächlich durchgeführt wird, während die umsatz- und die grunderwerbsteuerliche Organschaft zusätzlich auf eine organisatorische und wirtschaftliche Eingliederung abstellen. Auch die Anforderungen an Organträger und Organgesellschaft sowie die Rechtsfolgen sind teilweise unterschiedlich. Aktiengesellschaften kommen jedoch grundsätzlich in allen Steuerarten als Organträger und als Organgesellschaft in Betracht.

209 Die folgende Übersicht stellt die wesentlichen **Unterschiede zwischen der Organschaft in den einzelnen Steuerarten** dar:

---

[565] *Hüffer/Koch* AktG § 327 Rn. 7; *Emmerich/Habersack* § 327 Rn. 14; MHdB GesR IV/*Krieger* § 74 Rn. 68.
[566] MHdB GesR IV/*Krieger* § 74 Rn. 67.

F. Konzernsteuerrecht

	Körperschaftsteuerliche Organschaft	Gewerbesteuerliche Organschaft	Umsatzsteuerliche Organschaft	Grunderwerbsteuerliche Organschaft
Rechtsgrundlage	§§ 14–19 KStG	§ 2 Abs. 2 Satz 2 GewStG	§ 2 Abs. 2 Nr. 2 UStG	§ 1 Abs. 4 Nr. 2 Buchst. b GrEStG
Anforderungen an Organträger	Gewerbliches Unternehmen einer natürlichen Person oder einer nicht von der Körperschaftsteuer befreiten Körperschaft, Personenvereinigung oder Vermögensmasse	Gewerbliches Unternehmen einer natürlichen Person oder einer nicht von der Körperschaftsteuer befreiten Körperschaft, Personenvereinigung oder Vermögensmasse	Unternehmen mit Geschäftsleitung im Inland oder inländischer Unternehmensteil eines ausländischen Unternehmens	Natürliche Person, juristische Person, Personengesellschaft
Anforderungen an Organgesellschaft	Kapitalgesellschaften mit Geschäftsleitung im Inland und Sitz im Inland oder in einem anderen EU-/EWR-Mitgliedstaat	Kapitalgesellschaften mit Geschäftsleitung im Inland und Sitz im Inland oder in einem anderen EU-/EWR-Mitgliedstaat	Juristische Person des Privatrechts; aufgrund europarechtskonformer Auslegung auch Personengesellschaften[567]	Juristische Person[568]
Eingliederungsanforderungen	Finanzielle Eingliederung	Finanzielle Eingliederung	• Finanzielle Eingliederung • Wirtschaftliche Eingliederung • Organisatorische Eingliederung	• Finanzielle Eingliederung • Wirtschaftliche Eingliederung • Organisatorische Eingliederung
Erforderlichkeit eines Gewinnabführungsvertrags?	+	+	–	–

---

[567] Personengesellschaften sind nach Europarecht grds. als Organgesellschaft möglich, ohne dass ein Steuerpflichtiger sich für die Zulässigkeit der Organschaft direkt auf die zugrundeliegende EU-Richtlinienvorschrift berufen kann. Wie weit eine europarechtskonforme Auslegung des deutschen Rechts entgegen dem Gesetzeswortlaut, der sich auf juristische Personen beschränkt, in Betracht kommt, ist umstritten, vgl. Rn. 323.

[568] Unter engen Voraussetzungen dürften auch Personengesellschaften als Organgesellschaften in Betracht kommen; vgl. Boruttau/*Meßbacher-Hönsch* GrEStG § 1 Rn. 1098–1100 mwN.

	Körperschaft-steuerliche Organschaft	Gewerbe-steuerliche Organschaft	Umsatz-steuerliche Organschaft	Grunderwerb-steuerliche Organschaft
Rechts-grundlage	§§ 14–19 KStG	§ 2 Abs. 2 Satz 2 GewStG	§ 2 Abs. 2 Nr. 2 UStG	§ 1 Abs. 4 Nr. 2 Buchst. b GrEStG
Wesentliche Rechtsfolgen	Getrennte Einkommensermittlung bei Organträger und Organgesellschaft unter Berücksichtigung von §§ 15, 16 KStG Keine Nutzung vororganschaftlicher Verluste der Organgesellschaft während Organschaft Zurechnung des Einkommens der Organgesellschaft zum Organträger	Organgesellschaft gilt als Betriebsstätte des Organträgers Rechtsfolgen grds. analog körperschaftsteuerlicher Organschaft	Nur Organträger, nicht jedoch Organgesellschaft ist Unternehmer Leistungen im Organkreis unterliegen nicht der Umsatzsteuer	Erweiterung des Tatbestands der Anteilsvereinigung Grunderwerbsteuerpflicht des Organträgers in Bezug auf Grundstücke der Organgesellschaft

Im Folgenden sollen die Voraussetzungen und Rechtsfolgen der ertragsteuerlichen Organschaft, dh der körperschaftsteuerlichen und der gewerbesteuerlichen Organschaft, sowie der umsatzsteuerlichen Organschaft näher dargestellt werden. Auf eine vertiefte Darstellung der grunderwerbsteuerlichen Organschaft soll dagegen an dieser Stelle verzichtet werden.[569]

2. Die Organschaft im Ertragsteuerrecht

210 Schrifttum: *Benecke/Schnitger* Wichtige Änderungen bei der körperschaftsteuerlichen Organschaft durch das UntStG 2013, IStR 2013, 143; *Dötsch/Pung* Gesetz zur Änderung und Vereinfachung der Unternehmensbesteuerung und des steuerlichen Reisekostenrechts: Die Änderungen bei der Organschaft, DB 2013, 305; *Füger* Steuerplanerische Überlegungen nach den Änderungen bei der ertragsteuerlichen Organschaft, BB 2003, 1755; *Fuhrmann* Organschaft als steuerliches Gestaltungsinstrument, KÖSDI 2008, 15989; *Goller* Die Organschaft – Chance auch für kleine Unternehmensgruppen, GStB 2004, 356; *Gosch* Über Cross Border-Organschaften, IWB 2012, 694; *Goebel/Ungemach* Neuregelungen bei der Besteuerung ertragsteuerlicher Organschaften mit Auslandsbezug, NWB 2013, 595; *Gründig/Schmid* Die Änderung des § 14 Abs. 1 Nr. 5 KStG und deren Auswirkung auf grenzüberschreitende Unternehmensstrukturen, DStR 2013, 617; *Hendricks* Verfahrensrechtliche Grundlagen der körperschaftsteuerlichen Organschaft, Ubg 2011, 711; *Heurung/Engel/Schröder* BB-Rechtsprechungsreport ertragsteuerliche Organschaft 2012, BB 2013, 663; *Heurung/Klübenspies* Ertragsteuerliche Organschaften im Lichte des BMF-Schreibens v. 26.8.2003, BB 2003, 2483; *Hey* Steuerpolitischer Handlungsbedarf bei der Konzernbesteuerung, FR 2012, 994; *Honert* Die börsennotierte AG als Organträgerin, EStB 2002, 331; *Jesse* Neuregelungen zur ertragsteuerlichen Organschaft, FR 2013, 629 und 681; *Keller* Neuerungen bei der Organschaft

---

[569] Vgl. dazu näher zB Boruttau/*Meßbacher-Hönsch* GrEStG § 1 Rn. 1083 ff.; Gleichlautender Ländererlass v. 21.3.2007, BStBl. I 2007, 422.

durch das Gesetz zur Änderung und Vereinfachung der Unternehmensbesteuerung und des steuerlichen Reisekostenrechts, DStZ 2013, 60; *Kestler/Weger* Doppelte Verlustnutzung bei grenzüberschreitender (ertragsteuerlicher) Organschaft?, GmbHR 2003, 156; *Krebs* Die ertragsteuerliche Organschaft, BB 2001, 2029; *Krebühl* Besteuerung der Organschaft im neuen Unternehmenssteuerrech, DStR 2002, 1241; *Kröner/Momen/Boller* Zeitliche Anwendung des § 14 Abs. 1 Satz 1 Nr. 5 KStG nF und verfahrensrechtliche Konsequenzen, IStR 2013, 405; *Kusch,* Die Reform der ertragsteuerlichen Organschaft, NWB 2013, 3065; *Middendorf/Holtrichter* Geplante Änderungen bei der ertragsteuerlichen Organschaft StuB 2012, 864; *Mitsch* Holding und Organschaft als Gestaltungsinstrumente in mittelständischen Strukturen, Inf. 2003, 424 und 467; *Orth,* Verlustnutzung bei Organschaft, WPg-Sonderheft 2003, 13; *Patt/Stimpel* Verlustverwertung im Rahmen einer gewerbesteuerlichen Organschaft, FR 2000, 705; *Reichert/ Stöbener* Voraussetzungen und Folgen der körperschaftsteuerlichen Organschaft, SteuStud. 2002, 507; *Scheffler* Körperschaftsteuerliche und gewerbesteuerliche Organschaft nach der Unternehmensteuerreform 2008, StuB 2008, 58; *Schneider/Schmitz* Ausschluss der Verlustberücksichtigung bei Organschaft – Überblick über § 14 Abs. 1 Nr. 5 KStG nF, GmbHR 2013, 281; *Schulze zur Wiesche* Die ertragsteuerliche Organschaft unter Berücksichtigung des Gesetzes zur Vereinfachung der Unternehmensbesteuerung und des steuerlichen Reisekostenrechts, DStZ 2013, 621; *Schumacher* Die Organschaft im Steuerrecht, 2014; *Stangl/Brühl* Die „kleine Organschaftsreform", Der Konzern 2013, 77; *Seer* Unterjähriger Beteiligungswechsel bei der Organschaft und Verlustabzugsbeschränkung nach § 8c Abs. 1 KStG, § 10a S. 10 GewStG, FR 2015, 729; *Walter* Wichtige Praxisfragen und Rechtsänderungen bei der ertragsteuerlichen Organschaft, GStB 2013, 46; *Warnke* Die ertragsteuerliche Organschaft, EStB 2001, 300 und 340; *Weigert/Strohm* Zu den persönlichen Voraussetzungen der ertragsteuerlichen Organschaft unter Berücksichtigung aktueller Entwicklungen, DK 2013, 249.

a) Die körperschaftsteuerliche Organschaft

Im Ertragsteuerrecht wird grundsätzlich jedes Steuersubjekt selbstständig mit seinem eigenen zu versteuernden Einkommen veranlagt (sog. **Individualbesteuerung**). Ein solches Trennungsprinzip greift nicht nur zwischen Kapitalgesellschaften und natürlichen Personen als Anteilseignern, sondern auch zwischen Kapitalgesellschaften untereinander. Demzufolge findet grundsätzlich keine Verrechnung von Gewinnen und Verlusten zwischen Mutter- und Tochtergesellschaften statt. Das gilt auch im AG-Konzern.

Im Rahmen des Körperschaftsteuerrechts wurde durch die Regelungen zur Organschaft in §§ 14 ff. KStG eine Möglichkeit geschaffen, Nachteile des Trennungsprinzips zu beseitigen. Das Konzept der Organschaft stellt eine **Durchbrechung des Grundsatzes der Individualbesteuerung** dar. Dies bedeutet, dass verschiedene Körperschaftsteuersubjekte innerhalb des Konzerns (Organkreises) ihre Gewinne und Verluste miteinander verrechnen können, indem diese auf Ebene des Mutterunternehmens (Organträgers) miteinander saldiert werden. Die Bemessungsgrundlage der Ertragsteuer ist hierdurch das tatsächlich erwirtschaftete steuerliche Ergebnis des gesamten in den Organkreis einbezogenen Konzerns. Die Organschaft bezweckt somit die **Zurechnung von positiven und negativen Einkünften** einer Tochtergesellschaft (Organgesellschaft) zur Muttergesellschaft (Organträger).

Die Organschaft ermöglicht weiterhin, eine bei Anwendung des Trennungsprinzips bestehende (partielle) **Doppelbesteuerung zu vermeiden**, indem der Transfer von Gewinnen zum Organträger im Rahmen der Gewinnabführung und Einkommenszurechnung ermöglicht wird, ohne dass die geltenden Besteuerungsfolgen für Dividenden (Steuerfreiheit nur zu 40% gem. § 3 Nr. 40 Satz 1 Buchst. d EStG bzw. – mit Ausnahme sog. Streubesitzdividenden iSv § 8b Abs. 4 KStG – Steuerfreiheit, aber nichtabzugsfähige Betriebsausgaben in Höhe von 5% gem. § 8b Abs. 1 und 5 KStG) und Liquiditätsnachteile (Einbehalt von Kapitalertragsteuer) ausgelöst werden.

214 Nachteilig an einer Organschaft ist, dass während der Dauer der Organschaft (etwaige) steuerliche **Verlustvorträge der Organgesellschaft** aus der Zeit vor Begründung der Organschaft nicht genutzt werden können (sog. Lock-in-Effekt, s. näher Rn. 248, 268).

215 **aa) Voraussetzungen der körperschaftsteuerlichen Organschaft.** Das Rechtsinstitut der Organschaft existiert **im Körperschaftsteuer- und im Gewerbesteuerrecht.** Obgleich die Voraussetzungen beider Organschaften deckungsgleich sind, wird die gewerbesteuerliche Organschaft separat in Rn. 303 dargestellt, aber – soweit möglich – auf die Ausführungen zur körperschaftsteuerlichen Organschaft verwiesen.

216 Eine körperschaftsteuerliche Organschaft ist durch die Eingliederung einer Kapitalgesellschaft (zB einer AG) in ein anderes rechtlich selbstständiges Unternehmen charakterisiert. Die eingegliederte Kapitalgesellschaft wird Organgesellschaft genannt. Das übergeordnete selbstständige Unternehmen nennt sich Organträger. Gemeinsam bilden Organträger und Organgesellschaft den **Organkreis.** Zum Organkreis eines Organträgers können **auch mehrere Organgesellschaften (T1 und T2)** gehören. Eine Organgesellschaft kann aber nicht mit mehreren Organträgern eine Organschaft begründen. Eine solche **Mehrmütterorganschaft** ist seit dem Steuervergünstigungsabbaugesetz v. 16.5.2003[570] **ausgeschlossen.** Ebenso ist eine **mehrstufige Organschaft** (sog. Organschaftskette) **möglich**, bei der im folgenden Schaubild-Beispiel eine Muttergesellschaft (M) Organträger einer Tochtergesellschaft (T1) als Organgesellschaft ist, wobei diese zugleich Organträgerin bezüglich einer Enkelgesellschaft (E) ist. Zum Organkreis gehören im Schaubild (mehrstufige Organschaft) M-AG, T1-AG, T2-AG und E-AG.

Schaubild (mehrstufige Organschaft):

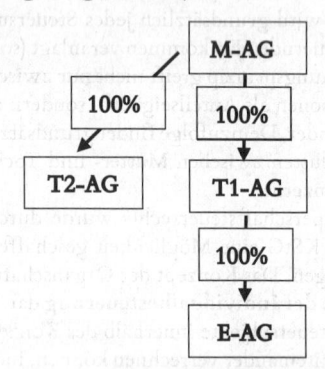

```
              M-AG
         100% /    \ 100%
             ↓      ↓
          T2-AG   T1-AG
                    │ 100%
                    ↓
                  E-AG
```

217 Die gesetzlichen Regelungen zur körperschaftsteuerlichen Organschaft finden sich in den §§ 14–19 KStG. Wesentliche Vorschrift ist dabei § 14 KStG, der insbesondere die Tatbestandsvoraussetzungen und die Rechtsfolgen einer Organschaft regelt. Die Tatbestandvoraussetzungen lassen sich in **persönliche und sachliche Voraussetzungen** untergliedern.

1. **Persönliche Voraussetzungen:**
   a) Wer kommt als **Organträger** in Betracht?
   - Natürliche Personen (gewerblich tätige Einzelunternehmer)
   - Nicht steuerbefreite gewerblich tätige Körperschaften, Personenvereinigungen oder Vermögensmassen (zB AG)
   - Gewerblich tätige Personengesellschaften nach § 15 Abs. 1 Nr. 2 EStG

---

[570] BStBl. I 2003, 318.

F. Konzernsteuerrecht 218, 219 § 14

b) Wer kommt als **Organgesellschaft** in Betracht?
- Aktiengesellschaften
- Europäische Gesellschaften (SE)
- Kommanditgesellschaften auf Aktien (KGaA)
- Andere Kapitalgesellschaften (zB GmbH)

jeweils mit Geschäftsleitung im Inland und zusätzlich ihrem Sitz in EU- oder EWR-Mitgliedsstaat

2. Sachliche Voraussetzungen:
- (Unmittelbare oder mittelbare) **finanzielle Eingliederung** der Organgesellschaft in den Organträger während des gesamten Wirtschaftsjahrs
- Bestehen eines **wirksamen Gewinnabführungsvertrags**
- **Tatsächliche Durchführung** des Gewinnabführungsvertrags
- Grundsätzlich **Mindestvertragsdauer von fünf Jahren**

(1) Anforderungen an den Organträger.
Gemäß § 14 Abs. 1 Satz 1 Nr. 2 KStG muss der Organträger gewerblich tätig und
- eine natürliche Person (Einzelunternehmer),
- eine nicht steuerbefreite Körperschaft/Personenvereinigung/Vermögensmasse oder
- eine Personengesellschaft nach § 15 Abs. 1 Satz 1 Nr. 2 EStG, die Einkünfte aus Gewerbebetrieb iSd § 15 Abs. 1 Satz 1 Nr. 1 EStG erzielt,

sein.

Ein **gewerbliches Unternehmen** kann nicht nur ein Unternehmen iSd § 2 Abs. 1 Satz 2 GewStG iVm § 15 Abs. 1 Satz 1 Nr. 1 und Abs. 2 EStG sein, sondern jedes Unternehmen, das der Gewerbesteuer unterliegt.[571] Kapitalgesellschaften, also auch die AG, sind kraft Rechtsform gewerblich tätig (§ 2 Abs. 2 GewStG) und können damit Organträger sein.

Eine **Personengesellschaft** kommt ab dem Veranlagungszeitraum 2003 als Organträger nur noch dann in Betracht, wenn die Anteile an der Organgesellschaft im Gesamthandsvermögen gehalten werden und die Organträger-Personengesellschaft eine eigene gewerbliche Tätigkeit iSv § 15 Abs. 1 Satz 1 Nr. 1 EStG ausübt. Die Finanzverwaltung fordert, dass die gewerbliche Tätigkeit nicht nur geringfügig ist.[572] Überdies will sie die Organträgereignung auch dann scheitern lassen, wenn die ausreichende gewerbliche Tätigkeit erst durch ein Abfärben iSd § 15 Abs. 3 Nr. 1 EStG erreicht wird.[573] Eine gewerbliche Prägung iSd § 15 Abs. 3 Nr. 2 EStG ist jedenfalls nicht ausreichend.[574]

Seit dem 26.3.2013 fordert § 14 KStG nicht mehr, dass der Organträger eine unbeschränkt steuerpflichtige natürliche Person ist oder seine Geschäftsleitung im Inland hat.[575] Die Neufassung unterscheidet aus europarechtlichen Gründen nicht mehr zwischen in- und ausländischen Organträgern, sondern regelt die Einkommenszurechnung zu einer **inländischen Betriebsstätte eines ausländischen Organträgers**, um die Besteuerung des Organeinkommens im Inland zu gewährleisten. § 18 KStG, nach dem auch ausländische gewerbliche Unternehmen mit einer im Handelsregister eingetragenen Zweigniederlassung im Inland Organträger sein konnten, konnte daher gestrichen werden. Diese Regelung hat für eine AG

---

[571] Vgl. BFH I R 20/09, BFH/NV 2010, 391; HHR/*Kolbe* KStG § 14 Rn. 58 mwN.
[572] Vgl. BMF 10.11.2005, BStBl. I 2005, 1038 Rn. 17.
[573] Vgl. OFD Frankfurt a. M. 29.6.2015 – S 2770 A – 39 – St 5 Rn 15 f.
[574] Vgl. BT-Drs. 15/119, 43.
[575] Vgl. Gesetz zur Änderung und Vereinfachung der Unternehmensbesteuerung und des steuerlichen Reisekostenrechts v. 20.3.2013, BGBl. 2013 I 285.

Bedeutung, wenn sie als Organgesellschaft in eine inländische Betriebsstätte eines ausländischen Unternehmens eingegliedert ist.

220 Besteht am Handelsgewerbe einer Kapitalgesellschaft eine stille Beteiligung iSd § 230 HGB, die ertragsteuerlich als Mitunternehmerschaft zu qualifizieren ist (atypisch stille Gesellschaft), so können nach der Finanzverwaltung weder die atypische Gesellschaft noch die Kapitalgesellschaft Organgesellschaft oder Organträgerin sein.[576] Meines Erachtens ist diese Auffassung systematisch unzutreffend, da das Steuerrecht das Innenverhältnis zwischen dem tätigen und den atypisch stillen Gesellschaftern berücksichtigt und danach laut BFH[577] auch eine atypisch stille Gesellschaft gewerblich tätig wird.[578]

221 **(2) Anforderungen an die Organgesellschaft.** § 14 Abs. 1 Satz 1 KStG zählt als mögliche **Rechtsformen** für Organgesellschaften Aktiengesellschaften, Europäische Gesellschaften und Kommanditgesellschaften auf Aktien auf. Auf diese Rechtsformen als abführende Unternehmen sind die §§ 14–16 KStG zugeschnitten, da nur für sie die §§ 291 ff. AktG gelten und für andere Kapitalgesellschaften kein gesetzlich ausgeformtes Konzernrecht existiert. § 17 KStG erweitert den Kreis der möglichen Organgesellschaften auf andere Kapitalgesellschaften, insbesondere auf die GmbH, und stellt spezielle Anforderungen an Gewinnabführung und Verlustübernahme auf.

Danach kommen als Organgesellschaft
- Aktiengesellschaften,
- Europäische Gesellschaften (SE),
- Kommanditgesellschaften auf Aktien (KGaA) und
- andere Kapitalgesellschaften, insbesondere die GmbH,

in Betracht. Diese Rechtsformen spielen für die AG eine Rolle, wenn sie Organträger ist. Andere Rechtsformen, zB Einzelunternehmen, Personengesellschaften oder Versicherungsvereine auf Gegenseitigkeit,[579] können keine Organgesellschaft sein.[580]

222 Die Gesellschaften müssen ihre Geschäftsleitung (§ 10 AO) im Inland und zusätzlich ihren Sitz (§ 11 AO) im Inland, in einem anderen Mitgliedstaat der EU oder einem Vertragsstaat des EWR-Abkommens haben. Auch für Organgesellschaften (s. bereits Rn. 219 bezüglich des Organträgers) ist damit nicht mehr erforderlich, dass die Organgesellschaft sowohl ihre Geschäftsleitung als auch ihren Sitz in Deutschland hat. Dieser sog. doppelte Inlandsbezug greift seit einer Gesetzesänderung[581] vom 20.2.2013, die für alle noch offenen Veranlagungszeiträume Anwendung findet,[582] nicht mehr. Der doppelte **Inlandsbezug** verstieß gegen die Niederlassungsfreiheit des Vertrags über die Arbeitsweise der Europäischen Union (AEUV)[583] sowie gegen das EWR-Abkommen, da im EU-/EWR-Ausland gegrün-

---

[576] Übergangsregelung: Am 20.8.2015 bereits bestehende, steuerlich anerkannte Organschaften mit Organträgern, an deren Handelsgewerbe atypisch stille Beteiligungen bestehen, können weiterhin steuerlich anerkannt werden, vgl. BMF 20.8.2015, BStBl. I 2015, 649.
[577] Vgl. BFH VIII R 42/94, BStBl. II 1998, 328 mwN.
[578] Ebenso Schnitger/Fehrenbacher/*Brink* KStG, 1. Aufl. 2012, § 14 Rn. 128.
[579] Dazu eingehend *Franz/Schick* in FS Stuttgarter Lebensversicherung 2008, 103 (114–119).
[580] Vgl. BFH I 19/59 U, BStBl. III 1959, 304.
[581] Vgl. Gesetz zur Änderung und Vereinfachung der Unternehmensbesteuerung und des steuerlichen Reisekostenrechts vom 20.2.2013, BGBl. 2013 I 285.
[582] Bereits vorher hatte die Finanzverwaltung diese erweiterte Möglichkeit für Organträger und Organgesellschaften aufgrund eines Vertragsverletzungsverfahrens gegen Deutschland vorgesehen, vgl. BMF 28.3.2011, BStBl. I 2011, 300.
[583] ABl. EG Nr. C 115 v. 9.5.2008, S. 47.

dete Kapitalgesellschaften, die ihren Ort der Geschäftsleitung im Inland haben und daher unbeschränkt körperschaftsteuerpflichtig sind, nicht von der Möglichkeit zur Bildung einer ertragsteuerlichen Organschaft Gebrauch machen konnten.[584] Bedeutung hat diese Erweiterung, wenn die AG Organträger ist.

Im Gegensatz zur Organträgerin (s. bereits Rn. 218) fordert § 14 KStG für Organgesellschaften nicht explizit eine gewerbliche Tätigkeit. Hintergrund ist, dass nur Kapitalgesellschaften, die schon qua Rechtsform ausschließlich gewerbliche Einkünfte erzielen (§ 8 Abs. 2 KStG), Organgesellschaften sein können.

Seit dem Veranlagungszeitraum 2008 können auch **Lebens- und Krankenversicherungsunternehmen** als Organgesellschaften in den Organkreis eingebunden werden. Das bis dahin in § 14 Abs. 2 KStG aF enthaltene Organschaftsverbot für Lebens- und Krankenversicherungsunternehmen wurde im Zuge des Jahressteuergesetzes 2009 vom 19.12.2008[585] aufgehoben (§ 34 Abs. 9 Satz 1 Nr. 6 KStG). Dadurch kann auch ein spartenübergreifender Gewinn-/Verlustausgleich zu einem Mutter-Sachversicherungsunternehmen bewirkt werden.

Keine Organschaft bei **atypisch stiller Beteiligung**; vgl. Rn. 220.

(3) **Finanzielle Eingliederung.** Nach § 14 Abs. 1 Satz 1 Nr. 1 Satz 1 KStG muss der Organträger an der Organgesellschaft vom Beginn ihres Wirtschaftsjahrs an ununterbrochen in einem solchen Maße beteiligt sein, dass ihm die Mehrheit der Stimmrechte aus den Anteilen an der Organgesellschaft zusteht (sog. finanzielle Eingliederung). Es ist also auf die **Mehrheit der Stimmrechte** abzustellen und nicht auf die kapitalmäßige Beteiligung. Ein Auseinanderfallen der Mehrheitsverhältnisse bezüglich Kapital und Stimmrechten kann aus der Ausgabe stimmrechtsloser Aktien resultieren. Auch können Gesellschaftsvertrag bzw. Satzung bestimmen, dass Beschlüsse der Gesellschafter einer qualifizierten Stimmenmehrheit (zB 3/4) bedürfen. In diesen Fällen kann eine finanzielle Eingliederung erst angenommen werden, wenn die Organträgerin die erforderliche Stimmenmehrheit besitzt.[586] Die Frage, wer die Mehrheit der Stimmrechte innehat, ist nicht nach zivilrechtlichen Grundsätzen zu entscheiden, sondern danach, wem die Anteile steuerlich zuzurechnen sind. Entscheidend ist damit, wer nach § 39 AO **wirtschaftlicher Eigentümer** der Anteile ist.[587] Unterschiede zwischen dem zivilrechtlichen und dem wirtschaftlichen Eigentümer können zB bei Treuhandverhältnissen, Verpfändungen, Sicherungsabtretungen und Nießbrauchsbestellung bestehen.[588]

Die finanzielle Eingliederung kann sich unmittelbar zwischen Organträger und Organgesellschaft oder mittelbar unter Zwischenschaltung einer nicht in den Organkreis einbezogenen Gesellschaft ergeben. Mittelbare Beteiligungen sind aber nur dann zu berücksichtigen, wenn die Beteiligung an jeder vermittelnden Gesellschaft die Mehrheit der Stimmrechte gewährt (§ 14 Abs. 1 Satz 1 Nr. 1 Satz 2 KStG). Dabei ist umstritten, ob die Stimmrechte an mittelbaren Beteiligungen in voller Höhe zählen[589] oder durchgerechnet durch Multiplikation der Stimmrechte auf allen Ebenen ermittelt werden[590] (s. Beispiel 1). Da die Mehrheit der Stimmrechte sicherstellen soll, dass der Organträger in der Gesellschafterversammlung der Or-

---

[584] So auch die Ansicht der EU-Kommission im Jahr 2011 im Vertragsverletzungsverfahren 2008/4909 gegen Deutschland.
[585] BGBl. 2008 I 2794.
[586] Ebenso Blümich/*Krumm* KStG § 14 Rn. 81.
[587] Vgl. Erle/Sauter/*Erle/Heurung* KStG § 14 Rn. 107–111 mwN.
[588] Vgl. Blümich/*Krumm* KStG § 14 Rn. 84 f.
[589] So Frotscher/Maas/*Drüen* KStG § 14 Rn. 237; Herzig/*Förster* Organschaft, 83 (91 f.).
[590] So Müller/Stöcker/Lieber/*Müller* Die Organschaft Rn. 94.

gangesellschaft seinen Willen durchsetzen kann, reicht es mE für eine **mittelbare finanzielle Eingliederung** bereits aus, dass auf jeder Beteiligungsstufe eine Mehrheit der Stimmrechte besteht. Es ist nicht erforderlich, dass die Stimmrechte durchgerechnet durch die Kette ebenfalls mehr als 50% ausmachen. Allerdings scheinen Vertreter der Finanzverwaltung (teilweise) eine andere Auffassung zu vertreten.[591]

Beispiel 1:

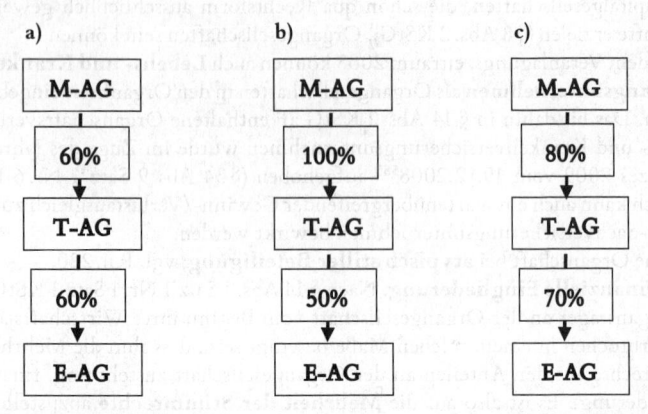

a)

| M-AG |
| 60% ↓ |
| T-AG |
| 60% ↓ |
| E-AG |

b)

| M-AG |
| 100% ↓ |
| T-AG |
| 50% ↓ |
| E-AG |

c)

| M-AG |
| 80% ↓ |
| T-AG |
| 70% ↓ |
| E-AG |

Lösung: Im **Beispiel 1 a)** ist nach der hier vertretenen Auffassung die E-AG in die M-AG eingegliedert, da auf jeder Beteiligungsstufe mehr als 50% der Stimmrechte gehalten werden und der M-AG damit die volle 60%-Beteiligung an der E-AG zugerechnet wird. Nach der Durchrechnungsmethode läge keine finanzielle Eingliederung der E-AG in die M-AG vor, da die M-AG durchgerechnet nur 36% (60% x 60%) der Stimmrechte an der E-AG innehat.
Im **Beispiel 1 b)** ist die E-AG nach keiner der beiden Berechnungsmethoden in die M-AG eingegliedert, da auf Ebene der T-AG keine Mehrheit der Stimmrechte an der E-AG vorliegt.
Im **Beispiel 1 c)** kommen beide Ansichten ebenfalls zum gleichen Ergebnis. Nach hier vertretener Auffassung reicht bereits die Mehrheit der Stimmrechte auf allen Beteiligungsebenen aus, um der M-AG die 70%-Beteiligung an der E-AG zuzurechnen. Nach der Durchrechnungsmethode ist die E-AG ebenfalls in die M-AG eingegliedert, da die M-AG mittelbar 56% (80% x 70%) der Stimmrechte an der E-AG hält.

227 Für die Ermittlung einer nur mittelbaren Eingliederung sind zudem **unmittelbare und relevante mittelbare Beteiligungen** (jeweils > 50% auf allen übergeordneten Beteiligungsstufen erforderlich, nur nicht auf der letzten Stufe des Beteiligungsstrangs) grundsätzlich **zusammenzurechnen**.[592] Folgendes Beispiel verdeutlicht das Zusammenspiel von unmittelbaren und mittelbaren Beteiligungen:

---

[591] Vgl. Gosch/*Neumann* KStG § 14 Rn. 139.
[592] Vgl. R 14.2 Satz 3 KStR; Schnitger/Fehrenbacher/*Brink* KStG, 1. Aufl. 2012, § 14 Rn. 160.

Beispiel 2:

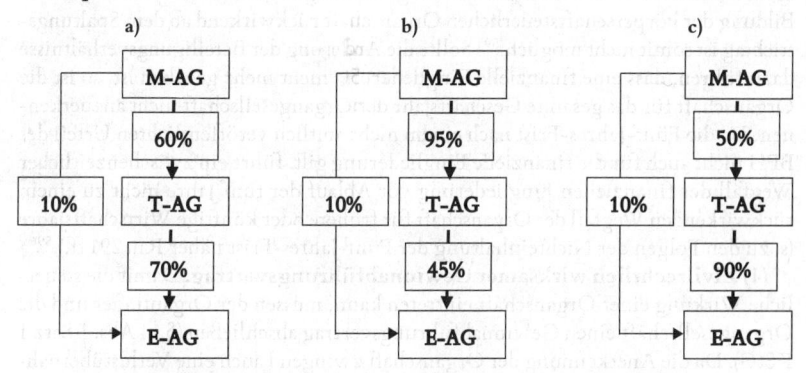

a)
```
    M-AG
     │
    60%
     ▼
10% T-AG
     │
    70%
     ▼
    E-AG
```

b)
```
    M-AG
     │
    95%
     ▼
10% T-AG
     │
    45%
     ▼
    E-AG
```

c)
```
    M-AG
     │
    50%
     ▼
10% T-AG
     │
    90%
     ▼
    E-AG
```

Lösung: Im **Beispiel 2 a)** ist die T-AG in die M-AG finanziell eingegliedert, da die M-AG 60% der Anteile (> 50%) an der T-AG hält. Die E-AG ist in die T-AG finanziell eingegliedert, da die T-AG 70% der Anteile (> 50%) der E-AG hält. Ferner ist die E-AG auch in die M-AG mittelbar finanziell eingegliedert. Ohne Berücksichtigung der mittelbaren Beteiligung wäre die Eingliederung nicht gegeben. Ohne Berücksichtigung der unmittelbaren Beteiligung käme es darauf an, ob die mittelbare Beteiligung durchgerechnet oder vollständig zu berücksichtigen ist (s. Rn. 226). Im vorliegenden Beispiel kommt es darauf aber nicht an, da zu der unmittelbaren Beteiligung von 10% die mittelbare Beteiligung über die T-AG (60% x 70% = 42%) zu addieren ist, weil die M-AG mehrheitlich an der T-AG beteiligt ist. Insgesamt hält die M-AG im Beispiel 2 a) also 52% der Stimmrechte an der E-AG. Wäre die M-AG an der T-AG bspw. nur zu 40% (≤ 50%) beteiligt, so dürfte die mittelbare Beteiligung nicht addiert werden. Im **Beispiel 2 b)** sind nur die T-AG in die M-AG wegen deren 95%-Beteiligung unmittelbar und die E-AG in die M-AG mittelbar finanziell eingegliedert. Die mittelbare Eingliederung folgt daraus, dass zu den unmittelbar gehaltenen 10% die durchgerechneten 42,75% (95% x 45%) hinzugerechnet werden (insgesamt also 52,75%). Auf der letzten Beteiligungsstufe zur E-AG ist keine Mehrheit der Stimmrechte notwendig, um diese Stimmrechte berücksichtigen zu können.
Im **Beispiel 2 c)** ist die E-AG nur in die T-AG finanziell eingegliedert. Zwischen E-AG und M-AG liegt dagegen weder eine unmittelbare noch eine mittelbare Eingliederung vor, da die M-AG an der T-AG nicht die Mehrheit der Stimmrechte innehat und daher auch die Stimmrechte der T-AG an der E-AG für die mittelbare Beteiligung nicht zählen.

Die mittelbare finanzielle Eingliederung unterscheidet sich von der **mehrstufigen Organschaft** dadurch, dass bei erster nur ein Organschaftsverhältnis existiert und die Eingliederung mittelbar über eine nicht in den Organkreis einbezogene Zwischengesellschaft erfolgt, während bei der mehrstufigen Organschaft mehrere Organschaftsverhältnisse durch unmittelbare finanzielle Eingliederung bestehen.

In **zeitlicher Hinsicht** muss die finanzielle Eingliederung vom Beginn des Wirtschaftsjahrs der Organgesellschaft an ununterbrochen bis zum Ende des Wirtschaftsjahrs bestehen.[593] Dies gilt ebenfalls im Falle eines Rumpfwirtschaftsjahrs. Überträgt der Organträger im Laufe des Wirtschaftsjahrs Anteile an der Organgesellschaft (zB im Rahmen einer Veräußerung) oder verändern sich die Beteiligungsverhältnisse auf andere Weise (zB Verschmelzung), ist zu prüfen, ob eine finanzielle Eingliederung weiterhin vorliegt. Spaltet eine Körperschaft iSd UmwStG einen Teilbetrieb auf eine bereits bestehende Körperschaft ab, an welcher der Anteilseigner der übertragenden Körperschaft bisher nicht beteiligt ist,

---

[593] Vgl. R 14.4 Abs. 1 Satz 2 KStR; Schnitger/Fehrenbacher/*Brink* KStG, 1. Aufl. 2012, § 14 Rn. 189.

kann keine rückwirkende finanzielle Eingliederung angenommen werden.[594] Eine Bildung der körperschaftsteuerlichen Organschaft rückwirkend ab dem Spaltungsstichtag ist somit nicht möglich.[595] Sollte die Änderung der Beteiligungsverhältnisse dazu führen, dass eine finanzielle Eingliederung nicht mehr gegeben ist, so ist die Organschaft für das gesamte Geschäftsjahr der Organgesellschaft nicht anzuerkennen. Da die Fünf-Jahres-Frist nach einem nicht amtlich veröffentlichten Urteil des BFH nicht auch für die finanzielle Eingliederung gilt, führt ein zwischenzeitlicher Wegfall der finanziellen Eingliederung vor Ablauf der fünf Jahre nicht zu einem rückwirkenden Wegfall der Organschaft für frühere oder künftige Wirtschaftsjahre (s. zu den Folgen der Nichteinhaltung der Fünf-Jahres-Frist näher Rn. 291 ff.).[596]

230 **(4) Zivilrechtlich wirksamer Gewinnabführungsvertrag.** Damit die steuerliche Wirkung einer Organschaft eintreten kann, müssen der Organträger und die Organgesellschaft einen Gewinnabführungsvertrag abschließen (§ 14 Abs. 1 Satz 1 KStG). Da die Anerkennung der Organschaft zwingend auch eine Verlustübernahme iSd § 302 AktG verlangt, scheint an Stelle des Begriffs „Gewinnabführungsvertrag" der **Begriff „Ergebnisabführungsvertrag" treffender**.

231 Der Gewinnabführungsvertrag muss **zivilrechtlich wirksam** sein und von Beginn an und während seiner gesamten Geltungsdauer tatsächlich durchgeführt werden (§ 14 Abs. 1 Satz 1 Nr. 3 Satz 1 KStG). Grenzüberschreitende Gewinnabführungsverträge zwischen einem ausländischen Organträger und einer deutschen Organgesellschaft sind nach hM gesellschaftsrechtlich zulässig (vgl. § 305 Abs. 2 Nr. 1 und 2 AktG).[597] Im Steuerrecht sollte dies ebenso gelten,[598] sofern die Anteile nach § 14 Abs. 1 Satz 1 Nr. 2 Satz 4 KStG einer deutschen Betriebsstätte zuzuordnen sind.[599] Bei einem deutschen Organträger und einer ausländischen Organgesellschaft richtet sich der Abschluss eines Gewinnabführungsvertrags nach ausländischem Recht, wo aber oft entsprechende Regelungen fehlen. Als Lösung bleibt der Abschluss eines (bloß) schuldrechtlichen Vertrags, was aber bislang von der Finanzverwaltung nicht anerkannt wird.[600] Der Gewinnabführungsvertrag bedarf zur zivilrechtlichen Wirksamkeit zwingend der Einhaltung bestimmter **formaler Anforderungen**:
- der **Schriftform des Gewinnabführungsvertrags** (§ 293 Abs. 3 AktG) – gilt bei GmbH entsprechend; zudem bedarf die durch den Vertragsschluss bei der GmbH bewirkte Satzungsänderung der notariellen Beurkundung;[601]
- der **Zustimmung der Hauptversammlung der Organgesellschaft**:
  - ¾-Mehrheit des bei Beschlussfassung vertretenen Grundkapitals erforderlich (§ 293 Abs. 1 Satz 2 AktG), es sei denn Satzung stellt höhere Anforderungen; ob dies auch für GmbH entsprechend gilt oder ob Einstimmigkeit erforderlich ist, ist umstritten (s. näher Rn. 234);

---

[594] Vgl. BFH I R 19/15, DStR 2017, 2112.
[595] Vgl. FG Thüringen 3 K 438/09, BeckRS 2015, 95346.
[596] Vgl. BFH I R 51/15, BStBl. II 2018, 30; I R 19/15, DStR 2017, 2112.
[597] Vgl. MünchKomm. BGB/Bd. 12/*Kindler* 10. Teil Rn. 708, 709 mwN; BFH I R 30/08, BStBl. II 2012, 507.
[598] Vgl. *Hoene* IStR 2012, 462.
[599] So *Rüsch* DStZ 2017, 69.
[600] Vgl. OFD Karlsruhe 16.1.2014, BeckVerw 281800; *Mitschke* FR 2012, 1117; aA *Schönfeld* IStR 2012, 368.
[601] Vgl. BGH II ZB 7/88, NJW 1989, 295.

- notarielle Beurkundung des Zustimmungsbeschlusses (§ 130 Abs. 1 AktG); gilt bei GmbH entsprechend (vgl. § 53 Abs. 2 Satz 1 GmbHG analog);[602]
- der **Zustimmung der Hauptversammlung des Organträgers**, wenn dieser eine AG oder KGaA (§ 293 Abs. 2 AktG) oder SE (Art. 9 Abs. 1 Buchst. c ii SE-VO) ist; gilt für Gesellschafterversammlung einer Organträger-GmbH entsprechend;
- ¾-Mehrheit des bei Beschlussfassung vertretenen Grundkapitals erforderlich; gilt für GmbH als Organträgerin entsprechend;[603]
- der **Eintragung in das Handelsregister des Sitzes der Organgesellschaft** (§ 294 Abs. 2 AktG) – eine Eintragung in das Handelsregister des Sitzes des Organträgers ist nicht erforderlich; gilt für GmbH entsprechend (§ 54 Abs. 3 GmbHG analog);[604]
- der **Regelung eines (angemessenen)**[605] **Ausgleichs für außenstehende Aktionäre** durch eine auf die Anteile am Grundkapital bezogene wiederkehrende Geldleistung als Ausgleichszahlung (§ 304 Abs. 1 Satz 1 AktG); für GmbH umstritten (s. näher Rn. 272).

Entgegen der generellen steuerlichen Regelung zu unwirksamen Rechtsgeschäften (§ 41 Abs. 1 Satz 1 AO) kann ein **zivilrechtlich unwirksamer Gewinnabführungsvertrag** selbst dann nicht als Grundlage für eine körperschaftsteuerliche oder gewerbesteuerliche Organschaft dienen, wenn die Vertragsparteien den Vertrag tatsächlich durchführen und als wirksam behandeln.[606]

Darüber hinaus stellt das Aktiengesetz auch **inhaltliche Anforderungen** an den Gewinnabführungsvertrag. Im Mittelpunkt steht dabei die Sicherung der Organgesellschaft (§§ 300–302 AktG – Auffüllung der gesetzlichen Rücklage, Höchstbetrag der Gewinnabführung, Verpflichtung zur Verlustübernahme) und der Gläubiger der Organgesellschaft (§ 303 AktG – Sicherheitsleistung, Bürgschaft) bei Bestehen von Unternehmensverträgen. Das Fehlen entsprechender Bestimmungen im Gewinnabführungsvertrag führt allerdings für **AG, KGaA und SE als Organgesellschaften** weder zur zivilrechtlichen Unwirksamkeit des Vertrags noch zu dessen steuerlicher Nichtanerkennung, da die Regelungen zwingendes Recht sind und damit ohnehin gelten. Für die genannten Rechtsformen führen selbst Klauseln, die gegen die §§ 300–303 AktG verstoßen, nicht dazu, die steuerliche Anerkennung zu versagen, da die Vorschriften des AktG die zivilrechtlich unwirksamen Klauseln derogieren.

Hat die Organgesellschaft die Rechtsform einer **GmbH**, sind **Besonderheiten** zu beachten. Zwar gelten die §§ 291 ff. (einschließlich der §§ 300–303) AktG **grundsätzlich analog**,[607] sodass ein Fehlen oder Verstoß nicht generell zur Versagung der steuerlichen Anerkennung führt. Allerdings fordert § 17 Abs. 1 Satz 2 Nr. 2 KStG seit dem UntStReisekÄndG v. 20.2.2013,[608] dass die Verlustübernahme durch Verweis auf die Vorschriften des § 302 AktG in seiner jeweils gültigen Fassung vereinbart wird. Zwingend ist also nunmehr eine **dynamische Verweisung im**

---

[602] Vgl. BGH II ZB 7/88, NJW 1989, 295.
[603] Vgl. BGH II ZB 7/88, NJW 1989, 295; II ZB 15/91, NJW 1992, 1452.
[604] Vgl. BGH II ZB 7/88, NJW 1989, 295.
[605] Die zivilrechtliche Unwirksamkeit der Ausgleichsklausel aufgrund Unangemessenheit führt aber nach hM nicht zur zivilrechtlichen Nichtigkeit des gesamten Gewinnabführungsvertrags. Für die Wirksamkeit ausreichend ist vielmehr bereits das Bestehen einer Ausgleichsklausel an sich (s. näher Rn. 274).
[606] Vgl. BFH I R 7/97, BStBl. II 1998, 33.
[607] Vgl. Gosch/*Neumann* KStG § 17 Rn. 2.
[608] BGBl. 2013 I 285.

Vertrag auf § 302 AktG.[609] Eine dieser Voraussetzung entsprechende und nicht zu große Interpretationsspielräume eröffnende Formulierung wäre mE beispielsweise: „Für die Verlustübernahme gelten die Vorschriften des § 302 AktG in seiner jeweils gültigen Fassung entsprechend." Fehlt eine solche oder ähnliche Regelung im Vertrag, ist die Organschaft nicht anzuerkennen.[610] Eine Übergangsregelung (§ 17 Abs. 2 KStG iVm § 34 Abs. 10b KStG aF) ordnet an, dass die Neuregelung erstmals auf Gewinnabführungsverträge anzuwenden ist, die ab dem 27.2.2013 abgeschlossen oder geändert wurden. Für Altverträge reicht es dagegen unverändert aus, dass die Verlustübernahme entsprechend § 302 AktG vereinbart wurde.

235 **(5) Tatsächliche Durchführung des Gewinnabführungsvertrags.** Bei einem Gewinnabführungsvertrag handelt es sich um einen gesellschaftsrechtlichen Organisationsvertrag; er ändert satzungsgleich den rechtlichen Status der abhängigen Gesellschaft, indem er insbesondere den Gesellschaftszweck am Konzerninteresse ausrichtet und in das Gewinnbezugsrecht der Gesellschafter eingreift.[611] Die Organgesellschaft verpflichtet sich aufgrund des Gewinnabführungsvertrags, während dessen gesamter Geltungsdauer ihren **ganzen Gewinn** an ein einziges anderes gewerbliches Unternehmen (den Organträger) abzuführen (§ 291 Abs. 1 AktG). Die Abführung des ganzen Gewinns setzt voraus, dass der Jahresabschluss der Organgesellschaft keinen Bilanzgewinn iSd § 158 AktG mehr ausweist. Der ganze Gewinn einer Kapitalgesellschaft wird von einer Abführungsverpflichtung insbesondere dann nicht in vollem Umfang umfasst, wenn diese sich nur auf den Gewinn aus einer bestimmten Einrichtung oder einem bestimmten Betätigungsfeld erstreckt (sog. Teil-Gewinnabführungsvertrag), davon unabhängig, ob und in welcher Weise die von der Verpflichtung abgedeckte Gewinnquelle von anderen Einkunftsquellen der Kapitalgesellschaft abgegrenzt werden kann.[612] Besonderheiten bestehen bei der unter den Voraussetzungen des § 14 Abs. 1 Satz 1 Nr. 4 KStG zulässigen Bildung von Gewinnrücklagen. Gewinnrücklagen können der Höhe nach nur gebildet werden, wie dies bei vernünftiger kaufmännischer Beurteilung wirtschaftlich geboten erscheint. ME steht dem Unternehmen hierbei – vorbehaltlich der konkreten Bestimmungen des Gewinnabführungsvertrags – ein weiter Ermessensspielraum zu. Danach ist auch die konkrete Risikovorsorge ein angemessener wirtschaftlicher Grund, sodass es zB unschädlich ist, wenn beaufsichtigte Organgesellschaften (zB Banken und Versicherungen) mit der Erhöhung der Gewinnrücklage ihre aufsichtsrechtlich erforderlichen Eigenmittel stärken wollen.

236 Unabhängig von den im Gewinnabführungsvertrag vereinbarten Bestimmungen, darf die Organgesellschaft nach § 301 AktG **höchstens** folgenden Betrag abführen:[613]

Ohne Gewinnabführung entstehender Jahresüberschuss
./. Verlustvortrag aus dem Vorjahr
./. Betrag, der nach § 300 AktG in die gesetzlichen Rücklagen einzustellen ist
./. Betrag, der nach § 268 Abs. 8 HGB ausschüttungsgesperrt ist
+ Beträge aus anderen Gewinnrücklagen, die während der Vertragsdauer in diese eingestellt wurden und nun entnommen werden.

---

[609] So auch BFH I R 93/15, DStR 2017, 2429.
[610] So auch BFH I R 93/15, DStR 2017, 2429.
[611] Vgl. BGH II ZR 170/87, BB 1988, 361; BFH I R 94/06, BB 2008, 1606.
[612] Vgl. BFH I B 177/10, BFH/NV 2011, 1397.
[613] Vgl. R 14.5 Abs. 3 Satz 4 KStR.

Nach § 14 Abs. 1 Satz 1 Nr. 3 Satz 4, 5 KStG gilt der Gewinnabführungsvertrag 237 unter drei kumulativ zu erfüllenden Voraussetzungen auch dann als durchgeführt, wenn der abgeführte Gewinn oder ausgeglichene Verlust auf einem Jahresabschluss beruht, der **fehlerhafte Bilanzansätze** enthält. Dazu ist erforderlich, dass
- der Jahresabschluss wirksam festgestellt ist,
- die Fehlerhaftigkeit bei Erstellung des Jahresabschlusses unter Anwendung der Sorgfalt eines ordentlichen Kaufmanns nicht hätte erkannt werden müssen, was bei Vorliegen eines uneingeschränkten Bestätigungsvermerks nach § 322 Abs. 3 HGB als erfüllt gilt, und
- ein von der Finanzverwaltung beanstandeter Fehler spätestens in dem nächsten nach dem Zeitpunkt der Beanstandung des Fehlers aufzustellenden Jahresabschluss der Organgesellschaft und des Organträgers korrigiert und das Ergebnis entsprechend abgeführt oder ausgeglichen wird, soweit es sich um einen Fehler handelt, der in der Handelsbilanz zu korrigieren ist.

Von einem fehlerhaften Bilanzansatz ist mE nur dann auszugehen, wenn er objektiv gegen zwingende Vorschriften des Handelsrechts verstößt und er sich auf den abzuführenden Gewinn oder zu übernehmenden Verlust auswirkt.[614] Betroffen sind Ansatz- und Bewertungsfehler. Ob ein (wesentlicher) Fehler vorliegt, der in der Handelsbilanz zu korrigieren ist, kann bei prüfungspflichtigen Unternehmen mE der Abschlussprüfer entscheiden.[615] Bestätigt er, dass keine handelsbilanzielle Korrektur erforderlich ist, ist die Finanzverwaltung grundsätzlich daran gebunden.[616]

Die Verpflichtung zur Abführung des ganzen Gewinns ist zeitnah und tatsächlich zu erfüllen, um die Durchführung des Gewinnabführungsvertrags zu gewährleisten. Erforderlich ist danach, dass die nach den Grundsätzen ordnungsmäßiger Buchführung ermittelten Gewinne entweder durch Zahlung oder aber durch eine zur Anspruchserfüllung führende und der tatsächlichen Zahlung gleich stehende Aufrechnung abgeführt werden. Die reine Einbuchung einer Verbindlichkeit bei der Organgesellschaft und einer Forderung beim Organträger, dh ohne Erfüllungswirkung, reicht nicht aus.[617] Die zeitnahe Erfüllung der Abführungsverpflichtung wird in der Literatur mit einem Zeitraum zwischen drei und zwölf Monaten konkretisiert.[618]

(6) Zeitliche Anforderungen an den Gewinnabführungsvertrag. Der Ge- 238 winnabführungsvertrag muss für eine **zeitliche Dauer von mindestens fünf Jahren** abgeschlossen werden (§ 14 Abs. 1 Satz 1 Nr. 3 Satz 1 KStG). Der Gesetzgeber will mit dieser vertraglichen Bedingung verhindern, dass eine Organschaft zum Zweck willkürlicher Beeinflussung der Besteuerung und zu Einkommensverlagerungen von Fall zu Fall abgeschlossen bzw. beendet wird. Die fünfjährige Mindestvertragsdauer bemisst sich nach Zeitjahren und startet mit dem Beginn des Wirtschaftsjahrs, für das die Rechtsfolgen der Organschaft erstmals eintreten.[619] Dies ist das Wirtschaftsjahr, in dem der Gewinnabführungsvertrag durch Eintragung im Handelsregister wirksam wird.[620] Die Mindestlaufzeit muss ausdrücklich

---

[614] Ebenso HHR/*Kolbe* KStG § 14 Rn. 225.
[615] Vgl. *Rüsch* DStZ 2017, 69; aA für eine objektive Betrachtung, die die Einschätzung des Wirtschaftsprüfers widerlegen kann, vgl. FinMin Schleswig-Holstein 22.2.2016, GmbHR 2016, 560.
[616] Ähnlich OFD Karlsruhe 16.1.2014, BeckVerw 281800; HHR/*Kolbe* KStG § 14 Rn. 233.
[617] Vgl. BFH I B 77/15, BFH/NV 2016, 1177.
[618] Vgl. *Rüsch* DStZ 2017, 69; *Suchanek/Herbst* FR 2005, 665 (666).
[619] BFH I R 3/10, BStBl. II 2011, 727; R 60 Abs. 2 Satz 1 KStR.
[620] Vgl. Schnitger/Fehrenbacher/*Brink* KStG, 1. Aufl. 2012, § 14 Rn. 304.

in den Vertrag aufgenommen werden oder sich anderweitig eindeutig aus dem Vertrag (im Wege der Auslegung nach objektiven Gesichtspunkten, die sich aus dem Vertrag selbst erschließen lassen) ergeben.[621] Sie kann erst mit der Existenz der Organgesellschaft beginnen.[622] Es ist dagegen nicht erforderlich, dass während der gesamten Mindestlaufzeit die finanzielle Eingliederung besteht, um den Vertrag durchzuführen; Unterbrechungen der finanziellen Eingliederung sind möglich.[623] Wird der Gewinnabführungsvertrag nach Ablauf von mindestens fünf Jahren beendet, so bleibt der Gewinnabführungsvertrag für die verstrichenen Jahre steuerrechtlich wirksam. Wird der Zeitraum von fünf aufeinanderfolgenden Zeitjahren nicht eingehalten oder unterbrochen, so ist die Organschaft grundsätzlich von Anfang an nicht anzuerkennen. Die ordentliche Kündigung oder einvernehmliche Aufhebung eines Ergebnisabführungsvertrags bedarf nach dem BGH bei einer GmbH als Organgesellschaft der Zustimmung der Gesellschafterversammlung der GmbH.[624] Aus dem Urteil ergeben sich zahlreiche offene Fragen, zB im Hinblick auf außerordentliche Kündigungen und die Beteiligung der Gesellschafterversammlungen.

239   Der Gewinnabführungsvertrag bleibt allerdings steuerlich wirksam, sofern die vorzeitige Beendigung auf einem wichtigen Grund beruht (vgl. § 14 Abs. 1 Satz 1). Anders als im Zivilrecht kann der **wichtige Grund für die Beendigung im Steuerrecht** allerdings nicht im Belieben der Parteien stehen, sondern muss nach eigenen steuerrechtlichen Maßstäben objektiv vorliegen.[625] Als wichtige Gründe werden von der Finanzverwaltung insbesondere die Veräußerung oder Einbringung der Organbeteiligung durch den Organträger sowie die Verschmelzung, Spaltung oder Liquidation des Organträgers oder der Organgesellschaft anerkannt.[626] Zielt eine Vertragspartei oder zielen beide Parteien jedoch darauf, die Rechtsfolgen der Organschaft mittels Vertragsbeendigung zeitlich zu begrenzen, um die fünfjährige Mindestlaufzeit zu unterlaufen, so liegt für steuerliche Zwecke kein wichtiger Grund vor. Ein solcher Sachverhalt kann zB im Fall einer konzerninternen Veräußerung der Anteile an der Organgesellschaft vorliegen, sodass dann kein „wichtiger Grund" iSv § 14 Abs. 1 Satz 1 Nr. 3 Satz 2 KStG anzuerkennen ist.[627] Letztlich bedarf es hier aber einer Berücksichtigung der Umstände des Einzelfalls. Ein wichtiger Grund ist ebenfalls nicht anzunehmen, falls bereits bei Abschluss des Gewinnabführungsvertrags feststand, dass dieser vor Ablauf der ersten fünf Jahre beendet wird.[628] Liegt ein wichtiger Grund nicht vor und wird der Gewinnabführungsvertrag vor Ablauf von fünf Jahren beendet, so ist die Organschaft nicht anzuerkennen und die Organgesellschaft nach den allgemeinen steuerrechtlichen Vorschriften des Körperschaft- und Einkommensteuerrechts zu veranlagen. Um einen Gleichklang zwischen Zivilrecht und Steuerrecht zu erreichen, empfiehlt es sich, die Gründe für eine außerordentliche Kündigung des Gewinnabführungsvertrags entsprechend den steuerrechtlichen Grundsätzen festzulegen.

---

[621] Vgl. BFH I R 94/06, BFH/NV 2008, 1270; Gosch/*Neumann* KStG § 14 Rn. 212.
[622] Vgl. Blümich/*Krumm* KStG § 14 Rn. 130; FG Düsseldorf 6 K 4332/12, EFG 2015, 951; aA BFH I R 19/15, DStR 2017, 2112; *Brühl* DStR 2015, 1896; *Hölzer* DB 2015, 1249.
[623] Vgl. BFH I R 51/15, BStBl. II 2018, 30; I R 19/15, DStR 2017, 2112.
[624] Vgl. BGH II ZR 109/10, NJW 2011, 6.
[625] BFH I R 45/12, BStBl. II 2014, 486.
[626] Vgl. Schnitger/Fehrenbacher/*Brink* KStG, 1. Aufl. 2012, § 14 Rn. 551; R 14.5 Abs. 6 Satz 2 KStR.
[627] BFH I R 45/12, BStBl. II 2014, 486.
[628] R 14.5 Abs. 6 Satz 3 KStR; ähnlich HHR/*Kolbe* KStG § 14 Rn. 213.

Eine **unterjährige Aufhebung des Ergebnisabführungsvertrags** kann aktien- 240
rechtlich nur mit Wirkung zum Ende des Geschäftsjahrs erfolgen (§ 296 Abs. 1 Satz 1
und 2 AktG). Eine rückwirkende Aufhebung zum Geschäftsjahresanfang ist nicht
zulässig. Durch die unterjährige Aufhebung können bis zum Aufhebungszeitpunkt
am Geschäftsjahresende aus dem Gewinnabführungsvertrag entstandene Ansprüche
– selbst bei anderslautender Vereinbarung der Parteien – nicht rückwirkend beseitigt
werden.[629] Wird gleichwohl der Gewinn nicht abgeführt, gilt die Organschaft für
dieses Geschäftsjahr als nicht durchgeführt, sodass die allgemeinen Besteuerungsregeln
greifen. Der **Verzicht auf den Gewinnabführungsanspruch** ist als verdeckte
Einlage zu werten. Das bedeutet, dass sich beim Organträger in Höhe des Gewinnabführungsanspruchs
die Anschaffungskosten der Beteiligung an der Organgesellschaft
und in gleicher Höhe die Einkünfte nach § 8b KStG erhöhen. Bei der Organgesellschaft
ist ein entsprechender Zugang im steuerlichen Einlagekonto zu erfassen.[630]

bb) Rechtsfolgen der körperschaftsteuerlichen Organschaft. Sind die Vor- 241
aussetzungen der Organschaft erfüllt, kommen deren **Rechtsfolgen automatisch**
zur Anwendung: In einem ersten Schritt wird bei jeder Gesellschaft das Einkommen
gesondert ermittelt. Erst im Anschluss an die getrennte Ermittlung wird in einem
zweiten Schritt das Einkommen der Organgesellschaft dem Organträger zugerechnet
und das zusammengerechnete Einkommen beim Organträger besteuert (näher
Rn. 245 ff., 259 ff.). Die Organgesellschaft selbst ist durch die Einkommenszurechnung
zum Organträger regelmäßig einkommenslos.[631] Durch die Organschaft
verlagert sich die **Steuerschuldnerschaft auf den Organträger.**

Bevor die Rechtsfolgen im Einzelnen dargestellt werden, soll zunächst ein **Über-** 242
blick gegeben werden:

Überblick: Rechtsfolgen der körperschaftlichen Organschaft

1. Getrennte Einkommensermittlung bei Organträger und Organgesellschaft
 – Grundsatz: Anwendung der allgemeinen Vorschriften des Körperschaft- und Einkommensteuerrechts (s. Rn. 245 f.)
 – Ausnahmen in §§ 15 und 16 KStG zu beachten (s. Rn. 247 ff.):
  • Keine Nutzung vororganschaftlicher Verluste der Organgesellschaft während des Bestehens der Organschaft möglich
  • Im Falle der Beteiligung der Organgesellschaft an anderen Körperschaften: Keine Anwendung von § 8b Abs. 1–6 KStG bei der Einkommensermittlung auf Ebene der Organgesellschaft; Nachholung ggf. auf Ebene des Organträgers
  • Zinsschranke ist auf Ebene der Organgesellschaft nicht anwendbar; Organkreis gilt zudem für Zwecke der Zinsschranke als ein Betrieb
  • Ausgleichszahlungen an außenstehende Aktionäre hat die Organgesellschaft selbst zu 20/17 zu versteuern

2. Zurechnung des Einkommens der Organgesellschaft zum Organträger (s. Rn. 259 ff.)

3. Bei Mehr-/Minderabführungen (s. Rn. 73 ff.) ist zu unterscheiden:
 – Sind sie organschaftlich verursacht, ist
  • beim Organträger ergebnisneutral ein besonderer aktiver bzw. passiver Ausgleichsposten in der Steuerbilanz einzubuchen und bei Beendigung der Organschaft ergebniswirksam aufzulösen und

---

[629] Vgl. *Hüffer/Koch* AktG § 296 Rn. 2, 9; *Schmidt/Lutter/Langenbucher* AktG § 296 Rn. 14; *Altmeppen* DB 1999, 2453 (2455); *Gosch/Neumann* KStG § 14 Rn. 256; zum Entstehen des Verlustausgleichsanspruchs zum Bilanzstichtag s. BGH II ZR 120/98, DB 1999, 245.
[630] Vgl. FG Münster 10 K 2192/13 F, GmbHR 2014, 1326.
[631] Ein eigenes zu versteuerndes Einkommen der Organgesellschaft entsteht bei Ausgleichszahlungen an Minderheitsanteilseigner, vgl. Rn. 276.

- bei der Organgesellschaft das steuerliche Einlagekonto (§ 27 KStG) entsprechend zu erhöhen (Minderabführungen) oder verringern (Mehrabführungen)
- Sind sie vororganschaftlich verursacht, gelten
  - Minderabführungen als Einlage des Organträgers in die Organgesellschaft und
  - Mehrabführungen als Gewinnausschüttung der Organgesellschaft an den Organträger

4. **Verunglückte Organschaft (s. Rn. 290 ff.)**

Wenn Unternehmen in ihren Steuererklärungen das Bestehen einer Organschaft zugrunde legen, die Voraussetzungen der Organschaft aber von Anfang an fehlen oder im Laufe der Zeit entfallen, ist es von den Einzelfallumständen abhängig, ob die Organschaft von Anfang an oder ab einem späteren Zeitpunkt steuerlich nicht anzuerkennen ist. Für die Zeiträume, für die keine Organschaft anzunehmen ist, sind Gewinnabführungen als verdeckte Gewinnausschüttungen und Verlustübernahmen als verdeckte Einlagen zu behandeln.

243 Aus Sicht der Muttergesellschaft ist zunächst grundsätzlich keine Auswirkung auf die Steuerbelastung ersichtlich, da sie entweder bei Bestehen einer Organschaft die Ertragsteuern schuldet oder ihr bei Nichtbestehen einer Organschaft die um die Ertragsteuern gekürzten Dividenden der Tochterkapitalgesellschaft zufließen. **Belastungsunterschiede** ergeben sich gleichwohl, wenn man die Belastung bei Dividenden der Tochter-Kapitalgesellschaft mitberücksichtigt oder wenn der Organträger sein eigenes negatives Einkommen mit einem positiven Einkommen der Organgesellschaft verrechnen kann oder umgekehrt (s. zu den Belastungsunterschieden Rn. 308).

244 **(1) Getrennte Einkommensermittlung.** Trotz Organschaft bleiben Organträger und Organgesellschaft als eigenständige Zivilrechts- und Steuersubjekte bestehen. Das zu versteuernde **Einkommen** ist daher beim Organträger und bei den Organgesellschaften jeweils **getrennt zu ermitteln**. Dabei ist das Einkommen der Organgesellschaft so zu ermitteln, als ob die Gewinnabführung bzw. Verlustübernahme nicht stattgefunden hätte. Das heißt, dass bei Ermittlung des zu versteuernden Einkommens der Organgesellschaft eine Verlustübernahme außerbilanziell zu kürzen und eine Gewinnabführung wieder hinzuzurechnen ist.

245 **(2) Grundsatz: Anwendung der allgemeinen Vorschriften.** Bei der getrennten Einkommensermittlung sind **grundsätzlich die allgemeinen Vorschriften** des Einkommensteuer- und Körperschaftsteuerrechts anwendbar. Lieferungen und andere Leistungen innerhalb des Organkreises werden so behandelt wie Leistungen zwischen fremden Dritten. Demzufolge greifen die allgemeinen Vorschriften über verdeckte Gewinnausschüttungen und verdeckte Einlagen (§ 8 Abs. 3 Satz 2 und 3 KStG). Entspricht das Entgelt nicht dem Drittvergleich, so ist die Differenz als verdeckte Gewinnausschüttung bzw. verdeckte Einlage zu behandeln.[632] Da verdeckte Gewinnausschüttungen als vorweggenommene Gewinnabführungen zu behandeln sind und das Einkommen nicht mindern dürfen, also steuerlich ergebnisneutral sind, beeinträchtigen sie die Durchführung des Ergebnisabführungsvertrags (vgl. Rn. 235) nicht.[633]

§§ 15 und 16 KStG sehen jedoch verschiedene **Sondervorschriften für die Einkommensermittlung** der Organgesellschaft und des Organträgers vor, die den allgemeinen Vorschriften als lex specialis vorgehen.

246 **(3) Ausnahme 1: Verlustnutzung bei der Organgesellschaft.** Die **erste Ausnahme** betrifft die **Verlustnutzung bei der Organgesellschaft**: Gemäß § 15 Satz 1 Nr. 1 KStG ist ein **Verlustabzug** gem. § 10d EStG (Verlustrücktrag

---

[632] Vgl. R 8.5 KStR (verdeckte Gewinnausschüttungen), R 8.9 KStR (verdeckte Einlage).
[633] Vgl. Frotscher/Drüen/*Frotscher* KStG § 14 Rn. 442 und 444; R 14.6 Abs. 4 Satz 1 KStR.

F. Konzernsteuerrecht 247, 248 § 14

bzw. Verlustvortrag) bei der Organgesellschaft **nicht zulässig**. Danach dürfen vororganschaftliche Verluste der Organgesellschaft iSd § 10d EStG während der Dauer der Organschaft weder mit einem eigenen Einkommen (aufgrund von Ausgleichszahlungen an außenstehende Aktionäre; s. dazu Rn. 259, 271 ff.) oder einem Einkommen der Organgesellschaft, das dem Organträger zugerechnet wird, noch dem (Gesamt-)Einkommen des Organträgers verrechnet werden (s. näher Rn. 267). Entsprechendes gilt für **vororganschaftliche Zinsvorträge**.[634] Diese sind während der Dauer der Zugehörigkeit zum Organkreis nicht nutzbar.

(4) Ausnahme 2: Anwendung von § 8b Abs. 1–6 KStG. Die **zweite Ausnahme** betrifft die **Anwendung von § 8b Abs. 1–6 KStG** bei Beteiligung der Organgesellschaft an anderen Körperschaften nach § 8b KStG. Im Rahmen der Ermittlung des Einkommens der Organgesellschaft ist § 8b Abs. 1–6 KStG nicht anzuwenden (§ 15 Satz 1 Nr. 2 Satz 1 KStG). Damit kommt auf Ebene der Organgesellschaft die Steuerfreistellung von bestimmten Dividendenerträgen aus Kapitalgesellschaftsanteilen gem. § 8b Abs. 1 KStG[635] und von Gewinnen aus der Veräußerung solcher Anteile gem. § 8b Abs. 2 KStG (bei gleichzeitiger Hinzurechnung von 5% fiktiven nicht abzugsfähigen Betriebsausgaben, vgl. § 8b Abs. 3 Satz 1, Abs. 5 KStG) sowie die Nichtabzugsfähigkeit von Gewinnminderungen aus solchen Anteilen (§ 8b Abs. 3 Satz 3 KStG) nicht zur Anwendung (sog. Bruttomethode). Auch die Einkommenszurechnung der Organgesellschaft an den Organträger erfolgt brutto (dh ohne Korrektur gem. § 8b Abs. 1–6 KStG). **Hintergrund** der Regelung in § 15 Satz 1 Nr. 2 KStG ist, dass für eine Organgesellschaft das KStG maßgeblich ist, da diese gem. §§ 14 Abs. 1 Satz 1 und 17 KStG eine Kapitalgesellschaft sein muss. Im Zuge der Einkommensermittlung beim Organträger kann jedoch sowohl das EStG als auch das KStG maßgeblich sein, da als Organträger sowohl natürliche Personen als auch Personengesellschaften, die eine gewerbliche Tätigkeit ausüben, in Betracht kommen (s. Rn. 220). Die Bruttomethode bewirkt, dass sich die steuerliche Behandlung der bei der Organgesellschaft angefallenen Dividendenerträge, der Gewinne und Verluste aus der Veräußerung von Anteilen an Kapitalgesellschaften sowie der dort darauf angefallenen Ausgaben im Ergebnis danach richtet, ob diese Bezüge, Gewinne und Gewinnminderungen **auf der obersten Beteiligungsstufe** der Organschaft einer **Körperschaft zuzurechnen** sind.

Zunächst sei auf die **Behandlung von Erträgen iSd § 8b Abs. 1, 2 KStG** eingegangen: Würde es die Vorschrift des § 15 Satz 1 Nr. 2 KStG nicht geben, so könnte eine **natürliche Person als Organträger** oder eine Personengesellschaft, deren Anteilseigner natürliche Personen sind, in den Genuss von Steuervergünstigungen gelangen, die ihr nach ihrer Rechtsform nicht zustehen. Denn bei diesen sieht § 3 Nr. 40 EStG für entsprechende Bezüge und Veräußerungsgewinne nur eine Steuerfreistellung zu 40% vor. Ist der **Organträger eine Körperschaft** (zB eine AG) oder eine Personengesellschaft, deren Anteileigner Körperschaften sind, werden die Rechtsfolgen des § 8b KStG (einschließlich Abs. 7 und 8) auf die Ebene des Organträgers bzw. – bei einer Personengesellschaft als Organträger – auf dessen Gesellschafter verlagert, soweit in dem zugerechneten Einkommen der Organgesellschaft entsprechende Bezüge, Gewinne oder Gewinnminderungen gem. § 8b Abs. 1–3 KStG enthalten sind (§ 15 Satz 1 Nr. 2 Satz 2 KStG). Bei Dividenden greifen die Rechtsfolgen des § 8b Abs. 1, 5 KStG gem. § 8b Abs. 4 KStG erst ab einer Betei-

---

[634] Vgl. Schnitger/Fehrenbacher/*Dallwitz* KStG, 1. Aufl. 2012, § 15 Rn. 188, 189; BMF 4.7.2008, BStBl. I 2008, 718 Rn. 48; aA Erle/Sauter/*Erle/Heurung* KStG § 15 Rn. 69.
[635] Bei unmittelbarer Beteiligung ≥ 10%, vgl. § 8b Abs. 4 KStG.

ligungshöhe von 10%, andernfalls ist diese (sog. Streubesitz-)Dividende vollständig steuerpflichtig. Für die Prüfung der Beteiligungshöhe können Beteiligungen von Organträger und Organgesellschaft nicht zusammengerechnet werden (§ 15 Nr. 2 Satz 4 KStG). Bezüglich der von der Organgesellschaft gebuchten Dividendenerträge bleibt nur deren Beteiligungshöhe maßgeblich; Entsprechendes gilt für Dividenden des Organträgers.

249 Aufwendungen der Organgesellschaft im Zusammenhang mit deren Bezügen iSv § 8b Abs. 1 KStG (insb. Dividenden) bzw. deren Veräußerungsgewinnen nach § 8b Abs. 2 KStG sind aufgrund der sog. Bruttomethode (s. Rn. 248) unabhängig von der Rechtsform des Organträgers bei der Ermittlung des Einkommens der Organgesellschaft vollständig abzugsfähig.[636]

250 **(5) Ausnahme 3: Zinsschranke gem. § 4h EStG iVm § 8a KStG.** Die Zinsschranke des § 4h EStG führt als Gewinnermittlungsvorschrift zu einer steuerlichen **Begrenzung des Abzugs von Zinsaufwendungen** als Betriebsausgaben. Gemäß § 4h Abs. 1 Satz 1 EStG sind Zinsaufwendungen grundsätzlich (nur) in Höhe der Zinserträge abziehbar und der übersteigende Teil (Nettozinsaufwand) bis zur Höhe von 30% eines modifizierten Betriebsergebnisses, des sog. verrechenbaren EBITDA (Earnings Before Interest, Taxes, Depreciation and Amortization), abzugsfähig. Soweit das verrechenbare EBITDA die um die Zinserträge geminderten Zinsaufwendungen des Betriebs, dh den Nettozinsaufwand, übersteigt, ist der übersteigende Betrag in die folgenden fünf Wirtschaftsjahre vorzutragen (EBITDA-Vortrag). Nicht abziehbare Zinsaufwendungen eines Wirtschaftsjahres sind bis zur Höhe des EBITDA-Vortrags aus vorangegangenen Wirtschaftsjahren abzugsfähig. Die danach verbleibenden Zinsaufwendungen sind nicht abziehbar, sondern unbegrenzt vorzutragen und erhöhen den Zinsaufwand in den folgenden Wirtschaftsjahren. Diese Regelungen gelten zunächst für Einzelunternehmen und Personengesellschaften. Vorbehaltlich der Sonderregelungen in § 8a KStG gilt die Zinsschranke aber auch für Körperschaften.

251 § 15 Satz 1 Nr. 3 KStG schreibt nun vor, dass die Zinsschranke gem. § 4h EStG, die den Betriebsausgabenabzug für Zinsaufwendungen eines Betriebs begrenzt, **auf Ebene der Organgesellschaft** nicht anwendbar ist. Der Organkreis, bestehend aus Organträger und einer oder mehreren Organgesellschaften, gilt für die Anwendung der Zinsschranke als **ein Betrieb** iSd § 4h EStG. Rechtsträger des fiktiven Organbetriebs ist nicht der Organbetrieb selbst. Vielmehr ist der Organträger der Rechtsträger des Organbetriebs, sodass es für die Frage der Anwendbarkeit des § 8a KStG auf dessen Rechtsform bzw., wenn dieser eine Personengesellschaft ist, auf die Rechtsform seiner Gesellschafter ankommt.[637]

252 Zinsaufwendungen und Zinserträge sind erst bei Anwendung der Zinsschranke **auf Ebene des Organträgers** mit einzubeziehen. Dies führt dazu, dass bei der eigenständigen Gewinnermittlung auf Ebene der Organgesellschaft sämtliche Zinsaufwendungen abziehbar sind. Auch Abschreibungen der Organgesellschaft nach § 6 Abs. 2 Satz 1, Abs. 2a Satz 2 und § 7 EStG sind für Zwecke der Zinsschranke beim Organträger zu berücksichtigen.[638] Erst auf Ebene des Organträgers entscheidet sich, ob bzw. in welcher Höhe die Zinsaufwendungen der Organgesellschaft nach § 4h EStG abzugsfähig sind.

---

[636] Vgl. Schnitger/Fehrenbacher/*Dallwitz* KStG, 1. Aufl. 2012, § 15 Rn. 101.
[637] Vgl. Schnitger/Fehrenbacher/*Dallwitz* KStG, 1. Aufl. 2012, § 15 Rn. 178.
[638] Vgl. Erle/Sauter/*Erle/Heurung* KStG § 15 Rn. 62; BMF 4.7.2008, BStBl. I 2008, 718 Rn. 45.

F. Konzernsteuerrecht 253–257 § 14

Da Organträger und Organgesellschaft als ein Betrieb gelten, unterliegen **Dar- 253 lehensbeziehungen innerhalb des Organkreises** regelmäßig nicht der Zinsschranke, da sich Zinsaufwendungen und Zinserträge in gleicher Höhe gegenüber stehen.[639] Finanzierungsgestaltungen innerhalb des Organkreises haben insoweit keine fiskalischen Auswirkungen.[640] Einbezogen werden bei dem Organträger jedoch alle solchen Zinsaufwendungen und Zinserträge der Gesellschaften des Organkreises, die auf Rechtsbeziehungen zu Gläubigern oder Schuldnern beruhen, die sich außerhalb des Organkreises befinden.[641]

Bei der Anwendung der **Ausnahmetatbestände** des § 4h Abs. 2 Satz 1 EStG 254 ist **auf den Organbetrieb im Ganzen abzustellen**: Die Freigrenze des § 4h Abs. 2 Satz 1 Buchst. a EStG, wonach die Zinsschranke nicht anzuwenden ist, wenn der Zinsaufwand weniger als 3 Mio. EUR beträgt (Freigrenze), wird daher für den Organkreis nur einmal gewährt.[642] Ferner greift – bei Körperschaften als Organträger unter Berücksichtigung der Spezialregelungen des § 8a Abs. 2 und 3 KStG – die Zinsschranke zum einen dann nicht, wenn der Betrieb nicht oder nur anteilmäßig zu einem Konzern gehört (Buchst. b), und zum anderen dann nicht, wenn der Betrieb einem Konzern angehört und seine Eigenkapitalquote am Schluss des vorangegangenen Abschlussstichtages gleich hoch oder höher ist als die des Konzerns (Buchst. c). Aus der Betriebsfiktion des Organbetriebs ergibt sich, dass die Organschaft nicht per se einen Konzern begründet.[643] Es kommt für die Frage, ob ein Konzern iSd Zinsschranke vorliegt, vielmehr darauf an, ob es außerhalb des Organkreises konzernzugehörige Betriebe gibt. Ist dies der Fall, liegt ein Konzern vor und der Ausnahmetatbestand in § 4h Abs. 2 Satz 1 Buchst. b EStG kann nicht in Anspruch genommen werden. Ist dagegen der Organkreis deckungsgleich mit dem Konzern, ist die Zinsschranke auf den Organbetrieb nicht anwendbar.[644]

Ein **nicht verbrauchter EBITDA-Vortrag und ein nicht verbrauchter Zins- 255 vortrag** gehen bei Aufgabe oder Übertragung des Betriebs unter (§ 4h Abs. 5 EStG). Nach Auffassung der Finanzverwaltung gilt auch das **Ausscheiden einer Organgesellschaft aus dem Organkreis** als Aufgabe eines Teilbetriebs und führt damit zu einem anteiligen Untergang des EBITDA- und des Zinsvortrags.[645]

Mittelbare oder unmittelbare Anteilsübertragungen am Organträger 256 **bzw. der Organgesellschaft** können zum anteiligen oder vollständigen Wegfall eines Zinsvortrags führen, wenn die Gesellschaft eine Körperschaft oder eine Personengesellschaft, deren Anteilseigner Körperschaften sind, ist (§ 8a Abs. 1 Satz 2 iVm § 8c KStG). Hier gelten die Erläuterungen zu § 8c KStG unter Rn. 297 ff. entsprechend.

(6) Ausnahme 4: Ausgleichszahlungen an Minderheitsaktionäre. Den Be- 257 trag der **Ausgleichszahlungen** an außenstehende Aktionäre (näher Rn. 272 ff.) rechnet § 16 KStG der Organgesellschaft als eigenes Einkommen zu, sodass er **von der Organgesellschaft selbst zu 20/17 zu versteuern** ist. Der Multiplikator 20/17 (bzw. hochgerechnet 100/85) erhöht die Ausgleichszahlung um die Steuerlast (15% Körperschaftsteuer) und basiert auf der gesetzlichen Fiktion, dass die Leistung

---

[639] Vgl. Blümich/*Krumm* KStG § 15 Rn. 38.
[640] Vgl. BT-Drs. 16/4841, 77.
[641] Vgl. Gosch/*Neumann* KStG § 15 Rn. 36.
[642] Vgl. Blümich/*Heuermann* EStG § 4h Rn. 53; BMF 4.7.2008, BStBl. I 2008, 718 Rn. 57.
[643] Vgl. BMF 4.7.2008, BStBl. I 2008, 718 Rn. 65.
[644] Vgl. Erle/Sauter/*Erle*/*Heurung* KStG § 15 Rn. 88 f. mwN.
[645] Vgl. Erle/Sauter/*Erle*/*Heurung* KStG § 15 Rn. 77; BMF 4.7.2008, BStBl. I 2008, 718 Rn. 47.

der Ausgleichszahlung aus dem versteuerten Einkommen stammt. Die Versteuerung bei der Organgesellschaft greift unabhängig davon, ob die Organgesellschaft oder der Organträger die Verpflichtung zur Ausgleichszahlung erfüllt hat. Hat der Organträger die Verpflichtung erfüllt, ist sein Einkommen um die Ausgleichszahlungen zu kürzen.[646]

258 (7) **Zurechnung des Einkommens der Organgesellschaft.** Die wesentliche Rechtsfolge der Organschaft besteht in der **Zurechnung des Einkommens der Organgesellschaft zum Organträger.** Die Besteuerung erfolgt also ausschließlich auf Ebene des Organträgers. Auf die Einkommenszurechnung kann im Rahmen der Organschaft nicht verzichtet werden; es ist auch kein Antrag erforderlich.[647] Weder die Gewinnabführung noch die Zurechnung des Organeinkommens als solche lösen eine Ertragsbesteuerung aus.[648] Das Einkommen der Organgesellschaft ist dem Organträger für das Kalenderjahr (Veranlagungszeitraum) zuzurechnen, in dem die Organgesellschaft das Einkommen erzielt hat.[649] Die Zurechnung erfolgt gem. § 14 Abs. 1 Satz 2 KStG **erstmalig** für das Kalenderjahr, in dem das Wirtschaftsjahr der Organgesellschaft endet, in dem der Gewinnabführungsvertrag wirksam wird.[650]

259 Ist die **Muttergesellschaft eine Körperschaft (zB eine AG)** oder eine Personengesellschaft, deren Anteilseigner Körperschaften sind (s. § 8b Abs. 6 Satz 1 KStG), sind **Dividenden der Tochtergesellschaft** ohne Organschaft grundsätzlich steuerfrei (§ 8b Abs. 1 Satz 1 KStG). Jedoch gelten ohne Bestehen einer Organschaft 5% dieser Dividenden als nichtabzugsfähige Betriebsausgaben (§ 8b Abs. 5 KStG). Im Rahmen der Organschaft wird der Gewinn ohne Ausschüttung einer Dividende im Wege des Gewinnabführungsvertrags an den Organträger abgeführt; steuerlich wird das Einkommen der Organgesellschaft dem Organträger zugerechnet, sodass § 8b KStG insoweit auf den Gewinn der Organgesellschaft keine Anwendung findet. Der Vorteil einer Organschaft besteht also darin, dass eine aus § 8b Abs. 5 KStG resultierende steuerliche Belastung auf 5% der Dividende vermieden wird.

260 Ist **Anteilseigner der Tochter-Kapitalgesellschaft ein Einzelunternehmer** oder eine Personengesellschaft, deren Anteilseigner natürliche Personen sind, ist ohne Organschaft der Gewinn der Tochtergesellschaft von dieser selbst zu besteuern und eine von ihr ausgeschüttete **Dividende** beim Anteilseigner nach dem Teileinkünfteverfahren zu 40% steuerfrei (§ 3 Nr. 40 Buchst. d EStG). Mit Organschaft wird das Einkommen der Tochtergesellschaft dem Anteilseigner unmittelbar zugerechnet, sodass es nur zu einer einmaligen Besteuerung beim Organträger kommt.

261 (8) **Ermittlung des Einkommens des Organträgers.** Auf Ebene des Organträgers ist der Ausgangspunkt für die Ermittlung des zu versteuernden Einkommens der Jahresüberschuss laut Steuerbilanz. Die im Jahresüberschuss enthaltene, als Ertrag gebuchte **Gewinnabführung** der Organgesellschaft bleibt bei der Einkommensermittlung beim Organträger **außer Ansatz.** Das zugerechnete Einkommen der Organgesellschaft stellt beim Organträger ein fremdes Einkommen dar. Erst das eigene Einkommen des Organträgers und das zugerechnete Einkommen der

---

[646] Vgl. R 16 Abs. 2 Satz 3 Nr. 1 KStR.
[647] Vgl. Blümich/*Krumm* KStG § 14 Rn. 200.
[648] Vgl. BFH R 51/01, BStBl. II 2005, 49.
[649] Vgl. BFH I R 240/72, BStBl. II 1975, 126; dem folgend H 14.7 KStH.
[650] Vgl. StVergAbG v. 16.5.2003, BGBl. 2003 I 660 = BStBl. I 2003, 318.

Organgesellschaft bilden gemeinsam das vom Organträger zu versteuernde (Gesamt-) Einkommen.[651]

§ 19 KStG regelt die Anwendung von grundsätzlich für die Organgesellschaft **262** geltenden **besonderen Tarifvorschriften**, die einen Abzug von der Körperschaftsteuer vorsehen, beim Organträger. Dabei differenziert die Vorschrift nach der unbeschränkten Steuerpflicht und Rechtsform des Organträgers. Unterliegt der Organträger der unbeschränkten Körperschaftsteuerpflicht, so hat er die besonderen Tarifvorschriften so anzuwenden, als wären die Voraussetzungen für ihre Anwendung bei ihm selbst erfüllt (§ 19 Abs. 1 KStG). Ist der Organträger eine unbeschränkt einkommensteuerpflichtige natürliche Person gilt für sie Entsprechendes, wenn im EStG eine gleichartige Tarifermäßigung vorhanden ist (§ 19 Abs. 2 KStG). Unterliegt der Organträger nicht der unbeschränkten Körperschaftsteuer- oder Einkommensteuerpflicht, gelten § 19 Abs. 1 und 2 KStG entsprechend, soweit die besonderen Tarifvorschriften bei beschränkt Steuerpflichtigen anwendbar sind (§ 19 Abs. 3 KStG).Ist der Organträger eine Personengesellschaft, so regelt § 19 Abs. 4 KStG, dass § 19 Abs. 1–3 KStG für die Gesellschafter der Personengesellschaft entsprechend gilt.

Bei Aufwendungen der Organgesellschaft in Bezug auf Erträge iSv § 8b Abs. 1, **263** 2 KStG und Aufwendungen des Organträgers in Bezug auf das zugerechnete Einkommen aus der Organbeteiligung sind die folgenden Besonderheiten im **Vergleich zwischen dem Zustand mit und ohne Organschaft** zu beachten (s. Rn. 266 f.).

Bei **Aufwendungen der Organgesellschaft in Bezug auf Erträge iSv § 8b** **264** **Abs. 1, 2 KStG** ist nach der Rechtsform des Organträgers zu differenzieren:

Ist der **Organträger eine Körperschaft** (zB eine AG) oder eine Personengesellschaft, deren Anteileigner Körperschaften sind, unterliegen aufgrund von § 8b Abs. 3 Satz 2, Abs. 5 Satz 2 KStG, wonach § 3c Abs. 1 EStG keine Anwendung findet, Aufwendungen der Organgesellschaft im Zusammenhang mit deren Bezügen iSv § 8b Abs. 1 KStG (insb. Dividenden) bzw. deren Veräußerungsgewinnen nach § 8b Abs. 2 KStG – wie auch ohne Organschaft bei der Tochtergesellschaft – keinem Abzugsverbot. Das gilt unabhängig davon, ob die Bezüge oder Gewinne steuerfrei oder steuerpflichtig sind.

Ist der **Organträger ein Einzelunternehmer** oder eine Personengesellschaft mit natürlichen Personen als Anteilseignern, sind Aufwendungen der Organgesellschaft im Zusammenhang mit den Bezügen iSv § 8b Abs. 1 KStG (insb. Dividenden) bzw. den Veräußerungsgewinnen der Organgesellschaft nach § 8b Abs. 2 KStG – anders als ohne Organschaft – beim Organträger nach § 3c Abs. 2 EStG nur beschränkt zu 60 % abzugsfähig.

Auch **Aufwendungen des Organträgers in Bezug auf das zugerechnete** **265** **Einkommen aus der Organbeteiligung** sind bei Bestehen einer Organschaft anders als ohne Organschaft zu behandeln:

Ist der **Organträger eine Körperschaft** (zB eine AG) oder eine Personengesellschaft, deren Anteileigner Körperschaften sind, mindern ohne Bestehen einer Organschaft eigene Aufwendungen der Muttergesellschaft im wirtschaftlichen Zusammenhang mit Dividenden der Tochtergesellschaft ohne Organschaft in vollem Umfang den ausgeschütteten Gewinn der Tochtergesellschaft, da § 8b Abs. 3 Satz 2, Abs. 5 Satz 2 KStG die Anwendbarkeit von § 3c Abs. 1 EStG ausschließt. Bei Bestehen einer Organschaft folgt dieses Ergebnis bereits daraus, dass die Organgesellschaft keinen Gewinn ausschüttet, sondern dem Organträger nur deren Einkommen zugerechnet wird.

---

[651] Vgl. BFH XI R 95/97, BStBl. II 2003, 9; R 14.6 Abs. 1 Satz 2 KStR; Schnitger/Fehrenbacher/*Brink* KStG, 1. Aufl. 2012, § 14 Rn. 624.

Ist der **Organträger ein Einzelunternehmer** oder eine Personengesellschaft mit natürlichen Personen als Anteilseignern, sind ohne Bestehen einer Organschaft Aufwendungen der Muttergesellschaft im Zusammenhang mit den Bezügen iSv § 8b Abs. 1 KStG (insb. Dividenden) bzw. den Veräußerungsgewinnen der Tochtergesellschaft nach § 8b Abs. 2 KStG nur zu 60% abzugsfähig (§ 3c Abs. 2 Satz 1 EStG). Besteht eine Organschaft, findet § 3c Abs. 2 Satz 1 EStG keine Anwendung, da keine Dividende ausgeschüttet wird. Konsequenz ist, dass die eigenen Aufwendungen des Organträgers in vollem Umfang abzugsfähig sind. Allerdings stellt § 3c Abs. 2 Satz 8 EStG im Gegenzug klar, dass abführungsbedingte Wertminderungen des Anteils an der Organgesellschaft nur zu 60% berücksichtigungsfähig sind.

266 **(9) Verlustnutzung im Organkreis.** Dass die laufenden Verluste einer Organgesellschaft während des Bestehens der Organschaft (**organschaftliche Verluste der Organgesellschaft**) dem Organträger zugerechnet werden, ist mit der bedeutendste Vorteil einer körperschaftsteuerlichen Organschaft (vgl. zu den Vor- und Nachteilen der Organschaft Rn. 308). Erwirtschaftet eine Organgesellschaft während der Organschaft steuerlich Verluste, ermöglicht die Organschaft einen sofortigen **Ausgleich mit den Gewinnen des Organträgers**. Falls keine Organschaft besteht, greift das Trennungsprinzip, sodass Verluste der Kapitalgesellschaft lediglich mit ihrem eigenen Gewinn des Vorjahrs (Verlustrücktrag) oder mit zukünftigen Gewinnen (sog. Verlustvortrag) – unter Berücksichtigung der sog. Mindestbesteuerung – ausgleichbar sind (§ 10d Abs. 1 und 2 EStG).

267 **Verlustvorträge der Organgesellschaft** iSd § 10d EStG **aus vororganschaftlicher Zeit** können weder beim Organträger noch bei der Organgesellschaft mit Gewinnen aus dem Zeitraum der Organschaft verrechnet werden, sie sind vielmehr „eingefroren" (§ 15 Satz 1 Nr. 1 KStG). Das gilt selbst dann, wenn die Organgesellschaft ausnahmsweise aufgrund von Ausgleichszahlungen an Minderheitsaktionäre (s. näher Rn. 270 ff.) ein eigenes positives Einkommen aufweist. Erst nach Beendigung der Organschaft ist ein Abzug dieser Verlustvorträge möglich und dann auch nur auf der Ebene der ehemaligen Organgesellschaft im Wege des Verlustvortrags.

268 **Nachorganschaftliche Verluste**, also Verluste, die bei der ehemaligen Organgesellschaft nach Beendigung der Organschaft entstehen, kann stets nur die Organgesellschaft nutzen. Ein Verlustrücktrag in den Zeitraum des Bestehens der Organschaft kommt nicht in Betracht, da die Organgesellschaft während des Bestehens der Organschaft regelmäßig kein eigenes positives Einkommen hat bzw. weil ansonsten § 15 Satz 1 Nr. 1 KStG einem Verlustrücktrag entgegensteht.

269 Eine Kapitalgesellschaft als Organträger kann seine Verluste (**Verluste des Organträgers**) unmittelbar mit Gewinnen der Organgesellschaft verrechnen. Dieser interne Verlustausgleich bewirkt die Gleichstellung von Konzernen mit einem Einheitsunternehmen und erfüllt so eine der wichtigen betriebswirtschaftlichen Anforderungen an die Konzernbesteuerung.[652]

270 **(10) Ausgleichszahlungen an außenstehende Anteilseigner.** Da sich der Gewinnabführungsvertrag auf den gesamten Gewinn der Organgesellschaft erstrecken muss, um steuerlich wirksam zu sein, erleiden **außenstehende Anteilseigner**, die an der Organgesellschaft mitbeteiligt sind, einen Vermögensverlust. Die außenstehenden Anteilseigner einer AG haben daher nach § 304 AktG einen **Anspruch auf eine angemessene Ausgleichszahlung** für ihren Vermögensverlust infolge der Abführung des gesamten Gewinns an den Organträger. Entsprechendes gilt bei der SE und der KGaA.

---

[652] Vgl. *Scheffler* Besteuerung von Unternehmen, Band I, 13. Aufl. 2016, S. 479, 495.

F. Konzernsteuerrecht 271, 272 § 14

Ob auch eine **GmbH als Organgesellschaft** eine **Ausgleichszahlung** an au- 271
ßenstehende Gesellschafter zu leisten hat, ist handelsrechtlich **umstritten**. Aus
der Eigentumsgarantie des Art. 14 Abs. 1 GG lässt sich ein solcher Anspruch auf
Ausgleichszahlung des GmbH-Gesellschafters mE grundsätzlich herleiten. Verzichtet dieser jedoch freiwillig auf dieses Recht, sollte dies der Wirksamkeit des
Ergebnisabführungsvertrags nicht entgegenstehen können. Davon ist dann auszugehen, wenn man mit einer Meinung im handelsrechtlichen Schrifttum[653] Einstimmigkeit bei der Abstimmung über den Abschluss des Gewinnabführungsvertrags
verlangt. Lässt man dagegen zu Recht eine ¾-Mehrheit ausreichen,[654] stellt sich
die Frage nach der Rechtsfolge einer fehlenden Ausgleichsvereinbarung, ohne
dass der Minderheitsgesellschafter dem zugestimmt hat: Ist der Vertrag nichtig
oder nur anfechtbar?[655] Da nicht ersichtlich ist, warum der Minderheitenschutz im
GmbH-Recht geringer ausgeprägt sein sollte als im Aktienrecht, ist der Vertrag
bei fehlender Ausgleichsvereinbarung mE zivilrechtlich nichtig. Aufgrund der unklaren Rechtslage sollte sich das Fehlen einer Ausgleichsvereinbarung jedoch nicht
auf die Anerkennung der steuerlichen Organschaft auswirken.[656]

Im Gesetz existiert **keine Legaldefinition des außenstehenden Anteilseig-** 272
ners (Aktionärs). Die Frage, wer außenstehender Aktionär ist und damit einen
Anspruch auf Ausgleichszahlung hat, ist umstritten. Gleichwohl hat die Frage
erhebliche Bedeutung, da sich bei Ausgleichszahlungen an nicht-außenstehende
Aktionäre die weitere Frage stellt, ob verdeckte Gewinnausschüttungen/verdeckte
Einlagen vorliegen oder die Organschaft steuerlich nicht mehr anzuerkennen ist
(s. Rn. 290 ff. zur verunglückten Organschaft).[657] Meines Erachtens sprechen die
besseren Gründe für eine Anwendung der Grundsätze zur verdeckten Gewinnausschüttung/verdeckten Einlage mit der Folge, dass die Ausgleichszahlungen an
nicht-außenstehende Aktionäre nach § 16 KStG zu behandeln (s. Rn. 259, 277) und
von der Organgesellschaft selbst zu ²⁰/₁₇ zu versteuern sind.[658] Grundsätzlich gelten
Aktionäre, die mit dem herrschenden Unternehmen wirtschaftlich eine Einheit
bilden, nicht als „außenstehend".[659] Nicht außenstehend sind danach sowohl Aktionäre, die an dem herrschenden Unternehmen zu 100% beteiligt sind oder an denen
das herrschende Unternehmen unmittelbar oder mittelbar zu 100% beteiligt ist, als
auch Aktionäre, die mit dem herrschenden Unternehmen durch einen Gewinnabführungs- oder Beherrschungsvertrag verbunden sind oder die in den Organträger
eingegliedert sind.[660] Nach hM führen dagegen die bloße Anteilsmehrheit des

---

[653] So zB Emmerich/Habersack/*Emmerich* AktG § 304 Rn. 11 f.; Scholz/*Emmerich* GmbHG
Anh § 13 Rn. 144–147, jeweils mwN; offen gelassen BGH II ZB 7/88, NJW 1989, 295; BFH
I R 66/07, BStBl. II 2009, 972.
[654] So zB Baumbach/Hueck/*Beurskens* GmbHG Anh. Konzernrecht Rn. 57; MünchKomm. AktG/Bd. 5/*Paulsen* § 304 Rn. 19; Lutter/Hommelhoff/*Lutter/Hommelhoff* GmbHG
Anh. § 13 Rn. 49 ff.; *Richter/Stengel* DB 1993, 1861.
[655] S. zum Streitstand Lutter/Hommelhoff/*Lutter/Hommelhoff* GmbHG Anh. § 13
Rn. 55 ff.; Scholz/*Emmerich* GmbHG Anh. § 13 Rn. 162; HHR/*Pache* KStG § 16 Rn. 37.
[656] Ebenso DPM/*Dötsch* KStG § 16 Rn. 7; Schnitger/Fehrenbacher/*Dallwitz* KStG, 1. Aufl.
2012, § 16 Rn. 21.
[657] Vgl. HHR/*Pache* KStG § 16 Rn. 33.
[658] So auch die wohl hM: Erle/Sauter/*Erle/Heurung* KStG § 16 Rn. 23–25; Frotscher/
Drüen/*Frotscher* KStG § 16 Rn. 7.
[659] Vgl. MünchKomm. AktG/Bd. 5/*Paulsen* § 304 Rn. 27; Erle/Sauter/*Erle/Heurung* KStG
§ 16 Rn. 17; DPM/*Dötsch* KStG § 16 Rn. 4.
[660] Vgl. MünchKomm. AktG/Bd. 5/*Paulsen* § 304 Rn. 27; Erle/Sauter/*Erle/Heurung* KStG
§ 16 Rn. 21; DPM/*Dötsch* KStG § 16 Rn. 3; s. auch BFH I R 1/08, BFH/NV 2009, 1716.

Organträgers an dem anderen Gesellschafter, faktische Abhängigkeitsbeziehungen zwischen diesen beiden oder eine Konzernzugehörigkeit nicht dazu, diesen anderen Gesellschafter nicht mehr als außenstehend zu qualifizieren.[661]

273 Sollte die erforderliche Regelung einer **Ausgleichszahlung im Gewinnabführungsvertrag nicht enthalten** sein, so ist der Vertrag gem. § 304 Abs. 3 Satz 1 AktG zivilrechtlich nichtig.[662] Infolge der zivilrechtlichen Nichtigkeit ist die Organschaft nicht anzuerkennen. Mangels Bestehens einer Organschaft kommen dann die Rechtsfolgen der §§ 14 ff. KStG insgesamt nicht zur Anwendung. Ist der vereinbarte Ausgleich dagegen nur unangemessen, hat das Gericht einen angemessenen Ausgleich festzusetzen (§ 304 Abs. 3 Satz 3 AktG), sodass der Ergebnisabführungsvertrag zivilrechtlich wirksam und steuerlich anzuerkennen ist.

274 Die **Ausgleichzahlung** ist nach § 304 Abs. 1 Satz 1 AktG **zwingend**. Sie ist eine auf die Anteile am Grundkapital bezogene jährlich wiederkehrende Geldleistung. Der Höhe nach soll die Ausgleichszahlung gem. § 304 Abs. 2 Satz 1 AktG in einem **festen Betrag** bestehen, der sich nach der bisherigen Ertragslage der Gesellschaft und ihren künftigen Ertragsaussichten unter Berücksichtigung angemessener Abschreibungen und Wertberichtigungen, jedoch ohne Bildung anderer Gewinnrücklagen, voraussichtlich als durchschnittlicher Gewinnanteil auf die einzelne Aktie verteilen lässt. Alternativ kann eine AG oder KGaA als Organträger einen **variablen Ausgleich** wählen (§ 304 Abs. 2 Satz 2 AktG). Dementsprechend kann der Organträger den Minderheitsgesellschaftern der Organgesellschaft auch die Zahlung des Betrags zusichern, der unter Herstellung eines angemessenen Umrechnungsverhältnisses auf Aktien der Organgesellschaft jeweils als Gewinnanteil entfällt. Die Angemessenheit der Umrechnung bestimmt sich nach dem Verhältnis, in dem bei einer Verschmelzung auf eine Aktie der Organgesellschaft Aktien des Organträgers zu gewähren wären. In der Praxis kommt es darüber hinaus häufig zu einer zivilrechtlich zulässigen **Kombination fester und variabler Ausgleichszahlungen**.[663] Eine solche Kombination hat die Finanzverwaltung ebenfalls steuerrechtlich anerkannt, sofern der variable Ausgleich nur zu einer Erhöhung der festen Ausgleichzahlung führt.[664] Zu einer Unterschreitung des festen Mindestbetrags darf es hingegen nicht kommen. Entgegen dieser Ansicht der Finanzverwaltung hat der BFH im Jahr 2009 entschieden, dass eine Kombination von festen und variablen Ausgleichszahlungen zu einer Nichtanerkennung der ertragsteuerlichen Organschaft führt.[665] Denn nach Auffassung des BFH wird nicht der ganze Gewinn abgeführt, wenn der außenstehende Anteilseigner immer mindestens den ihm ohne Ergebnisabführungsvertrag zustehenden Gewinnanteil erhält und damit an den Organträger höchstens der ohne Ergebnisabführungsvertrag abzuführende Gewinn abgeführt wird.[666] Die Finanzverwaltung wendet allerdings die Rechtsgrundsätze des BFH-Urteils über den entschiedenen Einzelfall hinaus nicht an und ist zu Recht der Auffassung, dass eine zivilrechtlich zulässigerweise vereinbarte Ausgleichszahlung der Durchführung des Gewinnabführungsvertrags nicht entgegensteht.[667]

---

[661] Vgl. *Hüffer/Koch* AktG § 304 Rn. 3 mwN; Frotscher/Drüen/*Frotscher* KStG § 16 Rn. 13.
[662] Vgl. BFH I R 7/97, BStBl. II 1998, 33.
[663] Vgl. Schnitger/Fehrenbacher/*Brink* KStG, 1. Aufl. 2012, § 16 Rn. 26.
[664] BMF 20.4.2010, BStBl. I 2010, 372; BMF 13.9.1991, DB 1991, 2110.
[665] BFH I R 1/08, BStBl. II 2010, 407; bestätigt bei Anwendung auf eine GmbH als Organgesellschaft in BFH I R 93/15, DStR 2017, 2429 = BFH/NV 2017, 144.
[666] BFH I R 1/08, BStBl. II 2010, 407; bestätigt bei Anwendung auf eine GmbH als Organgesellschaft in BFH I R 93/15, DStR 2017, 2429 = BFH/NV 2017, 144.
[667] BMF 20.4.2010, BStBl. I 2010, 372.

F. Konzernsteuerrecht

Ausgleichszahlungen sind betrieblich veranlasster Aufwand und verringern das handelsrechtliche Ergebnis vor Gewinnabführung bzw. Verlustübernahme sowie das steuerbilanzielle Ergebnis der Organgesellschaft. Die Zahlungen stellen ihrem Charakter nach eine **Verwendung des Einkommens** dar und dürfen dieses nicht mindern. Sie sind daher als nichtabziehbare Betriebsausgaben gem. § 4 Abs. 5 Nr. 9 EStG dem Gewinn der Organgesellschaft außerbilanziell hinzuzurechnen. Die Organgesellschaft hat $^{20}/_{17}$ der Ausgleichszahlung selbst zu versteuern (s. näher Rn. 257). Die Versteuerung bei der Organgesellschaft greift unabhängig davon, ob die Organgesellschaft oder der Organträger die Verpflichtung zur Ausgleichszahlung erfüllt hat. Hat der Organträger die Verpflichtung erfüllt, ist sein Einkommen um die Ausgleichszahlungen zu kürzen.[668]

275

Die Ausgleichszahlungen führen **beim Empfänger** zu Erträgen iSd § 20 Abs. 1 Nr. 1 EStG, da es sich um **garantierte Dividenden** handelt. Gemäß § 43 Abs. 1 Nr. 1 EStG hat die auszahlende Gesellschaft grundsätzlich Kapitalertragsteuer einzubehalten und abzuführen. § 8b KStG bzw. § 3 Nr. 40 EStG sind anwendbar.

276

(11) Mehr- und Minderabführungen. Das Einkommen der Organgesellschaft wird dem Organträger grundsätzlich unabhängig von der handelsrechtlichen Gewinnabführung zugerechnet. Aufgrund der Abweichung zwischen den handelsrechtlichen Vorschriften zur Gewinnermittlung und der steuerlichen Einkommensermittlung kommt es idR zu **Differenzen zwischen dem Betrag der Einkommenszurechnung und dem der Gewinnabführung**.[669] Die Gründe sind vielfältig. Zum Beispiel kann die Organgesellschaft einen Teil ihres Gewinns in die Gewinnrücklage einstellen oder Bilanzierungswahlrechte handelsrechtlich und steuerrechtlich anders ausüben.

277

Der abgeführte Gewinn kann sowohl höher als auch niedriger als die steuerliche Einkommenszurechnung sein. Sofern das handelsbilanzielle Ergebnis über dem steuerlichen Ergebnis liegt, spricht man von einer **Mehrabführung**. Liegt das handelsbilanzielle Ergebnis unter dem steuerlichen Ergebnis, entspricht dies einer **Minderabführung**. Allerdings sind daraus steuerliche Folgen nach § 14 Abs. 3 und 4 KStG nur dann zu ziehen, wenn dem eine Abweichung zwischen Gewinnabführung/Verlustübernahme und Steuerbilanzgewinn/-verlust (jeweils vor Gewinnabführung bzw. Verlustübernahme) zugrunde liegt; außerbilanzielle Einkommenskorrekturen begründen dagegen keine Mehr- oder Minderabführungen iSv § 14 Abs. 3 und 4 KStG.[670]

278

Eine weitere **Differenzierung** ist danach angezeigt, wann die Mehr- oder Minderabführung verursacht worden ist. § 14 Abs. 3 und 4 KStG unterscheidet hier entsprechend einem zeitbezogenen Maßstab **zwischen organschaftlicher und vororganschaftlicher Mehr-/Minderabführung.** Die Mehr-/Minderabführung ist vororganschaftlich verursacht, wenn sie ihre Ursache in der Zeit vor Beginn des Wirtschaftsjahrs der Organgesellschaft hat, für das die Rechtsfolgen der Organschaft (s. Rn. 241 ff.) erstmals eintreten. Dafür ist zu ergründen, ob die die Mehr-/Minderabführung verursachende Abweichung zwischen Gewinnabführung und Steuerbilanzgewinn vor Gewinnabführung ihren Grund in vororganschaftlicher

279

---

[668] Vgl. R 16 Abs. 2 Satz 3 Nr. 1 KStR.
[669] Ausnahmsweise kann eine Mehrabführung auch vorliegen, wenn abgeführter Gewinn und steuerliche Einkommenszurechnung gleich hoch sind, wenn damit die Einmalbesteuerung des Organkreises sichergestellt wird, vgl. BFH I R 67/15, DStR 2017, 1650; *Freeden/Lange* DB 2017, 2055.
[670] Ebenso hM; vgl. Frotscher/Drüen/*Frotscher* KStG § 14 Rn. 812; Schnitger/Fehrenbacher/*Brink* KStG, 1. Aufl. 2012, § 14 Rn. 1021 mwN; aA *Kolbe* StuB 2008, 293 (294).

§ 14   280, 281   Konzernrecht

Zeit hat. Der Zeitpunkt der zivilrechtlichen Wirksamkeit des Gewinnabführungsvertrags ist nicht maßgeblich. Stammt die Ursache für die Abweichung aus der Zeit nach Begründung der Organschaft, spricht man von organschaftlicher Mehr-/Minderabführung. Eine **Saldierung von vororganschaftlichen und organschaftlichen Mehr- und Minderabführungen** ist **unzulässig**, da das Gesetz ausdrücklich in den Rechtsfolgen zwischen Gewinnausschüttungen und Einlagen differenziert und zusätzlich die Begriffe der Mehr- und Minderabführungen im Plural verwendet.[671]

280   Die Behandlung von organschaftlichen und vororganschaftlichen Mehr- bzw. Minderabführungen sei im Folgenden vorab im **Überblick** dargestellt:

Überblick: Organschaftliche und vororganschaftliche Mehr-/Minderabführungen

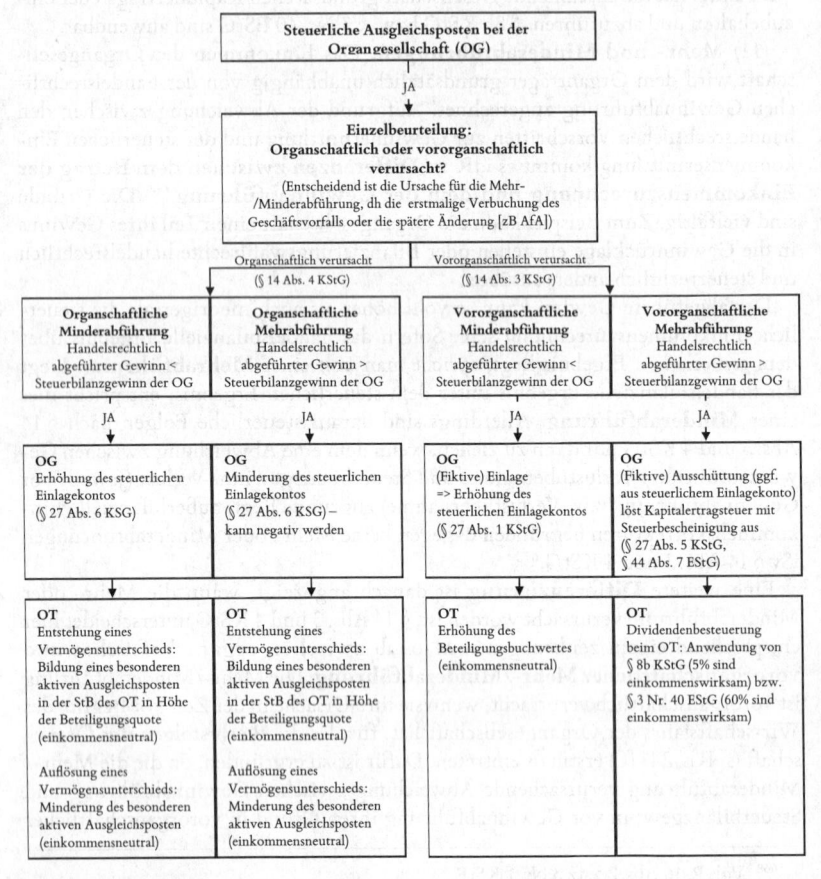

Steuerliche Ausgleichsposten bei der Organgesellschaft (OG)			
JA			
Einzelbeurteilung: Organschaftlich oder vororganschaftlich verursacht? (Entscheidend ist die Ursache für die Mehr-/Minderabführung, dh die erstmalige Verbuchung des Geschäftsvorfalls oder die spätere Änderung [zB AfA])			
Organschaftlich verursacht (§ 14 Abs. 4 KStG)		Vororganschaftlich verursacht (§ 14 Abs. 3 KStG)	
Organschaftliche Minderabführung Handelsrechtlich abgeführter Gewinn < Steuerbilanzgewinn der OG	Organschaftliche Mehrabführung Handelsrechtlich abgeführter Gewinn > Steuerbilanzgewinn der OG	Vororganschaftliche Minderabführung Handelsrechtlich abgeführter Gewinn < Steuerbilanzgewinn der OG	Vororganschaftliche Mehrabführung Handelsrechtlich abgeführter Gewinn > Steuerbilanzgewinn der OG
JA	**JA**	**JA**	**JA**
OG Erhöhung des steuerlichen Einlagekontos (§ 27 Abs. 6 KSG)	OG Minderung des steuerlichen Einlagekontos (§ 27 Abs. 6 KSG) – kann negativ werden	OG (Fiktive) Einlage => Erhöhung des steuerlichen Einlagekontos (§ 27 Abs. 1 KStG)	OG (Fiktive) Ausschüttung (ggf. aus steuerlichem Einlagekonto) löst Kapitalertragsteuer mit Steuerbescheinigung aus (§ 27 Abs. 5 KStG, § 44 Abs. 7 EStG)
OT Entstehung eines Vermögensunterschieds: Bildung eines besonderen aktiven Ausgleichspostens in der StB des OT in Höhe der Beteiligungsquote (einkommensneutral) Auflösung eines Vermögensunterschieds: Minderung des besonderen aktiven Ausgleichspostens (einkommensneutral)	OT Entstehung eines Vermögensunterschieds: Bildung eines besonderen aktiven Ausgleichspostens in der StB des OT in Höhe der Beteiligungsquote (einkommensneutral) Auflösung eines Vermögensunterschieds: Minderung des besonderen aktiven Ausgleichspostens (einkommensneutral)	OT Erhöhung des Beteiligungsbuchwertes (einkommensneutral)	OT Dividendenbesteuerung beim OT: Anwendung von § 8b KStG (5% sind einkommenswirksam) bzw. § 3 Nr. 40 EStG (60% sind einkommenswirksam)

281   **(aa) Behandlung organschaftlich verursachter Mehr-/Minderabführungen beim Organträger.** Nach § 14 Abs. 4 KStG ist in der Steuerbilanz des Organträgers für Minder- und Mehrabführungen, die ihre Ursache in organschaftlicher

---

[671] BFH I R 38/11, BStBl. II 2014, 398; so auch FG Düsseldorf 6 K 4270/10 K, F, nrkr., EFG 2013, 1262; BFH I R 36/13, BStBl. II 2014, 651; BVerfG-Vorlage, Az: 2 BvL 18/14.

Zeit haben, ein **besonderer aktiver oder passiver organschaftlicher Ausgleichsposten** in Höhe des Betrags zu bilden, der dem Verhältnis der Beteiligung des Organträgers am Nennkapital der Organgesellschaft entspricht.[672] Der organschaftliche Ausgleichsposten hat den **Zweck**, eine nochmalige Besteuerung des in organschaftlicher Zeit erzielten Einkommens einer Organgesellschaft (aktiver Ausgleichsposten) bzw. eine doppelte Berücksichtigung eines wirtschaftlichen Verlusts bzw. die Nichtbesteuerung von in der Organschaft erzielten Vermögensmehrungen der Organgesellschaft innerhalb des Organkreises zu vermeiden (passiver Ausgleichsposten).[673] Im Ergebnis dienen die Ausgleichsposten also dem „Grundsatz der Einmalversteuerung".[674] Stellt etwa die Organgesellschaft aus dem Jahresüberschuss mit vernünftiger kaufmännischer Begründung Beträge in die Gewinnrücklagen iSv § 272 Abs. 3 HGB ein, werden die Rücklagen mit dem zuzurechnenden Einkommen beim Organträger versteuert, handelsrechtlich sind sie in der Gewinnabführung aber nicht enthalten. Um sicherzustellen, dass im Falle einer Veräußerung der Organbeteiligung die bei der Organgesellschaft gebildeten Rücklagen nicht noch einmal beim Organträger steuerrechtlich erfasst werden, ist in der Steuerbilanz des Organträgers, in die der um die Rücklage verminderte Jahresüberschuss der Organgesellschaft eingegangen ist, ein besonderer aktiver Ausgleichsposten für die versteuerten Rücklagen einkommensneutral zu bilden.

Im Falle einer **organschaftlichen Mehrabführung** ist in der Steuerbilanz des Organträgers ein aktiver organschaftlicher Ausgleichsposten zu bilden. Dieser gibt an, dass die handelsrechtlichen Gewinnabführungen beim Organträger zum Teil noch nicht versteuert werden mussten. Der aus der Bildung resultierende bilanzielle Gewinn ist außerbilanziell zu neutralisieren. Im Falle einer **organschaftlichen Minderabführung** ist innerhalb der Steuerbilanz des Organträgers ein passiver Ausgleichsposten zu bilden und zur Neutralisierung außerbilanziell eine entsprechende Hinzurechnung vorzunehmen. Die organschaftlichen Ausgleichsposten sind entsprechend dem Verlauf der steuerlichen Gewinnkorrekturen in den Folgejahren einkommensneutral anzupassen.[675]

In bestimmten Fällen, insbesondere im Zeitpunkt der **Veräußerung der Organbeteiligung**, nicht aber schon bei Beendigung des Gewinnabführungsvertrags oder einer anderen Form der Beendigung der Organschaft, sind die **besonderen Ausgleichsposten erfolgswirksam aufzulösen**,[676] sodass sich – unter Anwendung von § 3 Nr. 40, § 3c Abs. 2 EStG bzw. § 8b KStG – das Einkommen des Organträgers erhöht oder verringert (§ 14 Abs. 4 Satz 3 KStG).

(bb) Behandlung organschaftlich verursachter Mehr-/Minderabführungen bei der Organgesellschaft. Die Behandlung von **organschaftlichen Mehroder Minderabführungen** bei der Organgesellschaft ist über das steuerliche Einlagekonto geregelt, das sicherstellen soll, dass die von den Anteilseignern einer Kapitalgesellschaft geleisteten Gesellschaftereinlagen von den durch die Kapitalgesellschaft selbst erwirtschafteten Gewinnen getrennt werden. Mehrabführungen vermindern das steuerliche Einlagekonto, Minderabführungen erhöhen es. Gemäß § 27 Abs. 6 KStG ist in gleicher Höhe der Minderabführung bei der Organgesellschaft ein Zugang beim steuerlichen Einlagekonto zu erfassen. Mehrabführungen sind bei der Organgesellschaft vom steuerlichen Einlagekonto zu kürzen. Die Ver-

---

[672] Vgl. R 14.8 Abs. 2 KStR.
[673] Vgl. Schnitger/Fehrenbacher/*Brink* KStG § 14 Rn. 976.
[674] BT-Drs. 16/7036, 20.
[675] Vgl. R 14.8 Abs. 1 Satz 3 und 4 KStR.
[676] Vgl. R 14.8 Abs. 3 Satz 2 KStR.

ringerung des steuerlichen Einlagekontos durch Mehrabführungen kann sogar zu einem negativen Bestand des Einlagekontos führen.[677] Bei der Organgesellschaft ist die Saldierung einer handelsrechtlichen Gewinnabführung mit einem vorangegangenen Ertragszuschuss des Organträgers unzulässig, da ein solcher Ertragszuschuss als verdeckte Einlage eigenständig zu würdigen ist und sich erhöhend auf das steuerliche Einlagenkonto auswirkt. Insoweit ist das steuerliche Einlagenkonto um den Betrag einer Mehrabführung isd § 27 Abs. 6 KStG zu mindern.[678]

285 (cc) **Behandlung vororganschaftlich verursachter Mehr-/Minderabführungen.** Die Mehr-/Minderabführung ist **vororganschaftlich verursacht,** wenn sie ihre Ursache in der Zeit vor Beginn des Wirtschaftsjahrs der Organgesellschaft hat, für das die Rechtsfolgen der Organschaft (s. Rn. 241 ff.) erstmals eintreten (s. zur Abgrenzung zu organschaftlichen Mehr-/Minderabführungen Rn. 279).

286 **Vororganschaftlich verursachte Minderabführungen** sind als Einlage durch den Organträger in die Organgesellschaft zu behandeln (§ 14 Abs. 3 Satz 2 KStG). Diese Behandlung betrifft sowohl die Ebene des Organträgers als auch diejenige der Organgesellschaft. In der Folge erhöht sich das steuerliche Einlagekonto bei der Organgesellschaft entsprechend. In der Steuerbilanz des Organträgers sind die Anschaffungskosten der Beteiligung an der Organgesellschaft ebenfalls entsprechend zu erhöhen.

287 **Vororganschaftlich verursachte Mehrabführungen** gelten als Gewinnausschüttungen der Organgesellschaft an den Organträger (§ 14 Abs. 3 Satz 1 KStG). Sie sind als rein rechnerische Differenzbeträge zu begreifen und nicht als tatsächliche Abführungen. Daher können sie nicht nur aus einem höheren handelsbilanziellen Jahresüberschuss der Organgesellschaft resultieren, sondern auch aus Fällen der sog. Minderverlustübernahmen, in welchen der Organträger infolge eines geringeren handelsbilanziellen Verlusts der Organgesellschaft einen geringeren Verlust ausgleichen musste, als ihm zugerechnet wurde.[679] Als Gewinnausschüttung ist die vororganschaftlich verursachte Mehrabführung – je nach Rechtsform des Anteilseigners – entweder (bei Einzelunternehmern und Personengesellschaften, deren Anteilseigner wiederum natürliche Personen sind) zu 40% steuerfrei (§ 3 Nr. 40 Satz 1 Buchst. d EStG) oder (bei Körperschaften bzw. Personengesellschaften, deren Anteilseigner wiederum Körperschaften und zu mind. 10% beteiligt sind) insgesamt steuerfrei, wobei in letzterem Fall 5% als nichtabzugsfähige Betriebsausgaben gelten (§ 8b Abs. 1 und 5 KStG).

288 **(12) Schema der Einkommensermittlung:** Zusammengefasst lassen sich die Einkommensermittlungen auf Ebene der Organgesellschaft und des Organträgers schematisch wie folgt darstellen:[680]

1. **Einkommensermittlung bei der Organgesellschaft**

   Jahresüberschuss laut Handelsbilanz (idR 0 EUR, wenn keine Rücklagen gebildet oder aufgelöst werden)

   +/− Steuerbilanzielle Korrekturen (vgl. § 5 Abs. 6 EStG, § 60 Abs. 2 EStDV)

   = Jahresergebnis der Organgesellschaft laut Steuerbilanz

   + Nicht abzugsfähige Ausgaben (vgl. § 4 Abs. 5 EStG; zB von der Organgesellschaft an außenstehende Anteilseigner geleistete Ausgleichszahlungen, § 4 Abs. 5 Satz 1 Nr. 9 EStG)

---

[677] Vgl. Erle/Sauter/*Lornsen-Veit* KStG § 27 Rn. 113; BMF 4.6.2003, BStBl. I 2003, 366.
[678] BFH I R 67/15, DStR 2017, 1650.
[679] BFH I R 38/11, BStBl. II 2014, 398.
[680] Vgl. auch Blümich/*Krumm* KStG § 14 Rn. 202, 213 f.; Gosch/*Neumann* KStG § 14 Rn. 392 f., 426.

F. Konzernsteuerrecht

- Erstattung nicht abzugsfähiger Ausgaben
- Steuerfreie Einnahmen
+/- Sonstige Korrekturen
= Zwischensumme
+ Gebuchter, an den Organträger abgeführter Gewinn (auch Vorabgewinn)
- Gebuchte, vom Organträger geleistete Beträge zur Verlustübernahme
= Gesamtbetrag der Einkünfte der Organgesellschaft (R 7.1 Abs. 1 KStR)
- Dem Organträger zuzurechnendes positives Einkommen der Organgesellschaft
+ Dem Organträger zuzurechnendes negatives Einkommen der Organgesellschaft
+ Vom Organträger geleistete Ausgleichszahlungen an außenstehende Anteilseigner der Organgesellschaft
= Zu versteuerndes Einkommen der Organgesellschaft (in der Regel 0 EUR; ausnahmsw. positiv ihd selbst geleisteten oder vom Organträger übernommenen Ausgleichszahlungen an außenstehende Anteilseigner).

2. **Einkommensermittlung beim Organträger**
Jahresüberschuss des Organträgers laut Handelsbilanz
- Beim Organträger gebuchte Beträge für Gewinnabführungen durch die Organgesellschaft (auch Vorabgewinn)
+ Beim Organträger gebuchte Beträge zum Ausgleich von Fehlbeträgen der Organgesellschaft
= Eigenes Jahresergebnis des Organträgers laut Handelsbilanz
+/- Korrekturen aufgrund der Steuerbilanz des Organträgers (vgl. § 60 Abs. 2 EStDV)
= Eigenes Jahresergebnis des Organträgers laut Steuerbilanz
+ Nicht abzugsfähige Ausgaben
- Erstattung nicht abzugsfähiger Ausgaben
- Nicht steuerpflichtige Einnahmen
+ Vom Organträger geleistete Ausgleichszahlungen an außenstehende Anteilseigner der Organgesellschaft
+/- Sonstige Korrekturen (zB Neutralisierung der Bildung von Ausgleichsposten für organschaftliche Mehr-/Minderabführungen)
= Steuerlicher Gewinn des Organträgers ohne Berücksichtigung der Organschaft
+ Dem Organträger zuzurechnendes positives Einkommen der Organgesellschaft
- Dem Organträger zuzurechnendes negatives Einkommen der Organgesellschaft
+/- Kürzungen/Hinzurechnungen nach § 8b KStG, § 3c Abs. 1 EStG bezogen auf das dem Organträger zugerechnete Einkommen von Organgesellschaften (§ 15 Nr. 2 KStG)
= Gesamtbetrag der Einkünfte des Organträgers

(13) Feststellung des Einkommens der Organgesellschaft. Seit dem Veranlagungszeitraum 2013[681] wird für das Besteuerungsverfahren bei Organschaften ein Feststellungsverfahren durchgeführt. Gemäß § 14 Abs. 5 KStG werden das dem Organträger zuzurechnende Einkommen der Organgesellschaft und damit zusammenhängende andere Besteuerungsgrundlagen gegenüber dem Organträger und

---

[681] Vgl. Gesetz zur Änderung und Vereinfachung der Unternehmensbesteuerung und des steuerlichen Reisekostenrechts v. 20.3.2013, BGBl. 2013 I 285.

Franz

der Organgesellschaft gesondert und einheitlich durch Bescheid festgestellt. Diese Feststellungen sind für die Besteuerung des Einkommens beider Gesellschaften bindend. Beide sind daher auch einspruchsberechtigt.[682] Nach alter Rechtslage wurden Organgesellschaft und Organträger separat veranlagt. Nach der Rechtsprechung kam dem Steuerbescheid der Organgesellschaft keine Grundlagenfunktion für den Steuerbescheid des Organträgers zu,[683] sodass die Veranlagungen verfahrensrechtlich nicht verknüpft waren.

290 **(aa) Verunglückte Organschaft.** Wenn ein Unternehmensverbund die handels- und steuerrechtlichen Folgen einer Organschaft anwendet, die Organschaft aber die gesetzlichen Voraussetzungen nicht oder nicht mehr erfüllt, spricht man von einer verunglückten Organschaft. Als Konsequenz wird die Organschaft steuerlich nicht (mehr) anerkannt. Dabei kommt es auf den Einzelfall an, ob die Organschaft seit ihrem Bestehen oder erst ab einem späteren Wirtschaftsjahr verunglückt ist. Entspricht bspw. der Gewinnabführungsvertrag nicht den gesetzlichen Anforderungen oder wird er in den ersten fünf Jahren der Organschaft nicht tatsächlich durchgeführt, so wird die Organschaft von Beginn an nicht anerkannt.[684] Wird dagegen der Gewinnabführungsvertrag nach Ablauf der ersten fünf Jahre (zB im sechsten Jahr) nicht richtig durchgeführt, führt dies zum Scheitern der Organschaft ex nunc,[685] dh im Bespiel ab Beginn des sechsten Wirtschaftsjahrs.

291 Es gibt viele **Ursachen**, die zum **Scheitern einer Organschaft** führen können; dazu zählen unter anderem:[686]
- Die Organgesellschaft erfüllt die **persönlichen Voraussetzungen** nicht mehr, weil ihr Ort der Geschäftsleitung ins Ausland verlagert wird.
- Eine **finanzielle Eingliederung** (vgl. Rn. 25 ff.) hat nie bestanden oder fällt unterjährig weg.
- Der **Gewinnabführungsvertrag** (vgl. zu dessen Wirksamkeit Rn. 231) weist **Mängel** auf:
  • Die zivilrechtlichen Formvorschriften für das Zustandekommen des Gewinnabführungsvertrags (s. Rn. 233) werden nicht eingehalten (er wird zB nicht im Handelsregister eingetragen),
  • der Gewinnabführungsvertrag ist aufgrund fehlender Vereinbarung eines Ausgleichs für außenstehende Aktionäre (s. Rn. 272 ff.) unwirksam,
  • die fünfjährige Mindestvertragslaufzeit ist vertraglich nicht hinreichend oder fehlerhaft geregelt,
  • es kommt zu einer verspäteten Eintragung des Gewinnabführungsvertrags im Handelsregister, sodass die Voraussetzung der fünfjährigen Mindestvertragslaufzeit nicht mehr erfüllt wird,[687] oder
  • der Gewinnabführungsvertrag gewährleistet nicht die Abführung des zutreffenden Gewinns.
- Es kommt zu **Mängeln in der Durchführung des Gewinnabführungsvertrags** (vgl. Rn. 236 ff.):
  • Es werden vorvertragliche Gewinn- oder Kapitalrücklagen abgeführt,
  • die Gewinnabführung umfasst nicht den gesamten oder nicht den objektiv richtigen Gewinn (s. Rn. 238) oder

---

[682] Vgl. R 14.6 Abs. 6 KStR.
[683] Vgl. BFH I R 84/03, BStBl. II 2004, 539.
[684] S. auch R 14.5 Abs. 8 Satz 1 Nr. 1 KStR.
[685] Vgl. HHR/*Kolbe* KStG § 14 Rn. 207.
[686] Vgl. auch Schnitger/Fehrenbacher/*Brink* KStG, 1. Aufl. 2012, § 14 Rn. 1332.
[687] Vgl. BFH I R 80/15, DStR 2017, 2803.

F. Konzernsteuerrecht 292, 293 § 14

- es kommt zu einer unzulässigen Rücklagenbildung entgegen § 14 Abs. 1 Satz 1 Nr. 4 KStG.
- Die **Beendigung des Gewinnabführungsvertrags** weist **Mängel** auf:
  - Der Gewinnabführungsvertrag wird ohne wichtigen Grund vor Ablauf der fünfjährigen Mindestlaufzeit beendet,
  - es kommt zu einer unterjährigen Beendigung des Vertrags ohne Bildung eines Rumpfwirtschaftsjahrs oder
  - die Unternehmenseigenschaft des Organträgers fällt innerhalb des Fünfjahreszeitraums weg. Verliert der andere Vertragsteil (dh der Organträger) die für einen Gewinnabführungsvertrag iSv § 291 Abs. 1 AktG erforderliche Unternehmenseigenschaft, so gilt der Vertrag nach hM kraft Gesetzes als beendet.[688]

Die **Heilung einer verunglückten Organschaft** ist bei Mängeln im Gewinn- 292 abführungsvertrag nur möglich, wenn der Vertrag entweder geändert oder ergänzt oder ein neuer Vertrag abgeschlossen wird, der den Anforderungen des § 14 KStG entspricht.[689] Ein geänderter oder neuer Gewinnabführungsvertrag wirkt allerdings erst ab Eintragung im Handelsregister[690] und dann auch **nur mit Wirkung für die Zukunft,** dh ab dem Wirtschaftsjahr der Eintragung des neuen Gewinnabführungsvertrags im Handelsregister.[691] Eine rückwirkende Heilung ist nicht möglich.[692]

Rechtsfolge einer verunglückten Organschaft ist, dass das Einkommen der Or- 293 gangesellschaft nicht mehr dem Organträger zugerechnet wird. Stattdessen kommt es zu jeweils zu einer **Einzelveranlagung von Organträger und Organgesellschaft nach den allgemeinen steuerrechtlichen Vorschriften.**[693] Führt die Organgesellschaft trotz einer verunglückten Organschaft ihren Gewinn an den (vermeintlichen) Organträger ab, so ist diese **Gewinnabführung** steuerlich auf Ebene der Organgesellschaft **als verdeckte Gewinnausschüttung** zu behandeln.[694] Die Folge ist, dass die Organgesellschaft den in ihrer Handelsbilanz als Aufwand gebuchten Betrag der Gewinnabführung ihrem Einkommen nach § 8 Abs. 3 Satz 2 KStG zurechnen muss. Der Organträger hat die als Ertrag erfasste Gewinnabführung in seiner Handelsbilanz – je nach seiner Rechtsform – entweder (bei Einzelunternehmern und Personengesellschaften, deren Anteilseigner wiederum natürliche Personen sind) nach den Vorschriften des § 3 Nr. 40 Buchst. d EStG (Teileinkünfteverfahren: Steuerfreistellung zu 40%) zu versteuern oder (bei Körperschaften bzw. Personengesellschaften, deren Anteilseigner wiederum Körperschaften und zu mind. 10% beteiligt sind) insgesamt steuerfrei zu stellen, wobei in letzterem Fall 5% als nichtabzugsfähige Betriebsausgaben gelten (§ 8b Abs. 1 und 5 KStG). Auch wenn eine überhöhte oder zu geringe oder mangels wirksamem Gewinnabführungsvertrag ungerechtfertigte und damit **verunglückte Gewinn-**

---

[688] Vgl. Emmerich/Habersack/*Emmerich* AktG § 297 Rn. 53; *Hüffer/Koch* AktG § 297 Rn. 22; Kölner Komm./*Koppensteiner* § 297 Rn. 50; MünchKomm. AktG/*Altmeppen* § 297 Rn. 146; Gosch/*Neumann* KStG § 14 Rn. 532; Blümich/*Danelsing* KStG § 18 Rn. 243.
[689] Vgl. Schnitger/Fehrenbacher/*Brink* KStG, 1. Aufl. 2012, § 14 Rn. 498.
[690] Vgl. Schnitger/Fehrenbacher/*Brink/Lawall/Fehrenbacher* KStG, 1. Aufl. 2012, § 14 Rn. 268, § 17 Rn. 86, § 34 Rn. 180; HHR/*Kolbe* KStG § 14 Rn. 65, 67, 201.
[691] Vgl. Schnitger/Fehrenbacher/*Brink* KStG, 1. Aufl. 2012, § 14 Rn. 502.
[692] Vgl. Schnitger/Fehrenbacher/*Lawall/Fehrenbacher* KStG, 1. Aufl. 2012, § 17 Rn. 86, § 34 Rn. 180; HHR/*Kolbe* KStG § 14 Rn. 201.
[693] Vgl. Gosch/*Neumann* KStG § 14 Rn. 539; R 14.5 Abs. 8 Satz 2 KStR.
[694] Vgl. Schnitger/Fehrenbacher/*Brink* KStG, 1. Aufl. 2012, § 14 Rn. 1336; R 14.5 Abs. 3 Satz 2 KStR.

abführung nach Erkennen **zurückgewährt** bzw. **korrigiert** wird, ändert dies nichts an der verdeckten Gewinnausschüttung.[695] Weiterhin kommt es nicht darauf an, ob der Organgesellschaft gegen den Organträger ein Rückforderungsanspruch aufgrund überhöhter Abführung zusteht, da die Rückforderung einer verdeckten Gewinnausschüttung steuerrechtlich als Einlage zu behandeln ist.[696]

294 Im Falle einer verunglückten Organschaft stellt eine **Verlustübernahme steuerlich eine verdeckte Einlage** des (vermeintlichen) Organträgers in die Organgesellschaft dar. Die Organgesellschaft kann den in ihrer Handelsbilanz als Ertrag gebuchten Betrag der Verlustübernahme nach § 8 Abs. 3 Satz 3 KStG von ihrem Einkommen abziehen. Der Organträger hat dagegen die Verlustübernahme erfolgsneutral als nachträgliche Anschaffungskosten auf die Beteiligung an der Organgesellschaft zu aktivieren.[697] Das nach § 8 Abs. 1 KStG iVm § 4 Abs. 1 EStG für die Besteuerung maßgebliche Einkommen des Organträgers wird dadurch nicht vermindert.[698]

295 **(bb) Organschaft und Verlustabzug bei Körperschaften nach §§ 8c, 8d KStG.** Werden **Anteile, Stimmrechte oder ähnliche Rechte an einer Körperschaft übertragen,** können die bis dahin nicht ausgeglichenen oder abgezogenen negativen Einkünfte **(nicht genutzte Verluste) nach § 8c KStG nicht mehr nutzbar** sein. Werden mehr als 25% bis 50% solcher Anteile oder Rechte innerhalb von fünf Jahren übertragen, gehen bis zum schädlichen Beteiligungserwerb nicht genutzte steuerliche Verluste grundsätzlich anteilig und bei Anteilsübertragungen von mehr als 50% grundsätzlich vollständig unter (§ 8c Abs. 1 Satz 1–4 KStG). Ob nicht genutzte Verluste innerhalb des Organkreises nach § 8c KStG erlöschen, ist **für die Ebene des Organträgers und für die Ebene der Organgesellschaft(en) getrennt zu beurteilen.** So führt ein schädlicher Beteiligungserwerb bei einem Organträger nach hM grundsätzlich auch zu einem mittelbaren schädlichen Beteiligungserwerb bei der Organgesellschaft.[699]

Von der Verlustabzugsbeschränkung sind dann beim Organträger ein vorhandener Verlustvortrag und ein laufender Verlust aus dem betreffenden Wirtschaftsjahr bis zum schädlichen Beteiligungserwerb betroffen. Bei der Organgesellschaft gehen etwaige vororganschaftliche Verlustvorträge unter. Der Verlustabzugsbeschränkung infolge eines **unterjährigen schädlichen Beteiligungserwerbs** bei einem Organträger unterliegt auch das noch nicht zugerechnete anteilige negative Organeinkommen. Es ist nach Ansicht der Finanzverwaltung vor der Einkommenszurechnung auf Ebene der Organgesellschaft entsprechend zu kürzen.[700] Bei einem unterjährigen Beteiligungserwerb beim Organträger würde dessen negatives laufendes Ergebnis weder für eine Verrechnung mit einem positiven Ergebnis der Organgesellschaft bis zu diesem Zeitpunkt noch mit einem eigenen positiven Ergebnis aus dem restlichen Zeitraum bis zum Wirtschaftsjahresende zur Verfügung stehen. Das negative Einkommen wäre jeweils vor der Einkommenszurechnung zu kürzen. Folge daraus wäre, dass eine Verrechnung von unterjährigen, von § 8c KStG betroffenen Verlusten der Organgesellschaft mit einem positiven Ergebnis des Organträgers am Ende des Wirtschaftsjahrs nicht möglich ist. Meines Erachtens geht diese Ansicht der Finanzverwaltung zu weit und es ist eine Gesamtbetrach-

---

[695] Vgl. Blümich/*Krumm* KStG § 14 Rn. 241–243.
[696] Vgl. BFH I R 110/88, BStBl. II 1990, 24.
[697] Vgl. Schnitger/Fehrenbacher/*Brink* KStG, 1. Aufl. 2012, § 14 Rn. 1344.
[698] Vgl. BFH I R 96/88, BStBl. II 1990, 797.
[699] Vgl. BMF 28.11.2017, BStBl. I 2017, 1645 Rn. 37; Erle/Sauter/*Brendt* KStG § 8c Rn. 78; aA Frey/Mückl GmbHR 2010, 71 (75).
[700] BMF 28.11.2017, BStBl. I 2017, 1645 Rn. 37; Erle/Sauter/*Brendt* KStG § 8c Rn. 78.

F. Konzernsteuerrecht 296–298 § 14

tung des Organkreises geboten. Danach sind positive und negative Ergebnisse des Organkreises auf den Stichtag des unterjährigen schädlichen Beteiligungserwerbs zu ermitteln und zu konsolidieren.[701]

§ 8c Abs. 1 Satz 5 KStG enthält eine sog. **Konzernklausel.** Danach ist ein Beteiligungserwerb trotz Überschreitens der og Schwellenwerte (25% bzw. 50%) nicht schädlich, wenn an dem übertragenden und an dem übernehmenden Rechtsträger dieselbe Person zu jeweils 100% mittelbar oder unmittelbar beteiligt ist. Als dieselbe Person sind nach hM[702] jedoch nicht die Gesellschaften des Organkreises anzusehen. Hält der Organträger nicht allein, sondern nur zusammen mit einer oder mehreren Organgesellschaften 100% der Beteiligungsrechte an der übernehmenden und an der übertragenden Gesellschaft, greift die Konzernklausel also nicht ein. 296

Eine weitere Ausnahme vom Verlustuntergang enthält die sog. **Stille-Reserven-Klausel** des § 8c Abs. 1 Satz 6–9 KStG. Danach bleiben die nicht genutzten Verluste in Höhe der steuerpflichtigen stillen Reserven erhalten. Der Grundsatz, dass für jede Verlustgesellschaft gesondert zu prüfen ist, in welcher Höhe stille Reserven vorhanden sind, gilt nach hM[703] auch innerhalb eines Organkreises. Stille Reserven im Betriebsvermögen der Organgesellschaft sind daher beim Organträger nicht zu berücksichtigen.[704] Nach hM darf der Organträger – wie andere Obergesellschaften – aber auch stille Reserven in den Beteiligungen des Organträgers nicht berücksichtigen.[705] In der Regel befinden sich jedoch Verlustvorträge auf Ebene des Organträgers und stille Reserven auf Ebene der Organgesellschaften. Die Auffassung der Finanzverwaltung lässt die Stille-Reserve-Klausel bei einer Organschaft damit faktisch ins Leere laufen.[706] 297

(cc) Umwandlungen und Organschaft. Die Umwandlung im Falle von Organschaften ist weder im Umwandlungssteuergesetz noch in anderen Gesetzen speziell geregelt. Gleichwohl stellen sich spezielle Fragen im Hinblick auf die Organschaftsvoraussetzungen (s. im Einzelnen Rn. 215 ff.), zB bei Umwandlung des Organträgers aufgrund der im Umwandlungssteuerrecht vorgesehenen steuerlichen Rechtsnachfolge[707] und Rückwirkungsregelungen,[708] inwiefern bestehende Organschaftsverhältnisse nahtlos fortgesetzt oder neue Organschaftsverhältnisse mit steuerlicher Rückwirkung begründet werden können. Entscheidend in diesem Zusammenhang ist insbesondere, welche Auswirkungen die steuerliche Rechtsnachfolge und die Rückwirkungsregelungen auf die finanzielle Eingliederung (s. Rn. 225 ff.), haben. Bei der Umwandlung der Organgesellschaft geht es insbesondere um die Fragen, ob für die Anerkennung der Organschaft innerhalb der ersten fünf Jahre ein wichtiger Grund für die Beendigung des Gewinnabführungsvertrags und inwieweit eine finanzielle Eingliederung gegeben ist.[709] Nähere Einzelheiten hat die Finanzverwaltung in ihrem Umwandlungssteuererlass festgelegt.[710] Teilwei- 298

---

[701] Fortentwicklung der Grundsätze von BFH I R 14/11, BStBl. II 2012, 360.
[702] Vgl. Schnitger/Fehrenbacher/*Gohr* KStG, 1. Aufl. 2012, § 8c Rn. 264; DPM/*Dötsch/Leibner* KStG § 8c Rn. 117; Gosch/*Roser* KStG § 8c Rn. 123; aA *Franz* BB 2010, 991 (997).
[703] Vgl. DPM/*Dötsch/Leibner* KStG § 8c Rn. 189 und 261 ff.; BMF 28.11.2017, BStBl. I 2017, 1645 Rn. 59.
[704] BMF 28.11.2017, BStBl. I 2017, 1645 Rn. 59; aA *Gläser/Zäller* BB 2018, 87 (92) mwN.
[705] BMF 28.11.2017, BStBl. I 2017, 1645 Rn. 52.
[706] Vgl. Schnitger/Fehrenbacher/*Gohr* KStG, 1. Aufl. 2012, § 8c Rn. 304.
[707] §§ 4 Abs. 2, 12 Abs. 3, 23 Abs. 1 UmwStG.
[708] §§ 2 Abs. 1, 20 Abs. 5 u. Abs. 6 sowie 24 Abs. 4 UmwStG.
[709] So auch BFH I R 19/15, DStR 2017, 2112.
[710] Vgl. BMF 11.11.2011, BStBl. I 2011, 1314 Rn. Org.01 ff.

se sind diese Ausführungen auf Kritik gestoßen.[711] Dem soll an dieser Stelle nicht näher nachgegangen werden.

299 **(dd) Steuerumlagevertrag.** Da innerhalb der Organschaft Organträger und Organgesellschaft(en) eigenständige Rechtssubjekte bleiben, können sie vereinbaren, dass die durch den Organkreis verursachten Steuern nach einem betriebswirtschaftlich sinnvollen, verursachungsgerechten Schlüssel auf die Mitglieder des Organkreises der Organträger verteilt werden[712] (sog. **Steuerumlagevertrag**).

Rechtsgrundlage ist der Rechtsgedanke eines Ausgleichsanspruchs unter Gesamtschuldnern (§ 426 BGB)[713] iVm der Gesamthaftung der Mitglieder des Organkreises nach § 73 AO. Die Organgesellschaft haftet dabei nur für die gegen den Organträger gerichteten Steueransprüche, die sich durch das konkrete Organschaftsverhältnis bestimmen. Bei einer mehrstufigen Organschaft kann die Organgesellschaft also nur für gegen ihren unmittelbaren Organträger und nicht für gegen andere, höher in der Organschaftskette stehende Organträger gerichtete Steueransprüche haftbar gemacht werden.[714] Es handelt sich um ein **Wahlrecht der Beteiligten**, ob sie eine solche Vereinbarung zur Steuerumlage treffen, es sei denn der Organträger ist zu weniger als 100% an der Organgesellschaft beteiligt. Es gibt im Wesentlichen zwei Arten der Steuerumlage, die Stand-alone-Methode und die Verteilungsmethode. Bei der **Verteilungsmethode** wird die tatsächlich entstandene Steuer auf die Mitglieder des Organkreises umgelegt. Die in der Praxis wohl gebräuchlichste **Stand-alone-Methode** sieht vor, dass auf die jeweilige Organgesellschaft eine fiktiv berechnete Steuer, die ohne Organschaft auf sie entfallen wäre, umgelegt wird. Der Organträger hat dann einen entsprechenden Ausgleichsanspruch gegen die Organgesellschaft. Weist eine Organgesellschaft bei separater Betrachtung steuerlich einen Verlust auf, den der Organträger nutzen kann, hat umgekehrt der Organträger der Organgesellschaft einen entsprechenden Ausgleich zu leisten. Eine AG als Organgesellschaft hat sicherzustellen, dass sich Leistung und Gegenleistung über die Gesamtlaufzeit des Vertrags ausgewogen gegenüber stehen; die Betrachtung bezieht sich also nicht separat auf einzelne Geschäftsjahre.

300 **(ee) Wertaufholung von Teilwertabschreibungen auf Beteiligungen an Organgesellschaften.** Wurde vor Begründung einer Organschaft eine Abschreibung einer 100%igen Beteiligung auf den unter den Anschaffungskosten liegenden Teilwert vorgenommen, so muss die voraussichtlich dauernde Wertminderung nach Begründung hinterfragt werden und ggf. eine Wertaufholung vorgenommen werden (§ 6 Abs. 1 Nr. 1 Satz 4 EStG iVm § 8 Abs. 1 KStG). Es ist zu berücksichtigen, dass ein gedachter Erwerber der Muttergesellschaft anteilig für die Kapitalbeteiligung zu zahlenden Preis vorwiegend danach bestimmen wird, welche Ertragsaussichten für die abgestimmte Tätigkeit von Mutter- und Tochterunternehmen bestehen. Neben der Ertragslage und den Ertragsaussichten der Gesellschaft spielen daher für die Teilwertbestimmung auch deren Vermögenswert und deren funktionale Bedeutung im Unternehmensverbund eine Rolle.

---

[711] Vgl. etwa *Sistermann* Beihefter zu DStR 2/2012, 18; SHS/*Hörtnagl* UmwStG, 7. Aufl. 2016, § 2 Rn. 84 ff.
[712] Vgl. Erle/Sauter/*Erle/Heurung* KStG § 14 Rn. 259.
[713] Vgl. BGH IX ZR 244/91, BB 1993, 22; BFH I R 54/15, BStBl. II 2018, 54.
[714] Vgl. BFH I R 54/15, BStBl. II 2018, 54.

b) Gewerbesteuerliche Organschaft

aa) Voraussetzungen der Organschaft. Das Rechtsinstitut der Organschaft 301 existiert nicht nur im Bereich der Körperschaftsteuer (s. Rn. 211), sondern auch bei der Gewerbesteuer. Die gewerbesteuerliche Organschaft ist in § 2 Abs. 2 Satz 2 GewStG geregelt. Danach gilt eine Kapitalgesellschaft im Gewerbesteuerrecht als Betriebsstätte des Organträgers, sofern sie die Voraussetzungen an eine Organgesellschaft iSv §§ 14 oder 17 KStG erfüllt. Die Voraussetzungen der gewerbesteuerlichen Organschaft sind daher vollständig **identisch mit denen des Körperschaftsteuerrechts**.[715] Als Organgesellschaft kommt nur eine Kapitalgesellschaft, zB eine AG, in Betracht (s. Rn. 220); sie muss nicht gewerblich tätig sein.[716] Der Organträger muss jedoch ein gewerbliches Unternehmen sein. Denn eine Organgesellschaft muss finanziell in ein einziges anderes gewerbliches Unternehmen als Organträger eingegliedert sein (Mehrheit der Stimmrechte); darüber hinaus muss ein wirksamer Gewinnabführungsvertrag iSv § 291 Abs. 1 AktG zwischen diesen beiden Unternehmen bestehen und tatsächlich durchgeführt werden (s. zu den Voraussetzungen im Einzelnen Rn. 230 ff., 235 ff.).

bb) Rechtsfolgen einer Organschaft bei der Gewerbesteuer. 302
(1) Betriebsstätte des Organträgers. Die Organgesellschaft gilt gewerbesteuerlich als Betriebsstätte des Organträgers, sodass sie selbst nicht mehr persönlich gewerbesteuerpflichtig ist.[717] Eine Organschaft führt dazu, dass die persönliche Gewerbesteuerpflicht der Organgesellschaften für die Dauer der Organschaft dem Organträger zugerechnet wird. Die Organgesellschaft wird in die Besteuerung des Organträgers einbezogen und verliert die Eigenschaft als Steuerschuldner der Gewerbesteuer. Der Organträger ist gem. § 5 GewStG alleiniger Schuldner der Gewerbesteuer. Der einheitliche Gewerbesteuermessbetrag ist allein gegenüber dem Organträger festzusetzen.[718] Die Betriebsstättenfiktion führt aber nicht zu einer Gleichbehandlung mit einer echten Betriebsstätte. Zwischen Organträger und Organgesellschaft besteht – anders als zwischen einem Stammhaus und seiner Zweigniederlassung – keine rechtliche Einheit. Deutlich wird die eigenständige Rechtsfähigkeit der Organgesellschaft daran, dass Organgesellschaft und Organträger ihren Gewerbeertrag getrennt ermitteln und schuldrechtliche Verträge innerhalb des Organkreises so abzuwickeln sind, als wären sie mit Außenstehenden geschlossen (s. auch Rn. 245), und nicht konsolidiert werden.[719]

(2) Zurechnung des Gewerbeertrags. Die **sachliche Gewerbesteuerpflicht** 303 der Organgesellschaft bleibt trotz Betriebsstättenfiktion bestehen.[720] Der Gewerbeertrag der Organgesellschaft ist getrennt von dem des Organträgers zu ermitteln und erst anschließend dem Organträger zur Berechnung seines Steuermessbetrags zuzurechnen.[721] Wie im Rahmen der Körperschaftsteuer werden die Gewinnabführungen der Organgesellschaft aus dem Gewerbeertrag des Organträgers herausgerechnet, sofern diese bereits durch die Zusammenrechnung der Gewerbeerträge der

---

[715] Vgl. BMF 26.8.2003, BStBl. I 2003, 437.
[716] Vgl. BFH I R 3/69, BStBl. II 1972, 289; R 2.3 Abs. 1 GewStR.
[717] Ständige Rechtsprechung, vgl. BFH IV R 26/07, BStBl. II 2010, 751; BFH I R 44/95, BStBl. II 1997, 181 mwN.
[718] Vgl. BFH I R 29/09, BStBl. II 2010, 644.
[719] Vgl. *Scheffler*, Besteuerung von Unternehmen Band I, 13. Aufl. 2016, S. 483 f.
[720] Vgl. Lenski/Steinberg/*Keß* GewStG § 2 Rn. 3520 ff.; R 2.3 Abs. 1 GewStR.
[721] Vgl. R 2.3 sowie R 10a.4 GewStR sowie Rn. 241 zur körperschaftsteuerlichen Organschaft.

Besteuerung unterliegen (vgl. Rn. 244). Ist der Organträger eine Personengesellschaft, so wird der Gewerbeertrag nicht den einzelnen Mitunternehmern anteilig zur Versteuerung zugerechnet, sondern dem Gewerbeertrag der Personengesellschaft selbst hinzugerechnet.[722] Die gewerbesteuerliche Organschaft führt damit – wie die körperschaftsteuerliche Organschaft – im Ergebnis zur **Verrechnung von Verlusten und Gewinnen** innerhalb des Organkreises.

304 Wie bereits zur Körperschaftsteuer erläutert, finden bei der Organgesellschaft die Steuerbefreiungsvorschriften des § 8b Abs. 1–6 KStG keine Anwendung (sog. Bruttomethode, § 15 Satz 1 Nr. 2 KStG). **Dividendenerträge der Organgesellschaft** sind daher in deren Gewinn in voller Höhe enthalten. Dieser Gewinn ist die Basis für die Ermittlung des Gewerbeertrags der Organgesellschaft (§ 7 Satz 1 GewStG). Existieren keine im unmittelbaren Zusammenhang mit den Dividendenerträgen stehenden Aufwendungen, ist die Dividende bei der Ermittlung des Gewerbeertrags der Organgesellschaft in vollem Umfang zu kürzen (§ 9 Nr. 2a, 7 GewStG). Denn auch § 9 Nr. 2a Satz 4, Nr. 7 Satz 3 GewStG ist nicht anwendbar, da auf die Dividende § 8b KStG keine Anwendung findet.[723] Dieser bei der Organgesellschaft ermittelte Gewerbeertrag fließt in den Gewerbeertrag des Organträgers ein. Für den Fall, dass der **Organträger eine juristische Person** (zB eine AG) ist oder eine Personengesellschaft, deren Anteilseigner juristische Personen sind, hat der BFH in einem Urteil vom 17.12.2014 – entgegen der Finanzverwaltung – entschieden, dass die Anwendung des § 8b KStG – und damit auch die Hinzurechnung der 5% fiktiv nicht abzugsfähigen Betriebsausgaben – für Zwecke der Gewerbesteuer auf Ebene des Organträgers nicht nachgeholt werden kann. Denn die Nachholung der Anwendung des § 8b Abs. 1 und damit auch des Abs. 5 KStG auf der Grundlage des § 15 Satz 1 Nr. 2 Satz 2 KStG für Zwecke der Gewerbesteuer scheitere daran, dass die Dividenden aufgrund der vollständigen Kürzung nicht mehr im Gewerbeertrag der Organgesellschaft enthalten seien.[724] Im Ergebnis kommt es dadurch gewerbesteuerlich zu einer günstigeren Behandlung von über eine Organgesellschaft bezogenen Schachteldividenden (< 10%) im Vergleich zu direkt bezogenen Dividenden. Ist der **Organträger ein Einzelunternehmer** oder eine Personengesellschaft mit natürlichen Personen als Anteilseignern, hat das BFH-Urteil keine Auswirkungen, da dann beim Organträger § 3 Nr. 40, § 3c EStG und nicht § 8b KStG anzuwenden sind (s. Rn. 264). Für Gewinne und Aufwendungen ab dem 1.1.2017 hat der Gesetzgeber jedoch korrigierend eingegriffen. Mit dem neuen § 7a GewStG hat er die 5%-Hinzurechnung bei Bezug schachtelprivilegierter Dividenden sichergestellt.

305 (3) **Hinzurechnungen.** Soweit Hinzurechnungen nach § 8 GewStG zu einer **doppelten steuerlichen Belastung** führen, hat eine **Hinzurechnung zu unterbleiben**. Zu einer Doppelbelastung kann es kommen, wenn die für die Hinzurechnung in Betracht kommenden Beträge bereits in einem der zusammenzurechnenden Gewerbeerträge enthalten sind,[725] zB wenn der Organträger der Organgesellschaft ein verzinsliches Darlehen gewährt (oder umgekehrt). Hierbei sind die Zinserträge bereits im Gewerbeertrag des Organträgers (bzw. der Organgesellschaft) enthalten, sodass die entsprechenden Zinsaufwendungen bei der Ermittlung des Gewerbeertrags der Organgesellschaft (bzw. des Organträgers) nicht mehr hinzuzurechnen sind.[726] Unter diesen Voraussetzungen haben Hinzurechnungen auch zu unter-

---

[722] Vgl. *Schumacher* Die Organschaft im Steuerrecht, 3. Aufl. 2016, S. 222.
[723] Vgl. BFH I R 39/14, DB 2015, 780.
[724] Vgl. BFH I R 39/14, DB 2015, 780.
[725] Vgl. BFH I R 182/72, BStBl. II 1975, 46; R 7.1 Abs. 5 Satz 4 GewStR.
[726] Vgl. Lenski/Steinberg/*Keß* GewStG § 2 Rn. 3766; Bergemann/Wingler/*Lessig* GewStG § 2 Rn. 271.

F. Konzernsteuerrecht

bleiben, wenn es sich um Schulden zwischen zwei Organgesellschaften desselben Organträgers handelt und es zu einer doppelten Erfassung käme.[727]

(4) Gewerbesteuerliche Fehlbeträge/Verluste. Fehlbeträge, die die Organgesellschaft vor Begründung des Organschaftsverhältnisses erlitten hat (**vororganschaftliche Fehlbeträge der Organgesellschaft**), dürfen nicht vom positiven Gewerbeertrag der Organgesellschaft abgezogen werden (§ 10a Satz 3 GewStG). Sie finden weder auf Ebene der Organgesellschaft noch bei der Besteuerung des Organträgers Berücksichtigung. Vororganschaftliche Fehlbeträge können erst dann auf Ebene der Tochtergesellschaft verrechnet werden, wenn die Voraussetzungen der ertragsteuerlichen Organschaft nicht mehr vorliegen. 306

Im Rahmen der gewerbesteuerlichen Organschaft können **Fehlbeträge entsprechend §§ 8c, 8d KStG untergehen** und für eine Verrechnung mit einem positiven Gewerbeertrag nicht zur Verfügung stehen (§ 10a Satz 10 GewStG). Auf die Anmerkungen zur körperschaftsteuerlichen Organschaft (s. Rn. 295 ff.) sei an dieser Stelle verwiesen. Obwohl die Organgesellschaft ihren Status als persönliches Gewerbesteuersubjekt verliert und als Betriebsstätte des Organträgers gilt, kann man in Bezug auf den Verlustuntergang nicht zu anderen Ergebnissen als im Körperschaftsteuerrecht gelangen.[728] Denn Organträger und Organgesellschaft bleiben eigenständige Rechtssubjekte. 307

c) Zusammenfassende Darstellung der organschaftlichen Wirkungen der ertragsteuerlichen Organschaft

Die **Wirkungen** der körperschaft- und gewerbesteuerlichen Organschaft seien abschließend zusammenfassend **im Überblick** dargestellt und dabei der Einzelveranlagung gegenübergestellt. 308

Überblick: Vor- und Nachteile einer ertragsteuerlichen Organschaft

	Körperschaftsteuer	Gewerbesteuer	Auswirkung auf Steuerbelastung im Vergleich zu Nicht-Organschaft
I. Gewinne der (potentiellen) Organgesellschaft (OG)			
1) (Potentieller) Organträger (OT) ist • Kapitalgesellschaft (KapG) oder • Personengesellschaft (PersG), deren Anteilseigner (AE) eine Körperschaft ist	Ohne Organschaft: KSt + GewSt bei OG; zusätzlich KSt-Belastung bei OT (wenn KapG) bzw. bei AE des OT (wenn PersG) auf 5% der Dividende einer Tochter-Kapitalgesellschaft (pauschaliertes Betriebsausgabenabzugsverbot gem. § 8b Abs. 5 KStG); bei GewSt kommt für OT (wenn KapG) bzw. deren AE (wenn PersG) nach § 9 Nr. 2a GewStG eine Kürzung in Betracht. Nach BFH keine Nachholung des pauschalierten Betriebsausgabenabzugsverbots auf Ebene des OT; allerdings seit 1.1.2017 anders gem. § 7a GewStG.		+

---

[727] Vgl. BFH I R 30/08, BStBl. II 2012, 507; I R 10/93, BStBl. II 1994, 768; I R 182/72, BStBl. II 1975, 46; R 7.1 Abs. 5 Satz 3 GewStR.

[728] S. zur Anwendung von § 10a GewStG iRd Organschaft zB Lenski/Steinberg/Kleinhesterkamp GewStG § 10a Rn. 328 f.

	Mit Organschaft: KSt bei OT (wenn KapG) bzw. bei AE des OT (wenn PersG) + GewSt bei OT; Gewinnabführung und Einkommenszurechnung statt Gewinnausschüttung – damit keine 5%-Belastung		
2) OT ist • Einzelunternehmer oder • PersG, deren Anteilseigner eine natürliche Person ist	**Ohne Organschaft**: KSt + GewSt bei OG; zusätzlich ESt-Belastung bei Einzelunternehmer bzw. bei AE einer PersG-OG auf 60% der Dividende der OG (Teileinkünfteverfahren, § 3 Nr. 40 Buchst. d EStG). Bei GewSt kommt nach § 9 Nr. 2a GewStG Kürzung in Betracht. **Mit Organschaft**: ESt und GewSt bei OT bzw. dessen AE – Sondersteuersatz nach § 34a EStG; ggf. Steuerermäßigung gem. § 35 EStG;		+
		Ohne Organschaft: Kein Freibetrag für Gewinn der OG (da nur Kapitalgesellschaften OG sein können) **Mit Organschaft**: Freibetrag von 24.500 EUR bei PersG allgemein und bei natürlichen Personen (§ 11 Abs. 1 GewStG)	+
3) Unabhängig von der Rechtsform des OT	**Ohne Organschaft**: Grds. Kapitalertragsteuer auf Dividende der OG **Mit Organschaft**: Keine Kapitalertragsteuer (da Gewinnabführung und Einkommenszurechnung statt Gewinnausschüttung)		+
	Ohne Organschaft: Möglichkeit der Gewinnverwendungspolitik **Mit Organschaft**: Keine Möglichkeit der Gewinnverwendungspolitik		./.
II. Ausgleichszahlungen an Minderheitsgesellschafter der OG	**Ohne Organschaft**: Dividenden an alle Anteilseigner (in Höhe von 5% zu versteuern); keine Ausgleichszahlungen notwendig **Mit Organschaft**: keine Dividenden; stattdessen Ausgleichzahlungen an Minderheitsgesellschafter der OG (diese sind von OG selbst ohne Belastung nach § 8b Abs. 5 KStG zu 20/17 zu versteuern, vgl. § 16 KStG; Empfänger der Ausgleichszahlung hat sie iHv 5% zu versteuern)	**Ohne Organschaft**: Dividenden an alle Anteilseigner (aber grds. gem. § 9 Nr. 2a GewStG zu kürzen); keine Ausgleichszahlungen notwendig **Mit Organschaft**: keine Dividenden; stattdessen Ausgleichzahlungen an Minderheitsgesellschafter der OG. § 16 KStG findet auf GewSt keine Anwendung, hier hat der OT den Gesamtgewinn der Organgesellschaft mit zu versteuern.	±

III. Verluste der OG

1) Verlustentstehung während Organschaft	**Ohne Organschaft**: Verrechnung nur mit eigenen Gewinnen der OG des Vorjahrs (Verlustrücktrag) oder der Folgejahre (Verlustvortrag) **Mit Organschaft**: Verrechnung mit Gewinnen des OT im gleichen Geschäftsjahr; bei Gesamtverlust des OT Verlustrücktrag oder -vortrag bei OT	++
2) Vororganschaftliche Verlustvorträge	**Ohne Organschaft**: Verrechnung (nur) mit eigenen Gewinnen der OG (Verlustvortrag oder -rücktrag) **Mit Organschaft**: Verluste sind „eingefroren"; keine Verrechnung während des Bestehens der Organschaft (§ 15 Satz 1 Nr. 1 KStG). Erst nach Beendigung der Organschaft Verrechnung mit eigenen Verlusten der (ehemaligen) OG.	./.

IV. Verluste des OT ++

1) Verlustentstehung während Organschaft	**Ohne Organschaft**: Verrechnung nur mit eigenen Gewinnen des OT des Vorjahrs (Verlustrücktrag) oder der Folgejahre (Verlustvortrag) **Mit Organschaft**: Verrechnung mit Gewinnen der OG; nur bei Gesamtverlust Verlustrücktrag oder -vortrag	++
2) Vororganschaftliche Verlustvorträge	**Ohne Organschaft**: Verrechnung nur mit eigenen Gewinnen des OT (Verlustrücktrag oder -vortrag) **Mit Organschaft**: Verrechnung mit Gewinnen der OG; nur bei Gesamtverlust Verlustrücktrag oder -vortrag	++

V. Eigene Aufwendungen des OT im unmittelbaren wirtschaftlichen Zusammenhang mit Dividenden der OG

1) OT ist • KapG oder • PersG, bei der Anteilseigner eine Körperschaft ist	**Ohne und mit Organschaft**: Voller Abzug (§ 3c EStG findet gem. § 8b Abs. 5 Satz 1 KStG bzw. mangels Dividende keine Anwendung)	±
2) OT ist • Einzelunternehmer oder • PersG, bei der Anteilseigner eine natürliche Person ist	**Ohne Organschaft**: Nur 60% Abzug (§ 3c Abs. 2 EStG) bzw. Verrechnung mit Kürzung nach § 9 Nr. 2a GewStG **Mit Organschaft**: Voller Abzug (§ 3c Abs. 1 und 2 EStG nicht anwendbar); § 9 Nr. 2a GewStG kommt mangels Dividende nicht zur Anwendung.	++
VI. Innerorganschaftliche Lieferungen/Leistungen	**Ohne und mit Organschaft**: • Keine Zwischenerfolgseliminierung • Keine Aufwands- und Ertragskonsolidierung • Bei Unangemessenheit der Gegenleistung: verdeckte Gewinnausschüttung bzw. verdeckte Einlage	±

++ Bedeutsamer Vorteil einer Organschaft gegenüber Einzelveranlagung
\+ Vorteil einer Organschaft gegenüber Einzelveranlagung
± Keine Veränderung durch Organschaft
./. Nachteil einer Organschaft gegenüber Einzelveranlagung

Franz

3. Die umsatzsteuerliche Organschaft

309 **Schrifttum:** *Birkenfeld* Organschaft als Mehrwertsteuergruppe, UR 2014, 120; *Brinkmann/Walter-Yadegardjam* Die Einbeziehung der Personengesellschaften in die umsatzsteuerliche Organschaft, DStR 2016, 650; *Dahm/Hamacher* Umsatzsteuerliche Organschaft – Reform wider Willen, IStR 2013, 820; *Dodenhoff* Eine Putzfrau zum Aufräumen der organisatorischen Eingliederung – Plädoyer für den einfachen Mitarbeiter, UR 2014, 337; *Eberhard/Mai* Änderung der Rechtsprechung zur finanziellen Eingliederung bei der umsatzsteuerlichen Organschaft, Urteile des BFH 22.4.2010 (V R 9/09) und vom 10.6.2010 (V R 62/09), UR 2010, 881; *Englisch* Unionsrecht und Organschaft, UR 2016, 822; *Erdbrügger* Deutsche Regelungen über die Umsatzsteuer-Organschaft aufgrund neuerer EuGH-Rechtsprechung unerwartet auf dem Prüfstand, DStR 2013, 1573; *Feldgen* Die umsatzsteuerliche Organschaft im Konzern, BB 2010, 285; *ders.* Umsatzsteuerliche Organschaft – Neuordnung der Konzernbesteuerung, BB 2016, 606; *Grune/Mönckediek* Umsatzsteuerliche Organschaft – Bedeutung und aktuelle Entwicklungstendenzen, UR 2012, 541; *Grünwald* Die jüngste Rechtsprechung des EuGH zur umsatzsteuerlichen Gruppenbesteuerung, MwStR 2013, 328; *Heuermann* Neujustierung der Konzernbesteuerung im USt-Recht, DB 2016, 608; *Hummel* Missbrauch der umsatzsteuerlichen Organschaft bei Kooperation im Gesundheitswesen?, MwStR 2013, 294; *Hummel* Begriff der juristischen Person im Rahmen der umsatzsteuerrechtlichen Organschaftsregelungen aus verfassungsrechtlicher Sicht, UR 2010, 207; *Jansen* Entwicklungen bei der umsatzsteuerlichen Organschaft, BB 2016, 2263; *Jorewitz* Voller Vorsteuerabzug bei reinen Führungsholdings zu gewähren und Neuregelung der Organschaft erforderlich, IStR 2015, 721; *Korf* BFH: Organisatorische Eingliederung durch Beherrschungsvertrag, MwStR 2017, 670; *Korn* Grundsatzentscheidungen zur umsatzsteuerlichen Organschaft, SteuK 2016, 145; *Leonard* Taugt die Organschaft noch als Gestaltungsinstrument bei steuerfreien Umsätzen?, DStR 2010, 721; *Löbe* Umsatzsteuerliche Organschaft, NWB 2012, 355; *Schütze/Winter* Organisatorische Eingliederung in der umsatzsteuerlichen Organschaft, UR 2009, 397; *Streit/Rust* Die Entscheidung des EuGH in Sachen Larentia + Minerva – Rechtsfolgen für die deutsche umsatzsteuerliche Organschaft, DStR 2015, 2097; *Thietz-Bartram* Die umsatzsteuerliche Organschaft auf europarechtlichem Prüfstand, DB 2009, 1784; *Wäger* Unionsrechtliche Grundlagen der Organschaft unter Berücksichtigung aktueller EuGH-Rechtsprechung, UVR 2013, 205; *ders.* Umsatzsteuerliche Organschaft im Wandel, DB 2014, 915; *ders.* Organschaft mit Personengesellschaften: Unbeantwortete Fragen, UR 2017, 664.

a) Allgemeines

310 Die umsatzsteuerliche Organschaft hat erhebliche Bedeutung in der Wirtschaft – auch für Aktiengesellschaften. Lieferungen und sonstige Leistungen, die ein Unternehmer an andere erbringt, lösen nach näherer Maßgabe von § 1 Abs. 1 Nr. 1 UStG deutsche Umsatzsteuer aus. Das gilt grundsätzlich auch für Leistungsbeziehungen in Konzernen. Eine Ausnahme gilt aber dann, wenn zwischen verschiedenen Unternehmen eine umsatzsteuerliche Organschaft besteht. Man spricht hier auch von einem Organkreis. Die umsatzsteuerliche Organschaft setzt voraus, dass eine juristische Person nach dem Gesamtbild der tatsächlichen Verhältnisse finanziell, wirtschaftlich und organisatorisch in das Unternehmen des Organträgers eingegliedert ist (§ 2 Abs. 2 Nr. 2 UStG). Sie führt dazu, dass die verschiedenen Unternehmen für umsatzsteuerliche Zwecke wie eine Einheit, also wie *ein* Unternehmer, behandelt werden. **Leistungsbeziehungen zwischen den Mitgliedern des Organkreises lösen keine Umsatzsteuer aus**, sondern führen zu nichtsteuerbaren Innenumsätzen. Für diese Innenumsätze kann daher auch kein Vorsteuerabzug geltend gemacht werden. Erbringen die Mitglieder der Organschaft an nicht zum Organkreis gehörende Dritte Umsätze (sog. Außenumsätze), können diese selbstverständlich nach den allgemeinen Regeln weiterhin Umsatzsteuer auslösen.

F. Konzernsteuerrecht 311, 312 § 14

Der ursprüngliche gesetzgeberische Zweck der umsatzsteuerlichen Organschaft 311
geht zurück auf das frühere System der Allphasenbruttoumsatzsteuer, als noch der
Bruttoumsatz auf jeder Produktions- und Handelsstufe die Bemessungsgrundlage
darstellte und kein Vorsteuerabzug möglich war; die Organschaft diente dort der
Vermeidung einer Umsatzsteuerkumulation über die Leistungsstufen im Unternehmensverbund. Im Zeitalter eines EU-weit harmonisierten Umsatzsteuerrechts
wird der **Zweck der Organschaft** vorwiegend in der Verwaltungsvereinfachung
gesehen; den Mitgliedstaaten sollte es erlaubt werden, „Steuerpflichtige, deren „Unabhängigkeit" eine reine Rechtsformalität ist, nicht als getrennte Steuerpflichtige
zu betrachten."[729] Die EG-Kommission wollte mit dem Instrument der umsatzsteuerlichen Organschaft zudem unlautere Praktiken bekämpfen, „zB die Aufspaltung
eines Unternehmens zwischen mehreren Steuerpflichtigen, um in den Genuss von
Sonderregelungen zu gelangen."[730] Die Organschaft bringt vor allem dann Vorteile, wenn ihre Mitglieder keinen oder einen nur eingeschränkten Vorsteuerabzug
genießen und innerhalb des Organkreises andernfalls steuerpflichtige Leistungen
erbracht werden. Aus dem Finanzsektor betrifft das insbesondere Banken und Versicherungen, da ihnen aufgrund ihrer umsatzsteuerfreien Ausgangsleistungen der
Vorsteuerabzug auf Eingangsleistungen weitgehend verwehrt ist.

Das **EU-Recht** eröffnet den Mitgliedstaaten die Option, eine Mehrwertsteu- 312
ergruppe einzuführen (Art. 11 MwStSystRL). Danach „kann jeder Mitgliedstaat
in seinem Gebiet ansässige Personen, die zwar rechtlich unabhängig, aber durch
gegenseitige finanzielle, wirtschaftliche und organisatorische Beziehungen eng
miteinander verbunden sind, zusammen als einen Steuerpflichtigen behandeln."
Daher sind die entsprechenden **nationalen Gesetzesvorschriften zur umsatzsteuerlichen Organschaft EU-rechtskonform auszulegen.**[731] Die Bedeutung
dieser Auslegungsregel ist – nicht zuletzt angesichts neuerer bzw. noch ausstehender
EuGH-Rechtsprechung zu diesem Themenkomplex – nicht zu unterschätzen (näher
Rn. 318, 321, 324). Eine richtlinienkonforme Auslegung kommt aber nur dann in
Betracht, wenn es im konkreten Fall verschiedene Auslegungsmöglichkeiten gibt.
Wäre die erforderliche richtlinienkonforme Auslegung mit dem Wortlaut und
Wortsinn von § 2 Abs. 2 Nr. 2 Satz 1 UStG überhaupt nicht mehr in Einklang zu
bringen, ist mE eine solche Auslegung nicht möglich.[732] Allerdings gilt es zu erwägen, ob sich der Steuerpflichtige in solchen Fällen direkt auf die Richtlinienoption
zur Schaffung einer Mehrwertsteuergruppe statt auf die nationale Umsetzungsnorm berufen kann.[733]

---

[729] Vorschlag für eine Sechste Richtlinie des Rates zur Harmonisierung der Rechtsvorschriften der Mitgliedstaaten über die Umsatzsteuern – Gemeinsames Mehrwertsteuersystem: einheitliche steuerpflichtige Bemessungsgrundlage, KOM (1973) 950 vom 20.6.1973; Mitteilung der Kommission an das Europäische Parlament und den Rat über die Option der MwSt-Gruppe gem. Art. 11 der Richtlinie 2006/112/EG des Rates über das gemeinsame Mehrwertsteuersystem v. 2.7.2009, KOM(2009) 325 endgültig.
[730] Vgl. Vorschlag für eine Sechste Richtlinie des Rates zur Harmonisierung der Rechtsvorschriften der Mitgliedstaaten über die Umsatzsteuern – Gemeinsames Mehrwertsteuersystem: einheitliche steuerpflichtige Bemessungsgrundlage, KOM (1973) 950 vom 20.6.1973; EuGH C-85/11, BB 2013, 1109.
[731] Vgl. nur EuGH C-85/11 Rn. 35, BB 2013, 1109.
[732] Zweifel auch bei BFH XI R 38/12, BStBl. II 2014, 791 (Vorlagebeschluss zum EuGH).
[733] S. zum Streitstand BFH XI R 38/12, BStBl. II 2014, 791 (Vorlagebeschluss zum EuGH).

b) Voraussetzungen

313 Da nur Lieferungen und sonstige Leistungen eines *Unternehmers* nach näherer Maßgabe von § 1 Abs. 1 Nr. 1 UStG der Umsatzsteuer unterliegen, bildet der **Begriff des Unternehmers das Einfallstor für die umsatzsteuerliche Organschaft**. § 2 Abs. 1 Satz 1 UStG bestimmt, wer Unternehmer ist. Unternehmer ist danach, wer eine gewerbliche oder berufliche Tätigkeit selbstständig ausübt. § 2 Abs. 2 UStG definiert Ausnahmen von der selbstständigen gewerblichen und beruflichen Tätigkeitsausübung, darunter in Nr. 2 für sog. Organgesellschaften. Eine Organgesellschaft ist eine juristische Person, die nach dem Gesamtbild der tatsächlichen Verhältnisse finanziell, wirtschaftlich und organisatorisch in das Unternehmen des Organträgers eingegliedert ist. Sind diese Voraussetzungen erfüllt, liegt eine umsatzsteuerliche Organschaft zwischen Organträger und Organgesellschaft(en) vor. Die Voraussetzungen der umsatzsteuerlichen Organschaft unterscheiden sich damit wesentlich von denen der körperschaft- oder gewerbesteuerlichen Organschaft.

314 Daraus lassen sich die folgenden Anforderungen ableiten, die Rn. 317–339 ausführlicher dargestellt sind:

Überblick über die Voraussetzungen der umsatzsteuerlichen Organschaft
– Der Organträger ist ein Unternehmer; seine Rechtsform ist unerheblich
– Die Organgesellschaft ist eine juristische Person
– Finanzielle Eingliederung der Organgesellschaft in das Unternehmen des Organträgers
  • Besitz der entscheidenden Stimmrechtsmehrheit an der Organgesellschaft
– Wirtschaftliche Eingliederung
  • Organträger muss Organgesellschaft im unternehmerischen Bereich halten (so die Finanzverwaltung)
  • Organgesellschaft muss im Rahmen des Gesamtunternehmens in engem wirtschaftlichen Zusammenhang mit diesem wirtschaftlich tätig sein
– Organisatorische Eingliederung
  • Organträger muss durch organisatorische Maßnahmen sicherstellen, dass in der Organgesellschaft sein Wille auch tatsächlich ausgeführt wird, zB durch
  • Personelle Verflechtung oder/und
  • Institutionell abgesicherte Eingriffsrechte

315 Das Eingehen von vertraglichen Verpflichtungen ist zur Begründung einer umsatzsteuerlichen Organschaft nicht erforderlich; die **Organschaft beginnt und endet automatisch**, sobald ihre Voraussetzungen erfüllt bzw. nicht mehr erfüllt sind. Unerheblich ist auch, ob die betroffenen Unternehmen vom Bestehen der Organschaft wussten oder hätten wissen müssen. Unternehmer haben also **kein Wahlrecht**, ob sie die Wirkungen der Organschaft haben wollen oder nicht; die Wirkungen treten vielmehr kraft Gesetzes ein.[734] Einer entsprechenden Antragstellung oder Mitteilung über die Mitglieder des Organkreises an die Finanzverwaltung bedarf es daher zur Begründung der Organschaft nicht, wenngleich in der Finanzverwaltung dem Vernehmen nach aktuell über ein Verzeichnis der an der Organschaft beteiligten Unternehmen und eine Meldepflicht bei Änderungen nachgedacht wird.

---

[734] BFH XI R 74/07, BStBl. II 2009, 256; BFH V R 37/00, BStBl. II 2002, 373.

Eine grenzüberschreitende umsatzsteuerliche Organschaft gibt es nicht (mehr).[735] **316**
Das bedeutet aber nicht, dass eine deutsche AG keine Organschaft mit ausländischen Gesellschaften eingehen kann. Es können aber **nur Unternehmensteile in Deutschland** in einen umsatzsteuerlichen Organkreis einbezogen werden.[736] Dazu zählen sowohl Unternehmen mit Sitz im Inland (ohne ihre ausländischen Betriebsstätten) als **auch deutsche Zweigniederlassungen von Unternehmen mit Sitz im Ausland**, soweit die Zweigniederlassung die Voraussetzungen an eine umsatzsteuerliche Betriebsstätte erfüllt (s. Rn. 345). Die Betriebsstättendefinition des Umsatzsteuergesetzes ist dabei nicht identisch mit derjenigen des § 12 AO. Eine Betriebsstätte iSd Umsatzsteuerrechts definiert die Finanzverwaltung als jede feste Geschäftseinrichtung oder Anlage, die der Tätigkeit des Unternehmers dient, die über einen ausreichenden Mindestbestand an Personal- und Sachmitteln verfügt, der für die Erbringung der betreffenden Dienstleistungen erforderlich ist, und die einen hinreichenden Grad an Beständigkeit sowie eine Struktur aufweist, die von der personellen und technischen Ausstattung her eine autonome Erbringung der jeweiligen Dienstleistungen ermöglicht.[737] Bei Unternehmen mit Sitz im Ausland beschränkt sich die umsatzsteuerliche Organschaft auf den inländischen Teil des Unternehmens; das Stammhaus und dessen anderen Betriebsstätten außerhalb Deutschlands werden von den Wirkungen der deutschen Organschaft nicht erfasst. Sie können allenfalls in eine im anderen Staat bestehende Organschaft einbezogen werden, falls das Gesetz dort eine solche vorsieht.[738] In diesem Fall können jedoch Leistungen zwischen Stammhaus und der inländischen Betriebsstätte, die grundsätzlich als Innenleistungen nicht steuerbar sind, ausnahmsweise umsatzsteuerbar sein (s. näher Rn. 346).

aa) **Organträger.** Das deutsche Umsatzsteuergesetz sieht vor, dass die Organ- **317**
gesellschaft in das Unternehmen des Organträgers eingegliedert sein muss. Daraus schließt die Rechtsprechung, dass **jeder Unternehmer** Organträger sein kann, der Organträger aber auch Unternehmer sein muss.[739] Weitere Anforderungen an den Organträger sind nicht vorgesehen. Organträger können daher nach deutschem Recht grundsätzlich sein:
– juristische Personen des privaten Rechts (zB AG, GmbH),
– juristische Person des öffentlichen Rechts[740] (zB Körperschaften des öffentlichen Rechts),
– natürliche Personen,
– Personenvereinigungen (zB GbR, OHG, KG),
– juristische Personen des öffentlichen Rechts,
– (nicht-) rechtsfähige Vereine, sowie
– Genossenschaften.

---

[735] Mit Wirkung ab 1.1.1987 wurde § 2 Abs. 2 Nr. 2 UStG zur Herstellung der EU-Rechtskonformität entsprechend geändert; vgl. Art. 14 Nr. 2, Art. 25 Abs. 1 des Steuerbereinigungsgesetzes 1986 v. 19.12.1985, BGBl. 1985 I 2436.
[736] Damit wird Art. 11 MwStSystRL (früher Art. 4 Abs. 4 der 6. RL) umgesetzt; dazu näher Mitteilung der EG Kommission v. 2.7 2009 – KOM (2009) endgültig, UR 2009, 632.
[737] Vgl. Abschn. 3a.1 Absatz 3 UStAE unter Hinweis auf EuGH 168/84, EuGHE 1985, 2251; C-231/94, BB 1996, 1541; C-190/95, BB 1997, 790; C-260/95, BB 1997, 345 und Art. 11 der MwStVO; iE zustimmend, im Detail aber kritisch Rau/Dürrwächter/*Stadie* UStG § 3a nF Rn. 628 ff.
[738] Art. 11 MwStSystRL sieht nur ein Mitgliedstaatenwahlrecht vor, eine Mehrwertsteuergruppe einzuführen (s. auch Rn. 116).
[739] Vgl. BFH V R 30/06; BStBl. II 2010, 863; Abschn. 2.8 Abs. 2 Satz 2 UStAE.
[740] Vgl. Abschn. 2.8 Abs. 2 Satz 6 UStAE

Voraussetzung ist nach ständiger Rechtsprechung allerdings, dass sie Unternehmer sind, also eine gewerbliche oder berufliche Tätigkeit selbstständig ausüben. Eine AG ist also nicht per se Unternehmer. Vielmehr konkretisiert § 2 Abs. 1 Satz 3 und Abs. 2 UStG diese Anforderungen. Die Unternehmereigenschaft richtet sich danach, wann eine nachhaltige, auf Einnahmeerzielung gerichtete Tätigkeit aufgenommen bzw. eingestellt wird. Sie setzt dabei objektive Nachweise für die Absicht, eine zu steuerbaren Umsätzen führende wirtschaftliche Tätigkeit aufzunehmen, voraus und endet, sobald nach außen erkennbar endgültig keine auf Einnahmeerzielung gerichtete Tätigkeit mehr ausgeübt wird.[741] Die genannten Merkmale entsprechen dem Begriff der wirtschaftlichen Tätigkeit in Art. 9 Abs. 1 MwStSystRL, wonach als „Steuerpflichtiger" gilt, wer eine wirtschaftliche Tätigkeit unabhängig von ihrem Ort, Zweck und Ergebnis selbstständig ausübt. Auf eine Gewinnerzielungsabsicht kommt es nicht an.[742]

318 **Art. 11 MwStSystRL (Kannbestimmung: Organschaft) enthält eine solche Beschränkung auf Unternehmer nicht**, jedenfalls nicht explizit. Danach kann jeder Mitgliedstaat in seinem Gebiet ansässige Personen, die zwar rechtlich unabhängig, aber durch gegenseitige finanzielle, wirtschaftliche und organisatorische Beziehungen eng miteinander verbunden sind, zusammen als einen Steuerpflichtigen behandeln. Mit den Entscheidungen vom 9.4.2013[743] sowie vom 25.4.2013[744] hat der EuGH deutlich gemacht, dass jedenfalls eine nationale Bestimmung, die es Nichtunternehmern gestattet, Organträger zu sein, nicht unionswidrig ist. Die **Finanzverwaltung** hat jüngst gleichwohl bekräftigt, dass **Nicht-Unternehmer aus dem Organkreis ausgeschlossen** sind.[745] Nach Auffassung der Finanzverwaltung hat der EuGH zwar festgestellt, dass auch Nichtsteuerpflichtige durch nationale Regelungen in den Organkreis einbezogen werden können. Jedoch folge aus dieser Feststellung nicht, dass nationale Vorschriften zur umsatzsteuerlichen Organschaft Nichtunternehmer zwingend in den Organkreis einbeziehen müssten. Nach Auffassung der Finanzverwaltung besteht nur ein Wahlrecht der Mitgliedstaaten, die Organschaft für Nichtunternehmer zu öffnen. Dabei stützt sie sich auf Art. 11 Abs. 2 MwStSystRL, wonach ein Mitgliedstaat, der die Regelung zur Organschaft umgesetzt hat, nötige Maßnahmen treffen kann, um Steuerhinterziehung oder umgehung vorzubeugen. Um eine solche vorbeugende Maßnahme handelt es sich nach Auffassung der Finanzverwaltung auch bei der Ausgrenzung von Nichtunternehmern. Der BFH hat die Auffassung der Finanzverwaltung in seiner Entscheidung vom 2.12.2015[746] bestätigt, indem er ebenfalls unter Bezugnahme auf die Zielsetzung von Art. 11 MwStSystRL festgestellt hat, dass sich eine weitergehende Organschaft als nach § 2 Abs. 2 Nr. 2 UStG auch nicht aus dem Unionsrecht ergebe.

319 **Holdinggesellschaften** können als Organträger innerhalb der umsatzsteuerlichen Organschaft ebenfalls anerkannt werden, sofern sie Unternehmer sind. Mit Urteil vom 27.9.2001 hat der EuGH entschieden, dass eine Holdinggesellschaft nur dann Unternehmer ist, wenn sie ihre Verwaltungstätigkeit entgeltlich erbringt.[747] Eine bloße Beteiligung des Organträgers an der Organgesellschaft

---

[741] Vgl. Bunjes/Korn UStG § 2 Rn. 110 ff., 163; Abschn. 2.6 Abs. 1 Satz 1 UStAE.
[742] Vgl. BFH V R 67/14, BStBl. II 2017, 560.
[743] EuGH C-85/11 Kommission/Irland, DStR 2013, 806.
[744] EuGH C-86/11 Kommission/Großbritannien, DB 2013, 1647.
[745] BMF 5.5.2014, BStBl. I 2014, 820.
[746] Vgl. BFH V R 67/14, BStBl. II 2017, 560.
[747] Vgl. EuGH C-16/90, BB 2001, 869.

reicht zur Erlangung der Unternehmereigenschaft nicht aus.[748] Dies bedeutet, dass eine Holding, deren Zweck sich auf das Halten und Verwalten gesellschaftsrechtlicher Beteiligungen beschränkt und die keine Leistungen gegen Entgelt erbringt (sog. Finanzholding), nicht Unternehmer iSd § 2 UStG ist. Demgegenüber ist eine Holding, die iSe einheitlichen Leitung aktiv in das laufende Tagesgeschäft ihrer Tochtergesellschaften eingreift (sog. Führungs- oder Funktionsholding), zB durch Erbringung administrativer, finanzieller, kaufmännischer und technischer Dienstleistungen, unternehmerisch tätig. Wird eine Holding nur gegenüber einigen Tochtergesellschaften geschäftsleitend tätig, während sie Beteiligungen an anderen Tochtergesellschaften lediglich hält und verwaltet (sog. gemischte Holding), hat sie sowohl einen unternehmerischen als auch einen nichtunternehmerischen Bereich.[749] Im unternehmerischen Bereich muss sie nach kritikwürdigerer[750] Auffassung der Finanzverwaltung auch die jeweilige Organbeteiligung halten (näher Rn. 328), um als deren Organträger fungieren zu können.

bb) Mögliche Organgesellschaften. § 2 Abs. 2 Nr. 2 UStG bestimmt, dass **ausschließlich juristische Personen als Organgesellschaften** in Betracht kommen. Der BFH beschränkt dies auf juristische Personen des Zivil- und Handelsrechts.[751] Die AG kann daher grundsätzlich Organgesellschaft sein. Es stellt sich jedoch die Frage, ob der für die Organschaft notwendigen (organisatorischen) Eingliederung die Weisungsfreiheit des Vorstands der AG (§ 76 Abs. 1 AktG) generell entgegensteht (s. Rn. 141). Da eine AG auch Organträger sein kann (s. Rn. 123), ist es im Rahmen dieses Handbuchs relevant, auch die anderen Rechtsformen, die für sie als Organgesellschaft in Betracht kommen, zu bestimmen. So können beispielsweise auch eine GmbH oder eine Kommanditgesellschaft auf Aktien Organgesellschaften sein.

Die **Einschränkung** des § 2 Abs. 2 Nr. 2 UStG **auf juristische Personen** als Organgesellschaften ist vor dem Hintergrund des Art. 11 MwStSystRL **unionsrechtswidrig**. Aufgrund europarechtlicher Bedenken hat der BFH mit Beschlüssen vom 11.12.2013 zwei Verfahren ausgesetzt und dem EuGH (unter anderem) die Frage vorgelegt, ob die deutschen Regelungen, wonach nur eine juristische Person – nicht aber eine Personengesellschaft – in das Unternehmen des Organträgers eingegliedert werden kann, europäischem Recht, insbesondere in Form des unionsrechtlichen Grundsatzes der Rechtsformneutralität, widersprechen.[752] Am 16.7.2015 hat der EuGH zu dieser Frage Stellung genommen.[753] Der EuGH vertritt in seinem Urteil zu Recht die Auffassung, dass das Europarecht keine Beschränkung der Organschaft auf juristische Personen enthält. Der XI. Senat des BFH hat in seinen anschließenden Entscheidungen dahingehend Klarheit geschaffen, dass die Vorschrift des § 2 Abs. 2 Nr. 2 UStG einer richtlinienkonformen Auslegung zugänglich ist und der Begriff „juristische Person" jedenfalls auch eine **GmbH & Co. KG** umfasst. Der XI. Senat hat insbesondere klargestellt, dass „der in § 2 Abs. 2 Nr. 2 Satz 1 UStG normierte generelle Ausschluss von Einheiten, die keine juristischen Personen sind, keine erforderliche und geeignete Maßnahme zur Verhinderung missbräuchlicher Praktiken oder Verhaltensweisen und der Vermeidung von Steuerhinterziehung

---

[748] Vgl. BFH V R 64/99, BStBl. II 2003, 375.
[749] So auch die Finanzverwaltung mit Beispielen in Abschn. 2.3 Abs. 3 UStAE; vgl. auch *Feldgen* BB 2016, 606.
[750] Vgl. zB *Buttgereit/Schulte* UR 2011, 605 (606 f.).
[751] BFH V R 87/70, BStBl. II 1974, 311.
[752] Vgl. BFH XI R 17/11, BStBl. II 2014, 417; BFH XI R 38/121, BStBl. II 2014, 428.
[753] Vgl. EuGH C-108/14, C-109/14, BB 2015, 1894.

oder -umgehung ist".[754] Der V. Senat des BFH schränkt die Einbeziehung von Personengesellschaften in den Anwendungsbereich des § 2 Abs. 2 UStG allerdings dahingehend ein, dass die an einer Personengesellschaft beteiligten Personen neben dem Organträger nach § 2 Abs. 2 Nr. 2 UStG in das Unternehmen des Organträgers finanziell eingegliedert sein müssen.[755] Personengesellschaften, an denen natürliche Personen beteiligt sind, und solche, an denen Gesellschaften beteiligt sind, an denen der Organträger nicht mehrheitlich beteiligt ist, dürften nach dieser Rechtsprechung mangels finanzieller Eingliederung (s. Rn. 325 ff.) keine Organgesellschaften sein.[756] Insgesamt ist die Änderung der Finanzrechtsprechung dennoch zu begrüßen, da für die Ungleichbehandlung von Personengesellschaften gegenüber juristischen Personen keine sachlichen Gründe ersichtlich sind. Insbesondere sind keine Anhaltspunkte erkennbar, dass die Beschränkung auf juristische Personen der zulässigen Verhinderung von Steuerhinterziehungen oder -umgehungen dient. Die vom V. Senat des BFH geforderte Einschränkung, nur solche Personengesellschaften einzubeziehen, an denen neben dem Organträger nur solche Personen beteiligt sind, die in das Unternehmen des Organträgers finanziell eingegliedert sind, ist mE nur konsequent. Andernfalls wäre die für die finanzielle Eingliederung des Organträgers in die Organgesellschaft erforderliche Durchgriffsmöglichkeit nicht gewährleistet (s. Rn. 325). Misslich ist, dass die Richtlinienbestimmung nach Auffassung des EuGH keine unmittelbare Wirkung entfaltet, sodass sich Steuerpflichtige nicht direkt auf die Richtlinienbestimmungen zur umsatzsteuerlichen Organschaft berufen können. Der BFH hat in den og Entscheidungen nur über die Einbeziehung der GmbH & Co. KG in den Anwendungsbereich des § 2 Abs. 2 Nr. 2 UStG entschieden. Es bleibt daher abzuwarten, wie die Rechtsprechung künftig Fälle entscheiden wird, an denen zB eine einfache Kommanditgesellschaft beteiligt ist.

321a Das BMF hat mit Schreiben v. 26.5.2017[757] auf die Rechtsprechung des EuGH und des BFH mit einer Änderung des UStAE reagiert und die Einbeziehung von Personengesellschaften in den Anwendungsbereich des § 2 Abs. 2 Nr. 2 UStG (Organschaft) umgesetzt. Nach **Abschn. 2.8 Abs. 2 S. 5 UStAE** zu § 2 UStG kann eine Personengesellschaft ausnahmsweise wie eine juristische Person als eingegliedert iSd § 2 Abs. 2 Nr. 2 UStG anzusehen sein, wenn die finanzielle Eingliederung wie bei einer juristischen Person zu bejahen ist. Liegen die genannten Voraussetzungen nicht vor, sollen Personengesellschaften nach Auffassung des BFH weiterhin nicht in den Anwendungsbereich des § 2 Abs. 2 Nr. 2 UStG einbezogen sein.[758] Das BMF-Schreiben erfasst alle Personengesellschaften. Anders als scheinbar der XI. Senat des BFH fordert das BMF nicht, dass nur Personengesellschaften in der Rechtsform der GmbH & Co. KG als Organgesellschaften zuzulassen sind. Eine besondere Bedeutung kommt in diesem Zusammenhang dem Umgang mit vergangenen und verfahrensrechtlich noch offenen Besteuerungszeiträumen zu. Die Änderungen des UStAE, welche die Einbeziehung von Personengesellschaften betreffen, sind auf nach dem 31.12.2018 ausgeführte Umsätze anzuwenden. Eine Berufung auf die genannten Änderungen ist aber auch schon für vor diesem Zeitraum ausgeführte Umsätze möglich, soweit sich (1) die am Organkreis Beteiligten bei der

---

[754] Vgl. BFH XI R 17/11, BStBl. II 2017, 581; BFH XI R 38/12, BStBl. II 2017, 567.
[755] Vgl. BFH V R 25/13, BStBl. II 2017, 547; krit. hierzu *Korn* SteuK 2016, 145; *Jansen* BB 2016, 2263; vgl. auch FG Münster 15 K 2617/13, EFG 2017, 1300.
[756] Vgl. *Brinkmann/Walter-Yadegardjam* DStR 2016, 650.
[757] Vgl. BMF 26.5.2017, BStBl. I 2017, 790.
[758] Vgl. BFH V R 25/13, BStBl II 2017, 547; s. auch *Brinkmann/Walter-Yadegardjam* DStR 2016, 650.

F. Konzernsteuerrecht 322–324 § 14

Beurteilung des Umfangs der umsatzsteuerliche Organschaft übereinstimmend auf die entsprechenden Regelungen des Schreibens des BMF v. 26.5.2017 berufen und (2) die betroffenen Steuerfestsetzungen der Beteiligten noch änderbar, daher noch nicht bestandskräftig sind.[759]

Um als Organgesellschaft in das Unternehmen des Organträgers eingegliedert **322** zu sein, muss die Beteiligung an ihr nach der Finanzverwaltung dem unternehmerischen Bereich des Organträgers zuzuordnen sein (s. Rn. 328). Zudem muss die potentielle Organgesellschaft nach Auffassung von Rechtsprechung und Finanzverwaltung ebenfalls **unternehmerisch** tätig sein[760] (zu den Anforderungen s. Rn. 317). Jedoch muss ein neu gegründetes Unternehmen grundsätzlich noch keine eigenen Umsätze ausführen, um als Organgesellschaft in das Unternehmen des Organträgers eingegliedert zu sein.[761] Es muss nur sicherstellen, dass die drei Eingliederungsvoraussetzungen bereits erfüllt sind.

cc) Eingliederung der Organgesellschaft in den Organträger. Voraus- **323** setzung der umsatzsteuerlichen Organschaft ist eine **finanzielle, wirtschaftliche und organisatorische Eingliederung der Organgesellschaft** in das Unternehmen des Organträgers. Die drei Voraussetzungen der Eingliederung müssen **kumulativ** vorliegen, allerdings nicht gleichermaßen ausgeprägt sein.[762] Es reicht vielmehr, wenn sich die Eingliederung aus dem **Gesamtbild der tatsächlichen Verhältnisse** ergibt. Zum Beispiel kann eine stark ausgeprägte Eingliederung in einem der drei Bereiche unter Umständen eine nicht vollständige Eingliederung in einem anderen Bereich ausgleichen.[763] Ist eine Eingliederungsvoraussetzung nicht einmal teilweise erfüllt, kommt ein solcher Ausgleich jedoch nicht in Betracht. Auch begründet eine finanzielle Eingliederung nicht die Vermutung, dass auch eine wirtschaftliche und organisatorische Eingliederung gegeben ist.[764]

Nach der bisherigen Rechtsprechung des BFH[765] muss die Organgesellschaft **324** finanziell, wirtschaftlich und organisatorisch **iSe Über- und Unterordnungsverhältnisses** als „untergeordnete Person" in das Unternehmen des Organträgers eingegliedert sein. Bedeutung hat diese Entscheidung zB für auf Gleichordnungsebene kooperierende Versicherungsvereine auf Gegenseitigkeit[766] und für Schwestergesellschaften. Beim EuGH waren zwei Vorabentscheidungsersuche des BFH zur Frage anhängig, ob diese Voraussetzung europäischem Recht widerspricht.[767] Mit Urteil vom 16.7.2015 vertritt der EuGH die Auffassung, dass das EU-Recht grundsätzlich kein Über- und Unterordnungsverhältnis zwischen Organträger und Organgesellschaft fordert. Die Entscheidung des EuGH könnte das gesamte bisherige nationale Verständnis der Organschaft, auch im Hinblick auf die einzelnen Eingliederungsvoraussetzungen, ins Wanken bringen. Allerdings muss noch der BFH entscheiden, ob sich die Einschränkung durch das deutsche Recht vor

---

[759] Vgl. BMF 26.5.2017, BStBl. I 2017, 790.
[760] Vgl. BFH V R 67/14, BStBl. II 2017, 560; V R 37/00, BStBl. II 2002, 373; Rau/Dürrwächter/*Stadie* UStG § 2 Rn. 851; Abschn. 2.8 Abs. 5 Satz 4 und 5 UStAE.
[761] Vgl. BFH R 67/14, BStBl. II 2017, 560; BFH V R 37/00, BStBl. II 2002, 373; Abschn. 2.8 Abs. 1 Satz 7 UStAE.
[762] BFH XI R 74/07, BStBl. II 2009, 256; BFH V R 24/03, BStBl. II 2004, 905.
[763] BFH V 184/61 U, BStBl. III 1964, 346; BFH V R 89/66, BStBl. III 1967, 715.
[764] BFH V R 76/05, BStBl. II 2008, 905; BFH V R 26/06, BStBl. II 2008, 451.
[765] So bisher die ständige Rechtsprechung des BFH; vgl. nur BFH V R 13, BB 2013, 2901 mwN.
[766] Vgl. *Franz/Schick* in FS Stuttgarter Lebensversicherung 2008, 103, 115 f. mwN.
[767] BFH XI R 17/11, BStBl. II 2014, 417; BFH XI R 38/12, BStBl. II 2014, 428.

dem Hintergrund der Ziele der EU-Richtlinie (zB Verhinderung missbräuchlicher Praktiken oder der Steuerhinterziehung) rechtfertigen lässt. Meines Erachtens gibt es solche Rechtfertigungsgründe nicht. Daraus ergibt sich, dass die von der Rechtsprechung entwickelten Eingliederungsvoraussetzungen zu eng formuliert sind. Da diese jedoch nur auf einer Gesetzesauslegung beruhen und mithin einen anderen Gesetzesauslegung zugänglich sind, käme eine Organschaft trotz Fehlens eines Über-/Unterordnungsverhältnisses ohne Übergangsphase in Betracht. Die Gefahr ungewollter Organschaften gilt es zu bedenken und den Betroffenen aus Vertrauensschutzaspekten zumindest ein Wahlrecht zu gewähren. Sinnvoll erscheint dabei eine Konkretisierung der Regelungen zur umsatzsteuerlichen Organschaft im Umsatzsteuergesetz selbst.[768]

325 **dd) Finanzielle Eingliederung.** Die finanzielle Eingliederung ist gegeben, wenn der Organträger in der Lage ist, durch Mehrheitsbeschlüsse seinen **Willen in der Organgesellschaft durchzusetzen**.[769] Maßgeblich ist also nicht die Anteilsmehrheit, sondern die Stimmenmehrheit. Stimmrechtslose Vorzugsaktien bleiben bei der Berechnung der Quote daher außen vor. Regelmäßig reicht die einfache Mehrheit der Stimmen (> 50%), es sei denn, es ist eine höhere Mehrheit für die Beschlussfassung in der Organgesellschaft erforderlich.[770] Aus dem Erfordernis der Stimmrechtsmehrheit folgt, dass eine Gesellschaft nicht in mehrere Obergesellschaften eingegliedert sein kann; eine Mehrmütterorganschaft ist nicht möglich.

326 Die **mittelbare Beteiligung** des Organträgers an der Organgesellschaft, bspw. über eine Tochtergesellschaft, ist für die finanzielle Eingliederung grundsätzlich ausreichend. Zur Ermittlung der Stimmrechtsmehrheit ist nicht auf die durchgerechnete Beteiligungsquote abzustellen, sondern allein darauf, dass auf jeder Beteiligungsstufe eine Stimmrechtsmehrheit besteht.[771] Meines Erachtens gelten hier die zur mittelbaren finanziellen Eingliederung bei der körperschaft- und gewerbesteuerlichen Organschaft entwickelten Grundsätze (s. Rn. 224) entsprechend.[772] Ob die Tochtergesellschaft unternehmerisch oder nicht-unternehmerisch tätig ist, spielt nur für deren eigene Einbeziehung in die Organschaft eine Rolle, nicht aber für die mittelbare Einbeziehung der Enkelgesellschaft.[773] Ein Beherrschungs- und ein Gewinnabführungsvertrag, die auch bei einer Beteiligung von weniger als 50% am Kapital der Organgesellschaft möglich sind, sofern zB die Gesellschaft eigene Anteile hält oder Stimmrechtsbeschränkungen vorliegen,[774] können eine mangelnde eigene Beteiligung nicht ausgleichen.[775] Eine Eingliederung durch mittelbare Beteiligung liegt auch dann vor, wenn die Gesellschafter einer Organträger-Perso-

---

[768] Vgl. zB den Vorschlag von *Jorewitz* IStR 2015, 721 (724) im Anschluss an Vorschläge der EU-Kommission v. 2.7.2009 (KOM (2009) 325 final).
[769] BFH V R 18/13, BFH/NV 2013, 1747; XI R 43/08, BStBl. II 2011, 600; V R 3/08, BFH/NV 2009, 1734 = BStBl. II 2013, 873; V R 50/00, BStBl. II 2002, 167; V R 31/03, BStBl. II 2005, 671.
[770] BFH XI R 43/08, BStBl. II 2011, 600; V R 31/03, BStBl. II 2005, 671; XI R 69/97, BFH/NV 1999, 1136; Abschn. 2.8 Abs. 5 Satz 2 UStAE.
[771] Vgl. FG BaWü 1 K 3466/14, EFG 2016, 1821; BFH V R 30/06, BStBl. II 2010, 863; V R 9/09, BStBl. II 2011, 597.
[772] Vgl. auch BFH V B 228/00, BFH/NV 2002, 376.
[773] Vgl. BFH V R 67/14, BStBl. II 2017, 560; Rau/Dürrwächter/*Stadie* UStG § 2 Rn. 869; Abschn. 2.8 Abs. 5 Satz 4 und 5 UStAE.
[774] Vgl. *Radeisen* SteuK 2013, 133.
[775] BFH XI R 43/08, BStBl. II 2011, 600.

nengesellschaft die Mehrheit der Stimmrechte an der Organgesellschaft halten.[776] Schwestergesellschaften kommen dagegen nach Ansicht des BFH mangels Einordnung in das Gefüge des anderen Unternehmens nicht als Organkreis in Betracht, wenn nicht auch die Muttergesellschaft eine eigene unternehmerische Tätigkeit ausübt und damit zum Organkreis gehört.[777]

Um die Durchsetzbarkeit des Willens des Organträgers – selbst bei Anwendung des Einstimmigkeitsprinzips gem. § 709 Abs. 1 BGB – zu gewährleisten, ist für die **finanzielle Eingliederung einer Personengesellschaft** erforderlich, dass Gesellschafter der Personengesellschaft neben dem Organträger nur Personen sind, die nach § 2 Abs. 2 Nr. 2 UStG in das Unternehmen des Organträgers finanziell eingegliedert sind. Im Übrigen sind auch hier für die notwendige Beteiligung des Organträgers mittelbare Beteiligungen ausreichend.[778] **326a**

ee) **Wirtschaftliche Eingliederung.** Das Kriterium der wirtschaftlichen Eingliederung ist erfüllt, wenn die Organgesellschaft in einem **engen wirtschaftlichen Verhältnis** zum Organträger steht und nach dessen Willen im Rahmen des Gesamtunternehmens wirtschaftlich arbeitet.[779] Ein wirtschaftlicher Zusammenhang iSe Wirtschaftseinheit, Kooperation oder Verflechtung ist ausreichend.[780] Die wirtschaftliche Eingliederung kann bereits dann vorliegen, wenn Organträger und Organgesellschaft sich gegenseitig fördern und ergänzen und mehr als nur unerhebliche wirtschaftliche Beziehungen bestehen; eine wirtschaftliche Abhängigkeit ist nicht erforderlich.[781] Auch eine wirtschaftliche Verflechtung zwischen den Unternehmensbereichen unterschiedlicher Organgesellschaften ist ausreichend.[782] Eine wirtschaftliche Eingliederung scheidet aber aus, wenn der entgeltliche Leistungsaustausch lediglich zwischen zwei Untergesellschaften stattfindet, von denen keine unmittelbar mit dem Organträger organschaftlich verbunden ist.[783] Bei deutlicher Ausprägung der beiden übrigen Kriterien der Eingliederung kann eine wirtschaftliche Eingliederung schon bei mehr als nur unerheblichen Geschäftsbeziehungen vorliegen.[784] Soweit die wirtschaftliche Eingliederung auf Leistungen des Organträgers gegenüber der Organgesellschaft beruht, muss es sich um entgeltliche Leistungen handeln, denen für die Organgesellschaft nicht nur unerhebliche Bedeutung zukommt.[785] Ein unentgeltlicher Leistungsaustausch oder Leistungen, die von unwesentlicher Bedeutung sind (zB unerhebliche Büro- oder Reinigungsarbeiten, Abrechnungsleistungen und EDV-Support), sind daher nicht ausreichend.[786] **327**

---

[776] BFH XI R 69/97, BStBl. II 1999, 514; V B 128/01, BFH/NV 2002, 1058; V R 31/03, BStBl. II 2005, 671; V R 12, BFH/NV 2008, 1365.
[777] Vgl. BFH V R 67/14, BStBl. II 2017, 560; BFH V R 111/77, BStBl. II 1980, 20; V R 9/09, BStBl. II 2011, 597; XI R 43/08, BStBl. II 2011, 600; ebenso Abschn. 2.8 Abs. 5 Satz 6 UStAE; kritisch Rau/Dürrwächter/*Stadie* UStG § 2 Rn. 876.
[778] Vgl. BMF 26.5.2017 BStBl. I 2017, 790; S. auch OFD Frankfurt a. M. 11.7.2017 – S 7105 A – 22 – St 110; Krit. dazu *Wäger* UR 2017, 664; *Feldgen* BB 2016, 606.
[779] BFH V R 89/66, BStBl. III 1967, 715; Abschn. 2.8 Abs. 6 Satz 1 UStAE.
[780] BFH XI R 74/07, BStBl. II 2009, 256.
[781] BFH V R 63/01, BStBl. II 2004, 434.
[782] Vgl. FG Münster 15 K 2617/13 U, EFG 2017, 1300; BFH V R 30/06, BStBl. II 2010, 863; Abschn. 2.8 Abs. 6 Satz 4 UStAE.
[783] FG BaWü 1 K 3466/14, EFG 2016, 1821.
[784] BFH XI R 74/07, BStBl. II 2009, 256.
[785] BFH V R 4/08, BStBl. II 2004, 434; V R 26/09, BStBl. II 2010, 1114.
[786] FG BaWü 1 K 3466/14, EFG 2016, 1821.

328 Nach kritikwürdigerer[787] Auffassung der Finanzverwaltung ist darüber hinaus erforderlich, dass die Beteiligung an der Organgesellschaft dem **unternehmerischen Bereich des Organträgers** zugeordnet werden kann.[788] Diese Voraussetzung spielt insbesondere bei der Einbeziehung von Holdinggesellschaften eine entscheidende Rolle. Sog. Finanzholdings, die sich auf das Halten und Verwalten gesellschaftsrechtlicher Beteiligungen beschränken und keine Leistungen gegen Entgelt erbringen, sind kein Unternehmer iSv § 2 UStG und können daher per se keine wirtschaftliche Eingliederung herbeiführen. Sog. Führungs- oder Funktionsholdings, die mit einer einheitlichen Leitung aktiv in das laufende Tagesgeschäft ihrer Tochtergesellschaften eingreifen, sind unternehmerisch tätig und können damit eine wirtschaftliche Eingliederung der Tochtergesellschaften bewirken. Ist eine Holdinggesellschaft nur gegenüber einigen Tochtergesellschaften geschäftsleitend tätig, während sie Beteiligungen an anderen Tochtergesellschaften lediglich hält und verwaltet (sog. gemischte Holding), hat sie sowohl einen unternehmerischen als auch einen nichtunternehmerischen Bereich (vgl. Rn. 109). In diesem Fall kann nur die im unternehmerischen Bereich gehaltene Tochtergesellschaft, in deren laufendes Tagesgeschäft die Muttergesellschaft geschäftsleitend eingreift, wirtschaftlich in die Muttergesellschaft eingegliedert sein.

329 **ff) Organisatorische Eingliederung.** Die organisatorische Eingliederung beschreibt die tatsächliche Beherrschung der Organgesellschaft durch den Organträger. Der Organträger hat hierzu sicherzustellen, dass **keine vom Willen des Organträgers abweichende Willensbildung in der laufenden Geschäftsführung** stattfindet.[789] Die Rechtsprechung und ihr folgend die Finanzverwaltung[790] haben die Anforderungen an dieses Merkmal kontinuierlich konkretisiert und dabei meist verschärft.

330 Die **aus der finanziellen Eingliederung folgenden Einwirkungsmöglichkeiten** des Gesellschafters auf die Organgesellschaft, bspw. das Weisungsrecht durch Gesellschafterbeschluss bei der GmbH oder eine vertragliche Pflicht zur regelmäßigen Berichterstattung, reichen zur organisatorischen Eingliederung nicht aus; ebenso wenig begründen Zustimmungsvorbehalte zugunsten der Gesellschafterversammlung (zB aufgrund Satzung oder einer Geschäftsführungsordnung), das Recht zur Bestellung oder Abberufung von Geschäftsführern oder ein Vetorecht für sich allein eine organisatorische Eingliederung, da sie nicht in den Kernbereich der laufenden Geschäftsführung eingreifen.[791] Der aktienrechtlichen Abhängigkeitsvermutung aus § 17 AktG kommt nach der Rechtsprechung ebenfalls keine Bedeutung zu.[792] Da es auf das Gesamtbild der tatsächlichen Verhältnisse ankommt, erscheint diese Rechtsprechung allerdings fragwürdig. Meines Erachtens kommt den aktienrechtlichen Vermutungen in §§ 17 Abs. 1, 18 Abs. 1 AktG durchaus Bedeutung zu, insbesondere wenn man entgegen der Rechtsprechung eine faktische Beherrschung der Gesellschaft ausreichen lässt.[793]

---

[787] Vgl. zB *Buttgereit/Schulte* UR 2011, 605 (606 f.)
[788] Vgl. Abschn. 2.8 Abs. 6 Satz 5 UStAE.
[789] BFH V R 96/96, BStBl. II 1997, 580; V R 32/98, BStBl. II 1999, 258; V R 26/06, BStBl. II 2008, 451; V R 76/05, BStBl. II 2008, 905.
[790] Vgl. Abschn. 2.8 Abs. 8 UStAE.
[791] BFH V R 53/10, BStBl. II 2008, 905; V R 76/05, BStBl. II 2013, 905; zustimmend Abschn. 2.8 Abs. 11 UStAE.
[792] BFH V R 76/05, BStBl. II 2008, 90.
[793] Ebenso *Rau/Dürrwächter/Stadie* UStG § 2 Rn. 895 f. mwN.

Aufsichtsrechtliche Erfordernisse (zB im Banken- oder Versicherungsbe- **331** reich), die an die Unabhängigkeit der Geschäftsleitung der Organgesellschaft gestellt werden, stehen der organisatorischen Eingliederung nicht entgegen. Das hat die Finanzverwaltung nunmehr zu Recht ausdrücklich klargestellt,[794] da auch im regulierten Bereich eine tatsächliche Beherrschung bestehen kann; die aufsichtsrechtlichen Einschränkungen gehen nicht so weit, die Beherrschung auszuschließen. Das gilt insbesondere dann, wenn die übrigen beiden Eingliederungsmerkmale stark ausgeprägt sind.

Die organisatorische Eingliederung wird regelmäßig durch die **personelle Ver-** **332** **flechtung** der Führungsebenen von Organgesellschaft und Organträger bestimmt; der Standardfall ist die Personenidentität auf beiden Führungsebenen.[795] Dabei ist es jedenfalls ausreichend, wenn alle Mitglieder des Leitungsorgans der Organgesellschaft zugleich im Leitungsorgan des Organträgers sind. Das gilt sowohl für GmbHs als auch für AGs. Durch die Personenidentität wird auch bei einer AG als Organgesellschaft trotz generell fehlender Weisungsrechte eine Durchsetzung des Willens des Organträgers in der Organgesellschaft ermöglicht.

Sind die **Geschäftsführungsorgane nur teilweise personenidentisch** besetzt, **333** sind besondere Anforderungen zu beachten, um sicherzustellen, dass der Wille des Organträgers im Unternehmen der Organgesellschaft durchgesetzt werden kann. Die Durchsetzung des Willens ist jedenfalls dann gewährleistet, wenn nur ein Teil des Leitungsorgans des Organträgers das gesamte Leitungsorgan der Organgesellschaft stellt. Besetzen Mitglieder des Leitungsorgans der Muttergesellschaft aber nur einen Teil des Leitungsorgans der Tochtergesellschaft, muss die Geschäftsführungsbefugnis bei der Tochtergesellschaft zumindest so ausgestaltet sein, dass keine Entscheidungen gegen den Willen der Mitglieder des Leitungsorgans der Muttergesellschaft getroffen werden können. Dazu ist generell sicherzustellen, dass die anderen Mitglieder des Leitungsorgans der Tochtergesellschaft weder Einzelgeschäftsführungsbefugnis noch die Stimmenmehrheit im Leitungsorgan innehaben, es sei denn, dem/den personenidentischen Geschäftsführer(n) ist bei Meinungsverschiedenheiten ein Letztentscheidungsrecht schriftlich eingeräumt worden.[796] Die Ausgestaltung der Vertretungsbefugnis (Außenverhältnis) ist dagegen mE nur insoweit maßgeblich, wie sie auf die Geschäftsführungsbefugnis (Innenverhältnis) schließen lässt. Nach einem Urteil des BFH 8.8.2013[797] muss die mit der finanziellen Eingliederung einhergehende **Möglichkeit der Beherrschung** in der Geschäftsführung auch **tatsächlich wahrgenommen** werden. Das setze voraus, dass der Organträger seinen Willen in der Organgesellschaft tatsächlich durchsetzen könne; dagegen reiche es – entgegen früherer Rechtsprechung – nicht aus, dass der Organträger nur eine abweichende Willensbildung verhindern könne. Bedeutung kann dieser Unterschied insbesondere in Bezug auf die Bestellung von Verwaltern im Vorfeld einer Konkurs- oder Insolvenzeröffnung haben. So würde in Insolvenzfällen die organisatorische Eingliederung enden, wenn ein vorläufiger Insolvenzverwalter mit Zustimmungsvorbehalt eingesetzt wird. Das BMF hat mit Schreiben vom 5.5.2014 verfügt, dass eine Anwendung über den Einzelfall hinaus bis auf weiteres nicht erfolgen soll,[798] da gegen die Auffassung des BFH durchaus europarechtliche Bedenken bestehen (s. zur unionskonformen Auslegung Rn. 312).

---

[794] Abschn. 2.8 Abs. 10 Satz 7 UStAE.
[795] BFH V R 76/05, BStBl. II 2008, 905; V R 37/00, BStBl. II 2002, 373.
[796] Vgl. näher Abschn. 2.8 Abs. 8 Satz 8 und 9 UStAE.
[797] BFH V R 18/13, BB 2013, 2595.
[798] BMF 5.5.2014, BStBl. I 2014, 820.

334 Eine organisatorische Eingliederung durch personelle Verflechtung kann auch daraus folgen, dass **leitende Angestellte des Organträgers als Geschäftsführer der Organgesellschaft** eingesetzt werden. Diese Einbeziehung leitender Angestellter beruht auf der Annahme, dass der leitende Mitarbeiter des Organträgers dessen Weisungen bei der Geschäftsführung der Organgesellschaft aufgrund eines zum Organträger bestehenden Anstellungsverhältnisses und einer sich hieraus ergebenden persönlichen Abhängigkeit befolgen wird und er bei weisungswidrigem Verhalten vom Organträger als Geschäftsführer der Organgesellschaft abberufen werden kann. Insoweit sind sich Rechtsprechung und Finanzverwaltung einig.[799] Das BMF hat diesen Gedanken auch auf **nichtleitende Angestellte** bezogen. Nach einem BMF-Schreiben vom 5.5.2014 muss der Mitarbeiter beim Organträger nicht einmal eine Leitungsfunktion innehaben, da durch das Anstellungsverhältnis eine hinreichende Abhängigkeit begründet werde.[800] Berücksichtigt man die Prämissen der Rechtsprechung zur personellen Verflechtung von leitenden Angestellten des Organträgers, ist darüber hinaus zu fordern, dass der Mitarbeiter bei weisungswidrigem Verhalten vom Organträger als Geschäftsführer der Organgesellschaft uneingeschränkt abberufen werden kann.[801]

335 Ist die **Organgesellschaft eine Aktiengesellschaft**, stellt sich die Frage, ob diese von der Rechtsprechung und Finanzverwaltung auf die GmbH zugeschnittenen Grundsätze nur bei einer GmbH als Organgesellschaft gelten oder inwieweit sie auch auf die AG Anwendung finden können. Der BFH hat seine Entscheidungen bisher nur zu Geschäftsführern von GmbHs als Organgesellschaften getroffen. Das BMF spricht in seinen Erlassen stets allgemein von Geschäftsführern und Geschäftsführung, es gibt aber in der Praxis Hinweise, dass das BMF bei AGs eine restriktivere Linie vertritt. Dafür könnte zunächst die Regelung des § 84 AktG, die eine Abberufung des Vorstands nicht ohne Weiteres zulässt, sprechen; Entsprechendes könnte aufgrund § 76 AktG gelten, wonach der Vorstand die Gesellschaft unter eigener Verantwortung zu leiten hat und dabei – grundsätzlich (zu Ausnahmen s. Rn. 337) – nicht an Weisungen gebunden ist. Daraus aber abzuleiten, dass bei Aktiengesellschaften alternative Lösungen herangezogen werden müssten,[802] geht mE zu weit. Wie bereits angedeutet, kommen hier die Abhängigkeitsvermutungen in §§ 17 Abs. 1, 18 Abs. 1 AktG zum Tragen. Aufgrund dieser muss es ausreichen, wenn der Organträger die Organgesellschaft faktisch beherrscht, selbst wenn dies nicht schriftlich festgehalten wird, aber tatsächlich gelebt wird. Unter diesem Blickwinkel können die zur GmbH entwickelten Grundsätze generell entsprechend auf die AG angewendet werden. Modifikationen sind mE nur dort geboten, wo das Aktienrecht etwas anderes erfordert, zB bezüglich des Erfordernisses einer Abberufungsmöglichkeit der Geschäftsführung der Organgesellschaft bei personeller Verflechtung mit Angestellten des Organträgers. Gerade wenn die finanzielle und wirtschaftliche Eingliederung stark ausgeprägt ist, spricht mE viel dafür, zumindest beim Einsatz leitender Angestellter des Organträgers als Vorstand der Organgesellschaft eine organisatorische Eingliederung anzunehmen. Denn dann gilt erst recht, dass die Finanzverwaltung die aktienrechtliche Vermutung widerlegen muss,

---

[799] BFH V R 30/06, BStBl. II 2010, 863; V R 53/10, BStBl. II 2013, 218; zustimmend Abschn. 2.8 Abs. 9 UStAE.

[800] BMF 5.5.2014, BStBl. I 2014, 820 und Abschn. 2.8 Abs. 9 UStAE.

[801] S. auch Abschn. 2.8 Abs. 9 Satz 2 UStAE.

[802] Hier spielen die sog. institutionell abgesicherten Eingriffsrechte, zB durch dem Abschluss eines Beherrschungsvertrags, eine wichtige Rolle (s. Rn. 337).

wenn sie bestritten wird.⁸⁰³ Für AGs als Organträger gelten keine Besonderheiten. Zudem ist im Regelfall auch im AG-Konzern anzunehmen, dass die handelnden Personen die arbeitsvertraglichen Weisungen – trotz der aktienrechtlichen Grenzen des Weisungsrechts – als eigenes Handeln auf Ebene des Tochterunternehmens in der Rechtsform einer AG umsetzen. Für die Praxis empfiehlt es sich gleichwohl, erhöhte Dokumentationsanforderungen einzuhalten.

Die Einbindung von Mitarbeitern des Organträgers **unterhalb der Geschäftsführungsebene der potentiellen Organgesellschaft**, bspw. als Prokurist oder in anderer Leitungsfunktion, ist nicht ausreichend.⁸⁰⁴ Ist die Tochtergesellschaft eine AG, reicht es für die personelle Verflechtung nicht aus, dass deren **Aufsichtsrat** aus Mitarbeitern der Muttergesellschaft besteht. Das gilt selbst dann, wenn sich der Aufsichtsrat nur aus Mitgliedern des Leitungsorgans der Muttergesellschaft zusammensetzt.⁸⁰⁵ Eine organisatorische Eingliederung kann auch nicht dadurch begründet werden, dass es zu einer personellen Verflechtung von Aufsichtsratsmitgliedern des Organträgers und der Geschäftsführung der Organgesellschaft kommt.⁸⁰⁶

Die organisatorische Eingliederung lässt sich ausnahmsweise auch **ohne personelle Verflechtung** in den Leitungsgremien des Organträgers und der Organgesellschaft sicherstellen, wenn **institutionell abgesicherte Eingriffsrechte** ein Handeln gegen den Willen des Organträgers verhindern. Dafür bedarf es unmittelbarer Eingriffsmöglichkeiten der Muttergesellschaft in den Kernbereich der laufenden Geschäftsführung, die durch Sanktionen gegenüber der Organgeschäftsführung abgesichert sind.⁸⁰⁷ Eine rein faktische Geschäftsführung durch den Organträger ist nicht ausreichend.⁸⁰⁸ Die vertragliche Beherrschung iSv § 291 AktG (Beherrschungsvertrag) und die Eingliederung der Organgesellschaft gem. §§ 319, 320 AktG stellen dagegen – nach der Finanzverwaltung „regelmäßig"⁸⁰⁹ – die organisatorische Eingliederung sicher.⁸¹⁰ Die (zivilrechtlich wirksame) vertragliche Beherrschung iSv § 291 AktG und die Eingliederung der Organgesellschaft gem. §§ 319, 320 AktG ermöglichen es dem Organträger, dem Vorstand der Organgesellschaft, nach Maßgabe von § 308 bzw. § 323 Abs. 1 AktG Weisungen im Hinblick auf die Geschäftsführung, die organschaftliche Vertretung sowie Maßnahmen im Innverhältnis der Gesellschaft unter Einschluss der Rechnungslegung zu erteilen, ohne den Weg über die Gesellschafterversammlung beschreiten zu müssen. Dieses Weisungsrecht ist grundsätzlich – soweit rechtlich zulässig – auf die gesamte unternehmerische Sphäre der Organgesellschaft zu erstrecken. Teilbeherrschungsverträge sind demnach unzureichend. Das Weisungsrecht eines Mehrheitsgesellschafters, welches gem. § 46 Nr. 6 GmbHG zur Prüfung und Überwachung der Geschäftsführung des beherrschten Unternehmens und somit zur Erteilung von Weisungen zwecks Ausführung der Beschlüsse der Gesellschafterversammlung berechtigt, erfüllt nach der Rechtsprechung die Anforderungen an die organisa-

---

⁸⁰³ Ähnlich Rau/Dürrwächter/*Stadie* UStG § 2 Rn. 897.
⁸⁰⁴ BFH V R 7/10, BStBl. II 2011, 391.
⁸⁰⁵ Vgl. Abschn. 2.8 Abs. 8 Satz 10 UStAE.
⁸⁰⁶ Vgl. Abschn. 2.8 Abs. 8 Satz 10, UStAE.
⁸⁰⁷ BFH XI R 30/14; BStBl. II 2017, 597; BFH V R 76/05, BStBl. II 2008, 905.
⁸⁰⁸ BFH XI R 30/14; BStBl. II 2017, 597.
⁸⁰⁹ Vgl. Abschn. 2.8 Abs. 10 Satz 4 UStAE; ebenso Reiß/Kraeusel/Langer/*Reiß* UStG § 2 Rn. 112.2; Rau/Dürrwächter/*Stadie* UStG, EL 2014, § 2 Rn. 893.
⁸¹⁰ Vgl. zum Beherrschungsvertrag BFH V R 7/16, BFH/NV 2017, 670 = MwStR 2017, 670.

torische Eingliederung nicht.[811] Vor dem Abschluss eines Beherrschungsvertrags bzw. einer Eingliederung sollten auch die Folgen in Bezug auf ein mögliches Mitbestimmungsrecht der Arbeitnehmer im Aufsichtsrat bedacht werden. Denn für das Überschreiten der Schwelle von 500 Arbeitnehmern, das eine Mitbestimmung verpflichtend macht, werden die Mitarbeiter des herrschenden und des beherrschten Unternehmens unter diesen Umständen zusammengerechnet (§ 2 Abs. 1 iVm § 1 Abs. 1 Nr. 1 DrittelbG). Auch Konzernrichtlinien oder andere schriftliche fixierte Konzernregularien können ausreichen, um die organisatorische Eingliederung sicherzustellen, wenn Verstöße zu einer Haftung führen.[812]

338 Die vorgennannten Grundsätze sind regelmäßig entsprechend anwendbar, wenn die Organgesellschaft nur **mittelbar über eine Beteiligungskette eingegliedert** ist.[813] Ob die unmittelbare Tochtergesellschaft unternehmerisch tätig ist, spielt nur für deren eigene Einbeziehung in den Organkreis eine Rolle, nicht aber für die Frage, ob sie eine mittelbare Eingliederung sicherstellen kann. Die der organisatorischen Eingliederung dienenden Maßnahmen müssen nicht der Struktur der finanziellen Eingliederung, also nicht der Beteiligungskette, folgen.[814] Das heißt, dass es zB für die organisatorische Eingliederung von zwei Tochtergesellschaft grundsätzlich ausreicht, wenn der Organträger nur die eine Tochtergesellschaft beherrscht und die Leitungsorgane beider Tochtergesellschaften personenidentisch besetzt sind.

339 Bei **Eröffnung eines Insolvenzverfahrens** über das Vermögen des Organträgers oder der Organgesellschaft gelten Besonderheiten, da die Befugnisse des Insolvenzverwalters die Eingriffsmöglichkeiten in den Kernbereich der laufenden Geschäftsführung beeinträchtigen können. Dies ist eine Frage des Einzelfalls.[815] Bei der **Eröffnung eines Insolvenzverfahrens** geht die Verwaltungs- und Verfügungsbefugnis gem. § 80 Abs. 1 InsO auf den Insolvenzverwalter über. Damit entfällt grundsätzlich die erforderliche organisatorische bzw. finanzielle Eingliederung und die Organschaft endet.[816] Im Fall der **Insolvenz des Organträgers** kann nicht mehr sichergestellt werden, dass der Organträger die gesellschaftsrechtlichen Beteiligungsrechte gegenüber den Geschäftsführungs- oder Aufsichtsorganen der Organgesellschaft ausüben sowie das zur Insolvenzmasse gehörende Vermögen verwalten und darüber verfügen kann. Im Fall der **Insolvenz der Organgesellschaft** fehlt es an der Durchgriffsmöglichkeit des Organträgers auf die Organgesellschaft, da auch hier die Verwaltungs- und Verfügungsbefugnis auf den Insolvenzverwalter übergeht. Auch die Anordnung der Eigenverwaltung gem. §§ 270 ff. InsO im Insolvenzverfahren des Organträgers ändert daran nichts, da nach Eröffnung des Insolvenzverfahrens gemäß § 276a InsO (ggfs. iVm § 11 Abs. 2 Nr. 1 InsO) kein Einfluss auf die Geschäftsführung des Insolvenzschuldners mehr möglich ist.[817] Die Organschaft endet zudem regelmäßig, sobald ein **vorläufiger Insolvenzverwalter** für das Vermögen des Organträgers oder der Organgesellschaft wirksam bestellt und dem Schuldner ein allgemeines Verfügungsverbot auferlegt worden ist (vgl. § 22 Abs. 1 Satz 1 InsO) oder wenn das Insolvenzgericht dem vorläufigen

---

[811] Vgl. BFH V R 7/16, BFH/NV 2017, 670 = MwStR 2017, 670 mwN; OFD Niedersachsen 27.7.2017 – S 70105 – 49 – St 186, MwStR 2017, 682.
[812] BFH V R 26/06, BStBl. II 2008 451.
[813] Vgl. Abschn. 2.8 Abs. 10a Satz 1 UStAE.
[814] Vgl. Abschn. 2.8 Abs. 10a Satz 3 und 4 UStAE.
[815] Näher Rau/Dürrwächter/*Stadie* UStG § 2 Rn. 1012, 1016; Abschn. 2.8 Abs. 12 UStAE.
[816] BFH V R 14/16, BStBl. II 2017, 600.
[817] FG Münster 5 K 3123/15 U, EFG 2017, 1756; BFH V R 14/16, BStBl II 2017, 600; OFD Niedersachsen 27.7.2017, MwStR 2017, 682.

Insolvenzverwalter einen allgemeinen Zustimmungsvorbehalt (§ 21 Abs. 2 Nr. 2 Alt. 2 InsO) eingeräumt hat.[818] Ausnahmen, in denen mit Bestellung eines vorläufigen Insolvenzverwalters keine Beendigung der Organschaft eintritt, sind aber möglich.[819] Der **Antrag auf Eröffnung eines Insolvenzverfahrens** hat hingegen keine Auswirkungen auf die Eingliederung der Organgesellschaft in das Unternehmen des Organträgers und beendet die Organschaft somit nicht.[820]

c) Rechtsfolgen

Sind die Voraussetzungen der finanziellen, wirtschaftlichen und organisatorischen Eingliederung erfüllt (s. Rn. 325–339), treten die Rechtsfolgen der umsatzsteuerlichen Organschaft ohne weitere Handlungen von Organträger und Organgesellschaft ein. Die Organschaft beginnt an dem Tag, an dem die Organschaftsvoraussetzungen erfüllt sind und entfällt an dem Tag, an dem eine der Voraussetzungen wegfällt. Es besteht also **kein Wahlrecht**, ob die Unternehmen die Rechtsfolgen eintreten lassen wollen (s. Rn. 119). Vielmehr wird bei Vorliegen der Voraussetzungen der umsatzsteuerlichen Organschaft die gewerbliche oder berufliche Tätigkeit der Organgesellschaft nicht selbstständig ausgeübt. Der Organträger verschmilzt mit seinen Organgesellschaften zu einem einzigen Steuerpflichtigen.[821] Das bedeutet, dass die im Inland belegenen Unternehmensteile des Organträgers und der Organgesellschaften (sog. **Organkreis**) umsatzsteuerlich **als ein einheitlich leistender und empfangender Unternehmer** zu behandeln sind.[822] Steuerschuldner aller Umsätze des Organkreises ist der Organträger, er ist der Unternehmer iSd § 13 Abs. 2 UStG, wenn er seine Geschäftsleitung im Inland hat (bei Geschäftsleitung im Ausland s. Rn. 157). Im Regelfall hat also der Organträger alle Pflichten zu erfüllen, die sich aus § 18 UStG für den Unternehmer ergeben. Der Organträger hat insbesondere die Erklärungs- und Meldepflichten zu erfüllen und dabei sämtliche Umsätze der gesamten Organschaft zu berücksichtigen. Die Meldepflichten im innergemeinschaftlichen Rechtsverkehr haben dagegen die Organgesellschaften selbstständig zu erfüllen; sie erhalten auf Antrag (auch) eine eigene Identifikationsnummer (§ 27a Abs. 1 Satz 3 UStG).[823]

Der bedeutendste Vorteil der umsatzsteuerlichen Organschaft liegt darin, dass **Leistungs- und Lieferbeziehungen im Organkreis** keine Umsatzsteuer auslösen, sondern nicht umsatzsteuerbare Innenumsätze sind. Das betrifft
- Leistungen vom Organträger an die Organgesellschaft und umgekehrt, selbst dann, wenn der Organträger die Leistung für nichtunternehmerische Zwecke nutzt,[824] sowie
- Leistungen zwischen verschiedenen Organgesellschaften, gleich an welcher Stelle sie sich im Organkreis befinden, dh auch ohne Über-/Unterordnungsverhältnis zwischen diesen Organgesellschaften.

---

[818] BFH XI R 23/14, DStR 2017, 1987.
[819] Vgl. FG Münster 5 K 3123/15 U, EFG 2017, 1756; OFD Niedersachsen 27.7.2017, MwStR 2017, 682; OFD Frankfurt a. M. 12.7.2017, MwStR 2017, 683.
[820] Vgl. OFD Niedersachsen 27.7.2017, MwStR 2017, 682.
[821] Vgl. EuGH C-162/07, UR 2008, 543; BFH XI R 17/11, BStBl. II 2014, 417; XI R 38/12, BStBl. II 2014, 428 (Vorlagebeschlüsse zum EuGH).
[822] Ausführlich BFH XI R 74/07, BStBl. II 2009, 256.
[823] Vgl. näher Abschn. 18a.1. Abs. 2 und Abschn. 27a.1. Abs. 3 UStAE.
[824] BFH V R 30/06, BStBl. II 2010, 863.

Abweichend von § 14c UStG sind die Leistungen auch dann nicht umsatzsteuerbar, wenn die Organschaftsbeteiligten untereinander innerhalb der Rechnung Umsatzsteuer ausweisen und abrechnen.

342 Für die **Innenumsätze** kann selbstverständlich kein Vorsteuerabzug geltend gemacht werden. Die Organschaft bringt vor allem dann Vorteile, wenn ihre Mitglieder keinen oder einen nur eingeschränkten Vorsteuerabzug genießen und innerhalb des Organkreises andernfalls steuerpflichtige Leistungen erbracht werden. Aus dem Finanzsektor betrifft das insbesondere Banken und Versicherungen, da ihnen aufgrund ihrer umsatzsteuerfreien Ausgangsleistungen der Vorsteuerabzug auf Eingangsleistungen weitgehend verwehrt ist.

343 Erbringen die Mitglieder des Organkreises an nicht zum Organkreis gehörende Dritte Umsätze (sog. **Außenumsätze**), lösen diese selbstverständlich nach den allgemeinen Regeln weiterhin Umsatzsteuer aus. Für Eingangsumsätze von nicht zum Organkreis gehörenden Dritten fällt ebenfalls Umsatzsteuer an. Die Lieferungen und sonstigen Leistungen der Organgesellschaften an andere Empfänger außerhalb des Organkreises bzw. an die Organgesellschaften als Empfänger von außerhalb des Organkreises werden dem Organträger zugeordnet. Ein Vorsteuerabzug ist daher nicht mehr jedem einzelnen Mitglied des Organkreises möglich, sondern wird auf Organträgerebene für den gesamten Organkreis geltend gemacht. Für die Frage des Vorsteuerabzugs sind damit nicht mehr die – dann nicht steuerbaren – Umsätze zwischen den Mitgliedern des Organkreises zu berücksichtigen, sondern nur noch deren Ausgangsumsätze gegenüber Dritten.[825]

344 Vor Begründung einer umsatzsteuerlichen Organschaft sollten auch **potentielle Nachteile** bedacht werden, insbesondere im Hinblick auf Zahlungsschwierigkeiten eines Unternehmens des Organkreises. So bleibt der Organträger als Steuerschuldner selbst dann zur Leistung der Umsatzsteuer aus den Umsätzen der Organgesellschaft verpflichtet, wenn die Organgesellschaft diese Beträge aufgrund von Zahlungsschwierigkeiten nicht ausgleichen kann; der Organträger wird hier verschuldensunabhängig in Anspruch genommen. Im umgekehrten Fall, dass die Mittel des Organträgers für organschaftsbedingte Umsatzsteuerschulden nicht ausreichen, bleibt dem Fiskus die Möglichkeit, auf das Vermögen der Organgesellschaft als Haftendem (§ 73 AO) zuzugreifen.[826]

Überblick über die Rechtsfolgen der umsatzsteuerlichen Organschaft
- Bei Vorliegen der Voraussetzungen der umsatzsteuerlichen Organschaft, treten zwingend deren Rechtsfolgen ein; kein Wahlrecht bezüglich Eintritt/Nichteintritt
- Begrenzung der Organschaft auf inländische Unternehmensteile
- Organgesellschaft(en) und Organträger (Organkreis) verschmelzen zu einem Steuerpflichtigen (= nur ein Unternehmer); Steuerschuldner ist stets der Organträger
- Leistungs- und Lieferbeziehungen innerhalb des Organkreises lösen keine Umsatzsteuer aus
- Reichen die Mittel des Organträgers zur Deckung von Umsatzsteuerschulden nicht aus, kann der Fiskus auf das Vermögen der Organgesellschaft zugreifen

---

[825] Vgl. zB BFH XI R 74/07, BStBl. II 2009, 256; V R 31/03, BStBl. II 2005, 671.
[826] Vgl. *Nieskoven* IWW 2009, 355. Diese Haftung der Organgesellschaft für Steuerschulden des Organträgers beschränkt sich nicht nur auf die Umsatzsteuerschulden, sondern betrifft neben der Gewerbesteuer auch die Körperschaftsteuer und den Solidaritätszuschlag, vgl. FG Düsseldorf 16 K 932/12 H(K), DStRE 2016, 1002.

d) Grenzüberschreitende Organschaft

Die **Wirkung der Organschaft** nach § 2 Abs. 2 Nr. 2 UStG ist auf Innenleistungen zwischen den im Inland gelegenen Unternehmensteilen beschränkt und besteht nicht im Verhältnis zu den im Ausland gelegenen Unternehmensteilen sowie zwischen den im Ausland gelegenen Unternehmensteilen (§ 2 Abs. 2 Nr. 2 Satz 2 UStG). Zwar sind die im Ausland gelegenen Betriebsstätten von Organgesellschaften ihrem jeweiligen Stammhaus im Inland zuzurechnen, sie gehören jedoch nicht zum Unternehmen des Organträgers. Demnach sind Leistungen zwischen den Betriebsstätten auf der einen und dem Organträger oder anderen Organgesellschaften auf der anderen Seite nicht als Innenumsätze zu betrachten.[827]

Für den Fall, dass Unternehmensteile nicht im Inland belegen sind, hat der **EuGH** mit einer Entscheidung vom 18.9.2014 in Bezug auf das schwedische Recht zur umsatzsteuerlichen Organschaft festgehalten, dass Leistungen eines ausländischen Stammhauses an seine in der EU ansässige Betriebsstätte, die dort in eine umsatzsteuerliche Organschaft eingebunden ist, steuerbar und ggf. steuerpflichtig sind, da es sich bei dem Stammhaus und der Organschaft um unterschiedliche Unternehmer handele.[828] Inwieweit diese Grundsätze Auswirkungen auf die umsatzsteuerliche Behandlung von Umsätzen zwischen einer deutschen Gesellschaft und ihrer ausländischen Betriebsstätte haben, wenn entweder die Gesellschaft in Deutschland einem umsatzsteuerlichen Organkreis oder die Betriebsstätte einer ausländischen Organschaft (Mehrwertsteuergruppe) angehört oder beide Teil einer anderen umsatzsteuerlichen Organschaft sind, ist noch nicht abschließend geklärt. Es stellt sich die Frage, inwiefern die Finanzverwaltung, die der Europäischen Kommission Bericht über die Umsetzung des EuGH-Urteils zu erstatten hat, (zumindest für die Zukunft) der Ansicht des EuGH folgen wird und ihre bisherige Auffassung aufgeben wird, dass grenzüberschreitende Leistungen zwischen dem Organträger und seinen Betriebsstätten sowie zwischen der jeweiligen Organgesellschaft und ihren Betriebsstätten, nicht steuerbare Innenumsätze sind.[829] Folgte man der Auffassung des EuGH in Deutschland könnten bei Leistungen zwischen Stammhaus und Betriebsstätten, wenn einer von beiden oder beide Teil einer umsatzsteuerlichen Organschaft sind, weitgehende Verpflichtungen bestehen, die Umsatzsteuer im sog. Reverse-Charge-Verfahren abzuführen.

Ist der **Organträger im Ausland ansässig**, so sind nur die im Inland ansässigen Organgesellschaften des Organträgers und die im Inland gelegenen Betriebsstätten des Organträgers als ein Unternehmen anzusehen. Der wirtschaftlich bedeutendste Unternehmensteil im Inland gilt dabei als Unternehmer (§ 2 Abs. 2 Nr. 2 Satz 4 UStG). Nach Auffassung der Finanzverwaltung kann wirtschaftlich bedeutendster Unternehmensteil lediglich eine im Inland ansässige juristische Person (Organgesellschaft) sein.[830] Bei mehreren Organgesellschaften im Inland kann der wirtschaftlich bedeutendste Unternehmensteil nach der Höhe des Umsatzes bestimmt werden, sofern sich die in Betracht kommenden Finanzämter nicht auf Antrag der

---

[827] Vgl. Abschn. 2.9 Abs. 6 Sätze 7 und 8 UStAE.
[828] Vgl. EuGH C-549/13, NJW 2014, 3769; begründet wird die Entscheidung damit, dass die ausländische Zweigniederlassung durch Aufnahme in die umsatzsteuerliche Organschaft nicht mehr Teil des Unternehmens des inländischen Stammhauses ist, sondern Teil der ausländischen umsatzsteuerlichen Organschaft wird.
[829] Vgl. Abschn. 2.9 Abs. 2 Satz 2 UStAE. Auszunehmen sind davon Warenbewegungen auf Grund eines innergemeinschaftlichen Verbringens, vgl. Abschn. 1a.2 UStAE.
[830] Vgl. Abschn. 2.9 Abs. 7 Satz 3 UStAE.

Organgesellschaften über einen anderen Maßstab verständigen. Sofern der wirtschaftlich bedeutendste Unternehmensteil unklar ist, kann zugelassen werden, dass der im Ausland ansässige Organträger als Bevollmächtigter für den wirtschaftlich bedeutendsten Unternehmensteil dessen steuerliche Pflichten erfüllt.[831]

---

[831] Vgl. Abschn. 2.9 Abs. 7 Satz 3–6 UStAE.

§ 15 Der Ausschluss von Minderheitsaktionären

Bearbeiter: Sebastian Goslar

Übersicht

	Rn.
A. Der aktienrechtliche Squeeze Out	1–65
I. Einleitung	1–6
II. Voraussetzungen des aktienrechtlichen Squeeze Out	7–55
1. Hauptaktionär	7–12
a) Definition	7
b) Ermittlung der Beteiligungshöhe	8–11
c) Maßgebliche Zeitpunkte	12
2. Verlangen	13–16
a) Formale Aspekte und Inhalt des Verlangens	13, 14
b) Rechtsfolgen	15, 16
3. Übertragungsbericht	17–21
a) Form und Zeitpunkt	17–19
b) Inhalt	20, 21
4. Barabfindung	22–32
a) Festlegung durch Hauptaktionär	22–26
b) Prüfung	27–32
5. Gewährleistungserklärung	33–35
6. Hauptversammlungsbeschluss	36–50
a) Vorbereitung der Hauptversammlung	36–41
b) Durchführung der Hauptversammlung	42–46
c) Mängel des Übertragungsbeschlusses	47–50
7. Anmeldung und Eintragung des Übertragungsbeschlusses	51–54
a) Anmeldung	51
b) Negativerklärung	52
c) Freigabeverfahren	53, 54
d) Prüfung der Eintragungsvoraussetzungen	55
III. Rechtsfolgen der Eintragung des Übertragungsbeschlusses	56–65
1. Übergang der Aktien der Minderheitsaktionäre	56–60
a) Eigentumsübergang	56
b) Übertragung der Aktienurkunden	57, 58
c) Minderheitsaktionäre	59
d) Bekanntmachungs- und Mitteilungspflichten	60
2. Sonstige Rechtsfolgen	61–65
a) Auswirkungen auf sonstige Rechte	61, 62
b) Auswirkungen auf anhängige Verfahren	63, 64
c) Auswirkungen auf Börsenhandel und -zulassung	65
B. Der verschmelzungsrechtliche Squeeze Out	66–91
I. Einleitung	66, 67
II. Voraussetzungen des verschmelzungsrechtlichen Squeeze Out	68–87
1. Hauptaktionär	69–70
a) Rechtsform	69
b) Beteiligungsquote	70
2. Verlangen	71, 72

3. Verschmelzungsvertrag........................ 73, 74
4. Übertragungsbericht 75
5. Barabfindung 76
6. Verschmelzungsbericht und -prüfung 77, 78
7. Gewährleistungserklärung 79
8. Hauptversammlungsbeschluss 80–83
   a) Vorbereitung der Hauptversammlung.......... 80
   b) Durchführung der Hauptversammlung 81
   c) Mängel des Übertragungsbeschlusses 82
   d) Keine Verschmelzungsbeschlüsse 83
9. Anmeldung und Eintragung 84–87
   a) Anmeldung und Eintragung des Übertragungs-
      beschlusses 84, 85
   b) Anmeldung und Eintragung der Verschmelzung 86, 87
III. Rechtsfolgen der Eintragung 88–91
1. Aktienübergang und Barabfindungsanspruch 88
2. Sonstige Rechtsfolgen........................... 89–91
   a) Auswirkungen auf sonstige Rechte 89
   b) Auswirkungen auf anhängige Verfahren 90
   c) Auswirkungen auf Börsenhandel und -zulassung 91

C. **Der übernahmerechtliche Squeeze Out** 92, 93

Schrifttum: *Arens* Die Behandlung von bedingten Aktienbezugsrechten beim verschmelzungsrechtlichen Squeeze-out, WM 2014, 682 ff.; *Austmann* Der verschmelzungsrechtliche Squeeze-out nach dem 3. UmwÄndG 2011, NZG 2011, 684 ff.; *Baums* Der Ausschluss von Minderheitsaktionären nach §§ 327a ff. AktG nF; WM 2001, 1843 ff.; *Bungert* Der BGH und der Squeeze Out: Höchstrichterliche Beurteilung der Standardrügen von Anfechtungsklagen, BB 2006, 2761; *Bungert/Wettich* Der neue verschmelzungsspezifische Squeeze-out nach § 62 Abs. 5 UmwG nF, DB 2011, 1500 ff.; *Bungert/Wettich* Der verschmelzungsspezifische Squeeze-out: Neue Gestaltungsmöglichkeiten für die Praxis, DB 2010, 2546 ff.; *Burger* Keine angemessene Abfindung durch Börsenkurse bei Squeeze-out, NZG 2012, 281 ff.; *Dißars/ Kocher* Der Deckungsumfang der Banksicherheit im Squeeze-out-Verfahren, NZG 2004, 856 ff.; *Fleischer/Hüttemann* (Hrsg.) Rechtshandbuch Unternehmensbewertung; *Fleischer/ Schoppe* Squeeze Out und Eigentumsgarantie der Europäischen Menschenrechtskonvention, Der Konzern 2006, 329 ff.; *Friedl* Die Rechte von Bezugsrechtsinhabern beim Squeeze-out im Vergleich zu den Rechten der Minderheitsaktionäre, Der Konzern 2004, 309 ff.; *Fuhrmann/Simon* Der Ausschluss von Minderheitsaktionären – Gestaltungsüberlegungen zur neuen Squeeze-out-Gesetzgebung, WM 2002, 1211 ff; *Gärtner/Handke* Unternehmenswertermittlung im Spruchverfahren – Schrittweiser Abschied vom Meistbegünstigungsprinzip des BGH (DAT/ Altana)?, NZG 2012, 247 ff.; *Göthel* Der verschmelzungsrechtliche Squeeze-out, ZIP 2011, 1541 ff.; *Goslar/Mense* Der umwandlungsrechtliche Squeeze out als neues Gestaltungsmittel für die Praxis, GWR 2011, 275 f.; *Goslar/von der Linden* Grenzen des Rechtsmissbrauchseinwands gegen Gestaltungen beim Squeeze Out, BB 2009, 1986 ff.; *Gurlit* Finanzmarktstabilisierung und Eigentumsgarantie, NZG 2009, 601 ff.; *Habersack* Der Finanzplatz Deutschland und die Rechte der Aktionäre, ZIP 2001, 1230 ff.; *Hachmeister/Ruthardt* Unternehmensbewertung im Spiegel der neueren gesellschaftsrechtlichen Rechtsprechung – Entwicklungen in den Jahren 2012 und 2014, WPg 2014, 894 ff.; *Hofmeister* Der verschmelzungsrechtliche Squeeze-out: Wichtige Aspekte und Besonderheiten der Verschmelzung, NZG 2012, 688 ff.; *Kiefner/Brügel* Der umwandlungsrechtliche Squeeze-out – Verfahren, Einsatzmöglichkeiten, Rechtsschutzfragen, AG 2011, 525 ff.; *Klie/Wind/Rödter* Praxisfragen des umwandlungsrechtlichen Squeeze-Out, DStR 2011, 1668 ff.; *Kocher/Heydel* Aktienrechtlicher Squeeze out: Zeitpunkt des Anteilsbesitzerfordernisses und Möglichkeit eines Bestätigungsbeschlusses, BB 2012, 401 ff.; *König* Kraftloserklärung nicht eingereichter Aktien von Minderheitsaktionären nach einem Squeeze-out, NZG 2006, 606 ff.; *Krieger* Squeeze-out nach neuem Recht: Überblick und Zweifelsfragen, BB 2002, 53 ff.; *Leuering* Die parallele Angemessenheitsprüfung durch den gerichtlich bestellten Prüfer, NZG 2004, 606 ff; *Leyendecker* Irrelevanz des anteiligen Unternehmenswerts zur Ermittlung der Squeeze-out-Abfindung bei Bestehen eines fortdauernden Beherrschungs- und Gewinnabführungsvertrags, NZG 2010, 927; *Lieder/Stange* Squeeze-out: Aktuelle Streit- und Zweifelsfragen, Der Konzern 2008, 617 ff.; *Lutter* Das neue „Gesetz für kleine Aktiengesellschaften und zur Deregulierung des Aktienrechts", AG 1994, 429 ff.; *Markwardt* Squeeze-out: Anfechtungsrisiken in „Missbrauchsfällen", BB 2004, 277 ff.; *Marten/Müller* Squeeze-out-Prüfung, Festschrift Röhricht (2005), 963 ff.; *Mayer* Praxisfragen des verschmelzungsrechtlichen Squeeze-out-Verfahrens, NZG 2012, 561 ff.; *Mertens* Der Auskauf von Minderheitsaktionären in gemeinschaftlich beherrschten Unternehmen, AG 2002, 377 ff.; *Mertens* Zur Geltung des Stand-alone-Prinzips für die Unternehmensbewertung bei der Zusammenführung von Unternehmen, AG 1992, 209 ff.; *Nietsch* Anfechtungsbefugnis und Prozessführungsbefugnis beim Verlust der Aktionärsstellung durch Ausschluss nach § 327a AktG, NZG 2007, 451 ff.; *Neye/Kraft* Neuigkeiten beim Umwandlungsrecht, NZG 2011, 681 ff.; *Packi* Inhaltliche Kontrollmöglichkeiten bei Durchführung des umwandlungsrechtlichen Squeeze-out, ZGR 2012, 777 ff.; *Paschos/Johannsen-Roth* Freigabeverfahren und Bestandsschutz bei aktien- und umwandlungsrechtlichen Strukturmaßnahmen – Kritische Bestandsaufnahme aus Anlass der Einführung eines allgemeinen aktienrechtlichen Freigabeverfahrens (§ 246a AktG) durch das UMAG, NZG 2006, 327 ff.; *Popp* Squeeze-out-Abfindung bei Beherrschungs- und Gewinnabführungsverträgen, AG 2010, 1 ff.; *Rieder* (Kein) Rechtsmissbrauch beim Squeeze-out, ZGR 2009, 981 ff.; *Riegger* Das Schicksal eigener Aktien beim Squeeze-out, DB 2003, 541 ff.; *Riegger* Die Bedeutung des Ausgleichsanspruchs im Unternehmensvertrag für die im Rahmen einer nachfolgenden Strukturmaßnahme zu gewährende Kompensation, Festschrift Priester (2007), 661 ff.; *Ruthardt/Hachmeister* Börsenkurs und/oder Ertragswert in Squeeze Out Fällen – Der Fall Hoechst-AG, NZG 2014, 455 ff.; *Schockenhoff/Lumpp* Der verschmelzungsrechtliche Squeeze Out in der Praxis, ZIP 2013, 749 ff.; *Schröder/Wirsch* Formwechsel und anschließender Squeeze-out, ZGR 2012, 660 ff.; *Schüppen* Übernahmegesetz ante portas!, WPg 2001, 958 ff.; *Simon/Merkelbach* Das dritte Gesetz zur Änderung des UmwG DB 2011, 1317 ff.; *Stilz* Unternehmensbewertung und angemessene Abfindung – Zur vorrangigen Maßgeblichkeit des Börsenkurses, Festschrift Goette (2011), 529 ff.; *Süßmann* Die Behandlung von Options- und Wandelrechten in den einzelnen Squeeze-out-Verfahren, AG 2013, 158 ff.; *Tebben* Ausgleichszahlungen bei Aktienübergang, AG 2003, 600 ff.; *Vossius* Squeeze-out – Checklisten für Beschlussfassung und Durchführung, ZIP 2002, 511 ff.; *Vossius* Unternehmensvertrag und Umwandlung, FS Widmann (2002), 133 ff.; *Wagner* Der Entwurf für ein drittes Gesetz zur Änderung des Umwandlungsgesetzes, DStR 2010, 1629 ff.; *Weißhaupt/Özdemir* Gutglaubenserwerb von (Inhaber-)Aktien nach Squeeze out?, ZIP 2007, 2110 ff.; *Wilsing/Kruse* Zur Behandlung bedingter Aktienbezugsrechte beim Squeeze-out, ZIP 2002, 1465 ff.; *Ziemons* Options- und Wandlungsrechte bei Squeeze out und Eingliederung, Festschrift Karsten Schmidt (2009), 1777 ff.

A. Der aktienrechtliche Squeeze Out

I. Einleitung

Im Jahr 2002 hat der Gesetzgeber mit den §§ 327a ff. AktG erstmals die Möglichkeit geschaffen, eine Aktionärsminderheit gegen ihren Willen aus einer AG oder einer KGaA ausschließlich gegen Gewährung einer Barabfindung und unabhängig von der Rechtsform des Hauptaktionärs auszuschließen. Mit diesen den Regeln über die **Mehrheitseingliederung** nachgebildeten Normen reagierte der Gesetzgeber auf Bedürfnisse der Wirtschaft, aus deren Sicht die Beteiligung von Minderheitsaktionären häufig nur noch einen kostspieligen Formalaufwand darstellt und die Umsetzung notwendiger Umstrukturierungsmaßnahmen erschwert oder gar

§ 15 2–5   Der Ausschluss von Minderheitsaktionären

verhindert.[1] Zu denken ist hier insbesondere an die Kosten und Risiken öffentlicher Hauptversammlungen sowie die im Falle einer Börsennotierung bestehenden, regelmäßig einen erheblichen Aufwand verursachenden Zulassungsfolgepflichten. Der häufig – eigentlich zu Unrecht[2] – (aktienrechtlicher) **Squeeze Out** genannte aktienrechtliche Minderheitsausschluss hat sich seit seiner Einführung aus Sicht der Wirtschaft zu einer Erfolgsgeschichte entwickelt. Seit 2002 wurden bei weit über 400 Gesellschaften Minderheitsaktionäre ausgeschlossen.[3]

2   Auch wenn die §§ 327a ff. AktG als Bestandteil des „Gesetzes zur Regelung von öffentlichen Angeboten zum Erwerb von Wertpapieren und von Unternehmensübernahmen"[4] eingeführt wurden, sind diese nicht dem Kapitalmarktrecht, sondern dem **Gesellschaftsrecht** zuzuordnen. Insbesondere ist der Anwendungsbereich der §§ 327a ff. AktG **nicht auf börsennotierte Gesellschaften beschränkt**.[5] Ferner ist es nicht erforderlich, den Minderheitsaktionären vor dem Zwangsausschluss ein öffentliches Angebot zum Erwerb ihrer Aktien zu unterbreiten.

3   Durch einen aktienrechtlichen Squeeze Out wird der konzernrechtliche Status der betroffenen Gesellschaft nicht berührt. Sofern der Hauptaktionär als Unternehmen iSd §§ 15 ff. AktG zu qualifizieren ist, verbleibt es bei einem zwischen diesem und der betroffenen Gesellschaft bestehenden faktischen Konzern bzw., bei bestehendem Unternehmensvertrag, Vertragskonzern.[6] Vor diesem Hintergrund ist der rechtssystematische Standort der §§ 327a ff. AktG fragwürdig.[7] Zu erklären ist er einzig damit, dass sich die Normen über den aktienrechtlichen Squeeze Out eng an die Regeln über die (Mehrheits-)Eingliederung (§§ 319 ff. AktG) anlehnen.

4   Anlässlich der Rettung finanziell notleidender Banken während der Finanzkrise hat der Gesetzgeber mit § 12 Abs. 4 FMStBG eine Ausnahmevorschrift geschaffen, nach der im Falle eines aktienrechtlichen Squeeze Out durch den Finanzmarktstabilisierungsfonds (SoFFin) im Zusammenhang mit der Gewährung von Stabilisierungsmaßnahmen zum Zwecke der Stabilisierung des Finanzmarktes einige Besonderheiten gegenüber den §§ 327a ff. AktG gelten. Diese werden nachstehend jeweils im Zusammenhang mit der Erläuterung der jeweiligen Tatbestandsvoraussetzung dargestellt. Bislang wurde auf Grundlage des § 12 Abs. 4 FMStBG lediglich der aktienrechtliche Squeeze Out bei der Hypo Real Estate Holding AG durchgeführt.[8]

5   Die **Verfassungsmäßigkeit** der §§ 327a ff. AktG ist bereits seit längerer Zeit durch das Bundesverfassungsgericht geklärt.[9] Die Regeln über den aktienrechtlichen Squeeze Out stellen keine Enteignungsregelung iSd Art. 14 Abs. 3 GG, sondern lediglich eine Inhalts- und Schrankenbestimmung iSd Art. 14 Abs. 1 Satz 2 GG dar

---

[1] Vgl. Begr. RegE BT-Drs. 14/7034, 31 f.; diese Erwägungen wurden vom BVerfG gebilligt, BVerfG 1 BvR 390/04, NZG 2007, 587 (589).
[2] Großkomm. AktG/*Fleischer* Vor §§ 327a–f Rn. 4 weist zu Recht darauf hin, dass man in den USA als „Squeeze Out" meist das faktische Hinausdrängen einer Minderheit bezeichnet, wohingegen der juristisch-technische Ausschluss als „Freeze Out" bezeichnet wird.
[3] *Schockenhoff/Lumpp* ZIP 2013, 749.
[4] BGBl. 2001 I 3822.
[5] Kritisch Großkomm. AktG/*Fleischer* Vor §§ 327a–f Rn. 13 mwN.
[6] MHdB GesR IV/*Austmann* § 74 Rn. 2.
[7] *Hüffer/Koch* AktG § 327a Rn. 5; Kölner Komm./*Koppensteiner* Vor § 327a Rn. 3.
[8] Vgl. zu diesem Fall die Entscheidung des OLG München 7 U 711/11, NZG 2011, 1227.
[9] BVerfG 1 BvR 390/04, NZG 2007, 587; außerdem BVerfG 1 BvR 861/06, WM 2007, 1884; 1 BvR 2984/06, AG 2008, 27; zuvor schon ganz hM, vgl. *Emmerich/Habersack* AktG § 327a Rn. 7 mwN in Fn. 28.

A. Der aktienrechtliche Squeeze Out 6, 7 § 15

und genügen den insoweit geltenden Anforderungen an die Verhältnismäßigkeit und die Gewährung effektiven Rechtsschutzes. Dies gilt ebenfalls für den aktienrechtlichen Squeeze Out in der besonderen Ausprägung des § 12 Abs. 4 FMStBG.[10] Schließlich stehen die §§ 327aff. AktG in Einklang mit der Eigentumsgarantie der Europäischen Menschenrechtskonvention.[11]

Als Alternativen zum aktienrechtlichen Squeeze Out kommen, neben den möglicherweise einschlägigen anderen Formen des Squeeze Out, zum einen die **Mehrheitseingliederung** nach § 320 AktG oder die **Verschmelzung** nach dem UmwG in Betracht. Beide Varianten haben aber aus Sicht des Hauptaktionärs den Nachteil, dass sich die Beteiligung der Aktionärsminderheit grundsätzlich an der Hauptgesellschaft bzw. dem übernehmenden Rechtsträger fortsetzt. Ferner steht die Mehrheitseingliederung nur Hauptgesellschaften in der Rechtsform einer deutschen Aktiengesellschaft offen, wohingegen die §§ 327aff. AktG jedem Aktionär zur Verfügung stehen, der über das erforderliche Anteilsquorum verfügt. Zum anderen kann ein dem Minderheitsausschluss vergleichbarer wirtschaftlicher Effekt mittels einer sog. **übertragenden Auflösung**, dh einer Vermögensübertragung iSd § 179a AktG unter gleichzeitiger oder anschließender Liquidation der übertragenden Gesellschaft, erreicht werden. Neben möglichen negativen steuerlichen Konsequenzen hat diese Gestaltung aber den Nachteil, dass die Angemessenheit der iRd Vermögensübertragung gezahlten Gegenleistung von den Minderheitsaktionären mit der Anfechtungsklage angegriffen und somit zumindest zu einer längeren Verzögerung der Transaktion genutzt werden kann. Außerdem ist die Liquidation aufgrund der einjährigen Verteilungssperre (§ 272 Abs. 1 AktG) unattraktiv.

II. Voraussetzungen des aktienrechtlichen Squeeze Out

1. Hauptaktionär

a) Definition

§ 327a Abs. 1 Satz 1 AktG definiert als **Hauptaktionär** einen Aktionär, dem Aktien der Gesellschaft in Höhe von mindestens 95% gehören. Im Sonderfall des Squeeze Out nach dem FMStBG genügt ein Mindestanteilsbesitz von 90% (§ 12 Abs. 4 Satz 1 FMStBG). Weitere Voraussetzungen für die Qualifikation als Hauptaktionär enthält das Gesetz nicht, so dass **jede in- oder ausländische rechtsfähige natürliche, teilrechtsfähige oder juristische Person, die Rechte innehaben kann**, als Hauptaktionär in Betracht kommt.[12] Dies gilt nach der Anerkennung ihrer Teilrechtsfähigkeit durch den BGH[13] auch für die Gesellschaft bürgerlichen Rechts, sofern die Aktien Bestandteil ihres Gesamthandsvermögens sind oder ihr nach § 327a Abs. 2 iVm § 16 Abs. 2 und 4 AktG zugerechnet werden. Bloße Stimmrechtskonsortien oder sonstige Innengesellschaften, bei denen die Aktien im Eigentum der Gesellschafter verbleiben, sind hingegen kein tauglicher Hauptaktionär.[14] Erbengemeinschaft (§ 2032 BGB) und Gütergemeinschaft (§ 1419

---

[10] OLG München 7 U 711/11, NZG 2011, 1227; vgl. zur verfassungsrechtlichen Problematik in diesem Sonderfall *Gurlit* NZG 2009, 601.
[11] MHdB GesR IV/*Austmann* § 74 Rn. 9; *Fleischer/Schoppe* Der Konzern 2006, 329 (332 ff.).
[12] MHdB GesR IV/*Austmann* § 74 Rn. 18; Schmidt/Lutter/*Schnorbus* AktG § 327a Rn. 4.
[13] BGH II ZR 331/00, BGHZ 146, 341.
[14] MHdB GesR IV/*Austmann* § 74 Rn. 18; Schmidt/Lutter/*Schnorbus* AktG § 327a Rn. 4.

BGB) wiederum sind nach zutreffender hM mögliche Hauptaktionäre.[15] Die **Unternehmenseigenschaft** iSd §§ 15 ff. AktG ist **keine Voraussetzung**, um einen Aktionär als Hauptaktionär qualifizieren zu können.[16] Die in § 327a Abs. 2 AktG angeordnete Anwendbarkeit der Zurechnungsvorschrift des § 16 Abs. 4 AktG hat zur Folge, dass es mehr als nur einen Aktionär geben kann, dem mindestens 95% der Aktien gehören. Neben dem in der Praxis sehr häufig anzutreffenden Fall, dass eine oder mehrere Tochtergesellschaften einer Konzernobergesellschaft die Aktien unmittelbar halten und diese somit sowohl der bzw. den Tochtergesellschaften (unmittelbar) als auch (mittelbar über § 327a Abs. 2 iVm § 16 Abs. 4 AktG) der Konzernobergesellschaft „gehören", ist hier ua auch an die Fälle der gemeinsamen Beherrschung durch mehrere Aktionäre zu denken.[17] Da das Ausschlussverfahren stets nur durch einen (unmittelbaren oder mittelbaren) Aktionär betrieben werden kann, ist in solchen Fällen als Hauptaktionär derjenige zu qualifizieren, der das Verlangen isd § 327a Abs. 1 Satz 1 AktG stellt (zum Verlangen Rn. 13 ff.).

b) Ermittlung der Beteiligungshöhe

8   **aa) Maßgeblicher Referenzwert.** Gemäß § 327a Abs. 2 iVm § 16 Abs. 2 Satz 1 AktG berechnet sich die erforderliche Mindestbeteiligung von 95% bei – sehr selten gewordenen – Nennbetragsaktien nach dem Verhältnis des Gesamtnennbetrags der dem (mutmaßlichen) Hauptaktionär gehörenden bzw. ihm über § 16 Abs. 4 AktG zuzurechnenden Aktien zum Nennkapital. Bei Stückaktien berechnet sie sich nach der Zahl der Aktien im Verhältnis zur Gesamtzahl aller ausgegebenen Aktien. Eigene Aktien sind dabei nach § 16 Abs. 2 Satz 2 AktG abzusetzen. Maßgeblich ist grundsätzlich die **im Handelsregister eingetragene Grundkapitalziffer**.[18] Nicht ausgenutzte genehmigte oder bedingte Kapitalia bleiben folglich außer Betracht, und zwar auch dann, wenn sie zur Bedienung bereits ausgegebener Schuldverschreibungen oder Aktienoptionen dienen.[19] Allerdings ist zu beachten, dass sich beim bedingten Kapital das Grundkapital bereits mit der Ausgabe der Bezugsaktien erhöht und die Handelsregistereintragung bloß deklaratorische Wirkung hat (§§ 200, 201 AktG). Ein Hauptaktionär wird bestehende Kapitalia und zum Bezug von Aktien berechtigende Rechte somit iRd Vorbereitung berücksichtigen müssen, um ein mögliches verfrühtes und damit den Squeeze Out hinderndes Unterschreiten des 95%-Quorums zu verhindern (zum maßgeblichen Zeitpunkt für den Mindestanteilsbesitz Rn. 12). Entsprechendes gilt bei der durch die Satzung angeordneten Zwangseinziehung (§ 238 Satz 2 AktG) und der durch Hauptversammlungsbeschluss zugelassenen Einziehung eigener Aktien (§ 71 Abs. 1 Nr. 8 Satz 4 AktG), da auch in diesen Fällen die Veränderung der Grundkapitalziffer bereits vor der deklaratorischen Handelsregistereintragung mit Abschluss der Einziehungshandlung eintritt. Da das Gesetz allein auf die Kapitalmehrheit abstellt und nicht – zusätzlich – eine Stimmrechtsmehrheit von 95% fordert, sind stimmrechtslose Vorzugsaktien ggf. bei der Ermittlung der

---

[15] *Hüffer/Koch* AktG § 327a Rn. 10; *Hölters/Müller-Michaels* AktG § 327a Rn. 5; Schmidt/Lutter/*Schnorbus* AktG § 327a Rn. 4; Spindler/Stilz/*Singhof* AktG § 327a Rn. 15.
[16] *Hüffer/Koch* AktG § 327a Rn. 10; *Hölters/Müller-Michaels* AktG § 327a Rn. 5; Spindler/Stilz/*Singhof* AktG § 327a Rn. 15; MHdB GesR IV/*Austmann* § 74 Rn. 18.
[17] Vgl. zur mehrfachen Abhängigkeit *Emmerich/Habersack* AktG § 17 Rn. 28 ff.
[18] *Hölters/Müller-Michaels* AktG § 327a Rn. 8; *Hüffer/Koch* AktG § 327a Rn. 17; Spindler/Stilz/*Singhof* AktG § 327a Rn. 16; MHdB GesR IV/*Austmann* § 74 Rn. 24.
[19] MünchKomm. AktG/Bd. 5/*Grunewald* § 327a Rn. 6; *Hölters/Müller-Michaels* AktG § 327a Rn. 8; *Hüffer/Koch* AktG § 327a Rn. 17; Spindler/Stilz/*Singhof* AktG § 327a Rn. 16; MHdB GesR IV/*Austmann* § 74 Rn. 24.

Beteiligungsquote ebenso vollumfänglich zu berücksichtigen wie solche Aktien, aus denen Stimmrechte gem. § 20 Abs. 7 AktG, 28 WpHG oder § 59 WpÜG wegen einer Verletzung von Mitteilungspflichten nicht ausgeübt werden können.[20] **Eigene Aktien** der Gesellschaft werden für Zwecke der Ermittlung der Mindestbeteiligung gem. § 327a Abs. 2 iVm § 16 Abs. 2 Satz 2 AktG vom Grundkapital bzw. der Gesamtzahl aller ausgegebenen Aktien **abgesetzt**. Sie werden dem Hauptaktionär daher auch nicht zugerechnet, obwohl die Gesellschaft vom Hauptaktionär nach § 17 Abs. 2 AktG abhängig ist und somit der Tatbestand des § 16 Abs. 4 AktG eigentlich erfüllt ist. Andernfalls käme es zu einer ungerechtfertigten doppelten Privilegierung des Hauptaktionärs.[21] Ebenfalls abgesetzt werden Aktien, die einem anderen für Rechnung der Gesellschaft gehören (§ 16 Abs. 2 Satz 3 AktG). Entgegen einem beträchtlichen Teil der Literatur[22] sind schließlich auch solche Aktien abzusetzen, die einem von der Gesellschaft abhängigen Unternehmen oder einem Dritten für Rechnung eines von der Gesellschaft abhängigen Unternehmens gehören.[23] Zwar steht dies nicht im Einklang mit dem Wortlaut des § 16 Abs. 2 AktG, wohl aber mit der Wertung der §§ 71b, 71d Satz 2 und 3 AktG, die auch in diesen Fällen eine Zurechnung zur Gesellschaft vorsehen. Daher ist eine Analogie zu §§ 16 Abs. 4, 71d Satz 3 AktG gerechtfertigt.

bb) Anteilszurechnung. Für die Ermittlung der Beteiligungsquote des **10** Hauptaktionärs sind zunächst diejenigen Aktien der Gesellschaft zu berücksichtigen, die dem Hauptaktionär selbst gehören, dh die in seinem **Eigentum** stehen. Eine etwaige **Verpfändung** solcher Aktien ist **unschädlich**, da sie nichts an der Vollrechtsinhaberschaft des Hauptaktionärs ändert.[24] Inhaber des Vollrechts an den Aktien ist auch derjenige, der dieses – ggf. nur vorübergehend – mittels einer sog. **Wertpapierleihe** erworben hat, so dass auch entliehene Aktien dem Hauptaktionär iSd § 327a Abs. 1 Satz 1 gehören.[25] Entsprechendes gilt zB für den Sicherungseigentümer oder den Treuhänder.[26] Art und Weise des Anteilserwerbs sind unerheblich. Etwaige Missbrauchserwägungen spielen für die Beurteilung der Beteiligungshöhe keine Rolle, sondern sind allenfalls iRd möglichen Anfechtbarkeit des Hauptversammlungsbeschlusses zu berücksichtigen (Rn. 47 ff.).[27] Umgekehrt gehören Aktien, hinsichtlich derer lediglich ein schuldrechtlicher Übereignungsanspruch besteht oder deren Übereignung unter einer noch nicht eingetretenen Bedingung steht, dem Hauptaktionär (noch) nicht und sind daher bei der Ermittlung seiner Beteiligungsquote nicht in Ansatz zu bringen.[28]

Neben den in seinem Eigentum stehenden Aktien sind zugunsten des Hauptaktionärs bei der Berechnung seiner Beteiligungsquote gem. § 327a Abs. 2 iVm § 16 **11**

---

[20] Hölters/*Müller-Michaels* AktG § 327a Rn. 9; MHdB GesR IV/*Austmann* § 74 Rn. 16.
[21] MHdB GesR IV/*Austmann* § 74 Rn. 22; *Riegger* DB 2003, 541 (543).
[22] Kölner Komm./*Koppensteiner* § 16 Rn. 25; Großkomm. AktG/*Windbichler* § 16 Rn. 13; MHdB GesR IV/*Austmann* § 68 Rn. 24 und § 74 Rn. 23.
[23] MünchKomm. AktG/Bd. 1/*Bayer* § 16 Rn. 34; *Hüffer/Koch* AktG § 16 Rn. 9; Spindler/Stilz/*Schall* AktG § 16 Rn. 15; Schmidt/Lutter/*Vetter* AktG § 16 Rn. 10.
[24] OLG München 7 W 1775/08, NZG 2009, 506 (508); *Hüffer/Koch* AktG § 327a Rn. 15; Hölters/*Müller-Michaels* AktG § 327a Rn. 8; Spindler/Stilz/*Singhof* AktG § 327a Rn. 16.
[25] BGH II ZR 302/06, BGHZ 180, 154; Großkomm. AktG/*Fleischer* § 327a Rn. 36; *Hüffer/Koch* AktG § 327a Rn. 15; Hölters/*Müller-Michaels* AktG § 327a Rn. 9; Spindler/Stilz/*Singhof* AktG § 327a Rn. 16.
[26] MHdB GesR IV/*Austmann* § 74 Rn. 16.
[27] MünchKomm. AktG/Bd. 5/*Grunewald* § 327a Rn. 8; *Hüffer/Koch* AktG § 327a Rn. 15.
[28] MünchKomm. AktG/Bd. 5/*Grunewald* § 327a Rn. 6; Spindler/Stilz/*Singhof* AktG § 327a Rn. 16.

Abs. 4 AktG auch solche Aktien zu berücksichtigen, die einem von ihm abhängigen Unternehmen, einem anderen für seine Rechnung oder einem anderen für Rechnung eines vom Hauptaktionär abhängigen Unternehmens gehören. Ist der Hauptaktionär ein Einzelkaufmann, sind ferner auch solche Aktien zu berücksichtigen, die dieser in seinem Privatvermögen hält. Von hoher praktischer Relevanz ist, dass § 16 Abs. 4 AktG eine **vollständige** und nicht lediglich der jeweiligen Anteilsquote des Hauptaktionärs an einem abhängigen Unternehmen entsprechende Zurechnung vorsieht.[29] Durch die Möglichkeit der **Zurechnung** von Aktien soll das oftmals aufwändige, wirtschaftlich aber unsinnige Umhängen von Beteiligungen entbehrlich gemacht werden.[30] Aus ebendiesem Grund ist es auch nicht erforderlich, dass der Hauptaktionär selbst geringfügig oder gar nur mit einer Aktie an der Gesellschaft beteiligt ist. Vielmehr kann die Eigenschaft als Hauptaktionär auch vollständig und ausschließlich durch Zurechnung begründet werden.[31] Zwar spricht § 327a Abs. 1 AktG vom „Aktionär" und auch der Wortlaut des § 16 Abs. 4 AktG könnte auf eine erforderliche Personenverschiedenheit hindeuten, doch ändert diese Wortlautbetrachtung nichts daran, dass es bloßer Formalismus wäre, die Übertragung einer oder weniger Aktien auf den Hauptaktionär zu verlangen. Durch die angeordnete Geltung von § 16 Abs. 4 AktG unterscheidet sich der aktienrechtliche Squeeze Out von der Eingliederung als seinem regelungstechnischen Vorbild. Dies ist damit zu begründen, dass die Eingliederung anders als der Squeeze Out Konzernleitungsmacht verleiht, die nur dann gerechtfertigt ist, wenn es keinerlei Minderheitsaktionäre gibt (vgl. § 327 Abs. 1 Nr. 3 AktG). Daher besteht bei der Eingliederung ein größeres Bedürfnis danach, Unklarheiten hinsichtlich der Aktionärsstruktur zu vermeiden.[32]

c) Maßgebliche Zeitpunkte

12 Dem Hauptaktionär müssen iSe doppelten Stichtagslösung **sowohl im Zeitpunkt des Zugangs des Verlangens** beim Vorstand **als auch**, weil es sich um eine materielle Beschlussvoraussetzung handelt,[33] **im Zeitpunkt der Beschlussfassung** der Hauptversammlung Aktien in Höhe von min. 95% gehören.[34] Nur wenn das Quorum bereits bei Zugang des Verlangens vorliegt, ist es sachgerecht, den Vorstand zur Einberufung einer Hauptversammlung sowie dazu zu verpflichten,

---

[29] OLG Hamburg 11 U 45/03, NZG 2003, 978 (979 f.); Hölters/*Müller-Michaels* AktG § 327a Rn. 11; Spindler/Stilz/*Singhof* AktG § 327a Rn. 17; MHdB GesR IV/*Austmann* § 74 Rn. 19.
[30] Begr. RegE BT-Drs. 14/7034, 72.
[31] OLG Köln 18 W 35/03, AG 2004, 39 (41); OLG Stuttgart 20 W 12/08, AG 2009, 204 (207); Großkomm. AktG/*Fleischer* § 327a Rn. 52; Hüffer/Koch AktG § 327a Rn. 18; Kölner Komm./*Koppensteiner* § 327a Rn. 7; Hölters/*Müller-Michaels* AktG § 327a Rn. 12; Spindler/Stilz/*Singhof* AktG § 327a Rn. 17; MHdB GesR IV/*Austmann* § 74 Rn. 20; aA MünchKomm. AktG/Bd. 5/*Grunewald* § 327a Rn. 7; Emmerich/Habersack AktG § 327a Rn. 17; *Markwardt* BB 2004, 277 (278).
[32] MünchKomm. AktG/Bd. 5/*Grunewald* § 327a Rn. 6; *Hüffer/Koch* AktG § 327a Rn. 18; Spindler/Stilz/*Singhof* AktG § 327a Rn. 17.
[33] Spindler/Stilz/*Singhof* AktG § 327a Rn. 19.
[34] BGH II ZR 229/09, BGHZ 189, 32; *Hüffer/Koch* AktG § 327a Rn. 11; Hölters/*Müller-Michaels* AktG § 327a Rn. 13; MHdB GesR IV/*Austmann* § 74 Rn. 26 f.; aA MünchKomm. AktG/Bd. 5/*Grunewald* § 327a Rn. 9; *Kocher/Heydel* BB 2012, 401 (402 ff.) (nur im Zeitpunkt des HV-Beschlusses); Spindler/Stilz/*Singhof* AktG § 327a Rn. 18 (wenn mit Erreichen des Mindestanteilsbesitzes alsbald zu rechnen ist), ähnlich Großkomm. AktG/*Fleischer* § 327a Rn. 20.

alle für die Ermittlung der Höhe der Barabfindung erforderlichen Unterlagen zur Verfügung zu stellen und Auskünfte zu erteilen (§ 327b Abs. 1 Satz 2 AktG). Es ist hingegen nicht erforderlich, dass der Hauptaktionär seine Anteilsquote bis zur Anmeldung des Übertragungsbeschlusses oder gar bis zu dessen Eintragung in das Handelsregister aufrechterhält.[35] Neben dem Umstand, dass das Gesetz ein solches Erfordernis nicht statuiert und der Registerrichter die Beteiligungsverhältnisse somit nicht prüft (und auch kaum prüfen kann), wäre nicht zu erklären, wieso es dem Hauptaktionär erlaubt sein sollte, seine Beteiligung unmittelbar nach der Handelsregistereintragung zu reduzieren, vorher aber nicht.[36] Der Hauptaktionär ist folglich berechtigt, seine Beteiligungsquote unmittelbar nach gefasstem Übertragungsbeschluss zu reduzieren.

2. Verlangen

a) Formale Aspekte und Inhalt des Verlangens

Das Verlangen iSd § 327a Abs. 1 Satz 1 AktG ist ein **einseitiges, korporationsrechtliches Rechtsgeschäft**,[37] welches mit Zugang bei mindestens einem Vorstandsmitglied der Gesellschaft wirksam wird (analog § 78 Abs. 2 Satz 2 AktG).[38] Es leitet das Ausschlussverfahren ein und ist darauf gerichtet, dass die Hauptversammlung die Übertragung der Aktien der Minderheitsaktionäre auf den Hauptaktionär gegen Gewährung einer angemessenen Barabfindung beschließt. Das Gesetz verlangt für das Verlangen **keine besondere Form**, so dass es auch mündlich oder konkludent gestellt werden kann.[39] Da aber sämtliche Rechte und Pflichten des Hauptaktionärs sowie der Gesellschaft im Ausschlussverfahren von einem rechtswirksamen Verlangen abhängig sind, ist es schon aus Beweisgründen unbedingt angezeigt, das Verlangen in Schrift- oder zumindest in Textform zu stellen.[40] Der Hauptaktionär ist nur dann berechtigt, ein Verlangen zu stellen, wenn er die Rechte aus den ihm gehörenden bzw. zuzurechnenden Aktien auch ausüben darf. Ein **Rechtsverlust** nach § 20 Abs. 7 AktG, § 28 WpHG oder § 59 WpÜG **steht** somit einem wirksamen **Verlangen entgegen**.[41] Einen bestimmten Zeitpunkt für ein Verlangen schreibt das Gesetz nicht vor. Der Hauptaktionär kann es also grds. **jederzeit** nach Erwerb der erforderlichen Kapitalmehrheit **gestellt** werden.[42] Es kann schließlich ebenfalls jederzeit **bis zum Übertragungsbeschluss widerru-**

---

[35] OLG München 7 W 1775/08, NZG 2009, 506; MünchKomm. AktG/Bd. 5/*Grunewald* § 327a Rn. 9; Großkomm. AktG/*Fleischer* § 327a Rn. 21; Kölner Komm./*Koppensteiner* AktG § 327a Rn. 11; Hölters/*Müller-Michaels* AktG § 327a Rn. 13; Schmidt/Lutter/*Schnorbus* § 327a Rn. 15; aA *Emmerich/Habersack* AktG § 327a Rn. 18; Spindler/Stilz/*Singhof* AktG § 327a Rn. 18; MHdB GesR IV/*Austmann* § 74 Rn. 28.

[36] Großkomm. AktG/*Fleischer* § 327a Rn. 21.

[37] *Hüffer/Koch* AktG § 327a Rn. 11; Hölters/*Müller-Michaels* AktG § 327a Rn. 14; Schmidt/Lutter/*Schnorbus* AktG § 327a Rn. 16.

[38] *Hüffer/Koch* AktG § 327a Rn. 11; Hölters/*Müller-Michaels* AktG § 327a Rn. 14; Schmidt/Lutter/*Schnorbus* AktG § 327a Rn. 16; MHdB GesR IV/*Austmann* § 74 Rn. 33.

[39] *Hüffer/Koch* AktG § 327a Rn. 11; Spindler/Stilz/*Singhof* § 327a Rn. 19; MHdB GesR IV/*Austmann* § 74 Rn. 32; Muster bei BeckFormB M&A/*Seibt* M.III.3.

[40] Spindler/Stilz/*Singhof* AktG § 327a Rn. 19; MHdB GesR IV/*Austmann* § 74 Rn. 32.

[41] OLG Köln 18 W 35/03, Der Konzern 2004, 30 (32); LG Bonn 11 O 35/03, Der Konzern 2004, 491 (494); Großkomm. AktG/*Fleischer* § 327a Rn. 56; Schmidt/Lutter/*Schnorbus* AktG § 327a Rn. 16; MHdB GesR IV/*Austmann* § 74 Rn. 32.

[42] Hölters/*Müller-Michaels* AktG § 327a Rn. 14; Spindler/Stilz/*Singhof* AktG § 327a Rn. 19.

fen werden.⁴³ Soweit teilweise eine Widerruflichkeit nur bis zur Bekanntgabe der Tagesordnung angenommen wird,⁴⁴ spricht dagegen, dass es dem Hauptaktionär freisteht, in der Hauptversammlung gegen den Ausschluss der Minderheitsaktionäre zu stimmen, so dass es bloßer Formalismus wäre, trotzdem eine Beschlussfassung herbeizuführen. Unter Umständen kann aber eine Pflicht des Hauptaktionärs bestehen, der Gesellschaft bereits gemachte Aufwendungen zu ersetzen.⁴⁵

14 Inhaltlich muss sich aus dem Verlangen lediglich ergeben, dass der Hauptaktionär eine Beschlussfassung über den Ausschluss der Minderheitsaktionäre begehrt. Um dem Vorstand die Prüfung zu ermöglichen, ob die Voraussetzungen für die Einleitung eines Ausschlussverfahrens erfüllt sind, werden dem Verlangen üblicherweise Nachweise über die Mindestbeteiligung in Form von Depotauszügen sowie über die Vertretungsberechtigung der Unterzeichner beigefügt. Entgegen einer starken Ansicht in der Literatur⁴⁶ ist es **nicht erforderlich, im Verlangen** bereits die **Höhe der Barabfindung festzulegen**.⁴⁷ Dagegen spricht, dass erst das Verlangen die Pflicht des Vorstands zur Bereitstellung der erforderlichen Informationen für die Unternehmensbewertung begründet, an deren Ende erst die Festlegung der Barabfindung stehen kann. Die Praxis löst diese bisher ungeklärte Rechtsfrage regelmäßig dadurch, dass in einem ersten, abstrakten Verlangen mitgeteilt wird, dass der Vorstand alle Vorbereitungen für die Beschlussfassung nach § 327a Abs. 1 Satz 1 AktG treffen und gem. § 327b Abs. 1 Satz 2 AktG Informationen zur Verfügung stellen sowie Auskünfte erteilen solle. In einem zweiten, konkretisierten Verlangen nach Abschluss der Unternehmensbewertung wird dann die Höhe der Barabfindung mitgeteilt und die tatsächliche Einberufung einer Hauptversammlung bzw. die Ergänzung der Tagesordnung einer ohnehin anstehenden Hauptversammlung gefordert.

b) Rechtsfolgen

15 Ein ordnungsgemäßes Verlangen **verpflichtet** den **Vorstand** entgegen seiner sonstigen Pflicht zur Verschwiegenheit nach § 327b Abs. 1 Satz 2AktG zunächst, dem Hauptaktionär **alle für die Festlegung der Barabfindung notwendigen Unterlagen zur Verfügung zu stellen und Auskünfte zu erteilen**. Ferner verpflichtet es ihn, in Ausnahme von seiner allgemeinen Weisungsfreiheit (§§ 76, 311 AktG), unverzüglich die **Einberufung einer Hauptversammlung in die Wege** zu leiten, in der über den Minderheitsausschluss beschlossen wird. Steht in absehbarer Zeit ohnehin eine Hauptversammlung an, ist der Vorstand berechtigt, von der Einberufung einer außerordentlichen Hauptversammlung abzusehen und stattdessen den Übertragungsbeschluss auf die Tagesordnung der bereits geplanten Hauptversammlung zu setzen.⁴⁸ Eine Pflicht zur tatsächlichen Einberufung der Hauptversammlung entsteht für den Vorstand erst, wenn der Hauptaktionär die in seinen Verantwortungsbereich fallenden, ab der Einberufung zugänglich zu machenden Unterlagen (vgl. § 327c Abs. 3 AktG) sowie die Gewährleistungserklärung

---

⁴³ MHdB GesR IV/*Austmann* § 74 Rn. 38.
⁴⁴ Schmidt/Lutter/*Schnorbus* AktG § 327a Rn. 16.
⁴⁵ MHdB GesR IV/*Austmann* § 74 Rn. 38.
⁴⁶ Großkomm. AktG/*Fleischer* § 327a Rn. 58; *Emmerich/Habersack* AktG § 327b Rn. 4; Kölner Komm./*Koppensteiner* § 327a Rn. 14.
⁴⁷ *Hüffer/Koch* AktG § 327b Rn. 8; Schmidt/Lutter/*Schnorbus* AktG § 327b Rn. 9; Spindler/Stilz/*Singhof* AktG § 327a Rn. 19; MHdB GesR IV/*Austmann* § 74 Rn. 31.
⁴⁸ MHdB GesR IV/*Austmann* § 74 Rn. 34.

iSd § 327b Abs. 3 AktG übermittelt hat. Kommt der Vorstand seiner Pflicht zur Einberufung einer Hauptversammlung bzw. zur Ergänzung der Tagesordnung einer Hauptversammlung nicht nach, so kann der Hauptaktionär sich dazu vom Gericht nach § 122 Abs. 3 AktG ermächtigen lassen.[49] Dies hat freilich den Nachteil, dass der Hauptaktionär uU warten muss, bis die Mindestbesitzfrist von drei Monaten nach §§ 122 Abs. 1 Satz 3, 142 Abs. 2 Satz 2 AktG erfüllt ist.

Das Übertragungsverlangen stellt aus Sicht der Zielgesellschaft regelmäßig eine **Insiderinformation** dar, die im Falle einer Börsennotierung unverzüglich nach Art. 17 Abs. 1 MAR zu veröffentlichen ist.[50] Gleiches gilt für die Mitteilung der Höhe der Barabfindung durch den Hauptaktionär.[51] Handelt es sich beim Hauptaktionär um eine börsennotierte Gesellschaft, kann auch für diesen eine Publizitätspflicht nach Art. 17 Abs. 1 MAR bestehen, wenn der Squeeze Out den Börsenkurs seiner eigenen Aktien erheblich beeinflussen könnte (zB wegen der mit der Auszahlung der Barabfindung verbundenen finanziellen Belastung). 16

3. Übertragungsbericht

a) Form und Zeitpunkt

Gemäß § 327c Abs. 2 Satz 1 AktG hat der Hauptaktionär der Hauptversammlung einen **schriftlichen** Bericht zu erstatten, in dem die Voraussetzungen für die Übertragung dargelegt und die Angemessenheit der Barabfindung erläutert und begründet werden. Der sog. **Übertragungsbericht** ist folglich eigenhändig zu unterzeichnen (§ 126 BGB).[52] Handelt es sich beim Hauptaktionär um eine juristische Person, so genügt die Unterzeichnung durch Geschäftsführungsmitglieder in **vertretungsberechtigter Zahl**.[53] Die Rechtslage unterscheidet sich insoweit von § 293a Abs. 1 Satz 1 AktG, der einen Bericht des Vorstands der Vertragspartner verlangt, was von der hM dahingehend interpretiert wird, dass diesen sämtliche Vorstandsmitglieder unterzeichnen müssen. 17

Der Übertragungsbericht ist ab Einberufung der Hauptversammlung zugänglich zu machen und muss somit spätestens zu diesem Punkt vorliegen. Da Vorstand und Aufsichtsrat aber zum Squeeze Out einen Beschlussvorschlag an die Hauptversammlung zu unterbreiten haben (Rn. 38) und sich daher vor der Einberufung ein vollständiges Bild vom Sinn des Minderheitsausschlusses und der Angemessenheit der Barabfindung machen müssen, lassen sie sich in der Praxis alle zugänglich zu machenden Unterlagen vor Verabschiedung ihrer Beschlussvorschläge vom Hauptaktionär vorlegen.[54] Abhängig vom Datum der relevanten Aufsichtsratssitzung und der einschlägigen Fristen für die Einladung zu dieser Sitzung und die Versendung vorbereitender Unterlagen muss der Übertragungsbericht daher regelmäßig ca. ein bis zwei Wochen vor der Einberufung an die Gesellschaft übermittelt werden. 18

---

[49] MünchKomm. AktG/Bd. 5/*Grunewald* § 327a Rn. 11; *Hüffer/Koch* AktG § 327a Rn. 11; Hölters/*Müller-Michaels* AktG § 327a Rn. 17; Spindler/Stilz/*Singhof* AktG § 327a Rn. 19; MHdB GesR IV/*Austmann* § 74 Rn. 35.
[50] Vgl. Emittentenleitfaden der BaFin (Stand: 28.4.2009), S. 51 und 59.
[51] MHdB GesR IV/*Austmann* § 74 Rn. 36.
[52] *Hüffer/Koch* AktG § 327c Rn. 3; Schmidt/Lutter/*Schnorbus* AktG § 327c Rn. 5.
[53] OLG Stuttgart 20 W 6/03, AG 2004, 105 (106); OLG Düsseldorf 16 U 59/04, NZG 2005, 347 (349 f.) mit zust. Anm. *Wilsing* EWiR 2005, 495; *Hüffer/Koch* AktG § 327c Rn. 3; Schmidt/Lutter/*Schnorbus* AktG § 327c Rn. 5; MHdB GesR IV/*Austmann* § 74 Rn. 46.
[54] MHdB GesR IV/*Austmann* § 74 Rn. 45.

19 Sofern sich zwischen Zugänglichmachung des Übertragungsberichts und der beschlussfassenden Hauptversammlung wesentliche Änderungen in den dargestellten Verhältnissen (insbesondere für die Barabfindung relevante Wertveränderungen) ergeben, besteht **keine Verpflichtung zur Erstattung eines Nachtragsberichts**.[55] Da freilich bei einer erforderlichen Erhöhung der Barabfindung aufgrund in der Zwischenzeit eingetretener Wertveränderungen der Beschlussantrag an die Hauptversammlung entsprechend modifiziert werden muss und daraus ein legitimes Informationsinteresse der Aktionäre erwächst, empfiehlt es sich, genügend Zeit vorausgesetzt, freiwillig einen Nachtragsbericht zu erstellen und den Aktionären so früh wie möglich zugänglich machen.[56]

b) Inhalt

20 § 327c Abs. 2 Satz 1 AktG verlangt vom Hauptaktionär die Darlegung der Squeeze-Out-Voraussetzungen sowie eine Erläuterung der Angemessenheit der von ihm festgelegten Barabfindung. Anders als in anderen Fällen (§ 293a Abs. 1 Satz 1 AktG, § 8 Abs. 1 Satz 1 UmwG, § 192 Abs. 1 Satz 1 UmwG) ist beim aktienrechtlichen Squeeze Out kein „ausführlicher" Bericht erforderlich. Es genügt, die Übertragungsvoraussetzungen und die Angemessenheit der Barabfindung **plausibel** darzustellen.[57] Tatsachen, deren Bekanntwerden geeignet wäre, der Gesellschaft oder dem Hauptaktionär[58] einen nicht unerheblichen Nachteil zuzufügen, müssen analog § 293a Abs. 2 AktG unter Darlegung der Gründe für den Geheimhaltungsbedarf nicht in den Bericht aufgenommen werden.[59]

21 In der Praxis hat sich – mit Unterschieden im Detail – ein weitgehend **einheitlicher Standard** für den Aufbau des Übertragungsberichts herausgebildet:[60] In einem – überobligatorischen – ersten Teil werden die **Struktur und wesentlichen rechtlichen Verhältnisse** der Gesellschaft samt einem Überblick über ihre aktuellen Kennzahlen und wirtschaftliche Entwicklung sowie der Hauptaktionär beschrieben. Insbesondere Letzteres ist freilich verzichtbar, da die Minderheitsaktionäre keine Anteile am Hauptaktionär erhalten. Im zweiten Teil werden die **Voraussetzungen des Übertragungsbeschlusses** (Verlangen, Mindestanteilsbesitz etc.) und **seine Folgen** (Aktienübergang, ggf. Delisting, steuerliche Folgen etc.) dargestellt. Schwerpunkt des Übertragungsberichts ist der dritte Teil, in dem die **Angemessenheit der Barabfindung** begründet und erläutert wird. Teilweise wird dafür in der Praxis der Wortlaut eines Gutachtens (nahezu) wörtlich in den Übertragungsbericht übernommen, das ein vom Hauptaktionär beauftragter Bewertungsgutachter erstellt hat (vgl. Rn. 22). Noch häufiger wird dieses Bewertungsgutachten vollumfänglich zur Anlage des Übertragungsberichts gemacht. In diesem Fall sollte sich der Hauptaktionär den Inhalt des Gutachtens ausdrücklich zu eigen machen, da die Berichtspflicht bei ihm liegt.

---

[55] LG München I 5 HK O 12861/07, BeckRS 2009, 09412.
[56] Ebenso MHdB GesR IV/*Austmann* § 74 Rn. 45.
[57] BGH II ZR 225/04, NZG 2006, 905 (906); *Hüffer/Koch* AktG § 327c Rn. 3; Hölters/*Müller-Michaels* AktG § 327c Rn. 7; Schmidt/Lutter/*Schnorbus* AktG § 327c Rn. 6; MHdB GesR IV/*Austmann* § 74 Rn. 30.
[58] Nach Kölner Komm./*Koppensteiner* § 327c Rn. 10 kommt es nur auf die Interessen der Gesellschaft an.
[59] Hölters/*Müller-Michaels* AktG § 327c Rn. 8; Schmidt/Lutter/*Schnorbus* AktG § 327c Rn. 9; MHdB GesR IV/*Austmann* § 74 Rn. 40.
[60] Vgl. MHdB GesR IV/*Austmann* § 74 Rn. 41; Mustergliederung BeckFormB M&A/*Seibt* M.III.7.

4. Barabfindung

a) Festlegung durch Hauptaktionär

aa) Wertermittlung. Gemäß § 327b Abs. 1 Satz 1 AktG hat der Hauptaktionär die Barabfindung festzulegen, welche die Verhältnisse der Gesellschaft im Zeitpunkt der Beschlussfassung ihrer Hauptversammlung berücksichtigen muss. Zum Zwecke der Ermittlung der Barabfindung bedient sich der Hauptaktionär üblicherweise der Hilfe einer Wirtschaftsprüfungsgesellschaft oder eines anderen Bewertungsexperten. Die Barabfindung muss vor dem Hintergrund von Art. 14 GG eine Entschädigung für den vollen Anteilswert darstellen.[61] Die Ermittlung dieses Werts erfolgt in aller Regel nach Maßgabe eines vom Institut der Wirtschaftsprüfer in Deutschland e.V. (IDW) erstellten Bewertungsstandards (**IDW S1**[62]). Dabei wird von der hM entweder der **Unternehmenswert je Aktie** oder aber der **durchschnittliche Börsenkurs während einer bestimmten Referenzperiode** zu Grunde gelegt, je nachdem, welcher Wert der höhere ist.[63] In jüngerer Vergangenheit wird die Reduzierung des Börsenkurses auf eine Wertuntergrenze zu Recht kritisiert,[64] da ein nach dem Ertragswertverfahren ermittelter Unternehmenswert keine höhere Richtigkeitsgewähr für sich in Anspruch nehmen kann und Spruchverfahren aufgrund der – über die Vorgaben des BVerfG hinausgehenden – Anwendung eines Meistbegünstigungsprinzips zugunsten der Minderheitsaktionäre übermäßig komplex und entsprechend langwierig werden.

Die Bestimmung des Unternehmenswerts wiederum erfolgt zumeist nach der sog. **Ertragswertmethode**,[65] die im Ergebnis dem international üblicheren Discounted-Cash-Flow-Verfahren entspricht. Nachdem der BGH lange Jahre und von weiten Teilen der Literatur stark kritisiert als maßgeblichen Referenzzeitraum für den die Abfindungsuntergrenze darstellenden Börsenkurs auf einen Zeitraum von drei Monaten vor dem Tag der beschlussfassenden Hauptversammlung abgestellt hatte,[66] sieht er nunmehr den umsatzgewichteten Börsenkurs während der **drei Monate vor der erstmaligen öffentlichen Bekanntgabe des bevorstehenden Squeeze Out** als wertbestimmend an.[67] Etwas anderes soll aber dann gelten, wenn zwischen der erstmaligen öffentlichen Bekanntgabe und dem Übertragungsbeschluss ein längerer Zeitraum verstrichen ist und die Entwicklung der Börsenkurse eine Anpassung geboten erscheinen lässt. In diesem Fall soll der durchschnittliche Börsenkurs entsprechend der allgemeinen oder branchentypischen Wertentwicklung unter Berücksichtigung der seitherigen Kursentwicklung hochgerechnet werden. Die Rechtsprechung hat seither anerkannt, dass jedenfalls ein Zeitraum von sechs Monaten zwischen erstmaliger Bekanntgabe des Squeeze Out und Hauptver-

---

[61] BVerfG 1 BvL 16/60, BVerfGE 14, 263 (283); 1 BvR 1613/94, BVerfGE 100, 289 (303).
[62] Aktuelle Fassung abgedruckt in WPg-Supplement 3/2008, S. 68.
[63] Fleischer/Hüttemann/*Adolff* Rechtshandbuch Unternehmensbewertung § 19 Rn. 80 ff.
[64] *Gärtner/Handke* NZG 2012, 247; *Stilz* in FS Goette S. 529 (534 f.); grundsätzlich eine Abfindungsermittlung ausschließlich anhand des Börsenkurses für denkbar haltend OLG Frankfurt a. M. 21 W 36/12, NZG 2014, 464 (noch deutlicher die Vorinstanz); aA *Burger* NZG 2012, 281; *Ruthardt/Hachmeister* NZG 2014, 455.
[65] Ausführlich auch Fleischer/*Hüttemann* Rechtshandbuch Unternehmensbewertung, § 1 Rn. 52 ff.; Fleischer/Hüttemann/*Böcking/Rauschenberg* Rechtshandbuch Unternehmensbewertung § 2 Rn. 44 ff.
[66] BGH II ZB 15/00, BGHZ 147, 108.
[67] BGH II ZB 18/09, BGHZ 186, 229.

sammlung noch keine Anpassung des Börsenkurses gebietet.⁶⁸ Ist ausnahmsweise ein längerer Zeitraum iSd BGH-Rechtsprechung verstrichen, so hat die Anpassung anhand eines für die jeweilige Zielgesellschaft aussagekräftigen Indexes zu erfolgen.

24 Besteht im Zeitpunkt des Übertragungsbeschlusses ein **Beherrschungs- oder Gewinnabführungsvertrag**, ist nach Ansicht des BGH und Teilen der Literatur⁶⁹ auch in diesem Fall ausschließlich auf die vorstehend beschriebenen allgemeinen Wertermittlungsmethoden zurückzugreifen. Nach anderer Ansicht soll sich die Barabfindung bei (unterstellt) fortbestehendem Unternehmensvertrag ausschließlich nach dem Barwert der kapitalisierten Ausgleichszahlungen bemessen.⁷⁰ Dieser letzten Ansicht ist der Vorzug zu geben. Dem Minderheitsaktionär würden zukünftig nur die vom tatsächlichen Gewinn der Gesellschaft unabhängigen Ausgleichszahlungen zufließen. Die tatsächliche Ertragslage und damit der Wert (prognostizierter) zukünftiger Erträge sind somit für den Wert der Aktien in den Händen der Minderheitsaktionäre unerheblich.

25 **bb) Informationsversorgung durch die Zielgesellschaft.** Die Ermittlung des Ertragswerts einer Gesellschaft basiert ganz wesentlich auf der gesellschaftseigenen Planung, auf deren Bereitstellung der Hauptaktionär somit angewiesen ist. Um ihm Zugang zu dieser Planung und sonstigen wertrelevanten Informationen zu verschaffen, hat der Gesetzgeber in § 327b Abs. 1 Satz 2 AktG einen besonderen **Informations- und Auskunftsanspruch** des Hauptaktionärs gegen die Gesellschaft geschaffen. Dieser Anspruch entsteht mit Zugang eines ordnungsgemäßen Verlangens iSd § 327a Abs. 1 Satz 1 AktG bei der Gesellschaft (s. Rn. 15). Die Gesellschaft kann weder aus den in § 131 Abs. 3 AktG genannten noch aus anderen Gründen die Auskunft oder die Bereitstellung von Informationen verweigern.⁷¹ Der Hauptaktionär wiederum darf die ihm zur Verfügung gestellten Informationen und erteilten Auskünfte ausschließlich zu Zwecken des Squeeze Out nutzen,⁷² wobei es einer besonderen Geheimhaltungsvereinbarung aufgrund der Treuepflicht des Hauptaktionärs nicht bedarf.⁷³ Soweit die Gesellschaft dem Hauptaktionär nach § 327b Abs. 1 Satz 2 AktG Auskünfte gibt, sind diese dem Hauptaktionär im Hinblick auf den beabsichtigten Squeeze Out und damit im Rahmen einer besonderen Rechtsbeziehung und nicht als Aktionär erteilt. Die Minderheitsaktionäre haben

---

⁶⁸ OLG Saarbrücken 1 W 18/13, DStR 2014, 1727; OLG Stuttgart 20 W 2/12, NZG 2013, 1179; 20 W 7/11, NZG 2011, 1346; Hölters/*Müller-Michaels* AktG § 327b Rn. 8 mwN aus der Literatur.

⁶⁹ BGH II ZB 25/14, BGHZ 208, 265; OLG Düsseldorf 26 W 11/11, AG 2012, 716 (718 f.); *Hüffer/Koch* AktG § 327b Rn. 5; Hölters/*Müller-Michaels* AktG § 327b Rn. 7; Spindler/Stilz/ *Singhof* AktG § 327b Rn. 4; *Emmerich/Habersack* AktG § 327b Rn. 9; *Großfeld* Rn. 88 ff.; *Riegger* FS Priester S. 611; *Popp* AG 2010, 1. Nach Ansicht des OLG Düsseldorf I-26 W 2/16 (AktE), ZIP 2017, 521 ist der Barwert der Ausgleichszahlung auch nicht als Wertuntergrenze zu berücksichtigen.

⁷⁰ OLG Frankfurt a. M. 21 W 64/13, ZIP 2014, 2439 (m. Anm. *Goslar/Witte* EWiR 2015, 101); OLG Frankfurt a. M. 5 W 32/09, NZG 2010, 664; Simon/*Leverkus* Anh. § 11 Rn. 258; Henssler/Strohn/*Wilsing* § 327b Rn. 4; MHdB GesR IV/*Austmann* 74 Rn. 90; *Hachmeister/ Ruthardt* WPg 2014, 894 (897); *Leyendecker* NZG 2010, 927.

⁷¹ MünchKomm. AktG/Bd. 5/*Grunewald* § 327b Rn. 5; MHdB GesR IV/*Austmann* § 74 Rn. 43.

⁷² Hölters/*Müller-Michaels* AktG § 327b Rn. 13; Spindler/Stilz/*Singhof* AktG § 327b Rn. 6.

⁷³ *Hüffer/Koch* AktG § 327b Rn. 9; Hölters/*Müller-Michaels* AktG § 327b Rn. 13.

A. Der aktienrechtliche Squeeze Out 26–28 § 15

somit keinen Anspruch gem. § 131 Abs. 4 AktG darauf, dass ihnen diese Auskünfte in der Hauptversammlung ebenfalls erteilt werden.[74]

Besteht zwischen Hauptaktionär und Gesellschaft bereits ein **Beherrschungsvertrag**, so kann der Hauptaktionär die Gesellschaft zur Informationsweitergabe zum Zwecke der Festlegung der Barabfindung anweisen, ohne bereits ein Verlangen gem. § 327a Abs. 1 Satz 1 AktG zu stellen. Fehlt es an einem solchen Vertrag und besteht somit lediglich ein **faktisches Konzernverhältnis** iSd §§ 311 ff. AktG, so ist der Vorstand der Gesellschaft zwar berechtigt, aber nicht verpflichtet, bereits vor formaler Einleitung des Squeeze-Out-Verfahrens durch Übermittlung des Verlangens Informationen zur Verfügung zu stellen. Auch in diesem Fall besteht kein Auskunftsanspruch der Minderheitsaktionäre nach § 131 Abs. 4 AktG, da der Hauptaktionär aufgrund der zwischen ihm und der Gesellschaft bestehenden konzernrechtlichen Beziehung die Informationen nicht „als Aktionär" iSd § 131 Abs. 4 AktG erhält. 26

b) Prüfung

aa) Bestellung des Prüfers. Wie bei anderen Strukturmaßnahmen ist auch beim Squeeze Out die Angemessenheit der für den Eingriff in das Mitgliedschaftsrecht zu gewährenden Kompensation durch einen oder mehrere **sachverständige Prüfer** zu prüfen (§ 327c Abs. 2 Satz 2 AktG). Diese werden auf Antrag des Hauptaktionärs[75] grundsätzlich von dem Landgericht, in dessen Bezirk die Gesellschaft ihren Satzungssitz hat, ausgewählt und bestellt (§ 327c Abs. 2 Satz 3, Abs. 2 Satz 4 iVm § 293c Abs. 1 Satz 3 AktG). Ist bei diesem Landgericht eine Kammer für Handelssachen gebildet, so ist deren Vorsitzender funktional zuständig (§ 327c Abs. 2 Satz 4 AktG). Die Landesregierungen sind nach §§ 327c Abs. 2 Satz 4, 293c Abs. 2 AktG iVm § 10 Abs. 4 UmwG ermächtigt, die Zuständigkeit für die Prüferbestellung bei einem oder mehreren Landgerichten zu konzentrieren. Von dieser Möglichkeit haben zahlreiche Bundesländer Gebrauch gemacht.[76] Durch die gerichtliche Bestellung soll die **Unabhängigkeit** des Prüfers vom Hauptaktionär gestärkt und die **Objektivität** seiner Prüfung gewährleistet werden.[77] 27

Der Hauptaktionär ist berechtigt, aber nicht verpflichtet, dem Gericht **Vorschläge** für die Person des Prüfers zu unterbreiten. Macht der Hauptaktionär einen oder mehrere Vorschläge ist das Gericht an diese nicht gebunden.[78] Das Gericht trifft folglich auch dann eine **eigene Auswahlentscheidung**, wenn es dem einzigen Kandidatenvorschlag des Hauptaktionärs folgt.[79] In der Praxis reagieren die Gerichte sehr unterschiedlich auf Vorschläge des Hauptaktionärs. Eine Reihe von Landgerichten (Hamburg, Frankfurt, Stuttgart, Düsseldorf) wählen idR einen vom Hauptaktionär vorgeschlagenen Kandidaten aus, wenn mindestens drei Vorschläge 28

---

[74] OLG Düsseldorf I 16 W 63/03, NZG 2004, 328 (333); MünchKomm. AktG/Bd. 5/ Grunewald § 327b Rn. 5; Hüffer/Koch AktG § 327b Rn. 7; Hölters/Müller-Michaels AktG § 327b Rn. 14; MHdB GesR IV/Austmann § 74 Rn. 43.
[75] Muster bei BeckFormB M&A/Seibt M.III.5.
[76] Konkret sind dies Baden-Württemberg (LG Mannheim und LG Stuttgart), Bayern (LG Fürth und LG München I), Hessen (LG Frankfurt), Niedersachsen (LG Hannover) und Nordrhein-Westfalen (LG Dortmund, LG Düsseldorf, LG Köln).
[77] BT-Drs. 14/7477, 72; Hölters/Müller-Michaels AktG § 327c Rn. 13.
[78] Hölters/Müller-Michaels AktG § 327c Rn. 13; Schmidt/Lutter/Schnorbus AktG § 327c Rn. 12; MHdB GesR IV/Austmann § 74 Rn. 48.
[79] BGH II ZR 225/04, NZG 2006, 905 (906); Bungert BB 2006, 2761 (2762); Goslar EWiR 2006, 673.

unterbreitet wurden. Das LG Köln hingegen trifft grundsätzlich eine vollkommen eigenständige Auswahlentscheidung, so dass Kandidatenvorschläge dort faktisch zum Ausschluss des jeweiligen Prüfers führen. Das LG München I wiederum folgt in aller Regel dem Vorschlag des Hauptaktionärs auch dann, wenn dieser nur einen Kandidaten vorgeschlagen hat, so dass es für Hauptaktionäre dort am ehesten möglich ist, ihren Wunschkandidaten zu erhalten.

29 Als sachverständige Prüfer kommen gem. §§ 327c Abs. 2 Satz 4, 293d Abs. 1 Satz 1 AktG iVm § 319 Abs. 1 HGB nur Wirtschaftsprüfer oder Wirtschaftsprüfungsgesellschaften in Betracht. Bei der Auswahl des Prüfers sind die **Ausschlussgründe** der §§ 319 ff. HGB zu beachten. Zum Prüfer kann danach insbesondere nicht bestellt werden, in wessen Person einer der Ausschlussgründe gem. § 319 Abs. 3 oder § 319a Abs. 1 HGB im Verhältnis zur Gesellschaft oder zum Hauptaktionär verwirklicht ist oder bei dem aus anderen Gründen, insbesondere Beziehungen geschäftlicher, finanzieller oder persönlicher Art, die Besorgnis der Befangenheit besteht (§ 319 Abs. 2 HGB). Von besonderer praktischer Bedeutung ist insoweit, dass der sachverständige Prüfer an dem zu prüfenden Sachverhalt nicht bereits in anderer Funktion mitgewirkt haben darf. Aus diesem Grund sollte ein Prüfer seine Tätigkeit vorsorglich erst nach Erlass des Bestellungsbeschlusses aufnehmen.[80] Dies impliziert, dass im Rahmen etwaiger Vorgespräche zwischen Hauptaktionär und Prüferkandidaten Fragen der konkreten Unternehmensbewertung möglichst nicht diskutiert werden sollten. Die Tätigkeit als Abschlussprüfer der Gesellschaft hingegen stellt keinen zwingenden Ausschlussgrund dar, weil die Abschlussprüfung einen anderen Sachverhalt darstellt.[81] Wirtschaftsprüfer sind vor dem Hintergrund von § 23a BS WP insoweit freilich häufig zurückhaltender und lehnen entsprechende Mandate schon im Vorfeld ab. Unschädlich für die Bestellung als sachverständiger Prüfer ist schließlich die in der Praxis übliche sog. **Parallelprüfung**, dh die zeitgleich mit den Bewertungsarbeiten des für den Hauptaktionär tätigen Bewertungsgutachters erfolgende Angemessenheitsprüfung.[82] Wie der BGH zutreffend festgestellt hat, ist ein solches Vorgehen vielmehr sinnvoll, da es eine frühzeitige Fehlerkorrektur ermöglicht. Soweit der Hauptaktionär dem Gericht Kandidatenvorschläge unterbreitet, fügt er seinem Antrag regelmäßig sog. Unabhängigkeitserklärungen bei, in denen die Kandidaten versichern, dass ihrer Bestellung keine gesetzlichen Hinderungsgründe entgegenstehen. Gegebenenfalls werden in dieser Erklärung bisherige Tätigkeiten für den Hauptaktionär oder die Gesellschaft erläutert, sofern diese für die Auswahlentscheidung des Gerichts von Bedeutung sein könnten.[83]

30 Dem Prüfer steht gegen den Hauptaktionär ein **Anspruch auf Ersatz angemessener Auslagen und** ein **Vergütungsanspruch** zu (§§ 327c Abs. 2 Satz 4, 293c Abs. 1 Satz 5 AktG, § 318 Abs. 5 HGB). Soweit sich Hauptaktionär und Prüfer ausnahmsweise nicht einigen können, setzt das Gericht Auslagen und Vergütung fest. Dabei gelten die Regeln des JVEG nicht, da dieses nur die Vergütung im Rahmen eines gerichtlichen Verfahrens regelt.[84] Die **Verantwortlichkeit** des Prüfers gegenüber dem Hauptaktionär sowie der Gesellschaft und ihren Aktionären richtet sich über § 327c Abs. 2 Satz 4, § 293d Abs. 2 AktG nach § 323 HGB. Die Haftung

---

[80] So auch MHdB GesR IV/*Austmann* § 74 Rn. 49; weniger streng OLG Düsseldorf 16 U 59/04, NZG 2005, 347 (351).
[81] Hölters/*Müller-Michaels* AktG § 327c Rn. 14; MHdB GesR IV/*Austmann* § 74 Rn. 49.
[82] BGH II ZR 225/04, NZG 2006, 905 (906); Hüffer/*Koch* AktG § 327c Rn. 5; Hölters/*Müller-Michaels* AktG § 327c Rn. 14, jeweils mwN auch zur Instanzrechtsprechung.
[83] MHdB GesR IV/*Austmann* § 74 Rn. 49.
[84] MHdB GesR IV/*Austmann* § 74 Rn. 51.

des Prüfers ist somit bei Fahrlässigkeit auf 1 Mio. EUR je Prüfung bzw., bei börsennotierten Gesellschaften, auf 4 Mio. EUR je Prüfung begrenzt (§ 323 Abs. 2 HGB).
bb) Prüfung und Prüfungsbericht. Die Prüfung des sachverständigen Prüfers **31** bezieht sich nach § 327c Abs. 2 Satz 2 AktG ausschließlich auf die **Angemessenheit der Barabfindung**. Der Prüfer hat also weder die Rechtmäßigkeit des Squeeze Out an sich noch das Vorliegen seiner Voraussetzungen zu prüfen.[85] Der Übertragungsbericht (ggf. samt separatem Wertgutachten) sowie das konkretisierte Verlangen mit der Angabe der konkreten Höhe der Barabfindung müssen dem Prüfer aber vorliegen, da er nur so die **Prämissen und methodische Konsistenz der Bewertung** durch den Hauptaktionär sowie die Angemessenheit der von diesem festgelegten Barabfindung beurteilen kann.[86] Die Prüfung dieser Aspekte gehört zu den zwingenden Aufgaben des Prüfers. Zur Durchführung einer vollständigen eigenen Unternehmensbewertung ist der Prüfer gesetzlich indes nicht verpflichtet.[87] In der Praxis machen die Gerichte in ihrem Bestellungsbeschluss freilich häufig konkrete Vorgaben für den Inhalt des Prüfungsberichts (vgl. Rn. 32), die auch Auswirkungen auf den Prüfungsumfang haben können.[88] Um seine Aufgaben erfüllen zu können, steht dem Prüfer ein **Auskunfts- und Einsichtsrecht** gegenüber der Gesellschaft zu, welches demjenigen des Abschlussprüfers entspricht (§§ 327c Abs. 2 Satz 4, 293d Abs. 1 AktG, § 320 Abs. 1 Satz 2 und Abs. 2 Satz 1 HGB).

Über das Ergebnis seiner Prüfung hat der Prüfer schriftlich zu berichten (§§ 327c **32** Abs. 2 Satz 4, 293e Abs. 1 Satz 1 AktG). In seinem **Prüfungsbericht** hat er anzugeben, (i) nach welchen Methoden die Barabfindung ermittelt worden ist, (ii) aus welchen Gründen die Anwendung dieser Methoden angemessen ist, (iii) wie hoch im Falle der Anwendung verschiedener Bewertungsmethoden die Barabfindung nach der jeweiligen Methode ausfallen würde und welches Gewicht den verschiedenen Methoden bei der Wertbestimmung beigemessen wurde sowie (iv) welche besonderen Schwierigkeiten bei der Bewertung aufgetreten sind. Der Bericht ist mit einer Erklärung darüber abzuschließen, ob die vom Hauptaktionär festgelegte Barabfindung angemessen ist, und vom Prüfer bzw. für die Prüfungsgesellschaft von Personen in vertretungsberechtigter Zahl eigenhändig zu unterzeichnen (§ 126 BGB). Wie vorstehend (Rn. 31) erwähnt, machen die Gerichte den Prüfern im Bestellungsbeschluss häufig weitere **Vorgaben zum Berichtsinhalt**. Diese können sich zB auf Details der Arbeit des Prüfers (Prüfungsablauf in sachlicher, zeitlicher und räumlicher Hinsicht), der Unternehmensplanung (wann erstellt? Planungsprämissen? Modifikationen durch Bewertungsgutachter oder Prüfer?) oder der einzelnen Elemente des Kapitalisierungszinssatzes beziehen. Zweck solcher ergänzender Vorgaben ist es, den Prüfungsbericht noch transparenter zu machen und ihn auf diese Weise besser als Grundlage für ein nach Wirksamwerden des Squeeze Out folgendes Spruchverfahren nutzen zu können. Im Ergebnis haben sich die Prüfungsberichte in den letzten Jahren in ihrem Umfang und der Art und Detaillierung der Darstellung den Bewertungsgutachten immer weiter angenähert.

---

[85] MünchKomm. AktG/Bd. 5/*Grunewald* § 327c Rn. 11; Hölters/*Müller-Michaels* AktG § 327c Rn. 16; MHdB GesR IV/*Austmann* § 74 Rn. 52; teilweise aA *Fuhrmann/Simon* WM 2002, 1211 (1216); Mertens AG 2002, 377 (382).

[86] *Marten/Müller* in FS Röhricht S. 963, 985; aA MHdB GesR IV/*Austmann* § 74 Rn. 42 (Übertragungsbericht muss nicht vorliegen).

[87] OLG Stuttgart 20 W 3/09, AG 2011, 205 (206); Großkomm. AktG/*Fleischer* § 327c Rn. 27; Hölters/*Müller-Michaels* AktG § 327c Rn. 17; *Leuering* NZG 2004, 606 (607).

[88] Kritisch zu inhaltlichen Vorgaben in Form der Spaltungsprüfung OLG Düsseldorf I-26 W 13/15 (AktE), NZG 2016, 151.

5. Gewährleistungserklärung

33 Gemäß § 327b Abs. 3 AktG hat der Hauptaktionär dem Vorstand vor Einberufung der Hauptversammlung die Erklärung eines in Deutschland zum Geschäftsbetrieb befugten Kreditinstituts zu übermitteln, durch die das Kreditinstitut die Gewährleistung für die Erfüllung der Verpflichtung des Hauptaktionärs übernimmt, den Minderheitsaktionären nach Eintragung des Übertragungsbeschlusses unverzüglich die festgelegte Barabfindung für die übergegangenen Aktien zu zahlen. Nur im Ausnahmefall des Squeeze Out nach dem FMStBG ist diese Gewährleistungserklärung entbehrlich (§ 12 Abs. 4 Satz 2 FMStBG). Neben deutschen Kreditinstituten kommen insbesondere auch deren ausländische Niederlassungen sowie Kreditinstitute aus einem anderen EWR-Staat als Aussteller dieser sog. **Gewährleistungserklärung** in Betracht (vgl. § 1 Abs. 1 und §§ 53–53c KWG). Mangels ausdrücklicher Anordnung (wie in § 13 Abs. 1 Satz 2 WpÜG) muss das Kreditinstitut vom Hauptaktionär nicht unabhängig sein, so dass beide auch verbundene Unternehmen iSd § 15 AktG sein können.[89] Die Gewährleistungserklärung kann rechtlich in verschiedenen Formen abgegeben werden. Neben der in der Gesetzesbegründung[90] ausdrücklich genannten und in der Praxis üblicherweise verwendeten **Bankgarantie**[91] kommen auch ein Schuldbeitritt, ein abstraktes Schuldanerkenntnis oder eine Bürgschaft in Betracht.[92] Entscheidend ist, dass sich aus der Erklärung ein unmittelbarer Zahlungsanspruch der Minderheitsaktionäre gegen das Kreditinstitut iSe echten Vertrages zugunsten Dritter (§ 328 BGB)[93] für den Fall ergibt, dass der Hauptaktionär die Barabfindung nicht unverzüglich (§ 121 BGB) bezahlt.[94] Sonstige Beschränkungen, zB die Einrede der Vorausklage oder eine Befristung des Zahlungsversprechens, sind unzulässig.[95] Selbstverständlichkeiten, etwa dass eine Zahlungspflicht des Kreditinstituts nur besteht, soweit der Anspruch auf die Barabfindung besteht und nicht verjährt ist, können hingegen in die Gewährleistungserklärung aufgenommen werden.[96] In der Praxis erfolgt die Auszahlung der Barabfindung regelmäßig direkt durch das Kreditinstitut, da dieses zugleich mit der Abwicklung des Squeeze Out betraut ist.[97] In diesem Fall hat der Hauptaktionär entweder den Barabfindungsbetrag bei dem Kreditinstitut einzuzahlen oder er nimmt einen Kredit in entsprechender Höhe in Anspruch.

34 Die Gewährleistungserklärung muss **vollumfänglich** die vom Hauptaktionär **festgelegte Barabfindung abdecken**. Um Anfechtungsrisiken zu vermeiden, sollte die Gewährleistungserklärung jedenfalls dann keinen Gesamtbetrag oder eine Beschränkung auf eine bestimmte Aktienzahl iSe Höchstbetragsgarantie beinhalten, wenn sich die Zahl der außenstehenden Aktien durch Ausübung von Optionen

---

[89] LG München I 5 HKO 13413/03, ZIP 2004, 167 (169); Hölters/*Müller-Michaels* AktG § 327b Rn. 18; Schmidt/Lutter/*Schnorbus* AktG § 327b Rn. 30; **aA** MHdB GesR IV/*Austmann* § 74 Rn. 56; offen gelassen von LG Frankfurt 3/5 O 107/03, NZG 2004, 672 (674).
[90] BT-Drs. 14/7034, 72.
[91] Muster bei BeckFormB M&A/*Seibt*, M.III.6.
[92] *Hüffer/Koch* AktG § 327b Rn. 12; Hölters/*Müller-Michaels* AktG § 327b Rn. 19; MHdB GesR IV/*Austmann* § 74 Rn. 56.
[93] Großkomm. AktG/*Fleischer* § 327b Rn. 47; MünchKomm. AktG/Bd. 5/*Grunewald* § 327b Rn. 16; *Hüffer/Koch* AktG § 327b Rn. 12; MHdB GesR IV/*Austmann* § 74 Rn. 56.
[94] MHdB GesR IV/*Austmann* § 74 Rn. 56.
[95] *Hüffer/Koch* AktG § 327b Rn. 12; MHdB GesR IV/*Austmann* § 74 Rn. 56.
[96] LG München I 5 HKO 542/09, BeckRS 2009, 13644.
[97] MHdB GesR IV/*Austmann* § 74 Rn. 56.

oder Wandlungsrechten bis zur Eintragung des Übertragungsbeschlusses noch erhöhen kann.[98] Zinsen auf die Barabfindung (§ 327b Abs. 2 AktG) muss die Gewährleistungserklärung ebenso wenig absichern wie eine mögliche spätere Erhöhung der Barabfindung im Spruchverfahren.[99] Andernfalls würde vom Hauptaktionär de facto Unmögliches verlangt, da eine betragsmäßig unlimitierte Gewährleistungserklärung von einem Kreditinstitut kaum zu erlangen ist.[100] Darüber hinaus ist die möglicherweise fehlende Solvenz des Hauptaktionärs ein allgemeines Gläubigerrisiko, vor dem Minderheitsaktionäre bei anderen Strukturmaßnahmen überhaupt nicht geschützt werden, ohne dass dies rechtlich zu beanstanden wäre.[101]

Die Gewährleistungserklärung muss dem Vorstand **vor Einberufung der Hauptversammlung** im Original[102] zugehen. Dabei ist es gleichgültig, ob die Übermittlung durch den Hauptaktionär oder – erkennbar – in dessen Auftrag und für seine Rechnung direkt durch das betreffende Kreditinstitut erfolgt.[103] In der Praxis wird eine Kopie der Gewährleistungserklärung dem Übertragungsbericht beigefügt, um ihre Ordnungsmäßigkeit und rechtzeitige Übermittlung für die Minderheitsaktionäre transparent zu machen.[104] Der Vorstand hat sich zu vergewissern, dass die Gewährleistungserklärung wirksam ist und auch sonst den gesetzlichen Vorgaben entspricht. Ist dies nicht der Fall oder liegt überhaupt keine Gewährleistungserklärung vor, darf er die Hauptversammlung nicht einberufen. Beruft er dennoch die Hauptversammlung ein, so kann die Beseitigung von Mängeln der Gewährleistungserklärung oder ihre erstmalige Übermittlung noch bis zur Beschlussfassung erfolgen, da es dann an einer Relevanz der verspäteten Übermittlung für die Beschlussfassung fehlt.[105] Auf einen Informationsmangel können sich die Minderheitsaktionäre nicht berufen, da die Gewährleistungserklärung nicht zu den im Vorfeld der Hauptversammlung zugänglich zu machenden Unterlagen zählt. Aus den gleichen Erwägungen ist es rechtlich zulässig, wenn der Hauptaktionär die Barabfindung (zB wegen erst dann entdeckter Bewertungsmängel) in der Hauptversammlung vor der Beschlussfassung erhöht und eine – denklogisch nicht vor Einberufung übermittelbare – Erweiterung der Gewährleistungserklärung vorlegt.[106] 35

6. Hauptversammlungsbeschluss

a) Vorbereitung der Hauptversammlung

aa) Tagesordnung. Gemäß § 327c Abs. 1 Nr. 1 AktG hat die Bekanntmachung des Squeeze Out als Gegenstand der Tagesordnung zunächst die **Firma und den** 36

---

[98] MHdB GesR IV/*Austmann* § 74 Rn. 57. Nach hL ist eine Höchstbetragsgarantie allerdings zulässig und ausreichend, vgl. *Emmerich/Habersack* AktG § 327b Rn. 15; *Hüffer/Koch* AktG § 327b Rn. 12; *Dißars/Kocher* NZG 2004, 856 (857); **aA** LG Frankfurt 3/5 O 107/03, NZG 2004, 672 (674).
[99] BGH II ZR 327/03, NZG 2006, 117; *Hüffer/Koch* AktG § 327b Rn. 12 mwN auch aus der Instanzrechtsprechung.
[100] BGH II ZR 327/03, NZG 2006, 117.
[101] Vgl. BVerfG 1 BvR 1805/94, NJW 1999, 1699 zur Verfassungsmäßigkeit der §§ 291 ff. AktG.
[102] So auch MHdB GesR IV/*Austmann* § 74 Rn. 58.
[103] Hölters/*Müller-Michaels* AktG § 327b Rn. 22; Spindler/Stilz/*Singhof* AktG § 327b Rn. 16.
[104] Spindler/Stilz/*Singhof* AktG § 327b Rn. 16.
[105] Großkomm. AktG/*Fleischer* § 327b Rn. 52; Schmidt/Lutter/*Schnorbus* AktG § 327b Rn. 44; Spindler/Stilz/*Singhof* AktG § 327b Rn. 16.
[106] *Emmerich/Habersack* AktG § 327b Rn. 14; Spindler/Stilz/*Singhof* AktG § 327b Rn. 16.

Sitz bzw. den **Namen und die Adresse** des Hauptaktionärs zu enthalten. Bei Handelsgesellschaften ist der statutarische und nicht etwa ein davon abweichender tatsächlicher Verwaltungssitz anzugeben.[107] Bei Einzelkaufleuten entspricht dem Sitz die Hauptniederlassung (vgl. § 13 Abs. 1 Satz 1 HGB).[108] Bei ausländischen Hauptaktionären ist ggf. ein Rechtsformzusatz zum Zwecke der sicheren Identifizierung auch dann anzugeben, wenn dieser, anders als im deutschen Recht, nicht Bestandteil der Firma ist.[109] Ist Hauptaktionär eine natürliche Person, so muss nicht zwingend die Privatanschrift angegeben werden, sofern unter einer alternativ angegebenen Geschäftsanschrift Zustellungen bewirkt werden können.[110] In der Praxis hat es sich eingebürgert, ggf. zusätzlich die Handelsregisternummer oder die Registrierungsnummer aus einem vergleichbaren ausländischen Register mitzuteilen, um den Hauptaktionär mit maximaler Sicherheit zu identifizieren.[111]

37 Ergänzend ist in der Bekanntmachung gem. § 327c Abs. 1 Nr. 2 AktG die vom Hauptaktionär **festgelegte Barabfindung** anzugeben. Dies bedeutet konkret, dass der je einzelne Aktie zu zahlende Geldbetrag genannt wird. Existieren mehrere Aktiengattungen und wurden für diese unterschiedliche Abfindungsbeträge festgelegt, müssen die jeweiligen Beträge gesondert angegeben werden.[112] Nicht erforderlich ist es indes, die ggf. den Inhabern von Optionen oder Wandlungs- bzw. Optionsrechten zu gewährende Kompensation (vgl. Rn. 61 f.) bereits in der Einberufung zu nennen, da die Inhaber dieser Rechte als solche gar nicht an der Hauptversammlung teilnehmen dürfen und über den Entzug der ihnen zustehenden Rechte von der Hauptversammlung auch nur implizit im Rahmen des Übertragungsbeschlusses entschieden wird.[113]

38 Nach hM müssen Vorstand und Aufsichtsrat auch zum Squeeze Out gem. § 124 Abs. 3 Satz 1 AktG **Beschlussvorschläge** unterbreiten.[114] Da der Squeeze Out ausschließlich auf Initiative eines Aktionärs erfolgt und durchgeführt werden kann, ist es indes gerechtfertigt, analog § 124 Abs. 3 Satz 2 AktG Beschlussvorschläge der Verwaltungsorgane nicht zur zwingenden Beschlussvoraussetzung zu erklären.[115] Angesichts der bestehenden Rechtsunsicherheit und weil Vorstand und Aufsichtsrat auch in den Fällen des § 124 Abs. 3 Satz 2 AktG zur Unterbreitung eigener Beschlussvorschläge berechtigt sind, empfiehlt es sich in der Praxis, Vorstand und Aufsichtsrat vorsorglich eigene Beschlussvorschläge unterbreiten zu lassen. Sie sind in diesem Fall ausschließlich dem Gesellschaftsinteresse verpflichtet und können

---

[107] MHdB GesR IV/*Austmann* § 74 Rn. 59.
[108] *Hüffer/Koch* AktG § 327c Rn. 2; Hölters/*Müller-Michaels* AktG § 327c Rn. 3; Spindler/Stilz/*Singhof* AktG § 327c Rn. 3.
[109] Hölters/*Müller-Michaels* AktG § 327c Rn. 3; Schmidt/Lutter/*Schnorbus* AktG § 327c Rn. 1; Spindler/Stilz/*Singhof* AktG § 327c Rn. 3.
[110] *Hüffer/Koch* AktG § 327c Rn. 2; Hölters/*Müller-Michaels* AktG § 327c Rn. 3; Spindler/Stilz/*Singhof* AktG § 327c Rn. 3.
[111] Hölters/*Müller-Michaels* AktG § 327c Rn. 3; Spindler/Stilz/*Singhof* AktG § 327c Rn. 3.
[112] Hölters/*Müller-Michaels* AktG § 327c Rn. 3; Spindler/Stilz/*Singhof* AktG § 327c Rn. 3; MHdB GesR IV/*Austmann* § 74 Rn. 60.
[113] AA Hölters/*Müller-Michaels* AktG § 327c Rn. 3; Spindler/Stilz/*Singhof* AktG § 327c Rn. 3.
[114] LG Frankfurt 3/5 O 107/03, NZG 2004, 672 (673 f.); *Emmerich/Habersack* AktG § 327c Rn. 20; Großkomm. AktG/*Fleischer* § 327a Rn. 60; *Hüffer/Koch* AktG § 327a Rn. 11; Hölters/*Müller-Michaels* § 327c Rn. 5; MHdB GesR IV/*Austmann* § 74 Rn. 62; *Lieder/Stange* Der Konzern 2008, 617 (618).
[115] Kölner Komm./*Koppensteiner* AktG § 327c Rn. 16; Schmidt/Lutter/*Schnorbus* AktG § 327c Rn. 3; Spindler/Stilz/*Singhof* AktG § 327c Rn. 19; *Krieger* BB 2002, 53 (59).

daher, sofern sie den Squeeze Out als für die Gesellschaft insgesamt nachteilig erachten, auch ablehnende Beschlussvorschläge unterbreiten.[116]

bb) Informationspflichten. Wie auch bei anderen Strukturmaßnahmen (vgl. zB § 293f AktG) verlangt § 327c Abs. 3 AktG, dass bestimmte, für die Information der Minderheitsaktionäre **wesentliche Informationen ab der Einberufung und bis zum Schluss der Hauptversammlung**[117] **zugänglich zu machen** sind. Im Einzelnen handelt es sich um den Entwurf des Übertragungsbeschlusses, die Jahresabschlüsse und Lageberichte der Gesellschaft für die letzten drei Geschäftsjahre, den Übertragungsbericht des Hauptaktionärs und den Prüfungsbericht des gerichtlich bestellten sachverständigen Prüfers. Die Aufzählung in § 327c Abs. 3 AktG ist abschließend.[118] Daher sind insbesondere die Konzernabschlüsse und -lageberichte der Gesellschaft nicht zwingend zugänglich zu machen.[119] Da die im Rahmen der Unternehmensbewertung zu berücksichtigenden Vergangenheitszahlen jedoch Konzernzahlen sind, ist es im Interesse einer vernünftigen Information der Minderheitsaktionäre empfehlenswert und praktisch auch gebräuchlich, die Konzernabschlussunterlagen auf freiwilliger Basis zugänglich zu machen.[120] Gleiches gilt für die in § 327c Abs. 3 AktG ebenfalls nicht genannte Gewährleistungserklärung (§ 327b Abs. 3 AktG), wobei den Minderheitsaktionären insoweit ohnehin ein Einsichtsrecht nach § 810 BGB zusteht.[121]

Soweit das Gesetz von den Jahresabschlüssen und Lageberichten für die letzten drei Geschäftsjahre spricht, sind die letzten **drei Geschäftsjahre** gemeint, **für die** diese **Abschlussunterlagen** entweder tatsächlich **vorliegen oder** aufgrund der handelsrechtlichen Vorgaben **vorliegen müssten**.[122] Andernfalls könnten während der ersten drei bis vier Monate (abhängig von der für die Aufstellung und Prüfung benötigten Zeit, bei kleinen Kapitalgesellschaften iSd § 267 Abs. 1 HGB uU sogar noch länger) keine Übertragungsbeschlüsse gefasst werden, was vom Gesetzgeber nicht beabsichtigt war. Soweit Unterlagen nicht vorliegen können (weil die Gesellschaft noch keine drei Jahre besteht) oder müssen (weil die Gesellschaft als kleine Kapitalgesellschaft keinen Lagebericht erstellt), besteht natürlich auch keine Pflicht, solche Unterlagen den Aktionären zugänglich zu machen.[123]

Entsprechend den Parallelvorschriften in §§ 175 Abs. 2 und 293f AktG sieht auch § 327c AktG vor, dass die genannten Unterlagen grundsätzlich von der Einberufung an in dem Geschäftsraum der Gesellschaft zur Einsicht der Aktionäre auszulegen (Abs. 3) und auf Verlangen jedem Aktionäre unverzüglich und kostenlos Abschriften der Unterlagen zu erteilen sind (Abs. 4). Da das Gesetz vom Geschäftsraum der Gesellschaft und nicht von ihrem Sitz spricht, genügt es, wenn die Unterlagen am

---

[116] MünchKomm. AktG/Bd. 5/*Grunewald* § 327c Rn. 12; Spindler/Stilz/*Singhof* AktG § 327c Rn. 19; MHdB GesR IV/*Austmann* § 74 Rn. 62.
[117] MHdB GesR IV/*Austmann* § 74 Rn. 65.
[118] BGH II ZR 302/06, BGHZ 180, 154 Rn. 29; OLG Düsseldorf 6 U 69/08, AG 2010, 711 (714); *Hüffer/Koch* AktG § 327c Rn. 6; Hölters/*Müller-Michaels* AktG § 327c Rn. 21; Spindler/Stilz/*Singhof* AktG § 327c Rn. 11.
[119] AA noch OLG Celle 9 U 55/03, AG 2004, 206 und OLG München 23 U 2306/06, NZG 2007, 192 (193).
[120] MHdB GesR IV/*Austmann* § 74 Rn. 64.
[121] MHdB GesR IV/*Austmann* § 74 Rn. 63; für eine Rechtspflicht Heidel/*Heidel/Lochner* AktG § 327c Rn. 8; *Vossius* ZIP 2002, 511 (513 f.).
[122] *Hüffer/Koch* AktG § 327c Rn. 6; Hölters/*Müller-Michaels* AktG § 327c Rn. 22; Spindler/Stilz/*Singhof* AktG § 327c Rn. 11; MHdB GesR IV/*Austmann* § 74 Rn. 64.
[123] Großkomm. AktG/*Fleischer* § 327c Rn. 51; Hölters/*Müller-Michaels* AktG § 327c Rn. 22.

Sitz der Hauptverwaltung vorgehalten werden.[124] Seit Inkrafttreten des ARUG kann auf diese papiergebundene Informationsversorgung verzichtet werden, wenn die Unterlagen ab der Einberufung und bis zur Hauptversammlung über die Internetseite der Gesellschaft zugänglich sind (§ 327c Abs. 5 AktG).

b) Durchführung der Hauptversammlung

42 aa) **Information der Aktionäre.** Nach § 327d Satz 1 AktG sind die in § 327c Abs. 3 AktG bezeichneten Unterlagen auch **in der Hauptversammlung zugänglich** zu machen. Eine Auslegung in Papierform ist heutzutage nicht mehr nötig, aber nach wie vor zulässig[125] und unverändert gebräuchlich. Alternativ können die Unterlagen in elektronischer Form – regelmäßig über Informationsterminals im Hauptversammlungsbereich – zugänglich gemacht werden. In jedem Fall ist es erforderlich, dass die Unterlagen in mehrfacher Ausfertigung vorrätig sind bzw. abgerufen werden können, damit die Aktionäre sich in angemessener Zeit informieren können.[126] Die Information muss bis zum Schluss der Hauptversammlung und nicht lediglich bis zur Beschlussfassung über den Squeeze Out möglich sein, da auch anschließend im Hinblick auf mögliche Klagen gegen den Übertragungsbeschluss noch ein Informationsbedürfnis bestehen kann.[127]

43 Auch wenn es in § 327d AktG nicht ausdrücklich geregelt ist, so ist der Vorstand doch nach allg. Grundsätzen (vgl. §§ 176 Abs. 1 Satz 2, 293g Abs. 2 Satz 1 AktG, § 64 Abs. 1 Satz 2 UmwG) verpflichtet, die **Vorlagen zu Beginn der Verhandlung zu erläutern**.[128] Dafür spricht nicht zuletzt § 327d Satz 2 AktG, der eine Erläuterung voraussetzt und es ausnahmsweise zulässt, dass diese zumindest partiell dem Hauptaktionär überlassen wird.[129] Der Hauptaktionär ist freilich nicht zur Erläuterung des Entwurfs des Übertragungsbeschlusses oder der Bemessung der Höhe der Barabfindung verpflichtet und in der Praxis kommt es auch allenfalls vereinzelt vor, dass der Hauptaktionär sich selbst gegenüber der Hauptversammlung äußert.

44 Das Auskunftsrecht der Aktionäre nach § 131 Abs. 1 AktG richtet sich auch hinsichtlich des Übertragungsbeschlusses gegen den Vorstand.[130] Entsprechend § 327d Satz 2 AktG kann der Vorstand die Beantwortung von Fragen der Minderheitsaktionäre zwar dem Hauptaktionär überlassen,[131] doch wird auch dies in der Praxis kaum genutzt. Das **Auskunftsrecht** erstreckt sich grundsätzlich auf alle für den **Unternehmenswert relevanten Umstände** sowie auf die **Voraussetzungen des Übertragungsbeschlusses**.[132] Da die Unternehmensbewertung für die Minderheitsaktionäre von besonderem Interesse ist, kann sich der Vorstand auf die

---

[124] BGH II ZR 229/09, WM 2011, 1032 (1034) (zust. Anm. *Goslar*, EWiR 2011, 329); Schmidt/Lutter/*Schnorbus* AktG § 327c Rn. 26; Hensler/Strohn/*Wilsing* AktG § 327c Rn. 5; a**A** wohl Hölters/*Müller-Michaels* AktG § 327c Rn. 21 und Spindler/Stilz/*Singhof* AktG § 327c Rn. 11 (Satzungssitz).

[125] *Hüffer/Koch* AktG § 327d Rn. 2; Hölters/*Müller-Michaels* AktG § 327d Rn. 2.

[126] *Hüffer/Koch* AktG § 327d Rn. 2; MHdB GesR IV/*Austmann* § 74 Rn. 67.

[127] *Hüffer/Koch* AktG § 327d Rn. 2; Hölters/*Müller-Michaels* AktG § 327d Rn. 2.

[128] *Hüffer/Koch* AktG § 327d Rn. 4; Hölters/*Müller-Michaels* AktG § 327d Rn. 4; Hensler/Strohn/*Wilsing* AktG § 327d Rn. 2; MHdB GesR IV/*Austmann* § 74 Rn. 67.

[129] Hölters/*Müller-Michaels* AktG § 327d Rn. 4.

[130] *Hüffer/Koch* AktG § 327d Rn. 4; Hölters/*Müller-Michaels* AktG § 327d Rn. 5; Spindler/Stilz/*Singhof* AktG § 327d Rn. 6; MHdB GesR IV/*Austmann* § 74 Rn. 69.

[131] OLG Stuttgart 20 W 6/03, ZIP 2003, 2363 (2364); MHdB GesR IV/*Austmann* § 74 Rn. 69.

[132] Spindler/Stilz/*Singhof* AktG § 327d Rn. 5.

A. Der aktienrechtliche Squeeze Out 45–47 § 15

Auskunftsverweigerungsgründe in § 131 Abs. 3 Nr. 3, 4 und 6 AktG regelmäßig nicht berufen.[133] Die Verhältnisse und Angelegenheiten des Hauptaktionärs sind vom Auskunftsrecht nicht umfasst, da diese beim Squeeze Out unerheblich sind, so dass eine analoge Anwendung von § 293g Abs. 2 AktG nicht geboten ist.[134] Dies gilt auch für die Bonität des Hauptaktionärs, da die Minderheitsaktionäre durch die Gewährleistungserklärung geschützt sind.[135]

bb) Beschlussfassung. Der Übertragungsbeschluss bedarf vorbehaltlich einer 45 abweichenden Regelung in der Satzung der **einfachen Mehrheit der abgegebenen Stimmen** (§ 133 Abs. 1 AktG).[136] Der Hauptaktionär ist bei der Beschlussfassung stimmberechtigt. Weder ist § 136 Abs. 1 AktG analog anwendbar noch ergibt sich aus allg. Grundsätzen ein Stimmverbot.[137] Vorzugsaktionäre sind nicht stimmberechtigt; eines Sonderbeschlusses bedarf es nicht, weil der Übertragungsbeschluss weder unter § 179 Abs. 3 noch unter § 141 Abs. 1 oder 2 AktG fällt.[138] Dies ist verfassungsrechtlich unproblematisch.[139]

Bei der **KGaA** bedarf der Übertragungsbeschluss nicht der Zustimmung der 46 persönlich haftenden Gesellschafter gem. § 285 Abs. 2 Satz 1 AktG, obwohl es sich um ein Grundlagengeschäft handelt. Dies ist in § 327a Abs. 1 Satz 2 AktG klargestellt, ergibt sich aber bereits daraus, dass persönlich haftende Gesellschafter keine Kommanditaktionäre und somit vom Übertragungsbeschluss nicht betroffen sind.[140]

c) Mängel des Übertragungsbeschlusses

aa) Inhaltsmängel. Wie grundsätzlich jeder andere Hauptversammlungsbe- 47 schluss kann auch der Übertragungsbeschluss zunächst gem. § 243 Abs. 1 AktG wegen eines inhaltlichen Mangels angefochten werden. Allerdings unterliegt der Übertragungsbeschluss keiner materiellen Beschlusskontrolle, sondern trägt seine Berechtigung in sich selbst.[141] Eine Anfechtung wegen des in dem Minderheitsausschluss liegenden Sondervorteils iSd § 243 Abs. 2 AktG zu Gunsten des Hauptaktionärs oder wegen vermeintlich unangemessen niedriger Barabfindung ist nach § 327f Satz 1 AktG ausdrücklich ausgeschlossen. Die Bedeutung der Anfechtung wegen Inhaltsmängeln ist daher beim Übertragungsbeschluss gering.[142] Soweit dem Hauptaktionär im Zeitpunkt des Übertragungsbeschlusses keine Aktien in Höhe

---

[133] MHdB GesR IV/*Austmann* § 74 Rn. 69.
[134] Hölters/*Müller-Michaels* AktG § 327d Rn. 6; Spindler/Stilz/*Singhof* AktG § 327d Rn. 5; MHdB GesR IV/*Austmann* § 74 Rn. 69.
[135] Kölner Komm./*Koppensteiner* AktG § 327d Rn. 7; MHdB GesR IV/*Austmann* § 74 Rn. 69.
[136] Hüffer/Koch AktG § 327a Rn. 14; Hölters/*Müller-Michaels* AktG § 327a Rn. 18; MHdB GesR IV/*Austmann* § 74 Rn. 70.
[137] Hüffer/Koch AktG § 327a Rn. 14; Hölters/*Müller-Michaels* AktG § 327a Rn. 18; MHdB GesR IV/*Austmann* § 74 Rn. 70.
[138] OLG Düsseldorf 16 U 59/04, NZG 2005, 347 (349) (zust. Anm. *Wilsing*, EWiR 2005, 495 f.); Hüffer/Koch AktG § 327a Rn. 14; Hölters/*Müller-Michaels* AktG § 327a Rn. 18; MHdB GesR IV/*Austmann* § 74 Rn. 70.
[139] BVerfG 1 BvR 861/06, WM 2007, 1884.
[140] Begr. RegE BT-Drs. 14/7034, 72; Hölters/*Müller-Michaels* AktG § 327a Rn. 28.
[141] BGH II ZR 302/06, NZG 2009, 585 (587); Großkomm. AktG/*Fleischer* § 327a Rn. 75; Hüffer/Koch AktG § 327a Rn. 1; Hölters/*Müller-Michaels* AktG § 327a Rn. 20; Spindler/Stilz/ *Singhof* AktG § 327a Rn. 14; MHdB GesR IV/*Austmann* § 74 Rn. 73.
[142] Zu denkbaren Inhaltsmängeln vgl. Großkomm. AktG/*Fleischer* § 327f Rn. 9.

von mindestens 95% des Grundkapitals gehören, ist der Übertragungsbeschluss nach hM nicht lediglich anfechtbar, sondern nach § 241 Nr. 3 AktG nichtig.[143]

48 **bb) Rechtsmissbräuchlichkeit.** Auch wenn der Übertragungsbeschluss keiner sachlichen Rechtfertigung bedarf, so wird für verschiedene Konstellationen eine Anfechtbarkeit unter dem Gesichtspunkt des Rechtsmissbrauchs wegen **treuwidriger Ausnutzung der §§ 327a ff. AktG** durch den Hauptaktionär diskutiert. Konkret handelt es sich um Fälle der Treuwidrigkeit, der nur vorübergehenden Erlangung der Hauptaktionärseigenschaft, des Rechtsformwechsels der Gesellschaft in die Rechtsform der AG oder KGaA für Zwecke des Squeeze Out und des venire contra factum proprium.[144]

49 Bei der Beurteilung ist zu berücksichtigen, dass nach Ansicht des BGH die Frage des Rechtsmissbrauchs nicht anhand der Ziele des Vorgehens, sondern nur in Relation zur gesetzgeberischen Zielsetzung zu beurteilen ist, die darin besteht, im Interesse einer effizienten Unternehmensführung die Ausschließung einer kleinen Aktionärsminderheit zu ermöglichen.[145] Ausgehend von dieser Überlegung hat der BGH es im Jahr 2009 für rechtens erklärt, dass ein Aktionär die Hauptaktionärseigenschaft potentiell nur vorübergehend mittels eines Wertpapierdarlehens erwirbt.[146] Dies bedeutet zugleich, dass der Rechtsmissbrauchseinwand jedenfalls auch dann ausscheidet, wenn mehrere Aktionäre ihre Anteile zum Zwecke des Minderheitsausschluss dinglich bündeln. Erlangt der Hauptaktionär die Mindestbeteiligung durch eine Kapitalerhöhung unter Ausschluss des Bezugsrechts, durch einen Rückerwerb eigener Aktien durch die Gesellschaft oder durch eine Verschmelzung, scheidet der Einwand missbräuchlichen Verhaltens ebenfalls in aller Regel aus.[147] Gleiches gilt für einen Formwechsel der Gesellschaft in die Rechtsform der AG oder KGaA, da dieser nach der gesetzgeberischen Intention für die §§ 327a ff. AktG gerade sinnvoll sein kann.[148] Auf der Grundlage der umstr. Rechtsprechung des BGH, nach der eine Verletzung einer alle Aktionäre bindenden vertraglichen Abrede zur Anfechtung berechtigen kann,[149] ist ein Rechtsmissbrauch hingegen in dem – praktisch wohl

---

[143] OLG München 7 W 1056/04, AG 2004, 455; OLG München 23 U 2306/06, NZG 2007, 192 (193); *Hüffer/Koch* AktG § 327a Rn. 19; Großkomm. AktG/*Fleischer* § 327f Rn. 6 mwN; offen gelassen in BGHZ 189, 32 Rn. 27; aA DAV-Handelsrechtsausschuss NZG 2001, 420 (431); MünchKomm. AktG/Bd. 5/*Grunewald* § 327a Rn. 17; *Mertens* AG 2002, 377 (382 f.)

[144] Vgl. die Fallgruppen bei Spindler/Stilz/*Singhof* AktG § 327a Rn. 25 ff.; ähnlich *Hüffer/Koch* AktG § 327a Rn. 20 ff.; Schmidt/Lutter/*Schnorbus* AktG § 327 f Rn. 14 ff.

[145] BGH II ZR 302/06, BGHZ 180, 154. Abzulehnen daher OLG Köln 18 AktG 1/17, ZIP 2017, 2468, das einen (verschmelzungsrechtlichen) Squeeze Out für rechtsmissbräuchlich hält, wenn dieser (auch) der Vereitelung der Geltendmachung von Ersatzansprüchen durch einen besonderen Vertreter dient.

[146] BGH II ZR 302/06, BGHZ 180, 154.

[147] Ausführlich *Goslar/von der Linden* BB 2009, 1986 (1990 ff.) mwN zum Streitstand. Eine andere, hier nicht zu klärende Frage ist, ob ein etwaiger Kapitalerhöhungsbeschluss anfechtbar ist oder der Vorstand sich bei Ausnutzung eines genehmigten Kapitals oder einem Rückerwerb eigener Aktien pflichtwidrig verhält.

[148] OLG Hamburg 11 U 288/05, BB 2008, 2199 (2200 f.); Spindler/Stilz/*Singhof* AktG § 327f Rn. 18; *Goslar/von der Linden* BB 2009, 1986 (1992 f.); *Rieder* ZGR 2009, 981 (985); *Schröder/Wirsch* ZGR 2012, 660; aA *Emmerich/Habersack* AktG § 327a Rn. 29; Großkomm. AktG/*Fleischer* § 327a Rn. 78; MünchKomm. AktG/Bd. 5/*Grunewald* § 327a Rn. 24; Spindler/ Stilz/*Singhof* AktG § 327a Rn. 27.

[149] BGH V ZR 306/81, NJW 1983, 1310 (1311); II ZR 240/85, NJW 1987, 1890 (1892) (jeweils zur GmbH); aA *Hüffer/Koch* AktG § 243 Rn. 10 mwN auch zur Gegenansicht.

kaum vorkommenden – Fall denkbar, dass ein Aktionär gegen eine allen Minderheitsaktionären gemachte Zusage, keinen Squeeze Out zu betreiben, verstößt.[150]

cc) Verfahrensfehler. Praktisch ungleich bedeutsamer ist die Anfechtung des Übertragungsbeschlusses wegen vermeintlicher Verfahrensmängel. Zu denken ist hier zunächst an Einberufungsmängel oder sonstige allg. **Fehler bei der Vorbereitung und Durchführung der Hauptversammlung.**[151] Für die praktisch wichtigste Fallgruppe der Informationsmängel ist § 243 Abs. 4 Satz 2 AktG zu beachten, der eine Anfechtung wegen unrichtiger, unvollständiger oder unzureichender Informationen in der Hauptversammlung über die Ermittlung, Höhe oder Angemessenheit der Barabfindung ausschließt. Nicht erfasst von § 243 Abs. 4 Satz 2 AktG ist allerdings die vollständige unberechtigte Auskunftsverweigerung,[152] weshalb man in der Hauptversammlung stets bemüht sein wird, bewertungsbezogene Fragen zumindest im Ansatz zu beantworten. Ferner gilt § 243 Abs. 4 Satz 2 AktG nur für Informationsmängel in der Hauptversammlung.[153] Mängel des Übertragungsberichts sind somit anfechtungsrechtlich nicht privilegiert. Aufgrund der Unabhängigkeit des gerichtlich bestellten sachverständigen Prüfers begründen inhaltliche Mängel des Prüfungsberichts hingegen regelmäßig keine Anfechtbarkeit des Übertragungsbeschlusses.[154]

7. Anmeldung und Eintragung des Übertragungsbeschlusses

a) Anmeldung

Gemäß § 327e Abs. 1 Satz 1 AktG hat der Vorstand der Gesellschaft den Übertragungsbeschluss zur Eintragung in das Handelsregister anzumelden. Allerdings kann die Anmeldung nicht mittels Zwangsgeld durchgesetzt werden. Zwar ist § 327e Abs. 1 Satz 1 AktG in § 407 Abs. 2 AktG nicht genannt, doch handelt es sich dabei um ein offenbares Redaktionsversehen.[155] Die Anmeldung kann grundsätzlich unmittelbar nach der Hauptversammlung verfolgen. Da die Eintragung jedoch erst nach der sog. Negativerklärung durch den Vorstand oder der Vorlage eines Freigabebeschlusses (vgl. Rn. 52 ff.) erfolgen und erstere vor Ablauf der Anfechtungsfrist nicht verbindlich abgegeben werden kann, genügt es, wenn die Anmeldung später zusammen mit der Vorlage dieser weiteren Unterlage vorgenommen wird. Der Anmeldung sind nach § 327e Abs. 1 Satz 2 AktG die Niederschrift des Übertragungsbeschlusses und seine Anlagen in Ausfertigung oder öffentlich beglaubigter Abschrift beizufügen. **Anlagen** des Übertragungsbeschlusses sind nur die **Belege über die Einberufung** der Hauptversammlung (§ 130 Abs. 3 AktG), nicht aber die im Vorfeld und während der Hauptversammlung zugänglich zu machenden

---

[150] So für den Übertragungsbeschluss ausdrücklich *Emmerich/Habersack* AktG § 327a Rn. 31; MünchKomm. AktG/Bd. 5/*Grunewald* § 327a Rn. 25.
[151] Ausführliche Übersicht bei *Gärtner/Rose/Reul* S. 13 ff.
[152] RegBegr. RegE BT-Drs. 15/5092, 26; Hölters/*Englisch* AktG § 243 Rn. 96; *Hüffer/Koch* AktG § 243 Rn. 47c; Spindler/Stilz/*Würthwein* § 243 Rn. 259.
[153] RegBegr RegE BT-Drs. 15/5092, 26; Hölters/*Englisch* AktG § 243 Rn. 96; *Hüffer/Koch* AktG § 243 Rn. 47c; Spindler/Stilz/*Würthwein* AktG § 243 Rn. 259.
[154] OLG Hamm 27 W 3/05, ZIP 2005, 1457 (1460); LG München I 5 HKO 12861/07, BeckRS 2009, 09412.
[155] *Hüffer/Koch* AktG § 327e Rn. 2; Hölters/*Müller-Michaels* AktG § 327e Rn. 2; Schmidt/Lutter/*Schnorbus* AktG § 327e Rn. 2; Spindler/Stilz/*Singhof* AktG § 327e Rn. 2; aA MünchKomm. AktG/Bd. 5/*Grunewald* § 327e Rn. 3.

Unterlagen.¹⁵⁶ Da einige Registergerichte aber auch die Einreichung jedenfalls eines Teils dieser Unterlagen verlangen, empfiehlt es sich in der Praxis zur Vermeidung von Verzögerungen, diese von vornherein der Registeranmeldung beizufügen.¹⁵⁷

b) Negativerklärung

52 Gemäß § 327e Abs. 2 iVm § 319 Abs. 5 Satz 1 AktG hat der Vorstand bei der Anmeldung zu erklären, dass eine Klage gegen die Wirksamkeit des Übertragungsbeschlusses nicht erhoben oder eine solche Klage rechtskräftig abgewiesen oder zurückgenommen worden ist;¹⁵⁸ hierüber hat der Vorstand dem Registergericht auch nach der Anmeldung Mitteilung zu machen. Liegt die Erklärung nicht vor, so darf der Übertragungsbeschluss nicht eingetragen werden (sog. **Registersperre**), es sei denn, dass – praktisch kaum denkbar – alle klageberechtigten Aktionäre durch notariell beurkundete Verzichtserklärung auf die Klage gegen die Wirksamkeit des Übertragungsbeschlusses verzichten (§ 327e Abs. 2 iVm § 319 Abs. 5 Satz 2 AktG). Die Negativerklärung ist außerdem im Falle eines Squeeze Out nach dem FMStBG nicht erforderlich (§ 12 Abs. 4 Satz 3 iVm § 7c Satz 2 FMStBG).

c) Freigabeverfahren

53 Der Negativerklärung nach § 327e Abs. 2 iVm § 319 Abs. 5 Satz 1 AktG steht es gem. § 327e Abs. 2 iVm § 319 Abs. 6 Satz 1 AktG gleich, wenn nach Erhebung einer Klage gegen die Wirksamkeit des Übertragungsbeschlusses das Gericht auf Antrag der Gesellschaft, gegen deren Hauptversammlungsbeschluss sich die Klage richtet, durch Beschluss festgestellt hat, dass die Erhebung der Klage der Eintragung nicht entgegensteht (sog. **Freigabeverfahren**). Zuständig ist nach § 319 Abs. 6 Satz 7 AktG das Oberlandesgericht, in dessen Bezirk die Gesellschaft ihren Sitz hat. Dessen Entscheidung ist unanfechtbar (§ 319 Abs. 6 Satz 9 AktG). Im Freigabeverfahren wird die Gesellschaft, anders als bei der Anfechtungsklage (§ 246 Abs. 2 Satz 2 AktG) ausschließlich durch den Vorstand vertreten.¹⁵⁹ Dieser hat über die Einleitung eines Freigabeverfahrens nach pflichtgemäßem Ermessen zu entscheiden, wobei den Erfolgsaussichten der Klage eine besondere Bedeutung zukommt.

54 Ein Freigabebeschluss darf nach § 327e Abs. 2 iVm § 319 Abs. 6 Satz 3 AktG nur ergehen, wenn die Klage offensichtlich unzulässig oder unbegründet ist (Nr. 1), der Kläger nicht binnen einer Woche nach Zustellung des Freigabeantrags durch Urkunden nachweist, dass er seit Bekanntmachung der Einberufung einen anteiligen Betrag von mindestens 1.000 EUR hält (Nr. 2) oder das alsbaldige Wirksamwerden des Übertragungsbeschlusses vorrangig erscheint, weil die von der Gesellschaft dargelegten wesentlichen Nachteile für sie und ihre Aktionäre nach freier Überzeugung des Gerichts die Nachteile für den Kläger überwiegen, es sei denn, es liegt eine besondere Schwere des Rechtsverstoßes vor (Nr. 3). Eine Klage ist offensichtlich

---

¹⁵⁶ *Hüffer/Koch* AktG § 327e Rn. 2; *Hölters/Müller-Michaels* AktG § 327e Rn. 2; *Spindler/Stilz/Singhof* AktG § 327e Rn. 3; MHdB GesR IV/*Austmann* § 74 Rn. 76; **aA** *Schmidt/Lutter/Schnorbus* AktG § 327e Rn. 4.

¹⁵⁷ So zB auch Großkomm. AktG/*Fleischer* § 327e Rn. 3.

¹⁵⁸ Muster für eine Handelsregisteranmeldung samt Negativerklärung bei BeckFormB M&A/*Seibt* M.III.9.

¹⁵⁹ OLG Düsseldorf 17 U 63/08, AG 2009, 535; OLG Frankfurt 5 W 22/07, ZIP 2008, 138; OLG Hamm 27 W 3/05, ZIP 2005, 1457 (1458); *Hölters/Müller-Michaels* AktG § 327e Rn. 6; *Spindler/Stilz/Singhof* AktG § 327e Rn. 6; MHdB GesR IV/*Austmann* § 74 Rn. 78; **aA** OLG Köln 18 AktG 1/17, ZIP 2017, 2468 (2469).

A. Der aktienrechtliche Squeeze Out 55 § 15

unbegründet, wenn das Gericht nach sorgfältiger Prüfung aller tatsächlichen Fragen und vollständiger rechtlicher Prüfung zu der Überzeugung gelangt, dass sich die **Unbegründetheit der Klage mit hoher Wahrscheinlichkeit** vorhersagen lässt; auf den für diese Prognose erforderlichen Prüfungsaufwand kommt es nicht an.[160] Der Umstand, dass zu einer Rechtsfrage unterschiedliche Ansichten vertreten werden, steht der Feststellung der offensichtlichen Unbegründetheit nicht entgegen.[161] Der Freigabegrund des § 327e Abs. 2 iVm § 319 Abs. 6 Satz 3 Nr. 2 AktG spielt zwar in der Gerichtspraxis eine eher geringe Rolle,[162] hat aber dazu geführt, dass die Zahl der Klagen gegen Übertragungsbeschlüsse deutlich zurückgegangen ist. Während über lange Zeit die meisten Freigabebeschlüsse auf die offensichtliche Unbegründetheit der Klage gestützt wurden, hat in letzter Zeit die Freigabe aufgrund einer Interessenabwägung nach § 327e Abs. 2 iVm § 319 Abs. 6 Satz 3 Nr. 3 AktG vermehrt an Bedeutung gewonnen.[163] In die Abwägung sind dabei nicht nur diejenigen Nachteile einzubeziehen, die der Gesellschaft und dem Hauptaktionär infolge eines Aufschubs der Eintragung drohen, sondern auch solche, die mit einem Erfolg der Klage und damit der Nichteintragung des Übertragungsbeschlusses einhergingen.[164] Die Eilbedürftigkeit der Eintragung ist somit nicht das entscheidende Kriterium.[165] Das bloße Interesse des Hauptaktionärs an einer Vereinfachung der Entscheidungsabläufe mag vor diesem Hintergrund zwar in der Tat für eine Freigabe nicht ausreichend sein,[166] wohl aber sein Interesse an nicht unerheblichen Kosteneinsparungen, zu denen auch die Vermeidung der Kosten für eine Wiederholung der Hauptversammlung für die Beschlussfassung über den Squeeze Out zählt.[167]

d) Prüfung der Eintragungsvoraussetzungen

Das Registergericht ist berechtigt, die formellen und materiellen Voraussetzungen des Squeeze Out eigenständig zu prüfen.[168] Entsprechend § 17 Nr. 1 Buchst. c

55

---

[160] Begr RegE UMAG BT-Drs. 15/5092, 29; Großkomm. AktG/*Fleischer* § 327e Rn. 25; Hölters/*Müller-Michaels* AktG § 327e Rn. 10; Spindler/Stilz/*Singhof* AktG § 327e Rn. 7; MHdB GesR IV/*Austmann* § 74 Rn. 79.
[161] OLG Frankfurt 23 W 14/08, BB 2008, 2540; Spindler/Stilz/*Singhof* AktG § 327e Rn. 7; aA Hölters/*Müller-Michaels* AktG § 327e Rn. 10.
[162] Vgl. OLG Bremen 2 U 51/12, AG 2013, 643 (644); OLG München 7 AktG 1/11, AG 2012, 45 (46) (keine Zusammenrechnung des Anteilsbesitzes mehrerer Kläger); KG 23 AktG 1/10, AG 2011, 170 (171); OLG Hamm 8 AktG 2/11, AG 2011, 826 (827); OLG Köln 18 U 323/11, BeckRS 2012, 03266; OLG Nürnberg 12 AktG 778/12, ZIP 2012, 2052 (2053 ff.) (Nachweis des Quorums auch dann erforderlich, wenn Quorum unstr. erreicht ist, aA insoweit OLG Frankfurt 5 AktG 4/11, AG 2012, 414 f.).
[163] Vgl. aus der Rechtsprechung OLG Hamm 18 U 28/14, BeckRS 2014, 11989; OLG Köln 18 U 28/14, BeckRS 2014, 11080.
[164] Zutreffend OLG Hamm 18 U 28/14, BeckRS 2014, 11989 unter Verweis auf BT-Drs. 15/5092, 29.
[165] AA LG Saarbrücken 7 I O 24/04, NZG 2004, 1012 (1014); *Hüffer/Koch* AktG § 327e Rn. 3b; Hölters/*Müller-Michaels* AktG § 327e Rn. 12; *E. Vetter* AG 2002, 176 (190).
[166] So OLG Bremen 2 U 51/12, AG 2013, 643 (647); *Hüffer/Koch* AktG § 327e Rn. 3b; Hölters/*Müller-Michaels* AktG § 327e Rn. 12.
[167] OLG Hamm 8 AktG 1/10, NZG 2011, 148 (150); 18 U 28/14, BeckRS 2014, 11989; OLG Köln 18 U 28/14, BeckRS 2014, 11080; tendenziell auch (allerdings mit der Einschränkung, dass Hauptversammlungskosten allein Freigabe nicht zu begründen vermögen) OLG Frankfurt 5 Sch 4/10, BeckRS 2011, 24255.
[168] MünchKomm. AktG/Bd. 5/*Grunewald* § 327e Rn. 4; *Emmerich/Habersack* AktG § 327e Rn. 4; Spindler/Stilz/*Singhof* AktG § 327e Rn. 4; MHdB GesR IV/*Austmann* § 74 Rn. 76.

RPflG ist diese Aufgabe dem Registerrichter vorbehalten.[169] Allerdings hat das Registergericht nicht zu prüfen, ob die Kapitalmehrheit von 95% nach wie vor besteht (vgl. Rn. 12). Auch hat es nicht zu prüfen, ob die festgelegte Barabfindung angemessen ist (arg. e § 327f AktG).[170] Bei einem Squeeze Out nach dem FMStBG darf das Registergericht die Eintragung nur bei offensichtlicher Nichtigkeit des Übertragungsbeschlusses ablehnen (§ 12 Abs. 4 Satz 3 iVm § 7c Satz 2 FMStBG). Das Registergericht hat die erfolgte Eintragung gem. § 10 HGB bekannt zu machen. Zu den Rechtsfolgen der Eintragung des Übertragungsbeschlusses vgl. Rn. 56 ff.

III. Rechtsfolgen der Eintragung des Übertragungsbeschlusses

1. Übergang der Aktien der Minderheitsaktionäre

a) Eigentumsübergang

56 Gemäß § 327e Abs. 3 Satz 1 AktG gehen mit der Eintragung des Übertragungsbeschlusses in das Handelsregister alle Aktien der Minderheitsaktionäre auf den Hauptaktionär über. Der **Übergang** der Aktien vollzieht sich **kraft Gesetzes**,[171] Mitwirkungshandlungen der Minderheitsaktionäre sind also nicht erforderlich. Etwaige dingliche Belastungen an den übergehenden Aktien setzen sich analog § 1287 Satz 1 BGB am Abfindungsanspruch fort.[172] Da es an einer § 20 Abs. 2 UmwG entsprechenden Regelung fehlt, wird der Eigentumsübergang mit Eintragung des Übertragungsbeschlusses nicht zwingend bestandskräftig.[173] Vielmehr können die Minderheitsaktionäre die Wiedereinräumung ihrer Aktionärsstellung Zug-um-Zug gegen Rückzahlung der Barabfindung verlangen (vgl. für den Sonderfall des Squeeze Out nach dem FMStBG ausdrücklich § 12 Abs. 4 Satz 4 FMStBG).[174] Etwas anderes gilt aber, wenn die Eintragung auf einer Freigabeentscheidung beruht. Für diesen Fall ordnen § 327e Abs. 2 iVm § 319 Abs. 6 Satz 11 AktG ausdrücklich an, dass nach erfolgter Eintragung Mängel des Beschlusses seine Durchführung unberührt lassen und die Beseitigung der Wirkungen der Eintragung auch nicht als Schadenersatz verlangt werden kann. Ein gutgläubiger Erwerb von Mitgliedschaftsrechten durch Erwerb von Aktienurkunden ist nach der Eintragung nicht mehr möglich, da dem die Handelsregistereintragung entgegensteht.[175]

b) Übertragung der Aktienurkunden

57 § 327e Abs. 3 Satz 2 AktG bestimmt, dass Aktienurkunden der Minderheitsaktionäre bis zu ihrer Aushändigung an den Hauptaktionär nur den Anspruch auf

---

[169] Großkomm. AktG/*Fleischer* § 327e Rn. 5; Spindler/Stilz/*Singhof* AktG § 327e Rn. 4 (mit dem Hinweis, dass in der Praxis teils über § 7 RPflG eine Verlagerung auf den Rechtspfleger erfolgt).

[170] Hüffer/Koch AktG § 327e Rn. 2; Spindler/Stilz/*Singhof* AktG § 327e Rn. 4.

[171] Begr. RegE BT-Drs. 14/7034, 73.

[172] Hüffer/Koch AktG § 327e Rn. 4; Hölters/*Müller-Michaels* AktG § 327e Rn. 13; Schmidt/Lutter/*Schnorbus* AktG § 327e Rn. 21; Habersack ZIP 2001, 1230 (1236 f.)

[173] BGH II ZR 229/09, BGHZ 189, 32; Hüffer/Koch AktG § 327e Rn. 4 f.; Spindler/Stilz/*Singhof* AktG § 327e Rn. 11; Schmidt/Lutter/*Schnorbus* AktG § 327e Rn. 32 f.; ebenso *Paschos/Johannsen-Roth* NZG 2006, 327.

[174] BGH II ZR 229/09, BGHZ 189, 32; Schmidt/Lutter/*Schnorbus* AktG § 327e Rn. 33; Spindler/Stilz/*Singhof* AktG § 327e Rn. 11; MHdB GesR IV/*Austmann* § 74 Rn. 86.

[175] Schmidt/Lutter/*Schnorbus* AktG § 327e Rn. 28; *Weißhaupt/Özdemir* ZIP 2007, 2110 (2112 f.).

Barabfindung verbriefen. Hierin liegt, wie bei § 320a Satz 2 AktG, eine Ausnahme zum Prinzip des § 952 Abs. 2 BGB, nachdem das Eigentum an der Urkunde eigentlich mit dem (ursprünglich) verbrieften Recht an den Hauptaktionär fallen würde.[176] Die Minderheitsaktionäre sind nur Zug-um-Zug gegen Zahlung der – mit Eintragung des Übertragungsbeschlusses sofort fällig werdenden[177] – Barabfindung zur Aushändigung der Aktienurkunden und der Übertragung des Eigentums an ihnen verpflichtet (§ 273 Abs. 1 BGB). Erst mit der Besitzübertragung erwirbt der Hauptaktionär analog § 797 Satz 2 BGB das Eigentum an diesen Aktienurkunden.[178] Ist – wie in der Praxis üblich – der Anspruch der Aktionäre auf Einzelverbriefung nach § 10 Abs. 5 AktG ausgeschlossen gewesen und sind die Aktien der Gesellschaft daher lediglich in einer oder mehreren Globalurkunden verbrieft, so erfolgt die Abwicklung des Squeeze Out über eine vom Hauptaktionär zu diesem Zweck eingeschaltete Bank, die über die Clearstream Banking AG die Barabfindung an die Depotbanken der Minderheitsaktionäre auszahlt und im Gegenzug die Aktien der Minderheitsaktionäre auf einem Konto des Hauptaktionärs bei sich verbuchen lässt.[179] In anderen Fällen müssen die Minderheitsaktionäre die Aktienurkunden bei einer vom Hauptaktionär benannten Stelle einreichen, um die Barabfindung zu erhalten.

Eine **Kraftloserklärung** der Aktien der Minderheitsaktionäre nach § 73 AktG ist bis zur Befriedigung der Barabfindungsansprüche nicht möglich, da die Aktienurkunden nicht unrichtig sind.[180] Etwas anderes gilt aber, soweit der Barabfindungsanspruch ausnahmsweise erfüllt wurde, ohne dass im Gegenzug die Aktienurkunden ausgehändigt wurden.[181] Dies kann insbesondere bei der Hinterlegung der Barabfindung (§§ 372 ff. BGB) von Bedeutung sein, die für den Hauptaktionär angesichts der in §§ 378 f. BGB genannten Rechtswirkungen von Interesse sein kann. Nach Aushändigung der Aktienurkunden an den Hauptaktionär verbriefen diese wieder das Mitgliedschaftsrecht, was sich schon aus dem Wortlaut des § 327e Abs. 3 Satz 2 AktG ergibt.[182] Die Verbriefung des Abfindungsanspruchs lebt nicht wieder auf, wenn der Hauptaktionär die Aktienurkunden nicht einbehält, sondern – als Sammlerstücke – eindeutig entwertet wieder in den Verkehr bringt.[183]

c) Minderheitsaktionäre

Die Rechtswirkungen des § 327e Abs. 3 AktG treffen nur die Minderheitsaktionäre der Gesellschaft. Zu diesen zählen neben dem Hauptaktionär auch solche Aktionäre nicht, deren Aktien dem Hauptaktionär nach § 327a Abs. 2 iVm § 16 Abs. 4

---

[176] Hölters/*Müller-Michaels* AktG § 327e Rn. 15; Schmidt/Lutter/Schnorbus AktG § 327e Rn. 28.
[177] Hölters/*Müller-Michaels* AktG § 327e Rn. 14.
[178] Hölters/*Müller-Michaels* AktG § 327e Rn. 15; Schmidt/Lutter/*Schnorbus* AktG § 327e Rn. 28.
[179] Schmidt/Lutter/*Schnorbus* AktG § 327e Rn. 29; Spindler/Stilz/*Singhof* AktG § 327e Rn. 11.
[180] *Hüffer/Koch* AktG § 320a Rn. 3; Spindler/Stilz/*Singhof* AktG § 327e Rn. 12; Schmidt/Lutter/*Schnorbus* AktG § 327e Rn. 28; MHdB GesR IV/*Austmann* § 74 Rn. 85; aA Münch-Komm. AktG/Bd. 5/*Grunewald* § 320a Rn. 3; *König* NZG 2006, 606 (607 f.).
[181] MHdB GesR IV/*Austmann* § 74 Rn. 85.
[182] *Emmerich/Habersack* AktG § 320a Rn. 6; Kölner Komm./*Koppensteiner* AktG § 320a Rn. 6; Spindler/Stilz/*Singhof* AktG § 320a Rn. 6; Marsch-Barner/Schäfer/*Eckhold* § 63 Rn. 15; aA MHdB GesR IV/*Austmann* § 74 Rn. 94.
[183] BGH II ZR 285/15, NZG 2017, 341.

AktG zugerechnet werden (zur Zurechnung Rn. 10f.).[184] Auch **eigene Aktien** der Gesellschaft gehen nach zutreffender Ansicht nicht auf den Hauptaktionär über.[185] Andernfalls würde die gesetzgeberische Intention, durch die Anwendbarkeit des § 16 Abs. 4 AktG das konzerninterne Umhängen von Beteiligungen entbehrlich zu machen, verfehlt. Zwar fallen von der Gesellschaft selbst gehaltene Aktien nicht unter § 16 Abs. 4 AktG, doch liegt das nur daran, dass diese Aktien bereits gem. § 327e Abs. 2 iVm § 16 Abs. 2 Satz 2 AktG vom Grundkapital abgezogen werden und somit bei Anwendung des § 16 Abs. 4 AktG der Hauptaktionär doppelt privilegiert wäre.

d) Bekanntmachungs- und Mitteilungspflichten

60   Die Eintragung des Squeeze Out dürfte für eine betroffene börsennotierte Gesellschaft eine Ad-hoc-Pflicht nach Art. 17 Abs. 1 MAR auslösen, da damit feststeht, dass die Zulassung der (nach Eintragung nur noch den Anspruch auf Barabfindung verbriefenden) Aktien zum organisierten Markt in naher Zukunft enden wird.[186] Eine Mitteilungspflicht nach § 50 Abs. 1 WpHG besteht hingegen jedenfalls nach der Verwaltungspraxis der BaFin nicht. Zwar ändert sich mit der Eintragung das mit den zugelassenen Aktien verbundene Recht vom Mitgliedschaftsrecht in den Barabfindungsanspruch (§ 327e Abs. 3 Satz 2 AktG),[187] doch steht die BaFin auf dem Standpunkt, dass Rechtsfolgen, die sich dem AktG entnehmen lassen, in der Regel nicht zu einer Veröffentlichungspflicht nach § 50 Abs. 1 WpHG führen.[188] Hat die Gesellschaft sog. American Depositary Receipts oder Anleihen ausgegeben, können unter den jeweiligen Bedingungen weitere Veröffentlichungspflichten bestehen. Schließlich muss die Gesellschaft[189] nach erfolgtem Aktienübergang auf den Hauptaktionär eine Mitteilung nach § 42 AktG zum Handelsregister einreichen. Der Hauptaktionär wiederum veröffentlicht in der Praxis unmittelbar vor der Auszahlung der Barabfindung sog. Abwicklungshinweise im Bundesanzeiger, in der er die ehemaligen Minderheitsaktionäre über die Modalitäten der Auszahlung der Barabfindung informiert.

---

[184] BT-Drs. 14/7034, 72; *Hüffer/Koch* AktG § 327e Rn. 4, § 327a Rn. 18; Hölters/*Müller-Michaels* AktG § 327e Rn. 13, § 327a Rn. 15; Schmidt/Lutter/*Schnorbus* AktG § 327e Rn. 27; MHdB GesR IV/*Austmann* § 74 Rn. 83, 19.

[185] Großkomm. AktG/*Fleischer* § 327e Rn. 44; MünchKomm. AktG/Bd. 5/*Grunewald* § 327e Rn. 10; *Hüffer/Koch* AktG § 327e Rn. 4; Kölner Komm./*Koppensteiner* AktG § 327e Rn. 12; Schmidt/Lutter/*Schnorbus* AktG § 327e Rn. 25 ff.; Spindler/Stilz/*Singhof* AktG § 327e Rn. 8; Hensseler/Strohn/*Wilsing* AktG § 327e Rn. 6; *Lieder/Stange* Der Konzern 2008, 617 (623 ff.); aA *Emmerich/Habersack* AktG § 327e Rn. 9; Heidel/*Heidel/Lochner* AktG § 327e Rn. 12; Hölters/*Müller-Michaels* AktG § 327e Rn. 13; *Habersack* ZIP 2001, 1230 (1236).

[186] Vgl. Emittentenleitfaden der BaFin (Stand: 28.4.2009), IV.2.2.4, S. 53, wonach ein Antrag des Emittenten auf Widerruf der Zulassung zum organisierten Markt grundsätzliche eine Ad-hoc-Pflicht begründen kann.

[187] Vermutlich deshalb für eine Mitteilungspflicht Hölters/*Müller-Michaels* AktG § 327e Rn. 16.

[188] Vgl. Emittentenleitfaden der BaFin (Stand: 22.7.2013), IX.6.2.2, S. 175 (zu § 30e WpHG aF).

[189] Nach Hölters/*Müller-Michaels* AktG § 327e Rn. 16; *Brändel* FS Kellermann S. 15, 19; *Lutter* AG 1994, 429 (435) trifft die Mitteilungspflicht gegenüber dem Handelsregister den Alleinaktionär.

2. Sonstige Rechtsfolgen

a) Auswirkungen auf sonstige Rechte

Nach hM haben die Inhaber von Optionen, Bezugsrechten oder Wandelanleihen 61
vergleichbar mit der Situation bei der Mehrheitseingliederung[190] einen **Anspruch
auf angemessene Barabfindung gegen den Hauptaktionär**.[191] Die Barabfindung
wird von dieser hM anhand des Marktwerts des jeweiligen Rechts im Zeitpunkt der
Beschlussfassung der Hauptversammlung nach den für die Bewertung von Optionen üblichen Verfahren (zB Black-Scholes-Modell) ermittelt.[192] Die Ansprüche des
genannten Personenkreises sollen analog § 327e Abs. 3 Satz 1 AktG auf den Hauptaktionär übergehen.[193] Die im Gegenzug zu gewährende Barabfindung soll sich nach
§ 327b Abs. 2 AktG analog verzinsen und analog § 327b Abs. 3 AktG durch eine
Gewährleistungserklärung abzusichern sein.[194] Teils wird darüber hinausgehend
vertreten, dass das Verlangen iSd § 327a Abs. 1 Satz 1 AktG und der Übertragungsbeschluss die Abfindung dieser Anspruchsinhaber beinhalten müssen.[195]

Der hM ist insoweit Recht zu geben, dass Optionen und ähnliche Rechte im 62
Falle des Squeeze Out nicht bei ihren bisherigen Inhabern fortbestehen können,
weil andernfalls der Bestandsschutz der Inhaber bloß schuldrechtlicher Ansprüche
weiter ginge als derjenige der Vollrechtsinhaber. Dies gilt entgegen einer teilweise
vertretenen Ansicht[196] auch, wenn die Bezugs- bzw. Optionsrechte sich auf Aktien
beziehen, die im Falle der vollständigen Ausübung aller Rechte mehr als 5% des
Grundkapitals ausmachen würden, da es sich um eine bloß theoretische Möglichkeit
handelt und überdies der Unterschied zwischen Vollrecht und bloßem schuldrechtlichem Anspruch außer Acht gelassen wird (vgl. bereits Rn. 8).[197] Eine weitergehende
Analogie zu den §§ 327a ff. AktG ist jedoch nicht angezeigt, da es nicht um einen
Eigentumsentzug, sondern um die bloße Abwicklung einer schuldrechtlichen Beziehung geht.[198] Insbesondere ist es nicht erforderlich, dass die Gewährleistungserklärung auch die Abfindung der Inhaber von Optionen und sonstigen vergleichbaren
Rechten abdeckt. Ferner kann die Barabfindung nicht im Spruchverfahren auf ihre
Angemessenheit hin überprüft werden.[199]

---

[190] Dazu BGH II ZR 117/97, NJW 1998, 2146; *Mertens* AG 1992, 209 (211 ff.).
[191] LG Düsseldorf 31 O 144/03, ZIP 2004, 1755 (1757); *Hüffer/Koch* AktG § 327b Rn. 3; Schmidt/Lutter/*Schnorbus* AktG § 327b Rn. 13, jeweils mwN; *Süßmann* AG 2013, 158; aA (Fortbestand des Anspruchs) *Friedl* Der Konzern 2004, 309 (314 ff.); *P. Baums* WM 2001, 1843 (1847 ff.); *Schüppen* WPg 2001, 958 (975 f.); *Ziemons* in FS K. Schmidt S. 1777, 1779.
[192] *Emmerich/Habersack* AktG § 327b Rn. 8; MünchKomm. AktG/Bd. 5/*Grunewald* § 327b Rn. 12; Kölner Komm./*Koppensteiner* § 327e Rn. 18; Schmidt/Lutter/*Schnorbus* § 327b Rn. 16; *Wilsing/Kruse* ZIP 2002, 1465 (1470); aA (maßgeblich ist grundsätzlich die Barabfindung für die Aktien) *Krieger* BB 2002, 53 (61); *Vossius* ZIP 2002, 511 (513).
[193] *Emmerich/Habersack* AktG § 327b Rn. 8; Kölner Komm./*Koppensteiner* § 327e Rn. 18; Schmidt/Lutter/*Schnorbus* AktG § 327b Rn. 15; *Wilsing/Kruse* ZIP 2002, 1465 (1468).
[194] Schmidt/Lutter/*Schnorbus* AktG § 327b Rn. 17.
[195] Kölner Komm./*Koppensteiner* AktG § 327b Rn. 19; *Wilsing/Kruse* ZIP 2002, 1465 (1470).
[196] Großkomm. AktG/*Fleischer* § 327b Rn. 31; *Emmerich/Habersack* AktG § 327b Rn. 7.
[197] MünchKomm. AktG/Bd. 5/*Grunewald* AktG § 327b Rn. 13; *Hüffer/Koch* AktG § 327b Rn. 3; *Grigoleit/Rieder* AktG § 327b Rn. 3; Schmidt/Lutter/*Schnorbus* AktG § 327b Rn. 14; Spindler/Stilz/*Singhof* AktG § 327b Rn. 8.
[198] So auch MHdB GesR IV/*Austmann* § 74 Rn. 106.
[199] MHdB GesR IV/*Austmann* § 74 Rn. 106; aA *Emmerich/Habersack* AktG § 327b Rn. 8; Schmidt/Lutter/*Schnorbus* AktG § 327b Rn. 17; Spindler/Stilz/*Singhof* AktG § 327f Rn. 5.

b) Auswirkungen auf anhängige Verfahren

63 Spätestens seit der „Massa"-Entscheidung des BGH[200] ist geklärt, dass die **Anfechtungsbefugnis** eines ehemaligen Aktionärs **analog § 265 Abs. 2 ZPO** auch nach Wirksamwerden des Squeeze Out und damit einhergehendem Verlust der Aktionärsstellung **fortbesteht**, soweit der Kläger im jeweiligen Einzelfall ein rechtliches Interesse an der Verfahrensfortsetzung hat. Danach besteht die Anfechtungsbefugnis für den Übertragungsbeschluss auch nach Eintragung des Squeeze Out dann fort, wenn die Eintragung auf einem Freigabeschluss beruht, da in diesem Fall ein Schadenersatzanspruch nach § 327e Abs. 2 iVm § 319 Abs. 6 Satz 10 AktG bestehen kann. Gleiches gilt für Klagen gegen frühere Strukturmaßnahmen, durch welche die Voraussetzungen für den Squeeze Out erst geschaffen wurden, sowie für Klagen, mit denen nicht im Spruchverfahren geltend zu machende Vermögensinteressen verfolgt werden oder deren Ausgang für das Spruchverfahren präjudizielle Wirkung haben kann.[201] Nach einer Entscheidung des BGH besteht die Anfechtungsbefugnis schließlich auch dann fort, wenn der Übertragungsbeschluss vor Ablauf der Anfechtungsfrist oder trotz anhängiger Klagen und fehlendem Freigabebeschluss eingetragen wurde.[202]

64 Bereits **anhängige Spruchverfahren** im Nachgang zu vorangegangenen Strukturmaßnahmen werden durch die Eintragung des Übertragungsbeschlusses **nicht berührt**.[203] Abfindungsansprüche sind rein schuldrechtlicher Natur und gehen damit beim Squeeze Out nicht zusammen mit den Aktien auf den Hauptaktionär über.[204] Sofern dem Squeeze Out ein (Beherrschungs- und) Gewinnabführungsvertrag vorausgegangen ist, verlieren Antragsteller auch hinsichtlich des Ausgleichs nach § 304 AktG nicht das Rechtsschutzbedürfnis im Spruchverfahren. Dies folgt schon daraus, dass sich die Barabfindung für den Squeeze Out (bei unterstellt niedrigerem durchschnittlichen Börsenkurs) richtigerweise und entgegen der Ansicht des BGH nach dem Barwert dieser Ausgleichszahlungen richtet, so dass die Bestimmung des Ausgleichs für ein späteres Spruchverfahren über die Höhe der Barabfindung unter dem Squeeze Out präjudiziell sein kann (vgl. Rn. 24).

c) Auswirkungen auf Börsenhandel und -zulassung

65 Sobald bei börsennotierten Gesellschaften dem Hauptaktionär die Aktienurkunden von den Minderheitsaktionären ausgehändigt worden sind und ein Börsenhandel in den Aktien der Gesellschaft somit – vorbehaltlich einer theoretisch denkbaren schnell erfolgenden breiten Streuung – nicht mehr stattfindet, kann die Geschäftsführung der betreffenden Börse die Zulassung der Aktien gem. § 39 Abs. 1 BörsG von Amts wegen widerrufen.[205] Eines Antrags der Gesellschaft nach § 39 Abs. 2 BörsG bedarf es nicht, doch regt in der Praxis die Gesellschaft diesen Widerruf häufig an, um diesen zu beschleunigen. In dem entsprechenden Schreiben

---

[200] BGH II ZR 46/05, BGHZ 169, 221; dazu Nietsch NZG 2007, 451.
[201] BGH II ZR 46/05, BGHZ 169, 221.
[202] BGH II ZR 229/09, BGHZ 189, 32, beruhend auf BVerfG 1 BvR 1542/06, ZIP 2010, 571.
[203] OLG Frankfurt 5 W 52/09, AG 2010, 798; OLG Düsseldorf 26 W 7/06 AktE, NZG 2007, 36 (38).
[204] BGH II ZR 27/05, BGHZ 167, 299.
[205] Habersack/Mülbert/Schlitt/*Habersack* § 40 Rn. 27; MHdB GesR IV/*Austmann* § 74 Rn. 83; nach **aA** (Marsch-Barner/Schäfer/*Eckhold* § 63 Rn. 15) erledigt sich die Zulassung nach § 43 Abs. 2 LVwVfG automatisch.

kann und sollte die Gesellschaft im Interesse dieser Beschleunigung auf die Einhaltung etwaiger Anhörungsfristen verzichten. Der börsenmäßige Handel in den (nach Eintragung des Übertragungsbeschlusses nur noch den Barabfindungsanspruch verbriefenden) Aktien wird regelmäßig sehr kurzfristig nach der Handelsregistereintragung gem. § 25 Abs. 1 Nr. 2 BörsG eingestellt.

B. Der verschmelzungsrechtliche Squeeze Out

I. Einleitung

In Umsetzung der im Jahr 2009 verabschiedeten Änderungsrichtlinie[206] zu der ursprünglich aus dem Jahr 1978 stammenden **Verschmelzungsrichtlinie**[207] hat der deutsche Gesetzgeber in § 62 Abs. 5 UmwG die Möglichkeit geschaffen, im Zusammenhang mit der Verschmelzung von Aktiengesellschaften unter bestimmten, nachstehend zu erläuternden Voraussetzungen beim übertragenden Rechtsträger vorhandene Minderheitsaktionäre gegen Barabfindung auszuschließen (sog. verschmelzungsrechtlicher Squeeze Out[208]). Während Art. 28 der Verschmelzungsrichtlinie den Mitgliedstaaten zunächst nur die – von Deutschland nicht wahrgenommene – Option einräumte, Verschmelzungsbericht, -prüfung und umfassende Information der Aktionäre des übertragenden Rechtsträgers für entbehrlich zu erklären, wenn diesen ein Andienungsrecht gegenüber der übernehmenden Gesellschaft eingeräumt wird, wurden die Mitgliedstaaten mit der Änderung der Verschmelzungsrichtlinie verpflichtet dafür zu sorgen, dass unter bestimmten Voraussetzungen Konzernverschmelzungen unter erleichterten Bedingungen vorgenommen werden können. Deutschland hat sich insoweit für den bereits bekannten und praktisch bewährten Squeeze Out anstelle eines – aus dem Übernahmerecht freilich ebenfalls bekannten, dort aber selten einschlägigen – Andienungsrechts entschieden.

Mit dem gegenüber dem aktienrechtlichen Squeeze Out geringeren Mindestanteilsbesitzerfordernis von 90% (vgl. Rn. 70) statt 95% hat der verschmelzungsrechtliche Squeeze Out in der Praxis rasch eine beachtliche Bedeutung erlangt. So wurde in der noch recht jungen Geschichte des § 62 Abs. 5 UmwG bisher in mehr als 30 Fällen von dieser Gestaltung Gebrauch gemacht. Gegen die Absenkung der Squeeze-Out-Schwelle auf 90% bestehen **keine verfassungsrechtlichen Bedenken**.[209] Dies folgt schon daraus, dass diese Schwelle auf einer zwingenden europarechtlichen Vorgabe beruht und deren innerstaatliche Umsetzung vom BVerfG nicht am Maßstab des GG zu messen ist.[210]

---

[206] Richtlinie 2009/109/EG, ABl. EG 2009 Nr. L 259, 14.
[207] Richtlinie 78/855/EWG.
[208] Die Terminologie ist nicht ganz einheitlich, teils wird auch die Bezeichnung „verschmelzungsspezifischer" oder „umwandlungsrechtlicher" Squeeze Out verwendet.
[209] So auch unter Verweis auf die Rspr. des BVerfG zum aktienrechtlichen Squeeze Out OLG Hamburg 11 AktG 1/12, DStR 2012, 1466.
[210] BVerfG 2 BvR 2134/92, 2 BvR 2159/92, BVerfGE 89, 155; 2 BvL 1/97, BVerfGE 102, 147; 1 BvF 1/05, BVerfGE 118, 79; *Austmann* NZG 2011, 684 (689).

II. Voraussetzungen des verschmelzungsrechtlichen Squeeze Out

68 Für den verschmelzungsrechtlichen Squeeze Out gelten gem. § 62 Abs. 5 Satz 8 UmwG die §§ 327a ff. AktG, soweit sich nicht aus § 62 Abs. 5 UmwG etwas anderes ergibt. Somit kann hinsichtlich der Voraussetzungen weitgehend auf die Ausführungen zum aktienrechtlichen Squeeze Out verwiesen werden (Rn. 7–55). Allerdings resultieren aus den europarechtlichen Vorgaben sowie der untrennbaren Verknüpfung von Minderheitsausschluss und Verschmelzung einige Besonderheiten. Diese werden nachstehend erläutert.

1. Hauptaktionär

a) Rechtsform

69 Gemäß § 62 Abs. 5 Satz 1 UmwG kommt ein verschmelzungsrechtlicher Squeeze Out nur in den Fällen des § 62 Abs. 1 UmwG in Betracht. Dies bedeutet, dass diese Squeeze-Out-Variante nicht jedem Hauptaktionär unabhängig von seiner Rechtsform offen steht. In der Literatur heißt es regelmäßig, dass es sich beim Hauptaktionär um eine AG, eine KGaA (über die nach § 78 UmwG die Regeln der §§ 60 ff. UmwG gelten) oder eine inländische SE (für die über Art. 9 Abs. 1 Buchst. c Doppelbuchst. ii SE-VO das Recht der nationalen AG vorbehaltlich etwaiger Sonderregeln gilt) handeln muss.[211] Richtigerweise dürfte über § 122a Abs. 2 UmwG der verschmelzungsrechtliche Squeeze Out aber auch Hauptaktionären in einer der AG entsprechenden ausländischen Rechtsform möglich sein.[212] Weder Wortlaut noch Zweck des § 62 Abs. 5 UmwG stehen dem entgegen. Die SEVIC-Entscheidung des EuGH[213] legt es nahe, einen Ausschluss ausländischer, der AG vergleichbar organisierter Hauptaktionäre vom Anwendungsbereich des § 62 Abs. 5 UmwG als unzulässige Diskriminierung anzusehen. Nach dem insoweit eindeutigen Wortlaut von § 62 Abs. 5 Satz 1 iVm Abs. 1 Satz 1 UmwG ist es erforderlich, aber auch ausreichend, wenn der Hauptaktionär im Zeitpunkt des Übertragungsbeschlusses in einer geeigneten Rechtsform besteht.[214] Der verschmelzungsrechtliche Squeeze Out kann also parallel zu einem Rechtsformwechsel des Hauptaktionärs eingeleitet werden.

b) Beteiligungsquote

70 Gemäß § 62 Abs. 5 Satz 1 UmwG ist es erforderlich, dass dem Hauptaktionär Aktien in Höhe von mindestens 90% des Grundkapitals gehören. Diese Formulierung legt es nahe, die Bestimmung wie in § 327a Abs. 1 Satz 1 AktG zu verstehen und folglich auch eine Anteilszurechnung nach § 327a Abs. 2 AktG vorzunehmen. Allerdings soll § 62 Abs. 5 UmwG nur die nach § 62 Abs. 1 UmwG privilegierte Konzernverschmelzung erleichtern. In § 62 Abs. 1 UmwG heißt es eindeutig, dass sich mindestens 90% der Anteile einer übertragenden Kapitalgesellschaft „in der Hand" der übernehmenden AG befinden müssen. Es entspricht daher allg. Ansicht, dass iRd § 62 Abs. 5 UmwG der Hauptaktionär in Höhe von mindestens 90% **unmittelbar**

---

[211] Semler/Stengel/*Diekmann* UmwG § 62 Rn. 32d.
[212] *Kiefner/Brügel* AG 2011, 525 (532 f.); *Mayer* NZG 2012, 561 (564).
[213] EuGH C-411/03, Slg. I 2005, 10825 = NZG 2006, 112.
[214] *Göthel* ZIP 2011, 1541 (1544); *Mayer* NZG 2012, 561 (563).

B. Der verschmelzungsrechtliche Squeeze Out   71 § 15

an der übertragenden AG, KGaA oder SE beteiligt sein muss.[215] Ausgangswert ist das eingetragene Grundkapital der übertragenden Gesellschaft. Dabei werden eigene Anteile der übertragenden Gesellschaft und Anteile, die einem anderen für Rechnung dieser Gesellschaft gehören, gem. § 62 Abs. 5 Satz 1 iVm Abs. 1 Satz 2 UmwG vom Grundkapital abgezogen. Anders als nach § 16 Abs. 2 AktG (Rn. 9) sind nach hM[216] Anteile, die einer von der übertragenden Gesellschaft abhängigen Gesellschaft oder einem im Mehrheitsbesitz der übertragenden Gesellschaft stehendem Unternehmen bzw. einem Dritten für Rechnung solcher Gesellschaften bzw. Unternehmen gehören, vorliegend nicht in Abzug zu bringen, weil der Verzicht auf einen Zustimmungsbeschluss des übertragenden Rechtsträgers ein besonderes Maß an Rechtssicherheit erfordert. Bloße Bezugs- oder Optionsrechte auf Aktien der übertragenden Gesellschaft sind dem tatsächlichen Grundkapital nicht hinzuzurechnen. Da es beim verschmelzungsrechtlichen Squeeze Out nach zutreffender Ansicht kein Übertragungsverlangen als Tatbestandsvoraussetzung gibt (vgl. Rn. 71), ist die Rechtsprechung des BGH,[217] nach der die Mindestbeteiligungsquote beim aktienrechtlichen Squeeze Out bereits im Zeitpunkt dieses Verlangens vorliegen muss, nicht auf den verschmelzungsrechtlichen Squeeze Out zu übertragen. Es genügt daher, wenn die Anteilsquote von 90% im Zeitpunkt des Übertragungsbeschlusses vorliegt.[218] Wird, wie hier empfohlen (Rn. 74), die Wirksamkeit des Verschmelzungsvertrages auf die Eintragung des Übertragungsbeschlusses aufschiebend bedingt, so bedarf es keiner zusätzlichen Bedingung im Verschmelzungsvertrag, dass dieser nur wirksam werden soll, wenn der Hauptaktionär die Anteilsschwelle von 90% erreicht bzw. bis zum Übertragungsbeschluss beibehält.[219] Im Zeitpunkt der Anmeldung und Eintragung der Verschmelzung muss das Mindestquorum – wie beim aktienrechtlichen Squeeze Out (Rn. 12) – nicht mehr erfüllt sein.[220]

2. Verlangen

Entgegen teilweise vertretener Ansicht[221] bedarf es beim verschmelzungsrechtlichen Squeeze Out **keines Übertragungsverlangens**.[222] Da der Minderheitsausschuss unter den erleichterten Voraussetzungen des § 62 Abs. 5 UmwG untrennbar mit einer Verschmelzung von Gesellschaft und Hauptaktionär verknüpft ist, eine Verschmelzung aber vom Hauptaktionär nicht einseitig verlangt, sondern allenfalls über den Weg des § 83 Abs. 1 AktG gegen den Willen der Gesellschaft durchgesetzt werden könnte, bedarf es einer Verständigung der beiden an der Verschmelzung beteiligten Rechtsträger, die nach § 62 Abs. 5 Satz 2 UmwG im Verschmelzungsvertrag festzuhalten ist.   71

---

[215] Semler/Stengel/*Diekmann* § 62 Rn. 32d; *Austmann* NZG 2011, 684 (689); *Bungert/Wettich* DB 2011, 1500 (1501); *dies.* DB 2010, 2547; *Goslar/Mense* GWR 2011, 275 (276); *Simon/Merkelbach* DB 2011, 1317 (1320); *Wagner* DStR 2010, 1629 (1633).
[216] LG Mannheim 24 O 124/88, ZIP 1990, 992 (993); Semler/Stengel/*Diekmann* UmwG § 62 Rn. 10; Lutter/*Grunewald* UmwG § 62 Rn. 4; Nomos Komm./*Habighorst* UmwG § 62 Rn. 11.
[217] BGH II ZR 229/09, BGHZ 189, 32.
[218] *Mayer* NZG 2012, 561 (564).
[219] Eine solche Bedingung empfehlend *Göthel* ZIP 2011, 1541 (1545); *Mayer* NZG 2012, 561 (564).
[220] Insoweit aA *Mayer* NZG 2012, 561 (564).
[221] *Mayer* NZG 2012, 561 (567).
[222] So auch *Austmann* NZG 2011, 684 (690); *Göthel* ZIP 2011, 1541 (1545); *Kiefner/Brügel* AG 2011, 525 (537); *Wagner* DStR 2010, 1629 (1630).

72 Um den Beginn des für die Feststellung des für die Abfindungsermittlung relevanten durchschnittlichen Börsenkurses maßgeblichen Drei-Monats-Zeitraums zu bestimmen, teilt der Hauptaktionär der Gesellschaft in der Praxis regelmäßig schriftlich mit, dass er eine Verschmelzung unter gleichzeitigem Ausschluss der Minderheitsaktionäre anstrebt. Diese Information wird sodann von der Gesellschaft, sofern diese börsennotiert ist, gem. Art. 17 Abs. 1 MAR im Wege einer Ad-hoc-Mitteilung veröffentlicht. Da die Entbehrlichkeit eines Verlangens iSd § 327a Abs. 1 Satz 1 AktG bisher noch nicht gerichtlich bestätigt ist, enthält das Schreiben des Hauptaktionärs regelmäßig vorsorglich auch ein entsprechendes Übertragungsverlangen.[223]

3. Verschmelzungsvertrag

73 Gemäß § 62 Abs. 5 Satz 1 UmwG muss der Übertragungsbeschluss innerhalb von drei Monaten nach Abschluss des Verschmelzungsvertrages gefasst werden. Der Verschmelzungsvertrag muss folglich zum **Zeitpunkt der Beschlussfassung** der Hauptversammlung bereits notariell beurkundet sein. Die Einberufung der Hauptversammlung kann grundsätzlich auf der Grundlage eines Entwurfs des Verschmelzungsvertrages erfolgen, wie sich aus § 62 Abs. 5 Satz 5 UmwG ergibt. Die Pflichten aus § 62 Abs. 3 UmwG können freilich nach § 62 Abs. 4 Satz 3 UmwG (für die übernehmende Gesellschaft) bzw. § 62 Abs. 5 Satz 3 UmwG (für die übertragende Gesellschaft) nur mit dem beurkundeten Verschmelzungsvertrag erfüllt werden,[224] was bei der zeitlichen Planung zu berücksichtigen ist.

74 Inhaltlich ist gegenüber dem normalen Verschmelzungsvertrag zu beachten, dass die Angabe enthalten sein muss, dass im Zusammenhang mit der Verschmelzung ein Ausschluss der Minderheitsaktionäre der übertragenden Gesellschaft erfolgen soll (§ 62 Abs. 5 Satz 2 UmwG). **Angaben zur Anteilsgewährung** und zum Umtauschverhältnis (§ 5 Abs. 1 Nr. 2–5 UmwG) sind gem. § 5 Abs. 2 UmwG **entbehrlich**, da im Zeitpunkt der Eintragung der Verschmelzung aufgrund von § 62 Abs. 5 Satz 7 UmwG feststeht, dass die Minderheitsaktionäre der übertragenden Gesellschaft keine Anteile der übernehmenden Gesellschaft erhalten, sondern gegen Barabfindung ausscheiden.[225] Sinnvoll ist es, die Wirksamkeit der Verschmelzung mittels einer aufschiebenden Bedingung an die vorangehende Eintragung des Übertragungsbeschlusses zu knüpfen.[226]

4. Übertragungsbericht

75 Für den Übertragungsbericht gelten die allg. aktienrechtlichen Anforderungen (vgl. Rn. 17 ff.). Die beabsichtigte Verschmelzung muss nur insoweit dargestellt werden, als sie auf die Voraussetzungen und Rechtsfolgen des Minderheitsausschlusses einwirkt.[227] Dies gilt insbesondere für die Erläuterungen zum Mindestanteilsbesitz (vgl. Rn. 70) und die Verknüpfung von Verschmelzung und Squeeze Out. Einer sachlichen Rechtfertigung bedarf auch der verschmelzungsrechtliche Squeeze Out nicht.[228]

---

[223] Ein Übertragungsverlangen aus Gründen der Rechtssicherheit empfehlend *Bungert/Wettich* DB 2011, 1500 (1501); ähnlich *Kiefner/Brügel* AG 2011, 525 (537).
[224] *Mayer* NZW 2012, 561 (565).
[225] *Hofmeister* NZG 2012, 688 (689); *Mayer* NZG 2012, 561 (566).
[226] *Austmann* NZG 2011, 684 (687); *Hofmeister* NZG 2012, 688 (689); *Mayer* NZG 2012, 561 (567).
[227] *Mayer* NZG 2012, 561 (568).
[228] OLG Hamburg 11 AktG 1/12, BB 2012, 2073 (2075 f.); Kallmeyer/*Marsch-Barner* UmwG § 62 Rn. 34; *Kiefner/Brügel* AG 2011, 525 (533); *Wagner* DStR 2010, 1629 (1634).

5. Barabfindung

Für die Ermittlung der Barabfindung und ihre Prüfung durch einen sachverständigen Prüfer gelten keine Besonderheiten gegenüber dem aktienrechtlichen Squeeze Out. Auf die Ausführungen unter Rn. 22 ff. kann daher vollumfänglich verwiesen werden.

6. Verschmelzungsbericht und -prüfung

Nicht richterlich geklärt ist bislang die Frage, ob es im Falle der Verschmelzung im Zusammenhang mit einem Ausschluss der Minderheitsaktionäre gem. §§ 8, 9 UmwG eines Verschmelzungsberichts und einer Verschmelzungsprüfung bedarf. Die Antwort hängt davon ab, ob die Erleichterung des § 8 Abs. 3 UmwG (für die Prüfung über den Verweis in § 9 Abs. 3 UmwG), wonach es eines Berichts und einer Prüfung nicht bedarf, wenn sich alle Anteile des übertragenden Rechtsträgers in der Hand des übernehmenden Rechtsträger befinden, in dieser Konstellation eingreift. Nach zutreffender Ansicht[229] sind **Verschmelzungsbericht und Verschmelzungsprüfung** iRd § 62 Abs. 5 UmwG **entbehrlich**, auch wenn im Zeitpunkt der Anmeldung der Verschmelzung zum Handelsregister der Hauptaktionär noch nicht Alleingesellschafter ist.[230] Dies folgt zum einen daraus, dass mangels Anteilsgewährung der Zweck von Verschmelzungsbericht und Verschmelzungsprüfung, namentlich die Kontrolle der Angemessenheit des Umtauschverhältnisses, gar nicht erfüllt werden kann und muss. Zum anderen ergibt sich dieses Ergebnis aus zwingenden europarechtlichen Vorgaben.[231]

Soweit ersichtlich wurden in den bisherigen Fällen des verschmelzungsrechtlichen Squeeze Out allerdings zur Vermeidung von Rechtsunsicherheit stets ein Verschmelzungsbericht erstellt und eine Verschmelzungsprüfung durchgeführt. Dabei unterschied sich der Verschmelzungsbericht, abgesehen von der naturgemäß fehlenden Erläuterung des Umtauschverhältnisses, inhaltlich kaum von Verschmelzungsberichten in gewöhnlichen Umwandlungsfällen. Der Prüfungsbericht des (nach § 10 UmwG zu bestellenden und in der Regel mit dem Barabfindungsprüfer identischen) Verschmelzungsprüfers kann allerdings nicht die in § 12 Abs. 2 UmwG vorgesehenen Angaben enthalten. Vielmehr beschränkt sich die Prüfung und daher auch der Prüfungsbericht in Fällen des verschmelzungsrechtlichen Squeeze Out darauf, ob die Angaben im Verschmelzungsvertrag vollständig und richtig sind.

7. Gewährleistungserklärung

Gemäß § 62 Abs. 5 Satz 8 UmwG iVm § 327b Abs. 3 AktG ist auch beim verschmelzungsrechtlichen Squeeze Out die Gewährleistungserklärung eines Kreditinstituts erforderlich, die dem Vorstand der übertragenden Gesellschaft vor Einberufung der Hauptversammlung zu übermitteln ist (vgl. Rn. 33 ff.). Inhaltlich ist zu beachten, dass der Zahlungsanspruch der Minderheitsaktionäre nicht mit

---

[229] *Austmann* NZG 2011, 684 (688); *Bungert/Wettich* DB 2011, 1500 (1503); *Göthel* ZIP 2011, 1541 (1546); *Hofmeister* NZG 2012, 688 (692f.); *Kiefner/Brügel* AG 2011, 525 (528f.); *Klie/Wind/Rödter* DStR 2011, 1688 (1690).

[230] Etwas anderes gilt nach § 122e Satz 3 UmwG für den Verschmelzungsbericht, sofern man den Anwendungsbereich des § 62 Abs. 5 UmwG über § 122a Abs. 3 UmwG auch im Falle der grenzüberschreitenden Verschmelzung für eröffnet hält, vgl. *Kiefner/Brügel* AG 2011, 525 (532f.).

[231] *Hofmeister* NZG 2012, 688 (693); *Kiefner/Brügel* AG 2011, 525 (529).

Eintragung des Übertragungsbeschlusses entsteht, da die Rechtsfolgen des Übertragungsbeschlusses abweichend von § 327e Abs. 3 AktG nicht schon mit dessen Eintragung, sondern erst mit Eintragung der Verschmelzung eintreten (§ 62 Abs. 5 Satz 7 UmwG).

8. Hauptversammlungsbeschluss

a) Vorbereitung der Hauptversammlung

80 Hinsichtlich der Vorbereitung der Hauptversammlung bestehen gegenüber dem aktienrechtlichen Squeeze Out nur Unterschiede bei den zugänglich zu machenden Unterlagen. Konkret ist neben den in § 327c Abs. 3 AktG genannten Unterlagen nach § 62 Abs. 5 Satz 5 UmwG auch der **Verschmelzungsvertrag oder sein Entwurf** zugänglich zu machen. Entgegen des Wortlauts von § 62 Abs. 5 Satz 5 UmwG bedarf es nicht zwingend einer Auslage dieses Dokuments. Vielmehr ist über die Bezugnahme auf § 327c Abs. 3 AktG auch § 327c Abs. 5 AktG anwendbar, der es ausreichen lässt, wenn die betreffenden Unterlagen ab der Einberufung über die Internetseite verfügbar sind. Der wesentliche Inhalt des Verschmelzungsvertrages muss nicht gem. § 124 Abs. 2 Satz 2 AktG bekannt gemacht werden, da eben gerade keine Beschlussfassung über die Verschmelzung erfolgt.[232] Sofern im Einklang mit der aktuellen Praxis ein Verschmelzungsbericht erstellt und eine Verschmelzungsprüfung samt Prüfungsbericht durchgeführt werden, sollten auch diese Unterlagen ab der Einberufung zugänglich gemacht werden.

b) Durchführung der Hauptversammlung

81 Der Verschmelzungsvertrag ist gem. § 62 Abs. 5 Satz 8 UmwG iVm § 327d Satz 1 AktG auch während der Hauptversammlung zugänglich zu machen, da er durch die Bezugnahme auf § 327c Abs. 3 AktG zu den dort genannten Unterlagen iSd § 327d Satz 1 AktG gehört. Ein etwaiger Verschmelzungsbericht und Verschmelzungsprüfungsbericht sollten ebenfalls in der Hauptversammlung zugänglich gemacht werden. Im Übrigen bestehen keine Besonderheiten gegenüber dem aktienrechtlichen Squeeze Out.

c) Mängel des Übertragungsbeschlusses

82 Ebenso wie der Übertragungsbeschluss beim aktienrechtlichen Squeeze Out bedarf auch der Übertragungsbeschluss beim verschmelzungsrechtlichen Squeeze Out keiner sachlichen Rechtfertigung.[233] Vielmehr erkennt es der Gesetzgeber grundsätzlich als legitim an, wenn eine Muttergesellschaft ihre Konzernstruktur neu ordnen und vereinfachen sowie die Unternehmensleitung vereinheitlichen will. Bei der möglichen Missbrauchskontrolle sind jedoch in Ergänzung der beim aktienrechtlichen Squeeze Out diskutierten Fallkonstellationen (Rn. 48 f.) weitere Gestaltungen zu berücksichtigen, namentlich der Rechtsformwechsel des Hauptaktionärs und die Einschaltung einer Zwischenholding zur Eröffnung des § 62 Abs. 5 UmwG. Zum Rechtsformwechsel des Hauptaktionärs hat das OLG Hamburg überzeugend ausgeführt, dass der Gesetzgeber keine Anforderungen an die Art und Weise der Entstehung des Hauptaktionärs als übernehmender Gesellschaft gestellt habe, so

---

[232] *Mayer* NZG 2012, 561 (569), der eine solche Bekanntmachung aber dennoch empfiehlt.
[233] *Austmann* NZG 2011, 684 (689); *Kiefner/Brügel* AG 2011, 525 (533).

dass der Rechtsmissbrauchseinwand nicht verfange.[234] Auch die Einschaltung einer Zwischenholding ist eine rechtlich nicht zu beanstandende Vorgehensweise.[235] So werden sich für ihren Einsatz regelmäßig unternehmerische Gründe finden lassen, die den Vorwurf des Rechtsmissbrauchs entkräften.[236] Ferner stellt bereits der Ausschluss der Minderheitsgesellschafter auf Ebene einer Tochtergesellschaft aus Sicht der Konzernmutter eine beträchtliche Vereinfachung der Konzernstruktur dar.[237] Im Übrigen gelten die Ausführungen zu möglichen Inhalts- und Verfahrensmängeln beim aktienrechtlichen Squeeze Out entsprechend (Rn. 47 ff.).

d) Keine Verschmelzungsbeschlüsse

83 Ein Verschmelzungsbeschluss der Hauptversammlung der übertragenden Gesellschaft ist nach § 62 Abs. 4 Satz 2 UmwG nicht erforderlich. Zwar könnte der Vorstand die Verschmelzung gem. § 119 Abs. 2 AktG der Hauptversammlung zur Beschlussfassung vorlegen,[238] doch wird dafür in aller Regel kein Anlass bestehen.[239] Ein Verschmelzungsbeschluss auf Ebene des Hauptaktionärs ist nach § 62 Abs. 1 UmwG regelmäßig entbehrlich. Allerdings ist insoweit § 62 Abs. 2 UmwG zu beachten, nach dem ein solcher Beschluss dann gefasst werden muss, wenn eine Aktionärsminderheit von mindestens 5% des Grundkapitals dies verlangt. Um die Aktionäre des Hauptaktionärs in die Lage zu versetzen, ggf. ein solches Verlangen zu stellen, sind die **Informationspflichten** des § 62 Abs. 3 UmwG vom Hauptaktionär zu erfüllen, und zwar für die Dauer eines Monats nach Abschluss des Verschmelzungsvertrags (§ 62 Abs. 5 Satz 3 UmwG). Zu diesem Zeitpunkt muss ggf. auch spätestens die Zuleitung an den zuständigen Betriebsrat erfolgen (§§ 62 Abs. 5 Satz 4, 5 Abs. 3 UmwG). Von Bedeutung kann die Informationspflicht gegenüber den Aktionären des Hauptaktionärs insbesondere wegen § 63 Abs. 1 Nr. 3 UmwG sein, der die Aufstellung einer **Zwischenbilanz** verlangt, falls der letzte Jahresabschluss sich auf ein Geschäftsjahr bezieht, das mehr als sechs Monate vor Abschluss des Verschmelzungsvertrags oder seines Entwurfs abgelaufen ist. Gewinn- und Verlustrechnung, Anhang und Lagebericht sind dabei nicht erforderlich.[240] Auch bedarf die Zwischenbilanz keiner Testierung.[241]

9. Anmeldung und Eintragung

a) Anmeldung und Eintragung des Übertragungsbeschlusses

84 Hinsichtlich der Anmeldung des Übertragungsbeschlusses gelten zunächst die identischen Anforderungen wie beim aktienrechtlichen Squeeze Out. Ergänzend ist gem. § 62 Abs. 5 Satz 6 UmwG der Verschmelzungsvertrag in Ausfertigung oder öffentlich beglaubigter Abschrift beizufügen. Zwar lässt § 62 Abs. 5 Satz 6 UmwG

---

[234] OLG Hamburg 11 AktG 1/12, NZG 2012, 944; ebenso *Austmann* NZG 2011, 684 (690); *Goslar/Mense* GWR 2011, 275; *Kiefner/Brügel* AG 2011, 525 (534); *Mayer* NZG 2012, 561 (563); *Packi* ZGR 2011, 777 (801).
[235] Tendenziell kritisch *Austmann* NZG 2011, 684 (690); einen Rechtsmissbrauch hier regelmäßig bejahend *Wagner* DStR 2010, 1629 (1634).
[236] *Kiefner/Brügel* AG 2011, 525 (535).
[237] *Goslar/Mense* GWR 2011, 275.
[238] *Klie/Wind/Rödter* DStR 2011, 1668 (1671).
[239] Ausführlich *Hofmeister* NZG 2012, 681 (691 f.).
[240] *Semler/Stengel/Dieckmann* UmwG § 63 Rn. 16 mwN.
[241] *Semler/Stengel/Dieckmann* UmwG § 63 Rn. 18 mwN.

auch die Beifügung des Entwurfs genügen, doch muss der Verschmelzungsvertrag im Zeitpunkt der Anmeldung zwingend beurkundet sein, so dass die beurkundete Fassung eingereicht werden muss, zumal das Registergericht nur so prüfen kann, ob die Dreimonatsfrist des § 62 Abs. 5 Satz 1 UmwG eingehalten wurde.[242]

85   Gemäß § 62 Abs. 5 Satz 7 UmwG ist die Eintragung des Übertragungsbeschlusses mit dem Vermerk zu versehen, dass er erst gleichzeitig mit der Eintragung der Verschmelzung im Handelsregister des Sitzes des übernehmenden Hauptaktionärs wirksam wird (sog. **Vorläufigkeitsvermerk**). Im Übrigen bestehen gegenüber der Situation beim aktienrechtlichen Squeeze Out keine Besonderheiten.

b) Anmeldung und Eintragung der Verschmelzung

86   Die Anmeldung der Verschmelzung zur Eintragung in das Handelsregister kann bei der übertragenden Gesellschaft unproblematisch zusammen mit der Anmeldung des Übertragungsbeschlusses erfolgen. Die Eintragung des Squeeze Out ist keine Voraussetzung für die Anmeldereife der Verschmelzung.[243] Werden beide Anmeldungen verbunden, so gilt § 16 Abs. 1 Satz 2 UmwG, der eine Anmeldung durch das Vertretungsorgan des übernehmenden Rechtsträgers gestattet, nicht.[244] Einer Negativerklärung nach § 16 Abs. 2 UmwG bedarf es mangels Verschmelzungsbeschlüssen nicht. Praktische Auswirkungen kann es haben, dass nach § 17 Abs. 2 Satz 1 UmwG der Anmeldung zum Handelsregister der übertragenden Gesellschaft eine **Schlussbilanz** dieser Gesellschaft beizufügen ist, die auf einen höchstens acht Monate vor der Anmeldung liegenden Stichtag aufgestellt worden sein darf (§ 17 Abs. 2 Satz 4 UmwG).

87   Die Anmeldung zum Handelsregister des übernehmenden Hauptaktionärs kann unabhängig von der Eintragung des Übertragungsbeschlusses bei der übertragenden Gesellschaft vorgenommen werden. Eine Negativerklärung ist auch hier aufgrund fehlender Verschmelzungsbeschlüsse entbehrlich. Allerdings ist dem Registergericht nachzuweisen, dass bei der übertragenden Gesellschaft ein Vorläufigkeitsvermerk nach § 62 Abs. 5 Satz 7 UmwG eingetragen wurde, da nur so geprüft werden kann, ob ein Verschmelzungsbeschluss tatsächlich entbehrlich war.[245]

III. Rechtsfolgen der Eintragung

1. Aktienübergang und Barabfindungsanspruch

88   Aus § 62 Abs. 5 Satz 7 UmwG folgt, dass der Übertragungsbeschluss mit seiner bloßen Eintragung noch keine Rechtswirkungen zeitigt. Diese treten vielmehr erst **gleichzeitig** mit der Eintragung der Verschmelzung im Handelsregister des übernehmenden Hauptaktionärs ein. § 62 Abs. 5 Satz 8 iVm § 327e Abs. 3 Satz 1 AktG legen nahe, dass auch beim verschmelzungsrechtlichen Squeeze Out die Aktien der Minderheitsaktionäre zunächst auf den Hauptaktionär übergehen. Nach zutreffender Ansicht[246] gehen diese jedoch nicht zunächst auf den Hauptaktionär über, um

---

[242] *Bungert/Wettich* BB 2010, 2545 (2546); *Göthel* ZIP 2011, 1541 (1545); *Mayer* NZG 2012, 561 (571); *Simon/Merkelbach* DB 2011, 1317 (1320f.); *Wagner* DStR 2010, 1629 (1633); aA wohl *Semler/Stengel/Dieckmann* UmwG § 62 Rn. 32 f.

[243] *Kiefner/Brügel* AG 2011, 525 (531).

[244] *Mayer* NZG 2012, 561 (574).

[245] *Mayer* NZG 2012, 561 (574).

[246] *Austmann* NZG 2011, 684 (688); *Kiefner/Brügel* AG 2011, 525 (527); aA *Mayer* NZG 2012, 561 (574); *Neye/Kraft* NZG 2011, 681 (683).

dort eine juristische Sekunde später infolge Erlöschens der übertragenden Gesellschaft unterzugehen. Vielmehr gehen sie unmittelbar und zeitgleich mit der Eintragung der Verschmelzung im Handelsregister des übernehmenden Hauptaktionärs noch in den Händen der Minderheitsaktionäre unter. Der Barabfindungsanspruch der Minderheitsaktionäre entsteht ebenfalls erst mit Eintragung der Verschmelzung in das Register des übernehmenden Hauptaktionärs. Keine Minderheitsaktionäre sind neben dem Hauptaktionär diejenigen Aktionäre, deren Aktien nach § 62 Abs. 5 Satz 1 iVm Abs. 1 Satz 2 UmwG vom Grundkapital abgezogen werden. Mit ihrer Aushändigung an den Hauptaktionär verlieren die Aktienurkunden ihre Gültigkeit, da der Rechtsträger, dessen Mitgliedschaft sie verbrieft haben, erloschen ist. Im Übrigen geltend die Ausführungen zum aktienrechtlichen Squeeze Out entsprechend.

2. Sonstige Rechtsfolgen

a) Auswirkungen auf sonstige Rechte

Wie beim aktienrechtlichen Squeeze Out (Rn. 61 f.) bestehen auch beim verschmelzungsrechtlichen Squeeze Out **Options- oder Bezugsrechte** nicht bei ihren jeweiligen Inhabern fort. Die Rechte **erlöschen** vielmehr mit Wirksamwerden des Squeeze Out und die bisherigen Inhaber erwerben einen Anspruch auf Barabfindung.[247] Die Gegenansicht,[248] die den Inhabern derartiger Rechte nach § 23 UmwG einen Anspruch auf Einräumung gleichwertiger Rechte im Hauptaktionär einräumen will, verkennt, dass ein solcher Anspruch dem Regelungsziel des § 62 Abs. 5 UmwG, nämlich die Neuordnung und Vereinfachung von Konzernstrukturen zu vereinfachen, zuwiderlaufen würde.

89

b) Auswirkungen auf anhängige Verfahren

Für anhängige Anfechtungs- und Nichtigkeitsklagen gegen die übertragende Gesellschaft gelten die Ausführungen zum aktienrechtlichen Squeeze Out (Rn. 63). Nach Erlöschen der Gesellschaft führt ggf. der übernehmende Hauptaktionär das Verfahren fort.[249] Anhängige Spruchverfahren werden durch den verschmelzungsrechtlichen Squeeze Out nicht berührt (vgl. Rn. 64).

90

c) Auswirkungen auf Börsenhandel und -zulassung

Anders als beim aktienrechtlichen Squeeze Out **erledigt sich** die **Zulassung** der Aktien der übertragenden Gesellschaft zum Börsenhandel beim verschmelzungsrechtlichen Squeeze Out mit dessen Wirksamwerden **automatisch**. Dies folgt aus § 43 Abs. 2 Var. 4 LVwVfG, da mit dem Erlöschen der übertragenden Gesellschaft das Regelungssubjekt des entsprechenden Verwaltungsakts wegfällt. Für die Einstellung des Börsenhandels verbleibt es bei der Anwendbarkeit von § 25 Abs. 1 Nr. 2 BörsG (vgl. Rn. 65).

91

---

[247] *Süßmann* AG 2013, 158 (159).
[248] *Arens* WM 2014, 682.
[249] Vgl. Semler/Stengel/*Kübler* UmwG § 20 Rn. 66.

C. Der übernahmerechtliche Squeeze Out

92 In Umsetzung von Art. 15 und 16 der **Übernahmerichtlinie** hat der Gesetzgeber im Jahr 2006 schließlich mit dem übernahmerechtlichen Squeeze Out eine dritte Möglichkeit[250] zum Ausschluss von Minderheitsaktionären geschaffen. Vom aktienrechtlichen Squeeze Out unterscheidet sich der übernahmerechtliche Squeeze Out ua dadurch, dass es **keines Hauptversammlungsbeschlusses** bedarf, dafür aber zwingend ein Übernahme- oder Pflichtangebot vorangehen muss. Entscheidender Unterschied zwischen beiden Squeeze-Out-Varianten ist aber, dass beim übernahmerechtlichen Minderheitsausschluss die **nach dem WpÜG gewährte Gegenleistung als angemessene Abfindung anzusehen** ist, wenn der Bieter auf Grund des Angebots Aktien in Höhe von mindestens 90% des vom Angebot betroffenen Grundkapitals erworben hat (§ 39a Abs. 3 Satz 3 WpÜG). Dies hat den Vorteil, dass der Bieter Gewissheit über seine im Zusammenhang mit dem Squeeze Out stehende finanzielle Belastung hat, da es, anders als beim aktien- und verschmelzungsrechtlichen Squeeze Out, kein Spruchverfahren gibt, in dem ehemalige Minderheitsaktionäre die Angemessenheit der Abfindung überprüfen lassen können. Umgekehrt bedeutet es, dass der übernahmerechtliche Squeeze Out für einen Bieter bei Verfehlen des genannten Quorums jedenfalls nach der Rechtsprechung nicht eröffnet ist, da im Rahmen des Ausschlussverfahrens keine Unternehmensbewertung erfolgt.[251]

93 Aufgrund des untrennbaren Zusammenhangs mit einem vorangehenden Übernahme- oder Pflichtangebot wird der übernahmerechtliche Squeeze Out ausführlich im Rahmen der Darstellung des Rechts öffentlicher Übernahmen erörtert (§ 23 Rn. 173 ff.).

---

[250] Zeitlich gesehen war es die zweite, da der verschmelzungsrechtliche Squeeze Out erst später eingeführt wurde.
[251] OLG Frankfurt WpÜG 2/08, NJW 2009, 375 (378).

§ 16 Auslandsaktivitäten inländischer und Inlandsaktivitäten ausländischer AG/KGaA

Bearbeiter: Thomas Schmidt/Martin Renz

Übersicht

	Rn.
A. Grundlagen des Internationalen Steuerrechts	1–9
I. Grundsätze der Steuerpflicht	1–3
1. Unbeschränkte Steuerpflicht	2
2. Beschränkte Steuerpflicht	5
II. Maßnahmen zur Vermeidung der Doppelbesteuerung	4–9
1. Unilaterale Maßnahmen	5
2. Doppelbesteuerungsabkommen	6–9
B. Auslandsaktivitäten inländischer Aktiengesellschaften (Outbound-Geschäfte)	10–98
I. Grenzüberschreitende Direktgeschäfte	11–16
1. Besteuerung im Inland	12
2. Besteuerung im Ausland (Ursprungsland)	13–15
3. Doppelbesteuerungsabkommen	16
II. Ausländische Betriebsstätten	17–43
1. Begründung einer Betriebsstätte	18–22
2. Rechtsfolge: Fiktion der Selbstständigkeit der Betriebsstätte	23–28
a) Zuordnung von Einkünften zur Betriebsstätte/Ermittlung des Betriebsstättenergebnisses	24–26
b) Zuordnung von Wirtschaftsgütern zur Betriebsstätte	27
c) Kapitalausstattung (Dotationskapital)	28
3. Laufende Geschäftstätigkeit	29–38
a) Besteuerung im Ausland	29
b) Besteuerung im Inland	30–38
aa) Nicht-DBA-Betriebsstätte	32–35
bb) DBA-Betriebsstätte	36, 37
cc) Aktivitätsvorbehalt/Hinzurechnungsbesteuerung (§ 20 Abs. 2 AStG)	38
4. Beendigung der Betriebsstätte	39–43
a) Auflösung der Betriebsstätte	40–42
aa) Nicht-DBA-Betriebsstätte	40
bb) DBA-Betriebsstätte	41, 42
b) Umstrukturierungen	43
III. Beteiligungen an ausländischen Personengesellschaften	44–63
1. Qualifikationskonflikte	44–52
a) Steuerrecht des Sitzstaates der Personengesellschaft	44
b) Behandlung der ausländischen Personengesellschaft nach deutschem Steuerrecht	45
c) Folge: Qualifikationskonflikte	46–52
2. Gründung einer ausländischen Personengesellschaft bzw. Erwerb einer Beteiligung	53–55

3. Laufende Geschäftstätigkeit 56–61
   a) Besteuerung der ausländischen Personengesellschaft 56
   b) Besteuerung des inländischen Gesellschafters 57–61
4. Beendigung der Beteiligung 62, 63
   a) Auflösung der ausländischen Personengesellschaft bzw. Anteilsverkauf 62
   b) Umstrukturierungen 63
IV. Beteiligungen an einer ausländischen Kapitalgesellschaften 64–91
   1. Qualifikationskonflikte 64, 65
      a) Trennungsprinzip/Rechtstypenvergleich 64
      b) Sitz oder Geschäftsleitung im Inland 65
   2. Gründung einer ausländischen Kapitalgesellschaft bzw. Erwerb der Beteiligung 66–68
   3. Laufende Geschäftstätigkeit 69–89
      a) Besteuerung der ausländischen Kapitalgesellschaft 69–71
      b) Besteuerung des inländischen Gesellschafters 72
         aa) Dividendenbezüge 72
            (1) Quellensteuer 72
            (2) Körperschaftsteuer 73
            (3) Gewerbesteuer 74–79
         bb) Hinzurechnungsbesteuerung 80
   4. Beendigung der Beteiligung 90, 91
V. Wegzug einer inländischen Aktiengesellschaft 92–96
   1. Auswirkung auf Gesellschaftsebene 93–96
   2. Auswirkungen auf Gesellschafterebene 95, 96
VI. Besonderheiten bei einer inländischen KGaA 97
VII. Verfahrensrechtliche Besonderheiten 98

C. Inlandsaktivitäten ausländischer Gesellschaften 99–148
   I. Grenzüberschreitende Direktgeschäfte 100–108
      1. Beschränkte Steuerpflicht 101
      2. Quellensteuer 102
      3. DBA-/EU-Recht 103
   II. Inländische Betriebsstätte 104–116
      1. Begründung einer Betriebsstätte 104–109
      2. Laufende Geschäftstätigkeit 110–113
      3. Beendigung der Betriebsstätte 114–116
   III. Beteiligung an einer inländischen Personengesellschaft .. 117–125
      1. Qualifikationskonflikte 117
      2. Gründung der inländischen Personengesellschaft bzw. Erwerb der Beteiligung 118
      3. Laufende Geschäftstätigkeit 119–124
      4. Beendigung der Beteiligung 125
   IV. Beteiligung an einer inländischen Aktiengesellschaft 126–141
      1. Laufende Geschäftstätigkeit 126–139
         a) Besteuerung der inländischer Aktiengesellschaft . 127
         b) Besteuerung ausländischer Aktionäre 128–139
            aa) Kapitalertragsteuer 128–131
            bb) DBA/Mutter-Tochter-Richtlinie 132
            cc) Erstattung deutscher Kapitalertragsteuer/ Freistellung 133, 134
            dd) Substanzanforderungen (§ 50d EStG) – „Anti Treaty Shopping" 135–138
            ee) Besteuerung im Ansässigkeitsstaat 139

Übersicht § 16

    2. Beendigung der Beteiligung 140, 141
 V. Zuzug einer ausländischen Aktiengesellschaft 142–147
    1. Auswirkung auf Gesellschaftsebene 142
    2. Auswirkungen auf Gesellschafterebene 143–147
 VI. Beteiligung an einer inländischen KGaA 148

D. Verrechnungspreise 149–265
  I. Bedeutung und Definition von Verrechnungspreisen 149, 150
 II. Fremdvergleichsgrundsatz 151–193
    1. Rechtsgrundlagen 151–177
      a) Nationale Vorschriften 152–167
        aa) § 1 AStG als zentrale Vorschrift 155–161
        bb) Verdeckte Gewinnausschüttungen 162–164
        cc) Verdeckte Einlagen 165–167
      b) Doppelbesteuerungsabkommen und sonstige
        internationale Richtlinien 168–177
        aa) Doppelbesteuerungsabkommen 169, 170
        bb) OECD 171–173
        cc) EU 174–177
    2. Anwendung des Fremdvergleichsgrundsatzes 178–193
      a) Definition 178–183
      b) Anwendungsformen 184–188
      c) Fremdvergleichsbandbreite 189–192
      d) Schwierigkeiten bei Anwendung des Fremd-
        vergleichs 193
 III. Verrechnungspreismethoden 194–233
    1. Standardmethoden 196–210
      a) Preisvergleichsmethode 198–200
      b) Wiederverkaufspreismethode 201–205
      c) Kostenaufschlagsmethode 206–210
    2. Gewinnorientierte Methoden 211–229
      a) Geschäftsvorfallbezogene Nettomargenmethode
        („TNMM") 212–226
        aa) Umsatzrenditen 219, 220
        bb) Kostenbasierte Renditekennziffern 221
        cc) Vermögens- oder Kapitalrenditen 222–224
        dd) Berry Ratio 225, 226
      b) Geschäftsvorfallbezogene Gewinnaufteilungs-
        methode 227–229
    3. Kostenumlagevereinbarungen und sonstige
      Methoden 230–233
 IV. Dokumentationspflichten 234–265
    1. Allgemeine Informationen 245–247
    2. Geschäftsbeziehungen zu nahe stehenden Personen .. 248–250
    3. Funktions- und Risikoanalyse 251–255
    4. Verrechnungspreisanalyse 256, 257
    5. Erforderliche Aufzeichnungen in besonderen Fällen .. 258, 259
    6. Rechtsfolgen bei Verstößen gegen die Dokumenta-
      tionspflichten 260–263
 V. Vermeidung und Beilegung von Verrechnungspreis-
    konflikten 265

Schrifttum zu Abschnitt A bis C: *Kessler (Hrsg.)* Konzernsteuerrecht: National – International, 2. Aufl. München 2008; *Mössner ua* Steuerrecht international tätiger Unternehmen, 4. Aufl., Köln 2012; *Schaumburg* Internationales Steuerrecht, 3. Aufl., Köln 2011; Schmidt, Nomos-Kommentar Außensteuergesetz, 1. Aufl., Baden-Baden 2012.

A. Grundlagen des Internationalen Steuerrechts

I. Grundsätze der Steuerpflicht

1 Für ihre Auslandsaktivitäten hat eine deutsche Aktiengesellschaft – und umgekehrt eine ausländische Aktiengesellschaft für ihre Inlandsaktivitäten – grundsätzlich die Wahl zwischen folgenden fünf Gestaltungsvarianten:
- Grenzüberschreitendes Direktgeschäft – Rn. 11–16 bzw. Rn. 100–108
- Ausländische Betriebsstätte – Rn. 17–43 bzw. Rn. 104–116
- Beteiligung an einer ausländischen Personengesellschaft – Rn. 44–63 bzw. Rn. 117–125
- Beteiligung an einer ausländischen Kapitalgesellschaft – Rn. 64–91 bzw. Rn. 126–141
- Wegzug bzw. Zuzug ins Ausland – Rn. 92–96 bzw. 142, 147

Diese Gestaltungsvarianten führen zu verschiedenen steuerlichen Anknüpfungsmomenten im Ausland und bringen daher eine Besteuerung in unterschiedlichem Umfang mit sich.[1]

1. Unbeschränkte Steuerpflicht

2 In Deutschland ist eine Aktiengesellschaft aufgrund ihres inländischen **Sitzes** (§ 11 AO) oder des Ortes ihrer **Geschäftsleitung im Inland** (§ 10 AO) unbeschränkt körperschaftpflichtig (§ 1 Abs. 1 Nr. 1 KStG). Unbeschränkte Steuerpflicht bedeutet, dass die AG ihre sämtlichen inländischen wie ausländischen Einkünfte in Deutschland zu versteuern hat (sog. **Welteinkommensprinzip**, vgl. § 1 Abs. 2 KStG). Vergleichbare Regelungen bestehen in den meisten Steuersystemen der Welt.

Für die deutsche Gewerbesteuer gilt Welteinkommensprinzip nicht: Der Gewerbesteuer unterliegen nur Einkünfte, soweit im Inland ein Gewerbe betrieben wird, dh die Einkünfte einer inländischen Betriebsstätte zuzuordnen sind (**struktureller Inlandsbezug der Gewerbesteuer**, vgl. § 2 Abs. 1 GewStG).

2. Beschränkte Steuerpflicht

3 Nach den Besteuerungsprinzipien der meisten Staaten wird die deutsche AG im jeweiligen ausländischen Staat mit ihren Aktivitäten (zB einer Betriebsstätte, Ausschüttungen aus einer Beteiligung oder Direktgeschäften) beschränkt steuerpflichtig, da der jeweilige korrespondierende Staat – im Regelfall – ebenfalls Besteuerungsansprüche erhebt.[2] Ergebnis ist eine strukturelle **Doppelbesteuerung** derselben Einkünfte in zwei Staaten.

II. Maßnahmen zur Vermeidung der Doppelbesteuerung

4 Das Problem der Doppelbesteuerung ist mit dem der Steuererhebung überhaupt immanent verbunden; deshalb besteht es seit der Zeit, seit der Steuern erhoben werden.[3]

---

[1] In Anlehnung an *Jacobs* Internationale Unternehmensbesteuerung S. 253.
[2] Vgl. im Inbound-Fall den Katalog der beschränkt steuerpflichtigen Einkünfte ausländischer Unternehmen in Deutschland gem. § 49 EStG.
[3] Wassermeyer/*Wassermeyer* DBA Vor Art. 1 Vorbemerkung Rn. 71.

1. Unilaterale Maßnahmen

Aus Gründen der Besteuerung nach dem **Prinzip der Leistungsfähigkeit**[4] 5
sehen Staaten regelmäßig unilaterale Maßnahmen zur Minderung der Doppelbesteuerung vor. Klassischerweise wird dabei entweder
- die Anrechnung der ausländischen Steuerzahlungen auf die inländische Steuer zugelassen (**Anrechnungsmethode**[5]),
- die ausländische Steuerzahlung von der inländischen Bemessungsgrundlage abgezogen (**Abzugsmethode**[6]) oder
- bestimmte ausländische Einkünfte von der inländischen Besteuerung freigestellt (**Freistellungsmethode**).

Unilaterale Maßnahmen mildern in der Regel nur eine Doppelbesteuerung, vermeiden sie aber nicht. So wird die Anrechnungsmethode meist betragsmäßig auf die Höhe der inländischen Steuer begrenzt. Ist der ausländische Steuersatz höher als der inländische, kommt es zu sog. **Anrechnungsüberhängen**. Befindet sich die inländische Gesellschaft in einer Verlustsituation, kann die Abzugsmethode günstiger sein.

2. Doppelbesteuerungsabkommen

Um ihre Staatsangehörigen vor einer doppelten Besteuerung effektiv zu schützen 6
und gleichzeitig Steuersubstrat zwischen den Staaten gleichmäßiger zu verteilen, schließen Staaten Abkommen zur Vermeidung der Doppelbesteuerung (Doppelbesteuerungsabkommen, DBA) ab. Insbesondere für Industriestaaten sind DBA wichtige Instrumente der Außenwirtschaftspolitik. DBA weisen Besteuerungsrechte für bestimmte Einkunftsarten lediglich den beiden Vertragsstaaten zu. DBA begründen niemals eine Besteuerung. Ob ein Vertragsstaat von dem ihm zugewiesenen Besteuerungsrecht tatsächlich Gebrauch macht, ist Frage des nationalen Steuerrechts.

Doppelbesteuerungsabkommen unterscheiden typischerweise zwischen folgen- 7
den „**Einkunftsarten**":[7]
(1) Einkünfte aus unbeweglichem Vermögen
(2) Unternehmensgewinne
(3) Seeschifffahrt, Binnenschifffahrt und Luftfahrt
(4) Dividenden
(5) Zinsen
(6) Lizenzgebühren
(7) Gewinne aus der Veräußerung von Vermögen
(8) Selbstständige Arbeit
(9) Einkünfte aus unselbstständiger Arbeit
(10) Aufsichtsrats- und Verwaltungsratsvergütungen
(11) Künstler und Sportler
(12) Ruhegehälter
(13) Öffentlicher Dienst

---

[4] Das Leistungsfähigkeitsprinzip als Fundamentalprinzip der Besteuerung wird als Ausfluss des allgemeinen Gleichheitssatzes (Art. 3 GG) abgeleitet, vgl. Tipke/Kruse/*Drüen* AO § 3 Rn. 50 mwN.
[5] Vgl. für Deutschland § 34c Abs. 1 EStG.
[6] Vgl. für Deutschland § 34c Abs. 3 EStG.
[7] Vgl. OECD-Musterabkommen 2010 zur Vermeidung der Doppelbesteuerung auf dem Gebiet der Steuern vom Einkommen und vom Vermögen.

(14) Studenten
(15) Andere Einkünfte

8 Für einige Einkünfte wird typischerweise einem der Staaten das ausschließliche Besteuerungsrecht zugewiesen (zB Veräußerungsgewinne), für die meisten Einkünfte weisen die DBA aber beiden Vertragsstaaten ein Besteuerungsrecht zu (zB Dividenden oder Unternehmensgewinne). Die Doppelbesteuerung wird dadurch vermieden, dass der Staat der Ansässigkeit des Steuerpflichtigen ausländische Steuerzahlungen auf die inländische Steuer anrechnet (Anrechnungsmethode – zB bei Dividenden[8]) oder von der inländischen Besteuerung freigestellt (Freistellungsmethode – zB Unternehmensgewinne, soweit sie auf eine Betriebsstätte im anderen Vertragsstaat entfallen[9]).

9 Die Organisation für wirtschaftliche Zusammenarbeit und Entwicklung (OECD) entwickelt seit 1958 ein **Musterabkommen** (OECD-MA), dessen letzte Überarbeitung im Jahr 2014 erfolgte.[10] Sie veröffentlicht hierzu auch einen Kommentar, der zur Auslegung von tatsächlich abgeschlossenen Abkommen herangezogen werden kann. Die meisten DBA folgen dem OECD-MA, selbst wenn die Vertragsstaaten nicht Mitglied der OECD sind. Neben der OECD hat auch die UNO ein Musterabkommen für die Verhandlungen von DBA zwischen Industrie- und Entwicklungsländern[11] entwickelt, das jedoch weniger gebräuchlich ist.

B. Auslandsaktivitäten inländischer Aktiengesellschaften (Outbound-Geschäfte)

10 Bei den Auslandsaktivitäten deutscher Unternehmen unterscheidet man üblicherweise zwischen folgenden fünf Gestaltungsvarianten:[12]
– Grenzüberschreitendes Direktgeschäft – Rn. 11–16
– Ausländische Betriebsstätte – Rn. 17–43
– Beteiligung an einer ausländischen Personengesellschaft – Rn. 44–63
– Beteiligung an einer ausländischen Kapitalgesellschaft – Rn. 64–91
– Wegzug einer deutschen Aktiengesellschaft ins Ausland – Rn. 92–96

Im Folgenden werden die in der Konzernsteuerpraxis relevantesten Aspekte dieser fünf Bereiche dargestellt.

I. Grenzüberschreitende Direktgeschäfte

11 Unter grenzüberschreitenden **Direktgeschäften** sind insbesondere die Lieferung von Waren oder die Erbringung von Dienstleistungen **(Dienst- und Werkverträge)** an ausländische Abnehmer zu verstehen, aber auch die Überlassung von Kapital (zB **Darlehen**) oder Nutzungen (zB **Lizenzen, Miet- und Pachtverhältnisse**). Charakteristisch für Direktgeschäfte ist, dass diese **keines festen Anknüpfungs-**

---

[8] Vgl. Art. 22 Abs. 1 Nr. 3 Buchst. a Deutsche DBA-Verhandlungsgrundlage (BMF IV B 2 – S 1301/13/10009), allgemein: Art. 23 B OECD-MA.

[9] Vgl. Art. 22 Abs. 1 Nr. 1 Deutsche DBA-Verhandlungsgrundlage (BMF IV B 2 – S 1301/13/10009), allgemein: Art. 23 A OECD-MA.

[10] Vgl. http://www.oecd.org/berlin/publikationen/oecd-musterabkommenzurvermeidungvondoppelbesteuerung.htm.

[11] Vgl. https://www.un.org/esa/ffd/documents/DoubleTaxation.pdf.

[12] In Anlehnung an *Jacobs* Internationale Unternehmensbesteuerung, S. 253.

punkts im Ausland bedürfen wie zB einer Betriebsstätte oder eines ständigen Vertreters.

1. Besteuerung im Inland

Aufgrund der unbeschränkten Körperschaft- und Gewerbesteuerpflicht (§ 1 Abs. 1 Nr. 1 KStG, § 2 GewStG – **Welteinkommensprinzips**, siehe Rn. 2) wird Deutschland auf Gewinne aus Direktgeschäften einer deutschen Aktiengesellschaft grundsätzlich das volle Besteuerungsrecht beanspruchen.

Eventuell anfallende ausländische Steuern (siehe Rn. 13) werden bei der deutschen Besteuerung gem. § 34c EStG angerechnet bzw. abgezogen.

2. Besteuerung im Ausland (Ursprungsland)

Die Besteuerung der Direktgeschäfte im Ursprungsland richtet sich nach dem Steuerrecht des jeweiligen Staates und kann sich in der Praxis sehr unterschiedlich gestalten.

Direktgeschäfte wie die reine Lieferung von Waren begründen typischerweise im Ursprungsland keine Steuerpflicht, werden allerdings in aller Regel mit **Zöllen** belegt.

Andererseits erheben aber die meisten Staaten **Quellensteuern auf Zins- und Lizenzzahlungen**. Teilweise werden auch grenzüberschreitende **Überweisungen** – insbesondere in Entwicklungs- und Schwellenländern – mit einer Quellensteuer belegt. In der Ausübung von Dienstleistungen vor Ort (zB Beratungsdienstleistungen mit der zweitweisen Entsendung von Mitarbeitern) sehen gerade zahlreiche Entwicklungs- und Schwellenländer die Begründung einer Betriebsstätte (**Dienstleistungsbetriebsstätte**), was eine Steuerpflicht zur Folge hat.

3. Doppelbesteuerungsabkommen

Die deutschen DBA sehen bei Direktgeschäften idR entweder eine ausschließliche Besteuerung im Ansässigkeitsstaat vor (zB Warenlieferung, Dienstleistungen, Zinsen oder bestimmte Veräußerungsgewinne) oder eine Anrechnung der ausländischen Steuern (zB Vermietung- und Verpachtung), wobei bei Lizenzgebühren idR eine Begrenzung der Quellensteuer auf einen im DBA festgesetzte Höchstsatz vorgesehen ist.

II. Ausländische Betriebsstätten

Bei **Zweigniederlassungen**, Geschäftsstellen, Fabrikations- oder Werkstätten, Warenlagern, Ein- oder Verkaufsstellen sowie jeder **festen Geschäftseinrichtung**, durch die die Geschäftstätigkeit eines Unternehmens ganz oder teilweise ausgeübt wird,[13] sieht das internationale Steuerrecht der meisten Staaten einen hinreichend starken Anknüpfungspunkt, um von einer **beschränkten Steuerpflicht** der darin generierten Gewinne zu auszugehen. Sowohl die Frage des Vorliegens einer Betriebsstätte als auch die Frage der Zurechnung von Gewinnanteilen kann sich in der Praxis als äußerst komplex erweisen.

---

[13] Vgl. § 12 AO.

1. Begründung einer Betriebsstätte

18 Dem Begriff der Betriebsstätte kommt sowohl im nationalen Steuerrecht (für die Begründung einer beschränkten Steuerpflicht) als auch im DBA-Recht (für die Zuweisung von Besteuerungsrechten) ausschlaggebende Bedeutung zu.

Der Ausdruck „Betriebstätte" bedeutet idR eine **feste Geschäftseinrichtung**, durch die die Geschäftstätigkeit eines Unternehmens ganz oder teilweise ausgeübt wird. Der Ausdruck umfasst insbesondere:
(1) einen Ort der Leitung,
(2) eine Zweigniederlassung,
(3) eine Geschäftsstelle,
(4) eine Fabrikationsstätte,
(5) eine Werkstätte,
(6) ein Bergwerk, ein Öl- oder Gasvorkommen, einen Steinbruch oder eine andere Stätte der Ausbeutung von Bodenschätzen,
(7) eine Bauausführung oder Montage, deren Dauer einen bestimmten Zeitraum (typischerweise sechs oder zwölf Monate) überschreitet.[14]

19 Als weiteres **ungeschriebenes Tatbestandsmerkmal** tritt in vielen Staaten die Notwendigkeit hinzu, dass der Unternehmer eine gewisse **Verfügungsmacht** (wie zB ein Recht zum unmittelbaren Besitz) über die Geschäftseinrichtung aufweisen muss.[15] Deswegen begründet der bloße Besitz von Grundvermögen noch keine Betriebsstätte.[16]

20 Unerheblich ist, ob die Räumlichkeiten, Einrichtungen oder Anlagen dem Unternehmen gehören, von ihm gemietet sind oder ihm sonst wie zur Verfügung stehen. Die Geschäftseinrichtung kann sich auch in den Geschäftsräumlichkeiten eines anderen Unternehmens befinden aufgrund des ungeschriebenes Tatbestandsmerkmal der Verfügungsmacht.[17] Inwieweit ein **Unternehmensberater in den Räumlichkeiten seines Kunden** (oder der Anstreicher im Gebäude seines Kunden) eine **(Dienstleistungs-) Betriebsstätte** begründet, ist insbesondere zwischen Entwicklungs-/Schwellenländern[18] und Industriestaaten[19] höchst umstritten (**„Anstreicher-Beispiel"**).

In der Praxis der Konzernbesteuerung stellt die **„unbewusste" Begründung einer Betriebsstätte** ein erhebliches **Compliance-Risiko** dar.

21 Nach nationalem Steuerrecht[20] vieler Länder, aber auch nach Abkommensrecht[21] begründet zudem ein abhängiger Vertreter eine Betriebsstätte des vertretenen Unternehmens im Tätigkeitsstaat (**Vertreterbetriebsstätte**). Eine Vertreterbetriebsstätte erfordert zum einen eine rechtliche und wirtschaftliche Abhängigkeit und zum anderen die regelmäßige Ausübung einer Vollmacht im Namen des vertretenen Unternehmens im Ausland Verträge abzuschließen. Das heißt ein selbstständiger Handelsvertreter begründet in der Regel keine Vertreterbetriebsstätte, bei Ange-

---

[14] Vgl. beispielsweise Art. 5 OECD-MA, § 12 AO.
[15] Vgl. BFH I R 189/79, BStBl. II 1982, 624; I R 77/88, BStBl. II 1990, 166.
[16] Vgl. H 2.9 (3) GewStH „Keine Betriebsstätte" unter Hinweis auf RFH I 112/41, RStBl. 1941, 393.
[17] Vgl. OECD-Kommentar (MA-Kommentar) zu Art. 5 Tz. 4.
[18] Vgl. OECD-Kommentar (MA-Kommentar) zu Art. 5 Tz. 4.5.
[19] Vgl. OECD-Kommentar (MA-Kommentar) zu Art. 5 Tz. 45.7.
[20] Vgl. für Deutschland § 13 AO.
[21] Vgl. Art. 5 Abs. 5 OECD-MA.

stellten von Konzerngesellschaften besteht jedoch ein Risiko, dass in ihnen eine Vertreterbetriebsstätte des Mutterkonzerns zu sehen sein könnte.[22] Die DBA sehen idR für **Hilfstätigkeiten** und Tätigkeiten vorbereitender Art **Rückausnahmen** vor. Das heißt trotz Vorliegens einer festen Geschäftseinrichtung gelten Läger, Ausstellungsräume oder bloße **Repräsentanzen** nicht als Betriebsstätte iSd DBA.[23] Die Rückausnahmen finden nach deutschem Steuerrecht jedoch keine Anwendung in Nicht-DBA-Konstellationen (§ 12 AO sieht keine Rückausnahmen vor). 22

2. Rechtsfolge: Fiktion der Selbstständigkeit der Betriebsstätte

Begründet eine deutsche Aktiengesellschaft in einem DBA-Staat eine Betriebsstätte, wird sie idR mit den Einkünften aus dieser Betriebsstätte im anderen Staat beschränkt steuerpflichtig. Dabei sind ihr die Gewinne zuzurechnen, die sie hätte erzielen können, insbesondere im Verkehr mit anderen Teilen des Unternehmens, dessen Betriebsstätte sie ist, wenn sie als selbstständiges und unabhängiges Unternehmen eine gleiche oder ähnliche Geschäftstätigkeit unter gleichen oder ähnlichen Bedingungen ausgeübt hätte (**Selbstständigkeitsfiktion – „Functionally Separate Entity Approach"**).[24] 23

a) Zuordnung von Einkünften zur Betriebsstätte/Ermittlung des Betriebsstättenergebnisses

Die DBA weisen zwar dem Betriebsstättenstaat in der Regel das Besteuerungsrecht an den Betriebsstättenergebnissen zu.[25] Wie dieses Ergebnis der Höhe nach ermittelt wird und wie Gewinne zwischen Betriebsstätte und Stammhaus abzugrenzen sind, bestimmt sich jedoch ausschließlich nach dem nationalen Recht des Anwenderstaates, wobei der Selbstständigkeitsfiktion in Art. 7 Abs. 2 OECD-MA eine gewisse „Leitplankenfunktion" zukommt.[26] Die OECD empfiehlt ihren Mitgliedstaaten, bei der Gewinnabgrenzung dem **„Authorised OECD Approach"** (AOA)[27] zu folgen, der in Deutschland in § 1 AStG[28] in nationales Recht umgesetzt wurde. Der AOA sieht eine zweistufige Gewinnermittlung vor: 24

In einer **ersten Stufe** sind – im Rahmen – einer **Funktions- und Risikoanalyse** – die ökonomisch relevanten Geschäftsaktivitäten des hypothetisch selbstständigen Unternehmens „Betriebsstätte" zu identifizieren.[29] Da Geschäftsbeziehungen zwischen einzelnen Teilen eines Unternehmens (zB Stammhaus – Betriebsstätte oder Betriebsstätten untereinander) innerhalb derselben juristischen Person rechtlich nicht möglich sind, gestattet der AOA zwischen Unternehmensteilen (Betriebsstätten) den Abschluss fiktiver Verträge **(„Dealings")**.[30] So sind beispielsweise die fiktive Lizensierung von geistigem Eigentum oder die fiktive Vergabe von Darlehen zwischen Betriebsstätten im Rahmen des Fremdvergleichs und bei ausreichender funktioneller Ausstattung möglich. 25

---

[22] Vgl. Wassermeyer/*Wassermeyer* OECD-MA Art. 5 Rn. 203 ff.
[23] Vgl. Art. 5 Abs. 4 OECD-MA.
[24] Vgl. Art. 7 Abs. 2 OECD-MA.
[25] Vgl. Art. 7 Abs. 1 OECD-MA.
[26] Mössner/*Strunk* Steuerrecht international tätiger Unternehmen S. 64.
[27] Vgl. OECD Betriebsstättenbericht 2010.
[28] Insb. § 1 Abs. 4 Satz 1 Nr. 2 AStG.
[29] Vgl. Wassermeyer/*Kaeser* OECD-MA Art. 7 Rn. 401.
[30] Vgl. Wassermeyer/*Kaeser* OECD-MA Art. 7 Rn. 535 ff.

26 In der **zweiten Stufe** werden die Innentransaktionen unter analoger Anwendung der OECD-Verrechnungspreis-Richtlinie nach Fremdvergleichsgrundsätzen „bepreist".[31] Siehe im Einzelnen Rn. 194–233.

b) Zuordnung von Wirtschaftsgütern zur Betriebsstätte

27 Die einzelnen Wirtschaftsgüter werden dabei für steuerliche Zwecke entweder der Betriebsstätte oder dem Stammhaus zugeordnet. Für die Zuordnung gilt die „**funktionale Betrachtungsweise**", dh bei der Zuordnung sind die vom Unternehmen durch die Betriebsstätte und durch andere Unternehmensteile ausgeübten Funktionen, eingesetzten Wirtschaftsgüter und übernommenen Risiken zu berücksichtigen.[32] Einer Betriebsstätte sind die positiven und negativen Wirtschaftsgüter zuzuordnen, die der Erfüllung der Betriebsstättenfunktion dienen.[33] Dazu zählen zum einen Wirtschaftsgüter, die ausschließlichen zur Verwertung und Nutzung durch die Betriebsstätte bestimmt sind, aber auch **gemischt genutzte** Wirtschaftsgüter.[34]

c) Kapitalausstattung (Dotationskapital)

28 Im Rahmen der Selbstständigkeitsfiktion der Betriebsstätte verfügt eine Betriebsstätte über ein eigenes fiktives Eigenkapital (sog. **Dotationskapital**) und fiktives Fremdkapital. Die Höhe des Dotationskapitals muss angemessen zur Erfüllung ihrer Funktionen sein; dies richtet sich nach dem Grundsatz des Fremdvergleichs.[35]

3. Laufende Geschäftstätigkeit

a) Besteuerung im Ausland

29 Die Aktiengesellschaft wird mit ihren der ausländischen Betriebsstätte zuzuordnenden Gewinnen im Ausland beschränkt steuerpflichtig. Die Besteuerung richtet sich nach den nationalen Rechtsvorschriften des jeweiligen Landes. Insbesondere **Ermittlung und Abgrenzung der Betriebsstättengewinne**, Höhe der steuerlichen Belastung (Steuersatz) und auch das Verfahrensrecht richten sich im ersten Schritt nach dem Recht des Landes der Belegenheit der Betriebsstätte.

Ein zwischen der Bundesrepublik und dem Land der Betriebsstätte ggf. bestehendes DBA ändert an diesem Grundsatz nichts. Da DBA lediglich Besteuerungsrechte zuweisen, aber nicht begründen,[36] begrenzt ein Doppelbesteuerungsabkommen allenfalls die Besteuerungsrechte mit dem Ziel einer Vermeidung von Doppelbesteuerung.[37]

---

[31] Vgl. Wassermeyer/*Kaeser* OECD-MA Art. 7 Rn. 547 ff.
[32] Vgl. Art. 7 Abs. 2 OECD-MA.
[33] Vgl. BFH II R 39/89, BStBl. II 1993, 63.
[34] Vgl. Betriebsstätten-Verwaltungsgrundsätze Rn. 2.4, BMF 24.12.1999, BStBl. I 1999, 1076).
[35] Vgl. Betriebsstätten-Verwaltungsgrundsätze Rn. 2.5.1, BMF 24.12.1999, BStBl. I 1999, 1076).
[36] Siehe Rn. 6.
[37] Siehe Rn. 37.

b) Besteuerung im Inland

Die Aktiengesellschaft als unbeschränkt steuerpflichtige Körperschaft unterliegt gem. § 1 Abs. 2 KStG mit ihren weltweiten Einkünften der Körperschaftsteuer. Darunter fallen Grundsätzlich auch die **Einkünfte aus der ausländischen Betriebsstätte**. Aufgrund der Besteuerung des Betriebsstättengewinne im Belegenheitsstaat,[38] erfolgt grundsätzlich eine Doppelbesteuerung. 30

Der Gewinn der ausländischen Betriebsstätte unterliegt allerdings nur der deutschen Körperschaftsteuer, **nicht** jedoch der **Gewerbesteuer**. Gemäß § 2 Abs. 1 Satz 1 GewStG unterliegen der Gewerbesteuer nur Einkünfte, die einer inländischen Betriebsstätte zugeordnet werden können. 31

aa) Nicht-DBA-Betriebsstätte. Soweit mit dem Betriebsstättenstaat kein Doppelbesteuerungsabkommen besteht, wird nach nationalem deutschen Steuerrecht eine Doppelbesteuerung dadurch abgemildert, dass die Aktiengesellschaft 32
– die ausländische Steuer auf die deutsche Körperschaftsteuer anrechnet (Anrechnungsmethode, vgl. § 26 Abs. 1 KStG) oder
– die ausländische Steuer als Betriebsausgabe von der deutschen Körperschaftsteuerbemessungsgrundlage abzieht (Abzugsmethode, vgl. § 26 Abs. 2 KStG).

Bei der Anrechnungsmethode werden die auf den Betriebsstättengewinn im Ausland gezahlten Steuern auf die deutsche Steuer angerechnet werden. Die **Anrechnungsmethode** führt zu dem Ergebnis, dass ein niedrigeres ausländisches Steuerniveau auf das ggf. höhere deutsche **„heraufgeschleust"** wird. Die Anrechnung ist nur möglich von ausländischen Steuern, soweit diese der deutschen Körperschaftsteuer entsprechen (vgl. § 26 Abs. 2 KStG).[39] Die Anrechnung ist begrenzt auf die Höhe der deutschen Körperschaftsteuer, die auf die jeweiligen ausländischen Einkünfte entfällt. Der Anrechnungshöchstbetrag ist länderbezogen vorzunehmen; ungenutzte Anrechnungsbeträge für ein Land können nicht zum Ausgleich eines fehlenden Anrechnungsvolumens für ein anderes Land herangezogen werden (§ 26 Abs. 1 KStG iVm § 34c Abs. 1 Satz 1 und 2 EStG). Für die Anrechnung maßgeblich ist das nach deutschem, nicht nach ausländischem Recht zu versteuernde Einkommen. Die **Anrechnung** erfolgt nur auf die Körperschaftsteuer, jedoch **nicht auf die Gewerbesteuer** (struktureller Inlandsbezug der Gewerbesteuer, vgl. § 2 Abs. 1 Satz 1 GewStG). Damit gehen ausländische Steuern oberhalb des deutschen Körperschaftsteuersatzes von 15,825% (inkl. 5,5% Solidaritätszuschlag) in der Regel als **Anrechnungsüberhang** ins Leere. 33

Die **Abzugsmethode** kann von der Aktiengesellschaft alternativ zur Anrechnungsmethode angewandt werden; insoweit besteht ein Wahlrecht (Antrag gem. § 26 Abs. 2 KStG iVm § 34c Abs. 2 EStG). Die Abzugsmethode kommt insbesondere in folgenden Fällen zur Anwendung bei: 34
– **Verlusten im Inland**, da keine deutsche Körperschaftsteuer zu zahlen ist, auf die die ausländische Steuer angerechnet werden könnte (insoweit erhöhen sich Verlustvorträge, die in der Zukunft genutzt werden können),
– nicht der deutschen Körperschaftsteuer entsprechende ausländische Steuern,
– ausländischen Steuern auf Betriebsstätteneinkünfte, die nicht in dem Staat erhoben wurden, aus dem die Einkünfte stammen, oder
– ausländischen Steuern auf Betriebsstätteneinkünfte, die nicht als ausländische Einkünfte anzusehen sind.

---

[38] Siehe Rn. 29.
[39] Vgl. „Verzeichnis ausländischer Steuern in Nicht-DBA-Staaten, die der deutschen Einkommensteuer entsprechen" – Anlage 2 EStR.

35 Die **ausländischen Verluste** einer Betriebsstätte sind nach § 2a EStG im Inland im Prinzip abzugsfähig. Voraussetzung ist allerdings, dass die Betriebsstätte in einem Staat außerhalb der EU/des EWR belegen ist und einer aktiven Tätigkeit iSd § 2a Abs. 2 EStG nachgeht. Anderenfalls sind die Verluste nur mit späteren Betriebsstättengewinnen aus demselben Land ausgleichsfähig. Bei der Gewerbeertragsteuer sind die ausländischen Verluste nicht berücksichtigungsfähig (struktureller Inlandsbezug der Gewerbesteuer, vgl. § 9 Nr. 3 GewStG).

36 bb) **DBA-Betriebsstätte.** Ist die Betriebsstätte in einem DBA-Staat belegen, richtet sich die Besteuerung nach den Regelungen des jeweiligen DBA. Das OECD-Musterabkommen sieht grundsätzlich entweder die Freistellungs- oder die Anrechnungsmethode vor.

Bei der Freistellungsmethode werden die Einkünfte der Betriebsstätte von der steuerlichen Bemessungsgrundlage des Staates des Stammhauses ausgenommen, so dass im Ergebnis nur dem Staat der Belegenheit der Betriebsstätte das Besteuerungsrecht zusteht. Die Anrechnungsmethode entspricht der Regelung des § 26 Abs. 1 KStG. Bei Betriebsstätteneinkünften entspricht es der **deutschen Abkommenspolitik**, in den jeweiligen DBA die **Freistellungsmethode** zu wählen,[40] so dass die meisten der über 90 deutschen DBA ausländische Betriebsstätteneinkünfte freistellen.[41]

37 Bei Betriebsstätten ergibt sich ein **strukturelles Risiko der Doppelbesteuerung** aus dem Umstand, dass sich die Abgrenzung der Einkünfte zwischen Betriebsstätte und Stammhaus nicht durch das DBA synchronisiert ist, sondern sich nach dem jeweiligen nationalen Steuerrechten richtet.[42] Daher werden in der Praxis vergleichsweise häufig gewisse Einkünfte anteilig in beiden Vertragsstaaten besteuert. Lediglich zwischen EU-Staaten kann eine Abgrenzung von Betriebsstätteneinkünften bindend verbeigeführt werden (**EU-Schiedskonvention**).[43]

cc) **Aktivitätsvorbehalt/Hinzurechnungsbesteuerung (§ 20 Abs. 2 AStG)**

38 Generelle Voraussetzung für die Anwendung der Freistellungsmethode ist jedoch, dass die ausländische Betriebsstätte der Aktiengesellschaft einer aktiven Tätigkeit iSd § 8 Abs. 1 AStG (oder eines vergleichbaren Kataloges) nachgeht. Zahlreiche DBA[44] sehen einen **Aktivitätsvorbehalt** vor, wonach die Freistellung an die Bedingung geknüpft ist, dass die Einkünfte der Betriebsstätte aus „aktiven" oder „produktiven Tätigkeiten" stammen. Für Betriebsstätten in Staaten mit DBA ohne Aktivitätsvorbehalt ordnet § 20 Abs. 2 AStG im Wege des Treaty Override den Übergang von der Freistellungsmethode zur Anrechnungsmethode an, sofern die Betriebsstätte passiv iSd § 8 Abs. 1 AStG ist (sog. **Switch-over-Klausel**).[45]

---

[40] Vgl. Schreiben betr. Verhandlungsgrundlage für Doppelbesteuerungsabkommen im Bereich der Steuern vom Einkommen und Vermögen vom 17.4.2013 (BMF IV B 2 – S 1301/10/10022–32). So sehen die DBA Schweiz 1971/2010, Brasilien 1975 (gekündigt), Argentinien 1978, Ecuador 1982, Uruguay 1987 und Bolivien 1992 sowie Mexiko 2008, Vereinigte Arabische Emirate 2010 und Zypern 2011 die Anrechnungsmethode als Regelfall an und gewähren die Freistellungsmethode nur in besonderen Ausnahmefällen.

[41] Vgl. Abkommensübersicht zu Art. 23 A und B bei Vogel/Lehner/*Ismer* DBA Rn. 16.

[42] Siehe Rn. 29.

[43] Vgl. Übereinkommen 90/436/EWG über die Beseitigung der Doppelbesteuerung im Falle von Gewinnberichtigungen zwischen verbundenen Unternehmen (ABl. 225 v. 20.8.1990, S. 10–24).

[44] Vgl. Vogel/Lehner/*Ismer* DBA Rn. 67 ff. mwN.

[45] Vgl. Nomos-Kommentar AStG/*Schmidt* § 20 Rn. 3 ff.

4. Beendigung der Betriebsstätte

Die steuerliche Existenz einer Betriebsstätte kann grundsätzlich beendet werden **39** durch:
– Einstellung ihrer Tätigkeit und Veräußerung der Wirtschaftsgüter der Betriebsstätte an einen anderen Rechtsträger
– Überführung der Wirtschaftsgüter in das inländische Stammhaus der Aktiengesellschaft oder eine Betriebsstätte der Aktiengesellschaft in einem anderen Staat
– Wechsel der Tätigkeit zu einer „Hilfstätigkeit" iSe DBA wie zB Repräsentanz oder Lager[46]
– Überführung der Betriebsstätte in einen in- oder ausländischen Rechtsträger im Zuge einer Umstrukturierung (zB Einbringung oder Verschmelzung).

a) Auflösung der Betriebsstätte

aa) Nicht-DBA-Betriebsstätte. Im Nicht-DBA-Fall richtet sich der Gewinn **40** oder der Verlust aus der Auflösung einer Betriebsstätte (hierbei handelt es sich in aller Regel um einen Veräußerungsgewinn/-verlust oder eine fingierte Veräußerung beispielsweise im Wege einer **Funktionsverlagerung**[47]) nach dem Steuerrecht des Betriebsstättenstaates.

Die ausländische Steuer kann ggf. nach den zuvor skizzierten Grundsätzen[48] auf die deutsche Körperschaftsteuer angerechnet oder im Wege der Abzugsmethode abgezogen werden.

bb) DBA-Betriebsstätte. In einer DBA-Betriebsstätte richtet sich die Besteu- **41** erung – wie bei der Nicht-DBA-Betriebsstätte – nach den allgemeinen Grundsätzen.[49] Im Falle der Anwendung der Freistellungsmethode ist ein etwaiger Aufgabegewinn jedoch von der deutschen Besteuerung ausgenommen.

Wird ein Wirtschaftsgut aus einer ausländischen Betriebsstätte, für die das deutsche Besteuerungsrecht aufgrund der Freistellungsmethode zuvor ausgeschlossen war, in das inländische Stammhaus überführt, ist der Vorgang gem. § 4 Abs. 1 Satz 8 Hs. 2 EStG wie eine Einlage in das Vermögen des Stammhauses zu behandeln, die mit dem Teilwert des überführten Wirtschaftsguts anzusetzen ist (§ 6 Abs. 1 Nr. 5 Buchst. a EStG iVm § 8 Abs. 1 KStG). War das Wirtschaftsgut innerhalb der letzten fünf Jahre vor Auflösung der Betriebsstätte in eine EU-Betriebsstätte überführt worden (**Rückgängigmachung einer Funktionsverlagerung** ins Ausland), ist der im Zuge der Funktionsverlagerung gebildete Ausgleichsposten wieder ergebnisneutral aufzulösen und das Wirtschaftsgut mit dem fortgeführten Buchwert zzgl. etwaiger zwischenzeitlicher Auflösungen des Ausgleichspostens wieder einzubuchen (§ 4g EStG).

Wird die Betriebsstätte in einem **EU/EWR-Staat** aufgelöst, werden die Verlus- **42** te (bzw. Verlustvorträge) final. In Durchbrechung der Freistellungsmethode sind diese Verluste in Deutschland nach Maßgabe der Niederlassungsfreiheit als **finale Betriebsstättenverluste** zum Abzug zuzulassen.[50]

---

[46] Zu den Rückausnahmen vgl. Art. 5 Abs. 4 OECD-MA; siehe auch Rn. 18.
[47] Zahlreiche Länder folgen inzwischen dem Funktionsverlagerungskonzept, vgl. § 1 Abs. 3 Satz 9 AStG.
[48] Siehe Rn. 32 ff.
[49] Siehe Rn. 36 f.
[50] Vgl. zuletzt BFH I R 48/11, DStR 2014, 837.

b) Umstrukturierungen

43 Die Auflösung einer ausländischen Betriebsstätte sei im Folgenden exemplarisch am Beispiel der Einbringung skizziert. Bringt die AG die ausländische Betriebsstätte in einen inländischen oder ausländischen Rechtsträger ein, richtet sich die Besteuerung primär nach dem Steuerrecht des Belegenheitsstaates. Handelt es sich um eine DBA-Freistellungsbetriebsstätte, hat Deutschland grundsätzlich kein Besteuerungsrecht. In Fällen der Anrechnungsmethode (dh DBA-Anrechnungsbetriebsstätten und nicht Nicht-DBA-Betriebsstätten) besteuert Deutschland grundsätzlich die Aufdeckung stiller Reserven (unter Anrechnung der ausländischen Steuern). Die Einbringung in eine inländische Kapitalgesellschaft oder Personengesellschaft kann jedoch unter den Voraussetzung der §§ 20 bzw. 24 und § 2 UmwStG steuerneutral ausgestaltet werden, soweit das Besteuerungsrecht der Bundesrepublik infolge der Einbringung nicht eingeschränkt wird.

Wird die ausländische Betriebsstätte in eine ausländische Kapitalgesellschaft eingebracht, sind die für die Einbringung der AG gewährten (neuen) Anteile mit dem gemeinen Wert anzusetzen.

III. Beteiligungen an ausländischen Personengesellschaften[51]

1. Qualifikationskonflikte

a) Steuerrecht des Sitzstaates der Personengesellschaft

44 Die steuerliche Behandlung der Beteiligung der Aktiengesellschaft an einer ausländischen Personengesellschaft richtet sich nach dem Zusammenspiel des Steuerrechts des Sitzstaates der Personengesellschaft mit dem deutschen Steuerrecht. Die steuerliche Behandlung von Personengesellschaften ist international sehr unterschiedlich und folgt grundsätzlich **zwei Grundprinzipien**:

- **Transparenzprinzip** – Die (partielle) Rechtsfähigkeit der Personengesellschaft wird für steuerliche Zwecke ignoriert und die Gesellschafter der Personengesellschaft werden steuerlich so behandelt, als bestünde die Gesellschaft nicht und sie erzielten die Einkünfte der Personengesellschaft unmittelbar und wären – anteilig – unmittelbar an den Wirtschaftsgütern der Personengesellschaft beteiligt.
- **Trennungsprinzip** – Die Personengesellschaft wird wie eine Kapitalgesellschaft behandelt, dh als von ihren Gesellschaftern separiertes (getrenntes) Steuersubjekt.
- **Mischformen** – Vermischungen dieser beiden Prinzipien wie zum Beispiel in Deutschland, wo die Besteuerung der Personengesellschaft für einkommen- bzw. körperschaftsteuerliche Zwecke auf Ebene der Gesellschafter erfolgt, die Personengesellschaft aber für die Gewerbesteuer und die Umsatzsteuer ein eigenständiges Steuersubjekt ist.[52]
- **Wahlrechte** – In einigen Staaten können Personengesellschaften optieren, ob sie transparent oder wie eine Kapitalgesellschaft behandelt werden möchten.[53]

---

[51] Das folgende Kapitel behandelt ausschließlich die Besteuerung gewerblich tätiger Personen(handels)gesellschaften. Aus Vereinfachungsgründen werden diese Gesellschaften im Folgenden lediglich als „Personengesellschaften" bezeichnet.
[52] Vgl. Kessler/Kröner/Köhler/*Pyszka/Brauer* Konzernsteuerrecht § 3 Rn. 524.
[53] So besteht im US-Steuerrecht für bestimmte Rechtsformen ein Wahlrecht („check-the-box"), sich steuerlich als Körperschaft behandeln zu lassen und umgekehrt, vgl. 26 CFR

b) Behandlung der ausländischen Personengesellschaft nach deutschem Steuerrecht

Beteiligt sich eine deutsche Aktiengesellschaft an einer ausländischen Perso- 45
nengesellschaft, richtet sich die steuerliche Behandlung der Einkünfte aus dieser Beteiligung im Inland nicht nach dem steuerlichen Status der Personengesellschaft in ihrem Sitzstaat. Vielmehr ist entscheidend, ob es sich bei der ausländischen Personengesellschaft aus der Sicht des deutschen Steuerrechts um eine Personen- oder eine Kapitalgesellschaft handelt, dh ob im Rahmen eines **Typenvergleichs** das ausländische Rechtsgebilde mit einer deutschen Personen- oder einer deutschen Kapitalgesellschaft vergleichbar ist.[54] Für den Rechtstypenvergleich sind alle Elemente heranzuziehen, die nach deutschem Recht die wesentlichen Strukturmerkmale einer Körperschaft ausmachen, wie zB eine zentralisierte Geschäftsführung und Vertretung, eine beschränkte Haftung, die grundsätzlich ungehinderte Übertragbarkeit der Anteile an Nichtgesellschafter oder Grundsätze der Kapitalaufbringung und das Erfordernis von Gewinnverteilungsbeschlüssen.[55]

In einigen DBA wird Personengesellschaften die Stellung einer Kapitalgesellschaft (ansässige Person) zuerkannt (zB Belgien, Japan, Portugal oder Spanien). Im Übrigen haben die Doppelbesteuerungsabkommen keinen Einfluss auf die inländische Qualifikation einer Personengesellschaft, da sich dies für Zwecke der deutschen Besteuerung ausschließlich nach deutschem Steuerrecht richtet.[56]

c) Folge: Qualifikationskonflikte

Aus der unterschiedlichen Behandlung von Personengesellschaften sind Kon- 46
flikte in der Einkünftequalifikation die logische Folge (sog. **Qualifikationskonflikte**).

1. Wird die ausländische Personengesellschaft von **beiden Staaten als Perso-** 47
nengesellschaft (transparent) behandelt, werden die Einkünfte der Aktiengesellschaft aus der Personengesellschaft wie Einkünfte aus einer ausländischen Betriebsstätte besteuert. Die Beteiligung der im Inland ansässigen Aktiengesellschaft an einer ausländischen Personengesellschaft vermittelt der Aktiengesellschaft eine Betriebsstätte im Ausland (anteilige Betriebsstätte des inländischen Gesellschafters), für die der ausländische Betriebsstättenstaat ein Quellenstaatsbesteuerungsrecht hat.[57]
   a) Besteht ein DBA, das eine Freistellung vorsieht (im Folgenden als **Freistellungs-Betriebsstätte** bezeichnet), hat Deutschland kein Besteuerungsrecht an den Einkünften aus der ausländischen Personengesellschaften.
   b) In allen übrigen Fällen (dh Anrechnungs-Betriebsstätte nach DBA bzw. kein DBA bzw. Switch-Over nach § 20 Abs. 2 AStG – im Folgenden als **Anrech-**

301.7701-2 und 301.7701-3. Darstellende Übersicht zu weiteren Ländern siehe Anlage zum BMF- Schreiben betr. Anwendung der Doppelbesteuerungsabkommen (DBA) auf Personengesellschaften v. 26.9.2014 (BStBl. I 2014, 1258).
[54] Vgl. BMF- Schreiben betr. Anwendung der Doppelbesteuerungsabkommen (DBA) auf Personengesellschaften vom 26.9.2014 (BStBl. I 2014, 1258) Rn. 1.2 mwN.
[55] Vgl. zu den weiteren Einzelheiten BMF-Schreiben betr. steuerliche Einordnung der nach dem Recht der Bundesstaaten der USA gegründeten Limited Liability Company vom 19.3.2004 (BStBl. I 2004, 411).
[56] Vgl. BMF 26.9.2014, BStBl. I 2014, 1258 Rn. 1.2 mwN.
[57] Vgl. BMF 26.9.2014, BStBl. I 2014, 1258 Rn. 2.2.3.

nungs-Betriebsstätte bezeichnet) wird die ausländische Steuer auf die deutsche Körperschaftsteuer angerechnet.[58]

48 2. Wird die ausländische Personengesellschaft im **Sitzstaat als Personengesellschaft**, in **Deutschland als Kapitalgesellschaft** behandelt, ist die Aktiengesellschaft mit ihren Einkünften aus der Personengesellschaft in deren Sitzstaat beschränkt steuerpflichtig, dh die Einkünfte der Personengesellschaft werden in ihrem Sitzstaat besteuert. Gewinnentnahmen der Aktiengesellschaft aus der Personengesellschaft werden nach deutschem Steuerrecht in Dividenden umqualifiziert, die gem. § 8b KStG zu 95% von der Körperschaft- und Gewerbesteuer befreit sind, sofern eine Mindestbeteiligung von 10% (§ 8b Abs. 4 KStG) bzw. 15% sowie eine hinreichende Aktivität[59] (§ 9 Nr. 7 bzw. 8 GewStG) erreicht wird. Im Übrigen droht eine Doppelbesteuerung. Auf Ausschüttungen fällt ausländische Quellensteuer regelmäßig nicht an, da nach der Wertung des ausländischen Rechts die Verteilung des Gewinns einer Personengesellschaft idR kein Quellenbesteuerungstatbestand ist.[60]

49 3. Wird die ausländische Personengesellschaft im **Sitzstaat als Kapitalgesellschaft**, in **Deutschland als Personengesellschaft** behandelt, unterliegen die Einkünfte der Personengesellschaft zunächst der unbeschränkten Steuerpflicht in ihrem Sitzstaat. Für die Besteuerung in Deutschland liegen – aus Sicht des deutschen Steuerrechts – Einkünfte aus einer ausländischen Betriebsstätte vor. Hier ist wieder zu differenzieren:

a) **Freistellungs-Betriebsstätte**: Hier hat Deutschland nach dem DBA kein Besteuerungsrecht an den Einkünften aus der ausländischen Personengesellschaften. Laufende Gewinne und Gewinnentnahmen unterliegen keiner deutschen Besteuerung.

b) **Anrechnungs-Betriebsstätte**: Deutschland beansprucht für die laufenden Einkünfte ein Besteuerungsrecht und rechnet ggf. die ausländische Steuer auf die deutsche Körperschaftsteuer an; Gewinnausschüttungen der ausländischen Gesellschaft werden im Ausland als Dividende angesehen, aus deutscher Sicht sind sie nicht steuerbare Entnahmen, die abkommensrechtlich von der Besteuerung freigestellt werden.[61] Hat der Sitzstaat der Personengesellschaft auf Ausschüttungen an die Aktiengesellschaft Quellensteuern einbehalten, so ist eine Anrechnung bzw. ein Abzug der Quellensteuer in Deutschland nach § 8b Abs. 1 und 5 KStG[62] sowie dem DBA ausgeschlossen, da aus deutscher Sicht die Ausschüttungen als steuerlich nicht relevante Entnahmen nicht besteuert werden.[63]

50 4. Wird die ausländische Personengesellschaft von beiden Staaten als **Kapitalgesellschaft** behandelt, unterliegen die Einkünfte der Personengesellschaft der unbeschränkten Steuerpflicht in ihrem Sitzstaat. In Deutschland werden die Gewinnentnahmen der Aktiengesellschaft aus der Personengesellschaft nach deutschem Steuerrecht in Dividenden umqualifiziert (siehe Rn. 48). Eine Anrechnung von etwaigen Quellensteuern ist aufgrund § 8b Abs. 1 und 5 KStG ausgeschlossen.[64]

---

[58] Siehe Rn. 30 ff.
[59] Zu den Aktivitätsvorbehalten des gewerbesteuerlichen Schachtelprivilegs nach § 9 Nr. 7 und 8 GewStG siehe Rn. 38.
[60] Vgl. BMF 26.9.2014, BStBl. I 2014, 1258 Rn. 4.1.4.2.
[61] Vgl. BMF 26.9.2014, BStBl. I 2014, 1258 Rn. 4.1.4.1.
[62] Vgl. *Jacobs* Internationale Unternehmensbesteuerung S. 64.
[63] Vgl. BMF 26.9.2014, BStBl. I 2014, 1258 Rn. 4.1.4.1.
[64] Vgl. *Jacobs* Internationale Unternehmensbesteuerung S. 64.

B. Auslandsaktivitäten inländischer Aktiengesellschaften   51–54   § 16

5. Sollte es aufgrund eines Qualifikationskonflikts zu keiner Besteuerung in beiden Ländern kommen („Keinmalbesteuerung" von Einkünften – sog. „weiße" Einkünfte), beansprucht Deutschland im Wege des Treaty Overrides gem. § 50d Abs. 9 EStG unilateral das Besteuerungsrecht.   51

Illustration der steuerlichen Folgen Qualifikationskonflikt: 52

Steuerliche Behandlung Sitzstaat der Personengesellschaft	Steuerliche Behandlung Deutschland	Qualifikationskonflikt	Besteuerung in Deutschland
Transparent	Transparent		Wie Betriebsstätte (Freistellung oder Anrechnung)
	Kapitalgesellschaft	x	Gewinnanteile aus der Personengesellschaft werden als Dividenden besteuert (§ 8b KStG) – partielle Doppelbesteuerung
Kapitalgesellschaft	Transparent	x	Wie Betriebsstätte: Freistellungs-Betriebsstätte: keine Doppelbesteuerung Anrechnungs-Betriebsstätte: Risiko der Doppelbesteuerung (insb. ausländischer Steuersatz < 15,825%)
	Kapitalgesellschaft		Gewinnanteile aus der Personengesellschaft werden als Dividenden besteuert (§ 8b KStG)

Quelle: Eigene Darstellung

2. Gründung einer ausländischen Personengesellschaft bzw. Erwerb einer Beteiligung

Gründet die Aktiengesellschaft eine ausländische Personengesellschaft, ist die Einlageleistung nach deutschem Steuerrecht auf Ebene der Personengesellschaft grundsätzlich steuerlich neutral. Die Überführung von Wirtschaftsgütern im Wege der **Sacheinlage** gegen Gesellschaftsrechte führt auf Ebene der AG in der Regel zu einer Aufdeckung der stillen Reserven, wenn die Personengesellschaft eine Freistellungs-Betriebsstätte vermittelt (keine Sicherstellung der Besteuerung der stillen Reserven, § 6 Abs. 5 EStG). Die **Einbringung** eines **Betriebs**, **Teilbetriebs** oder **Mitunternehmeranteils** kann auf Ebene der Aktiengesellschaft gem. § 24 UmwStG zum Buchwert ausgestaltet werden, wenn die ausländische Personengesellschaft aus deutscher Sicht als Personengesellschaft zu qualifizieren ist und das deutsche Besteuerungsrecht hinsichtlich des eingebrachten Vermögens weder ausgeschlossen noch beschränkt ist. Für die Eigenkapitalausstattung der ausländischen Personengesellschaft sind die für Betriebsstätten geltenden steuerlichen Grundsätze über ein angemessenes Dotationskapital entsprechend zu beachten.[65]   53

Der **Erwerb** einer ausländischen Personengesellschaft durch die inländische Aktiengesellschaft wird nach deutschem Steuerrecht in gleicher Weise behandelt, wie der Erwerb durch einen inländischen Gesellschafter. Das heißt steuerlich   54

---

[65] Betriebsstätten-Verwaltungsgrundsätze, BMF 24.12.1999, BStBl. I 1999, 1076 Rn. 2.5.1.

wird der Kauf der Gesellschaftsanteile fiktiv wie ein (anteiliger) Erwerb der Einzelwirtschaftsgüter (Asset Deal) behandelt; die von den steuerlichen Buchwerten abweichenden Anschaffungskosten werden in **Ergänzungsbilanzen** nachgeführt.[66]

55 Die steuerliche Abziehbarkeit von **Finanzierungskosten der Aktiengesellschaft** im Zusammenhang mit der Beteiligung an der ausländischen Personengesellschaft richten sich zum einen nach dem Steuerrecht des Sitzstaates der Personengesellschaft. Ein Abzug der Finanzierungskosten des Gesellschafters einer Personengesellschaft ist in den Steuersystemen der meisten Länder nicht bekannt. Nach deutschem Steuerrecht stellen sie **Sonderbetriebsausgaben** dar (§ 15 Abs. 1 Nr. 2 EStG) und sind – nach Auffassung der deutschen Finanzverwaltung[67] – im Rahmen eines DBA den Unternehmensgewinnen zuzurechnen (§ 50d Abs. 10 Satz 2 EStG[68]). Wenn die Personengesellschaft eine Anrechnungs-Betriebsstätte vermittelt, sind Sonderbetriebsausgaben auch im Rahmen der Ermittlung der in Deutschland steuerpflichtigen Einkünften zu berücksichtigen. Hat die Personengesellschaft jedoch ihren Sitz in einem DBA-Staat mit Freistellungsmethode (Freistellungs-Betriebsstätte), hat Deutschland auch an den Sonderbetriebseinnahmen kein Besteuerungsrecht und Sonderbetriebsausgaben sind nach dem DBA nicht bei der Aktiengesellschaft – nach Auffassung der deutschen Finanzverwaltung[69] – steuerlich unbeachtlich.

3. Laufende Geschäftstätigkeit

a) Besteuerung der ausländischen Personengesellschaft

56 Behandelt der Sitzstaat der ausländischen Personengesellschaft die Personengesellschaft als transparent, ist nicht die Personengesellschaft steuerpflichtig, sondern deren Gesellschafter. Das heißt die Aktiengesellschaft wird insoweit im Sitzstaat der Personengesellschaft mit ihren Einkünften aus der Personengesellschaft beschränkt steuerpflichtig. Ist die Personengesellschaft in ihrem Sitzstaat einer Kapitalgesellschaft gleichgestellt, ist sie selbst Steuersubjekt.

b) Besteuerung des inländischen Gesellschafters

57 Behandelt der **Sitzstaat** die Personengesellschaft als steuerlich **transparent**, ist die Aktiengesellschaft mit ihren Einkünften aus der Personengesellschaft dort beschränkt steuerpflichtig. Im **Inland** unterfallen ausländischen Einkünfte aus der Personengesellschaft der unbeschränkten Körperschaftsteuerpflicht. Eine Gewerbesteuerpflicht besteht aufgrund des Territorialprinzips (§ 2 Abs. 2 GewStG) nicht. Für **Verluste** gelten die Verrechnungsbeschränkungen des § 15a EStG und ggf. § 8c KStG. Für Zwecke der deutschen Besteuerung sind die Einkünfte der Personengesellschaft nach Maßgabe des deutschen Steuerrechts zu ermitteln. Dazu kann auf die ausländische Buchführung unter entsprechenden Anpassungen an das deutsche Steuerrecht zurückgegriffen werden (§ 146 Abs. 2 AO). Die ausländische

---

[66] Vgl. Schmidt/*Wacker* EStG § 15 Rn. 460 ff.
[67] Vgl. BMF 26.9.2014, BStBl. I 2014, 1258 Rn. 5.1.3.2. Einige DBA enthalten jedoch Sonderregelungen, vgl. Übersicht in Rn. 5.2.
[68] Zur Verfassungswidrigkeit von § 50d Abs. 10 EStG siehe Vorlage des BFH an das Bundesverfassungsgericht BFH I R 4/13, BStBl. II 2014, 791; Akt. BVerfG: 2 BvL 15/14.
[69] Vgl. BMF 26.9.2014, BStBl. I 2014, 1258 Rn. 5.1.3.2 und 5.2.

Steuer wird entweder auf die deutsche Körperschaftsteuer angerechnet oder die Doppelbesteuerung im Wege der Abzugsmethode gemildert (§ 26 KStG).[70]

Sind im **Sitzstaat** Personengesellschaften selbst steuerpflichtig, dh werden wie Kapitalgesellschaften behandelt **(Trennungsprinzip)**, ist die AG nur mit den Ausschüttungen der Personengesellschaft im Sitzstaat beschränkt steuerpflichtig. Die laufenden Einkünfte der Personengesellschaft werden im Sitzstaat von ihr selbst versteuert. Gleichwohl werden dessen ungeachtet die laufenden Einkünfte aus der Personengesellschaft **im Inland** im Rahmen der unbeschränkten Steuerpflicht der AG zugerechnet **(Qualifikationskonflikt)** und dort besteuert **(Doppelbesteuerung)**. 58

Besteht mit dem Sitzstaat ein **Doppelbesteuerungsabkommen**, behandeln **beide Staaten** Personengesellschaften als **transparent**, vermittelt die ausländische Personengesellschaft der AG eine Betriebsstätte in ihrem Sitzstaat.[71] Die steuerliche Behandlung richtet sich dann danach, ob eine **Freistellungs- oder Anrechnungsbetriebsstätte** vorliegt. Gleiches gilt für den Fall, dass bei Bestehen eines **Doppelbesteuerungsabkommens** der Sitzstaat die Personengesellschaft als Kapitalgesellschaft **(Trennungsprinzip)** behandelt. Auf die Ausführungen unter Rn. 46 ff. sei verwiesen. 59

Sondervergütungen und **Sonderbetriebsausgaben** sind nach deutschem Steuerrecht Teil der Einkünfte der Personengesellschaft. Besteht **kein DBA**, sind die Sondervergütungen Teil des in Deutschland steuerpflichtigen Welteinkommens der AG, Sonderbetriebsausgaben sind steuerlich abziehbar. Besteht ein DBA, findet § 50d Abs. 10 EStG Anwendung, der im Wege des Treaty Overrides die **Sondervergütungen** und **Sonderbetriebsausgaben** dem Artikel über Unternehmensgewinne des jeweiligen Abkommens zu unterwerfen versucht:[72] 60

– Gewährt die Aktiengesellschaft der ausländischen Personengesellschaft ein verzinsliches Darlehen sollen die Zinsen – entgegen der Auffassung der bisherigen Rechtsprechung[73] – nicht mehr unter den Zinsartikel fallen und in Deutschland steuerpflichtig sein, sondern der Betriebsstätte zugerechnet werden, das heißt bei Vorliegen einer Freistellungs-Betriebsstätte keiner Steuerpflicht im Inland unterliegen.[74]
– Gleiches gilt im umgekehrten Fall für den Zinsaufwand der Aktiengesellschaft aus einem Darlehen, das ihr die Personengesellschaft gewährt hat (Upstream-Darlehen), dh der Zinsaufwand ist gem. § 50d Abs. 10 EStG in Deutschland nicht abziehbar bei Bestehen einer Freistellungs-Betriebsstätte.
– Refinanziert die Aktiengesellschaft ihre Beteiligung an der ausländischen Personengesellschaft durch ein Darlehen, sind ihre Zinsaufwendungen im Falle einer Freistellungs-Betriebsstätte in Deutschland nicht abziehbar, da diese Sonderbetriebsausgaben gem. § 50d Abs. 10 EStG der ausländischen Betriebsstätte zugeordnet werden.[75]

---

[70] Siehe Rn. 5.
[71] Vgl. BMF 26.9.2014, BStBl. I 2014, 1258 Rn. 4.1.4.1.
[72] Zur Verfassungswidrigkeit von § 50d Abs. 10 EStG siehe Vorlage des BFH an das Bundesverfassungsgericht BFH I R 4/13, BStBl. II 2014, 791; Az. BVerfG: 2 BvL 15/14.
[73] Vgl. zuletzt BFH I R 4/13, BStBl. II 2014 791.
[74] Vgl. BMF 26.9.2014, BStBl. I 2014, 1258 Rn. 5.1.3.2 und 5.2.
[75] Vgl. BMF 26.9.2014, BStBl. I 2014, 1258 Rn. 5.1.3.2. Einige DBA enthalten jedoch Sonderregelungen, vgl. Übersicht in Rn. 5.2.

61 Sollte es aufgrund eines Qualifikationskonflikts zu keiner Besteuerung in beiden Ländern kommen („**Keinmalbesteuerung**" von Einkünften – sog. „**weiße" Einkünfte**), beansprucht Deutschland im Wege des *Treaty Overrides* gem. § 50d Abs. 9 EStG unilateral das Besteuerungsrecht.

4. Beendigung der Beteiligung

a) Auflösung der ausländischen Personengesellschaft bzw. Anteilsverkauf

62 Folgen beide Staaten dem Transparenzprinzip, sind Gewinne aus dem Verkauf der ausländischen Personengesellschaft oder deren **Liquidation** weitestgehend wie laufende Einkünfte zu besteuern. Für die inländische Besteuerung ist maßgeblich, ob die Personengesellschaft eine Freistellungs- oder Anrechnungsbetriebsstätte vermittelt.[76]

b) Umstrukturierungen

63 Die Einbringung der Beteiligung an einer ausländischen Personengesellschaft hat weitgehend die gleichen steuerlichen Auswirkungen wie die Einbringung einer Betriebsstätte.[77]

IV. Beteiligungen an einer ausländischen Kapitalgesellschaften

1. Qualifikationskonflikte

a) Trennungsprinzip/Rechtstypenvergleich

64 Im Hinblick auf die steuerlichen Folgen der Beteiligung an einer Kapitalgesellschaft ist zunächst maßgeblich, wie die Steuersysteme der beteiligten Staaten die Tochtergesellschaft behandeln, dh als eigenes Steuersubjekt (**Trennungsprinzip**) oder als transparent (**Transparenzprinzip**). Auf die Ausführungen oben zum Qualifikationskonflikt bei der Beteiligung an ausländischen Personengesellschaften, insbesondere auf den aus deutscher Sicht durchzuführenden **Rechtstypenvergleich**[78] sei verwiesen.[79]

b) Sitz oder Geschäftsleitung im Inland

65 Für die steuerliche Einordnung der Kapitalgesellschaft ist weiterhin maßgeblich, ob es sich aus deutscher steuerlicher Sicht überhaupt um eine ausländische Gesellschaft handelt. Da sich die unbeschränkte Körperschaftsteuerpflicht in Deutschland danach richtet, ob eine Gesellschaft ihren **Sitz** oder **ihre Geschäftsleitung** im Inland hat (§ 1 Abs. 1 KStG), gibt es zahlreiche Gesellschaften, die zwar formal ihren statuarischen Sitz im Ausland haben, deren Geschäfte aber aus Deutschland heraus geführt werden. Diese Gesellschaften haben eine unbeschränkte Steuerpflicht in Deutschland begründet, wenn sich hier der **Mittelpunkt der geschäftlichen Oberleitung** (§ 12 AO) befindet. Insbesondere in Konzernsituationen, wenn mehrere Geschäftsführer bestellt sind und diese zwischen verschiedenen Ländern alternieren („mobiler Ort der Geschäftsleitung"), ist maßgeblich, wo

---

[76] Siehe Rn. 30 ff.
[77] Siehe Rn. 43.
[78] Vgl. BMF 19.3.2004, BStBl. I 2004, 411 (BMF IV B 4-S 1301 USA-22/04).
[79] Siehe Rn. 44 ff.

der für die Geschäftsführung **maßgebende Wille gebildet** wird und wo alle für die Geschäftsführung nötigen **Maßnahmen von einiger Wichtigkeit** mit einer gewissen Regelmäßigkeit angeordnet werden.[80] Der Ort der Unterschriftsleistung von Verträgen oder Gremiensitzungen ist in der Regel irrelevant, da es darauf ankommt, wo der maßgebende Wille gebildet wird, der letztlich zur abgegebenen Willenserklärungen oder der angeordneten Maßnahmen führte.[81] Allein der **Ort der faktischen Geschäftsführung** ist maßgeblich für die Begründung der unbeschränkten Körperschaftsteuerpflicht in Deutschland.[82]

Der Ort der Geschäftsleitung ist auch für die Frage der **Ansässigkeit** einer Kapitalgesellschaft nach einem **Doppelbesteuerungsabkommen** maßgeblich. Da die meisten DBA auf die Begriffsbestimmungen nach innerstaatlichem Recht verweisen,[83] findet § 10 AO auch insoweit Anwendung.

Die folgenden Ausführungen gehen davon aus, dass beide beteiligten Staaten im Hinblick auf die Kapitalgesellschaft dem Trennungsprinzip folgen und die Tochtergesellschaft als Körperschaftsteuersubjekt besteuern.

2. Gründung einer ausländischen Kapitalgesellschaft bzw. Erwerb der Beteiligung

Die Gründung einer ausländischen Kapitalgesellschaft richtet sich nach den örtlichen gesellschafts- und steuerrechtlichen Gegebenheiten. In zahlreichen Ländern ist die Ausstattung der Gesellschaft mit einem Mindestkapital erforderlich. Einige Länder erheben Stempelsteuern auf das einzuzahlende Nennkapital (zB Luxemburg oder Österreich).

Überträgt die Aktiengesellschaft einzelne Wirtschaftsgüter in die Kapitalgesellschaft **(Sachgründung)**, führt dies auf Ebene der Aktiengesellschaft zu Gewinnrealisierungen (§ 1 Abs. 1 AStG). Die Einbringung von Betrieben oder Teilbetrieben in eine in der EU/EWR ansässige Kapitalgesellschaft kann steuerneutral ausgestaltet werden (§ 20 UmwStG), nicht jedoch die Einbringung in Drittstaatengesellschaften (§ 2 Abs. 4 UmwStG).

Die steuerlichen Folgen eines **Erwerbs der Anteile** an der ausländischen Kapitalgesellschaft richten sich auf Ebene der ausländischen Kapitalgesellschaft nach dem lokalen Steuerrecht. So kann es infolge des Anteilseignerwechsels zB zum **Untergang von Verlustvorträgen** kommen (vergleichbar § 8c KStG) oder der Verletzung von Haltefristen aus vorangegangenen Umstrukturierungen kommen. In einigen Ländern besteht die Möglichkeit einer Aufstockung der Buchwerte („**step-up**") nach lokalen Steuerrecht.

Erwirbt die Aktiengesellschaft die Anteile an der ausländischen Kapitalgesellschaft, sind die Anteile mit den Anschaffungskosten zzgl. Anschaffungsnebenkosten (zB Beratergebühren und sonstige Transaktionskosten) zu aktivieren. Eine **Fremdfinanzierung des Kaufpreises** kann – im Rahmen der Beschränkungen der Zinsschranke (§ 4h EStG/§ 8a KStG) – steuerlich geltend gemacht werden. Eine Verrechnung ist jedoch nur mit operativen Einkünften der Aktiengesellschaft möglich, da Dividendeneinkünfte aus der ausländischen Kapitalgesellschaft grundsätzlich zu 95% steuerbefreit sind (§ 8b KStG).

---

[80] Vgl. Tipke/Kruse/*Drüen* AO § 10 Rn. 1 mwN aus der Rechtsprechung.
[81] Vgl. *Mössner* Steuerrecht international tätiger Unternehmen 34 Kap. 2.71.
[82] Vgl. Tipke/Kruse/*Drüen* AO § 10 Rn. 1 mwN aus der Rechtsprechung.
[83] Vgl. Art. 4 Abs. 1 Satz 1 OECD-MA, ebenso Art. 4 Abs. 1 Satz 1 Deutsche DBA-Verhandlungsgrundlage (BMF IV B 2 – S 1301/13/10009).

3. Laufende Geschäftstätigkeit

a) Besteuerung der ausländischen Kapitalgesellschaft

69 Die Besteuerung der ausländischen Kapitalgesellschaft richtet sich nach lokalem Recht. Aufgrund des Trennungsprinzips begründet das Eintreten eines deutschen Anteilseigners keine Steuerpflicht der ausländischen Kapitalgesellschaft in Deutschland.
Für konzerninterne Liefer- und Leistungsbeziehen gilt idR nach lokalem Recht der **Fremdvergleichsgrundsatz** („dealing at arm's length"). Lokale Regelungen zu **verdeckten Gewinnausschüttungen** und **verdeckten Einlagen** sind bei konzerninternen Transaktionen ebenfalls zu berücksichtigen.

70 **Verluste** der ausländischen Tochtergesellschaft lassen sich grundsätzlich nicht mit Gewinnen der Aktiengesellschaft verrechnen.[84] Eine Verlustverrechnung über die Grenze ist im deutschen Steuerrecht nicht vorgesehen. Handelt es sich jedoch um eine Tochterkapitalgesellschaft in einem EU-/EWR-Staat, sind die Verluste der Tochtergesellschaft nach Maßgabe der Niederlassungsfreiheit bei der AG gleichwohl zu berücksichtigen, wenn die Verluste bei der Tochtergesellschaft endgültig nicht genutzt werden können (**„finale Verluste"**).[85] Die Einzelheiten zur Umsetzung dieser Entscheidung in der Praxis sind jedoch nach wie vor weitgehend ungeklärt, da die Präzisierung durch eine nationalen gesetzliche Regelung nach wie vor aussteht.

71 Eine **grenzüberschreitende Organschaft** wurde im deutschen Steuersystem bislang nicht zugelassen, auch wenn europarechtlich umstritten.[86]

b) Besteuerung des inländischen Gesellschafters

72 **aa) Dividendenbezüge. (1) Quellensteuer.** Mit den Dividendenausschüttungen der ausländischen Kapitalgesellschaft wird die Aktiengesellschaft im Ansässigkeitsstaat der Tochtergesellschaft idR **beschränkt steuerpflichtig**. Die Dividendenausschüttungen unterliegen regelmäßig nach lokalem Recht einer **Quellensteuer**. Die deutschen DBA sehen im Regelfall eine Begrenzung der Quellensteuer auf 15% vor; bei einer gewissen Mindestbeteiligung (10–25%) eine Reduzierung der Quellensteuer auf 0–10% (**Schachtelprivileg**).[87] Innerhalb der EU bzw. des EWR sieht die **Mutter-Tochter-Richtlinie**[88] bei Beteiligungen ab 10% ein grundsätzliches Verbot von Quellensteuern vor. Allerdings ist den Mitgliedstaaten gestattet, im Falle eines **Gestaltungsmissbrauchs** gleichwohl einen Quellensteuerabzug vorzunehmen.[89]
Auf Ebene der Aktiengesellschaft ist eine **Anrechnung** von dieser Quellensteuern ist aufgrund § 8b Abs. 1 und 5 KStG **ausgeschlossen**.[90] Ausländische Quellensteuern stellen daher eine **Definitivbelastung** dar.

---

[84] Vgl. Mössner/*Henkel* Steuerrecht international tätiger Unternehmen Rn. 6.130.
[85] Vgl. EuGH C-446/03, IStR 2006, 19 – Marks & Spencer (zur britischen Group Relief); Mössner/*Henkel* Steuerrecht international tätiger Unternehmen Rn. 6.131 mwN.
[86] Vgl. Mössner/*Henkel* Steuerrecht international tätiger Unternehmen Rn. 6.140 ff. mwN.
[87] Vgl. Übersicht in Vogel/Lehner/*Tischbirek/Specker* DBA Art. 10 Rn. 67.
[88] Vgl. 90/435/EWG, ABl. EG Nr. C 225 v. 20.8.1990, S. 6.
[89] Art. 1 Abs. 2 idF der RL (EU) 2015/121 des Rates v. 27.1.2015, ABl. L 21/1.
[90] Vgl. *Jacobs* Internationale Unternehmensbesteuerung S. 64.

B. Auslandsaktivitäten inländischer Aktiengesellschaften   73–78 § 16

(2) **Körperschaftsteuer.** Im Rahmen der deutschen Besteuerung sind die Dividendeneinkünfte der AG zu 95% von der **Körperschaftsteuer** befreit (§ 8b Abs. 1 und 2 KStG), sofern zu Beginn des Kalenderjahrs eine Mindestbeteiligung von 10% erreicht wird (§ 8b Abs. 4 KStG). 73

(3) **Gewerbesteuer.** Für Zwecke der **Gewerbesteuer** ist bei der 95%igen Steuerbefreiung nach § 9 Nr. 7 GewStG zu differenzieren: 74

Bei **EU-Tochterkapitalgesellschaft** ist die Steuerbefreiung geknüpft an: 75
- **Mindestbeteiligung** von **10%** und
- Sitz und Geschäftsleitung in der EU, aber außerhalb Deutschlands.

Bei **Tochterkapitalgesellschaften aus Drittstaaten** ist die Steuerbefreiung geknüpft an: 76
- **Mindestbeteiligung** von **15%**
- Aktivitätsvorbehalt, dh die Tochterkapitalgesellschaft muss fast ausschließlich (dh zu 90%[91]) „aktiven" Katalog-Tätigkeiten gem. § 8 Abs. 1 Nr. 1–6 AStG nachgehen:
  • Land- und Forstwirtschaft,
  • industrielle Produktion,
  • Bank- und Versicherungstätigkeit (Nr. 3)
  • Handelstätigkeit (mit diversen Ausnahmen),
  • Dienstleistung (mit diversen Ausnahmen),
  • Lizensierung von Rechten (wenn es sich um die Auswertung der Ergebnisse eigener Forschung und Entwicklungsarbeit handelt), Vermietung und Verpachtung von Grundstücken und von beweglichen Sachen (mit Ausnahmen).
- Dieser begrenzte Katalog macht deutlich, dass erhebliche Einkünfte einer Tochtergesellschaft schädlich sein können, wie zB Dividendenzahlungen von Enkelgesellschaften, Zinseinkünfte aus der Vergabe von konzerninternen Darlehen oder Umwandlungsgewinne.
- Erfüllen **Enkelgesellschaften** der Tochtergesellschaft die Aktivitätsanforderungen gem. § 8 Abs. 1 Nr. 1–6 AStG, sind die Dividendenzahlungen der Enkel- an die Tochtergesellschaft unschädliche Einkünfte der Tochtergesellschaft, wenn die Beteiligung an den Enkelgesellschaften seit mindestens 12 Monaten **mindestens 25%** beträgt und es sich bei der Tochtergesellschaft handelt um eine 77
  • **Landesholding**, dh die Enkelgesellschaften Sitz und Geschäftsleitung im gleichen Staat haben wie die Tochtergesellschaft, oder
  • **Funktionsholding**, dh die Tätigkeiten der Enkelgesellschaften in wirtschaftlichem Zusammenhang mit eigenen unter § 8 Abs. 1 Nr. 1–6 AStG fallenden Tätigkeiten der Tochtergesellschaft fallen.

Bei **Tochterkapitalgesellschaften aus bestimmten DBA-Staaten** ist die Steuerbefreiung gem. § 9 Nr. 8 GewStG (unabhängig von den Voraussetzungen von § 9 Nr. 7 GewStG) zu gewähren bei Vorliegen von: 78
- **Mindestbeteiligung** von **15%**
- **Ausschluss des Besteuerungsrechts der Bundesrepublik** im DBA (in der Regel Freistellung im Methodenartikel).

Zahlreiche DBA knüpfen die Freistellung jedoch einen an dem § 8 Abs. 1 Nr. 1–6 vergleichbaren Aktivitätsvorbehalt an. Dieser abkommensspezifische Aktivitätsvorbehalt ist auch im Rahmen von § 9 Nr. 8 GewStG zu beachten.

---

[91] Vgl. Lenski/Steinberg/*Roser* GewStG § 9 Nr. 7 Rn. 26; aA Glanegger/Güroff GewStG § 9 Nr. 7 Rn. 6: zu 99%.

79 Werden die Dividenden der ausländischen Kapitalgesellschaft durch eine deutsche **Organgesellschaft** bezogen, findet nach der Rechtsprechung des BFH die „Schachtelstrafe" des § 8b Abs. 3 KStG keine Anwendung, dh die Dividende ist – bei Erfüllung der übrigen Voraussetzungen des § 9 Nr. 7 oder 8 GewStG – zu 100% gewerbesteuerfrei (**volle „Schachtelprivilegierung" im gewerbesteuerrechtlichen Organkreis** infolge sog. Bruttomethode).[92] Dies gilt beispielsweise, wenn zwischen die AG (Organträgerin) und die ausländische Kapitalgesellschaft eine deutsche GmbH/AG (Organgesellschaft) zwischengeschaltet ist, die sich mit der AG in einer steuerlichen Organschaft befindet. Dann fließt die Dividende Organgesellschaft zu und ist auf Ebene der Organträgerin zu versteuern, jedoch zu 100% steuerbefreit.

80 **bb) Hinzurechnungsbesteuerung.** Mit der Hinzurechnungsbesteuerung versucht das AStG Steuervorteile aus der Beteiligung an Gesellschaften mit Sitz in **Niedrigsteuerländern** (vgl. § 8 Abs. 3 AStG), die rein **passiven Tätigkeiten** nachgehen (vgl. § 8 Abs. 1 AStG), abzuschöpfen, indem die Einkünfte der Tochtergesellschaften („**Zwischengesellschaften**"; es wird teilweise auch der Begriff „**Basisgesellschaft**" verwandt) den inländischen Gesellschaftern als „eigene" Einkünfte zugerechnet werden. Dieses Konzept der Durchbrechung des Trennungsprinzips, dh der Abschirmwirkung der Körperschaft (**„lifting the corporate veil"**) war 1962 in den USA mit den „Subpart F Rules" (auch als CFC – **Controlled Foreign Corporation** Rules bezeichnet) eingeführt worden.[93] Mit der Entscheidung in der Rechtssache **Cadbury Schweppes** (EuGH-Urt. v. 12.9.2006 – C-196/04) hat der EuGH anhand der britischen CFC Rules bestätigt, dass eine Hinzurechnungsbesteuerung grundsätzlich mit den Grundfreiheiten vereinbar ist, wenn sie nur auf rein künstliche Gestaltungen Anwendung findet, die bloß der Steuervermeidung dienen (sog. Motivtest).

Die §§ 7 ff. AStG statuieren eine eigenständige inländische Steuerpflicht von Inländern, die außerhalb des Regelungsbereichs von DBA liegt, so dass in der Hinzurechnungsbesteuerung kein Verstoß gegen DBA zu sehen sein sollte. Dennoch ordnet § 20 Abs. 1 AStG – lediglich „klärend"[94] – vorsorglich einen Vorrang der §§ 7 ff. AStG vor den DBA an.

81 **(4) Voraussetzungen der Hinzurechnungsbesteuerung.** Der Hinzurechnungsbesteuerung unterliegen unbeschränkt Steuerpflichtige, die unmittelbar an einer Zwischengesellschaft beteiligt sind (**Inlandsbeteiligte**). Mittelbare Beteiligungen, dh über eine andere ausländische Gesellschaft (§ 7 Abs. 2 Satz 2 AStG), werden nach § 14 AStG zugerechnet.

Die Hinzurechnungsbesteuerung greift nur dann ein, wenn an der Zwischengesellschaft unbeschränkt Steuerpflichtige – einzeln oder gemeinsam – zu mehr als 50% beteiligt sind, dh die Zwischengesellschaft „**deutschbeherrscht**" ist. Bei der Zusammenrechnung der Mindestbeteiligungsquote kommt es nicht darauf an, ob die Gesellschafter nahestehende Personen sind. Mittelbare Beteiligungen werden durchgerechnet (§ 7 Abs. 2 Satz 2 AStG). Bei der Berechnung werden auch Anteile zugerechnet, die eine Person hält, die den Weisungen des unbeschränkt Steuerpflichtigen zu folgen hat (zB Stimmbindungsverträge[95]).

---

[92] Vgl. BFH I R 39/14, BFH/NV 2015, 749.
[93] Weitere Hinweise zur Entstehungsgeschichte der Hinzurechnungsbesteuerung vgl. Nomos-Kommentar AStG/*Schmidt* § 8 Rn. 1.
[94] Vgl. BT-Drs. 12/1506, 181.
[95] Vgl. Tz. 7.4.3 AStGAE.

B. Auslandsaktivitäten inländischer Aktiengesellschaften 82–85 § 16

Sind unbeschränkt Steuerpflichtige unmittelbar oder über Personengesellschaften an einer Personengesellschaft beteiligt, die ihrerseits an einer ausländischen Gesellschaft isd Abs. 1 beteiligt ist, so gelten sie als an der ausländischen Gesellschaft beteiligt (§ 7 Abs. 3 AStG).

Mittelbare Beteiligungen (**mehrstufige Beteiligungsketten**) werden gem. § 14 AStG zugerechnet.

Die Sonderregelung des § 7 Abs. 6 AStG sieht eine verschärfte Hinzurechnungsbesteuerung für „**Zwischeneinkünfte mit Kapitalanlagecharakter**" vor. Dabei handelt es sich im Wesentlichen um Zinseinkünfte, Einkünfte aus Finanzierungsleasing, Termingeschäften und Gewinnen aus der Veräußerung von Forderungen.[96] Dividenden fallen nach der neuen Fassung der §§ 7 ff. AStG nicht mehr in den Anwendungsbereich des § 7 Abs. 6 AStG.[97] Die Hinzurechnungsbesteuerung greift in diesen Fällen bereits ab einer Beteiligungsschwelle von 1%. Bei Gesellschaften, die „ausschließlich oder fast ausschließlich" Zwischeneinkünfte mit Kapitalanlagecharakter erzielen, gilt keine Beteiligungsschwelle, mit Ausnahme von börsennotierten Zwischengesellschaften (§ 7 Abs. 6 Satz 3 AStG). Erzielt die Zwischengesellschaft zu weniger als 10% ihrer gesamten Zwischeneinkünfte solche mit Kapitalanlagecharakter oder betragen diese weniger als 80.000 EUR, findet § 7 Abs. 6 AStG keine Anwendung (§ 7 Abs. 6 Satz 2 AStG).

(5) „Passive" Einkünfte. Der Hinzurechnungsbesteuerung unterliegen nur sog. „passive" Einkünfte. Anstatt die passiven Einkünfte zu definieren, hat der Gesetzgeber in § 8 Abs. 1 AStG enumerativ alle aktiven Einkünfte beschrieben, so dass alle nicht aufgeführten Einkünfte als passive Einkünfte gelten.

Aktive Einkünfte von Zwischengesellschaften sind – allerdings nur unter im Einzelfall sehr engen Voraussetzungen – Einkünfte aus:
– land- und forstwirtschaftlicher Tätigkeit (Nr. 1)
– industrieller Tätigkeit (Nr. 2)
– Bank- und Versicherungstätigkeit (Nr. 3)
– Handelstätigkeit (Nr. 4)
– Dienstleistung (Nr. 5)
– Vermietung und Verpachtung (Nr. 6)
– Finanzierungstätigkeit (Nr. 7)
– Gewinnausschüttungen, Veräußerungen, Auflösungen und Kapitalherabsetzungen von Kapitalgesellschaften sowie Umwandlungen (Nr. 8–10)

Bei einer ausländischen Gesellschaft, die aktiver Tätigkeit nachgeht, können Einkünfte anfallen, die – für sich betrachtet – Einkünfte aus passivem Erwerb sind. Wirtschaftlich zusammengehörende Tätigkeiten sind dann einheitlich zu subsumieren (funktionale Betrachtungsweise).[98] Dabei ist die Tätigkeit maßgebend, auf der nach allgemeiner Verkehrsauffassung das wirtschaftliche Schwergewicht liegt.[99]

(6) Niedrigbesteuerung. Die Einkünfte der ausländischen Gesellschaft aus passivem Erwerb unterliegen der Hinzurechnungsbesteuerung nur dann, wenn sie als „niedrigbesteuert" gelten, dh die Gesamtbelastung durch Ertragsteuern **unter 25%** liegt (§ 8 Abs. 3 AStG). Bei der Feststellung der Ertragsteuerbelastung ist nicht nur der allgemeine Tarif, sondern es sind auch in Betracht kommende Vorzugsätze und Steuerbefreiungen berücksichtigen.[100] Eine niedrige Besteuerung iSd Abs. 1 liegt

---
[96] Vgl. Tz. 7.6.4 AStGAE.
[97] Nomos-Kommentar AStG/*Schmidt* § 8 Rn. 6.
[98] Vgl. Tz. 8.0.2 AStGAE.
[99] BFH I R 16/88, BStBl. II 1990, 1049.
[100] Tz. 8.3.2.1 AEAStG.

auch dann vor, wenn Ertragsteuern von mindestens 25% zwar rechtlich geschuldet, jedoch nicht tatsächlich erhoben werden (§ 8 Abs. 3 Satz 3 AStG).

86 **(7) EU-/EWR-Gegenbeweis.** Als Reaktion auf die Entscheidung in der Rechtssache Cadbury Schweppes (EuGH C-196/04, IStR 2006, 670) sieht § 8 Abs. 2 AStG für Zwischengesellschaften mit Sitz oder Geschäftsleitung in einem EU-/EWR-Mitgliedsstaat die Möglichkeit des Gegenbeweises vor. Keine passiven Einkünfte sollen danach vorliegen, wenn die Gesellschaft nachweist, einer „**tatsächlichen wirtschaftlichen Tätigkeit**" nachzugehen.[101]

87 **(8) Hinzurechnungsbetrag und -steuersatz.** Bei der Ermittlung der Bemessungsgrundlage für die Hinzurechnungsbesteuerung sind die gesamten Einkünfte der Zwischengesellschaft aus passivem Erwerb zu berücksichtigen. Im Ausland gezahlte Steuern werden angerechnet (§ 12 AStG). Die Steuerbefreiung nach § 8b KStG ist nicht anzuwenden.

Der Hinzurechnungsbetrag gehört idR zu den Einkünften aus Gewerbebetrieb (vgl. § 10 Abs. 2 AStG). Der Hinzurechnungsbetrag erhöht den nach dem Einkommen- oder Körperschaftsteuergesetz ermittelten Gewinn des Betriebs für das Wirtschaftsjahr, das nach dem Ablauf des maßgebenden Wirtschaftsjahrs der ausländischen Gesellschaft endet.

88 Der Hinzurechnungsbetrag unterliegt – entgegen der bisherigen Auffassung der Finanzverwaltung[102] – aufgrund des Territorialitätsprinzips nach der Rechtsprechung des BFH **nicht der Gewerbesteuer.**[103] Aufgrund dieses BFH-Urteils ist die Hinzurechnung im Regelfall auf den deutschen Körperschaftsteuersatz von 15,825% (inkl. SolZ) begrenzt, dh die Hinzurechnungsbesteuerung geht bei ausländischen „Niedrigsteuersätzen" zwischen 15,825% und 25% ins Leere.

(9) Besteuerungsfolgen der Gewinnausschüttung durch die ausländische
89 **Zwischengesellschaft.** Spätere Ausschüttungen der Zwischengesellschaft sind in Deutschland nicht mehr einkommensteuerpflichtig (§ 3 Nr. 41 Buchst. a und b EStG). Bei der Körperschaftsteuer ist die wegen § 8b Abs. 5 KStG verbleibende 5%ige Restbelastung mit der (übrigen) Körperschaftsteuer zu verrechnen.[104]

4. Beendigung der Beteiligung

a) Anteilsverkauf bzw. Auflösung der ausländischen Kapitalgesellschaft

90 Ein Gewinn der Aktiengesellschaft aus der Veräußerung der Beteiligung an der Kapitalgesellschaft ist gem. § 8b KStG zu 95% körperschaft- und gewerbesteuerfrei. Es wird diskutiert, die Steuerbefreiung von Veräußerungsgewinnen künftig – wie bei Dividenden – an eine Mindestbeteiligung von 10% zu knüpfen.[105]

Ein Veräußerungsverlust ist steuerlich nicht zu berücksichtigen (§ 8b Abs. 3 KStG).

---

[101] Vgl. zu den weiteren Einzelheiten Nomos-Kommentar AStG/*Schmidt* § 8 Rn. 29 ff.
[102] Inwieweit der Hinzurechnungsbetrag der Gewerbesteuer unterliegt, ist gesetzessystematisch jedoch zweifelhaft vgl. Kraft/*Protzen* AStG § 10 Rn. 354 ff.; Blümich/*Gosch* GewStG § 9 Rn. 221a; FWBS/*Wassermeyer* AStG § 10 Rn. 186–190, Nomos-Kommentar AStG/*Schmidt* § 8 Rn. 6.
[103] Vgl. BFH I R 10/14, BFHE 249, 241.
[104] Vgl. Blümich/*Vogt* EStG § 10 Rn. 57.
[105] So noch § 8b Abs. 4 KStG-E in der Fassung des Diskussionsentwurfs des BMF zum Investmentsteuerreformgesetz v. 21.7.2015.

b) Umstrukturierungen

Ein Gewinn aus der Liquidation der ausländischen Kapitalgesellschaft wird steuerliche wie eine Dividende behandelt, dh grundsätzlich zu 95% steuerbefreit.[106] Wird die Beteiligung in eine andere Gesellschaft gegen Gewährung von Anteilen eingebracht, stellt dies einen Tausch (§ 6 Abs. 6 EStG) dar, der steuerlich wie eine Veräußerung zu beurteilen ist, dh grundsätzlich zu 95% steuerfrei.[107] Wird eine Beteiligung von über 50% in eine inländische Kapitalgesellschaft eingebracht, kann dieser Vorgang gem. § 21 UmwStG steuerneutral ausgestaltet werden. Gleiches gilt für die Einbringung einer 100%igen Beteiligung in eine inländische Personengesellschaft (§ 24 UmwStG). Gleiches gilt entsprechend, wenn Anteile an einer EU-Kapitalgesellschaft durch die Aktiengesellschaft in eine andere EU-Kapitalgesellschaft eingebracht werden (§ 21 bzw. § 24 UmwStG).

91

V. Wegzug einer inländischen Aktiengesellschaft

Die inländische Aktiengesellschaft kann entweder ins Ausland verziehen, indem sie ihren Sitz ins Ausland verlegt oder ihre Geschäftsleitung. Zu differenzieren ist zudem, ob der Wegzug innerhalb der EU erfolgt oder in einen Drittstaat.

92

1. Auswirkung auf Gesellschaftsebene

a) Gesellschaftsrechtliche Auswirkungen

Nach deutschem Gesellschaftsrecht ermöglichen § 5 AktG und § 4a GmbHG die Verlegung des Verwaltungssitzes (Ort der Geschäftsleitung) oder des Satzungssitzes einer deutschen Kapitalgesellschaft ins Ausland unter Wahrung ihrer gesellschaftsrechtlichen Identität.[108]

93

b) Steuerrechtliche Auswirkungen

Die unbeschränkte Körperschaftsteuerpflicht knüpft an den Ort der Geschäftsleitung oder den Sitz (§ 11 AO) im Inland an.[109] Bei Bestehen eines DBA kann allerdings die Verlegung der Geschäftsleitung dazu führen, dass die Ansässigkeit iSd Abkommens grenzüberschreitend verlegt wird, was zu einer Einschränkung des deutschen Besteuerungsrechts und somit zu einer **Entstrickung** führen kann.[110] Zwar verbleibt in einem solchen Fall eine Betriebsstätte im Inland. Da der Ort der Geschäftsleitung aber stets als Stammhaus anzusehen ist, verlagern sich – ohne entgegenwirkende Steuerplanung – alle dem Stammhaus zugeordneten Wirtschaftsgüter ins Ausland und gelten als entnommen bzw. veräußert (§ 4 Abs. 1 Satz 3 und 4 EStG). Erfolgt eine Verlagerung in eine EU-Betriebsstätte der AG, wird die Entstrickung durch Bildung eines **Ausgleichspostens** nach § 4g EStG abgemildert. Indem dieser Ausgleichsposten über fünf Jahre gewinnerhöhend aufzulösen ist, wird die Entstrickung über fünf Jahre gestreckt.

94

---

[106] Siehe Rn. 72.
[107] Siehe Rn. 90.
[108] Siehe § 18 Rn. 20.
[109] Siehe Rn. 65.
[110] Mössner/*Mössner* Steuerrecht international tätiger Unternehmen Rn. 2.52.

2. Auswirkungen auf Gesellschafterebene

95 Auf Ebene der inländischen Aktionäre hätte eine **Verlegung der Geschäftsleitung (Verwaltungssitz)** der AG keine wesentlichen Änderungen. Da alle deutschen DBA das Besteuerungsrecht an Dividenden und Veräußerungsgewinnen dem Ansässigkeitsstaat des Gesellschafters zuordnen, bleibt das Besteuerungsrecht der Bundesrepublik im Regelfall infolge des Wegzugs unangetastet.

96 Verlegt die Aktiengesellschaft hingegen ihren **Satzungssitz** ins Ausland,[111] wäre dies ggf. als Auflösung der Gesellschaft zu deuten.[112] Die Aktiengesellschaft verlöre ihren gesellschaftsrechtlichen Status als Körperschaft und würde in eine Personengesellschaft (OHG) „formwechseln". Steuerlich würden die Aktionäre zu Mitunternehmern einer Mitunternehmerschaft gem. § 15 EStG, ggf. fände § 9 UmwStG Anwendung.

VI. Besonderheiten bei einer inländischen KGaA

97 Aufgrund ihrer **dualen Struktur** als Personen- und Kapitalgesellschaft[113] ergeben sich auch für die internationale Besteuerung duale Auswirkungen. Während die Besteuerung der KGaA in der „kapitalistischen" Sphäre und die Besteuerung der Kommanditaktionäre sich im Grundsatz nicht von einer Aktiengesellschaft unterscheiden, werden ausländische Komplementäre einer inländischen KGaA als Mitunternehmer beschränkt steuerpflichtig und fallen in DBA-Konstellationen in den Anwendungsbereich des Betriebsstätten-Artikels. Hat die KGaA wiederum **ausländische Betriebsstätten,** unterliegen die ausländischen Komplementäre einer KGaA mit ihren Einkünften aus den ausländischen Betriebsstätten infolge des Transparenzprinzips keiner beschränkten Steuerpflicht in Deutschland.[114]

VII. Verfahrensrechtliche Besonderheiten

98 Unternehmen mit Geschäftsleitung oder Sitz im Inland sind nach § 138 Abs. 2 AO verpflichtet, dem für sie zuständigen Finanzamt folgende Auslandssachverhalte mitzuteilen:
1. die Gründung und den Erwerb von Betrieben und Betriebstätten im Ausland;
2. die Beteiligung an ausländischen Personengesellschaften oder deren Aufgabe oder Änderung;
3. den Erwerb von Beteiligungen an einer Körperschaft, Personenvereinigung oder Vermögensmasse iSd § 2 Nr. 1 KStG, wenn damit unmittelbar eine Beteiligung von mindestens 10% oder mittelbar eine Beteiligung von mindestens 25% erreicht wird oder wenn die Summe der Anschaffungskosten aller Beteiligungen mehr als 150.000 EUR beträgt.

---

[111] Ein solcher Hauptversammlungsbeschluss wäre vermutlich nichtig oder als konkludenter Auflösungsbeschluss zu werten; vgl. *Hüffer/Koch* AktG § 5 Rn. 13.
[112] Siehe § 18 Rn. 20 ff.
[113] Die KGaA ist selbst körperschaftsteuerpflichtig (§ 1 Abs. 1 Nr. 1 KStG), ihre Komplementäre werden jedoch als Mitunternehmer besteuert (§ 15 Abs. 1 Nr. 3 EStG); ausführliche Darstellung der Besteuerung einer KGaA siehe § 12 Rn. 170 ff.
[114] Vgl. BFH I R 95/84, BStBl. II 1988, 663.

C. Inlandsaktivitäten ausländischer Gesellschaften 99–101 § 16

Die ist innerhalb eines Monats nach dem meldepflichtigen Ereignis zu erstatten (§ 138 Abs. 3 AO). Eine Verletzung der Mitteilungspflicht kann eine Ordnungswidrigkeit gem. § 379 AO darstellen.

C. Inlandsaktivitäten ausländischer Gesellschaften

Bei den Inlandsaktivitäten ausländischer Aktiengesellschaften in Deutschland unterscheidet man üblicherweise zwischen folgenden fünf Gestaltungsvarianten:[115]
- Grenzüberschreitendes Direktgeschäft – Rn. 100–103
- Ausländische Betriebsstätte – Rn. 104–116
- Beteiligung an einer ausländischen Personengesellschaft – Rn. 117–125
- Beteiligung an einer ausländischen Kapitalgesellschaft – Rn. 126–141
- Zuzug einer ausländischen Aktiengesellschaft nach Deutschland – Rn. 142–147

Im Folgenden werden die in der Konzernsteuerpraxis relevantesten Aspekte dieser fünf Bereiche dargestellt.

I. Grenzüberschreitende Direktgeschäfte

Unter grenzüberschreitenden Direktgeschäften sind insbesondere die Lieferung von Waren oder die Erbringung von Dienstleistungen (Dienst- und Werkverträge) an ausländische Abnehmer zu verstehen, aber auch die Überlassung von Kapital (zB Darlehen) oder Nutzungen (zB Lizenzen, Miet- und Pachtverhältnisse). Charakteristisch für Direktgeschäfte ist, dass diese keines festen Anknüpfungspunkts bedürfen wie zB einer **Betriebsstätte**[116] im Inland.

1. Beschränkte Steuerpflicht

Direktgeschäfte einer ausländischen AG führen nur dann zu einem steuerlichen Nexus in Deutschland, wenn sie eine der **Katalogtätigkeiten des § 49 EStG** erfüllen, dh zu eine beschränkte Steuerpflicht in Deutschland begründen. Die **Lieferung von Waren** oder die **Erbringung von Dienstleistungen** begründet in der Regel keine beschränkte Steuerpflicht. Folgende **Direktgeschäfte** sind beispielsweise in Deutschland steuerpflichtig:
- Einkünfte, die durch einen **ständigen Vertreter** der ausländischen Aktiengesellschaft in Deutschland erzielt werden (§ 49 Abs. 1 Nr. 2 Buchst. a EStG);
- **Beförderungsleistungen** auf Seeschiffen und Luftfahrzeugen (§ 49 Abs. 1 Nr. 2 Buchst. b und c EStG);
- Im Inland ausgeübte oder verwertete **künstlerische, sportliche, artistische, unterhaltende oder ähnliche Darbietungen** (§ 49 Abs. 1 Nr. 2 Buchst. d EStG);
- Vermietung, Verpachtung und Veräußerung von inländischem **Grundbesitz** (§ 49 Abs. 1 Nr. 2 Buchst. f EStG);
- **Lizensierung** und Veräußerung von Rechten, die in ein inländisches Register eingetragen sind (zB **Patent-, Marken**schutz- oder **Gebrauchsmuster**register) sowie sonstigem immateriellen Wirtschaftsgütern (zB sonstiges „**Know-how**"), die im Inland verwertet werden (§ 49 Abs. 1 Nr. 2 Buchst. f EStG);

---

[115] In Anlehnung an *Jacobs* Internationale Unternehmensbesteuerung S. 253.
[116] Besteuerung der Betriebsstätte einer ausländischen Aktiengesellschaft in Deutschland siehe Rn. 104 ff.

- Vermittlung von Berufssportlern (**Transferleistungen**) an inländische Sportvereine oder Veranstalter (§ 49 Abs. 1 Nr. 2 Buchst. g EStG);
- **Darlehen** an inländische Schuldner, die durch **inländischen Grundbesitz besichert** sind (§ 49 Abs. 1 Nr. 5 Buchst. c Doppelbuchst. aa EStG)
- **Genussrechte, partiarischen Darlehen**, Beteiligung als **typischer stiller Gesellschafter, Wandelanleihen, Gewinnobligationen** oder an inländischen **Investmentfonds** und **Tafelgeschäfte** mit inländischen Zahlstellen (§ 49 Abs. 1 Nr. 5 Buchst. a, b, c Doppelbuchst. bb, d EStG).

Ausländische Besteuerungsmerkmale bleiben grundsätzlich außer Betracht (**isolierende Betrachtungsweise**, § 49 Abs. 2 EStG).

2. Quellensteuer

102 Bei folgenden beschränkt steuerpflichtigen Einkünften aus Direktgeschäften erhebt Deutschland **Quellensteuern**, dh die Körperschaftsteuer wird im Wege des Steuerabzugs erhoben:
- Im Inland ausgeübte oder verwertete **künstlerische, sportliche, artistische, unterhaltende oder ähnliche Darbietungen** – 15,825% (§ 50a Abs. 1 Nr. 1 und 2 EStG);
- **Lizensierung** immaterieller Wirtschaftsgüter – 15,825% (§ 50a Abs. 1 Nr. 3 EStG);
- Vermittlung von **Berufssportlern** – 15,825% (§ 50a Abs. 1 Nr. 3 EStG);
- **Darlehen** an inländische Schuldner, die durch **inländischen Grundbesitz besichert** (keine Quellensteuer ieS, aber Möglichkeit der Anordnung eines Sicherungseinbehalts von bis zu 15,825% (§ 50a Abs. 7 EStG);
- bei **Genussrechten, partiarischen Darlehen**, Beteiligung als **typischer stiller Gesellschafter, Wandelanleihen, Gewinnobligationen** oder an inländischen **Investmentfonds** und **Tafelgeschäfte** – in der Regel 26,375%, wobei gem. § 44a Abs. 9 EStG eine Reduzierung auf 15,825% beansprucht werden kann, wenn die ausländische Aktiengesellschaft den Substanzanforderungen des § 50d Abs. 3 EStG genügt.

Die Körperschaftsteuer für Einkünfte einer ausländischen Aktiengesellschaft, die dem Steuerabzug unterliegen, ist durch den Steuerabzug grundsätzlich abgegolten (§ 32 KStG). Die Quellensteuer wird auf die Bruttoeinnahmen erhoben, dh Betriebsausgabenabzug oder Verlustausgleich werden im Grundsatz nicht zugelassen.

3. DBA-/EU-Recht

103 Die Quellensteuern können durch DBA beschränkt oder ausgeschlossen sein. So entspricht es beispielsweise der deutschen Abkommenspolitik, für Zinsen einen Quellensteuersatz von 0% festzulegen.[117]

Für konzern-interne Zins- und Lizenzzahlungen sieht die **Zins- und Lizenzrichtlinie**[118] grundsätzlich das Verbot von Quellensteuer vor.

---

[117] Vgl. Art. 11 Abs. 1 Deutsche DBA-Verhandlungsgrundlage (BMF IV B 2 – S 1301/. 13/10009).

[118] Vgl. Richtlinie des Rates über eine gemeinsame Steuerregelung für Zahlungen von Zinsen und Lizenzgebühren zwischen verbundenen Unternehmen verschiedener Mitgliedstaaten, 2003/49/EG, ABl. 2003, L 157, 49–54; Umsetzung in Deutschland durch § 50g EStG.

II. Inländische Betriebsstätte

1. Begründung einer Betriebsstätte

Die ausländische Aktiengesellschaft begründet nach § 49 Abs. 1 Nr. 2 Buchst. a EStG eine beschränkte, wenn sie im Inland eine Betriebsstätte unterhält. „Betriebstätte" ist gem. § 12 AO jede **feste Geschäftseinrichtung**, durch die die Geschäftstätigkeit eines Unternehmens ganz oder teilweise ausgeübt wird. Der Ausdruck umfasst insbesondere:
(1) einen Ort der Leitung,
(2) eine Zweigniederlassung,
(3) eine Geschäftsstelle,
(4) eine Fabrikationsstätte,
(5) eine Werkstätte,
(6) ein Warenlager,
(7) ein Bergwerk, einen Steinbruch oder eine andere Stätte der Ausbeutung von Bodenschätzen,
(8) eine Bauausführung oder Montage, deren Dauer sechs Monate überschreitet.[119]

Unerheblich ist, ob die Räumlichkeiten, Einrichtungen oder Anlagen dem Unternehmen gehören, von ihm gemietet sind oder ihm sonstwie zur Verfügung stehen. Die Geschäftseinrichtung kann sich auch in den Geschäftsräumlichkeiten eines anderen Unternehmens befinden (ungeschriebenes Tatbestandsmerkmal der **Verfügungsmacht**).[120] Deswegen begründet ein ausländischer Unternehmensberater in den Räumlichkeiten seines deutschen Kunden (oder der Anstreicher im Gebäude seines Kunden) nach deutschem Verständnis keine Betriebsstätte in Deutschland.[121]

Da mangels Verfügungsmacht auch der bloße Besitz von Grundvermögen noch keine Betriebsstätte begründet,[122] wird eine ausländische AG, die ein **inländisches Grundstück vermietet oder verkauft,** zwar in Deutschland mit den Vermietungseinkünften beschränkt körperschaftsteuerpflichtig (§ 49 Abs. 1 Nr. 2 Buchst. f) EStG), mangels Betriebsstätte im Inland aber **nicht gewerbesteuerpflichtig,** sofern im Inland keine Geschäftsleitungsbetriebsstätte begründet wird.[123]

Nach § 49 Abs. 1 Nr. 2 Buchst. a EStG, aber auch nach Abkommensrecht[124] begründet zudem ein abhängiger Vertreter eine Betriebsstätte des vertretenen Unternehmens im Tätigkeitsstaat (**Vertreterbetriebsstätte**). Eine Vertreterbetriebsstätte erfordert zum einen eine rechtliche und wirtschaftliche Abhängigkeit und zum anderen die regelmäßige Ausübung einer Vollmacht im Namen des vertretenen Unternehmens im Ausland Verträge abzuschließen. Das heißt ein selbstständiger Handelsvertreter begründet in der Regel keine Vertreterbetriebsstätte, bei Angestellten von Konzerngesellschaften besteht jedoch ein Risiko, dass sie eine Vertreterbetriebsstätte des Mutterkonzerns begründen.[125]

---

[119] Vgl. beispielsweise Art. 5 OECD-MA, § 12 AO.
[120] Vgl. OECD-Kommentar (MA-Kommentar) zu Art. 5 Tz. 4.
[121] Vgl. OECD-Kommentar (MA-Kommentar) zu Art. 5 Tz. 45.7.
[122] Vgl. H 2.9 (3) GewStH „Keine Betriebsstätte" unter Hinweis auf RFH 27.5.1941, RStBl. 1941, 393.
[123] Vgl. OFD Münster 5.9.2011, EStG-Kartei NW § 49 EStG Nr. 802 II Tz. I 5.
[124] Vgl. Art. 5 Abs. 5 OECD-MA.
[125] Vgl. Wassermeyer/*Wassermeyer* OECD-MA Art. 5 Rn. 203 ff.

107 Die DBA sehen idR für **Hilfstätigkeiten** und Tätigkeiten vorbereitender Art **Rückausnahmen** vor. Das heißt trotz Vorliegens einer festen Geschäftseinrichtung gelten Lager, Ausstellungsräume oder bloße **Repräsentanzen** nicht als Betriebsstätte iSd DBA.[126] Die Rückausnahmen finden nach deutschem Steuerrecht jedoch keine Anwendung in Nicht-DBA-Konstellationen (§ 12 AO).

108 Werden Wirtschaftsgüter aus dem ausländischen Stammhaus der Aktiengesellschaft in die inländische Betriebsstätte überführt, werden die Wirtschaftsgüter „**verstrickt**", dh es wird ein deutsches Besteuerungsrecht an ihnen begründet. Die Verstrickung steht einer Einlage gleich (§ 4 Abs. 1 Satz 7 EStG); die überführten Wirtschaftsgüter sind in der Steuerbilanz der Betriebsstätte mit dem gemeinen Wert anzusetzen (§ 6 Abs. 1 Nr. 5 Buchst. a EStG).

109 Die Eröffnung einer Betriebsstätte ist innerhalb von einem Monat der örtlichen Gemeinde anzuzeigen (§ 138 Abs. 1 AO).

Im Übrigen sei auf Rn. 118 ff. verwiesen.

2. Laufende Geschäftstätigkeit

110 Der Gewinn der Aktiengesellschaft aus der inländischen Betriebsstätte ist für Zwecke der deutschen Besteuerung in gleicher Weise zu ermitteln wie der Gewinn einer deutschen Kapitalgesellschaft aus ihrer ausländischen Betriebsstätte. Insoweit sei auf Rn. 30 ff. verwiesen.

111 Infolge der Begründung einer Betriebsstätte im Deutschland steht der ausländischen Aktiengesellschaft das Veranlagungsverfahren offen, dh die Abgeltungswirkung von Quellensteuern entfällt weitgehend und der **Betriebsausgabenabzug** ist möglich (§ 32 Abs. 1 Nr. 2 KStG). **Betriebsstättenverluste** können gem. § 10d EStG vor- und zurückgetragen werden.

Der Gewinn der deutschen Betriebsstätte unterliegt sowohl der Körperschaft- als auch der Gewerbesteuer. Deutschland erhebt keine Quellensteuer auf Betriebsstätteneinkünfte.

112 Die deutsche Betriebsstätte der ausländischen Aktiengesellschaft kann **Organträgerin** einer inländischen steuerlichen Organschaft sein (§ 14 Abs. 1 Satz 1 Nr. 2 KStG). Voraussetzung ist, dass die Beteiligung an der Organgesellschaft der deutschen Betriebsstätte zuzuordnen ist und die Einkünfte aus der Organschaft auch nach einem anzuwendenden DBA der inländischen Besteuerung unterliegen.

113 Die Betriebsstätte hat **Bücher zu führen** (§ 13d HGB oder nach Aufforderung gem. § 141 AO). Die Bücher sind grundsätzlich im Inland zu führen; wobei Erleichterungen gewährt werden können (§§ 146 Abs. 2, 148 AO). Die **erhöhten Aufklärungs- und Mitwirkungspflichten** bei Auslandssachverhalten (§ 90 Abs. 2 AO) und die Offenlegungs- und Mitwirkungspflicht bei Geschäftsbeziehungen zu niedrig besteuernden Gebieten (§ 16 AStG) gelten auch für beschränkt Steuerpflichtige.

3. Beendigung der Betriebsstätte

a) Auflösung der Betriebsstätte

114 Wird eine Betriebsstätte aufgelöst, werden die Wirtschaftsgüter der Betriebsstätte entweder an einen Dritten (bzw. eine Konzerngesellschaft) veräußert oder in eine andere Betriebsstätte der ausländischen Aktiengesellschaft (zB das Stammhaus)

---

[126] Vgl. Art. 5 Abs. 4 OECD-MA.

C. Inlandsaktivitäten ausländischer Gesellschaften 115–118 § 16

überführt. Hinzutreten in der Praxis weitere Schließungskosten wie insbesondere Abfindungen und Beratergebühren.

Ein **Gewinn aus der Veräußerung** von Wirtschaftsgütern unterfällt der deutschen Besteuerung in gleicher Weise wie laufende Betriebsstätteneinkünfte. Besondere Steuervergünstigungen sind nach deutschem Steuerrecht grundsätzlich nicht gegeben.[127]

Die **Überführung** von Wirtschaftsgütern in eine ausländische Betriebsstätte 115 der Aktiengesellschaft wird im Inland wie eine fiktive Veräußerung behandelt („Entnahme", vgl. § 4 Abs. 1 Satz 3 EStG), da das Besteuerungsrecht der Bundesrepublik beschränkt bzw. ausgeschlossen wird **(Entstrickung)**. Eine Streckung der Entstrickungsbesteuerung durch Bildung eines Ausgleichspostens (§ 4g EStG) ist nicht möglich, da diese nach dem Gesetzeswortlaut nur unbeschränkt Steuerpflichtigen zusteht.[128]

b) Umstrukturierung

Die Einbringung der Betriebsstätte in einen anderen Rechtsträger stellt grund- 116 sätzlich eine steuerpflichtige Veräußerung dar (§ 6 Abs. 6 EStG). Die Einbringung der inländischen Betriebsstätte einer EU-/EWR-Aktiengesellschaft in eine inländische Personen- oder Kapitalgesellschaft kann unter den Voraussetzungen des § 20 bzw. § 24 UmwStG steuerneutral ausgestaltet werden. Gleiches gilt für die Einbringung in eine EU-/EWR-Personen- oder Kapitalgesellschaft, soweit das Besteuerungsrecht der Bundesrepublik nicht ausgeschlossen oder beschränkt wird. Eine Einbringung der Betriebsstätte in eine Drittstaaten-Kapitalgesellschaft ist grundsätzlich nicht steuerneutral möglich (§ 1 Abs. 4 Nr. 1 UmwStG).

III. Beteiligung an einer inländischen Personengesellschaft

1. Qualifikationskonflikte

Personengesellschaften werden in Deutschland für Körperschaftsteuerzwecke als 117 transparent angesehen, die ausländische Aktiengesellschaft wird als Mitunternehmerin einer deutschen Personengesellschaft im Inland beschränkt körperschaftsteuerpflichtig (§ 49 Abs. 1 Nr. 2 Buchst. a iVm § 15 Abs. 1 Nr. 2 EStG).

Die Besteuerungsfolgen im Ansässigkeitsstaat der Aktiengesellschaft richten sich ua danach, ob die inländische Personengesellschaft dort als transparent angesehen wird oder nicht.

Im Übrigen sei auf den Abschnitt Qualifikationskonflikte (Rn. 44 f.) verwiesen.[129]

2. Gründung der inländischen Personengesellschaft bzw. Erwerb der Beteiligung

Gründet die ausländische Aktiengesellschaft eine inländische Personengesell- 118 schaft, ist die Einlageleistung nach deutschem Steuerrecht auf Ebene der Personengesellschaft grundsätzlich steuerlich neutral. Infolge der Überführung von Wirtschaftsgütern im Wege der **Sacheinlage** gegen Gesellschaftsrechte führt auf Ebene

---

[127] Siehe Rn. 127.
[128] Vgl. HHR/*Kolbe* EStG § 4 Buchst. g Rn. 15.
[129] Sieh Rn. 64 ff.

Schmidt 1269

Personengesellschaft zu einer Verstrickung der Wirtschaftsgüter wie bei der Begründung einer Betriebsstätte. Insoweit sei auf Abschnitt II.1 (Rn. 18–22) verwiesen. Der **Erwerb** einer inländischen Personengesellschaft durch die ausländische Aktiengesellschaft wird nach deutschem Steuerrecht in gleicher Weise behandelt wie der Erwerb durch einen inländischen Gesellschafter. Das heißt steuerlich wird der Kauf der Gesellschaftsanteile fiktiv wie ein (anteiliger) Erwerb der Einzelwirtschaftsgüter (Asset Deal) behandelt; die von den steuerlichen Buchwerten abweichenden Anschaffungskosten werden in **Ergänzungsbilanzen** nachgeführt.[130]

3. Laufende Geschäftstätigkeit

a) Besteuerung inländischer Personengesellschaften

119 Der Gewinn der Aktiengesellschaft aus der inländischen Personengesellschaft ist für Zwecke der deutschen Besteuerung im Grundsatz in gleicher Weise zu ermitteln wie der Gewinn einer ausländischen Personalgesellschaft aus ihrer inländischen Betriebsstätte; der Anteil an der Personengesellschaft gilt aus deutscher Sicht als Betriebsstätte. Insoweit sei auf Abschnitt II.2 (Rn. 23 ff.) verwiesen. Für Zwecke der Gewerbesteuer ist die Personengesellschaft Steuersubjekt unabhängig vom Ort der Ansässigkeit ihrer Mitunternehmer.

b) Besteuerung ausländischer Gesellschafter

120 Die Besteuerung der ausländischen Aktiengesellschaft mit ihren Einkünften aus der inländischen Personengesellschaft entspricht im Grundsatz der Besteuerung von Betriebsstätteneinkünften.[131]

Gewinnentnahmen der ausländischen Aktiengesellschaft auf der Personengesellschaft unterliegen in Deutschland keinem Quellensteuerabzug.

121 Besonderheiten ergeben sich jedoch bei **Sondervergütungen** bzw. **Sonderbetriebseinnahmen und -ausgaben**:

122 – **Zinszahlungen** der inländische Personengesellschaft an die ausländische Aktiengesellschaft (Mitunternehmerin) für ein Downstream-Darlehen sind in der Gesamthandsbilanz der Personengesellschaft Zinsaufwand **(Sondervergütung)** und in der Sonderbilanz Sonderbetriebseinnahmen (§ 15 Abs. 1 Satz 1 Nr. 2 S. 1 Hs. 2 EStG).[132] Auch wenn der Zinsartikel eines DBA das Besteuerungsrecht an den Zinsen dem Ansässigkeitsstaat zuweist, beansprucht Deutschland im Wege des *Treaty Override* gem. § 50d Abs. 10 EStG[133] auch das Besteuerungsrecht an den Sonderbetriebseinnahmen, indem diese für Zwecke des DBA fiktiv in einen „Teil des Unternehmensgewinns" des betreffenden Gesellschafters umqualifiziert werden.[134] Im Ergebnis heben sich Zinsaufwand und Zinsertrag insoweit auf.

123 – Finanziert die ausländische Aktiengesellschaft ihre Beteiligung an der inländischen Personengesellschaft durch ein Darlehen, stellt der **Refinanzierungsaufwand** grundsätzlich **Sonderbetriebsausgaben** dar.[135] Nach § 50d Abs. 10 Satz 2

---

[130] Vgl. Schmidt/*Wacker* EStG § 15 Rn. 460 ff.
[131] Siehe Rn. 110 ff.
[132] Vgl. Schmidt/*Wacker* EStG § 15 Rn. 440.
[133] Zur Verfassungswidrigkeit von § 50d Abs. 10 EStG siehe Vorlage des BFH an das Bundesverfassungsgericht BFH I R 4/13, BStBl. II 2014, 791; Az. BVerfG: 2 BvL 15/14.
[134] Vgl. Schmidt/*Loschelder* EStG § 50d Rn. 64.
[135] Vgl. Schmidt/*Wacker* EStG § 15 Rn. 521 ff. Diese Grundsätze gelten auch bei grenzüberschreitenden Beteiligungen an PersGes Rn. 512.

EStG dürfen diese Sonderbetriebsausgaben – im Rahmen der Zinsschranke und der gewerbesteuerlichen Hinzurechnungen – unabhängig von den Regelungen des DBA in Deutschland als Betriebsausgaben abgezogen werden.[136]
– Nur gewerblich geprägte Personengesellschaften (§ 15 Abs. 3 Nr. 2) nimmt § 50d **124** Abs. 10 Satz 7 Nr. 1 vom Konzept der Sätze 1 bis 6 aus.

4. Beendigung der Beteiligung

Die Beteiligung an der inländischen Personengesellschaft endet mit deren Liqui- **125** dation (oder Vollbeendigung im Wege der Anwachsung) oder Verkauf der Beteiligung. Die steuerlichen Folgen entsprechen grundsätzlich denen der Beendigung einer Betriebsstätte (siehe Rn. 62 ff.); auch der Verkauf der Beteiligung an einer Personengesellschaft wird körperschaftsteuerlich grundsätzlich wie ein Asset Deal behandelt.[137]

IV. Beteiligung an einer inländischen Aktiengesellschaft

Die folgende Darstellung wird auf die Beteiligung einer ausländischen Kapital- **126** gesellschaft als Aktionärin einer deutschen Aktiengesellschaft beschränkt. Auf die steuerlichen Folgenden für natürliche Personen als Aktionäre wird aus Vereinfachungsgründen verzichtet.

1. Laufende Geschäftstätigkeit

a) Besteuerung der inländischer Aktiengesellschaft

Die Beteiligung von ausländischen Aktionären an einer inländischen Aktienge- **127** sellschaft hat auf deren inländische Besteuerung grundsätzlich keine Auswirkung.

b) Besteuerung ausländischer Aktionäre

aa) **Kapitalertragsteuer.** Ausländische Aktionäre werden mit den durch die **128** deutsche Aktiengesellschaft ausgeschütteten Dividenden in Deutschland **beschränkt steuerpflichtig** (§ 2 Nr. 1 KStG iVm § 49 Abs. 1 Nr. 5 Buchst. a, § 20 Abs. 1 Nr. 1 EStG). Dividendeneinkünfte sind ab einer Mindestbeteiligung von 10% zu 95% steuerfrei (§ 8b Abs. 1 und Abs. 4 KStG).
Von den Dividendenzahlungen hat die AG **26,375% Kapitalertragsteuer** (inkl. **129** SolZ) einzubehalten und an das zuständige Finanzamt abzuführen (§§ 43 Abs. 1 Nr. 1, 43a, 44 Abs. 1 EStG). Sind die Aktien **girosammelverwahrt** (§ 43 Abs. 1 Nr. 1a EStG), erfolgt die Abführung der Kapitalertragsteuer gem. § 44 Abs. 1 Nr. 3 EStG nicht durch die AG, sondern durch die letzte inländische Verwahrstelle (in der Regel die Clearstream Banking AG).
Die einbehaltene Kapitalertragsteuer hat **abgeltende Wirkung**; dh der auslän- **130** dische Aktionär unterliegt keiner weiteren Körperschaftsteuerpflicht (§ 32 Abs. 1 Nr. 2 KStG).
Handelt es sich bei dem ausländischen Aktionär um eine Kapitalgesellschaft (§ 2 **131** Nr. 1 KStG), werden 2/5 der Kapitalertragsteuer auf Antrag durch das Bundeszentralamt für Steuern erstattet, so dass – unabhängig vom Vorliegen eines DBA – für

---

[136] Vgl. BMF 26.9.2014, BStBl. I 2014, 1258 Tz. 5.1.2.
[137] Vgl. Schmidt/*Wacker* EStG § 15 Rn. 460 ff.

Dividendeneinkünfte ausländischer Kapitalgesellschaften die **Kapitalertragsteuer** auf **15,825% reduziert** ist (§ 44a Abs. 9 KStG). Die Erstattung ist allerdings an die Erfüllung der Substandanforderungen des § 50d Abs. 3 EStG[138] geknüpft (§ 44a Abs. 9 Satz 2 KStG).

132 **bb) DBA/Mutter-Tochter-Richtlinie.** Die deutschen DBA weisen im Regelfall das Besteuerungsrecht an den Dividenden dem Ansässigkeitsstaat des Aktionärs zu, gewähren dem Quellenstaat aber Quellensteuerrecht. Die Quellensteuer ist in der Regel auf 15% begrenzt; bei einer gewissen Mindestbeteiligung (10–25%) eine Reduzierung der Quellensteuer auf 0–10% vor (**Schachtelprivileg**).[139]
Innerhalb der EU bzw. des EWR sieht die **Mutter-Tochter-Richtlinie**[140] bei Beteiligungen ab 10% ein grundsätzliches Verbot von Quellensteuern vor (vgl. § 43b EStG). Allerdings ist den Mitgliedstaaten gestattet, im Falle eines „**Gestaltungsmissbrauchs**" gleichwohl einen Quellensteuerabzug vorzunehmen.[141]

133 **cc) Erstattung deutscher Kapitalertragsteuer/Freistellung.** Die Erstattung zu viel einbehaltener Kapitalertragsteuer kann der ausländische Aktionär beim Bundeszentralamt für Steuern beantragen (§ 50d Abs. 1 Satz 3 ff. EStG). Alternativ kann der ausländische Aktionär beim Bundeszentralamt für Steuern eine **Freistellungsbescheinigung** beantragen, in der der nach DBA oder Mutter-Tochter-Richtlinie anzuwendende Kapitalertragsteuersatz verzeichnet ist (§ 50d Abs. 2 EStG). Legt der Aktionär der Aktiengesellschaft eine Freistellungsbescheinigung vor, kann diese die Dividende an ihn unter direkter Anwendung des für ihn geltenden Kapitalertragsteuersatzes lediglich unter Einbehalt der „Reststeuer" auszahlen.

134 Bei **girosammelverwahrten Aktien** erfolgt die Abstandnahme vom Steuerabzug in den Fällen der Mutter-Tochter-Richtlinie (§ 43b EStG), indem Kunden von Clearstream die Möglichkeit haben, dort verwahrte (Teil-)Bestände als sog. „**abgesetzte Bestände**" zu behandeln, welche auf einem besonderen Unterkonto verbucht werden. Diese Absetzung bewirkt, dass Clearstream für diese Bestände die Dividende nicht von der Hauptzahlstelle anfordert, da diese nicht am Dividendenregulierungsprozess teilnehmen. Die Auszahlung der Dividende erfolgt dann durch die Hauptzahlstelle der ausschüttenden Aktiengesellschaft unter Anwendung der Freistellungsbescheinigung unmittelbar an den Aktionär.[142]

135 **dd) Substanzanforderungen (§ 50d EStG) – „Anti Treaty Shopping".** Die vorbezeichneten Entlastungen von deutscher Kapitalertragsteuer (namentlich § 44 Abs. 9 EStG, DBA oder Mutter-Tochter-Richtlinie) wird nach § 50d Abs. 3 EStG nur bei Nachweis der Erfüllung bestimmter Substanzanforderungen an die ausländische Aktionärin gewährt.[143] § 50d Abs. 3 EStG soll verhindern, dass Steuerpflichtige, denen selbst kein Anspruch nach der Mutter-Tochter-Richtlinie oder einem DBA auf Befreiung oder Ermäßigung von der Kapitalertragsteuer zusteht, sich diese Entlastung dadurch verschaffen, dass sie nur zu diesem Zweck eine ausländische Gesellschaft zwischenschalten (sog. „Treaty Shopping").[144]

---

[138] Siehe Rn. 133 f.
[139] Vgl. Übersicht in Vogel/Lehner/*Tischbirek/Specker* DBA Art. 10 Rn. 67.
[140] Vgl. 90/435/EWG, ABl. EG Nr. C 225 v. 20.8.1990, 6.
[141] Art. 1 Abs. 2 idF der RL 2015/121/EU des Rates 27.1.2015, ABl. Nr. L 21, 1.
[142] Vgl. BMF 5.7.2013, BStBl. I 2013, 847.
[143] Zur Vereinbarkeit der Regelung mit EU-Recht vgl. Schmidt/*Loschelder* EStG § 50d Rn. 50.
[144] Vgl. Schmidt/*Loschelder* EStG § 50d Rn. 45.

Zum Substanznachweis muss die Aktionärin darlegen,

– in welchem Umfang sie Erträge aus **eigener Wirtschaftstätigkeit** erzielt („unschädliche Erträge"),
– wirtschaftliche oder sonst **beachtliche Gründe für ihre Zwischenschaltung** vorliegen und
– sie über einen angemessen eingerichteten **Geschäftsbetrieb** verfügt, mit dem sie am **allgemeinen wirtschaftlichen Verkehr** teilnimmt.

Der Substanznachweis ist in der Praxis häufig sehr schwierig zu erbringen. So sollen **Holdings** nach Auffassung der Finanzverwaltung[145] nur dann unschädlich sein, wenn sie als **Management-Holding** mehrere Beteiligungen „von einigem Gewicht" halten und mit eigenem Personal ausgestaltet sind, das durch „**Führungsentscheidungen**" in die Geschäftsleitung der Tochtergesellschaften eingreift. Darüber hinaus müssen wirtschaftliche oder sonst beachtliche Gründe für die Einschaltung der ausländischen Gesellschaft bestehen. Die üblichen wirtschaftlichen Gründe für die Zwischenschaltung von Gesellschaften im Konzern (wie zB Gründe der Koordination, Organisation, Aufbau der Kundenbeziehung, Kosten, örtliche Präferenzen, gesamtunternehmerische Konzeption) werden von der Finanzverwaltung jedoch als „unbeachtlich" eingestuft.[146]

Ist die Aktionärin selbst **börsennotiert**, findet § 50d Abs. 3 EStG keine Anwendung, wenn mit ihren Aktien ein wesentlicher und regelmäßiger Handel an einer anerkannten Börse stattfindet (§ 50d Abs. 3 Satz 5 EStG).

Kann eine Gesellschaft als Empfänger von quellensteuerabzugspflichtigen Zahlungen die notwendigen Substanznachweise für eine Quellensteuerentlastung nicht erbringen, kann eine Entlastung aufgrund der persönlichen und sachlichen Entlastungsberechtigung dahinterstehender Gesellschafter in Betracht kommen (**mittelbare Entlastungsberechtigung**). Eine Entlastung ist in diesem Fall insoweit möglich, als dass die Gesellschafter bei unmittelbarem Bezug der quellensteuerabzugspflichtigen Zahlungen selbst entlastungsberechtigt wären und die notwendigen Substanznachweise erbringen können.

Eine Entlastung ist auch über mehrere Beteiligungsstufen möglich, soweit die zwischengeschalteten Gesellschaften bei unmittelbarem Bezug der Zahlungen ebenfalls mindestens in gleichem Umfang entlastungsberechtigt wären.

dd) Besteuerung im Ansässigkeitsstaat. Die Besteuerung des Aktionärs im Staat seiner Ansässigkeit richtet sich nach den örtlichen Vorschriften. Zahlreiche Staaten sehen für Dividendeneinkünfte von Kapitalgesellschaften eine vollständige oder weitgehende Steuerbefreiung vor (**"participation exemption"**). Die Anrechnung (bzw. Möglichkeiten der Erstattung von Anrechnungsüberhängen) richtet sich ebenfalls nach lokalem Recht.

2. Beendigung der Beteiligung

Mit dem Gewinn aus der Veräußerung der Aktien der Aktiengesellschaft ist die ausländische Gesellschafterin in Deutschland beschränkt steuerpflichtig, wenn sie zu mindestens 1% an der AG beteiligt war (§ 49 Abs. 1 Nr. 2 Buchst. e iVm § 17 EStG). Der Veräußerungsgewinn ist zu 95% von der Körperschaftsteuer befreit (§ 8b Abs. 2 KStG);[147] **Gewerbesteuerpflicht besteht nicht** mangels Vorliegen

---

[145] Vgl. BMF 24.1.2012, BStBl. I 2012, 171.
[146] Vgl. BMF 24.1.2012, BStBl. I 2012, 171.
[147] Auf eine Mindestbeteiligung kommt es nach derzeitigem Recht – im Gegensatz zu Dividenden (§ 8b Abs. 4 KStG) – nicht an.

einer Betriebsstätte im Inland (§ 2 Abs. 1 Satz 3 GewStG), so dass der Veräußerungsgewinn nur mit 0,79% Körperschaftsteuer (inkl. SolZ) belastet ist.[148] Lag die **Beteiligungshöhe** in den letzten fünf Jahren **unter 1%**, besteht mangels Erfüllung der Tatbestandsvoraussetzungen des § 17 EStG, **keine beschränkte Steuerpflicht** in Deutschland.[149] Auf Veräußerungsgewinne wird **keine Quellensteuer** erhoben.

141 Die deutschen DBA weisen das **Besteuerungsrecht** am Veräußerungsgewinn in aller Regel[150] ausschließlich dem **Ansässigkeitsstaat** zu, so dass in DBA-Konstellationen idR keine Besteuerung in Deutschland erfolgt.

Im Ansässigkeitsstaat richtet sich die Besteuerung des Aktionärs nach dem örtlichen Steuerrecht. Zahlreiche Staaten sehen für Veräußerungsgewinne von Kapitalgesellschaften eine vollständige oder weitgehende Steuerbefreiung vor (**„participation exemption"**).

V. Zuzug einer ausländischen Aktiengesellschaft

1. Auswirkung auf Gesellschaftsebene

a) Zivilrechtliche Auswirkungen

142 Das deutsche Aktienrecht lässt den Zuzug ausländischer Aktiengesellschaften im Grundsatz zu.[151] So wird zumindest die Verlegung des Verwaltungssitzes (Geschäftsleitung) aus einem EU-/EWR-Staat nach Deutschland durch Niederlassungsfreiheit geschützt.[152]

b) Steuerrechtliche Auswirkungen

143 Verlegt eine ausländische Aktiengesellschaft ihren statuarischen Sitz oder ihre Geschäftsleitung nach Deutschland, begründet sie gem. § 1 Abs. 1 Nr. 1 KStG ihre **unbeschränkte Steuerpflicht** in Deutschland.

145 Verbleibt entweder Sitz oder Geschäftsleitung im Ausland, bleibt die AG dort ebenfalls unbeschränkt steuerpflichtig, so dass eine **doppelte Ansässigkeit** vorliegt.

Besteht mit dem jeweiligen Staat ein DBA, so ist die AG für DBA-Zwecke nach der jeweiligen Tie Breaker Rule als in dem Staat ansässig anzusehen, indem sich der Ort ihrer tatsächlichen Geschäftsleitung befindet.[153]

Infolge des Zuzugs werden die Wirtschaftsgüter, die dem Stammhaus der Aktiengesellschaft zuzurechnen sind, steuerlich in Deutschland verstrickt.[154]

146 Wird der Zuzug einer doppelt ansässigen Gesellschaft „finalisiert", indem neben der Geschäftsleitung auch der Sitz (bzw. umgekehrt neben Sitz auch die Geschäftsleitung) ins Inland verlegt wird, hat dies grundsätzlich keine steuerlichen Auswir-

---

[148] Vgl. § 8b Abs. 4 KStG-E in der Fassung des Diskussionsentwurfs des BMF zum Investmentsteuerreformgesetz vom 21.7.2015.
[149] Vgl. HHR/*Link* EStG § 49 Rn. 577.
[150] Vgl. Abkommensübersicht in Vogel/Lehner/*Rust* DBA Art. 21 Rn. 26; Art. 21 Abs. 1 Deutsche DBA-Verhandlungsgrundlage (BMF IV B 2 – S 1301/13/10009).
[151] Siehe § 5 AktG.
[152] Vgl. EuGH C-212–97, NJW 1999, 2027 – Centros; C-208/00, NJW 2002, 3614 – Überseering.
[153] Vgl. Art. 4 Abs. 3 OECD-MA.
[154] Siehe Rn. 104 ff.

kungen im Inland, da eine unbeschränkte Steuerpflicht bereits seit Begründung der Doppelansässigkeit vorliegt und keine Wirtschaftsgüter entstrickt werden.

2. Auswirkungen auf Gesellschafterebene

Der Zuzug der ausländischen Aktiengesellschaft hat für inländische Aktionäre grundsätzlich keine signifikanten steuerlichen Auswirkungen. Lediglich im Rahmen der gewerbesteuerlichen Hinzurechnungen/Kürzungen entfällt die Aktivitätsklausel gem. § 9 Nr. 7 GewStG.

Ausländische Aktionäre werden infolge des Zuzugs der ausländische AG mit ihren Dividendeneinkünften (§ 49 Abs. 1 Nr. 5 Buchst. a EStG) und Veräußerungsgewinnen (§ 49 Abs. 1 Nr. 2 Buchst. e EStG, Beteiligung ≤1%) in Deutschland beschränkt körperschaftsteuerpflichtig.

VI. Beteiligung an einer inländischen KGaA

Beteiligt sich eine ausländische Kapitalgesellschaft an einer inländischen KGaA ergeben sich aufgrund ihrer dualen Struktur als Personen- und Kapitalgesellschaft[155] für die internationale Besteuerung zahlreiche Besonderheiten, beispielsweise:
- **Ausländische Komplementäre**: Ausländische Komplementäre einer inländischen KGaA erzielen aus ihrer Beteiligung Einkünfte aus Gewerbebetrieb (§ 49 Abs. 1 Nr. 2 Buchst. a EStG); die KGaA vermittelt insoweit den Mitunternehmern eine Betriebsstätte im Inland als die KGaA selbst eine solche in Deutschland unterhält. Im Übrigen (dh für Auslandseinkünfte der KGaA) besteht keine beschränkte Steuerpflicht der Komplementäre in Deutschland.
- **Ausländische Kommanditaktionäre**: Ausländische Kommanditaktionäre werden – wie bei einer Aktiengesellschaft – infolge ihrer Beteiligung an der KGaA mit ihren Dividendeneinkünften (§ 49 Abs. 1 Nr. 5 Buchst. a EStG) und Veräußerungsgewinnen (§ 49 Abs. 1 Nr. 2 Buchst. e EStG, Beteiligung ≤1%) in Deutschland beschränkt körperschaftsteuerpflichtig. Auf Rn. 64 ff. sei verwiesen.

D. Verrechnungspreise

Schrifttum: *Vögele/Borstell/Engler* Handbuch der Verrechnungspreise, 4. Aufl. 2015; *Bernhardt* Verrechnungspreise, 1. Aufl. 2014; *Renz/Wilmanns* Internationale Verrechnungspreise – Handbuch für Praktiker 1. Aufl. 2013; *Schnitger/Fehrenbach* Kommentar Körperschaftsteuer, KStG, 1. Aufl. 2012.

I. Bedeutung und Definition von Verrechnungspreisen

Mit der zunehmenden Internationalisierung von Konzernen hat das Thema Verrechnungspreise in den letzten drei Jahrzehnten extrem an Bedeutung gewonnen. Es dürfte unbestritten sein, dass der Erfolg international operierender Konzerne zunehmend davon abhängt, wie schnell und zielgerichtet diese auf internationale

---

[155] Die KGaA ist selbst körperschaftsteuerpflichtig (§ 1 Abs. 1 Nr. 1 KStG), ihre Komplementäre werden jedoch als Mitunternehmer besteuert (§ 15 Abs. 1 Nr. 3 EStG).

Entwicklungen reagieren können und inwieweit sie in der Lage sind, sowohl den Herausforderungen der Globalisierung als auch denen lokaler Märkte gerecht zu werden. Die Gründe der Internationalisierung sind dabei unterschiedlich. Neben der Ausnutzung niedriger Produktionskosten aufgrund eines lokal niedrigeren Lohnniveaus, der Entwicklung neuer Märkte oder der Nähe zum Kunden, können auch der Zugang zu qualifizierten Personal, der Zugang zu Beschaffungsmärkten oder auch steuer- und zollrechtliche Themen eine Rolle spielen.[156] Unabhängig von den Gründen führt eine zunehmende Internationalisierung regelmäßig dazu, dass der Austausch von Warenlieferungen und Dienstleistungen innerhalb eines Konzerns zunimmt und regelmäßig die Frage nach einer angemessenen Wertermittlung dieser Warenlieferungen und Dienstleistungen – und damit nach deren Verrechnungspreisen – zu beantworten ist.

150 Vor dem Hintergrund, dass die Wahl von Verrechnungspreisstrukturen und die damit zusammenhängende Ermittlung der Verrechnungspreise einen nicht unerheblichen Anteil an der Aufteilung des Konzerngewinns auf die unterschiedlichen Rechtseinheiten im In- und Ausland hat, überrascht das große Interesse der einzelnen Steuerbehörden für dieses Thema nicht. Die beachtliche Zunahme an nationalen und internationalen Vorschriften im Bereich der Verrechnungspreise in den letzten Jahren dokumentiert dies in anschaulicher Weise. Auch aktuelle Maßnahmen auf Ebene der OECD unter Einbeziehung der G20-Staaten unter dem Arbeitstitel „Base Erosion and Profit Shifting" oder kurz „BEPS" zeigen die Brisanz des Themas Verrechnungspreise.[157] So beschäftigen sich neun der fünfzehn Aktionspunkte direkt oder indirekt mit dem Thema Verrechnungspreise. Die wichtigsten Themen hierbei sind die Behandlung von immateriellen Wirtschaftsgüter,[158] die Ausweitung von Dokumentationsvorschriften[159] sowie die Gewährleistung der Übereinstimmung von vereinbarten Verrechnungspreisen und der jeweiligen Wertschöpfungsbeiträge der einzelnen Konzerneinheiten.[160]

II. Fremdvergleichsgrundsatz

1. Rechtsgrundlagen

151 Wie schon ausgeführt hat die Anzahl der nationalen und internationalen Vorschriften, die bei Verrechnungspreisfragen zu beachten sind, inzwischen ein beträchtliches Ausmaß erreicht. Während auf nationaler Ebene neben Gesetzen insbesondere auch Rechtsverordnungen und BMF-Schreiben sich dem Thema Verrechnungspreise annehmen, ist auf internationaler Ebene vor allem die OECD zu nennen, die sich mit ihren sehr umfangreichen Verrechnungspreisrichtlinien sowie

---

[156] Vgl. auch in Renz/Wilmanns/*Wilmanns* Internationale Verrechnungspreise, 1. Auflage 2013, S. 15 ff.

[157] Im Jahr 2013 haben die OECD- und die G20-Staaten einen 15 Maßnahmen umfassenden Aktionsplan zur Bekämpfung missbräuchlicher Gewinnverlagerungen zusammengestellt. Insgesamt waren 44 Länder, darunter alle OECD-Mitgliedstaaten, OECD-Beitrittskandidaten sowie die G20-Staaten an dem Projekt beteiligt. Am 15.10.2015 wurden von der OECD 15 Abschlussberichte veröffentlicht.

[158] Vgl. Bericht der OECD „Aligning Transfer Pricing Outcomes with Value Creation, Actions 8–10, 2015 Final Report" v. 5.10.2015.

[159] Vgl. Bericht der OECD „Transfer Pricing Documentation and Country-by-Country Reporting, Action 13" 2015 Final Report" v. 5.10.2015.

[160] Vgl. Bericht der OECD „Aligning Transfer Pricing Outcomes with Value Creation, Actions 8–10, 2015 Final Report" v. 5.10.2015.

der Kommentierung zu den einschlägigen Artikeln des OECD-Musterabkommens dem Thema Verrechnungspreise widmet. Trotz der Vielzahl an Regelungen wird es in den meisten Fällen notwendig sein, zunächst eine detaillierte Sachverhaltsaufnahme vorzunehmen und diesen anhand wirtschaftlicher Überlegungen und Argumente zu würdigen. Im Folgenden werden die nationalen und internationalen Rechtsvorschriften kurz dargestellt.

a) Nationale Vorschriften

Im Bereich der Verrechnungspreise dürfte § 1 AStG unbestritten als die zentrale Rechtsvorschrift zu nennen sein. Sie wird durch weitere Gesetzesvorschriften ergänzt. So sind die Vorschriften des formellen (Verfahrens-)Rechts zu Verrechnungspreisen überwiegend in der Abgabenordnung angesiedelt.

Die gesetzlichen Vorschriften werden in immer mehr Fällen durch Rechtsverordnungen und Verwaltungsanweisungen (BMF-Schreiben) ergänzt. Hierbei ist zu beachten, dass Rechtsverordnungen Gesetzeskraft haben, dh, sie binden wie Gesetze den Steuerpflichtigen, die Finanzverwaltung und die Finanzgerichte.[161] Im Bereich Verrechnungspreise wurden bisher die Gewinnabgrenzungsaufzeichnungsverordnung (GAufZ)[162] und die Funktionsverlagerungsverordnung (FVerlV)[163] erlassen. Darüber hinaus die Verordnung zur Bestimmung des Fremdvergleichsgrundsatzes auf Betriebsstätten nach § 1 Abs. 5 AStG (Betriebstättengewinnaufteilungsverordnung – BsGaV).[164] Es ist zu erwarten, dass noch weitere Rechtsverordnungen folgen werden, wie der für das Jahr 2018 geplanten Rechtsverordnung zum „Fremdverhaltensgrundsatz" nach § 1 AStG.

BMF-Schreiben und andere Anweisungen der Finanzverwaltung (zB Verfügungen der Oberfinanzdirektionen), binden dagegen grundsätzlich nur die Finanzverwaltung.[165] In der Praxis entfalten diese allerdings insofern eine erhebliche Wirkung, da ein Abweichen von expliziten Regelungen in BMF-Schreiben die Notwendigkeit auslöst, diese offenzulegen (zB bei der Einreichung von Steuererklärungen).[166] Aufgrund der Selbstbindung der Finanzverwaltung sind sie darüber hinaus in gewisser Hinsicht auch für die Finanzgerichte bindend.[167] Als wesentliche Verwaltungsanweisungen im Bereich Verrechnungspreise sind zu nennen, die Verwaltungsgrundsätze von 1983,[168] die Betriebsstätten-Verwaltungsgrundsätze,[169] die Verwaltungsgrundsätze-Umlageverfahren,[170] die Verwaltungsgrundsätze Ar-

---

[161] Vgl. Kühn/v. Wedelstädt/*Balmes* AO, 20. Auflage 2011, § 4 Rn. 1 f.
[162] GAufZV v. 12.7.2017, BGBl. 2017 I 2967.
[163] FVerlV v. 12.8.2008, BGBl. 2008, I 1680.
[164] Verordnung zur Anwendung des Fremdvergleichsgrundsatzes auf Betriebsstätten nach § 1 Abs. 5 Außensteuergesetz (Betriebstättengewinnaufteilungsverordnung – BsGaV), BGBl. 2014 I 1603.
[165] Vgl. Bernhardt/*Bernhardt* Verrechnungspreise, S. 35.
[166] Bernhardt/*Bernhardt* Verrechnungspreise, S. 35.
[167] Siehe Bernhardt/*Bernhardt* Verrechnungspreise, S. 35; m weiteren Hinweisen ua BFH V R 37/04, BStBl. II 2006, 466 sowie Kuhn/v. Wedelstädt/*Balmes* AO, 20. Auflage 2011, § 4 Rn. 1 f.
[168] BMF 23.2.1983, BStBl. I 1983, 218, Grundsätze für die Prüfung der Einkunftsabgrenzung bei international verbundenen Unternehmen (Verwaltungsgrundsätze 1983).
[169] BMF 24.12.1999, BStBl. I 1999, 1076, Grundsätze der Verwaltung für die Prüfung der Aufteilung der Einkünfte bei Betriebsstätten international tätiger Unternehmen (Betriebsstätten-Verwaltungsgrundsätze).
[170] BMF 30.12.1999, BStBl. I 1999, 1122, (Verwaltungsgrundsätze-Umlageverfahren).

beitnehmerentsendung,[171] die Verwaltungsgrundsätze-Verfahren[172] sowie die Verwaltungsgrundsätze-Funktionsverlagerung.[173]

155 **aa) § 1 AStG als zentrale Vorschrift.** Wie bereits ausgeführt können die Regelungen des § 1 AStG als die zentrale Vorschrift des materiellen Verrechnungspreisrechts in Deutschland bezeichnet werden. § 1 AStG ist mit „Berichtigung von Einkünften" überschrieben und bietet der Finanzverwaltung die Möglichkeit, die Einkünfte eines in Deutschland Steuerpflichtigen aus einer Geschäftsbeziehung zum Ausland mit einer ihm nahestehenden Personen (in der Regel im Konzern verbundene Unternehmen) anzupassen, wenn bei dieser Geschäftsbeziehung gegen den Fremdvergleichsgrundsatz verstoßen wurde.[174] Steuerpflichtige iSd Vorschrift können neben natürlichen und juristischen Personen auch Personengesellschaften oder Mitunternehmerschaften sein.[175]

156 § 1 AStG erlaubt Korrekturen nur zu Lasten inländischer Steuerpflichtiger und wirkt damit nur zugunsten des Fiskus. Steuerpflichtige können sich somit nicht auf die Vorschrift berufen, wenn vereinbarte Verrechnungspreise zu einem unangemessen hohen Einkommen in Deutschland geführt haben.

157 Dem Wortlaut des § 1 AStG folgend setzt eine Korrektur der Einkünfte durch die Finanzbehörden voraus, dass folgende Voraussetzungen kumulativ erfüllt sind:
(1) Vorliegen einer Geschäftsbeziehung iSv § 1 Abs. 4 AStG
(2) zum Ausland (§ 1 Abs. 1 Satz 1 AStG)
(3) zwischen nahestehenden Personen gem. § 1 Abs. 2 AStG
(4) denen andere Bedingungen zugrunde liegen als sie voneinander unabhängige Dritte unter gleichen oder vergleichbaren Verhältnissen vereinbart hätten (Fremdvergleichsgrundsatz) (§ 1 Abs. 1 Satz 2 AStG).

158 Gemäß § 1 Abs. 4 AStG sind **Geschäftsbeziehungen** einzelne oder mehrere zusammenhängende wirtschaftliche Vorgänge (Geschäftsvorfälle) zwischen einem Steuerpflichtigen und einer nahestehenden Person, die Teil einer Tätigkeit sind, auf die die Vorschriften zu Einkünften aus Land und Forstwirtschaft (§ 13 EStG), Gewerbebetrieb (§ 15 EStG), selbstständiger Arbeit (§ 18 EStG) oder Vermietung und Verpachtung (§ 21 EStG) anzuwenden wären, wenn sich der Geschäftsvorfall im Inland ereignet hätte und denen keine gesellschaftsvertragliche Vereinbarung zugrunde liegt. Darüber hinaus gelten als Geschäftsbeziehungen sog. anzunehmende schuldrechtliche Beziehungen zwischen einem Unternehmen eines steuerpflichtigen und einer im Ausland gelegenen Betriebsstätte.[176] Abgrenzungsfragestellungen zwischen Geschäftsbeziehung und gesellschaftsvertraglicher Vereinbarung haben im Bereich Kapitalmaßnahmen mit eigenkapitalersetzendem Charakter (einschließ-

---

[171] BMF 9.11.2001, BStBl. I 2001, 796, Grundsätze für die Prüfung der Einkunftsabgrenzung zwischen international verbundenen Unternehmen in Fällen der Arbeitnehmerentsendung (Verwaltungsgrundsätze-Arbeitnehmerentsendung).
[172] BMF 12.4.2005, BStBl. I 2015, 570, Grundsätze für die Prüfung der Einkunftsabgrenzung zwischen nahestehenden Personen mit grenzüberschreitenden Geschäftsbeziehungen in Bezug auf Ermittlung- und Mitwirkungspflichten, Berichtigungen sowie auf Verständigungs- und EU-Schiedsverfahren (Verwaltungsgrundsätze-Verfahren).
[173] BMF 13.10.2010, BStBl. I 2010, 774, Grundsätze für die Prüfung der Einkunftsabgrenzung zwischen nahestehenden Personen in Fällen von grenzüberschreitenden Geschäftsbeziehungen in Bezug auf Ermittlung- und Mitwirkungspflichten, Berichtigungen sowie auf Funktionsverlagerungen (Verwaltungsgrundsätze-Funktionsverlagerung).
[174] § 1 Abs. 1 Satz 1 AStG.
[175] § 1 Abs. 1 Satz 2 AStG.
[176] Bezüglich der Ermittlung der Einkünfte aus Betriebsstätten wird auf die Rn. 53–61 verwiesen.

lich von Garantien und Patronatserklärungen) sowie bei Nutzungsüberlassungen von immateriellen Wirtschaftsgütern und Darlehensbeziehungen praktische Relevanz. Während zB explizite Kreditgarantien, zinslose Darlehen oder die unentgeltliche Überlassung von Dienstleistungen oder immateriellen Wirtschaftsgüter Geschäftsbeziehungen iSv § 1 Abs. 5 AStG darstellen, stellen weiche Patronatserklärungen oder die Zuführung von Eigenkapital in Form einer gesellschaftsrechtlichen Einlage keine Geschäftsbeziehung dar.[177]

Weitere Voraussetzung ist, dass eine grenzüberschreitende Geschäftsbeziehung mit einer nahestehenden Person besteht. § 1 Abs. 2 AStG definiert, das **Nahestehen von Personen** und damit die Voraussetzung für die Anwendung des Fremdvergleichsgrundsatzes. Innerhalb eines Konzernverbunds ist die Voraussetzung des Nahestehens immer dann erfüllt, wenn zwischen den Transaktionsbeteiligten eine mittelbare oder unmittelbare Kapitalverflechtung von mindestens 25% besteht und damit eine wesentliche Beteiligung vorliegt (§ 1 Abs. 2 Nr. 1 und Nr. 2 AStG). Im internationalen Vergleich kann der Wert von 25% als eher niedrig erachtet werden, da eine Reihe wichtiger anderer Staaten erst bei einer Verflechtung von 50% von einer nahestehenden Person (bzw. „related party") ausgehen.[178]

Das in der Praxis am intensivsten zu untersuchende und mit den Finanzbehörden in aller Regel am kontroversesten zu diskutierende Kriterium ist der Verstoß gegen den in § 1 Abs. 1 Satz 1 AStG definierten **Fremdvergleichsgrundsatz**.[179] Dies liegt im Wesentlichen daran, dass Verrechnungspreise keine exakte Wissenschaft sind,[180] und es somit in der Praxis grundsätzlich nicht nur den einen „angemessenen" Verrechnungspreis für einen Geschäftsvorfall gibt, sondern eine Reihe von möglichen zutreffenden Verrechnungspreisen. Der Fremdvergleichsgrundsatz gilt daher immer auch dann als erfüllt, wenn sich die zwischen verbundenen Unternehmen vereinbarten Verrechnungspreise innerhalb einer Bandbreite dieser angemessenen Verrechnungspreise befinden. Auf die Einzelheiten des Fremdvergleichsgrundsatzes wird in Rn. 151 ff. ausführlich eingegangen.

Die Vorschrift des § 1 AStG ist nachrangig nach den Vorschriften zur verdeckten Gewinnausschüttung[181] („vGA") und zur verdeckten Einlage[182] („vE") anzuwenden. Sollten die Anwendung des Fremdvergleichsgrundsatzes gem. § 1 AStG zu weitergehenden Berichtigungen führen als nach den Vorschriften zur vGA bzw. zur vE, ist § 1 AStG auf den überschießenden Betrag anzuwenden.[183]

bb) Verdeckte Gewinnausschüttungen. Die vGA ist gesetzlich nicht definiert. § 8 Abs. 3 Satz 3 KStG besagt lediglich, dass eine vGA das Einkommen der Kapitalgesellschaft nicht mindert. Definiert wurde das Institut der vGA durch die Rechtsprechung des BFH. So versteht der I. Senat des BFH unter einer vGA eine Vermögensminderung oder verhinderte Vermögensmehrung, die sich in der Steuerbilanz gem. § 4 Abs. 1 EStG ausgewirkt hat, durch das Gesellschaftsverhältnis veranlasst ist und in keinem Zusammenhang mit einer offenen Gewinnausschüt-

---

[177] Vgl. BeckHdb AG/*Ditz*, 2. Aufl. 2009, § 16 Rn. 186.
[178] Vgl. Bernhardt/*Bernhardt* Verrechnungspreise, S. 35.
[179] Zur Anwendung des Fremdvergleichsgrundsatz, vergleich Ausführlich Kapitel C.II.2.
[180] Tz. 1.13 der OECD Transfer Pricing Guidelines for Multinational Enterprises and Tax Administrations 2010, vom 22.7.2010 ("OECD-RL 2010"): "Transfer pricing is not an exact science".
[181] § 8 Abs. 3 Satz 2 KStG.
[182] § 8 Abs. 3 Satz 3 KStG.
[183] Vgl. § 1 Abs. 1 Satz 4 AStG.

tung steht.[184] In Verrechnungspreisfällen sind für die Anwendung einer vGA daher insbesondere folgende Kriterien zu prüfen:
- Liegt eine Vermögensminderung oder verhinderte Vermögensmehrung vor? Wie oben bereits ausgeführt, muss der Gewinn (lt. Steuerbilanz) bzw. das Einkommen der Kapitalgesellschaft gemindert sein. Eine Vermögensminderung kann dabei sowohl durch eine tatsächliche Handlung als auch durch ein Dulden oder Unterlassen ausgelöst werden.[185] Aus Verrechnungspreissicht wird die Vermögensminderung bzw. die verhinderte Vermögensmehrung idR durch überhöhte bzw. zu niedrige Preise bei Lieferungen und Leistungen ausgelöst. Vergleichbar zum Fremdvergleichsgrundsatz gem. § 1 AStG besteht auch hier die Schwierigkeit, festzustellen, ob und in welchem Umfang eine überhöhte oder verbilligte Preisvereinbarung vorliegt.
- Ist die Vermögensminderung oder verhinderte Vermögensmehrung durch das Gesellschafterverhältnis veranlasst?

Zur Beurteilung des Tatbestands wird das Kriterium der Sorgfalt eines ordentlichen und gewissenhaften Geschäftsleiters herangezogen, der letztlich eine große Überschneidung zum Fremdvergleichsgrundsatz aufweist. Allerdings wird in der Praxis, im Gegensatz zum Fremdvergleichsmaßstab nach § 1 AStG, der ordentliche und gewissenhafte Geschäftsleiter nur aus dem Blickwinkel der Kapitalgesellschaft betrachtet und damit nicht der doppelte ordentliche gewissenhafte Geschäftsleiter beider Vertragsparteien der Geschäftsbeziehung, wie es die laufende Rechtsprechung fordert.[186] Soweit es sich um einen Leistungsaustausch einer Kapitalgesellschaft und dem beherrschenden Gesellschafter handelt, ist nach Auffassung der Finanzverwaltung bereits von einer Veranlassung durch das Gesellschaftsverhältnis auszugehen, wenn keine zivilrechtlich wirksame, klare, eindeutige und im Voraus getroffene Vereinbarung vorliegt bzw. nicht einer klaren Vereinbarung entsprechend verfahren wird.[187] Eine Beherrschung in diesem Sinne liegt vor, wenn der Gesellschafter mehr als 50% der Stimmrechte und/oder mehr als 50% der Anteile an der Kapitalgesellschaft hält.[188] In diesem Zusammenhang ist allerdings zu beachten, dass eine vGA allein aus formalen Gesichtspunkten für den Fall eines bestehenden Doppelbesteuerungsabkommens aufgrund der Sperrwirkung des Art. 9 OECD-MA unberücksichtigt bleibt.[189] Unabhängig davon und auch wenn der Begriff „klar und eindeutig" nicht zwingend den Abschluss eines schriftlichen Vertrages erfordert, sollte beachtet werden, dass spätestens im Rahmen der Erfüllung der Dokumentationsvorschriften nach § 90 Abs. 3 AO zu dokumentieren ist, auf welcher Basis die Verrechnungspreise vereinbart und tatsächlich festgelegt wurden. Es ist insofern zu empfehlen, entsprechende schriftlich verfasste Verträge im Vorhinein abzuschließen. Soweit sich der Steuerpflichtige auf eine lediglich mündlich getroffene Vereinbarung beruft, obliegt ihm die Nachweispflicht. Ein solcher

---

[184] Vgl. Körperschaftsteuer-Richtlinien 2004 (KStR 2004) v. 13.12.2004, BStBl. I Sondernummer 2/2004, R 36 Abs. 1; BFH I R 89/04, BStBl. II 2008, 523; Schnitger/Fahrenbach/Kohlhepp KStG § 8 Rn. 248 mwN.
[185] VB Verrechnungspreise/*Vögele/Fischer* Kap. A Rn. 66.
[186] Vgl. Renz/Wilmanns/*Wilmanns* Internationale Verrechnungspreise, 1. Aufl. 2013, S. 67 f. sowie Schnitger/Fehrenbach/*Kohlhepp* KStG § 8 Rn. 442–445, mit weiteren Ausführungen zur Anwendbarkeit der Verdopplung des Geschäftsleiters für vGA Fälle.
[187] R 36 Abs. 2 KStR 2004.
[188] H 36, KStR 2004, „Beherrschender Gesellschafter".
[189] Vgl. BFH I R 75/11, BStBl. II 2013, 1046.

D. Verrechnungspreise 163–167 § 16

Nachweis kann im Einzelfall zB durch entsprechende Rechnungsstellung, Zahlungen und Buchungen erfolgen.[190]

Für die Bewertung der vGA ist vom gemeinen Wert auszugehen. Der gemeine Wert wird entsprechend § 9 Abs. 2 BewG durch den Preis bestimmt, der im gewöhnlichen Geschäftsverkehr nach der Beschaffenheit des Wirtschaftsgutes bei einer Veräußerung zu erzielen wäre. Dabei sind alle Umstände, die den Preis beeinflussen, zu berücksichtigten (§ 9 Abs. 2 Satz 2 BewG). Die gilt sowohl für die (zu günstige) Übertragung von Wirtschaftsgütern als auch für die Nutzungsüberlassung von Wirtschaftsgütern wie zB bei der Lizenzierung von Patenten.[191] Dadurch, dass der gemeine Wert sich an den Verhältnissen des Absatzmarktes ausrichtet, besteht in den meisten Fällen kein materieller Unterschied zu dem in § 1 AStG kodifiziertem Fremdvergleichspreis. 163

Eine Einkommenskorrektur aufgrund einer vGA erfolgt grundsätzlich außerhalb der Steuerbilanz sowohl für Zwecke der Körperschaftsteuer als auch der Gewerbesteuer. Im Gegensatz zur Korrektur nach § 1 AStG ist darüber hinaus zu beachten, dass die verdeckte Gewinnausschüttung grundsätzlich dem Kapitalertragsteuerabzug gem. § 43 Abs. 1 EStG unterliegt, soweit keine Freistellungsbescheinigung vorliegt. Eine solche Freistellungsbescheinigung kann unter Einhaltung bestimmter Voraussetzungen beantragt werden, zB in den Fällen, in denen die Muttergesellschaft in einem EU-Mitgliedstaat ansässig ist.[192] 164

cc) **Verdeckte Einlagen.** Eine vE liegt vor, wenn „ein Gesellschafter oder eine ihm nahe stehende Person der Körperschaft außerhalb der gesellschaftsrechtlichen Einlagen einen einlagefähigen Vermögensvorteil zuwendet und diese Zuwendung durch das Gesellschaftsverhältnis veranlasst ist."[193] 165

Zusätzlich zu der in Rn. 162 als eine der Voraussetzungen für das Vorliegen für den Fall einer vGA beschriebenen notwendigen Veranlassung durch das Gesellschaftsverhältnis ist bei der vE weitere Voraussetzung, dass es sich um einen einlagefähigen Vermögensgegenstand handelt. So können Nutzungsvorteile wie ganz oder teilweise Erbringung von Dienstleistungen oder eine unentgeltliche oder verbilligte Überlassung von Wirtschaftsgüter mangels Bilanzierbarkeit nicht Gegenstand einer vE sein.[194] 166

Korrespondierend zu den Korrekturvorschriften des § 1 AStG und der vGA gilt für die Annahme einer vE, dass die Zuwendung gesellschaftsrechtlich veranlasst sein muss und damit nicht dem Fremdvergleich bzw. dem Verhalten eines ordentlichen Kaufmanns entsprochen hat. Die Bewertung einer vE erfolgt grundsätzlich mit dem Teilwert (§ 8 Abs. 1 KStG iVm § 6 Abs. 1 Nr. 5 und Abs. 6 EStG).[195] Da eine vE sich nicht auf die Höhe des Einkommens der den Vorteil empfangenden Körperschaft auswirken darf, sind vE, die den Steuerbilanzgewinn zunächst erhöht haben, außerbilanziell bei der Ermittlung des zu versteuernden Einkommens in Abzug zu bringen.[196] Auf Ebene der Muttergesellschaft, welche die vE getätigt hat, sind die Anschaffungskosten der Beteiligung an der Tochtergesellschaft um den Teilwert der vE zu erhöhen, so dass die Differenz aus Buchwert des verdeckt eingelegten Wirtschaftsguts und dessen Teilwert zu einer entsprechenden Erhöhung des Ein- 167

---

[190] H 36 KStR 2004, „zivilrechtliche Wirksamkeit".
[191] R 31 Abs. 10 KStR 2004.
[192] Vgl. § 43b Abs. 1 und 2 EStG.
[193] R 40 Abs. 1 KStR 2004.
[194] H 40 KStR 2004, „Nutzungsvorteile".
[195] R 40 Abs. 4 Satz 1 KStR 2004.
[196] R 40 Abs. 2 KStR 2004.

kommens führt. In Fällen, in denen das eingelegte Wirtschaftsgut innerhalb der letzten drei Jahre vor dem Zeitpunkt der Zuführung angeschafft oder hergestellt wurde, ist gem. § 6 Abs. 6 Satz 3 iVm § 6 Abs. 1 Nr. 5 Buchst. a EStG die vE maximal mit den fortgeführten Anschaffungs- oder Herstellkosten (also ggf. abzüglich vorgenommener Abschreibungen) zu bewerten, so dass es im Ergebnis zu keiner Gewinnrealisierung kommt.

b) Doppelbesteuerungsabkommen und sonstige internationale Richtlinien

168 Vor dem Hintergrund, dass es sich bei Verrechnungspreisthemen regelmäßig um Fallgestaltungen handelt, in denen mindestens zwei Länder betroffen sind, nimmt die Bedeutung bilateraler Abkommen und die Arbeit internationaler Organisationen stark zu, obwohl zumindest Letztere in den überwiegenden Fällen keine unmittelbare rechtliche Bindungswirkung für Steuerpflichtige und die jeweiligen Steuerverwaltungen entfalten.[197] In der Praxis sind hierbei in erster Linie bestehende Doppelbesteuerungsabkommen, die Veröffentlichungen der OECD sowie die Aktivitäten auf Ebene der EU zu nennen.

169 **aa) Doppelbesteuerungsabkommen.** Doppelbesteuerungsabkommen (DBA)[198] stellen völkerrechtliche Verträge zwischen zwei Staaten dar, in denen geregelt wird, in welchem Umfang das Besteuerungsrecht einem Staat für die in einem der beiden Vertragsstaaten erzielten Einkünfte oder für das in einem der beiden Vertragsstaaten belegene Vermögen zusteht. Gemäß § 2 AO haben solche völkerrechtlichen Vereinbarungen grundsätzlich gegenüber nationalen Steuergesetzen Vorrang.

170 Auch wenn die Regelungen eines DBA selbst kein innerstaatliches Recht begründet, können die nationalen Korrekturvorschriften durch abkommensrechtliche Normen eingeschränkt oder erweitert werden.[199] So gilt gem. Art. 9 Abs. 1 OECD-MA, dass in Fällen, in denen verbundene Unternehmen in ihren kaufmännischen oder finanziellen Beziehungen Bedingungen zugrunde legen, die von den abweichen, die voneinander unabhängige Unternehmen vereinbaren würden, ein Gewinn, welchen ein Unternehmen des einen Vertragsstaates bei fremdüblichen Verhalten erzielt hätte, aufgrund der vom Fremdvergleichsgrundsatz abweichenden Bedingungen aber tatsächlich nicht erzielt hat, dem Gewinn dieses Unternehmens zuzurechnen ist und entsprechend besteuert werden darf. Darüber hinaus sieht Art. 9 Abs. 2 OECD-MA eine Verpflichtung des anderen Staates zur Gegenkorrektur auf Ebene des Unternehmens, welches im anderen Staates ansässig ist, vor, um eine ansonsten drohende Doppelbesteuerung zu vermeiden. Die deutsche Abkommenspolitik hat diesbezüglich in den letzten Jahren einen Wandel vollzogen. Während der Gegenkorrekturnorm von deutscher Seite früher mit Skepsis begegnet wurde, wird in jüngster Zeit vermehrt eine entsprechende Regelung in DBA aufgenommen.

Auch die am 13.9.2013 veröffentlichte deutsche Verhandlungsgrundlage für Doppelbesteuerungsabkommen enthält eine dem Art. 9 Abs. 2 OECD-MA entsprechende Regelung.[200] Eine Regelung gem. Art. 9 Abs. 2 OECD-MA kann insofern hilfreich sein, als der andere Vertragsstaat dann grundsätzlich verpflichtet ist, eine

---

[197] Bernhardt/*Bernhardt* Verrechnungspreise, S. 57.
[198] Die korrekte Bezeichnung lautet „Abkommen zur Vermeidung der Doppelbesteuerung".
[199] Vgl. BeckHdB AG/*Ditz* § 16 Rn 192 mwN.
[200] BMF 22.8.2013, IV B2 – S 1301/13/10009.

Gegenkorrektur vorzunehmen. Der Höhe nach setzt dies aber voraus, dass sich die beiden Vertragsstaaten über den nach Art. 9 Abs. 1 OECD-MA zu korrigierenden Betrag einig sind bzw. anders ausgedrückt der zur Gegenkorrektur verpflichtete Staat, die im anderen Staat vorgenommene Berichtigung dem Grunde und der Höhe nach anerkennt. Letztlich wird man daher auch in DBA mit einer bestehenden Gegenkorrekturnorm eine Doppelbesteuerung häufig erst im Rahmen eines entsprechenden Verständigungsverfahrens beseitigen können.[201] Bezüglich der Einzelheiten hierzu wird auf Rn. 264 f. verwiesen.

bb) OECD. Wie bereits ausgeführt beschäftigt sich die OECD intensiv mit dem Thema Verrechnungspreise und hat mit den zuletzt im Jahr 2017 überarbeiteten Verrechnungspreisrichtlinien (OECD-RL 2017)[202] einen Rahmen geschaffen, an dem sich zahlreiche nationale Finanzverwaltungen orientieren und die auch von der Finanzverwaltung oder den Finanzgerichten in Deutschland zur Interpretation des Fremdvergleichsgrundsatzes herangezogen werden.[203]

Ziel der OECD-RL 2017 (und seiner Vorgängerversionen) ist es, die Steuerverwaltungen (sowohl der OECD-Mitgliedstaaten als auch von Nichtmitgliedstaaten) und die international agierenden Unternehmen dabei zu unterstützen, Wege zu einvernehmlichen Lösungen von Verrechnungspreisfällen zu finden, um Konflikte und damit einhergehende aufwendige Rechtsmittelverfahren zu minimieren.[204] Die mittlerweile 9 Kapitel umfassenden OECD-RL 2017 konzentrieren sich auf die Anwendung des Fremdvergleichsgrundsatzes bei der Bestimmung von Verrechnungspreisen zwischen verbundenen Unternehmen, deren Dokumentation sowie der Vermeidung und Beilegung von Verrechnungspreiskonflikten. Während sich die Kapitel 1–3 mit methodischen Fragen auseinandersetzen, wie dem Fremdvergleichsgrundsatz (Kapitel 1), den Verrechnungspreismethoden (Kapitel 2) oder der Durchführung von Vergleichbarkeitsanalysen (Kapitel 3), gehen die Kapitel 4 und 5 auf verfahrensrechtliche Gesichtspunkte (Kapitel 4: Ansätze der Verwaltungen zur Vermeidung und Beilegung von Verrechnungspreiskonflikten sowie Kapitel 5: Verrechnungspreisdokumentation) ein. Die Kapitel 6 bis 9 beschäftigen sich mit ausgewählten Verrechnungspreisfragestellungen. So beschäftig sich Kapitel 6 mit dem Thema immaterielle Wirtschaftsgüter, Kapitel 7 mit der konzerninternen Verrechnung von Dienstleistungen, Kapitel 8 mit Kostenumlageverträge und Kapitel 9 mit Verrechnungspreisaspekten bei Umstrukturierungen der Geschäftstätigkeit.

Die OECD-RL 2017 haben keine direkte Bindungswirkung für die deutsche Finanzverwaltung bzw. in innerstaatlichen Rechtsbehelfsverfahren. Allerdings stellen sie für die Finanzverwaltung und die Praxis eine Grundlage dar, auf Basis derer Verrechnungspreisfälle analysiert und diskutiert werden können und denen für die Interpretation von nationalem Recht eine wichtige Bedeutung zukommt.[205] Aufgrund der bereits erwähnten Aktivitäten der OECD im Rahmen von BEPS haben sich Anpassungen gegenüber der OECD-RL aus dem Jahr 2010 in nahezu allen Kapiteln ergeben. Als Beispiel seien die geplanten Änderungen rund um das Thema immaterielle Wirtschaftsgüter genannt, für welche Änderungen in den

---

[201] Vgl. zur Diskussion der Notwendigkeit eines Konsultationsverfahrens Wassermeyer/*Wassermeyer* OECD-MA Art. 9 Rn. 380.
[202] OECD Transfer Pricing Guidelines for Multinational Enterprises and Tax Administrations 2017, vom 22.7.2010.
[203] Vgl. Bernhardt/*Bernhardt* Verrechnungspreise, S. 57 mit entsprechenden Beispielen.
[204] Vgl. hierzu noch zu den OECD-RL 2010 Schreiber/Nientimp Verrechnungspreise, 5. Aufl. 2013, Einführung Rn. 15.
[205] Vgl. Bernhardt/*Bernhardt* Verrechnungspreise, S. 58.

Kapiteln 1 für den Bereich Vergleichbarkeitsfaktoren und insb. in Kapitel 6 immaterielle Wirtschaftsgüter im Zuge der BEPS-Maßnahmen erfolgt sind.[206] Weitere BEPS-Maßnahmen in Bezug auf die Gewährleistung der Übereinstimmung von vereinbarten Verrechnungspreisen und der jeweiligen Wertschöpfungsbeiträge der einzelnen Konzerneinheiten sehen Anpassungen vor in Kapitel 1 D. (Vergleichbarkeitsanalysen), Kapitel 2 in Bezug auf die Ergänzung einer Verrechnungspreismethode für Rohstofflieferungen („Commodity Transactions"), Kapitel 7 bzgl. sog. „Low Value Adding Services" sowie Kapitel 8 in Bezug auf „Cost Contribution Arrangements".[207] Ein für die Praxis besonders einschneidende Veränderung, ist die geplante Erweiterung der Dokumentationshinweise, sowie der Einführung eines sog. Country-by-Country Reportings, für die eine entsprechende Anpassung des Kapitels 5 geplant ist.[208]

174 **cc) EU.** Auf Ebene der Europäischen Union sind im Bereich Verrechnungspreise in erster Linie die Arbeiten des EU Joint Transfer Pricing Forums (EUJTPF) zu nennen. Das EUJTPF ist eine Expertengruppe, die aus Regierungsvertretern und Repräsentanten der privaten Wirtschaft besteht und die Europäische Kommission in Verrechnungspreisfragen berät. Die Expertengruppe hat ihre Arbeiten im Jahr 2002 aufgenommen, um mit der Zielsetzung Streitigkeiten zwischen Steuerpflichtigen und Steuerverwaltungen möglichst von vornherein durch pragmatische, rechtlich unverbindliche Lösungsvorschläge zu vermeiden oder aber im Falle von Streitigkeiten die Beseitigung einer eingetretenen Doppelbesteuerung wirksam und mit überschaubarem administrativen Aufwand zu beseitigen.

175 Als wesentliche Arbeiten der EU und des EUJTPF sind insbesondere zu nennen:
– Übereinkommen über die Beseitigung der Doppelbesteuerung im Falle von Gewinnberichtigungen zwischen verbundenen Unternehmen[209]
– (Überarbeiteter) Verhaltenskodex zur wirksamen Durchführung des Übereinkommens über die Beseitigung der Doppelbesteuerung im Falle von Gewinnberichtigungen zwischen verbundenen Unternehmen[210]
– EU-Verhaltenskodex zur Verrechnungspreisdokumentation[211]
– EUJTPF: Leitlinie für konzerninterne Dienstleistungen mit geringer Wertschöpfung[212]
– EUJTPF: Bericht über kleine und mittlere Unternehmen und Verrechnungspreise und Bericht über Kostenumlagevereinbarungen für Dienstleistungen, durch die keine immateriellen Wirtschaftsgüter entstehen.[213]

176 Darüber hinaus hat auch die EU im Rahmen der internationalen Diskussionen rund um das Thema BEPS, Maßnahmen zur Bekämpfung von Steuermissbrauch er-

---

[206] Vgl. Bericht der OECD „Aligning Transfer Pricing with Value Creation, Action 8–10, Final Report", vom 5.10.2015, welcher auf die (geplanten) Änderungen zur Vorversion aus dem Jahr 2010 eingeht.
[207] Vgl. ebenda.
[208] Vgl. Bericht der OECD „Transfer Pricing Documentation and Country-by-Country Reporting, Action 13, Final Report", vom 5.10.2015.
[209] EU Schiedskonvention vom 23.7.1999, BStBl. 1993, 819 mit dem Verhaltenskodex zu dem Schiedsverfahren vom 30.12.2009.
[210] Amtsblatt der Europäischen Union vom 30.12.2009.
[211] Vom 28.7.2005, Aktenzeichen 2006/C 176/01.
[212] Guidelines on Low-Value-Adding Intra-Group Services, vom 25.1.2011, Quelle: European Commission, www.ec.europa.eu.
[213] European Commission, Report on Small and Medium Enterprise and Transfer Pricing and Report on Cost Contribution Arrangements on Services not creating Intangible Property (IP), vom 19.9.2012, COM(2012)516 final.

griffen. Zu nennen sind hierbei der Aktionsplan zur Bekämpfung von Steuerbetrug und Steuerhinterziehung vom 6.12.2012, die Eröffnung förmlicher Beihilfe-Prüfverfahren in Bezug auf die Erteilung von sog. Tax Rulings[214] sowie das Maßnahmenpaket zur Steuertransparenz im Hinblick auf einen automatischen Informationsaustausch von Steuervorbescheiden mit grenzüberschreitender Wirkung.[215]

Sowohl die EU als auch die OECD richten ihre Arbeiten streng nach dem Fremdvergleichsgrundsatz aus. Die Ermittlung von Verrechnungspreisen nach dem Fremdvergleichsgrundsatz soll daher im nachfolgenden Kapitel im Detail beschrieben werden. **177**

2. Anwendung des Fremdvergleichsgrundsatzes

a) Definition

Die steuerliche Anerkennung von Liefer- oder Leistungsbeziehung zwischen **178** verbundenen Unternehmen wird regelmäßig danach beurteilt, ob der sog. Fremdvergleichsgrundsatz (international üblicherweise als „arm's length principle" bezeichnet) erfüllt wird. Im Rahmen des Fremdvergleichsgrundsatzes wird die Frage untersucht, ob sich zwei abhängige konzernverbundene Unternehmen gegenüber einem konzernfremden Unternehmen bei ansonsten gleichen (oder vergleichbaren) Rahmenbedingungen gleich (oder vergleichbar) verhalten hätten.

Der Fremdvergleichsgrundsatz stellt innerhalb der Mitgliedsländer der OECD **179** die wichtigste Grundlage für die Beurteilung der Angemessenheit von Verrechnungspreisen dar. Ein Großteil der Länder orientiert sich dabei an den Vorgaben des OECD-Musterabkommens sowie an den Regelungen der OECD-Verrechnungspreisrichtlinien, welche den Fremdvergleichsgrundsatz und dessen Anwendung ausführlich in Kapitel I beschreiben.[216]

In Deutschland ist der Fremdvergleichsgrundsatz in § 1 Abs. 1 Satz 1 AStG wie **180** folgt definiert: *„Werden Einkünfte eines Steuerpflichtigen aus einer Geschäftsbeziehung zum Ausland mit einer ihm nahe stehenden Person dadurch gemindert, dass er seiner Einkünfteermittlung andere Bedingungen, insbesondere Preise (Verrechnungspreise), zugrunde legt, als sie voneinander unabhängige Dritte unter gleichen oder vergleichbaren Verhältnissen vereinbart hätten (Fremdvergleichsgrundsatz), sind seine Einkünfte unbeschadet anderer Vorschriften, so anzusetzen wie sie unter den zwischen voneinander unabhängigen Dritten vereinbarten Bedingungen angefallen wären."*[217] Die Vorschrift des § 1 AStG kommt demnach nur bei grenzüberschreitenden Sachverhalten zur Anwendung, wirkt nur einseitig zu Lasten des deutschen Steuerpflichtigen und ist nachrangig nach den Vorschriften zur vGA[218] und zur vE[219] anzuwenden. Sollten die Anwendung des Fremdvergleichsgrundsatzes gem. § 1 AStG zu weitergehenden Berichtigungen führen als

---

[214] Zu nennen sind hierbei inbs. die Verfahren gegen Fiat und Starbucks, vgl. Europäische Kommission – Press Release, „Commission decides selective tax advantages for Fiat in Luxembourg and Starbucks in the Netherlands are illegal under EU state aid rules", vom 21.10.2015.
[215] Vgl. Pressemitteilung der Europäischen Kommission „Steuertransparenz: Kommission begrüßt Einigung der Mitgliedstaaten auf automatischen Informationsautausch über Steuervorbescheide", vom 6.10.2015.
[216] Vgl. OECD RL 2017, Tz. 1.14 f.; ausführlich zur Akzeptanz des Fremdvergleichsgrundsatzes Bernhardt/*Renz* Verrechnungspreise, S. 71 ff.
[217] § 1 Abs. 1 Satz 1 AStG.
[218] § 8 Abs. 3 Satz 2 KStG.
[219] § 8 Abs. 3 Satz 3 KStG.

nach den Vorschriften zur vGA bzw. zur vE, ist § 1 AStG auf den überschießenden Betrag anzuwenden.[220]

181 Nach der Vorstellung des deutschen Gesetzgebers gilt gem. § 1 Abs. 1 Satz 3 AStG bei Anwendung des Fremdvergleichsgrundsatzes eine vollständige Informationstransparenz im Hinblick auf „alle wesentlichen Umstände der Geschäftsbeziehung".[221] In welchem Umfang der Gesetzgeber unterstellt, dass die Vertragsparteien jeweils Kenntnis aller relevanten Umstände der jeweils anderen Partei haben, wird nicht deutlich. Zumindest dürfte es nicht den wirtschaftlichen Realitäten entsprechen, dass die jeweils relevanten preisbildenden Faktoren der anderen Vertragspartei offengelegt werden (müssen).[222] Der Meinung von *Bernhardt* folgend kann die Vorschrift nur so interpretiert werden, dass im Hinblick auf die im Zeitpunkt der Verrechnungspreisbestimmung herrschenden Marktverhältnisse Informationsgleichheit besteht, aber darüber hinaus jede Partei eigene Überlegungen zu den für sie selbst und für die jeweils andere Partei maßgeblichen preisbestimmenden Faktoren anstellt, ohne die für die Preisbildung relevanten Faktoren der jeweils anderen Seite tatsächlich zu kennen.[223] Die Praxis zeigt allerdings, dass die Finanzverwaltung der hier und in der Literatur vertretenen Meinung häufig nicht folgt und eine Informationslage unterstellt, die sowohl was den Zeitpunkt anbelangt (ex ante Betrachtung) als auch die zwischen fremden Dritten vorherrschende Informationsasymmetrie ausblendet.

182 Auch nach höchstrichterlicher Rechtsprechung des BFH ist die verkehrsübliche Sorgfalt eines ordentlichen und gewissenhaften Geschäftsführers maßgebend für die Anwendung des Fremdvergleichsgrundsatzes. Den Ausführungen des BFH folgend, werden Verrechnungspreise nur dann anerkannt, soweit sie wie von voneinander unabhängigen Vertragspartnern unter vergleichbaren Umständen vereinbart wurden (tatsächlicher Fremdvergleich) oder vereinbart worden wären (hypothetischer Fremdvergleich).[224] Für die Überprüfung der Anwendung der Sorgfalt eines ordentlichen und gewissenhaften Geschäftsleiters ist der Rechtsprechung nach zu beachten, dass einem Geschäftsleiter ein gewisser Spielraum kaufmännischen Ermessens einzuräumen ist.[225] Es wird dabei vorausgesetzt, dass ein solcher Geschäftsleiter grundsätzlich bestrebt sein wird, einen unter Berücksichtigung der wirtschaftlichen Rahmenbedingungen möglichst hohen Gewinn zu erzielen.[226] Darüber hinaus kann es nach Ansicht des BFH erforderlich sein, die Sichtweise des Vertragspartners einzubeziehen,[227] so dass auch die Interessen des Vertragspartners einbezogen und unter Berücksichtigung der Marktposition und der Handlungsalternativen der jeweiligen Vertragspartner überprüft wird, ob die getroffenen Vereinbarungen steuerlich anzuerkennen sind.[228]

183 Auch die Finanzverwaltung bekannte sich schon in ihren Verwaltungsgrundsätzen aus dem Jahre 1983 (nachfolgend „VGr") grundsätzlich zum Fremdvergleichs-

---

[220] Vgl. § 1 Abs. 1 Satz 4 AStG.
[221] Eingeführt durch die Unternehmenssteuerreform 2008. „Ein deutscher Sonderweg" nach FWB, Rn. V 8 zu § 1 AStG.
[222] Gleicher Ansicht Bernhardt/*Bernhardt* Verrechnungspreise, S. 41.
[223] Vgl. Bernhardt/*Bernhardt* Verrechnungspreise, S. 39.
[224] Vgl. unter anderem BFH I R 103/00, BStBl. II 2004, 171 mwN.
[225] Vgl. BFH I R 119/70, BStBl. II 1973, 322.
[226] Vgl. BFH I R 75/78, BStBl. II 1981, 492.
[227] Vgl. BFH I R 147/93, BStBl. II 1996, 204; I R 88/94, BStBl. II 1996, 383 und I R 36–97, BStBl. II 1998, 689.
[228] Vgl. BFH I R 87/02, BFH/NV 2004, 736.

grundsatz[229] und auch das Anwendungsschreiben zum AStG vom 14.5.2004 stellt als Rechtsgrund für eine Berichtigung der Einkünfte ausdrücklich auf den „Grundsatz des Fremdverhaltens" ab.[230] Die Finanzverwaltung erkennt ebenfalls an, dass ein ordentlicher und gewissenhafter Geschäftsleiter gewisse Gestaltungsspielräume wahrnimmt, wie sie sich aus der Teilnahme am allgemeinen wirtschaftlichen Verkehr und aus der Marktsituation ergeben, wobei bei der Wahrnehmung von Ermessensspielräumen die allgemeinen Gepflogenheiten des Betriebs, der Branche oder des allgemeinen Geschäftsverkehrs zu beachten seien.[231]

b) Anwendungsformen

Letztlich gilt es bei Anwendung des Fremdvergleichsgrundsatzes einen (zumindest aus Sicht der Steuerverwaltungen regelmäßig fehlenden) Interessensgegensatz zwischen verbundenen Unternehmen herzustellen bzw. zu simulieren. Im Rahmen des Fremdvergleichs wird somit versucht, eine potentielle Einflussnahme der Gesellschafter auf die Gestaltung von Verrechnungspreisen zu eliminieren.[232]

Grundsätzlich können folgende zwei Formen des Fremdvergleichs unterschieden werden:
- tatsächlicher (interner oder externer) Fremdvergleich
- hypothetischer Fremdvergleich

Beim **tatsächlichen Fremdvergleich** werden gleiche oder vergleichbare Geschäfte mit fremden Dritten (interner Preisvergleich) oder zwischen unabhängigen Dritten (externer Preisvergleich) herangezogen, da bei diesen Geschäften ein Interessensgegensatz angenommen und eine gesellschaftsrechtliche Veranlassung ausgeschlossen werden kann.[233] Voraussetzung für einen solchen tatsächlichen Fremdvergleich ist, dass entsprechend (uneingeschränkt) vergleichbare Fremdvergleichswerte zur Verfügung stehen, wobei nach Auffassung der deutschen Finanzverwaltung[234] eine uneingeschränkte Vergleichbarkeit gegeben ist, wenn folgende Voraussetzungen erfüllt sind:
- Vorliegen identischer Geschäftsbedingungen *oder*
- bestehende Unterschiede bei den Geschäftsbedingungen haben keinen wesentlichen Einfluss auf die Preisgestaltung *oder*
- bestehende Unterschiede in den Geschäftsbedingungen können durch hinreichend genaue Anpassungen beseitigt werden *und*
- die ermittelten Daten sind qualitativ zuverlässig.

In der Praxis können in den meisten Fällen allerdings keine uneingeschränkt vergleichbaren Fremdvergleichswerte ermittelt werden. In diesen Fällen können auch eingeschränkt vergleichbare Werte nach Vornahme sachgerechter Anpassungen und unter Anwendung einer geeigneten Verrechnungspreismethode zugrunde gelegt werden.[235]

---

[229] Vgl. BMF 22.3.1983, BStBl. I 1983, 218 Rn. 2.1.
[230] Vgl. Tz. 1.1.1., BMF 14.5.2004, BStBl. I 2004, 3 Rn. 1.1.1.
[231] Vgl. VGr., BMF 14.5.2004, BStBl. I 2004, 3 Rn. 2.1.2.
[232] Vgl. Kaminski/Strunk/Köhler/*Kaminski* AStG § 1 Rn. 121 sowie Bernhardt/*Renz* Verrechnungspreise, S. 65.
[233] Vgl. Bernhardt/*Renz* Verrechnungspreise, S. 76.
[234] Vgl. Verwaltungsgrundsätze-Verfahren 2005, Tz. 3.4.12.7 Buchst. a.
[235] Vgl. § 1 Abs. 3 Satz 2 AStG; Verwaltungsgrundsätze-Verfahren 2005, BMF 14.5.2004, BStBl. I 2004, 3 Rn. 3.4.12.7 Buchst. c.

188 Falls sich auch keine eingeschränkt vergleichbaren Fremdvergleichswerte bestimmen lassen, ist auf Grundlage des sog. **hypothetischen Fremdvergleichs** der angemessene Verrechnungspreis festzustellen.[236] Im Rahmen eines hypothetischen Fremdvergleichs soll auf Basis einer Funktionsanalyse und innerbetrieblicher Plandaten ein Einigungsbereich ermittelt werden, in dem unter Berücksichtigung funktions- und risikoadäquater Kapitalisierungssätze ein Mindestpreis aus Sicht des Leistenden und ein Höchstpreis aus Sicht des Leistungsempfängers bestimmt wird, wobei dem Gesetzeswortlaut nach der Einigungsbereich von den jeweiligen Gewinnerwartungen der Vertragsparteien abhängen soll.[237] Für die Ermittlung des jeweiligen Verrechnungspreises innerhalb dieses Einigungsbereichs ist der Wert heranzuziehen, der dem Fremdvergleichsgrundsatz am wahrscheinlichsten entspricht. Hierfür ist die rechtliche und wirtschaftliche Position der beteiligten Parteien zu berücksichtigen, insbesondere deren Verhandlungsposition und ggf. dem Vorliegen konkreter, realistischer und vorteilhafter Handlungsalternativen.[238]

c) Fremdvergleichsbandbreite

189 Bei der Bestimmung von Verrechnungspreisen nach dem Fremdvergleich ist national[239] wie international[240] unstrittig, dass es nicht den einen richtigen Verrechnungspreis gibt, sondern in der Regel mehrere mögliche Preise existieren, die eine Fremdvergleichsbandbreite bilden („arm's length range"). Auch der BFH geht in seinem Urteil vom 17.10.2001[241] von einer Bandbreite angemessener Verrechnungspreise aus.

190 Im Zusammenhang mit Fremdvergleichsbandbreiten hat die Finanzverwaltung in ihren VGr aus dem Jahr 1983 ausgeführt, dass Verrechnungspreise die dauerhaft zu Lasten eines der beiden Unternehmen systematisch auf der Ober- oder Untergrenze des Preisbandes festgesetzt werden, nicht dem Verhalten eines ordentlichen Kaufmanns entsprechen würden.[242] Auch wenn die Aussage zunächst plausibel klingt, ist eine pauschale Ablehnung eines Preises, welcher sich innerhalb einer solchen Fremdvergleichsbandbreite befindet, nur aufgrund der Tatsache, dass sich dieser Preis am oberen oder unteren Rand dieser Bandbreite befindet, ohne die Durchführung einer Einzelfallanalyse abzulehnen. So können betriebswirtschaftliche Gründe vorliegen, die die Wahl des jeweiligen Verrechnungspreises rechtfertigen. Ein typisches Beispiel für die Wahl am unteren Rand an einer Bandbreite ist zB, dass von dem Konzernunternehmen im Vergleich zu den Unternehmen, welche die Fremdvergleichsbandbreite bilden, aufgrund vertraglicher Regelungen nur sehr geringe Risiken übernommen werden, so dass eine entsprechend niedrigere Marge gerechtfertigt sein kann.

191 In der Praxis finden sich Fremdvergleichsbandbreiten in erster Linie in Datenbankstudien wieder. Im Rahmen von Datenbankstudien (häufig auch als

---

[236] Vgl. § 1 Abs. 3 Satz 5 ff.; VwG-Verfahren 2005, BMF 14.5.2004, BStBl. I 2004, 3 Rn. 3.4.12.7 Buchst. b.
[237] Vgl. § 1 Abs. 3. Satz 6.
[238] Für Fälle einer Funktionsverlagerung, vgl. hierzu Verwaltungsgrundsätze-Funktionsverlagerung, aaO, Tz. 62.
[239] Vgl. Verwaltungsgrundsätze-Verfahren, BMF 12.4.2005, BStBl. I 2015, 570 Rn. 3.4.12.5.
[240] Vgl. OECD-RL 2010, Kapitel III, A7, Tz. 3.55 ff.
[241] BFH I R 103/00, BStBl. II 2004, 171.
[242] Vgl. Verwaltungsgrundsätze 1983, BMF 22.3.1983, BStBl. I 1983, 218 Rn. 2.1.9. Beispiel 1.

Benchmarkstudien bezeichnet), werden Renditevergleichsanalysen zur Ermittlung von fremdüblichen Nettorenditen oder (in seltenen Fällen) von Bruttorenditen vorgenommen. Eine andere Form von Datenbankanalyse stellt die Vertragsanalyse (Comparable Uncontrolled Transaction – kurz „CUT"-Analysis) dar, welche häufig bei der Bestimmung fremdüblicher Lizenzsätze bei der Überlassung von Rechten zur Nutzung immaterieller Wirtschaftsgüter (Markenrechte, Patente, etc.) durchgeführt wird.

Sofern die Bandbreite aus Daten von Unternehmen nur eingeschränkt vergleichbar sind (was in der Praxis die Regel ist), ist eine Einengung der Bandbreite notwendig. Die deutsche Finanzverwaltung schlägt dabei vor, Kontrollrechnungen mit Hilfe anderer Verrechnungspreismethoden durchzuführen oder Plausibilitätsüberlegungen vorzunehmen.[243] Soweit eine Einengung der Bandbreiten auf Basis von Kontrollrechnungen oder Plausibilitätsüberlegungen nicht möglich ist, kann eine Einengung durch mathematische Verfahren vorgenommen werden. Die in der Praxis häufigste Form der mathematischen Bandbreiteneinengung ist die Interquartilsbildung, bei der 25% der kleinsten und 25% der größten Werte ausgeschieden werden und somit nur die 50% in der Mitte befindlichen Vergleichsdaten als Fremdvergleichsbandbreite herangezogen wird.[244]

d) Schwierigkeiten bei Anwendung des Fremdvergleichsgrundsatzes

Die Anwendung des Fremdvergleichsgrundsatzes ist immer dann mit besonderen Schwierigkeiten verbunden, wenn konkrete Geschäftsbeziehungen im Konzernverbund so zwischen fremden Dritten nicht vorkommen. Typische Beispiele hierfür sind konzerninterne Dienstleistungen welche nur im Konzernverbund erbracht werden, besondere vertragliche Vereinbarungen wie zB Jahresendanpassungsregelungen oder aus dem Konzernverbund entstehende Synergie- oder Verbundeffekte (wie sie zB typischerweise bei der Zentralisierung von Einkaufsfunktionen vorkommen).[245]

III. Verrechnungspreismethoden

Der Wahl einer geeigneten Verrechnungspreismethode kommt für die Anwendung des Fremdvergleichsgrundsatzes eine entscheidende Bedeutung zu. Grundsätzlich sind die sog. transaktionsbezogenen Standardmethoden („Standardmethoden") und gewinnorientierte Methoden zu unterscheiden. Nach Auffassung der deutschen Finanzverwaltung sind gem. § 1 Abs. 3 S. 1 AStG Verrechnungspreise vorrangig nach den Standardmethoden zu ermitteln. Auch wenn die deutsche Finanzverwaltung dem Steuerpflichtigen nicht unmittelbar vorschreibt, welche Methode er bei der Verrechnungspreisbestimmung anzuwenden hat, knüpft sie die Anerkennung der gewinnorientierten Methoden an das Vorliegen bestimmter Voraussetzungen.[246] Auch nach den Ausführungen der OECD-RL 2017 ist der Wahl der am besten geeigneten Verrechnungspreismethode („most appropriate

---

[243] Vgl. Verwaltungsgrundsätze-Verfahren 2005, BMF 12.4.2005, BStBl. I 2005, 570 Rn. 3.4.12.5. Buchst. c.
[244] Vgl. Verwaltungsgrundsätze-Verfahren 2005, BMF 12.4.2005, BStBl. I 2005, 570 Rn. 3.4.12.5. Buchst. d.
[245] Vgl. bezüglich Einzelheiten hierzu Bernhardt/*Renz* Verrechnungspreise, S. 77–79.
[246] Vgl. Verwaltungsgrundsätze-Verfahren 2005, BMF 12.4.2005, BStBl. I 2005, 570 Rn. 3.4.10.4 Buchst. b.

transfer pricing method") besondere Aufmerksamkeit zu schenken.[247] Kriterien für die Auswahl der am besten geeigneten Methode sind nach Auffassung der OECD insbesondere die Angemessenheit der Methode im Hinblick auf die Art der konkreten Transaktion, die Verfügbarkeit verlässlicher Fremdvergleichsdaten sowie die Möglichkeit, potentielle Anpassungsrechnungen durchführen zu können.[248]

195 Die Wahl der Verrechnungspreismethodik ist häufig auch aus betriebswirtschaftlicher Sicht bedeutend. So beeinflussen konzerninterne Liefer- und Leistungsbeziehungen in vielen Fällen die Erfolgskennzahlen, welche zur Beurteilung der Leistung des lokalen Managements und deren Vergütung herangezogen werden. Im Folgenden werden zunächst die traditionellen Standardmethoden beschrieben, um im Anschluss auf die gewinnorientierten und sonstige Methoden einzugehen.

1. Standardmethoden

196 Zu den sowohl von der deutschen Finanzverwaltung als auch der OECD und vielen anderen Staaten anerkannten Standardmethoden zählen die
– Preisvergleichsmethode (Comparable Uncontrolled Price Method, CUP),
– Wiederverkaufspreismethode (Resale Price Method, RPM) und die
– Kostenaufschlagsmethode (Cost Plus Method, CPM).

197 Diese drei Standardmethoden werden grundsätzlich als untereinander gleichrangig angesehen,[249] so dass im Rahmen einer Einzelfallprüfung zu entscheiden ist, welche Verrechnungspreismethode im jeweiligen Fall die am besten geeignete darstellt.[250]

a) Preisvergleichsmethode

198 Bei Anwendung der Preisvergleichsmethode werden die bei einem Geschäft mit einem verbundenen Unternehmen anzuwendenden Verrechnungspreise anhand von Preisen bestimmt, welche bei einem vergleichbaren Geschäft zwischen unabhängigen Vertragspartnern unter gleichen oder ähnlichen Verhältnissen vereinbart wurden.[251] In Bezug auf die geforderte Vergleichbarkeit ist zu beachten, dass etwa bestehende Unterschiede (zB in den Markbedingungen oder in den jeweiligen Vertragsbedingungen) nur dann unschädlich sind, wenn sie den für das verglichene Geschäft maßgeblichen Preis auf dem freien Markt nicht beeinflusst hätten.

199 Den VGr 1983 folgend ist hierbei zwischen einem äußeren und einem inneren Preisvergleich zu unterscheiden.[252] Beim äußeren Preisvergleich wird der konzerninterne Verrechnungspreis anhand von Preisen festgelegt, die auch voneinander unabhängige Dritte vereinbart haben. Typische Anwendungsfälle hierfür sind Preise, die anhand von Börsennotierungen (zB Rohstoffpreise), branchenüblichen Preisen oder sofern verfügbar, Verträgen zwischen unabhängigen Dritten festgestellt werden können.[253] Beim inneren Preisvergleich wird dagegen ein konzerninterner Verrechnungspreis mit Preisen verglichen, welche aus Geschäften resultieren, die ein Konzernunternehmen mit fremden Dritten vereinbart hat. Voraussetzung ist dabei,

---

[247] Vgl. OECD-RL 2017, Kapitel II.
[248] Vgl. OECD-RL 2017, Tz. 2.2.
[249] Vgl. VGr 1983, BMF 22.3.1983, BStBl. I 1983, 218 Rn. 2.4.1. Ebenso Kroppen/*Hülsthorst*/*Mank* Handbuch Internationale Verrechnungspreise Bd. II, Kap. II Rn. 1 zu Tz. 2.1.
[250] Vgl. OECD-Guidelines 2017 Tz. 2.2 ff
[251] Vgl. VGr 1983, BMF 22.3.1983, BStBl. I 1983, 218 Rn. 2.2.2.
[252] Vgl. VGr 1983, BMF 22.3.1983, BStBl. I 1983, 218 Rn. 2.2.2.
[253] Vgl. VBE Verrechnungspreise/*Vögele*/*Raab* Kap. D Rn. 54 ff.

D. Verrechnungspreise 200–203 § 16

dass gleichartige Lieferungen oder Leistungen sowohl innerhalb des Konzerns als auch mit unabhängigen Dritten erfolgen. Soweit ein direkter (äußerer oder innerer) Preisvergleich nicht möglich ist, wird auch ein indirekter Preisvergleich zugelassen. Voraussetzung ist, dass die Geschäfte zwar nicht gleichartig sind, jedoch über Anpassungsrechnungen eine ausreichende Vergleichbarkeit hergestellt werden kann.[254]

Die Preisvergleichsmethode wird häufig als die Methode angesehen, die allen anderen Methoden vorzuziehen ist. Zugleich kommt die Methode in der Praxis meist selten zur Anwendung, da Informationen und Marktdaten fehlen bzw. die Gleichartigkeit der dem Preisvergleich zugrunde gelegten Geschäfte nicht gegeben ist oder eine ausreichende Vergleichbarkeit über Anpassungsrechnungen nicht hergestellt werden kann.

b) Wiederverkaufspreismethode

Die Wiederverkaufspreismethode („Resale Price Methode" oder kurz „RPM") geht von dem Preis aus, zu dem ein Produkt, das von einem verbundenen Unternehmen gekauft wird, an einen fremden Dritten weiterveräußert wird. Dieser Preis wird dann um die Handelsspanne (oder Wiederverkaufsmarge) reduziert.[255]

Die Wiederverkaufspreismethode wird üblicherweise immer dann angewandt, wenn es um die Festsetzung der Verrechnungspreise für Waren geht, welche für Zwecke des Vertriebs vom Hersteller oder Lieferanten an eine Vertriebsgesellschaft verkauft werden.[256] Wesentliche Voraussetzung für die Anwendung der Wiederverkaufspreismethode ist, dass die für den Vertrieb verkauften Waren durch die Vertriebsgesellschaft weder be- noch weiterverarbeitet werden, bevor sie an Kunden weiterveräußert werden.[257] Sofern der Wiederverkäufer wesentliche Änderungen am Produkt vornimmt, wäre diese Beteiligung am Wertschöpfungsprozess aus dem zu erwartenden Verkaufspreis zu eliminieren oder in Form eines separaten Vergütungselements zu berücksichtigen. Allerdings dürfte in Fällen, in denen der Wiederverkäufer eine nicht nur unwesentliche Be- oder Weiterverarbeitung des Produkts vornimmt, die Wiederverkaufspreismethode nicht geeignet sein, da der Beitrag, den die ursprünglich vom Hersteller gelieferten Waren zum Wert des Endprodukts geleistet haben, nicht mehr ausreichend genau bestimmt werden kann.[258]

Sowohl nationale als auch internationale Regelungen gehen davon aus, dass bei Anwendung der Wiederverkaufspreismethode der Verrechnungspreis durch Anwendung eines marktüblichen Abschlags auf den – tatsächlich erzielten – Endabnehmerpreis ermittelt wird, wobei dieser Abschlag üblicherweise auf Basis von Plandaten und unter Berücksichtigung der vom Vertriebsunternehmen übernommenen Funktionen und Risiken festgelegt wird.[259] Die in der Praxis häufiger vorkommende Vorgehensweise stellt nicht auf den tatsächlich erzielten Endabnehmerpreis, sondern auf einen geplanten Endabnehmerpreis (zB in Form einer entsprechenden

---

[254] Vgl. VGr 1983, BMF 22.3.1983, BStBl. I 1983, 218 Rn. 2.2.2. iVm Rn. 2.1.7.
[255] Vgl. OECD-RL 2017 Tz. 2.27; VGr 1983, BMF 22.3.1983, BStBl. I 1983, 218 Rn. 2.2.3.
[256] Vgl. OECD-RL 2017 Tz. 2.27; VGr 1983, BMF 22.3.1983, BStBl. I 1983, 218 Rn. 3.1.3 Beispiel 1.
[257] Vgl. OECD RL 2017 Tz. 2.35; VGr 1983, BMF 22.3.1983, BStBl. I 1983, 218 Rn. 2.2.3.
[258] Vgl. VBE Verrechnungspreise/*Vögele/Raab* Kap. D Rn. 157 ff.; Strunk/Kaminski/Köhler/*Kaminski* AStG § 1 Rn. 466 ff.
[259] Vgl. VGr. 1983, BMF 22.3.1983, BStBl. I 1983, 218 Rn. 2.2.3.

Verkaufspreisliste oder eines entsprechenden Bruttolistenpreises) ab.[260] Vorteil dieser Vorgehensweise ist der geringere administrative Aufwand, da ansonsten der Verrechnungspreis immer erst dann bestimmt werden könnte, wenn die Produkte durch die Vertriebsgesellschaft an den Endabnehmer weiterveräußert werden bzw. der Preis mit dem Endabnehmer fest vereinbart wurde. Weiterer Vorteil der Anwendung der Handelsspanne auf einen im Vorfeld festgelegten Listenpreis ist es, dass Chancen und Risiken, die Produkte auf dem jeweiligen Markt im Vergleich zum Plan zu einem höheren oder niedrigeren Preis zu verkaufen, auf Ebene der Vertriebsgesellschaft belassen werden und somit für die Vertriebsgesellschaft ein Anreiz gesetzt wird, möglichst gute Verhandlungsergebnisse am Markt zu erzielen. Diese Vorgehensweise entspricht nach der hier vertretenen Auffassung in aller Regel auch eher dem Fremdvergleichsgrundsatz, da häufig auch bei Vereinbarungen mit fremden dritten Handelspartnern deren tatsächlich erzielte Endabnehmerpreise nicht bekannt sind bzw. nicht Basis für die zwischen Hersteller und Handelspartner vereinbarten Preise sind.

204 Praktische Schwierigkeiten bei Anwendung der Wiederverkaufspreismethode ergeben sich häufig bei der Bestimmung einer angemessenen Handelsspanne.[261] So müssen eine Vielzahl schwer bewertbarer und schwer quantifizierbarer Einflussfaktoren berücksichtigt werden, wie zB die von der Vertriebsgesellschaft übernommenen Funktionen und Risiken, die von ihr eingesetzten materiellen und insbesondere immateriellen Wirtschaftsgüter (zB der Kundenstamm) sowie die Erfahrungen und technischen bzw. branchenspezifischen Kenntnisse und Fähigkeiten der Vertriebsorganisation. Darüber hinaus sind die Daten zu Handelsspannen oder Rohgewinnmargen vergleichbarer Unternehmen oft nicht oder nicht in ausreichendem Maße verfügbar oder nur bedingt aussagekräftig. Grund hierfür können unterschiedliche Rechnungslegungsgrundsätze sein, die zu Abweichungen bei der Ermittlung der zu vergleichenden Rohgewinnmargen führen oder ein Mangel an Informationen über die oben genannten Einflussfaktoren. Letztlich stellt sich oftmals auch die Schwierigkeit, wenn Konzernvertriebsgesellschaften auf einer Handelsstufe agieren, auf der typischerweise keine unabhängigen Dritten Händler zu finden sind, und somit die Suche nach verlässlichen Fremdvergleichsdaten erschwert wird.

205 Um dennoch die Vergleichbarkeit zu gewährleisten, wird die Wiederverkaufspreismethode häufig auch in modifizierter Form angewandt und (ggf. zusätzlich) auf eine Nettogewinnmarge abgestellt, da Nettorenditen weniger stark durch unterschiedliche Rechnungslegungsgrundsätze beeinflusst sind und daher in der Regel zu verlässlicheren Vergleichsergebnissen führen.[262]

c) Kostenaufschlagsmethode

206 Bei Anwendung der Kostenaufschlagsmethode wird ein Verrechnungspreis durch die Anwendung eines Gewinnaufschlags auf die entstandenen bzw. geplanten Kosten des liefernden bzw. leistenden Unternehmens ermittelt.[263] Die Höhe des Gewinnaufschlags richtet sich nach den vom liefernden bzw. leistenden Unternehmen aus-

---

[260] Zu Einzelfragen der praktischen Anwendung der Wiederverkaufspreismethode vgl. VBE Verrechnungspreise/*Vögele/Raab* Kap. D Rn. 172 ff.
[261] Vgl. Strunk/Kaminski/Köhler/*Kaminski* AStG § 1 Rn. 437.
[262] Vgl. Bernhardt/*Renz* Verrechnungspreise, S. 88; VBE Verrechnungspreise/*Vögele/Raab* Kap. D Rn. 156.
[263] Vgl. OECD-RL 2017 Tz. 2.45; VGr 1983, BMF 22.3.1983, BStBl. I 1983, 218 Rn. 2.2.4.

geführten Funktionen, den von ihm übernommenen Risiken und den eingesetzten (materiellen wie immateriellen) Wirtschaftsgütern sowie der Kostenbasis, auf der dieser Gewinnaufschlag angewandt werden soll. Grundsätzlich kann der Gewinnaufschlag mit Hilfe eines äußeren oder inneren Vergleichs[264] ermittelt werden, mit dem Ziel einen betriebs- oder branchenüblichen Gewinnaufschlag zu identifizieren.[265]

Die Kostenaufschlagsmethode wird insbesondere bei der Bestimmung von Verrechnungspreisen für die Erbringung von Auftragsfertigungs- bzw. Lohnfertigungsleistungen sowie die Erbringung konzerninterner Dienstleistungen als fremdübliche Methode angesehen.[266] **207**

Neben der Höhe des Gewinnaufschlags ist die Kostenbasis das zweite entscheidende Element bei der Anwendung der Kostenaufschlagsmethode. Nach Auffassung der Finanzverwaltung ist die Kostenbasis analog zu den Kalkulationsmethoden zu ermitteln, die das Unternehmen bei seiner Preispolitik gegenüber unabhängigen Dritten zugrunde legt, oder beruht auf Kalkulationsmethoden, die betriebswirtschaftlichen Grundsätzen entsprechen.[267] In der Praxis wird häufig der Fall auftreten, dass Lieferungen und/oder Leistungen ausschließlich innerhalb des Konzerns erbracht werden, so dass bei der Verrechnungspreisbildung grundsätzlich alle allgemein gültigen Kalkulationsmethoden verwendet werden können. Es ist dem Steuerpflichtigen demnach auch freigestellt, die Verrechnungspreise auf Basis von Ist-, Normal- oder Plankosten bzw. auf Vollkosten- oder Teilkostenbasis zu kalkulieren.[268] Allerdings dürfte eine erhöhte Akzeptanz von Seiten der Steuerverwaltungen erreicht werden, wenn Kalkulationsmethoden verwendet werden, die innerhalb des Konzerns auch für andere, nicht steuerliche Zwecke verwendet werden. In der Praxis häufig zu finden sind Normalkostenrechnungssysteme, da diese die Kalkulation in der Regel vereinfachen, Zufallsschwankungen ausgeschaltet und kurzfristige Veränderungen von Kosteneinflussgrößen bei der Bildung von Durchschnittsgrößen berücksichtigt werden können.[269] **208**

Aus Sicht der OECD ist von entscheidender Bedeutung, dass bei Anwendung des Fremdvergleichs und der Ermittlung eines angemessenen Gewinnaufschlags von einer vergleichbaren Kostenbasis ausgegangen wird.[270] Dabei sind mögliche Unterschiede in der Rechnungslegung ebenso zu berücksichtigen wie Differenzen, welche aus unterschiedlichen Funktions- und Risikoprofilen resultieren.[271] Auch die OECD konstatiert, dass die Aufstellung allgemeingültiger Regelungen nicht möglich ist, fordert allerdings eine im Zeitablauf konstante Vorgehensweise im Hinblick auf die gewählte Kostenbasis für vergleichbare Transaktionen mit gleichen verbundenen Einheiten.[272] **209**

Zur Sicherstellung einer ausreichenden Vergleichbarkeit ist bedeutsam, dass bestehende Abweichungen zwischen den beteiligten Unternehmen bzw. den verglichenen Geschäften den Gewinnaufschlag auf dem freien Markt nicht erheblich beeinflussen würden. Um die Auswirkungen solcher Unterschiede zu beseitigen **210**

---

[264] Vgl. OECD-RL 2017 Tz. 2.46.
[265] Vgl. VGr 1983, BMF 22.3.1983, BStBl. I 1983, 218 Rn. 2.2.4.
[266] Vgl. OECD-RL 2017 Tz. 2.45.
[267] Vgl. VGr 1983, BMF 22.3.1983, BStBl. I 1983, 218 Rn. 2.2.4.
[268] Auch die OECD-RL 2017 erkennen grundsätzlich die Verwendung von Teilkosten und Standardnormalkosten an, siehe OECD-RL 2017 Tz. 2.57 und Tz. 2.59.
[269] Vgl. hierzu auch ausführlich VBE Verrechnungspreise/*Vögele/Raab* Kap. D Rn. 289 ff.
[270] Vgl. OECD-RL 2017 Tz. 2.50.
[271] Vgl. OECD-RL 2017 Tz. 2.51 und 2.52.
[272] Vgl. OECD-RL 2017 Tz. 2.58.

und die Vergleichbarkeit sicherzustellen, kann es notwendig sein, entsprechende Anpassungen vorzunehmen, wobei Umfang und Genauigkeit solcher Berichtigungen die Zuverlässigkeit der Kostenaufschlagsanalyse beeinflussen können. Während der Vergleichbarkeit der Produkte im Rahmen der Kostenaufschlagsmethode häufig nur eine nachgeordnete Bedeutung zukommt, ist die Vergleichbarkeit der ausgeführten Funktionen meist von entscheidender Bedeutung.[273]

2. Gewinnorientierte Methoden

211 Insbesondere im angloamerikanischen Raum kommt den sog. gewinnorientierten Methoden in der Praxis eine große Bedeutung zu. Die OECD-RL 2017 nennen als gewinnorientierte Methoden die geschäftsvorfallbezogene Gewinnaufteilungsmethode (transactional profit split method – PSM) und die transaktionsbezogene Nettomargenmethode (transactional net margin method – TNMM).[274] Die gewinnorientierten Verrechnungspreismethoden werden nach Ansicht der deutschen Finanzverwaltung vor allem herangezogen, um Verrechnungspreise zu verproben oder sonstige Anhaltspunkte für die Einkunftsabgrenzung zu erhalten.[275] Darüber hinaus lässt die deutsche Finanzverwaltung die Anwendung der TNMM bzw. der PSM nur unter bestimmten Voraussetzungen zu, auf die in den folgenden Abschnitten kurz eingegangen wird.[276]

a) Geschäftsvorfallbezogene Nettomargenmethode (TNMM)

212 Die TNMM sieht vor, (Netto-)Renditekennzahlen von vergleichbaren unabhängigen Unternehmen für einzelne bzw. mehrere zulässigerweise zusammengefasste Geschäftsvorfälle mit entsprechenden Renditekennzahlen der Konzernunternehmen zu vergleichen.[277] Für die Anwendung der TNMM ist daher die Ermittlung des maßgeblichen Nettogewinns[278] sowie die Identifikation einer geeigneten Gewinnkennzahl bedeutsam.[279]

213 Bei dem zu prüfenden verbundenen Unternehmen, auf das die Nettomargenmethode angewendet wird (sog. „tested party"), sollte es sich um jenes Unternehmen handeln, das in der konzerninternen Transaktion die weniger komplexe Gesellschaft darstellt, also in der Regel das Unternehmen, welches weniger Funktionen und Risiken übernimmt und über nur wenige oder keine bedeutsamen immateriellen oder einzigartigen Wirtschaftsgüter verfügt.[280] In der Regel ist dies diejenige Gesellschaft, die eine Routinetätigkeit ausübt, wie zB einfache Vertriebstätigkeiten, Auftragsfertigungsleistungen oder konzerninterne Dienstleistungstätigkeiten.

214 Bei der Ermittlung des maßgeblichen Nettogewinns sind nur Bestandteile zu berücksichtigen, die direkt oder indirekt mit dem zu untersuchenden Geschäftsvorfall zusammenhängen und durch das operative Geschäft veranlasst sind.[281] In der Praxis

---

[273] Vgl. VBE Verrechnungspreise/*Vögele/Raab* Kap. D Rn. 330.
[274] Vgl. OECD-RL 2017 Tz. 2.63.
[275] Vgl. VGr 1983, BMF 22.3.1983, BStBl. I 1983, 218 Rn. 2.4.5.
[276] Vgl. Verwaltungsgrundsätze-Verfahren 2005, BMF 12.4.2005, BStBl. I 2005, 570 Rn. 3.4.10.3 Buchst. b und c sowie Rn. 3.4.12.6.
[277] Vgl. Verwaltungsgrundsätze-Verfahren 2005, BMF 12.4.2005, BStBl. I 2005, 570 Rn. 3.4.10.3. Buchst. b; OECD-RL 2017 Tz. 2.58 ff.
[278] Vgl. OECD-RL 2017 Tz. 2.83 bis Tz. 2.91.
[279] Vgl. OECD-RL 2017 Tz. 2.96 bis Tz. 2.108.
[280] *Kroppen* Handbuch Internationale Verrechnungspreise, Kap. 3 Rn. 3.43.
[281] Vgl. OECD-RL 2017 Tz. 2.83.

D. Verrechnungspreise

wird dabei sehr häufig auf das Betriebsergebnis oder den Gewinn vor Zinsen und Steuern („EBIT") des Unternehmens abgestellt. Sofern mehrere unterschiedliche Aktivitäten innerhalb einer rechtlichen Einheit ausgeübt werden, ist es erforderlich, entsprechend segmentierte Gewinn- und Verlustrechnungen zu erstellen.[282]

Ein wichtiger Aspekt für die Vergleichbarkeit der Nettorenditen, ist die Vergleichbarkeit des ermittelten Nettoergebnisses und der entsprechenden Bezugsgröße (zB Umsatz oder Kosten). Nettoergebnisse sind insgesamt deutlich weniger stark durch unterschiedliche Rechnungslegungsgrundsätze beeinflusst, allerdings kann es auch hier Abweichungen geben, die die Vergleichbarkeit einschränken. Typische Beispiele sind unterschiedliche Abschreibungsmethoden, Bewertungsvorschriften oder Vorschriften zur Bildung von Rückstellungen (zB im Bereich der Pensionsrückstellungen).[283]

Die OECD empfiehlt darüber hinaus, auch außerordentliche bzw. außergewöhnliche Aufwendungen und Erträge zu analysieren, selbst wenn diese nicht in den maßgeblichen Nettogewinn einzubeziehen sind, weil sie ggf. Informationen für Zwecke der Vergleichbarkeitsanalyse liefern können.[284] Des Weiteren wird es als zweckmäßig erachtet, das mit kurzfristigem Working Capital verbundene Finanzergebnis der Gesellschaft zu berücksichtigen, wenn ein Zusammenhang zwischen den Verkaufspreisen und den gültigen Zahlungsbedingungen hergestellt werden kann. Das Working Capital, welches sich üblicherweise aus der Differenz zwischen Umlaufvermögen und kurzfristigen Verbindlichkeiten ergibt, wird in den OECD RL 2017 anhand eines Beispiels im Anhang näher beschrieben.[285]

Neben der Bestimmung des maßgeblichen Nettogewinns ist die zu verwendende Renditekennziffer die zweite entscheidende Größe bei Anwendung der TNMM.[286] Die OECD RL 2017 geben hierzu detaillierte Hinweise zu den verschiedenen Renditekennziffern (bzw. der sog. Profit Level Indicator, kurz „PLI" genannt). Im Einzelnen sind dabei insbesondere folgende PLIs zu nennen:
– Umsatzrendite (Verhältnis des Nettogewinns zu den erzielten Umsatzerlösen),[287]
– Kostenaufschlagsrendite (Nettogewinn im Verhältnis zu Kosten),[288]
– Vermögens- oder Kapitalrendite (Vergleich des Nettogewinn zu Vermögenswerten),[289]
– Berry Ratio (Verhältnis des Rohgewinns zu den operativen Kosten)[290] oder
– sonstige Nettogewinn-Kennzahlen.[291]

Im Folgenden werden kurz die einzelnen Renditekennziffern beschrieben sowie typische Anwendungsfälle in der Praxis.

aa) Umsatzrenditen. Umsatzrenditen, ausgedrückt als das Verhältnis des operativen Gewinns zum Umsatz, werden in der Regel bei der Ermittlung von Verrechnungspreisen für die Lieferung von Fertigerzeugnissen zum Weiterverkauf

---

[282] Vgl. OECD-RL 2017, Tz. 2.84, 2.86.
[283] Vgl. OECD-RL 2017, Tz. 2.84, 2.90.
[284] Vgl. OECD-RL 2017, Tz. 2.86.
[285] Vgl. Anhang zu Kapitel III, OECD RL 2017, wo das Working Capital wie folgt berechnet wird: Forderungen aus Lieferungen und Leistungen („Trade Receivables"+ Vorräte („Inventory") ./. Verbindlichkeiten aus Lieferungen und Leistungen („Trade Payable")
[286] Vgl. VBE Verrechnungspreise/*Vögele/Raab* Kap. D Rn. 357 ff.
[287] Vgl. OECD RL 2017 Tz. 2.96 f.
[288] Vgl. OECD RL 2017 Tz. 2.98 bis 2.102.
[289] Vgl. OECD RL 2017 Tz. 2.103 f.
[290] Vgl. OECD RL 2017 Tz. 2.106 bis 2.108.
[291] Vgl. OECD RL 2017 Tz. 2.105.

an unabhängige Kunden herangezogen. Die Umsatzrendite ist daher meist für Vertriebsunternehmen ein geeigneter Vergleichsmaßstab, da Umsatz und Gewinn in einem direkten Zusammenhang stehen.[292] Zur Ermittlung von Umsatzrenditen vergleichbarer unabhängiger Vertriebsunternehmen werden in der Regel Datenbankstudien durchgeführt, bei denen versucht wird, Unternehmen zu identifizieren, welche im Wesentlichen vergleichbare Funktionen und Risiken wahrnehmen. Eine hohe Vergleichbarkeit der vertriebenen Produkte selbst ist nicht zwingend erforderlich. Wichtiger ist, dass im Hinblick auf die Vertriebstätigkeit eine zumindest eingeschränkte Vergleichbarkeit gegeben ist. So sollten zum Beispiel die Vertriebskanäle und die Art des Vertriebs (eher technischer Vertrieb oder eher Vertrieb von weniger erklärungsbedürftigen Massenprodukten) ausreichend gut vergleichbar sein.

220 Auf Ebene der Konzerngesellschaft sollten hierbei Umsätze aus Geschäftsvorfällen mit unabhängigen Dritten nur in den Fällen berücksichtig werden, in denen die Vergleichbarkeit durch diese nicht wesentlich beeinflusst wird und/oder diese Geschäftsvorfälle so eng mit den konzerninternen Transaktionen verflochten sind, dass sie nicht angemessen von diesen konzerninternen Geschäftsvorfällen abgegrenzt werden können. Typische Beispiele für eine enge Verflechtung mit dem konzerninternen Geschäftsvorfall sind Kundendienstleistungen oder der Vertrieb von Ersatzteilen an unabhängige Endkunden, wenn diese Dienstleistungen unter der Nutzung von Vertriebs- oder Markenrechten ausgeübt werden, welche im Rahmen des Vertriebsvertrages eingeräumt wurden.[293]

221 bb) **Kostenbasierte Renditekennziffern.** Bei Anwendung kostenbasierter PLIs wird häufig der Nettogewinn ins Verhältnis zu den Vollkosten gesetzt. Dabei werden alle der Tätigkeit oder Transaktion zuordenbaren direkten und indirekten Kosten zuzüglich einer angemessenen Allokation von administrativen Kosten einbezogen.[294] Allerdings wird häufig diskutiert, inwiefern es angemessen ist, Kostenbestandteile in die Bemessungsgrundlage für einen Gewinnaufschlag einzubeziehen, welche reinen Durchleitungscharakter haben („pass-through costs") und die insofern keine eigene Wertschöpfung der leistungserbringenden Einheit darstellen.[295] Nach Auffassung der OECD hängt es davon ab, inwieweit ein fremder Dritter in einer vergleichbaren Situation ebenfalls damit einverstanden wäre, auf einen Teil der ihm entstandenen Kosten keinen Gewinnaufschlag zu erheben, was anhand einer Vergleichbarkeitsanalyse zu untersuchen sei.[296] Die generelle Ablehnung der Finanzverwaltung, im Fall einer Lohnfertigung vom Auftraggeber bereitgestellte Rohstoffe und Materialien in die Kostenbasis einzubeziehen, auch wenn der Lohnfertiger zivilrechtliches Eigentum daran erwirbt, ist insofern abzulehnen.[297] Auch in diesem Fall ist die Frage der Einbeziehung dieser Kosten im Rahmen der Vergleichbarkeitsanalyse zu untersuchen und insofern vom Einzelfall abhängig.

222 cc) **Vermögens- oder Kapitalrenditen.** Auch Vermögens- oder Kapitalrenditen können ein geeigneter Indikator für den vom Unternehmen erzielten Mehrwert sein. Die OECD nennt als typische Anwendungsfälle bestimmte Herstellungstätigkeiten oder vermögensintensive Tätigkeiten sowie kapitalintensive finanzielle Operationen.[298] Typische Anwendungsformen von Vermögens- oder Kapitalrenditen

---

[292] Vgl. VBE Verrechnungspreise/*Vögele/Raab* Kap. D Rn. 358.
[293] Vgl. OECD RL 2017 Tz. 2.96.
[294] Vgl. OECD-RL 2017 Tz. 2.99.
[295] Vgl. VBE Verrechnungspreise/*Vögele/Raab* Kap. D Rn. 359.
[296] Vgl. OECD-RL 2017 Tz. 2.99.
[297] Vgl. VGr-Funktionsverlagerung, Rz. 207.
[298] Vgl. OECD-RL 2017, Tz. 2.103 ff.

sind der Return on Capital Employed („ROCE"), der Return on Assets („ROA") oder der Return on Equity („ROE").

In der Literatur[299] finden sich ebenfalls Stimmen, die sich für die Anwendung von Vermögens- oder Kapitalrenditen wie der ROCE aussprechen, vor allem wenn es sich um Produktionsunternehmen handelt und dem Kapitaleinsatz bei der Gewinnermittlung eine hohe Bedeutung zukommt. Weiteres Argument für die Anwendung der Kapitalverzinsung im Rahmen der TNMM als Renditekennzahl sei darüber hinaus, dass die Kapitalausstattung im Gegensatz zu anderen Kennzahlen nicht durch konzerninterne Verrechnungspreise beeinflusst wird und somit einen objektiveren Vergleich zulässt.[300] Auch aus Sicht der Rechtsprechung[301] und der Finanzverwaltung[302] erscheint die Verzinsung des eingesetzten Kapitals als adäquater Vergleichsmaßstab zur Ermittlung fremdüblicher Renditen zu dienen. 223

Die Schwächen von kapital- und vermögensorientierten Renditekennziffern liegen in der mangelnden Vergleichbarkeit der Zusammensetzung und der Wertansätze des Betriebsvermögens der Tested Party einerseits und den unabhängigen Vergleichsunternehmen andererseits. So wird in der Praxis im Rahmen von Datenbankanalysen, mangels Verfügbarkeit von Verkehrswerten, regelmäßig auf die Buchwerte abgestellt. Die Vergleichbarkeit ist in diesen Fällen immer dann verfälscht, wenn zB das geprüfte Unternehmen überwiegend bereits abgeschriebenes Anlagevermögen in seinen Büchern ausweist, während die unabhängigen Vergleichsunternehmen überwiegend neu erworbenes Anlagevermögen ausweisen. Die gleiche Problematik besteht in Bezug auf selbst geschaffene immaterielle Wirtschaftsgüter, welche in der Bilanz regelmäßig nicht ausgewiesen werden.[303] 224

dd) Berry Ratio. Die Berry Ratio stellt das Verhältnis von Rohgewinn zum Aufwand der gewöhnlichen betrieblichen Tätigkeit dar.[304] Den Ausführungen der OECD folgend soll die Berry Ratio besonders bei Vermittlungsleistungen sinnvoll sein, bei denen ein Steuerpflichtiger Waren von einem verbundenen Unternehmen erwirbt und diese an andere verbundene Unternehmen weiterverkauft, da in solchen Fällen aufgrund des Fehlens von Fremdverkäufen die Wiederverkaufspreismethode nicht angewandt werden kann und auch die Kostenaufschlagsmethode nicht verlässlich anwendbar ist, da ein Gewinnaufschlag auf konzerninterne Anschaffungen erhoben werden würde und nicht auf die eigenen wertschöpfenden Kosten des vermittelnden Unternehmens.[305] Allerdings ist diese Begründung insofern wenig überzeugend, da die Anschaffungskosten der konzernintern erworbenen Waren einfach aus der für den Gewinnaufschlag maßgeblichen Bemessungsgrundlage herausgerechnet werden könnten. Letztlich stellt die Berry Ratio eine spezielle Form einer kostenbasierten Renditekennzahl dar, bei der die Kostenbasis lediglich den Aufwand der gewöhnlichen betrieblichen Tätigkeit („operating expenses") darstellt. 225

In der Praxis wird die „Berry Ratio" teilweise auch auf einfache Vertriebstätigkeiten (zB sog. Stripped-Buy-Sell-Modelle) angewandt, bei denen nur eingeschränkte Vertriebsfunktionen ausgeübt werden, und die Höhe der Handelsspanne eine nur geringe Aussagekraft hat. 226

---

[299] VBE Verrechnungspreise/*Vögele/Raab* Kap. D Rn. 360.
[300] Vgl. *Bernhardt/Ackerman/Schmischke* BB 2011, 1185.
[301] BFH I R 103/00, BStBl. II 2004, 171.
[302] BMF 26.2.2004, BStBl. 2004, 270.
[303] Vgl. OECD-RL 2017 Tz. 2.104.
[304] Vgl. VBE Verrechnungspreise/*Vögele/Raab* Kap. D Rn. 362.
[305] Vgl. OECD-RL 2017 Tz. 2.108.

b) Geschäftsvorfallbezogene Gewinnaufteilungsmethode

227 Die geschäftsvorfallbezogene Gewinnaufteilungsmethode („Profit Split Method" oder kurz „PSM") sieht vor den Gewinn (oder auch Verlust) für einen bestimmten Geschäftsvorfall oder mehrere zusammengefasste Geschäftsvorfälle zu bestimmen und nach einem fremdüblichen Verhältnis zwischen den beteiligten Unternehmen aufzuteilen. Dazu ist zunächst der Gewinn zu bestimmen, der aus den zwischen den verbundenen Unternehmen getätigten Geschäften resultiert, um diesen in einem nächsten Schritt zwischen den beteiligten Unternehmen nach wirtschaftlich vernünftigen Gesichtspunkten aufzuteilen, wobei eine Gewinnteilung anzustreben ist, die einer fremdüblichen Vereinbarung nahe kommt.[306] Der Beitrag jedes einzelnen Unternehmens ist dabei im Rahmen einer detaillierten Funktionsanalyse zu bestimmen und, sofern möglich, aufgrund vorhandener und zuverlässiger externer Marktdaten zu bewerten. Die Art und Weise, wie der Gewinn aufgeteilt wird und ob ein geplanter Gewinn (Ex-ante-Ansatz) oder der tatsächlich erzielte Gewinn (Ex-post-Ansatz) aufgeteilt werden soll, bleibt grundsätzlich dem Unternehmen überlassen. Wichtig ist allerdings, dass die Gültigkeitsdauer der Vereinbarung und die Kriterien und Allokationsschlüssel im Vorfeld festgelegt werden und für den Zeitraum der Gültigkeitsdauer der Vereinbarung einheitlich erfolgen.[307]

228 Die OECD beschreibt beispielhaft zwei Ansätze zur Gewinnaufteilung, zum einen die Beitragsanalyse („Contribution Analysis")[308] und zum anderen die Restgewinnanalysen („Residual Analyses"), wobei explizit auch andere Methoden zugelassen werden.[309] In der Praxis ist die Gewinnaufteilung nach der Restgewinnanalysenmethode am häufigsten anzutreffen. Um die PSM auf einer zuverlässigen Basis durchzuführen, erfolgt die Aufteilung des gemeinsam erzielten Gewinnes hierbei in zwei Stufen:[310]

– Auf der ersten Stufe wird den beteiligten Unternehmen zunächst ein Gewinn zugeordnet, welche diesen aus der Übernahme von Funktionen und Risiken für Routinetätigkeiten erhalten, also Aufgaben, die nicht durch die Einzigartigkeit des Beitrags des jeweiligen Vertragspartners geprägt ist. Damit sollen die an dem Geschäft beteiligten Unternehmen zunächst eine Grundrendite erhalten, die sich vorwiegend an den Renditen orientiert, wie man sie bei Anwendung einer der Standardmethoden oder der TNMM unter Beachtung des Fremdvergleichsgrundsatzes ermittelt hätte.

– Auf der zweiten Stufe wird der verbleibende Restgewinn (oder Restverlust) unter Anwendung eines oder mehrere Aufteilungsschlüssel zwischen den Unternehmen aufgeteilt. Es ist insoweit ein geeigneter Schlüssel zu finden, welcher eine Gewinnaufteilung sicherstellt, die den jeweiligen Beitrag der beteiligten Unternehmen möglichst sachgerecht widerspiegelt. In der Praxis werden häufig Allokationsschlüssel verwendet, die sich an Kosten oder an Vermögenswerten bzw. dem Kapital orientieren oder auch an der Anzahl der bei der Ausübung wesentlicher Funktionen beteiligten Mitarbeiter oder einer Kombination dieser Schlüssel.

---

[306] Vgl. OECD-Guidelines 2017 Tz. 2.121 f.
[307] Vgl. OECD-RL 2017 Tz. 2.123.
[308] Zu Einzelheiten der Beitragsanalyse vgl. VBE Verrechnungspreise/*Vögele/Raab* Kap. D Rn. 506 ff.
[309] Vgl. OECD-RL 2017 Tz. 2.124 ff.
[310] Vgl. OECD-Guidelines 2017 Tz. 2.130 ff., sowie VBE Verrechnungspreise/*Vögele/Raab* Kap. D Rn. 510 ff.

Nach Auffassung der deutschen Finanzverwaltung kann die PSM nur dann 229 verwendet werden, wenn sich die Standardmethoden nicht oder nicht verlässlich anwenden lassen. Auch die OECD-RL 2010 führen aus, dass die PMS dann Vorteile bietet, wenn es sich um hoch integrierte Tätigkeiten handelt, oder in Fällen, in denen beide Geschäftspartner einzigartige und wertvolle Beiträge zum Geschäftsvorfall leisten (und meist über einzigartige immaterielle Wirtschaftsgüter verfügen).[311] Ein von der Finanzverwaltung genannter typischer Anwendungsfall liegt vor, wenn mehrere an einem Geschäftsvorfall beteiligte Konzernunternehmen „Entrepreneur"-Funktionen wahrnehmen und gemeinsam an der Anbahnung, Abwicklung und am Abschluss beteiligt sind, ohne dass Einzelbeträge abgegrenzt werden können.[312] In der Praxis kommt die PMS daher selten zur Anwendung, wird allerdings immer wieder sowohl von den Unternehmen als auch von der Finanzverwaltung für Verprobungszwecke herangezogen.[313]

3. Kostenumlagevereinbarungen und sonstige Methoden

In der Verrechnungspreispraxis finden sich neben den zuvor beschriebenen 230 Standardmethoden und den gewinnorientierten Methoden weitere besondere Leistungsverrechnungsverfahren wie *Kostenumlagevereinbarungen*[314] und *Dienstleistungsverrechnung nach der indirekten Methode*[315] bei konzerninternen Dienstleistungen.

Reine Kostenumlagevereinbarungen („Cost Sharing Arrangements" oder 231 „CCAs") werden immer dann als fremdüblich angesehen, wenn die Kostenaufteilung unter den Vertragspartnern den erwarteten anteiligen Nutzen aus dieser Kostenumlagevereinbarung widerspiegelt und nicht die Leistungserbringung eines einzelnen im Vordergrund steht, sondern der Zusammenschluss mehrerer Parteien mit dem Ziel bestimmte Leistungen gemeinsam zu nutzen, um damit für alle Parteien Kostenvorteile zu generieren. Typische Anwendungsgebiete sind der Zusammenschluss der Vertragspartner, um gemeinsame Forschung und Entwicklung zu betreiben („Development CCAs") oder Zugriff auf bestimmte Dienstleistungen zu erlangen („Services CCAs"). Schwierigkeiten in der praktischen Anwendung von Development CCAs sind zum einen der Eintritt und Austritt von Vertragsparteien, da hier zur Bestimmung notwendiger Eintritts- und Austrittszahlungen regelmäßig eine Bewertung der bisher entwickelten immateriellen Wirtschaftsgüter bzw. der möglicherweise von einer Partei eingebrachten immateriellen Wirtschaftsgüter vorgenommen werden muss und zum anderen die Entschädigung der laufenden Beiträge der Parteien, welcher nach den Vorstellungen der OECD auf Basis der individuellen Wertbeiträge der Teilnehmer an einem Development CCA zu erfolgen hat.[316]

Die indirekte Dienstleistungsverrechnung ist eine besondere Form der Dienst- 232 leistungsverrechnung und wird immer dann angewandt, wenn eine Konzerngesellschaft an eine Vielzahl von verbundenen Unternehmen eine Dienstleistung erbringt und eine direkte einzelfallbezogene Abrechnung an jeden Leistungsempfänger nur

---

[311] Vgl. OECD-RL 2017 Tz. 2.115.
[312] Vgl. Verwaltungsgrundsätze-Verfahren 2005, BMF 12.4.2005, BStBl. I 2005, 570 Rn. 3.4.10.3 Buchst. c.
[313] Ein bekanntes Beispiel ist die Knoppe-Formel, bei der im Ergebnis bei Lizenzen eine Gewinnaufteilung zwischen Lizenznehmer und Lizenzgeber vorgenommen wird.
[314] Vgl. OECD-RL 2017 Tz. 8.1 ff.
[315] Vgl. OECD-RL 2017 Tz. 7.23 ff.
[316] Vgl. Bericht der OECD „Aligning Transfer Pricing with Value Creation, Action 8-10, Final Report", v. 5.10.2015, S. 169–172.

unter unverhältnismäßig großem Aufwand möglich wäre. Die indirekte Preisverrechnung erfolgt dabei anhand eines nach betriebswirtschaftlichen Grundsätzen als geeignet eingestuften Umlageschlüssels. Werden mehrere unterschiedliche Dienstleistungen erbracht, ist es für die steuerliche Anerkennung in der Regel notwendig, mehrere geeignete Schlüssel zu verwenden. Typische Umlageschlüssel sind zB Anzahl der Mitarbeiter bei Personaldienstleistungen, Wareneinkaufsvolumen bei Einkaufsdienstleistungen, Anzahl der IT-User bei EDV-Dienstleistungen, die Bilanzsumme bei Finanz- und Controllingdienstleistungen und der Umsatz bei Vertriebs- oder Marketingdienstleistungen.

233 Zu den *sonstigen Methoden* gehören die Gewinnvergleichsmethode (Comparable Profits Method), welche in den USA häufiger zur Anwendung kommt,[317] sowie die globale formelhafte Gewinnaufteilungsmethode, die von der OECD und der deutschen Finanzverwaltung als nicht mit dem Fremdvergleichsgrundsatz vereinbart abgelehnt werden.[318]

IV. Dokumentationspflichten

234 Der deutsche Gesetzgeber hat durch das StVergAbG vom 16.5.2003 erstmals mit den Regelungen der §§ 90 Abs. 3 AO und 162 Abs. 3 und 4 AO gesetzliche Anforderungen zur Dokumentation von Verrechnungspreisen und Strafvorschriften bei Verletzung dieser Dokumentationsvorschriften aufgestellt. Mit der Gewinnabgrenzungsaufzeichnungsverordnung (GAufzV) vom 13.11.2003 hat der Gesetzgeber die Anforderungen näher spezifiziert und das BMF mit den VwG-Verfahren vom 12.4.2005[319] detaillierte Ausführungen zu Art und Umfang der Dokumentationsvorschriften aufgestellt. Im Zuge der BEPS-Umsetzungsmaßnahmen wurden sowohl § 90 Abs. 3 AO als auch die GAufzV angepasst.[320]

235 Auslöser für die Einführung der Dokumentationsvorschriften war das Urteil des BFH vom 17.10.2001,[321] in dem BFH deutlich gemacht hat, dass der Steuerpflichtige lediglich darzustellen hat, wie der tatsächlich vereinbarte Verrechnungspreis zustande kam, welche Funktionen und Risiken jeweils übernommen worden waren und welchen Einfluss ggf. die Muttergesellschaft auf das Zustandekommen der tatsächlich vereinbarten Preise nahm. Die Prüfung, ob die vereinbarten Preise dem Fremdvergleichsgrundsatz entsprechen, obliege dagegen im Verwaltungsverfahren allein dem Finanzamt. Der Gesetzgeber hat mit der Einführung gesetzlicher Dokumentationsregelungen auf dieses BFH-Urteil reagiert und so die Finanzverwaltung in die Lage versetzt, deutlich umfangreichere und detailliertere Unterlagen von den Steuerpflichtigen anzufordern. Allerdings hat Deutschland diesbezüglich keinen Alleingang unternommen, da die Dokumentationsvorschriften in Deutschland weitestgehend dem internationalen Standard entsprechen, wo-

---

[317] Vgl. VBE Verrechnungspreise/*Vögele/Raab* Kap. D Rn. 393.
[318] Vgl. OECD-RL 2017 Tz. 1.16 ff.; VwG-Verfahren 2005, BMF 12.4.2005, BStBl. I 2005, 570 Rn. 3.4.10.3 Buchst. d, siehe auch Kap. 1.3.1.4.
[319] Grundsätze für die Prüfung der Einkunftsabgrenzung zwischen nahe stehenden Personen mit grenzüberschreitenden Geschäftsbeziehungen in Bezug auf Ermittlungs- und Mitwirkungspflichten, Berichtigungen sowie auf Verständigungs- und EU-Schiedsverfahren (Verwaltungsgrundsätze-Verfahren), BMF 12.4.2005, BStBl. I 2015, 570.
[320] Gesetz zur Umsetzung der Änderungen der EU-Amtshilferichtlinie und von weiteren Maßnahmen gegen Gewinnkürzungen und -verlagerungen v. 20.12.2016, BGBl. 2016 I 3000 sowie GAufzV v. 12.7.2017, BGBl. 2017 I 2367.
[321] BFH I R 103/00, BStBl. II 2004, 171.

nach neben einer ausführlichen Sachverhaltsdokumentation insbesondere auch die Angemessenheit der vereinbarten Verrechnungspreise nachzuweisen ist.

236 Wie bereits ausgeführt, ist die Ausweitung von Dokumentationsvorschriften[322] eines der Kernelemente der im Jahr 2013 angestoßenen BEPS-Maßnahmen. Während die OECD-RL 2010 zum Thema Dokumentation die unter Kapitel V aufgestellten Grundsätze zu Nachweispflichten gegenüber den OECD-RL aus dem Jahr 1995 im Wesentlichen unverändert gelassen hat, gehen die aktuellen Hinweise der OECD-RL 2017 deutlich darüber hinaus.[323] Weitere Hinweise ergeben sich aus dem in den OECD-RL 2010 überarbeiteten Kapitel III zu Vergleichbarkeitsanalysen (Comparability Analysis).

237 Zusätzlich zu den bereits genannten nationalen Dokumentationsvorschriften und Verwaltungsanweisungen (§§ 90 Abs. 3, 162 AO, GAufZ und VwG-Verf.) gibt es zahlreiche weitere Hinweise zu Anforderungen der deutschen Finanzbehörde an die Dokumentation grenzüberschreitender Sachverhalte bei verbundenen Unternehmen. Die wichtigsten sind die BMF-Schreiben zu den Themen Poolumlagen aus dem Jahr 1999,[324] Personalentsendung aus dem Jahr 2001[325] sowie zum Thema Funktionsverlagerung aus dem Jahr 2010.[326]

238 Darüber hinaus gibt es neben den besonderen Aufzeichnungs- und Vorlagepflichten des § 90 Abs. 3 AO die erhöhten Mitwirkungspflichten gem. § 90 Abs. 2 AO in Fällen von Sachverhalten, die sich auf Vorgänge außerhalb des Geltungsbereichs der Bundesrepublik Deutschland beziehen. Danach besteht die Verpflichtung der Beteiligten, die Auslandssachverhalte selbst aufzuklären und die in diesem Zusammenhang erforderlichen Beweismittel zu beschaffen. Nach Auffassung der Finanzverwaltung gelten die Vorlagepflichten auch für bereits vorhandene oder beschaffbare Unterlagen, deren Erstellung weder durch Gesetz noch durch die allgemeinen Buchführungspflichten gefordert ist. Typische Beispiele hierfür sind, Absatzplanungen, Budgets, Kalkulationen, Kostenstellenrechnungen, das konzerninterne Berichtswesen oder Verrechnungspreisstudien und -richtlinien.

239 Nach Ansicht der Finanzverwaltung besteht sogar eine Verpflichtung zur Vorlage von Gutachten und Stellungnahmen zu Verrechnungspreisfragen durch einen steuerlichen Berater, sofern diese für die Festsetzung von Verrechnungspreisen oder für die Ermittlung der Einkünfte in Zusammenhang mit Verrechnungspreisen von Bedeutung sind.[327]

240 Der Steuerpflichtige ist gem. § 90 Abs. 2 Satz 4 AO darüber hinaus verpflichtet Beweisvorsorge zu treffen. Danach sollen Beteiligte iSd § 78 AO sich nicht darauf berufen können, einen Sachverhalt nicht aufklären zu können oder Beweismittel

---

[322] Vgl. Bericht der OECD „Transfer Pricing Documentation and Country-by-Country Reporting, Action 13, Final Report", v. 5.10.2015.
[323] Vgl. völlig überarbeitetes Kapitel V der OECD-RL 2017, insbes. Tz. 5.16 bis 5.26 und den hierzu verfassten Annex III zu Kapitel I.
[324] Grundsätze für die Prüfung der Einkunftsabgrenzung durch Umlageverträge zwischen international verbundenen Unternehmen, BMF 30.12.1999, BStBl. I 1999, 1122.
[325] Grundsätze für die Prüfung der Einkunftsabgrenzung zwischen international verbundenen Unternehmen in den Fällen der Arbeitnehmerentsendung (Verwaltungsgrundsätze – Arbeitnehmerentsendung), BMF 9.11.2001, BStBl. I 2001, 796.
[326] Grundsätze für die Prüfung der Einkunftsabgrenzung zwischen nahestehenden Personen in Fällen von grenzüberschreitenden Funktionsverlagerungen (Verwaltungsgrundsätze – Funktionsverlagerung), BMF 13.10.2010, BStBl. I 2010, 774.
[327] Vgl. Verwaltungsgrundsätze-Verfahren 2005, BMF 12.4.2005, BStBl. I 2005, 570 Rn. 3.3.2 mit Verweis auf BFH I R 103/00, BStBl. II 2004, 171.

nicht beschaffen zu können, wenn sie nach Lage des Falls bei der Gestaltung der Verrechnungspreise die Möglichkeit dazu gehabt hätte. Üblicherweise geht die Finanzverwaltung von der Möglichkeit zur Beweisvorsorge aus, wenn die angeforderten Unterlagen bereits für die Verrechnungspreisbildung notwendig sind und unabhängige Dritte daher bereits bei Vertragsabschluss die Möglichkeit auf einen Zugriff auf diese Unterlagen eingeräumt hätten. Typisches Beispiel hierfür ist das Recht auf eine Kostenaufstellung im Fall, dass ein Verrechnungspreis auf Basis der Kostenaufschlagsmethode gebildet wird.[328]

241 Die im Rahmen einer Verrechnungspreisdokumentation vorzulegenden Dokumente sind auf Anforderung der Finanzbehörden ins Deutsche zu übersetzen (§ 87 Abs. 2 AO). Gleichermaßen ist auch die gesamte Verrechnungspreisdokumentation grundsätzlich in deutscher Sprache zu erstellen. Die Finanzbehörde kann auf Antrag des Steuerpflichtigen hiervon aber Ausnahmen zulassen, wobei der Antrag spätestens unverzüglich nach Anforderung der Dokumentation durch die Finanzbehörde zu stellen ist.[329]

242 Grundsätzlich geben sowohl die GAufzV in den §§ 2, 4 und 5 sowie die VwG-Verfahren Auskunft über die wesentlichen Inhalte einer Dokumentation. Handelt es sich bei der inländischen AG um eine Tochtergesellschaft eines ausländischen Konzerns (Inbound Fall), wird häufig bereits eine Verrechnungspreisdokumentation auf Ebene der ausländischen Konzernmutter vorliegen, welche zumindest als Basis für die Dokumentation der deutschen Tochtergesellschaft verwendet werden kann.

243 Im sog. Outbound-Fall, also eines Konzerns mit Sitz der Konzernmuttergesellschaft im Inland, bietet es sich in aller Regel an, ein sog. „Master File/Local File"-Konzept zu verfolgen, wie es bereits vom EUJTPF vorgeschlagen wird.[330] Ziel dieses Konzepts ist es, möglichst einen Großteil der erstellten Dokumentation in vielen Ländern verwenden zu können und die für alle Konzerneinheiten gültigen Informationen nur einmal zusammenstellen zu müssen. Seit 2017 ist dieses Konzept für inländische Unternehmen mit einem Umsatz von mind. 100 Mio. EUR verpflichtend.[331] Die Vorschläge der OECD in ihrem Papier zur Anpassung von Kapitel V der OECD-RL 2010, welche einen dreistufigen Ansatz vorsehen, wurden, wie ausgeführt, mit Wirkung zum 1.1.2017 in deutsches Recht umgesetzt.[332] Dies sieht neben der Stammdokumentation („Master File") welche standardisierte Informationen enthält, die für alle Unternehmen des Konzerns von Bedeutung sind und einer landesspezifischen Dokumentation („Local File"), welche sich auf die wesentlichen Geschäftsvorfälle der jeweiligen inländischen Unternehmen bezieht, auch ein sog. Country-by-Country Reporting („CbCR") vor, in welchem Informationen über die weltweite Gewinnaufteilung, die in den verschiedenen Ländern bezahlten Steuern, die Anzahl der Mitarbeiter in diesen Ländern und weitere Informationen abgefragt werden sollen.[333] Das CbCR soll allerdings nur für größere

---

[328] Vgl. Verwaltungsgrundsätze-Verfahren 2005, BMF 12.4.2005, BStBl. I 2005, 570 Rn. 3.3.3 mit weiteren Beispielen.
[329] Vgl. § 2 Abs. 5 GAufzV.
[330] Rat der EU: Verhaltenskodex zur Verrechnungspreisdokumentation für verbundene Unternehmen in der Europäischen Union vom 20.6.2006.
[331] Vgl. § 90 Abs. 3 Satz 3 AO.
[332] Vgl. § 90 Abs. 3 AO in der am 24.12.2016 geltenden Fassung; gilt erstmals für Wirtschaftsjahre, die nach dem 31.12.2016 beginnen.
[333] Vgl. Bericht der OECD „Transfer Pricing Documentation and Country-by-Country Reporting, Action 13, Final Report", v. 5.10.2015.

D. Verrechnungspreise 244–249 § 16

Konzerne ab einem konsolidierten Konzernumsatz von mindestens 750 Millionen EUR verpflichtend sein.[334]

Im Folgenden werden kurz die wesentlichen Dokumentationsinhalte, wie sie 244 nach den deutschen Verrechnungspreisdokumentationsvorschriften gem. §§ 2, 4 und 5 GAufzV verlangt werden, dargestellt:

1. Allgemeine Informationen

Der Steuerpflichtigen ist verpflichtet, die Beteiligungsverhältnisse, den Or- 245 ganisationsaufbau und allgemeine Informationen über die Tätigkeitsbereiche der Gesellschaft zu dokumentieren (§ 4 Nr. 1 GAufzV). Derartige Unterlagen liegen häufig bereits in geeigneter Form vor, wie zB in allgemeinen Unternehmenspräsentationen, dem Internet-Auftritt oder Geschäftsberichten. Während die Beteiligungsverhältnisse lediglich dazu dienen, festzustellen, wie die juristische Struktur des Konzerns aussieht und welche Unternehmen verbundene Unternehmen (bzw. nahestehende Personen iSd AStG) darstellen, zu denen Geschäftsbeziehungen zu dokumentieren sind, soll der Organisationsaufbau also die organisatorische und operative Konzernstruktur, Aufschluss über Berichtswege und hierarchische Strukturen des Konzerns geben.

Darüber hinaus gilt es, die Tätigkeitsbereiche des in Deutschland Steuerpflichti- 246 gen Unternehmens aufzuzeigen, also zB ob es für die Entwicklung und Herstellung bestimmter Produkte oder Produktlinien verantwortlich ist, den Vertrieb von im Konzern hergestellten Produkten in einem bestimmten Land durchführt oder lediglich Dienstleistungen innerhalb des Konzerns erbringt.

Ein weiterer Bestandteil der allgemeinen Informationen stellt üblicherweise die 247 Industrieanalyse dar, in welcher die Markt- und Wettbewerbsverhältnisse, unter denen das steuerpflichtige Unternehmen tätig ist, beschrieben sowie die wichtigsten Wettbewerber genannt werden. Darüber hinaus werden häufig die wichtigsten Lieferanten und Kunden sowie deren Anteile am Gesamtbeschaffungsvolumen bzw. dem Gesamtumsatz dargestellt, um mögliche beschaffungs- und/oder absatzseitige Abhängigkeitsverhältnisse darzustellen. Darüber hinaus sind besondere Geschäftsstrategien (angestrebte Technologieführerschaft, Kostenführerschaft, Preisstrategien zur Steigerung von Marktanteilen etc.) zu beschreiben. Letzteres kann insbesondere dann wichtig sein, wenn dies kurz- oder mittelfristig Auswirkungen auf die Ertragslage des Unternehmens hat. So können zB (vorübergehend) niedrige Margen eines Herstellers damit erklärt werden, dass dieser mit Hilfe von günstigen Verkaufspreisen gegenüber der ausländischen Vertriebsgesellschaft die Entwicklung eines lokalen Absatzmarktes fördert.

2. Geschäftsbeziehungen zu nahe stehenden Personen

Grundsätzlich sind sämtliche Geschäftsbeziehungen mit nahe stehenden Personen 248 darzustellen. Dabei ist es gem. § 2 Abs. 3 GAufzV in Verbindung mit Tz. 3.4.13 VwG-Verf zulässig, einzelne Geschäftsvorfälle zu einer sog. Transaktionsgruppe zusammenzufassen, wenn die Geschäftsvorfälle sachlich oder zeitlich miteinander verbunden sind.

Die Darstellung soll neben der Sachverhaltsbeschreibung (zB zu den erfolgten 249 Wareneinkäufen von verbundenen Unternehmen, den erbrachten oder erhaltenen Dienstleistung im Konzernverbund oder zu Darlehensverhältnissen zwischen

---

[334] Bericht der OECD „Transfer Pricing Documentation and Country-by-Country Reporting, Action 13, Final Report", v. 5.10.2015, S. 21 Rn. 52.

Renz 1303

verbundenen Unternehmen) auch den Umfang (also zB Summe der getätigten Wareneinkäufe in EUR, der verrechneten Dienstleistungsentgelte in EUR oder der verrechneten Darlehenszinsen in EUR) und eine Übersicht über die den Geschäftsbeziehungen zu Grunde liegenden Verträge und ihre Veränderung umfassen.

250 Darüber hinaus wird die Zusammenstellung der wesentlichen immateriellen Wirtschaftsgüter, die dem Steuerpflichtigen gehören und die er im Rahmen der jeweiligen Geschäftsbeziehung zu verbundenen Unternehmen nutzt oder diesen zur Nutzung überlässt, aufgelistet werden.[335]

3. Funktions- und Risikoanalyse

251 Bei der Dokumentation der Verrechnungspreise zwischen verbundenen Unternehmen stellt die Funktions- und Risikoanalyse ein wesentliches Element dar. Hierbei sind gem. § 4 Nr. 3a. GAufzV zum einen die von den beteiligten Unternehmen jeweils wahrgenommenen Funktionen, die übernommen Risiken zu Beginn des Prüfungszeitraums sowie die Veränderungen dieser Funktion und Risiken innerhalb des Prüfungszeitraums und die eingesetzten wesentlichen Wirtschaftsgüter zu beschreiben und zum anderen Informationen über die vereinbarten Vertragsbedingungen, die gewählten Geschäftsstrategien sowie die bedeutsamen Markt- und Wettbewerbsverhältnisse aufzuzeichnen, wobei diesbezüglich in der Regel ein Verweis auf die unter den allgemeinen Informationen vorgenommene Industrieanalyse verwiesen werden kann.

252 Die Funktionsanalyse umfasst üblicherweise eine verbale Beschreibung der innerhalb einer Geschäftsbeziehungen von den jeweiligen Geschäftspartnern wahrgenommenen Funktionen (wie Forschung und Entwicklung, Einkauf, Produktion, Vertrieb und Marketing sowie administrative Aufgaben) den getragenen Risiken (wie zB Risiko von Fehlentwicklungen, Preisänderungsrisiken auf dem Beschaffungsmarkt, Produkthaftungsrisiken, Auslastungsrisiken, Marktrisiken, Forderungsausfallrisiken etc.) sowie eine tabellarische Zusammenfassung dieser.[336] Insbesondere der Analyse der Risiken kommt nach den finalen Berichten der OECD im Zuge der BEPS-Aktionspunkte eine erhöhte Bedeutung zu. Danach sollen in einem sechsstufigen Prozess folgende Aspekte analysiert werden:
– Identifikation der wirtschaftlich wesentlichen Risiken,
– vertragliche Übernahme dieser Risiken,
– Bestimmung im Rahmen einer Funktionsanalyse welches Unternehmen Funktionen in Bezug auf die Übernahme, das Management und die Kontrolle der Risiken übernimmt und über die finanziellen Kapazitäten verfügt die Risiken zu übernehmen,
– Überprüfung, ob die vertragliche Risikoübernahme mit dem funktionalen Risikomanagement iSv Kontrolle der Risiken und Fähigkeiten zur Risikotragung übereinstimmt, und
– falls nicht, zu prüfen, ob eine anderweitige Risikozuteilung vorzunehmen ist
– auf Basis derer dann in einem letzten Schritt ggf. ein Verrechnungspreis neu zu bestimmen ist.[337]

Die Frage, wer die Kontrolle über wirtschaftlich wesentliche Risiken ausübt, soll nach Ansicht der OECD danach beantwortet werden, wer Risikomanage-

---

[335] Vgl. § 4 Nr. 2 Buchst. b GAufzV.
[336] Vgl. BMF 12.4.2005, BStBl. I 2005, 570 Rn. 3.4.11.4.
[337] Vgl. Bericht der OECD „Aligning Transfer Pricing Outcomes with Value Creation, Action 8-10, Final Report", v. 5.10.2015, S. 22.

mentfunktionen ausübt, Risiken kontrolliert und über die finanzielle Ausstattung verfügt Risiken zu tragen. Risikomanagement und -kontrolle soll dabei die Fähigkeiten beinhalten, Entscheidungen darüber zu treffen, ein risikobehaftetes Geschäft (die OECD spricht hier von „risk bearing opportunity") einzugehen oder abzulehnen, Entscheidungen darüber zu treffen, wie diesen Risiken begegnet wird und wie sie verringert werden können, sowie die tatsächliche Ausübung dieser Entscheidungsfunktion („actual performance of the decision-making function").

Soweit laufende Risikovermeidungsfunktionen ausgelagert werden, erfordert die Risikokontrollfunktion die Fähigkeit und tatsächliche Durchführung Risikovermeidungsmaßnahmen einzuschätzen („assess"), zu überprüfen („monitor") und zu leiten („direct").[338]

Gemäß § 4 Nr. 3 Buchst. b GAufzV hat der Steuerpflichtige darüber hinaus die Wertschöpfungskette im Verhältnis zu den nahestehenden Personen zu beschreiben, mit denen Geschäftsbeziehungen bestehen. Neben der Beschreibung der Wertschöpfungskette ist auch der Wertschöpfungsbeitrag des Steuerpflichtigen im Verhältnis zu den nahestehenden Personen, mit denen Geschäftsbeziehungen bestehen, darzustellen. Als Wertschöpfungskette wird der gesamte Leistungserstellungsprozess bezeichnet, der mit der Forschung und Entwicklung beginnt und mit der Abgabe an den Endkonsumenten endet.[339] Bei der Beschreibung der Wertschöpfungskette für Zwecke der Verrechnungspreisdokumentation kann grundsätzlich auf die Funktions- und Risikoanalyse verwiesen werden, da hier bereits die wesentlichen Elemente des Leistungserstellungsprozesses innerhalb des Konzernverbundes beschrieben sind. In der Regel wird hierzu allerdings eine Gewichtung der Bedeutung der jeweiligen Funktionen, Risiken und eingesetzten Vermögenswerte vorgenommen. In diesem Fall ist der Steuerpflichtige verpflichtet, diese Gewichtung quantitativ nachvollziehbar darzustellen.[340]

Basierend auf den Erkenntnissen aus der Funktionsanalyse erfolgt eine Charakterisierung der an dem Geschäftsvorfall beteiligten Parteien. Laut VwG-Verf. Tz. 3.4.10.2 gibt es drei Typen von Unternehmen, denen eine Gesellschaft zugeordnet werden kann:

1) Unternehmen, die lediglich Routinefunktionen ausüben und nur in geringem Maße Risiken tragen, wie Konzerndienstleistungen, einfache Vertriebsfunktionen oder die Tätigkeiten von sog. Lohnfertiger (sog. „Routinegesellschaften"). Diese sollen bei gewöhnlichem Geschäftsverlauf in der Regel keine Verluste sondern stabile aber geringe Gewinn erzielen.
2) Unternehmen, die über wesentliche und immaterielle Wirtschaftsgüter verfügen, die wesentliche Funktionen ausüben und das wesentliche Unternehmensrisiko tragen (sog. „Entrepreneur" oder „Strategieträger"). Strategieträgern soll nach Abzug der Entschädigung von Funktionen anderer nahestehender Personen, das Residualergebnis des Geschäfts innerhalb des Konzernverbunds zustehen.
3) Unternehmen, die weder als Entrepreneur/Strategieträger noch als Routinegesellschaft bezeichnet werden können, da sie üblicherweise im Vergleich zu einer Routinegesellschaft mehr Funktionen ausüben und auch mehr Risiken tragen, aber in der Regel nicht Eigentümer der wesentlichen immateriellen Wirtschafts-

---

[338] Bericht der OECD „Aligning Transfer Pricing Outcomes with Value Creation, Action 8-10, Final Report", v. 5.10.2015, S. 23 sowie § 138a AO.
[339] So auch die Formulierung in Rn. 3.4.11.5, BMF 12.4.2005, BStBl. I 2005, 570.
[340] Vgl. § 1 Abs. 3 Satz 4 GAufzV.

güter sind und auch nicht die wesentlichen unternehmerischen Entscheidungen treffen (sog. „Mittelunternehmen" oder „Hybridunternehmen").

255 Da die Charakterisierung grundsätzlich anhand der konkreten Transaktion zu bemessen ist, kann es vorkommen, dass eine rechtliche Einheit bei den verschiedenen Transaktionen, an denen sie beteiligt ist, einmal als Routinegesellschaft und in einem anderen Fall als Strategieträger, charakterisiert werden kann. In der Praxis wird man allerdings häufig eine Konstellation vorfinden, in der einer rechtlichen Einheit nur eine der oben genannten drei Unternehmenstypen zuzuordnen ist.

4. Verrechnungspreisanalyse

256 Die Verrechnungspreisanalyse bildet das Kernstück jeder Dokumentation, da hier aufbauend auf der durchgeführten Funktionsanalyse die Fremdüblichkeit der vereinbarten Verrechnungspreise nachgewiesen werden soll. Die Verrechnungspreisanalyse umfasst die Darstellung der angewandten Verrechnungspreismethode, die Begründung, warum dies als geeignet angesehen wurde, Unterlagen über die Berechnungen bei der Anwendung der gewählten Verrechnungspreismethode sowie eine Aufbereitung der zum Vergleich Fremdvergleichsdaten wie zum Beispiel Finanzdaten unabhängiger Unternehmen.

257 Die OECD sieht als Startpunkt einer Verrechnungspreisanalyse die sog. „Vergleichbarkeitsanalyse" vor, deren Hauptziel es ist, die verlässlichsten Vergleichsdaten („most reliable comparables") zu identifizieren.[341] Hierzu soll in einem neun Schritte umfassenden Prozess die bestmögliche Vorgehensweise zur Ermittlung fremdüblicher Verrechnungspreise gefunden werden.[342] Neben der Festlegung des Zeitraums sowie einer Analyse der wirtschaftlichen Rahmenbedingungen des Steuerpflichtigen wird als dritter Schritt eine detaillierte Analyse der konkreten konzerninternen Transaktionen gefordert. Bei der Suche nach Vergleichsdaten soll zunächst auf interne Fremdvergleichsdaten zurückgegriffen werden, bevor Datenquellen für einen externen Fremdvergleich genutzt werden. In Abhängigkeit von der Datenverfügbarkeit sollen die am besten geeignete Methode und die relevanten Finanzkennzahlen ausgewählt werden sowie im Anschluss potenzielle Vergleichsdaten gesucht und deren Vergleichbarkeit ggf. anhand von Anpassungsrechnungen erhöht werden. In einem letzten Schritt sollen die ermittelten Daten ausgewertet und auf Basis der Ergebnisse der Fremdvergleichspreis festgelegt werden. Den Steuerpflichtigen wird darüber hinaus empfohlen, einen Prozess zur Bildung, Überwachung und Prüfung der Verrechnungspreise sowie zur Sicherstellung von Anpassungen bei materiellen Änderungen zu implementieren.[343] Sofern für die Angemessenheitsdokumentation Datenbankanalysen erstellt werden, muss er den gesamten Suchprozess nachvollziehbar offenlegen.[344]

5. Erforderliche Aufzeichnungen in besonderen Fällen

258 In § 5 GAufzV werden vom Steuerpflichtigen Aufzeichnungen über besondere Umstände im Hinblick auf bestehende Geschäftsvorfälle gefordert, wenn diese für die vereinbarte Geschäftsbeziehung von Bedeutung sind oder der Steuerpflichtige sich zur Begründung der Fremdüblichkeit auf derartige besondere Umstände beruft.

---

[341] Vgl. Tz. 3.2 OECD-RL 2010.
[342] Vgl. Tz. 3.4 OECD-RL 2010.
[343] Vgl. Tz. 3.82 OECD-RL 2010.
[344] Vgl. § 4 Abs. 3 GAufzV.

D. Verrechnungspreise 259–262 § 16

Als Beispiele für solche Aufzeichnungen werden zB Informationen über die Änderung von Geschäftsstrategien, bei Umlagevereinbarung die Verträge inklusive Anhänge und Anlagen, Informationen zu Verrechnungspreiszusagen mit ausländischen Behörden sowie Aufzeichnungen über Preisanpassung, Verlustursachen oder Forschungstätigkeiten, die im Zusammenhang mit Funktionsverlagerungen stehen, genannt.[345] Letztere gelten darüber hinaus als außergewöhnliche Geschäftsvorfälle iSd § 3 GAufzV, welche zeitnah zu dokumentieren sind.[346] 259

6. Rechtsfolgen bei Verstößen gegen die Dokumentationspflichten

Grundsätzlich liegt ein Verstoß gegen die Aufzeichnungspflichten dann vor, wenn 260
– trotz Aufforderung durch die Finanzbehörde keine Aufzeichnung oder eine im wesentlichen unverwertbare Aufzeichnung vorgelegt wird oder
– die Dokumentation für außergewöhnliche Geschäftsvorfälle nicht zeitnah erstellt wurde oder
– verwertbare Aufzeichnungen verspätet (dh bei Überschreiten der 60-Tagesfrist bzw. der 30-Tagesfrist im Falle außergewöhnlicher Geschäftsvorfälle) vorgelegt werden.

Die gesetzlichen Regelungen sehen dabei folgende Sanktionsmöglichkeiten vor: 261
– Umkehr der Beweislast: Grundsätzlich trägt die Finanzbehörde die objektive Beweislast für Tatsachen, die einen Steueranspruch begründen oder erhöhen. Verletzt der Steuerpflichtige allerdings seine Mitwirkungspflichten, kann die Finanzbehörde widerlegbar vermuten, dass die tatsächlichen Einkünfte des Steuerpflichtigen höher sind als die erklärten (§ 162 Abs. 3 Satz 1 AO);
– Schätzungsbefugnis: Die Finanzbehörde hat die Möglichkeit die Einkünfte zu schätzen sowie bei Einkünften, die nur aufgrund von Preisspannen bestimmt werden können, diesen Rahmen zu Lasten des Steuerpflichtigen auszuschöpfen (§ 162 Abs. 3 Satz 2 AO). In Verrechnungspreisfällen soll eine Schätzung zu einem Ergebnis führen, welches dem Fremdvergleich am ehesten entspricht. Nach den Ausführungen der Finanzverwaltung soll der Zweck einer Schätzung dabei sein, diejenige Besteuerungsgrundlage anzusetzen, die die größte Wahrscheinlichkeit der Richtigkeit hat und demnach der Wirklichkeit am nächsten kommen.[347] Jede Schätzung soll demnach in sich schlüssig, wirtschaftlich vernünftig und möglichst zutreffend sein.[348]
– Strafzuschlag: Verstößt der Steuerpflichtige gegen seine Aufzeichnungspflichten gem. § 90 Abs. 3 AO, ist ein Zuschlag gegen ihn festzusetzen (§ 162 Abs. 4 AO). Die Formulierung des § 162 Abs. 4 Satz 1 AO macht deutlich, dass für den Fall, 262 dass ein Verstoß gegen die Aufzeichnungspflichten vorliegt, die Finanzbehörde verpflichtet ist, einen Strafzuschlag festzusetzen („ist ein Zuschlag festzusetzen"; § 162 Abs. 4 Satz 1 AO). Die Finanzbehörde hat lediglich in Bezug auf die Höhe

---

[345] Vgl. § 5 Satz 2 GAufzV.
[346] Vgl. § 3 Abs. 1 GAufzV, wonach zeitnah innerhalb von sechs Monaten nach Ende des Wirtschaftsjahres gefertigt werden, in dem sich der Geschäftsvorfall ereignet hat.
[347] Vgl. Verwaltungsgrundsätze-Verfahren 2005, BMF 12.4.2005, BStBl. I 2005, 570 Rn. 4.5 sowie das dort zitierte BFH-Urteil BFH VIII R 128/84, BStBl. II 1993, 594.
[348] Vgl. Verwaltungsgrundsätze-Verfahren 2005, BMF 12.4.2005, BStBl. I 2005, 570 Rn. 4.5 sowie die dort zitierten Urteile BFH VIII R 195/82, BStBl. II 1986, 226 und I R 50/00, BStBl. II 2001, 381.

einen gewissen Ermessensspielraum, wobei bei der Bemessung des Strafzuschlags grundsätzlich folgende zwei Konstellationen zu unterscheiden sind:
- Nichtvorlage: Wird die Dokumentation trotz Aufforderung nicht oder in einer im Wesentlichen unverwertbaren Form vorgelegt, ist ein Zuschlag von 5%–10% der Einkünftekorrektur aus den Geschäftsbeziehungen mit nahestehenden Personen, jedoch mindestens 5.000 EUR festzusetzen. Der Zuschlag ist dabei nur auf den Teil der Einkünftekorrektur zu erheben, für den keine oder keine verwertbare Dokumentation vorgelegt worden ist.
- Verspätete Vorlage: Bei einer verspäteten Vorlage einer im Wesentlichen verwertbaren Dokumentation ist ein Zuschlag von mindestens 100 EUR für jeden vollen Tag der Fristüberschreitung festzusetzen. Der Strafzuschlag pro Tag kann auch über 100 EUR betragen und ist jeweils separat für jede angeforderte Aufzeichnung festzusetzen. Insgesamt darf er höchstens 1.000.000 EUR für alle Fälle verspäteter Vorlage je Veranlagungszeitraum betragen.[349]

263 Anzumerken ist, dass es in Bezug auf die Erstellung und oder Abgabe der Verrechnungspreisdokumentation im Zuge der Umsetzung der Vorgaben der OECD im Rahmen des BEPS-Programms auch Verschärfungen im deutschen Recht erwartet werden. Die OECD fordert dabei, dass die Verrechnungspreisdokumentation jährlich spätestens bis zum Zeitpunkt der Abgabeverpflichtung der Steuererklärungen erstellt wird.[350]

VI. Vermeidung und Beilegung von Verrechnungspreiskonflikten

264 Trotz der Erstellung einer verwertbaren Verrechnungspreisdokumentation und einem gewissenhaften Vorgehen bei der Ermittlung von Verrechnungspreisen kann das Risiko von Konflikten mit den Steuerbehörden im Bereich Verrechnungspreise nie völlig ausgeschlossen werden. Eine entsprechende Korrektur der Einkünfte durch die Finanzbehörden in einem Land führt daher zunächst zu einer Doppelsteuerung, da eine korrespondierende Korrektur im jeweiligen Land nicht automatisch vorgenommen wird. Um eine finale Doppelbesteuerung infolge eines nicht anerkannten Verrechnungspreises zu vermeiden, steht dem Steuerpflichtigen in den meisten Ländern, mit denen ein gültiges DBA vereinbart wurde, der Weg eines Verständigungsverfahrens offen, sog. „Mutual Agreement Procedures" (MAP). Derartige Verständigungsverfahren können zwischen zwei Ländern, also bilateral, oder mehreren Ländern (multilateral) durchgeführt werden. Die Möglichkeit der Durchführung eines solchen Verständigungsverfahrens ist in Art. 25 OECD-MA geregelt. Im Rahmen des Verständigungsverfahrens kann die Doppelbesteuerung dadurch beseitigt werden, dass die beiden Vertragsstaaten in Verhandlung treten, um eine einvernehmliche Auslegung oder Anwendung des Abkommens zu finden. Sowohl das OECD-MA als auch die deutsche Verhandlungsgrundlage für DBA, sehen darüber hinaus ein Schiedsverfahren vor.[351] Im Rahmen eines Schiedsverfahren sollen Fälle, in denen die Behörden innerhalb von zwei Jahren nicht in der Lage waren eine Einigung zur Beseitigung der Doppelbesteuerung herbeizuführen, verbindlich durch ein Schiedsgericht entschieden werden. Ein solcher

---

[349] Vgl. Verwaltungsgrundsätze-Verfahren 2005, BMF 12.4.2005, BStBl. I 2005, 570 Rn. 4.6.3.
[350] Vgl. Bericht der OECD „Transfer Pricing Documentation and Country-by-Country Reporting, Action 13, Final Report", v. 5.10.2015, S. 17.
[351] Artikel 25 Abs. 5 OECD-MA.

D. Verrechnungspreise

Einigungszwang ist allerdings bisher nur vereinzelt in den von Deutschland mit anderen Staaten vereinbarten DBAs zu finden. Einzelheiten zu Verständigungs- und Schiedsverfahren mit deutscher Beteiligung können dem „Merkblatt zum internationalen Verständigungs- und Schiedsverfahren auf dem Gebiet der Steuern vom Einkommen und vom Vermögen" des BMF entnommen werden.[352] Dieses befasst sich ausschließlich mit Verständigungsverfahren im engeren Sinne nach den DBA und nach der EU-Schiedskonvention.

Zahlreiche Länder, darunter auch Deutschland, sehen darüber hinaus vor, das Verständigungsverfahren auch in Fällen anzuwenden, in denen künftige Verrechnungspreisfragestellung vorab verbindlich mit den Behörden geklärt werden. Einzelheiten zum Ablauf solcher Vorabverständigungsverfahren oder Advanced Pricing Agreements oder kurz „APA" finden sich im „Merkblatt für bilaterale oder multilaterale Vorabverständigungsverfahren auf der Grundlage der Doppelbesteuerungsabkommen zur Erteilung verbindlicher Vorabzusagen über Verrechnungspreise zwischen international verbundenen Unternehmen (sog. „Advance Pricing Agreements" – APAs)" des BMF 5.10.2006 („APA-Merkblatt").[353] Vorteilhaft für den Steuerpflichtigen ist der Einigungszwang, der im Zusammenhang mit Verständigungsverfahren zwischen vielen EU-Ländern besteht.

---

[352] BMF 13.7.2006, BStBl. I 2006, 461 Rn. 1.3.1.
[353] BMF 5.10.2006, BStBl. I 2006, 594.

§ 17 Die AG/KGaA in der Krise

Bearbeiter: Dr. Karsten Schmidt-Hern/Dr. Dominic Paschke

Übersicht

	Rn.
A. Einführung	1–5
I. Der Begriff der Krise	1, 2
II. Rechtliche Bedeutung der Krise	3–5
1. Verhaltenspflichten	3, 4
2. Sanierung	5
B. Pflichten des Vorstands im Rahmen der Krise	6–59
I. Früherkennung der Krise	6–9
II. Anzeige bei Verlust in Höhe der Hälfte des Grundkapitals	9–16
1. Normzweck	9
2. Voraussetzung der Pflicht zur Einberufung	10–12
a) Begriff des Verlusts nach herrschender Meinung	11
b) Gegenansicht und Stellungnahme	12
3. Einberufung und Verlustanzeige	13, 14
4. Rechtsfolgen der Pflichtverletzung	15
5. Ad-hoc-Publizität	16
III. Pflichten bei Zahlungsunfähigkeit und Überschuldung	17–60
1. Zahlungsunfähigkeit	17–23
a) Tatbestandsvoraussetzungen	17–22
b) Zahlungseinstellung	23
2. Überschuldung	24–42
a) Überblick	24–26
b) Fortführungsprognose	27–31
aa) Anforderungen an die Fortführungsprognose	27–29
bb) Anwendungsprobleme	30, 31
c) Überschuldungsbilanz	32
aa) Ansatz von Vermögensgegenständen	33, 34
bb) Ansatz von Passivposten	35–38
cc) Bewertung	39, 40
3. Die Pflicht zur Stellung des Insolvenzantrags	41–46
a) Entstehung und Dauer der Pflicht	41
b) Erfüllung der Antragspflicht	42–46
aa) Meinungsstand	42
bb) Stellungnahme	43–46
4. Rechtsfolgen des Verstoßes gegen die Antragspflicht	47–53
a) Haftung gegenüber den Gläubigern	47–50
b) Sonstige zivil- und strafrechtliche Haftung	51–53
5. Zahlungsverbot	54–57
6. Ad-hoc-Publizität	58
7. Besonderheiten bei Versicherungsunternehmen und Kreditinstituten	59, 60
C. Auswirkungen der Krise auf die übrigen Beteiligten	61–75
I. Aufsichtsrat	61–72
1. Überwachung der Geschäftsführung	61–69
a) Risikofrüherkennung	61
b) „Verdichtung" der Überwachung in der Krise	62

  c) Herabsetzung der Vorstandsbezüge 63–65
  d) Verlust in Höhe der Hälfte des Grundkapitals 66
  e) Pflicht zur Stellung des Insolvenzantrags 67–69
 2. Haftung des Aufsichtsrats 70–72
II. Aktionär 73–75
 1. Anspruch auf Auszahlung der Dividende bei Unterbilanz 73
 2. Haftung für Eingriffe in die Abwicklung der Krise .. 74
 3. Recht zur Stellung eines Insolvenzantrags (nach MoMiG) 75
D. Sanierung 76–98
 I. Allgemeines 76, 77
 II. Pflichten im Rahmen der Sanierung 78–85
  1. Vorstand 79
  2. Aufsichtsrat 80
  3. Aktionär 81–85
   a) Allgemeines 81
   b) Treuepflicht in der Sanierung 82, 83
   c) Kritik 84, 85
 III. Sanierung durch Kapitalmaßnahmen 86–98
  1. Kapitalerhöhung 86–96
   a) Allgemeines 86
   b) Bezugsrechtsausschluss 86–88
   c) Vorleistung auf künftige Einlagepflicht 90–93
   d) Wertmäßiges Vorhandensein der Einlageleistung im Zeitpunkt der Anmeldung der Durchführung der Kapitalerhöhung 94, 95
   e) Forderungen gegen die AG als Einlageleistung ... 96
  2. Kapitalherabsetzung 97, 98

E. Die Krise der KGaA 99

F. Steuern 100–114
 I. Stundung von Zins- und Kreditforderungen 101, 102
 II. Rangrücktritt 103, 104
 III. Forderungsverzicht 105–107
 IV. Einlagenfinanzierte Rückzahlung von Gesellschafterdarlehen 108
 V. Regresslose Schuldübernahme 109, 110
 VI. Schuldenrückkauf 111, 112
 VIII. Stille Abwicklung durch Amtslöschung 113, 114

Schrifttum [Teil A–E]: *Blasche* Die Mindestanforderungen an ein Risikofrüherkennungs- und Überwachungssystem nach § 91 Abs. 2 AktG, CCZ 2009, 62; *Bork* Pflichten der Geschäftsführung in Krise und Sanierung, ZIP 2011, 101; *Bosch* Verantwortung der Konzernobergesellschaft im Kartellrecht, ZHR 177 (2013) 454; *Bungert* Die Treuepflicht des Minderheitsaktionärs, DB 1995, 1749; *Buth/Hermanns* Restrukturierung Sanierung Insolvenz; *Frystatzki* Der Tatbestand der Überschuldung gem. § 19 II InsO, NZI 2011, 512; *Gehrlein* Die Behandlung von Gesellschafterdarlehen durch das MoMiG, BB 2008, 846; *Gottwald* Rechtliche Möglichkeiten der Unternehmenssanierung im Insolvenzfall, KTS 1984, 1; *ders.* (Hrsg.) Insolvenzrechts-Handbuch; *Hess/Fechner/Freund/Körner* Sanierungshandbuch; *Kocher/Widder* Ad-hoc-Publizität in Unternehmenskrise und Insolvenz, NZI 2010, 925; *Krieger* Beschlusskontrolle bei Kapitalherabsetzungen, ZGR 2000, 885; *W. Müller* Der Verlust der Hälfte des Grund- oder Stammkapitals, ZGR 1985, 193; *Pauli/Albrecht* Die Erfüllung gesetzlicher Risikomanagement-Anforderungen mit Hilfe von Risikomanagement-Informationssystemen, CCZ 2014, 17; *K. Schmidt/Uhlenbruck* Die GmbH in der Krise, Sanierung und Insolvenz.

A. Einführung

I. Der Begriff der Krise

Der Begriff „Krise der AG" bezeichnet eine **wirtschaftliche Notlage** der AG, in der ihre Existenz bedroht ist. Die Existenzbedrohung resultiert aus den Insolvenztatbeständen, bei deren Vorliegen der Vorstand verpflichtet ist und Gläubiger berechtigt sind, das Insolvenzverfahren einzuleiten (§§ 14, 15a InsO), an dessen Ende die Vernichtung der AG als Rechtssubjekt steht.

Die Krise der AG ist die Krise des Unternehmens, dessen rechtlicher Träger die AG ist. Die Krise des Unternehmens wiederum beruht regelmäßig auf dem Verlust der Fähigkeit, die im Unternehmen gebündelten Ressourcen durch Investitions- und Finanzierungsentscheidungen so einzusetzen, dass Vermögenszuwächse erzielt werden.[1] Verliert das Unternehmen diese Fähigkeit dauerhaft, kommt es in der Folge zur Aufzehrung des Eigenkapitals und zur Verknappung der Liquidität bis hin zu Überschuldung und Zahlungsunfähigkeit.[2] Die Ursachen der Krise können innerhalb („endogen") wie außerhalb („exogen") des Unternehmens zu suchen sein. Endogene Krisenfaktoren sind etwa fehlerhafte Unternehmensstrategie, Qualitätsprobleme in der Produktion oder unzureichende Vertriebssysteme; exogene Krisenfaktoren sind zB Rezession, technischer Fortschritt oder Mangel an qualifizierten Arbeitskräften.

II. Rechtliche Bedeutung der Krise

1. Verhaltenspflichten

Für den Vorstand der AG, aber auch für die übrigen Organe, den einzelnen Aktionär und den Abschlussprüfer stellt sich die Frage, welche besonderen Verhaltensanforderungen nach dem Gesetz in der Krise[3] zu erfüllen sind. Da die Unternehmenskrise im vorstehenden Sinn kein Zustand ist, sondern ein Prozess, muss die Frage in jeder Phase der Krise neu beantwortet werden. Dabei zeigt sich, dass die anwendbaren Rechtsnormen jede Phase der Krise mit besonderen Verhaltenspflichten belegen. Diese Pflichten betreffen vorwiegend, aber nicht ausschließlich, den Vorstand.

---

[1] *Gottwald/Drukarczyk/Schöntag* Insolvenzrechts-Handbuch § 2 Rn. 2.

[2] Diese Phasen der Krise werden mit den Stichworten „strategische Krise", „Erfolgskrise" und „Liquiditätskrise" belegt. Vgl. *Gottwald/Drukarczyk/Schöntag* Insolvenzrechts-Handbuch § 2 Rn. 3; *Bork* ZIP 2011, 101; Unternehmenskrise im betriebswirtschaftlichen Sinne als Endstadium eines ungewollten, existenzgefährdenden Prozesses, vgl. *Hess/Fechner/Freund/Körner* Sanierungshandbuch Kap. 1 Rn. 25 ff.

[3] Krisenindikatoren mit anknüpfenden gesetzlichen Pflichten auch als „formelle Krisenzeichen" bezeichnet, vgl. *Kocher/Widder* NZI 2010, 925 (927).

4 Im Überblick ergeben sich die folgenden rechtlichen Krisenphasen:

Phase	Rechtsnormen
Krisenfrüherkennung	§ 91 Abs. 2 AktG
„Unterbilanz", dh Nettovermögen deckt Grundkapital plus gesetzliche Rücklage nicht mehr	§§ 150, 58 AktG
Kreditunwürdigkeit	§§ 57 ff. AktG, Regeln des Eigenkapitalersatzes
Verlust in Höhe der Hälfte des Grundkapitals	§ 92 Abs. 1 AktG
Überschuldung	§ 15a InsO
Zahlungsunfähigkeit	§ 15a InsO

2. Sanierung

5 Neben der gesetzlich gebotenen Reaktion auf die Krise ist von Interesse, was die Beteiligten tun können und ggf. auch tun müssen, um die Krise zu überwinden. Die Sanierung des Unternehmens, also die Wiederherstellung der Ertragskraft, ist zuvörderst eine unternehmerische Aufgabe, die rechtlich nicht ohne Weiteres zu greifen und zu beurteilen ist. Das Recht wirkt hier eher flankierend, und zwar in zweierlei Hinsicht: Zum einen regelt es, in welchem Umfang die Beteiligten verpflichtet sind, an einer Sanierung mitzuwirken; zum anderen stellt es Maßnahmen für die finanzielle Sanierung bereit, dh für die Beseitigung der bisherigen Auswirkungen der Krise auf die Vermögens- und Finanzlage der AG.

B. Pflichten des Vorstands im Rahmen der Krise

I. Früherkennung der Krise

6 Mit dem KonTraG[4] wurde die Pflicht zur Früherkennung von Krisen durch ausdrückliche Aufnahme in das Aktiengesetz besonders hervorgehoben.[5] Gemäß § 91 Abs. 2 AktG hat der Vorstand geeignete Maßnahmen zu treffen, insb. ein **Überwachungssystem** einzurichten, damit den Fortbestand der Gesellschaft gefährdende Entwicklungen früh erkannt werden. Bei einer Verletzung droht eine Schadensersatzpflicht gegenüber der Gesellschaft gem. § 93 Abs. 2 AktG.[6] Ziffer 4.1.4 des Deutschen Corporate Governance Kodex verlangt ebenfalls ein angemessenes Risikomanagement und Risikocontrolling. Jede Krise im eingangs beschriebenen Sinne ist definitionsgemäß eine Bestandsgefährdung iSd § 91 Abs. 2 AktG.[7] Frühzeitig erkannt wird eine bestandsgefährdende Entwicklung, wenn sie

---

[4] Gesetz zur Kontrolle und Transparenz im Unternehmensbereich (KonTraG) v. 27.4.1998, BGBl. 1998 I 786.

[5] Gesetzliche Hervorhebung der allgemeinen Leitungsaufgabe des Vorstandes gem. § 76 AktG, RegBegr. KonTraG BT-Drs. 13/9712, 15; grundsätzlich bestand sie bereits vor Erlass des KonTraG als Teil der Sorgfaltspflicht des Vorstands, *Claussen/Korth* in FS Lutter S. 327, 329.

[6] RegBegr. KonTraG BT-Drs. 13/9712, 15. Hingegen sind weder § 91 AktG noch § 93 AktG Schutzgesetze im Sinne von § 823 BGB, vgl. *Blasche* CCZ 2009, 62 (63).

[7] WPH/Bd. I P 12.

B. Pflichten des Vorstands im Rahmen der Krise 7, 8 § 17

dem Vorstand als solche so rechtzeitig bekannt wird, dass noch geeignete Maßnahmen zur Sicherung des Fortbestandes der AG ergriffen werden können.[8] Im Konzern erstreckt sich die Pflicht zur Früherkennung auf die Unternehmen der nachgeordneten Tochtergesellschaften.[9]

Nach wie vor im Fluss ist die Diskussion über die Frage, welche **Maßnahmen** 7 zur Früherkennung geeignet sind und wie das Überwachungssystem beschaffen sein muss.[10] Die hM neigt zu einem engen Verständnis des § 91 Abs. 2 AktG und nimmt an, das Gesetz fordere kein „allumfassendes Risikomanagementsystem"; das von § 91 AktG geforderte Überwachungssystem sei lediglich auf die interne Einhaltung der eingeleiteten Maßnahmen bezogen.[11]

Wenn die AG bereits in der Krise ist, stellt sich die Frage, ob der Vorstand seine 8 Pflicht aus § 91 Abs. 2 AktG verletzt hat. In diesem Fall wird kein Zweifel bestehen, dass es bestandsgefährdende Risiken gibt und der Vorstand sie (noch) nicht hat abwenden können. Das begründet aber noch keine Verletzung der Pflicht aus § 91 Abs. 2 AktG. § 91 Abs. 2 AktG verpflichtet den Vorstand, bestimmte organisatorische Vorkehrungen zu treffen, nämlich die Einrichtung eines Frühwarnsystems. Dieses System muss nur zur Risikoidentifizierung geeignet sein; die Eignung kann theoretisch sogar dann bestehen, wenn das System ein bestimmtes bestandsgefährdendes Risiko nicht identifiziert hat.[12] Wenn ein solches Risiko auftritt, wird dies regelmäßig die fehlende Eignung des Frühwarnsystems indizieren. In jedem Fall muss der Vorstand wegen der Beweislastumkehr des § 93 Abs. 1 Satz 2 AktG darlegen und beweisen,[13] dass das Frühwarnsystem die Eignung zur Früherkennung besaß. Selbst wenn der Vorstand das betreffende Risiko erkannt hat, was irgendwann natürlich der Fall sein wird, bleibt der mögliche Vorwurf, dass der Vorstand das Risiko bei entsprechender Eignung des Früherkennungssystems früher erkannt hätte und somit auch früher hätte reagieren können. Soweit ersichtlich, gibt es keine Rechtsprechung, die sich mit einer entsprechenden Haftung befasst.[14]

---

[8] RegBegr. KonTraG BT-Drs. 13/9712, 15; *Hüffer/Koch* AktG § 91 Rn. 7.
[9] WPH/Bd. I P 19; „Konzernweite Sicht" nach: RegBegr. KonTraG BT-Drs. 13/9712, 15; vgl. auch § 6 Rn. 117, Pflichtenumfang abhängig von Einflussmöglichkeiten; aus kapitalmarktrechtlicher Sicht *Bosch* ZHR 2013, 454 (466, 472); ähnlich MünchKomm./Bd. 2/ *Spindler* § 91 Rn. 74f., der jedoch ein konzernweites Früherkennungssystem ablehnt, da ein unmittelbarer Einfluss der Obergesellschaft im Konzern nicht immer möglich ist; für ein konzernumfassendes System im Rahmen der bestehenden gesellschaftsrechtlichen Möglichkeiten aber Hölters/*Müller-Michaels* AktG § 91 Rn. 7f.
[10] Vgl. etwa aus betriebswirtschaftlicher Sicht *Brebeck/Hermann* WPg 1997, 381; *Eggemann* BB 2000, 503; *IDW* WPg. 1998, 927 ff.; *Lück* DB 1998, 8; *ders.* DB 1998, 1925; aus juristischer Sicht *Claussen/Korth* in FS Lutter S. 327 ff.; *Hüffer/Koch* AktG § 91 Rn. 6 ff.; *Drygala/Drygala* ZIP 2000, 297; *Preußner/Becker* NZG 2002, 846; *Preußner* NZG 2004, 303; *Kort* ZGR 2010, 440; ausführlich *Schmidt/Lutter/Krieger/Sailer-Coceani* AktG § 91 Rn. 6 ff.; schließlich den IDW Prüfungsstandard IDW PS 340, WPg. 1999, 658 ff. und *Kort* ZGR 2010, 440 (451), welcher treffend darauf hinweist, dass IDW-Standards keine Deutungshoheit über gesetzliche Begriffe zukommt. Siehe zum Ganzen auch § 6 Rn. 115 ff.
[11] RegBegr. BilMoG BT-Drs. 16/10067, 72 (102); *Hüffer/Koch* AktG § 91 Rn. 8 f.; *Bork* ZIP 2011, 101 (104 f.); *Baums* ZGR 2011, 218 (250 f.); *Bunting* ZIP 2012, 357 (358); *Kort* ZGR 2010, 440 (442 ff.); sehr ausführlich *Dreher* in FS Hüffer S. 161 ff.; OLG Celle 9 U 184/07, WM 2008, 1745 (1746) die Notwendigkeit unternehmensspezifischer Differenzierung betonend; aA MünchKomm. AktG/Bd. 2/*Spindler* § 91 Rn. 24.
[12] Vgl. *Baums* ZGR 2011, 218 (256).
[13] BGH II ZR 224/00, WM 2002, 2509 (für § 43 GmbHG).
[14] Das Urteil des OLG Celle 9 U 184/07, WM 2008, 1745, befasst sich nicht mit der Früherkennung eines bestandsgefährdenden Risikos.

II. Anzeige bei Verlust in Höhe der Hälfte des Grundkapitals

1. Normzweck

9 § 92 Abs. 1 AktG ist die gesetzliche Normierung eines Krisensignals:[15] Bei einem Verlust in Höhe der Hälfte des Grundkapitals sollen die Aktionäre informiert und durch die Einberufung einer Hauptversammlung in die Lage versetzt werden, Sanierungsmaßnahmen zu ergreifen.[16] Die Vorschrift ist zugleich eine Konkretisierung des „Wohls der Gesellschaft" iSd § 121 Abs. 1 AktG, welches den Vorstand ebenfalls zur Einberufung einer Hauptversammlung verpflichtet.[17]

2. Voraussetzung der Pflicht zur Einberufung

10 Die Pflicht zu Einberufung und Verlustanzeige tritt ein, wenn ein Verlust in Höhe der Hälfte des Grundkapitals besteht. Das Bestehen des Verlusts kann sich ergeben bei der Aufstellung der Jahresbilanz oder einer Zwischenbilanz. Die Pflicht greift zudem dann, wenn bei pflichtgemäßem Ermessen ein Verlust anzunehmen ist. Insgesamt ist der Vorstand nach hM verpflichtet, die wirtschaftliche Lage des Unternehmens laufend zu beobachten und sich bei Anzeichen einer krisenhaften Entwicklung durch Aufstellung einer Zwischenbilanz oder eines Vermögensstatus einen Überblick über den Vermögensstand zu verschaffen.[18]

a) Begriff des Verlusts nach herrschender Meinung

11 Nach hM[19] liegt ein Verlust in Höhe der Hälfte des Grundkapitals iSd § 92 Abs. 1 AktG erst dann vor, wenn das Grundkapital durch Verluste zur Hälfte aufgezehrt ist: Dem aufgelaufenen Bilanzverlust (Verlust und Verlustvortrag) ist das offen ausgewiesene Eigenkapital gegenüberzustellen, dh Grundkapital, offene Rücklagen und ein Bilanzgewinn,[20] zudem der Eigenkapitalanteil in den Sonderposten mit Rücklageanteil.[21] Die Rücklage für eigene Anteile darf hingegen nach hM nicht herangezogen werden.[22] Stille Reserven dürfen nur insoweit aufgelöst werden, wie dies auch im Jahresabschluss zulässig wäre.[23] Von den vorstehenden Modifizierungen abgesehen, sind für die Feststellung, ob ein Verlust iSd § 92 Abs. 1 AktG

---

[15] *W. Müller* ZGR 1985, 193; sog. formelles Krisenzeichen, vgl. *Kocher/Widder* NZI 2010, 925 (927).
[16] *Hüffer/Koch* AktG § 92 Rn. 1.
[17] *Mertens* AG 1983, 173 (174); MünchKomm. AktG/Bd. 3/*Kubis* § 121 Rn. 6.
[18] BGH II ZR 9/94, ZIP 1995, 560 (561); II ZR 292/91, ZIP 1994, 1103 (1109 f.), beide zu § 49 GmbHG; MHdB GesR IV/*Wiesner* § 25 Rn. 55; MünchKomm. AktG/Bd. 2/*Spindler* § 92 Rn. 12.
[19] BGH ZR 348/56, BB 1958, 1181; *Hüffer/Koch* AktG § 92 Rn. 2; MünchKomm. AktG/Bd. 2/*Spindler* § 91 Rn. 13 mwN.
[20] BGH ZR 348/56, BB 1958, 1181; MHdB GesR IV/*Wiesner* § 25 Rn. 56; Großkomm. AktG/*Habersack* § 92 Rn. 12; *W. Müller* ZGR 1985, 193 (207).
[21] Die in voriger Fn. genannten; aA *Baumbach/Hueck/Haas* GmbHG § 84 Rn. 11.
[22] *Hachenburg/Hüffer* § 49 Rn. 24; *Baumbach/Hueck/Haas* GmbHG § 84 Rn. 11; aA *W. Müller* ZGR 1985, 193 (207); Großkomm. AktG/*Habersack* § 92 Rn. 14 ff.; Kölner Komm./*Mertens/Cahn* § 92 Rn. 9.
[23] *Hüffer/Koch* AktG § 92 Rn. 4; MHdB GesR IV/*Wiesner* § 25 Rn. 102; MünchKomm. AktG/Bd. 2/*Spindler* § 92 Rn. 14; *W. Müller* ZGR 1985, 193 (207); Hölters/*Müller-Michaels* AktG § 92 Rn. 7; unklar BGH ZR 348/56, BB 1958, 1181.

vorliegt, die Ansatz- und Bewertungsvorschriften der Jahresbilanz maßgeblich.[24] Insbesondere ist das Vermögen so lange unter „Going Concern"-Gesichtspunkten zu bewerten, wie der Vorstand bei pflichtgemäßem Ermessen den Fortbestand des Unternehmens annehmen darf (§ 252 Abs. 1 Nr. 2 HGB).[25] Das gilt auch für die Passivposten der Bilanz. So sind Darlehen stets als Fremdkapital auszuweisen, auch wenn der Gläubiger einen Rangrücktritt erklärt hat.[26] Pensionsverpflichtungen sind nach den allgemeinen Grundsätzen des § 253 Abs. 1 Satz 2 und Abs. 2 HGB zu passivieren.[27]

b) Gegenansicht und Stellungnahme

Nach der Gegenansicht[28] besteht die Pflicht zur Verlustanzeige dann, wenn in der laufenden Rechnungslegungsperiode ein Fehlbetrag entstanden ist, der dem Betrag der Hälfte des Grundkapitals entspricht. Der Wortlaut „Verlust in Höhe der Hälfte des Grundkapitals" spricht in der Tat dafür, dass das Grundkapital, anders als nach dem Wortlaut des § 49 Abs. 3 GmbHG, nicht tatsächlich aufgezehrt sein muss, sondern nur Bezugsgröße für die Höhe des meldepflichtigen Verlustes ist.[29] Hinzu kommt, dass § 92 Abs. 1 AktG in der Auslegung der hM seinen Zweck, die Aktionäre über eine Krise zu informieren, oftmals verfehlen wird: Wenn das Eigenkapital ausweislich der letzten Jahresbilanz bereits stark angegriffen ist, so genügt ein weiterer geringer Verlust, um die Pflicht zur Verlustanzeige zu begründen, obwohl die Aktionäre mit der Krise längst vertraut sind.[30] Ein Informationsbedürfnis der Aktionäre besteht hingegen bereits dann, wenn im Zeitraum zwischen zwei Jahresbilanzen ein wesentlicher Fehlbetrag aufläuft. Die Frage ist aber, ob ein Verlust in Höhe der Hälfte des Grundkapitals ein zutreffender Krisenindikator ist. Das ist zweifelhaft: Wenn eine AG zulässigerweise mit niedriger Grundkapitalziffer, aber hohen offenen Rücklagen und sonstigen Eigenkapitalpositionen arbeitet, ist ein Verlust in Höhe der Hälfte des Grundkapitals oftmals kein Ausdruck einer Krise.[31] Demnach sollte die zwingende Pflicht zur Verlustanzeige mit der hM auf den Fall beschränkt werden, dass das Grundkapital zur Hälfte aufgezehrt ist, genauer: dass der Betrag, um den das Vermögen der Gesellschaft die Verbindlichkeiten übersteigt, höchstens noch der Hälfte der Grundkapitalziffer entspricht. Der Vorstand muss aber prüfen, ob bereits vorher, etwa wegen eines hohen kurzfristig aufgelaufenen Verlustes, ein Krisenstadium erreicht ist, in dem die Aktionäre tätig werden müssten.[32] Dann ergibt sich die Pflicht zur Einberufung der Hauptversammlung aus der allgemeinen Pflicht des § 121 Abs. 1 AktG.

---

[24] *Hüffer/Koch* AktG § 92 Rn. 3 mwN.
[25] *Hüffer/Koch* AktG § 92 Rn. 4 mwN.
[26] Str. wie hier MHdB GesR IV/*Wiesner* § 25 Rn. 102 mwN; *W. Müller* ZGR 1985, 193 (208); aA MünchKomm. AktG/Bd. 2/ *Spindler* § 92 Rn. 14 mwN.
[27] Kölner Komm./*Mertens/Cahn* § 92 Rn. 9; MünchKomm. AktG/Bd. 2/*Spindler* § 92 Rn. 13.
[28] Großkomm. AktG/*Habersack/Foerster* § 92 Rn. 1521.
[29] So die Auffassung zur Vorläufervorschrift § 240 HGB: *Staub* HGB, 12./13. Aufl. 1927, § 240 Anm. 3c.
[30] So auch Großkomm. AktG/*Habersack/Foerster* § 92 Rn. 21.
[31] So auch vom Standpunkt der hM aus *Hüffer/Koch* AktG § 92 Rn. 2
[32] Nach BGH ZR 348/56, BB 1958, 1181 soll eine *Krise* regelmäßig erst vorliegen, wenn das Grundkapital zur Hälfte verloren ist; das ist zweifelhaft (vgl. Rn. 1 f. zum Begriff der Krise).

3. Einberufung und Verlustanzeige

13 Hat der Vorstand einen Verlust in Höhe der Hälfte des Grundkapitals festgestellt, so ist er verpflichtet, unverzüglich, dh gem. § 121 Abs. 1 Satz 1 BGB ohne schuldhaftes Zögern[33] eine Hauptversammlung einzuberufen und dort die Verlustanzeige zu erstatten. Die Pflicht trifft alle, auch fehlerhaft bestellte und stellvertretende Vorstandsmitglieder.[34] Jedenfalls die Verlustanzeige muss in die **Tagesordnung** aufgenommen werden.[35] Entgegen der hM[36] reicht die Ankündigung der Verlustanzeige aber nicht aus, um die Hauptversammlung in die Lage zu versetzen, zu diesem Punkt Beschlüsse zu fassen. Vielmehr bedarf es nach § 124 Abs. 4 AktG eines entsprechenden Tagesordnungspunktes, sofern die Hauptversammlung Maßnahmen zur Beseitigung der Krise, etwa Kapitalmaßnahmen, beschließen können soll. Dementsprechend ist der Vorstand verpflichtet, einen Tagesordnungspunkt „Beseitigung des Verlustes" aufzunehmen, zu dem er gem. § 124 Abs. 3 Satz 1 AktG gemeinsam mit dem Aufsichtsrat Beschlussvorschläge unterbreiten muss.[37] An diese Vorschläge ist die Hauptversammlung indes nicht gebunden.

14 Der Vorstand kann die Erfüllung der Pflicht aus § 92 Abs. 1 AktG nicht mit dem Hinweis unterlassen, die Einberufung und Verlustanzeige widersprächen dem Wohl der Gesellschaft.[38] § 92 Abs. 1 AktG legt gerade fest, dass die Einberufung zum Wohl der Gesellschaft erforderlich ist.[39] Fraglich kann nur sein, ob bei „aussichtsreichen, konkreten Sanierungsbemühungen" eine Einberufung nach Abschluss der Bemühungen noch unverzüglich ist.[40] Das ist allenfalls dann anzunehmen, wenn zu dem Zeitpunkt, zu dem die Voraussetzungen des § 92 Abs. 1 AktG erstmals vorliegen, Verhandlungen über geeignete Sanierungsmaßnahmen kurz vor dem Abschluss stehen und aller Wahrscheinlichkeit nach scheitern würden, wenn die Hauptversammlung einberufen würde.

4. Rechtsfolgen der Pflichtverletzung

15 Unterlässt der Vorstand schuldhaft die pflichtgemäße Einberufung und Verlustanzeige, so ist er gem. § 93 Abs. 2 AktG der AG[41] schadensersatzpflichtig. Die Verletzung der Pflicht zur Verlustanzeige ist gem. § 401 Abs. 1 Nr. 1 AktG strafbar. Hingegen ist § 92 Abs. 1 AktG kein Schutzgesetz iSd § 823 Abs. 2 BGB, und zwar

---

[33] HM; *Hüffer/Koch* AktG § 92 Rn. 5 mwN; leicht abweichend Großkomm. AktG/*Habersack/Foerster* § 92 Rn. 25: „so bald wie möglich", was im Ergebnis aber keinen Unterschied machen wird.

[34] Großkomm. AktG/*Habersack/Foerster* § 92 Rn. 29; Kölner Komm./*Mertens/Cahn* § 92 Rn. 18.

[35] Einhellige Meinung, s. nur *Hüffer/Koch* AktG § 92 Rn. 5; MHdB GesR IV/*Wiesner* § 25 Rn. 104.

[36] *Hüffer/Koch* AktG § 92 Rn. 5; Großkomm. AktG/*Habersack/Foerster* § 92 Rn. 27.

[37] MünchKomm. AktG/Bd. 2/*Spindler* § 92 Rn. 18; ähnlich MHdB GesR IV/*Wiesner* § 25 Rn. 104; Kölner Komm./*Mertens/Cahn* § 92 Rn. 12.

[38] Für eine solche Ausnahme aber Kölner Komm./*Mertens/Cahn* § 92 Rn. 14; ihm folgend W. *Müller* ZGR 1985, 193 (194 f.).

[39] *Hüffer/Koch* AktG § 92 Rn. 6; Großkomm. AktG/*Habersack/Foerster* § 92 Rn. 28.

[40] In diese Richtung MünchKomm. AktG/Bd. 2/*Spindler* § 92 Rn. 16; *Hüffer/Koch* AktG § 92 Rn. 6; Großkomm. AktG/*Habersack/Foerster* § 92 Rn. 28; auch Kölner Komm./*Mertens/Cahn* § 92 Rn. 14.

[41] Unstreitig, s. nur *Hüffer/Koch* AktG § 92 Rn. 7.

B. Pflichten des Vorstands im Rahmen der Krise 16 § 17

weder gegenüber den Gläubigern[42] noch, entgegen einer verbreiteten Ansicht,[43] gegenüber den Aktionären[44] noch, entgegen einer weiteren Ansicht, gegenüber der AG.[45] Die Voraussetzungen für ein Schutzgesetz sind bei §§ 91 Abs. 2, 401 AktG nicht erfüllt. Erforderlich wäre zum einen, dass der Schutz eines anderen bezweckt ist. Da § 91 Abs. 2 AktG bei Verlust der Hälfte des Grundkapitals einsetzt, sind die Interessen der Gläubiger zumindest bilanziell noch nicht berührt, ihr Schutz also nicht bezweckt. Der Regelungszweck des § 92 Abs. 1 AktG liegt vielmehr in der Information und Handlungsfähigkeit der Hauptversammlung.[46] Zwar schützt § 92 Abs. 1 AktG auch die Interessen der Aktionäre, dies ist aber selbstverständlich, da das Aktienrecht das Organisationsrecht der Aktionäre ist. Entscheidend ist, dass für ein Schutzgesetz angesichts des spezialgesetzlichen Haftungsregimes des § 93 AktG kein Bedürfnis besteht. Ein solches ist aber Voraussetzung für die Annahme eines Schutzgesetzes.[47] Das Organisationsrecht sanktioniert die Organpflichten des Vorstands, soweit sie gegenüber der AG und auch den Aktionären bestehen, durch die spezielle Schadensersatzpflicht nach § 93 Abs. 2 AktG.[48] Daneben ist für die allgemeine deliktische Haftung nach § 823 BGB kein Raum.[49] Ansonsten hätte dies auch den merkwürdigen Effekt, dass der Charakter als Schutzgesetz niemals für den Täter, sondern allein für die Haftung von Anstiftern und Gehilfen von Bedeutung wäre.

5. Ad-hoc-Publizität

Ist die AG ein Emittent iSd Art. 3 Abs. 1 Nr. 21 MMVO, weil ihre Aktien börsennotiert sind oder sie andere Finanzinstrumente iSd Art. 3 Abs. 1 Nr. 1 MMVO ausgegeben hat, sind im Rahmen der Krise die Pflichten zur Veröffentlichung von Insiderinformationen nach Art. 17 MMVO zu beachten.[50] Informationen über die Krise, ihre Ursachen und Auswirkungen werden nach Art. 7 Abs. 1 MMVO zu Insiderinformationen, wenn sie bei öffentlichem Bekanntwerden geeignet wären, den Kurs eines Finanzinstruments der AG oder den Kurs damit verbundener derivativer Finanzinstrumente erheblich zu beeinflussen. Wann das der Fall ist, muss der Vorstand laufend genau prüfen.[51] Nach Auffassung der BaFin zur alten Ad-hoc-

---

[42] BGH II ZR 211/76, DB 1979, 1694; *Hüffer/Koch* AktG § 92 Rn. 7 mwN.
[43] Münch Komm. AktG/Bd. 2/*Spindler* § 92 Rn. 20; Großkomm. AktG/*Habersack/Foerster* § 92 Rn. 31; MHdB GesR IV/*Wiesner* § 25 Rn. 105 mwN.
[44] *Hüffer/Koch* AktG § 92 Rn. 7; Kölner Komm./*Mertens/Cahn* § 92 Rn. 21; Schmidt/Lutter/*Krieger/Sailer-Coceani* § 92 Rn. 12; Hölters/*Müller-Michaels* AktG § 92 Rn. 28.
[45] *Hüffer/Koch* AktG § 92 Rn. 7; Kölner Komm./*Mertens/Cahn* § 92 Rn. 21; aA *Hüffer/Koch* AktG § 92 Rn. 7.
[46] *Hüffer/Koch* AktG § 92 Rn. 1, 7; Hölters/*Müller-Michaels* AktG § 92 Rn. 28.
[47] BGH XI ZR 51/10, NJW 2012, 1800 Rn. 21 mwN: Für ein Schutzgesetz muss unter anderem der Schadensersatzanspruch „sinnvoll und im Lichte des haftungsrechtlichen Gesamtsystems tragbar erscheinen, wobei in umfassender Würdigung des gesamten Regelungszusammenhangs, in den die Norm gestellt ist, geprüft werden muss, ob es in der Tendenz des Gesetzgebers liegen konnte, an die Verletzung des geschützten Interesses die deliktische Einstandspflicht des dagegen Verstoßenden mit allen damit zu Gunsten des Geschädigten gegebenen Beweiserleichterungen zu knüpfen."
[48] Vgl. Kölner Komm./*Mertens/Cahn* § 92 Rn. 21.
[49] Insb. enthält § 93 AktG im Vergleich zur allgemeinen Deliktshaftung in seinen Abs. 3–6 speziellere Regelungen, wie zB zur Beweislast und zur Verjährung.
[50] Siehe ausführlich zu den einzelnen Voraussetzungen und den zu erfüllenden Pflichten § 22 Rn. 50 ff.
[51] Die Notwendigkeit der Prüfung im Einzelfall betonend Klöhn/*Klöhn* MAR Art. 7 Rn. 428.

Publizitätspflicht nach § 15 Abs. 1 Satz 1 WpHG aF war der Verlust in Höhe der Hälfte des Grundkapitals als Insiderinformation unverzüglich zu veröffentlichen.[52] Das dürfte auch in Zukunft gelten. Nach Art. 17 Abs. 4 MMVO kann ein Emittent die Offenlegung aufschieben, wenn die unverzügliche Offenlegung geeignet wäre, die berechtigten Interessen des Emittenten zu beeinträchtigen, die Aufschiebung nicht geeignet ist, die Öffentlichkeit irrezuführen und der Emittent die Geheimhaltung der Informationen sicherstellen kann.[53] Die ESMA hat aufgrund der Ermächtigung in Art. 17 Abs. 11 MMVO Leitlinien für eine Liste berechtigter Interessen von Emittenten herausgegeben.[54] Danach kann ein berechtigtes Interesse bestehen, wenn die finanzielle Überlebensfähigkeit des Emittenten stark und unmittelbar gefährdet ist und die Bekanntgabe den Abschluss von Sanierungsverhandlungen gefährden würde.[55] Im Falle des § 92 Abs. 1 AktG dürfte die Befreiung nur begrenzte Bedeutung haben, denn die Pflicht zur – regelmäßig öffentlichen – Einberufung der Hauptversammlung bleibt natürlich bestehen.

III. Pflichten bei Zahlungsunfähigkeit und Überschuldung

17   Gemäß § 15a Abs. 1 InsO ist der Vorstand verpflichtet, Insolvenzantrag zu stellen, wenn die AG zahlungsunfähig oder überschuldet ist. Nach § 92 Abs. 2 AktG darf er in diesem Fall nur noch Zahlungen veranlassen, die mit der Sorgfalt eines ordentlichen und gewissenhaften Geschäftsleiters vereinbar sind.

1. Zahlungsunfähigkeit

a) Tatbestandsvoraussetzungen

18   Gemäß der Legaldefinition in § 17 Abs. 2 Satz 1 InsO liegt Zahlungsunfähigkeit vor, wenn der Schuldner nicht in der Lage ist, die fälligen Zahlungspflichten zu erfüllen. Dazu sind den zu berücksichtigenden Verbindlichkeiten die zu berücksichtigenden liquiden Mittel gegenüberzustellen. Zahlungsunfähigkeit liegt vor, wenn es eine Liquiditätslücke von 10 % oder mehr gibt, es sei denn, es ist ausnahmsweise mit an Sicherheit grenzender Wahrscheinlichkeit zu erwarten, dass die Lücke demnächst vollständig oder fast vollständig geschlossen wird.[56]

19   Für die Beurteilung maßgeblich sind demnach alle fälligen Geldschulden.[57] Fällig iSd § 17 Abs. 2 InsO ist eine Forderung regelmäßig nur dann, wenn der Gläubiger sie „ernsthaft einfordert", dh eine Handlung vorgenommen hat, aus der sich der

---

[52] Vgl. BaFin Emittentenleitfaden 2013, S. 53; *Assmann/Schneider/Kümpel* WpHG § 15 Rn. 51 ff.
[53] Zu den Voraussetzungen im Einzelnen § 21 Rn. 74 ff.
[54] ESMA/2016/1478DE.
[55] Genauer Wortlaut (ESMA/2016/1478DE, Rn. 8.b): Die finanzielle Überlebensfähigkeit des Emittenten ist stark und unmittelbar gefährdet – auch wenn er noch nicht unter das geltende Insolvenzrecht fällt –, und die unverzügliche Bekanntgabe von Insiderinformationen würde die Interessen der vorhandenen und potenziellen Aktionäre erheblich beeinträchtigen, indem der Abschluss der Verhandlungen gefährdet würde, die eigentlich zur Gewährleistung der finanziellen Erholung des Emittenten gedacht sind.
[56] BGH II ZR 88/16, NZG 2018, 343 (344), mwN.
[57] BGH IX ZB 36/07, NZI 2007, 579; Großkomm. AktG/*Habersack/Foerster* § 92 Rn. 49 mwN; *Baumbach/Hueck/Haas GmbHG* § 64 Rn. 33 f.; hingegen sind bei drohender Zahlungsunfähigkeit iSv § 18 Abs. 2 InsO auch Zahlungspflichten einzubeziehen, deren Fälligkeit im Prognosezeitraum überwiegend wahrscheinlich ist, BGH IX ZR 93/11, NZI 2014, 259 (260).

B. Pflichten des Vorstands im Rahmen der Krise 20 § 17

Wille, vom Schuldner Erfüllung zu verlangen, im Allgemeinen ergibt.[58] Fälligkeit iSd § 271 BGB allein reicht nicht aus.[59] Die Übersendung einer Rechnung ist ausreichend, aber nicht erforderlich.[60] Willigt der Gläubiger hingegen in eine spätere oder nachrangige Befriedigung ein, darf seine Forderung nicht berücksichtigt werden, auch wenn keine rechtlich bindende Vereinbarung getroffen wurde,[61] die Vereinbarung nur auf Einrede des Schuldners berücksichtigt würde oder der Gläubiger sie einseitig aufkündigen könnte.[62] Nicht als Stundung zu betrachten ist es aber, wenn Arbeitnehmer nicht sofort klagen oder vollstrecken, obwohl der Schuldner fällige Löhne nicht oder nur verzögert bezahlt.[63] Forderungen aus Gesellschafterdarlehen und ähnlichen Vereinbarungen nach § 39 Abs. 1 Nr. 5 InsO müssen hingegen berücksichtigt werden, auch wenn sie im Insolvenzverfahren nachrangig sind, denn seit der Reform des Eigenkapitalersatzrechts durch das MoMiG unterliegen diese Forderungen keiner präventiven Auszahlungssperre mehr.[64] Eine Nachrangvereinbarung lässt die Berücksichtigung der Forderung bei Prüfung der Zahlungsunfähigkeit nur entfallen, wenn der Gläubiger sich schon für die Zeit vor Eröffnung des Insolvenzverfahrens mit der späteren oder nachrangigen Befriedigung einverstanden erklärt.[65] Ebenfalls zu berücksichtigen sind Forderungen von Gesellschaftern, deren Erfüllung iSd § 92 Abs. 2 Satz 3 AktG zwingend zur Zahlungsunfähigkeit führen würde.[66] Nach Auffassung des BGH begründet die Vorschrift keine Einrede der Gesellschaft gegenüber der Forderung, weil eine solche Einrede dazu führen würde, dass die Forderung bei der Prüfung der Zahlungsunfähigkeit außer Betracht bliebe, was nicht der gesetzgeberischen Intention des MoMiG entspräche.[67] Dennoch ist der Vorstand berechtigt, die Zahlung zu verweigern, wenn die Zahlung die Zahlungsunfähigkeit verursachen würde.[68] Außer Betracht bleiben Zahlungsansprüche, deren Erfüllung eine verdeckte Gewinnausschüttung iSd §§ 57 Abs. 1 und 3, 62 Abs. 1 AktG wäre.

Zahlungsunfähigkeit liegt nur dann vor, wenn die Unfähigkeit, fällige Verbindlichkeiten zu erfüllen, für einen gewissen, wenn auch eng begrenzten **Zeitraum** andauert; wird die Zahlungsfähigkeit innerhalb des fraglichen Zeitraums wieder hergestellt, handelt es sich um eine bloße Zahlungsstockung.[69] Diese Differenzierung

---

[58] St. Rspr. seit BGH IX ZB 36/07, NZI 2007, 579 (580); zuletzt BGH II ZR 88/16, NZG 2018, 343 (344); aA die bis zur Entscheidung aus 2007 hM, vgl. die Nachweise in dieser BGH-Entscheidung; wiederum anders bei Rückzahlungsanspruch aus befristetem Darlehen, BGH IX ZR 62/10, NZI 2013, 129 (131).
[59] Den Begriff „ernsthaftes Einfordern" verwendend BGH IX ZB 36/07, NZI 2007, 579 (580); bestätigt in BGH IX ZR 63/08, NZI 2009, 471 (Kündigung eines Darlehens).
[60] BGH II ZR 88/16, NZG 2018, 343 (344).
[61] Nach BGH II ZR 88/16, NZG 2018, 343 (344) dient das Merkmal des ernsthaften Einforderns dazu, rein tatsächlich gestundete Forderungen aus der Liquiditätsbilanz auszunehmen.
[62] BGH IX ZB 36/07, NZI 2007, 579 (580); IX ZR 93/06, NZI 2008, 231.
[63] BGH IX ZR 38/04, NZI 2008, 299.
[64] BGH IX ZB 282/09, NZG 2011, 759 Rn. 10.
[65] BGH IX ZB 36/07, NZI 2007, 579 (580). Siehe auch zur Anforderung an einen Nachrang iSd § 39 Abs. 2 InsO BGH IX ZR 133/14, WM 2015, 623.
[66] BGH II ZR 298/11, NZG 2012, 1379 Rn. 12. AA *Spliedt* ZIP 2009, 149 (160) für die Liquiditätsplanung bei der Fortführungsprognose; generell gegen die Berücksichtigung von Gesellschafterforderungen FK InsO/*Schmerbach* § 17 Rn. 9.
[67] BGH II ZR 298/11, NZG 2012, 1379 Rn. 12.
[68] BGH II ZR 298/11, NZG 2012, 1379 Rn. 18.
[69] Vgl. BegrRegE InsO, BT-Drs. 12/2443, 114; Großkomm. AktG/*Habersack/Foerster* § 92 Rn. 51; *MünchKomm.* InsO/*Eilenberger* § 17 Rn. 18; *Uhlenbruck/Mock* InsO § 17 Rn. 26.

ist dem Gesetz nicht direkt zu entnehmen; vielmehr hat der Gesetzgeber bewusst darauf verzichtet, die Dauerhaftigkeit in den Tatbestand der Zahlungsunfähigkeit aufzunehmen.[70] Die Differenzierung ist aber notwendig, um die unbegründete Einleitung von Insolvenzverfahren zu verhindern. Der für die Feststellung der Zahlungsunfähigkeit maßgebliche Zeitraum beträgt nach der Rechtsprechung drei Wochen.[71] Der Antrag ist bereits vorher zu stellen, wenn keine Aussicht besteht, die Zahlungsunfähigkeit innerhalb der Frist zu beseitigen.[72] Die Frist beginnt, wenn die fälligen Verbindlichkeiten die Geldmittel erstmals übersteigen.[73] Anders als bei der Antragsfrist des § 15a Abs. 1 InsO kommt es bei der Bestimmung der Zahlungsunfähigkeit nicht auf die Kenntnis des Vorstands an, weil die Insolvenzgründe keine subjektiven Tatbestandsmerkmale enthalten.[74]

21 Wenn es für die Zahlungsunfähigkeit nicht auf einen Stichtag, sondern auf einen Zeitraum (Prüfungszeitpunkt plus drei Wochen) ankommt, stellt sich die Frage, ob neben den maßgeblichen Verbindlichkeiten und liquiden Mittel zum Prüfungszeitpunkt (sog. Aktiva und Passiva I) auch zu berücksichtigen ist, welche liquiden Mittel die AG in den drei Wochen erwirbt und welche Verbindlichkeiten in diesen drei Wochen fällig werden (sog. **Aktiva und Passiva II**). Der BGH hat entschieden, dass sowohl die Aktiva als auch die Passiva II zu berücksichtigen sind.[75]

22 Ist die Liquiditätslücke innerhalb von drei Wochen nicht zu beseitigen, kommt es auf ihren Umfang an: Beträgt sie weniger als 10% der fälligen Gesamtverbindlichkeiten, liegt regelmäßig gleichwohl Zahlungsfähigkeit vor, wenn nicht bereits absehbar ist, dass die Lücke demnächst mehr als 10% erreichen wird. Beträgt sie 10% oder mehr, ist hingegen regelmäßig Zahlungsunfähigkeit gegeben, sofern nicht ausnahmsweise mit an Sicherheit grenzender Wahrscheinlichkeit zu erwarten ist, dass die Liquiditätslücke demnächst vollständig oder fast vollständig beseitigt werden wird.[76] Durch diese relativ großzügige Rechtsprechung soll vermieden werden, dass bloß vorübergehende oder geringfügige Liquiditätsengpässe einen Insolvenzgrund darstellen.

b) Zahlungseinstellung

23 Gemäß § 17 Abs. 2 Satz 2 InsO ist die Zahlungsunfähigkeit in der Regel anzunehmen, wird also widerlegbar vermutet, wenn der Schuldner seine Zahlungen eingestellt hat. „Zahlungseinstellung" ist ein nach außen erkennbares Verhalten des Schuldners, das den beteiligten Verkehrskreisen den berechtigten Eindruck

---

[70] *Gottwald/Gundlach* Insolvenzrechts-Handbuch § 6 Rn. 11; Großkomm. AktG/*Habersack/Foerster* § 92 Rn. 51; *Hüffer/Koch* AktG § 92 Rn. 12; vgl. dahingehend das frühere Verständnis der Vorgängervorschrift § 102 KO, wonach dauerhafte Zahlungsunfähigkeit gefordert wurde, *Uhlenbruck/Mock* InsO § 17 Rn. 4, 11.
[71] BGH IX ZR 123/04, BGHZ 163, 134 (139), bestätigt in BGH IX ZR 40/10, NZI 2012, 663 (664); IX ZR 3/12, NZI 2013, 140 (141); *Uhlenbruck/Mock* InsO § 17 Rn. 26.
[72] BGH II ZR 118/77, NJW 1979, 1823 (1827); Braun/*Bußhardt* InsO § 17 Rn. 8.
[73] *Andres/Leithaus* InsO § 17 Rn. 2; Braun/*Bußhardt* InsO § 17 Rn. 12.
[74] St. Rspr. seit BGH IX ZR 123/04, BGHZ 163, 134 (140); IX ZR 228/03, WM 2006, 2312; MünchKomm. InsO/*Eilenberger*, § 17 Rn. 6, 27b.; freilich muss aber bei der davon zu unterscheidenden Haftung etwa nach § 93 Abs. 2 AktG, § 64 S. 1 GmbHG oder § 823 Abs. 1 BGB iVm § 15a InsO auf subjektiver Seite Verschulden hinzukommen.
[75] BGH II ZR 88/16, NZG 2018, 343 (345 ff.), mwN zum bisherigen Meinungsstand; zuvor auch schon in diesem Sinne BGH 1 StR 665/12, NJW 2014, 164 Rn. 14.
[76] BGH IX ZB 36/07, NZI 2007, 579 (580); IX ZR 123/04, BGHZ 163, 134 (145); *Uhlenbruck/Mock* InsO § 17 Rn. 21–25; *Hüffer/Koch* AktG § 92 Rn. 11.

vermittelt, der Schuldner könne einen nicht unwesentlichen Teil seiner fälligen und eingeforderten Verbindlichkeiten auf Grund eines objektiven, nicht nur vorübergehenden Mangels an Geldmitteln nicht bezahlen; vereinzelte Leistungen des Schuldners stehen der Zahlungsunfähigkeit nicht entgegen.[77] Es ist dann an der AG, darzutun und zu beweisen, dass sie tatsächlich zur Erfüllung in der Lage ist.

2. Überschuldung

a) Überblick

Gemäß § 19 Abs. 2 Satz 1 InsO liegt eine Überschuldung vor, wenn das Vermögen des Schuldners die bestehenden Verbindlichkeiten nicht mehr deckt, es sei denn, die Fortführung des Unternehmens ist nach den Umständen überwiegend wahrscheinlich. Damit liegt (rechtliche) Überschuldung vor, wenn das Vermögen der Gesellschaft bei Ansatz von Liquidationswerten die bestehenden Verbindlichkeiten nicht decken würde (rechnerische Überschuldung) und die Finanzkraft der Gesellschaft mittelfristig nicht zur Fortführung des Unternehmens ausreicht.[78] Die positive Fortführungsprognose schließt damit die Überschuldung im rechtlichen Sinne aus, wenn die Gesellschaft zu Liquidationswerten rechnerisch überschuldet ist. Eine bestimmte Prüfungsreihenfolge ist dem Gesetz nicht zu entnehmen.[79] Es hat auch keinen Vorteil, mit der Fortführungsprognose zu beginnen.[80] Zwar erübrigt sich die Prüfung der rechnerischen Überschuldung, wenn die Prognose positiv ist, aber das gilt auch im umgekehrten Fall: Ist die Gesellschaft rechnerisch nicht überschuldet, braucht es keine Prüfung der Fortführungsprognose.[81] Wegen der drakonischen Rechtsfolgen eines verspäteten Insolvenzantrags ist der Vorstand aber gut beraten, stets beide Elemente zu prüfen.[82] Die vielfach erörterte Frage, in welcher Reihenfolge die Tatbestandsmerkmale zu prüfen sind, ist sinnlos.

Der Überschuldungsbegriff in seiner heutigen Fassung entspricht dem sog. „modifizierten zweistufigen Überschuldungsbegriff" des BGH[83] bis zum Inkrafttreten der InsO. Mit Inkrafttreten der InsO galt zunächst ein rechnerischer Überschuldungsbegriff. Die Fortführungsprognose war nur für die Frage des Ansatzes und der Bewertung der Aktiva und Passiva von Bedeutung: Bei der Bewertung des Vermögens war die Fortführung des Unternehmens zugrunde zu legen, wenn die Fortführung überwiegend wahrscheinlich war. Das FMStG[84] hat den ursprünglich mit der Insolvenzordnung eingeführten Begriff der Überschuldung für einen zu-

---

[77] St. Rspr., BGH IX ZR 40/10, NZI 2012, 663 (664); IX ZR 6/00, NJW 2001, 1650 (1651); IX ZR 38/04, NZI 2008, 299 (300); Baumbach/Hueck/Haas GmbHG § 64 Rn. 41; Großkomm. AktG/*Habersack/Foerster* § 92 Rn. 53.
[78] BGH II ZR 269/91, BB 1992, 1898.
[79] *Hüffer/Koch* AktG § 92 Rn. 16; Großkomm. AktG/*Habersack/Foerster* § 92 Rn. 59; *Kübler/Prütting/Pape* InsO § 19 Rn. 8; Henssler/Strohn/*Arnold* InsO § 19 Rn. 2; aA *Böcker/Poertzgen* GmbHR 2008, 1289 (1291), Überschuldungsstatus zu Liquidationswerten muss aufgrund der Reihenfolge im Wortlaut des § 19 Abs. 2 InsO zuerst erstellt werden; so auch *Wackerbarth* NZI 2009, 145 (148).
[80] MünchKomm. InsO/*Drukarczyk/Schüler* § 19 Rn. 45.
[81] *Schmidt* InsO § 19 Rn. 14.
[82] *Schmidt* ZIP 2013, 485 (489); *Haußer/Heeg* ZIP 2010, 1427 (1428).
[83] Rspr. seit BGH II ZR 269/91, NJW 1992, 2891; II ZR 292/91, BGHZ 126, 181 (199); grundlegend *K. Schmidt* AG 1978, 334 (337 f.).
[84] Finanzmarktstabilisierungsgesetz (FMStG) vom 1.10.2008, BGBl. I 2008, 1982 f.

nächst beschränkten Zeitraum neu definiert.[85] Hintergrund war die Befürchtung, dass es unter Beibehaltung des bis dahin geltenden Überschuldungsbegriffes durch die Finanz- und Wirtschaftskrise und die mit ihr einhergehenden Wertverluste insbesondere bei Aktien und Immobilien zu einem sprunghaften Anstieg der Unternehmensinsolvenzen kommen würde.[86] Ab dem 1.1.2014 sollte nach zwischenzeitlicher Verlängerung[87] eigentlich wieder die vorherige Fassung des § 19 Abs. 2 InsO gelten:[88] Die Befristung wurde schließlich vollständig aufgehoben.[89]

26 Ob der zweistufige Überschuldungsbegriff dem rein rechnerischen Überschuldungsbegriff vorzuziehen ist, hängt von den angestrebten Zielen ab. Grundsätzlich dürfte der zweistufige Überschuldungsbegriff den Eintritt der Überschuldung zeitlich nach hinten verlagern. Ein aus Sicht des Rechtsanwenders bemerkenswerter Befund einer im Auftrag des Bundesjustizministeriums durchgeführten Expertenbefragung[90] ist, dass die Befragten in überwältigender Mehrheit der Meinung waren, der Überschuldungsbegriff verfehle seine Funktion: Die Normadressaten würden die damit verbundenen Pflichten nicht befolgen, weil sie die Norm entweder nicht kennten oder weil die Befolgung unverhältnismäßig aufwendig sei.[91] Zugleich wird die Bedeutung der Überschuldung als gering eingeschätzt, sowohl für die Antragstellung als auch für die Haftung wegen Insolvenzverschleppung.[92] Das spräche dafür, den Überschuldungsbegriff insgesamt abzuschaffen.

b) Fortführungsprognose

27 **aa) Anforderungen an die Fortführungsprognose.** Um zu bestimmen, ob die Fortführung des Unternehmens nach den Umständen überwiegend wahrscheinlich ist, bedarf es einer Prognose über den weiteren Geschäftsverlauf des Unternehmens, der Fortführungsprognose. Ausgehend von der Rspr. des BGH setzt eine positive Fortführungsprognose den Willen des Schuldners zur Fortführung und die objektive Überlebensfähigkeit des Unternehmens voraus; die objektive Überlebensfähigkeit ist aus einem aussagekräftigen Unternehmenskonzept herzuleiten, das aus einen sorgfältig dokumentierten Finanz- und Ertragsplan bestehen muss.[93] Objektiv überlebensfähig ist die Gesellschaft, wenn ihre Finanzkraft mittelfristig zur Fortführung des Unternehmens ausreicht.[94] Dies wird nach hM so verstanden, dass die AG voraussichtlich in der Lage sein muss, im Prognosezeitraum die

---

[85] Zur historischen Entwicklung des Überschuldungsbegriffes siehe: *Bitter/Hommerich/Reiß* ZIP 2012, 1201; *Pott* NZI 2012, 4 ff.; *Möhlmann-Mahlau/Schmitt* NZI 2009, 19 (20).
[86] BegrRegE FMStG BT-Drs. 16/10600, 12, 13; Gesetzesentwurf ESUG BT-Drs. 16/13927, 4, 5; Pressemitteilung BMJ vom 13.10.2008.
[87] Art. 1 des Gesetzes zur Erleichterung der Sanierung von Unternehmen (ESUG), BGBl. 2009 I 3151.
[88] Siehe Art. 6 Abs. 3 iVm Art. 7 Abs. 2 FMStG.
[89] Art. 18 Gesetz zur Einführung einer Rechtsbehelfsbelehrung im Zivilprozess und zur Änderung anderer Vorschriften (RechtsBehEG), BR-Drs. 690/12 – Aufhebung des Art. 6 Abs. 3 FMStG.
[90] So die Mehrheit der Experten in einer Befragung im Auftrag des Bundesjustizministeriums, siehe *Bitter/Hommerich/Reiß* ZIP 2012, 1201 ff.
[91] *Bitter/Hommerich/Reiß* ZIP 2012 (1206 f.).
[92] *Bitter/Hommerich/Reiß* ZIP 2012 (1206).
[93] BGH II ZR 303/05, NZI 2007, 44; KG 7 U 49/05, GmbHR 2006, 374 (376); Baumbach/Hueck/*Haas* GmbHG § 64 Rn. 46 f.
[94] BGH II ZR 269/91, NJW 1992, 2891 (2894).

B. Pflichten des Vorstands im Rahmen der Krise 28, 29 § 17

fälligen Verbindlichkeiten zu erfüllen.[95] Die Fortführungsprognose ist demnach Zahlungsfähigkeitsprognose.[96] Der Prognosezeitraum muss nach hM bis zum Ende des folgenden Geschäftsjahrs reichen.[97] Die Fortführungsprognose ist positiv, wenn es überwiegend wahrscheinlich ist, dass das **Finanzergebnis** für den Prognosezeitraum **zumindest ausgeglichen** ist.[98]

Nach einer anderen Ansicht kommt es hingegen auf die Ertragsfähigkeit an.[99] **28** Eine positive Fortführungsprognose ist danach gegeben, wenn die überwiegende Wahrscheinlichkeit besteht, dass die Gesellschaft nicht nur im Prognosezeitraum zahlungsfähig bleibt, sondern aus selbst erwirtschafteten Einnahmeüberschüssen genügend Mittel zur Befriedigung aller Verbindlichkeiten generieren kann.[100] Diese Betrachtungsweise ist aber abzulehnen. Solange die Unternehmen genügend Zahlungsmittel haben, um ihre Gläubiger zu befriedigen, besteht für ein Insolvenzverfahren keine Notwendigkeit.[101] Ob die Mittel zur Befriedigung der Gläubiger selbst erwirtschaftet sind oder von außen zugeführt werden, ist aus Sicht der Gläubiger irrelevant.[102] Richtig ist, dass der Prognosezeitraum nicht starr auf das Ende des folgenden Geschäftsjahres bestimmt werden darf: Wenn die Zahlungsunfähigkeit mit an Sicherheit grenzender Wahrscheinlichkeit nach dem Ende des folgenden Geschäftsjahres eintritt, wird keine positive Fortführungsprognose vorliegen. Gleichwohl sind bei der Zahlungsfähigkeitsprognose auch Elemente der Ertragsfähigkeit zu berücksichtigen.[103]

Für das Verfahren zur Erstellung der Prognose, insbesondere im Hinblick auf den **29** erforderlichen **Finanzplan**, gilt, dass es nach sachgerechten Kriterien durchgeführt werden und für sachverständige Dritte nachvollziehbar sein muss.[104] Der Vorstand muss sich dabei gegebenenfalls fachkundig beraten lassen, wenn er nicht selbst über

---

[95] *Früh/Wagner* WPg 1998, 907 (911); *Drukarczyk/Schüler* Kölner Schrift zur InsO, Kapitel 2 Rn. 118. *Hirte/Knof/Mock* ZInsO 2008, 1217 (1222); *Uhlenbruck/Mock* InsO § 19 Rn. 212; WP Handbuch Bd. II F Rn. 39.

[96] *Uhlenbruck/Mock* InsO § 19 Rn. 212; *Drukarczyk/Schüler* Kölner Schrift zur InsO, Kapitel 2 Rn. 118 mwN; MHdB GesR IV/*Wiesner* § 25 Rn. 113; *Frystatzki* NZI 2011, 173 (176 f.) mwN und Zusammenfassung; Baumbach/Hueck/*Haas* GmbHG § 64 Rn. 44a.

[97] Großkomm. AktG/*Habersack/Foerster* § 92 Rn. 68; Baumbach/Hueck/*Haas* GmbHG § 64 Rn. 46b; *Hirte/Knof/Mock* ZInsO 2008, 1217 (1223); *Fachausschuss Sanierung und Insolvenz (FAS) des IDW* DB 2010, 1413 (1415); Heidelberger Komm. InsO/*Kirchhof* § 19 Rn. 12; ähnlich *Hüffer/Koch* AktG § 92 Rn. 21 (ein bis zwei Jahre); für eine Einzelfallbetrachtung *Sikora* ZInsO 2010, 1761 (1765); ebenso *Bork* ZIP 2000, 1709 (1710).

[98] Dabei sind Verbundeffekte zwischen den Perioden innerhalb des Prognosezeitraums zu berücksichtigen: *Drukarczyk/Schüler* Kölner Schrift zur InsO, Kapitel 2 Rn. 141.

[99] AG Hamburg 67 c IN 421/11, NZI 2012, 85; *Wolf* ZWH 2014, 94 (97); *Dahl* NZI 2008, 719 (720); *Ehlers* NZI 2011, 161 (162).

[100] Innenfinanzierung als Unterscheidungskriterium, *Frystatzki* NZI 2011, 173 (174).

[101] *Küting/Eichenlaub* GmbHR 2014, 169 (170); *Aleth/Harlfinger* NZI 2011, 166 (168); *Frystatzki* NZI 2011, 173 (177); MünchKomm. InsO/*Drukarczyk/Schüler* § 19 Rn. 76; *Uhlenbruck/Mock* InsO § 19 Rn. 214 .

[102] ZB bei Konzernstrukturen mit Verlustausgleich oder öffentlich subventionierten Betrieben wie Schwimmbädern, vgl. *Sikora* ZInsO 2010, 1761 (1763); *Bitter/Kresser* ZIP 2012, 1733 (1735); *Bork* ZIP 2000, 1709 (1710).

[103] *Bitter/Kresser* ZIP 2012, 1733 (1741); Ertragsplanung als Prognoseinstrument: *Frystatzki* NZI 2011, 173 (178).

[104] *Fachausschuss Sanierung und Insolvenz (FAS) des IDW* DB 2010, 1413 (1415); *Uhlenbruck/Mock* InsO § 19 Rn. 211; *Groß/Amen* WPg 2002, 433; zusammenfassend zu einer betriebswirtschaftlichen Finanzplanung mit Verweis auf die einschlägigen Empfehlungen des IDW *Ehlers* NZI 2011, 161 (162 ff.) sowie *Aleth/Harlfinger* NZI 2011, 166 (168) und *Sikora* ZInsO

die zur Beurteilung erforderliche Sachkunde verfügt.[105] Die positive Prognose muss durch begründete Anhaltspunkte gerechtfertigt sein, reine Meinungen oder vage Hoffnungen reichen nicht aus; dem Vorstand steht aber ein gewisser Beurteilungsspielraum zu.[106] Letztlich sollten bei der Aufstellung des Finanzplans und der Fortführungsprognose die Grundsätze der Business Judgement Rule gem. § 93 Abs. 1 Satz 2 AktG Anwendung finden, denn die Aufstellung ist Planung, und Planung ist eine unternehmerische Entscheidung. Das ändert nichts daran, dass die Entscheidung über die Stellung des Insolvenzantrags nicht der Business Judgement Rule unterliegt.[107]

30 **bb) Anwendungsprobleme.** Die Ausfüllung der vorstehenden Elemente ist in der Praxis schwierig, für den Vorstand aber wegen der damit verbundenen Haftungsfragen von großer Bedeutung. Eine Reihe von wesentlichen Fragen ist hier noch nicht ausreichend geklärt. Unklar und nur vereinzelt beleuchtet ist zunächst das Wahrscheinlichkeitsurteil selbst. Die überwiegende Wahrscheinlichkeit bezeichnet ein Beweismaß: Die Möglichkeit, dass das Unternehmen am Ende des Prognosezeitraums zahlungsfähig sein wird, muss wahrscheinlicher sein als die Möglichkeit, dass das nicht so sein wird. Es müssen also mehr und gewichtigere Gründe für die Richtigkeit der positiven Fortführungsprognose als dagegen sprechen.[108] Das Wahrscheinlichkeitsurteil ist demgemäß komparativ zu verstehen, nicht als prozentuale Eintrittswahrscheinlichkeit im Sinne der Wahrscheinlichkeitsrechnung.[109] Das Verständnis der überwiegenden Wahrscheinlichkeit in diesem Sinne ist anerkannt für die Glaubhaftmachung gem. § 294 ZPO.[110]

31 Problematisch ist auch die Frage, wie wahrscheinlich Sanierungsbeiträge von Eigen- und Fremdkapitalgebern (Rangrücktritte, Verzichte, frische Liquidität) sein müssen, damit sie bei der Fortführungsprognose berücksichtigt werden dürfen. Die überwiegende Ansicht fordert hier einen hohen Grad an Sicherheit, der über eine überwiegende Wahrscheinlichkeit hinausgeht: Danach dürfen derartige Beiträge nur berücksichtigt werden, wenn sie rechtlich gesichert sind und ihre Durchführung mit hoher Wahrscheinlichkeit zu erwarten ist, gefestigte Realisierungschancen oder verbindliche Zusagen bestehen.[111] Dem ist nicht zu folgen.

2010, 1761 (1768); zur Erstellungsmethodik auch: *Küting/Eichenlaub* GmbHR 2014, 169 (171) und *Greil/Herden* ZInsO 2011, 109 (113).

[105] BGH II ZR 48/06, NZI 2007, 477 (478); II ZR 292/91, NJW 1994, 2220 (2224); MHdB GesR IV/*Wiesner* § 26 Rn. 16; für eine Auslagerung in jedem Fall *Sikora* ZInsO 2010, 1761 (1773); auch zu den Haftungsfolgen *Aleth/Harlfinger* NZI 2011, 166 (172) und *Hecker/Glozbach* BB 2009, 1544 (1546).

[106] BGH II ZR 292/91, NJW 1994, 2220 (2224); OLG Düsseldorf 15 U 10/07, BeckRS 2008, 06676; OLG Koblenz 5 U 875/04, NZG 2005, 79 (80); MünchKomm. AktG/Bd. 2/*Spindler* § 92 Rn. 65.

[107] *Hüffer/Koch* AktG § 93 Rn. 16.; MünchKomm. AktG/Bd. 2/*Spindler* § 92 Rn. 64 ff.

[108] *Groß/Amen* WPg 2002, 67 (73 ff.).

[109] *Groß/Amen* WPg 2002, 67 (73 ff.); *Uhlenbruck/Mock* InsO § 19 Rn. 51 ff.; *Wolf* ZWR 2014, 94 (99); aA MünchKomm. InsO/*Drukarczyk/Schüler* § 19 Rn. 77 ff.; *Drukarczyk/Schüler* Kölner Schrift zur InsO, Kap. 2 Rn. 123 ff.; *Sikora* ZInsO 2010, 1761 (1766).

[110] BGH II ZB 15/97, NJW 1998, 1870; MünchKomm. ZPO/*Prütting* § 294 Rn. 24; *Uhlenbruck/Hirte* InsO § 92 Rn. 221; er liegt auch dem Begriff „voraussichtlich" in § 18 InsO bei der Feststellung drohender Zahlungsunfähigkeit zugrunde: BegrRegE InsO bei *Kübler/Prütting* Das neue Insolvenzrecht, 2. Aufl., S. 173; zur Darlegungs- und Beweislast auch BGH II ZR 151/09, NZG 2010, 1393.

[111] Heidelberger Komm. InsO/*Kirchhof* § 19 Rn. 12; WP Handbuch Bd. II L Rn. 237; MünchKomm. InsO/*Drukarczyk/Schüler* § 19 Rn. 59; *Sikora* ZInsO 2010, 1761 (1770) für Sanierungsmaßnahmen, die vom Willen Dritter abhängig sind.

B. Pflichten des Vorstands im Rahmen der Krise   32, 33   § 17

Auch für Beiträge von Kapitalgebern gilt der Maßstab der überwiegenden Wahrscheinlichkeit.[112] Rechtsverbindliche Zusagen sind wünschenswert, aber nicht Bedingung, solange die überwiegende Wahrscheinlichkeit durch andere konkrete Anhaltspunkte nachgewiesen wird.[113] Wegen des Risikos für den Vorstand ist hier allerdings Vorsicht geboten. Erforderlich dürfte sein, dass sich die Beteiligten einig sind über Art und Höhe der Sanierungsbeiträge, die wesentlichen kommerziellen Bedingungen ihrer Gewährung sowie die Voraussetzungen, die erfüllt sein müssen, damit die Sanierungsbeiträge geleistet werden. Zudem muss der Eintritt der vereinbarten Voraussetzungen überwiegend wahrscheinlich sein; Voraussetzungen, deren Erfüllung im Belieben des den Sanierungsbeitrag Versprechenden stehen, dürften regelmäßig schädlich sein. Die Einigung sollte möglichst in einem Letter of Intent oder einer ähnlichen Absichtserklärung nachgewiesen sein. Die schriftliche Niederlegung ist juristisch nicht erforderlich, erleichtert aber den Nachweis und ist regelmäßig Ausdruck der Ernsthaftigkeit der bekundeten Absichten.

c) **Überschuldungsbilanz**

Durch Aufstellung einer Überschuldungsbilanz ist zu prüfen, ob bei Ansatz von 32 Liquidationswerten das Vermögen die Verbindlichkeiten deckt. Ist das nicht der Fall, liegt Überschuldung vor, es sei denn, es besteht eine positive Fortführungsprognose.[114] Nach hM sind weder die Handelsbilanz noch die Regeln zu ihrer Aufstellung für die Überschuldungsbilanz maßgeblich, weil sie dem Normzweck des Überschuldungstatbestands widersprechen, das Potenzial des Gesellschaftsvermögens zur Schuldendeckung zu ermitteln.[115] Die Handelsbilanz wird jedoch regelmäßig Ausgangspunkt und Mengengerüst der Überschuldungsbilanz sein.[116]

aa) **Ansatz von Vermögensgegenständen.** Anzusetzen sind alle Vermögens- 33 gegenstände, die im Insolvenzverfahren zu den verwertbaren Bestandteilen der Masse gehören.[117] Insbesondere können unentgeltlich erworbene immaterielle Vermögensgegenstände abweichend von § 248 Abs. 2 HGB angesetzt werden.[118] Für die Firma der AG gilt dies indes nur, wenn die Veräußerung des Unternehmens in einem Umfang möglich erscheint, der die Voraussetzungen für die Fortführung der Firma durch den Erwerber erfüllt.[119] Ein originärer oder derivativer Geschäftswert

---

[112] So auch *Aleth/Harlfinger* NZI 2011, 166 (171); ähnlich *Nickert/Lamberti* Überschuldungs- und Zahlungsunfähigkeitsprüfung, Rn. 321.
[113] *Aleth/Harlfinger* NZI 2011, 166, 171 (172); wohl auch: Nerlich/Römermann/*Mönning* InsO, § 19 Rn. 19 und *Bork* ZIP 2000, 1709 (1713), die auf mögliche und denkbare Verhaltensweisen von Gläubigern und Gesellschaftern abstellen und diese ausreichen lassen.
[114] Zur fehlenden Bedeutung einer bestimmten Prüfungsreihenfolge siehe bereits Rn. 24.
[115] BGH IX ZR 64/12, NZI 2013, 438 (440); II ZR 138/03, ZIP 2005, 807; II ZR 60/93, NJW 1994, 1477 (1478); *Hüffer/Koch* AktG § 92 Rn. 17 mwN; *Baumbach/Hueck/Haas* GmbHG § 64 Rn. 48 mwN; aA *Wackerbarth* NZI 2009, 145 (149).
[116] BGH IX ZR 64/12; NZI 2013, 438 (440); II ZR 261/99, ZIP 2001, 839 zur GmbH.
[117] BGH II ZR 269/91, NJW 1992, 2891 (2894); VIII ZR 187/81, NJW 1983, 676 (677); OLG Düsseldorf 15 U 10/07, Rn. 86, BeckRS 2008, 6676; Großkomm. AktG/*Habersack/Foerster* § 92 Rn. 72; Baumbach/Hueck/*Haas* § 64 Rn. 50; *Haas* Kölner Schrift zur InsO, Kap. 40 S. 1304, Rn. 27 mwN; vgl. knappe Formulierung in BegrRegE InsO, BT-Drs. 12/2443, 115.
[118] Allgemeine Ansicht, s. nur *Hüffer/Koch* AktG § 92 Rn. 18 mwN.
[119] Großkomm. AktG/*Habersack/Foerster* § 92 Rn. 73; Nerlich/Römermann/*Mönning* InsO § 19 Rn. 35; *Haas* Kölner Schrift zur InsO, Kap. 40 Rn. 28 und S. 1306 Rn. 29 mit Hinweis auf Unzulässigkeit einer Doppelberücksichtigung des Firmenwerts; siehe dazu auch OLG Celle 9 U 201/01, NZG 2002, 730.

darf nach hM angesetzt werden, wenn die Veräußerung des Unternehmens oder von Unternehmensteilen wahrscheinlich ist.[120] Im Kern ist dies eine Frage der zutreffenden Bewertung;[121] es geht mithin nicht um einen originären oder derivativen, sondern um den konkret erzielbaren **Geschäftswert**. Ein Geschäftswert entsteht, wenn der Ertragswert des betriebsnotwendigen Vermögens höher ist als sein Substanzwert.[122] Es sind grundsätzlich sämtliche Forderungen der AG anzusetzen, die unabhängig von der Eröffnung des Insolvenzverfahrens bestehen, einschließlich Ansprüche gegen die Aktionäre aus ausstehenden Einlagen, gegen ein herrschendes Unternehmen auf Verlustausgleich nach § 302 AktG, Schadensersatzansprüche gegen Vorstand, Aufsichtsrat oder Aktionäre sowie Forderungen aus schwebenden Geschäften.[123] Die Aktivierung eigener Aktien ist nicht ausgeschlossen, ihnen dürfte aber regelmäßig kein Wert beizulegen sein.[124]

34 Nicht anzusetzen sind Bilanzierungshilfen wie die Kosten der Ingangsetzung und Erweiterung des Geschäftsbetriebs iSv § 269 HGB, latente Steuern iSv § 274 Abs. 2 HGB und aktive Rechnungsabgrenzungsposten; Letztere sind jedoch darauf zu prüfen, ob sich aus ihnen ein Anspruch auf Rückzahlung oder auf eine ausstehende Gegenleistung ergibt, der dann anzusetzen ist.[125]

35 **bb) Ansatz von Passivposten.** Auf der Passivseite sind **sämtliche Verbindlichkeiten** anzusetzen, einschließlich Verbindlichkeiten aus schwebenden Geschäften, Rückstellungen für ungewisse Verbindlichkeiten, soweit mit einer Inanspruchnahme zu rechnen ist,[126] Verbindlichkeiten aus einem vereinbarten Sozialplan[127] sowie Pensionsverpflichtungen und unverfallbare Pensionsanwartschaften.[128] Die Einstandspflicht des Pensionssicherungsvereins vermag hieran nichts zu ändern, weil die Verpflichtungen gem. § 9 Abs. 2 BetrAVG auf den Pensionssicherungsverein übergehen.

36 Nicht anzusetzen sind **Eigenkapitalpositionen** wie Grundkapital, Rücklagen, Gewinnvortrag, Jahresüberschuss oder der Rücklagenanteil von Sonderposten mit Rücklageanteil.[129] Spezielle Finanzierungsformen, wie zB stille Gesellschaft oder Genusskapital, sind auf ihren Charakter als Eigen- oder Fremdkapital zu prüfen und um etwaige Eigenkapitalelemente zu kürzen, zB um verwirklichte Verlustbeteili-

---

[120] MünchKomm. AktG/Bd. 2/*Spindler*, § 92 Rn. 56; Großkomm. AktG/*Habersack/Foerster* § 92 Rn. 73; *Haas* Kölner Schrift zur InsO, Kapitel 40 Rn. 30 (überzeugende Indizien, „als sicher" zu weitgehend); Baumbach/Hueck/*Haas* GmbHG § 64 Rn. 51 mwN (greifbare Aussichten, konkretes Erwerbsangebot); *Gottwald/Gundlach* Insolvenzrechts-Handbuch § 6 Rn. 46 mwN (schuldrechtlicher Vertrag).
[121] Großkomm. AktG/*Habersack/Foerster* § 92 Rn. 73.
[122] Baumbach/Hueck/*Haas* § 64 Rn. 51.
[123] Uhlenbruck/*Mock* InsO § 19 Rn. 87, 104, 113; Großkomm. AktG/*Habersack/Foerster* § 92 Rn. 75 f.; Baumbach/Hueck/*Haas* GmbHG § 64 Rn. 51, jeweils mwN.
[124] Baumbach/Hueck/*Haas* GmbHG § 64 Rn. 51 mwN; Uhlenbruck/*Mock* InsO § 19 Rn. 118; MünchKomm. AktG/Bd. 2/*Spindler* § 92 Rn. 56.
[125] Großkomm. AktG/*Habersack/Foerster* § 92 Rn. 75; Baumbach/Hueck/*Haas* GmbHG § 64 Rn. 51, jeweils mwN.
[126] Großkomm. AktG/*Habersack/Foerster* § 92 Rn. 81; Baumbach/Hueck/*Haas* GmbHG § 64 Rn. 53, jeweils mit mwN; Uhlenbruck/*Mock* InsO § 19 Rn. 148.
[127] *Haas* Kölner Schrift zur InsO, Kap. 40 Rn. 50.
[128] Baumbach/Hueck/*Haas* § 64 Rn. 53 mwN; MünchKomm. GmbHG/*Müller* § 64 Rn. 36; Uhlenbruck/*Mock* InsO § 19 Rn. 163; *Haas* Kölner Schrift zur InsO, Kap. 40 Rn. 51 f.
[129] *Hüffer/Koch* AktG § 92 Rn. 19; MHdB GesR IV/*Wiesner* § 25 Rn. 115 mwN; im Ergebnis auch *Möhlmann-Mahlau/Schmitt* NZI 2009, 19 (23).

B. Pflichten des Vorstands im Rahmen der Krise 37 § 17

gungen.[130] **Gesellschafterdarlehen** und Forderungen, die einem solchen Darlehen wirtschaftlich entsprechen, sind gemäß § 39 Abs. 1 Nr. 5 InsO stets nachrangig. Gleichwohl sind sie grundsätzlich zu passivieren, wie sich im Umkehrschluss aus § 19 Abs. 2 Satz 2 InsO ergibt.[131] Danach sind Gesellschafterdarlehen nur dann nicht anzusetzen, wenn für sie gemäß § 39 Abs. 2 der Nachrang hinter den Forderungen gemäß § 39 Abs. 1 Nr. 1 bis 5 InsO vereinbart wurde. Der BGH hat inzwischen einige der Streitfragen im Zusammenhang mit dem Rangrücktritt iSd § 19 Abs. 2 Satz 2 InsO geklärt:[132] Entgegen dem Wortlaut hindert eine Rangrücktrittsvereinbarung die Berücksichtigung einer Verbindlichkeit im Überschuldungsstatus nur dann, wenn sie vorsieht, dass die Verbindlichkeit auch vor Insolvenz nicht in die Bilanz aufgenommen wird. Demzufolge muss der Rangrücktritt auch in der Zeit vor Insolvenzeröffnung gelten. Dazu muss der Rangrücktritt als rechtsgeschäftliches Zahlungsverbot ausgestaltet sein, nach dem die Forderung des Gläubigers außerhalb des Insolvenzverfahrens nur aus ungebundenem Vermögen und in der Insolvenz nur im Rang nach den Forderungen sämtlicher normaler Insolvenzgläubiger (§ 38 InsO) befriedigt wird.[133] Ein zeitlich begrenzter Rücktritt reicht hierfür nicht aus, vielmehr muss der Gläubiger aufgrund der Rangrücktrittsvereinbarung dauerhaft gehindert sein, seine Forderung geltend zu machen.[134] Nicht mehr erforderlich ist ein Rangrücktritt auf die Stufe der Einlagerückgewähransprüche, vielmehr reicht es, hinter die Forderungen aus § 39 Abs. 1 Nr. 5 InsO zurückzutreten.[135] Erklärt ein Gläubiger, der nicht zugleich Gesellschafter ist, einen solchen Rangrücktritt, ist die betreffende Verbindlichkeit nach § 19 Abs. 2 Satz 2 InsO nicht zu berücksichtigen, auch wenn die Norm ausdrücklich nur Gesellschafterforderungen erwähnt.[136] Aufgrund des Rangrücktritts kann die Gesellschaft die Begleichung der Verbindlichkeit verweigern, wenn die Gesellschaft als Folge der Zahlung überschuldet oder zahlungsunfähig würde oder dies gar nur droht.[137] Zahlt die Gesellschaft dennoch, hat sie einen Rückforderungsanspruch nach § 812 BGB[138] und die Zahlung ist in der Insolvenz als unentgeltliche Leistung nach § 134 InsO anfechtbar.[139] Die Rangrücktrittsvereinbarung ist schließlich als Vertrag zugunsten Dritter, nämlich der Gläubiger der Gesellschaft anzusehen;[140] sie kann daher ab Eintritt der Insolvenzreife nicht mehr ohne Zustimmung der Gläubiger aufgehoben werden.[141]

Im Überschuldungsstatus sind für die **Kosten des Insolvenzverfahrens** Rückstellungen zu bilden.[142] Dies sind nicht die Kosten des Insolvenzverfahrens infolge der Überschuldung, sondern infolge der prognostizierten Zahlungsunfähigkeit: 37

---

[130] Für stille Beteiligung Baumbach/Hueck/*Haas* GmbHG § 64 Rn. 53 mwN; *Haas* Kölner Schrift zur InsO, 3. Aufl., S. 1325 f., Rn. 64 f. (Genussrechte, stille Beteiligung).
[131] *Haas* DStR 2009, 326; Baumbach/Hueck/*Haas* GmbHG § 64 Rn. 54; *Haas* Kölner Schrift zur InsO, Kap. 40 Rn. 56; *Uhlenbruck/Mock* InsO § 19 Rn. 181.
[132] BGH IX ZR 133/14, WM 2015, 623.
[133] BGH IX ZR 133/14, WM 2015, 623 Rn. 16.
[134] BGH IX ZR 133/14, WM 2015, 623 Rn. 16; vgl. auch *Uhlenbruck/Mock* InsO § 19 Rn. 182.
[135] BGH IX ZR 133/14, WM 2015, 623 Rn. 18.
[136] BGH IX ZR 133/14, WM 2015, 623 Rn. 14; *Frystatzki* NZI 2013, 609 (611).
[137] BGH IX ZR 133/14, WM 2015, 623 Rn. 22, 25.
[138] BGH IX ZR 133/14, WM 2015, 623 Rn. 33 f.
[139] BGH IX ZR 133/14, WM 2015, 623 Rn. 46 ff.
[140] BGH IX ZR 133/14, WM 2015, 623 Rn. 36 ff.
[141] BGH IX ZR 133/14, WM 2015, 623 Rn. 42.
[142] HM siehe nur Baumbach/Hueck/*Haas* GmbHG § 64 Rn. 53 mwN; aA Großkomm. AktG/*Habersack/Foerster* § 92 Rn. 81 mwN.

Diese Kosten drohen und sind deshalb für die Frage von Belang, ob die AG mit dem Insolvenzantrag warten darf, bis sie zahlungsunfähig ist, oder ob sie bereits jetzt den Antrag stellen muss. Dieselben Grundsätze gelten für Verbindlichkeiten aus einem zu erwartenden Sozialplan infolge einer insolvenzbedingten Betriebseinstellung.[143]

38 Passive Rechnungsabgrenzungsposten sind anzusetzen, sofern Leistung oder Rückzahlung verlangt werden kann.[144] Wie bei den aktiven Rechnungsabgrenzungsposten dürfte nicht der Posten selbst, sondern die dahinter stehende Verpflichtung zu passivieren sein.

39 **cc) Bewertung.** Für die **Vermögensgegenstände** sind Liquidationswerte anzusetzen, dh das Vermögen ist unter der Annahme zu bewerten, dass die AG das Unternehmen nicht fortführt, sondern durch Veräußerung der Vermögensgegenstände verwertet. Der Liquidationswert eines Vermögensgegenstandes ist der Erlös ohne Umsatzsteuer, der voraussichtlich bei einer Veräußerung erzielt würde.[145] Grundsätzlich ist zu unterstellen, dass Vermögensgegenstände nur einzeln, dh nicht als Teil des Unternehmens oder eines Unternehmensteils veräußert werden können, es sei denn, es gibt starke tatsächliche Anhaltspunkte für die Veräußerung des Unternehmens insgesamt oder in Teilen.[146] Für eine Veräußerung des Unternehmens insgesamt wird es dafür regelmäßig eines konkreten Kaufangebotes bedürfen; eine wie auch immer geartete Berechnung des Ertragswerts des Unternehmens wird die Annahme der Veräußerbarkeit nicht tragen. Forderungen sind auf Einbringlichkeit zu prüfen und ggf. wertzuberichtigen; wiederkehrende und sonstige noch nicht fällige Zahlungsansprüche sind mit dem Barwert anzusetzen.

40 Den **Verbindlichkeiten** ist in Übereinstimmung mit der hM idR unabhängig von ihrer Fälligkeit der Rückzahlungsbetrag beizulegen,[147] unverzinslichen, noch nicht fälligen und wiederkehrenden Verbindlichkeiten hingegen der gem. §§ 41 Abs. 2 und 46 InsO berechnete Barwert, weil sie auch im Insolvenzverfahren nur mit diesem Wert berücksichtigt werden.[148] Die Rechnungsabgrenzungsposten sind mit dem Wert der dahinter stehenden Verpflichtungen anzusetzen.

3. Die Pflicht zur Stellung des Insolvenzantrags

a) Entstehung und Dauer der Pflicht

41 Wird die AG zahlungsunfähig oder ergibt sich die Überschuldung, so muss der Vorstand gem. § 15a Abs. 1 Satz 1 InsO unverzüglich, spätestens aber drei Wochen nach Eintritt der Zahlungsunfähigkeit oder Überschuldung die Eröffnung des Insolvenzverfahrens beantragen. Nach heute hM entsteht die Pflicht, wenn der Insolvenzgrund für den Vorstand erkennbar war, wobei der Vorstand zu beweisen hat, dass der Insolvenzgrund nicht erkennbar war;[149] dieser Ansicht ist zu folgen.

---

[143] Haas Kölner Schrift zur InsO, Kap. 40 Rn. 50; MünchKomm. InsO/*Drukarczyk/Schüler*, § 19 Rn. 118, 124; aA Uhlenbruck/*Mock* InsO § 19 Rn. 162.

[144] Baumbach/Hueck/*Haas* GmbHG § 64 Rn. 53; Uhlenbruck/*Mock* InsO § 19 Rn. 195.

[145] Baumbach/Hueck/*Haas* GmbHG § 64 Rn. 56a; Großkomm. AktG/*Habersack/Foerster* § 92 Rn. 78.

[146] Baumbach/Hueck/*Haas* GmbHG § 64 Rn. 56a; Großkomm. AktG/*Habersack/Foerster* § 92 Rn. 79 jeweils mwN.

[147] Baumbach/Hueck/*Haas* GmbHG § 64 Rn. 58; Großkomm. AktG/*Habersack/Foerster* § 92 Rn. 83 jeweils mwN.

[148] Baumbach/Hueck/*Haas* GmbHG § 64 Rn. 58; Großkomm. AktG/*Habersack/Foerster* § 92 Rn. 83 jeweils mwN.

[149] BGH II ZR 171/10, WM 2012, 1124 Rn. 13 (für GmbH); II ZR 273/98, NJW 2000, 668; Großkomm. AktG/*Habersack/Foerster* § 92 Rn. 87 mwN; *Bayer/Schmidt* AG 2005, 644;

Nach ganz hM und nach § 91 Abs. 2 AktG ist der Vorstand verpflichtet, die Geschäftsentwicklung ständig auf kritische Entwicklungen hin zu beobachten, um nicht zuletzt seiner Insolvenzantragspflicht genügen zu können.[150] Er haftet dabei auch für fahrlässige Pflichtverstöße nach § 93 Abs. 2 AktG. Dann wäre es jedoch ungereimt, den Verschuldensmaßstab ausgerechnet bei der Pflicht zu mildern, deren Einhaltung die vorgenannten Pflichten gerade sicherstellen sollen. Um die Ausnutzung der Drei-Wochen-Frist sicherzustellen, dürfen die Anforderungen an die Erkennbarkeit des Insolvenzgrundes, wie auch an die Pflicht zur laufenden Beobachtung, nicht überspannt werden: Der Vorstand ist nur dann zu eingehenderer Untersuchung verpflichtet, wenn ihm das ordnungsgemäße Frühwarnsystem[151] oder außerplanmäßige Vorgänge oder Berichte dafür Anhaltspunkte liefern; ein Insolvenzgrund ist erst erkennbar, wenn ein Zeitraum verstrichen ist, innerhalb dessen ein ordentlicher und gewissenhafter Geschäftsleiter ermittelt hätte, ob ein Insolvenzgrund tatsächlich gegeben ist; die Schwierigkeiten, insb. des Überschuldungstatbestands, verlangen, dass dieser Zeitraum nicht zu knapp bemessen wird.[152] Der Vorstand verletzt seine Insolvenzantragspflicht nicht, wenn er bei fehlender eigener Sachkunde zur Klärung des Bestehens der Insolvenzreife der Gesellschaft den Rat eines unabhängigen, fachlich qualifizierten Berufsträgers einholt, diesen über sämtliche für die Beurteilung erheblichen Umstände ordnungsgemäß informiert und nach eigener Plausibilitätskontrolle der ihm daraufhin erteilten Antwort dem Rat folgt und von der Stellung eines Insolvenzantrags absieht.[153]

Die Pflicht zur Stellung des Antrags entfällt, wenn kein Insolvenzgrund mehr vorliegt.[154]

b) Erfüllung der Antragspflicht

Der Vorstand hat seine Antragspflicht gem. § 15a Abs. 1 InsO erfüllt, wenn mindestens ein Vorstandsmitglied[155] wirksam beim Insolvenzgericht[156] die Eröffnung des Verfahrens beantragt und den Antrag nicht zurückgenommen hat.[157] Stellen nicht alle Vorstandsmitglieder den Antrag, so ist der Insolvenzgrund nach § 15 Abs. 2 InsO unter Verwendung beliebiger Beweismittel glaubhaft zu machen.[158] Das ESUG[159] hat die Anforderungen an den Insolvenzantrag in § 13 InsO deutlich ausgeweitet und in § 15a Abs. 4 InsO auch das **nicht richtige Stellen des Antrags** unter Strafe gestellt. Es ist umstritten, wann ein Antrag „nicht richtig" gestellt ist.

MünchKomm. AktG/Bd. 2/*Spindler* § 92 Rn. 28; *Hüffer/Koch* AktG § 92 Rn. 23; vgl. früher hM (pos. Kenntnis) bei *Delhaes* Kölner Schrift zur InsO, Kap. 4 Rn. 14 mwN.
[150] BGH II ZR 171/10, WM 2012, 1124 Rn. 13 (für GmbH); II ZR 9/94, ZIP 1995, 560 (561); MHdB GesR IV/*Wiesner* § 25 Rn. 95 mwN.
[151] Vgl. Rn. 6 ff.
[152] Mit Verweis auf einen ordentlichen Geschäftsmann auch *Dahl* NZI 2008, 719 (720).
[153] BGH II ZR 48/06, NJW 2007, 2118; sa Baumbach/Hueck/*Haas* GmbHG § 64 Rn. 126.
[154] HM BGH 1 StR 132/60, NJW 1961, 740; Großkomm. AktG/*Habersack/Foerster* § 92 Rn. 89 mwN.
[155] Nach § 15 Abs. 1 InsO ist jedes Mitglied des Vertretungsorgans einer juristischen Person antragsbefugt.
[156] §§ 2, 3 InsO, § 17 Abs. 1 ZPO.
[157] Großkomm. AktG/*Habersack/Foerster* § 92 Rn. 96.
[158] MünchKomm. InsO/*Schmahl/Vuia* § 14 Rn. 66; vgl. § 4 InsO iVm § 294 Abs. 1 ZPO.
[159] Gesetz zur weiteren Erleichterung der Sanierung von Unternehmen v. 7.12.2011, BGBl. 2011 I 2582.

Nach einer Ansicht ist der Inhalt des Antrags insbesondere für die haftungsrechtlichen Folgen nicht entscheidend.[160] Nach anderer Ansicht muss der Antrag inhaltlich richtig sein, aber nicht jede Unvollständigkeit oder Unrichtigkeit des Antrags soll zu einer Verletzung von § 15a InsO führen; schädlich sein sollen nur solche fehlenden oder falschen Angaben, welche die gerichtliche Entscheidung verhindern oder erheblich erschweren.[161] Die strengste, aber wohl herrschende Ansicht sagt, dass die Antragspflicht nur erfüllt ist, wenn der Antrag in einer Form eingereicht wird, die dem Erfordernis des § 13 InsO genügt, dh er muss vollständig sein und darf keine unrichtigen Angaben enthalten.[162] Der Antrag eines Gläubigers erfüllt die Antragspflicht nicht, solange das Insolvenzverfahren nicht eröffnet ist.[163] Die Streitfrage hat sich durch die Einfügung von § 13 Abs. 3 InsO und § 15a Abs. 6 InsO entschärft. Nach § 15 Abs. 6 InsO ist das nicht richtige Stellen eines Antrags nur strafbar, wenn der Eröffnungsantrag rechtskräftig als unzulässig zurückgewiesen wurde. Nach § 13 Abs. 3 InsO muss das Insolvenzgericht, wenn es den Antrag für unzulässig hält, den Antragsteller unverzüglich auffordern, den Mangel zu beheben, und ihm hierzu eine angemessene Frist einräumen.

43 Die genannte Gesetzesänderung belegt aber auch, dass nur ein zulässiger Antrag die Antragspflicht erfüllt. Das ist an sich selbstverständlich. Zweck des § 15a InsO ist es, für die rechtzeitige Einleitung eines Insolvenzverfahrens zu sorgen. Da ein solches Verfahren nur auf Antrag eingeleitet wird (§ 13 Abs. 1 Satz 1 InsO), kann die Antragspflicht grundsätzlich nur durch einen zulässigen Antrag erfüllt werden. Dazu wiederum muss der Antrag die zwingenden gesetzlichen Angaben enthalten.[164] Zulässig ist ein Antrag, wenn er in der Form des § 13 Abs. 1 S. 1 InsO gestellt wird und die zwingenden, nicht aber notwendig die Soll-Angaben enthält. Für die Darstellung des Insolvenzgrundes ist es ausreichend, aber auch erforderlich, dass der Antrag Tatsachen mitteilt, welche die wesentlichen Merkmale eines Insolvenzgrundes erkennen lassen.[165] Angesichts der verbleibenden Unsicherheiten und der neuen §§ 13 Abs. 3 und 15a Abs. 6 InsO geht Pünktlichkeit vor Vollständigkeit: Es sollte auf jeden Fall innerhalb der Frist ein Antrag gestellt werden, gleich, wie unvollständig.

44 Die Antragspflicht **trifft jedes Vorstandsmitglied**, einschließlich stellvertretender Vorstandsmitglieder,[166] sowie, wenn die AG aufgelöst ist, jeden Abwickler.[167]

---

[160] *Hirte/Knof/Mock* DB 2011, 632; Heidelberger Komm. InsO/*Kleindiek* § 15a Rn. 15; *Weyland* ZInsO 2010, 359 (360).
[161] MünchKomm. InsO/*Klöhn* § 15a Rn. 133; *Rönnau/Wegner* ZInsO 2014, 1025; Kübler/Prütting/*Bork/Preuß* InsO § 15a Rn. 77; *Weiß* ZInsO 2009, 1520 (1521).
[162] Braun/*Bußhardt* InsO § 15a Rn. 17; Baumbach/Hueck/*Haas* GmbHG § 64 Rn. 119; *Marotzke* DB 2012, 560 (566); *Gob* NZG 2010, 371 (372); *Römermann* NJW 2012, 645 (646) und ZInsO 2010, 253 mwN auch für die Strafbarkeit; *Fuhst* DStR 2012, 418; *Gundach/Müller* NZI 2011, 480 (481); *Willemsen/Rechel* BB 2011, 834 (835).
[163] BGH 3 StR 140/56, BB 1957, 273; Großkomm. AktG/*Habersack/Foerster* § 92 Rn. 96; Baumbach/Hueck/*Haas* GmbHG § 64 Rn. 119 mwN; MünchKomm. InsO/*Klöhn* § 15a Rn. 137; *Scholz/K. Schmidt* GmbHG § 64 Rn. 166.
[164] Scholz/Tiedemann/*Rönnau* GmbHG Vor §§ 82 ff. Rn. 56.
[165] BGH IX ZB 426/02, NJW 2003, 1187.
[166] MHdB GesR IV/*Wiesner* § 25 Rn. 107; Großkomm. AktG/*Habersack/Foerster* § 92 Rn. 36.
[167] MHdB GesR IV/*Wiesner* § 25 Rn. 109; Großkomm. AktG/*Habersack/Foerster* § 92 Rn. 42.

B. Pflichten des Vorstands im Rahmen der Krise 45, 46 § 17

Sie trifft darüber hinaus nach hM auch fehlerhaft bestellte Vorstandsmitglieder[168] sowie jeden, der mit Duldung des Aufsichtsrats die Funktion eines Vorstandsmitglieds faktisch wahrnimmt.[169] Nach Abberufung oder Amtsniederlegung ist ein Vorstandsmitglied nicht mehr berechtigt und damit auch nicht mehr verpflichtet, den Antrag zu stellen; es bleibt jedoch verantwortlich für bereits begangene zivil- und strafrechtliche Pflichtverstöße[170] und muss dafür sorgen, dass die verbleibenden oder neuen Vorstandsmitglieder den Antrag stellen.[171] Darüber hinaus bleiben Recht und Pflicht zur Antragstellung nach hM bestehen, wenn die Niederlegung rechtsmissbräuchlich und damit unwirksam war.[172] Die Organstellung an den unsicheren Ausgang des Streits über den Missbrauch zu knüpfen, ist jedoch bedenklich[173] und unter Haftungsgesichtspunkten auch nicht erforderlich: Legt ein Vorstandsmitglied sein Amt in Kenntnis der Antragspflicht nieder, so verstößt es durch die Niederlegung vorsätzlich gegen die Antragspflicht, weil es sich deren Erfüllung endgültig unmöglich macht.

Die Drei-Wochen-Frist ist eine **Höchstfrist**, die nur ausgenutzt werden darf, 45 soweit der Vorstand dadurch die Antragstellung nicht schuldhaft verzögert.[174] Erweist sich eine Sanierung vor Ablauf der Frist als aussichtslos, ist der Antrag sofort zu stellen.

Stellt der Vorstand den Antrag verfrüht, kann er damit seine Pflicht aus § 93 46 Abs. 1 AktG verletzen. Dies gilt idR jedenfalls dann, wenn er zur Stellung des Antrags weder nach § 15a Abs. 1 AktG verpflichtet noch nach § 18 Abs. 1 InsO berechtigt war. Wenn die Antragsbefugnis nach § 18 Abs. 1 InsO begründet ist, wird der Vorstand prüfen müssen, ob die Stellung des Antrags für die AG und ihr Unternehmen vorteilhafter ist als das weitere Zuwarten. Stellt der Vorstand den Antrag, wird er ggf. darlegen müssen, weshalb eine Sanierung außerhalb des Insolvenzverfahrens nicht möglich oder nicht aussichtsreich war. Je nach Ausgestaltung des Katalogs zustimmungspflichtiger Geschäfte wird der Vorstand vor Stellung des Antrags die Zustimmung des Aufsichtsrats einholen müssen, in jedem Fall wird er den Aufsichtsrat informieren müssen.

---

[168] Großkomm. AktG/*Habersack/Foerster* § 92 Rn. 39; Baumbach/Hueck/*Haas* GmbHG § 64 Rn. 113 mwN zum GmbH-Geschäftsführer; MünchKomm. InsO/*Klöhn* § 15a Rn. 71 mwN; MünchKomm. AktG/Bd. 2/*Spindler* § 92 Rn. 73 mwN; wohl auch MHdB GesR IV/ *Wiesner* § 20 Rn. 38.
[169] BGH II ZR 194/87, DB 1988, 1263 (1264); 3 StR 287/82, NJW 1983, 240 (241); MHdB GesR IV/*Wiesner* § 25 Rn. 109, MünchKomm. InsO/*Klöhn*, § 15a Rn. 75 mwN; Baumbach/ Hueck/*Haas* GmbHG § 64 Rn. 172 mwN; Großkomm. AktG/*Habersack/Foerster* § 92 Rn. 40 f.; aA *Bergmann* NZWiSt 2014, 81, insbesondere zur Strafbarkeit faktischer Geschäftsführer.
[170] Großkomm. AktG/*Habersack/Foerster* § 92 Rn. 38.
[171] BGH 2 StR 368/51, NJW 1952, 554; MünchKomm. InsO/*Klöhn* § 15a Rn. 73.
[172] Großkomm. AktG/*Habersack/Foerster* § 92 Rn. 38; aA Baumbach/Hueck/*Haas* GmbHG § 64 Rn. 115 mwN.
[173] Vgl. die Begründung des BGH gegen das Erfordernis eines wichtigen Grundes für die Amtsniederlegung: BGH II ZR 161/79, DB 1980, 1980 (1981); II ZR 58/92, DB 1993, 830.
[174] Unstr.; s. nur *Hüffer/Koch* AktG § 92 Rn. 24; MünchKomm. InsO/*Klöhn* § 15a Rn. 117.

4. Rechtsfolgen des Verstoßes gegen die Antragspflicht

a) Haftung gegenüber den Gläubigern

47 Nach ganz hM ist § 15a Abs. 1 InsO Schutzgesetz iSv § 823 Abs. 2 BGB zugunsten der Gläubiger der AG.[175]

48 Die Gläubiger haben somit einen **Schadensersatzanspruch**[176] gegen jedes Vorstandsmitglied, welches zumindest fahrlässig[177] gegen die Antragspflicht verstößt. Die Anspruchsvoraussetzungen sind grundsätzlich vom Gläubiger oder Insolvenzverwalter darzulegen und zu beweisen; es gelten aber bestimmte Darlegungs- und Beweiserleichterungen.[178] Das Verschulden der Vorstandsmitglieder ist bei Nichterfüllung der Antragspflicht zu vermuten.[179]

49 Soweit die Forderung eines Gläubigers begründet ist, bevor die Pflicht zur Antragstellung hätte erfüllt werden müssen,[180] hat der Gläubiger Anspruch auf den sog. **Quotenschaden**. Der Anspruch besteht unabhängig vom Rechtsgrund der Forderung des sog. **Altgläubigers**, erfasst also auch Deliktsansprüche.[181] Wird ein Insolvenzverfahren eröffnet, so ist es nach § 92 InsO allein Sache des Insolvenzverwalters, den Ersatzanspruch der Altgläubiger geltend zu machen.[182] Der Quotenschaden ist die Differenz zwischen der fiktiven Quote, die der Gläubiger bei rechtzeitiger Antragstellung erzielt hätte, und der Quote, die er tatsächlich erzielt hat.[183] Die fiktive Quote wird berechnet, indem die Masse, die zur Befriedigung der Altgläubiger zur Verfügung gestanden hätte, durch die Summe aller Forderungen von Altgläubigern geteilt wird.[184] Zur Ermittlung des Quotenschadens ist die fiktive Quote mit der Summe der tatsächlichen Forderungen aller in der Insolvenz noch vorhandenen Altgläubiger zu multiplizieren; von dem resultierenden Produkt ist

---

[175] Zu § 64 Satz 1 GmbHG ständige Rspr., zB BGH II ZR 292/91, DB 1994, 1608 (1611); MHdB GesR IV/*Wiesner* § 26 Rn. 73 mwN; Baumbach/Hueck/*Haas* GmbHG § 64 Rn. 109a mwN; MünchKomm. AktG/Bd. 2/*Spindler* § 92 Rn. 75; *Hüffer/Koch* AktG § 92 Rn. 26. MünchKomm. InsO/*Klöhn* § 15a Rn. 140 mwN; aA *Altmeppen/Wilhelm* NJW 1999, 673 (679).

[176] Sog. Insolvenzverschleppungshaftung.

[177] BGH II ZR 292/91, DB 1994, 1608 (1613); Großkomm. AktG/*Habersack/Foerster* § 92 Rn. 105; MünchKomm. InsO/*Klöhn* § 15a Rn. 171 ff.; Baumbach/Hueck/*Haas* GmbHG § 64 Rn. 126.

[178] MünchKomm. InsO/*Klöhn* § 15a Rn. 265 ff., insb. Rn. 267; Großkomm. AktG/*Habersack/Foerster* § 92 Rn. 106 mwN; ausführlich *Meyke* ZIP 1998, 1179.

[179] St. Rspr., BGH II ZR 204/09, NJW 2011, 2427; II ZR 151/09, NJW 2010, 1393; II ZR 48/06, NJW 2007, 2118; II ZR 273/98, DStR 2000, 210 mwN zur Rspr. des BGH.

[180] Dh nicht bereits bei Eintritt der Insolvenzreife – so aber offenbar Großkomm. AktG/*Habersack/Foerster* § 92 Rn. 104; Baumbach/Hueck/*Haas* GmbHG § 64 Rn. 129 – und auch nicht, wenn die Insolvenzreife erkennbar wird, sondern erst zu dem Zeitpunkt, in dem die Antragstellung nicht mehr unverzüglich wäre, denn erst dann beginnt der Verstoß gegen die Antragspflicht.

[181] Großkomm. AktG/*Habersack/Foerster* § 92 Rn. 107; MünchKomm. AktG/Bd. 2/*Spindler*, § 92 Rn. 84.

[182] Großkomm. AktG/*Habersack/Foerster* § 92 Rn. 107 mwN; MünchKomm. AktG/Bd. 2/ *Spindler* § 92 Rn. 78; MünchKomm. InsO/*Klöhn* § 15a Rn. 253; Baumbach/Hueck/*Haas* GmbHG § 64 Rn. 13.

[183] Grundlegend BGH VI ZR 245/57, BGHZ 29, 100 (103 f.); II ZR 146/96, DB 1998, 978 (979); Großkomm. AktG/*Habersack/Foerster* § 92 Rn. 108; MünchKomm. InsO/*Klöhn* § 15a Rn. 183; MünchKomm. AktG/Bd. 2/*Spindler* § 92 Rn. 78; *Hüffer/Koch* AktG § 92 Rn. 27.

[184] Zu Einzelheiten der Berechnung s. BGH II ZR 20/96, ZIP 1997, 1542; *Dauner-Lieb* ZGR 1998, 617 (622 ff.); MünchKomm. InsO/*Klöhn* § 15a Rn. 184 f.

B. Pflichten des Vorstands im Rahmen der Krise 50 § 17

sodann die tatsächlich vorhandene Masse abzuziehen, soweit sie auf die Altgläubiger entfällt; dieser Anteil der Altgläubiger an der Masse ergibt sich aus dem Verhältnis der Forderungen der Altgläubiger zur Summe aller Insolvenzforderungen.[185]

Gläubiger, deren Anspruch erst nach dem oben genannten Zeitpunkt, aber vor Stellung des Antrags auf Eröffnung des Insolvenzverfahrens begründet wird, sog. **Neugläubiger**, haben nach hM Anspruch auf Ersatz des Schadens, der ihnen entstanden ist, weil sie mit der AG infolge des unterbliebenen Insolvenzantrags noch in Rechtsbeziehungen getreten sind; der Anspruch ist nicht auf den Quotenschaden beschränkt, sondern umfasst das gesamte **negative Interesse**.[186] Im Gegenzug ist gem. § 255 BGB analog die Insolvenzforderung abzutreten.[187] Es ist streitig, ob der Ersatzanspruch nur für Gläubiger vertraglicher oder auch deliktischer und sonstiger gesetzlicher Ansprüche besteht.[188] Dies hängt letztlich davon ab, wie man den Schutzzweck des § 15a Abs. 1 InsO bestimmt: Wenn es darum geht, insolvenzreife Gesellschaften vom Geschäftsverkehr fern zu halten,[189] legt dies einen Schutz nur der vertraglichen Neugläubiger nahe; ist Schutzzweck hingegen, insolvente Rechtsträger aus dem Rechtsverkehr insgesamt zu entfernen, sind auch gesetzliche Gläubiger einzubeziehen. Nach der Rspr. des BGH ist regelmäßig nur der Schaden ersatzfähig, der entsteht, weil ein vertraglicher Neugläubiger im Vertrauen auf die Solvenz der tatsächlich insolvenzreifen Gesellschaft Vorleistungen erbracht oder Aufwendungen getätigt hat.[190] Diese vom BGH regelmäßig verwandte Formel dürfte aber zu eng sein, wie sich auch aus anderen Entscheidungen des BGH selbst ergibt.[191] Der vom BGH geforderte innere Zusammenhang zwischen Insolvenzverschleppung und Schäden besteht nicht nur bei Vorleistungen, sondern bei Vertragsverhältnissen für alle Schäden, die entstehen, weil der Vertragspartner darauf vertraute, dass die insolvenzreife Gesellschaft in der Lage sein würde, das Vertragsverhältnis ordnungsgemäß abzuwickeln und die daraus entstehenden Ansprüche, einschließlich der Sekundäransprüche, zu erfüllen. Bei gesetzlichen Ansprüche wird die Verletzung der Antragspflicht jedenfalls für den Ausfall bei denjenigen Ansprüchen kausal sein, die nach dem Zeitpunkt begründet wurden, in dem das Insolvenzverfahren vermutlich eröffnet worden wäre, weil es sich dann

---

[185] BGH II ZR 146/96, DB 1998, 978 (979); Uhlenbruck/*Hirte* InsO § 15a Rn. 42.
[186] BGH II ZR 292/91, DB 1994, 1608, 1611; II ZR 159/98, GmbHR 1999, 715 (716); dazu gehören auch der entgangene Gewinn und Rechtsverfolgungskosten: BGH II ZR 253/07, DB 2009, 1287 Rn. 16; MünchKomm. InsO/*Klöhn* § 15a Rn. 187; MünchKomm. AktG/Bd. 2/*Spindler* § 92 Rn. 79; kritisch *Hüffer/Koch* AktG § 92 Rn. 28; nicht mehr geschützt sind Gläubiger, die ihre Forderung nach Insolvenzeröffnung erworben haben, BGH VI ZR 268/85, NJW 1987, 2433.
[187] BGH II ZR 234/05, NZG 2007, 347 Rn. 20.
[188] Baumbach/Hueck/*Haas* GmbHG § 64 Rn. 154 ff. mit umfassenden Nachweisen zum Meinungsstand. Gegen einen Anspruch des Sozialversicherungsträgers BGH II ZR 159/98, GmbHR 1999, 715 (716); gegen einen Anspruch von Gläubigern gesetzlicher Ansprüche allgemein Hüffer/Koch AktG § 92 Rn. 19; für einen solchen Anspruch Großkomm. AktG/*Habersack/Foerster* § 92 Rn. 111 mwN; MünchKomm. AktG/Bd. 2/*Spindler* § 92 Rn. 84.
[189] BGH II ZR 292/91, DB 1994, 1608 (1611 f.); II ZR 390/03, GmbHR 2005, 1425 (1428): Insolvenzantragspflicht hat nicht den Zweck, potentielle Deliktsgläubiger davor zu bewahren, nach Insolvenzreife noch Opfer eines Delikts zu werden.
[190] BGH II ZR 113/13, DStR 2015, 368 Rn. 14 mwN.
[191] Siehe etwa BGH II ZR 130/10, DStR 2012, 1877 Rn. 24: Insolvenzreife Gesellschaft konnte Schäden infolge fehlerhafte Bauleistungen wegen fehlender Mittel nicht mehr beseitigen.

nach § 55 Abs. 1 Nr. 1 InsO um Masseschulden gehandelt hätte.[192] Der Anspruch ist nicht vom Insolvenzverwalter, sondern von jedem betroffenen Neugläubiger geltend zu machen.[193]

b) Sonstige zivil- und strafrechtliche Haftung

51 Gemäß § 15a Abs. 4 und 5 InsO machen sich Vorstandsmitglieder auch strafbar, wenn sie vorsätzlich oder fahrlässig gegen die Antragspflicht verstoßen. Besondere Beachtung verdienen bei Insolvenzreife die Aufklärungspflichten gegenüber bestehenden und neuen Geschäftspartnern, bei deren Verletzung sich der Vorstand strafbar machen kann, insbesondere wegen Betrugs (§ 263 StGB). Zudem kommen Ansprüche der Gläubiger aus culpa in contrahendo (§§ 280 Abs. 1, 241 Abs. 2, 311 Abs. 2 BGB) sowie Ansprüche aus § 826 oder § 823 Abs. 2 BGB iVm Vorschriften des StGB in Betracht.[194] Bestehen und Umfang der Aufklärungspflichten bedürfen im Einzelfall einer genauen Prüfung. Zu beachten ist insbesondere, dass der Vorstand bei Insolvenzreife einen vorleistungspflichtigen Vertragspartner jedenfalls auf Nachfrage, grundsätzlich aber sogar ungefragt über die Lage der AG aufzuklären hat.[195] Allerdings hat der BGH im Zusammenhang mit § 826 BGB wiederholt entschieden, dass ein Geschäftsführungsorgan nicht sittenwidrig handelt, wenn es die Offenlegung einer Krise unterlässt, weil es die Krise den Umständen nach als überwindbar und darum Bemühungen um ihre Behebung durch einen Sanierungsversuch als lohnend und berechtigt ansehen durfte; für diese Umstände trägt das Organ die Beweislast.[196]

52 Nach hM haften die Vorstandsmitglieder gemäß § 93 Abs. 2 AktG auch der AG für den Schaden, der ihr aus der Verzögerung oder Unterlassung des Antrags entsteht.[197] Ein Schaden wird aber regelmäßig nicht vorliegen.[198] Darüber hinaus ist § 15a InsO nach hM kein Schutzgesetz iSv § 823 Abs. 2 BGB für die Gesellschaft oder die Aktionäre.[199]

53 Wer nach § 26 Abs. 1 Satz 2 InsO einen Vorschuss geleistet hat, um die Abweisung des Antrags auf Insolvenzeröffnung mangels Masse zu vermeiden, hat nach § 26 Abs. 3 Satz 1 InsO bei pflichtwidrig und schuldhaft unterlassener Insolvenzantragstellung einen Erstattungsanspruch.[200] Einen vergleichbaren Anspruch hat gem.

---

[192] Vgl. *Reiff/Arnold* ZIP 1998, 1893 (1896); mit anderer Begründung auch MünchKomm. AktG/Bd. 2/*Spindler* § 92 Rn. 84; aA Gottwald/*Haas/Kolmann* Insolvenzrechts-Handbuch, § 92 Rn. 118 ff.

[193] BGH II ZR 146/96, DB 1998, 978 (979); *Hüffer/Koch* AktG § 92 Rn. 28 mwN. MünchKomm. AktG/Bd. 2/*Spindler,* § 92 Rn. 80.

[194] Insbesondere: §§ 263, 265b, 266, 266a, 283-283d StGB; Einzelheiten bei Großkomm. AktG/*Habersack/Foerster* § 92 Rn. 118–121 und MünchKomm. InsO/*Klöhn* § 15a Rn. 284 ff.

[195] BGH VIII ZR 325/81, NJW 1983, 1607 (1609); 4 StR 323/97, NJW 1998, 767 (768 f.); MünchKomm. InsO/*Klöhn* § 15a Rn. 288 f; Gottwald/*Haas/Kolmann* Insolvenzrechts-Handbuch § 92 Rn. 97.

[196] BGH VI ZR 231/06, NZI 2008, 242 (243); II ZR 292/91, NJW 1994, 2220 (2224); MünchKomm. BGB/Bd. 5/*Wagner* § 826 Rn. 111.

[197] Für den GmbH-Geschäftsführer *Baumbach/Hueck/Haas* GmbHG § 64 Rn. 160 mwN; MünchKomm. InsO/*Klöhn* § 15a Rn. 317; zweifelnd BGH II ZR 2/72, NJW 1974, 1088 (1089).

[198] MünchKomm. InsO/*Klöhn,* § 15a Rn. 94, 317; Großkomm. AktG/*Habersack/Foerster* § 92 Rn. 102; tendenziell auch BGH II ZR 2/72, NJW 1974, 1088 (1089).

[199] Siehe nur MünchKomm. InsO/*Klöhn* § 15a Rn. 162 ff. mwN und Hinweisen zu anderen Ansichten.

[200] Siehe Uhlenbruck/*Hirte* InsO § 15a Rn. 53; MünchKomm. InsO/*Klöhn* § 15a Rn. 316.

B. Pflichten des Vorstands im Rahmen der Krise

§ 207 Abs. 1 Satz 2, 2. Hs. InsO, wer einen Geldbetrag vorgeschossen hat, um die Einstellung des Verfahrens mangels Masse zu verhindern.

5. Zahlungsverbot

Gemäß § 92 Abs. 2 Satz 1 und 2 AktG darf der Vorstand, nachdem Zahlungsunfähigkeit eingetreten oder Überschuldung[201] sich ergeben hat, nur noch solche Zahlungen leisten, die auch nach diesem Zeitpunkt mit der Sorgfalt eines ordentlichen und gewissenhaften Geschäftsleiters vereinbar sind. Zweck der Vorschrift ist es, im Vorfeld des Insolvenzverfahrens die ranggerechte gleichmäßige Befriedigung der Gläubiger zu sichern.[202] Der Begriff der Zahlung ist dementsprechend weit auszulegen und auf die Leistung sonstiger Vermögensgegenstände auszudehnen.[203] Nicht erfasst ist hingegen die bloße Begründung masseschmälernder Verbindlichkeiten.[204] Die Ersatzpflicht entfällt, wenn die durch die Zahlung verursachte Schmälerung der Masse in einem unmittelbaren Zusammenhang mit ihr wieder ausgeglichen wird; ob ein unmittelbarer Zusammenhang besteht, bedarf einer wirtschaftlichen Betrachtung des Vorgangs.[205] Der als Ausgleich erhaltene Gegenstand muss der AG endgültig zugeflossen sein, er muss aber nicht bei Eröffnung des Insolvenzverfahrens noch vorhanden sein.[206] Zahlungen von einem debitorischen Konto sind keine Auszahlungen iSd § 92 Abs. 2 AktG, sondern bewirken nur einen Gläubigertausch.[207] Der Zahlungseingang auf einem solchen Konto verstößt jedoch gegen das Zahlungsverbot,[208] es sei denn, die auf das debitorische Konto eingezogene Forderung wurde vor Insolvenzreife an die Bank abgetreten und ist vor Insolvenzreife sowohl entstanden als auch werthaltig geworden.[209] Das Gleiche gilt für Zahlungen, die zum Freiwerden einer Sicherheit führen, wenn diese für die Verwertung zugunsten der Gläubiger zur Verfügung steht.[210]

Zahlungen im vorstehenden Sinne entsprechen dann der Sorgfalt eines ordentlichen und gewissenhaften Geschäftsleiters, wenn sie vor Eröffnung des Insolvenzverfahrens erbracht werden und die **gleichmäßige Befriedigung der Gläubiger**

---

[201] Zum Beginn des Zahlungsverbotes ab Eintritt der Insolvenzreife BGH II ZR 280/07, NZG 2009, 550.
[202] MünchKomm. AktG/Bd. 2/*Spindler* § 92 Rn. 22; Großkomm. AktG/*Habersack/Foerster* § 92 Rn. 122; Baumbach/Hueck/*Haas* GmbHG § 64 Rn. 1; st. Rspr. BGH II ZR 273/98, GmbHR 2000, 210 und II ZR 88/99, DStR 2001, 175 (177); II ZR 273/98, GmbHR 2007, 596 (598); II ZR 258/08, GmbHR 2010, 428 (429).
[203] Großkomm. AktG/*Habersack/Foerster* § 92 Rn. 122; ausführlich Baumbach/Hueck/*Haas* GmbHG § 64 Rn. 65 mwN; wohl auch BGH II ZR 273/98, DStR 2000, 210 (durch zustimmende Verweisung auf *Hachenburg/Ulmer* § 64 Rn. 40); *Hüffer/Koch* AktG § 92 Rn. 32 f. mwN.
[204] BGH II ZR 146/96, DB 1998, 978 (979); Großkomm. AktG/*Habersack/Foerster* § 92 Rn. 130; Baumbach/Hueck/*Haas* GmbHG § 64 Rn. 66; *Hüffer/Koch* AktG § 92 Rn. 33; MünchKomm. AktG/Bd. 2/*Spindler* § 92 Rn. 26; Scholz/*K. Schmidt* GmbHG § 64 Rn. 32; aA *K. Schmidt* ZHR 2004, 637 (667); *Altmeppen/Wilhelm* NJW 1999, 673 (678 ff.).
[205] BGH II ZR 231/13, NZG 2015, 149 Rn. 10; dazu *K. Schmidt* NZG 2015, 129.
[206] BGH II ZR 231/13, NZG 2015, 149 Rn. 11.
[207] BGH II ZR 310/05, NZG 2007, 462 Rn. 8. Die Leistung kann aber der insolvenzrechtlichen Anfechtung unterliegen, vgl. BGH IX ZR 210/07, NZI 2008, 293 Rn. 4 – der IX. Zivilsenat hält dort fest, dass diese Rspr. der Entscheidung des II. Zivilsenats nicht widerspricht, weil § 64 Satz 1 GmbHG nur Leistungen erfasse, die sich unmittelbar masseschmälernd ausgewirkt haben.
[208] BGH II ZR 366/13, NZG 2015, 998 Rn. 11; II ZR 100/13, ZIP 2014, 1523 Rn. 16.
[209] BGH II ZR 68/14, WM 2016, 275 Rn. 13; II ZR 366/13, NZI 2015, 817.
[210] BGH II ZR 394/13, NZG 2016, 658.

unberührt lassen oder sogar fördern oder im Einzelfall größere Nachteile für die Masse abwenden.[211] Das Gesellschaftsinteresse oder genauer: das Interesse anderer Beteiligter als der Gesamtheit der Gläubiger vermag keine andere Beurteilung mehr zu rechtfertigen.[212] Nach der Rspr. des II. Zivilsenats des BGH ist der Vorstand aber berechtigt, Zahlungen zu leisten, soweit dies zur Abwendung einer eigenen deliktischen Haftung erforderlich ist. Danach handelt der Vorstand mit der Sorgfalt eines ordentlichen und gewissenhaften Geschäftsleiters, wenn er den durch eine Strafandrohung geschützten sozial- oder steuerrechtlichen Normbefehlen folgend Arbeitnehmeranteile der Sozialversicherung oder Lohnsteuer abführt.[213] Da das Nichtabführen von Arbeitgeberanteilen nicht mit Strafe bedroht ist, besteht für diese nicht die Ausnahme vom Zahlungsverbot.[214] Diese Rspr. wurde auch auf Zahlungen zur Vermeidung einer Strafbarkeit wegen Untreue nach § 266 StGB ausgedehnt.[215] Der BFH hat unter Berufung auf die geänderte Rspr. des II. Zivilsenats geurteilt, dass ein organschaftlicher Vertreter wegen Nichtabführung der Lohnsteuer nach §§ 34, 69 AO hafte, wenn die Nichtzahlung der fälligen Steuern in die Insolvenzantragsfrist falle, weil die Zahlung mit der Sorgfalt eines ordentlichen und gewissenhaften Geschäftsleiters vereinbar sei.[216] Die Änderung der Rspr. des II. Zivilsenats sollte dazu dienen, einen Konflikt mit der Rechtsprechung des 5. Strafsenats sowie des VI. Zivilsenats des BGH aufzulösen. Nach dieser Rechtsprechung ist der Vorstand verpflichtet, Arbeitnehmerbeiträge zur Sozialversicherung abzuführen, sofern ihm noch ausreichende Finanzmittel zur Verfügung stehen oder auch nur bei entsprechender Disposition zur Verfügung hätten stehen können; tut er dies nicht, so ist er gem. § 266a StGB strafbar und haftet gem. § 823 Abs. 2 BGB iVm § 266a StGB auf Schadensersatz.[217] Dagegen hatte der II. Zivilsenat des BGH diesen Konflikt dadurch aufzulösen versucht, dass das Vorstandsmitglied keiner Haftung aus der Vorenthaltung von Sozialversicherungsbeiträgen unterliege, wenn es sich gem. dem spezielleren Normgebot des § 92 Abs. 2 Satz 1 AktG verhält, weil es insoweit am Verschulden fehle.[218] Die neue Rechtsprechung des II. Zivilsenats übersieht allerdings, dass kein unauflöslicher Normenkonflikt bestand. Nach der Rechtsprechung des 5. Strafsenats macht sich der Vorstand erst nach Ablauf der Insolvenzantragsfrist strafbar; während der Frist handelt der Vorstand gerechtfertigt, wenn er die Beiträge nicht abführt.[219] Somit bestand an sich kein Grund, die Ausnahme vom Zahlungsverbot schon bei Insolvenzreife greifen zu lassen. Nach Ablauf der Antragsfrist kann man nicht mehr von einem unauflöslichen Normenkonflikt sprechen, denn der Vorstand kann die Strafbarkeit vermeiden, indem er seiner ge-

---

[211] BGH II ZR 88/99, DStR 2001, 175 (177); Bsp. bei *Baumbach/Hueck/Haas* GmbHG § 64 Rn. 73; *Hüffer/Koch* AktG § 92 Rn. 34.
[212] Der Gesellschaft als juristischem Konstrukt kommt ohnehin kein Eigeninteresse zu.
[213] BGH II ZR 48/06, NJW 2007, 2118 (2120); II ZR 162/07, NJW 2009, 295.
[214] BGH II ZR 147/08, NJW 2009, 2599 Rn. 6; II ZR 196/09, NZI 2011, 196 Rn. 19.
[215] BGH II ZR 38/07, NZG 2008, 508.
[216] BFH VII R 27/07, ZInsO 2009, 151; bezüglich Steuerschulden besteht eine ähnliche Pflichtenkollision, da nach §§ 370, 380 AO das Unterlassen der Begleichung von Steuerschulden strafbewehrt ist. Bestätigt in BFH VII R 40/16, BB 2018, 102 Rn. 21 für Einfuhrumsatzsteuer.
[217] BGH 5 StR 16/02, NZI 2002, 454; VI ZR 123/00, NZG 2002, 288; VI ZR 90/99, NJW 2000, 2993. Nach der Entscheidung haftet das Geschäftsführungsorgan unabhängig davon, ob an die Arbeitnehmer tatsächlich Löhne gezahlt worden sind.
[218] BGH II ZR 88/99, DStR 2001, 175 (177). Der II. Zivilsenat spricht in der Entscheidung, wenn auch nur obiter, die Divergenz zur Rspr. des VI. Zivilsenats ausdrücklich an.
[219] BGH 5 StR 67/05, NStZ 2006, 224.

setzlichen Pflicht nachkommt und Insolvenzantrag stellt.[220] Dennoch dürfte es auf Basis der Rspr. des II. Zivilsenats zulässig sein, Arbeitnehmer-Sozialbeiträge auch während der Insolvenzantragsfrist abzuführen. Für die maßgeblichen Steuern wird man sich auf die Rspr. des BFH einrichten müssen.

Bei zumindest fahrlässigem[221] Verstoß gegen das Zahlungsverbot haften die Vorstandsmitglieder[222] der AG nach § 93 Abs. 3 Nr. 6 AktG auf **Erstattung der Zahlung oder Leistung.** Es ist keine Voraussetzung des Ersatzanspruchs, dass die Zahlung das Gesellschaftsvermögen verringert hat;[223] der Sache nach geht es um einen Erstattungsanspruch zum Zwecke der Auffüllung der Masse, nicht um Schadensersatz für die AG.[224] Der Ersatzanspruch entfällt, soweit die Verringerung der Masse, die durch die Zahlung verursacht wurde, in einem unmittelbaren Zusammenhang mit der Zahlung wieder ausgeglichen wird.[225] Ein solcher unmittelbarer Ausgleich liegt etwa vor, wenn der Insolvenzverwalter durch Insolvenzanfechtung die Rückerstattung der Zahlung erreicht[226] oder für die Zahlung ein Gegenwert in die Masse gelangt und der Sache nach ein Aktivtausch vorliegt.[227] In dem letztgenannten Fall kommt es nach neuer BGH-Rspr. nicht mehr darauf an, dass die Gegenleistung noch in der Masse vorhanden ist.[228] Nicht anzurechnen ist die Quote, die der Gläubiger erhalten hätte. Dem Vorstandsmitglied ist in einem Urteil lediglich vorzubehalten, gegen den Insolvenzverwalter nach Erstattung einen Anspruch zu verfolgen, der nach Rang und Höhe dem Betrag entspricht, den der begünstigte Gläubiger im Insolvenzverfahren erhalten hätte.[229] Daneben ist § 92 Abs. 2 Satz 1 AktG Schutzgesetz zugunsten der Gläubiger iSv § 823 Abs. 2 BGB.[230]

§ 92 Abs. 2 Satz 3 AktG[231] erweitert das Zahlungsverbot und damit die Haftung des Vorstands auf Zahlungen an die Aktionäre, soweit die Zahlungen zur Zahlungsunfähigkeit der Gesellschaft führen mussten, es sei denn, dies war auch bei Beachtung der in § 93 Abs. 1 Satz 1 AktG bezeichneten Sorgfalt nicht erkennbar. Nach der Regierungsbegründung musste eine Zahlung nur dann zur Zahlungsunfähigkeit führen, wenn sie allein, ohne weitere Umstände, die AG zahlungsunfähig werden lässt, dh es sich bei Zahlung klar abzeichnet, dass die AG unter normalem Verlauf der Dinge ihre Verbindlichkeiten nicht mehr wird erfüllen können.[232] Ist die AG bereits zahlungsunfähig, können Zahlungen an den Aktionär die Zahlungs-

---

[220] BGH 5 StR 67/05, NStZ 2006, 224.
[221] Ganz hM BGH II ZR 273/98, DStR 2000, 210; Großkomm. AktG/*Habersack/Foerster* § 92 Rn. 134; MünchKomm. AktG/Bd. 2/*Spindler* § 93 Rn. 176, 223; Baumbach/Hueck/*Haas* GmbHG § 64 Rn. 84 mwN.
[222] Und die ihnen gleichstehenden Organwalter, s. Rn. 45.
[223] Das Vermögen der AG wird insb. dann nicht verringert, wenn mit der Zahlung eine Verbindlichkeit der AG erfüllt wird.
[224] Großkomm. AktG/*Habersack/Foerster* § 92 Rn. 134; *Goette* DStR 2000, 211.
[225] BGH II ZR 231/13, WM 2015, 77 Rn. 9.
[226] BGH II ZR 100/13, WM 2014, 1546 Rn. 14.
[227] BGH II ZR 231/13, WM 2015, 77; II ZR 151/09, WM 2010, 2313 Rn. 21.
[228] BGH II ZR 231/13, WM 2015, 77 unter Aufgabe der früheren Rspr. ausgehend von BGH II ZR 2/72, NJW 1974, 1088 (1089).
[229] BGH II ZR 88/99, DStR 2001, 175 (178) unter ausdrücklicher Aufgabe von BGH II ZR 273/98, DStR 2000, 210; OLG Jena 8 U 741/01, ZIP 2002, 986 (987 f.).
[230] BGH II ZR 118/77, NJW 1979, 1823; Schmidt/Lutter/*Krieger/Sailer-Coceani* AktG § 92 Rn. 17; MünchKomm. AktG/Bd. 2/*Spindler* § 92 Rn. 37.
[231] Zur praktischen Auswirkung der Regelung insbesondere hinsichtlich Cash-Pooling und Leveraged Buy-Outs *Knapp* DStR 2008, 2371 (2374).
[232] BegrRegE MoMiG BT-Drs. 16/6140, 112.

unfähigkeit nicht mehr isd § 92 Abs. 2 Satz 3 AktG verursachen.²³³ Bei der Frage, ob die AG zahlungsunfähig ist, muss auch die Forderung, auf die geleistet werden soll, in die Liquiditätsbilanz einbezogen werden, wenn sie ernsthaft eingefordert wird.²³⁴ Zahlungen, durch die der Vorstand sich der Haftung aussetzen würde, muss und darf der Vorstand verweigern.²³⁵ Das Anwendungsfeld des § 92 Abs. 2 Satz 3 AktG ist damit recht schmal: Erfasst sind die Erweiterung einer Deckungslücke über die noch tolerierte Lücke von 10 % hinaus, Vermögensverschiebungen, denen kein Anspruch zugrunde liegt, sowie Leistungen, die dazu führen, dass andere Verbindlichkeiten fällig werden, die bisher nicht fällig waren.²³⁶

6. Ad-hoc-Publizität

58   Ist die AG ein Emittent isd Art. 3 Abs. 1 Nr. 21 MMVO,²³⁷ muss der Vorstand prüfen, ob Eintritt von Zahlungsunfähigkeit oder Überschuldung Insiderinformationen sind.²³⁸ Ein Aufschub der Offenlegung nach Art. 17 Abs. 4 MMVO dürfte für die Drei-Wochen-Frist des § 15a Abs. 1 InsO in Frage kommen, wenn der Erfolg von Sanierungsverhandlungen sonst gefährdet würde und die anderen Voraussetzungen für den Aufschub vorliegen.²³⁹

7. Besonderheiten bei Versicherungsunternehmen und Kreditinstituten

59   Abweichend von § 15a Abs. 1 InsO hat der Vorstand einer Versicherungsaktiengesellschaft gem. § 88 Abs. 2 VAG die Zahlungsunfähigkeit und Überschuldung der Aufsichtsbehörde (BaFin) anzuzeigen, die allein gem. § 88 Abs. 1 VAG den Antrag auf Eröffnung des Insolvenzverfahrens stellen kann. Die gleiche Pflicht trifft die Geschäftsleiter eines Kreditinstituts gem. § 46b Abs. 1 Satz 1 KWG; auch hier kann nur die BaFin den Antrag auf Eröffnung des Insolvenzverfahrens stellen. **Streitig** ist, **ob** das **Zahlungsverbot** des § 92 Abs. 2 Satz 1 AktG bei Versicherungen und Kreditinstituten **Anwendung findet** oder durch die Sonderregelungen des § 46 Abs. 1 Satz 2 Nr. 4 KWG und der §§ 88, 89 VAG verdrängt wird.²⁴⁰ Ob zwischen den Auffassungen ein großer praktischer Unterschied besteht, ist zweifelhaft. Man wird differenzieren müssen: Bei Zahlungen, die sowohl dem aktienrechtlichen wie auch einem Zahlungsverbot nach KWG oder VAG widersprechen, besteht ein Zahlungsverbot; hier muss es auch bei der Haftung des Vorstands nach § 93 Abs. 3 Nr. 6 AktG bleiben. Zahlungen, die mit einem Zahlungsverbot nach KWG oder VAG vereinbar oder zugelassen sind, können nicht gegen das aktienrechtliche Zahlungsverbot verstoßen. Dies kann man mit einer spezialgesetzlichen Verdrän-

---

²³³ BGH II ZR 298/11, NZG 2012, 1379 Rn. 11.
²³⁴ BGH II ZR 298/11, NZG 2012, 1379 Rn. 11.
²³⁵ BGH II ZR 298/11, NZG 2012, 1379 Rn. 18; *Gehrlein* BB 2008, 846 (849) mwN; *Hüffer/Koch* AktG § 92 Rn. 38.
²³⁶ BGH II ZR 298/11, NZG 2012, 1379 Rn. 13; *Hüffer/Koch* AktG § 92 Rn. 38.
²³⁷ Siehe Rn. 17.
²³⁸ Grundsätzlich bejahend unter Geltung von § 15 Abs. 1 WpHG aF BaFin Emittentenleitfaden 2013, S. 44; *Assmann/Schneider/Kümpel* WpHG § 15 Rn. 53c; zum neuen Recht *Klöhn/ Klöhn* MAR Art. 7 Rn. 429: Frage des Einzelfalls.
²³⁹ So zur Rechtslage unter § 15 Abs. 1 WpHG aF *Schmidt/Lutter/Krieger/Sailer-Coceani* AktG Anh. § 92 Rn. 4; *Veith* NZG 2005, 254 (256). Zu den Voraussetzungen für den Aufschub s. Rn. 17.
²⁴⁰ Dafür Großkomm. AktG/*Habersack/Foerster* § 92 Rn. 13; dagegen MHdB GesR IV/ *Wiesner* § 25 Rn. 98 f.; *Schmidt/Lutter/Krieger/Sailer-Coceani* AktG § 92 Rn. 2.

gung oder damit begründen, dass solche Zahlungen immer sorgfaltsgemäß sind und darum unter die Ausnahme des § 92 Abs. 2 Satz 2 AktG fallen. Der Sache nach gilt, dass die Vorschriften von KWG und VAG die Zulässigkeit von Zahlungen in der Krise eines Kreditinstitutes bzw. einer Versicherung sehr differenziert regeln. Dies trägt den Besonderheiten dieser volkswirtschaftlich bedeutsamen und deshalb regulierten Märkte Rechnung. Dazu gehört, dass die BaFin bestimmte Zahlungen trotz der Krise der betreffenden Gesellschaft gerade zulässt. Dieses System würde ausgehebelt, wenn derartige Zahlungen einem weiteren, inhaltlich verschiedenen Test unterworfen würden. Der Gesetzgeber hat versucht, das Problem durch eine Beweislastumkehr in § 46c Abs. 1 Satz 1 KWG zu lösen. Danach besteht die Vermutung, dass Leistungen des Instituts, die zwischen einer Anordnung der Bundesanstalt nach § 46 Abs. 1 Satz 2 Nr. 4 bis 6 KWG und dem Insolvenzantrag erbracht werden und nach § 46 zulässig sind, mit der Sorgfalt ordentlicher Kaufleute vereinbar sind. Nach dem Vorstehenden bedürfte es dieser Beweislastumkehr gar nicht. Ein von der BaFin verhängtes Zahlungsverbot hat keine Stundungswirkung.[241]

Nach § 54a KWG macht sich der Vorstand eines Kreditinstituts strafbar, wenn er entgegen § 25c Abs. 4a oder § 25c Abs. 4b Satz 2 KWG nicht dafür Sorge trägt, dass ein Institut oder eine dort genannte Gruppe über eine dort genannte Strategie, einen dort genannten Prozess, ein dort genanntes Verfahren, eine dort genannte Funktion oder ein dort genanntes Konzept verfügt, und hierdurch eine Bestandsgefährdung des Instituts, des übergeordneten Unternehmens oder eines gruppenangehörigen Instituts herbeiführt. Eine entsprechende Strafbarkeit ergibt sich aus § 142 VAG für Versicherungsunternehmen. In beiden Fällen kommt eine Strafbarkeit aber erst in Betracht, wenn der Vorstand einer Anordnung der BaFin, den Verstoß zu beseitigen, nicht nachgekommen ist (§ 54a Abs. 3 KWG, § 142 Abs. 4 VAG). **60**

C. Auswirkungen der Krise auf die übrigen Beteiligten

I. Aufsichtsrat

1. Überwachung der Geschäftsführung

a) Risikofrüherkennung

Die Pflicht des Aufsichtsrats, die Geschäftsführung des Vorstands zu überwachen (§ 111 Abs. 1 AktG), erfasst auch die Schaffung des Überwachungssystems nach § 91 Abs. 2 AktG, weil es sich dabei um eine Leitungsaufgabe des Vorstands handelt.[242] Das ergibt sich aus § 107 Abs. 3 Satz 2 AktG, nach dem der Aufsichtsrat einen Prüfungsausschuss einsetzen kann, der sich „mit der Überwachung des Rechnungslegungsprozesses, der Wirksamkeit des internen Kontrollsystem, des internen Risikomanagementsystems und des internen Revisionssystems [...] befasst".[243] Wird kein Prüfungsausschuss eingerichtet, trifft den Aufsichtsrat selbst diese Überwachungspflicht.[244] Zudem muss der Abschlussprüfer dem Aufsichtsrat oder einem **61**

---

[241] BGH XI ZR 227/12, NZI 2013, 457.
[242] *Claussen/Korth* in FS Lutter, S. 327, 329 f.
[243] *Schindler/Haußer* WPg 2012, 233 (237).
[244] Vgl. RegBegr BilMoG BT-Drs. 16/10067 S,. 102; *Ernst/Seidler* BB 2007, 2557 (2564); *Weber-Rey* AG 2008, 345 (348); *Kort* ZGR 2010, 440 (449), der betont, dass der Aufsichtsrat ein Wahlrecht hat.

Prüfungsausschuss nach § 107 Abs. 3 Satz 2 AktG insbesondere über wesentliche Schwächen des internen Kontroll- und Risikomanagementsystems bezogen auf den Rechnungslegungsprozess berichten, § 171 Abs. 1 Satz 2 AktG.[245] Der Aufsichtsrat wird im Rahmen dieser Pflicht die grundsätzliche Funktionsfähigkeit des Systems beurteilen müssen, aber auch, wiederkehrend, die sorgfältige Anwendung sowie die Frage, ob das einmal geschaffene System noch dem Stand der Erkenntnis entspricht.[246] Der DCGK enthält Empfehlungen, wonach der Aufsichtsratsvorsitzende mit dem Vorstand regelmäßig u.a. das Risikomanagement beraten soll (Ziffer 5.2 Abs. 3 DCGK); ferner soll der Aufsichtsrat einen Prüfungsausschuss (Audit Committee) einrichten, der sich insbesondere mit Fragen des Risikomanagements befasst (Ziffer 5.3.2 DCGK). Dem Aufsichtsrat obliegt dabei insbesondere die Beobachtung jener Risiken, die sich aus der personellen Besetzung des Vorstands ergeben;[247] im Falle grober Pflichtverletzungen hat er ggf. Vorstandsmitglieder abzuberufen (§ 84 Abs. 3 AktG). Der Aufsichtsrat darf grundsätzlich nicht unmittelbar auf die Risikomanagementsysteme zugreifen, sondern muss Informationen über den Vorstand anfordern.[248] Im Rahmen seiner Befugnisse aus § 111 Abs. 2 AktG wird man ihm aber eigenständige Einsicht und Prüfung zugestehen müssen.[249]

b) „Verdichtung" der Überwachung in der Krise

62 Nach hM verschärfen sich in der Krise der AG die Anforderungen an den sachlichen und zeitlichen Umfang, in dem der Aufsichtsrat seine Aufgabe wahrnehmen muss, die Geschäftsführung des Vorstands zu überwachen: Der Aufsichtsrat dürfe zwar nicht in die Geschäftsleitung eingreifen, müsse im Übrigen aber alle ihm zur Verfügung stehenden Rechte ausschöpfen, insb. zusätzliche Berichte anfordern, häufiger zu Sitzungen zusammentreten und dafür sorgen, dass der Vorstand mit Personen besetzt ist, die in der Lage sind, die Krise zu lösen.[250] Richtig ist, dass es zumeist nur in der Krise der AG Anlass geben wird, in die Unternehmensleitung korrigierend einzugreifen, etwa, indem Vorstandsmitglieder ersetzt werden. Der Aufsichtsrat darf indes keine Aktivität um ihrer selbst willen entfalten: Ob etwa der Vorstand personell verändert werden muss, hängt von den Ursachen der Krise ab. Auf die Erforschung der Ursachen sollte der Aufsichtsrat seine Aktivitäten daher zunächst konzentrieren. Offen ist, ob der Aufsichtsrat die Unternehmensleitung erst dann besonders intensiv überwachen, dh vor allem beobachten und prüfen muss, wenn die AG in der Krise ist.[251] Es gibt bisher keine Grundsätze ordnungsmäßiger Überwachung im Sinne allgemein anerkannter und empirisch erhärteter Verhaltensanweisungen an Aufsichtsräte für die Überwachung der Geschäftsfüh-

---

[245] Nach der RegBegr zum BilMoG wird damit nur eine bestehende aktienrechtliche Informationspflicht konkretisiert, vgl. RegBegr BilMoG BT-Drs. 16/10067, 45.
[246] *Claussen/Korth* in FS Lutter, S. 327, 330 ff.; vgl. dazu auch RegBegr BilMoG BT-Drs. 16/10067, 102, 103.
[247] *Preußner* NZG 2004, 303 (306 f.).
[248] *Spindler* in FS Hüffer 2010, S. 985, 997 f.; *Hüffer/Koch* AktG § 111 Rn. 21.
[249] *Schindler/Haußer* WPG 2012, 233 (237) mwN.
[250] *Hüffer/Koch* AktG § 111 Rn. 15; *Semler* Leitung und Überwachung in der Aktiengesellschaft Rn. 234; *Lutter/Krieger* Rechte und Pflichten des Aufsichtsrats Rn. 28; MünchKomm. AktG/Bd. 2/*Habersack* § 111 Rn. 44 ff.; Großkomm. AktG/*Hopt/Roth* § 111 Rn. 310 ff.; OLG Düsseldorf I-16 U 176/10, AG 2013, 171 (172); OLG Stuttgart, 20 U 3/11, AG 2012, 298 (300).
[251] Kritisch *Claussen* AG 1984, 20: kein Unterschied in der Intensität; Kritik übt auch *Warderbach* KSzW 2010, 114 (115 ff.).

C. Auswirkungen der Krise auf die übrigen Beteiligten

rung, aus denen sich eine solch gestufte Überwachung ableiten ließe.[252] Dagegen spricht, dass eine Krise umso schwieriger zu bekämpfen sein dürfte, je weiter sie fortgeschritten ist.

c) Herabsetzung der Vorstandsbezüge

Nach § 87 Abs. 2 Satz 1 AktG soll der Aufsichtsrat die Bezüge der Vorstandsmitglieder auf die angemessene Höhe herabsetzen, wenn sich die Lage der Gesellschaft nach der Festsetzung der Bezüge so verschlechtert, dass eine Weitergewährung der Bezüge unbillig wäre. Nach § 87 Abs. 2 Satz 2 AktG können in den ersten drei Jahren nach Ausscheiden eines Vorstandsmitglieds auch Ruhegehalt, Hinterbliebenenbezüge und Leistungen verwandter Art herabgesetzt werden. Nach einer Herabsetzung kann das Vorstandsmitglied seinen Anstellungsvertrag für den Schluss des nächsten Kalendervierteljahres mit einer Frist von sechs Wochen kündigen, § 87 Abs. 2 Satz 4 AktG. Die Regelung trat mit Wirkung zum 5.8.2009 in Kraft, erfasst aber auch vor diesem Zeitpunkt geschlossene Verträge.[253]

Eine Verschlechterung der Lage der Gesellschaft liegt jedenfalls dann vor, wenn ein Insolvenzgrund vorliegt.[254] Als weitere Indizien nennt die RegBegr. auch Dividendenausfall, Massenentlassungen und Lohnkürzungen.[255] Nach hM geht es aber nicht darum, Einzelkriterien abzuhaken, sondern in einer Gesamtschau zu würdigen, ob eine Krise vorliegt, die eine ungeschmälerte Fortzahlung unbillig macht.[256] Zugleich dürften die Beispiele nicht allein typische Krisenzeichen sein, sondern auf den zugrunde liegenden Rechtsgedanken verweisen, nämlich, dass der Vorstand nicht finanziell ungeschoren bleiben soll, wenn andere Aktionäre (Dividendenausfall) und Arbeitnehmer (Lohnkürzung, Massenentlassung) finanzielle Opfer bringen müssen. Unbillig ist die Weiterzahlung der (ungekürzten) Bezüge dann, wenn der Vorstand pflichtwidrig gehandelt hat oder ihm zwar keine pflichtwidriges Verhalten vorzuwerfen ist, die Verschlechterung der Lage der Gesellschaft jedoch in die Zeit seiner Vorstandsverantwortung fällt und ihm daher zurechenbar ist.[257] Die Vorschrift hat Sanktionscharakter, dh es geht weniger darum, den Vorstandsmitgliedern einen finanziellen Beitrag zur Krisenbewältigung abzuverlangen, denn dafür wird die Kürzung der Vorstandsvergütung oftmals nicht reichen.

Liegen die Tatbestandsvoraussetzungen vor, „soll" der Aufsichtsrat die Herabsetzung vornehmen, dh er ist im Regelfall zur Herabsetzung verpflichtet.[258] Nach § 107 Abs. 3 Satz 3 AktG kann der Aufsichtsrat die Entscheidung keinem Ausschuss übertragen. Die Einzelheiten der Herabsetzungsentscheidung sind umstritten. Nach einer neueren Entscheidung des BGH[259] gilt Folgendes: Die Vergütung muss mindestens auf einen Betrag herabgesetzt werden, dessen Gewährung angesichts der Verschlechterung der Lage der Gesellschaft nicht mehr als unbillig angesehen werden kann. Gleichzeitig darf die Herabsetzung der Bezüge aber auch nicht weiter gehen, als es die Billigkeit erfordert. Bei der Abwägung hat der Aufsichts-

---

[252] MHdB GesR IV/*Hoffmann-Becking* § 29 Rn. 34 b. Ansätze zu solchen Grundsätzen insb. bei zB *Theisen* AG 1995, 193 (200 ff.) und ZfbF 1996 Sonderheft 36, 75; vgl. dazu auch Bericht der Regierungskommission Corporate Governance.
[253] *Hüffer/Koch* AktG § 87 Rn. 1.
[254] BGH II ZR 296/14, NZG 2016, 264 Rn. 38; *Hüffer/Koch* AktG § 87 Rn. 25 mwN.
[255] BT-Drs. 16/12278.
[256] *Hüffer/Koch* AktG § 87 Rn. 25.
[257] BGH II ZR 296/14, NZG 2016, 264 Rn. 39.
[258] BGH II ZR 296/14, NZG 2016, 264 Rn. 43; *Hüffer/Koch* AktG § 87 Rn. 24.
[259] BGH II ZR 296/14, NZG 2016, 264 Rn. 45 ff.

rat eine umfassende Abwägungsentscheidung zu treffen und dabei insbesondere den Umfang der Verschlechterung der Lage der Gesellschaft ggü. dem Zeitpunkt der Vereinbarung der Vergütung zu berücksichtigen und ob das jeweilige Vorstandsmitglied die Verschlechterung herbeigeführt hat und in welchem Grad sie ihm zuzurechnen ist. Der Aufsichtsrat darf auch die berechtigten Interessen des jeweiligen Vorstandsmitglieds berücksichtigen, insbesondere dessen persönliche Verhältnisse.[260] Zu berücksichtigen ist weiter die vom Vorstandsmitglied weiterhin zu erbringende Tätigkeit sowie deren Nutzen für die Gesellschaft. Eine Herabsetzung der Vergütung auf ein Niveau unterhalb leitender Angestellter der AG ist nicht zwingend unbillig.

d) Verlust in Höhe der Hälfte des Grundkapitals

66   Grundsätzlich ist es Sache des Vorstands, die Voraussetzungen der Einberufungspflicht nach § 92 Abs. 1 AktG festzustellen und die Hauptversammlung einzuberufen. Der Aufsichtsrat hat aber die Pflicht, den Vorstand zur Erfüllung der Einberufungspflicht anzuhalten und notfalls unzuverlässig erscheinende Vorstandsmitglieder abzuberufen.[261] Daneben ist er nach § 111 Abs. 3 AktG berechtigt und verpflichtet, selbst die Hauptversammlung einzuberufen.[262] Da die Einberufung nach § 92 Abs. 1 AktG nur ein Sonderfall der allgemeinen Pflicht ist, die Hauptversammlung zum Wohl der Gesellschaft einzuberufen,[263] liegt der Tatbestand des § 111 Abs. 3 AktG in diesem Fall stets vor. Wegen der Spezialregelung des § 92 Abs. 1 AktG ist die Pflicht des Aufsichtsrats zur Einberufung subsidiär, sodass der Aufsichtsrat erst dann einberufen darf, wenn die Einberufung durch den Vorstand nicht mehr unverzüglich wäre.

e) Pflicht zur Stellung des Insolvenzantrags

67   Die Mitglieder des Aufsichtsrats haben, solange es einen Vorstand gibt, keine Pflicht zur Stellung des Insolvenzantrags aus § 15a Abs. 1 InsO.[264] Wiederum hat aber der Aufsichtsrat die Pflicht, den Vorstand zur Erfüllung seiner Pflicht anzuhalten.[265] Führen diese Bemühungen bei keinem Vorstandsmitglied zum Erfolg, so wird der Aufsichtsrat ein oder mehrere neue Vorstandsmitglieder bestellen müssen, die dann der Antragspflicht nachkommen. Die Weigerung der Vorstandsmitglieder, den Antrag zu stellen, ist als grobe Pflichtverletzung ein wichtiger Grund für ihre Abberufung nach § 84 Abs. 3 Satz 2, 1. Fall AktG; der Aufsichtsrat ist in diesem Fall zur Abberufung verpflichtet.[266]

68   Gemäß § 15a Abs. 3 InsO sind auch die Mitglieder des Aufsichtsrats verpflichtet, einen Insolvenzantrag zu stellen, wenn die AG führungslos ist, es sei denn, das Auf-

---

[260] BGH II ZR 296/14, NZG 2016, 264 Rn. 47; *Hüffer/Koch* AktG § 87 Rn. 27.
[261] RG II 199/38, RGZ 161, 129 (133 ff.) zur Konkursantragspflicht bei der GmbH; Großkomm. AktG/*Habersack/Foerster* § 92 Rn. 30; MünchKomm. AktG/Bd. 2/*Spindler* § 92 Rn. 21.
[262] Großkomm. AktG/*Habersack/Foerster* § 92 Rn. 30; mit Hinweis darauf, dass bei Verstoß eine Schadensersatzpflicht gegenüber der Gesellschaft gem. §§ 116, 93 Abs. 2 AktG besteht Schmidt/Lutter/*Krieger/Sailer-Coceani* AktG § 92 Rn. 13.
[263] S. Rn. 10.
[264] Zu § 92 Abs. 2 AktG aF BGH II ZR 118/77, DB 1979, 1689 (1691); Kölner Komm./*Mertens/Cahn* Anh. § 92 Rn. 32.
[265] BGH II ZR 280/07, NZI 2009, 490 Rn. 15; MünchKomm. InsO/*Klöhn* § 15a Rn. 94.
[266] Grundsätzlich für ein Ermessen bei der Abberufung aus wichtigem Grund Kölner Komm./*Mertens/Cahn* § 84 Rn. 124 ff.; dagegen MHdB GesR IV/*Wiesner* § 20 Rn. 51.

sichtsratsmitglied hatte keine Kenntnis von Führungslosigkeit und Überschuldung oder Zahlungsunfähigkeit. Führungslosigkeit meint nach der Legaldefinition in § 78 Abs. 1 Satz 2 AktG den Fall, dass die AG keinen Vorstand hat. Nicht ausreichend ist, dass der Vorstand nicht erreichbar oder nicht willig ist, den Antrag zu stellen.[267]

Daneben haben die Aufsichtsratsmitglieder auch darauf hinzuwirken, dass keine Zahlungen entgegen dem Zahlungsverbot aus § 92 Abs. 2 AktG geleistet werden. Der Aufsichtsrat muss notfalls die notwendigen Maßnahmen ergreifen.[268] Er haftet indes nur, wenn die Gesellschaft selbst durch die verbotswidrigen Zahlungen geschädigt wurde, nicht dagegen, wenn die Zahlung nur die Masse geschädigt und allein zu einer Verminderung der Masse geführt hat.[269]

2. Haftung des Aufsichtsrats

Der Aufsichtsrat haftet bei der Verletzung seiner Pflichten nach den allgemeinen Vorschriften der §§ 116, 93 AktG. Haftet der Vorstand wegen vorsätzlicher[270] Insolvenzverschleppung gem. § 823 Abs. 2 BGB iVm § 15a Abs. 1 InsO, kommt eine Haftung der Aufsichtsratsmitglieder nach § 830 Abs. 2 BGB als Anstifter oder Gehilfe in Betracht.[271]

Sofern der Aufsichtsrat nach § 15a Abs. 3 InsO selbst zur Stellung des Insolvenzantrags verpflichtet ist, haften die betreffenden Mitglieder auch für Schäden aus einer Verschleppung des Insolvenzantrags nach denselben Grundsätzen wie Vorstandsmitglieder.[272]

Bei verbotswidrigen Zahlungen haftet der Aufsichtsrat nur, wenn die Gesellschaft selbst durch die Zahlungen geschädigt wurde, nicht dagegen, wenn die Zahlung nur die Masse geschädigt und allein zu einer Verminderung der Masse geführt hat.[273]

II. Aktionär

1 Anspruch auf Auszahlung der Dividende bei Unterbilanz

Der Anspruch des Aktionärs auf Auszahlung der Dividende ist grundsätzlich ein selbstständiges Gläubigerrecht. Unklar ist, ob der Anspruch beeinträchtigt werden kann durch Verluste, die nach dem Bilanzstichtag eintreten.[274] Das AktG

---

[267] AG Hamburg 67c IN 478/08, NZI 2009, 63; AG Potsdam 35 IN 978/12, NZI 2013, 602; MünchKomm. InsO/*Klöhn* § 15a Rn. 88 mwN; aA *Gehrlein* BB 2008, 846 (848), mwN.
[268] BGH II ZR 280/07, NJW 2009, 2454 Rn. 15; OLG Düsseldorf I-16 U 176/10, AG 2013, 171 (172).
[269] BGH II ZR 78/09, NZG 2010, 1186.
[270] BGH II ZR 118/77, DB 1979, 1689 (1691); Großkomm. AktG/*Habersack/Foerster* § 92 Rn. 115 mwN; aA *Scholz/K. Schmidt* GmbHG § 64 Rn. 56: vorsätzliche Beteiligung an nicht vorsätzlicher Haupttat genügt.
[271] *Poertzgen* NZI 2010, 913 (917); MünchKomm. InsO/*Klöhn* § 15a Rn. 94.
[272] S. Rn. 44 ff.
[273] BGH II ZR 78/09, NZG 2010, 1186.
[274] Sofern Verluste bereits vor dem Bilanzstichtag entstanden, aber im Jahresabschluss nicht berücksichtigt sind, entfällt der Dividendenanspruch, weil in diesem Fall nach § 256 Abs. 5 Satz 1 Nr. 1 AktG der Jahresabschluss und nach § 253 Abs. 1 Satz 1 AktG der Gewinnverwendungsbeschluss nichtig sind; dasselbe gilt, wenn Rückstellungen nicht oder zu niedrig angesetzt sind: MünchKomm. AktG/Bd. 1/*Bayer* § 58 Rn. 109.

enthält keine Bestimmung, die, wie § 30 Abs. 1 GmbHG, Zahlungen an Aktionäre verbietet, wenn dadurch das Grundkapital, ggf. zuzüglich der gesetzlichen Rücklage, angegriffen würde. Dennoch soll § 57 AktG „materiell" verletzt sein, wenn auf Grundlage des Jahresabschlusses die Ausschüttung von Bilanzgewinn beschlossen wird, obwohl zum Zeitpunkt des Gewinnverwendungsbeschlusses das Grundkapital aufgezehrt oder angegriffen ist.[275] Ein gleichwohl gefasster Gewinnverwendungsbeschluss ist danach rechtswidrig, unter Umständen nichtig,[276] oder die Hauptversammlung muss nach pflichtgemäßem Ermessen entscheiden, in welchem Umfang sie den Bilanzgewinn, statt ihn auszuschütten, in Gewinnrücklagen einstellt, die zur Deckung der Verluste im Folgejahr entnommen werden könnten.[277] Dem ist nicht zu folgen. Die Rede vom materiellen Verstoß ist der Sache nach eine Analogie, deren Voraussetzungen jedoch nicht vorliegen. Zwar ist es richtig, dass die Kapitalerhaltung bei der AG in vielen Bereichen strenger ist als bei der GmbH; daraus folgt aber nicht, dass dies in jeder Hinsicht gilt. § 30 Abs. 1 GmbHG ist vielmehr das gesetzliche Korrektiv für die im Übrigen schwächere Vermögensbindung.[278] Lediglich, wenn der Vorstand durch eine Zahlung nach § 92 Abs. 2 Satz 3 AktG haften würde, wird er berechtigt und wohl auch verpflichtet sein, die Auszahlung zu verweigern.[279]

2. Haftung für Eingriffe in die Abwicklung der Krise

74 Die Aktionäre haben im Rahmen der Krise keine ausdrücklichen gesetzlichen Pflichten.[280] Sie können jedoch den Gläubigern und der Gesellschaft haften, wenn sie in unzulässiger Weise auf die ordnungsgemäße Abwicklung Einfluss nehmen. Gegenüber den Gläubigern kommt eine deliktsrechtliche Haftung gem. §§ 823 Abs. 2, 830 Abs. 2 BGB iVm § 15a Abs. 1 AktG in Betracht,[281] wenn ein Aktionär als Teilnehmer an einer vorsätzlichen Insolvenzverschleppung durch den Vorstand mitwirkt.[282] Der Gesellschaft kann ein Aktionär nach § 117 AktG, wegen Verletzung der Treuepflicht und unter Konzerngesichtspunkten haften. Jede dieser Anspruchsgrundlagen verlangt einen Schaden der AG; aus der Insolvenzverschleppung erleiden aber nur die Gläubiger einen Schaden, den die AG nicht geltend machen kann.[283] Nur wenn der Aktionär Verstöße gegen das Zahlungsverbot des § 92 Abs. 2 Satz 1 AktG veranlasst, kann eine Haftung begründet sein, weil die AG hier eine Art normativen Schaden erleidet.[284] Sofern die Voraussetzungen des § 117 Abs. 1 AktG vorliegen, können die Gläubiger den Ersatzanspruch nach § 117 Abs. 5 AktG auch selbst geltend machen.

---

[275] Kölner Komm./*Lutter* § 58 Rn. 106; Großkomm. AktG/*Henze* § 58 Rn. 101; aA MünchKomm. AktG/Bd. 1/*Bayer* § 58 Rn. 108 f.
[276] Kölner Komm. AktG/*Lutter*, 2. Aufl. 2004, § 58 Rn. 106.
[277] Großkomm. AktG/*Henze* § 58 Rn. 102, der darüber hinaus meint, die Aktionäre seien durch die Treupflicht an der Durchsetzung ihres Dividendenanspruchs gehindert, wenn sich ein Verlust nach dem Gewinnverwendungsbeschluss ergibt.
[278] *Hachenburg/Goerdeler/Müller* § 29 Rn. 95.
[279] *Spliedt* ZIP 2009, 149.
[280] Zu der Frage, ob sie eine Sanierung unterstützen müssen, s. Rn. 80 ff.
[281] Neben der allgemeinen Deliktshaftung nach §§ 823 Abs. 2 BGB iVm § 263 StGB und § 826 BGB.
[282] Vgl. BGH II ZR 390/03, NJW 2005, 3137 zur GmbH; Spindler/Stilz/*Fleischer* AktG § 92 Rn. 82; MünchKomm. InsO/*Klöhn*, § 15a Rn. 274 ff.
[283] Großkomm. AktG/*Habersack/Foerster* § 92 Rn. 86.
[284] Vgl. Rn. 56.

3. Recht zur Stellung eines Insolvenzantrags (nach MoMiG)

Nach § 15 Abs. 1 Satz 2 InsO ist zudem jeder Aktionär berechtigt, Insolvenzantrag zu stellen, wenn die AG führungslos ist.

D. Sanierung

I. Allgemeines

Mit dem Begriff der Sanierung lassen sich alle Maßnahmen zusammenfassen, die darauf gerichtet sind, die Krise der AG und ihres Unternehmens zu beseitigen. Oftmals spricht man von Sanierung allerdings nur bei Maßnahmen, die eine akute Existenzbedrohung durch Insolvenz beseitigen sollen.[285] Sanierungsmaßnahmen können und müssen in der Regel sowohl bei der operativen, unternehmerischen Tätigkeit, dh auf der Investitionsseite des Unternehmens, als auch auf der Finanzierungsseite ansetzen. Jede Krise der AG ist zunächst eine Krise der Investitionsseite, wenn das Unternehmen der AG die Fähigkeit verliert, mit den Gütern und Leistungen, so wie sie im Unternehmen erstellt und erbracht werden, ausreichende Überschüsse zu erzielen; die Krise der Investitionsseite wird im Folgenden als „**operative Krise**" bezeichnet. Das Kernproblem jeder Sanierung ist es, die Gründe der operativen Krise zu analysieren und geeignete unternehmerische Maßnahmen zu ergreifen, um die Fähigkeit, Überschüsse zu erzielen, wieder herzustellen.[286] Die Krise der Finanzierungsseite, im Folgenden als „**finanzielle Krise**" bezeichnet, deren stärkster Ausdruck Zahlungsunfähigkeit und Überschuldung sind, ist eine Folge der operativen Krise. Oftmals allerdings werden die Beteiligten erst durch die finanzielle Krise auf die operative Krise aufmerksam.

Das Aktienrecht beantwortet in der Sanierung die Frage nach der Pflicht der Beteiligten, Sanierungsmaßnahmen zu ergreifen, sowie die Frage, welche aktienrechtlichen Maßnahmen zur Verfügung stehen, um die Krise zu beseitigen.

II. Pflichten im Rahmen der Sanierung

Die gesetzliche Kompetenzordnung der AG bildet auch bei der Sanierung den Rahmen für die Pflichten von Vorstand, Aufsichtsrat und Aktionären. Die Beseitigung der operativen Krise ist eine Aufgabe der Leitung und Geschäftsführung und fällt als solche dem Vorstand zu, der dabei vom Aufsichtsrat überwacht wird. Hingegen ist es grundsätzlich Sache der Hauptversammlung, eine finanzielle Krise durch **Kapitalmaßnahmen** zu beheben. Der Beitrag des Vorstands besteht hier in der Vorbereitung derartiger Maßnahmen und ggf. in der Aufnahme von Fremdkapital zur Behebung einer Liquiditätskrise. Im Rahmen dieser Befugnisse stellt sich die Frage, ob die Beteiligten verpflichtet sind, die Befugnisse mit dem Ziel der Sanierung zu nutzen. Ein grundsätzliches Problem dabei ist, dass das Ziel „Sanierungserfolg" keinen eindeutigen Inhalt hat. Die AG kann bereits als saniert gelten, wenn eine akute Krise wie eingetretene oder drohende Überschuldung oder Zahlungsunfähigkeit überwunden ist, oder aber erst dann, wenn sie dauerhaft eine

---

[285] Vgl. *Buth/Hermanns/Kraus/Gless* Restrukturierung, Sanierung, Insolvenz, § 4 Rn. 11.
[286] S. IDW ESG Rn. 7 ff.

marktangemessene Eigenkapitalrendite erzielt. Dieser Unbestimmtheit ist bei der Formulierung konkreter Pflichten Rechnung zu tragen.

1. Vorstand

79 Der Vorstand ist grundsätzlich verpflichtet, dafür zu sorgen, dass die AG mit ihrem Unternehmen Gewinn erzielt. Darüber besteht, ungeachtet aller Streitfragen im Detail, weitgehend Einigkeit.[287] Um dieses Ziel zu erreichen, hat er die Pflicht, das Unternehmen sorgfältig zu führen.[288] Das gilt natürlich auch und gerade in der operativen Krise. Daher ist eine Pflicht zur Sanierung dem Grunde nach ohne Weiteres zu bejahen. Die weitere Konkretisierung fällt bei dieser Pflicht aber ebenso schwer wie bei der Pflicht zur Gewinnerzielung und zu sorgfältiger Unternehmensführung im Allgemeinen.[289] Genau wie die Pflicht zur Gewinnerzielung kann die Pflicht zur Sanierung keine Pflicht sein, einen bestimmten Erfolg zu erzielen, sondern nur darin bestehen, das Verhalten an dem Ziel der Sanierung auszurichten und sich darum zu bemühen. Die Pflicht zu sorgfältiger Unternehmensführung in der Krise bleibt blass, solange es keine empirisch erhärteten Grundsätze ordnungsgemäßer Unternehmensführung gibt, aus denen sich eindeutige Vorgaben zur Bewältigung der Krise ableiten lassen. Demgemäß lassen sich zur Ausfüllung der Pflicht zur Sanierung allenfalls abstrakte Anforderungen formulieren: Der Vorstand muss sich bemühen, die Ursachen der Krise zu identifizieren und zu analysieren; sodann hat er auf dieser Grundlage einen geeignet erscheinenden Plan zur Behebung der Krise zu erstellen und umzusetzen, zB durch Veränderung der strategischen Ausrichtung des Unternehmens, seiner Produkte und Märkte oder durch Optimierung der leistungswirtschaftlichen Aktivitäten. Für praktische Hilfestellungen zur Bewältigung dieser Aufgaben sei auf die einschlägigen Handbücher verwiesen;[290] normativer Charakter kommt diesen Ratgebern allerdings nicht zu. Letztlich sind im Rahmen der Sanierung unternehmerische Entscheidungen zu treffen, und zwar im Sinne der Business Judgement Rule gem. § 93 Abs. 1 Satz 2 AktG.[291] Das bedeutet auch, dass der Vorstand nicht allein deshalb haftet, weil eine Sanierung scheitert, solange die Entscheidung den Anforderungen des § 93 Abs. 1 Satz 2 AktG entsprach und im Übrigen rechtmäßig war.

2. Aufsichtsrat

80 Auch für die Pflicht des Aufsichtsrats zur Überwachung der Geschäftsführung des Vorstands gelten im Rahmen der Sanierung keine grundsätzlichen Besonderheiten. Eine ordnungsgemäße Überwachung muss sich selbstverständlich auch auf die Sanierungsaktivität des Vorstands richten. Entfaltet der Vorstand in dieser Hinsicht keine oder keine ausreichende Aktivität, so hat ihn der Aufsichtsrat dazu anzuhalten. Der Aufsichtsrat ist aber weder berechtigt noch verpflichtet, durch

---

[287] Vgl. *Hüffer/Koch* AktG § 76 Rn. 43; Kölner Komm./*Mertens/Cahn* § 76 Rn. 22.
[288] MHdB GesR IV/*Wiesner* § 25 Rn. 23.
[289] Vgl. dazu etwa Großkomm. AktG/*Hopt/Roth* § 93 Rn. 223
[290] Vgl. zB *Buth/Hermanns*, Restrukturierung Sanierung Insolvenz; *Hess* (Hrsg.), Sanierungshandbuch; *Schmidt/Uhlenbruck* Die GmbH in der Krise, Sanierung und Insolvenz, 1. Teil: Krisenvermeidung, Krisenfrüherkennung und Krisenbewältigung; *Nerlich/Kreplin* Münchener Anwaltshandbuch Insolvenz und Sanierung, Teil A; hinzuweisen ist auch auf den Prüfungsstandard IDW S 6, der jedoch auch keinen Normcharakter hast.
[291] Zur Business Judgement Rule im Einzelnen etwa *Hüffer/Koch* AktG § 93 Rn. 15 ff.; MünchKomm. AktG/Bd. 2/*Spindler* § 93 Rn. 36 ff.

D. Sanierung

eigene Sanierungsanstrengungen in die Leitung des Unternehmens einzugreifen; er kann nur beratend und sanktionierend tätig werden.

3 Aktionär

a) Allgemeines

Den Aktionär trifft auch im Rahmen der Sanierung keine Pflicht, über seine Einlage hinaus weitere Beiträge zu erbringen.[292] Gemäß § 54 Abs. 1 AktG ist seine Einlagepflicht auf den Ausgabebetrag der von ihm gehaltenen Aktien beschränkt; etwas anderes gilt nur in der sog. Nebenleistungs-AG (§ 55 AktG). Die Schaffung zusätzlicher aktienrechtlicher Pflichten ist nicht möglich.[293] Natürlich ist kein Aktionär daran gehindert, freiwillig Mehrleistungen zu erbringen, um in der Sanierung den Bestand der AG sichern zu helfen. Es ist jedoch unzulässig, wenn die AG durch gesellschaftsrechtliche Sanktionen wirtschaftlichen Zwang ausübt, um den Aktionär zu derartigen Beiträgen zu veranlassen; entsprechende Hauptversammlungsbeschlüsse wären nach § 241 Nr. 3, Alt. 1 AktG nichtig.[294] Nichtig ist insbesondere ein Beschluss, nach dem die Aktien eines Aktionärs in einem ungünstigeren Verhältnis zusammengelegt werden, wenn er eine bestimmte Zuzahlung nicht leistet.[295]

b) Treuepflicht in der Sanierung

Soweit es indes nicht um einen Mehrbeitrag geht, ist der Aktionär nach hM durch die Treuepflicht daran gehindert, eine „sinnvolle und mehrheitlich angestrebte Sanierung aus eigennützigen Gründen zu verhindern".[296] Sinnvoll ist die Sanierungsmaßnahme dann, wenn (1) bei Scheitern der Sanierungsmaßnahme der Zusammenbruch der Gesellschaft unvermeidlich und (2) im Falle des Zusammenbruchs die Stellung des einzelnen Gesellschafters ungünstiger ist als bei einem Austritt aus der fortbestehenden Gesellschaft durch Veräußerung seiner Beteiligung, (3) die Durchführung der Sanierungsmaßnahmen die Verfolgung des Gesellschaftszwecks nach objektiver Einschätzung nachhaltig sicherstellt[297] und (4) keine schonendere Sanierung möglich ist.[298] Die zugrunde liegende „Girmes"-Entscheidung des BGH gilt als Leitentscheidung für die Treuepflicht des Minderheitsaktionärs.[299] Die Unvermeidbarkeit des Zusammenbruchs, dh der Insolvenz, beurteilt sich aus der ex-ante-Perspektive des Aktionärs. Die Unvermeidbarkeit muss sich aus den

---

[292] So auch BGH II ZR 205/94, BGHZ 129, 136 (151).
[293] Kölner Komm./*Lutter* § 54 Rn. 15.
[294] *Hüffer/Koch* AktG § 54 Rn. 9 mwN.
[295] RG III 242/02, RGZ 52, 287 (293 ff.); I 72/12, RGZ 80, 81 (85 ff.).
[296] BGH II ZR 205/94, BGHZ 129, 136 (152) mwN; bestätigt in OLG München 23 AktG 3/13, ZIP 2014, 472; *Bungert* DB 1995, 1749 (1753); zur Frage, ob die Aktionäre nur eine Unterlassungspflicht trifft, oder ob eine Zustimmungspflicht besteht *Schäfer* in FS Hommelhoff, S. 954.
[297] Siehe dazu auch OLG München 23 AktG 3/13, ZIP 2014, 472, welches ein tragfähiges, schlüssiges Sanierungskonzept fordert, dass die Krise nachhaltig überwinden lässt. Andernfalls besteht keine Treuepflicht.
[298] BGH II ZR 205/94, BGHZ 129, 136 (153); ähnliche Voraussetzungen auch in BGH II ZR 240/08, DStR 2009, 2495 (zur Publikumspersonenhandelsgesellschaft); siehe dazu auch *Bacina/Redeker* DB 2010, 997 (1000 f.); *Brand* KTS 2011, 481.
[299] Zustimmende Anmerkungen etwa von *Bungert* DB 1995, 1749; *Henssler* DZWiR 1995, 430; *Lutter* JZ 1995, 1053; ablehnend *Flume* ZIP 1996, 161; zurückhaltend *Altmeppen* NJW 1995, 1749.

Informationen ergeben, die der Aktionär auf der Hauptversammlung erhält, und der Aktionär darf keinen Anlass zu der Annahme haben, dass diese Informationen falsch oder nicht vollständig sind.[300] Nach hM kann sich die Unvermeidbarkeit insb. daraus ergeben, dass die Gläubiger die zu beschließende Sanierungsmaßnahme als Junktim mit ihrem notwendigen externen Sanierungsbeitrag verbunden haben.[301]

83 In einem späteren Urteil hat das OLG München[302] die Girmes-Rechtsprechung aufgegriffen und in einigen Punkten zugespitzt: Zum einen ist ein Aktionär aus der Treuepflicht nicht verpflichtet, einem Beschluss über eine Kapitalherabsetzung und anschließende Kapitalerhöhung zuzustimmen oder sich der Stimme zu enthalten, wenn kein Konzept für eine nachhaltige Sanierung vorgelegt wird und eine vergleichbare Maßnahme bereits vor drei Jahren ohne nachhaltigen Sanierungserfolg durchgeführt wurde.[303] Zum anderen konkretisiert das Urteil, wann eine Sanierung sinnvoll und tragfähig ist: Ausgangspunkt einer jeden Sanierung müssen daher stets Maßnahmen zur nachhaltigen Überwindung der Krise sein und es muss ein schlüssiges Sanierungskonzept vorliegen. Allein die Zuführung neuen Eigenkapitals reicht nicht aus, wenn dies bereits versucht, aber schon einmal gescheitert ist. Vielmehr wird ein Forderungsverzicht vorgeschlagen.[304]

c) Kritik

84 Entgegen dem Wortlaut der Girmes-Entscheidung kann es für eine Pflicht des Minderheitsaktionärs zur Zustimmung nicht darauf ankommen, ob die Sanierung „mehrheitlich", dh von einer einfachen Mehrheit der Aktionäre gewollt ist. Die Treuepflicht als Verhaltensgebot an den Aktionär, sich bei der Abstimmung in bestimmter Weise zu verhalten, verfehlt ihr Ziel, wenn sie von dem Ergebnis der Abstimmung abhängt, denn dann weiß der Aktionär immer erst im Nachhinein, wie er sich hätte verhalten müssen. Zudem hat die einfache Mehrheit keine legitimierende Wirkung, wenn das AktG diese einfache Mehrheit bei dem betroffenen Beschlussgegenstand gerade nicht für ausreichend hält, sondern eine qualifizierte Mehrheit fordert.[305] Die Treuepflicht kann demnach nur am Beschlussinhalt anknüpfen. Jeder Aktionär ist unabhängig von der Höhe seiner Beteiligung verpflichtet, einem Beschluss zuzustimmen, wenn er für eine Ablehnung keine legitimen Gründe hat.[306] Verhindert er gleichwohl den Beschluss,[307] verletzt er die Treuepflicht. Ob der

---

[300] Ähnlich *Häsemeyer* ZHR 1996, 109 (115).

[301] BGH II ZR 205/94, BGHZ 129, 136 (156); *Timm* WM 1991, 481 (484): Die Minderheit darf nicht „pokern". In der „Girmes"-Entscheidung hatte das Gläubigerkonsortium verlangt, dass die Girmes AG eine Kapitalherabsetzung im Verhältnis 5:2 beschließt.

[302] OLG München 23 AktG 3/13, WM 2014, 943.

[303] OLG München 23 AktG 3/13, WM 2014, 943; zustimmend MHdB GesR IV/*Rieckers* § 17 Rn. 29; *Wardenbach* GWR 2014, 106.

[304] OLG München 23 AktG 3/13, WM 2014, 943; *Wilsing/Meyert* EWiR 2014, 311 (312); *Wardenbach* GWR 2014, 106.

[305] *Schäfer* in: FS Hommelhoff, S. 952 (953), der ebenso die mangelnde gesetzliche Legitimierung anführt.

[306] So wohl auch *Henze* BB 1996, 489 (496); *Schäfer* in FS Hommelhoff, S. 947, Treuepflicht als Individualpflicht. Auch, mit etwas anderer Stoßrichtung, *Reichert* NZG 2018, 134.

[307] In der „Girmes"-Entscheidung urteilte der BGH, es habe keiner positiven Stimmabgabe, sondern nur einer Enthaltung bedurft; da Stimmenthaltungen bei der Stimmabgabe nicht mitgezählt würden, sei eine Zustimmung zur Erreichung der erforderlichen Mehrheit nicht notwendig gewesen: BGH II ZR 205/94, BGHZ 129, 136 (153).

Beschluss dadurch verhindert wird oder nicht, ist keine Frage des Tatbestands der Treuepflicht, sondern betrifft die Rechtsfolgen der Verletzung.[308]

Der hM ist zuzugeben, dass ein Aktionär wohl in der Tat keinen legitimen Grund zur Ablehnung einer Sanierungsmaßnahme hat, wenn die Sanierungssituation die oben genannten Kriterien erfüllt. Das Problem ist, dass es nur selten möglich sein wird, das Vorliegen der Kriterien hinreichend verlässlich festzustellen. Alle Kriterien verlangen Prognosen.[309] Da zukünftige Entwicklungen von einer Vielzahl von Faktoren abhängen, kann keine Prognose objektiv richtig in dem Sinne sein, dass sie die einzig mögliche Prognose ist. Sofern der Aktionär daher in der Hauptversammlung eine andere vertretbare Prognose geltend machen kann, ist eine Ablehnung legitim.[310] Wie vom AktG vorgesehen, sollten daher Meinungsverschiedenheiten über die Sinnhaftigkeit von Beschlüssen, wie hier von bestimmten Sanierungsmaßnahmen, dadurch gelöst werden, dass die erforderliche Mehrheit der Aktionäre in der Hauptversammlung von dem Sanierungsvorschlag überzeugt wird in einem ordnungsgemäßen Beschlussverfahren, in dem die verschiedenen Ansichten vorgebracht und bewertet werden können.

85

III. Sanierung durch Kapitalmaßnahmen

1. Kapitalerhöhung

a) Allgemeines

Das Aktienrecht stellt als Sanierungsinstrument die Kapitalmaßnahme bereit, insb. die Kapitalerhöhung. Die Barkapitalerhöhung ist grundsätzlich das am besten geeignete Instrument zur Beseitigung der finanziellen Krise: Sie verschafft der AG Liquidität und in der Überschuldungsbilanz ein zusätzliches Aktivum und kann so Zahlungsunfähigkeit und Überschuldung zugleich vermeiden oder beseitigen helfen. Natürlich ist es in der Krise schwierig, Eigenkapitalgeber zu finden. Für den unternehmerisch beteiligten, zum Sanierungsbeitrag entschlossenen Aktionär ist die Kapitalerhöhung indes unter Umständen vorteilhafter als eine anderweitige Zuwendung finanzieller Vorteile, die nach § 39 Abs. 1 Nr. 5 InsO nachrangig wäre und keinen gesellschaftsrechtlichen Einfluss gewähren würde. Da bei der Sanierung zumeist rasch gehandelt werden muss, kommt regelmäßig nur die Kapitalerhöhung aus vorhandenem genehmigtem Kapital in Betracht. Die Frist für die Einberufung der Hauptversammlung von mindestens dreißig Tagen macht die Kapitalerhöhung im Wege der Satzungsänderung unpraktikabel, es sei denn, das Problem der Vorleistung auf die künftige Einlagepflicht ist befriedigend gelöst (s. Rn. 89–92) oder

86

---

[308] Ähnlich *Schäfer* in FS Hommelhoff, S. 947, der anführt, dass dies eine Frage der Kausalität ist.
[309] Nach dem OLG Stuttgart (U 11/13, BB 2013, 2127) kommt es für die Treuepflicht auf den Kenntnisstand des Gesellschafters im Zeitpunkt der Beschlussfassung an; auch der BGH (II ZR 240/08, DStR 2009, 2495) stellt auf die Sicht eines wirtschaftlich denkenden Gesellschafters ab.
[310] In der „Girmes"-Entscheidung wurden offenbar keine legitimen Gründe geltend gemacht, denn nach dem Sachverhalt war unerfindlich, warum die Minderheit auf der Herabsetzung im Verhältnis 5:3 statt 5:2 bestand. Ebenso schwer erklärlich war indes das Junktim des Gläubigerkonsortiums, den Sanierungsbeitrag nur leisten zu wollen, wenn die Girmes AG eine Kapitalherabsetzung im Verhältnis 5:2 beschlösse; s. dazu sehr pointiert *Wenger* ZIP 1992, 321 (323 ff.).

der Aktionärskreis ermöglicht die Abhaltung einer Vollversammlung nach § 121 Abs. 6 AktG.

b) Bezugsrechtsausschluss

87 Die Kapitalerhöhung kann grundsätzlich mit Bezugsrechten durchgeführt werden. In der akuten Krise kann allerdings die Bezugsfrist von mindestens zwei Wochen gem. § 186 Abs. 1 Satz 2 AktG die Sanierung vereiteln,[311] insb. dann, wenn unsicher ist, ob Altaktionäre in ausreichender Zahl an der Kapitalerhöhung teilnehmen werden. Die hM hält den Bezugsrechtsausschluss im Rahmen der Sanierung für gerechtfertigt, wenn der potenzielle Kapitalgeber sein Engagement von einer bestimmten Beteiligungsquote abhängig macht[312] oder die AG durch die Abgabe „en bloc" einen besonders günstigen Ausgabebetrag erzielen kann.[313] Dasselbe muss gelten, wenn die Kapitalerhöhung bei Beachtung der Bezugsfrist nicht rechtzeitig durchgeführt werden kann. Schließlich ist auch in der Sanierung der Bezugsrechtsausschluss gem. § 186 Abs. 3 Satz 4 AktG möglich, dh eine Erhöhung um nicht mehr als 10 % zu einem Ausgabebetrag nah am Börsenkurs. Für börsennotierte AG dürfte sich eine Kapitalerhöhung um 10 % oder mehr bereits wegen der damit verbundenen Pflicht verbieten, einen Prospekt zu veröffentlichen.[314]

88 Beim Ausschluss des Bezugsrechts im Rahmen der Erhöhung aus genehmigtem Kapital ergibt sich das Problem, dass die Sanierung als **Zweck** des Ausschlusses oftmals weder in der entsprechenden Satzungsbestimmung noch im Bericht des Vorstands nach §§ 203 Abs. 2, 186 Abs. 4 Satz 2 AktG enthalten sein wird. Nach hM ist es jedoch erforderlich, dass die Hauptversammlung zumindest in abstrakt-genereller Form über das Vorhaben in Kenntnis gesetzt wird, für das von dem genehmigten Kapital unter Ausschluss des Bezugsrechts Gebrauch gemacht werden soll.[315] Ohne die Zweckbestimmung der Sanierung ist der Vorstand nicht ermächtigt, vom genehmigten Kapital unter Ausschluss des Bezugsrechts Gebrauch zu machen.[316] Setzt sich der Vorstand darüber hinweg, so entstehen zwar die neuen Aktien mit Eintragung der Durchführung der Kapitalerhöhung wirksam in der Hand des Erwerbers; die Altaktionäre haben jedoch gegen die AG Anspruch auf Schadensersatz, während die AG Vorstand und Aufsichtsrat in Regress nehmen kann.[317]

89 Die von einem Teil der Literatur[318] angenommene Pflicht des Vorstands, die **Aktionäre** vor der Ausnutzung über den beabsichtigten Bezugsrechtsausschluss und dessen Gründe zu **informieren**, besteht nach der Rechtsprechung nicht.[319] Dem ist zu folgen, weil eine derartige Pflicht zum Schutz der Aktionäre nicht erforderlich ist und dem genehmigten Kapital die Flexibilität nähme, die ihm nach

---

[311] Die Frist verlängert sich durch das Erfordernis des § 186 Abs. 2 AktG, die Bezugsfrist in den Gesellschaftsblättern, meist dem Bundesanzeiger, bekannt zu machen.
[312] LG Heidelberg O 6/88 KfH, ZIP 1988, 1257; *Hüffer/Koch* AktG § 186 Rn. 31 mwN.
[313] BGH II ZR 55/81, NJW 1982, 2444 (2446); MHdB GesR IV/*Scholz* § 57 Rn. 119j.
[314] Vgl. § 4 Abs. 2 Nr. 1 WpPG.
[315] BGH II ZR 132/93, BGHZ 136, 133 (139); *Hüffer/Koch* AktG § 203 Rn. 11, 11a.
[316] *Cahn* ZHR 1999, 554 (567), der eine Umwidmung der Ermächtigung durch nicht eintragungspflichtigen Beschluss der Hauptversammlung vorschlägt.
[317] BGH II ZR 132/93, BGHZ 136, 133 (140 f.); *Hüffer/Koch* AktG § 203 Rn. 38. Wenn der Durchführung der Kapitalerhöhung erforderlich ist, um die Insolvenz der AG abzuwenden, dürfte es an einem Schaden der Aktionäre fehlen.
[318] Kölner Komm./*Lutter* § 203 Rn. 30 ff.
[319] BGH II ZR 148/03, BGHZ 164, 241 (244 ff.); wohl auch schon BGH II ZR 132/93, BGHZ 136, 133 (140 f.); *Hüffer/Koch* AktG § 203 Rn. 37; MHdB GesR IV/*Scholz* § 58 Rn. 21.

D. Sanierung 90–92 § 17

der Konzeption des Gesetzes zukommen soll. Der Vorstand ist aber gehalten, nach Inanspruchnahme der Ermächtigung über die Einzelheiten seines Vorgehens auf der nächsten ordentlichen Hauptversammlung zu berichten und Rede und Antwort zu stehen.[320]

c) Vorleistung auf künftige Einlagepflicht

In der akuten Krise kann es vorkommen, dass die AG die neuen Mittel, die 90 durch eine Kapitalerhöhung aufgebracht werden sollen, benötigt, noch bevor die Einlageverpflichtung durch Kapitalerhöhungsbeschluss und Zeichnung der Aktien entstanden ist. Umstritten ist, ob der zukünftige Aktionär mit befreiender Wirkung auf seine künftige Einlageschuld leisten kann.

Eine echte Vorleistung liegt dabei nur dann vor, wenn die Einlageleistung nicht 91 nur vor Entstehung der Einlageverpflichtung an die AG erbracht, sondern auch bereits „verbraucht",[321] also nicht mehr gegenständlich vorhanden ist. Kein Fall der Vorleistung ist es, wenn die Bareinlage bei Entstehung der Einlagepflicht noch als Betrag vorhanden ist.[322] Aus einer anderen BGH-Entscheidung scheint sich zu ergeben, dass auch dann keine Vorleistung anzunehmen ist, wenn der Einlagebetrag im Zeitpunkt des Antrags auf Eintragung der Durchführung der Kapitalerhöhung dem Werte nach zur freien Verfügung des Vorstands steht, weil mit dem Betrag eine Verbindlichkeit getilgt worden ist.[323] In einer späteren Entscheidung hat sich der BGH davon ausdrücklich distanziert.[324] Hingegen ist es eine Vorleistung, wenn zwar nach Fassung des Kapitalerhöhungsbeschlusses, aber vor Abschluss des Zeichnungsvertrags geleistet wird, denn die Einlageverpflichtung entsteht erst mit Abschluss des Zeichnungsvertrags.[325]

Der BGH hat die Frage der Tilgungswirkung von Vorleistungen lange Zeit aus- 92 drücklich offen gelassen,[326] sie aber inzwischen unter sehr engen Voraussetzungen für die GmbH bejaht und sich insoweit der bisherigen, teils großzügigeren hM angeschlossen.[327] Die Voraussetzungen im Einzelnen:[328]

(1) Die Vorleistung ist zur Bewältigung einer akuten Krise erforderlich. Das ist der Fall, wenn die AG bereits zahlungsunfähig oder überschuldet ist, darüber hinaus, wenn die Zahlungsunfähigkeit iSd § 18 Abs. 2 InsO droht. Ferner muss der Gläubiger mit Sanierungswillen handeln, die Gesellschaft muss nach pflichtgemäßer Einschätzung eines objektiven Dritten objektiv sanierungsfähig und die Voreinzahlung objektiv geeignet sein, die Gesellschaft durchgreifend zu sanieren.

(2) Der Einlagegegenstand wird gemäß eindeutiger und für Dritte erkennbarer Zweckbestimmung auf die künftige Kapitalerhöhung geleistet.

---

[320] BGH II ZR 148/03, BGHZ 164, 241 (244); II ZR 132/93, BGHZ 136, 133 (140).
[321] Geßler/Hefermehl/Hefermehl/Bungeroth § 188 Rn. 16.
[322] BGH II ZR 365/98, DStR 2000, 1963 (1964).
[323] BGH II ZR 98/95, ZIP 1996, 1466 (1467); MHdB GesR IV/*Scholz* § 57 Rn. 184.
[324] BGH II ZR 210/01, BGHZ 158, 283 (285).
[325] MHdB GesR IV/*Rieckers* § 16 Rn. 3; vgl. BGH II ZR 365/98, DStR 2000, 1963 (1964).
[326] Zuletzt BGH II ZR 365/98, DStR 2000, 1963 (1964); II ZR 210/01, BGHZ 158, 283 (284).
[327] BGH II ZR 43/05, BGHZ 168, 201; MünchKomm. AktG/Bd. 4/*Schürnbrand* § 188 Rn. 24.
[328] BGH II ZR 43/05, BGHZ 168, 201 (204 ff.); vgl. mit Unterschieden im Detail *Hüffer/Koch* AktG § 188 Rn. 7 f.; MHdB GesR IV/*Scholz* § 57 Rn. 184 jeweils mwN; *Heidinger* DNotZ 2001, 341 (342); OLG München 17 U 6497/97, NZG 1999, 84; OLG Karlsruhe 10 U 89/99, GmbHR 1999, 1298 (1299).

(3) Die Kapitalerhöhung ist konkret in die Wege geleitet, etwa durch Einberufung der Gesellschafterversammlung, und wird nach der Vorleistung mit aller gebotenen Beschleunigung beschlossen und durchgeführt.

(4) Die Vorleistung wird im Kapitalerhöhungsbeschluss und in der Anmeldung offen gelegt.

93 Die Voraussetzungen sind sehr eng und wenig praxistauglich: So ist etwa die Sanierungsfähigkeit einer Gesellschaft nur mit hohem Zeitaufwand, ggf. durch das Gutachten eines Wirtschaftsprüfers ermittelbar; auch lässt sich ex ante kaum prognostizieren, ob eine konkrete Voreinzahlung zur Bewältigung der Krise erforderlich ist; dies zeigt sich erst dann, wenn die Rettung der AG gelungen ist.[329]

d) Wertmäßiges Vorhandensein der Einlageleistung im Zeitpunkt der Anmeldung der Durchführung der Kapitalerhöhung

94 Jenseits des Problems der Vorleistung stellt sich in der Krise die Frage, für welche Zwecke die AG insb. Barleistungen in der Zeit bis zur Anmeldung der Durchführung der Kapitalerhöhung verwenden darf, etwa zur Begleichung von Bankschulden und „Aufwands"-Verbindlichkeiten wie Miete oder Löhne und Gehälter. Die früher hM verlangte, dass, wenn das Geld bei Anmeldung zwar nicht mehr gegenständlich vorhanden war, der AG im Sinne einer „wertgleichen Deckung" durch die Verwendung der Mittel zumindest ein Wert zugeflossen war, der der AG und ihren Gläubigern im Zeitpunkt der Anmeldung dem Werte nach noch zur Verfügung stand. Der **BGH** hat das Kriterium der wertgleichen Deckung aufgegeben.[330] Die Einlagepflicht des Inferenten ist erfüllt, wenn die Bareinlage zur freien Verfügung des Vorstands geleistet ist; von diesem Zeitpunkt an unterliegt der eingezahlte Betrag allein der unternehmerischen Verfügungsmacht des Vorstands, die dieser, wie stets, pflichtgemäß auszuüben hat.[331] Nicht ordnungsgemäß geleistet ist die Einlage lediglich dann, wenn die Einlageleistung an den Inferenten zurückfließt; weiterhin dann, wenn unmittelbar an einen Gesellschaftsgläubiger geleistet wird, ohne dass der Vorstand auf die Verwendung der Einlage Einfluss nehmen kann.[332] In der Versicherung nach §§ 37 Abs. 1, 188 Abs. 2 AktG hat der Vorstand, abweichend vom Gesetzestext,[333] zu versichern, dass der Betrag der Einzahlung zur freien Verfügung des Vorstands für die Zwecke der Gesellschaft eingezahlt und auch in der Folge nicht an den Einleger zurückgezahlt worden ist.[334]

95 Wird die Einlage (nach dem Kapitalerhöhungsbeschluss und nach Zeichnungsvertrag) auf ein **debitorisches Konto** gezahlt, so ist das Kapital wirksam aufgebracht, wenn das Kreditinstitut eine abermalige Verfügung über den Einzahlungsbetrag (durch Verlängerung des Kredits oder Einräumung eines neuen Kredits) zugelassen hat und dieser somit zur freien Verfügung des Vorstands stand.[335]

---

[329] Krit. zu Recht *Ehlke*, ZIP 2007, 749 (750).
[330] BGH II ZR 363/00, BB 2002, 957; bestätigt BGH II ZR 380/03, DB 2005, 2458; *Henze* BB 2002, 955; schon frühzeitig ebenso *Priester* ZIP 1994, 599 (601).
[331] BGH II ZR 363/00, BB 2002, 959; *Henze* BB 2002, 955 (956).
[332] BGH II ZR 363/00, BB 2002, 959; *Henze* BB 2002, 955 (956).
[333] Dem laut BGH eine historisch bedingte „überschießende Tendenz" innewohnt, die durch teleologische Reduktion zu beschränken ist: BGH II ZR 363/00, BB 2002, 959.
[334] BGH II ZR 363/00, BB 2002, 959; *Henze* BB 2002, 955 (956).
[335] BGH II ZR 362/02, BB 2005, 123.

e) Forderungen gegen die AG als Einlageleistung

Forderungen gegen die AG sind grundsätzlich tauglicher Gegenstand einer Sacheinlage.[336] Für die **Bewertung** einer solchen Forderung kommt es nicht auf den Nennwert an, sondern darauf, ob die AG diese Forderung erfüllen könnte.[337] Damit wird idR kaum ein Gläubiger bereit sein, Forderungen gegen die AG in der Krise einzubringen, weil er Gefahr liefe, den Betrag der Kapitalerhöhung ganz oder teilweise in bar nachzahlen zu müssen. Seit der Änderung der Insolvenzordnung durch das ESUG[338] kann ein solcher Debt-to-Equity-Swap nach § 225a Abs. 2 Satz 3 InsO im Rahmen eines Insolvenzplans ohne Beschränkung durch den Wert der Forderung durchgeführt werden; § 254 Abs. 4 InsO schließt für solche Vorgänge die Differenzhaftung aus, und zwar nach hM nicht nur gegenüber der Gesellschaft, sondern gegenüber jedermann.[339]

2. Kapitalherabsetzung

Eine Kapitalherabsetzung, insb. die vereinfachte Kapitalherabsetzung nach §§ 229 ff. AktG, ermöglicht es, Verluste bilanziell zu beseitigen, sog. „**Buchsanierung**".[340] Sie ist daher für sich genommen nicht geeignet, eine Finanzierungskrise zu beseitigen, denn sie vollzieht lediglich die bereits eingetretene Aufzehrung des Grundkapitals der AG nach und beseitigt weder Schulden noch verschafft sie der AG Liquidität. Im Rahmen der Sanierung liegt die Bedeutung der Kapitalherabsetzung darin, die AG insb. für neue Eigenkapitalgeber attraktiv zu machen. Zum einen überwindet die AG schneller die **Ausschüttungssperre** für künftige Gewinne, die sich daraus ergibt, dass die AG aus dem Jahresüberschuss erst Verlustvorträge ausgleichen und die gesetzliche Rücklage dotieren muss, bevor sie Bilanzgewinn an die Aktionäre verteilen darf.[341] Zum anderen macht die Kapitalherabsetzung eine nachfolgende Kapitalerhöhung unter Umständen überhaupt erst platzierbar, nämlich dann, wenn die Aktien unter pari notieren, sodass kein Investor bereit ist, neue Aktien für den geringsten Ausgabebetrag iSd § 9 Abs. 1 AktG zu übernehmen.[342] Ebenso ermöglicht die Herabsetzung die **Platzierung**, wenn ein Investor nur einen bestimmten absoluten Betrag investieren will, für diesen Betrag aber eine bestimmte Beteiligungsquote verlangt, die sich nur bei verringertem Grundkapital erzielen lässt.[343] Schließlich kann eine Kapitalerhöhung durch Zusammenlegung von Aktien nötig sein, weil der Investor sein Engagement davon abhängig macht, dass die Zahl der Aktien und damit tendenziell auch die Zahl der Aktionäre verringert wird.[344] Die Einzelheiten der Kapitalherabsetzung sind bei § 9 Rn. 121 ff. dargestellt, die steuerlichen Folgen bei § 11 Rn. 166 ff.

---

[336] *Hüffer/Koch* AktG § 27 Rn. 30 mwN.
[337] BGH II ZR 164/88, BGHZ 110, 47 (61 f.); MünchKomm. AktG/Bd. 1/*Pentz* § 27 Rn. 29; *Hüffer/Koch* AktG § 27 Rn. 30; Großkomm. AktG/*Röhricht* § 27 Rn. 81 mwN; aA *Cahn/Simon/Theiselmann* DB 2010, 1629; *Karollus* ZIP 1994, 589 (595), mwN.
[338] Gesetz zur weiteren Erleichterung der Sanierung von Unternehmen (ESUG) v. 7.12.2011 (BGBl. 2011 I 2582, ber. S. 2800).
[339] *Braun/Frank* InsO § 225a Rn. 11 mwN.
[340] *K. Schmidt* ZGR 1982, 519 (520).
[341] Vgl. § 158 Abs. 1 Nr. 1 und § 150 Abs. 2 AktG.
[342] *Wenger* ZIP 1993, 321 (325); MHdB GesR IV/*Scholz* § 61 Rn. 10.
[343] Bsp: Grundkapital 150, Investor will 50 investieren und damit auf eine Beteiligungsquote von 50% kommen: Dies würde eine Kapitalherabsetzung um 100 erfordern.
[344] Vgl. den Fall Sachsenmilch: BGH II ZR 278/96, ZIP 1998, 692.

98 Nach hM bedarf der Beschluss über die Kapitalherabsetzung **keiner sachlichen Rechtfertigung**.[345] Dies versteht sich von selbst, soweit die Kapitalherabsetzung sich darauf beschränkt, den (rechnerischen) Nennbetrag der Aktien zu reduzieren, denn hier bleiben die Rechte der Aktionäre unberührt. Aber auch dann, wenn Aktien zusammengelegt werden, ist eine besondere sachliche Rechtfertigung nach hM entbehrlich, weil die gesetzliche Regelung in § 222 Abs. 4 AktG eine abschließende Abwägung der Interessen der betroffenen Aktionäre dergestalt trifft, dass zunächst der Nennwert herabzusetzen ist und erst dann Aktien zusammengelegt werden können.[346] Damit allein wären die Interessen der Aktionäre indes nicht ausreichend berücksichtigt, sondern es bedarf darüber hinaus der Regelung über die Zusammenlegung und Verwertung der Spitzen, der zufolge der Aktionär einen Ausgleich für die verlorenen Aktien erhält.[347] Einer begleitenden Kapitalerhöhung mit Bezugsrecht der Aktionäre bedarf es nach Auffassung des BGH jedenfalls dann nicht, wenn dies die Sanierung scheitern ließe, weil zu erwarten ist, dass die Aktionäre die neuen Aktien nicht in ausreichendem Umfang zeichnen würden.[348] Offen ließ der BGH, ob eine derartige Kapitalerhöhung notwendig ist, wenn die Überschuldung[349] durch die Kapitalherabsetzung nicht vollständig beseitigt werden kann.[350] Die Frage dürfte indes eher sein, ob es nicht stets einer Rechtfertigung bedarf, wenn die **Kapitalherabsetzung** nicht **mit einer Kapitalerhöhung verbunden** wird.[351] Jedenfalls dann, wenn nach einer Kapitalherabsetzung auf Null eine Kapitalerhöhung durchgeführt wird, ist ein Mehrheitsaktionär durch die Treuepflicht und den Grundsatz der Verhältnismäßigkeit gehalten, möglichst vielen Aktionären den Verbleib in der AG zu ermöglichen; daraus ergibt sich die Pflicht, unverhältnismäßig hohe Spitzen zu vermeiden, indem als (rechnerischer) Nennbetrag der neuen Aktien der gesetzliche Mindestbetrag festgesetzt wird.[352] Damit ist, streng genommen, noch nicht die Frage beantwortet, ob überhaupt regelmäßig eine Kapitalerhöhung durchgeführt werden muss, sodass eine Abweichung von dieser Regel einer Rechtfertigung bedürfte. Gleichwohl liegt der Schluss nahe: Nach dem Grundgedanken der Rechtsprechung des BGH[353] haben Aktionäre ein Recht darauf, nach Möglichkeit in der AG zu verbleiben; dieses Recht wäre weitgehend sinnentleert, wenn es nur das „Wie", nicht aber das „Ob" einer Kapitalerhöhung beträfe.[354] Zweifelhaft ist, ob den Aktionären der bloße Verbleib gesichert werden muss oder ob es nicht vielmehr darum geht, die Beteiligungsquote der Aktionäre so wenig wie möglich zu verringern, denn dies ist der eigentliche Eingriff in die Positi-

---

[345] BGH II ZR 278/96, ZIP 1998, 692.
[346] BGH II ZR 278/96, ZIP 1998, 692 (693); MHdB GesR IV/*Scholz* § 60 Rn. 15 mwN; aA die Vorinstanzen OLG Dresden 12 U 1727/95, ZIP 1996, 1780; LG Dresden 41 O 925/94, ZIP 1995, 1596.
[347] Vgl. dazu MHdB GesR IV/*Scholz* § 60 Rn. 15.
[348] BGH II ZR 278/96, ZIP 1998, 692 (694).
[349] Gemeint sein kann nur eine bilanzielle Überschuldung, denn die Überschuldung als Insolvenzgrund kann durch eine Kapitalherabsetzung überhaupt nicht beseitigt werden. Auch eine bilanzielle Überschuldung kann durch eine bloße Herabsetzung des Grundkapitals niemals vollständig beseitigt werden.
[350] So *Hüffer/Koch* AktG § 222 Rn. 14 mwN.
[351] So *Krieger* ZGR 2000, 885 (895).
[352] BGH II ZR 126/98, BGHZ 167, 170; MünchKomm. AktG/Bd. 4/*Oechsler* § 228 Rn. 5; zum Missbrauch der Kapitalherabsetzung um Aktionäre aus der Gesellschaft zu drängen Spindler/Stilz/*Marsch-Barner* AktG § 222 Rn. 27.
[353] BGH II ZR 126/98, BGHZ 167, 170.
[354] Ähnlich *Krieger* ZGR 2000, 885 (894).

on eines Aktionärs. Ob die Verringerung dazu führt, dass er noch eine oder aber gar keine Aktie mehr hält, dürfte zumindest finanziell keine große Rolle mehr spielen.

E. Die Krise der KGaA

In der KGaA ist die Geschäftsführung Sache der Komplementäre, soweit sie nicht von der Geschäftsführung ausgeschlossen sind, §§ 164, 114 HGB iVm § 278 Abs. 2 AktG. Die geschäftsführenden Komplementäre sind demgemäß auch die Adressaten der Pflichten im Rahmen von Krise und Sanierung. Dies ergibt sich für die Pflicht zur Stellung des Insolvenzantrags unmittelbar aus § 283 Nr. 14 AktG, der die Vorschriften über den Antrag auf Eröffnung des Insolvenzverfahrens für anwendbar erklärt, während Komplementäre, die von der Geschäftsführung ausgeschlossen sind, nach § 15 Abs. 1 InsO berechtigt, aber nicht verpflichtet sind, Insolvenzantrag zu stellen.[355] Die Verweisung in § 283 Nr. 14 AktG erfasst darüber hinaus das Zahlungsverbot des § 92 Abs. 2 Satz 1 AktG.[356] Die Pflicht zur Verlustanzeige nach § 92 Abs. 1 AktG trifft die geschäftsführenden Komplementäre nach § 283 Nr. 6 AktG, demzufolge die Vorschriften über die Einberufung der Hauptversammlung Anwendung finden.[357] Die Pflicht zur Organisation der Krisenfrüherkennung gem. § 91 Abs. 2 AktG ergibt sich für die geschäftsführenden Komplementäre aus § 283 Nr. 3 AktG, der die Anwendung der Vorschriften über die Sorgfaltspflicht anordnet, denn § 91 Abs. 2 AktG normiert eine spezielle Sorgfaltspflicht des Vorstands.[358]

F. Steuern

Schrifttum: *Blaas/Schwahn* Steueroptimierte Restrukturierung – Teil 1: Stundung und Kapitalisierung von Kreditforderungen, Rangrücktritt und Forderungsverzicht, DB 2013, 2350; *Blaas/Schwahn* Steueroptimierte Restrukturierung – Teil 2: Debt/Equity Swap, Debt Buy Back, Debt/Hybrid Swap, Debt Push Up und stille Liquidation durch Amtslöschung, DB 2013, 2412; *Bogenschütz* Regresslose Schuldübernahme als Sanierungsinstrument, Ubg 2010, 407; *Briese* Forderungsverzicht gegen Besserungsschein sowie qualifizierter Rangrücktritt in Handels- und Steuerbilanz, DStR 2017, 799; *Eilers/Bühring* Sanierungssteuerrecht, 1. Aufl. 2012; *Fischer* Abwicklung von Gesellschaften mit Darlehensverbindlichkeiten gegenüber ihren Gesellschaftern – Klärung der ertragsteuerlichen Behandlung oder verbleibende Restunsicherheit?, Handelsblatt Steuerboard (online) v. 28.5.2014; *Frey* BFH: Partiarische Darlehen – Anknüpfung an die Liquidität als relevanter Faktor (Urteil vom 22.6.2010, I R 78/09), Ruf 2011, 215; *Hageböke/Hasbach* Gewerbesteuerliche Kompetenzfragen beim Sanierungserlass, DStR 2015, 1713; *Hierstetter* Steuerliche Risiken der Entschuldung einer Kapitalgesellschaft in der Krise, DStR 2010, 882; *Helios/Birker* Partiarisches Darlehen und Liquidität bei mezzaninen Finanzierungen, BB 2011, 2327; *Lampe/Breuer/Hotze* Erfahrungen mit § 3a EStG im Rahmen eines Insolvenzplanverfahrens unter Einhaltung einer verbindlichen Auskunft, DStR 2018, 173; *Lechner/Haisch* Abgrenzung von partiarischen Darlehen zu innovativen Finanzierungsformen, Ubg 2011, 282; *Lechner/Krampe* Kapitalertragsteuer bei Verbriefungstransaktionen im Lichte des BFH-Urteils v. 22.6.2010 – I R 78/09, DStR 2010,

---

[355] Großkomm. AktG/*Assmann/Sethe* § 283 Rn. 38; MünchKomm. AktG/Bd. 5/*Perlitt* § 283 Rn. 42.
[356] Großkomm. AktG/*Assmann/Sethe* § 283 Rn. 38; MünchKomm. AktG/Bd. 5/*Perlitt* § 283 Rn. 42.
[357] Großkomm. AktG/*Assmann/Sethe* § 283 Rn. 26; MünchKomm. AktG/Bd. 5/*Perlitt* § 283 Rn. 43; nunmehr auch Kölner Komm. AktG/*Mertens/Cahn* § 283 Rn. 13.
[358] MünchKomm. AktG/Bd. 5/*Perlitt* § 283 Rn. 43.

2448; *Lüdicke/Sistermann* Unternehmenssteuerrecht, 1. Auflage 2008; *Mayer/Wagner* Bilanzierung von Verbindlichkeiten bei Rangrücktritt in der Liquidationsschlussbilanz – Finanzverwaltung schafft doppelt Klarheit, DStR 2017, 2025; *Rödding/Dann* Partiarische Darlehen – Neuorientierung der Finanzierungspraxis nach BFH-Urteil zu Kapitalertragsteuer nötig?, DStR 2011, 342; *Schmidt/Mielke* Steuerfolgen von Sanierungsmaßnahmen, Ubg 2009, 395; *Süß/Mayer* Anmerkung zum Urteil BFH I R 78/09 vom 22.6.2010 (Kapitalertragsteuerabzug bei partiarischem Darlehen), DStR 2010, 2448; *Westpfahl/Kresser* Rangrücktrittsvereinbarungen in der Beratungspraxis, DB 2016, 33.

100 Gerät eine AG in eine wirtschaftliche Schieflage, folgen daraus prinzipiell keine unmittelbaren steuerlichen Konsequenzen. Insbesondere hat die AG bestehende Verbindlichkeiten weiterhin in ihrer Steuerbilanz auszuweisen und zwar auch dann, wenn sie wegen Zahlungsunfähigkeit bzw. Überschuldung nicht in der Lage ist, ihre Verbindlichkeiten zu erfüllen, oder Gläubiger der AG eine Teilwertabschreibung auf ihre Darlehensforderungen vorgenommen haben.[359] Regelmäßig ergeben sich jedoch aus der Umsetzung von Maßnahmen zur Beseitigung der Krise steuerliche Implikationen – speziell wenn diese Maßnahmen die Kapitalstruktur der AG bzw. die Passivseite der Bilanz betreffen. Welche Maßnahmen zur Krisenbeseitigung in der jeweiligen Situation erforderlich sind bzw. wie sich die getroffenen Maßnahmen steuerlich auswirken, hängt letztlich vom konkreten Einzelfall ab. Nachfolgend werden jedoch verschiedene gängige Restrukturierungsoptionen und deren wesentliche steuerliche Implikationen aufgezeigt.

I. Stundung von Zins- und Kreditforderungen

101 Erfordert die Sanierung der AG eine Verbesserung der Liquiditätslage, wird alternativ zur Zuführung neuer liquider Mittel oftmals eine Stundung fälliger Zins- und Tilgungsforderungen bzw. die Prolongation des Kreditvertrags vereinbart. Hierbei ist aus steuerlicher Sicht darauf zu achten, dass die Stundung von Zins- und Tilgungsforderungen (sofern noch eine Restlaufzeit von mindestens zwölf Monaten gegeben ist) nicht mit einer vollständigen Zinsfreistellung dieser Forderungen einhergeht, sondern diese weiterhin zumindest einer Niedrigverzinsung unterliegen.[360] Andernfalls droht eine Abzinsung der Zins- und Tilgungsverbindlichkeiten nach § 6 Abs. 1 Nr. 3 EStG mit einem Zinssatz von 5,5 % und damit die Entstehung eines korrespondierenden Abzinsungsertrags auf Ebene der AG.

102 Im Hinblick auf die Stundung von Zinsen besteht angesichts des im Schrifttum heftig kritisierten[361] BFH-Urteils vom 22.6.2010[362] zudem ein gewisses Restrisiko, dass Stundungsvereinbarungen, nach denen Darlehenszinsen erst dann zur Zahlung fällig werden, wenn der Darlehensnehmer über eine ausreichende Liquidität verfügt, dazu führen können, dass festverzinsliche Darlehen als erfolgsabhängig zu beurteilen sind. Dies ist insbesondere für ausländische Kapitalgeber von Relevanz,

---

[359] BFH VIII R 29/91, BStBl. II 1993, 747; BFH I B 50/07, BFH/NV 2008, 616; BFH I R 44/14, BStBl. II 2015, 769; BFH I R 25/15, BStBl. II 2017, 670; OFD Frankfurt v. 30.6.2017 S 2743 A – 12 – St 525, BeckVerw 344955; *Blaas/Schwahn* DB 2013, 2351.

[360] Gem. BMF 23.8.1999, BStBl. I 1999, 818 Rn. 13 soll bereits eine (sehr niedrige) Mindestverzinsung ausreichen, um einer Abzinsung zu entgehen; Schmidt/*Kulosa* EStG § 6 Tz. 461.

[361] Vgl. *Süß/Mayer* DStR 2010, 2450; *Frey* RdF 2011, 215; *Lechner/Haisch* Ubg 2011, 284; *Lechner/Krampe* FR 2011, 610; *Rödding/Dann* DStR 2011, 344; *Helios/Birker* BB 2011, 2327 mit Verweis auf das widersprüchliche Urteil BFH I R 53/09, BFHE 231, 63.

[362] So ggf. BFH I R 78/09, BFH/NV 2011, 12.

die bei Vereinbarung einer entsprechenden liquiditätsabhängigen Zinsabrede somit in Gefahr geraten, mit den erzielten Zinserträgen trotz grundsätzlicher Festverzinslichkeit des Darlehens in Deutschland einer Besteuerung in Form eines Kapitalertragsteuereinbehaltes von 25 % zzgl. Solidaritätszuschlag gem. § 43 Abs. 1 S. 1 Nr. 3 iVm § 49 Abs. 1 Nr. 5 Buchst. a EStG zu unterliegen.

II. Rangrücktritt

Ist die Krise so weit vorangeschritten, dass Insolvenzgefahr besteht, gilt es vor der Umsetzung von Sanierungsmaßnahmen zunächst eine drohende Insolvenzantragspflicht des Vorstands der AG aufgrund von Zahlungsunfähigkeit (§ 17 InsO) oder Überschuldung (§ 19 InsO) abzuwenden. Häufigstes Mittel ist in diesem Zusammenhang die (nachträgliche) Vereinbarung eines Rangrücktritts iSv § 19 Abs. 2 InsO iVm § 39 Abs. 2 InsO durch einzelne oder mehrere Gläubiger. Dabei erklärt der Gläubiger der AG gegenüber dieser sinngemäß, dass er **103**

a) in einem etwaigen Insolvenzverfahren über das Vermögen der AG mit seiner Forderung hinter sämtliche gegenwärtig bestehende und zukünftige Forderungen anderer Gläubiger iSd §§ 38, 39 Abs. 1–5 InsO zurücktritt bzw.

b) außerhalb eines Insolvenzverfahrens über das Vermögen der AG die Tilgung der vom Rangrücktritt erfassten Forderung nur aus dem sonstigen, die Schulden der AG übersteigenden, freien Vermögen der AG verlangen kann, soweit dadurch eine (drohende) Zahlungsunfähigkeit oder Überschuldung der AG weder ausgelöst noch vertieft wird.[363]

Als Folge des Rangrücktritts ist die betreffende Verbindlichkeit gem. § 19 Abs. 2 InsO nicht mehr in die insolvenzrechtliche Überschuldungsbilanz der AG einzubeziehen. Da die Rangrücktrittserklärung jedoch nichts am Bestand der Verbindlichkeit und damit an der wirtschaftlichen Belastung der AG ändert, sondern lediglich die Reihenfolge der Tilgung betrifft, sind auch mit einem Rangrücktritt versehene Verbindlichkeiten weiterhin in der Steuerbilanz zu passivieren.[364] Sofern der Rangrücktritt so formuliert ist, dass weiterhin die Möglichkeit besteht, die Verbindlichkeit „aus sonstigem freien Vermögen" zu tilgen, sollte auch keine gewinnerhöhende Ausbuchung der Verbindlichkeit nach § 5 Abs. 2a EStG erfolgen.[365] Bei richtiger Formulierung sollte die Vereinbarung von Rangrücktrittsklauseln für die AG somit keine steuerlichen Auswirkungen haben. **104**

III. Forderungsverzicht

Bedarf es für die Sanierung der AG einer bilanziellen Entschuldung, liegt zunächst ein Forderungsverzicht (ggf. mit Besserungsabrede) nahe. Jedoch gilt es hierbei, die möglicherweise weitreichenden steuerlichen Konsequenzen zu berücksichtigen: Verzichten fremde Dritte bzw. externe Kreditgeber auf (einen Teil ihrer) Darlehensforderungen, entsteht auf Ebene der AG iHd wegfallenden Teils der Verbindlichkeit ein steuerpflichtiger Verzichtsgewinn. Verzichtet ein Aktionär auf **105**

---

[363] Siehe zu den insolvenzrechtlichen Anforderungen im Einzelnen die ausführliche Würdigung des Urteils des BGH IX ZR 133/14, DB 2015, 732 von *Westpfahl/Kresser* DB 2016, 33.
[364] BMF 8.9.2006, BStBl. I 2006, 497 Rn. 4; OFD Frankfurt 30.6.2017 S 2743 A – 12 – St 525, BeckVerw 344955.
[365] BMF 8.9.2006, BStBl. I 2006, 497 Rn. 4, 6; OFD Frankfurt 30.6.2017 S 2743 A – 12 – St 525, BeckVerw 344955; *Mayer/Wagner* DStR 2017, 2027.

Gesellschafterforderungen, entsteht zumindest iHd nicht werthaltigen Teils der Gesellschafterforderung ein steuerpflichtiger Ertrag, dh iHd Differenz zwischen dem steuerlichen Buchwert der passivierten Verbindlichkeit und dem Teilwert der eingebrachten Forderung. Soweit der Forderungsverzicht durch das Gesellschaftsverhältnis veranlasst ist, ist iHd werthaltigen Teils der Gesellschafterdarlehensforderung hingegen regelmäßig eine steuerneutrale verdeckte Einlage gem. § 8 Abs. 3 KStG gegeben, die das steuerliche Einlagekonto iSv § 27 KStG der AG erhöht.[366] Entsprechende Verzichtsgewinne sind zwar grundsätzlich mit laufenden Verlusten bzw. steuerlichen Verlustvorträgen verrechenbar. Jedoch sind bei der Verrechnung mit steuerlichen Verlustvorträgen die Regelungen der Mindestbesteuerung gemäß § 10d Abs. 2 EStG iVm § 10a Satz 2 GewStG zu beachten, wonach etwaige Verlustvorträge nur bis zu einem Betrag von einer Million Euro unbeschränkt, darüber hinaus jedoch nur bis zu 60 % des zu versteuernden Einkommens bzw. Gewerbeertrags abgezogen werden können. Selbst beim Vorhandensein von hinreichenden steuerlichen Verlustvorträgen sind die steuerlichen Folgen eines Forderungsverzichts daher genau zu prüfen.

106 In der Vergangenheit war auf Antrag ggf. eine Aufhebung der Mindestbesteuerung bzw. eine Steuerfreistellung entsprechender Verzichtsgewinne im Billigkeitswege (§§ 163, 222, 227 AO) nach Maßgabe des sog. „Sanierungserlasses" v. 27.3.2003[367] möglich. Mit Beschluss v. 28.11.2016[368] entschied jedoch der Große Senat des BFH, dass der Sanierungserlass gegen den Grundsatz der Gesetzmäßigkeit der Verwaltung (Art. 20 Abs. 3 GG) verstößt. In unmittelbarer Reaktion auf den vorgenannten Großen Senats-Beschluss fügte der Gesetzgeber mit dem Gesetz gegen schädliche Steuerpraktiken im Zusammenhang mit Rechteüberlassungen v. 27.6.2017 (BGBl. 2017 I 2074) eine gesetzliche Normierung der Steuerbegünstigung bzw. -befreiung von Sanierungserträgen in Form eines neuen § 3a EStG (bzw. § 3c Abs. 4 EStG sowie § 7b GewStG) ein. Die Neuregelung ist gemäß § 4 Abs. 4a EStG für Schuldenerlasse nach dem 8.2.2017 anwendbar. Das Inkrafttreten des § 3a EStG steht indes unter dem Vorbehalt der beihilferechtliche Genehmigung durch die EU-Kommission (Art. 107 AEUV). Da das beihilferechtliche Notifizierungsverfahren derzeit noch nicht abgeschlossen ist, findet § 3a EStG (bzw. § 3c Abs. 4 EStG sowie § 7b GewStG) gegenwärtig (noch) keine Anwendung. Dennoch zeigt sich die Finanzverwaltung bereit – vorbehaltlich des Inkrafttretens der Neuregelung – verbindliche Auskünfte betreffend die steuerliche Behandlung von Sanierungserträgen gem. § 3a EStG (bzw. § 3c Abs. 4 EStG sowie § 7b GewStG) zu erteilen.[369]

107 Wurde der Forderungsverzicht mit einer Besserungsabrede verknüpft und tritt der Besserungsfall ein, kommt es unter umgekehrten Vorzeichen zur Wiedereinbuchung der Verbindlichkeit auf Ebene der AG. Während die Wiedereinbuchung bei Verbindlichkeiten gegenüber Drittgläubigern in voller Höhe aufwandswirksam ist, führt sie bei Verbindlichkeiten gegenüber Gesellschaftern nur insoweit zu Aufwand, als die Darlehensforderung des Gesellschafters im Verzichtszeitpunkt im Wert gemindert war; iHd ursprünglichen Werthaltigkeit der Darlehensforderung kommt es hingegen zu einer Rückgewähr der ursprünglichen verdeckten Einlage bzw. zu einer steuerneutralen Minderung des steuerlichen Einlagekontos iSv § 27 KStG.[370]

---

[366] BFH GrS 1/94, BStBl. II 1998, 307. Zur Ermittlung des Teilwerts bei einer verdeckten Einlage siehe das ausführliche Prüfschema des FG Hamburg 6 K 203/11 v. 12.2.2014, rkr.
[367] BMF 27.3.2003, BStBl. I 2003, 240.
[368] BFH GrS 1/15, BStBl. II 2017, 393.
[369] Vgl. *Lampe/Breuer/Hotze* DStR 2018, 173.
[370] Vgl. BMF 2.12.2003, BStBl. I 2003, 648; *Briese* DStR 2017, 801.

IV. Einlagenfinanzierte Rückzahlung von Gesellschafterdarlehen

Statt durch Forderungsverzicht kann die Reduzierung der Schuldenlast einer AG **108** ggf. auch durch eine einlagenfinanzierte Rückzahlung von Gesellschafterdarlehen (sog. „Cash-Zirkel") erfolgen. Hierbei legt der Aktionär in einem ersten Schritt frisches Kapital in die AG ein. Dieses wird von der AG in einem zweiten Schritt dazu genutzt, um bestehende Gesellschafterdarlehen zurückzuführen. Sofern sich die Kapitaleinlage sowie die Darlehensrückzahlung nicht als bloßes „Hin- und Herzahlen"[371] darstellt, sollte die Maßnahme auf Ebene der AG grds. steuerneutral sein.[372] Die Kapitaleinlage und der Rückzahlungsbetrag sollten insofern nicht betragsidentisch sein. Auch sollte die Rückzahlung des Gesellschafterdarlehens zeitlich nicht unmittelbar an die Kapitaleinlage anschließen. Schließlich ist darauf zu achten, dass auch tatsächlich eine Bar-Einlage erfolgt bzw. nicht bloß ein Einlageversprechen geleistet wird, welches anschließend mit der Darlehensforderung aufgerechnet wird.[373] Andernfalls besteht ein Risiko, dass der Vorgang nach § 42 AO in einen Forderungsverzicht umgedeutet wird. Entsprechend empfiehlt es sich, die genaue Ausgestaltung der Kapitaleinlage und die anschließende Rückzahlung von Gesellschafterdarlehen im Wege einer verbindlichen Auskunft iSv § 89 AO mit der Finanzverwaltung abzustimmen.

V. Regresslose Schuldübernahme

In Konzernsachverhalten besteht mitunter zudem die Möglichkeit, die Verbind- **109** lichkeiten einer AG mittels einer sog. befreienden Schuldübernahme gem. §§ 414, 415 BGB zu verringern. Im Unterschied zum Forderungsverzicht wird die Schuld hier nur auf einen anderen Schuldner bzw. eine andere Konzerngesellschaft übertragen, bleibt ansonsten aber weiterhin bestehen.[374] Voraussetzung für die steuerneutrale Behandlung dieser Sanierungsmaßnahme ist, dass die Schuldübernahme unter Ausschluss jeglicher Regressansprüche erfolgt. Ist dies der Fall, führt die Schuldübernahme auf Ebene der notleidenden AG zunächst zu einer (steuerneutralen) Aktivierung eines korrespondierenden Freistellungsanspruchs in Form einer verdeckten Einlage.[375] Inwieweit die Werthaltigkeit des Freistellungsanspruchs dabei von der Bonität der aufnehmenden Gesellschaft abhängt, ist bislang nicht abschließend geklärt.[376] Nach Möglichkeit sollte die übernehmende Konzerngesellschaft daher selbst in der Lage sein, die übernommenen Verbindlichkeiten zu erfüllen. Für den Fall, dass die übernehmende Gesellschaft im Ausland sitzt, ist im Hinblick auf die Steuerneutralität der verdeckten Einlage zudem das Korrespondenzprinzip gem. § 8 Abs. 3 Satz 4 KStG zu beachten, wonach sich das Einkommen der AG erhöht, soweit die verdeckte Einlage das Einkommen des Aktionärs gemindert hat.

Mit der Genehmigung der Schuldübernahme durch den Gläubiger kommt es **110** auf Ebene der AG schließlich zur steuerneutralen Verrechnung der Verbindlichkeit

---

[371] FG Niedersachsen 2 K 13510/10, GmbHR 2013, 613; OFD Frankfurt 6.12.2017, S 2244 A – 61 – St 215.
[372] FG München 6 K 3941/06, EFG 2010, 462, rkr.
[373] FG Berlin-Brandenburg 6 K 53/06, EFG 2010, 1671, rkr.
[374] *Blaas/Schwahn* DB 2013, 2412 (2414).
[375] BFH I B 74/01, BFH/NV 2020, 678 im Unterschied zum Urteil des BFH X R 36/02, BStBl. II 2005, 707.
[376] Dies verneinend *Bogenschütz* Ubg 2010, 410.

mit dem aktivierten Freistellungsanspruch, so dass die Schuldübernahme auf Ebene der AG ohne steuerliche Konsequenzen bleibt.[377] Vor dem Hintergrund, dass der BFH-Beschluss v. 20.12.2001[378] nicht im Bundessteuerblatt II veröffentlich wurde und die Finanzämter somit nicht zu seiner Anwendung in vergleichbaren Fällen angewiesen sind, empfiehlt es sich in der Praxis, die steuerlichen Folgen der befreienden Schuldübernahme unter Regressverzicht vor ihrer Durchführung in Form einer verbindlichen Auskunft mit dem Finanzamt abzustimmen.

VI. Schuldenrückkauf

111 Mitunter erhält die AG oder alternativ ein mit ihr verbundenes Unternehmen die Möglichkeit, die wertgeminderten Forderungen von ihren Gläubigern zu einem Kaufpreis unterhalb ihres Nennwertes zurückzukaufen (sog. „Debt Buy Back"). Erwirbt die AG die Forderungen selbst, erlöschen Forderungen und Verbindlichkeit durch Konfusion,[379] wobei gegebenenfalls ein voll steuerpflichtiger Konfusionsgewinn iHd Differenz zwischen dem steuerlichen Buchwert der Verbindlichkeit und den Anschaffungskosten der wertverminderten Forderung entsteht. Die Ausführungen zum Forderungsverzicht (Rn. 105 ff.) gelten insoweit entsprechend.

112 Wird die Darlehensforderung durch eine andere Gruppengesellschaft erworben, ergeben sich hieraus zunächst keine steuerlichen Konsequenzen. Insbesondere stellt der Forderungserwerb durch eine Gruppengesellschaft weder eine verdeckte Gewinnausschüttung aufgrund einer Überlassung einer Geschäftschance noch eine missbräuchliche Gestaltung iSv § 42 AO dar.[380] Jedoch entsteht auf Ebene der Erwerbsgesellschaft im Falle der Rückzahlung der Darlehensforderung uU ein voll steuerpflichtiger Ertrag, sofern der Rückzahlungsbetrag die Anschaffungskosten übersteigt. Vor diesem Hintergrund empfiehlt sich ggf. der Erwerb der wertgeminderten Darlehensforderungen über eine im niedrig besteuerten Ausland ansässige Gruppengesellschaft, wobei insoweit die Implikationen der deutschen Hinzurechnungsbesteuerung iSv §§ 7 ff. AStG im Hinblick auf einen etwaigen Rückzahlungsertrag zu bedenken sind.[381]

VII. Stille Abwicklung durch Amtslöschung

113 Eine weitere Option zur finanziellen Restrukturierung einer AG stellt die Löschung von Amts wegen aufgrund Vermögenslosigkeit nach § 292 Abs. 1 Nr. 6 AktG iVm § 394 Abs. 1 FamG dar. Hierbei veräußert die AG die sanierungsfähigen Unternehmensteile bzw. sonstige Vermögensgegenstände in einem ersten Schritt an einen anderen Rechtsträger, wodurch es ggf. zur steuerpflichtigen Aufdeckung von stillen Reserven kommen kann. Der über die Steuern auf den Veräußerungsgewinn hinausgehende Teil des Kaufpreises wird dann zur Tilgung der bestehenden Verbindlichkeiten verwandt. Anschließend wird die AG in einem zweiten Schritt mit

---

[377] *Lüdicke/Sistermann/Loose/Maier* Unternehmenssteuerrecht, § 17 Rn. 91 ff.; *Hierstetter* DStR 2010, 886.
[378] BFH I B 74/01, BFH/NV 2002, 678.
[379] Vgl. *Eilers/Bühring* Sanierungssteuerrecht, 1. Aufl. 2012, Rn. 3.216.
[380] BFH I R 13/01, BFH/NV 2002, 1172.
[381] Vgl. *Blaas/Schwahn* DB 2013, 2412 (2414).

den noch verbliebenden Restschulden abgewickelt und schließlich auf Anregung der AG vom Amtsgericht von Amts wegen gelöscht.[382]

Die ertragsteuerlichen Folgen, die sich aus der Auflösung und Abwicklung einer Kapitalgesellschaft ergeben, in deren Abwicklungsendvermögen sich noch eine Verbindlichkeit befindet, waren in der Vergangenheit umstritten. Insbesondere war zweifelhaft, ob es durch die Abwicklung ggf. zu einem Wegfall der Verbindlichkeit und damit zu einem steuerpflichtigen Verzichtsgewinn auf Ebene der AG kommt. Zwar entschied sich das FG Köln im Jahr 2012 ausdrücklich gegen eine ertragswirksame Ausbuchung der Verbindlichkeit.[383] Die Entscheidung wurde vom BFH im anschließenden Revisionsverfahren jedoch aufgehoben, ohne dass sich der BFH zur Rechtsfrage selbst äußerte.[384] Mit der Verfügung der OFD Frankfurt a.M. v. 30.6.2017[385] betreffend die ertragsteuerliche Beurteilung von Darlehensverbindlichkeiten im Abwicklungsendvermögen einer Tochtergesellschaft stellte die Finanzverwaltung nunmehr klar, dass jedenfalls in der Beantragung der Liquidation der Tochtergesellschaft bzw. in der Zustimmung zu dieser noch kein konkludenter Forderungsverzicht der Muttergesellschaft zu sehen ist. Darüber hinaus bestätigte die OFD Frankfurt a.M. die Ansicht, dass eine allein aus der Liquidationsschlussbilanz ersichtliche Vermögenslosigkeit des Schuldners keinen Einfluss auf die Pflicht zur Passivierung der Verbindlichkeit habe. Verbindlichkeiten seien deshalb grundsätzlich auch in der Liquidationsschlussbilanz mit ihrem Nennwert zu berücksichtigen. Jedoch weist die OFD Frankfurt a.M. gleichzeitig darauf hin, dass die wirtschaftliche Belastung wegfällt, wenn bei objektiver Würdigung der Verhältnisse anzunehmen ist, dass die Muttergesellschaft ihre Darlehensforderung nicht mehr geltend machen wird. Aufgrund dieser nicht weiter definierten Einschränkung verbleibt bedauerlicherweise weiterhin eine gewisse Restunsicherheit bei der Liquidation von überschuldeten Gesellschaften.[386]

---

[382] Vgl. *Blaas/Schwahn* DB 2013, 2412 (2417).
[383] FG Köln 13 K 3006/11, EFG 2012, 1421.
[384] BFH I R 34/12, BFH/NV 2014, 1014
[385] OFD Frankfurt a.M. 30.6.2017, S 2743 A – 12 – St 525, BeckVerw 344955.
[386] Vgl. *Fischer* Handelsblatt – Steuerboard (online) v. 28.5.2014.

§ 18 Auflösung und Abwicklung der AG/KGaA

Bearbeiter: Dr. Karsten Schmidt-Hern/Dr. Dominic Paschke

Übersicht

	Rn.
A. Auflösung der AG	1–25
I. Allgemeines	1
II. Auflösungsgründe des § 262 Abs. 1 AktG	2–17
1. Zeitablauf (§ 262 Abs. 1 Nr. 1 AktG)	2
2. Auflösungsbeschluss der Hauptversammlung (Nr. 2)	3–6
3. Eröffnung des Insolvenzverfahrens (Nr. 3)	7
4. Ablehnung der Eröffnung des Insolvenzverfahrens mangels Masse (Nr. 4)	8
5. Feststellung eines Satzungsmangels (Nr. 5)	9–14
6. Löschung der Gesellschaft wegen Vermögenslosigkeit (Nr. 6)	15–17
III. Sonstige Auflösungsgründe	18–24
1. Spezialgesetzliche Auflösungsgründe	18
2. Satzungsmäßige Auflösungsgründe, insbesondere Kündigungsklauseln	19
3. Verlegung des Sitzes ins Ausland	20–22
4. Nichtigkeitsklage (§ 275 AktG) und Amtslöschung (§ 144 FGG)	23, 24
IV. Anmeldung, Eintragung und Bekanntmachung der Auflösung (§ 263 AktG)	25
B. Die Abwicklung	26–84
I. Begriff und Bedeutung	26, 27
II. Die Abwickler	28–46
1. Bestellung und Abberufung	28–34
a) Bestellung	28–30
b) Abberufung	31
c) Sonstige Beendigungsgründe	32
d) Anmeldung und Eintragung (§ 266 AktG)	33, 34
2. Aufgaben der Abwickler	35–38
a) Abwicklung durch Zerschlagung als gesetzliches Leitbild	35
b) Einstweilige Fortführung des Unternehmens und Abwicklung durch dessen (Teil-)Veräußerung	36, 37
c) Befriedigung der Gesellschaftsgläubiger	38
3. Die Rechtsstellung der Abwickler	39–46
a) Vertretung der Gesellschaft	39–42
b) Die Rechtsstellung innerhalb der AG	43, 44
c) Verhältnis zu anderen Organen	45, 46
III. Rechnungslegung, insbesondere § 270 AktG	47–60
1. Abschließende Rechnungslegung der werbenden Gesellschaft	47–49
2. Rechnungslegung der Abwicklungsgesellschaft	50–60
a) Eröffnungsbilanz und Erläuterungsbericht	50–54
b) Jahresabschluss und Lagebericht	55, 56
c) Abwicklungs-Schlussbilanz und Schlussrechnung	57–60

IV.	Befriedigung und Sicherung der Gläubiger	61–67
	1. Gläubigeraufruf (§ 267 AktG)	61
	2. Durchführung der Gläubigerbefriedigung	62, 63
	3. Verteilungsverbot zugunsten der Gläubiger	64–67
	a) Inhalt	64
	b) Rechtsfolgen von Verstößen gegen das Verteilungsverbot	65–67
V.	Die Verteilung des Abwicklungsüberschusses	68–77
	1. Rechtsnatur, Entstehung und Ausschluss	68, 69
	2. Anspruchsinhalt	70
	3. Verteilungsmaßstab	71, 72
	4. Das Verteilungsverfahren	73–77
VI.	Schluss der Abwicklung und Nachtragsabwicklung	78–84
	1. Schluss der Abwicklung	78, 79
	2. Nachtragsabwicklung (§ 273 Abs. 4 AktG)	80–84
	a) Funktion und Voraussetzungen	80, 81
	b) Rechtsnatur der Nachtrags-Abwicklungsgesellschaft	82
	c) Rechtsstellung der Nachtragsabwickler	83
	d) Registerrechtliche Behandlung der Abwicklungsgesellschaft	84

C. Die Auflösung und Abwicklung der KGaA 85–96
   I. Auflösung 85–95
      1. Auflösungsgründe gem. Verweisung auf HGB 85–89
         a) Zeitablauf (§ 131 Abs. 1 Nr. 1 HGB) 86
         b) Auflösung durch Beschluss der Gesellschafter (§ 131 Abs. 1 Nr. 2 HGB) 87
         c) Eröffnung des Insolvenzverfahrens über das Vermögen der KGaA (§ 131 Abs. 1 Nr. 3 HGB) 88
         d) Gerichtliche Entscheidung (§ 131 Abs. 1 Nr. 4 HGB) 89
      2. Auflösungsgründe gemäß Aktienrecht 90
      3. Tatbestände, die nicht zur Auflösung führen 91, 92
      4. Ausscheiden des einzigen Komplementärs 93, 94
      5. Eintragung der Auflösung 95
   II. Abwicklung 96

D. Steuerliche Behandlung der Abwicklung 97–130
   I. Besteuerung der AG 97–116
      1. Ertragsteuern 97–112
         a) Besteuerungszeitraum – Abwicklungszeitraum 97–102
         b) Ermittlung des Abwicklungsgewinns 103–112
            aa) Abwicklungs-Endvermögen 104–108
            bb) Abwicklungs-Anfangsvermögen 109
            cc) Gewinnkorrekturen 110–112
      2. Kapitalertragsteuer 113, 114
      3. Umsatzsteuer 115, 116
   II. Besteuerung der Aktionäre 117–131
      1. Natürliche Personen 117–125
         a) Inländischer Aktionär 117–122
         b) Ausländischer Aktionär 123–125
      2. Kapitalgesellschaften 126–131
         a) Inländischer Aktionär 126, 127
         b) Ausländischer Aktionär 128–131

A. Auflösung der AG 1, 2 § 18

Schrifttum: *Behme* Der Weg deutscher Aktiengesellschaften ins Ausland – Goldene Brücke statt Stolperpfad, BB 2008, 70; *Henze* Auflösung einer Aktiengesellschaft und Erwerb ihres Vermögens durch den Mehrheitsgesellschafter, ZIP 1995, 1473; *Jünger* Liquidation und Halbeinkünfteverfahren, BB 2001, 69; *K. Schmidt* Zur Gläubigersicherung im Liquidationsrecht der Kapitalgesellschaften, Genossenschaften und Vereine, ZIP 1981, 1; *Sethe* Aktien ohne Vermögensbeteiligung?, ZHR 11998) 474; *Triebel/von Hase* Wegzug und grenzüberschreitende Umwandlungen von Gesellschaften nach Überseering und Inspire Art, BB 2003, 2409.

A. Auflösung der AG

I. Allgemeines

Mit der Auflösung ändert sich für die AG die Zielrichtung ihres Geschäftsbe- 1 triebs: Statt auf Fortsetzung ist er nunmehr auf Abwicklung gerichtet. Im Rahmen der Abwicklung wird das Vermögen der AG versilbert und nach Berichtigung der Verbindlichkeiten unter die Aktionäre verteilt. Die Auflösung tritt kraft Gesetzes ein, sobald ein Auflösungsgrund gegeben ist. Der Gesellschaftszweck der Gewinnerzielung bleibt grundsätzlich erhalten, darf aber nur noch durch bestmögliche Verwertung verwirklicht werden.[1] Während der Abwicklung bleibt die AG als juristische Person bestehen, zur **Beendigung**, auch Vollbeendigung oder Erlöschen genannt, kommt es erst mit dem Schluss der Abwicklung. Auflösung und Beendigung fallen ausnahmsweise zusammen bei der **Löschung** der AG wegen Vermögenslosigkeit durch das Registergericht nach § 394 FamFG, § 262 Abs. 1 Nr. 6 AktG sowie in den Fällen der Gesamtrechtsnachfolge durch Verschmelzung oder Aufspaltung der AG nach §§ 2, 123 Abs. 1 UmwG.

II. Auflösungsgründe des § 262 Abs. 1 AktG

1. Zeitablauf (§ 262 Abs. 1 Nr. 1 AktG)

Die AG wird durch Ablauf der in der Satzung bestimmten Zeit aufgelöst. Die 2 Dauer der AG muss nicht durch den Kalender bestimmt sein; nach hM reicht es, wenn sie **bestimmbar** ist.[2] In der Satzung kann jedoch keine „Verlängerungsklausel" vorgesehen werden, die eine Fortdauer der Gesellschaft von der Nichtausübung eines Kündigungsrechts abhängig macht, weil es sich dabei der Sache nach um ein nicht zulässiges[3] Kündigungsrecht handelt.[4] Die Zeitbestimmung muss nicht in der Gründungssatzung enthalten sein, sondern kann durch **Satzungsänderung** eingefügt werden. Der Beschluss über die Satzungsänderung bedarf in jedem Fall der in § 262 Abs. 1 Nr. 2 AktG vorgesehenen Mehrheit von mindestens drei Vierteln des vertretenen Grundkapitals, weil die Einführung der Befristung der Sache nach ein hinausgeschobener Auflösungsbeschluss ist.[5] Vor Zeitablauf kann die Befristung verlängert oder aufgehoben werden. Der entsprechende satzungsändernde Beschluss

---

[1] Der Sache nach wohl ebenso die hM, wenngleich dort einfach von Zweckänderung gesprochen wird; vgl. *Hüffer/Koch* AktG § 262 Rn. 2; MHdB GesR IV/*Hoffmann-Becking* § 66 Rn. 1.
[2] HM; *Hüffer/Koch* AktG § 262 Rn. 8 mwN.
[3] Siehe Rn. 19.
[4] *Hüffer/Koch* AktG § 262 Rn. 7 mwN; MünchKomm. AktG/Bd. 4/*Koch* § 262 Rn. 27.
[5] *Hüffer/Koch* AktG § 262 Rn. 10; MHdB GesR IV/*Hoffmann-Becking* § 66 Rn. 2.

§ 18 3–5

bedarf nach hM nur der Mehrheit des § 179 Abs. 2 AktG; das zwingende Mehrheitserfordernis des § 274 Abs. 1 Satz 2 AktG ist vor Auflösung nicht anzuwenden.[6] Nach Auflösung kann die AG nur durch Beschluss der Hauptversammlung nach § 274 Abs. 1 AktG fortgesetzt werden. Verzögerungen des Abwicklungsbeginns können Ansprüche aus §§ 93, 116 AktG nach sich ziehen. Jeder Aktionär kann die Abwicklung verlangen und klageweise durchsetzen.[7]

2. Auflösungsbeschluss der Hauptversammlung (Nr. 2)

3 Die AG kann jederzeit durch Beschluss der Hauptversammlung aufgelöst werden. Der Auflösungsbeschluss muss nicht als solcher bezeichnet werden, solange nur der **Auflösungswille** durch Auslegung ermittelt werden kann.[8] Der Beschluss bedarf der sog. doppelten Mehrheit, nämlich der einfachen Stimmenmehrheit nach § 133 AktG und zudem gem. § 262 Abs. 1 Nr. 2 AktG einer Mehrheit von mindestens 75% des vertretenen Grundkapitals. Die Satzung kann dieses Mehrheitserfordernis bis zur Einstimmigkeit verschärfen[9] und weitere Erfordernisse für das Zustandekommen des Beschlusses aufstellen, etwa die Zustimmung bestimmter Aktionäre oder Aktionärsgruppen, nicht jedoch anderer Organe oder Dritter.[10] Eine Befristung nach § 262 Abs. 1 Nr. 1 AktG steht einem Auflösungsbeschluss nicht entgegen, denn sie bestimmt lediglich die Höchstdauer der werbenden Tätigkeit.[11]

4 Die Auflösung tritt, soweit nicht in dem Beschluss selbst oder in der Satzung etwas anderes vorgesehen ist, **mit Beschlussfassung** ein; die Eintragung nach § 263 AktG ist nur deklaratorisch.[12] Bei aufschiebend bedingten oder befristeten Beschlüssen ist der Bedingungseintritt oder der Fristablauf maßgeblich. Liegt ein wirksamer Auflösungsbeschluss vor, ist die Fortsetzung wiederum nur aufgrund eines Beschlusses nach § 274 Abs. 1 AktG zulässig.

5 Der Auflösungsbeschluss als solcher bedarf **keiner sachlichen Rechtfertigung**.[13] Nur unter besonderen Umständen kann der Beschluss wegen missbräuchlicher Stimmrechtsausübung anfechtbar sein, insbesondere nach § 243 Abs. 2 AktG, wenn die qualifizierte Mehrheit versucht, unter Verletzung ihrer Treuepflicht zum Schaden der Minderheitsaktionäre **Sondervorteile** zu erlangen.[14] Ein Mehrheitsaktionär handelt aber nicht allein deshalb rechtsmissbräuchlich, weil er die Auflösung betreibt und im Rahmen der Abwicklung das Vermögen der AG ganz oder teilweise erwirbt.[15] Ein Sondervorteil zum Schaden der Aktionäre ist erst gegeben, wenn der

---

[6] *Hüffer/Koch* AktG § 262 Rn. 9; Kölner Komm./*Kraft* § 262 Rn. 11.
[7] MünchKomm. AktG/Bd. 4/*Koch* § 262 Rn. 28.
[8] *Hüffer/Koch* AktG § 262 Rn. 10.
[9] Kölner Komm./*Kraft* § 262 Rn. 28; MünchKomm. AktG/Bd. 4/*Koch* § 262 Rn. 43; *Hüffer/Koch* AktG § 262 Rn. 12.
[10] MünchKomm. AktG/Bd. 4/*Koch* § 262 Rn. 44; MHdB GesR IV/*Hoffmann-Becking* § 66 Rn. 4.
[11] *Hüffer/Koch* AktG § 262 Rn. 12.
[12] *Hüffer/Koch* AktG § 262 Rn. 10. Erweist sich der Auflösungsbeschluss tatsächlich als satzungsändernde Befristung, so bedarf es für die Auflösung der Eintragung dieser Satzungsänderung nach § 181 Abs. 3 AktG, MünchKomm. AktG/Bd. 4/*Koch* § 262 Rn. 41.
[13] BGH II ZR 124/78, BGHZ 76, 352 (353); II ZR 75/87, BGHZ 103, 184 (190); *Hüffer/Koch* AktG § 243 Rn. 28, § 262 Rn. 11; aA *Wiedemann* ZGR 1980, 147 (156 f.).
[14] BGH II ZR 75/87, BGHZ 103, 184 (193 ff.); MHdB GesR IV/*Hoffmann-Becking* § 66 Rn. 5 mwN.
[15] BGH II ZR 75/87, BGHZ 103, 184 (192); MHdB GesR IV/*Hoffmann-Becking* § 66 Rn. 5 mwN.

A. Auflösung der AG   6–8 § 18

Mehrheitsaktionär vor Fassung des Auflösungsbeschlusses den Erwerb des Vermögens mit dem Vorstand bereits so fest vereinbart hat, dass es weder Aktionären noch Dritten möglich ist, das Vermögen zu erwerben.[16] Eine solche Vereinbarung mit Ausschlusswirkung liegt indes nicht vor, wenn die Hauptversammlung dem Vertrag nach § 179a AktG zustimmt und der für das Vermögen gezahlte Preis angemessen ist.[17]

Beschlussmängel sind nach den allgemeinen Regeln zu beurteilen. Ein nichtiger 6
Auflösungsbeschluss wird nach § 242 Abs. 2 AktG analog geheilt.[18] Die AG wird bei der Anfechtungs- und Nichtigkeitsklage durch die Abwickler und den Aufsichtsrat vertreten.[19] Die Nichtigkeitsklage ist auch dann zulässig, wenn schon vor dem Urteil mit der Verteilung des Vermögens begonnen worden oder die Abwicklung bereits beendet ist. Die Löschung der AG hingegen führt zum Wegfall der beklagten Partei, sodass die Klage unzulässig wird.[20]

3. Eröffnung des Insolvenzverfahrens (Nr. 3)

Die AG wird des Weiteren durch die Eröffnung des Insolvenzverfahrens über ihr 7
Vermögen aufgelöst. Maßgeblicher Zeitpunkt ist die im Eröffnungsbeschluss des Insolvenzgerichts angegebene Stunde, § 27 Abs. 2 Nr. 3 InsO. Fehlt diese Angabe, tritt die Auflösung um 12.00 Uhr des Tages in Kraft, an dem der Eröffnungsbeschluss erlassen wurde, § 27 Abs. 3 InsO. Die **Rechtskraft** des Eröffnungsbeschlusses ist **nicht erforderlich**.[21] Die spätere Einstellung des Insolvenzverfahrens macht die Auflösung nicht ungeschehen; die AG kann aber unter den Voraussetzungen des § 274 Abs. 2 Nr. 1, Abs. 1 AktG die Fortsetzung beschließen.[22]

4. Ablehnung der Eröffnung des Insolvenzverfahrens mangels Masse (Nr. 4)

Das Insolvenzgericht lehnt einen Antrag auf Eröffnung des Insolvenzverfahrens 8
ab, wenn weder eine die Kosten des Insolvenzverfahrens deckende Masse vorhanden ist (§ 26 Abs. 1 Satz 1 InsO) noch ein hierfür ausreichender Vorschuss geleistet wird (§ 26 Abs. 1 Satz 2 InsO). Die Auflösung tritt mit **formeller Rechtskraft** des Ablehnungsbeschlusses ein.[23] Gegen den Beschluss des Insolvenzgerichts findet nach §§ 6, 34 InsO die sofortige Beschwerde statt. Diese ist an eine Frist von zwei Wochen ab Verkündung oder Zustellung des Beschlusses gebunden, §§ 6 Abs. 2, 4 InsO iVm § 569 Abs. 1 Satz 1 ZPO. Das Rechtsmittel steht sowohl dem Antragsteller (§ 34 Abs. 1 InsO) als auch der AG (§§ 26, 34 Abs. 1 InsO) zu, die dabei nach hM auch durch einzelne Vorstandsmitglieder vertreten werden kann.[24]

---

[16] BGH II ZR 75/87, BGHZ 103, 184 (193 ff.); MHdB GesR IV/*Hoffmann-Becking* § 66 Rn. 5 mwN.
[17] OLG Stuttgart 10 U 48/93, ZIP 1995, 1515; *Henze* ZIP 1995, 1473 (1478 f.); MHdB GesR IV/*Hoffmann-Becking* § 66 Rn. 5 mwN.
[18] MünchKomm. AktG/Bd. 4/*Koch* § 262 Rn. 46; Kölner Komm./*Kraft* § 262 Rn. 30. Eine direkte Anwendung scheitert daran, dass nicht der Auflösungsbeschluss, sondern die Auflösung selbst in das Handelsregister eingetragen wird.
[19] BGH II ZR 56/59, BGHZ 32, 114 (119); MünchKomm. AktG/Bd. 4/*Koch* § 262 Rn. 48.
[20] BGH II ZR 73/78, BGHZ 74, 212; MünchKomm. AktG/Bd. 4/*Koch* § 262 Rn. 47.
[21] Kölner Komm./*Kraft* § 262 Rn. 38.
[22] Henssler/Strohn/*Drescher* AktG § 262 Rn. 5.
[23] *Hüffer/Koch* AktG § 262 Rn. 14.
[24] MünchKomm. AktG/Bd. 4/*Koch* § 262 Rn. 55; Kölner Komm./*Kraft* § 262 Rn. 54.

5. Feststellung eines Satzungsmangels (Nr. 5)

9 Die AG ist aufgelöst, wenn durch Verfügung des Registergerichts gem. § 399 FamFG einer der dort genannten Satzungsmängel rechtskräftig festgestellt wurde. Eine solche Verfügung kann erlassen werden, wenn eine der dort genannten wesentlichen Bestimmungen fehlt oder nichtig ist.

10 Die Bestimmung der **Firma** (§ 23 Abs. 3 Nr. 1 AktG iVm § 399 Abs. 1 FamFG) in der Gründungssatzung ist bei einem Verstoß gegen zwingende Vorschriften des Firmenrechts, insbesondere der §§ 18 ff. HGB und § 4 AktG, nach § 134 BGB nichtig.[25] Dies gilt nach hM auch bei einem Verstoß gegen den Grundsatz der Unterscheidbarkeit nach § 30 Abs. 1 HGB.[26] Eine Satzungsbestimmung wird auch dann nichtig, wenn das Führen einer zunächst ordnungsgemäß gebildeten Firma durch eine Änderung der tatsächlichen Verhältnisse unzulässig wird.[27] Dagegen führt die nachträgliche Firmenumbildung durch Satzungsänderung nicht zur Nichtigkeit und folglich auch nicht zur Amtsauflösung.[28] Vielmehr ist der satzungsändernde Beschluss seinerseits gem. § 241 Nr. 3 AktG nichtig, sodass die Eintragung der Satzungsänderung nicht das Erlöschen der bisherigen Firma bewirkt. Der nichtige Beschluss kann gem. § 398 FamFG gelöscht werden, ohne dass die AG firmenlos würde.

11 Die Bestimmung des **Sitzes** nach § 23 Abs. 3 Nr. 1 AktG in der Gründungssatzung ist nichtig, wenn sie den Anforderungen des § 5 AktG nicht genügt,[29] wie etwa bei der Wahl eines ausländischen Gesellschaftssitzes.[30] Nachträgliche Satzungsverstöße[31] sind entsprechend den zur Firma gemachten Ausführungen zu behandeln. Auf eine Änderung der tatsächlichen Verhältnisse kommt es nicht mehr an, nachdem als Teil des MoMiG § 5 Abs. 2 AktG gestrichen wurde.[32]

12 Die Amtsauflösung ist nach § 399 Abs. 1 FamFG ferner zulässig, wenn die Bestimmungen über die Zerlegung des Grundkapitals in Nennbetrags- oder Stückaktien, § 23 Abs. 3 Nr. 4 AktG, oder darüber, ob die AG Inhaber- oder Namensaktien hat (§ 23 Abs. 3 Nr. 5 AktG), fehlen oder nichtig sind, weiter, wenn die Bestimmung über die Höhe des Grundkapitals, § 23 Abs. 3 Nr. 3 AktG, nichtig ist. Fehlt die Bestimmung über die Höhe des Grundkapitals, so greift nicht das Amtsauflösungsverfahren, sondern das Verfahren der Nichtigkeitsklage gem. § 275 AktG. Schließlich

---

[25] *Hüffer/Koch* AktG § 262 Rn. 16. Das Fehlen der Firma dürfte in der Praxis kaum vorkommen.

[26] *Hüffer/Koch* AktG § 262 Rn. 16; MünchKomm. AktG/Bd. 4/*Koch* § 262 Rn. 62 mwN; zur GmbH: Baumbach/Hueck/*Hueck/Fastrich* § 4 Rn. 28; Scholz/K. *Schmidt/Bitter* § 60 Rn. 38; aA das Schrifttum zur GmbH, Hachenburg/*Heinrich* § 4 Rn. 95, 102; Hachenburg/*Ulmer* § 60 Rn. 46.

[27] MünchKomm. AktG/Bd. 1/*Heider* § 4 Rn. 48; Kölner Komm./*Kraft* § 262 Rn. 74; MünchKomm. AktG/Bd. 4/*Koch* § 262 Rn. 64; aA BayObLG BReg. 3783/76, GmbHR 1980, 11.

[28] MünchKomm. AktG/Bd. 1/*Heider* § 4 Rn. 48; Kölner Komm./*Kraft* § 262, Rn. 75; MünchKomm. AktG/Bd. 4/*Koch* § 262 Rn. 63; Großkomm. AktG/*K. Schmidt* § 262 Anm. 56; Baumbach/Hueck/*Hueck/Fastrich* § 4 Rn. 33.

[29] Kölner Komm./*Kraft* § 5 Rn. 11 ff. sowie § 262 Rn. 76; MünchKomm. AktG/Bd. 7/*Koch* § 262 Rn. 66.

[30] Dazu RG II 552/22, RGZ 107, 94 (97); BGH II AZR 1/55, BGHZ 19, 102 (105 f.); II ZR 22/58, BGHZ 29, 320 (328).

[31] Vgl. *Hüffer/Koch* AktG § 262 Rn. 16; MünchKomm. AktG/Bd. 4/*Koch* § 262 Rn. 67; Kölner Komm./*Kraft* § 262 Rn. 76.

[32] Vgl. *Hüffer/Koch* AktG § 5 Rn. 11; MünchKomm. AktG/Bd. 4/*Koch* § 262 Rn. 67; Kölner Komm./*Kraft* § 262 Rn. 76. Zur Verlegung des Sitzes ins Ausland s. Rn. 21.

A. Auflösung der AG 13–15 § 18

muss die Satzung Anzahl der Vorstandsmitglieder oder die Regeln, nach denen diese Zahl festgelegt wird, bestimmen (§ 23 Abs. 3 Nr. 6 AktG).

Die **Heilung** des Satzungsmangels durch Satzungsänderung vor rechtskräftiger 13 Feststellung schließt die Auflösung nach § 262 Abs. 1 Nr. 5 AktG aus. Zudem ist nach Auflösung gem. § 274 Abs. 2 Nr. 2, Abs. 1 AktG eine Fortsetzung der AG möglich, wenn der Satzungsmangel durch Beschluss geheilt und die Fortsetzung beschlossen wird.

Das Registergericht leitet das **Auflösungsverfahren** von Amts wegen ein, 14 indem es die AG auffordert (§ 399 Abs. 1 Satz 1 FamFG), innerhalb einer bestimmten Frist entweder den Mangel zu beseitigen oder ihre Untätigkeit durch Widerspruch zu rechtfertigen. Die Frist kann verlängert werden.[33] Hat die AG innerhalb der Frist dieser Aufforderung nicht Folge geleistet oder hat das Registergericht einen Widerspruch zurückgewiesen,[34] muss das Registergericht den Satzungsmangel durch Verfügung feststellen, § 399 Abs. 2 Satz 1 FamFG. Sowohl gegen die Zurückweisung des Widerspruchs als auch gegen die Feststellung des Satzungsmangels findet – innerhalb der Monatsfrist des § 63 FamFG – die Beschwerde statt (§ 399 Abs. 3 FamFG). Wird diese zurückgewiesen, ist die Rechtsbeschwerde nach §§ 70 ff. FamFG statthaft, wenn das Beschwerdegericht sie zulässt (§ 70 Abs. 1 FamFG). Die Auflösung tritt mit Rechtskraft der den Satzungsmangel feststellenden Verfügung des Registergerichts ein. Eine **Amtslöschung** nach § 395 FamFG kann nicht auf einen der vorgenannten Satzungsmängel gestützt werden, denn das Verfahren nach § 399 FamFG hat insoweit Vorrang.[35]

6. Löschung der Gesellschaft wegen Vermögenslosigkeit (Nr. 6)

Gemäß § 262 Abs. 1 Nr. 6 AktG tritt die Auflösung der AG schließlich ein, 15 wenn sie gem. § 394 FamFG gelöscht worden ist. Die AG ist vermögenslos, wenn sie über keine zugunsten der Gläubiger verwertbaren Vermögensgegenstände verfügt.[36] Auch nicht bilanzierungsfähige, aber verwertbare Vermögensgegenstände schließen die Vermögenslosigkeit aus.[37] Ist die AG vermögenslos, so steht die Löschung im **pflichtgemäßen Ermessen** des Registergerichts (§ 394 Abs. 1 Satz 1 FamFG),[38] wobei von der Löschung wohl nur ausnahmsweise abgesehen werden darf.[39] Das Registergericht hat bei der Feststellung der Vermögenslosigkeit kei-

---

[33] MünchKomm. AktG/Bd. 4/*Koch* § 262 Rn. 69.
[34] Auf die Rechtskraft der Zurückweisung kommt es nicht an, vgl. Kölner Komm./*Kraft* § 262 Rn. 80.
[35] *Hüffer/Koch* AktG § 262 Rn. 20; MünchKomm. AktG/Bd. 4/*Koch* § 262 Rn. 71 mwN. Nicht ausgeschlossen ist die Amtslöschung wegen eines schweren Verfahrensfehlers, *Hüffer/Koch* AktG § 262 Rn. 20.
[36] Baumbach/Hueck/*Haas* GmbHG Anh. § 77 Rn. 5 mwN. Oftmals wird auf Aktivierbarkeit oder Bilanzierbarkeit rekurriert, zB OLG Frankfurt a.M. 20 W 660/77, DB 1978, 628; BayObLG BReg. 3 Z 90/83, BB 1984, 315; *Hüffer/Koch* AktG Anh. § 262 Rn. 2. Das ist abzulehnen, soweit damit gemeint sein sollte, dass zB selbsterstellte Immaterialgüterrechte unberücksichtigt bleiben. Ob die genannten Stellungnahmen so zu verstehen sind, ist nicht eindeutig.
[37] Baumbach/Hueck/*Haas* GmbHG Anh. § 77 Rn. 5 mwN.
[38] *Keidel* FamFG § 394 Rn. 14 mwN; aA *Lutter/Hommelhoff* GmbHG § 60 Rn. 16; MünchKomm. AktG/Bd. 4/*Koch* § 262 Rn. 98; *Hüffer/Koch* AktG Anh. § 262 Rn. 7; Baumbach/Hueck/*Haas* GmbHG Anh. § 77 Rn. 10 (mit Überblick zum Meinungsstand).
[39] So in der Sache auch Vertreter der Gegenauffassung, vgl. Baumbach/Hueck/*Haas* GmbHG Anh. § 77 Rn. 10.

nen der Nachprüfung entzogenen Beurteilungsspielraum.⁴⁰ Die AG muss gelöscht werden, wenn nach Durchführung des Insolvenzverfahrens über das Gesellschaftsvermögen keine Anhaltspunkte für noch vorhandenes Vermögen vorliegen (§ 394 Abs. 1 Satz 2 FamFG). Entscheidend ist die Schlussverteilung gem. § 196 InsO; einer förmlichen Beendigung des Insolvenzverfahrens durch Aufhebung bedarf es nicht.⁴¹ Vermögen ist insbesondere dann noch vorhanden, wenn gem. § 203 Abs. 1 InsO eine Nachtragsverteilung anzuordnen ist oder der Insolvenzverwalter Massegegenstände freigegeben hat. Maßgeblich für das Vorliegen der genannten Voraussetzungen ist jeweils der Zeitpunkt der Löschungsverfügung.⁴² Der Löschung steht nicht entgegen, dass die AG noch Verbindlichkeiten hat⁴³ oder in ihrem Namen abzugebende Erklärungen ausstehen.⁴⁴ Andernfalls könnten die Organe der AG die Löschung durch Untätigkeit verhindern.

16 Die berechtigte Löschung bewirkt entgegen dem Wortlaut des § 262 Abs. 1 Nr. 6 AktG nicht die Auflösung mit anschließender Liquidation, sondern die **Vollbeendigung** der AG, dh ihren Untergang als Träger von Rechten und Pflichten; die Schulden der AG erlöschen, anhängige Klagen gegen die AG werden unzulässig;⁴⁵ ein Abwicklungsverfahren findet gem. § 264 Abs. 2 AktG nicht statt. Ergibt sich nach der Löschung, dass doch verteilungsfähiges Vermögen vorhanden ist, so kommt es gem. § 264 Abs. 2 AktG zur Nachtragsabwicklung (s. Rn. 77 ff.).

17 Das **Löschungsverfahren** wird vom Registergericht von Amts wegen durchgeführt; Anträge sind lediglich als Anregungen aufzufassen.⁴⁶ Beabsichtigt das Registergericht aufgrund seiner Ermittlungen,⁴⁷ die AG wegen Vermögenslosigkeit zu löschen, hat es der AG diesen Umstand bekannt zu machen und sie aufzufordern, innerhalb einer bestimmten Frist erforderlichenfalls Widerspruch zu erheben (§ 394 Abs. 2 Satz 1 FamFG). Über den Widerspruch entscheidet das Gericht; gegen die den Widerspruch zurückweisende Verfügung findet die Beschwerde statt (§§ 393 Abs. 3, 58 ff. iVm § 394 Abs. 3 FamFG) und hiergegen die Rechtsbeschwerde, wenn das Beschwerdegericht sie zulässt (§ 70 Abs. 1 FamFG). Die Löschung darf erst eingetragen werden, wenn kein Widerspruch erhoben oder die den Widerspruch zurückweisende Verfügung rechtskräftig ist (§ 393 Abs. 5 iVm § 394 Abs. 3 FamFG).

---

⁴⁰ So aber *Hüffer/Koch* AktG Anh. § 262 Rn. 7.

⁴¹ MünchKomm. AktG/Bd. 4/*Koch* § 262 Rn. 84.

⁴² Kölner Komm./*Kraft* § 262 Rn. 62; MünchKomm. AktG/Bd. 4/*Koch* § 262 Rn. 82; Scholz/*K. Schmidt/Bitter* GmbHG § 60 Rn. 49.

⁴³ BGH II ZR 73/78, BGHZ 74, 212 (213); Hachenburg/*Ulmer* GmbHG Anh. § 60 Rn. 15a; MünchKomm. AktG/Bd. 4/*Koch* § 262 Rn. 79.

⁴⁴ MünchKomm. AktG/Bd. 4/*Koch* § 262 Rn. 79; Hachenburg/*Ulmer* GmbHG Anh. § 60 Rn. 15a in Fn. 20; aA OLG Frankfurt a.M. 20 W 797/81, WM 1982, 1266 zu dem entsprechenden § 31 Abs. 2 Satz 2 HGB.

⁴⁵ *Hüffer/Koch* AktG Anh. § 262 Rn. 5; MünchKomm. AktG/Bd. 4/*Koch* § 262 Rn. 86 ff. mwN, dort auch umfassende Darstellung der Auffassungen zu den Folgen unberechtigter Löschung.

⁴⁶ *Keidel* FamFG § 394 Rn. 16; MünchKomm. AktG/Bd. 4/*Koch* § 262 Rn. 93; aA Kölner Komm./*Kraft* § 262 Rn. 63.

⁴⁷ Es gilt der Amtsermittlungsgrundsatz, § 26 FamFG, vgl. BayObLG BReg. 1 Z 20/79, GmbHR 1979, 176 f.; OLG Frankfurt a.M. 20 W 147/82, WM 1983, 281; Großkomm. AktG/*K. Schmidt* § 262 Anm. 66; MünchKomm. AktG/Bd. 4/*Koch* § 262 Rn. 97.

III. Sonstige Auflösungsgründe

1. Spezialgesetzliche Auflösungsgründe

Unter den sonstigen gesetzlichen Auflösungsgründen (§ 262 Abs. 2 AktG) sind **18** § 38 KWG und § 87 VAG hervorzuheben. Nach § 38 KWG kann die Bundesanstalt für Finanzdienstleistungsaufsicht (BaFin) durch Verwaltungsakt die Abwicklung eines Instituts, dh eines Kreditinstituts oder eines Finanzinstituts, anordnen, dessen Erlaubnis zum Betrieb von Bankgeschäften oder Finanzdienstleistungen (§ 1 Abs. 1 Satz 2, Abs. 1a Satz 2 KWG) gem. § 35 KWG zuvor erloschen oder aufgehoben worden ist. Diese Anordnung wirkt gem. § 38 Abs. 1 Satz 2 KWG wie ein Auflösungsbeschluss, sodass sich eine Abwicklung nach §§ 264 ff. AktG anschließt;[48] allerdings kann die BaFin diesbezüglich allgemeine Weisungen erlassen (§ 38 Abs. 2 Satz 1 KWG). Das Registergericht hat auf Antrag der BaFin Abwickler zu bestellen, wenn die sonst zur Abwicklung berufenen Personen keine Gewähr für die ordnungsmäßige Abwicklung bieten. Ist das Registergericht nicht zuständig, bestellt die BaFin den Abwickler, § 38 Abs. 2 Satz 3 KWG. Gegen die Maßnahmen der BaFin sind als belastende Verwaltungsakte die allgemeinen Rechtsmittel des Widerspruchs und der Anfechtungsklage gegeben. Gegen die Verfügung des Registergerichts über den Antrag auf Bestellung eines Abwicklers findet die Beschwerde nach §§ 58 ff. FamFG statt. Gegen die Entscheidung des Beschwerdegerichts findet die Rechtsbeschwerde gem. §§ 70 ff. FamFG statt.[49] Nach VAG wirkt der Widerruf der Geschäftserlaubnis durch die BaFin nur dann wie ein Auflösungsbeschluss, wenn das Versicherungsunternehmen in der Rechtsform eines VVaG betrieben wird (§ 87 Abs. 5 Satz 1 VAG).[50] Bei einer AG kann die BaFin nur eine HV einberufen und den Beschluss über die Auflösung auf die Tagesordnung setzen. Wird der Beschluss nicht gefasst, bleibt die allgemeine Eingriffsbefugnis nach § 81 Abs. 2 Satz 1 VAG.[51]

2. Satzungsmäßige Auflösungsgründe, insbesondere Kündigungsklauseln

Die Satzung kann über § 262 Abs. 1 Nr. 1 AktG hinaus keine weiteren Auflö- **19** sungsgründe vorsehen, insbesondere **kein Kündigungsrecht** einräumen.[52] Wie sich aus § 289 Abs. 4 AktG ergibt, lässt das AktG die „Kündigung" durch Aktionäre nur durch einen entsprechenden Beschluss zu, nicht durch einzelne Aktionäre.[53] Angesichts dieser Systematik ist es auch nicht möglich, die Kündigungsklausel als eine Art Befristung aufzufassen. Die Satzung kann aber ein Kündigungsrecht für die Dauer des Stadiums der Vor-AG vorsehen.[54] Zudem besteht in diesem Stadium, auch ohne Satzungsbestimmung, ein Recht zur Kündigung aus wichtigem

---

[48] MünchKomm. AktG/Bd. 4/*Koch* § 262 Rn. 106; Boos/Fischer/Schulte-Mattler/*Fischer/ Müller* KWG § 38 Rn. 12.
[49] Boos/Fischer/Schulte-Mattler/*Fischer/Müller* KWG § 38 Rn. 26 ff.
[50] MünchKomm. AktG/Bd. 4/*Koch* § 262 Rn. 107.
[51] MünchKomm. AktG/Bd. 4/*Koch* § 262 Rn. 107.
[52] Hüffer/*Koch* AktG § 262 Rn. 7; Kölner Komm./*Kraft* § 262 Rn. 16 ff.; MHdB GesR IV/*Hoffmann-Becking* § 66 Rn. 3; Großkomm. AktG/*K. Schmidt* § 262 Anm. 8; aA die ältere Literatur *Godin/Wilhelmi* AktG § 262 Rn. 3.
[53] So auch MünchKomm. AktG/Bd. 4/*Koch* § 262 Rn. 21.
[54] BGH II ZR 162/05, BGHZ 169, 270 (274); MünchKomm. AktG/Bd. 4/*Koch* § 262 Rn. 24.

Grund.[55] Die rechtskräftige Ablehnung des Eintragungsantrags führt automatisch zur Auflösung, ein sonstiges Scheitern der Gründung hingegen berechtigt nur zur Kündigung aus wichtigem Grund.[56]

3. Verlegung des Sitzes ins Ausland

20 Als zu bestimmender „Ort" des Sitzes der AG nach § 5 AktG kommt nur eine im Inland liegende politische Gemeinde in Betracht, nicht aber ein außerhalb des Staatsgebiets liegender Ort, weil mangels Zuständigkeit kein inländisches Registergericht eine solche Satzungsbestimmung eintragen könnte.[57] An dieser Rechtslage hat auch das MoMiG nichts geändert. Ein gleichwohl gefasster **Beschluss zur Verlegung des Satzungssitzes** ins Ausland ist nach hM ein Auflösungsbeschluss iSv § 262 Abs. 1 Nr. 2 AktG.[58] Nach der Gegenansicht ist der Beschluss nichtig nach § 241 Nr. 3 AktG, denn einem solchen Beschluss könne gerade kein Auflösungswille entnommen werden, vielmehr solle ja gerade die werbende Tätigkeit fortgesetzt werden.[59] Der Gegenansicht ist für den Fall zu folgen, dass die AG tatsächlich die Sitzverlegung bezweckt, denn dies verstößt offenkundig gegen § 5 AktG. Etwas anderes mag gelten, wenn dem Beschluss der Wille zur Auflösung entnommen werden kann: Der Beschluss ist dann der erste Schritt in dem nach hM erforderlichen mehrstufigen Verfahren der Sitzverlegung, wonach die AG in Deutschland aufgelöst und im Ausland neu gegründet wird. Wiederum anders ist die Lage im Falle der **formwechselnden Sitzverlegung** in einen anderen EU- oder EWR-Staat, wenn also der Sitz unter Annahme der Rechtsform des Zuzugsstaates verlegt wird. Nach der Rechtsprechung des EuGH verbietet die Niederlassungsfreiheit nach Art. 49, 54 AEUV dem Gründungsstaat einen Wegzug zu beschränken, wenn das Recht des Aufnahmestaats einen innerstaatlichen Rechtsformwechsel gestattet.[60] Dementsprechend können auch die oben beschriebenen Rechtsfolgen für den Verlegungsbeschluss nicht gelten.[61]

21 Umstritten war die Rechtslage, wenn die AG ihren **tatsächlichen Verwaltungssitz** ohne Beschluss ins Ausland verlegt. Dies sollte nach hM grundsätzlich ein anderer gesetzlicher Auflösungsgrund iSv § 262 Abs. 2 AktG sein.[62] Nach einigen Auffassungen sollte dies indes nur dann gelten, wenn es zu einem Statutenwechsel durch Verlegung in ein Land kommt, das ebenfalls der Sitztheorie folgt, wobei

---

[55] BGH II ZR 162/05, BGHZ 169, 270 (274 ff.); Hölters/*Solveen* AktG § 41 Rn. 13.
[56] BGH II ZR 162/05, BGHZ 169, 270 (274, 276 f.).
[57] Schmidt/Lutter/*Zimmer* AktG § 5 Rn. 7; MünchKomm. AktG/Bd. 1/*Heider* § 5 Rn. 25 mwN; aA *Bungert* AG 1995, 489 (499 ff.); *Beitzke* ZHR 1965, 1; *Süss* in FS Lewald 1953, S. 603 ff.
[58] RG II 552/22, RGZ 107, 94; BayObLG 3 Z BR 14/92, NJW-RR 1993, 43; *Knobbe-Keuk* ZHR 154, 325; Kölner Komm./*Arnold* § 45 Rn. 20. Die für die hM zitierten Entscheidungen RG V 293/15, RGZ 88, 53 und BGH II ZR 318/55, BGHZ 25, 134 (144) bezogen sich nicht auf Beschlüsse zur Verlegung des Satzungssitzes.
[59] MünchKomm. AktG/Bd. 4/*Koch* § 262 Rn. 36; Großkomm. AktG/*K. Schmidt* § 262 Anm. 22; MHdB GesR IV/*Wiesner* § 8 Rn. 3; *Hüffer/Koch* AktG § 5 Rn. 13.
[60] EuGH C-378/10 – Vale, ZIP 2012, 1394; vgl. auch OLG Nürnberg 12 W 520/13, DStR 2014, 812 (für den Formwechsel einer S.à.r.l. nach luxemburgischen Recht in eine deutsche GmbH); zu den Einzelheiten eines grenzüberschreitenden Formwechsels: *Heckschen* ZIP 2015, 2049; Lutter/*Decher/Hoger* UmwG vor § 190 Rn. 38 ff.
[61] *Hüffer/Koch* AktG § 5 Rn. 15.
[62] BGH II ZR 318/55, BGHZ 25, 134 (144); Staudinger/*Großfeld* BGB, Int. GesR Rn. 610 mwN.

A. Auflösung der AG 22, 23 § 18

zum Teil vertreten wurde, dass ein solcher Statutenwechsel zumindest bei Wegzug in einen anderen EU-Staat nicht mehr stattfinden kann, weil dieser Staat nach der Rechtsprechung des EuGH das Gründungsrecht anwenden muss.[63] Die Gegenansicht lehnte die Auflösung als Folge der Verlegung des tatsächlichen Sitzes ab.[64] Dieser Streit ist hinfällig. Mit der Aufhebung von § 5 Abs. 2 AktG aF wollte der Gesetzgeber es einer AG ermöglichen, ihre Geschäftstätigkeit vollständig ins Ausland zu verlagern und im Rahmen einer (Zweig-)Niederlassung, die alle Geschäftsaktivitäten erfasst, außerhalb des deutschen Hoheitsgebiets zu entfalten.[65] Der bisherigen hM ist damit die Grundlage entzogen.[66] Inzwischen hat der EuGH klargestellt, dass die Niederlassungsfreiheit nach Art. 43, 48 EG-Vertrag (heute Art. 49, 54 AEUV) Beschränkungen einer isolierten Verwaltungssitzverlegung durch den Heimatstaat der Gesellschaft nicht entgegensteht.[67] Der deutsche Gesetzgeber war zur Änderung von § 5 AktG aF daher nicht gemeinschaftsrechtlich verpflichtet.

Einstweilen frei 22

4. Nichtigkeitsklage (§ 275 AktG) und Amtslöschung (§ 397 FamFG)

Die AG ist aufgelöst, wenn sie durch rechtskräftiges Urteil gem. § 275 AktG für 23 nichtig erklärt oder gem. § 397 FamFG als nichtig gelöscht wurde. Dies ergibt sich aus § 277 Abs. 1 AktG, wenn auch nicht unmittelbar aus dem Wortlaut der Vorschrift.[68] Die Klage auf Nichtigerklärung gem. § 275 AktG kann ausschließlich[69] darauf gestützt werden, dass die Satzung **keine Bestimmungen über** die Höhe des Grundkapitals oder den Gegenstand des Unternehmens enthält oder dass die Bestimmung über den Unternehmensgegenstand nichtig ist. Nichtigkeit meint Gesetz- oder Sittenwidrigkeit iSd § 241 Nr. 3 oder 4 AktG.[70] Spätere Beschlüsse zur Änderung des Unternehmensgegenstands in der Satzung sind ihrerseits nichtig und rechtfertigen daher keine Nichtigkeitsklage nach § 275 AktG.[71] Die tatsächliche Unternehmenstätigkeit bleibt bei der Beurteilung der Nichtigkeit außer Betracht. Nach einer Entscheidung des EuGH[72] meint die Richtlinie, die § 275 AktG zugrunde liegt,[73] mit „Unternehmensgegenstand" nur den im Errichtungsakt oder in der Satzung umschriebenen Unternehmensgegenstand, sodass die richtlinienkonforme Auslegung dazu zwingt, die tatsächliche Unternehmenstätigkeit zu ignorieren.[74] Die Einzelheiten der Nichtigkeitsklage ergeben sich aus § 275 Abs. 2 bis 4 AktG. Gemäß § 276 AktG kann ein Mangel des Unternehmensgegenstands, nicht aber

---

[63] Schmidt/Lutter/*Zimmer* AktG § 45 Rn. 27.
[64] *Ulmer/Habersack/Winter* GmbHG, 1. Aufl., Einl. Rn. B 118; Lutter/Hommelhoff/*Bayer* GmbHG, 16. Aufl., § 4a Rn. 21.
[65] Begr RegE BT-Drs. 16/6140, 68 u. 125.
[66] Einschränkend für den Fall, dass der Zuzugsstaat der Sitztheorie folgt: MünchKomm. AktG/Bd. 4/*Koch* § 262 Rn. 37.
[67] EuGH C-210/06, DStR 2009, 121 – Cartesio; s. *Behme/Nohlen* BB 2009, 13.
[68] *Hüffer/Koch* AktG § 277 Rn. 1.
[69] Vgl. § 275 Abs. 1 Satz 2 AktG.
[70] *Hüffer/Koch* AktG § 275 Rn. 11 mwN.
[71] *Hüffer/Koch* AktG § 275 Rn. 13 mwN; aA zur GmbH etwa Lutter/Hommelhoff/*Kleindiek* GmbHG § 75 Rn. 3.
[72] EuGH C-106/89, DB 1991, 157 (158).
[73] Publizitätsrichtlinie 68/151/EWG des Rates v. 9.3.1968 (ABl. EG vom 14.3.1968 Nr. L 65, 8), diese RL wurde durch die Publizitätsrichtlinie 2009/101/EG des Europäischen Parlaments und des Rates vom 16.9.2009 (ABl. EG 2009, 11–9) abgelöst.
[74] MünchKomm. AktG/Bd. 4/*Koch* § 275 Rn. 22f. mwN zum Meinungsstand.

das Fehlen des Grundkapitals durch Satzungsänderung geheilt werden. Nach hM zur AG[75] wird die AG nicht bereits mit Rechtskraft des für nichtig erklärenden Urteils aufgelöst, sondern erst mit der Eintragung im Handelsregister nach § 277 Abs. 1 AktG. Dem ist nicht zuzustimmen. Vielmehr tritt die Auflösungswirkung mit der Rechtskraft des Urteils ein.[76] Der Hinweis auf den eindeutigen Wortlaut von § 277 Abs. 1 AktG überzeugt nicht, weil sich aus dem ebenso eindeutigen Wortlaut von § 275 Abs. 4 Satz 3 AktG ergibt, dass die Nichtigkeit schon mit Urteilskraft besteht und nur noch eingetragen werden muss. Darum bleibt es bei der Regelung des § 248 Abs. 1 Satz 1 iVm § 275 Abs. 4 Satz 1 AktG, wonach die Rechtskraft für die Wirkung des Urteils maßgeblich ist.

24 Die Amtslöschung nach § 397 Abs. 1 FamFG ist bei einem Satzungsmangel der in § 275 Abs. 1 AktG bezeichneten Art möglich, und zwar gem. § 275 Abs. 3 Satz 2 AktG auch über die Frist von drei Jahren nach Eintragung der AG in das Handelsregister hinaus. In diesem Fall ist die AG erst mit Eintragung der Amtslöschung im Handelsregister aufgelöst (§§ 397 Satz 1, 395 Abs. 2 FamFG).[77]

IV. Anmeldung, Eintragung und Bekanntmachung der Auflösung (§ 263 AktG)

25 In den Fällen des § 262 Abs. 1 Nr. 1, 2 AktG hat der Vorstand die Auflösung unverzüglich zur Eintragung in das Handelsregister anzumelden; dabei sollte auch der Auflösungsgrund angegeben und im Falle der Nr. 2 der Auflösungsbeschluss beigefügt werden.[78] Zudem ist die Anmeldung in diesen Fällen mit der Anmeldung der Abwickler gem. § 266 AktG zu verbinden.[79] In den Fällen des § 262 Abs. 1 Nr. 3 bis 5 AktG trägt das Registergericht die Auflösung und deren Grund von Amts wegen ein. Im Falle der Löschung wegen Vermögenslosigkeit (§ 262 Abs. 1 Nr. 6 AktG) wird nur die Löschung, nicht aber die Auflösung eingetragen.

B. Die Abwicklung

I. Begriff und Bedeutung

26 An die Auflösung der AG schließt sich nach § 264 Abs. 1 AktG grundsätzlich die Abwicklung an. Sie dient der Umsetzung des Gesellschaftsvermögens in Geld, der Gläubigerbefriedigung sowie der Verteilung des verbleibenden Vermögens unter die Aktionäre. Entbehrlich ist die Abwicklung bei Vollbeendigung durch Löschung wegen Vermögenslosigkeit, § 262 Abs. 1 Nr. 6 AktG. Im Fall des § 262 Abs. 1 Nr. 3 AktG findet mit dem Insolvenzverfahren ein besonderes Abwicklungsverfahren statt.

---

[75] *Hüffer/Koch* AktG § 277 Rn. 2; Spindler/Stilz/*Bachmann* AktG § 277 Rn. 6; Henssler/Strohn/*Drescher* AktG § 277 Rn. 3; Hölters/*Hirschmann* AktG § 277 Rn. 2; Kölner Komm./*Kraft* § 277 Rn. 2.
[76] MünchKomm. AktG/Bd. 4/*Koch* § 277 Rn. 5; Schmidt/Lutter/*Riesenhuber* AktG § 277 Rn. 2. Ebenso die hM zur GmbH: Scholz/*Schmidt* GmbHG § 77 Rn. 6 mwN.
[77] *Hüffer/Koch* AktG § 277 Rn. 2 mwN; aA Kölner Komm./*Kraft* § 277 Rn. 2.
[78] MünchKomm. AktG/Bd. 4/*Koch* § 263 Rn. 4 f.
[79] MünchKomm. AktG/Bd. 4/*Koch* § 263 Rn. 4.

B. Die Abwicklung

Abwicklung iSd § 264 Abs. 1 AktG meint grundsätzlich das **Verfahren**, wie es in §§ 265 ff. AktG beschrieben ist. Die Abwicklungsvorschriften dienen primär dem Schutz der Gesellschaftsgläubiger[80] und stehen gem. § 23 Abs. 5 AktG nicht zur Disposition des Satzungsgebers. Im Abwicklungsverfahren finden weiterhin die Vorschriften für die nicht aufgelöste AG Anwendung (§ 264 Abs. 3 AktG), sofern sich aus §§ 264 ff. AktG oder dem Zweck der Abwicklung nichts anderes ergibt. Insbesondere bleibt die AG rechts- und parteifähig, der Aufsichtsrat besteht fort, und es gelten weiterhin die Grundsätze der Kapitalerhaltung.[81] Soweit mit dem Zweck der Abwicklung vereinbar, kann die AG weiterhin Satzungsänderungen beschließen, insbesondere ihr Kapital gegen Einlagen erhöhen[82] oder es herabsetzen.[83] Ferner ist wegen des Interesses des Mehrheitsaktionärs an einer möglichst einfachen Unternehmensführung auch im Stadium der Liquidation ein Squeeze-Out (§§ 327a ff. AktG) möglich.[84] Zulässig ist schließlich ein Formwechsel, sofern die Fortsetzung beschlossen werden könnte (§ 191 Abs. 3 UmwG), sowie Verschmelzung oder Spaltung mit der AG als übertragendem, nicht aber als aufnehmendem[85] Rechtsträger (§§ 3 Abs. 3, 124 Abs. 2 UmwG).

II. Die Abwickler

1. Bestellung und Abberufung

a) Bestellung

Gemäß § 265 Abs. 1 AktG werden mit Auflösung der AG die zu diesem Zeitpunkt amtierenden Mitglieder des Vorstandes kraft Gesetzes zu Abwicklern. Eines besonderen Bestellungsaktes seitens der AG oder einer Annahmeerklärung seitens der Vorstandsmitglieder bedarf es nicht, weshalb man von **geborenen Abwicklern** spricht. Dadurch sollen die Kenntnisse der Vorstandsmitglieder von den Verhältnissen der AG für eine effektive Abwicklung fruchtbar gemacht werden. Eine Pflicht zur Wahrnehmung des Abwicklermandats besteht nicht, kann sich aber aus dem Anstellungsvertrag ergeben.[86] § 265 Abs. 1 gilt auch für die Abwicklung einer aufgelösten Vor-AG.[87]

Gemäß § 265 Abs. 2 können die Abwickler auch in der Satzung oder durch Beschluss der Hauptversammlung bestimmt werden; man spricht dann von **gekorenen Abwicklern**. In Betracht kommen sowohl natürliche als auch juristische Personen, § 265 Abs. 2 Satz 3 AktG; nach der hM auch Personenhandelsgesellschaften sowie die GbR.[88] Die Bestimmung in der Satzung ist lediglich formeller Satzungsbestandteil. Für ihre Änderung genügt ein mit einfacher Mehrheit gem. § 133 AktG gefasster Beschluss der Hauptversammlung; § 179 Abs. 2 AktG und § 181 Abs. 3 AktG finden keine Anwendung.[89] Die vorgesehenen Personen

---

[80] *Hüffer/Koch* AktG § 264 Rn. 1.
[81] *Hüffer/Koch* AktG § 264 Rn. 16; MHdB GesR IV/*Hoffmann-Becking* § 67 Rn. 1.
[82] BGH II ZR 250/55, BGHZ 24, 279 (288); *Hüffer/Koch* AktG § 264 Rn. 16.
[83] BGH II ZR 278/96, BGHZ 138, 71 (78 ff.); *Hüffer/Koch* AktG § 264 Rn. 16.
[84] BGH II ZR 225/04, NZG 2006, 905 (905 f.); *Hüffer/Koch* AktG § 327a Rn. 9.
[85] MHdB GesR IV/*Hoffmann-Becking* § 67 Rn. 2 mwN.
[86] MHdB GesR IV/*Hoffmann-Becking* § 67 Rn. 4.
[87] BGH II ZR 162/05, BGHZ 169, 270 (281); *Hüffer/Koch* AktG § 265 Rn. 2.
[88] *Hüffer/Koch* AktG § 265 Rn. 6.
[89] Arg. e. § 265 Abs. 5; vgl. *Hüffer/Koch* AktG § 265 Rn. 5; MünchKomm. AktG/Bd. 4/ *Koch* § 265 Rn. 8; aA Kölner Komm./*Kraft* § 265 Rn. 6.

oder Personengesellschaften müssen in der Satzung konkret bezeichnet sein, denn die Ausübung des Bestimmungsrechts darf weder dem Aufsichtsrat noch Dritten übertragen werden.[90] Unabhängig von den Bestimmungen der Satzung kann die Hauptversammlung jederzeit mit einfacher Mehrheit gem. § 133 AktG die Abwickler bestimmen.[91] Die Hauptversammlung entscheidet nach hM auch über die Anstellungsverträge der Abwickler, während die AG beim eigentlichen Vertragsabschluss nach § 112 AktG durch den Aufsichtsrat vertreten wird; dabei kann die Hauptversammlung dem Aufsichtsrat die Gestaltung des Vertrags überlassen.[92] Bei der Bestimmung gekorener Abwickler sind gem. § 265 Abs. 2 Satz 2 AktG die **persönlichen Bestellungshindernisse** des § 76 Abs. 3 AktG zu beachten. Verstöße führen zur Nichtigkeit der Satzungsbestimmung oder des Beschlusses der Hauptversammlung. Die Bestellung der Abwickler wird – anders als im Fall des § 265 Abs. 1 AktG – erst wirksam, wenn die betreffenden Personen das Amt angenommen, dh von dem gesellschaftsinternen Bestellungsakt erfahren und ihm zugestimmt haben.[93]

30   Auf **Antrag** und bei Vorliegen eines wichtigen Grundes iSv § 265 Abs. 3 AktG hat das Registergericht Abwickler zu bestellen. Antragsberechtigt sind allein der Aufsichtsrat, der hierüber als Gesellschaftsorgan durch Beschluss entscheidet,[94] sowie eine qualifizierte Minderheit von Aktionären, die seit mindestens drei Monaten entweder mindestens 5% des Grundkapitals auf sich vereinigen oder Aktien im Nennbetrag von mindestens 500.000 EUR halten. Ein wichtiger Grund liegt zum einen vor, wenn dauerhaft Abwickler fehlen, zum anderen dann, wenn es für die Minderheit unzumutbar ist, dass die vorhandenen Abwickler im Amt bleiben, weil der Minderheit aus der weiteren Amtsführung Nachteile drohen, die den Abwicklungszweck gefährden.[95] Im zweiten Fall geht die Bestellung mit der Abberufung der fraglichen Abwickler einher. Die gerichtliche Bestellung wird erst wirksam, wenn die betreffende Person von dem gerichtlichen Beschluss erfahren und das Amt angenommen hat. Eine Annahmepflicht besteht nicht. Der gerichtlich bestellte Abwickler hat gem. § 265 Abs. 4 AktG Anspruch auf Vergütung und Auslagenersatz.

b) Abberufung

31   Die Abwickler bleiben grundsätzlich im Amt, bis die Abwicklung beendet und die AG im Handelsregister gelöscht ist. Jeder Abwickler kann aber vor diesem Zeitpunkt durch die Hauptversammlung oder das Gericht abberufen werden. Geborene und gekorene Abwickler können gem. § 265 Abs. 5 Satz 1 AktG jederzeit und ohne Angabe von Gründen durch einen mit einfacher Mehrheit nach § 133 Abs. 1 AktG gefassten **Beschluss der Hauptversammlung** abberufen werden. Dieses Recht kann durch die Satzung nicht eingeschränkt werden. Für das Anstellungsverhältnis gelten nach § 265 Abs. 5 Satz 2 AktG die allgemeinen Vorschriften. Das Registergericht kann jeden Abwickler unter den gleichen Voraussetzungen abberufen, unter denen es zur Bestellung befugt ist (§ 265 Abs. 3 Satz 1 AktG). Werden gerichtlich bestellte Abwickler abberufen, so verlieren sie mit Wirkung ex nunc Ansprüche auf

---

[90] *Hüffer/Koch* AktG § 265 Rn. 4 mwN.
[91] *Hüffer/Koch* AktG § 265 Rn. 5.
[92] MHdB GesR IV/*Hoffmann-Becking* § 66 Rn. 4; Kölner Komm./*Kraft* § 265 Rn. 32; aA MünchKomm. AktG/Bd. 4/*Koch* § 265 Rn. 12.
[93] MünchKomm. AktG/Bd. 4/*Koch* § 265 Rn. 12.
[94] *Hüffer/Koch* AktG § 265 Rn. 7.
[95] *Hüffer/Koch* AktG § 265 Rn. 8.

Vergütung und Auslagenersatz; einer Kündigung bedarf es nicht, da nach zutreffender Auffassung kein Anstellungsverhältnis mit der AG besteht.[96] Über die Höhe der noch offenen Ansprüche entscheidet im Streitfall das Gericht. Die Abberufung wird mit Zugang des Beschlusses der Hauptversammlung oder des Registergerichts bei dem betreffenden Abwickler wirksam.

c) Sonstige Beendigungsgründe

Jeder Abwickler, auch wenn es sich um den einzigen handelt, hat das Recht zur **Amtsniederlegung**. Gerichtlich bestellte Abwickler haben die Niederlegung gegenüber dem Gericht zu erklären, geborene und gekorene Abwickler gegenüber der AG, vertreten durch den Aufsichtsrat (§§ 112, 264 Abs. 3 AktG).[97] Die Amtsniederlegung ist analog § 84 Abs. 3 Satz 4 AktG bis zur Feststellung der Unwirksamkeit wirksam, auch wenn kein wichtiger Grund vorliegt und der Abwickler auch keinen wichtigen Grund geltend macht.[98] Die Rechtsprechung hat ihren gegenteiligen Standpunkt zur entsprechenden Problematik beim Geschäftsführer der GmbH[99] mittlerweile aufgegeben.[100] Nach inzwischen hM ist die Niederlegung auch ohne wichtigen Grund dauerhaft wirksam.[101] Dem ist zuzustimmen. Eine Amtsverpflichtung gegen den Willen des Amtsinhabers würde den Interessen der AG nicht entsprechen und wäre als solche ohnehin nicht durchsetzbar (§ 888 Abs. 3 ZPO). Der Abwickler kann aber durch die Niederlegung gegen seine gesetzlichen und anstellungsvertraglichen Pflichten verstoßen und ist dann nach §§ 93 Abs. 2, 268 Abs. 2 AktG und §§ 280 ff. BGB zum Schadensersatz verpflichtet.

32

d) Anmeldung und Eintragung (§ 266 AktG)

Die Bestellung der ersten geborenen oder gekorenen Abwickler samt ihrer jeweiligen Vertretungsbefugnis ist vom bisherigen Vorstand zur Eintragung in das Handelsregister anzumelden. Anzumelden sind ferner jeder Wechsel der Abwickler und jede Änderung ihrer Vertretungsbefugnisse. Hierzu verpflichtet sind die verbleibenden und die neuen Abwickler; auch sie müssen in vertretungsberechtigter Zahl handeln. Ausgeschiedene Mitglieder sind zur Anmeldung weder berechtigt noch verpflichtet; sie können ihre Löschung lediglich nach Maßgabe des § 14 HGB anregen. Die Abwickler sind als solche entsprechend § 43 Nr. 4 HRV mit Vor- und Nachnamen unter Angabe von Geburtsdatum und Wohnort zu bezeichnen. Es genügt die Anmeldung der generellen Vertretungsregelung, soweit nicht einem Abwickler eine abweichende Vertretungsbefugnis eingeräumt worden ist.[102] Der Anmeldung sind die Urkunden über die Bestellung oder Abberufung der Abwickler sowie über ihre Vertretungsbefugnis beizufügen. Des Weiteren müssen die neu bestellten Abwickler gem. § 266 Abs. 3 AktG versichern, dass in ihrer Person kein Bestellungshindernis besteht und sie über ihre unbeschränkte Auskunftspflicht belehrt worden sind. Die Verletzung einer der vorgenannten Pflichten kann nach § 14 HGB zur Festsetzung eines Zwangsgeldes führen. Die Anmeldungen werden

33

---

[96] *Hüffer/Koch* AktG § 265 Rn. 12; MünchKomm. AktG/Bd. 4/*Koch* § 265 Rn. 35.
[97] *Hüffer/Koch* AktG § 265 Rn. 13.
[98] *Hüffer/Koch* AktG § 265 Rn. 13; MünchKomm. AktG/Bd. 4/*Koch* § 265 Rn. 36; Kölner Komm./*Kraft* § 265 Rn. 29.
[99] BGH II ZR 161/79, BGHZ 78, 82 (84).
[100] BGH II ZR 58/92, BGHZ 121, 257 (261).
[101] Vgl. *Hüffer/Koch* AktG § 84 Rn. 45 mwN zur parallelen Frage für den Vorstand.
[102] BGH II ZB 8/82, BGHZ 87, 59 (63); *Hüffer/Koch* AktG § 266 Rn. 2.

vom Registergericht nach Prüfung ihrer Voraussetzungen eingetragen und bekannt gemacht, § 10 HGB. Die Eintragungen sind zwar deklaratorisch, aber im Hinblick auf § 15 HGB von Bedeutung.

34 Das Registergericht hat die gerichtliche Bestellung und Abberufung der Abwickler gem. § 266 Abs. 4 AktG **von Amts wegen einzutragen**. Entsprechendes gilt für deren Vertretungsbefugnis und ihre Änderungen.[103] Die Pflichten zur Einreichung der in § 266 Abs. 2 AktG bezeichneten Urkunden sowie zur Abgabe der in § 266 Abs. 3 AktG genannten Versicherung bestehen nicht.

2. Aufgaben der Abwickler

a) Abwicklung durch Zerschlagung als gesetzliches Leitbild

35 Nach der Vorstellung des Gesetzgebers vollzieht sich die Abwicklung durch unverzügliche Zerschlagung des Gesellschaftsvermögens, um auf diese Weise möglichst schnell die Verteilungsmasse herzustellen. Dazu haben die Abwickler die **laufenden Geschäfte** zu **beenden, Forderungen einzuziehen**, das **übrige Vermögen** der AG **in Geld umzusetzen**, § 268 Abs. 1 Satz 1 AktG. Neue Geschäfte dürfen sie eingehen, soweit die Abwicklung dies erfordert (§ 268 Abs. 1 Satz 2 AktG). Die laufenden Geschäfte sind zu beenden durch ordnungsgemäße Erfüllung der vor Auflösung eingegangenen Verpflichtungen der AG, kündbare Verträge sind zu kündigen; eine vorzeitige Beendigung ist allerdings nicht erforderlich.[104] Unter den Begriff der Geschäfte fallen nicht nur Rechtsgeschäfte, sondern alle Handlungen, die mit dem Unternehmensgegenstand in Zusammenhang stehen. Daher sind auch Verwaltungs- oder Gerichtsverfahren zu Ende zu führen. Die Abwickler haben über den Wortlaut des § 268 Abs. 1 AktG hinaus nicht nur Forderungen einzuziehen, sondern sämtliche Ansprüche der AG geltend zu machen und gerichtlich durchzusetzen, unabhängig davon, welchen Inhalt sie haben, worauf sie beruhen und gegen wen sie gerichtet sind.[105] Sofern eine andere Form der Wertrealisierung wirtschaftlich sinnvoll ist, können die Abwickler auch auf sie ausweichen.[106]

b) Einstweilige Fortführung des Unternehmens und Abwicklung durch dessen (Teil-)Veräußerung

36 Ziel der Abwicklung ist es, eine möglichst große Verteilungsmasse zu erzielen. In der Regel wird man durch die Veräußerung des Unternehmens oder von Unternehmensteilen einen höheren Erlös erzielen als bei einer Einzelveräußerung von Vermögensgegenständen. Daher sind die Abwickler nicht auf die Zerschlagung verwiesen, sondern auch befugt, das Unternehmen der AG als Ganzes oder in Teilen zu veräußern.[107] Regelmäßig dürfte sogar die Pflicht bestehen, zunächst die Möglichkeit einer Gesamtveräußerung eingehend zu prüfen, bevor das Unternehmen der AG zerschlagen wird. Generell müssen sich die Abwickler vor der Verwertung eine hinreichende Entscheidungsgrundlage schaffen, die ihnen erlaubt, die einzelnen in

---

[103] Hüffer/Koch AktG § 266 Rn. 5.
[104] Hüffer/Koch AktG § 268 Rn. 4.
[105] Hüffer/Koch AktG § 268 Rn. 4.
[106] MünchKomm. AktG/Bd. 4/Koch § 268 Rn. 17.
[107] BGH II ZR 124/78, BGHZ 76, 352 (356) zur GmbH; II ZR 75/87, BGHZ 103, 184 (192); Hüffer/Koch AktG § 268 Rn. 2; Kölner Komm./Kraft § 268 Rn. 3; v. Godin/Wilhelmi AktG § 268 Anm. 4.

B. Die Abwicklung

Betracht kommenden Verwertungsmethoden gegeneinander abzuwägen.[108] Ergibt die Abwägung, dass eine Abwicklungsmethode aus der *ex ante*-Sicht eines ordentlichen und gewissenhaften Geschäftsleiters zu einem besseren Verwertungserfolg führt, müssen die Abwickler diese Methode vorrangig verfolgen.[109] Die Zuwiderhandlung führt bei Verschulden zu einer Haftung nach §§ 93, 268 Abs. 2 AktG.

Solange die **Aussicht auf eine Gesamtveräußerung** besteht, sind die Abwickler verpflichtet, das Unternehmen der AG fortzuführen, also gerade nicht die in § 268 Abs. 1 AktG genannten Maßnahmen zu ergreifen.[110] Die Fortführung schließt grundsätzlich die Befugnis ein, das Unternehmen umzugestalten, wenn dies die Verwertung fördert. In Betracht kommen etwa Verschmelzung und Aufspaltung als übertragender Rechtsträger sowie Formwechsel, sofern die Fortsetzung noch beschlossen werden kann,[111] die Betriebsaufspaltung oder die Ausgliederung von Unternehmensteilen in eine andere Gesellschaft unter anschließender Veräußerung der Anteile.[112] Auch in der Abwicklung soll die vom BGH im **Holzmüller-Urteil**[113] begründete und im **Gelatine-Urteil**[114] präzisierte ungeschriebene Mitwirkungsbefugnis der Hauptversammlung Anwendung finden.[115] Das ist zumindest dann zweifelhaft, wenn die fragliche Strukturmaßnahme Teil einer Verwertungshandlung ist, etwa bei der Ausgliederung zum Zwecke der anschließenden Veräußerung. Außerhalb einer solchen Verwertungshandlung dürfte in der Regel ohnehin kein Bedürfnis für Ausgliederungen bestehen, sodass die Abwickler eine solche Maßnahme auch nicht vornehmen dürften.[116] Bereitet hingegen die Ausgliederung die Veräußerung vor, so kann es für die Frage, ob die Hauptversammlung zu befassen ist, nur auf die Veräußerung selbst, nicht auf die rein technische Maßnahme der vorgeschalteten Ausgliederung ankommen. Ob die Veräußerung von Unternehmensbeteiligungen eine zustimmungspflichtige Maßnahme sein kann, ist umstritten.[117] Jedenfalls im Rahmen der Abwicklung ist hier Zurückhaltung geboten, weil die Verwertung des Vermögens Kernaufgabe der Abwickler ist. Hingegen soll bei Veräußerung des gesamten Unternehmens auch in der Abwicklung § 179a AktG Anwendung finden.[118]

c) Befriedigung der Gesellschaftsgläubiger

Die Abwickler haben schließlich die Gesellschaftsgläubiger zu befriedigen (siehe im Einzelnen Rn. 65 ff.).

3. Die Rechtsstellung der Abwickler

a) Vertretung der Gesellschaft

Mit der Auflösung übernehmen die Abwickler die bis dahin dem Vorstand zukommende gerichtliche und außergerichtliche Vertretung der AG. Ihre Vertre-

---

[108] OLG Hamm 15 W 287/54, BB 1954, 913.
[109] MünchKomm. AktG/Bd. 4/*Hüffer/Koch* AktG § 268 Rn. 6.
[110] MHdB GesR IV/*Hoffmann-Becking* § 66 Rn. 7.
[111] Siehe Rn. 25.
[112] *Hüffer/Koch* AktG § 268 Rn. 3; MünchKomm. AktG/Bd. 4/*Koch* § 268 Rn. 12.
[113] BGH II ZR 174/80, BGHZ 83, 122.
[114] BGHZ II ZR 155/02, BGHZ 159, 30 (36 ff.).
[115] MünchKomm. AktG/Bd. 4/*Koch* § 268 Rn. 12. Siehe im Einzelnen § 5 Rn. 25 ff.
[116] MünchKomm. AktG/Bd. 4/*Koch* § 268 Rn. 12.
[117] Siehe etwa MHdB GesR IV/*Krieger* § 70 Rn. 10 mit Hinweisen zum Meinungsstand.
[118] Für die Anwendung die hM *Hüffer/Koch* AktG § 268 Rn. 3; MünchKomm. AktG/Bd. 4/ *Koch* § 268 Rn. 14; Kölner Komm./*Kraft* § 268 Rn. 12.

tungsmacht ist **unbeschränkt und unbeschränkbar**, § 269 Abs. 1, 5 AktG. Auch Rechtsgeschäfte, welche die Abwickler unter Überschreitung ihrer Befugnis zur Abwicklung vorgenommen haben, sind wirksam; allenfalls haften die Abwickler nach §§ 268 Abs. 2 Satz 1, 93 AktG.[119]

40 Der gesetzlichen Regel zufolge sind bei Bestellung mehrerer Abwickler nur alle gemeinschaftlich zur Aktivvertretung befugt, während für die Passivvertretung Einzelvertretung gilt (§ 269 Abs. 2 AktG). Die Satzung oder die Hauptversammlung als „sonst zuständige Stelle"[120] kann aber hiervon abweichend für geborene und gekorene Abwickler Alleinvertretung oder unechte Gesamtvertretung vorsehen. Sieht die Satzung bestimmte Vertretungsregeln für die Vorstandsmitglieder vor, etwa Alleinvertretungsbefugnis oder Befreiung von § 181 BGB, enden diese Regeln mit der Auflösung, setzen sich also nicht als entsprechende Befugnisse der Abwickler fort; dies gilt sowohl für geborene als auch für gekorene Abwickler.[121] Der Aufsichtsrat kann nach § 269 Abs. 3 Satz 2 AktG durch die Satzung oder Beschluss der Hauptversammlung dazu ermächtigt werden, die Vertretungsbefugnis abweichend zu regeln. Fehlt eine abweichende Vertretungsregelung, so erstarkt die Gesamtvertretungsmacht eines von mehreren Abwicklern nicht zur Einzelvertretungsmacht, wenn die übrigen Abwickler aus dem Amt scheiden.[122] Für gerichtlich bestellte Abwickler kann allein das Registergericht eine von der gesetzlichen Regelung abweichende Vertretungsbefugnis anordnen. Gesamtvertretungsberechtigte Abwickler können einzelne von ihnen zur Vornahme bestimmter Geschäfte oder Arten von Geschäften ermächtigten (§ 269 Abs. 4 AktG).

41 Gemäß §§ 112, 264 Abs. 3 AktG vertritt der Aufsichtsrat die AG gegenüber den Abwicklern.[123] Nach hM soll jedoch die Vertretungsmacht des Aufsichtsrats gegenüber ausgeschiedenen Vorstandsmitgliedern[124] zumindest dann auf die Abwickler übergehen, wenn es sich bei ihnen nicht um ehemalige Vorstandsmitglieder handelt.[125] Dem ist nicht zu folgen. § 112 AktG schützt die Gesellschaft vor der abstrakten Gefahr eines Interessenkonfliktes, was aufgrund typisierender Betrachtung zu ermitteln ist. Da die Abwickler die Geschäftsführung nicht bei null beginnen, sondern an die Geschäftsführung des Vorstands anknüpfen, lassen sich Interessenkonflikte nicht von vornherein ausschließen. Zudem lässt die hM offen, was gelten soll, wenn Dritte *und* ehemalige Vorstandsmitglieder zu Abwicklern bestellt sind.

42 Die **Zeichnung der Abwickler** für die AG besteht gem. § 269 Abs. 6 AktG aus der Firma, ihrer Namensunterschrift und einem die Abwicklung andeutenden Zusatz. Gebräuchlich sind die Zusätze „in Abwicklung", „in Liquidation", daneben auch „iL".

b) Die Rechtsstellung innerhalb der AG

43 Innerhalb ihres Geschäftskreises haben die Abwickler gem. § 268 Abs. 2 Satz 1 AktG im Verhältnis zur AG die gleiche Rechtsstellung **wie der Vorstand**.

---

[119] MHdB GesR IV/*Hoffmann-Becking* § 63 Rn. 13.
[120] MHdB GesR IV/*Hoffmann-Becking* § 63 Rn. 14a; Großkomm. AktG/*K. Schmidt* § 269 Anm. 10.
[121] BGH II ZR 255/07, NZG 2009, 72 (betreffend die GmbH); MünchKomm. AktG/Bd. 4/*Koch* § 269 Rn. 17; Großkomm. AktG/*K. Schmidt* § 269 Anm. 11.
[122] BGH II ZR 62/92, BGHZ 121, 263 (264 f.); *Hüffer/Koch* AktG § 269 Rn. 3.
[123] *Hüffer/Koch* AktG § 269 Rn. 2.
[124] Vgl. BGH II ZR 151/90, ZIP 1991, 796; II ZR 282/95, ZIP 1997, 1108.
[125] OLG Brandenburg 7 U 102/01, NZG 2002, 1024; OLG Köln 18 W 6/02, NZG 2002, 1062 (1063); *Hüffer/Koch* AktG § 269 Rn. 2; aA *Schwab* ZIP 2006, 1478 (1480 f.).

B. Die Abwicklung

44, 45   § 18

Der Geschäftskreis wird durch die beschriebenen Aufgaben der Abwickler festgelegt. Aus dieser Verweisung folgt insbesondere, dass den Abwicklern unter Berücksichtigung des Verfahrenszwecks die eigenverantwortliche Leitung der AG zukommt (§ 76 Abs. 1 AktG). Mehrere Abwickler sind grundsätzlich gemeinschaftlich zur Geschäftsführung befugt (§ 77 Abs. 1 AktG). Beschränkungen ihrer Geschäftsführungsbefugnis haben sie nach Maßgabe von § 82 Abs. 2 AktG zu beachten. Die Abwickler berufen die Hauptversammlung ein, bereiten ihre Beschlüsse vor und führen diese aus (§§ 121 Abs. 2, 83 AktG). Die Abwickler haben die Pflicht, ggf. Insolvenzantrag zu stellen (§ 15a Abs. 1 Satz 1 InsO) und in diesem Fall das Zahlungsverbot zu beachten (§ 92 Abs. 2 AktG). Eine Pflicht zur Einberufung der Hauptversammlung für den Fall, dass ein Verlust in Höhe der Hälfte des Grundkapitals eingetreten, genauer: das Grundkapital zur Hälfte aufgezehrt ist (§ 92 Abs. 1 AktG), soll nicht bestehen, weil die Bilanz gemäß § 270 AktG ohnehin der Hauptversammlung vorzulegen sei. Das ist zweifelhaft, weil die Pflicht nach § 92 Abs. 1 AktG jederzeit, nicht nur bei Aufstellung des Jahresabschlusses zu beachten ist.[126] Gemäß § 91 AktG führen die Abwickler die Bücher. Nach § 245 Nr. 4 und 5 AktG sind sie zur Anfechtung von Beschlüssen der Hauptversammlung befugt; umgekehrt vertreten die Abwickler zusammen mit dem Aufsichtsrat die AG gegen Anfechtungsklagen von Aktionären (§ 246 Abs. 2 AktG). Dem gesetzlichen Wettbewerbsverbot aus § 88 AktG unterliegen sie dagegen nicht (§ 268 Abs. 3 AktG). Abwickler können wegen der Unvereinbarkeitsregelung des § 105 AktG nicht zugleich Mitglieder des Aufsichtsrates sein. **Bezüge und Kredite** werden den Abwicklern aufgrund entsprechender Dienst- und Darlehensverträge unter Beachtung der §§ 87, 89 AktG gewährt.

Die Abwickler haben bei ihrer Geschäftsführung die Sorgfalt eines ordentlichen **44** und gewissenhaften Geschäftsleiters anzuwenden und über vertrauliche Informationen der AG Stillschweigen zu wahren (§ 93 Abs. 1 AktG). Das umfasst auch die Pflicht zur Krisenfrüherkennung nach § 91 Abs. 2 AktG. Die **Haftung** für Pflichtverletzungen ergibt sich aus § 93 Abs. 2 bis 6 AktG. Nach hM kann die AG bereits vor Ablauf der Dreijahresfrist des § 93 Abs. 4 Satz 3 AktG auf Ersatzansprüche gegen die Abwickler verzichten oder sich über sie vergleichen. Nach der Gegenansicht bestehen keinerlei Beschränkungen, sodass der Aufsichtsrat einen Verzichts-Vergleich schließen kann.[127] Keiner der beiden Ansichten ist in dieser Allgemeinheit zu folgen. Grundsätzlich bleibt es bei der Anwendung von § 93 Abs. 4 AktG. Über eine Modifikation ist allenfalls bei Abschluss der Liquidation nachzudenken.[128] Nach § 270 Abs. 2 Satz 1 AktG ist allein die Hauptversammlung für die Entlastung der Abwickler zuständig.

c) Verhältnis zu anderen Organen

Die Abwickler unterliegen nach der klarstellenden Anordnung des § 268 Abs. 2 **45** Satz 2 AktG der **Überwachung durch den Aufsichtsrat**. Zwar ist dieser während der Abwicklung nicht mehr für die Bestellung und Abberufung der Mitglieder des Leitungsorgans der AG zuständig; auch stellt er nicht mehr durch Billigung den Jahresabschluss fest. Im Übrigen aber bleibt die Rechtsstellung des Aufsichtsrats nach Maßgabe von § 264 Abs. 3 AktG erhalten. Um eine effektive Kontrolle zu ermöglichen, haben die Abwickler dem Aufsichtsrat in entsprechender Anwendung

---

[126] MünchKomm. AktG/Bd. 4/*Koch* § 268 Rn. 26 mwN.
[127] *V. Godin/Wilhelmi* AktG § 268 Anm. 7.
[128] Siehe Rn. 64.

von § 90 AktG Bericht zu erstatten. Zudem kann der Aufsichtsrat von den Rechten aus § 111 AktG Gebrauch machen, einschließlich des Rechts (und der Pflicht), Geschäfte gem. § 111 Abs. 4 AktG seiner Zustimmung zu unterwerfen. Die Einberufung der Hauptversammlung gem. § 111 Abs. 3 AktG kommt insbesondere dann in Betracht, wenn die Abwickler nach Einschätzung des Aufsichtsrats ihre Aufgaben nicht ordnungsgemäß wahrnehmen. Erforderlichenfalls muss er nach § 265 Abs. 3 AktG die gerichtliche Abberufung und Neubestellung von Abwicklern beantragen.[129]

46 Die **Hauptversammlung** hat gegenüber den Abwicklern **keine Weisungsbefugnis**.[130] Dem steht bereits die Wertung des § 268 Abs. 2 AktG entgegen. Zudem ist in den §§ 265 Abs. 2 Satz 1, 270 Abs. 2 AktG im Einzelnen festgelegt, inwieweit sich aufgrund der Besonderheiten des Abwicklungsverfahrens die Rechtsstellung der Hauptversammlung zu anderen Organen verändert. Ein Weisungsrecht ist darin nicht vorgesehen. Auch die Art der Verwertung ist nur dann Sache der Hauptversammlung, wenn sich dies aus den gesetzlichen Vorschriften, etwa § 179a AktG, ergibt.[131]

III. Rechnungslegung, insbesondere § 270 AktG

1. Abschließende Rechnungslegung der werbenden Gesellschaft

47 Die Abwickler haben auf den Tag vor Auflösung der AG eine Schlussbilanz samt Gewinn- und Verlustrechnung, Anhang und Lagebericht aufzustellen; das gilt auch dann, wenn die Auflösung während eines laufenden Geschäftsjahres eintritt.[132] Die Eröffnungsbilanz nach § 270 Abs. 1 AktG kann die Schlussrechnung der werbenden AG nicht ersetzen, denn trotz weitgehender Angleichung unterscheiden sich die Rechnungslegung der werbenden und der in Abwicklung befindlichen AG, sodass zB für Tantiemeansprüche nicht die Eröffnungsbilanz maßgeblich sein kann.[133]

48 Aufbau und Inhalt des Jahresabschlusses richten sich grundsätzlich nach den allgemeinen Vorschriften der §§ 242 ff., 264 ff., 284 ff. HGB. Sofern sich ein Bilanzgewinn ergibt, kann die Hauptversammlung nach Auflösung keine Ausschüttung mehr nach § 174 AktG beschließen; wegen des Verstoßes gegen das Verteilungsverbot des § 272 Abs. 1 AktG wäre ein entsprechender Beschluss nichtig.[134] Das Verteilungsverbot liefe leer, könnten die Aktionäre noch nach Auflösung Ansprüche auf Gewinnausschüttung begründen.[135] Maßgeblich ist allein der Zeitpunkt des Gewinnverwendungsbeschlusses; keine Rolle spielt, ob der zugrunde liegende Jahresabschluss bereits vor Auflösung festgestellt worden ist.

---

[129] MünchKomm. AktG/Bd. 4/*Koch* § 268 Rn. 30.
[130] *Hüffer/Koch* AktG § 268 Rn. 6; MünchKomm. AktG/Bd. 4/*Koch* § 268 Rn. 28 f.; Kölner Komm./*Kraft* § 268 Rn. 4 ff., 21; Großkomm. AktG/*K. Schmidt* § 268 Anm. 3.; aA mit Einschränkungen *v. Godin/Wilhelmi* AktG, 4. Aufl. 1971, § 268 Anm. 4.
[131] AA Kölner Komm./*Kraft* § 268 Rn. 5 mit nicht zutreffender Verweisung auf MünchKomm. AktG/Bd. 4/*Koch* § 268 Rn. 29.
[132] *Hüffer/Koch* AktG § 270 Rn. 3; MünchKomm. AktG/Bd. 4/*Koch* § 270 Rn. 9; Kölner Komm./*Kraft* § 270 Rn. 16; Großkomm. AktG/*K. Schmidt* § 270 Anm. 5; aA MHdB GesR IV/*Hoffmann-Becking* § 67 Rn. 15; *v. Godin/Wilhelmi* AktG, 4. Aufl. 1971, § 270 Anm. 3.
[133] *Hüffer/Koch* AktG § 270 Rn. 3; Baumbach/Hueck/*Haas* § 71 Rn. 2.
[134] *Hüffer/Koch* AktG § 270 Rn. 5; MünchKomm. AktG/Bd. 4/*Koch* § 270 Rn. 12 f.; Kölner Komm./*Kraft* § 270 Rn. 17; ADS § 270 Rn. 14; Großkomm. AktG/*K. Schmidt* § 270 Anm. 5.
[135] MünchKomm. AktG/Bd. 4/*Koch* § 270 Rn. 14.

B. Die Abwicklung

Die Pflicht zur **Aufstellung** des Jahresabschlusses trifft in entsprechender Anwendung von § 270 Abs. 1 AktG die Abwickler, da der Vorstand mit der Auflösung seine Kompetenzen als Organ der Unternehmensleitung verliert. Entsprechendes gilt nach hM für den Aufsichtsrat, sodass in Analogie zu § 270 Abs. 2 Satz 1 AktG die **Feststellung** des Jahresabschlusses der Hauptversammlung obliegt.[136] Darüber hinaus ist der Jahresabschluss gem. § 316 HGB zu prüfen.

2. Rechnungslegung der Abwicklungsgesellschaft

a) Eröffnungsbilanz und Erläuterungsbericht

Als bilanzielle Grundlage für das Abwicklungsverfahren[137] haben die Abwickler nach § 270 Abs. 1 AktG für den Beginn der Abwicklung eine Eröffnungsbilanz samt Erläuterungsbericht aufzustellen. Für die Eröffnungsbilanz sind nach § 270 Abs. 2 Satz 2 AktG die Vorschriften über den Jahresabschluss nur entsprechend anzuwenden, sodass aus dem Abwicklungszweck resultierende Besonderheiten über die ausdrücklichen Ausnahmen des § 270 Abs. 2 Satz 3 AktG hinaus berücksichtigt werden können.

Der maßgebliche **Bilanzstichtag** ist der Tag, an dem die Auflösung wirksam wird.[138] Für die **Gliederung** der Eröffnungsbilanz gelten die §§ 265 ff. HGB entsprechend.[139] Aus § 270 Abs. 2 Satz 3 AktG ergibt sich keine Notwendigkeit, die zur Veräußerung stehenden oder nicht mehr betriebsnotwendigen Gegenstände des Anlagevermögens unter dem Posten des Umlaufvermögens zu aktivieren.[140] Die Vorschrift verlangt keine Bewertung „als", sondern lediglich „wie" Umlaufvermögen und setzt damit schon dem Wortlaut nach die Beibehaltung der Zuordnung zum Anlagevermögen voraus. Das Eigenkapital wird gem. §§ 266 Abs. 3 Buchst. A, 272 HGB und damit nach der sog. Bruttomethode ausgewiesen,[141] denn auch die Abwicklungsgesellschaft kann ihr Kapital noch erhöhen oder herabsetzen, benötigt dazu aber das Grundkapital als Bezugsgröße.[142]

Nach der Verweisung in § 270 Abs. 2 Satz 2 AktG auf die §§ 251 ff., 279 ff. HGB gilt das Gebot, die Eröffnungsbilanz aus der Schlussbilanz der werbenden AG abzuleiten, sowie für die **Bewertung** des Gesellschaftsvermögens das **Going-concern-Prinzip**,[143] solange die Fortführungsprognose sachlich gerechtfertigt ist. Daher soll eine Bewertung nach dem Going-concern-Prinzip ausscheiden, wenn der Fortführung ein rechtliches Hindernis oder die tatsächlichen Gegebenheiten der Annahme einer Fortführungsprognose bei der Aufstellung der jeweiligen Eröffnungsbilanz entgegenstehen, insbesondere bei einer Auflösung nach § 262 Abs. 1 Nr. 4, 6, § 396 AktG. Bei Nr. 3 sind die §§ 264 ff. nicht anwendbar (§ 264 Abs. 1

---

[136] *Hüffer/Koch* AktG § 270 Rn. 4.
[137] Großkomm. AktG/*K. Schmidt* § 270 Anm. 7 ff.
[138] MünchKomm. AktG/Bd. 4/*Koch* § 270 Rn. 17.
[139] *Hüffer/Koch* AktG § 270 Rn. 6.
[140] MünchKomm. AktG/Bd. 4/*Koch* § 270 Rn. 24; ADS AktG § 270 Rn. 62; aA Scholz/*K. Schmidt* GmbHG § 71 Rn. 21.
[141] MünchKomm. AktG/Bd. 4/*Koch* § 270 Rn. 25 ff.; Hachenburg/*Hohner* GmbHG § 71 Rn. 22; aA Baumbach/Hueck/*Haas* GmbHG § 71 Rn. 18: Zusammenfassung des Eigenkapitals, aber auch gegliederte Darstellung zulässig.
[142] So insb. MünchKomm. AktG/Bd. 4/*Koch* § 270 Rn. 27; *Scherrer/Heni* Liquidations-Rechnungslegung, 2. Aufl. 1996, S. 90.
[143] MünchKomm. AktG/Bd. 4/*Koch* § 270 Rn. 29 ff.; ADS AktG § 270 Rn. 48 ff.; Kölner Komm./*Kraft* § 270 Rn. 7; aA Baumbach/Hueck/*Haas* GmbHG § 71 Rn. 16.

AktG).¹⁴⁴ Dem ist zuzustimmen, obwohl die Unmöglichkeit, den Rechtsträger fortzuführen, nicht zwingend etwas über die Fortführung des Unternehmens besagt; in den genannten Fällen wird aber auch die Unternehmensfortführung in aller Regel ausgeschlossen sein. Wird die AG dagegen gem. § 262 Abs. 1 Nr. 1, 2, 5 AktG aufgelöst, soll es für die Fortführungsprognose auf den **zeitlichen Verlauf des Abwicklungsverfahrens** ankommen: Ist vor Jahresfrist mit dessen Schluss zu rechnen, scheide ein Ansatz zu Fortführungswerten von vornherein aus.¹⁴⁵ Dem ist nicht zu folgen; maßgeblich muss vielmehr die geplante Verwertung sein: Wenn eine Einzelverwertung beabsichtigt ist, besteht keine Veranlassung, das Going-concern-Prinzip beizubehalten.¹⁴⁶ Ist hingegen geplant, das Unternehmen zu erhalten und als Ganzes oder in funktionierenden Teilen zu veräußern, ist regelmäßig die Fortführung des Unternehmens zugrunde zu legen, und zwar unabhängig davon, wann die Veräußerung durchgeführt wird.¹⁴⁷ § 270 Abs. 2 Satz 3 AktG findet danach nur Anwendung, wenn die Einzelveräußerung geplant ist. Ein absehbarer Zeitraum im Sinne dieser Norm umfasst dabei jedenfalls ein Geschäftsjahr.¹⁴⁸ In entsprechender Anwendung des § 253 Abs. 3 HGB ist dann der Niederstwert, also grundsätzlich der am Absatzmarkt voraussichtlich erzielbare Nettoveräußerungserlös anzusetzen.¹⁴⁹

53 Der **Erläuterungsbericht** zur Eröffnungsbilanz tritt an die Stelle von Anhang und Lagebericht. Er dient vor allem dazu, Bewertungsunterschiede zwischen den bisherigen Jahresabschlüssen und der Eröffnungsbilanz verständlich zu machen.¹⁵⁰ Sein Inhalt ist wegen § 270 Abs. 2 Satz 2 AktG durch entsprechende Heranziehung der für den Anhang und Lagebericht des gewöhnlichen Jahresabschlusses geltenden Vorschriften, also insbesondere der §§ 284 ff. HGB zu konkretisieren.

54 Eröffnungsbilanz und Erläuterungsbericht sind entsprechend § 264 Abs. 1 Satz 2, 3 HGB innerhalb von drei Monaten nach Auflösung aufzustellen. Auch die Eröffnungsbilanz muss nach §§ 316 ff. HGB geprüft werden. Das Amtsgericht des Gesellschaftssitzes kann nach § 270 Abs. 3 AktG eine Befreiung erteilen, wenn die Prüfung angesichts der Überschaubarkeit der Gesellschaftsverhältnisse nicht geboten erscheint.¹⁵¹ Die Abwickler haben in jedem Fall die Eröffnungsbilanz und den Erläuterungsbericht gem. § 170 Abs. 1 AktG unverzüglich dem Aufsichtsrat vorzulegen; dies gilt auch dann, wenn eine gerichtliche Befreiung von der Pflicht zur externen Prüfung erteilt worden ist.¹⁵² Der Aufsichtsrat hat die Unterlagen zu prüfen und anschließend der Hauptversammlung über das Ergebnis dieser Prüfung Bericht zu erstatten (§ 171 Abs. 1, 2 AktG). Für die Feststellung der Eröffnungsbilanz ist gem. § 270 Abs. 2 Satz 1 AktG in Abweichung von § 172 AktG die Hauptversammlung zu-

---

¹⁴⁴ MünchKomm. AktG/Bd. 4/*Koch* § 270 Rn. 32; *Hüffer/Koch* AktG § 270 Rn. 7.
¹⁴⁵ MünchKomm. AktG/Bd. 4/*Koch* § 270 Rn. 33; aA Baumbach/Hueck/*Haas* GmbHG § 71 Rn. 16.
¹⁴⁶ Baumbach/Hueck/*Haas* GmbHG § 71 Rn. 16.
¹⁴⁷ So wohl auch Baumbach/Hueck/*Haas* GmbHG § 71 Rn. 16; für die GmbH *Peetz* GmbHR 2007, 858, 863.
¹⁴⁸ *Hüffer/Koch* AktG § 270 Rn. 8; MünchKomm. AktG/Bd. 4/*Koch* § 270 Rn. 41; *ADS* AktG § 270 Rn. 58.
¹⁴⁹ *Hüffer/Koch* AktG § 270 Rn. 8; MünchKomm. AktG/Bd. 4/*Koch* § 270 Rn. 43.
¹⁵⁰ *Hüffer/Koch* AktG § 270 Rn. 9.
¹⁵¹ § 270 Abs. 3 wird gem. § 155 Abs. 1 Satz 1 InsO im Insolvenzverfahren entsprechend angewandt, AG München HRB 44551, ZIP 2004, 2110; zustimmend *Paulus* EWiR 2005, 261 f.
¹⁵² MünchKomm. AktG/Bd. 4/*Koch* § 270 Rn. 20; *ADS* AktG § 270 Rn. 88.

B. Die Abwicklung 55–58 § 18

ständig, die auch über die Entlastung der Abwickler und des Aufsichtsrats entscheidet. Schließlich muss die Eröffnungsbilanz zusammen mit dem Erläuterungsbericht von den Abwicklern zum Handelsregister eingereicht werden. Für ihre Offenlegung und Bekanntmachung gelten die §§ 325 ff. HGB entsprechend.

b) Jahresabschluss und Lagebericht

Am Ende eines jeden Abwicklungsgeschäftsjahres haben die Abwickler gem. 55 § 270 Abs. 1 AktG einen Jahresabschluss samt Lagebericht aufzustellen, um in periodischen Abständen einen Überblick über das Voranschreiten der Liquidation und den Vermögensstand der Abwicklungsgesellschaft zu geben.[153] Gemäß §§ 242 Abs. 3, 264 Abs. 1 HGB iVm § 264 Abs. 3 AktG besteht der Jahresabschluss aus Bilanz, Gewinn- und Verlustrechnung, Anhang und Lagebericht zusammen. **Stichtag** ist das Ende des jeweiligen Abwicklungsgeschäftsjahres. Das erste endet mit Ablauf eines Jahres ab dem für die Eröffnungsbilanz maßgeblichen Stichtag. Die Hauptversammlung kann die Rückkehr zum bisherigen Geschäftsjahr beschließen.[154]

Die **inhaltlichen Anforderungen** an die **Bilanz** des jeweiligen Abwicklungsge- 56 schäftsjahres entsprechen denen an die Eröffnungsbilanz, mit der Bilanzkontinuität herzustellen ist. Die dortigen Ausführungen gelten hier entsprechend. Das gilt namentlich für die Annahme der Fortsetzung des Geschäftsbetriebs.[155] Der notwendige Inhalt der Gewinn- und Verlustrechnung ergibt sich aus §§ 275 ff. HGB und § 158 AktG. Für die Aufstellung des Anhangs gelten §§ 284 ff. HGB sowie § 160 AktG, der Lagebericht ist gem. § 289 HGB aufzustellen. Auf- und Feststellung sowie Prüfung und Offenlegung richten sich nach denselben Grundsätzen wie bei der Eröffnungsbilanz.

c) Abwicklungs-Schlussbilanz und Schlussrechnung

Die Abwickler müssen eine Abwicklungs-Schlussbilanz nebst Gewinn- und 57 Verlustrechnung und Anhang aufstellen, wenn die Voraussetzungen für die Verteilung des Liquidationsüberschusses vorliegen, insbesondere das Verstreichen des Sperrjahres.[156]

Da gem. § 270 Abs. 1 AktG während der Abwicklung regelmäßig Rechnung 58 zu legen ist, reicht es aus, die abschließende Rechnungslegung auf den Zeitraum zu beschränken, über den die Abwickler bisher noch keine Rechenschaft abgelegt haben, also die Zeit seit dem Stichtag der Eröffnungsbilanz oder des letzten Jahresabschlusses während der Abwicklung.[157] Da die gesetzliche Buchführungspflicht der AG erst mit dem Ende der Abwicklung endet,[158] muss die abschließende Rech-

---

[153] MünchKomm. AktG/Bd. 4/*Koch* § 270 Rn. 53 ff.; ähnlich Großkomm. AktG/ *K. Schmidt* § 270 Anm. 9, der allerdings die Fortsetzung der Rechnungslegung als Zweck ansieht, nicht die Dokumentation der Abwicklung.
[154] MünchKomm. AktG/Bd. 4/*Koch* § 270 Rn. 55; Kölner Komm./*Kraft* § 270 Rn. 12.
[155] Ausführlich zur Frage, wann die Fortführungsprognose aufzugeben ist, *Peetz* DB 2005, 565.
[156] *Hüffer/Koch* AktG § 271 Rn. 3 ff.; MünchKomm. AktG/Bd. 4/*Koch* § 271 Rn. 10; Baumbach/Hueck/*Haas* GmbHG § 71 Rn. 28 mwN; aA Hachenburg/*Hohner* GmbHG § 71 Rn. 20.
[157] ADS § 270 AktG Rn. 27; der Sache nach auch Baumbach/Hueck/*Haas* GmbHG § 71 Rn. 28 f.; aA *Winnefeld* Bilanzhandbuch N Rn. 790: für den ganzen Liquidationszeitraum.
[158] Baumbach/Hopt/*Merkt* HGB § 238 Rn. 17.

nungslegung – entgegen der hM[159] – mangels anderer Anhaltspunkte gemäß den gesetzlichen Buchführungs- und Bilanzvorschriften aufgestellt werden.[160] Somit sind in einer Gewinn- und Verlustrechnung die Vermögensveränderungen seit dem letzten Bilanzstichtag sowie in einer Bilanz die noch vorhandenen Vermögensgegenstände und Verbindlichkeiten aufzuführen und beides in einem Anhang ggf. zu erläutern.[161] Die abschließende Rechnungslegung unterliegt gem. §§ 316 ff. HGB der Prüfung, soweit das Gericht keine Befreiung gem. § 270 Abs. 3 AktG erteilt, und ist nach §§ 325 ff. HGB offen zu legen.[162] Die solchermaßen erstellte abschließende Rechnungslegung ist die Schlussrechnung iSd § 273 Abs. 1 AktG; einer gesonderten Rechnungslegung gem. den §§ 259 ff. BGB bedarf es nicht.[163]

59 Nach hM im Aktienrecht ist die Schlussrechnung hingegen eine **Rechenschaftslegung** iSv § 259 BGB, die eine förmliche Schlussbilanz nicht erfordert und neben der Abwicklungs-Schlussbilanz aufzustellen ist; eine hinreichend gegliederte Aufstellung der Ausgaben und Einnahmen wird für ausreichend gehalten, was freilich eine bilanzförmige Aufstellung erfordern könne.[164]

60 Die Schlussrechnung im vorgenannten Sinne, nach hier vertretener Auffassung die Abwicklungs-Schlussbilanz, ist der Hauptversammlung zur Billigung vorzulegen; mit billigendem Beschluss der Hauptversammlung ist Rechnung „gelegt" iSd § 273 Abs. 1 AktG.[165] Die Billigung ist nach hM keine Entlastung iSd § 120 Abs. 2 AktG, sondern ein **Verzicht auf etwaige Ersatzansprüche** gegen Abwickler und Mitglieder des Aufsichtsrats, soweit diese Ansprüche bei sorgfältiger Prüfung der Schlussrechnung erkennbar waren; § 120 Abs. 2 Satz 2 AktG soll insoweit nicht gelten.[166] Darüber hinaus sollen die Abwickler und Mitglieder des Aufsichtsrats Anspruch auf Erteilung dieser Billigung haben, wenn die Rechnungslegung ordnungsgemäß war.[167] Dem ist nicht zu folgen.[168] Wenn die Rechnungslegung ordnungsgemäß ist, bedarf es keiner Entlastung mit Verzichtswirkung; ist sie nicht ordnungsgemäß, lässt sich ein Anspruch auf Verzicht nicht rechtfertigen. Darüber hinaus gilt § 120 Abs. 2 Satz 2 AktG. Kein Argument für einen Verzicht ist es, dass nach Beendigung der AG § 93 Abs. 4 Satz 3 AktG ohne Anwendung bleibt, wonach es der AG gestattet ist, nach drei Jahren auf Ersatzansprüche zu verzichten. Dafür spricht auch der Zweck des § 120 Abs. 2 Satz 2 AktG, der den begrenzten Erkenntnismöglichkeiten der HV ggü. der Verwaltung Rechnung tragen soll.[169] Es bleibt dann eben bei der Verjährungsfrist des § 93 Abs. 6 AktG; dies ist den Abwicklern

---

[159] *Hüffer/Koch* AktG § 273 Rn. 3; MünchKomm. AktG/Bd. 4/*Koch* § 273 Rn. 6; Großkomm. AktG/*K. Schmidt* § 273 Anm. 6.

[160] Henssler/Strohn/*Drescher* AktG § 270 Rn. 8; Spindler/Stilz/*Euler/Binger* AktG § 270 Rn. 123 f.

[161] So auch Baumbach/Hueck/*Haas* GmbHG § 71 Rn. 28; einschränkend *ADS* AktG § 270 Rn. 28; aA *Hüffer/Koch* AktG § 273 Rn. 3.

[162] Baumbach/Hueck/*Haas* GmbHG § 71 Rn. 31; aA *ADS* AktG § 270 Rn. 28.

[163] Baumbach/Hueck/*Haas* GmbHG § 71 Rn. 29 mwN.

[164] *Hüffer/Koch* AktG § 273 Rn. 3; MHdB GesR IV/*Hoffmann-Becking* § 67 Rn. 15; Kölner Komm./*Kraft* § 273 Rn. 6.

[165] *Hüffer/Koch* AktG § 273 Rn. 3.

[166] Hölters AktG § 273 Rn. 3; aA *Hüffer/Koch* AktG § 273 Rn. 3; für die Entlastung des Geschäftsführers einer GmbH s. BGH II ZR 165/84, BGHZ 94, 324 (326).

[167] *Hüffer/Koch* AktG § 273 Rn. 3; MünchKomm. AktG/Bd. 4/*Koch* § 273 Rn. 8 mwN.

[168] Ebenso Kölner Komm./*Kraft* § 273 Rn. 9 f.; MünchKomm. AktG/Bd. 4/*Koch* § 273 Rn. 7 mwN.

[169] *Hüffer/Koch* AktG § 273 Rn. 3.

zuzumuten, weil ein Abwickler ohnehin nur ausnahmsweise im Rahmen der Nachtragsabwicklung auf Schadensersatz in Anspruch genommen werden wird.

IV. Befriedigung und Sicherung der Gläubiger

1. Gläubigeraufruf (§ 267 AktG)

Der Abwicklungsüberschuss, also das nach Berichtigung der Verbindlichkeiten verbleibende Vermögen der AG, wird gem. § 271 Abs. 1 AktG unter die Aktionäre verteilt. Dies setzt nach § 267 Satz 1 AktG voraus, dass die Abwickler die Gläubiger der AG unter Hinweis auf die Auflösung auffordern, ihre Ansprüche anzumelden, sog. Gläubigeraufruf. Die Aufforderung ist in den Gesellschaftsblättern bekanntzumachen, § 267 Satz 2 AktG. Bedurft es früher der Bekanntmachung zu drei verschiedenen Terminen reicht seit der Änderung durch das ARUG vom 30.7.2009 (BGBl. 2009 I 2479) eine **einmalige Bekanntmachung**.[170] Die Aufforderung muss gemäß § 271 Abs. 1 BGB sofort nach Auflösung bekannt gemacht werden; die Eintragung der Auflösung muss nicht abgewartet werden.[171] Im Gläubigeraufruf muss – neben der Aufforderung an die Gläubiger, ihre Ansprüche geltend zu machen – die AG eindeutig bezeichnet und ferner ersichtlich sein, dass die Aufforderung von den Abwicklern ausgeht; dagegen muss der Auflösungsgrund nicht genannt werden.[172] Ob die Abwickler bei der Aufforderung in vertretungsberechtigter Zahl handeln müssen,[173] ist zweifelhaft; die ordnungsgemäße Veröffentlichung auf Veranlassung mindestens eines Abwicklers sollte ausreichen.

2. Durchführung der Gläubigerbefriedigung

Die Abwickler haben die Aufgabe, die Gläubiger der AG zu befriedigen, § 268 Abs. 1 Satz 1 AktG. Befriedigung meint dabei jede Art der Erfüllung gemäß §§ 362 ff. BGB, einschließlich der Hinterlegung (§§ 372 ff. BGB) und der Aufrechnung (§§ 387 ff. BGB). Dazu müssen die Abwickler feststellen, welche Gläubiger die AG hat und ob die **Ansprüche der Gläubiger berechtigt** und **fällig** sind. Diese Feststellungen sind mit der nach §§ 268 Abs. 2, 93 Abs. 1 AktG gebotenen Sorgfalt zu treffen.[174] Zu befriedigen sind zunächst alle Gesellschaftsverbindlichkeiten, deren Gläubiger bekannt sind, die dem Grunde und der Höhe nach unstreitig und fällig sind.[175] Wenn sich ein bekannter Gläubiger nicht meldet, ist nach § 272 Abs. 2 AktG der geschuldete Betrag zu hinterlegen, sofern nach allgemeinen Regeln ein Recht hierzu besteht (§§ 372 ff. BGB). Die Pflicht zur Hinterlegung besteht auch dann, wenn den Abwicklern zwar die Forderung bekannt ist, nicht aber die Person des Gläubigers.[176] Liegen die Voraussetzungen einer solchen Hinterlegungspflicht vor, so dürfen die Abwickler nach hM nur hinterlegen, nicht aber Sicherheit

---

[170] *Hüffer/Koch* AktG § 267 Rn. 2.
[171] § 271 BGB findet auch im Gesellschaftsrecht Anwendung: *Palandt/*Grünberg BGB Einl. vor § 241 Rn. 6. AA die hM: unverzüglich; siehe MünchKomm. AktG/Bd. 4/*Koch* § 267 Rn. 5 mwN.
[172] MünchKomm. AktG/Bd. 4/*Koch* § 267 Rn. 3; Kölner Komm./*Kraft* § 267 Rn. 3.
[173] So *Hüffer/Koch* AktG § 267 Rn. 1.
[174] Vgl. *K. Schmidt* ZIP 1981, 1 (3).
[175] *K. Schmidt* ZIP 1981, 1 (3).
[176] MünchKomm. AktG/Bd. 4/*Koch* § 272 Rn. 18; *Hüffer/Koch* AktG § 272 Rn. 4.

leisten.[177] Außerhalb der Hinterlegungspflicht soll es im Ermessen der Abwickler stehen, ob sie Hinterlegung (§ 272 Abs. 2 AktG) oder Sicherheitsleistung (§ 273 Abs. 3 AktG) wählen.[178] Dem ist nicht zuzustimmen. Da es Aufgabe der Abwickler ist, die Gläubiger zu befriedigen, müssen die Abwickler immer dann, wenn die Hinterlegung möglich ist, diesen Weg auch beschreiten, sofern nicht ausnahmsweise Nachteile für die AG mit der Hinterlegung verbunden sind.

63 Kann eine Verbindlichkeit vorübergehend nicht berichtigt werden oder ist sie streitig, muss dem vermeintlichen Gläubiger gem. § 272 Abs. 3 AktG vor der Vermögensverteilung **Sicherheit geleistet** werden. Eine Verbindlichkeit kann nicht berichtigt werden, wenn die Verbindlichkeit gegenwärtig nicht durch Erfüllung, Aufrechnung oder Hinterlegung zum Erlöschen gebracht werden kann oder muss,[179] insbesondere bei bedingten oder befristeten Forderungen.[180] Streitig ist eine Verbindlichkeit, soweit die Abwickler einen gerichtlich oder außergerichtlich geltend gemachten Anspruch nach Grund oder Höhe nicht anerkennen können.[181] Ist der erhobene Anspruch nach pflichtgemäßer Einschätzung der Abwickler[182] offensichtlich unbegründet, muss keine Sicherheit geleistet werden.[183] Sicherheit ist nach Maßgabe der §§ 231 ff. BGB zu leisten, wobei AG und Gläubiger abweichende Regelungen treffen dürfen.[184] Die Gläubiger haben **keinen Anspruch auf Sicherheitsleistung**, sondern nur darauf, dass es vor der Sicherheitsleistung nicht zur Verteilung des Vermögens an die Aktionäre kommt.[185] Bei Ansprüchen aus einer betrieblichen Altersversorgung (§ 1 BetrAVG) ist es nach hM möglich, statt Sicherheitsleistung eine Versicherung abzuschließen, welche die Ansprüche aufgrund versicherungsmathematischer Berechnung abdeckt.[186] Wegen § 4 Abs. 4 BetrAVG ist dies allerdings fraglich. Nach § 4 Abs. 4 BetrAVG können Altersversorgungsansprüche unter den dort genannten Voraussetzungen auf eine Pensionskasse oder eine Lebensversicherung übertragen werden. Sie sind dann mithin keine Verbindlichkeit der AG mehr und verhindern auch nicht mehr den Abschluss der Liquidation. Ziel der Norm ist es zu verhindern, dass reine „Rentnergesellschaften" fortgeführt werden müssen.[187] Dann aber liegt es nahe, den Abschluss der Liquidation eben nur dann zuzulassen, wenn die Altersversorgungsverbindlichkeiten nach § 4 Abs. 4 BetrAVG übertragen worden sind, nicht aber schon dann, wenn eine Versicherung abgeschlossen wurde.

---

[177] *Hüffer/Koch* AktG § 272 Rn. 4; MünchKomm. AktG/Bd. 4/*Koch* § 272 Rn. 19; Kölner Komm./*Kraft* § 272 Rn. 8; aA *K. Schmidt* ZIP 1981, 1 (3).
[178] *Hüffer/Koch* AktG § 272 Rn. 4.
[179] *K. Schmidt* ZIP 1981, 1 (3); MünchKomm. AktG/Bd. 4/*Hüffer/Koch* § 272 Rn. 20.
[180] *Hüffer/Koch* AktG § 272 Rn. 4.
[181] *Hüffer/Koch* AktG § 272 Rn. 4.
[182] *K. Schmidt* ZIP 1981, 1 (3).
[183] MünchKomm. AktG/Bd. 4/*Koch* § 272 Rn. 21; Kölner Komm./*Kraft* § 272 Rn. 10; Großkomm. AktG/*K. Schmidt* § 272 Anm. 11.
[184] MünchKomm. AktG/Bd. 4/*Koch* § 272 Rn. 23 ff.
[185] MünchKomm. AktG/Bd. 4/*Koch* § 272 Rn. 22.
[186] MünchKomm. AktG/Bd. 4/*Koch* § 272 Rn. 20; Baumbach/Hueck/*Haas* § 73 Rn. 7.
[187] *Blomeyer/Rolfs/Otto* BetrAVG, 6. Aufl. 2015, § 4 Rn. 141.

3. Verteilungsverbot zugunsten der Gläubiger

a) Inhalt

Gemäß § 271 Abs. 1 AktG darf unter die Aktionäre nur das Vermögen verteilt werden, dass nach Berichtigung der Verbindlichkeiten verbleibt. Berichtigt sind die Verbindlichkeiten, wenn sämtliche bekannten Verbindlichkeiten erfüllt oder durch Hinterlegung oder Sicherheitsleistung gesichert wurden. Vor Berichtigung ist die Verteilung unzulässig. Die Verteilung ist zudem unzulässig vor Ablauf des sog. **Sperrjahres**. Es beginnt mit dem Tag, der auf die Bekanntmachung des in § 267 AktG vorgeschriebenen Gläubigeraufrufs folgt (§ 187 Abs. 1 BGB).[188] Nach § 188 Abs. 2 Variante 1 BGB endet das Sperrjahr mit Ablauf des Tages des Folgejahres, der durch seine Bezeichnung dem Tag der Bekanntmachung des Gläubigeraufrufs entspricht. Vor Ablauf des Sperrjahres und Berichtigung der Verbindlichkeiten sind alle Maßnahmen zu unterlassen, die das Gesellschaftsvermögen zugunsten der Aktionäre verringern. Ansprüche von Aktionären aus zulässigen Drittgeschäften können ohne Beschränkung erfüllt werden, ebenso Zahlungsansprüche aus dem Gesellschaftsverhältnis, die vor der Auflösung entstanden sind, insbesondere ein Anspruch auf Bilanzgewinn aus einem Gewinnverwendungsbeschluss, der vor Auflösung gefasst worden ist,[189] nach hM jedoch nur, soweit hierdurch das zur Erhaltung des Grundkapitals erforderliche Vermögen nicht berührt wird.[190] Dieser Einschränkung ist nicht zuzustimmen, weil das Aktiengesetz keine Bestimmung enthält, die dem § 30 Abs. 1 GmbHG vergleichbar ist. Nach der Einfügung des § 57 Abs. 1 Satz 4 AktG im Zuge des MoMiG ist das Verbot der Einlagenrückgewähr auf Aktionärsdarlehen (gleich, ob kapitalersetzend oder nicht) nicht anwendbar; demgemäß können sie auch ohne Rücksicht auf das Sperrjahr zurückgeführt werden.[191]

b) Rechtsfolgen von Verstößen gegen das Verteilungsverbot

Gesellschaftsgläubiger können ihre jeweiligen Ansprüche im Wege des Arrests gegen die AG nach §§ 916 ff. ZPO sichern.[192] Der Arrestgrund ist gegeben, sofern die Vermögensverteilung bereits begonnen hat oder unmittelbar bevorsteht. Durch einstweilige Verfügung nach §§ 935 ff. ZPO können Gläubiger die Unterlassung rechtswidriger Verteilungsmaßnahmen erreichen; das Verfügungsverfahren kann dabei jedenfalls gegen die Abwickler selbst angestrengt werden, da auch sie selbst entsprechende Unterlassungspflichten haben.[193] Ein einstweiliges Verfügungsverfahren gegen die AG scheidet mangels Rechtsschutzinteresses aus, wenn der Anspruch des Gläubigers bereits durch Arrest gesichert ist.[194]

Verteilungsgeschäfte sind auch dann **wirksam**, wenn sie gegen aktienrechtliche Vorschriften, insbesondere gegen §§ 271, 272 AktG verstoßen, sofern nicht, wie namentlich in Fällen kollusiven Zusammenwirkens, zugleich die Voraussetzungen

---

[188] MünchKomm. AktG/Bd. 4/*Koch* § 272 Rn. 4; *Hüffer/Koch* AktG § 272 Rn. 2; Kölner Komm./*Kraft* § 272 Rn. 3.
[189] *Hüffer/Koch* AktG § 272 Rn. 3.
[190] Zu dieser Einschränkung MünchKomm. AktG/Bd. 4/*Koch* § 272 Rn. 10; K. *Schmidt* ZIP 1981, 1 (2).
[191] MünchKomm. AktG/Bd. 4/*Koch* § 272 Rn. 13.
[192] *Hüffer/Koch* AktG § 272 Rn. 6; K. *Schmidt* ZIP 1981, 1 (5).
[193] *Hüffer/Koch* AktG § 272 Rn. 6; MünchKomm. AktG/Bd. 4/*Koch* § 272 Rn. 27; K. *Schmidt* ZIP 1981, 1 (5).
[194] MünchKomm. AktG/Bd. 4/*Koch* § 272 Rn. 28; K. *Schmidt* ZIP 1981, 1 (5).

der Sittenwidrigkeit nach § 138 BGB erfüllt sind; unter den Voraussetzungen der §§ 264 Abs. 3, 62 Abs. 1 AktG führen sie aber zu **Rückgewähransprüchen** der AG gegen diejenigen Aktionäre, die verbotswidrige Leistungen erlangt haben.[195] Dies entspricht auch der neueren Rechtsprechung zu Verstößen gegen § 57 AktG.[196] Die Rückgewähransprüche der AG können dabei nach § 62 Abs. 2 AktG auch von den Gesellschaftsgläubigern geltend gemacht werden, soweit sie wegen ihrer Ansprüche von der AG keine Befriedigung erlangen können. Allerdings sollen sie nur Leistung an die AG und nach deren Löschung an die dann zu bestellenden Nachtragsabwickler, nicht dagegen an sich selbst verlangen können, weil dies zu einem mit dem Abwicklungszweck nicht zu vereinbarenden Wettlauf der Gläubiger führen würde.[197] Dies klingt zunächst einleuchtend, aber ein Wettbewerb der Gläubiger ist unabhängig von der Abwicklung zu vermeiden. Wie sich auch an § 62 Abs. 2 Satz 2 und § 93 Abs. 5 Satz 4 AktG zeigt, ist das Problem in diesen Fällen, dass noch kein Insolvenzverfahren eingeleitet worden ist, obwohl dies eigentlich erforderlich wäre, weil das Vermögen der AG zur Befriedigung der Gläubiger eben nicht ausreicht. Darum sollte in diesen Fällen das insolvenzrechtliche Instrumentarium unmittelbar zur Anwendung kommen und nicht teilweise in die Abwicklungsvorschriften hineingelesen werden. Das bedeutet: Die Gläubiger können grundsätzlich Leistung an sich selbst verlangen. Die Gläubiger können aber, die Abwickler müssen nach § 15a Abs. 1 Satz 1 InsO Insolvenzantrag stellen. Im Rahmen des Insolvenzverfahrens kann die Vorabbefriedigung einzelner Gläubiger nach Maßgabe der Anfechtungsregeln korrigiert werden. Außerhalb des Insolvenzverfahrens ist diese Korrektur nach Maßgabe des Anfechtungsgesetzes möglich. Bei Vorabausschüttungen auf einen erwarteten Liquidationserlös kommen zudem stillschweigend vereinbarte vertragliche Rückgewähransprüche der Gesellschaft in Betracht.[198]

67 Neben Rückgewähransprüchen stehen der AG gegen die Abwickler und die Mitglieder des Aufsichtsrates unter den Voraussetzungen der §§ 93, 268 Abs. 2 AktG und §§ 93, 116, 264 Abs. 3 AktG **Schadensersatzansprüche** zu. Auch insoweit steht den Gläubigern, soweit sie von der AG keine Befriedigung erlangen können, ein eigener Anspruch gegen die Ersatzpflichtigen zu (§§ 93 Abs. 5, 116 AktG). Auch in diesem Fall ist es streitig, ob die Gläubiger Leistung an sich verlangen können.[199] Die Lösung sollte denselben Grundsätzen folgen wie bei den Ansprüchen auf Rückgewähr nach § 62 AktG (s. Rn. 70). Hinzu kommen mögliche Schadensersatzansprüche gegen die Abwickler wegen Insolvenzverschleppung nach § 823 Abs. 2 BGB iVm § 15a Abs. 1 Satz 1 InsO. Dagegen besteht kein Anspruch aus § 823 Abs. 2 BGB iVm § 272 AktG,[200] weil die Kapitalerhaltungsvorschriften kein Schutzgesetz iSd § 823 Abs. 2 BGB sind.[201] Nach der Rspr. kann aber in der Liquidationsphase eine Haftung nach den Grundsätzen zum existenzvernichtenden Eingriff greifen, sogar ohne dass

---

[195] *Hüffer/Koch* AktG § 272 Rn. 7 mwN.
[196] BGH II ZR 179/12, NJW 2013, 1742 (1743); *Hüffer/Koch* AktG § 62 Rn. 11, 19.
[197] MünchKomm. AktG/Bd. 4/*Koch* § 272 Rn. 33; Spindler/Stilz/*Bachmann* AktG § 272 Rn. 12; unklar Kölner Komm./*Kraft* § 272 Rn. 18.
[198] BGH II ZR 264/07, ZIP 2009, 1111 ff. (betreffend die GmbH); Großkomm. AktG/ *K. Schmidt* § 272 Anm. 13
[199] Dagegen MünchKomm. AktG/Bd. 4/*Koch* § 272 Rn. 34; *Hüffer/Koch* AktG § 272 Rn. 8.
[200] So aber Spindler/Stilz/*Bachmann* AktG § 272 Rn. 12.
[201] Vgl. *Hüffer/Koch* AktG § 57 Rn. 32 unter Hinweis auf die Rspr. des BGH zu § 30 GmbHG, etwa NJW 1990, 1725.

B. Die Abwicklung 68–70 § 18

die Insolvenz durch den Eingriff verursacht oder vertieft wurde, sofern der AG unter Verstoß gegen § 272 AktG Gesellschaftsvermögen entzogen wird.[202]

V. Die Verteilung des Abwicklungsüberschusses

1. Rechtsnatur, Entstehung und Ausschluss

Das Recht auf den anteiligen Abwicklungsüberschuss ist seiner Rechtsnatur 68 nach zunächst ein aus der Mitgliedschaft folgendes allgemeines Vermögensrecht des Aktionärs. Es konkretisiert sich zu einem selbstständigen Anspruch, soweit und sobald ein Abwicklungsüberschuss vorhanden ist und die gesetzlichen Verteilungsvoraussetzungen vorliegen; eine förmliche Feststellung des Abwicklungsüberschusses durch die Hauptversammlung vollzieht sich nach hier vertretener Auffassung mittelbar durch die Billigung der Abwicklungs-Schlussbilanz.[203]

Die Gründungssatzung kann nach hM das allgemeine **Mitgliedschafts-** 69 **recht** auf den anteiligen Liquidationserlös **ausschließen** und dadurch die spätere Entstehung eines entsprechenden Anspruchs verhindern.[204] Angesichts des nach § 23 Abs. 5 AktG grundsätzlich zwingenden Charakters von § 271 Abs. 1 AktG setzt dies aber ein unabweisbares, in der aktienrechtlichen Regelung nicht berücksichtigtes Bedürfnis voraus, welches sich vornehmlich aus dem abgabenrechtlichen Grundsatz der Vermögensbindung der §§ 51 ff., 55 AO ergeben kann.[205] Daher ist es im Einzelfall zulässig und geboten, dass die Satzung den Liquidationserlös gemeinnützigen Zwecken widmet.[206] Der Grundsatz der Satzungsstrenge dürfte darüber hinaus nicht entgegenstehen, den Anspruch auf Abwicklungsüberschuss individualisierter Aktionäre mit deren Zustimmung in der Satzung auszuschließen. Der nachträgliche Ausschluss durch Satzungsänderung ist dagegen nur mit Zustimmung aller betroffenen Aktionäre möglich.[207] Ebenso steht der einmal entstandene Anspruch auf anteiligen Abwicklungsüberschuss **nicht** mehr **zur Disposition** der Hauptversammlung. Ein entsprechender Beschluss ist nur wirksam, wenn alle betroffenen Aktionäre zustimmen;[208] darin dürfte der Sache nach ein Verzicht liegen. Zu beachten sind aber die allgemeinen Grundsätze für die Schaffung von Sonderrechten.

2. Anspruchsinhalt

Aus §§ 268 Abs. 1 Satz 1, 271 Abs. 1 AktG ergibt sich, dass der Anspruch grund- 70 sätzlich auf Geld gerichtet ist. Sieht die Satzung eine Verteilung in natura vor,

---

[202] Für die GmbH BGH II ZR 292/07, NZG 2009, 545; II Z R 252/10, NZG 2012, 667.
[203] Siehe Rn. 55 ff.; aA *Hüffer/Koch* AktG § 271 Rn. 3; MünchKomm. AktG/Bd. 4/*Koch* § 271 Rn. 3; Kölner Komm./*Kraft* § 271 Rn. 2.
[204] Kölner Komm./*Kraft* § 272 Rn. 3; *Sethe* ZHR 1998 474 (483 ff.); nur bei Vorliegen eines unabwendbaren abgabenrechtlichen Bedürfnis (§§ 51 ff., 55 Abs. 1 Nr. 4 AO): MünchKomm. AktG/Bd. 4/*Koch* § 271 Rn. 6
[205] *Hüffer/Koch* AktG § 271 Rn. 2.
[206] Zu diesem einzigen praktisch bedeutsamen Fall besteht bei unterschiedlichen Auffassungen und Begründungsansätzen im Übrigen Einigkeit: MünchKomm. AktG/Bd. 4/*Koch* § 271 Rn. 6; Kölner Komm./*Kraft* § 271 Rn. 3; *Sethe* ZHR 1998, 474 (483 ff.).
[207] *Hüffer/Koch* AktG § 271 Rn. 2; Kölner Komm./*Kraft* § 271 Rn. 4; MünchKomm. AktG/ Bd. 1/*Heider* § 11 Rn. 44; im Ergebnis auch MünchKomm. AktG/Bd. 4/*Koch* § 271 Rn. 7.
[208] *Hüffer/Koch* AktG § 271 Rn. 2.

entfaltet dies wegen § 23 Abs. 5 AktG keine Wirkung.[209] Ein entsprechender Beschluss der Hauptversammlung ist für die Abwickler ebenso wenig bindend, da es an einem entsprechenden Weisungsrecht fehlt. Dies schließt aber nicht aus, dass sich im Einzelfall aufgrund besonderer Umstände aus §§ 264 Abs. 3, 93 Abs. 1 AktG eine Verpflichtung der Abwickler zur Naturalteilung ergeben kann, etwa weil sich das verbleibende Vermögen als unverkäuflich erweist. Im Übrigen ist eine Inhaltsänderung des Anspruchs durch einen entsprechenden Vertrag zwischen der AG und dem jeweiligen Aktionär möglich, zu dessen Wirksamkeit es aber wegen ihrer Mitbetroffenheit der Zustimmung aller anderen Aktionäre bedarf.[210]

3. Verteilungsmaßstab

71 Nach § 271 Abs. 2 AktG bestimmt sich die Höhe des Anspruchs auf den anteiligen Abwicklungsüberschuss grundsätzlich nach dem **Anteil** des jeweiligen Aktionärs **am Grundkapital**. Gemäß § 11 Satz 1 AktG können Aktien Vorzugsrechte bei der Vermögensverteilung gewähren. Sind solche Aktien vorhanden, werden nach § 271 Abs. 2 AktG zunächst diese Vorzugsrechte befriedigt, und lediglich das dann noch verbleibende Vermögen wird gem. § 271 Abs. 1 AktG verteilt. Vorzugsrechte können in der Ursprungssatzung begründet werden, sollen aber auch durch spätere Satzungsänderung begründet werden können.[211] Zu beachten sind aber die allgemeinen Anforderungen an die nachträgliche Schaffung neuer Aktiengattungen: Gewähren Aktien einer neuen Gattung mehr Rechte als bereits bestehende Aktien, so ist die Zustimmung der Hauptversammlung mit satzungsändernder Mehrheit allein nicht ausreichend; vielmehr muss jeder betroffene Aktionär zustimmen.[212] Dies gilt nach hM auch dann, wenn bereits mehrere Gattungen vorhanden sind und der Vorzug das Verhältnis dieser Gattungen zum Nachteil einer Gattung ändert, sodass ein Sonderbeschluss gemäß § 179 Abs. 3 AktG notwendig ist.[213]

72 Wurden die **Einlagen** nicht auf alle Aktien im selben Verhältnis geleistet, bestimmt sich die Anspruchshöhe nach § 271 Abs. 3 AktG. Reicht der Abwicklungsüberschuss zur Erstattung der Einlagen, werden diese zunächst zurückgewährt, um den unterschiedlichen Vermögenseinsatz auszugleichen. Erstattet wird nur der Nennwert der Einlagen, nicht aber Aufgelder und Nebenleistungen.[214] Anschließend wird ein verbleibender Überschuss nach dem Verhältnis der Anteile am Grundkapital verteilt. Vorzugsrechte bei der Verteilung sind vor der Erstattung der Einlagen zu bedienen.[215] Reicht das verbleibende Vermögen zur Erstattung der Einlagen nicht aus, tragen die Aktionäre den Verlust nach ihrem Anteil am Grundkapital (§ 271 Abs. 3 Satz 2 AktG). Dazu muss der auf jede Aktie anteilig entfallende Fehlbetrag mit dem Anspruch auf Erstattung der tatsächlich geleisteten Einlage verrechnet werden. Soweit der anteilige Fehlbetrag eines Aktionärs seinen

---

[209] MünchKomm. AktG/Bd. 4/*Koch* § 271 Rn. 4; aA Kölner Komm./*Kraft* § 268 Rn. 7; v. Godin/Wilhelmi AktG § 268 Anm. 4.
[210] MünchKomm. AktG/Bd. 4/*Koch* § 271 Rn. 4.
[211] MünchKomm. AktG/Bd. 4/*Koch* § 271 Rn. 22: unter Beachtung des Gleichbehandlungsgrundsatzes; Kölner Komm./*Kraft* § 271 Rn. 5.
[212] HM; MünchKomm. AktG/Bd. 1/*Heider* § 11 Rn. 46 mwN; Kölner Komm./*Kraft* § 11 Rn. 37.
[213] Kölner Komm./*Lutter* 58 Rn. 93 mwN; vgl. auch BGH II ZR 208/55, BGHZ 23, 150 (154); aA MünchKomm. AktG/Bd. 1/*Heider* § 11 Rn. 46 ff.
[214] MünchKomm. AktG/Bd. 4/*Koch* § 271 Rn. 25; Großkomm. AktG/*K. Schmidt* § 271 Anm. 7.
[215] MünchKomm. AktG/Bd. 4/*Koch* § 271 Rn. 25.

Erstattungsanspruch übersteigt, muss der Aktionär seine noch ausstehende Einlage leisten.[216] Soweit ein Aktionär ausfällt, ist der eigentlich von ihm noch zu leistende Einlagebetrag dem Gesamtfehlbetrag hinzuzurechnen und auf die übrigen Aktionäre zu verteilen.[217]

4. Das Verteilungsverfahren

Das Verteilungsverfahren ist in §§ 261 ff. AktG nicht geregelt. Entsprechende Regelungen in der Satzung sind daher nach § 23 Abs. 5 Satz 2 AktG zwar möglich, in der Praxis aber selten. Maßstab und Leitbild für die Ausgestaltung des Verfahrens ist demnach der ordentliche und gewissenhafte Abwickler (§§ 264 Abs. 3, 93 Abs. 1 AktG).[218]

Zur **Feststellung der Verteilungsmasse** ist nach hM eine aus der Eröffnungsbilanz und den Jahresabschlüssen der Abwicklungsgeschäftsjahre abgeleitete Schlussbilanz einschließlich eines Verteilungsplanes aufzustellen.[219] Das deckt sich mit der hier vertretenen Auffassung, dass die Schlussrechnung iSd § 273 Abs. 1 AktG der letzte (Rumpf-)Jahresabschluss der AG ist.[220] Des Weiteren empfiehlt sich die **Unterrichtung der Aktionäre** über die beabsichtigte Verteilung, um auf diesem Wege die Anspruchsberechtigten zu ermitteln. Dies kann durch Bekanntmachung in den Gesellschaftsblättern geschehen und geschieht nach hier vertretener Auffassung im Rahmen der Einberufung der Hauptversammlung, die über den letzten Abschluss der AG befindet. Die Aktionäre sind oftmals nicht in der Lage festzustellen, ob und wann die gesetzlichen Voraussetzungen der Vermögensverteilung eingetreten sind.

Die **ordnungsgemäße Legitimation** als Anspruchsberechtigter ist Sache des jeweiligen Aktionärs. Sie ist von den Abwicklern vor Auszahlung zu überprüfen. Bei Namensaktien ist das Aktienbuch maßgebend (§ 67 Abs. 2 AktG). Inhaberaktien sind vorzulegen; die Vorlage einer Hinterlegungsbescheinigung genügt nur, wenn allein der Hinterlegende zur Geltendmachung des Anspruchs befugt ist.[221] Eine Aushändigung der Urkunde kann die AG aber auch bei voller Zahlung nicht verlangen.[222] Der Aktionär benötigt diese noch für die Ausübung verbleibender Mitgliedschaftsrechte. Mehrfachzahlungen kann dadurch hinreichend vorgebeugt werden, dass Auszahlungen auf der vorzulegenden Urkunde vermerkt werden und der Quittungsanspruch aus § 368 BGB geltend gemacht wird.[223] Bei Inhaberaktien sind zudem Namen und Adressen der jeweiligen Zahlungsempfänger festzuhalten, da nur so die Durchsetzung etwaiger Rückforderungsansprüche nach §§ 264 Abs. 3, 62 AktG wegen unrichtiger Verteilung gewährleistet ist.[224]

---

[216] *Hüffer/Koch* AktG § 271 Rn. 7.
[217] *Hüffer/Koch* AktG § 271 Rn. 7; MünchKomm. AktG/Bd. 4/*Koch* § 271 Rn. 26.
[218] *Hüffer/Koch* AktG § 271 Rn. 4.
[219] *Hüffer/Koch* AktG § 271 Rn. 3; MünchKomm. AktG/Bd. 4/*Koch* § 271 Rn. 10; Kölner Komm./*Kraft* § 271 Rn. 10.
[220] Siehe Rn. 62.
[221] MünchKomm. AktG/Bd. 4/*Koch* § 271 Rn. 14; Kölner Komm./*Kraft* § 271 Rn. 20.
[222] Kölner Komm./*Kraft* § 271 Rn. 20; Großkomm. AktG/K. *Schmidt* § 271 Anm. 14; LG München I 25 P 8448, WM 1958, 1111; aA MünchKomm. AktG/Bd. 4/*Koch* § 271 Rn. 15; aA *Schlegelberger/Quassowski* AktG § 212 Rn. 11.
[223] *Hüffer/Koch* AktG § 271 Rn. 4.
[224] MünchKomm. AktG/Bd. 4/*Koch* § 271 Rn. 16; *Hüffer/Koch* AktG § 271 Rn. 4; Kölner Komm./*Kraft* § 271 Rn. 21.

76 Die Ansprüche der Aktionäre auf den anteiligen Abwicklungsüberschuss **erlöschen** bei Inhaberaktien nach bislang hM in entsprechender Anwendung von § 801 Abs. 1 BGB, wenn sie nicht innerhalb der Ausschlussfrist von 30 Jahren unter Vorlegung der Urkunde oder Hinterlegungsbescheinigung geltend gemacht werden; wurde ordnungsgemäß vorgelegt, so schließt sich an die Ausschlussfrist eine Verjährungsfrist von zwei Jahren an.[225] Für die Ansprüche aus Namensaktien gilt nach allgemeiner Meinung die Regelverjährung (§ 195 BGB) von drei Jahren ab Kenntnis des Anspruchs.[226] Diese Differenzierung wird mittlerweile unter Geltung des neuen Verjährungsrechts verbreitet als überholt angesehen. Teilweise wird daher für eine einheitliche analoge Anwendung von § 801 Abs. 2 BGB mit anschließender zweijähriger Verjährungsfrist[227] oder für eine einheitliche Anwendung von den §§ 195, 199 BGB[228] plädiert. Angesichts der dramatisch unterschiedlichen Verjährungsfristen ist in der Tat zu prüfen, ob es wirklich eine planwidrige Regelungslücke gibt, die durch eine Analogie zu § 801 Abs. 1 BGB geschlossen werden müsste. Da kein Grund für dramatisch unterschiedliche Verjährungsfristen bei Inhaberaktien einerseits und Namensaktien andererseits ersichtlich ist, lässt sich kaum argumentieren, dass der Telos von § 801 Abs. 1 BGB (nur) für die Inhaberaktie passt und auf sie auszudehnen ist. Vielmehr sollten die allgemeinen Verjährungsregeln einheitlich für alle Aktienarten gelten.[229] Die Satzung kann grundsätzlich kürzere Fristen für die Verjährung vorsehen.[230] Die Frist beginnt frühestens, sobald die gesetzlichen Voraussetzungen der Vermögensverteilung eingetreten sind.

77 Soweit Aktionäre durch eine fehlerhafte Vermögensverteilung in ihren Rechten beeinträchtigt wurden, haben sie bzgl. ihres Anspruchs auf den anteiligen Liquidationsüberschuss und ihres Anspruch auf Unterlassung einer rechtswidrigen Verteilung dieselbe rechtliche Stellung wie ein Gesellschaftsgläubiger, der infolge eines Verstoßes gegen §§ 271, 272 AktG leer ausgegangen ist.[231]

VI. Schluss der Abwicklung und Nachtragsabwicklung

1. Schluss der Abwicklung

78 Sobald die Abwicklung beendet und die Schlussrechnung gelegt ist, haben die Abwickler gem. § 273 Abs. 1 Satz 1 AktG den Schluss der Abwicklung zur **Eintragung in das Handelsregister** anzumelden. Ist die Anmeldung formell und materiell ordnungsgemäß, verfügt das Amtsgericht die Eintragung des Abwicklungsschlusses und gem. § 273 Abs. 1 Satz 2 AktG die **Löschung der AG**. Keine Einigkeit besteht, wann die AG tatsächlich erlischt: Nach der älteren Rechtsprechung des BGH ist allein die Vermögenslosigkeit maßgeblich, die Eintragung rein deklaratorisch,[232] nach anderer Ansicht in der Literatur ist allein die Eintragung der

---

[225] Vgl. *Hüffer/Koch* AktG § 271 Rn. 5.
[226] *Hüffer/Koch* AktG § 271 Rn. 5 mwN.
[227] Spindler/Stilz/*Bachmann* AktG § 271 Rn. 10; Großkomm. AktG/K. *Schmidt* § 271 Anm. 16.
[228] *Hüffer/Koch* AktG § 271 Rn. 5; Henssler/Strohn/*Drescher* AktG § 271 Rn. 8.
[229] So auch *Hüffer/Koch* AktG § 271 Rn. 5 und im Ergebnis Henssler/Strohn/*Drescher* AktG § 271 Rn. 8.
[230] *Hüffer/Koch* AktG § 271 Rn. 5; MünchKomm. AktG/Bd. 4/*Koch* § 271 Rn. 18; Kölner Komm./*Kraft* § 271 Rn. 22.
[231] MünchKomm. AktG/Bd. 4/*Koch* § 271 Rn. 28.
[232] Vgl. BGH II ZB 5/69, NJW 1970, 1044; II ZR 73/78, BGHZ 74, 212 (213); VIII ZR 342/83, BGHZ 94, 105 (108).

B. Die Abwicklung 79, 80 § 18

Löschung maßgeblich,[233] nach heute wohl hM in der Literatur und der obergerichtlichen Rspr. sind sowohl Vermögenslosigkeit als auch Eintragung erforderlich.[234] Die praktischen Unterschiede sind gering. Die Ansicht, die allein die Eintragung für maßgeblich hält, gerät in unnötige Not, den Rechtsträger im Rahmen der Nachtragsliquidation zu erklären (s. Rn. 86). Daher ist es sinnvoll, die AG jedenfalls nicht vor Vermögenslosigkeit als erloschen zu betrachten. Konsequent ist es, die AG erst als erloschen zu behandeln, wenn keine Nachtragsliquidation mehr möglich ist.

Nach § 273 Abs. 2 AktG sind die **Bücher und Schriften** der AG an einem 79 registergerichtlich bestimmten sicheren Ort für zehn Jahre zu hinterlegen. Die Hinterlegung ist Aufgabe der Abwickler; bei einem Verstoß gegen § 273 Abs. 2 AktG kann gem. § 407 Abs. 1 Satz 1 AktG gegen sie ein Zwangsgeld verhängt werden. Zu hinterlegen sind alle Unterlagen iSv § 257 HGB, ggf. das Aktienbuch sowie die im Rahmen der Abwicklung anzufertigenden Unterlagen. Mit Ausnahme von Eröffnungsbilanzen, Jahres- und Konzernabschlüssen können sie unter den Voraussetzungen des § 257 Abs. 3 HGB auch als Wiedergabe auf einem Bildträger oder auf anderen Datenträgern in digitaler Form aufbewahrt werden.[235] Aktionäre und Gläubiger der AG haben nach Beendigung der Abwicklung ein **Recht auf Einsichtnahme** in die Bücher und Schriften der AG, sofern sie hieran ein glaubhaft zu machendes berechtigtes Interesse haben, § 273 Abs. 3 AktG.[236] Auch frühere Aktionäre, die im Zeitpunkt der Löschung oder gar während des Abwicklungsverfahrens keine Aktionäre mehr waren, sind einsichtsberechtigt.[237] Zur Durchsetzung der Einsichtnahme kann das Registergericht gem. § 35 FamFG ein Zwangsgeld gegen den Verwahrer festsetzen.[238] Im Übrigen besteht das allgemeine Einsichtsrecht aus § 810 BGB neben dem Einsichtsrecht des § 273 Abs. 3 AktG.[239]

2. Nachtragsabwicklung (§ 273 Abs. 4 AktG)

a) Funktion und Voraussetzungen

Die sog. Nachtragsabwicklung findet gem. § 273 Abs. 4 AktG auf Antrag eines 80 Beteiligten statt, wenn sich nach Löschung der AG im Handelsregister herausstellt, dass **weitere Abwicklungsmaßnahmen notwendig** sind, weil noch verteilungsfähiges Vermögen vorhanden ist[240] oder weil für die gelöschte AG noch Erklärungen, namentlich Freigabeerklärungen im Hinterlegungsverfahren abzugeben sind; die Aufgabe der Abwickler erschöpft sich dann aber in deren Abgabe.[241] Sofern bloß

---

[233] *Hüffer/Koch* AktG § 273 Rn. 7; MünchKomm. AktG/Bd. 4/*Koch* § 273 Rn. 13; Kölner Komm./*Kraft* § 273 Rn. 36 ff.
[234] Lehre vom Doppeltatbestand Scholz/K. *Schmidt/Bitter* § 60 Rn. 56 sowie § 74 Rn. 13 f.; Schmidt/Lutter/*Riesenhuber* AktG § 273 Rn. 2.
[235] Vgl. Kölner Komm./*Kraft* § 273 Rn. 15; MünchKomm. AktG/Bd. 4/*Koch* § 273 Rn. 18.
[236] *Hüffer/Koch* AktG § 273 Rn. 11; MünchKomm. AktG/Bd. 4/*Koch* § 273 Rn. 22; Kölner Komm./*Kraft* § 273 Rn. 21; ähnlich Großkomm. AktG/*K. Schmidt* § 273 Rn. 11.
[237] MünchKomm. AktG/Bd. 4/*Koch* § 273 Rn. 23; Großkomm. AktG/*K. Schmidt* § 273 Rn. 11; aA *v. Godin/Wilhelmi* AktG § 273 Rn. 7.
[238] *Hüffer/Koch* AktG § 273 Rn. 12; MünchKomm. AktG/Bd. 4/*Koch* § 273 Rn. 29; KG JW 1937, 2289; OLG Oldenburg BB 1988, 1434; aA Kölner Komm./*Kraft* § 273 Rn. 23.
[239] MünchKomm. AktG/Bd. 4/*Koch* § 273 Rn. 25. Zum Teil aA Kölner Komm./*Kraft* § 273 Rn. 21.
[240] *Bürgers/Körber/Fuller* § 273 Rn. 9; MünchKomm. AktG/Bd. 4/*Koch* § 273 Rn. 33; Kölner Komm./*Kraft* § 273 Rn. 25.
[241] MünchKomm. AktG/Bd. 4/*Koch* § 273 Rn. 35; Kölner Komm./*Kraft* § 273 Rn. 26.

weitere Verbindlichkeiten bekannt werden, ohne dass es noch verteilungsfähiges Vermögen gibt, kommt es nicht zur Nachtragsabwicklung.²⁴²

81 **Antragsberechtigt** sind alle Personen, die ein berechtigtes Interesse an der Durchführung der Nachtragsabwicklung haben. Das sind insbesondere die früheren Aktionäre, noch nicht befriedigte Gläubiger der gelöschten AG sowie frühere Organmitglieder, insbesondere die ehemaligen Abwickler.²⁴³ Dabei hat der Antragsteller die Tatsachen glaubhaft zu machen, welche die Notwendigkeit eines Nachtragsverfahrens begründen, wobei erforderliche Ermittlungen von Amts wegen angestellt werden (§ 26 FamFG).²⁴⁴

b) Rechtsnatur der Nachtrags-Abwicklungsgesellschaft

82 Die Rechtsnatur der Nachtrags-Abwicklungsgesellschaft ist umstritten. Die Unterschiede ergeben sich aus den verschiedenen Auffassungen zum Zeitpunkt des Erlöschens der AG. Nach einer Auffassung wandelt sich die AG um in eine Gesamthandsgemeinschaft, bestehend aus den Aktionären zum Zeitpunkt der Löschung.²⁴⁵ Nach anderer Auffassung besteht die AG fort, weil nur der Doppeltatbestand von Vermögenslosigkeit und Löschung die AG zum Erlöschen bringt²⁴⁶ (vgl. Scholz/K. Schmidt § 74 Rn. 18). Nach einer vermittelnden Auffassung besteht die AG als teilrechtsfähige Nachgesellschaft fort.²⁴⁷ Für die Rechtsprechung bleibt hingegen die AG zumindest parteifähig, solange nicht feststeht, dass sie vermögenslos ist.²⁴⁸ Gleichzeitig heißt es, sachliche Unterschiede seien mit den unterschiedlichen Auffassungen nicht verbunden.²⁴⁹ Da sich die Nachtragsabwicklung auf die Vornahme der planwidrig unterbliebenen Abwicklungshandlungen beschränkt, ist der Frage der Rechtsnatur nur nachzugehen, wenn dies erforderlich ist, um Rechtsprobleme zu lösen, die sich aus dem vorhandenen Normenbestand nicht lösen lassen. Grundsätzlich ist es aber naheliegend, die AG so lange als fortbestehend anzusehen, wie noch Maßnahmen der Nachtragsabwicklung durchzuführen sind, und zwar ohne eine Transformation der Rechtsnatur. Für diese Ansicht spricht auch der Wortlaut von § 264 Abs. 2 AktG, der davon spricht, dass nach Löschung der Gesellschaft wegen Vermögenslosigkeit eine Abwicklung (nur) stattfindet, wenn sich nach der Löschung herausstellt, dass verteilungsfähiges Vermögen vorhanden ist. Diese Formulierung legt nahe, dass der Rechtsträger durch die Löschung unberührt bleibt.

c) Rechtsstellung der Nachtragsabwickler

83 Nach Prüfung der formellen und materiellen Voraussetzungen hat das Registergericht gem. § 273 Abs. 4 AktG nach pflichtgemäßem Ermessen Nachtragsabwickler zu bestellen.²⁵⁰ Es kann die bisherigen Abwickler, aber auch andere Personen

---

²⁴² *Hüffer/Koch* AktG § 273 Rn. 14.
²⁴³ MünchKomm. AktG/Bd. 4/*Koch* § 273 Rn. 37; Kölner Komm./*Kraft* § 273 Rn. 28; Großkomm. AktG/*K. Schmidt* § 273 Rn. 16.
²⁴⁴ *Hüffer/Koch* AktG § 273 Rn. 15.
²⁴⁵ Kölner Komm./*Kraft* § 273 Rn. 37 ff.
²⁴⁶ *Scholz/K. Schmidt* § 74 AktG Rn. 18.
²⁴⁷ MünchKomm. AktG/Bd. 4/*Koch* § 273 Rn. 32; Spindler/Stilz/*Bachmann* AktG § 262 Rn. 92 mwN.
²⁴⁸ Vgl. BGH II ZB 5/69, NJW 1970, 1044; II ZR 73/78, BGHZ 74, 212 (213); VIII ZR 342/83, BGHZ 94, 105 (108); II ZR 159/93, WM 1995, 406 (407).
²⁴⁹ So auch Henssler/Strohn/*Drescher* AktG § 273 Rn. 18.
²⁵⁰ *Hüffer/Koch* AktG § 273 Rn. 16 mwN zur Rspr.

beauftragen. Eine Pflicht zur Übernahme des Amtes besteht nicht.[251] Bei Annahme sind die Nachtragsabwickler in das Handelsregister einzutragen (§ 266 Abs. 4 AktG), es sei denn, die Nachtragsabwicklung erschöpft sich in der Abgabe einzelner Erklärungen.[252] Die Rechtsstellung der Nachtragsabwickler ist nur unvollständig geregelt. Ausdrücklich angeordnet ist in § 273 Abs. 4 Satz 2 AktG lediglich die Anwendbarkeit der Vergütungsregelung des § 265 Abs. 4 AktG. Im Übrigen ist es Aufgabe des Registergerichts, den Geschäftskreis sowie Rechte und Pflichten der Nachtragsabwickler unter Rückgriff auf die §§ 264 ff. AktG zu konkretisieren; unanwendbar sind aber §§ 267, 270, 272 AktG.[253] Zudem bestimmt sich die Vertretungsmacht nicht nach § 269 AktG, sondern beschränkt sich auf den Geschäftskreis, der im Bestellungsbeschluss festgelegt wurde.[254]

d) Registerrechtliche Behandlung der Abwicklungsgesellschaft

Die Durchführung der Nachtragsliquidation gem. § 273 Abs. 4 AktG führt nicht zur Wiedereintragung der AG als solcher in das Handelsregister. Durch die Eintragung der Nachtragsabwickler von Amts wegen wird die Nachtragsabwicklung hinreichend deutlich.[255] Zudem geht die AG nach hier vertretener Ansicht als juristische Person mit ihrer Löschung im Handelsregister unter, ohne dass es zusätzlich oder allein auf ihre Vermögenslosigkeit ankäme.

C. Die Auflösung und Abwicklung der KGaA

I. Auflösung

1. Auflösungsgründe gem. Verweisung auf HGB

Nach § 289 Abs. 1 AktG bestimmen sich die Gründe für die Auflösung einer KGaA grundsätzlich nach dem Recht der KG. Dies erfasst über die Verweisung des § 161 Abs. 2 HGB die Auflösungsgründe des § 131 Abs. 1 HGB.

a) Zeitablauf (§ 131 Abs. 1 Nr. 1 HGB)

Für die Auflösung durch Zeitablauf gelten die Ausführungen zu § 262 Abs. 1 Nr. 1 AktG entsprechend (s. Rn. 2).

b) Auflösung durch Beschluss der Gesellschafter (§ 131 Abs. 1 Nr. 2 HGB)

Die Auflösung durch Beschluss der Gesellschafter erfordert jeweils einen zustimmenden Beschluss der Kommanditaktionäre und der Komplementäre. Der Beschluss der Kommanditaktionäre bedarf nach § 289 Abs. 4 Satz 3 AktG einer Mehrheit von mindestens drei Vierteln des bei Beschlussfassung vertretenen Grundkapitals. Der Beschluss der Komplementäre muss einstimmig sein, soweit nicht die

---

[251] MünchKomm. AktG/Bd. 4/*Koch* § 273 Rn. 40.
[252] Allgemeine Meinung *Hüffer/Koch* AktG § 273 Rn. 16.
[253] *Hüffer/Koch* AktG § 273 Rn. 18; MünchKomm. AktG/Bd. 4/*Koch* § 273 Rn. 45; Kölner Komm./*Kraft* § 273 Rn. 35.
[254] *Hüffer/Koch* AktG § 273 Rn. 18.
[255] MünchKomm. AktG/Bd. 4/*Koch* § 273 Rn. 41 f.; *Hüffer/Koch* AktG § 273 Rn. 17; Kölner Komm./*Kraft* § 273 Rn. 34; Hachenburg/*Ulmer* GmbHG Anh. zu § 60 Rn. 45.

Satzung einen Mehrheitsbeschluss zulässt.[256] Die Zustimmung der Komplementäre muss gem. § 285 Abs. 3 Satz 2 AktG beurkundet werden, weil der Auflösungsbeschluss in das Handelsregister einzutragen ist (§ 289 Abs. 6 AktG).

c) Eröffnung des Insolvenzverfahrens über das Vermögen der KGaA (§ 131 Abs. 1 Nr. 3 HGB)

88 Hier gelten die Ausführungen zu § 262 Abs. 1 Nr. 3 AktG entsprechend.

d) Gerichtliche Entscheidung (§ 131 Abs. 1 Nr. 4 HGB)

89 Die KGaA wird schließlich aufgelöst durch gerichtliche Entscheidung über eine **Klage auf Auflösung aus wichtigem Grund** nach § 133 HGB. Die Klage können nen jeder Komplementär sowie die Kommanditaktionäre erheben. Ein derartiger Antrag der Kommanditaktionäre bedarf nach § 289 Abs. 4 Sätze 2 und 3 AktG eines Beschlusses, der mit einer Mehrheit von mindestens drei Vierteln des bei Beschlussfassung vertretenen Grundkapitals zu fassen ist. Bei der Klage selbst werden die Kommanditaktionäre gemäß § 287 Abs. 2 Satz 1 AktG durch den Aufsichtsrat vertreten; die Klage der Kommanditaktionäre ist gegen die Komplementäre zu richten, die Klage eines Komplementärs gegen die Gesamtheit der Kommanditaktionäre sowie gegen etwaige weitere Komplementäre. Nach hM sollen die Komplementäre gegen die KGaA klagen müssen, weil § 287 Abs. 2 AktG noch auf dem Konzept der nicht rechtsfähigen KG beruhe.[257] Dem ist nicht zuzustimmen. Eine Auflösungsklage ist ein gesellschaftsinterner Streit, richtiger Beklagter sind die Mitgesellschafter, nicht die Gesellschaft, wie es zu § 133 HGB auch der hM entspricht.[258] In der KGaA entscheiden die Kommanditaktionäre gem. § 289 Abs. 4 Satz 1 AktG durch Beschluss, also in ihrer Gesamtheit. Daher ist es sinnvoll, dass § 287 Abs. 2 Satz 1 AktG von Streitigkeiten mit der Gesamtheit der Kommanditaktionäre spricht. Das Recht, die Auflösung aus wichtigem Grund zu verlangen, kann gem. § 133 Abs. 3 HGB, § 289 Abs. 1 AktG nicht ausgeschlossen oder den Vorschriften des HGB zuwider beschränkt werden. Die Satzung kann Komplementäre jedoch auf das Recht beschränken, gegen Abfindung zum vollen Wert aus der KGaA auszuscheiden.[259]

2. Auflösungsgründe gemäß Aktienrecht

90 § 289 Abs. 2 Nr. 1 bis 3 AktG führt drei weitere Tatbestände auf, die zur Auflösung der KGaA führen und den Auflösungsgründen des § 262 Abs. 1 Nr. 4 bis 6 AktG entsprechen, namentlich die Auflösung wegen rechtskräftiger Ablehnung der Eröffnung des Insolvenzverfahrens mangels Masse, die Feststellung eines Satzungsmangels sowie die Löschung der KGaA wegen Vermögenslosigkeit. Auf die Erläuterungen zu den Auflösungsgründen bei der AG wird verwiesen.

3. Tatbestände, die nicht zur Auflösung führen

91 § 289 Abs. 3 AktG führt ausdrücklich zwei Tatbestände auf, die nicht die Auflösung der KGaA nach sich ziehen: Nach Satz 1 wird die KGaA nicht aufgelöst durch die Eröffnung des Insolvenzverfahrens über das Vermögen eines Kommanditak-

---

[256] MünchKomm. AktG/Bd. 5/*Perlitt* § 289 Rn. 17; MHdB GesR IV/*Herfs* § 77 Rn. 34.
[257] Vgl. RG I 80/10, RGZ 74, 201 (303); MHdB GesR IV/*Herfs* § 77 Rn. 34; *Hüffer/Koch* AktG § 287 Rn. 2; MünchKomm. AktG/Bd. 5/*Perlitt* § 289 Rn. 28.
[258] MünchKomm. HGB/Bd. 2/*Schmidt* § 133 Rn. 48 ff. mwN.
[259] MHdB GesR/Bd. 4/*Herfs* § 77 Rn. 37.

C. Die Auflösung und Abwicklung der KGaA 92, 93 § 18

tionärs; nach Satz 2 sind die Gläubiger eines Kommanditaktionärs nicht berechtigt, die KGaA zu kündigen. Die Vorschrift ist an sich überflüssig, seit das HRefG vom 22.6.1998[260] die Auflösungsgründe des § 131 HGB neu gefasst hat.[261]
Über §§ 289 Abs. 1 AktG, 161 Abs. 2 HGB bestimmt § 131 Abs. 3 HGB für den Komplementär, dass eine Reihe von Tatbeständen, die zuvor die Auflösung zur Folge hatten, mangels anders lautender Regelung im Gesellschaftsvertrag nur noch zum Ausscheiden des betroffenen Komplementärs führen, namentlich Tod, Kündigung, Ausschließung des Komplementärs, Eröffnung des Insolvenzverfahrens über sein Vermögen und Kündigung durch seine Privatgläubiger. Umstritten ist, welche Folgen die Änderung des § 131 HGB für die Kündigung der KGaA durch die **Gesamtheit der Kommanditaktionäre** hat. Nach hM entfällt ein solches Kündigungsrecht und § 289 Abs. 4 AktG läuft ohne entsprechende Satzungsklausel leer, weil die nach § 278 Abs. 3 AktG anzuwendenden Vorschriften des Aktiengesetzes kein Ausscheiden von Aktionären vorsehen. § 289 Abs. 4 AktG ist danach keine eigene Kündigungsregelung, sondern knüpft an ein sich vermeintlich aus Abs. 1 ergebendes Kündigungsrecht an.[262] Nach einer zweiten Ansicht besteht ein solches Kündigungsrecht, welches grundsätzlich die Auflösung und Abwicklung der Gesellschaft zur Folge haben soll.[263] Nach einer dritten Ansicht bewirkt die Kündigung das Ausscheiden der Gesamtheit der Kommanditaktionäre mit der Folge, dass dem einzigen Komplementär das Gesellschaftsvermögen anwächst und mehrere Komplementäre die Gesellschaft als OHG fortsetzen.[264] Ein Kündigungsrecht lässt sich nicht mit § 278 Abs. 3 AktG begründen, weil dieser den nachfolgenden Vorschriften, einschließlich § 289 AktG, den Vorrang einräumt und die über § 289 AktG anwendbaren HGB und BGB nach wie vor ein Kündigungsrecht vorsehen. Da § 289 Abs. 4 AktG zudem weiterhin auf den Kündigungsrechten für die KG aufsetzt und diese nur im Verfahren, nicht aber in der Rechtsfolge modifiziert, wird man annehmen müssen, dass die Kündigung zum Ausscheiden der Gesamtheit der Kommanditaktionäre führt. Als Folge haben die Kommanditaktionäre gem. § 738 BGB Anspruch auf eine Abfindung.

4. Ausscheiden des einzigen Komplementärs

Scheidet der einzige Komplementär aus der KGaA aus, so ist die KGaA nach hM aufgelöst.[265] Die KGaA kann nach dem Ausscheiden wieder zur werbenden Gesellschaft werden, wenn sie durch Satzungsänderung[266] einen neuen Komplementär aufnimmt und einen Fortsetzungsbeschluss in entsprechender Anwendung von § 274 Abs. 1 AktG fasst[267] oder die KGaA nach UmwG in eine AG formwechselnd umwandelt, sofern noch nicht mit der Verteilung des Vermögens begonnen wurde.[268] Nach der Gegenauffassung kommt es zu einer automatischen Umwandlung der KGaA in eine AG, weil das Geschäft der Gesamtheit der Kommanditaktionäre

---

[260] BGBl. 1998 I 1474.
[261] *Hüffer/Koch* AktG § 289 Rn. 5.
[262] *Hüffer/Koch* AktG § 289 Rn. 6; MünchKomm. AktG/Bd. 5/*Perlitt* § 289 Rn. 37 f.; Spindler/Stilz/*Bachmann* AktG § 289 Rn. 14.
[263] Kölner Komm./*Mertens/Cahn* § 289 Rn. 20; *Mertens* AG 2004, 333.
[264] MHdB GesR/Bd. 4/*Herfs* § 77 Rn. 40; Großkomm. AktG/*Assmann/Sethe* § 289 Anm. 75.
[265] Ganz hM *Hüffer/Koch* AktG § 289 Rn. 9; MHdB GesR IV/*Herfs* § 77 Rn. 39; MünchKomm. AktG/Bd. 5/*Perlitt* § 289 Rn. 143.
[266] Vgl. nur MHdB GesR IV/*Herfs* § 78 Rn. 48 mwN.
[267] MünchKomm. AktG/Bd. 5/*Perlitt* § 289 Rn. 148.
[268] MünchKomm. AktG/Bd. 5/*Perlitt* § 289 Rn. 149.

als letztem verbliebenem Mitglied der KGaA anwachse.²⁶⁹ Diese Auffassung findet im Gesetz keine Stütze; auch wenn das AktG die Kommanditaktionäre im Innenverhältnis zur „Gesamtheit" zusammenfasst, bleibt doch gesellschaftsrechtlich jeder einzelne Kommanditaktionär Mitglied. Darüber hinaus will auch die Gegenauffassung keine Anwachsung auf die Kommanditaktionäre selbst, sondern Träger des Unternehmens soll natürlich die juristische Person bleiben, die nur ihr Rechtskleid mit dem einer AG vertauschen soll.

94 Die KGaA wird nicht allein deshalb aufgelöst, weil dem oder den noch vorhandenen Komplementären nach § 117 HGB die Geschäftsführungsbefugnis oder nach § 127 HGB die Vertretungsmacht entzogen wird.²⁷⁰ In diesem Fall ist auf Antrag eines Beteiligten vom Gericht ein Vertreter zu bestellen in entsprechender Anwendung von §§ 29 BGB, 85 AktG.²⁷¹ Sofern der Mangel dauerhaft nicht behoben wird, wird das Gericht den Vertreter wieder abberufen, sodass es dann doch zur Auflösung kommt.

5. Eintragung der Auflösung

95 Die Auflösung ist gem. § 289 Abs. 6 Satz 1 AktG von allen Komplementären zur Eintragung in das Handelsregister anzumelden. Auch bei der KGaA ist die Eintragung nur deklaratorisch.²⁷²

II. Abwicklung

96 Die Abwicklung folgt grundsätzlich den Regeln, die für die AG gelten. An die Stelle der Vorstandsmitglieder treten als Abwickler alle Komplementäre sowie von der Hauptversammlung gewählte Personen, § 290 Abs. 1 AktG. Die Satzung kann gem. § 290 Abs. 1 AktG die Bestellung abweichend regeln, insbesondere auch die Bestellung durch den Aufsichtsrat zulassen.²⁷³ Nach § 290 Abs. 2 AktG kann jeder Komplementär die Bestellung und Abberufung von Abwicklern durch das Gericht beantragen. Die **Verteilung des Abwicklungsüberschusses** zwischen den Komplementären und der Gesamtheit der Kommanditaktionäre richtet sich nach §§ 155 Abs. 1, 161 Abs. 2 HGB, § 278 Abs. 2 AktG. Der „Kapitalanteil" der Kommanditaktionäre iSd § 155 Abs. 1 HGB ist das Grundkapital. Abzustellen ist insoweit auf das Verhältnis des Grundkapitals und Komplementärkapital zum Gesamtkapital.²⁷⁴ Da die gesetzliche Rücklage keine Beiträge der Komplementäre enthält,²⁷⁵ ist ein Betrag in Höhe der gesetzlichen Rücklage aus dem Abwicklungsüberschuss vorab den Kommanditaktionären zuzuweisen.²⁷⁶ Die Satzung kann die Verteilung abweichend regeln.²⁷⁷ Der Teil des Abwicklungsüberschusses, der auf jede Gesellschaftergruppe entfällt, ist unter den Mitgliedern dieser Gruppe

---

²⁶⁹ Großkomm. AktG/*Assmann/Sethe* § 289 Anm. 147.
²⁷⁰ *Hüffer/Koch* AktG § 289 Rn. 9; Großkomm. AktG/*Assmann/Sethe* § 289 Rn. 139; aA MünchKomm. AktG/Bd. 5/*Perlitt* § 289 Rn. 147; wohl auch BGH II ZR 33/67, BGHZ 51, 198 (200 f.).
²⁷¹ *Hüffer/Koch* AktG § 289 Rn. 9; Großkomm. AktG/*Assmann/Sethe* § 289 Rn. 139 mwN.
²⁷² MünchKomm. AktG/Bd. 5/*Perlitt* § 289 Rn. 111.
²⁷³ MHdB GesR IV/*Herfs* § 77 Rn. 47.
²⁷⁴ MHdB GesR IV/*Herfs* § 77 Rn. 47; Wachter/*Blaurock* AktG § 290 Rn. 3.
²⁷⁵ Großkomm. AktG/*Assmann/Sethe* § 288 Rn. 3.
²⁷⁶ Es erhöht sich nicht der Kapitalanteil der Kommanditaktionäre um diesen Betrag; so aber Großkomm. AktG/*Assmann/Sethe* § 290 Anm. 26 Fn 29.
²⁷⁷ MünchKomm. AktG/Bd. 5/*Perlitt* § 290 Rn. 24 ff.

D. Steuerliche Behandlung der Abwicklung 97, 98 § 18

nach den jeweils maßgebenden Regeln zu verteilen, also unter den Komplementären nach § 155 HGB und unter den Kommanditaktionären nach § 271 AktG.[278] Auch an die Komplementäre darf nach hM erst nach Ablauf des Sperrjahres des § 272 Abs. 1 AktG ein Abwicklungsüberschuss verteilt werden.[279] Gemäß § 290 Abs. 3 AktG gilt, wie bei der AG, da bei einer wegen Vermögenslosigkeit aufgelösten Gesellschaft eine Abwicklung nur stattfindet, wenn sich nach der Löschung herausstellt, dass Vermögen vorhanden ist, das der Verteilung unterliegt.

D. Steuerliche Behandlung der Abwicklung

Schrifttum: *Eller* Die Liquidation der GmbH in Grundzügen, SteuK 2012, 367–371; *ders.* Die Liquidation der GmbH in Grundzügen – Die Besteuerung des Abwicklungserlöses bei den Anteilseignern, SteuK 2013, 93–98; *Ernst & Young (Hrsg.)* Körperschaftsteuergesetz (Loseblatt); *Frotscher/Geurts* Kommentar zum EStG (Loseblatt); *Frotscher/Drüen* Kommentar zum Körperschaft-, Gewerbe- und Umwandlungssteuerrecht (Loseblatt); *Gosch* Körperschaftsteuergesetz, 3. Aufl. 2015; *Kessler/Kröner/Köhler* Konzernsteuerrecht, 2. Aufl. 2008; *Küspert* Die Mindestbesteuerung: Damoklesschwert oder „Büchse der Pandora", BB 2013, 1949–1954; *L. Schmidt* Kommentar zum Einkommensteuergesetz, 34. Aufl. 2015; *Mayer/Betzinger* Verbindlichkeiten in der Liquidation – Anmerkungen zum Urteil des BFH vom 5.2.2014 (I R 34/12), DStR 2014, 1573–1578; *Rau/Dürrwächter* Kommentar zum Umsatzsteuergesetz (Loseblatt).

I. Besteuerung der AG

1. Ertragsteuern

a) Besteuerungszeitraum – Abwicklungszeitraum

Die AG bleibt auch nach ihrer Auflösung bis zum Abschluss der Abwicklung 97 gemäß § 1 Abs. 1 Nr. 1 KStG unbeschränkt körperschaftsteuerpflichtig. Ungeachtet der Beendigung der werbenden Tätigkeit unterliegt sie als Gewerbebetrieb kraft Rechtsform iSv § 2 Abs. 2 GewStG bis zum Abschluss der Abwicklung zudem weiterhin in vollem Umfang der Gewerbesteuer (§ 4 Abs. 1 GewStDV).[280]

Mit der Auflösung kommt es gemäß § 11 Abs. 1 Satz 1 KStG gleichwohl zu 98 einem Wechsel des Veranlagungs- bzw. Gewinnermittlungszeitraums. So ist für die Ermittlung des Gewinns während der Abwicklung entgegen § 7 Abs. 4 KStG nicht das Wirtschaftsjahr, sondern der Abwicklungszeitraum maßgeblich.[281] Die Schlussbesteuerung zielt somit nicht auf die Besteuerung eines bestimmten Jahresergebnisses, sondern zwecks Verwaltungsvereinfachung auf die Besteuerung des Gewinns des Abwicklungszeitraums insgesamt.[282] Der Besteuerungszeitraum soll gemäß § 11 Abs. 1 Satz 2 KStG gleichwohl drei Jahre nicht übersteigen.[283] Nach der Rechtsprechung des BFH gilt dies sowohl für die Körperschaftsteuer als

---

[278] MHdB GesR IV/*Herfs* § 77 Rn. 47; Spindler/Stilz/*Bachmann* AktG § 290 Rn. 10.
[279] MHdB GesR IV/*Herfs* § 77 Rn. 47; Großkomm. AktG/*Assmann/Sethe* § 290 Anm. 27 ff.; aA MünchKomm. AktG/Bd. 5/*Perlitt* § 290 Rn. 8 f.
[280] BFH X R 6/95, BStBl. II 1998, 25; I R 33/90, BStBl. II 1992, 437.
[281] Gosch/*Stalbold* KStG § 11 Rn. 4.
[282] BFH VIII R 60/05, BStBl. II 2008, 303; VIII R 25/05, BStBl. II 2008, 298.
[283] Blümich/*Pfirrmann* KStG § 11 Rn. 35.

auch für die Gewerbesteuer.²⁸⁴ Die Finanzverwaltung hält unter Verweis auf § 16 Abs. 1 Satz 1 GewStDV für Gewerbesteuerzwecke demgegenüber bislang an einem jährlichen Besteuerungszeitraum fest,²⁸⁵ wodurch die mit § 11 Abs. 1 Satz 1 KStG angestrebte Vereinfachung des Besteuerungsverfahrens für Gewerbesteuerzwecke *de facto* ins Leere läuft.²⁸⁶

99 Beginn des Abwicklungszeitraumes ist der Zeitpunkt, zu dem die Auflösung wirksam wird. Im Falle einer unterjährigen Auflösung entsteht für handelsrechtliche Zwecke ein Rumpfwirtschaftsjahr, das mit Ablauf des letzten Tages vor dem Tag der Auflösung endet.²⁸⁷ Für die Besteuerung ist die Bildung eines entsprechenden Rumpfwirtschaftsjahres nach Auffassung der Finanzverwaltung optional.²⁸⁸ Wird auf die Bildung eines Rumpfwirtschaftsjahres verzichtet, ist der Zeitraum vom Beginn des Wirtschaftsjahres, in das die Auflösung fällt, mit in den Abwicklungszeitraum und damit in die Schlussbesteuerung einzubeziehen.

100 Der Abwicklungszeitraum bzw. die Steuerpflicht der AG endet im Regelfall, sobald die Schlussverteilung des Abwicklungsüberschusses erfolgt ist.²⁸⁹ Eine Ausnahme besteht jedoch insoweit, als das Gesellschaftsvermögen bereits vor Ablauf des Sperrjahres vollständig verteilt ist. In diesem Fall endet die Steuerpflicht der AG erst mit Ablauf des Sperrjahres.²⁹⁰ Die Löschung der AG im Handelsregister hat zwar grundsätzlich lediglich deklaratorische Bedeutung.²⁹¹ Jedoch prüft das Registergericht im Rahmen des Löschungsverfahrens von Amts wegen die ordnungsgemäße Durchführung der Abwicklung (§ 26 FamFG). Hierzu kann es zB das zuständige Finanzamt um Stellungnahme bitten, ob die Liquidationsabschlussbilanz vorgelegt wurde und die steuerliche Veranlagung abgeschlossen ist (sog. Unbedenklichkeitsbescheinigung). Sollten Bedenken oder Einwände geäußert werden, wird die Eintragung der Löschung bis zur Vollbeendigung zurückgestellt.

101 Überdauert die Abwicklung den nach § 11 Abs. 1 Satz 2 KStG vorgesehenen Dreijahreszeitraum, steht es im pflichtgemäßen Ermessen der Finanzverwaltung den Besteuerungszeitraum zu verlängern oder von einer Zwischenveranlagung Gebrauch zu machen.²⁹² Eine Veranlagung vor Abschluss der Abwicklung innerhalb des Dreijahreszeitraums ist unzulässig. Es können jedoch während des gesamten Besteuerungszeitraums unverändert kalendervierteljährlich Vorauszahlungen (§ 31 Abs. 1 KStG iVm § 37 EStG) festgesetzt werden.²⁹³

102 Erfolgt keine Verlängerung des Besteuerungszeitraums, sind die danach beginnenden Veranlagungszeiträume nach umstrittener Auffassung der Finanzverwaltung²⁹⁴ auf jeweils ein Jahr begrenzt. Inwieweit im Abwicklungszeitraum erfolgende Zwischenveranlagungen abschließenden Charakter haben bzw. nur als vorläufige Teilveranlagungen zu betrachten sind, die nach Abschluss der Abwick-

---

²⁸⁴ BFH I R 44/06, BStBl. II 2008, 319.
²⁸⁵ BMF 4.4.2008, BStBl. I 2008, 542.
²⁸⁶ HHR/*Micker* KStG § 11 Rn. 12; Schnitger/Fehrenbacher/*Moritz* KStG § 11 Rn. 73.
²⁸⁷ BFH I R 233/71, BStBl. II 1974; 692; I R 15/98, BFH/NV 1999, 829.
²⁸⁸ R 11 Abs. 1 Satz 3 KStR.
²⁸⁹ Schnitger/Fehrenbacher/*Moritz* KStG § 11 Rn. 84; Ernst & Young/*Hackemann* KStG § 11 Rn. 36.
²⁹⁰ DPM/*Graffe* KStG § 11 Rn. 15; Rn. 11 Abs. 2 Satz 3 KStR.
²⁹¹ Frotscher/Drüen/*Frotscher* KStG § 11 Rn. 74; Ernst & Young/*Hackemann* KStG § 11 Rn. 29.
²⁹² BFH I R 44/06, BStBl. II 2008, 319.
²⁹³ Dötsch/Pung/Möhlenbrock/*Graffe* KStG § 11 Rn. 21.
²⁹⁴ R 11 Abs. 1 Satz 7 KStR; Schnitger/Fehrenbacher/*Moritz* KStG § 11 Rn. 99.

D. Steuerliche Behandlung der Abwicklung 103–106 § 18

lung durch eine Veranlagung für den gesamten Abwicklungszeitraum ersetzt werden, ist ebenfalls umstritten.[295] Relevanz hat die Frage der Veranlagungswirkung insbesondere für die Verlustverrechnung innerhalb des Abwicklungszeitraums und im Verhältnis zu vorherigen Veranlagungszeiträumen sowie im Falle von Rechts- bzw. Steuersatzänderungen.[296]

b) Ermittlung des Abwicklungsgewinns

Bemessungsgrundlage für die Schlussbesteuerung ist der Abwicklungsgewinn. Er entspricht nach § 11 Abs. 2 KStG der Differenz zwischen dem zur Verteilung kommenden Abwicklungs-Endvermögen und dem Abwicklungs-Anfangsvermögen. Anders als die außerhalb der Abwicklung zur Anwendung kommenden allgemeinen Gewinnermittlungsregelungen gem. § 4 Abs. 1 Satz 1 EStG zielen die Regelungen zur Ermittlung des Abwicklungsgewinns nicht auf die Ermittlung des laufenden Gewinns, sondern auf die Erfassung des Totalgewinns. Die Abwicklungsgewinnermittlung dient folglich insbesondere dem Zweck, auch etwaige stille Reserven der Besteuerung zuzuführen.[297] Es handelt sich damit um einen Bestandsvergleich eigener Art, der rein steuerlichen Grundsätzen gemäß § 11 Abs. 2–6 KStG – ohne Bindung an die Handelsbilanz – folgt.[298]

103

aa) **Abwicklungs-Endvermögen.** § 11 Abs. 3 Hs. 1 KStG bestimmt das Abwicklungs-Endvermögen als „das zur Verteilung kommende Vermögen", dh als das nach Einziehung aller Forderungen, der Versilberung des übrigen Vermögens sowie der Befriedigung der Gläubiger zur Schlussverteilung an die Gesellschafter verbleibende Vermögen.[299]

104

Soweit das Restvermögen im Wege der Sachauskehrung an die Aktionäre verteilt wird, sind die jeweiligen Sachwerte mit dem gemeinen Wert iSv § 9 BewG im Zeitpunkt ihrer Übertragung an die Aktionäre in das Abwicklungs-Endvermögen einzurechnen.[300] Das Prinzip der Maßgeblichkeit der Handels- für die Steuerbilanz findet insoweit keine Beachtung. Dies gilt im Grundsatz auch für sämtliche entgeltlich erworbenen bzw. originär geschaffenen, immateriellen Wirtschaftsgüter.[301] Der Firmenwert geht mangels Einzelveräußerbarkeit hingegen nur insoweit in das Endvermögen ein, als er im Rahmen einer Betriebs- oder Teilbetriebsveräußerung realisiert wurde.[302]

105

In Folge ihres Untergangs bei Abschluss der Abwicklung stellen eigene Aktien kein verteilungsfähiges Vermögen dar, das im Abwicklungs-Endvermögen auszuweisen wäre.[303] Da eigene Aktien jedoch auch nicht im Abwicklungs-Anfangsvermögen enthalten sind (§ 272 Abs. 1a, 1b HGB), ergeben sich hieraus keine Auswirkungen auf den Abwicklungsgewinn.[304]

106

---

[295] Blümich/*Pfirrmann* KStG § 11 Rn. 40; DPM/*Graffe* KStG § 11 Rn. 19; Gosch/*Stalbold* KStG § 11 Rn. 52; Schnitger/Fehrenbacher/*Moritz* KStG § 11 Rn. 102.
[296] Frotscher/Drüen/*Frotscher* KStG § 11 Rn. 23b; Ernst & Young/*Hackemann* KStG § 11 Rn. 44.
[297] DPM/*Graffe* KStG § 11 Rn. 3; HHR/*Micker* KStG § 11 Rn. 40.
[298] BFH I 246/62, BStBl. III 1966, 152.
[299] Frotscher/Drüen/*Frotscher* KStG § 11 Rn. 54.
[300] BFH I 246/62, BStBl. III 1966, 152.
[301] Ernst & Young/*Hackemann* KStG § 11 Rn. 58.
[302] Frotscher/Drüen/*Frotscher* KStG § 11 Rn. 56.
[303] RFH I A 242/30, RStBl. 1930, 760.
[304] Gosch/*Stalbold* KStG § 11 Rn. 71; BMF 27.11.2013, BStBl. I 2013, 1615 Rn. 8 f.

107 Reicht das Vermögen der AG nicht aus, um ihre noch ausstehende Verbindlichkeiten zu decken, ändert dies nichts an der Pflicht zu Passivierung der Verbindlichkeiten in der Steuerbilanz der AG; insbesondere sollte auch insoweit kein den Abwicklungsgewinn erhöhender, steuerpflichtiger Ertrag durch den Wegfall unbefriedigter Verbindlichkeiten entstehen.[305]

108 Das so ermittelte Abwicklungs-Endvermögen ist anschließend um steuerfreie Vermögensmehrungen, wie zB DBA-befreite Einkünfte, steuerfreie Einnahmen iSv §§ 3, 3a EStG sowie nach § 8b Abs. 1, 2 KStG befreite Dividenden bzw. Gewinne aus Anteilen, die der AG im Abwicklungszeitraum zugeflossen sind (§ 11 Abs. 3 Hs. 2 KStG), zu vermindern.

109 **bb) Abwicklungs-Anfangsvermögen.** Das Abwicklungs-Anfangsvermögen entspricht nach § 11 Abs. 4 Satz 1 KStG dem Betriebsvermögen, das in der letzten steuerlichen Schlussbilanz des der Auflösung vorangegangenen Wirtschaftsjahrs der Veranlagung zugrundegelegt wurde. Es ist nach § 11 Abs. 4 Satz 3 KStG vor Durchführung des Vermögensvergleichs um Gewinne aus vorangegangenen Wirtschaftsjahren, die im Abwicklungszeitraum ausgeschüttet werden, zu kürzen.[306]

110 **cc) Gewinnkorrekturen.** Sofern in § 11 Abs. 2–5 KStG keine eigenständigen Regelungen enthalten sind, gelten gemäß § 11 Abs. 6 KStG die allgemeinen Gewinnermittlungsvorschriften. Dies bedeutet insbesondere, dass die Vorschriften über abzugsfähige und nicht abzugsfähige Betriebsausgaben gemäß §§ 9, 10 KStG zu berücksichtigen sind. Schließlich ist der Abwicklungsgewinn um Einlagen der Aktionäre zu korrigieren.[307] Des Weiteren ist § 8 Abs. 3 KStG zu beachten, nach dem Vorabauskehrungen auf den Liquidationserlös als Einkommensverwendung gelten und insofern bei der Ermittlung des Gewinns nach § 11 Abs. 2 KStG wieder hinzuzurechnen sind.[308]

111 Der Abwicklungsgewinn kann ferner mit etwaigen im letzten Veranlagungszeitraum vor der Auflösung festgestellten körperschaft- bzw. gewerbesteuerlichen Verlustvorträgen verrechnet werden. Inwiefern dabei die Regelungen der Mindestbesteuerung gemäß § 10d Abs. 2 EStG, § 10a Satz 2 GewStG Anwendung finden, wonach etwaige Verlustvorträge nur bis zu einem Betrag von einer Million Euro unbeschränkt, darüber hinaus jedoch nur bis zu 60 % vom zu versteuernden Einkommen bzw. dem Gewerbeertrag abgezogen werden können, ist nicht zuletzt aus verfassungsrechtlichen Gründen unklar.[309]

112 Ergibt sich im Abwicklungszeitraum ein Abwicklungsverlust, ist dieser für Körperschaftsteuerzwecke in den Grenzen des § 10d Abs. 1 EStG in den vorangegangenen Veranlagungszeitraum rücktragsfähig.

2. Kapitalertragsteuer

113 Die iRd Abwicklung erfolgenden Auskehrungen an die Aktionäre unterliegen, soweit sie als Kapitalerträge iSd § 20 Abs. 1 Nr. 2 EStG zu qualifizieren sind, grundsätzlich der Kapitalertragsteuer (§ 43 Abs. 1 Satz 1 Nr. 1 EStG).[310] Sofern die entsprechenden Auszahlungen steuerlich als Kapitalrückgewähr gelten, dh als

---

[305] Siehe hierzu ausführlich § 17 Rn. 113 f.
[306] HHR/*Micker* KStG § 11 Rn. 52.
[307] Schnitger/Fehrenbacher/*Moritz* KStG § 11 Rn. 170.
[308] Frotscher/Drüen/*Frotscher* KStG § 11 Rn. 66; HHR/*Micker* KStG § 11 Rn. 44.
[309] Verfügung der OFD Frankfurt a.M. 20.6.2013, DB 2013, 1696; *Küspert* BB 2013, 1950; DPM/*Graffe* KStG § 11 Rn. 22.
[310] Littmann/Bitz/Pust/*Hasselmann* EStG § 43 Rn. 68.

D. Steuerliche Behandlung der Abwicklung 114–116 § 18

Rückzahlung von (nicht aus der Umwandlung von Gewinnrücklagen entstandenem) Nennkapital oder als Zahlungen aus dem steuerlichen Einlagekonto gemäß § 27 KStG, fällt keine Kapitalertragsteuer an. Die Kapitalertragsteuer beträgt 25 % (§ 43a Abs. 1 Nr. 1 EStG) zzgl. SolZ (und ggf. Kirchensteuer) des Kapitalertrags und ist nach § 44 Abs. 1 Satz 3 EStG von der AG im Wege des Steuerabzugs einzubehalten und an das Finanzamt abzuführen. Gegenüber ausländischen Aktionären kann bei Vorliegen einer entsprechenden Freistellungsbescheinigung iSd § 50d Abs. 2 EStG (und Erfüllung der Voraussetzungen des § 50d Abs. 3 EStG im Falle von ausländischen Kapitalgesellschaften) nach Maßgabe des jeweils einschlägigen Doppelbesteuerungsabkommens von einem Kapitalertragsteuereinbehalt abgesehen werden.[311] Eine Freistellung von der Kapitalertragsteuer aufgrund der Mutter-Tochter-Richtlinie ist für Ausschüttungen von Abwicklungserlösen hingegen nicht möglich (§ 43b Abs. 1 Satz 4 EStG).[312]

Bestehen die Auskehrungen nicht in Geld und reicht der ausgekehrte Geldbetrag nicht zur Deckung der Kapitalertragsteuer aus, haben die Aktionäre der AG den Differenzbetrag zur Verfügung zu stellen (§ 44 Abs. 1 Satz 7 EStG). Kommen die Aktionäre ihrer Zahlungspflicht nicht nach, hat die AG dies dem für sie zuständigen Betriebsstättenfinanzamt (§ 44 Abs. 1 Satz 8 EStG) zur Vermeidung einer Haftung für die ausstehende Kapitalertragsteuer nach § 44 Abs. 5 EStG anzuzeigen.[313]

3. Umsatzsteuer

Die AG besteht auch nach ihrer Auflösung bis zu ihrer endgültigen Beendigung weiterhin als umsatzsteuerlicher Unternehmer iSv § 2 Abs. 1 UStG fort.[314] Entsprechend unterliegt sie mit ihren Umsätzen weiterhin der Umsatzsteuer bzw. bleibt weiterhin vorsteuerabzugsberechtigt. Hinsichtlich der Erklärungspflichten gelten die allgemeinen Regeln, dh es sind weiterhin monatliche bzw. vierteljährliche Umsatzsteuervoranmeldungen sowie die jährliche Umsatzsteuerjahreserklärungen abzugeben.

Mit der Versilberung ihres Vermögens erzielt die AG iRd Abwicklung Umsätze, die – sofern steuerbar und nicht steuerbefreit – der Umsatzsteuer unterliegen. Die Ausschüttung des dabei erzielten Barvermögens an die Aktionäre ist keine Leistung iSd Umsatzsteuer.[315] Erfolgt hingegen eine Sachauskehrung von nicht verwerteten Wirtschaftsgütern des Anlage- und Umlaufvermögens, für die die AG den Vorsteuerabzug geltend gemacht hat, ist insoweit eine umsatzsteuerbare bzw. -pflichtige Leistung gegeben.[316] Der Leistungsaustausch besteht in diesem Fall darin, dass die Aktionäre als Gegenleistung auf ihre Gesellschafterrechte in Form des gesetzlichen Anspruchs auf die Umsetzung des Restvermögens in Geld verzichten (§ 268 Abs. 1 AktG).

---

[311] Für ausländische Aktionäre besteht ggf. zudem die Möglichkeit der vollständigen oder partiellen Erstattung der Kapitalertragsteuer auf Basis eines Doppelbesteuerungsabkommens bzw. nach § 44a Abs. 9 EStG (s. Rn. 124, 128).
[312] Blümich/*Lindberg* EStG § 43b Rn. 12; Frotscher/*Storg* EStG § 43b Rn. 14.
[313] Schmidt/*Weber-Grellet* EStG § 44 Rn. 4.
[314] BFH V R 117/67, BStBl. II 1971, 540.
[315] Rau/Dürrwächter/*Nieskens* UStG § 1 Rn. 965.
[316] *Eller* SteuK 2012, 371; BestLex/*Leicht* Gesellschaftsauflösung Rn. 15.

II. Besteuerung der Aktionäre

1. Natürliche Personen

a) Inländischer Aktionär

117 Auskehrungen, die ein im Inland ansässiger, nicht „wesentlich" isd § 17 EStG[317] beteiligter Aktionär, der seine Aktien im Privatvermögen hält, iRd Abwicklung der AG bezieht, sind von ihm grundsätzlich als steuerpflichtige Kapitalerträge iSv § 20 Abs. 1 Nr. 2 EStG zu versteuern, soweit sie nicht als steuerfreie Kapitalrückzahlungen gelten, weil sie aus dem Nennkapital (§ 20 Abs. 1 Nr. 2 Satz 1 Hs. 1 EStG) oder aus dem steuerlichen Einlagekonto geleistet werden (§ 20 Abs. 1 Nr. 2 Satz 1 Hs. 2 iVm § 20 Abs. 1 Nr. 1 Satz 3 EStG, § 27 KStG).[318] Die Steuerfreistellung von Nennkapitalrückzahlungen gilt gleichwohl nicht uneingeschränkt. Sofern diese Beträge aus einer früheren Umwandlung von Gewinnrücklagen resultieren (§ 20 Abs. 1 Nr. 2 Satz 2 EStG iVm § 28 Abs. 2 Satz 2 und 4 KStG), klassifiziert auch die Rückzahlung von Nennkapital als Gewinnausschüttung bzw. steuerpflichtiger Ertrag iSv § 20 Abs. 1 Nr. 2 EStG.[319] Da die Abwicklung keine „Veräußerung" iSv § 20 Abs. 2 EStG darstellt, sind Kapitalrückzahlungen auch insoweit steuerfrei, als sie die Anschaffungskosten für die Anteile übersteigen.[320] Umgekehrt ist ein Abzug von Abwicklungsverlusten ausgeschlossen.[321]

118 Gemäß § 32d Abs. 1 EStG unterliegt der Abwicklungserlös, soweit er als steuerpflichtiger Kapitalertrag iSv § 20 Abs. 1 Nr. 2 EStG qualifiziert, auf Aktionärsebene dem gesonderten Tarif für Einkünfte aus Kapitalvermögen iHv 25 % zzgl. SolZ (und ggf. Kirchensteuer). Wurde bei Auskehrung der Abwicklungserlöse Kapitalertragsteuer einbehalten, ist die Einkommensteuer insoweit bereits mit dem Steuerabzug abgegolten (§ 43 Abs. 5 EStG).[322] Nur sofern die Einbeziehung der Kapitalerträge in das zu versteuernde Einkommen zu einem günstigeren Ergebnis führt und der Aktionär nach § 32d Abs. 6 EStG zur Veranlagung optiert, unterliegen die Kapitaleinkünfte der regulären Besteuerung mit dem normalen Tarif gemäß § 32a EStG zzgl. SolZ (und ggf. Kirchensteuer) unter Anrechnung der einbehaltenen Kapitalertragsteuer.[323]

119 Wenn der Aktionär entweder zu mindestens 25 % an der AG beteiligt ist oder zu mindestens 1 % an der AG beteiligt ist *und* durch seine berufliche Tätigkeit für diese maßgeblichen unternehmerischen Einfluss auf deren wirtschaftliche Tätigkeit nehmen kann, kann gemäß § 32d Abs. 2 Nr. 3 EStG auf Antrag alternativ eine Besteuerung nach den Grundsätzen des Teileinkünfteverfahrens (§§ 3 Nr. 40

---

[317] Eine „wesentliche" Beteiligung iSv § 17 EStG ist gegeben, sofern der Aktionär innerhalb der letzten fünf Jahre unmittelbar oder mittelbar zu mindestens 1 % an der AG beteiligt war.

[318] Frotscher/*Moritz/Strohm* EStG § 20 Rn. 130 ff. Sagasser/Bula/Brünger/*Abele* § 31 Rn. 222 f.

[319] Littmann/Bitz/Pust/*Schlotter* EStG § 20 Rn. 445; BMF 18.1.2016, BStBl. I 2016, 85 Rn. 63.

[320] Schnitger/Fehrenbacher/*Nitschke* KStG § 28 Rn. 69; Schmidt/*Weber-Grellet* EStG § 20 Rn. 69; Frotscher/Drüen/*Frotscher* KStG § 11 Rn. 81; BMF 22.12.2009, BStBl. I 2010, 94 Rn. 59.

[321] *Eller* SteuK 2013, 94.

[322] Frotscher/*Hoffmann* EStG § 43 Rn. 199.

[323] Blümich/*Werth* EStG § 32d Rn. 160–166.

D. Steuerliche Behandlung der Abwicklung   120–122   § 18

Buchst. e, 3c Abs. 2 EStG) zum regulären Tarif nach § 32a EStG zzgl. SolZ (und ggf. Kirchensteuer[324]) erfolgen. In diesem Fall wird die entrichtete Kapitalertragsteuer nach § 36 Abs. 2 Nr. 2 EStG auf die veranlagte Steuerschuld angerechnet.

Soweit ein inländischer Aktionär „wesentlich" isd § 17 EStG an der sich in **120** Abwicklung befindlichen AG beteiligt ist und er die Anteile im Privatvermögen hält, gelten bezüglich der als Kapitalerträge iSv § 20 Abs. 1 Nr. 2 EStG zu klassifizierenden Abwicklungserlöse die unter Rn. 118 und 119 gemachten Ausführungen entsprechend (§ 17 Abs. 4 Satz 3 EStG).[325] Im Unterschied zu nicht „wesentlich" beteiligten Aktionären iSd § 17 EStG gelten zudem auch Kapitalrückzahlungen iRd Abwicklung (s. Rn. 117) als Veräußerungserlös (§ 17 Abs. 4 EStG). Übersteigen die Kapitalrückzahlungen die Anschaffungskosten der Anteile bei Vorliegen einer „wesentlichen" Beteiligung iSd § 17 EStG, realisiert der Aktionärs folglich einen Veräußerungsgewinn iSv § 17 Abs. 1 EStG. Dieser unterliegt als Einkünfte aus Gewerbebetrieb unter Berücksichtigung der Freibetragsregelung des § 17 Abs. 3 EStG nach den Grundsätzen des Teileinkünfteverfahrens (§§ 3 Nr. 40 Buchst. c, 3c Abs. 2 EStG) einer Besteuerung zum regulären Tarif (§ 32a EStG) zzgl. SolZ (und ggf. Kirchensteuer[326]). Erleidet der Aktionär im Rahmen der Auflösung und Abwicklung der AG nach § 17 Abs. 4 EStG einen Auflösungsverlust, unterliegt dieser dem Teilabzugsverbot und zwar gem. § 3c Abs. 2 Satz 7 EStG auch dann, wenn der Anteilseigner aus der Beteiligung bislang keinerlei Einnahmen erzielt hat.[327]

Gehören die Aktien zu einem Betriebsvermögen, sind etwaige Abwicklungser- **121** löse – soweit sie als Kapitalerträge zu klassifizieren sind – auf Aktionärsebene den gewerblichen Einkünften gem. § 15 EStG iVm § 20 Abs. 8 EStG zuzuordnen. Sie unterliegen damit nach den Grundsätzen des Teileinkünfteverfahrens (§§ 3 Nr. 40 Buchst. e, 3c Abs. 2 EStG) dem normalen Steuersatz nach § 32a EStG zzgl. SolZ (und ggf. Kirchensteuer[328]).[329] Soweit die Abwicklungserlöse als Kapitalrückzahlungen (s. Rn. 117) qualifizieren, sind sie zunächst ergebnisneutral mit dem Buchwert der Beteiligung zu verrechnen. Weicht die Kapitalrückzahlung vom Buchwert der Beteiligung ab, entsteht zudem ein Veräußerungsgewinn oder -verlust, der nach §§ 3 Nr. 40 Buchst. a, 3c Abs. 2 EStG ebenfalls der Teileinkünftebesteuerung bzw. dem Teilabzugsverbot unterliegt.[330] Soweit bei der Auskehrung der Abwicklungserlöse Kapitalertragsteuer einbehalten wurde, ist diese auf die veranlagte Steuerschuld nach § 36 Abs. 2 Nr. 2 EStG anzurechnen.

Sofern der Abwicklungserlös auf Ebene des Aktionärs den Einkünften aus Ge- **122** werbebetrieb iSv § 15 EStG zuzuordnen ist, unterliegt dieser zudem der Gewerbesteuer, vorausgesetzt die darin enthaltenen Gewinnausschüttungen können nicht unter den Voraussetzungen des gewerbesteuerlichen Schachtelprivilegs gem. § 9 Abs. 2a GewStG aus dem Gewerbeertrag gekürzt werden. Soweit Gewerbesteuer

---

[324] Es sei darauf hingewiesen, dass die Abwicklungserlöse gem. § 51a Abs. 2 Satz 2 EStG in voller Höhe der Kirchensteuer unterliegen, dh das Teileinkünfteverfahren findet insoweit keine Berücksichtigung.
[325] Blümich/*Vogt* EStG § 17 Rn. 805; Littmann/Bitz/Pust/*Hörger* EStG § 17 Rn. 351f.; Frotscher/*Frotscher* EStG § 17 Rn. 322.
[326] Siehe auch Fn. 321.
[327] Schmidt/*Levedag* EStG § 3c Rn. 15.
[328] Siehe auch Fn. 321.
[329] *Eller* SteuK 2013, 93.
[330] Schnitger/Fehrenbacher/*Nitschke* KStG § 28 Rn. 67.

anfällt mindert sich jedoch die tarifliche Einkommensteuer des Aktionärs über das pauschalierte Anrechnungsverfahren nach § 35 EStG.[331]

b) Ausländischer Aktionär

123 Soweit ein im Ausland ansässiger Aktionär nicht „wesentlich" iSd § 17 EStG[332] an der abzuwickelnden AG beteiligt ist, unterliegt er in Deutschland mit etwaigen Erlösen aus der Abwicklung einer im Inland ansässigen AG, soweit es sich um Bezüge iSd § 20 Abs. 1 Nr. 2 EStG handelt, der beschränkten Steuerpflicht gem. § 49 Abs. 1 Nr. 5 Buchst. a EStG. Die Steuer in Höhe von 25 % zzgl. SolZ wird in diesem Fall per Steuerabzug an der Quelle mit abgeltender Wirkung erhoben. Die Möglichkeit, unter bestimmten Voraussetzungen zur Veranlagung zu optieren, besteht für ausländische Aktionäre im Unterschied zu inländischen Aktionären nicht (§ 50 Abs. 2 EStG).[333] Nach Maßgabe des jeweils anwendbaren Doppelbesteuerungsabkommens – insbesondere bei Erfüllung der dort genannten Beteiligungsvoraussetzungen – kann jedoch ggf. eine vollständige oder partielle Erstattung der einbehaltenen Kapitalertragsteuer zzgl. SolZ erfolgen, sofern nicht bereits aufgrund einer Freistellungsbescheinigung iSv § 50d Abs. 2 EStG des Aktionärs von einem Kapitalertragsteuereinbehalt abgesehen wurde (s. Rn. 113).[334] Soweit der Abwicklungserlös als Kapitalrückzahlung qualifiziert (s. Rn. 117), ist für ausländische Aktionäre auch bei Übersteigen der Anschaffungskosten seiner Anteile keine beschränkte Steuerpflicht im Inland gegeben.

124 Ist ein ausländischer Aktionär „wesentlich" iSd § 17 EStG an der AG beteiligt, gelten die unter Rn. 123 genannten Ausführungen bezüglich der in den Abwicklungserlösen erhaltenen Bezüge iSd § 20 Abs. 1 Nr. 2 EStG entsprechend (§§ 49 Abs. 1 Nr. 2 Buchst. e EStG iVm § 17 Abs. 4 Satz 3 EStG). Darüber hinaus besteht in diesem Fall eine beschränkte Steuerpflicht bezüglich der Kapitalrückzahlungen iRd der Abwicklung einer AG gem. §§ 49 Abs. 1 Nr. 2 Buchst. e EStG iVm § 17 Abs. 4 EStG.[335] Über- oder unterschreitet die Kapitalrückzahlung die Anschaffungskosten seiner Beteiligung entsteht folglich ein steuerpflichtiger Veräußerungsgewinn oder -verlust, der wie bei inländischen Aktionären im Grundsatz der Teileinkünftebesteuerung bzw. dem Teilabzugsverbot unterliegt. Besteht ein Doppelbesteuerungsabkommen, scheidet eine Besteuerung eines Veräußerungsgewinns iSv § 49 Abs. 1 Nr. 2 Buchst. e EStG iVm § 17 Abs. 4 EStG jedoch im Regelfall aus.[336]

125 Sofern ein im Ausland ansässiger Aktionär seine Aktien in einer deutschen Betriebsstätte hält, stellen die Abwicklungserlöse gewerbliche Einkünfte iSv § 49 Abs. 1 Nr. 2 Buchst. a EStG dar. In Folge dessen entfällt die Abgeltungswirkung des Steuerabzugs und es kommt zur Pflichtveranlagung (§ 50 Abs. 2 Satz 2 Nr. 1 Satz 1 EStG). Die Besteuerung folgt in diesem Fall den unter Rn. 121 und 122 dargestellten Grundsätzen.[337]

---

[331] Für die Zwecke der Kirchensteuer findet die pauschalierte Anrechnung der GewStG gem. § 35 EStG gleichwohl keine Beachtung (§ 51a Abs. 2 Satz 3 EStG).
[332] Siehe Fn. 317.
[333] Blümich/*Wied*/*Reimer* EStG § 50 Rn. 65; Frotscher/*Frotscher* EStG § 50 Rn. 92, 96.
[334] Vogel/Lehner/*Tischbirek*/*Specker* DBA Art. 10 Rn. 218.
[335] Frotscher/*Frotscher* EStG § 49 Rn. 165.
[336] Frotscher/*Frotscher* EStG § 49 Rn. 171; Vogel/Lehner/*Tischbirek*/*Specker* DBA Art. 10 Rn. 218.
[337] Abweichungen können sich jedoch ggf. in Folge der Gewinnabgrenzung zwischen Stammhaus und Betriebsstätte gem. § 1 Abs. 5 AStG bzw. aufgrund von DBA-Regelungen

D. Steuerliche Behandlung der Abwicklung 126–128 § 18

2. Kapitalgesellschaften

a) Inländischer Aktionär

Erhält eine im Inland ansässige Kapitalgesellschaft Abwicklungserlöse aus der 126
Abwicklung einer AG, unterliegen diese – soweit sie als steuerpflichtige Bezüge
iSd § 20 Abs. 1 Nr. 2 EStG qualifizieren – bei ihr prinzipiell dem normalen Körperschaftsteuertarif von 15 % zzgl. SolZ und Gewerbesteuer. Gemäß § 8b Abs. 1, 5
KStG, sind diese Bezüge jedoch zu effektiv 95 % von der Körperschaftsteuer befreit,
sofern eine Beteiligung von mindestens 10 % zu Beginn der Kalenderjahres gegeben
ist (§ 8b Abs. 4 KStG). Um zudem in den Genuss des gewerbesteuerlichen Schachtelprivilegs nach § 9 Abs. 2a GewStG zu kommen, ist eine Beteiligungsquote von 15 %
seit Beginn des Erhebungszeitraums erforderlich. Wurde bei der Auskehrung der
Abwicklungserlöse Kapitalertragsteuer einbehalten, ist diese nach § 36 Abs. 2 Nr. 2
EStG iVm § 31 Abs. 1 KStG auf die veranlagte Körperschaftsteuer anrechenbar.

Soweit iRd Abwicklung Kapitalrückzahlungen erfolgen (s. Rn. 117) und diese 127
den Buchwert der Beteiligung übersteigen, entsteht zudem ein steuerpflichtiger
Veräußerungsgewinn, der gemäß § 8b Abs. 2 Satz 3 iVm Abs. 3 KStG – unabhängig
von der Beteiligungsquote – zu effektiv 95 % von der Körperschaft- und Gewerbesteuer befreit ist.[338] Korrespondierend zur Steuerfreiheit von Veräußerungsgewinnen sind etwaige Auflösungsverluste gemäß § 8b Abs. 3 KStG steuerlich nicht
abzugsfähig.

b) Ausländischer Aktionär

Handelt es sich bei dem Aktionär um eine im Ausland ansässige Kapitalgesell- 128
schaft, die ihre Beteiligung an der abzuwickelnden AG nicht in einer inländischen
Betriebsstätte hält, ist diese mit etwaigen Abwicklungserlösen – soweit Bezüge iSd
§ 20 Abs. 1 Nr. 2 EStG gegeben sind – im Inland grundsätzlich beschränkt körperschaftsteuerpflichtig (§ 49 Abs. 1 Nr. 5 Buchst. a EStG iVm § 8 Abs. 1 Satz 1 KStG).
Gewerbesteuer fällt mangels eines inländischen Gewerbebetriebs nicht an. Anders
als bei inländischen Kapitalgesellschaften erfolgt keine Veranlagung. Stattdessen
hat die einbehaltene Kapitalertragsteuer abgeltende Wirkung (§ 32 Abs. 1 Nr. 2
KStG).[339] Selbst bei Erfüllung der Beteiligungserfordernisse wirkt sich die 95
prozentige Steuerfreistellung gemäß § 8b Abs. 1, 5 KStG folglich nicht aus. Sieht
das anzuwendende Doppelbesteuerungsabkommen einen niedrigeren Kapitalertragsteuersatz vor bzw. sind die Voraussetzungen des § 43b EStG (Mutter-Tochter-Richtlinie) bzw. des § 44a Abs. 9 EStG gegeben, kann jedoch vorbehaltlich
der Erfüllung der Voraussetzungen des § 50d Abs. 3 EStG eine vollständige oder
partielle Erstattung der einbehaltenen Kapitalertragsteuer erfolgen, sofern nicht
bereits eine Freistellung vom Kapitalertragsteuerabzug nach § 50d Abs. 2 EStG
gegeben ist (s. Rn. 113).[340]

---

ergeben; s. zur Gewinnabgrenzung zw. Stammhaus und Betriebsstätte Blümich/*Wied*/*Reimer*
EStG § 50 Rn. 68, § 49 Rn. 74 ff.
[338] BMF 28.4.2003, BStBl. I 2003, 292; kritisch hierzu DPM/*Pung* KStG § 8b Rn. 137,
Gosch/*Gosch* KStG § 8b Rn. 106 f.
[339] Frotscher/Drüen/*Frotscher* KStG § 32 Rn. 8; Gosch/*Gosch* KStG § 8b Rn. 62; *Kessler*/
Kröner/*Köhler* Konzernsteuerrecht § 3 Rn. 27.
[340] Gosch/*Gosch* KStG § 8b Rn. 62.

129 Soweit es sich bei den Abwicklungserlösen um Kapitalrückzahlungen handelt (s. Rn. 117), unterliegen im Ausland ansässige Kapitalgesellschaften im Inland nur dann der beschränkten Körperschaftsteuerpflicht gem. § 49 Abs. 1 Nr. 2 Buchst. e EStG, wenn eine „wesentliche" Beteiligung iSd § 17 EStG gegeben ist. Aufgrund des Beteiligungsprivilegs des § 8b Abs. 2 Satz 3 KStG ist ein möglicher Veräußerungsgewinn bei Übersteigen des Buchwertes jedoch zu 100 % von der Besteuerung befreit, sofern die empfangende Kapitalgesellschaft im Inland nicht über eine Betriebsstätte oder ständigen Vertreter verfügt; die Fiktion nichtabziehbarer Betriebsausgaben nach Maßgabe von § 8b Abs. 3 Satz 1 KStG geht in diesem Fall folglich ins Leere.[341] Korrespondierend dazu sind Veräußerungsverluste nach § 8b Abs. 3 KStG im Inland nicht abzugsfähig.

130 Werden die Aktien von einer ausländische Kapitalgesellschaft über eine inländische Betriebsstätte oder eine gewerblich tätige bzw. geprägte Personengesellschaft gehalten, entfällt die Abgeltungswirkung der Kapitalertragsteuer (§ 32 Abs. 1 Satz 1 Nr. 2 KStG). Bei Vorliegen der Beteiligungserfordernisse ist folglich wie bei inländischen Kapitalgesellschaften eine 95-prozentige Steuerfreistellung der Abwicklungserlöse iSv § 20 Abs. 1 Nr. 2 EStG nach § 8b Abs. 1 KStG möglich. Die Erträge unterliegen in diesem Fall allerdings zudem der Gewerbesteuer. Bei Erfüllung des gewerbesteuerlichen Schachtelprivilegs gemäß § 9 Abs. 2a GewStG erfolgt jedoch auch hier die 95-prozentige Freistellung der entsprechenden Bezüge. Soweit bei der Auskehrung der Abwicklungserlöse Kapitalertragsteuer einbehalten wurde, ist diese nach § 36 Abs. 2 Nr. 2 EStG iVm § 31 Abs. 1 KStG auf die veranlagte Körperschaftsteuer anrechenbar.

131 Erfolgen iRd Abwicklung Kapitalrückzahlungen an eine ausländische Kapitalgesellschaft, die ihre Aktien an der abzuwickelnden AG über eine inländische Betriebsstätte oder eine gewerblich tätige bzw. geprägte Personengesellschaft hält, und übersteigen diese den Buchwert der Beteiligung, kann zudem ein Veräußerungsgewinn entstehen, der der beschränkten Steuerpflicht unterliegt (§ 49 Abs. 1 Nr. 2 Buchst. a EStG). Wie bei inländischen Kapitalgesellschaften sollte dieser jedoch gemäß § 8b Abs. 2 Satz 3 iVm Abs. 3 KStG – unabhängig von der Beteiligungsquote – zu effektiv 95 % von der Körperschaft- und Gewerbesteuer befreit sein. Korrespondierend zur Steuerfreiheit von Veräußerungsgewinnen, sind etwaige Auflösungsverluste gemäß § 8b Abs. 3 KStG steuerlich nicht abzugsfähig.

---

[341] BFH I R 37/15, BStBl. II 2018, 144.

§ 19 Die Europäische Aktiengesellschaft (SE)

Bearbeiter: Dr. Jan C. Giedinghagen, LL.M. (Boston)

Übersicht

	Rn.
A. Allgemeines	1–11
I. Übergeordnete Ziele der SE	4–6
II. Historische Entwicklung	7–11
B. Vor- und Nachteile der SE	12–17
I. Vorteile der SE	16
II. Nachteile der SE	17
C. Ermächtigungsgrundlage und Rechtsgrundlagen der SE	18–35
I. Ermächtigungsgrundlage der SE-VO und SE-RL	18–20
II. Die zentralen Rechtsgrundlagen der SE	21–34
1. SE-VO und SEAG	21–30
a) SE-VO	21–28
aa) Zeitraum bis zur wirksamen SE-Gründung	24, 25
bb) Zeitraum nach wirksamer SE-Gründung	26–28
b) SEAG	29, 30
2. SE-RL und SEBG	31–35
a) SE-RL	31–33
b) SEBG	34, 35
D. Gründung der SE	36–101
I. Allgemeines	36–43
1. Anwendbare Vorschriften	36
2. Gründungsberechtigung	37–43
a) Grundlegende Voraussetzungen	37–41
b) Sinn und Zweck	42, 43
II. Gründungsformen und Gründungsverfahren	44–80
1. SE-Gründung durch Verschmelzung	44–54
a) Gründungsform gem. Art. 2 Abs. 1 SE-VO	44–47
b) Gründungsverfahren gem. Art. 17 ff. SE-VO	48–54
aa) Anwendbare Vorschriften	48
bb) Ablauf des Verfahrens	49–51
cc) Schutz der Gläubiger und Minderheitsaktionäre	52–54
2. Gründung einer Holding-SE	55–65
a) Gründungsform gem. Art. 2 Abs. 2 SE-VO	55–57
b) Gründungsverfahren gem. Art. 32 ff. SE-VO	58–65
aa) Anwendbare Vorschriften	58
bb) Ablauf des Verfahrens	59–62
cc) Schutz der Gläubiger und Minderheitsgesellschafter	63–65
3. Gründung einer Tochter-SE	66–70
a) Gründungsform gem. Art. 2 Abs. 3 SE-VO	66, 67
b) Gründungsverfahren	68–70
aa) Anwendbare Vorschriften	68
bb) Ablauf des Verfahrens	69, 70

4.	Gründung einer SE im Wege eines Formwechsels	71–77
	a) Gründungsform gem. Art. 2 Abs. 4 SE-VO	71–73
	b) Gründungsverfahren gem. Art. 37 SE-VO	74–77
	aa) Anwendbare Vorschriften	74
	bb) Ablauf des Verfahrens	75–77
5.	Gründung einer Tochter-SE durch bestehende SE....	78–80
	a) Gründungsform gem. Art. 3 Abs. 2 SE-VO	78, 79
	b) Gründungsverfahren........................	80
III. Abweichende Gestaltungsmöglichkeiten		81–86
IV. Sonstige Gründungs- und Eintragungsvoraussetzungen ...		87–101
1. Mindestkapital sowie Kapital und Aktien (Art. 4 und 5 SE-VO).................................		87, 88
2. Gründungsurkunde (Art. 6 SE-VO)		89, 90
3. Sitz (Art. 7 und 8 SE-VO)		91–96
	a) Sitz und Hauptverwaltung (Art. 7 SE-VO)	91–95
	b) Grenzüberschreitende Sitzverlegung (Art. 8 SE-VO)...............................	96
4. Firma (Art. 11 SE-VO) und Unternehmensgegenstand		97, 98
5. Eintragung (Art. 12 SE-VO)		99–101

E. Aufbau der SE (innere Organisation und Verfassung) ... 102–142
  I. Management/Verwaltungsorgan 102–139
    1. Dualistisches System 104–118
      a) Leitungsorgan 106–111
        aa) Zahl der Mitglieder 106
        bb) Dauer und Bestellung 107, 107a
        cc) Grundsatz der Inkompatibilität 108
        dd) Abberufung........................... 109
        ee) Geschäftsführung 110, 110a
        ff) Verschwiegenheitspflicht 111
      b) Aufsichtsorgan........................... 112–118
        aa) Zahl der Mitglieder 112, 113
        bb) Bestellung 114
        cc) Abberufung........................... 115
        dd) Aufgaben des Aufsichtsorgans 116
        ee) Zustimmungsbedürftige Geschäfte 117
        ff) Vorsitzender 118
    2. Monistisches System 119–139
      a) Verwaltungsrat............................ 121–132
        aa) Zahl der Mitglieder 121–121b
        bb) Bestellung 122, 123
        cc) Abberufung........................... 124
        dd) Aufgabenbereich....................... 125–129
        ee) Vorsitzender 130
        ff) Verschwiegenheitspflicht 131
        gg) Vorschriften des AktG für den Aufsichtsrat .. 132
      b) Geschäftsführende Direktoren 133–139
        aa) Bestellung 134–136
        bb) Abberufung........................... 137
        cc) Aufgaben 138
        dd) Weisungen............................ 139
  II. Hauptversammlung............................... 140–142

Schrifttum § 19

F. **Arbeitnehmerbeteiligung in der SE** 143–181
   I. Ziele der SE-RL und des SEBG 144–148
  II. Geltungsbereich des SEBG 149, 150
 III. Regelungssystem des SEBG 151–181
     1. Beteiligung der Arbeitnehmer kraft autonomer
        Vereinbarung, § 21 SEBG 156–159
        a) Mindestanforderungen an den Inhalt der
           Vereinbarung zur Sicherung der Rechte der
           Arbeitnehmer auf Unterrichtung und Anhörung,
           § 21 Abs. 1 SEBG 156
        b) Mindestanforderungen an den Inhalt der
           Vereinbarung zur Sicherung der Rechte der
           Arbeitnehmer auf Mitbestimmung, § 21 Abs. 3
           SEBG 157
        c) Sonstige Regelungsmöglichkeiten 158, 159
     2. Beteiligung der Arbeitnehmer kraft Gesetzes,
        §§ 22–38 SEBG 160–175
        a) SE-Betriebsrat kraft Gesetzes, §§ 22–33 SEBG ... 161–166
        b) Mitbestimmung kraft Gesetzes, §§ 34–38 SEBG . 167–175
          aa) Besondere Voraussetzungen des § 34 SEBG .. 168–171
          bb) Umfang der Mitbestimmung gem. § 35 SEBG 172, 173
          cc) Rechtsstellung und innere Ordnung gem.
             § 38 SEBG 174, 175
     3. Grundsätze der Zusammenarbeit und Schutzvor-
        schriften, §§ 40ff. SEBG 176–181

Schrifttum: *Bachmann* Der Verwaltungsrat der monistischen SE, ZGR 2008, 779 ff.; *Baums* Aktuelle Entwicklungen im Europäischen Gesellschaftsrecht, AG 2007, 57 ff.; *Bayer/Schmidt* „Going European continues" – die Zahl der SE steigt weiter, AG-Report 2008, R 31 f.; *Blancke* Europäische Aktiengesellschaft ohne Arbeitnehmerbeteiligung?, ZIP 2006, 789 ff.; *Blanquet* Das Statut der Europäischen Aktiengesellschaft (Societas Europaea SE) Ein Gemeinschaftsinstrument für die grenzübergreifende Zusammenarbeit im Dienste der Unternehmen, ZGR 2002, 20 ff.; *Brandt* Ein Überblick über die Europäische Aktiengesellschaft (SE) in Deutschland, BB 2005, 1 ff.; *Bungert/Gotsche* Die deutsche Rechtsprechung zur SE, ZIP 2013, 649 ff.; *Bungert/Leyendecker* Hauptversammlungen im Ausland, BB 2015, 268 ff.; *Casper* Numerus Clausus und Mehrstaatlichkeit bei der SE-Gründung, AG 2007, 96 ff.; *ders.* Die Vor-SE – nationale oder europäische Vorgesellschaft?, Der Konzern 2007, 244 ff.; *DAV* Stellungnahme zum Diskussionsentwurf eines Gesetzes zur Ausführung der Verordnung (EG) Nr. 2157/2001 des Rates vom 8.1.2001 über das Statut der Europäischen Gesellschaft (SE), NZG 2004, 75 ff.; *ders.* Handelsrechtsausschuss des Deutschen Anwaltvereins: Stellungnahme zu dem Regierungsentwurf eines Gesetzes zur Einführung der Europäischen Gesellschaft (SEEG), NZG 2004, 957 ff.; *Deilmann/Häferer* Kein Schutz des Status Quo bei der Gründung der dualistischen SE durch Umwandlung, NZA 2017, 607 ff.; *Drees* Die Gründung der europäischen Aktiengesellschaft (SE) in Deutschland und ihre rechtliche Behandlung vor Eintragung, Hamburg 2006; *Eidenmüller* Mobilität und Restrukturierung von Unternehmen im Binnenmarkt Entwicklungsperspektiven des europäischen Gesellschaftsrechts im Schnittfeld von Gemeinschaftsgesetzgeber und EuGH, JZ 2004, 24 ff.; *Eidenmüller/Engert/Hornuf* Vom Wert der Wahlfreiheit: Eine empirische Analyse der Societas Europaea als Rechtsformalternative AG 2009, 845 ff.; *dies.* Die Societas Europaea: Empirische Bestandsaufnahme und Entwicklungslinien einer neuen Rechtsform, AG 2008, 721 ff.; *Enriques* Schweigen ist Gold: Die Europäische Aktiengesellschaft als Katalysator für regulative Arbitrage im Gesellschaftsrecht, ZGR 2004, 735 ff.; *Fleischer* Der Einfluß der Societas Europaea auf die Dogmatik des deutschen Gesellschaftsrechts, AcP 204 (2004), 502 ff.; *Förster/Lange* Grenzüberschreitende Sitzverlegung der Europäischen Aktiengesellschaft aus ertragsteuerlicher Sicht, RIW 2002, 585 ff.; *Giedinghagen* Die Europäische Privatgesellschaft – eine Alternative zur GmbH?,

§ 19 Die Europäische Aktiengesellschaft (SE)

NJW-Spezial 2008, 751 f.; *Giedinghagen/Angelé* EuGH-Vorlage zur Beteiligung ausländischer Arbeitnehmer an Aufsichtsratswahl („TUI"), Anmerkung zu KG Beschluss v. 16.10.2015 – 14 W 89/15 EWiR 2015, 761 f.; *Giedinghagen/Kempermann* Unternehmerische Mitbestimmung: Berücksichtigung auch von Arbeitnehmern im Ausland? GmbHR 2015, R 161 f.; *Giedinghagen/Rubner* Anmerkung zu OLG Düsseldorf 30. 3. 2009 – I-3 Wx 248/08 (Eintragung einer arbeitnehmerlosen SE), EWiR 2009, 489 f.; *Grobe* Die Geschlechterquote für Aufsichtsrat und Vorstand, AG 2015, 289 ff.; *Grobys* SE-Betriebsrat und Mitbestimmung in der Europäischen Gesellschaft, NZA 2005 84 ff.; *Habersack* Schranken der Mitbestimmungsautonomie in der SE AG 2006, 345 ff.; *Habersack* Wandlungen des Aktienrechts, AG 2009, 1 ff.; *Habersack* Aufsichtsrat und Prüfungsausschuss nach dem BilMoG, AG 2008, 98 ff.; *Haider-Giangreco/Polte* Die SE als Rechtsform für den Mittelstand, BB 2014, 2947 ff.; *Heinze/Seifert/Teichmann* Verhandlungssache: Arbeitnehmerbeteiligung in der SE, BB 2005, 2524 ff.; *Heuschmid/Schmidt* Die Europäische Aktiengesellschaft – auf dem Weg in die Karibik?, NZG 2007, 54 ff.; *Hirte* Die Europäische Akteingesellschaft – ein Überblick nach In-Kraft-Treten der deutschen Ausführungsgesetze (Teil I), DStR 2005, 653 ff.; *Hirte* Die Europäische Aktiengesellschaft, NZG 2002, 1 ff.; *Hommelhoff* Einige Bemerkungen zur Organisationsverfassung der Europäischen Aktiengesellschaft, AG 2001, 279 ff.; *Hommelhoff/Helms* Neue Wege in die Europäische Privatgesellschaft 2001, 1 ff.; *Hommelhoff/Teichmann* Auf dem Weg zur Europäischen Privatgesellschaft (SPE), DStR 2008, 925 ff.; *dies.* Eine GmbH für Europa: Der Vorschlag der EU-Kommission zur Societas Privata Europaea (SPE), GmbHR 2008, 897 ff.; *Hopt* Europäisches Gesellschaftsrecht – Krise und neue Anläufe, ZIP 1998, 96 ff.; *Horn* Die Europa-AG im Kontext des deutschen und europäischen Gesellschaftsrechts, DB 2005, 147 ff.; *Jung* Societas Unius Personae (SUP) – Der neue Konzernbaustein, GmbHR 2014, 579 ff.; *Kallmeyer* Europa-AG – Strategische Optionen für deutsche Unternehmen, AG 2003, 197 ff.; *Kallmeyer* Das monistische System in der SE mit Sitz in Deutschland, ZIP 2003, 1531 ff.; *Kalss* Der Minderheitenschutz bei Gründung und Sitzverlegung der SE nach dem Diskussionsentwurf, ZGR 2003, 593 ff.; *Kleinherz/Leyendecker-Langner* Ämterkontinuität bei der Umwandlung in eine dualistisch verfasste SE, AG 2013, 507 ff.; *Knittel/Eble* Bilanzielle Auswirkungen der Sitzverlegung einer Europäischen Aktiengesellschaft, BB 2008, 2283 ff.; *Kort* Corporate Governance – Fragen der Größe und Zusammensetzung des Aufsichtsrats bei AG, GmbH und SE, AG 2008, 137 ff.; *Köstler* Die Beteiligung der Arbeitnehmer in der Europäischen Aktiengesellschaft nach den deutschen Umsetzungsgesetzen, DStR 2005, 745 ff.; *Krebs* Grenzüberschreitender Formwechsel nach Deutschland – Einordnung, Voraussetzungen und Praxisfolgen, GWR 2014, 144 ff.; *Kuck/Weiss* Der Initiativbericht des Europäischen Parlaments für eine Europäische Privatgesellschaft, Der Konzern 2007, 498 ff.; *Lange* Grenzüberschreitende Konstruktionen von Europäischen Aktiengesellschaften, Berlin 2015; *Leuering* Von Scheinauslandsgesellschaften hin zu „Gesellschaften mit Migrationshintergrund", ZRP 2008, 73 ff.; *Louven/Ernst* Praxisrelevante Rechtsfragen im Zusammenhang mit der Umwandlung einer Aktiengesellschaft in eine Europäische Aktiengesellschaft (SE), BB 2014, 323 ff.; *Lutter/Hommelhoff* Die europäische Gesellschaft, 2005; *Marsch-Barner,* in: Liber amicorum Wilhelm Happ, 2006; *Maul/Röhricht* Die Europäische Privatgesellschaft – Überblick über eine neue supranationale Rechtsform, BB 2008, 1574 ff.; *Mense/Klie* Update zur Frauenquote – Wie die Besetzungsziele für Aufsichtsrat, Geschäftsleitung und Führungsebenen in der Praxis umzusetzen sind, GWR 2015, 441; *Merkt* Die monistische Unternehmensverfassung der SE im deutschen Recht, ZGR 2003, 650 ff.; *Monti* Statut der Europäischen Aktiengesellschaft, WM 1997, 607 ff.; *Mutter/Götze* Gedanken zur Corporate Governance des Vorstandes in SE und AG, AG 2007, R 291 f.; *Nagel* Ist die Europäische Aktiengesellschaft (SE) attraktiv, DB 2004, 1299 ff.; *Neye/Teichmann* Der Entwurf für das Ausführungsgesetz zur Europäischen Aktiengesellschaft, AG 2003, 169, 179; *Oechsler* Die Sitzverlegung der Europäischen Aktiengesellschaft nach Art. 8 SE-VO, AG 2005, 373 ff.; *Oetker* Unternehmensmitbestimmung in der SE kraft Vereinbarung, ZIP 2006, 1116 ff.; *Redeker* Die SE und ihr Erfolg in der Praxis – eine Zwischenbilanz, AG 2006, R 343 ff.; *Reichert* Die SE als Gestaltungsinstrument für grenzüberschreitende Umstrukturierungen, Der Konzern 2006, 821 ff.; *Reinhard* Zur Frage, ob die Handelsregistereintragung einer arbeitnehmerlosen Europäischen (Tochter-)Aktiengesellschaft zwingend eine Vereinbarung über die Arbeitnehmerbeteiligung voraussetzt, RIW

2006, 68 ff.; *Ries* Societas Unius Personae – cui bono?, NZG 2014, 569 ff.; *Ringe* Die Sitzverlegung der Europäischen Aktiengesellschaft, Tübingen 2006; *Rockstroh* Verwaltungsrat und geschäftsführende Direktoren in der monistisch strukturierten Societas Europaea, BB 2012, 1620 ff.; *Roesener* Das Warten auf Aktion: Der Aktionsplan zum Europäischen Gesellschaftsrecht und die Societas Privata Europaea, NZG 2013, 241 ff.; *Rödder* Grundfragen der Besteuerung der Europäischen Aktiengesellschaft, Der Konzern 2003, 522; *Rödder* Gründung und Sitzverlegung der Europäischen Aktiengesellschaft (SE), DStR 2005, 893 ff.; *Rödder/Schumacher* Das kommende SEStEG Teil I: Die geplanten Änderungen des EStG, KStG und AStG – Der Regierungsentwurf eines Gesetzes über steuerliche Begleitmaßnahmen zur Einführung der Europäischen Gesellschaft und zur Änderung weiterer steuerrechtlicher Vorschriften, DStR 2006, 1481 ff.; *Rödder/Schumacher* Das kommende SEStEG Teil II: Das geplante neue Umwandlungssteuergesetz – Der Regierungsentwurf eines Gesetzes über steuerliche Begleitmaßnahmen zur Einführung der Europäischen Gesellschaft und zur Änderung weiterer steuerrechtlicher Vorschriften, DStR 2006, 1525 ff.; *Rödder/Schumacher* Das SEStEG – Überblick über die endgültige Fassung und die Änderungen gegenüber dem Regierungsentwurf, DStR 2007, 369 ff.; *Sanders* Vorentwurf eines Statuts für eine Europäische Aktiengesellschaft, AG 1967, 344; *Sanders* Vorentwurf eines Statuts für Europäische Aktiengesellschaften, in: Kommission der Europäischen Gemeinschaften, Kollektion Studien, Reihe Wettbewerb Nr. 6, Brüssel 1967; *Schaumburg* in: FS für Franz Wassermeyer zum 65. Geburtstag, 2005, 411 ff.; *Scheifele* Die Gründung einer Europäischen Aktiengesellschaft (SE) Frankfurt 2004; *Schlösser* Europäische Aktiengesellschaft und deutsches Strafrecht, NZG 2008, 126 ff.; *Schroeter* Vinkulierte Namensaktien in der Europäischen Aktiengesellschaft (SE), AG 2007, 854 ff.; *Schubert* Die Arbeitnehmerbeteiligung bei der Gründung einer SE durch Verschmelzung unter Beteiligung arbeitnehmerloser Aktiengesellschaften, RdA 2012, 146 ff.; *Schuberth/von der Höh* Zehn Jahre „deutsche" SE – Eine Bestandsaufnahme, AG 2014, 439 ff.; *Schulz/Geismar* Die Europäische Aktiengesellschaft, DStR 2001, 1078 ff.; *Schuster/Pitz* Kredit- und Finanzdienstleistungsinstitute als monistische Societas Europaea, ZBB 2017, 76 ff.; *Schwarz* Zum Statut der Europäischen Aktiengesellschaft, ZIP 2001, 1847 ff.; *Seibt* Größe und Zusammensetzung des Aufsichtsrats in der SE, ZIP 2010, 1057 ff.; *Seibt* Arbeitnehmerlose Societas Europaea, ZIP 2005, 2248 ff.; *Simon/Rubner* Die Umsetzung der Richtlinie über grenzüberschreitende Verschmelzungen ins deutsche Recht, Der Konzern 2006, 835 ff.; *Stöber* Die Gründung einer Holding-SE, AG 2013, 110 ff.; *Teichmann* Bestandsschutz für die Mitbestimmung bei Umwandlung in eine SE, ZIP 2014, 1049 ff.; *Teichmann* Fortschritte bei der Europäischen Aktiengesellschaft. Fachtagung der EU-Kommission zu den wesentlichen Regelungsfragen, GmbHR 2008, R 113 f.; *Teichmann* Die Einführung der Europäischen Aktiengesellschaft, ZGR 2002, 383 ff.; *Teichmann/Rüb* Der Regierungsentwurf zur Geschlechterquote in Aufsichtsrat und Vorstand, BB 2015, 259 ff.; *Thamm* Die Organisationsautonomie der monistischen Societas Europaea bezüglich ihrer geschäftsführenden Direktoren, NZG 2008, 132 ff.; *Thibièrge* Le Statut des sociétés étrangères, in: 57ème Congrès des notaires de France tenu à Tours 1959, Paris 1959, 270 ff., 360 ff.; *Thoma/Leuering* Die Europäische Aktiengesellschaft – Societas Europaea, NJW 2002, 1449 ff.; *Velte* Corporate Governance in der monistischen Societas Europaea, WM 2010 1635 ff.; *Von der Höh* Der „Kettenformwechsel" in die SE, AG 2018, 185 ff.; *Vossius* Gründung und Umwandlung der deutschen Europäischen Gesellschaft (SE) ZIP 2005, 741 ff.; *Wagner* Die Bestimmung des auf die SE anwendbaren Rechts, NZG 2002, 985 ff.; *Wicke* Societas Unius Personae – SUP: eine äußerst wackelige Angelegenheit, ZIP 2014, 1414 ff.; *Wenz* Einsatzmöglichkeiten einer Europäischen Aktiengesellschaft in der Unternehmenspraxis aus betriebswirtschaftlicher Sicht, AG 2003, 185 ff.; *Wiesner* Die grenzüberschreitende Verschmelzung und der neue Mitbestimmungskompromiss, DB 2005, 91 ff.; *Winter* Planung und Vorbereitung einer grenzüberschreitenden Verschmelzung, Der Konzern 2007, 24 ff.; *Wymeersch* The Transfer of the Company's Seat in European Company Law, CMLR 2003, 661, 693; *Ziemons* Freie Bahn für den Umzug von Gesellschaften nach Inspire Art?!, ZIP 2003, 1913 ff.; *Zwirner/Boecker* Wandlungsbedarf für Aufsichtsräte – Zusammensetzung eines Prüfungsausschusses, DB 2008, 2781 ff.

A. Allgemeines

1 Ein gutes halbes Jahrhundert nach den ersten Beratungen über die Rechtsform einer Europäischen Aktiengesellschaft (SE) ist die SE den Kinderschuhen entwachsen und hat mittlerweile ihren eigenständigen Platz im Konzert der nationalen und supranationalen Gesellschaftsformen innerhalb Europas gefestigt. Darüber hinaus hat sie sich nach anfänglichen Startschwierigkeiten inzwischen insbesondere auch in Deutschland etabliert, zunächst infolge ihrer Adoption durch deutsche Großkonzerne und zuletzt verstärkt durch mittelständische Unternehmen.[1]

2 Seit der formellen Verabschiedung der notwendigen Rechtsgrundlagen für die SE – der Verordnung über das Statut der Europäischen Gesellschaft (SE-VO)[2] und der Richtlinie zur Ergänzung des Statuts der Europäischen Gesellschaft hinsichtlich der Beteiligung der Arbeitnehmer (SE-RL)[3] – und deren Inkrafttreten zum 8.10.2004[4] gibt es seit gut zehn Jahren neben der personalistisch geprägten, ersten europaweit geschaffenen supranationalen Gesellschaftsform, der Europäischen Wirtschaftlichen Interessenvereinigung (EWIV),[5] und der Europäischen Genossenschaft (SCE), deren Hauptzweck darin liegt, den Bedarf ihrer Mitglieder zu decken oder deren wirtschaftliche oder soziale Tätigkeiten zu fördern (Art. 1 Abs. 3 SCE-VO),[6] die Grundlagen zur Errichtung einer körperschaftlich organisierten, supranationalen Kapitalgesellschaft innerhalb Europas. Die zwischenzeitlich ebenfalls diskutierte Europäische Privatgesellschaft (SPE) kommt nicht mehr als europäische Alternative in Betracht.[7]

---

[1] Einen guten Überblick über sämtliche (offiziell) geplante, vollzogene sowie gescheiterte SE-Gründungen auf europäischer Ebene, einschließlich derer in Deutschland, vermittelt die Internetseite http://www.ecdb.worker-participation.eu. Mit Stand 29.3.2018 waren danach europaweit 3004 europäische Aktiengesellschaften registriert. Vgl. *Schuberth/von der Höh* AG 2014, 439 mit einer (statistischen) Bestandsaufnahme zu den „deutschen" SE-Gesellschaften nach knapp zehn Jahren. Zur Anwendung der SE als Rechtsform für den Mittelstand s. *Haider-Giangreco/Polte* BB 2014, 2947. Kritisch zur Eignung der SE für mittelständische Unternehmen MünchKomm. AktG/Bd. 7/*Oechsler/Mihaylova* SE-VO Vor Art. 1 Rn. 13.

[2] Verordnung (EG) Nr. 2157/2001 des Rates v. 8.10.2001 über das Statut der Europäischen Gesellschaft (SE), ABl. EG L 294 v. 10.11.2001, 1.

[3] Richtlinie 2001/86 EG des Rates v. 8.10.2001 zur Ergänzung des Statuts der Europäischen Gesellschaft hinsichtlich der Beteiligung der Arbeitnehmer (SE-RL), ABl. EG L 294 v. 10.11.2001, 22.

[4] Vgl. Art. 70 SE-VO bzw. Art. 14 SE-RL. Die SE-RL ist in Deutschland auf Grundlage des in Art. 2 des Gesetzes zur Einführung der Europäischen Gesellschaft (SEEG), BT-Drs. 15/3405, geregelten und erst zum 22.11.2004 verabschiedeten sowie am 29.12.2004 in Kraft getretenen Gesetzes über die Beteiligung der Arbeitnehmer in einer Europäischen Gesellschaft (SEBG) verspätet in nationales Recht umgesetzt worden, vgl. BGBl. 2004 I 3675 (3686); *Köstler* DStR 2005, 745.

[5] EWIV-Verordnung (EWG) Nr. 2137/85 des Rates v. 25.7.1985, ABl. EG L 199 v. 31.7.1985, 1 ff.

[6] SCE-Verordnung (EG) Nr. 1435/2003 des Rates v. 22.7.2003, ABl. EG L 207 v. 18.8.2003, 1 ff.

[7] Zur Nichtweiterverfolgung der Gesellschaftsform einer Europäischen Privatgesellschaft vgl. *Europäische Kommission* Effizienz und Leistungsfähigkeit der Rechtsetzung (REFIT): Ergebnisse und Ausblick – Anhang, COM(2013) 685 final, S. 10 sowie *Hommelhoff/Teichmann* GmbHR 2014, 177 und *Roesener* NZG 2013, 241; zu dem von der Europäischen Kommission am 9.4.2014 veröffentlichten Richtlinienvorschlag zur Harmonisierung von Einperso-

A. Allgemeines 3, 4 § 19

Wesensprägende Merkmale der supranationalen SE sind der **Numerus Clausus** 3
ihrer Gründungsformen nebst dem in diesem Zusammenhang zu beachtenden
Grundsatz der Mehrstaatlichkeit, die Möglichkeit ihrer **identitätswahrenden, grenzüberschreitenden Sitzverlegung**, die **Wahlfreiheit** hinsichtlich der
Ausgestaltung ihrer inneren Organisation (dualistisches oder monistisches System)
sowie die vom europäischen Gesetzgeber eingeräumte Flexibilität hinsichtlich der
Ausgestaltung der **Arbeitnehmerbeteiligung**.[8]

I. Übergeordnete Ziele der SE

Ausweislich der **SE-VO** soll die Einführung der SE dazu beitragen, den Binnenmarkt zu verwirklichen und damit die wirtschaftliche und soziale Lage in 4
der gesamten Gemeinschaft durch eine gemeinschaftsweite Reorganisation der
Produktionsfaktoren zu verbessern (Erwägungsgrund Nr. 1 der SE-VO).[9] Der europäische Gesetzgeber sieht in ihr ein Instrument, das Wirtschaftspotenzial bereits bestehender Unternehmen mehrerer Mitgliedstaaten durch Konzentrations-
und Fusionsmaßnahmen zusammenfassen zu können (Erwägungsgrund Nr. 2 der
SE-VO). Mit ihr sollen rechtliche, steuerliche und auch psychologische Schwierigkeiten grenzüberschreitender Umstrukturierungs- und Kooperationsmaßnahmen
von Unternehmen verschiedener Mitgliedstaaten aufgrund eines vereinheitlichten
rechtlichen Rahmens vereinfacht werden (Erwägungsgrund Nr. 3 und Nr. 4 der
SE-VO). Hierzu soll insb. auch die Möglichkeit zur (grenzüberschreitenden) Sitzverlegung beitragen (Erwägungsgrund Nr. 24 der SE-VO).[10] Nicht zuletzt ist mit

---

nen-Gesellschaften mit beschränkter Haftung (sog. Societas Unius Personae (SUP)) s. *Jung*
GmbHR 2014, 579; *Ries* NZG 2014, 569 und *Wicke* ZIP 2014, 1414.
[8] Im weiteren Verlauf bleiben Ausführungen zu steuer- und bilanzrechtlichen, insolvenzrechtlichen und konzernrechtlichen Aspekten außer Betracht. Zur Nichterstreckung
der Vorschriften der SE-VO auf Rechtsgebiete wie das Steuerrecht, das Wettbewerbsrecht,
den gewerblichen Rechtsschutz und das Insolvenzrecht vgl. Erwägungsgrund Nr. 20 der
SE-VO. Zu bilanzrechtlichen Fragestellungen s. etwa van Hulle/Maul/Drinhausen/*Laufermann* Abschn. 10 Rn. 1 ff.; Lutter/Hommelhoff/Teichmann/*Kleindiek* SE-VO Art. 61 Rn. 7 ff.;
MünchKomm. AktG/Bd. 7/*Fischer* SE-VO Art. 61 Rn. 1 ff.; Lutter/Hommelhoff/Teichmann/
Lutter SE-VO Einl. Rn. 47; zu insolvenzrechtlichen Aspekten vgl. van Hulle/Maul/Drinhausen/*Maul* Abschn. 11 Rn. 1 ff.; Lutter/Hommelhoff/Teichmann/*Ehricke* SE-VO Art. 63
Rn. 45 ff.; Lutter/Hommelhoff/Teichmann/*Lutter* SE-VO Einl. Rn. 45; zum SE-Konzernrecht s. Jannott/Frodermann/*Veil* Kap. 11 Rn. 1 ff.; van Hulle/Maul/Drinhausen/*Maul* Abschn. 8 Rn. 1 ff.; MünchKomm. AktG/Bd. 7/*Ego* SE-VO Art. 9 Anh. 1 Rn. 1 ff.; Lutter/
Hommelhoff/Teichmann/*Lutter* SE-VO Einl. Rn. 48; Lutter/Hommelhoff/Teichmann/
Hommelhoff/Lächler SE-Konzernrecht Rn. 1 ff.; zu steuerrechtlichen Aspekten. van Hulle/
Maul/Drinhausen/*Diemer* Abschn. 9 Rn. 1 ff.; MünchKomm. AktG/Bd. 7/*Fischer* Rn. 1 ff.;
Förster/Lange RIW 2002, 585; *Rödder* Der Konzern 2003, 522; ders. DStR 2005, 893; ders./
Schumacher DStR 2006, 1481; dies. DStR 2006, 1525; dies. DStR 2007, 369; *Schaumburg* in
FS Wassermeyer 2005, S. 411; Lutter/Hommelhoff/Teichmann/*Schön* Die SE im Steuerrecht
Rn. 1 ff.; Habersack/Drinhausen/*Jochum* SteuerR der SE Rn. 1 ff. und Jannott/Frodermann/
Büsching 14. Kap. Rn. 1 ff. Zur Auflösung und Abwicklung einer SE nach SE-VO Art. 63 iVm
AktG §§ 262 ff. s. Jannott/Frodermann/*Frege/Nicht* 12. Kap. Rn. 1 ff.; MünchKomm. AktG/
Bd. 7/*Schäfer* SE-VO Art. 63 Rn. 3 ff.
[9] Vgl. auch Art. 26 Abs. 2 des Vertrages über die Arbeitsweise der Europäischen Union
(AEUV) (ex-Art. 14 Abs. 2 (EG)) sowie Lutter/Hommelhoff/*Maul/Wenz* Europ. Ges 261.
[10] Vgl. Habersack/Drinhausen/*Diekmann* SE-VO Art. 8 Rn. 1 ff.; Kölner Komm./*Siems*
SE-VO Vor Art. 1 Rn. 80.

Giedinghagen 1419

ihrer Einführung auch eine Gesellschaftsform geschaffen worden, die nicht nur supranational, sondern auch **suprakontinental**, dh zB im Vergleich zu US-amerikanischen oder asiatischen Unternehmen, eine erhöhte Aufmerksamkeit und Wettbewerbsfähigkeit erzielen soll.[11]

5 Eingeschränkt wird die zuvor beschriebene Zielsetzung der übergeordneten Ziele der SE-VO durch die der **SE-RL**. Ihre Regelungen sollen nämlich dazu dienen, trotz Anerkennung der zuvor dargestellten Zielsetzungen der SE-VO die Ziele der Gemeinschaft im sozialen Bereich nicht aus den Augen zu verlieren und diese gleichermaßen zu fördern.

6 Im Fokus steht dabei die Festlegung besonderer Bestimmungen, insb. auf dem Gebiet der Beteiligung der Arbeitnehmer, die gewährleisten sollen, dass die Gründung einer SE nicht zur Beseitigung oder Einschränkung der in den SE-Gründungsgesellschaften vorherrschenden Gepflogenheiten der **Arbeitnehmerbeteiligung** führt (Erwägungsgrund Nr. 3 der SE-RL).[12] Insoweit sollen die Bestimmungen und Zielsetzungen der SE-VO durch die in der SE-RL aufgestellten Regeln ergänzt werden (Erwägungsgründe Nr. 3 und 4 der SE-RL).[13]

II. Historische Entwicklung

7 Es mussten knapp fünfzig Jahre vergehen, bis sich die Mitgliedstaaten auf eine halbwegs einheitliche Regelung für eine europäische Aktiengesellschaft einigen konnten.[14] Erste Ansätze zur Schaffung einer supranationalen Rechtsform in Form der europäischen Aktiengesellschaft gab es bereits im Jahre 1959, als der französische Notar *Thibièrge* auf dem Notarkongress in Paris seine Ideen und Überlegungen zur Errichtung einer Art europäischen Aktiengesellschaft vorgetragen hatte.[15] Beauftragt von der Europäischen Kommission kam es sodann durch den niederländischen Handelsrechtler *Sanders* und eine ihm zur Seite stehende Sachverständigengruppe im Jahre 1966 zu einem ersten Vorentwurf eines Statuts für die europäische Aktiengesellschaft, das aus ca. 200 Artikeln und einer ergänzenden Kommentierung zusammengesetzt war.[16]

---

[11] Vgl. *Blanquet* ZGR 2002, 20 (28); *Schwarz* SE-VO Einl. Rn. 10 und ausführlich zu den übergeordneten Zielen nebst einer hierauf bezogenen, grafischen Darstellung van Hulle/Maul/Drinhausen/*Wenz* Abschn. 1 Rn. 12 ff.

[12] Zum sog. „Vorher-Nachher-Prinzip" vgl. auch Nagel/Freis/Kleinsorge/*Kleinsorge* Einführung zu Teil 1 Rn. 23.

[13] Zur gegenseitigen Abhängigkeit von SE-VO und SE-RL sowie der daraus resultierenden Bedeutung für die Auslegung und Anwendung der einzelnen Regelungen s. Begr. RegE SEEG, BT-Drs. 15/3405, 30; Habersack/Drinhausen/*Diekmann* SEBG Vor § 1 Rn. 13 ff.; Nagel/Freis/Kleinsorge/*Kleinsorge* Einführung Rn. 16.

[14] Ausführliche Darstellungen zur historischen Entwicklung finden sich ua bei Habersack/Drinhausen/*Diekmann* SE-VO Einl. Rn. 12 ff.; Nagel/Freis/Kleinsorge/*Kleinsorge* Einführung Rn. 1 ff.; *Lange* S. 41 ff.; MünchKomm. AktG/Bd. 7/*Oechsler/Mihaylova* SE-VO Vor Art. 1 Rn. 1 ff.; *Schwarz* SE-VO Einl. Rn. 2 ff.

[15] *Thibièrge* Le Statut des sociétés étrangères, in: 57ème Congrès des notaires de France tenu à Tours 1959, Paris 1959, S. 270 ff., 360 ff.; vgl. auch Habersack/*Verse* EuGesR, § 13 Rn. 1; *Lange* S. 42; *Schwarz* SE-VO Einl. Rn. 2.

[16] *Sanders* AG 1967, 344; *ders.* Vorentwurf eines Statuts für europäische Aktiengesellschaften, in: Kommission der Europäischen Gemeinschaften, Kollektion Studien, Reihe Wettbewerb Nr. 6, Brüssel 1967; vgl. auch Bartone/Klapdor Die europäische Aktiengesellschaft S. 16 f.; Habersack/*Verse* EuGesR § 13 Rn. 1; *Lange* S. 42 ff.; MHdB GesR IV/*Austmann* § 83 Rn. 7; *Schwarz* SE-VO Einl. Rn. 3.

A. Allgemeines 8–10 § 19

Auf Grundlage des Vorentwurfs von *Sanders* aus dem Jahre 1966 kam es anschließend im Jahre 1970 zu einem ersten offiziellen Vorschlag einer SE-VO durch die Europäische Kommission, auf Basis des heutigen Art. 352 AEUV (ex-Art. 308 EG).[17] Im Nachgang zu einer Vielzahl von Stellungnahmen verschiedener Verbände und Gesellschaften wurde der erste VO-Vorschlag der Europäischen Kommission nochmals grundlegend überarbeitet und im Jahre 1975 in zweiter Fassung vorgelegt.[18] Da die Verordnungsvorschläge aus den Jahren 1970 und 1975 eine Vielzahl von Artikeln mit Anhängen vorsahen, die eine einheitliche und umfassende Qualifizierung eines Statuts für eine SE – unter gleichzeitiger Beschränkung so manch nationaler Vorschriften – ermöglichen sollten, kam es zwangsläufig zu vermehrtem Widerstand aus den einzelnen Mitgliedstaaten. Erst in den Jahren 1989 bzw. 1991 folgte ein vollständig neu gefasster, überarbeiteter Entwurf eines Statuts für die europäische Aktiengesellschaft.[19] Im Gegensatz zu den ersten Entwürfen aus den Jahren 1970 bzw. 1975 sahen die neuen Vorschläge nicht länger umfassende und europaweit möglichst abschließende Regelungen vor, sondern konzentrierten sich vielmehr darauf, lediglich einen Regelungsrahmen mit einer Vielzahl von Verweisungen auf die nationalen Rechtsvorschriften im Aktienrecht vorzugeben.[20]

Aufgrund weiterer, vorrangig den Bereich der Mitbestimmung und Beteiligung 9 der Arbeitnehmer betreffender Differenzen zwischen den Mitgliedstaaten, kam es letztendlich erst auf dem **Gipfel von Nizza** Ende des Jahres 2000 zur Beseitigung dieser Hürde,[21] mit der Folge, dass nach einem fast halben Jahrhundert die uns heute vorliegende Fassung der SE-VO letztendlich doch noch verabschiedet werden konnte.[22]

Eine erste Rückkopplung zur praktischen Umsetzbarkeit und Handhabbarkeit 10 des vorgegebenen Rechtsrahmens für die Errichtung einer SE erhielt die Europäische Kommission als Antwort auf das von ihr ausgegebene **Konsultationspapier** der Generaldirektion Binnenmarkt und Dienstleistungen zu den künftigen Prioritäten des Aktionsplans „Modernisierung des Gesellschaftsrechts und Verbesserung der Corporate Governance in der Europäischen Union" vom 20.12.2005. Konkretisiert wurden diese sodann im Rahmen der von ihr am 3.5.2006 organisierten öffentlichen Anhörung über die künftigen Prioritäten des Aktionsplans in Brüssel. Die Ergebnisse der Konsultationen wurden von der Europäischen Kommission schließlich in einem Bericht über das Ergebnis der Konsultation und der Anhörung zu den künftigen Prioritäten des Aktionsplans „Modernisierung des Gesellschafts-

---

[17] ABl. EG Nr. C 124/1 v. 10.10.1970; vgl. auch Erwägungsgrund Nr. 9 der SE-VO; MHdB GesR IV/*Austmann* § 83 Rn. 8; *Schwarz* SE-VO Einl. Rn. 4.

[18] BT-Drs. 7/3713 v. 30.4.1975; *Habersack/Verse* § 13 Rn. 1; *Schwarz* SE-VO Einl. Rn. 4; ausführlich auch *Lange* S. 45 ff.

[19] ABl. EG Nr. C 263/41 v. 16.10.1989 (2. Vorschlag); ABl. EG Nr. C 176/1 v. 8.7.1991 (3. Vorschlag); *Bartone/Klapdor* Die europäische Aktiengesellschaft S. 17 mwN; Spindler/Stilz/*Casper* SE-VO Vor Art. 1 Rn. 12 ff.; *Habersack/Verse* § 13 Rn. 1 mwN; ausführlich auch *Lange* S. 48 ff.

[20] Vgl. Begr. RegE SEEG, BT-Drs. 15/3405, 31.

[21] Geänderter Vorschlag des Rates der Europäischen Union für eine Verordnung des Rates über das Statut der Europäischen Aktiengesellschaft – Ausrichtung für eine politische Einigung, Ratsdokument 14886/00 v. 1.2.2001; *Habersack/Verse* § 13 Rn. 1; *Hirte* NZG 2002, 1 (5) („Wunder von Nizza"); *Lange* S. 54 ff.; eingehend zur weiteren geschichtlichen Entwicklung s. *Schwarz* SE-VO Einl. Rn. 5 ff.

[22] Eine synoptische Übersicht über die Umstrukturierungsmöglichkeiten im historischen Entscheidungsprozess der einzelnen VO-Vorschläge zwischen den Jahren 1970 und 2001 findet sich bei *Lange* S. 60 f.

rechts und Verbesserung der Corporate Governance in der Europäischen Union" am 7.7.2006 veröffentlicht.[23]

11 Im November 2010 hat die Europäische Kommission sodann in einem nach Art. 69 SE-VO erforderlichen Evaluierungsbericht zum Reformbedarf mit Blick auf die Regelungen zur SE Stellung bezogen.[24] Eine kurzfristige Revision des SE-Statuts war von ihr aber – auch nach ihrem später veröffentlichten Aktionsplan vom Dezember 2012 – nicht beabsichtigt.[25]

B. Vor- und Nachteile der SE

12 Ebenso wie bei der Wahl einer anderen Rechtsform stellt sich auch im Vorfeld der Errichtung einer SE die Frage, welche **Vor- und Nachteile** mit dieser supranationalen Rechtsform verbunden sind und ob diese Rechtsform im konkreten Einzelfall geeignet ist, die angestrebten unternehmerischen Vorstellungen und Ziele verwirklichen zu können. Insbesondere wird man sich fragen, welche Vorzüge diese Rechtsform gerade im Vergleich zur deutschen Aktiengesellschaft aufzuweisen hat und ob es sich lohnt, diese europäische Gesellschaftsform der deutschen Aktiengesellschaft mit ihrem recht formalen, damit aber zugleich auch relativ klar abgesteckten Rechtsrahmen vorzuziehen. Immerhin ist wohl die Mehrzahl der deutschen Unternehmen, die die Gründung einer SE in Betracht ziehen, zuvor als Aktiengesellschaft organisiert.[26]

13 In diesem Zusammenhang wird man recht schnell feststellen, dass die SE infolge ihrer Supranationalität und der damit verbundenen, erleichterten Gestaltungsmöglichkeiten ihre Vorteile vorrangig in **grenzüberschreitenden Sachverhaltskonstellationen** und Unternehmensstrukturen ausspielt.

14 Gebremst wird eine erste Euphorie jedoch dadurch, dass die grundsätzlich vorrangig anzuwendende SE-VO infolge ihrer zahlreichen Verweise auf die jeweiligen nationalen Rechtsvorschriften der Mitgliedstaaten in vielen Konstellationen lediglich einen Rahmen vorgibt, der oftmals durch die nationalen Rechtsvorschriften ihres Sitzstaates ausgefüllt werden muss.[27] Insoweit wird das Recht der SE nur bedingt einheitlich und zentral durch europäische Rechtsvorschriften geregelt. In vielen Fällen ist – ebenso wie im Rahmen der nachfolgenden Ausführungen, ihren

---

[23] Sämtliche Dokumentationen hierzu, insb. das Konsultationspapier, die Pressemitteilung, der Webstream für die Anhörung und der Bericht der Zusammenfassung sind abrufbar unter http://ec.europa.eu/internal_market/company/consultation/index_de.htm# consultation (Stand 1.1.2017).

[24] Bericht der Kommission an das Europäische Parlament und den Rat über die Anwendung der Verordnung (EG) Nr. 2157/2001 des Rates v. 8.10.2001 über das Statut der Europäischen Gesellschaft (SE), KOM (2010) 676 endg.; Habersack/Drinhausen/*Hohenstatt/Müller-Bonanni* SEBG Vor § 1 Rn. 70 ff.

[25] Vgl. Europäische Kommission, Aktionsplan: Europäisches Gesellschaftsrecht und Corporate Governance – ein moderner Rechtsrahmen für engagierte Aktionäre und besser überlebensfähige Unternehmen, Brüssel, 12.12.2012, COM/2012/740/2; Jannott/Frodermann/*Taschner/Bodenschutz* Kap. 1 Rn. 56 f., dort auch mit Nachweisen zu einer Evaluation des nationalen Arbeitskreises Aktien- und Kapitalmarktrecht (AAK).

[26] Zur Statistik der SE-Gründungen vgl. Fn. 1.

[27] Selbstverständlich kann man hierin, je nach Sichtweise, zugleich auch wieder einen Vorteil sehen, da dies auch zugleich wieder interessante Gestaltungsmöglichkeiten ermöglicht, vgl. *Bartone/Klapdor* Die europäische Aktiengesellschaft S. 19. Kritisch wegen der damit verbundenen Komplexität etwa *Bungert/Gotsche* ZIP 2013, 649.

B. Vor- und Nachteile der SE 15, 16 § 19

Sitz in Deutschland vorausgesetzt – auf sie daher gleichfalls deutsches Aktienrecht anzuwenden wie auf die nationale Aktiengesellschaft. Pauschal davon auszugehen, dass die SE im Vergleich zur deutschen Aktiengesellschaft grundsätzlich die attraktivere Rechtsform darstelle, wäre daher unsachgemäß.

Insgesamt gilt, dass es auch hier im Vorfeld der Entscheidung einer gesonderten **Abwägung** der für und gegen die Wahl dieser Rechtsform sprechenden Argumente – unter Berücksichtigung des angestrebten unternehmerischen Ziels – bedarf.[28] Im Wesentlichen stellen sich die Vor- und Nachteile im Vergleich zur deutschen Aktiengesellschaft, soweit sie sich überhaupt abschließend aufzählen und eindeutig voneinander abgrenzen lassen, wie folgt dar: 15

I. Vorteile der SE

- Imagevorteil durch europäisches Label (SE) 16
- Internationale Wettbewerbsfähigkeit („Flaggschiff des europäischen Gesellschaftsrechts")[29]
- Chancengleichheit für europäische Unternehmen aufgrund eines einheitlichen Regelungsrahmens (SE-VO und SE-RL)
- Möglichkeit zur grenzüberschreitenden Sitzverlegung ohne Liquidation und Neugründung (Satzungssitz)[30]
- Wahlfreiheit bzgl. Führungsstruktur (monistisches oder dualistisches System)[31]
- Größere Flexibilität bei Bestimmung der Zahl der Mitglieder im Aufsichtsorgan bzw. Verwaltungsrat sowie einmalige Festlegung einer bestimmten Mitbestimmungsstruktur, unabhängig von der späteren Anzahl an Mitarbeitern oder geplanten Fusionen[32]
- Größere Flexibilität hinsichtlich der Ausgestaltung der Arbeitnehmerbeteiligung und Mitbestimmung (Grundsatz der Verhandlungsfreiheit)[33]
- Verringerung der Sitze im Aufsichtsrat und damit auch des Einflusses einzelner nationaler Arbeitnehmervertreter; dies erfordert zugleich eine engere Abstimmung und Einigkeit unter den aus verschiedenen Ländern kommenden Arbeitnehmervertretern[34]
- Erleichterung der grenzüberschreitenden Neu- und Umstrukturierung sowie Reorganisation[35]

---

[28] Vgl. *Bartone/Klapdor* Die europäische Aktiengesellschaft S. 19; Habersack/Drinhausen/Hohenstatt/Müller-Bonanni SEBG Vor § 1 Rn. 87 ff. Zu den maßgeblichen Gründen (flexible Binnenstruktur, flexible Lösungen im Bereich der Mitbestimmung und europäisches Label), die aufgrund einer praktischen Bestandsaufnahme im Jahr 2014 bislang im Wesentlichen zur Wahl der Rechtsform der SE geführt haben, siehe *Schuberth/von der Höh* AG 2014, 439 (440).
[29] So *Hopt* ZIP 1998, 96 (99).
[30] Vgl. SE-VO Art. 8 und SEAG §§ 12 ff.; s. a. Rn. 96.
[31] Vgl. Begr. RegE SEEG, BT-Drs. 15/3405, 36 ff.
[32] Vgl. Habersack/Drinhausen/Hohenstatt/Müller-Bonanni SEBG Vor § 1 Rn. 88 f. Spindler/Stilz/*Casper* SE-VO Vor Art. 1 Rn. 20; Lutter/Hommelhoff/Teichmann/*Lutter* SE-VO Einl. Rn. 41.
[33] Vgl. *Habersack* AG 2009, 1 (5).
[34] Vgl. *Seibt* ZIP 2010, 1057; zur Besetzung eines Aufsichtsrats mit ausländischen Arbeitnehmern s. Lutter/Hommelhoff/Teichmann/*Lutter* SE-VO Einl. Rn. 41.
[35] Vgl. *Reichert* Der Konzern 2006, 826. Zur grenzüberschreitenden Verschmelzung aufgrund des MgVG v. 21.12.2006, BGBl. 2006 I 3332, s. *Simon/Rubner* Der Konzern 2006,

§ 19   17   Die Europäische Aktiengesellschaft (SE)

— Umwandlungsmaßnahmen und Übernahmen zwischen kleinen und größeren Unternehmen können psychologisch auf „Augenhöhe" erfolgen (gemeinsame Schaffung einer SE)[36]
— Kostenreduzierung bei Verwaltungskosten und europaweiten Umstrukturierungsmaßnahmen[37]
— Einheitliches Führungs- und Berichtssystem in allen EU-Mitgliedstaaten[38]
— Einheitliche Finanzaufsicht im Sitzstaat der SE
— Sechsjährige Amtsdauer eines Mitglieds des Leitungs- oder Verwaltungsorgans.[39]

II. Nachteile der SE

17 — Keine „einheitliche" SE aufgrund der lediglich fragmentarischen Regelungen auf Ebene der SE-VO und der Vielzahl an Verweisen auf das nationale Aktienrecht
— Rechtsform für Großunternehmen (Mindestkapital, unmittelbare Gründung nur durch juristische Personen)[40]
— Erschwerte Rechtsanwendung infolge der ergänzenden Anwendbarkeit verschiedener nationaler Rechtsvorschriften[41]
— Wenig Flexibilität aufgrund gemeinschaftsrechtlicher Satzungsstrenge, Art. 9 Buchst. b SE-VO
— Rechtliche Unsicherheiten aufgrund diverser Abweichungen in den einzelnen nationalen Rechtsordnungen der Mitgliedstaaten[42]
— Numerus clausus und Erfordernis der Mehrstaatlichkeit bei SE-Gründung[43]
— „Vorher-Nachher"-Prinzip zur Sicherung der Arbeitnehmerbeteiligung und Mitbestimmung führt aufgrund des vorherrschenden hohen Mitbestimmungsstandards in Deutschland zu wenig Gestaltungsspielraum auf unternehmerischer Ebene.

835; *Eidenmüller/Engert/Hornuf* AG 2009, 845 (850); Habersack/Drinhausen/*Thüsing/Forst* Einleitung MgVG Rn. 1 ff.

[36] Lutter/Hommelhoff/Teichmann/*Lutter* SE-VO Einl. Rn. 38; *Redeker* AG 2006, R 343 (R 345).

[37] Vgl. *Monti* WM 1997, 607.

[38] Lutter/Hommelhoff/Teichmann/*Lutter* SE-VO Einl. Rn. 39; *Wenz* AG 2003, 185 (192).

[39] Während AktG § 84 Abs. 1 Satz 1 die Höchstbestelldauer eines Vorstandsmitglieds auf fünf Jahre festlegt, lässt SE-VO Art. 46 Abs. 1 die Bestellung für eine maximale Amtsdauer von sechs Jahren zu, vgl. *Mutter/Götze* AG 2007, R 291.

[40] Vgl. Spindler/Stilz/*Casper* SE-VO Vor Art. 1 Rn. 22. Zur zwischenzeitlich geplanten und mittlerweile gescheiterten Einführung einer Europäischen Privatgesellschaft für sog. kleine und mittlere Unternehmen (KMU) s. den damaligen Vorschlag für eine Verordnung des Rates über das Statut der Europäischen Privatgesellschaft (KOM (2008) 396) und hierzu *Hommelhoff/Helms* S. 1 ff.; *Hommelhoff/Teichmann* GmbHR 2008, 817; *Hommelhoff/Teichmann* DStR 2008, 925; *Giedinghagen* NJW-Spezial 2008, 751 und *Maul/Röhricht* BB 2008, 1574.

[41] Vgl. MHdB GesR IV/*Austmann* § 83 Rn. 5.

[42] Vgl. MHdB GesR IV/*Austmann* § 83 Rn. 5.

[43] Aufgrund des abschließenden Charakters des Katalogs der fünf Gründungsmöglichkeiten in SE-VO Art. 2 ist die unmittelbare Gründung einer SE durch eine natürliche Person ebenso wenig möglich wie zB die durch Verschmelzung einer GmbH auf eine AG, vgl. SE-VO Art. 2 Abs. 1.

C. Ermächtigungsgrundlage und Rechtsgrundlagen der SE

I. Ermächtigungsgrundlage der SE-VO und SE-RL

Ausweislich der Erwägungsgründe Nr. 28 der SE-VO und Nr. 17 der SE-RL ergibt sich sowohl die Befugnis zum Erlass der SE-VO als auch die zum Erlass der SE-RL aus ex-Art. 308 EG (heute Art. 352 AEUV). Während die ersten Entwürfe für eine Verordnung aus den Jahren 1970 bzw. 1975 ebenfalls auf die Generalklausel des ex-Art. 308 EG bzw. ex-Art. 235 EGV (heute Art. 352 AEUV) als Ermächtigungsgrundlage abstellten, wurden die Entwürfe für ein Statut der Europäischen Aktiengesellschaft und für eine Richtlinie zur Regelung eines Verfahrens der Mitentscheidung aus den Jahren 1989 und 1991 auf ex-Art. 95 EG bzw. ex-Art. 100a EGV (heute Art. 114 AEUV) bzw. auf ex-Art. 44 Abs. 2 Buchst. g EG bzw. ex-Art. 54 Abs. 3 Buchst. g EGV (heute Art. 50 Abs. 2 Buchst. g AEUV) als den spezielleren Regelungen zur Angleichung der Rechtsvorschriften gestützt.[44]

Im Gegensatz zu den Vorschriften des ex-Art. 95 EG (heute Art. 114 AEUV) bzw. ex-Art. 44 Abs. 2 Buchst. g EG (heute Art. 50 Abs. 2 Buchst. g AEUV), die dem Europäischen Parlament iRd Gesetzgebungsverfahrens nach ex-Art. 251 EG (heute Art. 294 AEUV) ein Mitentscheidungsrecht einräumten, gewährte die Vorschrift des ex-Art. 308 EG (heute Art. 352 AEUV) dem Europäischen Parlament iRd Gesetzgebungsverfahrens lediglich ein Anhörungsrecht. Infolgedessen kam es im Verlaufe des Gesetzgebungsverfahrens auf europäischer Ebene nahezu zwangsläufig zu einem Konflikt zwischen dem Europäischen Rat und dem Europäischen Parlament darüber, welche Rechtsnorm nunmehr die zutreffende Ermächtigungsgrundlage für den Erlass der SE-VO und der SE-RL verkörpere. Die Beilegung des Konflikts endete vorläufig damit, dass eine bereits gegen die Wirksamkeit der SE-VO vorbereitete Klage des Europäischen Parlaments iSd ex-Art. 230 Abs. 2 EG (heute Art. 263 AEUV) (Nichtigkeitsklage) von diesem schließlich nicht mehr eingereicht wurde, um das bis dato bereits ohnehin zeitraubende Projekt SE nicht noch länger zeitlich zu gefährden.[45]

Letztendlich kam es aber mit **Entscheidung des Europäischen Gerichtshofes** vom 2.5.2006 doch noch zu einer verbindlichen und endgültigen Klärung der zuvor aufgeworfenen Rechtsfrage, welche Ermächtigungsgrundlage zum Erlass einer derartigen Verordnung heranzuziehen sei. Das Europäische Parlament hatte nunmehr am 15.10.2003 gegen die ebenfalls auf Grundlage des ex-Art. 308 EG (heute Art. 352 AEUV) erlassene Verordnung (EG) Nr. 1435/2003 des Rates vom 22.7.2003 über das Statut der Europäischen Genossenschaft (SCE) Klage beim Europäischen Gerichtshof eingereicht.[46] In seiner diesbezüglichen Entscheidung kam der Europäische Gerichtshof sodann zu dem Schluss, dass nicht ex-Art. 95 EG (heute Art. 114 AEUV), sondern ex-Art. 308 EG (heute Art. 352 AEUV) die einschlägige Ermächtigungsgrundlage zum Erlass der SCE-VO sei.[47]

---

[44] Vgl. Spindler/Stilz/*Casper* SE-VO Vor Art. 1 Rn. 16 sowie die ausführliche Darstellung bei *Schwarz* SE-VO Einl. Rn. 29 f.
[45] Vgl. MünchKomm. AktG/Bd. 7/*Oechsler/Mihaylova* SE-VO Vor Art. 1 Rn. 4; *Schwarz* SE-VO Einl. Rn. 29. *Oechsler* nennt jetzt Art. 50 Abs. 1 Buchst. g AEUV als EGL in MünchKomm. AktG/Bd. 7/*Oechsler/Mihaylova* SE-VO Vor Art. 1 Rn. 2.
[46] ABl. EG C 289 v. 29.11.2003, S. 16.
[47] EuGH C-436/03, EuZW 2006, 380; ABl. EG C 143 v. 17.6.2006, S. 4.

II. Die zentralen Rechtsgrundlagen der SE

1. SE-VO und SEAG

a) SE-VO

21 Die SE-VO regelt ausschließlich das Gesellschaftsrecht der SE (Gründung, Struktur, Organe der SE).[48] Sie ist eine **Verordnung** iSd Art. 288 Abs. 2 AEUV (ex-Art. 249 Abs. 2 EG); daher kommt ihr in allen Mitgliedstaaten eine allgemeine, verbindliche und unmittelbare Wirkung zu.[49]

22 Wie bereits angedeutet, stellt die SE-VO – abweichend von den ersten Entwürfen aus den Jahren 1970 und 1975 – nicht ein voll umfängliches, nahezu abschließendes Regelungswerk, sondern vielmehr eine Art **Rahmenregelung mit Verweisungstechnik** dar, mit der Folge, dass trotz ihres supranationalen Anwendungscharakters oftmals weiterhin das nationale Recht der einzelnen Mitgliedstaaten Anwendung findet.[50] Insoweit ist es keineswegs unberechtigt, die SE-VO auch als gesetzgeberischen „Flickenteppich" zu bezeichnen.[51] Im Umgang mit den verschiedenen Rechtsvorschriften und Regelungen in der Praxis ist es daher unerlässlich, die jeweiligen nationalen Rechtsvorschriften des Sitzstaates der SE ergänzend zur Hand zu nehmen.

23 Zur Bestimmung der auf die SE anwendbaren Vorschriften gilt es zwischen dem Zeitraum bis zur wirksamen SE-Gründung und dem Zeitraum nach ihrer Gründung und damit ab dem Zeitpunkt ihres wirksamen Bestehens zu unterscheiden:

24 **aa) Zeitraum bis zur wirksamen SE-Gründung.** Im Zeitraum bis zur wirksamen SE-Gründung, dh bis zum Zeitpunkt der Eintragung der SE in das zuständige Register ihres Sitzstaates, finden auf die entstehende SE zunächst die ohnehin primär anzuwendenden Vorschriften der SE-VO Anwendung, ergänzt um die des nationalen Rechts des Staates, in dem die SE ihren künftigen Sitz einnehmen wird, vgl. Art. 15 Abs. 1 SE-VO.

25 Für die Gründungsgesellschaften der SE gelten in diesem Zeitraum zunächst die Vorschriften der SE-VO, die sich auf die Gründung beziehen, insb. also die der **Art. 17 ff. SE-VO**, ergänzt um die Vorschriften des für die Gründungsgesellschaften jeweils maßgeblichen nationalen Rechts, vgl. etwa die ausdrücklichen Verweisungsnormen des **Art. 18 SE-VO** für die Gründung durch Verschmelzung und die des **Art. 36 SE-VO** für die Gründung einer Tochter-SE.[52] Dasselbe hat trotz des Fehlens weiterer ausdrücklicher Verweisungsvorschriften in der SE-VO auch für die anderen Gründungsformen iSd Art. 2 SE-VO zu gelten.[53]

26 **bb) Zeitraum nach wirksamer SE-Gründung.** Für den Zeitraum ab der wirksamen Gründung der SE, dh mit Eintragung der SE in das zuständige Register ihres Sitzstaates, bestimmt sich die Hierarchie der anwendbaren Rechtsnormen –

---

[48] Begr. RegE SEEG, BT-Drs. 15/3405, 30.
[49] Begr. RegE SEEG, BT-Drs. 15/3405, 30; MHdB GesR IV/*Austmann* § 83 Rn. 12.
[50] Vgl. Begr. RegE SEEG, BT-Drs. 15/3405, 30; *Schwarz* SE-VO Einl. Rn. 46 ff.
[51] Vgl. *Schwarz* SE-VO Einl. Rn. 31.
[52] Vgl. MHdB GesR IV/*Austmann* § 84 Rn. 2; van Hulle/Maul/Drinhausen/*Drinhausen/Teichmann* Abschn. 3 Rn. 6.
[53] Teilweise wird dies aus einer allgemeinen Systematik der SE-VO, teilweise auch aus einer Analogie zu den Vorschriften der Art. 18 und 36 SE-VO abgeleitet, vgl. van Hulle/Maul/Drinhausen/*Drinhausen/Teichmann* Abschn. 3 Rn. 6; Lutter/Hommelhoff/*Bayer* Europ. Ges. S. 60; *Schwarz* SE-VO Art. 37 Rn. 10.

C. Ermächtigungsgrundlage und Rechtsgrundlagen der SE 27, 28 § 19

abgesehen von einzelnen Spezialverweisungen in der SE-VO –[54] ausschließlich nach den Vorgaben des **Art. 9 Abs. 1 SE-VO**:[55] Auf erster Stufe stehen auch hier wiederum die Regelungen der SE-VO, vgl. Art. 9 Abs. 1 Buchst. a SE-VO, auf zweiter Stufe gefolgt von den SE-Vorschriften über Satzungsregelungen, zu denen die SE-VO die Gesellschafter der SE ausdrücklich ermächtigt hat, vgl. Art. 9 Abs. 1 Buchst. b SE-VO. Nachfolgend hierzu finden sodann die mitgliedstaatlichen Vorschriften in folgender Reihenfolge Anwendung: Zunächst gelten die Vorschriften der speziellen nationalen SE-Ausführungsgesetze im Sitzstaat der SE, für eine SE mit Sitz in Deutschland also die Vorschriften der §§ 1 ff. SEAG und §§ 1 ff. SEBG, vgl. Art. 9 Abs. 1 Buchst. c Nr. i SE-VO. Diesen wiederum sind auf nächster Stufe die Vorschriften des allgemeinen, nationalen Aktienrechts im Sitzstaat der SE nachgeschaltet, vgl. Art. 9 Abs. 1 Buchst. c Nr. ii SE-VO. Abgeschlossen wird diese Normenpyramide schließlich durch die SE-Satzungsregelungen, die nach dem nationalen Aktienrecht des Sitzstaates zulässig sind und auf die in der SE-VO nicht ausdrücklich Bezug genommen wird, vgl. Art. 9 Abs. 1 Buchst. c Nr. iii SE-VO.[56] Streng genommen nimmt die Vorschrift des Art. 9 Abs. 1 SE-VO somit auf **fünf verschiedene Regelungsebenen** Bezug.[57] 27

Anknüpfungspunkt für das jeweils anwendbare Recht des Mitgliedstaates auf eine wirksam errichtete SE ist somit ihr **(Satzungs-)Sitz**.[58] Aus der Vielzahl an dynamischen Verweisungen auf die entsprechenden Vorschriften des nationalen Rechts des Sitzstaates der SE folgt zum einen, dass das jeweils aktuelle Recht des Sitzstaates auf die bestehende SE Anwendung findet, zum anderen aber auch, dass ein Standortwettbewerb zwischen den einzelnen Mitgliedstaaten eröffnet ist (sog. forum shopping).[59] 28

---

[54] So zB Art. 5 SE-VO Art. 51 SE-VO und Art. 53 SE-VO; vgl. auch Lutter/Hommelhoff/ *Hommelhoff* Europ. Ges. S. 15.

[55] Vgl. Habersack/Drinhausen/*Schürnbrand* SE-VO Art. 9 Rn. 2; van Hulle/Maul/Drinhausen/*Drinhausen/Teichmann* Abschn. 3 Rn. 7; MHdB GesR IV/*Austmann* § 84 Rn. 2; *Schwarz* SE-VO Einl. Rn. 40 ff.

[56] Auf eine in Deutschland ansässige SE findet somit § 23 Abs. 5 AktG unmittelbar Anwendung, vgl. *Habersack/Verse* § 13 Rn. 10 Fn. 45. Aufgrund der damit vorherrschenden Satzungsstrenge und einem möglicherweise daraus resultierenden Nachteil Deutschlands im Standortwettbewerb s. Lutter/Hommelhoff/*Hommelhoff* Europ. Ges. S. 18. Zur Konformität zwischen einer Vereinbarung über die Beteiligung der Arbeitnehmer iSd SEBG § 21 und den Festsetzungen in der SE-Satzung (Gleichlaufgebot) sowie zur umstr. Qualifizierung der Vereinbarung iSd § 21 SEBG als eigenständiger Rechtsquelle im Geflecht der Rechtsnormen vgl. Art. 12 Abs. 4 SE-VO sowie *Habersack/Verse* § 13 Rn. 10; Habersack/Drinhausen/*Schürnbrand* SE-VO Art. 12 Rn. 27 ff.; Lutter/Hommelhoff/*Hommelhoff* Europ. Ges. S. 16; *Schwarz* SE-VO Art. 12 Rn. 31 ff.

[57] So auch MHdB GesR IV/*Austmann* § 83 Rn. 14; vgl. auch van Hulle/Maul/Drinhausen/ *Drinhausen/Teichmann* Abschn. 3 Rn. 7 ff.; *Habersack/Verse* § 13 Rn. 10; Lutter/Hommelhoff/ *Hommelhoff* Europ. Ges. S. 15; Schmitt/Hörtnagl/Stratz/*Hörtnagl* SE-VO Vorb. Rn. 2; *Wagner* NZG 2002, 985 (986); aA Habersack/Drinhausen/*Schürnbrand* SE-VO Art. 9 Rn. 2; Spindler/Stilz/*Casper* SE-VO Art. 9 Rn. 5; Lutter/Hommelhoff/Teichmann/*Lutter* SE-VO Einl. Rn. 30; MünchKomm. AktG/Bd. 7/*Schäfer* SE-VO Art. 9 Rn. 21: Vierstufigkeit der Rechtsquellen. Zur Auslegung der Vorschriften der SE-VO s. Habersack/Drinhausen/*Schürnbrand* SE-VO Art. 9 Rn. 11 ff.; Spindler/Stilz/*Casper* SE-VO Art. 9 Rn. 16 ff.

[58] Vgl. Art. 15 SE-VO sowie *Schwarz* SE-VO Einl. Rn. 130 f.

[59] Schmitt/Hörtnagl/Stratz/*Hörtnagl* SE-VO Vorb. Rn. 5; *Schwarz* SE-VO Einl. Rn. 133.

b) SEAG

29 Mit Verabschiedung des SE-Ausführungsgesetzes vom 22.12.2004 und dessen Inkrafttreten am 29.12.2004 (**SEAG**)[60] hat der deutsche Gesetzgeber Regelungen erlassen, die dazu dienen, auf Grundlage einzelner Ermächtigungsnormen der SE-VO (vgl. Art. 24 Abs. 2, 34 und 43 Abs. 4 SE-VO) bestimmte Regelungsinhalte aus der SE-VO auf nationaler Ebene umzusetzen. Aufgrund der zahlreichen Regelungsaufträge und Wahlrechte der SE-VO war die Verabschiedung eines gesonderten Ausführungsgesetzes unumgänglich.[61] Von zentraler Bedeutung sind insoweit vor allem die Vorschriften zur erstmaligen Einführung eines monistischen Verwaltungssytems, zur Gründung einer SE-Holding sowie zum Minderheitenschutz.[62] Der Geltungsbereich des SEAG erstreckt sich gem. § 1 SEAG sowohl auf eine in Deutschland ansässige SE als auch auf die an der Gründung einer künftig in einem anderen Mitgliedstaat ansässigen SE beteiligten Gründungsgesellschaften, die ihren Sitz in Deutschland haben. Letzteres gilt vorbehaltlich einer vorrangigen Regelung in der SE-VO.[63]

30 Das SEAG selbst ist in **sieben Abschnitte** mit mehreren Unterabschnitten gegliedert. Im Anschluss an den ersten Abschnitt mit allgemeinen Vorschriften zum Geltungsbereich, zum Sitz, zur Eintragung und zu entsprechenden Zuständigkeiten (§§ 1–4 SEAG) folgt ein zweiter Abschnitt mit speziellen Regelungen zum Gläubiger- bzw. Minderheitenschutz im Rahmen einer SE-Gründung durch Verschmelzung (§§ 5–8 SEAG) und einer SE-Holding-Gründung (§§ 9–11 SEAG). Der dritte Abschnitt befasst sich sodann mit Vorschriften zum Gläubiger- bzw. Minderheitenschutz im Rahmen einer SE-Sitzverlegung (§§ 12–14 SEAG), während der vierte Abschnitt eine Vielzahl an Regelungen zur inneren Organisationsstruktur und zum Aufbau einer in Deutschland ansässigen SE enthält (§§ 15–51 SEAG), schwerpunktmäßig mit Vorgaben zur erstmaligen Einführung und Regelung eines monistischen Verwaltungssystems im deutschen Gesellschaftsrecht (§§ 20–49 SEAG). Zum Ende hin finden sich noch drei kurze Abschnitte – betreffend die Auflösung einer SE bei Auseinanderfallen von Satzungs- und Verwaltungssitz (§ 52 SEAG), die entsprechende Anwendung von einzelnen Straf- und Bußgeldvorschriften des deutschen AktG (§ 53 SEAG) sowie Übergangsvorschriften wegen zwischenzeitlicher Gesetzesänderungen.

2. SE-RL und SEBG

a) SE-RL

31 Im Gegensatz zur SE-VO handelt es sich bei der **SE-RL** über die Beteiligung der Arbeitnehmer um eine europäische Richtlinie. Im Unterschied zu einer europäischen Verordnung entfaltet eine europäische Richtlinie grundsätzlich keine unmittelbare Wirkung im nationalen Recht. Vielmehr sind die einzelnen Mitglied-

---

[60] Art. 1 des SEEG v. 22.12.2004 (BGBl. 2004 I 3675), zuletzt geändert durch Art. 7 des Gesetzes v. 10.5.2016 (BGBl. 2016 I 1142).

[61] So die Begr. RegE SEEG, BT-Drs. 15/3405, 30 f.; s. a. MHdB GesR IV/*Austmann* § 83 Rn. 12 mit konkreten Beispielen. Vgl. auch Habersack/Drinhausen/*Hohenstatt/Müller-Bonanni* SEBG Vor § 1 Rn. 59.

[62] Vgl. van Hulle/Maul/Drinhausen/*Drinhausen* Abschn. 3 Rn. 9; Nagel/Freis/Kleinsorge/ *Kleinsorge* Einf. Rn. 57 ff.

[63] Vgl. Begr. RegE SEEG, BT-Drs. 15/3405, 30 f.; van Hulle/Maul/Drinhausen/*Drinhausen* Abschn. 3 Rn. 9.

C. Ermächtigungsgrundlage und Rechtsgrundlagen der SE   32–35   § 19

staaten nach Art. 288 Abs. 2 AEUV (ex-Art. 249 Abs. 3 EG) verpflichtet, innerhalb eines bestimmten Zeitraums die dort getroffenen Regelungen in nationales Recht umzusetzen.[64]

In Deutschland ist die notwendige Umsetzung der Richtlinie in nationales Recht 32 mit Verabschiedung des Gesetzes über die Beteiligung der Arbeitnehmer in einer europäischen Gesellschaft (**SEBG**) vom 22.12.2004 und dessen Inkrafttreten am 29.12.2004 erfolgt.[65]

Die SE-RL regelt ausschließlich Vorgaben zur Gewährleistung der Arbeitneh- 33 merbeteiligung in der SE und hat primär die Phase bis zum Abschluss der Gründung einer SE im Fokus.[66] Insoweit stellt sie eine untrennbare Ergänzung zur SE-VO dar (Erwägungsgrund Nr. 19 der SE-VO).[67]

b) SEBG

Das **SEBG** gliedert sich in fünf Teile, die teilweise wiederum in mehrere Kapitel, 34 Abschnitte und Unterabschnitte unterteilt sind:

Im ersten Teil des SEBG nehmen allgemeine Vorschriften Stellung zu gesetzge- 35 berischen Zielsetzungen, Definitionen einzelner Begriffe sowie zum Geltungsbereich des SEBG (§§ 1–3 SEBG). Der zweite Teil befasst sich sodann mit der Bildung, Zusammensetzung und Wahl eines sog. besonderen Verwaltungsgremiums sowie mit der näheren Ausgestaltung des Verhandlungsverfahrens über die Beteiligung der Arbeitnehmer zwischen den Leitungen der an der SE-Gründung beteiligten Gründungsgesellschaften und dem zuvor erwähnten besonderen Verhandlungsgremium (§§ 4–20 SEBG). Anschließend folgt mit Teil drei einer der zentralen Regelungsabschnitte des SEBG: Dieser enthält zT detaillierte Regelungen zur ausreichenden Sicherung der Beteiligung der Arbeitnehmer in der SE, ausgehend vom Grundsatz der Beteiligung der Arbeitnehmer kraft Vereinbarung (§ 21 SEBG) bis hin zu gesetzlichen Auffangregelungen, die im Falle eines Scheiterns der zuvor genannten Vereinbarung den betroffenen Arbeitnehmern der SE ein Mindestmaß an Beteiligungsrechten garantieren sollen (§§ 22–39 SEBG). Im weiteren Verlauf folgen sowohl Bestimmungen über Grundsätze der Zusammenarbeit und zum Errichtungs- und Tätigkeitsschutz von Mitgliedern des SE-Betriebsrats (§§ 40–44 SEBG) als auch Straf- und Bußgeldvorschriften nebst einer gesonderten Regelung zur Abgrenzung des (sachlichen) Anwendungsbereiches des SEBG von anderen nationalen Vorschriften des Arbeitsrechts (§§ 45–47 SEBG).[68]

---

[64] Vgl. Begr. RegE SEEG, BT-Drs. 15/3405, 30; Manz/Mayer/Schröder/*Schröder* Teil A Vorbemerkungen Rn. 47.

[65] Art. 2 SEEG v. 22.12.2004, BGBl. 2004 I 3675 (3686).

[66] Vgl. Begr. RegE SEEG, BT-Drs. 15/3405, 43; MünchKomm. AktG/Bd. 7/*Jacobs* SEBG Vor § 1 Rn. 27 mwN.

[67] Begr. RegE SEEG, BT-Drs. 15/3405, 30; Habersack/Drinhausen/*Hohenstatt*/Müller-Bonanni SEBG Vor § 1 Rn. 13.

[68] Vgl. auch Begr. RegE SEEG, BT-Drs. 15/3405, 43; Habersack/Drinhausen/*Hohenstatt*/Müller-Bonanni SEBG Vor § 1 Rn. 60 ff.

D. Gründung der SE

I. Allgemeines

1. Anwendbare Vorschriften

36 Die Voraussetzungen und das Verfahren zur Gründung einer SE mit Sitz in Deutschland richten sich primär nach den Art. 2, 3, 15 ff. SE-VO und §§ 5 ff. SEAG. Ergänzend finden die entsprechenden nationalen Vorschriften über die Gründung einer Aktiengesellschaft Anwendung, insb. also die des AktG und UmwG. Der Einstieg in eine SE-Gründung hat zwingend über die Anwendung der Art. 2 und 3 SE-VO zu erfolgen. Es muss eine der in dem Katalog des Art. 2 und 3 SE-VO abschließend aufgeführten Konstellationen erfüllt sein, um eine SE wirksam gründen zu können.[69]

2. Gründungsberechtigung

a) Grundlegende Voraussetzungen

37 Der in Art. 2 und 3 SE-VO aufgeführte Katalog der Gründungsformen umfasst vier grundlegende Elemente, die grundsätzlich im Rahmen einer jeden SE-Gründung zu beachten sind:

38 (1) Art. 2 und 3 SE-VO enthalten eine abschließende Aufzählung der Gründungsformen (**Numerus clausus der Gründungsformen**). Abgesehen vom Sonderfall der sog. sekundären SE-Gründung, also der Gründung einer Tochter-SE durch eine bereits existierende SE (vgl. Art. 3 Abs. 2 SE-VO),[70] ist die (primäre) Gründung einer SE lediglich dann möglich, wenn eine der in Art. 2 SE-VO aufgeführten vier Varianten erfüllt ist.[71]

39 (2) Des Weiteren wird die Gründung einer SE geprägt von der Einhaltung eines grenzüberschreitenden Elements (**Grundsatz der Mehrstaatlichkeit**). Danach haben die Gründungsgesellschaft(en) je nach Gründungsform entweder selbst oder über Tochtergesellschaften bzw. Niederlassungen eine grenzüberschreitende Gesellschaftsstruktur aufzuweisen.[72] Eine schlicht wirtschaftliche oder vertragsrechtliche grenzüberschreitende Verbindung genügt nicht.[73]

40 (3) Darüber hinaus sind – abgesehen von der Ausnahme in Art. 2 Abs. 5 SE-VO – lediglich die Gesellschaften zur unmittelbaren SE-Gründung berechtigt, die auch selbst nach dem Recht eines Mitgliedstaates der EU gegründet worden sind und sowohl ihren satzungsmäßigen Sitz als auch den ihrer Hauptverwaltung (Verwal-

---

[69] Vgl. *Schwarz* SE-VO Art. 2 Rn. 1.

[70] Zur sog. sekundären Gründungsform vgl. auch *Casper* AG 2007, 97 (98); *Schwarz* SE-VO Art. 2 Rn. 2.

[71] Zur historischen Entwicklung und zur Kritik am Mehrstaatenerfordernis sowie zu seiner Abmilderung im Verlauf der verschiedenen SE-VO-Entwurfvorschläge s. *Casper* AG 2007, 97 (98 f.); ausführlich auch *Schwarz* SE-VO Art. 2 Rn. 4 ff.

[72] Siehe näher *Schwarz* SE-VO Art. 2 Rn. 43 ff. Abweichend hierzu die zwischenzeitlich diskutierte und bereits wieder verworfene Rechtslage für die Einführung einer SPE. Hier sollte kein grenzüberschreitendes Element notwendig sein, vgl. KOM (2008) 396, 3; *Giedinghagen* NJW-Spezial 2008, 751; krit. *Hommelhoff/Teichmann* GmbHR 2008, 897 (900).

[73] Vgl. Manz/Mayer/Schröder/*Schröder* SE-VO Art. 2 Rn. 36.

D. Gründung der SE 41–43 § 19

tungssitz) in einem Mitgliedstaat der EU haben (**Zugehörigkeit zur Gemeinschaft**).[74]

(4) Zu guter Letzt werden nur bestimmte Gesellschaftsformen als Gründungsgesellschafter einer SE zugelassen (**Gründerfähigkeit**).[75] 41

b) Sinn und Zweck

Sinn und Zweck des zum einen abschließenden Charakters der Gründungsformen und der zum anderen grenzüberschreitenden Gesellschaftsstruktur der einzelnen Gründer im Zeitpunkt der Gründung der SE ist es, die SE als supranationale Rechtsform von der rein nationalen Aktiengesellschaft ab- und die Gründung der SE auf grenzüberschreitende Sachverhalte begrenzen zu können.[76] Es soll vermieden werden, dass der Rechts- und Geschäftsverkehr über die Größe und Tragweite der Europäischen Aktiengesellschaft getäuscht wird. Strenge Vorschriften des nationalen Gesellschafts- und/oder Mitbestimmungsrechts könnten infolge einer SE-Gründung ansonsten umgangen werden.[77] 42

Trotz der im Verlaufe des langjährigen Gesetzgebungsverfahrens immer weiter abgesenkten Anforderungen an den Numerus clausus und den Grundsatz der Mehrstaatlichkeit bleibt die unmittelbare Gründung einer SE durch eine **natürliche Person** jedoch ebenso ausgeschlossen wie die unter unmittelbarer Beteiligung einer **Nicht-EU-Gesellschaft**.[78] Ebenso verwehrt bleibt es einer nationalen Gesellschaft, unmittelbar als **Alleingründerin** eine (Tochter)-SE zu gründen, es sei denn, es handelt sich bei der Gründungsgesellschaft um eine existierende SE, vgl. Art. 2 Abs. 3, 3 Abs. 2 SE-VO.[79] 43

---

[74] Vgl. *Schwarz* SE-VO Art. 2 Rn. 33 ff.

[75] Vgl. *Schwarz* SE-VO Art. 2 Rn. 20 ff.

[76] Vgl. *Casper* AG 2007, 97, der sich ausführlich mit Sinn und Zweck dieser beiden Grundvoraussetzungen befasst; *Schwarz* SE-VO Art. 2 Rn. 11 ff. und Art. 4 Rn. 3: die Regelung zum Mindestkapital gilt als Schutzschranke vor dem Ausweichen nationaler AGs auf die Form der SE.

[77] Vgl. *Scheifele* Die Gründung einer Europäischen Aktiengesellschaft (SE), S. 68 ff.; Manz/Mayer/Schröder/*Schröder* SE-VO Art. 2 Rn. 41 ff.; *Schwarz* SE-VO Art. 2 Rn. 17 ff. Krit. Habersack/Drinhausen/*Habersack* SE-VO Art 2 Rn. 4.

[78] Natürliche Personen können erst nach wirksamer SE-Gründung oder durch späteren Anteilserwerb an einer SE beteiligt werden, vgl. *Casper* AG 2007, 97 (98); *Hirte* DStR 2005, 653 (655 f.); Manz/Mayer/Schröder/*Schröder* SE-VO Art. 2 Rn. 22; MHdB GesR IV/*Austmann* § 84 Rn. 1; *Schwarz* SE-VO Art. 2 Rn. 28 f. Von der Ermächtigung in Art. 2 Abs. 5 SE-VO, auch eine nicht in einem Mitgliedstaat der EU mit ihrer Hauptverwaltung ansässige Gesellschaft als Gründerin zuzulassen, hat Deutschland keinen Gebrauch gemacht, vgl. Manz/Mayer/Schröder/*Schröder* SE-VO Art. 2 Rn. 82 mwN; Schmitt/Hörtnagl/Stratz/*Hörtnagl* SE-VO Art. 2 Rn. 41; *Schwarz* SE-VO Art. 2 Rn. 106 ff. Die Möglichkeit zur Einbringung eines solchen Unternehmens im Wege der Sacheinlage bleibt hiervon jedoch unberührt, vgl. *Hirte* NZG 2002, 1; *Schwarz* SE-VO Art. 2 Rn. 42. Anders bei der zwischenzeitlich diskutierten SPE s. *Giedinghagen* NJW-Spezial 2008, 751.

[79] Manz/Mayer/Schröder/*Schröder* SE-VO Art. 2 Rn. 23 ff. Zur SE-Gründung durch eine deutsche Aktiengesellschaft im Wege des Formwechsels s. die Ausführungen in den Rn. 71 ff.

II. Gründungsformen und Gründungsverfahren[80]

1. SE-Gründung durch Verschmelzung

a) Gründungsform gem. Art. 2 Abs. 1 SE-VO

44 Art. 2 Abs. 1 SE-VO iVm Art. 17 ff. SE-VO, §§ 5 ff. SEAG sehen vor, dass Aktiengesellschaften, die nach dem Recht eines Mitgliedstaates gegründet worden sind und sowohl ihren Satzungs- als auch ihren Verwaltungssitz in der Europäischen Gemeinschaft haben, eine SE im Wege der **Verschmelzung** gründen können, wenn mindestens zwei der Aktiengesellschaften dem Recht verschiedener Mitgliedstaaten unterliegen.

Die Gründungsform der Verschmelzung steht somit ausschließlich Aktiengesellschaften offen,[81] und zwar in folgenden Variationen:

45 Zum einen durch **Aufnahme** des gesamten Vermögens der übertragenden Gesellschaft durch die bereits bestehende, aufnehmende Gründungsgesellschaft, mit der Folge, dass die übertragende Gründungsgesellschaft erlischt, ihre Aktionäre Anteile an der aufnehmenden Gründungsgesellschaft erhalten und diese sodann – im Wege eines zwangsläufig zwischengeschalteten und identitätswahrenden Formwechsels[82] – mit Eintragung die Form der SE annimmt, vgl. Art. 17 Abs. 2 Buchst. a, 29 Abs. 1 SE-VO.

46 Zum anderen durch **Neugründung** mittels Übertragung des gesamten Vermögens der Gründungsgesellschaften auf eine neu gegründete Gesellschaft, mit der Folge, dass die übertragenden Gründungsgesellschaften erlöschen, die Aktionäre der Gründungsgesellschaften Anteile an der neu gegründeten Gesellschaft erhalten und die neu gegründete Gesellschaft unmittelbar die Form der SE annimmt, vgl. Art. 17 Abs. 2 Buchst. b, 29 Abs. 2 SE-VO.[83]

47 Darüber hinaus ist die Einhaltung einer Zwei-Jahres-Frist oder sonstiger Voraussetzungen nach hM grundsätzlich nicht notwendig.[84] Etwas anderes hat lediglich bei einer Verschmelzung durch Aufnahme einer unmittelbar oder mittelbar 100%igen

---

[80] Für eine vertiefte Analyse der einzelnen Gründungsverfahren s. etwa auch die Darstellungen bei *Drees* S. 39 ff.; Manz/Mayer/Schröder/*Schröder* SE-VO Art. 15–37; *Schwarz* SE-VO Art 15 ff.; van Hulle/Maul/Drinhausen/*Teichmann* Abschn. 4 Rn. 1 ff. und Habersack/Drinhausen/*Habersack* SE-VO Art. 2 Rn. 1 ff. Zu den in Deutschland am häufigsten praktizierten Gründungsalternativen siehe *Schuberth/von der Höh* AG 2014, 439 (441 f.) (Vorratsgründung vor Gründung durch Formwechsel).

[81] Darunter fällt nach hM auch eine bereits existierende SE, weil sie gem. Art. 9 Abs. Buchst. c bzw. Art. 10 SE-VO in ihrem Sitzstaat als Aktiengesellschaft anzusehen ist, vgl. *Reichert* Der Konzern 2006, 821 (827); Habersack/Drinhausen/*Habersack* SE-VO Art. 2 Rn. 5. Ebenfalls erfasst ist nach hM die KGaA, vgl. MHdB GesR IV/*Austmann* § 84 Rn. 1 mwN; aA Habersack/Drinhausen/*Habersack* SE-VO Art. 2 Rn. 5. Zur Möglichkeit der Umwandlung einer SE in eine dem Recht ihres Sitzstaates unterliegende Aktiengesellschaft nach Ablauf einer Sperrfrist von zwei Jahren vgl. MünchKomm. AktG/Bd. 7/*Schäfer* SE-VO Art. 66 Rn. 1 ff.

[82] Vgl. Spindler/Stilz/*Casper* SE-VO Art. 17 Rn. 2.

[83] Zu den Verschmelzungsarten s. a. *Schwarz* SE-VO Art. 17 Rn. 4 ff. Eine Sitzverlegung im unmittelbaren Zusammenhang mit dem Formwechsel ist unzulässig, vgl. Art. 37 Abs. 3 SE-VO und van Hulle/Maul/Drinhausen/*Drinhausen* Abschn. 4 Rn. 1, 51.

[84] Zu der von der hM bejahten Frage, ob eine Verschmelzung zwischen herrschender AG und beherrschter AG möglich ist, vgl. MünchKomm. AktG/Bd. 7/*Oechsler/Mihaylova* SE-VO Art. 2 Rn. 13 f. mwN; Habersack/Drinhausen/*Habersack* SE-VO Art. 2 Rn. 6; Jannott/Frodermann/*Jannott* Kap. 3 Rn. 7; diese Möglichkeit ablehnend *Hirte* NZG 2002, 1 (3).

D. Gründung der SE 48, 49 **§ 19**

ausländischen Tochtergesellschaft zu gelten. Ansonsten wäre Art. 2 Abs. 4 SE-VO zu umgehen.[85]

b) Gründungsverfahren gem. Art. 17 ff. SE-VO

aa) Anwendbare Vorschriften. Auf das Gründungsverfahren im Wege der 48 Verschmelzung finden primär die Vorschriften der **Art. 17 ff. SE-VO** und ergänzend die Vorschriften des nationalen Rechts des künftigen Sitzstaates der zu gründenden SE Anwendung, vgl. **Art. 15 Abs. 1 SE-VO.** Für die an der Verschmelzung beteiligten Gründungsgesellschaften gelten die Vorschriften der Art. 17 ff. SE-VO ebenfalls. Infolge ausdrücklicher Verweisung des **Art. 18 SE-VO** werden sie ergänzt um die nationalen (Verschmelzungs-) Vorschriften des Mitgliedstaates, in dem sich der Sitz der jeweiligen Gründungsgesellschaft befindet.[86]

bb) Ablauf des Verfahrens. Die wesentlichen Schritte des Gründungsverfah- 49 rens durch Verschmelzung sehen vor, dass die Leitungs- oder Verwaltungsorgane der Gründungsgesellschaften zunächst einen **gemeinsamen Verschmelzungsplan** aufstellen, der gem. Art. 20 Abs. 1 Satz 2 SE-VO einen bestimmten Mindestinhalt aufweisen und – bei Beteiligung einer deutschen Gründungsgesellschaft – auch notariell beurkundet werden muss.[87] Zur Sicherstellung der ausreichenden Information der Aktionäre ist grundsätzlich auch ein **Verschmelzungsbericht** zu erstellen.[88] Anschließend erfolgt gem. Art. 21 SE-VO iVm § 5 SEAG die **öffentliche Bekanntmachung** des Verschmelzungsplans, an die sich – sofern nicht bereits zuvor erfolgt – gem. Art. 18 SE-VO iVm §§ 9 ff. UmwG die **Prüfung des Verschmelzungsplans** durch einen unabhängigen – für eine in Deutschland ansäs-

---

[85] So zu Recht Hirte NZG 2002, 1 (3); aA MHdB GesR IV/*Austmann* § 84 Rn. 1; Münch-Komm. AktG/Bd. 7/*Oechsler/Mihaylova* SE-VO Art. 2 Rn. 14.

[86] Vgl. auch MünchKomm. AktG/Bd. 7/*Schäfer* SE-VO Art. 18 Rn. 1 ff.; *Teichmann* ZGR 2002, 383 (415). Zum Ablauf des Verschmelzungsverfahrens s. a. Habersack/Drinhausen/ *Marsch-Barner* SE-VO Art. 17 Rn. 9 ff.; Spindler/Stilz/*Casper* SE-VO Art. 17 Rn. 4 ff. Zur vereinfachten Konzernverschmelzung iSd SE-VO Art. 31 vgl. MHdB GesR IV/*Austmann* § 84 Rn. 26 f.; MünchKomm. AktG/Bd. 7/*Schäfer* SE-VO Art. 31 Rn. 1 ff.

[87] Für eine entsprechende Anwendung des § 6 UmwG iVm Art. 18 SE-VO die ganz hM, s. Begr. RegE SEEG, BT-Drs. 15/3405, 33; Hirte NZG 2002, 1 (3); *Teichmann* ZGR 2002, 383 (420); MünchKomm. AktG/Bd. 7/*Schäfer* SE-VO Art. 20 Rn. 6; MHdB GesR IV/*Austmann* § 84 Rn. 9; Schwarz SE-VO Art. 20 Rn. 50 ff.; aA *Schulz/Geismar* DStR 2001, 1078 (1080). Zum notwendigen Inhalt des Verschmelzungsplans s. MünchKomm. AktG/Bd. 7/*Schäfer* SE-VO Art. 20 Rn. 12 ff.; Schwarz SE-VO Art. 20 Rn. 1 5 ff. Zur Abgrenzung des Verschmelzungsplans von einem Verschmelzungsvertrag iSd UmwG s. MünchKomm. AktG/Bd. 7/ *Schäfer* SE-VO Art. 20 Rn. 8; Schwarz SE-VO Art. 20 Rn. 12 ff. und 46.

[88] Die Pflicht zur Erstellung eines Verschmelzungsberichts ergibt sich zwar nicht ausdrücklich aus der SE-VO, ist jedoch allgemein anerkannt, s. MünchKomm. AktG/Bd. 7/ *Schäfer* SE-VO Art. 22 Rn. 13; Schwarz SE-VO Art. 20 Rn. 57 ff. Ebenso wie im deutschen Umwandlungsrecht ist jedoch auch hier ein Verschmelzungsbericht entbehrlich, wenn eine 100%ige Tochter auf die Muttergesellschaft verschmolzen wird oder ein notariell beurkundeter Verzicht auf den Verschmelzungsbericht erklärt wird, vgl. Art. 18 SE-VO iVm § 8 Abs. 3 UmwG; die Möglichkeit zum Verzicht befürwortend auch MHdB GesR IV/*Austmann* § 84 Rn. 17; MünchKomm. AktG/Bd. 7/*Schäfer* SE-VO Art. 22 Rn. 15; Schwarz SE-VO Art. 20 Rn. 60 f. Zur Problematik, ob bzw. inwieweit bei einer Verschmelzung durch Aufnahme aufgrund des vorgeschalteten Formwechsels der aufnehmenden (deutschen) Gesellschaft das Vermögen der übertragenden Gesellschaften gem. Art. 18 SE-VO iVm § 27 AktG als Sacheinlage in der SE-Satzung festzusetzen und in entsprechender Anwendung des Art. 37 Abs. 6 SE-VO eine Sacheinlageprüfung zu erfolgen hat s. MünchKomm. AktG/Bd. 7/*Schäfer* SE-VO Art. 20 Rn. 39.

sige Gründungsgesellschaft gerichtlich bestellten – Sachverständigen anschließt.[89] Zudem hat gem. Art. 23 SE-VO auf Ebene der Gründungsgesellschaften die **Zustimmung der jeweiligen Hauptversammlung** zum gemeinsamen Verschmelzungsplan zu erfolgen.[90]

50 Nach wirksamer Zustimmung sämtlicher Hauptversammlungen der Gründungsgesellschaften erfolgt eine **zweistufige Rechtmäßigkeitskontrolle**, zunächst die nationale Kontrolle auf Ebene der Gründungsgesellschaft(en) (vgl. Art. 25 SE-VO) und anschließend die übergreifende Kontrolle der für die SE in ihrem künftigen Sitzstaat zuständigen Stelle (vgl. Art. 26 SE-VO).[91] Nach positiver Entscheidungsfindung auf beiden Ebenen trägt das für die künftige SE zuständige Registergericht die Verschmelzung und Gründung der SE letztendlich in das Handelsregister ein, vgl. Art. 27 Abs. 1 SE-VO.

51 Die **Beteiligung der Arbeitnehmer** hat spätestens im Zeitpunkt der Bekanntmachung des Verschmelzungsplans zu erfolgen, vgl. § 4 Abs. 2 Satz 3 SEBG. Ist an der Gründung eine deutsche Gründungsgesellschaft beteiligt, hat deren Unternehmensleitung spätestens einen Monat vor dem Zeitpunkt des Beschlusses der Hauptversammlung den Verschmelzungsplan dem zuständigen Betriebsrat zuzuleiten, vgl. Art. 18 SE-VO iVm § 5 Abs. 3 UmwG.[92]

52 **cc) Schutz der Gläubiger und Minderheitsaktionäre.** Der Schutz der Gläubiger sowie der der Minderheitsaktionäre wird nicht durch explizite Vorschriften in der SE-VO, sondern mittels Verweises auf nationale Regelungen sichergestellt, Art. 24 SE-VO:

53 Danach haben die **Minderheitsaktionäre** einer deutschen Gründungsgesellschaft, die sich gegen die Verschmelzung ausgesprochen haben, je nach Begehren insb. die Möglichkeit zur Anfechtung des Verschmelzungsbeschlusses, zur Einleitung eines Spruchverfahrens zur Festlegung eines entsprechenden Barausgleichs bei unangemessener Berechnung des Umtauschverhältnisses sowie ein Sonderrecht auf Austritt gegen Barabfindung, wenn die deutsche Gründungsgesellschaft auf

---

[89] Teilweise wird die Prüfungspflicht auch unmittelbar aus Art. 22 SE-VO hergeleitet, vgl. *Kalss* ZGR 2003, 593 (637). Vgl. auch Habersack/Drinhausen/*Marsch-Barner* SE-VO Art. 22 Rn. 2.

[90] Zum grundsätzlichen Mehrheitserfordernis von mindestens drei Viertel des bei der Beschlussfassung vertretenen Grundkapitals einer deutschen Gründungsgesellschaft (Art. 18 SE-VO iVm § 65 Abs. 1 UmwG) und zum weiteren Genehmigungserfordernis iSd Art. 23 Abs. 2 Satz 2 SE-VO s. MHdB GesR IV/*Austmann* § 84 Rn. 23; Spindler/Stilz/*Casper* SE-VO Art. 23 Rn. 1 ff.

[91] Näher *Teichmann* ZGR 2002, 383 (416); *Heidel* Kap. 7 Rn. 18; vgl. zudem die entsprechenden Kommentierungen zu den Art. 25 und 26 SE-VO von Habersack/Drinhausen/*Marsch-Barner* SE-VO Art. 25 und 26; Spindler/Stilz/*Casper* SE-VO Art. 25, 26; MünchKomm. AktG/Bd. 7/*Schäfer* SE-VO Art. 25, 26; *Schwarz* SE-VO Art. 25, 26.

[92] Spindler/Stilz/*Casper* SE-VO Art. 20 Rn. 9; MünchKomm. AktG/Bd. 7/*Schäfer* SE-VO Art. 20 Rn. 10. Abweichend erfolgt im Rahmen einer grenzüberschreitenden Verschmelzung auf Grundlage der Richtlinie 2005/56/EG des Europäischen Parlaments und des Rates vom 26.10.2005 über die Verschmelzung von Kapitalgesellschaften aus verschiedenen Mitgliedstaaten, ABl. L 310 vom 25.11.2005, S. 1. (V-RL) eine Zuleitung des Verschmelzungsberichts an den Betriebsrat, da im Rahmen einer grenzüberschreitenden Verschmelzung dieser und nicht der Verschmelzungsplan die notwendigen Informationen beinhaltet, vgl. § 122e Satz 2 UmwG, *Simon/Rubner* Der Konzern 2006, 835 (837 f.); *Winter* Der Konzern 2007, 24 (33). Zur Frage der Arbeitnehmerbeteiligung bei einer SE-Gründung durch Verschmelzung zweier Aktiengesellschaften, von denen nur eine Arbeitnehmer hat, siehe *Schubert* RdA 2012, 146 ff.

D. Gründung der SE 54–57 § 19

eine ausländische SE verschmolzen wird, vgl. Art. 24 Abs. 2 SE-VO iVm §§ 6 und 7 SEAG, Art. 25 Abs. 3 SE-VO.[93]

Ein entsprechender Schutz für **Gläubiger** deutscher Gründungsgesellschaften 54 wird dadurch gewährleistet, dass ihnen unter bestimmten Voraussetzungen für ihre noch nicht fälligen Forderungen Sicherheiten zu leisten ist, vgl. Art. 24 Abs. 1 SE-VO iVm § 22 f. UmwG (SE mit künftigem Sitz in Deutschland) bzw. Art. 24 Abs. 1 SE-VO iVm §§ 8, 13 SEAG (SE mit künftigem Sitz im Ausland).[94]

2. Gründung einer Holding-SE

a) Gründungsform gem. Art. 2 Abs. 2 SE-VO

Art. 2 Abs. 2 SE-VO iVm Art. 32–34 SE-VO, §§ 9 ff. SEAG ermöglichen Aktien- 55 gesellschaften[95] und/oder Gesellschaften mit beschränkter Haftung die Gründung einer **Holding-SE**, wenn mindestens zwei von ihnen (i) dem Recht verschiedener Mitgliedstaaten unterliegen (Art. 2 Abs. 2 Buchst. a SE-VO), (ii) seit mindestens zwei Jahren eine dem Recht eines anderen Mitgliedstaates unterliegende Tochtergesellschaft oder (iii) seit mindestens zwei Jahren eine Zweigniederlassung in einem anderen Mitgliedstaat haben (Art. 2 Abs. 2 Buchst. b SE-VO).[96]

An diesem Bespiel wird deutlich, dass das **Mehrstaatlichkeitserfordernis** im 56 Laufe der Zeit an Bedeutung verloren hat. Während eine SE-Gründung durch Verschmelzung nur zwischen zwei in verschiedenen Mitgliedstaaten ansässigen Aktiengesellschaften möglich ist, wird für die Gründung einer Holding-SE ein geringer Maßstab veranschlagt. Danach genügt es, dass die hieran beteiligten Gründungsgesellschaften über einen Zeitraum von mindestens zwei Jahren eine Zweigniederlassung und/oder eine Tochtergesellschaft in zwei verschiedenen Mitgliedstaaten haben, ohne jedoch auch selbst in zwei verschiedenen Mitgliedstaaten inkorporiert sein zu müssen.[97]

Die Gründung einer Holding-SE geschieht dadurch, dass die Gesellschafter 57 der Gründungsgesellschaften ihre Anteile an den Gründungsgesellschaften gegen Anteilsgewährung an der künftigen Holding-SE in diese einbringen. Insoweit wird kein Gesellschaftsvermögen übertragen, sondern es kommt zu einem **Anteilstausch** auf Ebene der Gesellschafter der Gründungsgesellschaften, was dazu

---

[93] Ausführlich hierzu, insb. zu den Anforderungen an einen „Widerspruch" und die Rechte der Minderheitsaktionäre s. Begr. RegE SEEG, BT-Drs. 15/3405, 32 f.; Lutter/Hommelhoff/Teichmann/*Bayer* SE-VO Art. 24 Rn. 21 ff.; Spindler/Stilz/*Casper* SE-VO Art. 24 Rn. 9 ff.; MünchKomm. AktG/Bd. 7/*Schäfer* SE-VO Art. 24 Rn. 11 ff. Ein Minderheitsaktionär soll derjenige sein, der weniger als 50% der Anteile des Unternehmens hält, vgl. *Schwarz* SE-VO Art. 24 Rn. 18; aA Habersack/Drinhausen/*Marsch-Barner* SE-VO Art. 24 Rn. 15: alle Aktionäre, deren ablehnende Haltung nicht zur Verhinderung der mehrheitlich beschlossenen Verschmelzung führt. Allgemein zum Minderheitenschutz bei Gründung und Sitzverlegung der SE s. *Kalss* ZGR 2003, 593.
[94] Vgl. MünchKomm. AktG/Bd. 7/*Schäfer* SE-VO Art. 24 Rn. 7 ff.; Spindler/Stilz/*Casper* SE-VO Art. 24 Rn. 2 und 4 ff.
[95] Auch hier kann eine bereits existierende SE an der Gründung beteiligt sein, vgl. Fn. 81.
[96] Zur Definition und Unterscheidung der in der SE-VO nicht definierten Begriffe „Tochtergesellschaft" und „Zweigniederlassung" s. Manz/Mayer/Schröder/*Schröder* SE-VO Art. 2 Rn. 61 f.; *Schwarz* SE-VO Art. 2 Rn. 67, 71 ff.
[97] Vgl. Spindler/Stilz/*Casper* SE-VO Art. 32 Rn. 1; Habersack/Drinhausen/*Habersack* SE-VO Art. 2 Rn. 14; die zweijährige Mindestfrist dient zur Vermeidung von Umgehungen durch Scheingründungen, vgl. *Reichert* Der Konzern 2006, 821 (827); *Schwarz* SE-VO Art. 2 Rn. 75.

führt, dass die Gründungsgesellschaften zwangsläufig Tochtergesellschaften der künftigen Holding-SE werden.[98]

b) Gründungsverfahren gem. Art. 32 ff. SE-VO

58 aa) **Anwendbare Vorschriften.** Auf das Gründungsverfahren finden vorrangig die Vorschriften der Art. 32–34 SE-VO und ergänzend die nationalen Vorschriften des Rechts des künftigen Sitzstaates der Holding-SE zur Gründung einer Aktiengesellschaft (AG) Anwendung, vgl. Art. 15 Abs. 1 SE-VO. Aufgrund der Gründung im Wege der Anteilseinbringung hat die Gründung einer in Deutschland ansässigen Holding-SE zwingend nach den Vorschriften der **Sachgründung** zu erfolgen. Damit sind im Rahmen der Gründung insb. die Regelungen der §§ 27, 32 ff. AktG einzuhalten.[99] Auf Ebene der Gründungsgesellschaften finden primär die Vorschriften der Art. 32–34 SE-VO Anwendung, ebenfalls ergänzt um die Vorschriften des nationalen Rechts ihres jeweiligen Sitzstaates.[100]

59 bb) **Ablauf des Verfahrens.** Dieses bislang in Deutschland gesetzlich nicht geregelte Gründungsverfahren verläuft im Wesentlichen wie das im Wege der Verschmelzung.[101] Auch hier haben die Leitungs- oder Verwaltungsorgane nach Bewertung der beteiligten Unternehmen zunächst einen sog. **gemeinsamen Gründungsplan** einschließlich eines sog. **gemeinsamen Holdingberichts** aufzustellen, vgl. Art. 32 Abs. 2 Satz 1 und Satz 2 SE-VO. Als einheitliches Dokument bedürfen beide der notariellen Beurkundung.[102] Spätestens einen Monat vor Beschlussfassung der jeweiligen Hauptversammlung hat sodann die **öffentliche Bekanntmachung** zu erfolgen, gefolgt von einer **Prüfung** durch einen unabhängigen – für eine in Deutschland ansässige Gründungsgesellschaft gerichtlich bestellten – **Sachverständigen**, vgl. Art. 32 Abs. 3 und 4 SE-VO.[103] Zwar ist – im Gegensatz zum Gründungsverfahren durch Verschmelzung – die formelle Zuleitung des Gründungsplans an den Betriebsrat einer deutschen Gründungsgesellschaft entbehrlich.[104] Dennoch hat auch hier spätestens zum Zeitpunkt der Bekanntmachung des Gründungsplans unverzüglich und unaufgefordert die **Information der Arbeitnehmervertreter** über das Gründungsvorhaben zu erfolgen, vgl. § 4 Abs. 2 Satz 3 SEBG.

---

[98] Ausführlich Spindler/Stilz/*Casper* SE-VO Art. 32 Rn. 1; *Schwarz* Art. 32–34 Vorb. Rn. 3 ff.

[99] Vgl. Begr. RegE SEEG, BT-Drs. 15/3405, 34; MHdB GesR IV/*Austmann* § 84 Rn. 50; *Schwarz* SE-VO Art. 32–34 Rn. 3 mwN.

[100] Die ergänzende Anwendung des nationalen Rechts auf Ebene der Gründungsgesellschaften wird überwiegend aus einer analogen Anwendung des Art. 18 SE-VO abgeleitet, vgl. nur *Schwarz* Art. 32–34 Vorb. Rn. 11.

[101] Näher Spindler/Stilz/*Casper* SE-VO Art. 32 Rn. 1 f.; *Schwarz* Art. 32 Rn. 1 ff. Ausführlich zur Lösung gesellschafts- und übernahmerechtlicher Fragestellungen im Zusammenhang mit der Gründung einer Holding-SE siehe *Stöber* AG 2013, 110.

[102] Vgl. MHdB GesR IV/*Austmann* § 84 Rn. 46; Spindler/Stilz/*Casper* SE-VO Art. 32 Rn. 16; *Schwarz* SE-VO Art. 32 Rn. 37.

[103] Bei deutschen Gründungsgesellschaften richtet sich das Verfahren der Bekanntmachung nach den Vorschriften des § 61 UmwG und des § 10 HGB, vgl. MHdB GesR IV/*Austmann* § 84 Rn. 46 f.; *Schwarz* SE-VO Art. 32 Rn. 40. Zum Erfordernis der Auslegung in den Geschäftsräumen der Gründungsgesellschaft oder der Bekanntmachung im Internet iSd §§ 62 Abs. 3, 63 Abs. 1 Nr. 5 UmwG s. Spindler/Stilz/*Casper* SE-VO Art. 32 Rn. 19.

[104] Der deutsche Gesetzgeber hat von der ihm in Art. 34 SE-VO eingeräumten Ermächtigung keinen Gebrauch gemacht, vgl. MHdB GesR IV/*Austmann* § 84 Rn. 47; *Schwarz* SE-VO Art. 32 Rn. 42.

D. Gründung der SE   60–63 § 19

Nach entsprechender Information der Gesellschafter folgt sodann die **Beschluss-** 60
fassung der Gesellschafter der Gründungsgesellschaften über den Gründungsplan. In diesem Zusammenhang fällen sie auch eine Entscheidung darüber, ob sie die von ihnen an der Gründungsgesellschaft gehaltenen Gesellschaftsanteile gegen Gewährung von Gesellschaftsanteilen an der neu zu gründenden SE in diese einbringen möchten.[105] Wird dem Gründungsplan gem. § 10 Abs. 1 SEAG mit einer **Dreiviertelmehrheit** des bei der Beschlussfassung vertretenen Grundkapitals (AG) bzw. der abgegebenen Stimmen (GmbH) zugestimmt, entsteht zunächst eine sog. **Vor-SE**.[106]

Nunmehr wird den Gesellschaftern der Gründungsgesellschaften eine **Ent-** 61
scheidungsfrist von drei Monaten gewährt, in der sie sich ggü. ihrer Gründungsgesellschaft über die Einbringung ihrer Gesellschaftsanteile in die Vor-SE erklären müssen, vgl. Art. 33 Abs. 1 SE-VO. Die Einbringung der Gesellschaftsanteile selbst, also der dingliche Vollzug, hat aber erst spätestens im Zeitpunkt der Anmeldung der Gründung zum Handelsregister zu erfolgen.[107] Wird innerhalb der dreimonatigen Entscheidungsfrist bekannt, dass die gesetzlich zwingend vorgeschriebene **Mindestquote** an Gesellschaftsanteilen jeder Gründungsgesellschaft in die SE eingebracht wird, so dass die SE, spätestens mit Ablauf der Entscheidungsfrist, über **mehr als 50% der Stimmrechte** an jeder der Gründungsgesellschaften verfügt, vgl. Art. 32 Abs. 2 Satz 4 SE-VO, wird dies im zuständigen Register der jeweiligen Gründungsgesellschaft entsprechend bekannt gemacht.[108]

Im Falle des Erreichens der Mindestquote schließt sich nach Ablauf einer Frist von 62
einem weiteren Monat, in der sich ggf. noch weitere Gesellschafter der Gründungsgesellschaften über die Einbringung ihrer Gesellschaftsanteile erklären können, vgl. Art. 33 Abs. 3 Nr. 2 SE-VO, zumindest bei einer in Deutschland ansässigen Vor-SE die **Anmeldung** der Gründung durch sämtliche Gründungsgesellschaften zum Handelsregister an.[109] Im Gegensatz zum Gründungsverfahren durch Verschmelzung erfolgt hier lediglich eine einstufige Rechtmäßigkeitskontrolle durch das Registergericht am Sitz der künftigen SE.[110]

cc) Schutz der Gläubiger und Minderheitsgesellschafter. Der Vermögens- 63
schutz für die **Minderheitsgesellschafter** richtet sich bei der Gründung einer Holding-SE nach den Vorschriften der Art. 34 SE-VO iVm §§ 9 und 11 SEAG. Danach

---

[105] Vgl. nur Spindler/Stilz/*Casper* SE-VO Art. 33 Rn. 1.
[106] Vgl. MHdB GesR IV/*Austmann* § 84 Rn. 47. Ausführlich zur Vor-SE s. *Casper* Der Konzern 2007, 244; MHdB GesR IV/*Austmann* § 84 Rn. 75 ff. und *Schwarz* SE-VO Art. 16 Rn. 8 ff.
[107] Str., wie hier Spindler/Stilz/*Casper* SE-VO Art. 33 Rn. 6 f.; MünchKomm. AktG/Bd. 7/ *Schäfer* SE-VO Art. 33 Rn. 9; *Schwarz* SE-VO Art. 33 Rn. 17; aA MHdB GesR IV/*Austmann* § 84 Rn. 48; aA Manz/Mayer/Schröder/*Schröder* SE-VO Art. 33 Rn. 3 und 9.
[108] Zur erforderlichen Mindestquote s. Spindler/Stilz/*Casper* SE-VO Art. 32 Rn. 11; *Schwarz* SE-VO Art. 32 Rn. 18 ff. sowie Art. 33 Abs. 3 Satz 1 SE-VO. Zur Frage der Anwendbarkeit der Vorschriften des WpÜG, insb. von § 35 WpÜG (Pflichtangebot), im Rahmen einer Holding-Gründung vgl. *Stöber* AG 2013, 110; *Brandt* BB 2005, 1 (2); *DAV* NZG 2004, 957 (958) („... wird man in der Praxis vorsorglich davon ausgehen müssen, dass beide Angebotspflichten nebeneinander bestehen sollen."); van Hulle/Maul/Drinhausen/*Drinhausen* Abschn. 4 Rn. 63 ff.; *Horn* DB 2005, 147 (149); MHdB GesR IV/*Austmann* § 84 Rn. 54 f.
[109] Zum Verfahren s. MHdB GesR IV/*Austmann* § 84 Rn. 49. Ist die notwendige Mindestquote bereits vor Ablauf der Dreimonatsfrist erfüllt, kann die Anmeldung zum Handelsregister sowie die Eintragung der SE auch schon zu diesem Zeitpunkt erfolgen, vgl. Art. 33 Abs. 5 SE-VO und Spindler/Stilz/*Casper* SE-VO Art. 33 Rn. 17. In jedem Fall bedingt die Eintragung, dass zu diesem Zeitpunkt bereits auch schon eine verbindliche Entscheidung über die Beteiligung der Arbeitnehmer iSd Art. 12 Abs. 2 SE-VO vorliegt.
[110] Spindler/Stilz/*Casper* SE-VO Art. 33 Rn. 17.

haben die Minderheitsgesellschafter einer in Deutschland ansässigen Gründungsgesellschaft, die sich gegen den Gründungsplan ausgesprochen haben, etwa gem. Art. 34 SE-VO iVm § 9 SEAG einen Anspruch auf Austritt gegen Barabfindung. Dies gilt aber nur dann, wenn die künftige SE ihren Sitz im Ausland begründen oder aber eine abhängige Gesellschaft iSd § 17 AktG sein wird.[111] Das Recht auf Austritt gegen Barabfindung soll nach dem Willen des deutschen Gesetzgebers jedoch nur Gesellschaftern einer Gründungsgesellschaft in Form der Aktiengesellschaft zustehen. Gesellschafter einer GmbH sollen sich angeblich ausreichend durch eine entsprechende Satzungsgestaltung schützen können.[112]

64 Darüber hinaus soll unverständlicherweise sämtlichen Gesellschaftern der Gründungsgesellschaften, und zwar unabhängig davon, ob sie künftig Aktionäre der SE oder weiterhin (Minderheits-)Gesellschafter der Gründungsgesellschaft sind, das Recht zustehen, im Falle einer Unangemessenheit über bare Zuzahlungen eine Verbesserung des Umtauschverhältnisses verlangen zu können, vgl. Art. 34 SE-VO iVm § 11 SEAG. Hintergrund ist die Befürchtung, dass ansonsten die Anteilseigner, die im Grundsatz mit der Holding-Gründung einverstanden sind, die entsprechenden Beschlüsse lediglich wegen eines aus ihrer Sicht unangemessenen Umtauschverhältnisses anfechten könnten.[113] Die gerichtliche Überprüfung der Angemessenheit des Umtauschverhältnisses erfolgt – vorbehaltlich einer entsprechenden Anwendung des Art. 25 Abs. 3 SE-VO – auch hier im Wege des sog. Spruchverfahrens.[114]

65 Eine gesonderte Regelung zum Schutz der **Gläubiger** der Gründungsgesellschaften ist vom deutschen Gesetzgeber nicht vorgesehen, da es nicht zu einem Schuldnerwechsel kommt.[115]

3. Gründung einer Tochter-SE

a) Gründungsform gem. Art. 2 Abs. 3 SE-VO

66 Art. 2 Abs. 3 SE-VO iVm Art. 35–36 SE-VO verlangen für die wirksame Gründung einer Tochter-SE, dass mindestens zwei Gesellschaften oder juristische Personen des öffentlichen oder privaten Rechts iSd Art. 54 Abs. 2 AEUV (ex-Art. 48

---

[111] Vgl. Begr. RegE SEEG, BT-Drs. 15/3405, 34. Krit. *Habersack/Verse* § 13 Rn. 22 mwN. Ausführlich zum Schutz der Minderheitsaktionäre in dieser Fallkonstellation s. Spindler/Stilz/*Casper* SE-VO Art. 34 Rn. 3 ff.; *Schwarz* SE-VO Art. 34 Rn. 4 ff. Von dem Erlass gesonderter Schutzvorschriften für die Gläubiger der Gründungsgesellschaften auf Grundlage der Ermächtigung des SE-VO Art. 34 hat der deutsche Gesetzgeber mangels Regelungsbedarf zu Recht keinen Gebrauch gemacht, vgl. Habersack/Drinhausen/*Scholz* SE-VO Art. 34 Rn. 2; Spindler/Stilz/*Casper* SE-VO Art. 34 Rn. 6.

[112] Vgl. Begr. RegE SEEG, BT-Drs. 15/3405, 34.

[113] S. Begr. RegE SEEG, BT-Drs. 14/3405, 34; zu Recht krit. *DAV* NZG 2004, 957, 959; MHdB GesR IV/*Austmann* § 84 Rn. 56 mwN; Lutter/Hommelhoff/Teichmann/*Bayer* SE-VO Art. 34 Rn. 33 f.; Spindler/Stilz/*Casper* SE-VO Art. 34 Rn. 4; MünchKomm. AktG/Bd. 7/*Schäfer* SE-VO Art. 34 Rn. 6. In der Praxis sollte aufgrund des Wortlauts des § 11 SEAG und der diesbezüglich eindeutigen Gesetzesbegründung bis auf Weiteres jedoch davon ausgegangen werden, dass die Anspruchsberechtigung beiden Aktionärsgruppen zusteht, vgl. auch *Schwarz* SE-VO Art. 34 Rn. 13 f. Zu etwaigen Gestaltungsmöglichkeiten, das Zurückbleiben von Minderheitsaktionären zu vermeiden, s. *Reichert* Der Konzern 2006, 821 (828).

[114] Zur entsprechenden Anwendbarkeit des Art. 25 Abs. 3 SE-VO s. Begr. RegE SEEG, BT-Drs. 15/3405, 34; Spindler/Stilz/*Casper* SE-VO Art. 34 Rn. 2.

[115] Vgl. Lutter/Hommelhoff/Teichmann/*Bayer* SE-VO Art. 34 Rn. 4 mwN; MünchKomm. AktG/Bd. 7/*Schäfer* SE-VO Art. 34 Rn. 2; Manz/Mayer/Schröder/*Schröder* SE-VO Art. 34 Rn. 12 f.

D. Gründung der SE 67–70 § 19

Abs. 2 EG)[116] als Gründer (i) dem Recht verschiedener Mitgliedstaaten unterliegen (Art. 2 Abs. 3 Buchst. a SE-VO), (ii) seit mindestens zwei Jahren eine dem Recht eines anderen Mitgliedstaates unterliegende Tochtergesellschaft oder (iii) seit mindestens zwei Jahren eine Niederlassung in einem anderen Mitgliedstaat haben (Art. 2 Abs. 3 Buchst. b SE-VO).

Somit wurden auch hier die Anforderungen an das Mehrstaatlichkeitserfordernis 67 abgeschwächt. Im Gegensatz zur Gründung einer SE-Holding tritt hier jedoch noch die zusätzliche Erleichterung hinzu, dass die Gründer noch nicht einmal in Form einer Aktiengesellschaft oder GmbH organisiert sein müssen. Vielmehr genügt hier als Gründer jede **juristische Person des öffentlichen oder privaten Rechts** oder sonstige Gesellschaft iSd Art. 54 Abs. 2 AEUV (ex-Art. 48 Abs. 2 EG), die nach dem Recht eines Mitgliedstaates gegründet worden ist und sowohl ihren Satzungs- als auch ihren Verwaltungssitz in der Europäischen Gemeinschaft hat.[117]

b) Gründungsverfahren

aa) Anwendbare Vorschriften. Auf das Gründungsverfahren findet ausschließ- 68 lich das nationale Recht des künftigen Sitzstaates der Tochter-SE Anwendung, vgl. **Art. 15 Abs. 1 SE-VO.** Hinsichtlich der internen Willensbildung und Erfordernisse auf Ebene der Gründungsgesellschaften gelten ausschließlich die auf die jeweilige Gründungsgesellschaft anwendbaren nationalen Rechtsvorschriften ihres Sitzstaates, die auch bei Gründung einer Tochtergesellschaft in Form einer Aktiengesellschaft Anwendung finden würden, vgl. **Art. 36 SE-VO.**[118]

bb) Ablauf des Verfahrens. Im Vergleich zu den anderen Gründungsverfahren 69 erfolgt die Gründung einer Tochter-SE weitaus weniger formalisiert, da es sich hierbei grundsätzlich um eine reine **Bar- oder Sachgründung** handelt, die sich nach den entsprechenden Vorschriften zum Aktienrecht des künftigen Sitzstaates der SE richtet, vgl. Art. 15 SE-VO iVm § 23 AktG.[119]

Trotz der insgesamt wenigen Vorgaben hierzu auf europäischer Ebene bleibt 70 hervorzuheben, dass auch insoweit eine rechtzeitige **Einbindung der Arbeit-**

---

[116] Art. 54 Abs. 2 AEUV erfasst alle Gesellschaften des bürgerlichen und des Handelsrechts einschließlich Genossenschaften sowie alle sonstigen juristischen Personen des öffentlichen oder privaten Rechts, die keinen Erwerbszweck verfolgen, vgl. die Übersicht über die verschiedenen Gesellschaftsformen deutschen und ausländischen Rechts bei Manz/Mayer/Schröder/*Schröder* SE-VO Art. 2 Rn. 11 f., 16 ff., 76 und 80.

[117] Zur Ausweitung der Gründungsberechtigung vgl. auch *Lange* S. 69; *Habersack/Verse* § 13 Rn. 19; *Schwarz* SE-VO Art. 35 Rn. 5.

[118] Vgl. MünchKomm. AktG/Bd. 7/*Schäfer* SE-VO Art. 36 Rn. 3.

[119] Der Gründung einer gemeinsamen Tochter-SE im Wege der Spaltung durch Ausgliederung iSd § 123 Abs. 3 Nr. 2 UmwG steht bereits der Wortlaut des Art. 2 Abs. 3 SE-VO entgegen, der ausdrücklich eine (rechtsgeschäftliche) Gründung mittels „Zeichnung ihrer Aktien" vorschreibt, so zu Recht auch van Hulle/Maul/Drinhausen/*Maul* Abschn. 4 Rn. 10; MünchKomm. AktG/Bd. 7/*Schäfer* SE-VO Art. 36 Rn. 4; *Schwarz* SE-VO Art. 36 Rn. 22 f.; ähnlich auch Schmitt/Hörtnagl/Stratz/*Hörtnagl* SE-VO Art. 2 Rn. 35 und Habersack/Drinhausen/*Scholz* SE-VO Art. 35 Rn. 8, mit der Begründung, dass eine Ausgliederung von mehr als einem übertragenden Rechtsträger nicht durchgeführt werden könne; ebenso Spindler/Stilz/*Casper* SE-VO Art. 36 Rn. 3. Zur möglichen Zuständigkeit der Gesellschafter- bzw. Hauptversammlungen im Rahmen der Gründungsentscheidung s. Spindler/Stilz/*Casper* SE-VO Art. 36 Rn. 4; Habersack/Drinhausen/*Scholz* SE-VO Art. 36 Rn. 5 ff.; MünchKomm. AktG/Bd. 7/*Schäfer* SE-VO Art. 36 Rn. 5 f.; *Schwarz* SE-VO Art. 36 Rn. 11 ff. Zu den Sondervorschriften im Hinblick auf die Arbeitnehmermitbestimmung s. ebenfalls *Schwarz* SE-VO Art. 36 Rn. 24.

nehmervertreter zu erfolgen hat. Zeitlicher Anknüpfungspunkt ist jedoch nicht die Bekanntmachung eines Gründungsplans oÄ sondern der Abschluss der Vereinbarung eines Plans zur Gründung einer Tochtergesellschaft, vgl. § 4 Abs. 2 Satz 3 SEBG. Da es jedoch keine weiteren gesetzlichen Vorgaben gibt, in welcher Form oder zu welchem Zeitpunkt vom Abschluss einer Vereinbarung iSd § 4 Abs. 2 Satz 3 SEBG ausgegangen werden kann, ist die Bestimmung des Zeitpunktes zur pflichtgemäßen Information der Arbeitnehmervertreter über das Gründungsvorhaben in der Praxis nicht leicht zu ermitteln.[120] Wird dieser Weg zur Gründung einer SE eingeschlagen, sollte daher im Zweifel frühzeitig darauf hingewirkt werden, die Arbeitnehmervertreter über das geplante Vorhaben zu informieren, um mögliche Sanktionen wie zB die Auferlegung eines Bußgeldes nach § 46 SEBG zu vermeiden.

4. Gründung einer SE im Wege eines Formwechsels

a) Gründungsform gem. Art. 2 Abs. 4 SE-VO

71   Gemäß Art. 2 Abs. 4 SE-VO iVm Art. 37 SE-VO steht der Weg **eines Formwechsels in eine SE** lediglich einer Aktiengesellschaft offen, die nach dem Recht eines Mitgliedstaates gegründet ist und sowohl ihren Satzungs- als auch Verwaltungssitz in der Europäischen Gemeinschaft hat. Hinzu kommt, dass diese Aktiengesellschaft seit mindestens zwei Jahren eine dem Recht eines anderen Mitgliedstaates unterliegende Tochtergesellschaft haben muss. Dabei darf der Sitz der umzuwandelnden Gesellschaft aber nicht im Rahmen des Formwechsels in einen anderen Mitgliedstaat verlegt werden, vgl. Art. 37 Abs. 3 SE-VO.

72   Auffällig ist, dass es hier nicht zu einer entsprechenden Absenkung des Mehrstaatlichkeitserfordernisses gekommen ist, wie etwa im Rahmen der Regelungen über die Gründung einer Holding-SE oder derjenigen über die Gründung einer Tochter-SE. Nach dem eindeutigen Wortlaut soll eine zweijährige Zweigniederlassung in einem anderen Mitgliedstaat dem Mehrstaatlichkeitserfordernis gerade nicht genügen.[121] Insoweit sind die Gründungsvoraussetzungen lediglich dann erfüllt, wenn die Aktiengesellschaft seit mindestens zwei Jahren über eine dem Recht eines anderen Mitgliedstaates unterliegenden Tochtergesellschaft verfügt.

73   Die Umwandlung einer nationalen AG in eine SE ist – abgesehen von der Gründung einer Tochter-SE durch eine bereits existierende SE – die einzige Variante, die es erlaubt, eine SE unter unmittelbarer Beteiligung von nur einer Gesellschaft zu gründen. Ebenso wie im nationalen Umwandlungsrecht führt eine solche Umwandlung weder zur Auflösung der Gesellschaft noch zur Gründung einer neuen juristischen Person, sondern sie erfolgt **identitätswahrend**, vgl. Art. 37 Abs. 2 SE-VO.[122]

---

[120] Zutreffend MHdB GesR IV/*Austmann* § 84 Rn. 60. Vgl. auch MünchKomm. AktG/Bd. 7/*Schäfer* SE-VO Art. 36 Rn. 2; *Vossius* ZIP 2005, 741 (747).

[121] So auch *Blanquet* ZGR 2002, 20 (38); *Hirte* NZG 2002, 1 (3); Manz/Mayer/Schröder/*Schröder* SE-VO Art. 2 Rn. 59; *Schwarz* ZIP 2001, 1847 (1850); *ders*. SE-VO Art. 2 Rn. 104; Habersack/Drinhausen/*Habersack* SE-VO Art. 2 Rn. 22. Anders Art. 35 SCE-VO für den Formwechsel in eine sog. SCE.

[122] Spindler/Stilz/*Casper* SE-VO Art. 37 Rn. 3; *Habersack/Verse* § 13 Rn. 24 zur Zulässigkeit eines sog. „Kettenformwechsels" einer Gesellschaft einer nicht gründungsberechtigten Rechtsform über den Formwechsel zunächst in die AG und dann in die SE.

D. Gründung der SE 74–77 § 19

b) Gründungsverfahren gem. Art. 37 SE-VO

aa) Anwendbare Vorschriften. Auf das Gründungsverfahren im Wege der 74
Umwandlung finden primär die Vorschriften des **Art. 37 SE-VO** sowie ergänzend
und überwiegend die Vorschriften der **§§ 190 ff. UmwG** Anwendung, soweit sie
nicht dem Sinn und Zweck des § 37 SE-VO entgegenstehen, vgl. Art. 15 Abs. 1
SE-VO.[123] Im Wesentlichen verläuft das Gründungsverfahren damit ähnlich wie
das durch Verschmelzung oder durch Einbringung zur Holding-SE.[124]

bb) Ablauf des Verfahrens. Zunächst erfolgt auch hier die Aufstellung eines 75
Umwandlungsplans nebst **Umwandlungsbericht** durch das Leitungs- oder Verwaltungsorgan der Aktiengesellschaft, vgl. Art. 37 Abs. 4 SE-VO sowie anschließend zumindest die **öffentliche Bekanntmachung** des Umwandlungsplans, vgl.
Art. 37 Abs. 5 SE-VO[125] und (eingeschränkte) **Prüfung der Werthaltigkeit durch
einen unabhängigen Sachverständigen**, vgl. Art. 37 Abs. 6 SE-VO. Darüber
hinaus sind nach hM ein Gründungsbericht gem. § 32 AktG und eine Gründungsprüfung gem. § 33 AktG aufgrund des abschließenden Charakters des Art. 37 Abs. 6
SE-VO mit einer Mehrheit von mindestens drei Viertel des bei Beschlussfassung
vertretenen Grundkapitals nicht erforderlich.[126] Sodann folgt die Zustimmung
zum Umwandlungsplan und die Genehmigung der Satzung durch **Beschluss der
Hauptversammlung**, vgl. Art. 37 Abs. 7 Satz 1 sowie § 37 Abs. 1 Satz 2 SE-VO
iVm § 65 UmwG.[127] Letztendlich kommt es bei Vorliegen sämtlicher notwendiger
Voraussetzungen zur **Anmeldung und Eintragung** des Formwechsels in das
Handelsregister, vgl. Art 37 Abs. 9 SE-VO.[128]

Hinzuweisen bleibt zum einen darauf, dass auch hier eine rechtzeitige **Beteili-** 76
gung der Arbeitnehmer, spätestens nach Offenlegung des Umwandlungsplans,
zu erfolgen hat, vgl. Art. 4 Abs. 2 Satz 3 SEBG. Darüber hinaus ist der Umwandlungsplan spätestens einen Monat vor Beschlussfassung der Hauptversammlung
dem zuständigen Betriebsrat der Gründungsgesellschaft zuzuleiten, vgl. Art. 15
SE-VO iVm § 194 Abs. 2 UmwG.[129]

Erwähnenswert bleibt zum anderen, dass den einer Gründung im Wege des 77
Formwechsels widersprechenden **Minderheitsaktionären** kein Recht auf Austritt
gegen Barabfindung zusteht. Abweichend von den Regelungen zur Gründung

---

[123] Zum Ablauf des Verfahrens und zu etwaigen Unterschieden im Vergleich zum Formwechsel nach den Vorschriften des UmwG s. MHdB GesR IV/*Austmann* § 84 Rn. 63 ff.;
MünchKomm. AktG/Bd. 7/*Schäfer* SE-VO Art. 37 Rn. 6 ff.; Habersack/Drinhausen/*Bücker*
SE-VO Art. 37 Rn. 19 ff. Zu praxisrelevanten Fragestellungen im Zusammenhang mit dem
Gründungsverfahren im Wege des Formwechsels s. Louven/Ernst BB 2014, 323.
[124] Vgl. MünchKomm. AktG/Bd. 7/*Schäfer* SE-VO Art. 37 Rn. 6 ff.
[125] Habersack/Drinhausen/*Bücker* SE-VO Art 37 Rn. 43 verlangt zu Recht keine Offenlegung des Umwandlungsberichts; aA Spindler/Stilz/*Casper* SE-VO Art. 37 Rn. 12. Vorsorglich
kann sich dies aufgrund der ungeklärten Rechtslage in der Praxis aber empfehlen.
[126] Van Hulle/Maul/Drinhausen/*Drinhausen* Abschn. 4 Rn. 44 mwN, auch mit Verweisen
zur Gegenansicht und mit dem zutreffenden Hinweis, dass ungeachtet dessen in der Praxis
vorab nochmals die Abstimmung mit dem zuständigen Registergericht gesucht werden sollte.
[127] Vgl. MHdB GesR IV/*Austmann* § 84 Rn. 66.
[128] Ausführlich zum Ablauf des Gründungsverfahrens durch Formwechsel und zu weiteren
Voraussetzungen s. Spindler/Stilz/*Casper* SE-VO Art. 37 Rn. 7 ff.; van Hulle/Maul/Drinhausen/*Drinhausen* Abschn. 4 Rn. 7 ff. und Habersack/Drinhausen/*Bücker* SE-VO Art. 37 Rn. 22 ff.
[129] Siehe MünchKomm. AktG/Bd. 7/*Schäfer* SE-VO Art. 37 Rn. 6 f.; aA Habersack/Drinhausen/*Bücker* SE-VO Art. 37 Rn. 34, der aber dennoch aus praktischen Gesichtspunkten eine
Zuleitung empfiehlt.

durch Verschmelzung, vgl. Art. 24 Abs. 2 SE-VO, und zur Gründung einer Holding-SE, vgl. Art. 34 SE-VO, enthält Art. 37 SE-VO gerade keine Ermächtigung für den nationalen Gesetzgeber, weitere Vorschriften zum Schutz der Minderheitsaktionäre oder auch zum Schutz der Gläubiger zu kodifizieren. Somit bleibt sowohl den Vorschriften der §§ 194 Abs. 1 Nr. 6, 207 UmwG als auch denen der §§ 204, 22 UmwG die Anwendung versperrt.[130]

5. Gründung einer Tochter-SE durch bestehende SE

a) Gründungsform gem. Art. 3 Abs. 2 SE-VO

78 Ungeachtet der zuvor dargestellten primären Gründungsformen befasst sich Art. 3 Abs. 2 SE-VO mit der Möglichkeit der **(sekundären) Gründung einer Tochter-SE** durch eine bereits existierende SE. Insoweit handelt es sich aber eigentlich nur um eine konsequente Fortführung der Regelung in Art. 2 Abs. 3 SE-VO, wonach bereits jegliche juristische Personen des öffentlichen oder privaten Rechts unter Beachtung des Mehrstaatlichkeitserfordernisses eine Tochter-SE gründen können. Dies hat dann erst recht für eine bereits zuvor unter Beachtung der in Art. 2 SE-VO aufgeführten Voraussetzungen errichtete SE zu gelten.

79 Art. 3 Abs. 2 SE-VO erleichtert die Gründung einer Tochter-SE jedoch in zweierlei Hinsicht: Zum einen genügt hier – abgesehen von der Gründung durch Formwechsel – ausnahmsweise eine einzige Gründungsgesellschaft als **(Allein-) Gründerin**,[131] zum anderen bedarf es nicht der Einhaltung des Mehrstaatlichkeitserfordernisses.[132] Die (Mutter-)SE wird bereits aufgrund der Beachtung des Mehrstaatlichkeitsprinzips im Rahmen ihrer Gründung als mehrstaatlich angesehen. Das gilt selbst dann, wenn sie im Anschluss an ihre Eintragung im Handelsregister ihre Mehrstaatlichkeit wieder verloren haben sollte.[133]

b) Gründungsverfahren

80 Auf das Gründungsverfahren ist das Recht des Sitzstaates der künftigen Tochter-SE anzuwenden, vgl. Art. 15 Abs. 1 SE-VO. Die interne Willensbildung auf Ebene der bereits bestehenden (Mutter-)SE richtet sich primär nach den Regelungen der SE-VO und ergänzend nach den Vorschriften des nationalen Rechts ihres Sitzstaates, vgl. Art. 9 Abs. 1 Buchst. c Nr. ii SE-VO.[134] Für eine in Deutschland zu gründende Tochter-SE ist damit hiernach sowohl der Weg über eine **Bar- oder Sachgründung** (Art. 15 Abs. 1 SE-VO iVm §§ 23 ff. AktG) als auch über eine **Ausgliederung** (Art. 15 Abs. 1 SE-VO iVm § 123 Abs. 3 Nr. 2 UmwG) eröffnet.[135]

---

[130] *Habersack/Verse* § 13 Rn. 24. Vgl. auch MHdB GesR IV/*Austmann* § 84 Rn. 70 f. und MünchKomm. AktG/Bd. 7/*Schäfer* SE-VO Art. 37 Rn. 8 und 37 ff.; Habersack/Drinhausen/*Bücker* SE-VO Art. 37 Rn. 67.

[131] Dies gilt nach Art. 3 Abs. 2 Satz 2 selbst dann, wenn das nationale Aktienrecht keine Vorschriften über die Einpersonen-AG kennt, vgl. *Habersack/Verse* § 13 Rn. 23; *Schwarz* SE-VO Art. 3 Rn. 22.

[132] Vgl. *Reichert* Der Konzern 2006, 821 (827); Manz/Mayer/Schröder/*Schröder* SE-VO Art. 3 Rn. 15 ff.; *Schwarz* SE-VO Art. 3 Rn. 10; van Hulle/Maul/Drinhausen/*Teichmann* Abschn. 4 Rn. 6; *Thoma/Leuering* NJW 2002, 1449 (1451).

[133] Vgl. Manz/Mayer/Schröder/*Schröder* SE-VO Art. 2 Rn. 39; *Schwarz* SE-VO Art. 3 Rn. 21.

[134] Vgl. *Schwarz* SE-VO Art. 3 Rn. 13 f.

[135] MHdB GesR IV/*Austmann* § 84 Rn. 73; *Habersack/Verse* § 13 Rn. 26; *Reichert* Der Konzern 2006, 821 (834); *Schwarz* SE-VO Art. 3 Rn. 28 ff. Zur Unzulässigkeit der Gründung einer

III. Abweichende Gestaltungsmöglichkeiten

Die Möglichkeiten, trotz formaler Beachtung der zentralen Gründungsvoraussetzungen (zB des Numerus clausus der Gründungsformen und des Mehrstaatlichkeitserfordernisses) im Vorfeld der SE-Gründung abweichende Gestaltungsmöglichkeiten zu wählen, sind vielfältig.[136] 81

Grund hierfür ist zum einen, dass das Erfordernis der Mehrstaatlichkeit lediglich bis zur Gründung der SE, dh bis zum Zeitpunkt der Eintragung der SE in das zuständige Handelsregister vorliegen muss. Ein späterer Wegfall des grenzüberschreitenden Bezugs und damit des europäischen Charakters ist somit unerheblich.[137] 82

Zum anderen werden an die Gründungsgesellschaften selbst auf europäischer Ebene keine weiteren Anforderungen gestellt, insb. ist es nicht erforderlich, dass die Gründer bereits über einen bestimmten Zeitraum operativ am Markt tätig gewesen sein oder bestimmte Umsatzzahlen aufweisen müssen.[138] Daher sind nach ganz hM insb. auch sog. **Mantel- oder Vorratsgesellschaften** befugt, sich – ggf. mit Ablauf der entsprechenden zweijährigen „Wartefrist" – an der unmittelbaren Gründung einer SE als Gründungsgesellschaft zu beteiligen; vorausgesetzt, sie erfahren im jeweiligen Mitgliedstaat als solche eine rechtliche Anerkennung. Insoweit ist unter Einhaltung der jeweiligen nationalen Vorgaben – in Deutschland etwa den von der Rechtsprechung aufgestellten Anforderungen an eine wirtschaftliche Neugründung – auf diese Art und Weise auch der Weg zur Gründung einer sog. Vorrats-SE eröffnet.[139] Nach einer Bestandsaufnahme im Jahr 2014 handelt es sich hierbei mittlerweile sogar um die in Deutschland am häufigsten praktizierte Gründungsalternative.[140] 83

Aufgrund der Tatsache, dass **Art. 12 Abs. 2 SE-VO** die Eintragung einer SE im Handelsregister von seinem Wortlaut her jedoch erst zulässt, wenn (i) eine Vereinbarung über die Beteiligung der Arbeitnehmer geschlossen worden, (ii) gem. § 16 SEBG ein Beschluss über die Nichtaufnahme von etwaigen Verhandlungen gefasst worden oder (iii) die gesetzlich vorgeschriebene Verhandlungsfrist fruchtlos abgelaufen ist,[141] ist der Tatbestand des Art. 12 Abs. 2 SE-VO in diesem Fall **(Vorrats- oder Mantel-SE)** dahingehend teleologisch zu reduzieren, dass eine Eintragung 84

Tochter-SE durch Auf- oder Abspaltung s. *Marsch-Barner* in Liber amicorum Wilhelm Happ, S. 165 (169 ff.); aA *Reichert* Der Konzern 2006, 821 (834). Zur umstrittenen Frage, ob auch bei der Sekundärgründung eine Arbeitnehmerbeteiligung nach den Vorschriften des SEBG zu erfolgen hat, s. MünchKomm. AktG/Bd. 7/*Jacobs* SEBG Vor § 1 Rn. 10 ff. und van Hulle/Maul/Drinhausen/*Köklü* Abschn. 6 Rn. 109 f.

[136] Vgl. *Reichert* Der Konzern 2006, 821 (828 ff.) und Habersack/Drinhausen/*Habersack* SE-VO Art. 2 Rn. 27 ff.

[137] Vgl. *Drees* S. 34 (38); Schmitt/Hörtnagl/Stratz/*Hörtnagl* SE-VO Art. 2 Rn. 14; *Schwarz* SE-VO Art. 2 Rn. 49; *Thoma/Leuering* NJW 2002, 1449 (1451), Fn. 34.

[138] So zu Recht Spindler/Stilz/*Casper* SE-VO Art. 2 Rn. 21; *Kallmeyer* AG 2003, 197 (199); *Schwarz* SE-VO Art. 2 Rn. 23.

[139] Vgl. AG Düsseldorf, ZIP 2006, 287; AG München ZIP 2006, 1300 (1301). Zum Arbeitnehmerbeteiligungsverfahren bei der Vorrats-SE Jannott/Frodermann/*Jannott* 3. Kap. Rn. 304 ff.; Lutter/Hommelhoff/Teichmann/*Bayer* SE-VO Art. 2 Rn. 33 ff.; Spindler/Stilz/ *Casper* SE-VO Art. 2 Rn. 26 ff.; *Marsch-Barner* in Liber amicorum Wilhelm Happ, S. 165 (169 f.); *Reichert* Der Konzern 2006, 821 (828 ff.); MünchKomm. AktG/Bd. 7/*Schäfer* SE-VO Art. 16 Rn. 12; Habersack/Drinhausen/*Habersack* SE-VO Art. 2 Rn. 29.

[140] Vgl. *Schuberth/von der Höh* AG 2014, 439 (441 f.).

[141] Vgl. Rn. 99, 159.

einer (arbeitnehmerlosen) SE auch ohne vorheriges Verhandlungsverfahren möglich ist.[142] Schließlich kann bei einer arbeitnehmerlosen SE der Nachweis über eine Verhandlung mit Arbeitnehmern nicht erbracht werden.[143] Der entsprechende Schutz vor künftigen Umgehungen ist durch eine entsprechende Anwendung des **Art. 18 Abs. 3 SEBG** im Falle ihrer wirtschaftlichen Aktivierung bzw. Neugründung, also ihrer Ausstattung mit einem Unternehmen, gewährleistet.[144]

85 Des Weiteren ist im Rahmen der Gründung auch keine Einschränkung dahingehend vorgesehen, dass die Gründungsgesellschaften bereits über den gesamten Zweijahreszeitraum die zur Gründung einer SE berechtigende Gesellschaftsform bekleidet haben müssen. Somit genügt es zB, wenn sich eine Personengesellschaft, die seit mindestens zwei Jahren über eine ausländische Tochtergesellschaft oder Niederlassung verfügt, kurzfristig zunächst in eine Aktiengesellschaft und anschließend, ohne Einhaltung einer zweijährigen Wartefrist, erneut in eine (Mutter)-SE umwandelt.[145]

86 Trotz einzelner Bedenken[146] sind somit im Vorfeld der SE-Gründung eine Vielzahl an Typenkombinationen sowie Variationen denkbar, soweit die von Art. 2 SE-VO ausdrücklich aufgeführten Mindestvoraussetzungen im Zeitpunkt der Gründung der SE gewahrt bleiben. Versuche, das strenge Mehrstaatlichkeitserfordernis zu vermeiden, befreien jedoch nicht von der Notwendigkeit, auch in diesem Zusammenhang eine gewisse Mehrstaatlichkeit zu wahren.[147]

IV. Sonstige Gründungs- und Eintragungsvoraussetzungen

1. Mindestkapital sowie Kapital und Aktien (Art. 4 und 5 SE-VO)

87 Das **Grundkapital** der SE lautet auf Euro (Art. 4 Abs. 1 SE-VO) und muss mindestens 120.000 EUR betragen (Art. 4 Abs. 2 SE-VO).[148] Indes ist zu beachten, dass kraft ausdrücklicher Anordnung in Art. 4 Abs. 3 SE-VO im Zeitpunkt der Gründung ggf. auch noch ein höheres Grundkapital gezeichnet werden muss, wenn

---

[142] Mittlerweile ganz hM, vgl. nur OLG Düsseldorf I-3 Wx 248/08 ZIP 2009, 918, dazu *Giedinghagen/Rubner* EWiR 2009, 489; AG Düsseldorf, ZIP 2006, 287; AG München, ZIP 2006, 1300; *Bungert/Gotsche* ZIP 2013, 649 (650), mwN; Jannott/Frodermann/Kienast Kap. 13 Rn. 487; aA LG Hamburg, ZIP 2005, 2017 (2018); AG Hamburg 66 AR 76/05, ZIP 2005, 2017.

[143] *Bungert/Gotsche* ZIP 2013, 649 (650); *Giedinghagen/Rubner* EWiR 2009, 489 f.

[144] Ebenso OLG Düsseldorf ZIP 2009, 918 (919); *Bungert/Gotsche* ZIP 2013, 649 (650 f.); *Casper* AG 2007, 96 (97); Spindler/Stilz/*Casper* SE-VO Art. 2 Rn. 30 f.; *Habersack/Verse* § 13 Rn. 38; *Reinhard* RIW 2006, 68 (70); MünchKomm. AktG/Bd. 7/*Schäfer* SE-VO Art. 16 Rn. 13; krit. Lutter/Hommelhoff/Teichmann/*Bayer* SE-VO Art. 2, Rn. 35; Zum Arbeitnehmerbeteiligungsverfahren bei der Vorrats-SE s. Jannott/Frodermann/*Kienast* Kap. 13 Rn. 489 ff. sowie Habersack/Drinhausen/*Habersack* SE-VO Art. 2 Rn. 30 sowie 31 mit Blick auf die Anwendbarkeit der Grundsätze über die wirtschaftliche Neugründung.

[145] Vgl. auch *Drees* S. 38; Manz/Mayer/Schröder/*Schröder* SE-VO Art. 2 Art. 65. Ausführlich zur Zulässigkeit von verschiedenen Typenkombinationen und abweichenden Gestaltungsmöglichkeiten im Zusammenhang mit einer SE-Gründung s. Spindler/Stilz/*Casper* SE-VO Art. 2 Rn. 21 ff.

[146] Vgl. *Teichmann* ZGR 2002, 383 (411).

[147] So auch *Drees* S. 37.

[148] Zur früheren Kritik, dass dies die SE für kleinere und mittlere Unternehmen unattraktiv mache s. *Hommelhoff* AG 2001, 279 (286); *Schulz/Geismar* DStR 2001, 1078 (1082); aA Jannott/Frodermann/*Hagemann/Tobies* Kap. 4 Rn. 57; *Schwarz* SE-VO Art. 4 Rn. 3 und 6.

D. Gründung der SE 88–90 § 19

die Rechtsvorschriften des Mitgliedstaates, in dem die SE ihren Satzungssitz haben soll, ein entsprechend höheres Grundkapital für Gesellschaften vorschreiben, die bestimmte Arten von Tätigkeiten ausüben (zB Kapitalverwaltungsgesellschaft einer Investmentaktiengesellschaft gemäß § 25 Abs. 1 Nr. 1 KAGB oder REIT-Aktiengesellschaft gemäß § 4 REIT-Gesetz).[149]

In Bezug auf die Grundsätze zur **Kapitalaufbringung und -erhaltung**, die Art und Eigenschaft der **Aktien**, die Bedingungen zur Ausgabe möglicher **Schuldverschreibungen** und sonstiger vergleichbarer Wertpapiere behilft sich die SE-VO mit einem ausdrücklichen Verweis auf die jeweils aktuellen Vorschriften, die für eine AG mit Sitz in demselben Mitgliedstaat gelten, in dem die SE in das Handelsregister eingetragen ist, vgl. Art. 5 SE-VO.[150] 88

2. Gründungsurkunde (Art. 6 SE-VO)

Klarstellend weist Art. 6 SE-VO darauf hin, dass der Begriff der „Satzung der SE" zugleich die **Gründungsurkunde** und die eigentliche **Satzung** der SE bezeichnet.[151] 89

Ansonsten richtet sich das Gründungsverfahren für eine SE nach den jeweiligen nationalen aktienrechtlichen Vorschriften des Mitgliedstaates, in dem die SE ihren Satzungssitz begründet (vgl. Art. 15 Abs. 1 SE-VO).[152] Dass sowohl formelle (zB notarielles Beurkundungserfordernis) als auch materielle Anforderungen an die Gründung einer AG von Mitgliedstaat zu Mitgliedstaat teilweise voneinander abweichen, wird vom europäischen Gesetzgeber bewusst hingenommen. Nicht zuletzt auch aufgrund der Möglichkeit zur grenzüberschreitenden Sitzverlegung gem. Art. 8 SE-VO ist damit einem sog. Forum Shopping und einem Wettbewerb der nationalen Rechtsordnungen – innerhalb des europäischen Regelungsrahmens – grundsätzlich Tür und Tor geöffnet.[153] In der Praxis spielt dies für die Sitzwahl in der Regel aber eine eher untergeordnete Rolle. 90

---

[149] Vgl. Habersack/Drinhausen/*Diekmann* SE-VO Art. 4 Rn. 12.

[150] Insoweit finden auf eine in Deutschland eingetragene SE die Kapitalaufbringungs- und Erhaltungsvorschriften sowie die Regelungen zur Art und Ausgestaltung der Aktien des deutschen AktG Anwendung, vgl. Manz/Mayer/Schröder/*Mayer* SE-VO Art. 5 Rn. 15 ff.; Habersack/Drinhausen/*Diekmann* SE-VO Art. 5 Rn. 18 f. Lutter/Hommelhoff/*Merkt* Europ. Ges. S. 179 (190 f.); *Schwarz* SE-VO Art. 5 Rn. 1 ff. Zur Zulässigkeit und zu den Grenzen der Vinkulierung von Namensaktien in der SE s. Lutter/Hommelhoff/*Merkt* Europ. Ges. S. 179 (190); MünchKomm. AktG/Bd. 7/*Oechsler/Mihaylova* SE-VO Art. 5 Rn. 36; *Schroeter* AG 2007, 854 ff.

[151] Spindler/Stilz/*Casper* SE-VO Art. 6 Rn. 1. Zur Unterscheidung von Gründungsurkunde und Satzung s. *Schwarz* SE-VO Art. 6 Rn. 28 ff. Zur Abgrenzung von zwingendem und fakultativem Inhalt einer SE-Satzung s. van Hulle/Maul/Drinhausen/*Maul* Abschn. 2 Rn. 8 ff.

[152] Habersack/Drinhausen/*Diekmann* SE-VO Art. 6 Rn. 1. Daher hat diese Norm für eine in Deutschland ansässige SE keine praktische Bedeutung. Denn nach deutschem Recht muss die Gründungsurkunde auch die Satzung der Aktiengesellschaft und damit der SE enthalten, Art. 15 Abs. 1 SE-VO, §§ 2, 23 AktG.

[153] So auch *Enriques* ZGR 2004, 735; *Fleischer* AcP 204 (2004), 502 (510 f.); Lutter/Hommelhoff/Teichmann/*Lutter* SE-VO Einl. Rn. 31; *Nagel* DB 2004, 1299 (1303); *Reichert* Der Konzern 2006, 825; van Hulle/Maul/Drinhausen/*Teichmann* Abschn. 7 Rn. 16.

3. Sitz (Art. 7 und 8 SE-VO)

a) Sitz und Hauptverwaltung (Art. 7 SE-VO)

91 Art. 7 SE-VO schreibt zwingend vor, dass der Sitz (Satzungssitz) der SE in dem Mitgliedstaat liegen muss, in dem sich auch ihre Hauptverwaltung (Verwaltungssitz) befindet, vgl. Art. 7 Satz 1 SE-VO. Darüber hinaus steht jedem Mitgliedstaat das Recht zu, festzulegen, dass sich Satzungssitz und Verwaltungssitz sogar am selben Ort befinden müssen, vgl. Art. 7 Satz 2 SE-VO. Der deutsche Gesetzgeber hatte von dieser Ermächtigung ursprünglich Gebrauch gemacht, vgl. § 2 SEAG aF Dies hatte bislang zur Folge, dass sich **Satzungs- und Verwaltungssitz** einer in Deutschland ansässigen SE sogar am selben Ort befinden mussten.[154] § 2 SEAG aF wurde jedoch im Rahmen des Gesetzes zur Modernisierung des GmbH-Rechts und zur Bekämpfung von Missbräuchen (MoMiG)[155] ersatzlos gestrichen.

92 Kommt es abweichend hiervon auf europäischer Ebene jedoch zu einem **Auseinanderfallen von Satzungs- und Verwaltungssitz**, hat der Mitgliedstaat, in dem die SE ihren Satzungssitz hat, entsprechende Maßnahmen zu treffen, um den vorschriftswidrigen Zustand zu beenden, vgl. Art. 64 Abs. 1 SE-VO. Ansonsten droht die Liquidation der SE, vgl. Art. 64 Abs. 2 SE-VO.

93 Hat demnach eine SE ihren Satzungssitz in Deutschland, führt sie ihre Hauptverwaltung jedoch in einem anderen Mitgliedstaat, gilt dies als Satzungsmangel iSd § 262 Abs. 1 Nr. 5 AktG, der bei Nichtabhilfe nach entsprechender Aufforderung durch das Registergericht dazu führt, dass der Mangel in Anlehnung an die Vorschrift des § 399 FamFG (§ 144a FGG aF) rechtsverbindlich festgestellt und damit die SE aufgelöst wird, vgl. § 52 SEAG.[156]

94 Vor diesem Hintergrund stellt sich die Frage, ob die Regelung des Art. 7 SE-VO im Einklang mit den europäischen Grundfreiheiten steht. Immerhin wird es einer SE verwehrt, trotz der in den Art. 49, 54 AEUV kodifizierten **Niederlassungsfreiheit** ihren Verwaltungssitz zu verlegen, ohne den Satzungssitz gleich mitverlegen zu müssen.[157] Von einer (umfassenden) Niederlassungsfreiheit kann jedoch keine Rede sein, solange die Verlegung des Verwaltungssitzes zwingend an eine weitere Bedingung geknüpft wird, wie etwa in diesem Fall, den Satzungssitz gleich mitverlegen zu müssen.[158]

---

[154] Zur ursprünglichen Rechtslage vgl. Begr. RegE SEEG, BT-Drs. 15/3405, 31: „...um soweit wie möglich den Gleichlauf mit AktG § 5 Abs. 2 herzustellen"; *Schwarz* SE-VO Art. 7 Rn. 12.

[155] Art. 18 des MoMiG v. 23.10.2008 (BGBl. 2009 I 2041).

[156] Vgl. auch Spindler/Stilz/*Casper* SE-VO Art. 64 Rn. 4 f.; Lutter/Hommelhoff/Teichmann/*Ehricke* SE-VO Art. 64 Rn. 1 ff.; Habersack/Drinhausen/*Diekmann* SE-VO Art. 7 Rn. 19 ff.

[157] Ob allein aufgrund der Möglichkeit, bei Verlegung des Verwaltungssitzes auch den Satzungssitz identitätswahrend mitverlegen zu können, kein Verstoß gegen die Niederlassungsfreiheit gem. Art. 49, 54 AEUV (ex-Art. 43, 48 EG) vorliegt, erscheint zweifelhaft, in diese Richtung gehend aber Schmidt/Hörtnagl/Stratz/*Hörtnagl* SE-VO Vorb. Rn. 8.

[158] So zu Recht auch *Ringe* Die Sitzverlegung der Europäischen Aktiengesellschaft Tübingen 2006, S. 49 (74 ff.); *Wymeersch* CMLR 2003, 661 (693); *Ziemons* ZIP 2003, 1913 (1918); ebenfalls kritisch *Schwarz* SE-VO Art. 7 Rn. 13 ff.; aA Spindler/Stilz/*Casper* SE-VO Art. 7 Rn. 2; Lutter/Hommelhoff/Teichmann/*Ehricke* SE-VO Art. 64 Rn. 4; *Eidenmüller* JZ 2004, 24 (31); *Horn* DB 2005, 148 (153); MünchKomm. AktG/Bd. 7/*Oechsler/Mihaylova* SE-VO Art. 7 Rn. 2 und Habersack/Drinhausen/*Diekmann* SE-VO Art. 7 Rn. 24 unter Berufung auf die aktuelle EuGH-Rechtsprechung zur Zulässigkeit von Wegzugsbeschränkungen.

D. Gründung der SE 95–97 § 19

Zur Vermeidung etwaiger Zweifel an der europarechtlichen Konformität und 95
zur Schaffung von mehr Flexibilität dieser Regelung ist daher zu empfehlen, dem
Europäischen Rat die Abschaffung der Regelung über die zwingende Einheitlichkeit von Satzungs- und Verwaltungssitz vorzuschlagen.[159]

b) Grenzüberschreitende Sitzverlegung (Art. 8 SE-VO)

Eine die SE prägende Besonderheit verkörpert zudem der Regelungsgehalt des 96
Art. 8 SE-VO. Danach ist es erstmalig rechtlich zulässig, den (Satzungs-)Sitz einer
Kapitalgesellschaft auf europäischer Ebene grenzüberschreitend und unter Wahrung der Identität der Gesellschaft in einen anderen Mitgliedstaat zu verlegen, vgl.
Art. 8 Abs. 1 SE-VO.[160] Dies ist insbesondere eine Neuerung für Mitgliedstaaten,
die der Sitztheorie folgen. Die Verlegung des Satzungssitzes wurde danach bislang
verwehrt.[161] Insofern gilt es aber zu beachten, dass, wie bereits zuvor ausgeführt,
eine Satzungssitzverlegung nach Art. 7 SE-VO zugleich auch immer eine Verlegung
des Verwaltungssitzes mit einzubeziehen hat.

4. Firma (Art. 11 SE-VO) und Unternehmensgegenstand

Der Name der neu zu gründenden SE (Firma) hat gem. Art. 11 Abs. 1 SE-VO 97
den Zusatz „SE" voran- oder nachzustellen.[162] Eine in Deutschland ansässige SE

---

[159] Ähnlich *Schwarz* SE-VO Art. 7 Rn. 16; Habersack/Drinhausen/*Diekmann* SE-VO Art. 7 Rn. 25 ff.; in diese Richtung auch die Europäische Kommission bereits zur SPE, vgl. KOM (2008) 396, S. 7 sowie zur SE in ihrem Evaluierungsbericht v. 17.11.2010, KOM (2010) 676, Ziff. 4.2; vgl. auch *Giedinghagen* NJW-Spezial 2008, 751 (752) zur SPE und Jannott/Frodermann/*Hunger* Kap. 9 Rn. 24 zur SE.

[160] Ausführlich zum Ablauf des Verfahrens bei einer grenzüberschreitenden Sitzverlegung iSd SE-VO Art. 8 Abs. 2–14 s. die Darstellungen bei Spindler/Stilz/*Casper* SE-VO Art. 8 Rn. 2 und 7 ff.; *Oechsler* AG 2005, 373; MünchKomm. AktG/Bd. 7/Oechsler/*Mihaylova* SE-VO Art. 8 Rn. 10 ff.; MHdB GesR IV/*Austmann* § 85 Rn. 1 ff.; *Schwarz* SE-VO Art. 8 Rn. 4 ff.; van Hulle/Maul/Drinhausen/*Teichmann* Abschn. 7 Rn. 1 ff. und Lutter/Hommelhoff/Teichmann/ *Ringe* SE-VO Art. 8 Rn. 16 ff.; Habersack/Drinhausen/*Diekmann* SE-VO Art. 8 Rn. 11 ff.

[161] Vgl. Spindler/Stilz/*Casper* SE-VO Art. 8 Rn. 16; MünchKomm. AktG/Bd. 7/Oechsler/ *Mihaylova* SE-VO Art. 8 Rn. 1 ff., insb. auch mit einem schematischen Überblick über den Verfahrensablauf, s. Rn. 16. Zu den entsprechenden Bestrebungen auf europäischer sowie deutscher Ebene, dies auch nationalen Aktiengesellschaften zu ermöglichen, vgl. den Vorentwurf zur 14. gesellschaftsrechtlichen Richtlinie (Sitzverlegungsrichtlinie) ZIP 1997, 1721 sowie den Regelungsvorschlag des deutschen Bundesjustizministeriums, infolge einer Änderung von Art. 10 EGBGB sowohl die Gründungstheorie zu normieren als auch die grenzüberschreitende Verlegung des Satzungssitzes zuzulassen, s. RefE Gesetz zum Internationalen Privatrecht der Gesellschaften, Vereine und juristischen Personen, abrufbar unter www.bundesjustizministerium.de; *Leuering* ZRP 2008, 73. Zur rechtlichen Würdigung einer SE-Sitzverlagerung auf die Cayman Islands s. Heuschmid/*Schmidt* NZG 2007, 54. Zu möglichen bilanziellen Auswirkungen einer SE-Sitzverlegung s. Knittel/*Eble* BB 2008, 2288. Zur Vereinbarkeit von Wegzugsbeschränkungen mit der Niederlassungsfreiheit einerseits s. EuGH C-210/06, ZIP 2009, 24 („Cartesio") und zur Möglichkeit der innereuropäischen Sitzverlegung im Wege eines grenzüberschreitenden Formwechsels andererseits s. EuGH C-378/10, NJW 2012, 2715 („VALE") und im Anschluss daran OLG Nürnberg 12 W 520/13, DStR 2014, 812 ff. sowie *Krebs* GWR 2014, 144 sowie neuerdings EuGH C-106/16, DStR 2017, 2684 („Polbud") zur Zulässigkeit eines grenzüberschreitenden Formwechsels auch ohne Verlegung des Verwaltungssitzes in den Zuzugsstaat.

[162] Vgl. Habersack/Drinhausen/*Schürnbrand* EGBGB Art. 11 Rn. 2. Nach dem eindeutigen Wortlaut des Art. 11 Abs. 1 SE-VO genügt daher die ausschließliche Verwendung der Langform „Societas Europaea" den Anforderungen des Gesetzes nicht.

unterliegt zudem den nationalen Vorschriften der §§ 17 Abs. 2 bis 37a HGB, vgl. Art. 15 SE-VO bzw. Art. 9 Abs. 1 Buchst. c Nr. ii.[163]

98 Gesetzliche Vorgaben für einen bestimmten Unternehmensgegenstand oder Zweck der SE sind grundsätzlich nicht vorgesehen; insofern kann eine SE grundsätzlich auch zu Zwecken der Vermögensverwaltung oder zu ideellen oder gemeinnützigen Zwecken gegründet werden.[164]

5. Eintragung (Art. 12 SE-VO)

99 Letztendlich stellt Art. 12 SE-VO eine weitere, im Rahmen der SE-Gründung unbedingt zu beachtende Vorschrift dar. Insbesondere Art. 12 Abs. 2 iVm Art. 12 Abs. 3 SE-VO kommt als Schutzvorschrift zur Sicherung der Arbeitnehmerbeteiligung eine zentrale Funktion zu: Nach Art. 12 Abs. 2 SE-VO darf eine SE bekanntlich lediglich dann in das **Handelsregister** des entsprechenden Mitgliedstaates **eingetragen** werden, wenn (i) eine Vereinbarung über die Beteiligung der Arbeitnehmer gem. Art. 4 SE-RL geschlossen worden ist, (ii) ein Beschluss nach Art. 3 Abs. 6 SE-RL gefasst worden ist oder (iii) die Verhandlungsfrist nach Art. 5 SE-RL fruchtlos abgelaufen ist.[165]

100 Hat ein Mitgliedstaat hingegen von der ihm in Art. 7 Abs. 3 SE-RL eingeräumten Ausstiegsregelung (sog. „**Opt-out-Regelung**") Gebrauch gemacht, sprich im Rahmen der Umsetzung der SE-RL auf einen Teil der Auffangregelungen zur Sicherung eines Mindeststandards an Mitbestimmung für die betroffenen Arbeitnehmer verzichtet, ist konsequenterweise auch nur der Abschluss einer Vereinbarung über die Beteiligung der Arbeitnehmer gem. Art. 4 SE-RL – einschließlich einer Vereinbarung über die Umsetzung der Mitbestimmung – oder die Tatsache, dass keine der an der Gründung teilnehmenden Gesellschaften vor der Registrierung der SE Mitbestimmungsvorschriften unterlag, als Eintragungsvoraussetzung zwingend nachzuweisen, vgl. Art. 12 Abs. 3 SE-VO. Wegen des in Deutschland ohnehin geltenden hohen Mindeststandards im Bereich der Mitbestimmung hat der deutsche Gesetzgeber von der Option des Art. 7 Abs. 3 SE-RL jedoch keinen Gebrauch gemacht (vgl. §§ 22, 35 ff. SEBG).[166] Damit ist im Rahmen der Anmeldung einer künftig in Deutschland ansässigen SE grundsätzlich die Erfüllung einer der in Art. 12 Abs. 2 SE-VO aufgeführten Bedingungen nachzuweisen.[167] Die Anwendung des Art. 12 Abs. 3 SE-VO ist für eine in Deutschland zu gründende SE ausgeschlossen.

101 Kommt es im Nachhinein zu einer (erstmaligen oder erneuten) Neuregelung/Verhandlung etwaiger Mitbestimmungsrechte, ist die Satzung der SE den Ergebnissen entsprechend anzupassen, vgl. Art. 12 Abs. 4 SE-VO (**Gleichlaufgebot**).[168]

---

[163] Ausführlich *Schwarz* SE-VO Art. 11 Rn. 1 ff.
[164] *Krafka/Kühn* Registerrecht, 10. Aufl. 2017, Rn. 1747.
[165] Näher Spindler/Stilz/*Casper* SE-VO Art. 12 Rn. 6 ff.
[166] Vgl. MünchKomm. AktG/Bd. 7/*Schäfer* SE-VO Art. 12 Rn. 9; *Schwarz* SE-VO Art. 12 Rn. 24.
[167] Etwas anderes gilt lediglich dann, wenn es sich um die Gründung einer (arbeitnehmerlosen) Vorrats-SE handelt, vgl. Rn. 84 f.
[168] Vgl. Habersack/Drinhausen/*Schürnbrand* SE-VO Art. 12 Rn. 36 ff.

# E. Aufbau der SE (innere Organisation und Verfassung)

I. Management/Verwaltungsorgan

Im Hinblick auf die Ausgestaltung der Verwaltungsebene einer SE räumt die SE-VO ihren Gesellschaftern, abweichend vom deutschen Aktienrecht, ein Wahlrecht ein. Es besteht die Wahl zwischen der Einführung des sog. **dualistischen Systems**, bestehend aus Leitungs- und Aufsichtsorgan und insoweit vergleichbar mit dem deutschen System aus Vorstand und Aufsichtsrat, und des sog. **monistischen Systems**, bestehend aus einem einheitlichen Verwaltungsorgan (Verwaltungsrat) und daher vergleichbar mit dem anglo-amerikanischen Board-System.

Die Festlegung des Verwaltungssystems hat zwingend durch Satzungsbestimmung zu erfolgen, vgl. Art. 38 Buchst. b SE-VO. Somit ist auch noch ein späterer Wechsel des Verwaltungssystems durch **Satzungsänderung** möglich.[169]

1. Dualistisches System

Gesonderte Vorschriften zur Einführung und Ausgestaltung des **dualistischen Systems** auf Ebene der SE-VO finden sich in den Art. 39–42 SE-VO. Ergänzt werden diese durch die in den Art. 46–51 SE-VO geregelten Gemeinsamen Vorschriften für das monistische und dualistische System sowie die nachrangigen Vorschriften des nationalen Rechts, für eine SE mit Sitz in Deutschland somit insb. die der Art. 9 Abs. 1 Buchst. c Nr. i und Art. 9 Abs. 1 Buchst. c Nr. ii SE-VO iVm §§ 15–19 SEAG und §§ 76–116 AktG.

Im Falle des Formwechsels einer deutschen Aktiengesellschaft in eine SE mit dualistischem System nach Art. 2 Abs. 4, Art. 37 Abs. 1 SE-VO empfiehlt es sich, mit Blick auf die bislang nicht abschließend geklärte Rechtsfrage der (Dis-)Kontinuität der Ämter der bisherigen Vorstands- und Aufsichtsratsmitglieder, die jeweiligen Mitglieder im Zusammenhang mit dem Formwechsel vorsorglich noch einmal für die SE neu zu bestellen.[170]

a) Leitungsorgan

aa) Die **Zahl der Mitglieder** des Leitungsorgans und die Regeln für ihre Festlegung bestimmt die Satzung der SE, vgl. Art. 39 Abs. 4 Satz 1 SE-VO. Verfügt eine SE hingegen über ein Grundkapital von mehr als 3 Millionen EUR, so hat das Leitungsorgan aus mindestens zwei Personen zu bestehen, es sei denn, die Satzung sieht abweichend hierzu ausdrücklich die Leitung durch eine Person vor, vgl. Art. 39 Abs. 4 Satz 2 SE-VO iVm § 16 Satz 1 SEAG. Auch gilt dies für eine (kraft Gesetzes) mitbestimmte deutsche SE, deren Leitungsorgan sich ebenfalls aus mindestens zwei Mitgliedern (einschließlich eines Arbeitsdirektors) zusammenzusetzen hat, vgl. § 16 Satz 2 SEAG iVm § 38 Abs. 2 SEBG.[171]

---

[169] Vgl. Habersack/Drinhausen/*Scholz* SE-VO Art. 38 Rn. 29; *Hirte* NZG 2002, 1 (5); *Reichert* Der Konzern 2006, 821 (823); *Thoma/Leuering* NJW 2002, 1449 (1451). Zur Nichtqualifizierung dieses Systemwechsels als sog. strukturelle Änderung iSd § 18 SEBG s. Habersack/Drinhausen/*Scholz* SE-VO Art. 38 Rn. 30.
[170] Vgl. *Kleinherz/Leyendecker-Langner* AG 2013, 507 (510, 512).
[171] Vgl. Begr. RegE SEEG, BT-Drs. 15/3405, 35. Zur Rechtslage bei einer mitbestimmten deutschen Aktiengesellschaft s. *Hüffer/Koch* AktG § 77 Rn. 23.

107 bb) Die **Dauer**, für die eine Person zum Mitglied des Leitungsorgans bestellt werden darf, ist ebenfalls zwingend in der Satzung festzulegen.[172] Im Unterschied zum deutschen Aktienrecht beträgt die Höchstbestelldauer und auch die Höchstanstellungsdauer jedoch nicht nur fünf, sondern sechs Jahre, vgl. Art. 46 Abs. 1 SE-VO.[173] Dies kann – ggf. unter Inkaufnahme einer Abweichung von den Empfehlungen des deutschen Corporate Governance Kodex – bei der Wahl der Unternehmensform durchaus eine Rolle spielen.[174] Vorbehaltlich einer anders lautenden Satzungsbestimmung ist auch bei der SE die Wiederbestellung zum Mitglied des Leitungsorgans möglich, vgl. Art. 46 Abs. 2 SE-VO.[175] Die **Bestellung** zum Mitglied des Leitungsorgans erfolgt durch das Aufsichtsorgan, vgl. Art. 39 Abs. 2 Satz 1 SE-VO. Deutschland hat in Anlehnung an sein geltendes Aktienrecht nicht von der Ermächtigung des Art. 39 Abs. 2 Satz 2 SE-VO Gebrauch gemacht, eine Satzungsbestimmung zuzulassen, nach der auch die Mitglieder des Leitungsorgans durch die Hauptversammlung bestellt werden können.[176]

107a Im Übrigen hat – ebenso wie der Aufsichtsrat einer deutschen Aktiengesellschaft – auch der Aufsichtsrat einer SE, die entweder börsennotiert oder mitbestimmt ist (wobei jegliche Pflicht zur Mitbestimmung genügt), bei der Besetzung des Leitungsorgans neuerdings auf die Festlegung von Zielgrößen für den Frauenanteil im Leitungsorgan zu achten, vgl. Art. 9 Abs. 1 Buchst. c Nr. ii iVm § 111 Abs. 5 AktG (sog. „**weiche**" **Geschlechterquote**).[177]

108 cc) Gemäß Art. 47 Abs. 1 SE-VO iVm § 76 Abs. 3 Satz 1 AktG können in Deutschland nur natürliche Personen zu Mitgliedern des Leitungsorgans bestellt werden. Des Weiteren gilt auch bei der SE der **Grundsatz der Inkompatibilität** zwischen dem Amt als Mitglied des Leitungsorgans und dem des Aufsichtsorgans, vgl. Art. 39 Abs. 3 Satz 1 SE-VO. Eine Ausnahme besteht lediglich insoweit, als dass das Aufsichtsorgan eines seiner Mitglieder zur Wahrnehmung der Aufgaben eines Mitglieds des Leitungsorgans abstellen darf, wenn der betreffende Posten nicht besetzt ist und dies für keinen längeren Zeitraum als von einem Jahr erfolgt, vgl. Art. 39 Abs. 3 Satz 2 und 4 SE-VO iVm § 15 Satz 1 SEAG. Während dieses Zeitraums ruht das Amt im Aufsichtsorgan, vgl. Art. 39 Abs. 3 Satz 3 SE-VO.[178] Personen, die entweder nach deutschem Aktienrecht oder aufgrund einer entsprechenden Gerichts- oder Verwaltungsentscheidung innerhalb eines der anderen Mitgliedstaaten von der Ausübung des Amtes als Mitglied des Leitungsorgans **ausgeschlossen** sind, dürfen den Posten des Mitglieds des Leitungsorgans jedoch nicht bekleiden, vgl. Art. 47 Abs. 2 SE-VO.[179]

109 dd) Die **Abberufung** eines Mitglieds des Leitungsorgans erfolgt grundsätzlich ebenso wie die Bestellung durch (mehrheitliche) Beschlussfassung des Aufsichtsor-

---

[172] Vgl. DAV-Stellungnahme, NZG 2004, 75 (81); van Hulle/Maul/Drinhausen/*Drinhausen* 5. Abschn. Rn. 10.

[173] Zum Gleichlaufgebot bei Be- und Anstellung siehe Habersack/Drinhausen/*Seibt* SE-VO Art. 39 Rn. 30.

[174] Vgl. *Mutter/Götze* AG 2007, R 291.

[175] Zur Unzulässigkeit einer automatischen Wiederbestellung aufgrund einer Satzungsregelung, die zu einer Amtszeit von mehr als sechs Jahren führt, vgl. Habersack/Drinhausen/*Drinhausen* SE-VO Art. 46 Rn. 20.

[176] Vgl. Habersack/Drinhausen/*Seibt* SE-VO Art. 39 Rn. 16.; krit. *Hirte* DStR 2005, 653 (658).

[177] Vgl. Lutter/Hommelhoff/Teichmann/*Drygala* SE-VO Art. 39 Rn. 53.

[178] Zu eigenständigen Strafvorschriften für die SE sowie zur Anwendbarkeit nationalen Strafrechts auf die SE s. *Schlösser* NZG 2008, 126.

[179] Vgl. Lutter/Hommelhoff/Teichmann/*Teichmann* SE-VO Art. 47 Rn. 5 ff.

E. Aufbau der SE (innere Organisation und Verfassung) 110–111 § 19

gans, vgl. Art. 39 Abs. 2 SE-VO.[180] Zwar enthält die SE-VO keine eigenständige Regelung über die Abberufung aus wichtigem Grund, doch ist davon auszugehen, dass auch bei der SE eine entsprechende vorzeitige Abberufung eines Mitglieds des Leitungsorgans (nur) aus wichtigem Grund zulässig ist.[181]

ee) Ebenso wie bei einer deutschen Aktiengesellschaft führt auch das Leitungsorgan einer SE seine Geschäfte in eigener Verantwortung, vgl. Art. 39 Abs. 1 Satz 1 SE-VO (**Geschäftsführung**). Soweit die Satzung nichts anderes vorsieht, bedarf es für die Beschlussfähigkeit des Leitungsorgans der Anwesenheit bzw. Vertretung der Hälfte seiner Mitglieder; für eine wirksame Beschlussfassung innerhalb des Leitungsorgans genügt – in Abweichung zum Prinzip der Gesamtgeschäftsführung nach deutschem Aktienrecht – grundsätzlich die (einfache) Mehrheit der anwesenden bzw. vertretenen Mitglieder, vgl. Art. 50 Abs. 1 Buchst. a und b SE-VO.[182] Vorbehaltlich einer abweichenden Satzungsregelung gibt die Stimme des Vorsitzenden bei Stimmengleichheit den Ausschlag, vgl. Art. 50 Abs. 2 Satz 1 SE-VO. Im Unterschied zur vorherrschenden Auffassung im deutschen Aktienrecht hat dies aufgrund des eindeutigen Wortlauts des Art. 50 Abs. 2 Satz 1 SE-VO bei einer SE auch dann zu gelten, wenn sich das Leitungsorgan lediglich aus zwei Personen zusammensetzt.[183] Darüber hinaus ist anzumerken, dass bei entsprechender Satzungsregelung auch eine Beschlussfassung ohne (physische) Sitzung möglich ist, vgl. Art. 50 Abs. 1 SE-VO.[184] 110

Ebenso wie für den Vorstand einer deutschen Aktiengesellschaft besteht auch für das Leitungsorgan einer SE, die entweder börsennotiert oder mitbestimmt ist (wobei jegliche Pflicht zur Mitbestimmung genügt), die Pflicht, Zielgrößen für den Frauenanteil in den beiden unteren Führungsebenen festzulegen, vgl. Art. 9 Abs. 1 Buchst. c Nr. ii SE-VO iVm § 76 Abs. 4 AktG (sog. „**weiche**" **Geschlechterquote**).[185] 110a

ff) Abschließend sei darauf hingewiesen, dass sämtliche Mitglieder des Leitungsorgans auch nach ihrem Ausscheiden aus dem Amt einer fortgeltenden **Verschwiegenheitspflicht** unterliegen, vgl. Art. 49 Satz 1 SE-VO. Eine etwaige Haftung für einen Sorgfaltspflichtverstoß richtet sich nach den entsprechenden Vorschriften 111

---

[180] Zum Mehrheitserfordernis sowie zur Möglichkeit der Abweichung in der Satzung oder in der Beteiligungsvereinbarung iSd SEBG § 21 s. Lutter/Hommelhoff/Teichmann/*Drygala* SE-VO Art. 39 Rn. 37; *Bungert/Gotsche* ZIP 2013, 653.

[181] Vgl. Lutter/Hommelhoff/Teichmann/*Drygala* SE-VO Art. 39 Rn. 37 mwN; Habersack/Drinhausen/*Seibt* SE-VO Art. 39 Rn. 25; zur Rechtslage bei der AG s. § 84 Abs. 3 Satz 1 AktG sowie *Hüffer/Koch* AktG § 84 Rn. 34 f. und Schmidt/Lutter/*Seibt* § 84 Rn. 45 ff.; unklar *Hirte* NZG 2002, 1 (6).

[182] Zur genauen Berechnung bei Enthaltungen oder nicht abgegebenen Stimmen s. Habersack/Drinhausen/*Drinhausen* SE-VO Art. 50 Rn. 16; zum Grundsatz der Gesamtgeschäftsführung nach deutschem Aktienrecht (§ 77 Abs. 1 Satz 1 AktG) s. *Schwarz* SE-VO Art. 39 Rn. 95 und *Hüffer/Koch* AktG § 77 Rn. 1, 6.

[183] Vgl. auch *Mutter/Götze* AG 2007, R 292; Habersack/Drinhausen/*Drinhausen* SE-VO Art. 50 Rn. 26, jeweils mit dem Hinweis, dass ein Vetorecht zugunsten einzelner Vorstandsmitglieder bei der SE aufgrund Satzungsregelung zulässig ist; Lutter/Hommelhoff/Teichmann/*Drygala* SE-VO Art. 39 Rn. 20; Lutter/Hommelhoff/Teichmann/*Teichmann* SE-VO Art. 50 Rn. 24 ff. Zur Unzulässigkeit des Stichentscheids des Vorsitzenden bei einem zweigliedrigen Vorstand nach deutschem Aktienrecht s. *Hüffer/Koch* AktG § 77 Rn. 11 mwN.

[184] Vgl. Begr. RegE SEEG, BT-Drs. 15/3405, 38; Habersack/Drinhausen/*Drinhausen* SE-VO Art. 50 Rn. 11, der zu Recht auch ein Umlaufverfahren oder eine Beschlussfassung per Telefax oder E-Mail zulassen will. MünchKomm. AktG/Bd. 7/*Reichert/Brandes* SE-VO Art. 50 Rn. 52, die dies iE zu Recht bejahen. Hierfür spricht insb. auch die entsprechende Kodifikation für den Verwaltungsrat in § 35 Abs. 2 SEAG.

[185] Vgl. Lutter/Hommelhoff/Teichmann/*Drygala* SE-VO Art. 39 Rn. 11 ff.

des nationalen Rechts, für eine in Deutschland ansässige SE also insb. nach den entsprechenden Vorschriften des AktG, vgl. Art. 51 SE-VO.[186]

b) Aufsichtsorgan

112 aa) Die **Zahl der Mitglieder** des Aufsichtsorgans oder die Regeln für ihre Festlegung werden ebenfalls durch Satzungsregelung bestimmt, vgl. Art. 40 Abs. 3 Satz 1 SE-VO. Soweit die Satzung keine höhere Zahl festsetzt, ist für eine in Deutschland ansässige SE eine Mindestanzahl von drei[187] und, je nach Höhe des Grundkapitals der SE, ebenso wie bei einer deutschen Aktiengesellschaft, eine Höchstzahl von neun, 15 oder 21 Mitgliedern vorgeschrieben, vgl. Art. 40 Abs. 3 Satz 2 SE-VO iVm § 17 Abs. 1 SEAG. Die Beteiligung der Arbeitnehmer nach dem SEBG bleibt hiervon aber unberührt, vgl. § 17 Abs. 3 SEAG. Aufgrund der Nichtanwendbarkeit von DrittelbG und MitbestG (insbes. von § 7 MitbestG) ist damit etwa auch bei einer paritätisch mitbestimmten SE die Bildung eines kleinen Aufsichtsrats durch Beteiligung einer geringeren Zahl an anteilsmäßiger Repräsentanz von Arbeitnehmern im Aufsichtsrat möglich, soweit es sich nicht um eine SE-Gründung durch Formwechsel handelt, vgl. § 21 Abs. 6 SEBG.[188] Dies ist ein nennenswerter Vorteil der SE.[189] Dabei muss die Zahl der Aufsichtsratsmitglieder aber – ebenso wenig wie bei einer deutschen Aktiengesellschaft – nicht zwingend durch drei teilbar sein, sofern die Beteiligungsvereinbarung nichts Abweichendes regelt.[190]

112a Sofern die SE (i) börsennotiert ist und (ii) sich das Aufsichtsorgan aus derselben Zahl von Arbeitgeber- und Arbeitnehmervertretern zusammensetzt, müssen im Aufsichtsorgan Frauen und Männer mit jeweils einem Anteil von mindestens 30% vertreten sein (sog. „**harte" Geschlechterquote**), vgl. § 17 Abs. 2 Satz 1 SEAG.

112b Ist die SE lediglich börsennotiert oder mitbestimmt (wobei jegliche Pflicht zur Mitbestimmung genügt), sind vom Aufsichtsorgan Zielgrößen für den Frauenanteil im Aufsichtsrat festzulegen, vgl. Art. 9 Abs. 1 Buchst. c Nr. ii SE-VO iVm § 111 Abs. 5 Satz 1 Alt. 1 AktG (sog. „**weiche" Geschlechterquote**).[191] Die Festlegung der Ziele zum Frauenanteil und der Fristen zur Erreichung setzt voraus, dass das Aufsichtsorgan hierzu einen (ausdrücklichen) Beschluss fasst.[192]

113 Trotz der Öffnungsklausel in § 17 Abs. 3 SEAG hat sich eine **Beteiligungsvereinbarung iSd § 21 SEBG**, die zwischen den Leitungsorganen der Gründungsgesellschaften und dem hierzu installierten Vertretungsorgan der Arbeitnehmer, dem sog. besonderen Verhandlungsgremium (bVG), ausgehandelt werden soll,[193] an die

---

[186] MünchKomm. AktG/Bd. 7/*Reichert/Brandes* SE-VO Art. 51 Rn. 6.

[187] Eine Mindestanzahl von drei Mitgliedern macht eigentlich nur Sinn bei einem mitbestimmten Aufsichtsorgan. Aufgrund des eindeutigen Wortlauts und des gesetzgeberischen Willens ist diese Zahl jedoch zwingend zu beachten; vgl. die abweichende Regelung des § 23 Abs. 1 Satz 2 SEAG sowie *Schwarz* SE-VO Art. 43 Rn. 75 f.

[188] Zur Nichtanwendbarkeit von DrittelbG und MitbestG auf eine in Deutschland ansässige SE vgl. auch Rn. 150.

[189] *Bungert/Gotsche* ZIP 2013, 649; Lutter/Hommelhoff/Teichmann/*Drygala* SE-VO Art. 40 Rn. 31 mwN; vgl. auch *Kort* AG 2008, 137 (139 f.).

[190] Vgl. § 17 Abs. 1 Satz 3 SEAG.

[191] Zur „harten" Geschlechterquote im Aufsichts- bzw. Verwaltungsorgan einer SE siehe auch *Teichmann/Rüb* BB 2015, 259 (263 ff.) und *Grobe* AG 2015, 289 (290 ff.) und zur „weichen" Quote Lutter/Hommelhoff/Teichmann/*Drygala* SE-VO Art. 40 Rn. 18.

[192] Begr. RegE BT-Drs. 18/3784, 124; *Mense/Klie* GWR 2015, 441 (443), dort auch zu den damit verbundenen gesetzlichen Veröffentlichungs- und Bekanntmachungspflichten.

[193] Vgl. auch Rn. 151 ff.

zwingenden Vorgaben der SE-VO und die des SEAG zu halten. Insbesondere steht es den Verhandlungsparteien nach hier vertretener Auffassung nicht zu, in einer Vereinbarung gem. § 21 SEBG die Gesamtzahl der Mitglieder des Aufsichtsorgans verbindlich festzulegen oder vom Prinzip der Dreiteilbarkeit abzuweichen.[194] Die Festlegung der (absoluten) Gesamtgröße des Aufsichtsorgans obliegt allein der Entscheidung durch die Aktionäre, vgl. § 17 Abs. 1 Satz 1 und Satz 2 SEAG, § 21 Abs. 3 Satz 2 Nr. 1 SEBG. Eine Beteiligungsvereinbarung iSd § 21 SEBG hat sich daher auf die Festlegung der Zahl bzw. des quotalen Anteils der im Aufsichtsorgan vertretenen Arbeitnehmer zu beschränken.[195] Nach hM besteht aber die Möglichkeit, die zuvor genannte Geschlechterquote durch entsprechende Regelungen in der Beteiligungsvereinbarung zu vermeiden.[196]

bb) Ein Mitglied des Aufsichtsorgans darf ebenso wie das des Leitungsorgans für eine Höchstdauer von sechs Jahren bestellt werden. Die entsprechende Dauer ist auch hier in der Satzung festzulegen, vgl. Art. 46 Abs. 1 SE-VO. Im Gegensatz zu den Mitgliedern des Leitungsorgans erfolgt die **Bestellung** derer des Aufsichtsorgans grundsätzlich durch die Hauptversammlung, lediglich die Mitglieder des ersten Aufsichtsorgans (Arbeitnehmer- und Anteilseignervertreter) können kraft Satzungsregelung bestellt werden, vgl. Art. 40 Abs. 2 Satz 1 und 2 SE-VO. Etwaige Entsenderechte bleiben hiervon jedoch ebenso unberührt wie die originäre Wahl der Arbeitnehmervertreter, vgl. Art. 9 Abs. 1 Buchst. c Nr. ii SE-VO iVm § 101 Abs. 2 Satz 1 AktG bzw. Art. 40 Abs. 3 Satz 2 SE-VO.[197]

---

[194] So auch Jannott/Frodermann/*Kienast* Kap. 13 Rn. 437. Zur Frage der Rechtsfolge einer fehlerhaften Beteiligungsvereinbarung iSd § 21 SEBG s. Jannott/Frodermann/*Kienast* Kap. 13 Rn. 402 ff. mwN.
[195] Ebenso Begr. RegE SEEG, BT-Drs. 15/3405, 52 und 54; Kölner Komm./*Feuerborn* SEBG § 21 Rn. 53; *Habersack* AG 2006, 345 (352 f.); *Jacobs* in FS K. Schmidt 2009, 804; Jannott/Frodermann/*Kienast* 13. Kap. Rn. 436; *Kallmeyer* AG 2003, 197 (199), Lutter/Hommelhoff/Teichmann/*Lutter* SE-VO Einl. Rn. 41; *Oetker* ZIP 2006, 1119 (1116); MünchKomm. AktG/Bd. 7/*Reichert/Brandes* SE-VO Art. 43 Rn. 63; aA LG Nürnberg-Fürth, ZIP 2010, 372 (373), jedoch ohne nähere Begründung; *Bungert/Gotsche*, ZIP 2013, 649 (651) mwN; Habersack/Drinhausen/*Seibt* SE-VO Art. 40 Rn. 66 f.; *Deilmann/Häferer* NZA 2017, 607 (609 f.) Lutter/Hommelhoff/Teichmann/*Oetker* SEBG § 21 Rn. 41; *Heinze/Seifert/Teichmann* BB 2005, 2524; Manz/Mayer/Schröder/*Hennings* SE-RL Art. 4 Rn. 28; Lutter/Hommelhoff/Teichmann/*Teichmann* SE-VO Art. 43 Rn. 36 ff. zum Verwaltungsrat: Vorrang der Vereinbarungsautonomie. Dem ist jedoch entgegenzuhalten, dass der Vorrang der Verhandlungslösung nur ggü. gesetzlich vorgeschriebenen Regelungen über die Mitbestimmung, nicht jedoch auch ggü. Vorschriften über die gesellschaftsrechtliche Grundstruktur gelten soll, vgl. Begr. RegE SEEG, BT-Drs. 15/3405, 41. Art. 4 Abs. 2 Buchst. g SE-RL ermächtigt gerade nicht dazu, auch die absolute Zahl der Mitglieder des Aufsichts- bzw. Verwaltungsorgans im Rahmen der Beteiligungsvereinbarung festlegen zu können, ebenso MünchKomm. AktG/Bd. 7/ *Reichert/Brandes* SE-VO Art. 43 Rn. 58 ff. Gleichfalls ist die Frage zu verneinen, ob in der Beteiligungsvereinbarung das Verfahren zur Vorstandsbestellung geregelt werden kann, vgl. MünchKomm. AktG/Bd. 7/*Reichert/Brandes* SE-VO Art. 39 Rn. 24a; Lutter/Hommelhoff/ Teichmann/*Drygala* SE-VO Art. 39 Rn. 27.
[196] Vgl. Lutter/Hommelhoff/Teichmann/*Drygala* SE-VO Art. 40 Rn. 8 und 15 f.
[197] Zum AktG § 101 Abs. 2 s. Hüffer/*Koch* AktG § 101 Rn. 9 ff. Die Bestellung von Ersatzmitgliedern ist für eine in Deutschland ansässige SE ebenfalls möglich, vgl. Art. 9 Abs. 1 Buchst. c Nr. ii iVm AktG § 101 Abs. 3, s. Hüffer/*Koch* AktG § 101 Rn. 13 ff. Allgemein zum Verfahren der Mitgliederbestellung und zur Anwendung des Statusverfahrens s. § 17 Abs. 3 und 4 SEAG sowie LG Nürnberg-Fürth 1 HK O 8471/09, ZIP 2010, 372: Anwendbarkeit der §§ 97 f. AktG und Habersack/Drinhausen/*Seibt* SE-VO Art. 40 Rn. 35 ff. Zur Frage der Ämterkontinuität und Notwendigkeit eines Statusverfahrens beim Formwechsel einer deutschen

115 cc) Die **Abberufung** eines Mitglieds des Aufsichtsorgans einer in Deutschland ansässigen SE erfolgt nach denselben Regeln wie die eines Mitglieds des Aufsichtsrats einer deutschen Aktiengesellschaft, vgl. Art. 9 Abs. 1 Buchst. c Nr. ii SE-VO iVm § 103 AktG.[198]

116 dd) Die **Aufgaben des Aufsichtsorgans** beschränken sich darauf, die Geschäftsführung durch das Leitungsorgan zu überwachen. Es ist nicht berechtigt, die Geschäfte der SE selbst zu führen, vgl. Art. 40 Abs. 1 SE-VO. Damit das Aufsichtsorgan seiner Kontrollfunktion gerecht werden kann, hat das Leitungsorgan das Aufsichtsorgan mindestens alle drei Monate über den Gang der Geschäfte der SE und deren voraussichtliche Entwicklung (Prognose) zu unterrichten. Zudem hat es dem Aufsichtsorgan Informationen über Ereignisse mitzuteilen, die sich auf die Lage der SE spürbar auswirken können, vgl. Art. 41 Abs. 1 und Abs. 2 SE-VO. Darüber hinaus steht sowohl dem Aufsichtsorgan einer in Deutschland ansässigen SE als auch, in Übereinstimmung mit § 90 Abs. 3 Satz 2 AktG, jedem einzelnen Mitglied des Aufsichtsorgans das Recht zu, jederzeit nach Art. 41 Abs. 3 Satz 1 SE-VO Informationen an das Aufsichtsorgan als solches zu verlangen, vgl. Art. 41 Abs. 3 Satz 2 SE-VO iVm § 18 SEAG.[199]

117 ee) Zudem kann das Aufsichtsorgan einer in Deutschland eingetragenen SE – aber nur zusätzlich zu den von den Gesellschaftern in der Satzung festgesetzten zustimmungspflichtigen Geschäften, vgl. Art. 48 Abs. 1 Satz 1 SE-VO – selbst festlegen, welche Geschäfte darüber hinaus seiner Zustimmung bedürfen (**zustimmungsbedürftige Geschäfte**), vgl. Art. 48 Abs. 1 Satz 2 SE-VO iVm § 19 SEAG.[200] Von der weiteren Ermächtigung des Art. 48 Abs. 2 SE-VO, bereits im Gesetz festzulegen, welche Arten von Geschäften auf jeden Fall in die Satzung aufzunehmen sind, hat Deutschland keinen Gebrauch gemacht. Insoweit überlässt es der Gesetzgeber den Gesellschaftern bzw. dem Aufsichtsrat, den Katalog der zustimmungspflichtigen Geschäfte selbst zu bestimmen.

Aktiengesellschaft in eine dualistisch verfasste SE siehe *Kleinherz/Leyendecker-Langner* AG 2013, 507. Vorbehaltlich einer abweichenden Vereinbarung wird die Wahl der aus Deutschland stammenden Vertreter für die Arbeitnehmer von einem Wahlgremium durchgeführt, an dessen Vorschlag bzw. Wahl die Hauptversammlung im Rahmen ihres Bestellungsbeschlusses gebunden ist, vgl. § 36 Abs. 3 und 4 SEBG.

[198] Zur Abberufung von Arbeitnehmervertretern vgl. § 37 Abs. 1 SEBG und Begr. RegE SEEG, BT-Drs. 15/3405, 55.

[199] Vgl. Habersack/Drinhausen/*Seibt* SE-VO Art. 41 Rn. 18 ff.

[200] Vgl. § 111 Abs. 4 Satz 2 AktG als entsprechende Regelung für eine deutsche Aktiengesellschaft. Im Unterschied hierzu obliegt nach Art. 48 Abs. 1 Satz 1 und 2 SE-VO iVm § 19 SEAG den Gesellschaftern jedoch die Pflicht zur Festlegung zustimmungspflichtiger Geschäfte des Aufsichtsorgans in der Satzung. Die Möglichkeit, entsprechend § 111 Abs. 4 Satz 2 AktG den Katalog der zustimmungspflichtigen Geschäfte aus der Satzung vollständig herauszuhalten und dessen (flexiblere) Festlegung (sodann jedoch auch zwingend) dem Aufsichtsrat aufzuerlegen, besteht danach wohl nicht. Insoweit räumt § 19 SEAG dem Aufsichtsorgan nicht eine alternative, sondern lediglich eine zusätzliche Möglichkeit ein, über die in der Satzung bereits aufgeführten zustimmungspflichtigen Geschäfte hinaus weitere Geschäfte seiner Zustimmung zu unterstellen, vgl. Begr. RegE SEEG, BT-Drs. 15/3405, 36 („… die Mitgliedstaaten können darüber hinaus vorsehen…"); Spindler/Stilz/*Casper/Eberspächler* SE-VO Art. 48 Rn. 4; Habersack/Drinhausen/*Seibt* SE-VO Art. 48 Rn. 4 und 22; aA van Hulle/Maul/Drinhausen/*Drinhausen* Abschn. 5 Rn. 34: Es bleibe dem Aufsichtsorgan überlassen, welche Geschäfte es als zustimmungspflichtig festlegen wolle; differenzierend MHdB GesR IV/*Austmann* § 86 Rn. 7, der aufgrund des entsprechenden Wortlauts des Art. 48 Abs. 1 Satz 2 SE-VO („… jedoch…") allein für das dualistische System eine alternative Bestimmung durch Beschluss des Aufsichtsrats für zulässig erachtet.

ff) Das Aufsichtsorgan wählt aus seiner Mitte einen **Vorsitzenden**, soweit nicht 118
die Hälfte der Mitglieder von den Arbeitnehmern bestellt wird. In diesem Fall
darf der Vorsitzende des Aufsichtsorgans nur aus dem Kreis der (originär) von der
Hauptversammlung bestellten Anteilseignervertreter stammen, vgl. Art. 42 Satz 1
und 2 SE-VO.[201]

2. Monistisches System

Alternativ zum dualistischen System steht den Gesellschaftern einer SE auch 119
in Deutschland das sog. **monistische System** zur Wahl.[202] Im Gegensatz zum
dualistischen System gibt es mit dem Verwaltungsrat[203] lediglich ein echtes Verwaltungsorgan. Zusätzlich werden diesem sog. geschäftsführenden Direktoren
zur Seite gestellt. Im Gegensatz zum Vorstand einer Aktiengesellschaft handelt
es sich bei den geschäftsführenden Direktoren jedoch nicht um ein eigenständiges
und unabhängiges Organ der Gesellschaft, sondern vielmehr um Personen, die
vom Verwaltungsrat auserwählt und bestellt sind, um die Aufgaben der laufenden
Geschäftsführung für die Gesellschaft wahrzunehmen, vgl. § 40 SEAG. Sie sind
weisungsgebunden und können – vergleichbar mit GmbH-Geschäftsführern –
vom Verwaltungsrat jederzeit ohne Begründung abberufen werden, es sei denn,
die Satzung sieht abweichende Anforderungen vor, vgl. § 40 Abs. 5 Satz 1 SEAG.

Entscheidet sich eine SE mit Sitz in Deutschland kraft Satzungsbestimmung gem. 120
Art. 38 Buchst. b SE-VO iVm § 20 SEAG für die Einrichtung eines monistischen
Verwaltungssystems, so finden hierauf die Vorschriften der **Art. 43–51 SE-VO**,
ergänzt um die (nachrangigen) nationalen Vorschriften der §§ 20–49 SEAG, Anwendung. Die §§ 76–116 AktG sind nicht anwendbar, vgl. § 20 SEAG.

a) Verwaltungsrat

aa) Die **Zahl der Mitglieder** des Verwaltungsrats und die Regeln für ihre Fest- 121
legung bestimmen sich ebenfalls nach der Satzung, vgl. Art. 43 Abs. 2 Satz 1 SE-VO.
Für eine in Deutschland ansässige SE gilt eine Mindestzahl von drei Mitgliedern,
soweit die Satzung – einer nicht mitbestimmten SE – keine geringere Zahl vorsieht,
vgl. Art. 43 Abs. 2 Satz 2 SE-VO iVm § 23 Abs. 1 Satz 1 und Satz 2 Hs. 1 SEAG.
Insoweit besteht insb. für kleine und mittlere Unternehmen sowie für Tochtergesellschaften eines europäischen Konzerns im Unterschied zur dualistischen Struktur
eine flexiblere Gestaltungsmöglichkeit, da im monistischen System nicht nur die
Höchst-, sondern auch die Mindestzahl der Mitglieder satzungsdispositiv ist.[204]
Beträgt das Grundkapital der SE jedoch mehr als 3 Millionen EUR, muss auch der
Verwaltungsrat aus mindestens drei Mitgliedern zusammengesetzt sein, vgl. § 23
Abs. 1 Satz 2 2. Hs. SEAG; in diesem Fall entsprechen die Höchstzahlen denen für

---

[201] Vgl. Habersack/Drinhausen/*Seibt* SE-VO Art. 42 Rn. 5 ff.
[202] Ausführlich *Merkt* ZGR 2003, 650 sowie *Rockstroh* BB 2012, 1620.
[203] Verwaltungsrat ist die deutsche Bezeichnung des Verwaltungsorgans im monistischen System, vgl. die entsprechende Legaldefinition in § 20 SEAG sowie *Hirte* DStR 2005, 653 (657); ausführlich zum Verwaltungsrat der monistischen SE s. *Bachmann* ZGR 2008, 779 und Habersack/Drinhausen/*Verse* SEAG Vor § 20 Rn 1 ff.
[204] Begr. RegE SEEG, BT-Drs. 15/3405, 37; § 23 SEAG Rn. 4 ff. mwN; Habersack/ Drinhausen/*Verse* SE-VO Art. 43 Rn. 18 ff. Dies gilt vorbehaltlich einer Grundkapitalziffer von weniger als 3 Millionen EUR und der personellen Nichtidentität zwischen geschäftsführenden Direktoren und Mitgliedern des Verwaltungsrats, vgl. § 23 SEAG und § 40 Abs. 1 Satz 2 SEAG.

den Aufsichtsrat einer deutschen Aktiengesellschaft. Etwaige Beteiligungsrechte der Arbeitnehmer nach den Vorschriften des SEBG bleiben hiervon unberührt, vgl. § 23 Abs. 2 SEAG.[205] Ist ein bestimmter Mitbestimmungsstandard einzuhalten, muss auch hier nicht die absolute Zahl der Arbeitnehmervertreter, sondern lediglich ihr verhältnismäßiger Anteil im Verwaltungsrat gewahrt werden. Abweichend zum Aufsichtsorgan im dualistischen System muss die Anzahl der Mitglieder des Verwaltungsrats indes von vornherein zu keinem Zeitpunkt durch drei teilbar sein.[206]

121a Auch hier gilt es zu beachten, dass bei einer börsennotierten SE mit einem Verwaltungsrat, der sich aus derselben Zahl von Anteilseigner- und Arbeitnehmervertretern zusammenzusetzen hat, in diesem Frauen und Männer jeweils mit einem Anteil von mindestens 30% vertreten sein müssen (sog. **„harte" Geschlechterquote**), vgl. § 24 Abs. 3 Satz 1 SEAG.[207] Der nationale Gesetzgeber behandelt das Verwaltungsorgan insoweit wie einen Aufsichtsrat im dualistischen System, obwohl dem Verwaltungsorgan auch Elemente des Leitungsorgans innewohnen. Insofern kommt es bei der SE mit Blick auf die Geschlechterquote zu einer fragwürdigen Ungleichbehandlung zwischen dem Leitungsorgan im dualistischen System und dem Verwaltungsorgan im monistischen System.[208]

121b Ist die SE lediglich börsennotiert oder mitbestimmt (wobei jegliche Pflicht zur Mitbestimmung genügt), sind auch vom Verwaltungsrat durch entsprechenden Beschluss Zielgrößen für den Frauenanteil im Verwaltungsrat festzulegen, vgl. Art. 22 Abs. 6 SEAG iVm § 111 Abs. 5 Satz 1 Alt. 1 AktG (sog. **„weiche" Geschlechterquote**).[209]

122 bb) Ebenso wie die Mitglieder des Leitungsorgans und des Aufsichtsorgans beim dualistischen System werden auch sämtliche Mitglieder des Verwaltungsrats (Anteilseigner- und Arbeitnehmervertreter) für einen in der Satzung festzulegenden Zeitraum bestellt, ebenfalls jedoch nicht über einen Höchstzeitraum von sechs Jahren hinaus, vgl. Art. 46 Abs. 1 SE-VO. Die **Bestellung** erfolgt wie die der Mitglieder des Aufsichtsorgans in der dualistischen Struktur durch die Hauptversammlung der SE, es sei denn, es handelt sich um die ersten Mitglieder, die kraft Festlegung in der Satzung bestimmt werden können, vgl. Art. 43 Abs. 3 Satz 1 und 2 SE-VO.[210] Auch hiervon bleiben etwaige Entsenderechte sowie Beteiligungsrechte der Arbeitnehmer unberührt, vgl. Art. 43 Abs. 3 Satz 2 SE-VO.[211] Kommt es zwischen der Geschäftsleitung und dem bVG zu einer **Beteiligungsvereinbarung iSd § 21 SEBG** oder kraft Gesetzes zur Anwendung der §§ 34–38 SEBG, die insbesondere eine Entsendung von Arbeitnehmervertretern in den Verwaltungsrat vorsieht, setzt sich der Verwaltungsrat somit aus Mitgliedern zusammen, die zT von den Aktionären und zT von den Arbeitnehmern gewählt worden sind, vgl. § 24 Abs. 1 SEAG. Die persönlichen Anforderungen an die Mitglieder des Verwaltungsrats entsprechen denen, die an die Mitglieder des Aufsichtsorgans im dualistischen Sys-

---

[205] Zur Reichweite der Beteiligungsvereinbarung in diesem Fall Rn. 113 ff.
[206] Vgl. van Hulle/Maul/Drinhausen/*Drinhausen* Abschn. 5 Rn. 9; aA Habersack/Drinhausen/*Verse* SE-VO Art. 43 Rn. 23.
[207] Zur entsprechenden Regelung für das Aufsichtsorgan Rn. 112a.
[208] Vgl. Lutter/Hommelhoff/Teichmann/*Teichmann* SEAG § 24 Rn. 4.
[209] Zur weiterführenden Literatur, insbes. auch zu den damit verbundenen Veröffentlichungs- und Berichtspflichten, s. die Nachweise in Fn. 191.
[210] Zur Wahl der Arbeitnehmervertreter und Bindung der Hauptversammlung s. auch Rn. 113 f.
[211] Vgl. *Schwarz* SE-VO Art. 43 Rn. 102 sowie Habersack/Drinhausen/*Verse* SE-VO Art. 43 Rn. 29 f.

tem gestellt werden, vgl. § 27 Abs. 1 und 3 SEAG. Für die Arbeitnehmervertreter gelten darüber hinaus die in einer Beteiligungsvereinbarung bzw. in § 36 Abs. 3 SEBG festgelegten Kriterien, vgl. § 27 Abs. 2 SEAG. Auch der Verwaltungsrat einer „deutschen" SE kann sich lediglich aus natürlichen Personen zusammensetzen, vgl. § 27 Abs. 3 SEAG.

Die Einrichtung des monistischen Systems findet **bei mitbestimmten Gesellschaften** jedoch weniger Anklang, da eine Besetzung des Verwaltungsrats und damit eine Mitentscheidungsbefugnis der Arbeitnehmervertreter bei sämtlichen Leitentscheidungen der Geschäftsführung aus unternehmerischer Sicht nur selten gewollt ist.[212] Das Aufgabenspektrum des Verwaltungsrats beschränkt sich nicht nur – wie etwa das des Aufsichtsorgans im dualistischen System – auf die Überwachung und Kontrolle einer unabhängig agierenden Geschäftsführung, sondern vielmehr auch auf die eigene Vornahme und Koordinierung von Maßnahmen der Geschäftsführung und -leitung, gepaart mit der hierfür zu tragenden Letztverantwortung, vgl. Art. 43 Abs. 1 Satz 1 SE-VO.[213]

cc) Die **Abberufung** eines Mitglieds des Verwaltungsrats, das ohne Bindung an einen Wahlvorschlag von der Hauptversammlung bestellt worden ist, ist jederzeit durch die Hauptversammlung mit einer Dreiviertelmehrheit der abgegebenen Stimmen möglich, soweit die Satzung keine andere Mehrheit festgelegt hat, vgl. § 29 Abs. 1 SEAG. Wurde ein Mitglied des Verwaltungsrats aufgrund einer entsprechenden Satzungsbestimmung in diesen entsandt, kann dieses ebenfalls jederzeit von dem Entsendungsberechtigten abberufen werden, vgl. § 29 Abs. 2 Satz 1 SEAG. Darüber hinaus hat das Gericht auf einen mit einfacher Mehrheit gestellten Antrag des Verwaltungsrats ein Mitglied dieses Organs abzuberufen, wenn hierfür ein wichtiger Grund vorliegt, vgl. § 29 Abs. 3 Satz 1 SEAG. Dasselbe Recht steht Aktionären bzgl. eines kraft Satzungsbestimmung in den Verwaltungsrat entsandten Mitglieds zu, wenn deren Anteil entweder 10% des Grundkapitals oder einen anteiligen Betrag am Grundkapital von mindestens 1 Million EUR umfasst, vgl. § 29 Abs. 3 Satz 3 SEAG.[214]

dd) Der **Aufgabenbereich** des Verwaltungsorgans ist im Vergleich zu dem des Leitungsorgans und dem des Aufsichtsorgans im dualistischen System umfassender ausgestaltet. Im Grunde handelt es sich um eine Kombination aus den Aufgabenbereichen des Vorstands und des Aufsichtsrats einer deutschen Aktiengesellschaft.[215]

Im Gegensatz zum Aufsichtsorgan im dualistischen System stehen ihm also nicht nur Überwachungsbefugnisse zu, sondern es obliegt ihm vielmehr auch die Pflicht zur Leitung der Gesellschaft und zur Bestimmung der Grundlinien ihrer Tätigkeit, vgl. § 43 Abs. 1 Satz 1 SE-VO iVm § 22 Abs. 1 SEAG. Bei einer in Deutschland ansässigen SE werden zwar die Geschäfte der laufenden Verwaltung sowie die

---

[212] Vgl. *Schuberth/von der Höh* AG 2014, 439 (442); *Fleischer* AcP 204 (2004), 502 (522); *Kallmeyer* ZIP 2003, 1531 (1534); *Redeker* AG 2006, R 343 (R 345); *Reichert* Der Konzern 2006, 821 (824f.); *Habersack* AG 2009, 1 (8).
[213] Vgl. Begr. RegE SEEG, BT-Drs. 15/3405, 36. Zur grundsätzlichen Zulässigkeit von Kredit- und Finanzdienstleistungsinstituten auch in der Rechtsform einer monistischen SE vgl. *Schuster/Pitz* ZBB 2017, 76 ff.
[214] Zur Möglichkeit der Abberufung von Arbeitnehmervertretern s. § 37 SEBG sowie *Lutter/Hommelhoff/Teichmann/Teichmann* SE-VO Art. 43 Rn. 57.
[215] Vgl. *Hirte* DStR 2005, 653 (701); *Schwarz* SE-VO Anh. Art. 43 Rn. 41; *Lutter/Hommelhoff/Teichmann/Teichmann* SE-VO Art. 43 Rn. 63; *Habersack/Drinhausen/Verse* SE-VO Art. 43 Rn. 5 und SEAG § 22 Rn. 4.

Vertretung der Gesellschaft von den sog. geschäftsführenden Direktoren in eigener Verantwortung wahrgenommen, doch befreit dies den Verwaltungsrat nicht von seiner diesbezüglichen **Letzt- und Gesamtverantwortung**.[216] Wie bereits zuvor angedeutet, zeigt sich dies insb. daran, dass dieser als Organ dazu befugt ist, den geschäftsführenden Direktoren Weisungen zu erteilen und sie jederzeit kraft Mehrheitsbeschluss abzuberufen, vgl. §§ 40 Abs. 5, 44 Abs. 2 SEAG.

127 Zu seinem **Aufgabenspektrum** gehören insb. Tätigkeiten wie die Einberufung der Hauptversammlung, wenn es das Wohl der Gesellschaft erfordert oder sich bei Aufstellung einer Jahresbilanz oder einer Zwischenbilanz ein Verlust des Grundkapitals in mindestens der Höhe der Hälfte des Grundkapitals abzeichnet, die Führung der Handelsbücher, die Einleitung eines „Früherkennungssystems" bzgl. etwaiger Gefährdungen für den Fortbestand der Gesellschaft, die Beauftragung des Abschlussprüfers für den Jahres- und Konzernabschluss, die Prüfung des Jahresabschlusses, des Lageberichts und eines Vorschlags zur Gewinnverwendung sowie die Einsicht und Prüfung sämtlicher Bücher und Schriften der Gesellschaft, vgl. § 22 Abs. 1–5 SEAG.[217] Darüber hinaus ist auch dem Verwaltungsorgan durch entsprechende Satzungsregelung die Befugnis einzuräumen, außergewöhnlichen Maßnahmen der Geschäftsführung durch ausdrücklichen Beschluss zustimmen zu müssen, vgl. § 44 Abs. 2 SE-VO.

128 Sämtliche dem Verwaltungsrat kraft Gesetzes zugewiesenen Aufgaben stehen diesem ausschließlich zu und können daher zB auch nicht auf die geschäftsführenden Direktoren übertragen werden, vgl. § 40 Abs. 2 Satz 3 SEAG. Die Anforderungen an eine wirksame Beschlussfassung richten sich weitestgehend nach denen, die an eine wirksame Beschlussfassung im Leitungs- oder Aufsichtsorgan im dualistischen System gestellt werden vgl. Art. 50 Abs. 1 SE-VO iVm § 35 SEAG.[218]

129 Im Übrigen gelten für ihn sinngemäß sämtliche Rechtsvorschriften, die außerhalb des SEAG dem Vorstand oder dem Aufsichtsrat einer deutschen Aktiengesellschaft Rechte und Pflichten auferlegen, soweit diesen Rechtsvorschriften nach Sinn und Zweck keine Regelungen der SE-VO bzw. des SEAG entgegenstehen, vgl. § 22 Abs. 6 SEAG.[219]

130 ee) Ebenso wie das Aufsichtsorgan im dualistischen System wählt auch der Verwaltungsrat aus seiner Mitte einen **Vorsitzenden**, es sei denn, die Hälfte seiner Mitglieder wird von den Arbeitnehmern gestellt. In dieser Situation darf auch hier nur ein von der Hauptversammlung der Anteilseignervertreter bestelltes Mitglied zum Vorsitzenden gewählt werden, vgl. Art. 45 SE-VO. Die Wahl eines Sprechers ist indes ausgeschlossen.[220]

---

[216] Vgl. Begr. RegE SEEG, BT-Drs. 15/3405, 36 f.; Habersack/Drinhausen/*Verse* SEAG § 22 Rn. 4 ff.: van Hulle/Maul/Drinhausen/*Drinhausen* Abschn. 5 Rn. 22 ff.; *Hirte* DStR 2005, 653 (701); *Merkt* ZGR 2003, 650 (657 ff.); *Neye/Teichmann* AG 2003, 169 (179).

[217] Zum BilMoG s. *Habersack* AG 2008, 98 (100) und BilMoG BR-Drs. 270/09, 32 ff.

[218] Vgl. Rn. 104 ff. und zur Beschlussfassung im Leitungsorgan Rn. 110.

[219] Hieran wird ebenfalls deutlich, dass die Verantwortlichkeiten, die im dualistischen System auf Vorstand und Aufsichtsorgan verteilt sind, im monistischen System grundsätzlich beim Verwaltungsrat gebündelt werden, Begr. RegE SEEG, BT-Drs. 15/3405, 37, Habersack/Drinhausen/*Verse* SEAG § 22 Rn. 42 ff.

[220] Zur Wahl eines Stellvertreters sowie zur Möglichkeit der Verabschiedung einer eigenen Geschäftsordnung s. § 34 Abs. 1 und 2 SEAG. Allgemein zur inneren Ordnung des Verwaltungsrats s. van Hulle/Maul/Drinhausen/*Drinhausen* Abschn. 5 Rn. 14 ff. und Habersack/Drinhausen/*Verse* SEAG § 34 Rn. 1 ff.

ff) Art. 44 SE-VO schreibt dem Verwaltungsrat ebenso wie dem Aufsichtsorgan 131 im dualistischen System vor, dass er mindestens alle drei Monate zusammentreten muss, soweit die Satzung keinen geringeren Zeitabstand vorsieht.[221] Auch für die Mitglieder des Verwaltungsrats gilt sowohl während der Ausübung als auch nach der Beendigung ihres Amtes eine fortgeltende **Verschwiegenheitspflicht**, vgl. Art. 49 SE-VO.

gg) Hinsichtlich der Vergütung, der Gewährung von Krediten an Mitglieder 132 des Verwaltungsrats, sonstiger Verträge mit Mitgliedern des Verwaltungsrats sowie der Beachtung von Sorgfaltspflichten und sonstigen Rechten und Pflichten finden auf eine in Deutschland ansässige SE die **Vorschriften des AktG für den Aufsichtsrat** entsprechende Anwendung, vgl. §§ 38 f. SEAG. Ebenso finden sich im SEAG weitestgehend gleichlautende Vorschriften zu denen des AktG in Bezug auf die Bekanntmachung und gerichtliche Entscheidung über die Zusammensetzung des Verwaltungsrats (Statusverfahren), die ergänzende Bestellung durch das Gericht, die Nichtigkeit und Anfechtung der Wahl eines Verwaltungsratsmitglieds sowie die Wirkung eines entsprechenden Urteils, vgl. §§ 24 Abs. 2, 25, 26, 30, 31, 32 und 33 SEAG.

b) Geschäftsführende Direktoren

Hat eine SE ihren Sitz in Deutschland, so obliegt dem Verwaltungsrat bekannt- 133 lich die Pflicht, sog. geschäftsführende Direktoren zu bestellen, die sowohl die laufende Geschäftsführung als auch die nach außen hin unbeschränkbare Vertretung der Gesellschaft übernehmen, vgl. Art. 43 Abs. 1 Satz 2 SE-VO iVm §§ 40 Abs. 2, 41, 44 SEAG.[222]

aa) Der Verwaltungsrat hat **einen oder mehrere** geschäftsführende Direkto- 134 ren **zu bestellen**, vgl. Art. 43 Abs. 1 Satz 2 SE-VO iVm § 40 Abs. 1 Satz 1 SEAG. Handelt es sich um eine in Deutschland ansässige SE, die kraft Vereinbarung oder Gesetzes der Mitbestimmung unterliegt, sind mindestens zwei geschäftsführende Direktoren zu bestellen, vgl. § 40 Abs. 1 Satz 6 SEAG iVm § 38 Abs. 2 SEBG.[223] Es können sowohl externe Dritte als auch eigene Mitglieder des Verwaltungsrats zu geschäftsführenden Direktoren bestellt werden, Letztere jedoch nur, wenn sichergestellt ist, dass die Mehrheit der Mitglieder des Verwaltungsrats weiterhin nicht gleichzeitig die Position von geschäftsführenden Direktoren einnimmt, vgl. § 40 Abs. 1 Satz 2 SEAG. Im Übrigen kann die Satzung weitere Anforderungen an die Bestellung festlegen, vgl. § 40 Abs. 1 Satz 5 SEAG. Sowohl die Bestellung der geschäftsführenden Direktoren als auch Art und Umfang der ihnen erteilten Vertretungsbefugnis sind zum Handelsregister anzumelden, vgl. §§ 40 Abs. 1 Satz 3, 46 Abs. 1 Satz 2 SEAG.

Beabsichtigt man, das Verwaltungsorgan verstärkt als Kontrollorgan einzurich- 135 ten, sollten vorrangig **externe Dritte** zu geschäftsführenden Direktoren bestellt werden. Zwar ist mit der Regelung des § 40 Abs. 1 Satz 2 SEAG sichergestellt,

---

[221] Zur Einberufung, zum Ablauf und zur Beschlussfassung im Rahmen einer Sitzung des Verwaltungsrats vgl. SEAG §§ 34–37.
[222] Ausführlich zur Figur des geschäftsführenden Direktors s. Lutter/Hommelhoff/Teichmann/*Teichmann* SEAG § 40 Rn. 1 ff.; Habersack/Drinhausen/*Verse* SE-VO Art. 43 Rn. 7 ff. und SEAG § 40 Rn. 1 ff.; zu Fragen der Corporate Governance in der monistischen SE *Velte* WM 2010, 1635.
[223] *Hirte* DStR 2005, 653 (701); Lutter/Hommelhoff/Teichmann/*Teichmann* SEAG § 40 Rn. 15; *Thamm* NZG 2008, 132 (133).

dass die Mehrheit der Mitglieder nicht zugleich die Aufgaben der geschäftsführenden Direktoren wahrnehmen darf, doch ist es offensichtlich, dass – verbunden mit der Einräumung einer besonderen Machtstellung – eine unabhängige Überwachung und damit eine gute Corporate Governance weniger gewährleistet werden kann, wenn ein geschäftsführender Direktor zugleich das Amt des Mitglieds des Verwaltungsrats bekleidet.[224] Gleiches gilt für den Fall, dass der Verwaltungsrat – theoretisch – auch Arbeitnehmervertreter zu geschäftsführenden Direktoren bestellt hat.[225] Entscheidet man sich zur Bestellung externer Dritter, ist für eine in Deutschland ansässige SE zu beachten, dass diese in der Anmeldung über ihre Bestellung zu geschäftsführenden Direktoren zu versichern haben, dass keine Umstände vorliegen, die ihrer Bestellung nach § 40 Abs. 1 Satz 4 SEAG iVm § 76 Abs. 3 AktG entgegenstehen und dass sie über ihre unbeschränkte Auskunftspflicht ggü. dem Gericht belehrt worden sind, vgl. §§ 40 Abs. 1 Satz 4, 46 Abs. 2 SEAG.

136   Steht hingegen nicht so sehr die Kontroll-, sondern vielmehr die Leitungsfunktion des Verwaltungsorgans im Vordergrund, wie etwa in familiär oder sonst stark personalistisch geprägten, eigentümergeführten Gesellschaften sowie ggf. auch in konzernangehörigen Tochtergesellschaften, bietet gerade das monistische System die Möglichkeit, durch personelle Vereinigung von Leitungs- und Kontrollorgan in Person eines sog. „**Chief Executive Officer**" (CEO) eine Position zu schaffen, mit der sowohl eine erhöhte Effizienz in der Geschäftsführung als auch eine Verkürzung der Entscheidungswege verbunden ist.[226]

137   bb) Ausdruck der – etwa im Vergleich zur Rechtsstellung eines Vorstands einer deutschen Aktiengesellschaft – schwächeren Stellung der geschäftsführenden Direktoren ist nicht zuletzt der Umstand, dass die geschäftsführenden Direktoren ebenso schnell und ohne jegliche Begründung durch Beschluss des Verwaltungsrats wieder **abberufen** werden können, soweit die Satzung keine weiteren Anforderungen aufstellt. In Bezug auf den Anstellungsvertrag gelten sodann die allgemeinen Regeln, § 40 Abs. 5 Satz 1 und 2 SEAG.[227]

138   cc) Neben den bereits zuvor skizzierten Aufgaben der laufenden Geschäftsführung und der Vertretung der Gesellschaft (§§ 40 Abs. 2, 41, 44 SEAG) obliegen den geschäftsführenden Direktoren im Übrigen viele **Aufgaben**, die auch dem Vorstand einer deutschen Aktiengesellschaft zugewiesen sind.[228] Grund für die vermeintliche Aufgabentrennung zwischen Verwaltungsrat und geschäftsführenden Direktoren ist es, auch auf Ebene des monistischen Systems wenigstens eine gewisse Kontrolle auf Grundlage des sog. „Vier-Augen-Prinzips" gewährleisten

---

[224] Vgl. Begr. RegE SEEG, BT-Drs. 15/3405, 39; *Brandt* BB 2005, 1 (3); *Kallmeyer* ZIP 2003, 1531 (1533 f.); Lutter/Hommelhoff/Teichmann/*Teichmann* SEAG Art. 45 Rn. 7; *Thamm* NZG 2008, 132 (133).
[225] Vgl. Habersack/Drinhausen/*Verse* SEAG § 40 Rn. 14.
[226] Zur Figur des sog. „Chief Executive Officer" und den damit verbundenen Vorteilen s. Begr. RegE SEEG, BT-Drs. 15/3405, 39; *Redeker* AG 2006, R 343 (R 345); Habersack/Drinhausen/*Verse* SEAG § 40 Rn. 12.
[227] Soweit keine Abbedingung erfolgt ist, gelten insb. die §§ 620, 621 BGB, vgl. Begr. RegE SEEG, BT-Drs. 15/3405, 39.
[228] Vgl. zB §§ 40 Abs. 2–7, 40 Abs. 9, 41–47, 49 SEAG (zB Anmeldung zum Handelsregister, Aufstellung von Jahresabschluss und Lagebericht, Erstellung des konzernrechtlichen Abhängigkeitsberichts); vgl. auch Begr. RegE SEEG, BT-Drs. 15/3405, 37; Habersack/Drinhausen/*Verse* SEAG § 40 Rn. 31 ff.

E. Aufbau der SE (innere Organisation und Verfassung)

zu wollen.²²⁹ Selbstverständlich gilt dies vorbehaltlich der dem Verwaltungsrat kraft Gesetzes abschließend zugewiesenen (Leitungs-)Aufgaben, vgl. Art. 40 Abs. 2 Satz 3 SEAG.²³⁰

dd) Gemäß § 40 Abs. 8 SEAG findet hinsichtlich der Einhaltung von Sorgfaltspflichten und Verantwortlichkeit der geschäftsführenden Direktoren § 93 AktG entsprechende Anwendung. Bei der Beurteilung der Rechtmäßigkeit von Ausführungshandlungen ist hier aber zu berücksichtigen, dass – wie bereits ausgeführt – die geschäftsführenden Direktoren gem. § 44 Abs. 2 SEAG dem unmittelbaren Einfluss und den **Weisungen** des Verwaltungsrats unterliegen und daher dem Geschäftsführer einer deutschen GmbH näher stehen als dem Vorstand einer AG.²³¹

II. Hauptversammlung

Die Vorschriften betreffend die Zuständigkeit, Organisation, Einberufung und Durchführung einer **Hauptversammlung** sind in SE-VO und SEAG nur spärlich geregelt (vgl. Art. 52–60 SE-VO und §§ 50 f. SEAG). Aufgrund einer partiellen Gesamtverweisung in Art. 53 SE-VO finden insb. für die Organisation, den Ablauf sowie das Abstimmungsverfahren weitestgehend die Vorschriften der §§ 121 ff. AktG Anwendung, soweit diese diesbezügliche Regelungen enthalten.²³² Gleiches gilt für die Zuständigkeit der Hauptversammlung. Neben den ausdrücklich in der SE-VO festgelegten Zuständigkeiten²³³ ist die Hauptversammlung der SE gem. Art. 52 Abs. 2 SE-VO in allen Fragen zuständig, die ihr das nationale Aktienrecht des Sitzstaates sowie ggf. die Satzung der SE zuweist. Insoweit obliegt ihr bei einer „deutschen" SE damit auch in Fällen des § 119 Abs. 2 AktG sowie bei Maßnahmen, die den von der Rechtsprechung entwickelten „Holzmüller"- bzw. „Gelatine"-Grundsätzen unterfallen, die Entscheidungskompetenz.²³⁴ Bei entsprechender Satzungsregelung kann die Hauptversammlung einer in Deutschland ansässigen SE unter Umständen auch im Ausland abgehalten werden.²³⁵

Eine der nennenswerten Abweichungen zum deutschen Aktienrecht besteht aber etwa darin, dass die ordentliche Hauptversammlung der SE bereits **innerhalb**

---

²²⁹ So ausdrücklich der deutsche Gesetzgeber, vgl. Begr. RegE SEEG, BT-Drs. 15/3405, 37 und 39.
²³⁰ Vgl. auch *Horn* DB 2005, 147 (150); *Thamm* NZG 2008, 132.
²³¹ Begr. RegE SEEG, BT-Drs. 15/3405, 39; Lutter/Hommelhoff/Teichmann/*Teichmann* SEAG § 40 Rn. 5; Habersack/Drinhausen/*Verse* SEAG § 40 Rn. 74; Jannott/Frodermann/ *Frodermann* Kap. 5 Rn. 141.
²³² Vgl. *Knapp* DStR 2012, 2392; Spindler/Stilz/*Casper/Eberspächer* SE-VO Art. 53 Rn. 1; *Hirte* DStR 2005, 653 (702 f.); Jannott/Frodermann/*Fürst/Klahr* Kap. 6 Rn. 1 ff. und 12 ff.; Habersack/Drinhausen/*Bücker* SE-VO Art. 53 Rn. 1 ff. Die Vorschrift des Art. 53 SE-VO ist neben der Regelung des Art. 9 Abs. 1 Buchst. c Nr. ii SE-VO eigentlich überflüssig, so zu Recht MHdB GesR IV/*Austmann* § 86 Rn. 26.
²³³ Vgl. Art. 8, 39, 40, 43, 59, 66 Abs. 6 SE-VO und Art. 3 Abs. 1 iVm Art. 23 Abs. 1 und 32 Abs. 6 SE-VO.
²³⁴ *Habersack/Verse* § 13 Rn. 47 mwN; Jannott/Frodermann/*Fürst/Klahr* Kap. 6 Rn. 20 und 34 ff.; *Knapp* DStR 2012, 2392 (2393): vorsorgliche Empfehlung an den Rechtsberater; *Schwarz* SE-VO Art. 52 Rn. 35; Henssler/Strohn/*Servatius* Internationales GesR Rn. 292; Habersack/Drinhausen/*Brücker* SEAG Art. 52 Rn. 33 und 42; kritisch Lutter/Hommelhoff/ Teichmann/*Spindler* SE-VO Art. 52 Rn. 46 f.; aA MünchKomm. AktG/*Kubis* Art. 53 Rn. 14.
²³⁵ Vgl. BGH II ZR 330/13, DNotI-Report 2014, 191; *Bungert/Leyendecker-Langner* BB 2015, 268.

der ersten sechs Monate und nicht erst innerhalb der ersten acht Monate nach Abschluss des Geschäftsjahres (so §§ 175 Abs. 1 Satz 2, 120 Abs. 1 Satz 1 AktG) zusammenzutreten hat, vgl. Art. 54 Abs. Satz 1 SE-VO.[236]

142 Des Weiteren stellt Art. 59 Abs. 1 SE-VO für **Satzungsänderungen** bei einer in Deutschland ansässigen SE grundsätzlich abweichende Mehrheitserfordernisse auf. Danach bedarf eine Satzungsänderung grundsätzlich eines Beschlusses mit einer Mehrheit von nicht weniger als zwei Dritteln der *abgegebenen* Stimmen, sofern die nationalen Vorschriften zum Aktienrecht keine größere Mehrheit vorsehen oder zulassen. Im Gegensatz zum deutschen Aktienrecht verlangt die Regelung des Art. 59 Abs. 1 SE-VO für eine wirksame Beschlussfassung über eine Satzungsänderung somit lediglich eine sog. *qualifizierte Stimmenmehrheit*.[237] Aufgrund der Öffnungsklausel in Art. 59 Abs. 1 SE-VO und entsprechender (europakonformer) Auslegung des § 179 Abs. 2 AktG hat dies somit zur Folge, dass für die Satzungsänderung einer in Deutschland ansässigen SE grundsätzlich eine **Dreiviertel-Stimmenmehrheit**, nicht jedoch auch die Einhaltung einer Kapitalmehrheit erforderlich ist.[238] Etwas anderes gilt – mit Ausnahme der Fälle nach § 51 Satz 2 SEAG – nur dann, wenn die Satzung einer in Deutschland ansässigen SE bestimmt, dass entweder eine Stimmenmehrheit von zwei Dritteln (vgl. Art. 59 Abs. 1 SE-VO iVm § 179 Abs. 2 Satz 2 AktG)[239] oder die einfache Mehrheit des bei der Beschlussfassung vertretenen Grundkapitals genügt, soweit mindestens die Hälfte des Grundkapitals vertreten ist, vgl. Art. 59 Abs. 2 SE-VO iVm § 51 Satz 1 SEAG.[240]

F. Arbeitnehmerbeteiligung in der SE

143 Die Frage und Reichweite der **Arbeitnehmerbeteiligung** in der SE war bis zum Schluss eines der umstrittensten Elemente im gesamten Gesetzgebungsverfahren. Erst mit dem Kompromiss von Nizza im Jahre 2000 wurde der entscheidende Durchbruch erreicht.[241] Wie bereits zuvor schon ausgeführt, hat der deutsche Gesetzgeber die eigens hierfür auf europäischer Ebene verabschiedete Richtlinie 2001/86/EG

---

[236] Zur abweichenden Rechtslage im deutschen Aktienrecht vgl. §§ 175 Abs. 1 Satz 2, 120 Abs. 1 Satz 1 AktG.

[237] Vgl. Spindler/Stilz/*Casper/Eberspächer* SE-VO Art. 59 Rn. 4; MHdB GesR IV/*Austmann* § 86 Rn. 28; aA Manz/Mayer/Schröder/*Mayer* SE-VO Art. 57 Rn. 10. Zur Rechtslage nach den Vorschriften des AktG s. Hüffer/*Koch* AktG § 179 Rn. 14 ff.

[238] So auch Jannott/Frodermann/*Fürst/Klahr* Kap. 6 Rn. 151; MHdB GesR IV/*Austmann* § 86 Rn. 28; Spindler/Stilz/*Casper/Eberspächer* SE-VO Art. 59 Rn. 4; MünchKomm. AktG/ Bd. 7/*Kubis* SE-VO Art. 59 Rn. 6; *Schwarz* SE-VO Art. 59 Rn. 15; aA Lutter/Hommelhoff/ Teichmann/*Bayer* SE-VO Art. 59 Rn. 11 ff.; Habersack/Drinhausen/*Bücker* SE-VO Art. 57 Rn. 22 ff.

[239] So zu Recht auch MHdB GesR IV/*Austmann* SE-VO § 86 Rn. 28, da Art. 59 Abs. 1 SE-VO lediglich ein Mindestmaß vorschreibt, das durch entsprechende europarechtliche Auslegung des § 179 Abs. 2 Satz 2 AktG gewahrt bleibt; MünchKomm. AktG/Bd. 7/*Kubis* SE-VO Art. 59 Rn. 8; ähnlich Spindler/Stilz/*Casper/Eberspächer* SE-VO Art. 59 Rn. 4a. Zur Frage, ob die Satzungspublizität iSd Art. 59 Abs. 3 iVm Art. 13 SE-VO konstitutiver Natur ist, s. MünchKomm. AktG/Bd. 7/*Kubis* SE-VO Art. 59 Rn. 10.

[240] Zum Mehrheitserfordernis in der SE-Hauptversammlung siehe auch Jannott/Frodermann/*Fürst/Klahr* Kap. 6 Rn. 147 ff.; *Knapp* DStR 2012, 2392 (2395 f.).

[241] Ausführlich zur historischen Entwicklung der europäischen Grundlagen zur Arbeitnehmerbeteiligung s. MünchKomm. AktG/Bd. 7/*Jacobs* SEBG Vor § 1 Rn. 1 ff.

F. Arbeitnehmerbeteiligung in der SE   144–147   § 19

des Rates vom 8.10.2001 mit Verabschiedung des SEBG am 22.12.2004 und dessen Inkrafttreten zum 29.12.2004 in nationales Recht umgesetzt.²⁴²

I. Ziele der SE-RL und des SEBG

In Anlehnung an die in der SE-RL formulierte Zielsetzung verfolgt auch das **144** SEBG das Ziel, die bereits in den Gründungsgesellschaften bestehenden Rechte der Arbeitnehmer auf Beteiligung an Unternehmensentscheidungen in der neu zu gründenden bzw. neu gegründeten, aber im Nachhinein strukturellen Änderungen unterworfenen SE, zu sichern, vgl. § 1 Abs. 1 Satz 2 und 3, Abs. 3 und Abs. 4 SEBG. Die in diesem Zusammenhang vorrangig zu gewährleistende Rechte-Trias erstreckt sich vor allem auf die Sicherung einer grenzüberschreitenden **Unterrichtung, Anhörung und Mitbestimmung** der Arbeitnehmer, vgl. § 1 Abs. 2 SEBG.²⁴³ Dabei gilt es für Zwecke der Arbeitnehmerbeteiligung zwischen (i) der „betrieblichen" Ebene zur ausreichenden Gewährleistung von grenzüberschreitender Unterrichtung und Anhörung einerseits (betriebliche Mitbestimmung) und (ii) der „Unternehmensebene" zur ausreichenden Gewährleistung von Mitbestimmung im Aufsichtsorgan bzw. Verwaltungsorgan (unternehmerische Mitbestimmung) andererseits zu unterscheiden.²⁴⁴

Die das SEBG dabei entscheidend prägenden Grundprinzipien sind zum einen das **145** sog. Verhandlungsprinzip (vgl. § 1 Abs. 2 Satz 1 SEBG) und zum anderen das sog. Vorher-Nachher-Prinzip (vgl. § 1 Abs. 1 Satz 2 und 3 SEBG):²⁴⁵

Das sog. **Verhandlungsprinzip** ist so ausgestaltet, dass zur Sicherung der zuvor **146** genannten Arbeitnehmerrechte zwischen den Leitungsorganen der Gründungsgesellschaften und dem bVG die bereits zuvor erwähnte Beteiligungsvereinbarung über Art und Umfang der Beteiligung der Arbeitnehmer in der künftigen SE geschlossen werden soll, die durch eine gesetzliche Auffangregelung ersetzt wird, wenn die Verhandlungen innerhalb eines bestimmten Zeitraums gescheitert sind, vgl. § 1 Abs. 2 Satz 1 und 2 SEBG (Vorrang der Verhandlungslösung).

Das sog. **Vorher-Nachher-Prinzip** soll dazu beitragen, dass zum Zeitpunkt **147** der Neugründung einer SE innerhalb der Gründungsgesellschaften bzw. zum Zeitpunkt der Umstrukturierung einer SE bereits bestehende Beteiligungsrechte der betroffenen Arbeitnehmer ohne deren Zustimmung nicht gemindert oder vollständig ausgehebelt werden, vgl. insb. die §§ 16 Abs. 3, 18 Abs. 3 und 43 SEBG. Der vorhandene Bestand an Beteiligungsrechten der Arbeitnehmer soll sich grundsätzlich auch in der SE wiederfinden.²⁴⁶ Im Falle der unternehmerischen Mitbestimmung kommt es entgegen einer in der Praxis teilweise vorherrschenden Auffassung als Bezugspunkt dabei aber nicht nur auf einen Vergleich mit der in der Gründungsgesellschaft bzw. strukturell zu ändernden SE tatsächlich ausgeübten (bzw. nicht ausgeübten)

---

²⁴² Vgl. bereits die Ausführungen in den Rn. 31 ff. und MünchKomm. AktG/Bd. 7/*Jacobs* SEBG Vor § 1 Rn. 28 ff.
²⁴³ Zu den einzelnen Legaldefinitionen der Begriffe „Arbeitnehmerrechte" und „Unterrichtung, Anhörung und Mitbestimmung", s. § 2 Abs. 9–12 SEBG; Begr. RegE SEEG, BT-Drs. 15/3405, 43 f. sowie Nagel/*Freis/Kleinsorge/Nagel* SEBG § 2 Rn. 21 ff.
²⁴⁴ Habersack/Drinhausen/Hohenstatt/Müller-Bonanni SEBG Vor § 1 Rn. 15.
²⁴⁵ Zur Anknüpfung an die verschiedenen Erwägungsgründe der SE-RL s. MünchKomm. AktG/Bd. 7/*Jacobs* SEBG § 1 Rn. 4 f.; Nagel/*Freis/Kleinsorge/Nagel* SEBG § 1 Rn. 2 ff. Eine grafische Übersicht über den Ablauf des Verhandlungsverfahrens findet sich bei Jannott/Frodermann/*Kienast* Kap. 13 Rn. 99 und van Hulle/Maul/Drinhausen/*Köklü* Abschn. 6 Rn. 259.
²⁴⁶ Begr. RegE SEEG, BT-Drs. 15/3405, 41.

Giedinghagen   1463

Mitbestimmung, sondern auf das nach der objektiven Rechtslage einschlägige Mitbestimmungsstatut an, vgl. auch Erwägungsgrund Nr. 18 der SE-VO.[247]

148 Die Wahrnehmung und Einhaltung der Rechte der Arbeitnehmer einer SE und die der Arbeitnehmer ihrer Tochtergesellschaften und Betriebe auf Unterrichtung und Anhörung sowie, wenn vereinbart, auch auf unternehmerische Mitbestimmung und sonstige Beteiligung soll durch die grundsätzlich zwingende Einrichtung und Tätigkeit eines sog. **SE-Betriebsrats** gewährleistet werden, vgl. § 2 Abs. 7 SEBG.[248]

II. Geltungsbereich des SEBG

149 Der **Geltungsbereich** des SEBG erstreckt sich zum einen auf eine (künftige) SE mit Sitz in Deutschland, vgl. § 3 Abs. 1 Satz 1 SEBG. Zum anderen findet dieses Gesetz Anwendung, wenn sie zwar nicht ihren Sitz in Deutschland hat, aber über Arbeitnehmer verfügt, die entweder in Deutschland beschäftigt sind oder einer unmittelbar an der SE-Gründung beteiligten Gesellschaft, einer betroffenen Tochtergesellschaft oder eines betroffenen Betriebs mit Sitz in Deutschland angehören, vgl. § 3 Abs. 1 Satz 2 SEBG.[249]

150 Mit Ausnahme der nationalen Regelungen zur Mitbestimmung (**DrittelbG, MitbestG**) und der Regelungen des Gesetzes über den Europäischen Betriebsrat finden die nationalen Rechtsvorschriften und Regelungen zur Beteiligung der Arbeitnehmer (in Deutschland zB das Betriebsverfassungsgesetz und das Sprecherausschussgesetz) ergänzende Anwendung, vgl. § 47 Abs. 1 SEBG.[250]

---

[247] So auch Jannott/Frodermann/*Kienast* Kap. 13 Rn. 61 und 485 mwN, der zu Recht darauf hinweist, dass ein Unterschied insbesondere dann bestehen kann, wenn die Schwellenwerte für die Arbeitnehmerzahlen nach dem DrittelbG bzw. MitbestG bei den nationalen Gründungsgesellschaften falsch berechnet worden sind. Als zu weitgehend und mit dem deutschen Mitbestimmungsrecht unvereinbar abzulehnen gilt insoweit die früher vertretene Auffassung des LG Frankfurt a. M. 3–16 O 1/14, ZIP 2015, 634, wonach für die Berechnung der Schwellenwerte nach deutschem Mitbestimmungsrecht aufgrund Unionsrechts auch im Ausland beschäftigte Arbeitnehmer, insbesondere von Konzernunternehmen, mitzuberücksichtigen seien. Dies entspricht weder dem gesetzgeberischen Willen, dem deutschen Mitbestimmungsrecht zugrunde liegenden Territorialitätsprinzip noch dem deutschen Konzernrechtsverständnis, vgl. BT-Drs. 7/4845, 4; Giedinghagen/Kempermann GmbHR 2015, R 161 und neuerdings im Ergebnis etwa auch OLG München 31 Wx 321/15, BeckRS 2018, 2631 und LG Frankfurt a. M. 3-05 O 85/17, ZIP 2018, 128. Die Unionsrechtskonformität der nationalen Mitbestimmungsregelungen ebenfalls bejahend für die hiervon zu unterscheidende Frage der Beteiligung von ausländischen Arbeitnehmern am Wahlverfahren zur Besetzung eines mitbestimmten Aufsichtsrats LG Berlin 102 O 65/14 AktG, ZIP 2015, 1291 und LG München 5 HK O 20285, DStR 2015, 2505; zweifelnd insoweit mit Folge einer entsprechenden EuGH-Vorlage hingegen KG Berlin 14 W 89/15, DStR 2015, 2507 mit Anmerkung von Giedinghagen/*Angelé* EWiR 2015, 761, mittlerweile im Sinne einer grundsätzlichen Vereinbarkeit mit Unionsrecht entschieden von EuGH, vgl. EuGH C-566/15, NJW 2017, 2603 – TUI.

[248] Ein Nebeneinander von SE-Betriebsrat und Europäischem Betriebsrat ist in der Regel ausgeschlossen, vgl. § 47 Abs. 1 Nr. 2 SEBG sowie Begr. RegE SEEG, BT-Drs. 15/3405, 41.

[249] Ausführlich zum Geltungsbereich s. MünchKomm. AktG/Bd. 7/*Jacobs* SEBG § 3 Rn. 2 ff.; Habersack/Drinhausen/Hohenstatt/Müller-Bonanni SEBG § 35 Rn. 1 ff.

[250] Vgl. Begr. RegE SEEG, BT-Drs. 15/3405, 57 und Art. 13 Abs. 2 SE-RL, vgl. MünchKomm. AktG/Bd. 7/*Jacobs* SEBG § 47 Rn. 1 ff.

III. Regelungssystem des SEBG

Zur Sicherung der zuvor beschriebenen Regelungsziele wurde ein **zweistufiges** **151** **Regelungssystem** entwickelt:
Auf der **ersten Stufe** steht die **Beteiligung der Arbeitnehmer kraft autono-** **152** **mer schriftlicher Vereinbarung** zwischen (i) den Leitungsorganen der beteiligten Gesellschaften und (ii) dem innerhalb von zehn Wochen ab dem Zeitpunkt der Information der Arbeitnehmervertretungen bzw. der Arbeitnehmer über das geplante Vorhaben gesondert zu bildenden **bVG** im Vordergrund, vgl. § 21 SEBG.[251] Das jeweilige Leitungsorgan ist dazu verpflichtet, die Arbeitnehmervertretungen bzw. die Arbeitnehmer über das Vorhaben einer SE-Gründung frühzeitig und unaufgefordert zu unterrichten, spätestens jedoch unverzüglich nach Offenlegung des jeweiligen Gründungsplans bzw. einer entsprechenden Vereinbarung, vgl. § 4 Abs. 2 Satz 3 SEBG.[252]

Ähnliches gilt im Falle der Planung von **strukturellen Änderungen einer** **153** **bereits errichteten SE**, die geeignet sind, bestehende Beteiligungsrechte der Arbeitnehmer zu mindern, vgl. § 18 Abs. 3 Satz 1 SEBG. Die Frage, ob eine Maßnahme eine entsprechende „strukturelle Änderung" iSd § 18 Abs. 3 SEBG darstellt und die damit ein (erneutes) Arbeitnehmerbeteiligungsverfahren erfordert, gehört „zu den umstrittensten Fragen zum SEBG" in der Praxis.[253] Insoweit gilt es im Einzelfall genau zu prüfen, ob die Maßnahme auch konkret dazu geeignet ist, die Arbeitnehmerbeteiligungsrechte eines einzelnen Arbeitnehmervertreters zu mindern; allein die faktische Verkürzung von Arbeitnehmerrechten durch bestimmte Maßnahmen genügt nicht.[254] Falls ja, haben auch in diesem Fall zwingend Neuverhandlungen

---

[251] Ausführlich zur Bildung, Zusammensetzung, Mitgliederwahl und inneren Ordnung des bVG s. Begr. RegE SEEG, BT-Drs. 15/3405, 45 ff.; Beschluss v. 29.4.2008, AG Stuttgart 12 BV 109/07, BeckRS 2008, 55726; Nagel/Freis/Kleinsorge/*Kleinsorge* SEBG §§ 4 ff.; Habersack/Drinhausen/*Hohenstatt/Müller-Bonanni* SEBG §§ 4 ff.; Jannott/Frodermann/*Kienast* Kap. 13 Rn. 26 ff.; van Hulle/Maul/Drinhausen/*Köklü* Abschn. 6 Rn. 24–72 und *Köstler* DStR 2005, 745. Zur Möglichkeit der Hinzuziehung von Gewerkschaftsvertretern und sonstigen Dritten als Sachverständige s. § 14 SEBG sowie Habersack/Drinhausen/*Hohenstatt/Müller-Bonanni* SEBG § 14 Rn. 2. Auf die Bildung eines bVG kann selbst bei Einverständnis aller Arbeitnehmer nicht verzichtet werden; die Einsetzung eines bVG ist zwingend, vgl. van Hulle/Maul/Drinhausen/*Köklü* Abschn. 6 Rn. 77. Zur Reichweite der Rechtsschutzes von Gewerkschaften im SE-Beteiligungsverfahren einschließlich der Überprüfung eines bVG vgl. LAG Berlin-Brandenburg 6 Ta BV 1585/16, BeckRS 2017, 103234.

[252] Ein früherer Unterrichtungszeitpunkt ist möglich, vgl. van Hulle/Maul/Drinhausen/*Köklü* Abschn. 6 Rn. 22. Ein Verstoß gegen die Pflicht der unverzüglichen Unterrichtung stellt eine Ordnungswidrigkeit dar und kann mit einem Bußgeld von bis zu 20.000 EUR belegt werden, vgl. § 46 Abs. 1 Nr. 1 und Abs. 2 SEBG. Insoweit ein wenig missverständlich die Aussage von Nagel/Freis/Kleinsorge/*Kleinsorge* SEBG § 4 Rn. 8, wonach ein Verstoß gegen das Erfordernis der Unverzüglichkeit nicht sanktionsbewährt sei. Teilweise wird es als ausreichend erachtet, wenn die jeweils oberste betriebliche Vertretung (zB Konzernbetriebsrat) unterrichtet wird, vgl. *DAV* NZG 2004, 957 (960); in der Praxis sollte man im Zweifel die Vertreter sämtlicher Arbeitnehmervertretungen informieren.

[253] Vgl. Habersack/Drinhausen/*Hohenstatt/Müller-Bonanni* SEBG § 18 Rn. 8.

[254] Der Abschluss eines Beherrschungsvertrages durch eine SE als abhängige Gesellschaft etwa führt nach hier vertretener Auffassung daher ebensowenig zu einer Minderung der Beteiligungsrechte des einzelnen Arbeitnehmervertreters im Aufsichtsorgan und damit nicht zu einer strukturellen Änderung wie der Wechsel vom monistischen zum dualistischen Verwaltungssystem oder umgekehrt, ebenso Jannott/Frodermann/*Kienast* Kap. 13 Rn. 462 und

stattzufinden, die aufgrund der bereits erfolgten SE-Gründung jedoch nunmehr von der Leitung der SE einzuleiten sind, vgl. § 18 Abs. 4 SEBG.[255] Während die Verhandlungsführung auf Unternehmensseite durch die SE-Leitung erfolgt, kommen auf Arbeitnehmerseite nunmehr zwei Vertretungsorgane in Betracht: Zum einen können auch jetzt sämtliche hiervon betroffenen Arbeitnehmer durch ein neu einzusetzendes bVG vertreten werden. Zum anderen besteht – ein entsprechendes Einverständnis zwischen der Leitung der SE und dem SE-Betriebsrat vorausgesetzt – die Möglichkeit, dass der SE-Betriebsrat als zuständiges Vertretungsorgan der bereits im Unternehmen tätigen Arbeitnehmer (ggf. in Zusammenarbeit mit eigens von neu hinzukommenden Arbeitnehmern gewählten Vertretern) die Vertretung übernimmt.[256]

154 Auf der **zweiten Stufe**, dh für den Fall, dass bei den Verhandlungen (i) innerhalb eines gesetzlich vorgegebenen Zeitraums von sechs bzw. zwölf Monaten (vgl. § 20 Abs. 1 und Abs. 2 SEBG)[257] keine abschließende Einigung erzielt oder (ii) die Anwendung der in den §§ 22–38 SEBG normierten Regelungen ausdrücklich vereinbart worden ist, erfolgt zur Mindestsicherung der in den Gründungsgesellschaften bereits zuvor vorhandenen Beteiligungsrechte der Arbeitnehmer im Rahmen einer „Auffangregelung" sodann eine **Beteiligung der Arbeitnehmer kraft Gesetzes**, vgl. § 18 Abs. 3 Satz 3 iVm §§ 22 ff. SEBG (SE-Betriebsrat kraft Gesetzes) bzw. §§ 34 ff. SEBG (Mitbestimmung).[258]

155 Etwas anderes gilt nach § 16 Abs. 2 SEBG lediglich dann, wenn das bVG unter den dort genannten Voraussetzungen beschließt, von vornherein keine Verhandlungen aufzunehmen bzw. bereits aufgenommene Verhandlungen abzubrechen **(Verzicht des bVG)**.[259] In diesem Fall finden die gesetzlichen Auffangregelungen der §§ 22–33 SEBG über den SE-Betriebsrat und die der §§ 34–38 SEBG über die Mitbestimmung ausnahmsweise keine Anwendung, vgl. § 16 Abs. 2 Satz 2 SEBG.[260] Ein gesetzlicher Anspruch auf eine Wiederaufnahme der Verhandlungen besteht

---

471 ff. Beispiele für strukturelle Änderungen sind etwa die Aufnahme eines mitbestimmten Unternehmens durch eine bislang nicht mitbestimmte SE oder die Verschmelzung einer bereits mitbestimmten SE mit einer einem höheren Mitbestimmungsniveau unterliegenden Gesellschaft, vgl. hierzu und zu weiteren Fallbeispielen Begr. RegE SEEG, BT-Drs. 15/3405, 50; *Bungert/Gotsche* ZIP 20 13, 649 (653 f.); Jannott/Frodermann/*Kienast* Kap. 13 Rn. 458 ff.; van Hulle/Maul/Drinhausen/*Köklü* Abschn. 6 Rn. 89 ff.; MünchKomm. AktG/Bd. 7/*Jacobs* SEBG § 18 Rn. 16.

[255] Zum Initiativrecht des SE-Betriebsrats gem. § 18 Abs. 3 Satz 1 SEBG auch Rn. 163.

[256] Begr. RegE SEEG, BT-Drs. 15/3405, 50 f.; krit. van Hulle/Maul/Drinhausen/*Köklü* Abschn. 6 Rn. 86 f.

[257] Fristbeginn ist der Zeitpunkt, in dem die Leitungen zur konstituierenden Sitzung eingeladen haben, vgl. Begr. RegE SEEG, BT-Drs. 15/3405, 51; aA wohl Habersack/Drinhausen/*Hohenstatt*/*Müller-Bonanni* SEBG § 18 Rn. 19: Zeitpunkt des Verlangens durch SE-Betriebsrat.

[258] Zur Begriffsbestimmung „Beteiligung der Arbeitnehmer" vgl. § 2 Abs. 8 SEBG und Begr. RegE SEEG, BT-Drs. 15/3405, 44.

[259] Gemäß § 16 Abs. 3 SEBG ist ein derartiger Beschluss des bVG nicht wirksam, wenn es sich um eine SE-Gründung im Wege eines Formwechsels handelt und den Arbeitnehmern der umzuwandelnden Gesellschaft bereits zuvor Mitbestimmungsrechte zugestanden haben. In diesem Fall finden die gesetzlichen Auffangregelungen nach Maßgabe der §§ 22–38 SEBG zwingend Anwendung, vgl. Begr. RegE SEEG, BT-Drs. 15/3405, 50; MünchKomm. AktG/Bd. 7/*Jacobs* SEBG § 16 Rn. 6; van Hulle/Maul/Drinhausen/*Köklü* Abschn. 6 Rn. 79.

[260] Auf eine SE mit Sitz in Deutschland finden in diesem Fall ausnahmsweise die §§ 1 ff. EBRG Anwendung, vgl. § 47 Abs. 1 Nr. 2 SEBG. Eine Mitbestimmung nach deutschem Mit-

F. Arbeitnehmerbeteiligung in der SE

frühestens nach zwei Jahren.²⁶¹ Abweichend hiervon haben die Leitungsorgane keine *einseitige* Befugnis, von vornherein auf die Verhandlungen zu verzichten, die gesetzlichen Auffangregelungen zu akzeptieren oder einen vorzeitigen Beschluss zur Abbrechung der Verhandlungen herbeizuführen.²⁶²

1. Beteiligung der Arbeitnehmer kraft autonomer Vereinbarung, § 21 SEBG

a) Mindestanforderungen an den Inhalt der Vereinbarung zur Sicherung der Rechte der Arbeitnehmer auf Unterrichtung und Anhörung, § 21 Abs. 1 SEBG

Der Katalog des § 21 Abs. 1 SEBG regelt die gesetzlichen Mindestanforderungen, 156 die an eine Vereinbarung zwischen den betroffenen Leitungsorganen und dem bVG zur Sicherung des Rechts der Arbeitnehmer auf umfangreiche Unterrichtung und Anhörung gestellt werden:
– schriftliche Vereinbarung,
– Geltungsbereich der Vereinbarung,
– Zusammensetzung des SE-Betriebsrats nebst Anzahl seiner Mitglieder und Sitzverteilung,²⁶³
– Befugnisse und Verfahren zur Unterrichtung und Anhörung des SE-Betriebsrats,
– Häufigkeit der Sitzungen des SE-Betriebsrats,
– Mittel zur finanziellen und materiellen Ausstattung des SE-Betriebsrats und
– Zeitpunkt des Inkrafttretens der Vereinbarung nebst Laufzeit und Fällen, in denen die Vereinbarung neu auszuhandeln ist, einschließlich des dann anzuwendenden Verfahrens.²⁶⁴

---

bestimmungsrecht bleibt jedoch ausgeschlossen, vgl. § 47 Abs. 1 Nr. 1 SEBG; MünchKomm. AktG/Bd. 7/*Jacobs* SEBG § 16 Rn. 4.

²⁶¹ Begr. RegE SEEG, BT-Drs. 15/3405, 50.

²⁶² *Grobys* NZA 2005, 86; van Hulle/Maul/Drinhausen/*Köklü* Abschn. 6 Rn. 75. Das Ausbleiben der Aufforderung durch einen der Beteiligten hat zur Folge, dass das Verfahren nicht durchgeführt wird. Es bleibt dann bei den bislang für die SE geltenden Regelungen, vgl. Habersack/Drinhausen/*Hohenstatt/Müller-Bonanni* SEBG § 18 Rn. 16. Den Arbeitnehmervertretern selbst steht – anders als nach § 18 Abs. 1 SEBG – kein Anspruch auf Einleitung des Verfahrens zu, vgl. MünchKomm. AktG/Bd. 7/*Jacobs* SEBG § 4 Rn. 8. Insoweit unterscheidet sich die Rechtslage bei der SE von der bei einer grenzüberschreitenden Verschmelzung auf Grundlage der V-RL. Die V-RL ermöglicht es den Leitungen der beteiligten Gesellschaften, einseitig zu entscheiden, dass die Auffangregelungen über die Mitbestimmung kraft Gesetzes ohne vorhergehende Verhandlung unmittelbar ab dem Zeitpunkt der Eintragung der aus der grenzüberschreitenden Verschmelzung hervorgehenden Gesellschaft anzuwenden sind, vgl. § 23 Abs. 1 Satz 1 Nr. 3 des Gesetzes über die Mitbestimmung der Arbeitnehmer bei einer grenzüberschreitenden Verschmelzung (MgVG); *Wiesner* DB 2005, 91 (92); *Winter* Der Konzern 2007, 24 (32).

²⁶³ Wird kein SE-Betriebsrat gebildet, haben die Parteien unter entsprechender Anwendung der Mindestanforderungen des § 21 Abs. 1 SEBG die Modalitäten für ein Verfahren festzulegen, das eine entsprechende Unterrichtung und Anhörung der Arbeitnehmer gewährleistet, vgl. § 21 Abs. 2 SEBG. Die Mindestanzahl der Mitglieder eines SE-Betriebsrats beträgt aufgrund der Berechnungsmethode gem. § 23 Abs. 1 Satz 3 iVm § 5 Abs. 1 SEBG zehn Mitglieder.

²⁶⁴ Ausführlich Nagel/Freis/Kleinsorge/*Freis* SEBG § 21 Rn. 8 ff.; Habersack/Drinhausen/*Hohenstatt/Müller-Bonanni* SEBG Art. 21 Rn. 8 ff.; Manz/Mayer/Schröder/*Hennings* SE-RL Art. 4 Rn. 4 ff.; MünchKomm. AktG/Bd. 7/*Jacobs* SEBG § 21 Rn. 10 ff.

b) Mindestanforderungen an den Inhalt der Vereinbarung zur Sicherung der Rechte der Arbeitnehmer auf Mitbestimmung, § 21 Abs. 3 SEBG

157 Der Katalog des § 21 Abs. 3 Satz 2 SEBG[265] regelt die gesetzlichen Mindestanforderungen, die an eine Vereinbarung über die Mitbestimmungsrechte der Arbeitnehmer gestellt werden:
- Zahl der Mitglieder des Aufsichts- oder Verwaltungsorgans der SE, die von den Arbeitnehmern gewählt bzw. bestellt werden oder deren Bestellung sie empfehlen bzw. ablehnen können,[266]
- Verfahren, nach dem die Arbeitnehmer diese Mitglieder wählen bzw. bestellen oder deren Bestellung empfehlen bzw. ablehnen können,
- Rechte dieser Mitglieder und
- kein Unterschreiten des Mindestmaßes an bestehender Mitbestimmung im Fall einer SE-Gründung durch Umwandlung (vgl. § 21 Abs. 6 SEBG).[267]

c) Sonstige Regelungsmöglichkeiten

158 Im Übrigen steht es den Verhandlungspartnern frei, die Vereinbarung nach ihren gemeinsamen Vorstellungen zu gestalten, vgl. § 21 Abs. 1 Satz 1 SEBG. So soll geregelt werden, dass bereits vor strukturellen Änderungen der SE (vgl. § 18 Abs. 3 SEBG)[268] neue Verhandlungen über die Beteiligung der Arbeitnehmer unter Berücksichtigung des hierzu festgelegten Verfahrens aufgenommen werden, vgl. § 21 Abs. 4 SEBG.[269]

159 Des Weiteren stellt ihnen der Gesetzgeber (rein deklaratorisch) auch die Möglichkeit anheim, sämtliche gesetzlichen Auffangregelungen der §§ 22–33 SEBG (bzgl. SE-Betriebsrat) und der §§ 34–38 SEBG (bzgl. Mitbestimmung) ganz oder in Teilen zum Gegenstand ihrer Einigung zu machen, vgl. § 21 Abs. 5 SEBG. Auch wenn mit Verweis hierauf ein erhöhtes Maß an Rechtssicherheit verbunden ist, wird von dieser Option in der Praxis kaum Gebrauch gemacht, weil es ohnehin zur Anwendung dieser Vorschriften kommen wird, wenn innerhalb eines Zeitraums von sechs bzw. zwölf Monaten seit Einsetzung des bVG (vgl. § 20 Abs. 1 und 2 SEBG) zwischen den Verhandlungspartnern keine Einigung erzielt worden ist. Ansonsten würde das bVG die ihm durch das Gesetz eingeräumte komfortable Verhandlungsposition gleich verspielen.[270]

---

[265] Im Gegensatz zur Regelung des § 21 Abs. 1 SEBG handelt es sich hierbei jedoch nur um eine Soll-Vorschrift, vgl. MünchKomm. AktG/Bd. 7/*Jacobs* SEBG § 21 Rn. 18 f. Ausführlich ua auch Lutter/Hommelhoff/Teichmann/*Oetker* SEBG § 21 Rn. 52 ff. mwN.

[266] Es ist ausreichend, wenn sich die Vereinbarung darauf beschränkt, den (quotalen) Anteil der mitbestimmten Mitglieder des Aufsichts- oder Verwaltungsorgans zu bestimmen, vgl. Lutter/Hommelhoff/Teichmann/*Oetker* SEBG § 21 Rn. 59. Ob bzw. inwieweit eine Vereinbarung auch über die (absolute) Größe des Aufsichts- bzw. Verwaltungsorgans entscheiden kann ist str., vgl. die Ausführungen in den Rn. 113 f.

[267] Vgl. *Teichmann* ZIP 2014, 1049; *Deilmann/Häferer* NZA 2017, 607.

[268] Zu strukturellen Änderungen vgl. auch Rn. 153 sowie Nagel/*Freis/Kleinsorge/Freis* SEBG § 18 Rn. 8 ff.

[269] Näher Nagel/*Freis/Kleinsorge/Freis* SEBG § 21 Rn. 24 ff.

[270] Zu den Rechtsfolgen fehlerhafter Beteiligungsvereinbarungen vgl. Lutter/Hommelhoff/Teichmann/*Oetker* SEBG § 21 Rn. 89 ff. und den weiteren Nachweis in Fn. 194.

2. Beteiligung der Arbeitnehmer kraft Gesetzes, §§ 22–38 SEBG[271]

Abgesehen von der wohl eher theoretischen Ausnahme, dass das bVG einen Beschluss über die Nichtaufnahme oder den Abbruch bereits aufgenommener Verhandlungen iSd § 16 SEBG gefasst hat,[272] ist bei Fehlen einer Beteiligungsvereinbarung iSd § 21 SEBG nach den Vorgaben der §§ 22–33 SEBG ein SE-Betriebsrat einzurichten. Sind zudem die Voraussetzungen des § 34 SEBG gegeben, ist nach den Vorschriften der §§ 35–38 SEBG auch eine ausreichende Mitbestimmung durch eine entsprechende Anzahl an Arbeitnehmervertretern im Aufsichts- oder Verwaltungsorgan sicherzustellen.[273]

a) SE-Betriebsrat kraft Gesetzes, §§ 22–33 SEBG

Der SE-Betriebsrat setzt sich aus Arbeitnehmern der SE, ihrer Tochtergesellschaften sowie Betriebe zusammen, vgl. §§ 2 Abs. 7, 23 Abs. 1 Satz 1 und 2 SEBG. Weitere Voraussetzungen und Anforderungen an die Zusammensetzung des SE-Betriebsrats sowie an die innere Ordnung und Beschlussfassung innerhalb des SE-Betriebsrats enthalten die Vorschriften der §§ 24–26 SEBG.[274]

Die **Aufgaben des SE-Betriebsrats** lassen sich bereits aus den Definitionen in § 2 Abs. 7 SEBG ableiten. Danach obliegt dem SE-Betriebsrat als (zusätzlichem) Vertretungsorgan der Arbeitnehmer die grenzüberschreitende Wahrnehmung ihrer Rechte auf Unterrichtung und Anhörung der SE, ihrer Tochtergesellschaften und Betriebe und, soweit vereinbart, auch derer auf Mitbestimmung und sons-

---

[271] Ausführlich van Hulle/Maul/Drinhausen/*Köklü* Abschn. 6 Rn. 162 ff.
[272] Insoweit würde es dann weder einen SE-Betriebsrat kraft Gesetzes noch eine Mitbestimmung kraft Gesetzes geben und die Amtszeit des bVG mit der Beschlussfassung unmittelbar enden. Für eine in Deutschland ansässige SE wären sodann die Vorschriften der §§ 1 ff. EBRG anzuwenden, vgl. MünchKomm. AktG/Bd. 7/*Jacobs* SEBG § 16 Rn. 4; Nagel/*Freis/ Kleinsorge/Freis* SEBG § 16 Rn. 9 f. Bedeutung erlangen wird diese Option uU lediglich dann, wenn sämtliche Gründungsgesellschaften insgesamt über weniger als zehn Arbeitnehmer verfügen, die Mindestanzahl von zehn Mitgliedern im bVG (vgl. § 5 Abs. 3 SEBG) gar nicht erst erreicht werden kann und es im späteren Verlauf zu einer wirtschaftlichen Neugründung einer Vorrats-SE kommt, vgl. MünchKomm. AktG/Bd. 7/*Jacobs* SEBG § 5 Rn. 2 und MünchKomm. AktG/Bd. 7/*Schäfer* SE-VO Art. 16 Rn. 13. Zwar wird für diesen Fall die Auffassung vertreten, dass damit keine Verhandlung möglich und Art. 12 Abs. 2 SE-VO insoweit teleologisch zu reduzieren ist, vgl. Spindler/Stilz/*Casper* SE-VO Art. 12 Rn. 6 f. mwN. Rein vorsorglich sollte jedoch aufgrund des eindeutigen Wortlauts und in Anlehnung an den Schutzweck der Regelung in der Praxis darauf hingewirkt werden, auch bei weniger als zehn Arbeitnehmern einen Beschluss iSd § 16 SEBG zu erlangen, um diesen (zumindest auf spätere Aufforderung hin) dem Registerrichter vorlegen zu können und so eine unnötige Diskussion über eine teleologische Reduktion des Art. 12 Abs. 2 SE-VO mit dem Registergericht zu vermeiden, vgl. auch *Blancke* ZIP 2006, 789 (791 f.); *Habersack/Verse* § 13 Rn. 36; *Seibt* ZIP 2005, 2248. Etwas anderes gilt lediglich dann, wenn keine der Gründungsgesellschaften über Arbeitnehmer verfügt.
[273] Zur gesetzlichen Definition des Begriffs „Mitbestimmung" s. § 2 Abs. 12 SEBG.
[274] Ausführlich *Grobys* NZA 2005, 84 (89); Nagel/Freis/Kleinsorge/*Nagel* SEBG §§ 24–26; MünchKomm. AktG/Bd. 7/*Jacobs* SEBG Vorb. § 23 Rn. 1 ff.; Lutter/Hommelhoff/Teichmann/*Oetker* SEBG §§ 24–26 und Habersack/Drinhausen/*Hohenstatt/Müller-Bonanni* SEBG § 23 Rn. 1 ff.

tige Beteiligung in der SE.[275] Rein nationale Sachverhalte bleiben hiervon unberührt.[276]

163 Diese abstrakt gehaltene Aufgabenzuweisung wird nochmals durch die Vorschriften der §§ 27–30 SEBG konkretisiert. Danach obliegt der Leitung der SE ua die Pflicht, den SE-Betriebsrat mindestens einmal im Kalenderjahr in einer gemeinsamen Sitzung über die Entwicklung der Geschäftslage und die Aussichten der SE unter rechtzeitiger Vorlage der notwendigen Unterlagen zu unterrichten und ihn dazu auch anzuhören, vgl. § 28 Abs. 1 Satz 1 SEBG.[277] Darüber hinaus hat das Leitungsorgan den SE-Betriebsrat auch rechtzeitig über sämtliche außergewöhnlichen Umstände zu informieren, die erhebliche Auswirkungen auf die Interessen der Arbeitnehmer haben können, wie zB die Verlegung, Verlagerung oder Stilllegung von Unternehmen, Betrieben oder wesentlichen Betriebsteilen sowie bevorstehende Massenentlassungen, vgl. § 29 Abs. 1 SEBG. Auf Antrag steht dem SE-Betriebsrat auch hier ggü. dem Leitungsorgan der SE oder den von diesem entsprechend eingesetzten Vertretern ein Recht zur Anhörung zu (**Anhörungsrecht**), vgl. § 29 Abs. 2 SEBG.[278] Nicht zu vergessen sind auch seine Antrags- bzw. Parteifähigkeit in behördlichen bzw. gerichtlichen Verfahren, die sich auf die Zusammensetzung, Bestellung oder Geltendmachung der Nichtigkeit von Wahlen einzelner Mitglieder des Verwaltungsrats sowie zur Einleitung von Neuverhandlungen bei strukturellen Änderungen iSd § 18 Abs. 3 SEBG beziehen, vgl. etwa §§ 26 Abs. 2 Nr. 4, 30 Abs. 1 Satz 2 Nr. 2 und 31 Abs. 2 Satz 2 SEAG sowie § 18 Abs. 3 SEBG.[279]

164 Beabsichtigt das Leitungsorgan der SE, von den Vorstellungen des SE-Betriebsrats abzuweichen, steht dem SE-Betriebsrat das Recht zu, ein weiteres Mal mit dem Leitungsorgan zusammenzutreffen, um eine Einigung zu erzielen, vgl. § 29 Abs. 4 SEBG. Kommt es auch dann nicht zu einer Einigung, sind die Mitwirkungsmöglichkeiten des SE-Betriebsrats jedoch erschöpft.[280] Insbesondere steht ihm kein Vetorecht zu.[281]

165 Schließlich stellt die Vorschrift des § 30 SEBG sicher, dass die dem SE-Betriebsrat zugegangenen Informationen entweder mittelbar über die weiteren Arbeitnehmervertreter[282] in der SE, in ihren Tochtergesellschaften und Betrieben, oder, wenn es keine weiteren Vertreter gibt, unmittelbar die Arbeitnehmer erreichen. Dem

---

[275] Zur Definition des „SE-Betriebsrats" sowie weiterer Begriffsbestimmungen iSd SEBG s. Nagel/Freis/Kleinsorge/*Nagel* SEGB § 2 Rn. 19. Die Errichtung eines SE-Betriebsrats ist jedoch nicht zwingend, solange gewährleistet ist, dass die Einhaltung der gesetzlichen Mindestinhalte in gleicher Weise gewährleistet ist, vgl. § 21 Abs. 2 SEBG sowie Nagel/Freis/Kleinsorge/*Freis* SEBG § 21 Rn. 14 f.

[276] Vgl. Begr. RegE SEEG, BT-Drs. 15/3405, 44; Habersack/Drinhausen/*Hohenstatt/Müller-Bonanni* SEBG § 27 Rn. 4.

[277] Die erforderlichen Unterlagen sind äußerst umfangreich und setzen sich ua aus den Geschäftsberichten, den Tagesordnungen aller Sitzungen sowohl des Leitungsorgans als auch des Aufsichts- bzw. Verwaltungsorgans sowie sämtlichen Kopien aller Unterlagen, die der Hauptversammlung vorgelegt werden, zusammen, vgl. § 28 Abs. 1 Satz 2 SEBG. Zum Katalog der Gegenstände und Maßnahmen, über die das Leitungsorgan der SE im Rahmen der Sitzung zu berichten hat, vgl. § 28 Abs. 2 SEBG.

[278] Auch hier steht dem Betriebsrat das Recht zu, durch Beschluss entsprechende Rechte auf einen Ausschuss zu übertragen, vgl. § 29 Abs. 3 SEBG.

[279] Vgl. auch Begr. RegE SEEG, BT-Drs. 15/3405, 37 f.

[280] MünchKomm. AktG/Bd. 7/*Jacobs* SEBG Vor § 23 Rn. 13.

[281] Vgl. Lutter/Hommelhoff/Teichmann/*Oetker* SEBG § 29 Rn. 3.

[282] Hiervon sind nur Betriebsratsgremien erfasst, nicht jedoch Sprecherausschüsse oÄ, vgl. § 2 Abs. 6 SEBG; *Grobys* NZA 2005, 84 (90).

SE-Betriebsrat obliegt bei der Weiterleitung die Pflicht zur Einhaltung bestehender **Verschwiegenheitspflichten**.[283]

Im Übrigen bleibt anzumerken, dass der SE-Betriebsrat seine Mitglieder – unter Berücksichtigung der betrieblichen Notwendigkeiten – auch zur Fortbildung entsenden und zur eigenen Unterstützung Sachverständige wie zB Gewerkschaftsvertreter hinzuziehen kann. Sämtliche im Zusammenhang mit seiner Tätigkeit entstehenden Kosten sind von der SE zu tragen, vgl. §§ 31–33 SEBG.[284]

b) Mitbestimmung kraft Gesetzes, §§ 34–38 SEBG

Die Anwendbarkeit der Vorschriften über die Mitbestimmung der Arbeitnehmer kraft Gesetzes (§§ 35–38 SEBG) setzt voraus, dass zusätzlich zu den allgemeinen Voraussetzungen des § 22 SEBG (s. Rn. 160 ff.) die besonderen Voraussetzungen des § 34 SEBG erfüllt sind.[285]

aa) Besondere Voraussetzungen des § 34 SEBG. Im Fall einer gem. Art. 2 Abs. 4 SE-VO durch **Formwechsel** gegründeten SE ist dies der Fall, wenn die umgewandelte Aktiengesellschaft bereits vor Eintragung der Umwandlung gesetzlichen Bestimmungen über die Mitbestimmung der Arbeitnehmer im Aufsichts- oder Verwaltungsorgan unterlag, § 34 Abs. 1 Nr. 1 SEBG. Unerheblich ist es, wonach sich die Mitbestimmungspflicht gerichtet hat.[286]

Im Fall einer gem. Art. 2 Abs. 1 SE-VO durch **Verschmelzung** gegründeten SE gilt dies, wenn vor Eintragung der SE im Handelsregister (i) in einer oder mehreren der Gründungsgesellschaften eine oder mehrere Formen der Mitbestimmung bestanden und sich auf *mindestens 25%* der Gesamtzahl der den Gründungsgesellschaften nebst ihren Tochtergesellschaften angehörenden Arbeitnehmer erstreckt haben, oder (ii) in einer oder mehreren der Gründungsgesellschaften eine oder mehrere Formen der Mitbestimmung bestanden und sich auf *weniger als 25%* der Gesamtzahl der den Gründungsgesellschaften nebst ihren Tochtergesellschaften angehörenden Arbeitnehmer erstreckt haben und das bVG einen entsprechenden *Beschluss* zur Anwendung der gesetzlichen Mindestbestimmungen gefasst hat, vgl. § 34 Abs. 2 SEBG.

Handelt es sich bei der SE hingegen um eine sog. **Holding-SE** iSd Art. 2 Abs. 2 SE-VO oder um eine sog. **Tochter-SE** iSd Art. 2 Abs. 3 SE-VO, unterliegt sie (unter Einhaltung der Voraussetzungen des § 22 SEBG) den zwingenden Bestimmungen der Mitbestimmung, wenn vor ihrer Eintragung im Handelsregister (i) in einer oder mehrerer der Gründungsgesellschaften eine oder mehrere Formen der Mitbestimmung bestanden und diese sich auf *mindestens 50%* der Gesamtzahl der den Gründungsgesellschaften nebst ihren Tochtergesellschaften angehörenden Arbeitnehmer erstreckt haben, oder (ii) in einer oder mehreren der Gründungsgesellschaften eine oder mehrere Formen der Mitbestimmung bestanden und diese sich auf *weniger als 50%* der Gesamtzahl der den Gründungsgesellschaften nebst ihren Tochtergesellschaften angehörenden Arbeitnehmer erstreckt haben und dass

---

[283] Nagel/Freis/Kleinsorge/*Nagel* SEBG § 30 Rn. 2.
[284] Näher Nagel/Freis/Kleinsorge/*Nagel* SEBG §§ 31–33.
[285] S. auch die Darstellungen bei *Habersack* AG 2006, 345 ff.; Nagel/Freis/Kleinsorge/*Nagel* SEBG § 34 Rn. 1 ff.; MünchKomm. AktG/Bd. 7/*Jacobs* SEBG § 34 Rn. 1 ff.; van Hulle/Maul/Drinhausen/*Köklü* Abschn. 6 Rn. 201 ff. und Habersack/Drinhausen/*Hohenstatt/Müller-Bonanni* SEBG § 34 Rn. 1 ff.
[286] MünchKomm. AktG/Bd. 7/*Jacobs* SEBG § 34 Rn. 5.

bVG einen entsprechenden *Beschluss* zur Anwendung der gesetzlichen Mindestbestimmungen gefasst hat.[287]

171 Werden somit neben den Voraussetzungen des § 22 SEBG auch die des § 34 Abs. 1 Nr. 1–3 SEBG bejaht, sind die Vorgaben der §§ 35–38 SEBG zwingend umzusetzen.

172 **bb) Umfang der Mitbestimmung gem. § 35 SEBG.** In einer durch Formwechsel gegründeten SE bleibt – zur Vermeidung der Flucht aus der bestehenden Mitbestimmung – das Niveau an Mitbestimmung bestehen, das bereits zuvor in der umgewandelten Aktiengesellschaft gegolten hat, vgl. § 35 Abs. 1 SEBG.[288] Fraglich ist, ob in diesem Fall auch die absolute Größe des Aufsichtsrats beizubehalten ist. Mit der ganz hM ist dies abzulehnen.[289]

173 In allen übrigen Fallkonstellationen der Primärgründung (**Gründung durch Verschmelzung, SE-Holding oder SE-Tochter**) haben die Arbeitnehmer der SE, ihrer Tochtergesellschaften und ihrer Betriebe bzw. deren Vertretungsorgan das Recht, einen Teil der Mitglieder des Aufsichts- bzw. Verwaltungsorgans zu wählen, zu bestellen bzw. deren Bestellung zu empfehlen oder abzulehnen. Die Zahl bemisst sich nach dem höchsten Anteil an Arbeitnehmervertretern, der in den entsprechenden Organen der Gründungsgesellschaften vor Eintragung der SE in das Handelsregister bestanden hat, vgl. § 35 Abs. 2 Satz 2 SEBG.[290] Insoweit ist also auch hier nicht die bisherige absolute Zahl der Arbeitnehmervertreter, sondern lediglich die Einhaltung der Quote im Verhältnis zur Gesamtzahl der Mitglieder im Organ zu gewährleisten.[291] Damit kann es auch hier zu einer Reduzierung der bisherigen absoluten Zahl der Mitglieder kommen, da die Vorschriften des MitbestG (insb. § 7 MitbestG) auf die SE bekanntlich keine Anwendung finden.[292]

174 **cc) Rechtsstellung und innere Ordnung gem. § 38 SEBG.** § 38 Abs. 1 SEBG stellt noch einmal ausdrücklich klar, dass den Arbeitnehmervertretern im Aufsichts- bzw. Verwaltungsorgan der SE dieselben Rechte und Pflichten zustehen wie den Anteilseignervertretern. Unberührt hiervon bleiben jedoch die gesellschaftsrechtlichen Regelungen zur Ausgestaltung der inneren Ordnung des Aufsichts- oder Verwaltungsrats.[293]

175 Unterliegt eine SE der Mitbestimmung kraft Gesetzes, so muss die Zahl der Mitglieder des Leitungsorgans iSd § 16 SEAG bzw. die der geschäftsführenden Direktoren iSd § 40 SEAG mindestens zwei betragen, von denen eines bzw. einer

---

[287] Zu Sonderkonstellationen vgl. § 34 Abs. 2 SEBG.

[288] Zum Umfang des Bestandsschutzes für die Mitbestimmung bei SE-Gründung durch Formwechsel vgl. auch *Teichmann* ZIP 2014, 1049.

[289] Vgl. Habersack/Drinhausen/*Hohenstatt*/Müller-Bonanni SEBG § 21 Rn. 31 und § 35 Rn. 3.

[290] Das Verfahren zur Sitzverteilung, Bestellung sowie Abberufung und Anfechtung der Arbeitnehmervertreter im Aufsichts- oder Verwaltungsorgan ist in den §§ 36 und 37 SEBG geregelt. Besteht in einer der Gründungsgesellschaften das Aufsichtsorgan aus derselben Zahl von Anteilseigner- und Arbeitnehmervertretern sowie einem weiteren Mitglied, so hat dies auch für die SE zu gelten. Dieses weitere Mitglied ist sodann auf gemeinsamen Vorschlag der Anteilseigner- und Arbeitnehmervertreter zu wählen, vgl. § 38 Abs. 3 SEBG. Zur Vertiefung s. die entsprechenden Kommentierungen in der einschlägigen Spezialliteratur sowie den Beitrag von *Habersack* AG 2006, 345.

[291] Ebenso die mittlerweile hM, vgl. nur *Bungert/Gotsche* ZIP 2013, 649 (653 mwN); Kölner Komm./*Feuerborn* SEBG § 35 Rn. 12; Henssler/Strohn/*Servatius* Internationales GesR Rn. 285.

[292] Vgl. Lutter/Hommelhoff/Teichmann/*Lutter* SE-VO Einl. Rn. 41.

[293] Vgl. § 107 AktG und § 34 SEAG sowie MünchKomm. AktG/Bd. 7/*Jacobs* SEBG § 38 Rn. 2.

F. Arbeitnehmerbeteiligung in der SE 176–180 § 19

zwingend für den Bereich Arbeit und Soziales zuständig ist (sog. Arbeitsdirektor), vgl. § 38 Abs. 2 SEBG.[294]

3. Grundsätze der Zusammenarbeit und Schutzvorschriften, §§ 40 ff. SEBG[295]

Abschließend sind in den Vorschriften der §§ 40 ff. SEBG übergreifend Grund- **176** sätze über die Zusammenarbeit, Schutzvorschriften sowie Straf- und Bußgeldvorschriften geregelt.

§ 40 SEBG normiert die grundsätzliche Pflicht, dass Leitung der SE und SE-Be- **177** triebsrat bzw. das entsprechende Vertretungsorgan der Arbeitnehmer im Rahmen eines Verfahrens zur Unterrichtung und Anhörung zum beiderseitigen Wohl **vertrauensvoll zusammenarbeiten**. Insoweit handelt es sich bei der Vorschrift des § 40 SEBG neben der des Art. 12 Abs. 4 SE-VO um eine der wenigen Vorschriften, die ausdrücklich auf die notwendige Abstimmung beider Regelungsziele von SE-VO und SE-RL verweist. Weiterhin regelt § 41 SEBG die Anforderungen an Reichweite und Umfang etwaiger **Informationspflichten** der Leitungen der Gründungsgesellschaften sowie der späteren SE nebst der Pflicht zur Geheimhaltung und Vertraulichkeit für die Mitglieder des SE-Betriebsrats.

Des Weiteren bleibt darauf hinzuweisen, dass die Arbeitnehmervertreter, also **178** insb. die Mitglieder des bVG, des SE-Betriebsrats und des Aufsichts- bzw. Verwaltungsorgans, die zugleich Beschäftigte der SE oder einer ihrer Tochtergesellschaften oder Betriebe sind, den **Arbeitnehmerschutzvorschriften** des Mitgliedstaates unterfallen, in dem sie beschäftigt sind, vgl. § 42 SEBG.

Eine weitaus größere Bedeutung in der Praxis und damit letztendlich auch für **179** künftige Entscheidungen der Rechtsprechung dürfte jedoch der Vorschrift des § 43 SEBG (**Missbrauchsverbot**) zukommen. Danach darf eine SE nicht dazu missbraucht werden, den Arbeitnehmern Beteiligungsrechte zu entziehen oder vorzuenthalten. Gemäß § 43 Satz 2 SEBG wird ein solcher Missbrauch widerlegbar vermutet, wenn ohne Durchführung eines Verfahrens nach § 18 Abs. 3 SEBG (Wiederaufnahme der Verhandlungen bei strukturellen Veränderungen) *innerhalb eines Jahres* nach Gründung der SE strukturelle Änderungen stattfinden, die dazu führen, dass den Arbeitnehmern Beteiligungsrechte entzogen oder vorenthalten werden.

Aufgrund der vorherrschenden Auffassung, dass eine SE-Gründung auch unter **180** Beteiligung von sog. **Vorrats- oder Mantelgesellschaften** (ohne Arbeitnehmer) zulässig ist, ist diese Vorschrift insb. auch zu beachten, wenn es innerhalb eines Jahres danach zum Zusammenschluss mit bzw. zum Erwerb einer bis dato bereits Arbeitnehmer beschäftigenden Gesellschaft kommt. Folgert man daraus, dass dieser Zusammenschluss bzw. Erwerb im Zeitpunkt der Gründung der SE ein Verhandlungsverfahren erforderlich gemacht hätte, ist dieses nunmehr zum jetzigen Zeitpunkt, der mit dem der wirtschaftlichen Neugründung der Vorratsbzw. Mantelgesellschaft in der Regel übereinstimmen dürfte, durchzuführen.[296]

---

[294] Vgl. auch MünchKomm. AktG/Bd. 7/*Jacobs* SEBG § 38 Rn. 3. Ein Vetorecht oÄ der Arbeitnehmerbank gibt es jedoch nicht, vgl. Nagel/Freis/Kleinsorge/*Nagel* SEBG § 38 Rn. 4 ff.
[295] Ausführlich Jannott/Frodermann/*Kienast* Kap. 13 Rn. 516 ff. sowie die Kommentierungen der §§ 40–44 SEBG bei MünchKomm. AktG/Bd. 7/*Jacobs* und Lutter/Hommelhoff/ Teichmann/*Oetker* SE.
[296] MHdB GesR IV/*Austmann* § 86 Rn. 52; vgl. auch Bungert/Gotsche ZIP 2013, 649 (653 f.) sowie Rn. 83 ff.

Nicht zuletzt aufgrund der in § 45 Abs. 1 Nr. 2 SEBG kodifizierten (präventiven) Strafandrohung und des unbestimmten Rechtsbegriffs der strukturellen Veränderungen sollte bei Vorhandensein einer entsprechenden Anzahl an Arbeitnehmern in den beteiligten Gesellschaften im Zweifel ein Verfahren iSd § 18 Abs. 3 SEBG angestrebt und eingeleitet werden.[297]

181 Abgerundet wird der Regelungsrahmen des SEBG schließlich durch die in den §§ 45 f. SEBG normierten Straf- und Bußgeldvorschriften.[298]

---

[297] Vgl. Begr. RegE SEEG, BT-Drs. 15/3405, 57; van Hulle/Maul/Drinhausen/*Köklü* Abschn. 6 Rn. 83; die Vorschriften des § 43 SEBG und des § 18 Abs. 3 SEBG sind nebeneinander anwendbar, s. Nagel/Freis/Kleinsorge/*Nagel* SEBG § 43 Rn. 7.
[298] Siehe Jannott/Frodermann/*Kienast* Kap. 13 Rn. 539 ff.; Nagel/Freis/Kleinsorge/*Nagel* SEBG § 45 Rn. 1 ff. und § 46 Rn. 1 ff. sowie MünchKomm. AktG/Bd. 7/*Jacobs* SEBG § 45 Rn. 1 ff. und § 46 Rn. 1 ff.

# 3. Abschnitt: Die börsennotierte AG

§ 20 Der Börsengang

Bearbeiter: Dr. Herbert Harrer

Übersicht

	Rn.
A. Allgemeines	1–9
B. Auswahl des Börsenplatzes und des Marktsegments	10–116
I. Deutschland	16–71
1. Regulierter Markt	19–43
a) Zulassungsvoraussetzungen	21–25
b) Folgepflichten	26–39
c) Wertpapierprospekt	40–43
2. Freiverkehr	44–71
a) Teilbereich Open Market der Frankfurter Wertpapierbörse	49–56
b) KMU-Segment Scale der Frankfurter Wertpapierbörse	57, 58
aa) Einbeziehungsvoraussetzungen.	59–66
bb) Einbeziehungsfolgepflichten	67–71
II. Ausländische Börsen- und Handelsplätze	72–91
1. NASDAQ	76–81
2. NYSE	82–86
3. London Stock Exchange	87–91
III. Sog. Dual Listing oder Multiple Listing	92–97
IV. American Depositary Receipts	98–105
1. Allgemeines	98
2. Definition	99
3. Typen der ADR-Programme	100–103
4. Aspekte von ADR-Programmen nach deutschem Recht	104, 105
V. Privatplatzierung	106–116
1. Allgemeines	106
2. Deutschland	107–110
3. Vereinigte Staaten von Amerika	111–116
C. Billigungs- und Zulassungsverfahren	117–133
I. Regulierter Markt	119–129
II. Freiverkehr	130–133
D. Projekt- und Zeitplan	134–160
E. Dokumentation	161–309
I. Mandatsvereinbarung	162–168
II. Übernahmevertrag	169–214
1. Allgemeines	169–173
2. Zeichnungs- und Übernahmeverpflichtung	174–181
a) Typische Ausgestaltung	174–177
b) Zeichnung zum (rechnerischen) Nennbetrag	178–181
3. Verpflichtungen und Gewährleistungen	182–190
a) Allgemeines	182

		b) Verpflichtungen	183–185
		c) Gewährleistungen	186–190
	4.	Haftungsfreistellung	191–200
		a) Allgemeines	191–193
		b) Kapitalerhöhung	194
		c) Umplatzierung von Altaktien	195–200
	5.	Aufschiebende Bedingungen	201–205
	6.	Rücktrittsrecht	206–214
		a) Allgemeines	206–209
		b) Probleme bei Rückabwicklung	210–214
		aa) Kapitalherabsetzung	211
		bb) Rückerwerb eigener Aktien	212
		cc) Verwertungsrecht des Konsortialführers	213
III.	Börseneinführungsvertrag		215
IV.	Prospekt		216–231
V.	Legal Opinion und Disclosure Letter		232–249
	1.	Legal Opinion	233–239
	2.	Disclosure Letter	240–244
	3.	Funktion der Legal Opinion und Disclosure Letter ..	245–247
	4.	Haftung für Legal Opinion und Disclosure Letter ...	248, 249
VI.	Comfort Letter		250–267
	1.	Inhalt des Comfort Letters	251–257
		a) Deutschland	252–255
		b) Vereinigte Staaten von Amerika	256, 257
	2.	Funktion des Comfort Letters	258–260
	3.	Haftung für Testat und für Comfort Letter	261–267
VII.	Konsortialvertrag		268–271
VIII.	Marktschutzvereinbarung		272–275
IX.	Sonstiges		276–309
	1.	Gesellschaftsrechtliche Dokumente und Maßnahmen	276–286
	2.	Research-Richtlinien	287–289
		a) Deutschland	290, 291
		b) Vereinigte Staaten von Amerika	292–295
	3.	Publizitätsrichtlinien	296
		a) Deutschland	297, 298
		b) Vereinigte Staaten von Amerika	299–304
	4.	Besonderheiten für Emittenten mit Herkunftsland außerhalb Deutschlands	305–309

F. Prospekthaftung 310–371
   I. Deutschland 311–349
      1. Allgemeines 311
      2. Gesetzliche Regelung 312, 313
      3. Prospekte oder prospektbefreiende schriftliche Darstellung 314, 315
      4. Ersatzverpflichtete 316–321
      5. Unrichtigkeit und Unvollständigkeit von für die Beurteilung der Wertpapiere wesentlichen Angaben . 322–331
      6. Kausalität 332, 333
      7. Verschulden 334–341
      8. Umfang des Schadensersatzes 342
      9. Haftungsausschluss und Haftungsbegrenzung 343–345
     10. Verhältnis zu anderen Anspruchsgrundlagen 346, 347
     11. Verjährung und gerichtliche Zuständigkeit 348, 349
  II. Vereinigte Staaten von Amerika 350–371
      Exkurs: Kapitalanleger-Musterverfahrensgesetz 365–371

A. Allgemeines

Schrifttum: *Adolff* Die zivilrechtliche Verantwortlichkeit deutscher Anwälte bei Abgabe von Third Party Legal Opinions 1997; Arbeitskreis zum „Deutsche Telekom III Urteil" des BGH, Thesen zum Umgang mit dem „Deutsche Telekom III-Urteil" des BGH v. 31. Mai 2011, NJW 2011, 2719 bei künftigen Börsengängen, CFL 2011, 377; *Arnold/Aubel* Einlagenrückgewähr, Prospekthaftung und Konzernrecht bei öffentlichen Angeboten von Aktien, Rezession des „Telekom III"-Urteils des BGH vom 31. Mai 2011, ZGR 2012, 113 ff.; *Berrar/Schnorbus/ Meyer (Hrsg.)* Frankfurter Kommentar zum WpPG und zur EU-ProspektVO, 2. Aufl. 2017; *Böckenhoff/Ross* American Depositary Receipts (ADR), WM 1993, 1781 (1825); *Farmery/ Walmsley (Hrsg.)* United States Securities and Investment Handbook 1992; *Gebhardt* Prime and General Standard: Die Neusegmentierung des Aktienmarkts der Frankfurter Wertpapierbörse, WM, Sonderbeilage Nr. 2/2003; *Green/Beller/Cohen/Hudson/Rosen* US Regulation of the International Securities and Derivatives Markets, 5. Aufl. 2000; *Greene/Rosen/Silverman/ Braverman/Sperber/Grabar* U.S. Regulation of the International Securities and Derivatives Markets, 2014; *Harrer/Heidemann* Going Public – Einführung in die Thematik, DStR 1999, 254; *Hazen* The Law of Securities Regulation 1995; *Johnson/McLaughlin* Corporate Finance and the Securities Laws 2016 supplement; *Schanz* Börseneinführung: Recht und Praxis des Börsengangs, 4. Aufl. 2012.

A. Allgemeines

Der Börsengang von Unternehmen[1] hat in Deutschland eine lange Tradition, er führte aber im Vergleich zu anderen Wirtschaftsnationen wie Großbritannien, insb. aber den Vereinigten Staaten von Amerika, bis zur Mitte der 90er Jahre ein Schattendasein.

Mit Schaffung des **Neuen Markts** der Frankfurter Wertpapierbörse am 10.3.1997 hat sich dies geändert und die Frankfurter Wertpapierbörse ist mittlerweile eine der führenden Wertpapierbörsen der Welt. Zum 31.12.2017 waren an der Frankfurter Wertpapierbörse 147 Unternehmen im General Standard und 306 Unternehmen im Prime Standard notiert und ca. 10.000 Unternehmen im Open Market[2] gelistet, davon 48 Unternehmen im neuen KMU-Segment Scale.[3]

Die **Börsenkapitalisierung** an der Frankfurter Wertpapierbörse betrug im Dezember 2017 1.888,28 Mrd. EUR.

Im internationalen Vergleich liegt Deutschland weiterhin sowohl hinsichtlich der Zahl der **börsennotierten Unternehmen**, als auch hinsichtlich der nationalen Marktkapitalisierung deutlich hinter den USA, Großbritannien und Japan. Allein an den US-amerikanischen Börsen NYSE und NASDAQ waren im Dezember 2017 2.286 Unternehmen mit einer Marktkapitalisierung von US-$ 22.081,37 Mrd. an der NYSE[4] sowie 2.949 Unternehmen mit einer Marktkapitalisierung von US-$ 10.039,36 Mrd. an der NASDAQ notiert, an den Standorten der Japan Exchange Group waren es 3.604 Unternehmen mit einer Marktkapitalisierung von US-$ 6.222,82 Mrd. und an den Standorten der LSE Group waren es 2.498 Unternehmen mit einer Marktkapitalisierung von rd. US-$ 4.455,41 Mrd.

---

[1] Vgl. allgemein *Schanz* § 1 ff.; Habersack/Mülbert/Schlitt/*Singhof/Weber* § 4 Rn. 1 ff.; *Jakob* 15 ff.; *Harrer/Heidemann* DStR 1999, 254.

[2] Vgl. Cash Market: Monthly Statistics der Deutschen Börse AG.

[3] Vgl. Cash Market: Monthly Statistics der Deutschen Börse AG, Dezember 2017.

[4] Diese und alle weiteren Zahlen stammen, soweit nicht eine andere Quelle angegeben ist, aus den Statistiken der World Federation of Exchanges, http://www.world-exchanges.org/home/index.php/statistics/monthly-reports, Dezember 2017.

5 Eine Zunahme von Börsengängen und eine gesteigerte Finanzierungskraft börsennotierter Unternehmen hat auf die **Volkswirtschaft** positive Auswirkungen, wirkt einer Marktkonzentration entgegen und führt statistisch zu einer überproportionalen Schaffung von Arbeitsplätzen bei diesen Unternehmen.

6 Die Entscheidung über einen Börsengang eines Unternehmens hat für die Gesellschaft und die Gesellschafter weitreichende Bedeutung und bedarf einer **sorgfältigen Abwägung** aller damit verbundenen Vor- und Nachteile. Nicht abschließend geklärt ist, ob die Entscheidung über einen Börsengang eine **Geschäftsführungsmaßnahme** des Vorstands ist[5] oder wegen eines strukturverändernden Charakters als Grundlagenentscheidung nach der Holzmüller-Doktrin ein Beschluss der **Hauptversammlung** erforderlich ist[6] (s. § 5 Rn. 39, 25 ff.).

7 Wesentliche **Vorteile** eines Börsengangs sind insbesondere
– die Verbreiterung der Eigenkapital- und Liquiditätsbasis des Emittenten mit erleichterter Folgefinanzierung,
– die Ermöglichung einer einfachen und kostengünstigen Übertragbarkeit der Unternehmensanteile durch die Regelrechtsform der Aktiengesellschaft und die Börsennotierung fungibler Wertpapiere,
– die einfache Beteiligung von Führungskräften und Mitarbeitern insb. über Mitarbeiterbeteiligungsprogramme zur Gewinnung und Bindung von wichtigen Mitarbeitern,[7]
– die Ermöglichung eines (Teil-)Exits aus 100%igen Tochtergesellschaften (sog. Spin off), der Teilprivatisierung von Staatsunternehmen oder von im Rahmen der frühen Unternehmensfinanzierung beteiligten Venture-Capital-Gesellschaften sowie von Familiengesellschaften im Rahmen der Nachfolgeplanung und schließlich
– die Erhöhung des Bekanntheitsgrades des Unternehmens durch verstärkte Öffentlichkeitsarbeit und größere Publizität.

8 Als **Nachteile** eines Börsengangs werden häufig genannt:
– die Pflicht zur erhöhten Publizität durch die Rechtsform der Aktiengesellschaft und die Börsennotierung, die Pflicht zur Erstellung eines Prospekts sowie die Einhaltung von Zulassungsvoraussetzungen,[8]
– der Einflussverlust der Altgesellschafter durch die Abgabe von Aktien an Dritte,
– steuerliche Nachteile für die Altgesellschafter,
– mit dem Börsengang verbundene einmalige oder laufende Kosten sowie
– weitergehende mit einer Börsennotierung verbundene Folgepflichten wie Ad-hoc-Publizität, Mitteilungspflichten über Anteilsinhaberschaft sowie die Geltung von Insiderhandelsvorschriften.[9]

9 Die Börseneinführung eines Unternehmens ist ein komplexer und zeitaufwendiger Vorgang, den die Gesellschaft nur zusammen mit einem Team von spezialisierten **Beratern** erfolgreich durchführen kann. Hierzu gehören in jedem Fall ein Konsortialführer und idR weitere Konsortialbanken, die mit der Gesellschaft das

---

[5] Vgl. Habersack/Mülbert/Schlitt/*Singhof/Weber* § 4 Rn. 56 ff.; *Claussen* WM 1996, 609 (618); *Halasz/Kloster* ZBB 2001, 474.
[6] Vgl. Habersack/Mülbert/Schlitt/*Singhof/Weber* § 4 Rn. 56 ff.; *Schanz* § 6 Rn. 50 ff.; *Lutter/Leinekugel* ZIP 1998, 805 (806); *Lutter/Drygalla* in FS Raisch 1995, S. 239, 240; *Vollmer/Grupp* ZGR 1995, 459 (460); *Grupp* Börseneintritt und Börsenaustritt S. 146 ff.; *Becker/Fett* WM 2001, 549 (550).
[7] Vgl. § 24 Rn. 1 ff.
[8] Vgl. Rn. 21 ff.
[9] Vgl. Rn. 26 ff.

B. Auswahl des Börsenplatzes und des Marktsegments

formale Zulassungsverfahren bei der Wertpapierbörse betreiben sowie die Wirtschaftsprüfer der Gesellschaft, die die Jahresabschlüsse der Gesellschaft testieren und ggf. weitere nicht testierte Finanzdaten prüfen. IdR werden auch Rechtsanwälte, Public-Relations-Berater und zunehmend auch Emissionsberater im Rahmen eines Börsengangs tätig.

B. Auswahl des Börsenplatzes und des Marktsegments

Im Vorfeld eines Börsengangs haben die Gesellschaft und die Altgesellschafter nach Abwägung aller Vorzüge und Nachteile eines „Going Public" die **Grundsatzentscheidung** über den Börsengang zu treffen. Im Falle einer positiven Entscheidung gibt es eine Reihe weiterer konzeptioneller Fragen, zu denen insb. die Auswahl des geeigneten Börsenplatzes und des richtigen Marktsegments sowie die Ausarbeitung des Emissionskonzepts einschließlich der sog. Equity Story gehören. Nachfolgend wird auch auf die im Rahmen eines Börsenganges beteiligten Stellen und Personen eingegangen.

Kriterien für die Auswahl des richtigen Börsenplatzes sind sowohl **Unternehmensfaktoren** wie zB Unternehmensprofil, Entwicklungsstrategien, Zielmärkte, Produktionsstandorte und Vertriebsmärkte, Absatz- und Beschäftigungsmärkte und Unternehmensidentität, als auch **Marktfaktoren** wie zB erzielbare Unternehmensbewertung, mögliche Investoren, zur Verfügung stehender Research von Analysten und vorgeschriebene Rechnungslegungsgrundsätze.

Der Emittent wählt – idR in enger Abstimmung mit dem Konsortialführer – den Börsenplatz und ein geeignetes Marktsegment aus, wobei er zwischen einer deutschen und einer ausländischen Wertpapierbörse und ggf. an der jeweiligen Börse angebotenen verschiedenen Marktsegmenten wählen kann. Bei größeren international orientierten Unternehmen ist auch eine gleichzeitige Notierung der Gesellschaft an zwei oder mehreren Börsenplätzen – sog. **Dual oder Multiple Listing** – möglich (s. Rn. 92 ff.).

Beim Börsengang größerer Gesellschaften hat auch die Möglichkeit, in einen Aktienindex aufgenommen zu werden, teilweise Bedeutung bei der Wahl des Marktsegments. Es gibt eine Reihe von der Deutsche Börse AG berechnete Aktienindizes. Der Deutsche Aktienindex **DAX** ist das bedeutendste Kursbarometer für den deutschen Aktienmarkt und umfasst die 30 größten Aktienwerte („Blue-Chips") in Bezug auf Umsatz und Börsenkapitalisierung.

Mit einem **öffentlichen Angebot** im Rahmen des Börsengangs sind in der Praxis immer Privatplatzierungen (s. Rn. 106 ff.) in weiteren Ländern verbunden, um auch in diesen Ländern bestimmten potenziellen zumeist institutionellen Anlegern die Möglichkeit zu geben, in das Unternehmen zu investieren.

15 Die nachfolgende Darstellung enthält eine Übersicht über die **Auswahlmöglichkeiten** verschiedener Handelsplätze und Marktsegmente:

Auswahl von Handelsplatz und Marktsegment	
Handel in Deutschland	Handel im Ausland

– Regulierter Markt
  (General Standard/
  Prime Standard)
– Freiverkehr (Open Market)
  Quoation Board/Basic Board/
  KMU-Segment Scale
	– NYSE/Euronext/International Exchange
	– LSE/AIM
	– NASDAQ/OMX

Privatplatzierung im Ausland – Sonderfall: Rule 144A (USA)	

I. Deutschland

16 In Deutschland besteht an allen sieben deutschen Börsenplätzen die Wahl zwischen den **Marktsegmenten** „Regulierter Markt" und „Freiverkehr". Die deutschen Börsenplätze sind Bremen/Berlin, Düsseldorf, Frankfurt, Hamburg, Hannover, München, Stuttgart. Die Frankfurter Wertpapierbörse ist die bedeutendste und wichtigste Börse in Deutschland mit einem Anteil von ca. 90% des deutschen Börsenhandels. Die Deutsche Börse AG in Frankfurt ist Träger der Frankfurter Wertpapierbörse und seit Frühjahr 2001 börsennotiert. Die Zulassung zu oder Einbeziehung in ein Marktsegment einer Wertpapierbörse setzt die Erfüllung bestimmter vom jeweiligen Marktsegment abhängigen **Zulassungsvoraussetzungen** voraus.

17 Mit der Aufnahme der Notierung von Aktien an einer deutschen Wertpapierbörse finden für den Emittenten und seine Aktionäre zahlreiche börsen- und wertpapierrechtliche Vorschriften Anwendung. Der **General Standard** der Frankfurter Wertpapierbörse ist das Segment mit den gesetzlichen Mindestanforderungen des regulierten Marktes, während bei einer Notierung im **Prime Standard** Unternehmen der Frankfurter Wertpapierbörse höhere, internationalen Maßstäben genügende Transparenzanforderungen erfüllen müssen.

18 Die Darstellung auf den Folgeseiten enthält eine **Übersicht** über die Zulassungsvoraussetzungen und Folgepflichten der Frankfurter Wertpapierbörse im regulierten Markt (differenziert nach General Standard und Prime Standard) sowie im Freiverkehr (differenziert nach Open Market und KMU-Segment Scale).

B. Auswahl des Börsenplatzes und des Marktsegments

Voraussetzungen für die Zulassung zur Einführung in die Frankfurter Wertpapierbörse

	Regulierter Markt (General Standard)	Regulierter Markt (Prime Standard)	Freiverkehr (Open Market) Quotation Board	Freiverkehr (Open Market)	Freiverkehr (KMU-Segment Scale)
Emissionsbegleiter	Kreditinstitut oder Finanzdienstleistungsinstitut oder nach § 53 (1) S. 1, § 53 (b) S. 1 KWG tätiges Unternehmen	wie General Standard	Einbeziehung erfolgt auf Antrag eines Teilnehmers (Unternehmen oder Börsenhändler, die zur Teilnahme am Börsenhandel ab der Frankfurter Wertpapierbörse zugelassen sind), der zugleich Spezialist ist		Einbeziehung erfolgt auf Antrag des Emittenten zusammen mit einem Capital Market Partner für die Antragstellung (nur Kreditinstitut, Finanzdienstleistungsinstitut oder ein nach § 53 (1) S. 1 KWG oder § 53 b (1) S. 1 KWG tätiges Unternehmen)
Sitz des Emittenten	keine Beschränkungen	wie General Standard	keine Beschränkungen		wie Open Market
Mindestexistenz der Gesellschaft	3 Jahre, Ausnahmen	wie General Standard	nein		2 Jahre
Voraussichtlicher Kurswert / Marktkapitalisierung	voraussichtlicher Kurswert der zuzulassenden Aktien bzw., falls Schätzung nicht möglich, Eigenkapital des Unternehmens mind. EUR 1,25 Mio.	wie General Standard	nein		voraussichtliche Mindestmarktkapitalisierung von EUR 30 Mio. zum Zeitpunkt der Handelsaufnahme
Mindeststückzahl der Aktien	nein	wie General Standard	nein		mind. 1. Mio. Aktien im Streubesitz (oder 20 % Streubesitz)
Aktiengattungen	Stammaktien/Aktien vertretende Zertifikate oder Vorzugsaktien Zulassung aller Aktien einer Gattung	wie General Standard	Stammaktien/Aktien vertretende Zertifikate oder Vorzugsaktien		wie Open Market
Streuung der Aktien	mind. 25 %, Ausnahmen	wie General Standard	nein		mind. 20 % (oder mind. 1. Mio. Aktien im Streubesitz)

	Voraussetzungen für die Zulassung zur Einführung in die Frankfurter Wertpapierbörse				
	Regulierter Markt (General Standard)	Regulierter Markt (Prime Standard)	Freiverkehr (Open Market) Quotation Board	Freiverkehr (Open Market)	Freiverkehr (KMU-Segment Scale)
Zulassungs-dokument	Wertpapierprospekt	wie General Standard	Referenzdaten hinsichtlich einzubeziehender Wertpapiere bzw. bei öffentlichem Angebot Wertpapierprospekt		Einbeziehungsdokument bei technischem Listing oder Privatplatzierung oder bei prospektpflichtigem öffentlichem Angebot Wertpapierprospekt nach Vorschriften des WpPG
Sprache	deutsch (bei ausländischen Gesellschaften ggf. nur englisch)	wie General Standard	deutsch/englisch		wie Open Market
Gebühren und Entgelte der Börse	Zulassungsgebühr EUR 3.000 Einbeziehungsgebühr (Notierungsaufnahme) EUR 2.500 jährliche Notierungsgebühr EUR 11.700 Grundgebühr und variable Gebühr in Höhe von je EUR 0,10 für jede angefangene Million Euro Marktkapitalisierung	wie General Standard: jährliche Notierungsgebühr EUR 12.700 Grundgebühr und variable Gebühr in Höhe von je EUR 0,10 für jede angefangene Million Euro Marktkapitalisierung	Einbeziehungsgelt EUR 750 kein jährliches Notierungsentgelt		Einbeziehungsentgelt EUR 20.000 und von der Marktkapitalisierung abhängiges variables Entgelt von bis zu EUR 69.000 jährliches Notierungsentgelt EUR 20.000
zuständiges Gremium	Geschäftsführung/BaFin für Billigung des Wertpapierprospekts	wie General Standard	Deutsche Börse AG (bei öffentlichem Angebot BaFin für Billigung des Wertpapierprospekts)		wie Open Market
Rechtliche Grundlage	Wertpapierprospektgesetz, Börsenzulassungsverordnung, Börsengesetz, BörsO	wie General Standard	Allgemeine Geschäftsbedingungen für den Freiverkehr		wie Open Market
Veräußerungsverbot für Emittenten und bisherige Aktionäre	nein	wie General Standard	nein		wie Open Market

B. Auswahl des Börsenplatzes und des Marktsegments

Voraussetzungen für die Zulassung zur Einführung in die Frankfurter Wertpapierbörse

	Regulierter Markt (General Standard)	Regulierter Markt (Prime Standard)	Freiverkehr (Open Market) Quotation Board	Freiverkehr (KMU-Segment Scale)
Sonstiges		ggf. Bestellung (mind.) eines Designated Sponsor in Abhängigkeit von Liquidität	§ 161 AktG Corporate Governance Kodex nicht anwendbar. Keine Research erforderlich. Kein Designated Sponsor erforderlich	§ 161 AktG Corporate Governance Kodex nicht anwendbar Deutsche Börse Capital Market Partner erforderlich Aktien oder Aktien vertretende Zertifikate von Unternehmen müssen als Einbeziehungsvoraussetzungen mind. 3 der folgenden 5 KPIs erfüllen: (i) Umsatz (mind. EUR 10 Mio.), (ii) Jahresüberschuss (positiv), (iii) bilanzielles Eigenkapital (positiv), (iv) Mitarbeiterzahl des Emittenten (mind. 20 Personen) und (v) kumuliertes, eingesammeltes Eigenkapital pre-IPO (mind. EUR 5 Mio.). Der voraussichtliche Kurswert muss zum Zeitpunkt der Einbeziehung in den Handel mind. EUR 30 Mio., die Unternehmenshistorie 2 Jahre und der Streubesitz 20% oder 1 Mio. Aktien betragen Veröffentlichung eines aktuellen Unternehmenskurzporträts und eines Unternehmenskalenders Zurverfügungstellung Research Report verpflichtend bei öffentlichen Angebot Verwendung der Zeichnungsfunktionalität Directplace erforderlich

Folgepflichten einer Börseneinführung an der Frankfurter Wertpapierbörse				
	Regulierter Markt (General Standard)	**Regulierter Markt (Prime Standard)**	**Freiverkehr (Open Market) Quotation Board**	**Freiverkehr (KMU-Segment Scale)**
Jahresabschluss	Veröffentlichung obligatorisch	Veröffentlichung obligatorisch spätestens 4 Monate nach Ende des Berichtszeitraums	abhängig vom lokalen nationalen Recht	Veröffentlichung eines Jahresabschlusses/Lageberichts und Jahresberichts innerhalb von 6 Monaten nach Ablauf eines Geschäftsjahrs
Jahresfinanzbericht	Veröffentlichung spätestens 4 Monate nach Ablauf eines Geschäftsjahrs Bilanzeid	wie General Standard	abhängig vom lokalen nationalen Recht	Veröffentlichung eines Halbjahresabschlusses/Zwischenlageberichts innerhalb von 4 Monaten nach Ablauf eines Geschäftshalbjahres
Halbjahresfinanzbericht	Veröffentlichung spätestens 2 Monate nach Ablauf des Berichtszeitraums Bilanzeid	wie General Standard	nein	wie Open Market
Quartalsmitteilung	nein	obligatorisch Veröffentlichung spätestens 2 Monate nach Ablauf des Mitteilungszeitraums kein Bilanzeid	nein	wie Open Market
Verbot von Insidergeschäften (Art. 14 MAR iVm § 12 ff. WpHG)	ja	wie General Standard	ja	wie Open Market

B. Auswahl des Börsenplatzes und des Marktsegments

Folgepflichten einer Börseneinführung an der Frankfurter Wertpapierbörse

	Regulierter Markt (General Standard)	Regulierter Markt (Prime Standard)	Freiverkehr (Open Market) Quotation Board	Freiverkehr (KMU-Segment Scale)
Verbot Marktmanipulation (Art. 15 MAR)	ja	wie General Standard	ja	wie Open Market
Ad-hoc Publizität (Art. 17 MAR iVm § 15 (1) WpHG)	zwingend	zwingend (deutsch und englisch)	ja, sofern die Zulassung zum oder die Einbeziehung in den Freiverkehr mit Zustimmung des Emittenten erfolgte	wie Open Market
Insiderverzeichnis (Art. 18 MAR)	ja	wie General Standard	ja, sofern die Zulassung zum oder die Einbeziehung in den Freiverkehr mit Zustimmung des Emittenten erfolgte	wie Open Market
Geschäfte von Führungskräften (Manager Transaction) (Art. 19 MAR iVm § 15 (2) WpHG)	ja	wie General Standard	ja, sofern die Zulassung zum oder die Einbeziehung in den Freiverkehr mit Zustimmung des Emittenten erfolgte	wie Open Market
Mitteilungspflicht (§ 21 ff. WpHG)	ja	wie General Standard	nein	wie Open Market
Sprache	deutsch (bei ausländischen Gesellschaften ggf. teilweise nur englisch)	deutsch und englisch (bei ausländischen Gesellschaften ggf. teilweise nur englisch)	deutsch/englisch	wie Open Market

Folgepflichten einer Börseneinführung an der Frankfurter Wertpapierbörse				
	Regulierter Markt (General Standard)	Regulierter Markt (Prime Standard)	Freiverkehr (Open Market) Quotation Board	Freiverkehr (KMU-Segment Scale)
Rechnungslegungsstandard	IFRS oder gleichwertige Rechnungslegung für Nicht-EU Emittenten	wie General Standard	normaler Rechnungslegungsstandard (oder IFRS)	wie Open Market
Sonstiges	Veröffentlichung von Mitteilungen über Einberufung Hauptversammlung, Mitteilungen über Ausschüttung und Auszahlung Dividende Änderungen der Rechtsgrundlage des Emittenten Zulassung aller später ausgegebenen Aktien Gleichbehandlung aller Inhaber zugelassener Wertpapiere unter gleichen Voraussetzungen Mitteilung von Änderungen der Satzung oder sonstiger Rechtsgrundlagen Veröffentlichung des jährlichen Dokuments	wie General Standard zusätzlich: jährliche Analystenveranstaltung jährlicher Unternehmenskalender		Mitteilungspflichten des Antragstellers gegenüber der Deutsche Börse AG.

B. Auswahl des Börsenplatzes und des Marktsegments

1. Regulierter Markt

Seit Inkrafttreten des Finanzmarktrichtlinie-Umsetzungsgesetzes am 1.11.2007 ist die Unterscheidung zwischen dem Amtlichen Markt und Geregelten Markt aufgehoben und es wurde ein einheitlicher **regulierter Markt** eingeführt.

Der **Neue Markt** der Frankfurter Wertpapierbörse[10] wurde im März 1997 geschaffen und war ein Handelssegment der Deutsche Börse AG in Frankfurt für Aktien primär kleinerer und mittlerer in- und ausländischer Gesellschaften, die Transparenz- und Publikationskriterien nach internationalen Standards erfüllten. Die Frankfurter Wertpapierbörse hat den Neuen Markt im Juni 2003 geschlossen.

a) Zulassungsvoraussetzungen

Die **Börsenzulassungsverordnung** regelt die Zulassung der Aktien zum regulierten Markt und enthält dessen Zulassungsvoraussetzungen. Die Gründung sowie die Satzung oder der Gesellschaftsvertrag des Emittenten müssen dem Recht des Staates entsprechen, in dem der Emittent seinen Sitz hat[11] und der Emittent der zuzulassenden Aktien muss mindestens drei Jahre als Unternehmen bestanden und seine Jahresabschlüsse für die drei dem Antrag vorausgegangenen Geschäftsjahre entsprechend den hierfür geltenden Vorschriften offen gelegt haben.[12] Die Geschäftsführung kann Aktien zulassen, wenn dies im Interesse des Emittenten und des Publikums liegt.[13] Die Aktien müssen frei handelbar sein; die Geschäftsführung kann jedoch auch Aktien, die nicht voll eingezahlt sind und Aktien, deren Erwerb einer Zustimmung bedarf, unter bestimmten Voraussetzungen zulassen.[14] Der voraussichtliche Kurswert der zuzulassenden Aktien oder, falls eine Schätzung nicht möglich ist, das Eigenkapital des Unternehmens muss mindestens 1,25 Mio. EUR betragen, wobei die Geschäftsführung geringere Beträge als vorgeschrieben zulassen kann, wenn sie überzeugt ist, dass sich für die zuzulassenden Aktien ein ausreichender Markt bilden wird.[15] Eine Mindeststückzahl von Aktien gibt es nicht. Die zuzulassenden Aktien müssen im Publikum eines oder mehrerer Mitgliedstaaten der Europäischen Union oder eines oder mehrerer Vertragsstaaten des Abkommens über den Europäischen Wirtschaftsraum ausreichend gestreut sein, wobei sie als ausreichend gestreut gelten, wenn mindestens 25% des Gesamtnennbetrags, bei nennwertlosen Aktien der Stückzahl, der zuzulassenden Aktien vom Publikum erworben worden sind oder wenn wegen der großen Zahl von Aktien derselben Gattung und ihrer breiten Streuung im Publikum ein ordnungsgemäßer Handel auch mit einem niedrigeren Prozentsatz gewährleistet ist, wobei hiervon Ausnahmen bestehen.[16] Von den meisten dieser Zulassungsvoraussetzungen kann die Deutsche Börse AG Ausnahmen zulassen, wenn dies im Interesse des Emittenten und des Publikums liegt. Am regulierten Markt können sowohl Stamm- als auch Vorzugsaktien angeboten werden, eines Designated Sponsors bedarf das Unternehmen nicht.

---

[10] Vgl. *Plewka/Aymans* DB 1996, 2192; *Hansen* AG 1997, 164; *Kersting* AG 1997, 1.222; *Potthoff/Stuhlfauth* WM Sonderbeilage Nr. 3/1997, S. 1; *Harrer/Erwe* RIW 1998, 661; *Benz/Kiwitz* DStR 1999, 1162; *Temporale/Ismann* Finanz Berater 1999, 263.
[11] Vgl. § 1 BörsZulV.
[12] Vgl. § 3 Abs. 1 BörsZulV.
[13] Vgl. § 3 Abs. 2 BörsZulV.
[14] Vgl. § 5 BörsZulV.
[15] Vgl. § 2 Abs. 1, 3 BörsZulV.
[16] Vgl. § 9 Abs. 1, 2 BörsZulV.

22 Über die Zulassung zum Teilbereich des regulierten Marktes mit weiteren Zulassungsfolgepflichten (**Prime Standard**) entscheidet die Geschäftsführung auf Antrag des Emittenten.[17] Die Aktien oder aktienvertretenden Zertifikate sind **zuzulassen**, wenn der Geschäftsführung keine Umstände bekannt sind, wonach der Emittent die weiteren Zulassungsfolgepflichten nicht ordnungsgemäß erfüllen wird. Derartige Umstände werden regelmäßig vermutet, (1) wenn Antrag auf Eröffnung des **Insolvenzverfahrens** über das Vermögen des Emittenten gestellt worden ist, wobei dies für Emittenten mit Sitz im Ausland entsprechend gilt, oder (2) wenn der Emittent bereits zugelassener Aktien oder Aktien vertretender Zertifikate seine Pflichten aus der Zulassung nicht oder **nicht ordnungsgemäß** erfüllt hat.[18]

23 Die Geschäftsführung kann die Zulassung zum regulierten Markt außer nach den Vorschriften des Verwaltungsverfahrensgesetzes **widerrufen**, wenn ein ordnungsgemäßer Börsenhandel auf Dauer nicht mehr gewährleistet ist und die Geschäftsführung den Handel im regulierten Markt eingestellt hat oder der Emittent seine Pflichten aus der Zulassung auch nach einer angemessenen Frist nicht erfüllt.[19] Die Geschäftsführung kann die Zulassung zum regulierten Markt auch auf Antrag des Emittenten widerrufen, wenn der Schutz der Anleger einem Widerruf nicht entgegensteht.[20] Bei Wertpapieren iSd § 2 WpÜG ist ein Widerruf nur zulässig, wenn (1) bei Antragstellung unter Hinweis auf den Antrag eine Unterlage über ein Angebot zum Erwerb aller Wertpapiere, die Gegenstand des Antrags sind, nach den Vorschriften des WpÜG veröffentlich wurde oder (2) die Wertpapiere weiterhin zugelassen sind (a) an einer anderen inländischen Börse zum Handel im regulierten Markt oder (b) in einem anderen Mitgliedstaat der Europäischen Union oder einem anderen Vertragsstaat des Abkommens über den Europäischen Wirtschaftsraum zum Handel an einem organisierten Markt, sofern für einen Widerruf der Zulassung zum Handel an diesem Markt entsprechende Voraussetzungen gelten.[21]

24 Bei anderen Wertpapieren **steht** der Schutz der Anleger einem Widerruf insbesondere dann **nicht entgegen**, wenn (1) auch nach dem Wirksamwerden des Widerrufs die Zulassung und der Handel des Wertpapiers an einem organisierten Markt oder an einem entsprechenden Markt in einem Drittstaat gewährleistet erscheint oder (2) das betreffende Wertpapier nach dem Wirksamwerden des Widerrufs weder an einer anderen inländischen Börse noch an einem ausländischen organisierten Markt oder einem entsprechenden Markt in einem Drittstaat zugelassen ist und gehandelt wird, aber nach der Bekanntgabe der Widerrufsentscheidung den Anlegern ausreichend Zeit verbleibt, die vom Widerruf betroffenen Wertpapiere im regulierten Markt der Frankfurter Wertpapierbörse zu veräußern.[22] Die Börsenordnung der Frankfurter Wertpapierbörse enthält Fristen für das Wirksamwerden des Widerrufs, die zwischen drei Börsentagen und sechs Monaten nach Veröffentlichung der Widerrufsentscheidung liegen, abhängig davon, ob die betreffenden Wertpapiere weiterhin einem anderen – und gegebenenfalls an welchem – inländischen oder ausländischen Markt zugelassen sind oder gehandelt werden.[23]

---

[17] Vgl. § 48 Abs. 3 BörsO FWB; vgl. auch Deutsche Börse AG/*Riess/Steinbach* S. 259 ff.; *Gebhardt* WM Sonderbeilage Nr. 2/2003, 1 (6); *Schlitt* AG 2003, 57.
[18] Vgl. § 48 Abs. 4 BörsO FWB.
[19] Vgl. § 47 Abs. 1 BörsO FWB.
[20] Vgl. § 46 Abs. 1 BörsO FWB. Vgl. zum sog. Delisting Rn. 128 Fn. 199. S. a. § 26 Rn. 1 ff. Die gesetzliche Neuregelung aufgrund des sog. Frosta-Beschlusses ist in § 39 BörsG nF erfolgt.
[21] Vgl. § 39 Abs. 2 BörsG, § 46 Abs. 1 Satz 2 BörsO FWB.
[22] Vgl. § 46 Abs. 2 BörsO FWB.
[23] Vgl. § 46 Abs. 3 BörsO FWB.

B. Auswahl des Börsenplatzes und des Marktsegments 25–28 § 20

Für die Erstellung, Billigung und Veröffentlichung von Prospekten für Wert- 25
papiere, die zum Handel im regulierten Markt zugelassen werden sollen, findet
das Wertpapierprospektgesetz Anwendung. Auf Antrag des Emittenten widerruft
die Geschäftsführung die Zulassung zum Teilbereich des regulierten Marktes mit
weiteren Zulassungsfolgepflichten (**Prime Standard**), wobei die Vorschriften über
den Widerruf der Zulassung zum regulierten Markt (General Standard) von Amts
wegen entsprechend gelten. Der Widerruf lässt die Zulassung zum regulierten
Markt (General Standard) im Übrigen unberührt.[24] Im Fall der Beendigung der
Zulassung zum Teilbereich des regulierten Marktes mit weiteren Zulassungsfolgepflichten (Prime Standard) hat die Geschäftsführung die Aufnahme des Handels
(Einführung) der zugelassenen Wertpapiere im regulierten Markt (General Standard) von Amts wegen zu veranlassen.[25]

b) Folgepflichten

Nach Einführung der Aktien im regulierten Markt treffen den Emittenten ver- 26
schiedene Folgepflichten, die sich überwiegend aus dem Wertpapierhandelsgesetz
ergeben.

Es bestehen ua die folgenden Pflichten des Emittenten gegenüber Wertpapierin- 27
habern: Die **Pflichten von Emittenten** gegenüber Wertpapierinhabern, für die
gem. § 2 Abs. 13 WpHG Deutschland der Herkunftsstaat ist, verlangen ua alle Inhaber zugelassener Wertpapiere unter gleichen Voraussetzungen gleich zu behandeln,
alle Einrichtungen und Informationen, die die Inhaber der zugelassenen Wertpapiere zur Ausübung ihrer Rechte benötigen, im Inland öffentlich zur Verfügung
zu stellen, Daten zu Inhabern zugelassener Wertpapiere vor einer Kenntnisnahme
durch Unbefugte zu schützen und für die gesamte Dauer der Zulassung der Wertpapiere mindestens ein Finanzinstitut als Zahlstelle im Inland zu bestimmen, bei
dem alle erforderlichen Maßnahmen hinsichtlich der Wertpapiere im Falle der Vorlegung der Wertpapiere bei dieser Stelle kostenfrei bewirkt werden können.[26] Der
Emittent von zugelassenen Aktien, für die Deutschland der Herkunftsstaat ist, muss
die Öffentlichkeit über alle wesentlichen **gesellschaftsrechtlichen Ereignisse**
informieren und daher insbesondere die Einberufung von Hauptversammlungen,
die Mitteilungen über die Ausschüttung und Auszahlung von Dividenden, die Ankündigung der Ausgabe neuer Aktien, die Ausübung von Umtausch-, Bezugs- und
Zeichnungsrechten unverzüglich im Bundesanzeiger veröffentlichen.[27]

Inlandsemittenten iSv § 2 Abs. 14 WpHG, dh im Wesentlichen alle Emittenten, 28
für die Deutschland der Herkunftsstaat ist, haben sog. **zusätzliche Angaben**
unverzüglich europaweit zu veröffentlichen,[28] wobei hierunter ua jede Änderung
der mit den zugelassenen Wertpapieren verbundenen Rechte sowie im Falle zugelassener Aktien der Rechte, die mit derivativen vom Emittenten selbst begebenen
Wertpapieren verbunden sind, sofern sie ein Umtausch- oder Erwerbsrecht auf
die zugelassenen Aktien des Emittenten verschaffen, fällt. Des Weiteren umfassen
in Drittstaaten veröffentlichte Informationen, die für die Öffentlichkeit in der

---

[24] Vgl. § 57 Abs. 3 BörsO FWB.
[25] Vgl. § 57 Abs. 4 BörsO FWB.
[26] Vgl. § 48 Abs. 1 WpHG.
[27] Vgl. § 49 Abs. 1 WpHG.
[28] Vgl. § 50 Abs. 1 Nr. 1 Buchst. a WpHG. Zur Art und Weise der Veröffentlichung iSd
Vorgängervorschrift § 30e Abs. 1 Nr. 1 Buchst. a WpHG siehe *Hutter/Kaulamo* NJW 2007, 550
(553 ff.); *Piener/Lebherz* AG 2007, 19.

Europäischen Union und dem Europäischen Wirtschaftsraum Bedeutung haben können.[29] Zur **europaweiten Veröffentlichung** müssen die zusätzlichen Angaben gem. §§ 3a ff. WpAIV einem Bündel unterschiedlicher Medien zugeleitet werden, sodass davon ausgegangen werden kann, dass diese Medien die Informationen in der gesamten Europäischen Union und in den übrigen Vertragsstaaten des Abkommens über den EWR verbreiten werden. Zeitgleich bzw. vorab muss eine Kontrollmeldung durch das Unternehmen an die Bundesanstalt für Finanzdienstleistungsaufsicht („BaFin") erfolgen.

29 Inlandsemittenten müssen einen **Jahresfinanzbericht** erstellen und diesen spätestens vier Monate nach Ablauf eines jeden Geschäftsjahres der Öffentlichkeit zur Verfügung stellen. Dieser hat mindestens den aufgestellten Jahresabschluss, den Lagebericht sowie den Bilanzeid zu enthalten. Zeitpunkt und Ort (Internetadresse) der Veröffentlichung des Jahresfinanzberichtes sind vom Emittenten vorher europaweit bekannt zu geben und der Emittent muss den Jahresfinanzbericht im Anschluss an das Unternehmensregister zur Speicherung übermitteln.[30] Ist der Inlandsemittent bereits nach handelsrechtlichen Vorschriften zur Offenlegung vorstehender Rechnungslegungsunterlagen verpflichtet, entfällt die Pflicht zur Erstellung eines gesonderten Jahresfinanzberichtes. Dies gilt für alle deutschen Unternehmen aufgrund § 325 HGB.

30 Inlandsemittenten, die Aktien oder Schuldtitel ausgegeben haben, müssen vorbehaltlich bestimmter Ausnahmen zwingend auch einen **Halbjahresfinanzbericht** veröffentlichen, der innerhalb von drei Monaten nach dem jeweiligen Stichtag der Öffentlichkeit zur Verfügung stehen muss, und mindestens einen verkürzten Abschluss, einen Zwischenlagebericht und den Bilanzeid zu enthalten hat. Eine Prüfung muss nicht erfolgen, in diesem Fall ist allerdings im Halbjahresfinanzbericht ausdrücklich auf das Unterbleiben einer freiwilligen prüferischen Durchsicht hinzuweisen.[31] Ort und Zeitpunkt der Veröffentlichung des Halbjahresfinanzberichtes müssen vorher europaweit bekannt gegeben werden. Diese Hinweisbekanntmachung und die Unterlagen des Halbjahresfinanzberichtes sind vom Emittenten an das Unternehmensregister zur Speicherung zu übermitteln.

31 Unternehmen, die als Inlandsemittenten Wertpapiere begeben, haben unter entsprechender Anwendung der Vorschriften des Handelsgesetzbuchs einen **Zahlungsbericht** bzw. Konzernzahlungsbericht zu erstellen und spätestens sechs Monate nach Ablauf des Berichtzeitraums der Öffentlichkeit zur Verfügung zu stellen, wenn (1) das Unternehmen oder eines seiner Tochterunternehmen in der mineralgewinnenden Industrie tätig ist oder Holzeinschlag in Primärwäldern betreibt und (2) auf das Unternehmen § 341q HGB nicht anzuwenden ist. Im Falle eines Unternehmens mit Sitz in einem anderen Mitgliedstaat der Europäischen Union oder in einem anderen Vertragsstaat des Abkommens über den Europäischen Wirtschaftsraum treten anstelle der entsprechenden Anwendung des Handelsgesetzbuchs die in Umsetzung von Kapitel 10 der EU-Bilanz-Richtlinie 2013/34/EU des Europäischen Parlaments und des Rates vom 26.6.2013[32] erlassenen nationalen Rechtsvorschriften des Sitzstaats.[33] Außerdem muss jedes Unternehmen spätestens sechs Monate nach Ablauf des Berichtzeitraums und vor dem Zeitpunkt, zu dem der

---

[29] Vgl. § 50 Abs. 1 Nr. 2 WpHG.
[30] Vgl. § 114 WpHG. S. a. für Prime Standard § 51 BörsO FWB (Jahresfinanzbericht).
[31] Vgl. § 115 WpHG. S. a. für Prime Standard § 52 BörsO FWB (Halbjahresfinanzbericht).
[32] ABl. L 182 v. 29.6.2013, S. 19.
[33] Vgl. § 116 Abs. 1 WpHG. S. a. für Prime Standard § 53 BörsO FWB (Quartalsmitteilung).

B. Auswahl des Börsenplatzes und des Marktsegments 32–34 § 20

Zahlungsbericht oder Konzernzahlungsbericht erstmals der Öffentlichkeit zur Verfügung steht, eine Bekanntmachung darüber veröffentlichen, ab welchem Zeitpunkt und unter welcher Internetadresse der Zahlungsbericht oder Konzernzahlungsbericht zusätzlich zu seiner Verfügbarkeit im Unternehmensregister öffentlich zugänglich ist.[34] Ist ein Mutterunternehmen verpflichtet, einen Konzernabschluss und einen Konzernlagebericht aufzustellen, gelten gem. § 116 WpHG Sonderregelungen.[35]

Von der Pflicht zur Erstellung von Finanzberichten bestehen bestimmte gesetzlich festgelegte Ausnahmen.[36] **32**

Börsennotierte Unternehmen sind weiterhin verpflichtet, Jahres- und Halbjahresfinanzberichte zu veröffentlichen, die einen sog. **Bilanzeid**[37] der gesetzlichen Vertreter enthalten, der sich auch auf den Lagebericht erstreckt.[38] Der Bilanzeid verpflichtet die gesetzlichen Vertreter einer Kapitalgesellschaft, die Inlandsemittent iSv § 2 Abs. 14 WpHG und keine Kapitalanlagegesellschaft iSv § 327a HGB ist, bei der Unterzeichnung schriftlich zu versichern, dass nach bestem Wissen der Jahresabschluss ein den tatsächlichen Verhältnissen entsprechendes Bild der Vermögens-, Finanz- und Ertragslage der Kapitalgesellschaft vermittelt oder der Anhang Angaben nach § 264 Abs. 2 Satz 2 HGB enthält. Im Hinblick auf den Lagebericht ist nach bestem Wissen zu versichern, dass dieser eine Darstellung enthält, die den Geschäftsverlauf und das Geschäftsergebnis sowie die Lage der Kapitalgesellschaft nach den tatsächlichen Verhältnissen wiedergibt und dass die wesentlichen Chancen und Risiken iSv § 289 Abs. 1 Satz 4 HGB beschrieben sind.[39] **33**

Die einschlägigen Vorschriften sehen für Unternehmen im regulierten Markt keine Marktschutzvereinbarung vor und auch keine Durchführung einer jährlichen Analystenveranstaltung. Für im regulierten Markt zugelassene Unternehmen gelten die Vorschriften des **Verbots von Insidergeschäften** nach Art. 14 der **Marktmissbrauchsverordnung („MAR")**[40] (früher §§ 12 ff. WpHG),[41] des **Verbots der Marktmanipulation** nach Art. 15 MAR (früher § 20a WpHG),[42] der **Ad-hoc-Publizität** nach Art. 17 MAR (iVm § 15 Abs. 1 WpHG),[43] zum Führen **34**

---

[34] Vgl. § 116 Abs. 2 WpHG.
[35] Vgl. § 117 WpHG.
[36] Vgl. § 118 WpHG.
[37] Vgl. Marsch-Barner/Schäfer/*Nonnenmacher* § 55 Rn. 21 ff.
[38] Vgl. § 264 Abs. 2 Satz 3 HGB; § 115 Abs. 2 Nr. 3 WpHG für Halbjahresfinanzbericht.
[39] Vgl. § 289 Abs. 1 Satz 5 HGB; § 115 Abs. 2 Nr. 3 WpHG für Halbjahresfinanzbericht.
[40] Vgl. Verordnung (EU) Nr. 596/2014 des Europäischen Parlaments und des Rates vom 16.4.2014 über Marktmissbrauch (Marktmissbrauchsverordnung) (Market Abuse Directive) (MAR), ABl. EU Nr. L 173/1 v. 12.6.2014.
[41] Vgl. ESMA Draft technical standards on the Market Abuse Regulation (Final Report 28.9.2015); *Klöhn* WM 2016, 1665; *Langenbucher* AG 2016, 417; *Poelzig* NZG 2016, 528; *Rubner/Pospiech* GWR 2016, 228; *Seibt/Wollenschläger* AG 2014, 593; *Tissen* NZG 2015, 1254; *von der Linden* DStR 2016, 1016; *Zetzsche* NZG 2015, 817.
[42] Vgl. ESMA Draft technical standards on the Market Abuse Regulation (Final Report 28.9.2015); *Bator* BKR 2016, 1; *Poelzig* NZG 2016, 528; *Rubner/Pospiech* GWR 2016, 228; *Schmolke* BKR 2016, 343; *Seibt/Wollenschläger* AG 2014, 593; *Tissen* NZG 2015, 1254; *von der Linden* DStR 2016, 1016; BaFin https://www.bafin.de/DE/Aufsicht/BoersenMaerkte/Transparenzpflichten/Marktmanipulation/marktmanipulation_node.html.
[43] Vgl. ESMA Draft technical standards on the Market Abuse Regulation (Final Report 28.9.2015) Rn. 172 ff.; *Krämer/Kiefner* AG 2016, 621; *Poelzig* NZG 2016, 528; *Rubner/Pospiech* GWR 2016, 228; *Seibt/Wollenschläger* AG 2014, 593; *Tissen* NZG 2015, 1254; *von der Linden* DStR 2016, 1016; *Zetzsche* NZG 2015, 817; BaFin https://www.bafin.de/DE/Aufsicht/BoersenMaerkte/Transparenzpflichten/Ad-hoc-Publizitaet/ad-hoc-publizitaet_node.html.

eines **Insiderverzeichnisses** nach Art. 18 MAR (früher § 15b WpHG)[44] sowie zur Mitteilung bestimmter **Eigengeschäfte von Führungskräften** mit Wertpapieren gem. Art. 19 MAR (früher § 15a WpHG)[45] (sog. Managers' Transaction) (früher Directors' Dealing). Daneben besteht auch eine Verpflichtung zur **Mitteilung von Veränderungen des Stimmrechtsanteils** nach § 21 ff. WpHG.[46]

35 Die Frankfurter Wertpapierbörse hat zum 1.1.2003 den sog. **Prime Standard**, einen Teilbereich des regulierten Marktes mit weiteren Zulassungsfolgepflichten, geschaffen, der international üblichen Transparenzanforderungen gerecht werden soll und im Wesentlichen den früheren Zusatzanforderungen des Neuen Markts der Frankfurter Wertpapierbörse entspricht.

36 Der Emittent kann für Aktien oder Aktien vertretende Zertifikate, die zum regulierten Markt (General Standard) zugelassen sind, die Zulassung zum Teilbereich des regulierten Marktes mit weiteren Zulassungsfolgepflichten (**Prime Standard**) beantragen.[47] Über die Zulassung entscheidet die Geschäftsführung.[48] Der Emittent im Prime Standard muss für den Schluss eines jeden Geschäftsjahrs einen **Jahresfinanzbericht** nach den Vorgaben des § 103 Abs. 2 und 3 WpHG oder – falls er verpflichtet ist, einen Konzernabschluss und Konzernlagebericht aufzustellen – nach den Vorgaben des § 106 Nr. 1 WpHG erstellen.[49] Der Jahresfinanzbericht muss in deutscher und englischer Sprache abgefasst sein und Emittenten mit Sitz im Ausland können den Jahresfinanzbericht ausschließlich in englischer Sprache abfassen. Der Emittent hat den Jahresfinanzbericht spätestens vier Monate nach Ablauf eines jeden Geschäftsjahres der Geschäftsführung in elektronischer Form zu übermitteln.[50] Die Geschäftsführung kann für Emittenten mit Sitz in einem Staat außerhalb der EU oder außerhalb eines anderen Vertragsstaats des EWR Ausnahmen zulassen, soweit die Emittenten gleichwertigen Regeln eines Drittstaates unterliegen oder sich solchen Regeln ganz oder teilweise unterwerfen.[51]

37 Der Emittent im **Prime Standard** muss zusätzlich einen **Halbjahresfinanzbericht** nach den Vorgaben des § 104 Abs. 2 bis 4 WpHG oder – falls er verpflichtet ist, einen Konzernabschluss und Konzernlagebericht aufzustellen – nach den **Vorgaben** des § 106 Nr. 2 WpHG erstellen.[52] Halbjahresfinanzberichte sind für die ersten sechs Monate eines jeden Geschäftsjahres zu erstellen. Der Halbjahresfinanzbericht muss in deutscher und in englischer Sprache abgefasst sein. Emittenten mit Sitz im

---

[44] Vgl. ESMA Draft technical standards on the Market Abuse Regulation (Final Report 28.9.2015) Rn. 253 ff.; *Haßler* DStR 2016, 1920; *Rubner/Pospiech* GWR 2016, 228; *Seibt/Wollenschläger* AG 2014, 593; *Tissen* NZG 2015, 1254.

[45] Vgl. ESMA Draft Technical Standards on the Market Abuse Regulation (Final Report 28.9.2015) Rn. 297 ff.; *Kumpan* AG 2016, 446; *Rubner/Pospiech* GWR 2016, 228; *Seibt/Wollenschläger* AG 2014, 593; *Stüber* DStR 2016, 1221; *Tissen* NZG 2015, 1254; *von der Linden* DStR 2016, 1016; *Zetzsche* NZG 2015, 817; BaFin https://www.bafin.de/DE/Aufsicht/Boersen-Maerkte/Transparenzpflichten/DirectorsDealings/directorsdealings_node.html.

[46] Vgl. *Tautges* WM 2017, 512; BaFin https://www.bafin.de/DE/Aufsicht/BoersenMaerkte/Transparenzpflichten/BedeutendeStimmrechtsanteile/bedeutendestimmrechtsanteile_node.html; BaFin, FAQ zu den Transparenzpflichten des WpHG in den Abschnitten 5 (§§ 21 ff.) und 5a (§§ 30a ff.), Stand: 28.11.2016, abrufbar unter https://www.bafin.de/SharedDocs/Downloads/DE/FAQ/dl_faq_transparenzpflichten_WpHG_Abschnitte_5_5a.html?nn=7846308.

[47] Vgl. § 48 Abs. 1 BörsO FWB.
[48] Vgl. § 48 Abs. 3 BörsO FWB.
[49] Vgl. § 51 Abs. 1 Satz 1 BörsO FWB.
[50] Vgl. § 51 Abs. 2 BörsO FWB.
[51] Vgl. § 51 Abs. 3 Satz 5 BörsO FWB.
[52] Vgl. § 52 Abs. 1 BörsO FWB.

B. Auswahl des Börsenplatzes und des Marktsegments   38–41   § 20

Ausland können den Halbjahresfinanzbericht ausschließlich in englischer Sprache abfassen.[53] Der Emittent hat den Halbjahresfinanzbericht innerhalb von drei Monaten nach dem Ende des Berichtszeitraums der Geschäftsführung in elektronischer Form zu übermitteln.

Der Emittent von neuen Aktien oder vertretenen Aktien im **Prime Standard** muss eine **Quartalsmitteilung** oder – falls er verpflichtet ist, einen Konzernabschluss und Konzernlagebericht aufzustellen – eine Konzernquartalsmitteilung zum Stichtag des ersten und des dritten Quartals eines jeden Geschäftsjahres erstellen.[54] Der Emittent der Aktien oder der Emittent der vertretenen Aktien hat die Quartalsmitteilung innerhalb von zwei Monaten nach dem Ende des jeweiligen Mitteilungszeitraums der Geschäftsführung in elektronischer Form zu übermitteln.[55] Die Geschäftsführung stellt die Quartalsmitteilung dem Publikum elektronisch oder in anderer geeigneter Weise zur Verfügung. Wird ein Quartalsfinanzbericht entsprechend den Vorgaben des § 104 Abs. 2 Nr. 1 und 2, Abs. 3 und 4 WpHG oder des § 106 Nr. 2 WpHG analog erstellt, entfällt die Pflicht zur Erstellung einer Quartalsmitteilung.[56] Die Pflichten nach §§ 51–53 BörsO FWB müssen gem. § 50 Abs. 1 und 2 BörsO FWB erstmals für diejenigen Finanzberichte und/oder Quartalsmitteilungen erfüllt werden, in deren Berichtszeitraum und/oder Erstellungszeitraum die Zulassung zum Prime Standard erfolgt ist, und sie enden mit dem Wirksamwerden des Widerrufs der Zulassung zum Prime Standard. Für sämtliche Erstellungszeiträume, die bereits vor dem Wirksamwerden des Widerrufsbeschlusses abgeschlossen waren, müssen die Berichtspflichten ebenfalls erfüllt werden.

Zusätzlich ist der Emittent im Prime Standard verpflichtet, mit Aufnahme des Handels sowie fortlaufend zu Beginn jedes Geschäftsjahres für die Dauer mindestens des jeweiligen Geschäftsjahres einen **Unternehmenskalender** in deutscher und englischer Sprache zu erstellen und fortlaufend zu aktualisieren, der Angaben über die wesentlichen Termine des Emittenten, insbesondere die Hauptversammlung, Pressekonferenzen und Analystenveranstaltungen, enthalten muss.[57] Schließlich ist der Emittent verpflichtet, mindestens einmal jährlich eine **Analystenveranstaltung** außerhalb der Bilanzpressekonferenz durchzuführen[58] und **Ad-hoc-Veröffentlichungen** zeitgleich in **englischer Sprache** vorzunehmen.[59]

c) Wertpapierprospekt

Kernstück des Zulassungsverfahrens ist der Wertpapierprospekt.[60]
Seit Umsetzung der EU-Prospektrichtlinie in deutsches Recht durch das **Wertpapierprospektgesetz**[61] findet das Wertpapierprospektgesetz vorbehaltlich be-

---

[53] Vgl. § 52 Abs. 2 BörsO FWB (Halbjahresbericht), § 53 Abs. 4 BörsO FWB (Quartalsmitteilung).
[54] Vgl. § 53 Abs. 1 BörsO FWB.
[55] Vgl. § 53 Abs. 5 BörsO FWB.
[56] Vgl. § 53 Abs. 6 BörsO FWB.
[57] Vgl. § 54 Abs. 1, 2 BörsO FWB.
[58] Vgl. § 55 BörsO FWB.
[59] Vgl. § 56 BörsO FWB.
[60] Vgl. § 1 ff. WpPG.
[61] Vgl. dazu allgemein Habersack/Mülbert/Schlitt/*Meyer* § 36 Rn. 1 ff.; *Schanz* Börseneinführung § 13 Rn. 7 ff.; *Lawall/Maier* DB 2012, 2443 (2503 ff.); *Ekkenga* BB 2005, 561; *Schlitt/Schäfer* AG 2005, 498; *Heidelbach/Preuße* BKR 2006, 316; *Apfelbacher/Metzner* BKR 2006, 81; *Schlitt/Singhof/Schäfer* BKR 2005, 251.

§ 20 42–44 Der Börsengang

stimmter Ausnahmen[62] Anwendung auf die Erstellung, Billigung und Veröffentlichung von Prospekten für Wertpapiere, die öffentlich angeboten oder zum Handel an einem organisierten Markt zugelassen werden sollen.[63] Eine Verpflichtung zur Veröffentlichung eines Prospektes gilt nicht für bestimmte im Wertpapierprospektgesetz genannte Angebote von Wertpapieren, wie zB einem Angebot, das sich ausschließlich an qualifizierte Anleger richtet, oder einem Angebot, das sich in jedem Staat des Europäischen Wirtschaftsraums an weniger als 150 nicht qualifizierte Anleger richtet.[64] Eine Pflicht zur Veröffentlichung eines Prospektes gilt auch nicht für bestimmte im Gesetz genannte öffentliche Angebote bestimmter Arten von Wertpapieren und für die Zulassung bestimmter Arten von Wertpapieren zum Handel an einem organisierten Markt.[65]

42 Der Wertpapierprospekt muss in leicht **analysierbarer und verständlicher Form** sämtliche Angaben enthalten, die im Hinblick auf den Emittenten und die öffentlich angebotenen oder zum Handel an einem organisierten Markt zugelassenen Wertpapiere notwendig sind, um dem Publikum ein zutreffendes Urteil über die Vermögenswerte und Verbindlichkeiten, die Finanzlage, die Gewinne und Verluste, die Zukunftsaussichten des Emittenten sowie über die mit diesen Wertpapieren verbundenen Rechte zu ermöglichen.[66] Insbesondere muss der Prospekt Angaben über den Emittenten und über die Wertpapiere, die öffentlich angeboten oder zum Handel an einem organisierten Markt zugelassen werden sollen, enthalten.[67] Der Prospekt muss in einer Form abgefasst sein, die sein Verständnis und seine Auswertung erleichtert.[68]

43 Der **Prospektinhalt** bestimmt sich seit Umsetzung der EU-Prospektrichtlinie 2003/71/EG durch das Prospektrichtlinie-Umsetzungsgesetz in deutsches Recht am 1.7.2005 nach dem WpPG. Nach § 7 WpPG bestimmen sich die in einen Prospekt aufzunehmenden Mindestangaben nach der Verordnung der EU-Kommission zur Durchführung der Prospektrichtlinie Nr. 809/2004 („ProspV") in der jeweils geltenden Fassung (s. § 20 Rn. 216 ff.).[69]

2. Freiverkehr

44 Gemäß § 48 Abs. 1 BörsG kann eine Börse für Wertpapiere, die weder zum Handel im regulierten Markt zugelassen noch zum Handel in den regulierten Markt einbezogen sind, den Betrieb eines Freiverkehrs durch den Börsenträger zulassen, wenn durch Geschäftsbedingungen, die von der Geschäftsführung gebilligt wurden, eine ordnungsgemäße Durchführung des Handels und der Geschäftsabwicklung gewährleistet erscheint. An allen deutschen Wertpapierbörsen gibt es

---

[62] Vgl. § 1 Abs. 2 WpPG.
[63] Vgl. § 1 Abs. 1 WpPG.
[64] Vgl. § 3 Abs. 2 Satz 1 Nr. 1 und 2 WpPG.
[65] Vgl. § 4 Abs. 1, 2 WpPG.
[66] Vgl. § 5 Abs. 1 Satz 1 WpPG.
[67] Vgl. § 5 Abs. 1 Satz 2 WpPG.
[68] Vgl. § 5 Abs. 1 Satz 3 WpPG.
[69] Vgl. Verordnung (EG) Nr. 809/2004 der Kommission vom 29.4.2004, ABl. EU Nr. L 215, 3 („Prospektverordnung" oder „ProspV"). Am 20.7.2017 ist die neue EU-ProspektV (VO (EU) 2017/1129, ABl. EU Nr. L 168, 12 v. 30.6.2017) in Kraft getreten. Sie gilt in weiten Teilen erst ab dem 21.7.2019, einzelne Bestimmungen sind jedoch bereits am 20.7.2017 bzw. 21.7.2018 in Kraft getreten. Damit werden schrittweise die bislang geltenden Regelungen der EU-PropektRL 2003/71/EG und der Delegierten VO Nr. 809/2004/EG abgelöst.

B. Auswahl des Börsenplatzes und des Marktsegments 45–47 § 20

den sog. **Freiverkehr**, für den die einzelnen Wertpapierbörsen eigene Richtlinien geschaffen haben.

Die Einbeziehung in den Freiverkehr an einer deutschen Wertpapierbörse be- 45 gründet im Vergleich zu anderen Marktsegmenten nur geringe Folgepflichten oder hat nur geringfügige sonstige Auswirkungen. Die **Mindesttransparenz** wird primär durch die Einhaltung der jeweils anwendbaren Vorschriften des Aktienrechts und durch die Schaffung von zusätzlichen Anforderungen der jeweiligen Freiverkehrsträger, wie zB die Abgabe von Verpflichtungserklärungen gegenüber der Deutsche Börse AG gewährleistet. Für die Einbeziehung der Aktien einer Gesellschaft bestehen nur im KMU-Segment Scale Vorschriften über ein Mindestalter des Unternehmens, eine Mindestmarktkapitalisierung oder eine Mindeststückzahl der Aktien bzw. einen Mindeststreubesitz.

Der Freiverkehr ist kein organisierter Markt iSv § 2 Abs. 5 WpHG und fällt 46 nicht unter den Anwendungsbereich der EU-Prospektrichtlinie. Auch ist er kein organisierter Markt iSd EU-Wertpapierdienstleistungsrichtlinie bzw. der MiFID, des Wertpapierhandelsgesetzes und des Wertpapierprospektgesetzes. Anders als der regulierte Markt ist der Freiverkehr **privatrechtlich organisiert**. Der Freiverkehr der deutschen Wertpapierbörsen ist nicht in der Übersicht über die Geregelten Märkte und einzelstaatlichen Rechtsvorschriften zur Umsetzung der entsprechenden Anforderungen der EU-Wertpapierdienstleistungsrichtlinie bzw. MiFID genannt, stellt jedoch ein Multilaterales Handelssystem iSd MiFID dar.

Seit dem Inkrafttreten bestimmter Regelungen der Marktmissbrauchsverord- 47 nung am 3.7.2016 unterliegen auch im Freiverkehr gehandelte Unternehmen, sofern die Zulassung zum oder die Einbeziehung in den Handel mit **Zustimmung** des Emittenten erfolgte, den Vorschriften über die Ad-hoc-Mitteilung von Insiderinformationen (Art. 17 MAR), die Führung von Insiderlisten (Art. 18 MAR) und die Meldung von Eigengeschäften von Führungskräften (Art. 19 MAR). Da es sich beim Freiverkehr um **keinen organisierten Markt** iSv § 33 Abs. 4 WpHG[70] (früher § 21 Abs. 2 WpHG) handelt, finden die in § 33 ff. WpHG festgelegten Mitteilungs- und Veröffentlichungspflichten von Stimmrechtsveränderungen keine Anwendung. Die Einbeziehung in den Freiverkehr führt zu keinen zusätzlichen Anforderungen an die Unternehmenspublizität hinsichtlich Einzel- und Konzernabschluss, sodass die gesetzlichen Anforderungen gelten. Deutsche Unternehmen erstellen ihren Konzernabschluss und den Konzernlagebericht nach § 290 ff. HGB gemäß den Vorschriften des Handelsgesetzbuches, sofern nicht durch anderweitige Vorschriften (wie zB für bestimmte kapitalmarktorientierte Unternehmen nach EU-Recht) etwas anderes bestimmt ist. Ein in den Freiverkehr einbezogenes deutsches Unternehmen kann auch seinen Konzernjahresabschluss weiterhin nach dem deutschen Handelsgesetzbuch aufstellen. Eine Verpflichtung zur Erstellung bzw. Veröffentlichung von Halbjahresfinanzberichten besteht für Unternehmen im KMU-Segment Scale des Freiverkehrs. Demgegenüber führt die Einbeziehung in den Freiverkehr zur Anwendung der Bestimmungen über das Verbot der Marktmanipulation in Art. 15 MAR (früher § 20a WpHG) auf das Unternehmen[71] und die Einbeziehung eines Unternehmens in den Freiverkehr begründet die Anwendung der Vorschriften über das Verbot von Insidergeschäften nach Art. 14 MAR.[72] Eine

---

[70] Vgl. dazu *Schwark* WpHG § 21 Rn. 5; *Groß* BörsG § 48 Rn. 11.
[71] S. § 20 Rn. 34; dazu auch *Schwark* WpHG § 20a Rn. 10; Emittentenleitfaden, Ziffer VI 1, S. 105.
[72] S. § 20 Rn. 34; dazu auch *Schwark* WpHG § 12 Rn. 10; *Groß* BörsG § 48 Rn. 11; Emittentenleitfaden, Ziffer III.1.2, S. 28.

Börsennotierung iSv § 3 Abs. 2 AktG wird durch die Einführung in den Freiverkehr nicht begründet[73] und somit finden auch die Vorschriften zur Erklärung zum Corporate Governance Kodex in § 161 AktG keine Anwendung, da diese auf Vorstand und Aufsichtsrat von börsennotierten Gesellschaften beschränkt sind.

48 Der Freiverkehr hat für deutsche Aktiengesellschaften seit einigen Jahren an Bedeutung gewonnen und es wird eine große Zahl ausländischer Aktien im Freiverkehr der deutschen Wertpapierbörsen gehandelt.

a) Teilbereich Open Market der Frankfurter Wertpapierbörse

49 Die Deutsche Börse hat den Freiverkehr in enger Zusammenarbeit zwischen der Deutschen Börse, der BaFin und nach Konsultation mit den Marktteilnehmern als Folge von möglichen Marktmanipulationen im Jahr 2012 neu strukturiert. Das frühere Qualitätssegment des Freiverkehrs, der Entry Standard,[74] wurde am 1.3.2017 durch das neue **KMU-Marktsegment Scale** ersetzt, das den Zugang zu Investoren und Wachstumskapital verbessern, das bestehende Ökosystem für Unternehmensfinanzierungen ausbauen und eine nachhaltige Unternehmensentwicklung unterstützen soll. Der Freiverkehr ist jeweils durch Richtlinien oder Allgemeine Geschäftsbedingungen näher ausgestaltet, die sich an den verschiedenen deutschen Wertpapierbörsen in Einzelbestimmungen deutlich unterscheiden. Nachfolgend werden stellvertretend die **Allgemeinen Geschäftsbedingungen für den Freiverkehr an der Frankfurter Wertpapierbörse**, der seinem internationalen Charakter entsprechend nunmehr als sog. Open Market bezeichnet wird, dargestellt. In den Open Market können Wertpapiere einbezogen werden, die weder zum Handel im regulierten Markt der Frankfurter Wertpapierbörse zugelassen noch zum Handel in den regulierten Markt einbezogen sind.[75] Im Rahmen der Umsetzung der EU-Prospektrichtlinie durch das Prospektrichtlinie-Umsetzungsgesetz wurde die bisherige Vorschrift des § 1 VerkProspG aufgehoben.[76] Träger des **Open Market** an der Frankfurter Wertpapierbörse ist die Deutsche Börse AG,[77] die den Open Market mit Billigung der Geschäftsführung der Frankfurter Wertpapierbörse organisiert. Über die Einbeziehung von Wertpapieren in den Freiverkehr (Open Market) entscheidet die Deutsche Börse AG, die die Vollständigkeit und Widerspruchsfreiheit der ihr übermittelten Unterlagen und Nachweise prüft.[78] Der Antrag auf Einbeziehung kann auch bei Vorliegen der Einbeziehungsvoraussetzungen abgelehnt werden, insbesondere wenn nach Auffassung der Deutsche Börse die Voraussetzungen für einen ordnungsgemäßen Handel oder eine ordnungsgemäße Geschäftsabwicklung nicht gegeben sind oder die Einbeziehung zu einer Übervorteilung des Publikums oder einer Schädigung erheblicher allgemeiner Interessen führt.[79]

50 Die Einbeziehung von Wertpapieren kann entweder in das **Quotation Board** oder in das **KMU-Segment Scale** unter gleichzeitiger Einbeziehung in das **Basic Board** erfolgen.[80] Die Wertpapiere können in das Quotation Board oder das

---

[73] Vgl. *Hüffer/Koch* AktG § 3 Rn. 6; *Groß* BörsG § 48 Rn. 11.
[74] Zum früheren Entry Standard allgemein *Harrer/Müller* WM 2006, 653; *Müller-Michaels/Wecker* FINANZ BETRIEB 2005, 736; *Holzborn* Going Public 12/2005, 60.
[75] Vgl. § 1 Abs. 1 Allgemeine Geschäftsbedingungen der Deutsche Börse AG für den Freiverkehr an der Frankfurter Wertpapierbörse (Stand 3.1.2018) (nachfolgend „AGB FrV FWB").
[76] Art. 2 Prospektrichtlinie-Umsetzungsgesetz v. 27.6.2005, BGBl. 2005 I 1698 ff.
[77] Vgl. § 1 Abs. 1 AGB FrV FWB.
[78] Vgl. § 9 Abs. 1 AGB FrV FWB.
[79] Vgl. § 9 Abs. 2 AGB FrV FWB.
[80] Vgl. § 2 Abs. 1 und § 5 Abs. 1 AGB FrV FWB.

B. Auswahl des Börsenplatzes und des Marktsegments 51, 52 § 20

KMU-Segment Scale einbezogen werden, wenn (a) sie weder zum Handel im regulierten Markt der FWB zugelassen noch zum Handel in den regulierten Markt der FWB einbezogen sind, (b) sie über eine International Securities Identification Number (ISIN) verfügen, (c) sie frei handelbar sind, (d) eine ordnungsgemäße Erfüllung der Geschäfte gewährleistet ist und (e) dem Börsenhandel keine behördlichen Verbote oder Untersagungen entgegenstehen.[81] Der Antrag auf Einbeziehung ist in deutscher oder englischer Sprache in Textform zu stellen und muss Firma und Sitz des Emittenten und des jeweiligen Antragsstellers sowie die Art der einzubeziehenden Wertpapiere enthalten.[82] Dem Antrag sind alle zur Prüfung der Einbeziehungsvoraussetzungen erforderlichen Unterlagen und Nachweise beizufügen. Über diesen Antrag entscheidet die Deutsche Börse, die die Vollständigkeit und Widerspruchsfreiheit der ihr übermittelten Unterlagen und Nachweise prüft.[83] Ein Teilnehmer ist ein Unternehmen und Börsenhändler, der zur Teilnahme am Börsenhandel an der FWB zugelassen ist und dem Zugang zur Börsen-EDV eingeräumt wurde.[84] Die Einbeziehung von Wertpapieren in das Quotation Board erfolgt auf Antrag eines Teilnehmers, der zugleich Spezialist ist.[85] Aktien und Aktien vertretende Zertifikate können auch ohne Antrag eines Teilnehmers durch die Deutsche Börse in das Quotation Board einbezogen werden.[86] Für Aktien und Aktien vertretende Zertifikate, die durch die Deutsche Börse ohne Antrag eines Teilnehmers einbezogen wurden, kann ein Teilnehmer auf Antrag die Rechte und Pflichten nach den Allgemeinen Geschäftsbedingungen für den Freiverkehr übernehmen.[87]

Die Einbeziehung von **Aktien** oder **Aktien vertretenden Zertifikaten** in das 51 Quotation Board setzt zusätzlich voraus, dass diese zum Handel an einem von der Deutsche Börse anerkannten in- oder ausländischen börsenmäßigen Handelsplatz zugelassen sind.[88]

Die **Capital Market Partner**, die Teilnehmer und die antragstellenden Emit- 52 tenten sind verpflichtet, in zumutbarem Umfang an einem ordnungsgemäßen Ablauf der Geschäftsbeziehung mitzuwirken. Hierzu zählt insbesondere die unverzügliche Weitergabe aller ihnen zur Kenntnis gelangten Informationen an die Deutsche Börse, die für einen ordnungsgemäßen Ablauf der Geschäftsbeziehung nach den Allgemeinen Geschäftsbedingungen für den Freiverkehr und/oder den ordnungsgemäßen Handel und/oder die ordnungsgemäße Geschäftsabwicklung der in den Open Market einbezogenen Wertpapiere erforderlich sind, die Rechtzeitigkeit, Richtigkeit, Bestimmtheit und Widerspruchsfreiheit von Anträgen und Mitteilungen, die Prüfung von Mitteilungen der Deutsche Börse im Rahmen der Geschäftsbedingungen auf Richtigkeit und Vollständigkeit sowie die unverzügliche Erhebung von Einwänden sowie die Benachrichtigung der Deutsche Börse im Fall der Verspätung oder des Ausbleibens erwarteter oder angekündigter Mitteilungen der Deutsche Börse.[89]

---

[81] Vgl. § 7 AGB FrV FWB.
[82] Vgl. § 8 Abs. 2 AGB FrV FWB.
[83] Vgl. § 9 Abs. 1 AGB FrV FWB.
[84] Vgl. § 5 Abs. 1 AGB FrV FWB.
[85] Vgl. § 10 Abs. 1 Satz 1 AGB FrV FWB.
[86] Vgl. § 10 Abs. 2 Satz 1 AGB FrV FWB.
[87] Vgl. § 10 Abs. 2 Satz 2 AGB FrV FWB.
[88] Vgl. § 12 Abs. 1 Satz 1 AGB FrV FWB.
[89] Vgl. § 4 AGB FrV FWB.

53 Mit dem Antrag auf Einbeziehung sind die nach den Anforderungen aus Art. 4 MAR notwendigen Referenzdaten in Bezug auf die einzubeziehenden Wertpapiere zu übermitteln.[90]

54 Der **antragstellende Teilnehmer** ist verpflichtet, die Deutsche Börse AG während der gesamten Dauer der Einbeziehung umgehend über alle Umstände zu unterrichten, die für den Handel oder die Geschäftsabwicklung oder die Beurteilung des einbezogenen Wertpapiers oder des Emittenten relevant sind, sofern der antragstellende Teilnehmer von diesen Umständen Kenntnis hat oder sich über allgemein zugängliche Informationsquellen in zumutbarer Art und Weise Kenntnis verschaffen kann.[91] Die Deutsche Börse und der antragstellende Teilnehmer können die Einbeziehung von Wertpapieren in das Quotation Board mit einer Frist von sechs Wochen kündigen.[92] Das Recht zur fristlosen Kündigung der Einbeziehung aus wichtigem Grund bleibt unberührt.[93]

55 Erfüllt der antragstellende Teilnehmer seine Mitteilungspflichten nicht oder nicht fristgerecht oder nicht vollständig, ist die Deutsche Börse berechtigt, eine Vertragsstrafe vom antragstellenden Teilnehmer zu fordern, es sei denn, dieser hat den Pflichtverstoß nicht zu vertreten.[94]

56 Im Zusammenhang mit der Einbeziehung von Wertpapieren in den Freiverkehr ist im Einzelfall festzustellen, ob im Zusammenhang damit ein öffentliches Angebot vorliegt (s. Rn. 108 ff.).

b) KMU-Segment Scale der Frankfurter Wertpapierbörse

57 Am 1.3.2017 wurde das KMU-Segment Scale des Freiverkehrs (Open Market) an der Frankfurter Wertpapierbörse eröffnet, das den Entry Standard ersetzt. Dieser Teilbereich baut auf dem Freiverkehr auf und stellt eine Reihe von **Zusatzanforderungen** durch weitergehende Transparenz- und Informationspflichten, die teilweise durch das Tätigwerden eines Capital Market Partners der Deutsche Börse AG implementiert und vom Antragsteller kontrolliert werden.

58 Am 31.12.2017 waren in dem **Open Market** der Frankfurter Wertpapierbörse Aktien von ca. 10.000 Unternehmen einbezogen, davon 48 im KMU-Segment Scale.[95]

59 **aa) Einbeziehungsvoraussetzungen.** Die Einbeziehung von Aktien in das KMU-Segment Scale hat zusätzlich zu den bereits für den Freiverkehr (Open Market) bestehenden Anforderungen weitere Voraussetzungen. Die Einbeziehung von Wertpapieren in das KMU-Segment Scale erfolgt auf **Antrag** des Emittenten der Wertpapiere zusammen mit einem Capital Market Partner für die Antragstellung, der ein Kreditinstitut, ein Finanzdienstleistungsinstitut oder ein nach § 53 Abs. 1 Satz 1 KWG oder § 53b Abs. 1 Satz 1 KWG tätiges Unternehmen sein muss, das von der Deutsche Börse als Capital Market Partner anerkannt wurde.[96]

60 Die Einbeziehung von Aktien (oder Aktien vertretenden Zertifikaten) in das KMU-Segment Scale unter gleichzeitiger Einbeziehung in das Basic Board setzt zu-

---

[90] Vgl. § 8 Abs. 4 AGB FrV FWB.
[91] Vgl. § 13 Abs. 2 AGB FrV FWB.
[92] Vgl. § 14 Abs. 1 AGB FrV FWB.
[93] Vgl. § 14 Abs. 2 Satz 2 AGB FrV FWB.
[94] Vgl. § 15 Abs. 1 AGB FrV FWB.
[95] Vgl. Cash Market: Monthly Statistics der Deutschen Börse AG, Dezember 2017; zum früheren Entry Standard allgemein *Harrer/Müller* WM 2006, 653; *Müller-Michaels/Wecker* FINANZ BETRIEB 2005, 736; *Holzborn* Going Public 12/2005, 60.
[96] Vgl. § 16 Abs. 1 AGB FrV FWB.

B. Auswahl des Börsenplatzes und des Marktsegments   61–63   § 20

sätzlich ua voraus, dass (a) der Emittent einen Vertrag mit einem betreuenden Capital Market Partner abgeschlossen hat, der **festgelegte Mindestinhalte**[97] enthält, (b) ein Einbeziehungsdokument mit einem festgelegten Mindestinhalt oder im Falle eines prospektpflichtigen öffentlichen Angebots ein Wertpapierprospekt erstellt wurde, (c) der Emittent mindestens zwei Jahre als Unternehmen bestanden hat, (d) der voraussichtliche Kurswert der einzubeziehenden Aktien zum Zeitpunkt der Einbeziehung in den Handel mindestens 30 Mio. EUR beträgt, (f) die einzubeziehenden Aktien ausreichend gestreut sind (mindestens 20% oder mindestens 1 Mio. Stück im Streubesitz), (g) der Deutschen Börse ein Research Report[98] vorliegt, der von einem durch die Deutsche Börse ausgewählten Research Provider erstellt wurde und (h) der Emittent der Deutsche Börse mindestens zwei Personen aus seinem Unternehmen und deren Kontaktdaten benennt, die der Deutsche Börse als Ansprechpartner für die Einbeziehungsfolgepflichten des Emittenten zur Verfügung stehen.[99]

Bei Emittenten mit Sitz in einem EU-Mitgliedstaat oder EWR-Vertragsstaat **61** können die Abschlüsse und Lageberichte entweder gemäß den nach der Verordnung (EG) Nr. 1606/2002 übernommenen internationalen Rechnungslegungsstandards (IFRS) oder gemäß dem nationalen Recht des Sitzstaates des Emittenten aufgestellt werden.[100]

Des Weiteren setzt die Einbeziehung voraus, dass der antragstellende Capital **62** Market Partner, (a) durch Abgabe einer **Bestätigung** die Geeignetheit des Emittenten für das KMU-Segment Scale nachweist und (b), sofern kein Wertpapierprospekt zu erstellen ist, das Einbeziehungsdokument auf Vollständigkeit, Kohärenz und Verständlichkeit überprüft und dies mit seiner Unterschrift auf dem Einbeziehungsdokument bestätigt.[101] Der antragstellende Capital Market Partner muss **bestätigen**, dass die Aktien des Unternehmens als Einbeziehungsvoraussetzungen mindestens drei der folgenden fünf ausgewählten zielgruppenspezifischen qualitativen Transparenz- und Leistungskennzahlen (Key Performance Indicators) (KPIs) erfüllt: (i) Umsatz (mindestens 10 Mio. EUR), (ii) Jahresüberschuss (positiv), (iii) bilanzielles Eigenkapital (positiv), (iv) Mitarbeiterzahl des Emittenten (mindestens 20 Personen) und (v) kumuliertes, eingesammeltes Eigenkapital pre-IPO (mindestens 5 Mio. EUR). Daneben setzt die Einbeziehung die Übermittlung weiterer Unterlagen bei der Antragstellung voraus.[102] Unter bestimmten Voraussetzungen gelten **erleichterte Einbeziehungsvoraussetzungen**.[103]

Im Falle eines prospektpflichtigen öffentlichen Angebots von Aktien, die in das **63** KMU-Segment Scale unter gleichzeitiger Einbeziehung in das Basic Board einbezogen werden, ist der antragstellende Emittent verpflichtet, die **Zeichnungsfunktionalität DirectPlace**, eine technische Plattform zur Abgabe und Annahme von Kaufangeboten (Zeichnung), der Deutschen Börse, zu nutzen.[104]

---

[97] Im Vertrag besteht ua eine Verpflichtung, ein initiales und jährliches Informationsgespräch zwischen Emittent und Capital Market Partner zu führen und den Emittenten bei der Erstellung des Unternehmenskurzporträts sowie des Unternehmenskalenders zu beraten.
[98] Es wird sowohl ein quantitatives als auch ein qualitatives Research für alle Unternehmen bereitgestellt und die Research Reports müssen auf der Internetseite der Deutsche Börse veröffentlicht werden.
[99] Vgl. § 17 Abs. 1 AGB FrV FWB.
[100] Vgl. § 17 Abs. 3 Buchst. c AGB FrV FWB.
[101] Vgl. § 17 Abs. 2 AGB FrV FWB.
[102] Vgl. § 17 Abs. 3 AGB FrV FWB iVm Anlage 3 IV.
[103] Vgl. § 18 AGB FrV FWB.
[104] Vgl. § 20 AGB FrV FWB.

64 Der betreuende Capital Market Partner hat während der Einbeziehung in das KMU-Segment Scale unter gleichzeitiger Einbeziehung in das Basic Board **Ansprechpartner** zu benennen, die Unterstützung und Beratung während der Dauer der Einbeziehung nachzuweisen und bestimmte Informationen mitzuteilen und zu übermitteln.[105]

65 Die Deutsche Börse kann **Ausnahmen** von den genannten Einbeziehungsvoraussetzungen gestatten, sofern die Abweichung geringfügig oder nicht geeignet ist, die Beurteilung der Finanzlage und der Entwicklungsaussichten des Emittenten wesentlich zu beeinflussen.[106]

66 Mit der Antragstellung **haften** der Emittent und der antragstellende Capital Market Partner gegenüber der Deutschen Börse für Schäden, die der Deutschen Börse aufgrund von Unrichtigkeit und Unvollständigkeit der im Antrag gemachten Angaben oder der von ihnen abgegebenen Bestätigungen entstanden sind, sowie für die Unvollständigkeit der eingereichten Unterlagen. Sofern kein Wertpapierprospekt zu erstellen ist, haftet der Emittent für die Unrichtigkeit und Unvollständigkeit und der antragstellende Capital Market Partner für die Unvollständigkeit, Inkohärenz und Unverständlichkeit der im Einbeziehungsdokument gemachten Angaben.[107]

67 **bb) Einbeziehungsfolgepflichten.** Der antragstellende Emittent, dessen Aktien oder Aktien vertretende Zertifikate in den Handel in das KMU-Segment Scale mit gleichzeitiger Einbeziehung in das Basic Board einbezogen sind, muss (a) die Übermittlung von Jahresabschluss und Lagebericht innerhalb von sechs Monaten, (b) die Übermittlung von Halbjahresabschluss und Zwischenlagebericht innerhalb von vier Monaten, (c) die Bereitstellung von Informationen an den Research Provider, (d) die Aktualisierung und Übermittlung des Unternehmenskalenders und (e) die Durchführung einer Analysten- und Investorenveranstaltung, (f) die Betreuung durch Capital Market Partner und (g) die Mitteilung und Übermittlung von Veränderungen in Bezug auf den Emittenten oder die einbezogenen Wertpapiere vornehmen.[108]

68 Die Deutsche Börse kann **Ausnahmen** von den Einbeziehungsfolgepflichten gestatten, sofern die Abweichung geringfügig oder nicht geeignet ist, die Beurteilung der Finanzlage und der Entwicklungsaussichten des Emittenten wesentlich zu beeinflussen.[109] Bei der Verletzung von Einbeziehungsfolgepflichten ist die Deutsche Börse berechtigt, eine Vertragsstrafe zu fordern, es sei denn der Verpflichtete hat den Rechtsverstoß nicht zu vertreten.[110]

69 Die gelisteten Unternehmen unterliegen außerdem der **Marktmissbrauchsverordnung** und sind somit zur **Ad-hoc-Publizität** verpflichtet. Sie müssen **Insiderlisten** führen und **Geschäfte von Führungskräften** mitteilen.[111]

70 Die Deutsche Börse und der antragstellende Emittent können die Einbeziehung von Wertpapieren in das KMU-Segment Scale oder das Basic Board mit einer Frist von drei Monaten kündigen. Das Recht der Deutsche Börse und des antragstellen-

---

[105] Vgl. § 25 Abs. 1, Abs. 2 AGB FrV FWB.
[106] Vgl. § 17 Abs. 4 AGB FrV FWB.
[107] Vgl. § 17 Abs. 5 AGB FrV FWB.
[108] Vgl. § 21 Abs. 1 Buchst. a–g AGB FrV FWB.
[109] Vgl. § 21 Abs. 2 AGB FrV FWB.
[110] Vgl. §§ 23 ff. AGB FrV FWB (Basic Board) und § 29 AGB FrV FWB (KMU-Segment Scale).
[111] Vgl. Rn. 34.

B. Auswahl des Börsenplatzes und des Marktsegments 71–76 § 20

den Emittenten zur fristlosen **Kündigung** der Einbeziehung von Wertpapieren in das KMU-Segment Scale aus wichtigem Grund bleibt unberührt.[112]
Bei der Börse München besteht **M:access** als segmentübergreifendes börsenreguliertes Marktsegment. 71

II. Ausländische Börsen- und Handelsplätze

Für international orientierte Unternehmen kommt anstelle eines oder neben 72 einem Börsengang an einer deutschen Wertpapierbörse auch eine **Börsennotierung im Ausland** in Betracht.[113] Während für Wachstumsunternehmen insb. die Handelsplattform NASDAQ Stock Market in New York attraktiv ist, kommen für andere etablierte Großunternehmen dagegen vor allem die NYSE, NYSE-Euronext und die London Stock Exchange (LSE) als geeignete Börsenplätze in Betracht. Daneben sind einige deutsche Unternehmen auch an Wertpapierbörsen zB in Japan, Frankreich oder der Schweiz notiert.

Der **Sarbanes-Oxley Act**[114] ist am 30.7.2002 in Kraft getreten und hat wesentliche Auswirkungen auf das US-Wertpapierrecht. Das Gesetz war die Folge von verschiedenen Finanzskandalen (wie zB Enron und Worldcom) und enthält strengere Regelungen hinsichtlich der Corporate Governance und der Pflichten hinsichtlich der Finanzberichterstattung ebenso wie strengere Vorschriften für Wirtschaftsprüfer, Rechtsanwälte, Analysten und Investmentbanken. Der Sarbanes-Oxley Act wurde durch verschiedene Maßnahmen der SEC, der FINRA und der US-Wertpapierbörsen umgesetzt. Der Sarbanes-Oxley Act gilt für alle Gesellschaften, die bei der SEC Berichte einreichen oder gerade im Verfahren sind, dies zu tun, dh insbesondere US-amerikanische und nicht US-amerikanische Gesellschaften, die an der NYSE und NASDAQ notiert sind. 73

Im Jahre 2010 wurde mit dem Dodd-Frank Wall Street Reform and Consumer 74 Protection Act (sog. **Dodd-Frank Act**) ein Rahmengesetz mit umfangreichen Reformen des US-amerikanischen Finanzmarktrechts eingeführt, das zur Umsetzung entsprechender Erlasse der SEC bedarf.[115]

Im Jahr 2012 wurde der Jumpstart Our Business Startups Act (sog. **JOBS Act**) 75 eingeführt, der auf eine Verbesserung des Zugangs zum öffentlichen amerikanischen Kapitalmarkt abzielt.[116]

1. NASDAQ

Die NASDAQ[117] ist neben der NYSE der wichtigste US-amerikanische Handelsplatz und die Heimat vieler US-amerikanischer Wachstumswerte, insb. aus der Biotechnologie-, Computer- und IT-Industrie und dem Internetbereich. Der 76

---

[112] Vgl. § 27 Abs. 1, 2 AGB FrV FWB, § 28 Abs. 1, Abs. 2, AGB FrV FWB (Basic Board), § 29 AGB FrV FWB (KMU-Segment Scale).
[113] Zu den Zugangsbedingungen zum US-Kapitalmarkt vgl. *Greene ua* § 2.03; *Johnson/McLaughlin* Kap. 9 § 9; Habersack/Mülbert/Schlitt/*Werlen/Sulzer* § 45 Rn. 154 ff.; *Schiereck* AG 1997, 362; *Bungert/Paschos* DZWir 1995, 133.
[114] Vgl. § 18 U. S. C. Sec. 1350. Vgl. auch Habersack/Mülbert/Schlitt/*Werlen/Sulzer* § 45 Rn. 5, 136 ff.
[115] Vgl. Habersack/Mülbert/Schlitt/*Werlen/Sulzer* § 45 Rn. 7 f.
[116] Vgl. Habersack/Mülbert/Schlitt/*Werlen/Sulzer* § 45 Rn. 9.
[117] Vgl. World Federation of Exchanges www.world-exchanges.org./publications/equity; *Loss/Seligman* S. 754 ff.; Habersack/Mülbert/Schlitt/*Werlen/Sulzer* § 45 Rn. 158–160; *Harrer/Erwe* RIW 1998, 661; Informationen im Internet unter www.nasdaq.com.

NASDAQ Stock Market wurde 1971 als NASD National Automated Quotation System gegründet und war ursprünglich eine Tochtergesellschaft der damaligen NASD (National Association of Securities Dealers, Inc.), einer eigenständigen Organisation, die bei der US-amerikanischen Securities and Exchange Commission (SEC) registriert war. Inzwischen wird der NASDAQ Stock Market von einem selbstständigen börsennotierten Unternehmen betrieben, während NASD durch die FINRA (Financial Industry Regulatory Authority) abgelöst wurde. Im Jahr 2007 schlossen sich die NASDAQ und die OMX zur NASDAQ OMX Gruppe zusammen.

Die NASDAQ ist ein computergesteuerter Handelsplatz, der nach dem Market-Maker-Prinzip betrieben wird. Die NASDAQ besitzt drei Marktsegmente, den **NASDAQ Global Select Market** für große Gesellschaften, **NASDAQ Global Market** für andere Unternehmen und den **NASDAQ Capital Market** für jüngere Wachstumsunternehmen. Im Dezember 2017 waren 2.949 Unternehmen mit einer Marktkapitalisierung von 10.039,36 Mrd. US-Dollar an der NASDAQ notiert.

77 Die NASDAQ besitzt die **NASDAQ Listing Rules** als Regelwerk. Sie enthalten ua die qualitativen und quantitativen Zulassungsvoraussetzungen für eine Einbeziehung in den Handel und die mit einer Notierung verbundenen Folgepflichten. Die Zulassungsvoraussetzungen und Folgepflichten sind für die Marktsegmente unterschiedlich.

78 Obwohl die NYSE und die NASDAQ eigene Zulassungsvoraussetzungen festlegen, sind für die öffentliche Platzierung und Notierung von Wertpapieren vor allem die Vorschriften des **US-amerikanischen Wertpapierrechts** maßgeblich.[118]

79 Aufgrund Section 12 des Securities Exchange Act of 1934[119] ist eine Gesellschaft verpflichtet, Wertpapiere bei der SEC zu **registrieren**, sofern sie in den Vereinigten Staaten von Amerika öffentlich gehandelt werden sollen.[120] Für die Notierung an einer US-amerikanischen Börse (NYSE, NASDAQ oder AMEX) ergibt sich dies aus Section 12 (b) des Exchange Act. Um in den Handel an der NASDAQ aufgenommen zu werden, müssen die Wertpapiere einer ausländischen Gesellschaft idR ebenso wie US-Gesellschaften gem. Section 12 (b) des Exchange Act registriert werden.[121] **Ausnahmen** gelten unter bestimmten Voraussetzungen für neu ausgegebene ausländische Wertpapiere und für bestimmte Wertpapiere ausländischer Gesellschaften, die bereits am oder vor dem 5.10.1983 an der NASDAQ gehandelt wurden und deren Wertpapiere von einer Registrierung gem. Section 12 (g) des Exchange Act nach Rule 12 g 3–2 (b) befreit sind. Nach Section 5 des Securities Act of 1933[122] (**„Securities Act"**) müssen Wertpapiere vor einer öffentlichen Emission, dh vor dem Angebot und Verkauf an das Publikum in den Vereinigten Staaten bei der **SEC registriert** werden.

---

[118] Vgl. Habersack/Mülbert/Schlitt/*Werlen*/*Sulzer* § 45 Rn. 10 ff. Seit einer Reform im Jahre 1996 spielen die wertpapierrechtlichen Vorschriften der einzelnen US-Bundesstaaten – die sog. Blue Sky Laws – mit seltenen Ausnahmen bei öffentlichen Platzierungen kaum noch eine Rolle.

[119] Vgl. 15 U. S. C. 78a ff. (nachfolgend „Exchange Act"). Siehe auch Habersack/Mülbert/Schlitt/*Werlen*/*Sulzer* § 45 Rn. 168 ff.; *Hazen* §§ 9.1–9.4; *Greene ua* § 1.02, § 1.03, § 2.03.

[120] Vgl. 15 U. S. C. 78 ff.; s. a. *Greene ua* § 2.03; Habersack/Mülbert/Schlitt/*Werlen*/*Sulzer* § 45 Rn. 23 ff.

[121] Vgl. 15 U. S. C. 78a ff.

[122] Vgl. 15 U. S. C. 77a ff. (nachfolgend „Securities Act"). Vgl. Habersack/Mülbert/Schlitt/*Werlen*/*Sulzer* § 45 Rn. 23 ff.; *Greene ua* § 2.04.

B. Auswahl des Börsenplatzes und des Marktsegments   80–84   § 20

Für die vorgeschriebenen **Finanzausweise** gibt es verschiedene Alternativen. Ein ausländischer Emittent kann die notwendigen Finanzangaben wie jeder US-amerikanische Emittent nach US-GAAP erstellen.[123] Alternativ dürfen ausländische Gesellschaften die Finanzdaten auch nach den nationalen Rechnungslegungsgrundsätzen („Foreign GAAP") erstellen und durch eine US-GAAP-Überleitung („US-GAAP reconciliation") ergänzen, in dem die sachlichen Unterschiede der beiden Rechnungslegungsgrundsätze sowie die zahlenmäßigen Auswirkungen bezüglich der letzten Abschlüsse beschreibend dargestellt werden.[124] Gemäß einer Reihe von Regelungsänderungen, die seit März 2008 gelten, müssen Finanzdaten, die nach IFRS wie vom International Accounting Standards Board veröffentlicht ermittelt werden, jedoch nicht mehr durch eine US-GAAP Reconciliation ergänzt werden.[125] 80

Neben den **Zulassungsfolgepflichten** der NYSE oder der NASDAQ Marketplace Rules ergeben sich auch aus dem Exchange Act und dem Securities Act weitere wertpapierrechtliche Folgepflichten. Der Exchange Act verpflichtet einen Emittenten, dessen Wertpapiere entweder unter dem Exchange Act oder dem Securities Act registriert worden sind, zu einer **kontinuierlichen Berichterstattung** gegenüber der SEC. Diese Pflicht umfasst ua für die meisten „Foreign Private Issuers" eine jährliche Berichterstattung auf SEC-Form 20-F sowie einen Bericht auf SEC-Form 6-K, wenn gewisse Ereignisse eintreten oder bestimmte Unterlagen veröffentlicht werden.[126] Section 13 (a) des Exchange Act unterstellt jede nach Section 12 des Exchange Act registrierte Gesellschaft, deren Wertpapiere unter dem Exchange Act registriert worden sind, einer fortlaufenden Berichtspflicht. Section 15 (d) des Exchange Act sieht eine fortlaufende Berichtspflicht auch für Gesellschaften vor, deren Wertpapiere unter dem Securities Act registriert wurden. 81

2. NYSE

Die **NYSE**[127] ist die wichtigste US-amerikanische Wertpapierbörse, an der die meisten großen US-amerikanischen Industrieunternehmen notiert sind. 82

2007 fusionierte die Euronext N. V., die im Jahr 2000 aus einem **Zusammenschluss** der Wertpapierbörsen in Amsterdam, Brüssel und Paris hervorgegangen war, mit der NYSE zu einer transatlantischen Wertpapierbörse. Im November 2013 schlossen sich die Intercontinental Exchange, eine führende US-amerikanische Börse, und die NYSE Euronext zusammen. Im Dezember 2017 wurden an der Euronext 1.255 Gesellschaften mit einer Gesamtmarktkapitalisierung von 4.392,99 Mrd. US-Dollar gehandelt. 83

Die NYSE geht bis ins Jahr 1792 zurück und ist heute die weltweit bedeutendste Wertpapierbörse. Sie hat eine große Zahl von Mitgliedern. Mit den New York Stock Exchange Listed Company Manual[128] hat die NYSE ein Regelwerk mit sehr 84

---

[123] Vgl. *Greene ua* § 2.06[1]; *Johnson/McLaughlin* Kapitel 9 § 9.04[E].
[124] Zu Details vgl. Items 17, 18 der Form F-20.
[125] Acceptance from Foreign Private Issuers of Financial Statements Prepared in Accordance with International Financial Reporting Standards Without Reconciliation to U. S. GAAP, Securities Act Release No. 33–8879, Exchange Act Release No. 34–57026 (21.12.2007).
[126] Vgl. *Greene ua* § 3.03; *Johnson/McLaughlin* Kapitel 9 § 9.04; Habersack/Mülbert/Schlitt/Werlen/Sulzer § 45 Rn. 133 ff., 141.
[127] Vgl. *Greene ua* § 2.03; Habersack/Mülbert/Schlitt/*Werlen/Sulzer* § 45 Rn. 155 ff.; Marsch-Barner/Schäfer/*Strauch* § 11 Rn. 61 ff.; Informationen im Internet unter www.nyse.com.
[128] Vgl. New York Stock Exchange Listed Company Manual.

strengen qualitativen und quantitativen Zulassungsvoraussetzungen und Folgepflichten, die nach US-amerikanischen und ausländischen Unternehmen differenzieren. Ausländische Unternehmen können ihre Aktien an der NYSE in New York notieren, wenn sie entweder den an weltweit zu erfüllenden Kriterien orientierten **Alternate Listing Standard** für ausländische Unternehmen oder den primär für US-amerikanische Unternehmen anwendbaren **Domestic Listing Standard** erfüllen. Ausländische Unternehmen müssen jedoch alle Voraussetzungen des Alternate Listing Standard oder des Domestic Listing Standard erfüllen.

85 Im Dezember 2017 waren 2.286 Unternehmen mit einer **Marktkapitalisierung** von 22.081,37 Mrd. US-Dollar an der NYSE notiert. Sie ist damit nach Marktkapitalisierung die größte Wertpapierbörse der Welt.

86 Neben den für die NYSE aufgrund ihrer Rules anwendbaren Vorschriften gelten die allgemeinen bundesstaatlichen Wertpapiervorschriften wie zB des **Securities Act** und des **Exchange Act**.

3. London Stock Exchange

87 Die **London Stock Exchange** („**LSE**")[129] ist die einzige britische Wertpapierbörse und seit Juli 2001 börsennotiert. Im 18. Jahrhundert von Brokern gegründet, wurde sie im Jahr 1986 eine privatrechtliche Gesellschaft mit beschränkter Haftung (limited company) gem. dem britischen Companies Act 1985 und Mitte 2000 in die Rechtsform einer Kapitalgesellschaft (public limited company) überführt, deren Aktien außerbörslich gehandelt wurden. Bereits am 1.5.2000 wurde der aufsichtsrechtliche Teil der Börse von dem britischen Schatzamt (HM Treasury) an die Financial Services Authority als zuständiger Stelle für die Zulassung übertragen (nachfolgend „UK Listing Authority"). Das Hauptsegment der LSE ist der „**Main Market**". Teil des Main Markets ist der „**techMark**", der im November 1999 speziell für technologisch innovative Unternehmen geschaffen wurde. Den für kleinere Unternehmen mit einem flexibleren Regelwerk geschaffenen **Alternative Investment Market**[130] („**AIM**") gibt es bereits seit 1995.

88 Im Dezember 2017 waren an den Standorten der LSE Group 2.498 Unternehmen mit einer Marktkapitalisierung von 4.455,41 Mrd. US-Dollar notiert. Sie ist damit eine der größten Wertpapierbörsen der Welt.

89 Bis Anfang 2000 war die London Stock Exchange die für die Zulassung von Wertpapieren an der London Stock Exchange zuständige Stelle. Seit Mai 2000 ist die Financial Services Authority als die UK Listing Authority für die **Gewährung der Zulassung** von Wertpapieren zuständig,[131] während die London Stock Exchange weiterhin für die **Zulassung** der Wertpapiere **zum Handel** zuständig ist. Somit müssen Gesellschaften, die eine Notierungsaufnahme an der London Stock Exchange anstreben, sowohl die Zulassungsvorschriften (Listing Rules) der UK Listing Authority als auch die Zulassungsvoraussetzungen (admission and disclosure standards) der London Stock Exchange einhalten.

90 Die Gesellschaft und ihre Berater informieren die UK Listing Authority über die beabsichtigte Emission und reichen anschließend den Zulassungsprospekt sowie eine Reihe weiterer **Unterlagen** in englischer Sprache ein. Es besteht eine Prüfungsfrist

---

[129] Vgl. *Clarke* How the City of London works: An Introduction to its financial markets 2008, 7. Aufl., S. 32 ff.; *Mitchie* London Stock Exchange: A History 2002, S. 1 ff.
[130] *Hatchick/Collins/Smith* The Alternative Investment Market Handbook 2002, S. 1 ff.
[131] Section 72 Financial Services and Markets Act 2000.

B. Auswahl des Börsenplatzes und des Marktsegments 91–95 § 20

von mindestens zehn Geschäftstagen (bei neuen Emittenten 20 Geschäftstagen) bis zur Billigung des Prospekts durch die UK Listing Authority (sog. Stamping-off). Nach der **Billigung** durch die UK Listing Authority ist der Prospekt zu veröffentlichen. Beim Hearing erfolgt die Prüfung des Antrags auf Zulassung bzw. Handelsaufnahme durch die UK Listing Authority bzw. die LSE. Zwei Tage vor dem **Hearing** müssen bestimmte Unterlagen wie zB eine Kopie des Beschlusses des Boards sowie ein Prospekt im Falle der UK Listing Authority, und ua ein Antrag auf Zulassung zum Handel sowie Kopien des Prospekts im Falle der LSE eingereicht werden. 91

III. Sog. Dual Listing oder Multiple Listing

Unter **Dual Listing** versteht man die häufig zeitgleich erfolgende Notierung der Aktien eines Unternehmens an zwei Wertpapierbörsen, unter **Multiple Listing** die Notierung eines Unternehmens an mehreren Börsenplätzen. Beide Vorgänge sind Folge der Globalisierung der Kapitalmärkte. Derartige Dual Listings erfolgen zB an der NASDAQ OMX und dem regulierten Markt der Frankfurter Wertpapierbörse oder an der NYSE Euronext und dem regulierten Markt einer deutschen Wertpapierbörse. **Beispiele** hierfür sind die ua auch an der NYSE Euronext notierten deutschen Unternehmen SAP AG und die Deutsche Telekom AG. 92

Strebt ein Unternehmen eine **Parallelnotierung** an, ist eine genaue Abstimmung der emissionsbegleitenden Kreditinstitute und Berater erforderlich. Sowohl die Zulassungsverfahren in den ausgewählten Börsenplätzen als auch Pressemitteilungen, Marketing sowie etwaige Stabilisierungsmaßnahmen sind eng auf einander abzustimmen. 93

Im Rahmen des Zulassungsverfahrens sind kumulativ die **Zulassungsvoraussetzungen** der Auslands- und der Inlandsbörse zu erfüllen, sofern eine der beiden Wertpapierbörsen nicht in ihrem Ermessen auf die Einhaltung einzelner fakultativer Zulassungsbedingungen verzichtet. Bei der Erstellung der Dokumentation ist darauf zu achten, dass die Erfordernisse aller beteiligten Jurisdiktionen angemessen berücksichtigt und in der Dokumentation umgesetzt werden. So ist der ausländische Prospekt bzw. das Registrierungsdokument mit dem deutschen Wertpapierprospekt in großen Teilen deckungsgleich und erfüllt deshalb weitgehend kumulativ die inhaltlichen Anforderungen des deutschen und einschlägigen ausländischen Wertpapierrechts. Eine **unterschiedliche Offenlegung** gegenüber deutschen und ausländischen Anlegern könnte in etwaigen Prospekthaftungsprozessen wegen fehlerhafter Aufklärung der zeichnenden Investoren und späteren Aktionäre haftungsrechtlich negative Folgen haben. Hierbei gibt es jedoch einige Ausnahmen, insb. hinsichtlich landesspezifischer Angaben wie zB Wertpapier-Kenn-Nummer bzw. CUSIP-Nummer, die Informationen zur Verbriefung und Lieferbarkeit. 94

Die für ein Dual Listing oder Multiple Listing erforderliche **Dokumentation** ist wesentlich aufwändiger als die für einen Börsengang an einer einzigen Wertpapierbörse. So muss der Prospekt die Anforderungen für mehrere Börsenplätze und Länder erfüllen und idR in mehreren Sprachen erstellt werden. Übernahmeverträge und andere Dokumente sollen möglichst weitgehend den Usancen aller beteiligten Länder gerecht werden. Daneben gewinnen insb. bei einer Notierung in den Vereinigten Staaten von Amerika Legal Opinions, Disclosure Letters und Comfort Letters eine noch größere Bedeutung. Auch der Kreis der an der Kapitalmaßnahme beteiligten Berater erweitert sich, da Personen mit Spezialkenntnissen aus verschiedenen Ländern tätig werden. 95

96 **Vorteile** eines Dual Listings sind insb. die Verbreiterung der Investorenbasis und ein Ansteigen der Nachfrage nach den zu platzierenden Aktien, die Erhöhung des Bekanntheitsgrads des Emittenten und eine dadurch ggf. mögliche Verbesserung des Produktumsatzes, uU die Realisierbarkeit eines höheren Aktienkurses, die Steigerung der Marktakzeptanz und die Erhöhung der sich mit der Gesellschaft befassenden Analysten und des Research-Teams. **Dagegen** sprechen einige Gründe wie zB die durch den höheren Beratungs- und Dokumentationsaufwand idR deutlich höheren Transaktionskosten, eine noch höhere zeitliche Beanspruchung des Managements nicht nur während des Börsengangs, sondern auch bei der späteren Investor-Relations- und Public-Relations-Arbeit, eine Erhöhung der Haftungsrisiken (insb. bei einem Börsengang in den Vereinigten Staaten von Amerika), zusätzliche Compliance-Arbeit zur Beachtung aller anwendbaren nationalen Wertpapiervorschriften sowie uU zusätzlicher Aufwand der Finanzabteilung und der Wirtschaftsprüfer durch die Erstellung von Finanzdaten nach verschiedenen Rechnungslegungsvorschriften gegen eine Mehrfachnotierung.

97 Die Entscheidung eines Emittenten für oder gegen ein Dual Listing oder Multiple Listing fällt letztlich nach **Abwägung** einer Vielzahl von Einzelaspekten, wie zB dem direkten Zugang zum Investor in verschiedenen Ländern, dem besonderen Interesse für bestimmte Regionen, der Erhöhung des Bekanntheitsgrads und des Renommées des Emittenten sowie dem zusätzlichen finanziellen und persönlichen Aufwand und der Größe der gesamten Emission.

IV. American Depositary Receipts

1. Allgemeines

98 Obwohl auch eine unmittelbare Notierung der Aktien deutscher Unternehmen in Form von Namensaktien[132] an US-amerikanischen Wertpapierbörsen möglich ist, wird an deutschen Unternehmen ganz überwiegend der Zugang zum US-Kapitalmarkt mittels sog. **American Depositary Receipts** durchgeführt.

2. Definition

99 Unter American Depositary Receipt[133] (ADR) versteht man die Verbriefung einer einzelnen Aktie, einer Mehrzahl von Aktien oder eines Bruchteils einer Aktie einer ausländischen Gesellschaft in ein in **US-Dollar notiertes Zertifikat**, das von einer US-Depotbank ausgegeben wird. Die zugrundeliegenden Aktien werden bei einer Hinterlegungsstelle, idR einer Tochtergesellschaft der Depotbank im Herkunftsland der Gesellschaft, hinterlegt. Ein ADR-Programm hat im Wesentlichen vier beteiligte **Parteien**: ADRs werden vertraglich zwischen der (deutschen) Gesellschaft, einer US-Bank als Depotbank (sog. Depositary) sowie idR deren deutscher Tochtergesellschaft als Verwahrer (sog. Custodian) der Aktien sowie den Inhabern der ADRs geschaffen. Die ADRs werden von der Depotbank ausgege-

---

[132] Vgl. zB früher Daimler AG. Zur New York Registry Share und Global Registered Share Habersack/Mülbert/Schlitt/*Werlen/Sulzer* § 45 Rn. 199 f.; Marsch-Barner/Schäfer/*Strauch* § 11 Rn. 42 f.; *Hatzmann* CFL 1/2012, 4 ff.; *Gruson* AG 2004, 358.
[133] Zu ADR-Programmen allgemein Habersack/Mülbert/Schlitt/*Werlen/Sulzer* § 45 Rn. 195 ff.; Marsch-Barner/Schäfer/*Strauch* § 11 Rn. 35 ff.; *Hatzmann* CFL 1/2012, S. 4 ff.; *Röhler* S. 1 ff.; *Zachert* ZIP 1993, 1426; *Zachert* DB 1993, 1985; *Böckenhoff/Ross* WM 1993, 1781 (1825); *Bungert/Paschos* DZWir 1995, 221; *Harrer/King* IStR 1999, 188.

ben, wobei sich die jeweiligen Rechte und Verpflichtungen der Inhaber nach dem Depotvertrag (sog. Deposit Agreement) bestimmen. Ein ADR vertritt entweder eine Aktie oder eine im Vertrag festgelegte Anzahl oder einen Anteil von Aktien.

3. Typen der ADR-Programme

Nach US-amerikanischem Recht und amerikanischer Praxis gibt es **drei Stufen** von ADR-Programmen, die man als Level 1, 2 und 3 bezeichnet. Man kann ADR-Programme auch in „sponsored" (wenn die Programme mit Beteiligung der jeweiligen Gesellschaft aufgelegt werden) oder „unsponsored" (wenn die Programme ohne Beteiligung der jeweiligen Gesellschaft aufgelegt werden) unterteilen.[134]

Bei **Level 1-Programmen** werden ADRs an keiner amerikanischen Börse notiert. Handelspreise werden stattdessen durch sog. Pink Sheets veröffentlicht und ADRs können im Freiverkehr („OTC-Trading") erworben werden. Dabei wird lediglich der Depotvertrag der SEC zur Registrierung vorgelegt. Wertpapierprospekte für ADRs dürfen in diesem Fall nicht erstellt werden, amerikanische Rechnungslegungsvorschriften („US-GAAP") müssen vom Emittenten nicht beachtet werden. Der vergleichsweise geringe Aufwand hat dazu geführt, dass die meisten ADR-Programme deutscher Gesellschaften Level 1-Programme sind. Bei **Level 2-Programmen** sind die ADRs an einer Wertpapierbörse der Vereinigten Staaten von Amerika wie NYSE oder NASDAQ notiert. Die Gesellschaft muss einen Bericht, der mit einem nach US-amerikanischem Recht erstellten Wertpapierprospekt vergleichbar ist, sowie auch den Depotvertrag der SEC zur Registrierung vorlegen. Dieser Bericht muss Finanzdaten nach US-GAAP enthalten. Bei Level 2-Programmen werden Aktien jedoch weder von der Gesellschaft noch von ihren bestehenden Aktionären verkauft. Alle Aktien können jedoch an der entsprechenden Wertpapierbörse gehandelt werden. Bei einem **Level 3-Programm** können Aktien von der Gesellschaft selbst oder ihren bestehenden Aktionären verkauft werden. Die Gesellschaft muss einen Wertpapierprospekt erstellen und ihn der SEC zur Genehmigung vorlegen. Ein Level 3-Programm wird immer dann verwendet, wenn die Gesellschaft neue Aktien in den Vereinigten Staaten von Amerika anbieten will.

Bei sog. **„Restricted ADR"-Programmen** werden ADRs nur bei institutionellen Investoren, sog. Qualified Institutionial Investors (QIB), normalerweise Pensionsfonds und Lebensversicherungsgesellschaften, platziert. Seit 1990 ist es unter Berufung auf Rule 144A (s. Rn. 113 ff.) zulässig, Aktien und ADRs Investoren anzubieten, ohne die Berichts- und Prospektverpflichtungen des Securities Act zu beachten. ADRs werden in diesem Fall nur zwischen institutionellen Investoren gehandelt und dieser Handel wird durch das PORTAL-Quotierungssystem der US-amerikanischen National Association of Securities Dealers (NASD) erleichtert.

Das US-amerikanische Wertpapierrecht unterwirft auch ausländische Gesellschaften mit mehr als 300 in den Vereinigten Staaten von Amerika ansässigen Aktionären grundsätzlich der **Registrierungspflicht** bei der SEC gem. dem Exchange Act, wobei die SEC durch Erlass der Rule 12 g 3-2 (b) ausländische Unternehmen, die kein öffentliches Angebot von Aktien in den USA machen und deren Aktien nicht an einer US-amerikanischen Börse zugelassen sind, von der Registrierungspflicht freistellt, sofern die Gesellschaften regelmäßig die in ihrem Heimatland oder an anderen Börsen veröffentlichten Informationen und an Aktionäre versandten Mitteilungen in englischer Sprache in elektronischer Form (im Regelfall auf der

---

[134] Vgl. Habersack/Mülbert/Schlitt/*Werlen/Sulzer* § 45 Rn. 196, 198; *Bungert/Paschos* DZWir 1995, 224; *Böckenhoff/Ross* WM 1993, 1825; *Röhler*, S. 54 ff., 65 ff.

eigenen Webseite) öffentlich zugänglich machen.[135] Die Ausgabe von ADRs stellt rechtlich eine Neuemission von Wertpapieren dar, die bei der SEC zu registrieren ist, sofern der Erwerb der ADRs nicht auf dem Erwerb durch Anleger im Rahmen von Privatplatzierungen erfolgt. Das Verfahren wird idR mittels Form F–6 durchgeführt. Eine Registrierung der zugrundeliegenden Aktien ist nur bei Level 2- und 3-Programmen erforderlich, nicht dagegen bei den von deutschen Gesellschaften meist verwendeten Level 1-Programmen.

4. Aspekte von ADR-Programmen nach deutschem Recht

104 Die ganz hM[136] vertritt die Ansicht, dass die **Depotbank** und nicht der ADR-Inhaber – und auch nicht die Hinterlegungsbank – **Eigentum** an den Aktien erwirbt. Dies folgt aus dem entsprechenden Willen der Parteien, der sich aus verschiedenen Bestimmungen der ADR-Dokumentation ergibt. Hierfür sprechen zB die Verwertung des Bezugsrechts und die Verteilung der Dividendenerlöse durch die Depotbank. ADR-Programme basieren also auf einem **Treuhandkonzept**, bei dem die Depotbank als rechtlicher Eigentümer die Aktien für die ADR-Inhaber als wirtschaftliche Eigentümer hält, und folgen nicht einer Miteigentumslösung.

105 Der Depotbank steht wie jedem Aktionär aufgrund seiner Rechtsstellung als Eigentümer eine Vielzahl **mitgliedschaftsrechtlicher Teilhaberechte** zu. Hervorgehobene Bedeutung haben hierbei das Stimmrecht gem. § 12 AktG und der Dividendenbezugsanspruch sowie das Bezugsrecht für neue Aktien nach § 186 AktG. Daneben hat jeder Aktionär ein Auskunftsrecht gem. § 131 AktG, ein Teilnahmerecht an Hauptversammlungen nach § 118 AktG sowie weitere im AktG vorgesehene Informations- und Mitwirkungsrechte. Bei ADR-Programmen besitzt die Depotbank als rechtliche Eigentümerin alle mitgliedschaftsrechtlichen Teilhaberechte, der jeweilige ADR-Inhaber ist jedoch durch schuldrechtliche Vereinbarungen wirtschaftlich dem Aktionär weitgehend gleichgestellt. Bei den Meldepflichten besteht die Meldepflicht für ADRs als Aktien vertretende Zertifikate ausschließlich für den Zertifikatsinhaber. Die Aussteller der Zertifikate und die mit der Verwahrung der zugrundeliegenden Aktien betrauten Stellen sind nicht mitteilungspflichtig, sondern ausschließlich der Inhaber der Zertifikate.[137]

V. Privatplatzierung

1. Allgemeines

106 Als Alternative zu einem öffentlichen Angebot besteht für den Emittenten die Möglichkeit, insgesamt oder in einem bestimmten Land nur eine **Privatplatzierung** vorzunehmen, für die teilweise andere Rechtsvorschriften Anwendung finden und in einigen Ländern eine Befreiung von der Pflicht zur Veröffentlichung eines Prospekts besteht. Eine Privatplatzierung ist vergleichsweise schnell, einfach und kostengünstig durchführbar und ermöglicht es dennoch dem Emittenten, einen **begrenzten Personenkreis** (idR **qualifizierte institutionelle Anleger**) anzusprechen. Im Folgenden wird kurz auf die Regelungen über die

---

[135] Sog. Home Country Disclosure; vgl. Habersack/Mülbert/Schlitt/*Werlen/Sulzer* § 45 Rn. 127; *von Rosen/Seifert/von Dryander* S. 81, 85 ff.

[136] Vgl. *Röhler* S. 195 ff., 329 ff.; *Bungert* WM 1995, 15; *Bungert/Paschos* DZWir 1995, 229; *Böckenhoff/Ross* WM 1993, 1783; *Zachert* AG 1994, 221; *Harrer/King* IStR 1999, 188.

[137] Vgl. § 33 Abs. 1 Satz 2 WpHG; Habersack/Mülbert/Schlitt/*Klawitter/Schlitt* § 38 Rn. 135.

B. Auswahl des Börsenplatzes und des Marktsegments

Privatplatzierungen in Deutschland und in den Vereinigten Staaten von Amerika eingegangen.

2. Deutschland

Eine Privatplatzierung liegt in Deutschland nach hM[138] vor, wenn zwischen dem Anbieter bzw. einem von ihm Beauftragten und dem Anleger eine persönliche Beziehung besteht. Die Abgrenzung zwischen öffentlichem Angebot und Privatplatzierung ist eine Frage des Einzelfalls.[139] Nach Ansicht des Bundesaufsichtsamts für den Wertpapierhandel[140] lag ein **begrenzter Personenkreis** vor, wenn die betreffenden Personen dem Anbieter im Einzelnen bekannt sind, vom ihm aufgrund einer gezielten Auswahl nach individuellen Gesichtspunkten angesprochen werden und eine Aufklärung durch einen Wertpapierprospekt im Hinblick auf das Informationsbedürfnis des Anlegers nicht erforderlich ist. Nicht ausreichend für die Annahme eines begrenzten Personenkreises ist danach die Adressierung des Angebots an nicht näher individualisierte Personenkreise, Berufsgruppen oder Kunden.

Von einer Privatplatzierung abzugrenzen ist das sog. **öffentliche Angebot** von Wertpapieren, das seit Inkrafttreten des Wertpapierprospektgesetzes am 1.7.2005 in Deutschland erstmals legal definiert ist.[141] Nach § 2 Nr. 4 WpPG ist darunter eine Mitteilung an das Publikum in jedweder Form und auf jedwede Art und Weise zu verstehen, die ausreichende Informationen über die Angebotsbedingungen und die anzubietenden Wertpapiere enthält, um einen Anleger in die Lage zu versetzen, über den Kauf oder die Zeichnung dieser Wertpapiere zu entscheiden. Dies gilt auch für die Platzierung von Wertpapieren durch Institute iSd § 1 Abs. 1b KWG oder ein nach § 53 Abs. 1 Satz 1 oder § 53b Abs. 1 Satz 1 oder Abs. 7 KWG tätiges Unternehmen, wobei Mitteilungen auf Grund des Handels von Wertpapieren in einem organisierten Markt oder im Freiverkehr kein öffentliches Angebot darstellen.[142] Die **BaFin** hat in einem **Auslegungsschreiben**[143] klargestellt, dass (i) die Wiedergabe sämtlicher Ausstattungsmerkmale eines Wertpapiers, (ii) die Veröffentlichung von An- und Verkaufskursen während der Handelszeiten des relevanten Marktes, sowie (iii) die Bekanntgabe weitergehender, nicht lediglich werblicher Informationen in Bezug auf die Wertpapiere, wenn und soweit sich der Emittent nach den Emissionsbedingungen zur Veröffentlichung verpflichtet hat oder nach den Regeln des jeweiligen Marktes dazu verpflichtet ist, nicht mehr als öffentliches Angebot zu qualifizieren sind, sofern jedenfalls (a) für das erstmalige öffentliche Angebot der Wertpapiere ein Prospekt veröffentlicht wurde, und (b) die Prospektdokumentation aktuell gehalten wurde, bis der Vertrieb im Primärmarkt abgeschlossen ist und die Wertpapiere nur noch im Sekundärmarkt gehandelt werden.

---

[138] Vgl. *Groß* WpPG § 2 Rn. 17; *Berrar/Schnorbus/Meyer* WpPG § 3 Rn. 16 ff.; *Hüffer* Wertpapier-Verkaufsprospektgesetz S. 22 ff.

[139] Beispiele bei *Groß* WpPG § 2 Rn. 18 ff.; *Berrar/Schnorbus/Meyer* WpPG § 2 Rn. 67 ff.

[140] Vgl. Bundesaufsichtsamt für den Wertpapierhandel (jetzt BaFin), Bekanntmachung zum Wertpapier-Verkaufsprospektgesetz vom 21.9.1999 (nachfolgend „Bekanntmachung 1999") (aufgehoben), Ziffer I.2.

[141] Art. 2 Prospektrichtlinie-Umsetzungsgesetz, BGBl. 2005 I 1698.

[142] Vgl. *Berrar/Schnorbus/Meyer* WpPG § 2 Rn. 57; *Groß* WpPG § 2 Rn. 18; *Assmann/Schlitt/von Kopp-Colomb* WpPG § 2 Rn. 31 ff.

[143] Vgl. Auslegungsschreiben der Bundesanstalt zum Begriff des öffentlichen Angebots von Wertpapieren iSd § 2 Nr. 4 WpPG im Rahmen des Sekundärmarkthandels von Wertpapieren vom 24.6.2013.

109 Nach der **Gesetzesbegründung**[144] entspricht die Definition dem Begriffsverständnis des öffentlichen Angebots nach dem früheren Verkaufsprospektgesetz. Für das Vorliegen eines öffentlichen Angebots kommt es nicht darauf an, ob bereits ein Angebot im Rechtssinne vorliegt. Dies ergibt sich nach der Gesetzesbegründung aus Art. 4 Abs. 1 Buchst. e der EU-Prospektrichtlinie. Das Merkmal „ausreichende Informationen über die Angebotsbedingungen und die anzubietenden Wertpapiere, um einen Anleger in die Lage zu versetzen, über den Kauf oder die Zeichnung dieser Wertpapiere zu entscheiden" nehme in Übereinstimmung mit dem bisherigen Begriffsverständnis vom „öffentlichen Angebot" lediglich allgemeine Werbemaßnahmen, Veröffentlichungen und Informationen aus, in denen auf die Möglichkeit zum Erwerb von Wertpapieren hingewiesen werde und bei denen noch keine Erwerbs- oder Zeichnungsmöglichkeit bestehe. Die **bloße Einbeziehung** von Wertpapieren in den Freiverkehr stelle kein öffentliches Angebot dar. Erfolgen hingegen nach der Einbeziehung in den Freiverkehr konkrete Werbemaßnahmen, liege ein öffentliches Angebot vor.[145] Die im Wertpapierprospektgesetz erstmals enthaltene gesetzliche Definition des Begriffs „öffentliches Angebot" ist weit und mit der Auslegung in der Bekanntmachung 1999 nicht vollständig identisch. So wird zB in der Definition nicht darauf abgestellt, dass eine konkrete Möglichkeit zum Erwerb der Wertpapiere bestehen muss oder eine gezielte Ansprache erforderlich ist. Trotz der Erläuterungen in der Bekanntmachung der BaFin und der Gesetzesbegründung kann die Anwendung auf den Einzelfall jedoch schwierig sein.[146] Neutrale redaktionelle Beiträge in der Presse (ohne Hinweis auf Erwerbsmöglichkeit oder aktuelle Kursinformationen) oder die reine Nennung von Sekundärmarktdaten stellen kein öffentliches Angebot dar. Seit der Änderung der Prospektrichtlinie wird nunmehr auch von der BaFin dann ein öffentliches Angebot angenommen, wenn vom Emittenten und den Konsortialbanken kein organisierter Bezugsrechtshandel eingerichtet wird und das Angebot auch auf die Gruppe der Altaktionäre beschränkt wird.[147]

110 Nach § 1 WpPG besteht im **Grundsatz** eine Pflicht zur Veröffentlichung eines Wertpapierprospekts für Wertpapiere, die im Inland öffentlich angeboten werden,[148] wobei hierfür ua **Ausnahmen** gelten, wenn sich das Angebot an Wertpapieren ausschließlich an qualifizierte Anleger richtet oder sich in jedem Staat des EWR an weniger als 150 qualifizierte Anleger richtet[149] oder für Aktien, die im Austausch für bereits ausgegebene Aktien derselben Gattung ausgegeben werden, ohne dass mit der Ausgabe dieser neuen Aktien eine Kapitalerhöhung verbunden ist.[150]

3. Vereinigte Staaten von Amerika

111 Neben der Möglichkeit einer öffentlichen Platzierung von Wertpapieren in den Vereinigten Staaten von Amerika mit der damit gem. Section 5 des Securities Act

---

[144] BT-Drs. 15/4999 vom 3.3.2005, S. 28.
[145] Vgl. Bekanntmachung 1999, Ziffer 2 (e); *Berrar/Schnorbus/Meyer* WpPG § 2 Rn. 67 ff.
[146] Vgl. *Müller-Michaels/Wecker* FINANZ BETRIEB 2005, 736; *Holzborn* Going Public 12/2005, 60 ff.; *Schwark/Heidelbach* VerkProspG § 1 Rn. 7 ff.; *Berrar/Schnorbus/Meyer* WpPG § 2 Rn 29 ff., 67 ff.; *Assmann/Schlitt/von Kopp-Colomb* WpPG § 2 Rn. 31 ff.
[147] Vgl. Art. 7 Abs. 2 Buchst. g und Erwägungsgrund 18 der Änderungsrichtlinie 2010/73/EG v. 31.12.2010 (ABl. EG L 327, 1 vom 11.12.2010); vgl. *Groß* § 2 WpPG Rn. 18a; *Berrar/Schnorbus/Meyer* WpPG § 2 Rn. 72 ff.
[148] Vgl. §§ 1 Abs. 1, 3 Abs. 1 WpPG.
[149] Vgl. § 3 Abs. 2 Satz 1 Nr. 1, 2 WpPG.
[150] Vgl. § 4 Abs. 1 Nr. 1 WpPG.

B. Auswahl des Börsenplatzes und des Marktsegments 112, 113 § 20

verbundenen Registrierungspflicht[151] bei der SEC und weitgehenden Offenlegungspflichten und Haftungsrisiken gibt es auch in den Vereinigten Staaten von Amerika für ausländische Emittenten die Möglichkeit einer wesentlich weniger aufwendigen und kostengünstigeren Privatplatzierung („private placement") von Wertpapieren.[152] Dabei stehen **verschiedene Formen** der Privatplatzierung zur Verfügung,[153] bei der US-Investoren angesprochen werden können. Abhängig von den konkreten Umständen des Einzelfalls kann der Emittent eine traditionelle Privatplatzierung gem. Section 4 (2) des Securities Act[154] oder der im Jahre 1982 erlassenen Regulation D[155] zum Securities Act für Verkäufe an eine unbegrenzte Zahl von „Accredited Investors" nutzen. Für den **Weiterverkauf** von im Rahmen einer Privatplatzierung in den Vereinigten Staaten von Amerika erworbenen sog. **beschränkten Wertpapieren** („restricted securities") stehen dem Erwerber dagegen insb. Section 4 (1) des Securities Act, Section 4 (3) des Securities Act sowie und Rule 144A zum Securities Act als Ausnahmevorschriften zu den Registrierungspflichten der Section 5 des Securities Act zur Verfügung. Wenn keine andere Vorschrift dem Erwerber die Weiterveräußerung von beschränkten Wertpapieren ermöglicht, darf er diese trotzdem gem. Rule 144 zum Securities Act nach Ablauf einer bestimmten Sperrfrist und ggf. Erfüllung bestimmter Erfordernisse verkaufen. Erwerber, die nicht als verbundene Personen der Emittentin („affiliates") gelten, dürfen gem. Rule 144 in einigen Fällen bereits sechs Monate nach Erwerb, in jedem Fall jedoch spätestens ein Jahr danach verkaufen; ab jenem Zeitpunkt unterliegen die bisher beschränkten Wertpapiere keinen Beschränkungen mehr.[156]

Rule 144A[157] des Securities Act wurde von der SEC im Jahre 1990 in Kraft gesetzt um festzulegen, unter welchen Voraussetzungen privatplatzierte Wertpapiere ohne Registrierung verkauft werden dürfen, um Nicht-US-amerikanischen Emittenten den Zugang zum US-amerikanischen Kapitalmarkt zu erleichtern und die Liquidität des Sekundärmarkts zu erhöhen. Die Schaffung von Rule 144A hat die Verkehrsfähigkeit sog. beschränkter Wertpapiere verbessert und zu einer deutlichen Erhöhung der Zahl von Privatplatzierungen in den Vereinigten Staaten von Amerika geführt. Rule 144A findet nur für Erwerber von Wertpapieren Anwendung, gilt aber nicht unmittelbar für den Emittenten oder mit ihm verbundene Unternehmen.

Die Anwendbarkeit von Rule 144A hat mehrere **Voraussetzungen**. Im Falle einer Privatplatzierung nach Rule 144A des Securities Act muss das Angebot oder der Weiterverkauf von privatplatzierten Wertpapieren ausschließlich an Personen erfolgen, die der Verkäufer vernünftigerweise für sog. **qualifizierte instituti-**

---

[151] Vgl. Habersack/Mülbert/Schlitt/*Werlen/Sulzer* § 45 Rn. 23 ff.; Marsch-Barner/Schäfer/*Strauch* § 11 Rn. 64 ff.
[152] Vgl. Marsch-Barner/Schäfer/*Strauch* § 11 Rn. 85 ff., 101 ff.; *Bungert/Paschos* DZWir 1995, 133; *Meier* IStR 1994, 243; *Fraune* RIW 1994, 126.
[153] Vgl. Habersack/Mülbert/Schlitt/*Werlen/Sulzer* § 45 Rn. 80 ff.; Marsch-Barner/Schäfer/*Strauch* § 11 Rn. 101 ff.; *Bungert/Paschos* DZWir 1995, 133; *Meier* IStR 1994, 243.
[154] 15 U. S. C. A. 77d Abs. 2.
[155] 17 C. F. R. § 230. 501–508. Vgl. Habersack/Mülbert/Schlitt/*Werlen/Sulzer* § 45 Rn. 95 ff.; Marsch-Barner/Schäfer/*Strauch* § 11 Rn. 97 ff.; *Farmery/Warmsley/Joyce/Gruson/Jungreis* S. 52 ff.
[156] Rule 144 (b)–(d); Revisions to Rules 144 and 145, Securities Act Release No. 33–8869 (6.12.2007).
[157] 17 C. F. R. § 230.144 A. Vgl. Habersack/Mülbert/Schlitt/*Werlen/Sulzer* § 45 Rn. 82 ff.; Marsch-Barner/Schäfer/*Strauch* § 11 Rn. 101 ff.; *Greene* ua § 7.02; *Johnson/McLaughlin* Kapitel 7 § 7.05, § 7.06; *Böckenhoff/Ross* WM 1993, 1781 (1825); *Zachert* DB 1993, 1985; *Zachert* ZIP 1993, 1426; *Roquette/Stanger* WM 1994, 139; *Bungert/Paschos* DZWir 1995, 133 (139 ff.).

onelle Anleger (Qualified Institutional Buyer, QIB) hält.[158] Unter Qualified Institutional Buyers sind ua institutionelle Anleger zu verstehen, die für eigene Rechnung oder für Rechnung anderer qualifizierter institutioneller Anleger mindestens 100.000.000 US-Dollar (bzw. bei der SEC registrierten Wertpapierhändlern mindestens 10.000.000 US-Dollar) in Wertpapieren von nicht mit diesen verbundenen („not affiliated") Emittenten besitzen oder aufgrund uneingeschränkter Dispositionsbefugnis („discretionary basis") investiert haben.[159] Weiterhin dürfen die angebotenen Wertpapiere zum Zeitpunkt ihrer Emission nicht derselben Gattung angehören wie Wertpapiere, die bereits an einer US-amerikanischen Wertpapierbörse wie zB der NYSE notiert sind, dh fungibel sind.[160] Der Verkäufer hat weiterhin angemessene Maßnahmen zu ergreifen, die den Erwerber darüber informieren, dass der Verkäufer die Aktien gem. Rule 144A veräußert.

114 Eine Privatplatzierung nach Rule 144A in den Vereinigten Staaten von Amerika verlangt jedoch **keine US-Börsennotierung** und keine Rechnungslegung nach US-GAAP. Vielmehr ist nur eine Erläuterung der wesentlicheren Unterschiede zwischen US-GAAP und der ggf. verwendeten Rechnungslegung des Heimatlandes des Emittenten üblich, wobei die herrschende Meinung auch diese Erläuterung für entbehrlich hält, zumindest solange die einschlägigen Finanzdaten nach IFRS ermittelt wurden. Sofern der Emittent nicht eine periodischen Berichtspflichten unterliegende Gesellschaft („reporting company") nach dem Exchange Act ist oder eine Befreiung von der Berichtspflicht nach Rule 12g3 – 2 (b) vorliegt, hat der Inhaber von Aktien, die aufgrund von Rule 144A verkauft werden, und jeder künftige Käufer einen Anspruch vom Emittenten auf Verlangen eine kurze Beschreibung der Geschäftstätigkeit und seiner Produkte und Dienstleistungen sowie bestimmte Finanzdaten (insb. Bilanz und GuV) zu erhalten.[161]

115 Rule 12g3 – 2 (b) befreit ausländische private Emittenten jedoch auf Antrag von den Registrierungs- und Berichtspflichten nach dem Exchange Act, wenn sie sich gegenwärtig und zukünftig verpflichten, alle im Heimatland zur Verfügung gestellten Informationen über die Gesellschaft auch in den USA zur öffentlichen Verfügung zu stellen („home country information"). Emittenten können diese Verpflichtung dadurch erfüllen, dass sie ihre „home country information" auf ihren Webseiten in englischer Sprache veröffentlichen.[162]

116 Bedeutsam ist auch die aufgrund des Securities Act erlassene Verwaltungsvorschrift **Regulation S**,[163] die den Weiterverkauf nicht registrierter Wertpapiere außerhalb der Vereinigten Staaten von Amerika gestattet und die mit den Erleichterungen der Rule 144A kombiniert werden kann.

---

[158] Rule 144A (d) Abs. 1.
[159] Rule 144A (a) Abs. 1 (i).
[160] Rule 144A (d) Abs. 3 (i).
[161] Rule 144A (d) Abs. 4 (i).
[162] Rule 12g2–2(f); Termination of a Foreign Private Issuer's Registration of a Class of Securities Under Section 12(g) and Duty to File Reports Under Section 13(a) or 15(d) of the Securities Exchange Act of 1934, Exchange Act Release No. 34–55540 (27.3.2007).
[163] 17 C. F. R. § 230901–904. Vgl. *Loss/Seligman* S. 219 ff.; *Johnson McLaughlin* Kapitel 9 § 9.02[B]; *Greene ua* § 5.02; Habersack/Mülbert/Schlitt/*Werlen/Sulzer* § 45 Rn. 116 ff.; Marsch-Barner/Schäfer/*Strauch* § 11 Rn. 85 ff.; *Bungert/Paschos* DZWir 1995, 133 (142 ff.).

C. Billigungs- und Zulassungsverfahren

Der Börsengang bedarf einer sorgfältigen Planung, die die Erstellung eines detaillierten **Zeitplans** und dessen Umsetzung sowie die Erstellung und Verhandlung einer umfangreichen Dokumentation voraussetzt.

Im Folgenden wird zunächst das **Billigungs- und Zulassungsverfahren** für eine Börsennotierung im regulierten Markt dargestellt. Daran schließt sich das Einbeziehungsverfahren in den Freiverkehr an. Die einschlägigen Bestimmungen hierfür enthält für die Billigung des Wertpapierprospekts das WpPG und für das Zulassungs- bzw. Einbeziehungsverfahren das BörsG sowie für den regulierten Markt die aufgrund einer gesetzlichen Ermächtigung erlassene BörsZulV,[164] die Börsenordnung der jeweiligen Wertpapierbörse[165] und für den Freiverkehr die Allgemeinen Geschäftsbedingungen bzw. die Richtlinien für den Freiverkehr der jeweiligen Wertpapierbörse.[166]

I. Regulierter Markt

Seit Inkrafttreten des Finanzmarktrichtlinie-Umsetzungsgesetzes am 1.11.2007 ist die Unterscheidung zwischen dem amtlichen Markt und dem geregelten Markt aufgehoben, und es wurde ein einheitlicher regulierter Markt eingeführt. Wertpapiere, die im regulierten Markt an der Börse gehandelt werden sollen, bedürfen hierfür vorbehaltlich gewisser Ausnahmen der **öffentlich-rechtlichen Zulassung**, über die die Geschäftsführung der Wertpapierbörse entscheidet.[167] Die Zulassung der Aktien zum Börsenhandel ist ein **Verwaltungsakt**,[168] und im Falle der Ablehnung, des Widerrufs und der Rücknahme der Zulassung steht nach erfolgloser Durchführung eines Widerspruchsverfahrens der Verwaltungsrechtsweg offen.[169]

Die Zulassung ist vom Emittenten zusammen mit einem **Kreditinstitut, Finanzdienstleistungsinstitut** oder einem nach § 53 Abs. 1 Satz 1 oder § 53b Abs. 1 Satz 1 KWG tätigen Unternehmen[170] zu beantragen. Das Institut oder Unternehmen muss an einer inländischen Wertpapierbörse mit dem Recht zur Teilnahme am Handel zugelassen sein und ein haftendes Eigenkapital im Gegenwert von mindestens 730.000 EUR nachweisen.[171]

Der **Zulassungsantrag** ist elektronisch zu stellen, es sei denn, in der Börsenordnung ist die schriftliche Antragstellung vorgeschrieben, und muss Firma und Sitz der Antragsteller, Art und Betrag der zuzulassenden Wertpapiere enthalten.[172] Dem Antrag sind ein Entwurf des Prospekts oder ein gebilligter Prospekt und die zur

---

[164] Vgl. § 34 BörsG in Verbindung mit Börsenzulassungs-Verordnung.
[165] Vgl. § 33 Abs. 2 BörsG zB in Verbindung mit der Börsenordnung der Frankfurter Wertpapierbörse.
[166] Vgl. § 48 Abs. 1 BörsG zB in Verbindung mit den Allgemeinen Geschäftsbedingungen für den Freiverkehr an der Frankfurter Wertpapierbörse.
[167] § 32 Abs. 1 BörsG.
[168] Vgl. *Groß* BörsG § 32 Rn. 5; *Schwark* BörsG § 32 Rn. 17; Marsch-Barner/Schäfer/*Strauch* § 11 Rn. 85 ff.
[169] Zur Zusammenarbeit der Zulassungsstellen in der EU und dem Europäischen Wirtschaftsraum vgl. § 36 BörsG.
[170] Sog. Emissionsbegleiter.
[171] § 32 Abs. 2 BörsG.
[172] Vgl. § 48 Abs. 1 BörsZulV.

§ 20 122, 123 Der Börsengang

Prüfung der Zulassungsvoraussetzungen erforderlichen **Nachweise** beizufügen, wobei der Geschäftsführung auf Verlangen insb.

– ein beglaubigter Auszug aus dem Handelsregister nach neuestem Stand,
– die Satzung oder der Gesellschaftsvertrag in der neuesten Fassung,
– die Genehmigungsurkunden, wenn die Gründung des Emittenten, die Ausübung seiner Geschäftstätigkeit oder die Ausgabe der Wertpapiere einer staatlichen Genehmigung bedarf,
– die Jahresabschlüsse und die Lageberichte für die drei Geschäftsjahre, die dem Antrag vorausgegangen sind, einschließlich des Bestätigungsvermerks der Abschlussprüfer und
– ein Nachweis über die Rechtsgrundlage der Wertpapierausgabe vorzulegen sind.[173]

122 Der **Zulassungsantrag** ist seit Inkrafttreten des Finanzmarktrichtlinie-Umsetzungsgesetzes am 1.11.2007 nicht mehr zu veröffentlichen.[174] Die Zulassung der Wertpapiere darf frühestens an dem auf das Datum der Einreichung des Zulassungsantrags folgenden Handelstag erfolgen.[175] Die Zulassung wird von der Geschäftsführung auf Kosten der Antragsteller im elektronischen Bundesanzeiger veröffentlicht.[176] Die Einführung der Wertpapiere, dh die Aufnahme der zur Notierung zugelassenen Wertpapiere im regulierten Markt, darf frühestens an dem auf die erste Veröffentlichung des Prospekts oder, wenn kein Prospekt zu veröffentlichen ist, dem der Veröffentlichung der Zulassung folgenden Werktag erfolgen.[177]

123 Die Geschäftsführung entscheidet auf Antrag des Emittenten über die Aufnahme der zur Notierung zugelassenen Wertpapiere im regulierten Markt.[178] Der Emittent hat der Geschäftsführung im Zulassungsantrag den **Zeitpunkt** für die Einführung und die Merkmale der einzuführenden Wertpapiere mitzuteilen. Werden die Wertpapiere nicht innerhalb von drei Monaten nach Veröffentlichung der Zulassungsentscheidung eingeführt, erlischt ihre Zulassung, sofern die Geschäftsführung die Frist nicht auf Antrag angemessen verlängert, wenn ein berechtigtes Interesse des Emittenten an der Verlängerung dargetan wird.[179] Der Prospekt darf vor seiner Billigung nicht veröffentlicht werden.[180] Die BaFin entscheidet über die **Billigung** nach Abschluss einer Vollständigkeitsprüfung des Prospekts einschließlich einer Prüfung der **Kohärenz und Verständlichkeit** der vorgelegten Informationen.[181] Sie teilt dem Anbieter oder dem Zulassungsantragsteller innerhalb von zehn Werktagen nach Eingang des Prospekts ihre Entscheidung mit, wobei die Frist 20 Werktage beträgt, wenn das öffentliche Angebot Wertpapiere eines Emittenten betrifft, dessen Wertpapiere noch nicht zum Handel an einem organisierten Markt zugelassen sind und der Emittent zuvor keine Wertpapiere öffentlich angeboten hat.[182] Hat die BaFin Anhaltspunkte, dass der Prospekt un-

---

[173] § 48 Abs. 2 BörsZulV.
[174] Vgl. Aufhebung von § 49 BörsZulV aF.
[175] § 50 BörsZulV.
[176] § 51 BörsZulV.
[177] § 52 BörsZulV; eine Legaldefinition des Begriffs „Einführung" enthält § 38 Abs. 1 BörsG.
[178] § 38 Abs. 1 BörsG.
[179] § 38 Abs. 1, 4 BörsG.
[180] § 13 Abs. 1 Satz 1 WpPG.
[181] § 13 Abs. 1 Satz 2 WpPG.
[182] § 13 Abs. 2 WpPG.

C. Billigungs- und Zulassungsverfahren 124, 125 § 20

vollständig ist oder es ergänzender Informationen bedarf, so gelten die genannten Fristen erst ab dem Zeitpunkt, an dem diese Informationen eingehen.[183] Die BaFin macht die gebilligten Prospekte auf ihrer Internetseite für jeweils zwölf Monate zugänglich.[184]

Seit Inkrafttreten des WpPG im Juli 2005 gibt es eine **geteilte Zuständigkeit** 124 für die Billigung des Prospekts durch die BaFin und der jeweiligen Geschäftsführung der Wertpapierbörse für die Entscheidung über die Zulassung der Aktien zum organisierten Handel an der Wertpapierbörse. Nach Billigung des Prospekts hat der Anbieter oder Zulassungsantragsteller den Prospekt bei der BaFin zu **hinterlegen** und unverzüglich, spätestens einen Werktag vor Beginn des öffentlichen Angebots, zu **veröffentlichen**.[185] Im Falle eines ersten öffentlichen Angebots einer Gattung von Aktien, für die der Emittent noch keine Zulassung zum Handel an einem organisierten Markt erhalten hat, muss die Frist zwischen dem Zeitpunkt der Veröffentlichung des Prospekts und dem Abschluss des Angebots mindestens sechs Werktage betragen.[186] Der Prospekt ist zu **veröffentlichen** (1) in einer oder mehreren Wirtschafts- oder Tageszeitungen, die in den Staaten des Europäischen Wirtschaftsraums, in denen das öffentliche Angebot unterbreitet oder die Zulassung zum Handel angestrebt wird, weit verbreitet sind, (2) indem der Prospekt in gedruckter Form an bestimmten Stellen zur kostenlosen Ausgabe an das Publikum bereitgehalten wird, (3) auf bestimmten Internetseiten oder (4) auf der Internetseite des organisierten Marktes, für den die Zulassung zum Handel beantragt wurde.[187] Der Anbieter oder der Zulassungsantragsteller hat der BaFin Datum und Ort der Veröffentlichung des Prospekts unverzüglich schriftlich mitzuteilen.[188]

Jeder wichtige neue Umstand oder jede wesentliche Unrichtigkeit in Bezug auf 125 die im Prospekt enthaltenen Angaben, die die Beurteilung der Wertpapiere beeinflussen könnten und die nach der Billigung des Prospekts und vor dem endgültigen Schluss des öffentlichen Angebots oder der Einführung oder Einbeziehung in den Handel auftreten oder festgestellt werden, müssen in einem **Nachtrag** zum Prospekt genannt werden.[189] Der Emittent, Anbieter oder Zulassungsantragsteller muss den Nachtrag bei der BaFin einreichen und der Nachtrag ist innerhalb von höchstens sieben Werktagen nach Eingang bei der BaFin zu billigen.[190] Nach der Billigung muss der Anbieter oder Zulassungsantragsteller den Nachtrag unverzüglich in derselben Art und Weise wie den ursprünglichen Prospekt veröffentlichen. Anleger, die vor der Veröffentlichung des Nachtrags eine auf den Erwerb oder die Zeichnung der Wertpapiere gerichtete Willenserklärung abgegeben haben, können diese innerhalb einer Frist von zwei Werktagen nach Veröffentlichung des Nachtrags widerrufen, sofern der neue Umstand oder die Unrichtigkeit vor dem endgültigen Schluss des öffentlichen Angebots und vor der Lieferung der Wertpapiere eingetreten ist.[191]

---

[183] § 13 Abs. 3 WpPG.
[184] § 13 Abs. 4 WpPG.
[185] § 14 Abs. 1 Satz 1 WpPG.
[186] § 14 Abs. 1 Satz 4 WpPG.
[187] § 14 Abs. 2 WpPG.
[188] § 14 Abs. 3 WpPG.
[189] § 16 Abs. 1 Satz 1 WpPG.
[190] § 16 Abs. 1 Satz 2, 3 WpPG.
[191] § 16 Abs. 3 WpPG.

126 Das WpPG enthält auch Bestimmungen für die **grenzüberschreitende Geltung** gebilligter Prospekte[192] und Prospekte von **Drittstaatemittenten**[193] sowie **Sprachenregelungen**.[194]

127 Wertpapiere sind **zuzulassen**, wenn
– der Emittent und die Wertpapiere den Anforderungen nach Art. 35 der VO (EG) Nr. 1287/2006 sowie den Bestimmungen entsprechen, die zum Schutz des Publikums und für einen ordnungsgemäßen Börsenhandel nach § 34 BörsG erlassen worden sind,
– ein nach den Vorschriften des Wertpapierprospektgesetzes gebilligter oder bescheinigter Prospekt veröffentlicht worden ist, so weit nicht nach bestehenden Ausnahmevorschriften von einer Veröffentlichung eines Prospekts abgesehen werden kann.[195]

128 Im Rahmen der Billigung wird gem. § 13 Abs. 1 Satz 2 WpPG ausschließlich die Vollständigkeit des Prospekts geprüft, dh ob die Angaben des Prospekts konsistent, dh ohne innere Widersprüche, und vollständig sind. Eine Prüfung der inhaltlichen Richtigkeit des Prospekts erfolgt nicht.[196] Sind die Voraussetzungen erfüllt, besteht für den Emittenten ein einklagbarer Anspruch auf Zulassung.[197] Der Antrag auf Zulassung der Wertpapiere kann jedoch trotz Erfüllung der Voraussetzungen des § 32 Abs. 3 BörsG abgelehnt werden, wenn der Emittent seine Pflichten aus der Zulassung zum regulierten Markt an einem anderen organisierten Markt nicht erfüllt.[198] Lehnt die Geschäftsführung einen Zulassungsantrag ab, so hat sie dies den anderen Börsen, an denen die Wertpapiere des Emittenten gehandelt werden sollen, unter Angabe der Gründe für die Ablehnung mitzuteilen.[199]

129 Die Frankfurter Wertpapierbörse hat den regulierten Markt in den Teilbereich **General Standard** mit den gesetzlichen Mindestanforderungen und den Teilbereich **Prime Standard** mit weiteren Zulassungsfolgepflichten, die international üblichen Transparenzanforderungen gerecht werden sollen, eingeteilt.[200] Zulas-

---

[192] § 17 WpPG.
[193] § 20 WpPG.
[194] § 19 WpPG.
[195] § 32 Abs. 3 BörsG.
[196] Vgl. *Groß* WpPG § 13 Rn. 8; Reg. Begr. zu Prospektrichtlinie-Umsetzungsgesetz, BT-Drs. 15/4999, 25, 34.
[197] Vgl. *Groß* BörsG § 32 Rn. 39; *Schwark* BörsG § 32 Rn. 66.
[198] § 32 Abs. 4 BörsG.
[199] § 35 Abs. 1 BörsG. Zum Widerruf der Notierung im regulierten Markt vgl. § 39 BörsG, §§ 46, 47 BörsO FWB. Zum Delisting allgemein *Hüffer/Koch* AktG § 119 Rn. 30 ff.; Habersack/Mülbert/Schlitt/*Habersack* § 40 Rn. 1 ff.; MünchKomm. AktG/Bd. 3/*Kubis* § 119 Rn. 86 ff.; Großkomm. AktG § 119 Rn. 138 ff.; zum neuen Beschluss des Bundesgerichtshofs BGH II ZB 26/12, AG 2013, 877 ff. (Frosta) *Aders/Muxfeld/Lill* CF 2015, 389; *Bayer* NZG 2015, 1169; *Goetz* BB 2015, 2691; *Groß* AG 2015, 812; *Paschos/Klaaßen* AG 2014, 33; *Wieneke* NZG 2014, 22; *Bungert/Leydendecker-Langner* BB 2014, 521; *Fleischer* AG 2014, 97. Im Jahr 2012 hatte sich das Bundesverfassungsgericht (BVerfG 1 BvR 3/42/07 und 1 BvR 1569/08, AG 2012, 557) mit dem verfassungsrechtlichen Schutz des Delistings befasst, vgl. *Kiefner/Gillessen* AG 2012, 645; *Heldt/Royé* AG 2012, 660; *Bungert/Wettich* DB 2012, 2285; *Habersack* ZHR 2012, 463; *Schanz* CFL 2012, 234; zum Urteil des Bundesgerichtshofs im Fall Macroton BGH II ZR 133/01, ZIP 2003, 387; *Hüffer/Koch* AktG § 119 Rn. 30 ff.; Habersack/Mülbert/Schlitt/*Habersack* § 40 Rn. 5 ff.; *Harrer/Wilsing* DZWir 2002, 485. Der Gesetzgeber hat sich Ende 2015 mit § 39 BörsG nF für die kapitalmarktrechtliche Lösung entschieden. Die Umsetzung in der Börsenordnung der Frankfurter Wertpapierbörse erfolgte in § 46 BörsO FWB.
[200] Vgl. §§ 45 ff. BörsO FWB.

sungsfolgepflichten für den Prime Standard sind Quartalsmitteilungen, internationale Rechnungslegungsstandards (IFRS), Vorlage eines Unternehmenskalenders und Durchführung mindestens einer jährlichen Analystenkonferenz sowie Veröffentlichungen von Ad-hoc-Mitteilungen in englischer Sprache.

II. Freiverkehr

Der Handel im Freiverkehr setzt – anders als im regulierten Markt – kein öffentlich-rechtliches Zulassungsverfahren voraus; vielmehr ist der Freiverkehr **rein privatrechtlich** organisiert. Es finden die von dem privatrechtlichen Träger der jeweiligen Börse, zB der Deutsche Börse AG (und nicht der Frankfurter Wertpapierbörse) erlassenen Allgemeinen Geschäftsbedingungen für den Freiverkehr an der jeweiligen Wertpapierbörse Anwendung,[201] Träger des Open Market an der Frankfurter Wertpapierbörse ist die Deutsche Börse AG.[202] Die Einbeziehung von Wertpapieren für den Freiverkehr erfolgt privatrechtlich, ergehende Entscheidungen stellen **keinen Verwaltungsakt** dar. Die Grundsätze der Allgemeinen Geschäftsbedingungen für den Freiverkehr an der Frankfurter Wertpapierbörse unterscheiden sich von den Freiverkehrsrichtlinien der anderen deutschen Wertpapierbörsen inhaltlich jedoch zum Teil deutlich. 130

In den **Open Market** der Frankfurter Wertpapierbörse können Wertpapiere einbezogen werden, die weder zum Handel in den regulierten Markt einbezogen noch zum Handel in den regulierten Markt zugelassen sind (s. Rn. 49 ff.). 131

Für die Einbeziehung in den **KMU Standard** gelten weitergehende Einbeziehungsvoraussetzungen (s. Rn. 57 ff.) und Einbeziehungsfolgepflichten. 132

Ist mit der Einbeziehung der Wertpapiere ein öffentliches Angebot verbunden, finden auch die einschlägigen Vorschriften des **Wertpapierprospektgesetzes** Anwendung, die vorbehaltlich bestimmter Ausnahmen zum Erfordernis einer Erstellung und Billigung eines Wertpapierprospekts durch die BaFin und anschließenden Veröffentlichung führen.[203] 133

D. Projekt- und Zeitplan

Der **Gesamtzeitplan** für einen Börsengang ist ein komplexes Geflecht von verschiedenen Einzelzeitplänen, deren Abstimmung und Einhaltung für den Erfolg des Börsengangs von entscheidender Bedeutung sind. Die Hauptelemente des Zeitplans sind 134
– Herstellung der Börsenreife und gesellschaftsrechtliche Maßnahmen,
– die Emissionsplanung,
– das Börsenzulassungs- und Emissionsverfahren,

---

[201] Vgl. die Allgemeinen Geschäftsbedingungen für den Freiverkehr an der Frankfurter Wertpapierbörse vom 31.1.2018, www.xetra.com. Vgl. auch Geschäftsbedingungen für den Freiverkehr an der Börse Berlin, www.boerse-berlin.de; Geschäftsbedingungen für den Freiverkehr an der Börse München, www. boerse-muenchen.de; Geschäftsbedingungen für den Freiverkehr der Börse Düsseldorf, www.boerse-duesseldorf.de; Handelsordnung für den Freiverkehr für die Hanseatische Wertpapierbörse Hamburg, www.boersenag.de, Geschäftsbedingungen für den Freiverkehr an der baden-württembergischen Wertpapierbörse, www. boerse-stuttgart.de.
[202] § 1 Abs. 2 RL FrV FWB.
[203] §§ 1 ff. WpHG.

- die Erstellung des Prospekts und der Vertragsdokumentation sowie
- die Durchführung der Due Diligence und Bewertung.

135 Der nachfolgend dargestellte Musterprojektzeitplan enthält die Darstellung eines möglichen Ablaufs eines Börsengangs einer deutschen Gesellschaft an eine deutsche Wertpapierbörse.

136 Die Herstellung der Börsenreife[204] und die **gesellschaftsrechtlichen Maßnahmen** hängen in erheblichem Umfang von den spezifischen Erfordernissen der konkreten Börseneinführung ab. Häufig ist eine Umwandlung des Emittenten aus einer Personengesellschaft oder GmbH in eine AG, SE oder KGaA erforderlich, bei der vor allem steuerliche Aspekte zu beachten sind. Vielfach ist auch eine Restrukturierung des Emittenten erforderlich, die zB in der Ausgliederung von nicht zum Kerngeschäft gehörenden Geschäftsfeldern oder der Einbringung von Sacheinlagen zur Stärkung des Kerngeschäfts bestehen, um die erforderliche nachhaltige Ertragskraft und eine ausreichende Unternehmensgröße zu erreichen. Zur Herstellung der Börsenreife eines Unternehmens müssen alle formellen Zulassungsvoraussetzungen des gewählten Marktsegments erfüllt werden und dem Börsengang uU Kapitalmaßnahmen vorgeschaltet werden, um eine ausreichende Grundkapitalhöhe zu erreichen. Daneben gibt es eine Vielzahl von weiteren Maßnahmen wie zB Vorbereitung des Managements, Umstellung der Rechnungslegung und Verbesserung des Controllings, vertragliche Regelungen der Rechtsbeziehungen zwischen Gesellschaftern und Gesellschaft wie mit Dritten („arm's length") sowie Schaffung von Transparenz, die vor einem Börsengang umgesetzt werden müssen.

137 Aus gesellschaftsrechtlicher Sicht ist die Schaffung einer **„börsenfähigen" Satzung** erforderlich, die über die gesetzlich vorgeschriebenen Mindestvoraussetzungen hinausgeht und transparente Regelungen über die Aufgabenteilung zwischen Vorstand, Aufsichtsrat und Hauptversammlung sowie eindeutige Ladungsfristen enthalten sollte. Bedeutsam ist hier auch eine Entscheidung über die Schaffung von **genehmigtem Kapital** (zB zur Ermöglichung von Kapitalerhöhungen gegen Sacheinlagen unter Bezugsrechtsausschluss zur Durchführung von Akquisitionen) und von **bedingtem Kapital** (zB als Grundlage für die Ausgabe von Aktien aus Mitarbeiterbeteiligungsprogrammen). Erfolgt die für den Börsengang erforderliche Kapitalerhöhung nicht aus genehmigtem Kapital, wird sinnvollerweise vor Einreichung des Prospektentwurfs zur Billigung, spätestens jedoch kurz vor dem Ende der Bookbuildingperiode eine außerordentliche Hauptversammlung durchgeführt, in der eine Kapitalerhöhung gegen Bareinlage unter Bezugsrechtsausschluss beschlossen und der Konsortialführer als Zeichner zugelassen wird. Daneben sind eine Reihe von Vorstands- und Aufsichtsratsbeschlüssen erforderlich. Die Börsenreife sollte ca. 2–3 Monate vor Börsengang hergestellt sein.

138 Die **Emissionsplanung** beginnt mit der internen Entscheidung der Gesellschaft und der Altgesellschafter, eine Börseneinführung des Emittenten anzustreben. Nach dieser Grundsatzentscheidung erfolgt die schrittweise Mandatierung der erforderlichen Berater, die häufig nach einem Auswahlgespräch mit verschiedenen zur Auswahl stehenden Beratern (sog. **Beauty Contest**) erfolgt. Sofern ein Emissionsberater eingeschaltet wird, wird dieser idR bereits vor Mandatierung des Konsortialführers bestellt. Die Auswahl des Konsortialführers hat aufgrund seiner umfangreichen Aufgaben eine zentrale Bedeutung. Daneben werden auch Rechtsanwälte, Wirtschaftsprüfer sowie erforderlichenfalls Public-Relations-Berater, Investor-Relations-Berater, Drucker und Übersetzer mandatiert. Die Mandatierung

---

[204] Vgl. *Schanz* § 6 Rn. 25 ff.; *Jäger* NZG 1998, 992.

D. Projekt- und Zeitplan §20

der verschiedenen Berater erfolgt idR sukzessive und sollte drei Monate vor dem geplanten Börsengang weitgehend abgeschlossen sein.

Musterprojektzeitplan

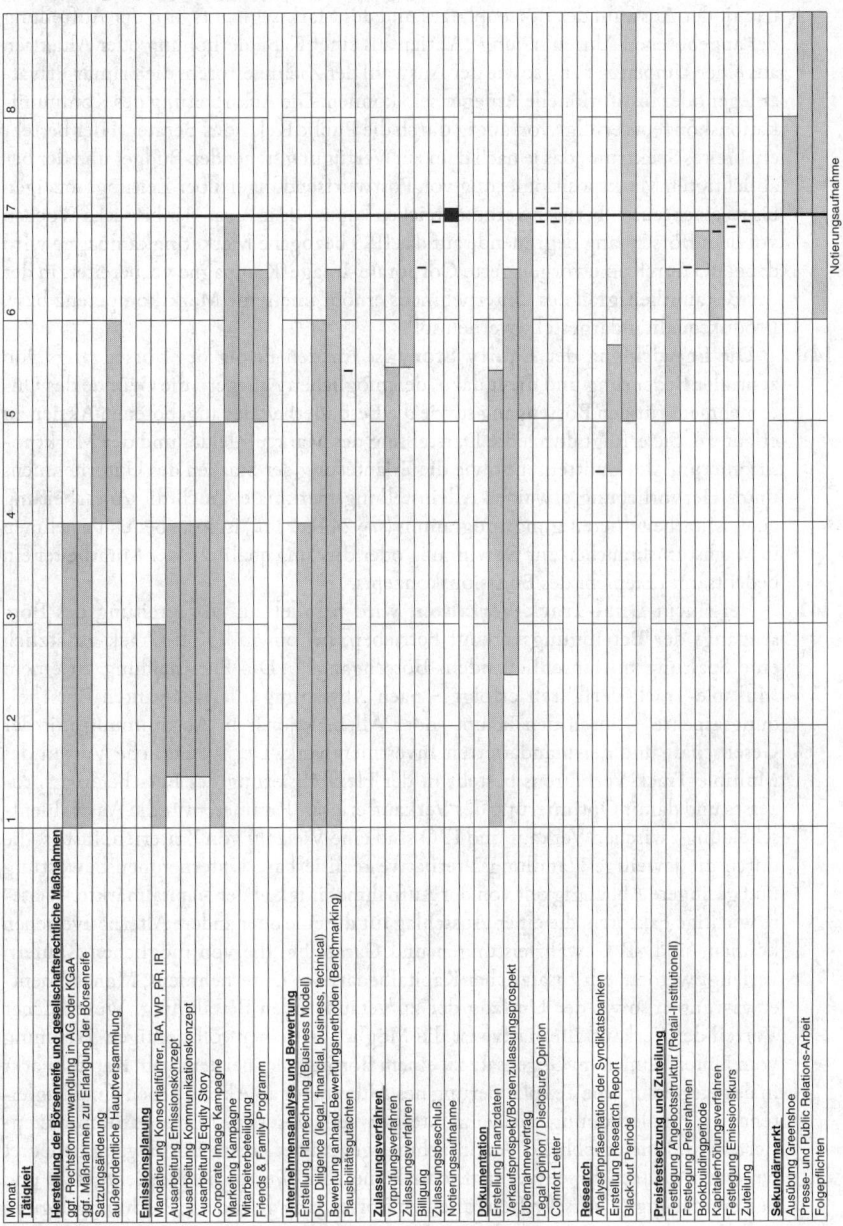

Monat	1	2	3	4	5	6	7	8
Tätigkeit								
Herstellung der Börsenreife und gesellschaftsrechtliche Maßnahmen								
ggf. Rechtsformumwandlung in AG oder KGaA								
ggf. Maßnahmen zur Erlangung der Börsenreife								
Satzungsänderung								
außerordentliche Hauptversammlung								
Emissionsplanung								
Mandatierung Konsortialführer, RA, WP, PR, IR								
Ausarbeitung Emissionskonzept								
Ausarbeitung Kommunikationskonzept								
Ausarbeitung Equity Story								
Corporate Image Kampagne								
Marketing Kampagne								
Mitarbeiterbeteiligung								
Friends & Family Programm								
Unternehmensanalyse und Bewertung								
Erstellung Planrechnung (Business Modell)								
Due Diligence (legal, financial, business, technical)								
Bewertung anhand Bewertungsmethoden (Benchmarking)								
Plausibilitätsgutachten								
Zulassungsverfahren								
Vorprüfungsverfahren								
Zulassungsverfahren								
Billigung								
Zulassungsbeschluß								
Notierungsaufnahme								
Dokumentation								
Erstellung Finanzdaten								
Verkaufsprospekt/Börsenzulassungsprospekt								
Übernahmevertrag								
Legal Opinion / Disclosure Opinion								
Comfort Letter								
Research								
Analysenpräsentation der Syndikatsbanken								
Erstellung Research Report								
Black-out Periode								
Preisfestsetzung und Zuteilung								
Festlegung Angebotsstruktur (Retail-Institutionell)								
Festlegung Preisrahmen								
Bookbuildingperiode								
Kapitalerhöhungsverfahren								
Festlegung Emissionskurs								
Zuteilung								
Sekundärmarkt								
Ausübung Greenshoe								
Presse- und Public Relations-Arbeit								
Folgepflichten								

Notierungsaufnahme

139 Der Emittent erstellt im Rahmen der Emissionsplanung in enger Zusammenarbeit mit dem Konsortialführer und seinen weiteren Beratern das Emissionskonzept sowie das Kommunikationskonzept und entwickelt die sog. Equity Story. Das **Emissionskonzept** befasst sich vorrangig mit der Strukturierung der Emission, dh ua mit der Auswahl des Börsenplatzes und des Marktsegments, mit der Aufteilung der angebotenen Aktien in junge Aktien aus einer Kapitalerhöhung oder Altaktien aus einer Umplatzierung sowie der Auswahl der Zielinvestoren, die primär Privatanleger oder institutionelle Anleger sein können. Die Ausarbeitung des Kommunikationskonzepts erfolgt vorrangig durch die Public Relations Berater. Hier besteht ein breites Spektrum, das je nach dem zur Verfügung stehenden Budget und der beabsichtigten Marktpositionierung von Postwurfsendungen über Zeitungsanzeigen bis zu einer teuren Fernsehwerbung reichen kann. Die idR ca. vier bis sechs Wochen vor dem Börsengang beginnende auf das IPO bezogene Marketingkampagne wird dabei uU durch eine vorgelagerte Corporate-Image-Kampagne vorbereitet, in der der Bekanntheitsgrad des Unternehmens erhöht und seine Marktkompetenz bzw. Produktqualität dargestellt werden soll.

140 Die Entwicklung der **Equity Story** ist für den Erfolg des Börsengangs von zentraler Bedeutung und dient dazu, den möglichen Anlegern die Gründe des Unternehmens für den Börsengang sowie die Besonderheit der angebotenen Aktien zu erläutern. Sie erfolgt durch die Darstellung des Marktumfeldes und der Marktpositionierung des Emittenten sowie die Erläuterung der Stärken des Unternehmens unter Hervorhebung etwaiger Alleinstellungsmerkmale. Auch die Ausarbeitung eines Mitarbeiterbeteiligungsprogramms (s. § 24 Rn. 1 ff.) ist insb. bei Unternehmen in Wachstumsbranchen zur Gewinnung oder Bindung qualifizierter Mitarbeiter ein bedeutsames Element des Emissionskonzepts.

141 Bei einem **Dual-Track-Verfahren** wird parallel zur Vorbereitung des Börsengangs der Beteiligungsverkauf betrieben, bei einem Triple Track zusätzlich eine Spaltung mit anschließendem Börsengang.[205] Die Entscheidung zu einem Multiple-Track-Verfahren erfolgt – nach Abwägung aller relevanten Entscheidungsaspekte – durch den Haupt- oder Alleinaktionär in Abstimmung mit der Gesellschaft und der mandatierten Investmentbank. Der wesentliche Vorteil des Multiple-Track-Verfahrens besteht in der Flexibilisierung des Entscheidungsprozesses und damit Optimierung des Verkaufserlöses. Parameter für die Auswahlentscheidung zwischen Verkauf und IPO sind eine Vielzahl von Kriterien, insbes. die durch die jeweilige Handlungsalternative realisierbare Unternehmensbewertung und geringere Abhängigkeit von der Aufnahmefähigkeit der Kapitalmärkte. Weitere wichtige Faktoren, die einen Ausschlag für die eine oder andere Alternative geben können, sind zB Gewährleistungen und Garantien, die von möglichen Käufern verlangt werden, ein zusätzlicher Kapitalbedarf des Unternehmens, Managementerwartungen sowie der Umfang der zu veräußernden Beteiligung. Wesentlicher Vorteil der Verkaufsalternative ist die Möglichkeit einer vollständigen Trennung vom Unternehmen im Gegensatz zu einem Börsengang, bei dem vom Kapitalmarkt in der Regel nur eine Teilplatzierung des Altbestands an Aktien neben einer begleitenden Kapitalerhöhung, die dem Unternehmen selbst neue Mittel zuführt, akzeptiert wird. Eine erhebliche Vereinfachung gegenüber einem Börsengang bedeutet bei einem Unternehmensverkauf, dass keine vom Wertpapierprospektgesetz und den einschlägigen Vorschriften für einen Börsengang geforderte Rechnungslegung nach dem internationalen Rechnungslegungsstandard IFRS erforderlich ist. Zudem

---

[205] Vgl. Harrer/Carbonare/Fritzsche WM 2013, 309.

D. Projekt- und Zeitplan 142–144 § 20

bedarf es keiner Umwandlung aus der Rechtsform der GmbH in eine börsenfähige Aktiengesellschaft oder Kommanditgesellschaft auf Aktien. Entsprechend der mit dem Dual-Track-Verfahren angestrebten **Flexibilisierung** fällt die Entscheidung für eine der Handlungsalternativen regelmäßig erst, wenn einerseits verlässliche Informationen über den erzielbaren Kaufpreis im Falle des Verkaufs an einen Investor, andererseits aufgrund des erfolgten Pre-Marketings auch bereits eine belastbare Aussage über die bei einem Börsengang realisierbare Unternehmensbewertung möglich ist.

Das vom Emittenten und dem Konsortialführer betriebene **Billigungsverfahren**, währenddessen eine formlose Abstimmung des für die Prospektbilligung vorgesehenen Zeitplans und etwaiger Sonderthemen wie zB die Erforderlichkeit von Pro-Forma-Abschlüssen mit der BaFin erfolgt, ist ein wichtiger Teil des Projektplans. In der Praxis erfolgt in der Regel ca. 30 Werktage vor der geplanten Prospektbilligung oder vor der Zulassung von Aktien zum regulierten Markt die Einreichung des Entwurfs des Wertpapierprospekts zur Prüfung bei der BaFin. Die formelle Prüfungsfrist beträgt 20 Werktage,[206] wobei idR nach ca. 10–15 Werktagen ein **Büroberich**t mit den Anmerkungen der BaFin an die Gesellschaft oder den antragstellenden Konsortialführer übersandt wird. Es folgen ein Antrag auf Zulassung der Aktien und ein weiterer Antrag auf Aufnahme der Notierung bei der Geschäftsführung der Wertpapierbörse. Nach Berücksichtigung der von der BaFin gewünschten Änderungen erfolgt die **Billigung** des Wertpapierprospekts durch die BaFin.[207] 142

Häufig führt der Konsortialführer bereits vor Billigung des Prospekts ein sog. **Pilot Fishing** oder eine sog. **Early-Look-Präsentation** durch, währenddessen er ausgewählten potentiellen institutionellen Investoren den Investment Case des Emittenten vorstellt und von diesen eine Reaktion hinsichtlich seines Interesses an einer Anlage sowie seiner möglichen Bewertungsvorstellungen erhält. Die neuen Vorschriften der Art. 11 MAR über **Marktsondierung** (Market Sounding) finden hierbei in der Regel keine Anwendung.[208] 143

Nach dem Pre-Marketing erfolgt eine Pressekonferenz des Emittenten und des Konsortialführers mit Bekanntgabe der **Preisspanne**, der sich teilweise eine DVFA Veranstaltung für Analysten anschließt. Das **Verkaufsangebot** wird mit den Zeichnungsbedingungen veröffentlicht und die Zeichnungsperiode beginnt. Die Zeichnung der Aktien und die Festsetzung des Emissionspreises erfolgen inzwischen weitestgehend im Rahmen eines sog. **Bookbuilding-Verfahrens**, dh der Erstellung eines Orderbuchs aufgrund abgegebener Kauforders während einer transaktionsabhängigen Dauer von wenigen Tagen bis zu zwei Wochen. Bei diesem Verfahren wird die Entscheidung über die Festsetzung des Emissionspreises und die Zustimmung bezüglich Qualität und Quantität der generierten Nachfrage erst am 144

---

[206] § 13 Abs. 2 WpPG.
[207] § 14 Abs. 2 WpPG.
[208] Vgl. Durchführungsverordnung (EU) 2016/959 der Kommission vom 17.5.2016 zur Festlegung technischer Durchführungsstandards für Marktsondierungen in Bezug auf die von offenlegenden Marktteilnehmern zu nutzenden Systeme und Mitteilungsmuster und das Format der Aufzeichnung gemäß Verordnung (EU) Nr. 596/2014 des Europäischen Parlaments und des Rates, ABl. EU L 160/23 vom 17.6.2016. S. a. ESMA Guidelines on the Market Abuse Regulation – market soundings and delay of disclosure of inside information (Final Report 13.7.2016) Rn. 21–28; ESMA Draft technical standards on the Market Abuse Regulation (Final Report 28.9.2015) Rn. 61. Dazu auch *Poelzig* NZG 2016, 528; *Tissen* NZG 2015, 1254; *Zetzsche* AG 2016, 610; *ders.* NZG 2015, 817.

Ende der Zeichnungsfrist unter Berücksichtigung aller eingegangenen Kaufaufträge vorgenommen. Zu Beginn der Angebotsperiode wird eine Preisspanne für den Emissionspreis festgelegt, innerhalb derer der Preis für die zu platzierenden Aktien am Ende der Bookbuildingperiode ermittelt werden soll. Es folgen die Roadshow des Managements bei institutionellen Investoren und Einzelpräsentationen („One-on-One") mit ausgewählten Anlegern. Das nachfrageorientierte Bookbuildingverfahren[209] teilweise auch in der Form des beschleunigten Bookbuildings **(Accelerated Bookbuilding)** hat das früher in Deutschland übliche Festpreisverfahren weitgehend abgelöst. Auch das Auktionsverfahren findet nur sehr selten Anwendung. Während im Regelfall bereits im gebilligten Prospekt die Preisspanne enthalten ist, wird im Einzelfall ein sog. **Decoupled-Verfahren** durchgeführt. Dabei wird erst nach Beginn des Bookbuildings und unter Berücksichtigung der Reaktion von institutionellen Investoren auf den Investment Case des Emittenten im Rahmen eines von der BaFin gebilligten Nachtrags die Preisspanne festgesetzt.

145 Spätestens am Ende der Roadshow entscheiden der Konsortialführer und der Emittent ggf. nach Prüfung der eingegangenen Kaufaufträge, ob eine ausreichende Nachfrage nach den Aktien zu erwarten ist bzw. vorliegt und ob die Emission zu den im Verkaufsangebot genannten Bedingungen durchgeführt wird. Spätestens zu diesem Zeitpunkt erfolgt die **Zeichnung** der neuen Aktien durch den Konsortialführer zum (rechnerischen) Nennbetrag, die Einzahlung des gesetzlichen Mindestbetrags von 25% des (rechnerischen) Nennbetrags und die Übergabe des Zeichnungsscheins durch den Konsortialführer, der zusammen mit den anderen Zeichnungsunterlagen[210] beim Registergericht eingereicht wird.

146 Das **Registergericht**, mit dem die eingereichten Unterlagen und der vorgesehene Zeitplan für die Eintragung vorab im Detail abgestimmt werden, nimmt die Eintragung der Durchführung der Kapitalerhöhung vor. Der Zeitpunkt der Eintragung liegt spätestens am letzten Tag der Bookbuildingperiode. Die Geschäftsführung der Wertpapierbörse lässt nach Zugang eines Nachweises der Eintragung der Kapitalerhöhung und damit der Existenz der Aktien, zB durch Vorlage einer Kopie der Eintragungsbenachrichtigung des Handelsregisters über die Durchführung der Kapitalerhöhung, das gesamte Grundkapital (ggf. zuzüglich des bedingten Kapitals, wie zB für die Ausgabe von Aktien aus Stock-Option-Programmen) zu. Nach Ende des Bookbuildings wird der **Verkaufspreis** für die angebotenen Aktien im Einvernehmen zwischen dem Konsortialführer, dem Emittenten und ggf. unter Beteiligung der abgebenden Aktionäre festgelegt. Dies geschieht idR durch Unterzeichnung eines Preisfestsetzungsvertrages, dem die **Zuteilung** der Aktien folgt. Anschließend wird die Zulassung der Aktien in einem überregionalen Börsenpflichtblatt von der Geschäftsführung der Wertpapierbörse im elektronischen Börsenanzeiger veröffentlicht. Es folgen die Zahlung der Differenz zwischen den bereits einbezahlten mindestens 25% des (rechnerischen) Nennbetrags[211] und dem (rechnerischen) Nennbetrag bis spätestens zur Ausgabe von Inhaberaktien und die Zahlung der Differenz zwischen dem (rechnerischen) Nennbetrag und dem Verkaufspreis der Aktien durch den Konsortialführer auf ein Sonderkonto der Gesellschaft sowie die Aufnahme der **Notierung** der Aktien. Die Börsensachver-

---

[209] Vgl. Habersack/Mülbert/Schlitt/*Haag* § 29 Rn. 21; Marsch-Barner/Schäfer/*Meyer* § 8 Rn. 30 ff.
[210] §§ 184, 188, 203 AktG.
[211] Vgl. § 188 Abs. 2 Satz 1 iVm § 36a Abs. 1 AktG; § 10 Abs. 2 Satz 1 AktG.

D. Projekt- und Zeitplan

ständigenkommission beim Bundesministerium der Finanzen hat im Jahr 2000 **Grundsätze für die Zuteilung von Aktienemissionen an Privatanleger** veröffentlicht, die eine Verhaltensempfehlung für Emittenten und Wertpapierdienstleistungsunternehmen enthalten und bei Börsengängen in Deutschland generell beachtet werden.

Die **Erstellung des Prospekts** und der **Vertragsdokumentation** ist ein wesentlicher Bestandteil des Börsengangs. Der Wertpapierprospekt muss die im Wertpapierprospektgesetz festgelegten Voraussetzungen erfüllen. Wesentlicher Teil des Prospekts sind die Finanzdaten, die für die Prospekterstellung zeitnah zur Verfügung gestellt werden müssen. 147

Daneben werden bei der Beauftragung des Konsortialführers eine Mandatsvereinbarung, zu einem späteren Zeitpunkt der Börseneinführungsvertrag und spätestens am Ende der Bookbuildingperiode der **Übernahmevertrag** unterzeichnet (s. Rn. 169 ff.). Der Übernahmevertrag begründet die Verpflichtung der Konsortialbanken, die jungen Aktien zu zeichnen und ggf. umzuplatzierende Aktien vorbehaltlich bestimmter Kündigungs- und Rücktrittsrechte zu erwerben und an die Investoren weiterzuveräußern. Die Legal Opinion bzw. Disclosure Letter der beteiligten Rechtsanwälte und der Comfort Letter der Wirtschaftsprüfer werden idR zum Zeitpunkt der Veröffentlichung des Wertpapierprospekts, etwaiger Pressemitteilungen und zum Settlement abgegeben. 148

Die **Prospekterstellung** ist ein idR 2–3 Monate dauernder Prozess, während dessen vom Konsortialführer, dem Emittenten und ggf. den beteiligten Rechtsanwälten und Wirtschaftsprüfern in einer Reihe von Prospektsitzungen („Drafting Sessions") eine den anwendbaren Rechtsvorschriften entsprechende Darstellung des Emittenten erfolgt. 149

Die Durchführung der **Due Diligence** und **Bewertung**[212] umfasst eine Vielzahl verschiedener Prüfungs- und Bewertungsvorgänge, die durch die Konsortialbanken selbst oder durch von diesen mandatierte Rechtsanwälte oder Wirtschaftsprüfer vorgenommen werden und für die Entscheidung über die Durchführung des Börsengangs und die Bewertung des Unternehmens entscheidende Bedeutung haben. Voraussetzung für die Durchführung dieser Prüfungsmaßnahmen ist die Erstellung einer detaillierten Planrechnung des Emittenten ggf. unter Ausarbeitung eines Business-Modells des Unternehmens für die dem Börsengang folgenden drei bis fünf Jahre. 150

Die Due Diligence teilt sich im Wesentlichen in die Legal Due Diligence, die Tax Due Diligence, die Financial Due Diligence, die Business Due Diligence sowie ggf. die Technical Due Diligence auf.[213] Die Legal Due Diligence und die Tax Due Diligence beziehen sich auf die rechtliche Überprüfung der den Emittenten betreffenden rechtlichen und steuerlichen Unterlagen, die Financial Due Diligence und die Business Due Diligence befassen sich mit der Überprüfung der wirtschaftlichen Aspekte des Unternehmens und der Plausibilität des Business-Modells. Ergänzt wird die Überprüfung des Unternehmens erforderlichenfalls durch eine separate Technical Due Diligence, die die vom Emittenten entwickelte oder verwendete Technik überprüft und beurteilt. Abgeschlossen wird die jeweilige Due Diligence im Einzelfall durch sog. Due Diligence Reports und ein **Plausibilitätsgutachten** des Financial-Due-Diligence-Prüfers, das zur Nachvollziehbarkeit des Business-Modells und der Finanzplanung Stellung nimmt. Die Due Diligence 151

---

[212] Vgl. *Schürmann/Körfgen* S. 321 ff.; *Schanz* § 7 Rn. 1 ff.
[213] Zur Due Diligence allgemein Habersack/Mülbert/Schlitt/*Nägele* § 33 Rn. 1 ff.; Marsch-Barner/Schäfer/*Krämer/Gillessen* § 10 Rn. 1 ff.

beginnt nach Aufbau eines Datenraums sinnvollerweise bereits einige Monate vor dem Börsengang und wird im Rahmen des Zeitablaufs aktualisiert.

152 Die Ermittlung der **Preisspanne** der Aktien für das Bookbuildingverfahren erfolgt auf Grundlage einer Ermittlung des Unternehmenswerts nach Durchführung eines Pre-Marketings und idR aufgrund einer Vielzahl von unternehmens- und marktbezogenen Informationen und verschiedener Bewertungsverfahren. Hierzu gehören ua das **Ertragswertverfahren** (Bewertung auf Basis des zu erwartenden Nutzens (= erwartete Überschüsse), den das Unternehmen aufgrund vorhandener Substanz, seiner Produkte und seiner Marktstellung etc. innehat) sowie das **Discounted-Cashflow-Verfahren** (Wertermittlung auf Grundlage der künftig entziehbaren finanziellen Überschüsse, „Free Cash-Flows"). Einfluss auf den Unternehmenswert hat auch der **Vergleich** mit anderen börsennotierten Unternehmen, die in demselben Marktsegment tätig sind (**„Benchmarking"**).

153 Zur Information idR ausschließlich institutioneller Anleger erstellen die Analysten der Konsortialbanken jeweils Berichte über das Unternehmen (**„Research Reports"**) (s. Rn. 287 ff.), in denen das Unternehmen und dessen Marktumfeld dargestellt werden und eine Prognose der zukünftigen Entwicklung des Emittenten erfolgt. Grundlage hierfür sind allgemeine Marktinformationen sowie eine Präsentation des Emittenten vor den Analysten der Syndikatsbanken, die ca. 6–10 Wochen vor dem Börsengang durchgeführt wird.

154 Insbesondere bei internationalen Börsengängen müssen diese Research Reports idR 14 Kalendertage vor der Veröffentlichung des Wertpapierprospekts zur Verfügung gestellt werden, um sicherzustellen, dass Investoren die zukunftsorientierten Prognosen der Research Reports und des als Kaufgrundlage dienenden und der Prospekthaftung unterliegenden Wertpapierprospekts unterscheiden können. Erst ab einem bestimmten Zeitraum nach Durchführung des Börsengangs, bei internationalen Transaktionen idR 40 Kalendertage nach Notierungsaufnahme, werden von den Analysten wieder Informationen über den Emittenten zur Verfügung gestellt (**„Black-Out Periode"**).

155 Zur Stabilisierung des Marktes wird dem Konsortialführer idR für einen Zeitraum von 30 Kalendertagen nach Zuteilung der Aktien bzw. Handelsaufnahme eine 15%ige **Mehrzuteilungsoption („Greenshoe")** auf Aktien der Gesellschaft eingeräumt, die der Konsortialführer zugunsten des Konsortiums ausüben kann. Für die Mehrzuteilungsoption (s. Rn. 284) benötigte Aktien werden entweder von einem oder mehreren Altaktionären oder ausnahmsweise von der Gesellschaft durch genehmigtes Kapital zur Verfügung gestellt. Die Option wird idR durch ein **unentgeltliches Wertpapierdarlehen**, das dem Konsortialführer von einem oder mehreren Altaktionären gewährt wird, unterlegt. Im Regelfall werden den Investoren nicht nur die in der Basistransaktion enthaltenen, sondern auch die für die Mehrzuteilungsoption vorgesehenen Aktien zugeteilt. Steigt der Börsenkurs der Aktien nach der Emission, wird die Mehrzuteilungsoption vom Konsortialführer ausgeübt und diese sog. Short Position durch die Aktien gedeckt. Sinkt dagegen der Börsenkurs, wird der Konsortialführer die Mehrzuteilungsoption nicht ausüben, sondern die im Rahmen der Zuteilung bereits zusätzlich platzierten Aktien aus dem Markt zurückkaufen und damit den Kurs durch Schaffung zusätzlicher Nachfrage stützen. Die Zulässigkeit der **Marktstabilisierung** richtet sich nach Art. 15 MAR (früher § 20a WpHG).[214]

---

[214] Vgl. ESMA Draft Technical Standards on the Market Abuse Regulation (Final Report 28.9.2015) Rn. 17–20; Habersack/Mülbert/Schlitt/*Feuring/Berrar* § 394 Rn. 1 ff.; *Leppert/Stürwald* ZBB 2004, 302; *Vogel* WM 2003, 2437.

D. Projekt- und Zeitplan

Daneben gelten nach dem Börsengang abhängig vom Marktsegment, in dem die Aktien notiert werden, eine Reihe von Folgepflichten. Auch die Bedeutung der Presse und die Public-Relations-Arbeit steigen mit Notierungsaufnahme.

Die Einhaltung der Einzelzeitpläne und die **Koordination** der verschiedenen Aspekte durch das Projektmanagement sind von erheblicher Bedeutung. Jedenfalls ab Bekanntgabe des geplanten Börsengangs und bestimmter Einzeltermine ist die Einhaltung des Zeitplans auch für den Marktauftritt und die Glaubwürdigkeit des Unternehmens bedeutsam. Das Projekt wird häufig durch einen **Lenkungsausschuss** gesteuert und durch eine Reihe von Arbeitsgruppen, zB Due Diligence/Dokumentation, Finanzen/Bewertung, Emissionskonzept/Equity Story und Marketing unterstützt. Insbesondere hinsichtlich der Durchführung der gesellschaftsrechtlichen Maßnahmen und der mit der Zuteilung der Aktien durch den Konsortialführer verbundenen Risiken bedürfen die letzten 2–3 Wochen vor Notierungsaufnahme einer besonders engen Abstimmung und Planung der Parteien.

Der nachfolgende Zeitplan enthält einen optimierten Zeitplan für den Börsengang einer deutschen Gesellschaft an den regulierten Markt der Frankfurter Wertpapierbörse.

Optimierter Zeitplan zur Vorbereitung und Durchführung einer Kapitalerhöhung gegen Bareinlage einer deutschen Gesellschaft beim **IPO**:

Woche x–1	Beschluss der außerordentlichen Hauptversammlung über Kapitalerhöhung gegen Bareinlage durch Ausgabe von Aktien, die vom Konsortialführer zum (rechnerischen) Nominalbetrag der Aktien, gezeichnet werden
	Abstimmung der Eintragung der Kapitalerhöhung mit Registergericht
	Freitag:
	Zulassungsantrag mit Zulassungsunterlagen und Notierungsaufnahmeantrag
	Unterzeichnung des Übernahmevertrags
	Bring Down Due Diligence
	Billigung des Wertpapierprospekts
	Abgabe Legal Opinion/Disclosure Letter und Comfort Letter
	Veröffentlichung des Prospekts
Woche x	IPO-Pressekonferenz
	DVFA-Veranstaltung
	Beginn Bookbuilding- und Zeichnungsperiode
	Management Road Show mit „One on One"-Gesprächen
	Freitag:
	8–12 Uhr
	endgültige Entscheidung der Gesellschaft und des Konsortialführers über Durchführung der Kapitalerhöhung
	Abgabe Legal Opinion/Disclosure Letter und Comfort Letter
	Zeichnung der neuen Aktien zum (rechnerischen) Nominalbetrag und Übergabe des Zeichnungsscheins durch Konsortialführer
	schriftliche Bestätigung des Konsortialführers, dass die Einzahlung des (rechnerischen) Nominalbetrags auf ein Konto der Gesellschaft (Sonderkonto Kapitalerhöhung) vorgenommen wurde
	Antrag auf Eintragung der Durchführung der Kapitalerhöhung zum Registergericht
	12.00 Uhr
	Eintragung der Durchführung der Kapitalerhöhung im Handelsregister

	12–13 Uhr Weiterleitung der Eintragungsbestätigung an Konsortialführer und Frankfurter Wertpapierbörse per Telefax **13–16 Uhr** Zulassung der Aktien durch die Frankfurter Wertpapierbörse **17.00 Uhr** Ende des Bookbuildings **ab 18.00 Uhr** Organbeschlüsse über Preisfestsetzung Unterzeichnung des Preisfestsetzungsvertrags Ad-hoc-Mitteilung zu Preisfestsetzung Zuteilung der Aktien
Woche x+1	**Montag:** Aufnahme der Notierung und des Handels **Dienstag:** Zahlung der Differenz zwischen (rechnerischem) Nominalbetrag und dem Verkaufspreis auf ein Konto der Gesellschaft Abgabe Legal Opinion/Disclosure Letter und Comfort Letter Abrechnung und Closing

160 Der dargestellte Zeitplan reduziert das **Übernahmerisiko** der Konsortialbanken durch eine möglichst späte Eintragung der Kapitalerhöhung auf ein Mindestmaß. Dies birgt jedoch das Risiko, dass eine zeitliche Verzögerung einer der geplanten Maßnahmen zu einer Verzögerung der Eintragung der Kapitalerhöhung, der Zulassung der Aktien oder der Notierungsaufnahme führen kann. Dies hätte eine negative Öffentlichkeitswirkung zur Folge. Deshalb sollte dieser optimierte Zeitplan allenfalls durchgeführt werden, wenn er mit allen beteiligten Parteien einschließlich der zuständigen Personen beim Registergericht und der Geschäftsführung der Wertpapierbörse sowie mit deren Stellvertreter im Detail abgestimmt wurde. Interessengerecht erscheint es im Regelfall, den Zeitplan durch den Einschub einiger „Puffertage" zu „entzerren" und damit sicherzustellen, dass der geplante Gesamtzeitplan auch bei geringfügigen Verzögerungen von Einzelschritten eingehalten werden kann.

E. Dokumentation

161 Die rechtliche Dokumentation eines Börsenganges besteht aus einer Reihe von Verträgen, die der Emittent mit der Konsortialbank abschließt. Hierzu zählen insb. die Mandatsvereinbarung, der Börseneinführungsvertrag und der Übernahmevertrag. Das Kerndokument eines Börsengangs ist der Wertpapierprospekt. Daneben gibt es idR bei einem Börsengang sog. Legal Opinions und sog. Disclosure Letters der beratenden Rechtsanwälte, sog. Comfort Letters der unabhängigen Wirtschaftsprüfer, einen Konsortialvertrag zwischen den Konsortialbanken und Marktschutzvereinbarungen.

I. Mandatsvereinbarung

162 Die Mandatierung durch den Emittenten erfolgt idR nach Durchführung von Bankenpräsentationen im Rahmen eines sog. Beauty Contests durch an der Konsortialführung interessierte Banken sowie nach der Abgabe eines Angebots durch diese

Banken als entgeltliche Geschäftsbesorgung iSv § 675 BGB. **Auswahlkriterien** für die Bestellung als Konsortialführer sind ua das Renommee der Konsortialbank einschließlich der durch die Begleitung früherer Börsengänge belegten Expertise im jeweiligen Geschäftsfeld des Emittenten,[215] die geäußerten Bewertungsvorstellungen, die vorgeschlagene Provisions- und Kostenregelung sowie eine Vielzahl weiterer Gesichtspunkte. Die Mandatsvereinbarung[216] regelt die Eckdaten der Mandatsbeziehung zwischen dem Konsortialführer und der Gesellschaft sowie ggf. Altaktionären, sofern diese im Rahmen des Angebots Aktien abgeben.

In der Präambel werden idR die zum Zeitpunkt des Abschlusses der Vereinbarung geplante Transaktionsstruktur hinsichtlich Umfang und Herkunft der Aktien für die Kapitalmaßnahme und die vorgesehenen gesellschaftsrechtlichen Maßnahmen dargestellt. Es folgt dann die konkrete Erteilung des Mandats als Konsortialführer und häufig auch Bookrunner und die Darstellung der **Aufgaben des Konsortialführers**, deren Umfang im Einzelfall voneinander abweichen kann. Der Tätigkeitsumfang umfasst normalerweise die Beratung und Koordination bezüglich der Kapitalstruktur, des Zeitplans und der vorbereitenden Organisation des Börsengangs, die in Absprache mit der Gesellschaft erfolgende Auswahl und Einladung der Konsortialbanken, die Erstellung der für das Angebot notwendigen Dokumentation (insb. Wertpapierprospekt) sowie die Betreuung des Billigungs- und Zulassungsverfahrens einschließlich der Korrespondenz mit der BaFin und der Wertpapierbörse. Weiterhin bereitet der Konsortialführer die Vermarktung der anzubietenden Aktien vor, organisiert und koordiniert die Vermarktung und ergreift die zur Durchführung dieser Aufgaben erforderlichen Maßnahmen, die insb. die Kommunikation mit den Konsortialbanken, die Publikation von Research-Berichten, die Überprüfung der Einhaltung der Publizitätsrichtlinien, die Koordinierung des Pre-Marketing bei ausgewählten institutionellen Investoren, die einvernehmliche Festlegung der Bookbuildingspanne, die Durchführung des öffentlichen Angebots in Deutschland und der Privatplatzierung im Ausland, die Vorbereitung des Managements für die vorgesehenen Roadshows und Investorengespräche, die Durchführung des Bookbuildings und die Aufnahme der Kauforder sowie die einvernehmliche Festlegung des Emissionspreises umfasst. Daneben bezieht sich das Mandat auf die Erstellung der Vertragsdokumentation einschließlich des Übernahmevertrags und des Börseneinführungsvertrags sowie die Durchführung einer umfassenden Legal, Financial und Business Due Diligence, für die vom Konsortialführer häufig spezialisierte Rechtsanwälte und Wirtschaftsprüfer mandatiert werden, sowie idR auch auf die Vorbereitung und Durchführung eines **Friends & Family-**Programms und eines Mitarbeiterbeteiligungsprogramms. Schließlich umfasst das Mandat uU bereits auch die Folgeberatung wie zB die Übernahme der Designated-Sponsor-Funktion, die Unterstützung bei der Organisation und Durchführung der Hauptversammlung, der Bilanzpressekonferenz und von DVFA-Veranstaltungen sowie die Einbeziehung der Gesellschaft in die Analysetätigkeit des Konsortialführers nach dem Börsengang.

Nach der Darstellung des Mandatsumfangs folgt üblicherweise eine Klarstellung, dass die Bedingungen, zu denen die Aktienplatzierung durch den Konsortialführer durchzuführen ist, in einem separaten Übernahmevertrag zwischen den Parteien festgelegt werden und dass die Mandatsvereinbarung insb. **keine Verpflichtung** des Konsortialführers zur Übernahme oder zum Bezug von Wertpapieren vor

---

[215] Sog. Track Record.
[216] Vgl. Marsch-Barner/Schäfer/*Meyer* § 8 Rn. 89 ff.; *Schanz* § 9 Rn. 21 ff.

Abschluss des Übernahmevertrags darstellt und die Regelungen des später abzuschließenden Übernahmevertrages mit den üblichen Gewährleistungen und Freistellungen nicht einschränkt.

165 Die Mandatsvereinbarung enthält weiterhin Regelungen zur Durchführung der Legal, Financial and Business Due Diligence (einschließlich Plausibilitätsprüfung und Unternehmensplanung), die der Konsortialführer selbst oder durch die Mandatierung von Rechtsanwälten und Wirtschaftsprüfern durchführen kann. Ein bedeutsamer Teil der Mandatsvereinbarung ist die **Provisionsvereinbarung** und die Regelung der **Kostenerstattung**. Die Verpflichtung zur Erstattung der Kosten und Aufwendungen des Konsortialführers, insb. von im Einvernehmen mit der Gesellschaft vom Konsortialführer eingeschalteten Dritten wie zB Rechtsanwälten und Wirtschaftsprüfern, erfolgt idR unabhängig von der Durchführung der Platzierung und wird häufig pauschaliert und zum Teil insb. hinsichtlich der Erstattung von Drittkosten durch erstattungsfähige Höchstbeträge begrenzt.

166 Darüber hinaus beinhaltet die Mandatsvereinbarung eine Verpflichtung des Emittenten und uU auch der Altaktionäre zur umfassenden Information und zur angemessenen Mitwirkung bei der Erstellung der Platzierungsdokumentation sowie eine wechselseitige Verpflichtung zur Vertraulichkeit und häufig eine **Marktschutzvereinbarung** der Gesellschaft und der Altaktionäre. Weiterhin besteht normalerweise eine Verpflichtung zur Abstimmung der Öffentlichkeitsarbeit in Übereinstimmung mit den Publizitätsrichtlinien. Weiterhin enthält die Mandatsvereinbarung bereits bestimmte Gewährleistungen und Verpflichtungen des Emittenten und ggf. der Altaktionäre, die jedoch erst im Übernahmevertrag im Detail geregelt werden.

167 Die **Haftungsregelung** beschränkt die Haftung des Konsortialführers idR auf grobe Fahrlässigkeit oder die Sorgfalt eines ordentlichen Kaufmanns, während der Emittent und uU auch einzelne Altaktionäre im Regelfall unbegrenzt für die Richtigkeit und Vollständigkeit des Prospekts, der darin enthaltenen Angaben rechtlicher, tatsächlicher und wertender Art sowie des sich daraus ergebenden Gesamtbildes der Vermögens-, Finanz- und Ertragslage der Gesellschaft die Verantwortung übernehmen und sich der Emittent und teilweise auch einzelne Altaktionäre verpflichten, die Konsortialbanken und deren Mitarbeiter von Schadensersatzansprüchen Dritter, Schäden oder sonstigen wirtschaftlichen Nachteilen einschließlich aller angemessenen Kosten der Schadensabwehr (insb. Rechtsberatungskosten) freizustellen.

168 Mandatsvereinbarungen enthalten idR ein Recht zur Kündigung aus wichtigem Grund für die Parteien, eine Regelung über die Laufzeit der Mandatsvereinbarung sowie einige **aufschiebende Bedingungen**, wie zB einen für die Konsortialbanken zufriedenstellenden Abschluss der Due Diligence und das Nichtvorliegen höherer Gewalt. Auf den Bedingungseintritt kann der Konsortialführer jedoch verzichten. Teilweise enthalten Mandatsvereinbarungen bereits einen Rahmen für die vorgesehene **Unternehmensbewertung** oder jedenfalls die abstrakte Angabe der anzuwendenden Bewertungsfaktoren einschließlich der Nennung von für die Bewertung bedeutenden Vergleichsunternehmen.[217] Auch die Ausschließlichkeit der Mandatierung oder eine vertragliche Beschränkung des Konsortialführers, Börsengänge oder Kapitalmaßnahmen bestimmter Konkurrenzunternehmen des Emittenten für einen bestimmten Zeitraum als Konsortialführer oder globaler Koordinator zu begleiten, kann Teil einer Mandatsvereinbarung sein.

---

[217] Sog. Benchmark-Unternehmen (Peer Group).

II. Übernahmevertrag

1. Allgemeines

Der Übernahmevertrag[218] wird zwischen dem Emittenten und dem Konsortialführer bzw. mit allen Konsortialbanken und ggf. den abgebenden Aktionären abgeschlossen und stellt den umfangreichsten und bedeutsamsten Vertrag im Rahmen eines Börsengangs dar. Teilweise werden auch die Altaktionäre Vertragspartei, die Aktien für die Mehrzuteilungsoption (s. Rn. 284) zur Verfügung stellen, wobei hierfür häufig auch ein separater Wertpapierleihvertrag abgeschlossen wird.

Kernstück des Übernahmevertrages sind Regelungen über die **Zeichnung der jungen Aktien** und/oder den **Erwerb von Altaktien**. Außerdem enthält der Übernahmevertrag insb. bei international orientierten Ausgestaltungen umfangreiche Regelungen über Verpflichtungen und Gewährleistungen der verschiedenen Vertragsparteien, Haftungsfreistellungen, aufschiebende Bedingungen sowie Stabilisierung, Rücktritt und schließlich Provisionen und Kostenerstattungen. Weitere Bestandteile sind Bestimmungen über die Platzierung der Aktien, die Übertragung der Wertpapiere sowie ihre Abrechnung und Lieferung, Börsenzulassung, Marktschutz, Benachrichtigungen, Bevollmächtigungen sowie Gerichtsstand und Rechtswahl. Als **Anlagen** sind dem Übernahmevertrag idR die Angaben der Konsortialquoten sowie Muster von Einzahlungsbestätigung und Zeichnungsschein, aber auch Comfort Letter, Legal Opinion und Disclosure Letter sowie Bestätigungsschreiben (sog. Officers' Certificates) der Gesellschaft beigefügt.

Obwohl ein Übernahmevertrag grundsätzlich die genannten Standardelemente enthält, unterscheiden sich Übernahmeverträge je nach nationaler oder internationaler Ausgestaltung,[219] Struktur der Kapitalmaßnahmen (Altaktien oder neue Aktien), Konsortialführer sowie Expertise und Verhandlungsmacht des Emittenten und der Altaktionäre wesentlich voneinander. Es ist jedoch auch bei rein deutschen Emissionen eine Tendenz zur Erstellung umfangreicher, für den Konsortialführer häufig günstigere Regelungen enthaltender Übernahmeverträge entsprechend **internationalen Vorbildern** zu erkennen, die in einzelnen Regelungen bei deutschen Emittenten jedoch aufgrund zwingender Vorschriften des deutschen Aktienrechts teilweise rechtlich problematisch sind.

Bei der in Deutschland üblichen Übernahme von Aktien im Rahmen eines Börsengangs[220] verpflichtet sich der Konsortialführer nicht bereits bei Unterzeichnung der Mandatsvereinbarung, sondern erst mit dem idR kurz vor Beginn des öffentlichen Angebots bzw. kurz vor Ende der Bookbuilding-Periode unterzeichneten Übernahmevertrag zur Zeichnung der unter Ausschluss des Bezugsrechts der Altaktionäre ausgegebenen jungen Aktien und ggf. zum Erwerb etwaiger zu platzierender Altaktien. Diese Übernahmeverpflichtungen werden durch verschiedene aufschiebende Bedingungen und die Möglichkeit der Beendigung des Übernahmevertrages durch Rücktritt in bestimmten Fallkonstellationen eingeschränkt und es besteht noch kein Anspruch des Bankenkonsortiums auf Durchführung der

---

[218] Allgemein Habersack/Mülbert/Schlitt/*Haag* § 29 Rn. 1 ff.; Marsch-Barner/Schäfer/*Meyer* § 8 Rn. 104 ff.; *Schanz* § 9 Rn. 35 ff.; *Bosch/Groß* enthält Muster für Übernahmeverträge in verschiedenen Fallkonstellationen. Zur Rechtslage in den Vereinigten Staaten von Amerika *Hazen* The Law of Securities Regulation § 2.1.
[219] Zur Internationalisierung des Aktienemissionsgeschäfts *Bosch/Groß* Rn. 10/272.
[220] Zu den verschiedenen Übernahmeformen *Schanz* § 9 Rn. 35 ff.

Kapitalerhöhung.[221] Im Regelfall[222] handelt es sich bei dem Übernahmevertrag um einen **Vertrag sui generis** mit Elementen eines Geschäftsbesorgungsvertrags gem. §§ 675, 611 BGB hinsichtlich der Börseneinführung und, sofern es sich nur um die Umplatzierung von Altaktien handelt, um einen Kaufvertrag mit Elementen eines Geschäftsbesorgungsvertrags. Bei der Umplatzierung von Altaktien kann es sich auch um eine **kommissionsweise Übernahme** handeln, bei der sich die Konsortialbanken nur verpflichten, sich nach besten Kräften um die Platzierung der Aktien bei Investoren zu bemühen, die Aktien aber im Falle einer fehlenden Vermarktbarkeit nicht von den Konsortialbanken übernommen werden.[223] In diesem Fall handelt es sich beim Übernahmevertrag häufig um einen Maklervertrag iSv §§ 652 ff. BGB,[224] bei dem mangels Tragen des Übernahmerisikos keine Übernahmeprovision vereinbart wird und die Aktien idR in einem „bis zu"-Angebot angeboten werden. Im Einzelfall garantieren[225] die Konsortialbanken durch Ergänzung garantievertraglicher Vertragsbestandteile die Übernahme der Aktien zu einem bestimmten Preis oder Mindestpreis,[226] wobei dann von den Konsortialbanken ein erhebliches Kursänderungs- und Platzierungsrisiko übernommen wird, jedoch bei Fehlen einer Mehrerlösabführungsregelung auch ein überproportionales Erlöspotential besteht.[227]

173 Nachfolgend wird auf die **wichtigsten Einzelbestimmungen** eines typischen Übernahmevertrags eingegangen.

2. Zeichnungs- und Übernahmeverpflichtung

a) Typische Ausgestaltung

174 Die Kernbestimmung des Übernahmevertrags[228] ist die Verpflichtung des Konsortialführers bzw. im Einzelfall auch der Konsortialbanken zur Zeichnung der regelmäßig im Wege der Kapitalerhöhung unter Ausschluss des Bezugsrechts im Rahmen einer Hauptversammlung oder aus genehmigtem Kapital zu schaffenden jungen Aktien und/oder zum Erwerb oder zur Platzierung von umzuplatzierenden Altaktien von abgebenden Aktionären. Die Verpflichtung zur Zeichnung im Übernahmevertrag ist von der eigentlichen Zeichnung zu unterscheiden.

175 Die aktienrechtliche Zeichnung junger Aktien gem. § 185 AktG durch den Abschluss eines gesonderten kooperationsrechtlichen **Zeichnungsvertrages**[229] erfolgt idR nur durch den Konsortialführer bzw. die globalen Koordinatoren, nicht jedoch durch das gesamte Emissionskonsortium. Grund hierfür ist ua die Vereinfachung der technischen Abwicklung insb. hinsichtlich des Nachweises der Existenz von

---

[221] Sog. Firm Underwriting (feste Übernahme); vgl. *Schanz* § 9 Rn. 39; *Kümpel/Wittig* Rn. 15.111.
[222] Vgl. Habersack/Mülbert/Schlitt/*Haag* § 29 Rn. 11; Marsch-Barner/Schäfer/*Meyer* § 8 Rn. 104; *Kümpel/Wittig* Rn. 15.110 nehmen einen gemischttypischen Vertrag an.
[223] Sog. Best Effort Underwriting; vgl. *Schanz* § 9 Rn. 37; *Bosch/Groß* Rn. 10/308; *Kümpel/Wittig* Rn. 15.112.
[224] Vgl. *Schanz* § 9 Rn. 37; nach *Bosch/Groß* Rn. 10/176, 10/183 handelt es sich häufig um einen entgeltlichen Geschäftsbesorgungsvertrag iSv § 675 BGB (str.).
[225] Vgl. *Bosch/Groß* Rn. 10/289.
[226] Sog. Backstop Underwriting.
[227] Sog. Bought Deal (Hard Underwriting); vgl. *Schanz* § 9 Rn. 36; *Bosch/Groß* Rn. 10/289.
[228] Vgl. Habersack/Mülbert/Schlitt/*Haag* § 29 Rn. 12 ff.; Marsch-Barner/Schäfer/*Meyer* § 8 Rn. 114 ff.; *Schanz* § 9 Rn. 47 ff.
[229] Vgl. Kölner Komm./*Ekkenga* § 185 Rn. 28; *Groß* AG 1993, 108 (117).

ausländischen Banken und deren Vertretungsnachweis sowie hinsichtlich der Einzahlung des (anteiligen rechnerischen) Nennbetrags. Der Konsortialführer bzw. die globalen Koordinatoren verpflichten sich jedoch zur Zuteilung der gezeichneten Aktien innerhalb des Bankenkonsortiums entsprechend den vereinbarten **Zuteilungsquoten** und mit den anderen Konsortialbanken gemeinsam zur Platzierung der übernommenen Aktien an Investoren und zur Abführung des Mehrerlöses abzüglich des bereits eingezahlten (rechnerischen) Nennbetrags an den Emittenten bzw. im Falle der Umplatzierung von Altaktien an die abgebenden Aktionäre.

Die Schaffung der aufgrund des Übernahmevertrages im Rahmen des Börsengangs an die Konsortialbanken zu emittierenden neuen Aktien erfolgt idR aus einer **Kapitalerhöhung unter Bezugsrechtsausschluss** gegen Bareinlage (§§ 182 ff. AktG), die im Rahmen einer außerordentlichen Hauptversammlung beschlossen oder aus genehmigtem Kapital (§§ 202 ff. AktG) durchgeführt wird. Kein Bezugsrechtsausschluss gegenüber den Altaktionären liegt im Falle der Gewährung eines mittelbaren Bezugsrechts durch die Konsortialbanken gem. § 186 Abs. 5 AktG vor. Die Verwendung von **genehmigtem Kapital** führt zu wesentlichen Verfahrensvereinfachungen und mangels des Erfordernisses zur Durchführung einer Hauptversammlung auch zu einer zeitlichen Beschleunigung der Kapitalmaßnahmen; sie unterliegt jedoch den Beschränkungen der §§ 202 ff. AktG. Die neuen Aktien entstehen sowohl im Falle der Kapitalerhöhung gegen Bareinlage als auch bei Ausübung von genehmigtem Kapital mit Eintragung der Kapitalerhöhung in das Handelsregister.[230]

Der erforderliche **Bezugsrechtsausschluss** erfolgt gem. § 186 Abs. 3 AktG bei Vorliegen der hierfür erforderlichen formellen und materiellen Voraussetzungen, deren Anforderungen durch die neuere Rechtsprechung (s. Rn. 180) deutlich reduziert wurden. Bei Kapitalerhöhungen von bereits börsennotierten Unternehmen kann das Bezugsrecht auch im Wege des vereinfachten Bezugsrechtsausschlusses nach § 186 Abs. 3 Satz 4 AktG erfolgen, wenn die Kapitalerhöhung 10% des Grundkapitals nicht übersteigt und der Ausgabebetrag den Börsenkurs nicht wesentlich unterschreitet.

b) Zeichnung zum (rechnerischen) Nennbetrag

Die Platzierung der jungen Aktien durch den Konsortialführer erfolgt in der Praxis im Rahmen eines **zweistufigen Verfahrens** durch Zeichnung ausschließlich zum Nennbetrag, ohne Festsetzung eines über dem (rechnerischen) Nennbetrag liegenden Ausgabebetrags iSv § 185 Abs. 1 Satz 3 Nr. 2 AktG,[231] während die Differenz zwischen dem auf ein Sonderkonto Kapitalerhöhung einbezahlten (rechnerischen) Nennbetrag und dem Bezugspreis (Emissionspreis) der platzierten Aktien aufgrund der schuldrechtlichen Regelungen im Übernahmevertrag und im Zeichnungsschein erst nach Eingang der Emissionspreiszahlung durch den Anleger bei den Konsortialbanken an die Gesellschaft erfolgt. Auf der ersten Stufe erfolgt die aktienrechtliche Zeichnung des Konsortialführers gegenüber der Gesellschaft zum (rechnerischen) Nennbetrag als festgelegtem Ausgabebetrag und eine eigenständige Erfüllung der Einzahlungsverpflichtung, während auf der zweiten Stufe die Aktienübertragung zwischen der Bank und den bei der Zuteilung berücksichtigten Anlegern zum festgelegten Emissionskurs (bzw. Bezugskurs) erfolgt und der Erlös nur aufgrund

---

[230] § 203 Abs. 1 iVm § 189 AktG.
[231] Vgl. *Wiedemann* WM 1979, 990; *Technau* AG 1998, 445 (448); *Hoffmann-Becking* in FS Lieberknecht S. 25, 30 ff.

der schuldrechtlichen Abrede zwischen den Konsortialbanken und dem Emittenten im Übernahmevertrag bzw. im Zeichnungsschein abgeführt wird. Das zweistufige Verfahren ist nach üM[232] zulässig, da das Gebot der Volleinzahlung im Aktienrecht (§ 36a Abs. 1 AktG) anders als im GmbH-Gesetz (§ 57 Abs. 2 Satz 1 iVm § 7 Abs. 2 Abs. 1 GmbHG) nur dem Verkehrs- und nicht dem Gläubigerschutz dient und die Mehrerlösabfuhrverpflichtung der Konsortialbanken nur rein schuldrechtliche Wirkung entfaltet und gegenüber dem Erwerber einer Aktie keine entsprechende Verpflichtung begründet.[233] Die Mindermeinung[234] sieht dagegen eine Zeichnung zum (rechnerischen) Nennbetrag als unzulässig an, da sie die in § 36a Abs. 1 iVm § 188 Abs. 2 AktG festgelegte, gesetzlich vorgesehene nicht dispositive Sicherung der Aufbringung des Aufgeldes („Agio") umgeht, die nicht nur dem Interesse der Gesellschaft, sondern auch dem Schutz der Gläubiger dient.

179 Die **Hauptgründe**[235] für die Zeichnung der jungen Aktien zum (rechnerischen) Nennbetrag sind insb.
- die im Falle einer Über-pari-Zeichnung bestehende Verpflichtung zur vollständigen Einzahlung der Differenz zwischen dem (rechnerischen) Nennbetrag und einem darüber liegenden Emissionspreis gem. § 188 Abs. 2 iVm § 36a Abs. 1 AktG bereits vor Anmeldung der Durchführung der Kapitalerhöhung und dem damit idR verbundenen (Zwischen-)Finanzierungsrisiko,
- die größere zeitliche Flexibilität bei der Festsetzung des Emissionspreises im Wege des Bookbuilding-Verfahrens, die erst nach Eintragung der Kapitalerhöhung erfolgen kann,
- die Möglichkeit, unter Verzicht auf einen beim Festpreisverfahren üblichen Sicherheitsabschlag auch nach Eintragung der Kapitalerhöhung bei der Festlegung des Emissionspreises auf negative Entwicklungen am Kapitalmarkt reagieren zu können, sowie
- die Annäherung an internationale Usancen, bei denen für die Konsortialbanken häufig kein Übernahme- und Finanzierungsrisiko besteht.

180 Die Zulässigkeit der Zeichnung zum (rechnerischen) Nennbetrag ist nach üM[236] auch im Falle eines **vereinfachten Bezugsrechtsausschlusses** nach § 186 Abs. 3 Satz 4 AktG zu bejahen, sofern der Ausgabebetrag der neuen Aktien den Börsenkurs nicht wesentlich unterschreitet, da nach hM[237] mit „Ausgabebetrag" nicht der in den Zeichnungsschein aufzunehmende Ausgabebetrag iSv § 185 Abs. 1 Satz 3 Nr. 2 AktG gemeint ist und der Bezugspreis nicht mit diesem Ausgabebetrag iSv § 185 Abs. 1 Satz 3 Nr. 2 AktG übereinstimmen muss. Diese Vorschriften sollen nur den Altaktionär vor Verwässerung schützen und nicht dem Gläubigerschutz dienen.[238]

---

[232] Vgl. Habersack/Mülbert/Schlitt/*Haag* § 29 Rn. 15 ff.; Habersack/Mülbert/Schlitt/*Herfs* § 6 Rn. 79; Marsch-Barner/Schäfer/*Meyer* § 8 Rn. 121 ff.; *Schanz* § 9 Rn. 68, 69; *Picot/Land* DB 1999, 570 (572); *Busch* WM 2001, 1277 (1278); *Hoffmann-Becking* in FS Lieberknecht S. 25, 32.

[233] Vgl. *Priester* DB 1979, 681 (686); *Picot/Land* DB 1999, 570 (572).

[234] Vgl. *Schippel* in FS Steindorff 1990, S. 248, 253 ff.; *Immenga* in FS Beusch 1993, S. 413, 419 ff.

[235] Vgl. Marsch-Barner/Schäfer/*Meyer* § 8 Rn. 121 f.; *Picot/Land* DB 1999, 570 (571); *Schanz* § 9 Rn. 63 ff.; *Technau* AG 1998, 445 (449); *Hoffmann-Becking* in FS Lieberknecht S. 25, 39.

[236] Vgl. Marsch-Barner/Schäfer/*Meyer* § 8 Rn. 121 f.; *Picot/Land* DB 1999, 570 (572); *Schanz* § 9 Rn. 65 ff.; *Technau* AG 1998, 445 (449).

[237] Vgl. *Picot/Land* DB 1999, 570 (573); *Marsch-Barner* AG 1994, 532 (534); *Groß* DB 1994, 2431 (2433); *Trapp* AG 1997, 115 (129).

[238] Vgl. *Picot/Land* DB 1999, 570 (572); *Technau* AG 1998, 445 (449).

E. Dokumentation

Nach üM[239] unterliegen zeitnahe **Tilgungs- und Zinszahlungen aus Bareinlagemitteln** im Rahmen normaler Kreditgeschäfte zwischen dem Emittenten und der die Kapitalerhöhung zeichnenden Konsortialbank nicht der Haftung nach den Grundsätzen der verdeckten Sacheinlage. Dies soll sowohl für den Fall, dass eine Emissionsbank im Rahmen einer Barkapitalerhöhung mit mittelbarem Bezugsrecht Aktien zeichnet und mit den Eigenmitteln des Emittenten ein Darlehen der Emissionsbank tilgt,[240] als auch für den Fall einer Zeichnung und Übernahme von Aktien im Rahmen einer Kapitalerhöhung mit Ausschluss des gesetzlichen Bezugsrechts durch einen Konsortialführer gegen Bareinlage im Rahmen eines Börsengangs zum (rechnerischen) Nennbetrag gelten.[241]

3. Verpflichtungen und Gewährleistungen

a) Allgemeines

Insbesondere an US-amerikanischen Vorbildern orientierte Übernahmeverträge enthalten – wie in Unternehmenskaufverträgen üblich – umfangreiche Verpflichtungen der Vertragsparteien und eine Vielzahl von Gewährleistungen und Zusicherungen, die nach Emittent, Altaktionären und Konsortialbanken getrennt im Einzelfall sehr unterschiedlich ausgestaltet sind.[242] Auch bei rein nationalen Börsengängen hat in Deutschland ein umfangreicher Übernahmevertrag die früher übliche Übernahme von Aktien aufgrund einer schlichten „Offerte" weitestgehend abgelöst. Bei einzelnen Gewährleistungen wird teilweise nicht auf die objektive Richtigkeit der Aussage, sondern nur auf die Kenntnis des Gewährleistenden abgestellt, wobei in diesen Fällen idR zusätzlich verlangt wird, dass der Gewährleistende die Richtigkeit der gemachten Aussage angemessen nachgeprüft hat.

b) Verpflichtungen

Die **Gesellschaft** verpflichtet sich gegenüber den Konsortialbanken bzw. gewährleistet diesen gegenüber ua, dass sie zur Vorbereitung der Aktienplatzierung einen Wertpapierprospekt (ggf. auch in Form eines englischsprachigen Offering Circular zB bei einer Privatplatzierung nach Rule 144 A) erstellt, zusammen mit dem Börseneinführungskonsortium das Börsenzulassungsverfahren einleitet bzw. eingeleitet hat und die für die Kapitalerhöhung und Börseneinführung erforderlichen Maßnahmen ergreifen wird, in den Platzierungsdokumenten erforderlich werdende Änderungen in Abstimmung mit den Konsortialbanken unverzüglich vornehmen wird und weder direkt noch indirekt eine unzulässige Kurspflege oder Manipulation des Preises der Wertpapiere der Gesellschaft vornehmen wird und ggf. bestimmte Handlungen in den Vereinigten Staaten von Amerika unterlassen wird.

Auch die **Altaktionäre** verpflichten sich im Einzelfall zu bestimmten Handlungen oder Unterlassungen, wobei sich diese häufig auf das Unterlassen von unzuläs-

---

[239] Vgl. *Schnorbus* AG 2004, 113; *Frese* AG 2001, 15.
[240] Vgl. *Frese* AG 2001, 15; *Lutter/Gehling* WM 1989, 1445 (1447); *Groß* AG 1991, 217 (225); *Groß* AG 1993, 108 (115); *Ulmer* ZHR 1990, 128 (142); BGH II 195/91, WM 1993, 944; II ZR 277/90, WM 1992, 1225; *Wiedemann* ZIP 1991, 1257 (1265 ff.); *Priester* ZIP 1991, 345 (354); *W. Müller* in FS Beusch 1999, S. 631, 643.
[241] Vgl. *Schnorbus* AG 2004, 113; *Frese* AG 2001, 15; *Hein* WM 1996, 1 (6).
[242] Vgl. *Habersack/Mülbert/Schlitt/Haag* § 29 Rn. 32 ff., 47 ff.; *Marsch-Barner/Schäfer/Meyer* § 8 Rn. 143 ff.; *Picot/Land* DB 1999, 570 (573); *Technau* AG 1998, 445; *Bosch/Groß* Rn. 10/283 ff.

siger Kurspflege oder Manipulation des Preises der Wertpapiere und unzulässiger Verkaufsbemühungen beschränken.

185 Demgegenüber verpflichten sich die **Konsortialbanken** insb. zur Einhaltung der jeweils einschlägigen Platzierungsbeschränkungen, die sich danach unterscheiden, ob in einem Land ein öffentliches Angebot, eine Privatplatzierung oder keinerlei Angebot erfolgen sollen. Häufig enthält der Übernahmevertrag eine Generalklausel, wonach die Konsortialbanken alle einschlägigen Vorschriften derjenigen Länder, in denen sie Verkaufs- oder andere Maßnahmen durchführen oder Platzierungsdokumente verteilen, beachten und in keinem Land Maßnahmen ergreifen, die nach den einschlägigen Vorschriften des jeweiligen Landes unzulässig sind.

c) Gewährleistungen

186 Die Gesellschaft gewährleistet idR in Form eines **selbstständigen verschuldensunabhängigen Garantieversprechens**[243] gegenüber den Konsortialbanken ua, dass sie berechtigt ist, alle sich aus dem Übernahmevertrag und damit in Zusammenhang stehenden Vereinbarungen ergebenden Verpflichtungen vollständig zu erfüllen, dass die neuen Aktien frei von Rechten Dritter und frei verfügbar sind und alle in den Platzierungsdokumenten (insb. im Prospekt) enthaltenen Angaben (insb. alle Finanzangaben, Angaben zu den wirtschaftlichen Verhältnissen und Darstellung der Kapitalstruktur) richtig und vollständig und nicht auf andere Weise irreführend sind und keine den Geschäftsbetrieb tatsächlich oder möglicherweise wesentlich beeinträchtigenden Tatsachen oder Entwicklungen offenzulegen sind.

187 In der Regel erfolgen auch Gewährleistungen des Emittenten hinsichtlich **konkreter Sachverhalte** wie zB des Fehlens von wesentlichen Rechtsstreitigkeiten und Schiedsgerichtsverfahren, der Existenz und des ordnungsgemäßen Betriebs wesentlicher Beteiligungsunternehmen, der Inhaberschaft von Urheber-, Patent- und Lizenzrechten, des Vorliegens aller für den ordnungsgemäßen Geschäftsbetrieb erforderlichen Erlaubnisse, Genehmigungen und Konzessionen sowie der Einhaltung anwendbarer Vorschriften des öffentlichen Rechts und bei internationalen Transaktionen ggf. ausländischer Wertpapiervorschriften wie zB der US Securities Laws.[244] Gewährleistungen können bei entsprechender Darstellung im Prospekt eingeschränkt werden und werden idR zum Zeitpunkt der Unterzeichnung des Übernahmevertrages, unmittelbar vor Eintragung der Kapitalerhöhung und zum Abrechnungstag (in Form von sog. Officers' Certificates) abgegeben.

188 Jedenfalls wenn von **Altaktionären** Aktien an die Konsortialbanken übertragen und im Kapitalmarkt platziert werden, werden idR von den Altaktionären ebenfalls Gewährleistungen gegenüber den Konsortialbanken abgegeben, die sich insb. darauf beziehen, dass die Aktien frei von Rechten Dritter und die Altaktionäre uneingeschränkt verfügungsberechtigt sind sowie bestimmte im Prospekt hinsichtlich der Altaktionäre gemachte Aussagen richtig, vollständig und nicht auf andere Weise irreführend sind. Der Inhalt und der Umfang weitergehender Gewährleistungen der Altaktionäre hängt wesentlich von der Beziehung der Altaktionäre zur Gesellschaft ab. Von dem uU im Vorstand der Gesellschaft sitzenden Unternehmensgründer mit genauen Kenntnissen über die wirtschaftliche Lage des Unternehmens werden weitergehende Gewährleistungen erwartet als von einem (institutionellen) Finanz-

---

[243] Zur rechtlichen Einordnung Marsch-Barner/Schäfer/*Meyer* § 8 Rn. 143 ff.
[244] Bei Privatplatzierungen nach Rule 144A zB die Gewährleistung, dass der Emittent „foreign issuer" iSv Regulation S des Securities Act ist und keine „investment company" iSd US Investment Company Act 1940.

investor, der sich möglicherweise ohne eine umfangreiche Due Diligence an der Gesellschaft mit Venture Capital beteiligt hat.

Im Einzelfall kann die Haftung eines Altaktionärs durch betragsmäßige **Haf-** 189
tungsbegrenzung (zB auf den dem Altaktionär durch den Verkauf der Altaktien zufließenden Emissionserlös oder einen Teil davon, durch eine Beschränkung der Haftung auf positive Kenntnis des Altaktionärs (ggf. nach Durchführung einer angemessenen Nachprüfung) oder eine im Verhältnis zur Gesellschaft nachrangige Haftung begrenzt werden.

Derartige Regelungen über Gewährleistungen können, sofern der Emittent 190
gewährleistet, dass der Prospekt alle für die Beurteilung der Wertpapiere wesentlichen Angaben richtig und vollständig enthält und im Falle einer Verletzung der Gewährleistung den Konsortialbanken entstehenden Schaden (insb. aus möglichen Prospekthaftungsansprüchen) ersetzt und diese von etwaigen Ansprüchen Dritter umfassend freistellt, insb. unter dem Gesichtspunkt eines Verstoßes gegen die **Kapitalerhaltungsvorschriften** des § 57 AktG[245] rechtlich problematisch sein.

4. Haftungsfreistellung

a) Allgemeines

Übernahmeverträge enthalten idR weit gehende Haftungsfreistellungsregelun- 191
gen durch die Gesellschaft zugunsten der Konsortialbanken.[246] Danach verpflichtet sich die Gesellschaft gegenüber den Konsortialbanken, diesen die Aufwendungen und den Schaden zu ersetzen und von jeglicher Haftung (einschließlich aller Verluste, Haftungen, Schadensersatz sowie allen angemessenen Kosten und Auslagen, die im Zusammenhang mit der Untersuchung und Abwehr von Klagen oder Ansprüchen entstehen) freizustellen, die bzw. der sich aus einer Nichteinhaltung der im Übernahmevertrag abgegebenen Gewährleistungen oder daraus ergibt, dass in den Platzierungsdokumenten unrichtige, unvollständige oder auf andere Weise irreführende Angaben enthalten sind bzw. wesentliche Tatsachen ausgelassen wurden. Eine **Ausnahme** gilt häufig für den Fall, dass unrichtige, unvollständige oder auf andere Weise irreführende Angaben im Prospekt auf Angaben beruhen, die von den Konsortialbanken schriftlich ausdrücklich zur Aufnahme in den Prospekt zur Verfügung gestellt wurden. Teilweise wird die Haftungsfreistellung auch auf die ungerechtfertigte Inanspruchnahme der Konsortialbanken durch Dritte ausgedehnt.

Häufig enthält der Übernahmevertrag **spiegelbildliche Haftungsfreistellun-** 192
gen der Altaktionäre zugunsten der Konsortialbanken und der Konsortialbanken zugunsten der Gesellschaft bzw. ggf. der Altaktionäre, die sich jedoch inhaltlich auf eine Verletzung der von diesen Parteien abgegebenen (wesentlich weniger weit gehenden) Gewährleistungen und ggf. von diesen ausdrücklich zur Aufnahme in den Prospekt zur Verfügung gestellten einzelnen Prospektaussagen beziehen und somit einen wesentlich geringeren Anwendungsbereich haben.

Die Frage der **Zulässigkeit** derartiger Haftungsfreistellungsklauseln und ihr 193
Verhältnis zu den Kapitalerhaltungsvorschriften in § 57 AktG und den Regelun-

---

[245] Vgl. Habersack/Mülbert/Schlitt/*Haag* § 29 Rn. 57 ff.; Marsch-Barner/Schäfer/*Meyer* § 8 Rn. 151 ff.; *Picot/Land* DB 1999, 570 (573); *Technau* AG 1998, 445 (454); *Krämer/Baudisch* WM 1998, 1161; *Hoffmann-Becking* in FS Lieberknecht S. 25, 36.

[246] Vgl. Habersack/Mülbert/Schlitt/*Haag* § 29 Rn. 57 ff.; Marsch-Barner/Schäfer/*Meyer* § 8 Rn. 147 ff.; *Technau* AG 1998, 445 (454); *Picot/Land* DB 1999, 570 (573); *Groß* AG 1999, 199; *Krämer/Baudisch* WM 1998, 1161; *Hoffmann-Becking* in FS Lieberknecht S. 25, 36.

gen zum Erwerb eigener Aktien in § 71 AktG ist streitig und nach wohl üM[247] ist zwischen dem Kauf neuer Aktien und der Umplatzierung von Altaktien zu unterscheiden.

b) Kapitalerhöhung

194 In einer Haftungsfreistellung der Gesellschaft gegenüber den Konsortialbanken, dh Aktionären der Gesellschaft, im Zusammenhang mit einer Kapitalerhöhung und der Ausgabe und **Platzierung neuer Aktien** liegt nach üM[248] kein Verstoß gegen § 57 AktG. Die Zulässigkeit der Haftungsfreistellung wird hinsichtlich § 57 AktG ua damit begründet, dass die Prospekthaftungsbestimmungen als die jüngeren und spezielleren Vorschriften Vorrang vor § 57 AktG haben,[249] dass es sich um einen Teil der Platzierungsabsprache mit den Emissionsbanken, also gewissermaßen um bedingte Emissionskosten handelt, dass die Prospekthaftung des Emittenten als der Preis für die Möglichkeit anzusehen ist, die Finanzierungsmöglichkeiten des Kapitalmarkts zu nutzen, und die Emissionsbanken den über den Ausgabebetrag hinausgehenden Emissionserlös an den Emittenten abführen. Weiterhin wird der Grundgedanke der §§ 21 ff. WpPG, nach dem primär die Gesellschaft für die Richtigkeit des Prospekts verantwortlich ist, herangezogen. Es wird auch angeführt, dass der Übernahmevertrag neben der Verpflichtung des Konsortialführers zur Zeichnung und Übernahme von Aktien weitere selbstständige Dienstleistungen wie zB die Antragstellung auf Zulassung der Aktien zum Börsenhandel und die Platzierung der Aktien am Markt, die als gesetzliche Folge die Prospekthaftung der Konsortialbanken begründen, enthält, sodass die Übernahme von Gewährleistungs- und Haftungsfreistellungsverpflichtungen durch den Emittenten jedenfalls dann als angemessene und interessengerechte Risikoverteilung angesehen werden kann, wenn die Unrichtigkeit des Prospekts auf einer Verletzung von vertraglichen (Neben-)Pflichten des Emittenten beruht.[250] Es wird auch argumentiert,[251] dass aufgrund der gesetzlichen Prospekthaftung des Emittenten im Außenverhältnis eine interne Regelung dieser gesetzlich bestehenden Außenhaftung durch Freistellungsregelungen für Emissionsbegleiter im Übernahmevertrag keinen Verstoß gegen §§ 57, 71 ff. AktG darstellen kann. Jedoch wird die Zulässigkeit einer Haftungsfreistellung auch für im Verantwortungsbereich der Konsortialbanken liegende Fehler bei der Prospekterstellung unter Hinweis auf die Verpflichtung der Kreditinstitute, bei der Zulassung von Wertpapieren zum Börsenhandel gem. § 32 Abs. 2 BörsG mitzuwirken, teilweise in Frage gestellt.[252]

---

[247] Vgl. Habersack/Mülbert/Schlitt/*Haag* § 29 Rn. 57 ff.; Marsch-Barner/Schäfer/*Meyer* § 8 Rn. 151 ff.
[248] Vgl. Habersack/Mülbert/Schlitt/*Haag* § 29 Rn. 60, 61; Marsch-Barner/Schäfer/*Meyer* § 8 Rn. 151 ff.; ausführlich *Gebauer* Börsenprospekthaftung und Kapitalerhöhungsrecht in der Aktiengesellschaft 1999.
[249] Vgl. LG Frankfurt a. M. 3/11 O 44/96, WM 1998, 1181; *Krämer/Baudisch* WM 1998, 1161; zum Ganzen Habersack/Mülbert/Schlitt/*Haag* § 29 Rn. 60, 61; Marsch-Barner/Schäfer/*Meyer* § 8 Rn. 151 ff.; *Groß* WpPG § 21 Rn. 14 ff.; s. a. OLG Frankfurt 21 U 260/97, AG 2000, 132 (MHM Mode).
[250] Vgl. *Schanz* § 9 Rn. 94 ff.; *Technau* AG 1998, 445 (456).
[251] Vgl. *Groß* WpPG § 21 Rn. 17 ff.; *Bosch/Groß* Rn. 10/293/308.
[252] Vgl. *Picot/Land* DB 1999, 570 (573); *Technau* AG 1998, 445 (456).

c) Umplatzierung von Altaktien

Bei einer Haftungsfreistellung der Gesellschaft gegenüber den Konsortialbanken im Zuge einer Umplatzierung von Altaktien wird dagegen häufig[253] eine ungerechtfertigte Zuwendung der Gesellschaft an den abgebenden Aktionär und damit ein Verstoß gegen die **Kapitalerhaltungsvorschriften des § 57 AktG** angenommen, wenn die Gesellschaft kein angemessenes eigenes Interesse an der Veräußerung der Aktien hat, da der Emissionserlös im Falle einer Umplatzierung ausschließlich den Altaktionären zufließt. 195

Der **BGH**[254] sieht bereits in der Übernahme der Prospekthaftung durch die Gesellschaft eine **verbotene Einlagenrückgewähr** gem. § 57 Abs. 1 Satz 1 AktG, wenn der veräußernde Aktionär die Gesellschaft nicht von der Prospekthaftung freistellt, auch wenn den Aktionär selbst keine Verantwortung für den Prospekt trifft. Die Pflicht zur Rückgewähr der entgegen § 57 AktG erhaltenen Leistung durch die Übernahme der Prospektverantwortung begründet einen Anspruch der Aktiengesellschaft gegen den Aktionär auf Freistellung. Nach Ansicht des BGH[255] besteht die Leistung der Gesellschaft darin, dass sie sich gegenüber dem Aktionär zur Erstellung des Prospekts verpflichtet und für diesen gegenüber den Anlegern die Haftung übernimmt. Grund für die wirtschaftliche Letztzuweisung des Prospekthaftungsrisikos an den Aktionär sei die mit der Suche nach Kapitalgebern verbundene Vertrauenshaftung. Ein etwaiges durch die Anteilsveräußerung entstehendes Eigeninteresse der Gesellschaft kann nach Ansicht des BGH[256] nur dann iRd § 57 Abs. 1 Satz 3 AktG berücksichtigt werden, wenn es sich dabei um einen konkreten, bilanzierbaren Aktivposten handelt, da eine rein bilanzielle Betrachtungsweise gelte, sodass nur eine **Freistellungsvereinbarung** als Kompensation dienen kann. 196

Dies wird von der überwiegenden Meinung in der **Literatur**[257] abgelehnt, nach der auch bilanziell nicht anzusetzende konkret bezifferbare Vorteile einen angemessenen Gegenwert darstellen können. Danach können grundsätzlich auch nicht bilanziell zu berücksichtigende Faktoren beachtet werden wie zB Verminderung der Einflussmöglichkeiten eines Großaktionärs oder die Zweitnotierung der Aktien an einer ausländischen Börse. 197

---

[253] Vgl. nur Habersack/Mülbert/Schlitt/*Haag* § 29 Rn. 62; Marsch-Barner/Schäfer/*Meyer* § 8 Rn. 154 ff.; *Groß* WpPG § 21 Rn. 22 ff.

[254] Vgl. BGH II ZR 141/09, WM 2011, 1273. Zu den Vorinstanzen OLG Köln 18 U 108/07, ZIP 2009, 1276 und LG Bonn 1 O 552/05, WM 2007, 1695. Zum BGH-Urteil (auch Arbeitskreis zum Deutsche Telekom III-Urteil) siehe BGH II ZR 141/09, WM 2011, 1273 = CFL 2011, 377; *Fleischer/Thaten*, NZG 2011, 1082; *Groß* WpPG § 21 Rn. 21 ff.; Habersack/Mülbert/Schlitt/*Mülbert/Steup* § 41 Rn. 9; Marsch-Barner/Schäfer/*Krämer/Gillessen* § 10 Rn. 365 ff.; *Krämer/Gillessen* CFL 2011, 328; *Leuschner* NJW 2011, 3275; *Maaß/Troidl* BB 2011, 2563; *Michael/Aubel* ZGR 2012, 113; *Schäfer* ZIP 2010, 1877; *Schlitt* CFL 2010, 304; zum Problem der Haftungsfreistellungsklausel *Schneider* Die Freistellung der Banken von der Prospekthaftung bei Aktienemissionen 2011, 179, 183; *Wackerbarth* WM 2011, 193; *Ziemons* GWR 2011, 404.

[255] Vgl. BGH II ZR 141/09, WM 2011, 1273.

[256] Vgl. BGH II ZR 141/09, WM 2011, 1273.

[257] Vgl. Habersack/Mülbert/Schlitt/*Haag* § 29 Rn. 62; Habersack/Mülbert/Schlitt/*Mülbert/Steup* § 41 Rn. 9; BGH II ZR 141/09, WM 2011, 1273 = CFL 2011, 377 (Arbeitskreis zum Deutsche Telekom III-Urteil); *Fleischer/Thaten* NZG 2011, 1082; *Michael/Aubel* ZGR 2012, 113.

198 Nach Ansicht des BGH[258] kann Verletzung des Verbots der Einlagenrückgewähr nach § 57 AktG nur durch eine Freistellung erfolgen. Dem gegenüber wird in der Literatur[259] auch vertreten, dass bei Fehlen ausreichender Anhaltspunkte dafür, dass die Platzierung der Aktien zumindest mittelbar im Interesse der Gesellschaft ist, auch die Zahlung einer **Haftungsvergütung** vom Aktionär an die Gesellschaft oder der Abschluss einer **Prospekthaftpflichtversicherung** auf Kosten des veräußernden Aktionärs in Betracht kommt. Auch im Falle einer nicht ausgeglichenen Einlagenrückgewähr nach § 57 Abs. 1 AktG bleibt die Wirksamkeit der Freistellung der an der Platzierung mitwirkenden Banken durch die Gesellschaft unberührt.[260]

199 Zweifelsfrei zulässig sind derartige Haftungsfreistellungsklauseln durch **abgebende Altaktionäre**, da § 57 AktG nur Leistungen der Gesellschaft an einen Aktionär, nicht aber Leistungen von Aktionären untereinander erfasst. Sofern der Altaktionär jedoch seinerseits wiederum von der Gesellschaft freigestellt wird, stellen sich die bereits dargestellten Fragen hinsichtlich der Zulässigkeit nach § 57 AktG.

200 In den **Vereinigten Staaten von Amerika** wird die Freistellung der Emissionsbanken und des Managements durch den Emittenten wegen des dem Securities Act zugrunde liegenden Verständnisses als unzulässig angesehen, da die Erstreckung der Prospekthaftung auf das Management der Gesellschaft und die Emissionsbanken zum Ziel hat, die Beachtung von Sorgfaltspflichten durch sämtliche Beteiligte einer Aktienemission sicherzustellen und dies durch die Haftungsfreistellung durch den Emittenten umgangen würde.[261]

5. Aufschiebende Bedingungen

201 Eine Vielzahl von Verpflichtungen des Konsortialführers bzw. der Konsortialbanken aus dem Übernahmevertrag, insb. die Zeichnung der neuen Aktien einschließlich der Übergabe der Zeichnungsunterlagen und der Einzahlung des (rechnerischen) Nennbetrags sowie der Erwerb der umzuplatzierenden alten Aktien und weitere Verpflichtungen der Konsortialbanken aus dem Übernahmevertrag wie die Aktienplatzierung und die Zahlung des Emissionspreises stehen unter verschiedenen **aufschiebenden Bedingungen**,[262] auf deren Eintritt der Konsortialführer nach freiem Ermessen verzichten kann.

202 Dabei stehen insb. die Verpflichtung des Konsortialführers zur **Zeichnung** und Übernahme der jungen Aktien aus der Kapitalerhöhung und zur Ausstellung und **Übergabe des Zeichnungsscheins** und Zahlung des (rechnerischen) Nennbetrags unter den aufschiebenden Bedingungen, dass die in den Gewährleistungen des Emittenten und ggf. der Altaktionäre enthaltenen Erklärungen richtig, vollständig und nicht auf andere Weise irreführend sind, die Zulassung des gesamten Grundkapitals zum Handel an der jeweiligen Wertpapierbörse beantragt wurde, Legal Opinions und ggf. Disclosure Letters, Comfort Letters sowie Erklärungen („Officers' Certificates") des Emittenten, die ua die Richtigkeit der abgegebenen

---

[258] Vgl. BGH II ZR 141/09, WM 2011, 1273.
[259] Vgl. *Arnold/Aubel* ZGR 2012, 113; *Krämer/Gillessen/Kiefner* CFL 2011, 328; BGH II ZR 141/09, WM 2011, 1273 = CFL 2011, 377 (Arbeitskreis zum Deutsche Telekom III-Urteil); *Fleischer/Thaten* NZG 2011, 1081; *Mülbert/Wilhelm* in FS Hommelhoff 2012, S. 747, 772.
[260] Vgl. Habersack/Mülbert/Schlitt/*Haag* § 29 Rn. 62; *Arnold/Aubel* ZGR 2012, 113. Zu dieser Frage hatte die BGH Entscheidung keine Stellung genommen.
[261] Vgl. Globus v. Law Research Service Inc. 418 F.2d 1276 (2d Cir. 1969) cert. denied 397 US 913. S. a. *Technau* AG 1998, 454; *Gruson* WM 1995, 89.
[262] Vgl. Marsch-Barner/Schäfer/*Meyer* § 8 Rn. 166 ff.; *Picot/Land* DB 1999, 570, 572; *Technau* AG 1998, 445 ff.

Gewährleistungen bestätigen und jeweils mit einem als Anlage zum Übernahmevertrag beigefügten Inhalt abgegeben werden. Eine weitere wesentliche aufschiebende Bedingung besteht darin, dass nach Ansicht der Konsortialbanken keine **kursrelevante Verschlechterung** der wirtschaftlichen Situation der Gesellschaft eingetreten ist oder erwartet wird und keine Ereignisse eingetreten sind, die auf die Finanzmärkte, in denen die Aktien der Gesellschaft platziert werden sollen, nach Ansicht des Konsortialführers **erhebliche negative Auswirkungen** haben.[263]

In der Regel werden auch die Verpflichtungen der Konsortialbanken zur **Zahlung des Emissionspreises**, dh des Differenzbetrags zwischen dem Platzierungspreis und dem Ausgabebetrag, für die Aktien am Abrechnungstag (und ggf. der Greenshoe-Aktien am Greenshoe-Abrechnungstag) unter aufschiebende Bedingungen gestellt, die typischerweise neben den bereits genannten Bedingungen zusätzlich die Zustimmung des Vorstandes und uU des Aufsichtsrats der Gesellschaft zum Verkaufspreis und die Unterzeichnung des Preisfestsetzungsvertrages sowie die Zulassung der Aktien zum Handel an der jeweiligen Wertpapierbörse umfassen.

Hinsichtlich der **Umplatzierung von Altaktien** besteht wegen des Fehlens einer mit dem nur eingeschränkt rückabwickelbaren originären Eigentumserwerb der neuen Aktien vergleichbaren Situation für die Konsortialbanken eine größere Flexibilität bei der Gestaltung von aufschiebenden Bedingungen.[264]

Für den Fall, dass nicht alle aufschiebenden Bedingungen fristgerecht eingetreten sind und der Konsortialführer nicht auf den Eintritt dieser Bedingungen verzichtet hat, ist der Konsortialführer zum **Rücktritt** vom Übernahmevertrag berechtigt.

6. Rücktrittsrecht

a) Allgemeines

Übernahmeverträge enthalten **Rücktrittsrechte**,[265] die idR den Konsortialbanken, zum Teil auch anderen Vertragsparteien zustehen, wenn die aufschiebenden Bedingungen nicht eingetreten sind und der Konsortialführer nicht auf deren Eintritt verzichtet hat oder eine eingetretene Bedingung wieder entfallen ist. Hierbei wird idR zwischen der Zeichnung von neuen Aktien sowie dem Erwerb von Altaktien, dem Zeitraum vor Einreichung des Zeichnungsscheins zum Handelsregister, dem Zeitraum nach Einreichung des Zeichnungsscheins sowie dem Zeitraum nach Eintragung der Kapitalerhöhung in das Handelsregister unterschieden.

Erfolgt der Rücktritt **vor der Einreichung des Zeichnungsscheins** für die jungen Aktien beim zuständigen Amtsgericht, erlischt die Verpflichtung des Konsortialführers zur Zeichnung und Übernahme der neuen Aktien nach dem Übernahmevertrag und die Gesellschaft ist auf Verlangen des Konsortialführers verpflichtet, den Zeichnungsschein an den Konsortialführer zurückzugeben.

Wird der Rücktritt durch den Konsortialführer erst **nach der Einreichung des Zeichnungsscheins** erklärt, ist die Gesellschaft idR vertraglich verpflichtet, den Eintragungsantrag unverzüglich zurückzunehmen und auf Verlangen des Konsortialführers sich nach besten Kräften um die Nichtdurchführung der Handelsregistereintragung der Kapitalerhöhung zu bemühen. Im Falle der erfolgreichen

---

[263] Sog. Force-Majeure-Klausel; vgl. *Busch* WM 2001, 1277.
[264] Vgl. Habersack/Mülbert/Schlitt/*Haag* § 29 Rn. 78; Marsch-Barner/Schäfer/*Meyer* § 8 Rn. 170; *Picot/Land* DB 1999, 570 (572).
[265] Vgl. allgemein Habersack/Mülbert/Schlitt/*Haag* § 29 Rn. 77 ff.; Marsch-Barner/Schäfer/*Meyer* § 8 Rn. 166 ff.

Rücknahme der Anmeldung erlischt die Verpflichtung des Konsortialführers zur Zeichnung der neuen Aktien.

209 Ist nach erfolgter Einreichung der zur Eintragung der Kapitalerhöhung erforderlichen Unterlagen bei dem zuständigen Amtsgericht die **Rücknahme des Antrags** auf Eintragung der Kapitalerhöhung **nicht mehr möglich** oder unterbleibt sie aus anderen Gründen, erwirbt der Konsortialführer mit Eintragung der Kapitalerhöhung ins Handelsregister originäres Eigentum an den jungen Aktien. Häufig werden in diesem Fall **Übernahmerechte oder -verpflichtungen** der bisherigen Altaktionäre zum (rechnerischen) Nennbetrag oder einem höheren Betrag, ein zeitlich befristetes Recht oder eine Verpflichtung der Gesellschaft, dem Konsortialführer einen oder mehrere Käufer für die jungen Aktien zum (rechnerischen) Nennbetrag je Aktie oder einen höheren Betrag zu vermitteln, oder auch nach erfolglosem Fristablauf ein freihändiges Verwertungsrecht (sog. Fire Sale) der Konsortialbanken vereinbart. Mit dem Rücktritt werden die Vertragsparteien von den meisten ihrer jeweiligen Verpflichtungen befreit, wobei jedoch insb. die Haftungsregelungen einschließlich der Freistellungsverpflichtungen sowie die Pflichten zur Provisions- und Kostentragung anwendbar bleiben.

b) Probleme bei Rückabwicklung

210 Insbesondere die in Anlehnung an US-amerikanische Usancen erfolgende Rückabwicklung des Übernahmevertrages nach **Eintragung der Kapitalerhöhung** ist in Deutschland in mehrfacher Hinsicht problematisch, da der Konsortialführer ab Eintragung der Durchführung der Kapitalerhöhung Aktionär der Gesellschaft ist und die Kapitalerhöhung nur durch eine ordentliche Kapitalherabsetzung beseitigt werden kann.

211 **aa) Kapitalherabsetzung.** Eine Verpflichtung der Gesellschaft zur Durchführung einer Kapitalherabsetzung im Übernahmevertrag ist idR nicht praktikabel, da nach den dafür einschlägigen Vorschriften die Einziehung von Aktien durch eine ordentliche Kapitalherabsetzung gem. §§ 237 ff. iVm §§ 222 ff. AktG nicht in der Organzuständigkeit des Vorstandes liegt, sondern eines Beschlusses der Hauptversammlung mit einer Mehrheit von mindestens Dreiviertel des bei der Beschlussfassung vertretenen Grundkapitals bedarf.[266] Zusätzlich haben bestimmte Gläubiger der Gesellschaft aus Gläubigerschutzgesichtspunkten in den sechs Monaten nach Bekanntmachung der Eintragung der Kapitalherabsetzung ein Recht auf Sicherheitsleistung für ihre Ansprüche gem. § 225 Abs. 1 AktG.

212 **bb) Rückerwerb eigener Aktien.** Auch der **Rückerwerb** der idR durch den Konsortialführer gezeichneten Aktien durch die Gesellschaft selbst scheidet aus, da keine gesetzlich vorgesehene Ausnahme des in § 71 AktG normierten Grundsatzes des Erwerbsverbots vorliegt. § 71 Abs. 1 Nr. 1 AktG scheidet mangels Notwendigkeit des Erwerbs zur Abwendung eines schweren, unmittelbar bevorstehenden Schadens aus. Ein Rückerwerb der Aktien gem. § 71 Abs. 1 Nr. 8 AktG ist ebenfalls nicht praktikabel, da er einen Hauptversammlungsbeschluss, nach § 53a AktG ein Angebot zum Rückerwerb an alle Aktionäre voraussetzen würde und auf 10% des Grundkapitals beschränkt wäre.[267]

---

[266] Vgl. Habersack/Mülbert/Schlitt/*Haag* § 29 Rn. 82; *Picot/Land* DB 1999, 570 (573); *Technau* AG 1998, 445 (453); *Busch* WM 2001, 1277 (1278); *Schanz* § 9 Rn. 89 ff.

[267] Vgl. *Schanz* § 9 Rn. 90 ff.; vgl. Habersack/Mülbert/Schlitt/*Haag* § 29 Rn. 82; *Picot/Land* DB 1999, 570 (573); *Technau* AG 1998, 445, 453.

cc) **Verwertungsrecht des Konsortialführers.** Auch Regelungen, die unmittelbar oder im Falle der vertragswidrigen Nichtbenennung eines erwerbsbereiten Dritten durch die Gesellschaft dem Konsortialführer das Recht einräumen, nach erfolgloser Fristsetzung die Aktien zu einem vom Konsortialführer zu bestimmenden Preis zu verwerten, werden teilweise[268] als unzulässig angesehen. Begründet wird dies damit, dass der Vorstand der Gesellschaft seine Kompetenz zur Festsetzung des Emissionspreises nicht auf die Konsortialbanken übertragen kann und Vorstand und Aufsichtsrat im Falle eines Bezugsrechtsausschlusses auch die Beachtung der Grenze des § 186 Abs. 3 Satz 4 bzw. § 255 AktG bei der Preisfestsetzung sicherstellen müssen.[269] Deshalb wird in der Praxis das freihändige Verwertungsrecht des Konsortialführers teilweise erst nach einem vorgeschalteten Bezugsangebot der nicht platzierbaren Aktien an die Altaktionäre vorgesehen.[270]

Demgegenüber kann bei der **Verpflichtung von Altaktionären** ein zeitlich uneingeschränktes Rücktrittsrecht vereinbart werden, da die Rückübertragung der bereits existierenden Aktien an die Altaktionäre rechtlich unproblematisch ist.

III. Börseneinführungsvertrag

Der **Börseneinführungsvertrag** wird zwischen der Gesellschaft und dem Konsortialführer bzw. idR den das Börseneinführungskonsortium bildenden und die Börseneinführung betreibenden Konsortialbanken abgeschlossen. Er enthält Regelungen insb. über vorbereitende Maßnahmen, Einzelheiten der Börsenzulassung sowie die Verpflichtungen der beteiligten Parteien, die Börseneinführungsgebühren sowie die Verbriefung der Aktien und anfallende Provisionen sowie teilweise auch Regelungen für die Übernahme der Zahl- und Hinterlegungsstellenfunktion und dabei anfallende Gebühren. Die Börseneinführungsprovision beträgt häufig 1% des (rechnerischen) Nennbetrags des zum Börsenhandel zugelassenen gesamten Grundkapitals der Gesellschaft. Teilweise wird auf den Abschluss eines separaten Börsenzulassungsvertrags verzichtet und die entsprechenden Regelungen werden in einem der anderen zwischen den Parteien abzuschließenden Verträge aufgenommen.

IV. Prospekt

Der Prospekt stellt das **Kernstück** jedes öffentlichen Angebots und jeder Börsenzulassung dar und kann Grundlage für Prospekthaftungsansprüche insb. nach § 5 WpPG und §§ 21 ff. WpPG bilden.

Der Prospektinhalt bestimmt sich nach dem Wertpapierprospektgesetz in Verbindung mit der Prospektverordnung. Gemäß § 5 WpPG muss der Prospekt in **leicht analysierbarer und verständlicher Form** sämtliche Angaben enthalten, die in Hinblick auf den Emittenten und die angebotenen oder zum Handel zuzulassenden Wertpapiere notwendig sind, um dem Publikum ein zutreffendes Urteil über die Vermögenswerte und Verbindlichkeiten, die Finanzlage, die Gewinne und Verluste und die Zukunftsaussichten des Emittenten sowie über die mit diesen Wertpapieren verbundenen Rechte zu ermöglichen. Der in dem Prospekt aufzunehmende Mindestinhalt bestimmt sich gem. § 7 WpPG nach der Prospektverordnung.

---

[268] Vgl. *Picot/Land* DB 1999, 570 (573); *Schanz* § 9 Rn. 91 ff.; *Technau* AG 1998, 445 (453).
[269] Vgl. *Technau* AG 1998, 445 (454); *Schanz* § 9 Rn. 73 ff. Dazu auch *Busch* WM 2001, 1277 (1279).
[270] Vgl. *Busch* WM 2001, 1277 (1280).

218 Zum Prospektinhalt gehören in der Prospektverordnung und ihren Anhängen genau festgelegte Informationen. Neben der Angabe der **Prospektverantwortlichen** sind dies auch Angaben über die zuzulassenden Wertpapiere, das Kapital und die Geschäftstätigkeit des Emittenten, dessen Geschäftsführungs- und Aufsichtsorgane sowie die Vermögens-, Finanz- und Ertragslage und seine wesentlichen Beteiligungsunternehmen.[271] Ergänzt werden diese Unterlagen durch die Einzel- und Konzernabschlüsse der Gesellschaft und auch Aussagen zum Geschäftsgang und den Geschäftsaussichten sind in den Prospekt aufzunehmen. Ein Prospekt muss grundsätzlich historische Finanzinformationen enthalten, die die letzten drei Geschäftsjahre abdecken.[272] Falls ein Emittent noch keine drei Geschäftsjahre tätig ist, muss die Information nur den entsprechend kürzeren Zeitraum abdecken. Zusätzlich sind Pro-forma-Finanzinformationen zu erstellen und in den Prospekt aufzunehmen, wenn **bedeutende Gesamtveränderungen** eingetreten sind wie zB bei einer Akquisition von Immobilienportfolios.[273] Pro-forma-Finanzinformationen müssen dann beigebracht werden, wenn es zu einer bedeutenden Gesamtveränderung der Situation des Emittenten als Folge einer speziellen Transaktion kommt, dh einer mehr als 25%igen Schwankung in Bezug auf einen oder mehrere Indikatoren, die den Umfang der Geschäftstätigkeit bestimmen.[274] Die Empfehlung des Committee of European Securities Regulators („**CESR**"), die im März 2013 von der European Securities and Markets Authority (ESMA) aktualisiert wurde,[275] legt als nicht abschließende Liste für eine bedeutende Gesamtveränderung die Positionen Gesamtvermögen (Total Assets), Umsatzerlöse (Revenue) und Gewinn/Verlust (Profit/Loss) fest. **Pro-forma-Finanzinformationen** dürfen sich nur auf den derzeitigen Berichtszeitraum, den letzten abgeschlossenen Berichtszeitraum und/oder den letzten Zwischenberichtszeitraum, für den einschlägige unberichtete Informationen veröffentlicht wurden oder noch werden, beziehen.[276] Den Pro-forma-Finanzinformationen ist ein **Bericht eines Wirtschaftsprüfers** beizufügen, in dem bestätigt wird, dass die Pro-forma-Finanzinformationen ordnungsgemäß auf der angegebenen Basis erstellt wurden und diese Basis mit den Rechnungslegungsgrundsätzen sowie den Rechnungslegungsstrategien des Emittenten konsistent ist.[277]

219 Sofern Gesellschaften während des darzustellenden Drei-Jahres-Zeitraums unter derselben **Beherrschung** (control) standen[278] und zu demselben Konsolidierungskreis gehörten, können sog. **kombinierte Finanzinformationen** (combined financial statements) erstellt werden.[279]

---

[271] Zum Prospektinhalt Habersack/Mülbert/Schlitt/*Meyer* § 36 Rn. 1 ff.; *Schanz* § 13 Rn. 19 ff., 39 ff.
[272] Art. 4 Abs. 1 Anhang I Ziffer 20.1 ProspV.
[273] Vgl. Art. 5 Anhang I Ziffer 20.2, Anhang II ProspV.
[274] Vgl. Erwägungsgrund 9 ProspV.
[275] ESMA update of the CESR Recommendations for the consistent implementation of the European Commission's Regulation on Prospectuses no. 809/2004 (20.3.2013), No. 91 ff. (nachfolgend „ESMA/CESR-Recommendations").
[276] Anhang II Ziffer 5 ProspV. Vgl. auch *Schanz* § 13 Rn. 39; Habersack/Mülbert/Schlitt/*Meyer* § 36 Rn. 39 ff.
[277] Vgl. Ziffer 20.2 Anhang I, Ziffer 7 Anhang II ProspV; Dazu auch der IDW-Prüfungshinweis: Prüfung von Pro-Forma-Finanzierungsinformationen (IDW PH 9.960.1), WPg 2006, 133.
[278] Zum Begriff der Beherrschung (control) IAS 27.4.
[279] Zum Begriff der kombinierten Finanzinformationen auch Berrar/Schnorbus/Meyer Art. 4a ProspV Rn. 27 ff.; Marsch-Barner/Schäfer/*Meyer* § 7 Rn. 100.

E. Dokumentation

220 Art. 4a ProspV ermöglicht es der zuständigen Billigungsbehörde, in bestimmten Fällen die Aufnahme zusätzlicher Informationen in den Prospekt zu verlangen. Eine **komplexe finanztechnische Vorgeschichte** (complex financial history) liegt gem. Art. 4a Abs. 4 ProspV vor, wenn (i) die operative Geschäftstätigkeit des Emittenten zum Datum des Prospekts nicht vollständig in den historischen Finanzinformationen gem. Ziffer 20.1 Anhang I ProspV abgebildet ist, (ii) diese Ungenauigkeit die Fähigkeit des Anlegers beeinträchtigt, sich ein fundiertes Urteil über den Emittenten zu bilden und (iii) die dazu benötigten Informationen Gegenstand von Finanzinformationen einer anderen Gesellschaft (zB einer neu gegründeten Holdinggesellschaft) sind. In diesem Fall werden die Finanzinformationen der anderen Gesellschaft bzw. der den aktuellen Geschäftsbetrieb des Emittenten betreffenden Teil als Finanzinformationen des Emittenten angesehen, so dass in diesem Fall die zuständige Behörde die Aufnahme dieser Informationsbestandteile in den Prospekt verlangen wird.[280]

221 Emittenten, die **bedeutende finanzielle Verpflichtungen**[281] (significant financial commitment) eingegangen sind, müssen bestimmte Teile der Finanzinformationen einer anderen Gesellschaft in den Prospekt aufnehmen. Darunter sind Gesellschaften zu verstehen, die eine verbindliche Vereinbarung über eine Transaktion eingegangen sind, die nach ihrem Abschluss voraussichtlich eine bedeutende Bruttoveränderung bewirken wird. Dabei ist nicht relevant, ob bei der Transaktion deren Vollzug (noch) an Bedingungen geknüpft ist (wie zB Zustimmung durch eine Regulierungsbehörde), sofern diese Bedingungen mit hinreichender Wahrscheinlichkeit eintreten werden.[282]

222 Bei der Aufnahme von Gewinnprognosen und Gewinnschätzungen[283] sind die wichtigsten Annahmen, die der Gewinnprognose zu Grunde liegen, zu erläutern[284] und sie müssen auf einer Grundlage erstellt werden, die mit den historischen Finanzinformationen vergleichbar ist.[285] Zusätzlich ist der **Bericht eines Wirtschaftsprüfers** aufzunehmen, in dem bescheinigt wird, dass die Prognose auf der angegebenen Grundlage ordnungsgemäß und auf einer mit der vom Emittenten angewandten Rechnungslegungsmethode konsistenten Grundlage erstellt wurde.[286]

223 Die BaFin ist nunmehr nach Art. 23 der ProspV[287] auch ermächtigt, bei börsennotierten Emittenten mit einer besonderen Tätigkeit, wie zB **Immobiliengesellschaften**, **Investmentgesellschaften** oder **Start-up-Gesellschaften**, besondere zusätzliche Informationen zur Aufnahme in den Prospekt zu verlangen, sowie zB bei Immobiliengesellschaften eine Bewertung des Vermögens des Emittenten oder einen diesbezüglichen Bericht eines anderen Sachverständigen vorzuschreiben. Der Bericht kann in verkürzter Form in den Prospekt aufgenommen werden. Die

---

[280] Vgl. Art. 4a Abs. 1 Satz 2 ProspV.
[281] Vgl. Art. 4a Abs. 5 ProspV.
[282] Vgl. Art. 4a Abs. 5 ProspV.
[283] Zur Definition der Begriffe Art. 2 Ziffer 10 und 11 ProspV.
[284] Vgl. Ziffer 13.1 Anhang 1 ProspV.
[285] Vgl. Ziffer 13.3 Anhang 1 ProspV.
[286] Vgl. Ziffer 13.2 Abs. 1 Anhang I ProspV; IDW Rechnungslegungshinweis: Erstellung von Gewinnprognosen und -schätzungen nach den besonderen Anforderungen der Prospektverordnung (IDW RH HFA 2.003) vom 22.2.2008, WPg Supplement 1/2008, S. 41; *Berrar/Schnorbus/Meyer* Anh. I Ziffer 13 ProspV Rn. 22 ff.
[287] Anhang XIX ProspV nennt ausdrücklich Immobiliengesellschaften und Start-up-Gesellschaften.

Empfehlungen von ESMA/CESR[288] enthalten detaillierte Empfehlungen über die jeweils in den Prospekt aufzunehmenden Informationen nicht finanzieller Art.

224 Schließlich ist der Prospekt mit dem Datum seiner Erstellung zu versehen und vom Anbieter **zu unterzeichnen**[289] und muss Namen und Funktionen, bei juristischen Personen oder Gesellschaften die Firma und den Sitz der Personen oder Gesellschaften angeben, die für seinen Inhalt die Verantwortung übernehmen; er muss eine Erklärung dieser Personen der Gesellschaften enthalten, dass ihres Wissens die Angaben richtig und keine wesentlichen Umstände ausgelassen sind.[290]

225 Der Prospekt muss eine **Zusammenfassung** enthalten, die die Schlüsselinformationen und Warnhinweise umfasst.[291] Die Zusammenfassung ist in der derselben Sprache wie der ursprüngliche Prospekt zu erstellen. Form und Inhalt der Zusammenfassung müssen **geeignet** sein, in Verbindung mit den anderen Angaben im Prospekt den Anlegern bei der Prüfung der Frage, ob sie in die betreffenden Wertpapiere investieren sollten, behilflich zu sein.[292] Die erforderlichen **Schlüsselinformationen** umfassen in kurzer Form und allgemein verständlicher Sprache unter Berücksichtigung des jeweiligen Angebots und der jeweiligen Wertpapiere (1) eine kurze Beschreibung der Risiken und wesentliche Merkmale, die auf den Emittenten zutreffen, einschließlich der Vermögenswerte, Verbindlichkeiten und der Finanzlage des Emittenten, (2) eine kurze Beschreibung der mit der Anlage in das betreffende Wertpapier verbundenen Risiken und der wesentlichen Merkmale dieser Anlage einschließlich der mit den Wertpapieren verbundenen Rechte, (3) die allgemeinen Bedingungen des Angebots einschließlich einer Schätzung der Kosten, die dem Anleger vom Emittenten oder Anbieter in Rechnung gestellt werden, (4) Einzelheiten der Zulassung zum Handel und (5) Gründe für das Angebot und die Verwendung von Erlöse. Die erforderlichen **Warnhinweise** umfassen die Hinweise,[293] dass (1) die Zusammenfassung als Einführung zum Prospekt verstanden werden sollte, (2) der Anleger jede Entscheidung zur Anlage in die betreffenden Wertpapiere auf die Prüfung des gesamten Prospekts stützen sollte, (3) für den Fall, dass vor einem Gericht Ansprüche auf Grund der in einem Prospekt enthaltenen Informationen geltend gemacht werden, der als Kläger auftretende Anleger in Anwendung der einzelstaatlichen Rechtsvorschriften der Staaten des EWR die Kosten für die Übersetzung des Prospekts vor Prozessbeginn zu tragen haben könnte und (4) diejenigen Personen, die die Verantwortung für die Zusammenfassung einschließlich einer Übersetzung hiervon übernommen haben, oder von denen deren Erlass ausgeht, haftbar gemacht werden können, jedoch nur für den Fall, dass die Zusammenfassung irreführend, unrichtig oder widersprüchlich ist, wenn sie zusammen mit den anderen Teilen des Prospekts gelesen wird oder sie, wenn sie zusammen mit den anderen Teilen des Prospekts gelesen wird, nicht alle erforderlichen Schlüsselinformationen vermittelt.[294]

226 Für den Fall, dass der Ausgabepreis der Wertpapiere **(Emissionspreis)** und die Gesamtzahl der öffentlich angebotenen Wertpapiere **(Emissionsvolumen)** im Prospekt nicht genannt werden können, muss der Prospekt die Kriterien oder die

---

[288] ESMA/CESR's Recommendation No. 128 ff.
[289] § 5 Abs. 3 WpPG.
[290] § 5 Abs. 4 WpPG.
[291] § 5 Abs. 2 Satz 1 WpPG.
[292] § 5 Abs. 2 Satz 2, 3 WpPG.
[293] § 5 Abs. 2a WpPG.
[294] § 5 Abs. 2b WpPG.

Bedingungen angeben, anhand deren die Werte ermittelt werden.²⁹⁵ Abweichend hiervon kann bezüglich des Emissionspreises der Prospekt auch den Höchstpreis angeben. Enthält der Prospekt nicht diese erforderlichen Kriterien oder Bedingungen, hat der Erwerber das Recht, seine auf den Abschluss des Vertrages gerichtete Willenserklärung innerhalb von zwei Werktagen nach Hinterlegung des endgültigen Emissionspreises und des Emissionsvolumens zu widerrufen.²⁹⁶ Der **Widerruf** muss keine Begründung enthalten und ist in Textform gegenüber der im Prospekt als Empfänger des Widerrufs bezeichneten Person zu erklären.²⁹⁷

Die BaFin kann auch gestatten, dass bestimmte Angaben, die nach dem WpPG oder der ProspektV vorgeschrieben sind, **nicht aufgenommen** werden müssen, wenn (1) die Verbreitung dieser Angaben dem öffentlichen Interesse zuwiderläuft, (2) die Verbreitung dieser Angaben dem Emittenten erheblichen Schaden zufügt, sofern die Nichtveröffentlichung das Publikum nicht über die für eine fundierte Beurteilung des Emittenten, des Anbieters und der Wertpapiere, auf die sich der Prospekt bezieht, wesentlichen Tatsachen und Umstände täuscht, oder (3) die Angaben für das spezielle Angebot oder für die spezielle Zulassung zum Handel an einem organisierten Markt von untergeordneter Bedeutung und nicht geeignet sind, die Beurteilung der Finanzlage und der Entwicklungsaussichten des Emittenten oder des Anbieters zu beeinflussen.²⁹⁸

Ein Prospekt ist nach seiner Veröffentlichung zwölf Monate lang für öffentliche Angebote oder Zulassungen zum Handel an einem organisierten Markt **gültig**, sofern er um die nach § 16 WpPG erforderlichen Nachträge ergänzt wird.²⁹⁹

Der Prospekt kann Angaben in Form eines **Verweises** auf eines oder mehrere zuvor oder gleichzeitig veröffentlichte Dokumente oder der Öffentlichkeit zur Verfügung gestellte Dokumente enthalten, (1) die nach dem WpPG von der BaFin gebilligt oder bei ihr hinterlegt wurden, oder (2) deren Veröffentlichung der BaFin nach bestimmten Vorschriften des Wertpapierhandelsgesetzes, jeweils auch in Verbindung mit der Wertpapierhandelsanzeige- und Insiderverzeichnisverordnung, mitgeteilt worden ist, oder (3) deren öffentliches Zurverfügungstellen der BaFin nach § 114 Abs. 1, § 115 Abs. 1, 116 Abs. 2, § 117 oder 118 des WpHG, jeweils auch in Verbindung mit der Wertpapierhandelsanzeige- und Insiderverzeichnisverordnung, mitgeteilt worden ist.³⁰⁰

Der Prospekt kann als ein **einziges Dokument** oder in **mehreren Einzeldokumenten** erstellt werden. Besteht ein Prospekt aus mehreren Einzeldokumenten, so sind die geforderten Angaben auf ein Registrierungsformular, eine Wertpapierbeschreibung und eine Zusammenfassung aufzuteilen. Das Registrierformular muss die Angaben zum Emittenten enthalten. Die Wertpapierbeschreibung muss die Angaben zu den Wertpapieren, die öffentlich angeboten oder zum Handel an einem organisierten Markt zugelassen werden sollen, enthalten.³⁰¹

Die Erstellung des Prospekts bedarf eines erheblichen Aufwands und dient dazu, den künftigen Anleger über Chancen und Risiken des Erwerbs der Aktie zu informieren. Die Gesellschaft und die Konsortialbanken **haften** (s. Rn. 311 ff.) für die Unrichtigkeit des Prospekts nach den jeweils einschlägigen Prospekthaftungsvorschriften, sodass höchste Sorgfalt geboten ist.

---

²⁹⁵ § 8 Abs. 1 Satz 1 WpPG.
²⁹⁶ § 8 Abs. 1 Satz 3 WpPG.
²⁹⁷ § 8 Abs. 1 Satz 4 WpPG.
²⁹⁸ § 8 Abs. 2 WpPG.
²⁹⁹ § 9 Abs. 1 WpPG.
³⁰⁰ § 11 Abs. 1 WpPG.
³⁰¹ § 12 Abs. 1 WpPG.

V. Legal Opinion und Disclosure Letter

232 Von den Rechtsanwälten werden im Rahmen eines Börsengangs idR sog. Legal Opinions und häufig auch sog. Disclosure Letters abgegeben.

1. Legal Opinion[302]

233 Die Legal Opinion[303] enthält eine rechtliche Stellungnahme insb. zu **gesellschaftsrechtlichen Fragen**, die nicht die angestellten rechtlichen Überlegungen erläutert, die zu dem dargestellten Ergebnis führen. Sie wird idR durch die Rechtsanwälte des Emittenten (sog. Third Party Opinion) oder dessen Rechtsabteilung, teilweise aber auch – häufig in eingeschränktem Umfang – durch die Rechtsanwälte der Konsortialbanken abgegeben. Bei Auslandsbezug werden ggf. auch weitere Legal Opinions von eingeschalteten ausländischen Rechtsanwälten zB zur rechtlichen Existenz von ausländischen Tochtergesellschaften abgegeben. Legal Opinions sind inzwischen **stark standardisiert**[304] und gehen mit formelhaften Formulierungen zuerst auf den Umfang der Untersuchung („Scope of Examination") ein, treffen dann bestimmte Annahmen („Assumptions"), stellen anschließend den Umfang des Gutachtens („Scope of Enquiry") dar, geben bestimmte Stellungnahmen („Opinions") ab und enthalten idR bestimmte Einschränkungen („Qualifications"). Die Legal Opinion im Rahmen einer Kapitalmarkttransaktion wird an die Konsortialbanken adressiert und idR zum **Zeitpunkt** der Billigung des Wertpapierprospekts, der Veröffentlichung von Prospektnachträgen bzw. nach Eintragung der maßgeblichen Kapitalmaßnahmen beim Closing (Abrechnungstag) und im Falle einer Mehrzuteilungsoption, die aus genehmigtem Kapital zur Verfügung gestellt wird, teilweise auch nach Eintragung der Durchführung der Kapitalerhöhung aus genehmigtem Kapital abgegeben. Sie dient dazu, die Konsortialbanken im Falle eines Prospekthaftungsvorwurfs bei ihrem Vortrag zu unterstützen, sie hätten nicht grob fahrlässig gehandelt. Die Abgabe einer inhaltlich die Konsortialbanken zufriedenstellenden Legal Opinion bzw. Disclosure Letter wird im Übernahmevertrag idR als aufschiebende Bedingung aufgenommen.

234 Im Teil **„Umfang der Untersuchung"** wird festgestellt, dass die Rechtsanwälte zum Zweck der Anfertigung des Gutachtens ausschließlich in der Legal Opinion genannte Dokumente untersucht und sich auf diese verlassen und keine weiteren Nachforschungen oder Untersuchungen durchgeführt haben. Weiterhin enthält dieser Teil idR eine kurze Darstellung der Transaktion und der Rolle der die Legal Opinion abgebenden Rechtsanwälte.

235 Unter **„Annahmen"** wird klargestellt, dass bei der Erstellung des Gutachtens eine Reihe von Annahmen ohne Überprüfung ihrer Richtigkeit getroffen wurden, deren Richtigkeit von den Rechtsanwälten idR nicht oder nur mit unverhältnismä-

---

[302] Allgemein dazu Habersack/Mülbert/Schlitt/*Seiler* § 35 Rn. 1 ff.; Marsch-Barner/Schäfer/*Krämer/Gillessen* § 10 Rn. 98 ff.; insbes. zum Gesichtspunkt der Expertenhaftung gegenüber Dritten *Schneider* ZHR 1999, 246; *Bosch* ZHR 1999, 274; Habersack/Mülbert/Schlitt/ *Seiler* § 35 Rn. 63; Marsch-Barner/Schäfer/*Krämer/Gillessen* § 10 Rn. 190.

[303] Vgl. *Gruson/Hutter/Kutschera* Legal Opinions in International Transactions, 4. Aufl. 2004; *Adolff* S. 5 ff., 64 ff.; Habersack/Mülbert/Schlitt/*Seiler* § 35 Rn. 1 ff.; *Biegel* BB 2004, 1457; Marsch-Barner/Schäfer/*Krämer/Gillessen* § 10 Rn. 98 ff.; *Jander/du Mesnil de Rochement* RIW 1976, 322; *Bernstorff* RIW 1988, 680; *Gruson* RIW 2002, 596.

[304] Insbesondere die American Bar Association (ABA Opinion Accord) und die International Bar Association haben sich bereits umfassend mit dieser Materie beschäftigt.

ßigem Aufwand nachprüfbar ist. Hierzu zählen insb., dass die Unterschriften auf den überprüften Dokumenten echt sind, alle als Original vorgelegten Dokumente authentisch und vollständig sind, alle in Kopie vorgelegten Dokumente mit den Originaldokumenten übereinstimmen, jede Partei der jeweiligen Verträge die Berechtigung besitzt, diese Verträge abzuschließen, da zB die Geschäftsfähigkeit natürlicher Personen nicht nachprüfbar ist.

Im Teil **„Umfang des Gutachtens"** wird festgestellt, dass sich das Gutachten auf die Gesetze der Bundesrepublik Deutschland (bzw. bei der Abgabe durch ausländische Rechtsanwälte des jeweiligen ausländischen Staates) sowie deren Auslegung nach geltender Rechtsprechung zum Zeitpunkt der Abgabe des Gutachtens beschränkt und keine Aussage über die Auswirkungen anderer Gesetze auf die Gültigkeit, Bindung und Durchsetzbarkeit der Dokumente trifft sowie dass keine Nachforschungen bezüglich der Gesetze anderer Länder als Grundlage des abgebebenen Gutachtens angestellt wurden und insoweit keine Stellungnahme abgegeben wird. Es folgt idR eine Klarstellung, dass keine unabhängigen Untersuchungen in tatsächlichen Angelegenheiten angestellt wurden.

Daran schließt sich das eigentliche Gutachten („Opinion") mit den konkreten Stellungnahmen zu einzelnen **Rechtsfragen** an. Eine wesentliche Aussage ist, dass die Gesellschaft eine Aktiengesellschaft ist, die ordnungsgemäß gegründet und im Handelsregister bei dem Amtsgericht unter einer bestimmten Handelsregister-Nummer eingetragen ist und nach deutschem Recht rechtsgültig als Aktiengesellschaft besteht. Nach weiteren gesellschaftsrechtlichen Aussagen erfolgt idR eine Bestätigung, dass das genehmigte, bedingte und ausgegebene Aktienkapital der Gesellschaft im Prospekt richtig und vollständig wieder gegeben ist und die Kapitalia der Gesellschaft ordnungsgemäß im Handelsregister eingetragen sind und weder die Ausgabe der neuen Aktien durch die Gesellschaft noch die Unterzeichnung und Erfüllung der Verpflichtungen der Gesellschaft aus dem Übernahmevertrag oder anderen Verträgen zwischen den Parteien eine Verletzung des deutschen Rechts oder der Satzung der Gesellschaft darstellen. Es folgen idR Aussagen zu Rechtmäßigkeit, Wirksamkeit und Durchsetzbarkeit der zwischen den Parteien abgeschlossenen Verträge und zu steuerlichen Angelegenheiten. Teilweise nimmt die Legal Opinion auf bestimmte Teile des Prospekts Bezug und enthält eine Aussage, dass einzelne Abschnitte wie zB „Besteuerung in der Bundesrepublik Deutschland" im Hinblick auf deutsches Recht zutreffend dargestellt sind.

Der **Umfang der Einschränkungen** („Qualifications") hängt vom jeweiligen Einzelfall ab und kann sich auf ganze Rechtsgebiete, aber auch auf konkrete Fragestellungen beziehen, insb. auf Gesetze bzgl. Insolvenz, Liquidation und Gläubigerbenachteiligung oder andere Rechtsvorgänge, die die Durchsetzbarkeit von Gläubigerrechten betreffen, sowie uU auf das Verbot der Einlagenrückgewähr (§§ 57 ff. AktG) im Hinblick auf eine etwaige Freistellung der Konsortialbanken im Rahmen des Übernahmevertrages (s. Rn. 191 ff.).

Die Legal Opinion wird idR nur zugunsten der Konsortialbanken und nur im Zusammenhang mit dem konkreten Börsengang auf der Grundlage der geltenden Rechtslage und nach dem Recht, in dem die jeweiligen Rechtsanwälte zugelassen sind, abgegeben und enthält häufig eine Rechtswahl. Das Gutachten endet idR mit einer Klarstellung, dass das Gutachten nicht für andere Personen als die **Adressaten** erstellt wurde und Dritten ohne vorherige schriftliche Zustimmung der abgebenden Rechtsanwälte – abgesehen von bestimmten Ausnahmefällen – auch nicht zur Verfügung gestellt werden darf. Eine Ausnahme besteht bei einem öffentlichen Angebot („Public Offering") in den Vereinigten Staaten von Amerika. Dort ist als

Anlage zum Prospekt („Registration Statement") ua eine Kopie der Legal Opinion der Rechtsanwälte beizufügen, die die Rechtmäßigkeit der Ausgabe der registrierten Wertpapiere („issue") bestätigt.[305]

2. Disclosure Letter

240   Insbesondere bei internationalen Börseneinführungen wird die Legal Opinion durch die Abgabe eines ebenfalls standardisierten sog. **Disclosure Letters** ergänzt, der ursprünglich aus den Vereinigten Staaten von Amerika stammt. Er dient dort als ein Element der sog. **Due Diligence Defence**,[306] die die Banken anders als der Emittent, der verschuldensunabhängig für Falschangaben über wesentliche Aussagen im Prospekt haftet,[307] gegen die Geltendmachung von Prospekthaftungsansprüchen der Anleger in den Vereinigten Staaten von Amerika vorbringen können, und hat deshalb insb. bei Privatplatzierungen nach Rule 144A oder Börsennotierungen in den Vereinigten Staaten von Amerika Bedeutung. In diesen Fällen wird bei einem deutschen Emittenten idR sowohl von den beratenden deutschen als auch von den US-amerikanischen Rechtsanwälten ein Disclosure Letter abgegeben. Im Einzelfall kann dieser jedoch auch nur durch einen der beteiligten Rechtsberater abgegeben werden, wenn nur dieser in dem für die Abgabe erforderlichen Umfang in die Due-Diligence-Prüfung und die Prospekterstellung einbezogen war.

241   **Grundlage** für die Abgabe des Disclosure Letters sind idR der Wertpapierprospekt und etwaige Nachträge zum Prospekt, jedenfalls in der für die Vereinigten Staaten von Amerika verwendeten internationalen Fassung in englischer Sprache, idR aber auch in der deutschen Fassung, die mit der internationalen Fassung aus Prospekthaftungsgründen materiell inhaltsgleich ist.

242   Der Disclosure Letter setzt die intensive Teilnahme der Rechtsanwälte an Besprechungen mit Vertretern der Gesellschaft und der Konsortialbanken sowie den unabhängigen Wirtschaftsprüfern der Gesellschaft im Rahmen der Erstellung des Wertpapierprospekts und die Prüfung von Due-Diligence-Unterlagen über die Gesellschaft sowie **Management Interviews** voraus. Auf dieser Grundlage bestätigen die Rechtsanwälte in dem Gutachten, dass ihnen nach ihrem Verständnis des Wertpapierprospektgesetzes sowie des Börsengesetzes (bzw. bei ausländischen Rechtsanwälten nach den entsprechenden ausländischen Rechtsvorschriften) keine Informationen bekannt sind, die Anlass zur Annahme geben würden, dass der Wertpapierprospekt für die Beurteilung der Wertpapiere wesentliche Angaben unrichtig oder unvollständig iSv §§ 5, 7 WpPG bzw. § 21 WpPG (bzw. bei ausländischen Rechtsanwälten nach den entsprechenden ausländischen Rechtsvorschriften) enthält. Die im Prospekt enthaltenen Jahresabschlüsse, Finanzdaten und anderen Rechnungslegungsinformationen oder statistische Daten sowie Stellungnahmen und Erklärungen, die sich darauf beziehen, werden von dieser Aussage ausdrücklich ausgenommen.

243   Es folgt üblicherweise eine **einschränkende Formulierung** dahingehend, dass die Rechtsanwälte keine Verantwortung für die Richtigkeit und Vollständigkeit der im Prospekt enthaltenen Aussagen übernehmen, da das Hauptziel der Mandatierung der Rechtsanwälte nicht die Überprüfung oder die Bestätigung von Tatsachen oder

---

[305] Vgl. Item 29 von Schedule A des Securities Act. 15 U. S. C. § 77 aa).

[306] Vgl. Section 10 (b) Exchange Act; Section 11 (c) Securities Act; Habersack/Mülbert/Schlitt/*Werlen/Salzer* § 45 Rn. 182 ff.; *Johnson/McLaughlin* Kapitel 5 § 5.02–§ 5.05; *Adolff* S. 26.

[307] Vgl. Section 11 Securities Act; Section 10 (b) Exchange Act; *Johnson/McLaughlin* Kapitel 5 § 5.02–§ 5.05; *Gruson* WM 1995, 89.

Finanzdaten oder rechnerischen Informationen ist und aufgrund der in der Sache liegenden begrenzten Möglichkeiten der unabhängigen Nachprüfung von Tatsachen und dem Umstand, dass viele bei der Erstellung des Prospektes zu treffende Entscheidungen, ganz oder teilweise, nicht rechtlicher Natur sind bzw. sich auf rechtliche Angelegenheiten außerhalb des Umfangs des Gutachtens beziehen.

Der Disclosure Letter wird ebenso wie die Legal Opinion idR nur zugunsten 244 der Konsortialbanken und auf der Grundlage der zum Zeitpunkt ihrer Abgabe bestehenden Rechtslage und häufig mit einer Rechtswahlklausel abgegeben und darf ohne vorherige schriftliche Zustimmung – abgesehen von bestimmten Ausnahmefällen – nicht an andere Personen als die **Adressaten** der Rechtsanwälte weitergegeben werden. Häufig dürfen jedoch an der Transaktion beteiligte Rechtsanwälte anderer Länder im Rahmen der Abgabe ihrer Legal Opinion auf das jeweilige Gutachten vertrauen.

3. Funktion der Legal Opinion und Disclosure Letter

Die Legal Opinion und der Disclosure Letter legen den von der Tätigkeit der 245 Rechtsanwälte umfassten Prüfungsumfang formalisiert fest und sichern insoweit eine **sorgfältige anwaltliche Begutachtung** dieser Fragestellungen.

Weiterhin stellt insb. der Disclosure Letter ein Element der **Verteidigungs-** 246 **strategie** der Konsortialbanken dar, die vom Erwerber eines Wertpapiers uU nach §§ 21 ff. WpHG, §§ 5, 7 WpPG auf Schadensersatz in Anspruch genommen werden können, wenn wesentliche Aussagen für die Beurteilung der Wertpapiere in einem Prospekt unrichtig oder unvollständig sind, da der Prospektverantwortliche den Nachweis erbringen kann, dass er keine Kenntnis oder grob fahrlässige Unkenntnis von fehlerhaften Prospektangaben hatte.[308] Die Abgabe einer Legal Opinion oder eines Disclosure Letters durch Rechtsanwälte ohne eigene Befassung der Konsortialbanken mit dem Prospektinhalt dürfte den Vorwurf der groben Fahrlässigkeit jedoch nicht ausschließen, da die Konsortialbanken selbstständige Nachforschungs- und Kontrollpflichten haben, deren Umfang von den Umständen des konkreten Einzelfalls abhängt (s. Rn. 334 ff.).

Auch in den **Vereinigten Staaten von Amerika** dient die Abgabe des Disclo- 247 sure Letters als wesentliches Element zur Verteidigung der Konsortialbanken im Rahmen der Due Diligence Defence gegenüber einer möglichen Prospekthaftung insb. aus Sections 11 und 12 (a) (2) Securities Act sowie Section 10 (b) Exchange Act (s. Rn. 350 ff.).

4. Haftung für Legal Opinion und Disclosure Letter

Eine Haftung für die Abgabe einer unrichtigen Legal Opinion oder eines unrich- 248 tigen Disclosure Letters kann sich in **Deutschland** bei der Abgabe gegenüber dem Mandanten aus **Verletzung des Beratungsvertrages**, bei der Abgabe gegenüber einem Dritten – idR bei der Abgabe durch die Rechtsberater der Gesellschaft gegenüber den Konsortialbanken – je nach Einzelfall unter dem Gesichtspunkt eines konkludenten selbstständigen Auskunftsvertrags, eines Vertrags zugunsten Dritter oder eines Vertrags mit Schutzwirkung zugunsten Dritter, einer Expertenhaftung aus § 311 BGB/culpa in contrahendo oder einer Haftung aus Delikt im Falle einer vorsätzlichen sittenwidrigen Schädigung oder einer Schutzgesetzverletzung ergeben.[309]

---

[308] Vgl. § 21 Abs. 1 WpPG.
[309] Vgl. allgemein Habersack/Mülbert/Schlitt/*Seiler* § 35 Rn. 61 ff.; *Adolff* S. 1 ff.; *Schneider* ZHR 1999, 246; *Bosch* ZHR 1999, 274 (284); *Hopt* in FS Stimpel 1985, S. 265, 290.

249 In den **Vereinigten Staaten von Amerika** besteht bei der Abgabe gegenüber dem Mandanten ggf. eine Haftung als Vertragsverletzung („contracts"), im Falle einer sog. Third Party Opinion trotz des Fehlens einer vertraglichen Beziehung („privity of contracts") uU aus beruflicher Falschberatung („professional malpractice") und bei Vorsatz aus Delikt („fraud").[310] In den USA kann eine Haftung für eine hinsichtlich wesentlicher Tatsachen unrichtige oder unvollständige Aussage für einen Wirtschaftsprüfer, Ingenieur oder jede andere Person, deren Beruf Autorität hinsichtlich ihrer Aussage verleiht (sog. Experte), für von ihm zu verantwortende Aussagen in einem bei der SEC für die Registrierung von Wertpapieren erforderlichen Registrierungsdokument („registration statement") gegeben sein, wenn die Äußerung dieses Experten mit seiner Zustimmung in das Dokument aufgenommen wurde und ein Hinweis erfolgte, dass die Aussage von diesem Experten stammt oder von ihm bestätigt wurde. Im Falle einer nach US-amerikanischem Recht gesetzlich vorgeschriebenen Registrierung von Wertpapieren bei der SEC ist ua eine Legal Opinion eines Rechtsanwalts zur rechtswirksamen Ausgabe, vollständigen Einzahlung und fehlenden Nachschusspflicht („legally issued, fully paid and non assessable securities") als Anlage zur Registrierungserklärung beizufügen.[311]

VI. Comfort Letter

250 Im Rahmen von internationalen Börsengängen, aber auch bei rein deutschen Börseneinführungen wird von den Wirtschaftsprüfern der Gesellschaft neben den im Prospekt zusammen mit den Jahresabschlüssen und anderen Finanzdaten abgedruckten Testaten des unabhängigen Abschlussprüfers den Konsortialbanken gegenüber ein sog. **Comfort Letter**[312] abgegeben, der nicht im Prospekt abgedruckt wird.

1. Inhalt des Comfort Letters

251 Ein Comfort Letter ist die schriftliche Bestätigung des Wirtschaftsprüfers des Emittenten gegenüber den Konsortialbanken in Bezug auf bestimmte im Prospekt dargestellte Abschlüsse und Finanzdaten des Emittenten; er bezieht sich auch auf den Zeitraum nach dem Stichtag des letzten Abschlusses und bestätigt die **Vornahme bestimmter Prüfungshandlungen** gegenüber den Konsortialbanken und deren Ergebnisse durch den Wirtschaftsprüfer.

a) Deutschland

252 Der in Deutschland bestehenden erheblichen Bedeutung von **Comfort Letters** ist der Hauptfachausschuss des Instituts der Wirtschaftsprüfer durch Veröffentlichung eines IDW **Prüfungsstandards** Grundsätze für die Erteilung eines Comfort Letters (IDW EPS 910) nachgekommen.[313] Der Prüfungsstandard bestimmt, dass

---

[310] Vgl. *Adolff* S. 36 ff.; *Gruson* RIW 2002, 596.
[311] Vgl. Item 29 of Schedule A des Securities Act, 15 U. S. C. § 77aa; Regulation S-K Item 601(b)5, 17 C. F. R. § 299 601.
[312] Vgl. Habersack/Mülbert/Schlitt/*Kunold* § 34 Rn. 1 ff.; *Kunold* NZG 2003, 320; Marsch-Barner/Schäfer/*Krämer* § 10 Rn. 209 ff.; *Schanz*, § 8 Rn. 46 ff.; *Ebke/Siegel* WM Sonderbeilage Nr. 2/2001, 1; *Ostrowski/Sommerhäuser* WPg 2000, 961 (968); *Schindler/Böttcher/Roß* WPg 2001, 477; *Kohler/Weiser* DB 2003, 565; *Meyer* WM 2003, 1745.
[313] *Institut für Wirtschaftsprüfer* (Hrsg.), IDW Prüfungsstandard: Grundsätze für die Erteilung eines Comfort Letters IDW AuS 910, 2004, WP 2004, 342.

die Abgabe einer negativ formulierten Aussage (sog. Negative Assurance) zu Veränderungen in Abschlussposten während der Periode (sog. Change Period) zwischen dem letzten geprüften oder einer prüferischen Durchsicht unterzogenen Abschluss und dem Tag, an dem die **Untersuchungshandlungen** abgeschlossen werden (sog. Cut-off Date), nur erfolgen kann, wenn sich der Wirtschaftsprüfer eine gewisse Sicherheit verschafft hat und die Change Period nicht länger als **134 Tage** ist. Weiterhin sieht der Prüfungsstandard die Möglichkeit einer Untersuchungshandlung zur Feststellung für den **Bestätigungsvermerk relevanter Ereignisse** (sog. Post Audit Review) und zu Pro-forma-Angaben vor. Die Abgabe eines Comfort Letters setzt die Abgabe einer Vollständigkeitserklärung durch den Vorstand der Gesellschaft voraus. Der in Deutschland auch für nationale Börsengänge übliche Comfort Letter bezieht sich zum einen auf die im Prospekt abgedruckten Einzel- bzw. Konzernjahresabschlüsse der Gesellschaft und etwaige Zwischenabschlüsse. Weiterhin trifft er Aussagen zu Finanzdaten in **anderen Prospektteilen**, wie zB dem Teil „Diskussion und Analyse der Vermögens- und Ertragslage durch die Geschäftsführung".[314] Nach der Bezeichnung der Prospektteile, zu denen inhaltliche Aussagen getroffen werden, folgt die Darstellung der vorgenommenen Prüfungshandlungen. Sie umfassen je nach Einzelfall die Überprüfung der korrekten Umsetzung der aufgestellten Einzel- bzw. Konzernabschlüsse bzw. Zwischenabschlüsse nach HGB bzw. IFRS oder US-GAAP in anderen Teilen des Prospekts sowie die Befragung der für das Finanz- und Rechnungswesen verantwortlichen leitenden Mitarbeiter der Gesellschaft, dass es für den Zeitraum nach dem Stichtag des letzten in dem Prospekt abgedruckten Abschlusses keine Änderungen von Finanzdaten gab, die für die Vermögens-, Finanz- und Ertragslage der Gesellschaft oder der Unternehmensgruppe wesentlich waren.

Die Wirtschaftsprüfer bestätigen weiterhin in den Feststellungen des deutschen Comfort Letters gegenüber den Konsortialbanken, dass sie unabhängige Wirtschaftsprüfer iSd Wirtschaftsprüferordnung sind und bestimmte Abschlüsse mit uneingeschränkten Bestätigungsvermerken bzw. Bescheinigungen versehen haben. Der Prüfungsstandard sieht auch Untersuchungshandlungen für die Folgeperiode, ua das kritische Lesen von Protokollen der Hauptversammlungen sowie Vorstands- oder Aufsichtsratssitzungen sowie die Durchsicht von Zwischenabschlüssen vor. Weiterhin wird üblicherweise bestätigt, dass den Wirtschaftsprüfern auf Basis der von ihnen durchgeführten **Prüfungshandlungen** nichts zur Kenntnis gelangt ist, was auf wesentliche Veränderungen, Erhöhungen, Minderungen oder Rückgänge ausgewählter Finanzpositionen gegenüber den Angaben in dem Prospekt hindeutet. Es wird jedoch klargestellt, dass die vorgenommenen Prüfungshandlungen nach dem Stichtag des letzten geprüften Abschlusses keine Abschlussprüfung darstellen, wie sie nach den in Deutschland geltenden Grundsätzen ordnungsmäßiger Durchführung von Abschlussprüfungen iSd Fachgutachten des Instituts der Wirtschaftsprüfer in Deutschland e. V. durchgeführt werden. Schließlich wird die Durchführung der im Comfort Letter beschriebenen Prüfungshandlungen sowie die Übereinstimmung bestimmter im Prospekt verwendeter Finanzdaten mit den Abschlüssen bzw. Zwischenabschlüssen bzw. deren folgerichtigen Entwicklung aus diesen Firmendaten bestätigt (sog. Circle up).

Der Comfort Letter dient ausschließlich der Information der Gesellschaft und der Konsortialbanken als **Adressaten** und deren Unterstützung bei der Durchführung

---

[314] Sog. Management Discussion and Analysis (MD&A) oder Operating and Financial Review (OFR).

ihrer Prüfungstätigkeit hinsichtlich der geschäftlichen und finanziellen Angelegenheiten der Gesellschaft im Rahmen des Börsengangs. Er stellt idR ausdrücklich klar, dass er zu keinem anderen Zweck verwendet werden und nicht auf ihn Bezug genommen werden und dass er auch nicht ganz oder teilweise in den Prospekt aufgenommen werden darf. Er wird in Deutschland auch an die Gesellschaft adressiert.

255 Der in Deutschland auch für rein nationale Transaktionen übliche Comfort Letter wird am Tag der **Veröffentlichung** des Wertpapierprospekts und etwaiger Nachträge und bei Preisfestsetzung sowie zusätzlich in Form eines aktualisierenden Schreibens (sog. Bring Down Letter) am Tag des Closings (Abrechnungstag) abgegeben. Zur Reduzierung des Haftungsrisikos des Abschlussprüfers wird im Regelfall eine betragsmäßig begrenzte **Versicherung** abgeschlossen. Anstelle des Abschlusses einer separaten Versicherung für den Comfort Letter durch den Abschlussprüfer wird in jüngster Zeit gelegentlich eine **IPO-Prospektversicherung** abgeschlossen, die neben dem Emittenten auch Unternehmen mit beherrschendem Einfluss (controlling shareholder), Organmitglieder, sowie im Einzelfall die Konsortialbanken als Versicherte bzw. als versicherte Unternehmen einbezieht und sich inhaltlich auf den gesamten Wertpapierprospekt und nicht nur für den Comfort Letter relevante Teile erstreckt. Bei einem Börsengang eines deutschen Unternehmens mit einer Privatplatzierung nach Rule 144A in den USA wird häufig neben dem deutschen Comfort Letter nach Prüfungsstandard IDW 910 für den deutschsprachigen Prospekt zugleich ein US-amerikanischer Comfort Letter nach Prüfungsstandard SAS 72 für den US-amerikanischen Prospekt abgegeben (sog. Zwei-Brief-Lösung).

b) Vereinigte Staaten von Amerika

256 In den Vereinigten Staaten von Amerika wird der Inhalt des Comfort Letters[315] durch die von dem Auditing Standards Board des American Institute of Certified Public Accountants (AICPA) ausgegebenen Statements of Auditing Standards geregelt. AU-C Section 920 (früher SAS 72) enthält **Richtlinien** für die Abgabe von Comfort Letters, AU-C Section 930 (früher SAS 100) enthält Richtlinien für Zwischenabschlüsse.[316] Die Abgabe eines Comfort Letters wird vom US-amerikanischen Wertpapierrecht nicht vorgeschrieben und der Comfort Letter wird weder in das Registration Statement aufgenommen noch bei der SEC eingereicht.

257 Der Standard AU-C Section 920 (früher SAS 72)[317] enthält detaillierte Ausführungen zu **Comfort Letters** und erstreckt sich insbesondere auf Adressaten, Zweck und Inhalt. Der Comfort Letter darf im Grundsatz nur an Underwriters oder solche Personen gerichtet werden, denen eine **Entlastungsmöglichkeit** von der Haftung (sog. Due Diligence Defence) zusteht. Comfort Letters enthalten üblicherweise eine Aussage, dass der Aussteller der unabhängige Abschlussprüfer des Emittenten ist und dass die abgedruckten Abschlüsse im Einklang mit den anwendbaren Vorschriften geprüft wurden. Eine positive Bestätigung („positive assurance") der Vereinbarkeit der Angaben mit dem Securities Act und den dazu erlassenen Rules and Regulations der SEC enthält der Comfort Letter nur bezüglich solcher Angaben, die in Übereinstimmung mit den anwendbaren Vorschriften geprüft wurden. Eine

---

[315] Vgl. Habersack/Mülbert/Schlitt/*Kunold* § 34 Rn. 5 ff.; Marsch-Barner/Schäfer/*Krämer*/*Gillessen* § 10 Rn. 209 ff.; *Ebke/Siegel* WM Sonderbeilage Nr. 2/2001, 9.

[316] Vgl. AU-C 930 Statement on Auditing Standards, AICPA, Professional Standards, International Financial Information.

[317] Vgl. AU-C 920, Statement on Auditing Standards, AICPA, Professional Standards, Letters for Underwriters and Certain Other Requesting Parties.

E. Dokumentation

negative Bestätigung („negative assurance") bezüglich eines vom Wirtschaftsprüfer geprüften oder prüferisch durchgesehenen Abschlusses folgenden Zeitraums kann von dem Wirtschaftsprüfer nur für einen Zeitraum von weniger als 135 Tagen nach dem Datum des letzten geprüften oder einer prüferischen Durchsicht unterliegenden Abschlusses abgegeben werden. Hierbei verlangen die Wirtschaftsprüfer bei einer Privatplatzierung von Wertpapieren in den Vereinigten Staaten von Amerika gem. Rule 144A als Voraussetzung für die Abgabe eines Comfort Letters, dass die Konsortialbanken einen sog. **Representation Letter** abgeben, in dem sie bestätigen, dass sie ihre eigene Due Diligence im Wesentlichen nach den für registrierte öffentliche Platzierungen geltenden gleichen Standards durchgeführt haben. Die Abgabe des Comfort Letters erfolgt im Falle eines US-amerikanischen Registration Statements idR am Tag des Wirksamwerdens des Registration Statements (sog. Effective Date) oder kurz davor, und bei Privatplatzierungen nach Rule 144A insbesondere zum Zeitpunkt der Billigung des Prospekts und zum Closing (Abrechnungstag). Der Stichtag (sog. Cut-off Date) für die vom Wirtschaftsprüfer durchzuführenden Prüfungshandlungen liegt wenige Tage vor dem Abgabedatum des Comfort Letters.

2. Funktion des Comfort Letters

Der Comfort Letter stellt ein weiteres Element der **Verteidigung der Konsortialbanken** dar, die vom Erwerber eines Wertpapiers uU nach §§ 21 ff. WpPG, §§ 5, 7 WpPG auf Schadensersatz in Anspruch genommen werden können, wenn wesentliche Aussagen für die Beurteilung der Wertpapiere in einem Prospekt unrichtig oder unvollständig sind. Der Prospektverantwortliche kann jedoch den Nachweis erbringen, dass er keine Kenntnis oder grob fahrlässige Unkenntnis von fehlerhaften Prospektangaben hatte.[318] Die Abgabe eines Comfort Letters durch Wirtschaftsprüfer ohne eine eigene Befassung der Konsortialbanken mit dem Prospektinhalt schließt den Vorwurf der groben Fahrlässigkeit wohl nicht aus, da selbstständige Nachforschungs- und Kontrollpflichten der Konsortialbanken bestehen, deren Umfang vom konkreten Einzelfall abhängt (s. Rn. 334). Obwohl nach üM[319] keine eigenständige Pflicht zur erneuten Prüfung der Buchführung oder der testierten Jahresabschlüsse oder geprüften Zwischenabschlüsse des Emittenten besteht, kann sich die Konsortialbank bei konkreten Anhaltspunkten für die Unrichtigkeit von Buchführung, testierter Jahresabschlüsse oder geprüfter Zwischenberichte nicht entlasten.

Durch den Comfort Letter soll zusätzlich nachgewiesen werden, dass der Wirtschaftsprüfer der Gesellschaft die im Prospekt enthaltenen Finanzdaten überprüft und bestimmte weitere **Prüfungshandlungen** vorgenommen hat und ihm keine Anhaltspunkte für wesentliche Unrichtigkeiten oder Unvollständigkeiten bekannt geworden sind. Nach üM[320] besteht keine besondere Kontrollpflicht der Konsortialbanken hinsichtlich der Richtigkeit testierter Jahresabschlüsse oder Zwischenberichte, während sich die Konsortialbanken auf die Richtigkeit ungeprüfter Abschlüsse wohl nicht verlassen können. Dies gilt jedoch nicht, wenn die Angaben

---

[318] Vgl. § 21 Abs. 1 WpPG.
[319] Vgl. *Groß* WpPG § 21 Rn. 81; Habersack/Mülbert/Schlitt/*Mülbert/Steup* § 41 Rn. 116; *Schwark* BörsG §§ 44, 45 Rn. 50 ff.
[320] BGH II ZR 175/81, WM 1982, 862; RG II 106/12, RGZ 80, 196; *Schwark* ZGR 1983, 162 (173 ff.); *Groß* WpPG § 21 Rn. 81; *Schwark/Zimmer* BörsG §§ 44, 45 Rn. 50 ff.; *Groß* AG 1999, 199 (206); *Kort* AG 1999, 9 (17).

erkennbar unrichtig sind oder konkrete Anhaltspunkte dafür bestehen.[321] Nach hM[322] tritt der Wirtschaftsprüfer auch nicht als Erfüllungsgehilfe der Konsortialbanken gem. § 278 BGB auf, da sich die Bank des Wirtschaftsprüfers nicht zur Erfüllung eigener Verbindlichkeiten bedient. Vielmehr handelt er als sachverständiger Dritter, da die Banken nicht die Testierung von Jahresabschlüssen und die Vornahme weiterer Prüfungshandlungen schulden, sondern die Vornahme von in der Mandatsvereinbarung festgelegten Tätigkeiten, die ua die Vornahme der Due-Diligence-Prüfung sowie die Unterstützung bei der Durchführung des Börsenzulassungsverfahrens häufig einschließlich der Mitwirkung bei der Prospekterstellung umfasst.

260 In den **Vereinigten Staaten von Amerika** dient die Abgabe des Comfort Letters als ein Element zur Verteidigung der Konsortialbanken im Rahmen einer Due Diligence Defence gegenüber einer möglichen Prospekthaftung (s. Rn. 355, 363), insb. aus Sections 11 und 12 (a) (2) Securities Act.

3. Haftung für Testat und für Comfort Letter

261 Nach üM[323] haften die Wirtschaftsprüfer in ihrer Funktion als Abschlussprüfer dem Anleger gegenüber wegen fehlendem eigenen Interesse und fehlender Vertrauenserwartung des Anlegerpublikums für den Prospekt nicht direkt als Prospektverantwortliche. Sie sind in § 21 ff. WpPG auch nicht als Haftungsschuldner genannt. Auch eine direkte Haftung der Wirtschaftsprüfer als sachkundigem Dritten unter dem Gesichtspunkt des Berufsgaranten wird überwiegend[324] abgelehnt, da die Wirtschaftsprüfer idR über die Abgabe des gesetzlich vorgeschriebenen oder zusätzlich beauftragten Testats hinaus nicht nach außen in Erscheinung treten. Es fehlt für die Annahme einer Vertrauenshaftung somit am Erfordernis „des nach außen in Erscheinung Tretens".

262 In den **Vereinigten Staaten von Amerika** kommt hinsichtlich der in bei der SEC eingereichten Registrierungserklärungen enthaltenen testierten oder geprüften Abschlüssen auch eine **Expertenhaftung des Wirtschaftsprüfers**[325] in Betracht, wenn die Äußerung mit seiner Zustimmung gemacht wurde. Anspruchsgrundlage kann Section 11 (a) Abs. (4) Securities Act oder Rule 10b-5 zum Exchange Act sein (s. Rn. 351).

263 Demgegenüber kann in Deutschland bei der Prüfung von **Abschlüssen außerhalb der Pflichtprüfungen** der §§ 316 ff. HGB, zB der Erteilung von freiwilligen Bestätigungsvermerken für Zwischenabschlüsse oder Pro-forma-Abschlüsse, im

---

[321] Vgl. RG II 106/12, RGZ 80, 196; *Groß* WpPG § 21 Rn. 81; Habersack/Mülbert/Schlitt/*Mülbert/Steup* § 41 Rn. 116; *Hopt* in FS Pleyer 1986, S. 361, 366; *Schwark/Zimmer* §§ 44, 45 Rn. 50.
[322] *Groß* WpPG § 21 Rn. 82; Habersack/Mülbert/Schlitt/*Mülbert/Steup* § 41 Rn. 114.
[323] Vgl. Habersack/Mülbert/Schlitt/*Mülbert/Steup* § 41 Rn. 83; BeBiKo/*Schmidt/Feldmüller* § 323 HGB Rn. 231; *Sittmann* NZG 1998, 490 (491); *Schanz* § 13 Rn. 37; aA *Bosch* ZHR 1999, 274 (280 ff.); *Ebke/Siegel* WM Sonderbeilage Nr. 2/2001, 6 ff.; differenzierend *Groß* WpPG § 21 Rn. 36.
[324] Vgl. BGH III ZR 93/93, NJW 1995, 1025; Habersack/Mülbert/Schlitt/*Mülbert/Steup* § 41 Rn. 83; differenzierend *Schwark/Zimmer* §§ 44, 45 BörsG Rn. 12, 13; aA *Groß* WpPG § 21 Rn. 36 f. Zur Expertenhaftung gegenüber Dritten auch *Schneider* ZHR 1999, 246; *Bosch* ZHR 1999, 274.
[325] Vgl. *Ebke/Siegel* WM Sonderbeilage Nr. 2/2001, 10 ff.; *Ebke* WPK-Mitt 1/1995, 11 ff. Vgl. auch CL-Alexanders Laing & Cruickshank v. Goldfeld et al., 739 F.Supp. 156 (S. D. N. Y. 1990).

Grundsatz eine Dritthaftung aus Vertrag mit Schutzwirkung zugunsten Dritter, Vertrag zugunsten Dritter, konkludentem selbstständigen Auskunftsvertrag, Expertenhaftung aus § 311 BGB/culpa in contrahendo oder aus Delikt in Betracht kommen.[326]

Eine Haftung für die Abgabe eines von den Wirtschaftsprüfern gegenüber den Konsortialbanken abgegebenen Comfort Letters kann sich abhängig von den jeweiligen Einzelfallumständen in **Deutschland** insb. unter dem Gesichtspunkt eines Vertrages zugunsten Dritter, eines Vertrages mit Schutzwirkung für Dritte, eines konkludenten selbstständigen Auskunftsvertrags, einer Expertenhaftung aus § 311 BGB/culpa in contrahendo oder aus Delikt im Falle einer vorsätzlichen sittenwidrigen Schädigung oder einer Schutzgesetzverletzung ergeben[327] und im Falle der ausnahmsweise erfolgenden direkten Mandatierung durch die Konsortialbanken aus Verletzung des Beratungsvertrags.

In den **Vereinigten Staaten von Amerika** besteht bei der ausnahmsweisen Abgabe im Rahmen eines Mandatsverhältnisses ggf. eine Haftung als Vertragsverletzung („contracts"), im Regelfall einer Abgabe eines Comfort Letters durch den Wirtschaftsprüfer des Emittenten an die Banken (sog. Underwriters) als vertragsfremden Dritten trotz des Fehlens einer vertraglichen Beziehung („privity of contracts") uU aus beruflicher Falschberatung („professional malpractice") und bei Vorsatz aus Delikt („fraud"),[328] unter sehr engen Voraussetzungen uU auch aus Section 11 Securities Act (str.), Rule 10b-5 zum Exchange Act, sowie in seltenen Konstellationen den Blue Sky Laws der US-amerikanischen Einzelstaaten.[329]

Hinsichtlich des **Haftungsumfangs** ergibt sich in Deutschland ein differenziertes Bild. Die Haftungsbeschränkung des § 323 Abs. 2 HGB gilt für den Inhalt des Comfort Letters nicht, da es sich bei der Abgabe des Comfort Letters um keine Pflichtprüfung des Abschlussprüfers nach §§ 316 ff. HGB nach den Grundsätzen ordnungsgemäßer Abschlussprüfung handelt. Die Allgemeinen Auftragsbedingungen für Wirtschaftsprüfer und Wirtschaftsprüfungsgesellschaften[330] enthalten eine vertragliche Beschränkung der Haftung des Wirtschaftsprüfers für Schadensersatzansprüche jeglicher Art bei einem fahrlässig verursachten einzelnen Schadensfall gem. § 54a Abs. 1 Nr. 2 WPO auf 4 Mio. EUR bzw. 5 Mio. EUR. In der Praxis wird die Anwendung dieser Vorschriften idR durch die Vereinbarung einer höheren Haftungssumme und bei internationalen Kapitalmaßnahmen im Einzelfall auch durch den Ausschluss jeglicher Haftungsbegrenzung ausgeschlossen. Bei US-amerikanischen Comfort Letters ist eine Haftungsbegrenzung unüblich.

Streitig ist, ob eine durch Individualvereinbarung zwischen dem Wirtschaftsprüfer und dem Emittenten oder durch Einbeziehung von Allgemeinen Auftrags-

---

[326] Vgl. *Ebke/Siegel* WM Sonderbeilage Nr. 2/2001, 1 ff. Zu den Voraussetzungen der Leistungsnähe, Gläubigernähe und der Erkennbarkeit vgl. BGH VIII ZR 14/98, WM 1999, 1034; BGH III ZR 245/96, BGHZ 138, 257 ff.

[327] Vgl. *Ebke/Siegel* WM Sonderbeilage Nr. 2/2001, 15 ff. Vgl. zur Expertenhaftung allg. BGH VII ZR 340/88, BGHZ 111, 314, 319 ff.; BGH II ZR 209/79 v. 22.5.1980, BGHZ 77, 172, 177; BGH II ZR 27/83, WM 1984, 19 ff. Vgl. zur ähnlichen Thematik der Third Party Legal Opinions *Adolff* S. 64 ff.; *Schneider* ZHR 163 (1999) 246 ff.; *Bosch* ZHR 163 (1999) 274, 284.

[328] Vgl. *Adolff* S. 36 ff. Zur Haftung von US Accountants vgl. *Ebke/Siegel* WM Sonderbeilage Nr. 2/2001, 11 ff.

[329] Vgl. *Ebke/Siegel* WM Sonderbeilage Nr. 2/2001, 11 ff.

[330] Nr. 9 Abs. 2 der Allgemeinen Auftragsbedingungen für Wirtschaftsprüfer und Wirtschaftsprüfungsgesellschaften.

bedingungen in diesem Verhältnis bestehende **Haftungsbegrenzung** auch die Geltendmachung von Ansprüchen durch Dritte betragsmäßig begrenzt und ob eine Erkennbarkeit der Haftungsbegrenzung für den Dritten gegeben sein muss. Während häufig die bindende Wirkung der Haftungsbegrenzung auch für Dritte insb. nach dem Rechtsgedanken des § 334 BGB und dem Grundsatz von Treu und Glauben nach § 242 BGB bejaht wird,[331] wird auch auf den konkreten Einzelfall abgestellt und die Haftungsbegrenzung als dispositiv und abdingbar angesehen.[332]

VII. Konsortialvertrag

268 Der Konsortialvertrag wird zwischen dem Konsortialführer und den anderen Mitgliedern des Konsortiums abgeschlossen und enthält Regelungen über die internen Beziehungen der Konsortialmitglieder zueinander sowie eine Regelung der Aufgabenverteilung im Außenverhältnis und zum Emittenten. Der Emittent ist nicht Partei des Konsortialvertrages. Das Bankenkonsortium begründet eine **Gesellschaft bürgerlichen Rechts**, wobei die dispositiven Regelungen der §§ 705 ff. BGB weitgehend abbedungen sind.[333]

269 Der Konsortialvertrag stellt die Transaktionsstruktur im Detail dar und geht dabei insb. auf die geplanten Kapitalmaßnahmen, die Art der vorgesehenen Aktienplatzierung (öffentliches Angebot und Privatplatzierung), die Ausgestaltung des Friends-&-Family-Programms sowie die Mehrzuteilungsoption und das Platzierungsverfahren (Bookbuilding, Festpreis oder Auktion) ein. Weiterhin enthält er Angaben zum vorgesehenen Zeitplan mit Ausführungen zur Zeichnungsfrist, zum Bookbuilding, zur Roadshow, zum Pre-Marketing und zur Verteilung von Research Reports, zur Festsetzung des Preisrahmens und des Platzierungspreises sowie zum Zuteilungsverfahren und den vorgeschlagenen Zuteilungskriterien, häufig auch zur Abwicklung und Lieferbarkeit. Besonders bedeutsam sind die Regelungen des Konsortialvertrages zur Übernahme der Aktien, zur Verteilung der Provisionen und zur Durchführung von **Stabilisierungsmaßnahmen**. In aller Regel verpflichtet sich nur der Konsortialführer (oder die globalen Koordinatoren anteilig) zur **Zeichnung und Übernahme** der Aktien im Rahmen der Kapitalerhöhung des Emittenten, er verpflichtet sich aber gegenüber den anderen Konsortialbanken, diesen die ihrer Quote entsprechenden Aktien zur Platzierung zur Verfügung zu stellen. Dementsprechend enthält der Konsortialvertrag auch eine Festlegung der vorgesehenen Quotenverteilung innerhalb des Konsortiums, der zufolge sich die Konsortialbanken jeweils zur Übernahme der entsprechenden Aktien vom Konsortialführer bzw. den globalen Koordinatoren verpflichten, sowie die Bezeichnung der Stellung der jeweiligen Konsortialbanken im Konsortium (zB globaler Koordinator, Lead-Manager, Co-Lead-Manager, Manager). Für das Bankenkonsortium werden idR die gesamtschuldnerische Haftung sowie das Eigentum zur gesamten Hand und das Miteigentum nach Bruchteilen ausgeschlossen und jede

---

[331] Vgl. *H. P. Müller* in FS Forster 1992, S. 451, 468, 469; *Streck* StB 1991, 98; *Adolff* S. 183, 184.

[332] Vgl. BGH X ZR 144/94, NJW 1998, 1059 (1061); wohl ebenso *Ebke/Scheel* WM 1991, 389 (395); *Hopt* NJW 1987, 1745 (1746). Allgemein zur Möglichkeit des Ausschlusses von Einwendungen gem. § 334 BGB BGH III ZR 50/94, NJW 1995, 392; III ZR 50/94, DB 1995, 209 (211); VII ZR 63/84, BGHZ 93, 271 (275).

[333] Vgl. *de Meo* S. 45 ff., 110 ff., 146 ff.; Habersack/Mülbert/Schlitt/*Schücking* § 32 Rn. 35 f.

Konsortialbank erwirbt in Höhe ihrer jeweiligen Konsortialquote die entsprechende Zahl der Aktien zum Alleineigentum.[334]

Ziel der Beschränkung der Haftung jedes Konsortialmitglieds auf die jeweilige Konsortialquote ist der Ausschluss der gesamtschuldnerischen Haftung aller Konsortialmitglieder gem. § 427 BGB. Der BGH[335] lehnt die Möglichkeit der schuldvertraglichen Abdingung der **gesamtschuldnerischen Haftung** des Konsortiums als Gesellschaft bürgerlichen Rechts im Falle seiner Einschaltung im Rahmen eines mittelbaren Bezugsrechts auf Mitgliedschaftsrechte gem. § 185 Abs. 3 AktG ab, wenn die Kapitalerhöhung im Handelsregister eingetragen wurde, da das Konsortium als Gesamthandsgemeinschaft Aktionär des Emittenten wird und andernfalls die Grundsätze der Kapitalaufbringung und -erhaltung verletzt werden würden. Die Literatur[336] hält demgegenüber für die Beachtung der Grundsätze der Kapitalerhaltung eine quotale Haftung der Konsortialmitglieder im Außenverhältnis für ausreichend[337] bzw. auch diese proratische Haftung für abdingbar.[338] Die bei Kapitalerhöhungen vom BGH angenommene gesamtschuldnerische Haftung aller Konsortialbanken kann jedoch dadurch vermieden werden, dass die Zeichnung der neuen Aktien aus der Kapitalerhöhung durch jedes Konsortialmitglied getrennt ggf. unter Ausstellung mehrerer Globalurkunden durchgeführt wird und nicht durch das Konsortium.[339]

Die **Provisionsregelung** enthält genaue Ausführungen zur Höhe der mit dem Emittenten vereinbarten Provisionen und zur Erstattung der dem Bankenkonsortium entstehenden Kosten, die Aufteilung der Provisionen in Verkaufs-, Garantie- und Managementprovision sowie die Regelungen über eine etwaige Vorabberechtigung des Konsortialführers („Praecipium") und die Berechtigung der einzelnen Konsortialbanken auf die jeweiligen Provisionselemente. Schließlich enthält der Konsortialvertrag Regelungen über Kurspflege- und Stabilisierungsmaßnahmen, deren Durchführung üblicherweise durch den Konsortialführer auf Kosten des Konsortiums erfolgt. Die **Stabilisierungsmaßnahmen** dienen zur Vermeidung von nach Platzierung der Aktien erfolgenden großen Kursausschlägen, die durch Platzierung von Aktien oder eine zu hohe Nachfrage nach Aktien entstehen können. Die Zulässigkeit von Stabilisierungsmaßnahmen bestimmt sich in Deutschland nach Art. 5 Abs. 4 MAR (s. Rn. 284 ff.) und ist in ausländischen Rechtsordnungen wie zB Großbritannien[340] und den Vereinigten Staaten von Amerika[341] ebenfalls detailliert geregelt.

---

[334] Eine entsprechende Klausel enthält idR auch der Übernahmevertrag.
[335] Vgl. BGH II ZR 277/90, WM 1992, 1225 (Beton- und Monierbau); II ZR 29/94, WM 1995, 1409.
[336] Vgl. *Schwintowski/Schantz* BankR § 22 Rn. 73 ff.; *Timm/Schöne* ZGR 1994, 113 (122 ff.); *Hopt* Rn. 53; Marsch-Barner/Schäfer/Meyer § 8 Rn. 193, 194.
[337] Vgl. *Schwintowski/Schantz* BankR § 22 Rn. 73 ff.; *Timm/Schöne* ZGR 1994, 113 (122 ff.); *Hopt* Rn. 53; aA *Singhof* Die Außenhaftung von Emissionskonsortien für Aktieneinlagen 1998, S. 169 ff., 224.
[338] Vgl. *Groß* AG 1993, 108 (116 ff.).
[339] Vgl. *Timm/Schöne* ZGR 1994, 113 (122, 143); *Schanz* § 9 Rn. 37 Fn. 76; Habersack/Mülbert/Schlitt/*Schücking* § 32 Rn. 50 f.
[340] Vgl. Section 21 FSMA.
[341] Vgl. Rule 104 Regulation M des Securities Act; 17 C. F. R. §§ 242.100–105.

VIII. Marktschutzvereinbarung[342]

272 Der Übernahmevertrag enthält idR zum Schutz der Zeichner der Aktien des Emittenten eine vertragliche Verpflichtung des Emittenten und der Altaktionäre der Gesellschaft, während eines bestimmten Zeitraums in Bezug auf den Emittenten bestimmte Kapitalmaßnahmen nicht durchzuführen und in Bezug auf die Altaktionäre keine Aktien abzugeben und bestimmte andere Handlungen nicht vorzunehmen. Dieser Zeitraum dauert typischerweise zwischen 6 und 24 Monaten. **Marktschutzvereinbarungen** sind auch im Wertpapierprospekt anzugeben.[343]

273 Die **Zulässigkeit** bestimmter Ausgestaltungen von Marktschutzvereinbarungen des Emittenten wird häufig in Frage gestellt.[344] Zum einen habe der Vorstand als Unterzeichner der Marktschutzvereinbarung bzw. des Übernahmevertrages als Organ nur für den Beschluss über die Ausübung des genehmigten Kapitals, nicht aber für die Beschlussfassung über eine ordentliche Kapitalerhöhung Organkompetenz, für den die Hauptversammlung nach § 182 AktG zuständig sei. Außerdem könne sich eine Aktiengesellschaft nicht ihrer **Entscheidungsfreiheit** zur Vornahme von Kapitalmaßnahmen begeben bzw. durch rechtsgeschäftliche Vereinbarungen die Durchführung von Kapitalerhöhungen von der Zustimmung Dritter abhängig machen.

274 Demgegenüber werden von diesen Literaturmeinungen[345] Marktschutzvereinbarungen, durch die sich die Gesellschaft nur **verpflichtet**, im Rahmen von Kapitalmaßnahmen geschaffene Aktien innerhalb eines bestimmten Zeitraums **nicht öffentlich anzubieten** oder nicht im Wege einer breiten Streuung in den Kapitalmarkt einzuführen, als zulässig angesehen, da bei derart ausgestalteten Vereinbarungen die berechtigten Interessen der Konsortialbanken und der Anleger an stabilen Kursen und der Durchführung von Kurspflegemaßnahmen, somit der Schutz des Kapitalmarktes, vor dem mit einem weiteren öffentlichen Angebot verbundenen Druck auf den Aktienkurs im Vordergrund stehen und nicht die Beschränkung der Gesellschaft im Zusammenhang mit ihr zwingend zugewiesenen Entscheidungen.

275 Teilweise wird die Reichweite derartiger Marktschutzvereinbarungen dadurch eingeschränkt, dass die Zustimmung der Konsortialbanken nur **aus wichtigem Grund** verweigert werden darf oder bestimmte Maßnahmen, zB die Durchführung von Kapitalerhöhungen gegen Sacheinlagen oder die Übertragung von Altaktien an Anleger, die zur Abgabe einer korrespondierenden Marktschutzvereinbarung für die Restlaufzeit der bestehenden Marktschutzvereinbarung bereit sind, von der Vereinbarung ausgenommen werden. Marktschutzvereinbarungen der abgebenden Altaktionäre sind dagegen rechtlich unproblematisch.

---

[342] Sog. Lock-up-Erklärung.
[343] Anhang III Nr. 7.3 ProspV.
[344] Vgl. Habersack/Mülbert/Schlitt/*Singhof/Weber* § 4 Rn. 38; Marsch-Barner/Schäfer/*Meyer* § 8 Rn. 98 ff.; *Fleischer* WM 2002, 2305; *Bungert/Wansleben* ZIP 2013, 1841; *König* NZG 2013, 452; *Picot/Land* DB 1999, 570 (573); *Technau* AG 1998, 445 (457); Zur Unzulässigkeit der vertraglichen Verpflichtung einer Aktiengesellschaft zur Nichtdurchführung von Kapitalerhöhungen LG München I 5 HK O 20488/11, ZIP 2012, 2445; OLG München 7 AktG 2/12, ZIP 2012, 2439.
[345] Vgl. *Technau* AG 1998, 445 (456).

IX. Sonstiges

1. Gesellschaftsrechtliche Dokumente und Maßnahmen

Die Durchführung eines Börsengangs bedarf uU einer Vielzahl von vorbereitenden gesellschaftsrechtlichen Maßnahmen, die von einem Rechtsformwechsel in eine börsenfähige Aktiengesellschaft oder Kommanditgesellschaft auf Aktien über Spaltungs- oder Einbringungsvorgänge bis zu umfangreichen Restrukturierungsmaßnahmen reichen können. Im Rahmen der Legal Due Diligence können eine Vielzahl gesellschaftsrechtlicher Probleme, wie zB verschleierte Sacheinlagen, verdeckte Gewinnausschüttungen oder nachgründungspflichtige Vorgänge[346] auftreten, die auch nach der Änderung des § 52 AktG weiterhin bei Geschäften mit bestimmten Altaktionären bedeutsam bleiben. Eine sinnvolle gesellschaftsrechtliche Maßnahme kann auch eine Kapitalerhöhung aus Gesellschaftsmitteln durch Umwandlung von Rücklagen gem. §§ 207 ff. AktG zur Schaffung einer für den Börsengang ausreichenden Höhe des Grundkapitals sein, die eine marktübliche „Gewichtung" des Börsenkurses der Aktie gewährleistet.

Die Schaffung einer für eine börsennotierte Aktiengesellschaft **geeigneten Satzung** mit klaren Regelungen hinsichtlich der Aufgabentrennung zwischen Vorstand, Aufsichtsrat und Hauptversammlung erfolgt ebenfalls im Vorfeld des Börsengangs. Hierbei ist insb. auf eine ausreichende Ausstattung des Emittenten mit genehmigtem Kapital gem. §§ 202 ff. AktG und bedingtem Kapital gem. §§ 192 ff. AktG zu achten, um der Gesellschaft ohne die Durchführung einer weiteren (außerordentlichen) Hauptversammlung zB die Akquisition von Unternehmen durch Kapitalerhöhungen gegen Sacheinlagen, also die Verwendung von Aktien als Akquisitionswährung („Acquisition Currency"), und die Ausgabe von Aktien unter Mitarbeiterbeteiligungsprogrammen zu ermöglichen.

Der **Ausschluss des Bezugsrechts** ist nur zulässig, wenn die formellen und materiellen Voraussetzungen für einen Bezugsrechtsausschluss vorliegen, wobei ein erleichterter Bezugsrechtsausschluss gem. § 203 Abs. 1 Satz 1 iVm § 186 Abs. 3 Satz 4 AktG zulässig ist, wenn die Kapitalerhöhung gegen Bareinlagen 10% des Grundkapitals nicht übersteigt und der Ausgabebetrag den Börsenkurs nicht wesentlich unterschreitet. Maßgeblich ist hierbei nach üM[347] der Zeitpunkt der Eintragung des genehmigten Kapitals in das Handelsregister, nicht der Zeitpunkt des Hauptversammlungsbeschlusses. Die Grenze des zulässigen Abschlags ist streitig und liegt nach wohl hM bei einem Regelabschlag von 3% bis zu einer Obergrenze von 5%,[348] wobei für die Ermittlung des Börsenpreises idR eine Durchschnittsdauer von fünf Börsentagen genügen soll.[349] Es ist streitig,[350] ob § 255 Abs. 2 AktG neben § 186

---

[346] Vgl. *Hüffer/Koch* AktG § 52 Rn. 1 ff.; *Knott* BB 1999, 806; *Witte/Wunderlich* BB 2000, 2213; *Werner* NZG 2000, 231; *Zimmer* DB 2000, 1265.

[347] Vgl. *Hüffer/Koch* AktG § 203 Rn. 10a; *Ihrig/Wagner* NZG 2002, 657; *Groß* DB 1994, 2431. Zur Stufenermächtigung OLG München 7 U 6319/95, AG 1996, 518; *Trapp* AG 1997, 115.

[348] Vgl. Habersack/Mülbert/Schlitt/*Krause* § 7 Rn. 32; *Seibt* CFL 2/2011, 74 ff.; *Schlitt/Schäfer* AG 2005, 67; *Martens* ZIP 1992, 1677 (1687); *Trapp* AG 1997, 115 (119); *Schwark* in FS Claussen S. 352, 372. Dazu auch *Marsch-Barner* AG 1994, 532 (537); *Hüffer/Koch* AktG § 186 Rn. 39d; für eine Höchstgrenze von 3% *Lutter* AG 1994, 429 (442).

[349] Vgl. Habersack/Mülbert/Schlitt/*Krause* § 7 Rn. 32; *Hüffer/Koch* AktG § 186 Rn. 39d; *Lutter* AG 1994, 425 (442); aA *Marsch-Barner* AG 1994, 532 (536); *Trapp* AG 1997, 119 (120); *Seibt* CFL 2/2011, 74 ff.; *Schlitt/Schäfer* AG 2005, 67; Kölner Komm./*Ekkenga* § 186 Rn. 158 ff.

[350] Vgl. für die Anwendung *Marsch-Barner* AG 1994, 532 (537); *Hüffer/Koch* AktG § 186 Rn. 39e; *Hirte* WM 1997, 1001; für die Nichtanwendung Kölner Komm./*Ekkenga* § 186

Abs. 3 Satz 4 AktG Anwendung findet. Der Bezugsrechtsausschluss ist bereits in der Hauptversammlung zulässig, in der Praxis wird die Entscheidung über den Ausschluss des Bezugsrechts jedoch idR dem Vorstand mit Zustimmung des Aufsichtsrats übertragen.[351] Mit Ausnahme des vereinfachten Bezugsrechtsausschlusses bedarf es zur Zulässigkeit des Bezugsrechtsausschlusses neben dem Vorliegen der formellen Voraussetzungen weiterhin einer vom BGH[352] entwickelten materiellen Rechtfertigung, dh einer **sachlichen Rechtfertigung** nach einer Mittel-Zweck-Abwägung. Eine Börseneinführung kann einen Bezugsrechtsausschluss ua rechtfertigen, wenn die erforderliche Aktienzahl nur so zur Verfügung gestellt werden kann und die Aktiengesellschaft sachliche, die Interessen der Altaktionäre überwiegende Gründe, wie zB eine langfristige Erschließung des Kapitalmarkts, hat.[353] Auch die Zulassung einer größeren deutschen Aktiengesellschaft zum Handel an einer ausländischen Börse im Rahmen einer Auslandsplatzierung oder die Erweiterung ihrer Präsenz an ausländischen Finanzmärkten, an denen die Aktien bereits zum Börsenhandel zugelassen sind, liegt grds. in deren sachlichem Interesse.[354]

279 Für die sachliche Rechtfertigung des Bezugsrechtsausschlusses ist nach jetzt hM eine **allgemeine oder abstrakte Umschreibung** der beabsichtigten Maßnahmen ohne Angabe des konkreten Vorhabens ausreichend, wenn sie im wohlverstandenen Interesse der Gesellschaft liegt.[355]

280 Abgesehen vom Sonderfall der reinen Umplatzierung von Altaktien ohne Mittelzufuhr für die Gesellschaft wird für den Börsengang idR eine Kapitalerhöhung gegen Bareinlagen unter Bezugsrechtsausschluss durchgeführt. Diese Kapitalmaßnahme wird im Regelfall durch eine Hauptversammlung beschlossen, die neuen Aktien können aber auch durch einen Beschluss des Vorstands mit Zustimmung des Aufsichtsrats aus genehmigtem Kapital geschaffen werden. Handelt es sich um einen kleinen Kreis von Altaktionären, wird idR die Durchführung einer ggf. außerordentlichen Hauptversammlung bevorzugt, da dadurch das nur bis zur Hälfte des Grundkapitals zulässige genehmigte Kapital unberührt bleibt und die Gesellschaft dadurch eine größere Unabhängigkeit erhält. Im Regelfall beschließt die Hauptversammlung die Erhöhung des Grundkapitals gegen Ausgabe neuer Aktien zum (rechnerischen) Nennbetrag unter Ausschluss der Bezugsrechte mit der Verpflichtung des Konsortialführers, die Differenz zwischen dem (rechnerischen) Nennbetrag und dem Bezugspreis (sog. Emissionspreis) der platzierten Aktien im Rahmen einer **Mehrerlösklausel** aufgrund der **schuldrechtlichen Verpflichtungen** im Übernahmevertrag an den Emittenten abzuführen.[356] Durch die nach hM[357] zulässige Zeichnung zum (rechnerischen) Nennbetrag besteht zum einen

---

Rn. 163 ff.; *Hoffmann-Becking* in FS Lieberknecht S. 29. Vgl. auch KG 23 U 6712/99, ZIP 2001, 2178.

[351] Vgl. § 203 iVm § 186 Abs. 3 Satz 4 AktG.

[352] Vgl. BGH II ZR 142/76, BGHZ 71, 40. Zum Bezugsrechtsausschluss allgemein *Hüffer/Koch* § 186 Rn. 20 ff.; Habersack/Mülbert/Schlitt/*Krause* § 7 Rn. 36 ff.

[353] Vgl. *Hüffer/Koch* AktG § 186 Rn. 31.

[354] Vgl. BGH II ZR 52/93, BGHZ 125, 239 (Deutsche Bank); *Hüffer/Koch* AktG § 186 Rn. 31; Habersack/Mülbert/Schlitt/*Krause* § 7 Rn. 48; *Bungert* WM 1999, 1.

[355] BGH II ZR 132/93, BGHZ 136, 133 (Siemens/Nold); Habersack/Mülbert/Schlitt/*Krause* § 7 Rn. 49 ff.; *Bungert* NJW 1998, 488; *Volhard* AG 1998, 397; *Lutter* JZ 1998, 50.

[356] Vgl. Marsch-Barner/Schäfer/*Busch* § 42 Rn. 16, 17; *Schanz* § 9 Rn. 65 ff.; *Picot/Land* DB 1999, 570.

[357] Vgl. Marsch-Barner/Schäfer/*Busch* § 42 Rn. 16; *Schanz* § 9 Rn. 65 ff.; *Technau* AG 1998, 445; *Hoffmann-Becking* in FS Lieberknecht S. 25, 33; *Groß* DB 1994, 2431 (2433); *Picot/Land* DB 1999, 570 (572); aA *Schippel* in FS Steindorff S. 249, 256; *Immenga* in FS Beusch S. 413, 417.

ein größerer Handlungsspielraum bei der Festlegung des Platzierungspreises, zum anderen wäre bei der Zeichnung über dem (rechnerischen) Nennbetrag das darüber liegende Aufgeld („Agio") bereits vor Anmeldung der Kapitalerhöhung vollständig einzuzahlen[358] und würde die Risikoposition der Konsortialbanken deutlich verschlechtern und eine Zwischenfinanzierung des Betrages erfordern.

Nach üM[359] darf der Vorstand des Emittenten die Festsetzung des Bezugspreises **281** nicht einseitig dem Konsortialführer überlassen. Vielmehr bedarf die Festsetzung des Bezugspreises jedenfalls bei Vorliegen eines Bezugsrechtsausschlusses als Bedingung der Aktienausgabe iSd § 204 AktG gem. § 204 Abs. 1 Satz 2 AktG auch der **Zustimmung des Aufsichtsrats**. Nach wohl üM[360] darf der Aufsichtsratsbeschluss die Festsetzung des Börsenpreises nicht in das freie Ermessen des Vorstandes stellen, jedoch gem. § 204 AktG dem Vorstand eine gewisse Bandbreite vorgeben, innerhalb der der Vorstand den Bezugspreis festzusetzen hat, wenn durch die Anwendung des Bookbuildingverfahrens sichergestellt ist, dass der Vorstand mit Hilfe der Emissionsbanken den höchstmöglichen am Markt erzielbaren Bezugspreis für die neuen Aktien vor dessen Festsetzung ermittelt und sich die endgültige Festsetzung am Ergebnis des Bookbuildingverfahrens orientiert. Durch die aufgrund vorher festgelegter abstrakter Kriterien erfolgende Ermittlung des Emissionspreises wird nach dieser Auffassung der Aufsichtsrat seiner **Überwachungsfunktion** gerecht. Eine abweichende Ansicht[361] lehnt dies unter Hinweis auf die Kontrollfunktion des Aufsichtsrats und § 114 Abs. 4 AktG ab, da die Zustimmung zu Geschäften des Vorstandes in Form einer generellen Zustimmung nur möglich sei, wenn der Aufsichtsrat die grundsätzliche Zustimmungspflicht nach § 114 Abs. 4 Satz 2 AktG selbst eingeführt hat, nicht jedoch, wenn die Zustimmungspflicht des Aufsichtsrats wie im vorliegenden Fall kraft Gesetzes bestehe.

Ein Börsengang ist im Regelfall mit einer Aufnahme neuen Kapitals verbunden **282** und bedarf insoweit in den Hauptgestaltungsformen entweder eines **Beschlusses der Hauptversammlung** der Gesellschaft zur Erhöhung des Grundkapitals gegen Bareinlagen nach § 182 AktG oder der Schaffung eines zu diesem Zweck bestimmten genehmigten Kapitals nach § 202 AktG, jeweils verbunden mit einem Ausschluss des Bezugsrechts nach § 186 Abs. 3 AktG.[362] In dem Beschluss über den Ausschluss des Bezugsrechts liegt ausdrücklich oder jedenfalls konkludent eine Zustimmung zum vorgesehenen Börsengang.[363] Sofern im Einzelfall im Vorfeld eines Börsengangs eine Satzungsänderung erforderlich ist, bedarf es nach § 119 Abs. 1 Nr. 5, § 179 Abs. 1 AktG eines Beschlusses der Hauptversammlung; wenn mit dem Börsengang eine wesentliche Strukturänderung verbunden ist, ist nach den Grundsätzen der Holzmüller-Rechtsprechung[364] ebenfalls ein Hauptversamm-

---

[358] § 188 Abs. 2 Satz 1 iVm § 36a Abs. 1 AktG.

[359] Vgl. Kölner Komm./*Ekkenga* § 186 Rn. 241; *Technau* AG 1998, 445 (450); *Picot/Land* DB 1999, 570 (574); *Busch* WM 2001, 1277 (1279).

[360] Vgl. *Marsch-Barner* AG 1994, 537; *Groß* DB 1994, 2431 (2435); *Picot/Land* DB 1999, 570 (574); enger *Trapp* AG 1997, 115 (119).

[361] Vgl. *Hoffmann-Becking* in FS Lieberknecht S. 38, 39.

[362] Zur Zulässigkeit eines Bezugsrechtsausschlusses zum Zwecke des Börsengangs *Hüffer/Koch* AktG § 186 Rn. 31, Habersack/Mülbert/Schlitt/*Krause* § 7 Rn. 19 f.; Kölner Komm./*Ekkenga* § 186 Rn. 106.

[363] Vgl. zB *Lutter* in FS Zöllner S. 363, 379; *Claussen* WM 1996, 609 (618); *Trapp/Schick* AG 2001, 381.

[364] BGH II ZR 174/80, BGHZ 83, 122. Vgl. auch „Gelatine"-Entscheidung des BGH II ZR 155/02, AG 2004, 384.

lungsbeschluss erforderlich. Ist nach den vorstehend dargestellten Umständen keine Mitwirkung der Hauptversammlung erforderlich, ist die Entscheidung über einen Börsengang wegen Fehlens einer andersartigen Kompetenzzuweisung nach üM[365] gem. §§ 76, 78 AktG eine **Geschäftsführungsmaßnahme des Vorstandes**. Nach einer anderen Ansicht[366] wird dagegen insbes. wegen der Annahme einer Grundlagenentscheidung und den damit verbundenen Auswirkungen auf die Mitgliedschaftsrechte und Vermögensinteressen der Aktionäre unter Hinweis auf die Holzmüller-Doktrin die Zustimmung der Hauptversammlung als erforderlich angesehen. Deshalb ist es in der Praxis zu empfehlen,[367] vorsorglich einen Hauptversammlungsbeschluss über den Börsengang herbeizuführen. Es ist umstritten, ob hierfür eine einfache Mehrheit ausreichend ist[368] oder eine Mehrheit von Dreiviertel des vertretenen Kapitals erforderlich ist.[369] Wird die Beschlussfassung mit dem Ausschluss des Bezugsrechts im Rahmen der für den Börsengang erforderlichen Kapitalerhöhung verbunden, ist gem. § 186 Abs. 3 Satz 2 AktG eine Mehrheit, die mindestens Dreiviertel des bei der Beschlussfassung vertretenen Grundkapitals umfasst, erforderlich. Die von der Gesellschaft im Rahmen des Börsengangs abzuschließenden Verträge, insb. der Übernahmevertrag, sowie die im Rahmen des Börsenzulassungsverfahrens zu stellenden Anträge und weitere Entscheidungen wie die Festlegung der Bookbuildingspanne und des Emissionspreises stellen **Geschäftsführungsmaßnahmen** des Vorstands dar.[370]

283 Im Falle der **Börseneinführung einer Tochtergesellschaft** eines Unternehmens stellt sich einerseits die Frage nach dem Erfordernis der Zustimmung der Hauptversammlung der Muttergesellschaft und andererseits nach dem Bestehen eines Bezugs- oder Vorerwerbsrechts für die Aktionäre der Muttergesellschaft. Überwiegend[371] wird beim Börsengang einer Tochtergesellschaft die **Zustimmung der Hauptversammlung** verlangt, sofern im konkreten Einzelfall eine

[365] Vgl. Habersack/Mülbert/Schlitt/*Singhof/Weber* § 4 Rn. 56 ff.; *Hüffer/Koch* AktG § 119 Rn. 23; MünchKomm. AktG/Bd. 3/*Kubis* § 119 Rn. 84; Großkomm. AktG § 119 Rn. 130 ff.; *Claussen* WM 1996, 609 (618); *Halasz/Kloster* ZBB 2001, 474; *Schanz*, § 6 Rn. 51 ff. Für diese Ansicht spricht auch der sog. Frosta-Beschluss des BGH, in dem der BGH das Erfordernis eines Hauptversammlungsbeschlusses für einen Rücktritt von der Wertpapierbörse (sog. Delisting) verneint hat.
[366] Vgl. *Lutter* Handbuch der Konzernfinanzierung 1998, Rn. 9.56; *Lutter* in FS Zöllner S. 378 ff.; *Lutter/Leinekugel* ZIP 1998, 805 (806); *Lutter/Drygalla* in FS Raisch 1995, S. 239, 240; *Vollmer/Grupp* ZGR 1995, 459 (466); *Grupp* Börseneintritt und Börsenaustritt 1995, S. 146 ff.; *Becker/Fett* WM 2001, 549 (550).
[367] Ebenso Habersack/Mülbert/Schlitt/*Singhof/Weber* § 4 Rn. 57; *Schanz* § 6 Rn. 57; *Picot/Land* DB 1999, 570 (571); *Schlüter* Wertpapierhandelsrecht 2000, S. 291.
[368] So zB *Vollmer/Grupp* ZGR 1995, 459 (466); *Grupp* Börseneintritt und Börsenaustritt 1995, S. 156 ff.; *Lutter* Handbuch der Konzernfinanzierung 1998, Rn. 9.56.
[369] So zB *Lutter/Leinekugel* ZIP 1998, 805 (806). Auch *Picot/Land* DB 1999, 570 (571) empfiehlt eine Beschlussfassung mit mindestens drei Viertel des vertretenen Kapitals. Für satzungsändernde Mehrheit *Lutter* in FS Zöllner 1988, S. 363, 378; *Lutter/Drygalla* in FS Raisch 1995, S. 239, 240.
[370] Vgl. *Trapp/Schick* AG 2001, 381 (382); *Picot/Land* DB 1999, 570 (571); *Lutter/Drygalla* in FS Raisch 1995, S. 239, 245.
[371] Vgl. *Lutter* AG 2000, 342 (343); *Lutter/Scheffler/Schneider* Handbuch der Konzernfinanzierung 1998, Rn. 9.55–57; *Trapp/Schick* AG 2001, 381 (388); sa Semler/Volhard/Unternehmensübernahmen/*Schlitt/Hutter* § 23 Rn. 139, 141; MünchKomm. AktG/Bd. 3/*Kubis* § 119 Rn. 85; Großkomm. AktG § 119 Rn. 136, 137; *Busch/Groß* AG 2000, 503 (506, 507); *Becker/Fett* WM 2001, 519 (553); sa Marsch-Barner/Schäfer/*Meyer* § 8 Rn. 47; Habersack/Mülbert/Schlitt/*Singhof/Weber* § 4 Rn. 67 ff.; dazu auch § 5 Rn. 38.

strukturverändernde Grundlagenentscheidung nach den Grundsätzen der Holzmüller-Rechtsprechung vorliegt und die Tochtergesellschaft im Verhältnis zum Gesamtkonzern wesentliche Bedeutung hat. Im Falle einer Börseneinführung von Tochtergesellschaften eines Unternehmens besteht nach hM[372] keine Verpflichtung, den Aktionären der Muttergesellschaft ein Bezugs- oder Vorerwerbsrecht auf die Aktien der Tochtergesellschaft einzuräumen. Ein derartiges **Bezugs- oder Vorerwerbsrecht** ergibt sich nach üM[373] weder aus § 186 AktG noch aus den Grundsätzen der sog. Holzmüller-Entscheidung,[374] einer weiten Auslegung dieser Rechtsprechung oder aus einer Treuepflicht der Gesellschaft gegenüber den Aktionären. Nach Auffassung des BGH bedarf eine Ausgliederung, die einen schwerwiegenden Eingriff in die Aktionärsrechte bewirkt, eines Hauptversammlungsbeschlusses. Danach ist eine Muttergesellschaft bei der Ausgliederung des wertvollsten Teils des Betriebsvermögens auf eine Tochtergesellschaft ihren eigenen Aktionären gegenüber verpflichtet, für Kapitalerhöhungen in der Tochtergesellschaft die Zustimmung der Hauptversammlung der Muttergesellschaft einzuholen, wenn die Hauptversammlung der Ausgliederung nicht zugestimmt hat.

Die **Mehrzuteilungsoption** („Greenshoe" oder „Over-Allotment-Option")[375] gewährt dem Konsortialführer eine Kaufoption, während eines Zeitraums von idR 30 Tagen nach Zuteilung der Aktien weitere Aktien in Höhe von idR 15% des Platzierungsvolumens zum Emissionspreis zu erwerben. Sie wird von der Gesellschaft aus neuen Aktien oder von einem oder mehreren Altaktionären aus Altaktien gewährt und dient primär zur Marktstabilisierung. Die Zulässigkeit von **Stabilisierungsmaßnahmen** bestimmt sich nach Art. 5 Abs. 4 MAR. Das in Art. 15 MAR enthaltene Verbot der Marktmanipulation **gilt nicht** für den Handel mit Wertpapieren zur Stabilisierung des Kurses von Wertpapieren, wenn (a) die Dauer der Stabilisierungsmaßnahmen begrenzt ist, (b) relevante Informationen zur Stabilisierung offengelegt und der zuständigen Behörde des Handelsplatzes gemeldet werden, (c) in Bezug auf den Kurs angemessene Grenzen eingehalten werden und (d) ein solcher Handel den Bedingungen für die Stabilisierung gemäß den technischen Regulierungsstandards entspricht.[376] Emittenten, Bieter oder Unternehmen,

---

[372] Vgl. Habersack/Mülbert/Schlitt/*Singhof/Weber* § 4 Rn. 68; Marsch-Barner/Schäfer/*Meyer* § 8 Rn. 46 ff.; *Busch/Groß* AG 2000, 503; *Habersack* WM 2001, 545; *Trapp/Schick* AG 2001, 381; *Becker/Fett* WM 2001, 549; AA *Lutter* AG 2000, 342; *ders.* AG 2001, 349. Siehe auch *Schanz* § 15 Rn. 44 ff.; *Lüders/Wulff* BB 2001, 1209.

[373] Im Falle des Börsengangs der Nordex AG im März 2001 wurde bestimmten Aktionären ein Recht auf bevorzugten Erwerb gewährt. Vgl. auch *Busch/Groß* AG 2000, 503; *Habersack* WM 2001, 545; *Becker/Fett* WM 2001, 549; *Lüders/Wulff* BB 2001, 1209; *Hirte* Bezugsrechtsausschluss und Konzernbildung 1986, S. 187; *Heinsius* ZGR 1984, 383 (401); *Timm* AG 1980, 172 (183 ff.); *Götz* AG 1994, 85; aA *Martens* ZHR 1983, 377 (410 ff.). Zum Fehlen der Existenz eines Vor-Erwerbsrechts (Zuteilungsprivilegs) *Becker/Fett* WM 2001, 549; Marsch-Barner/Schäfer/*Meyer* § 8 Rn. 46 ff.; Habersack/Mülbert/Schlitt/*Singhof/Weber* § 4 Rn. 73.

[374] Vgl. BGH II ZR 174/80, BGHZ 83, 122.

[375] Der Name stammt von der US-amerikanischen Firma Greenshoe Manufacturing Co., Boston (USA), die erstmals diese Emissionstechnik verwendet hat. Vgl. Habersack/Mülbert/Schlitt/*Singhof/Weber* § 4 Rn. 84, 85; Habersack/Mülbert/Schlitt/*Feuring/Berrar* § 39 Rn. 51 ff.; *Schanz* § 10 Rn. 159 ff.; *Hein* WM 1996, 1 ff.; *Groß* ZHR 1998, 318; *Harrer/Heidemann* DStR 1999, 254.

[376] Vgl. Art. 5 Abs. 4 MAR. Vgl. auch ESMA Draft technical standards on the Market Abuse Regulation (Final Report 28.9.2015) Rn. 37 ff.; *Poelzig* NZG 2016, 528. Die Verordnung (EG) Nr. 2273/2003 der Kommission vom 22. 12.2003 zur Durchführung der Richtlinie 2003/6/EG des Europäischen Parlaments und des Rates – Ausnahmeregelungen

die die Stabilisierungsmaßnahme durchführen, müssen der zuständigen Behörde des Handelsplatzes spätestens am Ende des siebten Handelstags nach dem Tag der Ausführung dieser Maßnahmen die Einzelheiten sämtlicher Stabilisierungsmaßnahmen mitteilen.[377]

285 Wird die Option von der Gesellschaft gewährt, erfolgt die Erfüllung der Option aus genehmigtem Kapital[378] unter Ausschluss des Bezugsrechts gem. § 203 iVm § 186 Abs. 3 Satz 4 AktG und es ist nach der Notierungsaufnahme eine weitere Kapitalmaßnahme erforderlich. Die aus der Mehrzuteilungsoption stammenden Aktien werden idR zum Zeitpunkt der Zuteilung zusätzlich zugeteilt und im Wege einer **Wertpapierleihe** unentgeltlich von Altaktionären zur Verfügung gestellt. Alternativ gibt es die Möglichkeit einer Verlängerung der Lieferfrist für (institutionelle) Aktionäre, die im Rahmen der Zuteilung Aktien erhalten sollen („deferred settlement"). Nach üM[379] ist für die nach § 186 Abs. 3 Satz 4 AktG zu beurteilende Zulässigkeit des Bezugsrechtsausschlusses für die Mehrzuteilungsoption der **Zeitpunkt der Beschlussfassung des Vorstandes** (und Aufsichtsrats) und nicht der Zeitpunkt der Zeichnung der neuen Aktien durch Ausübung der Option maßgeblich, da dieser Zeitpunkt für die Gefahr einer Kursverwässerung ohne Bedeutung ist. Das **Kammergericht**[380] hat im Jahr 2006 entschieden, dass der Beschluss der Hauptversammlung, mit dem der Vorstand einer Aktiengesellschaft ermächtigt wird, zur Erfüllung einer Mehrzuteilungsoption (Greenshoe) eine Kapitalerhöhung unter Bezugsrechtsausschluss der Aktionäre durchzuführen und dabei selbst über die Ausgabemodalitäten zu entscheiden, nicht nach § 255 Abs. 2 AktG anfechtbar ist. Dieses Urteil des Kammergerichts wurde im Jahr 2008 durch einen Hinweisbeschluss des BGH bestätigt.[381] Ein gegenteiliges Urteil des Kammergerichts aus dem Jahr 2001 wurde in der Literatur[382] einhellig abgelehnt.

286 Auch die **Mitwirkung des Aufsichtsrats** ist im Rahmen des Börsengangs von erheblicher Bedeutung. Der Aufsichtsrat soll gem. § 118 Abs. 2 AktG an der Hauptversammlung teilnehmen und neue Aktien aus genehmigtem Kapital sollen gem. § 202 Abs. 3 Satz 2 AktG nur mit Zustimmung des Aufsichtsrats ausgegeben werden und die Entscheidung des Vorstands über den Inhalt des Aktienrechts und die Bedingungen der Aktienausgabe aus genehmigtem Kapital bedarf gem. § 204 Abs. 1 Satz 2 AktG der Zustimmung des Aufsichtsrats. Weiterhin meldet der Vorstand und der Vorsitzende des Aufsichtsrats gem. § 184 Abs. 1 Satz 1 AktG den Beschluss über die Erhöhung des Grundkapitals bei einer Kapitalerhöhung gegen Einlagen sowie gem. § 188 Abs. 1 Satz 1 AktG die Durchführung der Erhöhung des Kapitals und gem. § 195 Abs. 1 AktG den Beschluss über die bedingte Kapitalerhöhung zur

---

für Rückkaufprogramme und Kursstabilisierungsmaßnahmen, ABl. EG Nr. L 336 S. 33 ff., wurde aufgehoben.

[377] Vgl. Art. 5 Abs. 5 MAR.
[378] Zur Möglichkeit des Aktienrückkaufs gem. § 71 Abs. 1 Nr. 8 AktG vgl. *Schanz* § 10 Rn. 169 Fn. 304. Streitig ist, ob die Gewährung auch aus bedingtem Kapital gem. § 192 Abs. 2 Nr. 1 AktG erfolgen kann. Vgl. *Schanz* § 10 Rn. 169 Fn. 305; *Technau* AG 1998, 445 (458); *Oltmanns* DB 1996, 2319; *Hoffmann-Becking* in FS Lieberknecht S. 25, 40.
[379] Vgl. *Picot/Land* DB 1999, 570 (574); *Schanz* § 10 Rn. 171; s.a. *Technau* AG 1998, 445 (458); *Hein* WM 1996, 1; *Hoffmann-Becking* in FS Lieberknecht S. 25, 42.
[380] Vgl. KG 23 U 55/03, NZG 2008, 29.
[381] Vgl. BGH II ZR 1/07 (KG), NZG 2009, 589.
[382] KG 23 U 6712/99, ZIP 2001, 2178. Ablehnend *Groß* ZIP 2002, 160; *Meyer* WM 2002, 1106; *Ekkenga* WM 2002, 317; *Busch* AG 2002, 230; *Schanz* BKR 2002, 439; *Harrer/Lüßmann* DStR 2002, 1681.

Eintragung in das Handelsregister an. Schließlich ist häufig durch entsprechende Satzungsausgestaltung oder die Geschäftsordnung des Vorstands eine Informationspflicht an oder ein Zustimmungserfordernis durch den Aufsichtsrat zu bestimmten Geschäftsführungsmaßnahmen des Vorstands erforderlich.

2. Research-Richtlinien

Die Research-Richtlinien („Research Guidelines")[383] werden vom Konsortialführer oder dessen Rechtsanwälten erstellt und treffen in für das Konsortium verbindlicher Weise Regelungen über die **Erstellung und Verteilung** der Research Reports (Research-Bericht) der Syndikatsbanken. Während die Erstellung derartiger Research-Richtlinien bei rein deutschen Börsengängen nur teilweise verwendet wird, kommt ihr bei internationalen Transaktionen, insb. im Falle von Privatplatzierungen nach Rule 144A oder einer Börsennotierung in den Vereinigten Staaten von Amerika erhebliche Bedeutung zu.

Die von den Analysten der Syndikatsbanken verfassten Research Reports gehen idR auf die wichtigsten Informationen über das Unternehmen einschließlich Emissionsstruktur, Unternehmensgeschichte und Management ein und diskutieren anschließend das Kerngeschäft des Emittenten sowie dessen Unternehmensstrategie unter Berücksichtigung von Markt- und Wettbewerbsverhältnissen. Es schließt sich häufig eine **SWOT-Analyse**[384] an, in der die Stärken und Schwächen des Unternehmens sowie seine Geschäftschancen und Risiken analysiert werden. Schwerpunkt des Research Reports ist die **Analyse des Unternehmens** anhand verschiedener Methoden einschließlich Discounted Cashflow und Benchmarking im Vergleich mit börsennotierten Unternehmen aus der Peer-Group anhand der historischen Daten und der Unternehmensentwicklung. Die Research Reports enthalten keine Anlageempfehlung, sie geben die darin verwendeten Quellen an, und eine Verteilung der datierten Berichte erfolgt idR nicht in elektronischer Form, sondern in Hardkopie.

Die Research-Richtlinien enthalten Aussagen über die Zulässigkeit der **Verteilung** von Research Reports durch die Konsortialbanken vor und nach der geplanten Börseneinführung in allen für den jeweiligen Börsengang anzuwendenden Rechtsordnungen und **Verfahrensregelungen**, die von den Konsorten zu beachten sind. Für die Beurteilung der in den Vereinigten Staaten von Amerika einschlägigen Regelungen kommt es darauf an, ob es sich dort um ein Aktienangebot außerhalb der Vereinigten Staaten von Amerika nach Regulation S des Securities Act handelt und die Konsorten in den Vereinigten Staaten von Amerika unter Einschaltung ihrer Broker Dealer nur eine Privatplatzierung nach Rule 144A an qualifizierte institutionelle Anleger („qualified institutional buyers") durchführen oder ob es sich dort um ein öffentliches Angebot handelt.

a) Deutschland

Unternehmen, die Anlagestrategieempfehlungen iSd Art. 3 Abs. 1 Nr. 34 der Verordnung (EU) Nr. 596/2014 oder Anlageempfehlungen iSd Art. 3 Abs. 1 Nr. 35 der Verordnung (EU) Nr. 596/2014 erstellen oder verbreiten, müssen so organisiert

---

[383] Vgl. Habersack/Mülbert/Schlitt/*Singhof/Weber* § 4 Rn. 48 ff.; *Schanz*, § 10 Rn. 18 ff.; *Schlitt/Smith/Werlen* AG 2002, 478 (488); *Hutter/Leppert* NJW 2002, 2208 (2212); *Meyer* WM 2002, 1868 (1872); *Baums/Hutter* in FS Ulmer 2003, S. 779, 787.
[384] Also „Strengths, Weakness, Opportunities, Threats".

sein, dass Interessenkonflikte iSd Art. 20 Abs. 1 der Verordnung (EU) Nr. 596/2014 möglichst gering sind. Sie müssen insbesondere über angemessene Kontrollverfahren verfügen, die geeignet sind, Verstößen gegen die Verpflichtungen nach Art. 20 Abs. 1 der Verordnung (EU) Nr. 596/2014 entgegenzuwirken. Andere Personen als Wertpapierdienstleistungsunternehmen, Kapitalverwaltungsgesellschaften, EU-Verwaltungsgesellschaften oder Investmentgesellschaften, die in Ausübung ihres Berufes oder im Rahmen ihrer Geschäftstätigkeit für die Erstellung von Anlagestrategieempfehlungen oder deren Weitergabe verantwortlich sind, haben dies der Bundesanstalt vor Erstellung oder Weitergabe der Empfehlungen anzuzeigen. Beabsichtigt der Anzeigepflichtige die Verbreitung der Empfehlungen, muss die Anzeige auch eine detaillierte Beschreibung der beabsichtigen Verbreitungswege enthalten. Der Anzeigepflichtige hat weiterhin anzuzeigen, inwiefern bei mit ihm verbundenen Unternehmen Tatsachen vorliegen, die Interessenkonflikte begründen können. Ein Wertpapierdienstleistungsunternehmen darf einen Mitarbeiter nur dann mit der Anlageberatung oder damit betrauen, Kunden über Finanzinstrumente, strukturierte Einlagen, Wertpapierdienstleistungen oder Wertpapiernebendienstleistungen zu informieren (Vertriebsmitarbeiter), wenn dieser sachkundig ist und über die für die Tätigkeit erforderliche Zuverlässigkeit verfügt.[385]

291 Die Research-Richtlinien enthalten idR **Einschränkungen** hinsichtlich der Verteilung von Research Reports, der Verteilung an die Presse, Anweisungen zur Erstellung einer Liste der Empfänger von Research Reports sowie zur Unterlassung von Zeichnungsempfehlungen. Schließlich beinhalten Research-Richtlinien als Anlage eine Ausformulierung eines in dem jeweiligen Research Report deutlich (häufig in Großbuchstaben) abzudruckenden Hinweises (Legends), in dem deutlich darauf hingewiesen wird, in welchen Ländern (insb. den Vereinigten Staaten von Amerika und Großbritannien) die Research Reports nicht oder nur eingeschränkt verteilt werden dürfen und dass das Dokument kein Angebot oder keine Einladung zur Abgabe eines Angebots zur Zeichnung von Aktien darstellt und nicht als Entscheidungsgrundlage für den Erwerb von Aktien dienen soll. Es folgen in den Richtlinien dann genauere **Erläuterungen** zu den jeweils einschlägigen nationalen Vorschriften über Research Reports. Es schließt sich eine allgemeine Generalklausel an, dass jede Konsortialbank die jeweils einschlägigen Wertpapiervorschriften jedes Landes beachten muss, in dem sie ein Angebot der Wertpapiere durchführen will und die dort einschlägigen Bestimmungen (insb. hinsichtlich Hinweisen und der Beschränkung des Adressatenkreises von Research Reports) einhalten muss.

b) Vereinigte Staaten von Amerika

292 In den Vereinigten Staaten von Amerika besteht bei registrierten Angeboten im Grundsatz ein generelles Verbot für Research Reports der Konsortialbanken.[386] Es besteht die Gefahr, dass die Research Reports (i) als unerlaubte Veröffentlichung angesehen werden, (ii) als ein in Verletzung von Section 5 des Securities Act nicht von der SEC gebilligter „Prospekt" interpretiert wird und (iii) die Prospekthaftung unter den US Wertpapiervorschriften (Securities Laws) auslösen.[387] Es gibt aber ei-

---

[385] Vgl. § 85 Abs. 1 WpHG (früher § 34b WpHG), § 86 Abs. 1 WpHG (früher § 34c WpHG) und § 87 Abs. 1 und 2 WpHG (früher § 34d WpHG). Die Finanzanalyseverordnung wurde am 3.1.2018 aufgehoben.
[386] Vgl. Sections 2(a)(10) und 5(c) Securities Act; Marsch-Barner/Schäfer/*Strauch* § 11 Rn. 83.
[387] Vgl. 17 C.F.R. 230.137; Habersack/Mülbert/Schlitt/*Werlen/Sulzer* § 45 Rn. 206, 207.

nige Safe-Harbor-Regelungen, die die Veröffentlichung von Research Reports im Zusammenhang mit einer Wertpapieremission gem. der Rules 137–139 Securities Act in bestimmten Fällen zulassen.[388]

Im Falle einer Privatplatzierung nach Rule 144A in den Vereinigten Staaten von Amerika ist jede Konsortialbank, die an dem Angebot teilnimmt, berechtigt, Research Reports außerhalb der Vereinigten Staaten von Amerika nach vorheriger Zustimmung des Konsortialführers zu verteilen, wenn er die in den Research-Richtlinien enthaltenen Verfahrensbestimmungen beachtet. Eine derartige Verteilung erfolgt mit einem Anschreiben, das dem Empfänger ua die Weiterleitung in die Vereinigten Staaten von Amerika und an US-Personen[389] verbietet.

Weiterhin wird insb. bei internationalen Transaktionen für einen im Einzelfall festzulegenden Zeitraum von ca. 30 Kalendertagen vor der Festlegung des Emissionspreises bis idR 40 Kalendertage nach dem Abrechnungstag (Black-Out Period) vereinbart, dass weltweit die Verteilung von Research Reports unterbleibt, um sicherzustellen, dass die Kaufentscheidung eines Anlegers auf dem Wertpapierprospekt beruht und nicht auf Grundlage eines Research Reports erfolgt.

Bezüglich der Vereinigten Staaten von Amerika wird in den Research Reports[390] bei Börsengängen außerhalb der Vereinigten Staaten von Amerika das grundsätzliche Erfordernis einer Registrierung von Aktien bei der SEC und die Ausnahme bei der außerhalb der Vereinigten Staaten von Amerika erfolgenden Platzierung nach Regulation S angesprochen, die im Rahmen von „Offshore-Transaktionen" Anwendung findet und insb. eine Konditionierung des US-amerikanischen Marktes verbietet. Die Verteilung von Research Reports kurz vor dem Angebot der Wertpapiere begründet die Gefahr, dass die Erwerber ihre Anlageentscheidung aufgrund der Research Reports anstelle der Verkaufsdokumente treffen. Dies könnte aufgrund der anwendbaren US-amerikanischen Wertpapiervorschriften zu einer möglichen Haftung des Emittenten und der Konsortialbanken ua nach den US-amerikanischen Wertpapiervorschriften, insb. Rule 10b-5 zum Exchange Act, führen. Dieses Risiko kann durch die zeitliche Trennung der Verteilung von Research Reports von der Veröffentlichung der Verkaufsdokumente durch die Einhaltung sog. Black-Out-Perioden und die Verwendung von Erläuterungen (sog. Legends) auf den Research Reports reduziert werden. Rule 138 und Rule 139 des Securities Act erlauben ausdrücklich die Veröffentlichung von Research Reports in Sonderfällen.

3. Publizitätsrichtlinien

Die Erstellung von Publizitätsrichtlinien (Publicity Guidelines)[391] erfolgt – ebenso wie die Erstellung von Research-Richtlinien – bei rein deutschen Börsengängen nur vereinzelt, ihr kommt jedoch bei internationalen Transaktionen, insb. im Falle

---

[388] Vgl. 17 C.F.R. 230.137–139. Vgl. auch Habersack/Mülbert/Schlitt/*Werlen/Sulzer* § 45 Rn. 206 f..
[389] Vgl. die nicht abschließende Definition in Section 902 (k) von Regulation S des Securities Act.
[390] Zur Rechtslage in den USA vgl. Habersack/Mülbert/Schlitt/*Werlen/Sulzer* § 45 Rn. 206; Marsch-Barner/Schäfer/*Strauch* § 11 Rn. 83 („Research Analysts and Research Reports") die Vorschriften (Rules) der Financial Industry Regulatory Authority (FINRA) Rule 2241.
[391] Vgl. Habersack/Mülbert/Schlitt/*Singhof/Weber* § 4 Rn. 45 ff.; Habersack/Mülbert/ Schlitt/*Werlen/Sulzer* § 45 Rn. 201, 202; *Schanz* § 10 Rn. 48 ff.; *Schlitt/Smith/Werlen* AG 2002, 478 (487).

einer Privatplatzierung nach Rule 144A oder einer Notierung der Aktien in den Vereinigten Staaten von Amerika, eine große Bedeutung zu. Die Publizitätsrichtlinien stellen die einschlägigen nationalen Bestimmungen der jeweils anwendbaren Wertpapiervorschriften hinsichtlich der Publizität dar, die auf den Emittenten und andere beteiligte Parteien (insb. Konsortialbanken und Altaktionäre sowie mandatierte Werbe- und Marketingagenturen) im Rahmen des Angebots von Wertpapieren Anwendungen finden.

a) Deutschland

297 In Deutschland darf die Gesellschaft vor der Veröffentlichung eines Prospekts hinsichtlich der Aktien gem. den Vorschriften des WpPG oder anderer anwendbarer Rechtsvorschriften keine Kommunikation vornehmen, die als öffentliches Angebot von Wertpapieren in Deutschland angesehen werden könnte. Nach § 2 Nr. 4 WpPG ist ein **öffentliches Angebot** von Wertpapieren eine Mitteilung an das Publikum in jedweder Form und auf jedwede Art und Weise, die ausreichende Informationen über die Angebotsbedingungen und die anzubietenden Wertpapiere enthält, um einen Anleger in die Lage zu versetzen, über den Kauf oder die Zeichnung dieser Wertpapiere zu entscheiden. Mitteilungen aufgrund des Handels von Wertpapieren an einem organisierten Markt oder im Freiverkehr stellen jedoch kein öffentliches Angebot dar[392] (s. Rn. 108 ff.). Jede Art von Werbung, die sich auf ein öffentliches Angebot von Wertpapieren oder auf eine Zulassung zum Handel an einem organisierten Markt bezieht, muss nach im WpPG festgelegten Vorschriften erfolgen.[393] So ist in allen Werbeanzeigen darauf hinzuweisen, dass ein Prospekt veröffentlicht wurde oder zur Veröffentlichung ansteht und wo die Anleger ihn erhalten können.[394] Weiterhin müssen alle über das öffentliche Angebot oder die Zulassung zum Handel an einem organisierten Markt verbreiteten Informationen, auch wenn sie nicht zu Werbezwecken dienen, mit den im Prospekt enthaltenen Angaben übereinstimmen.[395]

298 Zur Sicherstellung der Einhaltung dieser Publizitätsbeschränkungen enthalten die Publizitäts-Richtlinien **Verfahrensbestimmungen** über den Abstimmungsprozess hinsichtlich des zulässigen Inhalts von Presseveröffentlichungen oder Pressekonferenzen, die der Emittent und die an dem Angebot beteiligten Parteien bei internationalen Transaktionen idR von ca. 30 Tagen vor der Preisfestsetzung bis 40 Tage nach dem Angebotsende („Closing Date") einhalten müssen.[396] Schließlich enthalten die Publizitätsrichtlinien Vorschriften über die **Kommunikation** der Gesellschaft und der am Angebot beteiligten Parteien mittels Internet und die Ausgestaltung der Homepage der Gesellschaft und die zur Sicherstellung der Einhaltung der einschlägigen Wertpapiervorschriften zu verwendenden Warnhinweise. Weiterhin ist in dem Research Report der Umgang mit Analysten und Journalisten geregelt.

---

[392] Vgl. *Ekkenga* BB 2005, 561; *Weber* NZG 2004, 360 (361); *Kunold/Schlitt* BB 2004, 501 (504); *Holzborn/Schwarz-Gondek* BKR 2003, 927 ff.; *Crüwell* AG 2003, 243, 245.
[393] Vgl. § 15 WpPG.
[394] Vgl. § 15 Abs. 2 WpPG.
[395] Vgl. § 15 Abs. 4 WpPG.
[396] Sog. Distribution Compliance Period.

b) Vereinigte Staaten von Amerika

In den Vereinigten Staaten von Amerika erfolgt eine Privatplatzierung häufig 299
nach Rule 144A des Securities Act. Auf Privatplatzierungen, auch an **qualifizierte institutionelle Anleger** („qualified institutional buyers" oder „QIBs") gem. Rule 144A, finden die Vorschriften der Regulation D zum Securities Act analoge Anwendung.

Das Angebot der Wertpapiere außerhalb der Vereinigten Staaten von Amerika 300
erfolgt aus US-amerikanischer Sicht auf Grundlage der sog. Safe-Harbour-Bestimmungen der **Regulation S** des Securities Acts,[397] dessen Anwendbarkeit insb. voraussetzt, dass es im Rahmen des Angebots keine „gezielten Verkaufsbemühungen" („directed selling efforts") in den Vereinigten Staaten von Amerika gibt. Directed Selling Efforts beinhalten im Allgemeinen jede Handlung, die zu dem Zwecke vorgenommen wird, den Markt für die Aktien in den Vereinigten Staaten von Amerika zu „konditionieren", oder von der vernünftigerweise erwartet werden kann, dass sie den Markt für die Aktien in den Vereinigten Staaten von Amerika konditioniert („conditioning of the market").

Beispiele für **unzulässige gezielte Verkaufsbemühungen** („directed selling 301
efforts") sind die Bewerbung des Angebots in Veröffentlichungen mit allgemeiner Verbreitung („general circulation") in den Vereinigten Staaten von Amerika oder der Postversand von Angebotsmaterial an US Anleger. Das frühere Verbot des „allgemeinen Angebots und allgemeiner Werbung" („general solicitation and general advertising") für Privatplatzierungen nach Rule 144A wurde im September 2013 mit dem Jumpstart Our Business Startups Act (sog. **JOBS Act**) aufgehoben.[398]

Jedes schriftliche Dokument, das auf Grundlage von Safe-Harbour-Bestimmun- 302
gen verwendet wird und das ein Angebot, das teilweise in den Vereinigten Staaten von Amerika erfolgt, zum Gegenstand hat, muss einen Warnhinweis (**„Disclaimer"**)[399] beinhalten und darf keinen Kaufantrag enthalten. Der Warnhinweis verbietet die Weitergabe und Veröffentlichung in die bzw. innerhalb der Vereinigten Staaten von Amerika und stellt klar, dass das Dokument kein Angebot und keine Aufforderung zur Zeichnung oder zum Erwerb von Aktien darstellt und die Aktien in den USA nicht nach den Bestimmungen der einschlägigen Wertpapiergesetze registriert sind und in den USA kein öffentliches Angebot stattfindet.

Die Gesellschaft darf außerhalb der USA Gespräche mit **Journalisten** führen. 303
An diesen Gesprächen dürfen auch Journalisten von US-amerikanischen Zeitungen teilnehmen, solange sich diese nicht körperlich in den Vereinigten Staaten befinden (dh keine Teilnahme über elektronische Verbindungen wie Telefon, Videolink oder Internet).[400] Das geplante Angebot darf besprochen werden, allerdings nur unter Einhaltung der Publicity Guidelines. Alle Aussagen müssen im Einklang mit der im Prospekt enthaltenen Offenlegung sein. Insbesondere soll die Gesellschaft keine Vorhersagen oder Schätzungen oder Aussagen über den Wert des Unternehmens oder der Aktien machen. Dagegen ist von Pressekonferenzen in den USA, die das Angebot zum Gegenstand hätten, grundsätzlich abzusehen. Weiterhin gelten weltweite Beschränkungen hinsichtlich der Kommunikation mit US-Analysten

---

[397] Vgl. *Johnson/McLaughlin* Kapitel 9, § 9.02 [B]; *Loss/Seligman* S. 190 ff.
[398] Vgl. Rules 901–904 des Securities Act (17 C. F. R. 901–904); *Johnson/McLaughlin* Kapitel 7 § 7.04 [A].
[399] Vgl. *Spindler* NZG 2000, 1058 (1061).
[400] Rule 135e zum Securities Act, 17 C. F. R. 230.135e.

und Brokern, die nicht Mitglieder des US-amerikanischen Konsortiums oder mit diesem verbunden sind. Auch Gespräche mit nicht US-amerikanischen Analysten und Brokern sollten von der Gesellschaft bei einer Privatplatzierung nach Rule 144A nur geführt werden, wenn ihr versichert wird, dass diese Analysten oder Broker die erhaltenen Informationen nicht in die Vereinigten Staaten von Amerika weiterleiten werden und auf angemessene Weise sicherstellen, dass eine derartige Weiterleitung auch nicht durch Dritte erfolgt.

304 Ein **Verstoß** gegen die Voraussetzungen der Befreiungstatbestandsmerkmale, deren Erfüllung die Publicity Guidelines dienen sollen, kann in den Vereinigten Staaten von Amerika ua zum Verlust der Befreiung von der Registrierungspflicht gem. Rule 144A oder Regulation S, zur Verschiebung der Durchführung des Angebots durch ein Verlangen der SEC nach Einhaltung einer „Cooling off"-Periode oder zur Prospekthaftung des Emittenten und der Konsortialbanken führen, sofern die veröffentlichten Dokumente nach US-amerikanischem Wertpapierrecht als „Prospekt" anzusehen sind.

4. Besonderheiten für Emittenten mit Herkunftsland außerhalb Deutschlands

305 Das WpPG und die Zulassungsvoraussetzungen und Folgepflichten sowie weitere Bestimmungen für die verschiedenen Börsensegmente stellen idR nicht auf den **Herkunftsstaat** des Emittenten ab und diskriminieren derartige Unternehmen nicht. Aufgrund des zusätzlichen Informationsbedürfnisses für den Anleger sind jedoch für ausländische Emittenten im Prospekt hinsichtlich einzelner Angaben **zusätzliche Informationen** aufzunehmen, wobei hier teilweise wiederum zwischen Emittenten mit Sitz in einem Staat innerhalb der Europäischen Gemeinschaft und außerhalb unterschieden wird. Andererseits gibt es für ausländische Emittenten auch einige Erleichterungen.

306 Es gelten einige **Sonderregelungen**. Von besonderer Bedeutung ist hierbei die **grenzüberschreitende Geltung gebilligter Prospekte**, wonach unter bestimmten Voraussetzungen ein von der zuständigen Behörde eines anderen Staates des EWR gebilligter Prospekt einschließlich etwaiger Nachträge in Deutschland ohne zusätzliches Billigungsverfahren für ein öffentliches Angebot oder für die Zulassung zum Handel gültig ist, sofern die BaFin hierüber von der zuständigen Behörde des Herkunftsstaats unterrichtet wird und die Sprache des Prospekts die gesetzlichen Anforderungen[401] erfüllt.

307 Werden Wertpapiere, für die der Herkunftsstaat des Emittenten nicht Deutschland ist, in Deutschland öffentlich angeboten oder wird in Deutschland die Zulassung zum Handel an einem organisierten Markt beantragt, kann der Prospekt in einer von der BaFin **anerkannten Sprache** oder in einer in internationalen Finanzkreisen gebräuchlichen Sprache erstellt werden.[402] Das ist derzeit nur die englische Sprache. Ist der Prospekt nicht in deutscher Sprache erstellt, muss er auch eine Übersetzung der Zusammenfassung in die deutsche Sprache erhalten.[403]

308 Weiterhin kann die BaFin einen Prospekt, der von einem Emittenten nach den für ihn geltenden Rechtsvorschriften eines Staates, der nicht Staat des EWR ist, erstellt worden ist, für ein öffentliches Angebot oder die Zulassung zum Handel an einem organisierten Markt **billigen**, wenn (1) dieser Prospekt nach den von inter-

---

[401] Vgl. § 17 Abs. 3 WpPG (sog. Passporting).
[402] Vgl. § 19 Abs. 4 Satz 1 WpPG.
[403] Vgl. § 19 Abs. 4 Satz 2 WpPG.

F. Prospekthaftung 309, 310 § 20

nationalen Organisationen von Wertpapieraufsichtsbehörden festgelegten internationalen Standards, einschließlich der Offenlegungsstandards der IOSCO, erstellt wurde, und (2) die Informationspflichten, auch in Bezug auf Finanzinformationen, den Anforderungen dieses Gesetzes gleichwertig sind.[404] Emittenten mit Sitz im Ausland im Prime Standard können den Jahresfinanzbericht, Halbjahresfinanzbericht und die Quartalsmitteilung in **englischer Sprache** abfassen.[405] Hinsichtlich der in den Prospekt aufzunehmenden **historischen Finanzinformationen** sind bei Emittenten aus **Drittstaaten** die Finanzinformationen nach den übernommenen internationalen Rechnungslegungsstandards oder nach diesen Standards gleichwertigen nationalen Rechnungslegungsgrundsätzen eines Drittstaates zu erstellen.[406]

Erleichterungen für die Zulassung von Wertpapieren eines Emittenten mit Sitz in einem anderen Mitgliedsstaat der Europäischen Union oder einem anderen Vertragsstaat des Abkommens über den EWR gibt es ua bei der Druckausstattung[407] und bei der Beurteilung des ausreichenden Streubesitzes.[408] Für Drittstaaten außerhalb der Europäischen Union und außerhalb der anderen Vertragsstaaten des Abkommens über den Europäischen Wirtschaftsraum gelten **weitere Besonderheiten**. So dürfen Aktien eines Emittenten mit Sitz in einem Staat außerhalb der Europäischen Union oder außerhalb der anderen Vertragsstaaten des Abkommens über den EWR, die weder in diesem Staat noch in dem Staat ihrer hauptsächlichen Verbreitung an einem Markt, der mit einem organisierten Markt isv § 2 Abs. 11 WpHG vergleichbar ist, zum Handel zugelassen werden, wenn glaubhaft gemacht wird, dass die Zulassung in diesen Staaten nicht aus Gründen des **Schutzes des Publikums** unterblieben ist.[409] Vertreten zuzulassende Zertifikate Aktien eines Emittenten mit Sitz in einem Staat außerhalb der Europäischen Union oder außerhalb eines anderen Vertragsstaates des Abkommens über den EWR und sind die Aktien weder in diesem Staat noch in dem Staat ihrer hauptsächlichen Verbreitung an einer Börse, an einem Markt, der mit einem organisierten Markt vergleichbar ist, zugelassen, so ist glaubhaft zu machen, dass die Zulassung nicht aus Gründen des Schutzes des Publikums unterblieben ist.[410]

F. Prospekthaftung

Die Prospekthaftung gewinnt zunehmend an Bedeutung. Nachfolgend werden allgemeine Grundsätze der Prospekthaftung in der Bundesrepublik Deutschland und den Vereinigten Staaten von Amerika.

---

[404] Vgl. § 20 Abs. 1 WpPG.
[405] Vgl. § 51 Abs. 1 Satz 3, § 52 Abs. 2 Satz 1 BörsO FWB; § 53 Abs. 4 BörsO FWB.
[406] Vgl. Anhang I § 20.1 ProspV.
[407] § 8 BörsZulV.
[408] § 9 BörsZulV.
[409] § 10 BörsZulV.
[410] § 12 Abs. 2 BörsZulV.

I. Deutschland

1. Allgemeines

311 Im Rahmen des Dritten Finanzmarktförderungsgesetzes wurden im Jahr 1998 mit den §§ 45 ff. BörsG die zentralen Vorschriften des Prospekthaftungsrechts[411] neu gefasst, durch das 4. Finanzmarktförderungsgesetz haben sich die Paragraphen der Haftungsvorschriften in §§ 44 ff. BörsG geändert. Weitere Änderungen erfolgten ua durch das Prospektrichtlinie-Umsetzungsgesetz und das Anlegerschutzverbesserungsgesetz im Jahr 2005 und die Einführung der §§ 21–25 WpPG durch das Gesetz zur Novellierung des Finanzanlagenvermittler- und Vermögensanlagenrechts zum 1.6.2012, die die §§ 44 ff. BörsG ersetzten. Nach üM[412] haben die modernisierten Vorschriften als die jüngeren und spezielleren Vorschriften Vorrang vor den konkurrierenden Vorschriften der §§ 71 ff., 57 AktG. Für den Vorrang spricht auch, dass im Falle der Geltendmachung von Prospekthaftungsansprüchen gegen den Emittenten diese nach deutschem Gesellschaftsrecht einen unzulässigen Rückerwerb eigener Aktien darstellen und dem in § 57 AktG niedergelegten Grundsatz des Verbots der Einlagenrückgewähr widersprechen würden. Häufig wird eine Differenzierung[413] zwischen einem nicht unter § 21 ff. WpPG fallenden Prospekthaftungsanspruch gegen den Emittenten anlässlich eines „**Zeichnungserwerbs**", dh eines originären Erwerbs von jungen Aktien durch den ursprünglichen Zeichner, und einem einen Prospekthaftungsanspruch zulassenden derivativen Aktienerwerb im Rahmen eines gewöhnlichen Umsatzgeschäfts, also einem „**Umsatzerwerb**", vorgenommen. Auch die Zulässigkeit von Haftungsfreistellungsregelungen in Übernahmeverträgen ist aufgrund § 57 AktG im Einzelnen umstritten, wobei häufig zwischen Kapitalerhöhungen und Umplatzierungen differenziert wird (s. Rn. 191 ff.).

2. Gesetzliche Regelung

312 Der Erwerber von Wertpapieren, die aufgrund eines Prospekts zum Börsenhandel zugelassen sind, in dem für die Beurteilung der Wertpapiere **wesentliche Angaben unrichtig oder unvollständig** sind, kann nach § 21 WpPG (1) von denjenigen, die für den Prospekt die Verantwortung übernommen haben, und (2) von denjenigen, von denen der Erlass des Prospekts ausgeht, als Gesamtschuldnern die Übernahme der Wertpapiere gegen Erstattung des Erwerbspreises, soweit dieser den ersten Ausgabepreis der Wertpapiere (bzw. den ersten nach der Einführung der Wertpapiere festgelegten oder gebildeten Börsenpreis, falls kein Ausgabepreis festgelegt ist) nicht überschreitet und die mit dem Erwerb verbundenen üblichen

---

[411] Vgl. *Kümpel/Wittig* Rn. 15.193; *Groß* WpPG § 21 Rn. 2; *Groß* AG 1999, 199; *Sittmann* NZG 1998, 490; *Kort* AG 1999, 9. Zur Rspr. vgl. nur OLG Ffm. 21 U 260/97, DB 1999, 888. (MHM/Hypobank); LG Ffm. 3/11 O 44/96, WM 1998, 1181 (1185); OLG Ffm. 5 U 178/95, AG 1997, 131(Deutsche Bank/Sachsenmilch); BGH XI ZR 173/97, ZIP 1998, 1528 (Elsflether Werft). LG Frankfurt 2 – 21 O 15/02, BKR 2003, 162; LG Frankfurt 2 – 21 O 44/02, BKR 2003, 69 (Anlageziel Neuer Markt).
[412] Vgl. *Groß* WpPG § 21 Rn. 14 ff.; zu den alten Vorschriften der §§ 44 ff. BörsG aF *Krämer/Baudisch* WM 1998, 1161 (1164); *Groß* AG 1999, 199 (208); *Huber* ZIP 1998, 645 (646); LG Ffm. 3/11 O 44/96 WM 1998, 1181 (1185); RegBegr. zum 3. FinMFöG BT-Drs. 13/8933, 54, 78; aA *Gebauer* S. 204 ff.
[413] Vgl. *Groß* WpPG § 21 Rn. 11 ff.; Habersack/Mülbert/Schlitt/*Mülbert/Steup* § 41 Rn. 5 ff.; *Krämer/Baudisch* WM 1998, 1161 (1170).

F. Prospekthaftung 313–315 § 20

Kosten verlangen, sofern das Erwerbsgeschäft nach Veröffentlichung des Prospekts und innerhalb von sechs Monaten nach erstmaliger Einführung der Wertpapiere abgeschlossen wurde.

Gemäß § 23 WpPG kann nicht in Anspruch genommen werden, wer nachweist, dass er die Unrichtigkeit oder Unvollständigkeit der Angaben des Prospekts nicht gekannt hat und die Unkenntnis nicht auf grober Fahrlässigkeit beruht, wobei § 23 Abs. 2 WpPG einzelne **Haftungsausschlusstatbestände** nennt. Hierfür hat der Haftungsverpflichtete die Darlegungs- und Beweislast. 313

3. Prospekte oder prospektbefreiende schriftliche Darstellung

Die Prospekthaftungsvorschrift des § 21 WpPG setzt voraus, dass Wertpapiere erworben wurden, die aufgrund eines Prospekts zum Börsenhandel zugelassen sind. § 21 Abs. 4 WpPG stellt dem Prospekt eine schriftliche Darstellung gleich, aufgrund deren Veröffentlichung der Emittent von der Pflicht zur Veröffentlichung eines Prospekts befreit wurde. Somit gilt für die börsengesetzliche Prospekthaftung trotz Fehlens einer gesetzlichen Legaldefinition des **Prospektbegriffs** der Wertpapierprospekt iSv § 32 Abs. 3 Nr. 2 BörsG.[414] Maßgeblich ist für das Vorliegen eines börsenrechtlichen Prospekts iSv § 21 WpPG, dass aufgrund des Prospekts die Zulassung tatsächlich erfolgt, unabhängig davon, ob im konkreten Einzelfall eine Prospektpflicht bestand. 314

Deshalb stellt ein **Informationsmemorandum**, das sich auf noch nicht zum Börsenhandel zugelassene Wertpapiere bezieht, deren Zulassung zB bei Kapitalerhöhungen mit Bezugsrechtsausschluss nach § 186 Abs. 3 Satz 4 AktG wegen des geringen Volumens nach § 4 Abs. 2 Nr. 1 WpPG prospektfrei erfolgen könnte, aber deren Zulassung aufgrund eines Informationsmemorandums erfolgt, einen Prospekt iSv § 21 Abs. 1 WpPG dar.[415] Demgegenüber stellen Informationsmemoranda wohl keinen Prospekt iSv § 21 Abs. 1 WpPG dar, wenn sie zur Unterstützung der Umplatzierung von bereits an einer inländischen Wertpapierbörse zugelassenen Aktien dienen, da in diesem Fall die Wertpapiere nicht aufgrund des Prospekts zum Börsenhandel zugelassen sind, sondern bereits vorher zugelassen waren. In diesen Fällen ist umstritten, ob eine prospektbefreiende Darstellung iSv § 21 Abs. 4 WpPG vorliegt, und ob für die Anwendbarkeit des § 21 Abs. 4 WpPG die prospektbefreiende Darstellung Grundlage einer Börsenzulassung sein muss.[416] Auf einen freiwillig erstellten Wertpapierverkaufsprospekt, der der Umplatzierung bereits an der Börse gehandelter Wertpapiere dient, ist nach Ansicht des BHG[417] nicht die bürgerlich-rechtliche Prospekthaftung im engeren Sinne, sondern die gesetzliche Prospekthaftung entsprechend anzuwenden. Ad-hoc-Mitteilungen, Bezugsangebote, Research Reports, Werbemaßnahmen, Zeichnungsaufforderungen und Zwischenberichte stellen keine Prospekte iSv § 21 Abs. 1 WpPG dar.[418] Da § 21 Abs. 4 WpPG nur voraussetzt, dass eine schriftliche Darstellung vorliegt, aufgrund deren Veröffentlichung der Emittent von der Pflicht zur Veröffentlichung eines Prospekts 315

---

[414] Vgl. *Groß* WpPG § 21 Rn. 23 ff.
[415] Vgl. *Groß* WpPG § 21 Rn. 26 ff.; Habersack/Mülbert/Schlitt/*Mülbert/Steup* § 41 Rn. 21; *Krämer/Baudisch* WM 1998, 1161 (1170); *Groß* AG 1999, 199 (200).
[416] Vgl. bejahend *Groß* WpPG § 21 Rn. 26; Habersack/Mülbert/Schlitt/*Mülbert/Steup* § 41 Rn. 21; aA *Krämer/Baudisch* WM 1998, 1161 (1170).
[417] Vgl. BGH XI ZB 12/12, NJW 2015, 236 (Deutsche Telekom III).
[418] Vgl. *Groß* WpPG § 21 Rn. 25; Habersack/Mülbert/Schlitt/*Mülbert/Steup* § 41 Rn. 20; *Schwark* BörsG §§ 44, 45 Rn. 17, 18.

befreit wird, können diese Voraussetzungen nach üM[419] auch in verschiedenen Fällen der § 4 Abs. 2 WpPG vorliegen.

4. Ersatzverpflichtete

316 § 21 Abs. 1 WpPG bestimmt, dass der Erwerber von Wertpapieren bei Vorliegen aller prospekthaftungsbegründenden Voraussetzungen (1) von denjenigen, die für den Prospekt die Verantwortung übernommen haben (sog. Prospektverantwortlicher) und (2) von denjenigen, von denen der Erlass des Prospekts ausgeht (sog. Erlasser) als Gesamtschuldnern insb. die Übernahme der Wertpapiere gegen Erstattung des Erwerbspreises und den mit dem Erwerb verbundenen üblichen Kosten verlangen kann. **Prospektverantwortliche** sind neben dem Emittenten die sonstigen Unterzeichner des Prospekts sowie diejenigen, die gem. § 5 Abs. 4 WpPG im Prospekt als die für dessen Inhalt Verantwortlichen aufgeführt werden.

317 Der im Rahmen des sog. 10-Punkte-Programms der Bundesregierung zur Stärkung der Unternehmensintegrität und der Anleger im Jahr 2004 veröffentlichte Diskussionsentwurf des Gesetzes zur Verbesserung der Haftung für falsche Kapitalmarktinformationen (Kapitalmarktinformationshaftungsgesetz – KapInHaG[420]) sah eine weitere Verschärfung der Haftung von Emittenten sowie eine persönliche, unmittelbare Haftung von Mitgliedern eines Leitungs-, Verwaltungs- oder Aufsichtsorgans von Emittenten für **fehlerhafte Kapitalmarktinformationen** vor. Daneben sah der Entwurf eine weitergehende Prospekthaftung für **Experten** (insbesondere Wirtschaftsprüfer, Rechtsanwälte und sonstige Experten), die an der Erstellung des Prospekts mitgewirkt haben, vor, sofern diese ausdrücklich für bestimmte Angaben oder Teile des Prospekts Verantwortung übernommen haben.[421] Hierbei war im Gegensatz zu § 21 WpPG ein Schadensersatz in Form von Geld anstatt von Naturalrestitution vorgesehen, und im Falle grober Fahrlässigkeit sollte die Haftung begrenzt sein. Aufgrund der umfangreichen Kritik auf den Entwurf wurde das Gesetzesvorhaben nicht weiterverfolgt.

318 In der Regel handelt es sich bei den prospektverantwortlichen Emissionsbegleitern um ein aus mehreren Kreditinstituten oder Finanzdienstleistern bestehendes **(Börseneinführungs-)Konsortium**. Insbesondere bei internationalen Kapitalmaßnahmen umfassen die regionalen Börseneinführungskonsortien idR nicht alle weltweit tätigen Konsortialbanken, da einzelne dieser Mitglieder nicht die formalen Voraussetzungen des § 32 Abs. 2 BörsG erfüllen und deren mögliche Prospekthaftung nach § 21 WpPG auch nicht erwünscht ist. In diesen Fällen stellt nur das deutsche Börseneinführungskonsortium den Zulassungsantrag und unterzeichnet gem. § 5 Abs. 4 WpPG den Prospekt. Auf die aktive Teilnahme der einzelnen Konsortialbanken bei der Prospekterstellung kommt es für die Begründung einer möglichen Prospekthaftung nicht an.[422]

319 Gemäß § 21 Abs. 1 Nr. 2 WpPG sind auch diejenigen, von denen der **Erlass des Prospekts** ausgeht, bei Prospekthaftungsprozessen passiv legitimiert. Unter dieser

---

[419] Vgl. *Groß* WpPG § 21 Rn. 29; Habersack/Mülbert/Schlitt/*Mülbert/Steup* § 41 Rn. 27, 28; s. a. RegBegr. zum 3. FinMFöG BT-Drs. 13/8933, 54, 79.

[420] Diskussionsentwurf mit Begründung: NZG 2004, 1042; *Zimmer/Binder* WM 2005, 577; *Caspar* BKR 2005, 85; *Sauer* ZBB 2005, 24.

[421] Vgl. *Reuschle* WM 2004, 966; *Heß* AG 2003, 113; *Heß/Michailidou* WM 2003, 2318; *Meyer* WM 2003, 1349; *Hein* RIW 2004, 602.

[422] Vgl. *Groß* WpPG § 21 Rn. 34; Habersack/Mülbert/Schlitt/*Mülbert/Steup* § 41 Rn. 72; aA *Sittmann* NZG 1998, 490 (493).

F. Prospekthaftung   320–322 § 20

Alternative sollen die tatsächlichen Urheber des Prospekts erfasst werden, also diejenigen Personen, die ein eigenes geschäftliches Interesse an der Emission haben.[423] Je nach den individuellen Umständen des Einzelfalls können hierfür insb. auch die Konzernmuttergesellschaft (zB bei einer Abspaltung (Spin-Off) einer Tochtergesellschaft mit einer Börseneinführung), der Großaktionär eines Unternehmens (zB bei einer Börseneinführung verbunden mit einer Umplatzierung von Altaktien) oder ein Aufsichtsratsmitglied (zB mit einer wesentlichen Beteiligung an dem Unternehmen und erheblichem Einfluss auf die Erstellung des Prospekts) fallen. Demgegenüber sind an der Prospekterstellung beteiligte Abschlussprüfer, Wirtschaftsprüfer und Rechtsanwälte jedenfalls dann, wenn sie nur Teile des Prospekts zur Verfügung stellen und kein eigenes geschäftliches Interesse an der Emission haben, nach hM[424] nicht Erlasser des Prospekts iSv § 21 Abs. 1 Nr. 2 WpG. Eine Haftung dieser Berufsgruppen kommt jedoch im Einzelfall aus anderen Haftungstatbeständen, uU aus zivilrechtlicher Prospekthaftung oder beruflicher Auskunftshaftung für den von ihnen zur Verfügung gestellten Prospektteil in Betracht.[425]

Mehrere Prospektverantwortliche haften gem. § 21 Abs. 1 Satz 1 WpPG als **Gesamtschuldner** nach §§ 421 ff. BGB. Die Haftung der Prospektverantwortlichen im Innenverhältnis richtet sich vorrangig nach den zwischen den Parteien bestehenden vertraglichen Beziehungen zB in Emissions- und Übernahmeverträgen, nachrangig nach den gesetzlichen Regelungen der §§ 426, 254 BGB nach dem Umfang des Verschuldens und des individuellen Verursachungsbeitrags.[426]   320

Die für die Billigung des Wertpapierprospekts zuständige BaFin und für die Zulassung der Wertpapiere zuständige Geschäftsführung der jeweiligen Wertpapierbörse kann für im Rahmen des Zulassungsverfahrens erfolgte Fehler uU aufgrund von Amtshaftungsansprüchen gem. § 839 BGB iVm Art. 34 GG in Anspruch genommen werden, es kommt jedoch keine Prospekthaftung gem. § 21 Abs. 1 WpPG in Betracht.[427]   321

5. Unrichtigkeit und Unvollständigkeit von für die Beurteilung der Wertpapiere wesentlichen Angaben

Der Prospekthaftungsanspruch setzt voraus, dass in dem Prospekt oder der einem Prospekt gleichgestellten schriftlichen Darstellung für die Beurteilung der Wertpapiere wesentliche Angaben unrichtig oder unvollständig sind. Bei den unrichtigen und unvollständigen Angaben kann es sich nicht nur um **Tatsachen**, sondern nach hM[428] auch um **Werturteile** und **Prognosen** handeln. Schließlich darf auch der   322

---

[423] Vgl. BGH XI ZR 344/11, WM 2012, 2147; XI ZR 344/11, BKR 2012, 515 (Wohnungsbau Leipzig-West); *Groß* WpPG § 21 Rn. 35; Habersack/Mülbert/Schlitt/*Mülbert/Steup* § 41 Rn. 75; zu den früheren Bestimmungen der §§ 44 ff. BörsG aF *Groß* AG 1999, 199 (201); ebenso RegBegr. zum 3. FinMFöG BT-Drs. 13/8933, 54, 78.
[424] Vgl. *Groß* § 21 WpPG Rn. 36; Habersack/Mülbert/Schlitt/*Mülbert/Steup* § 41 Rn. 80 ff. Zu den früheren Bestimmungen der §§ 44 ff. BörsG aF *Kümpel/Wittig* Rn. 15.211; *Schanz* § 13 Rn. 110.
[425] Vgl. *Groß* WpPG § 21 Rn. 36 f.; Habersack/Mülbert/Schlitt/*Mülbert/Steup* § 41 Rn. 84 f.; *Bosch* ZHR 1999, 274; *Canaris* ZHR 1999, 206; *Schanz* § 13 Rn. 110.
[426] Vgl. *Schanz* § 13 Rn. 110 ff.; Habersack/Mülbert/Schlitt/*Mülbert/Steup* § 41 Rn. 10.; *Bosch/Groß* Rn. 10/49 ff.
[427] Vgl. *Groß* WpPG § 21 Rn. 38; Habersack/Mülbert/Schlitt/*Mülbert/Steup* § 41 Rn. 87 f.
[428] Vgl. BGH II ZR 175/81, WM 1982, 862 (863); OLG Frankfurt 5 U 213/92, WM 1994, 291 (295); *Kümpel/Wittig* Rn. 15.196; *Groß* WpPG § 21 Rn. 40; Habersack/Mülbert/Schlitt/*Mülbert/Steup* § 41 Rn. 36; ebenso RegBegr. zum 3. FinMFöG BT-Drs. 13/8993, 54, 78.

Gesamteindruck des Prospekts hinsichtlich der Vermögens-, Ertrags- und Liquiditätslage des Emittenten nicht unrichtig oder unvollständig sein.[429]

323 Die Rechtsprechung des **BGH**[430] und ein Teil der Literatur stellen für die Beurteilung der Unrichtigkeit und Unvollständigkeit des Prospekts auf die Person eines „durchschnittlichen Anlegers" ab, der zwar eine Bilanz zu lesen versteht, aber nicht unbedingt mit der in eingeweihten Kreisen gebräuchlichen Schlüsselsprache vertraut sein muss. Wendet der Emittent von Wertpapieren ausdrücklich auch an das unkundige und börsenunerfahrene Publikum, so bestimmt sich der Empfängerhorizont für Prospekterklärungen nach Ansicht des BGH[431] nach den Fähigkeiten und Erkenntnismöglichkeiten eines durchschnittlichen (Klein-)Anlegers, der sich allein anhand der Prospektangaben über die Kapitalanlage informiert und über keinerlei Spezialkenntnisse verfügt. Im Schrifttum besteht keine einheitliche Auffassung über den Beurteilungsmaßstab. So wird in der **Literatur**[432] beim Prospektadressaten auf ein breites Spektrum abgestellt, das vom „unternehmerischen Laien" bis zum „Fachmann" reicht. Insbesondere beim Abstellen auf einen „durchschnittlichen Anleger" ist es neben der formalen Erfüllung des Inhaltskatalogs des § 7 WpPG iVm den Bestimmungen der Prospektverordnung uU erforderlich, diese Angaben insb. wegen § 5 Abs. 1 Satz 1 WpPG in einer für einen Durchschnittsanleger verständlichen und nachvollziehbaren Art und Weise zu erläutern und narrativ aufzubereiten.[433]

324 Auch bei Maßgeblichkeit des „durchschnittlichen Anlegers" sind jedoch die **Entscheidungen des Gesetzgebers**, die im Einzelfall zB die Erstellung eines englischsprachigen Prospekts gem. § 19 Abs. 4 WpPG ohne die Erstellung einer deutschsprachigen Prospektfassung vorsehen, für die Beurteilung des Adressatenhorizonts zu respektieren.[434]

325 Die Unrichtigkeit und Unvollständigkeit der wesentlichen Angaben beurteilt sich nach demselben **Verschuldensmaßstab**. Maßgeblich ist der Zeitpunkt der Prospektveröffentlichung.[435] Hinsichtlich der Beurteilung der Unrichtigkeit ist zu differenzieren. Während Tatsachen unrichtig sind, wenn sie nicht der Wahrheit entsprechen, sind Werturteile und Prognosen unrichtig, wenn sie nicht durch Tatsachen gedeckt oder kaufmännisch nicht vertretbar sind.[436] Schließlich ist der Gesamteindruck eines Prospekts dann unrichtig, wenn insgesamt die im Prospekt wiedergegebenen Tatsachen, Werturteile und Prognosen ein nicht wahrheitsgetreues, nicht vollständiges und nicht realistisches Gesamtbild des Emittenten sowie

---

[429] Vgl. BGH II ZR 175/81, WM 1982, 862 (863); OLG Frankfurt a. M. 5 U 213/92, WM 1994, 291 (295); *Groß* WpPG § 21 Rn. 40; Habersack/Mülbert/Schlitt/*Mülbert/Steup* § 41 Rn. 37.

[430] Vgl. BGH XI ZR 344/11, WM 2012, 2147; II ZR 175/81, WM 1982, 862 (865); OLG Frankfurt a. M. 5 U 213/92, WM 1994, 291 (295); LG Frankfurt a. M. 3/11 O 44/96, WM 1998, 1181 (1184).

[431] Vgl. BGH XI ZR 344/11, BKR 2012, 515 (Wohnungsbau Leipzig-West).

[432] Vgl. *Groß* WpPG § 21 Rn. 41 f.; Habersack/Mülbert/Schlitt/*Mülbert/Steup* § 41 Rn. 33 ff.; *Schwark/Zimmer* §§ 44, 45 BörsG Rn. 21, 22; *Wittmann* DB 1980, 1583; *Wunderlich* DStR 1975, 690.

[433] Zur Erläuterungspflicht vgl. *Groß* WpPG § 21 Rn. 49; Habersack/Mülbert/Schlitt/*Mülbert/Steup* § 41 Rn. 41; *Schwark/Zimmer* BörsG §§ 21, 22 Rn. 22.

[434] Vgl. BGH II ZR 175/81, WM 1982, 862; OLG Frankfurt 5 U 122/03, ZIP 2004, 1411. Für verständigen Anleger *Groß* WpPG § 21 Rn. 41, 42; *Schwark/Zimmer* BörsG §§ 44, 45 Rn. 22.

[435] Vgl. OLG Frankfurt a. M. 5 U 213/92, WM 1994, 291 (295); *Groß* WpPG § 21 Rn. 44.

[436] Vgl. BGH II ZR 175/81, WM 1982, 862 (865); OLG Frankfurt a. M. 5 U 213/92, WM 1994, 291 (295); *Groß* WpPG § 21 Rn. 44.

F. Prospekthaftung 326–328 § 20

dessen Vermögens-, Ertrags- und Liquiditätslage abgeben.[437] Für die Beurteilung, ob ein Prospekt unrichtig oder unvollständig ist, ist nach Ansicht des BGH[438] nicht isoliert auf eine bestimmte Formulierung, sondern auf das Gesamtbild des Prospekts abzustellen, dass er dem Anleger unter Berücksichtigung der von ihm zu fordernden sorgfältigen und eingehenden Lektüre vermittelt. Die Unvollständigkeit des Prospekts hinsichtlich verschiedener Angaben stellt einen Unterfall der Unrichtigkeit dar.[439]

Nach § 5 WpPG muss der Prospekt in leicht analysierbarer und verständlicher 326 Form sämtliche Angaben enthalten, die im Hinblick auf den Emittenten und die öffentlich angebotenen oder zum Handel an einem organisierten Markt zugelassenen Wertpapiere notwendig sind, um dem Publikum ein zutreffendes Urteil über die Vermögenswerte und Verbindlichkeiten, die Finanzlage, die Gewinne und Verluste und die Zukunftsaussichten des Emittenten sowie über die mit diesen Wertpapieren verbundenen Rechte zu ermöglichen. Die **Vollständigkeit des Prospekts** beurteilt sich primär nach der formalen Beachtung aller für den Prospekt vorgeschriebenen Inhaltsangaben gem. § 7 WpPG iVm den Bestimmungen und Anhängen der ProspektV. Da es sich bei den genannten Inhaltskatalogen um Regelanforderungen handelt, sind für die Beurteilung der Vollständigkeit eines Prospekts stets die individuellen Umstände des Einzelfalls maßgeblich. So sind im Einzelfall für eine Vollständigkeit des Prospekts zusätzliche Informationen wie zB spezielle Länderrisiken aufzunehmen, während andererseits ein Prospekt vollständig sein kann, obwohl im Regelkatalog vorgesehene Angaben fehlen, wenn diese wie zB Detailangaben zu einzelnen Betriebsstätten nicht bedeutsam sind oder bestimmte Umstände tatsächlich nicht vorlagen.[440] Auch die Notwendigkeit und der Umfang einer für den Durchschnittsanleger verständlichen und nachvollziehbaren Erläuterung hängt von den konkreten Erfordernissen des Einzelfalls ab.

Bei Vorliegen von **Sonderumständen**,[441] wie zB aus den abgedruckten Firmen- 327 ausweisen nicht ausreichend erkennbare erhebliche Veränderungen des Konsolidierungskreises oder eine weit reichende Ausnutzung bilanziellrechtlich vertretbarer Spielräume, die zu einem risikobehafteten positiven Gesamtbild des Unternehmens führen, können weitergehende Erläuterungspflichten bestehen. **Prospektgestaltungsmängel**, dh ein unübersichtlich gegliederter oder formal oder stilistisch mangelhaft gestalteter Prospekt ist nicht unrichtig oder unvollständig, wenn er alle erforderlichen Prospektangaben enthält, da ein durchschnittlicher Anleger bei sorgfältiger, eingehender Prüfung des gesamten Prospekts einzelne Mängel bei der Übersichtlichkeit und Klarheit der Darstellung erkennen und aus dem Gesamtkontext des Prospekts präzisieren kann.[442]

Bei der teilweise aufgrund einer durchgeführten Restrukturierung des Konzerns 328 mit wesentlichen Veränderungen des Konsolidierungskreises oder einer bedeutenden „Brutto"-Veränderung, dh einer mindestens 25%igen Schwankung in Be-

---

[437] Vgl. BGH II ZR 175/81, WM 1982, 862 (869); OLG Frankfurt a. M. 5 U 213/92, WM 1994, 291 (295); *Groß* WpPG § 21 Rn. 44.
[438] Vgl. BGH II ZR 252/11, WM 2013, 734.
[439] Vgl. RegBegr. zum 3. FinMFöG BT-Drs. 13/8993, 54, 76; *Groß* § 21 Rn. 45.
[440] Vgl. *Groß* WpPG § 21 Rn. 45; Habersack/Mülbert/Schlitt/*Mülbert*/Steup § 41 Rn. 40 f.; Schwark/Zimmer BörsG §§ 44, 45 Rn. 27.
[441] Zu Einzelfällen vgl. *Groß* WpPG § 21 Rn. 50; Habersack/Mülbert/Schlitt/*Mülbert*/ Steup § 41 Rn. 40 ff.; Krämer/Baudisch WM 1998, 1161 (1173).
[442] Vgl. *Groß* WpPG § 21 Rn. 67; Habersack/Mülbert/Schlitt/*Mülbert*/Steup § 41 Rn. 54; Marsch-Barner/Schäfer/Krämer § 10 Rn. 324.

zug auf bestimmte Indikatoren (insbesondere Gesamtvermögen (Total Assets), der Umsatzerlöse (Revenues) oder des Gewinns/Verlusts (Profit/Loss), erforderlichen Aufnahme von **Pro-forma-Abschlüssen** in den Prospekt ist darauf zu achten, dass diese Pro-forma-Abschlüsse aufgrund plausibler und im Prospekt konkret darzustellender Annahmen erstellt wurden und mit Bescheinigungen der Wirtschaftsprüfer versehen sind.[443] Weiterhin muss im Prospekt ausreichend hervorgehoben werden, dass es sich bei den Pro-forma-Abschlüssen nicht um Abschlüsse handelt, denen Tatsachen zugrunde liegen, sondern um „Pro-forma"-Abschlüsse, die aufgrund bestimmter **plausibler Annahmen** erstellt wurden und dem Anleger die Vergleichbarkeit erleichtern und eine Investitionsentscheidung ermöglichen sollen. Zudem muss auf Unterschiede zwischen den eine fiktive Situation unterstellenden Pro-forma-Abschlüssen und den realen Verhältnissen hingewiesen werden.[444] In den Prospekt aufzunehmende **zukunftsbezogene Informationen**, wie zB die Darstellung von Trendinformationen gem. Punkt 12 des Anhangs I ProspV oder die Angabe der laufenden Investitionen gem. Punkt 5.2 des Anhangs I ProspV sind zurückhaltend darzustellen und müssen als Prognosen ausreichend durch Tatsachen gestützt und kaufmännisch vertretbar sein.[445]

329 Die Unrichtigkeit bzw. Unvollständigkeit muss sich auf für die Beurteilung der Wertpapiere **wesentliche Angaben** beziehen, dh die Angaben müssen für die Beurteilung der Wertpapiere von wesentlicher Bedeutung sein und gem. § 23 Abs. 2 Nr. 2 WpPG gerade zur Minderung des Börsenpreises beigetragen haben. Wesentliche Angaben sind die Angaben, die objektiv zu den wertbildenden Faktoren der Wertpapiere gehören.[446]

330 Für die Prospektverantwortlichen besteht auch nach der Prospekterstellung bis zur Einführung der Wertpapiere eine **fortlaufende Aktualisierungs- und Berichtigungspflicht**, die ggf. zusätzliche Erläuterungen zu aktuellen Entwicklungen erforderlich macht, die in den im Prospekt abgedruckten Finanzdaten oder im Lagebericht noch nicht enthalten sind.[447] Für den Zeitraum ab der Prospektbilligung bis zur Einführung der Wertpapiere ergibt sich die Aktualisierungspflicht ausdrücklich aus § 16 Abs. 1 Satz 1 WpPG, der die Verpflichtung zur Veröffentlichung eines **Nachtrags** zum Prospekt enthält, wenn seit der Billigung des Prospekts ein wichtiger neuer Umstand oder eine wesentliche Unrichtigkeit in Bezug auf die im Prospekt enthaltenen Angaben, die die Beurteilung der Wertpapiere beeinflussen könnten, eingetreten ist. Es besteht jedoch keine Verpflichtung, den Prospekt auch nach Einführung der Wertpapiere an der Wertpapierbörse fortlaufend zu aktualisieren.[448] Ab diesem Zeitpunkt wird dies durch kapitalmarktrechtliche Publizität wie zB Ad-hoc-Mitteilungen oder die Veröffentlichung von Finanzberichten sichergestellt.

331 Von dieser Berichtigungs- und Aktualisierungspflicht zu unterscheiden ist die **Möglichkeit zur Berichtigung** im Zeitpunkt der Einführung der Wertpapiere unrichtiger Prospektangaben, die sich aus der Sechsmonatsfrist des § 21 Abs. 1

---

[443] Vgl. Anhang II ProspV.
[444] Vgl. OLG Frankfurt a. M. 5 U 178/95, AG 1997, 131; LG Frankfurt a. M. 3/11 O 44/96, WM 1998, 1181 (1183); *Groß* WpPG § 21 Rn. 53, 54; Habersack/Mülbert/Schlitt/*Mülbert/Steup* § 41 Rn. 42.
[445] Vgl. BGH II ZR 175/81, WM 1982, 862, 865; *Groß* § 21 WpPG Rn. 52, Habersack/Mülbert/Schlitt/*Meyer* § 36 Rn. 57.
[446] Vgl. *Groß* WpPG § 21 Rn. 68; Habersack/Mülbert/Schlitt/*Mülbert/Steup* § 41 Rn. 48.
[447] Vgl. *Groß* WpPG § 21 Rn. 57; *Schwark/Zimmer* BörsG § 44, 45 Rn. 28 ff.
[448] Vgl. *Groß* WpPG § 21 Rn. 59; Habersack/Mülbert/Schlitt/*Mülbert/Steup* § 41 Rn. 54; *Hopt* Rn. 213. Ebenso LG Frankfurt a. M. 3–07 O 26/01, ZIP 2003, 400 ff. (EM.TV AG).

F. Prospekthaftung 332, 333 § 20

WpPG ab Einführung der Wertpapiere und der Möglichkeit der Veröffentlichung haftungsbefreiender Nachträge gem. § 23 Abs. 2 Nr. 4 WpPG ergibt.[449] Die eine Ersatzpflicht ausschließende Berichtigung gem. § 23 Abs. 2 Nr. 4 WpPG setzt das Vorliegen von unrichtigen und unvollständigen Angaben im Prospekt voraus. Sie kommt also nur in Betracht, wenn der Prospekt zum Zeitpunkt seines Erlasses unrichtig oder unvollständig war. Sie findet dagegen keine Anwendung, wenn der zum Zeitpunkt des Erlasses richtige und vollständige Prospekt durch das Eintreten neuer Ereignisse nachträglich unrichtig oder unvollständig wird.

6. Kausalität

Die Prospekthaftung nach § 21 WpPG setzt voraus, dass es sich um Wertpapiere **332** handelt, die aufgrund eines Prospekts zum Börsenhandel zugelassen sind, und dass das Erwerbsgeschäft nach der Veröffentlichung des Prospekts und innerhalb von sechs Monaten nach der erstmaligen Einführung der Wertpapiere abgeschlossen wurde. Die Haftung bezieht sich nach § 21 Abs. 1 Satz 1 und Abs. 4 WpPG auf diejenigen Wertpapiere, die aufgrund eines Prospekts oder einer gleichgestellten schriftlichen Darstellung zum Börsenhandel zugelassen sind, dh nicht auf bereits früher zugelassene oder später (uU prospektfrei) zugelassene Wertpapiere. Gemäß § 21 Abs. 1 Satz 3 WpPG findet § 21 Abs. 1 Satz 1 und 2 WpPG jedoch auch auf den Erwerb von Wertpapieren desselben Emittenten, die von den in § 21 Abs. 1 Satz 1 WpPG genannten Wertpapieren nicht nach Ausstattungsmerkmalen oder in sonstiger Weise unterschieden werden können, entsprechend Anwendung. Grund für diese Regelung ist der Umstand, dass der Anleger bei der heute üblichen Girosammelverwahrung mit der damit verbundenen Begründung von Miteigentum an allen in Girosammelverwahrung befindlichen Wertpapieren gleicher Ausstattung und gleicher Wertpapier-Kennnummer nicht in der Lage ist, den Nachweis zu erbringen, dass die von ihm erworbenen Wertpapiere aufgrund des Prospekts zum Börsenhandel zugelassen wurden.[450] Andererseits kann eine Prospekthaftung nach § 21 WpPG auf die zugelassenen Wertpapiere beschränkt werden, wenn die Wertpapiere erkennbar **unterschiedliche Ausstattungsmerkmale**, wie zB Dividendenberechtigung, haben oder in sonstiger Weise, zB durch die Verwendung einer anderen Wertpapier-Kennnummer, unterschieden werden können.[451] Diese aus Erwägungen der Haftungsbegrenzung uU sinnvolle Entscheidung führt jedoch zu einer Reduzierung der Liquidität, da die neu zugelassenen Wertpapiere und die bereits zugelassenen Wertpapiere nicht fungibel sind.

Weiterhin ist es erforderlich, dass die Wertpapiere im Rahmen eines Erwerbs- **333** geschäfts nach Veröffentlichung des Prospekts und **innerhalb von sechs Monaten** nach erstmaliger Einführung an der Wertpapierbörse erworben wurden. Für die Fristberechnung kommt es dabei auf den Abschluss des schuldrechtlichen Erwerbsgeschäfts, nicht auf die dingliche Eigentumsübertragung an.[452] Ein Nachweis des Erwerbs aufgrund des Prospekts bzw. einer bestimmten Anlagestimmung ist seit Änderung des Prospekthaftungsrechts nicht mehr erforderlich. Der bloße **Erst- oder Zweiterwerb** innerhalb von sechs Monaten ab Einführung reicht aus, während ein Erwerb der Wertpapiere vor Veröffentlichung des Prospekts von § 21

---

[449] Vgl. *Groß* WpPG § 21 Rn. 65; Habersack/Mülbert/Schlitt/*Mülbert/Steup* § 41 Rn. 139 ff.
[450] Vgl. *Groß* WpPG § 21 Rn. 69.
[451] Vgl. *Groß* WpPG § 21 Rn. 69; Habersack/Mülbert/Schlitt/*Mülbert/Steup* § 41 Rn. 93; RegBegr. zum 3. FinMFöG BT-Drs. 13/8993, 54, 77.
[452] Vgl. *Groß* WpPG § 21 Rn. 70; Habersack/Mülbert/Schlitt/*Mülbert/Steup* § 41 Rn. 96; RegBegr. zum 3. FinMFöG BT-Drs. 13/8993, 54, 76.

WpPG nicht erfasst wird.[453] Nach § 23 Abs. 2 Nr. 1 WpPG ist die Ersatzpflicht jedoch ausgeschlossen, wenn der Inanspruchgenommene nachweist, dass die Wertpapiere nicht aufgrund des Prospekts erworben wurden. Hierfür können im Einzelfall besonders negative Presseveröffentlichungen, dramatische Kurseinbrüche, die Veröffentlichung von negative Entwicklungen aufzeigenden Zwischenberichten oder Jahresabschlüssen oder neue Tatsachen offenlegende Ad-hoc-Mitteilungen vor dem Erwerb des Wertpapiers durch den Antragsteller dienen.[454]

7. Verschulden

334 Gemäß § 23 Abs. 1 WpPG kann aus Prospekthaftung gem. §§ 21, 22 WpPG nicht in Anspruch genommen werden, wer nachweist, dass er die Unrichtigkeit und Unvollständigkeit der Angaben des Prospekts nicht gekannt hat und die Unkenntnis nicht auf grober Fahrlässigkeit beruht. Grobe Fahrlässigkeit liegt vor, wenn die erforderliche Sorgfalt in besonders schwerem Maß verletzt wurde, wobei die Beurteilung sowohl subjektive Umstände als auch den persönlichen Kenntnisstand des Verletzers berücksichtigt und somit zu einer differenzierenden Beurteilung desselben Verhaltens bei verschiedenen Prospektverantwortlichen führen kann.[455]

335 Der Beurteilung des Verschuldens ist hinsichtlich der **verschiedenen Prospektverantwortlichen**, also des Emissionsbegleiters, des Emittenten und etwaiger weiterer Verantwortlicher wie Konzernmuttergesellschaften, Großaktionäre oder auch Vorstands- oder Aufsichtsratsmitglieder zu unterscheiden. Bei den Emissionsbegleitern ist wohl weiterhin zwischen den Sorgfalts- und Nachforschungspflichten des Konsortialführers und den eingeschränkten Pflichten von Konsortialmitgliedern zu differenzieren.[456]

336 Die Emissionsabteilung einer Konsortialbank verfügt häufig vor Mandatierung für die Börseneinführung über keinerlei Spezialkenntnisse über den Emittenten. Dem Emissionsbegleiter obliegen jedoch bestimmte **Kontroll- und Nachprüfungspflichten**, deren Umfang im Einzelnen streitig ist und von den Umständen des konkreten Einzelfalls abhängt. Die üM[457] vertritt die Ansicht, dass die Emissionsbanken sich nicht generell ohne jegliche eigene Kontrolle auf die Angaben des Emittenten, die in den Prospekt aufgenommen werden, verlassen dürfen und zwischen der konkreten Rolle der jeweiligen Konsortialbank im Konsortium zu differenzieren ist. Existenz und Umfang von Nachforschungspflichten sind streitig. Teilweise[458] wird nur eine Pflicht zur Prüfung der Plausibilität der Prospektangaben ohne eine allgemeine Verpflichtung zur Durchführung einer umfassenden Due-Diligence-Prüfung angenommen, teilweise[459] wird auf die Zumutbarkeit der

---

[453] Vgl. *Groß* WpPG § 21 Rn. 70; Habersack/Mülbert/Schlitt/*Mülbert/Steup* § 41 Rn. 90.

[454] Vgl. OLG Frankfurt a. M. 21 U 92/95, WM 1996, 1216; OLG Düsseldorf 6 U 239/82, WM 1984, 586 (596); *Groß* WpPG § 21 Rn. 70; Habersack/Mülbert/Schlitt/*Mülbert/Steup* § 41 Rn. 99.

[455] Vgl. BGH IV ZR 170/52, BGHZ 10, 17; IV ZR 223/91, BGHZ 119, 147 (149); *Groß* WpPG § 21 Rn. 75; Habersack/Mülbert/Schlitt/*Mülbert/Steup* § 41 Rn. 104 ff. Ebenso RegBegr. zum 3. FinMFöG BT-Drs. 13/8993, 80.

[456] Vgl. *Bosch/Groß* Rn. 10/146, *Groß* WpPG § 21 Rn. 83 f.; Habersack/Mülbert/Schlitt/ *Mülbert/Steup* § 41 Rn. 118; Marsch-Barner/Schäfer/*Krämer* § 10 Rn. 353.

[457] Vgl. RG II 106/12, RGZ 80, 196; *Groß* WpPG § 21 Rn. 80, 83; *Schwark/Zimmer* BörsG §§ 44, 45 Rn. 48; Habersack/Mülbert/Schlitt/*Mülbert/Steup* § 41 Rn. 108 ff.; Marsch-Barner/ Schäfer/*Krämer* § 10 Rn. 336, 337.

[458] Vgl. *Groß* WpPG § 21 Rn. 81; *Schwark/Zimmer* BörsG §§ 44, 45 Rn. 51.

[459] Vgl. *Schwark* ZGR 1983, 162 (173).

F. Prospekthaftung 337–341 § 20

Nachprüfung abgestellt. In der Regel wird zwischen Prospektinformationen des Emittenten und von sachverständigen Dritten differenziert.[460] Auch bei Ablehnung einer über die Plausibilitätsprüfung hinausgehenden Prüfungspflicht besteht eine Pflicht zur Aktualisierung von Angaben, die sich auf den Zeitraum nach den letzten im Prospekt enthaltenen Jahresabschlüssen beziehen und neue Entwicklungen darstellen.[461] Eine Nachforschungspflicht besteht in jedem Fall dann, wenn konkrete Anhaltspunkte für die Unrichtigkeit des Prospekts vorliegen oder Anhaltspunkte vorliegen, die Zweifel an der Richtigkeit des Prospekts begründen,[462] wie zB negative Werturteile Dritter oder Presseberichte.

Nach üM[463] besteht **keine Pflicht** zur erneuten Prüfung der Buchführung oder der testierten Jahresabschlüsse oder geprüften Zwischenabschlüsse des Emittenten, da keine Verpflichtung der Konsortialbanken zur Kontrolle der Kontrolleure besteht. Dieser Grundsatz gilt jedoch nicht, falls besondere Gründe bzw. Zweifel eine Prüfung nahezu aufdrängen und Anlass für eine Nachforschung geben. Hinsichtlich nicht von Wirtschaftsprüfern geprüfter Abschlüsse besteht eine Kontrollpflicht der Prospektverantwortlichen, deren Umfang von den Umständen des konkreten Einzelfalls abhängig ist. Im Prospekt abgedruckte ungeprüfte Abschlüsse werden in der Praxis idR vom Abschlussprüfer einer kritischen Durchsicht unterzogen, deren Prüfungsumfang im Comfort Letter festgelegt ist. 337

Eine Zurechnung der Kenntnis eines Organmitglieds oder Mitarbeiters einer Konsortialbank aufgrund eines **Aufsichtsratsmandats** beim Emittenten erfolgt nach üM[464] nicht, da es sich dabei um ein persönliches Mandat handelt und das Aufsichtsratsmitglied gem. § 116 iVm § 93 Abs. 1 Satz 2 AktG zur Verschwiegenheit verpflichtet ist. 338

Demgegenüber sind beim **Emittenten** hinsichtlich des Verschuldens höhere Anforderungen zu stellen, da der Prospekt sich im Wesentlichen auf den Emittenten und seine Geschäftstätigkeit und Finanzdaten bezieht, der Emittent den im Prospekt veröffentlichten Jahresabschluss aufstellt und er die Risiken seines Geschäfts kennt bzw. kennen muss. Konzernmuttergesellschaften, Großaktionäre oder auch Aufsichtsratsmitglieder können im Einzelfall eine im Vergleich zum Emissionsbegleiter größere Sachnähe und Sachkenntnis haben. 339

Nach üM[465] kann der Emissionsbegleiter auch Informationen anderer **Experten** und Fachleute wie zB Rechtsanwälte, Patentanwälte, Notare und Wirtschaftsprüfer oder technische Sachverständige ohne eigene Prüfung übernehmen, sofern nicht Gründe bzw. Zweifel eine Prüfung nahezu aufdrängen und im Einzelfall eine Nachprüfungspflicht begründen. 340

Die Prospektbilligung durch die BaFin und die Zulassung der Wertpapiere durch die **Geschäftsführung der Wertpapierbörse** schließt ein Verschulden der Prospektverantwortlichen gem. § 21 Abs. 1 WpPG nicht aus, kann aber im Einzelfall Amtshaftungsansprüche begründen. 341

---

[460] Vgl. *Groß* WpPG § 21 Rn. 81, 82a; Habersack/Mülbert/Schlitt/*Mülbert/Steup* § 41 Rn. 107 ff.
[461] Vgl. *Groß* WpPG § 21 Rn. 81; Schwark/Zimmer BörsG §§ 44, 45 Rn. 52.
[462] Vgl. *Groß* WpPG § 21 Rn. 80; Habersack/Mülbert/Schlitt/*Mülbert/Steup* § 41 Rn. 109.
[463] Vgl. nur RG I 556/09/8, LZ 1911, 155; RG Rep II 106/1, RGZ 80, 196 (198 ff.); BGH II ZR 175/81, WM 1982, 862 (864); *Groß* WpPG § 21 Rn. 81; Habersack/Mülbert/Schlitt/*Mülbert/Steup* § 41 Rn. 116; Schwark/Zimmer BörsG §§ 44, 45 Rn. 50 ff.
[464] Vgl. *Groß* WpPG § 21 Rn. 79; Habersack/Mülbert/Schlitt/*Mülbert/Steup* § 41 Rn. 112; Schwark/Zimmer BörsG §§ 44, 45 Rn. 53.
[465] *Groß* WpPG § 21 Rn. 82; Marsch-Barner/Schäfer/*Krämer* § 10 Rn. 337.

8. Umfang des Schadensersatzes

342 § 21 Abs. 1 Satz 1 WpPG bestimmt, dass der anspruchsberechtigte Erwerber die Übernahme der Wertpapiere gegen **Erstattung des Erwerbspreises**, soweit dieser den ersten Ausgabepreis der Wertpapiere nicht überschreitet, und der mit dem Erwerb verbundenen **üblichen Kosten** verlangen kann. Ist ein Ausgabepreis nicht festgelegt, gilt als Ausgabepreis der erste nach Einführung der Wertpapiere festgestellte oder gebildete Börsenpreis. Ist der Erwerber nicht mehr Inhaber der Wertpapiere, so kann er gem. § 21 Abs. 2 Satz 1 WpPG die Zahlung des Unterschiedsbetrags zwischen dem Erwerbspreis, soweit dieser den ersten Ausgabepreis nicht überschreitet, und dem Veräußerungspreis der Wertpapiere sowie die Zahlung der mit dem Erwerb und der Veräußerung verbundenen üblichen Kosten verlangen. Die Begrenzung des Schadenersatzes auf den Ausgabepreis ergibt sich daraus, dass dies der Preis ist, zu dem die Wertpapiere aufgrund des Prospekts veräußert werden, und dass nachfolgende Veränderungen des Wertpapierpreises nicht auf dem Prospekt beruhen, die Haftung der Prospektverantwortlichen überschaubar bleiben und ein Beitrag zur Risikokapitalförderung erfolgen soll.[466]

9. Haftungsausschluss und Haftungsbegrenzung

343 Nach § 21 WpPG kann gem. § 23 Abs. 1 WpPG nicht in Anspruch genommen werden, wer nachweist, dass er die Unrichtigkeit oder Unvollständigkeit der Angaben des Prospekts nicht gekannt hat und die Unkenntnis nicht auf grober Fahrlässigkeit beruht. Der Anspruch nach § 21 WpPG **besteht** gem. § 23 Abs. 2 WpPG **nicht**, sofern
– die Wertpapiere nicht aufgrund des Prospekts erworben wurden,
– der Sachverhalt, über den unrichtige oder unvollständige Angaben im Prospekt enthalten sind, nicht zu einer Minderung des Börsenpreises der Wertpapiere beigetragen hat,
– der Erwerber die Unrichtigkeit oder Unvollständigkeit der Angaben des Prospekts bei dem Erwerb kannte,
– vor dem Abschluss des Erwerbsgeschäfts im Rahmen des Jahresabschlusses oder Zwischenberichts des Emittenten, einer Veröffentlichung nach § 17 MAR oder einer vergleichbaren Bekanntmachung eine deutlich gestaltete Berichtigung der unrichtigen oder unvollständigen Angaben im Inland veröffentlicht wurde oder
– es sich ausschließlich auf Grund von Angaben in der Zusammenfassung oder einer Übersetzung ergibt, es sei denn, die Zusammenfassung ist irreführend, unrichtig oder widersprüchlich, wenn sie zusammen mit den anderen Teilen des Prospekts gelesen wird.

344 Der Haftungsverpflichtete hat sein fehlendes Verschulden gem. § 21 Abs. 1 WpPG und die in § 21 Abs. 2 WpPG genannten Umstände darzulegen und bei Bestreiten zu beweisen. Während § 23 Abs. 1 WpPG nur einen individuellen Haftungsausschluss begründet, führt das Vorliegen der Voraussetzungen des § 23 Abs. 2 WpPG zu einem **Haftungsausschluss** für alle möglichen Prospektverantwortlichen. Bei § 23 Abs. 2 Nr. 3 WpPG schließt nur positive Kenntnis die Ersatzpflicht aus, während grobe Fahrlässigkeit hierfür nicht ausreicht. Im Falle einer Prospektberichtigung nach § 23 Abs. 2 Nr. 4 WpPG muss die Berichtigung deutlich ausgestaltet sein. Sie muss allerdings nicht darauf hinweisen, dass sie eine fehlerhafte oder unterlassene

---

[466] Vgl. *Groß* WpPG § 21 Rn. 86; ebenso RegBegr. zum 3. FinMFöG BT-Drs. 13/8933, 54, 78, 79.

F. Prospekthaftung

Angabe im Prospekt berichtigt. Dem verständigen Leser muss jedoch ersichtlich sein, dass die Berichtigung vom Prospekt abweichende Angaben enthält.[467] Auf die Kenntnis des Erwerbers von der Berichtigung und deren Nachweis sowie den Nachweis der Kenntnis des Erwerbers vom Prospekt kommt es nicht an.[468]

Eine Vereinbarung, durch die der Anspruch nach §§ 21, 23 und 24 WpPG **im Voraus** ermäßigt oder erlassen wird, ist gem. § 25 Abs. 1 WpPG unwirksam. Demgemäß ist eine nach Entstehen des Anspruchs abgeschlossene Vereinbarung, zB ein Vergleich, wirksam.

10. Verhältnis zu anderen Anspruchsgrundlagen

Weitergehende Ansprüche, die nach den Vorschriften des bürgerlichen Rechts aufgrund von Verträgen oder vorsätzlichen unerlaubten Handlungen erhoben werden können, bleiben gem. § 25 Abs. 2 WpPG unberührt. Das gilt sowohl für vertragliche bzw. vorvertragliche Ansprüche als auch für etwaige deliktische Ansprüche gem. §§ 826, 823 Abs. 2 BGB iVm § 264a StGB. Schließlich kommen auch Ansprüche aus der Verletzung gesellschaftsrechtlicher Pflichten gem. §§ 47 Nr. 3, 117 AktG, § 823 Abs. 2 iVm §§ 399 Abs. 1 Nr. 4, 400 Abs. 1 AktG, § 331 HGB in Betracht.

Weiterhin macht sich jeder, der vorsätzlich im Zusammenhang mit dem Vertrieb von Wertpapieren, die eine Beteiligung an dem Ergebnis eines Unternehmens gewähren sollen, in Prospekten hinsichtlich der für die Entscheidung über den Erwerb erheblichen Umstände gegenüber einem größeren Kreis von Personen unrichtige vorteilhafte Angaben macht oder nachteilige Tatsachen verschweigt, nach § 264a StGB wegen **Kapitalanlagebetrugs** strafbar und wird mit Freiheitsstrafe bis zu drei Jahren oder mit Geldstrafe bestraft. Daneben wird nach § 4 UWG wegen **strafbarer Werbung** jeder, der in der Absicht, den Anschein eines besonders günstigen Angebots hervorzurufen, in öffentlichen Bekanntmachungen oder Mitteilungen, die für einen größeren Personenkreis bestimmt sind, über geschäftliche Verhältnisse wissentlich unrichtige oder zur Irreführung geeignete Angaben macht, mit einer Freiheitsstrafe bis zu zwei Jahren oder mit Geldstrafe bestraft. Im Anwendungsbereich der börsengesetzlichen Prospekthaftung sind allgemeine zivilrechtliche Prospekthaftungsansprüche ausgeschlossen.[469]

11. Verjährung und gerichtliche Zuständigkeit

Mit Änderung der kapitalmarktrechtlichen Sonderregelung des § 46 BörsG unterliegen Haftungsansprüche wegen fehlerhafter oder fehlender Prospekte nach § 21 ff. WpPG nunmehr den **allgemeinen Verjährungsvorschriften der §§ 195, 199 BGB**, dh dass Prospekthaftungsansprüche in drei Jahren nach Ende des Jahres, in dem der Geschädigte Kenntnis von den anspruchsbegründenden Umständen erlangt hat oder ohne Fahrlässigkeit hätte erlangen können,[470] spätestens aber zehn Jahre nach ihrer Entstehung verjähren.[471]

---

[467] Vgl. *Groß* WpPG § 23 Rn. 8; RegBegr. zum 3. FinMFöG BT-Drs. 13/8933, 81.
[468] Vgl. *Groß* WpPG § 23 Rn. 10; ebenso RegBegr. zum 3. FinMFöG BT-Drs. 13/8933, 54, 80 ff.
[469] Vgl. *Groß* WpPG § 25 Rn. 3a; Habersack/Mülbert/Schlitt/*Mülbert*/Steup § 41 Rn. 151; *Kort* AG 1999, 8 (18 ff.); RegBegr. zum 3. FinMFöG BT-Drs. 13/8933, 54, 81.
[470] § 195 BGB.
[471] § 199 Abs. 3 BGB; vgl. *Groß* WpPG § 21 Rn. 91.

349 Seit Inkrafttreten des Gesetzes zur Einführung des Kapitalanleger-Musterverfahrensgesetz im Jahr 2005 begründet § 32b ZPO eine **ausschließliche Zuständigkeit** des Landgerichts für Schadensersatzansprüche wegen falscher, irreführender oder unterlassener öffentlicher Kapitalmarktinformationen. Örtlich zuständig ist das Gericht des betreffenden Emittenten, soweit sich der Sitz im Inland befindet.[472]

II. Vereinigte Staaten von Amerika

350 Das US-amerikanische Recht enthält verschiedene Rechtsvorschriften, die Grundlage für Prospekthaftungsansprüche bilden können. Es ist grds. zwischen fehlerhaften Prospekten für bei der SEC registrierten Wertpapieren und nicht registrierten Wertpapieren zu unterscheiden.

351 Für **registrierte Wertpapiere** gilt insbesondere Section 11 Securities Act.[473] Gemäß Section 11 (a) Securities Act kann jede Person, die Aktien erwirbt, für den Fall, dass ein Teil einer Registrierungserklärung bei ihrem Wirksamwerden eine unrichtige Angabe einer wesentlichen Tatsache enthielt oder es unterließ, eine wesentliche Tatsache darzustellen, die darin darzustellen war oder erforderlich war, die darin enthaltenen Angaben nicht irreführend zu machen, vor dem zuständigen Gericht Schadensersatz geltend machen. **Möglicher Beklagter** ist
– jede Person, die die Registrierungserklärung unterzeichnet hat,
– jede Person, die zum Zeitpunkt der Einreichung des angeblich haftungsbegründenden Teils der Registrierungserklärung ein Director[474] oder Partner oder eine Person mit vergleichbarer Funktion des Emittenten war,
– jede Person, die mit ihrem Einverständnis in der Registrierungserklärung als gegenwärtiger oder zukünftiger Director, oder Partner oder als eine Person mit vergleichbarer Funktion genannt wird,
– jeder Wirtschaftsprüfer, Ingenieur, Gutachter und jede andere Person, deren Beruf Autorität hinsichtlich ihrer Aussage verleiht und der/die mit seinem/ihrem Einverständnis in der Registrierungserklärung als Vorbereiter oder Bestätiger eines Teils der Registrierungserklärung oder eines Berichts oder einer Bewertung, die im Rahmen der Registrierungserklärung verwendet wird, genannt ist, hinsichtlich dieser Aussage, dieses Berichts oder dieser Bewertung sowie
– jede Emissionsbank (Underwriter) hinsichtlich dieser Wertpapiere.[475]

352 Das Vorliegen einer „**wesentlichen Tatsache**" beurteilt sich aufgrund einer Gesamtwürdigung der Umstände des Einzelfalls.[476] Ein Anspruch ist ausgeschlossen, wenn nachgewiesen wird, dass der Anspruchsteller zum Zeitpunkt des Erwerbs die Unrichtigkeit oder Auslassung kannte.[477] Die Haftung nach Section 11 Securities

---

[472] § 32b Abs. 1 Satz 1 ZPO.
[473] Vgl. Marsch-Barner/Schäfer/*Strauch* § 11 Rn. 47 ff.; *Greene* ua § 11.02; *Johnson/McLaughlin* Kapitel 5 § 5.02 [A]; *Hazen* The Law of Securities Regulation §§ 7.3, 7.4; *Farmery/Walmsley/Joyce/Gruson/Jungreis* US Securities and Investment Handbook S. 21 ff.; *Gruson* WM 1995, 89 (93 ff.); *Ebke/Siegel* WM Sonderbeilage Nr. 2/2001, 10.
[474] Deutsche Aktiengesellschaften weisen zwei verschiedene Organe vor, die zusammen dem monistischen US-amerikanischen Board of Directors entsprechen. Für Zwecke der Section 11 Securities Act gelten die Mitglieder des Vorstands als Directors.
[475] Section 11 (a) Abs. 1–Abs. 5 Securities Act.
[476] Vgl. Spielman v. General Host Corp., 402 F. Supp. 190, 194 (S. D. N. Y. 1975) aff'd, 538 F.2d 39 (2d Cir. 1976); Akerman v. Oryx Communications, Inc., 609 F. Supp. 363, 369 (S. D. N. Y. 1984).
[477] Section 11 (a) Securities Act.

F. Prospekthaftung 353–356 § 20

Act ist anders als im deutschen Prospekthaftungsrecht für den Emittenten verschuldensunabhängig.

Gemäß Section 11 (b) Securities Act sind Personen – außer dem Emittenten 353
– nicht haftbar, wenn sie bestimmte Umstände nachweisen können. So ist eine Haftung ua **ausgeschlossen**, wenn
- eine Person (einschließlich eines Experten) bezüglich eines Teils der Registrierungserklärung nach sorgfältiger Prüfung („reasonable investigation") zum Zeitpunkt des Wirksamwerdens dieses Teils vernünftige Gründe dafür hatte zu glauben und glaubte, dass die Aussagen darin richtig waren und dass es keine Auslassung einer wesentlichen Tatsache gab, die darin enthalten sein musste oder notwendig war, um die Angabe nicht irreführend zu machen,
- bei einem Experten ein Teil der Registrierungserklärung die Aussage des Experten nicht in angemessener Weise darstellte oder keine angemessene Wiederholung oder kein angemessener Auszug seines Berichts oder seiner Bewertung als Experte war.[478]

Als Maßstab der **angemessenen Sorgfalt** für die Prüfung und der **vernünf-** 354
tigen Gründe für das Glauben iSv § 11 (b) Securities Act ist die Sorgfalt einer besonnenen Person („prudent man") für die Verwaltung ihres eigenen Vermögens maßgeblich.[479] Nach üM[480] werden bei der Beurteilung des Sorgfaltsmaßstabs die Kenntnisse, Fähigkeiten und der Umfang der Mitwirkung sowie Sonder- und Fachkenntnisse der jeweiligen Person berücksichtigt.

Zur Ermöglichung der sog. **Due Diligence Defence** mandatieren die Emis- 355
sionsbanken idR Rechtsanwälte zur Durchführung einer rechtlichen Unternehmensprüfung und erhalten von diesen an sie adressierte Legal Opinions, Disclosure Letters und vom Abschlussprüfer der Gesellschaft Comfort Letters (s. Rn. 232 ff., Rn. 250 ff.), die eine Aussage über bestimmte Rechtsfragen enthalten, die nach Kenntnis dieser eingeschalteten Rechtsanwälte bestehende Richtigkeit und Vollständigkeit der Informationen im Prospekt bestätigen sowie von den Wirtschaftsprüfern bestimmte bestätigende Aussagen zu den Finanzangaben enthalten.[481] Legal Opinions, Disclosure Letters und Comfort Letter sind zwar wichtige Bausteine der Due Diligence Defence. Dennoch müssen die Emissionsbanken selbst ihren eigenen Sorgfaltspflichten nachkommen, um eine Due Diligence Defence geltend machen zu können.[482]

Wenn der Erwerber die Wertpapiere erworben hat, nachdem der Emittent sei- 356
nen Aktionären einen **Ergebnisbericht** (Earning Statement), der einen Zeitraum von mindestens zwölf Monaten umfasst, beginnend mit dem Wirksamwerden der Registrierungserklärung, allgemein zugänglich zur Verfügung gestellt hat, besteht eine Ersatzpflicht nach Section 11 (1) Securities Act nur unter der Bedingung des **Beweises**, dass diese Person die Wertpapiere im Vertrauen auf die unrichtige Erklärung in der Registrierungserklärung oder im Vertrauen auf die Registrie-

---

[478] Section 11 (b) Abs. 3 (A) (B) Securities Act.
[479] Section 11 (c) Securities Act.
[480] Vgl. Rule 176 zum Securities Act. Vgl. auch Escott v. BarChris Construction 283 F.Supp. 643 (S. D. N. Y. 1968); *In re Software Toolworks, Inc.*, 50F. 3d 615 (9th Cir. 1994).
[481] Vgl. *Johnson/McLaughlin* Kapitel 5 § 5.02 [A][j], § 5.04, § 5.05; *Farmery/Walmsley/Joyce/Gruson/Jungreis* US Securities and Investment Handbook S. 23 ff.; *Adolff* S. 26; *Gruson* WM 1998, 89 (94).
[482] Vgl. Escott v. BarChris Construction, 283. F.Supp. 643 (S. D. N. Y. 1968); *In re Software Toolworks, Inc.*, 50F. 3d 615 (9th Cir. 1994).

rungserklärung und in Unkenntnis der Auslassung erworben hat.[483] Ein derartiges Vertrauen kann jedoch auch ohne Nachweis des Lesens der Registrierungserklärung vorliegen. Hat der Anspruchsteller die Wertpapiere vor diesem Zeitpunkt erworben, gilt diese Beweislastumkehr nicht und die Kausalität der Unrichtigkeit oder Unvollständigkeit für den Wertpapiererwerb wird vermutet, es sei denn, der Anspruchsgegner weist nach, dass der Anspruchsteller Kenntnis hatte.

357 Der **Umfang des Schadenersatzes** ist die Differenz zwischen dem für die Wertpapiere bezahlten Preis und
– deren Wert zum Zeitpunkt der Klageerhebung oder
– dem Preis, zu dem diese Wertpapiere vor der Klage am Markt veräußert wurden, oder
– dem Preis, zu dem die Wertpapiere nach der Klage, aber vor dem Urteil veräußert wurden, wenn dieser Schaden geringer ist als der Schaden, der dem Unterschied zwischen dem für die Wertpapiere bezahlten Preis und deren Wert zum Zeitpunkt der Klage war.[484]

358 Der Anspruchsgegner kann eine Haftung jedoch **begrenzen** oder **ausschließen**, wenn er nachweisen kann, dass ein Wertverlust nicht mit den fehlenden oder falschen Angaben in der Registrierungserklärung in Zusammenhang steht, dh die Falschangaben für den Wertverlust nicht ursächlich waren,[485] zB weil der Wertverlust auf andere Gründe zurückzuführen ist. Prospektverantwortliche haften gesamtschuldnerisch und sind untereinander unter bestimmten Voraussetzungen ausgleichsberechtigt.[486] Der ersatzfähige Schadensersatz nach Section 11 Securities Act übersteigt keinesfalls den Preis, zu dem die Wertpapiere öffentlich angeboten wurden.[487]

359 Section 12 (a) (1) Securities Act enthält eine verschuldensunabhängige Haftung für eine Person, die Wertpapiere unter Verletzung der Section 5 Securities Act anbietet oder verkauft.[488] Gemäß Section 12 (a) (2) Securities Act haftet ua jede Person, die Wertpapiere – unabhängig davon, ob sie gem. Section 3 Securities Act von der Registrierungspflicht befreit sind oder nicht – im Wege eines Prospekts oder einer mündlichen Kommunikation anbietet oder verkauft, der/die eine unrichtige Angabe über wesentliche Tatsachen enthält oder es unterlässt, eine wesentliche Tatsache darzustellen, die erforderlich ist, die darin enthaltenen Angaben im Lichte der Umstände, unter denen sie gemacht wurden, nicht irreführend zu machen, und die nicht nachweisen kann, dass sie die Unrichtigkeit oder Auslassung nicht kannte und bei Anwendung angemessener Sorgfalt nicht kennen konnte.[489] **Anspruchsberechtigt** ist jede Person, die unmittelbar vom Inanspruchgenommenen Wertpapiere erworben hat oder der Wertpapiere von ihm angeboten wurden. Der Anspruch richtet sich auf Rückgewähr des bezahlten Kaufpreises einschließlich Zinsen abzüglich etwaiger Erträge gegen Rückgabe der Wertpapiere und nur dann

---

[483] Section 11 (a) letzter Absatz Securities Act.
[484] Section 11 (e) Securities Act.
[485] Vgl. Akerman v. Oryx Communications, Inc., 609 F. Supp. 363, 369 (S. D. N. Y. 1984); In re Software Toolworks, Inc., 50F. 3d 615 (9th Cir. 1994).
[486] Section 11 (f) Securities Act.
[487] Section 11 (g) Securities Act.
[488] Section 12 (a) Abs. 1 Securities Act; Marsch-Barner/Schäfer/*Strauch* § 11 Rn. 52 ff.
[489] Section 12 (a) Abs. 2 Securities Act; vgl. *Greene ua* US Regulation of the International Securities and Derivatives Markets § 11.03; Habersack/Mülbert/Schlitt/*Werlen/Sulzer* § 45 Rn. 167 ff. Die Auslegung des Begriffs „angemessene Sorgfalt" (reasonable care) ist umstritten. S. a. Sanders v. John Nuveen & Co., Inc., 619 F.2d 1222, 1228 (7th Cir. 1980), cert. denied 450 U. S. 1005, 1008 ff. (1981).

F. Prospekthaftung   360, 361   § 20

auf Schadenersatz, wenn der Anspruchsteller nicht mehr Inhaber der Wertpapiere
ist.[490] Der Anspruch ist bei Kenntnis der Unrichtigkeit oder Auslassung durch den
Erwerber ausgeschlossen. Auch bei Ansprüchen nach Section 12 Securities Act
findet bei Nachweis fehlender Kausalität eine **Minderung** bzw. ein **Ausschluss**
der Ersatzpflicht statt.[491] Der Anwendungsbereich von Section 12 (a) (2) Securities Act wurde durch eine Entscheidung des US Supreme Court im Jahre 1995[492]
eingeschränkt und findet seither wohl nur noch auf Angebote von gem. Section 5
Securities Act registrierten Wertpapieren, Angebote von Wertpapieren, die hätten registriert werden müssen, und bestimmten von der Registrierung befreiten
Angeboten Anwendung. Durch diese Entscheidung ist der Begriff „Prospekt" in
Section 12 (2) Securities Act als Dokument, das ein „öffentliches Angebot" („public
offering") von Wertpapieren beschreibt, auszulegen. Auf Privatplatzierungen insb.
nach Rule 144A oder Regulation D findet Section 12 (a) (2) Securities Act danach
keine Anwendung mehr. Section 12 (a) (2) Securities Act verlangt im Grundsatz einen unmittelbaren Erwerb des Anspruchstellers vom Inanspruchgenommenen oder
ein direktes Angebot an den Anspruchsteller (sog. Privity).[493] Nach der Rechtsprechung haften auch bestimmte andere Personen, die an dem Angebot oder dem Verkauf der Wertpapiere in erheblicher Weise aktiv mitgewirkt haben, nach Section 12
Securities Act.[494] Nach streitiger, aber wohl üM[495] reicht die bloße Mitwirkung in
einem Emissionskonsortium hierfür jedoch nicht aus.

Gemäß Section 15 Securities Act[496] sind Personen, die durch Aktieninhaber- 360
schaft, Stellvertretung oder in sonstiger Weise einer Person, die gem. Section 11
oder 12 Securities Act haftbar ist, ebenfalls in demselben Umfang, in dem die
kontrollierte Person haftbar ist, als Gesamtschuldner verantwortlich, es sei denn,
die **kontrollierende Person** hatte keine Kenntnis von dem Vorliegen oder angemessene Gründe für den Glauben an das Vorliegen der Tatsachen, aufgrund deren
die Haftung der kontrollierten Person angeblich besteht.

Ebenso wie Section 12 (a) (2) Securities Act gelten einige **allgemeine Anle-** 361
gerschutzvorschriften gegen betrügerisches Verhalten und Irreführung gem.
Section 17 (a) Securities Act, Section 10 (b) Exchange Act und Rule 10b-5 zum
Exchange Act sowohl für registrierte als auch für nicht registrierte Wertpapiere.
Trotz der Formulierung dieser drei Rechtsvorschriften als reine Verbotsnormen
werden Section 10 (b) Exchange Act und Rule 10b-5 zum Exchange Act nach
allgemeiner Meinung,[497] Section 17 (a) Securities Act nur nach einer Mindermei-

---

[490] Section 12 (a) Abs. 2 Securities Act.
[491] Section 12 (b) Securities Act.
[492] Gustafson v. Alloyd Co., 115 S. Ct. 1061 (1995); Vgl. Kapitel 5 § 5.02 [B]; *Gleesen*
IFLR 1996, 20.
[493] Demarco v. Edens, 390 F.2d 836, 841 n.3 (2d Cir. 1968); Akermann v. Oryx Communications, Inc., 609 F.Supp. 363, 373 (S. D. N. Y. 1984).
[494] Sog. Statutory Seller. Vgl. in re Craftmatic Securities Litigation, 890 F.2d 628 (3d
Cir. 1989); Wilson v. Saintine Exploration and Drilling corp., 872 F.2d 1124 (2d Cir. 1989);
Pinter v. Dahl 486 U. S. 622 (1988); 656, 667 (5th Cir. 1980). Anderer Ansicht ist der Supreme
Court in der Entscheidung Central Bank of Denver v. First Interstate Bank of Denver, 114
S. Ct. 1439 = 128 L.Ed. 2d 119 (1994) zu Section 10 (b) Exchange Act.
[495] Vgl. Akermann v. Oryx Communications, Inc., 609 F.Supp. 363, 373–374 (S. D. N. Y.
1984).
[496] Section 15 Securities Act.
[497] Zu Rule 10b-5 allgemein Herman & MacLean v. Huddleston, 459 US 375 (1983);
Central Bank of Denver v. First Interstate Bank of Denver, 114 S. Ct. 1439 (1994).

nung[498] als **Anspruchsgrundlagen** für Schadenersatzansprüche ausgelegt. Für die Geltendmachung von Schadenersatzansprüchen ausreichend sind bei Vorliegen eines Verschuldens auch mündliche Angaben im Rahmen von Wertpapiergeschäften, unabhängig davon, ob ein Prospekt vorgelegt wurde.

362 Die Vorschriften der Section 10 (b) Exchange Act[499] und der auf dieser Grundlage erlassenen Rule 10b-5 zum Exchange Act sind die wichtigsten Haftungsnormen des Exchange Act. Gemäß Rule 10b-5 zum Exchange Act[500] ist jede Form der Manipulation oder Täuschung (employment of manipulative and deceptive pratices) im Zusammenhang mit dem Kauf oder Verkauf von Wertpapieren unzulässig, wobei Rule 10b-5 zum Exchange Act jede ein Wertpapier betreffende Transaktion im Geltungsbereich der Securities Laws (einschließlich Sekundärmarkttransaktionen) erfasst und die bedeutendste Haftungsnorm für Privatplatzierungen darstellt, aber auch bei öffentlichen Angeboten subsidiär zu den Haftungsnormen des Securities Act Anwendung findet.[501] Die Voraussetzungen für eine Haftung gem. Rule 10b-5[502] zum Exchange Act sind (i) eine unrichtige oder unvollständige Darstellung (misrepresentation or omission), (ii) die wesentlich ist, (iii) in Verbindung mit dem Kauf oder Verkauf von Wertpapieren erfolgt, (iv) eine Pflichtverletzung darstellt, (v) die wissentlich (scienter)[503] begangen wurde, (vi) im Vertrauen auf welche der Anleger seine Anlageentscheidung getroffen hat und (vii) die ein wesentlicher Faktor bei der Verursachung des Verlusts des Klägers war. Sind die vom Beklagten unrichtig oder unvollständig dargestellten Tatsachen wesentlich, wird widerleglich vermutet, dass der Kläger die Wertpapiertransaktion im Vertrauen darauf vorgenommen hat.

363 Mit Ausnahme des Emittenten können an einer Kapitalmarkttransaktion beteiligte Parteien (insbesondere die Emissionsbanken) unter Sections 11 und 12 Securities Act sowie unter Rule 10b-5 zum Exchange Act als Einrede gelten machen, dass sie bei der Erstellung oder Prüfung des Prospekts die erforderliche Sorgfalt (due diligence) aufgewendet haben. Im Gegensatz zur strikten Haftung gem. Section 12 (a) (1) Securities Act ist nach Section 12 (a) (2) Securities Act eine **Due Diligence Defence** (s. Rn. 260, 355) möglich, wobei in der Praxis der dabei anwendbare Sorgfaltsmaßstab für Due-Diligence-Prüfung ist wie bei Section 11 Securities Act.[504]

364 Anspruchsteller begründen ihre Prospekthaftungsansprüche in der Regel mit allen in Betracht kommenden Anspruchsgrundlagen, da die verschiedenen Rechtsvorschriften aus dem US-Wertpapierrecht, soweit sie tatbestandlich erfüllt sind, **nebeneinander** geltend gemacht werden können.[505] Die Ansprüche können im Wege einer Sammelklage (sog. Class Action) geltend gemacht werden.

---

[498] Vgl. *Hazen* The Law of Securities Regulation § 13.13; *Farmery/Walmsley/Joyce/Gruson/Jungreis* US Securities and Investment Handbook S. 29; *Ebke/Siegel* WM Sonderbeilage Nr. 2/2001, 12, 13.
[499] 15 U.S. Code § 78j.
[500] 17 C.F.R. 240.10b-5.
[501] Vgl. Habersack/Mülbert/Schlitt/*Werlen/Sulzer* § 45 Rn. 176 ff.
[502] Vgl. Marsch-Barner/Schäfer/*Strauch* § 11 Rn. 56.
[503] Der US Supreme Court verlangt „scienter". Vgl. Aaron v. SEC, 446 U. S. 860 (1980); Ernst & Ernst v. Hochfelder, 425 U. S. 185 (1976).
[504] Vgl. Habersack/Mülbert/Schlitt/*Werlen/Sulzer* § 45 Rn. 173.
[505] Vgl. *Hazen* The Laws of Securities Regulation § 7.5.; Berger v. Bishop Investment Corp., 695 F.2d 302 (8th Cir. 1982); Huddleston v. Herman & MacLean, 459 U. S. 375, 103 S. Ct. 683, 74 L.Ed.2d 548 (1983); Lanza v. Drexel & Co., 479 F.2d 1277 (2d Cir. 1973); Stewart v. Bennet, 359 F.Supp. 878 (D.Mass. 1973).

Exkurs: Kapitalanleger-Musterverfahrensgesetz

In Umsetzung des Maßnahmenkatalogs der Bundesregierung zur Stärkung der Unternehmensintegrität und des Anlegerschutzes und aufgrund der Erfahrungen im Rahmen der zahlreichen Klagen im Zusammenhang mit Kapitalmaßnahmen der Deutsche Telekom AG im Jahr 2004 wurde durch das **Gesetz zur Einführung von Kapitalanleger-Musterverfahren**[506] in Deutschland für kapitalmarktrechtliche Streitigkeiten die Möglichkeit eines bereichsspezifischen kollektiven Musterverfahrens eingeführt.[507]

Nach dem Kapitalanleger-Musterverfahrensgesetz kann durch **Musterfeststellungsantrag** in einem erstinstanzlichen Verfahren, in dem (1) ein Schadensersatzanspruch wegen falscher, irreführender oder unterlassener öffentlicher Kapitalmarktinformation oder (2) ein Schadensersatzanspruch wegen Verwendung einer falschen oder irreführenden öffentlichen Kapitalmarktinformation oder wegen Unterlassung der gebotenen Aufklärung darüber, dass eine öffentliche Kapitalmarktinformation falsch oder irreführend ist, oder (3) ein Erfüllungsanspruch aus Vertrag, der auf einem Angebot nach dem Wertpapiererwerbs- und Übernahmegesetz beruht, geltend gemacht wird, die Feststellung des Vorliegens oder Nichtvorliegens anspruchsbegründender oder anspruchsausschließender Voraussetzungen oder die Klärung von Rechtsfragen begehrt werden (Feststellungsziel).[508] Der Musterfeststellungsantrag kann vom Kläger und vom Beklagten gestellt werden. **Öffentliche Kapitalmarktinformationen** sind hierbei für eine Vielzahl von Kapitalanlegern bestimmte Informationen über Tatsachen, Umstände, Kennzahlen und sonstige Unternehmensdaten, die einen Emittenten von Wertpapieren oder Anbieter von sonstigen Vermögensanlagen betreffen. Dies sind insbesondere Angaben in (1) Prospekten nach dem WpPG und Informationsblättern nach dem WpHG, (2) Verkaufsprospekten nach dem Verkaufsprospektgesetz, Vermögensanlagen-Informationsblättern und wesentlichen Anlegerinformationen nach verschiedenen Gesetzen, (3) Mitteilungen über Insiderinformationen iSd Art. 17 MAR, (4) Darstellungen, Übersichten, Vorträgen und Auskünften in der Hauptversammlung über die Verhältnisse der Gesellschaft einschließlich ihrer Beziehungen zu verbundenen Unternehmen iSd § 400 Abs. 1 Nr. 1 AktG, (5) Jahresabschlüssen, Lageberichten, Konzernabschlüssen, Konzernlageberichten sowie Halbjahresberichten des Emittenten, und in (6) Angebotsunterlagen iSd § 11 Abs. 1 Satz 1 WpHG.[509]

Der **Musterverfahrensantrag** ist bei dem Prozessgericht unter Angabe des Feststellungsziels und der öffentlichen Kapitalmarktinformation zu stellen.[510] Durch einen Musterverfahrensantrag kann im ersten Rechtszug die Feststellung des Vorliegens oder Nichtvorliegens anspruchsbegründender oder anspruchsausschließender Voraussetzungen oder die Klärung von Rechtsfragen (Feststellungsziele) begehrt werden und im Antrag sind die zur Begründung dienenden Tatsachen und Beweismittel anzugeben.[511] Einen zulässigen Musterfeststellungsantrag macht das Prozessgericht im Bundesanzeiger unter der Rubrik „Klageregister nach dem Ka-

---

[506] Vgl. Kapitalanleger-Musterverfahrensgesetz vom 19.10.2012 (BGBl. 2012 I 2182).
[507] Vgl. *Hanisch* Das Kapitalanleger- Musterverfahrensgesetz S. 1 ff.; *Haufe* Das Kapitalanleger- Musterverfahrensgesetz S. 1 ff.
[508] §§ 1 Abs. 1, 2 Abs. 1 KapMuG.
[509] § 1 Abs. 2 KapMuG.
[510] § 2 Abs. 2 KapMuG.
[511] § 2 Abs. 1, Abs. 3 KapMuG.

pitalanleger-Musterverfahrensgesetz" durch unanfechtbaren Beschluss **öffentlich bekannt**.[512]

368 Mit der Bekanntmachung des Musterfeststellungsantrags im Klageregister wird das Verfahren unterbrochen.[513] Das Prozessgericht führt durch Vorlagebeschluss eine Entscheidung des im Rechtszug übergeordneten Oberlandesgerichts über das Feststellungsziel gleichgerichteter Musterfeststellungsanträge **(Musterentscheid)** herbei, wenn innerhalb von sechs Monaten nach der ersten Bekanntmachung eines Musterverfahrensantrags mindestens neun weitere gleichgerichtete Musterverfahrensanträge bekannt gemacht wurden. Der Vorlagebeschluss ist unanfechtbar und für das Oberlandesgericht bindend.[514] Mit Erlass des Vorlagebeschlusses ist die Einleitung eines weiteren Musterverfahrens für die gem. § 8 Abs. 1 KapMuG auszusetzenden Verfahren unzulässig.[515]

369 Das Oberlandesgericht erlässt aufgrund mündlicher Verhandlung den Musterentscheid durch **Beschluss**.[516] Der Musterentscheid bindet die Prozessgerichte in allen ausgesetzten Verfahren.[517]

370 Für Klagen, mit denen (1) ein Schadensersatzanspruch wegen falscher, irreführender oder unterlassener öffentlicher Kapitalmarktinformationen oder (2) ein Schadensersatzanspruch wegen Verwendung einer falschen oder irreführenden öffentlichen Kapitalmarktinformation oder wegen Unterlassung der gebotenen Aufklärung darüber, dass eine öffentliche Kapitalmarktinformation falsch oder irreführend ist, oder (3) ein Erfüllungsanspruch aus Vertrag, der auf einem Angebot nach dem Wertpapiererwerbs- und Übernahmegesetz beruht, geltend gemacht wird, ist das Gericht **ausschließlich** am Sitz des betroffenen Emittenten, des betroffenen Anbieters von sonstigen Vermögensanlagen oder der Zielgesellschaft **zuständig**, wenn sich dieser Sitz im Inland befindet und die Klage zumindest auch gegen den Emittenten, den Anbieter oder die Zielgesellschaft gerichtet wird.[518]

371 Das Gesetz enthält **weitere Bestimmungen** über die Bekanntmachung des Musterverfahrens, Unterbrechung des Verfahrens, die Beteiligten des Musterverfahrens und allgemeine Verfahrensregeln sowie Kostenregelungen und Rechtsbehelfe.

---

[512] § 3 Abs. 2 Satz 1 KapMuG.
[513] § 5 KapMuG.
[514] § 6 Abs. 1 KapMuG.
[515] § 7 KapMuG.
[516] § 16 Abs. 1 KapMuG.
[517] § 22 Abs. 1 Satz 1 KapMuG.
[518] § 32 (b) ZPO.

§ 21 WpHG- und MMVO-Meldepflichten

Bearbeiter: Dr. Carsten A. Paul

Übersicht

	Rn.
A. Pflichten zur Meldung und Veröffentlichung des Stimmrechtsbesitzes nach §§ 33 ff. WpHG	1
I. Einleitung	1
1. Europarechtlicher Hintergrund und Rechtsentwicklung	1
2. Regelungszweck	4
3. Verhältnis zu anderen Transparenzvorschriften	5
II. Meldepflichten nach §§ 33 ff. WpHG	7
1. Anwendungsbereich des § 33 WpHG	8
a) Sachlicher Anwendungsbereich	8
b) Persönlicher Anwendungsbereich	13
2. Zurechnung von Stimmrechten nach § 34 WpHG	16
a) § 34 Abs. 1 Satz 1 Nr. 1, Abs. 1 Satz 2 WpHG	19
b) § 34 Abs. 1 Satz 1 Nr. 2 WpHG	22
c) § 34 Abs. 1 Satz 1 Nr. 3 WpHG	25
d) § 34 Abs. 1 Satz 1 Nr. 4 WpHG	27
e) § 34 Abs. 1 Satz 1 Nr. 5 WpHG	28
f) § 34 Abs. 1 Satz 1 Nr. 6 WpHG	30
g) § 34 Abs. 1 Satz 1 Nr. 7 WpHG	33
h) § 34 Abs. 1 Satz 1 Nr. 8 WpHG	34
i) § 34 Abs. 2 WpHG	35
3. Nichtberücksichtigung von Stimmrechten nach § 36 WpHG	39
4. Meldepflichten beim Halten von Instrumenten nach § 38 WpHG	45
5. Meldepflichten aufgrund Stimmrechtsaggregation nach § 39 WpHG	55
6. Adressaten, Inhalt, Form und Zeitpunkt der Meldungen nach §§ 33, 38 und 39 WpHG	56
a) Adressaten der Meldungen	56
b) Inhalt der Meldungen	57
c) Form und Zeitpunkt der Meldungen	58
III. Veröffentlichungspflichten von Inlandsemittenten nach §§ 40, 41 WpHG	60
1. Pflicht zur Veröffentlichung von Meldungen nach §§ 33, 38, 39 WpHG	61
2. Pflicht zur Veröffentlichung in Bezug auf eigene Aktien	63
3. Pflicht zur Veröffentlichung der Gesamtzahl der Stimmrechte	65
IV. Melde- und Veröffentlichungspflichten bei wesentlichen Beteiligungen nach § 43 WpHG	67
1. Meldepflichten für Inhaber wesentlicher Beteiligungen	67
2. Veröffentlichungspflichten von Inlandsemittenten	71
V. Sanktionen bei Zuwiderhandlung	72
1. Rechtsverlust bei Nichterfüllung von Meldepflichten	73

	2. Bußgeldbewehrung	77
	3. Naming und Shaming	80
B.	Pflichten zur Meldung und Veröffentlichung von Eigengeschäften nach Art. 19 MMVO	81
	I. Einleitung	81
	1. Rechtsentwicklung	81
	2. Regelungszweck	82
	3. Verhältnis zu anderen Transparenzvorschriften	83
	II. Anwendungsbereich	84
	1. Sachlicher Anwendungsbereich	84
	a) Erfasste Emittenten	84
	b) Erfasste Finanzinstrumente	85
	c) Erfasste Geschäftsvorfälle	87
	2. Persönlicher Anwendungsbereich	90
	a) Führungspersonen	91
	b) Personen mit enger Beziehung zu einer Führungsperson	93
	III. Adressaten, Inhalt, Form und Zeitpunkt der Meldungen	95
	1. Adressaten der Meldungen	95
	2. Inhalt der Meldungen	96
	3. Form und Zeitpunkt der Meldungen	97
	IV. Pflichten des Emittenten	99
	1. Veröffentlichungs-, Übermittlungs- und Mitteilungspflichten	99
	2. Belehrungs- und Dokumentationspflichten	101
	V. Zeitlich begrenztes Handelsverbot	103
	VI. Sanktionen bei Zuwiderhandlung	106
	1. Bußgeldbewehrung	108
	2. Naming und Shaming	110

Schrifttum §§ 33 ff. WpHG: *Baums/Sauter* Anschleichen an Übernahmeziele mit Hilfe von Aktienderivaten, ZHR 177 (2009), 454 ff.; *Becker/Canzler* Die WpHG-Bußgeldleitlinien der BaFin – Eine Übersicht unter Berücksichtigung erster praktischer Erfahrungen, NZG 2014, 1090 ff.; *Bosse* Melde- und Informationspflichten nach dem Aktiengesetz und Wertpapierhandelsgesetz im Zusammenhang mit dem Rückkauf von Aktien, ZIP 1999, 2047 ff.; *Brandt* Transparenz und RisikobegrenzungsG – und darüber hinaus?, BKR 2008, 441 ff.; *von Bülow/Stephanblome* Acting in concert und neue Offenlegungspflichten nach dem Risikobegrenzungsgesetz, ZIP 2008, 1797 ff.; *Burgard* Die Berechnung des Stimmrechtsanteils nach §§ 21–23 Wertpapierhandelsgesetz, BB 1995, 2069 ff.; *ders./Heimann* Beteiligungspublizität nach dem Regierungsentwurf eines Gesetzes zur Umsetzung der Transparenzrichtlinie-Änderungsrichtlinie, WM 2015, 1445 ff.; *Cahn* Die Mitteilungspflicht des Legitimationsaktionärs, AG 2013, 459 ff.; *Cascante/Bingel* Die Vorschriften des Anlegerschutz- und Funktionsverbesserungsgesetzes, NZG 2011, 1086 ff.; *Cascante/Topf* „Auf leisen Sohlen"? – Stakebuilding bei der börsennotierten AG, AG 2009, 53 ff.; *Fleischer* Mitteilungspflichten für Inhaber wesentlicher Beteiligungen (§ 27a WpHG), AG 2008, 873 ff.; *Greven/Fahrenholz* Die Handhabung der neuen Mitteilungspflichten nach § 27a WpHG, BB 2009, 1487 ff.; *Heppe* Zu den Mitteilungspflichten nach § 21 WpHG im Rahmen der Umwandlung von Gesellschaften, WM 2002, 60 ff.; *Hitzer/Hauser* Mitteilungspflichten für Vorkaufs- und ähnliche Rechte in Gesellschaftervereinbarungen, AG 2015, 891 ff.; *Hutter/Kaulamo* Das Transparenzrichtlinie-Umsetzungsgesetz: Änderungen der anlassabhängigen Publizität, NJW 2007, 471 ff.; *Korff* Das Risikobegrenzungsgesetz und seine Auswirkungen auf das WpHG, AG 2008, 692 ff.; *Krause* Die erweiterte Beteiligungstransparenz bei börsennotierten Aktiengesellschaften, AG 2011, 469 ff.; *ders*. Eigene Aktien bei Stimmrechtsmitteilungen und Pflichtangebot, AG 2015, 553 ff.; *Meyer/Bundschuh* Sicherungsübereignung börsennotierter Aktien und Meldepflichten,

Schrifttum §21

WM 2003, 960 ff.; *Nietsch* Kapitalmarktrechtliche Beteiligungstransparenz bei Treuhandverhältnissen, WM 2012, 2217 ff.; *Nießen* Die Harmonisierung der kapitalmarktrechtlichen Transparenzregeln durch das TUG, NZG 2007, 41 ff.; *Nottmeier/Schäfer* Zu den Mitteilungspflichten von Konzernunternehmen gemäß §24 Wertpapierhandelsgesetz, WM 1996, 513 ff.; *dies.* Praktische Fragen im Zusammenhang mit §§ 21, 22 WpHG, AG 1997, 87 ff.; *Parmentier* Die Revision der EU-Transparenzrichtlinie für börsennotierte Unternehmen, AG 2014, 15 ff.; *Pentz* Acting in Concert – Ausgewählte Einzelprobleme zur Zurechnung und zu den Rechtsfolgen, ZIP 2003, 1478 ff.; *Pluskat* Investorenmitteilung nach § 27a WpHG – wie viel Beteiligungstransparenz geht noch?, NZG 2009, 206 ff.; *Querfurt* § 27a WpHG und die Folgen eines Verstoßes, WM 2008, 1957 ff.; *Rieder* (Kein) Rechtsmissbrauch beim Squeeze-out – Zugleich Besprechung von BGH, Urteil vom 16. März 2009 – II ZR 302/06 („Wertpapierdarlehen"), ZGR 2009, 981 ff.; *Roth* Das Gesetz zur Umsetzung der Transparenzrichtlinie-Änderungsrichtlinie, GWR 2015, 485 ff.; *Schilha* Umsetzung der EU-Transparenzrichtlinie 2013: Neuregelungen zur Beteiligungspublizität und periodischen Finanzberichterstattung, DB 2015, 1821 ff.; *Schnabel/Korff* Mitteilungs- und Veröffentlichungspflichten gem. §§ 21 ff. WpHG und ihre Änderung durch das Transparenzrichtlinie-Umsetzungsgesetz – Ausgewählte Praxisfragen, ZBB 2007, 179; *Sven H. Schneider* Zur Bedeutung der Gesamtzahl der Stimmrechte börsennotierter Unternehmen für die Stimmrechtsmeldepflichten der Aktionäre, NZG 2009, 121 ff.; *Uwe H. Schneider*, Acting in Concert: Vereinbarung oder Abstimmung über Ausübung von Stimmrechten, ZGR 2007, 440 ff.; *ders.*, Auf dem Weg in die europäische Kapitalmarktunion, AG 2012, 823 ff.; *Uwe H. Schneider/Brouwer* Kapitalmarktrechtliche Meldepflichten bei Finanzinstrumenten, AG 2008, 557 ff.; *dies.*, Kapitalmarktrechtliche Transparenz bei der Aktienleihe, FS K. Schmidt, 2009, 1411 ff.; *Seibt/Wollenschläger* Revision des Europäischen Transparenzregimes: Regelungsinhalte der TRL 2013 und Umsetzungsbedarf, ZIP 2014, 545 ff.; *Stephan* Die WpHG-Änderungen vom November 2015, Der Konzern 2016, 53 ff.; *Süßmann/Meder* Schärfere Sanktionen bei Verletzung der Mitteilungspflichten – Erweiterung des § 28 WpHG, WM 2009, 976 ff.; *Veil/Dolff* Kapitalmarktrechtliche Mitteilungspflichten des Treuhänders, AG 2010, 385; *Weber/Meckbach* Finanzielle Differenzgeschäfte – Ein legaler Weg zum „Anschleichen" an die Zielgesellschaft bei Übernahmen?, BB 2008, 2022 ff.; *Weiler/Meyer* „Abgestimmtes Verhalten" gemäß § 30 WpÜG: Neue Ansätze der Bundesanstalt für Finanzdienstleistungsaufsicht?, NZG 2003, 909 ff.; *Widder* Rechtsnachfolge in Mitteilungspflichten nach §§ 21 ff. WpHG, § 20 AktG?, NZG 2004, 275 ff.; *Widder/Kocher* Stimmrechtsmitteilungspflicht des weisungsgebundenen Legitimationsaktionärs nach §§ 21 ff. WpHG?, ZIP 2012, 2092 ff.; *Wilsing* Wiederaufleben des Stimmrechts aus Vorzugsaktien und Mitteilungspflicht nach § 21 Abs. 1 WpHG, BB 1995, 2277 ff.; *Wilsing/Goslar* Der Regierungsentwurf des Risikobegrenzungsgesetzes – ein Überblick, DB 2007, 2467 ff.

Schrifttum Art. 19 MMVO: *Hitzer/Wasmann* Von § 15a WpHG zu Art. 19 MMVO: Aus Directors' Dealings werden Managers' Transactions, DB 2016, 1483 ff.; *von der Linden* Das neue Marktmissbrauchsrecht im Überblick, DStR 2016, 1036 ff.; *Mutter* Musterklausel zur Anpassung von Vorstandsverträgen an Art. 19 MAR, AG 2016, R239 f.; *Kraack* Directors' Dealings bei Erwerbs- und Übernahmeangeboten, AG 2016, 57 ff.; *Kumpan* Die neuen Regelungen zu Directors' Dealings in der Marktmissbrauchsverordnung, AG 2016, 446 ff.; *ders.* Neue Regelungen zu Directors' Dealings in Investmentfonds und anderen Finanzportfolios, AG 2016, R219; *Poelzig* Die Neuregelung der Offenlegungsvorschriften durch die Marktmissbrauchsverordnung, NZG 2016, 761 ff.; *dies.* Durchsetzung und Sanktionierung des neuen Marktmissbrauchsrechts, NZG 2016, 492 ff.; *Rothenfußer/Jäger* Generalamnestie im Kapitalmarktrecht durch das Erste Finanzmarktnovellierungsgesetz, NJW 2016, 2689 ff.; *Rubner/Pospiech* Die EU-Marktmissbrauchsverordnung – verschärfte Anforderungen an die kapitalmarktrechtliche Compliance auch für den Freiverkehr, GWR 2016, 228 ff.; *Stüber* Directors' Dealings nach der Marktmissbrauchsverordnung, DStR 2016, 1221 ff.; *Seibt/Wollenschläger* Revision des Marktmissbrauchsrechts durch Marktmissbrauchsverordnung und Richtlinie über strafrechtliche Sanktionen für Marktmanipulation, AG 2014, 593 ff.; *Simons* Gesetzgebungskunst – Ein Hilferuf aus dem Maschinenraum des Kapitalmarktrechts, AG 2016, 651 ff.

A. Pflichten zur Meldung und Veröffentlichung des Stimmrechtsbesitzes nach §§ 33 ff. WpHG

I. Einleitung

1. Europarechtlicher Hintergrund und Rechtsentwicklung

1 Die Vorschriften über die sog. Beteiligungstransparenz bei börsennotierten Gesellschaften beruhen auf europarechtlichen Vorgaben. Ursprünglich dienten die §§ 33 ff. WpHG (bis zur Neunummerierung durch das 2. FiMaNoG §§ 21 ff. WpHG) der Umsetzung der **Transparenzrichtlinie 88/627/EWG** vom 12.12.1988 (sog. Transparenzrichtlinie I)[1], die in Deutschland mit Wirkung zum 1.1.1995 durch das 2. FMFG erfolgt ist. Inzwischen ist die Transparenzrichtlinie I aufgehoben und in den Art. 85 ff. der sog. Koordinierungsrichtlinie[2] aufgegangen.

2 Seit 1998 wurden die §§ 33 ff. WpHG durch zahlreiche Gesetze inhaltlich geändert und ergänzt, namentlich durch das 3. FMFG, das KonTraG, das WpÜG, das TUG, das RisikobegrG sowie im Jahr 2011 durch das AnsFuG.[3] Zu weitreichenden Änderungen hat dabei vor allem die Umsetzung der **Transparenzrichtlinie 2004/109/EG** vom 15.12.2004 (sog. Transparenzrichtlinie II)[4] durch das TUG geführt, in deren Zuge es im Jahr 2007 ua zu einer Absenkung der Eingangsmeldeschwelle von 5 % auf 3 % sowie zu Erweiterungen und Klarstellungen bei den Zurechnungstatbeständen gekommen ist. Das RisikobegrG vom 12.8.2008 hat zu einer Verschärfung der §§ 34, 38 und 44 WpHG sowie zu erweiterten Meldepflichten bei wesentlichen Beteiligungen nach § 43 WpHG geführt. Schließlich hat das AnsFuG vom 5.4.2011 mit der Einführung von § 39 WpHG eine erneute und für die Praxis besonders bedeutsame Erweiterung der Meldepflichten gebracht.

3 Weitere umfassende Änderungen der §§ 33 ff. WpHG sind durch die am 22.10.2013 verabschiedete **Richtlinie 2013/50/EU**[5] zur Änderung der Transparenzrichtlinie II (sog. Transparenzrichtlinie-Änderungsrichtlinie) erforderlich geworden, deren Vorgaben die Mitgliedstaaten bis zum 27.11.2015 in nationales Recht umzusetzen aufgefordert waren. Wesentliche Regelungsgegenstände der Transparenzrichtlinie-Änderungsrichtlinie sind die weitreichende Vollharmonisierung der Beteiligungstransparenz, deren Erweiterung auf Finanzinstrumente mit primär wirtschaftlichen Zugriffsmöglichkeiten auf Stimmrechte sowie die Harmonisierung des Sanktionsregimes nebst Sanktionsverschärfung bei Pflichtverstößen.[6] In Deutschland sind die erforderlichen Änderungen am 26.11.2015 durch das Gesetz zur Umsetzung der Transparenzrichtlinie-Änderungsrichtlinie (TRL-ÄndRL-UmsG) in Kraft getreten.

2. Regelungszweck

4 Gesetzgeberisches Regelungsanliegen hinter den §§ 33 ff. WpHG ist die **Verbesserung des Anlegerschutzes** durch Offenlegung der Beteiligungs- und Be-

---

[1] Richtlinie 88/627/EWG v. 12.12.1988, ABl. EG Nr. L 348 v. 17.12.1988, S. 62 ff.
[2] Richtlinie 2001/34/EG v. 28.5.2001, ABl. EG Nr. L 184 v. 6.7.2001, S. 1.
[3] Zu den einzelnen Änderungen ausführlich Fuchs/*Zimmermann* WpHG Vor §§ 21 bis 30 Rn. 9 ff.
[4] Richtlinie 2004/109/EG v. 15.12.2004, ABl. EU Nr. L 390/18 v. 31.12.2004, S. 38.
[5] Richtlinie 2013/50/EU v. 22.10.2013, ABl. EU Nr. L 294 v. 6.11.2013, S. 13.
[6] Hierzu ausführlich *Seibt/Wollenschläger* ZIP 2014, 545; *Parmentier* AG 2014, 15.

A. Pflichten z. Meldung u. Veröffentlichung d. Stimmrechtsbesitzes 5–8 § 21

herrschungsverhältnisse bei börsennotierten Gesellschaften. Im Übrigen wirkt die Offenlegung dem Missbrauch von Insiderinformationen entgegen und ermöglicht den betroffenen Gesellschaften einen besseren Überblick über die eigene Aktionärsstruktur sowie bestehende Beherrschungsverhältnisse. Als übergeordnetes Ziel sollen die Vorschriften über die Beteiligungstransparenz damit das Vertrauen der Anleger in die Funktionsfähigkeit des Kapitalmarkts stärken und so die Wettbewerbsfähigkeit des Finanzplatzes Deutschland erhöhen.[7] Unter dem europarechtlichen Blickwinkel dienen die §§ 33 ff. WpHG der Rechtsvereinheitlichung bzw. -angleichung der kapitalmarktrechtlichen Beteiligungstransparenz in den Mitgliedstaaten mit dem Ziel, eine „Europäische Kapitalmarktunion"[8] zu schaffen.

3. Verhältnis zu anderen Transparenzvorschriften

In ihrem Anwendungsbereich kommt den §§ 33 ff. WpHG gemäß §§ 20 Abs. 8, **5** 21 Abs. 5 AktG Vorrang vor den **aktienrechtlichen Meldepflichten** nach §§ 20 ff. AktG zu. Damit gelten für Inlandsemittenten und Emittenten mit Herkunftsstaat Deutschland, deren Aktien zum Handel an einem organisierten Markt zugelassen sind, allein die Vorschriften über die kapitalmarktrechtliche Beteiligungstransparenz. Umgekehrt unterliegen nicht börsennotierte AG ausschließlich dem aktienrechtlichen Regelungsregime der §§ 20 ff. AktG.

Von den §§ 33 ff. WpHG unberührt bleiben auch alle sonstigen **außerhalb des** **6** **WpHG bestehenden Verpflichtungen** zur Anzeige und Offenlegung von Beteiligungsverhältnissen, namentlich die Offenlegungsvorschriften des Bank-, Versicherungs-, Kartell-, Bilanz-, Börsen-, Übernahme- und Wertpapierprospektrechts.[9] Entsprechendes gilt für das Verhältnis der §§ 33 ff. WpHG zu den Vorschriften der MMVO über die Ad-hoc-Publizität, deren Tatbestandsvoraussetzungen in jedem Fall gesondert zu prüfen sind.[10]

II. Meldepflichten nach §§ 33 ff. WpHG

§ 33 Abs. 1 WpHG enthält den Grundtatbestand der Meldepflichten, der für den **7** Sonderfall der erstmaligen Zulassung von Aktien zum Börsenhandel durch § 33 Abs. 2 WpHG sowie im Übrigen durch die Zurechnungsvorschrift des § 34 WpHG und die weiteren Meldetatbestände der §§ 38, 39 WpHG ergänzt wird.

1. Anwendungsbereich des § 33 WpHG

a) Sachlicher Anwendungsbereich

Die Meldepflicht des § 33 Abs. 1 WpHG betr. Stimmrechte aus Aktien von Emit- **8** tenten, für die **Deutschland Herkunftsstaat** ist (§ 2 Abs. 13 WpHG) und deren Aktien zum Handel an einem organisierten Markt (§ 2 Abs. 11 WpHG)[11] zugelassen sind. Erfasst werden damit Emittenten, die

---

[7] Begr. RegE 2. FFG v. 27.1.1994, BT-Drs. 12/6679, 52.
[8] Zu diesem Begriff *U. H. Schneider* AG 2012, 823.
[9] Hierzu ausführlich Assmann/Schneider/*Schneider* WpHG Vor § 21 Rn. 84 ff.
[10] Vgl. Fuchs/*Zimmermann* WpHG Vor §§ 21 bis 30 Rn. 32 ff.; Assmann/Schneider/*Schneider* WpHG Vor § 21 Rn. 56 ff.
[11] Organisierter Markt idS ist in Deutschland nur der regulierte Markt (§ 32 BörsG), nicht auch der Freiverkehr (§ 48 BörsG).

– ihren Sitz in Deutschland haben und deren Aktien an einem organisierten Markt in Deutschland oder einem anderen EU-/EWR-Mitgliedstaat zugelassen sind (§ 2 Abs. 13 Nr. 1a WpHG), oder
– ihren Sitz in einem Drittstaat (§ 2 Abs. 12 WpHG) haben und deren Aktien an einem organisierten Markt in Deutschland zugelassen sind, sofern sie Deutschland nach § 4 Abs. 1 WpHG als Herkunftsstaat gewählt haben (§ 2 Abs. 13 Nr. 1b WpHG), oder
– Deutschland als Herkunftsstaat wählen können und deren Aktien an einem organisierten Markt in Deutschland zugelassen sind, solange sie nicht wirksam einen Herkunftsmitgliedstaat nach §§ 4, 5 WpHG oder nach entsprechenden Vorschriften anderer EU-/EWR-Mitgliedstaaten gewählt haben (§ 2 Abs. 13 Nr. 3 WpHG).

Mit „Sitz" ist der Satzungs- und nicht der effektive Verwaltungssitz gemeint.[12]

9 Meldepflichten werden nach § 33 Abs. 1 WpHG ausgelöst, wenn die **Stimmrechtsschwellen** von 3, 5, 10, 15, 20, 25, 30, 50 oder 75 % erreicht, über- oder unterschritten werden (sog. Schwellenberührung). Bezugspunkt der Meldepflichten ist nur der Stimmrechtsanteil, nicht (auch) der Umfang der Kapitalbeteiligung. Dabei ist eine abstrakte Betrachtung maßgeblich:[13] Danach kommt es weder darauf an, ob bzw. in welchem Umfang die Stimmrechte tatsächlich ausgeübt werden noch welcher faktische Stimmrechtseinfluss besteht. Unerheblich ist es daher auch, wenn die Stimmrechte aus Rechtsgründen (zB nach § 44 WpHG oder § 59 WpÜG) vorübergehend nicht ausgeübt werden können.

10 Erreicht, über- oder unterschritten werden können die genannten Schwellenwerte durch Erwerb oder Veräußerung von Aktien sowie auf sonstige Weise. Bis zum Inkrafttreten des TRL-ÄndRL-UmsG bedingten **Erwerb und Veräußerung** eine Änderung der dinglichen Rechtslage (§§ 413, 398 BGB, §§ 929 ff. BGB, §§ 18 Abs. 3, 24 Abs. 2 DepotG).[14] Nach neuer Rechtslage (§ 33 Abs. 3 WpHG) liegt ein Erwerb bzw. eine Veräußerung von Aktien iSd § 33 Abs. 1 WpHG bereits dann vor, wenn ein auf die Übertragung von Aktien gerichteter unbedingter und ohne zeitliche Verzögerung zu erfüllender Anspruch bzw. eine entsprechende Verpflichtung besteht. Maßgeblicher Auslöser der Meldepflicht nach § 33 Abs. 1 WpHG ist somit nicht mehr das dingliche Vollzugs-, sondern das unbedingte, innerhalb der üblichen Lieferfrist (in der EU T+2[15], sonst meist T+3) zu erfüllende Verpflichtungsgeschäft.[16] Bedingte Rechtsgeschäfte oder Rechtsgeschäfte, die nicht innerhalb der üblichen Lieferfrist zu erfüllen sind, lösen damit nach der Neuregelung keine Meldepflicht nach § 33 Abs. 1 WpHG, sondern nach § 38 Abs. 1 WpHG aus.[17] Da § 33 Abs. 3 WpHG auf das „Bestehen" (nicht: „Entstehen") des Lieferanspruchs bzw. der entsprechenden Verpflichtung abstellt, wird eine (zusätzliche) Meldepflicht nach

---

[12] Str., wie hier Kölner Komm. WpHG/*Baum* § 2 Rn. 234; Fuchs/*Fuchs* WpHG § 2 Rn. 169; aA etwa Assmann/Schneider/*Assmann* WpHG § 2 Rn. 169.
[13] MünchKomm. AktG/Bd. 1/*Bayer* WpHG § 21 Rn. 20; *BaFin* Emittentenleitfaden 2013, S. 105.
[14] Schmidt/Lutter/*Veil* WpHG § 21 Rn. 16; *BaFin* Emittentenleitfaden 2013, S. 106.
[15] Art. 5 Abs. 2 Verordnung (EU) Nr. 909/2014 v. 23.7.2014, ABl. EU Nr. L 257 v. 28.8.2014, S. 1; sa Begr. RegE TRL-ÄndRL-UmsG v. 1.5.2015, BT-Drs. 18/5010, 44.
[16] Hierzu kritisch der Handelsrechtsausschuss des DAV in seiner Stellungnahme v. Juni 2015, S. 5 f.
[17] Begr. RegE TRL-ÄndRL-UmsG v. 1.5.2015, BT-Drs. 18/5010, 44; *BaFin* FAQ zum TRL-ÄndRL-UmsG, Stand: 8.5.2018, Ziff. III.18; sa *Burgard/Heimann* WM 2015, 1445 (1446 f.).

§ 33 WpHG bspw. aber dann ausgelöst, wenn bei einem zunächst bedingten Anspruch die Bedingung eintritt.[18] Kommt es beim Vollzug des Erwerbs bzw. der Veräußerung von Aktien entgegen der ursprünglichen Vereinbarung zu Verzögerungen, so ändert dies am Vorliegen eines auf Übertragung gerichteten unbedingten und ohne zeitliche Verzögerung zu erfüllenden Anspruchs zunächst grds. nichts.[19] Erst bei längeren Verzögerungen kann es ggf. angezeigt sein, die ursprüngliche Stimmrechtsmeldung zu korrigieren bzw. zurückzunehmen; dies sollte aber nicht ohne vorherige Abstimmung mit der BaFin erfolgen. „**Auf sonstige Weise**", dh auf nicht rechtsgeschäftlicher Grundlage, können die Schwellenwerte insb. berührt werden durch: Zurechnung von Stimmrechten nach § 34 WpHG, Kapitalerhöhung/-herabsetzung, Gesamtrechtsnachfolge nach dem UmwG oder durch Erbfall sowie durch das Aufleben von Stimmrechten gem. §§ 140 Abs. 2 Satz 1, 141 Abs. 4 AktG (Rn. 12).[20] Zu beachten ist hierbei, dass die in § 33 Abs. 3 WpHG nunmehr angeordnete Vorverlagerung der Meldepflicht auch für gesetzliche Schuldverhältnisse zur Anwendung gelangt. Umfirmierungen, Namensänderungen, Sitz- oder Formwechsel lösen demgegenüber keine Meldepflicht aus.[21]

Nach § 33 Abs. 2 WpHG kann auch die **erstmalige Zulassung** von Aktien **zum Börsenhandel** Meldepflichten auslösen. Hiernach ist meldepflichtig, wem im Zeitpunkt der Zulassungsentscheidung der Zulassungsstelle 3 % oder mehr der Stimmrechte zustehen.

Zur **Ermittlung der Stimmrechtsquote** des ggf. Meldepflichtigen sind dessen Stimmrechte (Zähler) ins Verhältnis zu der Gesamtzahl der Stimmrechte aus den von der Gesellschaft ausgegebenen Aktien (Nenner) zu setzen.[22] Mit anderen Worten: Die Gesamtzahl der gehaltenen stimmberechtigten Aktien und der nach § 34 WpHG zuzurechnenden Stimmrechte ist durch die Gesamtzahl der von dem Emittenten ausgegebenen stimmberechtigten Aktien zu teilen und mit 100 zu multiplizieren. Vorzugsaktien ohne Stimmrecht (§ 139 AktG) sind dabei grds. weder im Zähler noch im Nenner zu berücksichtigen. Abweichendes gilt naturgemäß dann, wenn die Stimmrechte gem. § 140 Abs. 2 Satz 1 AktG aufleben oder der Vorzug nach § 141 Abs. 4 AktG aufgehoben wird.[23] Hält der Emittent eigene Aktien, sind diese bei der Ermittlung der Gesamtzahl der Stimmrechte (Nenner) zu berücksichtigen; vereinfacht wird die Berechnung des Stimmrechtsanteils dabei durch § 12 Abs. 3 WpAV iVm § 41 WpHG (näher Rn. 65). Umgekehrt bleiben eigene Aktien bei der Ermittlung des Zählers außer Betracht mit der Folge, dass der Emittent selbst nicht nach § 33 Abs. 1 WpHG meldepflichtig ist.[24] Auch kommt nach der Verwal-

---

[18] Begr. RegE TRL-ÄndRL-UmsG v. 1.5.2015, BT-Drs. 18/5010, 44; sa *Schilha* DB 2015, 1821 (1824).
[19] *BaFin* FAQ zum TRL-ÄndRL-UmsG, Stand: 8.5.2018, Ziff. III.21.
[20] Fuchs/*Zimmermann* WpHG § 21 Rn. 38; MünchKomm. AktG/Bd. 1/*Bayer* WpHG § 21 Rn. 28.
[21] OLG Düsseldorf I-6 W 30/08, NZG 2009, 260 (261) (Umfirmierung); OLG Hamm 8 U 59/01, AG 2009, 876 (878) (Umfirmierung und Sitzwechsel); OLG Köln 18 U 139/08, NZG 2009, 830 (Umfirmierung); sa Kölner Komm. WpHG/*Hirte* § 21 Rn. 127 mwN; *BaFin* Emittentenleitfaden 2013, S. 108.
[22] Assmann/Schneider/*Schneider* WpHG § 21 Rn. 33; *BaFin* Emittentenleitfaden 2013, S. 105.
[23] MünchKomm. AktG/Bd. 1/*Bayer* WpHG § 21 Rn. 25; Heidel/*Heinrich* WpHG § 21 Rn. 6; *BaFin* Emittentenleitfaden 2013, S. 105.
[24] Schmidt/Lutter/*Veil* WpHG § 21 Rn. 13; *BaFin* Emittentenleitfaden 2013, S. 105.

tungspraxis der BaFin keine Zurechnung eigener Aktien des Emittenten nach § 34 Abs. 1 Satz 1 Nr. 1 WpHG mehr in Betracht.[25]

b) Persönlicher Anwendungsbereich

13 In persönlicher Hinsicht richtet sich der Normbefehl des § 33 WpHG an jedermann und damit an **jedes Rechtssubjekt**, das 3, 5, 10, 15, 20, 25, 30, 50 oder 75 % der Stimmrechte aus ihm gehörenden Aktien erreicht, über- oder unterschreitet.[26] Erfasst sind damit natürliche und juristische Personen (sowohl des privaten als auch des öffentlichen Rechts) sowie rechtsfähige Personenvereinigungen gleichermaßen, und zwar unabhängig davon, welche Staatsangehörigkeit sie besitzen bzw. wo sich ihr Wohn-, Satzungs- oder Verwaltungssitz befindet (extraterritoriale Wirkung).[27] Zu beachten ist, dass bei der originären Meldepflicht nach § 33 WpHG (in Abweichung zu den Zurechnungstatbeständen des § 34 WpHG) ausschließlich an den Anspruch bzw. die Verpflichtung zur Übertragung von Aktien und nicht an das Stimmrecht als solches angeknüpft wird.

14 Neben **OHG** und **KG** kann damit auch die **BGB-Außengesellschaft** meldepflichtig sein.[28] Gehören die Aktien zum **Gesamthandsvermögen** einer Erben- oder Gütergemeinschaft, unterliegen die einzelnen Miterben bzw. Ehegatten den Meldepflichten.[29] In Fällen der **Insolvenzverwaltung** oder **Testamentsvollstreckung** ist ausschließlich der Insolvenzschuldner bzw. Erbe oder Vermächtnisnehmer meldepflichtig, dh die Meldepflichten gehen nicht auf den Insolvenzverwalter oder Testamentsvollstrecker über.[30] Entgegen zum Teil vertretener Auffassung haben Insolvenzverwalter und Testamentsvollstrecker auch nicht für die Erfüllung der Meldepflichten durch den Meldepflichtigen zu sorgen; für den Insolvenzverwalter folgt eine solche Pflicht insb. nicht aus § 24 WpHG.[31] Bei sog. **Depositary Receipts** trifft die Meldepflicht gem. § 33 Abs. 1 Satz 2 WpHG allein deren Inhaber und nicht den Aussteller oder die Depotbank.[32] Unabhängig von der Ausgestaltung als Publikums- oder Spezialinvestmentvermögen nicht meldepflichtig sind nach § 1 Abs. 3 Satz 1 WpHG **Anleger von offenen Investmentvermögen** iSd § 1 Abs. 4 KAGB (anders nach § 1 Abs. 3 Satz 2 bei offenen Spezial-AIF iSd § 1 Abs. 6 KAGB). Hiervon unberührt bleibt allerdings eine Meldepflicht für Anleger, soweit sie die Mehrheit der (Gesellschafts-)Anteile an dem Investmentvermögen halten; Anknüpfungspunkt für eine Meldepflicht kraft Zurechnung ist hier die Beherrschung der Fondsgesellschaft bzw. des Investmentvermögens.[33]

15 Verfahrensmäßige **Erleichterungen für Konzerne** iSd in § 35 Abs. 1 WpHG beschriebenen Mutter-Tochter-Verhältnisses enthält § 37 WpHG iVm § 12 Abs. 2

---

[25] Hierzu ausführlich *Krause* AG 2015, 553; s.a. *BaFin* Journal 12/2014, S. 5.
[26] Fuchs/Zimmermann WpHG § 21 Rn. 3.
[27] Assmann/Schneider/*Schneider* WpHG § 21 Rn. 9, 21; Schwark/Zimmer/*Schwark* WpHG § 21 Rn. 7, 10.
[28] Assmann/Schneider/*Schneider* WpHG § 21 Rn. 12 f. mit zutreffendem Hinweis auf die insoweit missverständliche Erläuterung im BaFin-Formular betreffend Stimmrechtsmitteilungen (dort Fn. 11).
[29] Kölner Komm. WpHG/*Hirte* § 21 Rn. 135; MünchKomm. AktG/Bd. 1/*Bayer* WpHG § 21 Rn. 5.
[30] Fuchs/Zimmermann WpHG § 21 Rn. 15.
[31] Str., wie hier Fuchs/Zimmermann WpHG § 21 Rn. 15; aA Assmann/Schneider/*Schneider* WpHG § 21 Rn. 18 ff.; Kölner Komm. WpHG/*Hirte* § 21 Rn. 136.
[32] Fuchs/Zimmermann WpHG § 21 Rn. 31.
[33] *BaFin* FAQ zum TRL-ÄndRL-UmsG, Stand: 8.5.2018, Ziff. VI.31.

A. Pflichten z. Meldung u. Veröffentlichung d. Stimmrechtsbesitzes   16–18   § 21

WpAV. Danach sind Konzernunternehmen von den Meldepflichten nach § 33 WpHG befreit, wenn eine (eigene) Stimmrechtsmeldung durch das Mutterunternehmen erfolgt. Anders als unter der Vorgängerregelung, die durch das TRL-ÄndRL-UmsG reformiert wurde, enthält die Regelung nunmehr einen echten Befreiungstatbestand, auf dessen Grundlage es keiner gesonderten Stimmrechtsmeldungen durch einzelne Konzernunternehmen mehr bedarf. Nach § 24 WpHG aF bestand für das Mutterunternehmen lediglich die Möglichkeit, neben etwaigen eigenen auch Meldepflichten von Tochterunternehmen zu erfüllen. Hintergrund der Neuregelung ist das Pflichtmeldeformular der BaFin für Meldungen nach §§ 33 Abs. 1, Abs. 2, 38 Abs. 1, 39 Abs. 1 WpHG, das bei einer Meldung durch das Mutterunternehmen bereits sämtliche melderelevanten Informationen in Bezug auf Tochterunternehmen enthält. Ebenfalls nicht erforderlich ist es unter der Neuregelung, dass das Mutterunternehmen überhaupt eine eigene Meldepflicht trifft. Entstehen Meldepflichten, wie zB beim Umhängen von Beteiligungen im Konzern, nur bei einem oder mehreren Tochterunternehmen, können auch diese Pflichten nach § 37 WpHG iVm § 12 Abs. 2 WpAV durch eine (dann freiwillige) Stimmrechtsmeldung des Mutterunternehmens erfüllt werden.[34] Die BaFin spricht sich auch in diesen Fällen ausdrücklich für die Abgabe einer Konzernmeldung aus, da hierdurch eine Meldekontinuität des Meldepflichtigen gewahrt wird.[35] Für Konzerne bedeutet die Regelung eine spürbare organisatorische Erleichterung. Darüber hinaus wird das Risiko von Falsch- bzw. Nichtmeldungen auf Tochterebene gesenkt.

2. Zurechnung von Stimmrechten nach § 34 WpHG

In ihrer Reichweite ergänzt werden die Meldepflichten nach § 33 Abs. 1, Abs. 2 **16** WpHG durch die Zurechnungstatbestände des § 34 WpHG. Hiernach werden dem Aktionär unter abschließend definierten Voraussetzungen **fremde Stimmrechte zugerechnet**, die bei der Berechnung der Stimmrechtsquote nach § 33 Abs. 1, Abs. 2 WpHG zu berücksichtigen sind. Gemein ist sämtlichen Zurechnungstatbeständen, dass der Meldepflichtige entweder von Rechts wegen oder faktisch Einfluss auf die Ausübung der fremden Stimmrechte hat oder haben kann.[36] Damit soll zugleich eine Umgehung der Meldepflichten nach § 33 Abs. 1, 2 WpHG verhindert werden.

Nach § 34 Abs. 1 Satz 1 WpHG **stehen** die (zuzurechnenden) fremden Stimm- **17** rechte **eigenen Stimmrechten gleich**. Für das Entstehen einer Meldepflicht ist es daher nicht erforderlich, dass der Meldepflichtige selbst überhaupt Stimmrechte hält. Mit anderen Worten: Die Meldepflicht kann auch allein über Zurechnungstatbestände begründet werden.[37] Verändert sich nur die Zusammensetzung eines Stimmrechtsanteils (Bsp.: bislang zugerechnete Stimmrechte werden zu eigenen oder umgekehrt), löst dies keine erneute Meldepflicht aus. Gleiches gilt, wenn lediglich ein Zurechnungstatbestand durch einen anderen ersetzt wird.[38]

Ohne Auswirkung bleibt die Zurechnung von Stimmrechten schließlich auf **18** die originäre **Meldepflicht des unmittelbaren Inhabers** der Stimmrechte. Die Zurechnung führt also nicht dazu, dass die auf der einen Seite zugerechneten

---

[34] Vgl. Begr. RegE TRL-ÄndRL-UmsG v. 1.5.2015, BT-Drs. 18/5010, 58.
[35] *BaFin* FAQ zum TRL-ÄndRL-UmsG, Stand: 8.5.2018, Ziff. IX.36.
[36] Assmann/Schneider/*Schneider* WpHG § 22 Rn. 3; MünchKomm. AktG/Bd. 1/*Bayer* WpHG § 22 Rn. 1.
[37] *Nottmeier/Schäfer* AG 1997, 87 (91); Kölner Komm. WpHG/*v. Bülow* § 22 Rn. 42.
[38] *Schmidt/Lutter/Veil* WpHG § 22 Rn. 2; *BaFin* Emittentenleitfaden 2013, S. 112.

Stimmrechte auf der anderen Seite entfielen (keine sog. Stimmrechtsabsorption bzw. alternative Stimmrechtszurechnung).[39] Regelmäßig werden daher hinsichtlich derselben Stimmrechte mindestens zwei Meldungen durch unterschiedliche Personen abzugeben sein. Mehr als zwei Stimmrechtsmeldungen können insb. im Fall der sog. **Kettenzurechnung** erforderlich sein. Damit sind Sachverhalte gemeint, in denen die nach § 34 WpHG zuzurechnenden Stimmrechte den dort genannten Personen ihrerseits zugerechnet werden. Nach zutreffender Auffassung kommt eine Kettenzurechnung allerdings nur in den in § 34 Abs. 1 Satz 2 und Abs. 2 Satz 1, 3 WpHG ausdrücklich angeordneten Fällen in Betracht.[40]

Im Einzelnen sieht § 34 WpHG eine Zurechnung von Stimmrechten in folgenden Fällen vor:

a) § 34 Abs. 1 Satz 1 Nr. 1, Abs. 1 Satz 2 WpHG

19 Gem. § 34 Abs. 1 Satz 1 Nr. 1 WpHG werden Stimmrechte aus Aktien zugerechnet, die einem **Tochterunternehmen** des Meldepflichtigen gehören. Tochterunternehmen idS sind nach § 35 Abs. 1 WpHG Tochterunternehmen iSv § 290 HGB sowie Unternehmen, auf die ein beherrschender Einfluss ausgeübt werden kann (§ 17 AktG). Auf die Rechtsform oder den Sitz kommt es für den Zweck der kapitalmarktrechtlichen Beteiligungstransparenz weder auf Seiten des Mutter- noch des Tochterunternehmens an. Auch natürliche Personen können Mutterunternehmen (nicht aber Tochterunternehmen) sein,[41] wobei es – anders als im Konzernrecht – einer anderweitigen wirtschaftlichen Interessenbindung nicht bedarf. Auf dieser Grundlage kann grds. auch der **Komplementär** für Stimmrechte aus von der KG gehaltenen Aktien meldepflichtig sein.[42] Entsprechendes gilt für den Fall **mehrfacher Abhängigkeit**, wobei eine paritätische Beteiligung (50:50) nicht in jedem Fall zu einer (doppelten) Meldepflicht führen muss.[43] **Ausnahmen** von der Stimmrechtszurechnung nebst Rückausnahmen sieht das Gesetz in § 35 Abs. 2 bis 5 WpHG für Wertpapierdienstleistungsunternehmen sowie für Kapitalverwaltungsgesellschaften und EU-Verwaltungsgesellschaften vor.[44]

20 Die Stimmrechte „gehören" dem Tochterunternehmen, wenn ihm ein auf die Übertragung des Eigentums an den sie vermittelnden Aktien gerichteter unbedingter und ohne zeitliche Verzögerung zu erfüllender Anspruch zusteht (§ 33 Abs. 3 WpHG); es gelten insoweit dieselben Grundsätze wie im Rahmen der originären Meldepflicht nach § 33 Abs. 1, Abs. 2 WpHG. Darüber hinaus kann über § 34 Abs. 1 Satz 2 WpHG eine sog. **Kettenzurechnung** stattfinden (hierzu bereits Rn. 18).

---

[39] *Burgard* BB 1995, 2069 (2072); *Fuchs/Zimmermann* WpHG § 21 Rn. 6.

[40] Str., wie hier Kölner Komm. WpHG/*v. Bülow* § 22 Rn. 42; *Schmidt/Lutter/Veil* WpHG § 22 Rn. 3; *Veil/Dolff* AG 2010, 385 (388); aA etwa Assmann/Schneider/*Schneider* WpHG § 22 Rn. 21 f.

[41] Marsch-Barner/Schäfer/*Schäfer* § 18 Rn. 20; *BaFin* Emittentenleitfaden 2013, S. 112.

[42] Schmidt/Lutter/*Veil* WpHG § 22 Rn. 10; *BaFin* Emittentenleitfaden 2013, S. 114, jeweils auch mit Hinweisen zu dem Fall, dass der Komplementär vollständig von der Geschäftsführung ausgeschlossen ist.

[43] *BaFin* Emittentenleitfaden 2013, S. 115.

[44] In den Abs. 2–5 hat der Gesetzgeber im Rahmen des TRL-ÄndRL-UmsG die verschiedenen Ausnahme- und Rückausnahmetatbestände, die bisher im WpHG und KAGB in unterschiedlichen Normen verteilt waren, in einer einheitlichen Vorschrift zusammengefasst. Darüber hinaus hat der Gesetzgeber die Regelungen für nationale Kapitalverwaltungsgesellschaften sprachlich allgemeiner gefasst, um alle im KAGB geregelten Rechtsformen in einer Vorschrift zu erfassen, s. Begr. RegE TRL-ÄndRL-UmsG v. 1.5.2015, BT-Drs. 18/5010, 45.

A. Pflichten z. Meldung u. Veröffentlichung d. Stimmrechtsbesitzes   21–24   § 21

Danach sind dem Meldepflichtigen neben Stimmrechten, die dem Tochterunternehmen gehören, auch solche Stimmrechte zuzurechnen, die dem Tochterunternehmen gem. § 34 Abs. 1 Satz 1 Nr. 2 bis 6 WpHG zuzurechnen sind. Im mehrstufigen Konzern bedarf es der Kettenzurechnung nicht, da hier der Konzernspitze sämtliche Stimmrechte auch der (Ur-)Enkelgesellschaften bereits unmittelbar über § 34 Abs. 1 Satz 1 Nr. 1 WpHG zugerechnet werden.

Zuzurechnen sind die Stimmrechte von Tochterunternehmen sowohl im Fall 21 des § 34 Abs. 1 Satz 1 Nr. 1 WpHG als auch nach § 34 Abs. 1 Satz 2 WpHG **in voller Höhe** und damit unabhängig von der Höhe der bestehenden Beteiligung (§ 34 Abs. 1 Satz 3 WpHG). In sämtlichen Fällen bleibt das Tochterunternehmen selbst meldepflichtig, entweder nach § 33 Abs. 1, Abs. 2 WpHG oder nach § 33 Abs. 1, Abs. 2 WpHG iVm § 34 Abs. 1 Satz 1 Nr. 2 bis 6 WpHG; eine Absorption der Stimmrechte findet also nicht statt.[45]

b) § 34 Abs. 1 Satz 1 Nr. 2 WpHG

Gemäß § 34 Abs. 1 Satz 1 Nr. 2 WpHG werden Stimmrechte aus Aktien zuge- 22 rechnet, die von einem Dritten **für Rechnung des Meldepflichtigen gehalten** werden. Gekennzeichnet ist der Zurechnungstatbestand damit durch das Auseinanderfallen von rechtlicher und wirtschaftlicher Zuordnung der Aktien.[46] Während der Dritte zivilrechtlicher Eigentümer der die Stimmrechte vermittelnden Aktien ist, müssen die Chancen und Risiken (insb. Bestands-, Kurs-, Dividenden- und Bezugsrisiken) aus den Aktien jedenfalls überwiegend von dem Meldepflichtigen getragen werden. Gerechtfertigt ist die Stimmrechtszurechnung aber auch in diesem Fall nur, wenn der Meldepflichtige auf der Grundlage des zu dem Dritten bestehenden Rechtsverhältnisses Einfluss auf die Ausübung der Stimmrechte nehmen kann.[47]

Zu einer Zurechnung von Stimmrechten nach § 34 Abs. 1 Satz 1 Nr. 2 WpHG 23 kann es damit insb. kommen, wenn der Dritte die Aktien **treuhänderisch hält**, wobei im Ausgangspunkt zwischen Verwaltungs- und Vollmachtstreuhand zu unterscheiden ist. Nur im ersten Fall wird der Treuhänder zivilrechtlicher Eigentümer der Aktien mit der Folge, dass bei typischer Vertragsgestaltung sowohl er (originär nach § 33 Abs. 1 WpHG) als auch der Treugeber (über § 34 Abs. 1 Satz 1 Nr. 2 WpHG) meldepflichtig ist.[48] Ohne Unterschied ist dabei, ob das Treuhandverhältnis schuld- oder gesellschaftsrechtlich vermittelt ist. Auf dieser Grundlage können insb. auch die Gesellschafter von **Vermögensverwaltungsgesellschaften** meldepflichtig sein, allerdings mit der Besonderheit, dass es hier nur zu einer quotalen Zurechnung der Stimmrechte kommt.[49] Bei der Vollmachtstreuhand, bei der das Aktieneigentum beim Treugeber verbleibt, bewendet es bei dessen Meldepflicht nach § 33 Abs. 1 WpHG.

Ebenfalls in den Anwendungsbereich des § 34 Abs. 1 Satz 1 Nr. 2 WpHG fallen 24 kann die **Wertpapierleihe** (Sachdarlehen iSv § 607 BGB), und zwar unabhängig

---

[45] Schmidt/Lutter/*Veil* WpHG § 22 Rn. 6; vgl. aber auch § 24 WpHG zur Erfüllung der Mitteilungspflicht durch das Mutterunternehmen (Rn. 15).
[46] *BaFin* Emittentenleitfaden 2013, S. 115; Heidel/*Heinrich* WpHG § 22 Rn. 7; vgl. auch Marsch-Barner/Schäfer/*Schäfer* § 18 Rn. 22.
[47] BGH II ZR 302/06, NZG 2009, 585 (589); Spindler/Stilz/*Petersen* WpHG § 22 Rn. 46; aA OLG München 7 U 1997/09, NZG 2009, 1386 (1388) (faktische Einflussmöglichkeit ausreichend).
[48] Marsch-Barner/Schäfer/*Schäfer* § 18 Rn. 23; *Nietsch* WM 2012, 2217 (2218).
[49] Im Einzelnen Kölner Komm. WpHG/*v. Bülow* § 22 Rn. 93 ff.

Paul

davon, ob es sich um eine sog. einfache Wertpapierleihe oder einen Fall der sog. Ketten-Wertpapierleihe handelt.[50] Nach überzeugender Auffassung des BGH kommt es für die Frage der Stimmrechtszurechnung in beiden Fällen darauf an, ob der Darlehensgeber nach der vertraglichen Vereinbarung Einfluss auf die Ausübung der Stimmrechte durch den Darlehensnehmer nehmen kann.[51] Dieser Auffassung hat sich inzwischen auch die BaFin angeschlossen.[52] Besonders hinzuweisen ist schließlich auf die gesonderte Meldepflicht des Darlehensgebers nach § 38 Abs. 1 Satz 1 Nr. 1 WpHG, die mit Begründung des Rückforderungsanspruchs entsteht (s.a. Rn. 47).

c) § 34 Abs. 1 Satz 1 Nr. 3 WpHG

25 Gem. § 34 Abs. 1 Satz 1 Nr. 3 WpHG werden dem Meldepflichtigen Stimmrechte aus Aktien zugerechnet, die er **zur Sicherheit** an einen Dritten **übertragen** hat. Zwar wird der Sicherungsnehmer (Dritte) in diesem Fall Eigentümer der Aktien mit der Folge, dass ihm auch die durch sie vermittelten Stimmrechte zustehen. Jedoch ist der Sicherungsgeber bis zum Eintritt des Sicherungsfalls regelmäßig zur Ausübung der Stimmrechte bevollmächtigt.[53] Dementsprechend sieht § 34 Abs. 1 Satz 1 Nr. 3 WpHG dann von einer Zurechnung ab, wenn der Sicherungsnehmer ausnahmsweise zur eigenverantwortlichen Ausübung der Stimmrechte befugt ist und die Absicht bekundet, von dieser Befugnis auch tatsächlich Gebrauch zu machen. Abweichend von den übrigen Zurechnungstatbeständen führte § 34 Abs. 1 Satz 1 Nr. 3 WpHG nach früherer Verwaltungspraxis der BaFin zu einer ausschließlichen Zurechnung der Stimmrechte entweder beim Sicherungsgeber oder beim Sicherungsnehmer (sog. Stimmrechtsabsorption bzw. alternative Stimmrechtszurechnung) mit der Folge, dass immer nur eine alternative Meldepflicht bestand.[54] Mit Verweis auf den unter der Transparenzrichtlinie-Änderungsrichtlinie geltenden **Grundsatz der Maximalharmonisierung** hat die BaFin diese Verwaltungspraxis mit Inkrafttreten des TRL-ÄndRL-UmsG aufgegeben.[55] Danach unterliegt der Sicherungsnehmer (neben einer etwaigen Zurechnung der Stimmrechte nach § 34 Abs. 1 Satz 1 Nr. 3 WpHG beim Sicherungsgeber) zukünftig immer dann einer originären Meldepflicht nach § 33 Abs. 1 WpHG, wenn eine entsprechende Schwellenberührung vorliegt. Tatsächlich dürfte der Grundsatz der Maximalharmonisierung allerdings eher dafür sprechen, dass § 34 Abs. 1 Satz 1 Nr. 3 WpHG in seiner jetzigen Form nicht mehr anwendbar ist.[56] Hintergrund ist, dass die Transparenzrichtlinie II idF der Transparenzrichtlinie-Änderungsrichtlinie keinen entspr. Zurechnungstatbestand kennt. Hieraus folgt, dass die Regelung im Wege der richtlinienkonformen Auslegung maximal für die Fälle aufrechterhalten werden kann, in denen zugleich eine Meldepflicht nach Art. 13 der Transparenzrichtlinie II idF der Transparenzrichtlinie-Änderungsrichtlinie besteht.[57]

---

[50] Zu den Begrifflichkeiten s. *BaFin* Emittentenleitfaden 2013, S. 116.
[51] BGH II ZR 302/06, NZG 2009, 585 (589); zustimmend *Rieder* ZGR 2009, 981 (988 ff.).
[52] *BaFin* Emittentenleitfaden 2013, S. 116.
[53] MünchKomm. AktG/Bd. 1/*Bayer* WpHG § 22 Rn. 28; Kölner Komm. WpHG/*v. Bülow* § 22 Rn. 130.
[54] Assmann/Schneider/*Schneider* WpHG § 22 Rn. 93; Heidel/*Heinrich* WpHG § 22 Rn. 11; *Burgard* BB 1995, 2069 (2075).
[55] *BaFin* FAQ zum TRL-ÄndRL-UmsG, Stand: 8.5.2018, Ziff. V.28; vgl. auch Begr. RegE TRL-ÄndRL-UmsG v. 26.5.2015, BT-Drs. 18/5010, 46.
[56] So auch *Stephan* Der Konzern 2016, 53 (56).
[57] Für vollständige Unanwendbarkeit *Stephan* Der Konzern 2016, 53 (56), was dann in Konsequenz auch für § 22 Abs. 1 Satz 1 Nr. 5 WpHG gelten müsste, der – ebenso wie § 22

A. Pflichten z. Meldung u. Veröffentlichung d. Stimmrechtsbesitzes 26–29 § 21

Keine Anwendung findet § 34 Abs. 1 Satz 1 Nr. 3 WpHG schließlich auf die 26
Verpfändung von Aktien, da der Verpfänder hier – anders als der Sicherungsgeber bei der Sicherungsübereignung – Eigentümer der Aktien und damit Inhaber der Stimmrechte bleibt.[58] Ist der Pfandgläubiger ausnahmsweise zur Ausübung der Stimmrechte befugt, kommt allerdings eine Zurechnung nach § 34 Abs. 1 Satz 1 Nr. 6 WpHG in Betracht.[59]

d) § 34 Abs. 1 Satz 1 Nr. 4 WpHG

Gem. § 34 Abs. 1 Satz 1 Nr. 4 WpHG werden demjenigen, zu dessen Gunsten 27 ein **Nießbrauch** an den die Stimmrechte vermittelnden Aktien bestellt ist, diese Stimmrechte zugerechnet. Damit setzt sich die Regelung über die eigentlich vorgreifliche zivilrechtliche Streitfrage, wem im Fall des Nießbrauchs die Stimmrechte an den Aktien zustehen, insoweit hinweg, als sich der Nießbraucher jedenfalls für die Zwecke der kapitalmarktrechtlichen Beteiligungstransparenz wie der Rechtsinhaber behandeln lassen muss. Ungeachtet dieser gesetzgeberischen Entscheidung ist zu beachten, dass der Nießbrauchsverpflichtete weiterhin unmittelbar nach § 33 Abs. 1 WpHG meldepflichtig ist.[60]

e) § 34 Abs. 1 Satz 1 Nr. 5 WpHG

Gem. § 34 Abs. 1 Satz 1 Nr. 5 WpHG werden Stimmrechte aus solchen Aktien 28 zugerechnet, die der Meldepflichtige **durch** eine **Willenserklärung erwerben kann**. Anders als die übrigen Tatbestände des § 34 WpHG betrifft die Regelung damit Sachverhalte, in denen der Meldepflichtige (potentielle Erwerber) die Ausübung der Stimmrechte im Regelfall noch gar nicht beeinflussen kann.[61] Ähnlich der Regelung in § 38 Abs. 1 WpHG dient § 34 Abs. 1 Satz 1 Nr. 5 WpHG damit der Offenlegung eines nur möglichen Beteiligungsaufbaus.

Inhaltlich erfasst § 34 Abs. 1 Satz 1 Nr. 5 WpHG nur solche Sachverhalte, in 29 denen der Meldepflichtige allein durch einseitiges Handeln den Erwerb des Aktieneigentums und damit der Stimmrechte unmittelbar herbeiführen kann (nicht der Fall, wenn der Aktienerwerb auch von der Mitwirkung Dritter abhängig ist).[62] Damit ist die Zurechnung einerseits auf die in der Praxis eher selten anzutreffenden **dinglichen Erwerbsrechte** beschränkt. Schuldrechtliche Vereinbarungen, die einen Lieferanspruch beinhalten oder einen solchen erst begründen, werden nach inzwischen unstreitiger Ansicht nicht von § 34 Abs. 1 Satz 1 Nr. 5 WpHG erfasst (betrifft insb. Wandel-/Optionsanleihen, Optionsscheine und Bezugsrechte).[63] Andererseits erfolgt eine Zurechnung auch dann, wenn der Eigentumserwerb nicht durch „Willenserklärung" sondern durch andere einseitige Handlungen des Meldepflichtigen (zB Kaufpreiszahlung) herbeigeführt werden kann.[64]

Abs. 1 Satz 1 Nr. 3 WpHG – in der Transparenzrichtlinie II idF der Transparenzrichtlinie-Änderungsrichtlinie jenseits von Art. 13 keine Entsprechung findet.
[58] Inzwischen ganz hM, s. nur Kölner Komm. WpHG/*v. Bülow* § 22 Rn. 129 mwN auch zur Gegenansicht; *BaFin* Emittentenleitfaden 2013, S. 117.
[59] *BaFin* Emittentenleitfaden 2013, S. 117.
[60] *BaFin* Emittentenleitfaden 2013, S. 112.
[61] Hierzu ausführlich Kölner Komm. WpHG/*v. Bülow* § 22 Rn. 135.
[62] Kölner Komm. WpHG/*v. Bülow* § 22 Rn. 141; Marsch-Barner/Schäfer/*Schäfer* § 18 Rn. 27 f.
[63] Marsch-Barner/Schäfer/*Schäfer* § 18 Rn. 28; Schmidt/Lutter/*Veil* WpHG § 22 Rn. 24.
[64] Ganz hM, s. nur Fuchs/*Zimmermann* WpHG § 22 Rn. 66; *BaFin* Emittentenleitfaden 2013, S. 117.

f) § 34 Abs. 1 Satz 1 Nr. 6 WpHG

30 Gemäß § 34 Abs. 1 Satz 1 Nr. 6 WpHG erfolgt eine Zurechnung von Stimmrechten aus Aktien, die **dem Meldepflichtigen anvertraut** sind **oder** aus denen er die **Stimmrechte als Bevollmächtigter ausüben kann**. Ergänzende Voraussetzungen sind in beiden Fällen, dass die Stimmrechte nach eigenem Ermessen ausgeübt werden können und keine besonderen Weisungen des Aktionärs bestehen. Hieraus folgt nach zutreffender Ansicht, dass nur solche Rechtsverhältnisse erfasst werden, in denen der Aktieneigentümer die Entscheidung über die Stimmrechtsausübung im Einzelfall („besondere Weisungen") wieder an sich ziehen kann. Dies ist bei rechtsgeschäftlich begründeten Vertretungsverhältnissen, nicht aber bei gesetzlicher (zB aufgrund elterlichen Sorgerechts, Testamentsvollstreckung, Vormundschaft oder Insolvenzverwaltung) bzw. organschaftlicher Vertretungsmacht der Fall.[65]

31 **Stimmrechtsvollmachten für Kreditinstitute** (§ 135 AktG) werden von § 34 Abs. 1 Satz 1 Nr. 6 WpHG ebenso wenig erfasst wie die **Stimmrechtsvertretung** iSv § 134 Abs. 3 Satz 5 AktG. Weder in dem einen noch in dem anderen Fall können die Stimmrechte nach eigenem Ermessen des Bevollmächtigten ausgeübt werden.[66] Für das Depotstimmrecht der Kreditinstitute folgt dies aus § 135 Abs. 1 Satz 4 AktG, für den Stimmrechtsvertreter der Gesellschaft aus § 134 Abs. 3 Satz 5 AktG. Entsprechendes gilt für den **Legitimationsaktionär** iSv § 129 Abs. 3 AktG, der durch den Aktieneigentümer gem. § 185 BGB zur Ausübung des Stimmrechts im eigenen Namen ermächtigt ist. Im Regelfall unterliegt auch er den Weisungen des Aktieneigentümers. Dies gilt unabhängig davon, ob es sich um Inhaber- oder Namensaktien handelt (bei Namensaktien ist der Legitimationsaktionär aber zusätzlich in das Aktienregister einzutragen). Im Übrigen führt die Legitimationszession auch bei Namensaktien ungeachtet der Fiktionswirkung des § 67 Abs. 2 AktG nicht zu einer originären Meldepflicht nach § 33 Abs. 1 WpHG.[67]

32 **Stimmrechtsvollmachten**, die nur **für eine einzelne Hauptversammlung** erteilt werden, privilegiert § 34 Abs. 3 WpHG. Danach ist es ausreichend, wenn eine Stimmrechtsmeldung bei Erteilung der Vollmacht abgegeben wird. Die mit Beendigung der Hauptversammlung eigentlich erforderliche Meldung auch des Wegfalls der Zurechnungsvoraussetzungen sieht der Gesetzgeber unter den Voraussetzungen des § 34 Abs. 3 Satz 2 WpHG (Angaben zum Zeitpunkt der Hauptversammlung und zur Höhe des Stimmrechtsanteils nach Erlöschen der Vollmacht bzw. des Ausübungsermessens in der Ausgangsmeldung) als überflüssig an. In Betracht kommt die Privilegierung jedoch nur, wenn der Stimmrechtsanteil nach der Ausgangsmeldung unverändert bleibt.[68]

---

[65] Str., wie hier Kölner Komm. WpHG/*v. Bülow* § 22 Rn. 174; *Fuchs/Zimmermann* WpHG § 22 Rn. 72; aA insb. BaFin Emittentenleitfaden 2013, S. 118 f.; ebenso Assmann/Schneider/*Schneider* WpHG § 22 Rn. 119 mwN.

[66] Kölner Komm. WpHG/*v. Bülow* § 22 Rn. 177, 179; Assmann/Schneider/*Schneider* WpHG § 22 Rn. 128 ff.

[67] Schon vor der durch das Kleinanlegerschutzgesetz (vgl. RegE BT-Drs. 18/3994, 22) in § 21 Abs. 1 Satz 1 WpHG erfolgten gesetzgeberischen Klarstellung („ihm gehörenden Aktien") ganz hL, s. etwa *Cahn* AG 2013, 459 (460 ff.); *Widder/Kocher* ZIP 2012, 2092 (2093); ihr folgend *BaFin* Emittentenleitfaden 2013, S. 109; aA OLG Köln 18 U 240/11, AG 2012, 599 m. abl. Anm. *Paul* GWR 2012, 346 sowie *Goslar* EWiR 2012, 773 (774).

[68] Begr. RegE TUG v. 4.9.2006, BT-Drs. 16/2498, 35; Schmidt/Lutter/*Veil* WpHG § 22 Rn. 27.

g) § 34 Abs. 1 Satz 1 Nr. 7 WpHG

Gem. § 34 Abs. 1 Satz 1 Nr. 7 WpHG werden dem Meldepflichtigen Stimmrechte **33** aus Aktien zugerechnet, die er aufgrund einer Vereinbarung ausüben kann, die eine **zeitweilige Übertragung der Stimmrechte ohne die damit verbundenen Aktien** gegen Gegenleistung vorsieht. Der Zurechnungstatbestand wurde durch TRL-ÄndRL-UmsG neu eingeführt und betrifft ausschließlich ausländische Emittenten, die den §§ 33 ff. WpHG aufgrund des Herkunftsstaatsprinzips unterliegen.[69] Nach deutschem Recht ist eine isolierte Stimmrechtsübertragung aufgrund des Abspaltungsverbots unzulässig und damit für deutsche Emittenten auch mit Blick auf eine Stimmrechtszurechnung irrelevant. Ohne Relevanz ist der Zurechnungstatbestand des § 34 Abs. 1 Satz 1 Nr. 7 WpHG auch für sog. Legitimationszessionen, die keine Übertragung des Stimmrechts, sondern die Ermächtigung (§ 185 BGB) zu dessen Ausübung im eigenen Nahmen zum Gegenstand haben (s.a. Rn. 31).[70]

h) § 34 Abs. 1 Satz 1 Nr. 8 WpHG

Gem. § 34 Abs. 1 Satz 1 Nr. 8 WpHG erfolgt eine Zurechnung von Stimmrechten aus Aktien, die bei dem Meldepflichtigen **als Sicherheit verwahrt** werden, **34 sofern der Meldepflichtige die Stimmrechte hält und die Absicht bekundet, diese Stimmrechte auszuüben.** Der Zurechnungstatbestand wurde durch das TRL-ÄndRL-UmsG neu eingefügt. Unklar ist allerdings der Anwendungsbereich der Regelung.[71] Einerseits setzt § 34 Abs. 1 Satz 1 Nr. 8 WpHG voraus, dass die Aktien bei dem Meldepflichtigen verwahrt werden, ohne dass dieser Eigentümer der Aktien ist (in diesem Fall bedürfte es keiner Stimmrechtszurechnung, da der Aktieneigentümer nach § 33 Abs. 1 WpHG originär meldepflichtig wäre). Im Ausgangspunkt können damit also nur rein schuldrechtlich wirkende Sicherungsgeschäfte erfasst sein. Anderseits setzt die Regelung voraus, dass der Meldepflichtige die Stimmrechte „hält" und die Absicht bekundet, diese Stimmrechte auszuüben. Aufgrund des nach deutschem Recht geltenden Abspaltungsverbots (bereits Rn. 33) kommt eine isolierte Übertragung von Stimmrechten bei Aktien deutscher Emittenten aber gerade nicht in Betracht.[72] Dessen ungeachtet scheint die BaFin davon auszugehen, dass § 34 Abs. 1 Satz 1 Nr. 8 WpHG schuldrechtliche Sicherungsverwahrungen bei gleichzeitiger Ermächtigung zur Stimmrechtsausübung erfasst.[73] Mit dem Wortlaut der Regelung („Stimmrechte hält") ist dies freilich nur schwer vereinbar.

i) § 34 Abs. 2 WpHG

Gemäß § 34 Abs. 2 WpHG werden dem Meldepflichtigen in voller Höhe Stimm- **35** rechte eines Dritten zugerechnet, mit dem er oder eines seiner Tochterunternehmen sein Verhalten in Bezug auf den Emittenten abstimmt (sog. **Acting in Concert**). Im Ergebnis ordnet § 34 Abs. 2 WpHG damit eine wechselseitige Zurechnung an, wobei es ohne Unterschied ist, ob die Abstimmung aufgrund einer Vereinbarung

---

[69] Vgl. Begr. RegE TRL-ÄndRL-UmsG v. 1.5.2015, BT-Drs. 18/5010, 45; s.a. *BaFin* FAQ zum TRL-ÄndRL-UmsG, Stand: 8.5.2018, Ziff. V.27.
[70] Zutreffend *Stephan* Der Konzern 2016, 53 (56).
[71] So schon die Stellungnahme des DAV zum RegE TRL-ÄndRL-UmsG v. Juni 2015, S. 7.
[72] So auch *Stephan* Der Konzern 2016, 53 (56).
[73] *BaFin* FAQ zum TRL-ÄndRL-UmsG, Stand: 8.5.2018, Ziff. V.29.

oder in sonstiger Weise erfolgt. Zugerechnet werden dabei nicht nur Stimmrechte aus Aktien, die dem Dritten gehören, sondern im Wege der Kettenzurechnung auch Stimmrechte, die ihm seinerseits nach § 34 Abs. 1 Satz 1 Nr. 1 bis 6 WpHG zugerechnet werden (§ 34 Abs. 2 Satz 3 WpHG). Von einer Zurechnung sieht das Gesetz dann ab, wenn die Abstimmung nur im Einzelfall erfolgt.

36 Voraussetzung für eine Zurechnung von Stimmrechten nach § 34 Abs. 2 WpHG ist stets eine **bewusste Verständigung** über ein abstimmungsrelevantes Verhalten. Ob die Verständigung schriftlich oder mündlich, ausdrücklich oder konkludent erfolgt, ist unerheblich.[74] Besteht lediglich ein Interessengleichlauf und kommt es auf dieser Grundlage zu einem tatsächlich gleichgerichteten Verhalten, so löst dies keine Stimmrechtszurechnung aus, und zwar auch dann nicht, wenn sich die Beteiligten hierüber bewusst sind. Für ein abgestimmtes Verhalten aufgrund einer **Vereinbarung** ist eine rechtlich bindende Abrede erforderlich, die schuld- oder gesellschaftsrechtlicher Natur sein kann. **In sonstiger Weise** erfolgt eine Abstimmung, wenn sie zwar ohne rechtliche, aber mit einer gesteigerten sozialen oder wirtschaftlichen Bindungswirkung getroffen wird.[75] Damit sind auch sog. Gentlemen's Agreements sowie alle sonstigen informellen Verständigungen erfasst.[76] Hieran hat auch der unter der Transparenzrichtlinie-Änderungsrichtlinie geltende Grundsatz der Vollharmonisierung nichts geändert.[77] Die in der Transparenzrichtlinie II idF der Transparenzrichtlinie-Änderungsrichtlinie getroffene Unterscheidung zwischen „Vereinbarungen" einerseits und „förmlichen Vereinbarungen" anderseits zeigt gerade, dass auch rechtlich nicht bindende Abreden einer Stimmrechtszurechnung grds. zugänglich sein sollen.

37 **Abstimmungsrelevant** ist ein Verhalten nach § 34 Abs. 2 Satz 2 WpHG dann, wenn es eine Verständigung über die Ausübung von Stimmrechten in der Hauptversammlung des Emittenten oder ein sonstiges Zusammenwirken mit langfristiger strategischer Perspektive zum Gegenstand hat. Vereinbarungen oder informelle Verständigungen über eine **koordinierte Ausübung von Stimmrechten** in der Hauptversammlung sind daher (vorbehaltlich einer Abstimmung im Einzelfall) ohne Weiteres tatbestandsmäßig. Typische Anwendungsfälle in der Praxis sind Stimmbindungs-, Konsortial- bzw. Poolvereinbarungen.[78] Ein Zusammenwirken **außerhalb von Hauptversammlungen** führte bislang dann zu einer Stimmrechtszurechnung, wenn weitergehend eine gemeinsame unternehmerische Strategie verfolgt wurde. War dies der Fall, konnte etwa auch ein abgestimmter Erwerb von Aktien,[79] nicht aber eine Verständigung über deren Veräußerung oder eine bloße Standstill-Vereinbarung die Zurechnung auslösen.[80] Unklar ist, ob eine solche Stimmrechtszurechnung auch auf der Grundlage der Transparenzrichtlinie-Änderungsrichtlinie und des dort verankerten Grundsatzes der Vollharmonisierung weiterhin zulässig ist. Hintergrund ist, dass Art. 10 Buchst. a der Transparenz-

---

[74] Spindler/Stilz/*Petersen* WpHG § 22 Rn. 52; *Weiler/Meyer* NZG 2003, 909 (zu § 30 Abs. 2 WpÜG).
[75] MünchKomm. AktG/Bd. 1/*Bayer* WpHG § 22 Rn. 47; *Seibt* ZIP 2004, 1829 (1832).
[76] Spindler/Stilz/*Petersen* WpHG § 22 Rn. 52; *BaFin* Emittentenleitfaden 2013, S. 121.
[77] Gleichsinnig *Parmentier* AG 2014, 15 (18 f.); im Ergebnis auch *Seibt/Wollenschläger* ZIP 2014, 545 (548 f.); zweifelnd *Stephan* Der Konzern 2016, 53.
[78] Hierzu ausführlich Kölner Komm. WpHG/*v. Bülow* § 22 Rn. 244 ff.
[79] Zutreffend MünchKomm. AktG/Bd. 1/*Bayer* WpHG § 22 Rn. 48; Heidel/*Heinrich* WpHG § 22 Rn. 20; aA etwa Fuchs/*Zimmermann* WpHG § 22 Rn. 97 mwN.
[80] Ganz hM, s. nur BGH II ZR 137/05, NZG 2006, 945 (948) (zum Standstill); Fuchs/*Zimmermann* WpHG § 22 Rn. 97 mwN.

richtlinie II idF der Transparenzrichtlinie-Änderungsrichtlinie eine Stimmrechtszurechnung nur bei Abstimmung über die Ausübung von Stimmrechten vorsieht. Ob sich dem entgegenhalten lässt, die Vollharmonisierung betreffe nur den über Stimmrechte vermittelten Einfluss mit der Folge, dass sie einer Regelung anderer Verhaltensweisen von vornherein nicht entgegenstehe,[81] muss bezweifelt werden. Näher dürfte es liegen, die bisherige Regelung als von Art. 3 Abs. 1a UAbs. 4 Nr. iii der Transparenzrichtlinie II idF der Transparenzrichtlinie-Änderungsrichtlinie erfasst anzusehen, der eine partielle Durchbrechung des Grundsatzes der Vollharmonisierung vorsieht.[82]

Auf den **Einzelfall** beschränkte Verhaltensabstimmungen lösen keine Stimmrechtszurechnung aus. Entgegen dem Wortlaut („Vereinbarungen in Einzelfällen") greift die Ausnahme auch bei Abstimmungen „in sonstiger Weise". Einzelfall idS meint eine nur punktuelle Abstimmung. Ob dies der Fall ist, bestimmt sich rein formal anhand der Häufigkeit des Abstimmungsverhaltens.[83] Keine Stimmrechtszurechnung erfolgt daher, wenn die Abstimmung auf nur eine Hauptversammlung beschränkt ist, mag sie auch mehrere Tagesordnungspunkte betreffen.[84] Dies gilt allerdings nicht, wenn die Abstimmung in dem gegenseitigen Bewusstsein erfolgt, die Verhaltenskoordination über den konkret vereinbarten Fall hinaus fortzusetzen.[85]

3. Nichtberücksichtigung von Stimmrechten nach § 36 WpHG

Gemäß § 36 WpHG sind bei der Ermittlung des Stimmrechtsanteils des Meldepflichtigen Stimmrechte aus näher bezeichneten Aktien entweder generell oder im Hinblick auf bestimmte Meldeschwellen nicht zu berücksichtigen. Deren Nichtberücksichtigung **ordnet § 36 WpHG unmittelbar an**; eines Befreiungsantrags bei der BaFin bedarf es nicht (mehr).[86] Kehrseite der Nichtberücksichtigung ist nach § 36 Abs. 6 WpHG, dass die betreffenden Stimmrechte (mit Ausnahme von Abs. 3 Nr. 2) nicht ausgeübt werden können. Nach Auffassung der BaFin entfaltet § 36 WpHG nicht nur Wirkung für den unmittelbaren Adressaten der Ausnahmetatbestände, sondern auch für dessen Mutterunternehmen mit der Folge, dass auch eine Zurechnung nach § 34 Abs. 1 Satz 1 Nr. 1 WpHG ausscheidet.[87]

Im Einzelnen nimmt § 36 WpHG folgende Stimmrechte bei der Ermittlung des Stimmrechtsanteils aus:

Nach **Absatz 1** bis zu maximal 5 % der Stimmrechte aus Aktien, die ein Kreditinstitut oder ein Wertpapierdienstleistungsunternehmen mit Sitz in einem EU-/EWR-Mitgliedstaat im **Handelsbuch** hält (bis zum Inkrafttreten des TRL-ÄndRL-UmsG war die Absicht zum Halten ausreichend). Die Ausnahme erklärt sich vor dem Hintergrund ständig schwankender Bestände sowie des Umstands,

---

[81] So *Parmentier* AG 2014, 15 (18); wohl auch *Stephan* Der Konzern 2016, 53 (54).
[82] Ausführlich *Parmentier* AG 2014, 15 (18 f.); *Seibt/Wollenschläger* ZIP 2014, 545 (549).
[83] Str., wie hier Fuchs/*Zimmermann* WpHG § 22 Rn. 103; Spindler/Stilz/*Petersen* WpHG § 22 Rn. 57; wohl auch BGH II ZR 137/05, NZG 2006, 945 (947); aA (für auch materielles Kriterium) insb. Schwark/Zimmer/*Schwark* WpHG § 22 Rn. 24 mwN.
[84] LG Düsseldorf 36 O 99/06, AG 2007, 797; Kölner Komm. WpHG/*v. Bülow* § 22 Rn. 230; *BaFin* Emittentenleitfaden 2013, S. 122.
[85] Schwark/Zimmer/*Schwark* WpHG § 22 Rn. 22.
[86] Zum Abbau bürokratischer Hürden ist durch das TUG das frühere Erfordernis eines Antrags bei der BaFin für die Freistellung eines Handelsbestands entfallen, Begr. RegE TUG v. 4.9.2006, BT-Drs. 16/2498, 35.
[87] *BaFin* Emittentenleitfaden 2013, S. 130; kritisch Kölner Komm. WpHG/*Hirte* § 23 Rn. 63; Assmann/Schneider/*Schneider* WpHG § 23 Rn. 182, jeweils mwN.

dass mit solchen Aktien keine Daueranlage verfolgt wird.[88] Eine Meldepflicht würde hier eher zu Fehlvorstellungen der Marktteilnehmer als zu einer belastbaren Aussage über die bestehenden Machtverhältnisse führen. Privilegiert wird der Handelsbestand aber nur, wenn sichergestellt ist, dass die Stimmrechte aus den Aktien nicht ausgeübt und auch nicht anderweitig genutzt werden, um auf die Geschäftsführung des Emittenten Einfluss zu nehmen. Die Berechnung der nicht zu berücksichtigenden Stimmrechte bestimmt sich gemäß § 36 Abs. 8 WpHG nach den in Art. 9 Abs. 6b und Art. 13 Abs. 4 der Transparenzrichtlinie II idF der Transparenzrichtlinie-Änderungsrichtlinie benannten technischen Regulierungsstandards. Danach sind für die Berechnung Stimmrechte und (jetzt neu) sämtliche Instrumente zu aggregieren (sog. horizontale Aggregation); innerhalb von Konzernen erfolgt die Berechnung analog § 34 Abs. 1 Satz 1 Nr. 1 WpHG und damit von „unten" nach „oben" (sog. vertikale Aggregation).[89]

41 Nach **Absatz 2** (ohne zahlenmäßige Beschränkung) Stimmrechte aus Aktien, die von einem Wertpapierhaus oder einem Kreditinstitut gemäß der Verordnung 2273/2003/EG[90] **zu Stabilisierungszwecken erworben** wurden, wenn der Aktieninhaber sicherstellt, dass die Stimmrechte aus den betreffenden Aktien nicht ausgeübt und nicht anderweitig genutzt werden, um auf die Geschäftsführung des Emittenten Einfluss zu nehmen. Der durch das TRL-ÄndRL-UmsG eingefügte Ausnahmetatbestand setzt Art. 9 Abs. 6a der Transparenzrichtlinie-Änderungsrichtlinie um und setzt voraus, dass die betreffende Stabilisierungsmaßnahme im Einklang mit Art. 8, 9 und 10 der Verordnung 2273/2003/EG durchgeführt wurde. Dementsprechend gilt Abs. 2 insb. nicht für Rückübertragungsansprüche von Altaktionären im Fall von Mehrzuteilungsaktien, die bei entspr. Schwellenberührung eine Meldepflicht nach § 38 WpHG auslösen.[91]

42 Nach **Absatz 3** (ohne zahlenmäßige Beschränkung) Stimmrechte **(Nr. 1)** aus Aktien, die ausschließlich zum Zweck der **Abrechnung und Abwicklung** für höchstens drei Handelstage gehalten werden oder **(Nr. 2)** die eine mit der **Verwahrung** der Aktien betraute Stelle nur aufgrund von schriftlich oder elektronisch erteilten Weisungen ausüben darf. Bislang entsprach es der ganz hM, dass Abrechnung und Abwicklung iSd Abs. 3 Nr. 1 in Deutschland allein durch Clearstream betrieben wird. Nicht in den Anwendungsbereich von Abs. 3 Nr. 1 (aber uU von Abs. 1) fiel daher insb. der Erwerb von Aktien im Rahmen der Begleitung und Durchführung von Kapitalerhöhungen durch Emissionsunternehmen.[92] Mit Inkrafttreten des TRL-ÄndRL-UmsG hat die BaFin ihre bisherige Verwaltungspraxis aufgegeben und sieht diese Fälle zukünftig als ein Halten von Aktien ausschließlich für Zwecke der Abrechnung und Abwicklung an.[93] Hintergrund der Änderung ist die Einführung von § 36 Abs. 2 WpHG: Wenn die dort genannten Stabilisierungsmaßnahmen keine Meldepflicht auslösen, wäre es widersprüchlich, bei der Zeichnung solcher Aktien eine Meldepflicht anzunehmen. Entsprechendes gilt im Fall der Übernahme bereits ausgegebener Aktien zwecks (Um-)Platzierung am Markt. Abs. 3 Nr. 2 erlangt vor allem für ausländische Verwahrstellen von Fondsgesellschaften Bedeutung. Unterliegen die Depotgeschäfte deutschem Recht, werden den Depotbanken

---

[88] Begr. RegE TUG v. 4.9.2006, BT-Drs. 16/2498, 35; vgl. auch MünchKomm. AktG/ Bd. 1/*Bayer* WpHG § 23 Rn. 1.
[89] Näher *BaFin* FAQ zum TRL-ÄndRL-UmsG, Stand: 8.5.2018, Ziff. VII.32.
[90] Verordnung (EG) Nr. 2273/2003 v. 22.12.2003, ABl. EU Nr. L 336 v. 23.12.2003, S. 33.
[91] Siehe auch *BaFin* FAQ zum TRL-ÄndRL-UmsG, Stand: 8.5.2018, Ziff. VIII.33a.
[92] *BaFin* Emittentenleitfaden 2013, S. 132.
[93] *BaFin* FAQ zum TRL-ÄndRL-UmsG, Stand: 8.5.2018, Ziff. VIII.33.

die Stimmrechte schon nicht zugerechnet (s. Rn. 31). Anders als im Fall von Abs. 3 Nr. 1 ist es bei der Verwahrung nicht erforderlich, dass die Aktien nur für einen kurzen Zeitraum gehalten werden.

Nach **Absatz 4** (ohne zahlenmäßige Beschränkung) Stimmrechte aus Aktien, **43** die die Mitglieder des europäischen Systems der **Zentralbanken** bei der Wahrnehmung ihrer Aufgaben als Währungsbehörden zur Verfügung gestellt bekommen oder die sie bereitstellen. Beschränkt ist die Ausnahme allerdings auf „kurzfristige Transaktionen", was nur auf Kredite von bis zu drei Monaten zutrifft.[94] Im Übrigen ist Voraussetzung, dass die Stimmrechte aus den betreffenden Aktien nicht ausgeübt werden.

Nach **Absatz 5** bis zu maximal 10% der Stimmrechte minus 1 Stimmrecht aus **44** Aktien, die ein sog. **Market Maker** erwirbt oder veräußert. Market Maker ist jede Person, die an einem Markt dauerhaft anbietet, Finanzinstrumente im Wege des Eigenhandels zu selbst gestellten Preisen zu kaufen oder verkaufen. In jedem Fall erforderlich ist, dass der Market Maker nach den nationalen Vorschriften eines EU-Mitgliedstaats in Umsetzung der Richtlinie 2004/39/EG (MiFID I)[95] zugelassen ist. Auch darf der Market Maker nicht in die Geschäftsführung des Emittenten eingreifen und keinen Einfluss auf ihn dahingehend ausüben, die betreffenden Aktien zu kaufen oder den Preis der Aktien zu stützen. Im Übrigen hat der Market Maker der BaFin bei Erreichen, Über- oder Unterschreiten der Stimmrechtsschwellen von 3% bzw. 5% unverzüglich, spätestens innerhalb von vier Handelstagen, anzuzeigen, dass er hinsichtlich der betreffenden Aktien als Market Maker tätig ist. Die Berechnung der nicht zu berücksichtigenden Stimmrechte bestimmt sich auch hier gemäß § 36 Abs. 8 WpHG nach den in Art. 9 Abs. 6b und Art. 13 Abs. 4 der Transparenzrichtlinie II idF der Transparenzrichtlinie-Änderungsrichtlinie benannten technischen Regulierungsstandards (s.a. Rn. 40).

4. Meldepflichten beim Halten von Instrumenten nach § 38 WpHG

Ergänzt werden die **Meldepflichten nach § 33 Abs. 1, Abs. 2 WpHG** durch **45** § 38 WpHG im Hinblick auf Instrumente, die
– dem Inhaber entweder bei Fälligkeit ein unbedingtes Recht auf Erwerb mit Stimmrechten verbundener und bereits ausgegebener Aktien eines Emittenten vermitteln, für den die Bundesrepublik Deutschland der Herkunftsstaat ist (§ 38 Abs. 1 Nr. 1a WpHG), oder
– dem Inhaber ein Ermessen in Bezug auf sein Recht auf Erwerb dieser Aktien verleihen (§ 38 Abs. 1 Nr. 1b WpHG), oder
– sich auf solche Aktien beziehen und eine vergleichbare wirtschaftliche Wirkung haben wie die in § 38 Abs. 1 Nr. 1a und b WpHG genannten Instrumente, unabhängig davon, ob sie einen Anspruch auf physische Lieferung einräumen oder nicht (§ 38 Abs. 1 Nr. 2 WpHG).

Die Regelung unterscheidet damit zwischen einerseits Instrumenten mit physischer Abwicklung, bei denen der Erwerb der Aktien nur noch vom Inhaber des Instruments oder vom Zeitablauf abhängt, und andererseits Instrumenten mit vergleichbarer wirtschaftlicher Wirkung, wobei es unerheblich ist, ob diese physisch abgewickelt werden oder einen Barausgleich vorsehen. Die Vorgängerregelung des § 38 WpHG (§ 25 WpHG aF) wurde durch das TRL-ÄndRL-UmsG vollständig

---

[94] Kölner Komm. WpHG/*Hirte* § 23 Rn. 50; Assmann/Schneider/*Schneider* WpHG § 23 Rn. 52.
[95] Richtlinie 2004/39/EG v. 21.4.2004, ABl. EG Nr. L 145 v. 30.4.2004, S. 1.

neu gefasst und führte die Regelungen der §§ 25, 25a WpHG idF bis 25.11.2015 in einer einheitlichen Vorschrift zusammen. Im Wesentlichen war mit der Neuregelung jedoch keine inhaltliche Änderung im Vergleich zur früheren Rechtslage verbunden. Damit fallen grds. alle von § 25 Abs. 1 WpHG idF bis 25.11.2015 erfassten „Finanzinstrumente" und „sonstigen Instrumente" unter die Neuregelungen des § 38 Abs. 1 Nr. 1a und b WpHG, während unter § 38 Abs. 1 Nr. 2 WpHG die von § 25a Abs. 1 WpHG idF bis 25.11.2015 erfassten „weiteren Finanzinstrumente" und „sonstigen Instrumente" subsumiert werden können. Neu ist demgegenüber die in § 38 Abs. 2 WpHG in das Gesetz aufgenommene, nicht abschließende Aufzählung von Instrumenten, die eine Meldepflicht nach § 38 Abs. 1 WpHG auslösen.[96] Ungeachtet der auf Richtlinienvorgaben beruhenden Aufzählung, die zu mehr Rechtssicherheit führen soll, dürfte es auch in Zukunft vor allem der Praxis obliegen, die Reichweite der Meldepflicht nach § 38 Abs. 1 WpHG zu bestimmen.[97]

46 Der Sache nach zielt § 38 WpHG auf die **Offenlegung eines möglichen Beteiligungsaufbaus** ab und verlagert die Meldepflichten zu diesem Zweck in das Vorfeld eines möglichen späteren Stimmrechtserwerbs. Ebenso wie die Vorgängerregelungen der §§ 25, 25a WpHG idF bis 25.11.2015 ist § 38 WpHG dabei als Reaktion des Gesetzgebers auf das sog. Anschleichen an börsennotierte Gesellschaften zu sehen.[98] Bis zur Einführung des § 25a WpHG mWv 1.2.2012 war ein verdeckter Beteiligungsaufbau (Stakebuilding) insb. durch Derivate mit reinem Barausgleich möglich, die mangels Anspruchs auf physische Abwicklung nicht nach der bis dahin geltenden Fassung des § 25 WpHG meldepflichtig waren. Möglichkeiten zur Umgehung der Meldepflichten ergaben sich hierdurch deshalb, weil es für die Gegenpartei ab einer bestimmten Größenordnung wirtschaftlich attraktiver ist, die (vertraglich nicht geschuldete) Lieferung von Aktien anzubieten.[99] Diese und weitere Umgehungsmöglichkeiten sollen auch mit der Neuregelung in § 38 WpHG ausgeschlossen werden.

47 Zu den meldepflichtigen **Instrumenten iSd § 38 Abs. 1 Satz 1 Nr. 1 WpHG** gehören insb. Festgeschäfte in Form von Futures und Forwards sowie Call-Optionen, sofern zumindest auch ein Recht auf physische Abwicklung, dh auf Lieferung der Aktien, besteht.[100] Wie schon unter § 25 WpHG idF bis 25.11.2015 werden auch Rückforderungsansprüche aus Wertpapierdarlehens- und (echten) Wertpapierpensionsgeschäften sowie Repurchase Agreements (sog. Repo-Geschäfte) erfasst.[101] Weiterhin **nicht tatbestandsrelevant** sind Put-Optionen (da diese kein Erwerbsrecht begründen), Wandel- und Optionsanleihen (jedenfalls dann, wenn diese – wie in der Praxis üblich – mit Aktien aus bedingtem Kapital unterlegt sind) sowie Erwerbsrechte aus Aktienoptionsprogrammen (da aufgrund der üblicherweise vereinbarten

---

[96] Darüber hinaus erstellt und aktualisiert die Europäische Wertpapieraufsichtsbehörde (ESMA) zur weiteren Konkretisierung eine (nicht bindende) indikative Liste meldepflichtiger Instrumente: Indicative List of financial instruments that are subject to notification requirements according to Article 13 (1b) of the revised Transparency Directive, ESMA-Ref. 2014/1187 v. 29.9.2014, S. 67, abrufbar unter: https://www.esma.europa.eu.

[97] So ausdrücklich auch die BaFin FAQ zum TRL-ÄndRL-UmsG, Stand: 8.5.2018, Ziff. X.41.

[98] Kölner Komm. WpHG/*Heinrich* § 25a Rn. 6; Marsch-Barner/Schäfer/*Schäfer* § 18 Rn. 62; ausführlich zum verdeckten Stakebuilding in den Fällen Schaeffler/Continental und Porsche/Volkswagen *Krause* AG 2011, 469 (470 f.).

[99] Zum wirtschaftlichen Hintergrund sowie zur Funktionsweise von Barausgleichsderivaten s. *Cascante/Topf* AG 2009, 53 (60 f.); *Cascante/Bingel* NZG 2011, 1086 (1089 f.).

[100] *BaFin* Emittentenleitfaden 2013, S. 134 f.

[101] Begr. RegE AnsFuG v. 8.11.2010, BT-Drs. 17/3628, 19; Marsch-Barner/Schäfer/*Schäfer* § 18 Rn. 61 mwN.

Erfolgsziele kein einseitiges unbedingtes Erwerbsrecht besteht). Ebenfalls nicht in den Anwendungsbereich von § 38 Abs. 1 Satz 1 Nr. 1 WpHG fallen Irrevocable Undertakings (s. aber auch Rn. 48).[102]

Eine **vergleichbare wirtschaftliche Wirkung iSd § 38 Abs. 1 Satz 1 Nr. 2 WpHG** hat ein Instrument immer dann, wenn ein Stimmrechtserwerb nach der dem Instrument zugrunde liegenden wirtschaftlichen Logik zumindest möglich ist.[103] Ungeachtet der in das Gesetz aufgenommenen Begrifflichkeit der „vergleichbaren wirtschaftlichen Wirkung" gilt insoweit nichts anderes als unter § 25 WpHG idF bis 25.11.2015. Von § 38 Abs. 1 Satz 1 Nr. 2 WpHG erfasst sind damit insb. Gestaltungen, in denen 48

– die Gegenpartei ihre Risiken aus dem Instrument durch das Halten von Aktien iSd § 38 Abs. 1 Satz 1 Nr. 1 WpHG ausschließen oder vermindern könnte (Hedging). Dies trifft auf sämtliche Instrumente zu, bei denen aus einer Barausgleichspflicht entstehende Verluste durch Sicherungsgeschäfte mit den zugrunde liegenden Aktien begrenzt werden können und damit vor allem auf Differenzgeschäfte (Contracts for Difference), Cash Settled (Total Return) Equity Swaps, Dividenden-Swaps sowie auf reinen Barausgleich gerichtete Call-Optionen und Festgeschäfte in Form von Futures und Forwards.[104] Ebenso wie unter § 25 WpHG idF bis 25.11.2015 ist es auch für die Anwendung des § 38 Abs. 1 Satz 1 Nr. 2 WpHG unerheblich, ob bzw. inwieweit durch die Gegenseite eine entsprechende Risikoabsicherung tatsächlich erfolgt.[105]
– das Instrument ein Recht zum Erwerb von Aktien iSd § 38 Abs. 1 Satz 1 Nr. 1 WpHG einräumt oder eine entspr. Erwerbspflicht begründet (ohne aber zugleich in den Anwendungsbereich von § 38 Abs. 1 Satz 1 Nr. 1 WpHG zu fallen). Dies betrifft zum einen Festgeschäfte in Form von Futures und Forwards sowie Call-Optionen, sofern die Geschäfte zwar (auch) auf physische Abwicklung gerichtet sind, nicht aber ein einseitiges unbedingtes Erwerbsrecht vermitteln (zB Erwerbsrechte aus Aktienoptionsprogrammen).[106] Zum anderen sollen nach Ansicht der BaFin aber zB auch Put-Optionen (unabhängig davon, ob diese auf physische Abwicklung oder Barausgleich gerichtet sind), Andienungs- und Vorkaufsrechte, Tag-along- und Drag-along-Klauseln sowie Irrevocable Undertakings erfasst werden.[107] Für Gesellschaftervereinbarungen mit Vorerwerbsrechten bzw. -pflichten ist die geänderte Verwaltungspraxis der BaFin zu beachten, nach der dann keine Meldepflicht nach § 38 Abs. 1 Satz 1 Nr. 2 WpHG besteht, wenn entsprechende Vereinbarungen aufgrund bestehender Stimmbindungs- oder Poolverträge bereits § 34 Abs. 2 WpHG unterfallen; Gleiches gilt, wenn eine Zurechnung der Stimmrechte aufgrund eines anderen Zurechnungstatbestands nach § 34 Abs. 1 WpHG erfolgt.[108]

---

[102] Vgl. Kölner Komm. WpHG/*Heinrich* § 25a Rn. 59; *BaFin* Emittentenleitfaden 2013, S. 141.
[103] Begr. RegE AnsFuG v. 8.11.2010, BT-Drs. 17/3628, 19.
[104] So schon zur alten Rechtslage Kölner Komm. WpHG/*Heinrich* § 25a Rn. 40 ff.
[105] Vgl. zur alten Rechtslage Begr. RegE AnsFuG v. 8.11.2010, BT-Drs. 17/3628, 20.
[106] Vgl. Wachter/*Merkner/Sustmann* Kap. 19 Rn. 168.
[107] *BaFin* Emittentenleitfaden 2013, S. 141 f.; weitgehend kritisch Kölner Komm. WpHG/*Heinrich* § 25a Rn. 45, 48 f., 53 mwN; im Hinblick auf Put-Optionen etwa auch *Stephan* Der Konzern 2016, 53 (58); differenzierend bei Vorkaufs-/Vorerwerbsrechten und Andienungspflichten *Hitzer/Hauser* AG 2015, 891 (896 ff.).
[108] *BaFin* FAQ zum TRL-ÄndRL-UmsG, Stand: 8.5.2018, Ziff. X.42a.

49 **Keine vergleichbare wirtschaftliche Wirkung** iSd § 38 Abs. 1 Satz 1 Nr. 2 WpHG spricht die BaFin auch Pfandrechten mit Verfallsregelung iSv § 1259 BGB sowie Vereinbarungen zu, die ausschließlich einem Dritten eine Erwerbsmöglichkeit verschaffen.[109] Dabei ist zu beachten, dass der Dritte in letztgenanntem Fall ggf. selbst einer Mitteilungspflicht nach § 38 Abs. 1 WpHG unterliegen kann. Wie bisher besteht im Übrigen auch dann keine Meldepflicht nach § 38 Abs. 1 WpHG, soweit
– die Zahl der Stimmrechte aus Aktien, für die ein Angebot zum Erwerb aufgrund eines Angebots nach dem Wertpapiererwerbs- und Übernahmegesetz angenommen wurde, gem. § 23 Abs. 1 WpÜG offenzulegen ist (so ausdrücklich schon §§ 25 Abs. 2a, 25a Abs. 1 Satz 5 idF bis 25.11.2015);
– gem. § 305 AktG aufgrund eines Beherrschungs- und/oder Gewinnabführungsvertrags eine Verpflichtung zum Erwerb von mit Stimmrechten verbundenen Aktien gegen Zahlung einer angemessenen Barabfindung besteht;
– im Rahmen einer Umwandlungsmaßnahme nach dem Umwandlungsgesetz die Möglichkeit des Erwerbs von mit Stimmrechten verbundenen Aktien besteht.

Gleichwohl dürfte auch in diesen Fällen eine möglichst frühzeitige Abstimmung mit der BaFin ratsam sein.[110] Im Übrigen gelten §§ 36, 37 WpHG entsprechend (§ 38 Abs. 1 Satz 2 WpHG).

50 Tatbestandsrelevant sind **sowohl unmittelbar als auch mittelbar gehaltene** Instrumente. Unmittelbar gehalten wird ein Instrument von demjenigen, in dessen Eigentum es steht. Von einem mittelbaren Halten ging die BaFin bislang dann aus, wenn das Instrument von einem Tochterunternehmen oder einem Verwaltungstreuhänder gehalten wurde.[111] Unter dem Gesichtspunkt der Vollharmonisierung erweist sich die bisherige Verwaltungspraxis der BaFin allerdings als zu eng mit der Folge, dass neben den bislang erfassten Tatbeständen nunmehr auch Verhaltensabstimmungen iSv § 34 Abs. 2 WpHG sowie Bevollmächtigungen iSv § 34 Abs. 1 Satz 1 Nr. 6 WpHG als mittelbares Halten eines Instruments in Betracht kommen.[112] Ob bzw. inwieweit zur Konkretisierung weiterer Fallgruppen auf die übrigen Zurechnungstatbestände des § 34 Abs. 1 WpHG zurückgegriffen werden kann, bleibt der zukünftigen Entwicklung auf europäischer Ebene vorbehalten.[113]

51 Die **Meldepflicht** nach § 38 Abs. 1 Satz 1 iVm § 33 Abs. 1, Abs. 2 WpHG **entsteht** in dem Zeitpunkt, zu dem das Recht oder die Möglichkeit zum Erwerb begründet wird bzw. erlischt.[114] Da die Meldepflicht im Vorfeld eines möglichen späteren Stimmrechtserwerbs entsteht, ist auf ein *hypothetisches* Erreichen, Über- oder Unterschreiten der relevanten Schwellenwerte abzustellen, wobei die Eingangsmeldeschwelle – anders als im Anwendungsbereich des § 33 Abs. 1, Abs. 2 WpHG – nicht bei 3 %, sondern bei 5 % liegt. Im Übrigen besteht Gleichlauf mit den dortigen Meldeschwellen.

---

[109] *BaFin* FAQ zum TRL-ÄndRL-UmsG, Stand: 8.5.2018, Ziff. X.42.
[110] So ausdrücklich auch die *BaFin* FAQ zum TRL-ÄndRL-UmsG, Stand: 8.5.2018, Ziff. X.42.
[111] Vgl. auch Begr. RegE TUG v. 4.9.2006, BT-Drs. 16/2498, 37; Assmann/Schneider/*Schneider* WpHG § 25 Rn. 51 ff.
[112] *BaFin* FAQ zum TRL-ÄndRL-UmsG, Stand: 8.5.2018, Ziff. X.43a–X.43c.
[113] So ausdrücklich *BaFin* FAQ zum TRL-ÄndRL-UmsG, Stand: 8.5.2018, Ziff. X.43; zur möglichen Konkretisierung weiterer Fallgruppen anhand der Grundsätze des § 22 Abs. 1 Satz 1 Nr. 1 und Nr. 2 WpHG (§ 34 Abs. 1 Satz 1 Nr. 1 und Nr. 2 nF) unter der bisherigen Rechtslage Kölner Komm. WpHG/*Heinrich* § 25 Rn. 53; kritisch *Nießen* NZG 2007, 41 (43).
[114] Vgl. Kölner Komm. WpHG/*Heinrich* § 25 Rn. 59; *BaFin* Emittentenleitfaden 2013, S. 136.

A. Pflichten z. Meldung u. Veröffentlichung d. Stimmrechtsbesitzes   52–55   § 21

Für die Ermittlung des meldepflichtigen Stimmrechtsanteils sehen §§ 38 Abs. 4, 39 Abs. 1 WpHG in zweifacher Hinsicht eine **Stimmrechtsaggregation** vor. Zum einen ordnet § 38 Abs. 4 WpHG im Rahmen der Meldepflicht nach § 38 Abs. 1 iVm § 33 Abs. 1, Abs. 2 WpHG eine Aggregation der insgesamt meldepflichtigen Instrumente an, sofern sich diese auf Aktien des gleichen Emittenten beziehen. Dabei dürfen Erwerbspositionen nicht mit Veräußerungspositionen verrechnet werden. Zum anderen sind Stimmrechtsbestände aus Aktien nach §§ 33, 34 WpHG und aus Instrumenten nach § 38 WpHG im Rahmen einer selbstständigen Meldepflicht nach § 39 Abs. 1 WpHG zu aggregieren (s. Rn. 55).   52

Für die **Ermittlung des** meldepflichtigen **Stimmrechtsanteils** unterscheidet § 38 Abs. 3 WpHG danach, ob das Instrument zumindest auch eine physische Abwicklung vorsieht. Ist dies der Fall, ist der meldepflichtige Stimmrechtsanteil anhand der vollen nominalen Anzahl der dem Instrument zugrunde liegenden Aktien zu ermitteln (entspricht Delta = 1). Sieht das Instrument ausschließlich einen Barausgleich vor, ist die Anzahl der Stimmrechte demgegenüber – abweichend von der bisherigen Rechtslage (bislang erfolgte die Ermittlung auch hier anhand des vollen Nominalvolumens) – auf einer Delta-adjustierten Basis zu berechnen, wobei die nominale Anzahl der dem Instrument zugrunde liegenden Aktien mit dem Delta des Instruments zu multiplizieren ist. Der Deltafaktor gibt dabei an, um wie viel sich der Preis für das Instrument bei einem Kursanstieg des Basiswerts ändert, wodurch auch die zur Absicherung des Risikos erforderliche Anzahl von Aktien schwankt. Da für Instrumente mit ausschließlichem Barausgleich die Anzahl der Stimmrechte täglich unter Berücksichtigung des letzten Schlusskurses der dem Instrument zugrunde liegenden Aktie anhand eines variablen Deltafaktors zu berechnen ist (Art. 5 Abs. 6 der Verordnung (EU) 2015/761 der Kommission v. 17.12.2014), kann es in Bezug auf ein einzelnes Instrument zu fortlaufenden Meldepflichten kommen.[115] Weitere Einzelheiten zur Delta-adjustierten Stimmrechtsermittlung regelt Art. 5 der Verordnung (EU) 2015/761 der Kommission vom 17.12.2014.[116]   53

Von der Meldepflicht des § 38 WpHG **ausdrücklich ausgenommen** sind nach § 13 WpAV Instrumente, die sich auf eigene Aktien des Emittenten beziehen.[117] Auch sind basket- bzw. indexbezogene Instrumente gem. Art. 4 der Verordnung (EU) 2015/761 der Kommission vom 17.12.2014[118] nur dann tatbestandsrelevant, wenn die über sie gehaltenen Stimmrechte entweder mindestens 1 % der mit Aktien des Emittenten verbundenen Stimmrechte entsprechen oder die betreffenden Aktien mindestens 20 % des Werts der Wertpapiere in dem Basket oder Index ausmachen. Liegt eine dieser Bedingungen vor, werden die Stimmrechte auf der Grundlage des Gewichts der Aktien in dem Basket bzw. Index berechnet.   54

5. Meldepflicht aufgrund Stimmrechtsaggregation nach § 39 WpHG

Neben § 38 Abs. 4 WpHG, der im Rahmen der Meldepflicht nach § 38 Abs. 1 iVm § 33 Abs. 1, Abs. 2 WpHG eine Aggregation der insgesamt meldepflichtigen Instrumente anordnet (Rn. 52), sieht § 39 Abs. 1 WpHG eine **Aggregation von Stimm-**   55

---

[115] Siehe auch den ausdrücklichen Hinweis der *BaFin* FAQ zum TRL-ÄndRL-UmsG, Stand: 8.5.2018, Ziff. X.44.

[116] Delegierte Verordnung (EU) 2015/761 v. 17.12.2014, ABl. EU Nr. L 120 v. 13.5.2015, S. 2.

[117] Siehe auch *Stephan* Der Konzern 2016, 53 (59).

[118] Delegierte Verordnung (EU) 2015/761 v. 17.12.2014, ABl. EU Nr. L 120 v. 13.5.2015, S. 2.

rechtsbeständen aus Aktien nach §§ 33, 34 WpHG und aus Instrumenten nach § 38 WpHG vor, und zwar in Form eines eigenständigen Meldetatbestands. Die Anwendung von § 39 WpHG beschränkt sich dabei auf die Meldung der Summe der nach §§ 33, 34 WpHG und § 38 WpHG gehaltenen Stimmrechte, sofern eine Berührung der Schwelle von 5 % oder mehr vorliegt. Dabei sind Instrumente iSd § 38 WpHG, die zugleich unter einen Zurechnungstatbestand des § 34 WpHG fallen (dies betrifft zB dingliche Call-Optionen, die von § 34 Abs. 1 Satz 1 Nr. 5 WpHG erfasst sind), nur einmal zu berücksichtigen.[119] Anders als unter den Vorgängerregelungen der §§ 25 Abs. 1 Satz 3 Hs. 1, 25a Abs. 1 Satz 7 WpHG idF bis 25.11.2015 wird eine Meldepflicht nach § 39 Abs. 1 WpHG allerdings auch dann ausgelöst, wenn jeweils für sich genommen keine Stimmrechte nach §§ 33, 34 WpHG oder kein Instrument iSd § 38 WpHG gehalten werden, eine Aggregation im eigentlichen Sinne also gar nicht erfolgt.[120] Eine **Meldung** nach § 39 Abs. 1 iVm § 33 Abs. 1, Abs. 2 WpHG ist damit **immer dann erforderlich**, wenn entweder

– der Bestand an Stimmrechten nach §§ 33, 34 WpHG oder aus Instrumenten iSd § 38 WpHG jeweils für sich genommen oder
– der Bestand an Stimmrechten aus Instrumenten iSd § 38 WpHG zusammen mit dem Stimmrechtsbestand nach §§ 33, 34 WpHG

die in § 33 Abs. 1 Satz 1 WpHG genannten Stimmrechtsschwellen mit Ausnahme der Schwelle von 3 % berührt.[121]

6. Adressaten, Inhalt, Form und Zeitpunkt der Meldungen nach §§ 33, 38 und 39 WpHG

a) Adressaten der Meldungen

56 Meldungen nach §§ 33 Abs. 1, Abs. 2, 38 Abs. 1 und 39 Abs. 1 WpHG sind **zeitgleich sowohl an den Emittenten als auch an die BaFin** zu richten. Handelt es sich bei dem Emittenten um eine deutsche AG, sollten Stimmrechtsmeldungen grds. an den Vorstand adressiert werden (wobei der Zugang bei nur einem Vorstandsmitglied gem. § 78 Abs. 2 Satz 2 AktG ausreichend ist). Da Stimmrechtsmeldungen im Einzelfall insiderrechtlich relevant sein können, sollte hiervon nur dann abgewichen werden, wenn der Emittent eine andere Empfangsstelle ausdrücklich benannt hat.[122] Die jeweils aktuellen Kontaktdaten der BaFin lassen sich dem Pflichtmeldeformular der BaFin entnehmen.

b) Inhalt der Meldungen

57 **Vorgaben** zum Inhalt der nach §§ 33 Abs. 1, Abs. 2, 38 Abs. 1 und 39 Abs. 1 WpHG vorzunehmenden Stimmrechtsmeldungen **enthält § 12 Abs. 1 WpAV iVm dem Pflichtmeldeformular der BaFin**. Stimmrechtsmeldungen können nach §§ 33 Abs. 1, Abs. 2, 38 Abs. 1 und 39 Abs. 1 WpHG ausschließlich auf der Grundlage des in der Anlage zur WpAV veröffentlichten und den Marktteilnehmern auf

---

[119] Begr. RegE TRL-ÄndRL-UmsG v. 26.5.2015, BT-Drs. 18/5010, 47; *BaFin* FAQ zum TRL-ÄndRL-UmsG, Stand: 8.5.2018, Ziff. X.46.
[120] *BaFin* FAQ zum TRL-ÄndRL-UmsG, Stand: 8.5.2018, Ziff. X.46.
[121] *BaFin* FAQ zum TRL-ÄndRL-UmsG, Stand: 8.5.2018, Ziff. X.46; vgl. auch ESMA Q&A Transparency Directive, ESMA-Ref. 2015/1595 v. 22.10.2015, S. 12f. Nr. 20, abrufbar unter: https://www.esma.europa.eu.
[122] So auch Kölner Komm. WpHG/*Hirte* § 21 Rn. 156; zT finden sich entsprechende Angaben auf den Internetseiten der Emittenten.

A. Pflichten z. Meldung u. Veröffentlichung d. Stimmrechtsbesitzes

der Internetseite der BaFin zum Download bereitgestellten Formulars abgegeben werden.[123] Das Formular ist in deutscher und englischer Sprache verfügbar und gilt einheitlich für alle drei Meldetatbestände nach §§ 33 Abs. 1, Abs. 2, 38 Abs. 1 und 39 Abs. 1 WpHG. Hintergrund der Vereinheitlichung ist, dass die einzelnen Meldetatbestände nach neuem Recht nicht mehr als selbstständige Tatbestände, sondern als einheitliche Offenlegungspflicht iSe umfassenden Bestandsmeldung verstanden werden, bei der §§ 33 Abs. 1, Abs. 2, 38 Abs. 1 und 39 Abs. 1 WpHG festlegen, wann die aktuellen Bestände an Stimmrechten aus Aktien und Instrumenten offen zu legen sind.[124] Dementsprechend ist das Pflichtmeldeformular immer vollständig (dh auch im Hinblick auf Stimmrechtsbestände, durch die keine meldepflichtige Schwelle berührt wurde) auszufüllen, wenn den Meldepflichtigen eine Meldepflicht nach §§ 33 Abs. 1, Abs. 2, 38 Abs. 1 oder 39 Abs. 1 WpHG trifft.[125] Zu beachten ist, dass das **Formular** als Pflichtformular durch den Meldepflichtigen **grundsätzlich weder ergänzt noch erweitert werden darf**. Nur ausnahmsweise lässt die BaFin Erweiterungen der Felder unter Ziff. 3 und Ziff. 7a des Meldeformulars zu, um das Formular für eine gemeinsame Mitteilung mehrerer Meldepflichtiger (zB Erbengemeinschaft mit identischen Stimmrechtsanteilen) nutzbar zu machen.[126] Ungeachtet dieser sehr detaillierten Vorgaben ist es bei atypischen Fallkonstellationen in jedem Fall ratsam, zu Abstimmungszwecken frühzeitig mit der BaFin Kontakt aufzunehmen. Dies gilt auch bei Unsicherheiten über das Bestehen einer Meldepflicht.[127] Insbesondere bei komplexen Konzernstrukturen kann es sich darüber hinaus anbieten, der Meldung Strukturübersichten in Form von Organigrammen beizufügen.

c) Form und Zeitpunkt der Meldungen

Gem. § 14 Satz 1 WpAV haben Meldungen nach §§ 33 Abs. 1, Abs. 2, 38 Abs. 1 und 39 Abs. 1 WpHG **schriftlich** (§ 126 BGB) oder mittels **Telefax** in deutscher oder englischer Sprache zu erfolgen. Die Meldung muss unterschrieben sein; wird sie mittels Telefax übermittelt, genügt es naturgemäß, wenn das Originaldokument diese Anforderung erfüllt. Daneben ermöglicht § 14 Satz 2 WpAV bzw. zukünftig die StimmRMV[128] die Abgabe von Stimmrechtsmeldungen über ein von der BaFin zur Verfügung gestelltes elektronisches Verfahren. Die BaFin hat durch die Einrichtung einer elektronischen Melde- und Veröffentlichungsplattform (sog. MVP-Portal) die grundlegenden Voraussetzungen für die Abgabe elektronischer Meldungen geschaffen. Nach jüngsten Verlautbarungen der BaFin soll das MVP-Portal ab Oktober 2018 für Stimmrechtsmeldungen nach dem WpHG zur Verfügung stehen (Stand: September 2018). Auch nach Eröffnung dieses elektronischen Meldewegs bleibt es dabei, dass auf anderen Wegen übermittelte Meldungen (zB per E-Mail) nicht ausreichend sind, und zwar auch dann nicht, wenn sie eine (einfache) elektronische Signatur bzw. eine eingescannte Unterschrift aufweisen.

---

[123] Das Meldeformular ist auf der Internetseite der BaFin unter www.bafin.de abrufbar.
[124] *BaFin* FAQ zum TRL-ÄndRL-UmsG, Stand: 8.5.2018, Ziff. II.4.
[125] *BaFin* FAQ zum TRL-ÄndRL-UmsG, Stand: 8.5.2018, Ziff. II.4; ausführliche Hinweise zum Ausfüllen des Pflichtmeldeformulars lassen sich der BaFin-Präsentation zur Informationsveranstaltung zur Umsetzung der TRL-ÄndRL v. 3./5.11.2015 (abrufbar unter www.bafin.de) entnehmen.
[126] *BaFin* FAQ zum TRL-ÄndRL-UmsG, Stand: 8.5.2018, Ziff. II.8–II.9.
[127] Dies gilt nicht zuletzt deshalb, da die BaFin eine vorsorgliche Abgabe von Stimmrechtsmeldungen nicht gestattet, s. *BaFin* Emittentenleitfaden 2013, S. 110.
[128] Die Form von Stimmrechtsmitteilungen soll zukünftig in einer sog. Stimmrechtsmitteilungsverordnung geregelt werden; § 14 WpAV soll entsprechend geändert werden.

59 Abzugeben sind die Stimmrechtsmeldungen **unverzüglich** (§ 121 BGB), spätestens innerhalb von vier Handelstagen[129] (§ 47 WpHG). Ohne schuldhaftes Zögern iSd § 121 BGB handelt der Meldepflichtige insb. dann, wenn er bei rechtlichen und/oder tatsächlichen Zweifeln über das Bestehen einer Meldepflicht (externen) Rat einholt.[130] Die Vier-Tages-Frist wird mit Kenntnis bzw. Kennenmüssen der die Meldepflicht begründenden Umstände in Lauf gesetzt (§ 33 Abs. 1 Satz 3 WpHG). Dabei wird unwiderleglich vermutet, dass der Meldepflichtige zwei Handelstage nach einer Schwellenberührung Kenntnis hat (§ 33 Abs. 1 Satz 4 WpHG). In der Praxis kommt dieser Vermutung allerdings nur eingeschränkte Bedeutung zu, da die BaFin in ständiger Verwaltungspraxis nicht davon ausgeht, dass es hierdurch zu einer Verlängerung der Meldefrist auf sechs Handelstage kommt,[131] sondern der Meldepflichtige in aller Regel noch am selben Tag von den Umständen der Schwellenberührung Kenntnis haben muss.[132] In Fällen sog. passiver Schwellenberührung, dh bei Veränderung der Gesamtzahl der Stimmrechte, beginnt die Meldepflicht nach der durch das TRL-ÄndRL-UmsG in § 33 Abs. 1 Satz 5 WpHG eingefügten Regelung demgegenüber erst mit positiver Kenntnis des Meldepflichtigen von der Schwellenberührung, spätestens aber mit Veröffentlichung der Gesamtzahl der Stimmrechte durch den Emittenten nach § 41 WpHG. Die Berechnung der Frist richtet sich in sämtlichen Fällen nach §§ 187 Abs. 1, 188 Abs. 1 BGB. Eingehalten ist die Frist nach zutreffender Auffassung allerdings nur, wenn die Meldungen dem Emittenten und der BaFin innerhalb der Frist zugehen; rechtzeitiges Absenden ist demnach nicht ausreichend.[133]

III. Veröffentlichungspflichten von Inlandsemittenten nach §§ 40, 41 WpHG

60 §§ 40, 41 WpHG statuieren verschiedene Veröffentlichungspflichten im Zusammenhang mit Stimmrechtsmeldungen nach §§ 33 Abs. 1, Abs. 2, 38 Abs. 1, 39 Abs. 1 WpHG und stellen damit die sog. **zweite Stufe der Beteiligungstransparenz** dar. Anders als im Anwendungsbereich der §§ 33, 38, 39 WpHG richten sich die Veröffentlichungspflichten **ausschließlich** an **Inlandsemittenten** iSd § 2 Abs. 14 WpHG, wobei Inlandsemittenten mit Sitz in einem Drittstaat unter den Voraussetzungen des § 46 WpHG von den Veröffentlichungspflichten befreit werden können.

1. Pflicht zur Veröffentlichung von Meldungen nach §§ 33, 38, 39 WpHG

61 § 40 Abs. 1 Satz 1 Hs. 1 WpHG knüpft an den **Zugang von Stimmrechtsmeldungen** nach §§ 33 Abs. 1, Abs. 2, 38 Abs. 1, 39 Abs. 1 WpHG[134] an und begründet für Inlandsemittenten eine Pflicht zur Veröffentlichung der mitgeteilten Infor-

---

[129] Die BaFin stellt auf ihrer Internetseite unter www.bafin.de einen Kalender der Handelstage zur Verfügung.
[130] Assmann/Schneider/*Schneider* WpHG § 21 Rn. 128; Kölner Komm. WpHG/*Hirte* § 21 Rn. 163.
[131] Siehe auch *BaFin* FAQ zum TRL-ÄndRL-UmsG, Stand: 8.5.2018, Ziff. IV.23.
[132] *BaFin* Emittentenleitfaden 2013, S. 111.
[133] Str., wie hier Fuchs/*Zimmermann* WpHG § 21 Rn. 88; Kölner Komm. WpHG/*Hirte* § 21 Rn. 165; MünchKomm. AktG/Bd. 1/*Bayer* WpHG § 21 Rn. 41; aA etwa Schwark/Zimmer/*Schwark* WpHG § 21 Rn. 29.
[134] Soweit Inlandsemittenten nach § 2 Abs. 14 Nr. 2 WpHG keine Stimmrechtsmeldungen nach den Vorschriften des WpHG, sondern nach den Vorschriften ihres Herkunftsstaats

A. Pflichten z. Meldung u. Veröffentlichung d. Stimmrechtsbesitzes 62, 63 § 21

mationen. Erfolgen muss die Veröffentlichung unverzüglich (§ 121 Abs. 1 Satz 1 BGB), spätestens drei Handelstage (§ 47 WpHG) nach Zugang der Stimmrechtsmeldung. Die Berechnung der Frist richtet sich nach §§ 187 Abs. 1, 188 Abs. 1 BGB. Gemäß § 40 Abs. 1 Satz 1 Hs. 2 WpHG ist die Veröffentlichung zeitgleich der BaFin mitzuteilen und unverzüglich, jedoch nicht vor Veröffentlichung, dem Unternehmensregister (§ 8b HGB) zur Speicherung zu übermitteln. Voraussetzung für das Entstehen der Veröffentlichungspflicht ist stets, dass dem Emittenten eine förmliche Stimmrechtsmeldung zugegangen ist; eine anderweitige Kenntnis von veränderten Stimmrechtsverhältnissen vermag weder eine Pflicht noch ein Recht zur Veröffentlichung zu begründen.[135]

Vorgaben zum **Inhalt der Veröffentlichung** ergeben sich aus § 15 WpAV. 62 Danach muss die Veröffentlichung die **Angaben der Stimmrechtsmeldung an den Emittenten gemäß dem Pflichtmeldeformular** der BaFin enthalten und in dem dort vorgegebenen Format erfolgen. Die im Zuge des Inkrafttretens des TRL-ÄndRL-UmsG eingefügte Inbezugnahme des Pflichtmeldeformulars ist wie bisher dahingehend zu verstehen, dass der Emittent die durch den Meldepflichtigen mitgeteilten Informationen grds. ohne Abweichungen zu veröffentlichen hat. Eine Ausnahme von diesem Grundsatz machte § 19 Hs. 2 WpAIV idF bis 25.11.2015 insoweit, als der Meldepflichtige nicht mit vollständiger Adresse, sondern nur mit Namen und Staat, in dem sich sein Wohnort bzw. Sitz befindet, anzugeben war. Da eine vollständige Adressangabe auf der Grundlage des Pflichtmeldeformulars der BaFin (dort Ziff. 3) ohnehin nicht vorgesehen ist, konnte die Regelung ersatzlos entfallen, ohne dass damit eine inhaltliche Änderung verbunden gewesen wäre. Inhaltlich oder auch nur redaktionell abändern sollte der Emittent die mitgeteilten Informationen auch bei offensichtlichen Unrichtigkeiten immer nur nach vorheriger Rücksprache mit der BaFin. Anderenfalls besteht das Risiko, dass die Meldung unrichtig bzw. verfälscht wird mit der Folge, dass die Veröffentlichung zu korrigieren ist.[136] Aus demselben Grund sind erläuternde Hinweise oder ergänzende Informationen durch den Emittenten im Rahmen der Veröffentlichung unzulässig. Schließlich muss die Veröffentlichung auch in **dem von dem Pflichtmeldeformular der BaFin vorgegebenen Format erfolgen**. Hierfür ist es erforderlich, dass die Veröffentlichung dem Erscheinungsbild, dh der Ziffernbzw. Informationsabfolge des Pflichtmeldeformulars einschl. der entsprechenden Überschriften und Tabellenformate entspricht.[137] Dabei ist darauf zu achten, dass sämtliche Informationsfelder der Ziff. 1 bis 9 des Pflichtmeldeformulars vollständig wiedergegeben werden, und zwar auch dann, wenn durch den Meldepflichtigen zu einzelnen Feldern keine Informationen mitgeteilt wurden. Vorschriften zu **Art und Sprache** der Veröffentlichung ergeben sich aus § 16 WpAV iVm §§ 3a, 3b WpAV.

2. Pflicht zur Veröffentlichung in Bezug auf eigene Aktien

Eine Pflicht zur Veröffentlichung entspr. § 40 Abs. 1 Satz 1 WpHG trifft einen 63 Inlandsemittenten nach § 40 Abs. 1 Satz 2 WpHG in Bezug auf eigene Aktien,

---

erhalten, sind nach § 41 Abs. 1 Satz 1 WpHG diese Meldungen zu veröffentlichen, vgl. Begr. RegE TUG v. 4.9.2006, BT-Drs. 16/2498, 38.
[135] Str., wie hier Schwark/Zimmer/*Schwark* WpHG § 26 Rn. 8; aA Assmann/Schneider/*Schneider* WpHG § 26 Rn. 7; *Schnabel/Korff* ZBB 2007, 179 (184) (keine Pflicht, aber Recht zur Veröffentlichung).
[136] *BaFin* Emittentenleitfaden 2013, S. 152.
[137] Siehe auch *BaFin* FAQ zum TRL-ÄndRL-UmsG, Stand: 8.5.2018, Ziff. II.3.

sofern bei deren **Erwerb, Veräußerung** oder auf **sonstige Weise**[138] die Meldeschwellen von 5% oder 10% berührt werden. Für Emittenten, für die Deutschland Herkunftstaat ist, liegt die Eingangsschwelle abweichend bei 3%. Zu beachten ist, dass als eigene Aktien iSd § 40 Abs. 1 Satz 2 WpHG bislang nur solche Aktien galten, die ein Emittent entweder selbst oder über eine im eigenen Namen, aber für seine Rechnung handelnde Person, hielt. Damit war der Anwendungsbereich enger als der des § 71d AktG, der auch Aktien erfasst, die ein von dem Emittenten abhängiges oder in seinem Mehrheitsbesitz stehendes Unternehmen hält.[139] Eine freiwillige Berücksichtigung auch dieser Aktien im Rahmen einer Veröffentlichung nach § 40 Abs. 1 Satz 2 WpHG bezeichnete die BaFin allerdings schon vor Inkrafttreten des TRL-ÄndRL-UmsG als wünschenswert.[140] Dem hat der Gesetzgeber im Rahmen des TRL-ÄndRL-UmsG insoweit Rechnung getragen, als nach § 40 Abs. 1 Satz 2 WpHG auch Aktien, die über ein Tochterunternehmen iSd § 35 Abs. 1 WpHG gehalten werden, veröffentlichungsrelevant sind.

64 Mangels vorangehender Stimmrechtsmeldung ordnet § 40 Abs. 1 Satz 2 WpHG in Abweichung von § 40 Abs. 1 Satz 1 WpHG die Veröffentlichung einer Erklärung an, deren **Inhalt** sich nach § 33 Abs. 1 Satz 1 WpHG iVm den maßgeblichen Vorschriften der WpAV richtet. Streng am Wortlaut orientiert, hätte die Veröffentlichung damit gem. § 12 Abs. 1 WpAV auf der Grundlage des Pflichtmeldeformulars der BaFin für Meldungen nach §§ 33 Abs. 1, Abs. 2, 38 Abs. 1, 39 Abs. 1 WpHG zu erfolgen. Auf Veröffentlichungen nach § 40 Abs. 1 Satz 2 WpHG ist das Pflichtmeldeformular indes nicht zugeschnitten, so dass maximal eine Orientierung an den dortigen Vorgaben erfolgen kann. Erforderlich sind damit insb. Angaben zum Emittenten, zum Grund der Meldung, zum Datum der Schwellenberührung sowie zum Anteil eigener Aktien.[141] Darüber hinaus ist die Veröffentlichung als solche nach § 40 Abs. 1 Satz 2 WpHG zu bezeichnen.[142] Ungeachtet des nicht ganz eindeutigen Wortlauts muss die Veröffentlichung auch hier unverzüglich (§ 121 BGB) erfolgen, spätestens vier Handelstage (§ 47 WpHG) nach Schwellenberührung.[143] Im Übrigen gelten die Vorgaben des § 40 Abs. 1 Satz 1 WpHG mit der Folge, dass die Veröffentlichung zeitgleich der BaFin mitzuteilen und unverzüglich, jedoch nicht vor Veröffentlichung, dem Unternehmensregister (§ 8b HGB) zur Speicherung zu übermitteln ist.

3. Pflicht zur Veröffentlichung der Gesamtzahl der Stimmrechte

65 In gleicher Weise wie Veröffentlichungen nach § 40 Abs. 1 Satz 1 WpHG (dh unter Beachtung von § 16 WpAV iVm §§ 3a, 3b WpAV) hat ein Inlandsemittent gem. § 41 Abs. 1 Satz 1 und 2 WpHG **im Fall einer Zu- oder Abnahme von Stimmrechten** unter Angabe des konkreten Datums, an dem sich die Änderung vollzogen hat, die neue Gesamtzahl der bestehenden Stimmrechte zu veröffentlichen und die Veröffentlichung gleichzeitig der BaFin mitzuteilen. Anders als bis zum Inkrafttreten des TRL-ÄndRL-UmsG hat die Veröffentlichung nicht mehr

---

[138] Zu einer Schwellenberührung auf „sonstige Weise" kann es insb. auch im Fall der Einziehung eigener Aktien kommen, vgl. Schwark/Zimmer/*Schwark* WpHG § 26 Rn. 11.
[139] Vgl. Wachter/*Merkner/Sustmann* Kap. 19 Rn. 180.
[140] *BaFin* Emittentenleitfaden 2013, S. 155.
[141] Ein spezielles (unverbindliches) Muster für Veröffentlichungen nach § 26 Abs. 1 Satz 2 WpHG (§ 40 Abs. 1 Satz 2 WpHG nF) ist auf der Internetseite der BaFin unter www.bafin.de abrufbar, s. *BaFin* FAQ zum TRL-ÄndRL-UmsG, Stand: 8.5.2018, Ziff. XIV.53.
[142] Kölner Komm. WpHG/*Hirte* § 26 Rn. 40.
[143] Zutreffend Kölner Komm. WpHG/*Hirte* § 26 Rn. 41.

A. Pflichten z. Meldung u. Veröffentlichung d. Stimmrechtsbesitzes   66, 67   § 21

erst am Ende eines jeden Kalendermonats zu erfolgen, in dem es zu einer Zu- oder Abnahme von Stimmrechten gekommen ist, sondern unverzüglich (§ 121 BGB), spätestens innerhalb von zwei Handelstagen (§ 47 WpHG).[144] Darüber hinaus ist die Information unverzüglich (§ 121 BGB), jedoch nicht vor ihrer Veröffentlichung, dem Unternehmensregister (§ 8b HGB) zur Speicherung zu übermitteln (§ 41 Abs. 1 Satz 3 WpHG). Grund für die Abkehr von einer monatsweisen Veröffentlichung ist § 12 Abs. 3 WpAV, wonach für die Berechnung des Stimmrechtsanteils im Rahmen der Stimmrechtsmeldung die letzte Veröffentlichung nach § 41 WpHG maßgeblich ist. Aufgrund dieser Verknüpfung bestand unter der Vorgängerregelung die Gefahr, dass Stimmrechtsmeldungen auf der Grundlage einer inzwischen überholten Gesamtzahl der Stimmrechte erfolgten.[145] Durch die Neuregelung wird diese Gefahr deutlich minimiert. Eine **Ausnahme von der Pflicht zur unverzüglichen Veröffentlichung** sieht § 41 Abs. 2 WpHG für den Fall der Ausgabe von Bezugsaktien vor. Da es hier im Laufe eines Kalendermonats zu einer Vielzahl von Änderungen bzgl. der Gesamtzahl der Stimmrechte kommen kann, gibt der Gesetzgeber einer komprimierten Veröffentlichung am Ende des Kalendermonats grds. weiterhin den Vorzug. Ist zwischenzeitlich aber ohnehin eine Veröffentlichung nach § 41 Abs. 1 Satz 1 WpHG erforderlich, müssen bereits ausgegebene Bezugsaktien dort berücksichtigt werden.

Enthalten muss die Veröffentlichung nach § 41 WpHG die Höhe der Gesamtzahl der Stimmrechte (einschl. der Stimmrechte aus eigenen Aktien) und das Datum, zu dem die Veränderung wirksam geworden ist. Bis zum Inkrafttreten des TRL-ÄndRL-UmsG war es dem Emittenten freigestellt, ob er diesen Zeitpunkt in der Veröffentlichung angibt.[146] Nunmehr ist jedoch durch § 33 Abs. 1 Satz 5 WpHG klargestellt, dass die Veröffentlichung nach § 41 Abs. 1 WpHG für die Berechnung des Fristbeginns bei sog. passiven Schwellenberührungen maßgeblich ist (sofern nicht bereits zuvor positive Kenntnis des Meldepflichtigen über die Änderung der Gesamtzahl der Stimmrechte besteht). In einem solchen Fall kann der Meldepflichtige seiner Meldepflicht aber nur dann durch Angabe auch des Datums der Schwellenberührung (s. Ziff. 5 des Pflichtmeldeformulars der BaFin) ordnungsgemäß nachkommen, wenn er den Zeitpunkt des Wirksamwerdens der Änderung der Gesamtzahl der Stimmrechte kennt.[147]

66

IV. Melde- und Veröffentlichungspflichten bei wesentlichen Beteiligungen nach § 43 WpHG

1. Meldepflichten für Inhaber wesentlicher Beteiligungen

§ 43 WpHG sieht ergänzende Meldepflichten für Inhaber wesentlicher Beteiligungen und, hieran anknüpfend, Veröffentlichungspflichten von Inlandsemittenten vor. Die Regelung wurde im Jahr 2008 durch das RisikobegrG eingeführt und

67

---

[144] Soweit die Begr. RegE TRL-ÄndRL-UmsG v. 26.5.2015, BT-Drs. 18/5010, 48, in diesem Zusammenhang den Hinweis enthält, dass die Pflicht zur „unverzüglichen" Veröffentlichung ein Abwarten des Emittenten auf eine Bekanntmachung im oder eine Benachrichtigung durch das Handelsregister nicht zulasse, kann dies naturgemäß nur nicht konstitutive Eintragungen betreffen; so auch der Handelsrechtsausschuss des DAV in seiner Stellungnahme zum RegE TRL-ÄndRL-UmsG v. Juni 2015.
[145] Vgl. Begr. RegE TRL-ÄndRL-UmsG v. 26.5.2015, BT-Drs. 18/5010, 47 f.
[146] *BaFin* Emittentenleitfaden 2013, S. 156.
[147] Vgl. Begr. RegE TRL-ÄndRL-UmsG v. 26.5.2015, BT-Drs. 18/5010, 47.

bezweckt die **Offenlegung der Hintergründe und Ziele** des Aufbaus wesentlicher Beteiligungen. Zu diesem Zweck verpflichtet § 43 Abs. 1 Satz 1 WpHG Meldepflichtige iSd §§ 33, 34 WpHG, die die Schwelle von 10 % der Stimmrechte aus Aktien oder eine höhere Schwelle erreichen oder überschreiten, dem Emittenten, für den Deutschland Herkunftsstaat ist, die mit dem Erwerb der Stimmrechte verfolgten Ziele und die Herkunft der für den Erwerb verwendeten Mittel innerhalb von 20 Handelstagen (§ 47 WpHG) zu melden.[148] Eine erstmalige Zulassung von Aktien zum Handel löst damit ebenso keine Meldepflicht aus wie ein Unterschreiten von Meldeschwellen.[149] Bei der Ermittlung des Stimmrechtsanteils unberücksichtigt bleiben nach zutreffender Auffassung auch Stimmrechte aus Instrumenten iSd § 38 Abs. 1 WpHG („Meldepflichtiger iSd §§ 33 und 34").[150] §§ 36, 37 WpHG sind demgegenüber anwendbar.

68 Den **Inhalt der Meldung** konkretisiert § 43 Abs. 1 Satz 3 und 4 WpHG im Wege enumerativer Aufzählung. Danach hat der Meldepflichtige hinsichtlich der mit dem Erwerb der Stimmrechte **verfolgten Ziele** anzugeben, ob
- die Investition der Umsetzung strategischer Ziele oder der Erzielung von Handelsgewinnen dient (§ 43 Abs. 1 Satz 3 Nr. 1 WpHG),
- er innerhalb der nächsten zwölf Monate weitere Stimmrechte durch Erwerb oder auf sonstige Weise zu erlangen beabsichtigt (§ 43 Abs. 1 Satz 3 Nr. 2 WpHG),
- er eine Einflussnahme auf die Besetzung von Verwaltungs-, Leitungs- und Aufsichtsorganen des Emittenten anstrebt (§ 43 Abs. 1 Satz 3 Nr. 3 WpHG),
- er eine wesentliche Änderung der Kapitalstruktur der Gesellschaft, insb. im Hinblick auf das Verhältnis von Eigen- und Fremdfinanzierung und die Dividendenpolitik anstrebt (§ 43 Abs. 1 Satz 3 Nr. 4 WpHG).

Erforderlich, aber auch ausreichend ist, wenn der Meldepflichtige die genannten Ziele durch einfaches „Ja" oder „Nein" bestätigt oder zurückweist. Weitergehende Erläuterungen sind nach ganz hM nicht erforderlich, aber zulässig.[151] Werden erläuternde Angaben gemacht, muss sichergestellt sein, dass die vom Gesetz geforderte Kernaussage hierdurch nicht in Frage gestellt oder gar konterkariert wird.[152] Ändern sich die Ziele nach erfolgter Meldung, ist die Ausgangsmeldung gem. § 43 Abs. 1 Satz 2 WpHG innerhalb von 20 Handelstagen (§ 47 WpHG) zu aktualisieren. Hat der Meldepflichtige im Rahmen seiner Ausgangsmeldung (freiwillig) erläuternde Angaben gemacht und betreffen die Änderungen diese Angaben, spricht viel dafür, dass auch dann eine Aktualisierungspflicht besteht, wenn sich die Ziele als solche nicht verändert haben.

69 Hinsichtlich der **Herkunft der verwendeten Mittel** hat der Meldepflichtige gem. § 43 Abs. 1 Satz 4 WpHG anzugeben, ob es sich um Eigen- oder Fremdmittel handelt, die er zur Finanzierung des Stimmrechtserwerbs aufgenommen hat. Die Angabe hat aufgrund der bilanziellen Einordnung zu erfolgen. Handelt es sich um

---

[148] Anders als im Anwendungsbereich des § 33 Abs. 1 Satz 1 WpHG besteht damit nach § 43 Abs. 1 Satz 1 WpHG keine gesonderte Meldepflicht ggü. der BaFin.
[149] Schmidt/Lutter/*Veil* WpHG § 27a Rn. 4 f.; *Pluskat* NZG 2009, 206 (207).
[150] Str., wie hier *Greven/Fahrenholz* BB 2009, 1487 (1489); Assmann/Schneider/*Schneider* WpHG § 27a Rn. 4; Heidel/*Heinrich* WpHG § 27a Rn. 6; aA *Fleischer* AG 2008, 873 (876); Schmidt/Lutter/*Veil* WpHG § 27a Rn. 5.
[151] Vgl. Begr. RegE RisikobegrG v. 7.12.2007, BT-Drs. 16/7438, 8; s.a. *Brandt* BKR 2008, 441 (449), und *Querfurth* WM 2008, 1957 (1958), die zutreffend darauf hinweisen, dass eine auf ein bloßes „Ja" oder „Nein" beschränkte Antwort in vielen Fällen zu Unsicherheiten, Fehlspekulationen und einer Verwirrung des Marktes führen kann.
[152] Vgl. *Fleischer* AG 2008, 873 (877); *Greven/Fahrenholz* BB 2009, 1487 (1491).

A. Pflichten z. Meldung u. Veröffentlichung d. Stimmrechtsbesitzes 70–72 § 21

eine gemischte Finanzierung, ist der jeweilige Anteil an der Gesamtfinanzierung anzugeben.[153] Hierüber hinausgehende Angaben oder Erläuterungen, insb. zu den Finanzierungskonditionen, sind nicht erforderlich.[154]

Ausnahmen von der Meldepflicht sieht § 43 WpHG in Abs. 1 Satz 5 und 6 **70** vor.[155] Danach besteht keine Meldepflicht, wenn der Schwellenwert aufgrund eines Angebots iSd § 2 Abs. 1 WpÜG erreicht oder überschritten wurde (§ 43 Abs. 1 Satz 5 WpHG). Hier sind die Angaben in der Angebotsunterlage nach § 11 WpÜG vorrangig und ausreichend. Unter den Voraussetzungen von Abs. 1 Satz 6 sind auch Kapitalverwaltungsgesellschaften sowie ausländische Verwaltungs- und Investmentgesellschaften iSd Richtlinie 2009/65/EG von der Meldepflicht ausgenommen. Schließlich räumt § 43 Abs. 3 Satz 1 WpHG Inlandsemittenten iSd § 2 Abs. 14 WpHG die Möglichkeit ein, die Meldepflicht nach § 43 Abs. 1 Satz 1 WpHG qua Satzungsregelung außer Kraft zu setzen (sog. **Opt-out**). Für Emittenten mit Sitz im Ausland gilt die Regelung gem. § 43 Abs. 3 Satz 2 WpHG entsprechend.

2. Veröffentlichungspflichten von Inlandsemittenten

Gem. § 43 Abs. 2 WpHG haben Inlandsemittenten iSd § 2 Abs. 14 WpHG die **71** im Rahmen der Meldung nach § 43 Abs. 1 Satz 1 WpHG erhaltenen Informationen **entspr. § 40 Abs. 1 Satz 1 WpHG iVm den maßgeblichen Vorschriften der WpAV** (dh unter Beachtung von §§ 15, 16 WpAV iVm §§ 3a, 3b WpAV) zu veröffentlichen und – seit Inkrafttreten des TRL-ÄndRL-UmsG – an das Unternehmensregister (§ 8b HGB) zu übermitteln (s. Rn. 61 f.). Im Hinblick auf § 15 WpAV ist dabei zu beachten, dass die Ausgangsmeldung nach § 43 Abs. 1 Satz 1 WpHG (anders als im Anwendungsbereich von § 40 Abs. 1 Satz 1 WpHG) weder auf der Grundlage des für Meldungen nach § 33 Abs. 1, Abs. 2, § 38 Abs. 1 und § 39 Abs. 1 WpHG konzipierten Pflichtmeldeformulars der BaFin zu erfolgen hat noch erfolgen kann. Im Anwendungsbereich von § 43 Abs. 2 WpHG ist damit in entspr. Anwendung von § 15 WpAV unverändert nur zu fordern, dass die Veröffentlichung die Angaben der Mitteilung nach § 43 Abs. 1 Satz 1 WpHG enthält. Ebenfalls anders als im Anwendungsbereich von § 40 Abs. 1 Satz 1 WpHG, besteht nach § 43 Abs. 2 WpHG für Inlandsemittenten auch eine **Pflicht zur „Negativpublizität"** für den Fall, dass eine Meldung nach § 43 Abs. 1 Satz 1 WpHG nicht, nicht vollständig oder mit falschen Angaben übermittelt wird.[156] Um unverhältnismäßige Belastungen des Emittenten in Form von Prüfpflichten zu vermeiden, wird man es jenseits vollständig unterbliebener Meldungen als erforderlich ansehen müssen, dass die Meldung *offensichtlich* unvollständig (zB weil der Meldepflichtige sich zu einer der in Abs. 1 Satz 3 genannten Nummern überhaupt nicht erklärt) oder falsch ist.[157]

V. Sanktionen bei Zuwiderhandlung

Verstöße gegen die Melde-, Veröffentlichungs- und Übermittlungspflichten der **72** §§ 33 bis 41 WpHG (nicht: § 43 WpHG, den der Gesetzgeber bewusst sanktionslos

---

[153] Begr. RegE RisikobegrG v. 7.12.2007, BT-Drs. 16/7438, 12.
[154] Ganz hM, s. nur Spindler/Stilz/*Petersen* WpHG § 27a Rn. 98 mwN.
[155] Eine weitere Ausnahme enthält § 11 FMStBG, der für den Fall eines Stimmrechtserwerbs durch den Finanzmarktstabilisierungsfonds von einer Meldepflicht nach § 43 WpHG absieht, s. Kölner Komm. WpHG/*Heinrich* § 27a Rn. 33.
[156] Vgl. Begr. RegE RisikobegrG v. 7.12.2007, BT-Drs. 16/7438, 13.
[157] Gleichsinnig Kölner Komm. WpHG/*Heinrich* § 27a Rn. 48.

gestellt hat)¹⁵⁸ sanktioniert das Gesetz mit **Rechtsverlust** (§ 44 WpHG) und/oder **Geldbuße** (§ 120 WpHG). Mangels Einordnung von § 33 WpHG als Schutzgesetz isd § 823 Abs. 2 BGB lassen sich **zivilrechtliche Schadensersatzpflichten** nach zutreffender Auffassung an eine Verletzung von Meldepflichten nicht knüpfen.¹⁵⁹

1. Rechtsverlust bei Nichterfüllung von Meldepflichten

73 Seit Inkrafttreten des TRL-ÄndRL-UmsG unterscheidet § 44 WpHG hinsichtlich des Rechtsverlusts im Ausgangspunkt danach, ob Meldepflichten nach § 33 Abs. 1, Abs. 2 WpHG (§ 44 Abs. 1 WpHG) oder nach §§ 38 Abs. 1, 39 Abs. 1 WpHG (§ 44 Abs. 2 WpHG) verletzt sind. In sämtlichen Fällen tritt der **Rechtsverlust kraft Gesetzes** ein, wenn entspr. Meldepflichten entweder ggü. dem Emittenten oder ggü. der BaFin nicht erfüllt werden. Dies ist nicht nur bei vollständigem Unterlassen einer Meldung, sondern auch bei nicht richtiger oder nicht vollständiger Meldung der Fall. Allein unwesentliche oder rein formale Mängel (zB Angabe einer falschen Anschrift) vermögen einen Rechtsverlust nicht zu begründen.¹⁶⁰ Ist ein **Rechtsverlust** eingetreten, **endet** er grds. erst mit der (dann verspäteten) Erfüllung der Meldepflicht. Abweichendes gilt dann, wenn die von dem Rechtsverlust betroffenen Aktien zuvor veräußert werden. In diesem Fall leben die Rechte in der Hand des Erwerbers vorzeitig wieder auf.¹⁶¹ Ob im Fall einer Verletzung von Meldepflichten nach §§ 38 Abs. 1, 39 Abs. 1 WpHG der Rechtsverlust auch dann endet, wenn die betreffenden Instrumente nicht mehr im Bestand gehalten werden (etwa bei Verkauf, Verfall oder Ausübung),¹⁶² erscheint demgegenüber zweifelhaft. Denn anders als im Fall der Aktienveräußerung gehören die von dem Rechtsverlust betroffenen Aktien hier weiterhin dem pflichtvergessenen Meldepflichtigen. Da somit Drittinteressen nicht berührt werden, ist kein Grund ersichtlich, warum der Rechtsverlust hier vorzeitig enden sollte. **Um sechs Monate** über den Zeitpunkt der (verspäteten) Erfüllung hinaus **verlängert** sich der Rechtsverlust gem. § 44 Abs. 1 Satz 3 WpHG, wenn die Meldepflicht vorsätzlich oder grob fahrlässig verletzt wurde und die Höhe des Stimmrechtsanteils betroffen ist. Hiervon ausgenommen sind nur Bagatellverstöße isd § 44 Abs. 1 Satz 4 WpHG. Mit den durch das RisikobegrG eingeführten Regelungen soll einem verdeckten Beteiligungsaufbau (Stakebuilding) zwischen zwei Hauptversammlungen entgegengewirkt werden.

74 Im Gesetz nicht ausdrücklich genannte, aber allgemein anerkannte Voraussetzung für einen Rechtsverlust ist, dass der Meldepflichtige den **Meldeverstoß verschuldet** hat. Dabei ist einfache Fahrlässigkeit ausreichend. Zu beachten ist, dass die Beweislast für fehlendes Verschulden beim Meldepflichtigen liegt und die Gerichte einen entschuldbaren Rechtsirrtum nur in Ausnahmefällen anerkennen. Insbesondere soll es für einen Rechtsirrtum nicht ausreichend sein, dass der

---

¹⁵⁸ Begr. RegE RisikobegrG v. 7.12.2007, BT-Drs. 16/7438, 13; zu Recht kritisch Assmann/Schneider/*Schneider* WpHG § 27a Rn. 30.

¹⁵⁹ Str., wie hier Kölner Komm. WpHG/*Kremer/Oesterhaus* § 28 Rn. 102 f.; Fuchs/*Zimmermann* WpHG § 28 Rn. 54, jeweils mwN; aA etwa Assmann/Schneider/*Schneider* WpHG § 28 Rn. 79 ff. mwN.

¹⁶⁰ Schwark/Zimmer/*Schwark* WpHG § 28 Rn. 5; MünchKomm. AktG/Bd. 1/*Bayer* WpHG § 28 Rn. 7.

¹⁶¹ BGH II ZR 302/06, ZIP 2009, 908 (912); Assmann/Schneider/*Schneider* WpHG § 28 Rn. 70 mwN.

¹⁶² So die Begr. RegE TRL-ÄndRL-UmsG v. 26.5.2015, BT-Drs. 18/5010, 48.

Meldepflichtige auf eine erfolgte Abstimmung mit der BaFin vertraut hat.[163] Bei komplexen Sachverhaltsgestaltungen und in sonstigen Zweifelsfällen sollte daher aus Gründen der Vorsicht immer auch externer Rechtsrat eingeholt werden.

Der in § 44 Abs. 1 Satz 1 WpHG für den Fall der **Nichterfüllung von Meldepflichten nach § 33 Abs. 1, Abs. 2 WpHG** angeordnete Rechtsverlust erstreckt sich auf Aktien, die dem Meldepflichtigen gehören oder aus denen ihm Stimmrechte gem. § 34 WpHG zugerechnet werden. Anders als bis zum Inkrafttreten des TRL-ÄndRL-UmsG ist der Rechtsverlust damit im Fall der Stimmrechtszurechnung nicht mehr auf § 34 Abs. 1 Satz 1 Nr. 1 und Nr. 2 WpHG beschränkt, sondern gilt für sämtliche Zurechnungstatbestände des § 34 WpHG. Zu beachten ist, dass sich der Rechtsverlust im Fall der Stimmrechtszurechnung auch dann zu Lasten desjenigen auswirkt, dem die Aktien gehören, wenn dieser seinen eigenen Meldepflichten nachgekommen ist.[164] Der durch das TRL-ÄndRL-UmsG neu eingefügte § 44 Abs. 2 WpHG erstreckt den in § 44 Abs. 1 WpHG angeordneten Rechtsverlust auf Fälle der **Nichterfüllung von Meldepflichten nach §§ 38 Abs. 1, 39 Abs. 1 WpHG**. Abweichend von § 44 Abs. 1 WpHG betrifft der Rechtsverlust hier allerdings nur solche Aktien des Emittenten, die dem Inhaber des Instruments iSd. § 33 Abs. 3 WpHG gehören. Konsequenz hieraus ist, dass kein Rechtsverlust nach § 44 Abs. 2 WpHG eintritt, wenn dem Meldepflichtigen neben den Aktien, auf die sich das Instrument bezieht, keine weiteren Aktien desselben Emittenten gehören. Dies ist insb. auch dann der Fall, wenn Instrumente und Aktien innerhalb eines Konzerns auf unterschiedlichen Ebenen gehalten werden. Die hieraus resultierenden Umgehungsmöglichkeiten liegen auf der Hand.

Von dem in § 44 WpHG angeordneten Rechtsverlust **erfasst werden** grds. sämtliche **Mitverwaltungs- und Vermögensrechte** (dh insb. Stimmrecht, Teilnahme-, Auskunfts- und Anfechtungsrecht bezogen auf die Hauptversammlung; Minderheitenrechte; Bezugsrecht; Anspruch auf anteiligen Bilanzgewinn und Liquidationserlös). Gemäß § 44 Abs. 1 Satz 2 WpHG besteht der Anspruch auf den anteiligen Bilanzgewinn und den Liquidationserlös allerdings dann ausnahmsweise fort, wenn die Stimmrechtsmeldung nicht vorsätzlich unterlassen wurde und nachgeholt worden ist. Ausnahmsweise auf die Mitverwaltungsrechte beschränkt soll der Rechtsverlust nach hM im Anwendungsbereich des § 44 Abs. 1 Satz 3 WpHG sein.[165]

2. Bußgeldbewehrung

Im Übrigen stellen vorsätzliche oder leichtfertige Verstöße gegen die in §§ 33 bis 41 WpHG angeordneten Melde-, Veröffentlichungs- und Übermittlungspflichten gem. § 120 Abs. 2 Nr. 2 Buchst. d bis g, Nr. 4 Buchst. b und Nr. 10 WpHG **Ordnungswidrigkeiten** dar, die je nach Pflichtenverstoß und Person des Verpflichteten durch die BaFin mit einer Geldbuße iHv bis zu 500.000 EUR, 2 Mio. EUR (natürliche Personen), 10 Mio. EUR bzw. 5 % des Gesamtumsatzes (juristische Personen und Personenvereinigungen) oder bis zum Zweifachen des aus dem Verstoß

---

[163] OLG München 7 U 1997/09, ZIP 2009, 2095 (2097); LG München I 5 HK O 16785/08, BeckRS 2011, 22991; LG Köln 82 O 114/06, BeckRS 2007, 17373; zu Recht kritisch Schmidt/Lutter/*Veil* WpHG § 28 Rn. 7.

[164] So schon bisher Schmidt/Lutter/*Veil* WpHG § 28 Rn. 9; kritisch *Stephan* Der Konzern 2016, 53 (57 f.).

[165] *Korff* AG 2008, 692 (698); *Süßmann/Meder* WM 2009, 976 (977 f.); aA etwa Assmann/Schneider/*Schneider* WpHG § 28 Rn. 27 f. mwN.

gezogenen wirtschaftlichen Vorteils geahndet werden können.[166] Mit Inkrafttreten des TRL-ÄndRL-UmsG ist es praktisch für nahezu alle bußgeldbewehrten Pflichtenverstöße zu einer deutlichen Anhebung des Bußgeldrahmens gekommen.[167]

78 Im Einzelnen sind Verstöße gegen die Melde-, Veröffentlichungs- und Übermittlungspflichten der §§ 33 bis 41 WpHG **wie folgt bußgeldbewehrt**:
- Verstöße gegen die **Meldepflichten** des § 33 Abs. 1 oder Abs. 2 WpHG oder § 38 Abs. 1 WpHG oder § 39 Abs. 1 WpHG, jeweils iVm §§ 12 Abs. 1, 14 WpAV gem. § 120 Abs. 2 Nr. 2 Buchst. d und Buchst. e, Abs. 17 WpHG iHv bis zu 2 Mio. EUR (natürliche Personen), 10 Mio. EUR bzw. 5 % des Gesamtumsatzes (juristische Personen und Personenvereinigungen) oder bis zum Zweifachen des aus dem Verstoß gezogenen wirtschaftlichen Vorteils;
- Verstöße gegen die **Meldepflichten** des § 40 Abs. 2 WpHG iVm §§ 17, 3c WpAV oder § 41 Abs. 1 Satz 2, Abs. 2 WpHG gem. § 120 Abs. 2 Nr. 2 Buchst. f und Buchst. g, Abs. 24 WpHG iHv bis zu 500.000 EUR;
- Verstöße gegen die **Veröffentlichungspflichten** des § 40 Abs. 1 Satz 1 Hs. 1 iVm §§ 15, 16, 3a, 3b WpAV oder § 40 Abs. 1 Satz 2 WpHG iVm §§ 12 Abs. 1, 16, 3a, 3b WpAV oder § 41 Abs. 1 Satz 1 WpHG gem. § 120 Abs. 2 Nr. 4 Buchst. b, Abs. 17 WpHG iHv bis zu 2 Mio. EUR (natürliche Personen), 10 Mio. EUR bzw. 5 % des Gesamtumsatzes (juristische Personen und Personenvereinigungen) oder bis zum Zweifachen des aus dem Verstoß gezogenen wirtschaftlichen Vorteils;
- Verstöße gegen die **Übermittlungspflichten** des § 40 Abs. 1 Satz 1 Hs. 2 WpHG oder § 41 Abs. 1 Satz 3 WpHG gem. § 120 Abs. 2 Nr. 10 WpHG iHv bis zu 500.000 EUR.

79 Ausgenommen Verstöße gegen die Meldepflichten nach §§ 40 Abs. 2, 41 Abs. 1 Satz 1 WpHG sowie gegen die Übermittlungspflichten der § 40 Abs. 1 Satz 1, 41 Abs. 1 Satz 2 WpHG ist für die Bußgeldhöhe nunmehr danach zu differenzieren, ob der Pflichtenverstoß von einer natürlichen Person (Bußgeld iHv bis zu 2 Mio. EUR bzw. dem Zweifachen des aus dem Verstoß gezogenen wirtschaftlichen Vorteils) oder einer juristischen Person (Bußgeld iHv bis zu 10 Mio. EUR oder 5 % des Konzernjahresumsatzes bzw. dem Zweifachen des aus dem Verstoß gezogenen wirtschaftlichen Vorteils) begangen wurde. Dabei ist der **umsatz- oder vorteilsbezogene Bußgeldrahmen** anzuwenden, wenn dies zu einem höheren Bußgeldwert als die jeweils betragsmäßig festgelegte Wertobergrenze führt.[168] Für umsatzbezogene Geldbußen sind grds. die Umsatzerlöse iSd § 277 Abs. 1 HGB maßgebend; für Emittenten mit Sitz in einem anderen EU-Mitgliedstaat oder Vertragsstaat des EWR sind die Nettoumsatzerlöse nach den jeweiligen nationalen Vorschriften iVm Art. 2 Nr. 5 der Richtlinie 2013/34/EU[169] relevant (§ 120 Abs. 23 Nr. 3 WpHG). Für Kredit-, Zahlungs- und Finanzdienstleistungsinstitute erfolgt eine Anlehnung an § 56 Abs. 8 KWG und an Art. 40 Abs. 5 der Richtlinie 86/635/

---

[166] Im November 2013 hat die BaFin Leitlinien zur Festsetzung von Geldbußen bei Verstößen gegen Vorschriften des WpHG veröffentlicht, die im Internet unter www.bafin.de abrufbar sind. Zu ersten praktischen Erfahrungen aus Sicht der BaFin s. *Becker/Canzler* NZG 2014, 1090.

[167] Kritisch zu dem umsatzbezogenen Bußgeldrahmen *Stephan* Der Konzern 2016, 53 (63); *Seibt/Wollenschläger* ZIP 2014, 545 (552); *Schilha* DB 2015, 1821 (1826).

[168] Hierdurch sollen die Möglichkeiten der BaFin verbessert werden, dem Einzelfall angemessene, effektive und gleichzeitig verhältnismäßige Sanktionen zu verhängen, s. Begr. RegE TRL-ÄndRL-UmsG v. 26.5.2015, BT-Drs. 18/5010, 53.

[169] Richtlinie 2013/34/EU v. 26.6.2013, ABl. EU Nr. L 182 v. 29.6.2013, S. 19.

A. Pflichten z. Meldung u. Veröffentlichung d. Stimmrechtsbesitzes 80 § 21

EWG (§ 120 Abs. 23 Nr. 1 WpHG).[170] Für Versicherungsunternehmen wird der Gesamtumsatz in Anlehnung an Art. 63 der Richtlinie 91/674/EWG[171] definiert (§ 120 Abs. 23 Nr. 2 WpHG). Bei **konzernangehörigen Unternehmen** stellt der im Konzernabschluss des Mutterunternehmens ausgewiesene Umsatz die relevante Bezugsgröße dar, wobei der Konzern mit dem größten Konsolidierungskreis maßgeblich ist (§ 120 Abs. 23 Satz 2 WpHG). Wird der Konzernabschluss nicht nach nationalem Recht iVm den vorgenannten EU-Rechnungsrichtlinien aufgestellt, treten vergleichbare Posten an die Stelle der Ertragsposten, die zur Ermittlung des Gesamtumsatzes anzusetzen sind. Dies betrifft Abschlüsse nach IFRS ebenso wie Konzernabschlüsse von Unternehmen mit Sitz in Drittstaaten. Maßgebend ist gem. § 120 Abs. 17 Satz 2 Nr. 2 WpHG grds. der Gesamtumsatz, der in dem der Behördenentscheidung vorausgegangenen Geschäftsjahr erzielt wurde. Steht dieser (noch) nicht zur Verfügung, ist der Abschluss des Vorjahres maßgeblich; steht auch dieser nicht zur Verfügung, kann die BaFin den Gesamtumsatz schätzen.

3. Naming and Shaming

Darüber hinaus ist die BaFin **seit Inkrafttreten des TRL-ÄndRL-UmsG** gem. 80 § 124 WpHG **verpflichtet**, Entscheidungen über verwaltungsrechtliche Maßnahmen und Sanktionen wegen Verstößen gegen die in §§ 33 bis 41 WpHG angeordneten Melde-, Veröffentlichungs- und Übermittlungspflichten ua unter Angabe der für die Zuwiderhandlung verantwortlichen natürlichen oder juristischen Person bzw. Personenvereinigung auf ihrer Internetseite zu veröffentlichen (sog. Naming and Shaming). Anders als im Anwendungsbereich des § 123 Abs. 1 WpHG[172] steht die Veröffentlichung hier also nicht im Ermessen der BaFin. **Verantwortliche Person** iSd § 124 WpHG ist die natürliche oder juristische Person bzw. Personenvereinigung, gegen die sich die verwaltungsrechtliche Maßnahme oder Sanktion formal richtet. Dementsprechend sind bei einer Sanktionierung von juristischen Personen oder Personenvereinigungen nur diese und nicht auch die für sie handelnden Organe oder sonstige natürliche Personen zu benennen. Dies gilt selbstverständlich dann nicht, wenn gegen sie eine eigenständige Maßnahme oder Sanktion verhängt wurde.[173] Ausnahmen, in denen die Bekanntmachung in anonymisierter Form ergehen muss oder gar aufzuschieben ist, enthält § 124 Abs. 3 WpHG.

---

[170] Richtlinie 86/635/EWG v. 8.12.1986, ABl. EG Nr. L 372 v. 31.12.1986, S. 1.
[171] Richtlinie 91/674/EWG v. 19.12.1991, ABl. EG Nr. L 374 v. 31.12.1991, S. 7.
[172] Bislang hat die BaFin von der Veröffentlichungsmöglichkeit nach § 123 Abs. 1 WpHG (§ 40b Abs. 1 WpHG aF) nur sehr zurückhaltend Gebrauch gemacht, s. aber zB auch die Veröffentlichung der BaFin v. 20.3.2015 betreffend das Rekordbußgeld iHv 3,25 Mio. EUR gegen die BlackRock Investment Management (UK) Ltd., das wegen Verstößen gegen die Meldepflichten der §§ 33, 34 und 38 WpHG (§§ 21, 22, 25 WpHG aF) verhängt wurde.
[173] Vgl. Begr. RegE TRL-ÄndRL-UmsG v. 26.5.2015, BT-Drs. 18/5010, 54.

B. Pflichten zur Meldung und Veröffentlichung von Eigengeschäften nach Art. 19 MMVO

I. Einleitung

1. Rechtsentwicklung

81 Mit Wirkung ab 3.7.2016 wurden die bislang in § 15a WpHG aF geregelten sog. Directors' Dealings (nunmehr: **Managers' Transactions**) auf eine vollständig neue, originär europarechtliche Grundlage gestellt. Bereits die Vorschriften über die sog. Directors' Dealings in § 15a WpHG aF beruhten auf europarechtlichen Vorgaben in Gestalt der Marktmissbrauchsrichtlinie.[174] Eingeführt wurde § 15a WpHG aF allerdings schon im Jahr 2002 durch das 4. FMFG, das erstmals eine Offenlegungspflicht für Wertpapiergeschäfte von Vorstands- und Aufsichtsratsmitgliedern vorsah, die sich auf Aktien der eigenen Gesellschaft bezogen. Seither waren die Vorschriften mehrfach geändert worden, insb. zur Umsetzung der europäischen Richtlinienvorgaben durch das AnsFuG, in deren Zuge es ua zu einer deutlichen Erweiterung des sachlichen und persönlichen Anwendungsbereichs der Regelungen gekommen war. Zum 3.7.2016 wurde § 15a WpHG aF schließlich durch die in den EU-Mitgliedstaaten unmittelbar geltenden Regelungen des Art. 19 der **europäischen Marktmissbrauchsverordnung**[175] (MMVO) abgelöst.[176] Ergänzt wird Art. 19 MMVO auf EU-Ebene durch die Delegierte Verordnung (EU) 2016/522 der Kommission vom 17.12.2015[177] und die Durchführungsverordnung (EU) 2016/523 der Kommission vom 10.3.2016[178] (sog. Level 2-Rechtsakte). Auf nationaler Ebene werden die EU-rechtlichen Vorgaben durch die Übermittlungs- und Mitteilungspflichten des § 26 Abs. 2 WpHG sowie die aufsichts- und sanktionsrechtlichen Vorschriften des WpHG idF des 1. FiMaNoG vom 30.6.2016 komplettiert.

2. Regelungszweck

82 Gesetzgeberisches Regelungsanliegen hinter Art. 19 MMVO ist die **Herbeiführung einer vollständigen Markttransparenz** und damit die **Verbesserung des Anlegerschutzes** durch Offenlegung sog. Eigengeschäfte (dh Wertpapiergeschäfte, die sich auf Aktien der eigenen Gesellschaft beziehen) von Personen, die auf Emittentenebene Führungsaufgaben wahrnehmen, und in enger Beziehung zu ihnen stehenden Personen.[179] Mit der zeitnahen Offenlegung entsprechender Geschäfte sollen Informationsvorsprünge ggü. anderen Marktteilnehmern ausgeglichen und so auf breiter Basis informierte Transaktionsentscheidungen ermöglicht wer-

---

[174] Richtlinie 2003/6/EG v. 28.1.2003, ABl. EU Nr. L 96, 16.
[175] Verordnung (EU) Nr. 596/2014 v. 16.4.2014, ABl. EU Nr. L 173, 1.
[176] Ausführlich zu den hierdurch eingetretenen Rechtsänderungen *Hitzer/Wasmann* DB 2016, 1483; *Kumpan* AG 2016, 446; s.a. *Seibt/Wollenschläger* AG 2014, 593 sowie *Krause* CCZ 2014, 248.
[177] Delegierte Verordnung (EU) 2016/522 v. 17.12.2015, ABl. EU Nr. L 88 v. 5.4.2016, S. 1.
[178] Durchführungsverordnung (EU) 2016/523 v. 10.3.2016, ABl. EU Nr. L 88 v. 5.4.2016, S. 19.
[179] Vgl. Erwägungsgrund 58 der MMVO und Erwägungsgrund 28 der Delegierten Verordnung (EU) 2016/522 v. 17.12.2015, ABl. EU Nr. L 88, 1.

B. Pflichten z. Meldung u. Veröffentlichung v. Eigengeschäften   83, 84   § 21

den.[180] Dahinter steht die grds. zutreffende Überlegung, dass Wertpapiergeschäfte von Führungspersonen, die sich auf Aktien der eigenen Gesellschaft beziehen, uU Rückschlüsse auf die zukünftige Unternehmensentwicklung zulassen können (sog. Indikatorwirkung). Darüber hinaus soll die Offenlegung der Gefahr eines **Missbrauchs von Insiderinformationen entgegenwirken** und dient insoweit der Abwehr von Marktmanipulation.[181]

3. Verhältnis zu anderen Transparenzvorschriften

Die Melde- und Veröffentlichungspflichten des Art. 19 MMVO **stehen selbst-** 83 **ständig** neben allen sonstigen innerhalb und außerhalb der MMVO bestehenden Transparenzpflichten. Dies gilt namentlich für die Vorschriften über die Ad-hoc-Publizität, die Melde- und Veröffentlichungspflichten nach §§ 33 ff. WpHG, die Offenlegungsvorschriften des Wertpapierprospekt- und des Bilanzrechts sowie die Pflicht zur Stellungnahme nach § 27 Abs. 1 Satz 2 Nr. 4 WpÜG.[182] Darüber hinaus können vorsätzliche Verstöße gegen Art. 19 MMVO im Einzelfall eine Marktmanipulation iSd Art. 15, 12 MMVO darstellen (zu den Rechtsfolgen in diesem Fall Rn. 107).[183]

II. Anwendungsbereich

1. Sachlicher Anwendungsbereich

a) Erfasste Emittenten

In den sachlichen Anwendungsbereich des Art. 19 MMVO fallen **nur solche** 84 **Emittenten**, die in einem EU-Mitgliedstaat oder in einem Vertragsstaat des EWR
– für ihre Finanzinstrumente eine Zulassung zum Handel an einem geregelten Markt beantragt oder erhalten haben (Art. 19 Abs. 4 Buchst. a MMVO), oder
– im Falle von Instrumenten, die nur auf einem multilateralen oder organisierten Handelssystem gehandelt werden, eine Zulassung zum Handel auf einem multilateralen oder organisierten Handelssystem erhalten haben oder für ihre Finanzinstrumente eine Zulassung zum Handel auf einem multilateralen Handelssystem beantragt haben. (Art. 19 Abs. 4 Buchst. b MMVO).

Im Vergleich zur Rechtslage unter § 15a WpHG aF hat Art. 19 MMVO damit insoweit zu einer wesentlichen **Erweiterung des sachlichen Anwendungsbereichs** der Managers' Transactions geführt, als in Deutschland von der Regelung nunmehr grds. auch Freiverkehrsemittenten erfasst werden. Voraussetzung dafür ist allerdings, dass der Handel im Freiverkehr auf Initiative des Emittenten erfolgt.[184] Der Emittent muss an der Notierung seiner Finanzinstrumente im Freiverkehr aktiv beteiligt gewesen sein. Eine solche Beteiligung liegt vor, wenn der Emittent

---

[180] So schon zu § 15a WpHG aF Assmann/Schneider/*Sethe* WpHG § 15a Rn. 12; Schwark/Zimmer/*Zimmer/Osterloh* WpHG § 15a Rn. 8 ff.; Marsch-Barner/Schäfer/*Schäfer* § 16 Rn. 2.
[181] Vgl. Erwägungsgrund 58 der MMVO.
[182] Vgl. Kölner Komm. WpHG/*Heinrich* § 15a Rn. 6 ff.
[183] So schon zu § 15a WpHG aF Fuchs/*Pfüller* WpHG § 15a Rn. 196, 206 ff.; Kölner Komm. WpHG/*Heinrich* § 15a Rn. 6.
[184] *BaFin* FAQ zu Eigengeschäften von Führungskräften nach Art. 19 der MMVO, Stand: 1.2.2018, Ziff. II.1.

§ 21 85, 86   WpHG- und MMVO-Meldepflichten

- selbst einen Antrag auf Zulassung zum bzw. Einbeziehung in den Handel gestellt hat;
- einen Dritten beauftragt hat, einen Antrag auf Zulassung zum bzw. Einbeziehung in den Handel zu stellen;
- die Zulassung/Einbeziehung seiner Finanzinstrumente zum bzw. in den Handel durch einen Dritten genehmigt hat.[185]

In keinem Fall mehr ausreichend ist es unter Art. 19 MMVO, dass der Antrag auf Zulassung zum bzw. Einbeziehung in den Handel öffentlich angekündigt wurde.

b) Erfasste Finanzinstrumente

85 Meldepflichtig sind nach Art. 19 Abs. 1 UAbs. 1 Buchst. a und b MMVO **Geschäfte mit Aktien oder Schuldtiteln des Emittenten** oder damit verbundenen Derivaten oder anderen damit verbundenen Finanzinstrumenten sowie im Fall von Teilnehmern am Markt für Emissionszertifikate **Geschäfte mit Emissionszertifikaten**, darauf beruhenden Auktionsobjekten oder damit verbundenen Derivaten.

86 Finanzinstrumente definiert Art. 3 Abs. 1 Nr. 1 MMVO iVm Art. 4 Abs. 1 Nr. 15 und Anhang I Abschnitt C der Richtlinie 2014/65/EU als:
- Übertragbare Wertpapiere;
- Geldmarktinstrumente;
- Anteile an Organismen für gemeinsame Anlagen;
- Optionen, Terminkontrakte (Futures), Swaps, außerbörsliche Zinstermingeschäfte (Forward Rate Agreements) und alle anderen Derivatkontrakte in Bezug auf Wertpapiere, Währungen, Zinssätze oder -erträge, Emissionszertifikate oder andere Derivat-Instrumente, finanzielle Indizes oder Messgrößen, die effektiv geliefert oder bar abgerechnet werden können;
- Optionen, Terminkontrakte (Futures), Swaps, Termingeschäfte (Forwards) und alle anderen Derivatkontrakte in Bezug auf Waren, die bar abgerechnet werden müssen oder auf Wunsch einer der Parteien bar abgerechnet werden können, ohne dass ein Ausfall oder ein anderes Beendigungsereignis vorliegt;
- Optionen, Terminkontrakte (Futures), Swaps und alle anderen Derivatkontrakte in Bezug auf Waren, die effektiv geliefert werden können, vorausgesetzt, sie werden an einem geregelten Markt, über ein multilaterales oder über ein organisiertes Handelssystem gehandelt; ausgenommen davon sind über ein organisiertes Handelssystem gehandelte Energiegroßhandelsprodukte, die effektiv geliefert werden müssen;
- Optionen, Terminkontrakte (Futures), Swaps, Termingeschäfte (Forwards) und alle anderen Derivatkontrakte in Bezug auf Waren, die effektiv geliefert werden können, die sonst nicht in vorgenanntem Spiegelstrich genannt sind und nicht kommerziellen Zwecken dienen, die die Merkmale anderer derivativer Finanzinstrumente aufweisen;
- Derivative Instrumente für den Transfer von Kreditrisiken;
- Finanzielle Differenzgeschäfte;
- Optionen, Terminkontrakte (Futures), Swaps, außerbörsliche Zinstermingeschäfte (Forward Rate Agreements) und alle anderen Derivatkontrakte in Bezug auf Klimavariablen, Frachtsätze, Inflationsraten oder andere offizielle Wirtschaftsstatistiken, die bar abgerechnet werden müssen oder auf Wunsch einer der Parteien bar abgerechnet werden können, ohne dass ein Ausfall oder ein anderes Beendigungsereignis vorliegt, sowie alle anderen Derivatkontrakte in Bezug auf

---

[185] Vgl. *BaFin* FAQ zu Eigengeschäften von Führungskräften nach Art. 19 der MMVO, Stand: 1.2.2018, Ziff. II.1.

Vermögenswerte, Rechte, Obligationen, Indizes und Messwerte, die sonst nicht in der vorliegenden Aufzählung genannt sind und die die Merkmale anderer derivativer Finanzinstrumente aufweisen, wobei unter anderem berücksichtigt wird, ob sie auf einem geregelten Markt, einem organisierten oder multilateralen Handelssystem gehandelt werden;
- Emissionszertifikate, die aus Anteilen bestehen, deren Übereinstimmung mit den Anforderungen der Richtlinie 2003/87/EG (Emissionshandelssystem) anerkannt ist.

c) Erfasste Geschäftsvorfälle

Nach dem Wortlaut von Art. 19 Abs. 1 UAbs. 1 MMVO fallen alle „**Eigengeschäfte**" in den vorgenannten (Rn. 85 f.) Aktien, Schuldtiteln oder damit verbundenen Derivaten oder anderen damit verbundenen Finanzinstrumenten in den Anwendungsbereich des Art. 19 MMVO. Damit sind alle Geschäfte gemeint, die auf eine Eigentumsübertragung gerichtet sind, und zwar unabhängig davon, ob diese dauerhaft oder nur vorübergehend erfolgen soll. Auslöser für die Meldepflicht ist daher wie auch schon unter § 15a WpHG aF nicht erst das dingliche Verfügungs-, sondern bereits das **schuldrechtliche Verpflichtungsgeschäft**.[186] Dabei ist es nach Art. 3 Abs. 2 MMVO unerheblich, ob das Geschäft auf einem Handelsplatz getätigt wurde.

Als **ua meldepflichtige Geschäftsvorfälle** nennt Art. 19 Abs. 7 UAbs. 1 MMVO:
- das Verpfänden und Verleihen von Finanzinstrumenten durch oder im Auftrag einer Führungsperson oder einer mit dieser eng verbundenen Person, ausgenommen Hinterlegungen in einem Depotkonto, wenn damit eine spezifische Kreditfazilität gesichert werden soll (Buchst. a, Abs. 7 UAbs. 2);
- Geschäfte, die im Auftrag einer Führungsperson oder einer mit dieser eng verbundenen Person von einem gewerbsmäßig handelnden Dritten nach eigenem Ermessen vorgenommen werden (Buchst. b);
- Geschäfte iSd Richtlinie 2009/139/EG im Rahmen einer Lebensversicherung, wenn eine Führungsperson oder eine mit dieser eng verbundene Person als Versicherungsnehmer das Investitionsrisiko trägt und über die Befugnis oder das Ermessen verfügt, im Rahmen der Versicherung in Bezug auf spezifische Finanzinstrumente Investitionsentscheidungen zu treffen oder Geschäfte auszuführen (Buchst. c).

Über diese, in Art. 19 MMVO ausdrücklich genannten Fälle hinaus sieht Art. 10 Abs. 2 der Delegierten Verordnung (EU) 2016/522 einen umfassen, ebenfalls **nicht abschließenden Katalog meldepflichtiger Geschäfte** vor. Danach unterfallen der Meldepflicht:
- Erwerb, Veräußerung, Leerverkauf, Zeichnung oder Austausch;
- Annahme oder Ausübung einer Aktienoption, einschließlich der Führungskräften oder Arbeitnehmern im Rahmen ihres Vergütungspakets gewährten Aktienoptionen, und die Veräußerung von Anteilen, die aus der Ausübung einer Aktienoption resultieren;
- Eingehen oder Ausüben von Aktienswaps;
- Geschäfte mit oder im Zusammenhang mit Derivaten, einschließlich Geschäften mit Barausgleich;

---

[186] *Poelzig* NZG 2016, 761 (767); *von der Linden* DStR 2016, 1036 (1040); zu § 15a WpHG aF s. *BaFin* Emittentenleitfaden 2013, S. 76.

- Abschluss von Differenzkontrakten über ein Finanzinstrument des betreffenden Emittenten oder über Emissionszertifikate oder darauf beruhenden Auktionsobjekten;
- Erwerb, Veräußerung oder Ausübung von Rechten, einschließlich von Verkaufs- und Kaufoptionen, sowie Optionsscheine;
- Zeichnung einer Kapitalerhöhung oder Schuldtitelemission;
- Geschäfte mit Derivaten und Finanzinstrumenten im Zusammenhang mit einem Schuldtitel des betreffenden Emittenten, einschließlich Kreditausfallswaps;
- an Bedingungen geknüpfte Geschäfte bei Eintritt dieser Bedingungen und tatsächliche Ausführung der Geschäfte;
- automatische und nicht automatische Umwandlung eines Finanzinstruments in ein anderes Finanzinstrument, einschließlich des Austauschs von Wandelschuldverschreibungen in Aktien;
- getätigte oder erhaltene Zuwendungen und Spenden sowie entgegengenommene Erbschaften;
- ausgeführte Geschäfte mit an einen Index gekoppelten Produkten, Wertpapierkörben und Derivaten, sofern nach Art. 19 der Verordnung (EU) Nr. 596/2014 eine Meldung vorgeschrieben ist;
- Geschäfte, die mit Anteilen an Investitionsfonds ausgeführt werden, darunter alternative Investmentfonds (AIF) gemäß Art. 1 der Richtlinie 2011/61/EU des Europäischen Parlaments und des Rates, sofern nach Art. 19 der Verordnung (EU) Nr. 596/2014 eine Meldung vorgeschrieben ist;
- Geschäfte, die vom Verwalter eines AIF ausgeführt werden, in den die Person, die Führungsaufgaben wahrnimmt, oder eine eng mit ihr verbundene Person investiert hat, sofern nach Art. 19 der Verordnung (EU) Nr. 596/2014 eine Meldung vorgeschrieben ist;
- Geschäfte, die von einem Dritten im Rahmen eines einzelnen Portfolioverwaltungs- oder Vermögensverwaltungsmandats im Namen oder zugunsten einer Person, die Führungsaufgaben wahrnimmt, oder einer eng mit ihr verbundenen Person ausgeführt werden;
- Leihgeschäfte mit Anteilen oder Schuldtiteln des Emittenten oder mit Derivaten oder anderen damit verbundenen Finanzinstrumenten.

Damit gehen die Meldepflichten nach Art. 19 MMVO in vielen Fällen über die Rechtslage unter § 15a WpHG aF hinaus. Dies gilt namentlich für Verpfändungen, Sicherungsübereignungen, Schenkungen, erhaltene und getätigte Zuwendungen und Spenden, Erbschaften sowie die automatische Umwandlung eines Finanzinstruments in ein anderes Finanzinstrument einschließlich des Austauschs von Wandelschuldverschreibungen in Aktien. Gleiches gilt für die Annahme und Ausübung von Aktienoptionen im Rahmen von Mitarbeiterbeteiligungsprogrammen. Mindestens ebenso bedeutend wie echte Aktienoptionen sind in der Praxis inzwischen allerdings sog. **virtuelle Beteiligungsprogramme** in Gestalt von Wertsteigerungsrechten, Stock Appreciation Rights oder Phantom Stocks. Unter § 15a WpHG aF gingen die BaFin und die hM im Schrifttum übereinstimmend davon aus, dass entspr. Gestaltungen nach Sinn und Zweck der Regelung keine Meldepflicht auslösen.[187] Die bisherigen teleologischen Erwägungen greifen unter Art. 19 MMVO unverändert durch. Daher ist es folgerichtig, dass die BaFin – un-

---

[187] *BaFin* Emittentenleitfaden 2013, S. 76; gleichsinnig Fuchs/*Pfüller* WpHG § 15a Rn. 130, 132; Wachter/*Merkner/Sustmann* Kap. 19 Rn. 95; Assmann/Schneider/*Sethe* WpHG § 15a Rn. 83; aA etwa Schwark/Zimmer/*Zimmer/Osterloh* WpHG § 15a Rn. 46 mwN.

B. Pflichten z. Meldung u. Veröffentlichung v. Eigengeschäften   89, 90   § 21

geachtet anderslautender Äußerungen der ESMA[188] – auch unter der Neuregelung an ihrer bisherigen Sichtweise festhält.[189]

Keine Meldepflicht besteht nach der **Bagatellausnahme** des Art. 19 Abs. 8 MMVO, solange die Gesamtsumme der Geschäfte einer Person mit Führungsaufgaben bzw. einer mit dieser Person in einer engen Beziehung stehenden Person einen Betrag von 5.000 EUR[190] bis zum Ende des Kalenderjahres nicht erreicht. Zu berechnen ist die Gesamtsumme ohne Saldierung von Erwerbs- und Veräußerungsgeschäften. Dabei kommt die Bagatellschwelle für jede potentiell meldepflichtige Person gesondert zur Anwendung, dh es findet keine Zusammenrechnung der Geschäfte einer Führungsperson mit den Geschäften der mit dieser Person in einer engen Beziehung stehenden Personen statt.[191] Zu beachten ist, dass in dem Moment, in dem die Bagatellschwelle überschritten wird, eine Meldepflicht nur für das die Schwelle überschreitende sowie für jedes weitere Geschäft entsteht. Anders als noch unter § 15a WpHG aF[192] kommt eine rückwirkende Meldepflicht für sämtliche Geschäfte des laufenden Jahres nach dem nunmehr eindeutigen Wortlaut von Art. 19 Abs. 8 MMVO („*[...] Geschäfte, die getätigt werden, nachdem [...]*") nicht mehr in Betracht.[193]

89

2. Persönlicher Anwendungsbereich

Der **Kreis der meldepflichtigen Personen** ergibt sich aus Art. 19 Abs. 1 UAbs. 1, Abs. 10 MMVO. Verpflichtet sind danach zum einen Personen mit Führungsaufgaben (einschließlich solcher Personen, die bei Versteigerungsplattformen, Versteigerern und der Auktionsaufsicht, die an Auktionen gem. der Verordnung (EU) Nr. 1031/2010 beteiligt sind, Führungsaufgaben wahrnehmen, soweit ihre Geschäfte Emissionszertifikate, deren Derivate und darauf beruhende Auktionsprodukte betreffen) und zum anderen Personen, die in enger Beziehung zu einer Person mit Führungsaufgaben stehen. Wahrgenommen werden müssen die Führungsaufgaben direkt beim Emittenten; Führungspersonen von verbundenen Unternehmen unterliegen nach dem nunmehr eindeutigen Wortlaut des Art. 3 Abs. 1 Nr. 21, 25 MMVO nicht der Meldepflicht des Art. 19 MMVO.[194]

90

---

[188] Final Report – ESMA's technical advice on possible delegated acts concerning the Market Abuse Regulation, Rn. 136.
[189] *BaFin* FAQ zu Eigengeschäften von Führungskräften nach Art. 19 der MMVO, Stand: 1.2.2018, Ziff. II.12.
[190] Gem. Art. 19 Abs. 9 MMVO kann die BaFin den Schwellenwert auf 20.000 EUR anheben, was angesichts der deutlichen Ausweitung des Anwendungsbereichs der Managers' Transactions angemessen erscheint. Bislang hat die BaFin von dieser Möglichkeit allerdings keinen Gebrauch gemacht.
[191] *BaFin* FAQ zu Eigengeschäften von Führungskräften nach Art. 19 der MMVO, Stand: 1.2.2018, Ziff. III.1; *von der Linden* DStR 2016, 1036 (1040); aA mit irreführendem Hinweis auf die ESMA, *Kumpan* AG 2016, 446 (455); die Frage offen lassend *Hitzer/Wasmann* DB 2016, 1483 (1487).
[192] Siehe *BaFin* Emittentenleitfaden 2013, S. 77.
[193] So im Ergebnis auch die *BaFin* FAQ zu Eigengeschäften von Führungskräften nach Art. 19 der MMVO, Stand: 1.2.2018, Ziff. III.2; s.a. *Kumpan* AG 2016, 446 (455); *Hitzer/Wasmann* DB 2016, 1483 (1487); *von der Linden* DStR 2016, 1036 (1040).
[194] Vgl. *BaFin* FAQ zu Eigengeschäften von Führungskräften nach Art. 19 der MMVO, Stand: 1.2.2018, Ziff. II.5.

a) Führungspersonen

91 Legaldefiniert wird die „Person, die Führungsaufgaben wahrnimmt" in Art. 3 Abs. 1 Nr. 25 MMVO. Dabei unterscheidet die MMVO, ebenso wie bislang § 15a WpHG aF, nach Führungspersonen im formellen und im materiellen Sinne. **Führungspersonen im formellen Sinne** sind Mitglieder eines Verwaltungs-, Leitungs- oder Aufsichtsorgans des Emittenten. Damit werden sämtliche amtierenden Vorstands- und Aufsichtsratsmitglieder einer AG erfasst, und zwar auch dann, wenn deren Bestellung fehlerhaft war.[195] In zeitlicher Hinsicht ist die Verpflichtung nach Art. 19 Abs. 1 UAbs. 1 MMVO an die Dauer der Amtsausübung geknüpft, so dass mit Ausscheiden aus dem Amt Meldungen nach Art. 19 Abs. 1 UAbs. 1 MMVO nicht mehr abzugeben sind.[196]

92 **Führungspersonen im materiellen Sinne** sind sämtliche sonstigen Personen, die als höhere Führungskraft zwar keinem Verwaltungs-, Leitungs- oder Aufsichtsorgan des Emittenten angehören, aber regelmäßig Zugang zu Insiderinformationen mit direktem oder indirektem Bezug zum Unternehmen haben und befugt sind, unternehmerische Entscheidungen über zukünftige Entwicklungen und Geschäftsperspektiven des Unternehmens zu treffen (sog. Top Executives). Erfasst wird damit aber nicht automatisch die gesamte dem Vorstand unmittelbar nachgeordnete Führungsebene. Vielmehr ist es erforderlich, dass die Führungsperson strategische Entscheidungen für das Gesamtunternehmen treffen kann.[197] Damit fallen praktisch nur Generalbevollmächtigte oder Mitglieder eines erweiterten Vorstands unter diese Regelung.[198] Wenig praktikabel erscheint dabei die von der BaFin bislang zu § 15a WpHG aF vertretene Auffassung, dass eine Meldepflicht spätestens dann ausscheide, sobald ein Zustimmungsvorbehalt des Vorstands bestehe.[199] Denn: Bestimmte weitreichende Entscheidungen haben selbstverständlich auch Generalbevollmächtigte und Mitglieder eines erweiterten Vorstands dem (Gesamt-)Vorstand vorzulegen; dies gebietet schon die Sorgfaltspflicht der Vorstandsmitglieder. Legte man hier die Auffassung der BaFin konsequent zugrunde, liefe die Regelung praktisch leer.

b) Personen mit enger Beziehung zu einer Führungsperson

93 Die in Art. 19 Abs. 1 UAbs. 1 MMVO vorgenommene Erweiterung des persönlichen Anwendungsbereichs auf Personen, die in enger Beziehung zu einer Person mit Führungsaufgaben stehen, dient dem Schutz vor Umgehung.[200] Aufgrund einer engen Beziehung zu einer Führungsperson meldepflichtig können gem. Art. 19

---

[195] So auch *Kumpan* AG 2016, 446 (448); zu § 15a WpHG aF auch Assmann/Schneider/*Sethe* WpHG § 15a Rn. 32, 40; Schwark/Zimmer/*Zimmer/Osterloh* WpHG § 15a Rn. 58.

[196] Gleichsinnig, aber in der Sache kritisch *Kumpan* AG 2016, 446 (449); zu § 15a WpHG aF siehe Marsch-Barner/Schäfer/*Schäfer* § 16 Rn. 7; Kölner Komm. WpHG/*Heinrich* § 15a Rn. 38.

[197] So auch schon zu § 15a WpHG aF die BaFin Emittentenleitfaden 2013, S. 73; Kölner Komm. WpHG/*Heinrich* § 15a Rn. 41.

[198] So wohl auch die *BaFin* FAQ zu Eigengeschäften von Führungskräften nach Art. 19 der MMVO, Stand: 1.2.2018, Ziff. II.2 mit Hinweis darauf, dass sich „*keine Änderungen zu bisherigen Rechtslage*" ergeben; zustimmend Hitzer/Wasmann DB 2016, 1483; *Kumpan* AG 2016, 446 (449); zu § 15a WpHG aF s. *BaFin* Emittentenleitfaden 2013, S. 73; ebenso Marsch-Barner/Schäfer/*Schäfer* § 16 Rn. 5; Wachter/Merkner/Sustmann Kap. 19 Rn. 84.

[199] *BaFin* Emittentenleitfaden 2013, S. 73.

[200] *Kumpan* AG 2016, 446 (451); so auch schon zu § 15a WpHG aF Assmann/Schneider/*Sethe* WpHG § 15a Rn. 45; Schwark/Zimmer/*Zimmer/Osterloh* WpHG § 15a Rn. 67.

B. Pflichten z. Meldung u. Veröffentlichung v. Eigengeschäften   **§ 21**

Abs. 1 UAbs. 1 iVm Art. 3 Abs. 1 Nr. 26 MMVO sowohl natürliche als auch juristische Personen sein. Zu den **natürlichen Personen** zählen gem. Art. 3 Abs. 1 Nr. 26 MMVO Buchst. a bis c Ehepartner, eingetragene Lebenspartner, unterhaltsberechtigte Kinder und andere Verwandte, mit denen die Führungsperson zum Zeitpunkt des Abschlusses des meldepflichtigen Geschäfts seit mindestens einem Jahr im selben Haushalt lebt. Unabhängig vom (Fort-)Bestehen eines gemeinsamen Haushalts besteht die Meldepflicht bei Ehepartnern und eingetragenen Lebenspartnern solange, bis die Ehe geschieden bzw. die Lebenspartnerschaft aufgehoben ist.[201] Im Verhältnis zu Kindern ist entscheidend, ob eine gesetzliche Unterhaltspflicht besteht.[202]

Die Gefahr einer Umgehung der Meldepflicht besteht auch dann, wenn eine Führungsperson oder eine Person mit einer engen Beziehung zu einer Führungsperson Geschäfte in Aktien, Schuldtiteln oder damit verbundenen Derivaten oder anderen damit verbundenen Finanzinstrumenten von einer **Personenvereinigung** tätigen lässt, zu der sie in einer engen Beziehung steht. Vor diesem Hintergrund sind nach Art. 19 Abs. 1 UAbs. 1 iVm Art. 3 Abs. 1 Nr. 26 Buchst. d MMVO auch juristische Personen (ausgenommen der Emittent selbst[203]), Treuhand- und Personengesellschaften meldepflichtig,

– bei denen entweder eine Führungsperson oder eine Person mit einer engen Beziehung zu einer Führungsperson Führungsaufgaben wahrnimmt oder
– die direkt oder indirekt von einer Führungsperson oder einer Person mit einer engen Beziehung zu einer Führungsperson kontrolliert werden, zu deren Gunsten gegründet wurden oder deren wirtschaftliche Interessen weitgehend denen einer solchen Person entsprechen.

Ausgelöst wird eine Meldepflicht in diesen Fällen nach dem Sinn und Zweck der Regelung (Rn. 82) allerdings nur, wenn die Führungsperson die Möglichkeit hat, sich aus der Transaktion einen nennenswerten wirtschaftlichen Vorteil zu verschaffen. Nach der von der BaFin bereits zu § 15a WpHG aF vertretenen Auffassung,[204] die sich auch unter Geltung von Art. 19 MMVO nicht geändert hat, kommt dies insb. dann in Betracht, wenn die Führungsperson oder eine Person mit einer engen Beziehung zu der Führungsperson mit mindestens 50% an der Gesellschaft beteiligt ist, mindestens 50% der Stimmrechte an der Gesellschaft hält oder ihr mindestens 50% der Gewinne der Gesellschaft zugerechnet werden.[205]

---

[201] Zu § 15a WpHG aF *BaFin* Emittentenleitfaden 2013, S. 74; s.a. *BaFin* FAQ zu Eigengeschäften von Führungskräften nach Art. 19 der MMVO, Stand: 1.2.2018, Ziff. II.6; Kölner Komm. WpHG/*Heinrich* § 15a Rn. 44.

[202] So schon *BaFin* Emittentenleitfaden 2013, S. 74; s.a. *BaFin* FAQ zu Eigengeschäften von Führungskräften nach Art. 19 der MMVO, Stand: 1.2.2018, Ziff. II.6; Assmann/Schneider/*Sethe* WpHG § 15a Rn. 50.

[203] So auch die vorläufige Rechtsauffassung der *BaFin* FAQ zu Eigengeschäften von Führungskräften nach Art. 19 der MMVO, Stand: 1.2.2018, Ziff. II.7; überzeugend *Kumpan* AG 2016, 446 (450); so auch schon die hM zu § 15a WpHG aF, *BaFin* Emittentenleitfaden 2013, S. 75; Assmann/Schneider/*Sethe* WpHG § 15a Rn. 55.

[204] *BaFin* Emittentenleitfaden 2013, S. 75; kritisch Schwark/Zimmer/*Zimmer/Osterloh* WpHG § 15a Rn. 75.

[205] *BaFin* FAQ zu Eigengeschäften von Führungskräften nach Art. 19 der MMVO, Stand: 1.2.2018, Ziff. II.10; zustimmend *Hitzer/Wasmann* DB 2016, 1483 (1484); *Kumpan* AG 2016, 446 (451).

Paul

III. Adressaten, Inhalt, Form und Zeitpunkt der Meldungen

1. Adressaten der Meldungen

95 Meldungen nach Art. 19 Abs. 1 UAbs. 1 MMVO sind sowohl **an den Emittenten** bzw. an den Teilnehmer am Markt für Emissionszertifikate als auch an die in Art. 19 Abs. 2 UAbs. 2 MMVO genannte **zuständige Behörde** zu richten. Nach Art. 19 Abs. 2 UAbs. 2 MMVO ist die BaFin für die Entgegennahme von Meldungen zuständig, sofern der Emittent bzw. Teilnehmer am Markt für Emissionszertifikate in Deutschland registriert (gemeint ist: im Handelsregister eingetragen) ist. Ist der Emittent nicht in einem EU-Mitgliedstaat registriert, hat die Meldung gegenüber der BaFin zu erfolgen, wenn Deutschland als Herkunftsmitgliedstaat iSv Art. 2 Abs. 1 Buchst. i der Richtlinie 2004/109/EG anzusehen ist.

2. Inhalt der Meldungen

96 **Vorgaben** zum Inhalt der Meldungen an den Emittenten bzw. an den Teilnehmer am Markt für Emissionszertifikate und die BaFin enthält Art. 19 Abs. 6 MMVO. Konkretisiert werden die dortigen Vorgaben durch das **Pflichtmeldeformular** im Anhang der Durchführungsverordnung (EU) 2016/523 zu Art. 19 Abs. 15 UAbs. 3 MMVO. Das Formular steht in deutscher und englischer Sprache auf der Internetseite der Bundesanstalt zum Download zur Verfügung und ist nunmehr, anders als unter § 15a WpHG aF, von den Meldepflichtigen zwingend zu verwenden. Auf der Grundlage dieses Formulars haben Meldungen insb. Angaben zu der Person des Meldepflichtigen, den Grund der Meldung, Angaben zum Emittenten bzw. zum Teilnehmer am Markt für Emissionszertifikate (ggf. zur Versteigerungsplattform, zum Versteigerer oder zur Auktionsaufsicht), eine Beschreibung und Kennung des Finanzinstruments sowie Angaben zur Art, zum Preis und zum Volumen des Geschäfts zu enthalten. Sollen im Hinblick auf dasselbe Finanzinstrument **mehrere Geschäfte** gemeldet werden, sind zwingend alle Geschäfte einzeln aufzuführen; eine gleichzeitige Meldung in aggregierter Form unter Nennung des gewichteten Durchschnittspreises der Transaktionen, wie sie das Pflichtmeldeformular ergänzend unter Abschnitt 4d vorsieht, kann, muss aber nicht erfolgen.[206] Gleiches gilt für die Datierung und Unterzeichnung der Meldungen durch den Meldepflichtigen.[207] **Musterbeispiele** zum Ausfüllen des Pflichtmeldeformulars enthalten die FAQ der BaFin.[208]

3. Form und Zeitpunkt der Meldungen

97 Nach Art. 2 Abs. 2 Satz 1 der Durchführungsverordnung (EU) 2016/523 zu Art. 19 Abs. 15 UAbs. 3 MMVO haben die Meldungen an den Emittenten bzw. an den Teilnehmer am Markt für Emissionszertifikate und die BaFin **mittels elektronischer Hilfsmittel** zu erfolgen. Dabei ist sicherzustellen, dass die Vollständigkeit, Integrität und Vertraulichkeit der Informationen während der Übermittlung gewahrt werden und Gewissheit über die Quelle der übermittelten Informationen besteht. Damit können **Meldungen an den Emittenten** bzw. Teilnehmer am Markt

---

[206] *BaFin* FAQ zu Eigengeschäften von Führungskräften nach Art. 19 der MMVO, Stand: 1.2.2018, Ziff. VIII.2.
[207] *BaFin* FAQ zu Eigengeschäften von Führungskräften nach Art. 19 der MMVO, Stand: 1.2.2018, Ziff. VIII.8.
[208] *BaFin* FAQ zu Eigengeschäften von Führungskräften nach Art. 19 der MMVO, Stand: 1.2.2018, Ziff. X.

B. Pflichten z. Meldung u. Veröffentlichung v. Eigengeschäften 98 § 21

für Emissionszertifikate insb. mittels Telefax oder per E-Mail erfolgen, wobei eine Übermittlung per E-Mail nur bei entspr. Verschlüsselung in Betracht kommen dürfte. **Meldungen an die BaFin** sind zwingend mittels Telefax vorzunehmen.[209] Darüber hinaus hat die BaFin durch die Einrichtung einer elektronischen Melde- und Veröffentlichungsplattform (sog. MVP-Portal) die grundlegenden Voraussetzungen für die Abgabe elektronischer Meldungen geschaffen. Allerdings ist der Zugang zum MVP-Portal der BaFin bislang (Stand: September 2018) nur für sog. Veröffentlichungsdienstleister bzw. Stimmrechtsmeldungen nach dem WpHG vorgesehen.[210] Grds. hat der Meldepflichtige die Meldung persönlich an die BaFin zu übermitteln. Solange eine fristgerechte Meldung gewährleistet ist, steht es dem Meldepflichtigen aber frei, einen Dritten (zB den Emittenten selbst oder einen sog. Veröffentlichungsdienstleister) mit der Übermittlung zu beauftragen. Nach allgemeinen Grundsätzen kann der Meldepflichtige sich damit seiner Pflicht aber nicht vollständig begeben; vielmehr trifft ihn in diesem Fall eine Organisations- und Überwachungspflicht.[211]

Nach den Vorgaben der MMVO und anders als bislang unter § 15a WpHG aF 98 (dort: innerhalb von fünf Werktagen) gelten für die Meldungen an den Emittenten und die BaFin nunmehr **unterschiedliche Fristenregelungen**. Nach Art. 19 Abs. 1 UAbs. 2 MMVO sind dem Emittenten meldepflichtige Geschäfte unverzüglich, spätestens drei Geschäftstage nach dem Abschluss des schuldrechtlichen Geschäfts zu melden. Demgegenüber hat die Meldung an die BaFin gem. Art. 19 Abs. 2 UAbs. 2 MMVO innerhalb von drei Arbeitstagen zu erfolgen. Ungeachtet der unterschiedlichen, in der MMVO nicht legaldefinierten Begriffe „Geschäftstage/Arbeitstage" ist auf der Grundlage der Verlautbarung der BaFin davon auszugehen, dass hierunter (anders als bisher: Sonn- und Feiertage) alle Tage außer Samstage, Sonntage und Feiertage zu verstehen sind.[212] Feiertage idS sind alle Tage, die entweder am Sitz des Emittenten oder an einem der beiden Dienstsitze der BaFin (Hessen/Nordrhein-Westfalen) ein gesetzlicher Feiertag sind.[213] In Lauf gesetzt wurde die Frist bislang in dem Zeitpunkt, zu dem der Meldepflichtige Kenntnis vom Abschluss des schuldrechtlichen Verpflichtungsgeschäfts hatte oder haben musste.[214] Ob hieran angesichts des nunmehr geltenden Gleichlaufs der Melde- und Veröffentlichungsfrist (Rn. 99) festgehalten werden kann, erscheint fraglich. Die wohl besseren Argumente dürften dafür sprechen, unter der Neuregelung eine einheitlich objektive Anknüpfung (dh Abschluss des schuldrechtlichen Geschäfts) zu wählen, was für den Meldepflichtigen im Einzelfall allerdings dazu führen kann, dass ihm für seine Meldungen weniger als die von Art. 19 Abs. 1 UAbs. 2, Abs. 2

---

[209] *BaFin* FAQ zu Eigengeschäften von Führungskräften nach Art. 19 der MMVO, Stand: 1.2.2018, Ziff. VIII.5.
[210] *BaFin* FAQ zu Eigengeschäften von Führungskräften nach Art. 19 der MMVO, Stand: 1.2.2018, Ziff. VIII.7; s. hierzu auch Rn. 58.
[211] *BaFin* FAQ zu Eigengeschäften von Führungskräften nach Art. 19 der MMVO, Stand: 1.2.2018, Ziff. IV.5, Ziff. VIII.5; so schon die hM zu § 15a WpHG aF, s. Kölner Komm. WpHG/*Heinrich* § 15a Rn. 64.
[212] *BaFin* FAQ zu Eigengeschäften von Führungskräften nach Art. 19 der MMVO, Stand: 1.2.2018, Ziff. IV.4; für ein einheitliches Begriffsverständnis auch *Stüber* DStR 2016, 1221 (1224).
[213] *BaFin* FAQ zu Eigengeschäften von Führungskräften nach Art. 19 der MMVO, Stand: 1.2.2018, Ziff. IV.4.
[214] In der Praxis wurde der Fristenlauf daher regelmäßig mit Erhalt der Bestätigung der Orderausführung ausgelöst, so auch schon BaFin-Rundschreiben 17/2002 v. 5.9.2002.

Paul 1635

UAbs. 2 MMVO maximal zugestandenen drei Tage zur Verfügung stehen. Die Berechnung der Frist richtet sich nach §§ 187 Abs. 1, 188 Abs. 1 BGB, dh der Tag des Geschäftsabschlusses ist nicht mitzurechnen. Eingehalten ist die Frist in dem einen wie in dem anderen Fall nur, wenn die Meldung dem Empfänger innerhalb der Frist zugeht; rechtzeitiges Absenden ist nicht ausreichend.[215] Anders als im Anwendungsbereich der §§ 33 ff. WpHG fordert Art. 19 Abs. 1 UAbs. 1 MMVO keine zeitgleiche Übermittlung der Meldungen. Deshalb ist es möglich und auch zulässig, im Zuständigkeitsbereich der BaFin Meldungen zusammen mit dem von § 26 Abs. 2 WpHG geforderten Veröffentlichungsnachweis an die BaFin zu übersenden.[216]

IV. Pflichten des Emittenten

1. Veröffentlichungs-, Übermittlungs- und Mitteilungspflichten

99 Art. 19 Abs. 3 MMVO knüpft an den Abschluss des meldepflichtigen Geschäfts und die Meldung nach Art. 19 Abs. 1 UAbs. 1 MMVO an und **verpflichtet den Emittenten** sowie den Teilnehmer am Markt für Emissionszertifikate zur Veröffentlichung der nach Art. 19 Abs. 1 UAbs. 1 MMVO mitgeteilten Informationen.[217] Voraussetzung für das Entstehen der Veröffentlichungspflicht ist stets, dass dem Emittenten eine förmliche Meldung nach Art. 19 Abs. 1 UAbs. 1 MMVO zugegangen ist; eine anderweitige Kenntnis von einem meldepflichtigen Geschäft vermag weder eine Pflicht noch ein Recht zur Veröffentlichung zu begründen.[218] Erfolgen muss die Veröffentlichung **unverzüglich** (§ 121 BGB) und **spätestens drei Geschäftstage nach Abschluss** des schuldrechtlichen Geschäfts. In Lauf gesetzt wird die Frist also, anders als bisher unter § 15a WpHG aF, nicht durch den Zugang der Meldung nach Art. 19 Abs. 1 UAbs. 1 MMVO, sondern durch die Vornahme des meldepflichtigen Geschäfts. Aus Sicht des Emittenten ist die Neuregelung vor allem dann misslich, wenn der Meldepflichtige die für ihn geltende Meldefrist des Art. 19 Abs. 1 UAbs. 2 MMVO (nahezu) voll ausschöpft und damit dem Emittenten im Ergebnis die Möglichkeit einer fristgerechten Veröffentlichung nimmt.[219] In der Praxis sollten Emittenten meldepflichtige Personen auf diesen Konflikt hinweisen und (ggf. auch anstellungsvertraglich)[220] auf eine möglichst frühzeitige Abgabe von Meldungen hinwirken.[221] Zu veröffentlichen ist die Meldung in der **Form**, wie sie gegenüber dem Emittenten bzw. der BaFin abgegeben wurde.[222] Dies ist dahingehend zu verstehen, dass der Emittent die durch den Meldepflichtigen mitgeteilten Informationen grds. ohne Abweichungen zu veröffentlichen hat. Inhaltlich oder

---

[215] So schon zu § 15a WpHG aF *BaFin* Emittentenleitfaden 2013, S. 79.
[216] In diesem Sinne auch schon zur bisherigen Rechtslage *BaFin* Emittentenleitfaden 2013, S. 77.
[217] Siehe Art. 39 Abs. 4 UAbs. 2 MMVO; vgl. auch *Poelzig* NZG 2016, 761 (763).
[218] Vgl. den Wortlaut von Art. 19 Abs. 3 MMVO „[…] *die Informationen, die im Einklang mit Abs. 1 gemeldet werden* […]"; so auch schon die bisher hM zu § 15a WpHG aF, vgl. Assmann/Schneider/*Sethe* WpHG § 15a Rn. 112; Kölner Komm. WpHG/*Heinrich* § 15a Rn. 75; *Bednarz* AG 2005, 835.
[219] Siehe auch *Poelzig* NZG 2016, 761 (769); *Stüber* DStR 2016, 1221 (1224); *Hitzer/Wasmann* DB 2016, 1483 (1486); *Mutter* AG 2016, R 239; *Kumpan* AG 2016, 446 (456).
[220] Eine Musterklausel zur Anpassung von Vorstandsverträgen findet sich bei *Mutter* AG 2016, R 239.
[221] So auch *Stüber* DStR 2016, 1221 (1224); *Hitzer/Wasmann* DB 2016, 1483 (1486).
[222] *BaFin* FAQ zu Eigengeschäften von Führungskräften nach Art. 19 der MMVO, Stand: 1.2.2018, Ziff. VIII.1.

B. Pflichten z. Meldung u. Veröffentlichung v. Eigengeschäften 100–102 § 21

auch nur redaktionell abändern sollte der Emittent die mitgeteilten Informationen auch bei offensichtlichen Unrichtigkeiten immer nur nach vorheriger Rücksprache mit der BaFin. Schließlich hat die Veröffentlichung nach Art. 19 Abs. 3 MMVO schnell und nicht diskriminierend im Einklang mit den Vorgaben der Durchführungsverordnung (EU) 2016/1055 zu Art. 17 Abs. 10 MMVO zu erfolgen. Im Kern sind die erhaltenen Informationen damit wie bisher solchen Medien zuzuleiten, bei denen davon ausgegangen werden kann, dass sie die Informationen zeitgleich in der gesamten EU und den übrigen Vertragsstaaten des EWR verbreiten.²²³

Inlandsemittenten und MTF-Emittenten iSd § 2 Abs. 14, 15 WpHG sind **100** darüber hinaus dazu verpflichtet, die nach Art. 19 Abs. 3 MMVO veröffentlichten Informationen unverzüglich, jedoch nicht vor Veröffentlichung nach Art. 19 Abs. 3 MMVO, dem Unternehmensregister (§ 8b HGB) zur Speicherung zu übermitteln und die Veröffentlichung der BaFin mitzuteilen. Veröffentlichungsmitteilungen können ebenfalls mittels Telefax oder, sofern die Übermittlung durch sog. Veröffentlichungsdienstleister erfolgt, per E-Mail bzw. über das MVP-Portal an die BaFin übermittelt werden.²²⁴

2. Belehrungs- und Dokumentationspflichten

Im Übrigen müssen Emittenten und Teilnehmer am Markt für Emissionszerti- **101** fikate, die in den sachlichen Anwendungsbereich von Art. 19 MMVO fallen, die bei ihnen tätigen Führungspersonen gem. Art. 19 Abs. 5 UAbs. 1 Satz 1 MMVO **schriftlich über deren Pflichten nach Art. 19 MMVO belehren**. Zu beachten ist, dass die Belehrung den gesamten Pflichtenkatalog des Art. 19 MMVO und nicht etwa nur die Meldepflicht zu umfassen hat.²²⁵ „Schriftlich" dürfte dabei nicht iSd Schriftform nach § 126 BGB zu verstehen sein mit der Folge, dass die Belehrung auch in Textform erfolgen darf.²²⁶ Vorstandsmitglieder belehrt der Aufsichtsrat; im Übrigen ist der Vorstand für die Belehrung zuständig. Dieselbe Verpflichtung trifft Führungspersonen gem. Art. 19 Abs. 5 UAbs. 2 MMVO ggü. Personen, zu denen sie in einer engen Beziehung stehen. Anders als Emittenten und Teilnehmer am Markt für Emissionszertifikate sind Führungspersonen allerdings verpflichtet, eine Kopie der Belehrung aufzubewahren.

Schließlich sind die Emittenten und die Teilnehmer am Markt für Emissionszerti- **102** fikate in Anlehnung an die bereits bekannten Insiderlisten gem. Art. 19 Abs. 5 UAbs. 1 Satz 2 MMVO dazu verpflichtet, eine **Liste sämtlicher meldepflichtigen Personen** (dh sowohl der Führungspersonen als auch der Personen, die in enger Beziehung zu diesen stehen) zu erstellen und fortlaufend zu führen. Das Erstellen und Führen der Liste ist Geschäftsführungsaufgabe und obliegt daher dem Vorstand, der die Aufgabe aber nach allg. Grundsätzen delegieren kann. Da der Emittent bzw. Teilnehmer am Markt für Emissionszertifikate naturgemäß selbst keine Kenntnis über diejenigen Personen hat, die in einer engen Beziehung zu Führungspersonen stehen, ist er gezwungen, auf die Richtigkeit und Aktualität der durch die Führungspersonen mitgeteilten Informationen zu vertrauen.²²⁷ Angesichts der Bußgeldbewehrung von Verstößen gegen die Erstellungs- bzw. Führungspflicht auch

---

²²³ Vgl. Art. 2 der Durchführungsverordnung (EU) 2016/1055 zu Art. 17 Abs. 10 MMVO.
²²⁴ *BaFin* FAQ zu Eigengeschäften von Führungskräften nach Art. 19 der MMVO, Stand: 1.2.2018, Ziff. VIII.5–VIII.6.
²²⁵ Insoweit missverständlich *Kumpan* AG 2016, 446 (456).
²²⁶ Überzeugend *Stüber* DStR 2016, 1221 (1224); *Hitzer/Wasmann* DB 2016, 1483 (1486).
²²⁷ Gleichsinnig *Stüber* DStR 2016, 1221 (1225).

in Fällen nicht richtiger oder nicht vollständiger Listen ist Emittenten und Teilnehmern am Markt für Emissionszertifikate zu empfehlen, von ihren Führungspersonen Erklärungen zur Richtigkeit und Vollständigkeit der mitgeteilten Informationen einzuholen und diese zur Aktualisierung zu verpflichten.

V. Zeitlich begrenztes Handelsverbot

103 Neben den bestehenden Meldepflichten unterliegen Führungspersonen (nicht aber: Personen, die in einer engen Beziehung zu einer Führungsperson stehen) nach Art. 19 Abs. 11 MMVO einem **30-tägigen Handelsverbot** (sog. geschlossene Zeiträume) vor Ankündigung eines Zwischen- oder Jahresabschlussberichts, dessen Veröffentlichung nach nationalem Recht oder den Vorschriften des Handelsplatzes, auf dem die Anteile des Emittenten zum Handel zugelassen sind, vorgeschrieben ist.[228] In zeitlicher Hinsicht knüpft das Handelsverbot entgegen dem missverständlichen Wortlaut „*vor Ankündigung*" grds. an die Veröffentlichung des jeweiligen Berichts an.[229] Damit dürfen Führungspersonen in einem Zeitraum von 30 Tagen vor Veröffentlichung weder direkt noch indirekt Eigengeschäfte oder Geschäfte für Dritte in Aktien oder Schuldtiteln des Emittenten oder damit verbundenen Derivaten oder anderen damit verbundenen Finanzinstrumenten tätigen. Der 30-Tageszeitraum ist vom Tag der Veröffentlichung zurück zu berechnen, wobei der Tag der Veröffentlichung nicht mitzurechnen ist. Zwischen dem Tag der Veröffentlichung und dem letzten möglichen Handelstag müssen dementsprechend 30 Tage liegen. Daraus folgt zugleich, dass das Handelsverbot unmittelbar nach erfolgter Veröffentlichung endet und nicht etwa erst mit Ablauf des Tages, an dem die Veröffentlichung erfolgt.[230] Direkte Geschäfte sind solche, bei denen die Führungsperson im eigenen Namen und auf eigene Rechnung handelt. Indirekte Geschäfte liegen dann vor, wenn Dritte (dies können auch Personen sein, die in einer engen Beziehung zu einer Führungsperson stehen[231]) stellvertretend oder im Auftrag der Führungsperson auf deren Rechnung handeln. Um Geschäfte für Dritte handelt es sich, wenn die Führungsperson im fremden Namen oder auf fremde Rechnung (zB für Personen, die in einer engen Beziehung zu ihr stehen[232]) handelt.[233] Nicht Dritter in diesem Sinne ist der Emittent selbst, so dass zB Aktienrückkäufe, Kapitalerhöhungen und Anleiheemissionen nicht in den Anwendungsbereich des Handelsverbots fallen.[234]

---

[228] Im Einzelfall kann das Handelsverbot damit über das Geschäftsjahr verteilt einen Zeitraum von bis zu vier Monaten einnehmen, vgl. *Seibt/Wollenschläger* AG 2014, 593 (602).

[229] ESMA, Final Report – ESMA's technical advice on possible delegated acts concerning the Market Abuse Regulation, Rn. 137 f.; s.a. *Poelzig* NZG 2016, 761 (770).

[230] Abw., aber in der Sache unverständlich *ESMA* Q A on the Market Abuse Regulation (MAR), Stand: 23.3.2018, Ziff. 7.2, abrufbar unter: https://www.esma.europa.eu.

[231] Gleichsinnig die *BaFin* FAQ zu Eigengeschäften von Führungskräften nach Art. 19 der MMVO, Stand: 1.2.2018, Ziff. VI.1.

[232] *BaFin* FAQ zu Eigengeschäften von Führungskräften nach Art. 19 der MMVO, Stand: 1.2.2018, Ziff. VI.1.

[233] Zur Unterscheidung zwischen direkten und indirekten Geschäften sowie Geschäften für Dritte siehe *Poelzig* NZG 2016, 761 (770).

[234] *BaFin* FAQ zu Eigengeschäften von Führungskräften nach Art. 19 der MMVO, Stand: 1.2.2018, Ziff. VII.4; ebenso *Stüber* DStR 2016, 1221 (1226); im Ergebnis auch *Poelzig* NZG 2016, 761 (770).

Inhaltlich betrifft das Handelsverbot zunächst **Jahresfinanzberichte** iSd § 114 **104**
WpHG und **Halbjahresfinanzberichte** iSd § 115 WpHG. Quartalsfinanzberichte
iSd § 115 Abs. 7 WpHG werden nicht erfasst, da ihre Veröffentlichung nicht (mehr)
verpflichtend vorgeschrieben ist. Zu erheblicher Rechtsunsicherheit hat in der
Praxis die Frage geführt, ob sog. **Quartals*mitteilungen***, wie sie nunmehr etwa § 53
BörsO FWB vorsieht, in den Anwendungsbereich des Handelsverbots fallen. In
der Literatur wird diese Frage zum Teil unter Hinweis auf die qualitativen Unterschiede zu der Finanzberichterstattung nach §§ 114, 115 WpHG verneint.[235] Dem
ist zu Recht entgegengehalten worden, dass auch rein deskriptive Beschreibungen
ohne Zahlenwerk insiderrelevante Informationen beinhalten oder jedenfalls voraussetzen können.[236] Gleichwohl hat inzwischen auch die BaFin einer qualitativen
Betrachtung den Vorzug gegeben, allerdings mit dem ausdrücklichen Vorbehalt,
dass in anderen Fällen verpflichtender quartalsweiser Berichterstattung abhängig
von den inhaltlichen Anforderungen gemäß den Vorschriften eines Handelsplatzes oder gemäß nationalem Recht eine abweichende rechtliche Bewertung möglich sei.[237] Richtigerweise dürfte einer Anwendung des Handelsverbots auf bloße
Quartals*mitteilungen* bereits das in Art. 103 Abs. 2 GG niedergelegte Gebot der
Bestimmtheit gesetzlicher Strafvorschriften entgegenstehen, das Geltung auch für
das Ordnungswidrigkeitenrecht (hier: § 120 Abs. 15 Nr. 22 iVm Abs. 18 WpHG)
beansprucht.[238] Ausgeschlossen ist danach jede Rechtsanwendung, die über den
Inhalt einer gesetzlichen Sanktionsnorm hinausgeht. Der mögliche Wortsinn des
Gesetzes (hier: *„Bericht"*, nicht *„Mitteilung"*) bildet danach zwingend die äußerste
Grenze zulässiger richterlicher Auslegung.[239] Dies gilt im Fall des § 53 BörsO
FWB umso mehr, als § 53 Abs. 6 BörsO FWB Quartalsfinanz*berichte* entsprechend
den Vorgaben des § 115 Abs. 2 Nr. 1 und 2, Abs. 3 und 4 sowie § 117 Nr. 2 WpHG
weiterhin ausdrücklich in Bezug nimmt und damit auch sprachlich erkennbar von
bloßen Quartals*mitteilungen* abgrenzt.[240]

Eng begrenzte **Möglichkeiten der Befreiung** von dem Handelsverbot sieht **105**
Art. 19 Abs. 12 MMVO vor, die in Art. 7 bis 9 der Delegierten Verordnung (EU)
2016/522 weitreichend konkretisiert werden.[241] Danach kann Führungspersonen
im Einzelfall erlaubt werden, während eines geschlossenen Zeitraums Eigengeschäfte oder Geschäfte für Dritte in Aktien oder Schuldtiteln des Emittenten oder
damit verbundenen Derivaten oder anderen damit verbundenen Finanzinstrumenten vorzunehmen. Die Befreiung erfolgt durch den Emittenten auf begründeten
schriftlichen Antrag der Führungsperson. Handelt es sich bei der Führungsperson
um ein Vorstandsmitglied, entscheidet der Aufsichtsrat über die Befreiung; in allen
anderen Fällen ist der Vorstand zuständig.[242] Vorliegen muss die Befreiung vor der

---

[235] So etwa *Stüber* DStR 2016, 1221 (1226 f.) mit Hinweis auf die ausreichende deskriptive Darstellung ohne Veröffentlichung von Bilanz und Gewinn- und Verlustrechnung.
[236] *Poelzig* NZG 2016, 761 (770).
[237] *BaFin* FAQ zu Eigengeschäften von Führungskräften nach Art. 19 der MMVO, Stand: 1.2.2018, Ziff. VI.3.
[238] Siehe nur BVerfGE 87, 399, 411 = NJW 1993, 581.
[239] BVerfGE 92, 1 (12) = NJW 1995, 1141.
[240] Ähnlich *Hitzer/Wasmann* DB 2016, 1483 (1487).
[241] Gem. Erwägungsgrund 22 der Delegierten Verordnung (EU) 2016/522 v. 17.12.2015, ABl. EU Nr. L 88 v. 5.4.2016, S. 1 sind die Befreiungstatbestände des Art. 19 Abs. 12 MMVO eng auszulegen.
[242] *Seibt/Wollenschläger* AG 2014, 593 (602); *Stüber* DStR 2016, 1221 (1227).

Aufnahme jeglicher Handelstätigkeit;[243] nachträgliche Befreiungen können nicht erteilt werden. In materieller Hinsicht kommt die Erteilung einer Befreiung nur dann in Betracht, wenn (a) entweder außergewöhnliche Umstände (zB schwerwiegende finanzielle Schwierigkeiten) vorliegen, die den unverzüglichen Verkauf von Anteilen erforderlich machen oder (b) das Geschäft im Rahmen von Arbeitnehmerbeteiligungsprogrammen getätigt wird oder die Ausübung von Optionsrechten, die Gewährung von Pflichtaktien oder Bezugsrechten oder den Transfer des Finanzinstruments zwischen zwei Depots der Führungsperson betrifft. Weitere allgemeine Voraussetzung für die Befreiung ist gem. Art. 7 Abs. 1 Buchst. b der Delegierten Verordnung (EU) 2016/522, dass das Geschäft nachweislich zu keinem anderen Zeitpunkt als während eines geschlossenen Zeitraums ausgeführt werden kann.

VI. Sanktionen bei Zuwiderhandlung

106 Auch mit Inkrafttreten der MMVO zum 3.7.2016 besteht in den Mitgliedstaaten **kein vollharmonisiertes Sanktionsregime**.[244] Stattdessen stellt die MMVO in diesem Bereich lediglich Mindestanforderungen auf, die von den Mitgliedstaaten ebenfalls bis zum 3.7.2016 in nationales Recht umzusetzen waren (Art. 30 ff. MMVO iVm Art. 39 Abs. 3 MMVO). Auf dieser Grundlage stellen vorsätzliche oder leichtfertige Verstöße gegen die Melde-, Veröffentlichungs- und sonstigen Verhaltenspflichten des Art. 19 MMVO gem. § 120 WpHG **Ordnungswidrigkeiten** dar. Gleiches gilt für Verstöße gegen die Übermittlungs- und Mitteilungspflichten des § 26 Abs. 2 WpHG. Darüber hinaus können (auch einfach fahrlässige) Verstöße gem. § 6 Abs. 6 Nr. 2 und Nr. 7, Abs. 7 bis 9 WpHG mit weiteren verwaltungsrechtlichen Sanktionen und Maßnahmen wie etwa der Anordnung der Einstellung von Handlungen, Tätigkeitsverboten oder Warnungen geahndet werden. Schließlich sieht § 125 WpHG die verpflichtende öffentliche Bekanntmachung von Maßnahmen und Sanktionen durch die BaFin vor (sog. **Naming and Shaming**).

107 Mit **strafrechtlichen Sanktionen** sind Verstöße gegen Art. 19 MMVO grds. nicht belegt. Im Einzelfall können vorsätzliche Verstöße aber eine verbotene **Marktmanipulation** iSd Art. 15, 12 MMVO begründen (s. Rn. 83), die gem. §§ 119 Abs. 1, 120 Abs. 15 Nr. 2 WpHG strafbewehrt ist. Mangels Einordnung von Art. 19 MMVO als Schutzgesetz iSd § 823 Abs. 2 BGB lassen sich **zivilrechtliche Schadensersatzansprüche** an einen Meldeverstoß wie bisher nur unter den engen Voraussetzungen des § 826 BGB knüpfen.[245] Entgegen zum Teil anderslautender Stimmen lässt sich insb. Art. 1 MMVO nicht entnehmen, dass der europäische Verordnungsgeber den Schutz des einzelnen (!) Anlegers zu einem eigenständigen Regelungsziel der MMVO erhoben hat.[246]

---

[243] Vgl. Erwägungsgrund 21 der Delegierten Verordnung (EU) 2016/522 v. 17.12.2015, ABl. EU Nr. L 88 v. 5.4.2016, S. 1.
[244] Hierzu ausführlich *Seibt/Wollenschläger* AG 2014, 593 (603 ff.); *Krause* CCZ 2014, 248 (258 ff.).
[245] So schon zu § 15a WpHG aF Assmann/Schneider/*Sethe* WpHG § 15a Rn. 140 f.; Marsch-Barner/Schäfer/*Schäfer* § 16 Rn. 24 f.; Wachter/*Merkner/Sustmann* Kap. 19 Rn. 109.
[246] Abw. *Poelzig* NZG 2016, 492 (501); wie hier *Kumpan* AG 2016, 446 (458).

B. Pflichten z. Meldung u. Veröffentlichung v. Eigengeschäften 108, 109 § 21

1. Bußgeldbewehrung

Unter Geltung der MMVO ist es für Pflichtenverstöße im Bereich der Managers' **108**
Transactions, wie auch in allen sonstigen Regelungsbereichen der MMVO, zu einer
deutlichen Anhebung des Bußgeldrahmens gekommen. Insbesondere wird bei
Verstößen gegen Art. 19 MMVO (nicht: § 26 Abs. 2 WpHG) für die Bußgeldhöhe
im Gleichlauf mit den Vorgaben der Transparenzrichtlinie-Änderungsrichtlinie (s.
Rn. 79) nunmehr danach differenziert, ob der Pflichtenverstoß von einer natürlichen Person (Mindestgeldbuße iHv bis zu 500.000 EUR) oder einer juristischen
Person bzw. Personenvereinigung (Mindestgeldbuße iHv bis zu 1 Mio. EUR) begangen wurde. Darüber hinaus können Ordnungswidrigkeiten mit einer Geldbuße
bis zum Dreifachen des durch die Zuwiderhandlung erlangten finanziellen Vorteils geahndet werden. Umsatzbezogene Bußgelder sind im Bereich der Managers'
Transactions demgegenüber nicht vorgesehen.

Im Einzelnen sind vorsätzliche oder leichtfertige Verstöße gegen die Melde- **109**
, Veröffentlichungs- und sonstigen Verhaltenspflichten des Art. 19 MMVO
sowie Verstöße gegen die Übermittlungs- und Mitteilungspflichten des § 26 Abs. 2
WpHG gem. § 120 Abs. 18 und Abs. 24 WpHG **wie folgt bußgeldbewehrt:**
- Verstöße gegen die Meldepflichten des Art. 19 Abs. 1 UAbs. 1, auch iVm Abs. 7
 UAbs. 1 MMVO, jeweils auch iVm der Durchführungsverordnung (EU)
 2016/523 zu Art. 19 Abs. 15 UAbs. 3 MMVO gem. § 120 Abs. 15 Nr. 17 iVm
 Abs. 18 WpHG iHv bis zu 500.000 EUR oder bis zum Dreifachen des aus dem
 Verstoß gezogenen wirtschaftlichen Vorteils;
- Verstöße gegen die Veröffentlichungspflicht des Art. 19 Abs. 3 UAbs. 1 iVm
 Abs. 4, auch iVm der Durchführungsverordnung (EU) 2016/523 zu Art. 19
 Abs. 15 UAbs. 3 MMVO gem. § 120 Abs. 15 Nr. 18 iVm Abs. 18 WpHG iHv
 bis zu 1 Mio. EUR oder bis zum Dreifachen des aus dem Verstoß gezogenen
 wirtschaftlichen Vorteils;
- Verstöße gegen die Belehrungspflichten des Art. 19 Abs. 5 UAbs. 1 Satz 1
 und UAbs. 2 MMVO gem. § 120 Abs. 15 Nr. 19 iVm Abs. 18 WpHG iHv bis
 zu 500.000 EUR (natürliche Personen), 1 Mio. EUR (juristische Personen und
 Personenvereinigungen) oder bis zum Dreifachen des aus dem Verstoß gezogenen
 wirtschaftlichen Vorteils;
- Verstöße gegen die Erstellungspflicht des Art. 19 Abs. 5 UAbs. 1 Satz 2 MMVO
 gem. § 120 Abs. 15 Nr. 20 iVm Abs. 18 WpHG iHv bis zu 1 Mio. EUR oder bis
 zum Dreifachen des aus dem Verstoß gezogenen wirtschaftlichen Vorteils;
- Verstöße gegen die Aufbewahrungspflicht des Art. 19 Abs. 5 UAbs. 2 MMVO
 gem. § 120 Abs. 15 Nr. 21 iVm Abs. 18 WpHG iHv bis zu 500.000 EUR oder
 bis zum Dreifachen des aus dem Verstoß gezogenen wirtschaftlichen Vorteils;
- Verstöße gegen das Handelsverbot des Art. 19 Abs. 11 MMVO gem. § 120 Abs. 15
 Nr. 22 iVm Abs. 18 WpHG iHv bis zu 500.000 EUR oder bis zum Dreifachen
 des aus dem Verstoß gezogenen wirtschaftlichen Vorteils;
- Verstöße gegen die Übermittlungspflicht des § 26 Abs. 2 WpHG gem. § 120
 Abs. 1 Nr. 2 iVm Abs. 24 WpHG bis zu 200.000 EUR;
- Verstöße gegen die Mitteilungspflicht des § 26 Abs. 2 WpHG gem. § 120 Abs. 1
 Nr. 4 iVm Abs. 24 WpHG bis zu 100.000 EUR.

Soweit die Vorschriften eine **vorteilsbezogene Bebußung** ermöglichen, ist der entspr. **Bußgeldrahmen** immer dann anzuwenden, wenn er zu einem höheren Bußgeldwert als die jeweils betragsmäßig festgelegte Wertobergrenze führt.[247]

2. Naming und Shaming

110 Darüber hinaus ist die BaFin nunmehr gem. § 125 WpHG nach vorheriger Unterrichtung der Betroffenen **verpflichtet**, Entscheidungen über verwaltungsrechtliche Maßnahmen und Sanktionen wegen Verstößen gegen die in Art. 19 Abs. 1, 2, 3, 4, 6, 7 und 11 MMVO angeordneten Melde-, Veröffentlichungs- und sonstigen Verhaltenspflichten unter Angabe der für die Zuwiderhandlung verantwortlichen natürlichen oder juristischen Person bzw. Personenvereinigung auf ihrer Internetseite zu veröffentlichen (sog. Naming and Shaming). Anders als im Anwendungsbereich des § 123 Abs. 1 WpHG[248] steht die Veröffentlichung hier also nicht im Ermessen der BaFin; zudem kann die BaFin die Veröffentlichung bereits vor Rechts- bzw. Bestandskraft der Entscheidung vornehmen. Macht die BaFin von dieser Möglichkeit Gebrauch, muss sie hierauf nach § 125 Abs. 4 WpHG in der Veröffentlichung ausdrücklich hinweisen. Gleiches gilt für den Fall, dass die Entscheidung angefochten wird. Hier hat die BaFin die Veröffentlichung unverzüglich nachträglich um einen Hinweis auf den Rechtsbehelf sowie im weiteren Verlauf um das Ergebnis des Rechtsbehelfsverfahrens zu ergänzen. **Verantwortliche Person** iSd § 125 WpHG ist die natürliche oder juristische Person bzw. Personenvereinigung, gegen die sich die verwaltungsrechtliche Maßnahme oder Sanktion formal richtet. Dementsprechend sind bei einer Sanktionierung von juristischen Personen oder Personenvereinigungen nur diese und nicht auch die für sie handelnden Organe oder sonstige natürliche Personen zu benennen. Dies gilt selbstverständlich dann nicht, wenn gegen sie eine eigenständige Maßnahme oder Sanktion verhängt wurde.[249] Ausnahmen, in denen die Bekanntmachung in anonymisierter Form zu ergehen hat, aufzuschieben ist oder vollständig unterbleiben muss, enthält § 125 Abs. 3 WpHG.

---

[247] Hierdurch sollen die Möglichkeiten der BaFin verbessert werden, dem Einzelfall angemessene, effektive und gleichzeitig verhältnismäßige Sanktionen zu verhängen, s. bereits Begr. RegE TRL-ÄndRL-UmsG v. 26.5.2015, BT-Drs. 18/5010, 53.

[248] Bislang hat die BaFin von der Veröffentlichungsmöglichkeit nach § 123 Abs. 1 WpHG (§ 40b Abs. 1 WpHG aF) nur sehr zurückhaltend Gebrauch gemacht, s. aber zB auch die Veröffentlichung der BaFin v. 20.3.2015 betreffend das Rekordbußgeld iHv 3,25 Mio. EUR gegen die BlackRock Investment Management (UK) Ltd., das wegen Verstößen gegen die Meldepflichten der §§ 33, 34, 38 WpHG (§§ 21, 22, 25 WpHG aF) verhängt wurde.

[249] Vgl. insoweit zur Parallelregelung des § 124 WpHG Begr. RegE TRL-ÄndRL-UmsG v. 26.5.2015, BT-Drs. 18/5010, 54.

§ 22 Insiderüberwachung

Bearbeiter: Dirk Horcher

Übersicht

	Rn.
A. Überblick	1–5
1. Allgemeines	1–3
2. Anwendungsbereich	4, 5
B. Insiderverbote	6–31
I. Insiderinformation	7
1. Präzise Information	8–12
2. Nicht öffentlich bekannte Information	13
3. Bezug zu Emittent / Finanzinstrument	14, 15
4. Erhebliches Kursbeeinflussungspotential	16–18
II. Verbotene Insidergeschäfte	19–30
1. Erwerbs- und Veräußerungsverbot	19–24
2. Empfehlungs- und Verleitungsverbot	25
3. Offenlegungsverbot	26–30
III. Sanktionen	31, 32
1. Öffentlich-rechtliche Sanktionen	31
2. Zivilrechtliche Sanktionen	32
C. Ad-hoc-Publizitätspflicht	33–51
I. Betroffene Unternehmen	35
II. Relevante Informationen	36–39
III. Inhalt und Verfahren der Veröffentlichung	40, 41
IV. Befreiung von Veröffentlichungspflicht	42–49
1. Berechtigtes Emittenteninteresse	47
2. Keine Irreführung der Öffentlichkeit	48
3. Gewährleistung der Vertraulichkeit	49
V. Sanktionen	50, 51
1. Öffentlich-rechtliche Sanktionen	50
2. Zivilrechtliche Sanktionen	51
D. Insiderliste	52–64
I. Betroffene Unternehmen	53–56
II. Aufzunehmende Personen	57, 58
III. Aufbau und Inhalt der Insiderliste	59–62
IV. Sanktionen	63, 64
1. Öffentlich-rechtliche Sanktionen	63
2. Zivilrechtliche Sanktionen	64
E. Marktmanipulationsverbot	65–76
I. Verbotstatbestände	66–74
1. Handelsgestützte Marktmanipulation	68–71
2. Informationsgestützte Marktmanipulation	72–74
II. Sanktionen	75, 76
1. Öffentlich-rechtliche Sanktionen	75
2. Zivilrechtliche Sanktionen	76

§ 22 Insiderüberwachung

Schrifttum: *Becker/Canzler* Die WpHG-Bußgeldrichtlinien der BaFin – Eine Übersicht unter Berücksichtigung erster praktischer Erfahrungen, NZG 2014, 1090 ff.; *Beneke/Thelen* Die Schutzgesetzqualität des Insiderhandelsverbots gem. Art. 14 Marktmissbrauchsverordnung, BKR 2017, 12 ff.; *Böse* Marktmanipulation durch Unterlassen – ein Auslaufmodell?, wistra 2018, 22 ff.; *Bühren* Auswirkungen des Insiderhandelsverbots der EU-Marktmissbrauchsverordnung auf M&A-Transaktionen, NZG 2017, 1172 ff.; *Bülte/Müller* Ahndungslücken im WpHG durch das Erste Finanzmarktnovellierungsgesetz und ihre Folgen, NZG 2017, 205 ff.; *Bussian* Die Verwendung von Insiderinformationen, WM 2011, 8 ff.; *Engelland* Ad-hoc-Publizität – Änderungen durch die neue Marktmissbrauchsverordnung, BaFin Journal 7/2016, 28 ff.; *von Buttlar* Die Stärkung der Aufsichts- und Sanktionsbefugnisse im EU-Kapitalmarktrecht: ein neues „field of dreams" Regulierer?, BB 2014, 451 ff.; *Giering* Das neue Kapitalmarktmissbrauchsrecht für Emittenten, CCZ 2016, 214 ff.; *Graßl* Die neue Marktmissbrauchsverordnung der EU, DB 2015, 2066 ff.; *Groß* Befreiung von der Ad-hoc-Publizität nach § 15 Abs. 3 WpHG, FS U. Schneider, S. 385 ff.; *Ihrig* Wissenszurechnung im Kapitalmarktrecht – untersucht anhand der Pflicht zur Ad-hoc-Publizität gemäß Art. 17 MAR, ZHR 2017, 381 ff.; *Ihrig/Kranz* EuGH-Entscheidung Geltl/Daimler: „Selbstbefreiung" von der Ad-hoc-Publizitätspflicht, BB 2013, 451 ff.; *Kiesewetter/Parmentier* Verschärfung des Marktmissbrauchsrechts – ein Überblick über die neue EU-Verordnung über Insidergeschäfte und Marktmanipulation, BB 2013, 2371 ff.; *Krämer/Kiefner* Ad-hoc-Publizität nach dem Final Report der ESMA – Praxisfragen und weiterer Korrekturbedarf, AG 2016, 621 ff.; *Klöhn* Die (Ir-)Relevanz der Wissenszurechnung im neuen Recht der Ad-hoc-Publizität und des Insiderhandels, NZG 2017, 1285 ff.; *ders.* Die Spector-Vermutung und deren Widerlegung im neuen Insiderrecht, WM 2017, 2085 ff.; *ders.*, Ad-hoc-Publizität und Insiderverbot nach „Lafonta", NZG 2015, 809 ff.; *ders.* Ad-hoc-Publizität und Insiderverbot im neuen Marktmissbrauchsrecht, AG 2016, 423 ff.; *ders.* Wann ist eine Information öffentlich bekannt i.S.v. Art. 7 MAR?, ZHR 2016, 707 ff.; *Klöhn/Büttner* Generalamnestie im Kapitalmarktrecht?, ZIP 2016, 1801 ff.; *Krause* Kapitalmarktrechtliche Compliance: neue Pflichten und drastisch verschärfte Sanktionen nach der EU-Marktmissbrauchsverordnung, CCZ 2014, 248 ff.; *Kumpan* Ad-hoc-Publizität nach der Marktmissbrauchsverordnung – Untersuchung wesentlicher Neuerungen und deren Auswirkungen auf Emittenten, DB 2016, 2039 ff.; *Langenbucher* In Brüssel nichts Neues? – Der „verständige Anleger" in der Marktmissbrauchsverordnung, AG 2016, 417 ff.; *Nartowska/Walla* Die WpHG-Bußgeldleitlinien der BaFin – Anmerkungen und Fortentwicklungsbedarf aus Sicht der Praxis, NZG 2015, 977 ff.; *Poelzig* Durchsetzung und Sanktionierung des neuen Marktmissbrauchsrechts, NZG 2016, 492 ff.; *dies.* Insider- und Marktmanipulationsverbot im neuen Marktmissbrauchsrecht, NZG 2016, 528 ff.; *Renz/Leibold* Die neuen strafrechtlichen Sanktionsregelungen im Kapitalmarktrecht, CCZ 2016, 157; *Retsch* Die Selbstbefreiung nach der Marktmissbrauchsverordnung, NZG 2016, 1201 ff.; *Rothenfußer/Jäger* Generalamnesie im Kapitalmarktrecht durch das Erste Finanzmarktnovellierungsgesetz, NJW 2016, 2689 ff.; *Scholz* Ad-hoc-Publizität und Freiverkehr, NZG 2016, 1286 ff.; *Seibt/Wollenschläger*, Revision des Marktmissbrauchsrechts durch Marktmissbrauchsverordnung und Richtlinie über strafrechtliche Sanktionen für Marktmanipulation, AG 2014, 593 ff.; *Simons* Die Insiderliste (Art. 18 MMVO), CCZ 2016, 221 ff.; *ders.* (Weitere) Zweifelsfragen zur Insiderliste, CCZ 2017, 182 ff.; *Söhner* Praxis-Update Marktmissbrauchsverordnung: Neue Leitlinien und alte Probleme, BB 2017, 259 ff.; *Teigelack* Ad-hoc-Mitteilungspflicht bei Zivilprozessen, BB 2016, 1604 ff.; *Veil*, Europäisches Insiderrecht 2.0 – Konzeption und Grundsatzfragen der Reform durch MAR und CRIM-MAD, ZBB 2014, 85 ff.; *von der Linden* Das neue Marktmissbrauchsrecht im Überblick, DStR 2016, 1036 ff.; *Weber* Die Entwicklung des Kapitalmarktrechts in 2016/2017, NJW 2017, 991 ff.; *Wilsing/Kleemann* Veröffentlichung von Insider-Information mit potenziellem Einfluss auf Kurse von Finanzinstrumenten auch ohne entnehmbare Richtung, DStR 2015, 955 ff.; *Zetzsche* Normaler Geschäftsgang und Verschwiegenheit als Kriterium für die Weitergabe transaktionsbezogener Insiderinformationen an Arbeitnehmer, NZG 2015, 817 ff.; *dies.* Die Marktsondierung nach Art. 11 MAR, Pflichten der Sondierenden und der Marktgegenseite, AG 2016, 610 ff.

A. Überblick

1. Allgemeines

Durch das Inkrafttreten der Marktmissbrauchsverordnung (EU) Nr. 596/2014[1] (MMVO) am 3.7.2016 kam es zu einer Neuordnung der Vorschriften zur Insiderüberwachung. Die zuvor anwendbaren Vorschriften des WpHG wurden aufgehoben; stattdessen sind die Vorschriften der MMVO auf nationaler Ebene nunmehr unmittelbar anwendbar und werden primär im straf- und bußgeldrechtlichen Bereich durch die Vorschriften des WpHG ergänzt. Ein Kernelement des (alten wie neuen) Insiderrechts ist das **Verbot von Insidergeschäften** (Art. 14 MMVO; vgl. Rn. 6 ff.). Die Verbotstrias umfasst (i) das Tätigen von Insidergeschäften, (ii) die Empfehlung oder Verleiten Dritter zu Insidergeschäften und (iii) die unrechtmäßige Offenlegung von Insiderinformationen. Ein weiteres Kernelement des Insiderrechts ist die **Ad-hoc-Veröffentlichungspflicht** für Emittenten, diese unmittelbar betreffende Insiderinformationen unverzüglich zu veröffentlichen (Art. 17 MMVO; vgl. Rn. 33 ff.). Bezugspunkt und Auslöser sowohl des Verbots von Insidergeschäften als auch der Ad-hoc-Publizitätspflicht ist das Vorliegen einer **Insiderinformation**, dh einer präzisen, nicht öffentlich bekannten Information mit erheblichem Kursbeeinflussungspotential (Art. 7 Abs. 1 Buchst. a MMVO; vgl. Rn. 7 ff.). Flankiert wird die MMVO durch die Marktmissbrauchsrichtlinie 2014/57/EU[2] **(CRIM-MAD)**, die strafrechtliche Sanktionen bei Verstößen normiert und die mit Wirkung zum 3.7.2016 – nach der Rechtsprechung des Bundesgerichtshofs ohne Ahndungslücke[3] – in den §§ 119 ff. WpHG in nationales Recht umgesetzt wurde[4], sowie durch sog. Level 2-Maßnahmen (ua delegierte und Durchführungsverordnungen) und sog. Level 3-Maßnahmen (ua die Leitlinien der European Securities and Markets Authority, **ESMA**).[5] Zudem hat die BaFin auf ihrer Website verschiedene FAQs sowie Präsentationen zur MMVO veröffentlicht und die Grundsätze ihrer der Bußgeldzumessung in Bußgeldleitlinien[6] festgelegt. In Umsetzung der Vorgaben von Art. 30, 31 MMVO wurden zudem – mit dem Ziel einer abschreckenden Wirkung[7] – die bußgeldrechtlichen Sanktionen erheblich verschärft.

Die Vorschriften der MMVO bezwecken den **Schutz der Anleger** am Kapitalmarkt und den **Schutz der Funktionsfähigkeit und Integrität der Ka-**

---

[1] Verordnung (EU) Nr. 596/2014 des Europäischen Parlaments und des Rates v. 16.4.2014 über Marktmissbrauch (Marktmissbrauchsverordnung) und zur Aufhebung der Richtlinie 2003/6/EG des Europäischen Parlaments und des Rates und der Richtlinien 2003/124/EG, 2003/125/EG und 2004/72/EG der Kommission, ABl. EU L 173/1.
[2] Erstes Gesetz zur Novellierung von Finanzmarktvorschriften auf Grund europäischer Rechtsakte vom 30.6.2016, BGBl. 2016 I 1514.
[3] BGH 5 StR 532/16, NZG 2017, 236; ebenso *Klöhn/Büttner* ZIP 2016, 1801; aA *Rothenfußer/Jäger* NJW 2016, 2689; *Bülte/Müller* NZG 2017, 205.
[4] Ausführlich zu den Sanktionen unter der MMVO und der CRIM-MAD *von Buttlar* BB 2014, 451; *Poelzig* NZG 2016, 492.
[5] Zu den Konkretisierungsstufen nach dem Lamfalussy-Verfahren etwa *Poelzig* NZG 2016, 528; *Klöhn/Klöhn* Einleitung Rn. 32 ff.
[6] WpHG-Bußgeldleitlinien II, Leitlinien zur Festsetzung von Geldbußen im Bereich des WpHG, Stand Februar 2017; Näheres zu einzelnen Zumessungskriterien *Becker/Canzler* NZG 2014, 1090.
[7] Vgl. Erwägungsgrund 71 der MMVO.

pitalmärkte und damit die Stärkung des Vertrauens der Öffentlichkeit in die Kapitalmärkte.[8]

3 Die Bundesanstalt für Finanzdienstleistungsaufsicht (**BaFin**) bleibt gem. Art. 22 MAR iVm § 6 Abs. 5 WpHG zuständige Aufsichtsbehörde für Verstöße gegen Insidervorschriften. Die ESMA nimmt jedoch, insbesondere durch den Erlass technischer Durchführungs- und Regulierungsstandards (vgl. Art. 10 und 15 VO (EU) Nr. 1095/2010[9]) und Leitlinien und Empfehlungen (vgl. Art. 16 VO (EU) Nr. 1095/2010), eine stärkere und die Rechtsprechung des EuGH eine zentrale Rolle bei der Ausgestaltung des Rechtsrahmens für das Verbot von Insidergeschäften, die Ad-hoc-Publizitätspflicht und das Marktmanipulationsverbot ein.[10]

2. Anwendungsbereich

4 Der **sachliche Anwendungsbereich** der MMVO geht über die frühere Rechtslage hinaus. Erfasst werden gem. Art. 2 Abs. 1 MMVO Finanzinstrumente, die (i) zum Handel auf einem geregelten Markt zugelassen sind oder für die ein Antrag auf Zulassung zum Handel auf einem geregelten Markt gestellt wurde, (ii) Finanzinstrumente, die in einem multilateralen Handelssystem (Multilateral Trading Facility, **MTF**) gehandelt werden, zum Handel in einem MTF zugelassen sind oder für die ein Antrag auf Zulassung zum Handel in einem MTF gestellt wurde, (iii) Finanzinstrumente, die in einem organisierten Handelssystem (Organized Trading Facility, **OTF**) gehandelt werden, zum Handel in einem OTF zugelassen sind oder für die ein Antrag auf Zulassung zum Handel in einem OTF gestellt wurde, und (iv) Finanzinstrumente, die nicht unter eine der drei genannten Kategorien fallen, deren Kurs oder Wert jedoch von dem Kurs oder Wert eines der vorgenannten Finanzinstrumente abhängt oder sich darauf auswirkt. In Deutschland ist damit zum einen der regulierte Markt iSd §§ 32 ff. BörsG erfasst.[11] Zum anderen werden über das Insider- und Marktmanipulationsverbot hinaus jetzt auch Unternehmen, deren Finanzinstrumente – mit Zustimmung des Unternehmens – lediglich im Freiverkehr (wie etwa Scale der Frankfurter Wertpapierbörse oder m:access der Münchener Börse) gehandelt werden, von den Vorschriften der MMVO erfasst. Damit besteht für diese Unternehmen eine gesetzliche Ad-hoc-Publizitätspflicht und eine Pflicht zur Führung von Insiderlisten. Mit Inkrafttreten der 2. Finanzmarktrichtlinie (Markets in Financial Instruments Directive, **MiFID II**)[12] am 3.1.2018 gilt die MMVO auch für Emissionszertifikate (Art. 2 Abs. 1 UAbs. 2 MMVO).

5 Dem **räumlichen Anwendungsbereich** liegt das Marktortprinzip zugrunde.[13] Von der MMVO erfasst werden alle Handlungen, die sich auf eines der oben

---

[8] Vgl. Erwägungsgrund 2 der MMVO; Schimansky/Bunte/Lwowski/*Hopt/Kumpan* § 107 Rn. 4; zur früheren Rechtslage Just/Voß/Ritz/Becker/*Ritz* WpHG vor § 12 Rn. 14 ff.; Assmann/Schneider/*Assmann* WpHG vor § 12 Rn. 45 ff.

[9] Verordnung (EU) Nr. 1095/2010 des Europäischen Parlaments und des Rates vom 24. November 2010 zur Errichtung einer Europäischen Aufsichtsbehörde (Europäische Wertpapier- und Marktaufsichtsbehörde), zur Änderung des Beschlusses Nr. 716/2009/EG und zur Aufhebung des Beschlusses 2009/77/EG der Kommission, ABl. EU L 331/84.

[10] *Krause* CCZ 2014, 248 (260); ähnlich *Seibt/Wollenschläger* AG 2014, 593 (608); vgl. zur Rolle der ESMA auch *Poelzig* NZG 2016, 492 (493); *Weber* NJW 2017, 991.

[11] *Von der Linden* DStR 2016, 1036.

[12] Richtlinie 2014/65/EU des Europäischen Parlaments und des Rates vom 15.5.2014 über Märkte für Finanzinstrumente sowie zur Änderung der Richtlinien 2002/92/EG und 2011/61/EU, ABl. EU L 173/349.

[13] *Poelzig* NZG 2016, 528 (530 f.).

genannten Finanzinstrumente beziehen, sofern diese auf einem Handelsplatz innerhalb der EU gehandelt werden; die Handlung muss selbst nicht auf einem der genannten Handelsplätze getätigt werden (Art. 2 Abs. 3 MMVO).

B. Insiderverbote

Die bisherigen inhaltlichen Regelungen zu Insidergeschäften werden dabei **im Wesentlichen beibehalten**, zumal sich die MMVO an der bisherigen Rechtsprechung des EuGH zum Insiderrecht orientiert.[14] 6
Die Verbotstrias des Art. 14 MMVO erfasst folgende Handlungen:
- das Tätigen von Insidergeschäften und der Versuch hierzu (Buchst. a),
- die Empfehlung an Dritte und deren Verleiten, Insidergeschäfte zu tätigen (Buchst. b) und
- die unrechtmäßige Offenlegung von Insiderinformationen (Buchst. c).

Ein **Insidergeschäft** ist hierbei der (direkte oder indirekte) Erwerb oder die Veräußerung von Finanzinstrumenten für eigene oder fremde Rechnung unter Nutzung einer Insiderinformation (Art. 8 MMVO).

I. Insiderinformation

Nach der Legaldefinition des Art. 7 Abs. 1 Buchst. a MMVO handelt es sich bei einer Insiderinformation um nicht öffentlich bekannte präzise Informationen, die direkt oder indirekt einen oder mehrere Emittenten oder ein oder mehrere Finanzinstrumente betreffen und die, wenn sie öffentlich bekannt würden, geeignet wären, den Kurs dieser Finanzinstrumente oder den Kurs damit verbundener derivativer Finanzinstrumente erheblich zu beeinflussen. Im Wesentlichen entspricht der Begriff der Insiderinformation dem des § 13 Abs. 1 Satz 1, 3 WpHG aF,[15] jedoch mit einigen Änderungen und Klarstellungen.[16] 7

1. Präzise Information

Nach Art. 7 Abs. 2 Satz 1 MMVO ist eine Information dann als präzise anzusehen, wenn damit ein Umstand gemeint ist, der bereits gegeben ist oder bei dem man vernünftigerweise erwarten kann, dass er in Zukunft gegeben sein wird, oder ein Ereignis, das bereits eingetreten ist oder von dem man vernünftigerweise erwarten kann, dass es in Zukunft eintreten wird, und diese Information darüber hinaus spezifisch genug ist, um einen Schluss auf die mögliche Auswirkung des Umstands oder des Ereignisses auf den Kurs des Finanzinstruments oder des damit verbundenen derivativen Finanzinstruments zuzulassen.[17] Für die Qualifizierung als Insiderinformation ist unerheblich, ob der Ausschlag in eine bestimmte Kursrichtung 8

---

[14] Schimansky/Bunte/Lwowski/*Hopt*/*Kumpan* § 107 Rn. 9.
[15] Verweise auf Paragraphen des WpHG aF beziehen sich auf das WpHG in der Fassung vor dem Ersten Finanzmarktnovellierungsgesetz v. 20.6.2016 (BGBl. 2016 I 1514) und damit auf die bis zum 2.7.2016 geltende Fassung.
[16] *Von der Linden* DStR 2016, 1036 (1037).
[17] Vgl. BaFin-Präsentation v. 11.12.2017 (Veröffentlichung von und Umgang mit Insiderinformationen) S. 5; hierzu bereits BGH II ZB 7/09, NZG 2013, 711.

vorhergesagt werden kann.[18] Des Weiteren muss das Ausmaß der Auswirkung auf den Kurs des betroffenen Finanzinstruments nicht berücksichtigt werden.[19]

9 **Zukünftige Ereignisse** gelten als ausreichend präzise, wenn mit hinreichender Wahrscheinlichkeit davon auszugehen ist, dass diese in Zukunft eintreten werden. Hierfür ist nach Verwaltungspraxis der BaFin eine Wahrscheinlichkeit von 50 % + x ausreichend.[20]

10 In Kodifizierung der Geltl/Daimler-Rechtsprechung des EuGH[21] bestimmt nun Art. 7 Abs. 3 MMVO ausdrücklich, dass auch ein **Zwischenschritt** in einem gestreckten Vorgang eine Insiderinformation darstellt, falls er für sich genommen die Kriterien für Insiderinformationen erfüllt. Insbesondere bei **mehrstufigen Entscheidungsprozessen** wie etwa M&A-Transaktionen oder auch die Bestellung bzw. Abberufung von Organmitgliedern muss folglich sowohl das geplante Endergebnis als zukünftiges Ereignis als auch die Zwischenschritte als bereits eingetretene Ereignisse auf ihren Insiderinformationsgehalt überprüft werden (vgl. auch Rn. 18).[22]

11 **Allgemeine Marktdaten** wie Informationen über Marktverhältnisse oder Wettbewerbsparameter können nicht generell als nicht ausreichend präzise qualifiziert werden, ihnen fehlt es aber in der Regel jedenfalls an der Kursrelevanz (vgl. Rn. 16 ff.).[23] Ausgenommen sind jedenfalls nur vage Informationen, die keine Schlussfolgerung hinsichtlich ihrer möglichen Auswirkung auf den Kurs der betreffenden Finanzinstrumente zulassen.[24]

12 Jedoch behandelt die BaFin **Gerüchte** als präzise Information, sofern sie einen ernst zu nehmenden Kern haben und verlässlich erscheinen und ein verständiger Anleger auf ihrer Grundlage handeln würde.[25] Maßgeblich ist die Quelle des Gerüchts, die ihm zugrundeliegenden nachprüfbaren Fakten und die Verfassung der Märkte im Allgemeinen und des Segments der betroffenen Firma im Besonderen.[26]

---

[18] Schimansky/Bunte/Lwowski/*Hopt/Kumpan* § 107 Rn. 43; EuGH C-628/13, NZG 2015, 434 – Lafonta; zustimmend *Wilsing/Kleemann* DStR 2015, 958; *Klöhn* NZG 2015, 809 (813).
[19] Vgl. Erwägungsgrund 16 der MMVO; EuGH C-19/11, NZG 2012, 785 – Geltl; BaFin-Präsentation vom 11.12.2017 (Veröffentlichung von und Umgang mit Insiderinformationen) S. 5; damit hat der Verordnungsgeber für die Beurteilung, ob eine Information präzise ist, dem *probability-magnitude*-Test eine Absage erteilt.
[20] BaFin-Präsentation v. 11.12.2017 (Veröffentlichung von und Umgang mit Insiderinformationen) S. 5.
[21] EuGH C-19/11, NZG 2012, 785 – Geltl; BGH ZB 7/09, NZG 2013, 710.
[22] BaFin-Präsentation vom 11.12.2017 (Veröffentlichung von und Umgang mit Insiderinformationen) S. 6.
[23] Klöhn/*Klöhn* MAR Art. 7 Rn. 91; zur früheren Rechtslage Assmann/Schneider/*Assmann* WpHG § 13 Rn. 9; Just/Voß/Ritzel/Becker/*Ritz* WpHG § 13 Rn. 55.
[24] Klöhn/*Klöhn* MAR Art. 7 Rn. 91; EuGH C-628/13, NZG 2015, 434; zur früheren Rechtslage Just/Voß/Ritzel/Becker/*Ritz* WpHG § 13 Rn. 54; Assmann/Schneider/*Assmann* WpHG § 13 Rn. 9.
[25] Klöhn/*Klöhn* MAR Art. 7 Rn. 61, 223 ff.; Schimansky/Bunte/Lwowski/*Hopt/Kumpan* § 107 Rn. 50; zur früheren Rechtslage *BaFin* Emittentenleitfaden, S. 33; kritisch hierzu etwa Assmann/Schneider/*Assmann* WpHG § 13 Rn. 17 f.
[26] Schimansky/Bunte/Lwowski/*Hopt/Kumpan* § 107 Rn. 50; zur früheren Rechtslage *BaFin* Emittentenleitfaden, S. 33; vgl. zum Zeitpunkt der Veröffentlichung Art. 17 Abs. 7 UAbs. 2 MMVO.

2. Nicht öffentlich bekannte Information

Des Weiteren muss sich die Information auf nicht öffentlich-bekannte Umstände 13 beziehen. Öffentlich bekannt sind Informationen, die einem breiten Anlegerpublikum und damit einer unbestimmten Zahl von Personen zugänglich gemacht wurden.[27] Die sog. „**Bereichsöffentlichkeit**"[28] ist hergestellt, wenn die Marktteilnehmer von der Information Kenntnis nehmen können,[29] insbesondere durch die Veröffentlichung über ein elektronisch betriebenes, allgemein zugängliches Informationsverbreitungssystem (zB Reuters, dgap oder Bloomberg).[30] Hierbei ist die tatsächliche Kenntnisnahme der Information genauso unerheblich[31] wie die Quelle und das Mittel der Veröffentlichung der Information.[32] Nicht ausreichend zur Herstellung der Bereichsöffentlichkeit ist hingegen die Veröffentlichung in lediglich regional verbreiteten Printmedien[33] oder nur bestimmten Kreisen zugänglichen Newsboards[34] oder die Bekanntgabe der Information auf einer – im Teilnehmerkreis beschränkten – Pressekonferenz oder Hauptversammlung des Unternehmens,[35] im Rahmen von Gerichtsverfahren,[36] über soziale Netzwerke oder durch Einstellung der Information auf der Website des Unternehmens.[37]

3. Bezug zu Emittent/Finanzinstrument

Eine Insiderinformation muss des Weiteren den Emittenten oder dessen Finanz- 14 instrumente betreffen (Art. 7 Abs. 1 Buchst. a MMVO). **Emittentenbezogene**

---

[27] BaFin-Präsentation v. 11.12.2017 (Veröffentlichung von und Umgang mit Insiderinformationen) S. 7; bereits zur früheren Rechtslage *BaFin* Emittentenleitfaden, S. 34; *Just/Voß/Ritz/Becker/Ritz* WpHG § 13 Rn. 109.

[28] Zur Fortgeltung des Begriffs auch nach neuer Rechtslage *Klöhn* ZHR 2016, 707; vgl. BaFin-Präsentation vom 11.12.2017 (Veröffentlichung von und Umgang mit Insiderinformationen) S. 7.

[29] BaFin-Präsentation vom 11.12.2017 (Veröffentlichung von und Umgang mit Insiderinformationen) S. 7; Schimansky/Bunte/Lwowski/*Hopt/Kumpan* § 107 Rn. 52.

[30] *Klöhn* ZHR 2016, 707 (727); zur früheren Rechtslage *BaFin* Emittentenleitfaden, S. 34; *Just/Voß/Ritz/Becker/Ritz* WpHG § 13 Rn. 109 f.; Fuchs/*Mennicke/Jakovou* WpHG § 13 Rn. 94.

[31] BaFin-Präsentation vom 11.12.2017 (Veröffentlichung von und Umgang mit Insiderinformationen) S. 7; zur früheren Rechtslage Fuchs/*Mennicke/Jakovou* WpHG § 13 Rn. 82; Begr. RegE 2. FFG BT-Drs. 12/6679, 46.

[32] Park/*Hilgendorf/Kusche* MAR Art. 7 Rn. 55; Schimansky/Bunte/Lwowski/*Hopt/Kumpan* § 107 Rn. 53; zur früheren Rechtslage *BaFin* Emittentenleitfaden, S. 34.

[33] *Klöhn* ZHR 2016, 707 (726 f.); zur früheren Rechtslage Fuchs/*Mennicke/Jakovou* WpHG § 13 Rn. 101; *Just/Voß/Ritz/Becker/Ritz* WpHG § 13 Rn. 111.

[34] BaFin-Präsentation vom 11.12.2017 (Veröffentlichung von und Umgang mit Insiderinformationen) S. 7; zur früheren Rechtslage *BaFin* Emittentenleitfaden, S. 34.

[35] BaFin-Präsentation vom 11.12.2017 (Veröffentlichung von und Umgang mit Insiderinformationen) S. 7; *Klöhn* ZHR 2016, 707 (730 f.); *Klöhn*/*Klöhn* MAR Art. 7 Rn. 140 f.; zur früheren Rechtslage *BaFin* Emittentenleitfaden, S. 34; Kölner Komm. WpHG/*Klöhn* § 13 Rn. 139; Fuchs/*Mennicke/Jakovou* WpHG § 13 Rn. 111.

[36] BaFin-Präsentation vom 11.12.2017 (Veröffentlichung von und Umgang mit Insiderinformationen) S. 7; *Klöhn* ZHR 2016, 707 (730 f.); *Klöhn*/*Klöhn* MAR Art. 7 Rn. 141; zur früheren Rechtslage Kölner Komm. WpHG/*Klöhn* § 13 Rn. 139; Assmann/Schneider/*Assmann* WpHG § 13 Rn. 39.

[37] ESMA Final Report, ESMA/2015/1455 Rn. 188; *Klöhn* ZHR 2016, 707 (727 f.); zur früheren Rechtslage *BaFin* Emittentenleitfaden, S. 34; Assmann/Schneider/*Assmann* WpHG § 13 Rn. 39; *Just/Voß/Ritz/Becker/Ritz* WpHG § 13 Rn. 111.

Informationen können zum einen dem **Tätigkeitsbereich** des Emittenten entstammen. Darunter fallen insbesondere Informationen, die für die Vermögens-, Finanz- oder Ertragslage des Emittenten erheblich sind, zB Kapitalherabsetzungen oder -erhöhungen, der Abschluss eines Beherrschungs- und Gewinnabführungsvertrages, bedeutsame Erfindungen, Vertragsabschlüsse, Umsatzsteigerungen, Veränderungen im Vorstand oder Aufsichtsrat, eine Änderung der Unternehmensstruktur oder eine erhöhte Kapazitätsauslastung.[38] Zum anderen sind **unternehmensexterne** emittentenbezogene Vorgänge erfasst, zB Ermittlungsverfahren, Gerichtsentscheidungen oder fusionskontrollrechtliche Untersagungen.[39] Unter Insiderinformationen, die sich auf **Finanzinstrumente** beziehen, versteht man bspw. eine bevorstehende Änderung des Dividendensatzes, großvolumige Kauf- oder Verkaufsorder, eine Kursaussetzung oder die Kündigung einer Schuldverschreibungsemission.[40]

15 Nach Ansicht der BaFin können auch **Marktinformationen** bzw. Marktdaten im Einzelfall einen hinreichenden (mittelbaren) Emittenten- bzw. Finanzinstrumentenbezug aufweisen, wenn diese Informationen die Verhältnisse von Emittent und Finanzinstrumenten berühren.[41] Dies sind etwa Zinsbeschlüsse von Notenbanken, Devisenkurse, Rohstoffpreise, branchenspezifische statistische Daten oder auch Gesetzesvorhaben.[42] In der Praxis dürften entsprechende Informationen aber eher nur im Ausnahmefall das für die Qualifikation als Insiderinformation notwendige erhebliche Kursbeeinflussungspotential (vgl. Rn. 16 ff.) besitzen.[43]

4. Erhebliches Kursbeeinflussungspotential

16 Maßgeblich für die Entscheidung, ob eine nicht-öffentliche Information die Qualität einer Insiderinformation hat, ist in der Praxis oftmals das Kriterium des **erheblichen Kursbeeinflussungspotentials**,[44] dh die Frage, ob die relevante Information geeignet ist, im Falle ihres öffentlichen Bekanntwerdens den Börsen- oder Marktpreis des Finanzinstruments erheblich zu beeinflussen. Eine solche Eignung kommt einer Information nach der Legaldefinition des Art. 7 Abs. 4 MMVO dann zu, wenn ein **verständiger Anleger** diese wahrscheinlich als Teil der Grundlage seiner Anlageentscheidung nutzen würde. Von der Insiderinformation muss

---

[38] Vgl. Schimansky/Bunte/Lwowski/*Hopt*/*Kumpan* § 107 Rn. 51; zur früheren Rechtslage Begr. RegE 2. FFG BT-Drs. 12/6679, 46; Schwark/Zimmer/*Schwark*/*Kruse* WpHG § 13 Rn. 38; Just/Voß/Ritz/Becker/*Ritz* WpHG § 13 Rn. 114.

[39] Schimansky/Bunte/Lwowski/*Hopt*/*Kumpan* § 107 Rn. 51; Park/*Hilgendorf*/*Kusche* MAR Art. 7 Rn. 61; zur früheren Rechtslage Habersack/Mülbert/Schlitt/*Lösler* § 2 Rn. 56; Marsch-Barner/Schäfer/*Schäfer* WpHG, 3. Aufl. 2014, § 14 Rn. 20; Just/Voß/Ritz/Becker/*Ritz* WpHG § 13 Rn. 115.

[40] Schimansky/Bunte/Lwowski/*Hopt*/*Kumpan* § 107 Rn. 51; Park/*Hilgendorf*/*Kusche* MAR Art. 7 Rn. 63; zur früheren Rechtslage Begr. RegE 2. FFG BT-Drs. 12/6679, 46; Marsch-Barner/Schäfer/*Schäfer* WpHG, 3. Aufl. 2014, § 14 Rn. 21; weitere Beispiele bei Just/Voß/Ritz/Becker/*Ritz* WpHG § 13 Rn. 117 sowie Fuchs/*Mennicke*/*Jakovou* WpHG § 13 Rn. 114 f.

[41] Schimansky/Bunte/Lwowski/*Hopt*/*Kumpan* § 107 Rn. 51; Klöhn/*Klöhn* MAR Art. 7 Rn. 118; Park/Hilgendorf/Kusch MAR Art. 7 Rn. 62.

[42] Schimansky/Bunte/Lwowski/*Hopt*/*Kumpan* § 107 Rn. 51; Klöhn/*Klöhn* MAR Art. 7 Rn. 118; Park/Hilgendorf/Kusch MAR Art. 7 Rn. 62; vgl. BaFin Emittentenleitfaden, S. 34.

[43] Vgl. zur insiderrechtlichen Relevanz der Höhe des Subprime-Anteils in der Bankbilanz der IKB AG im Kontext des Zusammenbruchs des Verbriefungsmarktes in den USA BGH XI ZR 51/10, WM 2012, 307.

[44] Ebenso Klöhn/*Klöhn* MAR Art. 7 Rn. 156; zur früheren Rechtslage Fuchs/*Mennicke*/*Jakovou* WpHG § 13 Rn. 121.

für den verständigen Anleger, der zum Zeitpunkt seines Handelns alle verfügbaren Informationen kennt, ein Kauf- oder Verkaufsanreiz ausgehen, sodass der Anleger sich von dem Geschäft einen nennenswerten wirtschaftlichen Vorteil erhofft.[45] Das erhebliche Kursbeeinflussungspotential ist in **objektiv-nachträglicher ex-ante-Prognose** zu bestimmen.[46] Eine tatsächlich eingetretene Preisänderung kann jedenfalls ein Indiz für das erhebliche Kursbeeinflussungspotential sein.[47] Dies gilt jedoch nur dann, wenn es praktisch ausgeschlossen ist, dass andere Informationen als die Veröffentlichung der fraglichen Information zu einer erheblichen Kursveränderung geführt haben.[48] Relevant sind hier ua die bisherige Kapitalmarktkommunikation des Unternehmens,[49] die Verlässlichkeit der Informationsquelle, die Markterwartung, die Gesamttätigkeit des Unternehmens sowie sonstige Marktvariablen, die den Aktienkurs beeinflussen können.[50]

Im Rahmen der Analyse, ob bestimme Umstände ein erhebliches Kursbeeinflussungspotential aufweisen, kommt dem von der BaFin bereits zur früheren Rechtslage veröffentlichten **Beispielkatalog**[51] nicht unerhebliche Bedeutung zu. Der Katalog umfasst etwa Strukturmaßnahmen (zB Verschmelzungen, Spaltungen, Abschluss von Beherrschungs- und/oder Gewinnabführungsverträgen), Übernahme- oder Abfindungsangebote, Kapitalmaßnahmen, Restrukturierungsmaßnahmen, Erwerb oder Veräußerung von wesentlichen Beteiligungen oder Kerngeschäftsfeldern, Rechtsstreitigkeiten von besonderer Bedeutung, wesentliche (und überraschende) Änderungen der Finanzkennzahlen oder auch überraschende Veränderungen in Schlüsselpositionen des Unternehmens (insbesondere Vorstands- oder Aufsichtsratsvorsitz, Rückzug von Unternehmensgründern).

Im Rahmen von mehrstufigen Entscheidungsprozessen können auch **Zwischenschritte** eine relevante präzise Information über Umstände darstellen (s. Rn. 10). Ist dies der Fall, ist weiter zu prüfen, ob aus Sicht des verständigen Anlegers auch der Zwischenschritt schon geeignet ist, den Kurs des Finanzinstruments erheblich zu beeinflussen. Zur Beurteilung dieser Frage prüft die BaFin in ihrer Verwaltungspraxis zunächst, ob sich das (erhebliche) Kursbeeinflussungspotential aus dem Zwischenschritt selbst ergibt. Falls dies nicht oder nicht ausschließlich der Fall ist, sind in Anwendung der Probability/Magnitude-Formel Bedeutung und Wahrscheinlichkeit des Endergebnisses zu berücksichtigen: Je bedeutender bzw.

---

[45] BaFin-Präsentation vom 11.12.2017 (Veröffentlichung von und Umgang mit Insiderinformationen) S. 8; zur früheren Rechtslage BaFin Emittentenleitfaden, S. 35; vgl. auch Assmann/Schneider/*Assmann* WpHG § 13 Rn. 51; Just/Voß/Ritz/Becker/*Ritz* WpHG § 13 Rn. 124; ausführlich zum Begriff des verständigen Anlegers *Langenbucher* AG 2016, 417.

[46] Schimansky/Bunte/Lwowski/*Hopt/Kumpan* § 107 Rn. 54; zur früheren Rechtslage BGH II ZB 7/09, NJW 2013, 2114; XI ZR 51/10, NJW 2012, 1804; Just/Voß/Ritz/Becker/*Ritz* WpHG § 13 Rn. 122.

[47] Vgl. Klöhn/*Klöhn* MAR Art. 7 Rn. 245, der sie als widerlegliche Vermutung ansieht; vgl. auch Erwägungsgrund 15 der MMVO; zur früheren Rechtslage BGH II ZB 7/09, NJW 2013, 2114; XI ZR 51/10, NJW 2012, 1804; 5 StR 224/09, NJW 2010, 882; BaFin Emittentenleitfaden, S. 33.

[48] Klöhn/*Klöhn* MAR Art. 7 Rn. 249; zur früheren Rechtslage BGH II ZB 7/09, NJW 2013, 2114; Just/Voß/Ritz/Becker/*Ritz* WpHG § 13 Rn. 124; Kölner Komm. WpHG/*Klöhn* § 13 Rn. 226.

[49] Vgl. *BaFin* Emittentenleitfaden, S. 35.

[50] Erwägungsgrund 14 der MMVO; Schimansky/Bunte/Lwowski/*Hopt/Kumpan* § 107 Rn. 54; zur früheren Rechtslage Marsch-Barner/Schäfer/*Schäfer* WpHG, 3. Aufl. 2014, § 14 Rn. 24; Just/Voß/Ritz/Becker/*Ritz* WpHG § 13 Rn. 136.

[51] *BaFin* Emittentenleitfaden, S. 53.

wahrscheinlicher das Endergebnis ist, desto eher ist das Kursbeeinflussungspotential des Zwischenschritts zu bejahen.[52] Die BaFin lässt es insoweit in ihrer Verwaltungspraxis ausreichen, dass die Wahrscheinlichkeit des Eintritts des Endergebnisses nicht völlig ausgeschlossen ist[53] und kommt so häufig in einem relativ frühen Transaktionsstadium zur Annahme einer Insiderinformation.

II. Verbotene Insidergeschäfte

1. Erwerbs- und Veräußerungsverbot

19   Art. 14 Buchst. a iVm Art. 8 Abs. 1 Satz 1 MMVO verbietet es, unter Nutzung einer Insiderinformation Finanzinstrumente für eigene oder fremde Rechnung zu erwerben oder zu veräußern. Dabei muss es beim Erwerb oder bei der Veräußerung nicht zu einer Änderung der dinglichen Rechtslage an dem Finanzinstrument gekommen sein; es genügt vielmehr, wenn der Insider – etwa durch den Abschluss des schuldrechtlichen Verpflichtungsgeschäfts – eine **vertraglich gesicherte Erwerbs- oder Veräußerungsposition** innehat.[54] Dies ist ebenso bei Ausübung einer Option oder eines Wandlungsrechts (etwa aus Wandelschuldverschreibungen)[55] oder dem Abschluss eines Wertpapierpensionsgeschäfts oder einer Wertpapierleihe der Fall.[56] Die Verpfändung von Wertpapieren allein ist hingegen genauso wenig erfasst[57] wie der Abschluss eines bedingten Kaufvertrages, den der Vertragspartner noch einseitig beenden kann.[58] Bei einer Kauf- bzw. Verkaufsorder ist auf die Ausführung der Order, nicht auf die dingliche Erfüllung des Geschäfts abzustellen.[59]

20   Durch die MMVO wurde auch die **Stornierung oder Änderung** von Aufträgen unter Nutzung einer Insiderinformation verboten (Art. 8 Abs. 1 Satz 2 MMVO). Praxisrelevant dürfte Letzteres insbesondere für Fälle des Beteiligungserwerbs (etwa als Vorbereitungsmaßnahme einer Übernahme) bzw. der Beteiligungsver-

---

[52] BaFin-Präsentation vom 11.12.2017 (Veröffentlichung von und Umgang mit Insiderinformationen) S. 12; Klöhn/*Klöhn* MAR Art. 7 Rn. 204 ff.; vgl. zur früheren Rechtslage EuGH C-19/11, NJW 2012, 2790; BGH II ZB 7/09, NJW 2013, 2117.

[53] BaFin-Präsentation vom 11.12.2017 (Veröffentlichung von und Umgang mit Insiderinformationen) S. 12; vgl. Erwägungsgrund 16 der MMVO, der von „realistischer Wahrscheinlichkeit" spricht.

[54] Schimansky/Bunte/Lwowski/*Hopt/Kumpan* § 107, Rn. 63; Park/*Hilgendorf/Kusche* MAR Art. 14 Rn. 19; zur früheren Rechtslage OLG Karlsruhe 3 Ws 195/03, AG 2004, 513; *BaFin* Emittentenleitfaden, S. 37; Assmann/Schneider/*Assmann* WpHG § 14 Rn. 12; Just/Voß/Ritz/Becker/*Ritz* WpHG § 14 Rn. 11; aA Fuchs/*Mennicke* WpHG § 14 Rn. 23 (dingliche Erfüllung notwendig).

[55] Just/Voß/Ritz/Becker/*Ritz* WpHG § 14 Rn. 14; Assmann/Schneider/*Assmann* WpHG § 14 Rn. 15.

[56] Schimansky/Bunte/Lwowski/*Hopt/Kumpan* § 107 Rn. 66; Klöhn/*Klöhn* MAR Art. 8 Rn. 60; zur früheren Rechtslage *BaFin* Emittentenleitfaden, S. 37; Kölner Komm. WpHG/*Klöhn* § 14 Rn. 117.

[57] Klöhn/*Klöhn* MAR Art. 8 Rn. 59; zur früheren Rechtslage Kölner Komm. WpHG/*Klöhn* § 14 Rn. 100; Schwark/Zimmer/*Schwark/Kruse* WpHG § 14 Rn. 9.

[58] Klöhn/*Klöhn* MAR Art. 8 Rn. 61; zur früheren Rechtslage OLG Karlsruhe 3 Ws 195/03, AG 2004, 513; *BaFin* Emittentenleitfaden, S. 37.

[59] Klöhn/*Klöhn* MAR Art. 8 Rn. 58; so zur früheren Rechtslage *BaFin* Emittentenleitfaden, S. 37; Fuchs/*Mennicke* WpHG § 14 Rn. 22; Schwark/Zimmer/*Schwark/Kruse* WpHG § 14 Rn. 10.

B. Insiderverbote 21–23 § 22

äußerung werden.⁶⁰ Hier wurde bisher – soweit das Risiko der „Kontamination" mit Insiderinformationen während des Erwerbs- bzw. Veräußerungsvorgangs bestand – häufig ein Dritter damit beauftragt, innerhalb bestimmter Grenzen den Beteiligungserwerb bzw. die -veräußerung durchzuführen. Erlangten die Auftraggeber in der Zwischenzeit kurserhebliche Informationen im Hinblick auf die Zielgesellschaft, die eine Beteiligungsaufstockung bzw. -veräußerung wirtschaftlich weniger attraktiv erscheinen ließ, konnten sie den Auftrag noch stornieren, ohne gegen das Insiderhandelsverbot zu verstoßen. Dies ist nun grundsätzlich nicht mehr möglich.

Der Insider kann insiderrelevante Geschäfte im eigenen Namen für eigene Rechnung, in unmittelbarer offener Stellvertretung (dh im fremden Namen und für fremde Rechnung), in mittelbarer verdeckter Stellvertretung (dh im eigenen Namen, aber für fremde Rechnung) oder als Kommissionär tätigen.⁶¹ Erwirbt oder veräußert ein Organmitglied Finanzinstrumente zu Gunsten der Gesellschaft, so wird das Handeln des Organmitglieds als Tätigwerden für die Gesellschaft (als Drittem) vom Insiderhandelsverbot erfasst.⁶² 21

Das Insiderhandelsverbot ist nur dann erfüllt, wenn der Insider die Insiderinformation bei Tätigen des Insidergeschäfts **nutzt**. Bei Handeln in Kenntnis der Insiderinformation ist die Nutzung gem. Erwägungsgrund 24 Satz 1 MMVO zu unterstellen. Diese Vermutung ist jedoch widerlegbar.⁶³ Insbesondere soll das Insiderhandelsverbot nur dann verletzt sein, wenn das Geschäft geeignet ist, dem handelnden Insider einen Sondervorteil zu verschaffen.⁶⁴ 22

Die MMVO kodifiziert in Orientierung an der Spector Photo Group-Rechtsprechung des EuGH⁶⁵ in Art. 9 MMVO verschiedene **Ausnahmetatbestände** („legitime Handlungen"), bei deren Vorliegen grundsätzlich⁶⁶ trotz Kenntnis einer Insiderinformation keine Nutzung der Information und damit kein Verstoß gegen das Insiderhandelsverbot anzunehmen ist. Hierbei handelt es sich insbesondere um die folgenden Ausnahmetatbestände: 23

- **Chinese Walls:** Geschäfte einer juristischen Person, die angemessene und wirksame interne Regelungen und Verfahren eingerichtet hat, die sicherstellen, dass weder die über den Erwerb bzw. Verkauf entscheidende Person noch andere Personen, die diese Entscheidung beeinflusst haben könnten, Kenntnis von Insiderinformationen hatten, werden von Insiderhandelsverbot nicht erfasst (Art. 9 Abs. 1 MMVO).
- **Erfüllungsgeschäfte:** Vom Insiderhandelsverbot ebenfalls ausgenommen sind Geschäfte, die der Erfüllung einer fälligen Verbindlichkeit dienen, sofern der

---

⁶⁰ Zur Relevanz für die Beteiligungsaufstockung vgl. *Seibt/Wollenschläger* AG 2014, 593 (597); *Krause* CCZ 2014, 248 (251).
⁶¹ Park/*Hilgendorf/Kusche* MAR Art. 14 Rn. 24; zur früheren Rechtslage BaFin Emittentenleitfaden, S. 37; Assmann/Schneider/*Assmann* WpHG § 14 Rn. 21.
⁶² Just/Voß/Ritz/Becker/*Ritz* WpHG § 14 Rn. 23; Fuchs/*Mennicke* WpHG § 14 Rn. 41; Schwark/Zimmer/*Schwark/Kruse* WpHG § 14 Rn. 12.
⁶³ Vgl. Erwägungsgrund 24 der MMVO; *Giering* CCZ 2016, 214 (216); zur früheren Rechtslage EuGH C-45/08, NZG 2010, 107 Rn. 62 – Spector Photo Group.
⁶⁴ So EuGH C-45/08, NZG 2010, 107; Just/Voß/Ritz/Becker/*Ritz* WpHG § 14 Rn. 41; Assmann/Schneider/*Assmann* WpHG § 14 Rn. 28.
⁶⁵ EuGH C-45/08, NZG 2010, 107; *von der Linden* DStR 2016, 1036 (1038).
⁶⁶ Gem. Art. 9 Abs. 6 MMVO sind die Ausnahmetatbestände nicht anwendbar, wenn sich hinter den betreffenden Handelsaufträgen, Geschäften oder Handlungen ein rechtswidriger Grund verbirgt; vgl. hierzu auch *Seibt/Wollenschläger* AG 2014, 593 (597) sowie *Veil* ZBB 2014, 85 (92).

Horcher 1653

zugrunde liegende Rechtsgrund zu einem Zeitpunkt vor Kenntnis der Insiderinformation entstanden ist (Art. 9 Abs. 3 MMVO).
- **Umsetzung eigener Erwerbs-/Veräußerungsentscheidungen:** Ferner soll weiterhin der eigene Erwerbs-/Veräußerungsentschluss nicht (als ein Verstoß gegen das Insiderhandelsverbot) an der Umsetzung dieses Entschlusses hindern (Art. 9 Abs. 5 MMVO).
- **Unternehmenszusammenschluss:** Im Zuge eines Unternehmenszusammenschlusses oder einer Unternehmensübernahme erlangte Insiderinformationen sollen nicht an der Fortführung des Unternehmenszusammenschlusses bzw. der Übernahme hindern, sofern die Insiderinformation bis zum Zeitpunkt der Genehmigung des Zusammenschlusses oder der Annahme des öffentlichen Angebots durch die Anteilseigner veröffentlicht wurde oder sonst ihren Charakter als Insiderinformation verloren hat (Art. 9 Abs. 4 MMVO). Diese Ausnahme führt letztlich zu keiner Änderung gegenüber der bisherigen von der BaFin eingeforderten Praxis, dass die jeweilige Insiderinformation spätestens bei Veröffentlichung der Angebotsunterlage publik gemacht worden sein muss.[67]
- **Aktienrückkauf:** Für den Rückkauf eigener Aktien im Rahmen von Rückkaufprogrammen und Stabilisierungsmaßnahmen besteht gem. Art. 5 MMVO eine Ausnahme vom Insiderhandelsverbot, sofern der Rückkauf bestimmte Voraussetzungen erfüllt (vgl. Art. 5 Abs. 1 Buchst. a bis d MMVO), insbesondere müssen die Einzelheiten des Programms vor Beginn des Handels vollständig offengelegt werden. In den Anwendungsbereich dieser Bereichsausnahme können jedoch nur Rückkäufe mit dem Zweck der Kapitalherabsetzung, der Erfüllung von Wandlungsrechten aus Schuldtiteln sowie der Bedienung von Belegschaftsaktienprogrammen fallen.[68] Zu anderen Zwecken erfolgende Aktienrückkaufe, etwa auch zur Bedienung von Aktienoptionsprogrammen für Organmitglieder und sonstige Führungskräfte, sind nicht erfasst.[69] Entsprechende Rückkaufprogramme sind an den Vorschriften des Insiderhandelsverbots zu messen. Es empfiehlt sich daher weiterhin, zu einem Zeitpunkt, zu dem keine Insiderinformation vorliegt, eine Bank oder sonstige unabhängige Dritte unter Festlegung entsprechender Kriterien mit dem eigenständigen Rückkauf der Aktien zu beauftragen.[70]

24 Diese Auflistung ist nicht abschließend.[71] In der Praxis haben sich daneben in den folgenden Konstellationen **weitere Ausnahmen** vom Insiderhandelsverbot etabliert:
- **Face-to-Face Geschäfte:** Haben beide Parteien eines außerbörslichen Geschäfts den gleichen Informationsstand im Hinblick auf die Insiderinformation, liegt kein Verwenden einer Insiderinformation vor; es fehlt an einem einseitigen Sondervorteil.[72]

---

[67] Ebenso *Krause* CCZ 2014, 248 (252).
[68] Schimansky/Bunte/Lwowski/*Hopt/Kumpan* § 107 Rn. 38 ff.; zur früheren Rechtslage BaFin Emittentenleitfaden, S. 39; Assmann/Schneider/*Assmann* WpHG § 14 Rn. 214 (auch jeweils zu den weiteren notwendigen Voraussetzungen).
[69] Klöhn/*Klöhn* MAR Art. 5 Rn. 25; zur früheren Rechtslage Fuchs/*Mennicke* WpHG § 14 Rn. 401; Assmann/Schneider/*Assmann* WpHG § 14 Rn. 217.
[70] Klöhn/*Klöhn* MAR Art. 5 Rn. 74 f.; zur früheren Rechtslage BaFin Emittentenleitfaden, S. 40.
[71] *Veil* ZBB 2014, 85 (91); *von der Linden* DStR 2016, 1036 (1038).
[72] Klöhn/*Klöhn* MAR Art. 8 Rn. 171 ff.; *Poelzig* NZG 2016, 528 (533); zur früheren Rechtslage EuGH C-45/08, NZG 2010, 107 (110) unter Bezugnahme auf C-391/04, AG 2007,

- **Handeln entgegen der prognostizierten Kursentwicklung:** Erlangt der Insider Kenntnis von einer Insiderinformation, die bei Bekanntwerden einen Kursrückgang zur Folge hätte, erwirbt er aber gleichwohl Finanzinstrumente, so fehlt es an einer Kausalität der Insiderinformation für den Kaufentschluss. Gleiches gilt bei Kenntniserlangung von kurssteigernden Insiderinformationen und einem Verkauf der Finanzinstrumente.[73] Entscheidend ist hier jedoch stets, dass sich die Kursentwicklung im Falle einer Bekanntgabe der Insiderinformation eindeutig vorhersehen lässt.
- **Masterplan/Ausnahme:** Erwirbt eine Person/ein Unternehmen in Ausführung eines zuvor getroffenen Masterplans eine wesentliche Unternehmensbeteiligung, ist sie/es nicht am Erwerb gehindert, auch wenn sie/es zwischenzeitlich Kenntnis von Insiderinformationen erlangt. Führt ein Bieter im Vorfeld einer Übernahme etwa eine Due Diligence der Zielgesellschaft durch und erhält in diesem Zusammenhang Kenntnis von einer die Zielgesellschaft betreffenden Insiderinformation, so ist sie/es – soweit dies von ihrem/seinem Masterplan gedeckt ist – nicht an einem vor Veröffentlichung der Angebotsunterlage erfolgenden Vorerwerb von Aktien der Zielgesellschaft gehindert.[74] Anders ist dies jedoch, wenn der Erwerb über den vor Erlangung der Insiderinformation gefassten Plan hinausgeht (sog. alongside purchases).[75] Zudem ist nach Durchführung einer Due Diligence eine Abstandnahme dann nicht mit dem Stornierungs- und Änderungsverbot vereinbar, wenn der Erwerbsauftrag zuvor erteilt wurde.[76] Darüber hinaus fordert die BaFin in einer solchen Konstellation, dass eine solche die Zielgesellschaft betreffende Insiderinformation spätestens zum Zeitpunkt der Veröffentlichung der Angebotsunterlage veröffentlicht ist.[77]
- **Verwertung von Sicherheiten:** Verwertet der Kreditgeber Sicherheiten, um sich hieraus für notleidend gewordene (Kredit-)Forderungen zu befriedigen, liegt grds. kein rechtswidriges Verwenden einer Insiderinformation vor, da der Insider insoweit nur ein ihm zustehendes Recht ausübt.[78]
- **Kenntniserlangung nach Ordererteilung:** Erhält der Marktteilnehmer nach Erteilung einer Kauf- oder Verkaufsorder, aber vor Ausführung der Order, Kenntnis von einer Insiderinformation, so ist dies unschädlich; die Kenntnis der Insiderinformation ist nicht für einen Kauf oder Verkauf von Finanzinstrumenten auf Grundlage der Ordererteilung kausal geworden.[79]

544; vgl. auch Assmann/Schneider/*Assmann* WpHG § 14 Rn. 42; Kölner Komm. WpHG/*Klöhn* § 14 Rn. 190; *Poelzig* NZG 2016, 528 (533).

[73] Vgl. auch Klöhn/*Klöhn* MAR Art. 8 Rn. 169 f.; zur früheren Rechtslage Kölner Komm. WpHG/*Klöhn* § 14 Rn. 188; *Bussian* WM 2011, 8 (11).

[74] BaFin Präsentation vom 11.12.2017 (Veröffentlichung von und Umgang mit Insiderinformationen) S. 34; zur früheren Rechtslage Just/Voß/Ritz/Becker/*Ritz* WpHG § 14 Rn. 69; Assmann/Schneider/*Assmann* WpHG § 14 Rn. 58; Fuchs/*Mennicke* WpHG § 14 Rn. 91.

[75] BaFin-Präsentation vom 11.12.2017 (Veröffentlichung von und Umgang mit Insiderinformationen) S. 34; Schimansky/Bunte/Lwowski/*Hopt/Kumpan* 107 Rn. 91.

[76] BaFin Präsentation vom 11.12.2017 (Veröffentlichung von und Umgang mit Insiderinformationen) S. 34.

[77] *Bühren* NZG 2017, 1172 (1177); *Krause* CCZ 2014, 248 (252); zur früheren Rechtslage *BaFin* Emittentenleitfaden, S. 39; kritisch hierzu etwa Fuchs/*Mennicke* WpHG § 14 Rn. 90.

[78] Schimansky/Bunte/Lwowski/*Hopt/Kumpan* 107 Rn. 97; zur früheren Rechtslage *BaFin* Emittentenleitfaden, S. 38; Just/Voß/Ritz/Becker/*Ritz* WpHG § 14 Rn. 69.

[79] Schimansky/Bunte/Lwowski/*Hopt/Kumpan* 107 Rn. 71; zur früheren Rechtslage *BaFin* Emittentenleitfaden, S. 37; Fuchs/*Mennicke* WpHG § 14 Rn. 168.

Der Verordnungstext selbst gibt keine unmittelbare Auskunft zur Fortgeltung dieser weiteren in der Praxis – auch auf Grundlage der EuGH-Rechtsprechung (vgl. Rn. 23) – bisher genutzten Ausnahmetatbestände. Es bestehen aber keinerlei Anhaltspunkte, dass durch die MMVO die bisherige Rechtsprechung des EuGH in Spector Photo Group[80] oder Georgakis[81] modifiziert werden sollte. Hierfür spricht auch, dass laut Erwägungsgrund 23 der MMVO das Verbot von Insidergeschäften die Unterbindung eines ungerechtfertigten Vorteils auf Grund eines Informationsgefälles bezweckt. Die vorgenannten Ausnahmetatbestände sind daher weiterhin anwendbar.[82]

2. Empfehlungs- und Verleitungsverbot

25 Gemäß Art. 14 Buchst. b iVm Art. 8 Abs. 2 MMVO ist es verboten, einem anderen auf der Grundlage einer Insiderinformation den Erwerb oder die Veräußerung von Finanzinstrumenten zu empfehlen oder hierzu anzustiften (Art. 8 Abs. 2 MMVO) bzw. eine solche Empfehlung oder Anstiftung zu nutzen (Art. 8 Abs. 3 MMVO). „Ein anderer" ist jede andere natürliche oder juristische Person und kann damit auch die eigene Gesellschaft oder ein Konzernunternehmen sein.[83] Der Begriff des **Verleitens** des Art. 14 MMVO entspricht dem des Verleitens in § 14 Abs. 1 Nr. 3 Fall 2 WpHG aF.[84] Ein Verleiten zum Erwerb oder zur Veräußerung liegt vor, wenn der Wille eines anderen durch beliebige Mittel beeinflusst wird mit dem Ziel ihn zum Erwerb oder zur Veräußerung von Finanzinstrumenten zu bewegen.[85] Dies kann auch durch eine **Empfehlung** (als Unterfall des Verleitens) erfolgen.[86] Eine Empfehlung ist eine rechtlich unverbindliche Erklärung, durch die ein bestimmtes Verhalten als für den Adressaten vorteilhaft dargestellt und ihm dessen Verwirklichung angeraten wird.[87] Es genügt, dass der Insider einem Dritten den Kauf oder Verkauf eines Wertpapiers indirekt nahelegt.[88] Dabei muss die Insiderinformation selbst nicht offen gelegt werden;[89] der Dritte muss der Empfehlung auch nicht folgen.[90] Anders als nach bisheriger Rechtslage ist nun auch die Empfehlung, von dem Erwerb oder der Veräußerung eines Finanzinstruments Abstand zu nehmen, tatbestandsmäßig, sofern der Adressat bereits eine Order aufgegeben

---

[80] EuGH C-45/08, NZG 2010, 107.
[81] EuGH C-391/04, AG 2007, 544.
[82] Ebenso *Seibt/Wollenschläger* AG 2014, 593 (598); vgl. auch *Veil* ZBB 2014, 85 (91) sowie *Krause* CCZ 2014, 248 (251).
[83] Klöhn/*Klöhn* MAR Art. 10 Rn. 21; zur früheren Rechtslage Assmann/Schneider/*Assmann* WpHG § 14 Rn. 121; Just/Voß/Ritz/Becker/*Ritz* WpHG § 14 Rn. 142.
[84] So auch *Poelzig* NZG 2016, 528 (533 f.).
[85] Schimansky/Bunte/Lwowski/*Hopt/Kumpan* § 107 Rn. 74; Park/Hilgendorf/Kusche MAR Art. 14 Rn. 94; vgl. zur früheren Rechtslage *BaFin* Emittentenleitfaden, S. 41; Schwark/Zimmer/Schwark/Kruse WpHG § 14 Rn. 73.
[86] Schimansky/Bunte/Lwowski/*Hopt/Kumpan* § 107 Rn. 75; zur früheren Rechtslage *BaFin* Emittentenleitfaden, S. 41; Just/Voß/Ritz/Becker/*Ritz* WpHG § 14 Rn. 140.
[87] Schimansky/Bunte/Lwowski/*Hopt/Kumpan* § 107 Rn. 75; Fuchs/*Mennicke* WpHG § 14 Rn. 366.
[88] Schimansky/Bunte/Lwowski/*Hopt/Kumpan* § 107 Rn. 75; zur früheren Rechtslage *BaFin* Emittentenleitfaden, S. 41.
[89] Schimansky/Bunte/Lwowski/*Hopt/Kumpan* § 107 Rn. 75; Just/Voß/Ritz/Becker/*Ritz* WpHG § 14 Rn. 145.
[90] Klöhn/*Klöhn* MAR Art. 8 Rn. 223 f.; zur früheren Rechtslage Kölner Komm. WpHG/*Klöhn* § 14 Rn. 487; Just/Voß/Ritz/Becker/*Ritz* WpHG § 14 Rn. 146.

B. Insiderverbote 26–28 § 22

hat.[91] Auch muss die Kenntnis der Insiderinformation kausal für das Verleiten gewesen sein. Wäre die Empfehlung ohnehin abgegeben worden, liegt kein Verstoß gegen das Empfehlungsverbot des Art. 14 Buchst. b MMVO vor.[92] Im Rahmen des Empfehlungs- und Verleitungsverbots gemäß Art. 8 Abs. 2 MMVO gilt wiederum die widerlegliche Vermutung der Nutzung der Insiderinformation, nicht dagegen beim Nutzungsverbot gemäß Art. 8 Abs. 3 MMVO.[93]

3. Offenlegungsverbot

Art. 14 Buchst. c iVm Art. 10 MMVO verbietet die unrechtmäßige Offenlegung 26 von Insiderinformationen. Offenlegung ist wie der bisher verwendete Begriff der Weitergabe zu verstehen.[94] Die Offenlegung kann unmittelbar durch Übermittlung der Information oder mittelbar durch Schaffung von Voraussetzungen zur Kenntniserlangung durch einen Dritten erfolgen.[95] Letzteres kann etwa durch die Weitergabe von Passwörtern,[96] aber auch allein durch das Unterlassen der Sperrung von Dateien in einem Computernetzwerk oder der nicht ordnungsgemäßen Verwahrung von Schriftstücken geschehen.[97]

Ein Verstoß gegen die Insidervorschriften liegt ferner nur dann vor, wenn die 27 Weitergabe **unrechtmäßig** erfolgt. Die Offenlegung einer Insiderinformation ist gem. Art. 10 Abs. 1 MMVO aE rechtmäßig, wenn sie im Zuge der normalen Ausübung einer Beschäftigung oder eines Berufs oder der normalen Erfüllung von Aufgaben geschieht. Entscheidend ist, ob die Informationsoffenlegung erforderlich ist:[98] Eine Offenlegung ist rechtmäßig, wenn und soweit vernünftige Gründe betrieblicher, konzern- oder schuldrechtlicher Art eine Weitergabe der Insiderinformation erfordern.[99] Der Informationsempfänger muss die Information benötigen, um seine beruflichen Aufgaben ordnungsgemäß und effizient erledigen zu können.[100]

Die **unternehmensinterne Offenlegung** von Insiderinformationen ist rechtmä- 28 ßig, wenn der Informationsempfänger diese benötigt, um seine beruflichen Aufga-

---

[91] Schimansky/Bunte/Lwowski/*Hopt*/*Kumpan* § 107 Rn. 75; Klöhn/*Klöhn* MAR Art. 8 Rn. 248; zur früheren Rechtslage Kölner Komm WpHG/*Klöhn* § 14 Rn. 476; Assmann/Schütze/*Sethe* WpHG § 8 Rn. 146, 148.
[92] Vgl. Klöhn/*Klöhn* MAR Art. 8 Rn. 235 ff.; zur früheren Rechtslage Just/Voß/Ritz/Becker/*Ritz* WpHG § 14 Rn. 144, 150; Schwark/Zimmer/*Schwark*/*Kruse* WpHG § 14 Rn. 71.
[93] *Klöhn* WM 2017, 2085 (2091).
[94] Schimansky/Bunte/Lwowski/*Hopt*/*Kumpan* § 107 Rn. 103.
[95] Schimansky/Bunte/Lwowski/*Hopt*/*Kumpan* § 107 Rn. 103; zur früheren Rechtslage *BaFin* Emittentenleitfaden, S. 41; Fuchs/*Mennicke* WpHG § 14 Rn. 190.
[96] Zur früheren Rechtslage *BaFin* Emittentenleitfaden, S. 41; Assmann/Schneider/*Assmann* WpHG § 14 Rn. 66.
[97] Zur früheren Rechtslage Fuchs/*Mennicke* WpHG § 14 Rn. 306; Assmann/Schneider/*Assmann* WpHG § 14 Rn. 66.
[98] Vgl. auch Klöhn/*Klöhn* MAR Art. 10 Rn. 45; zur früheren Rechtslage Kölner Komm. WpHG/*Klöhn* § 14 Rn. 325 sowie Marsch-Barner/Schäfer/*Schäfer* WpHG, 3. Aufl. 2014, § 14 Rn. 46, die darauf hinweisen, dass der EuGH die Termini „unerlässlich und verhältnismäßig" synonym zu „erforderlich" verwendet.
[99] Schimansky/Bunte/Lwowski/*Hopt*/*Kumpan* § 107 Rn. 107; ausführlich zum Informationsfluss im Konzern Klöhn/*Klöhn* MAR Art. 10 Rn. 125 ff.; zur früheren Rechtslage Just/Voß/Ritz/Becker/*Ritz* WpHG § 14 Rn. 89; Fuchs/*Mennicke* WpHG § 14 Rn. 306f.
[100] BaFin-Präsentation vom 11.12.2017 (Veröffentlichung von und Umgang mit Insiderinformationen) S. 38.

ben und Tätigkeiten ordnungsgemäß erfüllen zu können.[101] Grundsätzlich ist eine Interessenabwägung zwischen den Zielen des Insiderrechts und den Interessen der Beteiligten vorzunehmen, wobei bloße Zweckmäßigkeitserwägungen nicht genügen.[102] Eine Offenlegung von das Unternehmen betreffenden Insiderinformationen an und innerhalb Vorstands- und/oder Aufsichtsratsmitglieder ist rechtmäßig, da diese im sachlichen Zusammenhang mit deren Leitungs- bzw. Überwachungsfunktion erfolgt.[103] Selbiges gilt – soweit erforderlich – für die Offenlegung an von Vorstand oder Aufsichtsrat eingesetzte Hilfspersonen.[104] Erlangt eine Person jedoch Insiderinformationen über die Gesellschaft im Rahmen eines Organmandats (insbesondere einer Aufsichtsratstätigkeit) für ein anderes Unternehmen, ist er auf Grund der gegenüber dem anderen Unternehmen bestehenden Geheimhaltungsverpflichtungen an einer Offenlegung der Information gehindert.[105] Die Offenlegung von Insiderinformationen an den Betriebsrat zu bestimmten Vorhaben oder Betriebsänderungen (vgl. §§ 80 Abs. 2, 90, 92 und 111 BetrVG) ist zulässig, soweit es um die Erfüllung von Informationspflichten geht,[106] die Offenlegung an den Wirtschaftsausschuss nur im Rahmen der Erforderlichkeit.[107] Die Offenlegung von Insiderinformationen in der Betriebsversammlung (§ 43 Abs. 2 BetrVG) oder direkt an die Arbeitnehmer (§ 110 Abs. 1 BetrVG) beurteilt sich nach allgemeinen Grundsätzen und darf ggf. erst nach entsprechender Ad-hoc-Veröffentlichung der Insiderinformation erfolgen.[108]

29 Auch die **unternehmensexterne Offenlegung** von Insiderinformationen ist nur dann rechtmäßig, wenn sie nach den vorgenannten Grundsätzen zur Wahrnehmung berechtigter Emittenteninteressen erforderlich ist.[109] Eine Offenlegung von Insiderinformationen zum Zwecke der Konzernleitung, der Konzernüberwachung, der konzerninternen Arbeitsteilung oder der Entwicklung einer Konzernstrategie ist grundsätzlich zulässig.[110] Eine Offenlegung ferner zulässig, wenn die vom

---

[101] BaFin-Präsentation vom 11.12.2017 (Veröffentlichung von und Umgang mit Insiderinformationen) S. 38; ausführlich zur Weitergabe an Arbeitnehmer *Zetzsche* NZG 2015, 817 ff.; zur früheren Rechtslage Assmann/Schneider/*Assmann* WpHG § 14 Rn. 89; Just/Voß/Ritz/Becker/*Ritz* WpHG § 14 Rn. 89; vgl. auch *BaFin* Emittentenleitfaden, S. 41.

[102] BaFin-Präsentation vom 11.12.2017 (Veröffentlichung von und Umgang mit Insiderinformationen) S. 38.

[103] BaFin-Präsentation vom 11.12.2017 (Veröffentlichung von und Umgang mit Insiderinformationen) S. 39; Schimansky/Bunte/Lwowski/*Hopt/Kumpan* § 107 Rn. 106; Klöhn/*Klöhn* MAR Art. 10 Rn. 105; zur früheren Rechtslage Just/Voß/Ritz/Becker/*Ritz* WpHG § 14 Rn. 94; Fuchs/*Mennicke* WpHG § 14 Rn. 234.

[104] Schimansky/Bunte/Lwowski/*Hopt/Kumpan* § 107 Rn. 107; Klöhn/*Klöhn* MAR Art. 10 Rn. 139 ff.; vgl. zur früheren Rechtslage Just/Voß/Ritz/Becker/*Ritz* WpHG § 14 Rn. 94; Fuchs/*Mennicke* WpHG § 14 Rn. 236.

[105] Klöhn/*Klöhn* MAR Art. 10 Rn. 106; zur früheren Rechtslage auch Fuchs/*Mennicke* WpHG § 14 Rn. 233; Just/Voß/Ritz/Becker/*Ritz* WpHG § 14 Rn. 96.

[106] BaFin-Präsentation vom 11.12.2017 (Veröffentlichung von und Umgang mit Insiderinformationen) S. 39.

[107] Vgl. Klöhn/*Klöhn* MAR Art. 10 Rn. 120; zur früheren Rechtslage Just/Voß/Ritz/Becker/*Ritz* WpHG § 14 Rn. 92; Fuchs/*Mennicke* WpHG § 14 Rn. 238.

[108] Vgl. Klöhn/*Klöhn* MAR Art. 10 Rn. 123 f.; zur früheren Rechtslage Just/Voß/Ritz/Becker/*Ritz* WpHG § 14 Rn. 94; Fuchs/*Mennicke* WpHG § 14 Rn. 242; weniger restriktiv Schwark/Zimmer/*Schwark/Kruse* WpHG § 14 Rn. 50.

[109] Vgl. auch Klöhn/*Klöhn* Art. 10 MAR Rn. 140; zur früheren Rechtslage Kölner Komm. WpHG/*Klöhn* § 14 Rn. 387; Just/Voß/Ritz/Becker/*Ritz* WpHG § 14 Rn. 97.

[110] Klöhn/*Klöhn* MAR Art. 10 Rn. 127; zur früheren Rechtslage Schwark/Zimmer/*Schwark/Kruse* WpHG § 14 Rn. 54; Assmann/Schneider/*Assmann* WpHG § 14 Rn. 95; Just/Voß/Ritz/Becker/*Ritz* WpHG § 14 Rn. 97.

B. Insiderverbote 30 § 22

Emittenten hinzugezogenen Berater und sonstige Hilfspersonen diese Information benötigen, um die konkret für das Unternehmen zu erledigende Aufgabe erfüllen zu können.[111] Eine Offenlegung von Insiderinformationen an die Medien ist hingegen nur zulässig, wenn diese der Herstellung der Bereichsöffentlichkeit (vgl. Rn. 13) dient; eine Offenlegung von Insiderinformationen an Journalisten in Hintergrundgesprächen oder Interviews ist stets unzulässig.[112] Beabsichtigt ein Bieter ein Übernahmeangebot für den Emittenten abzugeben oder eine wesentliche Beteiligung an dem Emittenten zu erwerben, so ist der Vorstand der Zielgesellschaft befugt, dem potentiellen Erwerber im Rahmen einer Due-Diligence-Prüfung auch Insiderinformationen zur Verfügung zu stellen, sofern (i) die Transaktion im Unternehmensinteresse liegt, (ii) das Erwerbsinteresse des Bieters ernsthaft ist,[113] (iii) die Informationsübermittlung in einem abgestuften Verfahren erfolgt und (iv) mit dem Erwerber eine Vertraulichkeitsvereinbarung abgeschlossen wurde (vgl. ausführlich § 23 Rn. 101 f.). Sind diese Voraussetzungen erfüllt, ist auch eine Offenlegung von Insiderinformationen durch den veräußerungswilligen Großaktionär zulässig.[114]

Erstmalig wurde die insbesondere für Kapitalerhöhungen und Block Trades 30 relevante sog. **Marktsondierung (Market Sounding) als Ausnahmefall** vom Offenlegungsverbot einer gesetzlichen Regelung zugeführt (Art. 11 MMVO).[115] Marktsondierung ist die Übermittlung von Informationen **vor Ankündigung eines Geschäfts** durch den **Emittenten**, einen **Zweitanbieter** oder einen **Dritten**, der im Auftrag des Emittenten oder des Zweitanbieters tätig wird, an einen oder mehrere potentielle Anleger, um das Interesse von potenziellen Anlegern an einem **möglichen Geschäft** und dessen **Bedingungen** wie seinen **Umfang** und seiner **preislichen Gestaltung** abzuschätzen (Art. 11 Abs. 1 MMVO).

Vor Durchführung der Marktsondierung muss der Marktteilnehmer insbesondere folgende Schritte durchführen:
- Qualifikation der offenzulegenden Information (einschl. Begründung) durch den Sondierenden (Art. 11 Abs. 3 Satz 1 MMVO),
- Einholung der Zustimmung des jeweiligen Adressaten der Marktsondierung bzgl. des Erhalts von Insiderinformationen (einschl. Belehrung über Insiderhandelsverbote und Vertraulichkeitsverpflichtung) durch den Sondierenden (Art. 11 Abs. 5 Satz 1 Buchst. a bis d MMVO),
- Dokumentation der den jeweiligen Adressaten mitgeteilten Informationen und des relevanten Zeitpunkts (Art. 11 Abs. 5 UAbs. 2 MMVO),
- unverzügliche Information der Adressaten, sofern nach Einschätzung des Sondierenden die Information ihre Insiderqualität verloren hat (Art. 11 Abs. 6 UAbs. 1 MMVO).

---

[111] Klöhn/*Klöhn* Art. 10 MAR Rn. 141; zur früheren Rechtslage *BaFin* Emittentenleitfaden, S. 41; Assmann/Schneider/*Assmann* WpHG § 14 Rn. 97; Just/Voß/Ritz/Becker/*Ritz* WpHG § 14 Rn. 100.

[112] BaFin-Präsentation vom 11.12.2017 (Veröffentlichung von und Umgang mit Insiderinformationen) S. 40; Assmann/Schneider/*Assmann* WpHG § 14 Rn. 100 f.; Just/Voß/Ritz/ Becker/*Ritz* WpHG § 14 Rn. 104 ff.

[113] Dies wird in der Praxis häufig durch einen Indicative Offer Letter oder Letter of Intent dokumentiert.

[114] Klöhn/*Klöhn* MAR Art. 10 Rn. 59 ff.; zur früheren Rechtslage Schwark/Zimmer/ Schwark/*Kruse* WpHG § 14 Rn. 58; Just/Voß/Ritz/Becker/*Ritz* WpHG § 14 Rn. 115; Assmann/Schneider/*Assmann* WpHG § 14 Rn. 164.

[115] Ausführlich *Zetzsche* AG 2016, 610.

Letzteres entbindet den Empfänger jedoch nicht von seiner eigenen Pflicht, den Charakter der Insiderinformation als solchen selbst zu überprüfen (Art. 11 Abs. 7 MMVO).[116] Über all diese Vorgänge hat der Marktteilnehmer **schriftliche Aufzeichnungen** zu führen, die er mindestens **fünf Jahre** aufbewahren und der BaFin auf deren Ersuchen hin **zur Verfügung** stellen muss (vgl. Art. 11 Abs. 3 Satz 2 und 3, Abs. 5 UAbs. 2, Abs. 6 UAbs. 2 und Abs. 8 MMVO).

Die konkreten Anforderungen für eine Marktsondierung (einschließlich der Pflichten von Personen, die eine Marktsondierung erhalten) sind durch die Delegierte Verordnung 2016/960,[117] die Durchführungsverordnung 2016/959[118] sowie den Final Report[119] und Guidelines[120] der ESMA sehr detailliert festgelegt worden. Des Weiteren sind gemäß Art. 11 Abs. 2 MMVO die Vorschriften zur Marktsondierung einzuhalten, wenn Insiderinformationen durch den Bieter eines bevorstehenden **öffentlichen (Übernahme-)Angebots** an Aktionäre der Zielgesellschaft weitergegeben werden sollen, um deren Annahmebereitschaft bzgl. des Angebots zu testen, sofern deren Bereitschaft für die Entscheidung zur Abgabe eines Übernahmeangebots erforderlich ist.

III. Sanktionen

1. Öffentlich-rechtliche Sanktionen

31 Im Straf- und Bußgeldverfahren ist die **Beweislast nicht umgekehrt**.[121] Der Beschuldigte kann die dennoch bestehende tatsächliche Vermutung erschüttern, indem er entweder die fehlende Kausalität zwischen Insiderinformation und konkret durchgeführtem Geschäft, die fehlende Auswirkung der Insiderinformation auf den Preis des Geschäfts oder die fehlende Auswirkung des Insidervorteils auf die Konditionen des Geschäfts darlegt.[122]

– **Strafrechtliche Ahndung:** Die vorsätzliche Verwirklichung von Insidergeschäften ist mit einer Freiheitsstrafe von **bis zu fünf Jahren** (zwei Jahre bei der unrechtmäßigen Offenlegung von Insiderinformationen) zu sanktionieren (§ 119 Abs. 3 iVm Abs. 1 WpHG). Strafbewehrt ist gem. § 119 Abs. 4 WpHG auch der **Versuch.** Der Täter muss mit zumindest bedingtem Vorsatz hinsichtlich aller Tatbestandsmerkmale handeln, dh er muss die Möglichkeit der Tatbestandsver-

---

[116] Schimansky/Bunte/Lwowski/*Hopt/Kumpan* § 107 Rn. 118.
[117] Delegierte Verordnung (EU) 2016/960 der Kommission v. 17.5.2016 zur Ergänzung der Verordnung (EU) Nr. 596/2014 des Europäischen Parlaments und des Rates durch technische Regulierungsstandards für angemessene Regelungen, Systeme und Verfahren für offenlegende Marktteilnehmer bei der Durchführung von Marktsondierungen, ABl. EU L 160/29.
[118] Durchführungsverordnung (EU) 2016/959 der Kommission v. 17.5.2016 zur Festlegung technischer Durchführungsstandards für Marktsondierungen in Bezug auf die von offenlegenden Marktteilnehmern zu nutzenden Systeme und Mitteilungsmuster und das Format der Aufzeichnungen gem. Verordnung (EU) Nr. 596/2014 des Europäischen Parlaments und des Rates, ABl. EU L 160/23.
[119] Final Report, Guidelines on the Market Abuse Regulation – market soundings and delay of disclosure of inside information, ESMA/2016/1130 v. 13.7.2016.
[120] MAR-Leitlinien, Personen, die Marktsondierung erhalten, ESMA/2016/1477 v. 10.11.2016.
[121] Vgl. ausführlich *Klöhn* WM 2017, 2085 (2090).
[122] *Klöhn* WM 2017, 2085 (2090).

wirklichung erkennen und billigend in Kauf nehmen.[123] Im Hinblick auf das Kursbeeinflussungspotential der Insiderinformation ist nicht erforderlich, dass der Täter dieses präzise einschätzen kann; es reicht vielmehr aus, wenn er die Umstände erkennt, die die Insiderinformation ausmachen und er ein erhebliches Preisbeeinflussungspotential ernsthaft für möglich hält.[124]

– **Bußgeld:** Die leichtfertige Verwirklichung von Insidergeschäften ist gem. § 120 Abs. 14 iVm § 119 Abs. 3 WpHG als Ordnungswidrigkeit bußgeldsanktioniert. Leichtfertig handelt, wer die gebotene Sorgfalt in einem ungewöhnlich hohen Maße verletzt.[125] Dieser gesteigerte Grad der Fahrlässigkeit liegt vor, wenn der Täter dasjenige unbeachtet lässt, was jedermann einleuchten müsste.[126] Die Obergrenze des Bußgeldrahmens beträgt bei natürlichen Personen **5,0 Mio. EUR** und bei juristischen Personen **15,0 Mio. EUR** bzw. **15 % des letzten Jahresumsatzes** (wie im letzten Konzernabschluss des letzten Geschäftsjahres ausgewiesen); diese Obergrenze ist ggf. auf mindestens 300 % des durch den Verstoß erzielten Gewinns oder vermiedenen Verlusts zu erhöhen (§ 120 Abs. 14 iVm Abs. 18 Satz 1, Satz 2 Nr. 1, Satz 3 WpHG).

– **„Naming and shaming":** Verstoß und Täter (natürliche oder juristische Person) sind auf der **BaFin-Homepage** nunmehr zwingend gemäß § 125 Abs. 1 WpHG unmittelbar nach Information der betreffenden Personen über die verhängte verwaltungsrechtliche Sanktion oder Maßnahme für die Dauer von **mindestens fünf Jahren** zu veröffentlichen. Dies gilt nicht für Ermittlungsmaßnahmen, jedoch unabhängig von einer Rechtskraft der jeweiligen Entscheidung. Nur bei einer Unverhältnismäßigkeit im konkreten Fall oder der Gefährdung laufender Ermittlungen oder der Stabilität der Finanzmärkte kann die Veröffentlichung aufgeschoben bzw. unterlassen werden oder anonymisiert erfolgen (§ 125 Abs. 3 WpHG).

2. Zivilrechtliche Sanktionen

Das unter Verstoß gegen das Insiderhandelsverbot des Art. 14 MMVO zustande gekommene Geschäft ist nicht gem. § 134 BGB nichtig, da § 14 MMVO nicht als Verbotsgesetz iSd § 134 BGB zu qualifizieren ist.[127] Ferner scheidet eine Nichtigkeit gem. § 138 BGB aus.[128] Die Schutzgesetzeigenschaft von Art. 14 MMVO und damit Schadensersatzansprüche aus § 823 Abs. 2 BGB werden zwar nach Einführung der MMVO verstärkt diskutiert, sind jedoch abzulehnen.[129] Kapitalmarktrechtliche

---

[123] Schimansky/Bunte/Lwowski/*Hopt/Kumpan* § 107 Rn. 171.
[124] Park/*Hilgendorf/Saliger* MAR Art. 14 Rn. 45; zur früheren Rechtslage BaFin Emittentenleitfaden, S. 41; Just/Voß/Ritz/Becker/*Ritz* WpHG § 14 Rn. 78.
[125] Klöhn/*Klöhn* MAR Art. 14 Rn. 59 ff.; zur früheren Rechtslage Assmann/Schneider/ *Vogel* WpHG § 38 Rn. 44 ff.
[126] Vgl. BGH XII ZR 197/05, NJW 2007, 2988; Klöhn/*Klöhn* MAR Art. 14 Rn. 59 ff.
[127] Klöhn/*Klöhn* MAR Art. 14 Rn. 116; zur früheren Rechtslage Assmann/Schneider/ Assmann WpHG § 14 Rn. 206 f.; Fuchs/*Mennicke* WpHG § 14 Rn. 421 ff.
[128] Klöhn/*Klöhn* Art. 14 MAR Rn. 117; zur früheren Rechtslage Kölner Komm. WpHG/ *Klöhn* § 14 Rn. 516; aA Fuchs/*Mennicke* WpHG § 14 Rn. 427 (idR umstandssittenwidriges Geschäft).
[129] Ablehnend nach neuem Recht Klöhn/*Klöhn* MAR Art. 14 Rn. 122; *Giering* CCZ 2016, 214 (219); Baumbach/Hopt/*Kumpan* Vorbemerkung MAR Rn. 9; bejahend nach neuem Recht *Poelzig* NZG 2016, 492 (501); *Beneke/Thelen* BKR 2017, 12; ablehnend zur früheren Rechtslage Marsch-Barner/Schäfer/*Schäfer* WpHG 3. Aufl. 2014, § 14 Rn. 99; Assmann/Schneider/ *Assmann* WpHG § 14 Rn. 208 f.; Fuchs/*Mennicke* WpHG § 14 Rn. 442 ff.

Vorschriften dienen dem Schutz der Funktionsfähigkeit des Kapitalmarkts, der Schutz der Marktteilnehmer ist ein bloßer Reflex.[130] Bei Face-to-face-Geschäften etwa kommt – abhängig von den konkreten Umständen – aber ein Schadensersatzanspruch aus § 826 BGB[131] oder culpa in contrahendo[132] in Betracht.

C. Ad-hoc-Publizitätspflicht

33 Art. 17 MMVO verpflichtet Emittenten zur Veröffentlichung von den Emittenten unmittelbar betreffenden **Insiderinformationen**. Eine solche Insiderinformation ist – unabhängig von den Börsenhandelszeiten[133] – **unverzüglich**[134] **bekanntzumachen**. Die Veröffentlichung der Information hat ohne schuldhaftes Zögern zu erfolgen und verpflichtet damit den Emittenten organisatorische Maßnahmen zu treffen, um eine notwendige Veröffentlichung – nach Sachverhaltsprüfung und ggf. Einholung externen Rechtsrats – unverzüglich herbeizuführen.[135] Der hierfür angemessene Prüfungszeitraum ist abhängig von der Komplexität des Sachverhalts und kann gerade bei offenkundigen bzw. vorhersehbaren Insiderinformationen ganz entfallen.[136] Ein Aufschub der Veröffentlichung ist nur innerhalb der Grenzen des Art. 17 Abs. 4 und Abs. 5 MMVO zulässig (vgl. Rn. 42 ff.).

34 Die Ad-hoc-Publizitätspflicht ergänzt als sog. **anlassbezogene Sekundärmarktpublizität**[137] die Regelpublizität der Finanzberichterstattung um aktuelle und kursrelevante unternehmensbezogene Informationen.[138] Sie soll der erhöhten Markttransparenz durch informationelle Chancengleichheit und der Prävention

---

[130] Zur früheren Rechtslage Assmann/Schneider/*Assmann* WpHG § 15 Rn. 27 f.; BGH II ZR 80/12, AG 2013, 634; XI ZR 51/10, AG 2012, 209.

[131] Klöhn/*Klöhn* MAR Art. 14 Rn. 122; zur früheren Rechtslage Marsch-Barner/Schäfer/*Schäfer* WpHG, 3. Aufl. 2014, § 14 Rn. 109; Assmann/Schneider/*Assmann* WpHG § 14 Rn. 211; Fuchs/*Mennicke* WpHG § 14 Rn. 446 ff.

[132] Klöhn/*Klöhn* MAR Art. 14 Rn. 120 f.; zur früheren Rechtslage Assmann/Schneider/*Assmann* WpHG § 14 Rn. 211; Kölner Komm. WpHG/*Klöhn* § 14 Rn. 519.

[133] BaFin-Präsentation vom 11.12.2017 (Veröffentlichung von und Umgang mit Insiderinformationen) S. 19; zur früheren Rechtslage *BaFin* Emittentenleitfaden, S. 70; Assmann/Schneider/*Assmann* WpHG § 15 Rn. 249; Habersack/Mülbert/Schlitt/*Frowein* § 10 Rn. 128; Fuchs/*Pfüller* WpHG § 15 Rn. 261.

[134] Zur Fortgeltung des Unverzüglichkeitsgebots BaFin-FAQs zu Art. 17 MMVO vom 22.12.2016, I.1.; *Klöhn* AG 2016, 423, 429.

[135] Klöhn/*Klöhn* MAR Art. 17 Rn. 122 ff.; zur früheren Rechtslage *BaFin* Emittentenleitfaden, S. 70; Assmann/Schneider/*Assmann* WpHG § 15 Rn. 248; Habersack/Mülbert/Schlitt/ *Frowein* § 10 Rn. 128.

[136] Zur früheren Rechtslage Habersack/Mülbert/Schlitt/*Frowein* § 10 Rn. 128; Assmann/ Schneider/*Assmann* WpHG § 15 Rn. 248 f.; Schwark/Zimmer/*Zimmer/Kruse* WpHG § 15 Rn. 49 f.; Fuchs/*Pfüller* WpHG § 15 Rn. 256 ff.; vgl. auch Just/Voß/Ritz/Becker/*Voß* WpHG § 15 Rn. 96 (im Regelfall Ad-hoc-Mitteilung binnen weniger Stunden).

[137] Klöhn/*Klöhn* MAR Art. 17 Rn. 1; zur früheren Rechtslage Kölner Komm. WpHG/ *Klöhn* § 15 Rn. 1; Just/Voß/Ritz/Becker/*Voß* WpHG § 15 Rn. 14.

[138] Schimansky/Bunte/Lwowski/*Hopt/Kumpan* § 107 Rn. 134; zur früheren Rechtslage Schwark/Zimmer/*Zimmer/Kruse* WpHG § 15 Rn. 10; Assmann/Schneider/*Assmann* WpHG § 15 Rn. 2.

C. Ad-hoc-Publizitätspflicht

von Insiderhandel dienen.[139] Die Regelung des Art. 17 MMVO wird durch die Schadensersatzansprüche der §§ 97, 98 WpHG flankiert.[140]

I. Betroffene Unternehmen

Die gesetzliche Ad-hoc-Veröffentlichungspflicht des Art. 17 MMVO gilt neben Unternehmen mit einer Zulassung ihrer Wertpapiere zum Handel im regulierten Markt nun auch für solche Unternehmen, die eine Zulassung zum Handel auf einem multilateralen oder organisierten Handelssystem erhalten, beantragt oder genehmigt haben (Art. 17 Abs. 1 UAbs. 3 MMVO). Damit werden auch Unternehmen, deren Finanzinstrumente lediglich im **Freiverkehr** gehandelt werden, von der gesetzlichen Ad-hoc-Veröffentlichungspflicht erfasst, sofern die Finanzinstrumente dort auf Initiative oder mit Billigung des Emittenten gehandelt werden.[141] Die Publizitätspflicht beginnt mit Antragstellung zur Zulassung/Einbeziehung zum Handel bzw. ab den Zeitpunkt der Zustimmung/Genehmigung zum Handel durch den Emittenten.[142] Für Emittenten, deren Wertpapiere ohne eigenen Antrag bzw. Zustimmung oder Genehmigung des Antrags eines Dritten in den Freiverkehr einbezogen wurden, gilt die Ad-hoc-Publizitätspflicht weiterhin nicht.[143] Des Weiteren gilt die Ad-hoc-Publizitätspflicht auch für Teilnehmer am Markt für Emissionszertifikate (Art. 17 Abs. 2 MMVO), die hier nicht weiter erörtert werden soll.[144]

35

II. Relevante Informationen

Die Ad-hoc-Veröffentlichungspflicht gilt nur für Insiderinformationen, die den Emittenten unmittelbar betreffen. Das Vorliegen einer Insiderinformation ist – wie beim Verbot von Insidergeschäften – gem. Art. 7 MMVO zu bestimmen, so dass vollumfänglich auf die dortigen Ausführungen verwiesen werden kann (vgl. Rn. 7 ff.). Eine Einschränkung erfährt der Begriff im Rahmen der Ad-hoc-Publizitätspflicht durch das Erfordernis des **unmittelbaren Emittentenbezugs** gem. Art. 17 Abs. 1 UAbs. 1 MMVO („Insiderinformationen, die *unmittelbar* diesen Emittenten betreffen").[145] Ob die Information publizitätspflichtig ist, ist anhand der konkreten Umstände des Einzelfalls zu bestimmen.[146] Bei den Insiderinformationen, die den Emittenten unmittelbar betreffen, kann es sich um unternehmensinterne oder

36

---

[139] Schimansky/Bunte/Lwowski/*Hopt/Kumpan* § 107 Rn. 133; zur früheren Rechtslage *BaFin* Emittentenleitfaden, S. 45; Assmann/Schneider/*Assmann* WpHG § 15 Rn. 29, 32; Fuchs/ *Pfüller* WpHG § 15 Rn. 35 f.

[140] Vgl. Schimansky/Bunte/Lwowski/*Hopt/Kumpan* § 107 Rn. 168; zur früheren Rechtslage BGH XI ZR 51/10, NJW 2012, 1806; Marsch-Barner/Schäfer/*Schäfer* WpHG, 3. Aufl. 2014, § 15 Rn. 4; aA Just/Voß/Ritz/Becker/*Voß* WpHG § 15 Rn. 14 (nur reflexartiger Schutz); Assmann/Schneider/*Assmann* WpHG § 15 Rn. 27 f.

[141] *Krause* CCZ 2014, 254; *Seibt/Wollenschläger* AG 2014, 595; *Kiesewetter/Parmentier* BB 2013, 2375.

[142] BaFin-FAQs zu Art. 17 MMVO v. 20.6.2017, II.6.

[143] BaFin-FAQs zu Art. 17 MMVO v. 20.6.2017, II.1.; *Söhner* BB 2017, 259; *Kumpan* DB 2016, 2039 (2040); *Scholz* NZG 2016, 1286; vgl. auch Erwägungsgrund 49 S. 5 der MMVO.

[144] Vgl. etwa BaFin-FAQs zu Art. 17 Abs. 2 MMVO v. 20.12.2016.

[145] Schimansky/Bunte/Lwowski/*Hopt/Kumpan* § 107 Rn. 135.

[146] Schimansky/Bunte/Lwowski/*Hopt/Kumpan* § 107 Rn. 141.

unternehmensexterne Umstände handeln (vgl. hierzu die Beispiele unter Rn. 14 sowie den dort genannten Beispielkatalog der BaFin für veröffentlichungspflichtige Insiderinformationen).[147] Allgemeine Marktdaten betreffen den Emittenten hingegen regelmäßig nur mittelbar und sind daher nicht veröffentlichungspflichtig.[148] Selbiges gilt für Informationen, die nur das Finanzinstrument selbst betreffen (wie etwa eine entsprechende Orderlage oder außerbörslicher Paketverkauf ohne strategische Zielsetzung).[149] Der Wechsel des Groß-/Mehrheitsaktionärs sowie die Abgabe eines Übernahme- oder Pflichtangebots betrifft die Gesellschaft hingegen unmittelbar und ist daher grundsätzlich ad hoc zu veröffentlichen.[150]

37 Gerade im Rahmen von **mehrstufigen Entscheidungsprozessen** (wie etwa M&A-Transaktionen oder die Bestellung/Abberufung von Organmitgliedern) kommt der Frage, in welchem Verfahrensstadium dem Zwischenschritt bereits die Qualität einer Insiderinformation zukommt (vgl. Rn. 10, 18), erhebliche Bedeutung zu. Dies ist jeweils im Einzelfall, insbesondere anhand des Kriteriums des erheblichen Kursbeeinflussungspotentials der nicht-öffentlichen Information zu entscheiden. In Zweifelsfällen ist – bei Vorliegen der entsprechenden Befreiungsvoraussetzungen (vgl. Rn. 42 ff.) – eine frühzeitige Fassung des Zurückstellungsbeschlusses gemäß Art. 17 Abs. 4 MMVO anzuraten.

38 In der Praxis stellt sich die Frage einer Ad-hoc-Veröffentlichungspflicht ua in den folgenden Konstellationen (hierbei ist jedoch stets eine Betrachtung des Einzelfalls – auch im Hinblick auf bereits veröffentlichte Informationen, etwaig ad-hoc-pflichtige Zwischenschritte und die Möglichkeit eines Aufschubs gem. Art. 17 Abs. 4 MMVO – notwendig):
– **Public M&A-Transaktionen:** Die öffentliche Übernahme einer börsennotierten Gesellschaft stellt typischerweise für die Zielgesellschaft eine Insiderinformation dar, die eine Ad-hoc-Veröffentlichungspflicht der Zielgesellschaft nach sich zieht. Ist auch der Bieterkonzern börsennotiert, ist zu prüfen, ob diese Information auch für den Bieterkonzern die Qualität einer ad hoc zu veröffentlichenden Insiderinformation hat. Auch Zwischenschritte der Transaktion sind auf deren Ad-hoc-Pflichtigkeit zu untersuchen. Reinen Vorbereitungshandlungen auf Bieterseite, wie etwa die Auswahl der eigenen Berater oder der Beschluss, mit der Zielgesellschaft Vorgespräche aufzunehmen, fehlt typischerweise das erhebliche Kursbeeinflussungspotential, so dass zu diesem Zeitpunkt regelmäßig noch keine Insiderinformation vorliegt.[151] Selbiges gilt für erste Gespräche zwischen dem Bieter und der potentiellen Zielgesellschaft.[152] Kritisch ist zu sehen, dass die

---

[147] Kumpan DB 2016, 2039 (2041 f.); zur früheren Rechtslage *BaFin* Emittentenleitfaden, S. 50 f.; Marsch-Barner/Schäfer/*Schäfer* WpHG, 3. Aufl. 2014, § 15 Rn. 17; Assmann/Schneider/*Assmann* WpHG § 15 Rn. 55; eine unmittelbare Betroffenheit liegt gem. § 15 Abs. 1 Satz 3 WpHG insbesondere dann vor, wenn sich die Insiderinformation auf Umstände bezieht, die im Tätigkeitsbereich des Emittenten eingetreten sind.

[148] Klöhn/*Klöhn* MAR Art. 17 Rn. 81 f.; zur früheren Rechtslage *BaFin* Emittentenleitfaden, S. 51; Fuchs/*Pfüller* WpHG § 15 Rn. 121.

[149] Schimansky/Bunte/Lwowski/*Hopt/Kumpan* § 107 Rn. 141; zur früheren Rechtslage *BaFin* Emittentenleitfaden, S. 52; Fuchs/*Pfüller* WpHG § 15 Rn. 128 ff.

[150] Vgl. auch Schimansky/Bunte/Lwowski/*Hopt/Kumpan* § 107 Rn. 141; zur früheren Rechtslage *BaFin* Emittentenleitfaden, S. 53; Schäfer/Hamann/*Geibel/Schäfer* § 15 Rn. 95; Kölner Komm. WpHG/*Klöhn* § 15 Rn. 138 ff.

[151] Schimansky/Bunte/Lwowski/*Hopt/Kumpan* § 107 Rn. 146; zur früheren Rechtslage *BaFin* Emittentenleitfaden, S. 58.

[152] Schimansky/Bunte/Lwowski/*Hopt/Kumpan* § 107 Rn. 146; zur früheren Rechtslage *BaFin* Emittentenleitfaden, S. 58; Assmann/Schneider/*Assmann* WpHG § 15 Rn. 75.

C. Ad-hoc-Publizitätspflicht
38 § 22

BaFin es für die Entstehung einer Ad-hoc-Pflicht ausreichen lässt, dass sich wesentliche Entscheidungsträger (auch vor einer Gremienbefassung) über zentrale Punkte im Grundsatz geeinigt haben.[153] Die Zulassung einer Due Diligence des Bieters durch die Zielgesellschaft wird wohl allenfalls dann bereits als Insiderinformation anzusehen sein, wenn dem späteren öffentlichen Angebot keine wesentlichen Hindernisse mehr entgegenstehen und insbesondere ein positiver Ausgang der Due Diligence zu erwarten ist.[154] Gleichwohl ist – abhängig vom Einzelfall – seitens des Vorstands der Zielgesellschaft zu erwägen, bereits zum Zeitpunkt des Beschlusses über die Zulassung einer Due Diligence vorsichtshalber einen Beschluss über den Aufschub der Ad-hoc-Veröffentlichung gem. Art. 17 Abs. 4 MMVO zu fassen. Eine grds. ad-hoc-pflichtige Insiderinformation entsteht regelmäßig spätestens mit der Einigung von Bieter und Zielgesellschaft über die wesentlichen Kernpunkte des Angebots.[155]

– **Private M&A-Transaktionen:** Abhängig von der Größe des verkauften Unternehmens bzw. der verkauften Vermögensgegenstände kann auch eine Private M&A-Transaktion eine Ad-hoc-Veröffentlichungspflicht nach sich ziehen. Eine solche hat dann spätestens mit der Unterzeichnung des Kaufvertrags zu erfolgen. Vorangegangene Zwischenschritte sind zudem auf ihre Kurserheblichkeit zu überprüfen. Aus Sicht des Veräußerers wird man – bei entsprechender Kursrelevanz der Gesamttransaktion – das Vorliegen einer Insiderinformation (wie auch die Befreiungsvoraussetzungen des Art. 17 Abs. 4 MMVO) häufig bei einer Einigung über die wesentlichen Kernpunkte des Verkaufs annehmen; aus Sicht des Erwerbers gilt Selbiges typischerweise erst ab dem Zeitpunkt exklusiver Vertragsverhandlungen.[156]

– **Geschäftsergebnisse:** Geschäftsergebnisse sind bei entsprechender Kursrelevanz unabhängig von vorher festgelegten Veröffentlichungsterminen ad hoc zu veröffentlichen.[157] An der Qualität einer Insiderinformation fehlt es insbesondere dann, wenn die darin enthaltenen Angaben im Wesentlichen mit den Markterwartungen oder der seitens des Emittenten kommunizierten Prognose übereinstimmen.[158] Die Ad-hoc-Pflicht entsteht spätestens zum Zeitpunkt der Aufstellung des Jahresabschlusses durch den Vorstand;[159] für den Regelfall der Feststellung des Jahresabschlusses durch den Aufsichtsrat (§ 172 AktG) ist ein Aufschub gem. Art. 17 Abs. 4 MMVO bis zur Fassung des Aufsichtsratsbeschlusses

---

[153] BaFin-Präsentation v. 11.12.2017 (Veröffentlichung von und Umgang mit Insiderinformationen) S. 11.
[154] Vgl. BaFin-Präsentation v. 11.12.2017 (Veröffentlichung von und Umgang mit Insiderinformationen) S. 11; Schimansky/Bunte/Lwowski/*Hopt/Kumpan* § 107 Rn. 146; zur früheren Rechtslage Assmann/Schneider/*Assmann* WpHG § 15 Rn. 75; Habersack/Mülbert/ Schlitt/*Frowein* § 10 Rn. 41; aA Fuchs/*Pfüller* WpHG § 15 Rn. 201.
[155] Vgl. BaFin-Präsentation vom 11.12.2017 (Veröffentlichung von und Umgang mit Insiderinformationen) S. 11; zur früheren Rechtslage *BaFin* Emittentenleitfaden, S. 55; Assmann/Schneider/*Assmann* WpHG § 15 Rn. 75.
[156] Vgl. Schimansky/Bunte/Lwowski/*Hopt/Kumpan* § 107 Rn. 146; zur früheren Rechtslage *BaFin* Emittentenleitfaden, S. 58 f.; Fuchs/*Pfüller* WpHG § 15 Rn. 204 ff.
[157] Klöhn/*Klöhn* MAR Art. 17 Rn. 40; zur früheren Rechtslage *BaFin* Emittentenleitfaden, S. 55 f.; Fuchs/*Pfüller* WpHG § 15 Rn. 171; kritisch zu den Guidelines des ESMA *Krämer/ Kiefner* AG 2016, 621 ff.
[158] Klöhn/*Klöhn* Art. 17 MAR Rn. 40; zur früheren Rechtslage Fuchs/*Pfüller* WpHG § 15 Rn. 166 ff.; vgl. auch *BaFin* Emittentenleitfaden, S. 56 (für unterjährige Geschäftsergebnisse).
[159] BaFin-Präsentation vom 11.12.2017 (Veröffentlichung von und Umgang mit Insiderinformationen) S. 19.

zu erwägen.[160] Liegen zu einem unterjährigen Geschäftsergebnis bisher keine Prognosen vor, so sind diese ad-hoc-pflichtig, wenn sie deutlich von den Vorjahreszahlen, der bisherigen Geschäftsentwicklung oder der Markterwartung abweichen.[161] Dies gilt nach der Verwaltungspraxis der BaFin selbst dann, wenn an einer zuvor kommunizierten Jahresprognose festgehalten wird.[162] Zur Vollständigkeit der Ad-hoc-Mitteilung ist erforderlich, dass auch eine Angabe zur Bezugsgröße, mindestens aber den Vorjahreszahlen, erfolgt.[163]

- **Squeeze-Out:** Auch die Absicht des Hauptaktionärs, einen Squeeze-Out durchzuführen, kann eine Insiderinformation darstellen, die der Emittent nach Kenntniserlangung (typischerweise mit Zugang des entsprechenden Verlangens des Hauptaktionärs nach § 327a AktG) unverzüglich zu veröffentlichen hat.[164] Die Ad-hoc-Pflicht gilt unabhängig von der Art des Squeeze-Outs (dh aktienrechtlicher, umwandlungsrechtlicher oder übernahmerechtlicher Squeeze-Out).[165] Ausnahmen können für den Fall bestehen, dass der Squeeze-Out schon anderweitig öffentlich bekundet wurde.[166]
- **Personelle Veränderung:** Zudem können Wechsel in der Führungsebene des Emittenten ad-hoc-pflichtig sein.[167] Dies gilt insbesondere bei Schlüsselpersonen des Unternehmens, wie etwa dem Aufsichtsrats- oder Vorstandsvorsitzenden.[168] Hier ist insbesondere auf das erhebliche Kursbeeinflussungspotential (und dadurch ausgelöste Ad-hoc-Pflicht von Zwischenschritten) zu achten. Eine entsprechende Kursrelevanz der Information kann sich auch bei einer (schwerwiegenden) Erkrankung von Schlüsselpersonen ergeben.[169]
- **Verwaltungs- und Gerichtsverfahren:** Auch Verwaltungs- und Gerichtsverfahren können ad-hoc-pflichtig sein.[170] Dies kann sich aus dem kurserheblichen

---

[160] Zur früheren Rechtslage *BaFin* Emittentenleitfaden, S. 55 f.; Fuchs/*Pfüller* WpHG § 15 Rn. 174 ff.

[161] BaFin-Präsentation vom 11.12.2017 (Veröffentlichung von und Umgang mit Insiderinformationen) S. 19.

[162] BaFin-Präsentation vom 11.12.2017 (Veröffentlichung von und Umgang mit Insiderinformationen) S. 19.

[163] BaFin-Präsentation vom 11.12.2017 (Veröffentlichung von und Umgang mit Insiderinformationen) S. 19.

[164] Schimansky/Bunte/Lwowski/*Hopt/Kumpan* § 107 Rn. 140; Klöhn/*Klöhn* MAR Art. 17 Rn. 401; zur früheren Rechtslage *BaFin* Emittentenleitfaden, S. 59; Just/Voß/Ritz/Becker/*Voß* WpHG § 15 Rn. 126 ff.; Habersack/Mülbert/Schlitt/*Frowein* § 10 Rn. 53; Kölner Komm. WpHG/*Klöhn* § 15 Rn. 133 f.

[165] Klöhn/*Klöhn* MAR Art. 17 Rn. 400; zur früheren Rechtslage Just/Voß/Ritz/Becker/*Voß* WpHG § 15 Rn. 131; Kölner Komm. WpHG/*Klöhn* § 15 Rn. 133; Fuchs/*Pfüller* WpHG § 15 Rn. 202.

[166] Zur früheren Rechtslage Habersack/Mülbert/Schlitt/*Frowein* § 10 Rn. 53; Kölner Komm. WpHG/*Klöhn* § 15 Rn. 132.

[167] Schimansky/Bunte/Lwowski/*Hopt/Kumpan* § 107 Rn. 142; zur früheren Rechtslage BGH II ZB 9/07, ZIP 2008, 639; *BaFin* Emittentenleitfaden, S. 57; Just/Voß/Ritz/Becker/*Voß* WpHG § 15 Rn. 148; Assmann/Schneider/*Assmann* WpHG § 15 Rn. 89; Habersack/Mülbert/Schlitt/*Frowein* § 10 Rn. 51.

[168] Klöhn/*Klöhn* Art. 7 MAR Rn. 387; zur früheren Rechtslage *BaFin* Emittentenleitfaden, S. 57; Assmann/Schneider/*Assmann* WpHG § 15 Rn. 89; Habersack/Mülbert/Schlitt/*Frowein* § 10 Rn. 51; zu den Unterschieden in der Entscheidungsfindung *Krämer/Kiefner* AG 2016, 621 (624 f.).

[169] Klöhn/*Klöhn* MAR Art. 7 Rn. 415 ff.; zur früheren Rechtslage Just/Voß/Ritz/Becker/*Voß* WpHG § 15 Rn. 150 f.; Kölner Komm. WpHG/*Klöhn* § 15 Rn. 150.

[170] Ausführlich zur Mitteilungspflicht bei Zivilprozessen *Teigelack* BB 2016, 1604.

C. Ad-hoc-Publizitätspflicht

Ausgang des Verfahrens bzw. der Absehbarkeit eines solchen Ausgangs ergeben. Auch die Bildung entsprechender Rücklagen selbst kann – sofern kursrelevant – zu einer entsprechenden Ad-hoc-Pflicht führen.[171]

– **Aktienrückkauf:** Der Vorstandsbeschluss, von der Hauptversammlungsermächtigung zum Rückerwerb eigener Aktien (§ 71 Abs. 1 Nr. 8 AktG) Gebrauch zu machen, stellt regelmäßig eine ad hoc zu veröffentlichende Insiderinformation dar.[172]

Es ist umstritten, ob die Ad-hoc-Veröffentlichungspflicht des Art. 17 MMVO Wissen von der Existenz der jeweiligen Insiderinformation voraussetzt[173] oder ob die Ad-hoc-Pflicht **unabhängig von der tatsächlichen Kenntnis** des Emittenten in dem Moment entsteht, in dem die Insiderinformation objektiv entsteht.[174] Jedenfalls ist der Vorstand des Emittenten dazu verpflichtet, wirksame Vorkehrungen zu treffen, damit potentiell ad-hoc-pflichtige Sachverhalte erkannt, analysiert und veröffentlicht werden.[175]

Gem. Art. 17 Abs. 8 MMVO ist zudem ad-hoc-publizitätspflichtig, wer eine Insiderinformation einem Dritten rechtmäßig offenlegt, es sei denn, dieser ist rechtlich zur Vertraulichkeit verpflichtet.[176]

III. Inhalt und Verfahren der Veröffentlichung

Der notwendige **Mindestinhalt** einer Ad-hoc-Mitteilung wird durch § 4 WpAV vorgegeben. Die Mitteilung hat (i) in der Kopfzeile eine hervorgehobene Überschrift, dass es sich um eine Veröffentlichung von Insiderinformationen gem. Art. 17 MMVO handelt, und ein den Betreff erkennen lassendes Schlagwort, (ii) die Identität des Emittenten und seine Anschrift, (iii) die ISIN der betroffenen Aktien, (iv) die zu veröffentlichende Information, (v) das Datum des Eintritts der der Information zugrundeliegenden Umstände und (vi) eine kurze Erklärung zur unmittelbaren Betroffenheit und zum erheblichen Kursbeeinflussungspotential (soweit sich dies nicht aus der Information selbst ergibt) zu enthalten. Emittenten mit Sitz im Ausland ist es gestattet, die Meldung ausschließlich in englischer Sprache vorzunehmen (§ 3b Abs. 1 WpAV),[177] soweit eine anwendbare Börsenordnung nicht eine Veröffentlichung in deutscher und englischer Sprache fordert.

---

[171] Klöhn/*Klöhn* MAR Art. 7 Rn. 445; zur früheren Rechtslage *BaFin* Emittentenleitfaden, S. 57; Kölner Komm. WpHG/*Klöhn* § 15 Rn. 161, § 13 Rn. 373 f.

[172] Klöhn/*Klöhn* MAR Art. 17 Rn. 415; vgl. zur früheren Rechtslage Habersack/Mülbert/Schlitt/*Frowein* § 10 Rn. 49; Assmann/Schneider/*Assmann* WpHG § 15 Rn. 87.

[173] So insbesondere *Ihrig* ZHR 2017, 381 (385).

[174] Klöhn/*Klöhn* MAR Art. 17 Rn. 105; Marsch-Barner/Schäfer/*Schäfer* WpHG § 15 Rn. 21; zur früheren Rechtslage das Erfordernis der Kenntnis ablehnend; Just/Voß/Ritz/Becker/*Voß* WpHG § 15 Rn. 58; Kölner Komm. WpHG/*Klöhn* § 15 Rn. 58; bejahend dagegen Habersack/Mülbert/Schlitt/*Frowein* § 10 Rn. 24.

[175] Klöhn/*Klöhn* MAR Art. 17 Rn. 106 ff.; *Klöhn* NZG 2017, 1285 (1287 f.); zur früheren Rechtslage Kölner Komm. WpHG/*Klöhn* § 15 Rn. 58; Just/Voß/Ritz/Becker/*Voß* § 15 Rn. 58; ausführlich zur konzernweiten Informationsbeschaffung Habersack/Mülbert/Schlitt/*S. Schneider* § 3.

[176] BaFin-Präsentation vom 11.12.2017 (Veröffentlichung von und Umgang mit Insiderinformationen) S. 26; *Kumpan* DB 2016, 2039 (2042).

[177] Klöhn/*Klöhn* MAR Art. 17 Rn. 523.

41 Die Veröffentlichung erfolgt in drei Schritten:[178] Die Ad-hoc-Mitteilung ist zunächst **vorab** (Verwaltungspraxis der BaFin: ca. 30 Min.[179]) der BaFin per Telefax (§ 9 Abs. 1 Satz 1 WpAV) und den Geschäftsführungen aller Handelsplätze, an denen die Finanzinstrumente des Emittenten tatsächlich zum Handel zugelassen oder in den Handel einbezogen sind (zu den Handelsplätzen zählen auch MTFs und OTFs[180]), mitzuteilen (§ 26 Abs. 1 Satz 1 Hs. 1 WpHG).[181] Diese Vorabmeldung hat den Wortlaut der Veröffentlichung, den vorgesehenen Zeitpunkt der Veröffentlichung sowie den Ansprechpartner des Emittenten mit Rufnummer (§ 8 Abs. 1 WpAV) zu enthalten. Dies soll den Börsen ermöglichen, über eine Handelsaussetzung oder -einstellung des Finanzinstruments zu entscheiden.[182] Nachfolgend ist die Ad-hoc-Mitteilung über ein **allgemein zugängliches Informationssystem** zu veröffentlichen.[183] Die Informationsverbreitung hat nichtdiskriminierend an eine möglichst breite Öffentlichkeit, unentgeltlich und zeitgleich in der gesamten Union zu erfolgen (Art. 17 Abs. 1 UAbs. 2 Satz 1, Abs. 10 Buchst. a MMVO iVm Art. 2 VO (EU) 2016/1055). Dies kann über Nachrichtenagenturen (zB Reuters, dgap oder Bloomberg) oder bedeutende nationale und europäische Zeitungen geschehen.[184] Auch hier (vgl. Rn. 13) genügt eine Verbreitung über Regionalzeitungen, Pressekonferenzen oder soziale Netzwerke nicht.[185] Zeitgleich oder nachfolgend ist die Information auf der **Website** des Emittenten für die Dauer von mindestens fünf Jahren zur Verfügung zu stellen (Art. 17 Abs. 1 UAbs. 3 Satz 2 MMVO).[186] Unverzüglich danach, aber keinesfalls davor, ist die Ad-hoc-Mitteilung dem **Unternehmensregister** zur Speicherung zu übermitteln (Art. 17 Abs. 1 UAbs. 2 Satz 1 MMVO iVm § 26 Abs. 1 Satz 1 Hs. 2 WpHG).[187] In der Praxis wird die Betreuung des Veröffentlichungsvorgangs (einschl. der Vorabmitteilungen) häufig von spezialisierten Dienstleistern übernommen.

IV. Befreiung von Veröffentlichungspflicht

42 Der Emittent kann die **Veröffentlichung einer Insiderinformation aufschieben**, wenn (i) die unverzügliche Offenlegung geeignet wäre, die berechtigten Interessen des Emittenten zu beeinträchtigen, (ii) die Aufschiebung nicht geeignet ist, die Öffentlichkeit irrezuführen und (iii) der Emittent die Geheimhaltung dieser Information sicherstellen kann (Art. 17 Abs. 4 MMVO). Dies entspricht im Wesentlichen der bisherigen Regelung des Aufschubs der Veröffentlichung gemäß

---

[178] *Söhner* BB 2017, 259.
[179] BaFin-Präsentation v. 11.12.2017 (Veröffentlichung von und Umgang mit Insiderinformationen) S. 17.
[180] Vgl. Art. 2 Abs. 1 MMVO; Rn. 4.
[181] Vgl. BaFin-FAQs zu Art. 17 MMVO v. 20.6.2017, II.4.; zur früheren Rechtslage *BaFin* Emittentenleitfaden, S. 65; Just/Voß/Ritz/Becker/*Voß* WpHG § 15 Rn. 292 f.
[182] Vgl. BaFin-FAQs zu Art. 17 MMVO v. 20.6.2017, II.4.
[183] Klöhn/*Klöhn* MAR Art. 17 Rn. 534 ff.; zur früheren Rechtslage *BaFin* Emittentenleitfaden, S. 67.
[184] *Kumpan* DB 2016, 2039 (2043) mit weiteren Beispielen; die Einstellung allein auf der Website des Emittenten, in Blogs oder sozialen Netzwerken ist jedenfalls nicht ausreichend, BaFin-FAQs zu Art. 17 MMVO v. 20.6.2017, IV.1.
[185] *Söhner* BB 2017, 259.
[186] Zu den Anforderungen an die Website Art. 3 DVO (EU) 2016/1055.
[187] Vgl. *Engelland* BaFin Journal 7/2016, 28 (32); zur früheren Rechtslage *BaFin* Emittentenleitfaden, S. 67 ff. sowie Just/Voß/Ritz/Becker/*Voß* WpHG § 15 Rn. 316 ff.

C. Ad-hoc-Publizitätspflicht   43–45 § 22

§ 15 Abs. 3 WpHG aF,[188] zumal als (nicht abschließende) Beispielfälle für einen
Aufschub laufende Verhandlungen und ausstehende Gremienzustimmungen aufgeführt werden.[189]

Ferner wurde für Kredit- und Finanzinstitute ein **weiterer Aufschubtatbe-** 43
stand geschaffen. Gem. Art. 17 Abs. 5 MMVO ist ein Aufschub der Ad-hoc-Veröffentlichung bei entsprechender behördlicher Zustimmung möglich, wenn (i) die Offenlegung der Information das Risiko birgt, die finanzielle Stabilität des Emittenten und des Finanzsystems zu untergraben, (ii) der Aufschub der Veröffentlichung im öffentlichen Interesse liegt, (iii) die Geheimhaltung der betroffenen Information gewährleistet werden kann und (iv) die BaFin zugestimmt hat.

Eine Pflicht zur Ad-hoc-Veröffentlichung der Insiderinformation in der Auf- 44
schubphase besteht, sofern ein **aufkommendes Gerücht** ausreichend präzise auf eine nicht veröffentlichte Insiderinformation Bezug nimmt und daher zu vermuten ist, dass die Vertraulichkeit der Insiderinformation nicht mehr gewährleistet ist (Art. 17 Abs. 7 UAbs. 2 MMVO). Es ist insoweit – anders als nach bisheriger Verwaltungspraxis der BaFin[190] – unerheblich, ob das „Leak" aus der Sphäre des Emittenten stammt.[191] Ein willkürliches Streuen diffuser Informationen in der Absicht, dem Emittenten richtigstellende Informationen zu entlocken, kann dabei aber nicht als ausreichend präzise gelten.[192]

Nach der Verwaltungspraxis der BaFin bedarf der Aufschub der Ad-hoc-Veröf- 45
fentlichung auch weiterhin einer **bewussten Entscheidung des Emittenten**, die unter Einbindung mindestens eines Vorstandsmitglieds zu treffen ist.[193] Betrifft der die Insiderinformation zu Grunde liegende Sachverhalt den Kompetenzbereich des Aufsichtsrats (etwa Vorstandsabberufungen bzw. Neubestellungen gem. § 84 AktG), so ist nach der hier vertretenen Auffassung der Aufsichtsrat der Gesellschaft kraft Annexkompetenz für einen entsprechenden Befreiungsbeschluss gem. Art. 17 Abs. 4 bzw. Art. 5 MMVO zuständig.[194] Wird die Insiderinformation zu einem späteren Zeitpunkt mittels Ad-hoc-Mitteilung veröffentlicht, sind der BaFin gem. Art. 17 Abs. 4 Satz 3 MMVO sowohl die Gründe für die Befreiung als auch der Zeitpunkt der Entscheidung über den Aufschub im Rahmen der Vorabmitteilung der Ad-hoc-Mitteilung zu übermitteln. Es empfiehlt sich daher in der Praxis bereits bei Beschlussfassung über den Aufschub der Ad-hoc-Veröffentlichung detailliert und einzelfallbezogen die Gründe für den Aufschub (unter Abwägung der entgegenstehenden Interessen) und das Vorliegen der übrigen Tatbestandsvoraussetzungen darzulegen. Zudem bietet es sich an, vorab den Text einer Ad-hoc-Mitteilung zu entwerfen, um etwa beim Aufkommen hinreichend präziser Gerüchte schnell

---

[188] Seibt/Wollenschläger AG 2014, 593 (600); Kiesewetter/Parmentier BB 2013, 2371 (2376).
[189] Vgl. Erwägungsgrund 50 der MMVO.
[190] Vgl. BaFin Emittentenleitfaden, S. 61.
[191] BaFin-FAQs zu Art. 17 MMVO v. 20.6.2017, III.3.; Seibt/Wollenschläger AG 2014, 600; Krause CCZ 2014, 248 (255 f.).
[192] BaFin-FAQs zu Art. 17 MMVO v. 20.6.2017, III.3.
[193] BaFin-FAQs zu Art. 17 MMVO v. 20.6.2017, III.1; Klöhn/Klöhn MAR Art. 17 Rn. 159 ff., 186; zur früheren Rechtslage Fuchs/Pfüller WpHG § 15 Rn. 343 ff.; Schäfer/Hamann/Geibel/Schäfer WpHG § 15 Rn. 128 f.; Habersack/Mülbert/Schlitt/Frowein § 10 Rn. 74; aA (Legalausnahme) Kölner Komm. WpHG/Klöhn § 15 Rn. 315; Schwark/Zimmer/Zimmer/Kruse WpHG § 15 Rn. 54; Assmann/Schneider/Assmann WpHG § 15 Rn. 165d ff.; Ihrig/Kranz BB 2013, 451 (453).
[194] Retsch NZG 2016, 1201 (1206); so schon zur früheren Rechtslage Marsch-Barner/Schäfer/Schäfer WpHG, 3. Aufl. 2014, § 15 Rn. 31; Ihrig/Kranz BB 2013, 451 (456); Groß in FS U. Schneider, S. 392.

reagieren zu können. Ferner ist das Fortbestehen der Befreiungsvoraussetzungen kontinuierlich zu überprüfen[195] und die Überprüfungszeitpunkte der BaFin bei Übersenden der Aufschubbegründung mitzuteilen (vgl. § 7 Nr. 1 WpAV).

46 Sind die **Voraussetzungen des Aufschubs entfallen** und hat der Emittent die Informationen veröffentlicht, hat der Emittent die BaFin unverzüglich nach der Offenlegung[196] über den Aufschub zu informieren und zudem schriftlich zu erläutern, inwieweit die Voraussetzungen der Selbstbefreiung erfüllt waren (Art. 17 Abs. 4 UAbs. 3 MMVO, Art. 4 Abs. 2 VO (EU) 2016/1055[197]). Die Mitteilung hat ua die Identität des Emittenten, die Identität der mitteilenden Person (Vorname, Nachname, Position beim Emittenten), die Kontaktangaben der mitteilenden Person (dienstliche E-Mail-Adresse und Telefonnummer), Angaben zu den aufgeschobenen Insiderinformationen sowie die Identität der für die Entscheidung über den Aufschub der Bekanntgabe verantwortlichen Personen zu enthalten (Art. 4 Abs. 3 VO (EU) 2016/1055). Für die Erfüllung des Schriftformerfordernisses genügt eine Übersendung mittels Telefax; je nach Übermittlungsmedium ist auch die Unterschrift der Mitteilung entbehrlich, solange die Identität der verantwortlichen Person beim Emittenten und dessen Verantwortlichkeit für den Inhalt der Mitteilung deutlich wird.[198] Eine Verpflichtung zur zeitgleichen Übersendung der Befreiungsmitteilung mit der Vorab-Mitteilung (§ 15 Abs. 4 Satz 1 WpHG aF) besteht nicht mehr, dies ist dennoch weiterhin möglich.[199] Eine Übermittlung der Selbstbefreiung Stunden nach Veröffentlichung der Ad-hoc-Mitteilung genügt aber in der Regel nicht mehr.[200] Ist der Emittent zur Erteilung der Ad-hoc-Mitteilung in englischer Sprache berechtigt, genügt auch eine Befreiungsentscheidung in englischer Sprache.[201] Entfällt zwischenzeitlich die Qualifizierung als Insiderinformation, entfällt auch die Veröffentlichungs- bzw. Mitteilungspflicht an die BaFin.[202]

1. Berechtigtes Emittenteninteresse

47 Ein berechtigtes Interesse des Emittenten liegt vor, wenn die Veröffentlichung geeignet ist, die legitimen Interessen des Emittenten dadurch zu gefährden,[203] dass unternehmerische Ziele oder Entwicklungen vereitelt, gefährdet oder erheblich beeinträchtigt würden.[204] Die ESMA hat im Juli 2016 insoweit entsprechende (nicht

---

[195] Vgl. Art. 4 Abs. 1 Buchst. b Nr. ii und Buchst. c DVO (EU) 2016/1055; BaFin-Präsentation v. 11.12.2017 (Veröffentlichung von und Umgang mit Insiderinformationen) S. 27.

[196] BaFin-FAQs zu Art. 17 MMVO v. 20.6.2017, IV.4.

[197] Durchführungsverordnung (EU) 2016/1055 der Kommission vom 29.6.2016 zur Festlegung technischer Durchführungsstandards hinsichtlich der technischen Mittel für die angemessene Bekanntgabe von Insiderinformationen und für den Aufschub der Bekanntgabe von Insiderinformationen gem. Verordnung (EU) Nr. 596/2014 des Europäischen Parlaments und des Rates, ABl. EU L 173/47.

[198] BaFin-FAQs zu Art. 17 MMVO v. 20.6.2017, IV.7. und 9; *Söhner* BB 2017, 259 (261).

[199] BaFin-FAQs zu Art. 17 MMVO v. 20.6.2017, IV.4; *Engelland* BaFinJournal 7/2016, 28 (30).

[200] BaFin-FAQs zu Art. 17 MMVO v. 20.6.2017, IV.4.

[201] BaFin-FAQs zu Art. 17 MMVO v. 20.6.2017, IV.5.

[202] ESMA Q&A on MAR v. 23.3.2018, Ziff. 5.2.; BaFin-Präsentation v. 11.12.2017 (Veröffentlichung von und Umgang mit Insiderinformationen) S. 28.

[203] *Klöhn* AG 2016, 423 (430 f.); *Kumpan* DB 2016, 2039 (2043); § 6 WpAV ist aufgrund der maximalharmonisierenden Wirkung von Art. 17 Abs. 4 MMVO unbeachtlich.

[204] Schimansky/Bunte/Lwowski/*Hopt/Kumpan* § 107 Rn. 152.

abschließende) Leitlinien veröffentlicht.²⁰⁵ Ein berechtigtes Aufschubinteresse kann insbesondere in folgenden Fällen gegeben sein:
- Das Ergebnis laufender Verhandlungen (etwa zu Fusionen, Übernahmen, Spaltungen oder Restrukturierungen) würde durch Veröffentlichung der Insiderinformation wahrscheinlich gefährdet;²⁰⁶
- die der finanziellen Überlebensfähigkeit des Emittenten dienenden Finanzierungsverhandlungen würden durch Veröffentlichung der Insiderinformation gefährdet;
- die für die Wirksamkeit einer Maßnahme erforderliche Aufsichtsratszustimmung ist noch ausstehend, sofern eine unverzügliche Offenlegung die sachgerechte Bewertung der Information durch das Publikum gefährden würde und die Gremienentscheidung so schnell wie möglich eingeholt wird;²⁰⁷
- die geistigen Eigentumsrechte an einer Produktentwicklung oder Erfindung würden durch eine unverzügliche Offenlegung der Information gefährdet; oder
- die Durchführung des Plans zum Erwerb oder der Veräußerung der Beteiligung an einem anderen Unternehmen würde durch eine unverzügliche Offenlegung der Information aller Wahrscheinlichkeit nach gefährdet.

2. Keine Irreführung der Öffentlichkeit

Eine Irreführung der Öffentlichkeit ist nicht bereits durch das im Zeitraum des Aufschubs einer Ad hoc-Veröffentlichung bestehende Informationsungleichgewicht zu sehen.²⁰⁸ Der Emittent soll jedoch gehindert sein, aktiv eine unzutreffende Vorstellung der Kapitalmarktteilnehmer hervorzurufen.²⁰⁹ Nach den Leitlinien der ESMA²¹⁰ liegt eine Irreführung der Öffentlichkeit vor, wenn die verzögert offenzulegende Insiderinformation (i) sich von einer in diesem Zusammenhang veröffentlichten früheren Information wesentlich unterscheidet,²¹¹ (ii) den Umstand betrifft, dass der Emittent seine zuvor öffentlich angekündigten finanziellen Ziele aller Wahrscheinlichkeit nach nicht erreicht oder (iii) von Markterwartungen abweicht, die der Emittent zuvor durch Signale hervorgerufen hat – zB im Rahmen von Roadshows oder Interviews.

---

²⁰⁵ MAR-Leitlinien, Aufschub der Offenlegung von Insiderinformationen, ESMA/2016/478 v. 20.10.2016; vgl. auch BaFin-Präsentation vom 11.12.2017 (Veröffentlichung von und Umgang mit Insiderinformationen) S. 24.
²⁰⁶ Vgl. auch § 6 Nr. 1 WpAV.
²⁰⁷ Vgl. auch § 6 Nr. 2 WpAV.
²⁰⁸ Klöhn/*Klöhn* MAR Art. 17 Rn. 253; zur früheren Rechtslage OLG Stuttgart 20 Kap 1/08, NZG 2009, 631; Fuchs/*Pfüller* WpHG § 15 Rn. 385; Kölner Komm. WpHG/*Klöhn* § 15 Rn. 291.
²⁰⁹ Vgl. Klöhn/*Klöhn* MAR Art. 17 Rn. 257; zur früheren Rechtslage *BaFin* Emittentenleitfaden, S. 61; Just/Voß/Ritz/Becker/*Voß* § 15 Rn. 219; Marsch-Barner/Schäfer/*Schäfer* WpHG, 3. Aufl. 2014, § 15 Rn. 35.
²¹⁰ MAR-Leitlinien, Aufschub der Offenlegung von Insiderinformationen, ESMA/2016/1478 v. 20.10.2016, S. 5 f.; vgl. auch ESMA Final Report, ESMA/2016/1130 v. 13.7.2016, 3.3 (S. 18 Rn. 82); *Engelland* BaFinJournal 7/2016, 28 (30).
²¹¹ Schimansky/Bunte/Lwowski/*Hopt/Kumpan* § 107 Rn. 156.

3. Gewährleistung der Vertraulichkeit

49 Ferner muss der Emittent die notwendigen **organisatorischen Maßnahmen** treffen, um die Vertraulichkeit der Insiderinformation gewährleisten zu können.[212] Die Information darf nicht über die zur Kenntnis befugten Personen nach außen dringen.[213] Des Weiteren ist sicherzustellen, dass die Kenntnisträger sich ihrer insiderrechtlichen Verpflichtungen (insbesondere dem Weitergabeverbot) und deren Sanktionierung bewusst sind.[214] In der Praxis erfordert dies etwa die **Beschränkung des Zugriffs** auf die relevanten Dokumente (durch Unterverschlusshaltung der relevanten schriftlichen Unterlagen, Beschränkung der Zugriffsmöglichkeiten im IT-System sowie Verwendung von passwortgeschützten Dokumenten), Vergabe von Projektnamen sowie die Belehrung der involvierten Personen (soweit diese sich nicht ohnehin ihrer insiderrechtlichen Pflichten bewusst sind).[215]

V. Sanktionen

1. Öffentlich-rechtliche Sanktionen

50 – **Bußgeld:** Der vorsätzliche oder leichtfertige Verstoß gegen die Ad hoc-Veröffentlichungspflichten kann mit einem Bußgeld sanktioniert werden. Der Bußgeldrahmen soll bei natürlichen Personen eine Obergrenze von **mindestens 1,0 Mio. EUR** und bei juristischen Personen von mindestens **2,5 Mio. EUR** bzw. **2 % des letzten Jahresumsatzes** (wie im letzten Konzernabschluss des letzten Geschäftsjahres ausgewiesen) betragen; diese Obergrenze ist auf mindestens 300 % des durch den Verstoß erzielten Gewinns oder vermiedenen Verlusts zu erhöhen (§ 120 Abs. 15 Nr. 6-11, Abs. 18 Satz 1, Satz 2 Nr. 2, Satz 3 WpHG). Die BaFin wendet für die Bußgeldbemessung bei Verstößen gegen die Ad-hoc-Publizität ihre Bußgeldleitlinien[216] an.
– „**Naming and shaming**": Verstoß und Täter sind grundsätzlich zwingend auf der BaFin-Homepage unmittelbar nach Information der betreffenden Personen über die verhängte verwaltungsrechtliche Sanktion oder Maßnahme für die Dauer von mindestens fünf Jahren zu veröffentlichen (§ 125 WpHG; vgl. auch Rn. 31).
– **Strafbewehrter Verstoß gegen das Marktmanipulationsverbot:** Die BaFin prüft im Falle einer verspäteten oder unterlassenen Ad-hoc-Mitteilung stets auch einen möglichen Verstoß gegen das Marktmanipulationsverbot (vgl. Rn. 74).

---

[212] Schimansky/Bunte/Lwowski/*Hopt*/*Kumpan* § 107 Rn. 157; Baumbach/Hopt/*Kumpan* MAR Art. 17 Rn. 10.
[213] Schimansky/Bunte/Lwowski/*Hopt*/*Kumpan* § 107 Rn. 157.
[214] Klöhn/*Klöhn* MAR Art. 17 Rn. 278; zur früheren Rechtslage OLG Stuttgart 20 Kap 1/08, NZG 2009, 633; Kölner Komm. WpHG/*Klöhn* § 15 Rn. 308; Just/Voß/Ritz/Becker/*Voß* WpHG § 15 Rn. 232.
[215] Klöhn/*Klöhn* MAR Art. 17 Rn. 280 ff.; zur früheren Rechtslage Fuchs/*Pfüller* WpHG § 15 Rn. 487; Marsch-Barner/Schäfer/*Schäfer* WpHG, 3. Aufl. 2014, § 15 Rn. 36; Just/Voß/Ritz/Becker/*Voß* WpHG § 15 Rn. 227.
[216] WpHG-Bußgeldleitlinien II – Leitlinien zur Festsetzung von Geldbußen im Bereich des Wertpapierhandelsgesetzes (WpHG) vom 22.2.2017; Näheres zu einzelnen Zumessungskriterien *Becker/Canzler* NZG 2014, 1090; *Nartowska/Walla* NZG 2015, 977.

2. Zivilrechtliche Sanktionen

Das vorsätzliche oder grob fahrlässige Unterlassen einer Ad-hoc-Mitteilung 51
bzw. die Veröffentlichung unwahrer Insiderinformationen kann unter den Voraussetzungen der §§ 97, 98 WpHG zu einer **Schadensersatzpflicht** des Emittenten gegenüber Inhabern von Aktien bzw. von sonstigen auf den Emittenten bezogenen Finanzinstrumenten führen.[217] Anspruchsberechtigt sind – vorbehaltlich weiterer Einschränkungen – im Falle einer unterlassenen Ad-hoc-Mitteilung jedoch nur die Personen, die (i) die Finanzinstrumente nach der Unterlassung bzw. Abgabe der unrichtigen Ad-hoc-Mitteilung erworben haben und bei Bekanntwerden der Insiderinformation bzw. der Unrichtigkeit der Information noch Inhaber sind oder (ii) die Finanzinstrumente vor Entstehung der Insiderinformation bzw. der unrichtigen Veröffentlichung erworben und während des Zeitraums der unterlassenen bzw. unrichtigen Ad-hoc-Veröffentlichung veräußert haben (vgl. § 97 Abs. 1 bzw. § 98 Abs. 1 WpHG). Eine direkte Haftung von Vorstandsmitgliedern des Emittenten gegenüber Anlegern kann sich ferner im Falle einer vorsätzlichen sittenwidrigen Schädigung aus § 826 BGB ergeben.[218] Dies kommt insbesondere dann in Betracht, wenn die Vorstandsmitglieder die grobe Unrichtigkeit der Ad-hoc-Mitteilung kennen, da sie in diesem Fall auch wissen, dass hierdurch Wertpapierkäufe auf fehlerhafter Tatsachengrundlage getätigt werden.[219] Eine Haftung gem. § 823 Abs. 2 BGB iVm Art. 17 MMVO scheidet gemäß § 26 Abs. 3 Satz 1 WpHG aus.[220]

D. Insiderliste

Betroffene börsennotierte Unternehmen (vgl. hierzu Rn. 53) sowie in deren Auftrag bzw. für deren Rechnung tätige Personen sind verpflichtet, eine Liste aller Personen aufzustellen, die auf Grund der ihnen zugewiesenen Aufgabe Zugang zu Insiderinformationen haben (Art. 18 Abs. 1 Buchst. a MMVO). Diese Insiderliste ist zudem auf aktuellem Stand zu halten und der BaFin auf deren Verlangen zu übermitteln (Art. 18 Abs. 1 Buchst. b und c MMVO). Die Pflicht zur Führung einer Insiderliste dient der Überwachung des Flusses von Insiderinformationen und soll eine – ggf. notwendige – Ermittlungstätigkeit der BaFin als Aufsichtsbehörde unterstützen.[221] 52

I. Betroffene Unternehmen

Adressaten der Pflicht zur Führung einer Insiderliste sind alle **Emittenten** mit 53
einer Zulassung ihrer Wertpapiere zum Handel im regulierten Markt und nun auch solche Unternehmen, die eine Zulassung ihrer Wertpapiere zum Handel auf einem multilateralen oder organisierten Handelssystem erhalten, beantragt oder genehmigt haben (Art. 18 Abs. 7 MMVO, vgl. auch Rn. 35).

---

[217] Vgl. Klöhn/*Klöhn* MAR Art. 17 Rn. 589; ausführlich Marsch-Barner/Schäfer/*Schäfer* WpHG § 17.
[218] Vgl. Klöhn/*Klöhn* MAR Art. 17 Rn. 589; zur früheren Rechtslage Assmann/Schneider/*Assmann* WpHG § 15 Rn. 309; Fuchs/*Pfüller* WpHG § 15 Rn. 444.
[219] BGH II ZR 2017/03, NJW 2004, 2668 (2670).
[220] Klöhn/*Klöhn* MAR Art. 17 Rn. 589.
[221] Vgl. Erwägungsgrund 57 der MMVO; zur früheren Rechtslage vgl. *BaFin* Emittentenleitfaden, S. 95; Just/Voß/Ritz/Becker/*Neusüß* WpHG § 15b Rn. 1.

54 Daneben sind auch die **im Auftrag bzw. für Rechnung** des Emittenten tätigen Personen zur Führung einer (eigenen) Insiderliste verpflichtet. Die MMVO führt als Beispiele Berater, Buchhalter[222] und Ratingagenturen an (Art. 18 Abs. 1 Buchst. a MMVO). Betroffen sind insbesondere vom Emittenten hinzugezogene Dienstleister wie Rechtsanwaltskanzleien, Unternehmensberatungen, Investor-Relations-Agenturen, Übersetzungsbüros, Ratingagenturen und auch Kreditinstitute (als M&A- oder Corporate-Finance-Berater).[223] In diesem Fall ist der Name des Dienstleisters und Zeitpunkt der Einbindung (nebst einem Ansprechpartner des Dienstleisters mit Telefonnummer) in der Insiderliste des Emittenten anzugeben.[224] Beauftragt der Dienstleister einen (Sub-)Dienstleister, hat er ihn in seine Insiderliste aufzunehmen. Dagegen muss der Subdienstleister keine Insiderliste führen, da er nicht selbst vom Emittenten beauftragt wurde.[225] Nicht erfasst sind hingegen Behörden, Gerichte, Lieferanten oder grundsätzlich auch nicht Tochter- und Muttergesellschaften des Inlandsemittenten. Der Listenführungspflichtige kann seine **Pflicht delegieren** und zur Listenführung einen Dienstleister einschalten (Art. 18 Abs. 2 UAbs. 2 MMVO). Er bleibt jedoch der für die Führung der Liste Verantwortliche.[226]

55 Eine Ausnahme von der Pflicht zur Führung von Insiderlisten besteht für Emittenten an sog. **KMU-Wachstumsmärkten**,[227] sofern (i) die Insider entsprechend über ihre Pflichten belehrt wurden, sich über die entsprechenden Sanktionen bewusst sind und dies schriftlich bestätigt haben und (ii) der Emittent in der Lage ist, auf behördliches Verlangen hin eine Insiderliste bereitzustellen (Art. 18 Abs. 6 MMVO). In der Praxis dürfte dies keine wesentliche Erleichterung darstellen, da die nachträgliche Erstellung von Insiderlisten stark fehleranfällig ist und die betroffenen Unternehmen sicherheitshalber im Zweifel die entsprechende Insiderliste fortlaufend führen werden.

56 Art. 18 Abs. 8 MMVO bestimmt die **Erweiterung der Pflicht** auf die Teilnehmer am Markt für Emissionszertifikate sowie alle Versteigerungsplattformen, Versteigerer und die Auktionsaufsicht bezüglich Versteigerungen von Emissionszertifikaten und anderen darauf beruhenden Auktionsobjekten.[228]

II. Aufzunehmende Personen

57 In die Insiderliste sind alle Personen aufzunehmen, die für das verpflichtete Unternehmen auf arbeitsvertraglicher Grundlage oder anderweitig Aufgaben wahrnehmen und dadurch Zugang zu Insiderinformationen haben. Erforderlich ist ein finaler Zusammenhang zwischen Aufgabe und Zugang.[229] Wie schon nach alter Rechtslage genügt es nicht, dass ein Mitarbeiter des Listenführungspflichtigen

---

[222] Hiermit dürfte der Abschlussprüfer gemeint sein.
[223] Klöhn/Semrau MAR Art. 18 Rn. 16 ff.; Simons CCZ 2016, 221; zur früheren Rechtslage BaFin Emittentenleitfaden, S. 96 f.; Fuchs/Pfüller WpHG § 15b Rn. 23.
[224] Simons CCZ 2016, 221 (225); so zur früheren Rechtslage BaFin Emittentenleitfaden, S. 96.
[225] Simons CCZ 2016, 221, 222.
[226] BaFin-FAQs zu Art. 18 MMVO v. 13.1.2017, II.2.; Klöhn/Semrau MAR Art. 18 Rn. 47.
[227] Im Sinne von Art. 4 Abs. 1 Nr. 12 der RL 2014/65/EU.
[228] Die Frage der Ausweitung auf deren Dienstleister bejahend Simons CCZ 2016, 221 (222).
[229] Vgl. Art. 18 Abs. 1 MMVO (Aufgaben wahrnehmen, durch die [sie] Zugang zu Insiderinformation haben); BaFin-FAQs zu Art. 18 MMVO v. 13.1.2017, V.1.; Simons CCZ 2016, 221 (224).

zufällig, also bei Gelegenheit der Wahrnehmung einer Aufgabe, oder gar widerrechtlich mit der Insiderinformation in Berührung kommt.[230] Die Insiderliste ist grundsätzlich **anlassbezogen** zu führen, dh aufzuführen ist, wer im konkreten Vorhaben mit Insiderrelevanz einbezogen ist (vgl. Art. 2 Abs. 1 UAbs. 2 VO (EU) 2016/347[231]). Daneben gibt es zur effizienten Gestaltung der Insiderliste den **permanenten Insider**, der aufgrund des Charakters seiner Funktion oder Position jederzeit zu allen Insiderinformationen Zugang hat (Art. 2 Abs. 2 VO (EU) 2016/347). Diese Kategorie ist optional.[232] Der Begriff des permanenten Insiders dürfte dahin auszulegen sein, dass ein jederzeitiger rechtlicher Zugang zu allen Insiderinformationen ausreichend ist.[233]

Die Insiderliste kann bereits zu einem Zeitpunkt angelegt werden, zu dem die Information noch nicht den für den Charakter einer Insiderinformation erforderlichen Konkretisierungsgrad erreicht hat (sog. **Vorfeldeintragung**).[234] Daraus ist nach der Verwaltungspraxis der BaFin nicht zu schließen, dass der Listenführungspflichtige zu diesem Zeitpunkt das Vorliegen einer Insiderinformation angenommen hätte.[235]

Die erstmalig aufgenommenen Personen sind über die sich als Insider ergebenden Pflichten und die Sanktionen bei Verstößen zu **belehren**.[236] Eine Form der Belehrung ist nicht vorgeschrieben.[237] Jedoch ist eine schriftliche Bestätigung der Belehrung gesetzlich vorgeschrieben (Art. 18 Abs. 2 MMVO), wobei Textform iSd § 126b BGB[238] und insbesondere elektronische Form genügt.[239] Ist eine eintragungspflichtige Person anlässlich eines Projekts gem. Art. 18 Abs. 1 MMVO belehrt worden, muss die Belehrung bei späteren Eintragungen zu anderen Projekten nicht wiederholt werden.[240]

III. Aufbau und Inhalt der Insiderliste

Der Mindestinhalt der Insiderliste wird von Art. 18 Abs. 3 MMVO bestimmt und durch die VO (EU) 2016/347 ergänzt. Bei Erstellung der Insiderlisten sind gem. Art. 2 Abs. 3 VO (EU) 2016/347 die Vorlagen des Anhangs I zu verwenden. Es sind mindestens (i) die Identität aller Personen, die Zugang zu Insiderinformationen haben, (ii) den

---

[230] BaFin-FAQs zu Art. 18 MMVO vom 13.1.2017, V.1.; Klöhn/*Semrau* MAR Art. 18 Rn. 28.
[231] Durchführungsverordnung (EU) 2016/347 der Kommission vom 10.3.2016 zur Festlegung technischer Durchführungsstandards im Hinblick auf das genaue Format der Insiderlisten und für die Aktualisierung von Insiderlisten gemäß der Verordnung (EU) Nr. 596/2014 des Europäischen Parlaments und des Rates, ABl. EU L 65/49.
[232] Vgl. Präsentation der BaFin zu Art. 18 MAR (Insiderlisten) v. 27.12.2016, S. 8.
[233] *Söhner* BB 2017, 259 (262).
[234] BaFin-FAQs zu Art. 18 MMVO v. 13.1.2017, IV.2; *Simons* CCZ 2017, 182 (184); zur früheren Rechtslage *BaFin* Emittentenleitfaden, S. 98 f.
[235] BaFin-FAQs zu Art. 18 MMVO v. 13.1.2017, IV.2; *Simons* CCZ 2016, 221 (223 ff.); zur früheren Rechtslage *BaFin* Emittentenleitfaden, S. 98.
[236] Muster des Belehrungstextes auf der BaFin-Website in Deutsch und Englisch abrufbar unter https://www.bafin.de/DE/Aufsicht/BoersenMaerkte/Insiderueberwachung/insiderueberwachung_node.html.
[237] *Simons* CCZ 221, 227.
[238] *Simons* CCZ 221, 227.
[239] BaFin-FAQs zu Art. 18 MMVO v. 13.1.2017, III.2.; Klöhn/*Semrau* MAR Art. 18 Rn. 44 f.
[240] BaFin-FAQs zu Art. 18 MMVO v. 13.1.2017, III.3.; Klöhn/*Semrau* MAR Art. 18 Rn. 46.

Grund der Aufnahme in die Insiderliste, (iii) das Datum, an dem diese Person Zugang zu Insiderinformationen erlangt hat, sowie die entsprechende Uhrzeit[241] und (iv) das Datum der Erstellung der Insiderliste zu nennen. Zur Identität des Einzutragenden gehören Vorname, Nachname, Geburtsname, Geburtsdatum, die „Nationale Identifikationsnummer",[242] die vollständige Privatanschrift (inkl. Straße, Hausnummer, Postleitzahl, Stadt und Land; Entsprechendes gilt ggf. für einen Zweitwohnsitz[243]) sowie die dienstlichen und privaten Telefonnummern (jeweils mobil und Festnetz) (Art. 2 Abs. 3 VO 2016/347 iVm Anhang I). Im Rahmen sog. **Vorfeldeintragungen** ist nicht der Zeitpunkt der Aufnahme in die Insiderliste einzutragen, sondern nur und erst das Datum/die Uhrzeit, zu der sich die Vorfeld- in eine Insiderinformation erstarkt.[244]

60 Die **Aktualisierung** der Insiderliste hat bei Neueintragung einer Person (Art. 18 Abs. 4 Buchst. b MMVO), ihre spätere Austragung (Art. 18 Abs. 4 Buchst. c MMVO) und der Änderung des Erfassungsgrunds (Art. 18 Abs. 4 Buchst. a MMVO) **unverzüglich** zu erfolgen.[245] Einzutragen ist der Zeitpunkt, zu dem die Änderung eingetreten ist, die die Aktualisierung der Liste erforderlich gemacht hat (Art. 18 Abs. 4 Satz 2 MMVO).

Die **Pflicht** zur Aktualisierung der Insiderliste **endet**, wenn keine Insiderinformation mehr vorliegt. Das ist der Fall, wenn die Information veröffentlicht worden ist oder sich die Insiderinformation bzw. das Projekt vorzeitig erledigt hat; bei einzelnen Mitarbeitern endet die Aktualisierungspflicht mit dem Ausscheiden aus dem Unternehmen, wobei in die Liste das Datum des Ausscheidens einzutragen ist.[246]

61 Vorgaben bzgl. der **Sprache**, in welcher die Insiderliste zu führen ist, sind bisher weder durch die MMVO noch die ESMA getroffen. Mit Blick auf zukünftige Regelungen dürfte es jedoch zweckmäßig sein, die Insiderliste von Anfang an in der Amtssprache der zukünftigen Aufsichtsbehörde (in Deutschland der BaFin und damit deutsch) zu führen.

62 Die Insiderliste ist für die Dauer von mindestens **fünf Jahren** aufzubewahren (Art. 18 Abs. 5 MMVO). Um eine genaue Rekonstruktion zu ermöglichen, gilt dies für alle Versionen inkl. Streichungen.[247]

IV. Sanktionen

1. Öffentlich-rechtliche Sanktionen

63 – **Strafrechtliche Ahndung:** Unter bestimmten zusätzlichen Voraussetzungen kann ein Verstoß gegen die Führung der Insiderliste strafrechtlich als Beteiligung an einem Insiderdelikt oder als Strafvereitelung gem. § 258 StGB oder als Begünstigung gem. § 257 StGB sanktioniert werden.[248]

---

[241] Zum genauen Zeitformat vgl. BaFin-FAQs zu Art. 18 MMVO vom 13.1.2017, VI.7.; Klöhn/*Semrau* MAR Art. 18 Rn. 55.
[242] Dieses Feld kann für deutsche Insider frei bleiben, BaFin-FAQs zu Art. 18 MMVO v. 13.1.2017, V.3.; Klöhn/*Semrau* MAR Art. 18 Rn. 52.
[243] BaFin-FAQs zu Art. 18 MMVO v. 13.1.2017, VI.6.
[244] BaFin-FAQs zu Art. 18 MMVO v. 13.1.2017, IV. 3; *Simons* CCZ 2016, 221 (225).
[245] *Simons* CCZ 2016, 221 (229); Klöhn/*Semrau* MAR Art. 18 Rn. 62.
[246] BaFin-FAQs zu Art. 18 MMVO vom 13.1.2017, IV.4.; Klöhn/*Semrau* MAR Art. 18 Rn. 65.
[247] Vgl. *Simons* CCZ 2016, 221 (228 f.).
[248] Vgl. zur früheren Rechtslage Kölner Komm. WpHG/*Heinrich* § 15b Rn. 62 f.; Fuchs/*Pfüller* WpHG § 15b Rn. 101 ff.

E. Marktmanipulationsverbot 64–66 § 22

- **Bußgeld:** Die unrichtige oder unvollständige Führung der Insiderliste sowie die nicht rechtzeitige Übermittlung an die BaFin stellen bei vorsätzlichem oder leichtfertigem Verstoß eine Ordnungswidrigkeit dar, die bei natürlichen Personen mit einem Bußgeld von **bis zu 0,5 Mio. EUR** und bei juristischen Personen von **bis zu 1,0 Mio. EUR** geahndet werden kann (§ 120 Abs. 15 Nr. 12–16 iVm Abs. 18 Satz 1, Satz 2 Nr. 3 WpHG).

- **„Naming and shaming":** Verstoß und Täter sind zwingend auf der Ba-Fin-Homepage unmittelbar nach Information der betreffenden Personen über die verhängte verwaltungsrechtliche Sanktion oder Maßnahme für die Dauer von mindestens fünf Jahren zu veröffentlichen (§ 125 WpHG; vgl. auch Rn. 31).

2. Zivilrechtliche Sanktionen

Zivilrechtliche Schadensersatzansprüche könnten sich allenfalls im Falle einer vorsätzlichen sittenwidrigen Schädigung aus § 826 BGB ergeben.[249] Schadensersatzansprüche aus § 823 Abs. 2 BGB iVm Art. 18 MMVO scheitern hingegen an der fehlenden Schutzgesetzeigenschaft von Art. 18 MMVO.[250] **64**

E. Marktmanipulationsverbot

Flankiert wird das deutsche Insiderrecht durch das Marktmanipulationsverbot gem. Art. 15 iVm Art. 12 MMVO. Dieses bezweckt den Schutz der Zuverlässigkeit und Wahrheit der Preisbildung an den Börsen und Märkten und soll unerlaubten Eingriffen in das Marktgeschehen entgegenwirken.[251] **65**

Das Marktmanipulationsverbot gilt nicht nur im Hinblick auf Finanzinstrumente, sondern insbesondere auch im Hinblick auf Waren-Spot-Kontrakte und Emissionszertifikate (Art. 2 Abs. 2 MMVO). Daneben werden seit Inkrafttreten der MMVO auch Handlungen in Bezug auf Referenzwerte erfasst (Art. 2 Abs. 2 Buchst. c MMVO iVm Art. 12 Abs. 1 Buchst. d MMVO).[252]

I. Verbotstatbestände

Das Marktmanipulationsverbot verbietet die **handelsgestützte** (vgl. Rn. 68 ff.) sowie die **informationsgestützte** Marktmanipulation (vgl. Rn. 72 ff.).[253] Neu hinzukommen ist das **Verbot des Versuchs** der Marktmanipulation.[254] Art. 12 **66**

---

[249] Vgl. Schäfer/Hamann/*Eckhold* WpHG § 15b Rn. 67; Fuchs/*Pfüller* WpHG § 15b Rn. 105; Schwark/Zimmer/*Zimmer* WpHG § 15b Rn. 44; Kölner Komm. WpHG/*Heinrich* § 15b Rn. 64.

[250] Vgl. Giering CCZ 2016, 214 (219); zur früheren Rechtslage Fuchs/*Pfüller* WpHG § 15b Rn. 104; Assmann/Schneider/*Sethe* WpHG § 15b Rn. 84, 86; Schwark/Zimmer/*Zimmer* WpHG § 15b Rn. 44.

[251] Klöhn/*Schmolke* MAR Art. 15 Rn. 4 ff.; zur früheren Rechtslage Kölner Komm. WpHG/*Mock* § 20a Rn. 17; Fuchs/*Fleischer* WpHG § 20a Rn. 1.

[252] Die nachfolgende Darstellung beschränkt sich auf die Ausprägungen des Marktmanipulationsverbots in Bezug auf Finanzinstrumente.

[253] *Seibt/Wollenschläger* AG 2014, 602; zur früheren Rechtslage Just/Voß/Ritz/Becker/*de Schmidt* WpHG § 20a Rn. 380 ff.

[254] *Seibt/Wollenschläger* AG 2014, 602; zur früheren Rechtslage Just/Voß/Ritz/Becker/*de Schmidt* WpHG § 20a Rn. 379.

Abs. 2 MMVO nennt verschiedene **Regelbeispiele**, die kraft Verordnungstext als Marktmanipulation gelten.[255] Darüber hinaus werden gem. Art. 12 Abs. 3 MMVO in Anhang I der MMVO nicht erschöpfend **Indikatoren** in Bezug auf das Vorliegen einer handelsgestützten Marktmanipulation gem. Art. 12 Abs. 1 Buchst. a und b MMVO aufgezählt, die durch die VO (EU) 2016/522[256] präzisiert werden (dort Anhang II).

67 **Ausgenommen** vom Marktmanipulationsverbot sind gem. den Vorgaben des Art. 5 MMVO durchgeführte Rückkaufprogramme und Stabilisierungsmaßnahmen (vgl. auch Rn. 23)[257] sowie – im Hinblick auf das Verbot der handelsgestützten Marktmanipulation des Art. 12 Abs. 1 Buchst. a MMVO – von der zuständigen Behörde des jeweiligen Mitgliedstaates anerkannte Marktpraktiken (s. hierzu Rn. 70).

1. Handelsgestützte Marktmanipulation

68 Art. 12 Abs. 1 Buchst. a MMVO verbietet den Abschluss eines Geschäfts, die Erteilung eines Handelsauftrags sowie jede andere Handlung, die (i) **falsche oder irreführende Signale** hinsichtlich des Angebots, der Nachfrage oder des Preises eines Finanzinstruments gibt oder bei der dies wahrscheinlich ist sowie (ii) ein **anormales oder künstliches Kursniveau** sichert oder bei der dies wahrscheinlich ist. Die Vorschrift entspricht weitgehend der bisherigen Vorschrift des § 20a Abs. 1 Satz 1 Nr. 2 WpHG.[258] Ein Signal ist falsch, wenn es nicht mit der tatsächlichen Marktsituation in Bezug auf das jeweilige Finanzinstrument übereinstimmt; irreführend ist es, wenn es zwar richtig ist, jedoch durch seine Darstellung bei einem verständigen Anleger eine Fehlvorstellung herbeiführt.[259] Das Kursniveau ist künstlich, wenn es nicht mehr durch einen unbeeinflussten Marktprozess zustande gekommen ist.[260]

69 Von den **Regelbeispielen** des Art. 12 Abs. 2 MMVO erfasst sind etwa (i) Geschäfte, die an einem Markt einen bedeutenden Teil des Tagesvolumens ausmachen, insbesondere wenn sie eine erhebliche Preisveränderung bewirkt haben (sog. „concerning", Art. 12 Abs. 2 Buchst. a MMVO bzw. Anhang I/Teil A Buchst. a MMVO), (ii) die Einwirkung auf die Feststellung eines bestimmten Preises, der als Referenzpreis dient, (sog. „marking the close"; Art. 12 Abs. 2 Buchst. b MMVO bzw. Anhang I/Teil A Buchst. g MMVO) und (iii) algorithmischer und Hochfrequenzhandel („spoofing", „layering" und „quote stuffing"[261], Art. 12 Abs. 2 Buchst. c MMVO).

---

[255] *Graßl* DB 2015, 2070; zur früheren Rechtslage Just/Voß/Ritz/Becker/*de Schmidt* WpHG § 20a Rn. 383.

[256] Delegierte Verordnung (EU) 2016/522 der Kommission v. 17.12.2015 zur Ergänzung der Verordnung (EU) Nr. 596/2014 des Europäischen Parlaments und des Rates im Hinblick auf eine Ausnahme für bestimmte öffentliche Stellen und Zentralbanken von Drittstaaten, die Indikatoren für Marktmanipulation, die Schwellenwerte für die Offenlegung, die zuständige Behörde, der ein Aufschub zu melden ist, die Erlaubnis zum Handel während eines geschlossenen Zeitraums und die Arten meldepflichtiger Eigengeschäfte von Führungskräften, ABl. EU 2016 L 88.

[257] Ausführlich Schimansky/Bunte/Lwowski/*Hopt*/*Kumpan* § 107 Rn. 38 ff.; Klöhn/*Klöhn* MAR Art. 5.

[258] Vgl. Park/*Sorgenfrei*/*Saliger* WpHG § 38 Abs. 1, Rn. 40 ff.

[259] Park/*Sorgenfrei*/*Saliger* WpHG § 38 iVm Art. 15, 12 MAR Rn. 78; zur früheren Rechtslage Fuchs/*Fleischer* WpHG § 20a Rn. 47; Assmann/Schneider/*Vogel* WpHG § 20a Rn. 150.

[260] Vgl. Klöhn/*Schmolke* Art. 12 MAR Rn. 54 ff.; zur früheren Rechtslage Fuchs/*Fleischer* WpHG § 20a Rn. 48; Kölner Komm WpHG/*Stoll* § 20a Rn. 226; Assmann/Schneider/*Vogel* WpHG § 20a Rn. 51.

[261] Park/*Sorgenfrei*/*Saliger* WpHG § 38 Abs. 1 iVm Art. 15, 12 MAR Rn. 93 ff.

E. Marktmanipulationsverbot

Des Weiteren sind zB Geschäfte ohne Wechsel des wirtschaftlichen Eigentümers (sog. „wash sales") oder Ringkäufe bzw. -verkäufe (sog. „circular tradings"; jeweils von Anhang I/Teil A Buchst. c MMVO erfasst) **Indikatoren** für eine handelsgestützte Marktmanipulation.[262]

Der Tatbestand des Art. 15 iVm Art. 12 Abs. 1 Buchst. a MMVO entfällt, wenn 70 die handelnde Person nachweist, dass die Handlung legitime Gründe hat und zusätzlich im Einklang mit der zulässigen Marktpraxis steht (Art. 13 MMVO).[263] **Legitime Gründe** sind kapitalmarktrechtlich relevante Gründe, die der Integrität der jeweiligen Märkte nicht zuwiderlaufen.[264] Was eine **zulässige Marktpraxis** ist, wird von der BaFin nach den Kriterien des Art. 13 Abs. 2 MMVO und in Abstimmung mit der ESMA (vgl. Art. 13 Abs. 3–6 MMVO) festgelegt.[265]

Art. 12 Abs. 1 Buchst. b MMVO verbietet den Abschluss eines Geschäfts, die 71 Erteilung eines Handelsauftrags und jegliche sonstige Tätigkeit oder Handlung an Finanzmärkten, die unter Vorspiegelung falscher Tatsachen oder unter Verwendung sonstiger Kunstgriffe oder Formen der Täuschung den Kurs eines oder mehrerer Finanzinstrumente beeinflusst oder hierzu geeignet ist. Hierbei handelt es sich um einen **Auffangtatbestand**.[266] Relevant wird hier etwa das Regelbeispiel des Art. 12 Abs. 2 Buchst. d MMVO: Als Marktmanipulation gilt hiernach die Kundgabe einer Stellungnahme zu einem Finanzinstrument, nachdem Positionen in diesem Finanzinstrument eingegangen wurden, ohne diesen Interessenkonflikt offenzulegen (sog. „Scalping").[267]

2. Informationsgestützte Marktmanipulation

Art. 12 Abs. 1 Buchst. c MMVO verbietet die Verbreitung von **Informationen** 72 über Medien, die (wahrscheinlich) **falsche oder irreführende Signale** senden oder ein falsches oder künstliches Kursniveau herbeiführen, wenn die Person wusste oder hätte wissen müssen, dass die Information unwahr oder irreführend ist. Entgegen der bisherigen Regelung ist die Verbreitung nicht mehr in jeglicher Form, sondern nur noch über die Medien tatbestandsmäßig.[268]

Erfasst sind neben Tatsachenmitteilungen auch Werturteile sowie Prognosen, 73 sofern diese sich aus einem Tatsachenkern ableiten lassen.[269] Gerüchte sind nun

---

[262] Park/Sorgenfrei/Saliger WpHG § 38 Abs. 1 iVm Art. 15, 12 MAR Rn. 108 ff.; zur früheren Rechtslage: zu einzelnen Fallkonstellationen ausführlich Fuchs/Fleischer WpHG § 20a Rn. 50 ff.; Just/Voß/Ritz/Becker/*de Schmidt* WpHG § 20a Rn. 139 ff.
[263] Park/Sorgenfrei/Saliger WpHG § 38 Abs. 1 iVm Art. 15, 12 MAR Rn. 129 ff.
[264] Vgl. Park/Sorgenfrei/Saliger WpHG § 38 Abs. 1 iVm Art. 15, 12 MAR Rn. 163 f.; zur früheren Rechtslage Fuchs/Fleischer WpHG § 20a Rn. 79; Kölner Komm. WpHG/*Mock* § 20a Rn. 272; Assmann/Schneider/*Vogel* § WpHG 20a Rn. 176.
[265] Konkretisierung des bei der Bestimmung der zulässigen Marktpraxis anzuwendenden Verfahrens durch die Delegierte Verordnung (EU) 2016/908 der Kommission v. 26.2.2016 zur Ergänzung der Verordnung (EU) Nr. 596/2014 des Europäischen Parlaments und des Rates durch technische Regulierungsstandards für die Kriterien, das Verfahren und die Anforderungen für die Festlegung einer zulässigen Marktpraxis und die Anforderungen an ihre Beibehaltung, Beendigung oder Änderung der Bedingungen für ihre Zulässigkeit, ABl. EU L 153/3.
[266] Park/Sorgenfrei/Saliger WpHG § 38 Abs. 1 iVm Art. 15, 12 MAR Rn. 171; *Poelzig* NZG 2016, 528 (536).
[267] Klöhn/*Schmolke* MAR Art. 12 Rn. 360.
[268] Park/Sorgenfrei/Saliger WpHG § 38 Abs. 1 iVm Art. 15, 12 MAR Rn. 199.
[269] Park/Sorgenfrei/Saliger WpHG § 38 Abs. 1 iVm Art. 15, 12 MAR Rn. 199; zur früheren Rechtslage *BaFin* Emittentenleitfaden, S. 89; Habersack/Mülbert/Schlitt/*Haouache/Mülbert* § 27 Rn. 35.

ausdrücklich vom Anwendungsbereich des Art. 12 Abs. 1 Buchst. c MMVO erfasst. Für die Tathandlung des „Verbreitens" ist es ausreichend, wenn die Erklärung nach außen dringt und zumindest von einem Empfänger wahrgenommen werden kann;[270] eine Kenntnisnahme durch einen größeren Adressatenkreis ist nicht erforderlich.[271] Falsch ist eine Information, wenn sie nicht den tatsächlichen Gegebenheiten entspricht, Werturteile und Prognosen sind unrichtig, wenn sie schlechterdings unvertretbar sind;[272] irreführend ist eine Information, wenn sie zwar inhaltlich richtig ist, jedoch durch ihre Darstellung beim Empfänger eine falsche Vorstellung nahelegt (etwa durch selektive Darstellung oder unsachgemäße Gewichtung der Informationen).[273]

74 Im Einklang mit Art. 2 Abs. 4 MMVO kann auch ein **Unterlassen** eine strafbare Marktmanipulation darstellen. Die BaFin prüft in ihrer Verwaltungspraxis im Falle unterlassener oder verspätet abgegebener Ad-hoc-Mitteilungen stets auch eine mögliche Verletzung des Marktmanipulationsverbots.[274] Die für ein unechtes Unterlassungsdelikt gem. § 13 StGB erforderliche Garantenstellung ergibt sich nach Ansicht der BaFin insbesondere aus der Ad-hoc-Publizitätspflicht des Emittenten gem. Art. 17 MAR, die die Pflicht zur Beseitigung von Informationsdefiziten umfasst.[275] Zur Erfüllung des Tatbestands muss der Garant den Manipulationserfolg ferner kausal herbeigeführt haben.[276]

II. Sanktionen

1. Öffentlich-rechtliche Sanktionen

75 – **Strafrechtliche Ahndung:** Der vorsätzliche Verstoß gegen das Marktmanipulationsverbot kann gem. § 119 Abs. 1 iVm § 120 Abs 2 Nr. 3 WpHG mit einer **Freiheitsstrafe von bis zu fünf Jahren** oder mit einer Geldstrafe bestraft werden, sofern ein **Einwirkungserfolg** eingetreten ist, dh durch den Verstoß tatsächlich auf den Börsen- oder Marktpreis eines Finanzinstruments eingewirkt wurde. Der Täter muss dagegen keine Vermögensvorteile erlangt haben.[277] Auf den Börsenpreis eines Finanzinstruments wird eingewirkt, wenn dieser künstlich, dh gegen die wahren wirtschaftlichen Verhältnisse am Markt, erhöht, ab-

---

[270] Vgl. Park/*Sorgenfrei/Saliger* WpHG § 38 Abs. 1 iVm Art. 15, 12 MAR Rn. 199 ff.; zur früheren Rechtslage *BaFin* Emittentenleitfaden, S. 89; Just/Voß/Ritz/Becker/*de Schmidt* WpHG § 20a Rn. 74.
[271] Fuchs/*Fleischer* WpHG § 20a Rn. 18; Assmann/Schneider/*Vogel* WpHG § 20a Rn. 65.
[272] BaFin-Präsentation vom 11.12.2017 (Wann wird aus fehlerhafter Ad-hoc-Publizität Marktmanipulation?) S. 7.
[273] BaFin-Präsentation vom 11.12.2017 (Wann wird aus fehlerhafter Ad-hoc-Publizität Marktmanipulation?) S. 7; zur früheren Rechtslage *BaFin* Emittentenleitfaden, S. 89 f.; ausführlich Just/Voß/Ritz/Becker/*de Schmidt* § 20a Rn. 79 ff.
[274] Vgl. BaFin-Präsentation vom 11.12.2017 (Wann wird aus fehlerhafter Ad-hoc-Publizität Marktmanipulation?) S. 7; *Böse* wistra 2018, 22 ff.; kritisch Park/*Sorgenfrei/Saliger* WpHG § 38 Abs. 1 iVm Art. 15, 12 MAR Rn. 333.
[275] BaFin-Präsentation vom 11.12.2017 (Wann wird aus fehlerhafter Ad-hoc-Publizität Marktmanipulation?) S. 9.
[276] BaFin-Präsentation vom 11.12.2017 (Wann wird aus fehlerhafter Ad-hoc-Publizität Marktmanipulation?) S. 9.
[277] *Poelzig* NZG 2016, 528 (536).

E. Marktmanipulationsverbot

gesenkt oder auch nur stabilisiert wird.[278] Maßgeblich ist, dass die manipulative Handlung des Täters kausal für den fraglichen Preis eines Finanzinstruments ist.[279] Indizien einer **kausalen Preiseinwirkung** sind etwa das Fehlen anderer möglicher Ursachen, ein enger zeitlicher Zusammenhang zwischen Tathandlung und Preisentwicklung oder ein erfahrungsgemäß hohes Preisbeeinflussungspotential der Handlung.[280] Im Rahmen der Manipulation durch Unterlassen ist die Kursreaktion infolge der tatsächlichen (verspäteten) Meldung bzw. anderweitiger Veröffentlichung ein Indiz für den Einwirkungserfolg.[281] Der Täter muss zumindest mit bedingtem Vorsatz hinsichtlich aller Tatbestandsmerkmale handeln, dh er muss die Möglichkeit der Tatbestandsverwirklichung erkennen und billigend in Kauf nehmen.[282]

– **Bußgeld:** Bei Manipulationen, die keine Straftat darstellen, etwa im Fall einer leichtfertig begangenen Tat, kann die BaFin für diese Ordnungswidrigkeit gegenüber natürlichen Personen ein Bußgeld **von bis zu 5 Mio. EUR** und gegenüber juristischen Personen **bis zu 15 Mio. EUR** bzw. **15 % des letzten Jahresumsatzes** (wie im letzten Konzernabschluss des letzten Geschäftsjahres ausgewiesen) und darüber hinaus bis zum Dreifachen des aus dem Verstoß gezogenen Vorteils verhängen (§ 120 Abs. 15 Nr. 2, Abs. 18 Satz 1, Satz 2 Nr. 1, Satz 3 WpHG).

– **„Naming and shaming":** Verstoß und Täter sind grundsätzlich zwingend auf der BaFin-Homepage unmittelbar nach Information der betreffenden Personen über die verhängte verwaltungsrechtliche Sanktion oder Maßnahme für die Dauer von mindestens fünf Jahren zu veröffentlichen (§ 125 WpHG; vgl. auch Rn. 31).

2. Zivilrechtliche Sanktionen

Schadensersatzansprüche aus § 823 Abs. 2 BGB iVm Art. 15 MMVO scheitern an der fehlenden Schutzgesetzeigenschaft von Art. 15 MMVO.[283] Abhängig von den konkreten Umständen kommt jedoch eine Schadensersatzpflicht wegen vorsätzlicher sittenwidriger Schädigung gem. **§ 826 BGB** in Betracht.[284] Des Weiteren ist ein unter Verstoß gegen das Marktmanipulationsverbot des Art. 15 MMVO zustande gekommenes Geschäft bei einem beidseitigen Verstoß gem. § 134 BGB – und

---

[278] BGH 3 StR 5/13, NJW 2014, 1401; OLG Stuttgart 2 Ss 65/11, NJW 2011, 3667 (3669); vgl. Klöhn/*Schmolke* Art. 12 MAR Rn. 54; zur früheren Rechtslage Assmann/Schneider/*Vogel* WpHG § 38 Rn. 51; Fuchs/*Waßmer* § 38 Rn. 40.
[279] Park/*Sorgenfrei/Saliger* WpHG § 38 Abs. 1 iVm Art. 15, 12 MAR Rn. 307; zur früheren Rechtslage BGH 3 StR 5/13, NJW 2014, 1401; vgl. auch *BaFin* Emittentenleitfaden, S. 93.
[280] BaFin-Präsentation vom 11.12.2017 (Wann wird aus fehlerhafter Ad-hoc-Publizität Marktmanipulation?) S. 14.
[281] BaFin-Präsentation vom 11.12.2017 (Wann wird aus fehlerhafter Ad-hoc-Publizität Marktmanipulation?) S. 16.
[282] Renz/*Leibold* CCZ 2016, 157 (166 f.); zur früheren Rechtslage *BaFin* Emittentenleitfaden, S. 93; Kölner Komm. WpHG/*Altenhain* § 38 Rn. 120.
[283] Klöhn/*Schmolke* MAR Art. 15 Rn. 80, 135; zur früheren Rechtslage BGH XI ZR 51/10, NJW 2012, 1802; Fuchs/*Fleischer* WpHG § 20a Rn. 154; Assmann/Schneider/*Vogel* WpHG § 20a Rn. 31; Just/Voß/*Ritz/Becker/de Schmidt* WpHG § 20a Rn. 329; aA Kölner Komm. WpHG/*Mock* § 20a Rn. 475 ff.
[284] Vgl. *Giering* CCZ 2016, 214 (219); ausführlich zur früheren Rechtslage Just/Voß/*Ritz/ Becker/de Schmidt* WpHG § 20a Rn. 330 ff.; Kölner Komm. WpHG/*Mock* § 20a Rn. 475 ff.

ggf. auch als Scheingeschäft gem. § 117 BGB – nichtig; einseitige Verstöße lassen die Wirksamkeit des Rechtsgeschäfts hingegen unberührt.[285]

---

[285] Vgl. *Giering* CCZ 2016, 214 (219); zur früheren Rechtslage Fuchs/*Fleischer* WpHG § 20a Rn. 155; Kölner Komm. WpHG/*Mock* § 20a Rn. 512 ff.; Assmann/Schneider/*Vogel* WpHG § 20a Rn. 32; aA Schäfer/Hamann/*Schäfer* WpHG § 20a Rn. 83.

§ 23 Übernahmerecht

Bearbeiter: Stephan F. Oppenhoff

Übersicht

	Rn.
A. Einführung	1–16
I. Entwicklung des Übernahmerechts in Deutschland	1–4
II. Zielsetzungen des WpÜG	5
III. Anwendungsbereich des WpÜG	6–16
1. Sachlicher Anwendungsbereich	7–13
2. Räumlicher Anwendungsbereich	14–16
B. Angebotsverfahren	17–44
I. Angebotsarten	17
II. Zeitlicher Ablauf des öffentlichen Angebots	18–44
1. Veröffentlichung der Entscheidung zur Abgabe eines Angebots	19–22
2. Einreichung der Angebotsunterlage bei der BaFin	23–26
3. Prüfung der Angebotsunterlage durch die BaFin	27, 28
4. Veröffentlichung der Angebotsunterlage	29, 30
5. Annahmefrist	31
6. „Wasserstandsmeldungen"	32–34
7. Ergebnisbekanntmachung und Vollzug des öffentlichen Angebots	35, 36
8. Weitere Annahmefrist	37–40
9. Beteiligung der Arbeitnehmer	41–44
C. Öffentliche Angebote	45–96
I. Angebotsunterlage	46–53
1. Inhalt der Angebotsunterlage	47–51
2. Haftung für die Angebotsunterlage	52, 53
II. Finanzierung/Sicherstellung der Aktienausgabe	54–62
III. Angebotsbedingungen	63–77
1. Zulässige Bedingungen	67–73
2. Unzulässige Bedingungen	74–77
IV. Änderung des Angebots	78–82
V. Konkurrierende Angebote	83–86
VI. Grenzüberschreitende Angebote	87–89
VII. Begründete Stellungnahme der Zielgesellschaft	90–97
D. Übernahmeangebote	98–154
I. Vorbereitung eines Übernahmeangebots	98–121
1. Due Diligence	100–103
2. Vereinbarungen mit der Zielgesellschaft	104–111
3. Stakebuilding	112–115
4. Ansprache von Aktionären (Marktsondierung)	116, 117
5 Vereinbarungen mit Großaktionären	118–121
II. Gegenleistung	122–139
1. Art	123–127
2. Höhe	128–139
a) Durchschnittlicher Börsenkurs	131, 132
b) Vorerwerbe	133, 134
c) Parallel-/Nacherwerbe	135–137

        d) Gestreckte Erwerbe 138
        e) Veränderliche Preise 139
   III. Unzulässigkeit von Teilangeboten 140–142
   IV. Verhaltenspflichten der Zielgesellschaft 143–154
        1. Nationales Verhinderungsverbot 144–146
        2. Europäisches Verhinderungsverbot/Durch-
           brechungsregel 147–153
           a) Europäisches Verhinderungsverbot 150
           b) Europäische Durchbrechungsregel 151–153
        3. Verbot der Gewährung ungerechtfertigter
           Leistungen 154

E. Pflichtangebote 156–177
   I. Angebotspflicht 155–169
      1. Kontrollerwerb 155–160
      2. Inhalt der Angebotspflicht 161, 162
      3. Das Pflichtangebot in der Diskussion 163
  II. Ausnahmen von der Angebotspflicht; Befreiungen 164–177
      1. Kontrollerlangung auf Grund eines Übernahme-
         angebots 165
      2. Nichtberücksichtigung von Stimmrechten 166–171
      3. Befreiung von der Pflicht zur Veröffentlichung und
         Abgabe eines Pflichtangebots 172–177

F. Übernahmerechtlicher Squeeze Out und Sell Out 178–196
   I. Übernahmerechtlicher Squeeze Out 178–193
      1. Ausschlussvoraussetzungen 179–183
      2. Abfindung der ausscheidenden Aktionäre 184–189
      3. Ausschlussverfahren 190–193
  II. Sell Out 194–196

G. Allgemeine Handlungs- und Ermittlungsbefugnisse der
   BaFin, Rechtsschutz und Sanktionen 197–217
   I. Allgemeine Handlungs- und Ermittlungsbefugnisse der
      BaFin 197–201
  II. Rechtsschutz 202–210
      1. Rechtsschutzmöglichkeiten von Adressaten eines
         Verwaltungsakts der BaFin, insbesondere Bieter
         oder Zielgesellschaft 202–207
      2. Rechtsschutzmöglichkeiten von Nichtadressaten
         eines Verwaltungsakts der BaFin 208–210
 III. Sanktionen 211–217
      1. Untersagung des Angebots 212
      2. Rechtsverlust 213, 214
      3. Veränderung von Referenzzeiträumen für die
         Mindestgegenleistung 215
      4. Zinszahlungspflicht 216
      5. Bußgeld 217

Schrifttum: *Bachmann* Kapitalmarktrecht im Kodex, WM 2013, 2009; *Banerjea* Der Schutz von Übernahme- und Fusionsplänen, DB 2003, 1489; *Baums* Low Balling, Creeping in und deutsches Übernahmerecht, ZIP 2010, 2374; *Berger/Filgut* Material-Adverse-Change-Klauseln in Wertpapiererwerbs- und Übernahmeangeboten, WM 2005, 253; *Bingel* Die „Insiderinformation" in zeitlich gestreckten Sachverhalten und die Folgen der jüngsten EuGH-Rechtsprechung für M&A-Transaktionen, AG 2012, 685; *Boewe/Johnen* Die Änderung der Außenwirtschaftsverordnung und deren Relevanz für Unternehmenskäufe, NZG 2017, 1095;

Schrifttum § 23

Boucsein/Schmiady Aktuelle Entwicklungen bei der Durchführung von Übernahmeangeboten nach dem Wertpapiererwerbs- und Übernahmegesetz (WpÜG), AG 2016, 597; *Brandi/Süßmann* Neue Insiderregeln und Ad-hoc-Publizität – Folgen für Ablauf und Gestaltung von M&A-Transaktionen, AG 2004, 642; *v. Bülow/Stephanblome* Acting in Concert und neue Offenlegungspflichten nach dem Risikobegrenzungsgesetz, ZIP 2008, 1797; *Bungert/Wansleben* Vertragliche Verpflichtung einer Aktiengesellschaft zur Nichtdurchführung von Kapitalerhöhungen, ZIP 2013, 1841; *Cahn* Verwaltungsbefugnisse der Bundesanstalt für Finanzdienstleistungsaufsicht im Übernahmerecht und Rechtsschutz Betroffener, ZHR 167 (2003), 262; *Cascante/Tyrolt* 10 Jahre WpÜG – Reformbedarf im Übernahmerecht?, AG 2012, 97; *Decher* Das Business Combination Agreement – ein verdeckter Beherrschungsvertrag oder sonstiger strukturändernder Vertrag?, in *Kindler/Koch/Ulmer/Winter* (Hrsg.) Festschrift für Uwe Hüffer, München 2010, 145; *v. Falkenhausen* Reformbedarf beim Pflichtangebot gem. § 35 WpÜG, ZHR 174 (2010), 293; *Fleischer* Zulässigkeit und Grenzen von Break-Fee-Vereinbarungen im Aktien- und Kapitalmarktrecht, AG 2009, 345; *Fleischer* Zur rechtlichen Bedeutung der Fairness Opinion im deutschen Aktien- und Übernahmerecht, ZIP 2011, 201; *Gei/Kiesewetter* Praxisrelevante Aspekte öffentlicher Übernahmen in Zeiten volatiler Märkte, AG 2012, 741–749; *Goslar* Verdeckte Beherrschungsverträge, DB 2008, 800; *Habersack* Auf der Suche nach dem gerechten Preis – Überlegungen zu § 31 WpÜG, ZIP 2003, 1123; *Hager/Sack/Losch/Kaßmann* Rechtsentwicklungen im öffentl. Wirtschaftsrecht 2017, DB-Beil. 03/2017, 35; *Harder/Kaplan* Rechtsentwicklungen bei M&A Transaktionen 2017, DB-Beil. 03/2017, 32; *Hasselbach* Taking Private – aktuelle Themen bei der Übernahme börsennotierter Unternehmen, BB 2015, 1033–1039; *Hentzen/Rieckers* Übernahmerechtlicher Squeeze-out – ein Nachruf?, DB 2013, 1159; *Heusel* Das Instrumentarium zur Durchsetzung unterlassener Pflichtangebote im Lichte der BKN-Entscheidung des BGH, AG 2014, 232; *Hippeli* Genehmigung von Auslandsinvestitionen seitens chinesischer Staatskonzerne, AG 2016 267; *ders.* Gegenleistungsrelevanz i.S.d. § 31 Abs. 6 WpÜG von durch den Bieter parallel zum Übernahmeangebot gekauften Wandelanleihen?, jurisPR-HaGesR 3/2016 Anm. 1; *ders.* Novelle der Außenwirtschaft zum besseren Schutz vor ausländischen Unternehmensübernahmen vom 12./17.7.2017, jurisPR-HaGesR 8/2017 Anm. 1; *Hippeli/Hofmann* Die Stellungnahme des Vorstands und Aufsichtsrats der Zielgesellschaft nach § 27 WpÜG in der Anwendungspraxis der BaFin, NZG 2014, 850; *Hitzer/Düchting* Flankierung des Übernahmerechts durch weitere Reformen der Beteiligungstransparenz im WpHG?, ZIP 2011, 1084; *Hoppe/Michel* Acting in Concert in der Fassung des Risikobegrenzungsgesetzes, BaFinJournal 04/10, 3, *Hopt/Kumpan* Insidergeschäfte und Ad-hoc-Publizität bei M&A – Unternehmenskäufe und Übernahmeangebote und Marktmissbrauchsverordnung (MAR), ZGR 2017, 765; *Johannsen-Roth/Illert* Paketerwerbe und öffentliche Übernahmeangebote im Lichte des neuen übernahmerechtlichen Squeeze-out nach § 39a WpÜG, ZIP 2006, 2157; *Kämmerer/Veil* (Hrsg.) Übernahme- und Kapitalmarktrecht in der Reformdiskussion, Tübingen 2013; *Klemm/Reinhardt* Vorbereitungshandlungen für eine erfolgreiche Übernahmeverteidigung, NZG 2010, 1006; *Kiefner* Investorenvereinbarungen zwischen Aktien- und Vertragsrecht, ZHR 178 (2014), 547; *Kiem* Investorenvereinbarungen im Lichte des Aktien- und Kapitalmarktrechts, AG 2009, 301; *Klöhn* Die Regelung legitimer Handlungen im neuen Insiderrecht (Art. 9 MAR), ZBB 2017, 261; *Kocher* Die Einzelfallausnahme beim kapitalmarktrechtlichen Acting in Concert, Der Konzern 2010, 162; *Körber* Geschäftsleitung der Zielgesellschaft und due diligence bei Paketerwerb und Unternehmenskauf, NZG 2002, 263; *Krause* Business Combination Agreements im Spiegel der Rechtsprechung – Selbstbindung der Zielgesellschaft und Organkompetenzen, CFL 2013, 192; *Lebherz* Publizitätspflichten bei der Übernahme börsennotierter Unternehmen, WM 2010, 154; *Löhdefink/Jaspers* Fortgeschrittenenveranstaltung zum WpÜG – Die Postbank-Entscheidung des BGH und ihre praktischen Implikationen, ZIP 2014, 2261; *Mayer-Uellner* From Public to Private: Öffentliche Übernahmen durch Private Equity-Investoren, AG 2013, 828; *Merkner/Sustmann* BGH beendet Streit über die Berücksichtigung von Nacherwerben bei der Ermittlung des erforderlichen Aktienbesitzes für übernahmerechtlichen Squeeze-out, NZG 2013, 374; *Merkt* Das übernahmerechtliche Pflichtangebot im Spiegel der Reformdiskussion, in *Grundmann/Kirchner/Raiser/Schwintowski/Weber/Windbichler* (Hrsg.) Festschrift für Eberhard Schwark, München 2009, 429; *Merkt/Binder* Änderungen im

§ 23 1   Übernahmerecht

Übernahmerecht nach Umsetzung der EG-Übernahmerichtlinie: Das deutsche Umsetzungsgesetz und verbleibende Problemfelder, BB 2006, 1285; *Meyer* Änderungen im WpÜG durch die Umsetzung der EU-Übernahmerichtlinie, WM 2006, 1135; *Mülbert/Kiem/Wittig* (Hrsg.) 10 Jahre Wertpapiererwerbs- und Übernahmegesetz (WpÜG), Frankfurt am Main 2011; *Neumann/Ogorek* Reichweite und verfassungsrechtliche Grenzen der Veröffentlichungs- und Mitteilungspflichten des § 23 Abs. 2 S. 1 Alt. 1 WpÜG bei fehlendem Kontrollerwerb, BB 2010, 1297; *S. Oppenhoff* Genehmigungen von Auslandsinvestitionen als Gegenstand von Bedingungen in Angeboten nach dem WpÜG am Beispiel der Volksrepublik China, in Goltz/Maier-Reimer/Wurth (Hrsg.), Liber Amicorum für Michael Oppenhoff, Köln 2017, 215-242; *S. Oppenhoff/Horcher* Rechtsentwicklungen im Übernahmerecht 2016, DB-Beilage 50/2016, 25; *S. Oppenhoff/Illert* Rechtsentwicklungen im Übernahmerecht 2017, DB-Beilage 3/2017, 24; *Ott* Der übernahmerechtliche Squeeze-out gemäß §§ 39a f. WpÜG, WM 2008, 384; *Paschos* Die Zulässigkeit von Vereinbarungen über künftige Leitungsmaßnahmen des Vorstands, NZG 2012, 1142; *Paschos/Witte* Anmerkung zum Beschluss des LG Frankfurt vom 19.2.2013, Az. 3-05 O 116/12 – Zum übernahmerechtlichen Squeeze out, EWiR 2013, 361; *Peitsmeyer/Theusinger* Anfechtbarkeit der Zustimmung zum Beherrschungsvertrag wegen Gewährung von Sondervorteilen in eng verknüpftem Business Combination Agreement, EwiR 2012, 333; *Reichert* Business Combination Agreements – Fallgruppen und Problemkreise, ZGR 2015, 1; *Roschmann/Frey* Geheimhaltungsverpflichtungen der Vorstandsmitglieder von Aktiengesellschaften bei Unternehmenskäufen, AG 1996, 449; *Rothenfußer/Friese-Dormann/Rieger* Rechtsprobleme konkurrierender Übernahmeangebote nach dem WpÜG, AG 2009, 137; *Schmolke* „Shoot out"-Klauseln und Verpflichtung des Vorstands zur Amtsniederlegung, ZIP 2014, 897; *Schroeder* Darf der Vorstand der Aktiengesellschaft dem Aktienkäufer eine Due Diligence gestatten?, DB 1997, 2161; *Seibt* Übernahmerecht: Update 2010/2011, CFL 2011, 213; *Seibt* Übernahmerecht: Update H2/2011 – H1/2013, CFL 2013, 145; *Seibt/Heiser* Analyse des Übernahmerichtlinie-Umsetzungsgesetzes (Regierungsentwurf), AG 2006, 301; *Seibt/Wunsch* Investorenvereinbarungen bei öffentlichen Übernahmen, Der Konzern 2009, 195; *Sieger/Hasselbach* Break Fee-Vereinbarung bei Unternehmenskäufen, BB 2000, 625; *Slobodenjuk* Verschärfte Investitionskontrolle nach der Außenwirtschaftsverordnung – ein Überblick, BB 2017, 2306; *Spindler* Informationsfreiheit und Finanzmarktaufsicht, ZGR 2011, 690; *Stoffels* Grenzen der Informationsweitergabe durch den Vorstand einer Aktiengesellschaft im Rahmen einer „Due Diligence", ZHR 165 (2001) 362; *Technau* Die Auswirkungen des Erwerbs von Wandelschuldverschreibungen auf Art und Höhe der Gegenleistung in Übernahmeangeboten, Der Konzern 2016, 313; *Tollkühn* Die Ad-hoc-Publizität nach dem Anlegerschutzverbesserungsgesetz, ZIP 2004, 2215; *Veil* (Hrsg.) Übernahmerecht in Praxis und Wissenschaft, Köln 2009; *Veil/Drinkuth* (Hrsg.) Reformbedarf im Übernahmerecht, Köln 2005; *Verse* Neues zum Rechtsschutz der Aktionäre im Übernahmerecht, Der Konzern 2015, 1; *Wackerbarth* Die Umgehung der Mindestpreisregeln des WpÜG durch zeitlich gestreckte Erwerbsvorgänge- und ihre Verhinderung, ZIP 2012, 253; *Walter* Die neuen Regelungen zu Unternehmenserwerben, RIW 2017, 650; *Widder* Anmerkung zum Beschluss des OLG Frankfurt vom 21.5.2012, Az. WpÜG 10/11 – Zum übernahmerechtlichen Squeeze out, EWiR 2012, 641; *Wilsing/Paul* Gläserne BaFin-Akten – Reaktionsmöglichkeiten der Praxis auf Verurteilung der BaFin zur Auskunftserteilung, BB 2009, 114; *Ziegler* „Due Diligence" im Spannungsfeld zur Geheimhaltungspflicht von Geschäftsführern und Gesellschaftern, DStR 2000, 249.

A. Einführung

I. Entwicklung des Übernahmerechts in Deutschland

1 Der rechtliche Rahmen für den Erwerb von Aktien einer börsennotierten Gesellschaft durch öffentliche Angebote wurde in Deutschland maßgeblich erst in den letzten Jahrzehnten geschaffen. Am Beginn stand eine freiwillige Selbstregulierung

A. Einführung 2–4 § 23

durch die Marktteilnehmer entsprechend dem London City Code on Takeovers and Mergers. So veröffentlichte die Börsensachverständigenkommission 1979 „Leitsätze für öffentliche freiwillige Kauf- und Umtauschangebote"[1] als erste Verhaltensempfehlungen. 1995 folgte der ebenfalls von der Börsensachverständigenkommission erarbeitete **Übernahmekodex**.[2] Der Übernahmekodex wurde von der ganz überwiegenden Zahl der Marktteilnehmer anerkannt, und die Abgabe einer bindenden Anerkennungserklärung in Bezug auf den Übernahmekodex wurde Anfang 1998 Voraussetzung für die Aufnahme in den DAX, den MDAX und den damals noch bestehenden Neuen Markt.[3] Gleichwohl kam es immer wieder zu Verstößen gegen den Übernahmekodex, insbesondere die vom Übernahmekodex geforderten Pflichtangebote wurden häufiger nicht abgegeben.

Zur Schaffung verbindlicher Verhaltensregeln für alle Marktteilnehmer trat nach rund 1 ½-jähriger Diskussion verschiedener Entwürfe am 1.1.2002 das Wertpapiererwerbs- und Übernahmegesetz[4] **(WpÜG)** in Kraft, dessen Konzept und Grundsätze seitdem im Kern unverändert geblieben sind. 2

Das WpÜG unterlag umfangreicheren Änderungen durch das Übernahmerichtlinie-Umsetzungsgesetz[5] im Juli 2006, das auf die europäische Übernahmerichtlinie[6] vom Mai 2004 zurückgeht. Diese betrafen insbesondere den internationalen Anwendungsbereich des WpÜG, das Europäische Verhinderungsverbot, die Europäische Durchbrechungsregel sowie die Einführung eines übernahmerechtlichen Squeeze Out und Sell Out. Im Jahr 2008 wurden durch das Risikobegrenzungsgesetz[7] die Vorschriften zur Zurechnung von Stimmrechten bei abgestimmtem Verhalten (sog. „Acting in Concert") sowie Mitteilungspflichten für Finanzinstrumente und wesentliche Beteiligungen neu gestaltet. In ihrem 2012 veröffentlichten Bericht zur Anwendung der Übernahmerichtlinie kommt die Europäische Kommission zu dem Ergebnis, dass sich die Übernahmerichtlinie bewährt hat.[8] Verbesserungsbedarf sah die Kommission in Detailfragen, insbesondere beim acting in concert und bei sog. „Low Ball"-Angeboten.[9] 3

Neben dem WpÜG sind für öffentliche Übernahmen in Deutschland insbesondere Regelungen des Aktiengesetzes **(AktG)**, der Marktmissbrauchsverordnung **(MMVO)** und des Wertpapierhandelsgesetzes **(WpHG)** von Bedeutung. 4

---

[1] „Leitsätze für öffentliche freiwillige Kauf- und Umtauschangebote bzw. Aufforderungen zur Abgabe derartiger Angebote im amtlich notierten oder im geregelten Freiverkehr gehandelten Aktien bzw. Erwerbsrechten", abgedruckt bei *Baumbach/Hopt* HGB, 29. Aufl., Nr. (18) 9.1398.

[2] „Verhaltensregeln für freiwillige öffentliche Übernahmeangebote v. 14.7.1995", abgedruckt in ZIP 1995, 1467.

[3] Baums/Thoma/Verse/*Rieder* WpÜG Einl. Rn. 1.3; Assmann/Pötzsch/Schneider/*Pötzsch* WpÜG Einl. Rn. 22.

[4] Artikel 1 des Gesetzes zur Regelung von öffentlichen Angeboten zum Erwerb von Wertpapieren und von Unternehmensübernahmen v. 20.12.2001, BGBl. 2001 I 3822.

[5] Gesetz zur Umsetzung der Richtlinie 2004/25/EG des Europäischen Parlaments und des Rates v. 21.4.2004 betreffend Übernahmeangebote v. 8.7.2006, BGBl. 2006 I 1426.

[6] Richtlinie 2004/25/EG des Europäischen Parlaments und des Rates v. 21.4.2004 betreffend Übernahmeangebote (ABl. L 142/12).

[7] Gesetz zur Begrenzung der mit Finanzinvestitionen verbundenen Risiken v. 12.8.2008, BGBl. 2008 I 1666.

[8] COM(2012) 347 final, BaFin-Jahresbericht 2012, S. 196 f.

[9] Vgl. Rn. 156 und Rn. 61.

II. Zielsetzungen des WpÜG

5 Das WpÜG soll Investoren, Bietern und anderen Akteuren an den Finanzmärkten einen verlässlichen Rahmen für öffentliche Angebote geben und gleichzeitig eine übermäßige Belastung von Zielgesellschaften durch Angebotsverfahren vermeiden. Wesentliche Grundsätze dieses Verfahrens sind daher die Gleichbehandlung aller Inhaber von Wertpapieren einer Wertpapiergattung der Zielgesellschaft, deren umfassende Information, eine Ausrichtung der Pflichten der Leitungs- und Überwachungsorgane der Zielgesellschaft am Interesse der Zielgesellschaft sowie die rasche Durchführung des Angebotsverfahrens, so dass die Zielgesellschaft nicht für eine unangemessene Dauer in ihrer Geschäftstätigkeit beeinträchtigt wird (§ 3 WpÜG). Daneben soll sichergestellt werden, dass der Bieter die Finanzierung des öffentlichen Angebots sichergestellt hat und den Aktionären der Zielgesellschaft in Übernahme- und Pflichtangeboten für ihre Aktien eine angemessene Gegenleistung bietet.

III. Anwendungsbereich des WpÜG

6 Das WpÜG gilt für öffentliche Kauf- oder Tauschangebote zum Erwerb von Wertpapieren im Sinne des WpÜG, die von einer Zielgesellschaft ausgegeben wurden und zum Handel an einem organisierten Markt zugelassen sind (§ 1 Abs. 1 iVm § 2 Abs. 1 WpÜG).

1. Sachlicher Anwendungsbereich

7 Das WpÜG findet auf alle öffentlichen Angebote zum Erwerb von Wertpapieren einer Zielgesellschaft Anwendung, unabhängig davon, ob hierdurch die Kontrolle über die Zielgesellschaft erlangt werden soll. Das WpÜG unterscheidet dabei zwischen einfachen Erwerbsangeboten, Übernahmeangeboten und Pflichtangeboten.[10]

8 Für die Anwendung des WpÜG stellt sich bei einfachen Erwerbsangeboten und Übernahmeangeboten zunächst die Frage, ob es sich bei dem Angebot um ein **öffentliches Angebot** handelt. Der Begriff des öffentlichen Angebots ist im Gesetz bewusst nicht definiert, um die Gefahr von Gesetzesumgehungen zu vermeiden.[11] Das Vorliegen eines öffentlichen Angebots ist einzelfallbezogen anhand einer Vielzahl von Kriterien und unter Berücksichtigung der Schutzzwecke des WpÜG zu beurteilen.[12] Nach der hM sollen diese Kriterien unabhängig von der Definition öffentlicher Angebote nach dem Wertpapierprospektgesetz **(WpPG)** zu entwickeln sein.[13] Dies wird mit unterschiedlichen Schutzrichtungen des WpÜG und des WpPG begründet,[14] was aber nicht wirklich überzeugt. Die typischen regelungsbedürftigen Gefährdungslagen bei Investitions- und Desinvestitionsent-

---

[10] Zu den verschiedenen Angebotsarten des WpÜG vgl. Rn. 17.
[11] Begr. RegE zu § 2 Abs. 1 WpÜG, BT-Drs. 14/7034, 33.
[12] Steinmeyer/*Santelmann* WpÜG § 1 Rn. 13; vgl. auch Begr. RegE zu § 2 Abs. 1 WpÜG, BT-Drs. 14/7034, S. 33; Baums/Thoma/Baums/Verse/*Hecker* WpÜG § 2 Rn. 21 ff.
[13] Assmann/Pötzsch/Schneider/*Pötzsch/Favoccia* WpÜG § 2 Rn. 32; Baums/Thoma/Verse/ Baums/*Hecker* WpÜG § 2 Rn. 23; Kölner Komm. WpÜG/*Versteegen* § 2 Rn. 50; *Fleischer* ZIP 2001, 1653 (1654 f.).
[14] Assmann/Pötzsch/Schneider/*Pötzsch/Favoccia* WpÜG § 2 Rn. 32.

scheidungen unterscheiden sich nicht so sehr, dass eine grundsätzlich unterschiedliche Behandlung gerechtfertigt wäre.[15]

In praktischer Hinsicht sind insbesondere die folgenden Kriterien von Bedeutung:

– **Adressatenkreis:** Richtet sich das Angebot an eine Vielzahl von Personen und nicht lediglich an einen begrenzten Personenkreis, so spricht dies für ein öffentliches Angebot.[16]
– **Kommunikation des Angebots:** Wählt der Bieter für sein Angebot ein allgemein zugängliches Medium (Internet, Tageszeitung, Rundfunk, Fernsehen oder andere elektronische Informationssysteme), so spricht dies für ein öffentliches Angebot.[17] Demgegenüber führt allein die individuelle Adressierung (bei Namensaktien) einer per E-Mail oder Post erfolgenden Massenversendung von standardisierten Angeboten nicht dazu, dass die Öffentlichkeit des Angebots entfällt.[18]
– **Ausgestaltung der Angebotsbedingungen:** Werden die Angebotsbedingungen einseitig durch den Bieter vorformuliert, ohne dass diese Bedingungen verhandelbar sind, so spricht dies ebenfalls für ein öffentliches Angebot.[19] Dies gilt umso mehr, sofern vom Bieter allen Adressaten eine sehr kurze Annahmefrist gesetzt und das Angebot vom Erreichen einer Mindestbeteiligung abhängig gemacht wird.[20]

Der anonyme Erwerb von Wertpapieren über die **Börse** (open market purchase) stellt grundsätzlich kein öffentliches Angebot dar.[21] Ob hingegen die öffentliche Ankündigung der Absicht, Aktien einer bestimmten Gesellschaft über einen bestimmten Zeitraum hinweg oder in einer bestimmten Menge über die Börse zu erwerben (standing in the market), bereits ein öffentliches Angebot iSd WpÜG darstellt, wird in der juristischen Kommentarliteratur kontrovers diskutiert.[22] Dies ist abzulehnen, da der Aktionär in dieser Situation nicht des besonderen Schutzes des WpÜG bedarf. Durch die Abwicklung eines Aktienerwerbs über die Börse wird dem Gleichbehandlungsgrundsatz hinreichend Rechnung getragen. Auch stehen die Aktionäre nicht unter dem Druck, ihre Aktien verkaufen zu müssen, da bei einem Kontrollerwerb durch den Ankündigenden dieser zur Abgabe eines Pflichtangebots verpflichtet bleibt.[23]

---

[15] Vgl. zur aA auch Frankfurter Komm. WpÜG/*Schüppen* § 2 Rn. 10 ff.
[16] Begr. RegE zu § 2 Abs. 1 WpÜG, BT-Drs. 14/7034, 33.
[17] Baums/Thoma/Verse/*Baums/Hecker* WpÜG § 2 Rn. 34 ff.; Steinmeyer/*Santelmann* WpÜG § 1 Rn. 14.
[18] Steinmeyer/*Santelmann* WpÜG § 1 Rn. 14; Frankfurter Komm. WpÜG/*Schüppen* § 2 Rn. 13.
[19] Begr. RegE zu § 2 Abs. 1 WpÜG, BT-Drs. 14/7034, 33; Schwark/Zimmer/*Noack/Holzborn* WpÜG § 2 Rn. 7.
[20] Assmann/Pötzsch/Schneider/*Pötzsch/Favoccia* WpÜG § 2 Rn. 35; vgl. auch Begr. RegE zu § 2 Abs. 1 WpÜG, BT-Drs. 14/7034, 33.
[21] BaFin-Jahresbericht 2002, S. 172; Assmann/Pötzsch/Schneider/*Pötzsch/Favoccia* WpÜG § 2 Rn. 36.
[22] Bejahend Steinmeyer/*Santelmann* WpÜG § 1 Rn. 17; MünchKomm AktG/Bd. 6/*Wackerbarth* WpÜG § 2 Rn. 14a; Baums/Thoma/Verse/*Baums/Hecker* WpÜG § 2 Rn. 7; Schwark/Zimmer/*Noack/Holzborn* WpÜG § 2 Rn. 10; verneinend Assmann/Pötzsch/Schneider/*Pötzsch/Favoccia* WpÜG § 2 Rn. 36; Kölner Komm. WpÜG/*Versteegen* § 2 Rn. 33; Angerer/Geibel/Süßmann/*Angerer* WpÜG § 1 Rn. 15.
[23] Kölner Komm. WpÜG/*Versteegen* § 2 Rn. 33.

11 Das Angebot muss sich zudem auf den Erwerb von **Wertpapieren** der Zielgesellschaft iSd WpÜG richten, die an einem organisierten Markt zum Handel zugelassen sind. Der Begriff des Wertpapiers umfasst neben Aktien auch mit diesen vergleichbare Wertpapiere sowie Zertifikate, die Aktien vertreten (§ 2 Abs. 2 Nr. 1 WpÜG). Vom Aktienbegriff werden Aktien jeder Art erfasst, unabhängig davon, ob sie Stimmrechte gewähren.[24] Mit Aktien vergleichbare Wertpapiere sind solche, die ein Mitgliedschaftsrecht verkörpern. Hierbei handelt es sich insbesondere um sog. Zwischenscheine (§ 8 Abs. 6 AktG), die vorläufig bis zur Aktienausgabe Mitgliedschaftsrechte verbriefen.[25] Aktienvertretende Zertifikate sind insbesondere sog. American Depositary Receipts (ADR), mit deren Hilfe deutsche Aktien in den USA handelbar gemacht werden.[26] Darüber hinaus werden von der Wertpapierdefinition auch alle anderen Wertpapiere erfasst, die den Erwerb von Wertpapieren iSd § 2 Abs. 2 Nr. 1 WpÜG zum Gegenstand haben (§ 2 Abs. 2 Nr. 2 WpÜG). Hierzu zählen Wandelschuldverschreibungen iSd § 221 Abs. 1 und 2 AktG, die ein Umtausch- bzw. Bezugsrecht auf Aktien gewähren, sowie Optionsscheine (Naked Warrants). Für die Anwendbarkeit des WpÜG ist es unerheblich, ob die Wertpapiere als Urkunden verbrieft sind.

12 Das WpÜG ist zudem nur dann anwendbar, wenn die angebotsgegenständlichen Wertpapiere zum **Handel an einem organisierten Markt** zugelassen sind. Dies sind zum einen der regulierte Markt an einer Börse im Inland,[27] zum anderen der geregelte Markt iSd MiFiD-Richtlinie (2004/39/EG) von Börsen in anderen Staaten des Europäischen Wirtschaftsraums.[28]

13 Mangels ausdrücklicher Regelung war nach Inkrafttreten des WpÜG für mehrere Jahre umstritten, ob auch der **Erwerb eigener Aktien** durch ein öffentliches Angebot dem WpÜG unterfällt.[29] Für die Rechtspraxis hat diese Streitfrage mit einer Änderung der Verwaltungspraxis der BaFin Mitte 2006 ihre Bedeutung verloren. Die BaFin hält seitdem beim Rückerwerb eigener Aktien im Wege eines öffentlichen Angebots die Durchführung eines Angebotsverfahrens nach dem WpÜG nicht mehr für geboten.[30]

2. Räumlicher Anwendungsbereich

14 Das WpÜG ist vollumfänglich auf Angebote anwendbar, die auf den Erwerb von Wertpapieren einer Aktiengesellschaft oder Kommanditgesellschaft auf Aktien mit Sitz in Deutschland gerichtet sind (§ 2 Abs. 3 Nr. 1 WpÜG), die an einem organisierten Markt im Inland zum Handel zugelassen sind (§ 1 Abs. 1 WpÜG). Auf Grund von

---

[24] Assmann/Pötzsch/Schneider/*Pötzsch/Favoccia* WpÜG § 2 Rn. 50.
[25] Begr. RegE zu § 2 Abs. 1 WpÜG, BT-Drs. 14/7034, S. 34; Frankfurter Komm. WpÜG/*Schüppen* § 2 Rn. 26.
[26] Baums/Thoma/Verse/*Baums/Hecker* WpÜG § 2 Rn. 59 ff.; zum Begriff der American Depositary Receipts vgl. § 20 Rn. 98.
[27] Assmann/Pötzsch/Schneider/*Pötzsch/Favoccia* WpÜG § 2 Rn. 132.
[28] Assmann/Pötzsch/Schneider/*Pötzsch/Favoccia* WpÜG § 2 Rn. 135; Baums/Thoma/Verse/*Baums/Hecker* WpÜG § 2 Rn. 142.
[29] BaFin-Jahresbericht 2003, S. 208; Assmann/Pötzsch/Schneider/*Pötzsch* WpÜG § 2 Rn. 40 ff.; Ehricke/Ekkenga/Oechsler/*Oechsler* WpÜG § 2 Rn. 5 ff.; Kölner Komm. WpÜG/*Hirte/Heinrich* Einl. Rn. 81; MünchKomm. AktG/*Oechsler* § 71 Rn. 228 ff.; eine Anwendung des WpÜG hingegen ablehnend: *Hüffer/Koch* AktG § 71 Rn. 19k; Angerer/Geibel/Süßmann/*Angerer* § 1 Rn. 127; Kölner Komm. WpÜG/*Versteegen* § 1 Rn. 22; Baums/Thoma/Verse/*Baums/Hecker* WpÜG § 1 Rn. 104 ff.
[30] BaFin-Jahresbericht 2006, S. 182.

A. Einführung 15, 16 § 23

Art. 10 der SE-Verordnung (2001/2157/EG) gilt dies auch für Angebote in Bezug auf Wertpapiere einer SE mit Sitz in Deutschland.[31] Daneben findet das WpÜG auch teilweise auf Übernahme- und Pflichtangebote zum Erwerb von Aktien einer AG, KGaA oder SE mit Sitz im Inland und Zulassung ihrer stimmberechtigten Aktien an einem organisierten Markt in einem ausländischen Staat des Europäischen Wirtschaftsraums (§ 1 Abs. 2 WpÜG) sowie von Anteilen an einer Gesellschaft mit Sitz in einem anderen Staat des Europäischen Wirtschaftsraums und Zulassung stimmberechtigter Wertpapiere zum Handel an einem organisierten Markt im Inland (§ 1 Abs. 3 WpÜG) Anwendung.[32] Dies kann dazu führen, dass – hinsichtlich kapitalmarkt- oder gesellschaftsrechtlicher Fragen – neben dem WpÜG noch eine andere Rechtsordnung auf ein Übernahme- oder Pflichtangebot Anwendung findet.[33]

Im Einzelnen gilt Folgendes: 15
- Befindet sich der Sitz der Zielgesellschaft in Deutschland und sind die stimmberechtigten Wertpapiere der Zielgesellschaft zum Handel an einem inländischen organisierten Markt zugelassen, so ist das WpÜG vollumfänglich anzuwenden. Dies gilt unabhängig von weiteren Börsenzulassungen im Ausland.
- Für Zielgesellschaften mit Sitz in Deutschland, deren stimmberechtigte Aktien nicht in Deutschland, sondern ausschließlich in mindestens einem ausländischen Staat des Europäischen Wirtschaftsraums zum Handel an einem organisierten Markt zugelassen sind, ist das WpÜG nur noch hinsichtlich gesellschaftsrechtlicher Fragen anwendbar (§ 1 Abs. 2 WpÜG).
- Hat die Zielgesellschaft ihren Sitz in einem anderen Staat des Europäischen Wirtschaftsraums und sind deren stimmberechtigte Wertpapiere allein in Deutschland zum Handel an einem organisierten Markt zugelassen, so ist das WpÜG nur hinsichtlich des Angebotsverfahrens, des Inhalts der Angebotsunterlage und zu Fragen der Gegenleistung anzuwenden (§ 1 Abs. 3 WpÜG). Das Gleiche gilt, sofern die Aktien der ausländischen Zielgesellschaft zwar in mehreren Staaten des Europäischen Wirtschaftsraumes zum organisierten Handel zugelassen sind, die Zulassung in Deutschland jedoch zuerst erfolgte oder die Gesellschaft sich bei gleichzeitiger Zulassung in mehreren Staaten des Europäischen Wirtschaftsraumes für die BaFin als Aufsichtsbehörde entschieden hat. Die beiden letztgenannten Alternativen setzen jedoch wiederum voraus, dass die Aktien der Zielgesellschaft nicht im Staat des Sitzes zum organisierten Handel zugelassen sind.
- Hat die Zielgesellschaft ihren Sitz in einem anderen Staat des Europäischen Wirtschaftsraumes und sind deren stimmberechtigte Wertpapiere dort zum Handel an einem organisierten Markt zugelassen, so gilt ausschließlich das Übernahmerecht dieses Staats, unabhängig von einer Börsenzulassung in Deutschland.

Diese gespaltene Rechtsanwendung betrifft ausschließlich Übernahme- und 16
Pflichtangebote. Auf **einfache Erwerbsangebote** findet das WpÜG ohne Beschränkung auf gesellschaftsrechtliche oder angebotsbezogene Fragestellungen Anwendung, sofern es sich um eine AG, KGaA oder SE mit Sitz in Deutschland handelt und deren Wertpapiere an einem regulierten Markt im Inland oder einem geregelten Markt in einem Staat des Europäischen Wirtschaftsraums zum Handel zugelassen sind.

---

[31] Steinmeyer/Santelmann WpÜG § 1 Rn. 27.
[32] Obwohl dies weder dem Gesetzeswortlaut noch der Gesetzesbegründung explizit zu entnehmen ist, ist hinsichtlich der Sitzfrage auf den für das Gesellschaftsstatut in der EU maßgeblichen Sitz abzustellen, aA für die Maßgeblichkeit des Satzungssitzes plädierend, Steinmeyer/Santelmann WpÜG § 1 Rn. 34; Seibt/Heiser AG 2006, 302; Merkt/Binder BB 2006, 1287.
[33] § 1 Abs. 2, 3 WpÜG werden durch die WpÜG-Anwendbarkeitsverordnung konkretisiert.

B. Angebotsverfahren

I. Angebotsarten

17   Das WpÜG unterscheidet zwischen drei Angebotsarten: einfachen Erwerbsangeboten, Übernahmeangeboten und Pflichtangeboten. Die Regelungsdichte nimmt von Erwerbs- über Übernahme- zu Pflichtangeboten zu.

- **Pflichtangebote** sind öffentliche Angebote, zu deren Abgabe eine Person nach Erlangung der Kontrolle über die Zielgesellschaft verpflichtet ist (§ 35 Abs. 2 WpÜG). Die Kontrolle wird mit dem Halten oder der Zurechnung von mindestens 30% der Stimmrechte an der Zielgesellschaft erreicht (§ 29 Abs. 2 WpÜG). Der Bieter muss in diesen Fällen den anderen Aktionären der Zielgesellschaft auf Grund der veränderten Kontrollstruktur die Möglichkeit des Ausstiegs aus der Zielgesellschaft zu einem angemessenen Preis bieten.
- **Übernahmeangebote** sind öffentliche Angebote, die auf den Erwerb der Kontrolle über die Zielgesellschaft gerichtet sind (§ 29 Abs. 1 WpÜG).
- Alle übrigen öffentlichen Angebote iSd WpÜG sind **einfache Erwerbsangebote**. Solche liegen vor, wenn der Bieter beabsichtigt, nach Vollzug des Angebots weniger als 30% der Stimmrechte an der Zielgesellschaft zu halten (und ein Überschreiten der Kontrollschwelle bei regulärem Verlauf auch bei vollständiger Annahme des Angebots ausgeschlossen ist)[34] oder eine bereits bestehende Kontrollposition auszubauen, so dass es an einem Erreichen oder Überschreiten der Kontrollschwelle fehlt (sog. Aufstockungsangebote).

II. Zeitlicher Ablauf des öffentlichen Angebots

18   Das Angebotsverfahren verläuft für alle Angebotsformen in weitgehend einheitlichen, relativ strikt vorgegebenen zeitlichen Bahnen und lässt sich in folgende Abschnitte unterteilen:

1. Veröffentlichung der Entscheidung zur Abgabe eines Angebots

19   Hat der Bieter eine **Entscheidung getroffen**, ein einfaches Erwerbs- oder Übernahmeangebot abzugeben, so hat er dies unverzüglich über ein elektronisch betriebenes Informationsverbreitungssystem, das bei Kreditinstituten und bestimmten anderen Unternehmen des Finanzsektors weit verbreitet ist, und im Internet zu veröffentlichen (§ 10 Abs. 1 Satz 1 iVm Abs. 3 Satz 1 WpÜG). Der Veröffentlichung muss eine Mitteilung an die BaFin und die Geschäftsführungen der inländischen[35] Börsen, an denen Wertpapiere (bzw. auf diese bezogene Derivate) des Bieters, der Zielgesellschaft oder anderer durch das Angebot unmittelbar betroffener Gesellschaften zum Handel zugelassen sind, vorausgehen (§ 10 Abs. 2 Satz 1 WpÜG). Vom Angebot unmittelbar betroffen sind insbesondere Mutter- und Tochterunternehmen der Zielgesellschaft sowie Gesellschaften, deren Aktien als Gegenleistung für den Erwerb von Aktien der Zielgesellschaft im Rahmen eines Tauschangebots angeboten werden sollen.[36] Konkurrenten der Zielgesellschaft oder des Bieters sind

---

[34] Steinmeyer/*Steinmeyer* WpÜG § 29 Rn. 5.
[35] Begr. RegE zu § 10 Abs. 2 WpÜG, BT-Drs. 14/7034, 40; Assmann/Pötzsch/Schneider/*Assmann* WpÜG § 10 Rn. 55.
[36] Baums/Thoma/*Verse/Thoma* WpÜG § 10 Rn. 73; Assmann/Pötzsch/Schneider/*Assmann* WpÜG § 10 Rn. 57.

auf Grund fehlender Unmittelbarkeit hingegen nicht erfasst.[37] Die Geschäftsführungen der Börsen sollen diese Information ausschließlich für ihre Entscheidung verwenden, ob die Feststellung des Börsenpreises des relevanten Wertpapiers ausgesetzt oder eingestellt werden soll (§ 10 Abs. 2 Satz 2 WpÜG).

Die Veröffentlichung muss Angaben zu der Person des Bieters, der Zielgesellschaft, den angebotsgegenständlichen Wertpapieren, der Art des Angebots sowie einen Hinweis auf die Internetseite enthalten, auf der die Angebotsunterlage veröffentlicht werden wird (§ 10 Abs. 3 Satz 2 WpÜG).[38] Zu diesem Zeitpunkt besteht übernahmerechtlich keine Verpflichtung des Bieters zur Veröffentlichung weiterer Informationen zu dem Angebot, insbesondere des Angebotspreises; sie kann sich unter Umständen aber insbesondere aus Art. 17 MMVO ergeben, sofern der Bieter oder ein verbundenes Unternehmen Inlandsemittent ist und diesen Angaben ein Kursbeeinflussungspotential in Bezug auf dessen Insiderpapiere zukommt.[39] In der Praxis enthält die Veröffentlichung regelmäßig weitere Angaben zu den Eckdaten des Angebots, insbesondere im Hinblick auf den Angebotspreis, und häufig zu einzelnen Angebotsbedingungen. In dieser Veröffentlichung von über die Pflichtangaben nach dem WpÜG hinausgehenden Angaben liegt kein Verstoß gegen das Verbot der Vorabveröffentlichung (von Teilen) der Angebotsunterlage.[40] Macht der Bieter freiwillige Angaben zum Angebot, insbesondere zur Art und Höhe der Angebotsgegenleistung, so kann er nach teilweiser und insbesondere auch von der BaFin vertretener Auffassung nicht mehr zum Nachteil der Aktionäre der Zielgesellschaft davon abweichen, soweit dies eine Marktverzerrung bewirken würde.[41] Das Angebot müsste dann zwingend gleiche oder bessere Konditionen bieten.

Weiterhin muss der Bieter unverzüglich den Vorstand der Zielgesellschaft und seinen eigenen Betriebsrat oder, sofern ein solcher nicht besteht, seine eigenen Arbeitnehmer über die Entscheidung zur Angabe eines Angebots informieren (§ 10 Abs. 5 WpÜG).

Bei einem Pflichtangebot tritt an die Stelle der Entscheidung zur Abgabe des Angebots die Erlangung der Kontrolle über die Zielgesellschaft. Die Kontrollerlangung ist in entsprechender Weise zunächst der BaFin und den Geschäftsführungen der entsprechenden Börsen mitzuteilen (§ 35 Abs. 1 Satz 4 WpÜG iVm § 10 Abs. 2 WpÜG) und anschließend unverzüglich über ein anerkanntes elektronisch betriebenes Informationsverbreitungssystem und im Internet zu veröffentlichen (§ 35 Abs. 1 Satz 1 WpÜG).

2. Einreichung der Angebotsunterlage bei der BaFin

Innerhalb von vier Wochen nach der Veröffentlichung der Entscheidung zur Abgabe eines Erwerbs- oder Übernahmeangebots bzw. der Kontrollerlangung hat der Bieter der BaFin eine Angebotsunterlage über das angekündigte Angebot zu übermitteln (§ 14 Abs. 1 Satz 1 WpÜG). Diese Frist kann auf schriftlichen Antrag des Bieters von der BaFin um bis zu vier Wochen verlängert werden, sofern dem

---

[37] Kölner Komm. WpÜG/*Hirte* § 10 Rn. 56.
[38] Baums/Thoma/Verse/*Thoma* WpÜG § 10 Rn. 54 ff.
[39] Kölner Komm. WpÜG/*Hirte* § 10 Rn. 102; ablehnend Ehricke/Ekkenga/Oechsler/*Oechsler* WpÜG § 10 Rn. 27.
[40] Begr. RegE zu § 10 Abs. 1 WpÜG, BT-Drs. 14/7034, 39.
[41] So *Boucsein/Schmiady* AG 2016, 59; Kölner Komm. WpÜG/*Hasselbach* § 21 Rn. 11; aA Assmann/Pötzsch/Schneider/*Seiler* WpÜG § 21 Rn. 16; Ehricke/Ekkenga/Oechsler/*Oechsler* WpÜG § 21 Rn. 1a; Baums/Thoma/Verse/*Thoma* WpÜG § 10 Rn. 57.

Bieter die Einhaltung der Frist auf Grund eines grenzüberschreitenden Angebots[42] oder einer erforderlichen Kapitalmaßnahme nicht möglich ist (§ 14 Abs. 1 Satz 3 WpÜG). Die Entscheidung über das Ob und die Dauer einer Verlängerung der Einreichungsfrist steht im Ermessen der BaFin.[43]

24 Eine Fristverlängerung auf Grund eines grenzüberschreitenden Angebots kommt dann in Betracht, wenn eine vom Bieter einzuhaltende ausländische Rechtsordnung andere Fristenregelungen als das WpÜG vorsieht und der Bieter daher die Vierwochenfrist nicht einhalten kann.[44] Danach ist für eine Fristverlängerung auch eine notwendige Abstimmung mit ausländischen Aufsichtsbehörden ausreichend und zwar auch dann, wenn das ausländische Recht keine konkreten Fristen für das Prüfungsverfahren vorsieht.[45] Auch das Erfordernis ausländischer Gestaltungen, die weder zum Gegenstand von Angebotsbedingungen gemacht werden dürfen noch rechtzeitig erlangt werden können, können eine Fristverlängerung rechtfertigen.[46]

25 Für erforderliche Kapitalmaßnahmen kann eine Fristverlängerung offensichtlich dann gewährt werden, wenn der Bieter ein Tauschangebot abgeben will und den für die Ausgabe der jungen Aktien erforderlichen Sachkapitalerhöhungsbeschluss der Hauptversammlung noch herbeiführen muss.[47] Bei deutschen Gesellschaften kollidiert die Vierwochenfrist mit der Einberufungs- und der Anmeldefrist für die Hauptversammlung (§ 123 Abs. 1, 2 AktG). Bei Tauschangeboten hat die Fristverlängerung in den letzten Jahren in der Praxis zunehmend an Bedeutung gewonnen und zwar sowohl für deutsche[48] als auch ausländische[49] Bietergesellschaften. Die Fristverlängerung ist auch für einen erforderlichen noch herbeizuführenden Barkapitalerhöhungsbeschluss möglich.[50]

26 Unterbleibt die Übermittlung der Angebotsunterlage oder erfolgt diese nicht fristgemäß, hat die BaFin das Angebot zu untersagen (§ 15 Abs. 1 Nr. 3 WpÜG). Daneben kann dies zur Verhängung eines Bußgelds durch die BaFin führen (§ 60

---

[42] Vgl. Rn. 86 ff.
[43] Assmann/Pötzsch/Schneider/*Assmann* WpÜG § 14 Rn. 13.
[44] BaFin-Jahresbericht 2011, 223; Beschlussempfehlung und Bericht des Finanzausschusses zum RegE WpÜG, BT-Drs. 14/7477, 52; Assmann/Pötzsch/Schneider/*Assmann* WpÜG § 14 Rn. 11.
[45] BaFin-Jahresbericht 2011, S. 223.
[46] *Oppenhoff* Liber Amicorum für M. Oppenhoff, S. 215, 241.
[47] Beschlussempfehlung und Bericht des Finanzausschusses zum RegE WpÜG, BT-Drs. 14/7477, 52; Assmann/Pötzsch/Schneider/*Assmann* WpÜG § 14 Rn. 12.
[48] Vgl. das Übernahmeangebot der Deutsche Wohnen AG an die Aktionäre der GSW Immobilien AG v. 2.10.2013, S. 3, 16 und das Übernahmeangebot der Adler Real Estate AG an die Aktionäre der Estavis AG v. 25.4.2014, S. 4, 15.
[49] Vgl. öffentliches Angebot der ACS, Actividades de Construcción y Servicios, S.A. an die Aktionäre der HOCHTIEF AG v. 1.12.2010, S. 3, 13.
[50] Assmann/Pötzsch/Schneider/*Assmann* WpÜG § 14 Rn. 12; Baums/Thoma/Verse/*Thoma* WpÜG § 14 Rn. 42; Ehricke/Ekkenga/Oechsler/*Oechsler* WpÜG § 14 Rn. 6; Angerer/Geibel/Süßmann/*Geibel* WpÜG § 14 Rn. 25; Schwark/Zimmer/*Noack/Holzborn* WpÜG § 14 Rn. 8; Steinmeyer/*Santelmann* WpÜG § 14 Rn. 11; zurückhaltend Kölner Komm. WpÜG/*Seydel* § 14 Rn. 31; die BaFin hat 2003 in dem letztendlich gescheiterten Übernahmeangebot der Mikonos Vermögensverwaltungs GmbH an die Aktionäre der Kleindienst Datentechnik AG die Einreichungsfrist wegen einer im Raum stehenden Barkapitalerhöhung zur Finanzierung des Angebots verlängert.

Abs. 1 Nr. 2 Buchst. a, Abs. 3 WpÜG).[51] Dies gilt auch bei einer lediglich geringfügigen Überschreitung der Einreichungsfrist.[52]

3. Prüfung der Angebotsunterlage durch die BaFin

Die BaFin prüft die Angebotsunterlage innerhalb von zehn Werktagen (§ 14 Abs. 2 Satz 1 WpÜG). Hierbei gelten auch Samstage als Werktage.[53] Diese Frist kann von der BaFin um bis zu fünf Werktage verlängert werden (§ 14 Abs. 2 Satz 3 WpÜG). Sie wird dies tun, sofern die Angebotsunterlage Unvollständigkeiten oder andere Verstöße gegen Vorschriften des WpÜG aufweist, die der Bieter nicht innerhalb der Zehntagesfrist korrigieren kann.

Insbesondere überprüft die BaFin, ob die eingereichte Angebotsunterlage alle erforderlichen Informationen enthält und nicht offensichtlich die einschlägigen Vorschriften des WpÜG verletzt. Nach der Prüfung der Angebotsunterlage lädt die BaFin den Bieter zu einem Gespräch oder Telefonat über ihre Anmerkungen ein. In der Diskussion kann die BaFin ihre Position mit einigem Nachdruck vertreten, da sie das Angebot auf Grund einer unvollständigen oder offensichtlich rechtswidrigen Angebotsunterlage untersagen muss und eine solche Entscheidung nur im Nachhinein angegriffen werden kann. Die BaFin hat bisher von dieser Verhandlungsposition mit Augenmaß Gebrauch gemacht und nur solche Angebote untersagt, die offensichtliche und schwerwiegende Fehler enthielten.[54]

4. Veröffentlichung der Angebotsunterlage

Die Angebotsunterlage ist unverzüglich nach Gestattung durch die BaFin zu veröffentlichen. Der Gestattung gleich steht der Ablauf der (gegebenenfalls verlängerten) Prüfungsfrist, ohne dass die BaFin das Angebot untersagt hat (§ 14 Abs. 2 Satz 1 WpÜG). In der Praxis wird die Angebotsunterlage in der Regel am ersten Werktag nach der Gestattung durch die BaFin veröffentlicht. Die Veröffentlichung der Angebotsunterlage hat durch Bekanntgabe im Internet (unter der in der Veröffentlichung nach § 10 Abs. 1 WpÜG bzw. § 35 Abs. 1 WpÜG genannten Internetadresse) sowie im elektronischen Bundesanzeiger zu erfolgen (§ 14 Abs. 3 Satz 1 WpÜG). Anstelle einer vollständigen Veröffentlichung der Angebotsunterlage im elektronischen Bundesanzeiger wird dort regelmäßig nur eine Hinweisbekanntmachung veröffentlicht, die neben der Internetadresse, unter der die Angebotsunterlage veröffentlicht wird, eine Stelle in Deutschland nennt, bei der Exemplare der Angebotsunterlage zur kostenlosen Ausgabe bereitgehalten werden. Die Pflichtveröffentlichung iSv § 14 Abs. 2 Satz 1 WpÜG liegt erst mit der Veröffentlichung in beiden Publikationsmedien vor.[55] Darüber hinaus hat der Bieter der BaFin die Veröffentlichung im elektronischen Bundesanzeiger unverzüglich

---

[51] Vgl. Rn. 212.
[52] Frankfurter Komm. WpÜG/*Scholz* § 15 Rn. 42.
[53] Assmann/Pötzsch/Schneider/*Assmann* WpÜG § 14 Rn. 24.
[54] Vgl. bspw. Untersagungsbescheid der BaFin zulasten der Guoshi Assets Investment Management Limited vom 24.1.2014, den Untersagungsbescheid der BaFin zulasten der Herren Daniel L. Deck und Gilbert Schöni vom 21.12.2012 und den Untersagungsbescheid der BaFin zulasten der Handgo Holding Co. Limited vom 16.11.2017; alle abrufbar unter http://www.bafin.de/SharedDocs/Veroeffentlichungen/DE/Liste/WPUeG/li_angebotsunterlagen_wpueg_14.html.
[55] Baums/Thoma/Verse/*Thoma* WpÜG § 14 Rn. 94; Assmann/Pötzsch/Schneider/*Assmann* WpÜG § 14 Rn. 33.

mitzuteilen (§ 14 Abs. 3 Satz 2 WpÜG) sowie die Angebotsunterlage dem Vorstand der Zielgesellschaft (§ 14 Abs. 4 Satz 1 WpÜG) und seinem zuständigen Betriebsrat oder, sofern ein solcher nicht besteht, den eigenen Arbeitnehmern unverzüglich nach der Veröffentlichung übermitteln (§ 14 Abs. 4 Satz 3 WpÜG). Der Vorstand der Zielgesellschaft hat seinerseits die Angebotsunterlage unverzüglich seinem Aufsichtsrat und seinem Betriebsrat oder, sofern ein solcher nicht besteht, den eigenen Arbeitnehmern zuzuleiten (§ 14 Abs. 4 Satz 2 WpÜG).

30 Unterlässt der Bieter die Veröffentlichung der Angebotsunterlage, so hat die BaFin das Angebot zu untersagen (§ 15 Abs. 1 Nr. 4 WpÜG). Erfolgt die Veröffentlichung nicht in der vorgeschriebenen Weise, so kann die BaFin das Angebot untersagen (§ 15 Abs. 2 WpÜG). Daneben kann ein solcher Verstoß gegen die Veröffentlichungspflichten mit erheblichen Bußgeldern geahndet werden (§ 60 Abs. 1 Nr. 1 Buchst. a, Abs. 3 WpÜG).[56]

5. Annahmefrist

31 Mit Veröffentlichung der Angebotsunterlage ist das Angebot des Bieters auf Abschluss eines Kaufvertrags bei Barangeboten bzw. eines Tauschvertrags bei sonstigen Angeboten abgegeben und gilt gegenüber sämtlichen Angebotsadressaten als zugegangen.[57] Die Annahmefrist beginnt zu laufen (§ 16 Abs. 1 Satz 2 WpÜG). Das Angebot des Bieters kann von den Aktionären grundsätzlich nur innerhalb der Annahmefrist angenommen werden. Die Annahmefrist beträgt mindestens vier und höchstens zehn Wochen (§ 16 Abs. 1 Satz 1 WpÜG) und kann in diesem Rahmen vom Bieter in freiem Ermessen bestimmt werden.[58] Das Ende der Annahmefrist berechnet sich nach §§ 187 Abs. 1, 188 Abs. 2 BGB. Dabei wird für die Bestimmung der zehnwöchigen Höchstfrist vertreten, dass der Tag der Veröffentlichung der Angebotsunterlage mitzuzählen sein soll, da die Höchstfrist die Zielgesellschaft iSd § 3 Abs. 4 Satz 1 WpÜG vor einer überlangen Verfahrensdauer schützen soll.[59] In der Praxis durchgesetzt hat sich das indes nicht.[60] Fällt das Ende der Annahmefrist auf einen Samstag, Sonntag oder einen staatlich anerkannten allgemeinen Feiertag, so endet die Frist gemäß § 193 BGB mit Ablauf des darauffolgenden Werktags.[61] Zu einer Verlängerung der Annahmefrist kann es bei einer Einberufung einer Hauptversammlung der Zielgesellschaft im Zusammenhang mit dem Angebot (§ 16 Abs. 3, 4 WpÜG),[62] einer Angebotsänderung (§ 21 WpÜG)[63] oder der Abgabe eines konkurrierenden Angebots (§ 22 WpÜG)[64] kommen. Bei Übernahmeangeboten,

---

[56] Vgl. Rn. 212.
[57] Kölner Komm. WpÜG/*Seydel* § 11 Rn. 20; Baums/Thoma/Verse/*Thoma* WpÜG § 14 Rn. 78. Für Umtauschangebote mit Ausgabe junger Aktien wird zum Teil vertreten, es handele sich um einen aktienrechtlichen Vertrag sui generis, vgl. Kölner Komm. WpÜG/*Versteegen* § 2 Rn. 43 ff.
[58] Steinmeyer/*Steinmeyer* WpÜG § 16 Rn. 4.
[59] Assmann/Pötzsch/Schneider/*Seiler* WpÜG § 16 Rn. 22; Kölner Komm. WpÜG/*Hasselbach* § 16 Rn. 33.
[60] Vgl. die Bekanntmachung der TOCOS Beteiligung GmbH vom 29.12.2014 zum Übernahmeangebot an die Aktionäre der HAWESKO Holding AG v. 21.11.2014.
[61] MünchKomm. AktG/Bd. 6/*Wackerbarth* WpÜG § 16 Rn. 10.
[62] In Ziffer 3.7 Abs. 3 DCGK wird angeregt, eine Hauptversammlung bei jedem Übernahmeangebot einzuberufen; kritisch *Bachmann* WM 2013, 2009 (2011 f.). In der Praxis hat diese Anregung bisher keine Bedeutung erlangt.
[63] Vgl. Rn. 77 ff.
[64] Vgl. Rn. 82 ff.

die nicht vorher wegen Ausfalls einer Bedingung scheitern, gibt es eine weitere Annahmefrist.[65] Schließlich können Aktionäre bei einem Übernahme- oder Pflichtangebot, bei dem der Bieter die Schwelle für einen übernahmerechtlichen Squeeze Out erreicht hat, das Angebot auch noch im Rahmen des sog. Sell Out[66] annehmen.

6. „Wasserstandsmeldungen"

Nach Veröffentlichung der Angebotsunterlage hat der Bieter zunächst wöchentlich und – in der letzten Woche vor Ablauf der Annahmefrist – täglich sog. Wasserstandsmeldungen zu veröffentlichen (§ 23 Abs. 1 Satz 1 Nr. 1 WpÜG). Die Veröffentlichung ist entsprechend der Angebotsunterlage im Internet sowie im elektronischen Bundesanzeiger vorzunehmen. In den Wasserstandsmeldungen muss der Bieter angeben, für wie viele Wertpapiere sowie Stimmrechte das Angebot angenommen worden ist. Er muss weiter darlegen, wie viele Wertpapiere sowie Stimmrechte an der Zielgesellschaft ihm und mit ihm gemeinsam handelnden Personen (inkl. deren Tochterunternehmen) gehören, bzw. ihm nach § 30 WpÜG zuzurechnen sind. Gleiches gilt im Hinblick auf Wertpapiere und Stimmrechte, deren Übereignung der Bieter oder ein ihm gemeinsam handelnde Personen (inkl. deren Tochterunternehmen) auf Grundlage einer Vereinbarung verlangen können bzw. die nach §§ 38, 39 WpHG (§§ 25, 25a aF WpHG) mitzuteilen wären. Diese Wasserstandsmeldungen dienen der Information der Aktionäre der Zielgesellschaft über die Beteiligungsverhältnisse an der Zielgesellschaft sowie die Akzeptanz des Angebots.[67] Sie sind, was die Akzeptanz des Angebots betrifft, häufig wenig aussagekräftig, da bei der ganz überwiegenden Zahl der Angebote ein Großteil der Aktien in den letzten beiden Tagen der Annahmefrist eingereicht wird.

Darüber hinaus hat der Bieter bei erfolgreichen Übernahmeangeboten sowie bei Pflichtangeboten unverzüglich jeden Erwerb von Aktien und Stimmrechten an der Zielgesellschaft außerhalb des Angebots im Zeitraum zwischen Veröffentlichung der Angebotsunterlage und einem Jahr nach Veröffentlichung der Ergebnisbekanntmachung unter Angabe von Art und Höhe der hierfür gewährten Gegenleistung in einer den Wasserstandsmeldungen entsprechenden Weise zu veröffentlichen (§ 23 Abs. 2 WpÜG). Dies gilt nicht allein für den dinglichen Erwerb der Wertpapiere, sondern darüber hinaus bereits für den Abschluss der schuldrechtlichen Vereinbarung, auf Grund derer die Übertragung von Aktien bzw. Stimmrechten verlangt werden kann. Demzufolge ist bereits der Abschluss eines Kauf- oder Call-Optionsvertrags nach § 23 Abs. 2 WpÜG zu veröffentlichen. Mit dem Tatbestandsmerkmal „erfolgreich" sollen nur nicht vollzogene Übernahmeangebote ausgeschlossen werden. Die Veröffentlichungspflicht bezweckt, die Aktionäre der Zielgesellschaft über Parallel- und Nacherwerbe des Bieters zu informieren und ihnen so die Durchsetzung eines erhöhten Angebots nach § 31 Abs. 4 WpÜG bzw. etwaiger Nachbesserungsansprüche nach § 31 Abs. 5 WpÜG zu ermöglichen.[68] Vor Vollzug des Angebots sind die Veröffentlichungen also vorzunehmen, bis feststeht, dass das Angebot, zB wegen des Ausfalles einer Bedingung, nicht abgewickelt wird.[69] Nach

---

[65] Vgl. Rn. 37 ff.
[66] Vgl. Rn. 191 ff.
[67] Assmann/Pötzsch/Schneider/*Assmann* WpÜG § 23 Rn. 2.
[68] Assmann/Pötzsch/Schneider/*Assmann* WpÜG § 23 Rn. 2.
[69] Ehricke/Ekkenga/Oechsler/*Oechsler* WpÜG § 23 Rn. 11; Angerer/Geibel/Süßmann/*Thun* WpÜG § 23 Rn. 38; aA Assmann/Pötzsch/Schneider/*Assmann* WpÜG § 23 Rn. 45; Kölner Komm. WpÜG/*Möllers* § 23 Rn. 95, die eine Veröffentlichungspflicht erst ab Kontroll-

Vollzug des Angebots bleibt die Veröffentlichungspflicht deshalb entgegen dem Wortlaut auch bei Angeboten bestehen, bei denen der Bieter die Kontrolle über die Zielgesellschaft nicht erlangt hat.[70] Nach der Veröffentlichung gemäß § 23 Abs. 1 Satz 1 Nr. 2 WpÜG sind nach der Verwaltungspraxis der BaFin und der hM Erwerbe über die Börse oder Abfindungsangebote iSv § 31 Abs. 5 Satz 2 WpÜG von der Veröffentlichungspflicht ausgenommen.[71] Ab diesem Zeitpunkt sichert die Verpflichtung zur Veröffentlichung von Erwerben außerhalb des Angebots lediglich die Durchsetzung von Nachbesserungsansprüchen nach § 31 Abs. 5 WpÜG, die bei vorgenannten Erwerben nicht bestehen. Es gibt für diese Erwerbe mithin keine Nachbesserungspflicht, deren Durchsetzung vereinfacht werden könnte. Abweichend von diesem Grundsatz sind in Einzelfällen börsliche Erwerbe dann veröffentlicht worden, wenn der Bieter Aktien, die im Rahmen des öffentlichen Angebots zum Verkauf angemeldet wurden, erworben hat.[72]

34 Zudem muss der Bieter melden, wenn er den für den übernahmerechtlichen Squeeze Out und Sell Out erforderlichen **Schwellenwert von 95%** des stimmberechtigten Grundkapitals erreicht bzw. überschritten hat (§ 23 Abs. 1 Satz 1 Nr. 4 WpÜG).[73]

7. Ergebnisbekanntmachung und Vollzug des öffentlichen Angebots

35 Entsprechend den Wasserstandsmeldungen während des Laufs der Annahmefrist ist der Bieter verpflichtet, unverzüglich nach Ablauf der Annahmefrist das **Ergebnis des öffentlichen Angebots** zu veröffentlichen (§ 23 Abs. 1 Satz 1 Nr. 2 WpÜG). Der Unverzüglichkeit wird im Regelfall durch eine Veröffentlichung innerhalb von fünf Werktagen nach Ablauf der Annahmefrist Genüge getan.[74]

36 Sofern bis dahin alle Angebotsbedingungen[75] erfüllt sind, wird das Angebot zeitnah mit der Ergebnisbekanntmachung vollzogen. Bei Übernahmeangeboten ist auch ein Vollzug des gesamten Angebots erst unverzüglich nach Ablauf der weiteren Annahmefrist möglich,[76] was bei Barangeboten aber nicht regelmäßig vorgesehen wird. Bei Vollzug wird die Gegenleistung regelmäßig Zug um Zug gegen die ding-

---

erlangung annehmen, sodass zu diesem Zeitpunkt ggf. auch die Erwerbe in der Zeit zwischen Veröffentlichung der Angebotsunterlage und der Kontrollerlangung zu veröffentlichen sind.

[70] Baums/Thoma/Verse/*Diekmann* WpÜG § 23 Rn. 59; Kölner Komm. WpÜG/*Möllers* § 23 Rn. 89; Angerer/Geibel/Süßmann/*Thun* WpÜG § 23 Rn. 38 ff.; für analoge Anwendung von § 23 Abs. 2 WpÜG *Neumann/Ogorek* BB 2010, 1297 (1299 ff.); aA Assmann/Pötzsch/Schneider/*Assmann* WpÜG § 23 Rn. 32.

[71] Assmann/Pötzsch/Schneider/*Assmann* WpÜG § 23 Rn. 37; Baums/Thoma/Verse/*Diekmann* WpÜG § 23 Rn. 61; Angerer/Geibel/Süßmann/*Thun* WpÜG § 23 Rn. 42; aA Steinmeyer/*Steinhardt* WpÜG § 23 Rn. 33; MünchKomm. AktG/Bd. 6/*Wackerbarth* WpÜG § 23 Rn. 30 ff.

[72] So hat die Schaeffler KG in Abstimmung mit der BaFin wegen der erheblichen Preisdifferenz zwischen Erwerbspreis und Angebotspreis Erwerbe von im Rahmen des Übernahmeangebots zum Verkauf angemeldeten Aktien der Continental AG veröffentlicht, obwohl diese über die Börse getätigt wurden.

[73] Vgl. Rn. 175 ff. bzw. Rn. 191 ff.

[74] Baums/Thoma/Verse/*Diekmann* WpÜG § 23 Rn. 57; Kölner Komm. WpÜG/*Möllers* § 23 Rn. 79.

[75] Vgl. Rn. 63 ff.

[76] Vgl. das Übernahmeangebot der ACS, Actividades de Construcción y Servicios, S.A. an die Aktionäre der HOCHTIEF AG v. 1.12.2010, S. 45 f. und das Übernahmeangebot der Vodafone Vierte Verwaltungsgesellschaft mbH an die Aktionäre der Kabel Deutschland Holding AG v. 30.7.2013, S. 42 f.

B. Angebotsverfahren

liche Übertragung der Aktien, für die die Aktionäre der Zielgesellschaft zuvor das Angebot angenommen hatten, gewährt. Die Details des Abwicklungsmechanismus sind jeweils in der Angebotsunterlage niedergelegt.

8. Weitere Annahmefrist

Allein das **Übernahmeangebot** kennt die sog. weitere Annahmefrist. Den Aktionären der Zielgesellschaft, die das Angebot noch nicht angenommen haben, wird eine zusätzliche Möglichkeit eröffnet, das Übernahmeangebot noch innerhalb von zwei Wochen nach der Ergebnisbekanntmachung nach § 23 Abs. 1 Satz 1 Nr. 2 WpÜG anzunehmen (§ 16 Abs. 2 Satz 1 WpÜG). Die weitere Annahmefrist soll die Aktionäre der Zielgesellschaft aus dem sog. „prisoners' dilemma" befreien. Bei Übernahmeangeboten laufen die Aktionäre Gefahr, sich in einer vom Bieter kontrollierten Gesellschaft wiederzufinden, wenn sie das Angebot nicht annehmen. Andererseits können sie sich auf Grund eines potentiellen Kontrollwechsels in der Zielgesellschaft gedrängt sehen, ein aus ihrer Sicht unzureichendes Angebot anzunehmen, obwohl es letztendlich gar nicht zu einem Kontrollwechsel in der Zielgesellschaft kommt. Diese unsichere Entscheidungssituation wird durch § 16 Abs. 2 WpÜG zumindest für Angebote mit einer Mindestannahmeschwelle in Höhe von 30% oder mehr der Stimmrechte beseitigt, da dann in der weiteren Annahmefrist eine sichere Grundlage besteht, ob das Angebot zu einem Kontrollwechsel geführt hat.[77]

Für Übernahmeangebote, die nicht ohnehin eine Mindestannahmeschwelle in Höhe von 30% oder mehr der Stimmrechte enthalten, ist umstritten, ob der Bieter als ungeschriebene Voraussetzung zum Zeitpunkt der Ergebnisbekanntmachung bereits in dem Sinne die Kontrolle über die Zielgesellschaft erreicht haben muss, dass die Anzahl der von ihm gehaltenen und der ihm zugerechneten Stimmrechte zuzüglich der Stimmrechte aus den Aktien, für die das Angebot angenommen wurde, 30% der Stimmrechte an der Zielgesellschaft erreicht haben muss.[78] Dieser Vorschlag ist im Hinblick auf die Auflösung des „prisoners' dilemma" stringent, berücksichtigt aber nicht ausreichend, dass der Gesetzgeber in § 16 Abs. 2 Satz 2 WpÜG ausgesprochen hat, dass das Angebot und insbesondere die weitere Annahmefrist eben beim Nichterreichen einer freiwillig gesetzten Mindestannahmeschwelle nicht durchgeführt werden sollen. Insofern findet sich für den entsprechenden Eingriff in die Gestaltungsfreiheit des Bieters im Gesetz kein ausreichender Anhalt; im Gegenteil spricht die Formulierung in § 16 Abs. 2 Satz 2 WpÜG dafür, dass die Anforderungen an eine Beteiligungsquote am Ende der Annahmefrist dort abschließend geregelt sind.

Eine weitere Annahmefrist beginnt jedoch nicht zu laufen, wenn das Angebot unter der Bedingung des Erreichens einer Mindestannahmeschwelle stand und dieser Schwellenwert nicht innerhalb der regulären Annahmefrist erreicht wurde. Gleiches gilt für den Nichteintritt anderer Angebotsbedingungen, die bis zum Ende der Annahmefrist eingetreten sein mussten.

Der Bieter hat unverzüglich nach Ablauf der weiteren Annahmefrist eine weitere Ergebnisbekanntmachung zu veröffentlichen (§ 23 Abs. 1 Satz 1 Nr. 3 WpÜG). Des Weiteren erfolgt zeitnah der dingliche Vollzug des Übernahmeangebots hinsichtlich der Aktien, für die in der weiteren Annahmefrist das Angebot angenommen

---

[77] Kölner Komm. WpÜG/*Hasselbach* § 16 Rn. 42.
[78] So Assmann/Pötzsch/Schneider/*Seiler* WpÜG § 16 Rn. 34; Schwark/Zimmer/*Noack/Zetzsche* WpÜG § 16 Rn. 17; aA Kölner Komm. WpÜG/*Hasselbach* § 16 Rn. 44.

wurde, bzw. aller Aktien, wenn das Übernahmeangebot insgesamt nur nach der weiteren Annahmefrist vollzogen wird. Das setzt jedoch voraus, dass der Vollzug des Übernahmeangebots nicht zulässigerweise unter noch nicht erfüllten nachlaufenden Angebotsbedingungen steht. In letzterem Fall wird das Angebot nach Eintritt der letzten Angebotsbedingung vollzogen.

9. Beteiligung der Arbeitnehmer

41 Sowohl die Arbeitnehmer des Bieters als auch diejenigen der Zielgesellschaft werden am Übernahmeverfahren beteiligt. Den zuständigen Betriebsräten beider Gesellschaften werden die Entscheidung des Bieters zur Abgabe eines öffentlichen Angebots sowie die Angebotsunterlage unverzüglich mitgeteilt bzw. übermittelt, auf Seiten der Zielgesellschaft durch den Vorstand der Zielgesellschaft.[79] Sofern ein Betriebsrat nicht existiert, sind den jeweiligen Arbeitnehmern die Mitteilung über die Entscheidung zur Abgabe des Angebots und die Angebotsunterlage direkt zu übermitteln.

42 Darüber hinaus ist der zuständige Betriebsrat der Zielgesellschaft berechtigt, eine eigene Stellungnahme zu dem Angebot abzugeben, welche der Stellungnahme des Vorstands beizufügen und mit dieser zu veröffentlichen ist.[80] Sofern ein Betriebsrat nicht existiert, sind die Arbeitnehmer gemeinsam berechtigt, eine Stellungnahme zu übermitteln, die ebenfalls gemeinsam mit der Stellungnahme des Vorstands zu veröffentlichen ist. Dem Betriebsrat bzw. den Arbeitnehmern des Bieters steht ein Recht auf Abgabe einer solchen pflichtweise zu veröffentlichenden Stellungnahme nicht zu.

43 Sofern das öffentliche Angebot zum Kontrollerwerb führen würde, muss der Vorstand der Zielgesellschaft darüber hinaus dessen **Wirtschaftsausschuss** rechtzeitig[81] unterrichten (§ 106 Abs. 3 Nr. 9a BetrVG). Dem Wirtschaftsausschuss sind dabei insbesondere die Angaben über den potentiellen Erwerber und dessen Absichten im Hinblick auf die künftige Geschäftstätigkeit der Zielgesellschaft sowie die sich daraus ergebenden Auswirkungen auf die Arbeitnehmer mitzuteilen. Dies gilt auch, wenn im Vorfeld der Übernahme des Unternehmens ein Bieterverfahren durchgeführt wird (§ 106 Abs. 2 Satz 2 BetrVG). Besteht in der Zielgesellschaft kein Wirtschaftsausschuss, so ist stattdessen der Betriebsrat zu unterrichten (§ 109a BetrVG).[82] Bei Meinungsverschiedenheiten über das Bestehen, den Zeitpunkt oder den Umfang der Unterrichtungspflicht kann die Einigungsstelle angerufen werden (§ 109 iVm § 109a BetrVG).

44 Darüber hinaus sind förmliche Genehmigungs- oder Beratungsverfahren mit den Arbeitnehmern oder deren Vertretungen bei der Vorbereitung und Durchführung eines öffentlichen Angebots nicht vorgesehen.

---

[79] §§ 10 Abs. 5, 14 Abs. 4 WpÜG.
[80] § 27 Abs. 2, 3 WpÜG; zur Stellungnahme des Vorstands und des Aufsichtsrats vgl. Rn. 89 ff.
[81] Zum Meinungsstand hinsichtlich „Rechtzeitigkeit" siehe *Thüsing* ZIP 2008, 106 (108 f.); *Löw* DB 2008, 758 (760); *Schröder/Falter* NZA 2008, 1097 (1099 f.); *Simon/Dobel* BB 2008, 1955 (1957).
[82] Dies führt im Anwendungsbereich des WpÜG gegenüber dem Betriebsrat zu einer doppelten Unterrichtung neben der Unterrichtung nach § 14 Abs. 4 Satz 2 WpÜG, die nach Teilen der Literatur unterbleiben kann, vgl. *Simon/Dobel* BB 2008, 1955 (1958).

C. Öffentliche Angebote

Die folgenden Regeln gelten für alle öffentlichen Angebote (Erwerbs-, Übernahme- und Pflichtangebote). Im Anschluss daran werden die Besonderheiten der Übernahme-[83] und Pflichtangebote[84] dargestellt.

I. Angebotsunterlage

Ein öffentliches Angebot darf nur durch Veröffentlichung einer von der BaFin gestatteten Angebotsunterlage unterbreitet werden. Der Angebotsunterlage kommt als wesentlicher Informationsquelle der Aktionäre der Zielgesellschaft zentrale Bedeutung in einem öffentlichen Angebotsverfahren zu. Die BaFin untersagt das Angebot, wenn die Angebotsunterlage nicht die erforderlichen Angaben enthält, in der Angebotsunterlage enthaltene Angaben offensichtlich gegen das WpÜG oder auf Grund des WpÜG erlassene Rechtsverordnungen verstoßen, der Bieter der BaFin keine Angebotsunterlage übermittelt hat oder der Bieter die Angebotsunterlage nicht veröffentlicht hat (§ 15 Abs. 1 WpÜG). Die BaFin kann das Angebot außerdem untersagen, wenn der Bieter die Angebotsunterlage nicht in der vorgeschriebenen Form veröffentlicht (§ 15 Abs. 2 WpÜG). Verträge, die auf der Grundlage eines untersagten Angebots geschlossen werden, sind nichtig (§ 15 Abs. 3 Satz 2 WpÜG).

1. Inhalt der Angebotsunterlage

Die Angebotsunterlage muss nach der Generalklausel des § 11 Abs. 1 Satz 2 WpÜG die Angaben enthalten, die notwendig sind, um in Kenntnis der Sachlage über das Angebot entscheiden zu können. Die Angaben müssen **richtig** und **vollständig** sein. Zudem ist die Angebotsunterlage in **deutscher Sprache** und in einer das Verständnis und die Auswertung erleichternden Form abzufassen (§ 11 Abs. 1 Satz 3, 4 WpÜG). Neben dieser Generalklausel enthalten § 11 Abs. 2, 3 WpÜG und § 2 WpÜGAngebV detaillierte Vorgaben zu den in die Angebotsunterlage aufzunehmenden Informationen. Trotz des hohen Detaillierungsgrads der letztgenannten Vorschriften hat die Generalklausel des § 11 Abs. 1 Satz 2 WpÜG wie vergleichbare kapitalmarktrechtliche Vorschriften[85] eigenständige Bedeutung, so dass im Einzelfall über die detaillierten Vorgaben hinaus zusätzliche Angaben erforderlich sein können.[86] Der Bieter darf jedoch die in Veröffentlichungen der Zielgesellschaft oder einer Muttergesellschaft der Zielgesellschaft enthaltenen Informationen als bekannt voraussetzen und ist deshalb nicht verpflichtet, diese zu wiederholen. Da Bestimmungen des Angebots naturgemäß für eine Vielzahl von Verträgen vorformuliert sind, handelt es sich bei ihnen um **allgemeine Geschäftsbedingungen**, so dass sie an den §§ 307–309 BGB zu messen sind.[87]

Hinsichtlich des Aufbaus der Angebotsunterlage hat sich in den letzten Jahren eine gewisse **Standardisierung** abgezeichnet. Im Wesentlichen enthält die Angebotsunterlage regelmäßig Ausführungen zu den folgenden Punkten:

---

[83] Vgl. Rn. 97 ff.
[84] Vgl. Rn. 153 ff.
[85] Vgl. WpPG § 5 Abs. 1 Satz 1.
[86] Baums/Thoma/Verse/*Thoma* WpÜG § 11 Rn. 36; aA Kölner Komm. WpÜG/*Seydel* § 11 Rn. 27.
[87] Frankfurter Komm. WpÜG/*Renner* § 11 Rn. 19; Steinmeyer/*Steinhardt/Nestler* WpÜG § 11 Rn. 6.

- allgemeine Hinweise zur Durchführung des Angebots und den in der Angebotsunterlage enthaltenen Angaben;
- Zusammenfassung des Angebots;
- Inhalt des Angebots;
- Annahmefrist und Verlängerungsszenarien;
- Beschreibung des Bieters und der mit dem Bieter gemeinsam handelnden Personen (einschließlich Darlegung der bereits vom Bieter und mit ihm gemeinsam handelnden Personen gehaltenen Stimmrechte und der Vorerwerbe im Zeitraum eines halben Jahres vor Ankündigung des Angebots bis zur Veröffentlichung der Angebotsunterlage);
- Beschreibung der Zielgesellschaft;
- Hintergrund des Angebots;
- Absichten des Bieters im Hinblick auf die Geschäftstätigkeit der Zielgesellschaft und – soweit vom Angebot betroffen – des Bieters;
- Angebotsgegenleistung und Erläuterung von deren Angemessenheit;
- Modalitäten der Annahme und Abwicklung des Angebots;
- Stand behördlicher Genehmigungsverfahren im Zusammenhang mit dem Angebot (insbesondere Fusionskontrollverfahren);
- Bedingungen des Angebots;
- Finanzierung des öffentlichen Angebots;
- Auswirkungen des Vollzugs des Angebots auf die Vermögens-, Finanz- und Ertragslage des Bieters auf Einzel- und ggf. Konzernebene;
- Rücktrittsrechte der annehmenden Aktionäre;
- Hinweise an annahmewillige Aktionäre;
- Angaben zu den begleitenden Banken;
- Hinweise zu Veröffentlichungen und Mitteilungen;
- anwendbares Recht und Gerichtsstand;
- Erklärung über die Übernahme der Verantwortung für die Angebotsunterlage (regelmäßig durch den Bieter);
- die Auflistung der Tochterunternehmen des Bieters und mit ihm gemeinsam handelnder Unternehmen und der Zielgesellschaft und mit ihr gemeinsam handelnder Unternehmen sowie
- Finanzierungsbestätigung eines vom Bieter unabhängigen Wertpapierdienstleistungsunternehmens (bei Angeboten mit Bargegenleistungsanteil).

49 Bei der Überprüfung der Angebotsunterlage durch die BaFin sind zentrale Aspekte die Angemessenheit der angebotenen Gegenleistung und deren Erläuterung, die Bedingungen für die Wirksamkeit des Angebots und die Angaben zu den **Absichten des Bieters** im Hinblick auf die Zielgesellschaft.[88] Zu Letzterem verlangt § 11 Abs. 2 Satz 3 Nr. 2 WpÜG eine Stellungnahme insbesondere zu den Absichten im Hinblick auf
- den Sitz der Zielgesellschaft,
- den Standort wesentlicher Unternehmensteile,
- die Verwendung des Vermögens,
- künftige Verpflichtungen,
- Arbeitnehmer und deren Vertretungen,
- wesentliche Änderungen der Beschäftigungsbedingungen und
- Mitglieder der Geschäftsführungsorgane.

---

[88] BaFin-Jahresbericht 2004, S. 204.

C. Öffentliche Angebote 50–52 § 23

In vielen Fällen hat der Bieter noch keine abschließende Entscheidung über Maß- 50
nahmen zur Integration der Zielgesellschaft in den Konzern des Bieters getroffen.
Dementsprechend kann der Bieter in der Angebotsunterlage häufig noch keine
Angaben zu den tatsächlichen Auswirkungen der Integration machen. Dann ist dies
in der Angebotsunterlage auszugeben.

Darüber hinaus legt die BaFin in früheren Jahren einen weiteren Schwerpunkt 51
auf die Prüfung der Angaben zu den Auswirkungen auf die **Vermögens-, Finanz-
und Ertragslage** des Bieters.[89] Die entsprechenden Vorgaben sind inzwischen
weitgehend etabliert. Im Hinblick auf Vermögens- und Finanzlage erwartet die
BaFin, dass der Bieter in der Angebotsunterlage die wesentlichen Finanzinformationen aus dem letzten veröffentlichten Geschäftsbericht bzw. Zwischenbericht
mit aggregierten Finanzinformationen unter Berücksichtigung der Auswirkungen
eines erfolgreichen Angebots vergleicht und erläutert. Die Auswirkungen auf die
Ertragslage kann der Bieter durch Vergleich und Erläuterung der wesentlichen Positionen der letzten Gewinn- und Verlustrechnung mit aggregierten Zahlen unter
Berücksichtigung eines erfolgreichen Angebots darstellen. Alternativ kann er aber
auch die erwarteten Auswirkungen auf die Ertragslage im kommenden Berichtszeitraum beschreiben. In allen diesen Fällen müssen die Auswirkungen aber anhand
von aktuellen Finanzinformationen veranschaulicht werden.

2. Haftung für die Angebotsunterlage

Gemäß § 12 Abs. 1 WpÜG haftet der Bieter für die Richtigkeit und Vollständigkeit 52
aller Angaben in der Angebotsunterlage, die für die Beurteilung des Angebots **wesentlich** sind. Entspricht die Angebotsunterlage nicht diesen Anforderungen, so haftet der Bieter gegenüber den das Angebot annehmenden Aktionären für den Schaden,
der ihnen durch die Annahme des Angebots entstanden ist. Gleiches gilt gegenüber
Aktionären, deren Aktien im Wege des Sell Out[90] oder des übernahmerechtlichen
Squeeze Out[91] übertragen wurden. Mit dem Bieter haften gesamtschuldnerisch Personen, die ebenfalls für die Angebotsunterlage die Verantwortung übernommen haben,
sowie Personen, von denen der Erlass der Angebotsunterlage ausgeht. Die Haftung
entfällt, wenn der Angebotsverantwortliche nachweist, dass er die Unrichtigkeit oder
Unvollständigkeit nicht kannte und diese Unkenntnis nicht auf grober Fahrlässigkeit
beruhte (§ 12 Abs. 2 WpÜG). Ein Verschulden des Angebotsverantwortlichen wird
also widerlegbar vermutet, indem es dem Anspruchsgegner obliegt, ein mangelndes
Verschulden zu beweisen.[92] Der Angebotsverantwortliche handelt grob fahrlässig,
sofern er bei Erstellung der Angebotsunterlage bzw. der Mitwirkung daran die erforderliche Sorgfalt in besonders schwerem Maße verletzt.[93] Eine Haftung besteht
nach § 12 Abs. 3 WpÜG zudem dann nicht, wenn die Annahme des Angebots nicht
auf Grund der Angebotsunterlage erfolgte (Nr. 1), der das Angebot annehmende Aktionär die Unrichtigkeit oder Unvollständigkeit vor Abgabe der Annahmeerklärung
kannte (Nr. 2) oder vor der Annahme des Angebots durch eine Ad-hoc-Mitteilung
nach Art. 17 MMVO oder vergleichbare Bekanntmachung eine deutlich gestaltete

---

[89] BaFin-Jahresbericht 2004, S. 204.
[90] Vgl. Rn. 191 ff.
[91] Vgl. Rn. 175 ff.
[92] Begr. RegE zu § 12 WpÜG, BT-Drs. 14/7034, 43; Baums/Thoma/Verse/*Thoma* WpÜG § 12 Rn. 71; Assmann/Pötzsch/Schneider/*Assmann* WpÜG § 12 Rn. 49.
[93] Assmann/Pötzsch/Schneider/*Assmann* WpÜG § 12 Rn. 49 unter Verweis auf BGH IV ZR 170/52, BGHZ 10, 14 (16).

Berichtigung der unrichtigen oder unvollständigen Angabe in Deutschland veröffentlicht wurde (Nr. 3).[94]

53 Neben der spezialgesetzlichen Anspruchsnorm des § 12 WpÜG bleiben die Ansprüche nach den Vorschriften des Bürgerlichen Gesetzbuchs auf Grund von Verträgen oder vorsätzlichen unerlaubten Handlungen anwendbar (§ 12 Abs. 6 WpÜG). Da die Haftung nach § 12 WpÜG spezialgesetzliche Ausformung der Haftung für die Angebotsunterlage ist, ist die allgemeine bürgerlich-rechtliche Prospekthaftung ausgeschlossen.[95] Je nach den Umständen des Einzelfalls mögen zudem ausländische Haftungsnormen einschlägig sein.

II. Finanzierung/Sicherstellung der Aktienausgabe

54 Der Bieter ist verpflichtet, die Finanzierung des Angebots vor Veröffentlichung der Angebotsunterlage sicherzustellen. Er muss deshalb zuvor alle Maßnahmen getroffen haben, die erforderlich sind, um zum Zeitpunkt der Fälligkeit des Anspruchs auf die Gegenleistung die notwendigen Mittel zur vollständigen Erfüllung des Angebots zur Verfügung zu haben (§ 13 Abs. 1 Satz 1 WpÜG). Diese Verpflichtung gilt sowohl im Falle eines Barangebots als auch eines Tauschangebots. Die getroffenen Maßnahmen hat der Bieter in der Angebotsunterlage darzustellen (§ 11 Abs. 2 Satz 3 Nr. 1 WpÜG). Bei Barangeboten hat der Bieter zusätzlich die Finanzierungsbestätigung eines unabhängigen Wertpapierdienstleistungsunternehmens beizubringen (§ 13 Abs. 1 Satz 2 WpÜG) und der Angebotsunterlage beizufügen (§ 11 Abs. 2 Satz 3 Nr. 4 WpÜG)

55 Da sich die Annahmequote nicht im Vorhinein sicher absehen lässt, muss der Bieter für die Sicherstellungsmaßnahmen die **vollständige Annahme** des Angebots unterstellen; dh er muss die Gegenleistung für alle Aktien der Zielgesellschaft sicherstellen, auf die das Angebot gerichtet ist.[96] Unberücksichtigt bleiben dabei lediglich Aktien der Zielgesellschaft, die im Zeitpunkt der Veröffentlichung der Angebotsunterlage der Bieter und bei Bietermehrheiten einer der Bieter hält.[97] Zu berücksichtigen sind Aktien der Zielgesellschaft, die im Zeitpunkt der Veröffentlichung der Angebotsunterlage dem Bieter nach § 30 Abs. 1, 2 WpÜG zugerechnet oder von gemeinsam handelnden Unternehmen gehalten werden und zwar nach der derzeitigen Praxis der BaFin auch, soweit sie Tochterunternehmen des Bieters gehören.[98] Das stellte den Bieter in der Vergangenheit häufig vor die unbefriedigende Situation, eine Finanzierung für Aktien sichern zu müssen, von denen er von

---

[94] Vgl. Veröffentlichung der DMG Mori Seiki GmbH v. 12.3.2015 zu deren Übernahmeangebot an die Aktionäre der DMG Mori Seiki AG v. 11.2.2015.

[95] Begr. RegE, BT-Drs. 14/7034, 44; Assmann/Pötzsch/Schneider/*Assmann* WpÜG § 12 Rn. 68.

[96] HM Assmann/Pötzsch/Schneider/*Krause* WpÜG § 13 Rn. 17; Kölner Komm. WpÜG/*Möllers* § 13 Rn. 52.

[97] Dabei ist es möglich, unterschiedliche Angebotsarten zu einem Angebot zu verbinden, sog. gemischtes Angebot. Dieses Angebot muss den einschlägigen Vorgaben der strengsten regulierten Angebotsform genügen und die Rechtsposition der anderen Aktionäre darf sich nicht verschlechtern, etwa aufgrund zusätzlich erforderlicher Genehmigungen, BaFin-Jahresbericht 2010, S. 226; vgl. Übernahmeangebot der Thüga Holding GmbH & Co. KG, Thüga AG und Stadtwerke Frankfurt am Main Holding GmbH an die Aktionäre der Mainova AG v. 18.3.2010, S. 34.

[98] Baums/Thoma/Verse/*Marsch-Barner/Oppenhoff* WpÜG § 13 Rn. 61; *Cascante/Tyrolt* AG 2012, 97 (106); Assmann/Pötzsch/Schneider/*Krause* WpÜG § 13 Rn. 17.

C. Öffentliche Angebote 56, 57 § 23

vornherein wusste, dass sie nicht in das Angebot eingeliefert werden würden. 2010 hat die BaFin dann ihre bis dahin äußerst zurückhaltende Verwaltungspraxis etwas gelockert und lässt seitdem **qualifizierte Nichtannahmevereinbarungen** als Sicherstellungsmaßnahmen gelten.[99] Qualifizierte Nichtannahmevereinbarungen setzen sich aus den Verpflichtungen des Aktionärs gegenüber dem Bieter zusammen, (i) das Angebot nicht anzunehmen bzw. die Aktien nicht weiterzuveräußern, (ii) für den Fall der Verletzung dieser Verpflichtungen eine sofort fällige und einredefreie Vertragsstrafe in Höhe der Angebotsgegenleistung zu leisten, mit der der Bieter ggf. aufrechnen kann, und (iii) für die von der Nichtannahmevereinbarung betroffenen Aktien eine Depotsperre zu vereinbaren.[100] In zeitlicher Hinsicht muss die Finanzierung so gestaltet sein, dass aus ihr die Angebotsgegenleistung auch dann beglichen werden kann, wenn zu erwarten ist, dass das Angebot auf Grund von Angebotsbedingungen erst lange nach dem Ende der Annahmefrist vollzogen werden wird[101] oder Aktionäre der Zielgesellschaft von ihrem Sell-Out-Recht Gebrauch machen.[102]

Aus dem Gesetz ergibt sich nicht, welche Maßnahmen zur Sicherstellung im Einzelfall zu ergreifen sind. Das lässt sich auch kaum in allgemein gültiger Form festlegen, sondern hängt stark von der Art der Gegenleistung und der jeweiligen Finanzierungsform ab. Aus dem Gesetzgebungsverfahren ergibt sich jedoch, dass nicht jegliches Risiko ausgeschlossen werden muss. Vielmehr reicht es aus, ist aber auch notwendig, dass die Sicherstellungsmaßnahmen erwarten lassen, dass bei ungestörtem Geschehensablauf die Leistungsfähigkeit des Bieters im Zeitpunkt der Fälligkeit der Gegenleistung außer Zweifel steht.[103]

Auch für Darlehen als praktisch bedeutendster Finanzierungsform ist damit noch nicht gesagt, welche Anforderungen an die inhaltliche Ausgestaltung zu stellen sind. In der Praxis finden sowohl Darlehen mit auch außerhalb von öffentlichen Angeboten **marktüblichen Konditionen**[104] als auch dem englischen **„certain funds"-Konzept** angelehnte Darlehen,[105] bei denen bis zur vollständigen Auszahlung der Mittel für die Zahlung der Gegenleistung des öffentlichen Angebots Auszahlungsbedingungen und Kündigungsmöglichkeiten weitestgehend suspendiert sind. Auch erstere Darlehensausgestaltung genügt grundsätzlich der Sicherstellungsverpflichtung, wenn sichergestellt ist, dass der Kreditgeber nicht in freiem Ermessen von der Kreditzusage zurücktreten kann, sich die Vertragskonditionen

---

[99] Vgl. Übernahmeangebot der Neckarpri GmbH an die Aktionäre der EnBW Energie Baden-Württemberg AG v. 7.1.2011, S. 27; Kämmerer/Veil/*Klepsch/Schmiady/v. Buchwaldt* S. 3, 13; *Cascante/Tyrol* AG 2012, 97 (108); zur Kritik an der früheren Haltung der BaFin siehe Vorauflage § 27 Rn. 58; zur Kritik an der derzeitigen Verwaltungspraxis der BaFin siehe Baums/Thoma/Verse/*Marsch-Barner/Oppenhoff* WpÜG § 13 Rn. 121.

[100] Kämmerer/Veil/*Klepsch/Schmiady/v. Buchwaldt* S. 3, 13 f.; *Mayer-Uellner* AG 2012, 399 (405).

[101] Vgl. Rn. 31.

[102] Vgl. Rn. 194 ff.; *Boucsein/Schmiady* AG 2016, 598 (607 f.).

[103] Baums/Thoma/Verse/*Marsch-Barner/Oppenhoff* WpÜG § 13 Rn. 34 ff.; Assmann/Pötzsch/Schneider/*Krause* WpÜG § 13 Rn. 35.

[104] Vgl. das Übernahmeangebot der Vodafone Vierte Verwaltungsgesellschaft mbH an die Aktionäre der Kabel Deutschland Holding AG v. 30.7.2013, S. 42 f.; MünchKomm. AktG/Bd. 6/*Wackerbarth* WpÜG § 13 Rn. 12.

[105] Vgl. das Übernahmeangebot der Schaeffler KG an die Aktionäre der Continental AG v. 30.7.2008, S. 41 f. und das Übernahmeangebot der Sky German Holdings GmbH an die Aktionäre der Sky Deutschland AG v. 3.9.2014, S. 50; Frankfurter Komm. WpÜG/*Vogel* § 13 Rn. 85.

ansonsten im Rahmen des Marktüblichen halten und der Bieter nach sorgfältiger Prüfung keine konkreten Anhaltspunkte dafür hat, dass Rücktritts- oder Kündigungsrechte des Kreditgebers ausgelöst werden könnten.[106] Vereinbart der Bieter die Finanzierung erst im Zusammenhang mit dem Angebot, liegt es in seinem Interesse, dem restriktiveren Ansatz zu folgen und die Auszahlungsbedingungen und Kündigungsmöglichkeiten bis zur Auszahlung der Mittel für die Zahlung der Gegenleistung des öffentlichen Angebots so weit wie möglich zu suspendieren.

58   Sofern das Angebot ganz oder teilweise eine Gegenleistung in Geld enthält, muss ein vom Bieter unabhängiges Wertpapierdienstleistungsunternehmen bestätigen, dass der Bieter alle erforderlichen Maßnahmen getroffen hat, um sicherzustellen, dass er die Geldgegenleistung bei Fälligkeit an die annehmenden Aktionäre zahlen kann (§ 13 Abs. 1 Satz 2 WpÜG). Diese **Finanzierungsbestätigung** muss sich strikt am Wortlaut des Gesetzes orientieren und darf keinerlei Einschränkungen, Bedingungen oder Vorbehalte enthalten.

59   Hat das Wertpapierdienstleistungsunternehmen eine solche Finanzierungsbestätigung abgegeben, obwohl der Bieter die erforderlichen Maßnahmen nicht getroffen hatte, ist es gegenüber den annehmenden Aktionären zum Ersatz des daraus entstandenen Schadens verpflichtet. Ein solcher Schadensersatzanspruch besteht nach § 13 Abs. 3 iVm § 12 Abs. 2 WpÜG jedoch dann nicht, wenn das Wertpapierdienstleistungsunternehmen nachweisen kann, dass es keine Kenntnis davon hatte, dass der Bieter die erforderlichen Maßnahmen nicht getroffen hatte, und diese Unkenntnis nicht auf grober Fahrlässigkeit beruht. Auch die übrigen Haftungseinschränkungen für die Haftung für die Angebotsunterlage nach § 12 Abs. 3–6 WpÜG sind entsprechend anwendbar.[107]

60   Für Tauschangebote kann der Bieter selbstverständlich Aktien aus seinem Bestand verwenden. Handelt es sich dabei um eigene Aktien, wie es in aller Regel der Fall sein wird, hat der Bieter bei deren Erwerb die gesetzlichen Beschränkungen, insbesondere die Begrenzungen nach § 71 Abs. 1 Satz 1 Nr. 8, Abs. 2 Satz 1 AktG auf höchstens 10% des Grundkapitals, zu beachten und muss für die Veräußerung im Angebot ggf. über eine ausreichende Verwendungsermächtigung (§ 71 Abs. 1 Satz 1 Nr. 8 AktG) verfügen. Für Verträge über einen Erwerb der Gegenleistungsaktien ist die BaFin der Auffassung, dass die Gegenleistung nur dann sichergestellt ist, wenn der Aktienerwerb keiner Mitwirkungshandlung Dritter mehr bedarf,[108] was letztlich bedeutet, dass der Vertrag vor der Veröffentlichung der Angebotsunterlage vollzogen werden muss.

61   Sollen junge Aktien ausgegeben werden, bedarf es einer Kapitalerhöhung. Dabei sind zur Sicherstellung die Beschlussfassungs-, Platzierungs- und Eintragungsrisiken so weit wie möglich auszuschließen.[109] Der für eine ordentliche Sachkapitalerhöhung einer deutschen Aktiengesellschaft erforderliche Kapitalerhöhungsbeschluss muss vor der Veröffentlichung der Angebotsunterlage gefasst werden.[110] Da die Einberufung im Beschlussvorschlag und dem Bericht zum Bezugsrechtsausschluss die Zielgesellschaft angeben muss, kann die Hauptversammlung erst nach der Ankündigung des Angebots einberufen werden; der Bieter muss dann eine Ver-

---

[106] Baums/Thoma/Verse/*Marsch-Barner/Oppenhoff* WpÜG § 13 Rn. 102 ff.
[107] Vgl. Rn. 52 f.
[108] BaFin-Jahresbericht 2010, S. 222.
[109] Kümpel/Wittig/*Brandt* Rn. 16.144.
[110] Vgl. das Übernahmeangebot der Deutsche Wohnen AG an die Aktionäre der GSW Immobilien AG v. 2.10.2013, S. 17 f., 71 und das Übernahmeangebot der Adler Real Estate AG an die Aktionäre der Estavis AG v. 25.4.2014, S. 15 f., 61 f.

C. Öffentliche Angebote

längerung der Einreichungsfrist für die Angebotsunterlage in Anspruch nehmen (§ 14 Abs. 1 Satz 3 WpÜG). Dann stehen unter Berücksichtigung der Prüfungsfrist der BaFin maximal rund zehn Wochen zur Verfügung, die für die Durchführung der Hauptversammlung bei vernünftiger Vorbereitung in jedem Fall ausreichen sollten. Kann der Bieter einen wirksamen Kapitalerhöhungsbeschluss nicht mehr rechtzeitig herbeiführen, etwa weil die hierzu erforderliche Hauptversammlung abgesagt wird oder nicht mehr rechtzeitig einberufen werden kann, so untersagt die BaFin das Angebot nach § 15 Abs. 1 Nr. 2 WpÜG.[111] Da im Zeitpunkt der Beschlussfassung sowohl die Anzahl der eingelieferten Aktien als auch deren Inhaber unbekannt sind, muss der Beschluss über eine „bis zu"-Kapitalerhöhung lauten und einen Abwicklungstreuhänder als Inferenten zulassen.[112] Ein Platzierungsrisiko ist bei Tauschangeboten ausgeschlossen, weil die jungen Aktien als Gegenleistung des Angebots gewährt werden. Im Hinblick auf das Eintragungsrisiko kann der Bieter im Zeitpunkt der Veröffentlichung der Angebotsunterlage weder gewährleisten, dass der Kapitalerhöhungsbeschluss nicht angefochten wird, noch kann er die Durchführung der Kapitalerhöhung anmelden, bevor er das Ergebnis des Angebots kennt. Das ist für die Sicherstellung deshalb auch nicht notwendig, soweit der Bieter durch Angebotsbedingungen gewährleistet, dass das Angebot nur durchgeführt wird, wenn die Durchführung der Kapitalerhöhung innerhalb einer angemessenen, in der Angebotsunterlage zu bestimmenden Ausschlussfrist eingetragen wird.[113] Risiken ergeben sich bei der Sachkapitalerhöhung insbesondere aus dem Umtauschverhältnis, weil jeder Aktionär nach § 255 Abs. 1 AktG eine Überbewertung des Sacheinlagegenstands im Wege der Anfechtungsklage geltend machen kann und dieser Vorwurf im Freigabeverfahren schwierig auszuräumen sein kann. Diesem Risiko muss der Bieter durch eine Absicherung der Bewertung durch Fairness Opinions oder Bewertungsgutachten entgegenwirken.[114] Möchte der Bieter dieses Risiko nicht eingehen, besteht die Möglichkeit eine unabhängige Zweckgesellschaft Angebote auf beide beteiligte Unternehmen abgeben zu lassen.[115] Diese Struktur ist jedoch mit wesentlich höherem Aufwand verbunden und findet typischerweise eher bei sog. Mergers of Equals, also einem Zusammengehen auf Augenhöhe, Anwendung.

Verfügt der Bieter über ein ausreichendes genehmigtes Kapital nach § 202 Abs. 3 Satz 1 AktG, kann er auch dieses zur Sicherstellung der Gegenleistung verwenden. Dabei entsprechen die Anforderungen an die Sicherstellung weitgehend denen bei der ordentlichen Kapitalerhöhung.[116] Im Unterschied zur ordentlichen Kapitalerhöhung steht gegen die Ausnutzung des genehmigten Kapitals nicht die Anfechtungsklage, sondern nur die Unterlassungsklage (und entsprechender einstweiliger

---

[111] Vgl. die Veröffentlichung der Deutsche Wohnen AG vom 28.10.2015 über den Untersagungsbescheid der BaFin bzgl. des angekündigten Übernahmeangebots an die Aktionäre der LEG Immobilien AG; abrufbar unter http://www.bafin.de/SharedDocs/Veroeffentlichungen/DE/Liste/WPUeG/li_angebotsunterlagen_wpueg_14.html.
[112] Baums/Thoma/Verse/*Marsch-Barner/Oppenhoff* WpÜG § 13 Rn. 127 f.
[113] Assmann/Pötzsch/Schneider/*Krause* WpÜG § 13 Rn. 68.
[114] Vgl. das Übernahmeangebot der Adler Real Estate AG an die Aktionäre der Estavis AG v. 25.4.2014, S. 41 und das Übernahmeangebot der Adler Real Estate AG an die Aktionäre der Westgrund AG vom 4.6.2015, S. 51.
[115] Vgl. das Übernahmeangebot der Alpha Beta Netherlands Holding N.V. an die Aktionäre der Deutsche Börse AG v. 4.5.2011.
[116] Baums/Thoma/Verse/*Marsch-Barner/Oppenhoff* WpÜG § 13 Rn. 134; Kümpel/Wittig/*Brandt* Rn. 16.144.

Rechtsschutz) zur Verfügung. Trotz des geringeren Risikos muss der Bieter auch bei einer Ausnutzung des genehmigten Kapitals durch Angebotsbedingungen gewährleisten, dass das Angebot nur durchgeführt wird, wenn die Durchführung der Kapitalerhöhung innerhalb einer angemessenen, in der Angebotsunterlage zu bestimmenden Ausschlussfrist eingetragen wird.[117] Soweit ein ausreichendes genehmigtes Kapital zur Verfügung steht, ist dessen Ausnutzung wegen der geringeren Blockademöglichkeiten und der größeren Flexibilität insbesondere im Hinblick auf eine mögliche Angebotserhöhung der ordentlichen Sachkapitalerhöhung vorzuziehen.[118] Die genannten Anforderungen gelten für die Kapitalerhöhungen ausländischer Bieter entsprechend.

III. Angebotsbedingungen

63 Um den schwerwiegenden Konsequenzen, die ein öffentliches Angebot für die Zielgesellschaft, deren Organe und Aktionäre mit sich bringt, Rechnung zu tragen, sind die Rückzugsmöglichkeiten eines Bieters nach Veröffentlichung eines Angebots durch das WpÜG stark eingeschränkt. Der Bieter hat die Angebotsunterlage für ein **verbindliches Angebot** einzureichen. Es ist ihm nach § 17 WpÜG untersagt, an die Aktionäre lediglich eine Aufforderung zur Abgabe eines Angebots (invitatio ad offerendum) auf Verkauf ihrer Wertpapiere zu richten und es sich damit vorzubehalten, ob es zu einem Vertragsabschluss kommen wird. Auch darf der Bieter das Angebot nicht unter dem Vorbehalt des Widerrufs oder Rücktritts abgeben (§ 18 Abs. 2 WpÜG).

64 Des Weiteren ist die Möglichkeit des Bieters eingeschränkt, sich mittels einer Abgabe des Angebots unter Bedingungen von diesem zurückziehen zu können. So darf das Angebot grundsätzlich nicht unter Potestativbedingungen gestellt werden.[119] § 18 Abs. 1 WpÜG verbietet das Angebot von Bedingungen abhängig zu machen, deren Eintritt der Bieter, mit ihm gemeinsam handelnde Personen oder deren Tochterunternehmen oder im Zusammenhang mit dem Angebot für diese Personen oder Unternehmen tätige Personen ausschließlich selbst herbeiführen können. Das Verbot gilt sowohl für aufschiebende als auch für auflösende Bedingungen,[120] so dass es keinen Unterschied macht, ob der Eintritt der auflösenden Bedingung einseitig herbeigeführt oder der Eintritt der aufschiebenden Bedingung einseitig verhindert werden kann. Lediglich die noch einzuholende Zustimmung der Gesellschafterversammlung des Bieters zum öffentlichen Angebot kann zulässige Bedingung sein. Jedoch muss in diesem Falle der Beschluss der Gesellschafterversammlung bis fünf Werktage vor Ablauf der Annahmefrist herbeigeführt worden sein (§ 25 WpÜG). Bei Pflichtangeboten gehen die Einschränkungen weiter – sie sind grundsätzlich bedingungsfeindlich (§ 39 WpÜG).[121]

65 Der Bieter darf Übernahme- und Erwerbsangebote unter Bedingungen stellen, sofern diese hinreichend **bestimmt** und **transparent** sind und nicht gegen den

---

[117] Vgl. das Übernahmeangebot der Deutsche Annington Immobilien SE an die Aktionäre der Gagfah S.A. v. 19.12.2014, S. 56.

[118] Baums/Thoma/Verse/*Marsch-Barner/Oppenhoff* WpÜG § 13 Rn. 137.

[119] Ehricke/Ekkenga/Oechsler/*Oechsler* WpÜG § 18 Rn. 2; Baums/Thoma/Verse/*Merkner/Sustmann* WpÜG § 18 Rn. 32 ff.

[120] Assmann/Pötzsch/Schneider/*Krause/Favoccia* WpÜG § 18 Rn. 13a; Frankfurter Komm. WpÜG/*Scholz* § 18 Rn. 21.

[121] Vgl. Rn. 157.

C. Öffentliche Angebote 65 § 23

Beschleunigungsgrundsatz (§ 3 Abs. 4 WpÜG) verstoßen.¹²² Um dem Beschleunigungsgrundsatz zu genügen, muss der Eintritt oder der Ausfall der Bedingung grundsätzlich am Ende der Annahmefrist,¹²³ dh spätestens zum Zeitpunkt der Veröffentlichung der Ergebnisbekanntmachung nach § 23 Abs. 1 Nr. 2 WpÜG,¹²⁴ feststehen. Die BaFin lässt Ausnahmen von diesem Grundsatz zu, sofern der Bieter wegen des Erwerbs der Beteiligung an der Zielgesellschaft behördliche oder gerichtliche Genehmigungen oder Freigaben einholen muss (insbesondere wenn der Vollzug des Angebots fusionskontrollrechtlicher Freigaben bedarf).¹²⁵ Gleiches muss gelten, wenn der Bieter diese Frist aus anderen rechtlichen oder tatsächlichen Gründen nicht einhalten kann. So kann bei Kapitalerhöhungen einer deutschen Aktiengesellschaft zur Sicherstellung der Gegenleistung die Eintragung der Durchführung der Kapitalerhöhung erst nach Ablauf der (weiteren) Annahmefrist vorgenommen werden; die entsprechende Angebotsbedingung kann deshalb auf einen Zeitpunkt nach dem Ende der (weiteren) Annahmefrist Bezug nehmen.¹²⁶ Richtigerweise sollte das auch bei einem Merger of Equals durch wechselseitig bedingte Angebote einer Zweckgesellschaft auf zwei unterschiedlichen Regulierungsverfahren unterliegenden Zielgesellschaften möglich sein.¹²⁷ Die BaFin stellt diesbezüglich aber strengere Anforderungen und lässt diese Bedingung nur bis zum Ende der Annahmefrist zu, soweit nicht an behördliche oder gerichtliche Entscheidungen angeknüpft werden kann.¹²⁸ Wenn die Bedingung zulässigerweise auch nach dem Ende der Annahmefrist erfüllt werden kann, muss der Bieter in der Angebotsunterlage eine vernünftig bemessene Ausschlussfrist vorsehen, bis zu der über den Bedingungseintritt entschieden sein muss.¹²⁹ Schließlich muss bei Angeboten, bei denen die Bedingungen signifikant nach dem Ende der Annahmefrist eintreten können, der Bieter den annehmenden Aktionären eine Desinvestitionsmöglichkeit anbieten. Er kann entweder ermöglichen, dass die in das Angebot eingelieferten Aktien gehandelt werden können, soweit erwartet werden kann, dass dieser Markt eine gewisse Liquidität aufweist, oder den Aktionären ein zusätzliches Rücktrittsrecht einräumen.¹³⁰ Angebotsbedingungen dürfen sich schließlich

---

¹²² Assmann/Pötzsch/Schneider/*Krause/Favoccia* WpÜG § 18 Rn. 31 ff.; BaFin-Jahresbericht 2005, S. 174; vgl. für einen besonders umfangreichen Bedingungskatalog das Übernahmeangebot der Viacom Holdings Germany LLC an die Aktionäre der VIVA Medien AG v. 24.8.2004, S. 26 ff.; vgl. die Übersicht der in der Praxis verwendeten Bedingungen bei Marsch-Barner/Schäfer/*Drinkuth* § 60 Rn. 60, 114.
¹²³ BaFin-Jahresbericht 2006, S. 183; in einem Einzelfall ist es dem Bieter gelungen, entgegen dem insoweit geltenden Beschleunigungsgrundsatz ein Angebot unter eine Bedingung des Nichteintritts aufschiebender Bedingungen bis zum Ende der weiteren Annahmefrist zu stellen, vgl. das Übernahmeangebot der 2026140 Ontario Inc. an die Aktionäre der W.E.T. Automotive Systems AG v. 26.6.2003, S. 13. Die BaFin würde eine solche Bedingung heute im Zweifel nicht mehr genehmigen.
¹²⁴ Baums/Thoma/Verse/*Merkner/Sustmann* WpÜG § 18 Rn. 49.
¹²⁵ BaFin-Jahresbericht 2004, S. 205; BaFin-Jahresbericht 2005, S. 174; Merkblatt der BaFin zur Auslegung des § 35 Abs. 3 WpÜG v. 12.7.2007.
¹²⁶ Vgl. Rn. 70.
¹²⁷ Vgl. das Übernahmeangebot der HLDCO123 PLC an die Aktionäre der Deutschen Börse AG vom 1.6.2016, S. 10, 80; dort war die Anknüpfung an die gerichtliche Entscheidung über das *scheme of arrangement* in Bezug auf die London Stock Exchange Group plc möglich.
¹²⁸ Vgl. das Übernahmeangebot der Alpha Beta Netherlands Holding N.V. an die Aktionäre der Deutsche Börse AG v. 4.5.2011, S. 91
¹²⁹ Assmann/Pötzsch/Schneider/*Krause/Favoccia* WpÜG § 18 Rn. 109 f.
¹³⁰ BaFin-Jahresbericht 2005, S. 174.

Oppenhoff

nur auf Umstände beziehen, die im Zeitpunkt der Veröffentlichung der Angebotsunterlage noch nicht eingetreten sind oder deren Eintritt zumindest noch nicht bekannt ist.[131]

66 Sofern eine Bedingung eingetreten ist oder endgültig nicht mehr eintreten kann, muss der Bieter dies unverzüglich im Internet und im elektronischen Bundesanzeiger veröffentlichen.[132]

1. Zulässige Bedingungen

67 Angebote werden regelmäßig auf das Erreichen einer bestimmten **Annahmeschwelle** bedingt. Der Bieter kann die Höhe der Annahmeschwelle grundsätzlich frei bestimmen. In der Praxis werden häufig Schwellen von 50% und einer stimmberechtigten Aktie oder 75% festgelegt, wobei Letztere dem Bieter Sicherheit gibt, in der Hauptversammlung Strukturmaßnahmen wie Kapitalerhöhungen, Satzungsänderungen und insbesondere Unternehmensverträge durchsetzen zu können.[133] Annahmeschwellen von über 95% werden dagegen für unzulässig gehalten.[134] Mit einer solchen Bedingung würde der Bieter im Zweifel versuchen, eine Bindung an das Angebot zu vermeiden, da er in der Regel kein anerkennenswertes wirtschaftliches Interesse an der höheren Annahmequote hat. Auch ein aktien- oder übernahmerechtlicher Squeeze Out kann bereits mit 95% des stimmberechtigten Grundkapitals durchgeführt werden und eine höhere Beteiligungsquote gewährt mit Ausnahme des Wegfalls der Rechte der Minderheitsaktionäre bei einem Alleinaktionär keine weitergehenden gesellschaftsrechtlichen Rechte.

68 Das Angebot darf auf die Erteilung **fusionskontrollrechtlicher oder anderer behördlicher Genehmigungen** bedingt werden. Fusionskontrollrechtliche Bedingungen sind unabhängig davon zulässig, ob eine Freigabe nach deutschem, europäischem oder ausländischem Recht notwendig ist. Dies gilt ebenso für andere behördliche Genehmigungsverfahren wie etwa nach bankaufsichts- oder versicherungsrechtlichen Vorschriften. Allerdings darf der Bieter diese Verfahren nicht dadurch verzögern, dass er erforderliche Anträge nicht stellt oder den zuständigen Behörden unzureichende Informationen übermittelt.

69 In letzter Zeit sind außenwirtschaftsrechtliche Investitionsgenehmigungen in den Blickpunkt gerückt und zwar sowohl Genehmigungen durch die Herkunftsstaaten der Zielgesellschaft bzw. ihrer Unternehmensteile als auch durch den Herkunftsstaat des Bieters. Insbesondere auch vor dem Hintergrund der erfolgreichen Übernahme der Kuka AG und der gescheiterten Übernahme der Aixtron SE durch chinesische Investoren, traten im Juli 2017 Änderungen der Außenwirtschaftsverordnung (AWV) in Kraft.[135] Auch wenn der Verordnungsgeber selbst nicht von einer substantiellen Änderung der Prüfungs- und Versagungspraxis des Bundesministeriums für Wirtschaft und Energie (BMWi) in Folge der Neuerungen

---

[131] BaFin-Jahresbericht 2012, S. 199.

[132] Assmann/Pötzsch/Schneider/*Krause/Favoccia* WpÜG § 18 Rn. 112; Steinmeyer/*Steinmeyer* WpÜG § 18 Rn. 34.

[133] Wobei die Satzungen der meisten börsennotierten Aktiengesellschaften die Mehrheitserfordernisse, soweit gesetzlich zulässig, auf eine einfache Mehrheit absenken, was zB für nahezu alle Satzungsänderungen Anwendung findet.

[134] Kölner Komm. WpÜG/*Hasselbach* § 18 Rn. 28; Assmann/Pötzsch/Schneider/*Krause/Favoccia* WpÜG § 18 Rn. 36; Baums/Thoma/Verse/*Merkner/Sustmann* WpÜG § 18 Rn. 101.

[135] Zu den Einzelheiten der Änderung der AWV vgl. *Hager/Sack/Losch/Kaßmann* DB-Beil. 3/2017, 35 sowie *Harder/Kaplan* DB-Beil. 3/2017, 32.

der AWV ausgeht,[136] ist die Novelle Ausdruck des zu einer höheren Prüfungsintensität und restriktiveren Handhabung tendierenden Zeitgeistes. Vor diesem Hintergrund müssen Bieter noch früher und genauer prüfen, ob und in welchem Umfang die Zielgesellschaft in einem „kritischen Sektor" tätig ist.[137] Dies kann eine Herausforderung darstellen, wenn die Zielgesellschaft nicht kooperiert und der Bieter auf möglicherweise lückenhafte öffentlich verfügbare Informationen angewiesen ist. In diesem Zusammenhang muss sich der Bieter entscheiden, ob sein Angebot unter die Angebotsbedingung einer Nichtuntersagung, des Erhalts einer Unbedenklichkeitsbescheinigung nach § 58 AWV bzw. des Eintritts der Fiktionswirkung nach § 58 Abs. 2 AWV stellen möchte. Darüber hinaus sind in zeitlicher Hinsicht die längeren Prüf- und Verfahrensfristen bei der Transaktionsplanung zu berücksichtigen.[138] Andererseits stellte sich in letzter Zeit vermehrt die Frage, ob bei Angeboten ausländischer, insbesondere chinesischer Bieter im Herkunftsstaat erforderliche Auslandsinvestitionsgestattungen zum Gegenstand von Angebotsbedingungen gemacht werden dürfen. Soweit der Bieter kein Staatsunternehmen ist, bestehen dagegen keine grundsätzlichen Bedenken, da die Genehmigung durch eine von einem Bieter unabhängige Behörde unter Zugrundelegung von im hoheitlichen Interesse festgelegten Voraussetzungen erteilt wird und damit systematisch mit deutschen Gestattungserfordernissen vergleichbar ist.[139] Sind (mittelbarer) Aktionär des Bieters und (mittelbarer) Träger der Genehmigungsbehörde aber identisch, bestehen wegen des Verbots von Potestativbedingungen Bedenken gegen entsprechende Angebotsbedingungen, wenn nicht durch die Vorgabe klarer, nicht im freien Ermessen auszulegender Entscheidungsparameter eine vom Gesellschafterinteresse in Bezug auf den Bieter freie Entscheidung über die Gestaltung sichergestellt ist.[140]

Auch sogenannte **„Material Adverse Change"-Klauseln** („MAC-Klauseln") **70** sind bei Einhaltung bestimmter Mindestanforderungen zulässig, um den Bieter vor unvorhergesehenen wesentlichen Verschlechterungen der Verhältnisse der Zielgesellschaft oder der allgemeinen Wirtschaftslage zu schützen. Die Bedingung muss so präzise gefasst sein, dass der Eintritt der Bedingung durch einen durchschnittlich verständigen Aktionär der Zielgesellschaft festgestellt werden kann. Die Bedingung kann auf wesentliche Veränderungen der Wirtschaftslage („Market MAC") oder in der Zielgesellschaft („Target MAC") bezogen sein. Market MAC-Klauseln sind leichter zu formulieren, da sie auf Marktindizes oder Moratorien Bezug nehmen können und damit der Bedingungseintritt relativ leicht auf Basis öffentlich zugänglicher Quellen festgestellt werden kann. Target MAC-Klauseln sind dagegen problematischer, da der Bedingungseintritt schwerer zu bestimmen ist. Die wesentliche Veränderung muss hier auf Finanzkennzahlen (zB EBIT, EBITDA oder das Eigenkapital) oder andere klar definierte Umstände bezogen sein, und die

---

[136] Verordnungsbegründung, E.3, S. 2 (diese geht im Bereich der sektorübergreifenden Prüfung von etwa zehn zusätzlichen Meldungen pro Jahr aus); *Hippeli* jurisPR-HaGesR 8/2017, Anm. 1, E. und *Slobodenjuk* BB 2017, 2306 (2309) hingegen gehen aufgrund der Aufnahme der Regelbeispiele in § 58 Abs. 1 AWV und der Meldepflicht nach § 55 Abs. 4 AWV von einer höheren formellen Kontrolldichte aus.
[137] *Boewe/Johnen* NZG 2017, 1095 (1099); *Hippeli* jurisPR-HaGesR 8/2017, Anm. 1, E.; *Walter* RIW 2017, 650 (655).
[138] Dazu *Oppenhoff/Illert* DB-Beil. 3/2017, 24.
[139] Vgl. Übernahmeangebot der Grand Chip Investment GmbH an die Aktionäre der Aixtron SE v. 29.7.2016, S. 20 f.; *Hippeli* AG 2014, 267 (269).
[140] Im Einzelnen zu den einzelnen Genehmigungsvorbehalten *Oppenhoff* Liber Amicorum für M. Oppenhoff, S. 215 ff.

Feststellung des Bedingungseintritts muss entweder durch eine Ad-hoc-Mitteilung der Zielgesellschaft oder durch einen unabhängigen Wirtschaftsprüfer erfolgen.[141] In der Praxis etwas weniger verbreitet, aber ebenfalls zulässig ist eine Bedingung hinsichtlich der Einhaltung von Verhaltensregeln, Gesetzen und Richtlinien durch die Zielgesellschaft („Compliance MAC").[142] Angesichts der Vielzahl der möglichen relevanten Handlungen ist bei der Formulierung der Bedingung besonders auf das Bestimmtheitsgebot zu achten;[143] insbesondere muss auch bei Compliance MAC-Klauseln die Feststellung des Bedingungseintritts durch eine Ad hoc-Mitteilung der Zielgesellschaft oder durch einen unabhängigen Wirtschaftsprüfer erfolgen. Auch bei MAC-Klauseln verlangt die BaFin unter dem Gesichtspunkt der Verfahrensbeschleunigung, dass bis zur Veröffentlichung des Ergebnisses des Angebots nach der Annahmefrist feststeht, ob die MAC-Bedingung eingetreten ist.[144]

71 Im Falle eines Tauschangebots kann der Bieter das Angebot auf die Eintragung der Durchführung der **Kapitalerhöhung** in das Handelsregister bzw. bei ausländischen Gesellschaften auf sonstige Umstände bedingen, die sicherstellen, dass das Angebot nur dann vollzogen wird, wenn auch die Kapitalerhöhung durchgeführt wird.[145] Das Angebot kann auch auf die Zulassung der neuen Aktien zum Handel an einem organisierten Markt bedingt werden.[146]

72 Der Bieter kann das Angebot auch darauf bedingen, dass die Zielgesellschaft keine **Abwehrmaßnahmen** wie Kapitalerhöhungen oder Veräußerungen wichtiger Vermögensgegenstände oder Unternehmensteile vornimmt.[147] Die entsprechende Abwehrmaßnahme muss aber aus Gründen der Rechtssicherheit genau definiert werden.[148]

73 § 25 WpÜG erlaubt es abweichend von dem Grundsatz, dass das Angebot nicht von Bedingungen abhängig gemacht werden kann, auf deren Eintritt nur der Bieter Einfluss hat, das Angebot auf einen zustimmenden Beschluss der Haupt- oder Gesellschafterversammlung des Bieters zu bedingen. Dies ist jedoch nur dann zulässig,

---

[141] Vgl. Assmann/Pötzsch/Schneider/*Krause/Favoccia* WpÜG § 18 Rn. 91; in der Praxis wird seit dem Übernahmeangebot der ITT Industries German Holding GmbH an die Aktionäre der WEDECO Aktiengesellschaft Water Technology v. 9.12.2003, S. 8 f., die Bestimmung durch einen unabhängigen Wirtschaftsprüfer bevorzugt.

[142] BaFin-Jahresbericht 2011, S. 228; vgl. auch das Übernahmeangebot der Engine Holding GmbH an die Aktionäre der Tognum AG v. 6.4.2011, S. 47 ff.

[143] Baums/Thoma/Verse/*Merkner/Sustmann* WpÜG § 18 Rn. 108; Assmann/Pötzsch/Schneider/*Krause/Favoccia* WpÜG § 18 Rn. 97a.

[144] Baums/Thoma/Verse/*Merkner/Sustmann* WpÜG § 18 Rn. 126; Assmann/Pötzsch/Schneider/*Krause/Favoccia* WpÜG § 18 Rn. 93; anders noch das in Fn. 123 angesprochene Übernahmeangebot der 2026140 Ontario Inc. an die Aktionäre der W.E.T. Automotive Systems AG, wo die BaFin zugelassen hat, dass die MAC-Klausel bis zum Ablauf der weiteren Annahmefrist läuft.

[145] Vgl. Rn. 61; s. a. öffentliches Übernahmeangebot der ACS, Actividades de Construcción y Servicios, S.A. an die Aktionäre der HOCHTIEF AG v. 1.12.2010, S. 45 f. und Übernahmeangebot der Deutsche Wohnen AG an die Aktionäre der GSW Immobilien AG v. 2.10.2013, S. 55 f.; Baums/Thoma/Verse/*Merkner/Sustmann* WpÜG § 18 Rn. 145; Assmann/Pötzsch/Schneider/*Krause/Favoccia* WpÜG § 18 Rn. 71 f.; Steinmeyer/Steinmeyer WpÜG § 18 Rn. 22; aA MünchKomm AktG/Bd. 6/*Wackerbarth* WpÜG § 18 Rn. 37.

[146] Kölner Komm. WpÜG/*Hasselbach* § 18 Rn. 82; Assmann/Pötzsch/Schneider/*Krause/Favoccia* WpÜG § 18 Rn. 73 f.; Steinmeyer/*Steinmeyer* WpÜG § 18 Rn. 22.

[147] Begr. RegE. zu WpÜG § 18, BT-Drs. 14/7034, 47 f.

[148] Assmann/Pötzsch/Schneider/*Krause/Favoccia* WpÜG § 18 Rn. 81 f.

C. Öffentliche Angebote

wenn die Haupt- oder Gesellschafterversammlung spätestens fünf Werktage vor dem Ablauf der Annahmefrist über die Zustimmung Beschluss fasst. Auch dann ist zu prüfen, ob die Bedingung des Angebots auf die Zustimmung der Gesellschafter nicht rechtsmissbräuchlich ist, was zB der Fall wäre, wenn der Bieter eine 100%ige Tochtergesellschaft eines Investors und nur Akquisitionsvehikel ist.[149]

2. Unzulässige Bedingungen

Nach § 18 Abs. 1 WpÜG darf ein Angebot nicht von Bedingungen abhängig gemacht werden, deren Eintritt der Bieter, mit ihm gemeinsam handelnde Personen oder deren Tochterunternehmen und Berater ausschließlich selbst herbeiführen können. Deshalb darf der Bieter das Angebot mit Ausnahme der in der vorausgehenden Randziffer angesprochenen Zustimmung seiner Gesellschafter nicht auf die Zustimmung seiner Organe bedingen.

Ein Barangebot kann nicht auf den Abschluss von Verträgen zur Finanzierung der Gegenleistung bzw. die Auszahlung der entsprechenden Mittel bedingt werden. Nach § 13 WpÜG ist der Bieter verpflichtet, die Finanzierung des Angebots vor Veröffentlichung der Angebotsunterlage sicherzustellen. Ein Finanzierungsvorbehalt würde dieser Pflicht widersprechen.[150] Gleiches gilt für Maßnahmen zur Ausgabe als Gegenleistung angebotener Wertpapiere, soweit diese Maßnahmen vor dem Beginn der Annahmefrist ergriffen werden können.

Schließlich lässt es die BaFin zu Recht nicht zu, das Angebot von einer positiven Stellungnahme des Vorstands oder des Aufsichtsrats der Zielgesellschaft abhängig zu machen.[151] Vorstand und Aufsichtsrat sollen soweit wie möglich unabhängig zu dem Übernahmeangebot Stellung nehmen. Eine Bedingung, dass das Angebot entfällt, wenn Vorstand oder Aufsichtsrat es nicht empfehlen, würde aber erheblich Druck auf die Organe ausüben, die Stellungnahme (gerade noch) so zu formulieren, dass das Angebot nicht entfällt.

Die BaFin merkt jede unzulässige Bedingung bei der Überprüfung der Angebotsunterlage an und untersagt das Angebot, wenn die Bedingung daraufhin nicht entfernt oder angepasst wird. Eine unwirksame Bedingung wird durch die Genehmigung der Angebotsunterlage der BaFin nicht wirksam. Vielmehr ist sie nach wie vor unwirksam. Ob dies nach § 139 BGB auch die Gesamtnichtigkeit der Verträge mit den Aktionären zur Folge hat, wäre im Wege der Auslegung zu ermitteln. Im Regelfall wird § 139 aber von § 306 Abs. 1 BGB verdrängt sein und die Verträge daher im Übrigen wirksam bleiben.[152]

IV. Änderung des Angebots

Grundsätzlich ist der Bieter an das veröffentlichte Angebot gebunden. Nach der Veröffentlichung des Angebots kann er lediglich **zugunsten** der Aktionäre der Zielgesellschaft die folgenden Änderungen vornehmen (§ 21 Abs. 1 WpÜG):
– Erhöhung der Gegenleistung,

---

[149] Assmann/Pötzsch/Schneider/*Krause/Favoccia* WpÜG § 18 Rn. 61 ff.; Frankfurter Komm. WpÜG/*Scholz* § 18 Rn. 44.
[150] Kölner Komm. WpÜG/*Hasselbach* § 18 Rn. 84; Baums/Thoma/*Verse/Marsch-Barner/Oppenhoff* WpÜG § 13 Rn. 37; Ehricke/Ekkenga/Oechsler/*Oechsler* WpÜG § 18 Rn. 3.
[151] Assmann/Pötzsch/Schneider/*Krause/Favoccia* WpÜG § 18 Rn. 77 ff.
[152] Steinmeyer/*Steinmeyer* WpÜG § 18 Rn. 41; Frankfurter Komm. WpÜG/*Scholz* § 18 Rn. 82.

- Angebot einer zusätzlichen alternativen Gegenleistung,
- Verzicht oder Herabsetzung der Mindestannahmeschwelle, auf deren Erreichen das Angebot aufschiebend bedingt war, und
- Verzicht auf Bedingungen.

79 Auf Grund der gesetzlichen Regelung sind diese Änderungen auch dann möglich, wenn etwaige Änderungen des Angebots in der Angebotsunterlage nicht vorbehalten wurden.[153] Andere als die in § 21 Abs. 1 WpÜG aufgeführten Änderungen des Angebots, insbesondere die unter dem Übernahmekodex noch für zulässig gehaltene Verlängerung der Annahmefrist, sind nicht zulässig.[154]

80 Der Bieter kann das Angebot nur bis zu einem Werktag vor Ablauf der Annahmefrist ändern. Hinsichtlich der Wahrung dieser Frist ist auf die Veröffentlichung der Änderung nach § 21 Abs. 2 WpÜG abzustellen. Die Veröffentlichung ist wie die Veröffentlichung der Angebotsunterlage durch Bekanntgabe im Internet sowie im elektronischen Bundesanzeiger vorzunehmen. Die Bekanntmachung im elektronischen Bundesanzeiger kann durch Hinweisbekanntmachung und Bereithaltung der Änderungsunterlage zur kostenlosen Ausgabe bei einer geeigneten Stelle im Inland ersetzt werden (§ 21 Abs. 2 Satz 1 iVm § 14 Abs. 3 Satz 1 Nr. 2 WpÜG). Daneben hat der Bieter die Änderung der BaFin und der Zielgesellschaft unverzüglich mitzuteilen.

81 Die Annahmefrist verlängert sich um zwei Wochen, sofern die Veröffentlichung der Änderung innerhalb der letzten zwei Wochen vor Ablauf der (regulären) Annahmefrist erfolgt (§ 21 Abs. 5 WpÜG). In der zweiwöchigen Verlängerungsfrist ist eine weitere Änderung des Angebots nicht mehr zulässig (§ 21 Abs. 6 WpÜG).

82 Wenn der Bieter eine Änderung des Angebots vorgenommen hat, steht es den Aktionären der Zielgesellschaft, die das Angebot vor der Veröffentlichung bereits angenommen hatten, frei, entweder vom Kauf- bzw. Tauschvertrag nach § 21 Abs. 4 WpÜG **zurückzutreten** oder die Annahme unter den veränderten Bedingungen aufrechtzuerhalten. Dieses Rücktrittsrecht können die annehmenden Aktionäre bis zum Ende der Annahmefrist ausüben.[155]

V. Konkurrierende Angebote

83 Konkurrierende Angebote sind Angebote eines weiteren Bieters, der seine Angebotsunterlage innerhalb der Annahmefrist eines bereits laufenden Angebots veröffentlicht und sein Angebot auf den Erwerb derselben Gattung von Wertpapieren richtet, auf die auch das bereits laufende Angebot gerichtet ist.[156] Angebote, bei denen die Veröffentlichung der Angebotsunterlage durch den weiteren Bieter in die weitere Annahmefrist nach § 16 Abs. 2 WpÜG des ersten Angebots fällt, sind daher keine konkurrierenden Angebote und die speziellen Regelungen für konkurrierende Angebote gelten dementsprechend nicht für solche Angebote.[157]

---

[153] Kölner Komm. WpÜG/*Hasselbach* § 21 Rn. 2.
[154] Frankfurter Komm. WpÜG/*Schröder* § 21 Rn. 9.
[155] Steinmeyer/*Santelmann* WpÜG § 21 Rn. 45.
[156] Angerer/Geibel/Süßmann/*Thun* WpÜG § 22 Rn. 16; Frankfurter Komm. WpÜG/ *Schröder* § 22 Rn. 10; Baums/Thoma/Verse/*Diekmann* WpÜG § 22 Rn. 19; Assmann/Pötzsch/ Schneider/*Krause* WpÜG § 22 Rn. 14.
[157] Assmann/Pötzsch/Schneider/*Krause* WpÜG § 22 Rn. 28; Frankfurter Komm. WpÜG/ *Schröder* § 22 Rn. 12.

C. Öffentliche Angebote 84–86 § 23

Läuft die vom Dritten bestimmte Annahmefrist des konkurrierenden Angebots 84 nach dem Ende der Annahmefrist für das erste Angebot ab, verlängert sich die Annahmefrist des ersten Angebots automatisch bis zum Ende der Annahmefrist für das konkurrierende Angebot (§ 22 Abs. 2 WpÜG). Damit sollen für beide Bieter gleiche Voraussetzungen geschaffen und den Aktionären der Zielgesellschaft die Möglichkeit gegeben werden, eine wohlüberlegte Wahl zwischen den Angeboten treffen zu können. Nicht im Gesetz angesprochen ist die Frage, ob der konkurrierende Bieter eine Annahmefrist wählen darf, die vor der Annahmefrist für das erste Angebot abläuft. Vorzugswürdig erscheint die Auffassung, dass dies nicht zulässig ist.[158] Der konkurrierende Bieter wird die kürzere Annahmefrist nur wählen, wenn er sich davon einen Vorteil verspricht. Ihm diesen zu gewähren, liefe der Zielsetzung zuwider, gleiche Voraussetzungen für beide Bieter zu schaffen.

Die Aktionäre der Zielgesellschaft, die das erste Angebot vor der Veröffentli- 85 chung der Angebotsunterlage für das konkurrierende Angebot angenommen haben, können von dem ersten Angebot **zurücktreten** (§ 22 Abs. 3 WpÜG). Dies gilt unabhängig davon, ob sie beabsichtigen, das konkurrierende Angebot anzunehmen. Das gesetzliche Rücktrittsrecht gilt bis zum Ende der Annahmefrist.[159]

Offen gelassen hat das Gesetz die Frage, wie sich Änderungen eines der beiden 86 Angebote auf das jeweils andere Angebot auswirken. Sachlich ist ein geändertes Angebot ähnlich gelagert wie ein weiteres Angebot, da sich das geänderte Angebot genau wie ein weiteres Angebot für die Aktionäre der Zielgesellschaft nachträglich als bessere Option darstellen kann. Eine Anwendung der Regelungen für konkurrierende Angebote über die Verlängerung der Annahmefrist und den Rücktritt vom Angebot ist deshalb auch bei Angebotsänderungen sinnvoll. Dementsprechend hat die BaFin im Rahmen der konkurrierenden Angebote an die Aktionäre der Techem AG auch entschieden, dass § 22 WpÜG bei einer Änderung des ersten Angebots nach § 21 WpÜG Anwendung findet.[160] Gleiches muss dann auch für eine Änderung des konkurrierenden Angebots nach § 21 WpÜG gelten.[161] Noch nicht entschieden ist damit die Frage, welche Reaktionsmöglichkeiten dem weiteren Bieter zustehen und inwieweit der erste Bieter wiederum auf diese Reaktion reagieren können soll. Diese Frage bewegt sich im Spannungsverhältnis zwischen dem Interesse der Aktionäre an einem Preiswettkampf und dem Interesse der Zielgesellschaft an einer zügigen Durchführung des Angebotsverfahrens und ist hoch umstritten.[162] Sinnvolle Lösungsmöglichkeiten wären entweder beiden Bietern die Gelegenheit zu geben, das Angebot bis zum Ablauf der Annahmefrist (ohne Verlängerungen nach § 21 Abs. 5 WpÜG) nach § 21 WpÜG zu ändern und die Sperrwirkung des § 21 Abs. 6 WpÜG auf beide Bieter zu beziehen, auch wenn nur ein Bieter das Angebot tatsächlich geändert hat[163] oder die Sperrwirkung des § 21 Abs. 6 WpÜG jeweils nur

---

[158] Steinmeyer/*Steinhardt* WpÜG § 22 Rn. 8; Ehricke/Ekkenga/Oechsler/*Oechsler* WpÜG § 22 Rn. 7; aA Assmann/Pötzsch/Schneider/*Krause* WpÜG § 22 Rn. 31; Frankfurter Komm. WpÜG/*Schröder* § 22 Rn. 18; Kölner Komm. WpÜG/*Hasselbach* § 22 Rn. 24; Baums/Thoma/Verse/*Diekmann* WpÜG § 22 Rn. 34.
[159] Vereinzelt ist das Rücktrittsrecht bis zum Ablauf der weiteren Annahmefrist erweitert worden, vgl. das Übernahmeangebot der MEIF II Energie Beteiligungen GmbH & Co. KG an die Aktionäre der Techem AG v. 5.12.2007, S. 39.
[160] BaFin-Jahresbericht 2007, S. 191 f.
[161] *Rothenfußer/Friese-Dormann/Rieger* AG 2007, 137 (148); Angerer/Geibel/Süßmann/*Thun* WpÜG § 22 Rn. 49.
[162] Angerer/Geibel/Süßmann/*Thun* WpÜG § 22 Rn. 27 ff.
[163] *Rothenfußer/Friese-Dormann/Rieger* AG 2007, 137 (146).

Oppenhoff 1715

auf den Bieter zu beziehen, der das Angebot zuletzt nach § 21 WpÜG geändert hat und damit wechselseitige Änderungen zuzulassen.[164] Letztere Ansicht ist vorzugswürdig. Der Zielgesellschaft wird damit zwar das Risiko aufgebürdet, von einem länger andauernden Preiskampf betroffen zu sein, allerdings scheint es angemessen, ihre Interessen zugunsten des Interesses ihrer Aktionäre an einer Preismaximierung zurückstehen zu lassen. Missbrauchsfällen kann immer noch im Rahmen der Missbrauchsaufsicht durch die BaFin entgegengetreten werden. Allerdings ist zu beachten, dass der Angebotspreis in der Praxis heute nur noch selten über § 21 WpÜG, sondern in der Regel über Parallelerwerbe gemäß § 31 Abs. 4 WpÜG erhöht wird,[165] womit keine Verlängerungen der Angebotsfrist verbunden sind. Für die Preiserhöhungen durch Parallelerwerbe hat die BaFin im Zusammenhang mit den konkurrierenden Angeboten an die Aktionäre der REpower Systems AG entschieden, dass **Preiserhöhungen über Parallelerwerbe kein Rücktrittsrecht** zugunsten der Aktionäre, die das andere Angebot angenommen haben, auslösen.[166] Auch wenn im konkreten Fall wegen der späteren Einigung beider Bieter am Ende in beiden Angeboten derselbe Preis gezahlt wurde, ist dies aus Sicht dieser Aktionäre, deren Schutz § 22 WpÜG auch bezweckt, nicht befriedigend. Sofern mit dieser Auslegung des Gesetzes eine Zurückdrängung der Preiserhöhungen durch Parallelerwerbe zugunsten von Preiserhöhungen über Angebotsänderungen nach § 21 WpÜG bezweckt wird, ist das rechtspolitisch erwägenswert. Der Ansatz ausschließlich im Rahmen von konkurrierenden Angeboten wäre aber zu kurz gegriffen.

VI. Grenzüberschreitende Angebote

87 Die BaFin kann bei einem grenzüberschreitenden Angebot auf Antrag des Bieters gestatten, dass in im Einzelnen zu bestimmenden Staaten ansässige Wertpapierinhaber von dem Angebot ausgenommen werden, wenn für den Bieter die Durchführung des Angebots unter Einhaltung der jeweiligen ausländischen Rechtsnormen **unzumutbar** ist (§ 24 WpÜG). Ein Angebot ist grenzüberschreitend, wenn Aktionäre der Zielgesellschaft ihren Wohnsitz, Sitz oder gewöhnlichen Aufenthalt im Ausland haben, und das Recht eines anderen Staates auf das Angebot anzuwenden ist.[167] Damit ist das grenzüberschreitende Angebot der Regelfall, da es kaum eine Gesellschaft geben dürfte, deren Aktionäre ausschließlich im Inland ansässig sind.[168]

88 Die Anwendung ausländischer Rechtsnormen ist nur dann unzumutbar, wenn der Bieter die jeweiligen rechtlichen Vorgaben des ausländischen Staates nicht einhalten kann. Dies ist zB der Fall, wenn der Bieter die erforderliche Mithilfe Dritter nicht erlangen kann oder eine Abstimmung mit den betreffenden ausländischen Behörden zeitlich unmöglich ist.[169] Eine finanzielle Mehrbelastung begründet keine Unzumutbarkeit.[170] Eine Anwendung von § 24 WpÜG kommt somit insbesondere

---

[164] Kölner Komm. WpÜG/*Hasselbach* § 22 Rn. 28; Assmann/Pötzsch/Schneider/*Krause* WpÜG § 22 Rn. 39; Baums/Thoma/Verse/*Diekmann* WpÜG § 22 Rn. 43.

[165] Vgl. Rn. 129 ff.

[166] Diese Situation trat bei den konkurrierenden Übernahmeangeboten an die Aktionäre der REpower Systems AG auf, vgl. BaFin-Jahresbericht 2007, S. 192.

[167] Begr. RegE zu § 24 WpÜG, BT-Drs. 14/7034, 51; BaFin-Jahresbericht 2013, S. 180.

[168] Assmann/Pötzsch/Schneider/*Schneider/Rosengarten* WpÜG § 24 Rn. 8; Baums/Thoma/Verse/*Diekmann* WpÜG § 24 Rn. 15.

[169] BaFin-Jahresbericht 2013, S. 180.

[170] Begr. RegE zu § 24 WpÜG, BT-Drs. 14/7034, S. 51; Ehricke/Ekkenga/Oechsler/*Oechsler* WpÜG § 24 Rn. 4; Frankfurter Komm. WpÜG/*Schröder* § 24 Rn. 17.

bei Tauschangeboten und den damit gegebenenfalls verbundenen umfangreichen Registrierungs- und Prospektpflichten nach ausländischem Recht in Betracht.[171] Der Antrag auf Befreiung muss wegen des darin notwendigen Sachvortrags vom Bieter ausdrücklich und in Schriftform gestellt werden.[172] Der Bieter hat der BaFin darin die Voraussetzungen des § 24 WpÜG umfassend darzulegen, insbesondere ist auf die konkreten rechtlichen Pflichten der jeweiligen ausländischen Rechtsordnung und die sich daraus ergebende eintretende Pflichtenkollision auf Seiten des Bieters einzugehen. Soweit die BaFin zu der Überzeugung gelangt, dass die Voraussetzungen wie in ihrer Verwaltungspraxis üblich – vorliegen, kann sie die Beschränkung des Angebots auf bestimmte Wertpapierinhaber ausdrücklich durch gesonderten Verwaltungsakt gestatten oder bei entsprechender Stellung des Antrags im Zusammenhang mit der Einreichung der Angebotsunterlage die Genehmigungsfiktion des § 14 Abs. 2 Satz 1 WpÜG ausreichen lassen.[173]

89

VII. Begründete Stellungnahme der Zielgesellschaft

Vorstand und Aufsichtsrat der Zielgesellschaft haben im Fall eines öffentlichen Angebots eine begründete Stellungnahme zu dem Angebot sowie zu jeder seiner Änderungen abzugeben (§ 27 WpÜG). Die Verpflichtung obliegt beiden Organen selbstständig.

90

Das Gesetz sieht zunächst ausdrücklich vor, dass die begründete Stellungnahme insbesondere folgende Punkte zu erläutern hat (§ 27 Abs. 1 Satz 2 WpÜG):
– Art und Höhe der angebotenen Gegenleistung sowie ihre Angemessenheit;[174]
– voraussichtliche Folgen eines erfolgreichen Angebots für die Zielgesellschaft, die Arbeitnehmer und ihre Vertretungen, die Beschäftigungsbedingungen und die Standorte der Zielgesellschaft;
– die vom Bieter mit dem Angebot verfolgten Ziele[175] und
– die Absicht der Mitglieder des Vorstands und des Aufsichtsrats, soweit sie Inhaber von Wertpapieren der Zielgesellschaft sind, das Angebot anzunehmen.[176]

91

Die Stellungnahme erschöpft sich aber nicht in diesen Angaben. Sie hat auf alle dem jeweiligen Organ bekannten Umstände einzugehen, die für die Aktionäre der Zielgesellschaft bei ihrer Entscheidung über Annahme des Angebots **vernünftigerweise von Interesse** sind. Sie dürfen dabei die Veröffentlichungen des Bieters als bekannt voraussetzen und brauchen diese nicht im Einzelnen zu wiederholen; erforderlich ist aber eine konkrete Auseinandersetzung mit den Konditionen und Angaben des Angebots.[177] Neben der Erläuterung der bereits genannten Punkte haben Vorstand und Aufsichtsrat der Zielgesellschaft insbesondere auf unrichtige oder unvollständige Angaben in der Angebotsunterlage hinzuweisen und wesent-

92

---

[171] BaFin-Jahresbericht 2004, S. 207; BaFin-Jahresbericht 2013, S. 180.
[172] Steinmeyer/*Klepsch* WpÜG § 24 Rn. 16; anders Kölner Komm. WpÜG/*Versteegen* § 24 Rn. 31; Baums/Thoma/Verse/*Diekmann* WpÜG § 24 Rn. 33 („konkludenter Antrag durch Einreichung der Angebotsunterlage möglich").
[173] Frankfurter Komm. WpÜG/*Schröder* § 24 Rn. 19 f.; Baums/Thoma/Verse/*Diekmann* WpÜG § 24 Rn. 38; Kölner Komm. WpÜG/*Versteegen* § 24 Rn. 36; Assmann/Pötzsch/Schneider/*Schneider* WpÜG §§ 24 Rn. 46.
[174] Kölner Komm. WpÜG/*Hirte* § 27 Rn. 39; Baums/Thoma/Verse/*Harbarth* WpÜG § 27 Rn. 41.
[175] BaFin-Jahresbericht 2004, S. 204.
[176] BaFin-Jahresbericht 2003, S. 205.
[177] BaFin Journal Juli 2014, S. 17 (18 f.).

liche Gesichtspunkte, von denen der Bieter keine Kenntnis hatte, zu ergänzen.[178] Offenzulegen sind darüber hinaus bestehende oder potentielle Interessenkonflikte von Mitgliedern des Vorstands oder des Aufsichtsrats der Zielgesellschaft.[179]

93 Der Kern der Stellungnahme ist die **Handlungsempfehlung** an die Aktionäre der Zielgesellschaft, also die positive oder negative Bewertung des Angebots durch die Verwaltung. Sofern die Situation eine eindeutige Empfehlung nicht zulässt oder Interessenkonflikte bestehen, können Vorstand und Aufsichtsrat auch eine neutrale Position einnehmen und sich einer konkreten Handlungsempfehlung an die Aktionäre enthalten.[180] Sie müssen in diesem Fall darlegen, warum ausnahmsweise eine eindeutige Handlungsempfehlung unterblieben ist und die aus ihrer Sicht für und gegen die Annahme des Angebots sprechenden Argumente darlegen.[181]

94 Der Vorstand der Zielgesellschaft ist verpflichtet, die Angaben in der Angebotsunterlage genau zu überprüfen und darf sich grundsätzlich nicht auf eine reine Plausibilitätsprüfung beschränken. Insbesondere kann der Vorstand verpflichtet sein, weitere Informationen einzuholen, soweit dies für eine sinnvolle Beurteilung und Kommentierung des Angebots erforderlich und zeitlich möglich ist. Es besteht grundsätzlich keine Verpflichtung, externe Berater hinzuzuziehen. Sofern sich der Vorstand aber ohne externe Beratung nicht in der Lage sieht, eine ordnungsgemäße Stellungnahme abzugeben, muss er sich externer Hilfe bedienen. Sofern eine Hinzuziehung von externen Beratern erfolgt ist, sind die wesentlichen Ergebnisse des sachverständigen Rats (zB eine **Fairness Opinion**) ebenfalls in die Stellungnahme aufzunehmen.[182]

95 Da den Aufsichtsrat neben dem Vorstand eine selbstständige Pflicht zur Abgabe einer Stellungnahme trifft, gelten für ihn ebenfalls inhaltliche Prüfungs- und ggf. Aufklärungspflichten. Insbesondere an seine Aufklärungspflichten wird man wegen seiner eingeschränkten Ressourcen keine überzogenen Anforderungen stellen dürfen.[183] Er kann sich Informationen deshalb vom Vorstand vorlegen lassen und seine Stellungnahme auf diese stützen, sofern er keinen Anlass hat, ihnen zu misstrauen.

96 Beiden Organen steht es frei, gesonderte Stellungnahmen zu veröffentlichen. In der Praxis werden die Stellungnahmen von Vorstand und Aufsichtsrat aber häufig in einer **gemeinsamen Stellungnahme** verbunden, was zulässig ist. Der Vorstand ist verpflichtet, eine an ihn übermittelte Stellungnahme des zuständigen Betriebsrats bzw. der Arbeitnehmer seiner eigenen Stellungnahme beizufügen. Die Stellungnahme ist unverzüglich, dh in der Regel spätestens innerhalb von zwei Wochen,

---

[178] Assmann/Pötzsch/Schneider/*Krause/Pötzsch* WpÜG § 27 Rn. 56; Kölner Komm. WpÜG/*Hirte* § 27 Rn. 31.
[179] Kölner Komm. WpÜG/*Hirte* § 27 Rn. 34; Baums/Thoma/Verse/*Harbarth* WpÜG § 27 Rn. 65.
[180] Begr. RegE zu § 27 WpÜG, BT-Drs. 14/7034, 52; BaFin Journal Juli 2014, S. 17, 19; Hippeli/Hofmann NZG 2014, 850 (854); Baums/Thoma/Verse/*Harbarth* WpÜG § 27 Rn. 82; Ehricke/Ekkenga/Oechsler/*Ekkenga* WpÜG § 27 Rn. 12.
[181] Assmann/Pötzsch/Schneider/*Krause/Pötzsch* WpÜG § 27 Rn. 90; Baums/Thoma/Verse/*Harbarth* WpÜG § 27 Rn. 82; Frankfurter Komm. WpÜG/*Röh* § 27 Rn. 50.
[182] Kölner Komm. WpÜG/*Hirte* § 27 Rn. 33; Baums/Thoma/Verse/*Harbarth* WpÜG § 27 Rn. 37; Assmann/Pötzsch/Schneider/*Krause/Pötzsch* WpÜG § 27 Rn. 49; Steinmeyer/*Steinmeyer* WpÜG § 27 Rn. 29.
[183] Steinmeyer/*Steinmeyer* WpÜG § 27 Rn. 28; Assmann/Pötzsch/Schneider/*Krause/Pötzsch* WpÜG § 27 Rn. 48.

D. Übernahmeangebote 97–101 § 23

nach Erhalt der Angebotsunterlage zu veröffentlichen.[184] Die Veröffentlichung hat in der gleichen Weise zu erfolgen wie die Veröffentlichung der Angebotsunterlage.

Noch weitgehend ungeklärt und kontrovers diskutiert sind die Maßstäbe einer Haftung von Vorstand und Aufsichtsrat für die Stellungnahme.[185] 97

D. Übernahmeangebote

I. Vorbereitung eines Übernahmeangebots

Auf Grund der Pflicht zur Veröffentlichung der Absicht, ein Angebot abgeben zu wollen, und der engen zeitlichen Vorgaben des Angebotsverfahrens kann ein Bieter die Entscheidung über die Abgabe eines Übernahmeangebots erst dann sinnvoll treffen, wenn er die konkreten Umstände kennt, in denen er das Angebot abgibt. Für den Bieter ist es daher von wesentlicher Bedeutung, eine Due Diligence und Bewertung der Zielgesellschaft, die Strukturierung der Transaktion und Verhandlungen mit den Großaktionären und der Zielgesellschaft vor der Entscheidung über die Abgabe eines Übernahmeangebots abgeschlossen zu haben. 98

Abgesehen von konkurrierenden und feindlichen Übernahmesituationen gehen der Festlegung der Transaktions- und Akquisitionsstruktur und einer anschließenden Entscheidung über die Abgabe eines Übernahmeangebots typischerweise die folgenden Vorbereitungsmaßnahmen voraus: 99

1. Due Diligence

Vor Abgabe eines Übernahmeangebots hat der Bieter regelmäßig ein hohes Interesse, Zugang zu den wesentlichen Informationen über die Zielgesellschaft zu erhalten, die ihm eine vernünftige Einschätzung von deren Wert und des ökonomischen Nutzens der Transaktion ermöglichen. Für den Zugang zu diesen Informationen kann sich der Bieter zum einen an potentiell veräußerungswillige Großaktionäre, zum anderen an die Zielgesellschaft selbst wenden. 100

Großaktionäre können ihre Informationen über die Zielgesellschaft vorbehaltlich entgegenstehender Geheimhaltungsverpflichtungen und insiderrechtlicher Bestimmungen an den Bieter weitergeben. Sofern diese Informationen **Insiderinformationen** im Sinne des Art. 7 MMVO sind, ist die Weitergabe nur erlaubt, wenn der Großaktionär ein berechtigtes Interesse an der Weitergabe hat. Dafür muss das zur Veräußerung stehende Paket einen wesentlichen Umfang haben, was unter Bezugnahme auf die §§ 33 ff. WpHG (§§ 21 ff. WpHG aF) ab einer Mindestgröße von 5% der stimmberechtigten Aktien angenommen worden ist.[186] Oftmals werden Großaktionäre dem Bieter die für ihn interessanten Informationen aber ohnehin nicht 101

---

[184] OLG Frankfurt a. M. WpÜG 1/05 (OWi), AG 2006, 207; BaFin Journal Juli 2014, S. 17 (19f.); *Hippeli/Hofmann* NZG 2014, 850 (855).
[185] Vgl. dazu Assmann/Pötzsch/Schneider/*Krause/Pötzsch* WpÜG § 27 Rn. 139 ff.; Baums/Thoma/Verse/*Harbarth* WpÜG § 27 Rn. 132 ff.
[186] Assmann/Schneider/*Assmann* WpÜG § 14 Rn. 167 f.; da die Schwelle von 5% in Bezugnahme auf die Eingangsmeldeschwelle für wesentliche Stimmrechtsbeteiligungen an börsennotierten Gesellschaften (WpHG § 21 aF) bestimmt wurde, ist naheliegend, nach der Absenkung der Eingangsmeldeschwelle von 5% auf 3% auch einen (beabsichtigten) Paketerwerb von 3% zur befugten Weitergabe von Insiderinformationen ausreichen zu lassen; vgl. auch Schäfer/Hamann/*Schäfer* WpHG § 14 Rn. 76.

zur Verfügung stellen können, weil sie entweder über diese nicht verfügen, sie nicht weitergeben dürfen oder die Informationen für mögliche Erwerber nur aus Hand der Zielgesellschaft von Interesse sind, was zB für die Management Interviews im Rahmen der Due Diligence der Fall ist.

102 Aus diesem Grunde wird der Bieter regelmäßig an die Zielgesellschaft herantreten und von dieser die Zulassung zu einer Due Diligence erbitten. Bei der Informationsweitergabe unterliegt der Vorstand der Zielgesellschaft, wie auch der Aufsichtsrat, den Verpflichtungen über vertrauliche Informationen und Geheimnisse der Gesellschaft, namentliche Betriebs- und Geschäftsgeheimnisse, Stillschweigen zu bewahren (§§ 93 Abs. 1 Satz 3, 116 AktG) und Insiderinformationen einem anderen nicht unbefugt mitzuteilen oder zugänglich zu machen (Art. 14 Buchst. c MMVO). Gesellschaftsrechtlich endet das Geheimhaltungsinteresse der Zielgesellschaft, sofern die Weitergabe der Information im Interesse der Zielgesellschaft liegt. Der für die Informationsweitergabe zuständige Vorstand hat hier das Interesse der Zielgesellschaft an der **Informationsweitergabe gegen das Geheimhaltungsinteresse abzuwägen**.[187] Es ist auf dieser Grundlage inzwischen anerkannt, dass die Zielgesellschaft eine Due Diligence zulassen kann, wenn die nachfolgend beschriebenen Voraussetzungen eingehalten werden.[188] Die Due Diligence muss durch eine Entscheidung des Gesamtvorstands zugelassen werden.[189] Die Zustimmung des Aufsichtsrats ist nicht erforderlich,[190] es sei denn, der Aufsichtsrat hat nach § 111 Abs. 4 Satz 2 AktG ein entsprechendes Zustimmungserfordernis geschaffen. Die Zielgesellschaft muss ein im oben angeführten Sinne überwiegendes Interesse an der Zulassung der Due Diligence haben. Das **Erwerbsinteresse** des Bieters muss **ernsthaft** sein, was in der Praxis häufig durch Indicative Offer letters oder Letters of Intent dokumentiert wird. Auch gebietet es das Gesellschaftsinteresse, Umfang und Vertraulichkeit der zur Verfügung gestellten Information ggf. in einem **abgestuften Verfahren** abhängig vom Fortschritt der Verhandlungen und der Transaktionswahrscheinlichkeit zur Verfügung zu stellen.[191] Schließlich darf der Vorstand die Due Diligence erst nach Abschluss einer **Vertraulichkeitsvereinbarung** mit dem Erwerbsinteressenten zulassen.[192] Diese braucht grundsätzlich nicht mit einer Vertragsstrafe bewehrt zu sein.[193] Aus diesen Kriterien ergibt sich, dass die Informationen ausschließlich für die Entscheidung über die beabsichtigte Transaktion zur Verfügung gestellt werden und damit auch dann nicht dem Anwendungsbereich des § 131 Abs. 4 AktG unterfallen, wenn der Erwerbsinteressent bereits Aktionär der Gesellschaft ist.[194] Ist die Informationsweitergabe aktienrechtlich zulässig, ist sie auch nach dem insiderrechtlichen Vorschriften nicht unbefugt.[195]

---

[187] *Körber* NZG 2002, 269; MünchKomm. AktG/Bd. 6/*Schlitt/Ries* WpÜG § 35 Rn. 248.
[188] Kölner Komm. WpÜG/*Hasselbach* § 35 Rn. 235; Steinmeyer/*Steinmeyer* WpÜG § 35 Rn. 88; Assmann/Pötzsch/Schneider/*Krause/Pötzsch* WpÜG § 35 Rn. 240; Baums/Thoma/Verse/*Baums/Hecker* WpÜG § 35 Rn. 255.
[189] Assmann/Pötzsch/Schneider/*Krause/Pötzsch* WpÜG § 35 Rn. 241.
[190] Kölner Komm. WpÜG/*Hasselbach* § 35 Rn. 235.
[191] Kölner Komm. WpÜG/*Hasselbach* § 35 Rn. 236; Assmann/Pötzsch/Schneider/*Krause/Pötzsch* WpÜG § 35 Rn. 241.
[192] MünchKomm. AktG/Bd. 6/*Schlitt/Ries* WpÜG § 35 Rn. 247; Kölner Komm. WpÜG/*Hasselbach* § 35 Rn. 236.
[193] Marsch-Barner/Schäfer/*Krämer* § 10 Rn. 43; *Thaeter/Brandi* Öffentliche Übernahmen, München 2003, Teil 3 Rn. 45; *Stoffels* ZHR 2002, 362 (378); *Schroeder* DB 1997, 2161 (2163).
[194] *Körber* NZG 2002, 263 (265); *Ziegler* DStR 2000, 249 (254).
[195] Assmann/Pötzsch/Schneider/*Krause/Pötzsch* WpÜG § 35 Rn. 240.

Durch die Due Diligence kann der Bieter Kenntnis von Insiderinformationen 103 erhalten. Will der Bieter nun im Rahmen des Übernahmeangebots oder auf andere Weise Aktien der Zielgesellschaft erwerben, so ist fraglich, wie sich dies zu dem **Insiderhandelsverbot** des Art. 14 Buchst. a MMVO verhält. **Außerbörsliche Paketerwerbe** durch den Bieter bleiben nach Durchführung einer Due Diligence und Kenntniserlangung von Insiderinformationen jedenfalls dann zulässig, wenn Verkäufer und Bieter den gleichen Kenntnisstand haben und keine Partei zu ihren Gunsten einen insiderrelevanten Informationsvorsprung ausnutzen kann („Face to Face"-Geschäft), da gerade dessen Ausnutzung durch die Insiderhandelsvorschriften verhindert werden soll.[196] In Bezug auf das Übernahmeangebot lässt es Art. 9 Abs. 4 MMVO in solchen Situationen als legitime Handlung zu, dass der Bieter die Insiderinformation bei seiner Entscheidung über die Abgabe des Angebots verwendet, dh sie in diese Entscheidung einfließen lässt. Dies aber nur unter der Voraussetzung, dass die Insiderinformation vor Beginn der Annahmefrist von der Zielgesellschaft im Wege einer Ad-hoc-Mitteilung nach Art. 17 Abs. 1 MMVO veröffentlicht worden ist oder auf andere Weise ihren Charakter als Insiderinformationen verloren hat.[197] Insiderrechtlich bleibt es auch nach Inkrafttreten der MMVO zulässig, Aktien der Zielgesellschaft auch in einem Übernahmeangebot unabhängig von der Insiderinformation zu erwerben, wenn die Erwerbsabsicht vor Erlangung der Insiderinformation begründet und nach Erlangung der Insiderinformation nicht verändert wurde.[198] Allerdings dürfte die Angebotsunterlage nach Kenntniserlangung von der Insiderinformation durch den Bieter ohne eine Darstellung der Insiderinformation in aller Regel unvollständig sein, so dass aus diesem Gesichtspunkt heraus eine Offenlegung erforderlich sein wird.

2. Vereinbarungen mit der Zielgesellschaft

Bei freundlichen Übernahmen möchte sich der Bieter neben der Due Diligence 104 in aller Regel vorab auch die Unterstützung von Vorstand und Aufsichtsrat für sein beabsichtigtes Angebot sichern. Die entsprechenden Absprachen und Vereinbarungen nehmen in der Praxis sehr unterschiedliche Formen an. Sie reichen von einer eher losen Abstimmung über die Eckpunkte des Angebots und der Stellungnahmen von Vorstand und Aufsichtsrat der Zielgesellschaft bis hin zu einer detaillierten Vereinbarung über die Strukturierung, die Konditionen und den Ablauf des Angebots sowie die Stellungnahmen von Vorstand und Aufsichtsrat der Zielgesellschaft, die Maßnahmen zur Absicherung des Angebots (Deal Protection) sowie die Integration bzw. Zusammenarbeit mit der Zielgesellschaft nach Abschluss des Angebots.[199] Diese Vereinbarungen werden zumeist als Business Combination Agreement bezeichnet, ohne dass der Begriff notwendig einen bestimmten Inhalt der Vereinba-

---

[196] Assmann/Schneider/*Assmann* WpÜG § 14 Rn. 28; im BaFin-Emittentenleitfaden, S. 38, wird zusätzlich erwähnt, dass Bieter bereits vor Erhalt der Insiderinformation den Erwerb des Pakets beabsichtigt haben musste, was jedoch nicht erforderlich ist, da es bei (insiderrechtlich) gleichem Kenntnisstand an der Ausnutzung eines Informationsvorsprungs fehlt.
[197] *Oppenhoff/Horcher* DB-Beil. 6/2017, 25 (26); siehe auch bereits BaFin-Emittentenleitfaden, S. 39; vgl. auch Schäfer/Hamann/*Schäfer* WpHG § 14 Rn. 93.
[198] *Klöhn* ZBB 2017, 261 (269); Kölner Komm. WpHG/*Klöhn* § 14 Rn. 202 ff. unter Verweis auf Erwägungsgrund 29 der EU-Marktmissbrauchsrichtlinie (2003/6/EG); Marsch-Barner/Schäfer/*Drinkuth* § 60 Rn. 44 ff.
[199] Ausführlich zu den Inhalten von detaillierten Vereinbarungen Paschos/Fleischer Übernahmerecht-HdB/*Oppenhoff* § 9 Rn. 75 ff.

rung vorgeben würde.[200] Auch bei feindlichen Übernahmen kommt es im Laufe des Angebots häufig zu einer Verständigung zwischen Bieter und Zielgesellschaft. In diesen Vereinbarungen wird üblicherweise versucht, einen Kompromiss für die Grenzen der Einflussnahme des Bieters zu finden. Diese Vereinbarungen sind in der Praxis häufig als Investorenvereinbarung betitelt, wiederum ohne dass dies einen bestimmten Inhalt vorgeben würde.[201] Bei diesen Vereinbarungen zwischen Bieter und Zielgesellschaft stellen sich vielfältige Rechtsfragen auf die an dieser Stelle nicht mit Anspruch auf Vollständigkeit eingegangen werden kann.[202]

105 Die Schwerpunkte von Business Combination Agreements (BCA) liegen typischerweise zum einen auf der detaillierten Vereinbarung der Struktur, den Konditionen und dem Ablauf des Angebots sowie den Maßnahmen zur Absicherung des Angebots (Deal Protection) und zum anderen auf der künftigen Integration bzw. Zusammenarbeit mit der Zielgesellschaft nach Abschluss des Angebots einschließlich von Fragen der zukünftigen Corporate Governance der Zielgesellschaft und möglicher Zusagen für Standorte und Arbeitnehmer. Verpflichtungen des Bieters über die Abgabe, Struktur, Konditionen und den Ablauf des Angebots sind jedenfalls bei entsprechender Gestaltung und Ausrichtung am Gesellschaftsinteresse in aller Regel rechtlich unproblematisch zulässig. Die Wünsche der Parteien zu den Verpflichtungen der Zielgesellschaft können sich dagegen zT in den Grenzbereichen dessen bewegen, was Vorstand und Aufsichtsrat sinnvollerweise in eigener Zuständigkeit verantworten können. Bei den angebotsgezogenen Verpflichtungen der Zielgesellschaft erwartet der Bieter im Gegenzug für seine Zusage, das Angebot zu bestimmten Konditionen herauszulegen, in der Regel die Zusage, dass Vorstand und Aufsichtsrat die Annahme des Angebots empfehlen werden. Da Vorstand und Aufsichtsrat nach § 27 WpÜG zur Abgabe einer wahrheitsgemäßen, ihrer Überzeugung entsprechenden Stellungnahme verpflichtet sind, dürfen sie jedoch keinen unabänderlich durchsetzbaren Anspruch begründen, das Angebot zu empfehlen bzw. ihre Empfehlung unter allen Umständen aufrechtzuerhalten.[203] Andererseits ist es dem Vorstand unbenommen, in Kenntnis der relevanten Umstände eine umfassende Prüfung des Angebots bereits vor Abschluss des Business Combination Agreements vorzunehmen und sich gegenüber dem Bieter zu verpflichten, die Empfehlung nur dann nicht abzugeben oder zurückzunehmen, wenn sich die Umstände geändert haben oder neu hinzugetreten sind und die Änderung bzw. Rücknahme auf Grund dessen durch ihre organschaftlichen Pflichten indiziert ist (sog. Fiduciary Out).[204]

---

[200] Vgl. zu den Inhalten von Business Combination Agreements zB das Übernahmeangebot der Dragonfly GmbH & Co. KGaA an die Aktionäre der Celesio AG v. 5.12.2013, S. 23 ff. und das Übernahmeangebot der Vodafone Vierte Verwaltungsgesellschaft mbH an die Aktionäre der Kabel Deutschland Holding AG v. 30.7.2013, S. 20 f.; LG München 5 HK O 23244/07, BeckRS 2008, 11391 (Leitsätze und Entscheidungsgründe) und NZG 2008, 637 (nur Leitsätze) mit wörtlicher Wiedergabe von Teilen des für das Übernahmeangebot der UniCredito Italiano S.p.A. an die Aktionäre der Bayerischen Hypo- und Vereinsbank Aktiengesellschaft v. 26.8.2005 maßgeblichen Business Combination Agreements.
[201] Siehe für eine ausführliche Darstellung Vereinbarungen Paschos/Fleischer Übernahmerecht-HdB/*Oppenhoff* § 9.
[202] Siehe für eine ausführliche Darstellung Vereinbarungen Paschos/Fleischer Übernahmerecht-HdB/*Oppenhoff* § 9.
[203] Die Nichtabgabe oder Rücknahme einer Empfehlung des Angebots wird aber zulässiger Anknüpfungspunkt einer Break Fee sein können.
[204] Sog. „Board Recommendation"-Klausel; ebenso *Fleischer* ZHR 2008, 538 (558 f.); *Seibt/Wunsch* Der Konzern 2009, 195 (206); noch weitergehender *Kiem* AG 2009, 301 (311 f.); aA Kämmerer/Veil/*Schall* S. 75, 103 f.

Bei dieser Vorgehensweise nimmt der Vorstand die geforderte unabhängige Prüfung vollumfänglich vor, weil er so seine Einschätzung auf Grund einer umfänglicher Prüfung vor Abschluss des Business Combination Agreements vor der Abgabe seiner Stellungnahme aktualisieren kann und wird so seinen Sorgfaltspflichten gerecht. Da der Aufsichtsrat keine eigene Rechtspersönlichkeit besitzt und sich die Aufsichtsratsmitglieder auch nicht gegenüber Dritten zu bestimmtem Abstimmungsverhalten im Aufsichtsrat verpflichten dürfen (§ 111 Abs. 6 AktG), ist eine entsprechende Verpflichtung des Aufsichtsrats nicht möglich und das unabhängig davon, ob ein Fiduciary Out für diese Verpflichtung vorgesehen werden soll. In der Praxis lässt sich dies durch eine Verpflichtung der Zielgesellschaft handelnd durch den Vorstand, sich um eine entsprechende Stellungnahme des Aufsichtsrats zu bemühen, überbrücken. Soweit dem Aufsichtsrat der Zielgesellschaft bereits vor Abschluss des Business Combination Agreements die Möglichkeit gegeben wird, in Kenntnis der relevanten Umstände eine umfassende Prüfung des Angebots vorzunehmen und er vor dem Abschluss einer „Board Recommendation"-Klausel im Rahmen der Berichterstattung durch den Vorstand zu seiner Meinung befragt wird und dem Abschluss des Business Combination Agreement zugestimmt hat, so ist in der Praxis regelmäßig zu erwarten, dass der Aufsichtsrat in seiner Beurteilung über die Abgabe der Handlungsempfehlung in seiner Stellungnahme nicht zu einem anderen Ergebnis gelangen wird als im Zeitpunkt der Meinungsbefragung bzw. Zustimmung, sofern sich die Umstände zwischenzeitlich nicht geändert haben. Darüber hinaus hat der Bieter ein natürliches Interesse daran, dass sich die Zielgesellschaft verpflichtet, nicht von sich aus an andere Parteien zum Zwecke der Abgabe eines konkurrierenden Angebotes heranzutreten („No Shop"-Vereinbarung) und nicht mit anderen Parteien über konkurrierende Angebote zu sprechen („No Talk"-/Exklusivitätsvereinbarung). Auch wenn die Zulässigkeit der Abgabe solcher Verpflichtungen immer auch eine Frage der Umstände des Einzelfalls ist, ist allgemein anerkannt, dass der Vorstand der Zielgesellschaft eine „No Shop"-Vereinbarung zulässigerweise als unternehmerische Ermessensentscheidungen iSv § 93 Abs. 1 S. 2 AktG eingehen kann, denn jedenfalls dann, wenn ein angemessenes Angebot vorliegt und sich Vorstand und Aufsichtsrat vorher ein Bild dessen gemacht haben, was vernünftigerweise an Alternativen in Betracht kommt, ist der Vorstand zu der Suche eines konkurrierenden Bieters nicht verpflichtet, sondern nur berechtigt. Da sich die Zielgesellschaft mit einer „No Talk"-Klausel jeder Chance begibt, auf ein attraktives konkurrierendes Angebot eingehen zu können, sind „No Talk"-Klauseln aufgrund der dem Vorstand obliegenden Sorgfalts- und Treuepflichten problematisch und sollten daher entweder nur für einen überschaubaren Zeitraum exklusiver Verhandlungen oder nur unter dem Vorbehalt eines Fiduciary Out eingegangen werden.[205]

Insbesondere Bieter aus dem US-amerikanischen Rechtsraum sind häufiger an der Vereinbarung einer sog. Break Fee interessiert, dh einer Zahlung für den Fall, dass das Angebot nicht vollzogen wird bzw. die Zielgesellschaft entgegen der im Rahmen des Business Combination Agreements getroffenen Vereinbarungen bestimmte Handlungen vornimmt bzw. diese unterlässt. Die Zulässigkeit von Break Fees ist umstritten, insbes. unter dem Gesichtspunkt des Verbots der Einlagenrückgewähr nach § 57 AktG und der finanziellen Unterstützung des Erwerbs von Aktien der Zielgesellschaft nach § 71a AktG. Im Hinblick auf § 57 AktG ist

---

[205] *Banerjea* DB 2003, 1489 (1495); weitergehend *Kiefner* ZHR 2014, 547 (595 f.).

das vielfach vorgebrachte Argument,[206] dass Break Fees gerade nicht im Hinblick auf eine (zukünftige) Aktionärsstellung, sondern auf die Abgabe des Angebots vereinbart werden, weil sie vor dem Nichtvollzug des Angebots schützt, zutreffend und lässt die Break Fee unter diesem Gesichtspunkt zulässig erscheinen. Ähnliches ergibt sich im Hinblick auf § 71a AktG, auch diesbezüglich wird die Gegenleistung für die Aktien nicht durch die Break Fee finanziert, weil die Break Fee vor dem Nichtvollzug bzw. der Gefährdung des Angebots schützt.[207] Der Bieter mag die Break Fee im Einzelfall aber benötigen, um überhaupt eine Finanzierung zu bekommen, was dann auch ein Finanzierungsbeitrag wäre. Ob dies der Fall ist, ist Tatfrage des Einzelfalls und lässt sich nicht pauschal beantworten. Ist die Break Fee danach zulässig, muss die Zielgesellschaft sie in einem vernünftigen Rahmen halten. Diesbezüglich wurde früher auf die inzwischen aufgehobene Regelung in Rule 21.2 aF des „City Code on Takeovers and Mergers" (Inducement Fee) Bezug genommen, nach dem Break Fees bis zu einer Höhe von 1 % des Transaktionswerts zulässig waren.[208] Da das deutsche Recht anders als die vormalige Fassung des „City Code on Takeovers and Merger" keine Höchstgrenze für Break Fees kennt, wird man in Einzelfällen unter besonderen Umständen auch eine höhere Break Fee noch vertreten können, insbes. soweit die Zahlung auf eine pauschalierte Erstattung der Kosten des Bieters gerichtet ist.

107 Natürlich hat der Bieter bei einem freundlichen Angebot schließlich auch ein Interesse an einer Zusage der Zielgesellschaft, keine Maßnahmen zu ergreifen, die den Erfolg des Angebots behindern könnten.[209] In dem in mehreren Prozessen[210] streitgegenständlich gewordenen Business Combination Agreement zum Übernahmeangebot der Amerigon Europe GmbH an die Aktionäre der W.E.T. Automotive Systems AG hatte sich die Zielgesellschaft ua verpflichtet, für die Laufzeit der Vereinbarung, einem Zeitraum von maximal 18 Monaten, ohne Zustimmung des Bieters weder das genehmigte Kapital auszuüben noch eigene Aktien zu veräußern; die Verpflichtung stand unter dem Vorbehalt eines Fiduciary Out. Das LG München I sah darin wegen der Selbstbindung des Vorstands einen Verstoß gegen die Kompetenzordnung in der Aktiengesellschaft und hielt die entsprechenden Verpflichtungen deshalb nach § 134 BGB für nichtig.[211] Dem ist – in Übereinstimmung mit der weit überwiegenden Auffassung der Literatur – nicht zu folgen und zwar unabhängig davon, ob die Absprache als vertragliches Verbot oder als Zustimmungsvorbehalt ausgestaltet ist.[212] Nun darf sich der Vorstand sicher nicht der Leitungsmacht über die Aktiengesellschaft begeben (§ 76 Abs. 1 AktG). Das hatte er im streitgegenständlichen Fall aber auch nicht getan, sondern er hat sich im

---

[206] *Banerjea* DB 2003, 1489 (1493); *Sieger/Hasselbach* BB 2000, 625 (629).
[207] *Fleischer* AG 2009, 345 (352 f.).
[208] Kämmerer/Veil/*Seibt* S. 105, 126.
[209] Ausführlich zu den Verpflichtungen der Zielgesellschaft im Hinblick auf Kapitalmaßnahmen *Paschos/Fleischer/Oppenhoff* § 9 Rn. 100 ff. und zu Abreden, dass die Zielgesellschaft keine Maßnahmen trifft, die den Erfolg des Angebots des Bieters gefährden könnten und die Geschäfte im ordentlichen Geschäftsgang führen wird Paschos/Fleischer Übernahmerecht-HdB/*Oppenhoff* § 9 Rn. 112.
[210] Hauptsacheverfahren LG München I 5 HK O 20488/11, NZG 2012, 1152; erstes Freigabeverfahren OLG München 7 AktG 3/11, NZG 2012, 261; zweites Freigabeverfahren OLG München 7 AktG 2/12, NZG 2013, 459.
[211] LG München I 5 HK O 20488/11, NZG 2012, 1152 (1153); mit weniger detaillierter Begründung auch OLG München 7 AktG 2/12, NZG 2013, 459 (461).
[212] Ausführlich Vereinbarungen Paschos/Fleischer Übernahmerecht-HdB/*Oppenhoff* § 9 Rn. 103 f.

D. Übernahmeangebote

Sinne einer Geschäftsführungsmaßnahme entschieden, von den Ermächtigungen des genehmigten Kapitals und zur Veräußerung eigener Aktien für einen gewissen Zeitraum keinen Gebrauch zu machen, um damit das Übernahmeangebot zu den dann gebotenen Konditionen zu ermöglichen. Maßnahmen der Geschäftsführung können aber nicht dem aus § 76 Abs. 1 AktG resultierenden Selbstbindungsverbot des Vorstands unterfallen. Auch wenn der Kontext der Übernahme sicher ein besonderer ist, so sind solche Vereinbarungen auch im Kontext anderer Transaktionen wie zum Beispiel Aktienplatzierungen üblich und notwendig (sog. „Lock Up"-Vereinbarung). Sie sind nicht zu beanstanden, wenn sie in zeitlich und inhaltlich verhältnismäßigem Umfang eine andere wirtschaftlich sinnvolle Transaktion unterstützen, also nicht Selbstzweck sind.[213] Das gilt umso mehr als die Selbstbeschränkung durch den Fiduciary Out auch noch inhaltlich beschränkt war: soweit es das Gesellschaftsinteresse dem Vorstand über seine organschaftlichen Pflichten geboten hätte, die Ermächtigungen zu nutzen, sollte er frei bleiben dies zu tun.[214]

Der zweite Schwerpunkt von Business Combination Agreements liegt typischerweise auf der künftigen Integration bzw. Zusammenarbeit mit der Zielgesellschaft nach Abschluss des Angebots einschließlich von Fragen der zukünftigen Corporate Governance und möglicher Zusagen für Standorte und Arbeitnehmer. In Bezug auf die Corporate Governance kann das Business Combination Agreement nur in eingeschränktem Maße Vereinbarungen über die zukünftige Besetzung der Gremien der Zielgesellschaft im Falle eines erfolgreichen Angebots vorsehen. Es kann weder die reguläre Bestellung noch die Abberufung von Vorstands- oder Aufsichtsratsmitgliedern regeln.[215] Die Vorstandsmitglieder werden vom Aufsichtsrat bestellt und abberufen. Dieser kann sich schon mangels eigener Rechtspersönlichkeit nicht verpflichten, bestimmte Maßnahmen vorzunehmen. Seine Mitglieder unterliegen dem Verbot sich zu einem bestimmten Abstimmungsverhalten im Aufsichtsrat zu verpflichten.[216] Die Aufsichtsratsmitglieder werden regulär bei nicht mitbestimmten Gesellschaften allein von der Hauptversammlung bestellt und ggf. abberufen und bei mitbestimmten Gesellschaften von der Hauptversammlung und den Arbeitnehmern. Grundsätzlich zulässig ist es aber, dass sich Vorstands- oder Aufsichtsratsmitglieder gegenüber dem Bieter verpflichten, ihre Ämter zur Verfügung zu stellen.[217] Darüber hinaus spricht nichts dagegen, dem Bieter ein Vorschlagsrecht in Bezug auf die gerichtliche Bestellung von Aufsichtsratsmitgliedern einzuräumen.[218] Der Bieter kann sich seinerseits im Rahmen des Business Combination Agreements ebenfalls nicht dazu verpflichten, die Zusammensetzung des Vorstands der Zielgesellschaft im Falle eines erfolgreichen Angebots unverän-

---

[213] Paschos NZG 2012, 1142 (1143); Kämmerer/Veil/Seibt S. 105, 130; wobei aber der im streitgegenständlichen Fall gewählte zeitliche Rahmen von bis zu 18 Monaten diskussionswürdig erscheint.
[214] Bungert/Wansleben ZIP 2013, 1841 (1845); Kämmerer/Veil/Seibt S. 105, 126.
[215] Ausführlich zu Fragen der zukünftigen Besetzung des Vorstands und des Aufsichtsrats der Zielgesellschaft Vereinbarungen Paschos/Fleischer Übernahmerecht-HdB/Oppenhoff § 9 Rn. 114 ff.
[216] Vgl. Rn. 105.
[217] OLG Nürnberg 12 U 49/13, ZIP 2014, 171 (173); MünchKomm. AktG/Bd. 2/Spindler § 84 Rn. 157; Hüffer/Koch AktG § 84 Rn. 45, wobei aber die Konditionen des Ausscheidens auf unzulässige ungerechtfertigte Zuwendungen an das Vorstandsmitglied im Sinne von § 33d WpÜG zu überprüfen wären; aA Schmolke ZIP 2014, 897 (903 f.).
[218] Vereinbarungen Paschos/Fleischer Übernahmerecht-HdB/Oppenhoff § 9 Rn. 120; Hüffer/Koch AktG § 104 Rn. 5; MünchKomm. AktG/Bd. 2/Habersack § 104 Rn. 31.

dert zu lassen. Das bereits angesprochene Business Combination Agreement zum Übernahmeangebot der Amerigon Europe GmbH an die Aktionäre der W.E.T. Automotive Systems AG sah die Absichtserklärung vor, dass die Vorstandmitglieder mit Wirkung zum Wirksamwerden des beabsichtigten Beherrschungsvertrags neue Anstellungsverträge erhalten und sich die Parteien soweit rechtlich zulässig um eine Abänderung der bestehenden Anstellungsverträge bemühen sollten, nach der die Vorstandsmitglieder bei Nichtabschluss neuer Anstellungsverträge ihre bisherigen Anstellungsverträge kurzfristig nach Wirksamwerden des Beherrschungsvertrags hätten kündigen können und zwar unter genauer beschriebenem Fortstand der Bezüge für die Restlaufzeit. Das OLG München, das mit dem Business Combination Agreement im Freigabeverfahren zu dem Beherrschungsvertrag konfrontiert war, sah in der Vereinbarung zur Zahlung der Restvergütung eine Zusage und wertete diese auf Basis der von ihm angenommenen, noch zu analysierenden[219] Verknüpfung zwischen Business Combination Agreement und Beherrschungsvertrag als Sondervorteil zugunsten des Vorstands iSv § 243 Abs. 2 S. 1 AktG,[220] was übernahmerechtlich einer ungerechtfertigten Leistung nach § 33d WpÜG entspricht. Denn wenn sich der Bieter gegenüber Mitgliedern des Vorstands oder des Aufsichtsrats der Zielgesellschaft dazu verpflichtet, zukünftig bestimmte Leistungen im Zusammenhang mit ihrer Organtätigkeit zu gewähren, so stellt die Mitwirkung des Bieters an der Vereinbarung in aller Regel ein nach § 33d WpÜG unzulässiges Gewähren oder In-Aussicht-Stellen einer ungerechtfertigten Leistung durch den Bieter dar. Übernimmt oder verspricht der Bieter in einer Übernahmesituation zusätzliche Leistungen an die Organmitglieder, besteht eine kaum zu widerlegende Vermutung dafür, dass die Leistung als Gegenleistung für den Abschluss des BCA, für die Umsetzung der Vereinbarungen im Rahmen des BCA oder für bestimmtes Verhalten im Rahmen des Angebots und des Zusammenschlusses gewährt wird und damit ungerechtfertigt ist. Dies gilt unabhängig davon, ob diese Leistungen direkt vom Bieter gewährt oder versprochen oder über die Zielgesellschaft abgewickelt werden.[221] Die Vereinbarungen über die Integration der Zielgesellschaft in den Konzern des Bieters im Business Combination Agreement dürfen selbstverständlich einen **Beherrschungsvertrag nicht vorwegnehmen.** Dies hat das LG München I mit seiner Entscheidung, das Business Combination Agreement für das Übernahmeangebot der UniCredito Italiano S.p.A. an die Aktionäre der Bayerische Hypo- und Vereinsbank Aktiengesellschaft als verdeckten Beherrschungsvertrag anzusehen, noch einmal in das Bewusstsein gerückt.[222] Der Entscheidung ist zwar zuzugeben, dass auch ein Business Combination Agreement einen verdeckten Beherrschungsvertrag darstellen kann, wenn in der konkreten Fallgestaltung ein Unternehmen seine Leitung bereits durch diesen Vertrag dem Vertragspartner unterstellt hat. Der vom LG München I zu entscheidende Fall rechtfertigt die Annahme eines verdeckten Beherrschungsvertrags aber nicht. Abgesehen von einigen völlig nachvollziehbaren, mit Blick auf einen Beherrschungsvertrag aber irrelevanten Regelungen, die den Einzug von Kandidaten der nach Durchführung des Übernahmeangebots der Großaktionärin UniCredito Italiano S.p.A. in den Aufsichtsrat oder der UniCredito Italiano S.p.A. die Erfüllung ihrer aufsichtsrechtlichen Pflichten ermöglichen sollten, zeigte das Gericht nur mögliche, aber begrenzte Einflusspotentiale der neuen

---

[219] Vgl. Rn. 117.
[220] OLG München 7 AktG 3/11, NZG 2012, 261 (262 f.).
[221] Schwark/Zimmer/*Noack/Zetzsche* WpÜG § 33d Rn. 6; Assmann/Pötzsch/Schneider/*Krause/Pötzsch/Stephan* WpÜG § 33d Rn. 4.
[222] LG München I 5 HK O 19782/06, ZIP 2008, 555 (559 ff.).

D. Übernahmeangebote

Großaktionärin auf, blieb aber die Antwort auf die entscheidende Frage, weshalb die Schutzmechanismen des faktischen Konzerns ausgehebelt sein sollen und sich diese Potentiale zu einer alle und jede Leitungs- und Geschäftsmaßnahmen betreffenden Weisungsbefugnis verdichten, schuldig.[223]

Sowohl das OLG München als auch das LG München I sahen in dem Business Combination Agreement zum Übernahmeangebot der Amerigon Europe GmbH an die Aktionäre der W.E.T. Automotive Systems AG und dem später zwischen den Parteien geschlossenen Beherrschungs- und Gewinnabführungsvertrag eine rechtliche Einheit und begründeten dann auf Grundlage von § 139 BGB die Anfechtbarkeit des Unternehmensvertrags mit unwirksamen Klauseln des Business Combination Agreement.[224] Nun können auch zwei in separaten Dokumenten enthaltene Vereinbarungen eine rechtliche Einheit iSv § 139 BGB bilden, wenn – was stets eine Frage des Einzelfalls ist – entsprechender Parteiwille besteht. Auch nahmen viele Klauseln des Business Combination Agreements in ungewöhnlichem Umfang auf den Beherrschungs- und Gewinnabführungsvertrag Bezug. Das Ergebnis ist gleichwohl abzulehnen und wird mit vielfachen Begründungsansätzen in der Literatur kritisiert.[225] Der zentrale Aspekt dürfte darin liegen, dass wesentliche Teile des Business Combination Agreements durchgeführt werden sollten, bevor es überhaupt zum Abschluss des Beherrschungs- und Gewinnabführungsvertrags kommen sollte und Parteien das Business Combination Agreement deshalb als selbstständige Vereinbarung gewollt haben müssen. Das kam in der Vereinbarung sowohl in einer Klausel über die Vollständigkeit der in der Vereinbarung getroffenen Regelungen (Entire Agreement) wie auch einer salvatorischen Klausel zum Ausdruck. Da die zeitliche Abfolge von Business Combination Agreement und Beherrschungs- und Gewinnabführungsvertrag systemimmanent ist, wird man richtigerweise in aller Regel nicht zu einer rechtlichen Einheit zwischen Business Combination Agreement und Unternehmensvertrag kommen können.[226] Die Praxis sollte aber gleichwohl von übertriebenen Bezugnahmen auf einen Beherrschungsvertrag im Business Combination Agreement absehen. Insbesondere sollte die Vereinbarung für die Praxis klarstellend in der Präambel den beabsichtigten Regelungskreis des Business Combination Agreements deskriptiv festhalten und sowohl eine „Entire Agreement"-Klausel als auch eine salvatorische Klausel enthalten. Soweit im Business Combination Agreement auf einen künftigen Beherrschungsvertrag oder eine künftige Verschmelzung Bezug genommen wird, was grundsätzlich unbedenklich ist, sollte in der Wortwahl kenntlich gemacht werden, dass die Strukturmaßnahme noch nicht zwischen Parteien vereinbart ist. Das OLG Stuttgart hat insoweit zB die Worte „im Fall eines" und „vorbehaltlich" als eindeutig angesehen.[227] Wenngleich in der Substanz durchaus sinnvoll, sollte auf eine Laufzeitregelung, die an das Wirksamwerden eines Beherrschungsvertrags oder einer Verschmelzung anknüpft, vorsichtshalber verzichtet werden, da eine entsprechende Klausel für das OLG München und das LG München I ein Anknüpfungspunkt für die Annahme eines einheitlichen Rechtsgeschäfts war.

---

[223] Ebenso *Hüffer/Koch* AktG § 291 Rn. 14a; *Decher* in FS Hüffer, 145, 151; *Goslar* DB 2008, 800 (802 ff.); *Verhoeven* EWiR 2008, 161 (162).
[224] LG München I 5 HK O 20488/11, NZG 2012, 1152 (1153 ff.); OLG München 7 AktG 2/12, NZG 2013, 459 (462).
[225] *Krause* CFL 2013, 192 (194 ff.); *Bungert/Wansleben* ZIP 2013, 1841 (1842 ff.).
[226] *Decher* in FS Hüffer, 145, 145; *Peitsmeyer/Theusinger* EWiR 2012, 333 (334).
[227] OLG Stuttgart 20 AktG 1/14, ZIP 2015, 1120 (1122).

110 Bei Einigungen zwischen Bieter und Zielgesellschaft im Zuge eines feindlichen Übernahmeangebots liegt typischerweise ein weiterer Schwerpunkt darin, eine Einflussnahme des Bieters auf die Zielgesellschaft begrenzen zu wollen. Auch dies stößt auf Grenzen im Kompetenzgefüge der Aktiengesellschaft; namentlich § 136 Abs. 2 AktG verbietet der Verwaltung sich vertraglich Einfluss auf das Stimmverhalten von Aktionären in der Hauptversammlung zu sichern. Da vertragliche Stimmbindungen zulässig sind, wird zum Teil vertreten, dass diese Inhaltsgrenzen durch die Einschaltung eines Aktionärs als Garanten für die Einhaltung der Investorenvereinbarung überwunden werden können. Ob darin eine unzulässige Umgehung des Verbotstatbestands liegt, ist umstritten.

111 Verhandlungen zwischen der Zielgesellschaft und dem Bieter über die Unterstützung des Angebots können gerade nach Durchführung einer für den Bieter zufriedenstellenden Due Diligence bereits eine **Insiderinformation** darstellen, die von der Zielgesellschaft als **Ad-hoc-Mitteilung** nach Art. 17 Abs. 1 MMVO zu veröffentlichen wäre.[228] Die Befreiung von der Ad-hoc-Pflicht nach § 10 Abs. 6 WpÜG ist auf die Zielgesellschaft nicht anwendbar.[229] Jedoch kann ein Emittent die Veröffentlichung einer Ad-hoc-Mitteilung aufschieben, wenn es der Schutz seiner berechtigten Interessen erfordert, keine Irreführung der Öffentlichkeit zu befürchten ist und der Emittent die Vertraulichkeit der Insiderinformation gewährleisten kann (Art. 17 Abs. 4 MMVO). Ein solcher Schutz berechtigter Interessen ist anzunehmen, sofern die geplante Transaktion im Interesse der Zielgesellschaft liegt, da ein frühzeitiges Bekanntwerden der Transaktion diese gefährden oder zumindest eine nachhaltige Veränderung der Konditionen nicht ausgeschlossen werden kann.[230] Insbesondere würde ein frühzeitiges Bekanntwerden einer Übernahmeabsicht regelmäßig eine Steigerung des Aktienkurses der Zielgesellschaft mit sich bringen. Da der Bieter als Gegenleistung mindestens den durchschnittlichen gewichteten Börsenkurs der letzten drei Monate vor Ankündigung des Angebots nach § 10 WpÜG zu entrichten hat, würde dies die Übernahme wahrscheinlich deutlich verteuern. Dies könnte den Bieter davon abhalten, die Transaktion durchzuführen oder für ihn kostenrelevante Zusagen im Hinblick auf die Zielgesellschaft zu machen (zB Finanzierungszusagen und Arbeitsplatzgarantien). Insofern lägen in aller Regel die berechtigten Interessen für eine Zurückstellung der Veröffentlichung vor.

3. Stakebuilding

112 In der zweiten Hälfte des letzten Jahrzehnts kam es vermehrt zu Transaktionen, bei denen der Bieter zur Erhöhung der Erfolgschancen seines öffentlichen Angebots bereits vor Veröffentlichung der Entscheidung, ein Angebot abgeben zu wollen, eine (wirtschaftliche) Beteiligung an dem Zielunternehmen aufgebaut hatte, ohne diesen Beteiligungsaufbau veröffentlichen zu müssen. Mittel der Wahl waren insbes. Derivate mit Barausgleich mit einem oder mehreren Kreditinstituten auf der Gegenseite, bei denen der Bieter davon ausgehen konnte, dass sie mangels Spekulationsinteresse eine Absicherungsposition (Hedge Position) aufbauen würde, die bei

---

[228] *BaFin* Emittentenleitfaden, S. 33.
[229] Ehricke/Ekkenga/Oechsler/*Oechsler* WpÜG § 10 Rn. 27; Schwark/Zimmer/*Noack/Holzborn* WpÜG § 10 Rn. 43; aA Steinmeyer/*Santelmann/Steinhardt* WpÜG § 10 Rn. 59; Baums/Thoma/Verse/*Thoma* § 10 Rn. 118.
[230] Marsch-Barner/Schäfer/*Drinkuth* § 60 Rn. 66; Schäfer/Hamann/*Geibel/Schäfer* WpHG § 15 Rn. 132; *Tollkühn* ZIP 2004, 2215 (2218); *Brandi/Süßmann* AG 2004, 642 (650).

Beendigung des Derivats aufgelöst werden würde,[231] Wertpapierdarlehen (in der Praxis oft untechnisch als Wertpapierleihe bezeichnet), Share-Repurchase-Vereinbarungen[232] und bedingte Finanzinstrumente mit Realerfüllung.[233] Allen diesen Instrumenten war zu eigen, dass sie weder unter die Zurechnungsvorschriften der Stimmrechtmitteilungen (§ 34 WpHG (§ 22 WpHG aF)) und des Übernahmerechts (§ 30 WpÜG) noch unter die damalige Fassung von § 38 WpHG (§ 25 WpHG aF) fielen. Spätestens nach dem jeweils in einer prekären Finanzsituation des Bieters endenden, aggressiven Gebrauch von Derivaten zum verdeckten Beteiligungsaufbau in den Fällen Dr. Ing. h.c. F. Porsche Aktiengesellschaft/Volkswagen Aktiengesellschaft und Schaeffler KG/Continental AG wurde dies als Fehlentwicklung erkannt und war als „Anschleichen" in Verruf geraten. Nach öffentlicher Kritik und einem Brief einer Reihe von Vorständen von DAX-Unternehmen an den damaligen Bundesfinanzminister Steinbrück kam das Gesetzgebungsverfahren für die relevanten Teile des Anlegerschutz- und Funktionsverbesserungsgesetzes (AnsFuG) in Gang, durch die zum 1.2.2012 der Anwendungsbereich von § 38 WpHG (§ 25 WpHG aF) auf Aktiendarlehen und Pensionsgeschäfte erweitert und zudem Meldepflichten insbes. für Derivate mit Barausgleich und bedingte Finanzinstrumente mit Realerfüllung geschaffen wurden (§ 25a WpHG aF), die dann in § 38 WpHG aufgegangen sind. Seitdem gelten sie auch für den wirtschaftlichen Beteiligungsaufbau Mitteilungspflichten.

Seitdem verbleiben für den wirtschaftlichen Beteiligungsaufbau im Vorfeld eines Angebots im Wesentlichen folgende Anwendungsbereiche:
– Beteiligungsaufbau unterhalb der Mitteilungsschwellen: Unterhalb der Mitteilungsschwellen kann der Bieter weiterhin auch verdeckt eine Beteiligung aufbauen. Er kann bis zu 2,99 % der stimmberechtigten Aktien der Zielgesellschaft direkt oder bis zu 4,99 % über Derivate erwerben, ohne einer Mitteilungspflicht nach dem WpHG zu unterliegen, vorausgesetzt die Gesamtbeteiligung bleibt unter 5 % der Stimmrechte. Das ist vom Gesetz gewollt und angesichts der geringen Beteiligungshöhe rechtspolitisch nicht bedenklich.
– Offener Beteiligungsaufbau: Der Bieter kann weiterhin offen, dh unter Beachtung der Mitteilungspflichten, im Vorfeld eines Angebots eine Beteiligung an der Zielgesellschaft aufbauen, solange er nur die Entscheidung zur Abgabe des Angebots noch nicht getroffen hat.[234] Die Beteiligung kann durch Erwerb von Aktienpaketen[235] oder auch über die Börse[236] aufgebaut werden.

---

[231] Vgl. das Übernahmeangebot der Schaeffler KG an die Aktionäre der Continental AG v. 30.7.2008, S. 14 ff.; die Schaeffler KG hatte im Vorfeld der Übernahme Swap-Geschäfte mit Barausgleich über 28 % der Continental-Aktien abgeschlossen.
[232] Vgl. das Angebot der TDK Germany GmbH an die Aktionäre der EPCOS AG v. 25.8.2008, S. 22 f.
[233] Vgl. BeckHdB AG/*Oppenhoff*, 2. Auflage, § 27 Rn. 108.
[234] Vgl. das Pflichtangebot der Volkswagen Aktiengesellschaft an die Aktionäre der MAN SE v. 31.5.2011, S. 16 und das Übernahmeangebot der Engine Holding GmbH an die Aktionäre der Tognum AG v. 6.4.2011, S. 17.
[235] Vgl. das Übernahmeangebot der Dragonfly GmbH & Co. KGaA an die Aktionäre der Celesio AG v. 5.12.2013, S. 20.
[236] Vgl. das Übernahmeangebot der Vodafone Vierte Verwaltungsgesellschaft mbH an die Aktionäre der Kabel Deutschland Holding AG v. 30.7.2013, S. 13 f. und das Pflichtangebot der Volkswagen Aktiengesellschaft an die Aktionäre der MAN SE v. 31.5.2011, S. 16 f.

Wirtschaftlicher Beteiligungsaufbau oberhalb der Kontrollschwelle: Da die Zurechnungsvorschriften des WpÜG unverändert geblieben sind[237] und die entsprechenden Derivate bei richtiger Gestaltung weiter keine Zurechnung in Bezug auf ein Pflichtangebot auslösen, ist es weiterhin möglich, durch Derivate eine wirtschaftliche Beteiligung auch oberhalb der Kontrollschwelle auszubauen, ohne ein Pflichtangebot abgeben zu müssen.[238] Voraussetzung dafür ist, dass sich der Bieter der Möglichkeit einer Einflussnahme auf die Ausübung der Stimmrechte begibt.

114 Das Inkrafttreten der MMVO hat zu keinen weiteren Einschränkungen dieser Möglichkeiten des Stakebuildings geführt. Insbesondere bleiben Aktienerwerbe im Vorfeld einer Übernahme nach wie vor als Umsetzung eigener Entscheidungen grds. zulässig, sofern der Bieter bei Erteilung des Auftrags zum Erwerb der Aktien in Unkenntnis anderer relevanter Insiderinformationen in Bezug auf die Zielgesellschaft handelt (Art. 9 Abs. 5 MMVO). Will der Bieter davon Gebrauch machen und auch eine Due Diligence bei der Zielgesellschaft durchführen, ist es ratsam, für die beabsichtigen Aktienerwerbe zuvor einen festen Erwerbsauftrag an eine Bank zu erteilen. Denn nach den nunmehr in Erwägungsgrund 24 MMVO aufgenommenen Grundsätzen der Entscheidung des EuGH in Sachen Spector/Photo Group,[239] muss derjenige, der in Kenntnis einer Insiderinformation mit den betreffenden Wertpapieren handelt, die Vermutung widerlegen, dass er die Insiderinformation bei diesen Geschäften genutzt hat. Einen festen Erwerbsauftrag kann der Bieter auch nach Kenntnis einer die Zielgesellschaft betreffenden Insiderinformation unverändert aufrechterhalten. Im Gegenteil wäre eine Änderung oder Stornierung des Auftrags jedenfalls bei Insiderinformationen mit nicht eindeutig dem Auftrag zuwiderlaufenden Kursauswirkung im Zweifel sogar ein verbotenes Insidergeschäft iSv Art. 8 Abs. 1 S. 3 MMVO.

115 Stakebuilding-Maßnahmen im Vorfeld eines Angebots können je nach Ausgestaltung die Höhe der zu zahlenden Gegenleistung beeinflussen.[240]

4. Ansprache von Aktionären (Marktsondierung)

116 Die MMVO formalisiert für das deutsche Übernahmerecht erstmalig Regeln für die Ansprache von Aktionären (Art. 11 Abs. 2 MMVO). Systematisch bietet die Einhaltung der Regeln über die Marktsondierung im Sinne eines Safe Harbour verlässlichen Schutz vor dem Vorwurf unberechtigter Offenlegung von Insiderinformationen.[241] Liegen die Voraussetzungen vor, darf der Bieter in dem dort geregelten Verfahren die Aktionäre ansprechen; einer gesonderten Prüfung der Informationsweitergabe nach den in der EuGH-Entscheidung in Sachen Grøngaard

---

[237] Geringfügige Änderungen haben sich durch Hinzufügung von zwei neuen Zurechnungstatbeständen durch das Gesetz zur Umsetzung der Transparenzrichtlinie-Änderungsrichtlinie ergeben.
[238] Vgl. das Übernahmeangebot der FS Technology Holding S.à.r.l. an die Aktionäre der First Sensor AG v. 28.7.2014, S. 10 f.
[239] EuGH C-45/08, NZG 2010, 107.
[240] Vgl. Steinmeyer/Santelmann/Nestler WpÜG § 31 Rn. 104 ff.; Angerer/Geibel/Süßmann/*Süßmann* WpÜG § 31 Rn. 61 ff.; Frankfurter Komm. WpÜG/*Haarmann* § 31 Rn. 148 ff.; MünchKomm. AktG/Bd. 6/*Wackerbarth* WpÜG § 31 Rn. 84 ff.; vgl. die Berechnung des Mindestpreises für die Stammaktien der Volkswagen Aktiengesellschaft in dem Angebot der Dr. Ing. h.c. F. Porsche AG an die Aktionäre der Volkswagen Aktiengesellschaft v. 30.04.2007, S. 27 f.
[241] *Oppenhoff/Horcher* DB-Beil. 6/2017, 25 (26).

D. Übernahmeangebote § 23

und Bang[242] aufgestellten Anforderungen bedarf es nicht mehr.[243] Die Marktsondierung regelt die Ansprache von Aktionären nicht abschließend. Weder die Ansprache von Aktionären außerhalb ihres Anwendungsbereichs noch die Ansprache ohne Nutzung des Safe Harbour sind per se unzulässig.[244] Wird eine Insiderinformation ohne Nutzung des Safe Harbour weitergegeben, ist die Rechtmäßigkeit der Offenlegung unter Beachtung der Anforderungen, die der EuGH in Sachen Grøngaard und Bang formuliert hat, zu beurteilen.

Der Anwendungsbereich der Marktsondierung ist im übernahmerechtlichen Bereich eröffnet, wenn der Bieter eine Insiderinformation Aktionären der Zielgesellschaft offenlegen möchte und dies erforderlich ist, damit sich die Aktionäre eine Meinung über ihre Verkaufsbereitschaft bilden können und diese Verkaufsbereitschaft im vernünftigen Ermessen des Bieters für die Entscheidung, ob er sein Angebot abgeben wird, maßgeblich ist. Gerade im Hinblick auf die Ansprache von Großaktionären stellen sich dabei zwei Abgrenzungsfragen: Wie der Vergleich mit der Marktsondierung für die Veräußerung von Wertpapieren (Art. 11 Abs. 1 MMVO) zeigt, ist die übernahmerechtliche Marktsondierung nur anwendbar, soweit eine Insiderinformation weitergegeben wird. Bei der Erstansprache eines Großaktionärs, der eine Beteiligung hält, ohne der der Bieter sein Angebot nicht zum Erfolg führen kann, stellt die beabsichtigte Übernahme mangels Konkretisierung aber häufig noch keine Insiderinformation dar.[245] Daneben gibt es einen Unterschied zwischen einer Sondierung und Verhandlungen. Haben die Gespräche des Bieters mit einem Großaktionär die Verhandlung der konkreten Konditionen zum Erwerb von dessen Aktienpaket zum Gegenstand, so finden die Regelungen der Marktsondierung nach Art. 11 Abs. 2 MMVO keine Anwendung.[246] Die Abgrenzungskriterien sind bisher wenig erforscht. Entscheidend muss es darauf ankommen, ob der Bieter bereit ist, für den Erwerb des oder der Pakete substantielle Zugeständnisse auf individualvertraglicher Basis zu machen. Das heißt, auf Aktionärsseite muss es sich um einen sehr beschränkten Personenkreis handeln, der über erhebliche Beteiligungen verfügt. Der konkreten Ausgestaltung der Ansprache bzw. Kommunikationsform dürfte eher eine untergeordnete Bedeutung zukommen. Sofern der Bieter für sein Angebotskonzept auf den Erwerb der entsprechenden Aktienpakete der Großaktionäre angewiesen ist, wird er in aller Regel auch zu materiellen Zugeständnissen bereit sein (müssen), so dass bei einer Ansprache mit dem Ziel, diese durch individualvertragliche Absprachen zu erwerben, die Marktsondierungsvorschriften nicht eingehalten werden müssen. Dies dürfte bei kontrollierenden Beteiligungen fast ausnahmslos der Fall sein und ist auch bei niedrigeren Beteiligungen dann zu vermuten, wenn der bzw. die angesprochenen Großaktionäre eine (auf Grund von Hauptversammlungspräsenzen faktische) Sperrminorität von 25 % der Stimmrechte der Zielgesellschaft halten und der Bieter deswegen die Blockade im Übernahmekonzept fest eingeplanter Strukturmaßnahmen in Bezug auf die Zielgesellschaft nach erfolgreichem Übernahmeangebot befürchten muss. Irrelevant für die Frage des Vorliegens einer Verhandlungssituation ist dagegen, ob die Vereinbarung zwi-

---

[242] EuGH C-384/02, ZIP 2006, 123.
[243] *Oppenhoff/Horcher* DB-Beilage 06/2017, 25, 26; Zetzsche NZG 2015, 817 (819 f.); *Tissen* NZG 2015, 1254, 1255 f.; *Krause* CCZ 2014, 248 (254); aA *Poelzig* NZG 2016, 528 (534); *Kiesewetter/Parmentier* BB 2013, 2371 (2373).
[244] Vgl. Erwägungsgrund 35 MMVO.
[245] *BaFin* Emittentenleitfaden, S. 32 f.; Assmann/Schneider/*Assmann* WpHG § 13 Rn. 6.
[246] ESMA, Final Report – Draft technical standards on the Market Abuse Regulation v. 28.9.2015 (ESMA/2015/1455) Rn. 70.

schen dem Bieter und den Großaktionären die Form eines Kauf- oder Tauschvertrags oder eines sog. Irrevocable Undertaking nimmt.[247] Ist der Anwendungsbereich nicht eröffnet, können Bieter und Aktionär ihre Verhandlungen ohne die technischen Dokumentations-, Aufklärungs- und Aufbewahrungspflichten nach Art. 11 Abs. 3 und 5 MMVO unter den bisher üblichen Maßnahmen zur Sicherstellung der Vertraulichkeit führen. Ist der Anwendungsbereich eröffnet, verlangt Art. 11 Abs. 2 MMVO, dass der Bieter die für Marktsondierungen geltenden umfangreichen Dokumentations-, Aufklärungs- und Aufbewahrungspflichten nach Art. 11 Abs. 3 und 5 MMVO beachtet.

5. Vereinbarungen mit Großaktionären

118 Eine Vielzahl der in Deutschland börsennotierten Unternehmen hat einen oder mehrere Großaktionäre. Um die Erfolgschance des beabsichtigten Übernahmeangebots zu erhöhen, wird der Bieter regelmäßig bereits vor Ankündigung des Angebots versuchen, sich diese Aktienpakete zu sichern. Hierfür bieten sich grundsätzlich zwei Strukturierungsmöglichkeiten an:

119 Der Bieter kann mit dem Großaktionär einen **Kauf- oder Tauschvertrag** über die Aktien der Zielgesellschaft schließen. Dieser Vertrag steht selbstständig neben dem Angebot, gleichwohl braucht der Bieter bei einem Kontrollerwerb auf Basis eines kurz vor Angebotsankündigung geschlossenen Kauf- oder Tauschvertrags nach Ankündigung eines Übernahmeangebots kein zusätzliches Pflichtangebot abzugeben.[248] In der inhaltlichen Gestaltung sind die Parteien frei, die Gegenleistung des Bieters einschließlich geldwerter, als Gegenleistung für die Aktien gewährter Nebenleistungen festzulegen. Sie setzen damit aber einen Mindestpreis für die Gegenleistung eines zeitnah[249] herausgelegten Angebots. Diese Flexibilität besteht insbesondere auch im Hinblick auf den Zeitpunkt des Vollzugs des Vertrags, so dass Kauf- oder Tauschverträge immer vorzuziehen sind, wenn der Bieter möglichst zügig in die Stellung des Großaktionärs einrücken möchte und Fusionskontroll- oder andere behördliche Verfahren den Vollzug nicht ohnehin bis nach dem Ende der Annahmefrist verzögern. Andererseits verneint das für den übernahmerechtlichen Squeeze Out bundesweit zentral zuständige LG Frankfurt am Main die Berücksichtigung von Aktien, für die in einem Kaufvertrag vor der Ankündigung des Angebots ein Erwerbsrecht begründet wurde, bei der Berechnung der 90%-Schwelle des § 39a Abs. 3 Satz 3 WpÜG.[250] Bei Erreichen dieser Schwelle wird vermutet, dass die Gegenleistung eine angemessene Entschädigung für den Ausschluss der Aktionäre aus der Zielgesellschaft darstellt.[251]

120 Eine Alternative dazu ist, mit den Großaktionären sog. Irrevocable Undertakings zu vereinbaren. Unter Irrevocable Undertakings versteht man Verträge, in denen sich der Großaktionär verpflichtet, ein Angebot des Bieters für seine Aktien anzunehmen, sofern es den vertraglich vereinbarten Mindestkonditionen entspricht. Häufig ist der Bieter auch verpflichtet, das Angebot abzugeben. Die Parteien sind

---

[247] Vgl. Rn. 119 f.
[248] Vgl. Rn. 158; Frankfurter Komm. WpÜG/*Hommelhof/Witt* § 35 Rn. 105; Steinmeyer/ Steinmeyer WpÜG § 35 Rn. 124; MünchKomm. AktG/Bd. 1/*Schlitt/Ries* WpÜG § 35 Rn. 256.
[249] Vgl. § 4 WpÜGAngebV.
[250] Zu Vorerwerben LG Frankfurt a. M. 3–05 O 116/12, AG 2013, 433 (436); ablehnend *Paschos/Witte* EWiR 2013, 361 (362). Zu Parallelerwerben OLG Frankfurt a. M. WpÜG 10/11, AG 2012, 635 (638); zustimmend *Widder* EWiR 2012, 641 (642).
[251] Vgl. Rn. 184.

in der inhaltlichen Ausgestaltung der Irrevocable Undertakings ebenfalls weitgehend frei, wobei häufiger Diskussionspunkt neben den Konditionen des Angebots die Frage ist, ob ein Rücktrittsrecht für den Fall eines konkurrierenden Angebots gewährt wird (Soft Irrevocable Undertaking) oder nicht (Hard Irrevocable Undertaking). Nicht in einem Irrevocable Undertakings vereinbaren können die Parteien geldwerte Nebenleistungen als Gegenleistung für die Aktien, da diese einen Einfluss auf den Angebotspreis hätten, der dem Großaktionär durch Annahme des Angebots wiederum zu Gute käme. Darüber hinaus sind die Parteien für den Vollzug des Aktienerwerbs an den Abwicklungsmechanismus des Angebots gebunden. Die auf Grund eines Irrevocable Undertakings von unabhängigen Aktionären (dh nicht mit dem Bieter gemeinsam handelnden Personen) in das Angebot eingereichten Aktien sind auf die 90%-Schwelle des § 39a Abs. 3 Satz 2 WpÜG anzurechnen.[252]

Sowohl der Abschluss von Kauf- oder Tauschverträgen als auch von Irrevocable **121** Undertakings ist nach §§ 38, 39 WpHG Mitteilungspflichten unterworfen und die Vereinbarungen sind nach § 2 Nr. 7 WpÜGAngebV in der Angebotsunterlage anzugeben.

II. Gegenleistung

Die Gegenleistung wird in aller Regel für die Aktionäre der Zielgesellschaft **122** das wichtigste Kriterium in ihrer Entscheidung über die Annahme des Angebots sein. Während der Bieter eines einfachen Erwerbsangebots bei der Bestimmung der Angebotsgegenleistung lediglich die Erfolgswahrscheinlichkeit des Angebots, dh dessen Attraktivität für die Aktionäre der Zielgesellschaft, beachten muss, ist der Bieter eines Übernahmeangebots nach § 31 WpÜG auch Mindestanforderungen im Hinblick auf Art und Höhe der Angebotsgegenleistung unterworfen.

1. Art

Der Bieter ist grundsätzlich frei, ein Übernahmeangebot als Bar- oder als Tausch- **123** angebot gegen liquide Aktien auszugestalten. Haben der Bieter, mit ihm gemeinsam handelnde Personen oder deren Tochterunternehmen jedoch in einem Zeitraum von sechs Monaten vor Veröffentlichung der Entscheidung zur Abgabe des Angebots bis zum Ablauf der (regulären) Annahmefrist insgesamt **mindestens 5% der Aktien** oder der Stimmrechte an der Zielgesellschaft gegen Zahlung einer Geldleistung erworben oder sind Vereinbarungen eingegangen, auf Grund derer sie deren Übereignung gegen Zahlung einer Geldleistung verlangen können, so ist der Bieter zu einem Barangebot verpflichtet (§ 31 Abs. 3, 6 WpÜG). Diese spezielle Ausformung des Gleichbehandlungsprinzips ist nicht auf Vorerwerbe gegen andere Gegenleistung übertragbar, so dass zB ein Bieter, der 5% der Aktien der Zielgesellschaft im Tausch gegen Aktien einer anderen Gesellschaft erworben hat, nicht verpflichtet ist, die Aktien dieser anderen Gesellschaft anzubieten.

Entscheidet sich der Bieter für ein Barangebot, so hat er als Gegenleistung min- **124** destens auch eine Geldleistung in Euro anzubieten (§ 31 Abs. 2 Satz 1 WpÜG).

Bei einem Tauschangebot müssen als Gegenleistung mindestens auch liquide **125** Aktien angeboten werden, die spätestens zum Zeitpunkt des Vollzugs des Angebots zum Handel an einem organisierten Markt im Europäischen Wirtschaftsraum zu-

---

[252] OLG Frankfurt a. M. WpÜG 3/13, AG 2014, 410 (414); WpÜG 2/08, DB 2009, 54 (56).

gelassen sind (§ 31 Abs. 2 Satz 1 iVm § 2 Abs. 7 WpÜG).[253] Handelt es sich bei den angebotsgegenständlichen Wertpapieren um stimmberechtigte Aktien, so müssen die als Gegenleistung angebotenen Aktien zudem ebenfalls Stimmrechte gewähren (§ 31 Abs. 2 Satz 2 WpÜG). Der Gesetzgeber hat aber keine Festlegung über eine Mindeststimmkraft der angebotenen Aktien getroffen, so dass der Bieter bei Gesellschaften mit Aktiengattungen mit unterschiedlichem Stimmgewicht nicht gezwungen ist, die Aktiengattung mit dem höchsten Stimmgewicht anzubieten.[254]

126 Ob für die betreffenden Aktien ein **liquider Markt** existiert, ist für jeden Einzelfall gesondert zu prognostizieren. Mit dem Kriterium des liquiden Marktes soll es dem Aktionär, der bisher in einer börsennotierten Gesellschaft investiert war und damit – abhängig vom Volumen und den Marktgegebenheiten – relativ leicht sein Investment wieder abstoßen konnte, ermöglicht werden, dies nach Vollzug des Übernahmeangebots in vergleichbarer Weise zu tun. Insoweit ist auf die Aufnahmefähigkeit des Kapitalmarkts abzustellen, ob es den Aktionären nach Durchführung des Angebots möglich ist, die als Gegenleistung erhaltenen Aktien schnell und einfach wieder veräußern zu können.[255] Streubesitz und vergangenheitsbezogene Handelsvolumina der als Gegenleistung angebotenen Aktien können hierbei wertvolle Indizien liefern. Gleichwohl handelt es sich um eine zukunftsbezogene Betrachtung aus der Sicht eines objektiven Marktteilnehmers.[256] Bestanden in der Vergangenheit beispielsweise auf Grund geringen Streubesitzes lediglich zu vernachlässigende Handelsvolumina, so kann sich für die Zukunft ein hinreichend liquider Markt auf Grund der Anzahl der vom Bieter als Gegenleistung angebotenen Aktien ergeben.[257]

127 Der Bieter darf neben der Pflichtgegenleistung nach Wahl der Aktionäre der Zielgesellschaft alternativ weitere Gegenleistungen anbieten.[258] Als **Wahlgegenleistung** können daher zB auch Schuldverschreibungen, Optionsscheine oder Aktien, die lediglich außerhalb des EWR zum Handel zugelassen sind oder im Freiverkehr gehandelt werden, angeboten werden.[259] Die Wahlgegenleistung darf auch deutlich attraktiver ausgestaltet werden. So kann der Bieter eine freiwillige Prämie beispielsweise nur für die Wahlgegenleistung anbieten.[260]

---

[253] Vgl. das Übernahmeangebot der DePfa Holding plc an die Aktionäre der DePfa Deutsche Pfandbrief AG v. 19.1.2002, S. 9; Steinmeyer/*Santelmann/Nestler* WpÜG § 31 Rn. 72; Begr. RegE zu § 31 Abs. 2 WpÜG, BT-Drs. 14/7034, 55.

[254] Häufig diskutiert am Beispiel schwedischer A- und B-Anteile; vgl. Baums/Thoma/ Verse/*Marsch-Barner* WpÜG § 31 Rn. 73; Marsch-Barner/Schäfer/*Drinkuth* § 60 Rn. 269; aA Assmann/Pötzsch/Schneider/*Krause* WpÜG § 31 Rn. 59.

[255] Marsch-Barner/Schäfer/*Drinkuth* § 60 Rn. 268; Assmann/Pötzsch/Schneider/*Krause* WpÜG § 31 Rn. 47 ff.

[256] Baums/Thoma/Verse/*Marsch-Barner* WpÜG § 31 Rn. 72.

[257] Vgl. das Übernahmeangebot der Delta Beteiligungen AG an die Aktionäre der Beta Systems Software AG v. 22.2.2006.

[258] Begr. RegE zu § 31 Abs. 2 WpÜG, BT-Drs. 14/7034, 55.

[259] Vgl. das Übernahmeangebot der 2016091 Ontario Inc. an die Aktionäre der Ixos Software AG v. 1.12.2003, S. 10; zur Zulässigkeit einer solchen Alternativgegenleistung Kölner Komm. WpÜG/*Kremer/Oesterhaus* § 31 Rn. 37.

[260] Kölner Komm. WpÜG/*Kremer/Oesterhaus* § 31 Rn. 37; Assmann/Pötzsch/Schneider/ *Krause* WpÜG § 31 Rn. 61.

2. Höhe

Die den Aktionären der Zielgesellschaft im Rahmen eines Übernahmeangebots angebotene Gegenleistung muss **angemessen** sein (§ 31 Abs. 1 Satz 1 WpÜG). Bezugsgrößen für die Angemessenheit sind ausschließlich der **durchschnittliche Börsenkurs** der Aktien der Zielgesellschaft sowie **Vorerwerbspreise**, wobei der höchste so ermittelte Wert maßgeblich ist. Einer über diese Mindestpreisvorschriften hinausgehenden Angemessenheitsprüfung am Maßstab des inneren Unternehmenswerts bedarf es hingegen in aller Regel nicht, da das Übernahmeverfahren auf eine schnelle, rechtssichere Durchführung angelegt ist und es den Aktionären der Zielgesellschaft freisteht, das öffentliche Angebot anzunehmen.[261] Des Weiteren führen Aktienerwerbe parallel zum Angebot, außerbörsliche Nacherwerbe sowie diesen Vorgängen nach § 31 Abs. 6 WpÜG gleichgestellte Vereinbarungen zu einem Preis über dem Angebotspreis zu einer Erhöhung des Angebotspreises.

Im Rahmen eines Tauschangebots ist den Aktionären der Zielgesellschaft zumindest die Zahl von Gegenleistungsaktien pro Aktie der Zielgesellschaft zu gewähren, deren Wert dem ansonsten anzubietenden Barangebot pro Aktie der Zielgesellschaft zumindest entspricht. Die als Gegenleistung angebotenen Aktien sind in gleicher Weise mit ihrem durchschnittlichen Börsenkurs zu bewerten, wie der Mindestpreis auf Grundlage des durchschnittlichen Börsenkurses für die Aktien einer Zielgesellschaft ermittelt wird (§ 7 WpÜGAngebV iVm §§ 5, 6 WpÜGAngebVO).[262] Besteht für diese Aktien kein Börsenkurs oder ist dieser mangels ausreichenden Handelns nicht aussagekräftig, ist ihr Werk durch ein Bewertungsgutachten zu ermitteln.[263]

Hat die Zielgesellschaft mehrere Aktiengattungen ausgegeben, so ist für jede Aktiengattung die Angemessenheit getrennt zu bestimmen.[264] Dies ist in § 3 Satz 3 WpÜGAngebV ausdrücklich angelegt und verstößt auch nicht gegen den übernahmerechtlichen Gleichbehandlungsgrundsatz (§ 3 Abs. 1 WpÜG), da dieser nur innerhalb derselben Wertpapiergattung gilt. Die für eine Aktiengattung gezahlte Gegenleistung bedarf deshalb keiner sachlichen Rechtfertigung gegenüber der für eine andere Aktiengattung angebotenen Gegenleistung. So ist es beispielsweise zulässig, Inhabern von Stammaktien im Gegensatz zu Inhabern von stimmrechtslosen Vorzugsaktien einen Zuschlag zu gewähren oder die Zuschläge disproportional auszugestalten.[265] Es wäre in der Konsequenz dieses systematischen Ansatzes gelegen, Gleiches für den derivaten Erwerb von bereits ausgegebenen Wandelschuld-

---

[261] Assmann/Pötzsch/Schneider/*Krause* WpÜG § 31 Rn. 34 f.; Marsch-Barner/Schäfer/*Drinkuth* § 60 Rn. 251.

[262] Vgl. das Übernahmeangebot der Deutsche Wohnen SE an die Aktionäre der GSW Immobilien AG v. 2.10.2013, S. 52 f.; Assmann/Pötzsch/Schneider/*Krause* WpÜGAngebV § 7 Rn. 5; Steinmeyer/*Santelmann/Nestler* WpÜG § 31 Rn. 46 ff.

[263] Vgl. das Übernahmeangebot der Alpha Beta Netherlands Holding N.V. an die Aktionäre der Deutschen Börse AG v. 4.5.2011, S. 58 f. und das Übernahmeangebot der HLDCO123 PLC an die Aktionäre der Deutschen Börse AG v. 1.6.2016, S. 59 f.

[264] Vgl. das Übernahmeangebot der Procter & Gamble Germany Management GmbH an die Aktionäre der Wella AG v. 28.4.2003, S. 11 ff. sowie das Pflichtangebot der Volkswagen Aktiengesellschaft an die Aktionäre der MAN SE v. 31.5.2011, S. 28 ff.; BaFin-Jahresbericht 2003, S. 208 f.; Baums/Thoma/Verse/*Marsch-Barner* WpÜG § 31 Rn. 21; Assmann/Pötzsch/Schneider/*Krause* § 31 Rn. 29; *Habersack* ZIP 2003, 1123 (1128); aA *Heidel* FT Deutschland v. 8.4.2003, S. 32.

[265] Vgl. das Übernahmeangebot der Procter & Gamble Germany Management GmbH an die Aktionäre der Wella AG v. 28.4.2003, S. 11 ff. sowie das Pflichtangebot der Dr. Ing. h.c. F. Porsche AG an die Aktionäre der Volkswagen Aktiengesellschaft v. 30.4.2007, S. 27 ff.;

verschreibungen auch im Verhältnis zu der Aktiengattung, die durch Umtausch der Wandelschuldverschreibung erworben werden kann, gelten zu lassen.[266] Die Mindestpreisvorschriften sind spezielle Ausformung des Gleichbehandlungsgrundsatzes, für den § 3 Abs. 1 WpÜG ausdrücklich bestimmt, dass die Gleichbehandlung nur unter den Inhabern von Wertpapieren der gleichen Gattung gilt. Der BGH hat dagegen entschieden, diesen Grundsatz über § 31 Abs. 6 WpÜG wegen einer vermeintlich bestehenden Umgehungsgefahr zu durchbrechen und auch den derivativen Erwerb bereits ausgegebener Wandelschuldverschreibungen als relevanten Vorerwerb in Bezug auf die Aktien, in die die Wandelschuldverschreibung gewandelt werden kann, anzusehen.[267]

a) Durchschnittlicher Börsenkurs

131 Die vom Bieter angebotene Gegenleistung muss mindestens dem gewichteten durchschnittlichen inländischen Börsenkurs der angebotsgegenständlichen Aktien der Zielgesellschaft während der letzten **drei Monate** vor Veröffentlichung der Entscheidung zur Abgabe des Angebots entsprechen (§ 5 Abs. 1 WpÜGAngebV). Sind die Aktien ausschließlich zum Handel an einem organisierten Markt in anderen Staaten des Europäischen Wirtschaftsraums zugelassen, so tritt der durchschnittliche Börsenkurs, der an dem organisierten Markt mit den höchsten Umsätzen ermittelt wird, an die Stelle des inländischen Börsenkurses (§ 6 Abs. 1 WpÜGAngebV).

132 Der Börsenkurs ist als Mindestpreis nicht bindend, sofern die betreffenden Aktien illiquide sind und dem Aktienkurs demzufolge keine Aussagekraft zukommt.[268] Dies ist gemäß § 5 Abs. 4 WpÜGAngebV dann der Fall, wenn im relevanten Dreimonatszeitraum an weniger als einem Drittel der Börsentage Börsenkurse festgestellt worden sind und mehrere nacheinander festgestellte Börsenkurse um mehr als 5 % voneinander abweichen. Zur sachgerechten Bewertung der Gegenleistung ist dann eine Unternehmensbewertung im Wege des **Ertragswertverfahrens** oder des **Discounted-Cash-Flow-Verfahrens** vorzunehmen.[269]

b) Vorerwerbe

133 Neben dem durchschnittlichen Börsenkurs muss die angebotene Gegenleistung zudem mindestens der höchsten vom Bieter, mit ihm gemeinsam handelnden Personen und deren Tochterunternehmen in den letzten **sechs Monaten** vor Veröffent-

---

Baums/Thoma/Verse/*Marsch-Barner* WpÜG § 31 Rn. 21; Assmann/Pötzsch/Schneider/*Krause* WpÜG § 31 Rn. 30; vgl. auch BVerfG 1 BvR 1620/03, AG 2004, 607.

[266] LG Frankfurt a. M. 3/5 O 44/14, BeckRS 2014, 22490; BaFin-Jahresbericht 2014, S. 234. *Boucsein/Schmiady* AG 2016, 597 (603 ff.); *Hippeli* jurisPK HaGesR 3/2016, Anm. 1C; *Technau* Der Konzern 2016, 313 (315 f.); Angerer/Geibel/Süßmann/*Süßmann* WpÜG § 31 Rn. 64.

[267] BGH II ZR 37/16, ZIP 2017, 2359 (2460 ff.); der BGH hat in dieser Entscheidung den Preis für die Wandelschuldverschreibungen schlicht auf die Aktienzahl umgelegt, in die die Wandelschuldverschreibungen gewandelt werden konnten. Das lag im streitgegenständlichen Fall wegen der umgehenden Wandlung einiger Wandelschuldverschreibungen vielleicht etwas näher als in den anderen Sachverhaltskonstellationen, wird aber der ökonomischen Realität von Wandelschuldverschreibungen nicht mehr gerecht, weil deren Ausgestaltung zu eigenen wertbildenden Faktoren führt.

[268] Begr. RegE zu § 5 Abs. 4 WpÜGAngebV, BT-Drs. 14/7034, 80.

[269] Vgl. das Übernahmeangebot der Bilfinger Berger AG an die Aktionäre der Rheinhold & Mahla AG v. 12.7.2002, S. 6 f.; ausführlich zu den Bewertungsmethoden: Frankfurter Komm. WpÜG/*Haarmann* § 31 Rn. 35 ff.

D. Übernahmeangebote

lichung der Angebotsunterlage für den Erwerb von Aktien der Zielgesellschaft gewährten oder vereinbarten Gegenleistung entsprechen (§ 4 Satz 1 WpÜGAngebV). Dem gleichzustellen ist der Abschluss von Vereinbarungen, auf deren Basis eine der vorgenannten Personen die Übertragung von Aktien verlangen kann (§ 4 Satz 2 WpÜGAngebV iVm § 31 Abs. 6 Satz 1 WpÜG). Diese Gleichstellung gilt unabhängig davon, ob und wann es zu einer Übertragung der von der Vereinbarung betroffenen Aktien kommt.[270] Im Falle der Gewährung von börsennotierten Aktien als Vorerwerbsgegenleistung richtet sich die Bestimmung ihres Werts als Maßstab für die Gegenleistung regelmäßig nach dem tagesaktuellen Börsenkurs im Zeitpunkt des Abschlusses des entsprechenden Tausch- oder anderen schuldrechtlichen Vertrags über deren Gewährung sowie zusätzlich im Zeitpunkt von deren Übertragung.[271] Nach Auffassung der BaFin besteht die Pflicht zur Berücksichtigung von Vorerwerben auch dann, wenn es sich bei dem Erwerb der Aktien um einen konzerninternen Erwerb handelt.[272] Dieser Standpunkt verkennt aber, dass die Rechtfertigung der Bezugnahme auf Vorerwerbspreise darin liegt, dass unabhängige Parteien im Zweifel einen fairen Wert vereinbaren werden, während bei gruppeninternen Transaktionen eine ganze Reihe von anderen Gesichtspunkten den Ausschlag für die Preisfestsetzung geben kann.[273] Die Ausübung eigener gesetzlicher Bezugsrechte aus Kapitalerhöhungen hat auf den Mindestangebotspreis hingegen keine Auswirkung (§ 31 Abs. 6 Satz 2 WpÜG).

Im Hinblick auf die Angemessenheit der Angebotsgegenleistung sind allein Leistungen relevant, die der Bieter an Aktionäre im Austausch für den Erwerb der Aktien der Zielgesellschaft erbringt, die also mit dem Vorerwerb in einem **Gegenseitigkeitsverhältnis** stehen. Davon nicht erfasst sind Leistungen, die der Bieter aus anderen Gründen gewährt. Dazu können insbesondere dem Vorstand eingeräumte Management Incentives[274] oder Aktionärsvereinbarungen mit weiteren Aktionären gehören, wobei bei Letzteren schon zweifelhaft sein kann, ob überhaupt ein geldwerter Vorteil vorliegt. So hat beispielsweise eine Aktionärsvereinbarung, durch welche der Bieter im Vorfeld des Angebots mit einem Aktionär eine zukünftige Koordination der Ausübung der Stimmrechte vereinbart, keine Auswirkungen auf die Angemessenheit der Gegenleistung.[275]

c) Parallel-/Nacherwerbe

Erwerben der Bieter, mit ihm gemeinsam handelnde Personen oder deren Tochterunternehmen nach Veröffentlichung der Angebotsunterlage bis zur Veröffentlichung der Ergebnisbekanntmachung nach Ablauf der Annahmefrist (§ 23 Abs. 1 Satz 1 Nr. 2 WpÜG) Aktien der Zielgesellschaft zu einem Preis über dem Angebotspreis, so erhöht sich der Angebotspreis entsprechend (§ 31 Abs. 4

---

[270] BGH II ZR 353/12, ZIP 2014, 1623 (1625 f.). Siehe auch Assmann/Pötzsch/Schneider/*Krause* WpÜG § 31 Rn. 154; Baums/Thoma/Verse/*Marsch-Barner* WpÜG § 31 Rn. 121; aA *Wackerbarth* ZIP 2012, 253 (258).
[271] BaFin-Jahresbericht 2011, S. 226 f.; vgl. auch das Pflichtangebot der Clariant Verwaltungsgesellschaft mbH an die Aktionäre der Süd-Chemie AG v. 17.5.2011, S. 29 f.
[272] Vgl. das Übernahmeangebot der Erwerbsgesellschaft der S-Finanzgruppe mbH & Co KG an die Aktionäre der Landesbank Berlin Holding AG v. 1.8.2007, S. 14, 24 f.
[273] Baums/Thoma/Verse/*Marsch-Barner* WpÜG § 31 Rn. 26; Assmann/Pötzsch/Schneider/*Krause* WpÜGAngebV § 4 Rn. 11.
[274] Assmann/Pötzsch/Schneider/*Krause* WpÜG § 31 Rn. 115.
[275] Vgl. das Erwerbsangebot der RAG Projektgesellschaft mbH an die Aktionäre der Degussa AG v. 24.6.2002, S. 14 ff.

WpÜG). Gleiches gilt für den Abschluss von Vereinbarungen, auf Grund derer eine der vorgenannten Personen die Übereignung von Aktien verlangen kann (§ 31 Abs. 4, 6 WpÜG). Dies gilt sowohl für börsliche als auch für außerbörsliche Aktienerwerbe.

136 Außerbörsliche Aktienerwerbe (und nach § 31 Abs. 6 WpÜG gleichgestellte Vereinbarungen) über dem Angebotspreis, die innerhalb eines Jahres nach Veröffentlichung der Ergebnisbekanntmachung nach § 23 Abs. 1 Satz 1 Nr. 2 WpÜG getätigt werden, erhöhen den Angebotspreis nachträglich. Börsenkäufe sind hingegen uneingeschränkt möglich, ohne dass der Angebotspreis erhöht wird. Dies gilt unabhängig davon, in welchem Marktsegment die Börsenkäufe vorgenommen werden, so dass auch Erwerbe im Freiverkehr ohne Preiserhöhung möglich sind. Dies sollte auch für Erwerbe von Aktien über multilaterale Handelssysteme iSv § 2 Abs. 8 Nr. 8 WpHG gelten, da sie Börsen in allen materiellen Regelungen gleichstehen. Die BaFin interpretiert den Begriff allerdings enger und damit unter Ausschluss multilateraler Handelssysteme.

137 Parallelerwerbe sind mittlerweile das in der Praxis vorherrschende Mittel, den **Angebotspreis zu erhöhen**.[276] Die Angebotserhöhung durch den Kauf von angebotsgegenständlichen Aktien zu dem gewünschten Preis hat für den Bieter gegenüber einer formalen Angebotsänderungen den Vorteil, dass sie nach dem ausdrücklichen Gesetzeswortlaut zeitlich nicht gebunden ist und auch noch kurz vor Ablauf der Annahmefrist oder als Nacherwerb in der weiteren Annahmefrist vorgenommen werden kann. Dies kann insbesondere bei konkurrierenden Angeboten von Bedeutung sein. Mangels entsprechender Regelungsanordnung gelten auch die übrigen Schutzvorschriften des § 21 WpÜG, wie das Rücktrittsrecht der Aktionäre, die das Angebot angenommen haben, die Pflicht zur Beibringung einer neuen Finanzierungsbestätigung und die Fristverlängerung bei einer Änderung des Angebots innerhalb der letzten beiden Wochen der Annahmefrist nicht.[277]

d) Gestreckte Erwerbe

138 Bei großen kontrollierenden Aktienpaketen stellt sich die Frage, ob ihr Erwerb dergestalt in zwei Erwerbsvorgänge aufgespalten werden kann, dass der Erwerber unmittelbar nach Abschluss des Geschäfts zunächst ein Teilpaket von knapp unter 30% der Stimmrechte erwirbt und das zweite Teilpaket frühestens rund zwei Jahre später. In der Zwischenzeit kann der Bieter ein mit einem Kontrollerwerb verbundenes Übernahme- oder Pflichtangebot abgeben, dessen Angebotsunterlage mehr als sechs Monate nach dem Erwerb des ersten Teilpakets veröffentlicht und dessen Ergebnisbekanntmachung (§ 23 Abs. 1 S. 1 Nr. 2 WpÜG) mehr als ein Jahr vor dem Erwerb des zweiten Teilpakets veröffentlicht wird. Durch diese Gestaltung werden für das Übernahme- bzw. Pflichtangebot die Vor-, Parallel- und Nacherwerbsfristen für Mindestpreise oder Preiserhöhungen vermieden. In dem Verfahren Effecten-Spiegel ./. Deutsche Bank entschied der BGH[278] (wie zuvor das OLG Köln[279]

---

[276] Vgl. etwa die entsprechende Wasserstandsmeldung der Schaeffler KG v. 22.8.2008 betreffend die Übernahme der Continental AG.
[277] Vgl. etwa die entsprechende Wasserstandsmeldung der Schaeffler KG v. 22.8.2008 betreffend die Übernahme der Continental AG; aA *Rothenfußer/Friese-Dormann/Rieger* AG 2007, 137 (153).
[278] BGH II ZR 353/12, ZIP 2014, 1623.
[279] OLG Köln 13 U 166/11, AG 2013, 391.

D. Übernahmeangebote

und die BaFin[280]) zuletzt, dass die Gestaltung auch bei Vereinbarung höherer Preise zwischen Großaktionär und Bieter nicht per se zu Mindestpreisen für das in der Zwischenzeit abgegebene Übernahme- oder Pflichtangebot führt. Durch die Fristenlösung habe der Gesetzgeber nur sichergestellt, dass der Bieter die grundsätzlich erwerbsbezogenen Mindestpreisvorschriften durch die Vereinbarung von schuldrechtlichen Vereinbarungen über ein Erwerbsrecht nicht innerhalb der relevanten Zeiträume für Mindestpreise umgehen könne. Der Bieter solle nur an dem Preis festgehalten werden, den er im zeitlichen Zusammenhang mit dem Übernahmeangebot selbst als angemessen angesehen hat. Auch wenn der BGH nicht ausdrücklich anspricht, dass der zeitliche Abstand zwischen der Vereinbarung über den Erwerb und das Erwerbsrecht in derartigen Fällen in der Regel vom Bieter bewusst und gewollt herbeigeführt werden wird, um Mindestpreise für das Übernahme- oder Pflichtangebot zu vermeiden, ist dem zuzustimmen. Das gebietet die Rechtssicherheit, die für den Bieter gerade bei den Mindestpreisvorschriften von zentraler Bedeutung ist. Der Bieter muss sich auf die klare Anknüpfung an Fristen im Gesetz verlassen können. Im Einklang mit der herrschenden Meinung sah der BGH – vorbehaltlich weiterer Sachverhaltsaufklärung – auch die Voraussetzungen eines Pflichtangebots nicht gegeben, da im Hinblick auf die schuldrechtliche Vereinbarung über das Erwerbsrecht in Form einer Umtauschanleihe weder die Voraussetzungen für eine Zurechnung der entsprechenden Stimmrechte nach § 30 Abs. 1 Satz 1 Nr. 5 WpÜG erfüllt, weil dieser Zurechnungstatbestand nur dinglich wirkende Erwerbsrechte erfasst,[281] noch die einer Zurechnung nach § 30 Abs. 1 Satz 1 Nr. 2 WpÜG, weil dieser Zurechnungsbestand voraussetzt, dass der Bieter auch die Möglichkeit erwirbt, die Ausübung der Stimmrechte aus den von der Vereinbarung betroffenen Aktien zu beeinflussen.[282] Der BGH hat den Fall schließlich zur weiteren Sachverhaltsaufklärung bzgl. einer Zurechnung nach § 30 Abs. 2 WpÜG und damit einer Kontrollerlangung bereits bei Vereinbarung des ersten Erwerbsvorgangs wegen der – soweit ersichtlich nicht sonderlich substantiell vorgetragenen – Behauptung der Klägerin, in der schuldrechtlichen Vereinbarung über das Erwerbsrecht sei eine Interessenschutzklausel vereinbart worden, an das OLG zurückverwiesen.[283]

e) Veränderliche Preise

Solange der Bieter sicherstellt, dass der Mindestangebotspreis eingehalten wird, sind auch veränderliche Preise zulässig. Das gilt zunächst für sog. „Mix and Match"-**Angebote**,[284] bei denen der Bieter eine gemischte Gegenleistung anbietet und den annehmenden Aktionären freistellt, mehr von der einen oder anderen Gegenleistungsart haben zu wollen, was dann für alle annehmenden Aktionäre, die eine Wahl getroffen haben, in dem Umfang erfüllt wird, wie annehmende Aktionäre die gegenteilige Wahl getroffen haben. Da dem Angebot eine feste Höhe

---

[280] BaFin Jahresbericht 2010, S. 221.
[281] Vgl. BGH II ZR 353/12, ZIP 2014, 1623 (1627).
[282] Vgl. BGH II ZR 302/06, BGHZ 180, 154 Rn. 34, Kölner Komm. WpÜG/v. *Bülow* § 30 Rn. 98, BaFin Jahresbericht 2004, S. 206.
[283] Zu den dann gegebenenfalls geltenden Modifikationen der Mindestpreisvorschriften vgl. Rn. 210; in Bezug auf später geltend gemachte Ansprüche zu demselben Übernahmeangebot sah das LG Köln 82 O 11/15 v. 20.10.2017, BeckRS 2017, 130130 zu Unrecht die Voraussetzungen einer Zurechnung nach § 30 Abs. 2 WpÜG gegeben. Das OLG Köln hatte bei Abschluss des Manuskripts im vom BGH zurückverwiesenen Fall noch nicht entschieden.
[284] Vgl. auch Assmann/Pötzsch/Schneider/*Krause* WpÜG § 31 Rn. 64.

der Gegenleistung zugrunde liegt und die Wahlmöglichkeit den annehmenden Aktionären nur noch entgegenkommt, gibt es keinen Grund, „Mix and Match"-Angebote nicht zuzulassen. Unter der Voraussetzung, dass der Mindestangebotspreis eingehalten wird, sind aber auch Angebote unter Verwendung von **Earn-outs**[285] und **Preisformeln**[286] zulässig. Das Gesetz lässt Tauschangebote ausdrücklich zu, bei denen die Gegenleistung gemessen am Börsenkurs der angebotenen Aktien zwangsläufig Wertveränderungen unterworfen ist, so dass die Zulässigkeit von Wertveränderungen der Gegenleistung während der Angebotsfrist bereits im Gesetz angelegt ist. Um dem Bestimmtheitsgrundsatz zu genügen, muss die verwendete Preisberechnung aber für einen durchschnittlichen Anleger gut nachzuvollziehen sein und in der Angebotsunterlage am besten unter Verwendung von Beispielen erläutert werden. Fällt die ordentliche Hauptversammlung der Zielgesellschaft in die Angebotsphase, muss der Bieter die mögliche Dividendenausschüttung in seiner Preisgestaltung berücksichtigen. Dabei lässt es die BaFin nicht zu, die Dividende auf den Angebotspreis anzurechnen, da die Dividende von der Zielgesellschaft gezahlt wird. Dabei ist noch gut nachzuvollziehen, dass durch diese Anrechnung der Mindestpreis nicht unterschritten werden darf. Soweit dies nicht der Fall ist, ist schwer nachzuvollziehen, weshalb eine Anrechnung der Dividende auf den Angebotspreis nicht zulässig sein soll, da die Dividendenausschüttung empirisch belegbar den Wert der Zielgesellschaft beeinflusst. Seit dem Angebot der Vodafone Vierte Verwaltungsgesellschaft mbH an die Aktionäre der Kabel Deutschland Holding AG lässt es die BaFin aber zu, dem Bieter bei ungewisser Dauer des Angebotsverfahrens einen Dividendenausgleich für den Fall anzubieten, dass das Angebot bereits vor der ordentlichen Hauptversammlung vollzogen worden ist.[287]

III. Unzulässigkeit von Teilangeboten

140 Der Bieter muss ein Übernahmeangebot grundsätzlich auf alle von der Zielgesellschaft ausgegebenen Aktien richten (§ 32 WpÜG). Dem Bieter steht daher weder die Möglichkeit offen, das Übernahmeangebot auf einzelne Aktiengattungen zu beschränken und beispielsweise nur auf Stammaktien aber nicht auf **stimmrechtslose Vorzugsaktien** zu richten noch innerhalb einer Aktiengattung auf den Erwerb einer Höchststückzahl zu beschränken.[288] Dieser Grundsatz gilt auch für Aktien, die erst während der Annahmefrist entstehen,[289] und zwar sowohl für solche neuen Aktien, für die Bezugsrechte bereits vor der Annahmefrist begründet waren,[290] als auch für solche neuen Aktien, für die der Kapitalerhöhungsbeschluss erst während der Annahmefrist gefasst wird. Der Bieter ist jedoch berechtigt, sein Angebot für

---

[285] Vgl. das Pflichtangebot der Mustaphar 5. Verwaltungs GmbH an die Aktionäre der Hamborner AG v. 25.1.2007, S. 14, 17.

[286] Vgl. das Erwerbsangebot der E.ON Energie AG an die Aktionäre der CONTIGAS Deutsche Energie-Aktiengesellschaft v. 11.5.2005, S. 8 ff.

[287] Vgl. das Übernahmeangebot der Vodafone Vierte Verwaltungsgesellschaft mbH an die Aktionäre der Kabel Deutschland Holding AG v. 30.7.2013, S. 28.

[288] Baums/Thoma/Verse/*Diekmann* WpÜG § 32 Rn. 5; Assmann/Pötzsch/Schneider/*Favoccia* WpÜG § 32 Rn. 8; Steinmeyer/*Steinmeyer* WpÜG § 32 Rn. 3.

[289] Baums/Thoma/Verse/*Diekmann* WpÜG § 32 Rn. 7; Kölner Komm. WpÜG/*Hasselbach* § 32 Rn. 6.

[290] Kölner Komm. WpÜG/*Hasselbach* § 32 Rn. 6; Assmann/Pötzsch/Schneider/*Favoccia* WpÜG § 32 Rn. 15.

D. Übernahmeangebote 141–143 § 23

die **weitere Annahmefrist** auf diejenigen Aktien zu beschränken, die bis zum Ablauf der Annahmefrist entstanden sind.[291]

Eine Ausnahme von dem Grundsatz des Vollangebots gilt bei einer Befreiungsverfügung der BaFin auf Grund eines **grenzüberschreitenden Angebots**,[292] die es dem Bieter erlaubt, Wertpapierinhaber mit Sitz außerhalb des Europäischen Wirtschaftsraums von dem Angebot auszunehmen. Entgegen der Praxis der BaFin[293] ist es vorzugswürdig, **eigene Aktien der Zielgesellschaft** und diesen gleichzustellende Aktien vom Grundsatz des Vollangebots – in entsprechender Anwendung des § 35 Abs. 2 Satz 3 WpÜG – auszunehmen, da die Verpflichtungen des Bieters in einem Übernahmeangebot nicht weiter gehen können, als seine Verpflichtungen bei einem Pflichtangebot.[294]   **141**

Auf Wertpapiere, die Aktien repräsentieren und ausschließlich an Börsen außerhalb des EWR gehandelt werden, kann sich das Übernahmeangebot nicht erstrecken;[295] diese Frage stellt sich typischerweise im Zusammenhang mit American Depository Receipts (ADR). Die BaFin würde nicht über die notwendigen Informationen verfügen, um den für die ADRs gebotenen Preis zu überprüfen. Das Angebot muss jedoch auch auf die den ADRs zugrunde liegenden Aktien gerichtet sein. Da ADR-Programme das Recht der Inhaber vorsehen, die Herausgabe der zugrunde liegenden Aktien zu verlangen, ist in der Praxis sichergestellt, dass auch die Inhaber von ADRs an dem Angebot teilnehmen können.[296]   **142**

IV. Verhaltenspflichten der Zielgesellschaft

In Bezug auf Übernahmeangebote sieht das WpÜG zwei unterschiedlich ausgestaltete **Verhinderungsverbote** vor, nach denen die Zielgesellschaft keine Handlungen vornehmen darf, durch die der Erfolg des Übernahmeangebots verhindert werden könnte. Sofern die Satzung der Zielgesellschaft nichts anderes vorsieht, ist der Vorstand der Zielgesellschaft dem nationalen Verhinderungsverbot des § 33 WpÜG unterworfen, das bereits seit 2002 Bestandteil des WpÜG ist. Daneben ist durch das Übernahmerichtlinie-Umsetzungsgesetz das Europäische Verhinderungsverbot des § 33a WpÜG in das WpÜG inkorporiert worden, das durch die Europäische Durchbrechungsregel des § 33b WpÜG ergänzt wird. Das Europäische Verhinderungsverbot und die Europäische Durchbrechungsregel sind nur dann anwendbar, wenn die Hauptversammlung der Zielgesellschaft per Satzungsänderung für deren Anwendung optiert hat.   **143**

---

[291] Vgl. das Übernahmeangebot der Schaeffler KG an die Aktionäre der Continental AG v. 30.7.2008, S. 32; Frankfurter Komm. WpÜG/*Vogel* § 32 Rn. 17; Assmann/Pötzsch/Schneider/*Favoccia* WpÜG § 32 Rn. 15.

[292] Vgl. Rn. 86 ff.

[293] Vgl. die Übernahmeangebote der TKH Technologie Deutschland AG an die Aktionäre der Augusta Technologie AG v. 11.5.2012, S. 43 und der Siemens Industry Automation Holding AG an die Aktionäre der IBS AG v. 29.2.2012, S. 12 (12 f., 29).

[294] Assmann/Pötzsch/Schneider/*Favoccia* WpÜG § 32 Rn. 10; Baums/Thoma/Verse/*Diekmann* WpÜG § 32 Rn. 10.

[295] BaFin-Jahresbericht 2006, S. 184; Ehricke/Ekkenga/Oechsler/*Ekkenga* WpÜG § 32 Rn. 10; aA Baums/Thoma/Verse/*Diekmann* WpÜG § 32 Rn. 12.

[296] Vgl. das Übernahmeangebot der Dritte BV GmbH an die Aktionäre der Schering AG v. 13.4.2006, S. 19 und das Übernahmeangebot der TDK Germany GmbH an die Aktionäre der EPCOS AG v. 25.8.2008, S. 49 f.

1. Nationales Verhinderungsverbot

144 Das nationale Verhinderungsverbot richtet sich an den **Vorstand** und ist dem Wortlaut nach von der Veröffentlichung der Entscheidung zur Abgabe eines Angebots durch den Bieter nach § 10 WpÜG bis zur Veröffentlichung der Ergebnisbekanntmachung nach Ablauf der Annahmefrist nach § 23 Abs. 1 Satz 1 Nr. 2 WpÜG anwendbar.[297] Auch außerhalb dieses Zeitraums ist nicht jede Verteidigungsmaßnahme zulässig. Zum Teil wird vertreten, die Neutralitätspflicht wirke fort, wenn das Übernahmeangebot unter Bedingungen steht, die erst nach der Veröffentlichung nach § 23 Abs. 1 Nr. 2 WpÜG erfüllt werden.[298] Jedenfalls wird der Vorstand einer Zielgesellschaft in seinem Handeln durch § 3 Abs. 3 WpÜG und die **allgemeinen aktienrechtlichen Grundsätze** beschränkt, insbesondere müssen die getroffenen Maßnahmen im Unternehmensinteresse liegen und dürfen nicht mit einer Schädigung der Zielgesellschaft verbunden sein.[299]

145 Vom Verhinderungsverbot sind alle strukturellen Maßnahmen des Vorstands zur Verhinderung des Erfolgs des Angebots umfasst. Nicht erfasst sind jedoch ablehnende Äußerungen des Vorstands oder eine ablehnende Stellungnahme nach § 27 WpÜG im Hinblick auf das Übernahmeangebot.[300] Das Verhinderungsverbot verbietet hierbei alle Maßnahmen, die generell geeignet sind, den Erfolg des Angebots zu gefährden. Auf eine konkrete Vereitelungsabsicht kommt es nicht an.[301]

146 Das Verhinderungsgebot bedeutet jedoch keine absolute Einschränkung der Handlungsmöglichkeiten des Vorstands. Vielmehr bleiben folgende Maßnahmen zulässig, sofern diese im Gesellschaftsinteresse liegen und unter Wahrung der Kompetenzordnung der Aktiengesellschaft erfolgen (§ 33 Abs. 1 Satz 2, Abs. 2 WpÜG):[302]

– Handlungen, denen der **Aufsichtsrat** zugestimmt hat; in diesem Zusammenhang war lange Zeit umstritten gewesen, ob der Vorstand während eines Übernahmeverfahrens mit Zustimmung des Aufsichtsrats von einfachen Ermächtigungsbeschlüssen der Hauptversammlung Gebrauch machen darf oder ob die Ausnutzung einer solchen Ermächtigung nur dann zulässig ist, wenn die Ermächtigung den zusätzlichen Anforderungen des § 33 Abs. 2 WpÜG genügt.[303] In Übereinstimmung mit der Gesetzesbegründung[304] lässt die herrschende Meinung zu Recht einfache Ermächtigungsbeschlüsse ausreichen. In den konkurrierenden Angeboten der AREVA und der Suzlon Windenergie GmbH an die Aktionäre der REpower Systems AG hat die BaFin die 10%ige Kapitalerhöhung der REpower Systems AG aus genehmigtem Kapital nach Veröffentlichung

---

[297] Marsch-Barner/Schäfer/*Drinkuth* § 60 Rn. 60, 320; Frankfurter Komm. WpÜG/*Röh* § 33 Rn. 37.
[298] Kölner Komm. WpÜG/*Hirte* § 33 Rn. 47; aA Assmann/Pötzsch/Schneider/*Krause/Pötzsch/Stephan* WpÜG § 33 Rn. 68.
[299] Assmann/Pötzsch/Schneider/*Krause/Pötzsch/Stephan* WpÜG § 33 Rn. 68.
[300] Kölner Komm. WpÜG/*Hirte* § 33 Rn. 63; Baums/Thoma/Verse/*Grunewald* WpÜG § 33 Rn. 12.
[301] Begr. RegE zu § 33 WpÜG, BT-Drs. 14/7034, 57; Baums/Thoma/Verse/*Grunewald* WpÜG § 33 Rn. 24.
[302] Steinmeyer/*Steinmeyer* WpÜG § 33 Rn. 6; Baums/Thoma/Verse/*Grunewald* WpÜG § 33 Rn. 55 f.
[303] Vgl. MünchKomm. AktG/Bd. 6/*Schlitt/Ries* WpÜG § 33 Rn. 139 f., 172 ff. mwN.
[304] Beschlussempfehlung und Bericht des Finanzausschusses zum WpÜG, BT-Drs. 14/7477, 53.

D. Übernahmeangebote   §23

der Angebotsunterlage von AREVA ebenso unbeanstandet gelassen[305] wie die 10%ige Kapitalerhöhung der HOCHTIEF AG während der Annahmefrist des Übernahmeangebots der ACS, Actividades de Construcción y Servicios, S.A.;[306]
- die Suche nach einem konkurrierenden Bieter (**White Knight**);[307]
- Handlungen, die auch ein **ordentlicher und gewissenhafter Geschäftsleiter** einer Gesellschaft, die nicht von einem Übernahmeangebot betroffen ist, vorgenommen hätte (insbesondere Fortführung des Tagesgeschäfts) oder die bereits vor Veröffentlichung der Entscheidung zur Abgabe des Angebots angelegt waren;[308] der Vorstand sollte hier auf eine genaue Dokumentation der Maßnahmen achten;[309]
- Handlungen, zu denen die **Hauptversammlung** den Vorstand ermächtigt hat. Die Ermächtigung durch die Hauptversammlung kann entweder im Vorfeld des Angebots für höchstens 18 Monate als sog. Vorratsermächtigung oder nach der Veröffentlichung zur Entscheidung der Abgabe des Angebots nach § 10 WpÜG erteilt werden. Vorratsermächtigungen haben jedoch bislang keine praktische Bedeutung.[310]

2. Europäisches Verhinderungsverbot/Durchbrechungsregel

Das Europäische Verhinderungsverbot und die Europäische Durchbrechungsregel sind nur dann anwendbar, wenn sich die Hauptversammlung der Zielgesellschaft per Satzungsänderung für deren Anwendung entscheidet (sog. Opt-in). Hierzu bedarf es eines Beschlusses mit einer Mehrheit von 75% des anwesenden stimmberechtigten Grundkapitals, sofern die Zielgesellschaft nicht von § 179 Abs. 2 Satz 2 AktG Gebrauch gemacht und die relevante Mehrheit verändert hat. Auf Grund der gängigen Satzungsbestimmungen würde bei den meisten Gesellschaften deshalb die einfache Mehrheit ausreichen.

Die Hauptversammlung einer Zielgesellschaft, die für die Anwendung des Europäischen Verhinderungsverbots und/oder die Europäische Durchbrechungsregel optiert hat, kann nach § 33c WpÜG mit einfacher Mehrheit der Stimmen beschlie-

---

[305] Vgl. die Ad-hoc-Mitteilung der REpower Systems AG v. 20.3.2007 sowie die am 22.3.2007 erfolgte Änderung des Übernahmeangebots der Société des Participations du Commissariat à l'Énergie Atomique (AREVA) an die Aktionäre der REpower Systems AG v. 5.2.2007, in der die Bieterin auf die Angebotsbedingung des Ausbleibens der Durchführung einer Kapitalerhöhung nachträglich verzichtete (was nach heutiger Verwaltungspraxis der BaFin nicht mehr zulässig wäre, vgl. die Formulierung „vor" zB im Übernahmeangebot der HLDCO 123 PLC an die Aktionäre der Deutschen Börse AG vom 1.6.2016, S. 108), sowie das konkurrierende Übernahmeangebot der Suzlon Windenergie GmbH v. 28.2.2007.
[306] Ad-hoc-Meldung der HOCHTIEF AG vom 06.12.2010 abrufbar unter http://www.hochtief.de/hochtief/739.jhtml?pager.offset=15; BaFin-Jahresbericht 2010 S. 223.
[307] Vgl. etwa BC Partners im Hinblick auf das Angebot der MEIF II Energie Beteiligungen GmbH & Co KG an die Aktionäre der Techem AG v. 16.11.2006, BaFin-Jahresbericht 2006, S. 184.
[308] Vgl. der von der Beta Systems Software AG durchgeführte Aktiensplit nach Veröffentlichung der Entscheidung zur Abgabe eines Übernahmeangebots durch die Delta Beteiligungen AG; siehe Übernahmeangebot der Delta Beteiligungen AG an die Aktionäre der Beta Systems Software AG v. 22.2.2006, S. 7 ff.; vgl. auch Begr. RegE zu § 33, BT-Drs. 14/7034, 58; Assmann/Pötzsch/Schneider/*Krause/Pötzsch/Stephan* WpÜG § 33 Rn. 145.
[309] Assmann/Pötzsch/Schneider/*Krause/Pötzsch/Stephan* WpÜG § 33 Rn. 149; Steinmeyer/ *Steinmeyer* WpÜG § 33 Rn. 21.
[310] MünchKomm. AktG/Bd. 6/*SchlittRies* WpÜG § 33 Rn. 204; Assmann/Pötzsch/Schneider/*Krause/Pötzsch/Stephan* WpÜG § 33 Rn. 203; Steinmeyer/*Steinmeyer* WpÜG § 33 Rn. 54.

Oppenhoff

ßen,[311] dass diese Regelungen keine Anwendung finden sollen, wenn sich der Bieter oder ein ihn beherrschendes Unternehmen keinen entsprechenden Regelungen unterworfen hat (sog. **Reziprozität**).

149 Bislang hat sich keine der bedeutenderen deutschen Gesellschaften für das Europäische Verhinderungsverbot oder die Europäische Durchbrechungsregel entschieden.[312]

a) Europäisches Verhinderungsverbot

150 Das Europäische Verhinderungsverbot ist dem nationalen Verhinderungsverbot nicht unähnlich. Im Gegensatz zum nationalen Verhinderungsverbot des § 33 WpÜG wird vom europäischen Verhinderungsverbot jedoch auch der Aufsichtsrat der Zielgesellschaft erfasst, so dass Verteidigungsmaßnahmen nicht mehr allein durch die Zustimmung des Aufsichtsrats legitimiert werden können. Darüber hinaus sind Vorratsbeschlüsse der Hauptversammlung unzulässig,[313] und die Ausnahme vom Verhinderungsverbot betreffend Maßnahmen des gewöhnlichen Geschäftsverlaufs ist enger gefasst.

b) Europäische Durchbrechungsregel

151 Bei Anwendung der europäischen Durchbrechungsregel finden während der Annahmefrist eines Angebots satzungsmäßige und vertragliche Übertragungsbeschränkungen gegenüber dem Bieter keine Anwendung (§ 33b Abs. 2 Nr. 1 WpÜG). Auch entfalten Stimmbindungsverträge keine Wirkung auf einer Hauptversammlung, die während der Annahmefrist über Abwehrmaßnahmen beschließt (§ 33b Abs. 2 Nr. 2 WpÜG).

152 In der ersten Hauptversammlung nach Vollzug des Angebots, die auf Verlangen des Bieters einberufen wird, um die Satzung zu ändern oder über die Besetzung des Aufsichtsrats der Zielgesellschaft zu entscheiden, entfalten zudem Stimmbindungsverträge sowie Entsendungsrechte keine Wirkung, sofern der Bieter über mindestens 75% der Stimmrechte der Zielgesellschaft verfügt (§ 33b Abs. 2 Nr. 3 WpÜG). Auch kann die Hauptversammlung mit einer verkürzten Frist von zwei Wochen einberufen werden (§ 33b Abs. 4 WpÜG).

153 Ausgenommen von der Durchbrechungsregel sind stimmrechtslose Vorzugsaktien sowie vor dem 22.4.2004 vereinbarte vertragliche Übertragungsbeschränkungen und Stimmbindungsverträge (§ 33b Abs. 2 Satz 2 WpÜG).

3. Verbot der Gewährung ungerechtfertigter Leistungen

154 Dem Bieter und mit ihm gemeinsam handelnden Personen ist es verboten, Organmitgliedern der Zielgesellschaft im Zusammenhang mit dem Angebot geldwerte Vorteile zu gewähren oder in Aussicht zu stellen (§ 33d WpÜG). Dies betrifft allein Leistungen, die nicht aus sachlich nachvollziehbaren Erwägungen gewährt werden und die Organe zu einem nicht am Interesse ihrer Gesellschaft und ihrer Anteilseigner orientierten Verhalten bewegen sollen.[314] *Management incentives* im üblichen Umfang, durch die das Management in seiner Arbeit für die Zielgesell-

---

[311] Baums/Thoma/Verse/*Kiem* WpÜG § 33c Rn. 7.
[312] Vgl. auch BaFin-Jahresbericht 2006, S. 185.
[313] Baums/Thoma/Verse/*Kiem* WpÜG § 33a Rn. 40.
[314] Begr. RegE zu WpÜG § 33, BT-Drs. 14/7034, 59; Assmann/Pötzsch/Schneider/*Krause/Pötzsch/Stephan* WpÜG § 33d Rn. 15.

schaft durch eine Beteiligung an der zukünftigen wirtschaftlichen Entwicklung der Zielgesellschaft motiviert werden soll, sind daher zulässig.

E. Pflichtangebote

I. Angebotspflicht

1. Kontrollerwerb

Wer unmittelbar oder mittelbar die Kontrolle über eine Zielgesellschaft erlangt, hat den anderen Aktionären ein Pflichtangebot zu unterbreiten. Die Dauer des Erreichens oder Überschreitens der Kontrollschwelle ist dabei nicht entscheidend; auch ein kurzfristiges Überschreiten oder ein kurzfristiges Unterschreiten mit anschließendem erneuten Überschreiten lösen ein Pflichtangebot aus.[315] Wird die Kontrolle auf Grund eines Übernahmeangebots erworben, muss kein Pflichtangebot abgegeben werden.[316] 155

Kontrolle ist nach der Legaldefinition des § 29 Abs. 2 WpÜG das Halten von mindestens 30% der Stimmrechte an einer Zielgesellschaft. Bei der Berechnung der Gesamtzahl der Stimmrechte sind sowohl eigene Aktien der Zielgesellschaft als auch Vorzugsaktien zu berücksichtigen, deren Stimmrecht nach § 140 Abs. 2 AktG auflebt. Stimmrechte, die einem vorübergehenden Stimmverbot zB nach § 44 WpHG oder § 59 WpÜG unterliegen, sind von der Gesamtzahl nicht abzusetzen. Für das Erreichen bzw. Überschreiten der Kontrollschwelle ist dabei unerheblich, ob der Bieter die Aktien aufgrund eines Vertrags (börslich oder außerbörslich), durch Gesetz oder auf sonstige Weise erworben hat oder ihm die in den Aktien verkörperten Stimmrechte zugerechnet werden. 156

Nach der gesetzlichen Konzeption sind die Zurechnungstatbestände nach § 30 WpÜG mit denjenigen nach § 36 WpHG identisch, wobei nur für Randbereiche streitig ist, ob sich nicht auf Grund der unterschiedlichen Zielrichtungen Unterschiede bei der Auslegung ergeben können.[317] Eine **Zurechnung von Stimmrechten** aus Aktien, die von Dritten gehalten werden, erfolgt nach § 30 WpÜG in den folgenden Fällen:[318] 157

– Die Stimmrechte gehören einem **Tochterunternehmen** des Bieters (§ 30 Abs. 1 Satz 1 Nr. 1 WpÜG). Als solche gelten Unternehmen, die entweder nach § 290 HGB in den Konzernabschluss des Bieters zu konsolidieren sind oder auf die der Bieter iSd § 17 AktG beherrschenden Einfluss ausüben kann, ohne dass es auf die Rechtsform oder den Sitz ankommt. Eine Minderheitsbeteiligung kann demnach ausreichen, wenn diese auf Grund der geringen Hauptversammlungspräsenz beim Tochterunternehmen eine faktische Mehrheit begründet.

---

[315] OLG Frankfurt. M. 5 U 158/05, NZG 2007, 553. Siehe auch MünchKomm. AktG/Bd. 6/*Schlitt/Ries* WpÜG § 35 Rn. 58 f.

[316] WpÜG § 35 Abs. 3; Assmann/Pötzsch/Schneider/*Krause/Pötzsch* WpÜG § 35 Rn. 270 ff.

[317] Für § 30 Kölner Komm WpÜG/*v. Bülow* § 30 Rn. 19; für § 22 WpHG Assmann/Schneider/*Schneider* WpÜG § 22 Rn. 12 ff. jew. mwN; aA MünchKomm. AktG/Bd. 6/*Wackerbarth* WpÜG § 30 Rn. 6 ff.

[318] Durch das Gesetz zur Umsetzung der Transparenzrichtlinie-Änderungsrichtlinie sind erst Ende 2015 die Zurechnungstatbestände in § 30 Abs. 1 Nr. 7 und 8 WpÜG hinzugefügt worden.

- Die Aktien werden von einem Dritten **für Rechnung des Bieters** gehalten (§ 30 Abs. 1 Satz 1 Nr. 2 WpÜG), dh der Bieter muss die wesentlichen wirtschaftlichen Risiken und Chancen aus den Aktien tragen.[319] Darüber hinaus ist anerkannt, dass ein rein wirtschaftliches Verständnis aus Sinn und Zweck der Zurechnungsregelungen, Einflusspotentiale aufzuzeigen, vorbei liefe. Für eine Zurechnung muss der Bieter daher zusätzlich auch die rechtliche oder tatsächliche Möglichkeit haben, auf die Ausübung der Stimmrechte Einfluss zu nehmen.[320] Ob der Bieter hiervon auch Gebrauch macht, ist unerheblich.
- Der Bieter hat Aktien der Zielgesellschaft einem Dritten als **Sicherheit** übertragen (§ 30 Abs. 1 Satz 1 Nr. 3 WpÜG). Eine Zurechnung erfolgt nur dann nicht, wenn der Dritte zur Ausübung der Stimmrechte aus diesen Aktien befugt ist und die Absicht bekundet, die Stimmrechte unabhängig von den Weisungen des Bieters auszuüben.
- An den Aktien der Zielgesellschaft ist zugunsten des Bieters ein **Nießbrauch** bestellt (§ 30 Abs. 1 Satz 1 Nr. 4 WpÜG).
- Der Bieter kann die stimmberechtigten Aktien **durch einseitige Willenserklärung dinglich erwerben,** ohne dass hierzu die Mitwirkung einer anderen Person erforderlich ist (§ 30 Abs. 1 Satz 1 Nr. 5 WpÜG).[321] Dies ist insbesondere bei dinglich ausgestalteten Optionen der Fall. Die ganz überwiegende Zahl der börsengehandelten Wandelschuldverschreibungen, Umtauschanleihen, Terminkontrakte und Optionen löst hingegen keine Zurechnung aus. Diese sind schuldrechtlich ausgestaltet und erfordern noch Mitwirkungshandlungen seitens des Vertragspartners, um den dinglichen Aktienerwerb zu vollziehen.[322]
- Die Stimmrechte sind dem Bieter **anvertraut,** oder der Bieter kann diese als **Bevollmächtigter** ohne Weisungen des Aktionärs nach eigenem Ermessen ausüben (§ 30 Abs. 1 Satz 1 Nr. 6 WpÜG).
- Der Bieter kann die Stimmrechte aufgrund einer Vereinbarung, die eine zeitweilige Übertragung der Stimmrechte ohne die damit verbundenen Aktien gegen Gegenleistung vorsieht, ausüben (§ 30 Abs. 1 Satz 1 Nr. 7 WpÜG).
- Die stimmberechtigten Aktien werden bei dem Bieter als Sicherheit verwahrt, sofern dieser die Stimmrechte hält und die Absicht bekundet, sie auszuüben (§ 30 Abs. 1 Satz 1 Nr. 8 WpÜG).
- Die Stimmrechte stehen einem Dritten zu, mit dem der Bieter oder sein Tochterunternehmen sein Verhalten in Bezug auf die Zielgesellschaft auf Grund einer Vereinbarung oder in sonstiger Weise abstimmt **(Acting in Concert)** (§ 30 Abs. 2 Satz 1 WpÜG). Ausgenommen davon sind Vereinbarungen in Einzelfällen.

158 Nachdem der ursprüngliche recht unbestimmte Wortlaut der Regelung die Praxis vor Anwendungsprobleme gestellt hatte[323] und erst 2006 die WMF-Ent-

---

[319] BGH II ZR 353/12, ZIP 2014, 1623 (1628). Baums/Thoma/Verse/*Diekmann* WpÜG § 30 Rn. 30 f.; Assmann/Pötzsch/Schneider/*Schneider* WpÜG § 30 Rn. 60.

[320] BGH II ZR 302/06, BGHZ 180, 154 Rn. 34; II ZR 353/12, ZIP 2014, 1623 (1628); Kölner Komm. WpÜG/*v. Bülow* § 30 Rn. 98; Baums/Thoma/Verse/*Diekmann* WpÜG § 30 Rn. 32.

[321] Begr. RegE zu § 30 WpÜG, BT-Drs. 14/7034, 43. BGH II ZR 353/12, ZIP 2014, 1623 (1627).

[322] Marsch-Barner/Schäfer/*Schäfer* § 18 Rn. 27 f. zu § 34 Abs. 1 Satz 1 Nr. 5 WpHG/§ 22 Abs. 1 Satz 1 Nr. 5 WpHG aF; zu schuldrechtlichen Vereinbarungen in Form einer Pflichtumtauschanleihe und Put-/Call-Option BGH II ZR 353/12, ZIP 2014, 1623 (1627 f.).

[323] Nach Ansicht des OLG Frankfurt a. M. war ein abgestimmtes Verhalten nicht ohne Weiteres deshalb anzunehmen, weil die Beteiligten den gleichgerichteten Willen haben, das

E. Pflichtangebote § 23

scheidung des BGH den Zurechnungstatbestand endgültig auf eine Abstimmung des Verhaltens auf die **Ausübung von Stimmrechten** in der Hauptversammlung konzentrierte,[324] wurde 2008 der heute endgültige Zurechnungstatbestand des Acting in Concert durch das Risikobegrenzungsgesetz[325] geschaffen. Danach erfüllen zum einen weiterhin Absprachen über die Stimmrechtsausübung in der Hauptversammlung den Tatbestand des Acting in Concert.[326] Zum anderen wird nunmehr auch ein sonstiges Zusammenwirken mit dem Ziel einer dauerhaften und erheblichen **Änderung der unternehmerischen Ausrichtung** der Zielgesellschaft erfasst. Dies bezieht sich insbesondere auf grundlegende Änderungen des Geschäftsmodells oder eine Trennung von wesentlichen Geschäftsbereichen.[327] Die Ausnahme für Einzelfälle gibt es weiterhin; sie gilt aber nur für Absprachen über die Stimmrechtsausübung.[328] Der abgestimmte Erwerb von Aktien allein erfüllt weiterhin nicht den Zurechnungstatbestand des Acting in Concert.[329] Nachdem die Europäische Kommission in ihrem Bericht über die Anwendung der Übernahmerichtlinie Verbesserungsbedarf bei der Vereinheitlichung der Interpretation des Acting in Concert in den verschiedenen Mitgliedsstaaten festgestellt hat, hat die ESMA zur Klarstellung ihre White List mit Verhaltensweisen herausgegeben, die kein Acting in Concert darstellen, wobei die White List rechtlich nicht verbindlich ist.[330]

Für die Stimmrechtszurechnung stehen dem Bieter gemäß § 30 Abs. 1 Satz 2 WpÜG Tochterunternehmen des Bieters gleich. Die Stimmrechte des Tochterunternehmens werden dem Bieter nach § 30 Abs. 1 Satz 3 WpÜG in voller Höhe zugerechnet.

Die Kontrolle über die Zielgesellschaft kann ferner **mittelbar** durch den Erwerb einer Gesellschaft, die wiederum direkt oder indirekt die Kontrolle über eine Zielgesellschaft hält, erlangt werden.[331] In bestimmten Konstellationen kann der Kontrollerwerb über die Zielgesellschaft auch ohne die Mitwirkung oder Kenntnis

---

Unternehmen in Fortführung eines bereits vorhandenen Konzepts zu sanieren. Erforderlich sei vielmehr eine bewusste Zusammenarbeit mit dem Ziel, die Mitgliedschaftsrechte koordiniert und kontinuierlich auszuüben sowie nachhaltig Einfluss zu nehmen (§§ 5, 6 WpÜG und 8/03, ZIP 2004, 1309 (Pixelpark); diesem folgend OLG Stuttgart 20 U 16/03, ZIP 2004, 2232 (2238) und LG Hamburg 412 O 102/04, ZIP 2007, 427 (429)).

[324] BGH II ZR 137/05, BB 2006, 2432.

[325] Gesetz zur Begrenzung der mit Finanzinvestitionen verbundenen Risiken v. 12.8.2008, BGBl. 2008 I 1666.

[326] Die vom OLG Frankfurt a. M. in der Pixelpark-Entscheidung (vgl. Fn. 323) entwickelten Grundsätze bleiben insoweit anwendbar; vgl. auch *v. Bülow/Stephanblome* ZIP 2008, 1797 (1798).

[327] Bericht des Finanzausschusses zum Risikobegrenzungsgesetz, BT-Drs. 16/9821, 16.

[328] *Hoppe/Michel* BaFin Journal 4/2010, 3 (4 f.); MünchKomm. AktG/Bd. 6/*Wackerbarth* WpÜG § 30 Rn. 39; aA Kölner Komm. WpÜG/*v. Bülow* § 30 Rn. 234; Schwark/Zimmer/*Noack/Zetzsche* WpÜG § 30 Rn. 46.

[329] Bericht des Finanzausschusses zum Risikobegrenzungsgesetz, BT-Drs. 16/9821, 15; die BaFin hatte bereits 2004 im Zusammenhang mit dem gemeinsamen Erwerb eines Beiersdorf-Aktienpakets unter Beteiligung der Tchibo Holding AG entschieden, dass ein Acting in Concert nur dann vorliege, wenn ein über den Erwerb hinausgehendes gemeinsames Interesse verfolgt wird (vgl. Pressemitteilung der BaFin v. 23.1.2004).

[330] Bericht der Europäischen Kommission COM(2012) 347 final; ESMA-Stellungnahme ESMA/2013/1642; BaFin-Jahresbericht 2013, S. 179; BaFin-Jahresbericht 2012, S. 196 f.

[331] Kölner Komm. WpÜG/*Hasselbach* § 35 Rn. 84 ff.; Baums/Thoma/Verse/*Baums/Hecker* WpÜG § 35 Rn. 82 ff.

einer Partei erfolgen (sog. **passiver Kontrollerwerb**).[332] In Betracht kommt dies zB bei einer Kapitalherabsetzung durch Einziehung von Aktien (§§ 237 ff. AktG).

2. Inhalt der Angebotspflicht

161 Mit der Kenntnis bzw. dem Kennenmüssen des Kontrollerwerbs ist der Bieter zunächst verpflichtet, die Kontrollerlangung unverzüglich, spätestens innerhalb von sieben Kalendertagen, zu veröffentlichen (§ 35 Abs. 1 Satz 1 WpÜG). Anschließend hat er innerhalb von vier Wochen nach dieser Veröffentlichung der BaFin eine Angebotsunterlage zu übermitteln und diese nach Gestattung unverzüglich zu veröffentlichen (§ 35 Abs. 2 Satz 1 WpÜG). Erwerben mehrere Personen auf Grund des gleichen Sachverhalts die Kontrolle über die Zielgesellschaft, etwa aufgrund gleichzeitiger Zurechnung nach § 30 Abs. 1 Satz 1 Nr. 1 WpÜG an mehrere herrschende Unternehmen oder nach § 30 Abs. 2 WpÜG bei Vereinbarung eines Stimmpools, trifft die Pflicht zur Veröffentlichung der Kontrollerlangung und grundsätzlich auch die Pflicht zur Abgabe eines Angebots alle Kontrollerwerber. Unterbreitet einer dieser Kontrollerwerber ein Angebot, das dem für die Aktionäre der Zielgesellschaft günstigsten Pflichtangebot entspricht, so entfällt für die anderen Angebotspflichtigen die Pflicht zur Abgabe eines eigenen Angebots (sog. Absorption).[333]

162 Auf das Angebotsverfahren finden die Regeln für einfache Erwerbsangebote und für Übernahmeangebote mit Ausnahme der in § 39 WpÜG genannten Vorschriften Anwendung. Das Pflichtangebot hat sich damit grundsätzlich auf alle Aktien der Zielgesellschaft zu erstrecken. In § 35 Abs. 2 Satz 3 WpÜG ist dazu für Pflichtangebote ausdrücklich bestimmt, dass eigene Aktien der Zielgesellschaft und diesen gleichzustellende Aktien der Zielgesellschaft von dem Pflichtangebot ausgenommen werden können. Auch die Angebotsgegenleistung eines Pflichtangebots unterliegt denselben Mindestanforderungen an Art und Höhe wie die eines Übernahmeangebots. Andererseits ist ein Pflichtangebot naturgemäß dem Grunde nach **bedingungsfeindlich**. Es kann deshalb nur unter die Bedingung der Erteilung auf Grund öffentlich-rechtlicher Genehmigungs- oder Untersagungsvorbehalte erforderlicher Freigaben gestellt werden.[334] Dabei reicht es aus, dass der Kontrollerwerber die Freigabe einholen muss. Ein entsprechendes Vollzugsverbot ist nicht erforderlich, da die Rechtsordnung den Kontrollerwerber nicht einerseits zur Durchführung des Pflichtangebots verpflichten kann, wenn im Raum steht,

---

[332] MünchKomm AktG/Bd. 6/*Schlitt/Ries* WpÜG § 35 Rn. 85 ff.; Angerer/Geibel/Süßmann/*Meyer* WpÜG § 35 Rn. 32.

[333] Vgl. das Pflichtangebot der Dr. Ing. h.c. F. Porsche AG an die Aktionäre der Volkswagen Aktiengesellschaft v. 30.4.2007, S. 7 f. und das Pflichtangebot der Volkswagen Aktiengesellschaft an die Aktionäre der MAN SE v. 31.5.2011, S. 8 f.; MünchKomm. AktG/Bd. 6/ *Schlitt/Ries* WpÜG § 35 Rn. 50; Kölner Komm. WpÜG/*Hasselbach* § 35 Rn. 229; aA Baums/ Thoma/Verse/*Baums/Hecker* WpÜG § 35 Rn. 293, der die weiteren Kontrollerwerber auf die Befreiungsmöglichkeit nach § 37 Abs. 1 Var. 4 WpÜG auf Grund der Beteiligungsverhältnisse an der Zielgesellschaft verweist.

[334] Vgl. das Pflichtangebot der Dr. Ing. h.c. F. Porsche AG an die Aktionäre der Volkwagen Aktiengesellschaft v. 30.4.2007, S. 40; das Pflichtangebot der Same Deutz-Fahr Holding & Finance BV an die Aktionäre der Deutz AG v. 3.6.2006, S. 7 sowie das Pflichtangebot der ERGO Versicherungsgruppe AG an die Aktionäre der MEDICLIN AG v. 14.8.2008; S. 25; Kölner Komm. WpÜG/v. *Bülow* § 39 Rn. 48 ff.; Assmann/Pötzsch/Schneider/*Pötzsch/Assmann* WpÜG § 39 Rn. 18; aA Ehricke/Ekkenga/Oechsler/*Ekkenga* WpÜG § 39 Rn. 6.

dass sie ihn dann umgehend infolge der Verweigerung der Freigabe zur Rückabwicklung des entsprechenden Aktienerwerbs verpflichtet.[335]

3. Das Pflichtangebot in der Diskussion

An den Pflichtangebotsregelungen des WpÜG wurde insbesondere im Zusammenhang mit dem sog. Low Balling immer wieder Kritik geübt; auch die Europäische Kommission nennt das Low Balling in ihrem Bericht über die Anwendung der Übernahmerichtlinie als einen Bereich, in dem Verbesserungsbedarf bestehen mag.[336] Das Low Balling beschreibt Angebote, bei denen im Zusammenhang mit einem bereits erfolgten oder beabsichtigten Kontrollerwerb ein Angebotspreis nahe dem Mindestpreis in der Absicht geboten wird, bei einem Pflichtangebot möglichst wenige und bei einem Übernahmeangebot möglichst nur die auf Grundlage der bereits bestehenden Beteiligung des Bieters zur Überschreitung der Kontrollschwelle notwendigen Aktien der Zielgesellschaft zu erwerben.[337] Da der Mindestpreis geboten wird, ist diese Gestaltung gesetzeskonform. Die Mindestpreisregelungen können und sollen auch nur sicherstellen, dass den Minderheitsaktionären eine Ausstiegsmöglichkeit zum gegenwärtigen Wert, dh dem gegenwärtigen Marktwert auf Grundlage des Drei-Monats-Durchschnittskurses bzw. einschlägigen Vorerwerben, geboten wird. Dabei zeigen zB die Ergebnisse der Angebote Schaeffler KG/Continental AG und Volkswagen AG/MAN SE, dass die Aktionäre der Zielgesellschaft auch Angebote in der Nähe des Mindestpreises als sehr attraktive Option empfinden können, so dass die gewünschte geringe Annahmequote nicht garantiert ist und der Bieter das entsprechende Risiko trägt. Darüber hinaus sind bei deutschen Gesellschaften für eine umfassende Einflussnahme Konzernierungsmaßnahmen notwendig, die Abfindungsangebote erfordern. In der gelebten Rechtspraxis ist eher diese Doppelung der Angebotserfordernisse ein Problem, weil Hedge Fonds und andere Finanzinvestoren die Differenzen für ihre Spekulation nutzen und der entsprechende Schutz heute nur noch selten den Alt-Minderheitsaktionären zugutekommt, für die er eigentlich gedacht war. Es besteht bereits aus diesen Gründen kein Bedarf das Low Balling gesetzlich zu unterbinden; auch sind die Aktionäre der Zielgesellschaft durch den fortlaufenden Handel der Aktien an der Börse zusätzlich geschützt.[338]

II. Ausnahmen von der Angebotspflicht; Befreiungen

Trotz Erreichen oder Überschreiten der Kontrollschwelle von 30% der Stimmrechte ist der Kontrollerwerber von einer Veröffentlichung des Kontrollerwerbs und der Abgabe eines Pflichtangebots ausgenommen, sofern die Kontrolle auf Grund ei-

---

[335] Vgl. das Pflichtangebot der Volkswagen Aktiengesellschaft an die Aktionäre der MAN SE v. 31.5.2011, S. 34, 49 ff.; wird die Freigabe verweigert, müsste der Kontrollerwerber seine Beteiligung aber auf unter 30% der Stimmrechte reduzieren, wozu ihn die BaFin im Zweifel auch im Rahmen der Missstandsaufsicht nach § 4 WpÜG verpflichten würde.

[336] COM(2012) 347 final; *Merkt* in FS Schwark, S. 529, 544 f.

[337] Vgl. für solche Übernahmeangebote das Übernahmeangebot der Deutsche Bank AG an die Aktionäre der Deutsche Postbank AG v. 7.10.2011, S. 32 f. und das Übernahmeangebot der ACS, Actividades de Construcción y Servicios, S.A. an die Aktionäre der HOCHTIEF AG v. 1.12.2010, S. 29 f. und für ein solches Pflichtangebot das Angebot der Dr. Ing. h.c. F. Porsche Aktiengesellschaft an die Aktionäre der Volkswagen Aktiengesellschaft v. 30.4.2007, S. 29 f.

[338] Ebenso *v. Falkenhausen* ZHR 2010, 293 (298 ff.); *Baums* ZIP 2010, 2374 (2384 f.); aA *Merkt* in FS Schwark, S. 529, 544 f.; für Einführung zusätzlicher Meldeschwellen *Baums* ZIP 2010, 2374 (2386 f.); *Hitzer/Düchting* ZIP 2011, 1084 (1088).

nes Übernahmeangebots erworben wurde (§ 35 Abs. 3 WpÜG), die BaFin einem Antrag auf Nichtberücksichtigung von Stimmrechten stattgibt (§ 20 WpÜG bzw. § 36 WpÜG) oder die BaFin eine Befreiung von der Angebotspflicht erteilt (§ 37 WpÜG).

1. Kontrollerlangung auf Grund eines Übernahmeangebots

165 Der Kontrollerwerber ist nach § 35 Abs. 3 WpÜG von der Verpflichtung zur Veröffentlichung der Kontrolle und Abgabe eines Angebots befreit, sofern die Kontrolle über die Zielgesellschaft auf Grund eines Übernahmeangebots erworben wurde. Diese Regelung findet ihren Grund darin, dass der Gesetzgeber das Übernahmeangebot so ausgestaltet hat, dass es ein Pflichtangebot vorwegnimmt. Da es für den Schutz der Aktionäre ausreicht, dass ein ordnungsgemäß durchgeführtes Übernahmeangebot ihnen die Gelegenheit zur Veräußerung ihrer Aktien an der Zielgesellschaft geboten hat, ist nicht erforderlich, dass der Kontrollerwerb ausschließlich durch den Vollzug des Übernahmeangebots eintritt. Es reicht aus, ist aber auch erforderlich, dass ein zeitlicher und sachlicher Zusammenhang zwischen dem Übernahmeangebot und der Kontrollerlangung besteht.[339] Zu den wichtigsten Anwendungsfällen gehören
- der dingliche Vollzug eines vor oder auf den Ablauf der Annahmefrist geschlossen Verpflichtungsgeschäfts während oder nach Ablauf der (weiteren) Annahmefrist, wobei bei einem Vollzug nach dem Ablauf der (weiteren) Annahmefrist der Zeitraum zwischen Verpflichtungs- und Vollzugsgeschäft marktüblich sein muss, was nach Auffassung der BaFin gegeben ist, wenn Erwerbe über die Börse innerhalb von zwei Tagen und Kaufverträge des Angebotes regelmäßig bis spätestens zehn Werktage nach Ablauf der (weiteren) Annahmefrist vollzogen werden;[340]
- die Kontrollerlangung durch Vollzug eines in das Übernahmeangebot eingebundenen Paketerwerbs in Folge der **fusionskontrollrechtlichen Freigabe** nach Ablauf der (weiteren) Annahmefrist, wobei in der Angebotsunterlage auf diesen Umstand hingewiesen worden sein muss;[341]
- die Kontrollerlangung auf Grund eines **Zurechnungstatbestands** iSd § 30 WpÜG, dessen Erfüllung unter den gleichen Bedingungen wie der Vollzug des Übernahmeangebots steht. Auch hier wird man verlangen müssen, dass auf diesem Umstand in der Angebotsunterlage hingewiesen wird. Im Zusammenhang mit dem Angebot der Suzlon Windenergie GmbH an die Aktionäre der REpower AG hatte ein Großaktionär der Zielgesellschaft mit dem Bieter und dessen Muttergesellschaften vereinbart, die Ausübung von Stimmrechten in der Hauptversammlung bei Eintritt der Angebotsbedingungen abzustimmen. Der Zurechnungstatbestand des Acting in Concert war damit bis zum Eintritt der Angebotsbedingungen noch nicht erfüllt und konnte eine Verpflichtung zur Abgabe eines Angebots nicht auslösen. Der Großaktionär war jedoch auch nach Eintritt der Angebotsbedingungen und Durchführung des Übernahmeangebots trotz Erlangung der Kontrolle von der Abgabe eines Pflichtangebots befreit, da sein Kontrollerwerb auf dieses Übernahmeangebot zurückzuführen war.[342]

---

[339] Merkblatt der BaFin zur Auslegung des WpÜG § 35 Abs. 3 v. 12.7.2007; Ehricke/Ekkenga/Oechsler/*Ekkenga/Schulz* WpÜG § 35 Rn. 67; Frankfurter Komm. WpÜG/*Hommelhoff/Witt* § 35 Rn. 105; Angerer/Geibel/Süßmann/*Meyer* WpÜG § 35 Rn. 78.

[340] Merkblatt der BaFin zur Auslegung des § 35 Abs. 3 WpÜG v. 12.7.2007, 1. Fallgruppe.

[341] Merkblatt der BaFin zur Auslegung des § 35 Abs. 3 WpÜG v. 12.7.2007, 2. Fallgruppe.

[342] Vgl. das Übernahmeangebot der Suzlon Windenergie GmbH an die Aktionäre der REpower Systems AG v. 28.2.2007, S. 13.

2. Nichtberücksichtigung von Stimmrechten

Die BaFin lässt nach § 36 WpÜG auf schriftlichen Antrag zu, dass Stimmrechte 166
aus Aktien der Zielgesellschaft bei der Berechnung des Stimmrechtsanteils unberücksichtigt bleiben. Gleiches gilt unter bestimmten Voraussetzungen für den Handelsbestand nach § 20 WpÜG.

Nach § 36 WpÜG werden Stimmrechte nicht berücksichtigt, wenn die Aktien 167
erlangt wurden durch
- Erbgang, Erbauseinandersetzung oder unentgeltliche Zuwendung unter Ehegatten, Lebenspartnern oder Verwandten in gerader Linie und bis zum dritten Grade oder durch Vermögensauseinandersetzung aus Anlass der Auflösung einer Ehe oder Lebenspartnerschaft,
- Rechtsformwechsel oder
- Umstrukturierungen innerhalb eines Konzerns.

In der Praxis ist die Nichtberücksichtigung von Stimmrechten aufgrund von 168
Umstrukturierungen innerhalb eines Konzerns von erheblicher Relevanz. Der Tatbestand umfasst dabei die Übertragung von Aktienpaketen innerhalb eines Konzerns unabhängig davon, ob die Übertragung im Rahmen von Maßnahmen nach dem Umwandlungsgesetz oder anderer Bestimmungen erfolgt ist.

Die BaFin entscheidet über eine Nichtberücksichtigung von Stimmrechten erst 169
nach Kontrollerlangung und nur auf Antrag der betroffenen Person. Eine informelle Vorabstimmung ist aber möglich. Hierbei handelt es sich um eine **gebundene Entscheidung**, so dass die BaFin zur positiven Bescheidung verpflichtet ist, wenn die Voraussetzungen für eine Nichtberücksichtigung von Stimmrechten vorliegen. Der Wortlaut des Gesetzes sieht keine Antragsfrist vor. Um eine Suspendierung der Pflichten nach § 35 WpÜG zu erreichen, sollte der Antrag innerhalb der Frist des § 35 Abs. 1 WpÜG und damit unverzüglich (spätestens innerhalb von 7 Kalendertagen) nach Kenntnis oder Kennenmüssen der Kontrollerlangung gestellt werden.

Rechtsfolge der Nichtberücksichtigung ist, dass die betreffenden Stimmrechte 170
bei der Berechnung des Erreichens der Kontrollschwelle nicht mitgezählt werden. Auch eine Zurechnung der betroffenen Aktien nach § 30 WpÜG findet nicht statt.[343] Die Nichtberücksichtigung nach § 36 WpÜG führt jedoch – anders als die Nichtberücksichtigung nach § 20 WpÜG, wo Stimmrechte nicht ausgeübt werden können – nicht zu einem Verlust von Rechten aus den betreffenden Aktien.[344]

Dem Wortlaut des § 36 WpÜG ist nicht eindeutig zu entnehmen, ob der von der 171
Nichtberücksichtigung von Stimmrechten Begünstigte zu einem späteren Zeitpunkt weitere Aktien – auch im Umfang von 30% oder mehr – der Zielgesellschaft hinzuerwerben kann, ohne ein Pflichtangebot auszulösen. Vorzugswürdig erscheint, die Nichtberücksichtigung dergestalt punktuell wirken zu lassen, dass die Angebotspflicht suspendiert wird, der Kontrollerwerber aber anschließend steht wie er stehen würde, wenn er das Pflichtangebot abgegeben hätte. Jeder weitere Erwerb von Aktien der Zielgesellschaft (auch in Höhe von 30% oder mehr der Stimmrechte) stellt dann grundsätzlich keine erneute Kontrollerlangung dar und löst damit keine Angebotspflicht aus. Andernfalls würden Antragsteller nach § 36 WpÜG ohne sachlichen Grund schlechter gestellt als Antragsteller nach § 37 WpÜG.[345]

---

[343] Assmann/Pötzsch/Schneider/*Schneider/Rosengarten* WpÜG § 36 Rn. 20.
[344] Frankfurter Komm. WpÜG/*Hommelhoff/Witt* § 36 Rn. 54, 59.
[345] Veil/Drinkuth/*Strunk/Linke* S. 31; Frankfurter Komm. WpÜG/*Hommelhoff/Witt* § 36 Rn. 56 ff.; Kölner Komm. WpÜG/*v. Bülow* § 36 Rn. 108 f.; aA Baums/Thoma/Verse/*Hecker* WpÜG § 36 Rn. 120 ff.

3. Befreiung von der Pflicht zur Veröffentlichung und Abgabe eines Pflichtangebots

172 Die BaFin kann den Bieter von der Pflicht zur Abgabe eines Pflichtangebots auf schriftlichen Antrag befreien, sofern dies im Hinblick auf die Art der Erlangung der Kontrolle, die mit der Erlangung der Kontrolle beabsichtigte Zielsetzung, ein nach der Erlangung der Kontrolle erfolgendes Unterschreiten der Kontrollschwelle, die Beteiligungsverhältnisse an der Zielgesellschaft oder die tatsächliche Möglichkeit zur Ausübung der Kontrolle unter Berücksichtigung der Interessen des Antragstellers und der Inhaber der Aktien der Zielgesellschaft gerechtfertigt erscheint.

173 § 9 der WpÜGAngebV konkretisiert einige Anwendungsfälle der Befreiung nach § 37 Abs. 1 WpÜG. Danach kann die BaFin im Einzelfall insbesondere eine Befreiung aussprechen, sofern der Erwerb der Kontrolle erlangt wurde
- durch Erbschaft oder im Zusammenhang mit einer Erbauseinandersetzung, sofern Erblasser und Bieter nicht verwandt sind,
- durch Schenkung, sofern Schenker und Bieter nicht verwandt sind,
- im Zusammenhang mit der Sanierung der Zielgesellschaft,
- zum Zwecke der Forderungssicherung,
- auf Grund einer Verringerung der Gesamtzahl der Stimmrechte an der Zielgesellschaft oder
- ohne dass der Erwerb der Kontrolle vom Bieter beabsichtigt war, sofern die Schwelle des § 29 Abs. 2 WpÜG nach der Antragstellung unverzüglich wieder unterschritten wird.

174 Eine Befreiung kann ferner erteilt werden, wenn
- ein Dritter über einen höheren Anteil an Stimmrechten verfügt, die weder dem Bieter noch mit diesem gemeinsam handelnden Personen gemäß § 30 WpÜG gleichstehen oder zuzurechnen sind,
- auf Grund des in den zurückliegenden drei ordentlichen Hauptversammlungen vertretenen stimmberechtigten Kapitals nicht zu erwarten ist, dass der Bieter in der Hauptversammlung der Zielgesellschaft über mehr als 50% der vertretenen Stimmrechte verfügen wird, oder
- mittelbar die Kontrolle an einer Zielgesellschaft erlangt wurde und der Kontrollerwerb über die Zielgesellschaft nicht das (primäre) Ziel der Transaktion war. Diese Befreiung bei einem **indirekten Kontrollerwerb** setzt im Wege typisierender Betrachtung grundsätzlich voraus, dass der Bieter beim Erwerb eines beherrschenden Einflusses über eine Gesellschaft auch indirekt deren kontrollierende Beteiligung an einer unbedeutenden sich als Zielgesellschaft qualifizierenden Tochtergesellschaft erwirbt. Die Tochtergesellschaft ist unbedeutend, wenn der Buchwert der Beteiligung an der Tochtergesellschaft 20% des buchmäßigen Aktivvermögens der erworbenen Holdinggesellschaft unterschreitet.

175 Die Konkretisierung durch § 9 WpÜGAngebV ist nicht abschließend, so dass Befreiungen auch ausschließlich auf die allgemeine Befreiungsermächtigung nach § 37 Abs. 1 WpÜG gestützt werden können. In Betracht kommt dies insbesondere, wenn der zu beurteilende Erwerb der Kontrolle mit den in § 9 WpÜGAngebV konkretisierten Interessenlagen vergleichbar ist.[346]

176 In der Praxis ist die Befreiung im Zusammenhang mit der **Sanierung der Zielgesellschaft** von besonderer Bedeutung. Sie soll verhindern, dass durch die Abgabe eines Pflichtangebots die Finanzierung der Sanierung durch die finanziellen Belas-

---

[346] Assmann/Pötzsch/Schneider/*Seiler* WpÜG § 37 Rn. 24.

tungen eines Pflichtangebots für den Bieter beeinträchtigt oder gar gefährdet wird. Die Sanierungsbefreiung setzt die Sanierungsbedürftigkeit und -fähigkeit der Zielgesellschaft und einen Sanierungsbeitrag des Bieters voraus.[347] Sie wird gewährt, wenn die Existenz der Gesellschaft gefährdet ist und die Investition eines neuen Anlegers notwendig und geeignet ist, die Zielgesellschaft am Leben zu erhalten.

Die BaFin entscheidet über eine Befreiung nur auf Antrag der betroffenen Person. Der Antrag kann vor Kontrollerlangung und muss spätestens innerhalb von sieben Kalendertagen nach Kenntnis oder Kennenmüssen der Kontrollerlangung gestellt werden (§ 8 Satz 2 WpÜGAngebV). Die Entscheidung über die Befreiung liegt im **pflichtgemäßen Ermessen** der BaFin. In den Fällen des § 9 WpÜGAngebV wird die BaFin ihr Ermessen in der Regel zugunsten der Befreiung ausüben. Die Befreiungsentscheidung kann mit Nebenbestimmungen versehen werden (ua Auflagen, Bedingungen oder Widerrufsvorbehalt), wovon die BaFin in der Praxis regen Gebrauch macht.

F. Übernahmerechtlicher Squeeze Out und Sell Out

I. Übernahmerechtlicher Squeeze Out

Seit 2006 sieht das WpÜG die Möglichkeit vor, Minderheitsaktionäre im Anschluss an ein Übernahmeangebot nach den §§ 39a f. WpÜG aus der Zielgesellschaft auszuschließen.[348] Der Ausschluss der Minderheitsaktionäre erfolgt unter ähnlichen Voraussetzungen wie beim aktienrechtlichen Squeeze Out nach den §§ 327a ff. AktG.[349] Gleichwohl können aktienrechtlicher und übernahmerechtlicher Squeeze Out nicht gleichzeitig betrieben werden.[350] Wesentlicher Unterschied zwischen beiden Verfahren ist, dass der aktienrechtliche Squeeze Out einen entsprechenden Hauptversammlungsbeschluss und dessen Eintragung in das Handelsregister und der übernahmerechtliche Squeeze Out einen entsprechenden Gerichtsbeschluss voraussetzt.

1. Ausschlussvoraussetzungen

Der Bieter – und nur dieser[351] – ist nach § 39a Abs. 1 Satz 1 WpÜG zum Ausschluss der übrigen Inhaber von stimmberechtigten Aktien berechtigt, wenn ihm im Anschluss an ein Übernahme- oder Pflichtangebot **mindestens 95% des stimmberechtigten Grundkapitals** gehören. Wenn dem Bieter zugleich Aktien in Höhe von 95% des gesamten Grundkapitals gehören, sind ihm nach § 39a Abs. 1 Satz 2 WpÜG auf Antrag auch die stimmrechtslosen Vorzugsaktien zu übertragen.

Die Schwelle von 95% kann durch selbst gehaltene Aktien und zugerechnete Aktien erreicht werden. Dem Bieter werden gemäß § 39a Abs. 2 WpÜG iVm § 16

---

[347] Steinmeyer/*Klepsch* WpÜG § 37 Rn. 25 ff.; Baums/Thoma/Verse/*Hecker* WpÜG § 37 Rn. 79 ff.
[348] Zur Verfassungsmäßigkeit siehe BVerfG 1 BvR 96/09, NZG 2012, 907.
[349] Siehe zum aktienrechtlichen Squeeze Out § 15.
[350] § 39a Abs. 6 WpÜG; Begr. RegE zum Übernahmerichtlinie-Umsetzungsgesetz zu § 39a Abs. 6 WpÜG, BT-Drs. 16/1003, 22; *Ott* WM 2008, 384 (385).
[351] *Ott* WM 2008, 384 (385 f.); bei einem öffentlichen Angebot, das von mehreren Personen ausgeht, ist regelmäßig ein Erwerbsvehikel Bieter im formalen Sinne und damit allein zur Antragstellung berechtigt.

Abs. 2 und 4 AktG auch Aktien zugerechnet, die von einem abhängigen Unternehmen, einem Dritten für Rechnung des Bieters oder eines von diesem abhängigen Unternehmen gehalten werden.

181 Der Bieter muss die 95%-Schwelle nicht allein durch die Annahme des öffentlichen Angebots erreichen. Nach der Gesetzesbegründung sind Erwerbsgeschäfte mit Aktionären außerhalb des formellen Angebotsverfahrens – wie etwa Paketkäufe – zu berücksichtigen, sofern diese in einem engen zeitlichen Zusammenhang mit dem Angebot stehen.[352] Wann ein solcher enger zeitlicher Zusammenhang vorliegt, wird in der Gesetzesbegründung nicht näher erörtert. In der Praxis wurden deshalb diesbezüglich verschiedene Ansichten vertreten.[353] Der BGH hat mittlerweile entschieden, dass das Recht des Bieters zur Übernahme der Aktien der außenstehenden Aktionäre gemäß § 39a Abs. 1 Satz 1 WpÜG mit dem Andienungsrecht der außenstehenden Aktionäre gemäß § 39c Satz 1 WpÜG korrespondiert und deshalb allenfalls Erwerbe bis zum Ablauf der weiteren Annahmefrist (§ 16 Abs. 2 WpÜG) für das Erreichen der 95%-Schwelle zu berücksichtigen sind.[354] Daran anknüpfend hat das OLG Frankfurt a. M. klargestellt, dass Erwerbe bis zum Ablauf der weiteren Annahmefrist andererseits auch ausreichen und nicht die Annahmefrist des § 16 Abs. 1 WpÜG für die Bestimmung des engen zeitlichen Zusammenhangs maßgeblich ist.[355] Nach dieser Entscheidung muss der Antragsteller bei außerhalb des Angebots eingesammelten Aktien für das Erreichen der Beteiligungsschwelle des übernahmerechtlichen Squeeze Out bis zum Ende der weiteren Annahmefrist das Eigentum durch Verbuchung der Aktien in seinem Depot erworben haben.[356]

182 Auch bereits vor der Übernahme bestehende Beteiligungen sind in die Berechnung der 95%-Beteiligungsschwelle einzubeziehen. Wesentlich ist allein, dass die Schwelle von 95% durch das öffentliche Angebot bzw. Parallelerwerbe im engen zeitlichen Zusammenhang erreicht bzw. überschritten wird.[357] Für eine Berücksichtigung von Vorerwerben unabhängig von einem zeitlichen Zusammenhang spricht der Vergleich mit dem Wortlaut der Angemessenheitsvermutung nach § 39a Abs. 3 Satz 3 WpÜG sowie der Wortlaut der Übernahmerichtlinie, der allein auf die Beteiligungshöhe abstellt.[358] Auch wäre der übernahmerechtliche Squeeze Out nicht anwendbar und damit bedeutungslos, wenn der Bieter vor Beginn des Übernahmeverfahrens mehr als 5% der stimmberechtigten Aktien an der Zielgesellschaft gehalten hat.[359] Für das Erreichen der 95%-Schwelle ist es unerheblich, ob die Aktien des Bieters einem etwaigen Stimmrechtsverlust nach § 28 WpHG unterliegen,

---

[352] Begr. RegE zum Übernahmerichtlinie-Umsetzungsgesetz zu § 39a Abs. 1 WpÜG, BT-Drs. 16/1003, 21.

[353] Bis zum Ablauf der (weiteren) Annahmefrist MünchKomm. AktG/Bd. 6/*Grunewald* WpÜG Rn. 22; Angerer/Geibel/Süßmann/*Süßmann* WpÜG § 39a Rn. 8; innerhalb der dreimonatigen Antragsfrist nach Ablauf der Annahmefrist OLG Frankfurt WpÜG 10/11, ZIP 2012, 1602 (1605); Baums/Thoma/Verse/*Merkner/Sustmann* WpÜG § 39a Rn. 18; bis zur gerichtlichen Entscheidung MünchKomm AktG/Bd. 6/*Grunewald*, 3. Aufl., WpÜG § 39a Rn. 22 jew. mwN.

[354] BGH II ZR 198/11, WM 2013, 303 (304 f.); ablehnend *Hentzen/Rieckers* DB 2013, 1159 (1161); *Merkner/Sustmann* NZG 2013, 374 (376 f.).

[355] OLG Frankfurt a. M. WpÜG 3/13, AG 2014, 410 (412).

[356] OLG Frankfurt a. M. WpÜG 3/13, AG 2014, 410 (412).

[357] Vgl. Begr. RegE zum Übernahmerichtlinie-Umsetzungsgesetz zu § 39a Abs. 1 WpÜG, BT-Drs. 16/1003, 21; *Ott* WM 2008, 384 (387 f.); *Johannsen-Roth/Illert* ZIP 2006, 2157 (2159).

[358] Art. 15 Abs. 2 Buchst. a der Übernahmerichtlinie 2004/25/EG.

[359] *Ott* WM 2008, 384 (387).

da dieser nicht das Mitgliedschaftsrecht als solches erfasst und der Squeeze Out nach § 39a WpÜG an die dingliche Rechtsposition des Bieters anknüpft.[360]

Erreicht der Bieter die Schwelle von 95% der Stimmrechte oder des Grundkapitals, so hat er dies entsprechend einer Wasserstandsmeldung zu veröffentlichen (§ 23 Abs. 1 Satz 1 Nr. 4 WpÜG).

2. Abfindung der ausscheidenden Aktionäre

Gemäß § 39a Abs. 1 WpÜG ist den ausscheidenden Aktionären für den Verlust ihrer Mitgliedschaft eine angemessene Abfindung zu gewähren.

Die **Art** der zu gewährenden Abfindung hat der Gegenleistung des vorangegangenen Übernahme- oder Pflichtangebots zu entsprechen. Hat der Bieter im öffentlichen Angebot ganz oder teilweise Aktien als Gegenleistung angeboten, muss der Bieter den durch den Squeeze Out ausscheidenden Aktionären wahlweise auch eine Barabfindung anbieten (§ 39a Abs. 3 Satz 1, 2 WpÜG).

Die **Höhe** der Abfindung muss **angemessen** sein. Bedeutsam ist hierbei, ob der Bieter durch das Übernahme- oder Pflichtangebot Aktien in Höhe von mindestens **90% des vom Angebot betroffenen Grundkapitals** erworben hat. In diesem Fall wird die im Rahmen des Übernahme- oder Pflichtangebots gewährte Gegenleistung als angemessen vermutet (§ 39a Abs. 3 Satz 3 WpÜG).[361] Die Annahmequote ist hierbei für die stimmberechtigten Aktien und die stimmrechtslosen Vorzugsaktien jeweils gesondert zu bestimmen (§ 39a Abs. 3 Satz 4 WpÜG).

Für die Berechnung der 90% der von dem Angebot betroffenen Aktien sind vor der Ankündigung des Angebots nach § 10 Abs. 1 WpÜG (bzw. § 35 Abs. 1 WpÜG) vollzogene Vorerwerbe nicht zu berücksichtigen.[362] Die so erworbenen Aktien reduzieren aber die Zahl der von dem Angebot betroffenen Aktien. Dies gilt ebenso für Aktien, die der Bieter vor der Durchführung des Angebots hielt und für Aktien, die von gemeinsam handelnden Personen (§ 2 Abs. 5 WpÜG) übertragen werden.[363] Aktien, die auf Grund von Irrevocable Undertakings[364] in das Übernahme- bzw. Pflichtangebot eingeliefert wurden, sind hingegen bei der Berechnung der 90%-Schwelle zu berücksichtigen.[365] Im Hinblick auf die Gesetzesbegründung[366] kann man diskutieren, ob nach der Ankündigung des Angebots vollzogene Vor- und Parallelerwerbe zu berücksichtigen sind.[367] Das ist wegen der sachlichen Nähe zu Irrevocable Undertakings zu bejahen.

---

[360] OLG Frankfurt a. M. WpÜG 3/13, AG 2014, 410 (412); ebenso Baums/Thoma/Verse/ Merkner/Sustmann § 39a Rn. 26; MünchKomm. AktG/Bd. 6/Grunewald WpÜG § 39a Rn. 21; aA Schwark/Zimmer/Noack/Zetzsche WpÜG § 39a Rn. 5.

[361] Begr. RegE zum Übernahmerichtlinie-Umsetzungsgesetz zu § 39a Abs. 1 WpÜG, BT-Drs. 16/1003, 22.

[362] Steinmeyer/Santelmann WpÜG § 39a Rn. 29; Angerer/Geibel/Süßmann/Süßmann WpÜG § 39a Rn. 9.

[363] OLG Frankfurt a. M. WpÜG 3/13, AG 2014, 410 (413).

[364] Vgl. Rn. 106.

[365] OLG Frankfurt a. M. WpÜG 3/13, AG 2014, 410 (414) mit Verweis auf OLG Frankfurt a. M. WpÜG 2/08, DB 2009, 54 (56).

[366] Begr. RegE zum Übernahmerichtlinie-Umsetzungsgesetz zu § 39a Abs. 1 WpÜG, BT-Drs. 16/1003, 22, die im Hinblick auf die 90%-Schwelle Bezug auf die Annahme des Angebots nimmt.

[367] Bei Vorerwerben verneinend LG Frankfurt a. M. 3–05 O 116/12, AG 2013, 433 (436); ablehnend Paschos/Witte EWiR 2013, 361 (362). Bei Parallelerwerben bejahend OLG Frankfurt a. M. WpÜG 10/11, AG 2012, 635 (638); zustimmend Widder EWiR 2012, 641 (642).

188 Der Gesetzgeber wollte die Vermutung der Angemessenheit als unwiderleglich ausgestalten.[368] Die Unwiderlegbarkeit der Vermutung wurde vom LG und OLG Frankfurt am Main, die für übernahmerechtlichen Squeeze Out Verfahren ausschließlich zuständig sind, in Frage gestellt. Während das LG Frankfurt am Main die Vermutung explizit als eine widerlegbare bezeichnete,[369] konnte das OLG Frankfurt am Main als Beschwerdeinstanz die Frage mehrere Male mangels Entscheidungserheblichkeit offen lassen.[370] Das OLG Frankfurt am Main betonte jedoch, dass – bei Unterstellung der Widerlegbarkeit der Vermutung – eine Erschütterung der Vermutung nur dann in Betracht komme, wenn dem Markttest im konkreten Fall ausnahmsweise keine Aussagekraft zukomme, weil Umstände vorgelegen haben, die die Marktkräfte verfälscht haben.[371] Damit ist jedenfalls die Möglichkeit einer Widerlegbarkeit der Vermutung auf Ausnahmefälle beschränkt.

189 Der Gesetzestext geht nicht darauf ein, wie die angemessene Barabfindung festzulegen ist, wenn die Vermutung nicht gilt. Mangels Zulassung eines Spruchverfahrens für den übernahmerechtlichen Squeeze Out ist die Angemessenheit der angebotenen Abfindung im Rahmen des Ausschluss- bzw. des Beschwerdeverfahrens gerichtlich zu überprüfen.[372] Dies führt zu erheblichen zeitlichen Verzögerungen, weshalb die Durchführung eines übernahmerechtlichen Squeeze Out nur in Fällen zu empfehlen ist, bei denen die Angemessenheitsvermutung anwendbar ist. Den Bieter trifft dabei die Darlegungs- und Beweislast für die Angemessenheit.[373] Sofern die angebotene Abfindung nicht angemessen ist, kann das Gericht die Abfindung nicht von Amts wegen erhöhen.

3. Ausschlussverfahren

190 Im Vergleich zum aktienrechtlichen Squeeze Out bringt der übernahmerechtliche Squeeze Out verfahrenstechnische Erleichterungen, da zur Durchführung des Ausschlusses kein Hauptversammlungsbeschluss sondern ein **Gerichtsbeschluss** erforderlich ist. Die Berichtspflichten des Hauptaktionärs zum Vorliegen der Squeeze-Out-Voraussetzungen und zur Angemessenheit der Barabfindung entfallen damit ebenso wie – bei Anwendbarkeit der Angemessenheitsvermutung – die Notwendigkeit, die Angemessenheit der Abfindung durch einen gerichtlich bestellten Sachverständigen prüfen zu lassen. Dies dürfte in der Praxis erhebliche Kosten einsparen, die ansonsten für die Vorbereitung und Begleitung von Squeeze Out-Hauptversammlungen entstehen.[374]

191 Für den Antrag des Bieters ist gemäß § 39a Abs. 5 Satz 1 WpÜG das LG Frankfurt am Main bundesweit ausschließlich zuständig. In dem Antrag hat der Bieter die angebotene Abfindung anzugeben. Der Antrag muss innerhalb von **drei Monaten nach Ablauf der Annahmefrist** gestellt werden (§ 39a Abs. 4 Satz 1 WpÜG). Der Bieter kann den Antrag bereits stellen, wenn das Übernahme- oder Pflichtangebot in einem Umfang angenommen worden ist, dass ihm beim späteren Vollzug des

---

[368] Begr. RegE zum Übernahmerichtlinie-Umsetzungsgesetz zu § 39a Abs. 1 WpÜG, BT-Drs. 16/1003, 22.
[369] LG Frankfurt a. M. 3–5 O 15/08, NZG 2008, 665 (666).
[370] OLG Frankfurt a. M. WpÜG 3/13, AG 2014, 410 (412 f.); WpÜG 10/11, ZIP 2012, 1602 (1608); WpÜG 2/08, DB 2009, 54 (57).
[371] OLG Frankfurt a. M. WpÜG 3/13, AG 2014, 410 (413); WpÜG 10/11, ZIP 2012, 1602 (1608); WpÜG 2/08, DB 2009, 54 (58 f.).
[372] Schwark/Zimmer/*Noack/Zetzsche* WpÜG § 39a Rn. 32.
[373] MünchKomm. AktG/Bd. 6/*Grunewald* WpÜG § 39a Rn. 36.
[374] Vgl. Steinmeyer/*Santelmann* WpÜG § 39a Rn. 4.

Angebots Aktien in Höhe des zum Ausschluss erforderlichen Anteils am stimmberechtigten Grundkapital gehören werden.³⁷⁵ Der Erwerb der 95%-Mehrheit ist lediglich Voraussetzung für den Vollzug des Ausschlusses selbst, nicht dagegen für die Einleitung des Ausschlussverfahrens. Das Gericht hat den Antrag auf Ausschluss in den Gesellschaftsblättern der Zielgesellschaft und damit zumindest im Bundesanzeiger bekannt zu machen.

Das Gericht entscheidet über den Antrag durch einen mit Gründen versehenen Beschluss (§ 39b Abs. 3 Satz 1 WpÜG). Dieser darf frühestens einen Monat nach Bekanntmachung der Antragstellung im elektronischen Bundesanzeiger und nur bei Glaubhaftmachung des Bieters, dass ihm 95% des stimmberechtigten bzw. des gesamten Grundkapitals gehören, erfolgen (§ 39b Abs. 3 Satz 2 WpÜG). Der Beschluss ist dem antragstellenden Bieter, der Zielgesellschaft und den im Verfahren angehörten Aktionären zuzustellen (§ 39b Abs. 4 Satz 1 WpÜG). Gegen die Entscheidung ist die **sofortige Beschwerde** zum OLG Frankfurt am Main statthafter Rechtsbehelf (§ 39a Abs. 3 Satz 3 WpÜG). Beschwerdebefugt sind der Antragsteller und alle betroffenen Aktionäre der Zielgesellschaft. Die Beschwerdefrist beträgt zwei Wochen und beginnt mit der Bekanntmachung des Gerichtsbeschlusses im elektronischen Bundesanzeiger durch das Gericht, für den Antragsteller und die im Verfahren angehörten Aktionäre jedoch nicht vor Zustellung der Entscheidung des LG Frankfurt am Main (§ 39b Abs. 4 Satz 4 WpÜG). Die weitere Beschwerde ist ausgeschlossen. Auf das Verfahren selbst sind die Vorschriften des Gesetzes über das Verfahren in Familiensachen und in den Angelegenheiten der freiwilligen Gerichtsbarkeit anzuwenden (§ 39b Abs. 1 WpÜG).

Die Übertragung der Aktien erfolgt mit **rechtskräftigem** Abschluss des Verfahrens (§ 39b Abs. 5 Satz 3 WpÜG). Der Vorstand der Zielgesellschaft hat die rechtskräftige Entscheidung unverzüglich zum Handelsregister einzureichen (§ 39b Abs. 5 Satz 5).

II. Sell Out

Sofern die Voraussetzungen des übernahmerechtlichen Squeeze Out vorliegen, können Aktionäre, die das Angebot bisher nicht angenommen haben, gemäß § 39c Satz 1 WpÜG innerhalb einer Frist von drei Monaten nach Ablauf der Annahmefrist vom Bieter den Erwerb ihrer Anteile verlangen. Den Minderheitsaktionären steht also ein Andienungsrecht („Sell Out") zu. Um den Minderheitsaktionären auch tatsächlich zu ermöglichen, dieses Recht auszuüben, ist der Bieter verpflichtet, unverzüglich nach Erreichen der für den Ausschluss nach § 39a Abs. 1 WpÜG erforderlichen Beteiligungshöhe diese Tatsache gemäß § 23 Abs. 1 Satz 1 Nr. 4 WpÜG zu veröffentlichen. Unterbleibt eine Veröffentlichung, beginnt die Dreimonatsfrist zur Annahme nach § 39c Satz 2 WpÜG erst dann zu laufen, wenn die Veröffentlichungspflicht erfüllt worden ist.³⁷⁶

Der Bieter ist unter den genannten Voraussetzungen verpflichtet, die Anteile zu übernehmen. Die Gegenleistung für die Aktien entspricht hier der im Angebotsverfahren offerierten Gegenleistung. Auf diese Weise gewährt das Andienungsrecht faktisch eine weitere Annahmefrist, während der die Aktionäre der Gesellschaft das Angebot des Bieters akzeptieren können.³⁷⁷ Durch das Andienungsrecht müssen

---

³⁷⁵ Steinmeyer/Santelmann WpÜG § 39a Rn. 39.
³⁷⁶ Meyer WM 2006, 1135 (1143).
³⁷⁷ Begr. RegE zum Übernahmerichtlinie-Umsetzungsgesetz, A. III. 1. e), BT-Drs. 16/1003, 14.

somit auch diejenigen Aktionäre, die das Übernahme- oder Pflichtangebot des Bieters nicht angenommen haben, nicht in einer Gesellschaft verbleiben, bei der in der vom Bieter zu mindestens 95% gehaltenen Aktiengattung ein liquider Börsenhandel und damit die Desinvestitionsmöglichkeit häufig beeinträchtigt ist. Mit der nachträglichen Annahme des Angebots erhalten diese Aktionäre die Möglichkeit, ihre Beteiligung zu angemessenen Bedingungen zu veräußern, ohne auf ein aktives Vorgehen des Bieters durch einen Squeeze Out angewiesen zu sein.[378]

196 Das Andienungsverfahren selbst wird durch das WpÜG nicht genauer geregelt. Jedenfalls kommt durch die Ausübung des Andienungsrechts zwischen dem Bieter und dem einzelnen Aktionär ein Vertrag über den Verkauf oder die Ausgabe bzw. den Tausch von Aktien zustande, je nach der im Angebotsverfahren offerierten Gegenleistung. Diese Verträge müssen dann jeweils separat abgewickelt werden. Man wird dem Bieter insbesondere bei Tauschangeboten gestatten müssen, die Erfüllung mehrerer Verträge zu einem Abwicklungslauf zusammenzufassen, wenn er diese in regelmäßigen Abständen durchführt.

G. Allgemeine Handlungs- und Ermittlungsbefugnisse der BaFin, Rechtsschutz und Sanktionen

I. Allgemeine Handlungs- und Ermittlungsbefugnisse der BaFin

197 Im Anwendungsbereich des WpÜG ist die BaFin zuständige Behörde für die Überwachung der Angebots-, Nichtberücksichtigungs- und Befreiungsverfahren.[379] Sie hat im Rahmen der ihr zugewiesenen Aufgaben darüber hinaus Missständen entgegenzuwirken, die die ordnungsgemäße Durchführung des Angebotsverfahrens beeinträchtigen oder erhebliche Nachteile für den Wertpapiermarkt bewirken können. In diesem Rahmen ist die BaFin befugt, Anordnungen zu treffen, die erforderlich sind, um solche **Missstände** zu beseitigen oder zu verhindern (§ 4 Abs. 1 WpÜG). Insbesondere seitdem der BGH entschieden hat, dass die anderen Aktionäre die Zahlung der Mindestangebotsgegenleistung eines unterlassenen Pflichtangebots nicht im Zivilrechtsweg durchsetzen können,[380] nutzt die BaFin diese Ermächtigung auch zur Durchsetzung der Abgabe unterlassener Pflichtangebote.[381]

198 Neben dieser allgemeinen Handlungsermächtigung ist die BaFin insbesondere berechtigt, von jedermann Auskünfte, die Vorlage von Unterlagen und die Überlassung von Kopien zu verlangen sowie Personen zu laden und zu vernehmen, soweit dies auf Grund von Anhaltspunkten für die Überwachung der Einhaltung eines Gebots oder Verbots des WpÜG erforderlich ist. Das **Auskunftsverlangen** erfolgt durch Erlass eines Verwaltungsakts. Dem Adressaten der Verfügung steht ein Widerspruchsrecht (§ 41 WpÜG) gegen das Auskunftsverlangen zu.

---

[378] Steinmeyer/Santelmann WpÜG § 39c Rn. 3.
[379] Vgl. Rn. 6 ff.
[380] Vgl. Rn. 209.
[381] Vgl. den Anordnungs- und Zwangsgeldandrohungsbescheid der BaFin an die Guoshi Assets Investment Management Limited v. 19.5.2014; abrufbar unter http://www.bafin.de/SharedDocs/Veroeffentlichungen/DE/Liste/WPUeG/li_angebotsunterlagen_wpueg_14.html.

Die Auskunftserteilung hat inhaltlich vollständig und richtig sowie rechtzeitig **199**
zu erfolgen.[382] Sollte der Adressat des Auskunftsverlangens diesem nicht nachkommen, kann die BaFin das Auskunftsverlangen mit Zwangsmitteln durchsetzen.

Die BaFin stellt ein Auskunftsverlangen nur dann, wenn aus ihrer Sicht An- **200**
haltspunkte für eine Pflichtverletzung vorliegen.[383] Eine Auskunft wird unter
Berücksichtigung des **Verhältnismäßigkeitsgrundsatzes** regelmäßig nur dann
erforderlich sein, wenn sie den Erlass einer Verfügung anstrebt oder zumindest
ernsthaft in Betracht zieht.[384]

An dem jeweiligen Verfahren vor der BaFin können Beteiligte Akteneinsicht **201**
gegenüber der BaFin verlangen (§§ 29, 13 Abs. 1 VwVfG). Regelmäßig sind Aktionäre der Zielgesellschaft aber weder Beteiligte des Gestattungsverfahrens zur
Veröffentlichung der Angebotsunterlage bzw. von Nichtberücksichtigungs- und
Befreiungsverfahren noch werden sie in diesen Verfahren hinzugezogen, so dass sie
auf diesem Wege keinen Einblick in die Unterlagen der BaFin zu den entsprechenden Verfahren erlangen können.[385] Aber auch Dritten kann gegenüber der BaFin
ein Anspruch auf Zugang zu amtlichen Informationen zustehen (§ 1 Abs. 1 Satz 1
IFG). Dieser Anspruch erstreckt sich grundsätzlich sowohl auf Informationen, die
ein Bieter im Rahmen der Angebotsvorbereitung und -durchführung übermittelt
oder die ein Angebotspflichtiger bei seinem Antrag auf Nichtberücksichtigung von
Stimmrechten oder Befreiung von der Angebotspflicht anführt, als auch auf Informationen, die die BaFin aufgrund eines Auskunftsverlangens erlangt hat. Von dem
Anspruch sind diejenigen Informationen ausgenommen, bei deren Bekanntwerden
nachteilige Auswirkungen auf die Kontroll- oder Aufsichtsaufgaben der BaFin zu
befürchten sind (§ 3 Nr. 1 Buchst. d IFG). Die BaFin hat dabei die konkrete Möglichkeit einer Gefährdung dieser Aufgaben im Einzelfall darzulegen.[386] Auch der
Zugang zu Betriebs- oder Geschäftsgeheimnissen darf nur gewährt werden, soweit
der Betroffene eingewilligt hat (§ 6 Satz 2 IFG). Für Bieter und Angebotspflichtige
bietet es sich an, einzureichende Dokumente als vertraulich zu kennzeichnen.[387]

II. Rechtsschutz

1. Rechtsschutzmöglichkeiten von Adressaten eines Verwaltungsakts der BaFin, insbesondere Bieter oder Zielgesellschaft

Gegen eine Verfügung der BaFin ist zunächst ein **Widerspruch** zulässig. In **202**
dem Widerspruchsverfahren wird die Rechtmäßigkeit und Zweckmäßigkeit der
Verfügung der BaFin durch den **Widerspruchsausschuss** überprüft (§ 41 Abs. 1
Satz 1 WpÜG). Der Widerspruchsausschuss entscheidet in der Regel ohne mündliche Verhandlung. Die Anordnung einer mündlichen Verhandlung ist aber durch
den Vorsitzenden dann möglich, wenn die Angelegenheit besondere tatsächliche
oder rechtliche Schwierigkeiten aufweist (§ 6 Abs. 1 Satz 2 WpÜG-Widerspruchsausschuss-Verordnung).

---

[382] Assmann/Pötzsch/Schneider/*Assmann* WpÜG § 40 Rn. 13.
[383] Assmann/Pötzsch/Schneider/*Assmann* WpÜG § 40 Rn. 16.
[384] Ehricke/Ekkenga/Oechsler/*Ehricke* WpÜG § 40 Rn. 8; Steinmeyer/*Klepsch* WpÜG § 40 Rn. 4; aA Kölner Komm. WpÜG/*Holst* § 40 Rn. 24.
[385] OLG Frankfurt a. M. WpÜG 3/11, NZG 2015, 230.
[386] VGH Kassel 6 A 1426/13, DÖV 2014, 496.
[387] *Spindler* ZGR 2011, 690 (704); *Wilsing*/*Paul* BB 2009, 114 (116 f.).

203 Widerspruchsberechtigt ist immer derjenige, an den die streitgegenständliche Verfügung ergangen ist, also derjenige, an den die Behörde den Verwaltungsakt gerichtet hat. Wird beispielsweise der Nichtberücksichtigungs- bzw. Befreiungsantrag des Bieters nach den § 36 bzw. § 37 WpÜG abgelehnt, ist dieser als Adressat der Verfügung auch widerspruchsberechtigt.[388]

204 Der Widerspruchsausschuss hat seine Entscheidung innerhalb von zwei Wochen ab Eingang des Widerspruchs zu treffen, es sei denn, die Frist wurde durch Beschluss auf Grund von besonderen rechtlichen oder tatsächlichen Schwierigkeiten verlängert (§ 41 Abs. 2 WpÜG). Kommt der Widerspruchsausschuss zu dem Ergebnis, dass eine Verfügung der BaFin unrechtmäßig oder unzweckmäßig war, hilft er dem Widerspruch ab und hebt die beanstandete Verfügung auf. Andernfalls erlässt er einen Widerspruchsbescheid, der die beanstandete Verfügung aufrechterhält, wogegen dem Widerspruchsführer dann die Möglichkeit einer Beschwerde eröffnet ist.

205 Eine **Beschwerde** ist dann innerhalb einer Frist von einem Monat beim **OLG Frankfurt am Main** als Beschwerdegericht schriftlich zu erheben. Die Monatsfrist beginnt mit der Bekanntgabe oder Zustellung des Widerspruchsbescheids (§ 51 Abs. 1 Satz 2 WpÜG). Die Beschwerdeschrift hat darauf einzugehen, gegen welche Verfügung der BaFin sie gerichtet ist oder welche Verfügung der BaFin begehrt wird. Der Beschwerdeführer hat dabei alle Tatsachen und Beweismittel anzugeben, auf die sich seine Beschwerde stützt (§ 51 Abs. 4 Nr. 2 WpÜG).

206 Die Beschwerde hat nur dann aufschiebende Wirkung, wenn durch die angefochtene Verfügung eine Befreiung von der Pflicht zur Veröffentlichung der Angebotsentscheidung (§ 10 Abs. 1 Satz 3 WpÜG), eine Befreiung von der Verpflichtung zur Abgabe eines Pflichtangebots und der vorherigen Veröffentlichung der Kontrollerlangung (§ 37 Abs. 1 WpÜG) sowie der Nichtberücksichtigung von Stimmrechtsanteilen (§ 36 WpÜG) widerrufen wird.

207 Das Beschwerdegericht entscheidet durch Beschluss. Soweit es die Verfügung der BaFin für unzulässig oder unbegründet hält, hebt das Gericht sie auf. Sofern der Beschwerdeführer eine Verfügung der BaFin begehrte und das Beschwerdegericht die Ablehnung oder Unterlassung für unbegründet hält, spricht es die Verpflichtung der BaFin aus, die beantragte Verfügung vorzunehmen. Gegen den Beschluss des Beschwerdegerichts steht die Möglichkeit einer Rechtsbeschwerde allein im Ordnungswidrigkeitenverfahren nach § 63 WpÜG offen.

2. Rechtsschutzmöglichkeiten von Nichtadressaten eines Verwaltungsakts der BaFin

208 Gegen Verfügungen der BaFin stehen Nichtadressaten eines Verwaltungsakts der BaFin keine Rechtsschutzmöglichkeiten offen. Wie das OLG Frankfurt am Main in mehreren Entscheidungen[389] klargestellt hat, vermitteln die Regelungen des WpÜG **Dritten keinerlei Beteiligungs- oder Klagerechte.** Insbesondere den betroffenen Aktionären ist es damit verwehrt, gegen Verfügungen der BaFin Widerspruch beziehungsweise Beschwerde einzulegen. Diese Ansicht stützt sich auf den klaren Wortlaut des § 4 Abs. 2 WpÜG, wonach die Bundesanstalt die ihr durch das Gesetz übertragenen Aufgaben und Befugnisse ausschließlich im öffentlichen Interesse wahrnimmt.[390]

---

[388] Baums/Thoma/Verse/*Ritz* WpÜG § 41 Rn. 30.
[389] OLG Frankfurt a. M. WpÜG 1/03, DB 2003, 1371 (1372) – (Pro Sieben); ZIP 2003, 2206 (2207 ff.); AG 2003, 513; BaFin-Jahresbericht 2003, S. 209 f.
[390] Assmann/Pötzsch/Schneider/*Döhmel* WpÜG § 48 Rn. 29 ff.; aA Kölner Komm. WpÜG/*Pohlmann* § 48 Rn. 69 ff.; *Cahn* ZHR 2003, 262 (289 ff.).

G. Allgemeine Handlungs- und Ermittlungsbefugnisse der BaFin

Etwas anderes gilt für die Geltendmachung bürgerlich-rechtlicher Ansprüche. 209
Diese können vor den Landgerichten geltend gemacht werden, sofern sie sich aus dem WpÜG ergeben. Dazu gehören etwa die ausdrücklich im WpÜG vorgesehenen Haftungen des Bieters für eine fehlerhafte Angebotsunterlage (§ 12 Abs. 1 WpÜG) und des Wertpapierunternehmens für eine fehlerhafte Finanzierungsbestätigung (§ 13 Abs. 2 WpÜG).[391] Bei einem durchgeführten Übernahme- oder Pflichtangebot können die Aktionäre, die das Angebot angenommen haben, die Einhaltung der Mindestpreisvorschriften im Zivilrechtsweg durchsetzen, da sie andernfalls nicht ausreichend vor einer Nichteinhaltung der Mindestpreisvorschriften bei einem abgegebenen Übernahme- oder Pflichtangebot – anders als bei Nichtabgabe eines Pflichtangebots – geschützt werden.[392] Die Aktionäre, die das Angebot nicht angenommen haben, können hingegen keinen solchen Anspruch geltend machen.[393] Der Grund für diese Differenzierung liegt darin, dass der Anspruch auf die erhöhte angemessene Gegenleistung auf dem durch Annahme des Angebots abgeschlossenen Aktienkaufvertrag beruht und die ablehnenden Aktionäre diesen nicht abgeschlossen haben.[394]

Darin liegt die Parallele zu den preiserleichternden Parallel- und Nacherwerben nach § 31 Abs. 4 und 5 WpÜG wie auch zur Haftung für die Angebotsunterlage nach § 12 WpÜG, die ebenfalls nur denjenigen Aktionären zugutekommen, die das Angebot fristgerecht angenommen haben.[395] Auch bei einem unterlassenen Pflichtangebot sind zivilrechtliche Ansprüche der anderen Aktionäre auf die Mindestgegenleistung dagegen ausgeschlossen.[396] Diese Differenzierung in der Rechtsprechung ist stark vom Verständnis der Reichweite des Rechtsverlusts nach § 59 WpÜG geprägt. Schließlich kann auch die Zinszahlungspflicht des Bieters nach § 38 WpÜG im Fall eines unterlassenen oder untersagten Pflichtangebots kann nicht selbstständig zivilrechtlich geltend gemacht werden.[397]

Daneben kommt schließlich noch die Geltendmachung von Ansprüchen des 210
Bürgerlichen Gesetzbuchs, insbesondere aus Verträgen oder unerlaubten Handlungen, in Betracht.

III. Sanktionen

Verstöße gegen das WpÜG werden auf unterschiedliche Weise sanktioniert. 211

1. Untersagung des Angebots

Hat die BaFin nach § 15 Abs. 1 oder Abs. 2 WpÜG ein Angebot untersagt,[398] so 212
ist die Veröffentlichung der Angebotsunterlage verboten und Rechtsgeschäfte, die auf Grundlage des untersagten Angebots getätigt wurden, sind nichtig (§ 15 Abs. 3

---

[391] Assmann/Pötzsch/Schneider/*Döhmel* WpÜG § 66 Rn. 5; Ehricke/Ekkenga/Oechsler/ *Ehricke* WpÜG § 66 Rn. 7.
[392] BGH II ZR 353/12, ZIP 2014, 1623 (1626).
[393] LG Köln 82 O 11/13, BeckRS 2017, 130130 (Rn. 275); *Verse* Der Konzern 2015, 1 (3); *Löhdefink/Jaspers* ZIP 2014, 2261 (2268).
[394] LG Köln 82 O 11/13, BeckRS 2017, 130130 (Rn. 275); *Verse* Der Konzern 2015, 1 (3); *Löhdefink/Jaspers* ZIP 2013, 2261 (2268).
[395] *Verse* Der Konzern 2015, 1 (3); *Löhdefink/Jaspers* ZIP 2014, 2261 (2268).
[396] BGH II ZR 80/12, NZG 2013, 939 (940 f.); das Pflichtangebot kann aber von der BaFin durchgesetzt werden, vgl. Rn. 197.
[397] Vgl. Rn. 216.
[398] Vgl. Rn. 28.

Oppenhoff

WpÜG). Dies gilt sowohl für das schuldrechtliche Kausal- als auch das dingliche Erfüllungsgeschäft.[399] Auch ist der Bieter nach § 26 Abs. 1 Satz 1 WpÜG für die Dauer eines Jahres an der Abgabe eines neuen Angebots gehindert (sog. **Sperrfrist**). Für Pflichtangebote gilt diese Sperrfrist nicht. Beabsichtigt der Bieter innerhalb der Sperrfrist ein neues Angebot abzugeben, so kann er einen Befreiungsantrag gegenüber der BaFin stellen. Eine positive Bescheidung setzt die Zustimmung der Zielgesellschaft voraus und steht im Ermessen der BaFin (§ 26 Abs. 2 WpÜG), die ihr Ermessen bei Zustimmung der Zielgesellschaft in aller Regel zu Gunsten des Antragstellers ausüben wird.[400]

2. Rechtsverlust

213 Hat eine Person über eine Zielgesellschaft die Kontrolle erworben und entweder den Kontrollerwerb nicht nach § 35 Abs. 1 WpÜG veröffentlicht, nicht fristgemäß eine Angebotsunterlage bei der BaFin eingereicht oder sie nicht fristgemäß veröffentlicht und damit kein Pflichtangebot nach § 35 Abs. 2 WpÜG abgegeben, so bestehen die Rechte aus den Aktien an der Zielgesellschaft nicht, die ihr, mit ihr gemeinsam handelnden Personen oder deren Tochterunternehmen gehören oder diesen nach § 30 Abs. 1 und 2 WpÜG zugerechnet werden (§ 59 WpÜG).[401] Nach verbreiteter Ansicht tritt der Rechtsverlust auch dann ein, wenn die vom Bieter übermittelte Angebotsunterlage den gesetzlichen Anforderungen auf Grund von fehlenden oder falschen Angaben nicht genügt, soweit dieser Verstoß schwer genug wiegt, um etwa wegen Verstoßes gegen die Mindestpreisvorschriften einer Nichtabgabe des Pflichtangebots gleichzustehen oder den Aktionären der Zielgesellschaft wesentliche Entscheidungsgrundlagen vorzuenthalten.[402] Dem ist der BGH jedenfalls für die Nichteinhaltung der Mindestpreisvorschriften entgegengetreten.[403] Dem scheint konzeptionell zugrunde zu liegen, einen Rechtsverlust nur bei **Verletzung der Kardinalpflichten** aus § 35 Abs. 1 und 2 WpÜG (insbesondere Veröffentlichung der Kontrollerlangung und Abgabe des Pflichtangebots durch rechtzeitige Einreichung und Veröffentlichung einer von der BaFin gestatteten Angebotsunterlage), also vereinfacht gesprochen der Nichtdurchführung eines Pflichtangebots, annehmen zu wollen. Entgegen dem insoweit missverständlichen Wortlaut ist ein Rechtsverlust jedenfalls bei **Verletzung nur bloßer Nebenpflichten** aus § 35 Abs. 1 und 2 WpÜG abzulehnen.[404] Der Bieter erleidet deshalb

---

[399] Baums/Thoma/Verse/*Thoma* WpÜG § 15 Rn. 54; Assmann/Pötzsch/Schneider/*Meyer* WpÜG § 15 Rn. 26.

[400] Vgl. das Übernahmeangebot der Dragonfly GmbH & Co. KGaA an die Aktionäre der Celesio AG v. 28.3.2014, S. 39 und das Übernahmeangebot der Nidda Healthcare Holding AG an die Aktionäre der STADA-Arzneimittel AG v. 19.7.2017, S. 45.

[401] Der Rechtsverlust wurde Ende 2015 durch das Gesetz zur Umsetzung der Transparenzrichtlinie-Änderungsrichtlinie auf alle Aktien erweitert, die dem Bieter, mit ihm gemeinsam handelnden Personen oder deren Tochterunternehmen nach § 30 Abs. 1 und 2 WpÜG zugerechnet werden. Zuvor waren neben selbst gehaltenen Aktien nur nach § 30 Abs. 1 Nr. 1 und 2 WpÜG zugerechnete Aktien erfasst.

[402] Vgl. einerseits Baums/Thoma/Verse/*Hecker* WpÜG § 59 Rn. 51; Assmann/Pötzsch/Schneider/*Schneider* WpÜG § 59 Rn. 11; Frankfurter Komm. WpÜG/*Hommelhoff/Witt* § 59 Rn. 15 und andererseits Kölner Komm. WpÜG/*Kremer/Oesterhaus* § 59 Rn. 41 ff.

[403] BGH II ZR 353/12, ZIP 2014, 1623 (1625).

[404] Baums/Thoma/Verse/*Hecker* WpÜG § 59 Rn. 21; Frankfurter Komm. WpÜG/*Hommelhoff/Witt* § 59 Rn. 14; differenzierend Kölner Komm. WpÜG/*Kremer/Oesterhaus* § 59 Rn. 21 ff.; Assmann/Pötzsch/Schneider/*Schneider/Rosengarten* WpÜG § 59 Rn. 11.

beispielsweise keinen Rechtsverlust, weil er übersehen hat, eine Börse entsprechend §§ 35 Abs. 1 Satz 4, 10 Abs. 2 Satz 1 Nr. 1 WpÜG vorab zu informieren oder die Veröffentlichung des Erwerbs der Kontrolle unverzüglich an die Zielgesellschaft zu übersenden, zumal eine Nachholung dieser Handlungspflichten bei im Übrigen korrekter Durchführung des Angebotsverfahrens gar nicht mehr sinnvoll möglich ist. Der Rechtsverlust nach § 59 WpÜG besteht für die Dauer der Pflichtverletzung und umfasst grundsätzlich alle aus den Aktien erwachsenden Mitverwaltungs- und Vermögensrechte. Die verlustigen **Mitverwaltungsrechte** umfassen insbesondere das Teilnahme- und Stimmrecht in der Hauptversammlung, aber auch das Rede-, Auskunfts-, Widerspruchs- und Anfechtungsrecht. Nehmen die vorgenannten Personen dennoch an der Abstimmung teil und sind diese Stimmrechte für das Zustandekommen des Hauptversammlungsbeschlusses entscheidend, so sind die entsprechenden Hauptversammlungsbeschlüsse anfechtbar, jedoch nicht nichtig.[405] Die verlustigen **Vermögensrechte** umfassen insbesondere das Dividendenbezugsrecht sowie das Bezugsrecht bei Kapitalerhöhungen (abgesehen von einer Kapitalerhöhung aus Gesellschaftsmitteln) sowie den Anspruch auf Liquidationserlös.[406] Zu Unrecht ausgeschüttete Dividenden sind an die Zielgesellschaft zurückzugewähren (§ 62 Abs. 1 AktG).

Der Rechtsverlust kann durch Nachholung der Pflichterfüllung beseitigt werden, grundsätzlich jedoch nur mit Wirkung für die Zukunft. Eine Ausnahme besteht für den Dividenden- und den Liquidationsanspruch. Diese Ansprüche leben rückwirkend wieder auf, sofern die Veröffentlichung der Kontrollerlangung oder des Pflichtangebots nicht vorsätzlich unterlassen wurde und unverzüglich nachgeholt worden ist (§ 59 Satz 2 WpÜG).[407]

3. Veränderung von Referenzzeiträumen für die Mindestgegenleistung

Da die Referenzzeiträume für die Mindestpreisvorschriften mit Bezug auf die Angebotsankündigung (Drei-Monats-Durchschnittskurs) und die Veröffentlichung der Angebotsunterlage (Vorerwerbe) festgelegt werden, verschieben sie sich gegenüber dem vom WpÜG vorgesehenen Zeitraum, wenn ein Pflichtangebot zunächst nicht oder nicht rechtzeitig abgegeben wird. Dass sich dies nicht zum Vorteil des angebotspflichtigen Bieters und zum Nachteil der anderen Aktionäre der Zielgesellschaft auswirken darf, liegt auf der Hand, weil die ausdrücklich geregelten Sanktionen der – durchaus hohen – Pflichtverzinsung nach § 38 WpÜG, des Rechtsverlusts nach § 59 WpÜG und der Verhängung einer Geldbuße nach § 60 Abs. 1 Nr. 1 Buchst. a WpÜG einschließlich der Abschöpfungsmöglichkeit nach § 17 Abs. 4 Satz 1 OWiG den anderen Aktionären nicht immer ausgleichen, was sie bei rechtzeitiger Abgabe des Pflichtangebots erhalten hätten. Insofern muss Abhilfe geschaffen werden,[408] wobei die Einzelheiten noch im Unklaren liegen. Im Ausgangspunkt muss die Angebotsgegenleistung zunächst den Anforderungen an die Mindestgegenleistung im Zeitpunkt der tatsächlichen Ankündigung bzw. Abgabe des Pflichtangebots entsprechen. Benachteiligt diese Gegenleistung die

---

[405] Baums/Thoma/Verse/*Hecker* WpÜG § 59 Rn. 87; Assmann/Pötzsch/Schneider/*Schneider/Rosengarten* WpÜG § 59 Rn. 44.

[406] Baums/Thoma/Verse/*Hecker* WpÜG § 59 Rn. 94 ff.; Frankfurter Komm. WpÜG/*Hommelhoff/Witt* § 59 Rn. 20 f.

[407] Siehe insoweit zum Dividendenanspruch BGH II ZR 262/13, AG 2014, 624 (625).

[408] AA Mülbert/Kiem/Wittig/*Tyrolt/Cascante* S. 110, 138; Assmann/Pötzsch/Schneider/*Krause* WpÜG § 31 Rn. 31.

anderen Aktionäre, hat sich die überwiegende Literatur diesbezüglich bisher für eine Verlagerung der Referenzzeiträume auf den Zeitpunkt der gesetzlich geforderten Pflichtangebotsankündigung und -veröffentlichung ausgesprochen.[409] In seiner Entscheidung zur Übernahme der Deutschen Postbank AG durch die Deutsche Bank AG hat der BGH demgegenüber von einer Verlängerung des Referenzzeitraums gesprochen, wobei es in dem Fall um Mindestpreise auf Grund von Vorerwerben ging.[410] Richtigerweise dürfte zwischen den Mindestpreisen auf Basis des Drei-Monats-Durchschnittskurses und von Vorerwerben zu differenzieren sein. Beim Durchschnittskurs scheint es angemessen, den Drei-Monats-Durchschnittskurs zu verlagern und den Betrachtungszeitraum nicht zu verlängern. Diese Vorgehensweise verhindert im Gegensatz zu einer Verlängerung des Berechnungszeitraums eine mögliche Verwässerung eines Drei-Monats-Durchschnittskurses, der den anderen Aktionären bei rechtzeitiger Abgabe des Pflichtangebots zugute gekommen wäre. Neben der Ankündigung eines Angebots nach § 10 WpÜG ist ein weiterer relevanter Endzeitpunkt des Drei-Monats-Durchschnittskurses stets der Zeitpunkt der (ersten) pflichtgemäßen Ankündigung des Pflichtangebots. Weitgehend ungeklärt ist die Frage, ob auch höhere Drei-Monats-Durchschnittskurse im Zwischenzeitraum maßgeblich sein können. Das scheint angesichts der fortbestehenden Angebotsverpflichtung des Bieters bis zur Abgabe des Pflichtangebots zwar logisch begründbar, schießt aber über den Gesichtspunkt, dass die anderen Aktionäre nicht schlechter stehen sollen als bei rechtzeitiger Abgabe des Pflichtangebots, hinaus und wäre deshalb unverhältnismäßig.[411] Bei den Mindestpreisen auf Grund von Vorerwerben scheint dagegen eine Verlängerung des Vorerwerbzeitraums richtiger. Das hat zunächst den rein praktischen Vorteil, dass die sich aufaddierenden Unsicherheiten der Bestimmung der relevanten Verlagerungszeiträume für die Parallel- und Nacherwerbe vermieden würden. Bei rechtzeitiger Abgabe des Pflichtangebots würden nämlich neben den Vorerwerben nach § 31 Abs. 4 und 5 WpÜG auch Parallel- und Nacherwerbe erfasst und bei Verlagerung der entsprechenden Zeiträume bestünde nicht nur die Unsicherheit bezüglich der anzunehmenden Ausnutzung der Einreichungsfrist für die Angebotsunterlage und der Prüfungsfrist der BaFin, sondern auch über die Länge der Annahmefrist. Noch schwerer dürfte ins Gewicht fallen, dass es zu vorsätzlich nutzbaren Schutzlücken führen würde, würde man nur auf den Sechs-Monats-Zeitraum vor der ersten pflichtgemäßen Abgabe des Angebots des Pflichtangebots durch Veröffentlichung der Angebotsunterlage abstellen. Denn Erwerbe nach Ablauf dieses Zeitraums (sowie gegebenenfalls der Parallel- und – soweit nicht über die Börse erworben wird – der Nacherwerbszeitraum) und vor dem Sechs-Monats-Zeitraum vor Veröffentlichung des Pflichtangebots wären dann nicht abgedeckt. Technisch mag man dies mit der fortbestehenden Angebotpflicht begründen.

4. Zinszahlungspflicht

216 Ist eine Person ihrer Pflicht zur Veröffentlichung der Kontrollerlangung oder der Abgabe eines Pflichtangebots nicht nachgekommen bzw. ist ihr ein Pflichtangebot

---

[409] Schwark/Zimmer/*Noack* WpÜG § 31 Rn. 13, 25; MünchKomm. AktG Bd. 6/Wackerbarth WpÜG § 31 Rn. 38; nicht differenzierend Angerer/Geibel/Süßmann/*Süßmann* WpÜG § 31 Rn. 87; Steinmeyer/*Santelmann/Nestler* WpÜG § 31 Rn. 19.
[410] BGH II ZR 353/12, ZIP 2014, 1623 (1626).
[411] Die Maßgeblichkeit ablehnend *Verse* Der Konzern 2015, 1 (6); *Löhdefink/Jaspers* ZIP 2014, 2261 (2267).

G. Allgemeine Handlungs- und Ermittlungsbefugnisse der BaFin 217 § 23

von der BaFin gemäß § 15 Abs. 1 Nr. 1, 2 oder 3 WpÜG untersagt worden, so steht den Aktionären der Zielgesellschaft für die Dauer des Verstoßes ein Zinsanspruch in Höhe von 5% über dem Basiszins (§ 247 BGB) gegen diese Person zu (§ 38 WpÜG). Dieser Anspruch besteht als akzessorischer Nebenanspruch zu dem durch die Nachholung des Pflichtangebots entstandenen Hauptanspruch.[412]

5. Bußgeld

Die BaFin ist für den Fall einer nicht ordnungsgemäßen Erfüllung einer Vielzahl von Vorschriften des WpÜG ermächtigt, Bußgelder gegen den ordnungswidrig Handelnden zu verhängen. Der Bußgeldrahmen wurde durch das Zweite Finanzmarktnovellierungsgesetz mit Wirkung zum 3.1.2018 erheblich erhöht. Er beträgt bei natürlichen Personen bis zu 5 Mio. EUR und bei juristischen Personen oder Personenvereinigungen 10 Mio. EUR oder 5% des Gesamtumsatzes, den die juristische Person oder Personenvereinigung im der Behördenentscheidung vorausgegangenen Geschäftsjahr erzielt hat (§ 60 Abs. 3 und 4 WpÜG). Bei fahrlässigem Handeln ist der Bußgeldrahmen zu halbieren (§ 17 Abs. 2 OWiG). 217

Über diese vorgenannten Beträge hinaus kann die Ordnungswidrigkeit mit einer Geldbuße bis zum Zweifachen des aus dem Verstoß gezogenen wirtschaftlichen Vorteils geahndet werden. Durch diese Änderung soll eine Anpassung der Sanktionsmöglichkeiten des WpÜG an erheblich verschärfte Sanktionsmöglichkeiten anderer Kapitalmarktgesetze erfolgen.[413] Konkret hat der Gesetzgeber aber keine Missstände festgestellt, sodass die mit der Erhöhung des Bußgeldrahmens verbundene Erhöhung der Bußgelder für klerikale Fehler kritisch zu sehen ist. Während in den Fällen der Zuwiderhandlung gegen eine vollziehbare Anordnung nach § 28 Abs. 1 WpÜG („Unerlaubte Werbung") oder § 40 Abs. 1 („Auskunftsverlangen der BaFin") oder ein Betretungsbegehren nach § 40 Abs. 2 WpÜG bereits fahrlässiges Handeln ausreichend ist, bedarf es ansonsten zur Verhängung eines Bußgelds vorsätzlichen oder zumindest leichtfertigen Handelns. Ein Bußgeld kann auch gegen Personen verhängt werden, die als Anstifter oder Gehilfe an der Tat beteiligt sind, und daher auch externe Berater oder die finanzierende Bank treffen.[414]

---

[412] BGH II ZR 80/12, NZG 2013, 939; kritisch dazu *Heusel* AG 2014, 232 (240 f.); noch offengelassen in BGH II ZR 137/05, NZG 2006, 945; für einen selbstständig durchsetzbaren Anspruch Baums/Thoma/*Hecker* WpÜG § 38 Rn. 10; MünchKomm. AktG/Bd. 6/*Schlitt/Ries* WpÜG § 38 Rn. 2; für eine selbstständige Nebenforderung Assmann/Pötzsch/Schneider/ *Assmann* WpÜG § 38 Rn. 7; für eine vertragsinhaltsgestaltende Wirkung Frankfurter Komm. WpÜG/*Hommelhoff/Witt* § 38 Rn. 3.
[413] BT-Drs. 18/10936, S. 272.
[414] Assmann/Pötzsch/Schneider/*Assmann* WpÜG § 60 Rn. 24; Baums/Thoma/Verse/ *Achenbach* WpÜG § 60 Rn. 17.

§ 24 Mitarbeiterbeteiligungen

Bearbeiter: Ulli Janssen/Daniel Riehle

Übersicht

	Rn.
A. Einleitung	1–3
B. Vorüberlegungen	4–20
I. Grundzüge der Gestaltungsmöglichkeiten	7–9
II. Wesentliche Unterschiede zwischen Mitarbeiterbeteiligung und erfolgsabhängiger Vergütung	11–13a
III. Wesentliche Parameter für Aktienoptionen	15–20
C. Überblick über die rechtlichen Gestaltungsmöglichkeiten	21–71
I. „Nackte" Bezugsrechte auf Aktien der Gesellschaft	21–49
1. Bezugsrechte auf neue Aktien aus bedingtem Kapital	25–38
2. Bezugsrechte auf eigene Aktien der Gesellschaft	39–42
3. Bezugsrechte auf neue Aktien aus genehmigtem Kapital	43–49
II. Wandel-/Optionsanleihen und Genussrechte	50–56
III. Direkte Beteiligung durch Belegschaftsaktien/Friends & Family-Programme	57–61
IV. Überblick über die rechtlichen Gestaltungsmöglichkeiten von unternehmenswertabhängigen Vergütungssystemen	62–67
V. Kombinationsformen	68–71
D. Gewährung und arbeitsrechtliche Gesichtspunkte	72–94
I. Gewährung der Mitarbeiterbeteiligung	73–76a
II. Beteiligungsrechte des Betriebsrats/Sprecherausschusses	77–80
III. Arbeitsrechtlicher Gleichbehandlungsgrundsatz und Allgemeines Gleichbehandlungsgesetz (AGG)	81–83
IV. Betriebliche Übung und Pensionsberechtigung	84, 85
V. Bindungs- und Verfallsklauseln	86–90a
VI. Betriebsübergang, § 613a BGB	91–94
E. Kapitalmarktrechtliche Erwägungen	95–132
I. Wertpapierprospektgesetz/Vermögensanlagengesetz	96–121
1. Öffentliches Angebot von Wertpapieren	97–116
a) Wertpapierqualität von Mitarbeiterbeteiligungen	102, 103
b) Ausnahmen von der Prospektpflicht	106–116
aa) Angebote an Arbeitnehmer	106–109
bb) Begrenzter Personenkreis	110, 111
cc) Geringer Umfang	112–114
dd) Bereits zugelassene Aktien	115, 116
2. Angebote von sonstigen, unverbrieften Beteiligungen	117–121
II. Meldepflichten von Eigengeschäften von Führungskräften, Art. 19 MMVO	122–126
III. Verbot von Insidergeschäften, Art. 14 MMVO	127–132
F. Steuerliche Gesichtspunkte	133–156
I. Einleitung	133, 134
II. Lohnsteuerliche Aspekte von Mitarbeiterbeteiligungen	135–149

1. Bestimmung der Einkunftsart 135–137
   2. Zeitpunkt des Zuflusses von Arbeitslohn 138–140
   3. Bewertung des zugewandten Vorteils 141–144
      a) Notierung der Aktien an einer Wertpapierbörse .. 141–143
      b) Keine Notierung der Aktien an einer
         Wertpapierbörse 144
   4. Besonderheiten bei Entsendungen 145, 146
   5. Lohnsteuerliche Verpflichtungen 147–149
III. Steuerliche Förderung von Mitarbeiterbeteiligungen 150–152
   1. Förderung durch § 3 Nr. 39 EStG 150
   2. Förderung nach § 34 EStG 151
   3. Förderung durch das. 5. Vermögensbildungsgesetz... 152
IV. Körperschaftsteuerliche Aspekte von Mitarbeiterbeteiligungen 153–156
   1. Ausgabe bestehender Aktien („Treasury Stock") 154, 155
   2. Ausgabe neuer Aktien 156

A. Einleitung

1 Das Thema der Mitarbeiterbeteiligung[1] ist vielschichtig und die Fragen in diesem Zusammenhang reichen von Aspekten der **Motivationstheorie** über rechtliche Aspekte bis hin zu **praktischen Abwicklungsfragen**.[2]

2 Die Ausführungen im Rahmen dieses Kapitels konzentrieren sich im Wesentlichen auf grundsätzliche Überlegungen sowie gesellschaftsrechtliche, arbeitsrechtliche und kapitalmarktrechtliche Erwägungen sowie steuerrechtliche Gesichtspunkte.

3 Die Beteiligung der Mitarbeiter am Unternehmen ist seit der Einführung des KonTraG (Gesetz zur Kontrolle und Transparenz im Unternehmensbereich) vom 27.4.1998[3] verstärkt in den Mittelpunkt des Interesses und der Diskussion gerückt.[4] Allerdings wird auch deutliche Kritik, insbesondere an Aktienoptionen für Vorstände und Führungskräfte, geübt.[5] Einen weiteren Impuls hat die Diskussion ua durch das Gesetz zur Angemessenheit der Vorstandsvergütung (VorstAG) vom 31.7.2009[6] erfahren. Eine Reihe von Fragen sind noch Gegenstand der Diskussion im Schrifttum. Hierbei sind Fragen der rechtlichen Zulässigkeit und insbesondere der **Anfechtbarkeit von Hauptversammlungsbeschlüssen** noch nicht durch eine gefestigte Rechtsprechung gesichert. Aus diesem Grunde bestehen eine Reihe von rechtlichen Unsicherheiten, deren Behandlung im Einzelfall, auch auf der Grundlage einer **Risikoabwägung**, entschieden werden muss.

---

[1] Der Begriff „Mitarbeiterbeteiligung" wird hier auch für Gestaltungsformen verwendet, die nicht eine (aktienrechtliche) Beteiligung an der Gesellschaft zum Gegenstand haben, sondern „virtuell" die finanziellen Aspekte einer Beteiligung nachbilden; s. im Einzelnen Rn. 7 ff.

[2] Weiterführend *Harrer* (Hrsg.) Mitarbeiterbeteiligungen und Stock-Option-Pläne, 2. Aufl.; *Friedrichsen* Aktienoptionspläne für Führungskräfte, 2000; *Weiß* Aktienoptionspläne für Führungskräfte, 1999.

[3] BGBl. 1998 I 786.

[4] Das zeigt sich auch durch das Gesetz zur steuerlichen Förderung der Mitarbeiterkapitalbeteiligung (Mitarbeiterkapitalbeteiligungsgesetz) vom 7.3.2009 (BGBl. 2009 I 451). Mit dem Gesetz wird das Ziel verfolgt, im Wesentlichen durch Erhöhung des Steuerfreibetrages und der Arbeitnehmer-Sparzulage die Beteiligung der Arbeitnehmer am Unternehmen zu fördern; siehe Rn. 150 ff.

[5] Siehe MünchKomm. AktG/*Fuchs* § 192 Rn. 68 ff.; *Claussen* in FS Horn S. 319 ff.

[6] BGBl. 2009 I 2509.

B. Vorüberlegungen

Die Vorbereitung des Börsengangs eines Unternehmens bietet häufig den äußeren Anlass, die bisherige Vergütungspraxis des Unternehmens „auf den Prüfstand zu stellen". Mit der Börsennotierung ist die Pflicht des Aufsichtsrats nach § 87 Abs. 1 Satz 2 AktG verbunden, die Struktur der Vorstandsvergütung auf eine nachhaltige Unternehmensentwicklung auszurichten. Variable Vergütungsbestandteile sollen daher eine mehrjährige Bemessungsgrundlage haben. Außerdem muss die Gesellschaft nach dem Börsengang die Empfehlungen und Anregungen des Deutschen **Corporate Governance Kodex**[7] beachten. Dieser empfiehlt,[8] dass die monetären Vergütungsbestandteile für Mitglieder des Vorstands fixe und variable Bestandteile umfassen sollen. Sowohl positiven als auch negativen Entwicklungen soll bei der Ausgestaltung der variablen Vergütungsbestandteile Rechnung getragen werden.[9]

Hinzu kommen die **Erwartungen des Kapitalmarktes**: Investoren beurteilen es grundsätzlich positiv, wenn Mitarbeiter in Schlüsselpositionen durch eine Beteiligung an der Emittentin langfristig an das Unternehmen gebunden werden, sich durch diesen Anreiz nachhaltig für den Erfolg der Gesellschaft einsetzen und deren Interessen an die Interessen der Kapitalgeber angeglichen werden (**„alignment of interest"**).[10] Die sich aus der Börsennotierung ergebende kontinuierliche Bewertung der der Gesellschaft durch den Kapitalmarkt kann im Hinblick auf eine anreizorientierte Vergütung der Mitarbeiter genutzt werden. Zunehmend erwarten auch Mitarbeiter in Schlüsselpositionen Vergütungsbestandteile, deren Höhe sich direkt oder indirekt aus dem Unternehmenserfolg der Gesellschaft ableitet.

Vergütungsregelungen für Mitarbeiter, deren Beteiligung an der Gesellschaft sowie die **anderen „weichen" Faktoren** (wie Arbeitsumfeld, Karrierechancen, Ansehen des Arbeitgebers), die Mitarbeiter bewegen, sich für ein Unternehmen einzusetzen, müssen im **Zusammenhang** gesehen und entschieden werden. Hierüber Klarheit zu erzielen und ein geeignetes Konzept, das in einem Mitarbeiterbeteiligungsprogramm mündet, zu erarbeiten, bedarf einer Reihe grundsätzlicher Überlegungen.

I. Grundzüge der Gestaltungsmöglichkeiten

Für die Beteiligung von Mitarbeitern am Unternehmenserfolg kommen verschiedene Gestaltungsformen in Betracht: (i) **„Nackte"**[11] **Bezugsrechte** (Aktien-

---

[7] Der Deutsche Corporate Governance Kodex (CGK) wird jährlich von der Regierungskommission Deutscher Corporate Governance Kodex überprüft, bei Bedarf angepasst und von dem Bundesministerium der Justiz im amtlichen Teil des elektronischen Bundesanzeigers veröffentlicht; die jeweils aktuelle Version steht unter http://www.dcgk.de/de/kodex.html im Internet zum Download zur Verfügung. Die nachfolgenden Ausführungen beziehen sich auf den CGK mit Stand vom 7.2.2017.
[8] Weicht eine börsennotierte Gesellschaft von Empfehlungen ab, so hat sie dies in ihrer jährlichen Entsprechenserklärung nach § 161 Abs. 1 AktG offen zu legen und die Abweichung zu begründen.
[9] CGK Ziffer 4.2.3 Abs. 2 Satz 4.
[10] Dazu *Friedrichsen* Aktienoptionspläne für Führungskräfte 2000, S. 22 ff.; *Weiß* Aktienoptionspläne für Führungskräfte 1999, S. 39 ff.; *Baums* in FS Claussen S. 7; Marsch-Barner/*Schäfer*/*Holzborn* § 53 Rn. 7.
[11] Der Begriff „nackte" Bezugsrechte hat sich eingebürgert, da diese Bezugsrechte im Gegensatz zu Wandelanleihen ohne eine Anleihekomponente – quasi „nackt" – begeben werden.

optionen), die mit Aktien aus bedingtem Kapital, aus genehmigtem Kapital oder mit eigenen Aktien bedient werden, (ii) **Wandel- oder Optionsanleihen**, (iii) **direkte Beteiligung** durch Belegschaftsaktien, (iv) „**virtuelle**" **Aktien** oder **Aktienoptionen** (Stock Appreciation Rights/Phantom Stocks) und (v) sonstige Beteiligungsformen (**Long Term Incentives, LTI**), die nicht (ausschließlich) an der Aktienkursentwicklung, sondern (auch) am Unternehmenserfolg, ausgedrückt in der Steigerung bestimmter Unternehmenskennzahlen, anknüpfen.

8 Bei den mit diesen Gestaltungsformen verfolgten Zielen kann zwischen Programmen zur Mitarbeiterbeteiligung einerseits und Programmen zur erfolgsabhängigen Vergütung andererseits unterschieden werden. Bei der erfolgsabhängigen Vergütung steht die Vergütung des Mitarbeiters im Vordergrund, deren Höhe sich am Erfolg des Unternehmens, ausgedrückt in bestimmten Parametern,[12] orientiert. Eine reale oder wertmäßige Beteiligung an dem Unternehmen ist nicht beabsichtigt.

9 Dagegen stehen bei Beteiligungsprogrammen die Einräumung einer realen oder rechnerischen (virtuelle) Beteiligung an dem Unternehmen und die mit der Beteiligung verbundenen Vorteile im Vordergrund. Die Anreizwirkung ist im Vergleich zur erfolgsabhängigen Vergütung komplexer: Der Mitarbeiter erhält (i) einen **Vermögenswert**, für dessen „Erhalt" und Wertsteigerung er sich einsetzt, (ii) ein mitgliedschaftliches **Partizipationsrecht** an der Gesellschaft (Stimmrecht, Auskunftsrecht, Bezugsrecht auf neue Aktien etc.) und (iii) die Möglichkeit, **Einkünfte aus Dividendenzahlungen** zu erzielen. Bei einer entsprechend langfristigen Ausgestaltung ist der Mitarbeiter – wie jeder andere Aktionär der Gesellschaft – der zukünftigen Kurs- bzw. Wertentwicklung der Beteiligung ausgesetzt;[13] seine Chancen und Risiken entsprechen denen eines Aktionärs, was unmittelbar zu einer Angleichung der Interessen führt. Im Vergleich zu Programmen zur erfolgsabhängigen Vergütung ergibt sich dieser Effekt bei langfristig ausgestalteten Programmen unmittelbar und muss nicht erst durch spezielle Regelungen „gestaltet" werden.

II. Wesentliche Unterschiede zwischen Mitarbeiterbeteiligung und erfolgsabhängiger Vergütung

11 Beteiligungsprogramme, die eine **reale Beteiligung** der Mitarbeiter vorsehen, tangieren regelmäßig die mitgliedschaftliche Stellung der anderen Aktionäre (zB durch Ausschluss des Bezugsrechts zum Zweck der Gewährung der Beteiligungen). Sie unterliegen daher in der Regel der **Zustimmung der Hauptversammlung**. Programme, die eine lediglich virtuelle Beteiligung oder eine **erfolgsabhängige Vergütung** vorsehen, fallen dagegen regelmäßig in die **alleinige Entscheidungskompetenz** des Vorstandes bzw., soweit Mitglieder des Vorstands betroffen sind, in die Kompetenz des Aufsichtsratsplenums.[14] Das erhöht die Flexibilität erheblich, weil neue Programme nicht nur zeitlich unabhängig von Hauptversammlungsterminen, sondern auch frei von möglichen **Anfechtungsrisiken** aufgelegt werden

---

[12] Wobei das Unternehmen einen breiten Spielraum hat, zu bestimmen, was ein „Erfolg" in diesem Sinne ist: Das kann von einer Aktienkurssteigerung über eine Steigerung des Gewinns (Jahresüberschuss, Bilanzgewinn, Earnings per Share) bis hin zur Steigerung unternehmensinterner Kennzahlen reichen.

[13] Zum Beispiel durch Restricted Shares s. Rn. 58; zu einer am Aktienkurs orientiertem „Verlustbeteiligung" von Vorständen *Tödtmann/Bronisek* DB 2005, 1726, die dies empfehlen und eine entsprechende Gestaltung der variablen Vergütung vorschlagen.

[14] Spindler/Stilz/*Rieckers* AktG § 192 Rn. 57; Semler/v. Schenck/*Fonk* ARHdb. § 10 Rn. 81, 118; Semler/Volhard/Reichert/*Schröer* § 24 Rn. 3, 5.

B. Vorüberlegungen 12–13a § 24

können.[15] Außerdem bieten Programme zur erfolgsabhängigen Vergütung größere Gestaltungsfreiräume, da die zwingenden aktienrechtlichen Beschränkungen (insb. §§ 192 Abs. 3, 193 Abs. 2 Nr. 4 AktG) nicht zwingend eingehalten werden müssen.

Wesentlicher **Nachteil** aus Sicht der Gesellschaft ist die regelmäßig mit **virtuellen Programmen** verbundene **Belastung der Liquidität**:[16] Während sich Programme mit einer realen Beteiligung meist liquiditätsneutral gestalten lassen, führt die Ausübung bzw. Fälligkeit der Beteiligungsinstrumente bei virtuellen Programmen unmittelbar zum Abfluss von Liquidität; allerdings ist ein solcher Aufwand auch steuerlich zu berücksichtigen.[17] Außerdem unterliegt bei virtuellen Programmen die Gesellschaft regelmäßig dem Risiko der zukünftigen Kursentwicklung der zugrundeliegenden Aktien; das gilt auch bei Programmen auf der Basis eigener Aktien durchgeführt werden, soweit diese nicht bereits bei der Gewährung der Bezugsrechte an die Begünstigten erworben werden (oder erworben wurden).[18] Ein Kursrisiko kann jedoch abgesichert werden,[19] was allerdings die Komplexität erhöht.

12

Einer der wesentlichen **Kritikpunkte** an klassischen **Aktienoptionen** auf Basis von bedingtem Kapital ist, dass der bei den Altaktionären verursachte **Verwässerungseffekt** – der den Vermögensvorteil auf der Seite des begünstigten Mitarbeiters widerspiegelt – steuerlich nicht geltend gemacht werden kann.[20] Andererseits ist die Gesellschaft gezwungen, auch bei solchen Programmen nach internationalen Rechnungslegungsvorschriften (IFRS) in ihrem Konzernabschluss einen **fiktiven Personalaufwand** zu bilanzieren.[21] Darüber hinaus können als Nachteile einer realen Beteiligung der höhere Verwaltungsaufwand (insbesondere für die wertpapiertechnische Abwicklung) sowie eine Benachteiligung im Hinblick auf die Einschränkungen für Eigengeschäfte von Führungskräften und das Verbot von Insidergeschäften gesehen werden.[22]

13

Daneben spielt die zeitliche Komponente eine Rolle. Während bei Programmen, die eine erfolgsabhängige Vergütung zum Ziel haben, die Zuwendung des Vorteils typischerweise am Ende nach Ablauf eines bestimmten Zeitraums, nach Erreichung des vereinbarten Erfolgs, stattfindet, erfolgt bei Programmen, die eine Beteiligung zum Ziel haben, die Zuwendung bereits zu Beginn. Typisches Beispiel hierfür wäre das traditionelle Belegschaftsaktienprogramm mit entsprechender Haltefrist. Eine Zwischenstellung haben Aktienoptionen, bei der zwar die Option zu Beginn, aber der Vermögensvorteil nur nach Erreichung des Erfolgsziels gewährt wird. Dementsprechend lautet die Kritik an Aktienoptionsprogrammen, dass die Einräumung der Optionen von Mitarbeitern lediglich als Chance verstanden wird.[23] Daneben hat die zeitliche Komponente entscheidenden Einfluss auf die steuerliche Behandlung.[24]

13a

---

[15] *Martens* in FS Ulmer 2003, S. 403.
[16] *Martens* in FS Ulmer 2003, S. 403.
[17] S. im Einzelnen Rn. 153.
[18] S. Rn. 40.
[19] Zu den Möglichkeiten der Absicherung *Kruchen* AG 2014, 655.
[20] Wenn Aktienoptionen mit eigenen Aktien der Gesellschaft bedient werden, entsteht idR steuerlich zu berücksichtigender Aufwand, siehe Rn. 154 zu den Aspekten der Verwässerung *Claussen* in FS Horn S. 322 f.
[21] *Claussen* in FS Horn S. 327.
[22] Siehe zu Eigengeschäften von Führungskräften Rn. 122 und zu Insidergeschäften Rn. 127 ff.
[23] *Baums* in FS Claussen S. 8; siehe auch *Claussen* in FS Horn S. 324 f.
[24] Siehe Rn. 138 ff.

III. Wesentliche Parameter für Aktienoptionen

15 Unabhängig davon, ob ein Aktienoptionsprogramm virtuell oder durch Gewährung realer Aktien durchgeführt werden soll, wird deren wirtschaftlicher Gehalt durch die folgenden wesentlichen Parameter bestimmt:

15a **Basispreis und Ausübungspreis:** Der Basispreis ist eine Rechengröße und regelmäßig der Kurs[25] der Aktien der Gesellschaft im Zeitpunkt der Gewährung der Optionsrechte. Der Ausübungspreis ist der Betrag, den der Mitarbeiter bei Ausübung der Option je Aktie zu zahlen hat. Der Ausübungspreis kann dem Basispreis entsprechen. Zwingend ist dies jedoch nicht; vielmehr können die Planbedingungen vorsehen, dass sich der Ausübungspreis auf bestimmte Weise aus dem Basispreis errechnet, zB können Maßnahmen, die während der Wartefrist bzw. bis zur Ausübung der Option zu einer **wertmäßigen Verwässerung** führen (Dividenden, Kapitalerhöhungen mit Bezugsrecht, Sonderausschüttungen), bei der Berechnung des Ausübungspreises in Abzug gebracht werden. Neben dem Schutz vor Verwässerung kann eine **Anpassung** gezielt zur Verhaltenssteuerung vorgesehen werden; wird der Ausübungspreis zB um den Betrag ausgeschütteter Dividenden verringert, kann die Bereitschaft Dividenden auszuschütten erhöht werden.[26]

16 **Anzahl der Bezugsrechte:** Die Anzahl der dem jeweiligen Mitarbeiter gewährten Bezugsrechte (Optionen) ist zusammen mit der Differenz zwischen Ausübungspreis und dem (voraussichtlichem) Aktienkurs bei Ausübung der Option die wesentliche Stellgröße für den Vermögensvorteil des Mitarbeiters und insoweit bei Gewährung der Optionen sorgfältig festzulegen. Die Festlegung ist in der Praxis nicht einfach, verlangt sie doch eine **Prognose** über die zukünftige Kursentwicklung der Aktien.

17 **Wartefristen und ggf. Staffelung:** Die Ausübung der Optionen ist regelmäßig erst nach Ablauf einer Wartefrist zulässig. Nach den gesetzlichen Vorgaben beträgt die Wartefrist für Aktienoptionen mit realen Aktien mindestens **vier Jahre** (vgl. § 193 Abs. 2 Nr. 4 AktG). Die Wartefrist kann einheitlich für sämtliche jeweils gewährte Optionen oder aber auch **gestaffelt für Teilbeträge** bestimmt werden; korrespondierend kann das Programm vorsehen, den Mitarbeitern die Optionen entweder jährlich, jeweils mit einer einheitlichen Wartefrist oder einmalig mit einer gestaffelten Wartefrist zu gewähren. Bei der einmaligen Gewährung einer größeren Anzahl von Optionen mit gestaffelter Wartefrist wird ein über mehrere Jahre gestreckter Vermögenszufluss bei dem Begünstigten erreicht (wie bei einer jährlichen Gewährung), jedoch steigen die Kurschancen des Begünstigten durch die längere Laufzeit der Optionen, da sich der Ausübungspreis aus einem für alle Optionen gleichen Basispreis errechnet.

18 **Erfolgsziel/Ausübungshürde:** Das Erfolgsziel (Ausübungshürde) bestimmt, unter welchen Bedingungen nach Ablauf der Wartefrist(en) die Optionen ausübt werden können. Bei Aktienoptionen mit realen Aktien ist die Festlegung von Erfolgszielen gesetzlich vorgeschrieben (§ 193 Abs. 2 Nr. 4 AktG). Der Corporate Governance Kodex empfiehlt für die variablen Vergütungsbestandteile der Mitglieder des Vorstands anspruchsvolle und relevante Vergleichsparameter.[27] Das Erfolgs-

---

[25] *Claussen* in FS Horn S. 325; regelmäßig wird für die Bestimmung des Kurses ein geeigneter Durchschnittswert zugrunde gelegt, um tägliche Schwankungen auszugleichen.
[26] *Baums* in FS Claussen, S. 14, 16.
[27] CGK Ziffer 4.2.3 Abs. 2 Satz 7.

ziel stellt ein zentrales Element der mit der Gewährung von Optionen bezweckten Verhaltenssteuerung dar.

Ein häufig verwendetes Kriterium ist eine **Steigerung des Aktienkurses,** bezogen auf den Basispreis. Dabei kann für das Erfolgsziel entweder ein absoluter Prozentsatz für die Steigerung des Aktienkurses vorgesehen werden oder eine bestimmte Aktienkursentwicklung im Vergleich zu einem **Referenzindex.** Als Referenzindex kommt zB ein von der jeweiligen Börse berechneter Index (zB DAX, MDAX, SDAX, Branchenindex) oder ein individuell zusammengestellter Korb von Aktienkursen vergleichbarer Gesellschaften (peer group) in Betracht.[28] Bei der Auswahl eines Referenzindexes ist der Effekt zu bedenken, den die Kurssteigerung der Aktien der eigenen Gesellschaft auf den Index hat, sodass – bei hoher Gewichtung der Gesellschaft in dem Index – eine über der Indexentwicklung liegende Kursentwicklung (Out-Performance) deutlich erschwert wird. Auch Kombinationen zwischen absoluter Kursentwicklung und relativer Kursentwicklung zu einem Index können gewählt werden.

Außerdem kommen als Erfolgsziele auch **Unternehmenskennzahlen** wie zB EBIT, EBIT-Marge, Earnings per Share, Rohertragsmarge oder branchentypische Kennzahlen in Betracht.[29] Zusätzlich kann die Ausübung der Optionen an das Erreichen persönlicher, individuell zu vereinbarender und auf den Aufgaben- oder Verantwortungsbereich des Mitarbeiters zugeschnittener Erfolgsziele geknüpft werden. Grenzen zeigt eine Entscheidung des OLG München[30] auf, nach der die Kursentwicklung des Mutterunternehmens als Erfolgsziel für die variable Vergütung der Vorstandsmitglieder des Tochterunternehmens unzulässig ist; hierin sieht das OLG München einen Verstoß gegen § 87 Abs. 1 AktG, der darin besteht, dass die wirtschaftlichen Interessen der Tochtergesellschaft durch das Erfolgsziel gesellschaftsfremden Interessen untergeordnet wird.

C. Überblick über die rechtlichen Gestaltungsmöglichkeiten

I. „Nackte" Bezugsrechte auf Aktien der Gesellschaft

„Nackte" Bezugsrechte auf Aktien der Gesellschaft für Mitarbeiterbeteiligungsprogramme können einerseits auf der Grundlage eines **bedingten Kapitals gem. §§ 192 ff. AktG,** andererseits durch den Einsatz eigener Aktien – auf der Grundlage einer Ermächtigung nach § 71 Abs. 1 Nr. 8 AktG – geschaffen werden. Rechtlich möglich und teilweise auch in der Praxis genutzt wird der Weg, Bezugsrechte auf Aktien der Gesellschaft auf der Basis von **genehmigtem Kapital gemäß § 202 ff. AktG** zu schaffen, was jedoch mit einer Reihe von Zweifelsfragen und Einschränkungen verbunden ist, sodass dieser Weg nur in besonders gelagerten Ausnahmefällen in Betracht kommt.[31]

---

[28] Semler/Volhard/Reichert/*Schröer* § 24 Rn. 20; hierbei ist jedoch der Aufwand für die „Berechnung" des Indexes zu berücksichtigen.
[29] Bei der Festlegung sollte darauf geachtet werden, dass das jeweilige Kriterium auch aus Sicht der Mitarbeiter nachvollziehbar und nachprüfbar berechnet werden kann. Ist dies nicht der Fall, kann die Wirkung des Leistungsanreizes geschmälert werden oder gar in Frage stehen.
[30] OLG München 7 U 5618/07, AG 2008, 593; dazu *Hohenstatt/Seibt/Wagner* ZIP 2008, 2289; Schmidt/Lutter/*Veil* AktG § 192 Rn. 24.
[31] Siehe Rn. 44 ff.

22 Aus Sicht der Begünstigten unterscheiden sich Bezugsrechte auf der Basis von eigenen Aktien oder bedingtem Kapital nicht:[32] Bei Ausübung der Bezugsrechte erhalten sie gegen Zahlung des Ausübungspreises Aktien der Gesellschaft. Im Gegensatz dazu sind die Auswirkungen bei der Gesellschaft unterschiedlich: Bei der Ausübung von Bezugsrechten auf neue Aktien fließt der Gesellschaft Liquidität in Höhe des Ausübungspreises zu, wodurch sich das Eigenkapital entsprechend erhöht.[33] Bei der Bedienung von Bezugsrechten mit eigenen Aktien fließt der Gesellschaft zwar auch Liquidität in Höhe des Ausübungspreises zu, allerdings musste die Gesellschaft in diesem Fall zuvor für den Erwerb der eigenen Aktien Liquidität aufwenden und unterliegt einem Kursrisiko[34]. Bilanziell ist der Vorgang weitgehend neutral, lediglich die offene Absetzung für die eigenen Aktien von dem gezeichneten Kapital in Höhe des Nennwerts bzw. des rechnerischen Werts gemäß § 272 Abs. 1a HGB entfällt (§ 272 Abs. 1b HGB) und Unterschiedsbeträge sind mit den frei verfügbaren Rücklagen zu verrechnen.[35]

23 Wie bei der Bedienung von Bezugsrechten aus bedingtem oder genehmigtem Kapital fällt auch bei der Bedienung von Aktienoptionen aus eigenen Aktien kein steuerlich zu berücksichtigender Aufwand an.[36]

24 Rechtlich, insbesondere im Hinblick auf die Beschlussvoraussetzungen und -beschränkungen, bestehen durch den Verweis in § 71 Abs. 1 Nr. 8 AktG auf § 193 Abs. 2 Nr. 4 AktG wesentliche Übereinstimmungen.

24a **Bezugsberechtigte** von Aktienoptionen können sämtliche Arbeitnehmer der Gesellschaft, ihrer Tochterunternehmen, der Vorstand der Gesellschaft sowie die Mitglieder der Geschäftsführungen der Tochter- und Enkelunternehmen[37] sein. Probleme ergeben sich im Hinblick auf Tochter- und Enkelgesellschafter außerhalb eines Vertragskonzerns oder wenn die Tochter- bzw. Enkelgesellschaftern außenstehende Aktionäre haben.[38] Eine Vergütung für Vorstände der abhängigen Gesellschaft, die die Gefahr begründet, dass sich der Vorstand (der abhängigen Gesellschaft) im Hinblick auf die eigene Vergütung nicht am Wohl der Gesellschaft, sondern dem der Muttergesellschaft orientiert, ist nicht mit § 87 Abs. 1 AktG vereinbar und damit unzulässig.[39] **Mitgliedern des Aufsichtsrats** der Gesellschaft können keine Aktienoptionen gewährt werden. Das gilt unabhängig davon, ob die Aktienoptionen aus bedingtem Kapital[40] oder eigenen Aktien[41]

---

[32] *Martens* in FS Ulmer 2003, S. 405.

[33] Das gezeichnete Kapital erhöht sich um den rechnerischen Nennwert der einzelnen Aktien; die Kapitalrücklage wird nach § 272 Abs. 2 Nr. 1 HGB in Höhe des den rechnerischen Nennwert übersteigenden Ausübungspreises erhöht.

[34] S. Rn. 12 aE.

[35] Zur Behandlung der Rücklagen für eigene Anteile s. § 3 Rn. 168; ausführlich in MünchKomm. HGB/*Reiner* § 272 Rn. 21 ff.

[36] Zu den steuerlichen Einzelheiten s. Rn. 156.

[37] MHdB GesR IV/*Scholz* § 64 Rn. 105; *Martens* in FS Ulmer 2003, S. 416 f.; kritisch im Hinblick auf den Schutz der abhängigen Gesellschaft *Zitzewitz* NZG 1999, 698 (699 ff.); ebenfalls *Hoffmann-Becking* NZG 1999, 797 (803); s. auch Spindler/Stilz/*Rieckers* AktG § 192 Rn. 61 ff.

[38] MHdB GesR IV/*Scholz* § 64 Rn. 106.

[39] OLG München 7 U 5618/07, AG 2008, 593 (594).

[40] BGH II ZR 316/02, BGHZ 158, 122 (125) – MobilCom; *Hüffer/Koch* AktG § 192 Rn. 21; MHdB GesR IV/*Scholz* § 64 Rn. 135; kritisch zu der BGH Entscheidung MünchKomm. AktG/Bd. 4/*Fuchs* § 192 Rn. 94 ff.

[41] BGH II ZR 316/02, BGHZ 158, 122 (125) – MobilCom; Kritik an der BGH-Entscheidung *Wolf* WM 2004, 2233 (2236) sowie MünchKomm. AktG/Bd. 4/*Fuchs* § 192 Rn. 94 ff.;

bedient werden sollen.⁴² Gleiches gilt auch für **Mitarbeiter eines herrschenden Unternehmens.**⁴³

1. Bezugsrechte auf neue Aktien aus bedingtem Kapital

Nach § 192 Abs. 2 Nr. 3 AktG kann die Hauptversammlung im Wege des **Zustimmungsbeschlusses**⁴⁴ oder **Ermächtigungsbeschlusses**⁴⁵ eine bedingte Kapitalerhöhung zur Gewährung von Bezugsrechten an Arbeitnehmer und Mitglieder der Geschäftsführung der Gesellschaft oder eines verbundenen Unternehmens beschließen. Ein Ausschluss des Bezugsrechts der Aktionäre ist nicht erforderlich, da das bedingte Kapital kein Bezugsrecht der Aktionäre vorsieht.⁴⁶

Der Beschluss der Hauptversammlung muss zunächst den **Umfang der bedingten Kapitalerhöhung** festsetzen, der für Mitarbeiterbeteiligungen nach § 192 Abs. 3 AktG auf 10% des bei Beschlussfassung vorhandenen Grundkapitals beschränkt ist. Auf diese Höchstgrenze sind auch bereits beschlossene Programme anzurechnen, bei denen die Bezugsrechte aus eigenen Aktien bedient werden;⁴⁷ nicht jedoch solche, die auf Wandel- oder Optionsanleihen basieren.⁴⁸

Mit der Festlegung des Umfangs der bedingten Kapitalerhöhung ist zugleich auch der maximale Umfang des Beteiligungsprogramms bestimmt, wobei gerade die Bestimmung der für das Programm erforderlichen Zahl von Bezugsrechten bzw. Aktien in der Praxis nicht einfach ist: Wesentliche Parameter, wie insbesondere die (zu prognostizierende) Aktienkursentwicklung für die Festlegung des Umfangs der individuell zu gewährenden Bezugsrechte⁴⁹ sowie die Anzahl der Arbeitnehmer, die an dem Plan zukünftig teilnehmen können/sollen, sind zu diesem Zeitpunkt nicht zuverlässig bekannt.

---

kritisch *Hüffer/Koch* AktG § 71 Rn. 19h; aA *Schaefer* NZG 1999, 531 (533); aA *Hoff* WM 2003, 910 (912 ff.); MHdB GesR IV/*Scholz* § 64 Rn. 135; MünchKomm. AktG/Bd. 1/*Oechsler* § 71 Rn. 264 ff.

⁴² Gleiches gilt für die Gewährung von Bezugsrechten in Form von Wandel- und Optionsanleihen, siehe Rn. 52.

⁴³ Vgl. Begr. RegE KonTraG, BT-Drs. 13/9712, 23 f.; Schmidt/Lutter/*Veil* AktG § 192 Rn. 23; MHdB GesR IV/*Scholz* § 64 Rn. 105; MünchKomm. AktG/Bd. 4/*Fuchs* § 192 Rn. 89; *Hoffmann-Becking* NZG 1999, 797 (803); *Hüffer/Koch* AktG § 192 Rn. 20; *Martens* in FS Ulmer 2003, S. 415 f.; aA *Zitzewitz* NZG 1999, 698 (704); für Zulässigkeit in Ausnahmefällen Spindler/Stilz/*Rieckers* AktG § 192 Rn. 60a.

⁴⁴ Gemeint ist, dass die Hauptversammlung einem konkret in seinen Einzelheiten bereits vom Vorstand festgelegten Mitarbeiterbeteiligungsprogramm zustimmt, das dann von dem Vorstand in der beschlossenen Form durchgeführt werden muss.

⁴⁵ Im Falle eines Ermächtigungsbeschlusses ist der Vorstand und, soweit Mitglieder des Vorstands betroffen sind, der Aufsichtsrat in seiner Entscheidung über das Ob und Wie der Durchführung frei, soweit nicht der Ermächtigungsbeschluss Vorgaben enthält; MHdB GesR IV/*Scholz* § 64 Rn. 107; Marsch-Barner/Schäfer/*Holzborn* § 53 Rn. 9.

⁴⁶ OLG Stuttgart NZG 2001, 1089 (1092); Semler/Volhard/Reichert/*Schröer* § 24 Rn. 6; Schmidt/Lutter/*Veil* § 192 Rn. 19; MHdB GesR IV/*Scholz* § 58 Rn. 18; kritisch *Martens* in FS Ulmer 2003, S. 410 ff.

⁴⁷ MHdB GesR IV/*Scholz* § 64 Rn. 104; MünchKomm. AktG/Bd. 4/*Fuchs* § 192 Rn. 149; Spindler/Stilz/*Rieckers* AktG § 193 Rn. 76; *Hoffmann-Becking* NZG 1999, 797 (804); Keul/Semmer DB 2002, 2255 (2256 ff.); *Knoll* ZIP 2002, 1382.

⁴⁸ Siehe auch Rn. 53; MünchKomm. AktG/Bd. 4/*Fuchs* § 192 Rn. 150; Spindler/Stilz/*Rieckers* AktG § 192 Rn. 76.

⁴⁹ Siehe Rn. 16.

28 Es stellt sich daher die Frage, ob Bezugsrechte, die zum Beispiel wegen des Ausscheidens eines Planteilnehmers während der Wartefrist verfallen sind, nicht erneut ausgegeben werden können. Ohne eine entsprechende Formulierung in dem Hauptversammlungsbeschluss wäre eine solche Vorgehensweise unzulässig, da mit Ausgabe der im Beschluss festgesetzten Anzahl von Bezugsrechten die Ermächtigung erschöpft ist, auch wenn durch Verfall bereits ausgegebener Bezugsrechte das maximale Volumen der bedingten Kapitalerhöhung nicht ausgeschöpft wird. Eine entsprechende Ermächtigung zur Neuausgabe verfallener Bezugsrechte sollte zulässig sein, da der Umfang des bedingten Kapitals hierdurch nicht erhöht wird.[50] Soll auf diesem Wege jedoch ein so genanntes „**Repricing**" von Bezugsrechten, etwa durch Rücknahme und erneute Ausgabe der Bezugsrechte auf der Basis eines gesunkenen Börsenkurses erreicht werden, würde dies jedenfalls gegen die Vorgaben des Corporate Governance Kodex verstoßen.[51]

29 Der Beschluss der Hauptversammlung muss darüber hinaus nach § 193 Abs. 2 AktG mindestens die folgenden Festlegungen enthalten:

30 **Zweck der bedingten Kapitalerhöhung:** Der Beschluss muss den Zweck der bedingten Kapitalerhöhung festlegen (§ 193 Abs. 2 Nr. 1 AktG). Die Übernahme der gesetzlichen Formulierung des § 192 Abs. 2 Nr. 3 AktG in den Beschluss ist hierfür ausreichend.[52]

31 **Kreis der Bezugsberechtigten:** Der Beschluss muss den Kreis der Bezugsberechtigten festlegen (§ 193 Abs. 2 Nr. 2 AktG). Das können neben den Arbeitnehmern der Gesellschaft und der mit der Gesellschaft verbundenen Unternehmen auch Mitglieder des Vorstandes der Gesellschaft und Mitglieder der Geschäftsleitungen verbundener Unternehmen sein.[53] Eine eindeutige Umschreibung des Personenkreises ist bei der Bestimmung des Kreises der Bezugsberechtigten erforderlich, aber auch ausreichend. Der Beschluss kann den Kreis der Bezugsberechtigten enger fassen, zB auf bestimmte Hierarchieebenen beschränken, anderenfalls ist der Vorstand zu einer solchen Festlegung berechtigt.[54]

32 **Aufteilung der Bezugsrechte:** Der Beschluss muss darüber hinaus die Aufteilung der Bezugsrechte auf die Mitglieder der Geschäftsführungen und Arbeitnehmer festlegen (§ 193 Abs. 2 Nr. 4 AktG). Im Schrifttum bestehen unterschiedliche Auffassungen über die Zahl der zu bildenden Gruppen.[55] Nach zutreffender Auffassung sind mindestens **vier Gruppen** zu bilden:[56] Vorstand der Gesellschaft, Arbeitnehmer der Gesellschaft, Geschäftsführungen von verbundenen Unternehmen sowie Mitarbeiter von verbundenen Unternehmen. Nach anderer Auffassung sind lediglich drei Gruppen zu bilden,[57] wobei Arbeitnehmer der Gesellschaft und Arbeitnehmer der verbundenen Unternehmen in einer Gruppe zusammengefasst werden. Teilweise wird auch vertreten, die Aufteilung müsse lediglich zwischen

---

[50] Spindler/Stilz/*Rieckers* AktG § 193 Rn. 18.
[51] CGK Ziffer 4.2.3 Abs. 2 Satz 8; vgl. auch MHdB GesR IV/*Scholz* § 63 Rn. 113; Spindler/Stilz/*Rieckers* AktG § 193 Rn. 18; vgl. *Schlabrendorff* Börsenzeitung vom 4.10.2008 „Repricing von Mitarbeiteroptionen kann gerechtfertigt sein".
[52] Heidel/*Wagner* AktG § 193 Rn. 6; Spindler/Stilz/*Rieckers* AktG § 193 Rn. 9.
[53] Siehe Rn. 24a.
[54] MünchKomm. AktG/Bd. 4/*Fuchs* § 193 Rn. 37; Spindler/Stilz/*Rieckers* AktG § 193 Rn. 36.
[55] MHdB GesR IV/*Scholz* § 64 Rn. 109; MünchKomm. AktG/Bd. 4/*Fuchs* § 193 Rn. 20.
[56] BegrRegE, BT-Drs. 13/9712, 23; OLG Stuttgart 20 U 75/00 NZG 2001, 1089 (1091); MünchKomm. AktG/Bd. 4/*Fuchs* § 193 Rn. 21; Spindler/Stilz/*Rieckers* AktG § 193 Rn. 21; *Weiß* WM 1999, 353 (357); Schmidt/Lutter/*Veil* AktG § 193 Rn. 12.
[57] Hüffer/*Koch* AktG § 193 Rn. 9; Semler/Volhard/Reichert/*Schröer* § 24 Rn. 17.

Organmitgliedern und Arbeitnehmern unterscheiden.[58] Neben dieser Aufteilung sollte der Beschluss eine Klarstellung enthalten, wie die Aufteilung bei **Doppelfunktionen** (zB Arbeitnehmer bei der Muttergesellschaft und Organmitglied bei einer Tochtergesellschaft) zu erfolgen hat.[59]

Ausgabebetrag: Der Beschluss muss den Ausgabebetrag der neuen Aktien aus dem bedingten Kapital oder die Grundlagen, nach denen er sich errechnet, festlegen, § 193 Abs. 2 Nr. 3 AktG. Damit ist die Festlegung eines **konkreten Betrages** oder einer **eindeutigen Berechnungsformel** gemeint (zB Durchschnitt der Schlusskurse im XETRA-Handel in den fünf Börsenhandelstagen vor Gewährung der Bezugsrechte). Nicht ausreichend ist allein die **Festlegung eines Mindestausgabebetrages**.[60] Hieran hat auch die mit dem ARUG vom 30.7.2009[61] eingefügte Erleichterung für Beschlüsse in § 193 Abs. 2 Nr. 3 Hs. 2 AktG (bedingtes Kapital für Wandelschuldverschreibungen) nichts geändert. Daneben kann der Beschluss Regelungen vorsehen, nach denen der Ausgabebetrag in bestimmten Fällen anzupassen ist.[62] Eine bestimmte Höhe des Ausgabebetrages sieht das Gesetzt nicht vor, wobei der Mindestausgabebetrag (§ 9 Abs. 1 AktG) nicht unterschritten werden darf. Bei der Festlegung des Ausgabebetrages muss jedoch berücksichtigt werden, dass die Höhe des Ausgabebetrages zusammen mit den anderen Parametern der Bezugsrechte, insbesondere mit der Wartefrist für die Optionsausübung, dem Erfolgsziel und der Beschränkung des bedingten Kapitals auf 10% des Grundkapitals, die Rechtfertigung für das Fehlen des Bezugsrechts der Aktionäre darstellt und daher in der Gesamtbetrachtung angemessen sein muss.[63] 33

Erfolgsziele: Weiterhin muss der Beschluss ein oder mehrere Erfolgsziele festlegen (§ 193 Abs. 2 Nr. 4 AktG),[64] ohne deren Erreichung die Bezugsrechte nicht ausgeübt werden können. Der Begriff „Erfolgsziele" in § 193 Abs. 2 Nr. 4 AktG ist weiter als der zunächst in dem Regierungsentwurf zum KonTraG[65] enthaltene Begriff „Kursziele". Folglich können außer Kurszielen in Form eines zukünftigen Aktienkurses (sei es in der Form eines absoluten Betrages, der Festlegung einer prozentualen Steigerung[66] oder einer relativen Steigerung gegenüber einem Vergleichs- 34

---

[58] OLG Koblenz 6 U 211/01, NZG 2003, 182 (182); MHdB GesR IV/*Scholz* § 64 Rn. 109; für diese Auffassung spricht der Wortlaut des § 193 Abs. 2 Nr. 3 AktG, der lediglich von einer Aufteilung der Bezugsrechte auf Mitglieder der Geschäftsführungen und Arbeitnehmer spricht.
[59] Heidel/*Wagner* AktG § 192 Rn. 23; Marsch-Barner/Schäfer/*Holzborn* § 53 Rn. 28.
[60] Bei der Festlegung des Ausgabebetrages darf dem Vorstand bzw. dem Aufsichtsrat bei der Gewährung von Bezugsrechten an den Vorstand kein Ermessen verbleiben, s. Schmidt/Lutter/*Veil* AktG § 193 Rn. 10b; aA MHdB GesR IV/*Scholz* § 64 Rn. 108.
[61] BGBl. 2009 I 2479.
[62] Siehe Rn. 15a; Spindler/Stilz/*Rieckers* AktG § 193 Rn. 16; MünchKomm. AktG/*Fuchs* § 193 Rn. 15; im Fall einer Kapitalerhöhung aus Gesellschaftsmitteln ergibt sich eine Anpassung bereits aus dem Gesetz (§ 216 Abs. 3 AktG); Schmidt/Lutter/*Veil* AktG § 216 Rn. 12 f.; *Hüffer/Koch* AktG, 8. Aufl. 2011, § 216 Rn. 11.
[63] MünchKomm. AktG/Bd. 4/*Fuchs* § 193 Rn. 16: Ausgabebetrag hat sich grundsätzlich an § 255 Abs. 2 AktG zu messen; OLG Koblenz 6 U 211/01, NZG 2003, 182 (184) stellt ebenfalls auf § 255 Abs. 2 AktG ab; aA MHdB GesR IV/*Scholz* § 64 Rn. 108: § 193 Abs. 2 Nr. 4 AktG verdrängt § 255 Abs. 2 AktG.
[64] Die Hauptversammlung hat dabei einen weiten Ermessensspielraum, OLG Koblenz 6 U 211/01, NZG 2003, 182 (182 f.); MünchKomm. AktG/Bd. 4/*Fuchs* § 193 Rn. 24.
[65] BT-Drs 13/9712.
[66] OLG Stuttgart 20 U 111/97, NZG 1998, 822 (825); OLG Stuttgart 20 U 75/00, NZG 2001, 1089 (1091 f.); OLG Braunschweig 3 U 75/98, NZG 1998, 814 (816); LG Frankfurt a. M. 3/1 O DB 1997, 517 (518); OLG Koblenz 6 U 211/01, NZG 2003, 182 (183).

index[67]) auch andere Kriterien (zB bestimmte finanzwirtschaftliche Kennzahlen)[68] oder objektiv feststellbare Ziele festgelegt werden, wie zB die Börseneinführung[69] der Aktien der Gesellschaft. Auch die **Kombination** von verschiedenen Erfolgszielen ist möglich,[70] zB die Kombination aus einer bestimmten Steigerung des Aktienkurses mit der Steigerung bestimmter betrieblicher Kennzahlen. Daneben sollte es zulässig sein, den Vorstand zu ermächtigen,[71] zusätzlich zu den im Beschluss festgelegten Erfolgszielen, mit dem jeweiligen Begünstigten **individuelle Erfolgsziele** zu vereinbaren, zB die Ausübung der Bezugsrechte an eine individuelle Performance zu knüpfen. Genauere Vorgaben macht das Gesetz diesbezüglich nicht. Da aber das Erfolgsziel zusammen mit dem Ausgabebetrag der neuen Aktien und der Wartefrist für die Optionsausübung das Fehlen eines Bezugsrechts der Aktionäre rechtfertigt, muss das Erfolgsziel diesem Zusammenhang Rechnung tragen[72] und nach den Empfehlungen des **Corporate Governance Kodex** auf anspruchsvolle, relevante Vergleichsparameter bezogen sein.[73] Eine Regelung, wonach Erfolgsziele im Falle bestimmter gesellschaftsrechtlicher Maßnahmen angepasst werden, sollte zulässig sein.[74]

35 **Erwerbs- und Ausübungszeiträume:** Der Beschluss hat ferner die Zeiträume, in denen die Gesellschaft Bezugsrechte einräumen kann (Erwerbszeiträume) und Zeiträume, in denen die Bezugsrechte ausgeübt werden können (Ausübungszeiträume), festzulegen (§ 193 Abs. 2 Nr. 4 AktG). Diese Zeiträume sollten sich einerseits nicht mit Zeiträumen überschneiden, in denen typischerweise **Insiderinformationen** im Unternehmen vorliegen und andererseits auch die organisatorischen und betrieblichen Abläufe bei der Gesellschaft berücksichtigen. Außerdem ist für die Festlegung der Ausübungszeiträume zu berücksichtigen, dass sich zwischen dem Ende eines Geschäftsjahres und der Hauptversammlung, die über die Dividende beschließt, neue Aktien und bereits ausgegebene Aktien im Hinblick auf ihre Dividendenberechtigung unterscheiden und in separaten Wertpapierkennnummern zu führen sind, was zu einem voraussichtlich illiquiden Markt für die neuen Aktien und damit faktisch zu einer Veräußerungssperre führen würde. Eine Ausstattung der neuen **Aktien mit Gewinnberechtigung für das Vorjahr** erscheint rechtlich problematisch.[75] **Typische Ausübungszeiträume** wären daher zB unmittelbar nach der jährlichen Hauptversammlung, unmittelbar nach der Veröffentlichung des Berichts für das zweite Quartal und ggf. unmittelbar nach der Veröffentlichung des Berichts für das dritte Quartal.

36 **Wartefrist:** Außerdem hat der Beschluss eine Wartefrist für die erstmalige Ausübung der Bezugsrechte festzulegen. § 193 Abs. 2 Nr. 4 AktG bestimmt eine **Mindestfrist** von vier Jahren. Es ist nicht unüblich, die Wartefrist zu staffeln,[76]

---

[67] OLG Koblenz 6 U 211/01, NZG 2003, 182 (183); MHdB GesR IV/*Scholz* § 64 Rn. 112; auch *Martens* in FS Ulmer 2003, S. 414.
[68] MHdB GesR IV/*Scholz* § 64 Rn. 112.
[69] MünchKomm. AktG/Bd. 4/*Fuchs* § 193 Rn. 24.
[70] MHdB GesR IV/*Scholz* § 63 Rn. 112.
[71] MHdB GesR IV/*Scholz* § 64 Rn. 110; aA MünchKomm. AktG/Bd. 4/*Fuchs* § 193 Rn. 26.
[72] *Martens* in FS Ulmer 2003, S. 413 f.; aA OLG Koblenz 6 U 211/01, NZG 2003, 182 (183).
[73] CGK, Ziffer 4.2.3, Absatz 2, Satz 7.
[74] Im Fall einer Kapitalerhöhung aus Gesellschaftsmitteln würde sich eine Anpassung bereits aus § 216 Abs. 3 AktG ergeben, siehe Fn. 62.
[75] *Hüffer/Koch* AktG § 204 Rn. 4, § 182 Rn. 15, § 60 Rn. 9 f.; MünchKomm. AktG/Bd. 3/*Pfeifer* § 182 Rn. 57; Spindler/Stilz/*Cahn* AktG § 60 Rn. 28.
[76] Siehe Rn. 17.

sodass zB ⅓ der Bezugsrechte nach vier Jahren und jeweils ein weiteres Drittel in den Folgejahren erstmalig ausgeübt werden kann. Daneben wird häufig bereits im Hauptversammlungsbeschluss eine Laufzeit der Bezugsrechte bestimmt. **Gesamtlaufzeiten** (einschließlich der Wartefrist) von **fünf bis sieben Jahren** sind in der Praxis häufig anzutreffen. Darüber hinaus kann der Beschluss vorsehen, dass sich die Wartefrist in bestimmten Fällen (zB im Fall eines Change of Control) auf die gesetzliche Mindestfrist von vier Jahren verkürzt („accelerated vesting"). Eine weitere Verkürzung ist angesichts des klaren Wortlauts des § 193 Abs. 3 Nr. 4 AktG nicht zulässig, was jedoch eine Abfindung der Bezugsrechte gegen Zahlung eines Barausgleichs durch die Gesellschaft in solchen Fällen nicht ausschließt.

Inhaltlich eng mit der Festlegung von Wartefristen verknüpft sind mögliche Festlegungen in dem Beschluss über den **Ausschluss der Übertragbarkeit von Bezugsrechten**, zumindest während der Wartefrist. Gesetzlich ist dies nicht vorgeschrieben. Jedoch würde eine Veräußerungsmöglichkeit (oder ein wirtschaftlich vergleichbares Geschäft wie zB ein **Hedging**) vor Ablauf der Wartefrist die mit der Wartefrist beabsichtigte Langfristigkeit der Vergütungskomponente des Bezugsrechts unterlaufen.[77] Eine entsprechende Regelung in dem Beschluss oder den Optionsbedingungen ist daher empfehlenswert und im Hinblick auf das Erfordernis der Langfristigkeit im Sinn der Vorgaben des § 87 Abs. 1 AktG für die Vorstandsvergütung geboten.

Als **weitere Regelungen** über den gesetzlichen Mindestinhalt hinaus kann der Beschluss der Hauptversammlung unter anderem vorsehen, dass die Gesellschaft statt der neuen Aktien aus dem bedingten Kapital eigene Aktien oder eine Ausgleichszahlung in Geld leisten kann, dass Bezugsrechte in bestimmten Fällen (zB Ausscheiden des Begünstigten, Beendigung der Börsennotierung, Ausschluss von Minderheitsaktionären etc.) verfallen,[78] ggf. gegen Zahlung eines Ausgleichs. Soweit der Beschluss selbst keine weiteren Festlegungen enthält, können diese von den für die Ausgabe zuständigen Organen im Rahmen der Optionsbedingungen festgelegt werden. Dies gilt auch für die von § 87 Abs. 1 AktG vorgesehene Begrenzungsmöglichkeit im Falle von außerordentlichen Entwicklungen.

2. Bezugsrechte auf eigene Aktien der Gesellschaft

Die Gesellschaft kann zur Bedienung „nackter" Bezugsrechte auch eigene Aktien verwenden. Der Erwerb eigener Aktien durch die Gesellschaft ist allerdings **nur unter bestimmten Voraussetzungen zulässig** (§ 71 AktG). Hierzu gehören ua der Erwerb eigener Aktien zum Zwecke sie Personen, die in einem Arbeitsverhältnis mit der Gesellschaft oder einem mit ihr verbundenen Unternehmen stehen oder standen, zum Erwerb anzubieten (§ 71 Abs. 1 Nr. 2 AktG) sowie aufgrund einer **Rückkaufermächtigung** durch die Hauptversammlung (§ 71 Abs. 1 Nr. 8 AktG).

In der Praxis stellt sich regelmäßig die Frage, für welche Beteiligungsformen – neben den klassischen Belegschaftsaktienprogrammen – die Gesellschaft eigene Aktien im Rahmen eines **ermächtigungsfreien Rückkaufs** nach § 71 Abs. 1 Nr. 2 AktG erwerben und verwenden darf. Diese Frage ist streitig. Nach den Vorstellungen des Gesetzgebers handelt es sich bei dem Rückerwerb nach § 71 Abs. 1 Nr. 2

---

[77] Gleiches gilt auch für Hedging-Geschäfte, mit denen sich der Begünstigte gegen Kursverluste absichert; siehe den Bereich der Regierungskommission „Corporate Governance" v. 10.6.2001, BT-Drs. 14/7515, 44 Rn. 47; *Baums* in FS Claussen, S. 17 f.
[78] Siehe Rn. 86 ff.

§ 24   40, 41   Mitarbeiterbeteiligungen

AktG um einen Durchgangserwerb.[79] Von einem Teil der Literatur[80] wird die Zulässigkeit insbesondere mit dem Hinweis auf den Verweis in § 71 Abs. 1 Nr. 8 AktG auf § 193 Abs. 2 Nr. 4 AktG und auf die Regierungsbegründung zum KonTraG[81] abgelehnt. Danach soll mit dem Verweis in § 71 Abs. 1 Nr. 8 AktG eine Umgehung der nach § 193 Abs. 2 Nr. 4 AktG erforderlichen Festlegungen verhindert werden. Der wohl überwiegende Teil der Literatur geht davon aus, dass § 71 Abs. 1 Nr. 2 AktG auch die Bedienung von Aktienoptionen einschließt.[82] Diese Auffassung macht insbesondere geltend, dass diese Festlegungen durch die Hauptversammlung nicht erforderlich sind, wenn – wie im § 71 Abs. 1 Nr. 2 AktG vorgesehen – Organmitglieder nicht zu dem Kreis der Berechtigten gehören sollen und damit keine Interessenkonflikte zu befürchten seien.[83]

40   Vor dem Hintergrund der Verpflichtung der Gesellschaft, nach § 71 Abs. 1 Nr. 2 AktG erworbene eigene Aktien binnen eines Jahres an die Arbeitnehmer auszugeben[84] (§ 71 Abs. 3 Satz 2 AktG), ergeben sich jedoch praktische Schwierigkeiten: Die Gesellschaft wird die eigenen Aktien wohl erst erwerben können, wenn die Ausübung der Optionen binnen eines Jahres hinreichend wahrscheinlich ist, da der Vorstand zum Zeitpunkt des Rückerwerbs den Willen haben muss, die so erworbenen Aktien binnen Jahresfrist an die Mitarbeiter auszugeben.[85] Das führt jedoch dazu, dass die Gesellschaft das Beschaffungsrisiko für die Aktien trägt. Insbesondere im Fall länger laufender Optionen kann sich hieraus ein erhebliches Preisrisiko ergeben,[86] was die Frage aufwirft, ob das Eingehen solcher Risiken – insbesondere vor dem Hintergrund der Möglichkeit, die Aktien auf der Grundlage eines Beschlusses nach § 71 Abs. 1 Nr. 8 AktG ohne eine zeitliche Beschränkung der Haltefrist auf ein Jahr zu erwerben – mit den Sorgfaltspflichten des Vorstands vereinbar ist.

41   Somit erscheint der Rückerwerb auf der Grundlage einer **Rückkaufermächtigung** nach § 71 Abs. 1 Nr. 8 AktG der angezeigte Weg. Der Beschluss nach § 71 Abs. 1 Nr. 8 AktG besteht gedanklich aus zwei Teilen:[87] einerseits der Ermächtigung, Aktien (bis zu 10% des Grundkapitals) während der Dauer der Ermächtigung (maximal fünf Jahre) zu erwerben (**Erwerbsermächtigung**) und andererseits der Ermächtigung, die eigenen Aktien anders als unter Einhaltung des aktienrechtlichen

---

[79] RegBegr. *Kropff* S. 91; MünchKomm. AktG/Bd. 1/*Oechsler* § 71 Rn. 134.
[80] *Hüffer* AktG, 11. Aufl., § 71 Rn. 12; *derselbe* in ZHR 1997, 214 (220); Schmidt/Lutter/*Bezzenberger* AktG § 71 Rn. 35; *Weiß* Aktienoptionspläne für Führungskräfte 1999, S. 242 f.; Grigoleit/*Grigoleit/Rachlitz* AktG § 71 Rn. 38.
[81] BT-Drs. 13/9712, 14.
[82] MünchKomm. AktG/Bd. 1/*Oechsler* § 71 Rn. 138; Kölner Komm./*Drygala* § 71 Rn. 82; Spindler/Stilz/*Cahn* AktG § 71 Rn. 64; *Umnuß/Ehle* BB 2002, 1042 (1045); *Wagner* BB 2010, 1739 (1741); *Schneider* ZIP 1996, 1769 (1772).
[83] MünchKomm. AktG/Bd. 1/*Oechsler* § 71 Rn. 138; *Umnuß/Ehle* BB 2002, 1042 (1045).
[84] Nach der hM sind nur ernsthafte Anstrengungen der Gesellschaft erforderlich, siehe MünchKomm. AktG/Bd. 1/*Oechsler* § 71 Rn. 334; scheitert die Gesellschaft mit ihren Anstrengungen, wäre sie analog § 71c Abs. 1 AktG zur Veräußerung verpflichtet. Andererseits wäre die Gesellschaft nach wie vor unter den Optionen verpflichtet, Aktien zu liefern; so auch MünchKomm. AktG/Bd. 1/*Oechsler* § 71 Rn. 138.
[85] MünchKomm. AktG/Bd. 1/*Oechsler* § 71 Rn. 142; Spindler/Stilz/*Cahn* AktG § 71 Rn. 63; Kölner Komm. AktG/*Drygala* § 71 Rn. 69.
[86] Zur Absicherung *Kruchen* AG 2014, 655.
[87] LG Berlin 99 O 83/99, NJW-RR 2000, 1349 (1350); MHdB GesR IV/*Scholz* § 64 Rn. 127; Marsch-Barner/Schäfer/*Holzborn* § 53 Rn. 16; *Claussen* DB 1998, 177 (180); Heidel/*Block* AktG § 71 Rn. 70 aE; aA *Bosse* NZG 2000, 923 (924); kritisch MünchKomm. AktG/Bd. 1/*Oechsler* § 71 Rn. 261; MAH AktR./*Pajunk/Polte* § 31 Rn. 74.

Gleichbehandlungsgrundsatzes zu verwenden (**Verwendungsermächtigung**).[88] Die Verwendungsermächtigung muss die für Aktienoptionen gemäß § 193 Abs. 2 Nr. 4 AktG erforderlichen Festlegungen enthalten. Üblicherweise wird die Verwendungsermächtigung als Bestandteil der Rückkaufermächtigung nach § 71 Abs. 1 Nr. 8 Satz 1 AktG beschlossen. Sie kann aber auch separat, insbesondere im Hinblick auf bereits von der Gesellschaft (aufgrund anderer Erwerbsgründe bzw. Ermächtigungen) erworbene eigene Aktien, beschlossen werden.[89] Soweit bereits eine frühere Hauptversammlung über eine Verwendungsermächtigung beschlossen hat, sollte in einem Beschluss über eine neue Rückkaufermächtigung ein eindeutiger Verweis auf diesen Beschluss genügen.

§ 71 Abs. 1 Nr. 8 Satz 5 AktG verweist weiterhin auf die Regelungen über den **Bezugsrechtsausschluss** gem. § 186 Abs. 3 und 4 AktG. Nicht abschließend geklärt ist, ob neben § 193 Abs. 2 Nr. 4 AktG diese Regelungen über den Ausschluss des Bezugsrechts Anwendung finden,[90] also ob auch bei ausschließlicher Bedienung von Bezugsrechten ein Ausschluss des Bezugsrechts nebst einem erläuternden **Vorstandsbericht** erforderlich ist.[91] Angesichts des gewollten Gleichlaufs der Bedienung von Aktienoptionen aus bedingtem Kapital und eigenen Aktien sprich viel dafür, dass in diesem Fall der Verweis keine eigenständige Bedeutung hat.[92] Dennoch sollten in der Praxis zur Vermeidung von Risiken die formalen Anforderungen an einen Bezugsrechtsausschluss gewahrt werden. Die sachliche Rechtfertigung sollte in der Verwendung der eigenen Aktien für die Bedienung der Bezugsrechte liegen, die den Mindestanforderungen des § 193 Abs. 2 Nr. 4 AktG entsprechen.[93]

3. Bezugsrechte auf neue Aktien aus genehmigtem Kapital

Eine weitere Möglichkeit, der Gesellschaft Bezugsrechte bzw. Aktien für deren Bedienung zur Verfügung zu stellen, kann ein von der Hauptversammlung zu beschließendes genehmigtes Kapital nach § 202 ff. AktG sein.[94] Der Vorteil eines genehmigten Kapitals im Vergleich zum bedingten Kapital ist, dass die nach § 193 Abs. 2 AktG erforderlichen Festlegungen nicht zwingend in der Ermächtigung festgeschrieben werden müssen. Auch die in § 192 Abs. 3 AktG festgelegte 10%-Grenze gilt nicht für das genehmigte Kapital.

Die Verwendung von genehmigtem Kapital stößt jedoch in der praktischen Durchführung auf **erhebliche Probleme**:[95]

Die **Laufzeit** eines genehmigten Kapitals kann lediglich bis zu fünf Jahre betragen. Damit wären der Laufzeit eines Programms auf der Basis von genehmigtem

---

[88] MHdB GesR IV/*Scholz* § 64 Rn. 127; Heidel/*Block* AktG § 71 Rn. 69.
[89] LG Berlin 99 O 83/99, NJW-RR 2000, 1349 (1350); Schmidt/Lutter/*Bezzenberger* AktG § 71 Rn. 81; Heidel/*Block* AktG § 71 Rn. 70; MHdB GesR IV/*Scholz* § 64 Rn. 127; aA MünchKomm. AktG/Bd. 1/*Oechsler* § 71 Rn. 256; aA *Bosse* NZG 2000, 923 (924).
[90] MHdB GesR IV/*Scholz* § 64 Rn. 129.
[91] Ablehnend *Weiß* WM 1999, 353 (361 f.); *Martens* in FS Ulmer 2003, S. 406; zustimmend MünchKomm. AktG/Bd. 1/*Oechsler* § 71 Rn. 259; eine vergleichbare Rechtslage findet sich in § 221 Abs. 4 AktG für den Fall der Ausgabe von Wandel- oder Optionsanleihen zur Mitarbeiterbeteiligung, s. Rn. 54.
[92] MHdB GesR IV/*Scholz* § 64 Rn. 129.
[93] MünchKomm. AktG/*Oechsler* § 71 Rn. 260; s. a. Rn. 54 im Hinblick auf die vergleichbare Situation bei der Ausgabe von Wandelanleihen für Zwecke der Mitarbeiterbeteiligung.
[94] *Schaefer* NZG 1999, 531 (533).
[95] *Martens* in FS Ulmer 2003, S. 400 f.

§ 24 46–48

Kapital (Gewährungszeitraum, Wartefrist und Ausübungszeitraum) enge Grenzen gesetzt.

46 Anders als bei neuen Aktien aus bedingtem Kapital haben Aktionäre grundsätzlich ein **Bezugsrecht** auf neue Aktien aus genehmigtem Kapital (§§ 203 Abs. 1, 186 Abs. 1 AktG). Zwar kann das genehmigte Kapitals die Möglichkeit vorsehen, das Bezugsrecht der Aktionäre auszuschließen, um den Mitarbeitern Bezugsrechte zu gewähren (§§ 203 Abs. 1, 187 Abs. 1 AktG). Der Ausschluss des Bezugsrechts der Aktionäre ist jedoch in einem **ausführlichen Bericht des Vorstands** zu erläutern und sachlich zu begründen (§§ 203 Abs. 2, 186 Abs. 4 AktG)[96] und kann von Aktionären im Wege einer **Anfechtungsklage** angegriffen werden. Hält sich der Beschluss in dem durch die §§ 192, 193 AktG für das bedingte Kapital vorgegebenen Rahmen, einschließlich der Beschränkung auf 10% des Grundkapitals, sollte die Begründung vergleichsweise einfach sein.[97] Überschreitet der Beschluss aber diesen Rahmen, müsste der Bericht zur Vermeidung von Anfechtungsrisiken im Einzelnen darauf eingehen, warum eine Abweichung von der in den §§ 192, 193 AktG enthaltenen gesetzgeberischen Wertung sachlich, durch besondere Umstände gerechtfertigt ist.[98]

47 Im Gegensatz zu Aktien aus bedingtem Kapital entstehen neue Aktien aus genehmigtem Kapital erst durch **Eintragung der Durchführung der Kapitalerhöhung** im Handelsregister, was entsprechende Beschlüsse von Vorstand und Aufsichtsrat, Zeichnung der neuen Aktien, Leistung der Einlagen und Anmeldung der Kapitalerhöhung voraussetzt. Bei bedingtem Kapital entstehen die neuen Aktien im Gegensatz dazu bereits mit ihrer Ausgabe.[99] Weiterhin können die neuen Aktien aus genehmigtem Kapital erst nach ihrer Entstehung durch Eintragung der Kapitalerhöhung im Handelsregister zum Börsenhandel zugelassen werden.[100] Das bedeutet für die Durchführung, dass die Ausgabe der neuen Aktien aus genehmigtem Kapital zeitlich und organisatorisch vergleichsweise aufwändig ist, die Ausübung von Bezugsrechten daher gebündelt werden muss, es aber dennoch zu **zeitlichen Verzögerungen** bei der Ausgabe der neuen Aktien kommt.[101]

48 Im Übrigen wird geltend gemacht, dass eine Beteiligung von Vorstandsmitgliedern an einem Programm, das mit genehmigtem Kapital unterlegt ist, nicht möglich ist;[102] durch das genehmigte Kapital kann **ausschließlich der Vorstand ermächtigt** werden, das Kapital zu erhöhen und die Einzelheiten der Ausgabe festzulegen (§ 202 Abs. 1 AktG). Der Aufsichtsrat stimmt den Festlegungen des Vorstands lediglich zu. Jedoch obliegt dem Aufsichtsrat die alleinige Vergütungskompetenz bezüglich des Vorstands (§§ 84 Abs. 1 Satz 5, 87, 112 AktG). Würde der Vorstand, soweit er selbst begünstigt ist, die Einzelheiten der Ausgabe der neuen Aktien beschließen, griffe er damit in unrechtmäßiger Weise in die **Festlegungskompetenz des Aufsichtsrats** ein.[103]

---

[96] Zu dem Inhalt des Berichts siehe *Weiß* WM 1999, 353 (355 f.).
[97] Siehe die vergleichbare Sachlage bei der Ermächtigung zur Ausgabe von Wandel- oder Optionsanleihen nach § 221 AktG Rn. 54.
[98] *Weiß* WM 1999, 353 (363).
[99] Schmidt/Lutter/*Veil* AktG § 192 Rn. 7; Spindler/Stilz/*Rieckers* AktG § 200 Rn. 6.
[100] Im Gegensatz dazu kann ein bedingtes Kapital, wenn die Ausübung von Bezugsrechten bevorsteht, nach der Praxis der Börsen insgesamt zugelassen werden, was dann auch neue Aktien umfasst, die erst später ausgegeben werden.
[101] Vgl. *Kau/Leverenz* BB 1998, 2269 (2273); *Martens* in FS Ulmer 2003, S. 401.
[102] *Martens* in FS Ulmer 2003, S. 401 f.
[103] *Martens* in FS Ulmer 2003, S. 401 f.

C. Überblick über die rechtlichen Gestaltungsmöglichkeiten 49–52 § 24

Vor diesem Hintergrund dürfte die Gewährung von Bezugsrechten auf neue Aktien aus genehmigtem Kapital nur in besonders gelagerten Fällen in Frage kommen. 49

II. Wandel-/Optionsanleihen und Genussrechte

Alternativ zu „nackten" Bezugsrechten kann der Vorstand der Gesellschaft durch Beschluss der Hauptversammlung ermächtigt werden, Wandel- oder Optionsanleihen gemäß § 221 AktG für Zwecke der Mitarbeiterbeteiligung auszugeben. Bis durch das KonTraG im Jahr 1998 die Möglichkeit der „nackten" Bezugsrechte für Arbeitnehmer und Organe in § 192 Abs. 2 AktG ergänzt wurde, wurde häufig der Weg gewählt, Mitarbeitern Bezugsrechte über den Umweg von Wandel- oder Optionsanleihen zu gewähren.[104] Diese Möglichkeit sollte ausweislich der Gesetzesbegründung zum KonTraG durch die Einführung „nackter" Bezugsrechte nicht verschlossen werden.[105] Dies hat der Gesetzgeber im Rahmen des UMAG[106] durch Aufnahme eines Verweises in § 221 Abs. 4 AktG auf § 193 Abs. 2 Nr. 4 AktG (neben dem bereits vorhandenen Verweis auf § 186 AktG) bestätigt.[107] Damit sind auch für Beschlüsse der Hauptversammlung über die Ausgabe von Wandel- und Optionsanleihen zum Zweck der Mitarbeiterbeteiligung den gleichen Festlegungen zu treffen wie bei Beschlüssen über die Ausgabe „nackter" Bezugsrechte.[108] 50

Die Bedeutung des Verweises in § 221 Abs. 4 AktG auf § 193 Abs. 2 Nr. 4 AktG ist insbesondere vor dem Hintergrund der Intentionen des Gesetzgebers, einen einheitlichen Rahmen für die Ausgabe von Beteiligungsinstrumenten zu setzen,[109] nicht gänzlich eindeutig. Dies berührt die Fragen, ob **Aufsichtsratsmitglieder** ebenso wie bei „nackten" Bezugsrechten von der Gewährung von Instrumenten nach § 221 AktG ausgeschlossen sind, ob eine (wechselseitige) Anrechnung auf die **Volumenbegrenzung von 10%** des bei der Beschlussfassung vorhandenen Grundkapitals (§ 192 Abs. 3 AktG) zu erfolgen hat, und ob der Ausschluss des **Bezugsrechts der Aktionäre** für Wandel- oder Optionsanleihen, die für Zwecke der Mitarbeiterbeteiligung ausgegeben werden sollen, einer besonderen Begründung bedarf.[110] 51

Während die Frage nach der Zulässigkeit der Gewährung von Bezugsrechten an **Aufsichtsratsmitglieder** auf der Basis von Wandel- oder Optionsanleihen, die in dem älteren Schrifttum praktisch einhellig[111] zustimmend beantwortet wurde,[112] muss sie vor dem Hintergrund der Ausführungen des BGH in der Mobilcom-Ent- 52

---

[104] *Martens* in FS Ulmer 2003, S. 400; *Schaefer* NZG 1999, 531 (532).
[105] BT-Drs. 13/9712, 23; Heidel/*Wagner* AktG § 192 Rn. 24; OLG Braunschweig 3 U 75/98, NZG 1998, 814 (818); OLG Stuttgart 20 U 111/97, NZG 1998, 822 (823); *Hoff* WM 2003, 911 (912).
[106] Gesetz zur Unternehmensintegrität und Modernisierung des Anfechtungsrechts (UMAG) v. 22.9.2005, BGBl. 2005 I 2802.
[107] Siehe auch Gesetzesbegründung zum Entwurf eines Gesetzes zur Unternehmensintegrität und Modernisierung des Anfechtungsrechts (UMAG), BT-Drs 15/5092, 25.
[108] Siehe Rn. 32 ff.
[109] BT-Drs. 1515/5092, 25.
[110] Vgl. *Martens* in FS Ulmer 2003, S. 406.
[111] *Fuchs* WM 2004, 2233 (2234); *Richter* BB 2004, 949 (950).
[112] Siehe *Hoff* WM 2003, 910 mwN; LG München 5 HKO 14047/00, AG 2001, 210 (211); LG Memmingen AG 2001, 375; *Wiechers* DB 2003, 595 (596); MünchKomm. AktG/Bd. 3/ *Semler* 2. Aufl. 2004, § 113 Rn. 66 ff.

Janssen 1783

scheidung[113] verneint werden.[114] Die Gesetzesbegründung zum UMAG stellt fest,[115] dass im Anschluss an die Ausführungen des BGH in der Mobilcom-Entscheidung klar sei, dass Mitglieder des Aufsichtsrats nicht an Aktienoptionsprogrammen auf der Basis von Wandel- oder Optionsanleihen teilnehmen können.

53 Die Frage, ob ein bedingtes Kapital, das für Wandel- oder Optionsanleihen beschlossen wird, die ausschließlich für Zwecke der Mitarbeiterbeteiligung ausgegeben werden sollen (ggfs. zusammen mit einem bereits für „nackte" Bezugsrechte beschlossenem bedingten Kapital) die **Grenze von bis zu 10% des Grundkapitals** überschreiten darf, wird, soweit sie in der Literatur behandelt wird, überwiegend bejaht.[116] Das ist vor dem Hintergrund, dass der Gesetzgeber mit der Einfügung des Verweises in § 221 Abs. 4 auf § 193 Abs. 2 Nr. 4 AktG die Ausgabe von Wandel- oder Optionsanleihen für Zwecke der Mitarbeiterbeteiligung den gleichen Regelungen unterwerfen wollte, wie sie für „nackte" Bezugsrechte und die Verwendung eigener Aktien gelten,[117] zwar zunächst überraschend, findet aber seine Begründung in der Beschränkung des Verweises auf § 193 Abs. 2 Nr. 4 AktG, nämlich den zusätzlichen Beschlussinhalt, der eben die Beschränkungen des Umfangs des bedingten Kapitals (§ 192 Abs. 3 AktG) nicht umfasst. Außerdem rechtfertigt sich die fehlende Beschränkung auf 10% des Grundkapitals aus dem Umstand, dass nach § 221 Abs. 4 Satz 1 AktG ein Bezugsrecht der Aktionäre besteht, das anders als bei „nackten" Bezugsrechten für Zwecke der Ausgabe von Wandel- und Optionsanleihen für Zwecke der Mitarbeiterbeteiligung förmlich ausgeschlossen werden muss,[118] und dieser Ausschluss wiederum der sachlichen Rechtfertigung unterliegt.

54 Die erforderliche sachliche Rechtfertigung des **Bezugsrechtsausschlusses** sollte – soweit sich der Umfang des Bezugsrechtsausschlusses sowie die weiteren nach § 193 Abs. 2 Nr. 4 AktG erforderlichen Festlegungen im einem angemessenen Rahmen bewegen – unproblematisch sein.[119] Nicht zufällig[120] findet sich eine rechtlich vergleichbare Wertung in § 186 Abs. 3 Satz 4 AktG, dem erleichterten Bezugsrechtsausschluss bei einer Kapitalerhöhung, die 10% des Grundkapitals nicht übersteigt.[121] Mit dem Erfordernis in § 186 Abs. 3 Satz 4 AktG, die neuen Aktien nicht wesentlich unter dem Börsenkurs auszugeben, korrespondieren die nach § 193 Abs. 2 Nr. 4 AktG festzulegenden Bedingungen, insbesondere die Wartefrist von mindestens vier Jahren und das Erfolgsziel.[122] Bei der Ausgabe von Wandel- bzw. Optionsanleihen für Zwecke der Mitarbeiterbeteiligung sollte der Ausschluss des Bezugsrechts daher per se gerechtfertigt sein. Würde man von der Erforderlichkeit einer besonderen Rechtfertigung für den Bezugsrechtsausschluss ausgehen, ergäbe sich ein erheblicher **Wertungswiderspruch** zwischen der bezugsrechtsfreien Aus-

---

[113] BGH II ZR 316/02, BGHZ 158, 122; die Entscheidung ablehnend *Hüffer/Koch* AktG § 71 Rn. 19h; *Fuchs* WM 2004, 2233 (2236); *ders. Richter* BB 2004, 949 (953 f.); auch *Hoffmann-Becking* ZHR 2005, 155 (180).
[114] MünchKomm. AktG/*Habersack* § 221 Rn. 132; Schmitt/Lutter/*Drygala* AktG § 113 Rn. 35; Heidel/*Wagner* AktG § 221 Rn. 62; *Henze* BB 2005, 165 (172); aA MünchKomm. AktG/Bd. 4/*Fuchs* § 192 Rn. 94.
[115] BT-Drs. 15/5092, 25.
[116] MünchKomm. AktG/Bd. 4/*Fuchs* § 192 Rn. 150; Spindler/Stilz/*Rieckers* AktG § 192 Rn. 76.
[117] BT-Drs. 1515/5092, 25.
[118] MHdB GesR IV/*Scholz* § 64 Rn. 132.
[119] MHdB GesR IV/*Scholz* § 64 Rn. 132.
[120] *Hoffmann-Becking* NZG 1999, 797 (804).
[121] *Martens* in FS Ulmer 2003, S. 413.
[122] Zu Erfolgszielen zum Schutz vor Verwässerung, *Martens* in FS Ulmer 2003, S. 413 f.

C. Überblick über die rechtlichen Gestaltungsmöglichkeiten 55–58 § 24

gabe „nackter" Bezugsrechte und der „bezugsrechtsbelasteten" Ausgabe von Wandel- bzw. Optionsanleihen trotz ansonsten gleicher erforderlicher Einschränkungen und Festlegungen. Soweit der Umfang der Wandlungs- bzw. Optionsrechte die Grenze von 10% des Grundkapitals nicht übersteigt und die sonstige Ausgestaltung der Wandel- bzw. Optionsanleihen dazu führt, dass deren (theoretischer) Marktwert nicht wesentlich überschritten wird, wäre ein erleichterter Bezugsrechtsausschluss nach § 186 Abs. 3 Satz 4 AktG möglich. In der Praxis sollte der Ausschluss des Bezugsrechte zur Vermeidung von Anfechtungsrisiken in jedem Fall ausführlich in dem Bericht des Vorstands begründet werden.

Aus dem Umstand, dass Wandel- oder Optionsanleihen neben der Teilnahme an 55 der zukünftigen Aktienkursentwicklung auch eine verzinsliche Forderung gegenüber der Emittentin gewähren, ergeben sich interessante Gestaltungsmöglichkeiten, die für einen Einsatz dieser Instrumente für Zwecke der Mitarbeiterbeteiligung sprechen. Wenn Wandel- bzw. Optionsanleihen gegen Verrechnung von Tantieme-, Bonus- oder anderen Zahlungsansprüchen von Mitarbeitern ausgegeben werden sollen, ist jedoch zu beachten, dass es sich hierbei um Sacheinlagen handelt und die besonderen Regelungen des § 194 AktG (bedingte Kapitalerhöhung gegen Sacheinlagen) zu beachten sind, wobei § 194 Abs. 3 AktG für die Einlage von Geldforderungen von Arbeitnehmern Erleichterungen vorsieht.

Wenn statt einer festen Verzinsung eine von den Ergebnissen der Gesellschaft 56 abhängige Verzinsung angestrebt wird, kann dies in Form von **Options- oder Wandelgenussrechten** verwirklicht werden.[123] Der Mitarbeiter könnte damit ab der Ausgabe des Genussrechts über die ergebnisabhängige Verzinsung am Unternehmenserfolg beteiligt werden und nach einer Wartefrist durch Ausübung des Bezugsrechts (zusätzlich) Aktien der Gesellschaft erhalten. Für die Ermächtigung zur Ausgabe von Genussrechten gilt grundsätzlich das oben zu Wandel- und Optionsanleihen Gesagte entsprechend.

III. Direkte Beteiligung durch Belegschaftsaktien/ Friends & Family-Programme

Weiterhin kommt für Zwecke der Mitarbeiterbeteiligung eine direkte Ausgabe 57 von Aktien, die traditionell als „Belegschaftsaktien" bezeichnet werden, in Frage. In diesem Fall gewährt die Gesellschaft den Mitarbeitern direkt, ohne einen „Umweg" über Bezugsrechte, Aktien, meist zu Konditionen, die unterhalb des aktuellen Börsenkurses liegen, oder fördert die Teilnahme der Arbeitnehmer durch eine vollständige oder teilweise Finanzierung des Aktienerwerbs (zB durch Gewährung eines (leistungsabhängigen) Bonus, der ganz oder teilweise in Aktien investiert werden muss). Eine solche Förderung des Aktienerwerbs für Arbeitnehmer ist ausnahmsweise nach § 71a Abs. 1 Satz 2 AktG zulässig. Diese Programme können auch in Form von so genannten **Aktiensparplänen** durchgeführt werden, bei denen ein bestimmter Betrag von dem monatlichen Netto-Gehalt der teilnehmenden Mitarbeiter einbehalten und für einen periodischen Aktienerwerb verwendet wird.

Um das Ziel einer langfristigen Motivation und Bindung an das Unternehmen 58 sicherzustellen, wird den begünstigten Mitarbeitern eine bestimmte **Haltefrist** für die erworbenen Aktien auferlegt (Lock-Up). Im angloamerikanischen Raum

---

[123] Mit gewissen Einschränkungen kann ein Genussrecht sowohl als Wandelgenussrecht als auch als Optionsgenussrecht ausgestaltet werden; siehe *Hüffer/Koch* AktG § 192 Rn. 10; MünchKomm. AktG/*Fuchs* § 192 Rn. 47.

werden solche Gestaltungen als „**Restricted Shares**" bezeichnet. Diese Form der Mitarbeiterbeteiligung birgt für die Mitarbeiter das Risiko, bei einem Kursrückgang während der Haltefrist – je nach Höhe des ihnen bei Erwerb gewährten Abschlags auf den Börsenkurs – auch Verluste zu erleiden. Hinzu kommt, dass Mitarbeiter regelmäßig die Vergünstigung (idR den Abschlag auf den Börsenkurs) als Arbeitseinkommen[124] unmittelbar bei Erwerb zu versteuern haben, so weit nicht der steuerliche Zufluss und damit die Besteuerung durch entsprechende Gestaltung des Lock-Up vermieden werden kann.[125] Andererseits fördert gerade diese Beteiligungsform die Identifikation mit den Interessen der Aktionäre am stärksten.

58a Eine weitere Gestaltungsvariante, unter anderem zur Vermeidung einer Steuerbelastung zum Zeitpunkt der vergünstigten Überlassung von Aktien, kann vorsehen, dass die Mitarbeiter erst nach Ablauf einer bestimmten (Halte-)Frist, in einem bestimmten Umfang Gratisaktien auf die von ihnen zu Marktkonditionen erworbenen Aktien erhalten (zB je zehn erworbener Aktien eine Gratisaktie).[126] Dieses Modell wird häufig als „**Matching Share Plan**" bezeichnet. Die langfristige Orientierung dieser Pläne kann durch eine bindende Haltefrist erreicht werden oder auch dadurch, dass die Matching Shares erst nach Ablauf einer bestimmten Frist und nur dann gewährt werden, wenn die ursprünglich von dem Mitarbeiter erworbenen Aktien noch gehalten werden. Damit kann sich der Mitarbeiter zu einem Verkauf der Aktien entscheiden, wenn der Kursrückgang den Vorteil aus den Matching Shares übersteigt.

59 Im Rahmen des Börsengangs einer Gesellschaft bietet sich an, den Mitarbeitern Aktien aus dem Emissionsvolumen im Wege der bevorrechtigten Zeichnung (**Friends & Family-Programm**) anzubieten.

60 Die Aktien für ein Beteiligungsprogramm können **außerhalb eines Börsengangs** der Gesellschaft durch eine von der Hauptversammlung zu beschließende Kapitalerhöhung bzw. durch ein entsprechend ausgestaltetes, von der Hauptversammlung beschlossenes genehmigtes Kapital geschaffen werden oder aus eigenen Aktien der Gesellschaft stammen. Soweit an dem Programm lediglich gegenwärtige und ehemalige Arbeitnehmer der Gesellschaft oder verbundener Unternehmen teilnehmen, denen die Aktien zum Erwerb angeboten werden sollen, können die hierfür benötigten Aktien ohne Beschlussfassung der Hauptversammlung von der Gesellschaft erworben werden (§ 71 Abs. 1 Nr. 2 AktG). Wenn Vorstände der Gesellschaft oder Mitglieder der Geschäftsleitungen verbundener Unternehmen an dem Programm teilnehmen sollen, ist für den Aktienrückkauf sowie die Gewährung der eigenen Aktien nach dem Wortlaut des § 71 Abs. 1 Nr. 2 AktG ein Beschluss der Hauptversammlung nach § 71 Abs. 1 Nr. 8 AktG erforderlich.[127]

61 Zu beachten ist in jedem Fall, dass die nach § 71 Abs. 1 Nr. 2 AktG erworbenen Aktien binnen eines Jahres nach ihrem Erwerb an die Arbeitnehmer auszugeben sind (§ 71 Abs. 3 Satz 2 AktG).

---

[124] Siehe Rn. 135.
[125] Siehe Rn. 139.
[126] Siehe generell zu Matching Shares *Wagner* BB 2010, 1739.
[127] Siehe Rn. 39.

IV. Überblick über die rechtlichen Gestaltungsmöglichkeiten von unternehmenswertabhängigen Vergütungssystemen

Klassisches Gegenstück zu den Aktienoptionen sind die sog. **Stock Appreciation Rights**, rein schuldrechtliche Vereinbarungen, die meist mit den gleichen Parametern[128] die finanzielle Seite von Aktienoptionen nachbilden. Statt Aktien erhält der Begünstigte bei Ausübung eine entsprechende Geldzahlung. Da diese Gestaltungen nicht die mitgliedschaftlichen Rechte der Aktionäre tangieren, unterliegen sie auch nicht aktienrechtlichen Vorgaben, lassen sich freier gestalten und können **ohne Beschluss der Hauptversammlung** eingeführt werden.[129] Daneben bieten Stock Appreciation Rights sowohl in steuerlicher Hinsicht[130] als auch im Hinblick auf die Regelungen zu Eigenschaften von Führungskräften[131] gewisse Vorteile. 62

Das virtuelle Gegenstück zu Belegschaftsaktien und Restricted Stocks stellen die **Phantom Stocks** dar, bei denen ein Aktienbesitz, ggf. einschließlich Dividendenausschüttungen,[132] auf vertraglicher Basis nachgebildet wird. 63

Die Übergänge solcher Gestaltungen zu rein erfolgsabhängigen Vergütungen wie **Bonuszahlungen** oder **Prämien**, deren Höhe sich (mittelbar) aus einer Aktienkurssteigerung, einem gestiegenen Unternehmenswert oder dem Unternehmenserfolg (ausgedrückt in der Steigerung bestimmter finanzwirtschaftlicher Kennzahlen)[133] errechnen, sind fließend. Solche Gestaltungen erfreuen sich zunehmender Beliebtheit[134] und werden häufig „**Long Term Incentive Plan**" (LTIP) genannt. Eine in der Praxis häufiger anzutreffende Gestaltung besteht im Prinzip darin, dass mit dem Mitarbeiter jährlich ein leistungs- oder erfolgsabhängiger auf das jeweilige Geschäftsjahr bezogener Bonus vereinbart wird, der nach Erreichen mit der jeweiligen Höhe entsprechend den Planregelungen auf der Grundlage des aktuellen Aktienkurses in eine bestimmte Aktienzahl umgerechnet wird, die dann nach Ablauf einer Wartefrist mit dem aktuellen Kurs wieder zurück in einen Auszahlungsbetrag umgerechnet wird. 64

Eine vertragliche **Gewinnbeteiligung** breiter Mitarbeiterkreise dürfte jedoch regelmäßig als Gestaltungsalternative in der Praxis ausscheiden, da es sich bei einer solchen breit angelegten Gewinnbeteiligung um einen Teilgewinnabführungsvertrag nach § 292 Abs. 1 Nr. 1 AktG handeln würde, der den Voraussetzungen der §§ 293 ff. AktG unterliegt. Für Mitglieder von Vorstand und Aufsichtsrat sowie einzelne Arbeitnehmer der Gesellschaft ist sie jedoch möglich, solange die Arbeitnehmer nach individuellen Kriterien und nicht nach abstrakt-generellen Maßstäben ausgewählt werden und es bei „vereinzelten" Gewinnbeteiligungen bleibt (§ 292 Abs. 2 AktG).[135] 65

---

[128] Siehe Rn. 15 ff.
[129] Spindler/Stilz/*Rieckers* AktG § 192 Rn. 57; Semler/v. Schenck/*Fonk* ARHdb. § 10 Rn. 81, 118; Semler/Volhard/Reichert/*Schröer* § 24 Rn. 3, 5; MHdB GesR IV/*Scholz* § 64 Rn. 133 f.; *Martens* in FS Ulmer 2003, S. 403; zu Einschränkungen, die sich aus der Gewährung an Geschäftsführungen verbundener Unternehmen ergeben, siehe OLG München 7 U 5618/07, AG 2008, 593 sowie Rn. 24a.
[130] Siehe Rn. 153 ff.
[131] Siehe Rn. 124 (zu Director's Dealings) und Rn. 128 (zu Insiderhandel).
[132] *Hoffmann-Becking* ZHR 2005, 155 (164); *Martens* in FS Ulmer 2003, S. 402 f.
[133] *Hoffmann-Becking* ZHR 2005, 155 (160); Semler/v. Schenck/*Fonk* ARHdb. § 10 Rn. 132 ff.
[134] Semler/v. Schenck/*Fonk* ARHdb. § 10 Rn. 132 ff.
[135] MünchKomm. AktG/Bd. 5/*Altmeppen* § 292 Rn. 79; MHdB GesR IV/*Krieger* § 73 Rn. 19; *Hüffer/Koch* AktG § 292 Rn. 27.

66 Eine in der Praxis mögliche Gestaltung wäre allerdings die Ausgabe von **Genussrechten** nach § 221 Abs. 3 AktG, die dem Inhaber eine Beteiligung am Gewinn der Gesellschaft oder auch eine gewinnabhängige Verzinsung der Einlage vermitteln. Durch den Eingriff in das Gewinnbezugsrecht der Aktionäre können Genussscheine jedoch nur auf der Grundlage eines Hauptversammlungsbeschlusses ausgegeben werden.[136]

67 Ob und inwieweit **Mitglieder des Aufsichtsrats** an solchen virtuellen Programmen beteiligt werden können, muss vor dem Hintergrund der Mobilcom Entscheidung des BGH zur Gewährung von Aktienoptionen an Aufsichtsratsmitglieder[137] differenziert betrachtet werden. Die Einzelheiten einer Gewinnbeteiligung bzw. Beteiligung an den operativen Ergebnissen der Gesellschaft (zB EBITDA oder EBIT als Berechnungsgrundlage) ist im Schrifttum umstritten.[138] Für eine solche Beteiligung spricht, neben der Regelung in § 292 Abs. 2 AktG, auch die ausdrückliche Regelung in § 113 Abs. 3 AktG für die Gewinnbeteiligung von Aufsichtsratsmitgliedern, dessen Vorgaben für die Berechnung des Gewinnanteils jedoch zwingend sind.[139] § 113 Abs. 2 AktG schließt nach der herrschenden Meinung[140] jedoch eine dividendenabhängige Tantieme nicht aus, da es sich hierbei nicht um eine Gewährung des Anteils am Jahresgewinn handele.[141] Wird jedoch die Kurssteigerung zum Ausgangspunkt der Berechnung der Vergütung gemacht, gelten die vom BGH für Aktienoptionen ausgeführten Gründe[142] entsprechend, sodass für die Praxis von einer Unzulässigkeit ausgegangen werden muss.[143]

V. Kombinationsformen

68 Mit dem Ziel die unterschiedlichen Vorteile miteinander zu verbinden, werden in der Praxis häufig Kombinationen aus den unterschiedlichen Gestaltungsformen angewandt. In diesem Zusammenhang sind neben den bereits oben erwähnten Restricted Shares,[144] insbesondere **Restricted Stock Units (RSU)** und **Stock Settled Stock Appreciation Rights** zu nennen.

69 **Restricted Stock Units** verknüpfen regelmäßig drei Elemente: einen Bonus, der meist für bestimmte persönliche Leistungen versprochen wird, eine aufschiebend

---

[136] Siehe Rn. 56.
[137] BGH II ZR 316/02, BGHZ 158, 122.
[138] *Hüffer/Koch*AktG § 113 Rn. 10; *Vetter* AG 2004, 234 (237 f.); kritisch *Hoffmann-Becking* ZHR 2005, 155 (175 ff.); MünchKomm. AktG/Bd. 2/*Habersack* § 113 Rn. 19; kritisch *derselbe* ZGR 2004, 721 (733 f.); Schmitt/Lutter/*Drygala* § 113 Rn. 34; *Lenenbach* EWiR 1/04, 413 (414); *Meyer/Ludwig* ZIP 2004, 940 (944 f.).
[139] Siehe auch § 7 Rn. 250; mit Kritik an der bestehenden Regelung *Hoffmann-Becking* ZHR 2005, 155 (174 f.).
[140] *Hüffer/Koch* AktG § 113 Rn. 9; Schmitt/Lutter/*Drygala* § 113 Rn. 34; MünchKomm. AktG/Bd. 2/*Habersack* § 113 Rn. 16; *Hoffmann-Becking* NZG 1999, 797 (800).
[141] Kritisch *Hoffmann-Becking* ZHR 2005, 155 (175).
[142] BGH II ZR 316/02, BGHZ 158, 122 (127).
[143] Schmitt/Lutter/*Drygala* § 113 Rn. 34; MünchKomm. AktG/Bd. 2/*Habersack* § 113 Rn. 14; *ders.* ZGR 2004, 721 (731 f.); *Paefgen* WM 2004, 1169 (1173) (jedoch für eine gesetzliche Neuregelung); *Lenenbach* EWiR 2004, 413 (414); für die Zulässigkeit *Hoffmann-Becking* ZHR 2005, 155 (178 ff.); Zweifel an der Übertragbarkeit der Mobilcom-Entscheidung des BGH, *Fuchs* WM 2004, 2233 (2235); aA *Richter* BB 2004, 949 (956); aA *Meyer/Ludwig* ZIP 2004, 940 (944 f.); ebenso MünchKomm. AktG/Bd. 4/*Fuchs* § 192 Rn. 98; MHdB GesR IV/*Scholz* § 64 Rn. 136.
[144] Siehe Rn. 58.

D. Gewährung und arbeitsrechtliche Gesichtspunkte

befristete Übertragung von Aktien ggf. mit einem Abschlag auf den Börsenkurs sowie eine Haltefrist im Anschluss an die Übertragung der Aktien. Im Gegensatz zu Optionen, deren Ausübung im freien Ermessen des Begünstigten steht, sehen Restricted Stock Units die Übertragung einer bestimmten Zahl von Aktien zu einem bestimmten Termin fest vor, ohne dass es auf die Erreichung eines bestimmten Erfolgsziels ankäme. Die Restricted Stock Units werden meist ohne Gegenleistung statt der Auszahlung des Bonus gewährt; es kann auch vorgesehen werden, dass sich der Mitarbeiter entscheiden kann, ob er den Bonus ganz oder teilweise in Restricted Stock Units „ausgezahlt" haben will. Teilweise verzichten die Vereinbarungen auf den Umweg über den Bonus. Die Bonuszahlung durch den Arbeitgeber besteht allein in der Ausgabe einer bestimmten Anzahl von Restricted Stock Units.

Den **Stock Settled Stock Appreciation Rights** liegt die Idee zugrunde, Mitarbeitern zunächst Stock Appreciation Rights zu gewähren, diese jedoch bei Ausübung nicht durch eine Geldzahlung, sondern durch Lieferung von Aktien zum aktuellen Börsenkurs zu bedienen.[145] Hierfür kommen entweder eigene Aktien der Gesellschaft oder neue Aktien aus einer Kapitalerhöhung gegen Sacheinlagen (in Form der Zahlungsansprüche aus den Stock Appreciation Rights) in Frage. Solche Programme können auch vorsehen, dass die Stock Appreciation Rights zu einem bestimmten Teil in Geld ausgeglichen werden, um dem Begünstigten die Zahlung ggf. hierauf zu entrichtender Steuern zu erleichtern.

Eine weitere Gestaltungsmöglichkeit ist die Kombination von unmittelbarer Gewährung von Aktien in Form von Belegschaftsaktien (dh gegen Zahlung des Kurswertes oder zu einem vergünstigen Preis) mit Aktienoptionen, was zu einer Verknüpfung von Chancen (aus den Aktienoptionen) und Risiken (aus den Aktien) führt.

D. Gewährung und arbeitsrechtliche Gesichtspunkte

Während die Gestaltung und Bereitstellung der Instrumente zur Mitarbeiterbeteiligung bzw. der erfolgsabhängigen Vergütung[146] überwiegend gesellschaftsrechtliche Problemkreise berührt und von gesellschaftsrechtlichen Vorgaben geprägt ist, ist die Gewährung der Vergünstigungen und die Durchführung der Programme überwiegend von arbeitsrechtlichen Fragen bestimmt.[147] Unabhängig von den nachfolgend dargestellten Wegen der Gewährung, erfolgt die inhaltliche Ausgestaltung durch eine in der Praxis meist „Plandokument" genannte Dokumentation, die die verbindlichen Regelungen enthält. Hierzu gehören neben den materiellen Regelungen des jeweiligen Instruments (zB Ausgestaltung der Option) weitere meist „technische" Regelungen, die den Ablauf der Gewährung und der Ausübung der Instrumente, das Ausscheiden von Mitarbeitern (insb. in Fällen von Kündigung, Erreichen des Rentenalters, Tod oder auch Veräußerung von Betrieben und Betriebsteilen), Anpassungsregelungen (zB im Hinblick auf Verwässerung, wesentliche nicht absehbare Entwicklungen oder auch einen möglichen Change

---

[145] Zum „Erwerb" der Aktien wird der dem Begünstigten eigentlich zustehende Zahlungsanspruch aus den Stock Appreciation Rights verwendet.
[146] Nachfolgend sollen diese einfach zusammenfassend „Vergünstigungen" genannt werden.
[147] Zu den arbeitsrechtlichen Aspekten vertiefend: Harrer/*Tepass/Lenzen* Rn. 119 ff.; *Baeck/Diller* DB 1998, 1405; *Pulz* Personalbindung durch aktienkursorientierte Vergütung Heidelberg 2003; *Legerlotz/Laber* DStR 1999, 1658.

of Control) usw regeln. Als Teil der Gewährungskompetenz fällt diese inhaltliche Ausgestaltung, soweit sie nicht bereits durch einen Beschluss der Hauptversammlung vorgegeben ist, in die Zuständigkeit des Vorstands, und soweit Mitglieder des Vorstands betroffen sind, in die Kompetenz des Aufsichtsrats.[148]

I. Gewährung der Mitarbeiterbeteiligung

73 Zur Gewährung der Vergünstigungen aus Mitarbeiterbeteiligungsprogrammen stehen grundsätzlich drei unterschiedliche Wege zur Verfügung: (i) die Vergünstigungen können durch individuelle **Einzelzusagen**[149] eingeräumt werden, (ii) es kann eine **Gesamtzusage** durch den Arbeitgeber an den begünstigten Mitarbeiterkreis abgegeben werden und (iii) sofern ein Betriebsrat besteht, kann für Mitarbeiter, die nicht zu den leitenden Angestellten gehören, auch eine **Betriebsvereinbarung**[150] sowie für leitende Angestellte, soweit ein Sprecherausschuss gebildet wurde, eine **Sprecherausschussvereinbarung** geschlossen werden.[151] Bei der Gewährung der Mitarbeiterbeteiligung durch Einzelzusage und Gesamtzusage ist zu beachten, dass die Regelungen der AGB-rechtlichen Kontrolle unterliegen. Die Mitarbeiterbeteiligung kann im Konzern entweder von der Konzernmutter allen konzernangehörigen Mitarbeitern gewährt werden oder von den einzelnen Konzernunternehmen ihren jeweiligen Arbeitnehmern. Durch die Gewährung durch die Konzernmutter kann vermieden werden, dass die Vergünstigungen Bestandteil des jeweiligen Arbeitsverhältnisses werden.[152]

74 Die **Einzelzusage** bietet die Möglichkeit, mit dem jeweiligen Begünstigten unter Beachtung des arbeitsrechtlichen Gleichbehandlungsgrundsatzes und des Diskriminierungsverbots[153] individuelle Reglungen[154] zu vereinbaren.[155] In der Praxis ist dieses Verfahren bei Programmen mit einer überschaubaren Teilnehmerzahl üblich. Ist der Teilnehmerkreis größer, so wird sich der Arbeitgeber zumeist mit einer so genannten **Einheitsregelung**[156] an den begünstigten Mitarbeiterkreis wenden, was auch elektronisch durch die individuelle Freischaltung einer entsprechend gestalteten Seite im Intranet der Gesellschaft geschehen kann. Die begünstigten Mitarbeiter nehmen das Angebot zur Partizipierung durch die entsprechende Nutzung der Internetseite konkludent an. Hierbei ist zu berücksichtigen, dass der Zugang zu dieser Seite so geschützt und dokumentiert werden muss, dass der Vertragsschluss mit dem jeweiligen Berechtigten dokumentiert werden kann.

75 Alternativ kann sich bei einer größeren Zahl von Berechtigten der Weg der **Gesamtzusage** anbieten. Dabei handelt es sich um eine einseitige Erklärung des Arbeitgebers an die betroffene Mitarbeitergruppe, bestimmte freiwillige Leistungen zu gewähren. Einer ausdrücklichen Annahmeerklärung durch die Betroffenen

---

[148] Marsch-Barner/Schäfer/*Holzborn* § 53 Rn. 9; MHdB GesR IV/*Scholz* § 64 Rn. 107.
[149] Bei einer Vielzahl gleicher Einzelzusagen wird dies als Einheitsregelung bezeichnet.
[150] *Baeck/Diller* DB 1998, 1405 (1406).
[151] *Baeck/Diller* DB 1998, 1405 (1406); Harrer/*Tepass/Lenzen* Rn. 421 ff.
[152] Siehe Rn. 91 ff.
[153] Siehe Rn. 81 ff.
[154] Im Rahmen des zugrunde liegenden Beschlusses der Hauptversammlung (soweit ein solcher nach der Art des Programms erforderlich ist).
[155] Zur Gestaltung der Einzelzusagen *Kau/Leverenz* BB 1998, 2269 (2272 f.).
[156] Hierunter wird eine für alle betroffenen Mitarbeiter gleich lautende vertragliche Regelung verstanden; Harrer/*Tepass/Lenzen* Rn. 424; *Tschöpe* Anwalts-Handbuch Arbeitsrecht S. 883 Rn. 163.

bedarf es nicht. In dieser Einseitigkeit liegt jedoch der Nachteil von Gesamtzusagen: Auf diesem Weg ist es nicht ohne Weiteres möglich, eventuell erforderliche **Mitwirkungshandlungen** der Betroffenen einzuholen (zB Angabe eines Wertpapierdepots, in das Aktien übertragen werden sollen) und die konkludente Annahme des Angebots zu dokumentieren.

Da die Einführung und Ausgestaltung eines Programms zur Mitarbeiterbeteiligung ohnehin zu einem bestimmten Teil Beteiligungsrechte der Arbeitnehmergremien auslöst,[157] bietet sich an, das Programm im Weg einer **Betriebsvereinbarung** für Arbeitnehmer und, soweit ein Sprecherausschuss besteht, durch eine **Vereinbarung mit dem Sprecherausschuss** für die leitenden Angestellten einzuführen. Auf diese Weise können einheitlich für alle betroffenen Mitarbeiter alle im Zusammenhang mit dem Programm stehenden Rechte und Pflichten geregelt werden.[158] Dieser Weg hat im Fall der Änderung des Programms den Vorteil, dass eine **Änderung der Betriebsvereinbarung** bzw. **Sprecherausschussvereinbarung** im Einvernehmen mit dem Betriebsrat bzw. dem Sprecherausschuss möglich ist oder aber auch umfassend durch Kündigung der Betriebsvereinbarung bzw. Vereinbarung mit dem Sprecherausschuss beendet werden kann, während bei der individualvertraglichen Zusage bzw. auch in Fällen der Gesamtzusage eine Einigung über die Änderung mit dem jeweiligen Begünstigten erforderlich ist.[159] In Fällen, in denen das Programm neben allgemeinen, für alle angesprochenen Mitarbeiter gleichen Regelungen, auch individuelle Regelungen enthält,[160] so zB individuelle Ausübungshürden oder -kriterien, stößt der Weg über eine Betriebsvereinbarung jedoch an seine Grenzen.[161]

Sofern vermögenswirksame Leistungen (zB durch verbilligte Belegschaftsaktien) durch Tarifvertrag geregelt werden, ist umstritten, ob die Regelungssperren der §§ 77 Abs. 3 und 87 Abs. 1 Eingangssatz BetrVG Anwendung finden. Während Teile der Literatur sich für das Eingreifen des Tarifvorbehalts mit der Folge der Unwirksamkeit der Betriebsvereinbarung aussprechen, sofern im Tarifvertrag Fragen der Vermögensbildung geregelt werden,[162] sind andere Stimmen der Ansicht, dass § 77 Abs. 3 BetrVG auf Betriebsvereinbarungen über Maßnahmen der Vermögensbildung nicht anzuwenden, die Vorschrift insoweit restriktiv auszulegen sei.[163] Für letztere Auffassung spricht, dass der Gesetzgeber Maßnahmen zur Förderung der Vermögensbildung in § 88 Nr. 3 BetrVG ausdrücklich als Beispiel für freiwillige Betriebsvereinbarungen nennt und es dem vom Gesetzgeber intendierten Zweck der Förderung der Vermögensbildung widerspräche, wenn eine tarifvertragliche Regelung vermögenswirksamer Leistungen in Bezug auf die Regelung zusätzli-

---

[157] Siehe Rn. 77 ff.
[158] *Baeck/Diller* DB 1998, 1405 (1406).
[159] Möglich ist jedoch auch, in den Regelungen des Beteiligungsprogramms eine Anpassungsklausel vorzusehen, wonach der Arbeitgeber in einem bestimmten Rahmen Anpassungen einseitig vornehmen darf.
[160] Solche individuellen Regelungen müssen sich im Rahmen des arbeitsrechtlichen Gleichbehandlungsgrundsatzes und des Allgemeinen Gleichbehandlungsgesetzes (AGG) bewegen und damit sachlich gerechtfertigt sein; s. Rn. 81 ff.
[161] Es ist jedoch durchaus möglich, allgemeine Bestimmungen eines Programms im Wege einer Betriebsvereinbarung zu regeln und darüber hinaus auf einzelvertraglicher Grundlage – unter Beachtung des arbeitsrechtlichen Gleichbehandlungsgrundsatzes und des AGG – zB besondere Ausübungshürden mit einzelnen Mitarbeitern zu vereinbaren.
[162] Vgl. Gemeinschaftskommentar zum BetrVG/*Wiese* § 88 Rn. 33; Erfurter Kommentar zum Arbeitsrecht/*Kania* BetrVG § 88 Rn. 6; MHdB ArbR I/*Krause* § 61 Rn. 10.
[163] Vgl. Richardi/*Richardi* BetrVG § 88 Rn. 29; *Fitting* BetrVG § 88 Rn. 25.

cher Maßnahmen durch Betriebsvereinbarung den Tarifvorbehalt des § 77 Abs. 3 BetrVG auslösen würde.[164] Die Frage nach der Anwendbarkeit des Tarifvorbehalts dürfte sich im Übrigen nur dann stellen, wenn der Tarifvertrag eine abschließende Regelung getroffen und nicht nur einen Rahmen bestimmt hat[165] bzw. er keine Öffnungsklausel enthält. Darüber hinaus greifen die Regelungssperren des § 77 Abs. 3 bzw. § 87 Abs. 1 Eingangssatz BetrVG für vom persönlichen Geltungsbereich des Tarifvertrages ausgeschlossene Angestellte (AT-Angestellte) wohl nicht.[166]

II. Beteiligungsrechte des Betriebsrats/Sprecherausschusses

77 Wenn bei der Gesellschaft ein Betriebsrat besteht, hat dieser bei der Einführung eines Mitarbeiterbeteiligungsprogramms grundsätzlich ein Mitbestimmungsrecht gemäß § 87 Abs. 1 Nr. 10 BetrVG, auch wenn dies für eine gewisse Anzahl von Begünstigten, also mit einer kollektiven Tendenz, im Weg der einzelvertraglichen Zusagen (bzw. Einheitsregelung) geschehen soll, da es sich hierbei um eine Frage der **betrieblichen Lohngestaltung** handelt.[167] Das Mitbestimmungsrecht des Betriebsrats beschränkt sich auf Arbeitnehmer, die nicht zu den leitenden Angestellten gehören. Soweit für die leitenden Angestellten ein Sprecherausschuss gebildet wurde und die leitenden Angestellten in das Programm einbezogen werden sollen, hat der Sprecherausschuss Informations- und Beratungsrechte.[168] Gänzlich ohne Beteiligungsrechte der Arbeitnehmergremien sind dagegen alle Maßnahmen, die ausschließlich Organmitglieder (Vorstände, Geschäftsführer) betreffen.

78 Das **Mitbestimmungsrecht** des Betriebsrats für nicht-leitende Angestellte ist jedoch **eingeschränkt**, da es sich bei Zuwendungen aus einem Mitarbeiterbeteiligungsprogramm um freiwillige Leistungen des Arbeitgebers handelt.[169] Bei freiwilligen Leistungen des Arbeitgebers besteht **keine Mitbestimmung** zu den Fragen, ob und wann der Arbeitgeber solche Leistungen einführt, in welchem Umfang er hierfür Mittel bereitstellt, welchen Zweck die Leistung haben soll, welcher Arbeitnehmerkreis die Leistungen erhalten soll und ob er die Leistungen widerrufen kann. Insbesondere besteht kein Mitbestimmungsrecht bei der Entscheidung, für welche Arbeitnehmerkreise das Programm eingeführt wird, für die Regelungen, aus denen sich der Vermögensvorteil des Mitarbeiter ergibt (bei Aktienkaufprogrammen insbesondere die Höhe des Abschlages auf den Börsenkurs, bei Optionsprogrammen der Optionspreis, der Ausübungskurs etc.), für die Regelungen, die die zeitlichen Bedingungen festlegen (wie zB Beginn des Programms, Wartefristen, Ausübungszeiträume, etc.) sowie für die Regelungen, die die Bedingungen der Gewährung und ggf. der Ausübung bestimmen (zB Erfolgsziele, Vergleichsindex etc.), sowie für die Art und Form der gesellschaftsrechtlichen Durchführung.[170] Das schließt auch ein, dass die Regelungen, die ein eventueller Hauptversammlungsbeschluss festlegt, nicht von dem Mitbestimmungsrecht betroffen sind. Der Betriebsrat ist lediglich

---

[164] Vgl. Richardi/*Richardi* BetrVG § 88 Rn. 29; *Fitting* BetrVG § 88 Rn. 25.
[165] Vgl. *Kau/Kukat* BB 1999, 2505 (2506).
[166] Vgl. BAG 1 ABR 48/77, BAGE 32, 350 wonach eine betriebliche Lohngestaltung der AT-Angestellten regelnde Betriebsvereinbarung weder an § 87 Abs. 1 Eingangssatz BetrVG noch an § 77 Abs. 3 BetrVG scheitert.
[167] *Harrer/Tepass/Lenzen* Rn. 436 ff.; ausführlich *Kau/Kukat* BB 1999, 2505; *Fitting* BetrVG § 87 Rn. 413 ff., 434.
[168] *Harrer/Tepass/Lenzen* Rn. 450 ff.
[169] *Harrer/Tepass/Lenzen* Rn. 441 ff.
[170] *Harrer/Tepass/Lenzen* Rn. 443; *Baeck/Diller* DB 1998, 1405 (1410 f.).

D. Gewährung und arbeitsrechtliche Gesichtspunkte 79–82 § 24

umfassend von dem geplanten Beschluss zu informieren; ihm sind auf Verlangen die erforderlichen Unterlagen zur Verfügung zu stellen.[171]

Mit Ausnahme dieser mitbestimmungsfreien Gestaltungselemente unterliegen die anderen Regelungen einer Mitarbeiterbeteiligung oder einer unternehmenswertabhängigen Vergütung der Mitbestimmung durch den Betriebsrat. Der Betriebsrat kann seine **Rechte** äußerstenfalls im Wege einer **einstweiligen Verfügung** gegen die Einführung des Programms durchsetzen, wenn der Arbeitgeber versucht, ein Programm ohne seine Zustimmung einzuführen. Die Zustimmung des Betriebsrats ist jedoch im Wesentlichen auf Fragen der Verteilungsgerechtigkeit und Einhaltung des arbeitsrechtlichen Gleichbehandlungsgrundsatzes beschränkt, was auch die Möglichkeit der Erwirkung einer einstweiligen Verfügung gegen den Arbeitgeber einschränkt. 79

Im Gegensatz dazu sind die Rechte des **Sprecherausschusses** für leitende Angestellte bei der Einführung (oder Änderung) solcher Programme auf **Unterrichtungs- und Beratungsrechte** beschränkt.[172] Soweit leitende Angestellte betroffen sind, hat der Arbeitgeber den Sprecherausschuss zu informieren und die vorgesehene Maßnahme mit ihm zu beraten (§ 30 SprAuG). Auch der Sprecherausschuss kann notfalls seine Rechte im Weg der einstweiligen Verfügung durchsetzen. Eine Unterrichtung und Beratung mit dem Sprecherausschuss erfolgt rechtzeitig, wenn seine Bedenken und Anregungen noch berücksichtigt werden können. Das bedeutet bei Programmen, die von der Hauptversammlung beschlossen werden müssen, dass eine Information und Beratung ausreichend vor der Einladung zu der entsprechenden Hauptversammlung erfolgen muss. 80

III. Arbeitsrechtlicher Gleichbehandlungsgrundsatz und Allgemeines Gleichbehandlungsgesetz (AGG)

Bei der Gewährung von Mitarbeiterbeteiligungen sind sowohl der allgemeine arbeitsrechtliche Gleichbehandlungsgrundsatz als auch die Regelungen des Allgemeinen Gleichbehandlungsgesetzes (AGG)[173] zu beachten. Der allgemeine arbeitsrechtliche Gleichbehandlungsgrundsatz verbietet die willkürliche (dh ohne sachliche Differenzierung) **Schlechterstellung** einzelner Arbeitnehmer und **sachfremde Gruppenbildung**.[174] Die Regelungen des AGG gehen darüber hinaus, in dem sie eine Ungleichbehandlung nur insoweit zulassen, soweit eine gesetzliche Ausnahme von dem Gebot der Gleichbehandlung besteht.[175] 81

Nach dem allgemeinen **arbeitsrechtlichen Gleichbehandlungsgrundsatz** bedarf die Bildung der im Rahmen von Mitarbeiterbeteiligungsprogrammen bezugsberechtigten Gruppen im Hinblick auf die von der Begünstigung ausgeschlossenen Mitarbeiter einer sachlichen Rechtfertigung. Darüber hinaus erfordert auch eine Differenzierung innerhalb eines Programms, etwa wenn an verschiedene 82

---

[171] Harrer/*Tepass/Lenzen* Rn. 446.
[172] Harrer/*Tepass/Lenzen* Rn. 450.
[173] Das Allgemeine Gleichbehandlungsgesetz ist am 18.8.2006 in Kraft getreten (BGBl. 2006 I 1897) und dient der Umsetzung der europäischen Richtlinien 2000/43/EG v. 29.6.2000 (ABl. EG Nr. L 180, 22), 2000/78/EG v. 27.11.2000 (ABl. EG Nr. L 303, 16) und der RL 76/207/EWG idF der RL 2002/73/EG v. 23.9.2002 (ABl. EG Nr. L 269, 15) sowie der RL 2004/113/EG v. 13.12.2004 (ABl. EU Nr. L 373 S. 37).
[174] Küttner Personalbuch 2018/*Kania* „Gleichbehandlung" Rn. 4; Harrer/*Tepass/Lenzen* Rn. 427.
[175] Küttner Personalbuch 2018/*Kania* „Diskriminierung" Rn. 69.

Janssen 1793

Mitarbeiterkreise unterschiedliche Beteiligungsinstrumente begeben werden, eine sachliche Rechtfertigung. Unproblematisch ist grundsätzlich eine Differenzierung nach unterschiedlichen **Hierarchieebenen**;[176] auch eine Differenzierung nach Geschäftsbereichen[177] oder eine Gestaltung, bei der die individuelle Leistung des Mitarbeiters berücksichtigt wird, kann zulässig sein. Der generelle Ausschluss von **Teilzeitbeschäftigten** ist hingegen unzulässig.[178]

83 Das **Allgemeine Gleichbehandlungsgesetz** verbietet grundsätzlich die Benachteiligung von Arbeitnehmern aufgrund Rasse, ethnischer Herkunft, Geschlecht, Religion und Weltanschauung, Behinderung, Alter sowie sexueller Identität. Jedoch kann eine Ungleichbehandlung in bestimmten Fällen zulässig sein (§§ 5, 8, 9, 10 AGG). Eine Ungleichbehandlung kann ua zulässig sein, um durch geeignete und angemessene Maßnahmen bestehende Nachteile zu verhindern oder auszugleichen (§ 5 AGG) oder wenn der Grund für die Benachteiligung wegen der Art der auszuübenden Tätigkeit oder der Bedingungen ihrer Ausübung eine wesentliche und entscheidende berufliche Anforderung darstellt (§ 8 AGG). Eine unterschiedliche Behandlung wegen des Alters kann zulässig sein, wenn sie objektiv und angemessen und durch ein legitimes Ziel gerechtfertigt ist (§ 10 AGG). Jedoch ist das Alter für die Begründung einer Ungleichbehandlung im Hinblick auf die Vergütung untauglich.[179] Das Kriterium „**Berufserfahrung**" kann als Rechtfertigung für eine Ungleichbehandlung dienen, wenn damit die berufliche Qualifikation honoriert werden soll.[180] Ebenso kann die **Beschäftigungsdauer** eine Ungleichbehandlung rechtfertigen, wenn damit die Betriebstreue belohnt werden soll.[181]

IV. Betriebliche Übung und Pensionsberechtigung

84 Bei der wiederholt vorbehaltlosen Gewährung von Vergünstigungen aus einem Programm zur Mitarbeiterbeteiligung oder zur unternehmenswertabhängigen Vergütung besteht das Risiko der Begründung einer betrieblichen Übung. Das hätte zur Folge, dass begünstigte Arbeitnehmer auch nach Ablauf eines Mitarbeiterbeteiligungsprogramms zB Anspruch auf dessen Fortsetzung haben könnten. Um diese Rechtsfolge zu vermeiden, empfiehlt es sich, klar herauszustellen, dass die Gewährung auf **freiwilliger Basis** erfolgt und auch bei wiederholter Gewährung **kein Rechtsanspruch** auf die Vergünstigung entstehen soll. Eine Verpflichtung der Gesellschaft für die Zukunft muss ausdrücklich ausgeschlossen werden.[182] Durch den Vorbehalt der Freiwilligkeit[183] kann verhindert werden, dass bei wiederholter Auflegung eine dauerhafte Verpflichtung des Unternehmens entsteht, derartige Vergünstigungen zu gewähren bzw. Programme aufzulegen.

85 Ebenso sollte bei der Gewährung klargestellt werden, dass diese Vergünstigungen nicht als Vergütung für Zwecke der **Berechnung der Altersversorgung** gelten.

---

[176] Harrer/*Tepass/Lenzen* Rn. 428.
[177] Harrer/*Tepass/Lenzen* Rn. 429.
[178] Küttner Personalbuch 2018/*Kania* „Gleichbehandlung" Rn. 10; Harrer/*Tepass/Lenzen* Rn. 430.
[179] Küttner Personalbuch 2018/*Kania* „Diskriminierung" Rn. 92.
[180] Küttner Personalbuch 2018/*Kania* „Diskriminierung" Rn. 92.
[181] Küttner Personalbuch 2018/*Kania* „Diskriminierung" Rn. 92.
[182] Zur Rechtsprechung des BAG vgl. *Baeck/Diller* DB 1998, 1405 (1407).
[183] Siehe *Kau/Leverenz* BB 1998, 2269 (2273).

D. Gewährung und arbeitsrechtliche Gesichtspunkte   86–88   § 24

Anderenfalls besteht das Risiko, dass die Vergünstigungen aus dem Mitarbeiterbeteiligungsprogramm bei der Höhe von Pensionsansprüchen zu berücksichtigen sind.

V. Bindungs- und Verfallsklauseln

Zentrale Regelungen eines Mitarbeiterbeteiligungsprogramms sind die Verfalls-, Bindungsklauseln und Haltefristen (Lock-Up).[184] Durch sie soll der langfristige erfolgsbezogene Charakter des jeweiligen Programms begründet und gesichert werden. **86**

Die Gestaltung in der Praxis ist vielfältig; typisch ist zB eine Regelung, wonach die Bezugsrechte unter bestimmten Umständen verfallen, insbesondere wenn das Arbeitsverhältnis des Begünstigten endet. Die Frage, ob und in welchem Umfang solche Verfallsklauseln zulässig sind, ist noch nicht abschließend geklärt. Hinsichtlich Aktienoptionen nahm das BAG[185] zuletzt an, dass Aktienoptionsrechte grundsätzlich an das Bestehen eines Arbeitsverhältnisses gebunden werden können und die für bestimmte Sonderzahlungen, insbesondere Gratifikationen, entwickelten Rechtsgrundsätze bezüglich der Zulässigkeit von Bindungsfristen und Verfallklauseln nicht uneingeschränkt auf Aktienoptionen übertragen werden können, da der Arbeitnehmer stets mit dem Verlust der Werthaltigkeit seiner Optionsrechte rechnen müsse. Es könne somit ein schutzwürdiges Vertrauen auf den Fortbestand dieses Vermögenswertes nur sehr eingeschränkt entstehen, weshalb eine Anbindung der Befugnis zur Ausübung der Bezugsrechte an das Bestehen eines ungekündigten Arbeitsverhältnisses dem Arbeitnehmer eher zuzumuten sei als bei Sonderleistungen ohne oder mit geringerem spekulativen Charakter. Vergleichbare Rechtsprechung zu Vergünstigungen – ohne oder mit geringerem spekulativen Charakter – liegt jedoch noch nicht vor, weshalb die derzeitige Rechtsprechung[186] zu Sonderzahlungen berücksichtigt werden sollte. Hiernach kann eine Sonderzahlung, die jedenfalls auch Vergütung für bereits erbrachte Arbeitsleistung darstellt, nicht vom ungekündigten Bestand des Arbeitsverhältnisses zu einem Zeitpunkt außerhalb des Bezugszeitraums der Sonderzahlung abhängig gemacht werden. Bei Anwendung dieser Grundsätze kann angenommen werden, dass Verfallsklauseln, die einzig an die Kündigung des Arbeitsverhältnisses anknüpfen und den kompletten Verfall vorsehen (dh keine Pro-rata-Leistung), für Vergünstigungen, die (auch) die Erreichung individueller oder unternehmensbezogener Ziele voraussetzen, als nicht wirksam erachtet werden. Vergünstigungen, die jedoch ausschließlich die Betriebstreue belohnen, dürften auch weiterhin dieses Ziel durch Verfallsklauseln sichern. **87**

Nach der wohl herrschenden Auffassung sollen für Aktienoptionen Verfallsfristen von **bis zu fünf Jahren** in Anlehnung an § 624 BGB zulässig sein.[187] Eine Regelung, wonach bei Ausscheiden eines Mitarbeiters diejenigen Bezugsrechte verfallen, für die die jeweilige Wartefrist, die bis zu fünf Jahre betragen kann, noch **88**

---

[184] Vgl. *Baeck/Diller* DB 1998, 1405 (1407 f.); *Legerlotz/Laber* DStR 1999, 1658 (1663 f.).
[185] BAG 10 AZR 351, NZA 2008, 1066.
[186] Vor allem BAG 10 AZR 612/10, NZA 2012, 561; vgl. auch BAG 10 AZR 667/10, NZA 2012, 620.
[187] *Baeck/Diller* DB 1998, 1405 (1408); *Pulz* BB 2004, 1107 (1112); so tendenziell auch BAG 10 AZR 351/07, AG 2008, 632; kritisch Harrer/*Tepass/Lenzen* Rn. 459; ohne nähere Begründung erachtet MHdB ArbR I/*Krause* § 61 Rn. 12 fünf Jahre jedenfalls bezüglich vorformulierter Regelungen als zu weitgehend.

Janssen   1795

nicht abgelaufen ist, dürfte ebenfalls zulässig sein.[188] Problematisch sind hingegen Regelungen, wonach Bezugsrechte verfallen, für die die Wartefrist für die erstmalige Ausübung bereits abgelaufen ist, auch wenn das vor Ablauf der 5-Jahres-Frist geschehen sollte.[189] Dieser Regelung kann entgegengehalten werden, dass der betroffene Arbeitnehmer den Vermögensvorteil bereits erdient hat und in dem Verfall ein unzulässiger rückwirkender Eingriff in seine Vermögensposition besteht. Vergleichbares gilt für Programmgestaltungen, bei denen ein bereits erdienter Bonus nachträglich in eine andere Incentive-Form umgewandelt werden soll, zB im Falle der einseitigen Umwandlung eines vertraglich zu gewährenden Geldbonus oder einer Sonderzahlung in Restricted Shares.[190]

89 Auch die teilweise in den Verfallsregelungen häufig erwünschte Unterscheidung zwischen den verschiedenen **Gründen für eine Beendigung** des Beschäftigungsverhältnisses (Eigenkündigung, ordentliche Kündigung durch den Arbeitgeber, außerordentliche Kündigung) wirft arbeitsrechtliche Probleme und Unsicherheiten auf.[191]

90 Üblich und nicht zu beanstanden sollten Regelungen sein, die vorsehen, dass Vergünstigungen, die nach einer Beendigung des Beschäftigungsverhältnisses unberührt bestehen bleiben, innerhalb einer bestimmten – nicht unzumutbar kurzen – Frist – auszuüben sind. So kann zB geregelt werden, dass Optionen innerhalb des nächsten, auf die Beendigung folgenden Ausübungsfensters auszuüben sind oder anderenfalls verfallen.

90a Branchenabhängig treten zu den arbeitsrechtlichen Schranken bei Bindungs- und Verfallsklauseln zudem noch regulatorische Anforderungen,[192] die es bei der Ausgestaltung von Vergünstigungen zu berücksichtigen gilt.

VI. Betriebsübergang, § 613a BGB

91 Ob und wenn ja, in welcher Form, die Rechte und Pflichten aus gewährten Vergünstigungen im Rahmen eines Betriebsübergangs nach § 613a BGB zusammen mit dem Beschäftigungsverhältnis auf den Erwerber übergehen oder der bisherige Betriebsträger weiterhin in der Verantwortung bleibt, ist abhängig vom gewährenden Rechtsträger (Gewährung unmittelbar durch den bisherigen Betriebsträger oder durch eine andere Konzerngesellschaft), von der Art der Vergünstigung und der Form der Gewährung sowie den konkreten Bestimmungen der Anspruchsgrundlage.

92 Nach einer Entscheidung des BAG[193] aus dem Jahr 2003 werden von dem Betriebsübergang nur solche Rechte und Pflichten erfasst, die gegenüber dem bisherigen Unternehmensträger bestehen.[194] Wurde die Vergünstigung daher von einer anderen Konzerngesellschaft – meist von der Konzernmutter – gewährt, verbleibt

---

[188] Harrer/Tepass/Lenzen Rn. 459.
[189] Harrer/Tepass/Lenzen Rn. 459.
[190] Siehe Rn. 58.
[191] Bei Aktienoptionen hält das BAG das Erfordernis einer Differenzierung nach Verantwortungsbereichen im Falle der Beendigung des Arbeitsverhältnisses unabhängig davon, ob das Arbeitsverhältnis vor oder erst nach Ablauf der Wartezeit endet, nicht für interessensgerecht, vgl. BAG 10 AZR 351/07, AG 2008, 632.
[192] Vor allem Institutsvergütungsverordnung Versicherungs-Vergütungsverordnung.
[193] BAG 10 AZR 299/02, NJW 2003, 1755; dazu *Willemsen/Müller-Bonanni* ZIP 2003, 1177.
[194] BAG 10 AZR 299/02, NJW 2003, 1755 (1757).

E. Kapitalmarktrechtliche Erwägungen

die Verpflichtung aus der gewährten Vergünstigung regelmäßig bei dieser bestehen und geht nicht im Rahmen eines Betriebsübergangs auf den neuen Betriebsinhaber über.

Wurde die Vergünstigung unmittelbar durch den Betriebsträger gewährt und gehen Rechte und Pflichten als Teil des Arbeitsverhältnisses auf den Erwerber über, kann dies zu verschiedensten Problemstellungen führen. Ist dem Erwerber zB die Gewährung der Vergünstigung subjektiv unmöglich, ist eine Vertragsanpassung anzudenken, die den Arbeitnehmer wirtschaftlich so stellt, wie er ohne Betriebsübergang stünde.[195]

Für die Praxis bedeutet das, dass die Behandlung von Vergünstigungen aus einem Mitarbeiterbeteiligungsprogramm oder einem Programm zur erfolgsabhängigen Vergütung für den Fall eines Betriebsübergangs ausdrücklich in den Regeln des Programms festgelegt werden sollten und zwar unabhängig davon, ob die Vergünstigung von dem Betriebsträger oder einer anderen Konzerngesellschaft gewährt wurde. So bieten sich zB für Aktienoptionen **Verfallsklauseln** an, die – soweit sie nur die verfallbaren Vergünstigungen betreffen – unbedenklich sind. Für bereits unverfallbar gewordene Aktienoptionen bieten sich Abwicklungsregelungen mit einer befristeten Ausübungsmöglichkeit an.

E. Kapitalmarktrechtliche Erwägungen

Bei der Beteiligung von Mitarbeitern, Mitgliedern des Vorstands sowie Mitglieder der Geschäftsleitungen an der Gesellschaft sind eine Reihe von kapitalmarktrechtlichen Regelungen zu beachten; neben dem Verbot von **Insidergeschäften** (Art. 14 Marktmissbrauchsverordnung, MMVO)[196] und der Meldepflicht von Eigengeschäften von Führungskräften (Art. 19 MMVO)[197] sind auch die sich aus dem **Wertpapierprospektgesetzes** (WpG) und dem **Vermögensanlagengesetz** (VermAnlG) ergebenden Beschränkungen zu beachten.

I. Wertpapierprospektgesetz/Vermögensanlagengesetz

Werden Mitarbeitern und/oder Organmitgliedern von der Gesellschaft **Wertpapiere** zum Erwerb angeboten, fällt ein solches Angebot grundsätzlich unter die Regelungen des Wertpapierprospektgesetzes. Ein **Angebot unverbriefter Beteiligungen** fällt grundsätzlich unter die Regelungen des Vermögensanlagengesetzes.

1. Öffentliches Angebot von Wertpapieren

Gemäß § 3 Abs. 1 WpG muss ein Anbieter für Wertpapiere, die öffentlich angeboten werden, einen **Prospekt** veröffentlichen, soweit keine Ausnahme von der Prospektpflicht in Anspruch genommen werden kann. Dabei ist auch ein Angebot, dass sich lediglich an Arbeitnehmer, also an einen an sich begrenzten Personenkreis richtet, vor dem Hintergrund der weiten Definition des Begriffs „öffentliches An-

---

[195] *Bachner/Köstler/Matthießen/Trittin* Arbeitsrecht bei der Unternehmensumwandlung und Betriebsübergang, 4. Aufl. 2012, Rn. 147 ff.
[196] Verordnung (EU) Nr. 596/2014 des Europäischen Parlaments und des Rates vom 16.4.2014; s. Rn. 127.
[197] S. Rn. 122.

gebot" in § 2 Nr. 4 WpPG und der in § 4 Abs. 1 Nr. 5 WpPG enthaltenen Ausnahme von der Prospektpflicht grundsätzlich als ein öffentliches Angebot anzusehen.

98 Vor seiner Veröffentlichung muss ein Prospekt nach § 13 Abs. 1 WpPG von der Bundesanstalt für Finanzdienstleitungsaufsicht (BaFin) gebilligt werden.

99 Nach §§ 21 Abs. 1, 22 WpPG haften diejenigen, die für den Inhalt des Prospekts und dessen Zusammenfassung die **Verantwortung** übernommen haben oder von denen der Erlass des Prospekts ausgeht – zumeist also der Emittent und die begleitenden Banken – dafür, dass die für die Beurteilung der Wertpapiere wesentlichen Angaben richtig und vollständig in dem Prospekt dargestellt sind.[198]

100 Im Zusammenhang mit der Einführung einer Mitarbeiterbeteiligung stellt sich für die Gesellschaft wegen des mit einem Prospekt verbundenen finanziellen und sachlichen Aufwands die Frage, wie eine Prospektpflicht vermieden werden kann. Die Erstellung und Veröffentlichung eines Prospekts nach dem WpPG kann vermieden werden, wenn (i) die angebotenen Beteiligungsinstrumente keine Wertpapiere darstellen[199] oder (ii) eine der im WpPG enthaltenen **Ausnahmen von der Prospektpflicht** Anwendung finden kann.

101 Im Hinblick auf die Konsequenzen im Falle der Durchführung eines prospektpflichtigen Angebots ohne Prospekt,[200] ist im Einzelfall sorgfältig zu prüfen, ob das WpPG anwendbar ist und ob Ausnahmen von der Prospektpflicht tatsächlich einschlägig sind.

a) Wertpapierqualität von Mitarbeiterbeteiligungen

102 Wertpapiere iSd WpPG sind nach der Definition des WpPG übertragbare Wertpapiere, die an einem Markt gehandelt werden können (§ 2 Nr. 1 WpPG).[201] Darunter fallen zunächst **Aktien** (§ 2 Nr. 1a WpPG), aber je nach Ausgestaltung auch **Bezugsrechte auf Aktien** (Optionen), die zwar nicht explizit aufgeführt sind, aber unter die sonstigen Wertpapiere iSv § 2 Nr. 1c WpPG fallen. Entscheidend für das Vorliegen eines Wertpapiers iSd WpPG ist nicht die Verbriefung der Rechte, sondern deren **Fungibilität**.[202] Instrumente, die nur durch Abtretung des Rechts übertragen werden können, fallen folglich nicht unter den Wertpapierbegriff des WpPG. Hierzu gehören Papiere wie zum Beispiel Namensschuldverschreibungen oder Schuldscheindarlehen.[203]

103 Beteiligungsinstrumente, die auf vertragliche Weise dem jeweiligen Begünstigten bestimmte Rechte gewähren und die im Kontext von Mitarbeiterbeteiligungsprogrammen in der Regel als nicht übertragbar ausgestaltet sind, qualifizieren

---

[198] Vgl. *Groß* WpPG § 21 Rn. 30 ff., 39 ff.

[199] In diesem Fall wäre bereits der Anwendungsbereich des WpPG nicht eröffnet, wobei dann aber ggf. das Vermögensanlagengesetz Anwendung finden kann; s. Rn. 117 ff.

[200] § 24 WpPG; vgl. *Groß* WpPG § 24 Rn. 4 ff.

[201] Diese Definition geht zurück auf die in der EU-Richtlinie 93/22/EWG vom 10.5.1993 enthaltene Definition: „Transferable securities shall mean: (i) shares in companies and other securities equivalent to shares in companies, (ii) bonds and other forms of securitized debt which are negotiable on the capital market and any other securities normally dealt in giving the right to acquire any such transferable securities by subscription or exchange or giving rise to a cash settlement excluding instruments of payment."

[202] Regierungsbegründung zum Prospektrichtlinie-Umsetzungsgesetz vom 3.3.2005, BT-Drs. 15/4999, 28; s. a. *Kollmorgen/Feldhaus* BB 2007, 225 (225); *Giedinghagen* BKR 2007, 233 (234) und *Groß* WpPG § 2 Rn. 3.

[203] Regierungsbegründung zum Prospektrichtlinie-Umsetzungsgesetz vom 3.3.2005, BT-Drs. 15/4999, 28.

sich mangels Fungibilität ebenfalls nicht als Wertpapiere.²⁰⁴ Folglich liegt in dem **Angebot von Aktienoptionen** und anderer **vertraglich gestalteter Beteiligungsinstrumente** kein öffentliches Angebot von Wertpapieren iSd WpPG, da es an der Wertpapierqualität der angebotenen Instrumente fehlt. Die BaFin hat die von ihr früher vertretene Auffassung, dass in der konkreten Möglichkeit, solche Beteiligungsinstrumente auszuüben, ein öffentliches Angebot iSv § 3 Abs. 1 WpPG der zugrunde liegenden Aktien liegen kann, mittlerweile aufgegeben.²⁰⁵

b) Ausnahmen von der Prospektpflicht

aa) Angebote an Arbeitnehmer – § 4 Abs. 1 Nr. 5 WpPG. Ein öffentliches Angebot von Wertpapieren ist nach § 4 Abs. 1 Nr. 5 WpPG von der Prospektpflicht befreit, wenn die Wertpapiere ausschließlich derzeitigen oder ehemaligen Mitgliedern von Geschäftsführungsorganen oder Arbeitnehmern von ihrem Arbeitgeber oder einem anderen mit ihm verbundenen Unternehmen iSd § 15 AktG angeboten werden, sofern ein **Dokument** zur Verfügung gestellt wird, das über die Anzahl und die Art der Wertpapiere informiert und in dem die Gründe und die Einzelheiten zu dem Angebot dargelegt werden, und (a) der Emittent seine Hauptverwaltung oder seinen Sitz in einem Staat des Europäischen Wirtschaftsraumes hat, (b) Wertpapiere des Emittenten bereits an einem organisierten Markt zugelassen sind oder (c) Wertpapiere des Emittenten bereits an dem Markt eines Drittlandes zugelassen sind, die Europäische Kommission für diesen Markt einen Beschluss über die Gleichwertigkeit erlassen hat und ausreichend Informationen einschließlich des genannten Dokuments in einer in der internationalen Finanzwelt üblichen Sprache vorliegen.

Das für die Inanspruchnahme dieser Prospektausnahme zu erstellende Dokument unterliegt anders als ein Prospekt iSd WpPG **keiner Prüfung und Billigung durch die BaFin.** Der Ersteller des Dokuments dürfte jedoch hinsichtlich der Richtigkeit und Vollständigkeit der allgemeinen zivilrechtlichen Prospekthaftung²⁰⁶ unterliegen.²⁰⁷

Nach der durch das Gesetz zur Umsetzung der Richtlinie 2010/73 (EU-Prospektrichtlinie) und zur Änderung des Börsengesetzes vom 26.6.2012²⁰⁸ erweiterten Prospektausnahme in § 4 Abs. 1 Nr. 5 WpPG gilt die Ausnahme nicht nur für Gesellschaften, deren Wertpapiere bereits zum Handel an einem **organisierten Markt**

---

²⁰⁴ *Groß* WpPG § 2 Rn. 3; s. a. MHdB GesR IV/*Scholz* § 58 Rn. 102.
²⁰⁵ Vgl. ESMA, Questions and Answers – Prospectuses, 22ⁿᵈ updated version, question 5.
²⁰⁶ Unter der allgemeinen zivilrechtlichen Prospekthaftung wird eine Haftung für solche Angebotsdokumente verstanden, die keine Prospekte iSd WpPG oder des Vermögensanlagengesetzes darstellen. Der wesentliche Unterschied zwischen der Prospekthaftung nach §§ 21 ff. WpPG und der allgemeinen zivilrechtlichen Prospekthaftung ist der Haftungsmaßstab: Während bei der börsenrechtlichen Prospekthaftung die Prospektverantwortlichen nur für eine grob fahrlässige Unrichtigkeit oder Unvollständigkeit haften, haften sie bei der zivilrechtlichen Prospekthaftung bereits für leichte Fahrlässigkeit. Außerdem ist der Haftungsumfang der allgemeinen zivilrechtlichen Prospekthaftung weiter, da alle nach §§ 249 ff. BGB ersetzbaren Schäden, und damit insbesondere auch entgangener Gewinn nach § 252 BGB, erfasst werden; s. zur zivilrechtlichen Prospekthaftung *Haman* in Schäfer/Hamann, KMG BörsG §§ 44, 45, Rn. 42 ff.; *Groß* WpPG § 25 Rn. 5 ff.
²⁰⁷ Die allgemeine zivilrechtliche Prospekthaftung kommt in Betracht, wenn ein Angebot von Wertpapieren ausnahmsweise nicht der Prospektpflicht des WpPG unterliegt; siehe *Einsele* Bank- und Kapitalmarktrecht, 3. Auflage 2014, S. 429; *Groß* WpPG § 25 Rn. 4.
²⁰⁸ BGBl. 2012 I 1375.

gemäß § 2 Nr. 16 WpPG in der Europäischen Union zugelassen sind,[209] sondern auch für Gesellschaften, die ihren Sitz oder ihre Hauptverwaltung in einem Staat des Europäischen Wirtschaftsraums haben, oder deren Wertpapiere an einem von der Europäischen Kommission als gleichwertig anerkannten Markt zugelassen sind. Die Ausnahme von der Prospektpflicht ist – vorbehaltlich entsprechender Anerkennungsbeschlüsse der Europäischen Kommission – nicht einschlägig, wenn den Mitarbeitern deutscher Tochtergesellschaften Wertpapiere einer Muttergesellschaft mit Sitz oder Hauptverwaltung außerhalb des Europäischen Wirtschaftsraums angeboten werden, deren Wertpapiere nicht in der Europäischen Union bzw. im Europäischen Wirtschaftsraum zum Handel an einem organisierten Markt zugelassen sind.[210]

109 *einstweilen frei*

110 bb) **Begrenzter Personenkreis – § 3 Abs. 2 Nr. 2 WpPG.** Richtet sich das öffentliche Angebot zum Erwerb von Wertpapieren an **weniger als 150 nicht qualifizierte Anleger**, besteht ebenfalls keine Pflicht zur Veröffentlichung eines Prospektes. Wichtig ist dabei, dass sich diese Grenze nicht auf das Gesamtvolumen des Angebots bezieht, sondern auf die **Anzahl der Betroffenen je EU-Mitgliedstaat**.[211]

111 Die Ausnahme des § 3 Abs. 2 Nr. 2 WpPG steht andererseits schon dann insgesamt nicht mehr zur Verfügung, wenn sich das öffentliche Angebot in einem einzigen EU-Mitgliedstaat an 150 oder mehr nicht qualifizierte Anleger richtet.[212]

112 cc) **Geringer Umfang – § 3 Abs. 2 Nr. 5 WpPG.** Beträgt der Verkaufspreis für alle in Deutschland öffentlich angebotenen Wertpapiere zusammen weniger als 100.000 EUR, besteht für dieses Angebot ebenfalls keine Prospektpflicht. Die **Wertgrenze von 100.000 EUR** ist für einen Zeitraum von 12 Monaten zu berechnen.

113 Eine in der Praxis häufiger anzutreffende Konstellation (insbesondere bei Restricted Stock Units[213] oder Restricted Stocks) ist, dass Mitarbeitern ein Bonus in bestimmter Höhe eingeräumt wird, der jedoch nicht in Form von Geld, sondern in Aktien zur Auszahlung gelangen soll. Ob dieser **Bonus bei der Berechnung** der 100.000-Euro-Wertgrenze zu berücksichtigen ist hängt davon ab, ob auf Seiten des Mitarbeiters ein Wahlrecht besteht, den Bonus in bar oder als Aktien zu erhalten.[214] Besteht ein solches **Wahlrecht des Mitarbeiters**, wäre der Bonus als Verkaufspreis auf die 100.000-Euro-Wertgrenze anzurechnen. Dieser Verzicht

---

[209] Eine Einbeziehung von Wertpapieren in den Freiverkehr genügt nicht, da es sich hierbei nicht um einen organisierten Markt handelt; s. *Harrer/Müller* WM 2006, 653 (653); *Schlitt/ Schäfer* AG 2006, 147 (147); *Giedinghagen* BKR 2007, 233 (235); *Leuering* Der Konzern 2006, 4 (7 f.); *Groß* WpPG § 2 Rn. 35.

[210] *Apfelbacher/Metzner* BKR 2006, 81 (83); *Leuering* Der Konzern 2006, 4 (9) und *Pfeiffer/ Buchinger* NZG 2006, 449 (450); aA offenbar *Giedinghagen* BKR 2007, 233 (237).

[211] Vgl. auch *Giedinghagen* BKR 2007, 233 (236) und *Kollmorgen/Feldhaus* BB 2007, 2756 (2758).

[212] Unklar ist allerdings, ob der Ausnahmetatbestand des § 3 Abs. 2 Nr. 2 WpPG insgesamt nicht mehr beansprucht werden kann, wenn beispielsweise in einem einzigen EU-Mitgliedstaat 100 oder mehr Personen betroffen sind, dort jedoch aus anderen Gründen ein Prospekt nicht erforderlich ist; aus dogmatischen Gründen gegen eine Prospektpflicht: *Kollmorgen/ Feldhaus* BB 2007, 225 (227 f.).

[213] Siehe Rn. 69.

[214] *Röder/Göpfert* BB 2001, 2002 (2006) weisen darauf hin, dass ohne eine entsprechende ausdrückliche arbeitsvertragliche Vereinbarung nicht davon ausgegangen werden kann, dass die Gewährung von Aktienoptionen nur erfüllungshalber an Stelle einer sonst zugesagten höheren Festvergütung oder Tantieme vereinbart wurde.

E. Kapitalmarktrechtliche Erwägungen   114–120 § 24

auf die Barauszahlung des Bonus entspricht einer versteckten Gegenleistung (sog. „hidden consideration") für die gewährten Aktien.²¹⁵

Dient jedoch der betragsmäßig festgelegte Bonus lediglich zur Berechnung der zu gewährenden Aktienzahl und ist der Bonus als freiwillige Leistung des Arbeitgebers **ohne Wahlrecht des Mitarbeiters** gewährt, findet eine Anrechnung auf die 100.000-Euro-Wertgrenze nicht statt.²¹⁶   114

dd) Bereits zugelassene Aktien – § 1 Abs. 2 Nr. 4 WpPG. Soweit Aktien der Gesellschaften bereits zum Handel an einem organisierten Markt²¹⁷ zugelassen sind, sieht § 1 Abs. 2 Nr. 4 WpPG eine **Freigrenze von 5 Mio. EUR** vor, unterhalb derer das WpPG für öffentliche Angebote von Wertpapieren innerhalb eines Zeitraums von 12 Monaten keine Anwendung findet.²¹⁸   115

Daneben bestehen weitere Ausnahmen von der Prospektpflicht, die jedoch im Hinblick auf die Gewährung von Mitarbeiterbeteiligungen von untergeordneter Bedeutung sind.²¹⁹   116

2. Angebote von sonstigen, unverbrieften Beteiligungen

Beteiligungsinstrumente, die keine Wertpapiere darstellen, können allerdings Vermögensanlagen iSd Vermögensanlagengesetzes (VermAnlG) sein, deren öffentliches Angebot im Inland den Regelungen des VermAnlG unterliegt. Vermögensanlagen sind nach § 1 Abs. 2 VermAnlG nicht in Wertpapieren iSd WpPG verbriefte und nicht als Anteile an Investmentvermögen iSd Kapitalanlagegesetzbuches (KAGB) ausgestaltete Anteile, die eine Beteiligung am Ergebnis eines Unternehmens gewähren – darunter fallen unter anderem Anteile an **Personenhandelsgesellschaften**, **GmbH-Geschäftsanteile**, Anteile an **BGB-Gesellschaften**, **Genossenschaftsanteile**, **stille Beteiligungen**, Beteiligungen an ausländischen Unternehmen, Anteile an **Treuhandvermögen, partiarische Darlehen, Nachrangdarlehen, Genussrechte, Namensschuldverschreibungen** und sonstige Anlagen, die einen Anspruch auf Verzinsung und Rückzahlung gewähren oder im Austausch für die zeitweise Überlassung von Geld einen vermögenswerten, auf Barausgleich gerichteten Anspruch vermitteln.   117

einstweilen frei   118, 119

Grundsätzlich besteht nach § 6 VermAnlG die Pflicht zur Veröffentlichung eines Verkaufsprospekts für das öffentliche Angebot von Vermögensanlagen. Jedoch wird das Angebot von Vermögensanlagen, die einem begrenzten Personenkreis oder nur den Arbeitnehmern von ihrem Arbeitgeber oder von einem mit dessen Unternehmen verbundenen Unternehmen angeboten werden, von der Prospektpflicht des VermAnlG befreit (§ 2 Abs. 1 Nr. 6 VermAnlG). Im Gegensatz zu der korrespondierenden Ausnahmevorschrift § 4 Abs. 1 Nr. 5 WpPG stellt § 2 Abs. 1 Nr. 6 Alternati-   120

---

²¹⁵ Ähnlich auch *Kollmorgen/Feldhaus* BB 2007, 225 (227), die jedoch auf den Sinn und Zweck der Mitarbeiterbeteiligung abstellen.
²¹⁶ Siehe ESMA, Questions and Answers – Prospectuses, 22ⁿᵈ updated version, question 6.
²¹⁷ Siehe zur Definition des organisierten Markts § 2 Nr. 16 WpPG.
²¹⁸ Aufgrund der Beschränkung der Ausnahme auf Emittenten, deren Aktien bereits zum Handel an einem organisierten Markt zugelassen sind, geht das WpPG über die Mindestvorgaben der Prospektrichtlinie hinaus. *Giedinghagen* BKR 2007, 233 (235).
²¹⁹ Dies sind beispielsweise Ausnahmen für öffentliche Angebote von Wertpapieren (i) ausschließlich an qualifizierte Anleger (§ 3 Abs. 2 Nr. 1 WpPG), (ii) deren Stückelung mindestens 100.000 EUR beträgt (§ 3 Abs. 2 Nr. 4 WpPG), (iii) die anlässlich einer Übernahme tauschweise angeboten werden (§ 4 Abs. 1 Nr. 2 WpPG) und (iv) die anlässlich einer Verschmelzung angeboten oder zugeteilt werden (§ 4 Abs. 1 Nr. 3 WpPG).

ve 2 VermAnlG jedoch nur Angebote an Arbeitnehmer, **nicht jedoch Angebote an Geschäftsführungsorgane** (insbesondere an Mitglieder des Vorstands und der Geschäftsleitung verbundener Unternehmen) von der Prospektpflicht frei. Allerdings dürfte ein Angebot von sonstigen unverbrieften Beteiligungen ausschließlich an Organmitglieder der Gesellschaft als Angebot an einen begrenzten Personenkreis zu werten sein und gemäß § 2 Abs. 1 Nr. 6 Alternative 1 VermAnlG von der Prospektpflicht befreit sein.[220]

121 Andererseits ist die sachliche Reichweite der Prospektausnahme des § 2 Abs. 1 Nr. 6 VermAnlG weiter als die korrespondierende Ausnahme in § 4 Abs. 1 Nr. 5 WpPG: Für die Anwendbarkeit des § 2 Abs. 1 Nr. 6 VermAnlG ist es nicht erforderlich, dass Wertpapiere der Gesellschaft, deren Beteiligungsinstrumente angeboten werden sollen, zum Handel an einem organisierten Markt in der Europäischen Union (oder einem gleichwertigen Markt eines Drittstaats) zugelassen sind oder der Anbieter/Emittent seinen Sitz oder Hauptverwaltung in einem Staat des Europäischen Wirtschaftsraumes hat. Außerdem besteht nach § 2 Abs. 1 Nr. 6 VermAnlG keine Verpflichtung der Gesellschaft, den von dem Angebot betroffenen Mitarbeitern ein Dokument zur Verfügung stellen, das Informationen über die Anzahl und die Art der Beteiligungsinstrumente enthält und in dem die Gründe und die Einzelheiten zu dem Angebot dargelegt werden.

II. Meldepflichten von Eigengeschäften von Führungskräften, Art. 19 MMVO

122 Im Vergleich zu den bisherigen Regelungen des § 15a WpHG sind die Meldepflichten für Eigengeschäfte von Führungskräften unter der zum 3.7.2017 in Kraft getretenen MMVO deutlich ausgeweitet worden.[221]

123 Nach dem Wortlaut fallen unter die Regelungen des Art. 19 MMVO sämtliche Geschäfte in Aktien der börsennotierten Gesellschaft sowie in hierauf bezogene Finanzinstrumente, also Instrumente, deren Wert sich unmittelbar oder mittelbar[222] aus dem Kurs der Aktie der börsennotierten Gesellschaft ergibt. Die Offenlegungspflichten betreffen dem Wortlaut nach auch Geschäfte in Instrumenten, die im Rahmen virtueller Programme ausgegeben werden, soweit diese ein auf die Aktien der Gesellschaft bezogenes Finanzinstrument darstellen.[223]

124 Von der Meldepflicht nach Art. 19 MMVO wird nicht der Abschluss von Vergütungsabreden mit einer Führungskraft erfasst, aufgrund dessen die Führungskraft lediglich einen auf den Eintritt bestimmter Ereignisse bedingten Anspruch auf die

---

[220] Nach Auffassung von *Keunecke* Prospekte im Kapitalmarkt, S. 304 Rn. 573, Berlin 2009 ist beispielsweise ein Angebot an die Gesellschafter eines Emittenten gemäß § 8f Abs. 2 Nr. 6 VerkProspektG (jetzt § 2 Abs. 1 Nr. 6 VermAnlG) nicht prospektpflichtig. Daraus ließe sich folgern, dass auch Angebote an Organmitglieder der Gesellschaft nicht prospektpflichtig sind.

[221] Zu den Einzelheiten der Meldepflichten im Zusammenhang mit Eigengeschäften von Führungskräften s. § 21 Rn. 81.

[222] Ausgenommen sind Finanzinstrumente, bei denen die Aktien der Gesellschaft einen Einfluss von 20 % nicht übersteigen (Art. 19 Abs. 1a MAR – vgl. Art 56 Abs. 1 der Verordnung (EU) 2016/1011; Frage Nr. 11 der BaFin FAQ zu Eigengeschäften von Führungskräften, 9. Version vom 1.2.2018 (https://www.bafin.de/SharedDocs/Downloads/DE/FAQ/dl_faq_mar_art_19_DD.html).

[223] Siehe zu den von dem Begriff „Finanzinstrument" umfassten Gestaltungen § 21 Rn. 86.

E. Kapitalmarktrechtliche Erwägungen

Lieferung von Aktien hat.[224] Der Meldepflicht unterliegen aber sowohl der Eintritt der Bedingung(en) als auch die tatsächliche Ausübung des Vergütungsinstruments.[225]

In Geld abgerechnete Instrumente, die weder handel- noch abtretbar sind, und die dazu dienen, einen performanceabhängigen Vergütungsanspruch zu berechnen (zB Phantom Stocks, Stock Appreciation Rights, Restricted Stock Units) unterliegen nach der Auffassung der BaFin nicht der Meldepflicht gem. Art. 19 MMVO.[226] Das entspricht der Handhabung der BaFin und der hM zur alten Rechtslage nach § 15a WpHG.[227]

Erstmalig wurden durch die MMVO „geschlossene Zeiträume" eingeführt, in denen für Führungspersonen einem umfassenden Handelsverbot unterliegen.[228] Diese „geschlossenen Zeiträume" gelten für einen Zeitraum von 30 Tagen vor der Veröffentlichung eines gesetzlichen Zwischen- oder Jahresabschluss. Zwar siehe die MMVO Ausnahmen von dem Handelsverbot vor, jedoch sind diese auf wenige Ausnahmen beschränkt,[229] sodass die „geschlossenen Zeiträume" bereits bei der Auflage von Mitarbeiterbeteiligungsprogrammen berücksichtigt werden müssen.

III. Verbot von Insidergeschäften, Art. 14 MMVO[230]

Nach Art. 14 Buchst. a MMVO ist das Tätigen von Insidergeschäften und der Versuch hierzu verboten. Nach Art. 8 Abs. 1 MMVO liegt ein Insidergeschäft vor, wenn eine Person über Insiderinformationen verfügt und unter Nutzung derselben für eigene oder fremde Rechnung direkt oder indirekt Finanzinstrumente, auf die sich die Insiderinformation bezieht, erwirbt oder veräußert. Die Stornierung oder Änderung eines Auftrags in Bezug auf ein Finanzinstrument, auf das sich die Insiderinformation bezieht, gilt dabei auch als ein Insidergeschäft, wenn der Auftrag vor Erlangung der Insiderinformation erteilt wurde.[231] Insofern gehen die Regelungen der MMVO über die bisherigen Regelungen zum Insiderhandel nach §§ 12 ff. WpHG deutlich hinaus, unter denen die Rücknahme einer Order im Besitz von Insiderinformationen mangels Erwerbs- oder Veräußerungstatbestand nicht unter das Verbot des Insiderhandels fiel.

Unter den Begriff „Finanzinstrument" fallen nicht nur die zum Börsenhandel zugelassenen oder einbezogenen Wertpapiere, wie zB Aktien, Schuldverschreibungen, Genussscheine, Optionsscheine und Zeichnungsrechte, sondern auch solche Finanzinstrumente, deren Preis (Wert) unmittelbar oder mittelbar von Finanzinstrumenten abhängt, die an einer Börse zum Handel zugelassen oder in den regulierten Markt oder Freiverkehr einbezogen sind. Folglich fällt eine Vielzahl von Gestaltungen zur Mitarbeiterbeteiligung und zur unternehmenswertabhängigen Vergütung unter die Regelungen zum Verbot von Insiderhandel. Das Verbot des

---

[224] Question 7.5 der ESMA Questions and Answers on the Market Abuse Regulation (ESMA 70-145-111), Version 11 v. 23.3.2018 (https://www.esma.europa.eu/document/qa-market-abuse-regulation).
[225] Art. 10 Abs. 2 Nr. i der Delegierten Verordnung (EU) 2016/522 der Kommission.
[226] Frage Nr. 12 der BaFin FAQ zu Eigengeschäften von Führungskräften, 9. Version v. 1.2.2018 (https://www.bafin.de/SharedDocs/Downloads/DE/FAQ/dl_faq_mar_art_19_DD.html).
[227] Siehe § 21 Rn. 88 aE.
[228] Siehe ausführlich § 21 Rn. 103 ff.
[229] Siehe § 21 Rn. 105.
[230] Siehe zum Ganzen ausführlich § 22 Rn. 6 ff.
[231] Siehe § 22 Rn. 20.

Art. 14 Buchst. a MMVO betrifft zunächst den Erwerb solcher Finanzinstrumente, anschließend deren Ausübung sowie letztlich auch die Veräußerung von Wertpapieren, die in Ausübung solcher Instrumente bezogen worden sind.

129 Ein typischer Fall von Finanzinstrumenten, die ohne eigene Börsennotierung zum Kreis der Insiderpapiere nach Art. 8 Abs. 1 MMVO gehören, sind **Optionen auf Aktien**, somit auch Mitarbeiteroptionen. Für das Insiderhandelsverbot nach §§ 12 ff. WpHG bestand allerdings eine für die Praxis wichtige Ausnahme: Nach Auffassung der BaFin sollen **Wertsteigerungsrechte, Stock Appreciation Rights** und **Phantom Stocks,** die zur Mitarbeiterbeteiligung ausgegeben werden, nicht unter den Begriff der Insiderpapiere fallen, da sie nicht den Finanzinstrumenten zuzurechnen seien.[232] Ob die BaFin diese Auffassung unter dem Insiderhandelsverbot der MMOV weiter aufrechterhält, ist unklar.

130 Zur Vermeidung von Insiderverstößen – was va für Führungskräfte, die regelmäßig im Besitz von Informationen sind, von erheblicher Bedeutung ist – kommen die folgenden Gestaltungsmöglichkeiten in Betracht:

131 Einerseits kann die betroffene Führungskraft die Disposition über die Finanzinstrumente einem Dritten, zB einem **unabhängigen Vermögensverwalter**, überlassen.[233] Zwar umfasst das Insiderverbot auch Geschäfte für fremde Rechnung. Wenn der Vermögensverwalter jedoch eigenständig und weisungsfrei entscheidet und selbst nicht im Besitz von Insiderinformationen ist, besteht kein Grund, die Ausübung der gewährten Finanzinstrumente durch ihn zu untersagen, auch wenn die Führungskraft selbst in Besitz von Insiderinformationen ist. Voraussetzung hierfür ist jedoch, dass von Seiten des Insiders kein Einfluss auf den Vermögensverwalter und dessen Anlageentscheidungen ausgeübt wird.

132 Bei der Plangestaltung besteht andererseits auch die Möglichkeit, dem Begünstigten **insiderrelevante Wahl- bzw. Entscheidungsmöglichkeiten** zu nehmen. Beispielsweise kann die Ausübung der gewährten Finanzinstrumente bereits in den Planbedingungen zur Mitarbeiterbeteiligung verbindlich festgelegt werden, um damit spekulative Elemente so weit wie möglich auszuschließen.[234] Damit kann meist erreicht werden, dass die **automatische Ausübung** der gewährten Finanzinstrumente mangels Dispositionsmöglichkeit des Begünstigten nicht unter Verwendung von Insiderinformationen erfolgt.[235] Jedoch kann sich im Einzelfall die Situation ergeben, dass der begünstige Mitarbeiter bzw. das Organmitglied bereits bei Abschluss der Gewährungsvereinbarung im Besitz von Insiderinformationen ist, die im Zeitpunkt der planmäßigen Ausübung weder überholt noch öffentlich bekannt sind, sodass schon im **Abschluss der Beteiligungsvereinbarung** die Verwendung der Insiderinformation liegen kann.[236] Allerdings dürfte dies bei den üblichen Wartefristen für eine erstmalige Ausübung eher die Ausnahme sein.

---

[232] *BaFin* Emittentenleitfaden, S. 32; so auch *Klasen* AG 2006, 24 (27); *Merkner/Sustmann* NZG 2005, 729 (730).
[233] Für Vermögensverwalter in Form einer juristischen Person gilt der Ausnahmetatbestand des Art. 9 Abs. 1 MMVO unmittelbar; sa § 22 Rn. 23; zur alten Rechtslage *Dryander/Schröder* WM 2007, 534 (541); *Fürhoff* AG 1998, 83 (85) und *Feddersen* ZHR 1997, 269 (295).
[234] Ähnlich auch *Merkner/Sustmann* NZG 2005, 729 (730).
[235] Zur Kenntnis von Insiderinformation § 22 Rn. 24; vgl. *BaFin* Emittentenleitfaden, S. 37; *Klasen* AG 2006, 24 (31); *Merkner/Sustmann* NZG 2005, 729 (730); s.a. *Fürhoff* AG 1998, 83 (85).
[236] Vgl. *BaFin* Emittentenleitfaden, S. 37 f. und *Klasen* AG 2006, 24 (28); einen Verstoß gegen Insiderrecht im Zeitpunkt der Einbeziehung in ein Aktienoptionsprogramm generell verneinend *Dryander/Schröder* WM 2007, 534 (537).

F. Steuerliche Gesichtspunkte

I. Einleitung

Im Gegensatz zu angelsächsischen Ländern ist eine Kapitalbeteiligung von Mitarbeitern an der arbeitgebenden oder an einer Konzernobergesellschaft in Deutschland nicht weit verbreitet oder beschränkt sich häufig nur auf das obere Management von börsennotierten Konzernen. Gründe hierfür sind sicherlich in den im internationalen Vergleich **fehlenden oder geringen steuer- und sozialversicherungsrechtlichen Anreizen** zu finden, wobei auch die in der Presse häufig genannte Aversion der Deutschen gegen Aktienanlagen einen Teil dazu beiträgt. 133

Nichtsdestotrotz ist in den letzten Jahren ein **Trend** zu erkennen, wonach auch deutsche Konzerne auf breiterer Basis beginnen, Mitarbeiterbeteiligungsmodelle zur Motivation und Bindung ihrer Arbeitnehmer und nicht zuletzt zur Partizipation am Unternehmenserfolg zu implementieren.

Mitarbeiterbeteiligungsprogramme sind je nach Unternehmensvorgabe unterschiedlich gestaltet und können neben der Beschäftigungskomponente während eines bestimmten Erdienungszeitraums auch die Erfüllung bestimmter Leistungskriterien, wie bspw. die Erfüllung bestimmter betriebswirtschaftlicher Kennzahlen, voraussetzen. Zudem wird regelmäßig eine Unterscheidung zwischen **echten Aktienprogrammen** und **virtuellen Programmen** vorgenommen, welche sich darin unterscheiden, ob bei Erfüllung der maßgeblichen Kriterien Aktien der Gesellschaft oder lediglich eine Geldleistung in Abhängigkeit des Aktienkurses gewährt werden. 134

II. Lohnsteuerliche Aspekte von Mitarbeiterbeteiligungen

1. Bestimmung der Einkunftsart

Der im Rahmen von Mitarbeiterbeteiligungsplänen mögliche unentgeltliche oder verbilligte Erwerb von Aktien basiert regelmäßig auf dem Dienstverhältnis mit dem Arbeitgeber und führt als zusätzliche Vergütung für das Zurverfügungstellen der Arbeitskraft[237] zu einem lohnsteuerlich relevanten **geldwerten Vorteil** auf Seiten des Arbeitnehmers (§§ 19 Abs. 1 Satz 1, 8 Abs. 1 EStG). 135

Das Vorliegen von Arbeitslohn ist hingegen zu verneinen, wenn der Arbeitgeber dem Arbeitnehmer Aktien zu denselben Konditionen anbietet wie fremden Dritten und die Aktien somit zum aktuellen **Marktwert** an die Arbeitnehmer verkauft werden (bspw. im Rahmen sog. Aktienkaufprogramme oder „Employee Share Purchase Plans").[238]

Sofern die Zuwendung wegen sonstiger, nicht auf dem Dienstverhältnis beruhender Beziehungen zwischen Arbeitnehmer und Arbeitgeber gewährt wird und somit nicht im weitesten Sinne als Gegenleistung für das Zurverfügungstellen der individuellen Arbeitskraft angesehen wird (sog. **Sonderrechtsbeziehungen**),[239] liegt kein Arbeitslohn vor. 136

---

[237] BFH I R 119/98, BStBl. II 2001, 512.
[238] Eine sog. Matching-Komponente, dh bei Kauf einer bestimmten Anzahl von Aktien gewährt das Unternehmen weitere Aktien unentgeltlich, ist jedoch als Arbeitslohn zu qualifizieren.
[239] BFH VI R 4/05, BStBl. II 2008, 1611 sowie IX R 43/15, BStBl. II 2017, 790.

137 Eine Anbindung an das Arbeitsverhältnis ist ebenfalls nicht mehr gegeben, wenn die im Rahmen einer Mitarbeiterbeteiligung erhaltenen Aktien veräußert werden. Insoweit erzielt der Arbeitnehmer **Einkünfte aus Kapitalvermögen**, welche der 25%igen Abgeltungsteuer zuzüglich Solidaritätszuschlag und gegebenenfalls Kirchensteuer[240] unterliegen. Solch eine Versteuerung ist unabhängig von der Haltedauer der Aktien vorzunehmen, sofern die Aktien nach dem 31.12.2008 erworben oder zugeteilt wurden. Der für die Einkünfte aus Kapitalvermögen maßgebliche **Veräußerungsgewinn oder -verlust** berechnet sich nach den Einnahmen aus der Veräußerung abzüglich der Anschaffungskosten der Aktien. Diese entsprechen regelmäßig dem gemeinen Wert der Aktien im Zeitpunkt des lohnsteuerlich relevanten Zuflusses. Somit wird sichergestellt, dass lediglich der dem geldwerten Vorteil nachfolgende Wertzuwachs der Besteuerung als Einkünfte aus Kapitalvermögen unterliegt.

2. Zeitpunkt des Zuflusses von Arbeitslohn

138 Aufgrund der teils erheblichen **Volatilität** von Aktien ist dem Zeitpunkt des Zuflusses von Arbeitslohn und der damit zusammenhängenden Bewertung der Aktien zur Ermittlung des geldwerten Vorteils erhebliche Bedeutung beizumessen.

Das Einräumen eines **Anspruchs auf die zukünftige unentgeltliche oder verbilligte Überlassung von Aktien** führt nicht bereits zu einem Zufluss von Arbeitslohn. Vielmehr gelten Lohneinnahmen nach den allgemeinen steuerlichen Grundsätzen gem. § 38a Abs. 1 Satz 3 EStG erst dann als zugeflossen, wenn der Arbeitnehmer wirtschaftlich über sie verfügen kann. Nach der gefestigten Rechtsprechung des BFH ist dies der Zeitpunkt, an dem die Aktien in das jeweilige Bankdepot des Mitarbeiters eingebucht werden[241] und der Mitarbeiter somit den Nutzen aus den Aktien (insb. Stimm- und Dividendenbezugsrecht) ziehen kann. Bei virtuellen Programmen ist dies entsprechend der Zeitpunkt, in dem das Geld auf dem Konto des Mitarbeiters (analog der regulären Gehaltszahlungen) gutgeschrieben wird. In beiden Fällen muss der geldwerte Vorteil im Monat des Zuflusses Eingang in die Gehaltsabrechnung des jeweiligen Mitarbeiters finden.

139 **Vertragliche Übertragungsbeschränkungen** führen indes nicht zu einer Verschiebung des steuerlichen Zuflusses auf den Zeitpunkt, an welchem die Übertragungsbeschränkungen aufgehoben werden.[242] Zwar kann solch eine Übertragung trotz Verbot arbeitsrechtliche Konsequenzen nach sich ziehen, nichtsdestotrotz ist die Übertragung rechtlich wirksam. Abweichend hiervon gilt jedoch der geldwerte Vorteil erst dann als zugeflossen, wenn bei einer nach in- oder ausländischem Aktienrecht bestehenden Übertragungsbeschränkung (bspw. **Vinkulierung** nach § 68 Abs. 2 AktG) diese Übertragungsbeschränkung wegfällt.[243]

140 Der Arbeitnehmer kann zur **Rückübertragung bereits erhaltener Aktien** verpflichtet sein, sofern das Beschäftigungsverhältnis während einer vertraglich bestimmten Haltedauer der Aktien beendet wird oder der Mitarbeiter gegen Corporate-Governance-Vorschriften des Unternehmens verstößt („Clawback-Klauseln"). In diesem Fall führt die Rückübertragung der Aktien zu **negativem Arbeitslohn**

---

[240] Unter Grundlage des Solidaritätszuschlags ergibt sich ein Steuersatz von 26,375%. Bei Miteinbeziehung der Kirchensteuer ergibt sich ein Steuersatz von 27,98%.
[241] BFH VI R 25/05, BStBl. II 2009, 382.
[242] BFH VI R 67/05, BStBl. II 2009, 282.
[243] BFH VI R 37/09, BStBl. II 2011, 923.

F. Steuerliche Gesichtspunkte 141–143 § 24

im Zeitpunkt der Rückübertragung.[244] Eine Änderung der Gehaltsabrechnung oder der Einkommensteuererklärung des Mitarbeiters für das Jahr des ursprünglichen Zuflusses, bspw. als rückwirkendes Ereignis gem. § 175 Abs. 1 Satz 1 Nr. 2 AO, kommt regelmäßig nicht in Betracht.

3. Bewertung des zugewandten Vorteils

a) Notierung der Aktien an einer Wertpapierbörse

Die Ermittlung des zugewandten Vorteils aus der unentgeltlichen oder verbilligten Überlassung von Aktien erfolgt im Rahmen der Regelungen des Bewertungsgesetzes anhand des **gemeinen Werts** (§ 11 BewG) im Zuflusszeitpunkt abzüglich etwaiger Zuzahlungsbeiträge oder Kaufpreise. **Veräußerungssperren** mindern den Wert der Vermögensbeteiligung nicht.[245] 141

Die Ermittlung des gemeinen Werts ist hierbei abhängig davon, ob die Aktien an einer Wertpapierbörse notiert sind. So bestimmt sich der gemeine Wert bei einer Notierung der Aktien an einer deutschen Wertpapierbörse nach dem **niedrigsten Aktienkurs am Tag des Zuflusses**, unabhängig davon, ob sich der Haupthandelsplatz der Aktie an einer anderen deutschen oder ausländischen Börse befindet. Sofern die Aktien nicht an einer inländischen Börse notiert werden, ist der gemeine Wert der Aktien aus den Börsenkursen im Emissionsland zu bestimmen.[246]

Aus **Vereinfachungsgründen** lässt die Finanzverwaltung eine Bewertung anstatt am Tag des Zuflusses alternativ am Tag der Ausbuchung beim emittierenden Unternehmen oder dessen Erfüllungsgehilfen (bspw. Finanzinstitut) oder am Vortag der Ausbuchung zu.[247] Lediglich im Hinblick auf die „Exercise-and-Sell"-Variante[248] bei der Ausübung von Aktienoptionen geht die Finanzverwaltung davon aus, dass die Bewertung direkt am Tag des Zugangs der Ausübungserklärung beim Optionsgeber zu erfolgen hat.[249] 142

Zur Frage der zutreffenden Bewertung von geldwerten Vorteilen bei einem verbilligten Erwerb von Aktien ist einem weiteren BFH-Urteil Beachtung zu schenken.[250] In diesem führt der erkennende Senat aus, dass für die Bewertung des geldwerten Vorteils die Wertverhältnisse bei Abschluss des für beide Seiten **verbindlichen Rechtsgeschäftes** maßgeblich sind, was regelmäßig der Tag der Ausübung von Aktienoptionen oder der Tag der Unverfallbarkeit des Anspruchs („vesting") bei anderen aktienbasierten Vergütungsinstrumenten sein dürfte. Entsprechend können zukünftig der steuerliche Zuflusszeitpunkt und der für den geldwerten Vorteil maßgebliche Bewertungszeitpunkt auseinanderfallen.[251] Eine Stellungnahme der Finanzverwaltung hierzu bleibt abzuwarten. 143

---

[244] BFH VI R 17/08, BStBl. II 2010, 299.
[245] BFH VI R 67/05, BStBl. II 2009, 282.
[246] R 11.1 Abs. 3 ErbStR.
[247] BMF 8.12.2009, BStBl. I 2009, 1513.
[248] Bei einer Ausübung von Aktienoptionen nach der „Exercise-and-Sell"-Variante werden die nach der Ausübung erhaltenen Aktien sofort am Markt verkauft, so dass der Arbeitnehmer schlussendlich lediglich einen Geldbetrag erhält.
[249] BMF 12.11.2014, BStBl. I 2014, 1467 Rn. 196.
[250] BFH VI R 73/12, BStBl. II 2014, 904.
[251] BMF 8.12.2009, BStBl. I 2009, 1513 FN 6.

b) Keine Notierung der Aktien an einer Wertpapierbörse

144 Abweichende Regelungen gelten, wenn die Aktien nicht an einer Wertpapierbörse notiert sind. In diesem Fall leitet sich der **gemeine Wert** aus dem Verkaufspreis von Anteilen an fremde Dritte innerhalb eines Jahres vor dem maßgeblichen Zuflusszeitpunkt ab.[252] Sofern während dieses Zeitraums keine Veräußerungen an fremde Dritte stattgefunden haben, bemisst sich der gemeine Wert unter **Berücksichtigung der Ertragsaussichten** der Aktiengesellschaft nach einer im gewöhnlichen Geschäftsverkehr anerkannten Bewertungsmethode (bspw. Discounted Cash-Flow-Verfahren). Hierbei ist stets die Methode anzuwenden, die ein potentieller Erwerber der Bemessung des Kaufpreises zugrunde legen würde. Grundlegende Ausführungen zu maßgeblichen Bewertungsmethoden bei verschiedenen Wirtschaftszweigen enthält das Schreiben des Finanzministeriums Bayern vom 4.1.2013.[253]

4. Besonderheiten bei Entsendungen

145 Aufgrund der häufig vorliegenden zukunftsbezogenen Betrachtung bei der Gewährung von Mitarbeiterbeteiligungen stellt es den Arbeitgeber vor besondere Herausforderungen, wenn Arbeitnehmer während der Gewährung des Anspruchs auf unentgeltliche oder verbilligte Zuteilung von Aktien und dem Zeitpunkt des tatsächlichen Zuflusses des geldwerten Vorteils dem Besteuerungsrecht zweier oder mehrerer Jurisdiktionen unterliegen. Entsprechend kann der geldwerte Vorteil in einen steuerpflichtigen und einen in Deutschland steuerfreien Anteil aufzuteilen sein. Dies spiegelt die Absicht der genannten Vergütungsinstrumente wider, einen längerfristigen Anreiz zur Erbringung der Arbeitsleistung gegenüber dem Mitarbeiter zu setzen.

146 Sofern aufgrund der Vorschriften des maßgeblichen **Doppelbesteuerungsabkommens** der geldwerte Vorteil in Deutschland ganz oder teilweise von der Lohnsteuer freizustellen ist, kann die Beantragung einer **Steuerfreistellungsbescheinigung** im Rahmen des Vordrucks „Antrag für unbeschränkt einkommensteuerpflichtige Arbeitnehmer auf Erteilung einer Bescheinigung über die Freistellung des Arbeitslohns vom Steuerabzug auf Grund eines Abkommens zur Vermeidung der Doppelbesteuerung" verpflichtend sein. Ob solch eine Verpflichtung vorliegt, ist stets auf Grundlage des anwendbaren Doppelbesteuerungsabkommens zu prüfen.[254]

5. Lohnsteuerliche Verpflichtungen

147 Der im Rahmen von Mitarbeiterbeteiligungsplänen realisierte geldwerte Vorteil unterliegt als Arbeitslohn dem **Lohnsteuerabzug** gem. § 38 Abs. 1 EStG. Dies gilt auch dann, wenn die Aktien im Rahmen des Dienstverhältnisses dem Arbeitnehmer direkt von einer in- oder ausländischen Konzerngesellschaft zugeteilt werden (sog. Arbeitslohn von dritter Seite, § 38 Abs. 1 Satz 3 EStG). In diesem Fall muss der Arbeitnehmer im Rahmen seiner **Mitwirkungspflichten** den Arbeitgeber gem. § 38 Abs. 4 Satz 3 EStG über diesen Umstand unterrichten. Nichtsdestotrotz wird dem

---

[252] § 11 Abs. 2 BewG sowie BFH VI R 16/15, BStBl. II 2017, 149.
[253] FM Bayern 4.1.2013, DB 2013, 490.
[254] Eine Verpflichtung zur Einholung einer Steuerfreistellungsbescheinigung besteht bspw. in den Doppelbesteuerungsabkommen mit Dänemark, Frankreich, Großbritannien, Italien, Österreich und Polen.

F. Steuerliche Gesichtspunkte 148–151 § 24

Arbeitgeber gesetzlich Kenntnis aller Zahlungen im Konzernverbund unterstellt (§ 38 Abs. 1 Satz 3 EStG). Dies hat zuvorderst lohnsteuerhaftungsrechtliche Gründe, so dass die Finanzbehörde bei einem unterlassenen Lohnsteuereinbehalt neben dem Arbeitnehmer auch auf den Arbeitgeber zugehen kann.

Häufig reicht in dem Monat, in welchem der geldwerte Vorteil zufließt, der dem Arbeitnehmer ausgezahlte **Barlohn nicht zur Deckung der anfallenden Lohnsteuer** aus. In diesem Fall ist der Arbeitnehmer gem. § 38 Abs. 4 Satz 1 EStG verpflichtet, auf Anforderung den Fehlbetrag dem Arbeitgeber zur Verfügung zu stellen. In der Praxis wird dies meist dadurch gelöst, dass der Arbeitnehmer einen Teil der gewährten Aktien im Zuflusszeitpunkt direkt verkauft, um die anfallende Steuerschuld zu decken. 148

Sofern nach dem 28. Februar des darauffolgenden Kalenderjahres festgestellt wird, dass ein Lohnsteuerabzug auf den geldwerten Vorteil irrtümlich unterblieben ist, muss der Arbeitgeber diesen Sachverhalt unverzüglich dem Betriebsstättenfinanzamt mitteilen, um von einer **Lohnsteuerhaftung** befreit zu werden (§ 41c Abs. 4 EStG). In der Folge wird die zuständige Finanzbehörde den ausstehenden Lohnsteuerbetrag direkt von dem Arbeitnehmer nachfordern oder, sofern möglich, direkt im Rahmen des einkommensteuerlichen Veranlagungsverfahrens berücksichtigen. 149

III. Steuerliche Förderung von Mitarbeiterbeteiligungen

1. Förderung durch § 3 Nr. 39 EStG[255]

Eine steuerliche Förderung kann erfolgen, wenn Aktien des arbeitgebenden Unternehmens oder von Konzerngesellschaften iSv § 18 AktG an Mitarbeiter verbilligt oder unentgeltlich überlassen werden. Die Förderung nach § 3 Nr. 39 EStG erfordert eine Teilnahmeberechtigung zumindest aller Arbeitnehmer, die bei Bekanntgabe des Angebots ein Jahr beim Arbeitgeber beschäftigt sind; die schlussendliche Teilnahmequote ist hierbei nicht relevant. Sofern diese Voraussetzung erfüllt ist, ist der geldwerte Vorteil bis zu einem Betrag von **360 EUR pro Dienstverhältnis steuer- und sozialversicherungsabgabenfrei**. 150

Aufgrund der Maßgabe, dass alle Arbeitnehmer mit einer Betriebszugehörigkeit von mindestens einem Jahr teilnahmeberechtigt sein müssen, ist diese steuerliche Förderung bei typischen Mitarbeiterbeteiligungsmodellen, die lediglich ab dem mittleren Management gewährt werden (bspw. Aktienoptionen), nicht anwendbar.

Eine Steuerbefreiung bei **virtuellen Programmen** scheidet in Ermangelung der Überlassung von Aktien aus.

2. Förderung nach § 34 EStG

Unabhängig von der Steuerbefreiungsvorschrift des § 3 Nr. 39 EStG kann der geldwerte Vorteil aus der unentgeltlichen oder verbilligten Überlassung von Aktien einem **ermäßigten Steuersatz** (sog. **Fünftelregelung**) unterliegen. Voraussetzung ist hierfür, dass es sich bei dem zugewandten geldwerten Vorteil um eine Vergütung für eine **mehrjährige Tätigkeit** handelt und somit
– der Zeitraum zwischen Gewährung des Anspruchs und steuerlichem Zufluss der Aktien mehr als 12 Monate beträgt und 151

---

[255] Zu Zweifelsfragen und Ausnahmen BMF 8.12.2009, BStBl. I 2009, 1513.

– das Arbeitsverhältnis nach Gewährung des Anspruchs mindestens 12 Monate fortbestanden hat.[256]

Im Rahmen der Fünftelregelung kann der geldwerte Vorteil aus dem Zufluss der Aktien einer geringeren **Steuerprogression** unterworfen werden als das übrige Gehalt. Das Ausmaß der steuerlichen Entlastung ist jedoch abhängig vom Spitzensteuersatz des Arbeitnehmers, welcher auf die übrigen Einkünfte aus nichtselbstständiger Arbeit anzuwenden ist. So ist eine steuerliche Entlastung nicht mehr gegeben, wenn der Arbeitnehmer bereits mit seinen regulären Gehaltsbestandteilen dem Spitzensteuersatz unterliegt.

3. Förderung durch das 5. Vermögensbildungsgesetz

152   Im Rahmen der Vorschriften des 5. Vermögensbildungsgesetzes wird auf Antrag eine staatliche Geldzulage für **vermögenswirksame Leistungen** des Arbeitgebers gewährt. Anspruchsberechtigt sind alle Arbeitnehmer, sofern ihr zu versteuerndes Einkommen 20.000 EUR bzw. 40.000 EUR für zusammenveranlagte Ehegatten nicht übersteigt.

Die **Geldzulage** beträgt 20% der angelegten Beträge, soweit diese 400 EUR nicht übersteigen, und somit maximal 80 EUR pro Jahr. Eine Kombination von Arbeitnehmersparzulage und einem steuerfreien Erwerb nach § 3 Nr. 39 EStG ist hierbei möglich.

IV. Körperschaftsteuerliche Aspekte von Mitarbeiterbeteiligungen

153   Jenseits der lohnsteuerlichen Verpflichtungen des Arbeitgebers stellt sich für das die Mitarbeiterbeteiligung ausgebende Unternehmen regelmäßig die Frage, inwiefern die Kosten für die Ausgabe von Aktien im Rahmen des Personalaufwands als Betriebsausgaben abgezogen werden können. Auch vor diesem Hintergrund können virtuelle Programme von Vorteil sein, da solch eine Barauszahlung regelmäßig zu **Personalaufwand** führt.[257]

1. Ausgabe bestehender Aktien („Treasury Stock")

154   Sofern die Verpflichtung gegenüber dem Arbeitnehmer mit bereits bestehenden Aktien bedient wird, sollte ein **Betriebsausgabenabzug** generiert werden können. Hierbei ist es unmaßgeblich, ob die auszugebenden Aktien bereits im Anlage- oder Umlaufvermögen des Unternehmens vorhanden sind oder am Markt gekauft werden.

Nichtsdestotrotz ist der Betriebsausgabenabzug bei der Ausgabe von bestehenden Aktien nicht selbstverständlich, da die allgemeinen **Abzugsbeschränkungen** des Körperschaftsteuergesetzes bei einer Veräußerung von Aktien auch für die Fälle von Mitarbeiterbeteiligungen anwendbar sein könnten (§ 8b Abs. 3 Satz 3 KStG). Obwohl sich solch eine Argumentation in der Praxis uE nicht durchgesetzt hat,[258] bestehen weiterhin Risiken bei der Geltendmachung von Betriebsausgaben.

---

[256] BMF 12.11.2014, BStBl. I 2014, 1467 Rn. 199.
[257] BeBiKo/*Winkeljohann/Hoffmann* HGB § 272 Rn. 510ff.
[258] Vgl. BMF 27.11.2003, BStBl. I 2013, 1614 Rn. 13, wonach eine Ausgabe von eigenen Aktien bilanziell kein Veräußerungsvorgang darstellt.

Sofern ein Betriebsausgabenabzug schlussendlich zu bejahen ist, kann sich die 155
Verpflichtung ergeben, eine **Rückstellung für ungewisse Verbindlichkeiten**
zu passivieren.[259]

2. Ausgabe neuer Aktien

Die Generierung eines Betriebsausgabenabzugs bei Ausgabe neuer Aktien kann 156
sich indes schwieriger gestalten. Hierbei ist das Verständnis der Rechtsprechung,
dass bei Ausgabe neuer Aktien lediglich die Anteile der Altaktionäre **verwässert**
werden und somit kein Betriebsausgabenabzug möglich ist,[260] obwohl dies nach
handelsrechtlicher Auffassung Personalaufwand darstellen kann.[261]

In diesem Zusammenhang ist jedoch darauf hinzuweisen, dass gemäß der aktuellen **OECD-Auffassung** keine Unterscheidung hinsichtlich der körperschaftsteuerlichen Behandlung bei Ausgabe bereits bestehender oder neuer Aktien („dilutive and non-dilutive plans") erfolgen soll.[262]

Inwiefern diese seit längerem bestehende Auffassung jemals in nationales Recht umgesetzt wird, ist insbesondere auch vor dem Hintergrund der aktuellen Rechtsprechung hierzu zu bezweifeln. Nichtsdestotrotz kann bei steuerlichen Auseinandersetzungen mit der Finanzverwaltung diese Auffassung als Argumentationshilfe dienen.

---

[259] § 249 Abs. 1 HGB; R 5.7 Abs. 2 EStR.
[260] BFH I R 103/09, BStBl. II 2011, 215.
[261] BeBiKo/*Winkeljohann/Hoffmann* HGB § 272 Rn. 505.
[262] OECD Guidelines „Impact on Stock Option Plans: Impact on Transfer Pricing", www.oecd.org.

§ 25 Corporate Governance Kodex

Bearbeiter: Dr. Klaus von der Linden

Übersicht

	Rn.
A. Corporate Governance	1–8
I. Begriff	1
II. Duales Führungssystem	2, 3
III. Monistisches Führungssystem	4
IV. Unternehmensinteresse als Leitidee	5–8
B. Grundlagen zum DCGK	9–17
I. Gesetzlicher Anker	9
II. Entstehung	10–12
III. Funktion und Ziele	13
IV. Adressaten	14
V. Bestandteile	15
VI. Rechtsnatur	16
VII. Verfassungsmäßigkeit	17
C. Schwerpunkte des DCGK	18–93
I. Aktionärsrechte in der Hauptversammlung	18–22
1. Grundlagen	18
2. Wahrnehmung der Aktionärsrechte	19
3. Stimmrechtsvertreter der Gesellschaft	20–22
II. Informations- und Berichtsordnung	23
III. Corporate-Governance-Bericht	24
IV. Besetzung von Führungspositionen	25–30
1. Grundlagen	25
2. Begriff der Vielfalt	26, 27
3. Begriff der Führungsfunktion	28
4. Beachtung durch den Vorstand	29
5. Gesetzliche Anforderungen an Vielfalt	30
V. Vorstandsvergütung	31–39
1. Grundlagen	31, 32
2. Vertikaler Vergütungsvergleich	33
3. Variable Vergütungsbestandteile	34
4. Höchstgrenzen der Vergütung	35
5. Versorgungszusagen	36
6. Abfindungszahlungen	37
7. Change of Control	38
8. Angaben im Vergütungsbericht	39
VI. Interessenkonflikte von Vorstandsmitgliedern	40–43
1. Grundlagen	40
2. Begriff des Interessenskonflikts	41
3. Offenlegung des Konflikts	42
4. Aufnahme von Nebentätigkeiten	43
VII. Zusammensetzung des Vorstands	44–48
1. Grundlagen	44, 45
2. Beachtung von Vielfalt	46
3. Nachfolgeplanung	47
4. Gesetzliche Anforderungen an Vielfalt	48

VIII.	Vorzeitige Wiederbestellung	49, 50
IX.	Vorsitzender des Aufsichtsrats	51–53
X.	Bildung von Ausschüssen	54–57
	1. Grundlagen	54
	2. Allgemeine Empfehlung	55
	3. Prüfungsausschuss	56
	4. Nominierungsausschuss	57
XI.	Zusammensetzung des Aufsichtsrats	58–65
	1. Grundlagen	58
	2. Ziele und Kompetenzprofil	59
	3. Wahlvorschläge des Aufsichtsrats	60
	4. Berichterstattung	61
	5. Offenlegung von Beziehungen	62, 63
	6. Gesetzliche Anforderungen an Vielfalt	64, 65
XII.	Unabhängigkeit von Aufsichtsratsmitgliedern	66–75
	1. Grundlagen	66, 68
	2. Begriff der Unabhängigkeit	69–72
	3. Anzahl unabhängiger Aufsichtsratsmitglieder	73
	4. Ehemalige Vorstandsmitglieder	74
	5. Wettbewerber	75
XIII.	Aus- und Fortbildung von Aufsichtsratsmitgliedern	76
XIV.	Aufsichtsratsvergütung	77
XV.	Interessenkonflikte von Aufsichtsratsmitgliedern	78–83
	1. Grundlagen	78
	2. Begriff des Interessenkonflikts	79
	3. Offenlegung gegenüber dem Aufsichtsrat	80
	4. Bericht an die HV	81, 82
	5. Mandatsbeendigung	83
XVI.	Effizienzprüfung	84, 85
XVII.	Informationelle Gleichbehandlung	86, 87
XVIII.	Finanzkalender	88
XIX.	Unabhängigkeit des Abschlussprüfers	89
D.	**Gesetzliche Erklärungspflicht**	**90–107**
I.	Normzweck	90
II.	Adressaten	91
III.	Entsprechenserklärung	92–102
	1. Bezugspunkt	92
	2. Erklärung zur Vergangenheit	93
	3. Erklärung zur Zukunft	94
	4. Begründung	95
	5. Beschlussfassung	96, 97
	6. Erklärungsturnus	98
	7. Referenzzeiträume	99
	8. Unterjährige Aktualisierung	100
	9. Veröffentlichung im Internet	101
	10. Anderweitige Publizität	102
IV.	Rechtsfolgen von Pflichtverletzungen	103–106
	1. Anfechtbarkeit von Entlastungsbeschlüssen	103
	2. Anfechtbarkeit von Aufsichtsratswahlen	104
	3. Zivilrechtliche Haftung	105
	4. Strafrechtliche Konsequenzen	106
V.	Abschlussprüfung	107
E.	**Aktuelle Entwicklungen**	**108**

Schrifttum § 25

Schrifttum: *Bachmann* Der DCGK: Rechtswirkungen und Haftungsrisiken, WM 2002, 2137; *Bachmann* Der „Europäische Corporate-Governance-Rahmen", WM 2011, 1301; *Bachmann* Die Erklärung zur Unternehmensführung, ZIP 2010, 1517; *Bachmann* Kapitalmarktrecht im Kodex, WM 2013, 2009; *Bachmann* Reform der Organhaftung?, Gutachten E zum 70. DJT, 2014; *Bauer/Arnold* Sind Abfindungs-Caps wirklich zu empfehlen?, BB 2008, 1692; *Baums* Bericht der Regierungskommission Corporate Governance, 2001; *Baums* Zur monistischen Verfassung der deutschen AG, GS Gruson, 2009, 1; *Berg/Stöcker* Anwendungs- und Haftungsfragen zum DCGK, WM 2002, 1569; *Bertrams* Die Haftung des Aufsichtsrats im Zusammenhang mit dem DCGK und § 161 AktG, 2004; *Borges* Selbstregulierung im Gesellschaftsrecht, ZGR 2003, 508; *Claussen/Bröcker* Der DCGK aus der Perspektive der kleinen und mittleren Börsen-AG, DB 2002, 1199; *Deilmann/Albrecht* Governance und Diversity, AG 2010, 727; *Diekmann/Fleischmann* Umgang mit Interessenkonflikten, AG 2013, 141; *Dörrwächter/Trafkowski* Abfindungs-Cap, NZG 2007, 846; *Ederle* Die jährliche Entsprechenserklärung, NZG 2010, 655; *Ettinger/Grützediek* Haftungsrisiken im Zusammenhang mit der Entsprechenserklärung, AG 2003, 353; *Fleischer* Zukunftsfragen der Corporate Governance: Aufsichtsräte, institutionelle Investoren, Proxy Advisors und Whistleblowers, ZGR 2011, 155; *Fleischer* Zur Rolle und Regulierung von Stimmrechtsberatern, AG 2012, 2; *Fleischer/Strothotte* Ein Stewardship Code für institutionelle Investoren, AG 2011, 221; *Florstedt* Die Unabhängigkeit des Aufsichtsratsmitglieds vom kontrollierenden Aktionär, ZIP 2013, 337; *Gelhausen/Hönsch* DCGK und Abschlussprüfung, AG 2002, 529; *Gelhausen/Hönsch* Folgen der Änderung des DCGK für die Entsprechenserklärung, AG 2003, 367; *Goette* Leitung, Aufsicht, Haftung, FS 50 Jahre BGH, 2000, 123; *Goslar/von der Linden* § 161 AktG und die Anfechtbarkeit von Entlastungsbeschlüssen, NZG 2009, 1337; *Goslar/von der Linden* Anfechtbarkeit von Hauptversammlungsbeschlüssen aufgrund fehlerhafter Entsprechenserklärungen, DB 2009, 1691; *Götz* Die vorzeitige Wiederwahl von Vorständen, AG 2002, 305; *Habersack* Aufsichtsrat und Prüfungsausschuss nach dem BilMoG, AG 2008, 98; *Habersack* Staatliche und halbstaatliche Eingriffe in die Unternehmensführung, Gutachten E zum 69. DJT, 2012; *Hasselbach/Jakobs* Unabhängigkeit von Aufsichtsratsmitgliedern, BB 2013, 643; *Heckelmann* Zeitliche Grenzen der Entsprechenserklärung nach § 161 AktG und dem DCGK, WM 2008, 2146; *Heintzen* Der DCGK aus der Sicht des deutschen Verfassungsrechts, ZIP 2004, 1933; *Hoffmann-Becking* Abfindungsleistungen, ZIP 2007, 2101; *Hoffmann-Becking* DCGK – Zulässigkeit, Inhalt und Verfahren, FS Hüffer, 2010, 337; *Hoffmann-Becking* Vorstands- und Aufsichtsratsvergütung, ZHR 169 (2005), 155; *Hoffmann-Becking* Unabhängigkeit im Aufsichtsrat, NZG 2014, 801; *Hoffmann-Becking/Krieger* Leitfaden zum VorstAG, Beil. zu NZG 26/2009; *Hohenstatt/Naber* Abfindung der Restlaufzeit, FS Bauer, 2010, 447; *Hohenstatt/Willemsen* Abfindungsobergrenzen in Vorstandsverträgen, NJW 2008, 3462; *Hommelhoff* Aktionärs-Aktivismus im dualistischen System?, Liber amicorum M. Winter, 2011, 255; *Hommelhoff* Aufsichtsrats-Unabhängigkeit in der faktisch konzernierten Börsengesellschaft, ZIP 2013, 1645; *Hommelhoff* Unabhängige Aufsichtsratsmitglieder in börsennotierten Familienunternehmen, ZIP 2013, 953; *Hopt* Vergleichende Corporate Governance, ZHR 175 (2011), 444; *Hüffer* Anfechtbarkeit von Hauptversammlungsbeschlüssen, VGR, Gesellschaftsrecht in der Diskussion 2010, 2011, 63; *Hüffer* Das Leitungsermessen des Vorstands, FS Raiser, 2005, 163; *Hüffer* Die leitungsbezogene Verantwortung des Aufsichtsrats, NZG 2007, 47; *Hüffer* Die Unabhängigkeit von Aufsichtsratsmitgliedern, ZIP 2006, 637; *Ihrig/Meder* Ziele für die Zusammensetzung des Aufsichtsrats in mitbestimmten Gesellschaften, ZIP 2010, 1577; *Ihrig/Meder* Zielbenennung zur Zusammensetzung des Aufsichtsrats, ZIP 2012, 1210; *Ihrig/Wagner* Das TransPuG kommt, BB 2002, 789; *Jung* Herausforderung Frauenquote, DStR 2014, 960; *Junge* Das Unternehmensinteresse, FS v. Caemmerer 1978, 547; *Kiefner* Fehlerhafte Entsprechenserklärung, NZG 2011, 201; *Kleindiek* Anfechtbarkeit von Entlastungsbeschlüssen wegen unrichtiger Entsprechenserklärung, FS Goette, 2011, 239; *Koch* Begriff und Rechtsfolgen von Interessenkonflikten und Unabhängigkeit, ZGR 2014, 697; *Kocher* Die Diversity-Empfehlung des neuen DCGK, BB 2010, 264; *Kocher* Ungeklärte Fragen der Erklärung zur Unternehmensführung nach § 289a HGB, DStR 2010, 1034; *Kocher/Lönner* Erhöhte Diversity-Anforderungen des DCGK 2010, CCZ 2010, 183; *Kollmann* Aktuelle Corporate-Governance-Diskussion in Deutschland, WM-Sonderbeil. 1/2003; *Kort* Corporate Governance-Fragen der Größe und Zusammensetzung des Aufsichtsrats, AG 2008, 137; *Korts* Die Vereinbarung von Kontrollwechselklauseln in Vorstandsverträgen, BB 2009, 1876; *Kremer/von Werder* Unabhängigkeit von Aufsichtsratsmitgliedern, AG 2013, 340; *Krieger* Corporate Governance und Corporate Governance Kodex, ZGR 2012, 202; *Krieger* Interne Voraussetzungen für die Abgabe der Entsprechenserklärung nach § 161 AktG, FS Ulmer, 2003, 365; *Kropff* Der unabhängige Finanzexperte, FS K. Schmidt, 2009, 1023; *Langenbucher* Wettbewerbsverbote, Unabhängigkeit und die Stellung des Aufsichtsratsmitglieds, ZGR 2007, 571; *Lieder* Das unabhängige Aufsichtsratsmitglied, NZG 2005, 569; *von der Linden* Interessenkonflikte im Bericht des Aufsichtsrats, GWR 2011, 407; *von der Linden* Inhalts- und Verfahrensfehler von Entlastungsbeschlüssen, ZIP 2013, 2343; *Lutter* Aktienrechtliche Aspekte der angemessenen Vorstandsvergütung, ZIP 2006, 733; *Lutter* Das Abfindungs-Cap, BB 2009, 1874; *Lutter* Der Kodex und das Recht, FS Hopt, 2010, 1025; *Lutter* Die Erklärung zum DCGK, ZHR 166 (2002), 523; *Lutter* Interessenkonflikte und Business Judgement Rule, FS Canaris, Bd. II, 2007, 245; *Lutter* Kodex guter Unternehmensführung und Vertrauenshaftung, FS Druey, 2002, 463; *Lutter* Professionalisierung des Aufsichtsrats, DB 2009, 775; *Lutter* Verhaltenspflichten bei Interessenkonflikten, FS Priester, 2007, 417; *Marsch-Barner* Anfechtung der Wahl von Aufsichtsratsmitgliedern, FS Schmidt, 2009, 1109; *Martinek* Wettbewerbliche Interessenkonflikte, WRP 2008, 51; *Melcher/Mattheus* Neue Offenlegungspflichten zur Corporate Governance, DB-Beil. 5/2009, 77; *Mense/Rosenhäger* Mehr Vielfalt wagen, GWR 2010, 311; *Mülbert/Wilhelm* Grundfragen des DCGK und der Entsprechenserklärung, ZHR 176 (2012), 286; *Nowak/Rott/Mahr* Wer den Kodex nicht einhält, den bestraft die Kapitalmarkt?, ZGR 2005, 252; *Paefgen* Unternehmerische Entscheidung, 2002; *Paschos/Goslar* Unabhängigkeit von Aufsichtsratsmitgliedern, NZG 2012, 1361; *Paschos/von der Linden* Vorzeitige Wiederbestellung, AG 2012, 736; *Peltzer* Corporate Governance Codices als zusätzliche Pflichtenbestimmung, NZG 2002, 10; *Peltzer* Für einen schlankeren Kodex, NZG 2012, 368; *Peltzer* Handlungsbedarf in Sachen Corporate Governance, NZG 2002, 593; *Peltzer* Reparaturbedarf des Kodex, FS Priester, 2007, 573; *Priester* Interessenkonflikte im Aufsichtsratsbericht, ZIP 2011, 2081; *Priester* Neufestsetzung des Amtszeit von Vorstandsmitgliedern, ZIP 2012, 1781; *Raisch* Begriff und zur Bedeutung des Unternehmensinteresses, FS Hefermehl, 1976, 347; *Rosengarten/S. H. Schneider* Die „jährliche" Abgabe der Entsprechenserklärung, ZIP 2009, 1837; *Roth* DCGK 2012, WM 2012, 1985; *Schlimm* Das Geschäftsleiterermessen des Vorstands einer AG, 2009; *Schlitt* Der aktive Aufsichtsratsvorsitzende, DB 2005, 2007; *Scholderer* Unabhängigkeit und Interessenkonflikte, NZG 2012, 168; *Schubert/Jacobsen* Personelle Vielfalt als Element guter Unternehmensführung, WM 2011, 726; *Schürnbrand* Normadressat der Pflicht zur Abgabe einer Entsprechenserklärung, FS U. H. Schneider, 2011, 1197; *Seibt* DCGK und Entsprechenserklärung, AG 2002, 249; *Seibert* Finanzmarktkrise, Corporate Governance, Aufsichtsrat, DB 2009, 1167; *Seibert* Der DCGK ist da, BB 2002, 581; *Seibt* DCGK: Antworten auf Zweifelsfragen der Praxis, AG 2003, 465; *Seibt* Effizienzprüfung der Aufsichtsratstätigkeit, DB 2003, 2107; *Seidel* Der DCGK – eine private oder doch eine staatliche Regelung, CCZ 2006, 227; *Semler* Entscheidungen und Ermessen im Aktienrecht, FS Ulmer, 2003, 627; *Semler/Stengel* Interessenkonflikte bei Aufsichtsratsmitgliedern, NZG 2003, 1; *Semler/Wagner* Die Entsprechenserklärung und Fragen der gesellschaftsinternen Umsetzung, NZG 2003, 553; *Stephanblome* Der Unabhängigkeitsbegriff des DCGK, NZG 2013, 445; *Strieder* Effizienzprüfung des Aufsichtsrats, ZCG 2007, 168; *Strieder* Offene Punkte bei der Entsprechenserklärung, DB 2004, 1325; *Sünner* Diversity bei den Organen einer AG, CCZ 2009, 185; *Sünner* Genügt der DCGK seinen Ansprüchen?, AG 2012, 265; *Theisen* Aufstieg und Fall der Idee vom DCGK, DB 2014, 2057; *Ulmer* Aufsichtsratsmandat und Interessenkollision, NJW 1980 1603; *Ulmer* Der DCGK, ZHR 166 (2002), 150; *Vetter* Der DCGK nur ein zahnloser Tiger?, NZG 2008, 121; *Vetter* DCGK, DNotZ 2003, 748; *Vetter* Update des DCGK, BB 2005, 1689; *Volk* Corporate-Governance-Konzepte, DStR 2001, 412; *S. C. Weber/Velte* Zusammenhang zwischen Corporate Governance und Kapitalkosten, DStR 2011, 39; *Weber-Rey* Änderungen des DCGK 2009, WM 2009, 2255; *Weber-Rey/Buckel* Best Practice, Empfehlungen des DCGK und Business Judgement Rule, AG 2011, 845; *Weber-Rey/Handt* Vielfalt/Diversity im Kodex, NZG 2011, 1; *von Werder/Wieczorek* Anforderungen an Aufsichtsratsmitglieder, DB 2007, 297; *Wernsmann/Gatzka* Der DCGK und die Entsprechenserklärung – Anforderungen des Verfassungsrechts, NZG 2011, 1001; *Wilsing* Corporate Governance in Deutschland und Europa, Die Rolle der institutionellen Investoren, der Proxy Advisors und die der Aktionäre, ZGR 2012, 291; *Wilsing/von der Linden* Selbstbefreiung des Aufsichtsrats vom Gebot der Gremienvertraulichkeit, ZHR 178 (2014), 419; *Wilsing/von der Linden* Unabhängigkeit, Interessenkonflikte und Vergütung von Aufsichtsratsmitgliedern, DStR 2012, 1391; *Wilsing/von der Linden* Vorstandsvergütung und ihre Transparenz, DStR 2013, 1291; *Wirth* Anforderungsprofil und Inkompatibilitäten, ZGR 2005, 327; *Wolf* Corporate Governance – Der Import angelsächsischer „Self-Regulation" im Widerstreit zum deutschen Parlamentsvorbehalt, ZRP 2002, 59.

A. Corporate Governance

I. Begriff

Als wirtschaftspolitische Aufgabe und als Forschungsgebiet wurde Corporate Governance zuerst in den USA und in England diskutiert, später in Kontinentaleuropa und schließlich in allen Industriestaaten. Das Schlagwort fasst die Grundsätze zusammen, nach denen Unternehmen geführt und überwacht werden.[1] Dabei geht es sowohl um den rechtlichen als auch um den faktischen **Ordnungsrahmen**.[2] Deutsche Synonyme sind Unternehmensverfassung, Unternehmensleitung oder Unternehmensregierung. Bislang konnten sie sich aber weder in der Fachsprache noch in der Umgangssprache durchsetzen. Stattdessen kommt auch hier durchweg der englische Terminus zur Anwendung. Feste Konturen weist der Begriff „Corporate Governance" nicht auf. Vor allem im internationalen Vergleich wird er mit verschiedenen Inhalten belegt.[3] Grund ist, dass die Prinzipien sachgerechter und verantwortungsvoller Unternehmensführung sich in den einzelnen Staaten mit unterschiedlichen Geschwindigkeiten und Stoßrichtungen entwickeln.[4] Dies beruht wiederum auf den jeweiligen historischen, wirtschaftlichen, politischen und gesetzlichen Rahmenbedingungen. Abhängig davon bestehen zB andere Vorstellungen darüber, ob die Verwaltung dual oder monistisch aufgebaut ist, welche Rechte Aktionäre gegenüber der Verwaltung haben sollten und welchen Einfluss man institutionellen Investoren, Stimmrechtsberatern oder Aufsichtsbehörden zubilligt.[5] Dauerbrenner in der deutschen Diskussion sind in erster Linie die Zusammensetzung des Aufsichtsrats, die Organvergütung sowie Grund und Grenzen der Organhaftung.[6] Neben diesen Aspekten der Innenverfassung gerät auch das Außenverhältnis des Unternehmens zu seinen wesentlichen Bezugsgruppen in den Blick, insb. die angemessene Transparenz und Publizität;[7] die Rede ist insoweit

---

[1] Vgl. KBLW/*von Werder* Rn. 1; *Baums* Bericht der Regierungskommission 2001, Rn. 5; *Schmidt* GesR S. 767; *Grundsatzkommission Corporate Governance* NZG 2000, 333; *U. H. Schneider/Strenger* AG 2000, 106.
[2] Wilsing/*von der Linden* Präambel Rn. 2; Bürgers/Körber/*Runte/Eckert* § 161 Rn. 64; KBLW/*von Werder* Rn. 1; *Volk* DStR 2001, 412.
[3] *Vetter* DNotZ 2003, 748.
[4] Vgl. *Theisen* DB 2014, 2057 (2058).
[5] *Hopt* ZHR 2011, 444; vgl. auch *Fleischer* ZGR 2011, 155; *Fleischer* AG 2012, 2; *Fleischer/Strothotte* AG 2011, 221; *Hommelhoff* in Liber amicorum M. Winter 2011, 255; *Wilsing* ZGR 2012, 291.
[6] Zur Reform der Organhaftung zuletzt *Bachmann* Gutachten E zum 70. DJT, 2014; *Bayer* NJW 2014, 2546; *Paefgen* AG 2014, 554; *Spindler* AG 2013, 889.
[7] Wilsing/*von der Linden* Präambel Rn. 2; KBLW/*von Werder* Rn. 1.

von „externer" Corporate Governance. Als Forschungsdisziplin ist Corporate Governance von Bedeutung für Börsen, börsennotierte Gesellschaften, Banken und Finanzinstitute, Industrieverbände, Aufsichtsbehörden sowie den Gesetzgeber. Während der letzten zwei Jahrzehnte gab es in nahezu allen Industrieländern einschlägige gesellschafts- und kapitalmarktrechtliche Reformen.[8]

II. Duales Führungssystem

2   Die deutsche AG hat zwingend ein duales bzw. dualistisches Führungssystem. Charakteristisch ist die organisatorische Trennung von Leitung und Überwachung. Der **Vorstand** leitet die Gesellschaft weisungsfrei in eigener Verantwortung (§ 76 Abs. 1 AktG). Außerdem führt er die Geschäfte (§ 77 Abs. 1 Satz 1 AktG). Geschäftsführung ist jedwede tatsächliche oder rechtsgeschäftliche Tätigkeit für die Gesellschaft.[9] Sie umfasst die Leitung iSv § 76 Abs. 1 AktG als herausgehobenen Teilbereich. Darüber hinaus zählt zur Geschäftsführung jede Einzelmaßnahme, die der Vorstand im Innenverhältnis oder als gesetzlicher Vertreter der AG im Außenverhältnis zu einem Dritten trifft.[10] Demgegenüber hat der **Aufsichtsrat** die Aufgabe, die Geschäftsführung des Vorstands zu überwachen (§ 111 Abs. 1 AktG). Zum einen meint das die Kontrolle vergangener Leitungs- und Führungsentscheidungen auf ihre Rechtmäßigkeit, Zweckmäßigkeit und Wirtschaftlichkeit.[11] Zum anderen erstreckt der sich Überwachungsauftrag auf die zukünftige Geschäftspolitik, andere grundsätzliche Fragen der Unternehmensplanung und bevorstehende Geschäfte von herausragender Bedeutung.[12] Letzteres zeigen vor allem §§ 90 Abs. 1 Satz 1 Nr. 1 und 111 Abs. 4 Satz 2 AktG. Im Rahmen der präventiven Überwachung muss der Aufsichtsrat den Vorstand beratend begleiten.[13] Ihre Grenze findet die präventive Überwachung in § 111 Abs. 4 Satz 1 AktG. Nach dieser Vorschrift können Maßnahmen der Geschäftsführung dem Aufsichtsrat nicht übertragen werden. Anderenfalls wäre eine Vermengung von Leitung und Überwachung zu befürchten.[14] Dieses tragende Prinzip des dualen Systems wird nur punktuell durchbrochen, zB bei der Erteilung des Prüfungsauftrags an den Abschlussprüfer (§ 111 Abs. 2 Satz 3 AktG), bei der Vertretung der AG gegenüber Vorstandsmitgliedern (§ 112 Satz 1 AktG) und im Beschlussmängelprozess (§ 246 Abs. 2 Satz 2, 3 Hs. 1 AktG). In diesen Fällen agiert der Aufsichtsrat – allein oder gemeinsam mit dem Vorstand – ausnahmsweise als gesetzlicher Vertreter der AG und damit unmittelbar geschäftsführend. Im Übrigen muss die Satzung oder der Aufsichtsrat bestimmen, dass der Vorstand bestimmte Arten von Geschäften nur mit Zustimmung des Aufsichtsrats vornehmen darf (§ 111 Abs. 4 Satz 2 AktG).

---

[8]   *Hopt* ZHR 2011, 444 (446).
[9]   MünchKomm. AktG/Bd. 2/*Spindler* § 77 Rn. 6.
[10] Spindler/Stilz/*Fleischer* AktG § 77 Rn. 3; *Hüffer/Koch* AktG § 77 Rn. 3; Schmidt/Lutter/ Seibt AktG § 77 Rn. 4.
[11] BGH II ZR 188/89, BGHZ 114, 127 (129 f.) = NJW 1991, 1830 – Deutscher Herold; MünchKomm. AktG/Bd. 2/*Habersack* § 111 Rn. 29.
[12] BGH II ZR 188/89, BGHZ 114, 127 (130) = NJW 1991, 1830 – Deutscher Herold; II ZR 197/93, BGHZ 126, 340 (345) = NJW 1994, 2484; II ZR 175/95, BGHZ 135, 244 (255) = NJW 1997, 1926 – ARAG/Garmenbeck; MünchKomm. AktG/Bd. 2/*Habersack* § 111 Rn. 39.
[13] BGH II ZR 175/95, BGHZ 135, 244 (255) = NJW 1997, 1926 – ARAG/Garmenbeck; Schmidt/Lutter/*Drygala* AktG § 111 Rn. 4, 18.
[14] MünchKomm. AktG/Bd. 2/*Habersack* § 111 Rn. 96.

Auf diese Weise wird zwar kein Weisungsrecht des Aufsichtsrats begründet, aber immerhin ein **Vetorecht**.[15]

Eine besondere Prägung erhält das duale Führungssystem der deutschen AG durch die Gesetze über die **Mitbestimmung der Arbeitnehmer**.[16] Im Einzelnen sind das DrittelbG, das MitbestG, das MontanMitbestG, das MitbestErgG und das MgVG zu nennen. Diese Gesetze beschneiden in erheblichem Maße die Personalhoheit der HV bei der Besetzung des Aufsichtsrats. Dem **DrittelbG** unterliegt eine AG vor allem, wenn sie idR mehr als 500 Arbeitnehmer hat (§ 1 Abs. 1 Nr. 1 Satz 1 DrittelbG). Ihr Aufsichtsrat muss dann zu einem Drittel aus Arbeitnehmervertretern bestehen (§ 4 Abs. 1 DrittelbG). Bei idR mehr als 2.000 Arbeitnehmern kommt das strengere **MitbestG** zur Anwendung (§ 1 Abs. 1 MitbestG). Die Sitze im Aufsichtsrat belaufen sich dann auf eine gerade Zahl und sind gleichmäßig zwischen Aktionärs- und Arbeitnehmervertretern verteilt (§ 7 Abs. 1 MitbestG). Zur Auflösung von Pattsituationen gewährt § 29 Abs. 1 Satz 2 MitbestG dem Vorsitzenden des Aufsichtsrats – in der Praxis stets ein Aktionärsvertreter – ein zweites Stimmrecht. Im Konfliktfall kann die Anteilseignerbank sich somit gegen die Arbeitnehmerbank durchsetzen.[17] Aus diesem Grund ist das MitbestG eine (noch) verhältnismäßige Inhalts- und Schrankenbestimmung iSv Art. 14 Abs. 1 GG.[18] Das MontanMitbestG und das MitbestErgG enthalten branchenspezifische Regeln für Unternehmen der Montanindustrie; ihre praktische Bedeutung ist heute gering. In ausländischen Rechtsordnungen ist eine Mitbestimmung der Arbeitnehmer auf Unternehmensebene zumeist unbekannt.[19]

III. Monistisches Führungssystem

Das Gegenmodell zur dualen Unternehmensverfassung (Rn. 2 f.) ist das monistische System. Hier besteht keine organisatorische Trennung von Leitung und Überwachung. Beide Aufgaben sind vielmehr beim **Verwaltungsrat** (Board) konzentriert. Interessenkonflikte sind somit zu einem gewissen Grad programmiert. So etwa, wenn der Verwaltungsrat über seine eigene Vergütung beschließt.[20] Bei Licht betrachtet ist freilich eine Vielzahl von Board-Modellen mit durchaus unterschiedlicher Prägung anzutreffen: (1) Sind alle Mitglieder des Verwaltungsrats geschäftsführend tätig, werden Leitung und Überwachung in der Tat in einer Hand gebündelt. Strukturell erinnert dieser Typus an die GmbH deutschen Rechts. Er ist vor allem in solchen Rechtsordnungen anzutreffen, die die „öffentliche" Kapitalgesellschaft nur als Spielart der „privaten" Kapitalgesellschaft begreifen, nicht jedoch als eigenständige Rechtsform.[21] Der damit verbundenen Machtfülle wirkt im englischen Recht der **UK Stewardship Code** vom Juli 2010 entgegen. Er hält institutionelle Investoren zu einer stärkeren Einmischung in die Geschäftsführung

---

[15] Bürgers/Körber/*Bürgers/Israel* AktG § 111 Rn. 21; Schmidt/Lutter/*Drygala* AktG § 111 Rn. 49; MünchKomm. AktG/Bd. 2/*Habersack* § 111 Rn. 100; *Hüffer/Koch* AktG § 111 Rn. 33; Spindler/Stilz/*Spindler* AktG § 111 Rn. 62; MHdB GesR IV/*Hoffmann-Becking* § 29 Rn. 51.
[16] Marsch-Barner/Schäfer/*Marsch-Barner* § 2 Rn. 12.
[17] UHH/*Habersack* MitbestG § 29 Rn. 4; Erfurter Komm./*Oetker* MitbestG § 29 Rn. 3.
[18] BVerfG 1 BvR 532, 533/77, 419/78; 1 BvL 21/78, BVerfGE 50, 290 (339 ff.) = NJW 1979, 699.
[19] Wilsing/*von der Linden* Präambel Rn. 32; KBLW/*von Werder* Rn. 126; Hopt ZHR 2011, 444 (503).
[20] Marsch-Barner/Schäfer/*Marsch-Barner* § 2 Rn. 14.
[21] *Baums* in GS Gruson 2009, 1, 8.

der Unternehmen an. Insbesondere sollen sie ihre Beteiligungsgesellschaften aktiv überwachen. Zu diesem Zweck sollen sie auch bereit sein, mit anderen Investoren gemeinsam zu handeln. Im deutschen Recht mit seiner ausgewogenen Gewaltenteilung wäre eine solche Form des „Aktionärs-Aktivismus" hingegen ein störender Fremdkörper.[22] Dennoch: Präambel Abs. 3 DCGK idF v. 7.2.2017 neigt inzwischen – ebenso wie die europäische Gesetzgebung – zu einer stärkeren Indienstnahme der institutionellen Investoren auch im dualen System. (2) Innerhalb des Verwaltungsrats wird zwischen geschäftsführenden und nicht-geschäftsführenden Direktoren unterschieden. In diesem Fall findet zumindest **gremienintern** eine Trennung von Leitung und Überwachung statt. Wie stark sie ausgeprägt ist, hängt von vielen Faktoren ab. Zum Beispiel ist von Bedeutung, ob die nicht-geschäftsführenden Mitglieder in der Mehrheit oder in der Minderheit sind, ob ihre Unabhängigkeit gewährleistet ist (Rn. 66 ff.), ob Weisungsrechte gegenüber den geschäftsführenden Direktoren bestehen usw. Nicht selten übernimmt der Vorsitzende des Verwaltungsrats zugleich die Rolle des leitenden geschäftsführenden Direktors (CEO). Dann sind Leitung und Überwachung in seiner Person denkbar stark vermengt.[23] Das führt zu einer Annäherung an den GmbH-ähnlichen Typus. (3) Schließlich kann neben dem Verwaltungsrat ein formal gesondertes Organ bestehen, dem durch Gesetz oder Satzung besondere Aufgaben zugewiesen sind.[24] Bei diesem Typus sind die Grenzen zum dualen System fließend. In der Rechtsform der SE können auch deutsche Unternehmen eine monistische Verfassung wählen (Art. 38 Buchst. b SE-VO). Bislang machen sie davon aber nur selten Gebrauch. Dies auch, um eine Mitbestimmung von Arbeitnehmern im Leitungsorgan zu vermeiden. Wenig überzeugend erscheinen in diesem Licht politische Bestrebungen, die nationale AG ebenfalls für das monistische System zu öffnen.

IV. Unternehmensinteresse als Leitidee

5   Ein Grundgedanke guter Corporate Governance ist, dass dem Leitungsorgan unternehmerisches Ermessen zusteht und es bei der Ausübung dieses Ermessens auf das Unternehmensinteresse verpflichtet ist. Das gilt auch für den Vorstand einer deutschen AG.[25] Er leitet die Gesellschaft in eigener Verantwortung und führt ihre Geschäfte (§§ 76 Abs. 1, 77 Abs. 1 AktG, vgl. Rn. 2). Dabei müssen seine Mitglieder die Sorgfalt eines ordentlichen und gewissenhaften Geschäftsleiters aufbringen (§ 93 Abs. 1 Satz 1 AktG). Selbstverständlich darf und muss der Vorstand für die AG geschäftliche Risiken eingehen. Das schließt die Gefahr von Fehleinschätzungen und geschäftlichem Misserfolg ein. Bei sachgerechter Vorbereitung seiner Entscheidung soll der Vorstand für solchen Misserfolg aber nicht haften. Vielmehr verbleibt das unternehmerische Risiko bei der Gesellschaft und ihren Kapitalgebern.[26] Gericht-

---

[22] *Bachmann* WM 2011, 1301 (1305); *BRAK* NZG 2012, 96 (97); *Fleischer* ZGR 2011, 155 (164 ff.); *Fleischer/Strothotte* AG 2011, 221; *Hommelhoff* in Liber amicorum M. Winter 2011, 255; *Wilsing* ZGR 2012, 291 (301).
[23] Marsch-Barner/Schäfer/*Marsch-Barner* § 2 Rn. 15.
[24] *Baums* in GS Gruson 2009, 1, 8 f.
[25] BGH II ZR 52/93, BGHZ 125, 239 (246) = NJW 1994, 1410; II ZR 175/95, BGHZ 135, 244 (253) = NJW 1997, 1926 – ARAG/Garmenbeck; 1 StR 215/01, BGHSt 47, 187 (192) = NJW 2002, 1585 – Südwestdeutsche Verkehrs AG; 3 StR 470/04, BGHSt 50, 331 (336) = NJW 2006, 522 – Mannesmann; Großkomm. AktG/*Kort* § 76 Rn. 41.
[26] RegBegr. UMAG BT-Drs. 15/5092, 11; Hölters/*Hölters* AktG § 93 Rn. 31; MünchKomm. AktG/Bd. 2/*Spindler* § 93 Rn. 5; *von der Linden* NZG 2013, 208 (210); *Schäfer* ZIP 2005, 1253.

lich ist eine unternehmerische Entscheidung daher nur eingeschränkt überprüfbar.[27] Vor allem dürfen die Gerichte sie nicht durch eigenes Ermessen ersetzen. Diese Selbstverständlichkeit – bezeichnet als **Business Judgement Rule** – ist höchstrichterlich schon lange anerkannt.[28] Seit dem UMAG v. 22.9.2005 kommt sie auch in § 93 Abs. 1 Satz 2 AktG zum Ausdruck. Nach dieser Vorschrift scheidet bei unternehmerischen Entscheidungen eine Pflichtverletzung aus, wenn das Vorstandsmitglied vernünftigerweise annehmen durfte, auf der Grundlage angemessener Information zum Wohl der Gesellschaft zu handeln. All das wirft die Frage auf, wie das Unternehmensinteresse bzw. das Wohl der Gesellschaft zu begreifen ist.

Nach zutreffender hM beruht das Unternehmensinteresse auf einem pluralen Konzept.[29] Kurz wird dieses Konzept als „**Stakeholder Value**" bezeichnet. Dahinter steht der Gedanke, dass im Unternehmen einer AG unterschiedliche Interessen zusammenkommen. Träger dieser Interessen sind die Aktionäre als Kapitalgeber, die Arbeitnehmer und die Öffentlichkeit (Gemeinwohl). Bestätigt wird dieser Ansatz durch die Gesetzesmaterialien zum AktG 1965.[30] Auch der DCGK greift ihn auf. Dort heißt es, dass in das Unternehmensinteresse Belange der Aktionäre, der Arbeitnehmer und der sonstigen dem Unternehmen verbundenen Gruppen einfließen (Ziff. 4.1.1 DCGK). Bei allen unternehmerischen Entscheidungen muss der Vorstand die verschiedenen Interessenströme erkennen, abwägen und in Einklang bringen. Auf diese Weise kann er das Unternehmensinteresse im Einzelfall bestimmen bzw. konkretisieren. So darf er über das gesetzliche Minimum und Marktstandards hinaus Mittel aufwenden, um Arbeitnehmer am Arbeitsplatz zu schützen, zu motivieren oder abzusichern.[31] Ebenso darf er soziale Zwecke fördern; zu denken ist an Kunst, Wissenschaft, Umwelt und Sport, aber auch an Parteispenden.[32] Das gilt umso mehr, als derartige Maßnahmen die öffentliche Wahrnehmung des Unternehmens beeinflussen und somit wertsteigernd wirken können. Sachfremden Erwägungen darf der Vorstand jedoch keinen Raum geben. Diesen Umstand betont Ziff. 4.3.1 Satz 2 DCGK (Rn. 40). Danach dürfen Vorstandsmitglieder keine persönlichen Interessen verfolgen und keine Geschäftschancen des Unternehmens für sich nutzen. Ebenso wenig dürfen sie auf den Vorteil von Personen oder Unternehmen bedacht sein, die ihnen persönlich nahestehen. Etwas anderes gilt nur, wenn und soweit das persönliche Interesse sich mit dem Unternehmensinteresse deckt.[33]

Im Umkehrschluss ist der Vorstand weder berechtigt noch verpflichtet, bei seinen Entscheidungen die Interessen der Arbeitnehmer oder der Allgemeinheit auszublenden. Trotzdem besteht im Schrifttum eine Strömung, die die Belange der Aktionäre stärker gewichtet als die Belange der übrigen Interessengruppen.[34] Sie

---

[27] Spindler/Stilz/*Fleischer* AktG § 93 Rn. 75; Großkomm. AktG/*Hopt* § 93 Rn. 200.
[28] BGH II ZR 175/95, BGHZ 135, 244 (253) = NJW 1997, 1926 – ARAG/Garmenbeck.
[29] BGH II ZR 156/73, BGHZ 64, 325 (331) = NJW 1975, 1412 – Bayer; *Hüffer/Koch* AktG § 76 Rn. 30; Kölner Komm./*Mertens/Cahn* § 76 Rn. 15; *Junge* in FS v. Caemmerer 1978, 547, 556; *Raisch* in FS Hefermehl 1976, 347, 362 f.; *Wilsing/von der Linden* ZHR 2014, 419 (430 f.).
[30] RegBegr. *Kropff* S. 97.
[31] Großkomm. AktG/*Kort* § 76 Rn. 58 f.; MünchKomm. AktG/Bd. 2/*Spindler* § 76 Rn. 83; *Zöllner* AG 2003, 2 (8).
[32] BGH 1 StR 215/01, BGHSt 47, 187 (192) = NJW 2002, 1585 – Südwestdeutsche Verkehrs AG; Großkomm. AktG/*Kort* § 76 Rn. 65; *Fleischer* AG 2001, 171 (175).
[33] RegBegr. UMAG BT-Drs. 15/5092, 11; Spindler/Stilz/*Fleischer* AktG § 93 Rn. 72; Hölters/*Hölters* AktG § 93 Rn. 38; Kölner Komm./*Mertens/Cahn* § 93 Rn. 26.
[34] Spindler/Stilz/*Fleischer* AktG § 76 Rn. 37; Schmidt/Lutter/*Seibt* AktG § 76 Rn. 23; *Mülbert* in FS Röhricht 2005, 421, 424 ff.

wird mit dem Schlagwort „**Shareholder Value**" belegt. In ihrer strengsten Ausprägung erhebt diese Lehre das Aktionärsinteresse sogar zum alleinigen Maßstab für das Vorstandshandeln. Damit sind freilich keine individuellen Aktionärsinteressen gemeint. Vielmehr geht es um das gemeinschaftliche Interesse aller Aktionäre am Bestand des Unternehmens und an der Steigerung des Unternehmenswerts. Die Schwäche dieses Konzepts ist, dass es nicht hinreichend zwischen der Kapitalgesellschaft einerseits und deren Unternehmen andererseits differenziert. Die Kapitalgesellschaft ist zwar in der Tat eine Veranstaltung der Aktionäre. Sie versteht sich aber allein als Unternehmensträgerin. Das getragene Unternehmen ist demgegenüber notwendig eine soziale Veranstaltung.[35] Denn hier fließen neben dem Eigenkapital noch weitere sachliche und persönliche Werte ein. Das sind namentlich Arbeitskraft, Fremdkapital, das Vertrauen der Kunden usw. Vor diesem Hintergrund kann nicht überzeugen, dass der Vorstand sich allein oder auch nur vorrangig von Aktionärsinteressen leiten lassen muss.

8 Im Interesse aller Stakeholder (also der Aktionäre, der Arbeitnehmer und der Öffentlichkeit) liegen der Bestand des Unternehmens und eine nachhaltige Wertschöpfung. Für die Aktionäre als Kapitalgeber und die Arbeitnehmer folgt dieses Interesse aus der Natur der Sache. Nachhaltige Wertschöpfung fördert aber auch das Gemeinwohl. Denn ein öffentliches Interesse an unrentablen Wirtschaftseinheiten kann es nicht geben.[36] Dementsprechend sind Vorstand und Aufsichtsrat gehalten, auf eine **dauerhafte Rentabilität** des Unternehmens hinzuwirken.[37] Darin liegt nicht nur ein ökonomisches Gebot, sondern auch eine rechtliche Verpflichtung. Sie kommt inzwischen in mehreren gesetzlichen Bestimmungen zum Ausdruck. Insbesondere muss der Vorstand ein Überwachungssystem installieren, das bestandsgefährdende Entwicklungen frühzeitig erkennt (§ 91 Abs. 2 AktG). Ferner ist bei börsennotierten Gesellschaften die Struktur der Vorstandsvergütung auf eine nachhaltige Unternehmensentwicklung auszurichten (§ 87 Abs. 1 Satz 2 AktG). Variable Vergütungsbestandteile sollen daher eine mehrjährige Bemessungsgrundlage haben (§ 87 Abs. 1 Satz 3 Hs. 1 AktG). Damit korrespondiert, dass für die erstmalige Ausübung von Bezugsrechten aus Aktienoptionen der Vorstandsmitglieder eine Wartezeit von mindestens vier Jahren gilt (§ 193 Abs. 2 Nr. 4 AktG). All das rückt langfristiges Unternehmenswohl in das Zentrum der variablen Vergütung.[38] Überdies betonen die Gesetzesmaterialien zum UMAG, dass das Wohl der Gesellschaft iSv § 93 Abs. 1 Satz 2 AktG eine „langfristige Ertragsstärkung und Wettbewerbsfähigkeit des Unternehmens" einschließt.[39]

---

[35] MünchKomm. AktG/Bd. 2/*Spindler* § 76 Rn. 68.
[36] *Hüffer/Koch* AktG § 76 Rn. 34.
[37] OLG Hamm 8 U 59/94, AG 1995, 512 (514); *Hüffer/Koch* AktG § 76 Rn. 34; Großkomm. AktG/*Kort* § 76 Rn. 52; MünchKomm. AktG/Bd. 2/*Spindler* § 76 Rn. 74; Hölters/*Weber* AktG § 76 Rn. 19; Semler/Peltzer/*Richter* § 4 Rn. 22; *Goette* in FS 50 Jahre BGH 2000, 123, 127; *Hüffer* in FS Raiser 2005, 163, 168 ff.; *Junge* in FS v. Caemmerer 1978, 547, 554 f.
[38] Fraktionsbegr. VorstAG BT-Drs. 16/12278, 5.
[39] RegBegr. UMAG BT-Drs. 15/5092, 11.

B. Grundlagen zum DCGK

I. Gesetzlicher Anker

Die Corporate Governance der deutschen AG beruht im Wesentlichen auf gesetzlichen Vorgaben. Namentlich trifft das Gesetz detaillierte Regelungen zu den Gesellschaftsorganen, ihrer inneren Verfassung und ihren jeweiligen Kompetenzen. Diese Vorgaben sind zumeist zwingender Natur. Selbst die Satzung kann von ihnen nur abweichen, wenn und soweit es ausdrücklich zugelassen ist (§ 23 Abs. 5 Satz 1 AktG). Dennoch verbleiben gewisse Freiräume. Dort setzen die **Empfehlungen des DCGK** an und stellen ergänzende Gestaltungs- und Verhaltensstandards auf. Für die Gesellschaftsorgane und deren Mitglieder sind sie unverbindlich (Rn. 15). Das gilt schon deshalb, weil der Kodex nicht in einem parlamentarischen Verfahren zustande kommt. Stattdessen wird er von einer Regierungskommission erstellt, regelmäßig überprüft und bei Bedarf an nationale und internationale Entwicklungen angepasst (Rn. 11 f.). § 161 AktG bildet die **Schnittstelle** zwischen den unverbindlichen Empfehlungen des Kodex und dem zwingenden Gesetzesrecht. Er verpflichtet die Leitungs- und Überwachungsorgane börsennotierter Gesellschaften, sich jährlich zu den Empfehlungen des DCGK zu erklären (§ 161 Abs. 1 Satz 1 AktG). Dieselbe Pflicht trifft die Organe solcher Gesellschaften, die den regulierten Kapitalmarkt anderweitig in Anspruch nehmen (§ 161 Abs. 1 Satz 2 AktG). Ihre sog. Entsprechenserklärung müssen die Organe in der jeweils aktuellen Fassung dauerhaft öffentlich zugänglich machen (§ 161 Abs. 2 AktG). Auf diese Weise entsteht ein **Comply-or-explain-Konzept** nach britischem Vorbild (Rn. 10).[40] Zum einen sind Vorstand und Aufsichtsrat somit gehalten, die eigene Unternehmensverfassung kritisch zu reflektieren; zum anderen wird der Kapitalmarkt laufend über den aktuellen Stand der Corporate Governance informiert (Rn. 90). Zugleich erzeugt die Publizität der Entsprechenserklärung einen **faktischen Druck** auf die Organe, den Empfehlungen des Kodex zu folgen (Rn. 90). Näher zum Ganzen s. Rn. 90 ff.; zur Verfassungsmäßigkeit dieses Konzepts s. Rn. 17.

II. Entstehung

Die deutsche Rechtsordnung macht seit jeher eingehende gesetzliche Vorgaben zur Innenverfassung der AG. Für individuelle Gestaltungen in der Satzung, in einer Geschäftsordnung oder durch schlichten Gremienbeschluss bleibt nur wenig Raum (Rn. 9). Ein derart enges gesetzliches Korsett schnüren Staaten wie die USA oder England nicht. Dementsprechend kam zuerst dort die Frage auf, ob das Gesetzesrecht durch (unverbindliche) Grundsätze „guter" Unternehmensführung zu flankieren sei.[41] Aus dem **angloamerikanischen Rechtskreis** heraus entwickelte sich dann auch die Praxis, derartige Governance-Regeln in Kodizes niederzulegen. Vorreiter bei der Schaffung eines einheitlichen Kodex war England.[42] Meilensteine waren der sog. Cadbury-Bericht von 1992 und der sog. Greenbury-Bericht von

---

[40] Hölters/*Hölters* AktG § 161 Rn. 1; Kölner Komm./*Lutter* § 161 Rn. 8; Schmidt/Lutter/*Spindler* AktG § 161 Rn. 3; *Baums* Bericht der Regierungskommission 2001, Rn. 8 ff.
[41] Wilsing/*von der Linden* Präambel Rn. 3; *U. H. Schneider/Strenger* AG 2000, 106 (107); *Seibert* BB 2002, 581; *Wernsmann/Gatzka* NZG 2011, 1001.
[42] Bürgers/Körber/*Runte/Eckert* AktG § 161 Rn. 89; *Borges* ZGR 2003, 508 (510).

1995. Auf diesen Grundlagen entstand im Jahr 1998 der britische **Combined Code**, der 2010 vom UK Corporate Governance Code abgelöst wurde. Weltweit diente der Combined Code späteren Kodizes als Vorbild.[43]

11 So auch in Deutschland: Im Mai 2000 setzte der damalige Bundeskanzler Gerhard Schröder eine „Regierungskommission Corporate Governance" ein (sog. Baums-Kommission). Sie sollte Defizite im deutschen System der Unternehmensleitung und Unternehmenskontrolle aufdecken und Verbesserungsvorschläge unterbreiten. Im Juli 2001 legte die Kommission ihren Abschlussbericht vor. Dieser empfahl, eine weitere Kommission einzusetzen, die einen einheitlichen Kodex für die Unternehmensleitung und -überwachung erstellt.[44] Daraufhin berief das BMJ am 6.9.2001 die „Regierungskommission DCGK" (damals sog. Cromme-Kommission).[45] Sie bestand im Wesentlichen aus Vertretern der Privatwirtschaft sowie der Rechts- und Wirtschaftswissenschaften. Das sollte es der deutschen Wirtschaft ermöglichen, Gestaltungs- und Verhaltensstandards im Wege der **Selbstorganisation** zu entwickeln.[46] Zudem wollte das BMJ von vornherein den Anschein politischer Einmischung vermeiden.[47] Am 26.2.2002 überreichte die Kommission dem BMJ die erste Fassung des DCGK.[48] Diese Fassung machte das BMJ am 30.8.2002 nach rechtlicher Prüfung im amtlichen Teil des elektronischen Bundesanzeigers bekannt.[49] In engem zeitlichen Zusammenhang trat am 26.7.2002 Art. 1 Nr. 16 TransPuG in Kraft und schuf § 161 AktG als gesetzlichen Anker (Rn. 9, 90 ff.).

12 Mit der Ausarbeitung der ursprünglichen Kodexfassung ist der Auftrag der Kommission nicht erledigt. Vielmehr ist die Kommission ein **dauerhaftes Gremium** (standing commission).[50] Ausweislich Präambel Abs. 12 DCGK prüft sie den Kodex vor dem Hintergrund nationaler und internationaler Entwicklungen und passt ihn bei Bedarf an. Als Regelfall ist dabei ein jährlicher Turnus vorgesehen. Bislang gelangte die Kommission allerdings nur in den Jahren 2004, 2011 und 2016 zu dem Ergebnis, dass kein Anlass für Änderungen bestand; im Jahr 2014 beschränkte sie sich auf einige technische Details bei den Mustertabellen zu Ziff. 4.2.5 Abs. 3 Satz 2 DCGK (Rn. 39). Im Übrigen ergab sich eine rasche Abfolge von umfangreichen **Novellen**.[51] Das ist durchaus kritisch zu sehen. Größere Intervalle würden es den Unternehmen erlauben, Erfahrungen mit einzelnen Standards zu sammeln und eine belastbare Best Practice zu entwickeln. Überdies könnte die Kommission ihre Novellen sorgfältiger vorbereiten und deren Folgen besser abschätzen.[52] Immerhin führt die Kommission seit dem Jahr 2012 öffentliche Konsultationen zu ihren Plänen durch. Im Sommer 2014 hat sie außerdem signalisiert, künftig mehr Zurückhaltung bei Änderungen und Ergänzungen des Kodex zu üben; den Schwerpunkt

---

[43] Kölner Komm./*Lutter* § 161 Rn. 8; Wilsing/*von der Linden* Präambel Rn. 4; *Baums* Bericht der Regierungskommission 2001, Rn. 5; *Borges* ZGR 2003, 508 (510); *Hopt* ZHR 2011, 444 (455).
[44] *Baums* Bericht der Regierungskommission 2001, Rn. 17.
[45] Kölner Komm./*Lutter* § 161 Rn. 9.
[46] Wilsing/*von der Linden* Präambel Rn. 7; Kölner Komm./*Lutter* § 161 Rn. 9; KBLW/*von Werder* Rn. 22.
[47] *Seibert* BB 2002, 581 (582).
[48] KBLW/*Bachmann* Rn. 78.
[49] EBAnz AT 1/2002 v. 30.8.2002, B 1.
[50] KBLW/*von Werder* Rn. 172; Marsch-Barner/Schäfer/*Marsch-Barner* § 2 Rn. 33.
[51] Dazu im Einzelnen Wilsing/*von der Linden* Präambel Rn. 45.
[52] Wilsing/*von der Linden* Präambel Rn. 46; *Hopt* ZHR 2011, 444 (460); Wilsing/*von der Linden* DStR 2012, 1391 (1394).

ihrer Arbeit werde sie einstweilen im Dialog mit dem Gesetzgeber, Regulatoren und anderen Akteuren setzen.[53] Am 5.5.2015 sowie am 7.2.2017 ist die Kommission von dieser Ankündigung freilich wieder abgewichen und hat jeweils umfangreiche Änderungen ihres Regelwerks beschlossen. Zu weiteren aktuellen Entwicklungen der Corporate-Governance-Debatte s. Rn. 108.

III. Funktion und Ziele

Die Ziele des Kodex werden in kompakter Form in seiner Präambel skizziert. Dort heißt es zunächst, der Kodex stelle wesentliche gesetzliche Vorschriften zur Leitung und Überwachung deutscher börsennotierter Gesellschaften dar; außerdem enthalte er international und national anerkannte Standards guter und verantwortungsvoller Unternehmensführung (Präambel Abs. 1 Satz 1 DCGK). Mit dieser Gegenüberstellung von deskriptiven Passagen und ergänzenden Standards gibt die Präambel einen ersten Hinweis auf die **Systematik** des Kodex. Funktional steht sie im Zusammenhang mit Präambel Abs. 8 DCGK. Denn dort wird genauer zwischen Empfehlungen, Anregungen und deskriptiven Passagen unterschieden (Rn. 15). Darüber hinaus soll der Kodex das deutsche Corporate-Governance-System transparent und nachvollziehbar machen (Präambel Abs. 1 Satz 2 DCGK). Diese Aufgabe kommt den deskriptiven Kodexpassagen zu. Sie fassen zu Informationszwecken wesentliche Grundzüge der Unternehmensleitung und -kontrolle in Deutschland zusammen, ohne eigenständige Regelungen zu treffen (Rn. 15). Zugedacht sind diese Informationen in erster Linie Kapitalmarktteilnehmern jeglicher Herkunft, daneben aber auch sonstigen Interessenten (zB Analysten, Journalisten, Wissenschaftlern, Behörden usw). Von besonderer Bedeutung sind die kompakten Darstellungen des Kodex für ausländische Investoren.[54] Das gilt namentlich für Investoren aus dem angelsächsischen Rechtskreis, die an monistische Verwaltungssysteme gewöhnt sind (Rn. 4). Als weiteres Ziel möchte der Kodex das Vertrauen der nationalen und internationalen Anleger, der Kunden, der Mitarbeiter und der Öffentlichkeit in die Leitung und Überwachung deutscher börsennotierter Gesellschaften fördern (Präambel Abs. 1 Satz 3 DCGK). Im Mittelpunkt stehen hierbei die Empfehlungen und Anregungen (Rn. 15). Sie zielen darauf, zusätzlich zum geltenden Recht Standards zu setzen und damit – aus der Perspektive der Regierungskommission – die Qualität der Corporate Governance zu verbessern.[55]

IV. Adressaten

Adressaten des Kodex sind vor allem **börsennotierte Gesellschaften** (Präambel Abs. 10 Satz 1 DCGK). Deren Aktien sind zu einem Markt zugelassen, der von staatlich anerkannten Stellen geregelt und überwacht wird, regelmäßig stattfindet und für das Publikum mittelbar oder unmittelbar zugänglich ist (§ 3 Abs. 2 AktG). In Deutschland erfüllt diese Anforderungen nur der regulierte Markt (§§ 32 ff. BörsG). Etwas anderes gilt für den Freiverkehr (§ 48 BörsG). Denn er ist rein privatrechtlich und nicht von staatlich anerkannten Stellen organisiert.[56] Daneben wendet der

---
[53] *Theisen* DB 2014, 2057 (2061).
[54] KBLW/*von Werder* Rn. 102.
[55] KBLW/*von Werder* Rn. 103.
[56] RegBegr. KonTraG BT-Drs. 13/9712, 12; OLG München 31 Wx 62/07, NZG 2008, 755 (758); MünchKomm. AktG/Bd. 1/*Doralt/Diregger* § 3 Rn. 38; Spindler/Stilz/*Drescher* AktG § 3 Rn. 5; *Hüffer/Koch* AktG § 3 Rn. 6.

Kodex sich auch an solche Gesellschaften, die ausschließlich andere Wertpapiere als Aktien zum Handel an einem organisierten Markt iSd § 2 Abs. 11 WpHG ausgegeben haben und deren Aktien auf eigene Veranlassung über ein multilaterales Handelssystem iSd § 2 Abs. 8 Satz 1 Nr. 8 WpHG gehandelt werden (Präambel Abs. 10 Satz 1 DCGK iVm § 161 Abs. 1 Satz 2 AktG, Rn. 91). Die **Rechtsform** der Gesellschaft spielt keine Rolle. Weil Börsenfähigkeit vorausgesetzt ist, sind im Einzelnen AG, KGaA und SE erfasst.[57] Die Einbeziehung von KGaA und SE ist durchaus problematisch. Zahlreiche Empfehlungen und Anregungen sind speziell auf die Rechtsform der AG zugeschnitten. Auf die KGaA oder die (monistische) SE passen sie weder direkt noch entsprechend.[58] Nicht angesprochen sind hingegen Gesellschaften ausländischer Rechtsform. Das gilt auch dann, wenn sie an einer deutschen Börse notiert sind.[59]

V. Bestandteile

15 Die Bestimmungen des Kodex lassen sich unterscheiden in Empfehlungen, Anregungen und gesetzesbeschreibende Passagen. **Empfehlungen** sind gekennzeichnet durch die Verwendung des Worts „soll" (Präambel Abs. 8 Satz 1 DCGK). Allein diese Empfehlungen sind die Bezugspunkte der Entsprechenserklärung, die Vorstand und Aufsichtsrat jährlich abgeben und auf der Internetseite der Gesellschaft veröffentlichen müssen (Rn. 92). Für ihre Adressaten sind sie in keiner Weise bindend. Es steht den Gesellschaften bzw. deren Verwaltung jederzeit frei, ihnen zu folgen oder sie zu verwerfen.[60] Erforderlich ist nur, dass die Organe zutreffend erklären, ob sie die Empfehlungen einhalten. **Anregungen** sind im Text des Kodex durch das Wort „sollte" markiert (Präambel Abs. 8 Satz 6 Hs. 2 DCGK). Von ihnen dürfen die Gesellschaften abweichen, ohne dies offenzulegen. Auch in der Erklärung zur Unternehmensführung (§§ 289f, 315d HGB) müssen die Gesellschaften sich nicht zu den Anregungen äußern.[61] Berücksichtigung finden sie allenfalls im Corporate-Governance-Bericht (Ziff. 3.10 Satz 1 und 2 DCGK, Rn. 24). Insgesamt bleibt die praktische Bedeutung der Anregungen somit gering. Im Wesentlichen dienen sie dazu, einen Standard zunächst zu erproben; nach einer „Bewährungsphase" kann die Regierungskommission ihn dann zur Empfehlung aufwerten.[62] In diesem Sinne ging sie vor mit den Regeln zum Abfindungs-Cap (Ziff. 4.2.3 Abs. 4 DCGK, Rn. 37), zu Leistungen aus Anlass der vorzeitigen Beendigung der Vorstandstätigkeit infolge eines Kontrollwechsels (Ziff. 4.2.3 Abs. 5 DCGK, Rn. 38), zur Tagung des Aufsichtsrats ohne den Vorstand (Ziff. 3.6 Abs. 2 DCGK) und zum Vorsitz im Prüfungsausschuss (Ziff. 5.3.2 Abs. 3 Satz 2 und 3 DCGK, Rn. 52, 56). Die sonstigen Bestandteile des Kodex sind **deskriptiver Natur**. Sie geben lediglich geltendes Gesetzesrecht wieder oder interpretieren es (Präambel Abs. 8 Satz 7 DCGK). Damit erfüllt der Kodex seine Informationsfunktion, spricht also Kapitalmarktteilnehmer

---

[57] KBLW/*von Werder* Rn. 161; MHdB GesR IV/*Hoffmann-Becking* § 34 Rn. 2.
[58] Wilsing/*von der Linden* AktG § 161 Rn. 8 f.
[59] Wilsing/*von der Linden* Präambel Rn. 43; KBLW/*von Werder* Rn. 160.
[60] RegBegr. TransPuG BT-Drs. 14/8769, 22; *Hüffer/Koch* AktG § 161 Rn. 20; Kölner Komm./*Lutter* § 161 Rn. 10; Schmidt/Lutter/*Spindler* AktG § 161 Rn. 16, 29; *Kleindiek* in FS Goette 2011, 239, 244; *Seibert* BB 2002, 581 (583); *Vetter* NZG 2008, 121 (122).
[61] Wilsing/*von der Linden* AktG § 161 Rn. 13, HGB § 289a Rn. 19, Präambel Rn. 39.
[62] RegBegr. TransPuG BT-Drs. 14/8769, 21; Wilsing/*von der Linden* Präambel Rn. 40; KBLW/*von Werder* Rn. 154; *Klein* AG 2012, 805 (813).

und sonstige Interessenten an (Präambel Abs. 1 Satz 2 DCGK, Rn. 13). Für die Gesellschaften und ihre Organe sind diese Passagen ohne Belang. Nicht sie, sondern allein die beschriebenen Rechtsnormen begründen Rechte und Pflichten.

VI. Rechtsnatur

Empfehlungen und **Anregungen** des Kodex sind abstrakt-generell gefasst und bestehen aus einer Tatbestands- und einer Folgenkomponente. Sie bilden also sog. Konditionalprogramme (Wenn-Dann-Schemata). Erkennbar beabsichtigen sie auch, die jeweils vorgesehene Folge durchzusetzen. Aus technischer Perspektive handelt es sich damit um **Normen**.[63] Rechtsnormen iSv Art. 2 EGBGB sind sie aber nicht. Dafür fehlt es am staatlich legitimierten Geltungsanspruch und der damit einhergehenden Verbindlichkeit. In das konventionelle Rechtsquellensystem (Verfassungsrecht, formelles Gesetz, Rechtsverordnung, Satzung, Verwaltungsvorschrift) lassen sie sich nicht einordnen.[64] Auch eine Klassifizierung als Gewohnheitsrecht oder Handelsbrauch scheidet aus.[65] Ihre umgangssprachliche Bezeichnung als „soft law" ändert daran nichts.[66] Sie ist irreführend und sollte vermieden werden. Die **deskriptiven Passagen** des Kodex sind rechtlich ein Nullum. Ausweislich Präambel Abs. 8 Satz 7 DCGK haben sie keine Regelungsfunktion, sondern **rein informativen Charakter**. Selbst für die Auslegung des Gesetzes sind sie ohne besondere Bedeutung.[67] Von daher ist hinnehmbar, dass die Regierungskommission ihrer Verständlichkeit einen höheren Stellenwert beimisst als der juristischen Genauigkeit.

16

VII. Verfassungsmäßigkeit

Gegen das Kodexkonzept werden in verschiedener Hinsicht verfassungsrechtliche Bedenken geäußert. Sie setzen an beim **Demokratieprinzip** (Art. 20 Abs. 2 Satz 2 GG), beim **Gesetzesvorbehalt** (Art. 20 Abs. 3 GG) sowie bei der **Berufsfreiheit** der betroffenen Gesellschaften und Organwalter (Art. 12 Abs. 1 GG).[68] Im Ergebnis sind diese Bedenken unbegründet. Der Kodex selbst lässt sich ohnehin nicht am Maßstab des GG messen. Insbesondere eine verfassungsrechtliche Nichtigkeitsprüfung ginge an der Sache vorbei. Sie passt allein auf einen staatlichen Rechtsakt. Als solcher ist der Kodex aber nicht zu begreifen.[69] Zwar entscheidet das BMJV als staatliche Stelle über die Zusammensetzung der Regierungskommission DCGK. Die Kommission ist aber ungeachtet dessen ein Gremium aus privaten Sachverständigen (Rn. 11). Auch auf den Inhalt des Kodex nimmt der Staat keinen

17

---

[63] *Hüffer/Koch* AktG § 161 Rn. 3; Wilsing/*von der Linden* Präambel Rn. 8; Schmidt/Lutter/*Spindler* AktG § 161 Rn. 8.
[64] Wilsing/*von der Linden* Präambel Rn. 8; *Ulmer* ZHR 2002, 150 (158 ff.); *Wernsmann/Gatzka* NZG 2011, 1001 (1004).
[65] MünchKomm. AktG/Bd. 3/*Goette* § 161 Rn. 24; Wilsing/*von der Linden* AktG § 161 Rn. 12, Präambel Rn. 8; aA *Peltzer* NZG 2002, 10 (11).
[66] Schmidt/Lutter/*Spindler* AktG § 161 Rn. 8; *Ulmer* ZHR 2002, 150 (161).
[67] Wilsing/*von der Linden* Präambel Rn. 8.
[68] *Hüffer/Koch* AktG § 161 Rn. 4; *Hoffmann-Becking* in FS Hüffer 2010, 337, 341 f.; *Seidel* ZIP 2004, 285 (291); *Wernsmann/Gatzka* NZG 2011, 1001 (1002); *Wolf* ZRP 2002, 59.
[69] OLG München 7 U 5628/07, NZG 2009, 508 (509) – MAN; Wilsing/*von der Linden* Präambel Rn. 10; *Claussen/Bröcker* DB 2002, 1199; *Seibert* BB 2002, 581 (582); *Seibt* AG 2002, 249 (250).

erkennbaren Einfluss. Der Umstand, dass der Staat den Kodex und seine Änderungen im amtlichen Teil des Bundesanzeigers bekannt macht, ändert daran nichts.[70] Die staatliche Bekanntmachung ist ein rein formaler Akt. Eine inhaltliche Billigung ist mit ihr nicht verbunden. Ebenso wenig lässt sich sagen, dass § 161 AktG den Empfehlungen des Kodex **gesetzesgleiche Wirkung** verleihe. Im Ergebnis steht es den Organen frei, den Empfehlungen zu folgen oder sie – unter Angabe von Gründen – abzulehnen.[71] Rechtliche Nachteile verursacht eine Abweichung nicht. Auch der Kapitalmarkt wird eine nachvollziehbare Abweichung in aller Regel hinnehmen (Rn. 92). Kurzum: Sanktioniert wird nicht kodexwidriges Verhalten, sondern nur eine unterlassene oder unrichtige Erklärung.[72] Als Kritikpunkt bleibt, dass die Besetzung der Kommission gesetzlich nicht geregelt ist.[73] Darin muss man aber kein verfassungsrechtliches Problem sehen.

C. Schwerpunkte des DCGK

I. Aktionärsrechte in der Hauptversammlung

1. Grundlagen

18 Die AG ist die Rechtsform der Großunternehmen. In aller Regel ist eine **Vielzahl von Aktionären** an diesen Gesellschaften beteiligt. Auch international betrachtet sind deutsche Aktien breit gestreut. Empirische Studien zeigen, dass per Mai 2014 rund 57,1 % der Anteile deutscher börsennotierter Gesellschaften von ausländischen Investoren gehalten wurden.[74] Bei den DAX30-Unternehmen betrug die Quote sogar 63,7 %.[75] Hinzu kommt, dass sich der Aktionärskreis – insb. bei börsennotierten Gesellschaften – permanent verändert. Eine Zusammenkunft der Aktionäre ist somit offenkundig eine schwerfällige Veranstaltung. Verstärkt wird dieser Effekt noch durch die lähmende Wirkung einer Anfechtungs- oder Nichtigkeitsklage (§§ 241 ff. AktG). Deshalb ist die HV auch nicht als Leitungsorgan konzipiert. Sie entscheidet lediglich innerhalb ihrer engen gesetzlichen Zuständigkeiten. Zu nennen sind etwa die Verwendung des Bilanzgewinns, die Entlastung der Vorstands- und Aufsichtsratsmitglieder, die Wahl der Aufsichtsratsmitglieder und Abschlussprüfer, Kapital- und Strukturmaßnahmen sowie Satzungsänderungen (§ 119 Abs. 1 AktG). Maßnahmen der Geschäftsführung gehören hierher grundsätzlich nicht (§ 119 Abs. 2 AktG). Die HV kann sich auch nicht selbst durch Beschluss zuständig machen.[76] Die breite Streuung der Aktien hat außerdem zur Folge, dass viele Aktionäre gar nicht oder zumindest nicht persönlich an der HV teilnehmen. Das gilt in erster Linie für Kleinanleger. Beschrieben wird dieses Phänomen mit

---

[70] AA *Heintzen* ZIP 2004, 1933 (1935); *Hoffmann-Becking* in FS Hüffer 2010, 337, 340; *Wernsmann/Gatzka* NZG 2011, 1001 (1003 f.); *Wolf* ZRP 2002, 59 (60).
[71] RegBegr. TransPuG BT-Drs. 14/8769, 22; *Seibert* BB 2002, 581 (583).
[72] *Theisen* DB 2014, 2057 (2059).
[73] MünchKomm. AktG/Bd. 3/*Goette* § 161 Rn. 30; Marsch-Barner/Schäfer/*Marsch-Barner* § 2 Rn. 46; *Hoffmann-Becking* in FS Hüffer 2010, 337, 344.
[74] *Deutsche Bundesbank* Monatsbericht Sept. 2014, 23 f.
[75] *Deutsche Bundesbank* Monatsbericht Sept. 2014, 26 f.
[76] *Hüffer/Koch* AktG § 119 Rn. 11; MünchKomm. AktG/Bd. 3/*Kubis* § 119 Rn. 18; Großkomm. AktG/*Mülbert* § 119 Rn. 38; Schmidt/Lutter/*Spindler* AktG § 119 Rn. 14; Kölner Komm./*Zöllner* § 119 Rn. 25.

C. Schwerpunkte des DCGK 19 § 25

dem Schlagwort „rationale Apathie".[77] Das Gesetz wirkt ihm in verschiedener Hinsicht entgegen. Zunächst gestattet es – in Abkehr von § 38 Satz 2 BGB – eine **Stimmrechtsvertretung.** Vorgenommen wird sie durch Depotbanken, Aktionärsvereinigungen oder beliebige Dritte (§ 134 Abs. 3, § 135 AktG). Dadurch sollen die Präsenzen erhöht und „Zufallsmehrheiten" vermieden werden.[78] Überdies hat das ARUG v. 30.7.2009 Möglichkeiten zur **Online-Teilnahme** und zur **Briefwahl** eingeführt (§ 118 Abs. 1 Satz 2, Abs. 2 AktG). Die Gesetzesmaterialien sehen darin ein wirksames Mittel, um auf die weltweite Streuung der Aktien und auf die Internationalisierung der Aktionärsstruktur zu reagieren.[79] Somit haben die Aktionäre eine Reihe von Möglichkeiten, mit geringem Zeit- und Kostenaufwand von ihren Rechten Gebrauch zu machen.

2. Wahrnehmung der Aktionärsrechte

Nach einer Empfehlung des Kodex soll die Gesellschaft den Aktionären die persönliche Wahrnehmung ihrer Rechte und die Stimmrechtsvertretung erleichtern (Ziff. 2.3.2 Satz 1 DCGK). Angesprochen sind hiermit **versammlungsgebundene Aktionärsrechte,** dh namentlich das Teilnahmerecht, das Frage- und Rederecht, das Antragsrecht, das Stimmrecht und das Widerspruchsrecht. Es werden jedoch keine konkreten Maßnahmen empfohlen. Klar ist, dass die Gesellschaft über die gesetzlichen Mindestvorgaben hinausgehen soll. Umgekehrt betrachtet wird aber keine maximale Erleichterung für die Aktionäre verlangt.[80] Vor diesem Hintergrund bleibt den Gesellschaften bei der Umsetzung der Empfehlung ein Spielraum. Die **persönliche Wahrnehmung** der Aktionärsrechte wird gefördert durch eine frühzeitige Ankündigung des HV-Termins (Rn. 88), durch Meidung von Brückentagen oder Ferienzeiten, durch einen leicht erreichbaren Versammlungsort usw.[81] Ferner kann die Gesellschaft – wenn ihre Satzung es gestattet – Online-Teilnahme oder Briefwahl anbieten (Rn. 18). Auch die **Stimmrechtsvertretung** kann sie in unterschiedlicher Weise erleichtern. In Betracht kommt zunächst die Bereitstellung eines Stimmrechtsvertreters durch die Gesellschaft. Diese Maßnahme ist allerdings Gegenstand einer gesonderten Empfehlung (Ziff. 2.3.2 Satz 2 Hs. 1 DCGK, Rn. 20 ff.); für sich genommen dürfte sie daher den Anforderungen von Ziff. 2.3.2 Satz 1 DCGK noch nicht genügen.[82] Ähnlich verhält es sich, wenn die Gesellschaft zur Übermittlung von Vollmachten und Nachweisen einen elektronischen Kommunikationsweg öffnet. Denn dies wird börsennotierten Gesellschaften schon gesetzlich aufgegeben (§ 134 Abs. 3 Satz 4 AktG). Erleichterung iSv Ziff. 2.3.2 Satz 1 DCGK bringt hingegen die Eröffnung zusätzlicher Kommunikationswege, etwa eines Online-Portals. Gleiches gilt für die Bereitstellung von Formularen und für Hinweise auf die Internetseiten von Aktionärsvereinigungen.[83]

---

[77] Spindler/Stilz/*Rieckers* AktG § 134 Rn. 48, § 135 Rn. 1; *Baums/von Randow* AG 1994, 145 (147); *Dauner-Lieb* WM 2007, 9 (11); *Noack* BB 1998, 2533 (2535); *Peltzer* NZG 2011, 961 (966); *Simon/Zetzsche* ZGR 2010, 918 (921 ff.); *Spindler* ZGR 2000, 420 (440).
[78] Großkomm. AktG/*Grundmann* § 134 Rn. 95 ff.; Hölters/*Hirschmann* AktG § 134 Rn. 34 f.; Spindler/Stilz/*Rieckers* AktG § 134 Rn. 48.
[79] RegBegr. ARUG BT-Drs. 16/11642, 26.
[80] Wilsing/*Goslar* 2.3.3 Rn. 5.
[81] KBLW/*Kremer* Rn. 406.
[82] Wilsing/*Goslar* 2.3.3 Rn. 14.
[83] Wilsing/*Goslar* 2.3.3 Rn. 15; KBLW/*Kremer* Rn. 409.

3. Stimmrechtsvertreter der Gesellschaft

20 Darüber hinaus soll der Vorstand einen Vertreter bereitstellen, der das Stimmrecht der Aktionäre in der HV weisungsgebunden ausübt (Ziff. 2.3.2 Satz 2 Hs. 1 DCGK). Seit dem NaStraG v. 18.1.2001 ist diese Form des „**Proxy Votings**" gesetzlich anerkannt (§ 134 Abs. 3 Satz 5 AktG). Über ihre Zulässigkeit besteht heute kein Streit mehr.[84] Zur Umsetzung der Empfehlung aus Ziff. 2.3.2 Satz 2 Hs. 1 DCGK muss der Vorstand mindestens eine konkrete Person mit der Stimmrechtsvertretung betrauen. Nicht erforderlich ist, die Aktionäre über die Identität dieser Person zu informieren. Es genügt der Hinweis in der Einberufungsunterlage, dass die Gesellschaft einen Stimmrechtsvertreter bereitstellt und wie dieser erreichbar ist. Ebenso wenig verlangt der Kodex, dass der Stimmrechtsvertreter von der Einberufung bis zur HV durchgängig erreichbar ist. Insbesondere ist es unschädlich, wenn Vollmachten aus organisatorischen Gründen nur bis zu einem bestimmten Zeitpunkt vor der HV entgegengenommen werden.[85] Eine Erreichbarkeit des Stimmrechtsvertreters während der HV regt der Kodex lediglich an (Ziff. 2.3 Satz 2 Hs. 2 DCGK: „sollte", Präambel Abs. 8 Satz 6 Hs. 2 DCGK, Rn. 15); auf diese Anregung erstreckt sich die gesetzliche Erklärungspflicht aus § 161 AktG nicht (Rn. 15, 92).

21 Für die **Form** der Vollmacht gelten allgemeine aktienrechtliche Regeln. Es genügt also die Textform; eine strengere Form können börsennotierte Gesellschaften weder in der Satzung noch anderweitig vorschreiben (§ 134 Abs. 3 Satz 3 AktG, § 126b BGB). Damit ist allerdings nur die Frage nach der Formwirksamkeit adressiert (§ 125 BGB). Losgelöst davon mag ein Stimmrechtsvertreter zur Vertretung nur bereit sein, wenn eine strengere Form gewahrt wird. Dieses Recht hat auch der Stimmrechtsvertreter der Gesellschaft. Namentlich kann und darf er seine Tätigkeit im Interesse der Rechtssicherheit davon abhängig machen, dass Vollmachten eigenhändig unterschrieben sind.[86] Über die eigentliche Ermächtigung hinaus muss der Aktionär dem Stimmrechtsvertreter der Gesellschaft konkrete **Weisungen** erteilen. Das folgt nicht erst aus dem Kodex. Vielmehr sind Weisungen an einen Stimmrechtsvertreter der Gesellschaft gesetzlich geboten (§ 134 Abs. 3 Satz 5, § 135 Abs. 3 Satz 3 AktG analog). Ohne Weisung ist die Vollmacht unwirksam.[87]

22 Zur **Person** des Stimmrechtsvertreters der Gesellschaft macht der Kodex ebenfalls keine Vorgaben. Organmitgliedern der AG ist es freilich schon von Gesetzes wegen verboten, diese Aufgabe zu übernehmen.[88] Das folgt aus dem Rechtsgedanken des § 136 Abs. 2 AktG. Etwas anderes gilt für Arbeitnehmer der Gesellschaft oder eines verbundenen Unternehmens. Die Gesellschaft kann sie ebenso als Stimmrechtsvertreter benennen wie außenstehende Dritte.[89] Die Abhängigkeit der Arbeitnehmer und das arbeitsvertragliche Weisungsrecht stehen nicht entgegen.

---

[84] Wilsing/Goslar 2.3.3 Rn. 16; Hölters/Hirschmann AktG § 134 Rn. 51; Hüffer/Koch AktG § 134 Rn. 26b; Bachmann AG 2001, 635 (636); Bunke AG 2002, 57 (58); Hanloser NZG 2001, 355 f.; Noack ZIP 2001, 57 (61); aA zuvor Bachmann WM 1999, 2100 (2103 f.); Habersack ZHR 2001, 172 (185); Hüther AG 2001, 68 (71 ff.); Kindler NJW 2001, 1678 (1687).

[85] Wilsing/Goslar 2.3.3 Rn. 21.

[86] Wilsing/Goslar 2.3.3 Rn. 20.

[87] Vgl. Hölters/Hirschmann AktG § 134 Rn. 51; Hüffer/Koch AktG § 134 Rn. 26b.

[88] Hüffer/Koch AktG § 134 Rn. 26b; Schmidt/Lutter/Spindler AktG § 134 Rn. 63; aA Bürgers/Körber/Holzborn AktG § 134 Rn. 21; Wiebe ZHR 2002, 182 (191 f.).

[89] Wilsing/Goslar 2.3.3 Rn. 19; KBLW/Kremer Rn. 410; Spindler/Stilz/Rieckers AktG § 134 Rn. 54.

C. Schwerpunkte des DCGK 23, 24 §25

Denn die Weisung zur Ausübung des Stimmrechts erhält der Stimmrechtsvertreter gerade nicht vom Vorstand, sondern vom Aktionär. Kein Anwendungsbereich bleibt für Ziff. 2.3.2 Satz 2 Hs. 1 DCGK, wenn eine HV im Zusammenhang mit einem Angebot nach dem WpÜG einberufen wird. In diesem Fall muss die AG die Erteilung von Stimmrechtsvollmachten ohnehin erleichtern (§ 16 Abs. 4 Satz 6 WpÜG). Dazu gehört richtigerweise auch, einen Stimmrechtsvertreter bereitzustellen.[90]

II. Informations- und Berichtsordnung

Kernaufgabe des Aufsichtsrats ist, die Geschäftsführung zu überwachen (§ 111 Abs. 1 AktG). Das geschieht zum einen durch nachträgliche Kontrolle, zum anderen durch präventive Überwachung iS einer Beratung des Vorstands zu künftigen Maßnahmen (Rn. 2). Dazu muss der Aufsichtsrat über vergangene und beabsichtigte Leitungs- und Führungsmaßnahmen sowie über die Lage der Gesellschaft informiert sein. Diesem Zweck dienen neben anderen Instrumenten die Berichtspflichten des Vorstands aus § 90 AktG. Um einen angemessenen Informationsfluss sicherzustellen, kann der Aufsichtsrat die Berichtspflichten in einer Berichts- bzw. Informationsordnung präzisieren. In Betracht kommen etwa eine Konkretisierung der **Berichtsinhalte**, eine Abkürzung der **Berichtsintervalle** und die Vorgabe bestimmter **Empfangspersonen**.[91] Schon die Gesetzesmaterialien zum KonTraG v. 24.4.1998 (BGBl. 1998 I 786) betrachteten eine solche Informationsordnung als „sinnvoll und geboten".[92] Ziff. 3.4 Abs. 1 Satz 3 DCGK greift diesen Gedanken auf und empfiehlt, dass der Aufsichtsrat die Informations- und Berichtspflichten des Vorstands näher festlegen soll. 23

III. Corporate-Governance-Bericht

Ziff. 3.10 Satz 1 DCGK empfiehlt, dass Vorstand und Aufsichtsrat jährlich über die Corporate Governance berichten. Bezeichnet wird dies im Kodex als Corporate-Governance-Bericht. Weitere empfohlene Bestandteile des Berichts sind Angaben zur Zielsetzung des Aufsichtsrats für seine Zusammensetzung, zum selbst erarbeiteten Kompetenzprofil und zum Stand der Umsetzung (Ziff. 5.4.1 Abs. 4 Satz 2 und 3 DCGK, Rn. 61), ferner Angaben zu Aktienoptionsprogrammen und ähnlichen wertpapierorientierten Anreizsystemen (Ziff. 7.1.3 DCGK). Darüber hinaus sollte der Corporate-Governance-Bericht zu Kodexanregungen Stellung nehmen (Ziff. 3.10 Satz 2 DCGK). Letzterer Punkt ist freilich selbst nur als Anregung formuliert („sollte", Präambel Abs. 8 Satz 6 Hs. 2 DCGK, Rn. 15). Insoweit dürfen Angaben unterbleiben, ohne dass Erklärungspflichten nach § 161 Abs. 1 AktG oder sonstige Rechtsfolgen ausgelöst würden (Rn. 15, 92). Insgesamt überschneiden sich die Informationen im Corporate-Governance-Bericht in erheblichem Umfang mit den Angaben, die börsennotierte oder anderweitig kapitalmarktorientierte 24

---

[90] Geibel/Süßmann/*Geibel* WpÜG § 16 Rn. 96; Wilsing/*Goslar* 2.3.3 Rn. 18; Schwark/Zimmer/*Noack/Zetzsche* WpÜG § 16 Rn. 38; MünchKomm. AktG/Bd. 6/*Wackerbarth* WpÜG § 16 Rn. 48.
[91] Spindler/Stilz/*Fleischer* AktG § 90 Rn. 13; Wilsing/*Johannsen-Roth* 3.4 Rn. 26; Hölters/Müller-Michaels AktG § 90 Rn. 3; MünchKomm. AktG/Bd. 2/*Spindler* § 90 Rn. 9; *Hüffer* NZG 2007, 47 (51); Wilsing/*von der Linden* ZHR 2014, 419 (424 f.).
[92] RegBegr. KonTraG BT-Drs. 13/9712, 15.

Unternehmen in der **Erklärung zur Unternehmensführung** machen.[93] Das gilt insb. für die gremienbezogenen Angaben nach §§ 289f Abs. 2 Nr. 3 Hs. 1, 315d HGB,[94] ebenso für die Angaben zu selbst gesetzten Quoten und Fristen für den Vorstand, den Aufsichtsrat und die beiden Führungsebenen unterhalb des Vorstands (§§ 289f Abs. 2 Nr. 4, 315d HGB, Rn. 30, 48, 65). Deswegen empfiehlt der Kodex inzwischen, den Corporate-Governance-Bericht „im Zusammenhang mit der Erklärung zur Unternehmensführung" zu veröffentlichen (Ziff. 3.10 Satz 1 DCGK). In der Praxis führen die Gesellschaften die beiden Berichte meistens zu einem einheitlichen Text zusammen.[95] Das wirft die Frage auf, durch welche Organe die Gesellschaft berichtet. Denn die Erklärung zur Unternehmensführung ist entweder Bestandteil des Lage- bzw. Konzernlageberichts oder wird durch Bezugnahme in diesen integriert (§§ 289f Abs. 1 Satz 1–3, 315d HGB). Für ihre Aufstellung ist daher allein der Vorstand als gesetzlicher Vertreter zuständig (§ 264 Abs. 1 Satz 1, § 290 Abs. 1 Satz 1 HGB).[96] Demgegenüber spricht Ziff. 3.10 Satz 1 DCGK sowohl den Vorstand als auch den Aufsichtsrat an. In aller Regel wird das zusammengefasste Dokument daher von beiden Organen erstellt und verantwortet. Alternativ kann der Vorstand auch erklären, er berichte (vorsorglich) zugleich für den Aufsichtsrat.[97]

IV. Besetzung von Führungsfunktionen

1. Grundlagen

25   Gemäß Ziff. 4.1.5 Satz 1 DCGK soll der Vorstand bei der Besetzung von Führungspositionen im Unternehmen auf Vielfalt (Diversity) achten und dabei insb. eine angemessene Berücksichtigung von Frauen anstreben. Mit einer homogenen Besetzung von Vorständen, Aufsichtsräten und anderen Gremien wird vielfach ein schädliches Gruppendenken assoziiert. Konsequent wird dann angenommen, eine stärkere personelle Durchmischung führe zu einer besseren Diskussionskultur und Informationsverarbeitung, mehr Kritikbereitschaft, mehr Effizienz und letztlich zu einem größeren wirtschaftlichen Erfolg. Diese (mutmaßlichen) Vorteile möchte Ziff. 4.1.5 Satz 1 DCGK für Führungsebenen unterhalb des Vorstands erschließen.[98] Hinzu kommt als Nebeneffekt, dass ein interner Pool entsteht, aus dem die Gesellschaft später möglicherweise Kandidaten für ihre Organe gewinnen kann.[99] Insoweit besteht ein enger Sachzusammenhang mit Ziff. 5.1.2 Abs. 1 Satz 2 und Ziff. 5.4.1 Abs. 2 Satz 1 und 2 DCGK. Diese Bestimmungen sprechen ähnliche Empfehlungen zugunsten einer vielfältigen Besetzung von Vorstand und Auf-

---

[93] KBLW/*von Werder* Rn. 709; *Böcking/Eibelshäuser/Arlt* Der Konzern 2010, 614 (617).

[94] Wilsing/*von der Linden* HGB § 289a Rn. 31; *Kocher* DStR 2010, 1034 (1036).

[95] Wilsing/*Johannsen-Roth* 3.10 Rn. 20 f.; Wilsing/*von der Linden* HGB § 289a Rn. 32; Bürgers/Körber/*Runte/Eckert* AktG Anh. § 161 Rn. 7; Marsch-Barner/Schäfer/*Marsch-Barner* § 2 Rn. 85; *Böcking/Eibelshäuser/Arlt* Der Konzern 2010, 614 (618).

[96] Kölner Komm. Rechnungslegungsrecht/*Claussen* HGB § 289a Rn. 14; Wilsing/*von der Linden* HGB § 289a Rn. 13 ff.; *Bachmann* ZIP 2010, 1517 (1521); *Böcking/Eibelshäuser* Der Konzern 2009, 563 (567); *DAV-Handelsrechtsausschuss* NZG 2008, 612 (616); *Kocher* DStR 2010, 1034; *Melcher/Mattheus* DB-Beil. 5/2009, 77 (80).

[97] Wilsing/*von der Linden* HGB § 289a Rn. 32; Marsch-Barner/Schäfer/*Marsch-Barner* § 2 Rn. 85 Fn. 6.

[98] Vgl. Wilsing/*Goslar* 4.1.5 Rn. 6, 8; *Kocher* BB 2010, 264 (265); *Schubert/Jacobsen* WM 2011, 726 (728); *Weber-Rey/Handt* NZG 2011, 1 (2).

[99] KBLW/*Bachmann* Rn. 881; Wilsing/*Goslar* 4.1.5 Rn. 1; *Deilmann/Albrecht* AG 2010, 727 (734); *Ringleb/Kremer/Lutter/von Werder* NZG 2010, 1161, (1163 Rn. 661b).

sichtsrat aus (Rn. 46, 59). Ergänzt wird die Normengruppe durch Ziff. 5.1.2 Abs. 1 Satz 4 DCGK, die für Vorstandsmitglieder eine langfristige Nachfolgeplanung empfiehlt (Rn. 47).

2. Begriff der Vielfalt

Die Begriffe „Vielfalt" und „Diversity" sind deckungsgleich. Ursprünglich kommen sie aus den Wirtschafts- und Sozialwissenschaften. In der Organisations- und Personalforschung wird unterschieden zwischen demographischer, psychologischer und organisatorischer Diversity. Zur demographischen Diversity gehören dabei Kriterien wie Geschlecht, ethnische Herkunft und Alter. Der psychologischen Diversity sind Werte, Überzeugungen und Wissen zuzuordnen. Organisatorische Diversity schließlich meint eine Klassifizierung nach Dienstjahren, Aufgaben oder Hierarchiestufen.[100] Mittlerweile spielt Diversity auch im Bereich der Rechtswissenschaften eine erhebliche Rolle. Ihre Bedeutung wird voraussichtlich noch zunehmen. Vor allem die EU-Kommission sieht erheblichen Regulierungsbedarf. Dementsprechend bildet Diversity ein zentrales Thema sowohl im Grünbuch „Europäischer Corporate-Governance-Rahmen" v. 5.4.2011 als auch im Aktionsplan „Europäisches Gesellschaftsrecht und Corporate Governance" v. 12.12.2012 (Rn. 108).

Eine allgemein anerkannte, disziplinübergreifende Definition von Diversity existiert nicht. Auch der Kodex legt Inhalt und Schranken des Merkmals nicht abschließend fest. Vielmehr setzt er Diversity als bekannten Begriff voraus. Immerhin das **Geschlecht** ist offenkundig umfasst.[101] Das folgt aus dem eindeutigen Wortlaut von Ziff. 4.1.5 Satz 1 DCGK sowie von Ziff. 5.1.2 Abs. 1 Satz 2 und Ziff. 5.4.1 Abs. 2 Satz 2 DCGK idF vor der Kodexnovelle v. 5.5.2015 („dabei", „insb."). Als weiteres Kriterium hat der Kodex die **Internationalität** im Blick.[102] Diese Sichtweise lässt sich zwar nicht am Wortlaut anbinden. Belegt wird sie aber durch Veröffentlichungen der Regierungskommission anlässlich der Einführung und der Reform der Diversity-Regeln. Darin heißt es, der Anteil von Frauen und internationalen Vertretern solle nachhaltig erhöht werden.[103] Freilich betrifft Internationalität in diesem Kontext weder die Staatsbürgerschaft noch einen etwaigen Migrationshintergrund. Stattdessen sind Erfahrungen gemeint, die der Kandidat im Ausland oder in einem internationalen Umfeld gesammelt hat.[104] Nicht anzuwenden ist der Diversity-Begriff des Kodex auf sonstige Kriterien, an denen § 1 AGG und Art. 3 Abs. 3 GG verbotene Diskriminierungen festmachen.[105] Unmaßgeblich sind namentlich Abstammung, Rasse, Sprache, Heimat, Religion, politische Anschauungen, Behinderung, Alter und sexuelle Identität. Denn Ziff. 4.1.5 Satz 1 DCGK bezweckt nicht den Schutz (potenzieller) Kandidaten vor sachwidriger Ungleichbehandlung. Erst recht zielt die Empfehlung nicht auf eine Gleichstellung

---

[100] Schubert/Jacobsen WM 2011 726 (727 f.).
[101] Wilsing/Goslar 4.1.5 Rn. 7; Deilmann/Albrecht AG 2010, 727 (728); Kocher BB 2010, 264; Mense/Rosenhäger GWR 2010, 311; Ringleb/Kremer/Lutter/von Werder NZG 2010, 1161 (1163 Rn. 661a); Schubert/Jacobsen WM 2011, 726 (728).
[102] KBLW/Kremer Rn. 1314; Spindler/Stilz/Spindler AktG § 100 Rn. 68; Deilmann/Albrecht AG 2010, 727 (728); van Kann/Keiluweit DB 2009, 2699 (2702); Kocher BB 2010, 264; Seibert DB 2009, 1167 (1170); Weber-Rey WM 2009, 2255 (2262).
[103] Regierungskommission Pressemitteilung v. 27.5.2010, S. 1.
[104] Wilsing/Goslar 4.1.5 Rn. 7; Mense/Rosenhäger GWR 2010, 311; Sünner CCZ 2009, 185 (186).
[105] Bürgers/Körber/Runte/Eckert AktG Anh. § 161 Rn. 9.

gesellschaftlicher Gruppen. Hinter ihr steht allein der Gedanke, dass ein Zusammenwirken von Menschen mit unterschiedlichen Merkmalen und Fähigkeiten das Unternehmensinteresse fördert (Rn. 25).

3. Begriff der Führungsfunktion

28 Auch der Begriff der „Führungsfunktion" wird im Kodex nicht definiert. Unverkennbar ist an Führungspositionen gedacht, die in der Unternehmenshierarchie unterhalb des Vorstands angesiedelt sind. Vorstand und Aufsichtsrat selbst sind hingegen nicht abgedeckt. Zum einen ergibt dies ein Umkehrschluss aus Ziff. 5.1.2 Abs. 1 Satz 2 und Ziff. 5.4.1 Abs. 2 Satz 1 DCGK (Rn. 46, 59). Zum anderen nennt Ziff. 4.1.5 Satz 1 DCGK den Vorstand als ihren Adressaten. Dieser ist weder für seine eigene Besetzung noch für die Besetzung des Aufsichtsrats zuständig (§ 84 Abs. 1 Satz 1, § 119 Abs. 1 Nr. 1 AktG). Unklar ist hingegen, wie viele Ebenen unterhalb des Vorstands die Empfehlung im Blick hat. Denklogisch muss wenigstens die **erste Delegationsebene** erfasst sein.[106] Das schließt die Einbeziehung weiterer Ebenen nicht aus. Insoweit verbietet sich jedoch eine pauschale Betrachtung.[107] Vielmehr ist die konkrete Unternehmenssituation zu berücksichtigen. In kleinen Unternehmen mit flachen Hierarchien mag es bei der ersten Delegationsebene bewenden. In großen Unternehmen mit ausdifferenzierten Strukturen werden zusätzliche Ebenen in Frage kommen. ZT wird erwogen, sich am Begriff des **leitenden Angestellten** iSv § 5 Abs. 3 Satz 2, 4 BetrVG, § 14 Abs. 2 KSchG zu orientieren.[108] Dieser Vorschlag ist abzulehnen. Der leitende Angestellte ist eine spezifisch arbeitsrechtliche Figur. Demnach ist er nicht notwendig mit Führungsfunktionen betraut, wie sie der Kodex im Blick hat.[109]

4. Beachtung durch den Vorstand

29 Zur Umsetzung der Empfehlung muss der Vorstand auf Diversity lediglich „achten" und eine angemessene Berücksichtigung von Frauen lediglich „anstreben". Dazu muss er die Kriterien in seinen **Auswahlprozess** einbeziehen und ihnen Rechnung tragen. Jedoch müssen die Kriterien nicht den Ausschlag geben.[110] Erst recht schuldet der Vorstand keinen konkreten Erfolg. Insbesondere muss er die Führungspositionen nicht tatsächlich heterogen besetzen.[111] Im Ergebnis darf es durchaus bei einer homogenen Personalauswahl bleiben. Das ist auch folgerichtig. Denn von Gesetzes wegen orientiert der Vorstand sich bei seinen Personalentscheidungen allein am Unternehmensinteresse. Vorrang hat damit in aller Regel die fachliche und persönliche **Eignung** des Kandidaten.[112] In zeitlicher Hinsicht erfasst Ziff. 4.1.5 Satz 1 DCGK nur das Verhalten des Vorstands während des Auswahlprozesses. Insoweit ist der Wortlaut des Kodex eindeutig („bei der Besetzung von Führungspositionen", „dabei"). Dazu gehört nicht, im Vorfeld bestimmte Gruppen

---

[106] Wilsing/Goslar 4.1.5 Rn. 3; Kocher/Lönner CCZ 2010, 183 (186); Mense/Rosenhäger GWR 2010, 311 (313); Ringleb/Kremer/Lutter/von Werder NZG 2010, 1161 (1163 Rn. 661c).
[107] Ringleb/Kremer/Lutter/von Werder NZG 2010, 1161 (1163 Rn. 661c).
[108] Kocher/Lönner CCZ 2010, 183 (186).
[109] Wilsing/Goslar 4.1.5 Rn. 3; Ringleb/Kremer/Lutter/von Werder NZG 2010, 1161 (1163 Rn. 661c).
[110] Schubert/Jacobsen WM 2011, 726 (730).
[111] Wilsing/Goslar 4.1.5 Rn. 9; Bürgers/Körber/Runte/Eckert AktG Anh. § 161 Rn. 9; Kocher BB 2010, 264 (265); Ringleb/Kremer/Lutter/von Werder NZG 2010, 1161 (1164 Rn. 661d).
[112] Mense/Rosenhäger GWR 2010, 311 (313); Weber-Rey WM 2009, 2255 (2262).

zu fördern und so den Kandidatenpool zu vergrößern. Sprachkurse, flexible Arbeitszeiten, Kinderbetreuung oder ähnliche Maßnahmen sind weder erforderlich noch genügend.[113]

5. Gesetzliche Anforderungen an Vielfalt

Grundlegende Neuerungen hat das Gesetz für die gleichberechtigte Teilhabe von Frauen und Männern an Führungspositionen v. 24.4.2015 (BGBl. 2015 I 642) gebracht. Danach muss der Vorstand börsennotierter *oder* mitbestimmter Gesellschaften Zielgrößen für den Frauenanteil in den **zwei Führungsebenen** unterhalb des Vorstands festlegen (§ 76 Abs. 4 Satz 1 AktG, § 25 Abs. 1 Satz 1 EGAktG, Ziff. 4.1.5 Satz 2 DCGK). Gleichzeitig muss er Fristen zur Erreichung dieser Zielgrößen bestimmen (§ 76 Abs. 4 Satz 3 AktG, § 25 Abs. 1 Satz 1 EGAktG). Diese Fristen dürfen nicht mehr als fünf Jahre betragen (§ 76 Abs. 4 Satz 4 AktG, § 25 Abs. 1 Satz 2 EGAktG). Eine Mindestzielgröße ist nicht vorgesehen. Vielmehr definieren die Gesellschaften ihre Zielgrößen selbst **(flexible Quote)**. Eine nähere Vorgabe macht das Gesetz nur für den Fall, dass bei Festlegung der Zielgrößen der Frauenanteil in einer Führungsebene unter 30 % liegt. Dann darf die jeweilige Zielgröße nicht hinter dem Status quo zurückbleiben (§ 76 Abs. 4 Satz 3 AktG). Anderenfalls darf sie den vorhandenen Wert auch unterschreiten.[114] Führungsebenen iSd Norm sind nicht nach betriebswirtschaftlichen Lehren zu deuten (Top-Management, Middle-Management, Low-Management). Gemeint sind die im Unternehmen tatsächlich eingerichteten Ebenen, deren Mitglieder untereinander gleichrangig, aber einer gemeinsamen Führung untergeordnet sind.[115] Bei flachen Hierarchien mit weniger als zwei Führungsebenen unterhalb des Vorstands geht der Normbefehl teilweise ins Leere.[116] Eine konzernweite Betrachtung ist nicht angezeigt, zumal der Vorstand der Obergesellschaft insoweit keine Personalhoheit hat.[117] Über die Zielgrößen und Fristen sowie deren Einhaltung berichten börsennotierte Gesellschaften in ihrer Erklärung zur Unternehmensführung (§ 289f Abs. 2 Nr. 4, § 315d HGB). Dadurch wird Ziff. 4.1.5 Satz 1 DCGK – soweit es dort um das Geschlecht geht – weitgehend überholt. Bedeutung behält die Empfehlung für anderweitig kapitalmarktorientierte Gesellschaften iSv § 161 Abs. 1 Satz 2 AktG, die zugleich mitbestimmungsfrei sind, sowie allgemein mit Blick auf internationale Vielfalt (Rn. 27).

V. Vorstandsvergütung

1. Grundlagen

Die Vergütung der Vorstandsmitglieder ist ein Kernelement der deutschen und internationalen Corporate-Governance-Debatten.[118] Bereits das Gesetz enthält hierzu eingehende Vorgaben. Namentlich müssen die Gesamtbezüge in **angemes-**

---

[113] Bürgers/Körber/Runte/Eckert AktG Anh. § 161 Rn. 9; aA *Ringleb/Kremer/Lutter/von Werder* NZG 2010, 1161 (1164 Rn. 661d).
[114] BT-Drs. 18/3784, 119.
[115] BT-Drs. 18/3784, 119.
[116] BT-Drs. 18/3784, 119; *Teichmann/Rüb* BB 2015, 259 (263).
[117] *Hohenstatt/Willemsen/Naber* ZIP 2014, 2220 (2225); *Jung* DStR 2014, 960 (964); *Wasmann/Rothenburg* DB 2015, 291 (294).
[118] *Wilsing/Goslar* 4.2.2 Rn. 1; *Seibert* WM 2009, 1489.

senem **Verhältnis** zu den Aufgaben und Leistungen des Vorstandsmitglieds sowie zur Lage der Gesellschaft stehen; ohne besondere Gründe dürfen sie die übliche Vergütung nicht übersteigen (§ 87 Abs. 1 Satz 1 AktG, vgl. auch Ziff. 4.2.2 Abs. 2 Satz 2 DCGK). Gesamtbezüge umfassen dabei Gehalt, Gewinnbeteiligungen, Aufwandsentschädigungen, Versicherungsentgelte, Provisionen, anreizorientierte Vergütungszusagen und Nebenleistungen jeder Art (§ 87 Abs. 1 Satz 1 AktG). Darüber hinaus gelten die Gebote der Angemessenheit und Üblichkeit aber auch für Ruhegehälter, Hinterbliebenenbezüge und verwandte Leistungen (§ 87 Abs. 1 Satz 4 AktG). Bei börsennotierten Gesellschaften ist die Vergütungsstruktur auf eine **nachhaltige Unternehmensentwicklung** auszurichten (§ 87 Abs. 1 Satz 2 AktG). Variable Vergütungsbestandteile sollen eine mehrjährige Bemessungsgrundlage haben (§ 87 Abs. 1 Satz 3 Hs. 1 AktG). Insbesondere gilt eine Wartezeit von mindestens vier Jahren für die erstmalige Ausübung von Bezugsrechten aus Aktienoptionen (§ 193 Abs. 2 Nr. 4 AktG). Für außerordentliche Entwicklungen der variablen Vergütung soll eine Begrenzungsmöglichkeit vereinbart werden (§ 87 Abs. 1 Satz 3 Hs. 2 AktG).

32 **Zuständig** für die Festsetzung der Vorstandsvergütung ist allein der Aufsichtsrat (§ 87 Abs. 1 Satz 1 AktG). Die Bedeutung dieser Aufgabe unterstreicht der Gesetzgeber in mehrfacher Hinsicht: Erstens muss der Aufsichtsrat als **Plenum** entscheiden; ein Personalausschuss darf allenfalls vorbereitend tätig werden (§ 107 Abs. 3 Satz 4 AktG).[119] Zweitens hebt § 116 Satz 3 AktG (deklaratorisch) hervor, dass Aufsichtsratsmitglieder wegen Festsetzung einer unangemessenen Vergütung haften können. Drittens hat der Aufsichtsrat die Möglichkeit, bei wesentlicher Verschlechterung der Gesellschaftsverhältnisse in den Anstellungsvertrag einzugreifen und die Vergütung herabzusetzen (§ 87 Abs. 2 Satz 1 AktG). Viertens kann in börsennotierten Gesellschaften die HV das Vergütungssystem – nicht die konkrete Vergütung – billigen oder missbilligen (§ 120 Abs. 4 Satz 1 AktG). Dieser **„Say on Pay"** ist rein konsultativ; die Wirksamkeit von Vergütungszusagen und die Verantwortlichkeit der Aufsichtsratsmitglieder bleiben unberührt.[120] Immerhin soll das Votum der HV aber den Aufsichtsrat zu besonderer Gewissenhaftigkeit anhalten.[121] Pläne für ein strengeres, verbindliches Votum sind im Herbst 2013 einstweilen gescheitert;[122] in der Aktienrechtsnovelle 2016 wurden sie nicht wieder aufgegriffen; zur Reform der Aktionärsrechte-RL 2007/36/EG s. Rn. 108. Neben all diese Bestimmungen treten weitreichende Publizitätspflichten (§ 285 Nr. 9 Buchst. a, § 289a Abs. 2, § 314 Abs. 1 Nr. 6 Buchst. a, § 315a Abs. 2 HGB, vgl. auch Ziff. 4.2.4, 4.2.5 Abs. 1 Satz 1, 2 DCGK, Rn. 39). Ungeachtet dieser Regelungsdichte spricht der Kodex eine Vielzahl ergänzender Empfehlungen aus.

2. Vertikaler Vergütungsvergleich

33 Dem Aufsichtsrat wird empfohlen, das Verhältnis zur Vergütung des oberen Führungskreises und der Gesamtbelegschaft – auch in der zeitlichen Entwicklung – zu berücksichtigen (Ziff. 4.2.2 Abs. 2 Satz 3 Hs. 1 DCGK). Zu diesem Zweck soll er den oberen Führungskreis und die relevante Belegschaft als Vergleichsgruppen abgrenzen (Ziff. 4.2.2 Abs. 2 Satz 3 Hs. 2 DCGK). Freilich muss der Aufsichtsrat schon

---

[119] *Seibert* WM 2009, 1489 (1491).
[120] Spindler/Stilz/*Hoffmann* AktG § 120 Rn. 55; *Hüffer/Koch* AktG § 120 Rn. 24; MünchKomm. AktG/Bd. 3/*Kubis* 120 Rn. 47, 50; *Seibert* WM 2009, 1489 (1491).
[121] Ausschussbericht VorstAG BT-Drs. 16/13433, 18 f.
[122] Vgl. RegBegr. VorstKoG BT-Drs. 17/14214, 22 f.; *DAV-Handelsrechtsausschuss* NZG 2013, 694; *Verse* NZG 2013, 921.

von Gesetzes wegen alle relevanten Parameter in sein Ermessen einbeziehen (§ 87 Abs. 1 Satz 1 AktG, Rn. 31). Dazu gehört auch das unternehmensinterne Lohn- und Gehaltsgefüge, also eine Prüfung auf „vertikale" Angemessenheit.[123] Im Fokus von Ziff. 4.2.2 Abs. 2 Satz 3 DCGK steht darum nicht das „Ob", sondern das „Wie" des Vertikalvergleichs.[124] Folgender **Ablauf** bietet sich an: (1) Der Aufsichtsrat bringt die Führungsebenen unterhalb des Vorstands und deren Vergütung in Erfahrung, ferner den Aufbau und die Vergütung der Gesamtbelegschaft. (2) Anhand dieser Informationen definiert er den „oberen Führungskreis" und die „relevante Belegschaft" als Vergleichsgruppen. Alternativ kann der Vorstand die Vergleichsgruppen vorschlagen; sodann plausibilisiert der Aufsichtsrat den Vorschlag und schließt sich ihm an.[125] (3) Der Aufsichtsrat bestimmt den zeitlichen Rahmen für den Vertikalvergleich. (4) Auf dieser Grundlage stellt er den eigentlichen Vergleich an. Dabei hat er einen breiten **Beurteilungsspielraum**. Einen konkreten Abstand zwischen der Vorstandsvergütung und der Vergütung der Vergleichsgruppen schreibt der Kodex nicht vor.[126] (5) Schließlich muss das Ergebnis des Vertikalvergleichs in die Vergütungsentscheidung des Aufsichtsrats einfließen. Nicht erforderlich ist, dass es zum ausschlaggebenden Kriterium wird. Erst recht muss der Aufsichtsrat keine Vergütung schaffen, die gerade in vertikaler Hinsicht angemessen ist.[127] Denn das vertikale Verhältnis soll der Aufsichtsrat nur „berücksichtigen"; hier bestehen keine strengeren Anforderungen als zB in Ziff. 4.1.5 Satz 1 (Rn. 29), Ziff. 5.1.2 Abs. 1 Satz 2 (Rn. 46) und Ziff. 5.4.1 Abs. 4 Satz 1 DCGK (Rn. 60).

3. Variable Vergütungsbestandteile

Der variablen Vergütung sind mehrere Empfehlungen gewidmet. Zunächst besagt der Kodex, dass die monetäre Vergütung fixe und variable Bestandteile umfassen soll (Ziff. 4.2.3 Abs. 2 Satz 2 DCGK). Das Fixum versteht sich als Grundvergütung, während die variablen Elemente **erfolgsbezogen** sind.[128] Von Gesetzes wegen sind variable Elemente nicht erforderlich – auch nicht in börsennotierten Gesellschaften. Zwar ist in börsennotierten Gesellschaften die Vergütungsstruktur auf eine nachhaltige Unternehmensentwicklung auszurichten, so dass variable Bestandteile eine mehrjährige Bemessungsgrundlage haben sollen (§ 87 Abs. 1 Satz 2, 3 Hs. 1 AktG, Rn. 31). Mit dieser Formulierung wendet das Gesetz sich aber nicht gegen reine Fixvergütungen. Es verhindert nur, dass variable Vergütungen ausschließlich oder überwiegend an kurzfristige Erfolgsziele geknüpft werden.[129] Anders als das Gesetz fordert der Kodex, dass die mehrjährige Bemessungsgrundlage „im Wesentlichen zukunftsbezogen" sein soll (Ziff. 4.2.3 Abs. 2 Satz 3 DCGK). Weiter heißt

---

[123] Fraktionsbegründung VorstAG BT-Drs. 16/12278, 5; Spindler/Stilz/*Fleischer* AktG § 87 Rn. 17 f.; *Hüffer/Koch* AktG § 87 Rn. 3; Hölters/*Weber* AktG § 87 Rn. 23; *Hoffmann-Becking/Krieger* NZG-Beil. 26/2009, Rn. 6; *Seibert* WM 2009, 1489 (1490).
[124] *Wilsing/von der Linden* DStR 2013, 1291 (1292).
[125] *DAV-Handelsrechtsausschuss* NZG 2013, 419 (420 Rn. 7); *Wilsing/von der Linden* DStR 2013, 1291 (1293).
[126] *Bürgers/Körber/Runte/Eckert* AktG Anh. § 161 Rn. 12.
[127] *Klein* AG 2013, 733 (739); *Wilsing/von der Linden* DStR 2013, 1291 (1293); vgl. auch Spindler/Stilz/*Fleischer* AktG § 87 Rn. 18; *Hüffer/Koch* AktG § 87 Rn. 3; Hölters/*Weber* AktG § 87 Rn. 23; *Dauner-Lieb* Der Konzern 2009, 583 (587); *Fleischer* NZG 2009, 801 (802); *Hoffmann-Becking/Krieger* zu NZG-Beil. 26/2009 Rn. 8; *Weber-Rey* WM 2009, 2255 (2258).
[128] *Bürgers/Körber/Runte/Eckert* AktG Anh. § 161 Rn. 14.
[129] *Hüffer/Koch* AktG § 87 Rn. 10 f.; Hölters/*Weber* AktG § 87 Rn. 34; *Fleischer* NZG 2009, 801 (803); *Hoffmann-Becking/Krieger* NZG-Beil. 26/2009 Rn. 10; *Thüsing* AG 2009, 517 (519).

es, die variable Vergütung solle sowohl positive als auch negative Entwicklungen abbilden (Ziff. 4.2.3 Abs. 2 Satz 4 DCGK). Auf diese Weise gewährt sie nicht nur eine Aussicht auf zusätzliches Einkommen, sondern erhält auch **Risikocharakter**.[130] Empfohlen wird überdies, variable Vergütungsteile auf anspruchsvolle, relevante Vergleichsparameter zu beziehen (Ziff. 4.2.3 Abs. 2 Satz 7 DCGK). Eine nachträgliche Änderung dieser Parameter – sog. **Repricing** – soll ausgeschlossen sein (Ziff. 4.2.3 Abs. 2 Satz 8 DCGK). Mit den Mitteln des Vertragsrechts, wie zB Ausschlussklauseln oder Absichtserklärungen ist ein Repricing natürlich nicht zu verhindern. Denn auch in diesen Punkten könnte ein Anstellungsvertrag jederzeit einvernehmlich geändert werden. Zur Umsetzung der Empfehlung muss es daher genügen, wenn der Anstellungsvertrag auf Regelungen zum Repricing verzichtet.[131]

4. Höchstgrenzen der Vergütung

35 Nach Ziff. 4.2.3 Abs. 2 Satz 6 DCGK sollen die Gesamtvergütung und ihre variablen Bestandteile betragsmäßige Höchstgrenzen aufweisen. Im Unterschied zu § 87 Abs. 1 Satz 3 Hs. 2 AktG (Rn. 31) setzt die Empfehlung keine außerordentliche Entwicklung voraus. Die Höchstgrenzen sollen also auch greifen, wenn der unternehmerische Erfolg der Gesellschaft und die Vergütungshöhe unmittelbar auf den Leistungen der Vorstandsmitglieder beruhen.[132] **Gesamtvergütung** umfasst die monetären Vergütungsteile, Versorgungszusagen, sonstige Zusagen auch und gerade für den Fall der Beendigung der Vorstandstätigkeit, Nebenleistungen jeder Art und Leistungen von Dritten, die im Hinblick auf die Vorstandstätigkeit zugesagt oder im Geschäftsjahr gewährt worden sind (Ziff. 4.2.3 Abs. 1 Satz 1 DCGK). **Variable Bestandteile** (Rn. 34) können nach dem insoweit offenen Wortlaut einzeln, aber auch gemeinsam begrenzt werden.[133] Festvergütungen hat die Empfehlung naturgemäß nicht im Blick. Ebenso wenig sollen **Nebenleistungen** eigenständig begrenzt werden; mittelbar sind sie allerdings als Bestandteile der Gesamtvergütung ebenfalls gedeckt.[134] Bei aktienbezogenen Vergütungen gilt die Empfehlung nur für die Zuteilung von Umtausch- und Bezugsrechten, nicht hingegen für die spätere Ausübung dieser Rechte.[135] **Betragsmäßig** werden Höchstgrenzen als absoluter Geldbetrag ausgedrückt, gleich in welcher Währung. Zulässig ist auch eine Berechnungsformel ohne variable bzw. im Ermessen des Aufsichtsrats stehende Größen (zB das Doppelte der vereinbarten Festvergütung; nicht: das Doppelte der jeweiligen Ermessensantieme).[136] Stückzahlen für echte oder virtuelle Aktien, Umtauschrechte oder Bezugsrechte sind demgegenüber keine betragsmäßigen Angaben. Die Höchstgrenzen können von vornherein im **Anstellungsvertrag** vereinbart werden. Alternativ kann der Anstellungsvertrag den Aufsichtsrat ermächtigen, die Grenzen einseitig zu ziehen.[137] Unklar ist dann, wie rasch der Aufsichtsrat

---

[130] KBLW/*Bachmann* Rn. 998.
[131] Wilsing/*Goslar* 4.2.3 Rn. 17; Bürgers/Körber/*Runte/Eckert* AktG Anh. § 161 Rn. 18.
[132] *Klein* AG 2013, 733 (734).
[133] *Klein* AG 2013, 733 (735); aA Bürgers/Körber/*Runte/Eckert* AktG Anh. § 161 Rn. 16.
[134] *DAV-Handelsrechtsausschuss* NZG 2013, 419 (420 Rn. 11); *Wilsing/von der Linden* DStR 2013, 1291 (1293).
[135] Bürgers/Körber/*Runte/Eckert* AktG Anh. § 161 Rn. 16; *Wilsing/von der Linden* DStR 2013, 1291 (1293); *Hecker/Peters* BB 2013, 2887 (2891); vgl. auch *DAV-Handelsrechtsausschuss* NZG 2013, 419 (420 Rn. 11); differenzierend KBLW/*Bachmann* Rn. 1016.
[136] *Klein* AG 2013, 733 (736).
[137] KBLW/*Bachmann* Rn. 1015.

davon Gebrauch machen muss. Eine nachträgliche Festlegung von Höchstgrenzen in Kenntnis der erreichten Vergütung dürfte der Empfehlung nicht gerecht werden.

5. Versorgungszusagen

Im Zusammenhang mit den Höchstgrenzen der Vergütung (Rn. 35) steht die Empfehlung in Ziff. 4.2.3 Abs. 3 DCGK. Danach soll der Aufsichtsrat bei Versorgungszusagen das angestrebte Versorgungsniveau – auch nach der Dauer der Vorstandszugehörigkeit – festlegen und den daraus abgeleiteten jährlichen sowie den langfristigen Aufwand für das Unternehmen berücksichtigen. In der Praxis herrschen bisher **beitragsorientierte Pensionsmodelle** vor („defined contribution"). Bei diesen Modellen legt der Aufsichtsrat jährlich einen Beitrag fest, den er gerade nicht von einem vorab definierten Versorgungsniveau ableitet. Innerhalb eines solchen beitragsorientierten Systems lässt sich das Versorgungsniveau ermitteln, indem die jährlichen Beiträge auf die voraussichtliche Mandatszeit hochgerechnet werden.[138] Den Anforderungen aus Ziff. 4.2.3 Abs. 3 DCGK genügt eine solche Hochrechnung indessen nicht. Mit ihr würde der Aufsichtsrat nämlich gerade nicht ein Versorgungsniveau festsetzen und daraus den Aufwand für das Unternehmen ableiten; vielmehr würde er umgekehrt anhand des periodischen Aufwands auf die spätere Versorgung schließen. Im Ergebnis zielt der Kodex somit auf eine Abkehr von den beitragsorientierten Pensionen zugunsten eines gegenteiligen Modells („defined benefit").[139] Schwierigkeiten bereitet dabei, dass die Mandatsdauer nicht sicher absehbar ist.[140] Die Amtszeit von Vorstandsmitgliedern liegt zwar in der Hand des Aufsichtsrats und ist auf maximal fünf Jahre befristet (§ 84 Abs. 1 Satz 1 AktG). Wiederholte Bestellungen und Verlängerungen der Amtszeit – jeweils für längstens fünf Jahre – sind aber zulässig (§ 84 Abs. 1 Satz 2 AktG). Überdies können Aufsichtsräte laufende Mandate im Einvernehmen mit dem Vorstandsmitglied frühzeitig aufheben und sodann eine neue, langfristige Amtszeit beschließen (Rn. 49 f.); insb. in diesem Fall erhalten die Amtszeiten eine erhebliche Dynamik. Vor diesem Hintergrund kann der Aufsichtsrat allenfalls mit Prognosen und Annahmen arbeiten.[141] **Berücksichtigung** finden der jährliche und der langfristige Aufwand für das Unternehmen allerdings schon, wenn der Aufsichtsrat sie in seine Erwägungen einbezieht (Rn. 33); zum alleinigen Maßstab soll der Aufsichtsrat sie nicht erheben.[142]

6. Abfindungszahlungen

Ziff. 4.2.3 Abs. 4 DCGK befasst sich mit Abfindungszahlungen an ausscheidende Vorstandsmitglieder. Abfindungen ersetzen die zukünftigen Bezüge, wenn sowohl das Mandat (Rn. 44) als auch das Anstellungsverhältnis (Rn. 45) einvernehmlich beendet werden. Unter diesen Bedingungen sind Abfindungen dem Grunde nach

---

[138] Bürgers/Körber/*Runte/Eckert* AktG Anh. § 161 Rn. 19; *DAV-Handelsrechtsausschuss* NZG 2013, 419 (420 Rn. 14).
[139] *Hecker/Peters* BB 2013, 2887 (2891); *Wilsing/von der Linden* DStR 2013, 1291 (1293); aA *Klein* AG 2013, 733 (739).
[140] *DAV-Handelsrechtsausschuss* NZG 2013, 419 (420 Rn. 14); *Wilsing/von der Linden* DStR 2013, 1291 (1293).
[141] *Wilsing/von der Linden* DStR 2013, 1291 (1293 f.).
[142] Bürgers/Körber/*Runte/Eckert* AktG Anh. § 161 Rn. 19; *Klein* AG 2013, 733 (739).

zulässig und entsprechen gängiger Praxis.[143] Etwas anderes gilt, wenn der Aufsichtsrat das Anstellungsverhältnis gem. § 626 Abs. 1 BGB aus wichtigem Grund kündigen kann (Ziff. 4.2.3 Abs. 4 Satz 2 DCGK). Die **Höhe** von Abfindungen ist Verhandlungssache; auf Seiten der Gesellschaft entscheidet der Aufsichtsrat nach pflichtgemäßem Ermessen mit besonderem Fokus auf die Angemessenheit.[144] Wesentliche ermessensleitende Kriterien sind die Restlaufzeit des Anstellungsvertrags, die Höhe der entgangenen Vergütung, deren Abzinsung auf den aktuellen Barwert sowie ein Abzug für etwaige neue Einkünfte.[145] Problematisch ist dabei, zukünftige variable Vergütungen einzuschätzen, weil diese von der noch ungewissen Unternehmensentwicklung abhängen (Rn. 34).[146] Vor diesem Hintergrund empfiehlt Ziff. 4.2.3 Abs. 4 Satz 1 DCGK, bereits **beim Abschluss von Anstellungsverträgen** folgende Regelung zu treffen: Abfindungen einschließlich Nebenleistungen überschreiten nicht den Wert von zwei Jahresvergütungen (Abfindungs-Cap); in keinem Fall betragen sie mehr als die zu erwartende Vergütung für die Restlaufzeit des Anstellungsvertrags. Die **Berechnungsgrundlage** für das Abfindungs-Cap findet sich in Ziff. 4.2.3 Abs. 4 Satz 3 DCGK. Abzustellen ist demnach auf die Gesamtvergütung des abgelaufenen Geschäftsjahrs und ggf. auch auf die voraussichtliche Gesamtvergütung für das laufende Geschäftsjahr. Kritik zieht Ziff. 4.2.3 Abs. 4 DCGK auf sich, weil der Anstellungsvertrag die Leistungen der Gesellschaft in dem beschriebenen Szenario nicht abschließend festlegen kann. Bei einvernehmlicher Aufhebung des Anstellungsvertrags steht nämlich auch dieser Punkt neu zur Verhandlung. Anderenfalls bestünde die Gefahr, dass das Vorstandsmitglied die Aufhebung verweigert und der Anstellungsvertrag bis zu seinem regulären Ende auslaufen muss.[147] Dem lässt sich allenfalls mit **Koppelungsklauseln** begegnen, die praktisch kaum durchsetzbar und ihrerseits mit Nachteilen behaftet sind.[148] Ohne Koppelung hat die empfohlene Klausel im Anstellungsvertrag immerhin Signalwirkung und schützt den Aufsichtsrat vor „leichter Hand".[149]

7. Change of Control

38 Change-of-Control-Klauseln gewähren dem Vorstandsmitglied üblicherweise ein Sonderkündigungsrecht und einen der Höhe nach festgelegten Abfindungsanspruch. Tatbestandlich setzen sie einen sog. **Kontrollwechsel** voraus, der freilich von Vertrag zu Vertrag anders umschrieben wird. Im Vordergrund stehen freiwillige oder obligatorische Übernahmen iSv §§ 29, 35 WpÜG. Verbreitet wird aber auch auf Umwandlungsmaßnahmen oder den Abschluss eines Unternehmensvertrags

---

[143] Spindler/Stilz/*Fleischer* AktG § 87 Rn. 46; Wilsing/Goslar 4.2.3 Rn. 19; *Hüffer/Koch* AktG § 87 Rn. 8; Hölters/*Weber* AktG § 87 Rn. 42; *Hoffmann-Becking* ZHR 2005, 155 (168); *Lutter* ZIP 2006, 733 (737).

[144] Kölner Komm./*Mertens/Cahn* AktG § 87 Rn. 83; Hölters/*Weber* AktG § 87 Rn. 42; *Hoffmann-Becking* ZHR 2005, 155 (169); *Hohenstatt/Willemsen* NJW 2008, 3462 (3466).

[145] Hölters/*Weber* AktG § 87 Rn. 42.

[146] Wilsing/Goslar 4.2.3 Rn. 23; *Hohenstatt/Naber* in FS Bauer 2010, 447, 454 ff.; *Hoffmann-Becking* ZIP 2007, 2101 (2104).

[147] MünchKomm. AktG/Bd. 2/*Spindler* § 87 Rn. 154; *Bauer/Arnold* BB 2008, 1692 (1694); *Dörrwächter/Trafkowski* NZG 2007, 846 (849); *Hoffmann-Becking* in FS Hüffer 2010, 337, 348 f.; *Lutter* BB 2009, 1874.

[148] Wilsing/Goslar 4.2.3 Rn. 21; *Bauer/Arnold* BB 2008, 1692 (1695); *Hoffmann-Becking* ZIP 2007, 2101 (2106); *Hohenstatt/Willemsen* NJW 2008, 3462 (3463 ff.); *Lutter* BB 2009, 1874 (1875).

[149] *Lutter* BB 2009, 1874.

C. Schwerpunkte des DCGK

nach §§ 291 ff. AktG abgestellt.[150] Derartige Klauseln sind zulässig, wenn sie den Anforderungen des § 87 Abs. 1 AktG genügen und den Aufsichtsrat nicht übermäßig in seiner Personalhoheit beschränken.[151] In diesem Sinne empfiehlt Ziff. 4.2.3 Abs. 5 DCGK, dass eine Zusage von Leistungen aus Anlass der vorzeitigen Beendigung der Vorstandstätigkeit infolge eines Kontrollwechsels 150 % des Abfindungs-Caps nicht übersteigen soll. Besagtes **Abfindungs-Cap** ist definiert in Ziff. 4.2.3 Abs. 4 Satz 1 DCGK und umfasst den Wert von zwei Jahresvergütungen; für die Berechnung gilt Ziff. 4.2.3 Abs. 4 Satz 3 DCGK (Rn. 37). Für die Zwecke von Ziff. 4.2.3 Abs. 5 DCGK liegt die empfohlene Grenze demnach bei **drei Jahresvergütungen**.[152] Die zweite Grenze aus Ziff. 4.2.3 Abs. 4 Satz 1 DCGK (Restlaufzeit des Anstellungsvertrags) ist nach dem eindeutigen Wortlaut nicht in Bezug genommen.[153]

8. Angaben im Vergütungsbericht

Schon kraft Gesetzes ist die **Gesamtvergütung** eines jeden Vorstandsmitglieds offenzulegen (§ 285 Nr. 9 Buchst. a, § 314 Abs. 1 Nr. 6 Buchst. a HGB). Dabei ist zu trennen nach fixen und variablen Bestandteilen sowie Komponenten mit langfristiger Anreizwirkung. Gleiches gilt für Leistungen, die dem Vorstandsmitglied für den Fall einer vorzeitigen oder regulären Beendigung seiner Tätigkeit zugesagt worden sind. Standort dieser Pflichtangaben ist der Anhang zum Jahresabschluss bzw. der Konzernanhang. Alternativ kommt der Lagebericht bzw. der Konzernlagebericht in Betracht (§ 289a Abs. 2 Satz 2, § 315a Abs. 2 Satz 2 HGB). Im Übrigen sollen börsennotierte Gesellschaften dort in einem **Vergütungsbericht** auf die Grundzüge des Vergütungssystems eingehen (§ 289a Abs. 2 Satz 1, § 315a Abs. 2 Satz 1 HGB). Diese handelsrechtliche Ausgangslage skizzieren Ziff. 4.2.4 und Ziff. 4.2.5 Abs. 1 Satz 1, 2 DCGK.[154] Ergänzend stellt der Kodex mehrere Empfehlungen auf. Namentlich sollen die Grundzüge des Vergütungssystems „in allgemein verständlicher Form" dargestellt werden (Ziff. 4.2.5 Abs. 1 Satz 3 DCGK) – angesichts der Komplexität der Materie eine befremdliche Forderung. Ferner soll der Vergütungsbericht Angaben zur Art der Nebenleistungen enthalten, die die Gesellschaft erbracht hat (Ziff. 4.2.5 Abs. 2 DCGK). Darüber hinaus empfiehlt der Kodex, dass der Vergütungsbericht eine Vielzahl weiterer Detailangaben enthalten soll (Ziff. 4.2.5 Abs. 3 Satz 1 DCGK). Im Einzelnen sind das (1) die für das Berichtsjahr gewährten Zuwendungen einschließlich der Nebenleistungen, bei variablen Vergütungsteilen ergänzt um die erreichbare Maximal- und Minimalvergütung, (2) der Zufluss für das Berichtsjahr aus Fixvergütung, kurzfristiger variabler Vergütung und langfristiger variabler Vergütung mit Differenzierung nach den jeweiligen Bezugsjahren, (3) bei der Altersversorgung und sonstigen Versorgungsleistungen der Versorgungsaufwand im bzw. für das Berichtsjahr. Diese Angaben sollen anhand von **Mustertabellen** aufbereitet werden, die dem Kodex als Anlagen beizufügen und als Bestandteile des Vergütungsberichts abzudrucken sind (Ziff. 4.2.5 Abs. 3 Satz 2 DCGK).

---

[150] MünchKomm. AktG/Bd. 2/*Spindler* § 87 Rn. 155.
[151] Spindler/Stilz/*Fleischer* AktG § 87 Rn. 53; Kölner Komm./*Mertens/Cahn* § 87 Rn. 86; MünchKomm. AktG/Bd. 2/*Spindler* § 87 Rn. 155; Hölters/*Weber* AktG § 87 Rn. 44; *Korts* BB 2009, 1876 (1878 f.).
[152] Wilsing/*Goslar* 4.2.3 Rn. 26.
[153] Wilsing/*Goslar* 4.2.3 Rn. 26; Bürgers/Körber/*Runte/Eckert* AktG Anh. § 161 Rn. 22; aA MünchKomm. AktG/Bd. 2/*Spindler* § 87 Rn. 156.
[154] KBLW/*Bachmann* Rn. 1043; Wilsing/*Goslar* 4.2.4 Rn. 1; *Wilsing/von der Linden* DStR 2013, 1291 (1294).

VI. Interessenkonflikte von Vorstandsmitgliedern

1. Grundlagen

40 Interessenkonflikte und ihre Behandlung sind „Dauerbrenner" in der Unternehmenspraxis.[155] Auch der Kodex widmet sich ihnen eingehend. Insbesondere stellt er klar, dass Vorstandsmitglieder allein dem **Unternehmensinteresse** verpflichtet sind (Präambel Abs. 2 Satz 1, Ziff. 4.3.1 Satz 1 DCGK, näher Rn. 5 ff.). Dementsprechend dürfen sie weder persönliche Interessen verfolgen noch Geschäftschancen des Unternehmens für sich nutzen (Ziff. 4.3.1 Satz 2 DCGK). Dabei unterstreicht der Kodex, dass Vorstandsmitglieder während ihrer Tätigkeit einem **Wettbewerbsverbot** unterliegen und im Zusammenhang mit ihrer Tätigkeit keine ungerechtfertigten Vorteile von dritter Seite fordern oder annehmen dürfen (Ziff. 4.3.1 Satz 2, Ziff. 4.3.2 DCGK). Mit alldem stellt der Kodex keine eigenen Regeln auf; vielmehr skizziert er geltendes Recht (Präambel Abs. 8 Satz 7 DCGK, Rn. 15). Angesprochen ist namentlich das gesetzliche Wettbewerbsverbot aus § 88 AktG.[156] Danach dürfen Vorstandsmitglieder ohne Einwilligung des Aufsichtsrats weder ein Handelsgewerbe betreiben noch im Geschäftszweig der Gesellschaft für eigene oder fremde Rechnung Geschäfte machen (§ 88 Abs. 1 Satz 1 AktG). Ebenso wenig dürfen sie ohne Einwilligung Vorstandsmitglied, Geschäftsführer oder persönlich haftender Gesellschafter einer anderen Handelsgesellschaft sein (§ 88 Abs. 1 Satz 2 AktG). Flankierend formuliert der Kodex einige Empfehlungen (Präambel Abs. 8 Satz 1 DCGK, Rn. 15). Sie betreffen den Umgang mit Interessenkonflikten (Ziff. 4.3.3 Satz 1 DCGK, Rn. 42) und die Aufnahme von Nebentätigkeiten (Ziff. 4.3.4 DCGK, Rn. 43).

2. Begriff des Interessenkonflikts

41 Begrifflich setzt ein Interessenkonflikt voraus, dass das Vorstandsmitglied mindestens zwei Interessen ausgesetzt ist, die einander widersprechen.[157] Kraft Gesetzes vorgegeben ist die Verpflichtung auf das Unternehmensinteresse. Bei der Ausübung ihrer Mandate müssen die Vorstandsmitglieder sich allein von diesem Interesse leiten lassen (Rn. 5). Freilich liegt dem Unternehmensinteresse nach zutreffender hM seinerseits ein **plurales Konzept** zugrunde (Rn. 6). Eine Abwägung der verschiedenen Interessenströme ist deshalb notwendiger Bestandteil der Geschäftsführungsaufgabe des Vorstands.[158] Dann besteht ohne Weiteres noch kein Interessenkonflikt, sondern nur eine Pluralität oder auch ein (auflösbarer) Gegensatz verschiedener Interessenströmungen. Daneben können die Beratungen und Entscheidungen des Vorstands aber berufliche oder private Sonderinteressen einzelner Mitglieder berühren.[159] Selbst in diesem Fall sind „echte" Interessenkonflikte allerdings erst anzunehmen, wenn die **konkrete Gefahr** besteht, dass das Sonderinteresse sich zulasten des Unternehmensinteresses durchsetzt. Daran fehlt

---

[155] *Koch* ZGR 2014, 697 (698).
[156] Wilsing/*Goslar* 4.3.1 Rn. 1.
[157] Wilsing/*Wilsing* 5.5.2 Rn. 3.
[158] Spindler/Stilz/*Fleischer* AktG § 76 Rn. 27; *Hüffer/Koch* AktG § 76 Rn. 33; Wilsing/*von der Linden* Präambel Rn. 27; Kölner Komm./*Mertens/Cahn* § 76 Rn. 15; *Wilsing/von der Linden* ZHR 2014, 419 (430 f.).
[159] Vgl. Wilsing/*Wilsing* 5.5.2 Rn. 3; *Lutter* ZHR 1981, 224 (235); *Martinek* WRP 2008, 51 (53); *Ulmer* NJW 1980, 1603 (1604); *Wilsing/von der Linden* DStR 2012, 1391 (1393).

es, wenn das Sonderinteresse gering wiegt und die sachgerechte Mandatsausübung bei rationaler Betrachtung nicht in Frage stellt.[160] Auf diese Weise werden sog. **Bagatellkonflikte** ausgesondert.[161]

3. Offenlegung des Konflikts

Interessenkonflikte soll jedes Vorstandsmitglied unverzüglich dem Aufsichtsrat offenlegen; außerdem soll es die anderen Vorstandsmitglieder informieren (Ziff. 4.3.3 Satz 1 DCGK). Die Empfehlung erfasst ausschließlich echte, gegenwärtige Interessenkonflikte; zum Begriff des Interessenkonflikts s. Rn. 41. Sie gilt weder für Bagatellkonflikte (Rn. 41) noch für potenzielle bzw. drohende Konflikte.[162] Dies umso weniger, als die Offenlegung eine verantwortungsvolle Behandlung des Konflikts im Vorstand gewährleisten soll. Bei Bagatellkonflikten und potenziellen Konflikten würde dieser Regelungszweck leerlaufen. Zur Offenlegung gegenüber dem Aufsichtsrat genügt es, den **Aufsichtsratsvorsitzenden** zu informieren.[163] Das entspricht der Funktion des Aufsichtsratsvorsitzenden als Hauptansprechpartner des Vorstands (Rn. 51). Diesen Schritt muss das Vorstandsmitglied **unverzüglich** gehen, also ohne schuldhaftes Zögern (§ 121 Abs. 1 Satz 1 BGB). In einem zweiten Schritt hat dann der Aufsichtsratsvorsitzende zu entscheiden, wann und wie er die Information an das Plenum weiterreicht.[164] Eine bestimmte **Form** der Kommunikation sieht der Kodex nicht vor. Ausreichend ist darum eine mündliche Mitteilung; zu Dokumentationszwecken kann sich aber textförmige Kommunikation oder zumindest ein Aktenvermerk anbieten. Entsprechendes gilt für die ebenfalls empfohlene Information der anderen Vorstandsmitglieder. Unerheblich ist, in welcher Reihenfolge der Aufsichtsrat und die anderen Vorstandsmitglieder informiert werden.[165] Nach hM kann ein Vorstandsmitglied schon kraft seiner organschaftlichen Treupflicht gehalten sein, einen Interessenkonflikt offenzulegen.[166] IdR wird das aber nur gegenüber dem Vorstand gelten, nicht gegenüber dem Aufsichtsrat.[167]

4. Aufnahme von Nebentätigkeiten

Unter das gesetzliche Wettbewerbsverbot fallen der Betrieb eines Handelsgewerbes, Geschäfte im Geschäftszweig der Gesellschaft für eigene oder fremde Rechnung sowie die Tätigkeit als Vorstandsmitglied, Geschäftsführer oder persönlich haftender Gesellschafter einer anderen Handelsgesellschaft (§ 88 Abs. 1 Satz 1, 2 AktG, Rn. 40). Bezweckt ist damit, dass Vorstandsmitglieder ihre Arbeitskraft

---

[160] MünchKomm. AktG/Bd. 2/*Spindler* § 93 Rn. 62; Wilsing/*Wilsing* 5.5.2 Rn. 3; *Diekmann/Fleischmann* AG 2013, 141 (143); *Koch* ZGR 2014, 697 (703 f.); *Lutter* in FS Priester 2007, 417, 423; *Paefgen* Unternehmerische Entscheidung 2002, 215; *Schlimm* Geschäftsleiterermessen 2009, 296; *Harbarth* in FS Hommelhoff 2012, 323, 333 ff.
[161] Wilsing/*Goslar* 4.3.4 Rn. 3.
[162] *Diekmann/Fleischmann* AG 2013, 141 (148); *Koch* 2014, 697 (723).
[163] KBLW/*Bachmann* Rn. 1106; Wilsing/*Goslar* 4.3.4 Rn. 8; Bürgers/Körber/*Runte/Eckert* AktG Anh. § 161 Rn. 28.
[164] Wilsing/*Goslar* 4.3.4 Rn. 8.
[165] Wilsing/*Goslar* 4.3.4 Rn. 11.
[166] Spindler/Stilz/*Fleischer* AktG § 93 Rn. 72a, 124, 130a; Hölters/*Hölters* AktG § 93 Rn. 38; MünchKomm. AktG/Bd. 2/*Spindler* § 93 Rn. 61; *Diekmann/Fleischmann* AG 2013, 141 (148); *Semler* in FS Ulmer 2003, 627, 637 f.; *Lutter* in FS Canaris Bd. II 2007, 245, 250; *Weber-Rey/Buckel* AG 2011, 845 (850).
[167] MünchKomm. AktG/Bd. 2/*Spindler* § 93 Rn. 61; ebenso wohl Kölner Komm./*Mertens/Cahn* § 93 Rn. 110.

der AG widmen; außerdem soll die Gesellschaft vor Wettbewerb „aus den eigenen Reihen" geschützt werden.[168] Andere Nebentätigkeiten sind von Gesetzes wegen gestattet. Dazu gehören grundsätzlich auch **Aufsichtsratsmandate**. Dies mit der Maßgabe, dass Mitgliedschaften im Vorstand und im Aufsichtsrat derselben Gesellschaft unvereinbar sind (§ 105 Abs. 1 AktG). Ferner kann das Vorstandsmitglied einer abhängigen AG nicht dem Aufsichtsrat eines herrschenden Unternehmens angehören (§ 100 Abs. 2 Satz 1 Nr. 2 AktG). Hinzu tritt das Verbot der Überkreuzverflechtung (§ 100 Abs. 2 Satz 1 Nr. 3 AktG). Außerhalb dieser Sonderfälle darf das Vorstandsmitglied einer herrschenden AG aber durchaus Aufsichtsratsmandate bei Konzernunternehmen wahrnehmen, ebenso in konzernfremden Gesellschaften. Hier setzt Ziff. 4.3.4 DCGK an. Sie empfiehlt, Aufsichtsratsmandate außerhalb des Unternehmens und sonstige Nebentätigkeiten nur mit **Zustimmung des Aufsichtsrats** zu übernehmen. Aufsichtsratsmandate bei einer Konzerngesellschaft („Unternehmen", Präambel Abs. 9 DCGK) sind somit auch aus der Perspektive des Kodex nicht zustimmungsbedürftig. Das ist konsequent, weil solche Mandate iRd Konzernleitung sinnvoll und üblich sind.[169]

VII. Zusammensetzung des Vorstands

1. Grundlagen

44 Eine der wichtigsten Aufgaben des Aufsichtsrats ist die **Bestellung** der Vorstandsmitglieder (§ 84 Abs. 1 Satz 1 AktG, Ziff. 5.1.2 Abs. 1 Satz 1 DCGK). Sie ist ein korporationsrechtlicher Akt, durch den der Kandidat zum Vorstandsmitglied wird und die damit verbundenen Rechte und Pflichten erhält.[170] Über die Bestellung hat zwingend der Gesamtaufsichtsrat zu entscheiden.[171] Eine Delegation der Entscheidung auf das Präsidium, einen Personalausschuss oder einen sonstigen Ausschuss kommt nicht in Frage (§ 107 Abs. 3 Satz 4 AktG, Rn. 55).[172] Immerhin dürfen Ausschüsse aber vorbereitend tätig sein (Ziff. 5.1.2 Abs. 1 Satz 5 DCGK). Grundsätzlich genügt für den **Bestellungsbeschluss** die einfache Stimmenmehrheit (§ 108 Abs. 1 AktG). Besonderheiten gelten in Gesellschaften, die dem MitbestG unterliegen. Hier bedarf der Bestellungsbeschluss einer Mehrheit, die mindestens zwei Drittel der Stimmen der Aufsichtsratsmitglieder umfasst (§ 31 Abs. 2 MitbestG). Wird diese Mehrheit verfehlt, unterbreitet der obligatorische Vermittlungsausschuss dem Aufsichtsrat innerhalb eines Monats einen Bestellungsvorschlag (§ 27 Abs. 3, § 32 Abs. 3 Satz 1 Hs. 1 MitbestG). Sodann beschließt der Aufsichtsrat mit der einfachen Mehrheit der Stimmen seiner Mitglieder (§ 31 Abs. 3 Satz 2 MitbestG). Kommt auch diese Mehrheit nicht zustande, findet eine erneute Abstimmung statt, bei der dem Aufsichtsratsvorsitzenden zwei Stimmen zustehen (§ 31 Abs. 4 Satz 1 Hs. 1 MitbestG).

---

[168] BGH II ZR 278/95, NJW 1997, 2055 (2056); II ZR 217/99, NJW 2001, 2476; *Hüffer/Koch* AktG § 88 Rn. 1; *Schmidt/Lutter/Seibt* AktG § 88 Rn. 1; MünchKomm. AktG/Bd. 2/*Spindler* § 88 Rn. 1.
[169] *KBLW/Bachmann* Rn. 1129; *Wilsing/Goslar* 4.3.5 Rn. 6.
[170] MünchKomm. AktG/Bd. 2/*Spindler* § 84 Rn. 9.
[171] *Hüffer/Koch* AktG § 84 Rn. 5; Kölner Komm./*Mertens/Cahn* § 84 Rn. 7.
[172] BGH II ZR 90/73, BGHZ 65, 190 (192f.) = NJW 1976, 145; II ZR 182/79, BGHZ 79, 38 (42f.) = NJW 1981, 757.

Davon zu unterscheiden (Trennungsprinzip) ist die **Anstellung** des Vorstands- 45
mitglieds.[173] Sie bezeichnet ein schuldvertragliches Dienstverhältnis zwischen Gesellschaft und Vorstandsmitglied. Gerichtet ist dieses Dienstverhältnis auf eine entgeltliche Geschäftsbesorgung (§§ 611, 675 BGB).[174] Die Vorschriften über die korporationsrechtliche Bestellung gelten für das Anstellungs- bzw. Dienstverhältnis sinngemäß (§ 84 Abs. 1 Satz 5 AktG). Zuständig ist also ebenfalls der Aufsichtsrat. Allerdings besteht insoweit kein vollständiger Plenarvorbehalt; im Ausgangspunkt kann auch ein Ausschuss anstelle des Plenums beschließen.[175] Etwas anderes gilt freilich für die **Vergütung** und damit für den Kernbestandteil eines jeden Anstellungsvertrags (§ 107 Abs. 3 Satz 4, § 87 Abs. 1 AktG, Rn. 32, 55). Die Wirksamkeit der Bestellung und die Wirksamkeit der Anstellung sind unabhängig voneinander zu beurteilen (Abstraktionsprinzip).

2. Beachtung von Vielfalt

Ziff. 5.1.2 Abs. 1 Satz 2 DCGK empfiehlt dem Aufsichtsrat, bei der Zusammen- 46
setzung des Vorstands auch auf Vielfalt bzw. Diversity zu achten. Mit Ausnahme des Adressaten und der Bezugsgruppe ist die Empfehlung identisch mit Ziff. 4.1.5 Satz 1 DCGK (Besetzung von Führungspositionen im Unternehmen durch den Vorstand, Rn. 25 ff.).[176] Wie dort umfassen die Begriffe „Vielfalt" und „Diversity" das **Geschlecht** und die **Internationalität**, nicht jedoch weitere diskriminierungsrelevante Kriterien iSv § 1 AGG und Art. 3 Abs. 3 GG (Rn. 27). Und wie dort steht hinter der Empfehlung allein der Gedanke, dass Vielfalt dem Unternehmensinteresse zuträglich sein kann (Rn. 25, 27). Eine Gleichstellung verschiedener Gruppen im gesellschaftspolitischen Interesse ist nicht bezweckt. Um auf Diversity zu achten, muss der Aufsichtsrat sie als ein Auswahlkriterium einstufen und in seine Überlegungen einbeziehen.[177] Er muss indessen **keinen Erfolg** in Gestalt einer möglichst vielfältigen Vorstandsbesetzung herbeiführen.[178] Andere Kriterien – vor allem die persönliche und fachliche Eignung – dürfen sich zulasten der Vielfalt durchsetzen. Zeitlich ist die Empfehlung beschränkt auf die Beratung und Beschlussfassung des Aufsichtsrats über die Bestellung von Vorstandsmitgliedern („bei der Zusammensetzung des Vorstands"). Daraus folgt, dass der Aufsichtsrat im Vorfeld seiner Entscheidung keine besonderen Maßnahmen ergreifen muss.

3. Nachfolgeplanung

Weiter empfiehlt der Kodex, dass der Aufsichtsrat gemeinsam mit dem Vorstand 47
für eine langfristige Nachfolgeplanung sorgen soll (Ziff. 5.1.2 Abs. 1 Satz 4 DCGK). Im Blick ist dabei allein eine **interne Nachfolge**, dh die Identifizierung und Ent-

---

[173] RegBegr. *Kropff* S. 106; BGH II ZR 161/79, BGHZ 78, 82 (84) = NJW 1980, 2415; II ZR 182/79, BGHZ 79, 38 (41) = NJW 1981, 757; II ZR 33/83, BGHZ 89, 48 (52) = NJW 1984, 733; II ZR 146/02, NJW 2003, 351; MünchKomm. AktG/Bd. 2/*Spindler* § 84 Rn. 10.
[174] BGH II ZR 251/98, NJW 2000, 1864 (1865); II ZR 70/09, NJW 2010, 2343 Rn. 7; Spindler/Stilz/*Fleischer* AktG § 84 Rn. 24; Großkomm. AktG/*Kort* § 84 Rn. 272.
[175] BGH II ZR 75/62, BGHZ 41, 282 (285) = NJW 1964, 1367; II ZR 90/73, BGHZ 65, 190 (191) = NJW 1976, 145.
[176] Wilsing/*Wilsing* 5.1.2 Rn. 5.
[177] KBLW/*Kremer* Rn. 1237; *Schubert/Jacobsen* WM 2011, 726 (730).
[178] KBLW/*Kremer* Rn. 1240; Bürgers/Körber/*Runte/Eckert* AktG Anh. § 161 Rn. 31; Wilsing/*Wilsing* 5.1.2 Rn. 6; *Kocher* BB 2010, 264 (265); *Schubert/Jacobsen* WM 2011 726 (730); *Sünner* CCZ 2009, 185 (186).

wicklung von Führungskräften innerhalb des Unternehmens.[179] Das erklärt auch, warum der Vorstand in die Empfehlung einbezogen ist. Denn allein der Vorstand ist für die nachgelagerten Führungsebenen personalverantwortlich (Ziff. 4.1.5 Satz 1 DCGK, Rn. 25 ff.). Unter diesem Gesichtspunkt ist auch sein Aufgabenbereich berührt, wenn innerhalb des Unternehmens geeignete Vorstandskandidaten gefunden und gefördert werden sollen. Die Personalhoheit des Aufsichtsrats über den Vorstand wird hierdurch nicht in Frage gestellt. Im Gegenteil: Entsprechend den zwingenden gesetzlichen Vorgaben verbleibt die Entscheidung über die Besetzung von Vorstandsposten allein beim Aufsichtsrat (§ 84 Abs. 1 Satz 1 AktG, Rn. 44). Anders als die Bestellung von Vorstandsmitgliedern kann die Nachfolgeplanung einem Ausschuss übertragen werden.[180] § 107 Abs. 3 Satz 4 AktG steht nicht entgegen, ebenso wenig Ziff. 5.1.2 Abs. 1 Satz 4 DCGK selbst. Regelmäßig wird eine Überweisung an das Präsidium oder einen Personalausschuss sich wegen der besonderen Vertraulichkeit und Sensibilität von Personalfragen sogar anbieten.[181] **Langfristigkeit** bedeutet, dass die Nachfolgeplanung unabhängig von vorhandenen oder drohenden Vakanzen im Vorstand stattfinden soll. Demnach soll der Aufsichtsrat sich im Rahmen eines institutionalisierten Prozesses auch ohne konkreten Anlass mit ihr befassen.[182]

4. Gesetzliche Anforderungen an Vielfalt

48   Auf eine neue Grundlage wurde Vielfalt bzw. Diversity im Vorstand durch das Gesetz für die gleichberechtigte Teilhabe von Frauen und Männern an Führungspositionen v. 24.4.2015 (BGBl. 2015 I 642) gestellt (Rn. 30, 64 f.). Danach ist der Aufsichtsrat in börsennotierten *oder* mitbestimmten Gesellschaften gesetzlich verpflichtet, Zielgrößen für den Frauenanteil im Vorstand zu bestimmen; erforderlich ist also eine **flexible bzw. individuelle Quote** (§ 111 Abs. 5 Satz 1 AktG, § 25 Abs. 1 Satz 1 EGAktG, Ziff. 5.1.2 Abs. 1 Satz 3 DCGK). Grundsätzlich darf diese Quote auch unterhalb des Status quo liegen.[183] Etwas anderes gilt allerdings, wenn der Frauenanteil im Vorstand im Zeitpunkt der Festlegung weniger als 30 % beträgt (§ 111 Abs. 5 Satz 2 AktG). Des Weiteren muss der Aufsichtsrat sich selbst Fristen setzen, um die Zielgrößen zu erreichen (§ 111 Abs. 5 Satz 3 AktG). Die Fristen betragen nicht mehr als fünf Jahre (§ 111 Abs. 5 Satz 4 AktG, § 25 Abs. 1 Satz 2 EGAktG). In der Erklärung zur Unternehmensführung ist über die Zielgrößen und Fristen zu berichten, ebenso über die Einhaltung im Referenzzeitraum (§ 289f Abs. 2 Nr. 4, § 315d HGB).

VIII. Vorzeitige Wiederbestellung

49   Ziff. 5.1.2 Abs. 2 Satz 2 DCGK empfiehlt, ein laufendes Vorstandsmandat nur dann vorzeitig aufzuheben und mit einer Wiederbestellung zu verbinden, wenn „besondere Umstände" vorliegen. Diese Empfehlung baut auf den gesetzlichen Vorgaben zur Amtsdauer und zur Wiederbestellung von Vorstandsmitgliedern auf. Nach § 84 Abs. 1 Satz 1 AktG werden Vorstandsmitglieder auf **höchstens fünf Jahre** bestellt. Wiederbestellungen sind zulässig; sie dürfen aber ihrerseits die Dauer

---

[179] KBLW/*Kremer* Rn. 1244; Wilsing/*Wilsing* 5.1.2 Rn. 8.
[180] Bürgers/Körber/*Runte/Eckert* AktG Anh. § 161 Rn. 32; Wilsing/*Wilsing* 5.1.2 Rn. 8.
[181] KBLW/*Kremer* Rn. 1245.
[182] Wilsing/*Wilsing* 5.1.2 Rn. 8.
[183] BT-Drs. 18/3784, 123.

von fünf Jahren nicht überschreiten (§ 84 Abs. 1 Satz 2 AktG). Hinzu kommt, dass der Aufsichtsrat frühestens ein Jahr vor Ablauf der bisherigen Amtszeit über die Wiederbestellung beschließen kann (§ 84 Abs. 1 Satz 3 AktG). In der Praxis wählen Aufsichtsräte bisweilen einen Sonderweg: Im Einvernehmen mit dem Vorstandsmitglied heben sie ein laufendes Mandat frühzeitig auf und beschließen eine erneute Bestellung auf fünf Jahre (sog. vorzeitige Wiederbestellung). Die Zulässigkeit dieses Kunstgriffs war lange Zeit umstritten. Verbreitet wurde er als **Gesetzesumgehung** oder **Rechtsmissbrauch** angesehen.[184] Erlaubt sollte eine vorzeitige Wiederbestellung allenfalls sein, wenn sie im Einzelfall durch wichtige Gründe des Gesellschaftswohls gerechtfertigt werden konnte.[185] Dieser restriktiven Sichtweise ist der BGH mit Urteil v. 17.7.2012 entgegengetreten.[186] Nach seiner zutreffenden Auffassung ist die vorzeitige Wiederbestellung unter Beendigung des ursprünglichen Mandats ohne Weiteres statthaft. § 84 Abs. 1 Satz 3 AktG hat vor allem den Schutz der Gesellschaft vor überlanger Bindung im Auge. Daneben gewährleistet er, dass der Aufsichtsrat sich spätestens alle fünf Jahre über die „Weiterbeschäftigung" des Vorstandsmitglieds schlüssig wird.[187] Weitere Schutzzwecke lassen sich nicht nachweisen. Insbesondere zielt das Gesetz nicht darauf, dass ein Vorstandsmitglied sich vor einer Wiederbestellung langfristig bewährt. Ebenso wenig sichert es die Personalhoheit eines zukünftigen Aufsichtsrats.[188]

Diese gesetzliche Ausgangslage verschärft Ziff. 5.1.2 Abs. 2 Satz 2 DCGK, indem 50 sie für eine vorzeitige Wiederbestellung **besondere Umstände** fordert.[189] Offen bleibt, wann besondere Umstände in diesem Sinne gegeben sind. Nach richtiger Ansicht genügt jedwede Abweichung vom regelmäßigen bzw. erwarteten Verlauf der Amtszeit. Solche Abweichungen sind zB die Änderung der Geschäftsverteilung im Vorstand (§ 77 Abs. 1 Satz 2 AktG), die Ernennung eines Vorstandsmitglieds zum Vorsitzenden (§ 84 Abs. 2 AktG) oder eine drohende Abwerbung.[190] Nicht erforderlich ist ein wichtiger Sachgrund, der die vorzeitige Wiederbestellung objektiv rechtfertigt.[191] Schon sprachlich sind besondere Umstände nicht dasselbe wie ein wichtiger Sachgrund. Außerdem wäre es widersinnig, die Rechtfertigung eines gesetzlich erlaubten Verhaltens zu fordern. Das umso mehr, als Personalentscheidungen im Ermessen des Aufsichtsrats stehen und nur eine eingeschränkte gerichtliche Kontrolle zulassen.[192]

IX. Vorsitzender des Aufsichtsrats

Gemäß § 107 Abs. 1 Satz 1 AktG muss der Aufsichtsrat aus seiner Mitte einen 51 Vorsitzenden und mindestens einen Stellvertreter wählen. Demnach sind der Aufsichtsratsvorsitzende und seine Stellvertreter – anders als der Vorstandsvorsitzende

---

[184] OLG Zweibrücken 4 U 76/10, NZG 2011, 433 (434); AG Duisburg 62 IN 167/02, NZI 2008, 621 (622); LG Frankenthal 2 HKO 89/09, BB 2010, 1626 (1628); *Götz* AG 2002, 305 (306); *Peltzer* in FS Priester 2007, 573 (590 f.); *Priester* ZIP 2012, 1781 (1783, 1785).
[185] OLG Zweibrücken 4 U 76/10, NZG 2011, 433 (435).
[186] BGH II ZR 55/11, NZG 2012, 1027 (1028 Rn. 19 ff.).
[187] BGH II ZR 55/11, NZG 2012, 1027 (1029 Rn. 27).
[188] BGH II ZR 55/11, NZG 2012, 1027 (1029 Rn. 29).
[189] *Paschos/von der Linden* AG 2012, 736 (738).
[190] KBLW/*Kremer* Rn. 1252; MünchKomm. AktG/Bd. 2/*Spindler* § 84 Rn. 50; Wilsing/ Wilsing 5.1.2 Rn. 11; *Paschos/von der Linden* AG 2012, 736 (740); *Seibt* AG 2003, 465 (474 f.).
[191] AA *Leuchten* NZG 2005, 909 (911); *Peltzer* in FS Priester 2007, 573, 590.
[192] *Paschos/von der Linden* AG 2012, 736 (740).

(§ 84 Abs. 2 AktG) – **gesetzlich vorgeschriebene Funktionsträger**.[193] Deren besondere Bedeutung wird ua daran erkennbar, dass die Wahl unter Plenarvorbehalt steht (§ 107 Abs. 3 Satz 4 AktG); sie kann also nicht einem Ausschuss überlassen werden (Rn. 55).[194] Im Übrigen finden sich nur vereinzelte gesetzliche Regelungen zum Aufsichtsratsvorsitzenden sowie zu seinen Aufgaben und Befugnissen.[195] Sie betreffen namentlich die Entgegennahme und Weiterleitung von Eilberichten des Vorstands (§ 90 Abs. 1 Satz 3, Abs. 5 Satz 3 AktG), die Unterzeichnung von Sitzungsniederschriften (§ 107 Abs. 2 Satz 1 AktG), den Ausschluss eines Aufsichtsratsmitglieds von Ausschusssitzungen (§ 109 Abs. 2 AktG), die Einberufung von Plenarsitzungen (§ 110 Abs. 1 Satz 1 AktG), Anmeldungen beim Handelsregister im Zusammenhang mit Kapitalmaßnahmen (§§ 184 Abs. 1 Satz 1, 188 Abs. 1, 195 Abs. 1 Satz 1, 207 Abs. 2 Satz 1, 223, 229 Abs. 3 AktG), die Mitgliedschaft im Vermittlungsausschuss (§ 27 Abs. 3 MitbestG) und das Zweitstimmrecht bei Pattsituationen im mitbestimmten Aufsichtsrat (§ 29 Abs. 2 Satz 1 MitbestG). Die praktische Bedeutung des Vorsitzenden geht aber weit über diese Einzelaspekte hinaus. Tatsächlich ist er eine **Schlüsselfigur** nicht nur innerhalb des Aufsichtsrats, sondern für die Gesellschaft und ihre Corporate Governance insgesamt.[196] Insbesondere ist er ein wichtiges Bindeglied zwischen dem nur sporadisch zusammentretenden Aufsichtsratsplenum und dem Vorstand. Damit einher gehen gesteigerte Anforderungen an Qualifikation und Engagement. Dem entspricht, dass ein Vorsitz auf die gesetzlich zulässige Höchstzahl von Aufsichtsratsmandaten doppelt anzurechnen ist (§ 100 Abs. 2 Satz 3 AktG).[197]

52 Vor diesem Hintergrund ist Ziff. 5.2 Abs. 1 Satz 2 DCGK zu sehen. Sie betont, dass der Vorsitzende die Arbeit im Aufsichtsrat koordiniert, dessen Sitzungen leitet und die Belange des Aufsichtsrats nach außen wahrnimmt. Neben diesen deskriptiven Passus (Präambel Abs. 8 Satz 7 DCGK, Rn. 15) treten mehrere Empfehlungen: So heißt es, dass der Aufsichtsratsvorsitzende nicht auch den **Vorsitz im Prüfungsausschuss** innehaben soll (Ziff. 5.3.2 Abs. 3 Satz 3 DCGK); zum Begriff und zur Funktion des Prüfungsausschusses s. Rn. 56. Diese Empfehlung soll die Unabhängigkeit des Vorsitzenden des Prüfungsausschusses stärken und zugleich eine ausgewogene Arbeitsteilung fördern.[198] Gegen eine Mitgliedschaft oder den stellvertretenden Vorsitz im Prüfungsausschuss richtet sich nicht.[199] Ferner empfiehlt der Kodex, dass der Aufsichtsratsvorsitzende regelmäßigen Kontakt mit dem Vorstand bzw. mit dessen Vorsitzendem oder Sprecher halten soll; im Fokus steht dabei eine Kommunikation zu Fragen der Strategie, der Planung, der Geschäftsentwicklung, der Risikolage, des Risikomanagements und der Compliance des Unternehmens (Ziff. 5.2 Abs. 3 Satz 1 DCGK). Damit geht der Kodex über das gesetzliche Berichtssystem des § 90 AktG und das allgemeine Einsichts- und

---

[193] *Hüffer/Koch* AktG § 107 Rn. 4.
[194] MünchKomm. AktG/Bd. 2/*Habersack* § 107 Rn. 144; *Hölters/Hambloch-Gesinn/Gesinn* AktG § 107 Rn. 153; *Hüffer/Koch* AktG § 107 Rn. 27.
[195] MünchKomm. AktG/Bd. 2/*Habersack* § 107 Rn. 43; *Hölters/Hambloch-Gesinn/Gesinn* AktG § 107 Rn. 28; *Hüffer/Koch* AktG § 107 Rn. 8; *KBLW/Kremer* Rn. 1262.
[196] *KBLW/Kremer* Rn. 1262; *Wilsing/Wilsing* 5.2 Rn. 1; *Claussen/Bröcker* DB 2002, 1199 (1203); *Schlitt* DB 2005, 2007 (2008 f.).
[197] MünchKomm. AktG/Bd. 2/*Habersack* § 107 Rn. 45.
[198] *KBLW/Kremer* Rn. 1269.
[199] *KBLW/Kremer* Rn. 1269; *Bürgers/Körber/Runte/Eckert* AktG Anh. § 161 Rn. 36; *Wilsing/Wilsing* 5.2 Rn. 16.

C. Schwerpunkte des DCGK 53, 54 § 25

Prüfungsrecht aus § 111 Abs. 2 Satz 1, 2 AktG hinaus.[200] **Turnus und Form** der Kontakte regelt der Kodex nicht. Sie stehen folglich im pflichtgemäßen Ermessen des Aufsichtsratsvorsitzenden.[201]

Schließlich empfiehlt der Kodex dem Aufsichtsratsvorsitzenden, zur Unterrichtung des Gesamtaufsichtsrats über „wichtige Ereignisse" erforderlichenfalls eine außerordentliche Sitzung einzuberufen (Ziff. 5.2 Abs. 3 Satz 3 DCGK). Die Empfehlung hängt inhaltlich und systematisch mit der deskriptiven Ziff. 5.2 Abs. 3 Satz 2 DCGK zusammen. Diese besagt, dass der Aufsichtsratsvorsitzende unverzüglich über wichtige Ereignisse informiert wird, die für die Beurteilung der Lage und Entwicklung sowie für die Leitung des Unternehmens von wesentlicher Bedeutung sind. Angesprochen sind damit die sog. **Vorsitzberichte** nach § 90 Abs. 1 Satz 3 AktG.[202] Dort heißt es wiederum, dass dem Vorsitzenden des Aufsichtsrats aus (sonstigen) wichtigen Anlässen zu berichten ist. In Betracht kommen etwa Betriebsstörungen, Arbeitskämpfe, behördliche Auflagen, die Einleitung oder Beendigung wesentlicher Rechtsstreitigkeiten, Steuernachforderungen, die Gefährdung von größeren Außenständen sowie Liquiditätsprobleme durch eine Kreditkündigung.[203] Der Aufsichtsratsvorsitzende ist Berichtsempfänger, um einen möglichst zügigen Informationsfluss sicherzustellen.[204] Schon kraft Gesetzes muss er die anderen Aufsichtsratsmitglieder spätestens in der nächsten Plenarsitzung unterrichten (§ 90 Abs. 5 Satz 3 AktG). Im Einzelfall können auch eine sofortige Weitergabe und eine außerordentliche Sitzung geboten sein. Das gilt vor allem, aber nicht nur in der **Krise der Gesellschaft**.[205] Für eine Empfehlung bleibt insoweit eigentlich kein Raum. Ziff. 5.2 Abs. 3 Satz 3 DCGK enthält auch keine Konkretisierung der gesetzlichen Pflicht, etwa mit Blick auf Form, Frist oder Verfahren.[206] In erster Linie ist sie ein Appell an den Aufsichtsratsvorsitzenden, in Zweifelsfällen die gesetzlichen Möglichkeiten zu nutzen.[207]

X. Bildung von Ausschüssen

1. Grundlagen

Ein Aufsichtsrat kann aus seiner Mitte Ausschüsse bestellen, namentlich um seine Verhandlungen und Beschlüsse vorzubereiten oder um die Ausführung von Beschlüssen zu überwachen (§ 107 Abs. 3 Satz 1 AktG). Gesetzlich vorgeschrieben ist der **Vermittlungsausschuss** nach § 27 Abs. 3 MitbestG (Rn. 44). In Instituten, Finanzholding-Gesellschaften und gemischten Finanzholding-Gesellschaften können Aufsichtsräte überdies gehalten sein, einen Risikoausschuss, einen Prüfungsausschuss, einen Nominierungsausschuss und einen Vergütungskontrollaus-

---

[200] KBLW/*Kremer* Rn. 1272.
[201] Bürgers/Körber/*Runte/Eckert* AktG Anh. § 161 Rn. 37; Wilsing/*Wilsing* 5.2 Rn. 17.
[202] Wilsing/*Wilsing* 5.2 Rn. 18.
[203] RegBegr. *Kropff* S. 117; *Hüffer/Koch* AktG § 90 Rn. 8; Kölner Komm./*Mertens/Cahn* § 90 Rn. 45; MHdB GesR IV/*Wiesner* § 25 Rn. 79.
[204] Spindler/Stilz/*Fleischer* AktG § 90 Rn. 32; *Hüffer/Koch* AktG § 90 Rn. 8; Hölters/*Müller-Michaels* AktG § 90 Rn. 11.
[205] LG München I 5 HKO 11977/06, NZI 2007, 609; Bürgers/Körber/*Runte/Eckert* AktG Anh. § 161 Rn. 38; *von der Linden/Ogorek* EWiR 2008, 3.
[206] OLG Frankfurt a.M. 5 U 214/12, NZG 2014, 1017 (1020) – Deutsche Börse.
[207] MünchKomm. AktG/Bd. 2/*Habersack* § 107 Rn. 50; KBLW/*Kremer* Rn. 1275; Wilsing/*Wilsing* 5.2 Rn. 19; *Kort* AG 2008, 137 (145).

schuss zu bestellen (§ 25d Abs. 7–12 KWG, Rn. 56f.). Im Übrigen sind Ausschüsse durchweg fakultativ.[208] Ihre Zweckmäßigkeit hängt von den Gegebenheiten des Unternehmens und der Größe des Plenums ab. Insbesondere in kleinen Gremien mit drei oder sechs Mitgliedern sind Ausschüsse regelmäßig nicht sinnvoll.[209] In den Aufsichtsräten großer börsennotierter Gesellschaften haben sie hingegen erhebliche Bedeutung. Hier besteht ein praktisches Bedürfnis, bestimmte Maßnahmen und Entscheidungen an kleine und flexible Arbeitsgruppen zu delegieren.[210] Vor allem über die Zustimmung zu bestimmten Geschäften des Vorstands (§ 111 Abs. 4 Satz 2 AktG, Rn. 2) muss unter Umständen schnell und unbürokratisch entschieden werden.[211] Gleichzeitig können Ausschüsse die Qualität der Arbeitsergebnisse verbessern. Dazu müssen sie sachgerecht auf ihre Aufgaben zugeschnitten sein. Das wiederum hängt in erster Linie vom Sachverstand ihrer Mitglieder ab. Hinzu kommt, dass Ausschussmitglieder sich oft in besonderem Maße mit der übertragenen Aufgabe identifizieren.[212] Auch auf europäischer Ebene hat sich diese Erkenntnis durchgesetzt. In ihrer **Empfehlung 2005/162/EG** zu den Aufgaben von nicht-geschäftsführenden Direktoren und Aufsichtsratsmitgliedern v. 15.2.2005 hält die EU-Kommission ausdrücklich fest, dass Nominierungs-, Vergütungs- und Prüfungsausschüsse die Effizienz des Aufsichtsrats steigern.[213]

2. Allgemeine Empfehlung

55 In diesem Sinne empfiehlt der Kodex allgemein, fachlich qualifizierte Ausschüsse zu bilden (Ziff. 5.3.1 Satz 1 DCGK). Die Empfehlung richtet sich allein an den Aufsichtsrat, nicht an die HV als Satzungsgeber.[214] Denn nach dem Gesetz ist die Ausschussbildung ein **Akt der Selbstorganisation** (§ 107 Abs. 3 Satz 1 AktG, Rn. 54). Die HV kann das Ermessen des Aufsichtsrats weder durch einfachen Beschluss noch mittels der Satzung einschränken.[215] Dennoch gefasste HV-Beschlüsse sind mit dem Wesen der AG unvereinbar und nichtig (§ 241 Nr. 3 AktG). Ausweislich Ziff. 5.3.1 Satz 1 DCGK soll der Aufsichtsrat die Ausschussbildung von den Gegebenheiten des Unternehmens und der Anzahl seiner Mitglieder abhängig machen. Damit sind die wesentlichen ermessensleitenden Faktoren beschrieben (Rn. 54). Ein konditionales Tatbestandsmerkmal ist darin aber nicht zu sehen. Daraus folgt: Verzichtet der Aufsichtsrat auf Ausschüsse, müssen er und der Vorstand die Entsprechenserklärung nach § 161 AktG einschränken (Rn. 90ff.); die Gegebenheiten des Unternehmens und die Größe des Plenums sind dann als Gründe für die Abweichung zu nennen.[216]

---

[208] MünchKomm. AktG/Bd. 2/*Habersack* § 107 Rn. 93; *Hüffer/Koch* AktG § 107 Rn. 18, 31.
[209] Wilsing/*Wilsing* 5.3.1 Rn. 8; *Kort* AG 2008, 137 (145).
[210] RegBegr. TransPuG BT-Drs. 14/8769, 16; MünchKomm. AktG/Bd. 2/*Habersack* § 107 Rn. 92; Hölters/*Hambloch-Gesinn/Gesinn* AktG § 107 Rn. 90; Großkomm. AktG/*Hopt/Roth* § 107 Rn. 262; *Lutter* DB 2009, 775 (777).
[211] RegBegr. TransPuG BT-Drs. 14/8769, 16.
[212] RegBegr. BilMoG BT-Drs. 16/10067, 102.
[213] ABl. EG Nr. L 52 v. 25.2.2005, 51.
[214] MünchKomm. AktG/Bd. 2/*Habersack* § 107 Rn. 93; *Hüffer/Koch* AktG § 107 Rn. 18; Wilsing/*von der Linden* HGB § 289a Rn. 24; Wilsing/*Wilsing* 5.3.1 Rn. 8.
[215] BGH II ZR 123/81, BGHZ 83, 106 (115) = NJW 1982, 1525; II ZR 89/92, BGHZ 122, 342 (355) = NJW 1993, 2307; MünchKomm. AktG/Bd. 2/*Habersack* § 107 Rn. 95; Hölters/*Hambloch-Gesinn/Gesinn* AktG § 107 Rn. 94; *Hüffer/Koch* AktG § 107 Rn. 18; Spindler/Stilz/*Spindler* AktG § 107 Rn. 86; MHdB GesR IV/*Hoffmann-Becking* § 32 Rn. 34.
[216] Wilsing/*Wilsing* 5.3.1 Rn. 8; aA MünchKomm. AktG/Bd. 2/*Habersack* § 107 Rn. 12; KBLW/*Kremer* Rn. 1279.

C. Schwerpunkte des DCGK 56 § 25

Als Ausschüsse iSv Ziff. 5.3.1 Satz 1 DCGK kommen zB Präsidial-, Personal-, Finanz-, Investitions- und Strategieausschüsse in Betracht.[217] Von hoher praktischer Bedeutung sind Prüfungs- und Nominierungsausschüsse; ihnen widmet der Kodex spezielle Empfehlungen (Ziff. 5.3.2 Abs. 1, Ziff. 5.3.3 DCGK, Rn. 56 f.). **Grenzen** findet die Delegationsmacht des Aufsichtsrats in § 107 Abs. 3 Satz 4 AktG. In den dort genannten Angelegenheiten – etwa bei der Wahl des Aufsichtsratsvorsitzenden, bei der Bestellung und Abberufung von Vorstandsmitgliedern, in Vergütungsfragen und bei der Prüfung des Jahresabschlusses – liegt die endgültige Entscheidung beim Plenum. Die **Vorbereitung** durch einen Ausschuss ist aber auch in diesen Fällen zulässig.[218]

3. Prüfungsausschuss

Ziff. 5.3.2 Abs. 1 DCGK empfiehlt die Einrichtung eines Prüfungsausschusses. 56
Befassen soll er sich insb. mit der Überwachung der Rechnungslegung und des Rechnungslegungsprozesses, mit der Wirksamkeit des internen Kontrollsystems, des Risikomanagementsystems und des internen Revisionssystems sowie mit Fragen der Abschlussprüfung und der Compliance. Weiter heißt es in Anlehnung an Art. 16 Abs. 2 Abschlussprüfungs-VO, dass der Prüfungsausschuss dem Plenum eine begründete Empfehlung für die Wahl des Abschlussprüfers vorlegt, die in den Fällen der Ausschreibung des Prüfungsmandats mindestens zwei Kandidaten umfasst (Ziff. 5.3.2 Abs. 2 Satz 1 DCGK). Ferner, dass der Prüfungsausschuss die Unabhängigkeit des Abschlussprüfers überwacht und sich mit zusätzlich erbrachten Leistungen, mit der Erteilung des Prüfungsauftrags, der Bestimmung von Prüfungsschwerpunkten und der Honorarvereinbarung befasst (Ziff. 5.3.2 Abs. 2 Satz 1 DCGK). Das entspricht im Wesentlichen dem Aufgabenkatalog des § 107 Abs. 3 Satz 2 AktG.[219] Seit dem BilMoG v. 25.5.2009 (BGBl. 2009 I 1102) wird der Prüfungsausschuss in dieser Vorschrift erwähnt, ebenso in § 107 Abs. 4 und § 124 Abs. 3 Satz 2 AktG. Er ist dort aber – auch nach dem AReG v. 10.5.2016 – nicht verbindlich vorgeschrieben.[220] Es bleibt also dabei, dass der Prüfungsausschuss nicht obligatorisch ist. Etwas anderes kann in Instituten, Finanzholding-Gesellschaften und gemischten Finanzholding-Gesellschaften gelten. Dort muss der Aufsichtsrat unter Umständen kraft Gesetzes einen Prüfungsausschuss bestellen (§ 25d Abs. 7, 9 KWG). Abhängig ist dies von der Größe und der internen Organisation des Unternehmens sowie von der Art, dem Umfang, der Komplexität und dem Risikogehalt seiner Geschäfte.[221] Bei der Prüfung des Jahresabschlusses, des Lageberichts, des Gewinnverwendungsvorschlags, des Konzernabschlusses, des Konzernlageberichts und des Abhängigkeitsberichts kann der Prüfungsausschuss nur vorbereitend tätig werden;[222] er darf nicht anstelle des Plenums entscheiden (§§ 107 Abs. 3 Satz 4, 171, 314 Abs. 2, 3 AktG, Rn. 55). Nach § 124 Abs. 3 Satz 2 AktG ist bei kapitalmarktorientierten Gesellschaften iSv § 264d HGB der Vorschlag des Aufsichtsrats zur Wahl des Abschlussprüfers auf eine Empfehlung des Prüfungsausschusses zu stützen. Diese Vorgabe geht ins Leere, wenn der Prüfungsausschuss anstelle des

---

[217] Spindler/Stilz/*Spindler* AktG § 107 Rn. 122.
[218] Großkomm. AktG/*Hopt/Roth* § 107 Rn. 404; *Hüffer/Koch* AktG § 107 Rn. 27; Kölner Komm./*Mertens/Cahn* § 107 Rn. 176.
[219] Wilsing/*Wilsing* 5.3.2 Rn. 3; Marsch-Barner/Schäfer/*Marsch-Barner* § 2 Rn. 60.
[220] RegBegr. BilMoG BT-Drs. 16/10067, 103.
[221] Dazu *Langenbucher* ZHR 2012, 652 (657 ff.).
[222] KBLW/*Kremer* Rn. 1289.

Plenums unmittelbar über den Wahlvorschlag an die HV beschließt.[223] Bis zur Kodexreform v. 5.5.2015 verwendete der Kodex als Klammerzusatz den Begriff des **Audit Committee**. Das konnte zu Missverständnissen führen, denn der Prüfungsausschuss in deutschen Aufsichtsräten entspricht nicht in jeder Hinsicht dem Audit Committee angelsächsischer Prägung.[224] Ergänzende Empfehlungen zum **Vorsitzenden** des Prüfungsausschusses – namentlich zu seinen Kenntnissen und zu seiner Unabhängigkeit – finden sich in Ziff. 5.3.2 Abs. 3 Satz 1–3 DCGK; zum Begriff der Unabhängigkeit s. Rn. 69 ff. Insbesondere sollen das Plenum und der Prüfungsausschuss unterschiedliche Vorsitzende haben (Rn. 52).

4. Nominierungsausschuss

57   Ferner wird dem Aufsichtsrat empfohlen, einen Nominierungsausschuss zu bilden (Ziff. 5.3.3 DCGK). Einzige Aufgabe dieses Ausschusses ist, geeignete Kandidaten für die Wahlvorschläge des Aufsichtsrats an die HV zu benennen. Im Rahmen der Kodexreform v. 5.5.2015 hat die Kommission klargestellt, dass allein die Vorschläge für **Wahlen zum Aufsichtsrat** gemeint sind. Vorschläge zur Wahl des Abschlussprüfers oder eines Sonderprüfers hat die Empfehlung dagegen nicht im Blick.[225] Dies umso weniger, als seit dem BilMoG v. 25.5.2009 der Vorschlag zur Wahl des Abschlussprüfers bei kapitalmarktorientierten Gesellschaften iSv § 264d HGB auf eine Empfehlung des Prüfungsausschusses zu stützen ist (§ 124 Abs. 3 Satz 2 AktG, zum Prüfungsausschuss s. Rn. 56). Den Anforderungen der Ziff. 5.3.3 DCGK genügt es auch und erst recht, wenn der Nominierungsausschuss anstelle des Plenums unmittelbar über den Wahlvorschlag an die HV beschließt.[226] **Zusammensetzen** soll sich der Nominierungsausschuss nur aus Vertretern der Anteilseigner. Hintergrund ist, dass die späteren Wahlvorschläge an die HV ebenfalls allein von den Anteilseignervertretern stammen (§ 124 Abs. 3 Satz 5 Hs. 1 AktG).[227] Ungeachtet dessen folgen die Bildung und die Besetzung des Nominierungsausschusses allgemeinen Regeln (§ 107 Abs. 3 Satz 1 AktG, Rn. 54). Auch in mitbestimmten Gesellschaften entscheidet das Plenum einschließlich der Arbeitnehmerbank.[228] Die Empfehlung 2005/162/EG der EU-Kommission (Rn. 54) befürwortet darüber hinaus, Nominierungsausschüsse mehrheitlich mit unabhängigen Mitgliedern zu besetzen; zum Begriff der Unabhängigkeit s. Rn. 69 ff. Im Kodex hat diese Sichtweise jedoch keinen Niederschlag gefunden. Darum sind die Anforderungen von Ziff. 5.3.3 DCGK selbst dann erfüllt, wenn keines der Ausschussmitglieder unabhängig ist.[229] Im Unterschied zu § 124 Abs. 3 Satz 2 AktG verlangt der Kodex nicht, dass die HV mit dem Wahlvorschlag über das interne Nominierungsprozedere informiert wird. In Instituten, Finanzholding-Gesellschaften und gemischten

---

[223] *Hüffer/Koch* AktG § 124 Rn. 22; Spindler/Stilz/*Rieckers* AktG § 124 Rn. 33; Wilsing/*Wilsing* 5.3.2 Rn. 3; *Habersack* AG 2008, 98 (99 Fn. 6).

[224] Hölters/*Hambloch-Gesinn/Gesinn* AktG § 107 Rn. 104; KBLW/*Kremer* Rn. 1292; Wilsing/*Wilsing* 5.3.2 Rn. 2; *Schiessl* AG 2002, 593 (600 f.); *Velte* NZG 2011, 771 (773).

[225] Wilsing/*Wilsing* 5.3.3 Rn. 2.

[226] *Hüffer/Koch* AktG § 124 Rn. 21; Spindler/Stilz/*Rieckers* AktG § 124 Rn. 31a; Wilsing/*Wilsing* 5.3.3 Rn. 2.

[227] MünchKomm. AktG/Bd. 2/*Habersack* § 107 Rn. 108; *Hüffer/Koch* AktG § 124 Rn. 21; KBLW/*Kremer* Rn. 1313.

[228] MünchKomm. AktG/Bd. 2/*Habersack* § 107 Rn. 108; Wilsing/*Wilsing* 5.3.3 Rn. 4; aA KBLW/*Kremer* Rn. 1313; *Sünner* AG 2012, 265 (268).

[229] MünchKomm. AktG/Bd. 2/*Habersack* § 107 Rn. 108; Hölters/*Hambloch-Gesinn/Gesinn* AktG § 107 Rn. 114; KBLW/*Kremer* Rn. 1313; *von Werder/Wieczorek* DB 2007, 297 (303).

C. Schwerpunkte des DCGK 58 § 25

Finanzholding-Gesellschaften kann ein Nominierungsausschuss – abhängig von der Größe, der Organisation und den Geschäften des Unternehmens – gesetzlich erforderlich sein (§ 25d Abs. 7 und Abs. 11 KWG).

XI. Zusammensetzung des Aufsichtsrats

1. Grundlagen

Vorschriften zur Zusammensetzung des Aufsichtsrats enthalten vor allem die Gesetze über die Arbeitnehmermitbestimmung (Rn. 3) sowie § 96 Abs. 2, 3, § 111 Abs. 5 AktG idF des Gleichstellungsgesetzes v. 24.4.2015 (Geschlechterquote, Rn. 64f.). Ferner bestimmt § 100 Abs. 5 Hs. 1 AktG, dass in kapitalmarktorientierten Gesellschaften iSv § 264d HGB mindestens ein Aufsichtsratsmitglied über Sachverstand auf den Gebieten Rechnungslegung oder Abschlussprüfung verfügen muss. Dieses sachverständige Mitglied muss auch dem Prüfungsausschuss angehören, falls ein solcher gebildet wird (§ 107 Abs. 4 AktG, Rn. 56). Sachkunde bzw. fachliche Eignung wird außerdem gefordert für Aufsichtsratsmitglieder in Instituten, Finanzholding-Gesellschaften und gemischten Finanzholding-Gesellschaften (§ 25d Abs. 1 Satz 1 KWG), in Unternehmen der Versicherungswirtschaft (§ 24 Abs. 1 Satz 1 VAG) sowie in Kapitalverwaltungsgesellschaften und in Investmentaktiengesellschaften mit veränderlichem oder fixem Kapital (§§ 18 Abs. 4 Satz 1, 119 Abs. 3 Satz 1, 147 Abs. 3 Satz 1 KAGB). Außerhalb dieser Sonderregelungen müssen Aufsichtsratsmitglieder keine **fachliche Eignung** nachweisen.[230] Das bedeutet indessen nur, dass die Bestellung ungeeigneter Kandidaten nicht unter einem Inhaltsmangel leidet, insb. nicht nach § 251 Abs. 1 Satz 1 AktG anfechtbar ist.[231] Dessen ungeachtet ist die fachliche Eignung aber eine wichtige praktische Voraussetzung für eine effektive Überwachungstätigkeit.[232] Daraus folgt, dass jedes Aufsichtsratsmitglied ein wirtschaftliches und rechtliches Grundverständnis für das konkrete Unternehmen und dessen Geschäft mitbringen muss.[233] Umfassende Kenntnisse sind weder erforderlich noch realistisch.[234] Vielmehr ist der Aufsichtsrat so zusammenzusetzen, dass er **insgesamt** über die erforderlichen Kenntnisse, Fähigkeiten und fachlichen Erfahrungen verfügt (Ziff. 5.4.1 Abs. 1 DCGK, vgl. auch § 100 Abs. 5 Hs. 2 AktG). Insoweit ist der amtierende Aufsichtsrat gehalten, bei der Identifizierung und Nominierung zukünftiger Kandidaten auf fachliche Eignung zu achten. Anderenfalls haften seine Mitglieder unter dem Gesichtspunkt eines Auswahlverschuldens (§ 116 Satz 1, § 93 Abs. 2 AktG).[235] Dem ungeeigneten Kandidaten kann spiegelbildlich ein Übernahmeverschulden zur Last

58

---

[230] MünchKomm. AktG/Bd. 2/*Habersack* § 100 Rn. 13; *Hüffer/Koch* AktG § 100 Rn. 2; Kölner Komm. /*Mertens/Cahn* § 100 Rn. 10.
[231] MünchKomm. AktG/Bd. 2/*Habersack* § 100 Rn. 13; MHdB GesR IV/*Hoffmann-Becking* § 30 Rn. 4; Marsch-Barner/Schäfer/*Vetter* § 25 Rn. 2; *Götz* AG 1995, 337 (345).
[232] Schmidt/Lutter/*Drygala* AktG § 100 Rn. 30; Wilsing/*Wilsing* 5.4.1 Rn. 2; Marsch-Barner/Schäfer/*Vetter* § 25 Rn. 2.
[233] BGH II ZR 27/82, BGHZ 85, 293 (295) = NJW 1983, 991 – Hertie; Schmidt/Lutter/ Drygala AktG § 100 Rn. 30; KBLW/*Kremer* Rn. 1316; MünchKomm. AktG/Bd. 2/*Habersack* § 100 Rn. 13; *Wirth* ZGR 2005, 327 (333).
[234] BGH II ZR 27/82, BGHZ 85, 293 (295) = NJW 1983, 991 – Hertie.
[235] MünchKomm. AktG/Bd. 2/*Habersack* § 100 Rn. 13; Hölters/*Simons* AktG § 100 Rn. 13; *Götz* AG 1995, 337 (345); *Säcker* AG 2008, 17 (22).

fallen.²³⁶ Zur Aus- und Fortbildung von Aufsichtsratsmitgliedern während ihrer Amtszeit s. Rn. 76.

2. Ziele und Kompetenzprofil

59 Vor diesem Hintergrund empfiehlt der Kodex dem Aufsichtsrat, konkrete Ziele für seine Zusammensetzung zu benennen und überdies ein Kompetenzprofil für das Gesamtgremium zu erarbeiten (Ziff. 5.4.1 Abs. 2 Satz 1 DCGK). **Ziele** sind Vorgaben, die der Aufsichtsrat sich selbst macht und deren Umsetzung er anstrebt. Gemäß Ziff. 5.4.1 Abs. 2 Satz 2 DCGK soll er insoweit folgende Punkte berücksichtigen: die internationale Tätigkeit (Rn. 27), potenzielle Interessenkonflikte (Rn. 79), die Anzahl der unabhängigen Aufsichtsratsmitglieder (Rn. 73), eine festzulegende Altersgrenze, eine festzulegende Regelgrenze für die Dauer der Gremienzugehörigkeit und Vielfalt bzw. Diversity (Rn. 26 f.). Zwischen diesen Merkmalen gibt es in mehrfacher Hinsicht sachliche Überschneidungen. Namentlich soll die Unabhängigkeit von Aufsichtsratsmitgliedern wesentlichen und dauerhaften Interessenkonflikten vorbeugen (Ziff. 5.4.2 Satz 2 DCGK, Rn. 71). Zwangsläufig widmet der Aufsichtsrat sich also auch potenziellen Interessenkonflikten, wenn er Zielgrößen für die unabhängigen Mitglieder festlegt. Auch das Merkmal der Vielfalt läuft teilweise leer, denn es hat ua das Kriterium der Internationalität im Blick (Rn. 27), das in Ziff. 5.4.1 Abs. 2 Satz 2 DCGK gesondert abgebildet ist.²³⁷ Die jeweiligen Ziele sollen „konkret" sein; unbestimmte Absichtserklärungen genügen nicht. Unzureichend sind daher Formeln wie „ausreichende Anzahl" oder „in angemessenem Umfang".²³⁸ In Betracht kommt namentlich die Festlegung von Quoten (zB 30% unabhängige Mitglieder). Ebenso zulässig ist die Verwendung absoluter Zahlen, auch in Form einer Untergrenze (zB mindestens drei unabhängige Mitglieder).²³⁹ Das **Kompetenzprofil** hat demgegenüber Kenntnisse und Fähigkeiten im Blick, welche die Aufsichtsratsmitglieder in ihrer Gesamtheit abdecken sollen. Dabei geht es auch, aber nicht nur um „Sektorenkenntnisse" iSv § 100 Abs. 5 Hs. 2 AktG. Zur Benennung der Ziele für seine Zusammensetzung muss der Aufsichtsrat einen **Beschluss** fassen, ebenso zur Festlegung eines Kompetenzprofils.²⁴⁰ Hierbei gelten allgemeine Regeln; insb. kommt der Beschluss mit einfacher Mehrheit der abgegebenen Stimmen zustande (§ 108 Abs. 1 AktG). Zuständig ist der Gesamtaufsichtsrat einschließlich der Arbeitnehmerbank.²⁴¹ Dies umso mehr, als es in der Sache stets um die Zusammensetzung des gesamten Gremiums geht. Ungeachtet dessen kann der Aufsichtsrat bei der Benennung der Ziele – anders als beim Kompetenzprofil – zwischen Plenum und Anteilseignerbank differenzieren. In der Praxis geschieht das zumeist bei der Anzahl unabhängiger Aufsichtsratsmitglieder.²⁴² Nochmals

---

²³⁶ Spindler/Stilz/*Spindler* AktG § 100 Rn. 61; *Feddersen* AG 2000, 385 (389); *Wirth* ZGR 2005, 327 (343).
²³⁷ Wilsing/*Wilsing* 5.4.1 Rn. 10.
²³⁸ *Ihrig/Meder* ZIP 2010, 1577; *Keiluweit* DStR 2010, 2251 (2254); *Mense/Rosenhäger* GWR 2010, 311 (312); *Schubert/Jacobsen* WM 2011, 726 (728); *Schulz* BB 2010, 2390 (2391).
²³⁹ *Mense/Rosenhäger* GWR 2010, 311 (312); *Schubert/Jacobsen* WM 2011, 726 (728 f.).
²⁴⁰ KBLW/*Kremer* Rn. 1339; Wilsing/*Wilsing* 5.4.1 Rn. 5; *Weber-Rey/Handt* NZG 2011, 1 (4).
²⁴¹ *Deilmann/Albrecht* AG 2010, 727 (730); *Mense/Rosenhäger* GWR 2010, 311 (312); aA *Ihrig/Meder* ZIP 2010, 1577 (1578).
²⁴² *Kremer/von Werder* AG 2013, 340 (346); *Ringleb/Kremer/Lutter/von Werder* NZG 2012, 1081 (1086 Rn. 1025n).

muss der Aufsichtsrat nur beschließen, um seine Ziele oder das Kompetenzprofil zu ändern.²⁴³ Eine **Umsetzungsfrist** muss er sich nicht setzen.²⁴⁴

3. Wahlvorschläge des Aufsichtsrats

Nach Ziff. 5.4.1 Abs. 4 Satz 1 DCGK soll der Aufsichtsrat bei seinen Vorschlägen an die HV die selbst benannten Ziele berücksichtigen und „die Ausfüllung des Kompetenzprofils für das Gesamtgremium" anstreben. Gemeint sind damit die **Wahlvorschläge des Aufsichtsrats** gem. § 124 Abs. 3 Satz 1 AktG. Die Wahl von Arbeitnehmervertretern hat Ziff. 5.4.1 Abs. 4 Satz 1 DCGK nicht im Blick.²⁴⁵ Ebenso wenig die Entsendung von Aufsichtsratsmitgliedern oder eine gerichtliche Bestellung nach § 104 AktG.²⁴⁶ **Berücksichtigung** finden die selbst benannten Ziele, indem der Aufsichtsrat sie in seine Beratungen und Entscheidungen über die Wahlvorschläge an die HV einfließen lässt. Er muss sich aber nicht allein oder auch nur vorrangig an den besagten Zielen orientieren. Maßgeblich ist und bleibt für ihn die **persönliche und fachliche Eignung** des Kandidaten (Rn. 58). Soweit erforderlich, darf und muss der Aufsichtsrat die selbst gesteckten Ziele daher im Interesse des Unternehmens zurückstellen. Eine Abweichung von Ziff. 5.4.1 Abs. 4 Satz 1 DCGK ist damit nicht verbunden.²⁴⁷ Gleiches gilt, soweit der Aufsichtsrat eine Ausfüllung des selbst erarbeiteten Kompetenzprofils **anstreben** soll.

60

4. Berichterstattung

Ferner empfiehlt der Kodex, den Stand der Umsetzung im Corporate-Governance-Bericht zu veröffentlichen (Ziff. 5.4.1 Abs. 4 Satz 2 DCGK). Gemeint ist, dass der jeweilige Sachstand sowohl an den „konkreten Zielen" des Aufsichtsrats für die eigene Zusammensetzung als auch am selbst erarbeiteten Kompetenzprofil iSv Ziff. 5.4.1 Abs. 2 Satz 1 DCGK gespiegelt werden soll (Rn. 59). Die Ziele für die eigene Zusammensetzung sind dementsprechend aufzufächern nach den Gesichtspunkten internationale Tätigkeit, potenzielle Interessenkonflikte, Unabhängigkeit, Altersgrenze, Dauer der Gremiumzugehörigkeit und Vielfalt bzw. Diversity. Verkürzte bzw. zusammenfassende Darstellungen sind möglich, soweit diese Aspekte sich sachlich überschneiden (Rn. 59). In gleicher Weise ist das vom Aufsichtsrat erarbeitete Kompetenzprofil in seine Bausteine zu zerlegen. Zum **Stand der Umsetzung** genügt die Angabe, welche konkreten Ziele erreicht bzw. welche konkreten Kompetenzen abgedeckt sind. Eine nähere Beschreibung des Sachstands ist nicht erforderlich. Anders verhält es sich nur beim Zielkriterium der Unabhängigkeit: Insoweit empfiehlt Ziff. 5.4.1 Abs. 4 Satz 3 DCGK eigens, über die nach Einschätzung des Aufsichtsrats angemessene Zahl unabhängiger Anteilseignervertreter und – rechtspolitisch durchaus brisant – über konkrete Namen zu informieren. Auch im Übrigen kann es sich bei quantitativen Zielen natürlich anbieten, freiwillig

61

---

²⁴³ Wilsing/*Wilsing* 5.4.1 Rn. 5; aA *Ringleb/Kremer/Lutter/von Werder* NZG 2010, 1161 (1165 Rn. 1025g).
²⁴⁴ Bürgers/Körber/*Runte/Eckert* AktG Anh. § 161 Rn. 44; Wilsing/*Wilsing* 5.4.1 Rn. 4; aA *Deilmann/Albrecht* AG 2010, 727 (729).
²⁴⁵ Wilsing/*Wilsing* 5.4.1 Rn. 12; *Ihrig/Meder* ZIP 2010, 1577 (1578); *Mense/Rosenhäger* GWR 2010, 311 (312).
²⁴⁶ AA KBLW/*Kremer* Rn. 1358.
²⁴⁷ Bürgers/Körber/*Runte/Eckert* AktG Anh. § 161 Rn. 46; Wilsing/*Wilsing* 5.4.1 Rn. 12; *Kocher* BB 2010, 264 (265); *Weber-Rey* WM 2009, 2255 (2262); *Weber-Rey/Handt* NZG 2011, 1 (5).

die aktuellen Quoten oder Zahlen zu nennen.[248] Ort der Veröffentlichung ist der Corporate-Governance-Bericht, der mit der Erklärung zur Unternehmensführung nach §§ 289f, 315d HGB zusammenhängt (Ziff. 3.10 Satz 1 DCGK, Rn. 24). Daraus folgt, dass über die beschlossenen Ziele und das erarbeitete Kompetenzprofil des Aufsichtsrats sowie den jeweiligen Stand der Umsetzung **jährlich** und unter Betrachtung des abgelaufenen Geschäftsjahrs berichtet werden soll.[249] Dabei ist gleich, ob die Ziele oder das Kompetenzprofil oder die Zusammensetzung des Aufsichtsrats sich während des Berichtszeitraums verändert haben.[250] Eine **Begründung** fordert der Kodex nicht, und zwar weder für die konkreten Ziele oder das Kompetenzprofil des Aufsichtsrats noch für den Stand der Umsetzung.[251] Ebenso wenig soll über etwaige Maßnahmen berichtet werden, die der Aufsichtsrat zur Förderung seiner Ziele ergriffen hat.[252]

5. Offenlegung von Beziehungen

62 Nach Ziff. 5.4.1 Abs. 6 DCGK soll der Aufsichtsrat bei seinen Wahlvorschlägen an die HV die persönlichen und die geschäftlichen Beziehungen eines jeden Kandidaten zum Unternehmen, den Organen der Gesellschaft und einem wesentlich beteiligten Aktionär offenlegen. Diese Empfehlung ist den gesetzlichen Informationspflichten aus §§ 124 Abs. 3 Satz 4, 125 Abs. 1 Satz 5 AktG nachgebildet. Bezweckt ist die Aufdeckung von Verhältnissen, die Interessenkonflikte verursachen oder die Unabhängigkeit des Kandidaten gefährden können.[253] **Persönliche Beziehungen** bestehen analog Art. 3 Abs. 1 Nr. 26 MMVO, § 15a Abs. 3 WpHG aF zum Ehepartner, zum eingetragenen Lebenspartner, zu unterhaltsberechtigten Kindern und zu bestimmten anderen Verwandten.[254] Bloße Freund- oder Bekanntschaften genügen indessen nicht. **Geschäftliche Beziehungen** setzen voraus, dass nach Art und Intensität gewisse Abhängigkeiten entstehen können.[255] Neben unmittelbaren kommen auch mittelbare Beziehungen in Frage. Auf der Seite der Gesellschaft gilt das, weil der Begriff „Unternehmen" eine konzernweite Betrachtung signalisiert (Präambel Abs. 9 DCGK). Aber auch für die Organwalter der Gesellschaft, die wesentlich beteiligten Aktionäre und den Kandidaten selbst können mittelbare Beziehungen erheblich sein.[256] Das folgt aus der Rechtsprechung zu § 114 AktG, die insoweit entsprechend heranzuziehen ist (Rn. 69). **Wesentlich beteiligt** sind Aktionäre, die direkt oder indirekt mehr als 10 % der stimmberechtigten Aktien halten (Ziff. 5.4.1 Abs. 8 DCGK).

63 Unklar bleibt, in welcher Tiefe relevante Beziehungen offengelegt werden sollen. Eine Hilfestellung gibt Ziff. 5.4.1 Abs. 7 DCGK. Danach beschränkt die Offenlegung sich auf Umstände, die nach Einschätzung des Aufsichtsrats ein objektiv urteilender Aktionär für seine Wahlentscheidung als maßgebend ansehen würde. Zwar ist nicht nachvollziehbar, warum der Kodex subjektive und objektive Perspektiven

---

[248] *Klein* AG 2012, 805 (810).
[249] Wilsing/*Wilsing* 5.4.1 Rn. 13.
[250] Bürgers/Körber/*Runte/Eckert* AktG Anh. § 161 Rn. 47; Wilsing/*Wilsing* 5.4.1 Rn. 13.
[251] Wilsing/*Wilsing* 5.4.1 Rn. 13; *Deilmann/Albrecht* AG 2010, 727 (731); *Weber-Rey/Handt* NZG 2011, 1 (4); aA *Schubert/Jacobsen* WM 2011 726 (729).
[252] *Weber-Rey/Handt* NZG 2011, 1 (3); aA *Schubert/Jacobsen* WM 2011, 726 (729).
[253] KBLW/*Kremer* Rn. 1360; *Florstedt* ZIP 2013, 337 (338).
[254] *Ringleb/Kremer/Lutter/von Werder* NZG 2012, 1081 (1086 Rn. 1025p).
[255] Bürgers/Körber/*Runte/Eckert* AktG Anh. § 161 Rn. 48; *Paschos/Goslar* NZG 2012, 1361 (1365); *Ringleb/Kremer/Lutter/von Werder* NZG 2012, 1081 (1086 Rn. 1025q).
[256] *Paschos/Goslar* NZG 2012, 1361 (1365); aA *Klein* AG 2012, 805 (811).

C. Schwerpunkte des DCGK 64, 65 § 25

kombiniert („nach der Einschätzung des Aufsichtsrats", „objektiv urteilender Aktionär"). Im Ergebnis öffnet er dem Aufsichtsrat aber einen erheblichen Spielraum.[257] Erkennbar geht es somit um eine punktuelle, gebündelte Information. Keinesfalls ist die Wiedergabe ganzer Vertragswerke mit allen Eckpunkten oder gar im vollen Wortlaut geboten.[258] Zu **Zeitpunkt, Form und Ort** der Angaben schweigt der Kodex. In der Praxis nehmen die Gesellschaften die Angaben unmittelbar in die Einberufung auf. Fehlanzeigen sind häufig zu sehen, aber nicht erforderlich.[259]

6. Gesetzliche Anforderungen an Vielfalt

Soweit es um das Geschlecht und insb. um eine angemessene Beteiligung von Frauen geht, ist Ziff. 5.4.1 Abs. 2 Satz 1, 2 DCGK teilweise überholt. Denn das Gesetz für die gleichberechtigte Teilhabe von Frauen und Männern an Führungspositionen v. 24.4.2015 hat nicht nur Regeln zur Zusammensetzung des Vorstands und der ihm unterstellten Führungsebenen gebracht (Rn. 30, 48). In seinem Fokus liegt auch und gerade die Zusammensetzung des Aufsichtsrats. Namentlich gilt eine **fixe Geschlechterquote von 30 %** für die Aufsichtsräte solcher Gesellschaften, die börsennotiert sind *und* unter das MitbestG, das MontanMitbestG oder das MitbestErgG fallen (§ 96 Abs. 2 Satz 1 AktG, Ziff. 5.4.1 Abs. 3 Satz 1 DCGK). Bemessungsgröße ist grundsätzlich der Gesamtaufsichtsrat – ohne Unterscheidung nach Anteilseigner- und Arbeitnehmerbank (sog. Gesamterfüllung, § 96 Abs. 2 Satz 2 AktG). Mithin kann der Mindestanteil von 30 % zwischen den beiden Bänken ungleich verteilt werden.[260] Jedoch können beide Bänke vor einer Wahl einer solchen einheitlichen Betrachtung widersprechen; in diesem Fall muss jede Bank die Quote von 30 % gesondert erfüllen (sog. Getrennterfüllung, § 96 Abs. 2 Satz 3 AktG). Seit dem 1.1.2016 ist die fixe Quote bei Neuwahlen und Entsendungen zu berücksichtigen (§ 25 Abs. 2 Satz 1 EGAktG). Wahlen und Entsendungen unter Verstoß gegen diese Vorgaben sind nichtig (§ 96 Abs. 2 Satz 6, § 250 Abs. 1 Nr. 5 AktG). Das gilt unabhängig davon, ob eine Nichtigkeitsklage erhoben oder die Nichtigkeit „auf andere Weise" iSv § 250 Abs. 3 Satz 2 AktG geltend gemacht wird.[261] Die für das unterrepräsentierte Geschlecht vorgesehenen Plätze im Aufsichtsrat bleiben also rechtlich unbesetzt („leerer Stuhl").[262] 64

In solchen Gesellschaften, die börsennotiert *oder* mitbestimmt sind, muss der Aufsichtsrat eigene Zielgrößen für den Frauenanteil festlegen (§ 111 Abs. 5 Satz 1 AktG, § 25 Abs. 1 Satz 1 EGAktG, Ziff. 5.4.1 Abs. 3 Satz 2 DCGK). Auf diese Weise unterwirft er sich einer **flexiblen, individuellen Quote**. Ferner muss er Fristen zur Umsetzung seiner Ziele definieren (§ 111 Abs. 5 Satz 3, 4 AktG, § 25 Abs. 1 Satz 1 EGAktG). Näheres zur Bemessung der Zielgrößen und Fristen regeln § 111 Abs. 5 Satz 2, 4 AktG und § 25 Abs. 1 Satz 2 EGAktG (Rn. 48). In der Erklärung zur Unternehmensführung ist über die selbst gesteckten Ziele und Fristen sowie über die Einhaltung zu berichten; der Referenzzeitraum ist das abgelaufene Geschäftsjahr (§§ 289f Abs. 2 Nr. 4, 315d HGB). 65

---

[257] Bürgers/Körber/*Runte/Eckert* AktG Anh. § 161 Rn. 48; *Klein* AG 2012, 805 (810).
[258] Bürgers/Körber/*Runte/Eckert* AktG Anh. § 161 Rn. 48; *Paschos/Goslar* NZG 2012, 1361 (1365); *Wilsing/von der Linden* DStR 2012, 1391 (1392).
[259] AA KBLW/*Kremer* Rn. 1363; *Kremer/von Werder* AG 2013, 340 (346).
[260] BT-Drs. 18/3784, 120.
[261] BT-Drs. 18/3784, 121.
[262] BT-Drs. 18/3784, 121.

XII. Unabhängigkeit von Aufsichtsratsmitgliedern

1. Grundlagen

66 Unabhängigkeit ist ein Kriterium, das seine Berechtigung primär in monistischen Führungssystemen hat. Dort sind Leitungs- und Kontrollbefugnisse in einem Organ gebündelt (Rn. 4). Infolgedessen sind Interessenkonflikte in gewissem Umfang programmiert. Zudem wiegen sie in monistischen Strukturen potenziell schwerer, weil eine externe Kontrolle unterbleibt.[263] In dualen Systemen ist eine effektive Trennung von Geschäftsleitung und Überwachung dagegen schon konzeptionell angelegt.[264] Trotzdem wird Unabhängigkeit seit geraumer Zeit auch für Aufsichtsratsmitglieder diskutiert und immer stärker gefordert. Den Ausgangspunkt dieser Entwicklung bilden der Aktionsplan der EU-Kommission zur Modernisierung des Gesellschaftsrechts und zur Verbesserung der Corporate Governance v. 21.5.2003[265] sowie die **Empfehlung 2005/162/EG** zu den Aufgaben von nicht-geschäftsführenden Direktoren und Aufsichtsratsmitgliedern v. 15.2.2005.[266] Danach sollen neben Verwaltungsräten auch Aufsichtsräte eine ausreichende Anzahl unabhängiger Mitglieder aufweisen.[267] Als unabhängig gilt ein Mitglied, wenn es in keiner geschäftlichen, familiären oder sonstigen Beziehung zu der Gesellschaft, dem Mehrheitsaktionär oder der Geschäftsführung steht, die einen Interessenkonflikt begründet (Ziff. 13.1 Empfehlung 2005/162/EG). Hinzu tritt ein „Profil" unabhängiger Direktoren bzw. Aufsichtsratsmitglieder in Anh. II der Empfehlung 2005/162/EG.

67 Im deutschen **Gesetzesrecht** hat die Materie sich bislang nur punktuell niedergeschlagen.[268] Zu denken ist namentlich an § 100 Abs. 5 AktG idF des BilMoG v. 25.5.2009. Danach musste in kapitalmarktorientierten Gesellschaften iSv § 264d HGB mindestens ein Aufsichtsratsmitglied unabhängig sein und über Sachverstand auf den Gebieten Rechnungslegung oder Abschlussprüfung verfügen. Konkrete inhaltliche Anforderungen an die Unabhängigkeit formulierte das Gesetz allerdings nicht. Stattdessen verwiesen die Materialien zum BilMoG einerseits auf Ziff. 5.4.2 Satz 2 DCGK in der damals geltenden Fassung v. 6.6.2008, andererseits auf die Empfehlung 2005/162/EG (Rn. 66).[269] Im Ergebnis hatte der Gesetzgeber die Begriffsbestimmung damit der Rechtsprechung und der Wissenschaft überlassen.[270] Folglich war der gesetzliche Unabhängigkeitsbegriff umstritten. Unterschiedlich beantwortet wurde vor allem, ob eine Verbindung zum sog. Kontrollaktionär für die Zwecke des BilMoG die Unabhängigkeit ausschloss.[271] Das AReG v. 10.5.2016

---

[263] KBLW/*Kremer* Rn. 1368; *Habbe/Köster* BB 2011, 265; *Kremer/von Werder* AG 2013, 340.
[264] Marsch-Barner/Schäfer/*Marsch-Barner* § 2 Rn. 52; *Wilsing/von der Linden* DStR 2012, 1391 (1392).
[265] KOM (2003) 284 endg.
[266] ABl. EG Nr. L 52 v. 25.2.2005, 51.
[267] Dazu KBLW/*Kremer* Rn. 1371 f.; *Hüffer* ZIP 2006, 637 (638 f.); *Langenbucher* ZGR 2007, 571 (589 ff.).
[268] Wilsing/*Wilsing* 5.4.2 Rn. 4.
[269] RegBegr. BilMoG BT-Drs. 16/10067, 101 f.
[270] Wilsing/*Wilsing* 5.4.2 Rn. 10.
[271] Vgl. einerseits Schmidt/Lutter/*Drygala* AktG § 100 Rn. 50; *Hüffer/Koch* AktG § 100 Rn. 24; Kölner Komm./*Mertens/Cahn* § 100 Rn. 62 ff.; andererseits MünchKomm. AktG/ Bd. 2/*Habersack* § 100 Rn. 66 ff.; Spindler/Stilz/*Spindler* AktG § 100 Rn. 56; *Kropff* in FS K. Schmidt 2009, 1023, 1026 f.

(BGBl. 2016 I 1142) hat § 100 Abs. 5 mWz 17.6.2016 geändert und das gesetzliche Unabhängigkeitspostulat wieder aufgehoben. Seither fordert zwar § 324 Abs. 2 Satz 2 Hs. 2 HGB, dass in kapitalmarktorientierten Unternehmen die Mehrheit der Mitglieder eines Prüfungsausschusses, darunter der Vorsitzende, unabhängig sein muss. Diese Vorschrift tritt aber hinter § 100 Abs. 5 AktG zurück, findet also auf die kapitalmarktorientierte oder gar börsennotierte AG keine Anwendung (§ 324 Abs. 1 Satz 1 HGB).

Demgegenüber widmet der **Kodex** sich dem Thema Unabhängigkeit deutlich ausführlicher.[272] Dazu liefert er eine autonome – eigens auf die Zwecke des Kodex zugeschnittene – Definition der Unabhängigkeit (Ziff. 5.4.2 Satz 2 DCGK, Rn. 69 ff.). Darauf bauen sodann mehrere Empfehlungen auf. Im Vordergrund steht, dass dem Aufsichtsrat eine nach eigener Einschätzung angemessene Zahl unabhängiger Mitglieder angehören soll (Ziff. 5.4.2 Satz 1 Hs. 1 DCGK, Rn. 73). Hinzu kommen Ziff. 5.4.2 Satz 3 und 4 DCGK, die Sonderfällen der Unabhängigkeit vorbeugen wollen (Rn. 74 f.). Schließlich ist in diesem Zusammenhang auch Ziff. 5.4.1 Abs. 2 Satz 1 und 2, Abs. 4 Satz 1–3, Abs. 6 DCGK zu sehen. Danach soll der Aufsichtsrat sich ua eine bestimmte Zahl unabhängiger Mitglieder zum Ziel setzen (Rn. 59), dieses Ziel bei seinen Wahlvorschlägen an die HV berücksichtigen (Rn. 60), im Corporate-Governance-Bericht über den Stand der Umsetzung sowie über die Namen der unabhängigen Anteilseignervertreter berichten (Rn. 61) und bei seinen Wahlvorschlägen an die HV bestimmte persönliche und geschäftliche Beziehungen der Wahlkandidaten offenlegen (Rn. 62 f.).

2. Begriff der Unabhängigkeit

Im Rahmen der Kodexnovelle v. 15.5.2012 wurden die Bestimmungen zur Unabhängigkeit tiefgreifend überarbeitet. Seit der Bekanntmachung dieser Novelle im Bundesanzeiger v. 15.6.2012 enthält Ziff. 5.4.2 Satz 2 DCGK eine neue **Negativdefinition** der Unabhängigkeit. Danach gilt ein Aufsichtsratsmitglied insb. dann nicht als unabhängig, wenn es in einer persönlichen oder einer geschäftlichen Beziehung zu der Gesellschaft, deren Organen, einem kontrollierenden Aktionär oder einem mit diesem verbundenen Unternehmen steht, die einen wesentlichen und nicht nur vorübergehenden Interessenkonflikt begründen kann. Dabei hat der Kodex nicht nur unmittelbare Beziehungen im Blick. Vor allem **geschäftliche Beziehungen** können auch mittelbarer Natur sein.[273] Das folgt aus der Rechtsprechung des BGH zu § 114 Abs. 1 AktG.[274] Mit anderen Worten können auf beiden Seiten der Geschäftsbeziehung andere Parteien auftreten. Entscheidend ist dann, ob bei wertender Betrachtung die Unabhängigkeit des Aufsichtsratsmitglieds in ähnlicher Weise gefährdet ist wie bei einer unmittelbaren Geschäftsbeziehung. Das wird namentlich der Fall sein, wenn das Aufsichtsratsmitglied an der vertragsschließenden Gesellschaft beteiligt ist und über diese gewisse Zuwendungen erwarten kann.[275]

---

[272] KBLW/*Kremer* Rn. 1376; Wilsing/*Wilsing* 5.4.2 Rn. 5.
[273] *Hüffer/Koch* AktG § 100 Rn. 5; *Kremer/v. Werder* AG 2013, 340 (345).
[274] BGH II ZR 279/05, BGHZ 170, 60 (62 f.) = NJW 2007, 298 Rn. 8; II ZR 325/05, NZG 2007, 516 (517 Rn. 11); II ZR 48/11, BGHZ 194, 14 = NJW 2012, 3235 Rn. 14 – Fresenius.
[275] Vgl. BGH II ZR 279/05, BGHZ 170, 60 (62 f.) = NJW 2007, 298 Rn. 8; II ZR 325/05, NZG 2007, 516 (517 Rn. 11); II ZR 48/11, BGHZ 194, 14 = NJW 2012, 3235 Rn. 14 – Fresenius; MünchKomm. AktG/Bd. 2/*Habersack* § 114 Rn. 14; *Hüffer/Koch* AktG § 114 Rn. 3; Spindler/Stilz/*Spindler* AktG § 114 Rn. 9.

70 Rechtspolitische Kritik entzündet sich an der Forderung nach Unabhängigkeit vom **kontrollierenden Aktionär**. Wer in erheblichem Umfang in eine Gesellschaft investiert, darf dem Aufsichtsrat nicht ferngehalten werden. Im Gegenteil ist es Ausdruck guter Unternehmensführung, wenn maßgeblich beteiligte Investoren aus dem Aufsichtsrat heraus den Vorstand aktiv überwachen.[276] Dementsprechend steht das deutsche Aktienrecht Vertretern von Großaktionären im Aufsichtsrat offen gegenüber. Vertreter von Minderheiten oder „neutrale" Mitglieder sind nicht vorgesehen. Dies zu Recht, weil anderenfalls die Anteilseignerbank in mitbestimmten Aufsichtsräten „fraktioniert" und geschwächt würde.[277] Mehr noch: Das gesamte Konzernrecht beruht auf der Annahme, dass ein Mehrheitsaktionär den Aufsichtsrat – zulässigerweise – mit Personen seines Vertrauens besetzt und auf diesem Weg maßgeblichen Einfluss auf die Gesellschaft nimmt.[278] Ein Kernfaktor ist dabei die Personalhoheit des Aufsichtsrats über den Vorstand (Rn. 44). Hinzu kommt das Vetorecht, das mit den obligatorischen Zustimmungsvorbehalten nach § 111 Abs. 4 Satz 2 AktG einhergeht (Rn. 2). Vor etwaigen Nachteilen aus der Einflussnahme des Großaktionärs sind die Minderheitsaktionäre durch konzernrechtliche Instrumente geschützt.[279] Die Stichworte lauten: Nachteilsausgleich, Abhängigkeitsbericht, konzernrechtliche Sonderprüfung, Schadensersatz, gesetzliche Prozessstandschaft (§§ 311 ff. AktG). Aus diesem Grund sind die Vorbehalte des Kodex gegenüber den Repräsentanten eines kontrollierenden Aktionärs nicht nachvollziehbar. Offen bleibt, unter welchen Voraussetzungen ein Anteilseigner als „kontrollierender Aktionär" anzusehen ist. Abstellen könnte der Kodex hier auf konzernrechtliche Schwellen (§§ 16–18 AktG), auf übernahmerechtliche Schwellen (§ 29 Abs. 2 WpÜG) oder auf bilanzrechtliche Schwellen entsprechend dem Konsolidierungskreis (Anh. II Nr. 1 Buchst. d Empfehlung 2005/162/EG iVm Art. 1 Abs. 1 RL 83/349/EWG).[280]

71 Die persönliche oder geschäftliche Beziehung muss geeignet sein, einen wesentlichen und nicht nur vorübergehenden Interessenkonflikt auszulösen. Seit der Kodexnovelle v. 15.5.2012 ist also nicht mehr erforderlich, dass ein Interessenkonflikt tatsächlich besteht. Es genügt ein **potenzieller bzw. schwelender Konflikt**.[281] Diese Verschärfung wird wieder gemildert, indem nicht jeder potenzielle Interessenkonflikt die Unabhängigkeit entfallen lässt. Er muss vielmehr **wesentlich** und zugleich **dauerhaft** sein.[282] An diese Merkmale sind hohe Anforderungen zu stellen. Das zeigt ein Abgleich mit Ziff. 5.5.3 Satz 2 DCGK. Dort heißt es, dass wesentliche und nicht nur vorübergehende Interessenkonflikte in der Person eines Aufsichtsrats-

---

[276] *Hoffmann-Becking* NZG 2014, 801 (806); *Wilsing/von der Linden* DStR 2012, 1391 (1392).
[277] MünchKomm. AktG/Bd. 2/*Habersack* § 100 Rn. 78.
[278] OLG Düsseldorf I-6 U 18/12, NZG 2013, 178 (181) – IKB; MünchKomm. AktG/Bd. 2/*Habersack* § 100 Rn. 78; *Hüffer/Koch* AktG § 100 Rn. 4; *Hommelhoff* ZIP 2013, 953 (954 ff.); *Hommelhoff* ZIP 2013, 1645.
[279] *Marsch-Barner/Schäfer/Marsch-Barner* § 2 Rn. 51; *DAV-Handelsrechtsausschuss* NZG 2012, 335 (338 Rn. 22); *Hoffmann-Becking* NZG 2014, 801 (806); *Hommelhoff* ZIP 2013, 953 (954 ff.); *Koch* ZGR 2014, 697 (727); *Peltzer* NZG 2012, 368 (370).
[280] Dazu *Florstedt* ZIP 2013, 337 (340 f.); *Klein* AG 2012, 805 (807); *Paschos/Goslar* NZG 2012, 1361 (1362 f.); *Roth* WM 2012, 1985 (1986 f.).
[281] *Hasselbach/Jakobs* BB 2013, 643 (645); *Koch* ZGR 2014, 697 (728); *Kremer/von Werder* AG 2013, 340 (345); *Paschos/Goslar* NZG 2012, 1361 (1362); *Ringleb/Kremer/Lutter/von Werder* NZG 2012, 1081 (1087 Rn. 1041b); vgl. auch *DAV-Handelsrechtsausschuss* NZG 2012, 335 (337); *Ihrig/Meder* ZIP 2012, 1210 (1214).
[282] *Hasselbach/Jakobs* BB 2013, 643 (645 f.); *Klein* AG 2012, 805 (806); *Koch* ZGR 2014, 697 (728); *Ringleb/Kremer/Lutter/von Werder* NZG 2012, 1081 (1087 Rn. 1041b).

mitglieds zur Beendigung des Mandats führen sollen. Eine solche Mandatsniederlegung ist nach allgemeiner Auffassung Ultima Ratio (Rn. 83). Demnach kommt ein wesentlicher und dauerhafter Konflikt auch bei Ziff. 5.4.2 Satz 2 DCGK erst in Frage, wenn ein Mitglied den Beratungen und Abstimmungen ständig fernbleiben müsste und dadurch die Funktionsfähigkeit des Aufsichtsrats leiden würde.[283]

Nach diesem Maßstab bestimmt sich auch die Unabhängigkeit von **Arbeitneh- 72 mervertretern** in mitbestimmten Aufsichtsräten. Pauschale Beurteilungen gehen nicht an. Ausgangspunkt ist, dass Arbeitnehmer – anders als Gewerkschaftsvertreter – kraft ihres Arbeitsverhältnisses in einer geschäftlichen Beziehung zur Gesellschaft stehen. Allein deshalb droht aber noch kein wesentlicher und dauerhafter Interessenkonflikt.[284] Insbesondere sind Arbeitnehmer nicht *per se* auf Partikularinteressen der Belegschaft fixiert. Dies umso weniger, als zahlreiche Entscheidungen des Aufsichtsrats ein solches Partikularinteresse gar nicht berühren. Nichts anderes folgt aus Anh. II Nr. 1 Buchst. d der Empfehlung 2005/162/EG (Rn. 66). Zwar sind Arbeitnehmer danach nur unabhängig, wenn sie keine Führungskräfte sind und einen besonderen Kündigungsschutz genießen. Diesen eigenwilligen Ansatz hat der Kodex aber bewusst nicht übernommen.[285]

3. Anzahl unabhängiger Aufsichtsratsmitglieder

Gemäß Ziff. 5.4.2 Satz 1 Hs. 1 DCGK soll dem Aufsichtsrat eine nach seiner 73 Einschätzung angemessene Anzahl unabhängiger Mitglieder angehören. Nach ihrem Wortlaut beschreibt die Empfehlung einen Zustand. Sie ist also nicht als unmittelbares Handlungs- bzw. Verhaltensgebot an den Aufsichtsrat formuliert. Trotzdem ist sie auch so zu verstehen, dass der Aufsichtsrat auf den beschriebenen Zustand hinwirken soll.[286] Das Mittel hierzu sind die **Wahlvorschläge** an die HV (§ 124 Abs. 3 Satz 1 AktG). Denn mit ihnen kann der Aufsichtsrat – in gewissen Grenzen – seine eigene Zusammensetzung beeinflussen. Insoweit besteht eine Überschneidung mit Ziff. 5.4.1 Abs. 2 Satz 1 und 2, Abs. 4 Satz 1 DCGK (Rn. 59 f.). Welche Anzahl unabhängiger Mitglieder angemessen ist, schätzt der Aufsichtsrat selbst ein. Er entscheidet als Plenum, das zugleich die **Bezugsgröße** für die Angemessenheitsprüfung bildet. Das gilt in mitbestimmungsfreien und mitbestimmten Aufsichtsräten gleichermaßen.[287] Zwar stammen in mitbestimmten Gremien die Wahlvorschläge an die HV allein von den Anteilseignervertretern (§ 124 Abs. 3 Satz 5 AktG). Das ändert aber nichts an der eindeutigen Vorgabe in Ziff. 5.4.2 Satz 1 Hs. 1 DCGK („Aufsichtsrat", „nach seiner Einschätzung"). Inhaltlich fordert der Kodex nicht, dass eine konkrete Anzahl von Sitzen oder eine konkrete Quote auf unabhängige Mitglieder entfällt. Insbesondere müssen unabhängige Mitglieder nicht die Mehrheit bilden.[288] Als Untergrenze muss aber mindestens ein Mitglied

---

[283] *Paschos/Goslar* NZG 2012, 1361 (1363); *Stephanblome* NZG 2013, 445 (449).
[284] *Ringleb/Kremer/Lutter/von Werder* NZG 2012, 1081 (1088 Rn. 1041c); *Paschos/Goslar* NZG 2012, 1361 (1364); *Stephanblome* NZG 2013, 445 (450); aA MünchKomm. AktG/Bd. 2/*Habersack* § 100 Rn. 79; *Scholderer* NZG 2012, 168 (173).
[285] Vgl. KBLW/*Kremer* Rn. 1373.
[286] MünchKomm. AktG/Bd. 2/*Habersack* AktG § 100 Rn. 80; Wilsing/*Wilsing* 5.4.2 Rn. 7.
[287] KBLW/*Kremer* Rn. 1390; Wilsing/*Wilsing* 5.4.2 Rn. 8; *Paschos/Goslar* NZG 2012, 1361 (1364); aA MünchKomm. AktG/Bd. 2/*Habersack* § 100 Rn. 80; *Hüffer/Koch* AktG § 100 Rn. 7; *Hüffer* ZIP 2006, 637 (640); *Roth* WM 2012, 1985 (1988); *Ihrig/Meder* ZIP 2012, 1210 (1211 f.).
[288] MünchKomm. AktG/Bd. 2/*Habersack* § 100 Rn. 80; *Hüffer/Koch* AktG § 100 Rn. 7; KBLW/*Kremer* Rn. 1390; *Lieder* NZG 2005, 569 (572).

unabhängig sein.[289] Anderenfalls wäre der Sinn der Empfehlung verfehlt. Im Übrigen kommt dem Aufsichtsrat ein erheblicher **Beurteilungsspielraum** zu, so dass er die spezifischen Gegebenheiten des Unternehmens berücksichtigen kann.[290] Dieses Verständnis unterstreicht Ziff. 5.4.2 Satz 1 Hs. 2 DCGK. Sie besagt ausdrücklich, dass der Aufsichtsrat die „Eigentümerstruktur" berücksichtigen soll. Doch umfasst der Beurteilungsspielraum des Aufsichtsrats nur die Anzahl der unabhängigen Mitglieder. Die Unabhängigkeit selbst ist hingegen objektiv zu bewerten.[291] Maßgebend ist die Negativdefinition in Ziff. 5.4.2 Satz 2 DCGK (Rn. 69 ff.).

4. Ehemalige Vorstandsmitglieder

74 Ergänzend empfiehlt Ziff 5.4.2 Satz 3 DCGK, dass dem Aufsichtsrat nicht mehr als zwei ehemalige Vorstandsmitglieder angehören sollen. Dieses Anliegen ist eng verknüpft mit der Cooling-off-Periode nach § 100 Abs. 2 Satz 1 Nr. 4 AktG und Ziff. 5.4.4 DCGK.[292] Außerdem bestehen inhaltliche Parallelen zu § 36 Abs. 3 Satz 1 Nr. 7 KWG und § 24 Abs. 4 Satz 1 VAG.[293] Bemerkenswert ist, dass Ziff 5.4.2 Satz 3 DCGK **keine zeitliche Begrenzung** kennt. Das ist wenig überzeugend. Zwar mag ehemaligen Vorstandsmitgliedern bisweilen die notwendige Distanz für eine unabhängige Beratung und Überwachung des Vorstands fehlen. Dieser Effekt schwindet aber mit der Zeit. Ebenso wenig ist nachvollziehbar, dass Ziff. 5.4.2 Satz 3 DCGK keine Rücksicht auf die **Größe des Aufsichtsrats** nimmt. Naturgemäß haben zwei ehemalige Vorstandsmitglieder in einem 21-köpfigen Aufsichtsrat nämlich nur geringen Einfluss. Demgegenüber können sie ein dreiköpfiges Gremium kraft ihrer Mehrheit dominieren. Im Übrigen leidet die Empfehlung unter einem ähnlichen Formulierungsproblem wie Ziff. 5.4.2 Satz 1 Hs. 1 DCGK (Rn. 73): Sie beschreibt einen Zustand, auf den der Aufsichtsrat nur geringen Einfluss hat. Denn er selbst hat über seine Zusammensetzung nicht zu entscheiden. Zuständig sind stattdessen die jeweiligen Wahlorgane, dh in erster Linie die HV (§ 101 Abs. 1 AktG). Daraus folgt: Bei sachgerechter Auslegung der Empfehlung soll der Aufsichtsrat – wie bei Ziff. 5.4.2 Satz 1 Hs. 1 DCGK – mittels seiner **Wahlvorschläge** an die HV die beschriebene Zusammensetzung herbeiführen.[294] Erschwert wird diese Aufgabe, weil ehemalige Vorstandsmitglieder auch entsandt oder gerichtlich bestellt werden können (§§ 101 Abs. 2, 104 AktG).

5. Wettbewerber

75 Abgerundet wird der Regelungskomplex zur Unabhängigkeit durch Ziff. 5.4.2 Satz 4 DCGK. Danach sollen Aufsichtsratsmitglieder keine Organfunktion oder Beratungsaufgaben bei wesentlichen Wettbewerbern des Unternehmens ausüben. Wer Wettbewerber ist, bestimmt sich nach § 88 Abs. 1 Satz 1 AktG.[295] Erforderlich ist eine Tätigkeit **im selben Geschäftszweig** (Rn. 40). Dabei kommt es in erster

---

[289] *Hüffer/Koch* AktG § 100 Rn. 7; KBLW/*Kremer* Rn. 1390; Wilsing/*Wilsing* 5.4.2 Rn. 9; *Hüffer* ZIP 2006, 637 (641); *Lieder* NZG 2005, 569 (572); *Vetter* BB 2005, 1689 (1690 f.).
[290] MünchKomm. AktG/Bd. 2/*Habersack* § 100 Rn. 80; Wilsing/*Wilsing* 5.4.2 Rn. 9; *Florstedt* ZIP 2013, 337 (339); Wilsing/von der Linden DStR 2012, 1391 (1392).
[291] *Paschos/Goslar* NZG 2012, 1361 (1364); Wilsing/von der Linden DStR 2012, 1391 (1392).
[292] Wilsing/*Wilsing* 5.4.2 Rn. 13.
[293] KBLW/*Kremer* Rn. 1392.
[294] KBLW/*Kremer* Rn. 1394; Bürgers/Körber/*Runte/Eckert* AktG Anh. § 161 Rn. 50; Wilsing/*Wilsing* 5.4.2 Rn. 14.
[295] Wilsing/*Wilsing* 5.4.2 Rn. 19.

Linie auf den satzungsmäßigen Unternehmensgegenstand an (§ 23 Abs. 3 Nr. 2 AktG). Darüber hinaus ist jede sonstige ausgeübte Geschäftstätigkeit erfasst. Das gilt auch, wenn sie den satzungsmäßigen Rahmen erkennbar verlässt.[296] Einzunehmen ist eine konzernweite Sichtweise („Unternehmen", Präambel Abs. 9 DCGK). Neben dem Geschäftszweig der Gesellschaft sind also auch die Tätigkeiten verbundener Unternehmen zu berücksichtigen.[297] Es reicht indessen nicht jedweder Wettbewerb aus. Vielmehr muss er **wesentlich** sein. Abstufen lässt sich sowohl nach Tätigkeitsbereichen als auch nach Intensität. Über das erste Kriterium scheidet Wettbewerb in Geschäftsfeldern aus, die für die Gesellschaft nur untergeordnete Bedeutung haben. Das zweite Kriterium betrifft die Kerngeschäftsfelder der Gesellschaft. Hier ist durch Marktabgrenzung und -analyse das Ausmaß des Wettbewerbs zu bewerten.[298] Dabei hat der Aufsichtsrat einen erheblichen **Beurteilungsspielraum**.[299]

XIII. Aus- und Fortbildung von Aufsichtsratsmitgliedern

Nach Ziff. 5.4.5 Abs. 2 Satz 2 DCGK soll die Gesellschaft ihre Aufsichtsratsmitglieder bei Aus- und Fortbildungsmaßnahmen angemessen unterstützen. Das kann in unterschiedlicher Weise geschehen, zB kann die Gesellschaft den in den Aufsichtsrat gewählten Arbeitnehmern Bildungsurlaub gewähren. Ferner kann sie ihre Aufsichtsratsmitglieder auf externe Anbieter, Veranstaltungen und Unterlagen aufmerksam machen.[300] In Betracht kommen aber auch interne Schulungsmaßnahmen, Workshops und Informationsveranstaltungen.[301] **Art und Umfang** der Unterstützung stehen im Ermessen des Vorstands. Zu berücksichtigen sind dabei die finanziellen Möglichkeiten der Gesellschaft sowie die Größe, Zusammensetzung und Kompetenzen des Aufsichtsrats.[302] Mit Rücksicht auf § 113 Abs. 1 Satz 2 AktG (Rn. 77) darf eine finanzielle Unterstützung **keine verdeckte Gegenleistung** für die Überwachungstätigkeit sein.[303]

XIV. Aufsichtsratsvergütung

Die Vergütung der Aufsichtsratsmitglieder wird durch einfachen Beschluss der HV oder in der Satzung festgelegt (§ 113 Abs. 1 Satz 2 AktG, Ziff. 5.4.6 Abs. 1 Satz 1 DCGK). Sie soll in einem angemessenen Verhältnis zu den Aufgaben der Aufsichtsratsmitglieder und zur Lage der Gesellschaft stehen (§ 113 Abs. 1 Satz 3 AktG, Ziff. 5.4.6 Abs. 2 Satz 1 DCGK). Ursprünglich empfahl der Kodex, neben einer festen eine erfolgsorientierte Vergütung zu gewähren (Ziff. 5.4.6 Abs. 2 Satz 1 DCGK aF). Daran schloss sich die (für § 161 AktG unerhebliche) Anregung an,

---

[296] BGH KZR 6/77, BGHZ 70, 331 (332 f.) = NJW 1978, 1001; II ZR 242/82, BGHZ 89, 162 (170) = NJW 1984, 1351; OLG Frankfurt a.M. 10 U 257/98, AG 2000, 518 (519); Spindler/Stilz/*Fleischer* AktG § 88 Rn. 21; *Hüffer/Koch* AktG § 88 Rn. 3; MünchKomm. AktG/Bd. 2/*Spindler* § 88 Rn. 16; Hölters/*Weber* AktG § 88 Rn. 8.
[297] KBLW/*Kremer* Rn. 1398; Wilsing/*Wilsing* 5.4.2 Rn. 19.
[298] Langenbucher ZGR 2007, 571 (572).
[299] KBLW/*Kremer* Rn. 1398; Wilsing/*Wilsing* 5.4.2 Rn. 19; vgl. auch *Schiessl* AG 2002, 593 (598).
[300] *Keiluweit* DStR 2010, 2251 (2252 f.); *Mense/Rosenhäger* GWR 2010, 311 (313).
[301] KBLW/*Kremer* Rn. 1424.
[302] Wilsing/*Wilsing* 5.4.1 Rn. 15.
[303] Bürgers/Körber/*Runte/Eckert* AktG Anh. § 161 Rn. 57; Wilsing/*Wilsing* 5.4.1 Rn. 15.

von der Linden   1863

erfolgsorientierte Vergütungen auch am langfristigen Unternehmenserfolg auszurichten (Ziff. 5.4.6 Abs. 2 Satz 2 DCGK aF: „sollte", Präambel Abs. 8 Satz 6 Hs. 2 DCGK, Rn. 15). Im Rahmen der Kodexreform v. 15.5.2012 ist die Kommission von diesem Modell abgerückt. Nunmehr schweigt der Kodex zu der Frage, ob Aufsichtsratsmitglieder fix oder erfolgsorientiert vergütet werden sollen. Wenn eine erfolgsorientierte Vergütung gewährt wird, soll sie allerdings auf eine nachhaltige Unternehmensentwicklung ausgerichtet sein (Ziff. 5.4.6 Abs. 2 Satz 2 DCGK). **Aktienoptionen** dürfen Aufsichtsratsmitgliedern freilich nicht gewährt werden. Dabei ist gleich, ob das Optionsprogramm mit eigenen Aktien oder mit bedingtem Kapital unterlegt ist.[304] Das folgt aus §§ 192 Abs. 2 Nr. 3, 193 Abs. 2 Nr. 4, 71 Abs. 1 Nr. 8 Satz 5 AktG, die allein Vorstandsmitglieder, Mitglieder der Geschäftsführung eines verbundenen Unternehmens und Arbeitnehmer im Blick haben. Gleiches wird man für **Wandel- und Optionsanleihen** annehmen müssen (§§ 192 Abs. 2 Nr. 3, 193 Abs. 2 Nr. 4, 224 Abs. 4 Satz 2 AktG).[305] Umstritten ist die Zulässigkeit schuldrechtlicher Nachbildungen wie Phantom Stocks und Stock Appreciation Rights.[306] Ohnehin besteht in der Praxis wieder ein deutlicher Trend zu reinen Festvergütungen. Hintergrund ist, dass Arbeitsbelastung und Haftungsrisiko der Aufsichtsratsmitglieder sich idR gegenläufig zum Erfolg des Unternehmens entwickeln.[307]

XV. Interessenkonflikte von Aufsichtsratsmitgliedern

1. Grundlagen

78   Interessenkonflikte von Aufsichtsratsmitgliedern spielen im Kodex eine zentrale Rolle. Insbesondere wird dem Aufsichtsrat empfohlen, für seine Zusammensetzung konkrete Ziele zu benennen, die auch potenzielle Interessenkonflikte berücksichtigen (Ziff. 5.4.1 Abs. 2 Satz 1, 2 DCGK, Rn. 59). Außerdem soll dem Aufsichtsrat eine nach seiner Einschätzung angemessene Anzahl unabhängiger Mitglieder angehören (Ziff. 5.4.2 Satz 1 Hs. 1 DCGK, Rn. 73). Unabhängigkeit setzt dabei voraus, dass das Mitglied keine persönliche oder geschäftliche Beziehung zu der Gesellschaft, deren Organen, einem kontrollierenden Aktionär oder einem mit diesem verbundenen Unternehmen hat, die einen wesentlichen und nicht nur vorübergehenden Interessenkonflikt begründen kann (Ziff. 5.4.2 Satz 2 DCGK, Rn. 69 ff.). Weiter heißt es, dass dem Aufsichtsrat nicht mehr als zwei ehemalige Vorstandsmitglieder angehören sollen (Ziff. 5.4.2 Satz 3 DCGK, Rn. 74). Schließlich ist an Ziff. 5.4.2 Satz 4 DCGK zu denken: Danach sollen Aufsichtsratsmitglieder keine Organfunktion oder Beratungsaufgaben bei wesentlichen Wettbewerbern des Unternehmens ausüben (Rn. 75). All diese Bestimmungen zielen auf die Prävention von Interessenkonflikten. Demgegenüber behandeln Ziff. 5.5.2 und 5.5.3 DCGK die Frage, wie mit **dennoch aufgetretenen Interessenkonflikten** umgegangen werden soll.[308]

---

[304] BGH II ZR 316/02, BGHZ 158, 122 (125) = NJW 2004, 1109 – Mobilcom; MünchKomm. AktG/Bd. 2/*Habersack* § 113 Rn. 17; Spindler/Stilz/*Spindler* AktG § 113 Rn. 49 f.
[305] MünchKomm. AktG/Bd. 2/*Habersack* § 113 Rn. 19.
[306] Vgl. einerseits Schmidt/Lutter/*Drygala* AktG § 113 Rn. 36; Kölner Komm./*Mertens/Cahn* § 113 Rn. 28; andererseits Großkomm. AktG/*Hopt/Roth* § 113 Rn. 43 f.; *Hüffer/Koch* AktG § 113 Rn. 12; Wilsing/*Wilsing* 5.4.6 Rn. 8.
[307] *Wilsing/von der Linden* DStR 2012, 1391 (1393).
[308] Wilsing/*Wilsing* 5.5.2 Rn. 1.

2. Begriff des Interessenkonflikts

Auftreten kann ein Interessenkonflikt, wenn die Beratungen und Entscheidungen des Aufsichtsrats neben dem Unternehmensinteresse auch berufliche oder private Sonderinteressen einzelner Mitglieder berühren; näher zum **Begriff** des Interessenkonflikts s. Rn. 41. Im Aufsichtsrat ist ein solcher Widerstreit verschiedener Interessen aus mehreren Gründen denkbar und zu einem gewissen Grad sogar angelegt. Insbesondere ist das Mandat als **Nebenamt** konzipiert (§§ 100 Abs. 2 Satz 1 Nr. 1, Satz 2, 110 Abs. 3 Satz 1 AktG). Darum setzen die Mitglieder ihren beruflichen Schwerpunkt idR außerhalb des überwachten Unternehmens.[309] Hinzu kommt, dass **Arbeitnehmervertreter** in mitbestimmten Aufsichtsräten sich bisweilen an Partikularinteressen der Belegschaft orientieren; diese Gefahr besteht in erster Linie (aber nicht nur) iRv Tarifauseinandersetzungen und Arbeitskämpfen.[310] Überdies fördert der Kodex selbst seit seiner Reform v. 26.5.2010 Interessenpluralität, indem er auf eine vielfältige Zusammensetzung des Aufsichtsrats drängt (Ziff. 5.4.1 Abs. 2 Satz 1, 2 DCGK, Rn. 59). Eben diese Vielfalt kann dazu beitragen, dass die Mitglieder auch Sonderinteressen in ihre Erwägungen einbeziehen. Allerdings schlagen derartige Spannungen nicht notwendig in „echte" Interessenkonflikte um. Vielmehr müssen sie ein spürbares Gewicht erreichen (Rn. 41). Bloße **Bagatellkonflikte** sind auch für Ziff. 5.5.2, 5.5.3 DCGK ohne Belang.[311]

3. Offenlegung gegenüber dem Aufsichtsrat

Ziff. 5.5.2 DCGK wendet sich an die einzelnen Aufsichtsratsmitglieder. **Adressaten** sind allein diese, nicht das Organ.[312] Ihnen wird empfohlen, Interessenkonflikte gegenüber dem Aufsichtsrat offenzulegen. Im Fokus stehen dabei solche Interessenkonflikte, die aufgrund einer Beratung oder Organfunktion bei Kunden, Lieferanten, Kreditgebern und sonstigen Dritten entstehen können. Selbst in diesen Konstellationen ist ein Interessenkonflikt aber nicht zwangsläufig gegeben. Diesen Umstand unterstreicht Ziff. 5.5.2 DCGK mit der Formulierung: „entstehen können". Im Einklang mit Ziff. 5.4.2 Satz 2 DCGK macht sie deutlich, dass Sonderbeziehungen eines Aufsichtsratsmitglieds nicht ohne Weiteres in einen Interessenkonflikt umschlagen (Rn. 71). Nicht gemeint ist, dass Aufsichtsratsmitglieder schon **potenzielle bzw. drohende Interessenkonflikte** offenbaren sollen.[313] Ein solches Vorgehen würde die Arbeit des Gremiums nur mit unnötigen Förmlichkeiten belasten. Außerdem könnten „echte" Interessenkonflikte in der Masse der Fälle untergehen und nicht mehr die nötige Aufmerksamkeit finden.[314] Bestätigt wird diese Sichtweise durch Ziff. 4.3.3 Satz 1 DCGK, die die Offenlegung von Interessenkonflikten durch Vorstandsmitglieder regelt. Denn auch dort sind potenzielle Konflikte belanglos (Rn. 42). Es ist nicht ersichtlich, warum für die Zwecke von Ziff. 5.5.2 DCGK ein anderer Maßstab gelten sollte. Die genannten Aufgaben (Beratung, Organfunktion)

---

[309] RegBegr. TransPuG BT-Drs. 14/8769, 18; MünchKomm. AktG/Bd. 2/*Habersack* § 100 Rn. 75, 85; MHdB GesR IV/*Hoffmann-Becking* § 33 Rn. 78; *Lutter* ZHR 1981, 224 (235); *Martinek* WRP 2008, 51 (53); *Ulmer* NJW 1980, 1603 (1604).
[310] MünchKomm. AktG/Bd. 2/*Habersack* § 100 Rn. 75, 85; *Koch* ZGR 2014, 697 (701); *Möllers* NZG 2003, 697.
[311] Wilsing/*Wilsing* 5.5.2 Rn. 3, 18.
[312] KBLW/*Kremer* Rn. 1471.
[313] KBLW/*Kremer* Rn. 1465; Wilsing/*Wilsing* 5.5.2 Rn. 5, 18; *Diekmann/Fleischmann* AG 2013, 141 (145); aA *Koch* ZGR 2014, 697 (724).
[314] Wilsing/*Wilsing* 5.5.2 Rn. 18.

und der genannte Personenkreis (Kunden, Lieferanten, Kreditgeber) sind nicht abschließend („insb.", „sonstige Dritte").³¹⁵ Es kommen also auch Interessenkonflikte in Betracht, die auf anderen Umständen beruhen. Unklar ist, ob Ziff. 5.5.2 DCGK seit der Kodexreform v. 15.5.2012 auch Beziehungen zum Groß- oder Mehrheitsaktionär im Blick hat.³¹⁶ Inhaltlich würde damit ein Gleichlauf zu Ziff. 5.4.2 Satz 2 DCGK hergestellt (Rn. 69 ff.), der sprachlich aber unzulänglich abgebildet wäre; zur rechtspolitischen Kritik s. Rn. 70. Zum **Verfahren** und zur **Form** der Offenlegung macht der Kodex keine Vorgaben. Die Erwägungen zu Ziff. 4.3.3 Satz 1 DCGK gelten insoweit entsprechend (Rn. 42); insb. dient der **Aufsichtsratsvorsitzende** den einzelnen Mitgliedern als primärer Ansprechpartner.³¹⁷

4. Bericht an die Hauptversammlung

81 Weiter wird dem Aufsichtsrat empfohlen, in seinem Bericht an die HV über aufgetretene Interessenkonflikte und deren Behandlung zu informieren (Ziff. 5.5.3 Satz 1 DCGK). Gemeint ist damit der **schriftliche Bericht** gem. § 171 Abs. 2 AktG.³¹⁸ Für diesen Bericht bestehen zwingende gesetzliche Mindestvorgaben. Insbesondere muss der Aufsichtsrat das Ergebnis seiner Prüfung des Jahresabschlusses, des Lageberichts, etwaiger Konzernunterlagen und des Vorschlags für die Gewinnverwendung darstellen (§ 171 Abs. 2 Satz 1, 5 AktG). Ferner muss er Stellung zum Ergebnis der externen Abschlussprüfung nehmen und erklären, ob nach dem abschließenden Ergebnis seiner Prüfung Einwendungen zu erheben sind und ob er den Jahresabschluss billigt (§ 171 Abs. 2 Satz 3, 4 AktG). Außerdem muss er darstellen, in welcher Art und in welchem Umfang er die Geschäftsführung im Berichtsjahr geprüft hat (§ 171 Abs. 2 Satz 2 Hs. 1 AktG). Bei börsennotierten Gesellschaften sind in diesem Zusammenhang die gebildeten Ausschüsse sowie die Zahl der Sitzungen des Plenums und der Ausschüsse mitzuteilen (§ 171 Abs. 2 Satz 2 Hs. 2 AktG). Auf diese Weise legt der Aufsichtsrat **Rechenschaft** über seine Tätigkeit ab. Aus Sicht der Aktionäre ist der Bericht die Grundlage für den Entlastungsbeschluss (§ 120 Abs. 1, 2 AktG).³¹⁹

82 In diesem Kontext ist auch Ziff. 5.5.3 Satz 1 DCGK zu sehen. Ihr Ziel ist, die Informationsgrundlage für die Entlastung des Aufsichtsrats zu verbessern.³²⁰ Offen bleibt dabei, in welcher Tiefe der Aufsichtsrat auf Interessenkonflikte und deren Behandlung eingehen soll. Richtigerweise genügt eine **zusammenfassende Darstellung**. Namentlich kann der Aufsichtsrat die Anzahl der aufgetretenen Konflikte nennen und darauf hinweisen, dass die betroffenen Mitglieder in keinem Fall an der Beratung oder der Abstimmung teilgenommen haben.³²¹ Schon aufgrund dieser Informationen können die Aktionäre zuverlässig auf eine professionelle Arbeit schließen. Individualisierte Angaben sind nicht erforderlich.³²² Das umso

---

³¹⁵ *Ringleb/Kremer/Lutter/von Werder* NZG 2012, 1081 (1089 Rn. 1126a).
³¹⁶ Dazu *Hasselbach/Jakobs* BB 2013, 643 (651); *Roth* WM 2012, 1985 (1991); *Wilsing/von der Linden* DStR 2012, 1391 (1393).
³¹⁷ KBLW/*Kremer* Rn. 1468; *Wilsing/Wilsing* 5.5.2 Rn. 20.
³¹⁸ *Wilsing/Wilsing* 5.5.3 Rn. 2.
³¹⁹ BVerfG 1 BvR 636/95, NJW 2000, 349 (351) – Daimler-Benz.
³²⁰ BGH II ZR 185/07, BGHZ 180, 9 (20) = NJW 2009, 2207 Rn. 21 – Kirch/Deutsche Bank.
³²¹ MünchKomm. AktG/Bd. 2/*Habersack* § 100 Rn. 93; *Wilsing/Wilsing* 5.5.3 Rn. 6; Marsch-Barner/Schäfer/*Marsch-Barner* § 2 Rn. 49; *von der Linden* GWR 2011, 407 (408); *Priester* ZIP 2011, 2081 (2084).
³²² AA OLG Frankfurt a. M. 5 U 104/10, NZG 2011, 1029 (1030) – Deutsche Bank.

weniger, als sie das Beratungs- und Abstimmungsverhalten preisgeben und somit die **Gremienvertraulichkeit** aus § 93 Abs. 1 Satz 3, § 116 Satz 1, 2 AktG verletzen würden.[323] Es existiert keine Rechtsvorschrift, die die Gremienvertraulichkeit insoweit lockert; auch für eine Selbstbefreiung des Aufsichtsrats bleibt in aller Regel kein Raum.[324] Folgerichtig legt auch der BGH die Empfehlung der Ziff. 5.5.3 Satz 1 DCGK in zwei jüngeren Entscheidungen restriktiv aus.[325] Für konfliktfreie Berichtszeiträume fordert Ziff. 5.5.3 Satz 1 DCGK **keine Negativerklärung.**[326]

5. Mandatsbeendigung

Nach Ziff. 5.5.3 Satz 2 DCGK sollen wesentliche und nicht nur vorübergehende Interessenkonflikte zur Beendigung des Aufsichtsratsmandats führen. **Wesentlich** ist ein Konflikt, wenn er die Funktionsfähigkeit des Aufsichtsrats insgesamt beeinträchtigt.[327] Das ist unter Abwägung aller Umstände des Einzelfalls zu ermitteln. Ein zentraler Gesichtspunkt ist, ob in einer Vielzahl von Fällen die Beschlussfähigkeit des Gremiums leidet (§ 108 Abs. 2 AktG). Unschwer kann diese Situation vor allem bei kleinen Gremien mit nur drei Mitgliedern eintreten. In mitbestimmten Aufsichtsräten kann es auch darauf ankommen, ob sich das Kräfteverhältnis zwischen Anteilseigner- und Arbeitnehmerbank verschiebt. **Nicht nur vorübergehend** und somit dauerhaft ist ein Konflikt, der sich nicht in absehbarer Zeit auflöst und die Gremienarbeit möglicherweise bis zum Ende der Amtszeit belastet. Dazu bedarf es einer Prognose aus objektiver Sicht. Kraft ihrer Treubindung können befangene Aufsichtsratsmitglieder gesetzlich verpflichtet sein, ihre Mitwirkung im Aufsichtsrat zu beschränken.[328] Bei punktuellen Interessenkonflikten reicht es regelmäßig aus, wenn das Mitglied an der Beratung nicht teilnimmt und sich bei der Abstimmung enthält.[329] Bei zeitlich begrenzten Konflikten, die aber die Gremienarbeit als Ganzes beeinträchtigen, muss das Mitglied sein Amt für die Dauer des Konflikts ruhen lassen.[330] Wesentliche und dauerhafte Konflikte iSv Ziff. 5.5.3 Satz 2 DCGK werden das Aufsichtsratsmitglied als *ultima ratio* zur **Niederlegung** verpflichten.[331] Legt es nicht freiwillig nieder, hat der Aufsichtsrat für die Mandatsbeendigung zu sorgen. Dazu kann er einen Antrag auf gerichtliche Abberufung aus wichtigem Grund stellen (§ 103 Abs. 3 AktG). Bleibt er untätig und entsteht der Gesellschaft ein Schaden, haften seine Mitglieder nach Maßgabe von §§ 116 Satz 1, 93 AktG.[332] Vor diesem Hintergrund hätte Ziff. 5.5.3 Satz 2 DCGK auch als deskriptiver Passus und nicht als Empfehlung gefasst werden können (Rn. 15).

---

[323] OLG Düsseldorf I-6 U 69/11, BeckRS 2012, 22395 – IKB; *Hüffer/Koch* AktG § 171 Rn. 23; Wilsing/*Wilsing* 5.5.3 Rn. 6; *von der Linden* GWR 2011, 407 (409).
[324] *Wilsing/von der Linden* ZHR 2014, 419 (438).
[325] BGH II ZR 48/11, BGHZ 194, 14 (24 f.) = NJW 2012, 3235 Rn. 32 – Fresenius; II ZR 196/12, NZG 2013, 783 (784) – Deutsche Bank.
[326] OLG Düsseldorf I-6 U 18/12, NZG 2013, 178 (180) – IKB.
[327] MünchKomm. AktG/Bd. 2/*Habersack* § 100 Rn. 72; Wilsing/*Wilsing* 5.5.3 Rn. 8; *Semler/Stengel* NZG 2003, 1 (6).
[328] KBLW/*Kremer* Rn. 1481; Spindler/Stilz/*Spindler* AktG § 116 Rn. 85.
[329] Spindler/Stilz/*Spindler* AktG § 116 Rn. 85; Wilsing/*Wilsing* 5.5.3 Rn. 7.
[330] KBLW/*Kremer* Rn. 1481.
[331] MünchKomm. AktG/Bd. 2/*Habersack* § 100 Rn. 96; Spindler/Stilz/*Spindler* AktG § 116 Rn. 85; *Semler/Stengel* NZG 2003, 1 (6).
[332] *Semler/Stengel* AktG NZG 2003, 1 (6).

XVI. Effizienzprüfung

84 Nach Ziff. 5.6 DCGK soll der Aufsichtsrat regelmäßig die Effizienz seiner Tätigkeit überprüfen. Vorbild ist die US-amerikanische Board Performance Evaluation.[333] **Effizienz** meint ein ausgewogenes Verhältnis zwischen Mitteleinsatz und Zielerreichung. Mit anderen Worten sollen die Wirtschaftlichkeit und die Wirksamkeit der Organtätigkeit in organisatorischer und inhaltlicher Hinsicht überprüft werden (**Performance**).[334] Nach verbreiteter Ansicht gehört zur Effizienzprüfung aber auch die Frage, ob der Aufsichtsrat im Betrachtungszeitraum Gesetz, Satzung, Geschäftsordnung und Kodex gewahrt und die dort festgelegten Aufgaben erfüllt hat (**Compliance**).[335] Aufgaben in diesem Sinne sind namentlich die Überwachung und Beratung des Vorstands, die Bestellung und Abberufung der Vorstandsmitglieder und die Prüfung der Rechnungslegung (§§ 111 Abs. 1, 84 Abs. 1, 3, 171 Abs. 1 AktG). Die Empfehlung besagt nicht, dass der Aufsichtsrat aus einem etwaigen negativen Prüfungsergebnis auch Konsequenzen ziehen soll. Es entspricht aber der gesetzlich gebotenen Sorgfalt seiner Mitglieder, erkannte Mängel mit vertretbarem Aufwand abzustellen (§§ 116 Satz 1, 93 Abs. 1 Satz 1 AktG). Auf diese Weise trägt eine Effizienzprüfung dazu bei, Strukturen und Prozesse im Aufsichtsrat im Interesse des Unternehmens zu optimieren. Gegenstand der Effizienzprüfung kann auch die Arbeit in und mit den **Ausschüssen** sein (Rn. 54 ff.). Nicht beabsichtigt ist indessen eine Leistungs-, Eignungs- und Motivationsbeurteilung der einzelnen Mandatsträger.[336] Mittelbar mag eine Effizienzprüfung dennoch dazu beitragen, das Verantwortungsgefühl und das Engagement der einzelnen Mitglieder zu stärken.[337]

85 Zum **Verfahren** der Effizienzprüfung macht der Kodex keine Vorgaben. Deutlich wird nur, dass eine Selbstevaluation gewünscht ist. Damit ist freilich nicht gesagt, dass der Aufsichtsrat ohne externe Hilfe auskommen soll. Die wesentlichen Entscheidungen zu Prüfungsinhalten und Prüfungsverfahren soll er aber selbst treffen, ggf. durch einen Ausschuss.[338] Sinnvoll erscheint ein **formalisierter und dokumentierter Prozess**. Er gliedert sich regelmäßig in vier Phasen: Bestimmung der Prüfungsthemen, Bestimmung der Anforderungen und Bewertungskriterien, Datenerhebung, Auswertung der Ergebnisse.[339] Denkbar und ausreichend ist aber auch eine formlose Aussprache im Plenum oder im Präsidium.[340] **Zeitpunkt** und **Turnus** stehen ebenfalls im Ermessen des Aufsichtsrats. Eine jährliche Gesamtevaluation wird dabei unter normalen Umständen weder erforderlich noch wirtschaftlich vertretbar sein.[341] Ausreichend erscheint auch ein Prüfungsturnus von drei bis fünf Jahren.

---

[333] KBLW/*von Werder* Rn. 1493; *Seibt* DB 2003, 2107.
[334] *Seibt* DB 2003, 2107 (2109).
[335] Hölters/*Hambloch-Gesinn/Gesinn* AktG § 107 Rn. 191; Bürgers/Körber/*Runte/Eckert* AktG Anh. § 161 Rn. 66; KBLW/*von Werder* Rn. 1497; *AKEIÜ* DB 2006, 1625 (1630).
[336] Bürgers/Körber/*Runte/Eckert* AktG Anh. § 161 Rn. 66; Wilsing/*Wilsing* 5.6 Rn. 2; aA KBLW/*von Werder* Rn. 1499.
[337] *Seibt* DB 2003, 2107.
[338] Wilsing/*Wilsing* 5.6 Rn. 4; *AKEIÜ* DB 2006, 1625 (1632); *Seibt* DB 2003, 2107 (2109).
[339] KBLW/*von Werder* Rn. 1500.
[340] Bürgers/Körber/*Runte/Eckert* AktG Anh. § 161 Rn. 66; Wilsing/*Wilsing* 5.6 Rn. 3.
[341] KBLW/*von Werder* Rn. 1500; Wilsing/*Wilsing* 5.6 Rn. 5; MHdB GesR IV/*Hoffmann-Becking* § 31 Rn. 6; *Strieder* ZCG 2007, 168.

XVII. Informationelle Gleichbehandlung

Ein fundamentales Prinzip des deutschen und des europäischen Kapital- **86** marktrechts ist die informationelle Gleichbehandlung. Niedergeschlagen hat dieses Prinzip sich vor allem in § 40 Abs. 1 Nr. 1 WpHG. Danach müssen Emittenten sicherstellen, dass alle Inhaber von zugelassenen Wertpapieren unter gleichen Voraussetzungen gleich behandelt werden. Das gebietet idR auch eine Gleichbehandlung bei der Versorgung mit Informationen.[342] Ferner ist in diesem Zusammenhang an die Pflicht zu denken, **Insiderinformationen** unverzüglich zu veröffentlichen und somit allgemein zugänglich zu machen (Art. 17 Abs. 1 MMVO, § 26 Abs. 1 WpHG). Aktionäre werden überdies geschützt durch das allgemeine Gleichbehandlungsgebot und den Anspruch auf Nachinformation (§§ 53a, 131 Abs. 4 Satz 1 AktG). Die gesetzlichen Regelungen ergänzt der Kodex um die Empfehlung, den Aktionären unverzüglich sämtliche wesentlichen neuen Tatsachen zur Verfügung zu stellen, die Finanzanalysten und vergleichbaren Adressaten mitgeteilt worden sind (Ziff. 6.1 Satz 2 DCGK). Die Empfehlung orientiert sich an der Regulation Fair Disclosure, welche die US-amerikanische Börsenaufsicht SEC im Jahr 2000 erlassen hat.[343] Ihr **Adressat** ist die Gesellschaft als juristische Person. Ob die Gesellschaft der Empfehlung folgt, entscheidet verbandsintern der Vorstand.[344]

Tatsachen iSv Ziff. 6.1 Satz 2 DCGK sind konkrete, dem Beweis zugängliche **87** Geschehnisse oder Zustände der Vergangenheit oder Gegenwart. Meinungen, Ansichten, Werturteile, Vermutungen oder Gerüchte sind nicht erfasst.[345] Auf die Bedeutung der Information für die Gesellschaft oder die Aktionäre kam es bis zur Kodexreform v. 5.5.2015 nicht an („sämtliche neuen Tatsachen").[346] Seither zielt die Empfehlung aber ausdrücklich nur noch auf **wesentliche** neue Informationen. **Neu** ist eine Information nur, solange sie nicht allen Aktionären bekannt ist. Unerheblich ist, ob sie auch anderen Kapitalmarktteilnehmern zur Verfügung steht, zB Anleihegläubigern oder potenziellen Investoren.[347] Deren Schutz ist nämlich nicht bezweckt. Ferner setzt Ziff. 6.1 Satz 2 DCGK voraus, dass sowohl Finanzanalysten als auch vergleichbare Adressaten die Information erhalten haben („und"). Sie greift nicht, wenn die Information nur einer der beiden Personengruppen überlassen worden ist.[348] Des Weiteren soll die Gesellschaft nur solche Informationsvorsprünge ausgleichen, die sie selbst verursacht hat.[349] Die Nachinformation der Aktionäre soll **unverzüglich** geschehen, dh ohne schuldhaftes Zögern (§ 121 Abs. 1 Satz 1 BGB). Offen bleibt, auf welchem Weg die Nachinformation stattfindet. Das **Medium** bzw. den Kommunikationsweg muss die Gesellschaft somit selbst wählen. Ausreichend und sinnvoll ist, die Information auf der Internetseite zu publizieren.[350]

---

[342] *Bachmann* WM 2013, 2009 (2013).
[343] KBLW/*von Werder* Rn. 1606; *Bachmann* WM 2013, 2009 (2014).
[344] Wilsing/*von der Linden* 6.3 Rn. 7; Kölner Komm./*Lutter* § 161 Rn. 75.
[345] Bürgers/Körber/*Runte/Eckert* AktG Anh. § 161 Rn. 67; KBLW/*von Werder* Rn. 1608.
[346] Wilsing/*von der Linden* 6.3 Rn. 8; *Bachmann* WM 2013, 2009 (2014f.).
[347] Wilsing/*von der Linden* 6.3 Rn. 9; aA wohl KBLW/*von Werder* Rn. 1610.
[348] Wilsing/*von der Linden* 6.3 Rn. 12; Bürgers/Körber/*Runte/Eckert* AktG Anh. § 161 Rn. 67; aA *Bachmann* WM 2013, 2009 (2015).
[349] Wilsing/*von der Linden* 6.3 Rn. 13; Bürgers/Körber/*Runte/Eckert* AktG Anh. § 161 Rn. 67; KBLW/*von Werder* Rn. 1610.
[350] Wilsing/*von der Linden* 6.3 Rn. 14; Bürgers/Körber/*Runte/Eckert* AktG Anh. § 161 Rn. 67; KBLW/*von Werder* Rn. 1612; vgl. auch *Bachmann* WM 2013, 2009 (2015).

XVIII. Finanzkalender

88 In einem Finanzkalender soll die Gesellschaft mit ausreichendem Zeitvorlauf ankündigen, zu welchen Terminen der Geschäftsbericht und die unterjährigen Finanzinformationen veröffentlicht werden. Ferner, wann die HV sowie die Bilanzpresse- und Analystenkonferenzen stattfinden (Ziff. 6.2 DCGK). **Geschäftsbericht** ist der gesetzlich nicht definierte Konzerngeschäftsbericht; üblicherweise besteht er aus dem Konzernabschluss, dem Konzernlagebericht und dem Bericht des Aufsichtsrats (§§ 297, 315 ff. HGB, § 171 Abs. 2 AktG). **Unterjährige Finanzinformationen** sind der Halbjahresfinanzbericht und etwaige Quartalsfinanzberichte bzw. etwaige Zwischenmitteilungen der Geschäftsführung (§ 115 WpHG). Sprachlich nicht (mehr) erfasst sind der Einzelabschluss und der Einzellagebericht (§§ 264, 289 ff. HGB). **Hauptversammlung** iSd Empfehlung ist allein die alljährliche ordentliche Versammlung, die den Jahresabschluss und den Lagebericht entgegennimmt und über die Verwendung des Bilanzgewinns, die Entlastung der Vorstands- und Aufsichtsratsmitglieder sowie die Wahl des Abschlussprüfers beschließt (§ 175 Abs. 1 Satz 1, § 120 Abs. 1 Satz 1 AktG, § 318 Abs. 1 Satz 1, 3 HGB). Eine außerordentliche HV hat die Empfehlung nicht im Blick.[351] Als **Medium** wird die Internetseite der Gesellschaft empfohlen. **Ausreichender zeitlicher Vorlauf** ist gegeben, wenn die Interessenten sich unter normalen Umständen auf den Termin einstellen können. Eine Veröffentlichung aller Termine schon zu Beginn eines jeden Geschäftsjahrs ist dazu nicht erforderlich.[352]

XIX. Unabhängigkeit des Abschlussprüfers

89 Unabhängigkeit strebt der Kodex nicht nur für Aufsichtsratsmitglieder an (Rn. 66 ff.), sondern auch für den Abschlussprüfer. Deshalb wird dem Aufsichtsrat empfohlen, vor Unterbreitung des Wahlvorschlags eine entsprechende Erklärung des vorgesehenen Prüfers einzuholen (Ziff. 7.2.1 Abs. 1 Satz 1 DCGK). **Wahlvorschlag** ist der Vorschlag an die HV zur Bestellung eines bestimmten Abschlussprüfers (§ 119 Abs. 1 Nr. 4, § 124 Abs. 3 Satz 1 AktG).[353] Bei kapitalmarktorientierten Unternehmen iSv § 264d HGB wird der Wahlvorschlag vom Prüfungsausschuss vorbereitet, wenn ein solcher gebildet ist (§ 124 Abs. 3 Satz 2 AktG, Rn. 56). **Unterbreitet** wird er nicht schon mit der Beschlussfassung des Aufsichtsrats. Entscheidend ist vielmehr die Bekanntmachung der Einberufung einschließlich des Wahlvorschlags (§ 121 Abs. 4, § 124 Abs. 3 Satz 1 AktG).[354] **Inhaltlich** soll der Prüfer erklären, ob und ggf. welche geschäftlichen, finanziellen, persönlichen oder sonstigen Beziehungen zwischen ihm und seinen Organen und Prüfungsleitern einerseits und dem Unternehmen und dessen Organmitgliedern andererseits bestehen, die Zweifel an seiner Unabhängigkeit wecken können (Ziff. 7.2.1 Abs. 1 Satz 1 DCGK). Ferner soll er angeben, in welchem Umfang andere Leistungen für das Unternehmen im vergangenen Geschäftsjahr erbracht wurden und für das Folgejahr vereinbart sind (Ziff. 7.2.1 Abs. 1 Satz 2 DCGK). Zu berücksichtigen sind auch Beziehungen zu und Leistungen für Konzerngesellschaften („Unternehmen", Präambel Abs. 9 DCGK).

---

[351] Wilsing/von der Linden 6.7 Rn. 3; vgl. auch Bachmann WM 2013, 2009 (2015).
[352] Wilsing/von der Linden 6.7 Rn. 4; Bürgers/Körber/Runte/Eckert AktG Anh. § 161 Rn. 71.
[353] Wilsing/Marsch-Barner 7.2.1 Rn. 3.
[354] Wilsing/Marsch-Barner 7.2.1 Rn. 3.

Zwar ist der Prüfer schon gesetzlich verpflichtet, den Aufsichtsrat über mögliche Befangenheitsgründe und Zusatzleistungen zu informieren und im Prüfungsbericht die eigene Unabhängigkeit zu bestätigen (§ 171 Abs. 1 Satz 3 AktG, § 321 Abs. 4a HGB, vgl. in diesem Sinne auch Ziff. 7.2.1 Abs. 2 DCGK). Diese Pflichten treffen ihn aber erst nach seiner Bestellung durch die HV.[355] Im Wesentlichen bewirkt der Kodex daher, dass der Aufsichtsrat besagte Informationen frühzeitig erhält. Anders als § 171 Abs. 1 Satz 3 AktG verlangt Ziff. 7.2.1 Abs. 1 Satz 1 DCGK überdies eine **Fehlanzeige** („ob"). Eine bestimmte **Form** ist für die Erklärung des Prüfers nicht vorgesehen.[356] Unabhängig davon sollten beide Seiten auf eine angemessene Dokumentation achten.

D. Gesetzliche Erklärungspflicht

I. Normzweck

Gesetzlicher Anker des Kodex ist § 161 AktG (Rn. 9). Nach dieser Vorschrift müssen Vorstand und Aufsichtsrat börsennotierter Gesellschaften sich jährlich zu den Empfehlungen des Kodex erklären; etwaige Abweichungen müssen sie begründen (§ 161 Abs. 1 Satz 1 AktG, näher Rn. 92 ff.). Dasselbe gilt für die Organe solcher Gesellschaften, die nicht börsennotiert sind, aber den regulierten Kapitalmarkt anderweitig nutzen (§ 161 Abs. 1 Satz 2 AktG, Rn. 91). In ihrer jeweils aktuellen Fassung muss die Erklärung dauerhaft zugänglich sein (§ 161 Abs. 2 AktG, Rn. 101). Dieses Konzept lässt sich mit den Schlagworten **„comply or explain"** bezeichnen. Mit ihm verfolgt das Gesetz mehrere Zwecke: Erstens hält es Vorstand und Aufsichtsrat dazu an, die eigene Unternehmensverfassung kritisch zu prüfen und – soweit erforderlich – fortwährend zu verbessern.[357] Zweitens gewährleistet es für den Kapitalmarkt und seine Teilnehmer eine hohe Transparenz der Corporate Governance.[358] Auf diese Weise können Investoren sich jederzeit ein Bild von der Leitung und Überwachung des Unternehmens machen und deren Qualität einschätzen. Das wiederum mag eine Hilfestellung bei der Entscheidung über Investition oder Desinvestition sein. Drittens besteht ein gewisser **faktischer Druck** auf Vorstand und Aufsichtsrat, den Empfehlungen des Kodex zu folgen. Denn nach der Vorstellung des Gesetzgebers honoriert der Kapitalmarkt kodexgerechtes Verhalten; grundlose Abweichungen soll er demgegenüber mit schlechten Kursen bestrafen.[359] Es ist jedoch fraglich, ob dieser Mechanismus am deutschen Kapitalmarkt tatsächlich greift. Empirische Untersuchungen deuten eher auf das Gegenteil hin.[360] Zu den

---

[355] Wilsing/*Marsch-Barner* 7.2.1 Rn. 4.
[356] Bürgers/Körber/*Runte/Eckert* AktG Anh. § 161 Rn. 78; aA (Textform) KBLW/*Bachmann* Rn. 1738; vgl. auch Wilsing/*Marsch-Barner* 7.2.1 Rn. 5.
[357] MünchKomm. AktG/Bd. 3/*Goette* § 161 Rn. 1; Wilsing/*von der Linden* AktG § 161 Rn. 2.
[358] RegBegr. TransPuG BT-Drs. 14/8769, 21; MünchKomm. AktG/Bd. 3/*Goette* § 161 Rn. 1.
[359] Spindler/Stilz/*Bayer/Scholz* AktG § 161 Rn. 7; Großkomm. AktG/*Leyens* § 161 Rn. 36 ff.; *Claussen/Bröcker* DB 2002, 1199 (1204); *Lutter* in FS Druey 2002, 463, 467; *Ulmer* ZHR 2002, 150 (176).
[360] Hölters/*Hölters* AktG § 161 Rn. 1; Schmidt/Lutter/*Spindler* AktG § 161 Rn. 2; *Bernhardt* BB 2008, 1686 (1690 f.); *Nowak/Rott/Mahr* ZGR 2005, 252 (273 ff.); aA *S. C. Weber/Velte* DStR 2011, 39.

Regelungszwecken des § 161 AktG zählt nicht, (ausländische) Investoren über die Eckpfeiler des nationalen Rechts und die Vorzüge eines dualen Führungssystems zu unterrichten.[361] Diesen Zweck verfolgt vielmehr der Kodex als solcher mit seinen erläuternden Passagen (Rn. 13).

II. Adressaten

91 Erklärungspflichtig sind Vorstand und Aufsichtsrat als solche (§ 161 Abs. 1 Satz 1 und 2 AktG). Zwar haben sie als Organe keine eigene Rechtspersönlichkeit und sind deshalb keine tauglichen Träger von Rechten und Pflichten. Dieser Grundsatz wird aber auch anderenorts durchbrochen, etwa in § 91 Abs. 2 und § 92 Abs. 1, 2 AktG. Kein Adressat der Norm ist somit die Gesellschaft als **juristische Person**.[362] Ebenso wenig trifft die einzelnen **Organmitglieder** eine (persönliche) Erklärungspflicht.[363] Sie müssen nur an der Beschlussfassung ihres jeweiligen Gremiums mitwirken (Rn. 96 f.). Außerdem müssen die einzelnen Mitglieder das Gremium über ihr Verhalten bzw. ihre Absichten informieren, wenn und soweit sie selbst Adressaten einer Kodexempfehlung sind. Anderenfalls könnte das Gremium nicht sachgerecht und wahrheitsgemäß beschließen.[364] Die Gesellschaft muss **börsennotiert** sein (§ 161 Abs. 1 Satz 1 AktG). Der Begriff der Börsennotierung bestimmt sich nach § 3 Abs. 2 AktG; näher Rn. 14. Angesprochen sind ferner die Organe solcher Gesellschaften, die ausschließlich andere Wertpapiere als Aktien zum Handel an einem organisierten Markt iSd § 2 Abs. 11 WpHG ausgegeben haben und deren Aktien auf eigene Veranlassung über ein multilaterales Handelssystem iSd § 2 Abs. 8 Satz 1 Nr. 8 WpHG gehandelt werden (§ 161 Abs. 1 Satz 2 AktG). Andere Wertpapiere in diesem Sinn sind namentlich Schuldverschreibungen und Genussscheine; multilaterales Handelssystem ist in Deutschland idR der Freiverkehr (§ 48 BörsG). Entsprechend seiner systematischen Stellung richtet § 161 AktG sich nur an die Organe einer Gesellschaft in der Rechtsform der AG. Erfasst werden aber auch persönlich haftende Gesellschafter und der Aufsichtsrat einer börsennotierten oder anderweitig kapitalmarktorientierten **KGaA** (§ 278 Abs. 3 AktG). Des Weiteren gilt die Erklärungspflicht für die Leitungs- und Überwachungsorgane einer **deutschen SE** (Art. 9 Abs. 1 SE-VO). Ob die SE monistisch oder dual verfasst ist, ist belanglos. Zu den damit verbundenen konzeptionellen Schwierigkeiten s. Rn. 14. Organe von **Auslandsgesellschaften** fallen nicht in den Anwendungsbereich der Norm. Eine inländische Börsennotierung ändert daran nichts.[365]

---

[361] *Hüffer/Koch* AktG § 161 Rn. 1; *Wilsing/von der Linden* AktG § 161 Rn. 2.
[362] *Hüffer/Koch* AktG § 161 Rn. 6; *Wilsing/von der Linden* AktG § 161 Rn. 4; Kölner Komm./*Lutter* § 161 Rn. 38; Schmidt/Lutter/*Spindler* AktG § 161 Rn. 18; *Borges* ZGR 2003, 508 (527); *Seibt* AG 2002, 249 (252 f.); aA *Schürnbrand* in FS U. H. Schneider 2011, 1197 ff.
[363] MünchKomm. AktG/Bd. 3/*Goette* § 161 Rn. 57; Hölters/*Hölters* AktG § 161 Rn. 8; *Wilsing/von der Linden* AktG § 161 Rn. 4; Bürgers/Körber/*Runte/Eckert* AktG § 161 Rn. 5; aA *Lutter* in FS Hopt 2010, 1025, 1026.
[364] *Wilsing/von der Linden* AktG § 161 Rn. 4.
[365] Spindler/Stilz/*Bayer/Scholz* AktG § 161 Rn. 32; MünchKomm. AktG/Bd. 3/*Goette* § 161 Rn. 60; Hölters/*Hölters* AktG § 161 Rn. 9; *Hüffer/Koch* AktG § 161 Rn. 6a; *Wilsing/von der Linden* AktG § 161 Rn. 10; KBLW/*Lutter* Rn. 1803; aA *Claussen/Bröcker* DB 2002, 1199 (1204).

III. Entsprechenserklärung

1. Bezugspunkt

Bezugspunkte der Entsprechenserklärung sind einzig und allein die **Empfehlungen** der Regierungskommission DCGK (§ 161 Abs. 1 Satz 1 AktG); näher zur Regierungskommission, ihrer Entstehung und ihren Aufgaben s. Rn. 10 ff. Im Text des Kodex sind die Empfehlungen durch das Wort „soll" gekennzeichnet (Präambel Abs. 8 Satz 1 DCGK). Abzugrenzen sind sie von Anregungen und deskriptiven Passagen; s. Rn. 15; zur Rechtsnatur der Empfehlungen sowie der sonstigen Bestimmungen und Bestandteile des Kodex s. Rn. 16. Weiter ist vorausgesetzt, dass das BMJV die Empfehlungen im amtlichen Teil des **Bundesanzeigers** bekannt gemacht hat (§ 161 Abs. 1 Satz 1 AktG, zu den Begriffen des Bundesanzeigers und seines amtlichen Teils s. § 5 VkBkmG). Außer Betracht bleiben bei der Entsprechenserklärung von der Kommission (nur) beschlossene oder anderweitig veröffentlichte Empfehlungen. Das gilt auch für die Erklärung zur Zukunft (Rn. 94) und selbst dann, wenn bei deren Abgabe die Bekanntmachung neuer Empfehlungen unmittelbar bevorsteht.[366] Kurzum: Die Erklärung zur Zukunft betrifft immer nur diejenigen Empfehlungen, die (zuletzt) im Bundesanzeiger bekannt gemacht worden sind.[367] Deswegen müssen Vorstand und Aufsichtsrat ihre Erklärung nicht aktualisieren, falls Empfehlungen sich unterjährig ändern (Rn. 99).

92

2. Erklärung zur Vergangenheit

Vorstand und Aufsichtsrat müssen erklären, dass den Empfehlungen des Kodex entsprochen wurde bzw. welche Empfehlungen nicht angewendet wurden (§ 161 Abs. 1 Satz 1 AktG). Diese Erklärung bezieht sich auf die Vergangenheit und somit auf feststehende und nachweisbare Tatsachen.[368] Sie ist demnach eine **Wissenserklärung**, keine Willenserklärung.[369] In der Sache muss sie sämtliche Empfehlungen des Kodex umfassen, die das BMJV im amtlichen Teil des Bundesanzeigers bekannt gemacht hat (Rn. 92). Dem steht nicht entgegen, dass einige Empfehlungen sich an den Vorstand, andere an den Aufsichtsrat und wieder andere an einzelne Organmitglieder richten. Bei Bedarf müssen Vorstand und Aufsichtsrat alle notwendigen Informationen einholen, um eine umfassende Erklärung zu verabschieden.[370] Dazu müssen sie sowohl das Verhalten der Mitglieder des eigenen Organs als auch das Verhalten des jeweils anderen Organs in Erfahrung bringen. Intern kann das Gremium die Informationsbeschaffung einem bestimmten Mitglied bzw. einem Ausschuss überantworten. Anderenfalls muss in erster Linie der Vorsitzende tätig werden.[371] Eine Erklärung mit „Nichtwissen" ist unzulässig.[372]

93

---

[366] Wilsing/*von der Linden* AktG § 161 Rn. 15.
[367] BMJ Pressemitt. Nr. 49/2003 v. 10.6.2003.
[368] Spindler/Stilz/*Bayer*/Scholz AktG § 161 Rn. 51.
[369] MünchKomm. AktG/Bd. 3/*Goette* § 161 Rn. 40; *Hüffer*/Koch AktG § 161 Rn. 14; *Bachmann* WM 2002, 2137 (2139); *Borges* ZGR 2003, 508 (528); *Gelhausen*/Hönsch AG 2002, 529 (533); *Krieger* in FS Ulmer 2003, 365, 371; *Semler*/Wagner NZG 2003, 553 (554); *Vetter* DNotZ 2003, 748 (755).
[370] *Hüffer*/Koch AktG § 161 Rn. 14; Kölner Komm./*Lutter* § 161 Rn. 44.
[371] MünchKomm. AktG/Bd. 3/*Goette* § 161 Rn. 40; Wilsing/*von der Linden* AktG § 161 Rn. 17.
[372] Hölters/*Hölters* AktG § 161 Rn. 22; Wilsing/*von der Linden* AktG § 161 Rn. 16; Kölner Komm./*Lutter* § 161 Rn. 44.

3. Erklärung zur Zukunft

94 Ferner müssen Vorstand und Aufsichtsrat erklären, ob den Empfehlungen des Kodex entsprochen wird (§ 161 Abs. 1 Satz 1 AktG). Trotz der Formulierung im Präsens („wird") verlangt das Gesetz keine Darstellung der Verhältnisse, die im genauen Zeitpunkt der Erklärungsabgabe bestehen. Aus Sicht des Kapitalmarkts wäre eine solche Aussage auch ohne Wert. Die Materialien zum TransPuG sprechen stattdessen von einer zukunftsbezogenen Erklärung.[373] Folglich müssen Vorstand und Aufsichtsrat eine **Absichtserklärung** abgeben.[374] Sie ist keine Willenserklärung iSd allgemeinen Rechtsgeschäftslehre.[375] Denn dazu müsste sie privatautonom Rechtsfolgen herbeiführen. Tatsächlich bindet die Absichtserklärung aber weder den Vorstand noch den Aufsichtsrat noch andere Organe oder Personen. Vielmehr dürfen die Organe und ihre Mitglieder jederzeit von den Empfehlungen des Kodex abrücken (Rn. 15). In diesem Fall kann aber eine unterjährige Aktualisierung der Absichtserklärung geboten sein (Rn. 100).

4. Begründung

95 Abweichungen von den Empfehlungen des Kodex müssen nicht nur offengelegt, sondern auch begründet werden (§ 161 Abs. 1 Satz 1 AktG: „und warum nicht"). Die Begründungspflicht geht zurück auf das BilMoG v. 25.5.2009 sowie auf Art. 46a Abs. 1 Satz 2 Buchst. b Bilanz-RL 78/660/EWG[376] idF der Abänderungs-RL 2006/46/EG.[377] Sie gilt sowohl für die Erklärung zur Vergangenheit (Rn. 93) als auch für die Erklärung zur Zukunft (Rn. 94). **Inhaltliche Anforderungen** an die Begründung sind dem Gesetz nicht zu entnehmen.[378] Eine abstrakt-generelle Regelung dieser Frage erscheint auch weder angezeigt noch sinnvoll möglich. Nach dem Normzweck sind diejenigen Beweggründe zu nennen, die für die Entscheidung tatsächlich maßgebend sind bzw. waren. Dabei kann es sich um **individuelle Besonderheiten** des Unternehmens handeln, etwa um die Größe oder die Zusammensetzung des konkreten Aufsichtsrats bei einem Verzicht auf die Bildung von Ausschüssen (Ziff. 5.3.1–5.3.3 DCGK, Rn. 54 ff.). Vorstand und Aufsichtsrat dürfen aber auch **generelle Argumente** anführen, zB gegen einen Selbstbehalt bei D&O-Versicherungen (Ziff. 3.8 Abs. 3 DCGK) oder gegen eine Altersgrenze für Organmitglieder (Ziff. 5.1.2 Abs. 2 Satz 3, Ziff. 5.4.1 Abs. 2 Satz 2 DCGK).[379] Unzureichend ist der Hinweis, dass sämtliche Abweichungen nicht näher dargestellte **Kostengründe** haben. Stattdessen ist zu erläutern, warum die Kosten des empfohlenen Verhaltens außer Verhältnis zum Nutzen stehen.[380] Nicht erforderlich ist, dass die Begründung objektiv überzeugt; misslungene Begründungen sanktioniert allein der Kapitalmarkt (Rn. 90). Nähere Anforderungen stellt nunmehr die unverbindliche **Empfehlung 2014/208/EU** zur Qualität der Berichterstattung über die

---

[373] RegBegr. TransPuG BT-Drs. 14/8769, 22.
[374] MünchKomm. AktG/Bd. 3/*Goette* § 161 Rn. 42; *Krieger* in FS Ulmer 2003, 365, 372; *Lutter* in FS Druey 2002, 463, 467; *Seibert* BB 2002, 581 (583); aA *Ederle* NZG 2010, 655 (657 f.).
[375] Wilsing/*von der Linden* AktG § 161 Rn. 18.
[376] ABl. EWG Nr. L 222 v. 14.8.1978, 11.
[377] ABl. EG Nr. L 224 v. 16.8.2006, 1.
[378] MünchKomm. AktG/Bd. 3/*Goette* § 161 Rn. 53.
[379] Wilsing/*von der Linden* AktG § 161 Rn. 20.
[380] Wilsing/*von der Linden* AktG § 161 Rn. 20; Schmidt/Lutter/*Spindler* AktG § 161 Rn. 42.

D. Gesetzliche Erklärungspflicht 96, 97 § 25

Unternehmensführung v. 9.4.2014.³⁸¹ Im Einzelnen sollen danach die Abweichung und deren Gründe, der Entscheidungsweg, etwaige Befristungen und alternativ gewählte Maßnahmen genannt werden. Ferner heißt es, die Angaben sollten „klar, präzise und umfassend" sein und auf die spezifischen Gegebenheiten des Unternehmens eingehen. Jedoch handelt es sich dabei im Wesentlichen um Leerformeln. Änderungen an § 161 AktG sind insoweit nicht zu erwarten.

5. Beschlussfassung

Über die Entsprechenserklärung entscheiden Vorstand und Aufsichtsrat durch 96
Beschluss. Formal muss jedes Organ einen gesonderten Beschluss fassen. Zwar sind Vorstand und Aufsichtsrat nicht gehindert, ihre Beschlüsse aufeinander abzustimmen und dazu bei Bedarf eine gemeinsame Sitzung durchzuführen.³⁸² Im Gegenteil sind deckungsgleiche Beschlüsse sogar wünschenswert und praktisch üblich. Ein dem Verfahren nach einheitlicher Beschluss beider Organe ist aber nicht vorgesehen; daher existieren für diesen Fall auch keine Vorschriften zur Einberufung, zur Beschlussfähigkeit und zu den Mehrheitserfordernissen.³⁸³ Maßgeblich sind die allgemeinen Regeln. Demnach trifft der **Vorstand** seine Entscheidung als Kollegialorgan und durch einstimmigen Beschluss (§ 77 Abs. 1 Satz 1 AktG). Allein die Satzung oder die Geschäftsordnung kann etwas anderes anordnen und namentlich eine Mehrheitsentscheidung zulassen (§ 77 Abs. 1 Satz 2 AktG). In diesem Fall sind freilich einige Besonderheiten zu beachten. Insbesondere ist die Erklärung zur Vergangenheit keine Willens-, sondern eine Wissenserklärung über feststehende und nachweisbare Tatsachen (Rn. 93); für eine streitige Mehrheitsentscheidung bleibt daher regelmäßig kein Raum.³⁸⁴ Anders verhält es sich bei der Erklärung zur Zukunft (Rn. 94). Als Absichtserklärung lässt sie eine Mehrheitsentscheidung durchaus zu. Das gilt allerdings nur, soweit die Empfehlungen des Kodex den Vorstand als Organ ansprechen. Bisweilen wenden sie sich aber auch an einzelne Vorstandsmitglieder, an den Aufsichtsrat oder an dessen Mitglieder. Dann kommt es auf deren Bereitschaft an, dem Kodex zu folgen.³⁸⁵

Für den Beschluss des **Aufsichtsrats** genügt schon kraft Gesetzes die einfache 97
Stimmenmehrheit (§ 108 Abs. 1 AktG). Dabei stößt das Mehrheitsprinzip an dieselben Grenzen wie beim Vorstandsbeschluss (Rn. 96). Die Entscheidungskompetenz liegt zwingend beim Gesamtaufsichtsrat (Plenarvorbehalt). Sie kann also nicht auf einen **Ausschuss** übertragen werden, der anstelle des Plenums beschließt.³⁸⁶ Denn zentrale Empfehlungen des Kodex betreffen solche Maßnahmen, die ihrerseits nicht delegationsfähig sind (§ 107 Abs. 3 Satz 4 AktG, Rn. 55). Zu nennen sind in erster Linie der Erlass einer Informations- und Berichtsordnung (Ziff. 3.4 Abs. 1 Satz 3 DCGK, Rn. 23), der Erlass einer Geschäftsordnung für den Vorstand (Ziff. 4.2.1 Satz 2 DCGK), die Gestaltung der Vorstandsvergütung (Ziff. 4.2.2,

---

³⁸¹ ABl. EU Nr. L 109 v. 12.4.2014, 43.
³⁸² Großkomm. AktG/*Leyens* § 161 Rn. 239; Kölner Komm./*Lutter* § 161 Rn. 56; KBLW/ *Lutter* Rn. 1840; *Peltzer* NZG 2002, 593 (595).
³⁸³ MünchKomm. AktG/Bd. 3/*Goette* § 161 Rn. 62; *Hüffer/Koch* AktG § 161 Rn. 11; Schmidt/Lutter/*Spindler* AktG § 161 Rn. 19; *Ulmer* ZHR 2002, 150 (173).
³⁸⁴ Wilsing/*von der Linden* AktG § 161 Rn. 34.
³⁸⁵ Spindler/Stilz/*Bayer/Scholz* AktG § 161 Rn. 41, 44; Hölters/*Hölters* AktG § 161 Rn. 15; *Hüffer/Koch* AktG § 161 Rn. 12; Kölner Komm./*Lutter* § 161 Rn. 59 ff.
³⁸⁶ Spindler/Stilz/*Bayer/Scholz* AktG § 161 Rn. 44; MünchKomm. AktG/Bd. 3/*Goette* § 161 Rn. 67; *Hüffer/Koch* AktG § 161 Rn. 13; *Krieger* in FS Ulmer 2003, 365, 376; Semler/ Wagner NZG 2003, 553 (555).

4.2.3 DCGK, Rn. 31 ff.), der Erlass einer Geschäftsordnung für den Aufsichtsrat (Ziff. 5.1.3 DCGK), die Einrichtung von Ausschüssen (Ziff. 5.3.1–5.3.3 DCGK, Rn. 54 ff.) und die zusätzlichen Angaben im Bericht des Aufsichtsrats an die HV (Ziff. 5.4.7, 5.5.3 Satz 1 DCGK, Rn. 82). Es wäre widersprüchlich, wenn ein Ausschuss mittels der Entsprechenserklärung dem Plenum in diesen Fragen vorgreifen könnte.[387] Gegen eine vorbereitende Ausschusstätigkeit, etwa zum Zwecke der Informationsbeschaffung, bestehen indessen keine Bedenken (Rn. 93).

6. Erklärungsturnus

98 Vorstand und Aufsichtsrat müssen sich nach dem Gesetzeswortlaut „jährlich" erklären (§ 161 Abs. 1 Satz 1 AktG). Dieser Normbefehl ist in verschiedener Hinsicht unscharf. Insbesondere lässt er offen, ob der Erklärungsturnus am Kalenderjahr oder am Geschäftsjahr ansetzt. Richtigerweise ist auf das **Kalenderjahr** abzustellen.[388] Darauf deutet zunächst die Übergangsvorschrift des § 15 Satz 1 EGAktG hin.[389] Danach war die Entsprechenserklärung erstmals im Kalenderjahr 2002 abzugeben. Bei einem am Geschäftsjahr orientierten Turnus hätte es sich angeboten, die Ersterklärung innerhalb des Geschäftsjahrs zu fordern, das bei Inkrafttreten des TransPuG lief oder danach begann.[390] Hinzu kommt, dass Geschäftsjahre im Unterschied zum Kalenderjahr keine konstante Größe sind. Denn sie können durch Satzungsänderung verlegt werden. In diesem Fall entsteht ein Rumpfgeschäftsjahr mit weniger als zwölf Monaten. Es liegt fern, dass der Gesetzgeber die Erklärungspflicht auch in solchen Rumpfgeschäftsjahren auslösen wollte.[391] Umstritten ist außerdem, ob zwischen zwei Erklärungen mehr als zwölf Monate liegen dürfen. Die Rechtsprechung vertritt den Standpunkt, dass die Erklärung binnen **Jahresfrist** erneuert werden muss.[392] Sie deutet also in das Wort „jährlich" eine vom Jahresanfang unabhängige Frist hinein. Überzeugend ist das nicht.[393] Ungeachtet dessen bleibt den Organen nichts anderes übrig, als dieser Vorgabe zu folgen. Berechnet wird die Jahresfrist nach §§ 187, 188 BGB. Unanwendbar ist hingegen § 193 BGB; eine Entsprechenserklärung ist weder Willenserklärung noch Leistungsbewirkung iSd Norm.[394]

7. Referenzzeiträume

99 Die **Erklärung zur Vergangenheit** (Rn. 93) bezieht sich weder auf das letzte Kalenderjahr noch auf das letzte Geschäftsjahr. Stattdessen beleuchtet sie den Zeitraum von der letzten (vollständigen) Entsprechenserklärung bis zur Gegen-

---

[387] Wilsing/*von der Linden* AktG § 161 Rn. 37; Schmidt/Lutter/*Spindler* AktG § 161 Rn. 26.
[388] Wilsing/*von der Linden* AktG § 161 Rn. 41; Kölner Komm./*Lutter* § 161 Rn. 90; *Ettinger/Grützediek* AG 2003, 353 (354); *Heckelmann* WM 2008, 2146 (2147); *Seibert* BB 2002, 581 (584); aA (Geschäftsjahr) Hölters/*Hölters* AktG § 161 Rn. 29; Hüffer/*Koch* AktG § 161 Rn. 15.
[389] *Heckelmann* WM 2008, 2146 (2147); *Seibert* BB 2002, 581 (584).
[390] *Rosengarten/S. H. Schneider* ZIP 2009, 1837 (1839 f.).
[391] Wilsing/*von der Linden* AktG § 161 Rn. 42.
[392] BGH II ZR 185/07, BGHZ 180, 9 (19) = NJW 2009, 2207 Rn. 19 – Kirch/Deutsche Bank; II ZR 63/08, NZG 2010, 618 (619 Rn. 9); OLG München 7 U 3668/07, NZG 2008, 337 (338); ebenso *Gelhausen/Hönsch* AG 2003, 367 (368); *Kleindiek* in FS Goette 2011, 239, 243.
[393] Wilsing/*von der Linden* AktG § 161 Rn. 43; MHdB GesR IV/*Hoffmann-Becking* § 34 Rn. 20; *Heckelmann* WM 2008, 2146 (2147); *Rosengarten/S. H. Schneider* ZIP 2009, 1837 (1840 f.).
[394] Wilsing/*von der Linden* AktG § 161 Rn. 43; *Rosengarten/S. H. Schneider* ZIP 2009, 1837 (1840).

D. Gesetzliche Erklärungspflicht 100 § 25

wart.[395] In der Sache deckt sie alle Empfehlungen ab, die das BMJV im Bundesanzeiger bekannt gemacht hat. Das schließt solche Empfehlungen ein, die seit der letzten Entsprechenserklärung hinzugekommen oder geändert worden sind. Zum Teil wird vertreten, Vorstand und Aufsichtsrat dürften sich bei ihrer Erklärung auf die alte Kodexfassung beschränken. Nur diese Fassung sei nämlich Gegenstand der letzten Absichtserklärung.[396] Diese Sichtweise steht aber im Widerspruch zum Gesetzeswortlaut. Er fordert keinen Spiegel der letzten Absichtserklärung, sondern eine Stellungnahme zu allen bekannt gemachten, dh auch zu etwaigen neuen Empfehlungen.[397] Zweckmäßigerweise wird die Erklärung zur Vergangenheit in mehrere Intervalle untergliedert (Zeitraum von der letzten Entsprechenserklärung bis zur Bekanntmachung neuer Empfehlungen; Zeitraum von der Bekanntmachung neuer Empfehlungen bis zur Gegenwart). Die **zukunftsgerichtete Erklärung** (Rn. 94) erstreckt sich auf einen unbestimmten bzw. unbefristeten Zeitraum.[398] Ihre Aussagen gelten bis auf Weiteres.[399] Sie beziehen sich allein auf diejenige Kodexfassung, die im Zeitpunkt der Erklärung gilt. Aus diesem Grund muss die Erklärung nicht aktualisiert werden, falls Empfehlungen sich unterjährig ändern.[400] Das ist ein Unterschied zu den Fällen, in denen die Verwaltung unterjährig ihre Absichten überdenkt (Rn. 100).

8. Unterjährige Aktualisierung

Nach zutreffender hM können Vorstand und Aufsichtsrat verpflichtet sein, ihre 100 letzte Erklärung aus aktuellem Anlass zu erneuern.[401] Anknüpfungspunkt ist der zukunftsgerichtete Erklärungsteil (Rn. 94). Er entfaltet zwar keine Bindungswirkung. Im Gegenteil steht den Organen und ihren Mitgliedern jederzeit frei, von der Ankündigung abzurücken (Rn. 94). Aber dann spiegelt die (ursprünglich richtige) Absichtserklärung die Verhältnisse der Gesellschaft nicht mehr zutreffend wider. Trotzdem ist sie weiterhin über die Internetseite der Gesellschaft zugänglich (Rn. 101). Vor diesem Hintergrund hat sie den Charakter einer **Dauererklärung**, auf deren fortwährende Richtigkeit der Kapitalmarkt vertraut.[402] Dem entspricht, dass Vorstand und Aufsichtsrat ihre Erklärung umgehend richtigstellen müssen. Dies kann geschehen, indem sie ihre reguläre Entsprechenserklärung um eine punktuelle Meldung ergänzen.[403] Alternativ können sie die Entsprechenserklärung

---

[395] Hölters/*Hölters* AktG § 161 Rn. 30; Schmidt/Lutter/*Spindler* AktG § 161 Rn. 41; vgl. auch Rosengarten/*S. H. Schneider* ZIP 2009, 1837 (1843).
[396] Hüffer/*Koch* AktG § 161 Rn. 16; *Gelhausen/Hönsch* AG 2003, 367 (369 f.).
[397] Wilsing/*von der Linden* AktG § 161 Rn. 44.
[398] MünchKomm. AktG/Bd. 3/*Goette* § 161 Rn. 44; Hölters/*Hölters* AktG § 161 Rn. 30; Schmidt/Lutter/*Spindler* AktG § 161 Rn. 41.
[399] Schmidt/Lutter/*Spindler* AktG § 161 Rn. 41.
[400] Wilsing/*von der Linden* AktG § 161 Rn. 45; Kölner Komm./*Lutter* § 161 Rn. 94; Schmidt/Lutter/*Spindler* AktG § 161 Rn. 40; *Goslar/von der Linden* DB 2009, 1691 (1694 f.); *Heckelmann* WM 2008, 2146 (2148).
[401] BGH II ZR 185/07, BGHZ 180, 9 (19) = NJW 2009, 2207 Rn. 19 – Kirch/Deutsche Bank; II ZR 174/08, BGHZ 182, 272 (280) = NZG 2009, 1270 Rn. 16 – Umschreibungsstopp; OLG München 7 U 5628/07, NZG 2009, 508 (510) – MAN; aA *Ederle* NZG 2010, 655 (660); *Heckelmann* WM 2008, 2146 (2148 f.).
[402] BGH II ZR 185/07, BGHZ 180, 9 (19) = NJW 2009, 2207 Rn. 19 – Kirch/Deutsche Bank.
[403] Hölters/*Hölters* AktG § 161 Rn. 32; Kölner Komm./*Lutter* § 161 Rn. 96.

insgesamt neu fassen.[404] Die Pflicht zur unterjährigen Korrektur trifft sowohl den Vorstand als auch den Aufsichtsrat. Das gilt auch, wenn nur ein Organ oder ein Organmitglied sein Verhalten in Bezug auf den Kodex ändert.[405]

9. Veröffentlichung im Internet

101 Die Entsprechenserklärung muss auf der Internetseite der Gesellschaft dauerhaft öffentlich zugänglich sein (§ 161 Abs. 2 AktG). **Öffentlicher Zugang** setzt voraus, dass jedermann die Erklärung zur Kenntnis nehmen kann. Eine reine Aktionärsöffentlichkeit genügt seit dem BilMoG v. 25.5.2009 nicht mehr.[406] Der Zugang ist gewährleistet, wenn die Erklärung ohne besondere Hilfsmittel abrufbar ist. Als Medium sieht das Gesetz zwingend die **Internetseite** der Gesellschaft vor. Das ist diejenige Domain, die bei Stellen wie DENIC oder ICANN für die Gesellschaft registriert ist.[407] Eine anderweitige öffentliche Zugänglichkeit der Erklärung genügt nicht. Unzureichend sind namentlich Bekanntmachungen im Bundesanzeiger oder in anderen Gesellschaftsblättern.[408] Außerdem verlangt das Gesetz einen **dauerhaften Zugang**. Denn die Entsprechenserklärung ist weder stichtagsbezogen noch auf die Vergangenheit beschränkt. Sie enthält auch eine Absichtserklärung (Rn. 94). Insbesondere darüber sollen Interessenten sich jederzeit und ohne Anlass informieren können.[409] Unschädlich ist, wenn die Erklärung vorübergehend nicht abrufbar ist, zB aufgrund technischer Störung, Überlastung oder Überarbeitung des Internetauftritts.[410] Dauerhaft verfügbar muss immer nur die **aktuelle Fassung** der Erklärung sein.[411] Dazu gehören auch etwaige unterjährige Zusätze (Rn. 100). Ergänzend empfiehlt Ziff. 3.10 Satz 4 DCGK, **überholte Erklärungen** fünf Jahre lang auf der Internetseite zugänglich zu halten.

10. Anderweitige Publizität

102 Neben § 161 Abs. 2 AktG (Rn. 101) treten weitere Rechtsnormen, die auf Publizität der Entsprechenserklärung zielen. Im Vordergrund stehen § 289f Abs. 2 Nr. 1 und § 315d HGB. Danach ist die Entsprechenserklärung ein Bestandteil der **Erklärung zur Unternehmensführung**. Diese ist wiederum Teil des **Lage- bzw. Konzernlageberichts** und bildet dort einen eigenen Abschnitt (§ 289f Abs. 1 Satz 1, § 315d Satz 1 HGB), es sei denn, sie wird auf der Internetseite der Gesellschaft veröffentlicht und im Lage- bzw. Konzernlagebericht in Bezug genommen (§ 289f Abs. 1 Satz 2, 3, § 315d Satz 2 HGB). Verlangt ist freilich nur eine wörtliche Wiedergabe der letzten Entsprechenserklärung. Vorstand und Aufsichtsrat müssen also für die Zwecke der §§ 289f, 315d HGB keine neue Entsprechenserklärung

---

[404] Kölner Komm./*Lutter* § 161 Rn. 96.
[405] BGH II ZR 185/07, BGHZ 180, 9 (19) = NJW 2009, 2207 Rn. 19 – Kirch/Deutsche Bank; *Kleindiek* in FS Goette 2011, 239, 250.
[406] RegBegr. BilMoG BT-Drs. 16/10067, 104.
[407] Wilsing/*von der Linden* AktG § 161 Rn. 53; Schmidt/Lutter/*Spindler* AktG § 161 Rn. 60.
[408] Hölters/*Hölters* AktG § 161 Rn. 34; Wilsing/*von der Linden* AktG § 161 Rn. 53.
[409] Kölner Komm./*Lutter* § 161 Rn. 105.
[410] Wilsing/*von der Linden* AktG § 161 Rn. 51; Kölner Komm./*Lutter* § 161 Rn. 105; Schmidt/Lutter/*Spindler* AktG § 161 Rn. 58; *Bertrams* Haftung des Aufsichtsrats 2004, 119; *Lutter* ZHR 2002, 523 (528).
[411] Hüffer/*Koch* AktG § 161 Rn. 23; Kölner Komm./*Lutter* § 161 Rn. 105; Marsch-Barner/Schäfer/*Marsch-Barner* § 2 Rn. 73.

beschließen.⁴¹² Dementsprechend unterliegt die Entsprechenserklärung inhaltlich auch nicht der Abschlussprüfung (§ 317 Abs. 2 Satz 6 HGB, Rn. 107). Im **Anhang** des Jahresabschlusses ist anzugeben, dass die Entsprechenserklärung abgegeben und wo sie öffentlich zugänglich gemacht worden ist (§ 285 Nr. 16 HGB). Im **Konzernanhang** sind entsprechende Angaben für jedes in den Konzernabschluss einbezogene börsennotierte Unternehmen zu machen (§ 314 Abs. 1 Nr. 8 HGB). Das gilt auch, wenn das Mutterunternehmen selbst keine Entsprechenserklärung abgibt.⁴¹³ Schließlich hat der Vorstand die Entsprechenserklärung in deutscher Sprache offenzulegen und elektronisch beim **Bundesanzeiger** einzureichen (§ 325 Abs. 1 Satz 1 Nr. 2, Satz 2 HGB).

IV. Rechtsfolgen von Pflichtverletzungen

1. Anfechtbarkeit von Entlastungsbeschlüssen

Nach der Rechtsprechung können Entlastungsbeschlüsse anfechtbar sein, wenn Pflichten aus § 161 AktG verletzt sind.⁴¹⁴ Das ist nicht zu verwechseln mit der Frage, ob die Organe bzw. deren Mitglieder den Empfehlungen des Kodex entsprochen haben. Denn die Empfehlungen sind keine Gesetze iSv Art. 2 EGBGB; mithin sind sie für ihre Adressaten unverbindlich (Rn. 16). Eine Gesetzesverletzung iSv § 243 Abs. 1 AktG kommt nur in Betracht, wenn der Kapitalmarkt nicht oder nicht zutreffend über die Corporate Governance unterrichtet wird. Angesprochen sind damit die Pflichten zur turnusmäßigen Erklärung (Rn. 98), zur unterjährigen Aktualisierung (Rn. 100) und zur Erklärungspublizität (Rn. 101).⁴¹⁵ Über die Art des Beschlussmangels ist damit noch nichts gesagt. Er kann sowohl den Beschlussinhalt als auch das Verfahren betreffen. **Inhaltlich** bedeutet die Entlastung vor allem, ein Organmitglied habe sich in der Vergangenheit „im Großen und Ganzen" gesetzes- und satzungskonform verhalten. Zwar hat die HV insoweit ein breites Ermessen. Dessen Grenzen werden aber überschritten, wenn Gegenstand der Entlastung ein Organverhalten ist, das eindeutig und schwerwiegend gegen Gesetz oder Satzung verstößt.⁴¹⁶ Gesetz in diesem Sinne ist auch § 161 AktG.⁴¹⁷ Allerdings: Die gerichtliche Inhaltskontrolle ist auf den „Gegenstand der Entlastung" beschränkt. Eben dieser Terminologie bedient sich auch der BGH.⁴¹⁸ Trotzdem machen die Gerichte ihre Prüfung oft an einem Verhalten fest, das sich nach dem Entlastungszeitraum ereignet hat. Davon zeugen auch und gerade die Entscheidungen zu Erklärungen nach § 161 AktG.⁴¹⁹ Das Konzept der Rechtsprechung verfängt daher nur im Ansatz, nicht aber in der Anwendung. Eher bietet sich die Argumentation mit einem

---

⁴¹² Wilsing/*von der Linden* AktG § 161 Rn. 55, HGB § 289a Rn. 17.
⁴¹³ Kölner Komm./*Lutter* § 161 Rn. 116; *Strieder* DB 2004, 1325.
⁴¹⁴ BGH II ZR 185/07, BGHZ 180, 9 (19) = NJW 2009, 2207 Rn. 19 – Kirch/Deutsche Bank; II ZR 174/08, BGHZ 182, 272 (280) = NZG 2009, 1270 Rn. 16 – Umschreibungsstopp; OLG München 7 U 3668/07, NZG 2008, 337 (338); 7 U 2405/08, NZG 2009, 592.
⁴¹⁵ Wilsing/*von der Linden* AktG § 161 Rn. 57; Schmidt/Lutter/*Spindler* AktG § 161 Rn. 64; Goslar/*von der Linden* DB 2009, 1691 (1695).
⁴¹⁶ BGH II ZR 133/01, BGHZ 153, 47 (50f.) = NJW 2003, 1032 – Macrotron.
⁴¹⁷ BGH II ZR 185/07, BGHZ 180, 9 (19) = NJW 2009, 2207 Rn. 19 – Kirch/Deutsche Bank; II ZR 174/08, BGHZ 182, 272 (280) = NZG 2009, 1270 Rn. 16 – Umschreibungsstopp; II ZR 48/11, BGHZ 194, 14 (23) = NJW 2012, 3235 Rn. 27 – Fresenius.
⁴¹⁸ BGH II ZR 133/01, BGHZ 153, 47 (51) = NJW 2003, 1032 – Macrotron.
⁴¹⁹ Vgl. *von der Linden* ZIP 2013, 2343 (2347 f.).

formellen **Beschlussmangel** an, namentlich mit einem Informationsfehler. Weitere Voraussetzung ist dann die beschlussrechtliche **Relevanz** dieses Informationsfehlers. Sie ist gegeben, wenn zutreffende Angaben zur konkreten Kodexempfehlung für einen objektiv urteilenden Aktionär wesentlich waren, um über die Entlastung zu entscheiden (§ 243 Abs. 4 Satz 1 AktG). Insoweit ist auch eine Differenzierung nach Gegenstand und Bedeutung der einzelnen Empfehlungen angezeigt.[420] Anders als bei der Prüfung eines Inhaltsfehlers kommt es aber nicht darauf an, ob der Verstoß gegen § 161 AktG sich innerhalb oder außerhalb des Entlastungszeitraums ereignet.[421]

2. Anfechtbarkeit von Aufsichtsratswahlen

104   Auch Wahlen zum Aufsichtsrat sind nur wegen Verletzung des Gesetzes oder der Satzung anfechtbar (§ 251 Abs. 1 Satz 1 AktG). Ausscheiden muss die Anfechtung demnach, wenn die Wahl durch Inhalt oder Verfahren nur einer Empfehlung des Kodex widerspricht.[422] Denn die Empfehlungen haben weder Gesetzes- noch Satzungsrang (Rn. 16). Allenfalls Verletzungen der gesetzlichen Erklärungs- und Publizitätspflichten aus § 161 AktG können die Wahlanfechtung begründen. Ein **Inhaltsfehler** des Wahlbeschlusses steht dabei nicht zu befürchten. Anders als ein Entlastungsbeschluss (Rn. 103) sagt ein Wahlbeschluss nämlich nichts über die Rechtmäßigkeit des Verwaltungshandelns aus.[423] Ebenso wenig führen Verletzungen von § 161 AktG zu einem **Bekanntmachungsfehler** des Wahlvorschlags an die HV (§ 124 Abs. 3 Satz 1, Abs. 4 Satz 1 AktG).[424] Im Raum stehen allenfalls herkömmliche **Informationsfehler**. Denkbar sind sie vor allem im Kontext einer Wiederwahl. Eine Entsprechenserklärung beschreibt letztlich die vergangene und künftig zu erwartende Unternehmensführung (Rn. 90). Je nach Lage des Falls mögen Aktionäre solche Informationen bei der Vergabe einer weiteren Amtszeit durchaus bedenken. Eine pauschale Betrachtung verbietet sich indessen. Nicht aus dem Blick geraten darf, welche konkrete Empfehlung der Erklärungsfehler betrifft. Auszusondern sind auf erster Stufe jene Empfehlungen, die nicht den Aufsichtsrat oder seine Mitglieder ansprechen. Auf zweiter Stufe ist zu fragen, ob der Fehler sich aus Sicht eines objektiv urteilenden Aktionärs auf die konkrete Wahl auswirken konnte (vgl. § 251 Abs. 1 Satz 3, § 243 Abs. 4 Satz 1 AktG). Hieran fehlt es vor allem, wenn die Transparenz anderweitig hergestellt ist.[425]

3. Zivilrechtliche Haftung

105   Gegenüber der Gesellschaft **(Innenhaftung)** sind pflichtvergessene Vorstandsmitglieder zum Schadensersatz verpflichtet (§ 93 Abs. 2 Satz 1 AktG). Gleiches gilt

---

[420] Wilsing/*von der Linden* AktG § 161 Rn. 59; *Goslar/von der Linden* DB 2009, 1691 (1694); *Goslar/von der Linden*, NZG 2009, 1337 (1339).
[421] OLG München 7 U 3668/07, ZIP 2008, 742 (744); *von der Linden* ZIP 2013, 2343 (2348).
[422] *Hüffer/Koch* AktG § 161 Rn. 32; *Kiefner* NZG 2011, 201 (203).
[423] Wilsing/*von der Linden* AktG § 161 Rn. 60; *Hüffer* Gesellschaftsrecht in der Diskussion 2010, 63, 73; *Krieger* ZGR 2012, 202 (223).
[424] *Hüffer/Koch* AktG § 161 Rn. 32; Wilsing/*von der Linden* AktG § 161 Rn. 61; *Marsch-Barner* in FS K. Schmidt 2009, 1109 (1112 f.); aA OLG München 7 U 5628/07, NZG 2009, 508 (510) – MAN; MünchKomm. AktG/Bd. 3/*Goette* § 161 Rn. 94.
[425] Großkomm. AktG/*Leyens* § 161 Rn. 480; *Goslar/von der Linden* DB 2009, 1691 (1696); *Habersack* Gutachten E zum 69. DJT 2012, E 46 f.; *Kiefner* NZG 2011, 201 (204 f.); *Mülbert/Wilhelm* ZHR 2012, 286 (298 f.).

D. Gesetzliche Erklärungspflicht

für pflichtvergessene Aufsichtsratsmitglieder (§ 116 Satz 1 AktG). Pflichtverletzungen in diesem Sinne können auch an § 161 AktG anknüpfen.[426] Angesprochen sind damit erneut nur die gesetzlichen Erklärungs- und Publizitätspflichten (Rn. 98, 102 f.). Irrelevant ist hingegen, ob die Organe bzw. ihre Mitglieder den Verhaltensstandards des Kodex gerecht werden.[427] Es besteht gerade keine Pflicht, den Empfehlungen oder Anregungen zu folgen (Rn. 15). Etwas anderes gilt nur, soweit sie Eingang in die Satzung, eine Geschäftsordnung oder die Anstellungsverträge finden. Haftungsbegründend wirkt aber auch dann nicht die Abweichung vom Kodex als solche. Tragend ist allein die Verletzung der statutarischen oder vertraglichen Umsetzungspflicht.[428] Mangels parlamentarischer Legitimation (Rn. 9) kann der Kodex auch nicht die allgemeinen Sorgfaltspflichten der Organmitglieder konkretisieren. Das gilt im negativen wie im positiven Sinn. Eine Abweichung indiziert also keine Sorgfaltspflichtverletzung.[429] Umgekehrt ist konformes Verhalten auch kein Beleg für eine sorgfältige Amtsführung.[430] Es bleibt bei der gesetzlichen Verteilung der Darlegungs- und Beweislast. Im Streitfall muss das Organmitglied auf objektiver wie auf subjektiver Ebene den Entlastungsbeweis führen (§ 93 Abs. 2 Satz 2 AktG). Ansprüche von Aktionären oder Dritten (**Außenhaftung**) lassen sich weder auf Prospekthaftung noch auf allgemeine Vertrauenshaftung stützen.[431] Konstruktiv denkbar ist allein die deliktische Haftung wegen sittenwidriger vorsätzlicher Schädigung (§ 826 BGB). Raum bleibt dafür nur in besonderen Einzelfällen. Ohnehin fehlt in aller Regel entweder ein **Schaden** oder zumindest der **Kausalzusammenhang**.[432] Das gilt für Innen- und Außenhaftung gleichermaßen. Die praktische Relevanz der Haftungsfrage ist daher gering.

4. Strafrechtliche Konsequenzen

Strafbar macht sich, wer als Vorstands- oder Aufsichtsratsmitglied die Verhältnisse der Gesellschaft in der Eröffnungsbilanz, im Jahresabschluss, im Lagebericht einschließlich der nicht-finanziellen Erklärung, im gesonderten nicht-finanziellen Bericht oder im Zwischenabschluss nach § 340a Abs. 3 HGB unrichtig wiedergibt oder verschleiert (§ 331 Nr. 1 HGB). Entsprechendes gilt bei unrichtiger Darstellung der Verhältnisse des Konzerns im Konzernabschluss, im Konzernlagebericht einschließlich der nicht-finanziellen Konzernerklärung, im gesonderten nicht-finanziellen Konzernbericht oder im Konzernzwischenabschluss nach § 340i Abs. 4 HGB (§ 331 Nr. 2 HGB). Verhältnisse iSv § 331 Nr. 1 und 2 HGB können auch in der Erklärung nach § 161 AktG beschrieben sein.[433] Denn die Entsprechenserklärung ist Bestandteil der Erklärung zur Unternehmensführung und somit des Lage- sowie

---

[426] Spindler/Stilz/*Bayer/Scholz* AktG § 161 Rn. 101; MünchKomm. AktG/Bd. 3/*Goette* § 161 Rn. 98; *Hüffer/Koch* AktG § 161 Rn. 25; Schmidt/Lutter/*Spindler* AktG § 161 Rn. 66.
[427] Schmidt/Lutter/*Spindler* AktG § 161 Rn. 68; *Bachmann* WM 2002, 2137 (2138); Ettinger/Grützediek AG 2003, 353 (354 f.); *Kollmann* WM-Sonderbeil. 1/2003, 14 f.; aA *Lutter* ZHR 2002, 523 (542).
[428] Hölters/*Hölters* AktG § 161 Rn. 42; Wilsing/*von der Linden* AktG § 161 Rn. 64.
[429] *Hüffer/Koch* AktG § 161 Rn. 27; Großkomm. AktG/*Leyens* § 161 Rn. 531; Wilsing/*von der Linden* AktG § 161 Rn. 64.
[430] Großkomm. AktG/*Leyens* § 161 Rn. 535 f.; Schmidt/Lutter/*Spindler* AktG § 161 Rn. 68; Ettinger/Grützediek AG 2003, 353 (355); aA *Weber-Rey/Buckel* AG 2011, 845 (850).
[431] Wilsing/*von der Linden* AktG § 161 Rn. 65 f.
[432] MünchKomm. AktG/Bd. 3/*Goette* § 161 Rn. 97; *Hüffer/Koch* AktG § 161 Rn. 25a, 29; Wilsing/*von der Linden* AktG § 161 Rn. 69.
[433] Hölters/*Hölters* AktG § 161 Rn. 62; Wilsing/*von der Linden* AktG § 161 Rn. 70.

des Konzernlageberichts (§§ 289f Abs. 1 Satz 1, Abs. 2 Nr. 1, 315d HGB, Rn. 102). Ferner ist der objektive Straftatbestand verwirklicht, wenn der Anhang oder der Konzernanhang falsche Angaben zur Abgabe oder zum Fundort der Entsprechenserklärung enthält (§§ 285 Nr. 16, 314 Abs. 1 Nr. 8 HGB, Rn. 102).[434] Unzureichend ist, dass Pflichtangaben fehlen. In diesem Fall kommt nur eine **Ordnungswidrigkeit** in Betracht (§ 334 Abs. 1 Nr. 1 Buchst. d, Nr. 2 Buchst. f HGB).[435] Sowohl § 331 Nr. 1, 2 HGB als auch § 334 HGB erfordern – wenigstens bedingten – **Vorsatz** (§ 15 StGB, § 10 OWiG).

V. Abschlussprüfung

107 Die Abschlussprüfung erstreckt sich nicht auf den **Inhalt** der Entsprechenserklärung nach § 161 AktG.[436] Wegen § 289f Abs. 1 Satz 1, Abs. 2 Nr. 1, § 315d HGB ist die Entsprechenserklärung zwar Bestandteil des Lage- sowie des Konzernlageberichts (Rn. 102). Auch als solcher ist sie aber nicht prüfungspflichtig (§ 317 Abs. 2 Satz 6 HGB). Findet der Abschlussprüfer dennoch inhaltliche Fehler, darf er seinen Bestätigungsvermerk weder einschränken noch versagen (§ 322 Abs. 2 Satz 1 Nr. 2, 3 HGB). Etwas anderes gilt für die Pflichtangaben zur Entsprechenserklärung im **Anhang** des Jahresabschlusses und im **Konzernanhang** (Rn. 102). Sie sind nach allgemeinen Regeln auf Richtigkeit und Vollständigkeit zu prüfen (§§ 316 Abs. 1 Satz 1, 317 Abs. 2 Satz 1 HGB). Bei Mängeln ist der Bestätigungsvermerk einzuschränken (§ 322 Abs. 4 HGB).[437] Unberührt bleibt die Möglichkeit, Inhaltsfehler der Entsprechenserklärung im **Prüfungsbericht** anzusprechen.[438] Dazu kann der Prüfer sogar verpflichtet sein (§ 321 Abs. 1 Satz 3 HGB).[439] Nach Ziff. 7.2.3 Abs. 2 DCGK soll der Aufsichtsrat ergänzend eine vertragliche „Redepflicht" vereinbaren.

E. Aktuelle Entwicklungen

108 Aktuelle Entwicklungen der Corporate Governance werden vor allem von europäischer Ebene getrieben: Am 5.4.2011 hat die EU-Kommission ein **Grünbuch** vorgelegt, das dem europäischen Corporate-Governance-Rahmen gewidmet ist.[440] Eckpfeiler sind die Besetzung des Verwaltungsrats, die Rolle der Aktionäre und die Funktionsfähigkeit des Comply-or-explain-Ansatzes. Wieder aufgegriffen werden diese Themen in einem **Aktionsplan** zum europäischen Gesellschaftsrecht und zur Corporate Governance v. 12.12.2012.[441] Danach soll ua die Qualität der Erklärungen und Berichte zur Corporate Governance verbessert werden; vor die-

---

[434] MünchKomm. AktG/Bd. 3/*Goette* § 161 Rn. 112; Kölner Komm./*Lutter* § 161 Rn. 191; *Berg/Stöcker* WM 2002, 1569 (1579).
[435] Hölters/*Hölters* AktG § 161 Rn. 61; Kölner Komm./*Lutter* § 161 Rn. 190.
[436] RegBegr. TransPuG BT-Drs. 14/8769, 25; Wilsing/*von der Linden* AktG § 161 Rn. 71; *Gelhausen/Hönsch* AG 2002, 529 (534); *Ihrig/Wagner* BB 2002, 789 (791).
[437] RegBegr. TransPuG BT-Drs. 14/8769, 25; Schmidt/Lutter/*Spindler* AktG § 161 Rn. 51; *Ihrig/Wagner* BB 2002, 789 (791); *Ruhnke* AG 2003, 371 (374).
[438] RegBegr. TransPuG BT-Drs. 14/8769, 25.
[439] *Hüffer/Koch* AktG § 161 Rn. 24; Schmidt/Lutter/*Spindler* AktG § 161 Rn. 51; Wilsing/ *von der Linden* AktG § 161 Rn. 72.
[440] KOM (2011) 164 endg.
[441] KOM (2012) 740 endg.; vgl. *Bayer/Schmidt* BB 2013, 3 (12 ff.); *Bremer* NZG 2013, 20; *Hupka* GWR 2013, 59; *Roesener* NZG 2013, 241.

E. Aktuelle Entwicklungen

sem Hintergrund ist inzwischen auch die **Empfehlung 2014/208/EU** v. 9.4.2014 ergangen (Rn. 95). Darüber hinaus spricht der Aktionsplan sich für eine „wirksame und nachhaltige Einbeziehung" der Aktionäre in die Corporate Governance aus. Primär geht es dabei um eine Vereinheitlichung der Informationspflichten zur Managervergütung und um die Einführung eines obligatorischen und verbindlichen „Say on Pay" (Rn. 32). Schließlich nimmt der Aktionsplan eine Regulierung von Stimmrechtsberatern in den Blick. Verabschiedet wurden nunmehr entsprechende **Änderungen der Aktionärsrechte-RL 2007/36/EG,** auf die sich Rat, Kommission und Europäisches Parlament Ende 2016 im informellen Trilog verständigen konnten. Vorgesehen sind namentlich die Verschärfung des „say on pay", eine Identifizierbarkeit der Aktionäre auch bei Gesellschaften mit Inhaberaktien, erhöhte Transparenzanforderungen an institutionelle Anleger, Vermögensverwalter und Stimmrechtsberater sowie – aus deutscher Sicht besonders bedeutsam – eine eingehende Regulierung von Transaktionen mit nahestehenden Unternehmen und Personen („related party transactions"). Schließlich wurde die **CSR-RL 2014/95/EU** v. 22.10.2014 in deutsches Recht umgesetzt. Sie betrifft die Berichterstattung über sog. nicht-finanzielle Aspekte der Geschäftstätigkeit, zB Umwelt, Arbeit, Soziales, Menschenrechte und Korruptionsbekämpfung.

§ 26 Delisting

Bearbeiter: Sebastian Goslar/Sebastian Klingen

Übersicht

	Rn.
A. Einleitung	1–3
B. Das freiwillige Delisting auf Antrag	4–38
I. Alte Rechtslage und Entwicklung der Rechtsprechung	4–10
II. Das freiwillige Delisting nach § 39 Abs. 2 Satz 3 iVm Abs. 3 ff. BörsG nF	11–29
1. Anwendungsbereich	12, 13
a) Sachlich	12
b) Zeitlich	13
2. Zusätzliche Voraussetzungen eines Delisting	14, 15
3. Das Delisting-Angebot	16–23
a) Bieter	16
b) Mindestpreis	17–20
aa) Grundsatz	17
bb) Notwendigkeit einer Unternehmensbewertung	18–20
c) Angebotsinhalt	21–23
4. Widerrufsverfahren	24–29
a) Antrag	24, 25
b) Prüfungsumfang	26
c) Veröffentlichung und Bekanntgabe	27, 28
aa) Veröffentlichung	27
bb) Bekanntgabe	28
d) Wirksamwerden des Widerrufs	29
III. Begründung zusätzlicher (gesellschaftsrechtlicher) Voraussetzungen	30–32
IV. Rechtsschutz	33–38
1. Verwaltungsgerichtlicher Rechtsschutz	33–35
2. Spruchverfahren	36, 37
3. Allgemeiner Zivilrechtsschutz	38
C. Das unfreiwillige Delisting von Amts wegen	39–44
I. Tatbestände	39–42
1. Allgemeines Verfahrensrecht – §§ 48, 49 LVwVfG	40
2. Börsenrechtliche Spezialtatbestände	41, 42
a) § 39 Abs. 1 Var. 1 BörsG	41
b) § 39 Abs. 1 Var. 2 BörsG	42
II. Ermessen	43
III. Rechtsschutz	44
D. Sonstige Maßnahmen mit der Rechtsfolge eines Delisting (sog. kaltes Delisting)	45, 46

Schrifttum: *Aders/Muxfeld/Lill* Die Delisting-Neuregelung und die Frage nach dem Wert der Börsennotierung, CF 2015, 389; *Arnold* Mitwirkungsbefugnisse der Aktionäre nach Gelatine und Macrotron, ZIP 2005, 1573; *Arnold/Rothenburg* BGH-Entscheidung zum Delisting: Alle Fragen geklärt?, DStR 2014, 150; *Bayer* Aktionärsschutz beim Delisting: Empfehlungen an den Gesetzgeber, ZIP 2015, 853; *Bayer* Die Delisting-Entscheidungen „Macrotron" und

§ 26 Delisting

"Frosta" des II. Zivilsenats des BGH, ZfPW 2015, 163; *Bayer* Delisting: Korrektur der Frosta-Rechtsprechung durch den Gesetzgeber, NZG 2015, 1169; *Bayer/Hoffmann* Kapitalmarktreaktionen beim Delisting, AG 2013, R 371; *Bayer/Hoffmann* Die Folgen von Frosta: Zur vorläufigen empirischen „Schadensbilanz" von BGH v. 8.10.2013 – II ZB 26/12, AG 2013, 877, AG 2015, R 55; *Beck/Hedtmann* Ausgewählte Rechtsfragen des börsenrechtlichen Delistings, BKR 2003, 190; *Brellochs* Der Rückzug von der Börse nach „Frosta", AG 2014, 633; *Buckel/Glindemann/Vogel* Delisting nach „Frosta" – Eckpunkte für eine gesetzliche Regelung, AG 2015, 373; *Bungert/Leyendecker-Langner* Unternehmensbewertung oder Durchschnittsbörsenkurs beim Delisting?, DB 2015, 2251; *Bungert/Leyendecker-Langner* Die Neuregelung beim Delisting, ZIP 2016, 49; *Bungert/Wettich* Das weitere Schicksal der „Macrotron"-Grundsätze zum Delisting nach der Entscheidung des BVerfG, DB 2012, 2265; *Bungert/Wettich* Keine Barabfindung beim Delisting – Aufgabe der Macrotron-Rspr. („Frosta"), EWiR 2014, 3; *Eickhoff* Der Gang an die Börse – und kein Weg zurück?, WM 1988, 1713; *Eisele/Walter* Kursreaktionen auf die Ankündigung von Going Private-Transaktionen am deutschen Kapitalmarkt, zfbf 2006, 337; *Fluck* Zum Verzicht des Begünstigten auf Rechte aus einem Verwaltungsakt am Beispiel der Börsenzulassung, WM 1995, 553; *Geyrhalter/Zirngibl* Alles unklar beim formalen Delisting – eine Zwischenbilanz 18 Monate nach Macrotron, DStR 2004, 1048; *Glienke/Röder* „FRoSTA ist für alle da." – Praxisfolgen der BGH-Rechtsprechungsänderung insbesondere für anhängige Delisting-Spruchverfahren, BB 2014, 899; *Goetz* Das Delisting-Urteil des BVerfG – freie Bahn für Erleichterungen des Börsenrückzugs?, BB 2012, 2767; *Goetz* Fragwürdige Neuregelung des Börsenrückzugs, BB 2015, 2691; *Groß* Rechtsprobleme des Delisting, ZHR 165 (2001), 141; *Groß* Die Neuregelung des Anlegerschutzes beim Delisting, AG 2015, 812; *Grub/Streit* Börsenzulassung und Insolvenz, BB 2004, 1397; *Habersack* Mitwirkungsrechte der Aktionäre nach Macrotron und Gelatine, AG 2005, 137; *Habersack* „Macrotron" – was bleibt?, ZHR 176 (2012), 463; *Habersack* Anmerkung zu dem Beschluss des BGH vom 8.10.2013 (II ZB 26/12), JZ 2014, 147; *Häller* Delisting von Aktien der Insolvenz, ZIP 2016, 1903; *Harnos* Aktionärsschutz beim Delisting, ZHR 179/2015), 750; *Heldt/Royé* Das Delisting-Urteil des BVerfG aus kapitalmarktrechtlicher Perspektive, AG 2012, 660; *Holzborn/Schlößer* Systemwechsel beim going private, BKR 2002, 486; *Kiefner/Gillessen* Die Zukunft von „Macrotron" im Lichte der jüngsten Rechtsprechung des BVerfG, AG 2012, 645; *Klenke* Der Rückzug mehrfach notierter Unternehmen von den deutschen Regionalbörsen, WM 1995, 1089; *Klepsch/Hippeli* Update Delisting, RdF 2016, 194; *Klöhn* Delisting – Zehn Jahre später, NZG 2012, 1041; *Koch/Harnos* Die Neuregelung des Delisting zwischen Anleger- und Aktionärsschutz, NZG 2015, 729; *Kocher/Seiz* Das neue Delisting nach § 39 Abs. 2–6 BörsG, DB 2016, 153; *Kocher/Widder* Delisting ohne Hauptversammlungsbeschluss und Abfindungsangebot, NJW 2014, 127; *Krämer/Theiß* Delisting nach der Macrotron-Entscheidung des BGH, AG 2003, 225; *Lambert/Weichel* Wegfall der „Macrotron-Trias" – Folgen für Umstrukturierungskonstellationen in Konfliktlagen des Aktien- und Kapitalmarktrechts, WM 2014, 1024; *Leyendecker/Harfs* Mindestpreis- und Preisanpassungsregelungen bei Delistingangeboten, BB 2018, 643; *Linner/Freyling* Delisting im Freiverkehr – Sanktionsregime und Pflichtenprogramm; *Lochner/Schmitz* Delisting – Rückwirkung der „Frosta"-Entscheidung für laufende Spruchverfahren?, AG 2014, 489; *Mense/Klie* Deutliche Erleichterungen beim Delisting – Aufgabe der „Macrotron"-Rechtsprechung durch den BGH, GWR 2013, 505; *Mense/Klie* Neues zum Going Private – Praxisfragen zur aktuellen Rechtslage zum Delisting, DStR 2015, 2782; *Pasch/Schmeling/Starke* Wechsel vom regulierten Markt in den Freiverkehr in Deutschland – Rechtliche Voraussetzungen und Konsequenzen, CF 2015, 259; *Paschos/Klaaßen* Delisting ohne Hauptversammlung und Kaufangebot – der Rückzug von der Börse nach der Frosta-Entscheidung des BGH, AG 2014, 33; *Pilsl/Knoll* Delisting und Börsenkurs, DB 2016, 181; *Richard/Weinheimer* Der Weg zurück: Going Private, BB 1999, 1613; *Rosskopf* Delisting zwischen Gesellschafts- und Kapitalmarktrecht, ZGR 2014, 487; *Schilha/Fekonja* Antragsbefugnis des Anlegers gegen Widerruf der Börsenzulassung zum regulierten Markt, EWiR 2015, 667; *Schockenhoff* Delisting – Karlsruhe locuta, causa finita?, ZIP 2013, 2429; *Schulz/Wieneke* Delisting ausländischer Emittenten, NZG 2017, 449; *Schwark/Geiser* Delisting, ZHR 161 (1997), 739; *Seibt/Wollenschläger* Downlisting einer börsennotierten Gesellschaft ohne Abfindungsangebot und Hauptversammlungsbeschluss, AG 2009, 807; *Stöber* Die Zukunft der Macrotron-Regeln zum Delisting nach den jüngsten Entscheidungen des BVerfG

A. Einleitung 1 § 26

und des BGH, BB 2014, 9; *Stöber* Ungeschriebene Hauptversammlungskompetenzen am Beispiel des Börsenrückzugs und der fakultativen Insolvenzantragstellung, WM 2014, 1757; *Thomale* Minderheitenschutz gegen Delisting – die MACROTRON-Rechtsprechung zwischen Eigentumsgewähr und richterlicher Rechtsfortbildung, ZGR 2013, 686; *von Buttlar* Kapitalmarktrechtliche Pflichten in der Insolvenz, BB 2010, 1355; *von der Linden* Kann die Satzung eine Börsennotierung vorschreiben?, NZG 2015, 176; *Wackerbarth* Die Begründung der Macrotron-Rechtsfortbildung nach dem Delisting-Urteil des BVerfG, WM 2012, 2077; *ders.* Das neue Delistingangebot nach § 39 BörsG oder: Hat der Gesetzgeber hier wirklich gut nachgedacht?, WM 2016, 385; *Wasmann* Vorsicht bei der Planung eines Delisting: Die Voraussetzungen können gesellschafts- oder börsenrechtlich verschärft werden, BB 2015, 337; *Wasmann/Glock* Die FRoSTA-Entscheidung des BGH – Das Ende der Macrotron-Grundsätze zum Delisting, DB 2014, 105; *Weber* Börsennotierte Gesellschaften in der Insolvenz, ZGR 2001, 422; *Weidemann/Weiß* Kein Barabfindungsangebot bei Widerruf der Zulassung einer Aktie zum Handel im regulierten Markt, BKR 2014, 168; *Wieneke* Aktien- und kapitalmarktrechtlicher Schutz beim Delisting nach dem FRoSTA-Beschluss des BGH, NZG 2014, 22; *Wieneke/Schulz* Durchführung eines Delistings, AG 2016, 809; *Wirth/Arnold* Anlegerschutz beim Delisting von Aktiengesellschaften, ZIP 2000, 111; *Wollenschläger* Fortsetzung eines Spruchverfahrens trotz Änderung der Rechtsprechung zur Abfindung beim Delisting, EWiR 2015, 75; *Zimmer/von Imhoff* Die Neuregelung des Delisting in § 39 BörsG, NZG 2016, 1056.

A. Einleitung

Der Börsengang (sog. Going Public, Listing), also die erstmalige Zulassung von 1 Aktien zum Handel an einem organisierten Kapitalmarkt, ist für ein Unternehmen ein bedeutender Schritt, durch den sich insbesondere erstmalig die Möglichkeit der Eigenkapitalbeschaffung über den Kapitalmarkt eröffnet. Demgegenüber gibt es in der Entwicklung von Unternehmen aber auch Situationen (bspw. bei Übernahme der Mehrheit durch einen neuen Großaktionär), in denen ein Rückzug von der Börse (sog. Delisting) vorzugswürdig erscheint (etwa um Zulassungsfolgepflichten zu vermeiden) oder zwingend ist (bspw. wenn ein ordnungsgemäßer Börsenhandel auf Dauer nicht mehr gewährleistet ist).

Unter **Delisting** ist im vorliegenden Zusammenhang die **vollständige Beendigung der Zulassung von Wertpapieren zum Handel im regulierten Markt** zu verstehen, nicht aber die bloße Kursaussetzung oder Einstellung der Notierung.[1] Während § 43 BörsG aF[2] noch den Widerruf der „Zulassung zur amtlichen Notierung" vorsah, regelt § 39 BörsG nunmehr ausdrücklich den Widerruf der „Zulassung von Wertpapieren zum Handel im regulierten Markt". Darüber hinaus resultieren die den Emittenten treffenden Publizitäts-, Mitteilungs- und Mitwirkungspflichten aus der Zulassung, nicht aus der Notierung. Vielmehr hängt die Notierung ihrerseits von der Zulassung ab und entfällt mit deren Widerruf.[3] Zu unterscheiden ist zwischen dem Widerruf der Zulassung auf Antrag des Emittenten gemäß § 39 Abs. 2 iVm Abs. 3 ff. BörsG (freiwilliges Delisting) und dem zwangsweisen Widerruf der Zulassung von Amts wegen gemäß § 39 Abs. 1 BörsG (unfrei-

---

[1] Vgl. Regierungsbegründung zum Entwurf eines Gesetzes zur weiteren Fortentwicklung des Finanzplatzes Deutschland (Drittes Finanzmarktförderungsgesetz), BT-Drs. 13/8933, 57, 74; *Groß* BörsG § 39 Rn. 11; Joost/Strohn/*Groß* BörsG § 39 Rn. IX 329; Habersack/Mülbert/Schlitt/*Habersack* § 40 Rn. 1; *Klenke* WM 1995, 1089 (1096); *von der Linden* NZG 2015, 176.
[2] Gesetz zur weiteren Fortentwicklung des Finanzplatzes Deutschland (Drittes Finanzmarktförderungsgesetz), BGBl. 1998 I 529 f.
[3] Happ/Groß/*Groß* Muster 16.03 Anm. 2.1; Joost/Strohn/*Groß* BörsG § 39 Rn. IX 329; *Klenke* WM 1995, 1089 (1094); Heidel/*Willamowski* BörsG § 39 Rn. 4.

williges Delisting). Abzugrenzen ist das Delisting vom sog. **Downgrading**, bei dem lediglich ein Wechsel in ein anderes Handelssegment des regulierten Marktes erfolgt (Prime Standard in General Standard).[4] Einen Unterfall des Delisting stellt das sog. **Downlisting** dar, bei dem zwar ein Widerruf der Zulassung der Aktien zu sämtlichen regulierten Märkten erfolgt, aber eine Einbeziehung in den (qualifizierten) Freiverkehr aufrechterhalten bzw. vorgenommen wird.[5]

2 Die Voraussetzungen sowie das Verfahren des Börsengangs sind insbesondere im Börsengesetz und der Börsenzulassungsverordnung sowie dem Wertpapierprospektgesetz und der Börsenordnung der jeweiligen Wertpapierbörse geregelt.

Nachdem der Rückzug von der Börse lange Zeit gesetzlich lediglich rudimentär in § 39 Abs. 1 BörsG aF (unfreiwilliges Delisting; vgl. Rn. 39 ff.) bzw. § 39 Abs. 2 BörsG aF (freiwilliges Delisting; vgl. Rn. 4 ff.) geregelt war und die Rechtsprechung dies angesichts der erheblichen Folgen eines Delisting für die Gesellschaft und ihre Aktionäre zwischenzeitlich zum Anlass genommen hatte, darüber hinausgehende gesellschaftsrechtliche Voraussetzungen für das Delisting aufzustellen, hat der Gesetzgeber das Delisting jüngst neu und – aus seiner Sicht – abschließend geregelt.

3 Neben dem kapitalmarktrechtlichen Delisting (freiwillig oder unfreiwillig) besteht eine Vielzahl gesellschaftsrechtlicher Gestaltungsmöglichkeiten zur Herbeiführung eines Delisting durch Wegfall der Börsennotierung oder der Börsenfähigkeit (sog. kaltes Delisting; vgl. Rn. 45 f.).

B. Das freiwillige Delisting auf Antrag

I. Alte Rechtslage und Entwicklung der Rechtsprechung

4 Gemäß § 39 Abs. 2 Sätze 1 und 2 BörsG aF *konnte* die Geschäftsführung der Börse die Zulassung auf Antrag des Emittenten widerrufen, sofern der Widerruf nicht dem Schutz der Anleger widersprach.

5 Im Rahmen der **Ermessensausübung** nach § 39 Abs. 2 Satz 1 BörsG aF war als **Abwägungskriterium** insb. die **Aktionärsstruktur** des betreffenden Emittenten zu berücksichtigen.[6] Erfolgte aufgrund geringen Streubesitzes dauerhaft kein relevanter Handel mehr, der Voraussetzung für die Ermittlung von Marktpreisen (anstelle von Zufallspreisen oder manipulierten Preisen) sein konnte, so sprach dies dafür, dass der Anlegerschutz einem Widerruf nicht entgegenstand.[7] Andererseits stand der Anlegerschutz einem Widerruf idR entgegen, wenn die Börsenzulassung erst kurz zuvor beantragt und erteilt wurde.[8] Konkretisierungen des Grundsatzes des Anlegerschutzes fanden sich noch in den Börsenordnungen der verschiedenen deutschen Wertpapierbörsen. Dabei wurde zwischen verschiedenen Formen des vollständigen und teilweisen Delisting (Downlisting und sog. Börsenpräsenzreduk-

---

[4] *Groß* BörsG § 39 Rn. 16 (Ziff. 2); *Schwark/Geiser* ZHR 1997, 739 (743).

[5] Vgl. zB *Seibt/Wollenschläger* AG 2009, 807; *Wieneke* NZG 2014, 22 (24). Häufig wird auch dieser Sachverhalt als Downgrading bezeichnet, vgl. BVerfG 1 BvR 3142/07 AG 2012, 557 (559); *Groß* AG 2015, 812 (815).

[6] *Marsch-Barner/Schäfer/Eckhold* § 61 Rn. 13; *Schwark/Geiser* ZHR 1997, 739 (744, 768).

[7] VG Frankfurt 9 G 3103/01 (V), NJW-RR 2002, 480 (482); *Marsch-Barner/Schäfer/Eckhold* § 61 Rn. 13; *Schwark/Zimmer/Heidelbach* BörsG § 39 Rn. 39; *Krämer/Theiß* AG 2003, 225 (229).

[8] *Marsch-Barner/Schäfer/Eckhold* § 61 Rn. 13; *Holzborn/Schlößer* BKR 2002, 486 (490); so wohl auch *Schwark/Geiser* ZHR 1997, 739 (744).

B. Das freiwillige Delisting auf Antrag 6–8 § 26

tion[9]) differenziert. Die Frankfurter Wertpapierbörse als bedeutendste Börse sah für den Fall des vollständigen Delisting lediglich vor, dass dieses erst mit Ablauf einer Frist von sechs Monaten nach der Veröffentlichung der Widerrufsentscheidung wirksam wurde.[10]

Diese sehr rudimentäre Regelung des Delisting gab Anlass zu einer Diskussion darüber, ob es eines weitergehenden Schutzes insb. von Kleinaktionären bedürfe. Ausgangspunkt diesbezüglicher Überlegungen war die sog. **DAT/Altana-Entscheidung**[11] **des BVerfG**. Diese betraf die Bestimmung angemessener Abfindungszahlungen im Zusammenhang mit dem Abschluss eines Beherrschungs- und Gewinnabführungsvertrags iSd § 291 AktG bzw. einer Eingliederung iSd §§ 319 ff. AktG. Im Kern ging es um die Frage, welche Bedeutung (im Falle einer börsennotierten Aktiengesellschaft) dem Börsenkurs bei der Abfindungsermittlung zukommt. Dazu traf das BVerfG eine Reihe von Aussagen, welche als auch für das Delisting relevant angesehen werden konnten. Zunächst stellte das BVerfG fest, dass das Aktieneigentum „nicht zuletzt durch seine Verkehrsfähigkeit geprägt" sei und die **„Verkehrsfähigkeit als Eigenschaft des Aktieneigentums [...] bei der Wertbestimmung des Eigentumsobjekts nicht außer Betracht bleiben"** darf.[12] Dies gelte insbesondere bei börsennotierten Aktien. Der Verlust, den der Minderheitsaktionär einer börsennotierten Aktiengesellschaft durch den Unternehmensvertrag bzw. die Eingliederung erfahre, stelle sich als der Verkehrswert der Aktie dar. Dieser sei regelmäßig mit dem Börsenkurs identisch, welcher dementsprechend bei der Bestimmung der angemessenen Barabfindung zu berücksichtigen sei.[13] 6

Auf diese verfassungsgerichtlichen Grundsätze stützte sich der **BGH** maßgeblich, als er entschied, dass allein die **Hauptversammlung berufen** sei, über die Beantragung eines Delisting zu beschließen (sog. Macrotron-Entscheidung).[14] Da der Verkehrswert und die Verkehrsfähigkeit als Eigenschaften des Aktieneigentums verfassungsrechtlichen Schutz genießen, könne nicht die Geschäftsleitung, sondern lediglich die Hauptversammlung darüber befinden, ob die Verkehrsfähigkeit durch ein sog. Delisting beeinträchtigt werden darf und soll.[15] Das Erfordernis eines Hauptversammlungsbeschlusses sei für einen effektiven Minderheitenschutz allerdings nicht ausreichend. Vielmehr sei ein **Angebot der Gesellschaft oder des Hauptaktionärs zum Erwerb** der Aktien der Minderheitsaktionäre **zum vollen Anteilswert** zu verlangen (dessen Angemessenheit gerichtlich nachprüfbar sein müsse).[16] 7

Annähernd ein Jahrzehnt nach der Macrotron-Entscheidung des BGH stellte das BVerfG im Jahr 2012 klar, dass zu der durch die DAT/Altana-Entscheidung als „Eigenschaft des Aktieneigentums" anerkannten Verkehrsfähigkeit der Aktie nur die rechtliche Verkehrsfähigkeit zählt. Eine **durch die Börsenzulassung gesteigerte faktische Verkehrsfähigkeit** sei dagegen **nicht von der Eigentumsgarantie umfasst**. Somit „berühr[e] der Widerruf der Börsenzulassung für den regulierten 8

---

[9] Vgl. zu den unterschiedlichen Arten des teilweisen Delisting auch Schwark/Zimmer/ Heidelbach BörsG § 39 Rn. 11.
[10] Vgl. § 46 Abs. 2 Satz 3 aF der Börsenordnung der Frankfurter Wertpapierbörse (Stand: 1.12.2014).
[11] BVerfG 1 BvR 1613/94, NZG 1999, 931.
[12] BVerfG 1 BvR 1613/94, NZG 1999, 931 (932).
[13] BVerfG 1 BvR 1613/94, NZG 1999, 931 (932).
[14] BGH II ZR 133/01, NJW 2003, 1032; zustimmend bspw. *Geyrhalter/Zirngibl* DStR 2004, 1048; ablehnend *Thomale* ZGR 2013, 686 (701 ff.).
[15] BGH II ZR 133/01, NJW 2003, 1032 (1034).
[16] BGH II ZR 133/01, NJW 2003, 1032 (1035).

Markt nicht den Schutzbereich des Art. 14 GG".[17] Zugleich stellte das BVerfG fest, dass die Fachgerichte somit verfassungsrechtlich zwar nicht gehalten, aber auch nicht gehindert seien, ein gerichtlich überprüfbares Pflichtangebot der Gesellschaft oder des Hauptaktionärs zum Erwerb der Aktien der Minderheitsaktionäre im Wege zulässiger richterlicher Rechtsfortbildung zur Voraussetzung eines Delisting zu machen.[18]

9 Verfassungsrechtlich stand es dem BGH demnach frei, seine Macrotron-Rechtsprechung aufrechtzuerhalten oder diese in Anbetracht der verfassungsgerichtlichen Klarstellung zum Schutzbereich der Eigentumsgarantie aufzugeben. In der sog. **Frosta-Entscheidung**[19] entschied sich der BGH für die **Aufgabe der Macrotron-Grundsätze** und stellte in Übereinstimmung mit einer verbreiteten Literaturansicht[20] fest, dass bei einem Delisting **weder ein Beschluss der Hauptversammlung noch ein Erwerbsangebot an die Minderheitsaktionäre erforderlich** sei. Zur Begründung nahm der BGH ausdrücklich Bezug auf die Klarstellungen des BVerfG (vgl. Rn. 8), durch welche der Macrotron-Rechtsprechung „die Grundlage entzogen" sei.[21] Darüber hinaus setzte der BGH sich ausführlich mit alternativen Ansätzen zur Begründung des Erfordernisses eines Hauptversammlungsbeschlusses und eines Erwerbsangebots auseinander. Im Ergebnis erachtete der BGH jedoch auch diese alternativen Ansätze als nicht tragfähig. Insbesondere verneinte er eine analoge Anwendung von § 29 Abs. 1 Satz 1 Hs. 1 Fall 2 UmwG, § 207 UmwG bzw. § 243 Abs. 2 Satz 2 AktG sowie eine Gesamtanalogie zu den Vorschriften über die im Zusammenhang mit gesellschaftsrechtlichen Strukturmaßnahmen anzubietende Barabfindung (§§ 305, 320b, 327b AktG, §§ 29, 207 UmwG).[22] In seiner Begründung führte er ua aus, dass nicht feststellbar sei, dass die Ankündigung des Börsenrückzugs regelmäßig Kursverluste nach sich ziehe.[23]

10 Die Frosta-Entscheidung wurde von zahlreichen Gesellschaften zum Anlass genommen, ein Delisting durchzuführen.[24] In der Literatur wurde die Entscheidung vielfach kommentiert und stieß dabei verbreitet auf Ablehnung.[25] Insbesondere die Annahme des BGH, die Ankündigung eines Börsenrückzugs führe regelmäßig nicht zu einem signifikanten Kursverlust, wurde vielfach kritisiert.[26] Weite Teile

---

[17] BVerfG 1 BvR 3142/07, NJW 2012, 3081 (3082 f.).
[18] BVerfG 1 BvR 3142/07, NJW 2012, 3081 (3084 ff.).
[19] BGH II ZB 26/12, NZG 2013, 1342.
[20] Vgl. Kölner Komm./*Wasmann* SpruchG § 1 Rn. 25; *Bungert/Wettich* DB 2012, 2265 (2268); *Goetz* BB 2012, 2767 (2771 ff.); *Kiefner/Gillessen* AG 2012, 645 (649 ff.); aA *Klöhn* NZG 2012, 1041 (1045 ff.); *Wackerbarth* WM 2012, 2077 sowie hinsichtlich des Erfordernisses eines Pflichtangebots auch *Habersack* ZHR 2012, 463 (465 ff.).
[21] BGH II ZB 26/12, NZG 2013, 1342 (1342).
[22] BGH II ZB 26/12, NZG 2013, 1342; aA *Klöhn* NZG 2012, 1041 (seit dem Inkrafttreten des Zweiten Gesetzes zur Änderung des Umwandlungsgesetzes am 25.4.2007 folge eine Abfindungspflicht aus § 29 Abs. 1 Satz 1 Hs. 1 Fall 2 UmwG analog).
[23] BGH II ZB 26/12, NZG 2013, 1342 Rn. 14) unter Berufung auf *Heldt/Royé* AG 2012, 660 (667 f.), die neben einer eigenen Untersuchung auch auf eine Untersuchung von *Eisele/Walter* Zfbf 2006, 337 verweisen. Auf die fehlende Aussagekraft dieser Beiträge für die Frage der Kurswirkungen eines Börsenrückzugs nach Aufgabe der Macrotron-Grundsätze hinweisend *Bayer/Hoffmann* AG 2013, R 371.
[24] Übersicht bei *Aders/Muxfeld/Lill* CF 2015, 389 (393); *Bayer* ZfPW 2015, 163 (194); *Bayer* NZG 2015, 1169 (1178).
[25] Vgl. statt vieler *Bayer* ZfPW 2015, 163 (214 ff.); *Habersack* JZ 2014, 147 (148); *Stöber* WM 2014, 1757 (1760).
[26] *Habersack* JZ 2014, 147 (148); *Bayer/Hoffmann* AG 2013, R 371; ausführlich *Pilsl/Knoll* DB 2016, 181. Zu Kursreaktionen nach Delisting-Ankündigungen vgl. *Bayer/Hoffmann* AG 2015,

B. Das freiwillige Delisting auf Antrag　　　　　　　　　　11–13　§ 26

des Schrifttums plädierten daher für ein Tätigwerden des Gesetzgebers.[27] Uneinigkeit bestand allerdings über die Ausgestaltung des Schutzes der Kleinaktionäre.[28]

II. Das freiwillige Delisting nach § 39 Abs. 2 Satz 3 iVm Abs. 3 ff. BörsG nF

Der Gesetzgeber reagierte auf die an der Frosta-Entscheidung des BGH geübte　11
Kritik zeitnah iRd Gesetzgebungsverfahrens zum Erlass des Gesetzes zur Umsetzung der Transparenzrichtlinie-Änderungsrichtlinie[29] in Form einer Neuregelung des freiwilligen Delisting in § 39 Abs. 2 Satz 3 iVm Abs. 3 ff. BörsG. Offenbar hielt der Gesetzgeber eine Verbesserung des Anlegerschutzes beim Widerruf der Zulassung von Wertpapieren zum Handel im regulierten Markt für dringend erforderlich.[30]

1. Anwendungsbereich

a) Sachlich

Gemäß der Neuregelung des § 39 Abs. 2 Satz 3 BörsG gelten für ein Delisting　12
von Aktien, mit diesen vergleichbaren Wertpapieren und Zertifikaten, die Aktien vertreten (§ 2 Abs. 2 Nr. 1 WpÜG), sowie anderen Wertpapieren, die den Erwerb von Aktien, mit diesen vergleichbaren Wertpapieren oder Zertifikaten, die Aktien vertreten, zum Gegenstand haben (§ 2 Abs. 2 Nr. 2 WpÜG) verschärfte Voraussetzungen. Erfasst sind neben Aktien somit insb. auch Options- und Wandelanleihen.[31] Dies gilt nach § 39 Abs. 4 BörsG auch für ausländische Emittenten, deren von § 2 Abs. 2 WpÜG erfasste Wertpapiere an einer inländischen Börse zum regulierten Markt zugelassen sind.[32] Europarechtlich ist diese Erstreckung des § 39 Abs. 2 Satz 3 BörsG nicht zu beanstanden.[33]

b) Zeitlich

In zeitlicher Hinsicht gilt die Neuregelung gemäß § 52 Abs. 9 BörsG bereits　13
für Anträge auf Widerruf der Zulassung, die nach dem 7.9.2015, aber vor ihrem

---

R 55 (R 56 ff.); beobachtbare Kursrückgänge konzedierend, jedoch angesichts der Illiquidität zahlreicher vom Delisting betroffener Aktien Zweifel an der Aussagekraft des Börsenkurses vor Delisting und an der Existenz einer vor Delisting tatsächlich bestehenden Möglichkeit zur Veräußerung der Aktien zum Verkehrswert äußernd *Aders/Muxfeld/Lill* CF 2015, 389.

[27] *Bayer* ZfPW 2015, 163 (219 ff.); *Bayer/Hoffmann* AG 2015, R 55 (R 59); *Habersack* JZ 2014, 149; *Stöber* BB 2014, 9 (16); *Koch/Harnos* NZG 2015, 729 (737).
[28] Für die Anordnung einer Abfindung für das Delisting im AktG (aktienrechtliche Lösung): *Bayer* ZfPW 2015, 163 (219 ff., 225); *Bayer* ZIP 2015, 853 (857); BR-Drs. 22/15, 7 f.; für eine börsenrechtliche Lösung: *Brellochs* AG 2014, 633 (636 ff.); *Habersack* JZ 2014, 147 (149); *Koch/Harnos* NZG 2015, 729 (731); *Buckel/Glindemann/Vogel* AG 2015, 373 (375 ff.); für eine Lösung im Spruchverfahrensgesetz: *Hirte* Vorschlag vom 6.5.2015, S. 2, http://www.heribert-hirte.de/images/Standpunkte/Delisting_Stand20150506.pdf (zuletzt abgerufen am 10.12.2015).
[29] BGBl. 2015 I S. 2039.
[30] Vgl. Beschlussempfehlung Finanzausschuss, BT-Drs. 18/6220, 84. Auf eine rechtspolitische Würdigung der Neuregelung sowie ihrer überraschend kurzfristigen Verabschiedung soll an dieser Stelle verzichtet werden, vgl. zur Kritik am (für Emittenten ggü. der endgültigen Gesetzesfassung günstigeren) Gesetzentwurf zB *Bungert/Leyendecker-Langner* DB 2015, 2251.
[31] MünchKomm. AktG/*Wackerbarth* WpÜG § 2 Rn. 44.
[32] Zu insoweit evtl. zu beachtenden Besonderheiten *Schulz/Wieneke* NZG 2017, 449.
[33] *Groß* AG 2015, 812 (814); *Koch/Harnos* NZG 2015, 729 (731).

Inkrafttreten am 26.11.2015 gestellt worden sind und über die am 26.11.2015 noch nicht bestands- oder rechtskräftig entschieden war. Abweichend von § 39 Abs. 2 Satz 3 Nr. 1 BörsG nF konnte ein erforderliches Erwerbsangebot in diesen Fällen auch nach Antragstellung veröffentlicht werden.

2. Zusätzliche Voraussetzungen eines Delisting

14   In § 39 Abs. 2 Satz 3 Nr. 1 BörsG sieht die Neuregelung ergänzend vor, dass bei Wertpapieren iSd § 2 Abs. 2 WpÜG ein Widerruf der Zulassung zum Handel im regulierten Markt nur zulässig ist, wenn dem entsprechenden Antrag ein Angebot nach den Vorschriften des WpÜG vorausgeht. Darüber hinaus ist ein Widerruf der Zulassung gemäß § 39 Abs. 2 Satz 3 Nr. 2 BörsG (auch ohne ein solches Angebot) zulässig, wenn die betroffenen Wertpapiere nach dem Widerruf weiterhin an einer inländischen Börse zum Handel im regulierten Markt oder in einem anderen EU- oder EWR-Staat zum Handel an einem organisierten Markt zugelassen sind.[34] Im Falle einer fortbestehenden Zulassung zum Handel an einem EU-/EWR-Markt setzt ein Widerruf ohne Angebot nach den Vorschriften des WpÜG gemäß § 39 Abs. 2 Satz 3 Nr. 1 BörsG ferner voraus, dass ein Widerruf der Zulassung zum Handel an diesem Markt nur unter Voraussetzungen zulässig ist, die denen des § 39 Abs. 2 BörsG vergleichbar sind.[35] Hierdurch soll sichergestellt werden, dass die anlegerschützenden Voraussetzungen des § 39 BörsG nicht über ein Zweitlisting an einem ausländischen organisierten Markt mit einem geringeren Schutzniveau umgangen werden können.[36] Daher kann es für die Vergleichbarkeit nicht ausreichen, wenn ein Delisting an dem jeweiligen ausländischen Markt lediglich das Fortbestehen der weiteren Zulassung an einem weiteren Markt bzw. die Abgabe irgendeines Erwerbsangebots voraussetzt.[37] Vielmehr wird man verlangen müssen, dass ein nach dem ausländischen Recht erforderliches Erwerbsangebot im Hinblick auf den Anlegerschutz mit dem von § 39 Abs. 2 Satz 3 Nr. 1 BörsG geforderten Angebot „nach den Vorschriften des Wertpapiererwerbs- und Übernahmegesetzes" vergleichbar ist (insbesondere hinsichtlich der Festlegung des Angebotspreises etc.).

15   Während die instanzgerichtliche Rechtsprechung[38] die „Macrotron"-Grundsätze jedenfalls dann angewendet hatte, wenn ein Widerruf der Zulassung von Aktien zum Handel im regulierten Markt mit der Einbeziehung in ein Qualitätssegment des Freiverkehrs[39] einherging, gilt § 39 Abs. 2 Satz 3 iVm Abs. 3 ff. BörsG nF auch, wenn die betreffende Aktie nach vollständigem Rückzug vom regulierten Markt anschließend in den Freiverkehr einbezogen bzw. eine bereits bestehende

---

[34] Kritisch, dass ein fortbestehendes Listing etwa an der NYSE oder der NASDAQ nicht ausreicht, *Groß* AG 2015, 812 (816); *Bungert/Leyendecker-Langner* ZIP 2016, 49 (52).
[35] Vgl. *Goetz* BB 2015, 2691 (2692). Die Börse kann zu dieser Frage im Wege der Amtshilfe nach § 8 Abs. 1 WpÜG um Unterstützung der BaFin ersuchen, *Klepsch/Hippeli* RdF 2016, 194 (197).
[36] Beschlussempfehlung Finanzausschuss, BT-Drs. 18/6220, 86.
[37] So aber wohl *Mense/Klie* DStR 2015, 2782 (2784).
[38] OLG München 31 Wx 62/07 ZIP 2008, 1137; KG W 119/08, AG 2009, 697; vgl. auch *Bayer* ZIP 2015, 853 (858 f.) unter zutreffendem Hinweis darauf, dass diese Entscheidungen zumeist einen gesellschaftsrechtlichen Hintergrund hatten.
[39] ZB „Scale" der Frankfurter Wertpapierbörse, „m:access" der Börse München oder „Primärmarkt" der Börse Düsseldorf, vgl. zu den verschiedenen Freiverkehrssegmenten *Pasch/Schmeling/Starke* CF 2015, 259.

B. Das freiwillige Delisting auf Antrag 16, 17 § 26

Einbeziehung in den Freiverkehr aufrechterhalten wird.[40] Die auf Wunsch des Emittenten erfolgende Beendigung der Einbeziehung in den Freiverkehr fällt hingegen nach wie vor nicht unter § 39 BörsG.[41]

3. Das Delisting-Angebot

a) Bieter

§ 39 Abs. 2 Satz 3 BörsG enthält keine Vorgaben dazu, wer das für das Delisting 16 erforderliche Erwerbsangebot zu unterbreiten hat. Als Bieter kommen somit jeder **Aktionär, Dritte oder die Gesellschaft** sowie, soweit vorhanden, ihre Tochtergesellschaften in Betracht.[42] Ein Angebot durch die Gesellschaft setzt allerdings voraus, dass diese zum Erwerb eigener Aktien berechtigt ist. Dies erfordert einen Beschluss der Hauptversammlung gemäß § 71 Abs. 1 Nr. 6 oder 8 AktG (ausführlich § 3 Rn. 146 ff.),[43] da die Tatbestände des § 71 Abs. 1 Nr. 1 bis 5 bzw. 7 AktG beim Delisting nicht erfüllt sind. Die Gesellschaft selbst und von § 71d AktG erfasste Dritte dürfen Aktien der Gesellschaft allerdings höchstens in einem Umfang von 10% des Grundkapitals erwerben bzw. halten (§§ 71 Abs. 2 Satz 1, 71d AktG). Ein Erwerb setzt ferner voraus, dass die Gesellschaft im Zeitpunkt des Erwerbs eine Rücklage in Höhe der Aufwendungen für den Erwerb bilden könnte, ohne das Grundkapital oder eine nach Gesetz oder Satzung zu bildende Rücklage zu mindern, die nicht zur Zahlung an die Aktionäre verwendet werden darf (§ 71 Abs. 2 Satz 2 AktG). Außer an der genannten Beschränkung auf maximal 10% des Grundkapitals dürfte die Zulässigkeit eines Angebots durch die Gesellschaft bzw. eines von § 71d AktG erfassten Dritten (insbesondere einer ihrer Tochtergesellschaften) nicht selten daran scheitern, dass sich die im Rahmen des nach § 39 Abs. 2 Satz 3 BörsG erforderlichen Erwerbsangebots mindestens anzubietende Gegenleistung (Rn. 17 ff.) nicht innerhalb der nach § 71 Abs. 1 Nr. 8 Satz 1 AktG im Hauptversammlungsbeschluss (zwingend) festgelegten Preisgrenzen bewegt.[44]

b) Mindestpreis

aa) Grundsatz. Gemäß § 39 Abs. 3 Satz 2 BörsG gilt für das öffentliche Angebot 17 zum Zwecke des anschließenden Delisting zunächst **grundsätzlich § 31 WpÜG**. Dies ist keineswegs selbstverständlich, wird es sich bei einem öffentlichen Angebot nach § 39 Abs. 2 Satz 3 Nr. 1 BörsG doch regelmäßig um ein Erwerbsangebot handeln, für das § 31 WpÜG aufgrund seiner systematischen Stellung eigentlich nicht gelten würde.[45] Durch den Verweis auf § 31 WpÜG soll erreicht werden,

---

[40] Dies fordernd bereits *Bayer* ZfPW 2015, 163 (223); *Brellochs* AG 2014, 633 (645); *Koch/Harnos* NZG 2015, 729 (731 f.); zustimmend *Bayer* NZG 2015, 1169 (1176) mwN; *Mense/Klie* DStR 2015, 2782 (2784); krit. *Bungert/Leyendecker-Langner* DB 2015, 2251 (2253); *Kocher/Seiz* DB 2016, 153.
[41] Unter Umständen für eine Analogie zu § 39 BörsG plädierend *Linnerz/Freyling* BB 2017, 1354. (1357 ff.).
[42] Ebenso *Mense/Klie* DStR 2015, 2782 (2783) sowie tendenziell auch *Goetz* BB 2015, 2691 (2692).
[43] *Bungert/Leyendecker-Langner* ZIP 2016, 49 (50); *Kocher/Seiz* DB 2016, 153 (154).
[44] Als Beispiel für ein – dann ausnahmsweise dem WpÜG unterfallendes – Delisting-Rückkaufangebot sei auf die Angebotsunterlage der Rheintex Verwaltungs AG v. 12.9.2017 verwiesen.
[45] Gegen eine pauschale Anwendbarkeit des § 31 Abs. 4 und 5 WpÜG sowie der §§ 3 ff. WpÜG-AngVO *Leyendecker/Herfs* BB 2018, 643.

dass sich die anzubietende Gegenleistung im Grundsatz nach dem Börsenkurs des Emittenten richtet. Weil durch ein Delisting nur die Handelbarkeit der betreffenden Wertpapiere beeinträchtigt wird, wäre eine generelle Ermittlung der anzubietenden Gegenleistung anhand einer aufwendigen, zeit- und kostenintensiven Unternehmensbewertung nicht sachgerecht.[46] § 39 Abs. 3 Satz 2 BörsG sieht gegenüber § 31 WpÜG iVm der WpÜG-AngVO **zwei Besonderheiten** vor: Zum einen muss die **Gegenleistung**, anders als nach § 31 Abs. 2 Satz 1 WpÜG, **zwingend in Euro** bestehen. Zum anderen muss sie mindestens dem **gewichteten durchschnittlichen inländischen Börsenkurs während der letzten sechs Monate** vor der Veröffentlichung nach § 10 Abs. 1 Satz 1 bzw. § 35 Abs. 1 Satz 1 WpÜG entsprechen. Diese Vorgabe weicht von § 5 WpÜG-AngVO ab, der für Übernahme- und Pflichtangebote nur eine dreimonatige Referenzperiode vorsieht. Übersteigt der Dreimonatsdurchschnittskurs den Durchschnittskurs während des sechsmonatigen Betrachtungszeitraums, so bleibt freilich Erstgenannter der maßgebliche Referenzkurs. Im Übrigen ist § 31 WpÜG auf Delisting-Angebote vollständig anwendbar.[47] Daher können Vorerwerbe (§ 4 WpÜG-AngVO) und Parallelerwerbe (§ 31 Abs. 4 WpÜG) dazu führen, dass der Bieter von Anfang an eine über den nach § 39 Abs. 3 Satz 2 BörsG maßgeblichen Börsenkurs hinausgehende Mindestgegenleistung anzubieten hat; bei Nacherwerben kann sich eine Pflicht zur Zahlung der Differenz zur Angebotsgegenleistung aus § 31 Abs. 5 WpÜG ergeben. Dadurch, dass relativ frei entschieden werden kann, wer das Angebot nach § 39 Abs. 2 Satz 3 Nr. 1 abgibt (vgl. bereits Rn. 16: Aktionär, Dritte oder die Gesellschaft sowie ihre Tochtergesellschaften), droht keine unzulässige Umgehung der vorgenannten Mindestangebotsregeln. Vielmehr dürfte es sich bei relevanten Vor-, Parallel- bzw. Nacherwerben (die im Interesse des Bieters handeln) regelmäßig um gemeinsam handelnde Personen oder deren Tochtergesellschaften iSd § 31 Abs. 4 und 5 WpÜG bzw. § 4 WpÜG-AngVO handeln, so dass die jeweiligen Vor-, Parallel- bzw. Nacherwerbe zu berücksichtigen sind. Beziehungsweise umgekehrt: Sofern dies nicht der Fall ist, dürfte auch keine missbräuchliche Umgehung der §§ 31 Abs. 4 und 5 WpÜG, WpÜG-AngVO vorliegen.

18   bb) **Notwendigkeit einer Unternehmensbewertung.** In einigen gesetzlich definierten Ausnahmefällen ist die Gegenleistung nicht nach dem Börsenkurs, sondern anhand einer **Unternehmensbewertung** zu bestimmen. § 39 Abs. 3 Satz 4 BörsG sieht insoweit – mit Ausnahme der längeren Referenzperiode inhaltsgleich mit § 5 Abs. 4 WpÜG-AngVO – vor, dass die Gegenleistung dem anhand einer Bewertung des Emittenten ermittelten Wert des Unternehmens entsprechen muss, wenn während der sechsmonatigen Referenzperiode (vgl. Rn. 17) an weniger als einem Drittel der Börsentage Börsenkurse festgestellt worden sind und mehrere nacheinander festgestellte Börsenkurse um mehr als 5% voneinander abweichen.[48]

19   Über diesen auch dem WpÜG bekannten Ausnahmefall hinaus ist gemäß § 39 Abs. 3 Satz 3 BörsG in zwei weiteren Situationen eine Unternehmensbewertung erforderlich, namentlich bei **Verstößen des Emittenten gegen die Pflicht zur Ad-hoc-Publizität** nach Art. 17 MAR[49] bzw. einer entsprechenden Vorschrift

---

[46] Beschlussempfehlung Finanzausschuss, BT-Drs. 18/6220, 84.
[47] Kritisch *Leyendecker/Herfs* BB 2018, 643.
[48] Strittig, ob iRd § 39 Abs. 3 Satz 4 BörsG der § 31 Abs. 4 und 5 WpÜG sowie § 4 WpÜG-ArgVO anwendbar sind; dafür *Wackerbarth* WM 2016, 385 (388), dagegen *Kocher/Seiz* DB 2016, 153 (156).
[49] Verordnung (EU) Nr. 596/2014 des Europäischen Parlaments und des Rates vom 16.4.2014 über Marktmissbrauch (Marktmissbrauchsverordnung) und zur Aufhebung der

B. Das freiwillige Delisting auf Antrag   20, 21   § 26

des anwendbaren ausländischen Rechts (§ 39 Abs. 3 Satz 3 Nr. 1 BörsG) sowie bei **Verstößen des Emittenten oder des Bieters gegen das Verbot der Marktmanipulation** nach Art. 15 MAR in Bezug auf die angebotsgegenständlichen Wertpapiere. Zur Begründung heißt es in den Gesetzesmaterialien, dass in solchen Fällen „regelmäßig Zweifel an der Aussagekraft des durchschnittlichen Börsenkurses" vorliegen.[50] Sowohl § 39 Abs. 3 Satz 3 Nr. 1 BörsG als auch § 39 Abs. 3 Satz 3 Nr. 2 BörsG setzen allerdings voraus, dass ein Verstoß gegen Art. 17 MAR bzw. Art. 15 MAR durch die zuständigen Behörden rechts- oder bestandskräftig festgestellt wurde.[51]

Mangels Verstoßes gegen die Pflicht zur unverzüglichen Veröffentlichung von Insiderinformationen ist im Falle einer **zulässigen Selbstbefreiung** des Emittenten von der Veröffentlichungspflicht gemäß Art. 17 Abs. 4 MAR keine Unternehmensbewertung erforderlich.[52] Die Praxis wird diesem Aspekt vor einem Delisting in Zukunft besondere Beachtung schenken müssen, stellt die Entscheidung über ein Delisting doch unzweifelhaft eine Insiderinformation dar.[53] Verstöße Dritter gegen das Verbot der Marktmanipulation sind nur dann beachtlich, wenn sie dem Emittenten oder dem Bieter zuzurechnen sind. Liegt ein relevanter Rechtsverstoß vor, hat der Bieter gemäß § 39 Abs. 3 Satz 3 Hs. 2 BörsG die Möglichkeit nachzuweisen, dass dieser Rechtsverstoß nur unwesentliche Auswirkungen auf den Durchschnittskurs hatte.[54]

Das Gesetz enthält keine Vorgaben dazu, wie die Unternehmensbewertung beim **20** Delisting vorzunehmen ist, sollte der gewichtete durchschnittliche Börsenkurs des Emittenten ausnahmsweise keine geeignete Grundlage für die Ermittlung der anzubietenden Gegenleistung sein. Wie bei aktien- und umwandlungsrechtlichen Strukturmaßnahmen wird man davon ausgehen müssen, dass regelmäßig eine **Ertragswertberechnung** am ehesten geeignet ist, den inneren Anteilswert zu ermitteln.[55] Allerdings können alternativ oder ergänzend andere Bewertungsverfahren zur Anwendung kommen. Letztlich obliegt die Entscheidung dem angerufenen Zivilgericht bzw. dem von diesem beauftragten Sachverständigen (vgl. Rn. 38).

c) Angebotsinhalt

Nach der Formulierung in der Beschlussempfehlung des Finanzausschusses[56] **21** muss sich das **Erwerbsangebot auf alle Wertpapiere iSd § 2 Abs. 2 WpÜG** beziehen, die Gegenstand des Angebots sind. Dies wird man dahin zu verstehen haben, dass vom Erwerbsangebot sämtliche Wertpapiere erfasst sein müssen, für die der Widerruf der Zulassung zum Handel im regulierten Markt beantragt wird.[57] Sind bspw. sowohl Stamm- als auch Vorzugsaktien zum Handel im regulierten

---

Richtlinie 2003/6/EG des Europäischen Parlaments und des Rates und der Richtlinien 2003/124/EG, 2003/125/EG und 2004/72/EG der Kommission (MAR); die relevanten Bestimmungen gelten gemäß Art. 39 Abs. 2 MAR seit dem 3.7.2016.
[50] Beschlussempfehlung Finanzausschuss, BT-Drs. 18/6220, 85; krit. zu diesem Regelungskonzept *Harnos* ZHR 2015, 750 (769 f.).
[51] Beschlussempfehlung Finanzausschuss, BT-Drs. 18/6220, 85; aA *Harnos* ZHR 2015, 750 (767 f.); *Wackerbarth* WM 2016, 385 (388).
[52] Beschlussempfehlung Finanzausschuss, BT-Drs. 18/6220, 85; *Groß* AG 2015, 812 (818).
[53] Emittentenleitfaden, Ziff. IV.2.2.4, S. 53.
[54] Beschlussempfehlung Finanzausschuss, BT-Drs. 18/6220, 85.
[55] *Bungert/Leyendecker-Langner* ZIP 2016, 49 (51).
[56] Beschlussempfehlung Finanzausschuss, BT-Drs. 18/6220, 84.
[57] *Groß* AG 2015, 812 (817).

Markt zugelassen und soll lediglich der Widerruf der Zulassung der Vorzugsaktien beantragt werden, muss sich das Erwerbsangebot folglich nicht auch auf die Stammaktien erstrecken.[58] Hinsichtlich der angebotsgegenständlichen Wertpapiere sind Teilangebote nicht zulässig.[59] Handelt es sich um ein Delisting-Übernahmeangebot, gilt hingegen unverändert der Vollangebotsgrund des § 32 WpÜG.[60]

22 Wie sich aus dem Wortlaut von § 39 Abs. 3 Satz 3 BörsG eindeutig ergibt,[61] muss der Bieter in der Angebotsunterlage auch dann keine Angaben über eine Unternehmensbewertung aufnehmen, wenn bereits feststehen sollte, dass ein relevanter Verstoß gegen Art. 17 MAR bzw. Art. 15 MAR vorgelegen hat. Für den Fall der Marktenge (§ 39 Abs. 3 Satz 4 BörsG) dürfte hingegen wie nach § 5 Abs. 4 WpÜG-AngVO gelten, dass bereits die Angebotsgegenleistung anhand einer Unternehmensbewertung zu ermitteln ist. Hierfür spricht, dass § 39 Abs. 3 Satz 4 BörsG – anders als 39 Abs. 3 Satz 3 BörsG – nicht von der Zahlung eines Unterschiedsbetrags spricht, sondern anordnet, dass bereits die ursprünglich angebotene Gegenleistung dem anhand einer Bewertung des Emittenten ermittelten Wert des Unternehmens zu entsprechen hat.[62]

23 Was den sonstigen Inhalt des Angebots und der Angebotsunterlage angeht, gelten mit wenigen Ausnahmen die **allgemeinen Vorgaben des WpÜG und der WpÜG-AngVO** (§ 23 Rn. 47 ff., zum Mindestpreis bereits Rn. 17) für Erwerbsangebote. Allerdings ist das Erwerbsangebot für Zwecke eines Delisting gemäß § 39 Abs. 3 Satz 1 BörsG **bedingungsfeindlich**. Ob wie bei einem Pflichtangebot nach dem WpÜG und entgegen dem klaren Wortlaut des § 39 Abs. 3 Satz 1 BörsG regulatorische Bedingungen zulässig sind, ist zumindest zweifelhaft.[63] Der Finanzausschuss schweigt hierzu in seiner Beschlussempfehlung und stellt lediglich klar, dass ein Erwerbsangebot gemäß § 39 Abs. 2 Satz 3 Nr. 1 BörsG bedingungsfeindlich ist und „insbesondere" weder unter der Bedingung des Erreichens einer Mindestannahmequote noch unter der Bedingung eines zustimmenden Beschlusses der Gesellschafterversammlung des Bieters stehen darf.[64] Dies spricht für eine streng am Wortlaut orientierte enge Auslegung des § 39 Abs. 3 Satz 1 BörsG.[65] Entsprechend bedenklich dürfte es sein, das Angebot unter die Bedingung des Zulassungswiderrufs zu stellen.[66] Dem Problem, dass der Bieter bei Abgabe seines Erwerbsangebots nicht wissen kann, ob der Emittent tatsächlich einen Antrag auf Delisting stellen wird, kann freilich durch Abschluss einer entsprechenden Vereinbarung begegnet werden.[67] Durch die gesetzlich angeordnete Bedingungsfeindlichkeit dürfte aber

---

[58] Vgl. *Groß* AG 2015, 812 (817). In dem von diesem verwendeten Beispiel (nur Vorzugsaktien sind zum Handel zugelassen) gilt dies ebenso.

[59] Vgl. auch *Mense/Klie* DStR 2015, 2782 (2784).

[60] *Wackerbarth* 2016, 385 (385 f.).

[61] „Zahlung des Unterschiedsbetrags zwischen der im Angebot genannten Gegenleistung und der Gegenleistung […], die dem anhand einer Bewertung des Emittenten ermittelten Wert des Unternehmens entspricht."

[62] Ebenso *Mense/Klie* DStR 2015, 2782 (2785).

[63] Gegen eine teleologische Reduktion der Bedingungsfeindlichkeit *Klepsch/Hippeli* RdF 2016, 194 (197).

[64] Vgl. Beschlussempfehlung Finanzausschuss, BT-Drs. 18/6220, 85.

[65] *Klepsch/Hippeli* RdF 2016, 194 (197); *Zimmer/von Imhoff* NZG 2016, 1056 (1058); insoweit aA *Mense/Klie* DStR 2015, 2782 (2784); *Kocher/Seiz* DB 2016, 153 (156); wie hier *Harnos* ZHR 2015, 750 (756).

[66] Für die Zulässigkeit einer entsprechenden Bedingung *Kocher/Seiz* DB 2016, 153 (156); *Wieneke/Schulz* AG 2016, 809 (812 f.).

[67] Ausführlich *Wieneke/Schulz* AG 2016, 809.

B. Das freiwillige Delisting auf Antrag 24 § 26

eine – grundsätzlich zulässige[68] – Kombination von Delisting- und regulärem Übernahmeangebot nur selten in Betracht kommen.[69] Wird sie dennoch gewählt, ist nach der Verwaltungspraxis der BaFin darauf zu achten, dass das Delisting nicht vor Ablauf der Annahmefrist vollzogen wird, damit ein Handel in den vom Delisting betroffenen Aktien noch während der gesamten Annahmefrist möglich ist.[70] Ferner muss in der **Angebotsunterlage** auf den bevorstehenden (möglichen) Antrag auf Widerruf der Zulassung der betroffenen Wertpapiere zum regulierten Markt sowie auf mögliche Einschränkungen der Handelbarkeit und die damit einhergehende Möglichkeit von Kursverlusten infolge des Widerrufs ausdrücklich hingewiesen werden (§ 2 Nr. 7a WpÜG-AngVO).

4. Widerrufsverfahren

a) Antrag

Der Widerruf ist actus contrarius zur Zulassung und wie diese ein Verwaltungsakt,[71] welcher gemäß § 39 Abs. 2 BörsG[72] ausschließlich auf **Antrag des Emittenten** erlassen wird.[73] Der Antrag ist formelle Zulässigkeitsvoraussetzung des öffentlich-rechtlichen Marktentlassungsverfahrens und materielle Sachentscheidungsvoraussetzung (§ 22 Satz 2 Nr. 2 des jeweiligen LVwVfG[74]).[75] Antragsbefugt ist das **Vertretungsorgan des Emittenten**, im Falle einer börsennotierten AG also der Vorstand (§§ 78, 82 AktG). Der Antrag ist vom Vorstand in vertretungsberechtigter Zahl zu stellen[76] und vorbehaltlich entgegenstehender Regelungen der jeweiligen Börsenordnung formfrei möglich.[77] Ein Antragsrecht Dritter (bspw. einzelner Aktionäre, des Bieters oder Aktionärsgruppen) besteht nicht.[78] Zeitlich betrachtet kann der Antrag erst nach der Veröffentlichung des Erwerbsangebots gestellt werden.[79]

24

---

[68] *Klepsch/Hippeli* RdF 2016, 194 (198); vgl. auch die Angebotsunterlage für das Übernahme- und Abfindungsangebot der LSREF4 ARIA Beteiligungs GmbH & Co. KG an die Aktionäre der ISARIA Wohnbau AG v. 27.7.2016.

[69] *Bungert/Leyendecker-Langner* ZIP 2016, 49 (53), halten es für zulässig, dass der Vorstand der Zielgesellschaft den Widerrufsantrag erst nach Eintritt aller Angebotsbedingungen stellt, was aber mit der allg. Bedingungsfeindlichkeit nicht in Einklang zu bringen ist.

[70] *Klepsch/Hippeli* RdF 2016, 194 (198); *Wieneke/Schulz* AG 2016, 809 (812).

[71] *Von der Linden* NZG 2015, 176.

[72] Abgesehen von Fällen des unfreiwilligen Delisting von Amts wegen gemäß § 39 Abs. 1 BörsG.

[73] *Schäfer/Hamann/Gebhardt* BörsG § 38 Rn. 61; *Joost/Strohn/Groß* BörsG § 39 Rn. IX332; *Probst* Rechtsfragen des regulären Börsenrückzugs 2012, 152 f.; *Richard/Weinheimer* BB 1999, 1613 (1618); *Heidel/Willamowski* BörsG § 39 Rn. 4.

[74] Im Falle von Berlin und Niedersachsen jeweils iVm dem VwVfG des Bundes, auf welches die LVwVfG der Länder Berlin und Niedersachsen verweisen.

[75] *Marsch-Barner/Schäfer/Eckhold* § 61 Rn. 10.

[76] *Marsch-Barner/Schäfer/Eckhold* § 61 Rn. 10; *Probst* Rechtsfragen des regulären Börsenrückzugs 2012, 153.

[77] *Marsch-Barner/Schäfer/Eckhold* § 61 Rn. 10; *Schäfer/Hamann/Gebhardt* BörsG § 38 Rn. 46; sowie allgemein zur Formfreiheit verwaltungsverfahrensrechtlicher Anträge Stelkens/Bonk/Sachs/*Schmitz* VwVfG § 22 Rn. 30.

[78] *Marsch-Barner/Schäfer/Eckhold* § 61 Rn. 10; BeckHdB AG/*Göckeler*, 2. Aufl. 2009, § 28 Rn. 11; *Probst* Rechtsfragen des regulären Börsenrückzugs 2012, S. 153. Im Insolvenzfall wäre freilich ggf. der Insolvenzverwalter zuständig *Häller* ZIP 2016, 1903 (1909).

[79] Vgl. Beschlussempfehlung Finanzausschuss, BT-Drs. 18/6220, 85 f., wonach sichergestellt werden soll, dass die BaFin die Angebotsunterlage bereits geprüft und ihre Veröffentli-

Das Erwerbsangebot darf allerdings bei Antragstellung nicht bereits beendet sein; eine im Gesetzgebungsverfahren diskutierte Ausnahme von der Angebotspflicht bei einem nur kurze Zeit zurückliegenden Übernahme- oder Pflichtangebot ist nicht Gesetz geworden.[80]

25 Ein **einseitiger Verzicht** des Emittenten auf die Zulassung ist **unzulässig**.[81] § 39 Abs. 2 BörsG[82] entfaltet insoweit Sperrwirkung gegenüber einem nach allgemeinem Verfahrensrecht möglicherweise zulässigen Verzicht auf den begünstigenden Verwaltungsakt der Zulassung. Anderenfalls würde das Marktentlassungsverfahren gemäß § 39 BörsG und insbesondere der in dessen Rahmen zu berücksichtigende Grundsatz des Anlegerschutzes entwertet, da ein einseitiger Verzicht die Umgehung jedweder Kontroll- bzw. Mitwirkungsrechte der Geschäftsführung der jeweiligen Börse ermöglichen würde.[83]

b) Prüfungsumfang

26 Die Entscheidung über den Antrag auf Widerruf der Zulassung ist nach der insoweit unverändert gebliebenen gesetzlichen Konzeption eine **Ermessensentscheidung** der Geschäftsführung der jeweiligen Börse unter Berücksichtigung des Anlegerschutzes und der gemäß § 39 Abs. 5 Satz 3 BörsG getroffenen näheren Bestimmungen der jeweiligen Börsenordnung. Angesichts der nunmehr detaillierten gesetzlichen Vorgaben und dem hohen Schutzniveau (entweder öffentliches Angebot oder fortbestehende Handelsmöglichkeit an einem anderen regulierten Markt bzw. einem vergleichbaren Markt im EU-/EWR-Ausland) spricht jedoch viel dafür, grundsätzlich von einer **Ermessensreduzierung** der Geschäftsführung und entsprechend von einem **Anspruch des Emittenten auf Widerruf** der Zulassung auszugehen.[84] Vorsorglich sollten im Widerrufsantrag Ausführungen zB zu Handelsvolumina in der Vergangenheit, zur Aktionärsstruktur, zur Angemessenheit der Gegenleistung sowie zu den Beweggründen für das Delisting erfolgen, um der Börse die Prüfung zu ermöglichen, ob ausnahmsweise eine Versagung des Widerrufs angezeigt ist.[85]

---

chung gestattet hat; so auch *Mense/Klie* DStR 2015, 2782 (2783); sowie ferner WpÜG-AngVO § 2 Nr. 7a: „… bei Angeboten nach § 39 Absatz 2 Satz 3 Nummer 1 des Börsengesetzes Angaben zu dem bevorstehenden Antrag der Zielgesellschaft auf einen Widerruf der Zulassung der betroffenen Wertpapiere zum Handel im regulierten Markt …".

[80] So auch *Groß* AG 2015, 812 (817); *Bungert/Leyendecker-Langner* ZIP 2016, 49 (52).

[81] *Groß* ZHR 2001, 141 (159 f.); *Schwark/Zimmer/Heidelbach* BörsG § 39 Rn. 48; Baumbach/Hopt/*Kumpan* BörsG § 39 Rn. 5; *Probst* Rechtsfragen des regulären Börsenrückzugs 2012, S. 37 f.; *Vollmer/Grupp* ZGR 1995, 459 (477 f.); vor Einführung des § 43 BörsG aF durch das Gesetz zur weiteren Fortentwicklung des Finanzplatzes Deutschland (Drittes Finanzmarktförderungsgesetz, BGBl. 1998 I 529); **aA** noch *Eickhoff* WM 1988, 1713 (1714 ff.); *Fluck* WM 1995, 553 (557 ff.); Kümpel/Wittig/*Seiffert* Rn. 4.465.

[82] Erstmalig durch das Gesetz zur weiteren Fortentwicklung des Finanzplatzes Deutschland (Drittes Finanzmarktförderungsgesetz) in § 43 BörsG aF geregelt; vgl. BGBl. 1998 I 529.

[83] *Probst* Rechtsfragen des regulären Börsenrückzugs 2012, 37 f.; *Schwark/Zimmer/Heidelbach* BörsG § 39 Rn. 48.

[84] *Groß* AG 2015, 812 (815); *Harnos* ZHR 2015, 750 (775 f.); ähnlich *Kocher/Seiz* DB 2016, 153 (157).

[85] *Wieneke/Schulz* AG 2016, 809 (812).

c) Veröffentlichung und Bekanntgabe

aa) Veröffentlichung. Die Geschäftsführung der Börse hat den Widerruf gemäß 27
§ 39 Abs. 5 Satz 1 BörsG unverzüglich (dh „ohne schuldhaftes Zögern"; vgl. § 121 BGB) **im Internet zu veröffentlichen.** Unklar ist, ob daneben auch eine Veröffentlichung in den gemäß § 32 Abs. 5 BörsG zu bestimmenden **überregionalen Börsenpflichtblättern** erforderlich ist. Der Wortlaut des § 39 Abs. 5 Satz 1 BörsG bietet keine Anhaltspunkte für weitere Veröffentlichungserfordernisse, sondern ordnet ausschließlich die Veröffentlichung des Widerrufs im Internet an.[86] Ausweislich der **Gesetzesbegründung** zum Entwurf eines Gesetzes zur Umsetzung der Richtlinie über Märkte für Finanzinstrumente und der Durchführungsrichtlinie der Kommission (Finanzmarkt-Richtlinie-Umsetzungsgesetz – FRUG), soll die Veröffentlichung im Internet dagegen „zusätzlich" erfolgen.[87] Daraus wird zum Teil geschlossen, dass der Widerruf – wie nach alter Rechtslage[88] – in mindestens einem überregionalen Börsenpflichtblatt zu veröffentlichen ist.[89] Zur Begründung wird auf § 32 Abs. 5 Satz 1 BörsG verwiesen, wonach die Geschäftsführung „mindestens drei inländische Zeitungen mit überregionaler Verbreitung zu Bekanntmachungsblättern für die vorgeschriebenen Veröffentlichungen (überregionale Börsenpflichtblätter)" bestimmt. Die Veröffentlichung des Widerrufs gemäß § 39 Abs. 5 Satz 1 BörsG sei eine solche „vorgeschriebene Veröffentlichung" und daher gemäß § 32 Abs. 5 Satz 1 BörsG in mindestens einem überregionalen Börsenpflichtblatt zu veröffentlichen. Dem ist nicht zu folgen. § 32 Abs. 5 Satz 1 BörsG begründet **keine konkrete Veröffentlichungspflicht**, sondern regelt lediglich die allgemeine Verpflichtung der Geschäftsführung zur Bestimmung von mindestens drei überregionalen Börsenpflichtblättern für die Veröffentlichung von Informationen, deren Veröffentlichung in mindestens einem Börsenpflichtblatt anderweitig vorgeschrieben ist.[90] Dies ergibt sich auch aus der **Gesetzessystematik.** Bereits vor Inkrafttreten des FRUG hatte die Zulassungsstelle gemäß § 31 Abs. 4 Satz 1 BörsG aF (Vorgängervorschrift des heutigen § 32 Abs. 5 Satz 1 BörsG) drei Börsenpflichtblätter für vorgeschriebene Veröffentlichungen zu bestimmen. Wäre das Verständnis der Gegenansicht (wonach hierdurch eine eigenständige Veröffentlichungspflicht begründet wurde) zutreffend, wäre § 38 Abs. 4 Satz 3 BörsG aF (Vorgängervorschrift des heutigen § 39 Abs. 5 Satz 1 BörsG), der ausdrücklich die Veröffentlichung des Widerrufs in mindestens einem überregionalen Börsenpflichtblatt anordnete, überflüssig gewesen. Nach zutreffender Ansicht ist daher die Veröffentlichung des Widerrufs im Internet ausreichend.

bb) Bekanntgabe. Als Verwaltungsakt (vgl. Rn. 24) ist der Widerruf der Zulassung gemäß § 41 Abs. 1 Satz 1 LVwVfG dem Adressaten sowie anderen betroffenen Personen bekanntzugeben. **Adressat** ist **ausschließlich** der antragstellende **Emittent** (die Gesellschaft).[91] Ob eine **Bekanntgabe an die Aktionäre** des Emit- 28

---

[86] So im Ergebnis auch Schwark/Zimmer/*Heidelbach* BörsG § 39 Rn. 36; Baumbach/Hopt/ *Kumpan* BörsG § 39 Rn. 7.
[87] Vgl. Begründung zum Entwurf eines Gesetzes zur Umsetzung der Richtlinie über Märkte für Finanzinstrumente und der Durchführungsrichtlinie der Kommission (Finanzmarkt-Richtlinie-Umsetzungsgesetz – FRUG), BT-Drs. 16/4028, 88, BR-Drs. 833/06, 205.
[88] Vgl. § 38 Abs. 4 Satz 3 BörsG aF: „Die Zulassungsstelle hat den Widerruf […] unverzüglich in mindestens einem überregionalen Börsenpflichtblatt zu veröffentlichen."
[89] Marsch-Barner/Schäfer/*Eckhold* § 61 Rn. 16.
[90] Schwark/Zimmer/*Heidelbach* BörsG § 32 Rn. 97.
[91] VG Frankfurt 9 E 2285/01 (V), WM 2002, 1658 (1660); 2 L 1073/13.F, AG 2013, 847 (848); *Beck/Hedtmann* BKR 2003, 190 (191); Marsch-Barner/Schäfer/*Eckhold* § 61 Rn. 48;

tenten gemäß § 41 Abs. 1 Satz 1 LVwVfG erforderlich ist, hängt somit davon ab, ob diese von dem Widerruf betroffen sind (vgl. Rn. 34). Sofern Betroffenheit und damit Erforderlichkeit der Bekanntgabe gegenüber den Aktionären angenommen werden, ist dieses Erfordernis jedenfalls durch die Veröffentlichung des Widerrufs im Internet (sowie ggf. den Börsenpflichtblättern) gemäß § 39 Abs. 5 Satz 1 BörsG erfüllt. Soweit § 41 Abs. 4 LVwVfG eine „ortsübliche" öffentliche Bekanntgabe verlangt, ist die Bestimmung dahingehend erweiternd auszulegen, dass Verwaltungsakte überregionaler Behörden ohne örtlichen Bezug nach den für die jeweilige Behörde geltenden üblichen Bestimmungen bekannt zu geben sind.[92] Soweit nach dem Organisationsrecht der handelnden Behörde zulässig (vgl. § 39 Abs. 5 Satz 1 BörsG), muss auch eine ausschließlich im Internet erfolgende öffentliche Bekanntgabe zulässig sein.[93]

d) Wirksamwerden des Widerrufs

29 Aus § 39 Abs. 5 Satz 2 BörsG ergibt sich, dass die Börsengeschäftsführung den Widerrufsverwaltungsakt mit einer **Nebenbestimmung in Form einer Befristung (Nachfrist)** erlassen kann (vgl. auch die allgemeine Regelung des § 36 LVwVfG). Die Nachfrist beträgt gemäß § 39 Abs. 5 Satz 2 BörsG **maximal zwei Jahre ab Veröffentlichung des Widerrufs**. Nähere Bestimmungen sind gemäß § 39 Abs. 5 Satz 3 BörsG in der Börsenordnung zu treffen. Die **Frankfurter Wertpapierbörse** sieht in der Neufassung ihrer Börsenordnung insoweit ein **gestuftes Fristenregime** vor. Ein Widerruf gemäß § 39 Abs. 2 Satz 3 Nr. 1 BörsG (Veröffentlichung eines Erwerbsangebots) bzw. § 39 Abs. 2 Satz 3 Nr. 2 Buchst. a BörsG (Fortbestehen einer Zulassung zum Handel im regulierten Markt einer anderen inländischen Börse) wird mit einer Frist von lediglich drei Börsentagen nach seiner Veröffentlichung wirksam.[94] Bei einem Widerruf gemäß § 39 Abs. 2 Satz 3 Nr. 2 Buchst. b BörsG (Fortbestehen einer Zulassung zum Handel an einem organisierten EU-/EWR-Markt mit vergleichbarem Anlegerschutz) beträgt die Nachfrist dagegen drei Monate ab Veröffentlichung des Widerrufs.[95] Dem dürfte die Wertung der Frankfurter Wertpapierbörse zugrunde liegen, dass bei einem Erwerbsangebot nach § 39 Abs. 2 und 3 BörsG bzw. einer fortbestehenden Zulassung zum Handel im regulierten Markt einer anderen inländischen Börse kein weitergehender Schutz der Anleger durch Anordnung einer längeren Nachfrist erforderlich ist.

III. Begründung zusätzlicher (gesellschaftsrechtlicher) Voraussetzungen

30 In der Praxis ist – vor Inkrafttreten von § 39 Abs. 2 Satz 3 iVm Abs. 3 ff. BörsG nF – vereinzelt versucht worden, die Börsennotierung in der Satzung zu verankern und dort auch die Macrotron-Grundsätze für ein Delisting vollständig festzuschreiben.

Groß ZHR 2001, 141 (151 f.); *Picot* Die Rechte der Aktionäre beim Delisting börsennotierter Gesellschaften 2009, 130 f.
[92] OVG Berlin 2 S 6/01, NVwZ-RR 2002, 720 (721); OVG Münster 13 A 841/09, BeckRS 2010, 46385; Kopp/*Ramsauer* VwVfG § 41 Rn. 50a; Stelkens/Bonk/Sachs/*Stelkens* VwVfG § 41 Rn. 161; Bader/Ronellenfitsch/*Tiedemann* VwVfG § 41 Rn. 109.
[93] Bader/Ronellenfitsch/*Tiedemann* VwVfG § 41 Rn. 110a.
[94] Vgl. § 46 Abs. 3 Satz 1 iVm § 46 Abs. 1 Satz 2 Nr. 1 bzw. Nr. 2 der Börsenordnung der Frankfurter Wertpapierbörse (Stand: 3.12.2015).
[95] Vgl. § 46 Abs. 3 Satz 2 iVm § 46 Abs. 1 Satz 2 Nr. 3 der Börsenordnung der Frankfurter Wertpapierbörse (Stand: 3.12.2015).

B. Das freiwillige Delisting auf Antrag 31–33 § 26

Eine Änderung dieser Satzungsbestimmung sollte nach § 179 Abs. 2 Satz 3 AktG zur Voraussetzung haben, dass den Aktionären ein Abfindungsangebot unterbreitet wird.[96] In der Literatur wurde die **Festschreibung der Börsennotierung** in der Satzung (jedenfalls vor der Frosta-Entscheidung) vielfach für zulässig erachtet.[97] Dem kann jedoch nicht gefolgt werden.[98] Wie sich aus der Frosta-Entscheidung 31 ergibt und durch den Gesetzgeber nunmehr ausdrücklich[99] bestätigt wurde, ist die Entscheidung über ein Delisting organisationsrechtlich eine bloße Geschäftsführungsmaßnahme, eine Zuständigkeit der Hauptversammlung mithin nicht gegeben. Die Entscheidung über die Beantragung eines Widerrufs der Zulassung obliegt allein dem Vorstand, der die Hauptversammlung zwar nach § 119 Abs. 2 AktG um Zustimmung bitten kann, dies aber eben nicht muss. Das **Kompetenzgefüge in der AG** ist nicht dispositiv. Die Hauptversammlung kann daher die gesetzliche Kompetenzordnung nicht durch Beschluss derart ändern, dass sie weitere Kompetenzen an sich zieht. Dies verstieße gegen § 23 Abs. 5 Satz 1 AktG. Entsprechende Satzungsregelungen sind somit gemäß § 241 Nr. 3 AktG als nichtig anzusehen.[100] Aus der Qualifikation der Entscheidung über das Delisting als dem Vorstand obliegende Geschäftsführungsmaßnahme folgt im Übrigen, dass im Vertragskonzern das herrschende Unternehmen den Vorstand gemäß § 308 Abs. 1 AktG anweisen darf, einen Antrag auf Widerruf der Börsenzulassung zu stellen.[101]

Angesichts der klaren Absage des Gesetzgebers an eine Hauptversammlungszu- 32 ständigkeit ist es auch den Wertpapierbörsen verwehrt, zusätzliche gesellschaftsrechtliche Voraussetzungen als „nähere Bestimmung über den Widerruf" iSd § 39 Abs. 5 Satz 3 BörsG zu begründen.[102] § 39 Abs. 5 Satz 3 BörsG soll keine Modifikation des Schutzniveaus zugunsten der Anleger ermöglichen, sondern die Wertpapierbörsen lediglich zur Ausarbeitung verfahrensrechtlicher Regelungen ermächtigen.

IV. Rechtsschutz

1. Verwaltungsgerichtlicher Rechtsschutz

Der Widerruf der Zulassung durch die jeweilige Börse ist ein Verwaltungsakt, 33 so dass (soweit landesrechtlich vorgesehen) Widerspruch und Anfechtungsklage statthaft sind.[103] Als teilrechtsfähige Anstalt des öffentlichen Rechts[104] ist die Börse selbst Klagegegner (vgl. § 78 Abs. 1 Nr. 1 VwGO).[105] Die Beteiligtenfähigkeit im verwaltungsgerichtlichen Verfahren ergibt sich aus § 2 Abs. 1 und 5 BörsG. Erfolgt der Widerruf der Zulassung antragsgemäß, ist der antragstellende Emittent durch

---

[96] Vgl. § 4 Abs. 7 und 8 der Satzung der GK Software AG, abrufbar unter investor.gk-software.com.
[97] Heidel/*Heidel/Lochner* vor §§ 327a ff. Rn. 18; *Arnold* ZIP 2005, 1573 (1576); *Habersack* AG 2005, 137 (141); *Schockenhoff* ZIP 2013, 2429 (2434); *Wirth/Arnold* ZIP 2000, 111 (115).
[98] Ebenso *von der Linden* NZG 2015, 176 (177 f.); *Kocher/Seiz* DB 2016, 153 (158).
[99] Vgl. Beschlussempfehlung Finanzausschuss, BT-Drs. 18/6220, 86.
[100] *Von der Linden* NZG 2015, 176 (178).
[101] *Bungert/Leyendecker-Langner* ZIP 2016, 49 (50); *Kocher/Seiz* DB 2016, 153 (158).
[102] MünchKomm. AktG/*Kubis* SpruchG § 1 Rn. 25; *Groß* AG 2015, 812 (814).
[103] *Groß* BörsG § 39 Rn. 28; Marsch-Barner/Schäfer/*Eckhold* § 61 Rn. 47; Posser/Wolff/Schmidt-Kötters VwGO § 42 Rn. 10.
[104] Vgl. § 2 Abs. 1 BörsG sowie Baumbach/Hopt/*Kumpan* BörsG § 2 Rn. 2; Schwark/Zimmer/*Beck* BörsG § 2 Rn. 33 ff.
[105] *Groß* BörsG § 39 Rn. 28, 30 mwN.

die stattgebende Widerrufsentscheidung nicht belastet.[106] Als Widerspruchsführer bzw. Kläger kommen also insbesondere einzelne Anleger in Betracht. Insoweit stellt sich die Frage, ob der einzelne Anleger widerspruchs- und klagebefugt ist.

34 Der einzelne Anleger ist **nicht Adressat** des Widerrufverwaltungsakts. Die Widerspruchs- bzw. Anfechtungsbefugnis des einzelnen Anlegers würde also die Möglichkeit voraussetzen, dass dieser durch den Widerruf der Zulassung auf andere Weise in seinen **subjektiv-öffentlichen Rechten** verletzt ist. Eine solche **Drittbetroffenheit der einzelnen Anleger** ist jedenfalls nach der Neufassung des § 39 BörsG und der damit einhergehenden Stärkung der Stellung der Anleger **zu bejahen**, auch wenn das BVerfG vor der Neuregelung des Delisting eine mögliche Verletzung der Anleger in ihrem Grundrecht aus Art. 14 GG durch die Widerrufsentscheidung verneint hatte.[107] Zwar ordnet § 15 Abs. 6 BörsG (früher § 31 Abs. 5 BörsG) ausdrücklich an, dass die Geschäftsführung die ihr nach dem Börsengesetz zugewiesenen Aufgaben und Befugnisse (einschließlich derjenigen nach § 39 Abs. 2 BörsG) nur im öffentlichen Interesse wahrnimmt. Auch ist in der Regierungsbegründung zum Entwurf der Vorgängervorschrift des § 15 Abs. 6 BörsG klargestellt, dass die Tätigkeit der Geschäftsführung „den Belangen der Anleger in ihrer Gesamtheit und nicht dem Schutz einzelner Anleger" dient.[108] Allerdings soll diese Norm nur eine persönliche Haftung der Geschäftsführung vermeiden, nicht aber Klagerechte der Anleger ausschließen.[109] Ferner stellt der Finanzausschuss in seiner Beschlussempfehlung klar, dass „die Angemessenheit der Gegenleistung sowie die übrigen Anforderungen nach [§ 39] Absatz 3 [BörsG] nicht Gegenstand des verwaltungsgerichtlichen Rechtsschutzes gegen die Entscheidung über den Widerruf [...] sind".[110] Hiermit wird implizit zum Ausdruck gebracht, dass der Verwaltungsrechtsweg dem einzelnen Anleger grundsätzlich offen steht.

35 Es ist freilich zu konstatieren, dass die Möglichkeit verwaltungsgerichtlichen Rechtsschutzes nach der gesetzlichen Neuregelung des Delisting an Bedeutung verloren hat.[111] So bleibt gemäß § 39 Abs. 6 BörsG die Rechtmäßigkeit eines Zulassungswiderrufs im Hinblick auf die Anforderungen des § 39 Abs. 3 BörsG unberührt. Dies bedeutet, dass die Geschäftsführung der betreffenden Wertpapierbörse lediglich zu prüfen hat, ob überhaupt ein Angebot unterbreitet wurde, nicht aber, ob dieses den Vorgaben des WpÜG und den Mindestpreisanforderungen des § 39 Abs. 3 BörsG entspricht.[112] Wurde kein Angebot veröffentlicht, prüft die Geschäftsführung der jeweiligen Börse lediglich, ob an einer anderen Börse im Inland oder im EU-/EWR-Ausland (mit vergleichbarem Schutzniveau) die Zulas-

---

[106] Verweigert die Geschäftsführung der Börse den Widerruf, kann der Emittent Verpflichtungswiderspruch und -klage erheben (vgl. auch Marsch-Barner/Schäfer/*Eckhold* § 61 Rn. 47).

[107] BVerfG 1 BvR 3142/07, 1 BvR 1569/08, NZG 2012, 826; wie hier *Groß* AG 2015, 812 (818 f.) sowie bereits zu § 39 Abs. 2 BörsG aF *Groß* BörsG § 39 Rn. 29; *Harnos* ZHR 2015, 750 (776 f.); **aA** Schwark/Zimmer/*Heidelbach* BörsG § 32 Rn. 76; Schäfer/Hamann/*Gebhardt* BörsG § 38 Rn. 62; offenlassend *Kocher/Seiz* DB 2016, 153 (157).

[108] Regierungsbegründung zum Entwurf eines Gesetzes zur weiteren Fortentwicklung des Finanzplatzes Deutschland (Viertes Finanzmarktförderungsgesetz) BT-Drs. 14/8017, 79.

[109] VG Düsseldorf 20 L 2589/15 ZIP 2015, 1733; *Groß* AG 2015, 812 (819).

[110] Beschlussempfehlung Finanzausschuss, BT-Drs. 18/6220, 86.

[111] So auch *Schilha/Fekonja* EWiR 2015, 667 (668).

[112] Beschlussempfehlung Finanzausschuss, BT-Drs. 18/6220, 86.

B. Das freiwillige Delisting auf Antrag 36 § 26

sung fortbesteht.[113] Gänzlich unbedeutend ist die Frage verwaltungsgerichtlichen Rechtsschutzes indes nicht. Dies folgt aus der Rechtsprechung des BGH, der zu § 35 WpÜG entschieden hat, dass Aktionäre keinen Anspruch auf Abgabe eines eigentlich erforderlichen Pflichtangebots und damit eine Gegenleistung haben, wenn ein solches Pflichtangebot pflichtwidrig nicht veröffentlicht wurde.[114] Da diese Rechtsprechung iRe Delisting-Verfahrens entsprechend gelten muss, stünde bei einem Widerruf der Zulassung trotz pflichtwidrig unterlassenen Angebots kein zivilrechtlicher Rechtsschutz zur Verfügung. Eine vollständige Versagung verwaltungsgerichtlichen Rechtsschutzes würde daher bei fehlerhaftem Widerruf der Zulassung trotz unterlassenen Erwerbsangebots den vollständigen Verlust jeglichen Rechtsschutzes bedeuten.

2. Spruchverfahren

Durch die Frosta-Entscheidung[115] war bis zur Neuregelung in § 39 Abs. 2 iVm 36 Abs. 3 ff. BörsG höchstrichterlich geklärt, dass im Anschluss an ein Delisting **kein Spruchverfahren** nach dem SpruchG durchzuführen war, da bereits keine Pflicht der Gesellschaft bzw. des Hauptaktionärs zur Abgabe eines Erwerbsangebots bestand. Zu den Auswirkungen der Frosta-Rechtsprechung auf noch unter Geltung der Macrotron-Grundsätze anhängig gemachte Spruchverfahren hat der BGH nicht ausdrücklich Stellung genommen. Instanzgerichtlich ist mittlerweile jedoch geklärt, dass auch **vor der Frosta-Entscheidung eingeleitete Spruchverfahren unstatthaft** und Anträge auf Durchführung eines Spruchverfahrens auch dann als unzulässig zu verwerfen sind, wenn sie vor der Frosta-Entscheidung gestellt wurden.[116] Grundsätze des verfassungsrechtlich gewährleisteten Rückwirkungsverbots und des Vertrauensschutzes stehen dem nicht entgegen. Die Anwendung der Frosta-Grundsätze auf laufende Spruchverfahren stellt keine unzulässige echte Rückwirkung, sondern allenfalls eine grundsätzlich zulässige unechte Rückwirkung dar, da die geänderten Rechtsprechungsgrundsätze auf einen noch nicht abgeschlossenen Sachverhalt (das anhängige Spruchverfahren) für die Zukunft einwirken.[117] Ferner besteht kein schutzwürdiges Vertrauen der Antragsteller in den Fortbestand der Macrotron-Rechtsprechung, da es sich bei dieser nicht um eine gefestigte höchstrichterliche Rechtsprechung handelte, auf die sich schutzwürdiges Vertrauen hätte gründen können.[118] Vielmehr war die Macrotron-Rechtsprechung von Anfang an umstritten.[119] Die juristische Fachliteratur geht ebenfalls ganz überwiegend von der Unzulässigkeit bereits anhängiger Delisting-Spruchverfahren

---

[113] *Groß* AG 2015, 812 (818).
[114] BGH II ZR 80/12, NZG 2013, 939.
[115] BGH II ZB 26/12, NZG 2013, 1342.
[116] OLG Düsseldorf I-26 W 20/12 (AktE), ZIP 2015, 123; OLG München 31 Wx 292/14, ZIP 2015, 270; OLG Karlsruhe 12a W 3/15, NZG 2015, 516 Rn. 8 ff.; OLG Stuttgart 20 W 8/14, ZIP 2015, 681 (683 ff.); 20 W 7/14, BB 2015, 769; **aA** noch die Vorinstanz LG Stuttgart 31 O 84/07 KfH AktG, AG 2015, 210.
[117] OLG München 31 Wx 292/14, ZIP 2015, 270 (272); OLG Karlsruhe 12a W 3/15, NZG 2015, 516 Rn. 16; OLG Stuttgart 20 W 8/14, ZIP 2015, 681 (685).
[118] OLG München 31 Wx 292/14, ZIP 2015, 270 (271 f.); OLG Stuttgart 20 W 8/14, ZIP 2015, 681 (685 f.) sowie *Glienke/Röder* BB 2014, 899 (905 f.) und im Ergebnis auch OLG Düsseldorf I-26 W 20/12 (AktE), ZIP 2015, 123 (124).
[119] OLG München 31 Wx 292/14, ZIP 2015, 270 (272); OLG Stuttgart 20 W 8/14, ZIP 2015, 681 (685 f.) mwN.

infolge der Frosta-Entscheidung aus.[120] Zwischenzeitlich hat das BVerfG bestätigt, dass diese zutreffende Sichtweise verfassungsrechtlich nicht zu beanstanden ist.[121]

37 Die Angemessenheit der iRe. nach § 39 Abs. 2 Satz 3 Nr. 1 BörsG erforderlichen Erwerbsangebots anzubietenden Gegenleistung ist aufgrund des umfassenden Verweises auf § 31 WpÜG **nicht im Spruchverfahren** überprüfbar. Vielmehr muss der Anspruch auf die angemessene Gegenleistung im Zivilverfahren geltend gemacht werden, wobei uU ein Verfahren nach KapMuG in Betracht kommt (§ 1 Abs. 1 Nr. 3 KapMuG nF, Rn. 38).

3. Allgemeiner Zivilrechtsschutz

38 Wollen Anleger die Angemessenheit der angebotenen Gegenleistung angreifen, hat dies im **Zivilrechtsweg** zu geschehen. Dies setzt in jedem Fall die Annahme des Angebots voraus, da anderenfalls schon kein Anspruch auf die Gegenleistung und damit auch kein Anspruch auf eine etwaige Erhöhung derselben besteht.[122] Dabei stellt sich jedoch das Problem, dass gemäß § 253 Abs. 2 Nr. 2 ZPO ein **bezifferter Zahlungsantrag erforderlich** ist. Die Höhe der tatsächlich angemessenen Gegenleistung wird aber, sofern nicht ausnahmsweise ein Fehler bei der Ermittlung der Mindestgegenleistung nach § 39 Abs. 3 Satz 2 BörsG unterlaufen ist, erst durch einen Sachverständigen anhand einer Unternehmensbewertung zu ermitteln sein. Der Gesetzgeber geht davon aus, dass sich dieses Problem durch Durchführung eines **Musterverfahrens nach dem KapMuG** lösen lässt.[123] Dies ist allerdings keineswegs selbstverständlich, ist die Höhe der Gegenleistung doch weder eine anspruchsbegründende bzw. -ausschließende Voraussetzung noch eine Rechtsfrage. Nur im Hinblick auf diese tatbestandsbegründenden Merkmale ist ein Musterverfahrensantrag zulässig (§ 2 Abs. 1 KapMuG). Für einen Musterentscheid bietet sich somit nur die Frage an, ob einer der Ausnahmefälle des § 39 Abs. 3 Satz 3 Nr. 1 oder 2 oder Satz 4 BörsG vorliegt, so dass ausnahmsweise eine Unternehmensbewertung tatsächlich erforderlich ist.[124] Dies erscheint allerdings insoweit widersprüchlich, als es für § 39 Abs. 3 Satz 3 Nr. 1 und Nr. 2 BörsG ausweislich der Beschlussempfehlung des Finanzausschusses allein auf eine rechts- bzw. bestandskräftige Entscheidung der zuständigen Behörde ankommen soll.[125] Es bleibt abzuwarten, wie die Rechtsprechung mit diesen Problemen umgehen wird.

---

[120] Vgl. mit ausführlicher Begründung *Glienke/Röder* BB 2014, 899 (903 ff.) sowie ferner *Arnold/Rothenburg* DStR 2014, 150 (154 f.); *Bungert/Wettich* EWiR 2014, 3 (4); *Kocher/Widder* NJW 2014, 127 (129); *Lambert/Weichel* WM 2014, 1024 (1030); *Mense/Klie* GWR 2013, 505 (508); *Paschos/Klaaßen* AG 2014, 33 (36); *Rosskopf* ZGR 2014, 487 (502); *Schockenhoff* ZIP 2013, 2429 (2433); *Wasmann/Glock* DB 2014, 105 (108); *Wasmann* BB 2015, 337 (340); *Weidemann/Weiß* BKR 2014, 168 (170); *Wieneke* NZG 2014, 22 (25); *Wollenschläger* EWiR 2015, 75; aA soweit ersichtlich nur *Lochner/Schmitz* AG 2014, 489; *Heidel/Heidel/Lochner* AktG Vor §§ 327a ff. Rn. 19 f.
[121] Vgl. BVerfG 1 BvR 1667/15, ZIP 2015, 2371; *Goslar/Klingen* EWiR 2016, 37 f.
[122] Vgl. auch Beschlussempfehlung Finanzausschuss, BT-Drs. 18/6220, 86: „Jeder Anleger, der das Angebot angenommen hat, [hat] einen Anspruch gegen den Bieter auf Entrichtung einer angemessenen Gegenleistung [...], der vor den Zivilgerichten durchgesetzt werden kann."
[123] Beschlussempfehlung Finanzausschuss, BT-Drs. 18/6220, 87; krit. *Harnos* ZHR 2015, 750 (780).
[124] Beschlussempfehlung Finanzausschuss, BT-Drs. 18/6220, 87.
[125] Beschlussempfehlung Finanzausschuss, BT-Drs. 18/6220, 85.

C. Das unfreiwillige Delisting von Amts wegen

I. Tatbestände

Als *actus contrarius* zur Zulassung ist deren Beendigung (Rücknahme oder Widerruf) selber Verwaltungsakt (vgl. Rn. 24). Dieser kann zunächst auf Grund **allgemeinen Verfahrensrechts** (§§ 48, 49 LVwVfG; vgl. Verweis in § 39 Abs. 1 BörsG) erlassen werden. Da die allgemeinen Vorschriften des Verwaltungsverfahrensgesetzes nach Ansicht des Gesetzgebers jedoch keine hinreichende Grundlage für einen Widerruf aus börsentechnischen Gesichtspunkten bieten, stellt § 39 Abs. 1 BörsG zwei weitere, eigenständige börsenrechtliche Spezialtatbestände zur Verfügung.[126] 39

1. Allgemeines Verfahrensrecht – §§ 48, 49 LVwVfG

Bei der Beendigung der Zulassung nach den Vorschriften des Verwaltungsverfahrensgesetzes besteht zum einen die Möglichkeit einer **Rücknahme einer von Anfang an rechtswidrigen Zulassung** gemäß § 48 LVwVfG. Die Zulassung ist ursprünglich rechtswidrig, wenn die Voraussetzungen für eine Zulassung (§ 32 Abs. 3 BörsG) bei deren Wirksamwerden, also der Bekanntgabe, nicht vorlagen.[127] 40

Anfänglich rechtmäßige Zulassungen können grundsätzlich gemäß § 49 LVwVfG **widerrufen** werden. Da es sich bei der Zulassung um einen begünstigenden Verwaltungsakt handelt,[128] sind bei der Rücknahme bzw. dem Widerruf die Einschränkungen des § 48 Abs. 2 bis 4 bzw. des § 49 Abs. 2 LVwVfG zu beachten.[129] Praktische Bedeutung hat die Aufhebung der Zulassung nach allgemeinem Verwaltungsverfahrensrecht, soweit ersichtlich, neben den börsenrechtlichen Spezialtatbeständen (vgl. Rn. 41 f.) bisher kaum erlangt.

2. Börsenrechtliche Spezialtatbestände

a) § 39 Abs. 1 Var. 1 BörsG

Nach § 39 Abs. 1 Var. 1 BörsG ist der Widerruf möglich, wenn ein **ordnungsgemäßer Börsenhandel nicht mehr gewährleistet** ist.[130] Dies ist der Fall, wenn sich „Umstände, die zuvor zur Einstellung der Notierung geführt haben" als dauerhaft erweisen.[131] Wird aufgrund mittelfristig schlechter Prognose die Einstellung verfügt, so ist eine dauerhafte Nichtgewährleistung anzunehmen, wenn auch die 41

---

[126] Regierungsbegründung zum Entwurf eines Gesetzes zur Einführung eines neuen Marktabschnitts an den Wertpapierbörsen und zur Durchführung der Richtlinien des Rates der Europäischen Gemeinschaften vom 5.3.1979, vom 17.3.1980 und vom 15.2.1982 zur Koordinierung börsenrechtlicher Vorschriften (Börsenzulassungs-Gesetz), BT-Drs. 10/4296, 15; Heidel/*Willamowski* BörsG § 39 Rn. 3.
[127] *Maas* Zwangsdelisting und Anlegerschutz: Der Schutz der Börsennotierung vor gesellschaftsfremden Maßnahmen 2009, 106 f.
[128] Joost/Strohn/*Groß* BörsG § 32 Rn. IX254; Schäfer/Hamann/*Gebhardt* BörsG § 30 Rn. 3.
[129] *Groß* BörsG § 39 Rn. 6; Joost/Strohn/*Groß* BörsG § 39 Rn. IX324; *Maas* Zwangsdelisting und Anlegerschutz: Der Schutz der Börsennotierung vor gesellschaftsfremden Maßnahmen 2009, S. 58 f.
[130] Vgl. auch Schwark/Zimmer/*Heidelbach* BörsG § 39 Rn. 4.
[131] Joost/Strohn/*Groß* BörsG § 39 Rn. IX325.

weitere Prognose bezüglich einer Wiederaufnahme des Handels negativ ausfällt.[132] Ein sehr geringer Streubesitz und/oder ein nur marginales Handelsvolumen genügen nicht ohne Weiteres für einen Widerruf nach § 39 Abs. 1 Var. 1 BörsG. Auch die Eröffnung des Insolvenzverfahrens über das Vermögen eines Emittenten führt in der Praxis idR nicht zu einem Delisting von Amts wegen.[133]

b) § 39 Abs. 1 Var. 2 BörsG

42 Voraussetzung für einen Widerruf nach § 39 Abs. 1 Var. 2 BörsG ist, dass der Emittent seine **Zulassungsfolgepflichten** innerhalb einer ihm gesetzten angemessenen Frist **nicht erfüllt**.[134] Die von der Geschäftsführung der Börse zu setzende Frist ist so zu bemessen, dass der Emittent bei objektiver Betrachtung in der Lage ist, die Erfüllung der verletzten Pflichten nachzuholen.[135]

II. Ermessen

43 Ob und in welcher Form die Beendigung der Zulassung als Sanktion gegen den Emittenten erfolgt, steht im **Ermessen der Börsengeschäftsführung**.[136] Die für behördliche Ermessensentscheidungen geltenden allgemeinen Grundsätze sind anwendbar. Erforderlich ist daher eine **Abwägung** zwischen den verschiedenen Schutzgütern – insbesondere dem ordnungsgemäßen Börsenhandel, dem Anlegerschutz und dem Interesse des Emittenten an dem Erhalt der Zulassung.[137] Objektive Ermessensgrenze ist der **Grundsatz der Verhältnismäßigkeit**.[138] Ein Widerruf gemäß § 39 Abs. 1 BörsG ist – gerade im Hinblick auf den Anlegerschutz – nur als *ultima ratio* zu verfügen.[139] Bei gezielten oder wiederholten Pflichtverstößen des Emittenten gegen die ihm obliegenden Pflichten kann allerdings eine Ermessensreduzierung auf Null eintreten, so dass die Börse die Zulassung zu widerrufen hat.[140]

---

[132] Schwark/Zimmer/*Heidelbach* BörsG § 39 Rn. 5; Heidel/*Willamowski* BörsG § 39 Rn. 3 ff.

[133] *Grub/Streit* BB 2004, 1397 (1398); *von Buttlar* BB 2010, 1355; *Weber* ZGR 2001, 422 (449).

[134] Vgl. auch *Groß* BörsG § 39 Rn. 8; *Maas* Zwangsdelisting und Anlegerschutz: Der Schutz der Börsennotierung vor gesellschaftsfremden Maßnahmen 2009, S. 59; Schüppen/Schaub/*Walz* § 50 Rn. 5.

[135] Schwark/Zimmer/*Heidelbach* BörsG § 39 Rn. 8.

[136] Schwark/Zimmer/*Heidelbach* BörsG § 39 Rn. 9; *Langenbucher* LB § 20 Rn. 15.

[137] Schwark/Zimmer/*Heidelbach* BörsG § 39 Rn. 9; Kümpel/Wittig/*Seiffert* Rn. 4.464; *Maas* Zwangsdelisting und Anlegerschutz: Der Schutz der Börsennotierung vor gesellschaftsfremden Maßnahmen 2009, S. 63 ff.

[138] Schäfer/Hamann/*Gebhardt* BörsG § 43 Rn. 14.

[139] Regierungsbegründung zum Entwurf eines Gesetzes zur Einführung eines neuen Marktabschnitts an den Wertpapierbörsen und zur Durchführung der Richtlinien des Rates der Europäischen Gemeinschaften vom 5.3.1979, vom 17.3.1980 und vom 15.2.1982 zur Koordinierung börsenrechtlicher Vorschriften (Börsenzulassungs-Gesetz), BT-Drs. 10/4296, 26; Schwark/Zimmer/*Heidelbach* BörsG § 39 Rn. 9; Baumbach/Hopt/*Kumpan* BörsG § 39 Rn. 1.

[140] Schäfer/Hamann/*Gebhardt* BörsG § 43 Rn. 14; Schwark/Zimmer/*Heidelbach* BörsG § 39 Rn. 9.

III. Rechtsschutz

Das unfreiwillige Delisting von Amts wegen führt, da durch die Aufhebung **44** der Zulassung (anders als beim freiwilligen Delisting) auch der Emittent belastet ist, potentiell zu einem (gegenüber dem freiwilligen Delisting auf Antrag des Emittenten) erhöhten Bedarf an gerichtlicher bzw. behördlicher Überprüfung der Verwaltungsentscheidung. Widerspruchs- bzw. klagebefugt ist zunächst **der Emittent** (die Gesellschaft). Ob daneben auch **einzelne Anleger widerspruchs- bzw. klagebefugt sind**, ist bislang nicht geklärt.[141] Dagegen spricht, dass der einzelne Anleger nicht Adressat des Widerrufsverwaltungsakts ist (vgl. Rn. 34) und § 39 Abs. 1 BörsG anders als § 39 Abs. 2 BörsG den Anlegerschutz nicht ausdrücklich in Bezug nimmt.[142] Andererseits ist der einzelne Anleger von den Wirkungen eines Widerrufs der Zulassung von Amts wegen in gleicher Weise betroffen wie von einem Widerruf auf Antrag des Emittenten. Zugleich würde der einzelne Anleger bei Ablehnung der Klagebefugnis vollständig schutzlos gestellt, da bei einem Widerruf von Amts wegen kein Erwerbsangebot zu machen ist und ihm darüber hinaus keinerlei Rechtsschutzmöglichkeiten zur Verfügung stünden. Dieses Ergebnis erscheint angesichts des Umstands, dass der Gesetzgeber, wie die Neufassung des § 39 Abs. 2 ff. BörsG zeigt, der börsenmäßigen Handelbarkeit von Wertpapieren iSd § 2 Abs. 2 WpÜG ein hohes Gewicht beigemessen hat, zweifelhaft. Klagegegner ist die Börse selbst (vgl. Rn. 33).

D. Sonstige Maßnahmen mit der Rechtsfolge eines Delisting (sog. kaltes Delisting)

Neben dem eigentlichen (vorstehend ausführlich erläuterten) Delisting gibt es **45** eine Reihe von Maßnahmen, die als mehr oder weniger erwünschte (quasi)automatische Rechtsfolge zu einem Widerruf oder Erlöschen der Börsenzulassung führen. In derartigen Fällen spricht man von einem **kalten Delisting**. Zu nennen sind insoweit:[143]
- Eingliederung (§§ 320 ff. AktG)
- aktienrechtlicher Squeeze Out (§§ 327 a ff. AktG, vgl. ausführlich § 15 Rn. 1 ff.)
- Verschmelzungsrechtlicher Squeeze Out (§ 62 Abs. 5 UmwG iVm §§ 327a ff. AktG, vgl. ausführlich § 15 Rn. 66 ff.)
- übernahmerechtlicher Squeeze Out (§ 39a WpÜG, vgl. ausführlich § 23 Rn. 173 ff.)
- Verschmelzung oder Aufspaltung einer börsennotierten auf eine nicht börsennotierte Gesellschaft (vgl. § 29 Abs. 1 Satz 1 UmwG, ggf. iVm § 125 Satz 1 UmwG)
- Formwechsel (auch bei Formwechsel von AG in KGaA, nicht aber bei Formwechsel von AG in SE)

Den genannten Maßnahmen ist gemein, dass sie (teils unter gewissen weiteren **46** Voraussetzungen) ein **Barabfindungsangebot** bzw. eine zwingend zu zahlende Barabfindung an die betroffenen Aktionäre erfordern, welche(s) in einem Spruch-

---

[141] Vgl. einerseits ablehnend Schwark/Zimmer/*Heidelbach* BörsG § 32 Rn. 75 und andererseits befürwortend (jedenfalls unter Geltung der Macrotron-Grundsätze) *Groß* BörsG § 39 Rn. 29 mwN.
[142] So auch Schwark/Zimmer/*Heidelbach* BörsG § 32 Rn. 75.
[143] Ausführlicher Voraufl. § 28 Rn. 50 ff.

verfahren auf seine/ihre Angemessenheit hin überprüfbar ist. Etwas anderes gilt nur im Falle einer Verschmelzung, wenn der noch nicht börsennotierte Rechtsträger unmittelbar nach der Verschmelzung ebenfalls börsennotiert sein wird, sowie im Falle des Formwechsels von der AG in die KGaA, sofern die Kommanditaktien zeitnah zum Börsenhandel zugelassen werden.

§ 27 German Real Estate Investmenttrust (G-REIT)

Bearbeiter: Dr. Florian Schultz/Dr. Herbert Harrer

Übersicht

	Rn.
A. Einleitung	1–4
B. Grundstrukturen der REIT AG und Anlagegegenstände	5–12
C. Steuerliche Aspekte	13–35
I. Steuerrechtliche Einordnung der REIT AG	14–22
II. (Straf-)Zahlungen und Wegfall der Steuerbefreiung	23–35
D. Bilanzielle Aspekte	36–41
E. Kapitalmarktrechtliche Aspekte	42–53
I. Verpflichtung zur Börseneinführung	43, 44
II. Prüfungsumfang des Handelsregisters	45
III. Beteiligungshöchstgrenze	46
IV. Mindeststreubesitz	47
V. Besonderheiten des Wertpapierprospekts	48, 49
VI. Anforderungen des Regulierten Markts der Frankfurter Wertpapierbörse	50, 51
VII. Anwendbarkeit des Kapitalanlagegesetzbuches?	52, 53
F. Gesellschaftsrechtliche Aspekte	54–65
I. Allgemeines	55
II. Gestaltungsmöglichkeiten zur Schaffung von REITs	56–59
III. Mögliche Maßnahmen zur Aufrechterhaltung des Mindeststreubesitzes und der Beteiligungshöchstgrenze	60–64
IV. Entschädigungsregelung nach § 11 Abs. 3 REITG	65
G. Ausblick	66

Schrifttum: *Amort* Real Estate Investment Trusts (REITs): Alternativen und Besteuerung, DStR 2009, 1772; *Bron* Der deutsche REIT wird Wirklichkeit, BB-Special 2007, Nr. 7, 2–30; *Dettmeier/Gemmel/Kaiser* Einführung des deutschen REIT – Eine erste steuerliche Analyse des REIT-Gesetzes, DB 2007, 1191; *Frey/Harbarth* REIT-AG – Gesellschafts-, kapitalmarkt- und steuerrechtliche Wesensmerkmale einer neuen Rechtsfigur, ZIP 2007, 1177; *Gemmel/Kaiser* Aktuelles zum deutschen REIT – Chancen Risiken, DStR 2009, 1346; *Götze/Hütte* Kapitalmarktrechtliche Aspekte des deutschen REIT, NZG 2007, 332; *Hahn* Die Einführung steuerbegünstigter Immobilienaktiengesellschaften, ZGR 2006, 805; *Harrer* Kapitalmarktrechtliche und gesellschaftsrechtliche Aspekte des German Real Estate Investment Trust (G-REIT), Gedächtnisschrift für Michael Gruson, 2009, 181; *Harrer/Leppert* Rechtliche Aspekte des German Real Estate Trust (G-REIT), WM 2007, 1962; *Hechtner/Hundsdoerfer* Der G-REIT als transparent besteuerte Kapitalgesellschaft – steuerliche Umsetzung und Vorteilhaftigkeitsvergleich, WPg 2007, 647; *Helios/Wewel/Wiesbrock* REIT-Gesetz, Kommentar 2008; *Kollmorgen/Hoppe/Feldhaus* Die deutsche REIT-Aktiengesellschaft – Mustersatzung mit Erläuterungen, BB 2007, 1345; *Merkt* Fallen REIT-Aktiengesellschaften unter das KAGB?, BB 2013, 1986; *Pluskat/Rogall* Steuerbegünstigte Immobilienaktiengesellschaften in Deutschland – Umsetzungsvorschläge für das Trustvermögensmodell, WM 2006, 889; *Quass/Becker* Die REIT-AG nach dem Gesetz über deutsche Immobilien-Aktiengesellschaften mit börsennotierten Anteilen, AG 2007, 421; *Roche* Der deutsche Real Estate Investmenttrust (REIT), in: Ernst&Young, Die Unternehmensteuerreform 2008, 329; *Schacht/Gänsler* Der deutsche Real

§ 27 1, 2   German Real Estate Investmenttrust (G-REIT)

Estate Investmenttrust (REIT) als Anlageinstrument für den deutschen Immobilien- und Kapitalmarkt, DStR 2006, 1518; *Schäfer* (Hrsg.) REITs, 2007, 2; *Schmidt/Behnes* Entwurf eines Gesetzes zur Schaffung deutscher REIT Immobilienaktiengesellschaften, BB 2006, 2329; *Schroeder* Die Kontrolle des Aktionärskreises in der REIT-Aktiengesellschaft, AG 2007, 532; *Schultz/Harrer* Der German Real Estate Investmenttrust (G-REIT), DB 2005, 574; *Schultz* Das deutsche REIT Gesetz, Status Recht 2007, 165; *Schultz/Thießen* Der Referentenentwurf zum German Real Estate Investmenttrust (G-REIT), DB 2006, 2144; *Sieker/Göckeler/Köster* Das Gesetz zur Schaffung deutscher Immobilien-Aktiengesellschaften mit börsennotierten Anteilen, DB 2007, 933; *Striegel* (Hrsg.) REITG 2007; *Volckens* Die REIT Aktiengesellschaft, in Schäfer (Hrsg.) REITs 2007, 104; *Völker* Bilanzierungsfragen im Zusammenhang mit der Einführung von REIT Aktiengesellschaften, in: Schäfer, REITs, 171; *Wienecke/Fett* REIT-AG – aktienrechtliche Gestaltungsfragen, NZG 2007, 774; *Ziemons* Gesellschaftsrechtliche Defizite des Regierungsentwurfs des REIT-Gesetzes, DB 2007, 449.

A. Einleitung

1   Das Gesetz über deutsche Immobilien-Aktiengesellschaften mit börsennotierten Anteilen ist nach langjähriger kontroverser Diskussion rückwirkend zum 1.1.2007 in Kraft getreten.[1] REIT AGs iSd Gesetzes sind Aktiengesellschaften mit Sitz in Deutschland, die die nachfolgend beschriebenen besonderen Qualifikationen für REIT AGs erfüllen und deren Unternehmensgegenstand sich darauf beschränkt, Eigentum oder dingliche Nutzungsrechte an inländischem unbeweglichen Vermögen mit Ausnahme von Bestandsmietwohnimmobilien, an bestimmten Auslandsimmobilien und an bestimmten anderen Vermögensgegenständen zu erwerben, zu halten, im Rahmen der Vermietung, der Verpachtung und des Leasings einschließlich notwendiger immobiliennaher Hilfstätigkeiten zu verwalten und zu veräußern sowie Anteile an Immobilienpersonengesellschaften und deren als Kapitalgesellschaft organisierten persönlich haftenden Gesellschaftern, REIT-Dienstleistungsgesellschaften und Auslandsobjektgesellschaften zu erwerben, zu halten, zu verwalten und zu veräußern.[2] Bestandsmietwohnimmobilien sind Immobilien, die überwiegend Wohnzwecken[3] dienen, sofern diese vor dem 1.1.2007 erbaut wurden.[4] Das REIT-Gesetz führt somit in Deutschland ein international bereits anerkanntes Instrument zur indirekten Immobilienanlage mit steuertransparenter Besteuerung ein.

2   Die positiven Auswirkungen von REITs werden durch einschlägige Erfahrungen im Ausland belegt. In den USA[5] wurden bereits vor Jahrzehnten REITs eingeführt. In Europa gibt es inzwischen REITs etwa in Belgien (SICAFI), Frankreich (SIIC), Großbritannien (UK-REITs), Italien (FII) und den Niederlanden (BI), in Asien

---

[1] Gesetz über deutsche Immobilien-Aktiengesellschaften mit börsennotierten Anteilen (Real Estate Investmenttrust-Gesetz, REIT-Gesetz oder REITG), BGBl. 2017 I 1693.
[2] § 1 Abs. 1 REITG.
[3] Nach Gesetzesbegründung: Mehr als 50% der Nutzfläche der einzelnen Gebäude müssen Wohnzwecken dienen.
[4] § 3 Abs. 9 REITG.
[5] Vgl. zum US-REIT *Volckens/Panzer* IStR 2005, 104; Gesetzliche Regelung in § 856 Internal Revenue Code, 26 USCS § 85b, 2005; zum UK-REIT *Schacht/Gänsler* IStR 2007, 99; *Pluskat* IStR 2006, 661; *Fabry/Riha* RIW 2006, 528; zum französischen REIT *Schimmelschmidt/Tauser* IStR 2006, 120. Eine Übersicht zu Verbreitung von REIT weltweit befindet sich unter: www.reit.com.

(Hongkong, Japan, Singapur) und in Australien.[6] In ihrer Ausgestaltung hinsichtlich Rechtsform, Steuerkonzept, zulässiger Geschäftstätigkeit, Bestimmungen über Gewinnausschüttung und Besteuerung von beteiligten Rechtssubjekten sind die Regelungen in den verschiedenen Ländern unterschiedlich.[7]

In Deutschland überwiegen bisher indirekte Immobilienanlagen. Hierzu zählen insbesondere geschlossene Immobilienfonds (Personengesellschaften), offene Immobilienfonds (Sondervermögen) und Immobilien-Spezialfonds für institutionelle und börsennotierte Immobiliengesellschaften.[8] Die Initiative Finanzstandort Deutschland (IFD)[9] schätzte das Marktpotential in Deutschland auf 127 Mrd. EUR im Jahr 2010 und unter Berücksichtigung des Ausschlusses von Bestandsmietwohnimmobilien und relativ weit reichenden Restriktionen für die REIT AG wird das Marktpotential mit 15 Mrd. EUR – 20 Mrd. EUR allgemein noch als signifikant eingeschätzt, das sich bisher jedoch nur in einem sehr geringen Umfang realisiert hat.[10] Institutionelle Investoren, Versicherungen und offene Immobilien unterliegen bestimmten Beschränkungen bezüglich ihrer Vermögensanlage in REITs.[11] 3

Zum 28.2.2018 gab es mit der alstria office REIT-AG, der Fair Value REIT-AG, der Hamborner REIT AG, der Deutsche Konsum REIT AG und der Deutsche Industrie REIT AG nur fünf deutsche Gesellschaften, die den REIT-Status besaßen. Die Hauptversammlung der Prime Office REIT-AG hat im September 2013 der Verschmelzung mit der OCM German Real Estate Holding AG zugestimmt und im Mai 2014 die Umfirmierung in DO Deutsche Office AG beschlossen. 4

B. Grundstrukturen der REIT AG und Anlagegegenstände

Das REIT-Gesetz ist als Rahmengesetz mit 7 Artikeln konzipiert. Artikel 1 enthält das eigentliche REIT Gesetz mit 23 Paragraphen in 4 Abschnitten und greift im Wesentlichen auf bewährte gesetzliche Regelungen zurück, weist jedoch einige Besonderheiten auf. Es verzichtet auf eine spezielle Produktaufsicht durch die Bundesanstalt für Finanzdienstleistungsaufsicht („BaFin"). Die Ausgestaltung des REITG dient insbesondere der Sicherung des deutschen Steueraufkommens im Verhältnis zu ausländischen Anteilsinhabern, die durch eine Begrenzung der direkten Beteiligung von 10% am Grundkapital der REIT AG erreicht wurde sowie die Sicherung hoher Transparenz und Liquidität durch das Erfordernis einer Börsennotierung an einem organisierten Markt mit einer dauerhaften Mindeststreuung von 15%. Zudem wird durch eine hohe Mindestausschüttung, eine Fokussierung 5

---

[6] Siehe European Public Real Estate Association (EPRA) Global REIT Survey, 9.9.2004, *Global FTSE EPRA/NAREIT* Global Market Review December 2007, www.epra.com; *HSBC Trinkaus & Burkhardt* Shaping the REIT (März 2005), S. 36 ff.; *Deutsche Bank* Der deutsche REIT (Februar 2005), S. 24 ff.; *Stock/Teske* DB 2005, 187. Zu ausländischen REITs auch *Rehm/Lindauer* IStR 2002, 253; *Stoschek/Dammann* IStR 2006, 403; *Schimmelschmidt/Tauser* IStR 2006, 120; *Fabry/Riha* RIW 2006, 528. Zur aktuellen Entwicklung *EPRA* Global REIT Survey, 2013; *Ernst & Young* Global Prospectus, REIT Report 2012.

[7] Vgl. *Stoschek* PwC – Compare and contrast: Worldwide Real Estate Investment Trust (REIT) Regimes 2013.

[8] Vgl. *Zitelmann* Die Zukunft der indirekten Immobilenanlage vom 14.10.2013, http://www.zitelmanns-finanzkolumnen.de/die-zukunft-der-indirekten-immobilienanlage.

[9] Siehe IFD-Entwurf zum deutschen REIT v. 2.2.2015, S. 2, http//www. IFD.de.

[10] Vgl. zB *HSH Nordbank* Deutsche Immobilienunternehmen am Kapitalmarkt Juni 2007, S. 1 ff.

[11] Vgl. Habersach/Mülbert/Schlitt/*Vaupel* § 25 Rn. 110 ff.

der Geschäftstätigkeit auf den eng begrenzten Unternehmenszweck und eine Begrenzung des Handels mit Immobilien der Gestaltungsspielraum der REIT AG eingeschränkt. Insofern kann man von einer Regulierung der deutschen REIT AG durch die Finanzverwaltung sprechen.

6 Obwohl die REIT AG keiner Produktaufsicht unterliegt, kann sie nur bestimmte Immobilien in bestimmten rechtlichen Strukturen halten. Unbewegliches Vermögen kann entweder direkt oder über Personengesellschaften gehalten werden, im Ausland gelegenes unbewegliches Vermögen auch über sog. Auslandsobjektgesellschaften. Auslandsobjektgesellschaften müssen zu 100% gehalten werden und dürfen inländische (etwa GmbH oder AG) oder ausländische Kapitalgesellschaften sein. Die Auslandsobjektkapitalgesellschaften werden idR konsolidiert.[12]

7 Nicht eindeutig geregelt ist, ob auch Investitionen in Sondervermögen, die unbewegliches Vermögen halten, möglich sind. Sie sind im REITG nicht ausgeschlossen und nach Aktienrecht zulässig. Die Aufzählung der zulässigen Unternehmensgegenstände in § 1 Abs. 1 Nr. 1 REITG enthält Anteile an (in- und ausländischen) Sondervermögen allerdings nicht und es ist fraglich, ob solche Anteile § 1 Abs. 1 Nr. 1 oder 2 fallen können.[13]

8 Das Halten von inländischen Mietwohnimmobilien ist nicht zulässig, wenn diese vor dem 1.1.2007 errichtet wurden (Bestandsmietwohnimmobilien). Wohnimmobilien sind Immobilien, die überwiegend Wohnzwecken dienen (mehr als 50% der Nutzfläche pro Gebäude). Das Thema Bestandsmietwohnimmobilien als besonderes schützenswertes Gut mit deutschen Eigenheiten ist politisch intensiv und kontrovers diskutiert. Das Ergebnis ist eine reine politische Werteentscheidung, die nach wie vor, und gerade im Ausland auf Unverständnis stößt, aber an Bedeutung verliert.

9 Der REIT darf gegen Entgelt nur immobiliennahe Tätigkeiten erbringen. Immobiliennah sind Tätigkeiten, die der Verwaltung, Pflege und Fortentwicklung von Immobilien dienen. Immobiliennahe Tätigkeiten für Dritte dürfen nur durch voll steuerpflichtige Tochtergesellschaften des REIT erbracht werden, deren sämtliche Anteile vom REIT gehalten werden (sog. REIT-Dienstleistungsgesellschaften). Bruttoerträge und Vermögen solcher REIT-Dienstleistungsgesellschaften dürfen maximal 20% der Erträge und des Vermögens des REITs ausmachen.[14]

10 Für eine Übergangsphase in eine REIT AG wurde die Ausgestaltung des sog. Vor-REITs geschaffen. Ein Vor-REIT ist eine Aktiengesellschaft mit Sitz in Deutschland, die beim Bundeszentralamt für Steuern als Vor-REIT registriert ist. Zum Ende des auf die Registrierung folgenden Geschäftsjahres hat der Vor-REIT gegenüber dem Bundeszentralamt für Steuern nachzuweisen, dass sein Unternehmensgegenstand im gesetzlich vorgeschriebenen Umfang beschränkt ist. Auf Aufforderung des Bundeszentralamts für Steuern ist zudem zum Ende des dem Jahr der Anmeldung folgenden und jedes darauf folgenden Geschäftsjahres durch Vorlage geeigneter, von einem Wirtschaftsprüfer zu prüfenden Unterlagen nachzuweisen, dass der Vor-REIT die Vermögens- und Ertragsanforderungen des § 12 REITG erfüllt. Der Status als Vor-REIT zum Ende dieses Geschäftsjahres entfällt, wenn der Vor-REIT zum Ende des dem Jahr der Anmeldung folgenden oder eines späteren Geschäftsjahres diese Voraussetzungen nicht oder nicht mehr erfüllt.[15]

---

[12] Die REIT AG muss nach § 3 Abs. 3 REIT „sämtliche" Anteile halten. Eine Konsolidierung kann deshalb nur aufgrund von Wesentlichkeitsgrenzen unterbleiben.

[13] Bei deutschen Sondervermögen hält der Investor die Immobilie nicht unmittelbar, er hat lediglich einen Auszahlungsanspruch, kein ideelles Bruchteilseigentum an den Immobilien.

[14] § 12 Abs. 2b REITG.

[15] § 2 REITG.

Der Abschlussprüfer des Jahresabschlusses hat im Rahmen seiner Jahresabschlussprüfung in einem besonderen Vermerk[16] festzustellen, ob die Berechnung der Streubesitzquote und des maximalen Anteilsbesitzes je Aktionär mit den Meldungen nach dem Wertpapierhandelsgesetz übereinstimmt, und ob bei der Tätigkeit der REIT AG die Regelungen hinsichtlich Vermögens- und Ertragsanforderungen, Ausschüttung an die Anleger, Ausschluss des Immobilienhandels sowie Mindesteigenkapital (§§ 11–15 REITG) und die ergänzenden Bestimmungen in der Satzung der REIT AG zum Bilanzstichtag eingehalten wurden.[17] Eine beglaubigte Abschrift des besonderen Abschlussprüfervermerks ist der Steuererklärung der REIT AG beizufügen.[18]

Die Begriffe „REIT-Aktiengesellschaft", „Real Estate Investmenttrust" und die Abkürzung „REIT" genießen nach § 7 REITG einen weitreichenden Bezeichnungsschutz. Nur wer eine REIT Aktiengesellschaft iSd REIT-Gesetzes ist, darf die geschützten Begriffe in der Firma oder als Zusatz zur Firma führen. Auch eine als Vor-REIT registrierte Gesellschaft darf diese Begriffe in der Firma (noch) nicht verwenden.

C. Steuerliche Aspekte

Im Folgenden wird auf steuerrechtliche Aspekte eingegangen, die für REIT AGs und deren Aktionäre Bedeutung haben.

I. Steuerrechtliche Einordnung der REIT AG

Mit dem REITG hat sich der Gesetzgeber im Grundsatz für ein Dividendenmodell mit Streubesitz- und Höchstbeteiligungsklausel entschieden. Andere ebenfalls vorgeschlagene Modelle (Trennungs- oder Trustvermögensmodell, Nießbrauchsmodell, KGaA-Modell)[19] wurden aus verschiedenen Gründen nicht umgesetzt.

Entsprechend dem Dividendenmodell ist die REIT AG daher – bei Einhaltung gewisser Voraussetzungen – ab dem Beginn des Wirtschaftsjahres, in dem sie als REIT AG in das Handelsregister eingetragen wird, von der Körperschaftsteuer und der Gewerbesteuer befreit.[20] Die Besteuerung wird auf die Ebene der Anteilseigner der REIT AG verlagert. Die Anteilseigner sind mit ihren Erträgen aus der REIT AG grds. voll steuerpflichtig.[21] Die Steuerbefreiung gilt nicht für ausländische REITs.[22] Bezüglich anderer Steuerarten (wie etwa Grundsteuer, Grunderwerbsteuer, Umsatzsteuer) gibt es keine Befreiungen oder Besonderheiten.

Die meisten Voraussetzungen der Steuerbefreiung sind nicht durch den Handelsregisterrichter zu prüfen,[23] sondern anhand der Steuererklärung für den abgelau-

---

[16] Vgl. IDW PH 9.950.2, IDW-FN 12/2008, S. 511 Rn. 29.
[17] § 1 Abs. 4 REITG.
[18] § 21 Abs. 2 Satz 5 REITG.
[19] Vgl. *Schultz/Harrer* DB 2005, 574.
[20] §§ 16 Abs. 1, 17 Abs. 1 REITG; *Amort* DStR 2009, 1772.
[21] Vgl. § 19 Abs. 1, 3 REITG. Näheres Rn. 36 ff.
[22] Zur europarechtlichen Problematik vgl. Helios/Wewel/Wiesbrock/*Reimer* Kap. C Rn. 1 ff.; *Bron* BB-Spezial 7/2007, 21; *Breinersdorfer/Schütz* DB 2007, 1487 (1491).
[23] Näher zum Prüfungsumfang des Handelsregisters Rn. 52.

fenen Veranlagungszeitraum durch die Finanzverwaltung.[24] Gemäß § 150 Abs. 4 Satz 1 AO, § 21 Abs. 2 REITG hat der Steuerpflichtige dabei ua die Voraussetzungen für die Steuerbefreiung nachzuweisen. Die Steuerbefreiung der REIT AG steht der Erhebung eines Verspätungszuschlags nicht entgegen.[25] Bis zur Abgabe der Steuererklärung wird das Vorliegen der Voraussetzungen einer Steuerbefreiung durch die Finanzverwaltung vermutet.[26]

17 Die Steuerbefreiung der REIT AG erstreckt sich nicht auf deren Tochtergesellschaften. Inländische Tochtergesellschaften der REIT AG (Auslandsobjektgesellschaften, REIT-Dienstleistungsgesellschaften oder Komplementärkapitalgesellschaften) unterliegen daher grds. der Körperschaftsteuer sowie der Gewerbesteuer. Immobilienpersonengesellschaften unterliegen der Gewerbesteuer, wenn sie gewerblich tätig oder gewerblich geprägt sind. Insbesondere im Fall von Auslandsobjektgesellschaften und Immobilienpersonengesellschaften kommt aber ggf. eine erweiterte Gewerbesteuerkürzung (§ 9 Nr. 1 Satz 2 ff. GewStG) in Betracht.

18 Die REIT AG kann als steuerbefreite Gesellschaft nicht Organträger ihrer inländischen Tochtergesellschaften sein.[27] Ausschüttungen inländischer Tochtergesellschaften an einen REIT unterliegen der Kapitalertragsteuer.[28] Die Kapitalertragsteuer kann durch Vorlage einer Nichtveranlagungsbescheinigung zu 2/5 erstattet werden.[29] Eine vollständige Erstattung der Kapitalertragsteuer – wie etwa bei inländischen Immobiliensondervermögen (§ 11 Abs. 2 Satz 1 InvStG) – ist im Fall einer REIT AG nicht möglich. Auf Ausschüttungen an eine REIT AG erhobene Kapitalertragsteuer hat daher abgeltende Wirkung.[30] Eine Anrechnung dieser Kapitalertragsteuer auf Ebene der REIT AG oder auf Ebene ihrer Anteilseigner kommt (de lege lata) nicht in Betracht.[31]

19 Hält der REIT Immobilien im Ausland (direkt bzw. über eine Auslandsobjektgesellschaft/Immobilienpersonengesellschaft), ist eine Vorbelastung der aus dem Ausland stammenden Immobilienerträge mit ausländischen Steuern wahrscheinlich.[32] Auch diese Steuern sind auf Ebene der REIT AG nicht berücksichtigungsfähig, und es würde zu einer Doppelbesteuerung kommen.

20 Das Problem der (wirtschaftlichen) Doppelbesteuerung von Einkünften der REIT AG aus ihren Tochtergesellschaften bzw. aus dem Ausland[33] wurde auch vom Gesetzgeber gesehen. Ursprünglich sollte eine Lösung bereits im Laufe des Jahres 2007 erfolgen,[34] was aber nicht geschehen ist. Im Rahmen des Jahressteuergesetzes

---

[24] BMF 10.7.2007, BStBl. I 2007, 527. Zu möglichen Problemen bei der erstmaligen Prüfung durch das Finanzamt vgl. *Korezkij/Fuchs* BB 2007, 2098.

[25] § 21 Abs. 2 Satz 3 REITG.

[26] BMF 10.7.2007, BStBl. I 2007, 527.

[27] § 14 Abs. 1 Nr. 2 KStG; § 2 Abs. 2 GewStG.

[28] Gemäß §§ 43 Abs. 1 Satz 1 Nr. 1, 43a Abs. 1 Nr. 1 EStG beträgt die KapESt 20% in 2008 und 25% ab 2009.

[29] § 44a Abs. 8 Satz 1 Nr. 1, Satz 2–4 EStG.

[30] §§ 32 Abs. 1 Nr. 1, 5 Abs. 2 Nr. 1 KStG. Man könnte daher von einer partiellen Steuerpflicht der REIT AG sprechen.

[31] Ebenso Helios/Wewel/Wiesbrock/*Engers* REITG § 19 Rn. 25.

[32] Vgl. Art. 6 OECD-MA, der das Besteuerungsrecht für Immobilienerträge dem Belegenheitsstaat der Immobilien zuweist. Ist die Gesellschaft im Ausland ansässig, werden dort in der Regel ebenfalls Steuern erhoben.

[33] Vgl. *Schultz/Thießen* Institutional Investment Real Estate Magazin 2/2007, Sonderausgabe REITs, S. 42 f.

[34] Beschlussempfehlung und Bericht des Finanzausschusses des Bundestages, BT-Drs. 16/4779, 29.

2009 wurde das REITG aber umfassend geändert und die Doppelbesteuerungsproblematik gelöst.[35] Für steuerlich vorbelastete Ausschüttungen statuiert § 19a Abs. 1 REITG entgegen dem allgemeinen Anwendungsverbot des § 19 Abs. 3 REITG, dass das Teileinkünfteverfahren bzw. die 95%ige Steuerbefreiung (§ 8b KStG) zur Anwendung kommt.[36] Als steuerlich vorbelastet ist der Anteil an der Dividendenausschüttung anzusehen, der bereits auf einer vorgelagerten Ebene mit mindestens 15% deutscher Körperschaftsteuer oder einer dieser vergleichbaren ausländischen Steuer belastet wurde.[37] Der aus vorbelasteten Gewinnen stammende Anteil der Dividende ist in der Steuerbescheinigung nach § 45a EStG gesondert auszuweisen.

Vor-REITs sind (steuerpflichtige) Aktiengesellschaften mit Sitz im Geltungsbereich dieses Gesetzes, die beim Bundeszentralamt für Steuern (BZSt) als Vor-REITs registriert sind.[38] Der Vor-REIT soll die Entwicklung einer Gesellschaft zur REIT AG ermöglichen.[39] Er ist als Erwerbsvehikel wichtig, weil Verkäufe an ihn steuerprivilegiert erfolgen können.[40] Vor-REITs müssen die Voraussetzungen des § 12 REITG nachweisen,[41] aber noch nicht über die für eine REIT AG erforderliche Beteiligungsstruktur, Eigenkapitalquote und Börsenzulassung verfügen. Zudem hat die Gesellschaft nach der Anmeldung als Vor-REIT bis zu zwei Jahre Zeit, die Anforderungen an Unternehmensgegenstand, Ertrag und Vermögen zu erfüllen.[42] Der Vor-REIT muss grds. spätestens drei Jahre nach seiner Anmeldung beim BZSt einen Antrag auf Börsenzulassung stellen.[43] Zur Erteilung des Vor-REIT-Status genügt ein formloser Antrag und die Vorlage eines Handelsregisterauszugs, der das Bestehen einer inländischen Aktiengesellschaft nachweist, beim Bundeszentralamt für Steuern; weitere Voraussetzungen sind nicht einzuhalten.[44]

Die als Exit Tax bekannt gewordene Lenkungsnorm wurde inzwischen ersatzlos aufgehoben. Eine Verlängerung des steuerlich begünstigten Veräußerungszeitraums hat der Gesetzgeber nicht vorgesehen. Die Exit Tax sollte, aufgrund der 50%igen Steuerfreiheit für Veräußerungsgewinne, für Unternehmen einen Anreiz darstellen Immobilien an eine REIT AG oder einen Vor-REIT zu veräußern oder sich unmittelbar in eine REIT AG umzuwandeln.[45]

---

[35] Vgl. *Schultz* Status Recht 6/2008, 219 f.
[36] Vgl. § 19a Abs. 1 REITG.
[37] Vgl. § 19a Abs. 2 REITG.
[38] § 2 Satz 1 REITG. Zum 31.1.2018 waren beim BZSt keine Vor-REITs registriert.
[39] Begründung des Gesetzentwurfs der Bundesregierung eines REITG zu § 2 REITG, BT-Drs. 16/4026, 29.
[40] Hierzu der nachfolgende Abschnitt.
[41] Den Nachweis hat der Vor-REIT mit von einem Wirtschaftsprüfer geprüften Unterlagen zu erbringen, vgl. IDW PH 9.950.2, IDW-FN 12/2008, S. 511 ff., Rn. 37.
[42] § 2 Satz 2, 3 REITG.
[43] § 10 Abs. 2 REITG. Die Frist kann in Ausnahmefällen um ein Jahr verlängert werden.
[44] § 2 Satz 1 REITG.
[45] Zur Anwendung für Altfälle vgl. 2. Auflage. Ferner ausführlich zur Exit Tax *Korezkij* BB 2007, 1698. Veräußerungen an offene oder geschlossene Immobilienfonds sind – entgegen ursprünglicher Pläne des Gesetzgebers – nicht begünstigt. Vgl. *Gemmel/Kaiser* DStR 2009,1346; *Claßen* FR 2010, 155.

II. (Straf-)Zahlungen und Wegfall der Steuerbefreiung

23 Erfüllt die REIT AG bestimmte Anforderungen des REITG nicht, setzt die zuständige Finanzbehörde Zahlungen gegen die REIT AG fest;[46] auch die Festsetzung mehrerer Zahlungen für einen Veranlagungszeitraum ist möglich.[47] Bei bestimmten (wiederholten) Verstößen droht der REIT AG gar der Verlust der Steuerbefreiung,[48] was erhebliche steuerliche und gesellschaftsrechtliche Konsequenzen haben kann.[49] Ein Verstoß wird durch den Abschlussprüfer festgestellt.[50] Die Prüfung der Einhaltung der §§ 11–15 REITG nimmt allerdings nicht die steuerliche Anerkennung der REIT AG vorweg. Die zuständige Finanzbehörde kann weitere Angaben verlangen.[51] Nach einem Verlust der Steuerbefreiung ist eine erneute Befreiung vier Jahre lang nicht möglich.[52]

24 Im Einzelnen werden Zahlungen in folgender Höhe festgesetzt:
(i) 1–3% des Betrags, um den der Anteil an unbeweglichem Vermögen hinter einem Anteil von 75% am Gesellschaftsvermögen zurückbleibt (§ 16 Abs. 3 REITG),
(ii) 10–20% des Betrags, um den die Bruttoerträge aus unbeweglichem Vermögen hinter einem Anteil von 75% der gesamten Bruttoerträge zurückbleiben (§ 16 Abs. 4 REITG),
(iii) 20–30% des Betrags, um den die Mindestausschüttungsverpflichtung von 90% nicht erfüllt wird (§ 16 Abs. 5 REITG), und
(iv) 20–30% der Einnahmen aus einer entgeltlichen Nebentätigkeit der REIT AG oder einer Immobilienpersonengesellschaft für Dritte (§ 16 Abs. 6 REITG)
(v) 20–30% des in der Steuerbescheinigung nach § 45a EStG zu hoch ausgewiesenen Anteils aus vorbelasteten Gewinnen (§ 19a Abs. 3 Satz 3 REITG).

25 Bei den Zahlungen handelt es sich nicht um Steuern, sondern um steuerliche Nebenleistungen im materiellen Sinn.[53] Die für die Körperschaftsteuer geltenden Vorschriften der Abgabenordnung sind entsprechend anzuwenden. Für öffentlich-rechtliche Streitigkeiten wegen einer Zahlung ist der Finanzrechtsweg gegeben.[54]

26 Die REIT AG verliert ihre Steuerbefreiung
(i) zum Ende des Wirtschaftsjahres, das dem Verlust der Börsenzulassung vorausgeht (§ 18 Abs. 1 REITG),
(ii) für das Wirtschaftsjahr, in dem die REIT AG die Grenze des § 14 Abs. 2 REITG zum gewerblichen Immobilienhandel überschreitet (§ 18 Abs. 2 REITG),
(iii) mit Ablauf des dritten aufeinander folgenden Wirtschaftsjahrs, in denen sich weniger als 15% der Aktien der REIT AG im Streubesitz befunden haben (§ 18 Abs. 3 Satz 1 REITG),

---

[46] § 16 Abs. 3–6 REITG.
[47] § 16 Abs. 3 Satz 4 REITG.
[48] § 18 Abs. 1–5 REITG.
[49] § 18 Abs. 7 REITG; § 11 Abs. 3 REITG; § 3 Nr. 70 Satz 3 Buchst. d EStG.
[50] § 1 Abs. 4 REITG. Näher zu den Aufgaben des Abschlussprüfers *Friedrich/Fleischer* DB 2007, 2019 und IDW PH 9.950.2, IDW-FN 12/2008, S. 511.
[51] § 21 Abs. 2, 3 REITG.
[52] § 17 Abs. 4 REITG.
[53] Helios/Wewel/Wiesbrock/*Drüen* REITG § 21 Rn. 3.
[54] § 21 Abs. 1 REITG.

C. Steuerliche Aspekte 27–29 § 27

(iv) mit Ablauf des dritten aufeinander folgenden Wirtschaftsjahres, in denen gegen die Höchstbeteiligungsgrenze des § 11 Abs. 4 REITG verstoßen wurde (§ 18 Abs. 3 Satz 2 REITG),
(v) mit Ablauf des dritten aufeinander folgenden Wirtschaftsjahres, in denen die REIT AG nicht das gem. § 15 REITG erforderliche Mindesteigenkapital aufgewiesen hat (§ 18 Abs. 4 REITG),
(vi) mit Ablauf des dritten aufeinander folgenden Wirtschaftsjahres, in denen gegen die Voraussetzungen des gleichen Absatzes des § 16 Abs. 3–6 REITG verstoßen wurde (§ 18 Abs. 5 Satz 1 REITG) und
(vii) mit Ablauf des fünften aufeinander folgenden Wirtschaftsjahres, in denen gegen die Voraussetzungen irgendeines Absatzes des § 16 Abs. 3–6 REITG verstoßen wurde (§ 18 Abs. 5 Satz 2 REITG).

Im Fall eines fortlaufenden Verstoßes gegen das Streubesitzerfordernis (iii) oder 27
die Höchstbeteiligungsklausel (iv) entfällt die Steuerbefreiung nicht, wenn die REIT AG den Verstoß nicht anhand der Meldungen nach dem Wertpapierhandelsgesetz erkennen konnte.[55] Nach der Aufdeckung eines solchen Verstoßes muss die Einhaltung dieser Vorschriften bis zum Ende des auf die Aufdeckung folgenden Wirtschaftsjahres erreicht werden, andernfalls verliert die REIT AG ihre Steuerbefreiung rückwirkend zum Ende des Wirtschaftsjahres der Aufdeckung.[56] Im Fall eines fortlaufenden Verstoßes gegen § 16 Abs. 3–6 REITG (vi oder vii) kann die zuständige Finanzbehörde unter Festsetzung der höchstmöglichen Zahlung ausnahmsweise bestimmen, dass die Steuerbefreiung nicht entfällt.[57] Die Steuerbefreiung entfällt zwingend mit Verlust der Börsenzulassung (i) oder bei schädlichem Immobilienhandel (ii).

Weder mit Zahlungen, noch mit einem Verlust der Steuerbefreiung sanktioniert 28
ist ein Verstoß der REIT AG gegen die Beschränkung des Umfangs der Tätigkeit von REIT-Dienstleistungsgesellschaften[58] oder ihren Unternehmensgegenstand.[59] In Betracht kommt insoweit aber eine Prüfungskompetenz des Registergerichts, da keine abschließende steuerrechtliche Regelung vorliegt.[60] Bei fehlender Eintragung als REIT AG in das Handelsregister droht ggf. ein Verlust der Steuerbefreiung.[61]

Ausschüttungen einer REIT AG gehören zu den Einkünften aus Kapitalver- 29
mögen gem. § 20 Abs. 1 Nr. 1 EStG, sofern es sich nicht um Betriebseinnahmen handelt.[62] Das Teileinkünfteverfahren und die Steuerbefreiung nach § 8b KStG sind vorbehaltlich des neuen § 19a REITG nicht anzuwenden.[63] Bei betrieblichen Anlegern kommt zudem eine Kürzung des Gewerbeertrags gem. § 9 Nr. 2a Satz 1 GewStG nicht in Betracht, da es sich bei der REIT AG um eine steuerbefreite Gesellschaft handelt.

---

[55] § 18 Abs. 3 Satz 3 REITG.
[56] § 18 Abs. 3 Satz 4, 5 REITG.
[57] § 18 Abs. 5 Satz 3 REITG.
[58] § 12 Abs. 2 Buchst. b, Abs. 3 Buchst. b REITG. Ebenso *Sieker/Göckeler/Köster* DB 2007, 933 (937 f.).
[59] § 1 Abs. 1 REITG.
[60] Ebenso Helios/Wewel/Wiesbrock/*Helios* § 16 Rn. 40.
[61] §§ 16 Abs. 1, 8, 6 REITG.
[62] § 19 Abs. 1 REITG.
[63] § 19 Abs. 3 REITG.

30 Nach dem 1.1.2009 unterfallen Ausschüttungen einer REIT AG an Anleger, die ihre Beteiligung im Privatvermögen halten, der Abgeltungsteuer gem. § 32d EStG.[64]

31 Da § 19 Abs. 1 REITG auf den gesamten § 20 Abs. 1 Nr. 1 EStG verweist, sollten Ausschüttungen einer REIT AG, für die Erträge aus dem steuerlichen Einlagekonto gem. § 27 KStG als verwendet gelten. Eine Zuordnung zu den Einkünften aus Kapitalvermögen findet gem. § 20 Abs. 1 Nr. 1 Satz 3 EStG nicht statt.[65]

32 Die REIT AG ist verpflichtet, auf Ausschüttungen Kapitalertragsteuer in Höhe von 25% (zuzüglich 5,5% Solidaritätszuschlag) einzubehalten; die Vorschriften für den Kapitalertragsteuereinbehalt bei Dividendenausschüttungen gelten entsprechend.[66]

33 In Deutschland ansässige Anteilsinhaber haben Anspruch auf Anrechnung bzw. Erstattung der einbehaltenen Kapitalertragsteuer.[67] Für nicht in Deutschland ansässige Anteilsinhaber entfaltet die Kapitalertragsteuer grundsätzlich Abgeltungswirkung.[68] Eine Erstattung aufgrund von Doppelbesteuerungsabkommen ist möglich, allerdings können sich die Anteilsinhaber nicht auf ein DBA Schachtelprivileg berufen.[69] Die Mutter-Tochter-Richtlinie ist nicht anwendbar, da es sich bei der REIT AG nicht um eine steuerpflichtige Gesellschaft handelt[70] und Beteiligungen von 10% oder mehr an einer REIT AG unzulässig sind.

34 Gewinne aus der Veräußerung von Anteilen an REIT AGs sind, soweit kein Betriebsvermögen, gemäß § 17 EStG sowie § 20 Abs. 2 Satz 1 EStG zu versteuern.[71]

35 Durch das Gesetz wird der ausländische REIT in § 19 Abs. 5 REITG („andere REIT-Körperschaften, -Personenvereinigungen oder -Vermögensmassen") erstmals legal definiert. Anteilsinhaber eines ausländischen REITs sollen aus Gründen der Chancengleichheit[72] wie Inhaber von Anteilen an einer REIT AG besteuert werden.[73]

---

[64] Dies bedeutet nicht zwingend eine ungerechtfertigte Besserstellung für die REITs, da auch Erträge aus deutschen Immobilienfonds nach dem InvStG ab 2009 ebenso besteuert werden. Gegenüber einer Direktanlage ergibt sich ggf. eine Besserstellung.

[65] Ebenso Helios/Wewel/Wiesbrock/*Engers* § 19 Rn. 4; *Sieker/Göckeler/Köster* DB 2007, 933 (941). Eine Besteuerung solcher Ausschüttungen würde zu einer nicht gerechtfertigten Doppelbelastung führen. Nach dem Wortlaut des § 19 Abs. 1 REITG könnte daran aber Zweifel bestehen, da die Ausschüttungen danach zu den Einkünften aus Kapitalvermögen gehören. Für die ähnliche Regelung des § 2 Abs. 1 Satz 1 InvStG bestimmt das Anwendungsschreiben des BMF v. 2.6.2005, Rn. 16, dass im Fall einer Einlagenrückgewähr keine ausgeschütteten Erträge vorliegen.

[66] § 20 Abs. 1 REITG.

[67] § 20 Abs. 4 Satz 1 REITG, § 36 Abs. 2 EStG. Die Vorschrift entspricht § 7 Abs. 7 InvStG.

[68] § 50 Abs. 5 Satz 1 EStG; § 32 Abs. 1 Nr. 2 KStG.

[69] § 16 Abs. 2 Satz 3 REITG normiert einen sog. Treaty Override für den Fall, dass trotz des Verbots in § 11 Abs. 4 Satz 1 REITG eine höhere unmittelbare Beteiligung an der REIT AG besteht. § 20 Abs. 4 Satz 2, 3 REITG normiert einen sog. Treaty Override für den Fall, dass nach einem Doppelbesteuerungsabkommen das Schachtelprivileg über indirekte Beteiligungen an der REIT AG anwendbar ist.

[70] Daran ändert wohl auch die partielle Belastung der REIT AG mit abgeltender Kapitalertragsteuer nichts, da es sich bei der Kapitalertragsteuer insoweit um eine eigene Steuer mit Objektcharakter handelt (Kirchhof/Söhn/Mellinghoff/*Gersch* EStG § 43 Rn. A2) und nicht um eine Belastung mit Körperschaftsteuer iSv § 43b Abs. 2 Satz 3 EStG, Art. 2 Abs. 1 Buchst. c der Anlage 2 zum EStG.

[71] § 19 Abs. 2 REITG.

[72] Gesetzesbegründung zu § 19 Abs. 2 REITG; BT-Drs. 16/4026, 24.

[73] § 19 Abs. 1–4 REITG sind ebenfalls anwendbar. Zu europarechtlichen Bedenken (Steuerpflicht ausländischer REITs bei voller Besteuerung ihrer Aktionäre) vgl. *Schultz/Thießen*

D. Bilanzielle Aspekte   36–39   § 27

Ein eigenständiger Vorrang vor den Regelungen in Doppelbesteuerungsabkommen wurde mit dem Jahressteuergesetz 2009 in § 19 Abs. 6 REITG eingeführt. Danach gilt für inländische Investoren statt der Freistellungsmethode stets (nur) die Anrechnung der im Ausland erhobenen Steuer. Anzuwenden ist diese Neuregelung erstmals auf nach dem 31.12.2008 zufließende Dividenden.[74]

D. Bilanzielle Aspekte

Die Gesellschaft ist zur Aufstellung eines Abschlusses nach IFRS verpflichtet   36 (Konzern- oder Einzelabschluss). Die Empfehlungen der EPRA zum Konzern- bzw. Einzelabschluss nach IFRS sollten aus Gründen der Vergleichbarkeit mit anderen Immobilienunternehmen beachtet werden. Für Steuerzwecke ist zudem ein Abschluss nach HGB erforderlich.[75]

Mindestens 75% der gesamten Umsatzerlöse (zuzüglich der sonstigen Erträge aus   37 unbeweglichem Vermögen) müssen aus unbeweglichem Vermögen stammen und mindestens 75% der Aktiva müssen unbewegliches Vermögen sein. Diese Werte sind nach IFRS zu ermitteln; maßgeblich für die Grenzen ist der beizulegende Zeitwert nach IAS 40. Nicht konsolidierte Personengesellschaftsanteile (etwa im Fall eines Joint Ventures) gelten als unbewegliches Vermögen.[76]

Ausschüttungen von mindestens 90% des nach HGB berechneten ausschüt-   38 tungsfähigen Gewinns bis zum Ende des folgenden Geschäftsjahrs sind Pflicht.[77] Die Vorschriften über die gesetzlichen Rücklagen nach § 150 AktG finden keine Anwendung. Für die Ermittlung des handelsrechtlichen Ausschüttungsbetrags dürfen Abschreibungen – anders als zunächst vom Gesetzgeber geplant – nicht ausgeschüttet werden. Zulässig ist zudem nur die planmäßig lineare Abschreibung; außerordentliche Abschreibungen bleiben aber möglich. Veräußerungsgewinne können bis zur Hälfte und bis zu zwei Jahre in eine Rücklage zur Anschaffung von unbeweglichem Vermögen eingestellt werden.[78]

Das Eigenkapital im Konzern- oder Einzelabschluss nach IFRS darf 45% des   39 Wertes des unbeweglichen Vermögens nicht unterschreiten.[79] Maßgeblich ist der beizulegende Zeitwert nach IAS 40. Diese Vorschrift hat das Ziel, Gläubiger des REITs zu schützen, verspricht den Aktionären (und dem Fiskus) vergleichsweise hohe Ausschüttungen, ist praktikabler als eine Beschränkung des schwer definierbaren Fremdkapitals (wie im Gesetzentwurf noch bis Anfang März 2007 vorgesehen) und zwingt den REIT, Wachstum mit einem hohen Eigenkapitalanteil zu finanzieren. Hält die REIT AG Anteile an Immobilienpersonengesellschaften mit Minderheitsgesellschaftern, müssen diese Anteile ggf. nach IAS 32.18(b) als Fremdkapital bilanziert werden.[80] Dadurch entsteht der REIT AG ein wirtschaftlicher Nachteil, da sie weniger Fremdkapital aufnehmen kann. Mit Jahressteuergesetz 2009 hat der

---

DB 2006, 2144 (2147); *Bron* BB-Spezial 7/2007, 21; *Breinersdorfer/Schütz* DB 2007, 1487 (1492). *Sieker/Göckeler/Köster* DB 2007, 933 (942) weisen darauf hin, dass sich die Regelung leicht umgehen lassen dürfte.
[74] § 23 Abs. 9 REITG.
[75] § 13 Abs. 1 REITG.
[76] § 3 Abs. 7 REITG.
[77] § 13 Abs. 1 REITG, HGB idF des BilMoG, BGBl. 2009 I 1102.
[78] § 13 Abs. 3 REITG.
[79] § 15 REITG.
[80] *Schäfer/Völker* REITs, S. 174.

Gesetzgeber reagiert und einen neuen § 15 Satz 2 REITG eingeführt. Danach gelten als Fremdkapital ausgewiesene Anteile für die Berechnung des Mindesteigenkapitals als Eigenkapital.

40 Die Einhaltung der Voraussetzungen für einen REIT sind vom Abschlussprüfer im Rahmen der Jahresabschlussprüfung festzustellen; das Ergebnis seiner Feststellungen hat der Abschlussprüfer in einem besonderen Vermerk zusammenzufassen.[81] Über Prüfungsumfang, „REIT-Erklärung" der gesetzlichen Vertreter über die Einhaltung der §§ 11–15 REITG, Gestaltung des Vermerks, Berichtsumfang und Zeitpunkt der Prüfung schweigt das Gesetz. Hier wird man pragmatisch vorgehen müssen und nur eine Prüfung im Rahmen der Abschlussprüfung zum Bilanzstichtag fordern. Eine unterjährige Prüfung mag sinnvoll sein[82] und den Steuerbehörden gefallen, belastet aber die REIT AG finanziell zu stark.

41 Der REIT darf keinen Handel mit seinem unbeweglichen Vermögen betreiben. Ein Handel findet statt, wenn innerhalb eines Zeitraums von fünf Jahren Erlöse aus der Veräußerung von unbeweglichem Vermögen erzielt werden, die mehr als die Hälfte des Wertes des durchschnittlichen Bestandes an unbeweglichem Vermögen innerhalb desselben Zeitraumes ausmachen (berechnet anhand bereits vorliegender IFRS Jahresabschlüsse des REITs).

E. Kapitalmarktrechtliche Aspekte

42 Im Folgenden wird auf kapitalmarktrechtliche Spezialregelungen, den Inhalt des Wertpapierprospekts sowie Anforderungen der Frankfurter Wertpapierbörse („FWB") als der bedeutendsten deutschen Wertpapierbörse eingegangen.[83]

I. Verpflichtung zur Börseneinführung

43 Das REIT-Gesetz sieht vor, dass die Aktien der REIT AG zum Handel an einem organisierten Markt iSv § 2 Abs. 11 WpHG in einem Mitgliedstaat der Europäischen Union oder in einem anderen Vertragsstaat des Abkommens über den Europäischen Wirtschaftsraum zugelassen sein müssen.[84] Seit Inkrafttreten des Finanzmarktrichtlinie-Umsetzungsgesetzes am 1.11.2007 ist dies ausschließlich der neu geschaffene regulierte Markt. Der Antrag auf Zulassung muss jedoch erst innerhalb von drei Jahren nach Anmeldung der REIT AG als Vor-REIT gestellt werden, wobei die Frist auf Antrag von der BaFin um ein Jahr verlängert werden kann, wenn Umstände außerhalb des Verantwortungsbereichs des Vor-REIT eine solche Verlängerung rechtfertigen.[85] Wird innerhalb der Frist kein Antrag gestellt oder wird ein innerhalb dieser Frist gestellter Antrag bestandskräftig abgelehnt,

---

[81] Vgl. *Lemnitzer/Bräsick* Der Konzern 2007, 514 (520); IDW PH 9.950.2, IDW-FN 12/2008, 511 ff.
[82] Vgl. *Lemnitzer/Bräsick* Der Konzern 2007, 514 (520).
[83] Vgl. *Frey/Harbarth* ZIP 2007, 1177; *Götze/Hütte* NZG 2007, 332; *Harbarth* International Investor Real Estate Magazin – Sonderausgabe REITs 2/2007, 33 ff.; *Quass/Becker* AG 2007, 421; *van Kann/Just/Kramer* DStR 2006, 2105; *Vaupel/Harrer* Going Public, Sonderausgabe G-REITs 2006, S. 54 ff.; Habersack/Mülbert/Schlitt/*Vaupel* § 25 Rn. 95 ff.; *Harrer/Leppert* WM 2007, 1962.
[84] § 10 Abs. 1 REITG.
[85] § 10 Abs. 2 REITG.

E. Kapitalmarktrechtliche Aspekte

so verliert die Gesellschaft ihren Status als Vor-REIT. Der Status lebt wieder auf, wenn die Zulassung erneut beantragt wird.[86]
Da die Aktien der REIT AG gem. §§ 1 Abs. 2, 10 Abs. 1 REITG zwingend zum Handel an einem organisierten Markt zugelassen sein müssen, wird die Börsenzulassung noch durch eine „gewöhnliche" Aktiengesellschaft beantragt und die Eintragung der Satzungsänderung hinsichtlich des Firmenzusatzes „REIT Aktiengesellschaft" oder „REIT AG" nach §§ 6, 8 REITG kann erst anschließend erfolgen.[87]

II. Prüfungsumfang des Handelsregisters

Nach § 8 REITG ist die Firma der REIT AG beim zuständigen Gericht zur Eintragung in das Handelsregister anzumelden. Der Prüfungsumfang des Handelsregisters zur Eintragung der Firmenänderung ist im REIT-Gesetz nicht klar geregelt[88] und wird derzeit kontrovers diskutiert.[89] Überwiegend[90] wird die Ansicht vertreten, dass bei der Firmenänderung vom Registergericht zumindest die typisierenden Merkmale eines REITs geprüft werden müssen. Dabei handelt es sich gemäß § 1 Abs. 1 REITG um die Anforderungen an den Unternehmensgegenstand und das Bestehen der Börsenzulassung, aber auch die Voraussetzungen hinsichtlich Grundkapital, die Form der Aktien, die Firma und den Sitz. Demgegenüber wird nach dieser Ansicht[91] eine Pflicht zur Prüfung anderer Voraussetzungen wie die Streuung der Aktien, die Höchstbeteiligung oder die wirtschaftlichen Anforderungen hinsichtlich Vermögen und Ertrag, Ausschüttung an Anleger, Ausschluss des Immobilienhandels und Mindesteigenkapital im Eintragungsverfahren abgelehnt.

III. Beteiligungshöchstgrenze

Weiterhin darf kein Anleger direkt 10% oder mehr der REIT-Aktien oder REIT-Aktien in einem Umfang halten, dass er über 10% oder mehr der Stimmrechte verfügt.[92] Eine Aufteilung auf mehrere Beteiligungsgesellschaften ist jedoch unschädlich. Damit soll eine Benachteiligung von inländischen Anlegern gegenüber ausländischen Anteilsinhabern im Falle einer Anwendung von begünstigenden Doppelbesteuerungsabkommen vermieden werden. Aktien, die für Rechnung eines Dritten gehalten werden, gelten als direkt durch den Dritten gehalten.[93] Die Kontrolle erfolgt über eine Ausweitung der für börsennotierte Unternehmen ohnehin bestehenden Mitteilungspflichten nach §§ 33 Abs. 1, 40 Abs. 1 und 2 WpHG. Diese gelten auch dann, wenn ein Meldepflichtiger durch Erwerb, Veräußerung oder auf sonstige Weise 80% oder 85% der Stimmrechte an einer REIT AG erreicht, überschreitet oder unterschreitet.[94]

---

[86] § 10 Abs. 3 REITG.
[87] Vgl. auch *Götze/Hütte* NZG 2007, 332.
[88] Ebenso Bundesrat BR-Drs. 779/06, 34.
[89] Vgl. Habersack/Mülbert/Schlitt/*Vaupel* § 25 Rn. 91 ff.; *Götze/Hütte* NZG 2007, 332 (333); *Ziemons* DB 2007, 449; *Merker* StuB 2006, 971 (972).
[90] *Götze/Hütte* NZG 2007, 332 (333).
[91] Vgl. *Götze/Hütte* NZG 2007, 332 (333); *Ziemons* BB 2007, 449 (450).
[92] § 11 Abs. 4 Satz 1 REITG.
[93] § 11 Abs. 4 Satz 2 REITG.
[94] § 11 Abs. 5 REITG.

IV. Mindeststreubesitz

47 Im Zeitpunkt der Börsenzulassung müssen sich in Übereinstimmung mit dem in § 9 Abs. 1 BörsZulVO geregelten Regelfall mindestens 25% der REIT-Aktien im Streubesitz befinden.[95] Jedoch müssen sich abweichend vom Normalfall eines börsennotierten Unternehmens bei der REIT AG als neu geschaffene „Zulassungsfolgepflicht" mindestens 15% der REIT-Aktien dauerhaft im Streubesitz befinden.[96] Im Streubesitz befinden sich die Aktien derjenigen Aktionäre, denen jeweils weniger als 3% der Stimmrechte zustehen. Die Berechnung richtet sich nach §§ 34, 36 WpHG.[97] Obwohl der Wortlaut des REIT-Gesetzes einen Streubesitz von mindestens 25% „im Zeitpunkt der Börsenzulassung" verlangt, sprechen strukturelle Überlegungen und Praktikabilitätserwägungen dafür, dass der erforderliche Streubesitz erst nach Übereignung der Aktien an die Anleger im Rahmen des Börsengangs vorliegen muss.[98] Bei einer Platzierung von Aktien im Rahmen eines Börsengangs erfolgt die Eigentumsübertragung der zu platzierenden Aktien generell erst nach der Börsenzulassung zum Zeitpunkt der Abrechnung (sog. Settlement). Eine dem Wortlaut des Gesetzes entsprechende Eigentumsübertragung bereits vor Zulassung der Aktien und anschließender Notierungsaufnahme würde den üblichen Marktgepflogenheiten widersprechen und könnte die Durchführung von Börsengängen erheblich belasten. Es gibt jedoch keine Anhaltspunkte dafür, dass der Gesetzgeber diese national wie international übliche und vom Kapitalmarkt erwartete Emissionsstruktur ändern wollte. Es sprechen darüber hinaus auch gute Gründe dafür, die Streubesitzanforderungen für die Zulassung nicht auf bereits seit längerem börsennotierte Gesellschaften anzuwenden, die zu einem späteren Zeitpunkt in eine REIT AG transformiert werden.[99] Die REIT AG hat jährlich zum 31. Dezember gegenüber der BaFin die Streubesitzquote ihrer Aktionäre mitzuteilen, die wiederum dem Bundeszentralamt für Steuern mitteilt, wenn die Quote von 15% unterschritten wird.[100] Die Prüfung des Mindeststreubesitzes und der Beteiligungshöchstgrenze beschränkt sich auf die rechnerische Richtigkeit der Mitteilung an die BaFin und auf die Übereinstimmung mit den Angaben der Aktionäre.[101] Nicht geprüft wird, ob sämtliche Aktionäre ihrer Meldepflicht vollständig nachgekommen sind oder ob die tatsächlichen Quoten von den gemeldeten Quoten abweichen.[102]

---

[95] § 11 Abs. 1 Satz 2 REITG.
[96] § 11 Abs. 1 Satz 1 REITG.
[97] § 11 Abs. 1 Sätze 3 und 4 REITG.
[98] Vgl. auch Habersack/Mülbert/Schlitt/*Vaupel* § 25 Rn. 68, 69; *Götze/Hütte* NZG 2007, 332 (336); *Quass/Becker* AG 2007, 421 (432).
[99] Vgl. *Götze/Hütte* NZG 2007, 332 (337); *Quass/Becker* AG 2007, 421 (433); *Ziemons* DB 2007, 449 (450).
[100] § 11 Abs. 2 Satz 4 REITG.
[101] § 1 Abs. 4 Satz 1 REITG.
[102] IDW PH 9.950.2, IDW-FN 12/2008, S. 511 Rn. 16.

V. Besonderheiten des Wertpapierprospekts

Mit der Umsetzung der EU-Prospektrichtlinie 2003/71/EG[103] in deutsches Recht durch das Prospektrichtlinie-Umsetzungsgesetz[104] zum 1.7.2005 unterliegen Prospektinhalt und das Billigungsverfahren den Vorschriften des Wertpapierprospektgesetzes (s. § 25 Rn. 105 ff.). Zum Prospektinhalt gehören in der Durchführungsverordnung und ihren Anhängen genau festgelegte Informationen. Aufgrund der gesetzlichen Sonderregelungen im REIT-Gesetz und einiger Unsicherheiten bei der Auslegung des REIT-Gesetzes werden im Wertpapierprospekt die Rechtslage und etwaige Risiken sowie die steuerlichen Sonderregelungen für die Gesellschaft und die Aktionäre ausführlich dargestellt.[105]

Im Einzelfall haben die Regelungen über Start-up-Gesellschaften,[106] dh Gesellschaften, die erst für einen kurzen Zeitraum in ihrer gegenwärtigen Geschäftstätigkeit aktiv sind, und die Pro-forma-Finanzinformationen im Wertpapierprospekt besondere Bedeutung.[107] Die BaFin verlangt aufgrund ihrer Ermächtigung nach Art. 23 der Durchführungsverordnung[108] bei Immobiliengesellschaften als besondere zusätzliche Informationen die Aufnahme eines Berichts über die Bewertung des Vermögens des Emittenten durch einen Sachverständigen in den Wertpapierprospekt.[109] Der Bericht kann in verkürzter Form in den Prospekt aufgenommen werden. Nach den Empfehlungen von CESR, die von der European Securities and Markets Authority (ESMA) aktualisiert wurden,[110] muss der Bericht ua von einem unabhängigen Sachverständigen verfasst sein, alle relevanten Informationen, die für die Bewertung wesentlicher Immobilien notwendig waren, enthalten, eine Zusammenfassung über die Anzahl der Immobilien, die Eigentumsverhältnisse sowie die entsprechenden Bewertungsergebnisse angeben, und gegebenenfalls eine Erklärung zu den Unterschieden der Bewertungsergebnisse und den entsprechenden, in den letzten vom Emittenten veröffentlichten Jahresabschlüssen enthaltenen Angaben enthalten. Die herrschende Meinung verneint eine gesetzliche Prospekthaftung des unabhängigen Sachverständigen nach § 21 WpPG.[111] Im Hinblick auf das im Prospekt gemäß den ESMA-/CESR-Empfehlungen aufzunehmende Sachverständigengutachten des Immobilienbewerters wird häufig von dem Bewerter in einem

---

[103] Vgl. Art. 29 der EU-Prospektrichtlinie: Richtlinie 2003/71/EG des Europäischen Parlaments und des Rates vom 4.11.2003 betreffend den Prospekt, der beim öffentlichen Angebot von Wertpapieren oder bei deren Zulassung zum Handel zu veröffentlichen ist, und zur Änderung der Richtlinie 2001/34/EG vom 4.11.2003; ABl. EU L 345 v. 31.12.2003, S. 64.
[104] Vgl. Gesetz v. 22.6.2005, BGBl. 2005 I 1698.
[105] Vgl. *Götze/Hütte* NZG 2007, 332 (335). ESMA, ESMA Update of the CESR Recommendations.
[106] The consistent implementation of the European Commission's Regulation on Prospectuses no 809/2004" (23.3.2013), Nr. 91 ff.; Nr. 135 ff. („ESMA/CESR's Recommendation").
[107] Ziffer 20.2, Anhang II der Durchführungsverordnung. Zu Pro-Forma-Angaben auch IDW Prüfungshinweis: Erstellung von Pro-Forma-Angaben IDW RH HFA 1004; WPg 202, 980. IDW Prüfungshinweise: Prüferische Durchsicht von Pro-Forma-Angaben, IDW PH 9900.1; WPg 2002, 1337. S. a. *Meyer* WM 2003, 1745.
[108] Anhang XIX Durchführungsverordnung nennt ausdrücklich Immobiliengesellschaften. Vgl. *Götze/Hütte* NZG 2007, 332; *Vaupel/Ries* Going Public Sonderheft, G-REITS 2007, 60.
[109] Derartige Bewertungsgutachten enthalten ua die Wertpapierprospekte der alstria office REITAG vom 28.3.2011 sowie der Hamborner REIT AG vom 23.9.2010.
[110] ESMA/CESR's Recommendation Nr. 128 ff.
[111] Vgl. *Groß* § 21 Rn. 36 ff.

Bestätigungsschreiben (sog. Reliance Letters) bestätigt, dass die Bank auf den Inhalt des Sachverständigengutachtens vertrauen darf.

VI. Anforderungen des regulierten Markts der Frankfurter Wertpapierbörse

50 Eine Notierung im Regulierten Markt einer deutschen Wertpapierbörse setzt grundsätzlich voraus, dass der Emittent als Unternehmen mindestens drei Jahre bestanden und seine Jahresabschlüsse für die drei dem Antrag vorangegangenen Geschäftsjahre offengelegt hat, wobei jedoch in Ausnahmefällen von der Geschäftsführung der Wertpapierbörse[112] eine Befreiung erteilt werden kann. Diese Zulassungsvoraussetzung kann im Einzelfall problematisch sein, falls die REIT AG eine neu gegründete Gesellschaft ist. Die in eine neue REIT AG eingebrachten Immobilien können jedoch uU ein bestehendes Unternehmen darstellen. Unabhängig davon kann die Geschäftsführung unter Abwägung der Interessen des Emittenten und des Publikums ausnahmsweise eine neu gegründete REIT AG zulassen, auch wenn die Immobilien nicht als „Unternehmen" angesehen werden und keine Mindestexistenz von drei Jahren bestand.

51 Die sich aus der Börsennotierung im regulierten Markt der Frankfurter Wertpapierbörse ergebenden Zulassungsfolgepflichten tragen zusätzlich zur Transparenz und somit zum Vertrauen der Anleger bei. Die Aktien stellen Insiderpapiere dar und unterliegen damit den Beschränkungen des Insiderhandelsverbots.[113] Schließlich bestehen für Aktionäre Mitteilungspflichten gemäß § 33 ff. WpHG[114] bei Erreichen, Überschreiten oder Unterschreiten bestimmter Meldegrenzen. Gemäß Art. 17 MAR (früher § 15 WpHG) hat die börsennotierte Gesellschaft möglicherweise kurserhebliche Insiderinformationen, die sie unmittelbar betreffen, unverzüglich in Form einer Ad-hoc-Mitteilung[115] zu veröffentlichen, wie dies zB bei dem Erwerb und der Veräußerung von Immobilienportfolios der Fall sein kann. Daneben gilt ua auch die Pflicht zur Mitteilung bestimmter Eigengeschäfte von Führungskräften mit Wertpapieren (sog. Managers' Transactions; früher Directors' Dealings)[116] nach Art. 19 MAR (früher § 15a WpHG) und das Verbot der Marktmanipulation nach Art. 15 MAR (früher § 20a WpHG).[117] Die Frankfurter Wertpapierbörse

---

[112] Vgl. § 3 Abs. 2 BörsZulV.
[113] Art. 14 MAR (früher § 12 ff. WpHG). Verordnung (EU) Nr. 596/2014 des Europäischen Parlaments und des Rates vom 16.4.2014 über Marktmissbrauch (Marktmissbrauchsverordnung; Market Abuse Directive; MAR), ABl. EU Nr. L 173/1 v. 12.6.2014. Vgl. *ESMA* Draft technical standards on the Market Abuse Regulation (Final Report 28 September 2015); *Klöhn* WM 2016, 1665; *Langenbucher* AG 2016, 417; *Poelzig* NZG 2016, 528; *Rubner/Pospiech* GWR 2016, 228; *Seibt/Wollenschläger* AG 2014, 593; *Tissen*, NZG 2015, 1254; *von der Linden* DStR 2016, 1016; *Zetzsche* NZG 2015, 817.
[114] Vgl. *Hüffer/Koch* AktG § 21 Rn. 1 ff.; *Assmann/Schneider* WpHG § 21 Rn. 1 ff.
[115] Art. 17 MAR (früher § 15 WpHG). Vgl. *ESMA* Draft technical standards on the Market Abuse Regulation (Final Report 28 September 2015) Rn. 172 f; *Krämer/Kiefner* AG 2016, 621; *Poelzig* NZG 2016, 528; *Rubner/Pospiech* GWR 2016, 228; *Seibt/Wollenschläger* AG 2014, 593; *Tissen*, NZG 2015, 1254; *von der Linden* DStR 2016, 1016; *Zetzsche* NZG 2015, 817.
[116] Art. 19 MAR (früher § 15a WpHG). Vgl. *ESMA* Draft technical standards on the Market Abuse Regulation (Final Report 28 September 2015) Rn. 297 ff.; *Kumpan* AG 2016, 446; *Rubner/Pospiech* GWR 2016, 228; *Seibt/Wollenschläger* AG 2014, 593; *Stüber* DStR 2016, 1221; *Tissen* NZG 2015, 1254; *von der Linden* DStR 2016, 1016; *Zetzsche* NZG 2015, 817.
[117] Art. 15 MAR (früher § 20a WpHG). Vgl. *ESMA* Draft technical standards on the Market Abuse Regulation (Final Report 28 September 2015); *Bator* BKR 2016, 1; *Poelzig* NZG

F. Gesellschaftsrechtliche Aspekte 52–54 § 27

differenziert zwischen dem „General Standard" und dem mit weiteren Zulassungsfolgepflichten ausgestatteten „Prime Standard".[118] In einem organisierten Markt zugelassene Gesellschaften müssen Jahresfinanzberichte, Halbjahresfinanzberichte und unter bestimmten Voraussetzungen Zahlungsberichte,[119] im Prime Standard auch Quartalsmitteilungen[120] erstellen.

VII. Anwendbarkeit des Kapitalanlagegesetzbuches?

Die Bundesanstalt für Finanzdienstleistungsaufsicht (BaFin) ist der Auffassung, dass eine Einzelfallprüfung erforderlich ist, ob eine deutsche REIT AG eine „festgelegte Anlagestrategie" oder eine „allgemeine Unternehmensstrategie" verfolgt, um zu beurteilen, ob der Anwendungsbereich des Kapitalanlagegesetzbuches (KAGB)[121] eröffnet ist, das im Juli 2013 in Kraft getreten ist und die AIFM-Richtlinie[122] der EU umsetzt. 52

Die Deutsche Börse AG hat im November 2007 mit der Eintragung des ersten REITs ein eigenständiges Segment für diese Anlageklasse eingeführt und berechnet zwei eigenständige REIT-Indizes auf Basis der Segmentzugehörigkeit. Der All Share-Index erstreckt sich auf alle REITs des Prime Standard und General Standard und ist sowohl für deutsche als auch für ausländische REITs zugänglich. Der REIT-Auswahlindex „RX" beinhaltet die 20 größten und liquidesten REITs aus dem Prime Standard. Die Gewichtung erfolgt nach Free-Float Marktkapitalisierung. REITs werden parallel in die Aktienauswahlindizes wie DAX, MDAX oder SDAX aufgenommen, sofern sie die jeweiligen Aufnahmekriterien erfüllen. 53

F. Gesellschaftsrechtliche Aspekte[123]

Im Folgenden wird auf gesellschaftsrechtliche Aspekte, insbesondere die Gestaltungsmöglichkeiten zur Schaffung der Voraussetzungen für eine REIT-Aktiengesellschaft sowie mögliche Maßnahmen zur Aufrechterhaltung des Mindeststreubesitzes und der Beteiligungshöchstgrenze eingegangen. 54

2016, 528; *Rubner/Pospiech* GWR 2016, 228; *Schmolke* AG 2016, 343; *Seibt/Wollenschläger* AG 2014, 593; *Tissen* NZG 2015, 1254; *von der Linden* DStR 2016, 1016.
[118] Vgl. *Gebhardt* WM 2003, SonderBeil. 2, S. 1 ff.; *Schlitt* AG 2003, 57; *Zietsch/Holzborn* WM 2002, 2393.
[119] §§ 114–116 WpHG; vgl. dazu § 20 Rn. 31, 36 ff.
[120] Vgl. § 53 Börsenordnung der Frankfurter Wertpapierbörse.
[121] Vgl. Kapitalanlagegesetzbuch, Art. 1 des Gesetzes vom 4.7.2013, BGBl. I 1981 (Nr. 35); BT-Drs. 17/12603 vom 6.3.2013; *BaFin* Auslegungsschreiben zum Anwendungsbereich des KAGB und zum Begriff des „Investmentvermögens", Geschäftszeichen WA 41-Wp 2137–2013/0001. Gegen die Anwendbarkeit des KAGB auf deutsche REIT AGs *Merkt* BB 2013, 1986; *Breuer* Going Public 2013/8, S. 24.
[122] Vgl. Richtlinie 2011/61/EU des Europäischen Parlaments und des Rates vom 8.6.2011 über die Verwalter alternativer Investmentfonds und zur Änderung der Richtlinie 2003/41/EG und 2009/65/EG und der Verordnung (EG) Nr. 1060/2009 und (EU) Nr. 1095/2010, ABl. EU L 174/1 vom 1.6.2011.
[123] Vgl. allgemein zu gesellschaftsrechtlichen Aspekten Habersack/Mülbert/Schlitt/*Vaupel* § 25 Rn. 73 ff.; *Ziemons* BB 2007, 449; *Hahn* ZGR 2006, 805 (822 ff.); *Pluskat/Rogall* RIW 2006, 253; *Quass/Becker* AG 2007, 421; *Frey/Harbarth* ZIP 2007, 1177; *Kollmorgen/Hoppe/Feldhaus* BB 2007, 1345.

I. Allgemeines

55 REIT Aktiengesellschaften unterliegen den allgemeinen für Aktiengesellschaften geltenden Vorschriften, so weit das REIT-Gesetz nichts Abweichendes bestimmt.[124] Die REIT AG muss ihren Sitz und ihre Geschäftsleitung in Deutschland haben[125] und die Firma einer REIT AG muss die Bezeichnung „REIT-Aktiengesellschaft" oder „REIT AG" enthalten.[126] Der Mindestnennbetrag des Grundkapitals einer REIT AG ist 15 Mio. EUR.[127] Sämtliche Aktien der REIT AG müssen als stimmberechtigte Aktien gleicher Gattung begründet werden und dürfen nur gegen volle Leistung des Ausgabebetrages ausgegeben werden[128] und ein Anspruch des Aktionärs auf Verbriefung seines Anteils besteht nicht.[129] Auf das zur Erleichterung der Feststellung der Aktionärsidentität und der Aufrechterhaltung des Mindeststreubesitzes in einem inoffiziellen Vorentwurf des REIT-Gesetzes vorgesehene Institut der vinkulierten Namensaktien, die nur mit Zustimmung der Gesellschaft übertragbar ist, wurde verzichtet.[130] Die REIT AG ist bei dem zuständigen Gericht als REIT AG in das Handelsregister anzumelden.[131]

II. Gestaltungsmöglichkeiten zur Schaffung von REITs

56 Im Rahmen der gesetzlichen Einführung und der späteren Nutzung von REITs in Deutschland kommt insbesondere aufgrund der Begrenzung der Gestaltungsmöglichkeiten für eine Gründung einer REIT AG nach § 8 REITG dem Gesellschaftsrecht und dem Umwandlungsrecht eine erhebliche Bedeutung zu. Bei der Schaffung und Ausstattung der für den REIT-Status erforderlichen Kapitalgesellschaften werden neben Veräußerungsvorgängen von Einzelimmobilien oder Immobiliengesellschaften voraussichtlich Einbringungs- und Umwandlungsvorgänge im Vordergrund stehen, bei denen der steuerlichen Behandlung der Aufdeckung bestehender stiller Reserven entscheidende Bedeutung zukommt.

57 Abhängig von der konkreten Ausgangssituation und Zielstruktur können Verschmelzungen,[132] Spaltungen,[133] Vermögensübertragungen[134] oder Formwechsel,[135] aber auch Sachgründungen[136] oder Kapitalerhöhungen gegen Sacheinlage[137] notwendig sein. Nach Abschluss der Vorbereitungsarbeiten wird auf diese Weise die Umwandlung einer direkten Immobilienanlage in eine indirekte Immobilienanlage unter Nutzung der Vorteile von REITs ermöglicht. Auch der Wechsel von anderen

---

[124] § 1 Abs. 3 REITG.
[125] § 19 REITG.
[126] § 6 REITG.
[127] § 4 REITG.
[128] § 5 Abs. 1 REITG.
[129] § 5 Abs. 2 REITG.
[130] Vgl. § 5 Abs. 2 Vorentwurf REIT-G. Dazu auch *Klühs/Schmidtbleicher* ZIP 2006, 1805; *Stock/Klappe/Teske* Going Public 10/2006, 62 ff.
[131] § 8 REITG.
[132] Vgl. §§ 2 ff. UmwG.
[133] Vgl. §§ 123 ff. UmwG; Habersack/Mülbert/Schlitt/*Vaupel* § 25 Rn. 118 ff.
[134] Vgl. §§ 174 ff. UmwG.
[135] Vgl. §§ 190 ff. UmwG.
[136] Vgl. §§ 27, 31 ff. AktG.
[137] Vgl. §§ 183, 194, 205 AktG; Habersack/Mülbert/Schlitt/*Vaupel* § 25 Rn. 116 ff.

F. Gesellschaftsrechtliche Aspekte 58, 59 § 27

indirekten Immobilienanlageformen – wie Publikumsfonds – in REIT AGs wird in verschiedenen Wegen stattfinden.

Eine Kapitalerhöhung gegen Sacheinlage erfolgt entweder durch Beschluss der Hauptversammlung,[138] die mindestens drei Viertel des bei der Hauptversammlung vertretenen Grundkapitals umfasst, wobei die Satzung eine andere Kapitalmehrheit bestimmen kann und weitere Forderungen aufstellen kann[139] oder bei Bestehen eines genehmigten Kapitals durch Beschluss[140] des Vorstands, der mit Zustimmung des Aufsichtsrats erfolgen soll.[141] Die Sacheinlage muss nach ihrem Gegenstand, der Person des Sacheinlegers, und dem Nennbetrag oder der Zahl der bei der Sacheinlage zu gewährenden Aktien im Kapitalerhöhungsbeschluss festgelegt werden.[142] Die Sacheinlage erfolgt im Wege der Einzelrechtsnachfolge. Bei einer Kapitalerhöhung gegen Sacheinlage ist die Prüfung der Sacheinlage durch einen unabhängigen Prüfer erforderlich, dass der Wert der Sacheinlage den geringsten Ausgabebetrag der im Gegenzug gewährten Aktien erreicht.[143] 58

Bei einer Auf- oder Abspaltung nach den Vorschriften der §§ 123 ff. UmwG ist der Spaltungs- und Übernahmevertrag durch einen Wirtschaftsprüfer zu prüfen[144] und vom Spaltungsprüfer ist ein schriftlicher Prüfungsbericht zu erstellen. Weiterhin ist idR ein – in jeweils einer Versammlung der Anteilsinhaber gefasster – Zustimmungsbeschluss der Anteilsinhaber der beiden beteiligten Rechtsträger zum Spaltungs- und Übertragungsvertrag erforderlich,[145] der notariell zu beurkunden ist. Bei der Spaltung erfolgt die Rechtsübertragung im Wege einer partiellen Gesamtrechtsnachfolge; eine Übertragung einzelner Vermögenswerte ist nicht erforderlich[146] und Verbindlichkeiten können grundsätzlich ohne Zustimmung der Gläubiger übertragen werden. Zum Schutz der Gläubiger haften die an der Spaltung beteiligten Rechtsträger als Gesamtschuldner für die Verbindlichkeiten des übertragenden Rechtsträgers, die vor dem Wirksamwerden der Spaltung begründet wurden,[147] wobei die Nachhaftung desjenigen Rechtsträgers, dem die Verbindlichkeiten im Spaltungs- und Übertragungsvertrag nicht zugewiesen worden sind, für die Verbindlichkeiten idR auf fünf Jahre begrenzt ist.[148] Für die Rechtsübertragung sind jedoch auch bei der Spaltung die allgemeinen Vorschriften zu beachten, die die Übertragbarkeit eines bestimmten Rechtsgegenstands ausschließen oder an bestimmte Voraussetzungen knüpfen.[149] So ist auch im Falle einer Spaltung für die Übertragung von Grundstücken eine notariell beurkundete Einigung und die Eintragung ins Grundbuch gemäß §§ 873, 925 BGB erforderlich. 59

---

[138] § 183 AktG.
[139] § 182 AktG.
[140] Vgl. §§ 202 ff. AktG.
[141] Vgl. §§ 202 Abs. 1, 2 Satz 2, 205 AktG.
[142] Vgl. § 183 Abs. 2 AktG.
[143] Vgl. §§ 183 Abs. 3, 205 Abs. 3 AktG.
[144] § 123 UmwG iVm §§ 9–12 UmwG.
[145] § 125 iVm §§ 13–15 UmwG.
[146] Vgl. §§ 133 Abs. 1, § 135 UmwG.
[147] § 133 Abs. 1 UmwG.
[148] § 133 Abs. 3 UmwG.
[149] § 132 UmwG.

III. Mögliche Maßnahmen zur Aufrechterhaltung des Mindeststreubesitzes und der Beteiligungshöchstgrenze

60 Für die Aufrechterhaltung des Streubesitzes von mindestens 15% gem. § 15 Abs. 1 REITG und die Höchstbeteiligung von weniger als 10% der Aktien oder Stimmrechte nach § 11 Abs. 4 REITG stehen der Gesellschaft insbesondere die Möglichkeiten (1) vinkulierte Namensaktien, (2) Kapitalerhöhung unter Bezugsrechtsausschluss, (3) Erwerb eigener Aktien oder (4) Einziehung von Aktien zur Verfügung.

61 Durch die Verwendung sog. vinkulierter Namensaktien[150] kann die Transparenz des Aktionärskreises einer Gesellschaft erhöht werden. Nach § 67 Abs. 2 AktG gilt im Verhältnis zur Gesellschaft als Aktionär nur, wer als solcher im Aktienregister eingetragen ist. Gemäß § 68 Abs. 2 Satz 1 AktG kann die Satzung die Übertragung der Aktien an die Zustimmung der Gesellschaft binden, wobei die Zustimmung vom Vorstand erteilt wird. Die Satzung kann jedoch nach § 68 Abs. 2 Satz 3, 4 AktG bestimmen, dass der Aufsichtsrat oder die Hauptversammlung über die Zustimmung beschließt und die Satzung kann die Gründe bestimmen, aus denen die Zustimmung verweigert werden darf. In der Praxis führt jedoch die Einführung von Namensaktien aufgrund der häufigen Einschaltung von Depotbanken oder Treuhändern zu keiner vollständigen Transparenz des Aktienregisters, da zB bei der Vollrechtstreuhand der Treuhänder als formal berechtigter Aktionär im Aktienregister eingetragen wird und nicht der wirtschaftlich berechtigte Treugeber.[151]

62 Beim Überschreiten der zulässigen Höchstbeteiligungsquote von 10% der Aktien oder Stimmrechte oder des Unterschreitens des Mindeststreubesitzes von 15% kann die Gesellschaft eine Kapitalerhöhung unter Bezugsrechtsausschluss durchführen und den Anteilsbesitz der Altaktionäre verwässern, sofern die formellen und materiellen Voraussetzungen für einen Bezugsrechtsausschluss erfüllt sind.[152] Eine den Bezugsrechtsausschluss gestattende Rechtfertigung liegt vor, wenn ohne die beabsichtigte Kapitalmaßnahme zu befürchten wäre, dass bei Fortbestand der den REIT-Status verletzenden Beteiligungsverhältnisse der Sonderstatus als steuerbefreite REIT AG beendet, die Entschädigungspflicht für die Gesellschaft für Streubesitzaktionäre nach § 18 Abs. 3 REITG ausgelöst[153] und damit die Interessen der Gesellschaft verletzen würden. Der vereinfachte Bezugsrechtsausschluss gemäß § 186 Abs. 3 Satz 4 AktG ist unter einfacheren Voraussetzungen zulässig, wenn die Kapitalerhöhung gegen Bareinlagen 10% des Grundkapitals nicht übersteigt und der Ausgabebetrag den Börsenkurs nicht wesentlich unterschreitet.[154]

---

[150] Vgl. *Hüffer/Koch* AktG § 67 Rn. 1 ff.; *Schanz* § 3 Rn. 165 ff. Zu den Grenzen: Stellungnahme und Reformvorschläge des Arbeitskreises Immobilien der DVFA zum deutschen REIT-Gesetz, DVFA Finanzschriften Nr. 09/08, S. 3 ff. („Stellungnahme DVFA").

[151] Vgl. *Klühs/Schmidtbleicher* ZIP 2006, 1805 (1808 ff.); *Schneider/Müller-v. Pilchau* AG 2007, 181; *Wienecke/Fett* NZG 2007, 774 (776). Zum sog. freien Meldebestand vgl. *Schroeder* AG 2007, 531 (535).

[152] Zum Bezugsrechtsausschluss allgemein *Hüffer/Koch* AktG § 186 Rn. 20 ff.; sa § 9 Rn. 51 ff. Zu den Grenzen: Stellungnahme DVFA, S. 3 ff.

[153] Vgl. ebenso *Quass/Becker* AG 2007, 421 (430); *Schroeder* AG 2007, 531 (537); *Sieker/Göckeler/Köster* DB 2007, 933 (936); *Schäfer/Volckens* S. 140; *Weber/Polte* Going Public, Sonderausgabe G-REIT 2007, S. 50, 51; *Wienecke/Fett* NZG 2007, 774 (776).

[154] Vgl. *Hüffer/Koch* AktG § 186 Rn. 39 a ff.; *Habersack/Mülbert/Schlitt/Krause* § 7 Rn. 29 ff.; *Seibt* CFL 2/2011, 74 ff.

F. Gesellschaftsrechtliche Aspekte

Im Einzelfall werden bei Existenz eines veräußerungswilligen Aktionärs die Voraussetzungen für den Rückerwerb eigener Aktien zur Wiederherstellung der Beteiligungshöchstgrenzen nach § 10 Abs. 4 REITG oder des Mindeststreubesitzes nach § 11 Abs. 1 REITG entsprechend den Voraussetzungen des § 71 Abs. 1 AktG vorliegen.[155] Bejaht man die Zulässigkeit des Rückerwerbs eigener Aktien nach § 71 Abs. 1 Nr. 8 AktG[156] und werden die Aktien nach dem Erwerb bei Vorliegen einer sachgerechten Differenzierung gemäß den Vorgaben des § 11 REITG wieder veräußert, liegt kein verbotener Aktienhandel iSd § 71 Abs. 1 Nr. 8 Satz 2 AktG und kein Verstoß gegen das Gleichbehandlungsgebot des § 71 Abs. 1 Nr. 8 Satz 3 AktG vor.[157] Weiterhin ist der Erwerb eigener Aktien einer REIT AG aufgrund der Erforderlichkeit der bilanziellen Neutralisierung iSv § 71 Abs. 2 Satz 2 AktG nur zulässig, wenn die Gesellschaft über die nach § 272 Abs. 1a HGB vorgeschriebenen frei verfügbaren Rücklagen zur Verrechnung entsprechender Unterschiedsbeiträge verfügt. Diese Rücklagen werden aufgrund der hohen Ausschüttungsverpflichtung der REIT AG von 90% des Bilanzgewinns nach § 13 Abs. 1 REITG[158] kaum vorhanden sein.

Schließlich kommt eine Kapitalherabsetzung durch Einziehung von Aktien nach § 237 AktG in Betracht, um eine Verletzung der Vorschriften über den Mindeststreubesitz oder die Höchstbeteiligung zu beenden.[159] Bei der Zwangseinziehung ist zwischen der angeordneten Zwangseinziehung und der gestatteten Zwangseinziehung zu unterscheiden. Im Falle einer angeordneten Einziehung müssen die Voraussetzungen der Einziehung, des Einziehungsentgelts, sowie hinsichtlich Vorliegen und die Durchführung der Zwangseinziehung in der Satzung der REIT AG so genau geregelt werden, dass der Vorstand keinen Ermessensspielraum hat.[160] Einer am Gesellschaftsinteresse ausgerichteten sachlichen Rechtfertigung bedarf es wegen der Interessenbewertung durch § 237 Abs. 1 AktG nicht.[161] Wegen der Erforderlichkeit der Konkretheit der Satzungsbestimmungen und deren Umsetzbarkeit ist in der Praxis eine angeordnete Zwangseinziehung wohl nur für den Fall der Überschreitung der Höchstbeteiligungsgrenze möglich, wegen der Individualität und Vielzahl von Fallvarianten jedoch nicht für das Unterschreiten des Streubesitzes von 15% der Aktien.[162] Bei der gestatteten Zwangseinziehung nach § 237 Abs. 2 Satz 2 AktG erfolgt die Einziehung durch Beschluss der Hauptversammlung, die über das Verfahren und die weiteren Voraussetzungen der Zwangseinziehung beschließt. Die Einziehung durch die Hauptversammlung bedarf jedoch einer sachlichen Rechtfertigung der Einziehung im konkreten Einzelfall nach den Maßstäben der Erforderlichkeit und Verhältnismäßigkeit und muss unter Berücksichtigung der Grundsätze der Gleichbehandlung nach § 53a AktG willkürfrei erfolgen.[163]

---

[155] Ebenso *Kollmorgen/Hoppe/Feldhaus* BB 2007, 1345 (1352); *Schroeder* AG 2007, 531 (537); *Wieneke/Fett* NZG 2007, 774 (776). Zu den Grenzen: Stellungnahme DVFA, S. 4 ff.
[156] Vgl. *Schroeder* AG 2007, 531 (538).
[157] Vgl. *Schroeder* AG 2007, 531 (358).
[158] Vgl. *Schroeder* AG 2007, 531 (535); *Ziemons* BB 2007, 449 (452).
[159] Vgl. *Kollmorgen/Hoppe/Feldhaus* BB 2007, 1345 (1351); *Schroeder* AG 2007, 531 (538); *Sieker/Göckeler/Köster* DB 2007, 933 (936); *Schäfer/Volckens* S. 140, 141; *Wieneke/Fett* NZG 2007, 774 (776). So auch § 30 der Satzung der Fair REIT Value AG (Stand 5.6.2016), zu den Grenzen: Stellungnahme DVFA, S. 4 ff.
[160] Vgl. *Hüffer/Koch* AktG § 237 Rn. 10; *Schroeder* AG 2007, 531 (539).
[161] Vgl. *Hüffer/Koch* AktG § 237 Rn. 11.
[162] Ebenso *Schroeder* AG 2007, 531 (539).
[163] Vgl. *Hüffer/Koch* AktG § 237 Rn. 16.

Sie ist deshalb erst zulässig, wenn geringere Eingriffe wie zB eine Kapitalerhöhung unter Bezugsrechtsausschluss oder der Erwerb eigener Aktien nicht zur Verfügung stehen.[164] Es wird unterschiedlich beurteilt, ob eine Einziehung von Aktien ohne Entgelt in der Satzung vorgesehen werden kann[165] und es erscheint sinnvoll, ein marktübliches Entgelt, zB einen Durchschnittwert während einer bestimmten Referenzperiode, als Entschädigung vorzusehen.

IV. Entschädigungsregelung nach § 11 Abs. 3 REITG

65 Die REIT AG hat nach § 11 Abs. 3 REITG für den Fall der Beendigung der Steuerbefreiung gemäß § 18 Abs. 3 REITG in ihrer Satzung eine Entschädigung aller Aktionäre, denen weniger als 3% der Stimmrechte zustehen, vorzusehen.[166] Durch das Erfordernis einer Regelung in der Satzung wird andererseits sichergestellt, dass die aus Sicht des Gesetzgebers schutzwürdigen Interessen von Streubesitzaktionären, die im Einzelfall gewährte Regelung vor dem Erwerb der Aktien über die Ausgestaltung der Entschädigung kennen und für sich selbst entscheiden können, ob sie den durch die konkrete Regelung gewährten Schutz für ausreichend halten.[167] Die Gesellschaft hat bei der Ausgestaltung der Entschädigungsregelung nach § 11 Abs. 3 REITG einen weiten Ermessensspielraum und kann zwischen einer abstrakt pauschalierenden Regelung oder einer schwierig zu ermittelnden an den tatsächlichen Nachteil anknüpfenden Regelung wählen.[168] Deshalb wird überwiegend[169] eine Pauschalierung der Entschädigungsansprüche vorgeschlagen.[170] Um einen Missbrauch einer Entschädigungsregelung zu vermeiden, können Streubesitzaktionäre von der Entschädigungsberechtigung ausgeschlossen werden, soweit sie ihre Aktien in Kenntnis der Gefährdung erworben haben.[171] Unterschiedlich beurteilt wird, ob der gestattete Spielraum der Gesellschaft überschritten wird, wenn keinerlei Entschädigung gewährt wird.[172]

---

[164] Ebenso *Schroeder* AG 2007, 531 (540).
[165] Zustimmend *Wieneke/Fett* NZG 2007, 774 (777); zweifelnd *Hüffer/Koch* AktG § 237 Rn. 17; *Kollmorgen/Hoppe/Feldhaus* BB 2007, 1345 (1350).
[166] Vgl. auch *Kollmorgen/Hoppe/Feldhaus* BB 2007, 1345 (1353); *Quass/Becker* AG 2007, 421 (429); *Sieker/Göckeler/Köster* DB 2007, 933 (936); *Schäfer/Volkens* S. 119, 120; *Wieneke/Fett* NZG 2007, 774 (775). Dazu auch Stellungnahme DVFA, S. 5 ff. Anders als der Gesetzestext sieht die Begründung zum Gesetzesentwurf (Reg. Begr. DR-Drs. 779/06, 33) einen Schadensersatzanspruch nach § 18 Abs. 3 REITG nur für den Fall der Nichteinhaltung der Mindeststreubesitzquote, nicht aber für das Überschreiten der Höchstbeteiligungsquote vor.
[167] Vgl. Reg. Begr. DR-Drs. 776/06, 34.
[168] Ebenso *Quass/Becker* AG 2007, 421 (429); *Sieker/Göckeler/Köster* DB 2007, 933 (936); *Schäfer/Volkens* S. 122, 139, 140.
[169] Vgl. *Kollmorgen/Hoppe/Feldhaus* BB 2007, 1345 (1353); *Sieker/Göckeler/Köster* DB 2007, 933 (936); *Schäfer/Volkens* S. 122, 139, 140; *Wieneke/Fett* NZG 2007, 774 (775).
[170] Die Satzung der alstria Office REIT AG § 20 Abs. 2 (Stand 31.1.2018) und die Fair Value REIT AG § 34 Abs. 4 (Stand 5.6.2016) sehen eine verbindliche Entscheidung durch einen durch das Institut der Wirtschaftsprüfer in Deutschland e. V. (IDW) zu bestimmenden Wirtschaftsprüfer unter Berücksichtigung der Grundsätze zur Durchführung von Unternehmensbewertungen (IDW S 1) des Institut der Wirtschaftsprüfer in Deutschland vor.
[171] So *Kollmorgen/Hoppe/Feldhaus* BB 2007, 1345 (1354). So § 34 Abs. 2 der Satzung der Fair Value REIT AG bei Kenntnis des Verlusts der Steuerbefreiung bei Erwerb.
[172] So *Schäfer/Volkens* S. 120; auch *Quass/Becker* AG 2007, 421 (429).

G. Ausblick

66 Zum 28.2.2018 waren nur fünf REIT AGs an deutschen Wertpapierbörsen notiert, obwohl sich das REIT-Gesetz bewährt und auch der Immobiliensektor in Deutschland sich positiv entwickelt hat. Es bleibt abzuwarten, ob der REIT auch in Deutschland doch noch zu einer Erfolgsgeschichte wird.

Stichworverzeichnis

Die fettgedruckten Zahlen bezeichnen die Kapitel,
die mageren Zahlen beziehen sich auf die Randnummern.

10%-Grenze **3** 147
3-Objekte-Grenze **12** 146
90%-Test **12** 206
Abfindung 6 82; **25** 37
Abgeltungsteuer 3 178, 187 ff.; **4** 123;
12 6
Abgesetzte Bestände 16 134
Abhängiges Unternehmen 14 4 f.
Abhängigkeit 14 18 ff.
  Begriff **14** 18
  Vermutung **14** 19
Abhängigkeitsbericht 10 52; **14** 79
  Berichtspflicht **14** 80 f.
  Inhalt **14** 82
  Prüfung **14** 84 ff.
  Sonderprüfung **14** 86
Abkauf Klagerechte 8 30 ff.
Abschlagszahlung
  auf Bilanzgewinn **7** 111; **8** 46; **11** 135
Abschlussprüfer 11 23 f.
  Bestellung **5** 15; **7** 92 ff.
  erster **2** 149
  Prospekthaftung **20** 261 ff.
  Unabhängigkeit **25** 89
Abschlussprüfung 11 16 ff.
  Durchführung **11** 35 ff.
  Entsprechenserklärung **25** 107
  Gegenstand **11** 27 f.
  Umfang **11** 29 ff.
Abschmelzmodell 12 213
Abschreibung
  außerplanmäßige
  – Handelsrecht **10** 81 ff.
  – Steuerrecht **10** 124 ff.
  planmäßige
  – Handelsrecht **10** 79 f., 83 f.
  – Steuerrecht **10** 120 ff.
Abschreibungsmethode
  Handelsrecht **10** 80, 83
  Steuerrecht **10** 120 ff.
Abschriftenerteilung 4 33
Absorption 23 161
Abspaltung 13 254; *s. a. Spaltung*
  Bilanz **13** 294 f.
Abspaltungsverbot 4 4
Abwehrmaßnahme 23 72, 151
Abwickler 18 28 ff.

Abberufung **18** 31
Amtsniederlegung **18** 32
Anmeldung im Handelsregister **18** 33
Aufgabe **18** 35 ff.
Bestellung **18** 28 ff.
Eintragung im Handelsregister **18** 34
geborener **18** 28
gekorener **18** 29
Geschäftsführung **18** 43 f.
Haftung **18** 44
Vertretungsmacht **18** 39 ff.
Zeichnung **18** 42
Abwicklung 18 26 ff.; *s. a. Nachtragsabwicklung*
Abwicklung
  ausländische Gesellschaft **16** 62, 91
Abwicklung
  ausländischer Aktionär Besteuerung **18** 123 ff., 128 ff.
  Gewerbesteuer **18** 97 ff.
  Gläubigerbefriedigung **18** 62 f.
  Kapitalertragsteuer **18** 113 f., 117 ff.
  Körperschaftsteuer **18** 97 ff.
  Rechnungslegung **18** 47 ff.
  Umsatzsteuer **18** 115 f.
  Veräußerung des Unternehmens **18** 36 f.
  Zuständigkeit **5** 20
Abwicklungs-Anfangsvermögen 18 109
Abwicklungs-Endvermögen 18 104 ff.
Abwicklungsgewinn 18 103 ff.
Abwicklungs-Schlussbilanz 18 57 ff.
Abwicklungsüberschuss 4 105 ff.;
18 68 ff.
Abwicklungsverlust 18 112
Abzugsmethode 16 5, 32, 34, 40, 57
Abzugsverbot
  körperschaftsteuerliches **12** 46 f., 77, 81 ff.
Acting in Concert 21 35 ff.; **23** 158
Actio pro socio 4 102; **7** 279
Additionsmethode 5 182 f., 188
Ad-hoc-Ausschuss 7 170
Ad-hoc-Mitteilung 22 65 f.
Ad-hoc-Publizität 6 107 ff.;
  s. a. Ad-hoc-Publizitätspflicht
Ad-hoc-Publizitätspflicht 22 50 ff.
  Aktienrückkauf **22** 57

Stichwortverzeichnis

Fette Zahlen = Kapitel

Befreiung 22 59 ff., 74 ff.
betroffene Unternehmen 22 53 f.
Gerichtsverfahren 22 57
Geschäftsergebnis 22 57
Insolvenz 17 57
mehrstufiger Entscheidungsprozess 22 56
personelle Veränderung 22 57
Private M-&-A-Transaktion 22 57
Public M-&-A-Transaktion 22 57
relevante Information 22 55 ff.
Sanktion 22 67 ff.
Squeeze Out 15 60; 22 57
Verlust der Hälfte des Grundkapitals 17 17
Verwaltungsverfahren 22 57
AfA-Tabelle 10 120
AG
Auslandsbezug 1 45 ff.
börsennotierte s. dort
Errichtung 2 10 ff.
Formkaufmann 1 7
Gründung s. dort
Konzernbaustein 1 72 ff.
Mitbestimmung 1 79
öffentliche Hand 1 40 ff.
Struktur 1 1 ff.
Umwandlung s. dort
Vergleich zu anderen Rechtsformen
Agio 3 8; **4** 8, 11
Agiorücklage 1 115; **2** 96; **11** 4
Aktie 3 1 ff.
Abgeltungsteuer 3 183 ff.
Ausgabebetrag 2 162 f.
Besteuerung 3 177 ff.
Besteuerung bei Auslandsbezug 3 191 ff.
Bewertungswahlrecht 12 217 ff.
Einzelurkunde 3 76 ff.
Erbfall 3 125
Gewinn 3 177 ff.
Globalurkunde s. Globalaktie
Kraftloserklärung 3 126 ff.
Notierung 20 146
Teilung 3 106
Übertragung 3 110 ff.
Zuteilung 20 146
Aktiengattung 3 66 ff.
Aktiengesellschaft s. AG
Einsicht in Unterlagen aufgelöster AG 4 108
Aktienoption 24 15 ff.; s. a. Mitarbeiterbeteiligung
Aufsichtsrat 24 24a
Mitarbeiter
– bedingtes Kapital 24 25 ff.

– eigene Aktien 24 39 ff.
– genehmigtes Kapital 24 43 ff.
– Genussrecht 24 56, 66
– Optionsanleihe 24 50 ff.
– Wandelanleihe 24 50 ff.
Aktienregister 3 24 ff.
Aktiensparplan 24 57
Aktienübernahme
durch Dritte 2 73
Aktienurkunde 3 73 ff.
Inhalt 3 78 f.
Zeitpunkt der Ausgabe 3 81
Aktionär
aktivistischer 1 10
Anfechtungsbefugnis 5 255 ff.
Besteuerung s. Aktie
Klagerecht 4 90 ff.
Mitteilung 4 34 f.
Teilnahme an Hauptversammlung 4 36 ff.; 5 142 ff.
Aktionärsausschuss 7 5
Aktionärsdarlehen 8 26 ff.
Aktionärsforum 4 49; **5** 83
Aktionärsklage 4 93 ff.
Aktionärsvertreter 5 146; s. a. Stimmrechtsvertretung
Aktiva
Bewertung 10 70 ff.
Aktivierungsfähigkeit
abstrakte 10 58 ff.
konkrete 10 64 ff.
Aktivitätsvorbehalt 12 139, 168; **16** 38, 76, 78
Alignment of Interest 24 5
Allgemeines Gleichbehandlungsgesetz 6 23b; **24** 81, 83
Alternate Listing Standard 20 84
Altgläubiger 17 48
American Depositary Receipt 20 98 ff.
Meldepflicht 21 14
Squeeze Out 15 60
Amtsniederlegung Vorstand 6 53
Analystenveranstaltung 20 39, 216 ff.
Analytische Prüfungshandlung 11 39
Andienung 3 162
Anfechtungsbefugnis 5 255 ff.
Anfechtungsgrund 5 263 ff.
Anfechtungsklage
Frist 5 278
Kausalität 5 268 f.
Wirkung 5 282 ff.
Zuständigkeit 5 277
Zustellung 5 279
Anforderungsbericht 6 96
Angebotsunterlage 23 46 ff.

Magere Zahlen = Randnummern

Stichwortverzeichnis

Delisting 26 23
Einreichung 23 23 ff.
Haftungsfreistellung 23 52 f.
Inhalt 23 47 ff.
öffentliche Kapitalmarktinformation 22 366
Prüfung 23 27 f., 49 ff.
Veröffentlichung 23 20, 29 f.
Angebotsverfahren 23 17 ff.; s. a. *Öffentliches Angebot*
Angelegenheit der Gesellschaft s. *Auskunftsanspruch*
Anmeldung Handelsregister 2 35 ff.
Ablehnung 2 62
Anlagen 2 49
Entscheidung durch Gericht 2 60 ff.
Form 2 38
Inhalt 2 40 ff.
Prüfung durch Gericht 2 52 ff.
Rechtsmittel Ablehnung 2 63
Versicherung 2 45
Vertretung 2 38
Voraussetzungen 2 35
Anrechnungs-Betriebsstätte 16 47, 49, 53
Anrechnungsmethode 12 88; **16** 5, 8, 32 f., 36, 38
Anrechnungsüberhang 16 5, 22
Anrechnungsverfahren 12 3
Ansässigkeit
doppelte **16** 145 f.
Ansässigkeitsstaat 16 16, 72, 95, 117, 122, 132, 139 ff.
Anschaffungskosten 10 74 ff.
Anstellungsverhältnis Vorstand 6 33 ff.
Beendigung 6 31
fehlerhaftes 6 41
Inhalt 6 37 ff.
Kündigung 6 61 ff.
Anstreicher-Beispiel 16 21, 106
Anteilseignerwechsel 12 60
Antragsrecht 4 48
Anwachsung 2 199, 468
Anzeige
des Verlusts der Hälfte des Grundkapitals **17** 10 ff., 65
ARAG-Garmenbeck-Entscheidung 6 131; **7** 86, 97, 144
Arbeitnehmerbeteiligung
Arbeitsdirektor 6 19
Arbeitsteiliges Zusammenwirken
s. *Gesamtverantwortung*
Arm's Length Principle s. *Fremdvergleich*
Assets 10 63
Assoziiertes Unternehmen 10 150

Audit Committee s. *Prüfungsausschuss*
Aufgebotsverfahren 3 126
Aufklärungspflicht Auslandssachverhalt 16 113
Auflösung 18 1 ff.
Anmeldung im Handelsregister **18** 25
Bekanntmachung **18** 25
übertragende **15** 6
Auflösungsbeschluss 18 3 ff.
Auflösungsgrund 18 2 ff.
Auflösungsverfahren 18 14
Aufrechnungsdifferenz 10 152
Aufsichtspflicht 6 110
Aufsichtsrat
Anfechtungsbefugnis **5** 262
Antragsrecht **7** 101
Ausschuss s. *dort*
Ausübung von Beteiligungsrechten **7** 113 ff.
Beratervertrag **7** 259 ff.
Beschlussfähigkeit **7** 149 ff.
Beschlussfassung **7** 153 ff.
Besteuerung der Vergütung **7** 254 ff.
Ehrenvorsitzender **7** 132
Einsichtsrecht **7** 89 ff.
Ersatzmitglied **7** 213 ff.
erster **2** 90 ff.
Fortbildung **25** 76
Geltendmachung von Ersatzansprüchen **7** 97
Geschäftsordnung **7** 126 ff.
Geschlechterquote s. *dort*
Haftung **7** 271 ff.
höchstpersönliches Amt **7** 242 f.
Informationsrecht **7** 74 f.
Jahresabschluss **7** 92 ff.
Klagerecht **7** 104 f., 277 ff.
konkurrierendes Unternehmen **7** 201; **25** 75
Kontrolle des Vorstands **7** 61 ff.
Krise der Gesellschaft **17** 60 ff.
Plenumsvorbehalt **7** 172 f.
Prüfungsrecht **7** 89 ff.
Sachkunde **7** 200; **25** 67
Sorgfaltspflicht **7** 272 ff.
Teilnahme an Hauptversammlung **7** 103
Überwachung
– Abwickler **18** 45
– Geschäftsführung **7** 70 ff.
Vergütung **7** 248 ff.; **25** 77
Verschwiegenheitspflicht **7** 266 ff.
Vertretung **7** 76 ff., 97 f.
Vorsitzender s. *Aufsichtsratsvorsitzender*
Wahl **5** 14, 113, 236 ff.; **7** 205 ff.

1935

Stichwortverzeichnis

Fette Zahlen = Kapitel

Zusammensetzung s. *Zusammensetzung des Aufsichtsrats*
Zustimmungsvorbehalt 7 81 ff.
Aufsichtsratsmitglied 7 200 ff.
Abberufung 7 228 ff.
Amtsniederlegung 7 227
Amtszeit 7 220 ff.
Annahme des Mandats 7 210
Bestellung 7 200 ff.
gerichtliche Bestellung 7 216 ff.
Gleichheit 7 241
Hinderungsgrund 7 202, 226
Klagerecht 7 277 ff.
Qualifikation 7 61 ff.
Unabhängigkeit 7 244 f.; **25** 66 ff.
Voraussetzungen 7 200 ff., 226
Wiederbestellung 7 222
Aufsichtsratssitzung
Einberufung 7 140 ff.
fehlerhafter Beschluss 7 168 ff.
Leitung 7 144 ff.
Niederschrift 7 164 f.
Tagesordnung 7 141
Teilnehmer 7 145 f.
Zahl 7 139
Aufsichtsratssystem
Feststellung 7 39 ff.
Aufsichtsratsvorsitzender 7 129 ff.; 25 51 ff.
Amtszeit 7 131
Aufgaben 7 133 ff.
Wahl 7 130, 136 ff.
Aufspaltung 13 253; s. a. *Spaltung*
Bilanz **13** 294
Aufwandskonsolidierung 10 154
Aufwandsrückstellung 10 93, 95
Aufwendung, nicht abziehbare 12 46 ff.
Ausgleichsposten 16 41, 94, 114
Ausgliederung 13 255440 ff.
Kapitalgesellschaft
– Bilanz **13** 356 ff.
– Grunderwerbsteuer **13** 399 f.
– Organschaft **13** 396 ff.
– Prüfung **13** 355
– steuerliche Folgen **13** 360 ff.
– tauschähnlicher Vorgang **13** 360, 362
– Umsatzsteuer **13** 401
– Zinsvortrag **13** 377
Personenhandelsgesellschaft
– Bilanz **13** 442
– Gewerbesteuer **13** 472 ff.
– Organschaft **13** 471
– steuerliche Folgen **13** 443 ff.
– steuerliche Rückbeziehung **13** 461
– Treuhandmodell **13** 469 f.

– Umsatzsteuer **13** 475
Verlustvortrag **13** 376
Ausgliederung unternehmerischer Aktivitäten 14 50
Ausgliederungsvertrag 13 353 f.
Auskunftsanspruch 4 51 ff.; **5** 202 ff.; **6** 103
Gegenstand **4** 55 ff.
Inhalt der Auskunft **4** 61
Niederschrift zu Protokoll **4** 65
Rechtsmissbrauch **4** 64
Schuldner **4** 53
verbundenes Unternehmen **4** 59 f.
Verlangen **4** 54
Verweigerung **4** 62 ff.
Auskunftserzwingungsverfahren 4 67 ff.
Auslagenersatz 6 76
Auslandsobjektgesellschaft 27 1, 6, 17, 19
Auslandsvermögen 12 190
Ausschuss 7 170 ff.
beschließender **7** 170
Besetzung **7** 178
Bildung **7** 176 f.
fakultativer **7** 170 ff.
Verfahren **7** 180
vorbereitender **7** 170
Vorsitzender **7** 181
Ausschüttbarer Gewinn 12 101
Ausschüttungsbemessungsfunktion 10 5
Ausschüttungssperre 11 11
Verschmelzung **13** 54
Außerbetriebliche Sphäre 12 41
Ausübungshürde 24 18
Ausübungspreis 24 15a
Auszahlungssperre 9 144, 168
Authorised OECD Approach 16 24 ff.

Barabfindung Squeeze Out
Beherrschungsvertrag **15** 24, 26
Gewinnabführungsvertrag **15** 24
Informationsanspruch **15** 25
Parallelprüfung **15** 29
Prüfer **15** 27 ff.
Prüfung **15** 31
Prüfungsbericht **15** 32
Wertermittlung **15** 22 ff.
Bareinlage 2 171 ff.; s. a. *Einlagepflicht, Mischeinlage, Trenneinlage*
Einzahlung **2** 175 ff.
freie Verfügbarkeit **2** 179 f.
Mindesteinzahlung **2** 172
Basic Board 20 15, 50, 60, 63 f., 70

Magere Zahlen = Randnummern

Stichwortverzeichnis

Basisgesellschaft s. *Zwischengesellschaft*
Basispreis 24 15a
Beauty Contest 20 138, 162
Bedeutende finanzielle Verpflichtung 20 221
Bedingte Kapitalerhöhung 9 57 ff.
  Anmeldung Handelsregister **9** 72, 77
  Bekanntmachung **9** 73
  Beschluss **9** 65 ff.
  Bezugsrecht **9** 62 f., 79
  Durchführung **9** 72 ff.
  Höchstgrenze **9** 68
  Naked Warrant s. *dort*
  Prüfung **9** 73
  Sacheinlagen **9** 70 f.
  Stock Options **9** 63
  Unternehmenszusammenschluss **9** 61
  Warrant-Anleihe s. *dort*
Begebungsvertrag 3 77
Begünstigtes Vermögen 12 205
Begünstigungsfähiges Vermögen 12 204 f.
Behaltensfrist 12 200 f.
Beherrschungsvertrag 14 104, 107
  verdeckter **14** 113
  Weisungsrecht **14** 131 ff.
Beirat 7 5
Belegschaftsaktie 3 49, 148 f., 174; **24** 57 ff.
Benchmarking 20 152
Bereichsöffentlichkeit 22 15, 35
Berichterstattung Vorstand
  gegenüber Aufsichtsrat **6** 93 ff.
  gegenüber Hauptversammlung **5** 115 ff.; **6** 103 ff.
  – Mängel **5** 137 ff.
Berry Ratio 16 225
Beschleunigungsgrundsatz 23 65
Beschlusskontrolle
  materielle **5** 273 f.
Beschlussvorschlag
  Aufsichtsrat **7** 101, 143
  Bekanntmachung **5** 100
Best Estimate 10 100
Bestandsgefährdung 17 6
Bestätigungsbeschluss 5 276
Bestätigungsvermerk 11 26
Bestellungsverhältnis Vorstand 6 21 ff.
  fehlerhaftes **6** 29 f.
  Widerruf **6** 44 ff.
Bestimmtheitsgrundsatz
  sachenrechtlicher **13** 275
Beteiligung an Personengesellschaft
  Gewerbesteuer **12** 142

Beteiligungsaufbau
  verdeckter **23** 111 ff.
  – Stimmrechtszurechnung **21** 46
Beteiligungserwerb 5 32; **14** 51
Beteiligungskette
  mehrstufige **16** 82
Beteiligungstransparenz s. *Meldepflicht*
Beteiligungsveräußerung 5 36 ff.
Betriebliche Übung 24 84
Betriebsausgabenabzug 16 102, 111
Betriebspacht-/Betriebsüberlassungsvertrag 14 112
Betriebsstätte
  ausländische **12** 86 ff., 150 f.; **16** 17 ff.
  – Auflösung **16** 43
  – Einbringung **16** 43
  inländische **12** 28, 124; **16** 2
  Zuordnung von Einkünften **16** 24 ff.
  Zuordnung von Wirtschaftsgütern **16** 27
Betriebsstätteneinkünfte 12 34, 36 f., 89, 111
Betriebsstättenfiktion 12 155
Betriebsstättenverlust 12 89, 111
Bewertungsrüge 13 5
Bewertungsstetigkeit 10 57, 70; **11** 83
  Durchbrechung bei Verschmelzung **13** 46
Bewertungsvereinfachung
  Handelsrecht **10** 85 ff.
  Steuerrecht **10** 136
Bezugsrecht
  bedingte Kapitalerhöhung **9** 79
  genehmigtes Kapital **9** 92 ff.
  junger Aktien **4** 79 f.
  Kapitalerhöhung gegen Einlagen **9** 48 ff.
  KGaA **9** 191
  Mitarbeiter s. *Aktienoption*
  nacktes **24** 21 ff.; s. a. *Aktienoption*
  umgekehrtes **3** 162
  Vermögenseinlage **9** 194
  Wandelschuldverschreibung **9** 173, 179
Bezugsrechtsausschluss
  Bericht **5** 121 ff.
  Sanierungszweck **17** 86 ff.
Bilanz 10 31 ff., 44 ff.
  Abwicklung **18** 50 ff.
Bilanzeid 20 33
Bilanzgewinn 4 74; **11** 124 f.
  Anspruch **4** 71 ff.; **11** 138
  Verwendungsvorschlag **11** 52 f.
Bilanzidentität 10 70, 83; **11** 75
Bilanzielle Betrachtungsweise 8 27
Bilanzstrenge 1 100
Black-out-Periode 20 154, 294 f.
Black-Scholes-Modell 15 61

Stichwortverzeichnis

Fette Zahlen = Kapitel

Blankoindossament 3 39, 113, 118
Bookbuildingverfahren 20 144
Börseneinführungsvertrag 20 215
Börsengang 20 1 ff.
  Discounted-Cashflow-Verfahren **20** 152
  Dokumentation **20** 161 ff.
  Ertragswertverfahren **20** 152
  Geschäftsführungsmaßnahme **20** 282
  Planung **20** 134 ff.
  Zeitplan **20** 159
  Zulassungsverfahren **20** 119 ff.
  Zustimmung Hauptversammlung **20** 282 f.
Börsennotierte AG 1 14 ff.
  Abschlussprüfung **11** 41 ff.
  Jahresabschluss **10** 165 f.
Börsennotierung
  satzungsmäßige Festschreibung
  s. Satzung
Börsenplatz
  ausländischer **20** 72 ff.
  Auswahl **20** 10 ff.
  deutscher **20** 16
Börsenzulassung
  ausländischer Emittent **20** 305 ff.
  Billigung **20** 123 ff., 142
  Folgepflichten **20** 26 ff.
  Verfahren **20** 119 ff.
  Voraussetzungen **20** 21 ff.
  Widerruf **20** 23
Break Fee 23 106
Bremer-Vulkan-Entscheidung 14 90 f.
Bring Down Letter 20 254
Buchsanierung 17 96
Buchwert 4 74
Buchwertaufstockung 13 166
Bundesanstalt für Finanzdienstleistungsaufsicht (BaFin)
  Befugnisse Übernahmerecht **23** 197 ff.
Bundesanzeiger 2 148
Bundeszentralamt für Steuern 12 103
Business Combination Agreement 23 104 f., 107 ff.
Business Judgement Rule 6 132 f.; **25** 5
  Aufsichtsrat **7** 272
  Vorstand **6** 132 ff.

Cadbury-Schweppes-Entscheidung 16 80, 86
Capital Market Partner 20 52
CASCADE-RS 3 24 ff.
Cash Flow Statement *s. Kapitalflussrechnung*
Cash-Management-System 14 96
Cash-Pooling 14 74

Einlagenrückgewähr **8** 48 f.
Centros-Entscheidung 1 47
CEO *s. Chief Executive Officer*
Certain-Funds-Konzept 23 57
CGK
Change of Control *s. Kontrollwechsel*
Change Period 20 252
Chief Executive Officer 19 136
Chinese Wall 22 37
Circle up 20 253
Clawback-Klausel 24 140
Clearstream Banking AG *s. Girosammelverwahrung*
Comfort Letter 20 250 ff.
Committee of European Securities Regulators 20 218
Comparable-Uncontrolled-Price-Methode *s. Preisvergleichsmethode*
Completed-Contract-Methode 10 16
Complex Financial History
Compliance 6 117b f.; **11** 38
  Konzern **14** 7
Comply or explain 25 90
Controlled Foreign Corporation 16 80
Cooling-off-Periode 7 202; **25** 74
Corporate Governance 25 1 ff.
Corporate Governance Kodex
  Abschlussprüfer **25** 89
  Adressat **25** 14
  Anfechtung der Verletzung der Erklärungspflicht **25** 103 f.
  Anregung **25** 15
  Aufsichtsratsvergütung **25** 77
  Aufsichtsratsvorsitzender **25** 51 ff.
  Ausschuss **25** 54 ff.
  Berichterstattung **25** 61
  Besetzung von Führungspositionen **25** 25 ff.
  Effizienzprüfung *s. dort*
  Empfehlung **25** 15
  Entsprechenserklärung **10** 173 ff.
  Entstehung **25** 10 ff.
  Erklärung zur Unternehmensführung **10** 181 f.
  Erklärungspflicht **25** 90 ff.
  Finanzkalender **25** 8
  Fortbildung Aufsichtsrat **25** 76
  Hauptversammlung **25** 18 ff.
  informationelle Gleichbehandlung **25** 86 f.
  Interessenkonflikt
  – Aufsichtsrat **25** 78 ff.
  – Vorstand **25** 40 ff.
  Offenlegung von Beziehungen **25** 62 f.
  Rechnungslegung **10** 167 ff.

1938

Magere Zahlen = Randnummern

Rechtsnatur **10** 172; **25** 16
Stimmrechtsvertretung **25** 18 ff.
Unabhängigkeit
– Aufsichtsrat **25** 66 ff.
– kontrollierender Aktionär **25** 70
Verfassungsmäßigkeit **25** 17
Vielfalt **25** 25 ff.
Vorstandsvergütung **25** 31 ff.
Wiederbestellung Vorstand **25** 49 f.
Ziel **25** 13
Zusammensetzung
– Aufsichtsrat **25** 58 ff.
– Vorstand **25** 44 ff.
Corporate Social Responsibility 1 19
Corporate-Governance-Bericht 25 24
Cost Sharing Arrangement
Cost-Plus-Methode *s. Kostenaufschlagsmethode*
Culpa in contrahendo 6 154; **17** 50
Custodian 20 99
Cut-off-Date 20 252, 257

D&O-Versicherung 6 38
Darlehen
körperschaftsteuerliche Behandlung **12** 83
DAT/Altana-Entscheidung 26 6, 8
DAX 20 13
DBA
DCGK
Dealing 16 25
Dealing at Arm's Length *s. Fremdvergleich*
Debitorisches Konto 17 94
Debt Equity Swap 9 58, 150
Deckungsvermögen 12 207
Decoupled-Verfahren 20 144
Definitivbelastung 16 72
Delisting 1 14; **5** 40; **26** 1 ff. 4 ff.
freiwilliges
– alte Rechtslage **26** 4 f.
– Angebot **26** 16 ff.
– Bieter **26** 16
– Mindestpreis **26** 17 ff.
– Neuregelung **26** 11 ff.
– Rechtsschutz **26** 33 ff.
– Widerrufsverfahren **26** 24 ff.
kaltes **13** 200; **26** 45 f.
unfreiwilliges **26** 39 ff.
Deposit Agreement *s. Depotvertrag*
Depositary *s. Depotbank*
Depotbank 20 99
Depotübertragung 4 154 ff.
Depotvertrag 20 99, 101
Differenzhaftung 2 225, 253, 288, 416; **4** 18

Stichwortverzeichnis

Bilanz **2** 414, 416, 462
Differenzrechnung 12 101
Directors' Dealing
DirectPlace 20 63
Direktgeschäft, grenzüberschreitendes 16 11 ff.
Disclosure Letter 20 240 ff.
Diskriminierung
Dividende
Besteuerung **4** 120 ff.
Dividende
Besteuerung bei Auslandsbezug **4** 147 ff.
fiktive **13** 421
Gutglaubensschutz **8** 71 f.
Kapitalertragsteuer **4** 129 ff.; **12** 100
Kirchensteuer **4** 127 f., 139
Recht auf D. *s. Bilanzgewinn*
steuerfreie **4** 125
Unterbilanz **17** 72
Dividendenfreistellung *s. Schachtelprivileg*
Dodd-Frank-Act 20 74
Domestic Listing Standard 20 84
Doppelbesteuerung 16 3 ff.
Doppelbesteuerungsabkommen 3 192 f.; **12** 75 f., 87 ff., 190; **16** 6 ff. 6 ff., 16, 22, 29, 36, 45, 59, 64, 107, 168 ff., 117
Doppelmitgliedschaft
Verbot *s. Inkompatibilität*
Doppelschaden 6 148
Dotationskapital 16 28
Downgrading 26 1
Downlisting 26 1
Drittbeteiligung 7 19 ff.
Drittvergleich-Escape 12 85
Drohverlustrückstellung 10 94, 131
Dual Listing 20 92 ff.
Dualistisches System 25 2 f.
Dual-Track-Verfahren 20 141
Due Diligence 20 150 f.
körperschaftsteuerliche Behandlung **12** 81
Due Diligence Defence 20 240, 247, 257, 260, 355, 363
Durchgriffshaftung 1 114; **8** 4
Durchschnittsmethode 10 87
Dutch Auction *s. Preisspannenangebot*

Early Look 20 143
EBITDA-Vortrag 8 127
Effective Date 20 257
Effizienzprüfung 25 84 f.
Eigene Aktie 3 143; *s. a. Erwerb eigener Aktien*
Pflichten **3** 73
Rechte **3** 173

1939

Stichwortverzeichnis

Fette Zahlen = Kapitel

Eigengeschäft Führungskraft 20 34, 70
Eigenkapital
 Bilanz **10** 101 ff.
 steuerliches **12** 97
Eigenkapitalspiegel 10 144 ff.
Einbringung
 Auslandsbezug **13** 482, 488 ff.
 qualifizierter Anteilstausch **13** 390 ff.
 tauschähnlicher Vorgang **13** 496
Einbringungsgeborener Anteil 13 364, 373, 389
Einbringungsgewinn 2 426a ff.
 Einbringungsgewinn I **13** 382
 Einbringungsgewinn II **13** 393
Einbringungsvertrag 9 38
Einfaches Erwerbsangebot 23 17
Einflussnahmemöglichkeit 14 14
Eingliederung 14 184 ff.
 Beendigung **14** 206 f.
 Eintragung Handelsregister **14** 190
 Gläubigerschutz **14** 199 f.
 Hauptversammlung
 – einzugliedernde Gesellschaft **14** 187
 – Hauptgesellschaft **14** 188
 Informationspflicht **14** 188
 Missbrauchsvermeidung **13** 380
 Unbedenklichkeitsverfahren **14** 191
 Verlustausgleich **14** 204 f.
 Vermögenszugriff **14** 204 f.
 Weisungsrecht **14** 202 f.
Eingliederungsbericht 5 132
Eingliederungskonzern
 mehrstufiger **14** 189
Einheitliche Leitung 14 26
Einheitsfiktion 10 140
Einkaufskommission 3 151 f.
Einklangsprüfung 11 40
Einkommen
 Ermittlung **12** 16 f.
 zu versteuerndes **12** 40 ff.
Einlage
 offene **12** 99
 verdeckte s. *Verdeckte Einlage*
Einlagekonto
 steuerliches **12** 97 ff.
 – Direktzugriff **12** 104
Einlagenrückgewähr
 dritte Beteiligte **8** 35 ff.
 Eingliederung **8** 43
 faktischer Konzern **8** 44
 Kapitalherabsetzung **8** 45
 körperschaftsteuerliche Behandlung **12** 73, 97, 102, 105
 offene **8** 21
 – steuerliche Behandlung **8** 82 f.

Platzierung von Aktien **8** 33
Prospekthaftung **8** 31 f.
Rechtsfolgen **8** 59 ff.
Rückgewähranspruch **8** 65 ff.
Sachdividende **8** 50 f.
Unternehmensvertrag **8** 28, 43
verdeckte **8** 22 ff. 80 ff.
Einlagepflicht
 Einlagepflicht **4** 8 ff.
 Inhalt **4** 9
 Rechtsmangel **4** 24
 Sachmangel **4** 24
 Schuldner **4** 10
 Unmöglichkeit **4** 20 ff.
 Verspätung **4** 14 f.
 Vorleistung **17** 89 ff.
 Zeitpunkt der Leistung **4** 11 ff.
Einnahmen
 sonstige steuerfreie **12** 51
Einpersonen-AG
 AG **1** 36
 Gründung **2** 300 ff.
Einsichtsrecht 4 29 ff.
Eintragung
 Aktienregister **24** 57
Eintragung im Handelsregister
 Bekanntmachung **2** 65
 Gerichtskosten **2** 129
 Handelsregister **2** 60 ff.
 Inhalt **2** 64
 Rechtsfolgen **2** 66
 Scheitern **2** 67
Eintragungsverfügung 2 60
Einzelbewertungsgrundsatz 10 70
Emissionskonzept 20 139
Emissionsplanung 20 138
Emittentenhaftung 2 156, 279
Emittenteninteresse
 berechtigtes **22** 61
Emittentenpflichten 22 26 ff.
Empfehlungsverbot 22 29, 31
Employee Share Purchase Plan 24 135
Entgelt
 für Schulden **12** 130
Entherrschungsvertrag 14 20
Entity Simplification 13 251; s. a. *Spaltung*
Entlastung
 der Vorstands- und Aufsichtsratsmitglieder **5** 12 f.
 Entlastung **6** 88 ff.
Entnahmesperre 8 14
Entry Standard s. *KMU-Marktsegment-Scale*
Entschmelzung 13 37

1940

Magere Zahlen = Randnummern

Stichwortverzeichnis

Entsendung **7** 211 ff.
Entsprechenserklärung **6** 106 ff.; **25** 92 ff.
Entstrickung **16** 94, 114
Equity Story **20** 139 f.
Equity-Methode **10** 150
Erbschaftsteuer
   Vergleich der Rechtsformen **1** 111
Erfüllungsgeschäft **22** 37
Ergänzungsbilanz **16** 54, 118
Ergebnisverwendung **11** 2 ff.
Erlasssperre **9** 145, 168
Erneuerungsschein **3** 141
Eröffnungsbilanz **2** 408 ff., 460
Erstattungszusage **6** 143a
Ertragskonsolidierung **10** 154
Erwerb eigener Aktien
   Aktien **3** 144 ff.; **8** 41 f.
   Ausnahme **3** 146 ff.
   Bilanz **3** 168; **10** 102
   Einziehungsermächtigung **3** 165
   Ermächtigung **3** 156 ff.
   Gleichbehandlungsgrundsatz **3** 162 f.
   Kapitalmarktrecht **3** 167
   mittelbare Stellvertretung **3** 175
   öffentliches Angebot **23** 13
   Steuerrecht **3** 169
   Übernahmerecht **3** 166
   Umgehung **3** 174 ff.
   Verstoß **3** 170 ff.
Erwerbsermächtigung **24** 21
Erwerbsmethode **10** 148
Erwerbsverbot **22** 21 ff.
Europäische Aktiengesellschaft
   s. *Societas Europaea*
Europäische Genossenschaft *s. SCE*
Europäische Privatgesellschaft
   s. *Societas Privata Europaea*
Europäische Wirtschaftliche
   Interessenvereinigung *s. EWIV*
Euro-Umstellung **3** 94 ff.
EU-Schiedskonvention **16** 38, 76, 78
Eventualverbindlichkeit **10** 95
EWIV **19** 2
Existenzvernichtungshaftung
   Anspruchsberechtigter **14** 99
   Anspruchsgegner **14** 99
   Beweislast **14** 100
   Existenzvernichtungshaftung **14** 88 ff.
   Insolvenzverursachungshaftung **14** 92
   sittenwidrige Schädigung **14** 94
   Verjährung **14** 101
   Voraussetzungen **14** 92 ff.
   Vorsatzerfordernis **14** 98
Exit Tax **27** 22

Exklusivitätsvereinbarung **23** 105

Face-to-face-Geschäft **22** 24; **23** 103
Fair Value **10** 15
Fairness Opinion **23** 94
Faktische Geschäftsführung **16** 65, 94, 119
Faktische Verpflichtung **10** 91
Faktischer Konzern
   Konzern **14** 70 ff.
   Schadensersatzpflicht herrschendes Unternehmen **14** 87
   Veranlassung von Rechtsgeschäften und Maßnahmen **14** 73
Familiengesellschaft **1** 25 ff.
   Anbietungspflicht **1** 30
   Erbschaftsteuer **12** 211
   Rückkaufsrecht **1** 30
   Vorkaufsrecht **1** 30
Fehlbetrag
   vororganschaftlicher **12** 157
Fehlerhafte Gesellschaft **2** 366
Festbewertung **10** 86
Festpreisverfahren **20** 144
Fiduciary Out **23** 105, 107
Fifo-Methode **4** 152; **10** 86 f., 136
Finanzanalyseverordnung **20** 290
Finanzierungsaufwendung **12** 129
Finanzierungsbestätigung **23** 58 f.
Finanzinformation
   kombinierte **20** 219
Finanzinstrument **22** 12
Finanzkalender **25** 8
Finanzplan **17** 29
Firma **2** 332 f.
Firmenwert
   derivater **10** 66, 118
Formstrenge **1** 91
Formwechsel
   AG in GmbH
   – Anmeldung Handelsregister **13** 210 ff.
   – Beschluss **13** 201 ff., 206 ff.
   – Bilanz **13** 217
   – Gläubigerschutz **13** 215
   – GmbH **13** 200 ff.
   – Minderheitenrechte **13** 216
   – Negativerklärung **13** 211
   – Rechtsfolgen **13** 213 ff.
   – steuerliche Folgen **13** 218
   AG in Personengesellschaft
   – Anmeldung Handelsregister **13** 229 f.
   – Beschluss **13** 224, 226 ff.
   – Bilanz **13** 233
   – Minderheitenrechte **13** 232
   – Negativerklärung **13** 230

Stichwortverzeichnis

Fette Zahlen = Kapitel

– Personengesellschaft **13** 221 ff.
– steuerliche Folgen **13** 234 ff.
Fortführungsprinzip 14 147, 163; **17** 12; **18** 52
Fortführungsprognose 17 24, 27 ff.
Forum Shopping 19 90
Freigabeverfahren 5 140, 289 ff.
Freistellungsbescheinigung 4 147
Freistellungs-Betriebsstätte 16 47, 49, 53, 55, 60
Freistellungsmethode 12 87; **16** 5, 8, 36, 38, 41
Freiverkehr 20 44 ff., 130 ff.
Fremdorganschaft 1 88
Fremdvergleich 16 69, 151 ff.
  Anwendung **16** 184 ff.
  Definition **16** 178 ff.
  Einlagenrückgewähr **8** 23 ff.
  hypothetischer **16** 185, 188
  tatsächlicher **16** 185 ff.
Fremdvergleichsbandbreite 16 189 ff.
Friends-&-Family-Programm 20 163; **24** 59
Frosta-Entscheidung 26 9 f., 36
Frühwarnsystem 17 6 ff.
Functionally Separate Entity Approach
  s. *Selbstständigkeitsfiktion*
Fünftelregelung 24 151
Funktionale Betrachtungsweise 16 27, 84
Funktionsholding 16 77
Funktionsverlagerung 16 40 f., 89, 111
Fürsorgepflicht s. *Treuepflicht*

Garantenpflicht 6 158
Gegenantrag 5 109 ff.
Gelatine-Entscheidung 5 29; **14** 48 ff.
Geldeinlage s. *Bareinlage*
Geldstrafe
  Abzugsfähigkeit **12** 47
Geltendmachung Ersatzanspruch
  Vorstand **6** 144 ff.
Gemeinsamer Gründungsplan 19 59
Gemeinsamer Holdingbericht 19 59
Gemeinsamer Verschmelzungsplan 19 49
Gemeinschaftlicher Vertreter 5 146
Gemeinschaftsprüfung 11 25
Gemeinschaftsteuer 12 21
Gemeinschaftsunternehmen 14 23 ff.
Gemischt genutztes Wirtschaftsgut 16 27
Gemischter Vertrag 12 133
Genehmigtes Kapital
  Arbeitnehmeraktie **9** 84 f.

Bezugsrecht 9 92 ff.
Durchführung 9 86 ff.
Entscheidungsermessen 9 86 ff.
Frist 9 81
Höchstgrenze 9 83
Kapital 9 80 ff.
Mehrheit 9 82
Sacheinlage 9 90 f.
Verhältnis Kapitalerhöhung gegen Einlagen 9 83
Zustimmung des Aufsichtsrats 7 109 f.
Genehmigungsurkunde 2 34
General Standard 20 17, 25, 129
Genussrecht 9 183 ff.
  Bilanz **10** 101
  Jahresabschluss **10** 51
Gesamtgeschäftsführung 6 9
Gesamtplanrechtsprechung 13 446
Gesamtverantwortung 6 109 ff.
Gesamtzuständigkeit 6 112 ff.
Geschäftsbereichsaktie 11 144 ff.
Geschäftschancenlehre 6 127
Geschäftseinrichtung
  feste **16** 18
Geschäftsführung 6 5 ff.
Geschäftsführungsbefugnis 6 6 ff.
Geschäftsvorfallbezogene Gewinnaufteilungsmethode 16 227 ff.
Geschäftsvorfallbezogene Nettomargenmethode 16 212 ff.
Geschlechterquote 7 30 ff.; **25** 64 f.
  harte **19** 112a, 121a
  weiche **19** 107a, 110a, 112b f., 121b
Geschlossener Zeitraum 21 103
Geschöpftheorie 1 47
Gesellschafterfremdfinanzierung
  s. *Zinsschranke*
Gesellschaftszweck 2 338
Gesetzgebungskompetenz
  konkurrierende **12** 20
Gestaltungsmissbrauch 16 72, 132
Gewährleistungserklärung 15 33 ff.
Gewerbebetrieb 12 17, 124
Gewerbeertrag 12 126 ff.
Gewerbesteuer 12 120 ff.
  Abwicklung **18** 97 ff.
  Aufkommen **12** 121
  Erhebung **12** 120
  Erhebungszeitraum **12** 160
  Hebesatz **12** 121 f.
  Hinzurechnung **12** 128 ff.
  Hinzurechnung des Freibetrags **12** 136
  Inlandsbezug **16** 2, 33, 35
  Kürzung **12** 128 ff.
  Mindestbesteuerung **12** 152

Magere Zahlen = Randnummern

Stichwortverzeichnis

Mindesthebesatz **12** 121
Spende **12** 143
Steuerschuldner **12** 125
Vergleich der Rechtsformen **1** 103 ff.
Verlustverrechnung **12** 152 f.
Gewerbesteuerbescheid 12 161
Gewerbesteuererklärung 12 158
Gewichteter Durchschnittspreis 2 25, 45; **9** 42
Gewinn- und Verlustrechnung 10 33 ff., 47 ff.
Abwicklung **18** 56 ff.
Gewinnabführungspflicht 14 138
Gewinnabführungsvertrag 14 104, 108
Gewinnanteilschein 3 138 ff.
Gewinnausschüttung
Gewinngemeinschaft 14 110
Gewinnrücklage
Bilanz **10** 46
Gewinnrücklage **11** 5 ff.
Gewinnschuldverschreibung 9 181 f.
Gewinnverteilung 11 139 ff.
Gewinnverwendungsbeschluss 4 73; **11** 124 ff.
Anfechtung **11** 152 ff.
fehlerhafter Jahresabschluss **11** 99
Mehrheit **11** 130
Unwirksamkeit **11** 151
Girmes-Entscheidung 17 81
Girosammelverwahrung 3 17, 84 ff.
Herausgabeanspruch **3** 87
Kapitalertragsteuer **16** 129, 134
Übertragung Aktie **3** 117 f.
Gläubigeraufruf 18 61
Gleichbehandlung
informationelle
Gleichbehandlungsgrundsatz 4 86 ff., 217
arbeitsrechtlicher **24** 81 f.
Gleichberechtigte Teilhabe
Gesetz für die g. T. **6** 23a; **25** 30, 48
Gleichordnungskonzern 14 26
Globalaktie 3 82 f.
GmbH
Vergleich zur AG **1** 112 ff.
GmbH & Co. KG 2 467 ff.
Going Private s. Delisting
Going Public s. Initial Public Offering
Going-Concern-Prinzip s. Fortführungsprinzip
Greenshoe s. Mehrzuteilungsoption
G-REIT s. REIT-AG
Großerwerb 12 213
Grundbesitzkürzung
erweiterte **12** 144, 146 ff.

pauschale **12** 144 f.
Gründer 2 72 ff.
Gründerfähigkeit 2 73 ff.
Grundkapital 2 159
Bilanz **10** 44
Neustückelung **3** 11
Zerlegung in Aktien **2** 160
Grundlagenbescheid 12 126
Grundlagenentscheidung 5 16 ff.
Mehrheit **5** 230
Grundsätze ordnungsgemäßer Abschlussprüfung 11 33
Grundsätze ordnungsgemäßer Buchführung 10 55 ff.
Grundstück
inländisches **16** 105
Grundstückshandel
gewerblicher **12** 146 f.
Gründung
Beteiligte **2** 70 ff.
Gründung
Einpersonen-AG **2** 300 ff.
Gewerbesteuer **2** 418
Grunderwerbsteuer **2** 420
Körperschaftsteuer **2** 417
Kosten **2** 404
Mitwirkung eines Notars **2** 113 ff.
Notargebühren **2** 120
Publizität **2** 400 ff.
Rechnungslegung **2** 408 ff.
Steuerrecht **2** 417 ff.
Umsatzsteuer **2** 419
Gründungsaufwand 2 347 ff.
Gründungsbericht 2 18 ff.
Gründungsprüfung 2 23 ff.
Gründungstheorie 1 47
Gruppenbewertung 10 86
Günstigerprüfung 4 135, 149
GuV s. Gewinn- und Verlustrechnung

Halbeinkünfteverfahren 12 4 f.
Halbjahresfinanzbericht 20 29, 32, 37
Haltefrist 24 13a, 58, 86
Handeln entgegen prognostizierter Kursentwicklung 22 24
Handelndenhaftung 2 282 ff.
Handelsregister
Anmeldepflicht **6** 32, 122
Einsicht **2** 400
Publizität **2** 401
Handelsverbot Führungskraft 21 103 ff.
Hauptaktionär 15 7 ff.
Anteilszurechnung **15** 10 ff.
Beteiligungshöhe **15** 8 f.
Wertpapierleihe **15** 10

1943

Stichwortverzeichnis

Fette Zahlen = Kapitel

Zeitpunkt **15** 12
Hauptversammlung 5 242 ff.
außerordentliche **5** 71
Bekanntmachung **5** 62
Beschlussfähigkeit **5** 208
Beschlussfassung **5** 208 ff.; s. a. Stimmrecht
Dokumentation
– Niederschrift, Inhalt **5** 245 ff.
– Niederschrift, Mängel **5** 251
– Niederschrift, Veröffentlichung **5** 250a
– notarielle Beurkundung **5** 243 ff.
– Tonaufzeichnung **5** 254
– Videoaufzeichnung **5** 254
Durchführung
– Abstimmung **5** 182 ff.
– Antrag **5** 170
– Beendigung **5** 194 f.
– Beschränkung des Auskunfts- und Fragerechts **5** 178 ff.
– Beschränkung des Rederechts **5** 173 ff.
– Leitung **5** 164 ff.
– Ordnungsmaßnahme **5** 181
– Tagesordnung **5** 168 f.
– Wortmeldung **5** 171 f.
Einberufung **5** 65, 69 ff.
– Aufsichtsrat **7** 100
– Bekanntmachung **5** 95 ff.
– Berechtigung **5** 76 ff.
– Frist **5** 84 ff.
– Mindestangaben **5** 90 ff.
– Mitteilungen **5** 105 ff.
– Strukturentscheidung **5** 75
– Verlangen **5** 78 ff.
Eröffnung **5** 165
Kompetenz **6** ff.
Mehrheit **5** 226 ff.
Notar **5** 68
Online-Teilnahme **5** 144a ff., 155, 161, 257 f., 266
ordentliche **5** 70
Ort **5** 92
sonstige Teilnehmer **5** 149 ff.
Tagesordnung **5** 65, 99 ff.
Termin **5** 57
ungeschriebene Zuständigkeit **5** 25 ff.
virtuelle **5** 144a, 145
Vorbereitung **5** 56 ff.
Vorstandspflichten **5** 196 ff.
Votum Vergütungssystem Vorstand **6** 70d
Zeitpunkt der Leistung **5** 91
Zuständigkeit **5** 6 ff.
Hauptversammlungsbeschluss

Anfechtung s. Anfechtungsklage
Ausführung **6** 102
Vorbereitung **6** 101
Hebesatz 12 121 f.
Hedge s. Sicherungsgeschäft
Hedging 22 24, 57
Herrschaftsausübung
gemeinsame **14** 24
Herrschendes Unternehmen 14 6 f., 10
Herstellungskosten 10 74, 77 f.
anschaffungsnahe **10** 116
Hilfstätigkeit 16 22, 39, 107
Hinterlegung der Bücher
nach Abwicklung **18** 79
Hinzurechnung Gewerbeertrag 12 128 ff.
Hinzurechnungsbesteuerung 16 38, 80 ff.
Höchstwertprinzip 10 98
Holding-SE 19 55 ff.
Holzmüller-Entscheidung 5 25 ff.; **14** 47 ff.
Huckepack-Immission 9 60
Hünnebeck/FA Krefeld Rechtssache 12 197

Identität Rechtsträger 13 213, 231
IFRS 10 13 ff.
Immaterieller Vermögensgegenstand 10 15, 65, 67, 75, 77, 80, 115, 117 ff.
Imparitätsprinzip 10 57, 70
Indirekte Dienstleistungsverrechnung 16 232
Individualbesteuerung 14 210 ff.
Individualrechte 4 91
Infizierung
gewerbliche **4** 166, 169 ff.
Information
konkrete **22** 14
nicht-öffentliche **22** 15
Informationsfunktion 10 6
Informationsmemorandum 20 315
Informationspflicht
vorstandsinterne s. Gesamtverantwortung
Informationsquelle Aufsichtsrat
s. Berichterstattung Vorstand
Inhaberaktie 1 66; **3** 16 ff.
Legitimationswirkung **3** 19
Rechtsscheinwirkung **3** 19
Übertragung **3** 111
Umstellung auf Namensaktie **3** 35 ff., 45
Inhaltsfehler 5 270 f.
Initial Private Offering 1 24

Magere Zahlen = Randnummern

Stichwortverzeichnis

Initial Public Offering 5 39; s. a. Börsengang
Inkompatibilität 6 24; 7 4, 203
  Societas Europaea 19 108
Inlandsbeteiligter 16 81
Inlandsemittent 20 28 ff.
  Veröffentlichungspflicht 21 60 ff., 71, 100
Inlandsvermögen 12 194
Inpfandnahme eigener Aktien 3 176
Insichgeschäft 6 12; s. a. Vertretungsmacht
Insiderinformation 22 13 ff., 35
  selbstgeschaffene 22 24
Insiderpapier 22 11 ff.
Insiderverbot 22 10 ff., 36
  Aktienrückkauf 22 24
  Ausnahme 22 24 ff., 37
  Erfüllung von Verbindlichkeiten 22 24
  Mitarbeiterbeteiligung 24 127 ff.
  Sanktion 22 30 ff., 41 ff.
Insiderverzeichnis 22 80 ff.
  Aufbau 22 84
  aufzunehmende Person 22 83, 89
  betroffene Unternehmen 22 81, 87 f.
  Inhalt 22 84, 90
  Sanktion 22 85 f., 91
Insolvenz 17 18 ff.
Insolvenzantragspflicht 6 121a; 17 41 ff.
  Aufsichtsrat 17 66 f.
  Kreditinstitut 17 58 f.
  Verletzung 6 152 f.; 17 47 ff.
  Versicherungsunternehmen 17 58 f.
Insolvenzantragsrecht
  Aktionär 17 74
Inspire-Art-Entscheidung 1 47
Interessenbindung
  anderweitige 14 12 f.
Interessenkonflikt
  Aufsichtsrat 7 247, 273; 25 78 ff.
  Vorstand 7 24; 25 40 ff.
Interimsmanager 6 34
Interimsschein 3 136
International Standards on Auditing 11 34
Interne Revision
  Revision 6 115 ff.
Internes Kontrollsystem 11 35 ff.
Inter-Organstreit 6 164 ff.
Interventionsrecht 6 111
Intransparente Besteuerung 12 174
Intra-Organstreit 6 164 f., 167; 7 279
Investitionszulage 12 91 ff.
Investmentaktiengesellschaft 1 82
Investmentfonds
  Besteuerung 4 167 ff.

Investmentsteuergesetz 4 167 ff.
Invitatio ad offerendum 23 63
IPO s. Initial Public Offering
IPO-Prospektversicherung 20 255
Irreführung
  keine I. der Öffentlichkeit 22 62
Irrevocable Undertaking 23 120
  Stimmrechtszurechnung 21 47 f.
Isolierende Betrachtungsweise 16 101

Jahresabschluss 10 20 ff.
  Abwicklung 18 47 ff.
  Änderung 11 91 ff.
  Anfechtung 11 113 f.
  Anhang 10 35, 51
  Aufbewahrung 11 123
  Aufstellung 10 20 ff.
  Bedeutung 11 80 ff.
  Beschluss 11 49
  Bestandteile 10 26 ff.
  Billigung 7 95; 11 60 f.
  Feststellung 11 45 ff.
  Kenntnisnahme des Aufsichtsrats 11 54
  Nichtigkeit 11 106 ff.
  Offenlegung 11 115 ff.
  Prüfung s. Abschlussprüfung
  Prüfung Aufsichtsrat 7 94 ff.; 11 55 ff.
  Vorlage 11 51
  Weiterleitung 11 48 ff.
  Zuständigkeit 10 20 ff.
Jahresfinanzbericht 20 30, 32, 36
Jahressteuergesetz 2008 12 11
Jahressteuergesetz 2010 12 12
JOBS Act 20 75, 301
Joint Audit s. Gemeinschaftsprüfung
Junge Finanzmittel 12 207, 209 f.
Junges Verwaltungsvermögen 12 206, 209 f.
Jungschein 3 142 ff.

Kaduzierung 4 14
Kapitalanleger-Musterverfahrensgesetz 20 365 ff.
Kapitalaufbringung 2 159 ff.
  Haftung 2 247 ff.
  Nachweis 2 181 f.
  Prüfung durch Gericht 2 183
  strafrechtliche Verantwortlichkeit 2 293
  Verjährung Einzahlung 2 184
Kapitalerhöhung
  gegen Einlagen
  – Anmeldung Handelsregister 9 31 ff.
  – Ausgabebetrag 9 18, 41
  – Beschluss 9 14 ff.
  – Bezugsrecht 9 48 ff.

1945

Stichwortverzeichnis

Fette Zahlen = Kapitel

- Durchführung **9** 23 ff.
- Einlagen **9** 13 ff.
- Gleichbehandlung **9** 29
- Verhältnis genehmigtes Kapital **9** 83 aus Gesellschaftsmitteln
- Anmeldung Handelsregister **9** 119
- Aufforderung **9** 123
- Beschuss **9** 109 ff.
- Beteiligungsquote **9** 124, 128
- Durchführung **9** 119 ff.
- Gesellschaftsmitteln **9** 102 ff.
- Prüfung **9** 120 f.
- Rechte Dritter **9** 125
- teileingezahlte Aktie **9** 127
körperschaftsteuerliche Behandlung **12** 63 f., 110
Sanierungszweck **17** 85 ff.
Kapitalerhöhungsbeschluss s. *Kapitalerhöhung*
Kapitalersetzendes Darlehen 6 86
Kapitalertragsteuer 12 97 ff.
Abwicklungsüberschuss **18** 113., 117 ff.
Auslandsbezug **16** 128 ff.
Erstattung **16** 131, 133, 139
Kapitalertragsteuereinbehalt 12 105
Kapitalflussrechnung 10 144, 146
Kapitalgesellschaft
große **10** 27 f.
kleine **10** 27 f.
mittelgroße **10** 27 f.
Kapitalgrenze 3 147
Kapitalherabsetzung
körperschaftsteuerliche Behandlung **12** 63, 73, 79, 82, 111
Sanierungszweck **17** 96 f.
vereinfachte **9** 148 ff.
Kapitalherabsetzung durch Einziehung von Aktien
Aktien **9** 161 ff.
Anmeldung Handelsregister **9** 171
Beschluss **9** 167 f., 171
Bilanz **10** 49
Entschädigung **9** 164 f.
Gläubigerschutz **9** 168, 170
Gleichbehandlung **9** 163
Verfahren **9** 167 ff.
Kapitalisierungsfaktor 12 221
Kapitalkonsolidierung 10 148 ff.
Kapitalmarktorientierte AG
Abschlussprüfung **11** 42
AG **10** 160
Jahresabschluss **10** 161, 163
Lagebericht **10** 161 ff.
Offenlegung Jahresabschluss **11** 131 f.
Prüfungsausschuss **11** 74

Kapitalmehrheit 5 227 ff.
Kapitalrücklage 11 4
Bilanz **11** 45
Kapitalsammelfunktion 1 1, 9 f.
Kapitalschnitt 9 150, 159
Kapitalverwaltungsgesellschaft
externe **1** 81
KBV-Entscheidung 14 90 f.
Keinmalbesteuerung s. *Weiße Einkünfte*
Ketteneingliederung 14 196
Kettenumwandlung 13 395
Kettenzurechnung 21 18, 20
KGaA 2 497
Abwicklung **18** 96
Auflösung **18** 85 ff.
Auslandsbezug **1** 45 ff.
börsennotierte **1** 14 ff.
Gründer **2** 491 ff.
Gründung **2** 490 ff.
Gründungsverfahren **2** 496
Kapitalerhaltung **8** 12 ff.
Kapitalmaßnahmen **9** 190 ff.
Konzernbaustein **1** 72 ff.
Krise **17** 98
Mitbestimmung **1** 79 f.
Satzung **2** 496
steuerliche Behandlung **12** 170 ff.
Struktur **1** 4, 125 ff.
Umwandlung **2** 510 ff.
- steuerliche Behandlung **12** 182
Vergleich AG **1** 125 ff.
Klagezulassungsverfahren 4 97 ff.
Kleine AG 1 34 ff.
Kleinstkapitalgesellschaft 10 29
KMU-Marktsegment Scale 20 49 f., 57 ff.
Kollusion 6 12
Kommanditaktionär
Auseinandersetzungsguthaben **4** 213
ausländischer **16** 14
Besteuerung **4** 218
Einlage **4** 206
Gewinnanspruch **4** 212
Informationsrecht **4** 209
Klagerecht **4** 215
Kündigung **18** 92
Mitgliedschaft **4** 204 ff.
Nebenleistung **4** 207
Pflichten **4** 205 ff.
Rechte **4** 205 ff.
Stimmrecht **4** 208
Teilnahmerecht **4** 208
Widerspruch **4** 210
Kommanditgesellschaft auf Aktien
s. *KGaA*

Magere Zahlen = Randnummern

Komplementär
Abfindungs-/Auseinandersetzungsguthaben 4 200
Aufwendungsersatz 4 198
Komplementär
ausländischer 16 148
Komplementär
Ausschließung 4 199
Besteuerung 4 203 ff.
Einlage 4 184
Entnahmerecht 4 194 ff.; 8 14 ff.
Geschäftsführung 4 186
Gewerbesteuer 12 148 f.
Haftung 4 185
Informationsrecht 4 191
Kündigung 4 199
Mitgliedschaft 4 182 ff.
Pflichten 4 184 ff.
Rechte 4 184 ff.
Stimmrecht 4 187 ff.
Teilhabe an Gewinn und Verlust 4 192 f.
Teilnahmerecht 4 187 ff.
Treuepflicht 4 201 f.
Wettbewerbsverbot 4 201
Komplexe finanztechnische Vorgeschichte 20 220
Komplexes Vierstufenverfahren 7 63
Konkrete Information
Zwischenschritte 22 14, 35
Konsolidierungskreis 10 140, 143, 145, 147, 150, 153
Konsortialvertrag 20 268 ff.
Kontinuität
der Mitgliedschaft 13 213, 231
Kontoführendes Institut 2 130
Kontrollierender Aktionär
Unabhängigkeit 25 70
Kontrollpflicht
vorstandsinterne 6 109 ff.
Kontrollwechsel 14 39 f.; 25 38
Konzeptbeschluss 5 50 f.
Konzern 14 26
Auslandsbezug 1 49 ff.
geschriebene Hauptversammlungszuständigkeit 14 43 ff.
Rechnungslegung 10 140 ff.
ungeschriebene Hauptversammlungszuständigkeit 14 46 ff.; 5 31 ff.
Vermutung 14 27
Konzernabschluss 10 140 ff.
Änderung 11 105
Aufbewahrung 11 123
Billigung 11 62, 79
Offenlegung 11 118
Konzernanstellungsvertrag 6 35

Stichwortverzeichnis

Konzernbildung 14 7
Konzernbildungskontrolle 14 33 ff.
Konzerneffekt
passiver 14 73
Konzerngeschäftsführung 14 7
Konzernklausel 14 7, 45
steuerrechtliche 14 295
Konzernkonflikt 14 10 ff.
Konzernkontrolle 6 118
Konzernlagebericht 10 156
Konzernleitung 14 7, 26
Konzernleitungspflicht 6 119; 14 132
Konzernprivileg 7 202
Konzernumlage 14 76
Körperschaftsteuer 12 55 ff.
Abschnittsbesteuerung 12 36
Auflösung 18 97 ff.
Bemessungszeitraum 12 37
Beschränkung des Besteuerungsrechts 12 34
Einkommensermittlung 12 40
Einkünfteermittlungszeitraum 12 38
Geschäftsleitung 12 27
internationaler Vergleich 12 23 ff.
Jahressteuer 12 36
Sitz 12 27
Steueraufkommen 12 21
Steuersatz 12 5 f., 9, 22 ff., 54
Umwandlung 12 33
Veranlagungszeitraum 12 39
Vergleich der Rechtsformen 1 103 ff.
Verlustabzug
– Börsengang 12 63
– Erwerber 12 65
– Erwerbsgegenstand 12 62
– Fünfjahreszeitraum 12 64
– Genussrecht 12 62
– Grundregel 12 61
– Kapitalerhöhung 12 63
– Konzernklausel 12 66
– Stille-Reserven-Klausel s. dort
– Vorzugsaktie 12 62
Vorgesellschaft 12 30
Vorgründungsgesellschaft 12 30
Körperschaftsteuerpflicht
beschränkte 12 28; 16 17 ff.
unbeschränkte 12 27; 16 2
Körperschaftsteuersystem
klassisches 12 2
Korrespondenz
formelle 8 118
materielle 8 119
Korrespondenzprinzip
körperschaftsteuerliches 4 172; 12 76
Kostenaufschlagsmethode 16 206 ff.

1947

Stichwortverzeichnis

Fette Zahlen = Kapitel

Kostenumlagevereinbarung 16 230 f.
Kreditgewährung
  Aufsichtsrat 7 265
Kreditgewährung
  Vorstand 6 84 f.
Krise der AG 17 1 ff.
Kulanzpuffer 12 209
Kündigungsrecht 18 19
Kündigungsschutzgesetz 6 43b
Kursbeeinflussungspotenzial
  erhebliches 22 18 ff.
Kursgarantie 8 34
Kurspflege 3 160; 8 42
Kürzung Gewerbeertrag 12 128 ff.

Lagebericht 10 38 ff.
  Abwicklung 18 55 f.
  Kenntnisnahme Aufsichtsrat 11 54
  Vorlage 11 51
Landesholding 16 77
Latente Steuer
  Konzern 10 155
  Steuer 10 108 ff.
Legal Opinion 20 233 ff., 245 f., 248 f.
Legalitätspflicht
  Aufsichtsrat 7 273
  Vorstand 6 5, 117b; 11 37
Legitimationsaktionär 5 209, 217, 256
Leica-Rechtsprechung 5 94
Leistungsfähigkeitsprinzip 16 5
Leitungsmacht 6 14 f.
  Konzern s. Konzernleitungspflicht
Lenkungsausschuss 20 158
Level-1-Programm 20 101
Level-2-Programm 20 101
Level-3-Programm 20 101
Lifting the Corporate Veil 16 80
Liquidation s. Abwicklung
Liquidationsüberschuss s. Abwicklungsüberschuss
Lock up s. Haltefrist
Lohnsummenklausel
  alte 12 199 f.
  neue 12 215
London Stock Exchange 20 87 ff.
Long Term Incentive Plan 24 64
Löschung 18 1, 24, 78
  wegen Vermögenslosigkeit 18 15 ff.
Low Balling 23 164

M:access 20 71
Macrotron-Entscheidung 5 40; 26 7
Managers' Transaction
Mandatsvereinbarung 20 162 ff.
Mannesmann-Urteil 6 71

Mantelgesellschaft 2 479 ff.
  Societas Europaea 19 83 f.
Mantelkauf 12 10, 60
Market Maker 21 44
Marktentlassungsverfahren 26 24 f.
Marktmanipulation
  handelsgestützte 22 104
  informationsgestützte 22 101 ff., 110
Marktmanipulationsverbot 22 100 f., 110 ff.
  Sanktion 22 106 ff., 113
  sonstige Täuschungshandlung 22 105
MarktmissbrauchsVO
  Ad-hoc-Publizität 22 71 ff.
  Ausnahmetatbestand 22 37
  Befreiung 22 74 ff.
  Insiderverbot 22 34 ff.
  Insiderverzeichnis s. dort
  Marktmissbrauchsverbot 22 110 ff.
Marktschutzvereinbarung 20 166, 272 ff.
Marktsondierung 20 143; 22 40
Marktstabilisierung 20 155, 284
Massa-Entscheidung 15 63
Maßgeblichkeitsprinzip 10 11; 11 84 ff.; 12 43
  Durchbrechung 10 112 ff.; 11 88
  Eröffnungsbilanz 2 460
Masterplan s. Insiderinformation
Matching Share Plan 24 58a
Material-Adverse-Change-Klausel 23 70
Mediatisierung 5 26; 14 7, 43, 50 ff.
Mehrabführung 14 276 ff.
Mehrerlösklausel 20 280
Mehrheitsbeteiligung 14 16 f.
Mehrheitseingliederung 14 192 ff.
  Abfindungsangebot 14 196 f.
Mehrmütterschaft 14 23 ff.
Mehrstimmrechtsaktie 3 58
Mehrzuteilungsoption 20 155, 284
Meldepflicht 21 1 ff.
  Eigengeschäft Führungskraft
  – Adressat der Meldung 21 95
  – Belehrung 21 101
  – Bußgeld 21 108 f.
  – Dokumentation 21 102
  – Eigengeschäft 21 87 ff.
  – enge Beziehung zu Führungsperson 21 93 f.
  – Finanzinstrument 21 85 f.
  – Form Meldung 21 97
  – Führungsperson 21 91 f.
  – Inhalt Meldung 21 96

Magere Zahlen = Randnummern   Stichwortverzeichnis

- persönlicher Anwendungsbereich **21** 90 ff.
- sachlicher Anwendungsbereich **21** 84 ff.
- Verhältnis zu anderen Transparenzvorschriften **21** 83
- Verletzung **21** 106 ff.
- virtuelles Beteiligungsprogramm **21** 88
- Zeitpunkt Meldung **21** 98
Stimmbesitz
- Bußgeld **21** 77 ff.
- Komplementär **21** 19
- meldepflichtiges Instrument **21** 45 ff.
- persönlicher Anwendungsbereich **21** 13 ff.
- Rechtsverlust **21** 73 ff.
- sachlicher Anwendungsbereich **21** 8 ff.
- Schutzgesetz **21** 72
- Stimmrechtsaggregation **21** 52, 55
- Verhältnis zu anderen Transparenzvorschriften **21** 5 f.
- Verletzung **21** 72 ff.
wesentliche Beteiligung **21** 67 ff.
Mezzanine-Kapital 10 101
Miet-/Pachtzinsen
  für bewegliche Wirtschaftsgüter **12** 133
  für unbewegliche Wirtschaftsgüter **12** 134
Minderabführung 14 276 ff.
Minderheitenrecht 4 92
Mindestbesteuerung 12 58
Mindestnennbetrag 3 7, 9
Miquel'sche Steuerreformen 12 1
Mischeinlage 2 232 ff.
Mischentgelt 13 448
Mischumwandlung 13 143, 504
Mischverschmelzung 13 5, 132
Missbräuchliche Aktionärsklage
  s. *Räuberischer Aktionär*
Mitarbeiterbeteiligung 24 1 ff.;
  s. a. *Aktienoption*
Betriebsrat **24** 77 ff.
Betriebsübergang **24** 91 ff.
Betriebsvereinbarung **24** 73, 76
Bindungsklausel **24** 86 f., 90 a
Einheitsregelung **24** 74
Einzelzusage **24** 73 f.
Entsendung **24** 145 f.
gemeiner Wert eines zugewandten Vorteils **24** 141 ff.
Gesamtzusage **24** 73, 75
Gleichbehandlung **24** 81 ff.
Haltefrist *s. dort*
Körperschaftsteuer **24** 153 ff.

Lohnsteuer **24** 135 ff.
Pensionsberechtigung **24** 85
Personalaufwand **24** 153
Sprecherausschuss **24** 80
Sprecherausschussvereinbarung **24** 73, 76
steuerliche Förderung **24** 150 ff.
Tarifvertrag **24** 76 a
Verfallsklausel **24** 86 ff.
Mitbestimmung 7 18 ff.
Fortgeltung **7** 34 ff.
kleine AG **7** 16
Modifikation **7** 37
Tendenzunternehmen **7** 16
Miteinbringung 13 392
Mitgliedschaft 4 1 ff.
Mitgliedschaftsbeitrag
Abzugsfähigkeit **12** 50
Mitgliedschaftspflichten
Mitgliedschaftspflichten **4** 6
Mitgliedschaftsrechte
Mitgliedschaftsrechte **4** 3 ff.
Mitteilung
Veränderung Stimmrechtsanteil **20** 34
Mittelpunkt geschäftlicher Oberleitung 16 16, 72, 96, 117, 122, 132, 139 ff.
Mitwirkungspflicht Auslandssachverhalt 16 113
Mobilcom-Entscheidung 24 24 a, 52, 67
Monistisches System 25 4
Motivtest 16 80
MTF-Emittent 21 100
Multiple Listing 20 99
Multiple-Track-Verfahren
Mutter-Tochter-Richtlinie 16 72, 132 ff.

Nachgründung 2 310 ff.
Nachhaftung 2 458
Nachteilsausgleich 14 72 ff.
abhängiges Unternehmen
- Pflichten des Vorstands **14** 77
Ermittlung Nachteil **14** 74
tatsächlicher Ausgleich **14** 78
Nachtragsabwicklung 18 80 ff.
Nachtragsprüfung 11 22, 93, 104
Nachweisstichtag 3 28; **5** 87
Naked Warrant 9 60, 62
Namensaktie 1 66 f.; **3** 15 f., 20 f.
Legitimationswirkung **3** 21
Rechtsscheinwirkung **3** 21
Übertragung **3** 112 ff.
Umstellung auf Inhaberaktie **3** 35 ff.
vinkulierte **3** 39 ff.
Zwang **3** 19 a, 22 f.

Stichwortverzeichnis

Fette Zahlen = Kapitel

Naming and shaming 21 80, 110; **22** 41, 77, 91, 113
NASDAQ 20 76 ff.
Nebenabrede
Nebenleistung 4 26 ff.
   steuerliche **12** 47
Nebenleistungs-AG 1 69
Nennbetrag
   fiktiver **3** 12 ff.
Nennbetragsaktie 1 70; **3** 4 ff.
   Umstellung auf Stückaktie **3** 15 ff.
Neubewertungsmethode 10 148
Neuer Markt 20 2, 20
Neugläubiger 17 49
Nicht permanent bestehende Differenz 10 108
Nicht verhältniswahrende Spaltung 13 281, 336
Nicht-DBA-Betriebsstätte 16 32 ff., 40
Nichtigkeitsklage 5 285 ff.
Niederstwertprinzip 10 57, 81, 84, 124
Niedrigsteuerland 16 80, 85
No Comment Policy 22 62
Nominierungsausschuss 25 57
No-Shop-Vereinbarung 23 105
No-Talk-Vereinbarung 23 105
Notvorstand 6 27
November-Entscheidung 8 26
Nutzungsdauer
   technische **10** 120
   voraussichtliche **10** 80
Nutzungsrecht 12 135
NYSE 20 82 ff.

Obergesellschaft 14 7 ff., 25
   Informationsrecht **14** 69
OECD-Musterabkommen 16 10 ff., 99 ff.
Offene Einlage 12 99
Offenlegungspflicht 14 38
Öffentliches Angebot 20 108 f.; **23** 8 ff.
   Änderung **23** 78 ff.
   Annahmefrist **23** 31, 37 ff.
   Annahmeschwelle **23** 67
   Arbeitnehmerbeteiligung **23** 41 ff.; **24** 97 ff.
   Bedingung **23** 63 ff.
   begründete Stellungnahme **23** 90 ff.
   Bußgeld **23** 217
   Ergebnisbekanntmachung **23** 35 f.
   Genehmigung **23** 68
   grenzüberschreitendes Angebot **23** 87 ff.
   Handlungsempfehlung **23** 93
   konkurrierendes Angebot **23** 83 ff.
   Rechtsverlust **23** 213 f.
   Sicherstellung der Finanzierung **23** 54 ff.
   Untersagung **23** 212
   Vollzug **23** 36
   Zinszahlung **23** 216
One Line Consolidation 10 150
Open Market 20 49 ff.
Open Market Purchase 23 10
Optionsanleihe 9 173
   Aufsichtsrat **24** 51 f.
   Bilanz **10** 101
   Jahresabschluss **10** 51
Optionsrecht 6 77 ff.
Optionsverschonung
   alte **12** 199 ff.
   neue **12** 212
Ordentliche Kapitalherabsetzung 9 129 ff.
   Anmeldung Handelsregister **9** 139, 142
   Anspruch auf Sicherheitsleistung **9** 143, 146 f.
   Aufhebung der Kapitalbindung **9** 129
   Beschluss **9** 134 ff.
   Durchführung **9** 129 ff.
   Gläubigerschutz **9** 143 ff.
   Mehrheit **9** 134
   Rechte Dritter **9** 139 f.
   Zusammenlegung von Aktien **9** 131
   Zweck **9** 129, 133, 135
Ordentliches Einziehungsverfahren 9 167 f.
Ordererteilung 22 24
Organschaft
   allgemeine steuerliche **14** 208 ff.
   gewerbesteuerliche **12** 154 ff.; **14** 118 f., 300 ff.
   grenzüberschreitende **16** 71
   grunderwerbsteuerliche **14** 120
   körperschaftsteuerliche **12** 96; **14** 118 f., 210 ff.
   mehrstufige **14** 215
   umsatzsteuerliche **14** 120, 308 ff.
   Umwandlung **14** 297 ff.
   verunglückte **14** 289 ff.
Organschaftliche Mehrabführung 12 107
Organschaftliche Minderabführung 12 107
Organschaftskette 14 215
Organschaftsreform
   kleine **12** 13
Over-Allotment-Option s. *Mehrzuteilungsoption*

Parallelerwerb 23 86, 137, 187
Parallelplatzierung 20 92 ff.
Paritätische Mitbestimmung 7 24 ff.

Magere Zahlen = Randnummern

Stichwortverzeichnis

Participation Exemption 16 139, 141
Passiva Bewertung 10 88 ff.
Passive Einkünfte s. passive Tätigkeit
Passive Tätigkeit 16 38, 80 ff.
Passivierungsfähigkeit 10 89 ff.
Passivierungspflicht 10 89
Percentage-of-Completion-Methode 10 16
Periodisierungsprinzip 10 57, 70
Personalaufwand
  fiktiver 24 13
  Mitarbeiterbeteiligung 24 153
Personengesellschaft
  Besteuerung als Aktionär 4 160 ff.
  gewerblich geprägte 16 124
  Vergleich zur AG 1 85 ff.
Pflichtangebot 14 40; 23 17, 155 ff.
  Absorption 23 161
  Acting in Concert 23 158
  Ausnahme 23 164 ff.
  Befreiung 23 172 ff.
  Inhalt 23 161 f.
  Kontrollerwerb 23 155 ff.
  Low Balling 23 164
  nicht berücksichtigte Stimmrechte 23 166 ff.
  Stimmrechtszurechnung 23 158 ff.
Pflichtvergessene Verwaltung 6 90
Phantom Stock 24 7, 63
Pilot Fishing 20 143
Polbud-Entscheidung 1 47
Post Audit Review 20 252
Prägung
  gewerbliche 4 161 ff.
Präventivschutz
  konzernrechtlicher 14 33 ff.
Preisspannenangebot 3 162; 20 144, 152
Preisvergleichsmethode 16 198 ff.
Primärinsider 22 31
Prime Standard 20 17, 22, 25, 35 ff., 129
Prisoner's Dilemma 23 37 f.
Private Placement s. Privatplatzierung
Privatplatzierung 20 99, 104 f.
Profit Level Indicator s. Renditekennziffer
Profit-Split-Methode 16 211
Pro-forma-Finanzinformation 20 218, 328
Prospekt s. Wertpapierprospekt
Prospektgestaltungsmangel 20 327
Prospekthaftpflichtversicherung 20 198
Prospekthaftung 20 310 ff.
  Aktualisierungspflicht 20 330
  Ausschluss 20 343 ff.
  Deutschland 20 310 ff.

durchschnittlicher Anleger 20 323 f.
  gerichtliche Zuständigkeit 20 349
  Kausalität 20 332 f.
  Nachprüfung durch Konsortialbank 20 336 f., 339 ff.
  Umfang 20 342
  unrichtige Angaben 20 322 ff., 329
  unvollständige Angaben 20 326 ff.
  USA 20 350 ff.
  Verhältnis zu anderen Ansprüchen 20 346 f.
  Verjährung 20 348
  Verschulden 20 334 ff.
  Wirtschaftsprüfer 20 261 ff.
Prospektverantwortlicher 20 316 ff.
Protokoll
  Aushändigung 4 70
Provision
  Konsortialführer 20 165, 215, 271
Proxy Voting s. Stimmrechtsvertretung
Prüfungsantrag
  Erweiterung 11 31
Prüfungsausschuss 7 170; 11 63 ff.
  Arbeitnehmervertreter 11 73
  Aufgaben 11 65 ff.
  Corporate Governance Kodex 25 56
  Feststellung durch Hauptversammlung 11 75 ff.
  Qualifikation der Mitglieder 11 70, 74
  Sitzungsturnus 11 71
  Unabhängigkeit 11 70
  Zusammensetzung 11 72 ff.
Prüfungsbericht 11 25
Publikumsgesellschaft 1 8 ff.
Publizitätspflicht 2 402 f.
Publizitätsrichtlinie 20 296 ff.

Qualified Institutional Buyer
Qualifikationskonflikt 16 43 ff., 58, 64 ff., 117
Qualifizierte Nichtannahmevereinbarung 23 55
Qualifizierter Anteilstausch 2 423
Qualifizierter institutioneller Anleger 20 113
Quartalsmitteilung 20 38
Quasi-permanente Differenz 10 109
Quellensteuer 16 15 f., 49 f., 50, 72, 102 f., 111, 120, 132, 138, 140
Quotation Board 20 15, 50 f., 54
Quotenkonsolidierung 10 149
Quotenschaden 17 48

Stichwortverzeichnis

Fette Zahlen = Kapitel

Rationale Apathie **25** 18
Räuberischer Aktionär **5** 289, 293a, 293c; **9** 95, 98
Realisationsprinzip **10** 57, 70
Rechenschaftspflicht **10** 10
Rechnungsabgrenzungsposten
  aktive **10** 68f., 129f.
  passive **10** 96f., 129f.
Rechnungslegung
  international s. IFRS
Rechnungslegung Deutschland **10** 4ff.
Rechtsformwahl **1** 85ff.
Rechtsschutz Übernahmerecht **23** 202ff.
Rechtstypenvergleich **16** 45, 54
Record Date s. Nachweisstichtag
Rederecht **4** 36
Refinanzierungsaufwand **16** 123
Regelbericht **6** 94
Regelverschonung
  alte **12** 199, 201
  neue **12** 212
Registergericht **2** 125ff.
Registersperre **5** 140, 289f.
Regulierter Markt **20** 19ff.
REIT-AG
  Abschlussprüfung **27** 11
  AG **1** 84; **27** 1ff.
  Anmeldung Handelsregister **27** 45
  Anwendbarkeit des AktG **27** 55
  Anwendbarkeit des KAGB **27** 52f.
  Bestandsmietwohnimmobilie **27** 1, 8
  Bilanz **27** 36ff.
  Börsennotierung **27** 43f., 50f.
  Dividendenmodell **27** 15ff.
  Doppelbesteuerung **27** 19f.
  Entschädigung
  – Beendigung der Steuerbefreiung **27** 65
  Gründung **27** 56ff.
  Höchstbeteiligungsklausel **27** 14, 26f., 46, 60ff.
  Produktaufsicht **27** 5
  steuerliche Behandlung **27** 13ff.
  Streubesitzklausel **27** 14, 26f., 47, 60ff.
  Verstoß REITG **27** 23ff.
  Vor-REIT **27** 10, 12, 21, 43
  Wertpapierprospekt **27** 48f.
Relevanztheorie **5** 269
Renditekennziffer **16** 217ff.
Repräsentanz **16** 22, 39, 107
Representation Letter **20** 257
Repricing
  Bezugsrecht **24** 28
  Vorstandsvergütung **25** 34

Resale-Price-Methode
Research Report **20** 153f., 287ff.
Research-Richtlinien **20** 287ff.
Reserve Stock Split **9** 169
Reservefonds **11** 6
Restricted Security s. Wertpapier
Restricted Share **24** 58
Restricted Stock Unit **24** 69
Risikofrüherkennungssystem **17** 6ff.
Risikomanagement **6** 115ff.
Risikomanagementsystem **11** 37
Rückgewähranspruch
  vollwertiger **8** 27
Rückkaufermächtigung **24** 39, 41
Rücklage **11** 3ff.
  Auflösung **11** 10ff.
  gesetzliche **11** 6
  satzungsmäßige **11** 8
Rückstellung
  Handelsrecht **10** 89ff.
  Steuerrecht **10** 132ff.
Rückwirkungsfiktion
  steuerliche
  – Spaltung **13** 274, 300, 328ff.
  – Verschmelzung auf AG **13** 66, 88
  – Verschmelzung auf Personengesellschaft **13** 178f.
Rückzahlung Nennkapital **12** 73

Sachausschüttung
  Anspruch **4** 73
Sachdividende **4** 74
  Besteuerung **4** 144
  Einlagenrückgewähr **8** 50f.
Sacheinlage **2** 190ff.
  Bewertung **2** 209ff., 412
  Festsetzung **2** 200ff.; **4** 16
  fingierte **2** 230
  Forderung **2** 194ff.
  Gegenstand **2** 192ff.
  gemischte **2** 231
  Steuerrecht **2** 421ff.
  Überbewertung **2** 222ff.; **4** 18
  untaugliche **4** 17
  Unterbewertung **2** 212, 459
  Unternehmen **2** 199
  verdeckte s. Verdeckte Sacheinlage
  Zeitpunkt **2** 206
Sacheinlagevertrag **2** 207f.
Sachkapitalerhöhung **9** 35ff.
  Anmeldung des Beschlusses **9** 46f.
  bedingte **9** 70f.
  Bekanntmachung **9** 37, 42
  Beschluss **9** 36
  Einbringungsvertrag **9** 38

Stichwortverzeichnis

genehmigtes Kapital **9** 90 f.
ohne Prüfung **9** 42 ff.
Prüfung **9** 41
Sachübernahme 2 226 ff.
Sammelbewertung 10 86
Sanierung
Aktionärspflichten **17** 80 ff.
Aufsichtsratspflichten **17** 79
Kapitalerhöhung **17** 85 ff.
Kapitalherabsetzung **17** 96 f.
Sanierung **17** 75 ff.
Treuepflicht **17** 81 ff.
Vorstandspflichten **17** 78
Sarbanes-Oxley-Act 20 73
Satzung 2 329 ff.
abweichende Bestimmung zum AktG **2** 352 f., 363; *s. a. Formstrenge*
Auslegung **2** 361 ff.
ergänzende Bestimmung zum AktG **2** 354 ff.
Festschreibung der Börsennotierung **26** 30 f.
Mindestinhalt **2** 331 ff.
Prüfung durch Gericht **2** 367 ff.
Satzungsänderung 5 17 f.
faktische **5** 26; **6** 7
Satzungsbestimmung
echte **2** 358 ff.
formelle **2** 358 ff.
materielle **2** 358 ff.
unechte **2** 358 ff.
Satzungsergänzende Nebenabrede 2 360, 390 ff.
Begriff **2** 390
Rechtsfolgen **2** 394
Zulässigkeit **2** 391 ff.
Satzungsgemäßes Mehrheitserfordernis 5 233 ff.
Satzungsmangel 2 364 ff.
Auflösung **2** 386; **18** 9 ff.
Eintragungshindernis **2** 369 f.
formeller **2** 372 ff.
Heilung **2** 374 ff.
Klage
– Nichtigerklärung der Gesellschaft **2** 381 ff.
– Nichtigerklärung der Satzungsbestimmung **2** 380
Löschung Eintragung **2** 387
Löschung Gesellschaft **2** 385
materieller **2** 368 ff.
Satzungssitz 2 334 ff.
Satzungsstrenge 1 2, 352 ff.;
s. a. Formstrenge
Say on Pay 6 70d

SCE 19 2
Schachtelbeteiligung
gewerbesteuerliche Behandlung **12** 137 ff.
körperschaftsteuerliche Behandlung **12** 103
Schachteldividende 12 140, 156
Schachtelprivileg
DBA **4** 145; **12** 75 f., 139; **16** 72, 132
gewerbesteuerlicher Organkreis **16** 79
gewerbesteuerliches **4** 145, 179a
internationales **16** 79
körperschaftsteuerliches **12** 5, 69 ff.
Schädlicher Beteiligungserwerb 12 61 ff.
Schenkungsteuer 12
Schlussrechnung 18 57 ff.
Schuldenkonsolidierung 10 152
Schuldverschreibung 9 173 ff.
Schutzgemeinschaftsvertrag 1 31
Schutzgesetz 6 147, 150; **17** 16, 47, 51, 56, 67
Schwellenberührung 21 9 f.
SE *s. Societas Europaea*
SEAG 19 29 f.
SEBG 19 34 f., 144 ff.
Segmentberichterstattung 10 144 f.
Selbstorganschaft 1 89
Selbstständigkeitsfiktion 16 23
Sell Out 23 194 ff.
SE-RL 19 31 ff.
SEVIC-Entscheidung 13 4, 483
Shareholder Value 1 19; **25** 7
Sicherheit
körperschaftsteuerliche Behandlung **12** 83
Sicherheiten
zugunsten eines Aktionärs **8** 29
Sicherungsgeschäft 10 104 ff.
Siemens/Nold-Entscheidung 5 35, 51, 122, 125; **9** 54, 93 ff., 101
Significant Financial Commitment 20 221
Sitz 2 334 ff.
Sitztheorie 1 46
Societas Europaea 19 1 ff.; *s. a. Holding-SE, Tochter-SE*
dualistisches System **19** 104 ff.
– Aufsichtsorgan **19** 112 ff.
– Leitungsorgan **19** 106 ff.
Eintragung Handelsregister **19** 99 ff.
Ermächtigungsgrundlage **19** 18 ff.
Firma **19** 97
geschäftsführende Direktoren **19** 133 ff.
Geschäftsführung **19** 110

Stichwortverzeichnis

Fette Zahlen = Kapitel

Geschlechterquote s. *Geschlechterquote*
Gleichlaufgebot **19** 101
grenzüberschreitende Sitzverlegung **19** 96
Grundkapital **19** 87 f.
Gründung **1** 55; **19** 36 ff.
Gründung durch Formwechsel **19** 71 ff.
Gründung durch Verschmelzung **19** 44 ff.
Hauptversammlung **19** 140 ff.
Historie **19** 7 ff.
Konzernbaustein **1** 78
Mehrstaatlichkeit **19** 39
Mindestkapital **19** 87 f.
Mitbestimmung **1** 59 ff.; **19** 143 ff.
Mitbestimmung kraft Gesetzes **19** 160 ff.
Mitbestimmung kraft Vereinbarung **19** 156 ff.
monistisches System **19** 119 ff.
Nachteile **19** 17
Organisation **1** 56 ff.
Organisationsverfassung **19** 102 ff.
Rechtsgrundlage **1** 52 ff.; **19** 21 ff.
Satzungsänderung **19** 142
Sitz **19** 91 ff.
Struktur **1** 5
Unternehmensgegenstand **19** 98
Verwaltungsrat **19** 121 ff.
Vorteile **19** 16
Zahl **19** 1
Ziel **19** 4 ff.
zustimmungsbedürftiges Geschäft **19** 117
Societas Privata Europaea 19 2
Solidaritätszuschlag 12 18 f.
Sonderausweis 12 110
Sonderbericht 6 95
Sonderbeschluss
 Abwicklungsüberschuss **18** 71
 bedingte Kapitalerhöhung **9** 72
 Einberufungsberechtigung **9** 72
 Kapitalerhöhung aus Gesellschaftsmitteln **9** 110
 Kapitalerhöhung gegen Einlagen **9** 16
 Kapitalherabsetzung durch Einziehung von Aktien **9** 167
 ordentliche Kapitalherabsetzung **9** 134
 Teilnahmerecht **9** 143
 Umstellung Vorzugs- auf Namensaktie **5** 143
 Verschmelzung **13** 19, 130
 Vertragskonzern **14** 156, 169 ff., 174, 177
 Wandelschuldverschreibung **9** 175
Sonderbetriebsausgabe 16 55, 121, 123
Sonderbetriebseinnahme 16 55, 121 f.
Sondereinlage 8 13
Sondervergütung 16 60, 121
Sonderverwahrung 3 85
Sondervorteil 2 346, 348 ff.
Spaltung 13 251 ff.
 Auslandsbezug **13** 480 ff.
 junge AG **13** 271
 auf Kapitalgesellschaft **13** 270 ff.
 Kapitalgesellschaft
 − Anmeldung Handelsregister **13** 285 ff.
 − Arbeitsverhältnis **13** 279
 − Ausgliederung **13** 350 ff.; s. a. *Ausgliederung*
 − Beschluss **13** 280 f.
 − Bilanz **13** 292 ff.
 − Eintragung Handelsregister **13** 288
 − Gewerbesteuer **13** 336 f., 339 ff.
 − gewinnrealisierender Veräußerungsvorgang **13** 299
 − Kapitalerhöhung **13** 284
 − Kapitalherabsetzung **13** 283
 − Konfusion **13** 325
 − Missbrauchsvermeidung **13** 304, 313 ff.
 − Schenkungsteuer **13** 338
 − steuerliche Folgen **13** 299 f.
 − Übernahmeergebnis **13** 326 f.
 − Verbindlichkeit **13** 291
 − Verlustvortrag **13** 335
 − Zuordnung von Vermögensgegenständen **13** 27 ff.5
 KGaA **13** 500 ff.
 auf Personenhandelsgesellschaft **13** 410 ff.
 Personenhandelsgesellschaft
 − Gewerbesteuer **13** 424
 − Grunderwerbsteuer **13** 427 ff.
 − Missbrauchsvermeidung **13** 420, 424
 − Organschaft **13** 426
 − steuerliche Folgen **13** 415 ff.
 − Übernahmegewinn **13** 422
 − Umsatzsteuer **13** 430
 − Verlustvortrag **13** 423
 − Zinsvortrag **13** 423
 Sonderrechtsnachfolge **13** 257
 übernehmender Rechtsträger **13** 261
Spaltung zu Null 13 281
Spaltungsbericht 5 127 ff.; **13** 279
Spaltungsplan 13 273 f.
Spaltungsprüfung 13 279
Spaltungsstichtag 13 274
Spaltungsvertrag 13 273 f.
Sparer-Pauschbetrag 4 131, 135, 149
Spartenaktie 11 144 ff.

Magere Zahlen = Randnummern

Stichwortverzeichnis

Spenden
  Abzugsfähigkeit **12** 50
Sperrjahr
  Sperrjahr **18** 64
Sphärenvermischung s. *Vermögensvermischung*
Spiegelbildmethode 13 442
Spruchstellenverfahren 13 40 ff.
Spruchverfahren 5 295 ff.
Squeeze Out 14 41; **15** 1 ff.
  Ad-hoc-Pflicht **15** 60
  Alternative **15** 6
  anhängiges Verfahren **15** 63 f.
  Barabfindung s. *Barabfindung Squeeze Out*
  Berichtspflichten **5** 134 ff.
  Bezugsrecht **15** 61 f.
  Eigentumsübergang **15** 56
  Finanzmarktstabilisierungsfonds **15** 4
  Kraftloserklärung der Aktien der Minderheitsaktionäre **15** 58
  Optionsanleihe **15** 61 f.
  Übergang Aktien **15** 57
  übernahmerechtlicher s. *dort*
  Verfassungsmäßigkeit **15** 5
  Verlangen **15** 13 ff.
  verschmelzungsrechtlicher s. *dort*
  Wandelanleihe **15** 61 f.
Stakebuilding 21 46
Stakeholder Value 25 6
Stammaktie 3 47
Stammhaus 16 24 f., 37, 41, 94, 108
Stand-alone-Methode 14 298
Ständiger Vertreter 16 101
Statusverfahren 7 39 ff.
Stellvertretendes Vorstandsmitglied 6 20
Step-up 16 67
Steueränderungsgesetz 2015 12 14
Steuerbilanz 12 44
Steuerliches Einlagekonto
  Bescheinigung der Leistungen **12** 108 f.
Steuern
  Abzugsfähigkeit **12** 48
Steuersatz
  gespaltener **12** 2
Steuerumlagevertrag 14 298
Stichentscheid 7 138, 155, 159
Stille Gesellschaft 9 187 ff.
Stiller Gesellschafter
  typischer **12** 132
Stille-Reserven-Klausel 12 67; **14** 296
Stimmbindungsvertrag 1 31; **5** 212; **21** 37
Stimmenmehrheit
  einfache **5** 226

  qualifizierte **5** 231
Stimmrecht 4 39 ff.; **5** 209 ff.
  Umfang **5** 210 f.
Stimmrechtsmeldung
  Adressat **21** 56
  Form **21** 58
  Inhalt **21** 57
  Zeitpunkt **21** 59
Stimmrechtsquote 21 12
Stimmrechtsschwelle 21 9 f.
Stimmrechtsverbot 5 217 ff.
Stimmrechtsvertretung 5 213 ff.; **25** 20 ff.
Stimmrechtszurechnung 21 16 ff.
  Acting in Concert **21** 35 ff.
  Call-Option **21** 47 f., 55
  Erwerb durch Willenserklärung **21** 28 f.
  Hedging **21** 48
  Irrevocable Undertaking **21** 47 f.
  Legitimationsaktionär **21** 31
  nicht berücksichtigte Stimmrechte **21** 39 ff.
  Nießbrauch **21** 27
  Optionsanleihe **21** 47
  Rechnung eines Meldepflichtigen **21** 22 ff.
  Repo-Geschäft **21** 47
  Sicherheit **21** 25 f., 34
  Stimmrechtsübertragung **21** 33
  Stimmrechtsvollmacht **21** 30 ff.
  Tochterunternehmen **21** 19 ff.
  Treuhänder **21** 23
  Wandelanleihe **21** 47
  Wertpapierleihe **21** 24
Stock Appreciation Right 24 62
Stock Option s. *Optionsrecht*
Stock Settled Stock Appreciation Rights 24 70
Streubesitzbeteiligung
  gewerbesteuerliche Behandlung **12** 137 ff.
  körperschaftsteuerliche Behandlung **12** 72
Streubesitzdividende 12 13
Strukturbericht 5 136; **6** 105; **14** 60 ff.
Strukturentscheidung
  Einberufung Hauptversammlung **5** 75
Strukturmaßnahme 14 52
  Bekanntmachungspflichten s. *Strukturbericht*
  Informationspflicht s. *Strukturbericht*
  Quorum **14** 57
  Rechtsfolgen **14** 65, 68
  Rechtsschutz **14** 66 f.
  Wesentlichkeit **14** 53 ff.

Stichwortverzeichnis

Fette Zahlen = Kapitel

Stückaktie 1 71; **3** 4f., **12**ff.
Umstellung Nennbetragsaktie **3** 15ff.
Substraktionsverfahren
 Substraktionsverfahren **5** 184ff.
Summenbilanz 10 147
Switch-over-Klausel 16 38, 46
SWOT-Analyse 20 288

Tantieme 6 74
Teilautonomie
 des Tochtermanagements **14** 42
Teilbetrieb 13 260, 299ff., 305f., 377, 418, 445, 492
Teileinkünfteverfahren 3 178, 187ff.; **4** 124; **12** 6
Teilgewinnabführungsvertrag 14 111
Teilkonzernspitze 7 21, 25f.
Teilnehmerverzeichnis 5 154ff.
Teilrecht 9 112, 136, 131
Temporary-Konzept 10 111
Territorialprinzip 12 28
Thesaurierungsbegünstigung 4 165
Third Party Opinion 20 233
Tie Breaker Rule 16 145
Tochter-SE 19 66ff.
Tracking Stock s. *Spartenaktie*
Transactional Net Margin Method
Transferable Put Right 3 162
Transparenzprinzip 12 147; **16** 44
Transparenzrichtlinie 21 1ff.
Treaty Override 16 51, 61
Trenneinlage 2 236
Trennung
 der Gesellschafterstämme **13** 320
Trennungsprinzip 1 86; **16** 44
Treuepflicht
 Gesellschaft und Gesellschafter **4** 82
 Gesellschafter untereinander **4** 83f.
 Kommanditaktionär **4** 216
 Komplementär **4** 201f.
 Treuepflicht **4** 81ff.
 Verletzung **4** 85
 Vorstand **6** 39, 123ff.
Trihotel-Entscheidung 14 90
Triple-Track-Verfahren 20 141
Typenvergleich 16 45, 64

Überausschüttung 12 201, 216
Überentnahme 12 201, 216
Überkreuzverflechtung 7 202
Überleitungsverfahren s. *Statusverfahren*
Übernahme
 kommissionsweise **20** 172
Übernahmeangebot 5 33ff., 41f.; **23** 17, 98ff.

Ad-hoc-Publizität **23** 111
Annahmefrist **23** 31, 37ff.
Due Diligence **23** 100ff.
Durchbrechungsregel **23** 147ff., 151ff.
durchschnittlicher Börsenkurs **23** 131f.
Earn Out **23** 139
Gegenleistung **23** 122ff.
gestreckter Erwerb **23** 138
liquider Markt **23** 126
Mix-and-match-Angebot **23** 139
Nacherwerb **23** 135f.
Parallelerwerb **23** 137
Preisformel **23** 139
Teilangebot **23** 140ff.
Verhinderungsverbot **23** 143ff.
Vorbereitung **23** 98ff.
Vorerwerb **23** 128, 133f.
Übernahmekodex 23 1
Übernahmerechtlicher Squeeze Out 15 92ff.; **23** 178ff.
Übernahmerisiko 20 160
Übernahmevertrag 20 169ff.
 Altaktionär **20** 184, 188f., 192, 214
 aufschiebende Bedingung **20** 201ff.
 Gewährleistung **20** 186ff.
 Haftungsfreistellung **20** 191ff.
 kursrelevante Verschlechterung **20** 202
 Rücktritt **20** 206ff.
 Zeichnung zum Nennbetrag **20** 178ff.
 Zeichnungsverpflichtung **20** 174ff.
Überpariemission 3 8; **9** 18
Überschuldung 17 24ff.
Überschuldungsbilanz 17 32ff.
Überseering-Entscheidung 1 47
Übertragende Auflösung 15 6
Übertragungsbericht 15 17ff.
Übertragungsbeschluss
 Anfechtung **15** 47ff.
 Anmeldung Handelsregister **15** 51
 Auskunftsrecht **15** 44
 Bekanntmachung **15** 36ff.
 Beschlussvorschläge Vorstand u. Aufsichtsrat **15** 38
 Durchführung der Hauptversammlung **15** 42ff.
 Freigabeverfahren **15** 53f.
 Informationspflicht **15** 39ff., 50
 KGaA **15** 46
 Mangel **15** 47ff.
 Mehrheit **15** 45
 Negativerklärung **15** 52
 Prüfung Registergericht **15** 55
 Rechtsmissbrauch **15** 48ff.
 Verfahrensfehler **15** 50
Übertragungsverlangen 15 13ff.

Magere Zahlen = Randnummern

Stichwortverzeichnis

Überwachungskonzept 6 116
Überzahlung 2 174
Überzeichnung 9 27, 28 ff.
UG (haftungsbeschränkt) 1 116
Umqualifizierung
 Umqualifizierung 16 48, 50, 122
Umsatzgeschäft
 mit Aktionär 8 23 ff.
Umsetzung eigener Erwerbs-/
 Verlustentscheidung 22 37
Umwandlung 2 430 ff.; 13 1 ff.
 Anmeldung Handelsregister 2 449 ff.
 Anwendung von Gründungsvor-
  schriften 2 437 ff.
 Gründungsbericht 2 446 ff.
 Gründungsprüfung 2 447 f.
 Komplementäranteil/Aktie 9 196 f.
 Rechnungslegung 2 459 ff.
 Sacheinlagen 2 442
 Sondervorteil 2 443
 Steuerrecht 2 463 ff.
Umwandlungsbericht
 Formwechsel AG/GmbH 13 204 f.
 Formwechsel AG/Personengesell-
  schaft 13 225
 Societas Europaea 19 75
Unbedenklichkeitsverfahren 14 191
Unbilligkeit
 der Weitergewährung von Vorstands-
  bezügen 6 73b
Unterbilanzhaftung 2 269 ff.; s. a. Vorge-
 sellschaft
 Bilanz 2 414 f., 462
Unterkapitalisierung 14 95
 materielle 8 4
 nominelle 8 4
Unternehmensbeteiligungsaktien-
 gesellschaft 1 83
Unternehmenserbschaftsteuer 12 190 ff.
 Anzeigepflicht Erwerb 12 222
 beschränkte Steuerpflicht 12 194
 erweitert beschränkte Steuerpflicht 12 195
 erweitert unbeschränkte Steuerpflicht 12 192 f.
 fiktive unbeschränkte Steuerpflicht 12 197
 Freibetrag 12 222
 Steuersatz 12 222
 unbeschränkte Steuerpflicht 12 190 f.
 verfassungswidrig 12 202 ff.
Unternehmenserbschaftsteuerrecht
 neues 12 203 ff.
Unternehmensfortführung s. Fortführungsprinzip

Unternehmensgegenstand 2 337 ff.
 faktische Änderung 14 44
Unternehmensinteresse 25 5 f.
Unternehmenskalender 20 39
Unternehmensteuerreformgesetz 12 9 f.
Unternehmensvertrag
 Abfindungsanspruch 14 153 ff.
 Abfindungsergänzungsanspruch 14 166
 Abschluss 14 122 ff.
 Änderung 14 167 ff.
 Änderungskündigung 14 168
 Änderungsvereinbarung 14 168
 Aufhebungsvertrag 14 174
 Ausgleichsanspruch 14 146 ff.
 außenstehender Aktionär 14 148
 Beendigung 14 172 ff.
 Beendigung Wirksamwerden und
  Rechtsfolgen 14 182 f.
 Bericht 5 131; 14 126 ff.
 Eintragung Handelsregister 14 129
 Ertragswertverfahren 14 161 ff.
 fehlerhafter 14 114 ff.
 fester Ausgleich 14 149
 Form 14 122
 gesetzliche Rücklage 14 141
 Inhalt 14 106 f., 122
 Kündigung
 – außerordentliche 14 178 f.
 – ordentliche 14 175 ff.
 Leitungsmacht 14 130 ff.
 Minderheitenschutz 14 107 f.
 Mindestinhalt 14 122
 Nullausgleich 14 149
 Rechtsnatur 14 104 f.
 Regelabfindung 14 157 ff.
 Sicherheitsleistung 14 145
 sonstiger 14 105, 109
 Spruchverfahren 14 164
 Unternehmensvertrag 14 103 ff.
 Unternehmenswert Berech-
  nung 14 161 ff.
 variabler Ausgleich 14 150
 Verantwortlichkeit 14 139
 Zustimmung der Hauptversammlung
 – abhängiger Vertragsteil 14 124
 Zustimmung der Hauptversammlung
 – herrschender Vertragsteil 14 125
Unternehmenszusammenschluss 22 37
Unternehmergesellschaft (haftungs-
 beschränkt) 1 116
Unterordnungskonzern 14 26
Unterpariemission 3 8, 13; 9 47, 73, 180
Upstream Loan 14 74; 16 60
Upstream Merger 13 12, 90, 121
US-GAAP 10 18 ff.

Stichwortverzeichnis

Fette Zahlen = Kapitel

Veräußerung von Unternehmensteilen 14 51
Veräußerungsersatztatbestand 2 426c
Veräußerungsgewinn 12 78 f.
Veräußerungsverbot 22 21 ff.
Verbindlichkeitsrückstellung 10 90 ff.
Verbot der Einlagenrückgewähr 8 20 ff.
  Übernahme Prospekthaftung 20 193 ff.
Verbundenes Unternehmen 14 8 ff.
Verbundsvermögensaufstellung 12 210
Verdeckte Einlage 12 94, 98
  Auslandsbezug 16 165 ff.
Verdeckte Gewinnausschüttung 8 90 ff.; 12 95, 98
  Besteuerung 4 143; 8 111 ff.
  Besteuerung bei Auslandsbezug 16 162 ff.
  Einlagenrückgewähr 8 34
  Fremdvergleich 8 96 ff., 101 ff.
Verdeckte Sacheinlage 2 240 ff.; 4 19
  Begriff 2 241
  Rechtsfolgen 2 242 ff.
  Übergangsrecht 2 246
Vereinfachte Kapitalherabsetzung 9 148 ff.
  Anmeldung Handelsregister 9 153
  Beschluss 9 153
  Durchführung 9 153
  Gläubigerschutz 9 154 ff.
  Rückwirkung 9 157 ff.
  Umfang 9 149
  Zweck 9 148, 151 f.
Vereinfachtes Einziehungsverfahren 9 169
Vereinfachtes Ertragswertverfahren 12 218 ff.
Verfahrensfehler 5 264 ff.
Verfolgungsrecht
  der Gläubiger 6 145
Verfügungsmacht
  über Geschäftseinrichtung 16 19 f., 105 f.
Vergessener Gegenstand 13 289 f.
Vergleichsverkauf 12 217
Vergütung Aufsichtsrat
  Abzugsfähigkeit 12 49
Vergütungsbericht 25 39
Verhandlungsprinzip 19 145 f.
Verhinderungsverbot 23 143 ff.
Verkehrssicherungspflicht 6 159
Verkehrswert 4 74
Verlegung des Sitzes
  ins Ausland 18 20 f.
Verlust
  finaler 16 42, 70
  der Hälfte des Grundkapitals 17 10 ff., 65
Verlustdeckungshaftung 2 269, 271 f.
Verlustrücktrag
  Körperschaftsteuer 12 56 f.
Verlustübernahmepflicht 14 142 ff.
Verlustvortrag 12 56, 58 f.
Vermittlungsausschuss 7 174 f.; 25 54
Vermögen
  gebundenes 8 8 ff.
Vermögensanlage 24 117 ff.
Vermögenseinlage 9 193 f.
Vermögensgegenstand 10 59 ff.
Vermögensrecht 4 5
Vermögensvermischung 1 114; 8 5
Verrechnungsgebot 10 127
Verrechnungspreis 16 149 ff.
  DBA 16 168 ff.
  Dokumentation 16 234 ff.
  Konfliktbeilegung 16 264 ff.
Verrechnungspreisanalyse 16 256 ff.
Verrechnungspreismethode 16 194 ff.
Verrechnungsverbot 10 58
Versammlungsleiter 5 164
Verschlechterung der wirtschaftlichen Lage s. *Krise der AG*
Verschmelzung
  Anmeldung Handelsregister 13 22 ff.
  Beitritt durch Kapitalerhöhung 13 32
  Bekanntmachung 13 29
  Beschluss der Gesellschafterversammlung der GmbH 13 129 f.
  Beschluss der Hauptversammlung 13 19 ff.
  Bilanz bei Übernehmerin 13 49 ff.
  Bilanz bei Überträgerin 13 44 ff.
  Bilanz beim Aktionär der Überträgerin 13 64
  Discounted-Cashflow-Verfahren 13 5
  Einberufung der Hauptversammlung 13 18
  Eintragung Handelsregister 13 26 ff.
  Ertragsteuern bei Übernehmerin 13 88 ff.
  Ertragsteuern beim Aktionär der Überträgerin 13 100 ff.
  Ertragsteuern der Überträgerin 13 65 ff.
  Ertragswertverfahren 13 5
  grenzüberschreitende 13 35
  Grunderwerbsteuer 13 111 ff.
  Kapitalerhöhung 13 12 ff.
  Minderheitenrechte 13 38 ff.
  Nachgründungsvorschriften 13 30 ff.
  Negativerklärung 13 24
  Neugründung 13 33 ff.

Magere Zahlen = Randnummern

Organschaft **13** 106 ff.
auf Personengesellschaft **13** 151 ff.
Personengesellschaft
– Bewertungswahlrecht **13** 164 ff.
– Bilanz **13** 162
– Gewerbesteuer **13** 191 f.
– Grunderwerbsteuer **13** 194
– nicht wesentliche Beteiligung **13** 193
– steuerliche Folgen **13** 163 ff.
– Übernahmeergebnis **13** 182 ff.
– Übernahmegewinn **13** 188 ff.
– Verlustvortrag **13** 166
– Wertfortführung **13** 180 f.
– Zinsvortrag **13** 167
Rechtsfolgen **13** 36 f.
Sonderrecht **13** 5, 15
tauschähnlicher Vorgang **13** 59
Umtauschverhältnis **13** 5
– Unangemessenheit **13** 38 ff.
Unangemessenheit der Barabfindung **13** 38, 43
Verlustvortrag **13** 95
Verschmelzung **13** 1 ff.
Verzichtserklärung **13** 24
Zinsvortrag **13** 95
Verschmelzung AG
auf AG *s. Verschmelzung*
Verschmelzung GmbH
auf GmbH **13** 126 ff.
Verschmelzung KGaA 13 141 ff.
Verschmelzung natürliche Person
auf natürliche Person **13** 237 ff.
Verschmelzungsbericht 13 7 f.
Bericht **5** 126
Beschluss Gesellschafterversammlung der Personenhandelsgesellschaft **13** 160
Personenhandelsgesellschaft **13** 158
Societas Europaea **19** 49
Verschmelzungsprüfung 13 1619 ff.
Verschmelzungsrechtlicher Squeeze Out 15 66 ff.
anhängiges Verfahren **15** 90
Anmeldung Handelsregister **15** 84 ff.
Barabfindung **15** 76, 88
Bericht **15** 77 f.
Beschluss **15** 80 ff.
Beteiligungshöhe **15** 70
Bezugsrecht **15** 89
Gewährleistungserklärung **15** 79
Informationspflicht **15** 80 f., 83
Optionsanleihe **15** 89
Prüfung **15** 77 f.
Rechtsform Hauptaktionär **15** 69
Übergang von Aktien **15** 88

Stichwortverzeichnis

Übertragungsbericht **15** 75
Verlangen **15** 71 f.
Verschmelzungsvertrag **15** 73 f.
Vorläufigkeitsvermerk **15** 85
Verschmelzungsstichtag 13 5, 44, 53, 65
Verschmelzungsverlust 13 62
Verschmelzungsvertrag
AG **13** 5 ff.
GmbH **13** 127
Personenhandelsgesellschaft **13** 153 ff.
Verschonung *s. Regelverschonung, Optionsverschonung*
Verschonungsbedarfsprüfung 12 213 f.
Versicherung
Aufsichtsratshaftung **7** 276
Vorstandshaftung *s. D&O-Versicherung*
Versorgungszulage 25 36
Versorgungszusage 6 75
Vertagungsklausel 7 153
Verteilungsmethode 14 298
Verteilungsschlüssel
Abwicklungsüberschuss **4** 106; **18** 71 f.
Bilanzgewinn **4** 76 ff.
Verteilungssperre 8 8; **18** 64 ff.
Verteilungsverfahren 18 73 ff.
Vertragskonzern 14 102 ff.; *s. a. Unternehmensvertrag*
Vertraulichkeit 22 63
Vertreterbetriebsstätte 16 21
Vertretungsmacht
Abwickler **18** 39 ff.
Aufsichtsrat **7** 76
Missbrauch **6** 12
Vorstand **6** 11 ff.
Verwaltungsrecht 4 4
Verwaltungsvermögen 12 199 ff., 205 ff.
Verwendung des Bilanzgewinns
Vorschlag **11** 52 f.
Verwendungsermächtigung 24 41
Verwendungsfestschreibung 12 108
Verwendungsreihenfolge 4 146
Verwertung
von Sicherheiten **22** 24
Verwertungsrecht
des Konsortialführers **20** 213
Vinkulierte Namensaktie 3 39 ff.
Übertragung **3** 115 f.; **5** 43
Vollkonsolidierung 10 148
Vollständigkeitsgebot 10 57 f.
Vorbelastungshaftung *s. Unterbilanzhaftung*
Vorbelastungsverbot 2 253
Vorgesellschaft 2 251 ff.
steuerliche Behandlung **2** 417 ff.

1959

Stichwortverzeichnis

Fette Zahlen = Kapitel

Vorgründungsgesellschaft 2 248 ff. 417 ff.
Vorher-Nachher-Prinzip 19 145, 147
Vorlagebericht 6 97
Vorleistung künftige Einlagepflicht 17 89 ff.
Vorratsgesellschaft 2 469 ff.
Societas Europaea **19** 83 f.
Vorschuss 6 76
Vorsichtsprinzip 10 4, 57
VorstAG 5 55; **6** 70 ff.
Vorstand 6 1 ff.
Amtsniederlegung **6** 53
Amtszeit **6** 28
Anfechtungsbefugnis **5** 261 f.
Angemessenheit der Vergütung **6** 70 ff.; **25** 31, 33 ff.
Anmeldepflicht **6** 32
Anstellung **6** 33 ff.
Aufbesserung der Vergütung **6** 73e
Aufgabendelegation **6** 161 f.
Beendigung der Anstellung **6** 42 ff.
Beendigung der Organstellung **6** 31
Befristung des Anstellungsvertrags **6** 43a
Bestellung **6** 21 ff.
Beweislast Haftung **6** 141
Delegation **6** 161 f.
Eigenverantwortlichkeit **6** 15
Eignung **6** 23
erster **2** 107 ff.
fehlerhafte Anstellung **6** 41
fehlerhafte Bestellung **6** 29 f.
Geschäftsordnung **7** 3, 7, 978 ff.
Haftung
 – AG **6** 128 ff.
 – Aktionäre **6** 147 f.
 – Dritte **6** 149 ff.
 – solidarische **6** 137 f.
 – sozialversicherungsrechtliche **6** 156
 – steuerliche **6** 155
 – zivilrechtliche **6** 128 ff.
Herabsetzung der Vergütung **6** 73 ff.; **17** 62 ff.
Inhalt des Anstellungsvertrags **6** 37 ff.
Kardinalpflichten **6** 16
Klagemöglichkeiten **6** 163 ff.
kollegiale Zusammenarbeit s. *Gesamtverantwortung*
Kündigung **6** 43, 61 ff.
Nebentätigkeit **25** 43
ordnungsrechtliche Verantwortlichkeit **6** 157 ff.
Pflichten **6** 91 ff.
Rechnungslegung **10** 20 ff.
Rechtsschutz bei Abberufung **6** 55 ff.
Rechtsschutz bei Kündigung **6** 67
Ressort **6** 9 f., 113 ff.
Sorgfaltspflicht **6** 130 ff.
stellvertretendes Mitglied **6** 20
strafrechtliche Verantwortlichkeit **6** 157 ff.
Suspendierung **6** 54
Teilnahme an Aufsichtsratssitzung **7** 145
Treuepflicht **10** 24
Üblichkeit der Vergütung **6** 70b
Vergütung **6** 69 ff.; **25** 31 ff.
Verjährung der Haftung **6** 142
Verschuldensmaßstab **6** 135
Verschwiegenheitspflicht **6** 124 f.
Vertragsschluss **6** 34
Vertretungsmacht **6** 11 ff.
Votum zum Vergütungssystem **6** 70d; **25** 32
Wahl **6** 25 ff.
Wettbewerbsverbot **6** 126; **25** 40
Widerruf Bestellung **6** 44 ff.
Wiederbestellung **25** 49 f.
Vorstandssprecher 6 18
Vorstandsvorsitzender 6 18
Vorzugsaktie 3 47 ff.
Höchstgrenze **3** 53
Nachzahlungsrecht **3** 48, 52 ff.
mit Stimmrecht **3** 55 ff.
stimmrechtslose **3** 48 ff.; **5** 222 ff.
Umstellung auf Stammaktie **3** 56 f.
Vorzug **3** 50 f.

Wachstumsbeschleunigungsgesetz 12 12
Wahlveranlagung pauschaler Steuersatz 4 134
Wandelanleihe 9 173
Aufsichtsrat **24** 51 f.
Bilanz **10** 101
Wandelschuldverschreibung 9 173 ff.; **10** 101
Jahresabschluss **10** 51
Warrant-Anleihe 9 59
Wasserstandsmeldung 23 32 ff.
Wechselseitige Beteiligung
Beteiligung **14** 29 ff.
Einlagenrückgewähr **8** 52
Mitteilungspflicht **14** 30
Rechtsverlust **14** 30
Wegzug 16 92
Weiße Einkünfte 16 51, 61
Weitere Annahmefrist 23 37 ff.
Weitergabeverbot 22 25 ff., 39 f.
Welteinkommensprinzip 16 2

Magere Zahlen = Randnummern

Wertaufhellung 10 72, 91 f., 94, 97; **11** 91 f., 94
Wertaufholungsgebot 10 82, 124 ff.
Wertbeeinflussende Tatsache 10 72
Wertgleiche Deckung 17 93
Wertpapier
beschränktes **20** 111
Wertpapieranalyse 20 290
Wertpapiererwerbs- und Übernahmegesetz
Anwendungsbereich **23** 6 ff.
Übernahmegesetz **23** 2 ff.
Verstoß **23** 211 ff.
Ziel **23** 5
Wertpapierleihe 10 15; **20** 285
Wertpapierprospekt 20 40 ff.;
s. a. Prospekthaftung
Begriff **20** 314
Billigung **20** 123 ff., 142
Emissionspreis **20** 226
Emissionsvolumen **20** 226
Gültigkeit **20** 228
Mitarbeiterbeteiligung **24** 97 ff.
Nachtrag **20** 125, 330
REIT-AG **27** 48 f.
Verantwortliche **20** 218
Veröffentlichung **20** 124
Verweis **20** 229
Warnhinweis **20** 225
Zusammenfassung **20** 225
Wesentliche Beteiligung 24 122 ff.; **21** 67 ff.
Wettbewerbsverbot
nachvertragliches **6** 40
Whistleblowing 11 68
Wichtiger Grund
Beendigung des Anstellungsverhältnisses **6** 49 ff. 63 ff.
Widerspruch Übernahmerecht 23 202 ff.
Wiederholung Weisung
Weisung **7** 112
Wiederverkaufspreismethode 16 201 ff.

Stichwortverzeichnis

Wirtschaftliche Neugründung 2 469 ff.
Haftung **2** 478 ff.
Wirtschaftsgut
geringwertiges **10** 123
Wohl
der Gesellschaft **5** 74; **7** 100
WpÜG s. *Wertpapiererwerbs- und Übernahmegesetz*

Zahlungsbericht 20 31 f.
Zahlungseinstellung 17 23
Zahlungsstockung 17 21
Zahlungsunfähigkeit 17 20 ff.
Zahlungsverbot 17 53 ff., 68
Zeichnungsschein 9 24 ff., 33, 89
Zeichnungsvertrag 9 24, 27 ff.; **20** 175
Zeitablauf 18 2
Zerlegung 12 163
Zerschlagung
des Gesellschaftsvermögens **18** 35
Zins- und Lizenzrichtlinie 16 103
Zinsschranke 8 121 ff.; **12** 10
Escape-Klausel **8** 137 ff., 145 ff.
Freigrenze **8** 130
Konzernklausel **8** 132 ff., 141 ff.
Rückausnahme **8** 140 ff.
Wirkung **8** 123 ff.
Zinsvortrag 8 128
Zufallsmehrheit
Zufallsmehrheit **5** 144a
Zusammensetzung des Aufsichtsrats 7 15 ff.
Corporate Governance Kodex **25** 58 ff.
Zustimmungsvorbehalt 6 13, 16
Zwangseinziehung 9 162 ff.
Zweck 2 338
Zwei-Brief-Lösung 20 255
Zwischeneinkünfte
Kapitalanlagecharakter **16** 83
Zwischengesellschaft 16 80 ff.
Zwischenschein 3 136
Zwischenverfügung 2 61
Zwischenvermietung 12 134